Redeker/Uechtritz (Hrsg.) **Anwalts-Handbuch Verwaltungsverfahren**

# Anwalts-Handbuch
# Verwaltungs-verfahren

herausgegeben von

Prof. Dr. Konrad Redeker
Prof. Dr. Michael Uechtritz

*2. neubearbeitete Auflage*

2012

**Bearbeitet von**

Dr. Eberhard Baden, Rechtsanwalt, Fachanwalt für Verwaltungsrecht, Bonn

Prof. Dr. Martin Beckmann, Rechtsanwalt, Fachanwalt für Verwaltungsrecht, Münster

Dr. Franz Bethäuser, Rechtsanwalt, Unterhaching

Dr. Christian-Dietrich Bracher, Rechtsanwalt, Fachanwalt für Verwaltungsrecht, Bonn

Prof. Dr. Martin Dippel, Rechtsanwalt, Fachanwalt für Verwaltungsrecht, Paderborn

Dr. Markus Edelbluth, Rechtsanwalt, Freiburg

Ludolf C. Ernst, Rechtsanwalt, Berlin

Dr. Frank Fellenberg, LL.M., Rechtsanwalt, Fachanwalt für Verwaltungsrecht, Berlin

Arne Friege, Rechtsanwalt, Fachanwalt für Verwaltungsrecht, Erfurt

Dr. Andreas Geiger, Rechtsanwalt, München

Dr. Nils Gronemeyer, Rechtsanwalt, Fachanwalt für Verwaltungsrecht, Paderborn

Prof. Dr. Steffen Gronemeyer, Rechtsanwalt, Fachanwalt für Verwaltungsrecht, Wirtschaftsmediator, Paderborn

Dr. Roland Hartmannsberger, Rechtsanwalt, Stuttgart

Dr. Dirk Herrmann, Rechtsanwalt, Fachanwalt für Verwaltungsrecht, Karlsruhe

Dr. Christoph Jahn, Rechtsanwalt, Fachanwalt für Verwaltungsrecht, Paderborn

Dr. Ulrich Karpenstein, Rechtsanwalt, Berlin, Brüssel

Prof. Dr. Christian Kirchberg, Rechtsanwalt, Fachanwalt für Verwaltungsrecht, Karlsruhe

Prof. Dr. Ferdinand Kuchler, Rechtsanwalt, Fachanwalt für Verwaltungsrecht, München

Berthold Münch, Rechtsanwalt, Heidelberg

Prof. Dr. Konrad Redeker, Rechtsanwalt, Fachanwalt für Verwaltungsrecht, Bonn

Dr. Gernot Schiller, Rechtsanwalt, Fachanwalt für Verwaltungsrecht, Berlin

Dr. Peter Sieben, Rechtsanwalt, Fachanwalt für Verwaltungsrecht, Stuttgart

Prof. Dr. Reinhard Sparwasser, Rechtsanwalt, Fachanwalt für Verwaltungsrecht, Freiburg

Dr. Martin Spieler, Rechtsanwalt, München

Wolfram Tacke, Rechtsanwalt, Fachanwalt für Verwaltungsrecht, Moers

Prof. Dr. Michael Uechtritz, Rechtsanwalt, Fachanwalt für Verwaltungsrecht, Stuttgart

**Zitierempfehlung:**
*Verfasser* in Redeker/Uechtritz, AHB-Verwaltungsverfahren, Teil ... Rz. ...

*Bibliografische Information
der Deutschen Nationalbibliothek*

Die Deutsche Nationalbibliothek verzeichnet diese Publikation in der Deutschen Nationalbibliografie; detaillierte bibliografische Daten sind im Internet über http://dnb.d-nb.de abrufbar.

Verlag Dr. Otto Schmidt KG
Gustav-Heinemann-Ufer 58, 50968 Köln
Tel. 02 21/9 37 38-01, Fax 02 21/9 37 38-943
info@otto-schmidt.de
www.otto-schmidt.de

ISBN 978-3-504-15001-3

©2012 by Verlag Dr. Otto Schmidt KG, Köln

Das Werk einschließlich aller seiner Teile ist urheberrechtlich geschützt. Jede Verwertung, die nicht ausdrücklich vom Urheberrechtsgesetz zugelassen ist, bedarf der vorherigen Zustimmung des Verlages. Das gilt insbesondere für Vervielfältigungen, Bearbeitungen, Übersetzungen, Mikroverfilmungen und die Einspeicherung und Verarbeitung in elektronischen Systemen.

Das verwendete Papier ist aus chlorfrei gebleichten Rohstoffen hergestellt, holz- und säurefrei, alterungsbeständig und umweltfreundlich.

Einbandgestaltung: Jan P. Lichtenford, Mettmann
Satz: Schäper, Bonn
Druck und Verarbeitung: Kösel, Krugzell
Printed in Germany

# Vorwort

Das „Anwalts-Handbuch Verwaltungsverfahren", das dem Anwalt bei der Beratung in öffentlich-rechtlichen Fragestellungen eine praxisorientierte Hilfestellung bieten will, präsentiert sich mit diesem Band in geänderter und aktualisierter Form: Im Hinblick auf die äußere Gestaltung des Werkes haben Herausgeber und Verlag die Entscheidung getroffen, eine Umstellung vom Loseblatt-Werk zu einer gebundenen Ausgabe vorzunehmen. Mit dieser Änderung entsprechen Verlag und Herausgeber den veränderten Präferenzen der Nutzer: Weg von Loseblattausgaben hin zu gebundenen Werken, um Arbeit und Kosten, die mit dem regelmäßigen Bezug von Nachlieferungen verbunden sind, zu vermeiden. Inhaltlich trägt das Werk der aktuellen Rechtsentwicklung in mehrfacher Hinsicht Rechnung: Das Kapitel Wehrpflichtrecht entfällt, nachdem der Gesetzgeber die Wehrpflicht ausgesetzt hat. Entfallen ist auch das Kapitel über das Vermögens- und Investitionsrecht, da diese Materie inzwischen – mehr als 20 Jahre nach der deutschen Vereinigung – in der praktischen Arbeit der allermeisten Rechtsanwälte keine Bedeutung mehr besitzt. Neu hinzugekommen ist ein Kapitel über Informationsrechte. Nachdem das deutsche Verwaltungsrecht bis in die 90er Jahre hinein vom Grundsatz des Amtsgeheimnisses und der Vertraulichkeit der Verwaltung gekennzeichnet war, markieren Umweltinformationsgesetz, Informationsfreiheitsgesetz und Verbraucherinformationsgesetz eine Zäsur, die auch für die anwaltliche Praxis zunehmende Bedeutung gewinnt. Des Weiteren sind alle Beiträge überarbeitet und aktualisiert. Weitere Veränderungen gibt es durch den Wechsel der Bearbeiter der Kapitel Bebauungsplanverfahren, Immissionsschutzrecht, Recht der Wasserwirtschaft, Ausländerrecht sowie Schul- und Hochschulrecht. Die Fortführung der entsprechenden Kapitel ist von neuen Autoren übernommen worden.

Unverändert bleiben Grundkonzeption und Ziel dieses Handbuchs: Erläutert wird das allgemeine Verwaltungsverfahren, einschließlich – in einem gesonderten Kapitel – das „europäische Verwaltungsverfahren" –, und zwar sowohl im Hinblick auf die wachsende Überformung des nationalen Verfahrensrechts durch das EU-Recht als auch im Hinblick auf das Verwaltungsverfahren gegenüber EU-Behörden. Den zentralen Teil des Werkes macht die Darstellung des Verwaltungsverfahrens in allen Materien des besonderen Verwaltungsverfahrensrechts aus, die für die praktische Anwaltsarbeit von Bedeutung sind. Viele Rechtsmaterien des besonderen Verwaltungsrechts sind von besonderen Verfahrensvorschriften geprägt, deren Kenntnis und Handhabung für den Anwalt zur effektiven Interessenvertretung seiner Mandanten unabdingbar ist. Wegen der engen Verzahnung von Verfahrensrecht und materiellem Recht behandeln die einzelnen Beiträge auch die typischen und häufigsten Fragen des materiellen Rechts, verbunden mit weiterführenden Hinweisen, um eine vertiefte Einarbeitung in Spezialprobleme des materiellen Rechts zu erleichtern.

Unverändert gilt: Ziel diese Handbuchs ist es, auch dem Anwalt, der sich nicht im Verwaltungsrecht spezialisiert hat, das Verfahrensrecht nahe zu bringen. Dem Spezialisten, der überwiegend in einem begrenzten Teilgebiet tätig ist, soll das Handbuch eine Orientierungshilfe liefern, wenn dieser in anderen Materien des besonderen Verwaltungsrechts, außerhalb seines Spezialgebietes, tätig wird.

Die Verfasser der einzelnen Beiträge sind ausschließlich Rechtsanwälte, die sich in Wissenschaft und Praxis seit Jahren mit den von ihnen behandelten Materien befassen.

Um das Handbuch stets praxis-problemorientiert und aktuell zu halten, sind Herausgeber, Autoren und Verlag jederzeit für kritische Hinweise und Anregungen dankbar.

Stuttgart, November 2011                                Die Herausgeber

# Inhaltsübersicht

|  | Seite |
|---|---|
| Vorwort | VII |
| Inhaltsverzeichnis | XI |
| Abkürzungsverzeichnis | XXXIII |

## Teil 1
## Grundlagen des Verwaltungsverfahrens

| | |
|---|---|
| A. Allgemeine Grundzüge *(Bracher/Redeker)* | 1 |
| B. Informationsansprüche *(Hartmannsberger)* | 49 |
| C. Europäisches Verwaltungsverfahren *(Fellenberg/Karpenstein)* | 153 |
| D. Planfeststellungsverfahren *(Geiger)* | 199 |

## Teil 2
## Baurecht

| | |
|---|---|
| A. Baugenehmigungsverfahren *(Uechtritz)* | 253 |
| B. Bebauungsplanverfahren *(Tacke)* | 344 |
| C. Umlegungsverfahren *(Kirchberg)* | 421 |
| D. Enteignungsverfahren *(Beckmann)* | 475 |

## Teil 3
## Umweltrecht

| | |
|---|---|
| A. Immissionsschutzrecht *(Schiller)* | 523 |
| B. Kreislaufwirtschafts- und Abfallrecht *(Dippel)* | 602 |
| C. Recht der Wasserwirtschaft *(Ernst)* | 700 |
| D. Natur- und Landschaftsschutzrecht *(Kuchler/Spieler)* | 810 |
| E. Bodenschutzrecht *(Sparwasser/Edelbluth)* | 876 |

|  | Seite |
|---|---|
| **Teil 4** | |
| **Kommunalabgabenrecht** | |
| *(Sieben)* | 965 |

**Teil 5**
**Wirtschaftsverwaltungsrecht**

| | |
|---|---|
| A. Gewerbe-, Handwerks- und Gaststättenrecht *(S. Gronemeyer/ N. Gronemeyer)* | 1025 |
| B. Spielhallen- und Glücksspielrecht *(S. Gronemeyer/Friege)* | 1086 |
| C. Personenbeförderungsrecht *(Jahn)* | 1141 |
| D. Güterkraftverkehrsrecht *(N. Gronemeyer)* | 1180 |

**Teil 6**
**Recht des öffentlichen Dienstes**

| | |
|---|---|
| A. Beamtenrecht *(Baden)* | 1191 |
| B. Disziplinarrecht *(Baden)* | 1325 |

**Teil 7**
**Ausländerrecht**

| | |
|---|---|
| A. Allgemeines Ausländerrecht *(Münch)* | 1411 |
| B. Asylrecht *(Bethäuser)* | 1466 |

**Teil 8**
**Schul- und Hochschulrecht**
*(Herrmann)* ... 1549

Stichwortverzeichnis ... 1583

# Inhaltsverzeichnis*

|  | Seite |
|---|---|
| Vorwort | VII |
| Inhaltsübersicht | IX |
| Abkürzungsverzeichnis | XXXIII |

# Teil 1
# Grundlagen des Verwaltungsverfahrens

## A. Allgemeine Grundzüge *(Bracher/Redeker)*

|  | Rz. | Seite |
|---|---|---|
| **Vorbemerkung** |  | 2 |
| **I. Von den Verwaltungsverfahrensgesetzen normierte Regeln** | 1 | 3 |
| 1. Der Anwendungsbereich der Verwaltungsverfahrensgesetze | 1 | 3 |
| 2. Ausgeschlossene Personen und Befangenheit | 11 | 5 |
| 3. Untersuchungsmaxime, behördliche Betreuungspflicht, einheitliche Stelle | 15 | 7 |
| 4. Beteiligte, Anhörung, Akteneinsicht | 24 | 9 |
| 5. Bevollmächtigte und Beistände | 43 | 12 |
| **II. Von den VwVfG nicht erfasstes Verwaltungshandeln** | 48 | 14 |
| 1. Verordnungen und kommunale Satzungen | 51 | 14 |
| 2. Innerbehördliches Verfahren | 57 | 16 |
| 3. Informales Verwaltungshandeln | 60 | 17 |
| 4. Gegenvorstellung, Aufsichtsbeschwerde, Petition | 64 | 18 |
| **III. Das Widerspruchsverfahren** | 69 | 20 |
| 1. Das Widerspruchsverfahren als Verwaltungsverfahren und als Sachurteilsvoraussetzung | 69 | 20 |
| 2. Form und Frist des Widerspruchs | 72 | 22 |
| 3. Nutzungsmöglichkeiten des Widerspruchsverfahrens | 77 | 23 |
| 4. Kostenerstattung im Widerspruchsverfahren | 81 | 25 |
| **IV. Das summarische Gerichtsverfahren als Zwischenstation während des Verwaltungsverfahrens** | 84 | 26 |
| 1. Aufschiebende Wirkung und sofortige Vollziehung | 85 | 27 |
| 2. Vorläufige Regelungen im Leistungsverfahren | 93 | 30 |
| 3. Das summarische Verfahren während des Verwaltungsverfahrens um einen VA mit Doppelwirkung | 99 | 32 |
| **V. Der Dritte bei VA mit Drittwirkung** | 104 | 34 |

---

* Ausführliche Inhaltsübersichten zu Beginn der einzelnen Kapitel.

|  | Rz. | Seite |
|---|---|---|
| **VI. Die Gestaltung des verwaltungsrechtlichen Mandats nach der Kontrolldichte gerichtlicher Überprüfung** | 109 | 35 |
| 1. Gebundene Entscheidung, Ermessensausübung, Beurteilungsermächtigung | 109 | 35 |
| 2. Kontrolldichte bei gebundener Verwaltung | 113 | 37 |
| 3. Kontrolldichte bei Ermessensentscheidungen | 114 | 37 |
| 4. Fallgruppen und Kontrolldichte bei Beurteilungsermächtigungen | 118 | 38 |
| **VII. Fehler im Verwaltungsverfahren** | 121 | 40 |
| 1. Beachtlichkeit von Verfahrensfehlern | 122 | 40 |
| 2. Heilung von Verfahrens- und Formfehlern | 126 | 41 |
| 3. Rechtsbehelfe gegen Verfahrenshandlungen | 129 | 42 |
| **VIII. Grundüberlegungen zur Führung des verwaltungsrechtlichen Mandats** | 132 | 43 |
| 1. Verwaltungsverfahrensrecht als Ordnungsmaxime | 132 | 43 |
| 2. Kooperation und/oder Konfrontation | 135 | 45 |
| 3. Kompromiss im Prozess | 146 | 48 |

## B. Informationsansprüche *(Hartmannsberger)*

|  | Rz. | Seite |
|---|---|---|
| **I. Das anwendbare Recht** | 1 | 53 |
| 1. Umweltinformationsgesetze | 1 | 53 |
| 2. Informationsfreiheitsgesetze | 2 | 54 |
| **II. Vorbemerkungen zu den Informationsansprüchen** | 4 | 55 |
| 1. Informationsansprüche – junge Rechtsmaterie mit wachsender Praxisbedeutung | 4 | 55 |
| 2. Informationsansprüche in der anwaltlichen Praxis | 7 | 56 |
| **III. Umweltinformationsansprüche** | 9 | 57 |
| 1. Vorbemerkungen | 9 | 57 |
| 2. Anspruchsberechtigte | 13 | 58 |
| 3. Voraussetzungslosigkeit des Anspruchs | 14 | 59 |
| 4. Informationspflichtige Stellen | 15 | 59 |
| 5. Der Begriff der Umweltinformationen | 21 | 61 |
| 6. Ablehnungsgründe, §§ 8 und 9 UIG | 48 | 68 |
| 7. Antrag und Verfahren | 100 | 84 |
| 8. Art des Zugangs zu Umweltinformationen | 112 | 88 |
| 9. Konkurrenz zu anderen Informationsansprüchen | 124 | 90 |
| 10. Kosten, § 12 UIG | 127 | 92 |
| 11. Rechtsschutz gegen Entscheidungen in der Sache | 134 | 94 |
| 12. Rechtsschutz gegen Kostenentscheidung | 154 | 100 |
| 13. Rechtsschutz gegen Maßnahmen der Überwachungsstelle | 156 | 101 |
| **IV. Informationsansprüche nach Informationsfreiheitsgesetz (IFG)** | 159 | 102 |
| 1. Vorbemerkungen | 159 | 102 |
| 2. Anspruchsberechtigung, § 1 Abs. 1 IFG | 162 | 102 |
| 3. Informationspflichtige Stellen – Bundesbehörden | 165 | 103 |
| 4. Der Begriff der amtlichen Information, § 2 Nr. 1 IFG | 170 | 104 |
| 5. Ablehnungsgründe, §§ 3 bis 6 IFG | 177 | 107 |
| 6. Ablehnungsgrund § 7 Abs. 2 Satz 1 IFG | 218 | 120 |

|  | Rz. | Seite |
|---|---|---|
| 7. Ablehnungsgrund § 9 Abs. 3 IFG | 220 | 121 |
| 8. Antrag und Verfahren | 222 | 122 |
| 9. Art und Form des Informationszugangs | 234 | 124 |
| 10. Konkurrenzen zu anderen Informationsansprüchen | 236 | 125 |
| 11. Kosten, § 10 IFG | 237 | 125 |
| 12. Rechtsschutz gegen Entscheidungen in der Sache | 241 | 126 |
| 13. Rechtsschutz gegen Kostenentscheidung | 247 | 128 |
| **V. Verbraucherinformationsgesetz** | 248 | 128 |
| 1. Vorbemerkungen | 248 | 128 |
| 2. Anspruchsberechtigung | 252 | 129 |
| 3. Informationspflichtige Stellen | 253 | 129 |
| 4. Der Begriff der Verbraucherinformationen | 259 | 131 |
| 5. Ablehnungsgründe §§ 2, 3 und 1 Abs. 4 VIG | 273 | 134 |
| 6. Antrag und Verfahren | 298 | 140 |
| 7. Art und Form des Informationszugangs | 303 | 141 |
| 8. Exkurs: Aktive Verbreitung von Informationen durch Behörden | 304 | 141 |
| 9. Konkurrenz zu anderen Informationsansprüchen | 305 | 142 |
| 10. Kosten, § 6 VIG | 306 | 142 |
| 11. Rechtsschutz gegen Entscheidungen in der Sache | 308 | 143 |
| 12. Rechtsschutz gegen Kostenentscheidungen | 317 | 145 |
| 13. Eckpunkte der geplanten Novellierung | 318 | 145 |
| **VI. Sonstige Informationsansprüche und -quellen** | 332 | 149 |
| 1. Akteneinsichtsrecht nach § 29 VwVfG und § 100 VwGO | 333 | 149 |
| 2. Individuelle Auskunfts- und Informationsansprüche | 334 | 149 |
| 3. Informationsgewinnung über allgemein zugängliche Quellen | 339 | 151 |

## C. Europäisches Verwaltungsverfahren *(Fellenberg/Karpenstein)*

|  | Rz. | Seite |
|---|---|---|
| **I. Anwendungsbereich** | 1 | 155 |
| **II. Direkter Vollzug (EU-Eigenverwaltung)** | 5 | 156 |
| 1. Anwendbares Recht | 5 | 156 |
| 2. Zuständigkeit der Unionsorgane | 7 | 156 |
| 3. Recht auf eine gute Verwaltung | 9 | 157 |
| 4. Recht auf Zugang zu Dokumenten | 11 | 157 |
| 5. Verfahrensablauf | 16 | 159 |
| 6. Willensbildung | 32 | 162 |
| 7. Beteiligungsrechte | 35 | 163 |
| 8. Verfahrensbeendigende Handlungsformen der EU-Organe | 43 | 165 |
| 9. Wirksamkeitsvoraussetzungen | 51 | 166 |
| 10. Rechtsschutz gegen die verfahrensbeendigende Maßnahme | 62 | 170 |
| **III. Indirekter Vollzug (mitgliedstaatlicher Vollzug)** | 67 | 171 |
| 1. Allgemeine Hinweise zur anwaltlichen Tätigkeit | 69 | 171 |
| 2. Mittelbarer und unmittelbarer mitgliedstaatlicher Vollzug | 75 | 173 |
| 3. Zuständigkeit und Verwaltungsorganisation | 76 | 173 |
| 4. Grundsatz der mitgliedstaatlichen Verfahrensautonomie | 79 | 175 |
| 5. Einschränkung der Verfahrensautonomie durch das Äquivalenzgebot und das Effektivitätsgebot | 89 | 178 |

|  | Rz. | Seite |
|---|---|---|
| 6. Unmittelbare Wirkung des Unionsrechts als Vollzugsvoraussetzung | 94 | 180 |
| 7. Anwendungsvorrang | 100 | 182 |
| 8. Unionsrechts- und insbesondere richtlinienkonforme Auslegung | 108 | 184 |
| 9. Einfluss des Unionsrechts auf einzelne verfahrensrechtliche Vorschriften | 116 | 186 |
| 10. Grundrechte und Grundfreiheiten | 135 | 192 |
| 11. Unionsrechtlicher Staatshaftungsanspruch | 141 | 193 |
| 12. Unionsrechtlicher Folgenbeseitigungsanspruch | 146 | 194 |
| 13. Entschädigungsanspruch für EuGH-Überraschungsurteile | 147 | 195 |
| 14. Die Kommissionsbeschwerde | 148 | 195 |
| **IV. Gemischter Vollzug** | 151 | 196 |

## D. Planfeststellungsverfahren *(Geiger)*

|  | Rz. | Seite |
|---|---|---|
| **I. Einführung** | 1 | 200 |
| **II. Vorhaben der Fachplanung im Überblick** | 18 | 203 |
| **III. Verfahrensrechtliche Anforderungen im Planfeststellungsverfahren** | 20 | 204 |
| 1. Bedeutung von Verfahrensmängeln | 20 | 204 |
| 2. Auslegung des Plans | 23 | 205 |
| 3. Einwendungen gegen den Plan | 35 | 208 |
| 4. Beteiligung anerkannter Naturschutzverbände | 48 | 211 |
| 5. Anhörung | 57 | 213 |
| 6. Akteneinsicht | 60 | 214 |
| 7. Faires Verfahren | 61 | 215 |
| 8. Umweltverträglichkeitsprüfung | 62 | 215 |
| **IV. Materiell-rechtliche Anforderungen an Planfeststellungsbeschlüsse** | 71 | 217 |
| 1. Bedeutung materieller Mängel | 71 | 217 |
| 2. Sekundäres materielles Recht | 73 | 217 |
| 3. Rechtliche Vorentscheidungen | 74 | 217 |
| 4. Planrechtfertigung | 76 | 218 |
| 5. Planungsleitsätze | 80 | 219 |
| 6. Abwägung | 82 | 219 |
| 7. Naturschutzrechtliche Eingriffsregelung | 97 | 223 |
| 8. Europarechtlicher Naturschutz | 102 | 224 |
| 9. Immissionen und sonstige Gefährdungen | 173 | 240 |
| 10. Gesundheit | 205 | 245 |
| 11. Eigentum (Art. 14 GG) | 206 | 245 |
| 12. Unfallrisiken | 213 | 247 |
| 13. Beeinträchtigungen während der Bauausführung | 214 | 247 |
| 14. Zusammentreffen mehrerer Fachplanungen | 216 | 248 |
| 15. Widmung und Entwidmung von Anlagen | 220 | 248 |
| **V. Rechtsbehelfe** | 222 | 249 |
| 1. Rechtsbehelfe gegen die Durchführung eines Planfeststellungsverfahrens | 223 | 249 |

|  | Rz. | Seite |
|---|---|---|
| 2. Rechtsbehelfe gegen die Durchführung eines ohne erforderliches Planfeststellungsverfahren geplantes Vorhabens | 225 | 249 |
| 3. Rechtsbehelfe gegen dem Planfeststellungsverfahren vorgelagerte Verfahren | 226 | 250 |
| 4. Rechtsbehelfe gegen Planfeststellungsbeschlüsse | 227 | 250 |
| 5. Klagebefugnis | 234 | 251 |
| 6. Prozessuale Präklusion | 235 | 251 |
| 7. Vorläufiger Rechtsschutz | 237 | 251 |

# Teil 2
# Baurecht

## A. Baugenehmigungsverfahren *(Uechtritz)*

| | | |
|---|---|---|
| I. Das anwendbare Recht | 1 | 255 |
| 1. Landesbauordnungen | 1 | 255 |
| 2. Das allgemeine Verwaltungsverfahrensrecht | 2 | 257 |
| 3. Verfahrensrechtliche Bestimmungen im BauGB | 3 | 257 |
| II. Tätigkeiten vor förmlicher Antragstellung | 4 | 258 |
| 1. Klärungsauftrag | 4 | 258 |
| 2. Erforderlichkeit einer baurechtlichen Genehmigung | 5 | 259 |
| 3. Ermittlung der Genehmigungsfähigkeit | 39 | 277 |
| 4. Überwindung von materiellen Genehmigungshindernissen | 49 | 282 |
| III. Antrag auf Erteilung eines Bauvorbescheids | 56 | 287 |
| 1. Anwendungsbereich und Rechtsnatur eines Bauvorbescheids | 56 | 287 |
| 2. Bindungswirkung des Bauvorbescheids | 58 | 289 |
| 3. Formerfordernis | 61 | 291 |
| IV. Antrag auf Erteilung einer Baugenehmigung | 62 | 291 |
| 1. Antragsinhalt | 62 | 291 |
| 2. Antragsberechtigter | 65 | 292 |
| 3. Vollständigkeit und Eindeutigkeit des Antrags | 66 | 293 |
| 4. Ausnahmen, Befreiungen und Abweichungen | 69 | 294 |
| 5. Unterschiedliche und wiederholte Anträge | 71 | 295 |
| 6. Verfahrensgang | 73 | 296 |
| 7. „Überlange" Verfahrensdauer | 75 | 298 |
| V. Genehmigungserteilung | 78 | 299 |
| 1. Form der Genehmigungserteilung | 78 | 299 |
| 2. Baugenehmigungsgebühren | 80 | 300 |
| 3. Geltungsdauer | 81 | 301 |
| 4. Nebenbestimmungen | 84 | 303 |
| 5. Untersuchung auf Altlasten und sonstige Nachweispflichten | 89 | 305 |
| 6. Die Teilbaugenehmigung | 91 | 307 |
| 7. Die Nachtragsgenehmigung | 92 | 308 |

|     | Rz. | Seite |
|---|---|---|

|  | Rz. | Seite |
|---|---|---|
| 8. Nachträgliche Aufhebung einer erteilten Baugenehmigung .. | 93 | 308 |
| 9. Beseitigung verfallender baulicher Anlagen | 95 | 309 |
| **VI. Genehmigungshindernisse** | 96 | 310 |
| 1. Nachbareinwendungen | 97 | 310 |
| 2. Verweigerung des gemeindlichen Einvernehmens | 102 | 313 |
| 3. Veränderungssperre gem. § 14 BauGB, Zurückstellung und vorläufige Untersagung gem. § 15 BauGB | 106 | 315 |
| **VII. „Durchsetzung" einer erteilten Baugenehmigung** | 111 | 318 |
| 1. Auswirkungen eines Widerspruchs | 111 | 318 |
| 2. „Freigestellte" bzw. „anzeigepflichtige" Wohnbauvorhaben . | 113 | 319 |
| **VIII. Vorgehen bei Ablehnung der Baugenehmigung** | 114 | 320 |
| 1. Reaktionsmöglichkeiten | 114 | 320 |
| 2. Maßgeblicher Beurteilungszeitpunkt | 116 | 320 |
| **IX. Ersatzansprüche** | 117 | 321 |
| 1. Bei rechtswidriger Ablehnung | 118 | 321 |
| 2. Bei Verzögerungen | 119 | 322 |
| 3. Bei rechtswidriger Erteilung | 121 | 323 |
| 4. Bei Falschauskunft | 122 | 324 |
| 5. Entschädigungsansprüche | 123 | 325 |
| **I. Tätigkeit im Angrenzer-/Nachbarbenachrichtigungsverfahren** | 125 | 326 |
| 1. Zeitpunkt und Grenzen für Nachbareinwendungen | 125 | 326 |
| 2. Umfang der Einwendungen | 126 | 327 |
| 3. Einwendungen trotz unterbliebener Beteiligung | 129 | 329 |
| **II. Tätigkeit im Widerspruchsverfahren** | 130 | 329 |
| 1. Zeitpunkt der Widerspruchseinlegung | 130 | 329 |
| 2. Prüfung der Erfolgsaussichten | 131 | 331 |
| 3. Erfordernis der Verletzung subjektiver Nachbarrechte | 133 | 331 |
| 4. Notwendigkeit einer tatsächlichen Beeinträchtigung? | 135 | 334 |
| 5. „Taktische" Fragen | 136 | 335 |
| 6. Maßnahmen zur Herstellung des Suspensiveffektes von Widerspruch bzw. Anfechtungsklage | 137 | 335 |
| **III. Besonderheiten im Fall freigestellter bzw. anzeigepflichtiger Wohnbauvorhaben** | 142 | 338 |
| 1. Veränderte Rechtslage im Hinblick auf den Nachbarschutz . | 142 | 338 |
| 2. Rechtsanspruch des Nachbarn auf Einschreiten | 143 | 338 |
| 3. Prozessuale Durchsetzung der Nachbarrechte | 144 | 339 |
| 4. Besonderheiten bei Planabweichungen | 147 | 340 |
| 5. Möglichkeiten eines zivilrechtlichen Vorgehens | 148 | 341 |
| **IV. Besonderheiten im vereinfachten Genehmigungsverfahren** .. | 149 | 342 |
| **V. Tätigkeit bei rechtswidrigem Verhalten des Bauherrn** | 151 | 343 |

## B. Bebauungsplanverfahren *(Tacke)*

|  | Rz. | Seite |
|---|---|---|
| **I. Bauleitplanung und Bebauungsplan** | 1 | 346 |
| 1. Bedeutung der Bauleitplanung | 1 | 346 |
| 2. Rechtsquellen | 2 | 346 |

|   |   | Rz. | Seite |
|---|---|---|---|
| 3. Die Bauleitplanung | | 29 | 352 |
| 4. Inhalt des Bebauungsplans | | 43 | 355 |
| **II. Aufgaben der Interessenwahrnehmung in der Planaufstellung** | | 62 | 360 |
| 1. Aufgabenstellungen im Blick auf Bindung und Freiheit des Planers | | 62 | 360 |
| 2. Verfahrensbeteiligte und Zuständigkeiten | | 118 | 377 |
| **III. Die einzelnen Verfahrensstadien und die Handlungsmöglichkeiten des Anwalts** | | 125 | 379 |
| 1. Informelle Vorstufen der Planung | | 126 | 379 |
| 2. Der Planaufstellungsbeschluss | | 127 | 380 |
| 3. Erste Beteiligungsphase – „frühzeitige Unterrichtung" | | 131 | 382 |
| 4. „Zwischenstadium" – Vorbereitung der förmlichen Beteiligung | | 137 | 383 |
| 5. Das förmliche Beteiligungsverfahren – Auslegung (§ 3 Abs. 2 BauGB) und Behördenbeteiligung (§ 4 Abs. 2 BauGB) | | 142 | 385 |
| 6. Beratung und Beschlussfassung über den BPlan-Entwurf | | 160 | 390 |
| 7. Rechtsaufsichtliche Kontrolle | | 176 | 393 |
| 8. Verkündung | | 183 | 396 |
| 9. Aufgaben des Anwalts nach Beendigung des BPlan-Verfahrens | | 186 | 396 |
| 10. Das ergänzende Verfahren – § 214 Abs. 4 BauGB | | 188 | 397 |
| **IV. Vereinfachte und beschleunigte Bebauungsplanaufstellungsverfahren** | | 190 | 399 |
| 1. Vereinfachtes Bebauungsplanverfahren (§ 13 BauGB) | | 190 | 399 |
| 2. Bebauungspläne der Innenentwicklung | | 193 | 401 |
| 3. Bebauungspläne zur Sicherung zentraler Versorgungsbereiche (§ 9 Abs. 2a BauGB) | | 199 | 404 |
| **V. Sonderfälle** | | 201 | 405 |
| 1. Aufstellung des Flächennutzungsplanes | | 201 | 405 |
| 2. Planungsinitiative beim BPlan | | 209 | 407 |
| 3. Der vorhabenbezogene BPlan | | 212 | 408 |
| 4. Satzungen nach §§ 34 Abs. 4 BauGB, 35 Abs. 6 BauGB | | 227 | 412 |
| 5. Die Veränderungssperre (§ 14 BauGB) | | 232 | 413 |
| **VI. Das Normenkontrollverfahren (§ 47 VwGO)** | | 241 | 416 |
| 1. Gegenstand und Rechtswirkungen der Normenkontrolle | | 241 | 416 |
| 2. Antragsbefugnis und Antragsfrist | | 247 | 418 |
| 3. Einstweilige Anordnung (§ 47 Abs. 6 VwGO) | | 252 | 419 |

## C. Umlegungsverfahren *(Kirchberg)*

|   |   | Rz. | Seite |
|---|---|---|---|
| **I. Vorbemerkung** | | 1 | 423 |
| **II. Allgemeine Übersicht** | | 6 | 425 |
| 1. Abgrenzungsfragen | | 6 | 425 |
| 2. Ablauf und Inhalt des Umlegungsverfahrens | | 13 | 429 |
| 3. Verfahrensrechtliche Besonderheiten/Kosten des Umlegungsverfahrens/Steuerbefreiung | | 20 | 432 |
| **III. Die Bescheide im Umlegungsverfahren** | | 29 | 435 |
| 1. Der Umlegungsbeschluss | | 29 | 435 |

|  | Rz. | Seite |
|---|---|---|
| 2. Der Umlegungsplan/der Beschluss über die vereinfachte Umlegung | 51 | 445 |
| 3. Inkrafttreten und Änderung des Umlegungsplans/des Beschlusses über die vereinfachte Umlegung | 94 | 463 |
| **IV. Rechtsschutzmöglichkeiten (Übersicht)** | 118 | 471 |

## D. Enteignungsverfahren *(Beckmann)*

|  | Rz. | Seite |
|---|---|---|
| **I. Einführung** | 1 | 477 |
| 1. Eigentumsgarantie | 6 | 478 |
| 2. Begriff der Enteignung | 10 | 480 |
| 3. Zulässigkeit der Enteignung | 14 | 482 |
| 4. Entschädigung | 24 | 485 |
| 5. Gegenstand des Enteignungsverfahrens | 29 | 488 |
| 6. Rechtsgrundlagen des Enteignungsverfahrens | 36 | 491 |
| 7. Überblick über das Verfahren | 40 | 492 |
| **II. Enteignungsbehörde** | 41 | 493 |
| **III. Enteignungsantrag** | 44 | 493 |
| 1. Antragsbefugnis | 46 | 494 |
| 2. Form und Inhalt | 48 | 494 |
| 3. Zurückweisung aussichtsloser Anträge | 49 | 495 |
| 4. Rechtsschutz | 50 | 495 |
| **IV. Beteiligte des Enteignungsverfahrens** | 53 | 496 |
| **V. Vorbereitung der mündlichen Verhandlung** | 58 | 497 |
| 1. Verfahrensbeschleunigung | 59 | 497 |
| 2. Überprüfung von Bebauungsplänen | 61 | 497 |
| 3. Rechtsschutz | 62 | 498 |
| **VI. Anberaumung des Termins zur mündlichen Verhandlung** | 64 | 498 |
| 1. Bekanntmachung und Ladung | 65 | 499 |
| 2. Vorzeitige Einleitung des Verfahrens | 70 | 499 |
| 3. Mitteilung an Grundbuchamt und Vollstreckungsgericht | 71 | 500 |
| 4. Gang der mündlichen Verhandlung | 73 | 500 |
| 5. Rechtsschutz | 75 | 501 |
| **VII. Genehmigungspflichtige Rechtsvorgänge** | 76 | 501 |
| 1. Genehmigungspflichtige Vorgänge | 77 | 501 |
| 2. Versagungsgründe | 78 | 502 |
| 3. Rechtswirkungen der Genehmigungspflicht | 80 | 502 |
| **VIII. Einigung und Teileinigung** | 83 | 502 |
| 1. Rechtsnatur der Einigung | 84 | 503 |
| 2. Zulässiger Inhalt der Einigung | 85 | 503 |
| 3. Form | 89 | 504 |
| 4. Unterzeichnungsfrist | 90 | 504 |
| 5. Rechtswirkung der Einigung | 91 | 505 |
| 6. Teileinigung | 92 | 505 |
| **IX. Entscheidung der Enteignungsbehörde** | 94 | 506 |
| 1. Vorabentscheidung über Rechtsänderungen | 96 | 506 |

|  | Rz. | Seite |
|---|---|---|
| 2. Materieller Inhalt stattgebender Entscheidungen | 97 | 507 |
| 3. Enteignungsbeschluss | 99 | 507 |
| X. Verwendungsfrist | 101 | 508 |
| XI. Verfahren bei der Entschädigung durch Gewährung anderer Rechte | 104 | 509 |
| XII. Vorzeitige Besitzeinweisung | 107 | 509 |
| 1. Voraussetzungen für die vorzeitige Besitzeinweisung | 109 | 511 |
| 2. Inhalt des Besitzeinweisungsbeschlusses | 113 | 512 |
| 3. Rechtsfolgen der Besitzeinweisung | 115 | 513 |
| 4. Entschädigung | 116 | 513 |
| 5. Verfahren und Rechtsschutz | 117 | 513 |
| XIII. Ausführung des Enteignungsbeschlusses | 122 | 515 |
| 1. Voraussetzungen | 124 | 515 |
| 2. Zustellung und Mitteilung | 125 | 515 |
| 3. Rechtsschutz | 126 | 516 |
| XIV. Verfahrensabschluss | 129 | 516 |
| 1. Hinterlegung | 129 | 516 |
| 2. Verteilungsverfahren | 130 | 517 |
| 3. Aufhebung des Enteignungsbeschlusses | 131 | 517 |
| 4. Voraussetzungen der Aufhebung | 132 | 517 |
| 5. Verfahren | 133 | 518 |
| 6. Rechtsschutz | 134 | 518 |
| XV. Kosten | 135 | 518 |
| XVI. Vollstreckbare Titel | 140 | 519 |
| XVII. Verfahren vor den Baulandgerichten | 141 | 519 |

# Teil 3
# Umweltrecht

## A. Immissionsschutzrecht *(Schiller)*

|  | Rz. | Seite |
|---|---|---|
| I. Das anwendbare Recht | 1 | 526 |
| 1. Unionsrecht | 2 | 526 |
| 2. Bundes-Immissionsschutzgesetz | 5 | 527 |
| 3. Landes-Immissionsschutzgesetze | 6 | 528 |
| 4. Gesetz über die Umweltverträglichkeitsprüfung (UVPG) | 7 | 528 |
| 5. Treibhausgas-Emissionshandelsgesetz | 8 | 528 |
| 6. Das allgemeine Verwaltungsverfahrensrecht | 9 | 529 |
| 7. Rechtsverordnungen zum BImSchG | 10 | 529 |
| 8. Verwaltungsvorschriften | 12 | 531 |
| II. Die Bedeutung des Rechtsanwalts im Immissionsschutzrecht | 15 | 532 |

|  | Rz. | Seite |
|---|---|---|
| **III. Tätigwerden vor der förmlichen Antragstellung** | 19 | 533 |
| 1. Erforderlichkeit einer immissionsschutzrechtlichen Genehmigung | 19 | 533 |
| 2. Ermittlung der Genehmigungsfähigkeit | 31 | 536 |
| 3. Festlegung der Zulassungsart | 40 | 540 |
| 4. Unterrichtung und Beratung hinsichtlich des Genehmigungsantrags | 41 | 541 |
| **IV. Das Genehmigungsverfahren** | 49 | 544 |
| 1. Zuständige Genehmigungsbehörde | 49 | 544 |
| 2. Feststellung der UVP-Pflicht | 51 | 545 |
| 3. Der Genehmigungsantrag | 54 | 546 |
| 4. Die Antragsunterlagen | 55 | 547 |
| 5. Die Vollständigkeitsprüfung | 59 | 550 |
| 6. Auslegung von Antrag und Antragsunterlagen | 63 | 551 |
| 7. Recht auf Akteneinsicht | 73 | 555 |
| 8. Einwendungen Dritter | 76 | 556 |
| 9. Behördenbeteiligung | 89 | 561 |
| 10. Koordinierungspflicht mehrerer Zulassungsverfahren | 93 | 562 |
| 11. Beteiligung der anerkannten Umweltschutzvereinigungen | 95 | 562 |
| 12. Beteiligung von Gemeinden und anderen Gebietskörperschaften | 98 | 564 |
| 13. Erörterungstermin | 99 | 564 |
| 14. Vereinfachtes Genehmigungsverfahren | 112 | 569 |
| 15. Verfahrensmängel und ihre Folgen | 115 | 570 |
| 16. Entscheidung der Genehmigungsbehörde | 118 | 571 |
| 17. Erlöschen der Genehmigung | 138 | 577 |
| **V. Besondere Verfahrensarten** | 151 | 580 |
| 1. Teilgenehmigungsverfahren (§ 8 BImSchG) | 151 | 580 |
| 2. Vorbescheidsverfahren (§ 9 BImSchG) | 158 | 582 |
| 3. Die Änderung genehmigter Anlagen (§§ 15, 16 BImSchG) | 165 | 584 |
| 4. Die Zulassung des vorzeitigen Beginns (§ 8a BImSchG) | 176 | 588 |
| 5. Nachträgliche Anordnungen (§ 17 BImSchG) | 181 | 590 |
| **VI. Klimaschutzrecht** | 198 | 594 |
| 1. Erteilung der Emissionsgenehmigung (§ 4 TEHG) | 202 | 596 |
| 2. Festlegung der Gesamtzahl der Emissionsberechtigungen | 209 | 597 |
| 3. Zuteilung der individuellen Emissionsberechtigungen | 211 | 598 |
| 4. Wesentliche Änderungen durch das Gesetz zur Anpassung der Rechtsgrundlagen für die Fortentwicklung des Emissionshandels | 217 | 600 |

## B. Kreislaufwirtschafts- und Abfallrecht *(Dippel)*

|  | Rz. | Seite |
|---|---|---|
| **I. Einleitung** | 1 | 605 |
| 1. Entwicklung und heutige praktische Bedeutung des Kreislaufwirtschaftsrechts | 1 | 605 |
| 2. Kreislaufwirtschaftsrechtliche Regelungsebenen | 6 | 607 |
| **II. Abfallrecht als Stoffrecht** | 16 | 612 |
| 1. Der Abfallbegriff | 18 | 612 |
| 2. Weitere Begriffsbestimmungen | 44 | 623 |

|  | Rz. | Seite |
|---|---|---|
| 3. Grundsätze und Pflichten des Abfallrechts | 49 | 625 |
| 4. Abfallwirtschaftliche Bedeutung der Gewerbeabfallverordnung | 70 | 633 |
| 5. Überlassungspflichten, Entsorgungszuständigkeiten | 74 | 636 |
| 6. Stoffstromüberwachung im Inland | 111 | 652 |
| 7. Grenzüberschreitende Abfallverbringung | 122 | 655 |
| III. Ordnung und Planung der Abfallentsorgung | 131 | 660 |
| 1. Abfallwirtschaftsplanung (§§ 30 f. KrWG) | 131 | 660 |
| 2. Anlagenzwang für Abfälle zur Beseitigung (§ 28 KrWG) | 141 | 664 |
| IV. Verfahren zur Anlagenzulassung und Anlagenüberwachung | 148 | 666 |
| 1. Reichweite der abfallrechtlichen Anlagenzulassung | 149 | 666 |
| 2. Zulassung von Anlagen zur Entsorgung von Abfällen | 158 | 669 |
| 3. Zulassung von Deponien | 176 | 675 |
| 4. Unterschiedliche Konstellationen des anwaltlichen Mandats; taktische Fragen | 207 | 685 |
| 5. Anlagenüberwachung | 216 | 688 |
| V. Satzungsrechtliche Ausgestaltung der öffentlichen Entsorgung | 231 | 693 |
| 1. Rechtliche Grundlagen | 232 | 693 |
| 2. Anschluss- und Benutzungszwang | 233 | 694 |
| 3. Regelung der Art und Weise der Entsorgung | 237 | 695 |
| 4. Abfallgebühren | 243 | 698 |
| 5. Rechtsschutz | 246 | 699 |

## C. Recht der Wasserwirtschaft *(Ernst)*

|  | Rz. | Seite |
|---|---|---|
| I. Überblick über das Recht der Wasserwirtschaft | 1 | 703 |
| 1. Ziele des Rechts der Wasserwirtschaft | 2 | 703 |
| 2. Aufbau und Struktur des Rechtsgebiets | 4 | 704 |
| II. Gewässer | 13 | 706 |
| 1. Oberirdische Gewässer | 18 | 706 |
| 2. Küstengewässer | 23 | 707 |
| 3. Grundwasser | 27 | 708 |
| 4. Ausnahme bestimmter Gewässer von den Bestimmungen des WHG nach § 2 Abs. 2 WHG | 33 | 709 |
| 5. Eigentum an Gewässern | 48 | 711 |
| 6. Allgemeine Sorgfaltspflichten | 65 | 713 |
| III. Gewässerbenutzungen | 86 | 718 |
| 1. Begriff der Gewässerbenutzung | 89 | 718 |
| 2. Einzelne Benutzungstatbestände | 92 | 719 |
| 3. Zulassung von Gewässerbenutzungen | 142 | 729 |
| IV. Wasserversorgung | 271 | 750 |
| 1. Versorgungspflicht | 279 | 751 |
| 2. Begründung und Ausgestaltung von Versorgungsverhältnissen | 285 | 752 |
| 3. Anforderungen an die Versorgung mit Trinkwasser | 322 | 758 |
| 4. Festsetzung von Wasserschutzgebieten | 347 | 762 |

|  | Rz. | Seite |
|---|---|---|
| **V. Abwasserbeseitigung** | 391 | 770 |
| 1. Begriff des Abwassers | 391 | 770 |
| 2. Abwasserbeseitigung | 405 | 772 |
| 3. Abwasserbeseitigung durch Einleiten von Abwasser in ein Gewässer („Direkteinleitung") | 434 | 776 |
| 4. Abwasserbeseitigung durch Einleiten von Abwasser in die Kanalisation („Indirekteinleitung") | 446 | 778 |
| 5. Anforderungen an Abwasseranlagen | 464 | 780 |
| **VI. Umgang mit wassergefährdenden Stoffen** | 494 | 785 |
| 1. Begriff der wassergefährdenden Stoffe, Einstufung | 496 | 785 |
| 2. Umgang mit wassergefährdenden Stoffen | 506 | 787 |
| 3. Anlagen zum Umgang mit wassergefährdenden Stoffen | 513 | 788 |
| **VII. Haftung für Veränderungen von Gewässern** | 541 | 793 |
| 1. Veränderung durch Einbringen oder Einleiten von Stoffen | 541 | 793 |
| 2. Veränderung eines Gewässers durch Austreten von Stoffen | 546 | 794 |
| **VIII. Anlagen in oder an Gewässern** | 553 | 795 |
| **IX. Ausbau von Gewässern** | 558 | 796 |
| 1. Begriff | 558 | 796 |
| 2. Anforderungen an den Gewässerausbau | 565 | 797 |
| 3. Verfahren | 567 | 797 |
| **X. Unterhaltung von Gewässern** | 578 | 798 |
| 1. Zweck und Rechtsnatur der Gewässerunterhaltung | 578 | 798 |
| 2. Umfang der Gewässerunterhaltung | 579 | 798 |
| 3. Träger der Unterhaltungslast | 587 | 800 |
| 4. Besondere Pflichten im Interesse der Unterhaltung | 593 | 801 |
| 5. Zulassung von Unterhaltungsmaßnahmen | 606 | 803 |
| 6. Ansprüche bei Unterlassung von Unterhaltungsmaßnahmen | 609 | 803 |
| **XI. Hochwasserschutz** | 612 | 803 |
| 1. Hochwasser | 612 | 803 |
| 2. Bewertung von Hochwasserrisiken | 613 | 803 |
| 3. Festsetzung von Überschwemmungsgebieten | 619 | 804 |
| **XII. Gewässeraufsicht** | 626 | 805 |
| 1. Überwachung | 627 | 805 |
| 2. Anordnungen im Einzelfall | 633 | 807 |

## D. Natur- und Landschaftsschutzrecht *(Kuchler/Spieler)*

|  | Rz. | Seite |
|---|---|---|
| **I. Einführung** | 1 | 813 |
| 1. Praktische Bedeutung des Naturschutzrechts | 1 | 813 |
| 2. Gesetzliche Grundlagen | 2 | 813 |
| 3. Die Bedeutung des Naturschutzrechts in der anwaltlichen Tätigkeit | 8 | 816 |
| **II. Das naturschutzrechtliche Instrumentarium** | 11 | 816 |
| 1. Überblick | 11 | 816 |
| 2. Ziele des Naturschutzes und der Landschaftspflege | 15 | 817 |
| 3. Landschaftsplanung | 17 | 818 |
| 4. Allgemeiner Gebietsschutz: Die naturschutzrechtliche Eingriffsregelung | 21 | 819 |

|  | Rz. | Seite |
|---|---|---|
| 5. Besonderer Gebiets- und Objektschutz: Die Unterschutzstellung bestimmter Flächen und Objekte | 57 | 826 |
| 6. Biotopverbund und Biotopvernetzung, §§ 20, 21 BNatSchG | 86 | 831 |
| 7. Allgemeiner Artenschutz | 89 | 831 |
| 8. Europäischer Natur- und Artenschutz | 91 | 832 |
| 9. Flächenbezogener gesetzlicher Biotopschutz | 141 | 845 |
| III. Naturschutzrechtliche Anforderungen an Fachplanungsentscheidungen | 145 | 846 |
| 1. Anwaltliche Tätigkeit vor Einleitung des Planfeststellungsverfahrens | 146 | 846 |
| 2. Anwaltliche Tätigkeit im Planfeststellungsverfahren | 147 | 846 |
| 3. Rechtsschutz | 170 | 851 |
| IV. Naturschutzrechtliche Anforderungen an die Bauleitplanung | 175 | 852 |
| 1. Anwaltliche Tätigkeit vor dem Aufstellungsbeschluss | 177 | 852 |
| 2. Anwaltliche Tätigkeit im Ablauf des Verfahrens | 229 | 863 |
| 3. Anwaltliche Tätigkeit nach dem Satzungsbeschluss | 239 | 865 |
| V. Naturschutzrechtliche Anforderungen an Baugenehmigungen | 241 | 865 |
| 1. Tätigkeiten vor Antragstellung | 242 | 865 |
| 2. Antragstellung | 270 | 871 |
| VI. Beteiligung anerkannter Naturschutzvereinigungen und Verbandsklage | 271 | 871 |
| 1. Anerkennung von Naturschutzvereinen | 272 | 871 |
| 2. Verbandsbeteiligung | 275 | 872 |
| 3. Verbandsklage | 281 | 873 |
| VII. Straf- und Bußgeldvorschriften | 292 | 875 |

## E. Bodenschutzrecht *(Sparwasser/Edelbluth)*

|  | | |
|---|---|---|
| I. Einführung und Überblick | 1 | 882 |
| 1. Die anwaltliche Perspektive | 3 | 883 |
| 2. Wirtschaftliche Bedeutung von Altlasten | 5 | 883 |
| II. Rechtsquellen, Systematik, grundlegende Begriffe | 10 | 885 |
| 1. Grundlagen und Rechtsquellen | 10 | 885 |
| 2. Überblick über das BBodSchG | 29 | 889 |
| 3. Grundsätze und Pflichten | 51 | 896 |
| III. Wie erhalte ich Informationen über bekannte Altlasten? | 71 | 901 |
| 1. Altlastenatlas und Altlastenkataster | 71 | 901 |
| 2. Umweltinformationsgesetz | 83 | 903 |
| 3. Grundbücher | 84 | 903 |
| 4. Bebauungspläne | 85 | 903 |
| 5. Sonstige Verwaltungsakten | 86 | 903 |
| IV. Wie gehe ich mit einem Verdacht oder Kenntnissen von Altlasten um? | 87 | 904 |
| 1. Informations- und Auskunftspflichten gegenüber Behörden | 87 | 904 |
| 2. Informationspflicht gegenüber Privaten | 91 | 905 |
| 3. Von Seiten der Behörden | 93 | 905 |

|  | Rz. | Seite |
|---|---|---|
| **V. Mit welchen behördlichen Maßnahmen muss ich rechnen?** | 101 | 907 |
| 1. Aufklärungsverfügung | 101 | 907 |
| 2. Sanierungsverfügung | 108 | 909 |
| 3. Sanierungsuntersuchungen und Sanierungsplan | 111 | 909 |
| 4. Duldungsverfügung | 122 | 912 |
| 5. Nachsanierung | 123 | 913 |
| **VI. Wie läuft ein Sanierungsverfahren ab?** | 125 | 913 |
| 1. Erkundung | 125 | 913 |
| 2. Bewertung der Altlasten | 126 | 913 |
| 3. Bestimmung des Sanierungsziels | 138 | 915 |
| 4. Welche Sanierungsmethoden gibt es? | 146 | 917 |
| 5. Behördliche Umsetzung der erforderlichen Maßnahmen | 166 | 920 |
| 6. Welche vertraglichen Lösungen kommen in Betracht? | 174 | 922 |
| 7. Nach der Sanierung | 179 | 923 |
| **VII. Wer muss mit einer Sanierungsverfügung rechnen?** | 188 | 925 |
| 1. Verursacher | 190 | 925 |
| 2. Eigentümer und Inhaber der tatsächlichen Gewalt | 201 | 928 |
| 3. Gesamtrechtsnachfolger des Verursachers | 217 | 931 |
| 4. Früherer Eigentümer | 233 | 935 |
| 5. Derelinquent | 239 | 937 |
| 6. Gesellschaftsrechtlich Verpflichteter | 241 | 938 |
| 7. Behördenperspektive: Auswahl unter mehreren Verantwortlichen | 245 | 939 |
| **VIII. Wie lassen sich Sanierungspflichten abwehren?** | 251 | 941 |
| 1. Dereliktion, Veräußerung | 251 | 941 |
| 2. Störerauswahl | 253 | 941 |
| 3. Verstoß gegen das Rückwirkungsverbot | 254 | 941 |
| 4. Legalisierungswirkung von Genehmigungen | 256 | 942 |
| 5. Verjährung | 261 | 943 |
| 6. Verwirkung | 262 | 944 |
| 7. Freistellungsklauseln | 263 | 944 |
| 8. Weitere Einschränkungen der Sanierungspflicht – insbesondere Verhältnismäßigkeit | 264 | 944 |
| **IX. Rückgriffsmöglichkeiten bei behördlicher Inanspruchnahme und Schadensersatzansprüche gegen den Verursacher** | 265 | 945 |
| 1. Rückgriff nach § 24 Abs. 2 BBodSchG | 265 | 945 |
| 2. Verschuldenshaftung | 278 | 950 |
| 3. Gefährdungshaftung | 282 | 950 |
| 4. Sonstige Ausgleichsansprüche | 287 | 951 |
| 5. Sonstige zivilrechtliche Möglichkeiten | 288 | 951 |
| **X. Was müssen Verkäufer bzw. Erwerber eines Grundstücks beachten?** | 290 | 952 |
| 1. Verkäufersicht | 290 | 952 |
| 2. Käufersicht | 299 | 954 |
| **XI. Altlasten aus Sicht der Gemeinde** | 305 | 955 |
| 1. Altlasten in der Bauleitplanung | 305 | 955 |
| 2. Kennzeichnungspflichten | 312 | 957 |
| 3. Schadensersatzrisiken (Amtshaftung) | 313 | 958 |
| 4. Vertragliche Lösungen | 318 | 958 |

|  | Rz. | Seite |
|---|---|---|
| XII. Straf-, steuer- und insolvenzrechtliche Bezüge | 319 | 959 |
| 1. Strafrechtliche Verantwortung | 319 | 959 |
| 2. Steuerrecht | 323 | 960 |
| 3. Insolvenzverfahren | 326 | 961 |
| **XIII. Ausblick** | 331 | 962 |

# Teil 4
# Kommunalabgabenrecht
*(Sieben)*

|  | Rz. | Seite |
|---|---|---|
| **I. Grundlagen** | 1 | 967 |
| 1. Bedeutung in der anwaltlichen Praxis | 1 | 967 |
| 2. Vorgehensweise in der Beratung | 4 | 967 |
| 3. Gesetzliche Grundlagen | 16 | 970 |
| 4. Grundbegriffe und Arten der Kommunalabgaben | 26 | 972 |
| 5. Satzung als Rechtsgrundlage | 30 | 974 |
| 6. Vereinbarungen über Abgaben | 38 | 977 |
| 7. Rechtsschutzfragen | 42 | 978 |
| **II. Erschließungsbeitragsrecht** | 62 | 984 |
| 1. Formelle Anforderungen an die Rechtmäßigkeit eines Beitragsbescheides | 62 | 984 |
| 2. Materielle Rechtmäßigkeit eines Erschließungsbeitragsbescheides | 77 | 988 |
| **III. Sonstige kommunale Abgaben** | 103 | 997 |
| 1. Anschlussbeitragsrecht | 103 | 997 |
| 2. Benutzungsgebühren | 122 | 1006 |
| **IV. Muster** | 159 | 1021 |

# Teil 5
# Wirtschaftsverwaltungsrecht

## A. Gewerbe-, Handwerks- und Gaststättenrecht
*(S. Gronemeyer/N. Gronemeyer)*

|  | Rz. | Seite |
|---|---|---|
| **I. Grundsatz der Gewerbefreiheit – Grundrechtsschutz im Gewerberecht** | 1 | 1027 |
| **II. Gewerberecht** | 6 | 1028 |
| 1. Rechtsvorschriften und Behördenzuständigkeiten | 6 | 1028 |
| 2. Gewerbebegriff | 9 | 1028 |
| 3. Gewerbetreibende | 14 | 1031 |
| 4. Gewerbearten | 16 | 1031 |
| 5. Stehendes Gewerbe | 17 | 1032 |

|  | Rz. | Seite |
|---|---|---|
| 6. Reisegewerbe | 96 | 1048 |
| 7. Messen, Ausstellungen, Märkte | 108 | 1050 |
| **III. Handwerksrecht** | 125 | 1054 |
| 1. Rechtsvorschriften und Behördenzuständigkeiten | 125 | 1054 |
| 2. Begriff und Abgrenzung des Handwerksbetriebes | 132 | 1055 |
| 3. Eintragung in die Handwerksrolle – Voraussetzungen | 145 | 1059 |
| 4. Umfang der handwerklichen Tätigkeit | 176 | 1065 |
| 5. Überwachung, Untersagung, Löschung | 180 | 1066 |
| 6. Handwerkliche Berufsbildung | 187 | 1068 |
| 7. Handwerkskammern | 195 | 1069 |
| **IV. Gaststättenrecht** | 209 | 1071 |
| 1. Rechtsvorschriften und Behördenzuständigkeiten | 209 | 1071 |
| 2. Anwendungsbereich des GastG | 212 | 1071 |
| 3. Gaststättenerlaubnis | 218 | 1072 |
| 4. Betriebszeit – Sperrzeit | 276 | 1083 |
| **V. Gegenstandswert** | 289 | 1085 |

**B. Spielhallen- und Glücksspielrecht** *(S. Gronemeyer/Friege)*

|  | Rz. | Seite |
|---|---|---|
| **I. Einleitung** | 1 | 1088 |
| **II. Normative Grundlagen und Verwaltungsvorschriften** | 5 | 1089 |
| **III. Baurecht** | 7 | 1089 |
| 1. Erfordernis einer Baugenehmigung | 7 | 1089 |
| 2. Das Verhältnis von Baugenehmigung und gewerberechtlichen Genehmigungen | 14 | 1090 |
| 3. Grundsätze der bauplanungsrechtlichen Zulässigkeit von Spielhallen | 18 | 1092 |
| 4. Bestandsschutz | 53 | 1102 |
| 5. Zulässigkeit von Spielhallen im nicht beplanten Innenbereich | 57 | 1103 |
| 6. Gestaltungsmöglichkeiten durch einen Bebauungsplan | 60 | 1104 |
| 7. Erhaltungssatzungen gem. § 172 Abs. 1 BauGB, Sanierungssatzungen gem. § 142 Abs. 3 BauGB | 78 | 1108 |
| 8. Bauordnungsrecht | 81 | 1109 |
| **IV. Gewerberecht, SpielV** | 97 | 1111 |
| 1. Landesrechtliche Regelungen | 99 | 1111 |
| 2. Gewerberechtliche Erlaubnisse und Genehmigungen nach der GewO | 101 | 1113 |
| 3. Erlaubnis nach § 33c GewO | 104 | 1113 |
| 4. Erlaubnis nach § 33d GewO | 115 | 1116 |
| 5. Spielhallenerlaubnis nach § 33i GewO | 127 | 1118 |
| 6. Versagungsgründe | 138 | 1120 |
| 7. Höchstzahl zulässiger Spielgeräte und Spiele | 143 | 1121 |
| 8. Zusätzliche Genehmigungsinhalte, Auflagen | 152 | 1122 |
| 9. Antragsunterlagen | 163 | 1124 |
| **V. Gaststättenrecht** | 165 | 1124 |
| 1. Gaststättenerlaubnis | 168 | 1125 |
| 2. Gaststätten mit Spielhallencharakter | 170 | 1126 |

|  | Rz. | Seite |
|---|---|---|
| 3. Gaststätten und Spielhallen als getrennte Betriebe | 171 | 1126 |
| 4. Sperrzeiten | 172 | 1126 |
| 5. Sonstige Anforderungen | 176 | 1127 |
| **VI. Abgabenrecht** | 179 | 1128 |
| 1. Vergnügungssteuer | 179 | 1128 |
| 2. Umsatzsteuer | 188 | 1130 |
| **VII. Glücksspielrecht** | 191 | 1131 |
| 1. Glücksspielbegriff | 192 | 1131 |
| 2. Gesetzgebungskompetenzen | 195 | 1132 |
| 3. Glücksspielstaatsvertrag | 198 | 1133 |
| 4. Rechtsprechung des EuGH und die Folgewirkungen | 202 | 1134 |
| 5. Weitere Entwicklung | 216 | 1138 |
| **VIII. Prozessuales** | 220 | 1138 |

## C. Personenbeförderungsrecht *(Jahn)*

|  | Rz. | Seite |
|---|---|---|
| **I. Vorbemerkung** | 1 | 1142 |
| **II. Rechtsvorschriften und Behördenzuständigkeiten** | 5 | 1144 |
| 1. Rechtsvorschriften | 5 | 1144 |
| 2. Behördenzuständigkeiten | 7 | 1144 |
| **III. Begriff und Zielsetzung des Personennahverkehrs – § 8 PBefG** | 9 | 1145 |
| **IV. Die Verkehrsarten des Personenbeförderungsrechts und ihre Genehmigungen** | 17 | 1148 |
| 1. Genehmigungspflicht und Inhalt der Genehmigung | 18 | 1149 |
| 2. Genehmigungsvoraussetzungen der einzelnen Verkehrsarten | 26 | 1152 |
| **V. Genehmigungsverfahren** | 54 | 1162 |
| 1. Antrag | 54 | 1162 |
| 2. Anhörungsverfahren | 57 | 1163 |
| 3. Entscheidung über den Antrag | 60 | 1164 |
| 4. Einstweilige Erlaubnis | 64 | 1165 |
| **VI. Übertragung der Genehmigung** | 70 | 1166 |
| **VII. Widerruf und Erlöschen der Genehmigung** | 73 | 1167 |
| 1. Widerruf der Genehmigung | 73 | 1167 |
| 2. Erlöschen der Genehmigung | 74 | 1168 |
| **VIII. Beförderungsentgelte** | 75 | 1168 |
| **IX. Rechtsschutz** | 79 | 1169 |
| 1. Rechtmäßigkeitsüberprüfung einer Genehmigung | 79 | 1169 |
| 2. Gerichtlicher Rechtsschutz | 80 | 1169 |
| **X. Die Vergabe von öffentlichen Dienstleistungsaufträgen** | 85 | 1171 |
| 1. Abgrenzung der Anwendungsbereiche von PBefG, VO (EG) 1370/2007 und Vergaberichtlinien | 86 | 1172 |
| 2. Verfahrensrechtliche Anforderungen an die Vergabe von öffentlichen Dienstleistungsaufträgen | 93 | 1176 |

### D. Güterkraftverkehrsrecht *(N. Gronemeyer)*

| | Rz. | Seite |
|---|---|---|
| I. Vorbemerkung | 1 | 1180 |
| II. Rechtsvorschriften und Behördenzuständigkeiten | 6 | 1182 |
| 1. Rechtsvorschriften | 6 | 1182 |
| 2. Behördenzuständigkeiten | 10 | 1182 |
| III. Die Verkehrsarten des Güterkraftverkehrsrechts und ihre Genehmigungen | 13 | 1183 |
| 1. Erlaubnispflichtiger Güterkraftverkehr | 15 | 1183 |
| 2. Werkverkehr | 33 | 1186 |
| 3. Güterfernverkehrsgenehmigungen aufgrund internationaler Abkommen | 40 | 1187 |
| IV. Tarife | 47 | 1188 |
| V. Rechtsschutz | 49 | 1189 |

# Teil 6
# Recht des öffentlichen Dienstes

### A. Beamtenrecht *(Baden)*

| | Rz. | Seite |
|---|---|---|
| I. Rechtsquellen des Beamtenrechts | 1 | 1193 |
| II. Die Arten von Beamtenverhältnissen sowie deren Begründung | 15 | 1199 |
| III. Der „Betrieb" des Beamtenverhältnisses | 30 | 1205 |
| 1. Rechte des Beamten | 30 | 1205 |
| 2. Pflichten des Beamten | 45 | 1210 |
| IV. Personalauswahlverfahren im öffentlichen Dienst | 52 | 1213 |
| 1. Eignung, Befähigung und fachliche Leistung | 52 | 1213 |
| 2. Dienstliche Beurteilungen | 54 | 1214 |
| 3. Beförderungen und sonstige Auswahlentscheidungen | 84 | 1228 |
| 4. Rechtsschutz im Auswahlverfahren („Konkurrentenklage") | 106 | 1241 |
| 5. Sonstige Auswahlentscheidungen, Aufstieg und Laufbahnwechsel | 135 | 1256 |
| V. Rückforderung überzahlter Bezüge | 139 | 1257 |
| VI. Veränderungen im Beamtenverhältnis | 151 | 1260 |
| 1. Versetzung und Abordnung | 151 | 1260 |
| 2. Umsetzungen und andere Aufgabenzuweisungen | 162 | 1263 |
| 3. Aufstieg und Laufbahnwechsel | 165 | 1266 |
| VII. Eintritt in den Ruhestand | 169 | 1267 |
| 1. Erreichen der Altersgrenze | 169 | 1267 |
| 2. Dienstunfähigkeit | 172 | 1267 |
| 3. Sonstige Gründe | 193 | 1276 |

|  | Rz. | Seite |
|---|---|---|
| VIII. Beendigung des Beamtenverhältnisses | 196 | 1276 |
| IX. Die Versorgung des Beamten und seiner Hinterbliebenen | 206 | 1279 |
| 1. Berechnungsgrundsätze | 207 | 1279 |
| 2. Hinterbliebenenversorgung | 259 | 1295 |
| 3. Ruhensberechnungen nach §§ 53 ff. BeamtVG | 280 | 1301 |
| X. Zum Verfahrensrecht | 320 | 1312 |
| 1. Besonderheiten zum Widerspruch | 320 | 1312 |
| 2. Der Gegenstandswert in beamtenrechtlichen Streitverfahren | 324 | 1314 |
| 3. Örtliche Zuständigkeit des Verwaltungsgerichts | 332 | 1319 |
| 4. Vertretungszwang | 333 | 1320 |
| XI. **Anhang – Checklisten, Muster und Formulare** | 334 | 1320 |

## B. Disziplinarrecht *(Baden)*

|  | Rz. | Seite |
|---|---|---|
| I. Einführung | 1 | 1327 |
| II. Das neue Bundesdisziplinargesetz, sein Zweck und sein Anwendungsbereich | 7 | 1329 |
| III. Dienstvergehen, Disziplinar- und Regelmaßnahmen | 26 | 1334 |
| 1. Dienstvergehen | 26 | 1334 |
| 2. Disziplinarmaßnahmen | 44 | 1342 |
| 3. Übliche Maßnahmen und Regelmaßnahmen | 67 | 1350 |
| IV. Dienstvorgesetzte und Disziplinargerichte | 84 | 1356 |
| 1. Dienstvorgesetzte | 84 | 1356 |
| 2. Disziplinargerichtsbarkeit | 90 | 1358 |
| V. Allgemeine Verfahrensvorschriften | 96 | 1360 |
| 1. Das anzuwendende Verfahrensrecht | 96 | 1360 |
| 2. Verfolgbarkeit des Beamten | 105 | 1362 |
| 3. Verfolgbarkeit des Dienstvergehens | 109 | 1364 |
| VI. Das behördliche Disziplinarverfahren | 129 | 1370 |
| 1. Die Einleitung des Disziplinarverfahrens | 129 | 1370 |
| 2. Anhörung des Beamten | 137 | 1372 |
| 3. Ermittlungen | 140 | 1373 |
| 4. Beweiserhebungen | 145 | 1375 |
| 5. Aussetzung des Disziplinarverfahrens wegen eines parallelen Strafverfahrens | 153 | 1378 |
| 6. Bindungswirkungen von Straf- und sonstigen Urteilen | 158 | 1379 |
| 7. Verteidigung im Disziplinarverfahren | 165 | 1382 |
| 8. Beschleunigung | 172 | 1383 |
| VII. Die Disziplinarentscheidung des Dienstvorgesetzten | 174 | 1384 |
| 1. Einstellung des Verfahrens | 177 | 1385 |
| 2. Die Disziplinarverfügung | 185 | 1388 |
| 3. Erheben der Disziplinarklage | 192 | 1390 |
| VIII. Vorläufige Anordnungen der Dienstvorgesetzten | 199 | 1392 |
| 1. Vorläufige Dienstenthebung | 200 | 1392 |
| 2. Einbehaltung von Dienstbezügen | 202 | 1393 |
| 3. Rechtsschutz gegen die vorläufigen Maßnahmen des § 38 BDG | 206 | 1395 |

|  | Rz. | Seite |
|---|---|---|
| IX. Zum gerichtlichen Disziplinarverfahren | 210 | 1396 |
| 1. Gerichtsaufbau und Verfahrensgrundsätze | 210 | 1396 |
| 2. Die Disziplinarklage | 214 | 1398 |
| 3. Andere disziplinargerichtliche Klagen | 231 | 1403 |
| 4. Anwaltszwang in der zweiten und dritten Instanz | 233 | 1403 |
| 5. Gegenvorstellungen und Wiederaufnahme | 234 | 1404 |
| X. Kosten des Disziplinarverfahrens und Gebühren des anwaltlichen Bevollmächtigten | 235 | 1404 |
| XI. Vollstreckung, Tilgung und Begnadigung | 249 | 1408 |

# Teil 7
# Ausländerrecht

## A. Allgemeines Ausländerrecht *(Münch)*

|  | Rz. | Seite |
|---|---|---|
| I. Einführung | 1 | 1413 |
| 1. Rechtsvorschriften | 3 | 1413 |
| 2. Der Beginn der anwaltlichen Tätigkeit | 10 | 1416 |
| II. Das Aufenthaltsgesetz | 13 | 1417 |
| 1. Das allgemeine Erteilungsverfahren | 13 | 1417 |
| 2. Verlängerung der Aufenthaltstitel | 74 | 1433 |
| 3. Beendigung des Aufenthaltes | 80 | 1434 |
| 4. Verfahrensrechtliche Besonderheiten und Hinweise im allgemeinen Ausländerrecht | 144 | 1449 |
| III. Ausländerrechtliche Sondernormen | 153 | 1451 |
| 1. Recht der Europäischen Union | 154 | 1452 |
| 2. Assoziation EU – Türkei | 161 | 1454 |
| 3. Freundschafts- und Niederlassungsverträge | 165 | 1455 |
| 4. Rechtsstellung heimatloser Ausländer | 166 | 1455 |
| 5. Rechtsstellung der Staatenlosen | 167 | 1456 |
| 6. Rechtsstellung der Flüchtlinge | 168 | 1457 |
| IV. Besonderheiten im Arbeitserlaubnis- und Sozialrecht | 172 | 1458 |
| 1. Arbeitserlaubnis für Ausländer | 172 | 1458 |
| 2. Grundsicherung für Arbeitssuchende | 176 | 1458 |
| 3. Sozialhilfe für Ausländer | 178 | 1459 |
| 4. Kindergeld für Ausländer | 181 | 1460 |
| 5. Elterngeld für Ausländer | 185 | 1461 |
| 6. Berufsausbildungsförderung für Ausländer | 186 | 1461 |
| V. Feststellung und Erwerb der deutschen Staatsangehörigkeit | 187 | 1461 |
| 1. Staatsangehörigkeitsfeststellung | 187 | 1461 |
| 2. Erwerb der deutschen Staatsangehörigkeit | 190 | 1461 |

## B. Asylrecht *(Bethäuser)*

|  | Rz. | Seite |
|---|---|---|
| **I. Allgemeine Bestimmungen** | 1 | 1470 |
| 1. Personaler Geltungsbereich | 1 | 1470 |
| 2. Zuständigkeit des Bundesamtes für Migration und Flüchtlinge | 2 | 1470 |
| 3. Hoher Flüchtlingskommissar der Vereinten Nationen, § 9 AsylVfG | 6 | 1471 |
| 4. Zustellungsvorschriften, § 10 AsylVfG | 7 | 1471 |
| 5. Ausschluss des Widerspruchsverfahrens, § 11 AsylVfG | 20 | 1474 |
| 6. Handlungsfähigkeit Minderjähriger, § 12 AsylVfG | 21 | 1474 |
| 7. Vorübergehende Aussetzung von Entscheidungen, § 11a AsylVfG | 22 | 1474 |
| 8. Aufenthaltsgewährung zum vorübergehenden Schutz, § 24 AufenthG | 23 | 1475 |
| 9. Aufnahme aus dem Ausland, § 22 AufenthG | 24 | 1475 |
| **II. Zugang zum Asylverfahren** | 25 | 1475 |
| 1. Asylbegehren an der Grenze, § 18 AsylVfG | 25 | 1475 |
| 2. Asylantrag bei Einreise auf dem Luftweg, § 18a AsylVfG | 34 | 1477 |
| 3. Asylnachsuchen bei der Ausländerbehörde oder bei der Polizei, § 19 AsylVfG | 45 | 1481 |
| 4. Verweis auf das Folgeverfahren bei Verstoß gegen die Mitwirkungspflicht nach Stellung eines ersten Asylgesuchs | 47 | 1482 |
| **III. Verfahren beim Bundesamt** | 48 | 1482 |
| 1. Asylantragstellung, § 14 AsylVfG | 48 | 1482 |
| 2. Familieneinheit, § 14a AsylVfG | 49 | 1483 |
| 3. Definition des Asylantrages, § 13 AsylVfG | 53 | 1484 |
| 4. Aufenthaltsgestattung, § 55 AsylVfG | 56 | 1485 |
| 5. Wohnsitznahme in einer Aufnahmeeinrichtung, § 47 AsylVfG | 59 | 1485 |
| 6. Pflichten des Bundesamtes, § 24 AsylVfG | 60 | 1486 |
| 7. Mitwirkungspflichten des Asylbewerbers während des Verfahrens, §§ 15 und 25 AsylVfG | 61 | 1486 |
| 8. Folgeantrag nach § 71 AsylVfG | 67 | 1489 |
| 9. Unterbringung und Verteilung, §§ 44–54 AsylVfG | 82 | 1496 |
| **IV. Entscheidung des Bundesamtes über einen Asylantrag** | 83 | 1496 |
| 1. Asylantrag ist begründet | 84 | 1497 |
| 2. Asylantrag ist (einfach) unbegründet | 86 | 1498 |
| 3. Asylantrag ist offensichtlich unbegründet, § 30 AsylVfG | 91 | 1499 |
| 4. Asylantrag ist unbeachtlich nach § 28 AsylVfG oder unzulässig nach § 27a AsylVfG | 109 | 1505 |
| 5. Entscheidung des Bundesamtes bei Einreise aus sicherem Drittstaat | 113 | 1509 |
| 6. Entscheidung des Bundesamtes bei anderweitiger Sicherheit vor Verfolgung gem. § 27 AsylVfG | 125 | 1514 |
| 7. Dublin II Verordnung, Art. 16a Abs. 5 GG und Zweitantrag nach § 71a AsylVfG | 130 | 1515 |
| 8. Fiktion der Rücknahme des Asylantrags bzw. der Asylklage bei Nichtbetreiben des Asylverfahrens nach § 33 AsylVfG | 136 | 1517 |
| 9. Entscheidung des Bundesamtes über Abschiebungsverbote nach § 60 Abs. 2 bis Abs. 7 AufenthG | 145 | 1520 |

|  | Rz. | Seite |
|---|---|---|
| 10. Entscheidung des Bundesamtes über Familienasyl und Familienflüchtlingsschutz nach § 26 AsylVfG | 168 | 1535 |
| 11. Erlöschen der Anerkennung als Asylberechtigter oder der Feststellung der Voraussetzungen des § 60 Abs. 1 AufenthG | 173 | 1538 |
| 12. Widerruf und Rücknahme nach § 73 AsylVfG | 174 | 1538 |
| **V. Gerichtliches Verfahren** | 178 | 1544 |
| 1. Klageverfahren vor dem Verwaltungsgericht | 178 | 1544 |
| 2. Ausschluss der Beschwerde nach § 80 AsylVfG | 185 | 1547 |

# Teil 8
# Schul- und Hochschulrecht
*(Herrmann)*

|  | Rz. | Seite |
|---|---|---|
| **I. Vorbemerkung** | 1 | 1551 |
| **II. Schulrecht** | 4 | 1551 |
| 1. Besonderheiten des Verwaltungsverfahrens im Schulrecht | 4 | 1551 |
| 2. Aufnahme des Schulverhältnisses (Anmeldeverfahren) | 27 | 1556 |
| 3. Zeitweise, teilweise oder generelle Befreiung vom Schulunterricht | 44 | 1560 |
| 4. Beendigung des Schulverhältnisses | 46 | 1561 |
| 5. Schulorganisation | 49 | 1562 |
| 6. Inhaltliche Ausgestaltung der Schule | 53 | 1563 |
| 7. Ordnungsmaßnahmen | 55 | 1564 |
| 8. Leistungsbewertung, Versetzungen und Prüfungen | 61 | 1566 |
| **III. Hochschulrecht (einschließlich Prüfungsrecht)** | 76 | 1569 |
| 1. Besonderheiten des Verwaltungsverfahrens im Hochschulrecht | 76 | 1569 |
| 2. Zulassung zum Studium | 96 | 1572 |
| 3. Beendigung der Zugehörigkeit von Studierenden zur Hochschule | 107 | 1574 |
| 4. Mitgliedschaftsrechte und Mitwirkung innerhalb der Hochschule | 111 | 1575 |
| 5. Berufungsverfahren | 117 | 1577 |
| 6. Leistungsbewertung | 122 | 1578 |
| Stichwortverzeichnis |  | 1583 |

# Abkürzungsverzeichnis

| | |
|---|---|
| a.A. | andere Ansicht |
| AbfAblV | Abfallablagerungsverordnung |
| AbfallR | Zeitschrift für das Recht der Abfallwirtschaft |
| AbfG | Abfallgesetz |
| AbfKlärV | Klärschlammverordnung |
| AbfVerbrG | Abfallverbringungsgesetz |
| AbfVerbrV | Abfallverbringungsverordnung |
| ABl. | Amtsblatt |
| Abs. | Absatz |
| Abschn. | Abschnitt |
| AbwG | Abwassergesetz |
| AbwV | Abwasserverordnung |
| a.E. | am Ende |
| AEG | Allgemeines Eisenbahngesetz |
| AEUV | Vertrag über die Arbeitsweise der Europäischen Union |
| a.F. | alte Fassung |
| AG | Ausführungsgesetz, Amtsgericht |
| AGG | Allgemeines Gleichbehandlungsgesetz |
| AgrarR | Agrarrecht (Zeitschrift) |
| AIG | Akteneinsichts- und Informationszugangsgesetz |
| AltfahrzeugV | Verordnung über die Überlassung, Rücknahme und umweltverträgliche Entsorgung von Altfahrzeugen |
| AltholzV | Verordnung über Anforderungen an die Verwertung und Beseitigung von Altholz |
| Amtl. Anz. | Amtlicher Anzeiger |
| Anl. | Anlage |
| Anm. | Anmerkung |
| AöR | Archiv des öffentlichen Rechts |
| AO | Abgabenordnung |
| APO-GOSt | Verordnung über den Bildungsgang und die Abiturprüfung in der gymnasialen Oberstufe Nordrhein-Westfalen |
| ARB 1/80 | Beschluss Nr. 1/80 des Assoziationsrats EWG/Türkei über die Entwicklung der Assoziation zwischen der EU und der Türkei |
| Art. | Artikel |
| AsylbLG | Asylbewerberleistungsgesetz |
| AsylVfG | Asylverfahrensgesetz |
| AtG | Atomgesetz |
| AuAS | Ausländer- und Asylrecht Schnelldienst – Ausländer- und asylrechtliche Sofortinformation (Zeitschrift) |
| AufenthG | Aufenthaltsgesetz |
| AufenthV | Aufenthaltsverordnung |
| AuslG | Ausländergesetz |
| AVBWasserV | Verordnung über Allgemeine Bedingungen für die Versorgung mit Wasser |
| AVV | Abfallverzeichnisverordnung |
| AZG | Gesetz über die Zuständigkeiten in der allgemeinen Berliner Verwaltung – Allgemeines Zuständigkeitsgesetz |
| AZR-Gesetz | Gesetz über das Ausländerregister |
| BaFin | Bundesamt für Finanzdienstleistungsaufsicht |
| BAföG | Bundesausbildungsförderungsgesetz |

| | |
|---|---|
| BAG | Bundesarbeitsgericht |
| BAMF | Bundesamt für Migration und Flüchtlinge |
| BAnz | Bundesanzeiger |
| BArchG | Bundesarchivgesetz |
| BASS | Bereinigte Amtliche Sammlung der Schulvorschriften des Landes Nordrhein-Westfalen |
| BattV | Verordnung über die Rücknahme und Entsorgung gebrauchter Batterien und Akkumulatoren |
| BauGB | Baugesetzbuch |
| BauGB-MaßnG | Maßnahmengesetz zum Baugesetzbuch |
| BauGBZV | Verordnung über Zuständigkeiten nach dem Baugesetzbuch |
| BauNVO | Baunutzungsverordnung |
| BauO | Bauordnung |
| BauR | Baurecht (Zeitschrift) |
| BauROG | Bau- und Raumordnungsgesetz |
| BauZVO DDR | Bauplanungs- und Zulassungsverordnung in der DDR |
| Bay, bay | Bayern, bayerisch |
| BayEG | Bayerisches Gesetz über die entschädigungspflichtige Enteignung |
| BayEUG | Bayerisches Erziehungs- und Unterrichtsgesetz |
| BayObLG | Bayerisches Oberstes Landesgericht |
| BayVBl. | Bayerische Verwaltungsblätter (Zeitschrift) |
| BayVGH | Bayerischer Verwaltungsgerichtshof |
| BB | Betriebs-Berater: BB, Zeitschrift für Recht und Wirtschaft |
| BBauG | Bundesbaugesetz |
| BBergG | Bundesberggesetz |
| BBesG | Bundesbesoldungsgesetz |
| BBesO | Bundesbesoldungsordnung |
| Bbg, bbg | Brandenburg, brandenburgisch |
| BBG | Bundesbeamtengesetz |
| BbgKVerf | Kommunalverfassung des Landes Brandenburg |
| BbgWG | Brandenburgisches Wassergesetz |
| BBhV | Bundesbeihilfeverordnung |
| BBodSchG | Bundesbodenschutzgesetz |
| BBodSchV | Bundesbodenschutzverordnung |
| BDG | Bundesdisziplinargesetz |
| BDH | Bundesdisziplinarhof |
| BDiG | Bundesdisziplinargericht |
| BDiszNOG | Gesetz zur Neuordnung des Bundesdisziplinarrechts |
| BDO | Bundesdisziplinarordnung |
| bdo | Bundesverband Deutscher Omnibusunternehmer |
| BDSG | Bundesdatenschutzgesetz |
| BeamtStG | Beamtenstatusgesetz |
| BeamtVG | Beamtenversorgungsgesetz |
| BeamtVÜV | Beamtenversorgungs-Übergangsverordnung |
| BeckOK | Beck'scher Online-Kommentar |
| BEEG | Bundeselterngeld- und Elternzeitgesetz |
| BefBedV | Verordnung über die Allgemeinen Beförderungsbedingungen für den Straßenbahn- und Obusverkehr sowie den Linienverkehr mit Kraftfahrzeugen |
| Bek. | Bekanntmachung |
| BekanntmV(O) BekV(O) | Bekanntmachungsverordnung |
| BerlBG | Berliner Betriebegesetz |

| | |
|---|---|
| BeschV | Verordnung über die Zulassung von neueinreisenden Ausländern zur Ausübung einer Beschäftigung |
| BeschVerfV | Verordnung über das Verfahren und die Zulassung von im Inland lebenden Ausländern zur Ausübung einer Beschäftigung – Beschäftigungsverfahrensverordnung |
| BesGr | Besoldungsgruppe |
| BewG | Bewertungsgesetz |
| BezVG | Bezirksverwaltungsgesetz |
| BFH | Bundesfinanzhof |
| BGB | Bürgerliches Gesetzbuch |
| BGBl. | Bundesgesetzblatt |
| BGH | Bundesgerichtshof |
| BGHR | Systematische Sammlung der Entscheidungen des Bundesgerichtshofes |
| BGHZ | Entscheidungen des Bundesgerichtshofs in Zivilsachen |
| BGleiG | Bundesgleichstellungsgesetz |
| BHO | Bundeshaushaltsordnung |
| BhV | Beihilfevorschrift |
| BImSchG | Bundes-Immissionsschutzgesetz |
| BImSchV | Bundes-Immissionsschutzverordnung |
| BioAbfV | Verordnung über die Verwertung von Bioabfällen |
| BKA | Bundeskriminalamt |
| BKGG | Bundeskindergeldgesetz |
| BLL | Bund für Lebensmittelrecht und Lebensmittelkunde e.V. |
| Bln | Berlin, Berliner |
| BLV | Bundeslaufbahnverordnung |
| BM | Baumasse |
| BMF | Bundesministerium der Finanzen |
| BMU | Bundesministerium für Umwelt, Naturschutz und Reaktorsicherheit |
| BMWi | Bundesministerium für Wirtschaft und Technologie |
| BMZ | Baumassenzahl |
| BNatSchG | Bundesnaturschutzgesetz |
| BNatSchGNeuregG | Gesetz zur Neuregelung des Rechts des Naturschutzes und der Landschaftspflege und zur Anpassung anderer Rechtsvorschriften |
| BO | Bauordnung |
| BodSchG | Bodenschutzgesetz |
| BO Kraft | Verordnung über den Betrieb von Kraftfahrunternehmen im Personenverkehr |
| BO Strab | Straßenbahn-Bau- und Betriebsordnung |
| BPersVG | Bundespersonalvertretungsgesetz |
| BPlan | Bebauungsplan |
| BRAGO | Bundesrechtsanwaltsgebührenordnung |
| BRAO | Bundesrechtsanwaltsordnung |
| BR-Drs. | Drucksachen des Bundesrats |
| Brem | Bremen, Bremer |
| BRKG | Bundesreisekostengesetz |
| BRRG | Beamtenrechtsrahmengesetz |
| BRS | Baurechtssammlung |
| BSG | Bundessozialgericht |
| BStatG | Bundesstatistikgesetz |
| BSWAG | Bundesschienenwegeausbaugesetz |
| BSZG | Bundessonderzahlungsgesetz |

| | |
|---|---|
| BT-Drs. | Drucksachen des Deutschen Bundestages |
| BUKG | Bundesumzugskostengesetz |
| BVerfG | Bundesverfassungsgericht |
| BVerfGE | Entscheidungen des Bundesverfassungsgerichts (Entscheidungssammlung) |
| BVerfGK | Kammerentscheidungen des Bundesverfassungsgerichts (Entscheidungssammlung) |
| BVerwG | Bundesverwaltungsgericht |
| BVFG | Bundesvertriebenengesetz |
| BVL | Bundesamt für Verbraucherschutz und Lebensmittelsicherheit |
| BVVO | Beihilfeverfahrensverordnung |
| BVwVfG | Verwaltungsverfahrensgesetz des Bundes |
| BW | Baden-Württemberg |
| BWG | Berliner Wassergesetz |
| BWGZ | Die Gemeinde, Zeitschrift für die Städte und Gemeinden, Organ des Gemeindetags Baden-Württemberg |
| BWVPr. | Baden-Württembergische Verwaltungspraxis (Zeitschrift) |
| BZRG | Bundeszentralregistergesetz |
| CEF-Maßnahme | vorgezogene Ausgleichsmaßnahme *(measure to ensure the continued ecological functionality)* |
| CEMT | Europäische Konferenz der Verkehrsminister *(Conférence Européenne des Ministres des Transports)* |
| CR | Computer und Recht (Zeitschrift) |
| DepV | Deponieverordnung |
| DIN | Deutsches Institut für Normung |
| DRiG | Deutsches Richtergesetz |
| DöD | Der öffentliche Dienst (Zeitschrift) |
| DO | Dienstordnung |
| DÖV | Die öffentliche Verwaltung (Zeitschrift) |
| DNeuG | Dienstrechtsneuordnungsgesetz |
| DSD | Duales System Deutschland |
| DStR | Deutsches Steuerrecht (Zeitschrift und Datenbank) |
| DStRE | Deutsches Steuerrecht Entscheidungsdienst (Zeitschrift) |
| DtZ | Deutsch-Deutsche Rechtszeitschrift |
| DVBl | Deutsches Verwaltungsblatt (Zeitschrift) |
| DVGW | Deutscher Verein für das Gas- und Wasserfach e.V. |
| DVO | Durchführungsverordnung |
| DVP | Deutsche Verwaltungspraxis (Zeitschrift) |
| DZWIR | Deutsche Zeitschrift für Wirtschafts- und Insolvenzrecht |
| EAG Bau | Europarechtsanpassungsgesetz Bau |
| EALG | Entschädigungs- und Ausgleichsleistungsgesetz |
| ECN | Europäisches Wettbewerbsnetz *(European Competition Network)* |
| EEG NW | Landesenteignungs- und -entschädigungsgesetz Nordrhein-Westfalen |
| EFA | Europäisches Fürsorgeabkommen |
| EfbV | Verordnung über Entsorgungsfachbetriebe |
| EFG | Entscheidungen der Finanzgerichte (Zeitschrift) |
| EFTA | Europäische Freihandelsassoziation *(European Free Trade Association)* |

| | |
|---|---|
| EG | Europäische Gemeinschaft; Enteignungsgesetz |
| EGBGB | Einführungsgesetz zum Bürgerlichen Gesetzbuche |
| EGMR | Europäischer Gerichtshof für Menschenrechte |
| EGV | Vertrag zur Gründung der Europäischen Gemeinschaft |
| EMAS | EU-Öko-Audit *(Eco- Management and Audit Scheme)* |
| (E)MRK | Europäische Konvention zum Schutze der Menschenrechte und Grundfreiheiten |
| ENA | Europäisches Niederlassungsabkommen |
| ENeuOG | Eisenbahnneuordnungsgesetz |
| EnLAG | Energieleitungsausbaugesetz |
| EntEG | Entschädigungs- und Enteignungsgesetz |
| EnteigG/EntG | Enteignungsgesetz |
| EnWG | Energiewirtschaftsgesetz |
| EStG | Einkommensteuergesetz |
| ESVGH | Entscheidungssammlung des Hessischen Verwaltungsgerichtshofs und des Verwaltungsgerichtshofs Baden-Württemberg mit Entscheidungen der Staatsgerichtshöfe beider Länder |
| EU | Europäische Union |
| EuG | Gericht der Europäischen Union |
| EuGH | Europäischer Gerichtshof |
| EuGRZ | Europäische Grundrechte-Zeitschrift |
| EuR | Europarecht (Zeitschrift) |
| EurUP | Zeitschrift für Europäisches Umwelt- und Planungsrecht |
| EUV | Vertrag über die Europäische Union |
| EUWID | Europäischer Wirtschaftsdienst |
| EuZW | Europäische Zeitschrift für Wirtschaftsrecht |
| EWG | Europäische Wirtschaftsgemeinschaft |
| EWR | Europäischer Wirtschaftsraum |
| EWS | Europäisches Wirtschafts- und Steuerrecht |
| EzE | Entscheidungssammlung zum Erschließungsbeitragsrecht |
| FamFG | Gesetz über das Verfahren in Familiensachen und in den Angelegenheiten der freiwilligen Gerichtsbarkeit |
| FCS-Maßnahme | Maßnahme zur Erhaltung der Population einer betroffenen Art *(favourable conservation status)* |
| FFH | Fauna-Flora-Habitat |
| FG | Finanzgericht |
| FGO | Finanzgerichtsordnung |
| FGPrax | Praxis der Freiwilligen Gerichtsbarkeit (Zeitschrift) |
| FinMin. | Finanzministerium |
| FIS StoBo | Fachinformationssystem Stoffliche Bodenbelastung |
| FlurbG | Flurbereinigungsgesetz |
| FNP | Flächennutzungsplan |
| FreistellungsVO PBefG | Verordnung über die Befreiung bestimmter Beförderungsfälle von den Vorschriften des Personenbeförderungsgesetzes |
| FreizügG/EU | Gesetz über die allgemeine Freizügigkeit von Unionsbürgern |
| FS | Festschrift |
| FStrAbG | Fernstraßenausbaugesetz |
| FStrG | Bundesfernstraßengesetz |
| FuB | Flächenmanagement und Bodenordnung (Zeitschrift) |
| GastBauV(O) | Gaststättenbauverordnung |
| GastG | Gaststättengesetz |

| | |
|---|---|
| GastVO | Gaststättenverordnung |
| GastVwV | Allgemeine Verwaltungsvorschrift zum Vollzug des Gaststättengesetzes |
| GBl. | Gesetzblatt |
| GBO | Grundbuchordnung |
| GbR | Gesellschaft bürgerlichen Rechts |
| GBV | Verordnung zur Durchführung der Grundbuchordnung |
| GebBeitrG | Gesetz über Gebühren und Beiträge |
| GebG | Gebührengesetz |
| gem. | gemäß |
| GemMBl. | Gemeinsames Ministerialblatt |
| GemO | Gemeindeordnung |
| GemSen OBG | Gemeinsamer Senat der Obersten Bundesgerichte |
| GenBeschlG | Genehmigungsverfahrensbeschleunigungsgesetz |
| GenTG | Gentechnikgesetz |
| GeschO | Geschäftsordnung |
| GewAbfV | Gewerbeabfallverordnung |
| GewArch | Gewerbearchiv (Zeitschrift) |
| GewO | Gewerbeordnung |
| GF | Geschossfläche |
| GFK | Genfer Flüchtlingskonvention |
| GFZ | Geschossflächenzahl |
| GG | Grundgesetz |
| GIRL | Geruchsimmissionsrichtlinie |
| GKG | Gerichtskostengesetz |
| GkG | Gesetz über kommunale Gemeinschaftsarbeit |
| GlüG | Glücksspielgesetz |
| GlüStV | Glücksspielstaatsvertrag |
| GMBl | Gemeinsames Ministerialblatt |
| GO | Gemeindeordnung |
| GO BR | Geschäftsordnung des Bundesrates |
| GPSG | Geräte- und Produktsicherheitsgesetz |
| GR | Grundfläche |
| GR-Charta | Charta der Grundrechte der Europäischen Union |
| GrEStG | Grunderwerbsteuergesetz |
| GRZ | Grundflächenzahl |
| GU | Gemeinschaftsunterkunft |
| GüKG | Güterkraftverkehrsgesetz |
| GV/GVBl | Gesetz- und Verordnungsblatt |
| GVG | Gerichtsverfassungsgesetz |
| GVO | gentechnisch veränderte Organismen |
| GVOBl. | Gesetz- und Verordnungsblatt |
| GWB | Gesetz gegen Wettbewerbsbeschränkungen |
| | |
| H | Höhe einer baulichen Anlage |
| HAG | Gesetz über die Rechtsstellung heimatloser Ausländer im Bundesgebiet |
| HAGBNatSchG | Hessisches Ausführungsgesetz zum Bundesnaturschutzgesetz |
| Halbs. | Halbsatz |
| HAltBodSchG | Hessisches Altlasten- und Bodenschutzgesetz |
| HBauO | Hamburgische Bauordnung |
| Hbg, hbg | Hamburg, Hamburger/hamburgisch |
| HBO | Hessische Bauordnung |
| HEG | Hessisches Enteignungsgesetz |

| | |
|---|---|
| Hess/hess | Hessen/hessisch |
| Hess. StAnz. | Staatsanzeiger für das Land Hessen |
| HG | Hochschulgesetz |
| HGB | Handelsgesetzbuch |
| HGO | Hessische Gemeindeordnung |
| HH | Hansestadt Hamburg |
| HistE | Historische Erhebung von Altlasten |
| h.M. | herrschende Meinung |
| Hmb, hmb | Hamburg/hamburgisch |
| HmbBNatSchAG | Hamburgisches Naturschutz-Ausführungsgesetz |
| HRG | Hochschulrahmengesetz |
| Hrsg. | Herausgeber |
| HUIG | Hessisches Umweltinformationsgesetz |
| HUMHAG | Gesetz über Maßnahmen für im Rahmen humanitärer Hilfsaktionen aufgenommene Flüchtlinge |
| HWaG | Hamburgisches Wassergesetz |
| HwO | Handwerksordnung |
| | |
| I+E | Immissionsschutz und Emissionshandel |
| IBA | Wichtiges Vogelschutzgebiet *(Important Bird Area)* |
| i.d.F.d. | in der Fassung des |
| i.d.R. | in der Regel |
| IFG | Informationsfreiheitsgesetz |
| IFGGebV | Informationsgebührenverordnung |
| IHK | Industrie- und Handelskammer |
| InfAuslR | Informationsbrief Ausländerrecht (Zeitschrift) |
| InsO | Insolvenzordnung |
| InsR | Insolvenzrecht |
| InVWoBauLG | Investitionserleichterungs- und Wohnbaulandgesetz |
| IÖD | Internationale der Öffentlichen Dienste |
| IRG | Gesetz über die internationale Rechtshilfe in Strafsachen |
| i.S. | im Sinne |
| IUCN | Internationale Naturschutzunion *(International Union for Conservation of Nature and Natural Resources)* |
| i.V.m. | in Verbindung mit |
| IVU | Integrierte Vermeidung und Verminderung der Umweltverschmutzung |
| IZG | Informationszugangsgesetz |
| | |
| JbFfSt | Jahrbuch der Fachanwälte für Steuerrecht |
| JGS | Jauche, Gülle und Silagesickersäfte |
| JSchÖG | Gesetz zum Schutz der Jugend in der Öffentlichkeit |
| JurBüro | Das Juristische Büro (Zeitschrift) |
| JurisPR | Juris PraxisReport (Zeitschrift) |
| JuS | Juristische Schulung (Zeitschrift) |
| JustG | Justizgesetz |
| JZ | JuristenZeitung (Zeitschrift) |
| | |
| K&R | Kommunikation & Recht (Zeitschrift) |
| KAG | Kommunalabgabengesetz |
| Kap. | Kapitel |
| KfW | KfW Bankengruppe, Anstalt des öffentlichen Rechts |
| KG | Kommanditgesellschaft |
| KO | Kommunalordnung |

| | |
|---|---|
| KomBekVO | Kommunalbekanntmachungsverordnung |
| KommJur | Kommunaljurist (Zeitschrift) |
| KommunalPraxis BY | KommunalPraxis (Zeitschrift) |
| KostenG | Kostengesetz |
| KrW-/AbfG | Kreislaufwirtschafts- und Abfallgesetz |
| KrWG | Kreislaufwirtschaftsgesetz |
| KStZ | Kommunale Steuer-Zeitschrift |
| KSVG | Kommunalselbstverwaltungsgesetz |
| KV | Kommunalverfassung |
| KVerf | Kommunalverfassung |
| KWG | Kreditwesengesetz |
| KWKG | Kraft-Wärme-Kopplungsgesetz |
| | |
| LAbfG | Landesabfallgesetz |
| LABO | Bund/Länder-Arbeitsgemeinschaft Bodenschutz |
| LAGA | Länderarbeitsgemeinschaft-Abfall |
| LAI | Bund/Länder-Arbeitsgemeinschaft für Immissionsschutz |
| LANA | Bund/Länderarbeitsgemeinschaft Naturschutz, Landschaftspflege und Erholung |
| LANUV | Landesamt für Natur, Umwelt und Verbraucherschutz |
| LAWA | Länderarbeitsgemeinschaft Wasser |
| LBauO | Landesbauordnung |
| LBG | Landesbeamtengesetz |
| LBO | Landesbauordnung |
| LBodSchG | Landes-Bodenschutzgesetz |
| LBP | Landschaftspflegerischer Begleitplan |
| LDG | Landesdisziplinargesetz |
| LEnteigG | Landesenteignungsgesetz |
| LEntG | Landesenteignungsgesetz |
| LFGB | Lebensmittel- und Futtermittelgesetzbuch |
| LfU | Landesamt für Umwelt |
| LG | Landschaftsgesetz; Landgericht |
| LGebG | Landesgebührengesetz |
| lit. | Buchstabe *(littera)* |
| LKA | Landeskriminalamt |
| LKrO | Landkreisordnung |
| LKRZ | Zeitschrift für Landes- und Kommunalrecht Hessen/Rheinland-Pfalz/Saarland |
| LKV | Landes- und Kommunalverwaltung, Verwaltungsrechts-Zeitschrift für die Länder Berlin/Brandenburg/Sachsen/Sachsen-Anhalt/Thüringen |
| LPartG | Lebenspartnerschaftsgesetz |
| LPZV | Leistungsprämien- und Zulagenverordnung |
| Ls. | Leitsatz |
| LSA | Land Sachsen-Anhalt |
| LSG | Landessozialgericht |
| LuftVG | Luftverkehrsgesetz |
| LVO | Landesverordnung; Laufbahnverordnung (Landesrecht) |
| LVwG | Landesverwaltungsgesetz |
| LVwVfG | Verwaltungsverfahrensgesetz eines Bundeslandes |
| LWaG/LWG | (Landes-)Wassergesetz |
| | |
| MBl. | Ministerialblatt |
| MBO | Musterbauordnung |

| | |
|---|---|
| MBPlG | Magnetschwebebahnplanungsgesetz |
| MDR | Monatsschrift für Deutsches Recht (Zeitschrift) |
| MEPolG | Musterentwurf eines einheitlichen Polizeigesetzes |
| MV/M-V | Mecklenburg-Vorpommern |
| m.w.N. | mit weiteren Nachweisen |
| | |
| NachwV | Verordnung über Verwertungs- und Beseitigungsnachweise |
| NAGBNatSchG | Niedersächsisches Ausführungsgesetz zum Bundesnaturschutzgesetz |
| NatG/NatSchG | Naturschutzgesetz (auf Landesebene) |
| NATO | Organisation des Nordatlantikvertrags (North Atlantic Treaty Organization) |
| NBauO | Niedersächsische Bauordnung |
| NBodSchG | Niedersächsisches Bodenschutzgesetz |
| Nds, nds | Niedersachsen, niedersächsisch |
| NdsRpfl | Niedersächsische Rechtspflege (Zeitschrift) |
| NdsVBl. | Niedersächsische Verwaltungsblätter (Zeitschrift) |
| NEG | Niedersächsisches Enteignungsgesetz |
| n.F. | neue Fassung |
| NJW | Neue Juristische Wochenschrift (Zeitschrift) |
| NJW-RR | Neue Juristische Wochenschrift – Rechtsprechungs-Report (Zeitschrift) |
| NKomVG | Niedersächsisches Kommunalverfassungsgesetz |
| NordÖR | Zeitschrift für Öffentliches Recht in Norddeutschland |
| NRW | Nordrhein-Westfalen |
| NUIG | Niedersächsisches Umweltinformationsgesetz |
| NuR | Natur und Recht (Zeitschrift) |
| n.v. | nicht veröffentlicht |
| NVwZ | Neue Zeitschrift für Verwaltungsrecht |
| NVwZ-RR | Neue Zeitschrift für Verwaltungsrecht – Rechtsprechungs-Report |
| NW | Nordrhein-Westfalen |
| NWG | Niedersächsisches Wassergesetz |
| NWVBl. | Nordrhein-Westfälische Verwaltungsblätter (Zeitschrift) |
| NZBau | Neue Zeitschrift für Baurecht und Vergaberecht |
| | |
| OBG | Ordnungsbehördengesetz |
| OECD | Organisation für wirtschaftliche Zusammenarbeit und Entwicklung (Organisation for Economic Co-operation and Development) |
| ÖPNV | Öffentlicher Personennahverkehr |
| oHG | Offene Handelsgesellschaft |
| OLG | Oberlandesgericht |
| OLGReport | Schnelldienst zur Zivilrechtsprechung der Oberlandesgerichte |
| OVG | Oberverwaltungsgericht |
| OVGE | Entscheidungssammlung des OVG |
| | |
| PBefG | Personenbeförderungsgesetz |
| PBefGKostV | Kostenverordnung für Amtshandlungen im entgeltlichen oder geschäftsmäßigen Personenverkehr mit Kraftfahrzeugen |
| PBZugV | Berufszugangsverordnung für den Straßenpersonenverkehr |
| PersR | Der Personalrat (Zeitschrift) |
| PersV | Die Personalvertretung (Zeitschrift) |

| | |
|---|---|
| PHi | Haftpflicht international – Recht & Versicherung (Zeitschrift) |
| PlanUP-Richtlinie | Richtlinie 2001/42/EG über die Prüfung der Umweltauswirkungen bestimmter Pläne und Programme |
| PlanzV | Planzeichenverordnung |
| PostPersRG | Postpersonalrechtsgesetz |
| PPP | public-private partnership |
| ProdSG | Produktsicherheitsgesetz |
| PTB | Physikalisch-Technische Bundesanstalt |
| | |
| qm | Quadratmeter |
| QRL | Qualifikationsrichtlinie |
| | |
| RAO | Reichsabgabenordnung |
| RdE | Recht der Energiewirtschaft (Zeitschrift) |
| RdL | Recht der Landwirtschaft (Zeitschrift) |
| REACH-Verordnung | Verordnung (EG) Nr. 1907/2006 *(Registration, Evaluation, Authorisation and Restriction of Chemicals)* |
| Rh.-Pf. | Rheinland-Pfalz |
| RiA | Recht im Amt (Zeitschrift) |
| RL | Richtlinie |
| RNotZ | Rheinische Notarzeitschrift |
| ROG | Raumordnungsgesetz |
| Rspr. | Rechtsprechung |
| RÜVKA | Rüstungsaltlastverdachtsstandortekataster |
| Rz. | Randziffer |
| | |
| s.a. | siehe auch |
| Saarl./saarl. | Saarland/saarländisch |
| Sachs | Sachsen |
| Sächs | sächsisch |
| SächsVBl. | Sächsische Verwaltungsblätter (Zeitschrift) |
| saP | spezielle artenschutzrechtliche Prüfung |
| Schl.-Holst. | Schleswig-Holstein |
| SchulG | Schulgesetz |
| SchwbG | Schwerbehindertengesetz |
| SDÜ | Schengener Durchführungsübereinkommen |
| SfH | Stiftung für Hochschulzulassung |
| SG | Soldatengesetz |
| SGB | Sozialgesetzbuch |
| SIFG | Saarländisches Informationsfreiheitsgesetz |
| SMBl. | Sammlung des Ministerialblattes |
| SNG | Saarländisches Naturschutzgesetz |
| SPA | Europäisches Vogelschutzgebiet *(Special Protection Area)* |
| SpielhG | Spielhallengesetz |
| SpielV | Spielverordnung |
| SpielVwV | Verwaltungsvorschrift zum Vollzug der Spielverordnung |
| SRU | Sachverständigenrat für Umweltfragen |
| StAG | Staatsangehörigkeitsgesetz |
| StBerG | Steuerberatungsgesetz |
| StE | Steuern der Energiewirtschaft (StE) (Zeitschrift) |
| StGB | Strafgesetzbuch |
| StlÜbk | Übereinkommen über die Rechtsstellung von Staatenlosen |
| StoffR | Zeitschrift für Stoffrecht |
| StPO | Strafprozessordnung |

| | |
|---|---|
| St. Rspr. | ständige Rechtsprechung |
| StUG | Stasiunterlagengesetz |
| SÜFV | Sicherheitsüberprüfungsfeststellungsverordnung |
| SÜG | Sicherheitsüberprüfungsgesetz |
| SUIG | Saarländisches Umweltinformationsgesetz |
| TA Abfall | Technische Anleitung Abfall (zweite allgemeine Verwaltungsvorschrift zum Abfallgesetz) |
| TA Lärm | Technische Anleitung zum Schutz gegen Lärm (Sechste Allgemeine Verwaltungsvorschrift zum Bundes-Immissionsschutzgesetz) |
| TA Luft | Technische Anleitung zur Reinhaltung der Luft (Erste Allgemeine Verwaltungsvorschrift zum Bundes-Immissionsschutzgesetz) |
| TA Siedlungsabfall | Technische Anleitung zur Verwertung, Behandlung und sonstigen Entsorgung von Siedlungsabfällen (Dritte Allgemeine Verwaltungsvorschrift zum Abfallgesetz) |
| TEHG | Treibhausgas-Emissionshandelsgesetz |
| Thür | Thüringen, thüringisch |
| ThürVBl. | Thüringer Verwaltungsblätter (Zeitschrift) |
| ThürZustBauVO | Thüringer Verordnung über Zuständigkeiten im Bauwesen |
| TöB | Träger öffentlicher Belange |
| TranspR | Transportrecht (Zeitschrift) |
| TRbF | Technische Regeln für brennbare Flüssigkeiten |
| TrinkwV | Trinkwasserverordnung |
| UBA | Umweltbundesamt |
| UIG | Umweltinformationsgesetz |
| UIGKostV | Verordnung über Kosten für Amtshandlungen der informationspflichtigen Stellen beim Vollzug des Umweltinformationsgesetzes |
| UIRL | EG-Umweltinformationsrichtlinie |
| UmweltHG | Umwelthaftungsgesetz |
| UmwG | Umwandlungsgesetz |
| UmwRG | Umwelt-Rechtsbehelfsgesetz |
| UN | Vereinte Nationen *(United Nations)* |
| UnbBeschErtV | Verordnung zur Erteilung von Unbedenklichkeitsbescheinigungen |
| UN-ECE | Wirtschaftskommission der Vereinten Nationen für Europa *(United Nations Economic Commission for Europe)* |
| UNEP | Unmweltprogramm der Vereinten Nationen *(United Nations Environment Programme)* |
| UNHCR | Hoher Flüchtlingskommissar der Vereinten Nationen *(United Nations High Commissioner for Refugees)* |
| Unterabs. | Unterabsatz |
| UPR | Umwelt- und Planungsrecht (Zeitschrift) |
| USchadG | Umweltschadensgesetz |
| UStG | Umsatzsteuergesetz |
| UVP | Umweltverträglichkeitsprüfung |
| UVPG | Gesetz über die Umweltverträglichkeitsprüfung |
| UVU | Umweltverträglichkeitsuntersuchung |
| UWG | Gesetz gegen den unlauteren Wettbewerb |
| V(O) | Verordnung |
| VA | Verwaltungsakt/Verwaltungsarchiv (Zeitschrift) |

| | |
|---|---|
| VAUwS | Verordnung über Anlagen zum Umgang mit wassergefährdenden Stoffen des Bundes |
| VAwS | Verordnung über Anlagen zum Umgang mit wassergefährdenden Stoffen (auf Landesebene) |
| VBlBW | Verwaltungsblätter für Baden-Württemberg (Zeitschrift) |
| VBP | Vorhabenbezogener Bebauungsplan |
| VDI | Verein Deutscher Ingenieure |
| VDV | Verband Deutscher Verkehrsunternehmen |
| VEA | Vorläufiges Europäisches Abkommen über soziale Sicherheit unter Ausschluss der Systeme für den Fall des Alters, der Invalidität und zugunsten der Hinterbliebenen |
| VE-Plan | Vorhaben- und Erschließungsplan |
| Verf | Verfassung |
| VerfGH | Verfassungsgerichtshof |
| VerfO EuG | Verfahrensordnung des Gerichts der Europäischen Union |
| VerkPBG | Verkehrswegeplanungsbeschleunigungsgesetz |
| VermG | Vermögensgesetz |
| VerpackV | Verordnung über die Vermeidung von Verpackungsabfällen |
| VersatzV | Verordnung über den Versatz von Abfällen unter Tage |
| VerwArch | Verwaltungsarchiv (Zeitschrift) |
| VG | Verwaltungsgericht |
| VGH | Verwaltungsgerichtshof |
| VgV | Vergabeverordnung |
| VIG | Verbraucherinformationsgesetz |
| VIG-E | Entwurf eines Gesetzes zur Neuregelung des Rechts der Verbraucherinformation |
| VIGGebV | Verbraucherinformationsgebührenverordnung |
| VkBl. | Verkehrsblatt |
| VOGO/BG | Verordnung über die Bildungsgänge und die Abiturprüfung in der gymnasialen Oberstufe und dem beruflichen Gymnasium Hessen |
| VRL | Vogelschutzrichtlinie |
| VVA | Verordnung über die Verbringung von Abfällen |
| VV RVG | Vergütungsverzeichnis zum Rechtsanwaltsvergütungsgsetz |
| VwGO | Verwaltungsgerichtsordnung |
| VwKostG | Verwaltungskostengesetz |
| VwVfG | Verwaltungsverfahrensgesetz |
| VwVwS | Allgemeine Verwaltungsvorschrift über die nähere Bestimmung wassergefährdender Stoffe und ihre Einstufung entsprechend ihrer Gefährlichkeit |
| VwZG | Verwaltungszustellungsgesetz |
| WaStrG | Bundeswasserstraßengesetz |
| WDO | Wehrdisziplinarordnung |
| WEG | Wohnungseigentumsgesetz; Wohnungseigentümergemeinschaft |
| WeinG | Weingesetz |
| WertV | Wertermittlungsverordnung |
| WG | Wassergesetz |
| WGK | Wassergefährdungsklasse |
| WHG | Wasserhaushaltsgesetz |
| WiPrO | Wirtschaftsprüferordnung |
| WiVerw | Wirtschaft und Verwaltung (Zeitschrift; Vierteljahresbeilage zur Zeitschrift Gewerbearchiv) |

| | |
|---|---|
| WM | Wertpapiermitteilungen, Zeitschrift für Wirtschafts- und Bankrecht |
| WpHG | Wertpapierhandelsgesetz |
| WRRL | Wasserrahmenrichtlinie |
| Z | Zahl der Vollgeschosse |
| ZAR | Zeitschrift für Ausländerrecht und Ausländerpolitik |
| ZBR | Zeitschrift für Beamtenrecht |
| ZDG | Zivildienstgesetz |
| ZEV | Zeitschrift für Erbrecht und Vermögensnachfolge |
| ZfB | Zeitschrift für Betriebswirtschaft |
| ZfBR | Zeitschrift für deutsches und internationales Bau- und Vergaberecht |
| ZfIR | Zeitschrift für Immobilienrecht |
| ZfPR | Zeitschrift für Personalvertretungsrecht |
| ZFW | Zeitschrift für Wasserrecht |
| ZfWG | Zeitschrift für Wett- und Glücksspielrecht |
| ZG | Zeitschrift für Gesetzgebung |
| ZIP | Zeitschrift für Wirtschaftsrecht |
| zit. | zitiert |
| ZKBS | Zentrale Kommission für die biologische Sicherheit |
| ZLR | Zeitschrift für das gesamte Lebensmittelrecht |
| ZMR | Zeitschrift für Miet- und Raumrecht |
| ZPO | Zivilprozessordnung |
| ZRP | Zeitsschrift für Rechtspolitik |
| z.T. | zum Teil |
| ZuG | Zuteilungsgesetz |
| ZUR | Zeitschrift für Umweltrecht |
| zust. Anm. | zustimmende Anmerkung |
| ZustBauVO/ ZustVBau | Zuständigkeitsverordnung im Bauwesen |
| ZuV | Zuteilungsverordnung |
| ZVG | Gesetz über die Zwangsversteigerung und die Zwangsverwaltung |

# Teil 1
# Grundlagen des Verwaltungsverfahrens

## A. Allgemeine Grundzüge

|  | Rz. |
|---|---|
| **I. Von den Verwaltungsverfahrensgesetzen normierte Regeln** | |
| 1. Der Anwendungsbereich der Verwaltungsverfahrensgesetze | 1 |
| 2. Ausgeschlossene Personen und Befangenheit | 11 |
| 3. Untersuchungsmaxime, behördliche Betreuungspflicht, einheitliche Stelle | 15 |
| 4. Beteiligte, Anhörung, Akteneinsicht | 24 |
| 5. Bevollmächtigte und Beistände | 43 |
| **II. Von den VwVfG nicht erfasstes Verwaltungshandeln** | 48 |
| 1. Verordnungen und kommunale Satzungen | 51 |
| 2. Innerbehördliches Verfahren | 57 |
| 3. Informales Verwaltungshandeln | 60 |
| 4. Gegenvorstellung, Aufsichtsbeschwerde, Petition | 64 |
| **III. Das Widerspruchsverfahren** | |
| 1. Das Widerspruchsverfahren als Verwaltungsverfahren und als Sachurteilsvoraussetzung | 69 |
| 2. Form und Frist des Widerspruchs | 72 |
| 3. Nutzungsmöglichkeiten des Widerspruchsverfahrens | 77 |
| 4. Kostenerstattung im Widerspruchsverfahren | 81 |
| **IV. Das summarische Gerichtsverfahren als Zwischenstation während des Verwaltungsverfahrens** | 84 |
| 1. Aufschiebende Wirkung und sofortige Vollziehung | 85 |
| 2. Vorläufige Regelungen im Leistungsverfahren | 93 |

|  | Rz. |
|---|---|
| 3. Das summarische Verfahren während des Verwaltungsverfahrens um einen VA mit Doppelwirkung | 99 |
| **V. Der Dritte bei VA mit Drittwirkung** | 104 |
| **VI. Die Gestaltung des verwaltungsrechtlichen Mandats nach der Kontrolldichte gerichtlicher Überprüfung** | |
| 1. Gebundene Entscheidung, Ermessensausübung, Beurteilungsermächtigung | 109 |
| 2. Kontrolldichte bei gebundener Verwaltung | 113 |
| 3. Kontrolldichte bei Ermessensentscheidungen | 114 |
| 4. Fallgruppen und Kontrolldichte bei Beurteilungsermächtigungen | 118 |
| **VII. Fehler im Verwaltungsverfahren** | 121 |
| 1. Beachtlichkeit von Verfahrensfehlern | 122 |
| 2. Heilung von Verfahrens- und Formfehlern | 126 |
| 3. Rechtsbehelfe gegen Verfahrenshandlungen | 129 |
| **VIII. Grundüberlegungen zur Führung des verwaltungsrechtlichen Mandats** | |
| 1. Verwaltungsverfahrensrecht als Ordnungsmaxime | 132 |
| 2. Kooperation und/oder Konfrontation | 135 |
| 3. Kompromiss im Prozess | 146 |

**Literatur:**

*Bader/Funke-Kaiser/von Albedyll/Stuhlfauth*, Verwaltungsgerichtsordnung, 5. Aufl. 2011; *Biermann*, Das Widerspruchsverfahren unter Reformdruck, DÖV 2008, 396; *Bonk*, Strukturelle Änderungen des Verwaltungsverfahrensgesetzes durch das Genehmigungsverfahrensbeschleunigungsgesetz, NVwZ 1997, 325; *Bracher*, Nachholung der Anhörung bis zum Abschluss des verwaltungsgerichtlichen Verfahrens?, DVBl 1997, 534; *Bracher*, Die bauaufsichtliche Zusage der Duldung formell und materiell rechtswidriger baulicher Anlagen, ZfBR 1987, 127; *Dreier*, Fortsetzungsfeststellungswiderspruch und Kostenentscheidung bei Erledigung des Verwaltungsakts im Vorverfahren, NVwZ 1987, 474; *Engel*, Planungssicherheit für Unternehmen durch Verwaltungsakt, 1992; *Ernst/Zinkahn/Bielenberg/Krautzberger* (Hrsg.), Baugesetzbuch, 99. Aufl. 2011; *Finkelnburg/Dombert/Külpmann*,

Vorläufiger Rechtsschutz im Verwaltungsstreitverfahren, 6. Aufl. 2011; *Jaeger/Pohlmann/Schroeder* (Hrsg.), Frankfurter Kommentar zum Kartellrecht„ 74. Lfg. Mai 2011; *Ganter*, Anordnung der sofortigen Vollziehung und rechtliches Gehör, DÖV 1984, 970; *Häußler*, Heilung von Anhörungsfehlern im gerichtlichen Verfahren, BayVBl. 1999, 616; *Kintz*, Der elektronische Widerspruch, NVwZ 2004, 1428; *Kirste*, Rechtsschutz bei faktischer Vollziehung, DÖV 2001, 397; *Kirchberg/Herrmann*, § 2 Verwaltungs- und Widerspruchsverfahren, in: Quaas/Zuck (Hrsg.), Prozesse in Verwaltungssachen, 2. Aufl. 2011; *Knack/Henneke*, Verwaltungsverfahrensgesetz, Kommentar, 9. Aufl. 2010; *Kopp*, Beteiligung, Rechts- und Rechtsschutzpositionen im Verwaltungsverfahren, in: Bachof u.a. (Hrsg.), 25 Jahre Bundesverwaltungsgericht (FS), 1978, S. 395; *Kopp*, Die Heilung von Mängeln des Verwaltungsverfahrens und das Nachschieben von Gründen im Verwaltungsprozess, VerwArch. 1970, 219; *Kopp/Ramsauer*, Verwaltungsverfahrensgesetz, 11. Aufl. 2010; *Kopp/Schenke*, Verwaltungsgerichtsordnung, 16. Aufl. 2009; *Laubinger*, Grundrechtsschutz durch Gestaltung des Verwaltungsverfahrens, VerwArch. 1982, 79; *Mallmann*, Erstattung von Anwaltskosten im Widerspruchsverfahren – Von der Regel zur Ausnahme?, NVwZ 1983, 338; *Niehues/Fischer*, Prüfungsrecht, 5. Aufl. 2010; *Oerder*, Das Widerspruchsverfahren der Verwaltungsgerichtsordnung, 1989; *Ossenbühl*, Umweltpflege durch behördliche Warnungen und Empfehlungen, 1986; *Pietzner*, Zur reformatio in peius im Widerspruchsverfahren, VerwArch. 1989, 501; 1990, 261; *Redeker*, Grundgesetzliche Rechte auf Verfahrensteilhabe, NJW 1980, 1597; *Redeker/von Oertzen* (Hrsg.), Verwaltungsgerichtsordnung, Kommentar, 15. Aufl. 2010; *Schenke*, Reform ohne Ende – Das Sechste Gesetz zur Änderung der Verwaltungsgerichtsordnung und anderer Gesetze, NJW 1997, 81; *Schlichter/Stich/Driehaus/Paetow* (Hrsg.), Berliner Kommentar zum Baugesetzbuch (BauGB), 17. Lfg. September 2010; *Schoch/Schmidt-Aßmann/Pietzner* (Hrsg.), Verwaltungsgerichtsordnung, Kommentar, Stand Mai 2010; *Sodan/Ziekow* (Hrsg.), Verwaltungsgerichtsordnung, Großkommentar, 3. Aufl. 2010; *Steinbeiß-Winkelmann*, Abschaffung des Widerspruchsverfahrens – ein Fortschritt?, NVwZ 2009, 686; *Stelkens/Bonk/Sachs* (Hrsg.), Verwaltungsverfahrensgesetz, Kommentar, 7. Aufl. 2008; *Wienhues*, Gibt es das Widerspruchsverfahren noch?, BRAK – Mitt. 2009, 111.

## Vorbemerkung

Das verwaltungsrechtliche Mandat setzt die Kenntnis der Verfahrensregeln voraus, nach denen die Verwaltung zu handeln hat. Sie sind in den Verwaltungsverfahrensgesetzen des Bundes und der Länder kodifiziert, die mit Ausnahme des Allgemeinen Verwaltungsgesetzes von Schleswig-Holstein weitgehend gleichlautend erlassen sind. Nachstehend wird von der Bundesfassung ausgegangen. Aber die VwVfG umfassen nicht alles Handeln der Verwaltung. Sie gelten darüber hinaus nur subsidiär. Manche Bereiche des anwaltlichen Mandats vollziehen sich deshalb nach eigenen Verfahrensbestimmungen. Für manche Bereiche fehlt es überhaupt an einer Normierung. Hierzu eine Übersicht zu geben, ist die Aufgabe der anschließenden Abschnitte I. und II. Von einer Behandlung des förmlichen Verwaltungsverfahrens, insbesondere des Planfeststellungsverfahrens, haben wir abgesehen; das letztere ist Gegenstand des Kapitels D. im Teil 1.

Das verwaltungsrechtliche Mandat kann nicht ohne Bezug auf einen möglichen Verwaltungsrechtsstreit geführt werden. Der Anwalt muss wissen, mit welcher richterlichen Kontrolle er in einem Prozess rechnen kann. Je begrenzter diese Kontrolle ist, umso notwendiger wird es, im Verwaltungsverfahren zu brauchbaren Ergebnissen zu kommen. Zum Verwaltungsrechtsstreit gehört insbesondere auch der vorläufige Rechtsschutz. Das Verwaltungsverfahren dauert oft lange. Die Zeit bis zu seiner Entscheidung verlangt nicht selten entweder Zwischenregelungen durch eine einstweilige Anordnung oder aber die Wiederherstellung der aufschiebenden Wirkung im Falle der sofortigen Vollziehung. Sonst entstehen schon während der Dauer des Verwaltungsverfahrens vollendete Tatsachen, die später nur unter Schwierigkeiten oder überhaupt nicht mehr rückgängig zu machen sind. Die hiermit zusammenhängenden Fragen werden deshalb in den Abschnitten III. bis VI. in ihren Grundzügen erörtert.

Die Beurteilung von Fehlern im Verwaltungsverfahren und ihrer Folgen gehört eigentlich dem materiellen Verwaltungsrecht an; sie wird im Abschnitt VII. deshalb nur kurz aufgegriffen. Mit einigen – notwendig subjektiven – Grundüberlegungen, die sich für die Führung eines verwaltungsrechtlichen Mandates stellen, soll im Abschnitt VIII. die Übersicht abgeschlossen werden.

## I. Von den Verwaltungsverfahrensgesetzen normierte Regeln

### 1. Der Anwendungsbereich der Verwaltungsverfahrensgesetze

**a)** Die Abgrenzung des Anwendungsbereichs der Verwaltungsverfahrensgesetze des **Bundes und der Länder** gegeneinander bereitet in der Praxis keine Schwierigkeiten. Da alle Bundesländer Verwaltungsverfahrensgesetze erlassen haben, reduziert sich die auf den ersten Blick komplizierte Regelung in § 1 Abs. 1–4 BVwVfG auf den Grundsatz, dass das Verwaltungsverfahrensgesetz des Bundes nur für die Verwaltungstätigkeit der Bundesbehörden gilt und die Verwaltungsverfahrensgesetze der Länder für die Verwaltungstätigkeit der Landesbehörden und der Gemeinden. Freilich haben gem. Art. 31 GG Vorrang vor den Landesverwaltungsverfahrensgesetzen die Verfahrensvorschriften in Spezialgesetzen des Bundes. Für diese gilt § 1 Abs. 3 BVwVfG nicht[1]. Umgekehrt können sondergesetzliche Regelungen des Landesrechts Bestimmungen des Verwaltungsverfahrensgesetzes des Bundes nicht verdrängen.

**b)** Gem. § 1 Abs. 1 letzter Halbs. BVwVfG gilt das Verwaltungsverfahrensgesetz des Bundes nur, soweit nicht Rechtsvorschriften des Bundes inhaltsgleiche oder entgegenstehende Regelungen enthalten. Eine entsprechende **Subsidiaritätsklausel** findet sich in den Verwaltungsverfahrensgesetzen fast aller Bundesländer zum Verhältnis zu landesrechtlichen Spezialvorschriften. Abweichende Bestimmungen, nach denen entgegenstehende Verfahrensvorschriften teilweise durch die Verwaltungsverfahrensgesetze verdrängt werden, gelten nur in Bremen und im Saarland. Schwierigkeiten bei der Anwendung der Subsidiaritätsklausel des § 1 Abs. 1 letzter Halbs. BVwVfG und der entsprechenden landesrechtlichen Vorschriften kann vor allem die Beantwortung der Frage bereiten, wie weit der Regelungsinhalt einer sondergesetzlichen Spezialregelung reicht, ob dieser die allgemeinen Bestimmungen des Verwaltungsverfahrensgesetzes ergänzt oder verdrängt. Dies ist durch Auslegung des Spezialgesetzes festzustellen. Es kommt, wie das BVerwG formuliert, darauf an, ob der durch Auslegung der Sonderbestimmung zu ermittelnde Regelungsanspruch abschließend ist[2]. Das BVerwG hatte sich bereits vielfach mit dieser Fragestellung zu befassen[3]. Allgemeine Grundsätze für diese Prüfung lassen sich aber kaum formulieren.

**c)** Die Verwaltungsverfahrensgesetze gelten nur für die **Tätigkeit der Behörden**. § 1 Abs. 4 BVwVfG definiert – übereinstimmend mit den Gesetzen der Länder – die Behörde als jede Stelle, die Aufgaben der öffentlichen Verwaltung wahrnimmt. Die Verwaltungsverfahrensgesetze gelten damit auch für beliehene Private, denen hoheitliche Befugnisse durch Gesetz oder aufgrund eines Gesetzes übertragen sind, nicht aber für Personen, denen der Staat Aufgaben zur Erledigung in Form des Privatrechts übertragen hat[4].

---

1 BVerwG v. 14.4.1989 – 4 C 31.88, BVerwGE 82, 17; *Bonk/Schmitz*, in: Stelkens/Bonk/Sachs, VwVfG, § 1 Rz. 229.
2 BVerwG v. 8.8.1986 – 4 C 16.84, Buchholz 315 § 1 Nr. 3.
3 Nachweise bei *Bonk/Schmitz*, in: Stelkens/Bonk/Sachs, VwVfG, § 1 Rz. 232 ff.
4 Dazu näher *Bonk/Schmitz*, in: Stelkens/Bonk/Sachs, VwVfG, § 1 Rz. 256ff.

Von der grundsätzlichen Geltung für alle Behörden bestimmen die Verwaltungsverfahrensgesetze zahlreiche Ausnahmen. Dabei haben die Länder den Katalog des § 2 BVwVfG noch erweitert. Bedeutung für die anwaltliche Praxis haben vor allem die Ausnahmen bei der Erhebung von Abgaben, im Bereich des Sozialwesens und im Prüfungswesen.

4 § 2 Abs. 2 Nr. 1 BVwVfG nimmt die **Verfahren** der Bundes- und Landesfinanzbehörden **nach der Abgabenordnung** von der Anwendung des Gesetzes aus. Die Länder nehmen vielfach – diesen Ansatz weiterführend – Verwaltungsverfahren generell aus, in denen Rechtsvorschriften der Abgabenordnung anzuwenden sind; im Einzelnen sind die Vorschriften der Landesgesetze nicht einheitlich. Besondere Schwierigkeiten treten dadurch auf, dass die Kommunalabgabengesetze der Länder durchweg nur enumerativ aufgeführte Vorschriften der Abgabenordnung für anwendbar erklären. Es stellt sich hier die Frage, inwieweit die Bestimmungen der Verwaltungsverfahrensgesetze ergänzend herangezogen werden können. Da die Verfahren nach den Kommunalabgabengesetzen durch das Verfahrensrecht der Abgabenordnung jedenfalls stark geprägt sind, kann dies nur in Betracht kommen, soweit die Verwaltungsverfahrensgesetze zugleich allgemein geltende Verfahrensgrundsätze normieren.

5 Der Ausschluss der Anwendung der Verwaltungsverfahrensgesetze hat im Abgabenbereich z.B. Bedeutung bei Beurteilung der Frage, ob die **Verfahrenskosten bei erfolgreichem Widerspruch** zu erstatten sind, weil die Abgabenordnung eine Erstattungsregelung nicht enthält. § 80 VwVfG gibt sicher keinen allgemeinen Verfahrensgrundsatz wieder, mit dem eine Lücke in der Abgabenordnung ausgefüllt werden könnte. Es ist allerdings die Auffassung vertreten worden, das Widerspruchsverfahren sei ein selbständiges Verfahren, für das die Verweisung auf die Abgabenordnung nicht gelte[1]. Das BVerwG – ist im Ergebnis zutreffend – dieser Konzeption nicht gefolgt[2].

6 Durch § 2 Abs. 2 Nr. 3 BVwVfG und die entsprechenden Bestimmungen der Landesgesetze ist der gesamte Bereich des **Sozialwesens** aus dem Anwendungsbereich der Verwaltungsverfahrensgesetze herausgenommen. Es gilt stattdessen das SGB X. Die Verfahrensbestimmungen in den Verwaltungsverfahrensgesetzen und im SGB X decken sich weitgehend. Wichtige Unterschiede bestehen aber in den Regelungen über die Aufhebung von VA.

7 Aus den in § 2 Abs. 3 BVwVfG normierten Tätigkeitsbereichen, in denen das Gesetz nur teilweise anzuwenden ist, verdient vor allem das **Prüfungswesen** Beachtung. Die Gesetze der Länder, in deren Zuständigkeitsbereich das Prüfungswesen weitgehend fällt, enthalten überwiegend identische Bestimmungen. Ausgeschlossen sind damit im Prüfungswesen insbesondere die Vorschriften über die Anhörung (§ 28 VwVfG) und die Begründung des VA (§ 39 VwVfG; § 109 Abs. 2 LVwG Schl.-Holst. sieht ausnahmsweise eine Begründung vor). Freilich ergeben sich aus Art. 19 Abs. 4 GG in Verbindung mit Grundrechten für bestimmte Fallgestaltungen Begründungspflichten[3].

8 **d)** Gem. § 1 Abs. 1 BVwVfG und den entsprechenden Regelungen in den Landesgesetzen gelten die Verwaltungsverfahrensgesetze für die öffentlich-rechtliche Verwaltungstätigkeit. Sie enthalten allerdings Regelungen nur für das **Verwaltungsver-**

---

1 So OVG Saarlouis v. 24.7.1985 – 2 R 58/85, NVwZ 1987, 508; vgl. auch VG Leipzig v. 14.1.2002 – 6 K 1656/00, NVwZ 2002, 891.
2 BVerwG v. 27.9.1989 – 8 C 88.88, BVerwGE 132, 336; ebenso OVG Münster v. 26.4.1991 – 3 A 2504/89, NWVBl. 1992, 69; vgl. auch Teil 4 Rz. 45.
3 Vgl. z.B. zum Prüfungsrecht BVerwG v. 9.12.1992 – 6 C 3.92, BVerwGE 91, 262; v. 6.9.1995 – 6 C 18.93, BVerwGE 99, 185.

fahren, das in § 9 BVwVfG definiert ist. Verwaltungsverfahren ist nach dieser Bestimmung die nach außen wirkende Tätigkeit der Behörden, die auf die Prüfung der Voraussetzungen, die Vorbereitung und den Erlass eines VA oder auf den Abschluss eines öffentlich-rechtlichen Vertrages gerichtet ist. Es schließt den Erlass des VA oder den Abschluss des öffentlich-rechtlichen Vertrages ein. Ausgeschlossen sind damit die unter Rz. 48 ff. erörterten Formen des Verwaltungshandelns, vor allem die Rechtssetzung durch Verwaltung.

Eine **nach außen wirkende Tätigkeit** der Behörden beginnt nicht erst mit Maßnahmen, die Rechtswirkungen nach außen entfalten. Das Verwaltungsverfahren kann mit einer Maßnahme eingeleitet werden, von der der Bürger keine Kenntnis erhält, z.B. durch die Anforderung einer Stellungnahme einer anderen Behörde[1]. Dies hat z.B. zur Folge, dass auch auf eine derartige Stellungnahme die Vorschriften über ausgeschlossene Personen und über die Befangenheit anzuwenden sind. 9

Die Tätigkeit muss weiter auf den **Erlass eines VA** (§ 35 VwVfG) oder auf den **Abschluss eines öffentlich-rechtlichen Vertrags** (§ 54 VwVfG) gerichtet sein. Die schwierigen Fragen, die sich bei der Abgrenzung dieser Begriffe ergeben, können an dieser Stelle nicht erörtert werden. Hervorzuheben ist, dass die Tätigkeiten von Behörden, die an der beabsichtigten Entscheidung intern mitzuwirken haben, keine eigenständigen Verwaltungsverfahren sind, weil die Mitwirkung nicht durch einen VA abgeschlossen wird. Deshalb bestehen die in den §§ 9 ff. VwVfG bestimmten Rechte von Verfahrensbeteiligten – etwa das Akteneinsichtsrecht – nur gegenüber derjenigen Behörde, die den VA zu erlassen hat. Da die dienstliche Beurteilung eines Beamten kein VA ist, führt die Besorgnis der Befangenheit des Beurteilers nicht zur Rechtswidrigkeit der Beurteilung; es kommt auf tatsächliche Befangenheit an[2]. Die Anordnung der sofortigen Vollziehung ist gleichfalls kein VA[3], so dass auch hier die Bestimmungen über das Verwaltungsverfahren nicht gelten, selbst wenn die Anordnung erst nach Abschluss des Verwaltungsverfahrens erfolgt[4]. Dies hat Bedeutung für die kontrovers erörterte Frage, ob die Behörde den Bürger vor Anordnung der sofortigen Vollziehung anzuhören hat[5]. 10

Das Verwaltungsverfahren endet mit dem Erlass des VA oder dem Abschluss des öffentlich-rechtlichen Vertrags. Das Widerspruchsverfahren ist deshalb ein neues eigenständiges Verwaltungsverfahren (vgl. dazu unten Rz. 69), ebenso das Vollstreckungsverfahren.

## 2. Ausgeschlossene Personen und Befangenheit

§ 20 VwVfG normiert den Ausschluss einer Reihe von Personen von der Tätigkeit im Verwaltungsverfahren. Die Befangenheit wird gesetzlich unwiderleglich vermutet. Schwierigkeiten kann aus dem Katalog des § 20 Abs. 1 VwVfG vor allem die Abgrenzung des Personenkreises bereiten, der ausgeschlossen wird, weil er oder ein Angehöriger durch die Tätigkeit oder die Entscheidung einen unmittelbaren Vor- oder Nachteil erlangen kann, welcher nicht nur darauf beruht, dass er einer Berufs- oder Bevölkerungsgruppe angehört, deren gemeinsame Interessen durch die Angelegenheit berührt werden. An der Unmittelbarkeit des Vor- oder 11

---

[1] Vgl. zur Problematik *Schmitz*, in: Stelkens/Bonk/Sachs, VwVfG, § 9 Rz. 116 ff.
[2] BVerwG v. 12.3.1987 – 2 C 36.86, ZBR 1988, 63; v. 23.4.1998 – 2 C 16.97, BVerwGE 106, 318.
[3] Vgl. etwa OVG Koblenz v. 25.11.1987 – 12 B 112/87, NVwZ 1988, 748; VGH Mannheim v. 29.6.1994 – 10 S 2510/93, NVwZ 1995, 292.
[4] Abweichend *Ganter*, DÖV 1974, 970 ff.
[5] Vgl. dazu näher *Schoch*, in: Schoch/Schmidt-Aßmann/Pietzner, VwGO, § 80 Rz. 181 ff. sowie unten Rz. 88.

Nachteils fehlt es, wenn die behördliche Entscheidung nur die Grundlage für Vor- oder Nachteile schafft, diese aber erst durch zusätzliche Handlungen Dritter herbeigeführt werden, etwa wenn der Amtswalter eine Gewerbeerlaubnis einem Konkurrenten eines Angehörigen erteilt oder versagt oder eine Subvention einem Verein gewährt, dem er als Mitglied angehört[1]. Auf der anderen Seite genügt die – nicht ganz entfernt liegende – Möglichkeit des unmittelbaren Vor- oder Nachteils[2]; denn § 20 VwVfG will bereits den bösen Schein der parteilichen Amtsführung ausschließen[3].

12 Liegt ein Ausschlussgrund nach § 20 VwVfG nicht vor, so kann gleichwohl die **Besorgnis der Befangenheit** gem. § 21 VwVfG zur Ausschließung von der Mitwirkung am Verfahren führen. Ein Grund, der geeignet ist, Misstrauen gegen eine unparteiische Amtsführung zu rechtfertigen, kann sich aus der Person des Amtsträgers, aus der Art der Sachbehandlung oder auch aus sonstigem Verhalten des Amtsträgers ergeben. Die Besorgnis der Befangenheit kann regelmäßig nur gegenüber einzelnen Amtsträgern, nicht etwa pauschal gegenüber ganzen Behörden bestehen. Es muss ein vernünftiger Grund vorhanden sein, der an Tatsachen anknüpft, die nach verständigen Überlegungen Zweifel an der unparteiischen Amtsführung begründen können[4].

13 Sowohl Ausschließungs- als auch Befangenheitsgründe hat der Amtswalter seinem Vorgesetzten bzw., wenn er Behördenleiter ist, seiner Aufsichtsbehörde anzuzeigen. Der Vorgesetzte entscheidet über die weitere Mitwirkung des Amtsträgers. Ein förmliches **Ablehnungsrecht** ist den Verfahrensbeteiligten grds. nicht eingeräumt. Eine Ausnahme ist nur für das förmliche Verwaltungsverfahren in § 71 Abs. 3 Satz 1 VwVfG vorgesehen. Der Bürger, der einen mit der Angelegenheit befassten Amtsträger für befangen hält, ist deshalb grds. auch nicht verpflichtet, die Befangenheit frühzeitig geltend zu machen. Dies kann allerdings zweckmäßig sein, schon um einem Verwirkungseinwand zu begegnen. Den in § 71 Abs. 3 Satz 3 VwVfG normierten Rügeverlust durch rügelose Einlassung in eine mündliche Verhandlung qualifiziert das BVerwG als allgemeinen Rechtsgrundsatz[5].

14 Bei der Entscheidung über den Zeitpunkt der Befangenheitsrüge sind auch die **Rechtsfolgen** der Mitwirkung eines befangenen Amtsträgers zu berücksichtigen. Der Bürger kann die gegen § 20 VwVfG oder § 21 VwVfG verstoßende Mitwirkung gem. § 44a VwGO nicht selbständig mit einem Rechtsmittel angreifen. Soweit der Behörde bei ihrer Entscheidung Beurteilungsspielraum oder Ermessen zusteht, hat der Verstoß zwar die Rechtswidrigkeit der Entscheidung zur Folge; die Behörde ist aber nicht gehindert, im Ergebnis dieselbe Regelung erneut zu treffen. Bei gebundenen Entscheidungen ohne Beurteilungsspielraum ist die Aufhebung durch § 46 VwVfG weitgehend ausgeschlossen (Rz. 122). Die Nichtigkeit des VA oder des öffentlich-rechtlichen Vertrags kommt gem. §§ 44 Abs. 3 Nr. 2, 49 Abs. 2 Nr. 1 VwVfG als Folge der Befangenheit nur ausnahmsweise in Betracht. I.d.R. wird es deshalb nicht sinnvoll sein, eine Befangenheitsrüge bewusst zurückzustellen.

---

1 Abweichend Kopp/*Ramsauer*, VwVfG, § 20 Rz. 37.
2 *Bonk/Schmitz*, in: Stelkens/Bonk/Sachs, VwVfG, § 20 Rz. 45.
3 Vgl. zu diesem Gesichtspunkt bei der Anwendung von § 20 Abs. 1 Satz 1 Nr. 5 VwVfG BVerwG v. 30.5.1984 – 4 C 58.81, BVerwGE 69, 256; v. 18.12.1987 – 4 C 9.86, NVwZ 1988, 527 (530).
4 Zusammenfassend *Bonk/Schmitz*, in: Stelkens/Bonk/Sachs, VwVfG, § 21 Rz. 10 ff. m.w.N.
5 BVerwG v. 2.7.1992 – 5 C 51.90, BVerwGE 90, 287.

### 3. Untersuchungsmaxime, behördliche Betreuungspflicht, einheitliche Stelle

Die Behörde hat gem. § 24 VwVfG den Sachverhalt **von Amts wegen aufzuklären**. Die Ermittlung des Sachverhalts ist im Verwaltungsverfahren häufig einfach. Vor allem bei schwierigen naturwissenschaftlichen Beurteilungen und technischen Fragen kann sie aber auch mit großem wirtschaftlichem Aufwand verbunden sein. Zu denken ist etwa an die Erforschung von Altlasten und die Abschätzung von Risiken, die sich aus ihnen ergeben können.

**a)** Der Behörde steht bei der Entscheidung über die vorzunehmenden Ermittlungen **Ermessensspielraum** zu. Gem. § 26 Abs. 1 Satz 1 VwVfG bedient sie sich der Beweismittel, die sie nach pflichtgemäßem Ermessen zur Ermittlung des Sachverhalts für erforderlich hält. Der Ermessensspielraum wird begrenzt durch das anzuwendende materielle Recht. Die Behörde ist dabei an den Verhältnismäßigkeitsgrundsatz gebunden[1]. Sie hat insbesondere das öffentliche Interesse an einem sinnvollen Einsatz der Verwaltungskapazitäten zu berücksichtigen und mit dem Interesse an einer möglichst zuverlässigen Aufklärung des Sachverhalts abzuwägen. Die Behörde ist – auch auf Antrag eines Betroffenen hin – nicht verpflichtet, Zeit raubende und kaum Aussicht auf Erfolg versprechende Nachforschungen vorzunehmen[2]. Sie hat ihre Untersuchungspflicht erfüllt, wenn sie „in sachgerechtem und rationellem Einsatz der ihr zur Verfügung stehenden Mittel nach pflichtgemäßem Ermessen die Maßnahmen getroffen hat, die der Bedeutung des aufzuklärenden" Sachverhalts „gerecht werden und erfahrungsgemäß Erfolg haben können"[3].

**b)** Gem. § 26 Abs. 2 VwVfG sollen die Beteiligten bei der Ermittlung des Sachverhalts mitwirken, vor allem ihnen bekannte Tatsachen und Beweismittel angeben. Damit wird den Beteiligten keine durchsetzbare Verpflichtung, sondern nur eine **Mitwirkungslast** auferlegt. Sie wirkt sich auf die Ermittlungspflichten der Behörde aus, soweit es um Tatsachen aus der Sphäre des Beteiligten geht; weist der Beteiligte auf solche Tatsachen nicht hin, obwohl sie der Behörde nicht ohne eigene Ermittlungen bekannt sind, muss er die Nachteile tragen, die sich aus der Unkenntnis der Behörde ergeben[4]. Berücksichtigt die Behörde einen Sachverhalt nicht, dessen Vortrag von den Beteiligten hätte erwartet werden können, so hat dies daher nicht die Rechtswidrigkeit ihrer Entscheidung zur Folge[5]. Allerdings wird auch die Mitwirkungslast der Beteiligten durch das Verhältnismäßigkeitsprinzip begrenzt; ihre Erfüllung muss zumutbar sein[6].

**c)** Mit Rücksicht auf die Mitwirkungslast der Beteiligten gehört es zu den wichtigsten Aufgaben anwaltlicher Vertretung im Verwaltungsverfahren, auf alle für den Mandanten günstigen Umstände hinzuweisen. Dies gilt auch dann, wenn es wahrscheinlich erscheint, dass die Behörde sie auch von sich aus erkennt. Nicht immer ist es erforderlich, zugleich durch **Beweisanträge** bestimmte Beweismittel zu benennen, weil sich häufig ohne Weiteres aufdrängt, in welcher Weise der Beweis erhoben werden kann, und die Behörde an Beweisanträge nicht gebunden ist (§ 24 Abs. 1 Satz 2 VwVfG). Es ist dies aber i.d.R. schon deshalb zweckmäßig, weil die Behörde verpflichtet ist, zulässige Beweisanträge zu beachten und in ihre Erwägungen einzubeziehen. Folgt sie ihnen nicht, wozu sie grds. gem. § 24 Abs. 1 Satz 2

---

1 Vgl. *Ritgen*, in: Knack/Henneke, VwVfG, § 24 Rz. 12; *P. Stelkens/Kallerhoff*, in: Stelkens/Bonk/Sachs, VwVfG, § 24 Rz. 36.
2 BVerwG v. 17.7.1986 – 7 B 6.86, NJW 1987, 143.
3 BVerwG v. 21.10.1987 – 7 B 162.87, NJW 1988, 1104.
4 In diesem Sinne wohl auch mit Nachw. aus der Rspr. *P. Stelkens/Kallerhoff*, in: Stelkens/Bonk/Sachs, VwVfG, § 24 Rz. 28 f.
5 BVerwG v. 10.5.1985 – 1 B 51.85, Buchholz 402.24 § 10 Nr. 108.
6 BVerwG v. 3.12.1986 – 6 C 50.85, BVerwGE 75, 201.

VwVfG berechtigt ist, so muss sie in ihrer Entscheidung darlegen, weshalb sie von der Beweiserhebung abgesehen hat[1].

19 Besondere Schwierigkeiten bereitet die Bestimmung des Verhältnisses zwischen behördlicher Untersuchungspflicht und Ermächtigungsgrundlagen des materiellen Rechts, auf die die **Anordnung von Untersuchungsmaßnahmen gegenüber Bürgern**, insbesondere zur Gefahrenabwehr, gestützt werden kann. Die Problematik hat die Rspr. vor allem im Altlastenrecht vielfach beschäftigt[2]. Eine Spezialregelung für diesen Bereich findet sich jetzt in § 9 BBodSchG.

20 d) Gem. § 25 VwVfG obliegt der Behörde eine **Betreuungspflicht**. Die Behörde hat, soweit erforderlich, bereits vor Stellung eines Antrags mit dem zukünftigen Antragsteller zu erörtern, welche Nachweise und Unterlagen von ihm zu erbringen sind und in welcher Weise das Verfahren beschleunigt werden kann (§ 25 Abs. 2 Satz 1 VwVfG). Sie soll die Abgabe von Erklärungen, die Stellung von Anträgen oder die Berichtigung von Erklärungen oder Anträgen anregen, wenn diese offensichtlich nur versehentlich oder aus Unkenntnis unterblieben oder unrichtig abgegeben oder gestellt worden sind (§ 25 Abs. 1 Satz 1 VwVfG). Soweit erforderlich, erteilt sie Auskunft über die den Beteiligten zustehenden Rechte und die ihnen obliegenden Pflichten (§ 25 Abs. 1 Satz 2 VwVfG). Soweit es der Verfahrensbeschleunigung dient, soll sie dem Antragsteller nach Eingang des Antrags unverzüglich Auskunft über die voraussichtliche Verfahrensdauer und die Vollständigkeit der Antragsunterlagen geben (§ 25 Abs. 2 Satz 2 VwVfG).

21 Gegenüber einem anwaltlich vertretenen Bürger wird die Behörde i.d.R. keinen Anlass zu **Belehrungen** nach § 25 Abs. 1 Satz 1 VwVfG haben. Gerade deshalb kann es sich empfehlen, wenn die Rechtslage unklar ist, die beabsichtigten Anträge mit der Behörde zu erörtern und abzustimmen, sofern nicht taktische Erwägungen dagegen sprechen, das eigene Anliegen und die sich bei der Durchsetzung ergebenden Schwierigkeiten offen darzulegen. Zweckmäßig ist dies häufig vor allem dann, wenn Einwendungen Drittbetroffener gegen einen begünstigenden VA zu erwarten sind. Aber auch sonst liegt es häufig im Interesse des Mandanten, durch eine frühzeitige Abstimmung die Ablehnung von Anträgen aus Gründen, denen durch eine Änderung leicht Rechnung getragen werden könnte, zu vermeiden. Dies gilt auch dann, wenn dabei Vorstellungen der Behörde zu berücksichtigen sind, die an sich nicht überzeugen, deren Überwindung jedoch nur in einem langwierigen Verfahren möglich erscheint, der Mandant aber an einer baldigen Entscheidung interessiert oder auf eine solche Entscheidung angewiesen ist.

22 Eine Verletzung der Betreuungspflicht kann einen **Amtshaftungsanspruch** aus § 839 BGB i.V.m. Art. 34 GG begründen. Darüber hinaus kann der Behörde aus Treu und Glauben die Berufung auf einen Rechtsverlust, der durch die Verletzung der Betreuungspflicht verursacht ist, versagt sein[3].

23 Soweit durch Rechtsvorschrift bestimmt ist, dass ein Verwaltungsverfahren durch eine **einheitliche Stelle** abgewickelt werden kann, ist die Durchführung des Verfahrens für den Antragsteller erheblich erleichtert. Er kann alle Anträge, Erklärungen und Unterlagen bei der einheitlichen Stelle abgeben, die diese an die zuständigen Behörden weiterzuleiten hat (§ 71b Abs. 1 VwVfG). Mitteilungen über die Unvollständigkeit eines Antrags oder einer Anzeige erfolgen gemäß § 71b Abs. 4 VwVfG durch die zuständige Behörde. Ebenso wie andere Mitteilungen sollen sie allerdings

---

1 Vgl. OVG Münster v. 24.1.1989 – 4 A 1496/87.
2 Vgl. zusammenfassend *P. Stelkens/Kallerhoff*, in: Stelkens/Bonk/Sachs, VwVfG, § 24 Rz. 10 ff.
3 Vgl. dazu *P. Stelkens/Kallerhoff*, in: Stelkens/Bonk/Sachs, VwVfG, § 25 Rz. 16.

gemäß § 71b Abs. 5 VwVfG über die einheitliche Stelle an den Antragsteller oder Anzeigepflichtigen weitergegeben werden. Informationspflichten obliegen gemäß § 71c VwVfG sowohl der einheitlichen Stelle (§ 71c Abs. 1 VwVfG) als auch den zuständigen Behörden (§ 71c Abs. 2 VwVfG).

**4. Beteiligte, Anhörung, Akteneinsicht**

**a)** Die Verwaltungsverfahrensgesetze knüpfen an die **Beteiligtenstellung** eine Vielzahl von Rechtsfolgen. Zu den wichtigsten Verfahrensrechten, die sich aus der Beteiligtenstellung ergeben, gehören das Anhörungs- und das Akteneinsichtsrecht. Der Katalog der Beteiligungstatbestände in § 13 Abs. 1 Nr. 1–3 VwVfG versteht sich weitgehend von selbst. Erhebliche Bedeutung auch für die anwaltliche Praxis hat die Vorschrift des § 13 Abs. 2 VwVfG über die Hinzuziehung als Beteiligter. 24

Gem. § 13 Abs. 2 Satz 2 VwVfG hat die Behörde einen Dritten auf seinen Antrag hin als Beteiligten zu dem Verfahren hinzuzuziehen, wenn der Ausgang des Verfahrens für ihn rechtsgestaltende Wirkung hat; wenn die Behörde den Dritten kennt, hat sie ihn von der Einleitung des Verfahrens zu benachrichtigen. Rechtsgestaltende Wirkung i. S. dieser Bestimmung hat ein VA, wenn er unmittelbar Rechte eines Dritten aufhebt, verändert oder begründet. Hauptanwendungsfall der notwendigen Hinzuziehung nach § 13 Abs. 2 Satz 2 VwVfG ist die Vorbereitung eines VA mit Doppelwirkung, z.B. einer Baugenehmigung unter Dispens von nachbarschützenden Bestimmungen (vgl. dazu *Uechtritz* Teil 2 Kap. A. Rz. 133). Darüber hinaus kann die Behörde gem. § 13 Abs. 2 Satz 1 VwVfG von Amts wegen oder auf Antrag diejenigen, deren rechtliche Interessen durch den Ausgang des Verfahrens berührt werden können, als Beteiligte hinzuziehen. Rechtliche Interessen sind alle Interessen, die durch eine Rechtsnorm des öffentlichen oder privaten Rechts geschützt sind[1]. § 13 Abs. 2 Satz 1 VwVfG gewährt der Behörde einen sehr weiten Ermessensspielraum, von dem leider nur sehr selten durch eine positive Entscheidung über die Hinzuziehung Gebrauch gemacht wird. 25

Die Hinzuziehung kann gem. § 44a VwGO weder durch Rechtsmittel **durchgesetzt** werden, noch kann ein bereits Beteiligter die Hinzuziehung eines anderen selbständig anfechten. Allerdings kann die Unterlassung einer notwendigen Hinzuziehung, wenn sie beantragt worden war, ebenso wie die fehlerhafte Entscheidung über einen Antrag auf einfache Hinzuziehung – in den Grenzen der §§ 45, 46 VwVfG – zur Aufhebung des VA führen. Außerdem kann der zu Unrecht Hinzugezogene seine eigene Hinzuziehung mit Widerspruch und Klage angreifen[2]. 26

Auch **ohne förmliche Hinzuziehung** zum Verfahren können natürlich Bedenken gegen eine beabsichtigte Entscheidung der Behörde schriftlich vorgetragen werden. Die Behörde würde eine derartige Eingabe nach dem Untersuchungsgrundsatz auch zu beachten haben. Es ist aber ohne die Hinzuziehung nicht sichergestellt, dass eine rechtzeitige Information über die beabsichtigte Entscheidung oder über die Änderungen des Antrags eines Verfahrensbeteiligten, die durch Akteneinsicht festgestellt werden könnten, erfolgt. Daher ist regelmäßig ein frühzeitiger Antrag auf Hinzuziehung zweckmäßig. 27

**b)** Bevor ein VA erlassen wird, der in Rechte eines Beteiligten eingreift, ist dieser **anzuhören**; ihm ist gem. § 28 Abs. 1 VwVfG Gelegenheit zu geben, sich zu den 28

---

1 VG Berlin v. 10.4.1984 – 16 A 225.83, DVBl 1984, 1186; *Kopp*, Beteiligung, Rechts- und Rechtsschutzpositionen im Verwaltungsverfahren, in: 25 Jahre Bundesverwaltungsgericht, 1978, S. 395 ff.
2 BVerwG v. 16.5.2000 – 3 C 2.00, NVwZ 2000, 1179.

für die Entscheidung erheblichen Tatsachen zu äußern. In der Literatur ist die Frage umstritten, ob auch die Ablehnung eines begünstigenden VA in Rechte eines Beteiligten eingreift[1]. Das BVerwG hat dies bisher nicht angenommen[2]. Dennoch wird in der Verwaltungspraxis vielfach auch bei beabsichtigter Ablehnung eines Antrags auf Erlass eines begünstigten VA eine Anhörung vorgenommen. Dies ist zweckmäßig, weil es auch im öffentlichen Interesse liegt, bei der abschließenden Verwaltungsentscheidung alle Gesichtspunkte zu berücksichtigen, die entscheidungserheblich sein können. Durch die Anhörung können sich neue Gesichtspunkte und zusätzliche Erkenntnisse ergeben. Deshalb ist es zumeist zweckmäßig, die Behörde schon bei Antragstellung, wenn der Erlass eines begünstigenden VA begehrt wird, um eine ergänzende Gelegenheit zur Stellungnahme zu bitten, sofern sich Bedenken gegen eine positive Entscheidung über den Antrag ergeben sollten.

29 Die Anhörungspflicht gem. § 28 Abs. 1 VwVfG bezieht sich ausdrücklich nur auf die **entscheidungserheblichen Tatsachen**. Die Behörde muss dem Bürger verdeutlichen, welche Tatsachen sie für entscheidungserheblich hält. Sie muss darüber hinaus den beabsichtigten VA nach Art und Inhalt so konkret umschreiben, dass den Beteiligten hinreichend deutlich wird, mit welcher Entscheidung voraussichtlich zu rechnen ist. Die Behörde darf ihrer Entscheidung nur diejenigen Tatsachen zugrunde legen, zu denen die Beteiligten Stellung nehmen konnten[3]. Allerdings ist eine erneute Anhörung nicht erforderlich, wenn die entscheidungserheblichen Tatsachen sich nur unwesentlich ändern[4].

30 Eine Verpflichtung, auf die **Rechtsgrundlagen der beabsichtigten Entscheidung** hinzuweisen, ergibt sich demgegenüber aus § 28 VwVfG nicht. Allerdings spricht vieles dafür, dass eine solche Verpflichtung aus den verfassungsrechtlichen Grundsätzen des rechtlichen Gehörs und des Vorbehalts des Gesetzes folgt, die beide im Rechtsstaatsprinzip verankert sind[5].

31 Gem. § 28 Abs. 2 VwVfG kann die Behörde **von der Anhörung absehen**, wenn sie nach den Umständen des Einzelfalls nicht geboten ist. Die Vorschrift nennt eine Reihe von Fallgruppen, in denen dies „insbesondere" angenommen werden kann. Die größte Bedeutung hat aus diesem Katalog das Absehen von einer Anhörung, weil eine sofortige Entscheidung wegen Gefahr im Verzug oder im öffentlichen Interesse notwendig erscheint. Es genügt, dass die Behörde aufgrund der ihr bekannt gewordenen Tatsachen eine sofortige Entscheidung für notwendig halten durfte. Dies ist der Fall, wenn durch die vorherige Anhörung auch bei Gewährung kürzester Anhörungsfristen ein Zeitverlust einträte, der mit hoher Wahrscheinlichkeit zur Folge hätte, dass der Zweck der zu treffenden Regelung nicht mehr erreicht wird[6]. Allerdings gebietet in einem solchen Fall das Übermaßverbot, dass die ohne Anhörung getroffene Regelung auf eine Mindestmaßnahme beschränkt wird, die keine Verzögerung erlaubt[7].

32 Das **Verbot der Anhörung** gem. § 28 Abs. 3 VwVfG hat nur geringe praktische Bedeutung. Auch bei Anwendung dieser Bestimmung ist das Übermaßverbot zu be-

---

1 Vgl. einerseits Kopp/*Ramsauer*, VwVfG, § 28 Rz. 27; andererseits *Bonk/Kallerhoff*, in: Stelkens/Bonk/Sachs, VwVfG, § 28 Rz. 27 ff.
2 Vgl. BVerwG v. 30.4.1981 – 3 C 135.79, Buchholz 451. 74 § 8 Nr. 3; v. 14.10.1982 – 3 C 46.81, BVerwGE 66, 184.
3 OVG Münster v. 17.3.1983 – 17 B 1161/81, InfAuslR 1983, 244.
4 BVerwG v. 25.8.1982 – 8 C 35.80, NJW 1983, 1689 zu § 19 Abs. 4 ZDG.
5 Zu dieser Problematik eingehend mit weiteren Nachweisen *Bonk/Kallerhoff*, in: Stelkens/Bonk/Sachs, VwVfG, § 28 Rz. 39.
6 BVerwG v. 15.12.1983 – 3 C 27.82, BVerwGE 68, 267; v. 18.10.1983 – 1 A 89.83, BVerwGE 80, 299.
7 BVerwG v. 15.12.1983 – 3 C 27.82, BVerwGE 68, 267.

achten. Die Maßnahme, zu der eine Anhörung unterbleibt, weil ihr ein zwingendes öffentliches Interesse entgegensteht, ist auf das unerlässlich Notwendige zu beschränken[1].

**Fehler bei der Anhörung** der Beteiligten sind häufig. Sie bleiben aber meistens im gerichtlichen Verfahren ohne Sanktion. Zum einen kann die Anhörung nach der – allerdings verfassungsrechtlich problematischen[2] – Regelung in § 45 Abs. 2 BVwVfG während des gerichtlichen Verfahrens bis zum Abschluss der letzten Tatsacheninstanz nachgeholt werden[3]. Zum anderen wird häufig auszuschließen sein, dass der Fehler sich auf das Ergebnis des Verfahrens ausgewirkt hat (vgl. § 46 VwVfG und dazu unten Rz. 122 ff.). 33

c) Gem. § 29 Abs. 1 Satz 1 VwVfG haben die Beteiligten einen Anspruch auf **Einsichtnahme in die das Verfahren betreffenden Akten**, soweit deren Kenntnis zur Geltendmachung oder Verteidigung ihrer rechtlichen Interessen erforderlich ist. Die Wahrnehmung des Akteneinsichtsrechts gehört zu den wichtigsten Aufgaben anwaltlicher Vertretung im Verwaltungsverfahren, weil sich häufig erst durch Akteneinsicht ein umfassendes und zuverlässiges Bild des Sachverhalts, der der Behörde vorliegenden Erkenntnisse oder der Hintergründe einer beabsichtigten Entscheidung gewinnen lässt. 34

Die das Verfahren betreffenden Akten, auf die das Einsichtsrecht sich bezieht, sind alle Unterlagen, die mit dem Verfahren in Zusammenhang stehen und für die abschließende Entscheidung von Bedeutung sein können. Allerdings sind gem. § 29 Abs. 1 Satz 2 VwVfG **Entwürfe** zu Entscheidungen und Arbeiten zu ihrer unmittelbaren Vorbereitung ausgenommen. Diese Ausnahme gilt nur bis zum Abschluss des jeweiligen Verwaltungsverfahrens. In einem Rechtsbehelfsverfahren (auch im Widerspruchsverfahren) erstreckt sich das Akteneinsichtsrecht auch auf Entscheidungsentwürfe aus dem vorangegangenen Verfahren[4]. 35

Zweifelhaft ist, ob zu den Verwaltungsakten unveröffentlichte **Verwaltungsvorschriften** gehören[5]. Sobald solche Verwaltungsvorschriften einschlägig sein können, wird jedenfalls regelmäßig ein Auskunftsanspruch nach § 25 VwVfG bestehen[6]. 36

Das notwendige **rechtliche Interesse** an der Akteneinsicht wird ein Verfahrensbeteiligter regelmäßig haben. Allerdings ist es denkbar, dass sich dieses rechtliche Interesse nicht auf die gesamten Verfahrensakten bezieht, etwa wenn der Antragsteller Unterlagen vorgelegt hat, die für die Geltendmachung der Rechte eines Drittbetroffenen unter keinem denkbaren Gesichtspunkt Bedeutung haben können. Die Einsichtnahme in solche Unterlagen kann die Behörde ablehnen. 37

**Nichtbeteiligten** steht das Akteneinsichtsrecht aus § 29 VwVfG nicht zu. Allerdings kann die Behörde bei einem berechtigten Interesse gem. § 40 VwVfG auch 38

---

1 Zutreffend *Bonk/Kallerhoff*, in: Stelkens/Bonk/Sachs, VwVfG, § 28 Rz. 65.
2 Vgl. dazu *Bonk*, NVwZ 1997, 325; *Bracher*, DVBl 1997, 534 ff.; *Häußler*, BayVBl. 1999, 616; *Meyer*, in: Knack/Henneke, VwVfG, § 45 Rz. 42; von der Anwendbarkeit geht BVerwG v. 9.6.2004 – 9 C 11.03, BVerwGE 121, 72 ohne Erörterung der verfassungsrechtlichen Problematik aus; vgl. auch OVG Münster v. 14.10.2010 – 10 B 270/10, juris.
3 Die VwVfG der Bundesländer enthalten dazu unterschiedliche Regelungen, vgl. z.B. § 45 Abs. 2 VwVfG NW: Nachholung bis zum Abschluss des erstinstanzlichen verwaltungsgerichtlichen Verfahrens.
4 BVerwG v. 1.7.1983 – 2 C 42.82, BVerwGE 67, 300.
5 Dagegen *Kirchberg/Herrmann*, in: Quaas/Zuck, Prozesse in Verwaltungssachen, § 2 Rz. 33; *Kopp/Ramsauer*, VwVfG, § 29 Rz. 12.
6 Vgl. dazu BVerwG v. 16.9.1980 – I C 52.75, BVerwGE 61, 15.

Nichtbeteiligten nach ihrem Ermessen Akteneinsicht gewähren. Dabei wird sie insbesondere Geheimhaltungsinteressen Verfahrensbeteiligter, die beispielsweise durch § 30 VwVfG oder das vom BVerfG entwickelte Recht auf informationelle Selbstbestimmung geschützt sein können, zu berücksichtigen haben. Akteneinsichtsrechte Nichtbeteiligter können sich außerdem aus Spezialgesetzen, insbesondere dem Umweltinformationsgesetz, sowie aus den Informationsfreiheitsgesetzen ergeben (dazu *Hartmannsberger* Teil 1 Kap. B.).

39 **Geheimhaltungsinteressen** anderer Beteiligter können zur Versagung der Akteneinsicht führen. Grds. geheimhaltungsbedürftig sind z.B. Personalakten (vgl. §§ 106 ff. BBG)[1]. Die Behörde hat aufgrund einer Abwägung der berührten Interessen über die Gewährung der Akteneinsicht zu entscheiden[2].

40 Im **förmlichen Verwaltungsverfahren** ist das Akteneinsichtsrecht durch § 72 Abs. 1 VwVfG eingeschränkt, in **Massenverfahren** durch § 29 Abs.1 Satz 3 VwVfG.

41 Für die anwaltliche Vertretung äußerst nachteilig ist die Regelung des § 29 Abs. 3 VwVfG, nach der die **Akteneinsicht grds. bei der Behörde** erfolgt, die die Akten führt. Die Übersendung der Akten in die Kanzlei des Bevollmächtigten steht gem. § 29 Abs. 3 Satz 2 letzter Halbs. VwVfG im Ermessen der Behörde[3]. Es besteht auch kein Anspruch auf Herstellung und Aushändigung von Kopien oder Abschriften[4]. Die Behörde kann den Einsichtnehmenden darauf verweisen, sich Notizen zu machen. In der Praxis wird leider die Aktenübersendung im Verwaltungsverfahren sehr häufig verweigert, während die Gerichte bei Gewährung der Akteneinsicht nach § 100 VwGO die Akten auf einen entsprechenden Antrag hin zumeist sofort zu übersenden pflegen. Die Anfertigung von Kopien oder Abschriften (gegen Auslagenerstattung) wird allerdings auch von den Behörden im Verwaltungsverfahren kaum noch abgelehnt.

42 Die **Verweigerung der Akteneinsicht** oder ihre unzureichende Gewährung kann von einem Verfahrensbeteiligten gem. § 44a VwGO regelmäßig nicht selbständig mit Rechtsmitteln angegriffen werden (vgl. näher Rz. 129 ff.). Für am Verfahren bisher nichtbeteiligte Dritte gilt § 44a VwGO nicht. Sie können ihren Anspruch auf Beteiligung oder auch ein möglicherweise nach anderen Vorschriften unabhängig von der Beteiligung bestehendes Akteneinsichtsrecht mit Rechtsmitteln geltend machen[5]. Ist zu befürchten, dass durch Gewährung von Akteneinsicht Rechte, insbesondere schutzwürdige Geheimhaltungsinteressen, verletzt werden, so kann Anlass bestehen, der Behörde die Gewährung von Akteneinsicht an einen Dritten durch Antrag auf Erlass einer einstweiligen Anordnung untersagen zu lassen (vgl. Rz. 130).

**5. Bevollmächtigte und Beistände**

43 § 14 Abs. 1 Satz 1 VwVfG räumt den Beteiligten generell das Recht ein, sich durch einen Bevollmächtigten vertreten zu lassen. Diese Bestimmung gehört zu den Vor-

---

1 BVerwG v. 28.8.1986 – 2 C 51.84, BVerwGE 75, 17.
2 Vgl. OVG Münster v. 12.5.1999 – 13 B 632/99, NWVBl. 1999, 423; Kopp/*Ramsauer*, VwVfG, § 29 Rz. 38; zu den Konsequenzen für die Verwertbarkeit der Unterlagen vgl. *Bracher*, in: Frankfurter Kommentar zum Kartellrecht, § 56 Rz. 13.
3 OVG Münster v. 3.9.1979 – VI A 2223/78, NJW 1980, 722.
4 BVerwG v. 8.7.1982 – 5 C 84.80, Buchholz 424.01 § 133 Nr. 1; abweichend § 25 Abs. 5 SGB X.
5 Vgl. OVG Münster v. 23.4.1979 – I B 391/78, DÖV 1980, 222; VGH München v. 8.6.1988 – 22 B 87.03045, NVwZ 1989, 266.

schriften, deren Anwendung bei Prüfungen ausgeschlossen ist (§ 2 Abs. 3 Nr. 2 VwVfG)[1].

Nach der neueren Rspr. des BVerwG ist es dem Gericht im Verwaltungsprozess nur ausnahmsweise gestattet, die **Vorlage einer Vollmacht** ohne Rüge des Prozessgegners von Amts wegen zu verlangen[2]. Diese Rspr. gilt für das Verwaltungsverfahren nicht. Der Bevollmächtigte hat gem. § 14 Abs. 1 Satz 3 VwVfG seine Vollmacht auf Verlangen schriftlich nachzuweisen. Die Behörden pflegen auch regelmäßig die Vorlage einer Vollmacht zu verlangen. Dies kann auch dann nicht beanstandet werden, wenn der Anwalt für einen Mandanten regelmäßig in zahlreichen Verwaltungsverfahren tätig ist. Es ist deshalb regelmäßig geboten, von vornherein für jedes Verwaltungsverfahren eine gesonderte schriftliche Vollmacht erteilen zu lassen. Eine Vollmacht, die nach ihrem Inhalt auf die Prozessführung beschränkt ist, genügt nicht.

Ist ein Bevollmächtigter bestellt, so „soll" sich die Behörde gem. § 14 Abs. 3 VwVfG an ihn wenden[3]. Sie kann sich aber auch **unmittelbar an den Beteiligten** selbst wenden, soweit er zur Mitwirkung verpflichtet ist; der Bevollmächtigte soll dann verständigt werden.

Man wird diese Bestimmungen dahin zu verstehen haben, dass die Behörde, wenn sie zusätzliche Informationen oder Unterlagen benötigt, die der Beteiligte im Rahmen seiner Mitwirkungspflicht beizubringen hat, sich – bei gleichzeitiger Unterrichtung des Bevollmächtigten – ohne weiteres grds. an den Beteiligten unmittelbar wenden kann, dass aber wesentliche Verfahrenshandlungen, die über die Informationsbeschaffung hinausgehen, etwa Anhörungen, grds. über den Bevollmächtigten zu erfolgen haben. § 14 Abs. 3 Satz 1 VwVfG verbietet grds. die unmittelbare Kontaktaufnahme der Verwaltungsbehörde mit einem Verfahrensbeteiligten unter Umgehung des Bevollmächtigten; nur wenn ein wichtiger Grund der Kontaktaufnahme mit dem Bevollmächtigten ausnahmsweise entgegensteht, ist sie zur Umgehung berechtigt[4]. Aus der Spezialregelung des § 41 Abs. 1 Satz 2 VwVfG ergibt sich, dass die Bekanntgabe des VA immer auch unter Umgehung des Bevollmächtigten wirksam ist[5].

Die Vorschriften über die **Zustellung an Bevollmächtigte** bleiben gem. § 14 Abs. 3 Satz 4 VwVfG unberührt. Gem. § 8 Abs. 1 Satz 2 VwZG sind Zustellungen an den Bevollmächtigten zu richten, wenn er eine schriftliche Vollmacht vorgelegt hat. Die Zustellung ist anderenfalls unwirksam[6]. Rechtsmittelfristen werden gem. § 9 VwZG nicht in Lauf gesetzt. Aus diesen Gründen empfiehlt es sich, unabhängig von der Anforderung einer Vollmacht durch die Behörde, regelmäßig eine schriftliche Vertretungsvollmacht vorzulegen.

Zu Verhandlungen und Besprechungen kann ein Beteiligter gem. § 14 Abs. 4 VwVfG neben oder anstelle eines Bevollmächtigten auch einen **Beistand** mitbringen. Dies kann vor allem zweckmäßig sein, um besonderen Sachverstand in tech-

---

1 Der Begriff der Prüfungen wird in der Rspr. weit gefasst; vgl. zu Einstellungsgesprächen mit Beamtenbewerbern und Gesprächen mit Bewerbern um einen Beförderungsdienstposten BVerwG v. 28.4.1981 – 2 C 51.78, BVerwGE 62, 169; VGH Kassel v. 29.9.1987 – 1 TG 2160/87, NVwZ 1989, 73.
2 Vgl. BVerwG v. 22.1.1985 – 9 C 105.84, BVerwGE 71, 20.
3 Ein subjektives Recht des Bevollmächtigten ergibt sich aus dieser Regelung nicht, vgl. VGH Kassel v. 31.5.1999 – 11 TG 1961/98, NVwZ 2000, 207.
4 Zutreffend VG Berlin v. 20.9.1983 – 12 A 1627/82, NVwZ 1984, 601; großzügiger VGH Kassel v. 31.5.1999 – 11 TG 1961/98, NVwZ 2000, 207.
5 BVerwG v. 30.10.1997 – 3 C 35.96, BVerwGE 105, 288.
6 Vgl. z.B. BVerwG v. 10.1.1992 – 1 DB 20.91, juris; OVG Hamburg v. 15.3.1995 – Bs V 21/95, juris.

nischen oder naturwissenschaftlichen Fragen in die Verhandlungen einzubringen. Häufig ist z.B. die Mitwirkung von Architekten in Gesprächen in Baugenehmigungsverfahren.

47 § 14 Abs. 5–7 VwVfG regeln die **Zurückweisung von Bevollmächtigten** und Beiständen in besonderen Fällen. Zurückzuweisen sind darüber hinaus Bevollmächtigte und Beistände, die unter Verletzung kommunalrechtlicher Vertretungsverbote tätig werden. Die Zurückweisung kann in jeder Lage des Verfahrens ausgesprochen werden.

## II. Von den VwVfG nicht erfasstes Verwaltungshandeln

48 Während § 1 VwVfG die **Subsidiarität der VwVfG** bestimmt, so dass auch heute noch jeweils geprüft werden muss, ob und wieweit spezifisches Verfahrensrecht sich in Bundes- oder Landesrecht als Vorschriften für bestimmte Rechtsgebiete findet (vgl. oben Rz. 2), **schließt § 2 VwVfG** eine breite Palette von Rechtsmaterien aus der Anwendung der VwVfG überhaupt **aus**. Hier gelten für das Verfahren ausschließlich die eigenen Regelungen in den speziellen Gesetzen und wird auch eine Angleichung an die VwVfG vom Gesetzgeber nicht erwartet (s. oben Rz. 3ff.).

49 Leider hat der Gesetzgeber darüber hinaus auch den **Bereich des Verwaltungshandelns** selbst, auf das die VwVfG anwendbar sind, **in § 9 VwVfG erheblich eingeschränkt**.

§ 9 VwVfG bestimmt als Verwaltungsverfahren i.S. der VwVfG alle nach außen wirkende Tätigkeit der Behörden, die auf die Prüfung der Voraussetzungen, die Vorbereitung und den Erlass eines VA oder auf Abschluss eines öffentlich-rechtlichen Vertrags gerichtet ist. Auch der Erlass des VA selbst wie auch der Abschluss des öffentlich-rechtlichen Vertrags werden von den VwVfG noch erfasst. Was im Einzelnen positiv damit gemeint ist, welches Verwaltungshandeln sich damit nach den Bestimmungen der VwVfG zu vollziehen hat, ist oben (Rz. 8ff.) näher dargelegt worden. Zum **öffentlich-rechtlichen Vertrag**, der im VwVfG nur ganz sporadisch behandelt wird, vgl. unten Rz. 139ff. Gegenwärtig wird eine Ausweitung der Bestimmungen auf Bundesebene vorbereitet.

50 Hier sind die **Bereiche** zu erörtern, die **nicht** in diesen engen Begriff des **Verwaltungshandelns** hineingehören, für die deshalb die Vorschriften der VwVfG nicht gelten, für die es z.T. überhaupt an Verfahrensregeln fehlt oder für die sie nur rudimentär vorhanden sind.

Der Anwalt hat hiermit nicht selten zu tun; es ist nicht zu übersehen, dass z.B. das so genannte „informale Verwaltungshandeln", das unten (Rz. 60ff.) in seinen verfahrensrechtlichen Bezügen dargestellt wird, ihn zunehmend häufiger beschäftigt und Fragen aufwirft, auf die der Gesetzgeber nicht antwortet, für die deshalb richterrechtliche Antworten besondere Bedeutung haben und bei denen nicht selten nur mühsam und oft schwer zu begründende Analogieschlüsse erforderlich sind.

### 1. Verordnungen und kommunale Satzungen

51 **a)** Die **VwVfG** sind auf die **Legislative nicht anwendbar**. Das gilt auch da, wo die Legislative von der Exekutive ausgeübt wird, wie etwa im ganzen Verordnungsrecht, von der bundesrechtlichen Verordnung der Bundesregierung über die Verordnung eines einzelnen Bundesministers bis zur landesrechtlichen Verordnung auch auf der Ebene der Mittelinstanzen, etwa der Regierungspräsidien. Die Beteiligung des Bürgers an der Entstehung solchen **Verordnungsrechts** ist unterschiedlich in den Spezialgesetzen geregelt. Der Anwalt hat hiermit häufig zu tun. Denn in vielen

Fällen ergeht die Verordnung erst nach vorheriger Anhörung des Bürgers, deren Einzelheiten sehr unterschiedlich gestaltet sind. Hierauf wird in den Einzeldarstellungen der jeweiligen Rechtsgebiete eingegangen. Die Wahrnehmung dieser Anhörungsrechte ist oft von zentraler Bedeutung. Nur über sie können die Interessen des Mandanten verfolgt werden, da die nachträgliche gerichtliche Kontrolle der Wirksamkeit der Verordnung nur unter engen Voraussetzungen Erfolg haben kann. Hier ist die laufende **Fristenkontrolle**, oft nur unter Mithilfe des Mandanten möglich, besonders wichtig.

Der Anwalt darf sich in vielen Fällen nicht auf die bloße schriftliche **Ausnutzung des Anhörungsrechts** beschränken. Er sollte vielmehr, sobald er ein entsprechendes Mandat übernommen hat und erkennt, dass die beabsichtigte Verordnung sich für den Mandanten nachteilig auswirken kann, lange vor einer öffentlichen Auslegung oder Anhörung Kontakt zu den zuständigen Behörden und Sachbearbeitern aufnehmen, um Rechte und Interessen des Mandanten in die Vorüberlegungen der Behörde einzubringen. Das gilt besonders für raumbezogene Verordnungen, wie etwa Landschafts- oder Naturschutzverordnungen, deren Entstehen landesrechtlich geregelt ist, oder die Ausweisung von Wasserschutzgebieten nach § 51 WHG. In vielen Fällen zeigt sich, dass der Sachbearbeiter der Behörde an solchen frühen Verhandlungen interessiert ist, um sich über die Sachlage besser zu unterrichten, aber auch, um begründeten Positionen des Bürgers Rechnung zu tragen und damit mögliche Widerstände gegen die beabsichtigte Regelung auszuräumen. 52

**b)** Ebenso wenig wie auf das legislative Verordnungsrecht beziehen sich die VwVfG auf **Entstehung** und **Erlass kommunaler Satzungen**, auch wenn diese, wie etwa bei der Aufstellung von Bebauungsplänen, im Ergebnis VA nicht fern sind. Für solche Satzungen gelten die besonderen Bestimmungen der Gemeindeordnung, die in den einzelnen Bundesländern das Verfahren zum Erlass kommunaler Satzungen unterschiedlich regeln. Sie werden in manchen Bereichen durch Bundesrecht überlagert, so etwa im BauGB, das aber nur bestimmte Einzelheiten des Verfahrens regelt und regeln darf; außerhalb solcher Regelungen gelten die Gemeindeordnungen. 53

Der Ausschluss auch des kommunalen Satzungsrechts aus den VwVfG hat zur Folge, dass die **§§ 10 ff. VwVfG** auf sie **nicht anwendbar** sind. Soweit an ihre Stelle, etwa zu den Auswirkungen der Befangenheit, andere ähnliche Bestimmungen treten, ist diese Folge erträglich. Dort, wo sie fehlen, kommt es zu Schwierigkeiten. Besonders unerfreulich ist, dass das **Akteneinsichtsrecht** des § 29 VwVfG (vgl. oben Rz. 34 ff.) nicht unmittelbar angewandt werden kann. § 29 VwVfG hat immerhin einen grds. durchsetzbaren Rechtsanspruch auf Einsicht in die Verfahrensakten zugunsten von Beteiligten normiert, der freilich für das Planfeststellungsverfahren bereits in § 72 VwVfG stark relativiert worden ist[1]. Für Verwaltungshandeln außerhalb der §§ 9 ff. VwVfG, damit aber auch im kommunalen Satzungsrecht, fehlt es an jeder Regelung. Zwar sehen die einzelnen Gesetze vielfach die Anhörung der Bürger, mindestens der betroffenen Bürger bei der Entstehung von kommunalen Satzungen vor. Man wird auch sagen können, dass Unterlagen, die für die beabsichtigte Regelung entscheidende Bedeutung haben, etwa Lärmgutachten bei Bebauungsplänen, mit ausgelegt werden müssen, obwohl die Rspr. bisher einen solchen Auslegungszwang nur begrenzt anerkennt[2]. Ein Recht auf Einsicht in die Entstehungs- oder Aufstellungsvorgänge ist aber i.d.R. nicht vorgesehen. 54

---

1 Vgl. *Dürr*, in: Knack/Henneke, VwVfG, § 72 Rz. 23; Kopp/*Ramsauer*, VwVfG, § 72 Rz. 21 f.
2 Vgl. etwa BVerwG v. 5.12.1986 – 4 C 13.85, BVerwGE 75, 214; v. 8.6.1995 – 4 C 4.94, BVerwGE 98, 339; v. 6.10.2010 – 9 A 12.09, NVwZ 2011, 626; Bonk/Neumann, in: Stelkens/Bonk/Sachs, VwVfG, § 73 Rz. 38 ff.; *Dürr*, in: Knack/Henneke, § 73 Rz. 47 ff.; Kopp/*Ramsauer*, VwVfG, § 73 Rz. 44 ff.

55 Dieser Mangel ist denkbar unbefriedigend. Im Normenkontrollverfahren werden gerade bei kommunalen Satzungen von den Gerichten vielfach Verfahrensfehler festgestellt, an denen die Satzung scheitert. Es ist Aufgabe des Anwalts, in der Beratung des Klienten über die Aussichten eines Normenkontrollverfahrens die Aufstellung der Satzung auf solche Verfahrensfehler zu untersuchen. Das ist aber ohne Einsicht in die Aufstellungsvorgänge nicht umfassend möglich. Nach herrschender Meinung kann der Anwalt die Akteneinsicht nicht durchsetzen. Sie ihm zu gewähren steht im Ermessen der Behörde[1].

56 Soweit die Akteneinsicht der Geltendmachung eines Anspruchs oder der Vermeidung einer gesetzlichen Rügepräklusion dient, ist das Ermessen allerdings auf Null reduziert, sofern das berechtigte Interesse dargelegt wird. Rügepräklusionen bestehen z.B. im Fachplanungsrecht, gemäß § 215 BauGB oder nach den Gemeindeordnungen gegenüber Verfahrensfehlern bei der Aufstellung von Satzungen. Der Forderung nach konkretisierter Rüge kann häufig ohne Akteneinsicht nicht entsprochen werden. Wenn der Gesetzgeber Ausschlussfristen für bestimmte Einwendungen setzt, muss er den Bürger auch in die Lage versetzen, diese Ausschlussfristen zu wahren[2]. Soweit Akteneinsichtsrechte durch Informationsfreiheitsgesetze des Bundes und der Länder sowie durch § 4 UIG eröffnet sind (dazu *Hartmannsberger* Teil 1 Kap. B), kann darauf zurückgegriffen werden.

Wird die Akteneinsicht verweigert, so bleibt dem Anwalt nichts anderes übrig, als entweder eine Fülle von Rügen „ins Blaue hinein" zur Wahrung der Jahresfrist zu behaupten oder aber ein Normenkontrollverfahren einzuleiten, in dem die Aufstellungsvorgänge vom OVG alsbald beigezogen werden und er sie dann gem. § 100 VwGO ohne Schwierigkeiten einsehen kann. Beide Wege sind Notlösungen.

### 2. Innerbehördliches Verfahren

57 **a)** Nicht selten wirken am Erlass eines VA neben der Entscheidungsbehörde auch **andere Behörden** mit. Diese **Mitwirkung** kann sich auf die bloße Sachverhaltsermittlung einschließlich der Bewertung festgestellter Tatsachen beschränken (Beispiel: Beteiligung des Gewerbeaufsichtsamts im Baugenehmigungsverfahren für gewerbliche Anlagen). Sie kann aber auch so weit reichen, dass die Zustimmung einer anderen Behörde Voraussetzung für eine positive Entscheidung selbst ist (Beispiel: Einvernehmen der Gemeinde und Zustimmung der höheren Bauaufsichtsbehörde bei Baugenehmigungen nach § 36 BauGB). Darüber hinaus bedürfen zahlreiche Vorhaben des Bürgers mehrerer Erlaubnisse oder Genehmigungen. Während für die erste Gruppe von einer Mitwirkung an der Entscheidung (freilich in unterschiedlicher Intensität) gesprochen werden kann, muss der Gesetzgeber für die zweite Gruppe regeln, ob über diese verschiedenen Erlaubnisse und Genehmigungen selbständig nebeneinander entschieden werden soll (Beispiel: Bauvorhaben auf einem mit Wald bestandenen Grundstück; Baugenehmigung und Waldumwandlungsgenehmigung sind selbständig zu erteilen) oder ob sie in einem übergreifenden VA ganz oder teilweise abschließend beschieden werden (Konzentrationswirkung; Beispiele: Planfeststellungsbeschluss, § 75 Abs. 1 VwVfG; Genehmigung nach § 13 BImSchG). In diesen Fällen wird nach außen hin nur eine Behörde tätig. Überall da, wo in diesen Fällen das Handeln nach außen nur einer Behörde obliegt, werden die Mitwirkungshandlungen oder -entscheidungen verwaltungsintern herbeigeführt. Sie haben als solche keine Außenwirkung.

---

1 *Bonk/Kallerhoff*, in: Stelkens/Bonk/Sachs, VwVfG, § 29 Rz. 18; weitergehend Kopp/Ramsauer, VwVfG, § 29 Rz. 5.
2 Vgl. auch zu § 215 BauGB *Lemmel*, in: Berliner Kommentar zum BauGB, § 215 Rz. 19; *Stock*, in: Ernst/Zinkahn/Bielenberg/Krautzberger, BauGB, § 215 Rz. 35f.

Von der Mitwirkung zu unterscheiden ist die Durchführung von Verfahren über eine **einheitliche Stelle** nach §§ 71a ff. VwVfG, die eine besondere fachgesetzliche Zulassung oder die (mangels Umsetzung) unmittelbare Anwendung der Europäischen Dienstleistungsrichtlinie (Richtlinie 123/2006/EG des Europäischen Parlaments und des Rates vom 12.12.2006) voraussetzt. Die Zuständigkeit wird dadurch nicht auf die einheitliche Stelle verlagert. Vielmehr werden Verpflichtungen der zuständigen Behörde und der einheitlichen Stelle begründet, die der Erleichterung der Abwicklung des Verfahrens für den Antragsteller dienen.

**b)** Es ist **streitig, wieweit die §§ 10 ff. VwVfG auf die verwaltungsinterne Tätigkeit anzuwenden** sind. In der Literatur werden überwiegend nur diejenigen Vorschriften für anwendbar erachtet, die sich auf die internen Verfahrenspflichten beziehen, wie §§ 20, 21, 24 VwVfG, nicht aber die Vorschriften, die unmittelbar nach außen wirkende Verfahrenstätigkeit regeln, etwa §§ 28, 29 VwVfG[1]. Diese Differenzierung überzeugt nicht[2]. Die Frage hat allerdings nur begrenzte praktische Bedeutung. So erstreckt sich das Akteneinsichtsrecht selbstverständlich auf die Akten der mitwirkenden Behörde, auch wenn es nicht unmittelbar gegenüber dieser, sondern nur gegenüber der für die verfahrensabschließende Entscheidung zuständigen Behörde bestehen sollte. Ebenso hat die für die verfahrensabschließende Entscheidung zuständige Behörde in die Anhörung diejenigen Gesichtspunkte einzubeziehen, die sich aus den für ihre Entscheidung maßgebenden Stellungnahmen oder Entscheidungen anderer Behörden ergeben. Führen diese die Anhörung nicht selbst durch, so müssen ihnen die Stellungnahmen der Beteiligten zur erneuten Bewertung übermittelt werden. Wirkungsvoller ist allerdings regelmäßig die unmittelbare Kontaktaufnahme zu einer mitwirkenden oder mitentscheidenden Behörde.

### 3. Informales Verwaltungshandeln

**a)** Von je her hat die Verwaltung nicht nur durch VA oder öffentlich-rechtliche Verträge gehandelt, sondern ist ihren öffentlichen Aufgaben auch in anderer Weise nachgekommen. Die Rechtsfigur des **schlicht hoheitlichen Handelns** ist seit langem bekannt. Sie hat nicht nur im Rahmen der Amtshaftung nach § 839 BGB die Rspr. beschäftigt. Sie ist mit den Generalklauseln des Art. 19 Abs. 4 GG, § 40 VwGO auch Gegenstand unmittelbarer Ansprüche auf Unterlassung oder Leistung im Verwaltungsprozess geworden. In den letzten Jahren wird sie überlagert vom Begriff des „**informalen**" oder „**informellen**" Verfahrens. Als „informell" oder „informal" wird ein Verfahren bezeichnet, das nicht regellos sei, nicht den Regeln des VwVfG entspreche, mit dem aber ein vergleichbares Ergebnis erreicht werden solle[3]. Das vergleichbare Ergebnis kann zwar nicht ein VA oder ein öffentlich-rechtlicher Vertrag sein. Allerdings kann das informale Verwaltungshandeln der Einleitung eines Verwaltungsverfahrens vorausgehen und dieses vorbereiten (vgl. auch Rz. 144). Grundsätzliche rechtliche Bedenken dagegen bestehen nicht. Zweckmäßig erscheint es, in den Begriff auch das schlicht hoheitliche Handeln einzubeziehen. Dadurch ergibt sich ein umfangreicher, freilich inhaltlich und materiell-rechtlich sehr unterschiedlicher Bereich von Verwaltungstätigkeiten, die sich nicht nach dem VwVfG vollziehen. Beispiele sind etwa:

---

1 So *Ritgen*, in: Knack/Henneke, VwVfG, § 9 Rz. 8; *Schmitz*, in: Stelkens/Bonk/Sachs, VwVfG, § 9 Rz. 128.
2 Zutreffend Kopp/*Ramsauer*, VwVfG, § 9 Rz. 11b.
3 So *Schmitz*, in: Stelkens/Bonk/Sachs, VwVfG, § 9 Rz. 172.

61 – **Öffentliche Aufklärung** oder **Warnung** vor bestimmten den Bürger gefährdenden Vorgängen, etwa Lebensmitteln[1], Umweltgefahren[2], Jugendsekten oder Glaubensgemeinschaften[3].
– Die **öffentliche Empfehlung** bestimmter Waren oder Dienstleistungen, etwa als besonders umweltfreundlich.
– Die **Belehrung über gesetzeswidriges Verhalten** mit der Ankündigung möglichen behördlichen Einschreitens, wenn es nicht innerhalb bestimmter Frist abgestellt wird[4].
– Die **Duldung** eines an sich möglicherweise gesetzwidrigen Verhaltens mit dem Ziel der alsbaldigen Herstellung eines ordnungsgemäßen Zustands[5]; sie kann allerdings als „aktive Duldung" oder Duldungszusicherung auch ein VA sein[6].

In der Praxis gewinnt das informale Verwaltungshandeln immer mehr an Bedeutung. Seinen Vorzügen steht der Nachteil der geringeren behördlichen Bindung, damit auch unkontrollierter Einflussnahme gegenüber.

62 b) Die materiell-rechtlichen und kompetenzmäßigen Voraussetzungen solchen Handelns sind hier nicht zu erörtern. Vielfach ergeben sich **Grenzen** aus dem materiellen Recht. Das materielle Recht steht insbesondere häufig verbindlichen Regelungen durch informales Verwaltungshandeln entgegen, indem es bestimmte Befugnisse oder Rechtspositionen an den Erlass eines Verwaltungsakts oder den Abschluss eines öffentlich-rechtlichen Vertrags knüpft. **Verfahrensmäßige Bindungen** ergeben sich aus den Grundrechten und aus dem Rechtsstaatsprinzip. Das Rechtsstaatsprinzip begründet auch einen Anspruch auf rechtliches Gehör vor einer Entscheidung, die Rechte betrifft, während Art. 103 Abs. 1 GG nicht eingreift[7]. Das hat vor allem dann Bedeutung, wenn sich konsensuales informales Verwaltungshandeln auf Rechte Dritter auswirken kann. Daran wird es vielfach wegen der geringen Verbindlichkeit des Verfahrensergebnisses (etwa bei einer nur „passiven" Duldung) fehlen.

63 c) Die Vernachlässigung rechtlich geschützter Interessen Dritter ist gleichwohl beim informalen Verwaltungshandeln eine große Gefahr. Erfährt ein potentiell Drittbetroffener von informellen Kontakten, die seine Interessen berühren, so sollte er sich daher durch Auskunftsersuchen, Akteneinsichtsanträge oder mit anderen im Einzelfall geeignet erscheinenden Mitteln (zu denken ist auch an die Einschaltung der Aufsichtsbehörde) näher informieren, seine Interessen und etwaige Rechtspositionen zur Geltung bringen und evtl. auch um förmliche Bescheide bitten. Bedeutung kann dies z.B. in Konkurrenzsituationen oder auch dann haben, wenn die Gefahr besteht, dass der Gang eines Verwaltungsverfahrens durch das informale Verwaltungshandeln vorgeprägt wird.

### 4. Gegenvorstellung, Aufsichtsbeschwerde, Petition

64 a) Das **verwaltungsrechtliche Mandat** sollte primär **nicht streitig geführt** werden. Vielmehr sollte in Verhandlungen mit dem Sachbearbeiter der Behörde eine koope-

---

1 BVerwG v. 18.10.1980 – 3 C 2.88, BVerwGE 87, 37; BVerfG v. 26.6.2002 – 1 BvR 558/91, 1 BvR 1428/91, BVerfGE 105, 252.
2 Hierzu *Ossenbühl*, Umweltpflege durch behördliche Warnungen und Empfehlungen.
3 BVerwG v. 23.5.1989 – 7 C 2.87, BVerwGE 82, 76; v. 8.11.2004 – 7 B 19.04, KirchE 46, 237; BVerfG v. 6.12.2002 – 1 BvR 1919/95, BVerfGE 105, 279.
4 Vgl. etwa *U. Stelkens*, in: Stelkens/Bonk/Sachs, VwVfG, § 35 Rz. 83 ff.
5 Vgl. BVerwG v. 4.6.1996 – 4 C 15.95, BRS 58 Nr. 206.
6 Vgl. OVG Lüneburg v. 26.8.1992 – 1 L 99/91, OVGE 43, 308; OVG Münster v. 29.1.2010 – 10 A 2430/08, BauR 2010, 1213.
7 Vgl. BVerfG v. 18.1.2000 – 1 BvR 321/96, BVerfGE 101, 397.

rative Lösung gesucht und gefunden werden. Vielfach wird der Anwalt freilich zunächst Rechtsmittel einlegen müssen, weil der Mandant ihn erst während des Ablaufs einer Rechtsmittelfrist aufsucht. Aber das Rechtsmittel zur Fristwahrung schließt erneute Verhandlungen unabhängig hiervon nicht aus. Das gilt nicht nur für Ermessensentscheidungen, bei denen die streitige Auseinandersetzung vor dem VG allenfalls ein Bescheidungsurteil erreichen kann, so dass die Entscheidung selbst offenbleibt und viel Zeit verloren geht. Es kommt hinzu, dass die Behörde im Prozess Ermessenserwägungen nachschieben kann (§ 114 Satz 2 VwGO, vgl. auch Rz. 111). Es gilt auch für Entscheidungen der gebundenen Verwaltung, besonders da, wo der Behörde eine Beurteilungsermächtigung zukommt (hierzu Rz. 109 ff., 118 ff.). Das Verwaltungsrecht lässt in vielen Fällen eine sicher vorhersehbare Entscheidung kaum zu. Der gesetzliche Tatbestand ist als solcher oft schon voller Unklarheiten; die Subsumtion des einzelnen Falls bringt zusätzliche Schwierigkeiten mit sich. Dass und wie hier Kompromisse vorzuziehen sind, soll später (Rz. 135 ff.) im Einzelnen erörtert werden.

**b)** Es gibt aber auch andere Fallkonstellationen. Der Mandant kommt, wenn der für 65 ihn ungünstige VA rechtsbeständig geworden ist. Er hat die Rechtsmittelfrist versäumt; er hat den Grundbescheid hingenommen und steht vor der Androhung von Zwangsgeld oder Ersatzvornahme. Oder umgekehrt: Sein Antrag läuft seit vielen Monaten und wird nicht beschieden, vielleicht sogar nicht einmal bearbeitet. Oder schließlich: Die getroffenen Entscheidungen erweisen sich als rechtlich zutreffend, sind im Ergebnis aber grob unbillig. Leider sind auch solche Fälle nicht ganz selten, weil die Rechtsordnung in ihrer Abstraktion solche Unbilligkeit hinnimmt, sie für den einzelnen Mandanten aber schwer erträglich ist.

In allen solchen Fällen scheiden die formalen Rechtsbehelfe praktisch aus, wenn nicht der seltene Tatbestand eines Anspruchs auf Wiederaufgreifen des Verfahrens gegeben ist (§ 51 Abs. 1 VwVfG). Es bleiben die Möglichkeiten der Gegenvorstellung, der Dienstaufsichtsbeschwerde, der Petition.

**aa)** Mit der **Gegenvorstellung** wendet sich der Anwalt an die Behörde, die den 66 rechtsbeständigen VA erlassen hat. Sie ist oft ein verschleierter Antrag auf Wiederaufgreifen des Verfahrens, ohne dass die Gründe des § 51 Abs. 1 VwVfG hierfür vorliegen. Oft geht es dem Anwalt nicht um die Aufhebung des rechtsbeständigen VA, was ein **Wiederaufgreifen des Verfahrens** bedeuten würde, sondern lediglich darum, dass von einem Vollzug abgesehen wird. Nicht ganz selten ergibt sich aus dem Gespräch mit dem Klienten, dass dieser wesentliche, für seinen Standpunkt sprechende Umstände nicht vorgetragen hat, weil er ihre Bedeutung nicht erkannt hat. Das reicht zwar zum Anspruch auf Wiederaufgreifen nach § 51 Abs. 1 VwVfG nicht aus; die Behörde kann aber durch Gegenvorstellungen dazu veranlasst werden, ihre eigene Entscheidung noch einmal zu überdenken, sie entweder aufzuheben oder aber ohne Vollzug auf sich beruhen zu lassen. Nicht selten kann mindestens zeitlich Aufschub auf diesem Wege erreicht werden, der für den Mandanten große Bedeutung hat, etwa wenn es um den Abbruch eines illegalen Gebäudes oder um die Einstellung einer an sich unzulässigen Betätigung geht.

Die **Gegenvorstellung** ist in den **VwVfG nicht geregelt**. In den einschlägigen Kommentaren zum VwVfG finden sich hierzu auch kaum Hinweise. Sie bedarf im Grunde auch keiner Regelung. Sie setzt für den Anwalt viel Einfühlungsvermögen voraus; nichts wäre falscher, als sie von dem Bewusstsein angeblich besserer Rechtserkenntnis her zu begründen. Es sollte für die Behörde eine Selbstverständlichkeit sein, auf die Gegenvorstellung zu antworten. Eine Rechtspflicht hierzu ist freilich nirgends normiert.

**bb)** Die **Dienstaufsichtsbeschwerde** – in den VwVfG ebenfalls nicht geregelt – wen- 67 det sich an den Vorgesetzten des sachbearbeitenden Beamten oder aber an die Aufsichtsbehörde mit der Bitte um korrigierende Weisung. Sie hat in der Sache selbst nur selten Nutzen; persönliche Angriffe gegen den sachbearbeitenden Beamten werden i.d.R. von Vorgesetzten zurückgewiesen und führen deshalb nicht weiter. Ihr Nutzen kann darin liegen, eine Sachbearbeitung überhaupt herbeizuführen, wenn die Angelegenheit unangemessen lange nicht bearbeitet wurde. Die nach § 75 VwGO zulässige **Untätigkeitsklage** ist ein stumpfes Schwert, weil sich die Untätigkeit meistens zunächst bei den Gerichten fortsetzt. Anstelle der Dienstaufsichtsbeschwerde ist die **Fachaufsichtsbeschwerde** oder die **Rechtsaufsichtsbeschwerde** an die nächst höhere Behörde in Erwägung zu ziehen. Dabei müssen – ggf. auch unter Berücksichtigung der Eigenarten der handelnden Personen und der politischen Verhältnisse – die möglichen Wirkungen sorgfältig abgewogen werden. Derartige Beschwerden können einerseits zu neuen Impulsen, andererseits aber auch zu Verhärtungen führen. Mitteilungen, die auf eine Aufsichtsbeschwerde ergehen, sind regelmäßig keine Verwaltungsakte[1].

68 **cc)** Zur **Petition** wird der Anwalt raten, wenn erkennbar die Rechtsordnung, sei es verfahrensrechtlich, sei es materiell, zu keiner für den Mandanten erträglichen Lösung führen kann, auf der anderen Seite aber das entstandene oder sich abzeichnende Ergebnis unbillig erscheint. Das Petitionsrecht ist in Art. 17 GG und in den Landesverfassungen geregelt. Seine verfahrensmäßige Ausgestaltung ergibt sich aus den Geschäftsordnungen der Parlamente, die ggf. herangezogen werden müssen. In einigen Ländern, z.B. in Rheinland-Pfalz, tritt neben oder anstelle der Petitionsausschüsse der **Bürgerbeauftragte**[2]. Petitionsausschüsse und Bürgerbeauftragte können keine eigenen Entscheidungen treffen; sie können aber Empfehlungen aussprechen, denen die zuständigen Behörden meist zu folgen bereit sind. Empfehlungen an Kommunen werden freilich dort nicht selten als Eingriff in die kommunale Selbstverwaltung, insbesondere in die Souveränität des Gemeinderats empfunden; sie bleiben dann ohne Ergebnis, da es Instrumente zur Durchsetzung der Empfehlung nicht gibt.

Petitionen wollen Unbilligkeiten beseitigen. Dem Bürger, der „zwischen alle Stühle" geraten ist, soll geholfen werden. Es geht deshalb nicht in erster Linie um Rechtsfragen. Freilich ist der Petitionsausschuss an das geltende Recht gebunden. Er kann aber auf unbillige Härten hinweisen und der Behörde Wege zur Lösung vorschlagen. I.d.R. ist es nicht sinnvoll, dass der Anwalt sich selbst für seinen Mandanten an den Ausschuss wendet, weil eben Rechtsfragen nicht im Mittelpunkt stehen. Er sollte den Mandanten über die richtige Form und das Ziel seiner Eingabe beraten, ihn aber selbst abschließend formulieren und einreichen lassen. Petitionsentscheidungen sind keine VA, gleichwohl ist der Rechtsweg eröffnet[3].

## III. Das Widerspruchsverfahren

### 1. Das Widerspruchsverfahren als Verwaltungsverfahren und als Sachurteilsvoraussetzung

69 Die Tätigkeit des Anwalts beginnt häufig erst mit dem Widerspruchsverfahren, weil ihn der Mandant erst zu der Prüfung, ob ein Widerspruchsverfahren gegen einen von ihm missbilligten VA sinnvoll ist, also nach Erlass des Erstbescheids, aufsucht.

---

1 Vgl. BSG v. 11.9.2001 – B 2 U 39/00 R, juris.
2 Landesgesetz über den Bürgerbeauftragten des Landes v. 3.5.1974 (GVBl. 1974, 187), geändert durch Art. 10 des Gesetzes vom 5.11.1974 (GVBl. 1974, 469).
3 Vgl. BVerwG v. 28.11.1975 – VII C 53.73, NJW 1976, 637; v. 1.9.1976 – VII B 101.75, DVBl 1977, 868; BVerfG v. 19.5.1988 – 1 BvR 644/88, NVwZ 1989, 953.

### III. Das Widerspruchsverfahren

Das Widerspruchsverfahren ist ein **Verwaltungsverfahren**, für das allerdings gem. §§ 1 Abs. 1, 79 VwVfG in erster Linie die Vorschriften der §§ 68–73 VwGO, die Vorschriften des Verwaltungsverfahrensgesetzes dagegen nur subsidiär, gelten. Es schließt sich an das Verwaltungsverfahren an, das gem. § 9 VwVfG durch Erlass des Erstbescheids abgeschlossen worden ist. Die früher vertretene Auffassung, das Widerspruchsverfahren sei kein selbständiges Verwaltungsverfahren sondern Teil des verwaltungsgerichtlichen Verfahrens[1], ist heute überholt[2]. Uneinheitlich ist freilich die Rspr. des BVerwG zu der Frage, ob das Widerspruchsverfahren ein selbständiges Verwaltungsverfahren ist oder mit dem Ausgangsverfahren eine Einheit bildet. Zutreffend erscheint die Qualifikation als selbständiges Verfahren[3].

§ 68 VwGO schreibt die Überprüfung von Rechtmäßigkeit und Zweckmäßigkeit eines VA in Widerspruchsverfahren als **Sachurteilsvoraussetzung** vor Erhebung einer Anfechtungsklage oder einer Verpflichtungsklage für den Regelfall vor. Ausgenommen sind grds. VA, die von einer obersten Bundesbehörde oder obersten Landesbehörde erlassen worden sind, sowie Widerspruchsbescheide, die einen Dritten erstmals belasten. Weitere Ausnahmen sind vielfach durch Bundes- oder Landesgesetz bestimmt. Mit dem Ziel einer Entlastung der Verwaltung wurde in den letzten Jahren in vielen Bundesländern das Widerspruchsverfahren weitgehend ausgeschlossen. Die einschlägigen Bestimmungen finden sich zumeist, aber nicht durchweg, in den Ausführungsgesetzen der Länder zur VwGO[4]. Sie sind häufig befristet. Der Ausschluss bezieht sich teilweise auf einzelne Sachgebiete oder Entscheidungen, teilweise ist aber auch das Regel-Ausnahmeverhältnis gesetzestechnisch umgekehrt, der Widerspruch also regelmäßig ausgeschlossen und nur für einzelne Bereiche noch zugelassen (vgl. z.B. Art. 15 Abs. 2 BayAGVwGO, § 110 JustG NW). Teilweise wird dem Adressaten des Verwaltungsakts auch freigestellt, entweder Widerspruch einzulegen oder unmittelbar Klage zu erheben (vgl. z.B. Art. 15 Abs. 1 BayAGVwGO). Andererseits enthalten einzelne Bundesgesetze auch Erweiterungen der Sachurteilsvoraussetzung der Durchführung eines Widerspruchsverfahrens; Zusammenstellungen dazu finden sich in den Kommentierungen zu § 68 VwGO, erhebliche praktische Bedeutung hat die Sonderbestimmung des § 54 Abs. 2 BeamtStG, die allerdings landesrechtlich auf der Grundlage von § 54 Abs. 2 Satz 3 BeamtStG gleichfalls inzwischen vielfach durch Landesgesetz durchbrochen ist (vgl. z.B. Art. 15 Abs. 1 Satz 1 Nr. 5 BayAGVwGO).

Soweit das Widerspruchsverfahren nicht durch § 68 VwGO oder durch Sondergesetze vorgeschrieben oder zugelassen ist, ist ein Widerspruch unzulässig. § 79 VwVfG eröffnet keinen eigenständigen Rechtsbehelf.

Ist ein Widerspruch nicht zulässig, so hat natürlich das Verwaltungsverfahren vor Erlass des Erstbescheids erhöhte Bedeutung. Eine Änderung der behördlichen Entscheidung ist in der Regel erst nach Durchführung eines verwaltungsgerichtlichen Verfahrens erreichbar, das regelmäßig länger dauert als ein Widerspruchsverfahren. In der anwaltlichen Vertretung muss vor allem die Anhörung nach § 28 VwVfG ge-

---

1 So BVerwG v. 6.12.1963 – VII C 76.63, BVerwGE 17, 246.
2 Vgl. BVerwG v. 5.9.1984 – 6 C 30.83, BVerwGE 70, 58; zusammenfassend *Oerder*, Das Widerspruchsverfahren der Verwaltungsgerichtsordnung, S. 15 f.
3 So BVerwG v. 1.7.1983 – 2 C 42.82, BVerwGE 67, 300; v. 26.4.2011 – 7 B 34.11, juris; abweichend BVerwG v. 27.9.1989 – 8 C 88.88, BVerwGE 82, 336.
4 Vgl. § 15 AGVwGO BW Art. 15 BayAGVwGO, § 4 Abs. 2 AGVwGO Bln., Art. 8 AGVwGO Brem., § 6 Abs. 2 AGVwGO Hbg., § 16a HessAGVwGO, §§ 13a, 13b AGGerStrG MV, § 8a NdsAGVwGO, § 110 JustG NW, § 8a AGVwGO LSA, §§ 8a, 8b ThürAGVwGO. Daneben müssen die Fachgesetze beachtet werden. Einen systematischen Überblick nach dem Stand von Ende 2007 gibt *Biermann*, DÖV 2008, 396 ff.; einen die Baugenehmigungsverfahren erfassenden Überblick nach dem Stand von 2009 gibt *Wienhues*, BRAK-Mitt. 2009, 111, 113 f.; vgl. auch *Steinbeiß-Winkelmann*, NVwZ 2009, 686.

nutzt werden, um eine unerwünschte Entscheidung abzuwehren; es ist häufig erforderlich, schon in diesem Verfahrensstadium Akteneinsicht zu nehmen (dazu oben Rz. 34 ff.) oder das Gespräch mit der Behörde zu suchen. Andererseits muss bei anwaltlicher Beratung einer Behörde beachtet werden, dass die Heilungsmöglichkeiten nach § 45 VwVfG (dazu Rz. 126 ff.) bestehen.

71 Durch die Verweisung auf die Vorschriften des Verwaltungsverfahrensgesetzes in § 79 VwVfG steht fest, dass **Lücken in den Regelungen der §§ 68 ff.** VwGO nicht durch Rückgriff auf andere Bestimmungen der VwGO geschlossen werden dürfen, soweit das Verwaltungsverfahrensgesetz Regelungen enthält[1]. Schwierigkeiten kann aber die Beurteilung der Frage bereiten, inwieweit die §§ 68 ff. VwGO Regelungen treffen. Darum geht es z.B. in dem alten Streit um die Zulässigkeit der reformatio in peius im Widerspruchsverfahren, zu dem inzwischen freilich eine gefestigte Rspr. des BVerwG zu Gunsten der Anwendung des materiellen Verfahrensrechts vorliegt[2]. Soweit das Verwaltungsverfahrensgesetz keine Regelung trifft, bereitet ein Rückgriff auf die Verwaltungsgerichtsordnung wegen des Charakters des Widerspruchsverfahrens als Verwaltungsverfahren Schwierigkeiten. Man kann ihn aber nicht generell ausschließen. Sachgerecht erscheint beispielsweise die kontrovers erörterte Zulassung eines Fortsetzungsfeststellungswiderspruchs nach Erledigung der Hauptsache (§ 43 Abs. 2 VwVfG) in analoger Anwendung von § 113 Abs. 3 Satz 4 VwGO[3]; das praktische Bedürfnis, einen solchen Widerspruch zu erheben, wird allerdings dadurch gemindert, dass bei Erledigung des Verwaltungsakts vor Eintritt der Bestandskraft eine Klage auf Feststellung seiner Rechtswidrigkeit ohne Bindung an Klagefristen erhoben werden kann[4].

### 2. Form und Frist des Widerspruchs

72 Gem. § 70 Abs. 1 VwGO ist der Widerspruch innerhalb eines Monats nach Bekanntgabe schriftlich oder zur Niederschrift bei der Behörde zu erheben, die den VA erlassen hat. Die Widerspruchsfrist wird auch durch Einlegung des Widerspruchs bei der Widerspruchsbehörde gewahrt.

Für die Einhaltung der **Schriftform** bei Einlegung des Widerspruchs durch Fernschreiben, Telegramm, Telekopie oder Telefax gelten dieselben Grundsätze wie bei der Klageerhebung; diese Übermittlungsformen genügen grds. der Schriftform[5]. Außerdem kann gem. § 3a VwVfG unter den dort geregelten Voraussetzungen der Widerspruch per E-Mail eingelegt werden[6]; danach ist es u.a. erforderlich, den Widerspruch mit einer qualifizierten elektronischen Signatur nach dem Signaturgesetz zu versehen. Regelmäßig ist es zweckmäßig, den Widerspruch **bei der Ausgangsbehörde** einzulegen, weil bei der Bestimmung der Widerspruchsbehörde nach § 73 VwGO leicht Fehler unterlaufen können. Die Einlegung des Wider-

---

1 Vgl. *Dürr*, in: Knack/Henneke, VwVfG, § 79 Rz. 18 ff.; *Kallerhoff*, in: Stelkens/Bonk/Sachs, VwVfG, § 79 Rz. 34 ff.
2 Vgl. BVerwG v. 12.11.1976 – IV C 34.75, BVerwGE 51, 310; v. 18.5.1982 – 7 C 42.80, BVerwGE 65, 313; v. 29.8.1986 – 7 C 51.84, NVwZ 1987, 215; eingehend *Pietzner*, VerwArch 1989, 501 ff.; 1990, 261 ff.
3 Vgl. dazu zusammenfassend *Dreier*, NVwZ 1987, 474 ff.; *Kallerhoff*, in: Stelkens/Bonk/Sachs, VwVfG, § 79 Rz. 50.
4 BVerwG v. 14.7.1999 – 6 C 7.98, BVerwGE 109, 203.
5 Vgl. dazu zusammenfassend *Geis*, in: Sodan/Ziekow, VwGO, § 70 Rz. 8 ff.; Kopp/*Schenke*, VwGO, § 81 Rz. 9.
6 Ebenso *Kintz*, NVwZ 2004, 1429 ff.; *Kothe*, in: Redeker/von Oertzen, VwGO, § 70 Rz. 1a; *Schliesky*, in: Knack/Henneke, VwVfG, § 3a Rz. 31; die Gegenposition hätte zur Folge, dass die verwaltungsgerichtliche Klage zwar elektronisch erhoben werden kann, soweit die Voraussetzung nach § 55a Abs. 1 Satz 1 VwGO geschaffen ist, nicht aber der Widerspruch.

spruchs bei der Widerspruchsbehörde führt auch i.d.R. nicht zu einer Beschleunigung des Widerspruchsverfahrens, weil diese ohnehin der Behörde, die den angefochtenen VA erlassen hat, Gelegenheit zur Abhilfe zu geben hat. Häufig ist die Widerspruchsbehörde gem. § 73 Abs. 1 Nr. 3 VwGO identisch mit der Behörde, die den VA erlassen hat.

Die **Monatsfrist** für die Einlegung des Widerspruchs wird gem. § 70 Abs. 2 VwGO i.V.m. § 58 Abs. 2 VwGO nur in Lauf gesetzt, wenn eine zutreffende Rechtsbehelfsbelehrung erteilt wurde. Andernfalls kann der Widerspruch innerhalb eines Jahres ab Zustellung, Eröffnung oder Verkündung des VA eingelegt werden. Unabhängig davon ist das Widerspruchsrecht i.d.R. nach Ablauf eines Jahres auch ohne Bekanntgabe des VA durch die Behörde **verwirkt**, wenn der Widerspruchsführer auf anderem Wege sichere Kenntnis von dem Erlass des VA erlangt hat oder hätte erlangen müssen; dies hat vor allem Bedeutung für die Beurteilung der Zulässigkeit des Widerspruchs eines Drittbetroffenen. Die Verwirkung kann auch schon vor Ablauf eines Jahres eintreten[1]. 73

Für den Adressaten eines **VA mit Doppelwirkung**, etwa einer Baugenehmigung, die nachbarliche Rechte berührt, ist es häufig äußerst misslich, wenn der VA den Drittbetroffenen nicht mit Rechtsbehelfsbelehrung bekannt gegeben wird. Er kann zwar aufgrund der Rspr. des BVerwG zur Verwirkung des Widerspruchsrechts die Jahresfrist durch Mitteilung an die Drittbetroffenen ggf. selbst in Lauf setzen. Er kann aber regelmäßig nicht gegenüber der Behörde die Bekanntgabe des VA mit Rechtsbehelfsbelehrung durchsetzen. Zu den Konsequenzen, die aus dieser Situation gezogen werden können, vgl. unten Rz. 106 ff. 74

Bei Versäumung der Widerspruchsfrist kommt gem. § 70 Abs. 2 VwGO die **Wiedereinsetzung in den vorigen Stand** in entsprechender Anwendung von § 60 VwGO in Betracht. Da § 60 Abs. 5 VwGO nicht anwendbar ist, ist nicht nur die Entscheidung über die Ablehnung der Wiedereinsetzung, sondern auch die Gewährung der Wiedereinsetzung anfechtbar; die Anfechtung kommt in Betracht, wenn nach Auffassung des Adressaten eines VA einem Dritten zu Unrecht die Wiedereinsetzung gewährt wurde[2]. 75

Weist die Behörde einen **verspäteten Widerspruch** nicht zurück, sondern entscheidet sie in der Sache, ohne Wiedereinsetzung zu gewähren, so ist nach der in der Literatur umstrittenen Rspr. des BVerwG die anschließende Klage zulässig[3]. Dies gilt aber nicht, wenn der verspätete Widerspruch eines Dritten sachlich beschieden worden ist, weil es in diesem Fall an einer Rechtsgrundlage für die Entziehung der „gesicherten Rechtsposition" fehlt, die den Adressaten durch die Bestandskraft des VA vermittelt worden ist[4]. 76

### 3. Nutzungsmöglichkeiten des Widerspruchsverfahrens

Für die Gestaltung der anwaltlichen Vertretung im Widerspruchsverfahren ist es häufig von besonderer Bedeutung, ob eine **Ermessensentscheidung** oder eine **gebundene Entscheidung** angegriffen wird. Da im Widerspruchsverfahren gemäß § 68 77

---

1 Vgl. zur Verwirkung des Widerspruchsrechts BVerwG v. 25.1.1974 – IV C 2.74, BVerwGE 44, 294; v. 17.2.1989 – 4 B 28.89, Buchholz 406.19 Nr. 87; v. 27.7.2005 – 8 C 15.04, NVwZ 2005, 1334.
2 *Kothe*, in: Redeker/von Oertzen, VwGO, § 70 Rz. 6.
3 BVerwG v. 13.12.1967 – IV C 124.65, BVerwGE 28, 305; v. 18.9.1970 – IV C 78.69, DÖV 1971, 393 (394); a.A. *Dolde/Porsch*, in: Schoch/Schmidt-Aßmann/Pietzner, VwGO, § 70 Rz. 40; *Funke-Kaiser*, in: Bader u.a., VwGO, § 70 Rz. 40; Kopp/*Schenke*, VwGO, § 70 Rz. 9.
4 BVerwG v. 4.8.1982 – 4 C 42.79, DÖV 1982, 940.

Abs. 1 Satz 1 VwGO regelmäßig eine vollständige Überprüfung der Zweckmäßigkeit des Erstbescheids vorzunehmen ist (vgl. näher Rz. 116), die verwaltungsgerichtliche Kontrolle von Ermessensentscheidungen dagegen durch § 114 VwGO stark beschränkt ist, hat im Ermessensbereich das Widerspruchsverfahren häufig entscheidende Bedeutung für die Durchsetzung der Interessen des Mandanten. Wegen der beschränkten gerichtlichen Kontrollmöglichkeiten kann es hier in besonderem Maße naheliegen, unnötige Konfrontationen mit der Ausgangsbehörde und der Widerspruchsbehörde und damit auch unnötige Schärfen im Vortrag zu vermeiden. Auf der anderen Seite sollten die zuständigen Behörden – auch zur Vorbereitung eines anschließenden gerichtlichen Verfahrens – durch ein entsprechendes Vorbringen gezwungen werden, sich mit allen Belangen des Mandanten, die eine für ihn positive Widerspruchsentscheidung rechtfertigen können, intensiv auseinanderzusetzen. Ein derartiges Vorbringen setzt voraus, dass zunächst Klarheit über die Gesichtspunkte gewonnen wird, unter denen nach materiellem Recht die Behörde ihre Ermessensentscheidung zu treffen hat. Es hat – auch unter Berücksichtigung der dem Widerspruchsführer gem. § 26 Abs. 2 Satz 1 VwVfG obliegenden Mitwirkungspflicht – i.d.R. keinen Sinn, entscheidungserhebliche Gesichtspunkte bewusst zu verschweigen.

Bei gebundenen Entscheidungen ohne Beurteilungsspielraum ist demgegenüber gem. § 113 VwGO eine volle gerichtliche Überprüfung möglich. Deshalb kommt hier dem Widerspruchsverfahren vor allem die Bedeutung zu, frühzeitig zu einer für den Widerspruchsführer positiven Entscheidung zu gelangen.

78 Häufig kann das Widerspruchsverfahren genutzt werden, um eine **Einigung** mit der Behörde, vor allem aber auch mit Dritten zu suchen. So sollte man beispielsweise im Widerspruchsverfahren gegen eine bauaufsichtliche Ordnungsverfügung an eine Vereinbarung über eine befristete Duldungszusage für das Objekt denken[1]. In Nachbarstreitigkeiten sind neben Ausgleichszahlungen Modifikationen des genehmigten Vorhabens, die den Interessen der Nachbarn entgegenkommen, zur Vermeidung weiterer Auseinandersetzungen mit ungewissem Ausgang in Erwägung zu ziehen. Vor allem wenn Interesse daran besteht, frühzeitig Klarheit über die rechtliche Situation zu gewinnen, um weitere Dispositionen treffen zu können, sollte das Widerspruchsverfahren in diesem Sinne genutzt werden. Es ist auch zu berücksichtigen, dass weitere gerichtliche Auseinandersetzungen häufig zu einer Verhärtung der Positionen im Verhältnis zu Drittbetroffenen führen, die eine spätere Einigung im gerichtlichen Verfahren erschweren kann.

Wesentlich erleichtert wird eine Einigung im Widerspruchsverfahren naturgemäß durch Besprechungen mit der Behörde, zu denen ggf. Drittbetroffene hinzugezogen werden können. Eine solche Besprechung sollte ggf. bei der Behörde angeregt werden.

79 Dies erübrigt sich naturgemäß, wenn **Ausschüsse oder Beiräte** aufgrund einer mündlichen Verhandlung über den Widerspruch zu entscheiden haben. Solche Ausschüsse sind aufgrund von § 73 Abs. 2 VwGO in Rheinland-Pfalz, im Saarland und in Hamburg eingerichtet[2]. Die mündliche Verhandlung vor den Ausschüssen wird häufig mit einer Ortsbesichtigung verbunden, wenn es für die Entscheidung auf Feststellungen ankommt, die in der Örtlichkeit zu treffen sind. Die Erfahrung zeigt, dass die Neigung, sich von dem Erstbescheid zu lösen, i.d.R. bei Rechtsausschüssen größer ist als in einem monokratisch gestalteten Widerspruchsverfahren. Dies mag auf der Mitwirkung ehrenamtlicher Beisitzer und auf der Erörterung der Sach- und Rechtslage in einer Verhandlung beruhen. Diese tendenziell größere Offenheit der Ausschüsse, vor denen die Ausgangsbehörde als Widerspruchsgegner am Verfahren beteiligt ist, kann zu einer Einigung genutzt werden.

---

1 Vgl. dazu *Bracher*, ZfBR 1987, 127 ff. und oben Rz. 61.
2 Eine Übersicht bietet *Kothe*, in: Redeker/von Oertzen, VwGO, § 73 Rz. 5 f.

III. Das Widerspruchsverfahren                    Rz. 83  Teil 1 A

Wird der Widerspruch nicht innerhalb von drei Monaten beschieden, so ist eine **Untätigkeitsklage** gem. § 75 VwGO in Betracht zu ziehen. Es ist allerdings zu berücksichtigen, dass die Untätigkeitsklage wegen der langen Dauer verwaltungsgerichtlicher Verfahren regelmäßig nicht geeignet ist, eine baldige Bescheidung des Antrags oder des Widerspruchs durchzusetzen. Die Untätigkeitsklage kann deshalb vor allem dann sinnvoll sein, wenn mit einer positiven Entscheidung über den Widerspruch ohnehin nicht zu rechnen ist und es dem Mandanten darum geht, möglichst frühzeitig das verwaltungsgerichtliche Verfahren einzuleiten, um entsprechend früher eine gerichtliche Sachentscheidung zu erhalten. 80

## 4. Kostenerstattung im Widerspruchsverfahren

Gem. §§ 72, 73 Abs. 3 Satz 2 VwGO müssen sowohl der Abhilfebescheid der Ausgangsbehörde als auch der Widerspruchsbescheid eine **Kostenentscheidung** enthalten. Die Maßstäbe, nach denen die Kostenentscheidung zu treffen ist, bestimmt § 80 Abs. 1 VwVfG. Schließt sich an das Widerspruchsverfahren ein Klageverfahren an, so wird die im Abhilfebescheid oder im Widerspruchsbescheid getroffene Kostenentscheidung durch die gerichtliche Entscheidung über die Verfahrenskosten gem. § 162 Abs. 1 VwGO nachträglich ersetzt[1]. 81

§ 80 Abs. 1 VwVfG sieht eine Kostenerstattung nur im Verhältnis zwischen dem Widerspruchsführer und der Behörde vor. **Dritten** – etwa dem Begünstigten eines VA mit Doppelwirkung – steht ein Kostenerstattungsanspruch selbst dann nicht zu, wenn sie als Beteiligte zum Verfahren hinzugezogen worden sind; ihnen können auch keine Kosten auferlegt werden. Etwas anderes gilt nur in Bayern gem. Art. 80 Abs. 2 Satz 2 BayVwVfG[2]. 82

Zweifelhaft ist, ob eine Kostenentscheidung ergehen kann, wenn das Verfahren sich in der Hauptsache erledigt hat. In Baden-Württemberg, Bayern, Rheinland-Pfalz und Thüringen ist in einem solchen Fall eine Kostenentscheidung nach billigem Ermessen vorgesehen. Soweit besondere gesetzliche Regelungen fehlen, ist nach Auffassung des BVerwG eine Kostenentscheidung nicht zulässig[3]. Das BVerwG hat aber betont, dass die Behörde sich nicht dadurch ihrer Kostenlast entziehen kann, dass sie allein zu diesem Zweck anstelle eines Abhilfebescheids einen Rücknahmebescheid erlässt[4].

Während die Kostenlastentscheidung nach § 80 Abs. 1 VwVfG in der Praxis i.d.R. keine Schwierigkeiten bereitet, sind Auseinandersetzungen über den Umfang der zu erstattenden Kosten nicht selten. Dazu können die Kosten eines Privatgutachtens gehören[5]. Insbesondere kommt es immer wieder vor, dass Behörden bei erfolgreichem Widerspruch die **Erstattung der Anwaltsgebühren** unter Berufung auf § 80 Abs. 2 VwVfG ablehnen. Die Erstattung der Gebühren und Auslagen eines Rechtsanwalts setzt nach dieser Bestimmung voraus, dass die Hinzuziehung eines Bevollmächtigten notwendig war. 83

Zu § 80 Abs. 2 VwVfG ist eine umfangreiche und leider nicht ganz einheitliche Rspr. ergangen, die an dieser Stelle nicht im Einzelnen wiedergegeben werden kann. Z.T. wird angenommen, dass i.d.R., nicht nur bei schwierigen und umfangreichen Sachverhalten, die Hinzuziehung erforderlich sei[6]; vielmehr sei die Hinzuziehung

---

1 BVerwG v. 29.6.2006 – 7 C 14.05, DVBl 2006, 1243.
2 Vgl. BVerwG v. 22.5.1986 – 6 C 40.85, NVwZ 1987, 490.
3 BVerwG v. 11.5.1981 – 6 C 121.80, NJW 1982, 300; a.A. *Kothe*, in: Redeker/von Oertzen, VwGO, § 73 Rz. 31; Kopp/*Ramsauer*, VwVfG, § 80 Rz. 19.
4 BVerwG v. 18.4.1996 – 4 C 6.95, BVerwGE 101, 64.
5 Vgl. BVerwG v. 14.1.1999 – 6 B 118.98, Buchholz 316 § 80 Nr. 42; zu eng *Kallerhoff*, in: Stelkens/Bonk/Sachs, VwVfG, § 80 Rz. 67.
6 BVerwG v. 10.4.1978 – VI C 27.77, DVBl 1978, 630; OVG Bremen v. 16.8.1988 – 1 BA 35.88, NVwZ 1989, 75.

i.d.R. notwendig, weil der Bürger nur in Ausnahmefällen in der Lage sei, seine Rechte gegenüber der Verwaltung selbst zu wahren[1]. In anderen Entscheidungen wird die Notwendigkeit der Hinzuziehung als Ausnahme qualifiziert[2]. Hervorzuheben ist, dass die Notwendigkeit der Hinzuziehung nicht rückblickend unter Berücksichtigung der Gesichtspunkte, die letztlich zum Erfolg des Widerspruchs geführt haben, zu beurteilen ist, sondern dass es auf die Perspektive eines verständigen Beteiligten unter Würdigung der gesamten Umstände im Zeitpunkt der Einschaltung des Bevollmächtigten ankommt[3]. Da die Behörde zumeist über größere Sachkunde und Rechtskenntnis verfügt als der Beteiligte, ist aus seiner Perspektive die Hinzuziehung regelmäßig als notwendig zu qualifizieren[4]; etwas anderes kann etwa dann gelten, wenn aus der Begründung des angefochtenen VA erkennbar ist, dass die Behörde in dem entscheidenden Punkt von einem unrichtigen Sachverhalt ausgegangen ist und dieser Irrtum leicht ausgeräumt werden kann.

## IV. Das summarische Gerichtsverfahren als Zwischenstation während des Verwaltungsverfahrens

84 Während des Verwaltungs- und Verwaltungsvorverfahrens stellt sich vielfach die Frage, ob eine **vorläufige Regelung** erreicht werden kann. Sie kann durch die Verwaltung erfolgen; sie ist ebenso durch eine gerichtliche Entscheidung möglich. Sicher gehört eine solche gerichtliche Entscheidung im summarischen Verfahren nach §§ 80, 80a, 123 VwGO nicht zum Verwaltungsverfahren. Entscheidungen dieser Art sind aber von der Bearbeitung des Verwaltungsverfahrens nicht zu trennen. Es ist für die Gestaltung und Führung des Verwaltungsverfahrens von zentraler Bedeutung, ob

– während des Vorverfahrens gegen einen belastenden VA dieser vollzogen werden kann oder nicht,

– im Verfahren um den Erlass eines begünstigenden VA oder gegen eine Entscheidung, durch die ein begünstigender VA abgelehnt worden ist, eine Zwischenregelung erreichbar ist oder ob der Mandant die Bescheidung des Vorverfahrens und ggf. die richterliche Sachentscheidung abwarten muss,

– der Mandant den Vollzug eines einen Dritten begünstigenden, ihn aber belastenden VA hinnehmen muss oder er diesen Vollzug unterbrechen kann oder sogar muss.

Solche **Zwischenregelungen** werden zwar auch von der Verwaltung getroffen. In erster Linie sind sie Sache des gerichtlichen summarischen oder vorläufigen Verfahrens, auch **Verfahren des vorläufigen Rechtsschutzes** genannt. Der Zusammenhang zwischen Bearbeitung des Verwaltungsverfahrens und summarischen Gerichtsverfahren gibt Veranlassung, die Grundzüge dieses summarischen Verfahrens, soweit sie für das Verwaltungsverfahren wesentlich sind, zusammenzustellen, weil hie-

---

1 OVG Münster v. 18.7.2006 – 13 E 705/06, NVwZ-RR 2006, 838.
2 BVerwG v. 7.2.1983 – 7 B 218.81, NVwZ 1983, 345; v. 13.2.1987 – 8 C 35.85, NVwZ 1987, 883; OVG Berlin v. 19.3.1996 – 2 L 1.96, NVwZ-RR 1997, 264; dagegen zutreffend BVerwG v. 24.5.2000 – 7 C 8.99, Buchholz 428 § 38 Nr. 5; *Mallmann*, NVwZ 1983, 338 ff. sowie *Kallerhoff*, in: Stelkens/Bonk/Sachs, VwVfG, § 80 Rz. 81 ff. jeweils m.w.N. aus der Rspr.
3 BVerwG v. 22.1.1997 – 8 C 39.95, Buchholz 316 § 80 Nr. 39; v. 14.1.1999 – 6 B 118.98, Buchholz 316 § 80 Nr. 42; v. 17.12.2001 – 6 C 19.01, NVwZ-RR 2002, 446.
4 Vgl. zum Gesichtspunkt der „Waffengleichheit" auch BVerwG v. 24.5.2000 – 7 C 8.89, Buchholz 428 § 38 Nr. 5; v. 8.12.2009 – 1 WB 61.09, Buchholz 450.1 § 16a Nr. 2.

raus für die Bearbeitung des Mandats, je nach der einzelnen Fallgestaltung Folgerungen zu ziehen sind. Es ist dieses umso notwendiger, als in vielen Einzelfällen die Entscheidungen im summarischen Verfahren mehr oder weniger endgültige Bedeutung haben, darüber hinaus ganze Gruppen von verwaltungsrechtlichen Streitfällen fast nur im summarischen Verfahren verwaltungsrechtlich und verwaltungsgerichtlich entschieden werden, es zur Entscheidung der Hauptsache kaum kommt. Es liegt dies an der Zeitdauer, die für das verwaltungsrechtliche Mandat oft maßgebliche Bedeutung hat. Viele persönliche und berufliche Entscheidungen des Mandanten setzen die baldige Erteilung einer notwendigen Erlaubnis voraus; ist sie nicht erreichbar, muss der Mandant andere Entschlüsse treffen; er kann nicht eine erst nach mehreren Jahren erfolgende gerichtliche Klärung abwarten. Umgekehrt ist die Hauptsacheentscheidung für den Mandanten oft ohne sachliches Interesse, wenn er aufgrund Anordnung der sofortigen Vollziehung bereits dem belastenden VA hat entsprechen müssen oder der begünstigte Dritte die ihm erteilte Erlaubnis ausgenutzt hat. Das Mandat wird deshalb von der **Notwendigkeit baldiger Entscheidungen** oft beherrscht und ist entsprechend zu führen. Das bedeutet, dass der Anwalt in das Verwaltungsverfahren in vielen Fällen vorläufige Entscheidungen einbeziehen muss.

Die Rechtsprechung zu den §§ 80 ff. und § 123 VwGO ist sehr umfangreich und voller Differenzierungen. Da die Verfahren i.d.R. beim OVG enden, eine vereinheitlichte höchstrichterliche Rspr. deshalb fehlt, muss der Anwalt über die gesetzlichen Bestimmungen hinaus in seinem Fall die einschlägigen Kommentare mit besonderem Blick auf die Rspr. „seines" OVG heranziehen.

**1. Aufschiebende Wirkung und sofortige Vollziehung**

a) Der **belastende VA** greift in die **Rechte** des Mandanten **ein**. Während er früher nicht selten plötzlich erging, geht ihm jetzt i.d.R. die Anhörung des Bürgers voraus, oft der Grund, den Anwalt um Beratung aufzusuchen. Die vorherige Anhörung ist, von wenigen Ausnahmen abgesehen, in § 28 VwVfG bindend vorgeschrieben (vgl. Rz. 28 ff.).

Wird der VA erlassen und gegen ihn ein Rechtsmittel, i.d.R. der Widerspruch, in den Fällen des § 68 Abs. 1 Satz 2 VwGO die sofortige Klage[1] eingelegt, so hat dieses Rechtsmittel gem. § 80 Abs. 1 VwGO **aufschiebende Wirkung**. Der Rechtseingriff soll erst vollzogen werden dürfen, wenn der VA rechtsbeständig ist. Die aufschiebende Wirkung hat rechtsstaatlich zentrale Bedeutung. Das BVerfG hat mehrfach betont, die Regelung des § 80 Abs. 1 VwGO sichere die durch Art. 19 Abs. 4 GG gewährleistete Effektivität des Rechtsschutzes[2], das BVerwG ist ihm schon früh in dieser Auffassung gefolgt. Die aufschiebende Wirkung tritt mit der Einlegung des Rechtsmittels ein, wirkt dann allerdings auf den Zeitpunkt des Erlasses des VA zurück[3]. Sie endet erst mit der Rechtsbeständigkeit des VA; wird dieser aufgehoben, so bleibt er deshalb ohne unmittelbare Folgen.

§ 80 Abs. 2 VwGO sieht freilich zahlreiche **Ausnahmen** von diesem Grundsatz vor, nämlich bei der Anforderung von öffentlichen Abgaben und Kosten, bei unaufschiebbaren Anordnungen und Maßnahmen von Polizeivollzugsbeamten, bei ande-

---

1 Vgl. hierzu § 70 VwVfG: Rechtsmittel im förmlichen Verfahren ist die Klage; ebenso im Planfeststellungs- und Plangenehmigungsverfahren nach § 74 Abs. 1 Satz 2, Abs. 6 Satz 3 VwVfG.
2 BVerfG v. 19.6.1973 – 1 BvL 39/69, 1 BvL 14/72, BVerfGE 35, 263; v. 18.7.1973 – 1 BvR 23/73, 1 BvR 155/73, BVerfGE 35, 282; v. 13.6.1979 – 1 BvR 699/77, BVerfGE 51, 284; v. 8.4.2010 – 1 BvR 2709/09, NJW 2010, 2268.
3 Vgl. BVerwG v. 6.7.1973 – IV C 79.69, Buchholz 310 § 80 Nr. 23; v. 25.2.1992 – 1 C 56.88, NVwZ 1992, 791.

ren in Bundes- oder Landesgesetzen vorgeschriebenen Fällen. Von dieser letzteren Möglichkeit, die aufschiebende Wirkung durch Gesetz auszuschließen, macht der Gesetzgeber immer häufiger Gebrauch. § 80 Abs. 2 Nr. 3 gilt besonders für VA, die Investitionen oder die Schaffung von Arbeitsplätzen betreffen. Der Anwalt muss sich anhand der konkreten gesetzlichen Regelung jeweils unterrichten.

Die für den Anwalt im Verwaltungsverfahren besonders wichtigen Fälle sind die der Nr. 4 des § 80 Abs. 2 VwGO, die ausdrückliche **Anordnung der sofortigen Vollziehung** durch die Behörde des erlassenen VA oder auch die Widerspruchsbehörde (sehr selten), weil sie im überwiegenden öffentlichen Interesse oder im überwiegenden Interesse eines Beteiligten notwendig sei. Der letzte Fall setzt das Dreiecksverhältnis Behörde, Begünstigter und Belasteter voraus, den VA mit Drittwirkung, auf den unter Rz. 99 ff. eingegangen wird.

87 **b)** Behörden neigen bei bestimmten Materien dazu, ein **überwiegendes öffentliches Interesse** auch ohne Besonderheiten des Einzelfalles anzunehmen. Belastende VA etwa, die dem Bürger Maßnahmen im Interesse des Umweltschutzes aufgeben, also Bodenuntersuchungen, Bodensanierungen, Grundwasserreinigungen u.Ä.m. werden oft für sofort vollziehbar erklärt, selbst wenn die behauptete Kontamination Jahre oder Jahrzehnte zurückliegt und erst jetzt festgestellt wird oder überhaupt zweifelhaft ist. Das Gleiche galt früher für Straßenbaumaßnahmen; Planfeststellungsbeschlüsse zum Straßenbau wurden geradezu stets für sofort vollziehbar erklärt. Dem ist das BVerwG[1] entgegengetreten; inzwischen ist in diesen Fällen weitgehend fachgesetzlich angeordnet, dass die Klage keine aufschiebende Wirkung hat (vgl. Rz. 100). Auch bei illegaler Betätigung des Bürgers, also Handlungen ohne die vom Gesetz vorgesehene vorherige Erlaubnis oder Zustimmung, wird zumeist ein überwiegendes öffentliches Interesse an der Erhaltung und Sicherung der öffentlichen Ordnung angenommen, auch wenn die Notwendigkeit einer solchen Erlaubnis durchaus streitig ist.

88 Es ist Aufgabe des Anwalts, dem es um die Aufhebung des belastenden VA geht, sich um die Verhinderung der Anordnung der sofortigen Vollziehung zu bemühen. Naturgemäß setzt dies die **vorherige Anhörung** und die Darlegung der speziell im Falle seines Mandanten für diesen streitenden Gründe, zunächst das Ergebnis des Hauptverfahrens abzuwarten, voraus. Ob die Behörde vor einer beabsichtigten Anordnung der sofortigen Vollziehung den Betroffenen hören muss, ist umstritten, aber zu bejahen[2]. Der Anwalt sollte sich hierauf aber nicht verlassen, zumal eine Heilung des Anhörungsmangels in entsprechender Anwendung von § 45 Abs. 1 Nr. 3, Abs. 2 VwVfG vertreten wird[3].

89 Da das Gericht auf einen Antrag auf Wiederherstellung der aufschiebenden Wirkung nach **§ 80 Abs. 5 VwGO** eine (eigene) Interessenabwägung vorzunehmen hat, ist es i.d.R. zweckmäßig, die **Stellungnahme** zu einer etwaigen Anordnung der sofortigen Vollziehung bereits auf diejenigen Gesichtspunkte auszurichten, die auch für die gerichtliche Überprüfung wesentliche Bedeutung haben können. Dazu gehört zunächst die Darlegung von Zweifeln an der Rechtmäßigkeit des beabsichtigten oder bereits erlassenen und im Rechtsmittelverfahren befindlichen VA. Denn wenn auch die anordnende Behörde naturgemäß von der Rechtmäßigkeit ihres VA ausgeht, so wird die Entscheidung über die sofortige Vollziehung von der Er-

---

[1] BVerwG v. 29.4.1974 – IV C 21.74, DVBl 1974, 566.
[2] *Külpmann*, in: Finkelnburg/Dombert/Külpmann, Vorläufiger Rechtsschutz, Rz. 732; *M. Redeker*, in: Redeker/von Oertzen, VwGO, § 80 Rz. 27 jeweils mit Wiedergabe der kontroversen Rspr.
[3] VGH Mannheim v. 10.12.2001 – 5 S 2274/01, NVwZ-RR 2002, 818; *Külpmann*, in: Finkelnburg/Dombert/Külpmann, Vorläufiger Rechtsschutz, Rz. 733.

wägung beherrscht sein, ob es sich um einen zweifelhaften Fall handelt oder nicht. Zusätzlich sollte der Anwalt die Folgen der sofortigen Vollziehung für den Mandanten möglichst konkret finanziell, wirtschaftlich, beruflich oder existenziell darlegen, um sie in den Interessenabwägungsprozess einzubringen. Gut belegte Angaben wird auch die Behörde zur Kenntnis nehmen, zumal sie bei negativem Ausgang des Hauptverfahrens mit Regressverfahren rechnen muss.

c) Für das Verfahren bei **Bescheiden über Abgaben oder Kosten**, die nach § 80 Abs. 2 Nr. 1 sofort vollziehbar sind, ist dem gerichtlichen ein behördliches Aussetzungsverfahren für den Regelfall zwingend vorgeschaltet (§ 80 Abs. 6 VwGO). Die Behörde muss auf den Aussetzungsantrag hin gemäß § 80 Abs. 4 Satz 3 VwGO die Rechtmäßigkeit des Bescheides überprüfen. Bestehen ernstliche Zweifel an der Rechtmäßigkeit, so soll die Aussetzung erfolgen. Ob diese Voraussetzung bereits dann erfüllt ist, wenn ein Erfolg des Rechtsmittels ebenso wahrscheinlich ist wie die Zurückweisung[1], ist streitig. Entbehrlich ist die Ablehnung des an die Behörde gerichteten Aussetzungsantrags als Voraussetzung für den Antrag auf Wiederherstellung der aufschiebenden Wirkung an das Gericht nur dann, wenn die Behörde in angemessener Frist nicht entscheidet oder eine Vollziehung droht. Ist die Behörde zu eigener Aussetzung nicht bereit, erkennt sie aber doch die Klärungsbedürftigkeit der erhobenen Einwendung an, kann man sich nicht selten mit ihr dahin einigen, dass sie nach der Ablehnung der Aussetzung mit einer Vollziehung wartet, bis eine gerichtliche Aussetzungsentscheidung vorliegt. Andernfalls muss eine richterliche Zwischenentscheidung beantragt werden. 90

Bei VA, durch die dem Mandanten bestimmte Leistungen, besonders im **Umweltbereich**, aufgegeben worden sind, die Rechtslage in der Hauptsache problematisch ist, die Behörde andererseits aber unter öffentlichem Druck steht und alsbaldiges Tätigwerden verlangt wird, lassen sich Regelungen dahin treffen, dass es bei der Anordnung der sofortigen Vollziehung verbleibt, die Behörde aber den Vollzug unter Duldung des Mandanten selbst übernimmt und von Zwangsgeldandrohungen und -festsetzungen absieht. Die Frage der Kostentragung wird dann dem Hauptverfahren vorbehalten. I.d.R. ist hier die Maßnahme selbst nicht oder nur begrenzt streitig; offen ist, wer ihre Kosten zu tragen hat. Für den Mandanten wird mit einer solchen Regelung erreicht, dass er nicht mit diesen Kosten in Vorlage tritt. 91

Der Anwalt muss hier in den Verhandlungen mit der Behörde Phantasie entwickeln, um trotz der Drohung oder Anordnung der sofortigen Vollziehung die Zeit bis zur Entscheidung in der Hauptsache zu überbrücken, vom Mandanten also Leistungen so lange fernzuhalten, wie nicht feststeht, dass er sie zu erbringen hat.

d) Es ist weder illegitim noch gegenüber dem Anwalt berufsrechtlich zu beanstanden, durch Einlegung eines **aussichtslos** erscheinenden Rechtsmittels die aufschiebende Wirkung herbeizuführen. Allerdings wirkt **§ 80b VwGO** dieser Taktik entgegen. Danach entfällt die aufschiebende Wirkung bei Klageabweisung im ersten Rechtszug drei Monate nach Ablauf der gesetzlichen Begründungsfrist des gegebenen Rechtsmittels. Sie kann dann vom Rechtsmittelgericht auf Antrag wieder angeordnet werden (§ 80b Abs. 2 VwGO). Dieser Antrag ist nicht fristgebunden, kann also häufig zurückgestellt werden, bis tatsächlich Vollzugsmaßnahmen vorgenommen werden. 92

---

1 So BVerwG v. 3.7.1981 – 8 C 83.81, BayVBl. 1982, 442; *M. Redeker*, in: Redeker/von Oertzen, VwGO, § 80 Rz. 36; a.A. z.B. OVG Münster v. 30.6.2004 – 15 B 576/04, NVwZ-RR 2005, 450; *Külpmann*, in: Finkelnburg/Dombert/Külpmann, Vorläufiger Rechtsschutz, Rz. 829.

## 2. Vorläufige Regelungen im Leistungsverfahren

93 Nichts ist im verwaltungsrechtlichen Mandat für den Anwalt quälender, und nichts belastet das Vertrauensverhältnis zwischen Mandant und Anwalt stärker als die **Langsamkeit** des **verwaltungsbehördlichen**, leider auch des späteren **verwaltungsgerichtlichen Entscheidungsprozesses**, wenn es um die Erteilung von Erlaubnissen oder Genehmigungen oder die Bewilligung von Geldern geht. Es gibt kaum einen begünstigenden VA, bei dessen Zustandekommen nicht mehrere Ämter, meist mehrere Behörden, nicht selten horizontal und vertikal aufgebaut, vor der Entscheidung eingeschaltet werden und werden müssen. Es vergehen i.d.R. viele Monate, bis Entscheidungen zustande kommen, die von außen her ganz einfach erscheinen. Die vom Gesetz in § 75 VwGO als Regel genannte 3-Monatsfrist ist in der Wirklichkeit Makulatur. Wie viele sinnvolle Investitionen, wie viele berufliche Pläne daran scheitern, nicht weil sie unzulässig wären, sondern weil man nicht auf die notwendig vorangehende behördliche Entscheidung warten kann, ist nirgends statistisch zu erfassen; der Anwalt weiß aus eigener Erfahrung, wie häufig dies ist. Er kann hierauf nur sehr begrenzt Einfluss nehmen. Der oben schon beschriebene Kontakt auch zu den intern handelnden Behörden (Rz. 64) hilft nur selten. Ursachenbeschreibung und Abhilfevorschläge zu diesem Faktum füllen Regale, ohne dass sich irgendetwas geändert hätte. In vielen Fällen ergibt sich hieraus der **Zwang zum Kompromiss** (vgl. Rz. 78 f., 135 ff.).

An dieser Stelle ist zu fragen, ob und wieweit über die Verwaltung, insbesondere aber im gerichtlichen summarischen Verfahren, Zwischenregelungen zur Überbrückung möglich sind.

94 **a)** Die VwGO stellt in weitgehender Übernahme der Bestimmungen der ZPO in § 123 VwGO die **einstweilige Anordnung** zur Verfügung, durch die einmal der Streitgegenstand vor Änderungen gesichert werden soll, durch die aber insbesondere auch für ein streitiges Rechtsverhältnis ein vorläufiger Zustand geregelt werden kann, wenn dies nötig erscheint. Anordnungen können sowohl in den Fällen der einfachen Leistungsklage wie auch der Verpflichtungsklage erlassen werden.

95 Ähnliche vorläufige Regelungen kann auch die Verwaltung vornehmen, sofern das materielle Recht nicht entgegensteht. Einer besonderen gesetzlichen Grundlage bedarf es dazu regelmäßig nicht, weil die Befugnis zu einer endgültigen Regelung die Ermächtigung zur vorläufigen Regelung a maiore ad minus einschließt[1]. Das BVerwG hat für das Subventionsverhältnis die Figur des **vorläufigen VA** anerkannt[2]. Er ist als VA unter der auflösenden Bedingung der endgültigen Entscheidung anzusehen. In der Praxis kann es für manche Fallgestaltung eine brauchbare Zwischenlösung geben, die der Anwalt anstreben sollte. Dabei ist die Rechtsform des öffentlich-rechtlichen Vertrags vorzuziehen, weil die Einzelheiten für den Fall einer endgültigen Ablehnung des beantragten VA hier besser geregelt werden können als durch Nebenbestimmungen des VA. Unzulässig ist die vorläufige Regelung dann, wenn durch sie irreversible Fakten geschaffen werden, die nicht mehr durch eine abweichende endgültige Entscheidung korrigiert werden können. Es kann daher z.B. i.d.R. keine vorläufige Baugenehmigung geben, weil damit ein Zustand erlaubt werden würde, dessen Zulässigkeit gerade noch offen ist und dessen Beseitigung bei endgültiger rechtsbeständiger Ablehnung selbst bei entsprechenden Vereinbarungen voraussichtlich am Grundsatz der Verhältnismäßigkeit scheitern würde. Aber innerhalb dieser Grenzen sind vorläufige Regelungen, sei es durch VA, sei

---

1 Zutreffend *Ritgen*, in: Knack/Henneke, VwVfG, § 9 Rz. 23 m.w.N. zu anderen Begründungsansätzen.
2 BVerwG v. 14.4.1983 – 3 C 8.82, BVerwGE 69, 99; vgl. auch OVG Münster v. 28.9.1990 – 15 A 708/88, NVwZ 1990, 588.

## IV. Das summarische Gerichtsverfahren

es durch Vertrag, durchaus möglich und sollten schon zur Entlastung der Gerichte viel häufiger getroffen werden, als dies praktisch geschieht. In der Reihe von **Spezialgesetzen** sind solche vorläufigen Regelungen im Übrigen ausdrücklich vorgesehen, z.B. in §§ 17, 69 Abs. 2 WHG, § 20 PBefG, § 11 GastG.

**b)** Lässt sich eine **vorläufige Regelung** bei der Behörde nicht erreichen, so kann es am Platze sein, sie während des laufenden Verwaltungsverfahrens durch **Gerichtsentscheidung** herbeizuführen. Zu § 123 VwGO ist eine reichhaltige Judikatur entstanden, die hier nicht zu referieren, sondern in den Kommentaren zur VwGO und bei *Finkelnburg/Dombert/Külpmann*[1] nachzulesen ist.

Die Verwaltungsgerichte haben für die einstweilige Anordnung aus der ZPO den Grundsatz übernommen, dass die **einstweilige Anordnung** in den beiden vorgesehenen Formen in erster Linie **Sicherungszwecken** dienen, also nicht zur Befriedigung des Antragstellers und damit zur **Vorwegnahme der Hauptsache** führen sollen. Aber dieser Grundsatz ist zur Gewährleistung effektiven Rechtsschutzes vielfach nicht nur in Einzelfällen, sondern für ganze Fallgruppen durchbrochen. Das gilt etwa für einstweilige Anordnungen im **Schul- und Examensbereich**, wie die vorläufige Versetzung[2] oder die vorläufige Zulassung zur Prüfung[3]. Das gilt ebenso für die **Zulassung zum Studium**, die durch einstweilige Anordnung durchgesetzt werden kann[4], sowie in weitem Maße auch für die Ansprüche aus dem BAföG[5].

Der Anwalt wird überall da, wo sein Mandat Verpflichtungsansprüche gegen die Verwaltung zum Gegenstand hat und die Entscheidung erkennbar lange auf sich warten lassen wird, die **Möglichkeit einer einstweiligen Regelung prüfen** müssen. Sie werden trotz der hier aufgezeigten Wege begrenzt bleiben. Es sollte dabei auch nicht übersehen werden, dass eine negative Entscheidung im summarischen Verfahren nicht selten ungünstige Auswirkungen auf die Entscheidung zur Hauptsache hat, weil eine einmal, wenn auch nur summarisch gefasste Rechtsauffassung sich leicht endgültig durchsetzt. Ferner sollte die Anwendbarkeit des § 945 ZPO mit der Möglichkeit von Schadensersatzverpflichtungen bei positiver einstweiliger Anordnung und negativem Ausgang des Hauptsacheverfahrens in die Überlegungen einbezogen werden, auch wenn solche Schadensersatzansprüche im Verwaltungsprozess selten sind und im Hauptfall des Verfahrens bei VA mit Drittwirkung durch die Rspr. des BGH praktisch ausgeschlossen sind (vgl. unten Rz. 107).

**c)** In Auseinandersetzungen mit der Verwaltung, die, weil weder ein VA noch ein öffentlich-rechtlicher Vertrag in Rede steht, nicht dem VwVfG unterfallen, z.B. bei zu **missbilligenden öffentlichen Äußerungen der Verwaltung**, bietet sich neben dem Hauptanspruch auf Unterlassung und Widerruf die einstweilige Anordnung der vorläufigen Unterlassung der Wiederholung an. Sie entspricht der im Zivilrecht hierzu bekannten einstweiligen Verfügung und bringt verfahrensmäßig keine Besonderheiten mit sich, außer dass auch hier für das Gerichtsverfahren die Untersuchungsmaxime gilt, der Antragsteller also damit rechnen muss, dass nicht nur aufgrund seines Vortrags, sondern aufgrund beigezogener Akten und anderer Unter-

---

1 *Dombert*, in: Finkelnburg/Dombert/Külpmann, Vorläufiger Rechtsschutz, Rz. 15ff.
2 Z.B. VGH Mannheim v. 28.9.1992 – 9 S 2187/92, NVwZ-RR 1993, 358; OVG Lüneburg v. 23.11.1999 – 13 M 3944/99, 13 M 4473/99, NVwZ-RR 2001, 241.
3 Z.B. BVerfG v. 25.7.1996 – 1 BvR 638/96, NVwZ 1997, 479; VGH Kassel v. 5.7.2004 – 1 TG 732/04, NVwZ-RR 2005, 330; zu den Konsequenzen BVerwG v. 15.12.1993 – 6 C 20.92, BVerwGE 94, 352; v. 12.4.2001 – 2 C 16.00, BVerwGE 114, 149; eingehend *Külpmann*, in: Finkelnburg/Dombert/Külpmann, Vorläufiger Rechtsschutz, Rz. 1416ff.
4 BVerfG v. 31.3.2004 – 1 BvR 356/04, NVwZ 2004, 1112; VerfGH Berlin v. 16.12.2008 – 81/08, 81 A/08, juris; OVG Münster v. 19.3.2010 – 13 C 120/10, juris.
5 OVG Bln.-Bbg. v. 27.2.2009 – OVG 6 S 22.08, NVwZ-RR 2009, 728; eingehend *Külpmann*, in: Finkelnburg/Dombert/Külpmann, Vorläufiger Rechtsschutz, Rz. 1441ff.

lagen entschieden wird. Dass sich der Anwalt die Akteneinsicht für den Fall solcher Beiziehung immer vorbehalten sollte, ehe das Gericht entscheidet, sei angemerkt. Der Anwalt sollte wissen, dass materiell-rechtlich Verwaltungsgerichte die an sich einfachen Bestimmungen der §§ 823, 1004 BGB i.V. mit §§ 185 ff. StGB mit verfassungsrechtlichen Problemen überlagern; sie führen zu erheblichen Verzögerungen und nicht selten überraschenden Ergebnissen.

### 3. Das summarische Verfahren während des Verwaltungsverfahrens um einen VA mit Doppelwirkung

99 Für Streitigkeiten über VA mit Doppelwirkung (**Drittwirkung**) hat das summarische Verfahren besondere Bedeutung. In vielen Fällen entscheidet es das Verwaltungsverfahren, anhängige Widerspruchsverfahren erledigen sich. Seit dem Siegeszug des VA mit Drittwirkung, einer fast ausschließlich richterrechtlich entstandenen Konstruktion, ist im Bereich der in irgendeiner Weise raumbezogenen Entscheidungen – im Übrigen auch bei anderen VA – in der großen Mehrzahl der Fälle mit Einwendungen von „Nachbarn" im weitesten Sinne gegen beabsichtigte Vorhaben und damit gegen entsprechende Genehmigungen zu rechnen. Das BVerfG leitet den Drittrechtsschutz jetzt zunehmend aus Art. 19 Abs. 4 GG ab[1]. Nur selten ist in solchen Streitfällen eine sichere Prognose möglich. Da auch die Verwaltungsbehörden zu sicherer Prognose i.d.R. nicht in der Lage sind, besteht ein besonderes Interesse daran, die richterliche Auffassung baldmöglichst kennen zu lernen. Kann die Unsicherheit nicht durch Kompromisse ausgeräumt werden, bietet sich das summarische Verfahren innerhalb des Verwaltungsvorverfahrens zur Klärung an.

100 a) Der **Begünstigte** steht schon vor Erlass des VA vor der **Frage, ob und wer von den „Nachbarn"** – der Dritte wird hier konkret als „Nachbar" bezeichnet – gegen sein Vorhaben **rechtlich vorgehen** wird. Zwar ist der widerspruchsbefugte „Nachbar" Beteiligter i.S. des § 28 VwVfG und müsste deshalb zum Verfahren und zum Vorverfahren herangezogen werden. Aber es ist vielfach unsicher, wer widerspruchsbefugt ist; die entsprechenden Gesetze enthalten hierüber keine oder oft nur vage Aussagen: die Behörden pflegen deshalb von der Beteiligung von „Nachbarn" weitgehend abzusehen. Das ist für den Begünstigten nicht notwendig nützlich. Zwar sieht er sich im behördlichen Verfahren zunächst keinen Einwendungen von „Nachbarn" ausgesetzt. Aber er kann spätere Einwendungen nicht ausschließen. Da der „Nachbar" nicht beteiligt worden ist, läuft für ihn keine Erklärungsfrist; der Begünstigte muss mit der Möglichkeit des Widerspruchs ohne zeitliche Begrenzung rechnen. Die **Folge solchen Widerspruchs** – der Fall einer Verwirkung des Widerspruchsrechts ausgenommen (dazu oben Rz. 73) – ist an sich die **aufschiebende Wirkung** des § 80 Abs. 1 VwGO, weil für den „Nachbarn" der begünstigende ein belastender VA ist. Gemäß § 80a VwGO hat der Widerspruch des Belasteten stets aufschiebende Wirkung. § 80a VwGO unterscheidet dabei zwischen begünstigenden VA, die einen Dritten, den „Nachbarn", zugleich belasten, und belastenden VA, die einen Dritten zugleich begünstigen, eine Unterscheidung, die keine praktische Bedeutung hat. Der Gesetzgeber hat die aufschiebende Wirkung des Widerspruchs des „Nachbarn" spezialgesetzlich vielfach ausgeschlossen (z.B. in § 212a BauGB, § 17e Abs. 2 FStrG, § 18e Abs. 2 AEG).

Um die mit dem Widerspruch des Belasteten eintretende aufschiebende Wirkung zu beseitigen, kann der Begünstigte zunächst bei der Behörde die Anordnung der sofortigen Vollziehung beantragen. Die Behörde hat in Anwendung von § 80 Abs. 2 Nr. 4 VwGO zu entscheiden. Die Behörde wird i.d.R. von der Rechtmäßigkeit ihrer eige-

---

[1] Typische Beispiele BVerfG v. 14.1.2004 – 1 BvR 506/03, BVerfGK 2, 223 = NVwZ 2004, 718; v. 17.8.2004 – 1 BvR 378/00, NJW 2005, 273.

## IV. Das summarische Gerichtsverfahren

nen Entscheidung ausgehen; für die Anordnung der sofortigen Vollziehung genügt dann die Darlegung, dass der Antragsteller bei Aufrechterhaltung der aufschiebenden Wirkung nicht unerhebliche Nachteile erleide.

Gegen die Entscheidung der Behörde kann der Unterliegende gemäß § 80a Abs. 3 VwGO das Gericht anrufen. Für seine Anrufung laufen grundsätzlich keine Fristen. In einzelnen Fachgesetzen sind allerdings Fristbestimmungen enthalten (z.B. § 17e Abs. 3 FStrG, § 18e Abs. 3 AEG). Das Gericht kann (außer im Anwendungsbereich von § 80 Abs. 6 VwGO) auch ohne vorherigen Antrag an die Behörde angerufen werden. Die Frage ist allerdings streitig[1]. Das Gericht entscheidet in entsprechender Anwendung von § 80 Abs. 5 VwGO, hat also eine eigenständige Interessenabwägung vorzunehmen, bei der – regelmäßig aufgrund summarischer Prüfung – die Erfolgsaussichten des Widerspruchs und die beiderseitigen Interessen zu berücksichtigen sind. Eine umfassende Prüfung der Rechtmäßigkeit ist ausnahmsweise dann geboten, wenn irreversible Grundrechtsverletzungen durch den Rechtsschutz im Hauptsacheverfahren nicht mehr korrigiert werden können[2].

I.d.R. ist es **sinnvoll, baldmöglichst solche Entscheidungen herbeizuführen**. Der **Anwalt des Begünstigten** sollte die Behörde veranlassen, mögliche Widersacher, die auch nur entfernt befugte Drittbetroffene sein können, an dem Verwaltungsverfahren zu beteiligen. Er sollte darauf drängen, dass die Behörde den begünstigenden VA allen potentiellen Drittbetroffenen zustellt, um Rechtsmittelfristen in Lauf zu setzen. Es ist besser, den Drittbetroffenen in Zugzwang zu versetzen, als späteren Überraschungen durch ihn ausgesetzt zu sein. Legt der Drittbetroffene keinen Widerspruch ein, so wird der VA ihm gegenüber rechtsbeständig und er scheidet als Gegner aus. Wird Widerspruch eingelegt und tritt damit die aufschiebende Wirkung des Widerspruchs ein, so wird ein ähnliches Ergebnis mit der Entscheidung des Gerichts über den Aussetzungsantrag des Drittbetroffenen gegen die Anordnung der sofortigen Vollziehung oder über den Antrag des Begünstigten auf Anordnung der sofortigen Vollziehung bei Ablehnung durch die Behörde erreicht. Auch wenn hier an sich VG und OVG nach § 80 Abs. 5 VwGO aufgrund einer Interessenabwägung zu entscheiden haben, werden die Gerichte ihre Auffassung zur Rechtslage schon im Interesse der Beteiligten erkennen lassen. Das Verwaltungsverfahren kann so durch das summarische Gerichtsverfahren seine Klärung finden. Liegt die richterliche Entscheidung vor, werden die Beteiligten hieraus ihre Konsequenzen ziehen. Der Begünstigte wird bei für ihn negativem Ausgang das Vorhaben aufgeben oder ändern, weil es zunächst für Jahre blockiert ist; der Drittbetroffene wird bei umgekehrter Entscheidung den Widerspruch nicht weiterführen, weil ihm eine in den Aussichten begrenzte positive Entscheidung zur Hauptsache Jahre nach Fertigstellung des Vorhabens kaum noch etwas nützt. Das summarische Verfahren tritt hier im Ergebnis an die Stelle des Hauptverfahrens. Das ist an sich zu bedauern und von der VwGO sicher nicht gewollt; es ist aber die unvermeidliche Folge der Zeitdauer von Verwaltungs- und Gerichtsverfahren, im Übrigen der Risikofreiheit des Nachbarvorgehens, soweit § 945 ZPO nicht anwendbar ist (hierzu unten Rz. 107). 101

**b)** Auch in der **Beratung des Belasteten** wird der Anwalt häufig ohne das summarische Verfahren nicht auskommen. Die Aussichten, die Rechtsposition des Mandanten durchzusetzen, vermindern sich regelmäßig durch Vollziehung des Verwaltungsakts, selbst wenn das Klageverfahren vollständigen Rechtsschutz bietet und 102

---

1 Vgl. die zusammenfassenden Darstellungen bei *Külpmann*, in: Finkelnburg/Dombert/Külpmann, Vorläufiger Rechtsschutz, Rz. 1064; *Puttler*, in: Sodan/Ziekow, VwGO, § 80a Rz. 16 ff.
2 Vgl. zu der entsprechenden Problematik im Verfahren nach § 123 VwGO BVerwG v. 4.11.2010 – 2 C 16.09, NJW 2011, 695 m.w.N.

die Vollziehung nicht zur Schaffung rechtserheblicher vollendeter Tatsachen führt[1]. Es kommt hinzu, dass der Antrag zur Schadensabwendung geboten sein kann, um Amtshaftungsansprüche zu sichern (vgl. § 839 Abs. 3 BGB). Es muss deshalb i.d.R. der Versuch unternommen werden, die Vollziehung durch den Aussetzungsantrag und/oder den Antrag auf Anordnung bzw. Wiederherstellung der aufschiebenden Wirkung zu unterbinden. Wird die aufschiebende Wirkung nicht beachtet, so hat das Gericht sie auf Antrag festzustellen und Vollziehungsmaßnahmen zu unterbinden[2]. Die Behörde hat im übrigen den Belasteten an dem Verfahren aufgrund Antrags des Begünstigten auf Anordnung der sofortigen Vollziehung zu beteiligen; im entsprechenden gerichtlichen Verfahren ist er gem. § 65 Abs. 2 VwGO notwendig beizuladen.

103 Für beide Beteiligten rückt deshalb während des anhängigen Verwaltungsverfahrens die summarische Entscheidung im vorläufigen Rechtsschutz in den Mittelpunkt. Beide haben hieran ein unmittelbares Interesse; auch die Behörde selbst kann dies nicht anders sehen. Gegen die Entscheidung der Verwaltungsgerichte ist – ohne besondere Zulassung – die Beschwerde zugelassen, die innerhalb von insgesamt einem Monat zu begründen ist (§ 146 VwGO).

## V. Der Dritte bei VA mit Drittwirkung

104 Ein großer Teil aller verwaltungsrechtlichen Auseinandersetzungen betrifft begünstigende VA, die zugleich einen Dritten belasten. Bei dieser Belastung kann es sich zum einen um eine bloß tatsächliche Betroffenheit (Rechtsreflex), zum anderen um eine **Beeinträchtigung rechtlich geschützter Interessen** handeln. Der Dritte ist zu einer Anfechtung des VA durch Widerspruch und Klage befugt, wenn er sich auf die Verletzung einer Rechtsnorm berufen kann, die den Schutz nicht nur der Allgemeinheit, sondern einer individualisierbaren Personengruppe bezweckt, zu der er gehört[3]. Diese Schutznorm kann sowohl ein Grundrecht als auch eine Vorschrift des einfachen Rechts sein.

Die Beurteilung der Frage, ob die Vorschrift, deren Verletzung in Betracht kommt, einen solchen Schutzzweck hat, bereitet oft große Schwierigkeiten. Man wird sagen können, dass die verwaltungsgerichtliche Rspr. tendenziell zu einer Öffnung des Drittschutzes neigt. Große praktische Bedeutung hat der Drittschutz vor allem im Baurecht und bei allen umweltrelevanten Vorhaben, daneben in Konkurrentenstreitigkeiten im Wirtschaftsverwaltungs- und Beamtenrecht[4].

105 Sind drittschützende Normen in diesem Sinne anzuwenden, ist die **Hinzuziehung** des Dritten als Beteiligter des Verwaltungsverfahrens gem. § 13 VwVfG in Betracht zu ziehen. Die Hinzuziehung hat Konsequenzen vor allem für die Anhörung (§ 28 VwVfG), das Akteneinsichtsrecht (§ 29 VwVfG) und die Bekanntgabe des VA (§ 41 VwVfG). Die sich im Zusammenhang mit der Entscheidung über die Hinzuziehung ergebenden Fragen sind oben unter Rz. 25 f. behandelt worden.

106 Wegen der Anfechtungsmöglichkeit durch den Dritten hat die Drittwirkung des VA Auswirkungen auf seine **Bestandskraft**. Die Widerspruchs- und Klagefristen laufen für den Dritten ab Bekanntgabe des VA. Dies kann dazu führen, dass die Bestandskraft gegenüber dem Adressaten und gegenüber dem Drittbetroffenen – bei mehre-

---

1 Vgl. etwa BVerwG v. 25.9.2008 – 3 C 35.07, BVerwGE 132, 64.
2 Dazu eingehend *Kirste*, DÖV 2001, 397, 402 ff.
3 Ständige Rspr., vgl. etwa BVerwG v. 22.12.1980 – 7 C 84.78, BVerwGE 61, 256; v. 23.2.1983 – 1 C 157.79, BVerwGE 65, 167; v. 15.12.2006 – 7 C 6.06, BVerwGE 127, 272.
4 Eine Übersicht über die Rspr. bietet *Sachs*, in: Stelkens/Bonk/Sachs, VwVfG, § 50 Rz. 24 ff.

ren Drittbetroffenen auch unter diesen – zu unterschiedlichen Zeiten eintritt. Häufig wird der Adressat daran interessiert sein, baldmöglichst Klarheit darüber zu gewinnen, ob der Dritte von seiner Anfechtungsmöglichkeit Gebrauch macht. Die Möglichkeiten, die ihm dabei zur Verfügung stehen, sind oben unter Rz. 74, 101 erörtert. Umgekehrt muss der Drittbetroffene beachten, dass es zu einer Verwirkung des Widerspruchsrechts auch ohne förmliche Bekanntgabe des VA kommen kann (vgl. oben Rz. 73).

Schwierige Rechtsfragen und Fragen des taktischen Vorgehens stellen sich im Zusammenhang mit dem einstweiligen Rechtsschutz gegen VA mit Doppelwirkung, der häufig zeitlich parallel zum Widerspruchsverfahren gesucht werden muss. Dazu wird auf die Ausführungen unter Rz. 99 ff. Bezug genommen.

**Finanzielle Risiken** durch Schadensersatzansprüche des begünstigten Adressaten eines VA ergeben sich für den Drittbetroffenen i.d.R. weder durch Einlegung eines Widerspruchs oder Erhebung einer Klage noch durch einen Antrag auf Wiederherstellung der aufschiebenden Wirkung von Widerspruch oder Klage nach § 80 Abs. 5 VwGO oder einen Antrag auf Erlass einer einstweiligen Anordnung nach § 123 VwGO. Im Verhältnis zwischen dem Begünstigten und dem Dritten ist § 945 ZPO unanwendbar[1]. Im Verhältnis zur Behörde kommt zwar eine Haftung aus § 945 ZPO in Betracht, setzt aber eine Strafandrohung gem. § 890 Abs. 2 ZPO voraus[2], die im Verfahren nach § 123 VwGO regelmäßig unterbleibt. Eine Kostenerstattung kommt im Widerspruchsverfahren regelmäßig nur im Verhältnis zwischen Widerspruchsführer und Behörde, nicht im Verhältnis zwischen Widerspruchsführer und dem begünstigten Adressaten des VA in Betracht (vgl. Rz. 82). 107

Beim VA mit Doppelwirkung kann es für den Begünstigten zweckmäßig sein, zur Vermeidung von Risiken, die sich aus der Anfechtungsmöglichkeit des Dritten ergeben können, eine Einigung mit diesem zu suchen. Dies gilt auch dann, wenn ein Rechtsmittel des Dritten nicht aussichtsreich erscheint, aber doch zu einer zeitlichen Verzögerung des Vorhabens führen kann. Der Drittbetroffene kann sich diese Lage zunutze machen. Wenn eine Einigung nicht bereits vor Erlass des VA angestrebt wird, sollte dazu vor allem das Widerspruchsverfahren und ein eventuell parallel dazu verlaufendes Verfahren des einstweiligen Rechtsschutzes genutzt werden (vgl. auch Rz. 78 f., 135 ff.). 108

## VI. Die Gestaltung des verwaltungsrechtlichen Mandats nach der Kontrolldichte gerichtlicher Überprüfung

### 1. Gebundene Entscheidung, Ermessensausübung, Beurteilungsermächtigung

Das verwaltungsrechtliche Mandat wird immer auch im Hinblick auf eine **gerichtliche Überprüfung** möglicher negativer verwaltungsbehördlicher Entscheidungen zu führen sein. Das gilt im zweipoligen Verwaltungsrechtsverhältnis, also zwischen Verwaltung und beteiligtem Bürger, das gilt noch mehr im mehrpoligen Verhältnis zwischen Verwaltung und mehreren, mit unterschiedlichen Interessen beteiligten Bürgern. 109

Das verwaltungsgerichtliche Verfahren unterscheidet sich in vielerlei Hinsicht vom Zivilprozess. Einer dieser Unterschiede besteht darin, dass die Verwaltungsgerichte die verwaltungsbehördliche Entscheidung nicht immer voll prüfen können. Die Kontrolle ist vielmehr unterschiedlich dicht.

---

1 BGH v. 23.9.1980 – VI ZR 165/78, NJW 1981, 349.
2 BGH v. 22.10.1992 – IX ZR 36/92, BGHZ 120, 73.

110 Von alters her wird zwischen **gebundener** und **Ermessensentscheidung** differenziert. Die Rechtmäßigkeit der gebundenen Entscheidung unterliegt voller gerichtlicher Prüfung. Ermessensnormen behalten der Verwaltung ein Wahlrecht vor. Sie kann bei Feststellung bestimmter Tatbestandsvoraussetzungen rechtmäßig unterschiedliche Entscheidungen treffen. Hier ist das Gericht auf die Prüfung richtiger Sachverhaltsfeststellungen und der Einhaltung der Grenzen des Ermessens beschränkt (§ 114 VwGO). Die Verwaltungsrechtsprechung hat unter sehr divergierender, im Ergebnis aber doch überwiegend zustimmender Rechtslehre als weitere Form der Begrenzung richterlicher Kontrolle im Rahmen gebunder Verwaltung die **Lehre von der Beurteilungsermächtigung** entwickelt, die freilich inhaltlich bisher nur begrenzt geklärt ist. Schon sprachlich wird sie mit den verschiedensten Worten umschrieben, wie etwa „Beurteilungsspielraum", „Einschätzungsprärogative", „Gestaltungsermessen", „Prognoseermessen", „Normkonkretisierung", „Entscheidungsvorrang der Verwaltung" u.Ä.m. Richterlicher Überprüfung in vollem Umfange unterliegt hier nur die Auslegung der Norm, und zwar auf Tatbestands- und Rechtsfolgeseite. Die Subsumtion ist dagegen in erheblichem Umfange letztverantwortlich der Entscheidung der Verwaltung überlassen[1].

111 Für den Anwalt ist im Verwaltungsverfahren von entscheidender Bedeutung zu wissen, **wieweit** die **richterliche Kontrolldichte** in einem etwaigen Rechtsstreit über den konkreten Fall reicht. Kann er mit voller Überprüfung rechnen, so ist seine Position gegenüber der Verwaltung naturgemäß wesentlich stärker, so schwierig es auch ist, verwaltungsgerichtliche Entscheidungen vorherzusagen. Sind dem Gericht bei der Überprüfung dagegen Grenzen gesetzt, weil entweder es sich um eine Ermessensentscheidung handelt oder der Anwalt aber mit der Annahme einer Beurteilungsermächtigung rechnen muss, so kann er im Rechtsstreit fast stets nur eine Aufhebung des negativen VA, nicht aber eine endgültige Entscheidung i.S. seines Mandanten erreichen. Die Rechtskraft einer Aufhebung steht i.d.R. einer erneuten im Ergebnis übereinstimmenden nunmehr fehlerfrei zustande gekommenen Ermessensentscheidung nicht entgegen. Auch sieht § 114 Satz 2 VwGO die Möglichkeit einer Ergänzung der Ermessenserwägungen des an sich zunächst fehlerhaften VA vor[2]. Hier fällt auf Dauer die Sachentscheidung doch im Verwaltungsverfahren. Weil dies so ist, muss der Anwalt das Verwaltungsverfahren noch stärker als sonst mit dem Ziel einer Verbindung der möglichen negativen VA oder einer einverständlichen Regelung, sei es durch einen vorher ausgehandelten VA, sei es durch einen öffentlich-rechtlichen Vertrag führen (vgl. auch Rz. 135 ff.).

112 **Welche** der drei **Formen** verwaltungsbehördlicher Entscheidungen vorliegen, ergibt sich aus dem jeweiligen **materiellen Recht**. An dieser Stelle ist nur ein kurzer Überblick zu geben.

---

1 Rspr. und Literatur zum Fragenkreis sind kaum noch zu übersehen; die Entscheidung, ob und in welchem Maße die richterliche Kontrolldichte eingeschränkt ist, beruht fast ausschließlich auf nicht selten kontroversem Richterrecht; der Gesetzgeber gibt hierzu nur gelegentlich Hinweise. Mit seinen Entscheidungen BVerfG v. 27.11.1990 – 1 BvR 402/87, BVerfGE 83, 130 – dazu BVerwG v. 26.11.1992 – 7 C 22.92, BVerwGE 91, 223 – und v. 17.4.1991 – 1 BvR 419/81, 1 BvR 213/83, BVerwGE 84, 34 – dazu BVerwG v. 9.12.1992 – 6 C 3.92, BVerwGE 91, 262 – schränkt das BVerfG bei grundrechtsspezifischen Entscheidungen die Beurteilungsermächtigung erheblich ein. Die Auswirkungen dieser Rspr. haben sich in umfangreicher, differenzierter Judikatur niedergeschlagen.

2 Vgl. zu den Grenzen der Ergänzung von Ermessenserwägungen BVerwG v. 5.5.1998 – 1 C 17.97, BVerwGE 106, 351; v. 5.9.2006 – 1 C 20.05, NVwZ 2007, 470; OVG Münster v. 29.6.2010 – 18 A 1450/09, NWVBl. 2010, 471.

## 2. Kontrolldichte bei gebundener Verwaltung

Bei gebundener Verwaltung ohne Beurteilungsermächtigung hat das Gericht den Gesetzesvollzug in vollem Umfange nach Sachverhaltsfeststellung und Rechtsanwendung zu prüfen. Der Erkenntnisprozess, auf dem bereits die Verwaltungsentscheidung zu beruhen hat, wird vom Gericht uneingeschränkt wiederholt. Die Verwaltungsentscheidungen, VA und Widerspruchsbescheid, sind hierfür Überlegungsgrundlagen, sie haben aber keine größere Bedeutung als entsprechender Sachvortrag des Klägers; wesentlich für die Entscheidung sind darüber hinaus die beigezogenen Akten. Der Anwalt sollte nie versäumen, diese **Akten** vor der eigentlichen Klagebegründung und ggf. noch einmal vor der mündlichen Verhandlung **einzusehen**. Die Überlassung der Akten in das Anwaltsbüro ist inzwischen allgemeine Praxis; wo sich eine Behörde sperrt und ein Kammer- oder Senatsvorsitzender die Übersendung deshalb verweigert und die Einsicht an Gerichtsstelle technische Schwierigkeiten macht, kann der Anwalt dieser Verweigerung mit dem Antrag auf Anfertigung von Fotokopien der Akten begegnen, dem das Gericht gem. § 100 Abs. 2 Satz 1 VwGO entsprechen muss. 113

## 3. Kontrolldichte bei Ermessensentscheidungen

Die Begrenzung richterlicher Kontrolldichte bei Ermessensentscheidungen bezieht sich ausschließlich auf das Wahlrecht der Behörden, anhand des festgestellten Sachverhalts die eine oder andere Entscheidung zu treffen. Das Gericht hat den Sachverhalt, von dem die Behörden bei ihren Entscheidungen ausgegangen sind, in vollem Umfange nachzuprüfen. Erweisen sich entscheidungserhebliche Sachverhaltsfeststellungen als unzutreffend, so ist die Entscheidung aufzuheben. Das Gericht hat weiter in vollem Umfange festzustellen, ob die rechtlichen Voraussetzungen dieses Wahlrechts gegeben sind, ob also alle auf der Tatbestandsseite der Norm vorhandenen Umstände auch rechtlich zutreffend bewertet worden sind. Geht es also etwa um einen Dispens nach § 31 Abs. 2 BauGB, so hat das Gericht uneingeschränkt zu prüfen, ob eine nicht beabsichtigte Härte (§ 31 Abs. 2 Nr. 3 BauGB) vorliegt. Hat die Behörde sie verneint, hält das Gericht sie aber für gegeben, so ist wiederum die Entscheidung aufzuheben und hat die Behörde erneut über den Antrag unter Beachtung der Auffassung des Gerichts zu entscheiden. Oder: Hat die Behörde eine konkrete Gefahr i.S. des Polizei- und Ordnungsrechts angenommen, liegt aber nach Auffassung des Gerichts lediglich eine abstrakte Gefahr vor, so wird auch dies i.d.R. zur Aufhebung der aufgrund der Annahme einer konkreten Gefahr getroffenen Ermessensentscheidung führen. 114

Wenn freilich der Sachverhalt zutreffend festgestellt und die tatbestandlichen Voraussetzungen rechtlich richtig bewertet worden sind, ist das Gericht auf die Prüfung beschränkt, ob das Wahlrecht ermessensfehlerfrei ausgeübt worden ist. Die Zweckmäßigkeit der Verwaltungsentscheidung unterliegt nicht seiner Kontrolle. Die seit mehr als einem Jahrhundert entwickelte Ermessensfehlerlehre ist in § 114 Satz 1 VwGO und § 40 VwVfG konkretisiert worden, Bestimmungen, die zwar nicht wortgleich, aber doch im Wesentlichen inhaltsgleich sind. Die Lehre ist hier nicht zu wiederholen; sie gehört dem materiellen Verwaltungsrecht an; es muss auf die Kommentierungen verwiesen werden.

Für die Tätigkeit des Anwalts im Verwaltungsverfahren sind drei Fragestellungen kurz zu umreißen:

**a)** § 40 VwVfG und § 114 VwGO setzen eine Ermächtigung der Behörde, nach ihrem **Ermessen** zu handeln, voraus. Wann eine solche **Ermächtigung** vorliegt, ergibt sich ausschließlich aus der konkreten gesetzlichen Regelung, auf der die Entscheidung der Behörde beruht. Vielfach findet sich im Gesetz ausdrücklich die Erklärung, dass 115 die Behörde ihre Entscheidung nach pflichtgemäßem Ermessen zu treffen hat. I.d.R. wird ein Ermessensspielraum auch angenommen, wenn die Behörde nach der gesetzlichen Regelung eine Entscheidung treffen „kann", nicht „muss". Eingeschränktes Ermessen dahin, dass nur ausnahmsweise von der gesetzlich vorgesehenen Rechtsfolge abgewichen werden kann, wird angenommen, wenn die Behörde eine bestimmte Entscheidung treffen „soll"[1]. Der Gesetzgeber hält sich aber nicht immer an diese Grundregeln; oft lässt sich die Frage, ob und wieweit Ermessen ausgeübt werden kann, nur aus Systematik oder Zweckrichtung des Gesetzes beantworten.

116 b) Ist von einer **Ermessensausübung** der Verwaltungsbehörden auszugehen, gewinnt das **Vorverfahren** zusätzliches Gewicht. Denn anders als das Gericht kann die Widerspruchsbehörde ihr Ermessen an die Stelle des Ermessens der Ausgangsbehörde setzen. Das gilt allerdings nicht, wenn die Prüfungskompetenz verfassungsrechtlich oder spezialgesetzlich beschränkt ist. Verfassungsrechtlich eingeschränkt ist die Prüfungskompetenz durch verfassungsrechtlich gewährleistete Selbstverwaltungsrechte (z.B. aus Art. 5 Abs. 3, Art. 28 Abs. 2 GG) in Selbstverwaltungsangelegenheiten, sofern die Widerspruchsbehörde abweichend von § 73 Abs. 1 Nr. 3 VwGO nicht die Selbstverwaltungsbehörde selbst ist. Der Anwalt wird angesichts der Grenzen richterlicher Überprüfung hier in dem Widerspruchsverfahren, das sonst oft wenig ergiebig ist, besondere, für eine andere Ermessensausübung sprechende Umstände eingehend darstellen und wenn möglich auch zum Gegenstand mündlicher Aussprache zu machen haben (vgl. auch Rz. 77 ff.).

117 c) Die Wahlfreiheit der Behörden im Ermessensbereich ist durch den **Gleichbehandlungsgrundsatz** begrenzt. In der Rspr. ist die Möglichkeit der **Selbstbindung** der Behörden anerkannt. Sie kann sowohl durch eine ständige Verwaltungspraxis wie aber auch durch die Fixierung beabsichtigten Handelns in Verwaltungsvorschriften erfolgen. Soweit Divergenzen zwischen dem Inhalt der Verwaltungsvorschriften und der Verwaltungspraxis bestehen, ist grundsätzlich die Verwaltungspraxis maßgebend; etwas anderes kann sich ausnahmsweise aus dem materiellen Recht ergeben[2]. Eine der wesentlichen Aufgaben des Anwalts bei Mandaten im Ermessensbereich besteht in der Suche, ob er eine Selbstbindung nachweisen kann. Das bereitet oft tatsächliche Schwierigkeiten; nicht selten kann der Anwalt die Parallelität von Einzelverfahren nicht genau ermitteln; dann wird er die Klärung dem Gericht im Rahmen des Untersuchungsgrundsatzes überlassen müssen. Wichtig ist zu wissen, dass Anspruch auf **Gleichbehandlung im Unrecht** nicht besteht, der Hinweis auf andere Entscheidungen, die rechtswidrig sind, deshalb nicht weiterführt[3].

### 4. Fallgruppen und Kontrolldichte bei Beurteilungsermächtigungen

118 Mit der **Beurteilungsermächtigung** wird der **Verwaltung** eine **Letztverantwortung** für ihre Entscheidung im Rahmen gebundener Verwaltung zugeordnet. Anders als im Ermessensbereich, bei der die Behörde auf der Rechtsfolgeseite der Norm ein Wahlrecht zukommt, handelt es sich hier um gebundene Verwaltung. Nur eine Rechtsfolge ist rechtmäßig. Die Kontrolle der Gerichte, ob die Behörden die rechtmäßige Entscheidung getroffen haben, wird aber zurückgenommen. Diese Rück-

---

1 Vgl. etwa BVerwG v. 17.8.1978 – V C 33.77, BVerwGE 56, 220; v. 14.1.1982 – 5 C 70.80, BVerwGE 64, 318; v. 4.3.1993 – 5 C 27.91, BVerwGE 92, 169.
2 Vgl. etwa zu den früheren Beihilfevorschriften des Bundes BVerwG v. 15.12.2005 – 2 C 35.04, BVerwGE 125, 21; zu Verwaltungsvorschriften mit unmittelbarer Außenwirkung im Sozialhilferecht BVerwG v. 25.11.2004 – 5 CN 1.03, BVerwGE 122, 264.
3 Vgl. BVerwG v. 10.12.1969 – 8 C 104.69, BVerwGE 34, 278; v. 19.1.2005 – 6 C 9.04, BVerwGE 122, 331; v. 30.9.2009 – 6 A 1.08, BVerwGE 135, 77.

## VI. Die Kontrolldichte gerichtlicher Überprüfung

nahme wird sehr unterschiedlich begründet. Sie ergibt sich aus funktional-rechtlichen Überlegungen; sie ist Folge der Gewaltenteilung. Auch im Rahmen des Gesetzesvollzuges hat die Verwaltung Sachaufgaben zu erbringen, um die vom Gesetz und von den politischen Entscheidungsträgern gesetzten Ziele zu verwirklichen. Die Gesetze enthalten in einer Reihe von Fallgestaltungen unbestimmte Rechtsbegriffe, deren Bestimmbarkeit Grenzen aufweist und auf Wertungen, Prognosen, Zielbestimmungen oder Konkretisierungen durch Verwaltungsvorschriften oder anderen Regelwerken beruht, die sich juristischer Eindeutigkeit entziehen. Die Rspr., nicht zuletzt auch des BVerwG, ist zwar in vielen Einzelheiten kontrovers, hat aber doch einige Gruppen solcher Beurteilungsermächtigungen inzwischen mehr oder weniger eindeutig anerkannt. Der Anwalt muss davon ausgehen, dass der Verwaltungsprozess in diesen Bereichen zwar hinsichtlich der tatsächlichen Feststellungen sich in der richterlichen Überprüfung von anderen Verfahren nicht unterscheidet, dass die abstrakte Normauslegung i.d.R. ebenso uneingeschränkt erfolgt wie sonst, dass aber die **Subsumtion** des Einzelfalles, um die es naturgemäß vorwiegend geht, **vom Gericht** nur darauf **geprüft** wird, ob sie sich im **Rahmen des Gesetzesbegriffs** hält und ob sie von der Behörde so **hinreichend** erläutert ist, dass das **Ergebnis vertretbar** erscheint. Da sich Begriffsauslegung und Subsumtion zwar theoretisch, nicht aber praktisch immer trennen lassen, die behördliche Entscheidung materiell-rechtlich deshalb nur sehr begrenzt vom Gericht missbilligt werden kann, wird der Anwalt auf die Einhaltung der Verfahrensregeln zur Entscheidungsfindung besonders achten und hier den Schwerpunkt der gerichtlichen Überprüfung zu suchen haben. Er findet damit auch bei den Gerichten breite Zustimmung. Es ist spürbar, dass die in erster Linie vom BVerwG und den OVG entwickelten Lehren von der Beurteilungsermächtigung in den unteren Instanzen der Verwaltungsgerichtsbarkeit teilweise mit einem gewissen Missvergnügen gehandhabt werden, deshalb an die Verfahrensbindungen der Behörde verstärkte Anforderungen gestellt werden, an denen die Entscheidungen oft scheitern.

Für die folgenden praktisch bedeutsamen Fallgruppen ist die Beurteilungsermächtigung in der Rechtsprechung anerkannt:

– Verwaltungsentscheidungen, die auf **nicht umfassend nachvollziehbaren oder wiederholbaren Umständen** beruhen. Hierzu gehören Entscheidungen über die persönliche Eignung, Fähigkeiten und Leistungen[1], ebenso die Prüfungsentscheidungen, soweit sie prüfungsspezifische Wertungen erfordern (z.B. Berücksichtigung der nicht rekonstruierbaren Prüfungssituation, des Gesamteindrucks des Prüflings, des Anforderungsprofils unter Einbeziehung der Prüfungserfahrungen der Prüfer)[2].

– Verwaltungsentscheidungen, die auf fachwissenschaftlichen oder künstlerischen Wertungen beruhen, die nach materiellem Recht sachkundigen Personen zugewiesen sind[3]. Die Abgrenzung dieser Fallgruppe bereitet allerdings sehr große Schwierigkeiten, z.T. verneint die Rspr. aus verfassungsrechtlichen Gründen einen Beurteilungsspielraum und qualifiziert stattdessen die Bewertung der Verwaltung als Sachverständigengutachten[4].

– Verwaltungsentscheidungen, die auf **Prognosen**, sei es tatsächlicher, sei es bewertender Art beruhen, wenn diese Prognosen sich auf über den Betroffenen hi-

---

1 Zu dienstlichen Beurteilungen vgl. BVerwG v. 26.6.1980 – 2 C 8.78, BVerwGE 60, 245; v. 19.3.1998 – 2 C 5.97, BVerwGE 106, 263.
2 Vgl. dazu BVerfG v. 17.4.1991 – 1 BvR 419/81, 1 BvR 213/83, BVerfGE 84, 34; BVerwG v. 12.7.1995 – 6 C 12.93, BVerwGE 99, 74; OVG Münster v. 30.3.1998 – 22 A 4551/95, DÖV 1999, 310; eingehend mit zahlr. Nachw. *Niehues/Fischer*, Prüfungsrecht, Rz. 874ff.
3 BVerwG v. 26.11.1992 – 7 C 20.92, BVerwGE 91, 211.
4 Vgl. z.B. zur Beurteilung biologischer Fragen im Fachplanungsrecht BVerwG v. 21.6.2006 – 9 A 28.05, BVerwGE 126, 166.

nausgehende politische, wirtschaftliche, soziale oder kulturelle Entwicklungen beziehen[1].

– Verwaltungsentscheidungen, bei denen der Gesetzgeber die Letztverantwortung für die Ausfüllung eines Rechtsbegriffs, insbesondere aber für seine Anwendung wegen der **Komplexität der Fragestellungen** oder der größeren **Sachkompetenz** der Verwaltung inhaltlich wie in ihren Handlungsformen (Maßstäbe technischer Sicherheit) der Exekutive zuweist, die zumeist durch ein Kollegialorgan entscheidet, in dem mögliche Auffassungsunterschiede bereits zum Ausgleich gebracht werden[2].

Der Umstand, dass Wertungen erforderlich sind, begründet demgegenüber regelmäßig noch keinen Beurteilungsspielraum. Deshalb überprüft die Rspr. z.B. die gewerberechtliche Zuverlässigkeit ohne Einschränkung[3].

120 Die für die Überprüfung von Ermessensentscheidungen geltenden Regelungen gelten im Wesentlichen entsprechend für die Überprüfung von Entscheidungen mit Beurteilungsspielraum. Ebenso wie bei Ermessensentscheidungen kann der Einfluss eines Verfahrensfehlers auf die Sachentscheidung i.S.v. § 46 VwVfG regelmäßig nicht ausgeschlossen werden. Das kann aber im Einzelfall anders sein; das BVerwG hebt auf die konkrete Möglichkeit ab (vgl. Rz. 123). Die verwaltungsgerichtliche Prüfung orientiert sich überdies an den Maßstäben des § 114 VwGO[4].

## VII. Fehler im Verwaltungsverfahren

121 Anwaltliche Beratung und Vertretung im Verwaltungsverfahren ist ohne Blick auf die Rechtsfolgen von Verfahrensfehlern i.d.R. nicht sinnvoll möglich. Der Anwalt wird häufig durch Mandanten mit einer Vielzahl von Hinweisen auf Verfahrensfehler konfrontiert, die freilich keinerlei Rechtsfolgen auslösen können. Unter Berücksichtigung der Rechtsfolgen, die sich aus einem Verfahrensfehler ergeben können, ist zu entscheiden, ob es taktisch zweckmäßig ist, die Behörde noch im Verwaltungsverfahren auf diesen Fehler hinzuweisen, oder ob er erst im gerichtlichen Verfahren gerügt werden sollte.

### 1. Beachtlichkeit von Verfahrensfehlern

122 Grundnorm zur Beurteilung der Rechtsfolgen von Verfahrensfehlern ist **§ 46 VwVfG**. Ein Anspruch auf Aufhebung des VA wegen eines Verfahrens- oder Formfehlers ist gem. § 46 VwVfG von vornherein ausgeschlossen, wenn der Behörde bei ihrer Entscheidung **weder Ermessen noch Beurteilungsspielraum** zusteht. Fehlt es an einem Ermessens- oder Beurteilungsspielraum, so hätte auch ohne den Verfahrensfehler eine andere Entscheidung in der Sache nicht getroffen werden können. Damit steht aber nicht fest, dass das Verwaltungsgericht bei der Überprüfung einer solchen Entscheidung die Sache auch spruchreif zu machen hat; das wird vor allem bei wesentlichen Aufklärungsdefiziten verneint[5].

---

1 Vgl. z.B. BVerwG v. 27.10.1998 – 11 A 1.97, BVerwGE 107, 313; v. 9.6.2010 – 9 A 20.08, DVBl 2011, 36 (Verkehrsprognose); v. 29.10.2009 – 7 C 22.08, DVBl 2010, 120 (Nachteile für die internationalen Beziehungen).
2 BVerwG v. 16.5.2007 – 3 C 8.06, BVerwGE 129, 27.
3 BVerwG v. 15.7.2004 – 3 C 33.03, BVerwGE 121, 257; vgl. auch zur Feststellung, ob aus persönlichen Gründen ein Sicherheitsrisiko besteht, BVerwG v. 31.3.2011 – 2 A 3.09, juris.
4 Vgl. z.B. BVerwG v. 16.6.2008 – 3 B 9.08, KRS 08.084.
5 Vgl. BVerwG v. 7.3.1995 – 9 C 264.94, DVBl 1995, 857; OVG Koblenz v. 30.10.1984 – 7 A 30/84, NuR 1985, 30; OVG Münster v. 13.10.1988 – 13 A 2734/86, BRS 48 Nr. 116; OVG Münster v. 22.12.1995 – 23 A 3460/94, NVwZ-RR 1996, 501; VGH München v. 6.3.2008 – 11 B 04.2449, GewArch 2008, 307.

VII. Fehler im Verwaltungsverfahren　　　　　　　　　　Rz. 127　Teil **1 A**

Im Ermessensbereich kann demgegenüber ebenso wenig wie bei Entscheidungen 123
mit Beurteilungsermächtigung ausgeschlossen werden, dass bei fehlerfreier Durchführung des Verfahrens eine andere Entscheidung in der Sache hätte getroffen werden können. Etwas anderes gilt nur, wenn ausnahmsweise das **Ermessen** nach den Grundsätzen, die in der Rspr. des BVerwG entwickelt wurden, **auf null reduziert** ist[1] oder wenn sonst ausnahmsweise die **konkrete Möglichkeit von Entscheidungsalternativen ausgeschlossen** werden kann[2]. Zweifelhaft ist, ob die konkrete Entscheidungsalternative auf denjenigen beschränkt werden darf, der die Aufhebung des VA beansprucht, so dass etwa eine unvollständige Auslegung von Unterlagen über die Gefährlichkeit einer Anlage im förmlichen Verfahren dann nicht als kausal anzusehen wäre, wenn der Betroffene auch bei Vermeidung des Fehlers keine wesentlichen Erkenntnisse gewonnen hätte[3].

Soweit § 46 VwVfG einen Anspruch auf Aufhebung eines verfahrensfehlerhaften 124
VA ausschließt, bleibt die Befugnis der Behörde unberührt, einen solchen **VA gem. § 48 VwVfG zurückzunehmen**. Dem Gericht steht ein Ermessen bei der Entscheidung über die Aufhebung eines verfahrensfehlerhaften VA freilich nicht zu[4].

§ 46 VwVfG gilt nur für die Aufhebung von VA. Auf andere Verwaltungsentscheidungen ist die Vorschrift nicht anzuwenden. Dies hat Bedeutung vor allem für die 125
Beurteilung der Wirksamkeit von **Satzungen.** Diese sind regelmäßig nichtig, wenn sie verfahrensfehlerhaft zustande gekommen sind, sofern nicht ausnahmsweise besondere Vorschriften die Beachtlichkeit des Verfahrensfehlers ausschließen. Erhebliche praktische Bedeutung hat der Ausschluss der Beachtlichkeit von bestimmten Verfahrensfehlern bei der Aufstellung von Flächennutzungsplänen und Satzungen nach dem Baugesetzbuch in §§ 214f. BauGB sowie in ähnlichen Bestimmungen der Gemeindeordnungen (z.B. § 7 Abs. 6 GO NW).

**2. Heilung von Verfahrens- und Formfehlern**

**§ 45 BVwVfG** ermöglicht die Heilung einer Reihe von Verfahrens- oder Formfeh- 126
lern bis zum Abschluss der letzten Tatsacheninstanz im verwaltungsgerichtlichen Verfahren[5]. Die Landesgesetze lassen die Heilung teils bis zur Erhebung der verwaltungsgerichtlichen Klage, teils bis zum Abschluss des erstinstanzlichen gerichtlichen Verfahrens zu, teils übernehmen sie die bundesrechtliche Regelung. Die Heilung führt zur Unbeachtlichkeit des Verfahrensfehlers. Große praktische Bedeutung haben vor allem die Nachholung der Begründung des VA sowie der Anhörung eines Beteiligten.

Häufig stellt sich die Frage, ob eine erforderliche **Anhörung** allein mit der Durch- 127
führung des Widerspruchsverfahrens bereits nachgeholt ist. Das BVerwG hat dies wiederholt angenommen[6]. Voraussetzung ist, dass das Vorbringen im Widerspruchsverfahren umfassend gewürdigt wird. Daran fehlt es, wenn es nur von der

---

1 Vgl. BVerwG v. 26.3.1981 – 3 C 134.79, BVerwGE 62, 108; v. 15.1.1988 – 7 B 182.87, NVwZ 1988, 525.
2 BVerwG v. 29.10.2008 – 6 C 38.07, NVwZ 2009, 653; vgl. auch BVerwG v. 4.2.1991 – 7 B 7.91, Buchholz 421.0 Nr. 283; v. 23.2.1994 – 4 B 35.94, Buchholz 407.4 § 17 Nr. 97.
3 So BVerwG v. 22.10.1982 – 7 C 50.78, NJW 1983, 1507.
4 Zutreffend *Sachs*, in: Stelkens/Bonk/Sachs, VwVfG, § 46 Rz. 15f. m.w.N. zum Meinungsstand.
5 Zu den verfassungsrechtlichen Bedenken gegen § 45 Abs. 2 BVwVfG, soweit die Regelung sich auf die Anhörung bezieht, vgl. oben Rz. 33.
6 BVerwG v. 18.8.1977 – V C 8.77, BVerwGE 54, 276; v. 17.8.1982 – 1 C 22.81, BVerwGE 66, 111.

Widerspruchsbehörde zur Kenntnis genommen, diese aber (z.B. in einer Selbstverwaltungsangelegenheit, vgl. oben Rz. 116) zur Prüfung der Zweckmäßigkeit des VA nicht berechtigt ist[1], oder wenn der Widerspruchsbescheid noch nicht erlassen ist[2]. Durch die Äußerung eines Betroffenen in einem gerichtlichen Verfahren nach § 123 VwGO oder § 80 Abs. 5 VwGO, das parallel zum Widerspruchsverfahren geführt wird, oder in einem Klageverfahren wird die Anhörung regelmäßig nicht nachgeholt. Äußerungen und Stellungnahmen von Beteiligten in einem gerichtlichen Verfahren stellen allein keine Anhörung i.S.v. § 45 Abs. 1 Nr. 3 VwVfG dar[3]. Denn durch solche Äußerungen wird die Funktion der Anhörung für den Entscheidungsprozess der Behörde regelmäßig nicht erreicht. Deshalb genügt es regelmäßig auch nicht, dass die Behörde schriftsätzlich auf das Vorbringen eingeht[4]. Solange eine Nachholung noch möglich ist, wird allerdings der Umstand, dass sie bisher verfahrensfehlerhaft unterblieben ist, nicht notwendig zur Außervollzugsetzung des VA führen, selbst wenn der Verfahrensfehler an sich gem. § 46 VwVfG erheblich ist[5].

128 Die Möglichkeit der Heilung von Verfahrens- oder Formfehlern ist nicht auf die in § 45 Abs. 1 VwVfG genannten Fälle beschränkt. So kann beispielsweise die fehlende Mitwirkung eines Ausschusses im Widerspruchsverfahren nachgeholt werden[6]; ebenso ist die nachträgliche Gewährung der Akteneinsicht denkbar[7]. Zweifelhaft ist, ob und ggf. in welcher Weise die Mitwirkung eines befangenen Amtsträgers heilbar ist[8].

### 3. Rechtsbehelfe gegen Verfahrenshandlungen

129 § 44a VwGO schließt selbständige Rechtsbehelfe gegen behördliche Verfahrenshandlungen aus. Rügen gegen behördliche Verfahrenshandlungen können nur gleichzeitig mit Rechtsbehelfen gegen die Sachentscheidung erhoben werden. Etwas anderes gilt nur, wenn Verfahrenshandlungen vollstreckt werden können oder gegen einen Nichtbeteiligten ergehen.

§ 44a VwGO wirft in der Anwendung vielfältige Probleme auf, die an dieser Stelle nur angedeutet werden können.

So ist zweifelhaft, ob die Bestimmung auch auf Verfahrenshandlungen im Rechtssetzungsverfahren anzuwenden ist[9]. Erhebliche Schwierigkeiten kann im Einzelfall die Abgrenzung der Verfahrenshandlungen von den Sachentscheidungen bereiten; so können z.B. Informationsbegehren sowohl auf eine Verfahrenshandlung als auch auf eine Sachentscheidung gerichtet sein. Nach der Rspr. des BVerwG kommt es nicht darauf an, ob die Entscheidung ein VA ist. Gleichwohl kann sich aus dem materiellen Recht ergeben, dass eine als VA ergehende Verfahrensentscheidung

---

1 Vgl. BVerwG v. 18.2.1991 – 7 B 15.91, NVwZ-RR 1991, 337.
2 Vgl. OVG Münster v. 21.7.2010 – 13 B 665/10, DVBl 2010, 1243.
3 BVerwG v. 24.6.2010 – 3 C 14.09, NVwZ 2011, 115, a.A. *Kirchberg/Herrmann*, in: Quaas/Zuck, Prozesse in Verwaltungssachen, § 2 Rz. 190
4 A.A. OVG Münster v. 14.6.2010 – 10 B 270/10, juris m.w.N.
5 Vgl. OVG Hamburg v. 18.12.2006 – 3 Bs 218/05, NVwZ-RR 2007, 364; OVG Bautzen v. 21.6.2010 – 4 B 526/09, juris; OVG Münster v. 22.2.2011 – 4 B 215/11, juris.
6 So im Ergebnis BVerwG v. 23.7.1980 – 8 C 90.79, BVerwGE 60, 316.
7 *Sachs*, in Stelkens/Bonk/Sachs, VwVfG, § 45 Rz. 145.
8 Vgl. zu dieser Problematik BayVGH v. 16.4.1981 – 20 CS 80 D. 61, NVwZ 1982, 510 (514); *Kopp*, VerwArch. 1970, 244; *Sachs*, in: Stelkens/Bonk/Sachs, VwVfG, § 45 Rz. 147.
9 Bejahend *Ziekow*, in: Sodan/Ziekow, VwGO, § 44a Rz. 30; verneinend *von Nicolai*, in: Redeker/von Oertzen, VwGO, § 44a Rz. 2; *Kopp/Schenke*, VwGO, § 44a Rz. 3; offengelassen bei VGH München v. 6.6.2008 – 15 ZB 07.1218, juris.

selbständig anfechtbar sein soll mit der Folge, dass sie nach Eintritt der Bestandskraft der Inzidentkontrolle entzogen ist[1].

Die verfassungsrechtliche Gewährleistung effektiven Rechtsschutzes ist auch bei Anwendung von § 44a VwGO zu beachten. Sie kann der Anwendung in einem Verfahren auf Erlass einer einstweiligen Anordnung zur Durchsetzung des Akteneinsichtsrechts entgegenstehen, wenn die Ablehnung des Antrags den effektiven Rechtsschutz im Hauptsacheverfahren gefährden würde[2]. Erst recht kann § 44a VwGO nicht eingreifen, wenn die Verfahrenshandlung eine Rechtsverletzung bewirkt, die durch den Angriff gegen die Sachentscheidung nicht ausgeräumt werden kann. Darüber hinaus kann auch unmittelbar aus den Grundrechten eine restriktive Anwendung von § 44a VwGO vor allem in Bezug auf das Akteneinsichtsrecht und das Anhörungsrecht geboten sein[3]. Selbständige Rechtsbehelfe gegen Verfahrenshandlungen sind auch dann zulässig, wenn ein Rechtsbehelf zusammen mit dem Rechtsbehelf gegen die Sachentscheidung zu spät käme und dadurch ein **Recht des Betroffenen vereitelt oder wesentlich erschwert** würde, das über das bloße Recht auf Einhaltung der Verfahrensbestimmungen hinausgeht. Diese Fälle werden in verfassungskonformer Interpretation den Vollstreckungsakten gem. § 44a Satz 2 VwGO gleichgestellt[4]. Es wird deshalb beispielsweise Rechtsschutz gewährt gegen die Bekanntgabe geheimhaltungsbedürftiger Informationen über die wirtschaftlichen Verhältnisse eines Unternehmens[5] oder gegen die beabsichtigte Weitergabe von Personalakten[6].

130

Bei einer Verletzung von Personen, die **nicht am Verwaltungsverfahren** beteiligt sind, ist § 44a VwGO nicht anzuwenden (vgl. bereits Rz. 42). Dasselbe gilt bei Verletzung eigener Rechte von **Verfahrensbevollmächtigten**, die nicht von den Rechten der Verfahrensbeteiligten abgeleitet werden[7].

131

## VIII. Grundüberlegungen zur Führung des verwaltungsrechtlichen Mandats

### 1. Verwaltungsverfahrensrecht als Ordnungsmaxime

Die Bedeutung des Verwaltungsverfahrens, seine Stellung im Rechtsstaat, sein Verhältnis zum Verwaltungsprozess sind Gegenstand vieler Abhandlungen und werden durchaus zutreffend immer neu als Frage aufgeworfen. Das Verwaltungsverfahren wird beherrscht von dem **Konflikt zweier Grundanforderungen** an verwaltungsbehördliches Handeln, nämlich auf der einen Seite der möglichst strikten Bindung an das Gesetz unter der Vorstellung, dass Verwalten, soweit es den Bürger betrifft, primär **Gesetzesvollzug** zu sein habe, auf der anderen Seite dem Ziel der **Effektivität** in der Verwirklichung **der Verwaltung** vom Gesetzgeber gestellten Aufgaben, auch wenn es sich um die Entscheidung des Einzelfalls handelt. Angesichts der Komplexität einer hoch industrialisierten Gesellschaft ist auch der demokratische Rechtsstaat der ständigen Zunahme öffentlicher Aufgaben ausgesetzt, um die ver-

132

---

1 BVerwG v. 1.9.2009 – 6 C 4.09, BVerwGE 134, 368.
2 So BVerfG v. 24.10.1990 – 1 BvR 1028/90, NJW 1991, 415.
3 Vgl. dazu einerseits BayVGH v. 5.9.1989 – 25 B 88.01631, NVwZ 1990, 775; *Redeker*, NJW 1980, 1597; andererseits *Laubinger*, VerwArch 1982, 79; *Stelkens*, in: Schoch/Schmidt-Aßmann/Pietzner, VwGO, § 44a Rz. 30.
4 Vgl. BVerwG v. 21.3.1997 – 11 VR 2.97, NVwZ-RR 1997, 663.
5 BVerfG v. 14.10.1987 – 1 BvR 1244/87, BVerfGE 77, 121; OVG Münster v. 12.5.1999 – 13 B 632/99, NWVBl. 1999, 423.
6 OVG Münster v. 3.6.1988 – 1 B 426/88, NJW 1988, 2496.
7 OVG Koblenz v. 30.8.1989 – 7 B II 3/89, NVwZ 1989, 1178.

schiedenen politischen Ziele in einem sinnvollen Verhältnis zueinander zu halten und zu fördern. Die Gefahrenabwehr ist aus dem allgemeinen Polizeirecht als Grundnorm längst in eine unübersehbare Vielzahl spezieller Einzelnormen abgewandert; erst in der Altlastenbekämpfung war bis zum Erlass des Bodenschutzgesetzes mangels anderer Bestimmungen das Polizeirecht noch einmal aktuell geworden. Umweltschutz hat in den letzten Jahrzehnten eine ungeahnte Fülle neuer Rechtsgebiete erzeugt; Gefahrenabwehr ist hier nicht mehr in erster Linie die Bekämpfung gegenwärtiger Gefahren, sondern die Vorsorge für die Zukunft. Raumordnung und Städteplanung haben ein dichtes Geflecht von Planungshierarchien entstehen lassen, in der z.B. der Grundsatz der Baufreiheit in weitem Maße untergegangen ist. Große Bereiche der Wirtschaft sind durch staatliche Regulierung geprägt. Zunehmend wird dies alles durch übernationales EG-Recht überlagert. Es ist die Aufgabe der Verwaltung, alle diese durch die Legislative vorgegebenen Ziele zu erreichen. Der Gesetzgeber soll dabei die wesentlichen Grundzüge vorzeichnen und regeln; das Detail ist der Exekutive überlassen.

133 In diesem Geflecht steht der **Bürger** mit seinen **Rechten**. Sie ergeben sich aus dem materiellen Verwaltungsrecht, oft unter Heranziehung der **grundrechtlichen Wertordnung**. Dabei hat die Rspr. die materiellen Rechte des Bürgers weit ausgedehnt. Es ist nicht nur das Recht auf Abwehr unmittelbarer behördlicher Eingriffe oder auf Erteilung notwendiger Erlaubnisse usw. Es sind die rechtlich geschützten Interessen des Dritten; sie sind aus der Erkenntnis entstanden, dass das öffentliche Recht nicht nur der Allgemeinheit, sondern in vielfältigen Normen auch diesen Interessen zu dienen bestimmt ist. Es ist hier nicht Raum, über diese Rspr. zu reflektieren. Weil sie in manchen Bereichen angesichts der Akribie, mit der Verwaltungsgerichte begünstigende VA mit Drittwirkung zu prüfen pflegen, nicht ganz selten zu für die Allgemeinheit schwer erträglichen Stillständen führt, will der Gesetzgeber dem mit immer neuen Vereinfachungs-, Beschleunigungs- und Verschlankungsgesetzen begegnen.

134 In diesen **Konflikt** zwischen **Gesetzesvollzug** und **verwaltungspolitischer Gestaltungsaufgabe** ist das **Verwaltungsverfahrensrecht** hineingestellt; es soll für beide Aufgaben verfahrensrechtliche Grundlage sein. Der Anwalt muss diesen Konflikt kennen, wenn er im Verwaltungsverfahren tätig wird; er wird in seinem Mandat nicht selten bewusst die eine oder die andere Seite dieser Konfliktsituation herauszustellen haben. Er sollte aber, auch wenn sein Mandat nur auf der einen Seite angesiedelt ist, sich stets auch der anderen Seite bewusst sein. Er wird im Laufe der Zeit Mandate aus beiden Seiten des Konflikts zu führen haben, so dass sich ihm dieses Bewusstsein nicht nur aus theoretischen Überlegungen, sondern aus der Praxis ergibt. Damit aber wird er umso stärker das Verwaltungsverfahrensrecht als einen Weg ansehen, um zu sinnvollen Lösungen des Konflikts auch im Einzelfall zu kommen. Das kann natürlich auch ganz anders gesehen werden; der Anwalt kann sich grds. zu der einen oder anderen Seite zugehörig fühlen und nachdrücklich oder sogar ausschließlich sich hierfür einsetzen, zumal ein jeweils bestimmter Klientenkreis dies auch von ihm erwartet. Der Anwalt wird dann das Verwaltungsverfahren als ein Netz betrachten, das primär im Interesse des Bürgers zur Wahrung seiner Rechte aufgespannt ist und in dem sich die behördliche Entscheidung nicht selten verfängt, weil die Verwaltung geneigt ist, solche Bindungen nicht so ernst zu nehmen, wie sie dann später von der Rspr. angesehen werden. Der Gesetzgeber hat in den Novellen zu §§ 45, 46 VwVfG und §§ 87 Abs. 1 Nr. 1, 94, 114 Satz 2 VwGO der Verwaltung Heilungsmöglichkeiten auch nach Abschluss des Verwaltungsverfahrens eingeräumt, die bis zur Grenze der Ausgewogenheit gehen, z.T. in der Literatur bereits als verfassungswidrig angesehen werden[1].

---

1 Vgl. etwa zu § 114 Satz 2 VwGO *Schenke*, NJW 1997, 81 ff.; zu § 45 Abs. 2 VwVfG oben Rz. 33.

## 2. Kooperation und/oder Konfrontation

Anders als im zivilrechtlichen Mandat ist der **Sachverhalt im Verwaltungsverfahren vielfach** von Anfang an, auf jeden Fall bei Erlass der Verwaltungsentscheidung **unstreitig**. So wichtig in den anderen Fällen die der Sachaufklärung dienenden Regeln des Verwaltungsverfahrens sind, im **Mittelpunkt** des Mandats steht überwiegend die **rechtliche Beurteilung**. Das gilt einmal für die Auslegung der Normen, nach der sich die Entscheidung zu richten hat. Nicht ganz selten muss sie in ihrer neuesten Fassung erst aufgefunden werden; die materiellen Normen des öffentlichen Rechts unterliegen ständiger Novellierung; der Anwalt sollte auch wissen oder sich darüber unterrichten, ob etwa während des Verfahrens, ggf. während eines Verwaltungsrechtsstreits eine weitere Normänderung zu erwarten ist, die für den Fall Bedeutung haben könnte. Zu vielen Bestimmungen gibt es **höchstrichterliche Rspr.** Das verwaltungsrechtliche Mandat verlangt ihre Kenntnis. Sie muss, auch wenn es sich um eine abseitige Materie handelt und die Rspr. deshalb nur an abseitiger Stelle veröffentlicht wird, beschafft werden. Zahlreiche Materien sind **Landesrecht**; ihre richterliche Auslegung endet bei den OVG. Zu vielen Bestimmungen gibt es inzwischen auch konkretisierende Entscheidungen des **BVerfG**. 135

Viel schwieriger ist die **Subsumtion des einzelnen Falls** unter die Norm. Es ist wohl unvermeidlich, dass die höchstrichterliche Rspr. zwar Norminhalt und auch Normkonturen herausarbeiten kann; als Subsumtionsgrundlage bleiben aber viele Fragen offen. Die rechtliche Beurteilung des Einzelfalls ist deshalb oft mehr als zweifelhaft. 136

Ob z.B. ein **Bauvorhaben nach § 34 BauGB** genehmigungsfähig ist, lässt sich in einer Vielzahl von Fällen nicht sicher feststellen. Wie ist der bauliche Zusammenhang abzugrenzen? Welcher Inhalt ergibt sich für Art und Maß der Bebauung aus diesem Zusammenhang? Handelt es sich um ein i.S.d. BauNVO heterogenes (§ 34 Abs. 1 BauGB) oder homogenes (§ 34 Abs. 2 BauGB) Gebiet? Was verlangt oder verbietet das vom BVerwG in das „Einfügen" hineingelesene Gebot der Rücksichtnahme? Der Anwalt wird i.d.R. aufgesucht, wenn die ersten Gespräche zwischen Bauherr und Baubehörde Meinungsverschiedenheiten ergeben haben, der Bauherr sein Vorhaben aber durchsetzen will, weil er es für genehmigungsfähig hält. Was ist zu tun, wenn die vom Anwalt nun aufgenommenen Verhandlungen mit der Behörde zu keinem Ergebnis führen, weil die Behörde entgegen der rechtlichen Beurteilung durch den Anwalt das Maß der baulichen Nutzung des Vorhabens etwa für zu groß hält? Der Anwalt wird hier in der Beratung des Klienten überlegen: 137

– Eine Ablehnung des Vorhabens führt zum Widerspruchsverfahren oder nach Maßgabe des Landesrechts unmittelbar zum Klageverfahren; kann er bei der Widerspruchsbehörde oder beim Gericht mit einer günstigeren Auffassung rechnen? Wie sicher ist ggf. die Prognose?

– Mit welchem Zeitaufwand ist für das Rechtsbehelfsverfahren zu rechnen? Die Dauer der verwaltungsgerichtlichen Verfahren hat sich in den letzten Jahren bei vielen Gerichten erheblich verkürzt, während in einigen Bundesländern weiterhin für jede Instanz mehrere Jahre zu veranschlagen sind.

– Muss damit gerechnet werden, dass die Gemeinde von der Möglichkeit Gebrauch macht, einen Beschluss zur Aufstellung eines Bebauungsplans zu fassen und auf dieser Grundlage das Vorhaben nach § 15 BauGB zurückzustellen oder eine Veränderungssperre zu erlassen? Welche Konsequenzen würden sich daraus ggf. für den Mandanten ergeben?

Der Anwalt wird in dem Gespräch mit dem Klienten klären müssen, ob dieser genügend Zeit für die Durchführung eines Rechtsbehelfsverfahrens hat. Ist dies nicht der Fall, wie meist, so muss er sich um einen **Kompromiss** bemühen, eine einverständliche Lösung, welche die alsbaldige Baugenehmigung zur Folge hat.

138 Zahlreiche verwaltungsrechtliche Mandate kreisen notwendig um solche Fragen, sind doch Verpflichtungsbegehren viel häufiger als die Abwehr von Eingriffsakten. In der Mehrzahl der Fälle wird der Kompromiss vorzuziehen sein, der entweder zu einem inhaltlich abgestimmten VA oder zu einem **öffentlich-rechtlichen Vertrag** führt.

Hier ergibt sich für die anwaltliche Beratung des Bürgers oder Unternehmens ein weites, freilich aber auch nicht selten schwierig zu bestellendes Feld. Der Anwalt hat es i.d.R. mit einem Verhandlungspartner zu tun, der im Grundansatz anders denkt als der Bürger. Im privaten oder unternehmerischen Bereich geht es bei Vertrags- oder Vergleichsverhandlungen i.d.R. beiderseits um die Verwirklichung privater oder wirtschaftlicher Interessen, die in etwa vorauszusehen sind und beiderseits einkalkuliert werden können. Es ist ein Ausgleich dieser zunächst widerstreitender Interessen zu suchen. Die Verwaltung verfolgt dagegen die Durchsetzung bestimmter nicht immer ohne weiteres erkennbarer dem Gemeinwohl dienender Postulate. Häufig spielt auch die interne Absicherung der für die Verwaltung handelnden Personen gegenüber Vorgesetzten, dem Rechnungsprüfungsamt oder dem Rechnungshof eine wesentliche Rolle. Hier einen Ausgleich zu finden, setzt auf der Seite des Bürgers und seines Anwalts viel Phantasie, ebenso aber auch die genaue Kenntnis der jeweiligen Rechtsmaterie voraus.

139 Die allgemeinen gesetzlichen Regelungen des **öffentlich-rechtlichen Vertrags** finden sich in §§ 54 bis 62 VwVfG. Sie sind spärlich und lassen weite Bereiche aus. Sie müssen gem. § 62 Satz 2 VwVfG durch die entsprechende Anwendung der Vorschriften des BGB ausgefüllt werden. Dabei ergeben sich allerdings viele Schwierigkeiten. So ist z.B. zweifelhaft, ob die durch die Schuldrechtsreform auf drei Jahre reduzierte regelmäßige Verjährungsfrist (§ 195 BGB) generell auch für öffentlich-rechtliche Verträge gilt[1].

140 Vertragsartig erscheinende Abschlüsse mit der Verwaltung findet der Anwalt nicht selten bei der Übernahme des Mandats vor. Sie werden ihm vom Mandanten vorgetragen, der mit der Behörde dies oder jenes bereits abgesprochen haben will, wovon in der weiteren Beratung ausgegangen werden soll. Der Anwalt muss wissen, dass er damit i.d.R. nichts rechtlich Verbindliches in der Hand hat. Der öffentlich-rechtliche Vertrag bedarf der **Schriftform** (§ 57 VwVfG). Die Anforderungen an die Schriftform richten sich grundsätzlich nach § 126 BGB. Allerdings können sich Modifikationen aus der spezifischen Schutzfunktion des Schriftformerfordernisses in öffentlich-rechtlichen Verträgen ergeben (insbesondere hinsichtlich der Urkundeneinheit[2]). Soweit nach Maßgabe von § 3a Abs. 2 VwVfG die elektronische Form zugelassen ist, ist § 126a BGB zu beachten. Ob überhaupt etwas abgesprochen worden ist, erweist sich überdies oft als zweifelhaft oder unbeweisbar. Die bei der Verwaltung nicht seltenen Vorbehalte – z.B. Haushalt, Zustimmung des Behördenleiters oder anderer Behörden – pflegt der Mandant häufig zu übersehen oder zu überhören. Auch der Rückgriff auf eine verbindliche Zusicherung hilft i.d.R. nicht, da auch sie die Schriftform voraussetzt (§ 38 VwVfG).

141 Öffentlich-rechtliche Verträge sind grds. **zulässig**, wenn sie nicht ausdrücklich durch Rechtsvorschriften untersagt werden. Sie können insbesondere auch dann abgeschlossen werden, wenn an sich die Behörde durch VA entscheiden könnte (§ 54

---

1 Vgl. dazu *Bonk*, in: Stelkens/Bonk/Sachs, VwVfG, § 62 Rz. 32; für den öffentlich-rechtlichen Erstattungsanspruch hat das BVerwG die (allerdings gesetzlich auch nicht angeordnete) entsprechende Anwendung von § 195 BGB verneint: BVerwG v. 11.12.2008 – 3 C 37.07, BVerwGE 132, 324.
2 Vgl. BVerwG v. 24.8.1994 – 11 C 14.93, BVerwGE 96, 326; v. 19.5.2005 – 3 A 3.04, DVBl 2006, 47; v. 28.1.2010 – 9 B 46.09, Buchholz 316 § 57 Nr. 5.

Satz 2 VwVfG). Verbote finden sich in den Gesetzen nur noch selten, so dass man von der Zulässigkeit eines Vertrags i.d.R. ausgehen kann. Sie sind deshalb auch in gebundener Verwaltung möglich, es muss also nicht die Behörde im Rahmen von Ermessen oder Beurteilungsspielräumen tätig werden. Denn auch im Rahmen der gebundenen Verwaltung können Tat- oder Rechtsfragen zweifelhaft und deshalb Gegenstand einer öffentlich-rechtlichen Vereinbarung sein. Grenzen ergeben sich im Steuer- und Abgabenrecht. Hier besteht oft die Gefahr späteren Streits über die Zulässigkeit und damit Wirksamkeit der getroffenen Regelungen mit erheblichen Konsequenzen.

Öffentlich-rechtliche Verträge, mit denen in **Rechte eines Dritten** eingegriffen wird oder eingegriffen werden kann, werden nach § 58 Abs. 1 VwVfG erst wirksam, wenn der Dritte schriftlich zustimmt. Es ist Aufgabe des Anwalts bei den Verhandlungen mit der Behörde vorab zu klären, ob ein solches mehrpoliges Verwaltungsrechtsverhältnis vorliegt. Die Behörde wird dies nicht selten kurzerhand verneinen, um zur Regelung zu kommen. Hierauf kann der Anwalt sich nicht ohne weiteres verlassen. 142

Nicht selten haben vergleichsweise durch öffentlich-rechtlichen Vertrag getroffene Regelungen **Fernwirkungen** in andere Lebensbereiche, Wirkungen, die sogar vom oder in das Strafrecht hineinreichen können. Der strafrechtliche Deal – sicher auch eine Art öffentlich-rechtlicher Vertrag – kann zwar ein Strafverfahren erträglich beenden, gleichzeitig aber für die berufliche oder wirtschaftliche Tätigkeit des Mandanten, wenn diese auf behördlichen Genehmigungen usw. beruht, existentielle Schwierigkeiten mit sich bringen. Die zivil-rechtliche Bestellung einer Zugangsgrunddienstbarkeit kann den späteren Widerspruch gegen ein Bauvorhaben auf dem berechtigten Grundstück ausschließen. Die widerspruchslos, häufig in einem öffentlich-rechtlichen Vertrag vergleichsweise geregelte Hinnahme eines Bauwerks auf dem Nachbargrundstück kann Ausgangspunkt für eine unerwünschte bauplanungsrechtliche Einordnung des eigenen Grundstücks werden. Die Folgewirkungen über die konkrete Regelung hinaus muss der Anwalt sehen und bedenken. Hier kann die Einschaltung eines mit der Materie besonders befassten Kollegen notwendig werden. 143

Nicht selten wird bei problematischen Anträgen der Mandant den Anwalt von vornherein einschalten, wie dies im Übrigen auch bei der laufenden Beratung von Unternehmen regelmäßig der Fall ist. Dann wird er **Gespräche mit der Behörde lange vor Stellung des Antrags** aufnehmen mit dem Ziel einer Einigung, an die sich dann überhaupt erst der Antrag anschließt. Die VwVfG kennen ein solches Verfahren nicht. Sie schließen es aber auch nicht aus (vgl. auch Rz. 60). Im Baurecht z.B. wird zu klären sein, ob ein bestimmtes Vorhaben, das an sich auch die Behörde begrüßt, noch über § 34 BauGB oder über einen Dispens zu § 31 BauGB zu realisieren ist. Ergeben sich hiergegen Bedenken, muss möglicherweise auch mit durchgreifenden Einwendungen Dritter gerechnet werden, so wird zu überlegen sein, ob die Realisierung über die Aufstellung oder Änderung eines Bebauungsplans ermöglicht werden kann. Wird dies bejaht, so wird der Interessent die Vorbereitungen für den Bebauungsplan oder seine Änderung übernehmen, um eine baldige Beratung in den gemeindlichen Gremien zu erreichen, im Übrigen auch, um die Gemeinde von den Kosten der Planaufstellung zu entlasten. In **ständiger Kooperation** entsteht damit eine Rechtsgrundlage, die auch späterer gerichtlicher Überprüfung standhalten kann. Dass in ähnlicher Weise bei größeren Projekten aus den verschiedensten Bereichen (z.B. BImSchG, WHG, KrW-/AbfG, Abgrabungsgesetze, LuftVG) lange vor der Antragstellung Verhandlungen aufgenommen werden, um den verschiedenen beteiligten Behörden einen aus deren Sicht genehmigungsfähigen Antrag zu erarbeiten, ist fast selbstverständlich. Es kommt auf die Beurteilung durch zahlreiche Behörden mit nicht selten auch durchaus unterschiedlichen Anforderungen an, 144 über die unterrichtet zu sein notwendig ist, ehe die oft finanziell bereits aufwendigen Anträge erarbeitet werden. Selbstverständlich müssen Unterlagen, die durch solche Verhandlungen entstehen, in die Verwaltungsvorgänge aufgenommen und dadurch im Klagefall Dritten und dem Gericht bekannt werden. Geheimverfahren sind ausgeschlossen. In einer Reihe von Fachgesetzen werden solche Verhandlungen auch erwähnt oder geregelt.

145 Das alles gilt auch dann, wenn, wie in manchen Gesetzen vorgesehen, leider aber nicht generell anerkannt[1], Vorfragen durch ein **Vorbescheidsverfahren** geklärt werden können. Einmal setzt auch der Antrag auf Erlass eines Vorbescheids nicht selten umfangreiche Vorverhandlungen voraus, zum anderen kann der Vorbescheid nur einzelne Fragen vorab klären. Die verbleibenden Fragen sind nicht selten noch voller Schwierigkeiten.

**3. Kompromiss im Prozess**

146 Das verwaltungsrechtliche **Mandat** wird häufig auch erst **übertragen, wenn** der **negative Widerspruchsbescheid** vorliegt und die **Klagefrist** läuft. Der Anwalt wird in solchen Fällen die Rechtslage vor Ablauf der Frist nur in Ausnahmefällen hinreichend beurteilen können. Er wird vielmehr die Klage einreichen und mit ihr die Verwaltungsvorgänge anfordern, die das Gericht beizieht und ihm zusendet oder die auf Veranlassung des Gerichts ihm die Behörde zur Einsicht zur Verfügung stellt.

147 Mit der **Akteneinsicht** kennt der Anwalt die Grundlagen, von denen die behördliche Entscheidung ausgeht. Er wird nunmehr die Rechtslage prüfen und mit dem Mandanten zu erörtern haben. In vielen Fällen wird er unabhängig von einer einzureichenden Klagebegründung das an Verwaltungsverfahren nachholen, was der Mandant unterlassen hat. Auch hier erweist sich nicht selten noch der **Kompromiss** als **sinnvollere Lösung als** die **richterliche Entscheidung.** Diese ist in der Mehrzahl nicht sicher vorauszusagen. Die Verwaltungsgerichte neigen nicht ganz selten dazu, klüger zu sein als alle Beteiligten, in der zweiten Instanz auch als die Richter erster Instanz. Die Entscheidungen beruhen oft auf Gründen, welche die Parteien nicht gesehen haben, die aber den eigentlichen Streit auch nicht ausräumen, deshalb wenig hilfreich sind. Der **Prozess**, der an sich bereits in jedem Rechtsgebiet **ultima ratio** sein sollte, ist es im verwaltungsrechtlichen Streit noch mehr. Die höchstrichterliche Klärung von Rechtsfragen ist sicher dringend erforderlich. Nichts ist aber für den Mandanten unerfreulicher, als dass sein Fall Gegenstand einer solchen höchstrichterlichen Klärung wird. Denn einmal verliert er hierüber unendlich viel Zeit, zum anderen weiß er nicht, zu welchem Ergebnis die letzte Instanz kommt. Der Anwalt sollte sie deshalb nur dann anstreben, wenn das Interesse des Mandanten sie erfordert oder ihr mindestens nicht entgegensteht. Dass es manche Verfahren gibt, an deren Dauer der Mandant sogar interessiert ist, kann natürlich nicht übersehen werden.

---

1 Hier kann manchmal durch Zusagen, Zusicherungen i.S.d. § 38 VwVfG oder Vereinbarungen geholfen werden; vgl. *Engel*, Planungssicherheit für Unternehmen durch VA, S. 150ff., mit mancherlei Anregungen.

# B. Informationsansprüche

|  | Rz. |
|---|---|
| **I. Das anwendbare Recht** | |
| 1. Umweltinformationsgesetze | |
|    a) Umweltinformationsgesetz des Bundes | 1 |
|    b) Umweltinformationsgesetze der Bundesländer | 1 |
| 2. Informationsfreiheitsgesetze | |
|    a) Informationsfreiheitsgesetz des Bundes | 2 |
|    b) Landesinformationsfreiheitsgesetze | 2 |
| 3. Verbraucherinformationsgesetz | 3 |
| **II. Vorbemerkungen zu den Informationsansprüchen** | |
| 1. Informationsansprüche – junge Rechtsmaterie mit wachsender Praxisbedeutung | 4 |
| 2. Informationsansprüche in der anwaltlichen Praxis | 7 |
| **III. Umweltinformationsansprüche** | |
| 1. Vorbemerkungen | 9 |
| 2. Anspruchsberechtigte | 13 |
| 3. Voraussetzungslosigkeit des Anspruchs | 14 |
| 4. Informationspflichtige Stellen | 15 |
|    a) Stellen der öffentlichen Verwaltung, § 2 Abs. 1 Nr. 1 UIG | 16 |
|    b) Natürliche und juristische Personen des Privatrechts, § 2 Abs. 1 Nr. 2 UIG | 19 |
| 5. Der Begriff der Umweltinformationen | |
|    a) Umweltinformationen, § 2 Abs. 3 UIG | 21 |
|       aa) Zustand von Umweltbestandteilen, § 2 Abs. 3 Nr. 1 UIG | 24 |
|       bb) Daten über Faktoren, § 2 Abs. 3 Nr. 2 UIG | 30 |
|       cc) Maßnahmen oder Tätigkeiten, § 2 Abs. 3 Nr. 3 UIG | 33 |
|       dd) Berichte über die Umsetzung des Umweltrechts; Kosten-Nutzen-Analysen, § 2 Abs. 3 Nr. 4 und 5 UIG | 39 |
|       ee) Zustand der menschlichen Gesundheit und Sicherheit, § 2 Abs. 3 Nr. 6 UIG | 40 |
|    b) Erfasste Informationsmedien | 43 |
|    c) Vorliegen bei der informationspflichtigen Stelle | 44 |
| 6. Ablehnungsgründe, §§ 8 und 9 UIG | |
|    a) Vorbemerkungen | |
|       aa) Relativität der Ausschlussgründe | 48 |
|       bb) Gerichtliche Überprüfbarkeit | 49 |
|       cc) Hinweise für die anwaltliche Tätigkeit | 51 |
|    b) Schutz öffentlicher Belange, § 8 Abs. 1 UIG | 52 |
|       aa) Erfordernis nachteiliger Auswirkungen auf die Schutzgüter | 53 |
|       bb) § 8 Abs. 1 Satz 1 Nr. 1 UIG | 54 |
|       cc) § 8 Abs. 1 Satz 1 Nr. 2 UIG | 57 |
|       dd) § 8 Abs. 1 Satz 1 Nr. 3 UIG | 59 |
|       ee) § 8 Abs. 1 Satz 1 Nr. 4 UIG | 63 |
|       ff) Überwiegendes öffentliches Interesse an der Bekanntgabe | 64 |
|       gg) Partielle Rückausnahme für Emissionen | 67 |
|    c) Ablehnungsgründe nach § 8 Abs. 2 UIG | 68 |
|       aa) § 8 Abs. 2 Nr. 1 UIG | 69 |
|       bb) § 8 Abs. 2 Nr. 2 UIG | 70 |
|       cc) § 8 Abs. 2 Nr. 3 UIG | 71 |
|       dd) § 8 Abs. 2 Nr. 4 UIG | 72 |
|       ee) Abwägung mit öffentlichem Interesse an der Bekanntgabe | 74 |
|    d) Schutz sonstiger Belange, § 9 UIG | |
|       aa) Vorbemerkungen | 75 |
|       bb) Offenbarung personenbezogener Daten, § 9 Abs. 1 Satz 1 Nr. 1 UIG | 78 |
|       cc) Schutz geistigen Eigentums, § 9 Abs. 1 Satz 1 Nr. 2 UIG | 83 |
|       dd) Betriebs-, Geschäfts-, Steuer- und Statistikgeheimnis, § 9 Abs. 1 Satz 1 Nr. 3 UIG | 85 |
|       ee) Zustimmung der Betroffenen oder überwiegendes öffentliches Interesse an der Bekanntgabe | 92 |
|       ff) Kein Ablehnungsgrund bei Informationen über Emissionen | 94 |

|  | Rz. |
|---|---|
| gg) Ablehnungsgrund des § 9 Abs. 2 Satz 1 UIG | 95 |
| 7. Antrag und Verfahren | |
| a) Antrag | 100 |
| b) Entscheidungsfrist und Frist für die Zugangsgewährung | 105 |
| aa) Stattgabe des Antrags | 106 |
| bb) Ablehnung des Antrags | 109 |
| cc) Praxishinweise | 111 |
| 8. Art des Zugangs zu Umweltinformationen | 112 |
| a) Akteneinsicht | 113 |
| b) Auskunft | 116 |
| c) Zugang in sonstiger Weise | 117 |
| d) Ermessen über Art des Zugangs | 118 |
| 9. Konkurrenz zu anderen Informationsansprüchen | 124 |
| 10. Kosten, § 12 UIG | 127 |
| a) Kostenfreiheit | 128 |
| b) Gebührenbemessung | 130 |
| c) Auslagen | 132 |
| d) Kosten privater informationspflichtiger Stellen | 133 |
| 11. Rechtsschutz gegen Entscheidungen in der Sache | 134 |
| a) Rechtswegzuweisung | 135 |
| b) Rechtsschutz des Antragstellers gegen Ablehnung des Zugangsantrags | 136 |
| aa) Rechtsschutz gegen Ablehnung durch Stellen der öffentlichen Verwaltung | 137 |
| bb) Besonderheiten des in-camera-Verfahrens | 142 |
| cc) Rechtsschutz gegen Ablehnung durch private informationspflichtige Stellen | 146 |
| c) Rechtsschutz betroffener Dritter | 148 |
| aa) Vorgehen gegen Stellen der öffentlichen Verwaltung | 149 |
| bb) Rechtsschutz gegen positive Entscheidungen privater informationspflichtiger Stellen | 151 |
| cc) Rechtsschutzmöglichkeiten nach rechtswidriger Informationsfreigabe | 152 |
| d) Landesrechtliche Besonderheiten | 153 |
| 12. Rechtsschutz gegen Kostenentscheidung | 154 |
| 13. Rechtsschutz gegen Maßnahmen der Überwachungsstelle | 156 |

|  | Rz. |
|---|---|
| IV. Informationsansprüche nach Informationsfreiheitsgesetz (IFG) | |
| 1. Vorbemerkungen | 159 |
| 2. Anspruchsberechtigung, § 1 Abs. 1 IFG | 162 |
| 3. Informationspflichtige Stellen – Bundesbehörden | 165 |
| 4. Der Begriff der amtlichen Information, § 2 Nr. 1 IFG | 170 |
| a) Informationsbegriff des IFG | 171 |
| b) Amtlichkeit der Information | 174 |
| c) Ausnahmen nach § 2 Nr. 1 Satz 2 IFG | 176 |
| 5. Ablehnungsgründe, §§ 3 bis 6 IFG | |
| a) Vorbemerkungen | 177 |
| aa) Partielle Relativität der Ausschlussgründe | 178 |
| bb) Gerichtliche Überprüfbarkeit | 179 |
| b) Schutz besonderer öffentlicher Belange, § 3 IFG | 180 |
| aa) Ablehnungsgrund § 3 Nr. 1 IFG | 181 |
| bb) Ablehnungsgrund § 3 Nr. 2 IFG | 189 |
| cc) Ablehnungsgrund § 3 Nr. 3 IFG | 190 |
| dd) Ablehnungsgrund § 3 Nr. 4 IFG | 193 |
| ee) Ablehnungsgründe § 3 Nrn. 5 und 6 IFG | 195 |
| ff) Ablehnungsgrund § 3 Nr. 7 IFG | 198 |
| gg) Ablehnungsgrund § 3 Nr. 8 IFG | 199 |
| c) Schutz des behördlichen Entscheidungsprozesses, § 4 IFG | 200 |
| aa) Vorbereitende Entwürfe, Arbeiten und Beschlüsse | 201 |
| bb) Erfolgsvereitelung | 202 |
| cc) Regelfall-Ablehnung des Informationszugangs | 204 |
| dd) (Ungeschriebener) Ablehnungsgrund des Kernbereichs exekutiver Eigenverantwortung | 205 |
| ee) Rückausnahme: Ergebnisse der Beweiserhebung, Gutachten oder Stellungnahmen Dritter | 206 |
| ff) Pflicht zur Information des Antragstellers über Abschluss des Verfahrens | 207 |
| d) Ablehnungsgrund § 5 IFG | |
| aa) Offenbarung personenbezogener Daten nur bei Einwilligung oder überwiegendem Interesse des Antragstellers | 208 |

| | Rz. |
|---|---|
| bb) Ausschluss des Zugangs, § 5 Abs. 2 IFG | 211 |
| cc) Überwiegendes Informationsinteresse bei Gutachtern und Sachverständigen | 212 |
| dd) Zugang zu Daten mitwirkender Amtsträger | 213 |
| ee) Hinweise für die anwaltliche Tätigkeit | 214 |
| e) Schutz des geistigen Eigentums und von Betriebs- und Geschäftsgeheimnissen, § 6 IFG | |
| aa) Schutz des geistigen Eigentums | 215 |
| bb) Schutz von Betriebs- und Geschäftsgeheimnissen | 216 |
| cc) Hinweise für die anwaltliche Tätigkeit | 217 |
| 6. Ablehnungsgrund § 7 Abs. 2 Satz 1 IFG | 218 |
| 7. Ablehnungsgrund § 9 Abs. 3 IFG | 220 |
| 8. Antrag und Verfahren | |
| a) Antragstellung | 222 |
| b) Entscheidungsfrist und Frist für die Zugänglichmachung | 229 |
| 9. Art und Form des Informationszugangs | 234 |
| 10. Konkurrenzen zu anderen Informationsansprüchen | 236 |
| 11. Kosten, § 10 IFG | 237 |
| 12. Rechtsschutz gegen Entscheidungen in der Sache | |
| a) Rechtsweg | 241 |
| b) Rechtsschutz des Antragstellers gegen Ablehnung des Zugangsantrags | 242 |
| c) Rechtsschutz betroffener Dritter | 245 |
| 13. Rechtsschutz gegen Kostenentscheidung | 247 |
| **V. Verbraucherinformationsgesetz** | |
| 1. Vorbemerkungen | 248 |
| 2. Anspruchsberechtigung | 252 |
| 3. Informationspflichtige Stellen | 253 |
| a) Behörden | 254 |
| b) Private informationspflichtige Stellen | 258 |
| 4. Der Begriff der Verbraucherinformationen | |
| a) Erfasste Informationsmedien und Vorliegen bei der informationspflichtigen Stelle | 259 |
| b) Informationsbegriff | 260 |
| aa) Verstöße gegen und Maßnahmen nach LFGB | 261 |
| bb) Gefahren durch Erzeugnisse, § 1 Abs. 1 Satz 1 Nr. 2 VIG | 262 |

| | Rz. |
|---|---|
| cc) Kennzeichnung, Herkunft etc. von Erzeugnissen, § 1 Abs. 1 Satz 1 Nr. 3 VIG | 263 |
| dd) Ausgangsstoffe und Verfahren, § 1 Abs. 1 Satz 1 Nr. 4 VIG | 270 |
| ee) Schutz- und Überwachungsmaßnahmen, § 1 Abs. 1 Satz 1 Nr. 5 VIG | 271 |
| 5. Ablehnungsgründe §§ 2, 3 und 1 Abs. 4 VIG | |
| a) Vorbemerkungen | 273 |
| b) Schutz öffentlicher Belange, § 2 Satz 1 Nr. 1 VIG | 275 |
| aa) Ablehnungsgrund § 2 Satz 1 Nr. 1 lit. a VIG | 276 |
| bb) Ablehnungsgrund § 2 Satz 1 Nr. 1 lit. b VIG | 277 |
| cc) Ablehnungsgrund § 2 Satz 1 Nr. 1 lit. c VIG | 278 |
| dd) Ablehnungsgrund § 2 Satz 1 Nr. 1 lit. d VIG | 280 |
| ee) Ablehnungsgrund § 2 Satz 1 Nr. 1 lit. e VIG | 281 |
| c) Schutz privater Belange, § 2 Satz 1 Nr. 2 VIG | |
| aa) Hinweise für die anwaltliche Tätigkeit | 282 |
| bb) Ablehnungsgrund § 2 Satz 1 Nr. 2 lit. a VIG | 283 |
| cc) Ablehnungsgrund § 2 Satz 1 Nr. 2 lit. b VIG | 285 |
| dd) Ablehnungsgrund § 2 Satz 1 Nr. 2 lit. c VIG | 286 |
| ee) Ablehnungsgrund § 2 Satz 1 Nr. 2 lit. d VIG | 290 |
| d) Schutz sonstiger Belange, §§ 3 Abs. 3 bis 5 VIG | |
| aa) Ablehnungsgrund § 3 Abs. 3 VIG | 291 |
| bb) Ablehnungsgrund § 3 Abs. 4 VIG | 295 |
| cc) Ablehnungsgrund § 3 Abs. 5 VIG | 296 |
| e) Ablehnungsgrund: Geheimhaltungspflichten, Amts- und Berufsgeheimnisse, § 1 Abs. 4 VIG | 297 |
| 6. Antrag und Verfahren | |
| a) Antrag | 298 |
| b) Entscheidungsfrist | 301 |
| 7. Art und Form des Informationszugangs | 303 |
| 8. Exkurs: Aktive Verbreitung von Informationen durch Behörden | 304 |
| 9. Konkurrenz zu anderen Informationsansprüchen | 305 |
| 10. Kosten, § 6 VIG | 306 |
| 11. Rechtsschutz gegen Entscheidungen in der Sache | |

| | Rz. | | Rz. |
|---|---|---|---|
| a) Rechtsweg | 308 | c) Ablehnungsgründe, §§ 3, 4 VIG-E | 321 |
| b) Rechtsschutz des Antragstellers gegen Ablehnung des Zugangsantrags | 309 | aa) Schutz öffentlicher Belange, § 3 Satz 1 Nr. 1 VIG-E | 322 |
| aa) Rechtsschutz gegen Ablehnung durch Behörden | 310 | bb) Schutz privater Belange, § 3 Satz 1 Nr. 2 VIG-E | 323 |
| bb) Rechtsschutz gegen Ablehnung durch private informationspflichtige Stellen | 312 | cc) Schutz sonstiger Belange, § 4 Abs. 3 Nr. 4, 5 VIG-E | 325 |
| | | d) Verfahren | 326 |
| c) Rechtsschutz betroffener Dritter | 313 | e) Rechtsschutz | 329 |
| | | f) Pflicht zur Richtigstellung, § 6 Abs. 4 VIG-E | 330 |
| aa) Rechtsschutz gegen Behördenentscheidungen | 314 | g) Kostentragung, § 7 VIG-E | 331 |
| bb) Rechtsschutz gegen Entscheidungen privater informationspflichtiger Stellen | 315 | **VI. Sonstige Informationsansprüche und -quellen** | 332 |
| | | 1. Akteneinsichtsrecht nach § 29 VwVfG und § 100 VwGO | 333 |
| cc) Rechtsschutzmöglichkeiten nach rechtswidriger Informationsfreigabe | 316 | 2. Individuelle Auskunfts- und Informationsansprüche | 334 |
| | | a) Einsicht in das Wasserbuch | 335 |
| 12. Rechtsschutz gegen Kostenentscheidung | 317 | b) § 63 BNatschG | 336 |
| | | c) § 35 GenTG | 337 |
| 13. Eckpunkte der geplanten Novellierung | 318 | d) § 9 UmweltHG | 338 |
| a) Erweiterung des Anwendungsbereichs | 319 | 3. Informationsgewinnung über allgemein zugängliche Quellen | |
| | | a) Informationsquellen in förmlichen Planverfahren | 339 |
| b) Festgestellte Abweichungen von Rechtsvorschriften, § 2 Abs. 1 Satz 1 Nr. 1 VIG-E | 320 | b) Register | 340 |
| | | c) REACH-Verordnung | 341 |

**Literatur:**

**Umweltinformationsgesetz:**

*Beyerlein/Borchert*, Verbraucherinformationsgesetz, Kommentar, 2010; *Fluck/Theuer* (Hrsg.), Informationsfreiheitsrecht mit Umweltinformations- und Verbraucherinformationsrecht, Kommentar, Loseblatt, Stand Juni 2008; *Kopp/Ramsauer*, Verwaltungsverfahrensgesetz, 11. Aufl. 2010; *Kopp/Schenke*, Verwaltungsgerichtsordnung, Kommentar, 17. Aufl. 2011; *Kloepfer/Greve*, Das Informationsfreiheitsgesetz und der Schutz von Betriebs- und Geschäftsgeheimnissen, NVwZ 2011, 577; *Landmann/Rohmer* (Hrsg.), Umweltrecht, Kommentar, Loseblatt, Stand April 2011; *Schemmer*, Das in-camera-Verfahren nach § 99 Abs. 2 VwGO, DVBl 2011, 323; *Schenke*, Der Geheimnisschutz Privater im verwaltungsgerichtlichen Verfahren, NVwZ 2008, 938; *Schoch*, Das Informationsfreiheitsrecht in der gerichtlichen Praxis, VBlBW 2010, 333; *Schoch*, Informationsfreiheitsgesetz, Kommentar, 2009; *Schomerus/Schrader/Wegener*, Umweltinformationsgesetz, Handkommentar, 2. Aufl. 2002; *Schomerus/Tolkmitt*, Die Umweltinformationsgesetze der Länder im Vergleich, NVwZ 2007, 1119; *Schomerus/Tolkmitt*, Informationsfreiheit durch Zugangsvielfalt? – Ein Vergleich der Informationszugangsrechte nach IFG, UIG und VIG, DÖV 2007, 985; *Schlacke/Schrader/Bunge*, Informationsrechte, Öffentlichkeitsbeteiligung und Rechtsschutz im Umweltrecht, Aarhus-Handbuch, 2010; *Schroeter*, Defizite beim Verfahren der gerichtlichen Überprüfung von Informationsbegehren nach dem Informationsfreiheitsrecht, NVwZ 2011, 457; *Zschiesche/Sperfeld*, Zur Praxis des neuen Umweltinformationsrechts in der Bundesrepublik Deutschland, ZUR 2011, 71

**Informationsfreiheitsgesetz:**

*Beck*, Verbraucherinformationsgesetz, Kommentar und Vorschriftensammlung, 2009; *Beyerlein/Borchert*, Verbraucherinformationsgesetz, Kommentar, 2010; *Burholt*, Die Auswirkungen des Informationsfreiheitsgesetzes auf das Akteneinsichtsrecht in Kartell- und Fusionskontrollverfahren, BB 2006, 2201; *Gurlit*, Gläserne Banken- und Kapitalmarktaufsicht?

– Zur Bedeutung des Informationsfreiheitsgesetzes des Bundes für die Aufsichtspraxis, WM 2009, 773; *Jastrow/Schlatmann*, Informationsfreiheitsgesetz, Kommentar, 2006; *Kloepfer/Lewinski*, Das Informationsfreiheitsgesetz des Bundes (IFG), DVBl 2005, 1277; *Kugelmann*, Das Informationsfreiheitsgesetz des Bundes, NJW 2005, 3609; *Landmann/Rohmer* (Hrsg.), Umweltrecht, Kommentar, Loseblatt, Stand April 2011; *Rossi*, Das Informationsfreiheitsrecht in der gerichtlichen Praxis, DVBl 2010, 554; *Rossi*, Informationsfreiheitsgesetz, Kommentar, 2006; *Schlacke/Schrader/Bunge*, Informationsrechte, Öffentlichkeitsbeteiligung und Rechtsschutz im Umweltrecht, Aarhus-Handbuch, 2010; *Schoch*, Das Informationsfreiheitsrecht in der gerichtlichen Praxis, VBlBW 2010, 333; *Schoch*, Informationsfreiheitsgesetz, Kommentar, 2009; *Schomerus/Tolkmitt*, Informationsfreiheit durch Zugangsvielfalt? – Ein Vergleich der Informationszugangsrechte nach IFG, UIG und VIG, DÖV 2007, 985; *Selmann/Augsberg*, Chancen und Risiken des Bundesinformationsfreiheitsgesetzes – Eine Gebrauchsanleitung für (private) Unternehmen, WM 2006, 2293

**Verbraucherinformationsgesetz:**
*Böhm/Lingenfelder/Voit*, Verbraucherinformation auf dem Prüfstand, NVwZ 2011, 198; *Beck*, Verbraucherinformationsgesetz, Kommentar und Vorschriftensammlung, 2009; *Beyerlein/Borchert*, Verbraucherinformationsgesetz, Kommentar, 2010; Bund für Lebensmittelrecht und Lebensmittelkunde e.V. (BLL), Leitfaden Verbraucherinformationsgesetz, 2008; *Domeier/Matthes*, Verbraucherinformationsgesetz, Kommentar, 2008; *Grube/Weyland*, Gesetz zur Verbesserung der gesundheitsbezogenen Verbraucherinformation – Verbraucherinformationsgesetz, Kommentar, 2007; *Landmann/Rohmer* (Hrsg.), Umweltrecht, Kommentar, Loseblatt, Stand April 2011; *Mühlbauer*, Rechtsschutz gegen behördliche Entscheidungen nach dem Verbraucherinformationsgesetz, DVBl 2009, 354; *Schink*, Smileys in der Lebensmittelkontrolle – Verfassungsrechtliche Zulässigkeit einer amtlichen Information der Öffentlichkeit über die Ergebnisse der amtlichen Lebensmittelkontrolle, DVBl 2011, 253; *Schoch*, Neuere Entwicklungen im Verbraucherinformationsrecht, NJW 2010, 2241; *Werner*, Verbraucherinformation ohne Prüfung der inhaltlichen Richtigkeit? Verfassungs- und systemwidrige Vorschriften im neuen Verbraucherinformationsgesetz, ZLR 2008, 115; *Weiß*, Das neue Verbraucherinformationsgesetz im Überblick, StoffR 2007, 146; *Wiemers*, Quo vadis Verbraucherinformationsgesetz?, ZLR 2009, 413

**Sonstiges:**
*Becker*, BBodSchG, Kommentar, Loseblatt, Stand Juni 2011; *Fluck/Theuer* (Hrsg.), Informationsfreiheitsrecht mit Umweltinformations- und Verbraucherinformationsrecht, Kommentar, Loseblatt, Stand Juni 2008; *Frenz/Müggenborg*, BNatSchG, Kommentar, 2011; *Hirsch/Schmidt-Didczuhn*, Gentechnikgesetz, Kommentar, 1991; *Koch/Ibelgaufts*, Gentechnikgesetz, Kommentar, Loseblatt, Stand Juni 1994; *Salje/Peter*, Umwelthaftungsgesetz, Kommentar, 2. Aufl. 2005.

## I. Das anwendbare Recht

### 1. Umweltinformationsgesetze

#### a) Umweltinformationsgesetz des Bundes

Umweltinformationsgesetz (UIG) vom 22.12.2004 (BGBl. I, 3704)

#### b) Umweltinformationsgesetze der Bundesländer

**1. Baden-Württemberg**
Landesumweltinformationsgesetz (LUIG) vom 7.3.2006 (GBl., 50)

**2. Bayern**
Bayerisches Umweltinformationsgesetz (BayUIG) vom 8.12.2006 (GVBl., 933)

**3. Berlin**
Gesetz zur Förderung der Informationsfreiheit im Land Berlin vom 15.10.1999 (GVBl., 561), zuletzt geändert am 8.7.2010 (GVBl., 358, dort § 18a)

**4. Brandenburg**
Umweltinformationsgesetz des Landes Brandenburg (BbgUIG) vom 26.3.2007 (GVBl. I, 74), zuletzt geändert am 19.12.2008 (GVBl. I, 369)

**5. Bremen**
Umweltinformationsgesetz für das Land Bremen (BremUIG) vom 15.11.2005 (Brem. GBl., 573)

**6. Hamburg**
Gesetz über den Zugang zu Umweltinformationen in Hamburg (HmbUIG) vom 4.5.2005 (HmbGVBl., 441)

**7. Hessen**
Hessisches Umweltinformationsgesetz (HUIG) vom 14.12.2006 (GVBl. I, 659)

**8. Mecklenburg-Vorpommern**
Landes-Umweltinformationsgesetz (LUIG MU) vom 14.7.2006 (GVOBl. MV, 568)

**9. Niedersachsen**
Niedersächsisches Umweltinformationsgesetz (NUIG) vom 7.12.2006 (Nds. GVBl., 580)

**10. Nordrhein-Westfalen**
Umweltinformationsgesetz Nordrhein-Westfalen (UIG NW) vom 29.3.2007 (GV NW, 142), zuletzt berichtigt am 12.11.2007 (GV NW, 658)

**11. Rheinland-Pfalz**
Landesumweltinformationsgesetz (LUIG) vom 19.10.2005 (GVBl., 484)

**12. Saarland**
Saarländisches Umweltinformationsgesetz (SUIG) vom 12.9.2007 (ABl. I, 2026), zuletzt geändert am 26.10.2010 (ABl. I, 1406)

**13. Sachsen**
Umweltinformationsgesetz für den Freistaat Sachsen (SächsUIG) vom 1.6.2006 (SächsGVBl., 146)

**14. Sachsen-Anhalt**
Umweltinformationsgesetz des Landes Sachsen-Anhalt (UIG LSA) vom 14.2.2006 (GVBl. LSA, 32)

**15. Schleswig-Holstein**
Umweltinformationsgesetz für das Land Schleswig-Holstein (UIG-Schl.-Holst.) vom 2.3.2007 (GVOBl., 132)

**16. Thüringen**
Thüringer Umweltinformationsgesetz (ThürUIG) vom 10.10.2006 (GVBl., 513)

**2. Informationsfreiheitsgesetze**

**a) Informationsfreiheitsgesetz des Bundes**
Informationsfreiheitsgesetz (IFG) vom 5.9.2005 (BGBl. I, 2722)

**b) Landesinformationsfreiheitsgesetze**

**1. Baden-Württemberg**
—

**2. Bayern**
—

**3. Berlin**
Berliner Informationsfreiheitsgesetz (IFG) vom 15.10.1999 (GVBl., 561); zuletzt geändert am 8.7.2010 (GVBl., 358)

**4. Brandenburg**
Akteneinsichts- und Informationszugangsgesetz (AIG) vom 10.3.1998 (GVBl. I, 46), zuletzt geändert am 23.9.2008 (GVBl. I, 202, 206)

**5. Bremen**
Bremer Informationsfreiheitsgesetz (BremIFG) vom 16.5.2006 (Brem. GBl., 263), zuletzt geändert am 1.3.2011 (Brem. GBl., 81)

**6. Hamburg**
Hamburgisches Informationsfreiheitsgesetz (HmbIFG) vom 17.2.2009 (HmbGVBl., 29), zuletzt geändert am 19.4.2011 (HmbGVBl., 123)

**7. Hessen**
—

**8. Mecklenburg-Vorpommern**
Informationsfreiheitsgesetz (IFG MV) vom 10.7.2006 (GVOBl. MV, 556), zuletzt geändert am 20.5.2011 (GVOBl. MV, 277)

**9. Niedersachsen**
—

**10. Nordrhein-Westfalen**
Informationsfreiheitsgesetz Nordrhein-Westfalen (IFG NW) vom 27.11.2001 (GV NW, 806), zuletzt geändert am 8.12.2009 (GV NW, 765)

**11. Rheinland-Pfalz**
Landesinformationsfreiheitsgesetz (LIFG) vom 26.11.2008 (GVBl., 296)

**12. Saarland**
Saarländisches Informationsfreiheitsgesetz (SIFG) vom 12.7.2006 (ABl. I, 1624), zuletzt geändert am 18.11.2010 (ABl. I, 2588)

**13. Sachsen**
—

**14. Sachsen-Anhalt**
Informationszugangsgesetz Sachsen-Anhalt (IZG LSA) vom 19.6.2008 (GVBl. LSA, 242)

**15. Schleswig-Holstein**
Informationsfreiheitsgesetz für das Land Schleswig-Holstein (IFG-Schl.-Holst.) vom 9.2.2000 (GVOBl., 166), zuletzt geändert am 18.3.2003, (GVOBl., 154)

**16. Thüringen**
Thüringer Informationsfreiheitsgesetz (ThürIFG) vom 20.12.2007 (GVBl., 256)

**3. Verbraucherinformationsgesetz**

Verbraucherinformationsgesetz (VIG) vom 5.11.2007 (BGBl. I, 2558), zuletzt geändert am 9.12.2010 (BGBl. I, 1934)

## II. Vorbemerkungen zu den Informationsansprüchen

### 1. Informationsansprüche – junge Rechtsmaterie mit wachsender Praxisbedeutung

Das deutsche Recht war bis Mitte der 1990er Jahre geprägt vom Grundsatz des **Amtsgeheimnisses** und der **Vertraulichkeit der Verwaltung**. Zugang zu Behördeninformationen war im Wesentlichen nur bei eigener Betroffenheit (z.B. als Verfahrensbeteiligter i.S.v. § 13 VwVfG) oder ausnahmsweise für Nichtbetroffene nach pflichtgemäßem Ermessen der aktenführenden Behörde möglich. Vereinzelt gab es weitergehende Rechte, die der Allgemeinheit oder einem größeren Personenkreis zustanden (wie etwa nach dem Stasi-Unterlagengesetz oder im Hinblick auf öffentliche Register)[1]. Mit Verabschiedung des Umweltinformationsgesetzes im Jahr 1994 wurde dieses System erstmals umfassender durchbrochen, indem der bis

---
1 Vgl. zur früheren Rechtslage ausführlich *Schoch*, IFG, Einl. Rz. 12 ff., der die Situation unter dem Schlagwort „Prinzip der beschränkten Aktenöffentlichkeit" behandelt.

dato am weitesten reichende **voraussetzungslose Informationszugangsanspruch** geschaffen wurde. Der Anspruch unterlag jedoch noch weitreichenden Restriktionen, beispielsweise in Form von Ausschlussgründen. Diese Beschränkungen und Hemmnisse wurden später, insbesondere im Rahmen einer grundlegenden Novellierung im Jahr 2004 (in deren Folge auch sämtliche Bundesländer Landes-Umweltinformationsgesetze erließen) sukzessive reduziert. Dies führte zu einer erheblichen Steigerung der Praxisbedeutung von Umweltinformationsansprüchen. Durch Schaffung des **Informationsfreiheitsgesetzes** zum 1.1.2006 (diesem Beispiel sind die meisten Bundesländer auf Landesebene gefolgt) und des **Verbraucherinformationsgesetzes** zum 10.11.2007 sind die voraussetzungslosen Informationsansprüche noch einmal erheblich ausgeweitet worden.

5   Ein vollständiger Systemwechsel weg vom Prinzip des Aktengeheimnisses und der Vertraulichkeit der Verwaltung hin zu einer (unbeschränkten) Aktenöffentlichkeit ist hierin freilich nicht zu sehen. Es gibt jedoch eine klare Entwicklung in Richtung einer **größeren Verwaltungstransparenz** zur Stärkung der Informations-, Kontroll- und Mitwirkungsrechte der Bürger, die einhergeht mit immer weiter reichenden Informationszugangsmöglichkeiten und der Zurückdrängung des Amtsgeheimnisses und der Vertraulichkeit. Es steht zu erwarten, dass die bestehenden Zugangsrechte weiter ausgedehnt werden. Gerade jüngst hat die Bundesregierung einen Gesetzentwurf zur Stärkung der Informationsrechte für Verbraucher nach dem Verbraucherinformationsgesetz verabschiedet.

6   Nach der grundlegenden Novellierung des UIG und der Neuschaffung des IFG und VIG ab dem Jahr 2004 sind Informationsansprüche verstärkt ins Bewusstsein der Öffentlichkeit gerückt. Die Zahl der Informationsanträge nimmt seither signifikant und stetig zu. Befeuert wird diese Entwicklung durch die zunehmende Konturierung der Informationsansprüche (insbesondere der Grenzen der Ausschlussgründe) durch die Rechtsprechung. Bei Behörden und öffentlichen Stellen war und ist eine große Zurückhaltung bei der Gewährung von Informationszugang zu verzeichnen. Die bestehenden Ausschlussgründe werden mitunter äußerst extensiv ausgelegt und gehandhabt. Die Rechtsprechung tritt dem mit einer sehr **„informationsfreundlichen"** Judikatur entgegen. Mit der hierdurch erzielten Stärkung der Informationsrechte geht eine zunehmende Inanspruchnahme bestehender Informationsmöglichkeiten einher.

### 2. Informationsansprüche in der anwaltlichen Praxis

7   Durch die zunehmende Wahrnehmung von Informationsrechten nimmt auch die Bedeutung dieser Rechtsmaterie für die anwaltliche Beratungspraxis zu. Beratungsbedarf besteht zum einen auf Seiten der Personen oder Institutionen, die Informationszugang begehren. Hier geht es häufig darum, **Informationsansprüche** gegen den Widerstand von informationspflichtigen Behörden oder Dritten **durchzusetzen**. Umgekehrt benötigen freilich auch **Behörden** mitunter anwaltliche Unterstützung beim Umgang mit Informationsanträgen oder im Zuge gerichtlicher Auseinandersetzungen hierüber. Nach UIG können auch natürliche oder juristische Personen des Privatrechts (z.B. Unternehmen) informationspflichtig sein. Hier ist häufig strittig, wen solche Informationspflichten treffen (wie z.B. im Hinblick auf Unternehmen der Daseinsvorsorge). Auch in dieser Hinsicht kann juristische Unterstützung erforderlich werden. Daneben ist die Beratung von (potentiell) **Drittbetroffenen** ein attraktives Beratungsfeld. Amtliche Informationen können personenbezogene Daten oder Betriebs- und Geschäftsgeheimnisse enthalten. Solche Informationen sind unter bestimmten Voraussetzungen von den Informationszugangsansprüchen ausgeschlossen. Allerdings ist das Schutzniveau sehr unterschiedlich ausgestaltet. So kann ein Zugang im Einzelfall bei überwiegendem öf-

fentlichen oder privaten Interesse möglich sein (so z.B. nach UIG und voraussichtlich nach der Neufassung des VIG). Insbesondere Unternehmen greifen insoweit häufig auf anwaltliche Unterstützung zurück, um die Veröffentlichung sensibler Informationen zu verhindern.

Ein Beratungsfeld für Rechtsanwälte bildet nicht nur die Beratung bei der Durchsetzung und Abwehr von Informationsansprüchen interessierter Kreise. Informationsansprüche besitzen daneben auf Grund ihrer großen Reichweite und der zunehmenden informationsfreundlichen Judikatur großes Potential zur **Informationsgewinnung im Rahmen der anwaltlichen Beratung** in anderen Rechtsbereichen. Im Rahmen der Rechtsberatung stellt sich häufig das Problem, dass maßgebliche Informationen (z.B. für die rechtliche Bewertung eines Sachverhalts oder für die Untermauerung von Ansprüchen) nicht verfügbar sind oder – dies gilt insbesondere für zivilrechtliche Ansprüche – ein Zugriff rechtlich nicht möglich ist. Der Rückgriff auf die umfassenden Informationsbestände bei Behörden kann insoweit eine lohnenswerte Quelle sein. Insbesondere das UIG bietet hier eine Fülle von Informationsmöglichkeiten, weil es einen weiten Anwendungsbereich und vor allem nur eingeschränkte Ausschlussgründe besitzt. So kann beispielsweise der Kaufinteressent eines Grundstücks unter Umständen von den zuständigen Behörden wichtige Informationen über das Vorhandensein von schädlichen Bodenveränderungen auf dem Kaufgrundstück erhalten. Das Gleiche gilt für den Nachbarn einer immissionsschutzrechtlichen Anlage im Hinblick auf die Einhaltung der gesetzlichen Vorgaben. Das IFG kann unter Umständen zur Stützung von Schadensersatz- oder Regressansprüchen dienen (z.B. für einen Insolvenzverwalter, der Ansprüche gegen Sozialversicherungsträger geltend machen will). Es ist daher häufig lohnenswert zu prüfen, ob gesetzliche Informationsansprüche in Betracht kommen. Die entsprechenden Möglichkeiten werden in der Praxis nach wie vor unterschätzt. 8

## III. Umweltinformationsansprüche

### 1. Vorbemerkungen

Nach Maßgabe der Vorgaben aus der EG-Umweltinformationsrichtlinie aus dem Jahr 1990 (UIRL)[1] wurde in Deutschland 1994 die erste Fassung des Umweltinformationsgesetzes (UIG) verabschiedet[2]. Nach Ratifizierung der Aarhus-Konvention[3] und der Umsetzung der hieraus resultierenden Vorgaben auf EU-Ebene in Form einer Novellierung der Umweltinformationsrichtlinie[4] passte der Bundesgesetzgeber im Jahr 2004 das Umweltinformationsgesetz an[5]. Wesentliche Änderungen hat es seither nicht mehr gegeben. 9

Aufgrund der beschränkten Gesetzgebungszuständigkeit des Bundes ist der **Anwendungsbereich des Umweltinformationsgesetzes auf die Bundesebene begrenzt**, weswegen die Umsetzung der Richtlinienvorgaben durch sämtliche Bundesländer er- 10

---

1 RL 90/313/EWG v. 7.6.1990 über den freien Zugang zu Informationen über die Umwelt, ABl. EG Nr. L 158, S. 56 ff.
2 Gesetz zur Umsetzung der RL 90/313/EWG v. 7.6.1990 über den freien Zugang zu Informationen über die Umwelt v. 8.7.1994, BGBl. I, 1490.
3 Übereinkommen der UN-ECE über den Zugang zu Informationen, die Öffentlichkeitsbeteiligung an Entscheidungsverfahren und den Zugang zu Gerichten in Umweltangelegenheiten v. 25.6.1998.
4 RL 2003/4/EG v. 28.1.2003 über den Zugang der Öffentlichkeit zu Umweltinformationen und zur Aufhebung der RL 90/313/EWG des Rates, ABl. EG Nr. L 41, S. 26 ff.
5 Vgl. Art. 1 des Gesetzes zur Neugestaltung des Umweltinformationsgesetzes und zur Änderung der Rechtsgrundlagen zum Emissionshandel v. 22.12.2004, BGBl. I, 3704.

forderlich wurde. Die Bundesländer ließen sich mit dem Erlass entsprechender landesrechtlicher Vorschriften Zeit, mit der Konsequenz, dass die Europäische Kommission ein Vertragsverletzungsverfahren gegen die Bundesrepublik Deutschland einleitete[1].

11  Die einzelnen **Bundesländer** sind unterschiedliche Wege **bei der Ausgestaltung der Landes-UIGs** gegangen. Sieben Bundesländer haben Volltext-Versionen geschaffen, acht Bundesländer arbeiten mit weitreichenden Verweisen auf das Bundes-UIG, Berlin hat die Umweltinformationsansprüche in das Berliner Informationsfreiheitsgesetz (BlnIFG) integriert, wobei hierbei inhaltlich weitgehend auf das Bundes-UIG verwiesen wird.

12  Die hiesige Darstellung kann keine erschöpfende Behandlung sämtlicher Besonderheiten der Landes-UIGs leisten und orientiert sich daher an den Maßgaben des Bundes-UIG. Soweit Regelungen in den Bundesländern wesentlich vom Bundes-UIG abweichen, wird hierauf jedoch gesondert hingewiesen.

**2. Anspruchsberechtigte**

13  Nach § 3 Abs. 1 Satz 1 UIG hat „jede Person" nach Maßgabe des UIG Anspruch auf freien Zugang zu Umweltinformationen, über die eine informationspflichtige Stelle verfügt, ohne ein rechtliches Interesse darlegen zu müssen. Anspruchsberechtigt sind sämtliche **natürliche und juristische Personen des Privatrechts** und zwar auch ausländische, unabhängig davon, ob sie aus EU-Mitgliedstaaten sind oder nicht. Unproblematisch anspruchsberechtigt dürften auch **teilrechtsfähige Personengesellschaften** wie die oHG und KG sowie – auf Grundlage der neueren Rechtsprechung des BGH – auch die **GbR und die Wohnungseigentümergemeinschaft** (WEG) sein[2]. Auch **juristische Personen des öffentlichen Rechts** können anspruchsberechtigt sein, wenn sie sich ungeachtet ihres rechtlichen Status nach der Zielsetzung der Richtlinie in einer mit „Jedermann" vergleichbaren Informationslage gegenüber der auskunftspflichtigen Stelle befinden (z.B. ein Kirchengemeindeverband[3]). Entsprechendes gilt für **kommunale Gebietskörperschaften**, soweit die begehrten Umweltinformationen im Zusammenhang mit der Wahrnehmung einer Aufgabe im Bereich der kommunalen Selbstverwaltung (z.B. Planungshoheit) zu sehen sind[4].

Problematisch ist, ob auch nicht rechtsfähige Vereinigungen und Vereine, also beispielsweise **Bürgerinitiativen oder -vereinigungen** zugangsberechtigt sind. Die UIRL nennt als Anspruchsberechtigte nur natürliche oder juristische Personen[5]. Der Gesetzgeber scheint davon ausgegangen zu sein, dass die genannten Vereinigungen (Bürgerinitiativen und Verbände) nicht zugangsberechtigt sein sollen. Dies kann aus dem zeitlich später verabschiedeten Informationsfreiheitsgesetz (IFG) abgeleitet werden[6]. Im Sinne einer europarechtskonformen weiten Auslegung des Informationszugangsrechts dürfte jedoch die Ansicht richtig sein, wonach auch Bürgerinitiativen und Verbände zugangsberechtigt sind[7]. Das **Bundesverwaltungs-**

---

1 Vgl. zu den historischen Entwicklungen im Detail *Schomerus/Tolkmitt*, NVwZ 2007, 1119, 1120.
2 So auch *Fluck/Gündling*, in: Fluck/Theuer, IFG, UIG, VIG, Teil A III, § 3 UIG Rz. 38.
3 BVerwG v. 21.2.2008 – 4 C 13.07, KommJur 2008, 341, 344.
4 BVerwG v. 21.2.2008 – 4 C 13.07, KommJur 2008, 341, 344.
5 Vgl. Erwägungsgrund 8 sowie Art. 3 Abs. 1 i.V.m. Art. 2 Nr. 5 RL 2003/4/EG v. 28.1.2003 über den Zugang der Öffentlichkeit zu Umweltinformationen und zur Aufhebung der RL 90/313/EWG des Rates, ABl. EG Nr. L 41, S. 26ff.
6 Vgl. die dortige Gesetzesbegründung, BT-Drs. 15/4493, S. 7f.
7 *Reidt/Schiller*, in: Landmann/Rohmer, Umweltrecht, § 3 UIG Rz. 6; *Fluck/Gündling*, in: Fluck/Theuer, IFG, UIG, VIG, Teil A III, § 3 UIG Rz. 38.

gericht billigt Bürgerinitiativen einen Anspruch auf Informationszugang zu, sofern sie **organisatorisch hinreichend verfestigt** sind[1]. Dies setze voraus, dass die Bürgerinitiative ein Mindestmaß an innerer Organisation aufweise. Die insoweit bestehende Unsicherheit kann **in der Praxis** sehr einfach dadurch umgangen werden, dass nicht die Bürgerinitiative oder die Vereinigung den Antrag stellt, sondern ein oder mehrere individuelle Mitglieder.

### 3. Voraussetzungslosigkeit des Anspruchs

Der Zugang zu Umweltinformationen ist **voraussetzungslos**. Es ist kein Nachweis eines rechtlichen oder anders gearteten Interesses erforderlich, auch wenn der Gesetzeswortlaut hier etwas missverständlich nur davon spricht, dass ein rechtliches Interesse nicht darzulegen ist[2]. Soweit der Antragsteller allerdings (ausschließlich) wirtschaftliche Interessen verfolgt (z.B. um die Einhaltung gesetzlicher Vorschriften durch Konkurrenten zu prüfen), kann dies Auswirkungen auf die Interessenabwägung im Rahmen der Prüfung von Ablehnungsgründen (§§ 8 und 9 UIG, s. Rz. 65) und für die Bemessung der Kosten (§ 12 UIG, s. Rz. 130) haben.

14

### 4. Informationspflichtige Stellen

Die Adressaten der Informationspflichten sind in § 2 Abs. 1 und Abs. 2 UIG geregelt. Es wird zwischen **Stellen der öffentlichen Verwaltung** (§ 2 Abs. 1 Nr. 1 UIG) und **natürlichen und juristischen Personen des Privatrechts** (§ 2 Abs. 1 Nr. 2 UIG) unterschieden.

15

### a) Stellen der öffentlichen Verwaltung, § 2 Abs. 1 Nr. 1 UIG

Gem. § 2 Abs. 1 Nr. 1 UIG sind informationspflichtige Stellen die **Regierung und andere Stellen der öffentlichen Verwaltung**. Gremien, die diese Stellen beraten, gelten als Teile der Stelle, die deren Mitglieder beruft. Der **Bundeskanzler** und die **Bundesminister** sind als Bundesregierung (Art. 62 GG) informationspflichtig. Andere Stellen der öffentlichen Verwaltung sind primär klassische **Behörden** i.S.v. § 1 Abs. 4 VwVfG. Daneben – insoweit liegt dem UIG ein weiter reichendes Verständnis als dem VwVfG zugrunde – werden auch sonstige Stellen erfasst, die öffentlich-rechtlich handeln. Auch Stellen, die privatrechtlich (fiskalisch oder verwaltungsprivatrechtlich) handeln (z.B. Standortverwaltungen der Bundeswehr[3]) sind informationspflichtig, soweit sie Aufgaben auf dem Gebiet der Verwaltung in Abgrenzung zu Rechtsprechung und Rechtssetzung wahrnehmen. Stellen der öffentlichen Verwaltung sind sämtliche **Bundesministerien**, auch wenn sie keine Aufgaben des Umweltschutzes wahrnehmen, sowie die diesen untergeordneten **Bundesämter** und **Bundesanstalten**, sofern diese selbstständige Bundesbehörden sind bzw. nach außen selbstständig auftreten[4]. Nach wohl herrschender Meinung sind auch **Beliehene** Stellen der öffentlichen Verwaltung[5].

16

Beispiele für **informationspflichtige Gremien** sind die Zentrale Kommission für die biologische Sicherheit (ZKBS), der Ausschuss für Gefahrstoffe, die Kommission für Anlagensicherheit nach BImSchG sowie der Kerntechnische Ausschuss[6].

17

---

1 BVerwG v. 21.2.2008 – 4 C 13.07, KommJur 2008, 341, 344.
2 Vgl. *Reidt/Schiller*, in: Landmann/Rohmer, Umweltrecht, § 3 UIG Rz. 10.
3 BVerwG v. 18.10.2005 – 7 C 5.04, NVwZ 2006, 343, 344.
4 Vgl. hierzu ausführlich *Fluck/Theuer*, in: Fluck/Theuer, IFG, UIG, VIG, Teil A III, § 2 UIG Rz. 60 ff.
5 *Reidt/Schiller*, in: Landmann/Rohmer, Umweltrecht, § 2 UIG Rz. 6 m.w.N.
6 Weitere Beispiele bei *Fluck/Theuer*, in: Fluck/Theuer, IFG, UIG, VIG, Teil A III, § 2 UIG Rz. 80.

18 **Ausgenommen** von der Informationspflicht sind oberste Bundesbehörden, soweit sie im Rahmen der **Gesetzgebung** oder **beim Erlass von Rechtsverordnungen** tätig werden (§ 2 Abs. 1 Nr. 1 lit. a UIG) sowie **Gerichte des Bundes**, soweit sie nicht Aufgaben der öffentlichen Verwaltung wahrnehmen (§ 2 Abs. 1 Nr. 1 lit. b UIG)[1]. Ein Anspruch auf Zugang zu (amtlichen) Informationen, die gesetzesvorbereitende Tätigkeiten der obersten Bundesbehörden (Ministerien) betreffen, besteht auch nach Abschluss des Gesetzgebungsverfahrens nicht[2]. Streitigkeiten über die grundsätzliche Informationspflicht öffentlicher Stellen sind in der Praxis eher selten. Anders ist dies im Hinblick auf informationspflichtige natürliche oder juristische Personen des Privatrechts (§ 2 Abs. 1 Nr. 2 UIG, hierzu sogleich).

**b) Natürliche und juristische Personen des Privatrechts, § 2 Abs. 1 Nr. 2 UIG**

19 Ein Ziel der Novellierung der Umweltinformationsrichtlinie sowie des UIG war es, unter bestimmten Voraussetzungen auch natürliche und juristische Personen des Privatrechts in den Kreis der informationspflichtigen Stellen aufzunehmen. **Natürliche und juristische Personen des Privatrechts** sind informationspflichtige Stellen, soweit sie **öffentliche Aufgaben** wahrnehmen oder **öffentliche Dienstleistungen erbringen**, die im **Zusammenhang mit der Umwelt stehen** – insbesondere solche der umweltbezogenen Daseinsvorsorge – und dabei der **Kontrolle des Bundes** oder einer unter der Aufsicht des Bundes stehenden juristischen Person des öffentlichen Rechts unterliegen (§ 2 Abs. 1 Nr. 2 UIG). Zahlreiche Punkte in dieser Hinsicht sind strittig und noch nicht obergerichtlich geklärt[3]. Öffentliche Aufgabenwahrnehmung liegt vor, wenn die **Öffentlichkeit an der Erfüllung der relevanten Aufgabe ein Interesse** hat, die Aufgabenerfüllung also im weitesten Sinne gemeinwohlorientiert ist[4]. Keine Bedeutung hat die rechtliche Form des Handelns. Deshalb kann neben hoheitlichem Handeln **auch privatrechtliches Handeln** der Aufgabenerfüllung dienen. Insoweit gilt das Gleiche wie für Stellen der öffentlichen Verwaltung (s. Rz. 16). Die Informationspflicht privater Stellen beschränkt sich auf Informationen, die im Kontext der Wahrnehmung öffentlich-rechtlicher Aufgaben oder Tätigkeiten stehen („soweit"). Im Ergebnis gleichgültig ist, auf welcher Grundlage Private tätig werden. Die Aufgabenzuweisung kann auf **Gesetz, auf Einzelanordnung oder auf vertraglicher Vereinbarung** beruhen.

20 Ungeklärt ist bisher die Informationspflicht **privater Unternehmen der Daseinsvorsorge**, beispielsweise von Energieversorgungsunternehmen und Telekommunikationsdienstleistern[5]. Diese lehnen regelmäßig eine Informationspflichtigkeit ab, erteilen aber dennoch häufig die gewünschten Auskünfte „freiwillig", mitunter sogar zügiger und zuverlässiger als öffentliche Stellen[6]. Im Detail gibt es **in einigen Bun-**

---

1 Vgl. hierzu *Fluck/Theuer*, in: Fluck/Theuer, IFG, UIG, VIG, Teil A III, § 2 UIG Rz. 102 ff.
2 OVG Bln.-Bbg. v. 8.5.2008 – 12 B 24.07, Rz. 27. Das Bundesverwaltungsgericht hat hingegen Zweifel angemeldet, ob auf Grundlage der Vorgaben aus der UIRL Bundesministerien als Gremium von der Ausnahme erfasst sind, da diese nicht abschließend verbindlich im Gesetzgebungsverfahren entscheiden, und ob diese Ausnahme in zeitlicher Hinsicht auch nach Abschluss des Gesetzgebungsverfahrens gilt. Es hat die Frage dem EuGH vorgelegt, vgl. BVerwG v. 30.4.2009 – 7 C 17.08.
3 Einen umfassenden Überblick über den Sach- und Streitstand gibt *Fluck/Theuer*, in: Fluck/Theuer, IFG, UIG, VIG, Teil A III, § 2 UIG Rz. 144 ff.
4 *Reidt/Schiller*, in: Landmann/Rohmer, Umweltrecht, § 2 UIG Rz. 21.
5 Bejahend für den Betreiber eines Schienennetzes VG Frankfurt v. 7.6.2011 – 7 K 634/10. F, Rz. 6; die Informationspflicht für private Unternehmen der Daseinsvorsorge, insbesondere im Hinblick auf Energieversorgungsunternehmen, Flughafenbetreiber, DB Netz AG und Deutsche Telekom, bejaht weitgehend *Reidt/Schiller*, in: Landmann/Rohmer, Umweltrecht, § 2 UIG Rz. 29.
6 Vgl. insoweit den Praxistest von *Zschiesche/Sperfeld*, ZUR 2011, 71, 76 f.

desländern Abweichungen** von der bundesrechtlichen Regelung zu privaten informationspflichtigen Stellen, **insbesondere im Hinblick auf den Begriff der Kontrolle**[1]. Bayern hat insoweit auf eine gesetzliche Definition verzichtet.

**5. Der Begriff der Umweltinformationen**

**a) Umweltinformationen, § 2 Abs. 3 UIG**

§ 2 Abs. 3 UIG enthält eine umfassende und in **sechs Kategorien** unterteilte Definition von Umweltinformationen. Der Gesetzgeber hat hierbei die entsprechenden Vorgaben aus der UIRL (Art. 2 Nr. 1) weitgehend wortgleich übernommen. Demnach sind Umweltinformationen alle Daten über

1. den Zustand von Umweltbestandteilen wie Luft und Atmosphäre, Wasser, Boden, Landschaft und natürliche Lebensräume einschließlich Feuchtgebiete, Küsten- und Meeresgebiete, die Artenvielfalt und ihre Bestandteile, einschließlich gentechnisch veränderter Organismen, sowie die Wechselwirkungen zwischen diesen Bestandteilen;

2. Faktoren wie Stoffe, Energie, Lärm und Strahlung, Abfälle aller Art sowie Emissionen, Ableitungen und sonstige Freisetzungen von Stoffen in die Umwelt, die sich auf die Umweltbestandteile i.S.d. Nr. 1 auswirken oder wahrscheinlich auswirken;

3. Maßnahmen oder Tätigkeiten, die

a) sich auf die Umweltbestandteile i.S.d. Nr. 1 oder auf Faktoren i.S.d. Nr. 2 auswirken oder wahrscheinlich auswirken oder

b) den Schutz von Umweltbestandteilen i.S.d. Nr. 1 bezwecken; zu den Maßnahmen gehören auch politische Konzepte, Rechts- und Verwaltungsvorschriften, Abkommen, Umweltvereinbarungen, Pläne und Programme;

4. Berichte über die Umsetzung des Umweltrechts;

5. Kosten-Nutzen-Analysen oder sonstige wirtschaftliche Analysen und Annahmen, die zur Vorbereitung oder Durchführung von Maßnahmen oder Tätigkeiten i.S.d. Nr. 3 verwendet werden, und

6. den Zustand der menschlichen Gesundheit und Sicherheit, die Lebensbedingungen des Menschen sowie Kulturstätten und Bauwerke, soweit sie jeweils vom Zustand der Umweltbestandteile i.S.d. Nr. 1 oder von Faktoren, Maßnahmen oder Tätigkeiten i.S.d. Nr. 2 und 3 betroffen sind oder sein können; hierzu gehört auch die Kontamination der Lebensmittelkette.

Eine umfassende Darstellung der Grundsätze und Maßgaben im Hinblick auf den umweltinformationsrechtlichen Informationsbegriff würde den Rahmen dieser Darstellung sprengen. Nachfolgend sollen daher lediglich die **wesentlichen Grundsätze** sowie praktisch bedeutsame Aspekte – insbesondere auf Grundlage aktueller Rechtsprechung – dargestellt werden[2].

---

1 Vgl. zu den Abweichungen in den einzelnen Bundesländern ausführlich *Schomerus/Tolkmitt*, NVwZ 2007, 1119, 1120 ff.; *Tolkmitt*, in: Fluck/Theuer, IFG, UIG, VIG, Teil A III, § 2 UIG Rz. 91 ff.
2 Eine umfassende Kommentierung hierzu findet sich bei *Fluck/Theuer*, in: Fluck/Theuer, IFG, UIG, VIG, Teil A III, § 2 UIG Rz. 269 ff.; *Reidt/Schiller*, in: Landmann/Rohmer, Umweltrecht, § 2 UIG Rz. 31 ff.

#### aa) Zustand von Umweltbestandteilen, § 2 Abs. 3 Nr. 1 UIG

24 Nach wohl überwiegender Auffassung sind vom Begriff **Zustand** gegenwärtige, zurückliegende[1] und zukünftige Umweltzustände erfasst[2]. Nicht umfasst sind allerdings Informationen über Vorhaben (z.B. Pläne), die bereits vor ihrer Verwirklichung aufgegeben worden sind, da diese keine Auswirkungen auf die Umwelt haben können[3].

25 **Luft und Atmosphäre** ist weit zu verstehen, dürfte aber wohl nur den „Außenbereich" erfassen, d.h. nicht auch Luft in (geschlossenen) Gebäuden.

26 Umweltinformationen über den **Zustand des Wassers** beziehen sich primär auf **oberirdische Gewässer** (§ 1 WHG) und **Grundwasser** (Küsten- und Meeresgebiete sind als eigener Umweltbestandteil explizit genannt). Erfasst wird auch der Zustand des **Trinkwassers**. Auch bei informationspflichtigen Stellen vorhandene Informationen über den Zustand von Wasser in **anderen Staaten** (z.B. internationale Gewässer oder Flüsse, die mehrere Staaten durchkreuzen) dürften Umweltbestandteile i.S.d. § 2 Abs. 3 Nr. 1 UIG sein[4]. Mögliche Konflikte der Bundesbehörden mit den Behörden anderer Staaten, die „Herr über diese Daten sind", können ggf. durch den Ablehnungsgrund des § 8 Abs. 1 Satz 1 Nr. 1 UIG (nachteilige Auswirkungen auf internationale Beziehungen) entschärft werden (s. Rz. 54).

27 **Praktisch bedeutsam** – z.B. im Hinblick auf Grundstücksveräußerungen oder Unternehmenstransaktionen – sind Umweltinformationen über den **Boden**. Hierbei geht es vornehmlich um schädliche Bodenveränderungen (§ 2 Abs. 3 BBodSchG) oder eine Kontamination des Grundwassers nach den wasserrechtlichen Landesvorschriften (wobei Grundwasserkontaminationen ggf. dem Umweltbestandteil Wasser zuzuordnen sind). Wesentliche Erkenntnisquellen sind die bei den Umweltbehörden vorhandenen Bodengutachten, Sanierungsunterlagen, Altlasten(verdachts)-Kataster etc. Der Anspruch auf Einsichtnahme nach UIG in solche Unterlagen kann praktisch wichtig sein, vor allem für **Anlieger und Nachbarn oder Kaufinteressenten** eines (potentiell) verunreinigten Grundstücks. Nach den landesrechtlichen Vorschriften ist die Einsichtnahme in relevante Unterlagen häufig an die Zustimmung des Eigentümers oder das Bestehen eines berechtigten Interesses geknüpft (so z.B. bei begehrtem Einblick in Altlasten-Kataster). Hier kann ggf. der voraussetzungslose Anspruch nach UIG geltend gemacht werden, der zudem umfassender ist als die bloße Information, ob ein Grundstück als Altlast oder potentiell verunreinigt registriert ist. Ggf. kann z.B. Einblick in relevante Bodengutachten genommen werden. Zu beachten sind jedoch mögliche Ablehnungsgründe nach § 9 UIG (personenbezogene Daten, Schutz von Betriebs- und Geschäftsgeheimnissen, s. unten Rz. 75 ff.).

28 **Artenvielfalt** erfasst Tiere und Pflanzen und die Informationen über mögliche Auswirkungen hierauf, beispielsweise durch Infrastrukturvorhaben, Immissionen oder sonstige Einflüsse. Explizit genannt sind Auswirkungen **gentechnisch veränderter Organismen** (GVO) auf die Artenvielfalt. Solche Umweltinformationen sind praktisch nicht unbedeutend. Die weltweit zunehmende Verbreitung des Anbaus gentechnisch veränderter Pflanzen und die rasant steigenden Anbauzahlen führen zu

---

1 OVG Koblenz v. 2.6.2006 – 8 A 10267/06, NVwZ 2007, 351.
2 *Schomerus/Schrader/Wegener*, UIG, § 3 Rz. 102 m.w.N.; *Fluck/Theuer*, in: Fluck/Theuer, IFG, UIG, VIG, Teil A III, § 2 UIG Rz. 277. Für diese Auffassung streitet die Tatsache, dass die gegenteilige Position zu einem sehr begrenzten Auskunftsanspruch führen würde, was dem Zweck der UIRL widersprechen dürfte.
3 BVerwG v. 1.11.2007 – 7 B 37.07, NVwZ 2008, 80, 82.
4 So auch *Fluck/Theuer*, in: Fluck/Theuer, IFG, UIG, VIG, Teil A III, § 2 UIG Rz. 282.

politischen Auseinandersetzungen über die Chancen und Risiken der Grünen Gentechnik. Ein Streitpunkt hierbei sind mögliche **schädliche Auswirkungen** des Anbaus gentechnisch veränderter Pflanzen **auf andere Pflanzen oder Tiere**. Dies ist Gegenstand zahlreicher wissenschaftlicher Untersuchungen, deren Ergebnisse naturgemäß auch informationspflichtigen Stellen vorliegen[1] und die für die Öffentlichkeit interessant sind[2]. Darüber hinaus unterfallen dem Begriff der Artenvielfalt auch Informationen über Anbauflächen mit GVO-Pflanzen.

Klargestellt ist nunmehr auch, dass **Wechselwirkungen zwischen** den genannten **Umweltbestandteilen** Umweltinformationen sind. Erfasst werden auch Informationen über Auswirkungen über die Mediumsgrenzen hinweg. Hierunter fällt beispielsweise die Wechselwirkung zwischen Boden und Grundwasser, zwischen Luft und Boden/Grundwasser oder zwischen Pflanzen und Tieren. 29

**bb) Daten über Faktoren, § 2 Abs. 3 Nr. 2 UIG**

Die in § 2 Abs. 3 Nr. 2 UIG genannten „Faktoren" **Stoffe, Energie, Lärm und Strahlung** sind im Wesentlichen selbsterklärend. Im Hinblick auf **Abfälle** aller Art wird man die Legaldefinitionen im deutschen und europäischen Abfallrecht heranziehen können[3], im Zweifel jedoch auch eine umfassendere Handhabung wählen („Abfälle aller Art"). 30

Faktoren sind überdies **Freisetzungen von Stoffen** in die Umwelt, wobei das Gesetz insbesondere auf Emissionen und Ableitungen abstellt. Dieser Bereich von Umweltinformationen ist **praktisch wichtig**, da hiervon **anlagenbezogene Emissionen** erfasst werden. Die Begrifflichkeit „Stoffe" bedingt eine Einschränkung auf verkörperte Freisetzungen. „Klassische Emissionen" wie Lärm, Erschütterungen, Strahlen, Licht etc. sind hiervon nicht erfasst[4]. Derartige Emissionen können allerdings regelmäßig unter § 2 Abs. 3 Nr. 3 UIG subsumiert werden, da sie zumeist „Maßnahmen oder Tätigkeiten" entstammen. 31

Die genannten Faktoren sind allerdings nur dann Umweltinformationen, wenn sie **sich auf die Umweltbestandteile i.S.d. Nr. 1 auswirken oder wahrscheinlich auswirken**. In früheren Fassungen des UIG war in diesem Kontext von „beeinträchtigen oder beeinträchtigen können" die Rede[5]. Strittig ist, ob eine mögliche Auswirkung vorliegt, wenn jedenfalls eine Mindermeinung in der Wissenschaft solche Wirkungen annimmt[6] oder nach dem Stand der wissenschaftlichen Erkenntnis eine mögliche Auswirkung nicht ausgeschlossen werden kann[7]. In jedem Fall wird eine **hin-** 32

---

1 Ein prominentes Beispiel hierfür bilden die wissenschaftlichen Grundlagen für die Anordnung des Ruhens der Genehmigung für den Anbau der gentechnisch veränderten Maislinie MON 810 durch das Bundesamt für Verbraucherschutz und Lebensmittelsicherheit (BVL) im Jahr 2009, gestützt auf das sog. „Schutzklauselverfahren" nach § 20 Abs. 2 GenTG. Grundlage für das Verbot waren neue wissenschaftliche Arbeiten zu möglichen negativen Auswirkungen der gentechnisch veränderten Eigenschaften des Maises auf Wasserflöhe und Zweipunktmarienkäfer. Die Ruhensanordnung wurde im einstweiligen Rechtsschutzverfahren für rechtmäßig erklärt, OVG Lüneburg v. 25.5.2009 – 13 ME 76/09. Solche wissenschaftlichen Grundlagen dürften dem Umweltinformationsanspruch grundsätzlich zugänglich sein, jedenfalls soweit sie (mögliche) schädliche Auswirkungen auf Pflanzen oder Tiere betreffen.
2 VG Braunschweig v. 14.1.2009 – 2 A 121/08, Rz. 16.
3 So *Fluck/Theuer*, in: Fluck/Theuer, IFG, UIG, VIG, Teil A III, § 2 UIG Rz. 301 m.w.N.
4 A.A. *Fluck/Theuer*, in: Fluck/Theuer, IFG, UIG, VIG, Teil A III, § 2 UIG Rz. 305.
5 Vgl. § 3 Abs. 2 Nr. 2 UIG a.F. (bis zur Novellierung im Jahr 2004).
6 So weitreichend zur früheren, im Ergebnis strengeren Rechtslage *Schomerus/Schrader/Wegener*, UIG, § 3 Rz. 131.
7 So *Fluck/Theuer*, in: Fluck/Theuer, IFG, UIG, VIG, Teil A III, § 2 UIG Rz. 312.

reichende **Plausibilisierung** zu fordern sein[1], die jedenfalls eine gewisse **Untermauerung durch seriöse wissenschaftliche Erkenntnisse** erfordert (also keine Mindermeinungen oder fachwissenschaftlich fragwürdige Erkenntnisse).

### cc) Maßnahmen oder Tätigkeiten, § 2 Abs. 3 Nr. 3 UIG

33 Umweltinformationen sind auch alle Daten über **Maßnahmen oder Tätigkeiten**, die sich auf die Umweltbestandteile i.S.d. Nr. 1 oder auf Faktoren i.S.d. Nr. 2 auswirken oder wahrscheinlich auswirken oder den Schutz von Umweltbestandteilen i.S.d. Nr. 1 bezwecken, wobei zu den Maßnahmen auch politische Konzepte, Rechts- und Verwaltungsvorschriften, Abkommen, Umweltvereinbarungen, Pläne und Programme gehören, § 2 Abs. 3 Nr. 3 UIG.

34 Bei dieser Alternative handelt es sich um die **praktisch wohl bedeutsamste Variante von Umweltinformationen**. Tätigkeiten in diesem Kontext sind **sämtliche Handlungen** von natürlichen oder juristischen Personen des Privatrechts und des öffentlichen Rechts. Nicht erforderlich ist, dass die Tätigkeiten auf eine potentielle oder tatsächliche Umweltwirkung ausgerichtet sind. Es reicht aus, wenn sich solche Auswirkungen rein tatsächlich ergeben (können). Zu den **Maßnahmen** im hier interessierenden Zusammenhang gehören insbesondere Entscheidungen von Behörden, durch die im Einzelfall Rechtsvorschriften umgesetzt werden, die dem Umweltschutz dienen[2]. Hierunter fallen z.B. umweltrechtliche Genehmigungen und Gestattungen nach Immissionsschutzrecht oder Wasserrecht.

35 Die Anforderungen an **tatsächliche oder wahrscheinliche Auswirkungen** auf Umweltbestandteile oder Faktoren (bei § 2 Abs. 3 Nr. 3 lit. a UIG) dürfen nicht überspannt werden. Insoweit gelten die selben Grundsätze wie bei § 2 Abs. 3 Nr. 2 UIG (s. Rz. 32).

36 Die **praktischen Anwendungsfälle** für Maßnahmen oder Tätigkeiten i.S.d. § 2 Abs. 3 Nr. 3 UIG sind vielfältig. Zuvorderst ist an **Anlagen und Betriebe** mit potentiell umweltbeeinträchtigenden Wirkungen zu denken, z.B. immissionsschutzrechtlich genehmigte Anlagen, Anlagen, in denen gentechnische Arbeiten stattfinden, Kernkraftwerke und sonstige emittierende Anlagen. Daneben können aber auch bloße Baumaßnahmen Tätigkeiten sein, die Umweltauswirkungen haben können. Dies umfasst kleine bauliche Maßnahmen, die zur Versiegelung des Bodens führen, betrifft aber selbstverständlich auch infrastrukturelle Großvorhaben wie Autobahn-, Eisenbahn- und Hochspannungstrassen. Strittig ist, inwieweit **Informationen über Produkte**, die in Verkehr gebracht werden, erfasst sind, weil mögliche Umweltauswirkungen in der Regel erst durch die Verwendung und/oder Entsorgung und nicht bereits durch die Herstellung eintreten[3]. Zu beachten ist, dass im Falle von potentiellen Umweltauswirkungen der Informationsanspruch auf umweltbezogene Informationen beschränkt ist, weshalb beispielsweise bei einem großen Infrastrukturvorhaben der Umweltinformationsanspruch nicht Einsicht in sämtliche Planfeststellungsunterlagen umfasst.

37 Maßnahmen oder Tätigkeiten, die den **Schutz von Umweltbestandteilen bezwecken** (§ 2 Abs. 3 Nr. 3 lit. b UIG), sind insbesondere rechtliche und politische Maßnahmen, die dazu dienen, Umweltbestandteile zu schützen. Dieser Schutz muss nicht unmittelbar bezweckt werden; es reicht, wenn dies mittelbar geschieht[4]. Er-

---

1 *Reidt/Schiller*, in: Landmann/Rohmer, Umweltrecht, § 3 UIG Rz. 41.
2 BVerwG v. 24.9.2009 – 7 C 2.09, NVwZ 2010, 189, 190 zu Bescheiden über die Zuteilung von Emissionsberechtigungen nach TEHG.
3 Vgl. hierzu *Fluck/Theuer*, in: Fluck/Theuer, IFG, UIG, VIG, Teil A III, § 2 UIG Rz. 322 ff.
4 *Reidt/Schiller*, in: Landmann/Rohmer, Umweltrecht, § 2 UIG Rz. 45.

fasst werden Informationen über **gesetzgeberische Tätigkeiten** in Form von Ge- und Verboten zum Schutz der Umwelt sowie hierzu ergangene Verwaltungsvorschriften und vorhandene Informationen über den **Vollzug/Erfolg** sowie über **umweltschutzbezogene Subventionen oder Förderprogramme** (z.B. im Hinblick auf regenerative Energien).

Auch **Verwaltungsakte oder Realakte** von Behörden können dieser Fallgruppe angehören. Dies betrifft z.B. Genehmigungsbescheide nach Immissionsschutzrecht, wasserrechtliche Gestattungen, Planfeststellungsbeschlüsse oder ähnliche Gestattungen. Erfasst werden auch behördliche Tätigkeiten im **Vollzug von gesetzlichen Vorschriften**, die (auch) dem Umweltschutz dienen. Zu nennen wären nachträgliche Anordnungen nach den Fachgesetzen mit Umweltbezug, Genehmigungswiderruf sowie Ergebnisse von privaten oder behördlichen Kontrollen und aus Informationsgesuchen (z.B. nach BImSchG oder GenTG) oder aus umweltrechtlich veranlassten Straf- oder Ordnungswidrigkeitenverfahren.

Im Hinblick auf **politische Programme** oder **politische Konzepte**, die laut Regelbeispiel-Aufzählung in § 2 Abs. 3 Nr. 3 lit. b UIG auch zu den umweltschutzrelevanten Daten gehören, ist zu bemerken, dass diese nicht zugänglich zu machen sind, wenn sie im Kontext eines Gesetzgebungsverfahrens stehen (vgl. hierzu Rz. 18). Praktisch wenig bedeutsam dürften die Fälle der Einsichtnahme in **Pläne und Programme** sein[1]. Pläne wie Bebauungs- oder Raumordnungspläne sind in der Regel ohnehin frei zugänglich. Das Gleiche gilt für Satzungen. Interessanter sind in diesem Kontext regelmäßig Begleitunterlagen wie Gutachten etc., deren Zugang ggf. § 2 Abs. 3 Nr. 3 lit. a UIG unterfällt.  38

**dd) Berichte über die Umsetzung des Umweltrechts; Kosten-Nutzen-Analysen, § 2 Abs. 3 Nr. 4 und 5 UIG**

Auf sämtlichen Ebenen der Verwaltung, insbesondere auf ministerialer Ebene, gibt es **Erfassungen und Auswertungen über praktische Erfahrungen im Vollzug umweltrechtlicher Vorschriften** sowie ggf. statistische Erhebungen. Diese Informationen sind Umweltinformationen i.S.d. § 2 Abs. 3 Nr. 4 UIG[2]. Einen sehr spezifischen Teilbereich hiervon, nämlich Kosten-Nutzen-Analysen im Hinblick auf die Vorbereitung oder Durchführung von Maßnahmen oder Tätigkeiten i.S.d. § 2 Abs. 3 Nr. 3 UIG (Maßnahmen oder Tätigkeiten mit möglichem Umweltbezug oder hinsichtlich des Schutzes von Umweltbestandteilen) erfasst § 2 Abs. 3 Nr. 5 UIG.  39

**ee) Zustand der menschlichen Gesundheit und Sicherheit, § 2 Abs. 3 Nr. 6 UIG**

Die letzte Fallgruppe von Umweltinformationen bilden Daten über den **Zustand der menschlichen Gesundheit und Sicherheit**, Lebensbedingungen des Menschen sowie Kulturstätten und Bauwerke, § 2 Abs. 3 Nr. 6 UIG. Informationen aus diesem Bereich müssen jedoch einen Bezug zu den in § 2 Abs. 3 Nr. 1 bis 3 UIG genannten Bereichen aufweisen. Erforderlich ist eine **mögliche Betroffenheit** vom Zustand der Umweltbestandteile oder von Faktoren, Maßnahmen oder Tätigkeiten. Der Anwendungsbereich der Vorschrift ist weit. Erfasst werden sämtliche Informationen, die **potentielle Auswirkungen** auf die menschliche Gesundheit haben können, wie z.B. schädliche Veränderungen der Luft, der Atmosphäre, des Wassers, des Bodens, der Landschaft etc., schädliche Auswirkungen von freigesetzten Stoffen (beispielsweise aus immissionsschutzrechtlichen Anlagen) oder generell von bestimmten Tätigkeiten (z.B. aus dem Betrieb industrieller Anlagen). Wie bei § 2 Abs. 3 Nr. 1  40

---

1 Aufzählung hierzu bei *Fluck/Theuer*, in: Fluck/Theuer, IFG, UIG, VIG, Teil A III, § 2 UIG Rz. 358 ff.
2 Vgl. hierzu *Reidt/Schiller*, in: Landmann/Rohmer, Umweltrecht, § 3 UIG Rz. 48.

UIG ist die Formulierung „den Zustand der menschlichen Gesundheit und Sicherheit" im Hinblick auf die zeitlichen Dimensionen auslegungsbedürftig. Richtigerweise dürften wiederum neben Informationen des Ist-Zustands auch Informationen aus der Vergangenheit und im Hinblick auf die Zukunft erfasst sein (vgl. hierzu bereits oben Rz. 24).

41 Der Begriff der **Sicherheit** erweitert den Informationsanspruch auf umweltbezogene Zustände, Faktoren oder Maßnahmen/Tätigkeiten, die mögliche mittelbare Gefahren begründen, also beispielsweise Auswirkungen von Tätigkeiten oder Maßnahmen auf den Hochwasserschutz (z.B. beim Ausbau von Gewässern) oder mögliche mittelbare Folgen für die menschliche Gesundheit auf Grund der Veränderung der Artenvielfalt durch gentechnische Freisetzungen. Ggf. können hierunter auch sozio-ökologische Informationen fallen, die sich mit gesellschaftlichen Auswirkungen von (wirtschaftlichen) Tätigkeiten befassen. Zu denken wäre hierbei an die Folgen von Migrationsbewegungen auf Grund von Umweltverschmutzung oder globaler Erwärmung.

42 Zum Zustand der menschlichen Sicherheit gehört auch die **Kontamination der Lebensmittelkette**, wie explizit klargestellt wird. Zu beachten ist, dass dies nur Informationen über **umweltbedingte Wirkungen** der in § 2 Abs. 3 Nr. 1 bis 3 UIG genannten Zustände, Faktoren und Maßnahmen/Tätigkeiten auf die Lebensmittelerzeugung erfasst. Gemeint sind mithin Aspekte wie die Verbreitung von Schadstoffen in der Lebensmittelkette, beispielsweise nach atomaren Störfällen oder im Hinblick auf in der Landwirtschaft verwendete Chemikalien und Pestizide. **Nicht erfasst werden Lebensmittelverunreinigungen, die nicht durch die Umwelt hervorgerufen werden**, sondern durch Zutun der beteiligten Akteure (Produzenten)[1]. Als Beispiel hierfür sind die Verwendung von Gammel-Fleisch oder die Verunreinigung von Lebensmitteln mit Fremdstoffen (z.B. Glassplittern) zu nennen.

### b) Erfasste Informationsmedien

43 § 2 Abs. 3 UIG definiert nicht nur, was Umweltinformationen i.S.d. UIG sind, sondern legt auch fest, **in welcher Form** diese Informationen bei der Behörde vorhanden sein müssen, damit sie vom Informationsanspruch erfasst sind. Hiernach muss es sich um umweltbezogene Daten handeln, die „unabhängig von der Art ihrer Speicherung" **bei der Behörde vorhanden** sind. Hierdurch wird klargestellt, dass eine **Manifestation der Daten durch Verkörperung oder Virtualisierung** gegeben sein muss. Neben den „klassischen" Behördenakten in Form von Papierunterlagen unterfallen dem Begriff sämtliche gespeicherte oder digitalisierte Daten, also insbesondere Computerdateien[2]. Im Hinblick auf ältere Informationen sind ggf. auch Speichermedien wie Diskette oder Microfiche relevant. **Nicht erfasst ist naturgemäß bloßes Behördenwissen**, das nicht in irgendeiner Form verkörpert vorliegt.

### c) Vorliegen bei der informationspflichtigen Stelle

44 Eine informationspflichtige Stelle **verfügt** über Umweltinformationen, wenn diese bei ihr vorhanden sind oder für sie bereitgehalten werden. Für das **Vorhandensein** genügt die **tatsächliche räumliche Verfügungsmöglichkeit** der informationspflichtigen Stelle. Es kommt **nicht auf die rechtliche Verfügungsbefugnis** der Behörde in dem Sinne an, dass sie „aktenführende Stelle" sein muss[3]. Erfasst sind auch Um-

---

1 *Fluck/Theuer*, in: Fluck/Theuer, IFG, UIG, VIG, Teil A III, § 2 UIG Rz. 387.
2 *Fluck/Theuer*, in: Fluck/Theuer, IFG, UIG, VIG, Teil A III, § 2 UIG Rz. 273.
3 Insoweit kann auf die Begriffsbestimmung in Art. 2 Nr. 3 der RL 2003/4/EG zurückgegriffen werden. Danach sind „bei einer Behörde vorhandene Informationen" Umweltinformationen, die sich in ihrem Besitz befinden und die von dieser Behörde erstellt wurden oder bei ihr eingegangen sind.

weltinformationen, die sich nur zu vorübergehenden Zwecken – etwa aufgrund eines Widerspruchs- oder Ermittlungsverfahrens – bei der Stelle befinden[1]. Daten werden auch i.S.v. § 2 Abs. 4 UIG bereit gehalten, wenn sie **Unternehmen im Rahmen der Selbst- oder Eigenüberwachung** erheben und auf Grund gesetzlicher Verpflichtungen aufbewahren (z.B. Messdaten oder Untersuchungsergebnisse nach BImSchG oder anderen umweltrechtlichen Vorschriften)[2]. Ein **Bereithalten** liegt vor, wenn eine natürliche oder juristische Person, die selbst nicht informationspflichtige Stelle ist, Umweltinformationen für eine informationspflichtige Stelle aufbewahrt und die **informationspflichtige Stelle einen Anspruch auf Übermittlung besitzt** (vgl. § 2 Abs. 4 UIG). Dies gilt auch dann, wenn die Umweltinformationen zunächst bei einer selbst nicht informationspflichtigen Stelle angefallen sind[3]. Mit dieser Maßgabe wird sichergestellt, dass Umweltinformationen, die nicht oder nicht mehr bei der Behörde selbst vorliegen, ebenfalls vom Informationsanspruch erfasst werden.

**In der Praxis** gewinnt die **Zentralisierung von gespeicherten Dateien außerhalb der unmittelbaren Büroräumlichkeiten**, ggf. auch unter Einschaltung entsprechender externer Dienstleister, zunehmende Bedeutung. Viele Behörden sind auch dazu übergegangen, körperliche Akten bei Dienstleistern zu archivieren oder archivieren zu lassen. In diesen Fällen hat die Behörde weiterhin Zugriff auf die Informationen auf Grundlage der Vereinbarungen mit dem Dienstleister und muss demgemäß die Informationen zurück in den eigenen Herrschaftsbereich holen, um dem Informationsanspruch gerecht zu werden.

Der Anspruch auf die vorhandenen Informationen besteht nur im Hinblick auf die Daten, **wie sie bei der Behörde vorhanden sind**. Die Behörde ist grds. **nicht verpflichtet**, die Daten in irgendeiner Form **aufzubereiten**, um einen weitergehenden Informationsgehalt zu generieren (z.B. durch die Bewertung bzw. Verknüpfung von Informationen). Dürfen allerdings Informationen, etwa zur Gewährleistung erforderlichen Datenschutzes, nur auszugsweise zugänglich gemacht werden, so ist mit dem Zugangsanspruch regelmäßig eine gewisse Datenbearbeitung – sei es durch Schwärzung, Trennung von Akten oder elektronische Datenbearbeitung – verbunden. Dieser Aufwand ist grds. von der Behörde zu leisten[4]. 45

Die Behörde ist überdies nicht verpflichtet, **relevante Umweltinformationen zu erheben oder anderweitig zu beschaffen**. Dies gilt auch, wenn die Behörde im Rahmen ihrer Befugnisse dazu berechtigt wäre, die Informationen zu erlangen. Der Anspruch auf Information beschränkt sich nach dem klaren Wortlaut auf vorhandene oder bereitgehaltene Daten. Sind die Informationen **zeitweilig** nicht bei der informationspflichtigen Stelle vorhanden, weil sie die Informationen an eine andere Stelle weitergegeben hat, hat die informationspflichtige Stelle den Antrag an die Stelle **weiterzuleiten**, die die Umweltinformationen aktuell besitzt (vgl. § 4 Abs. 3 Satz 1 UIG). 46

⊃ **Praxishinweis:** Die begehrten Daten sollten im Rahmen der Antragstellung auf Informationszugang so weit als möglich **spezifiziert** werden. Soweit bekannt, sollten die relevanten Dokumente namentlich aufgeführt werden. Erkenntnisse über bestimmte Speicherformen sollten ebenfalls mitgeteilt werden. Auch ein Hinweis auf eine mögliche Verortung der relevanten Informationen in unterschiedlichen Akten oder Vorgängen (beispielsweise auf Grund 47

---

1 OVG Münster v. 1.3.2011 – 8 A 3358/08, Rz. 112.
2 BVerwG v. 1.11.2007 – 7 B 37.07, NVwZ 2008, 80, 82; a.A. *Fluck/Theuer*, in: Fluck/Theuer, IFG, UIG, VIG, Teil A III, § 2 UIG Rz. 44 ff., wonach im Ergebnis kein Bereithalten vorliege.
3 BVerwG v. 1.11.2007 – 7 B 37.07, NVwZ 2008, 80, 82.
4 OVG Münster v. 1.3.2011 – 8 A 3358/08, Rz. 127.

unterschiedlicher behördeninterner Zuständigkeiten) ist selbstverständlich empfehlenswert. Das Gleiche gilt, wenn relevante Informationen in länger zurückliegenden Behördenvorgängen vermutet werden, die möglicherweise bereits abgelegt oder archiviert sind. Ratsam ist es auch, auf mögliche Informationsquellen der informationspflichtigen Stelle qua **gesetzlicher Aufgabenzuweisung** hinzuweisen. Ist die informationspflichtige Stelle Genehmigungs-, Kontroll- oder Aufsichtsbehörde, dürfte bei einer Vielzahl von Informationsansprüchen, die einen Zusammenhang zu diesen Aufgaben aufweisen, eine Indizwirkung zu Gunsten des Vorhandenseins relevanter Umweltinformationen bestehen. Je detaillierter hier vorgetragen wird, desto höher ist die Wahrscheinlichkeit eines zufriedenstellenden Rücklaufs. Im Übrigen dürfte auch der Rechtfertigungsdruck für eine Ablehnung des Informationsgesuchs wegen Nichtvorliegens relevanter Daten durch die informationspflichtige Stelle steigen.

## 6. Ablehnungsgründe, §§ 8 und 9 UIG

### a) Vorbemerkungen

#### aa) Relativität der Ausschlussgründe

48 Der Anspruch auf Zugang zu Umweltinformationen wird begrenzt durch materiellrechtliche Ablehnungsgründe in §§ 8 und 9 UIG. § 8 UIG enthält Ablehnungsgründe auf Grund **öffentlicher Belange; private Belange** können dem Informationsanspruch gem. § 9 UIG entgegengehalten werden. Der Zugang zu Umweltinformationen ist **nicht per se ausgeschlossen**, wenn einer der Tatbestände der §§ 8 und 9 UIG vorliegt. Anders als im Hinblick auf die Ablehnungsgründe nach IFG muss ein Informationszugang auch bei Vorliegen eines Ablehnungsgrundes gewährt werden, **wenn das öffentliche Interesse an der Bekanntgabe überwiegt**. Ablehnungsgründe nach UIG können mithin „weggewogen" werden, während Informationsansprüche nach IFG weitgehend absolut gelten. Darüber hinaus gibt es bei einzelnen Ausschlussgründen weitere Ausnahmen. Die informationspflichtige Stelle hat das Vorliegen daher immer **zweistufig zu prüfen**: Im ersten Schritt ist das Vorliegen der tatbestandlichen Voraussetzungen von Ablehnungsgründen zu klären. Liegen solche Ablehnungsgründe vor, ist in einem zweiten Schritt zu prüfen, ob das öffentliche Interesse an der Bekanntgabe überwiegt oder sonstige Ausnahmen vom Anspruchsausschluss eingreifen.

#### bb) Gerichtliche Überprüfbarkeit

49 Im Hinblick auf die Maßstäbe und Maßgaben für die gerichtliche Überprüfung einer ablehnenden Entscheidung unter Berufung auf das Vorliegen von Ablehnungsgründen ist zu unterscheiden: Die allgemeinen **tatbestandlichen Voraussetzungen** der §§ 8 und 9 UIG unterliegen der **vollen gerichtlichen Kontrolle**. Insoweit kommt der Behörde kein Entscheidungs- oder Ermessensspielraum zu[1]. Nur einer **teilweisen gerichtlichen Kontrolle** unterliegt hingegen die **Prognose** im Hinblick auf nachteilige Auswirkungen auf die gesetzlich normierten Schutzziele der §§ 8 und 9 UIG. Das Gericht kann insoweit nur nachprüfen, ob die Behörde von einem **zutreffend und vollständig ermittelten Sachverhalt** ausgegangen ist, ihre **Prognose einleuchtend begründet** hat und **keine offensichtlich fehlerhafte**, insbesondere in sich widersprüchliche Einschätzung getroffen hat[2]. Anders als bei sonstigen Prognose-

---

[1] *Reidt/Schiller*, in: Landmann/Rohmer, Umweltrecht, § 8 UIG Rz. 77; *Schoch*, IFG, § 9 Rz. 84f.
[2] BVerwG v. 29.10.2009 – 7 C 22.08 – CIA-Flüge, NVwZ 2010, 321, 322 zum IFG.

entscheidungen ist hierbei nicht die Sach- und Rechtslage im Zeitpunkt der Behördenentscheidung zugrunde zu legen. Das Gericht muss vielmehr nachprüfen, ob der **Versagungsgrund**, sprich die Prognose über nachteilige Auswirkungen, auch im **Zeitpunkt der gerichtlichen Entscheidung** (noch) entgegen steht. Insofern sind also auch ggf. Änderungen der tatsächlichen Situation zwischen Behördenentscheidung und gerichtlicher Entscheidung zu berücksichtigen. Das Gericht darf allerdings keine eigene prognostische Einschätzung treffen. Diese Entscheidung obliegt ausschließlich der informationspflichtigen Stelle. Ist die **Prognoseentscheidung fehlerhaft**, ist die Behörde zur **Neubescheidung** zu verpflichten[1]. Ein **Antrag auf Informationszugang** kann **jederzeit neu gestellt** werden, wenn sich die Sachlage verändert, d.h. ein Ablehnungsgrund wegfällt oder sich die Prognoseentscheidung im Hinblick auf nachteilige Auswirkungen im Nachhinein zu Gunsten des Informationsanspruchs verändert[2].

Welcher gerichtliche Prüfungsmaßstab im Hinblick auf die Entscheidung über das Vorliegen **überwiegender öffentlicher Interessen** trotz Vorliegens eines Ablehnungsgrundes gelten soll, ist umstritten. Eine Auffassung beschränkt die gerichtliche Kontrolle auf die Überprüfung, ob die maßgeblichen und für die informationspflichtige Stelle erkennbaren öffentlichen Belange auf beiden Seiten (pro und contra Zugänglichmachung) ordnungsgemäß ermittelt, bewertet und gewichtet wurden. Das Gericht könne demnach seine Abwägungsentscheidung nicht an die Stelle der Abwägungsentscheidung der informationspflichtigen Stelle setzen[3]. Nach anderer Auffassung soll die Entscheidung **vollständig gerichtlich** überprüfbar sein[4]. Die **Rechtsprechung** thematisiert diesen Aspekt regelmäßig nicht und nimmt praktisch eine vollständige Überprüfung der Abwägungsentscheidung vor[5]. 50

**cc) Hinweise für die anwaltliche Tätigkeit**

Das Vorliegen der Voraussetzungen für Ausschlussgründe ist von der Behörde **hinreichend substantiiert darzulegen**. Ihr obliegt insoweit also die **Darlegungslast**[6]. In der **Praxis** scheitern ablehnende Bescheide sehr häufig an diesem Kriterium. Daher ist **Rechtsanwälten**, die Antragsteller vertreten, zu raten, auf diesen Aspekt ein **besonderes Augenmerk zu richten**. Besondere Schwierigkeiten bereitet den informationspflichtigen Stellen häufig die ordnungsgemäße Darlegung und Plausibilisierung möglicher negativer Auswirkungen auf die durch die Ablehnungsgründe geschützten Rechtsgüter. Hier wird oft pauschal und ohne Bezug zum konkreten Fall argumentiert (beispielsweise im Hinblick auf den Eintritt nachteiliger Auswirkungen i.S.v. § 8 Abs. 1 Satz 1 UIG). Insgesamt dürfen die Anforderungen an die Darlegungslast der informationspflichtigen Stelle jedoch **nicht überspannt werden**. Zu berücksichtigen ist nämlich, dass ggf. detaillierte Ausführungen zu einzelnen Ausschlussgründen gar nicht möglich sind, weil die **Vereitelung des Ausschlussgrundes droht**. Besonders augenfällig tritt dies im Hinblick auf Ausschlussgründe zum Schutz privater Belange (§ 9 UIG) zu Tage. So dürfen beispielsweise die Ausführungen zum Vorliegen von **Betriebs- und Geschäftsgeheimnissen** nicht einen solchen Detaillierungsgrad aufweisen, dass Rückschlüsse auf deren Inhalt möglich sind. Viele Behörden sind daher im Zweifel eher zurückhaltend bei der Substantiie- 51

---

1 BVerwG v. 29.10.2009 – 7 C 22.08 – CIA-Flüge, NVwZ 2010, 321, 323 zum IFG.
2 Klarstellend insoweit BVerwG v. 29.10.2009 – 7 C 22.08 – CIA-Flüge, NVwZ 2010, 321, 323 zum IFG.
3 So *Reidt/Schiller*, in: Landmann/Rohmer, Umweltrecht, § 8 UIG Rz. 78.
4 *Schrader*, in: Schlacke/Schrader/Bunge, Aarhus-Handbuch, § 1 Rz. 91.
5 Vgl. z.B. OVG Münster v. 3.8.2010, NVwZ 2011, 375 ff.
6 VGH Kassel v. 2.3.2010 – 6 A 1648/08, Rz. 13; BT-Drs. 15/4493, S. 6, für die insoweit identische Situation im Hinblick auf das IFG.

rung der Begründung, um nicht ungewollt Betriebs- und Geschäftsgeheimnisse oder ähnliche schutzwürdige Informationen zu offenbaren. Hält ein Gericht die Ausführungen für nicht hinreichend und kommt es auf den betreffenden Ausschlussgrund an (sind also sämtliche anderen Ausschlussgründe ausgeschlossen), wird das Gericht einen **Beweisbeschluss** auf Vorlage der relevanten Akten zur Prüfung des Vorliegens von Betriebs- und Geschäftsgeheimnissen oder personenbezogenen Daten erlassen. Es kommt dann regelmäßig zu einem **in-camera-Verfahren** (s. hierzu ausführlich Rz. 142 ff.).

**b) Schutz öffentlicher Belange, § 8 Abs. 1 UIG**

52 Soweit die Bekanntgabe von Umweltinformationen nachteilige Auswirkungen hätte auf die internationalen Beziehungen, die Verteidigung oder bedeutsame Schutzgüter der öffentlichen Sicherheit (§ 8 Abs. 1 Satz 1 Nr. 1 UIG), die Vertraulichkeit der Beratung von informationspflichtigen Stellen (§ 8 Abs. 1 Satz 1 Nr. 2 UIG), die Durchführung eines laufenden Gerichtsverfahrens, den Anspruch einer Person auf ein faires Verfahren oder die Durchführung strafrechtlicher, ordnungswidrigkeitenrechtlicher oder disziplinarrechtlicher Ermittlungen (§ 8 Abs. 1 Satz 1 Nr. 3 UIG) oder den Zustand der Umwelt und ihrer Bestandteile i.S.d. § 2 Abs. 3 Nr. 1 UIG oder Schutzgüter i.S.d. § 2 Abs. 3 Nr. 6 UIG (§ 8 Abs. 1 Satz 1 Nr. 4 UIG), ist der Antrag abzulehnen, es sei denn, das öffentliche Interesse an der Bekanntgabe überwiegt.

**aa) Erfordernis nachteiliger Auswirkungen auf die Schutzgüter**

53 Sämtliche Ablehnungsgründe des § 8 Abs. 1 UIG stehen unter dem Vorbehalt, dass das Bekanntgeben der Informationen **nachteilige Auswirkungen** auf die in den Nr. 1 bis 4 genannten Schutzgüter hätte. Eine nachteilige Auswirkung in diesem Kontext ist, was den Schutzgütern abträglich ist[1]. Dies setzt eine **ernsthafte, konkrete Gefährdung der Schutzgüter** voraus[2] bzw. die Schaffung oder Erhöhung einer Gefährdungslage[3]. Trotz des Wortlauts („Auswirkungen hätte") **muss nicht feststehen**, dass nachteilige Auswirkungen eintreten würden, wenn die begehrten Informationen bekannt gegeben würden. Vielmehr ist im Hinblick auf den Eintritt einer Gefährdungslage eine **Prognoseentscheidung** über die Auswirkungen des Bekanntwerdens auf das jeweilige Schutzgut zu treffen[4]. Die anzustellende Prognose muss auf einer **hinreichenden Sachverhaltsermittlung** beruhen sowie **inhaltlich nachvollziehbar** und vertretbar sein. Sie muss sich auf den Einzelfall beziehen und darf nicht nur auf vage Anhaltspunkte oder bloße Vermutungen gestützt sein[5].

**bb) § 8 Abs. 1 Satz 1 Nr. 1 UIG**

54 § 8 Abs. 1 Satz 1 Nr. 1 UIG beinhaltet **drei von einander unabhängige Schutzgüter**. **Internationale Beziehungen** sind Beziehungen zwischen Völkerrechtssubjekten, d.h. zwischen der Bundesrepublik Deutschland und ausländischen Staaten (einschließlich der Mitgliedstaaten der EU) und zwischen- und überstaatlichen Organisationen (z.B. der UN)[6]. Solch nachteilige Auswirkungen auf Beziehungen zu anderen Staaten oder supranationalen Organisationen dürften in der Praxis eher selten

---

1 BVerwG v. 29.10.2009 – 7 C 22.08 – CIA-Flüge, NVwZ 2010, 321 f. zum IFG.
2 OVG Koblenz v. 20.2.2008 – 1 A 10886/07, NVwZ 2008, 1141, 1143.
3 Vgl. Gesetzesbegründung BT-Drs. 15/3406, S. 18.
4 BVerwG v. 29.10.2009 – 7 C 22.08 – CIA-Flüge, NVWZ 2010, 321 f. zum IFG; OVG Koblenz v. 20.2.2008 – 1 A 10886/07, NVwZ 2008, 1141, 1143.
5 OVG Koblenz v. 20.2.2008 – 1 A 10886/07, NVwZ 2008, 1141, 1143; VG Trier v. 17.7.2009 – 5 L 330/09, NVwZ-RR 2009, 828, 829.
6 BVerwG v. 29.10.2009 – 7 C 22.08 – CIA-Flüge, NVwZ 2010, 321 zum insoweit gleichlautenden Ablehnungsgrund des § 3 Nr. 1 lit. a IFG.

zu erwarten sein. Denkbar wäre dies beispielsweise, wenn sensible Umweltinformationen aus anderen Staaten bekannt würden, die deutschen informationspflichtigen Stellen vorliegen.

**Verteidigung** i.S.d. § 8 Abs. 1 Satz 1 Nr. 1 UIG nimmt Bezug auf die Erfüllung des verfassungsgemäßen Auftrags der **Streitkräfte** einschließlich der Verteidigungsaufgaben der in Deutschland dauerhaft stationierten **Gaststreitkräfte**. Hiervon (bzw. vom Schutzgut der internationalen Beziehungen) erfasst werden auch **Einsätze der Bundeswehr im Ausland**[1]. Eine nachteilige Auswirkung kann z.B. dann vorliegen, wenn eine **Gefährdungslage** geschaffen oder erhöht wird, z.B. die Gefahr einer Sabotage oder eines terroristischen Angriffs. Im Hinblick auf **aktuelle und ehemalige Militärflächen** kann u.U. ein Interesse auf Informationen über bestehende oder vermutete **schädliche Bodenveränderungen** existieren. Die bloße Tatsache einer (ehemaligen) militärischen Nutzung kann hierbei dem Anspruch auf Informationszugang nicht entgegen gehalten werden. Allenfalls dann, wenn durch Informationen über schädliche Bodenveränderungen hinreichende Rückschlüsse auf Kampfstoffe oder Kampfmittel möglich sind, käme der Ablehnungsgrund in Betracht[2]. Kein Anspruch auf Informationszugang dürfte regelmäßig auch im Hinblick auf Art und Menge von gelagerten explosionsgefährlichen Stoffen (Treibstoff, Chemikalien oder Waffen) bestehen, weil dies Rückschlüsse auf die Verteidigungsfähigkeit bzw. -strategie zulässt und/oder das Risiko von Anschlägen oder Sabotageakten erhöhen kann. 55

**Schutzgüter der öffentlichen Sicherheit** sind, anders als nach polizeirechtlichem bzw. sicherheitsrechtlichem Verständnis (Schutz der gesamten Rechtsordnung), wichtige staatliche Einrichtungen, z.B. Verfassungsorgane[3], die Funktionsfähigkeit des Staates, Leben, Gesundheit und sonstige wichtige Allgemeingüter[4]. Der Ablehnungsgrund kommt regelmäßig in Betracht, wenn es um die Preisgabe von Verfassungsschutzdaten geht[5]. Schutzgüter der öffentlichen Sicherheit können überdies gefährdet sein, wenn die Preisgabe der Informationen das Risiko **terroristischer Anschläge** auf bestimmte Einrichtungen (wenn sich die Informationen auf eine gefährdete Einrichtung beziehen) oder generell erhöhen würde (wenn die Informationen beispielsweise zur Beschaffung von Sprengstoffen aus Störfallbetrieben verwendet werden könnten). Die Rechtsprechung stellt hier jedoch sehr strenge Anforderungen an das Maß der Konkretheit der Gefährdung[6]. 56

### cc) § 8 Abs. 1 Satz 1 Nr. 2 UIG

Einen weiteren Ablehnungsgrund bildet die **Vertraulichkeit der Beratung von informationspflichtigen Stellen** (§ 8 Abs. 1 Satz 1 Nr. 2 UIG)[7]. Geschützt werden Bera- 57

---

1 Vgl. Gesetzesbegründung BT-Drs. 15/3406, S. 18.
2 So auch *Reidt/Schiller*, in: Landmann/Rohmer, Umweltrecht, § 8 UIG Rz. 15.
3 VG Düsseldorf v. 9.10.2010 – 26 K 5707/08, Rz. 19.
4 BT-Drs. 15/3406, S. 19.
5 So auch die Gesetzesbegründung BT-Drs. 15/3406, S. 19.
6 So z.B. das OVG Koblenz v. 20.2.2008 – 1 A 10886/07, NVwZ 2008, 1141 ff. im Hinblick auf Informationen über Betriebe in Rheinland-Pfalz, die der Störfallverordnung unterliegen.
7 Anmerkung: Es ist strittig, ob der Ablehnungsgrund des § 8 Abs. 1 Satz 1 Nr. 2 UIG europarechtskonform ist. Der Streit entzündet sich an der Tatsache, dass der Gesetzgeber die Vertraulichkeit der Beratung von informationspflichtigen Stellen generell unter Schutz gestellt hat. In Art. 4 Abs. 2 Satz 1 lit. a der UIRL heißt es jedoch, dass eine solche Ausnahme von den Mitgliedsstaaten nur vorgesehen werden kann, sofern eine Vertraulichkeit gesetzlich vorgesehen ist. Der Bundesgesetzgeber sieht wegen § 8 Abs. 1 Satz 1 Nr. 2 UIG diese Voraussetzung als gegeben an (er sieht also quasi in der Vorschrift die gesetzliche Anordnung). Das BVerwG teilt diese Auffassung, hat die Frage jedoch dem EuGH vorgelegt, BVerwG v. 30.4.2009 – 7 C 17.08, Rz. 29 ff.

tungsvorgänge, d.h. schriftliche oder mündliche **behördliche Meinungsäußerungen und Willensbildungen**, die sich inhaltlich auf die Entscheidungsfindung beziehen und zwar von Beginn des Verwaltungsverfahrens bis zur Entscheidungsfindung[1]. Geschützt sind auch Niederschriften, Protokolle und sonstige Unterlagen zu Gemeinderats-, Ausschuss- oder Kommissionssitzungen, sofern die Sitzungen nicht-öffentlich sind und die Beratungen insoweit der Vertraulichkeit unterliegen[2]. Mitunter wird angenommen, dass auch **nach Abschluss** des Beratungsprozesses über den Beratungsvorgang selbst keine Informationen herausgegeben werden müssten[3]. Zudem greift der Ablehnungsgrund der Vertraulichkeit nur dann ein, wenn nach den konkreten Umständen des Einzelfalles bei der Bekanntgabe der Informationen nachteilige Auswirkungen auf Beratungsvorgänge vorliegen[4].

58 Nach wohl herrschender Auffassung erfasst § 8 Abs. 1 Satz 1 Nr. 2 UIG nur die Beratungs- und Abwägungsvorgänge, d.h. den Beratungsprozess oder -verlauf selbst, **nicht** aber die **den Beratungen zu Grunde liegenden**, bereits zuvor vorliegenden **Sachinformationen**, über die beraten wird (wie etwa die zur Entscheidung führenden Tatsachen) oder auch die **Beratungsergebnisse**, wie etwa Gutachten, die die tatsächlichen und die rechtlichen Entscheidungsgrundlagen zusammenstellen, wobei diese auch bloße Zwischenentscheidungen sein können[5].

**dd) § 8 Abs. 1 Satz 1 Nr. 3 UIG**

59 § 8 Abs. 1 Satz 1 Nr. 3 UIG beinhaltet drei Fallgruppen: Durchführung eines laufenden Gerichtsverfahrens, Anspruch einer Person auf ein faires Verfahren sowie Durchführung strafrechtlicher, ordnungswidrigkeitenrechtlicher oder disziplinarrechtlicher Ermittlungen.

60 Die **Durchführung eines laufenden Gerichtsverfahrens** kann betroffen sein, wenn die Preisgabe der betreffenden Informationen ein den rechtsstaatlichen Anforderungen genügendes Verfahren beeinträchtigen könnte[6]. Ziel des Ablehnungsgrundes ist der Schutz der Rechtspflege. Er soll die störungsfreie Durchführung eines laufenden Gerichtsverfahrens gewährleisten. Eine (analoge) Anwendung auf bevorstehende Gerichtsverfahren ist nicht möglich[7]. Nicht geschützt ist die Position der am gerichtlichen Verfahren Beteiligten[8], z.B. wenn Informationen bzw. Belege für Abwehr- oder Schadensersatzansprüche gegen Dritte begehrt werden (beispielsweise wegen behaupteter rechtswidriger Immissionen). Nachteilige Auswirkungen können durch Einwirkungen auf die Beweislage oder eine Vereitelung bestehender Aufklärungsmöglichkeiten eintreten. Darüber hinaus kann die Rechtspflege auch dadurch Schaden nehmen, dass die Öffentlichkeit oder einzelne, am Verfahrensausgang interessierte Personen, mit Hilfe der erlangten Informationen Druck auf die

---

1 Vgl. Gesetzesbegründung BT-Drs. 15/3406, S. 19.
2 BVerwG v. 27.9.2007 – 7 C 4.07.
3 So *Reidt/Schiller*, in: Landmann/Rohmer, Umweltrecht, § 8 UIG Rz. 24 unter Berufung auf den bereits genannten Vorlagebeschluss des Bundesverwaltungsgerichts, BVerwG v. 30.4.2009 – 7 C 17.08, Rz. 29 ff.
4 OVG Berlin v. 8.5.2008 – 12 B 24.07.
5 OVG Münster v. 3.8.2010 – 8 A 283/08, NVwZ 2011, 375, 376; OVG Schleswig v. 15.9.1998 – 4 L 139/98, NVwZ 1999, 670, 672; *Reidt/Schiller*, in: Landmann/Rohmer, Umweltrecht, § 8 UIG Rz. 21 m.w.N.
6 *Reidt/Schiller*, in: Landmann/Rohmer, Umweltrecht, § 8 UIG Rz. 26.
7 So BVerwG v. 9.11.2010 – 7 B 43.10, NVwZ 2011, 235, 236 zur Frage des Zugangs eines Insolvenzverwalters zu Daten von Sozialversicherungsträgern, die in den vergangenen Jahren insbesondere im Hinblick auf § 1 Abs. 3 IFG (Konkurrenzverhältnis zu anderen Vorschriften) umstritten war (s. Rz. 236).
8 BayVGH v. 22.8.2008 – 22 CE 07.1814; VG Arnsberg v. 27.1.2011 – 7 K 753/10, Rz. 41 ff.

Entscheidungsträger ausüben. Geschützt wird demnach auch die **Unabhängigkeit der Entscheidungsfreiheit der Rechtspflegeorgane**[1]. Der Ablehnungsgrund erfasst alle Gerichtszweige, nicht jedoch das Widerspruchsverfahren[2]. Er greift nur **während der Durchführung** des Verfahrens, also von dessen Anhängigkeit bis zum rechtskräftigen Abschluss (ggf. nach Durchlaufen des Instanzenzuges).

Zahlreiche Überschneidungen zum Ablehnungsgrund der Durchführung eines laufenden Gerichtsverfahrens ergeben sich beim Ausschlussgrund „**Anspruch einer Person auf ein faires Verfahren**"[3]. Die Unabhängigkeit der Entscheidungsträger kann beiden Bereichen zugeordnet werden. Bedeutung dürfte der Ablehnungsgrund insbesondere in **strafrechtlichen** sowie **verwaltungsgerichtlichen** Verfahren haben. So kann die Preisgabe von Umweltinformationen im Hinblick auf gerichtshängige Genehmigungsverfahren (z.B. im Rahmen einer Verpflichtungsklage auf Erteilung einer verweigerten immissionsschutzrechtlichen Genehmigung) Auswirkung auf den Verfahrensverlauf haben. Werden behördliche Erwägungen während des Gerichtsverfahrens veröffentlicht, kann öffentlicher Druck auf die Entscheidungsträger entstehen[4].

61

Der Schutz staatlicher Ermittlungen steht im Mittelpunkt des Ablehnungsgrundes der nachteiligen Auswirkungen auf die **Durchführung strafrechtlicher, ordnungswidrigkeitenrechtlicher oder disziplinarrechtlicher Ermittlungen**. Ermittlungsverfahren sind regelmäßig von dem Grundsatz geprägt, dass die Ermittlungsbehörden keine Informationen (an die Beschuldigten) herausgeben, die zu Beweisvereitelungen o.Ä. führen könnten. In diesem Verfahrensstadium hat der Betroffene/Beschuldigte regelmäßig nur begrenzten Zugang zu Informationen. Würden diese Informationen nunmehr Dritten zur Verfügung gestellt, bestünde zum einen die Gefahr, dass hierdurch auch Beschuldigte Kenntnis von diesen Informationen erlangen. Darüber hinaus könnte öffentlicher Druck auf die Ermittlungsbehörden entstehen. Zum Nachweis einer möglichen Gefährdung reicht eine entsprechende Stellungnahme der Ermittlungsbehörde[5].

62

### ee) § 8 Abs. 1 Satz 1 Nr. 4 UIG

Der Ablehnungsgrund in § 8 Abs. 1 Satz 1 Nr. 4 UIG nimmt Bezug auf nachteilige Auswirkungen auf den **Zustand der Umwelt und ihrer Bestandteile** i.S.d. § 2 Abs. 3 Nr. 1 UIG oder Schutzgüter i.S.d. § 2 Abs. 3 Nr. 6 UIG (zum Inhalt dieser Begrifflichkeiten vgl. oben Rz. 24 ff., 40 ff.). Die Bekanntgabe von Umweltinformationen kann in Einzelfällen dazu führen, dass es zu nachteiligen Auswirkungen auf den Zustand der Umwelt und ihrer Bestandteile kommen kann. So könnten Informationen über den **Standort bestimmter Pflanzen- und Tierarten** zu Zwecken genutzt werden, die den entsprechenden Bestand negativ beeinträchtigten könnten (z.B. für die Jagd oder für touristische Zwecke). Ferner kann möglicherweise die Vorabinformation über eine geplante Unterschutzstellung bestimmter Gebiete dazu führen, dass noch rasch Maßnahmen getroffen werden, die später verboten sind. Erforderlich sind jedoch konkrete Anhaltspunkte für solche negativen Auswirkungen. Der pauschale Verweis auf die bloße theoretische Möglichkeit reicht nicht aus[6].

63

---

1 BVerwG v. 28.10.1999 – 7 C 32.98, Rz. 21.
2 *Reidt/Schiller*, in: Landmann/Rohmer, Umweltrecht, § 8 UIG Rz. 27.
3 Diesen Ablehnungsgrund gibt es nicht im sächsischen UIG.
4 *Reidt/Schiller*, in: Landmann/Rohmer, Umweltrecht, § 8 UIG Rz. 31.
5 VG Frankfurt v. 30.8.2010 – 7 L 1957/10. F, Rz. 35 f.; v. 26.3.2010 – 7 K 243/09. F, Rz. 35.
6 *Schrader*, in: Schlacke/Schrader/Bunge, Aarhus-Handbuch, § 1 Rz. 110; *Reidt/Schiller*, in: Landmann/Rohmer, Umweltrecht, § 8 UIG Rz. 42.

#### ff) Überwiegendes öffentliches Interesse an der Bekanntgabe

64 Eine Ablehnung des Informationsanspruchs kommt auf Grundlage von § 8 Abs. 1 UIG nicht in Betracht, wenn **das öffentliche Interesse an der Bekanntgabe überwiegt**. Die informationspflichtige Stelle hat die betroffenen öffentlichen Interessen an einer Nichtzugänglichmachung der Informationen mit dem öffentlichen Interesse an der Bekanntgabe **zu ermitteln, zu bewerten und gegeneinander abzuwägen**. Hierbei können ggf. auf beiden Seiten mehrere Interessen betroffen sein. Grundsätzlich gibt es **keine Interessen**, die per se durchschlagen und zwar weder auf Seiten der Ablehnungsgründe noch auf Seiten der öffentlichen Interessen, die für eine Bekanntgabe sprechen. Das öffentliche Interesse an der Bekanntmachung überwiegt, wenn mit dem Antrag ein Interesse verfolgt wird, das **über das allgemeine Interesse** hinaus geht, das bereits jeden Antrag rechtfertigt. Es genügt nicht das allgemeine Interesse der Öffentlichkeit, Zugang zu Informationen über die Umwelt zu erhalten. Denn sonst würde das öffentliche Interesse immer überwiegen und es müsste keine Abwägung mehr stattfinden[1].

65 Je weitreichender die Folgen für die Allgemeinheit sind bzw. je größer der Personenkreis (potentiell) Interessierter im Hinblick auf Umweltinformationen ist, desto gewichtiger ist das öffentliche Interesse. In der **Rechtsprechung** gibt es diesbezüglich eine klare Tendenz, **gesellschaftspolitisch bedeutsamen, strittigen oder viel diskutierten Themen einen hohen Stellenwert** und damit hohes Gewicht beizumessen. So wurde ein hohes öffentliches Interesse im Hinblick auf Informationen über Gewässerschutz und Natura 2000-Schutz[2], im Hinblick auf Informationen zu einem Störfall in einem Kernkraftwerk[3] sowie hinsichtlich der Details eines sog. Cross-Border-Leasing-Vertrags zwischen einer Kommune und einem US-Unternehmen[4] angenommen. Verfolgt der Antragsteller ausschließlich oder überwiegend **private Interessen** (z.B. die Kontrolle der Einhaltung gesetzlicher Vorgaben durch Konkurrenten) so liegt regelmäßig **kein (überwiegendes) öffentliches Interesse** vor[5]. Für die **Praxis** ist daher zu empfehlen – soweit vorhanden und plausibel darstellbar –, jeweils auch ein öffentliches Interesse an der Informationserlangung herauszuarbeiten, selbst wenn der Informationszugang möglicherweise primär auf privaten Interessen beruht.

66 Führt die Abwägung zu dem Ergebnis, dass das öffentliche Interesse nur im Hinblick auf **Teilbereiche** der Informationen überwiegt, ist zu diesen Informationsteilen Zugang zu gewähren (§ 5 Abs. 3 UIG).

#### gg) Partielle Rückausnahme für Emissionen

67 Eine weitere Einschränkung für Teile der Ablehnungsgründe beinhaltet § 8 Abs. 1 Satz 2 UIG. Demnach kann der Informationszugang über **Emissionen** nicht unter Berufung auf die in § 8 Abs. 1 Nr. 2 und 4 UIG genannten Gründe abgelehnt werden (partielle Rückausnahme). Die Ablehnungsgründe der Vertraulichkeit der Beratung von informationspflichtigen Stellen sowie möglicher nachteiliger Auswirkungen

---

1 So BVerwG v. 24.9.2009 – 7 C 2.09, NVwZ 2010, 189, 193; anders hingegen OVG Münster v. 3.8.2010 – 8 A 283/08, NVwZ 2011, 375, 377, das unter Bezugnahme auf den Zweck des Gesetzes, durch ein umfassendes und ohne Darlegung des rechtlichen Interesses gewährtes Informationsrecht größere Transparenz und Klarheit im Bereich des Umweltschutzes zu schaffen, dem öffentlichen Interesse am Zugang zu Umweltinformationen per se eine erhebliche Bedeutung beimessen will.
2 OVG Münster v. 3.8.2010 – 8 A 283/08, NVwZ 2011, 375, 377.
3 BVerwG v. 21.2.2008 – 20 F 2.07 – in-camera-Verfahren, Rz. 29.
4 BVerwG v. 8.2.2011 – 20 F 13.10 – in-camera-Verfahren, Rz. 22.
5 BVerwG v. 24.9.2009 – 7 C 2.09, NVwZ 2010, 189, 194.

auf die Schutzgüter von § 2 Abs. 3 Nr. 1 und Nr. 6 UIG können in diesem Fall also nicht geltend gemacht werden. Insoweit ist auch kein überwiegendes öffentliches Interesse erforderlich[1]. **Emissionen erfassen** Geräusche, Licht, Stoffe, Strahlen, Wärme, Erschütterungen und sonstige in die Umwelt abgegebene Freisetzungen, und zwar unabhängig davon, ob sie von den einschlägigen rechtlichen Regimen erfasst werden (z.B. Immissionsschutzrecht)[2]. Betroffen sind ausschließlich Informationen darüber, **welche Stoffe in welcher Menge** in die Umwelt freigesetzt werden. Nicht erfasst sind Informationen über Vorgänge **innerhalb einer Anlage**, durch die die später in die Umwelt abgegebenen Stoffe entstehen oder deren Zusammensetzung und Menge beeinflusst werden[3]. Die Ausnahmeregelung gilt nur im Hinblick auf die in § 8 Abs. 1 Satz 2 UIG genannten Schutzgüter und kann nicht anderen Ablehnungsgründen (z.B. privaten Belangen i.S.d. § 9 UIG) entgegen gehalten werden.

### c) Ablehnungsgründe nach § 8 Abs. 2 UIG

Auch eine Ablehnung des Informationszugangs auf Grundlage von § 8 Abs. 2 UIG setzt das tatbestandliche Vorliegen eines Ablehnungsgrundes voraus, der ggf. **weggewogen** werden kann, wenn das öffentliche Interesse an der Bekanntgabe überwiegt. Im Unterschied zu § 8 Abs. 1 UIG ist jedoch das Vorliegen des Ablehnungsgrundes **positiv festzustellen** und nicht anhand einer Prognose zu beurteilen. 68

### aa) § 8 Abs. 2 Nr. 1 UIG

Ein Antrag ist abzulehnen, soweit er **offensichtlich missbräuchlich gestellt wurde** (§ 8 Abs. 2 Nr. 1 UIG). Nach der Gesetzesbegründung soll ein Missbrauch von Informationsansprüchen z.B. dann vorliegen, wenn der Antragsteller **bereits über die beantragten Informationen verfügt** oder der Antrag offensichtlich zum Zweck der **Verzögerung von Verwaltungsverfahren** gestellt wurde[4]. Hierin liegen Fälle eines sog. „**behördenbezogenen**" Missbrauchs. Ein Beispiel hierfür ist der Fall, dass Gegner eines Infrastrukturvorhabens die Genehmigungsbehörde mit Auskunftsbegehren überziehen, um diese an der zügigen Weiterführung des Genehmigungsverfahrens zu hindern. 69

Strittig ist, ob der Ablehnungsgrund auch bei einem sog. „**verwendungsbezogenen**" **Missbrauch** greift. Ein solcher kommt in Betracht, wenn der Antragsteller die Informationen (ausschließlich) zur Ausspähung von Konkurrenten bzw. Verwendung der Informationen für eigene Zwecke begehrt. Richtigerweise dürfte auch ein verwendungsbezogener Missbrauch einen Ablehnungsgrund begründen[5].

### bb) § 8 Abs. 2 Nr. 2 UIG

§ 8 Abs. 2 Nr. 2 UIG (**interne Mitteilungen der informationspflichtigen Stellen**) nimmt Bezug auf die Kommunikation zwischen verschiedenen informationspflichtigen Stellen, während der Ablehnungsgrund des § 8 Abs. 1 Satz 1 Nr. 2 UIG auf in- 70

---

1 BVerwG v. 24.9.2009 – 7 C 2.09, NVwZ 2010, 189, 192.
2 *Reidt/Schiller*, in: Landmann/Rohmer, Umweltrecht, § 8 UIG Rz. 46.
3 BVerwG v. 24.9.2009 – 7 C 2.09, NVwZ 2010, 189, 191.
4 BT-Drs. 15/3406, S. 19.
5 OVG Bln.-Bbg. v. 17.12.2008 – 12 B 23.07, Rz. 48 ff.; das BVerwG hat in der Nachfolgeentscheidung v. 24.9.2009 – 7 C 2.09, NVwZ 2010, 189, 191, mit überzeugenden Argumenten Zweifel angemeldet, die Frage aber nicht abschließend entschieden. Eine missbräuchliche Inanspruchnahme der informationspflichtigen Stelle (behördenbezogener Missbrauch) könne auch dann vorliegen, wenn sie herangezogen würde, obwohl das Gesetz den Anspruch ausschließe, sie also an sich gar nicht tätig werden müsste.

terne Vorgänge innerhalb einer informationspflichtigen Stelle rekurriert (vgl. hierzu oben Rz. 57 f.). Erfasst werden sämtliche Arten der zwischenbehördlichen Kommunikation, **unabhängig von der konkreten Form**. Erfasst sind nur Vorgänge, die ausschließlich zwischen informationspflichtigen Stellen ausgetauscht werden, also nicht außerhalb der Verwaltung bekannt werden. Interne Mitteilungen sind solche **Verwaltungsinterna** (beispielsweise E-Mails, Schriftverkehr, Vermerke), die entweder **Verwaltungs- oder Organisationsabläufe** betreffen (Dienstanweisungen, Verwaltungsvorschriften etc.) oder solche Dokumente, bei denen es nicht um Fakten, sondern um **politische Bewertungen, Abwägungen und Einschätzungen** geht[1]. Wie im Hinblick auf § 8 Abs. 1 Satz 1 Nr. 2 UIG dürften nur die Beratungs- und Abwägungsvorgänge, nicht aber vorliegende Sachinformationen, über die beraten wird oder auch die Beratungsergebnisse (Gutachten und Zwischenentscheidungen) vom Ablehnungsgrund erfasst sein (s. Rz. 58)[2].

### cc) § 8 Abs. 2 Nr. 3 UIG

71 Hat die angesprochene Stelle die beantragten Umweltinformationen nicht und kann sie den Antrag auch nicht gem. § 4 Abs. 3 UIG an eine Stelle weiterleiten, die über die Informationen verfügt, ist der Antrag abzulehnen (§ 8 Abs. 2 Nr. 3 UIG). Das Gleiche gilt, wenn der Antrag nicht hinreichend substantiiert bzw. zu unbestimmt ist (zu den Anforderungen s. Rz. 101 f.) und auf Aufforderung der informationspflichtigen Stelle nach § 4 Abs. 2 UIG nicht innerhalb einer angemessenen Frist präzisiert wird.

### dd) § 8 Abs. 2 Nr. 4 UIG

72 Der in § 8 Abs. 2 Nr. 4 UIG normierte Ablehnungsgrund sieht die Ablehnung des Antrags vor, wenn er sich auf die Zugänglichmachung von Material, das **gerade vervollständigt** wird, oder **noch nicht abgeschlossene Schriftstücke** oder **noch nicht aufbereitete Daten** bezieht. Ziel ist es, die Effektivität des Handelns der Verwaltung und der informationspflichtigen Stellen zu sichern[3]. **Nicht vervollständigt** bzw. nicht abgeschlossen sind Materialien/Schriftstücke, solange sie lediglich einen **Entwurf** darstellen und noch nicht, z.B. durch Abzeichnung des Verantwortlichen oder Übersendung an Dritte, freigegeben worden sind[4]. Die subjektive Einschätzung des Verantwortlichen im Hinblick auf die Vorläufigkeit oder Ergänzungsbedürftigkeit einer Stellungnahme oder Ähnlichem kann dann für die Bewertung der Abgeschlossenheit nicht maßgeblich sein, wenn diese Einschätzung durch objektive Umstände überlagert wird. Besitzt Material ein so selbstständiges Gewicht, dass diesem eine Eigenständigkeit zukommt, beispielsweise weil eine vorläufige Stellungnahme, die später noch ergänzt werden soll, zur Verwendung (z.B. in einer Datenbank) freigegeben wird, scheidet der Ablehnungsgrund des § 8 Abs. 2 Nr. 4 UIG aus[5].

73 Eine **Aufbereitung von Dateien** knüpft an die rein administrative Aufarbeitung von Daten an (Ordnung, Systematisierung, Kategorisierung etc.) und nicht an eine mögliche inhaltliche Ergänzungsbedürftigkeit[6]. Greift der Ablehnungsgrund, ist gem. § 5 Abs. 1 Satz 3 2. Halbs. UIG dem Antragsteller im Rahmen der Begründung

---

1 OVG Münster v. 3.8.2010 – 8 A 283/08, NVwZ 2011, 375, 378 ff.
2 So wohl auch OVG Münster v. 3.8.2010 – 8 A 283/08, NVwZ 2011, 375, 379.
3 Vgl. Gesetzesbegründung BT-Drs. 15/3406, S. 19.
4 BVerwG v. 21.2.2008 – 4 C 13.07, Rz. 15.
5 BVerwG v. 21.2.2008 – 4 C 13.07, Rz. 15.
6 *Reidt/Schiller*, in: Landmann/Rohmer, Umweltrecht, § 8 UIG Rz. 71.

der Ablehnung des Antrags mitzuteilen, welche Stelle das Material vorbereitet und wann die Vorbereitung voraussichtlich abgeschlossen sein wird.

#### ee) Abwägung mit öffentlichem Interesse an der Bekanntgabe

Wie im Hinblick auf die Ablehnungsgründe nach § 8 Abs. 1 UIG ist auch im Rahmen der Ablehnungsgründe nach § 8 Abs. 2 UIG eine **einzelfallbezogene Abwägung mit dem öffentlichen Interesse** an der Bekanntgabe vorzunehmen. Eine solche Abwägung scheidet jedoch sachlogisch im Hinblick auf die Ablehnungsgründe der Nrn. 1, 3 und 5 aus. Hinsichtlich der Kriterien und Maßstäbe für ein überwiegendes öffentliches Interesse wird auf die Darstellung zur Abwägung bei § 8 Abs. 1 UIG verwiesen (s. Rz. 64 ff.).

74

### d) Schutz sonstiger Belange, § 9 UIG

#### aa) Vorbemerkungen

Soweit durch das Bekanntgeben der Informationen personenbezogene Daten offenbart und dadurch Interessen der Betroffenen erheblich beeinträchtigt (§ 9 Abs. 1 Satz 1 Nr. 1 UIG), Rechte am geistigen Eigentum, insbesondere Urheberrechte, durch das Zugänglichmachen von Umweltinformationen verletzt (§ 9 Abs. 1 Satz 1 Nr. 2 UIG), durch das Bekanntgeben Betriebs- oder Geschäftsgeheimnisse zugänglich gemacht würden oder die Informationen dem Steuergeheimnis oder dem Statistikgeheimnis unterliegen (§ 9 Abs. 1 Satz 1 Nr. 3 UIG), ist der Antrag abzulehnen, es sei denn, die Betroffenen haben zugestimmt oder das öffentliche Interesse an der Bekanntgabe überwiegt.

75

§ 9 UIG schützt **private Interessen**, die im Wesentlichen auf dem verfassungsrechtlich verbürgten Recht auf informationelle Selbstbestimmung (Art. 2 Abs. 1 GG), der Berufsfreiheit (Art. 12 GG), der Eigentumsfreiheit (Art. 14 GG) sowie einfachgesetzlichen Schutzbestimmungen beruhen. Wie im Rahmen von § 8 UIG gelten die Ablehnungsgründe des § 9 UIG **nicht absolut**, sondern müssen im Einzelfall hinter ein öffentliches Interesse an der Bekanntgabe der Umweltinformationen zurücktreten. Hierbei gilt es jedoch, bei der Bewertung und Gewichtung der privaten Belange und dem Interessenausgleich im Rahmen der Abwägung der grundrechtlichen Verbürgung oder einfachgesetzlichen Unterschutzstellung privater Interessen hinreichende Bedeutung beizumessen.

76

Die **praktische Bedeutung der Ablehnungsgründe nach § 9 UIG ist groß**, was sich auch in der Vielzahl der in diesem Kontext ergangenen gerichtlichen Entscheidungen widerspiegelt. Insoweit handelt es sich auch um ein **bedeutendes Beratungsfeld**, weil der Schutz unternehmerischer Positionen, insbesondere von Betriebs- und Geschäftsgeheimnissen und Urheberrechten, einen hohen Stellenwert besitzt (z.B. bei Anträgen auf Informationszugang durch konkurrierende Unternehmen). Umgekehrt besteht Beratungsbedarf auch bei der Durchsetzung von Informationsansprüchen gegen behauptete überwiegende private Interessen. Hierbei gilt, dass aus Sicht von Unternehmen, deren private Interessen möglicherweise durch einen Informationszugang berührt werden, die Interessenwahrung nicht erst ab dem Zeitpunkt eines Informationszugangsantrags und der förmlichen Beteiligung des Unternehmens im Verfahren beginnt (vgl. § 9 Abs. 1 Satz 3 UIG), sondern bereits dann, wenn relevante Informationen **an informationspflichtige Stellen übermittelt werden** (s. Rz. 81, 90). Den informationspflichtigen Stellen sollte hierbei eine bestmögliche „Hilfestellung" zur Prüfung privater Ablehnungsgründe gegeben werden. Denn ob und inwieweit Informationen Geschäfts- oder Betriebsgeheimnisse enthalten oder inwieweit urheberrechtliche Schutzwirkungen eingreifen, ist für die Behörde

77

mitunter schwer überprüfbar. Eine Sensibilisierung der Behörden durch entsprechende Hinweise im Rahmen der Übermittlung von Informationen ist daher hilfreich. Das Risiko, dass die Behörden geheimhaltungspflichtige Informationen unbeabsichtigt oder leichtfertig offenbaren, kann hierdurch ggf. verringert werden.

**bb) Offenbarung personenbezogener Daten, § 9 Abs. 1 Satz 1 Nr. 1 UIG**

78 Personenbezogene Daten dürfen grds. nicht offenbart werden, wenn dadurch Interessen der Betroffenen erheblich beeinträchtigt würden, § 9 Abs. 1 Satz 1 Nr. 1 UIG. Für den **Begriff der personenbezogenen Daten** ist auf die Legaldefinition des § 3 Abs. 1 BDSG zurückzugreifen[1]. Betroffen sind mithin alle Informationen, die über die Bezugsperson etwas aussagen, unabhängig davon, welcher Lebensbereich angesprochen ist, einschließlich der sozialen, wirtschaftlichen und sonstigen Beziehungen der Person zu ihrer Umwelt[2]. Personenbezogene Daten liegen klassischerweise vor, wenn Umweltinformationen **Name, Anschrift, Familienstand** etc. einer Person enthalten. Hohe Relevanz besitzen daneben umweltbezogene Informationen, aus denen Rückschlüsse auf die **wirtschaftlichen oder sachlichen Verhältnisse** von natürlichen Personen gezogen werden können. Hierzu zählen Informationen über erhaltene Subventionszahlungen[3] und Informationen über schädliche Veränderungen des Bodens oder des Grundwassers auf Privatgrundstücken. Häufiger Gegenstand gerichtlicher Auseinandersetzungen sind Informationen über Standorte mit gentechnisch veränderten Pflanzen oder Detailinformationen über entsprechende Freisetzungsversuche[4].

79 Der Schutz des § 9 Abs. 1 Satz 1 Nr. 1 UIG erstreckt sich grds. nur auf natürliche Personen und **nicht auf juristische Personen oder Personengesellschaften** des Privatrechts[5]. Ausnahmsweise sind Daten juristischer Personen oder Personengesellschaften jedoch dann personenbezogen und damit geschützt, wenn ein Bezug zu den dahinter stehenden natürlichen Personen, d.h. (ggf. durch zusätzliche Informationen) eine Zuordnung zu diesen Personen, möglich ist, z.B. bei einer Ein-Mann-GmbH oder einer GbR[6]. Personenbezogene Daten liegen auch dann vor, wenn zwar eine konkrete Person in den Informationen nicht genannt wird, eine entsprechende **Identifikation der Person aber ohne größeren Aufwand möglich** ist (z.B. bei flurstücksgenauer Angabe eines Grundstücks nebst Adresse)[7].

80 Eine Offenbarung personenbezogener Daten ist nur dann grds. nicht zulässig, wenn eine **erhebliche Beeinträchtigung der Interessen der Betroffenen** eintreten würde. Insoweit ist – wie im Hinblick auf den Eintritt von Ablehnungsgründen nach § 8 Abs. 1 UIG – eine **Prognoseentscheidung** anzustellen. Die Beeinträchtigung muss demnach ein **gewisses Gewicht** besitzen, wofür das konkrete Interesse des Betroffenen an der Geheimhaltung sowie die Intensität der Beeinträchtigung, also Art und Umfang der Informationspreisgabe, von Bedeutung sind[8]. Zu berücksichtigen sind auch **nachteilige Konsequenzen durch Handlungen Dritter** gestützt auf bekanntgegebene personenbezogene Daten. Hierbei soll es allerdings nicht ausreichen,

---

1 OVG Münster v. 1.3.2011 – 8 A 3357/08, Rz. 127; VG Braunschweig v. 14.1.2009 – 2 A 121/08, Rz. 18.
2 BVerwG v. 24.3.2010 – 6 A 2.09, Rz. 34; OVG Münster v. 1.3.2011 – 8 A 3357/08, Rz. 130.
3 OVG Münster v. 1.3.2011 – 8 A 3357/08, Rz. 132 f.
4 Vgl. beispielsweise OVG Münster v. 2.1.2009 – 13a F 31/07, NVwZ 2009, 794; VG Braunschweig v. 14.1.2009 – 2 A 121/08, Rz. 18.
5 OVG Münster v. 1.3.2011 – 8 A 3357/08, Rz. 142.
6 OVG Münster v. 1.3.2011 – 8 A 3357/08, Rz. 147 ff.; VG Braunschweig v. 14.1.2009 – 2 A 121/08, Rz. 19.
7 VG Braunschweig v. 14.1.2009 – 2 A 121/08, Rz. 18.
8 OVG Münster v. 1.3.2011 – 8 A 3357/08, Rz. 134.

dass nur die entfernte Möglichkeit drohender Nachteile besteht, um keinen pauschalen Ablehnungsgrund zu schaffen[1]. Keine erhebliche Beeinträchtigung von Interessen soll auch dann vorliegen, wenn **Name, Beruf und Dienststellung von Amtsträgern, Gutachtern oder Sachverständigen** bekanntgegeben werden sollen[2]. Eine Beeinträchtigung kann schließlich auch dann nicht eintreten, wenn die relevanten Daten **bereits anderweitig bekanntgegeben** wurden oder allgemein bekannt sind.

Eine Offenbarung personenbezogener Daten ist möglich, soweit die **Betroffenen zugestimmt** haben. Hierbei ist eine explizite Zustimmung (am besten schriftlich) nötig. Für die **Praxis** ist zu empfehlen, sich zu einer möglichen Veröffentlichung personenbezogener Daten bereits frühestmöglich, d.h. nach Möglichkeit bereits im Rahmen der Übermittlung relevanter Daten, zu äußern. Hierbei sollten die Informationen benannt werden, die personenbezogene Daten enthalten. 81

Auch im Hinblick auf den Schutz personenbezogener Daten ist die Maßgabe des § 5 Abs. 3 UIG zu beachten, wonach geschützte Informationen soweit wie möglich **auszusondern** sind. Im Hinblick auf personenbezogene Daten bedeutet dies, dass ggf. gewisse **Textpassagen zu schwärzen** sind. Hierbei ist jedoch darauf zu achten, dass nicht nur Daten wie Name, Adresse, Flurstücksbezeichnungen etc. geschwärzt werden, sondern dass auch solche Informationen unkenntlich gemacht werden, aus denen Rückschlüsse auf personenbezogene Daten möglich sind. Eine Aussonderung von Informationen kann im Einzelfall erheblichen Aufwand hervorrufen. Die informationspflichtige Stelle kann in diesem Fall dem Antrag allerdings **nicht entgegen halten**, die Unkenntlichmachung personenbezogener Daten sei zu **arbeitsintensiv**. Einen entsprechenden Ablehnungsgrund gibt es nicht[3]. Die Behörde kann aber eine **andere Art des Informationszugangs** gewähren als beantragt (vgl. § 3 Abs. 2 Satz 2, 3 UIG). Ggf. kann z.B. statt der Akteneinsicht Auskunft in Form einer Zusammenstellung der nach Aussonderung der personenbezogenen Daten verbleibenden Informationen erteilt werden (vgl. hierzu Rz. 116). 82

**cc) Schutz geistigen Eigentums, § 9 Abs. 1 Satz 1 Nr. 2 UIG**

§ 9 Abs. 1 Satz 1 Nr. 2 UIG dient dem Schutz der **Rechte am geistigen Eigentum**[4]. Schutzrechte in diesem Sinne ergeben sich insbesondere aus dem **Geschmacksmusterrecht**, dem **Markenrecht**, dem **Patentrecht** und dem **Urheberrecht**[5]. Ausweislich des Gesetzeswortlauts müsste die Offenbarung der Informationen zu einer Verletzung der Schutzrechte führen. Dies richtet sich nach dem einschlägigen Fachrecht[6]. Insoweit ist auf die Fachkommentierungen zu verweisen[7]. 83

Auch im Hinblick auf private Schutzrechte ist anzuempfehlen, im Rahmen der Übermittlung relevanter Daten und Informationen einen entsprechenden Hinweis 84

---

1 VG Braunschweig v. 14.1.2009 – 2 A 121/08, Rz. 23, im Hinblick auf die Preisgabe von flurstücksgenauen Angaben über den Ort einer gentechnischen Freisetzung. Mit fragwürdiger Argumentation verneint das VG Braunschweig eine erhebliche Beeinträchtigung trotz zahlreicher Feldzerstörungen im Zuge sog. „Feldbefreiungen" durch militante Gegner des Anbaus gentechnisch veränderter Pflanzen. Zu Recht kritisch hierzu auch *Reidt/Schiller*, in: Landmann/Rohmer, Umweltrecht, § 8 UIG Rz. 14.
2 OVG Münster v. 1.2.2011 – 8 A 3357/08, Rz. 144; OVG Koblenz v. 3.11.2008 – 12 F 11054/08, Rz. 11.
3 VGH Mannheim v. 25.11.2008 – 10 S 2702/06, Rz. 22.
4 Vgl. Gesetzesbegründung BT-Drs. 15/3406, S. 20.
5 *Reidt/Schiller*, in: Landmann/Rohmer, Umweltrecht, § 9 UIG Rz. 16.
6 VGH Mannheim v. 25.11.2008 – 10 S 2702/06, Rz. 30.
7 Ein guter Überblick über die einschlägigen Fachgesetze findet sich bei *Reidt/Schiller*, in: Landmann/Rohmer, Umweltrecht, § 9 UIG Rz. 16 ff.

an die Behörde zu richten, dass relevante Schutzrechte betroffen und zu beachten sind.

**dd) Betriebs-, Geschäfts-, Steuer- und Statistikgeheimnis, § 9 Abs. 1 Satz 1 Nr. 3 UIG**

85  § 9 Abs. 1 Satz 1 Nr. 3 UIG regelt den im Hinblick auf private Interessen wohl bedeutsamsten Ablehnungsgrund der **Betriebs- oder Geschäftsgeheimnisse**[1]. Aufgeführt werden dort auch das **Steuer- und Statistikgeheimnis**, wenngleich diese von deutlich nachgeordneter praktischer Relevanz sind.

86  Vom Schutzbereich des § 9 Abs. 1 Satz 1 Nr. 3 Alt. 1 UIG erfasst sind neben natürlichen Personen auch **juristische Personen**, also Kapitalgesellschaften und auch Personengesellschaften[2]. Wie in den meisten Fachgesetzen ist der Begriff Betriebs- und Geschäftsgeheimnis auch im UIG nicht definiert. Nach gefestigter obergerichtlicher Rechtsprechung werden als Betriebs- und Geschäftsgeheimnisse **alle auf ein Unternehmen bezogenen Tatsachen, Umstände und Vorgänge** verstanden, die nicht offenkundig, sondern **nur einem begrenzten Personenkreis zugänglich sind** und an deren **Nichtverbreitung der Rechtsträger ein berechtigtes Interesse hat**. Betriebsgeheimnisse umfassen im Wesentlichen technisches Wissen; Geschäftsgeheimnisse betreffen vornehmlich kaufmännisches Wissen[3]. Ein berechtigtes Interesse an der Nichtverbreitung besteht, wenn die **Offenbarung** der Information geeignet ist, exklusives technisches oder kaufmännisches Wissen den Marktkonkurrenten zugänglich zu machen und so die Wettbewerbsposition des Unternehmens nachteilig zu beeinflussen[4]. Generell gilt, dass die Offenbarung von Betriebs- und Geschäftsgeheimnissen **nicht unmittelbar** erfolgen muss. Es reicht, wenn die bekanntgegebenen Informationen **Rückschlüsse** auf Betriebs- und Geschäftsgeheimnisse zulassen[5]. Die **Schutzwürdigkeit** von Geschäfts- und Betriebsgeheimnissen **entfällt nicht**, wenn das geschützte Unternehmen im Kontext der begehrten Umweltinformationen **Straftaten** begangen hat oder solcher Straftaten verdächtigt wird[6].

87  **Offenkundige Tatsachen**, d.h. allgemein bekannte Umstände, stellen keine Betriebs- und Geschäftsgeheimnisse dar. Dies kann beispielsweise bei anderweitiger **vollständiger Veröffentlichung** der Fall sein[7]. Informationen können auch offenkundig sein, wenn sie im Rahmen gesetzlich vorgegebener Veröffentlichung oder Bürgerbeteiligung (z.B. Auslegungen nach § 10 Abs. 3 Satz 2 BImSchG) der Öffentlichkeit zugänglich gemacht wurden[8]. Das Gleiche gilt für im Rahmen von Planver-

---

1 Dies legt die doch erhebliche Zahl von hierzu ergangenen gerichtlichen Entscheidungen nahe. Bezogen auf sämtliche Ablehnungsgründe scheint die Bedeutung allerdings eher gering zu sein. Hierauf deutet der Praxistest von *Zschiesche/Speerfeld*, ZUR 2011, 71, 75 hin. Dort war die Ablehnung von 19 (aus 178 gestellten) Anträgen in keinem Fall auf Betriebs- oder Geschäftsgeheimnisse gestützt.
2 OVG Münster v. 1.3.2011 – 8 A 3357/08, Rz. 151.
3 BVerwG v. 28.5.2009 – 7 C 18.08, NVwZ 2009, 1113, 1114; OVG Münster v. 1.3.2011 – 8 A 3357/08, Rz. 153; vgl. ausführlich zu den einzelnen Tatbestandsvoraussetzungen *Kloepfer/Greve*, NVwZ 2011, 577, 579 ff.
4 BVerwG v. 28.5.2009 – 7 C 18.08, NVwZ 2009, 1113, 1114; OVG Münster v. 1.3.2011 – 8 A 3357/08, Rz. 153.
5 BVerwG v. 24.9.2009 – 7 C 2.09, NVwZ 2010, 189, 193; OVG Münster v. 1.3.2011 – 8 A 3357/08, Rz. 159.
6 VGH Kassel v. 2.3.2010 – 6 A 1684/08, Rz. 47; a.A. VG Frankfurt/Main v. 23.1.2008 – 7 E 3280/06 (V), NVwZ 2008, 1384, 1387.
7 OVG Münster v. 2.1.2009 – 13a F 31/07, NVwZ 2009, 794, 795.
8 BVerwG v. 24.9.2009 – 7 C 2.09, NVwZ 2010, 189, 192 f.

fahren ausgelegte Unterlagen (z.B. bei der Planfeststellung oder Bauleitplanung). Ebenfalls offenkundig sind Informationen, die auf Grund von Veröffentlichungs- oder Publizitätspflichten (handelsrechtliche Mitteilungspflichten, Geschäftsberichte, Jahresabschlüsse) bekannt sind. **Nicht offenkundig** sind Tatsachen, die Gegenstand einer Entscheidung in einem **zivilrechtlichen Verfahren** waren, es sei denn, sie wurden in der mündlichen Verhandlung oder im Urteil öffentlich bekannt gegeben[1]. Ein **berechtigtes Interesse** an der Nichtverbreitung kann nicht vorliegen, wenn es um „**wirtschaftlich totes Wissen**" geht, das für die aktuelle Markt- und Wettbewerbssituation unter dem Blickwinkel des Wettbewerbsschutzes kaum noch Bedeutung hat[2].

**Beispiele** für Betriebs- oder Geschäftsgeheimnisse sind: Informationen über Ertragslagen, Geschäftsbücher, Kundenlisten, Marktstrategien[3], Akquisestrategien und Produktions- und Fertigungsdaten etc. 88

**Keine** Betriebs- und Geschäftsgeheimnisse sind: Informationen über die Kapazitäten einer immissionsschutzrechtlich genehmigten Anlage[4], der Umstand, dass ein Unternehmen in bestimmter Höhe Ausfuhrerstattungen erhalten hat[5] und die Bekanntgabe von Fördersummen und -empfängern von Agrarsubventionen[6].

Die Prüfung, ob ein Betriebs- oder Geschäftsgeheimnis vorliegt, obliegt der informationspflichtigen Stelle. Diese hat im Hinblick auf das berechtigte Interesse an der Nichtverbreitung und mögliche nachteilige Wirkungen einer Veröffentlichung eine **verobjektivierte Betrachtung** anzustellen. Erforderlich ist eine zu erwartende, spürbare **Auswirkung auf die Wettbewerbsfähigkeit** des Unternehmens durch die Veröffentlichung der Informationen[7]. Die informationspflichtige Stelle besitzt einen gewissen **Einschätzungsspielraum**. Sie darf sich dabei auf die **Darstellungen des Betroffenen stützen**, wenn diese nachvollziehbar und plausibel sind[8]. In Zweifelsfällen wird die Behörde das Bestehen von Betriebs- und Geschäftsgeheimnissen annehmen müssen[9]. 89

**Für die Rechtsberatung** ist in dieser Hinsicht **erhebliche Sorgfalt anzuempfehlen**. Wie im Hinblick auf personenbezogene Daten sollte bereits bei der **Übermittlung** der Informationen an die informationspflichtige Stelle auf Betriebs- und Geschäftsgeheimnisse **hingewiesen werden**, ggf. mit einer kurzen Begründung. Hierbei ist darauf zu achten, dass auch **diejenigen Informationen als geheimhaltungsbedürftig** identifiziert werden, die **mittelbar Rückschlüsse auf Betriebs- und Geschäftsgeheimnisse zulassen**. Nicht vergessen werden sollte der Hinweis, dass auch die entsprechenden Erläuterungen über das Vorliegen von Betriebs- und Geschäftsgeheimnissen dem Ablehnungsgrund des § 9 Abs. 1 Satz 1 Nr. 3 UIG unterfallen. Vor einer Entscheidung über die Offenbarung von möglichen Betriebs- und Geschäftsgeheimnissen (wegen überwiegenden öffentlichen Interesses) sind die Betroffenen anzuhören (§ 9 Abs. 1 Satz 3 UIG). Damit die informationspflichtige Stelle dieser Verpflichtung nachkommen kann, muss sie allerdings zunächst erkennen, dass Betriebs- und Geschäftsgeheimnisse betroffen sein könnten. Damit hier 90

---

1 VGH Kassel v. 1.10.2008 – 6 B 1133/08, NVwZ 2009, 60, 61.
2 So die Erwägungen des BVerwG v. 8.2.2011 – 20 F 13.10 – in-camera-Verfahren zu Cross-Border-Leasing-Geschäften, Rz. 18, im Ergebnis aber offen gelassen.
3 Vgl. BVerwG v. 8.2.2011 – 20 F 13.10 – in-camera-Verfahren zu Cross-Border-Leasing-Geschäften, Rz. 17.
4 BVerwG v. 24.9.2009 – 7 C 2.09, NVwZ 2010, 189, 192.
5 BVerwG v. 28.5.2009 – 7 C 18.08, NVwZ 2009, 1113, 1114.
6 OVG Münster v. 1.3.2011 – 8 A 3357/08, Rz. 163 ff.
7 OVG Münster v. 1.3.2011 – 8 A 3357/08, Rz. 157.
8 BVerwG v. 24.9.2009 – 7 C 2.09, NVwZ 2010, 189, 193.
9 So zutreffend *Reidt/Schiller*, in: Landmann/Rohmer, Umweltrecht, § 9 UIG Rz. 25.

keine Fehler passieren, ist eine frühzeitige Kennzeichnung nötig. Außerdem greift bei einer Kennzeichnung als Betriebs- und Geschäftsgeheimnis die **Regelvermutung** des § 9 Abs. 1 Satz 4 UIG ein, wonach die informationspflichtige Stelle in der Regel von einer Betroffenheit i.S.d. § 9 Abs. 1 Satz 1 Nr. 3 UIG auszugehen hat, wenn Informationen entsprechend gekennzeichnet sind. Ist die informationspflichtige Stelle der Auffassung, dass nicht hinreichend dargelegt ist, warum Betriebs- und Geschäftsgeheimnisse betroffen sein sollen, kann sie den Betroffenen zu einer substantiierten Darlegung auffordern (§ 9 Abs. 1 Satz 5 UIG).

91 Der praktische Anwendungsbereich von Informationen, die dem **Steuergeheimnis oder dem Statistikgeheimnis** unterliegen, ist begrenzt. Die Geheimhaltungspflichten sind in § 30 AO bzw. § 16 Bundesstatistikgesetz (BStatG) geregelt. Umweltrelevante Informationen, die Steuerbehörden vorliegen, sind beispielsweise Rückstellungen für die Beseitigung von Umweltschäden oder für Investitionen in umweltrelevante Anlagen (z.B. zur Erfüllung der dynamischen Betreiberpflichten nach § 5 BImSchG).

**ee) Zustimmung der Betroffenen oder überwiegendes öffentliches Interesse an der Bekanntgabe**

92 Wie bei § 8 UIG ist im Einzelfall die Offenbarung von Umweltinformationen trotz einer Betroffenheit privater Belange i.S.d. § 9 Abs. 1 Satz 1 UIG unter bestimmten Voraussetzungen möglich. Zum einen gilt dies bei **Zustimmung des Betroffenen**. Diese ist gegenüber der informationspflichtigen Stelle zu erklären. Sie ist **nicht formbedürftig**, sollte aber aus Dokumentationsgründen und zur Vermeidung von Unklarheiten oder Missverständnissen schriftlich erfolgen. Sie kann ggf. bereits im Zuge der Übermittlung der Informationen an die informationspflichtige Stelle erklärt werden.

93 Ein privates Interesse an der Nichtbekanntgabe von Umweltinformationen kann im Einzelfall durch ein **überwiegendes öffentliches Interesse** an der Bekanntgabe überlagert werden. Insoweit gelten im Ausgangspunkt die Grundsätze wie im Hinblick auf § 8 UIG (s. Rz. 64ff.). Wie einleitend bereits dargelegt (s. Rz. 76) ist jedoch zu beachten, dass den **privaten Belangen** regelmäßig ein **erhebliches Gewicht** zukommt, da sie grundrechtlich verbürgt oder spezialgesetzlich unter Schutz gestellt sind. Von besonderer Bedeutung kann insoweit auch die **Interessenlage des Antragstellers** sein. Verfolgt dieser in erster Linie **eigene Interessen** und liegt nicht (auch) ein ins Gewicht fallendes öffentliches Interesse an der Informationserlangung vor, kann **kein überwiegendes öffentliches Interesse bestehen**[1] (s. Rz. 65). Ein überwiegendes öffentliches Interesse wiederum kommt in Betracht, wenn die **Erfüllung einer öffentlichen Aufgabe** in Rede steht und dabei **öffentliche Gelder** in nicht unerheblichem Umfang zum Einsatz gebracht werden und langfristige, erhebliche **finanzielle Risiken drohen**[2].

**ff) Kein Ablehnungsgrund bei Informationen über Emissionen**

94 Soweit die Ablehnungsgründe des § 9 Abs. 1 Satz 1 Nrn. 1 und 3 UIG betroffen sind, kann der Zugang zu Umweltinformationen **nicht abgelehnt** werden, wenn es hierbei um **Emissionen** geht (§ 9 Abs. 1 Satz 2 UIG). Es handelt sich insoweit um die Parallelvorschrift zu § 8 Abs. 1 Satz 2 UIG. Auf die hierzu gemachten Ausführungen wird verwiesen (s. Rz. 67).

---

1 BVerwG v. 24.9.2009 – 7 C 2.09, NVwZ 2010, 189, 194.
2 BVerwG v. 8.2.2011 – 20 F 13.10 – in-camera-Verfahren zu Cross-Border-Leasing-Geschäften, Rz. 22.

### gg) Ablehnungsgrund des § 9 Abs. 2 Satz 1 UIG

§ 9 Abs. 2 Satz 1 UIG beinhaltet einen Ablehnungsgrund im Hinblick auf „**freiwillig übermittelte**" Umweltinformationen. Freiwillig heißt, dass die Umweltinformationen von einem privaten Dritten an eine informationspflichtige Stelle übermittelt wurden, **ohne dass der Dritte hierzu rechtlich verpflichtet** war oder hätte rechtlich verpflichtet werden können. Als privater Dritter gilt jede **natürliche oder juristische Person des Privatrechts**, nicht also juristische Personen des öffentlichen Rechts. „Freiwillig" übermittelte Informationen innerhalb der Verwaltung sind mithin nicht privilegiert. Hätte die **Bekanntgabe** der Informationen **nachteilige Auswirkungen auf die Interessen des Dritten**, dürfen diese Informationen ohne seine Einwilligung oder ein überwiegendes öffentliches Interesse nicht bekannt gegeben werden. Die Vorschrift dient primär dem Schutz der Interessen privater Dritter, die Informationen freiwillig übermittelt haben[1]. **Umstritten** ist, ob auch das **Interesse der informationspflichtigen Stelle** an einer künftigen Bereitschaft von Privaten zur Zusammenarbeit durch freiwillige Übermittlung von Umweltinformationen von der Vorschrift geschützt wird. Hierfür spricht die Gesetzesbegründung, die auf die Gesetzesbegründung zur ursprünglichen Fassung des UIG aus dem Jahr 1994 verweist, in der freiwillige Informationen als wichtige behördliche Informationsquelle angesehen werden, ohne die effektive Maßnahmen im Umweltschutz vielfach nicht möglich wären[2].

Im Hinblick auf die **Freiwilligkeit** der Übermittlung von Informationen ist auf die **objektive Sach- und Rechtslage** abzustellen. Die bloße **Deklarierung** als freiwillige Information durch den privaten Dritten **reicht nicht aus**. Zu den freiwillig übermittelten Informationen sollen u.a. Informationen zählen, die von Organisationen im Rahmen der Teilnahme an EMAS (Verordnung EG Nr. 761/2001) zur Verfügung gestellt worden sind[3]. **Rechtliche Verpflichtungen zur Übermittlung** von Informationen können sich insbesondere aus **gesetzlichen Vorschriften**, aber auch aus **Verwaltungsakten** und **vertraglichen Vereinbarungen** ergeben. Es reicht aber auch, wenn die informationspflichtige Stelle den privaten Dritten zur Übermittlung der Informationen **verpflichten hätte können**. Hierdurch wird vermieden, dass der Umweltinformationsanspruch durch „vorauseilenden Gehorsam" von Informationsverpflichteten oder durch behördliche Versäumnisse (Nichtrealisierung von Informationspflichten) umgangen werden kann.

Auch der Ablehnungsgrund der freiwilligen Informationsübermittlung steht unter dem Vorbehalt **nachteiliger Auswirkungen auf die Interessen Dritter**. Im Hinblick auf die diesbezüglich anzustellende Prognose und die hierfür maßgeblichen Kriterien kann auf die Ausführungen zu § 9 Abs. 1 Satz 1 Nr. 1 UIG verwiesen werden (s. Rz. 80). Anzumerken ist jedoch, dass **in der Rechtsprechung** dem Interesse des Dritten an einer Nichtbekanntgabe freiwillig übermittelter Informationen und ggf. dem öffentlichen Interesse an der Aufrechterhaltung einer freiwilligen Kooperation eher geringes Gewicht beigemessen wird. So soll ein überwiegendes öffentliches Interesse bereits dann vorliegen, wenn der Antragsteller sich den Umweltschutz satzungsgemäß zur Aufgabe gemacht hat und die begehrten Informationen hierfür relevant sein können[4]. Diese **Sichtweise ist kritikwürdig**, weil sie im Ergebnis zu einer **weitgehenden Suspendierung des Ablehnungsgrundes** in den Fällen

---
[1] Vgl. Gesetzesbegründung BT-Drs. 15/3406, S. 20.
[2] Vgl. BT-Drs. 15/3406, S. 20 sowie BT-Drs. 12/7138, S. 13 f.; dem folgend VGH Kassel v. 20.3.2007 – 11 A 1999/06, Rz. 33; a.A. mit umfassender Begründung und unter Heranziehung systematischer Erwägungen VGH Mannheim v. 25.11.2008 – 10 S 2702/06, Rz. 23 ff.
[3] Gesetzesbegründung BT-Drs. 15/3406, S. 20.
[4] VGH Mannheim v. 25.11.2008 – 10 S 2702/06, Rz. 24 ff.

führt, in denen Umweltverbände oder Umweltschutzvereinigungen Zugang zu freiwillig übermittelten Informationen verlangen. Dies ist im Hinblick auf das zu Recht anzuerkennende Interesse informationspflichtiger Stellen an freiwilliger Zusammenarbeit mit privaten Dritten bedenklich.

98 Hat der Dritte **zugestimmt**, darf die Information bekanntgegeben werden. Die Zustimmung ist nicht formgebunden, ist zweckmäßigerweise aber schriftlich zu erteilen. Im Übrigen gilt auch hier, dass der Zugang zu Umweltinformationen über **Emissionen nicht wegen freiwilliger Übermittlung** durch private Dritte **abgelehnt werden kann** (§ 9 Abs. 2 Satz 2 UIG). Insoweit gilt das zu § 9 Abs. 1 Satz 2 UIG Gesagte entsprechend (s. Rz. 94).

99 Angesichts dieser restriktiven Tendenzen im Hinblick auf eine Ablehnung des Informationszugangs zu freiwillig übermittelten Umweltinformationen ist der **Praxis anzuraten, hinsichtlich freiwilliger Informationen zurückhaltend vorzugehen**, jedenfalls soweit sensible Umweltinformationen betroffen sind. Soweit **Betriebs- und Geschäftsgeheimnisse** sowie **personenbezogene Daten** in Rede stehen, können hier im Einzelfall zwar andere Ablehnungsgründe (§ 9 Abs. 1 Satz 1 Nr. 1 und 3 UIG) eingreifen. Wie dargelegt, ist dieser Schutz jedoch „löchrig", da die Informationen bei überwiegendem öffentlichen Interesse dennoch bekannt zu geben sind. Das Gleiche gilt, soweit es sich um Emissionsdaten handelt. Soweit also für die Übermittlung sensibler Informationen keine rechtliche Verpflichtung besteht, sollte sorgsam abgewogen werden, ob die Informationen zur Verfügung gestellt werden. Jedenfalls sollte im Zuge der Übermittlung darauf hingewiesen werden, dass die Information freiwillig erfolgt, damit die Behörde insoweit sensibilisiert ist.

### 7. Antrag und Verfahren

#### a) Antrag

100 Der Zugang zu Umweltinformationen **setzt einen Antrag voraus** (§ 4 Abs. 1 UIG). Der Antrag ist grds. **formlos** möglich (dies ergibt sich u.a. aus § 5 Abs. 2 UIG). Es empfiehlt sich allerdings, den Antrag stets schriftlich zu stellen, um den Anforderungen des Bestimmtheitsgebots gerecht zu werden (hierzu sogleich) und um ggf. möglichen Ablehnungsgründen entgegenzutreten. Der Antrag ist an die zuständige öffentliche oder private informationspflichtige Stelle zu richten (§ 4 Abs. 1 UIG). Der Informationszugang erfolgt im Falle des Erfolgs des Antrags jeweils bei der Behörde, die über den Antrag entscheidet (anders beim VIG, bei dem die aufsichtsführende Behörde über den Zugangsanspruch entscheidet und ggf. auch den Zugang gewährt, s. Rz. 299).

101 Der Antrag muss **erkennen lassen, zu welchen Umweltinformationen** Zugang gewünscht wird (§ 4 Abs. 2 Satz 1 UIG). Verlangt wird mithin eine hinreichende **Substantiierung** des Antrags (**Bestimmtheitserfordernis**). Ziel ist es, den Aufwand für die Behörden zu begrenzen und zu gewährleisten, dass der Antragsteller letztlich das bekommt, was er tatsächlich will. Die Substantiierungspflicht ist **praktisch schwierig zu handhaben**. Letztlich bewegt man sich hier im Spannungsfeld zwischen der legitimen Vermeidung unnötigen oder unverhältnismäßigen Verwaltungsaufwands und der Gewährleistung umfassenden Informationszugangs.

Je **sachkundiger** der Antragsteller ist, desto **höhere Anforderungen** sind an die Bestimmtheit zu stellen. Ist Antragsteller eine fachkundige Stelle, also etwa ein Umweltverband, oder ist der Antragsteller durch einen **Rechtsanwalt vertreten**, ist ein strengerer Maßstab anzulegen als wenn ein „Normalbürger" den Antrag stellt.

Das BVerwG hat entschieden, dass im Antrag jedenfalls zu erläutern ist, inwieweit Umweltinformationen vorliegen (**Zuordnung zu den in § 2 Abs. 3 UIG genannten**

**Kategorien)**[1]. Ob und inwieweit die begehrten Daten tatsächlich relevante Umweltinformationen enthalten, ist eine Frage des materiellen Erfolges des Antrags und nicht der Bestimmtheit[2].

Häufig wird der Antragsteller in der Praxis vor dem Problem stehen, dass er nicht weiß, **ob und inwieweit Umweltinformationen bei einer informationspflichtigen Stelle vorhanden sind.** In diesem Kontext stellt sich die Frage der Zulässigkeit sog. „**Ausforschungsanträge**", also von Anträgen, die von der Behörde zunächst Auskunft über den vorhandenen Datenbestand verlangen. Es spricht viel dafür, dass solche Ausforschungsanträge nicht generell wegen Verstoßes gegen die Substantiierungspflicht unzulässig sind[3]. Allerdings wird man dem Antragsteller abverlangen müssen, dass er seinen Antrag auf einen bestimmten Themen- oder Fragenkomplex (ggf. auch örtlich) begrenzt[4]. Denn es sollen keine allgemeinen Informationsanfragen „ins Blaue hinein" ermöglicht werden[5]. Zur Frage, ob der Antragsteller seine Identität preisgeben muss, vgl. Rz. 224.

102

⊃ **Praxishinweise:** Nicht statthaft sind demnach pauschalierte und unspezifizierte Anfragen wie beispielsweise „Zugang zu sämtlichen Informationen über gesundheitsschädliche Emissionen im Bundesland Bayern" oder „eine Übersicht über alle umweltschädlichen Tätigkeiten oder Maßnahmen des Energieversorgungsunternehmens X in Baden-Württemberg". Hinreichend bestimmt wäre hingegen folgender Antrag: „Ich bin Eigentümer des Grundstücks mit der Flurstück-Nr. W in der Gemarkung X. Auf dem unmittelbar angrenzenden Flurstück Y betreibt Fa. Z seit ca. 20 Jahren eine Entfettungsanlage für Metallteile. Vorher wurde das Gelände ebenfalls industriell genutzt. Ich bitte um Offenlage der vorhandenen Informationen über frühere Nutzungen des Grundstücks, das Vorhandensein von schädlichen Bodenveränderungen und/oder Altlasten, Bodenluft- oder Grundwasserveränderungen, durchgeführte Untersuchungs- oder Sanierungsmaßnahmen sowie über deren Ergebnisse und die Vorlage dazugehöriger Umweltgutachten."

103

Nicht nur wegen des Bestimmtheitserfordernisses aus § 4 Abs. 2 UIG sollte hinreichende Sorgfalt bei der Formulierung der begehrten Informationen verwendet werden. Auch aus **strategischen Erwägungen** heraus sollte der Antrag der Behörde möglichst „mundgerecht" übermittelt werden. Dies beinhaltet auch, soweit bekannt, die Dokumente bzw. Daten zu benennen (z.B. Gutachten, fachliche Stellungnahmen, Messprotokolle etc.). Dies erleichtert die Tätigkeit der Behörden und führt ggf. dazu, schneller und effizienter Informationszugang zu erhalten (s. hierzu auch die Ausführungen unter Rz. 47).

Ist der Antrag nach Auffassung der informationspflichtigen Stelle **zu unbestimmt**, so hat sie dies dem Antragsteller innerhalb eines Monats mitzuteilen und ihm **Gelegenheit zur Präzisierung** seines Antrags zu geben (§ 4 Abs. 2 Satz 2 UIG). Sie hat den Antragsteller bei der Präzisierung des Antrags zu unterstützen (§ 4 Abs. 2 Satz 4 UIG). Verfügt die informationspflichtige Stelle **nicht über die begehrten Umweltinformationen** ist sie verpflichtet, den Antrag an die informationspflichtige Stelle **weiterzuleiten**, die nach Kenntnis der Behörde über die relevanten Informationen verfügt. Hierüber ist der Antragsteller zu unterrichten (§ 4 Abs. 3 Satz 1 UIG). Alternativ kann die informationspflichtige Stelle dem Antragsteller die infor-

104

---
1 BVerwG v. 25.3.1999 – 7 C 21.98, NVwZ 1999, 1220.
2 BVerwG v. 25.3.1999 – 7 C 21.98, NVwZ 1999, 1220.
3 Vgl. *Schrader*, in: Schlacke/Schrader/Bunge, Informationsrechte, Öffentlichkeitsbeteiligung und Rechtsschutz im Umweltrecht, § 1 Rz. 150.
4 Vgl. *Schomerus*, in: Schomerus/Schrader/Wegener, Umweltinformationsgesetz, § 5 UIG Rz. 15.
5 VGH Kassel v. 30.11.2006 – 10 TG 2531/06, NVwZ 2007, 348, 350.

mationspflichtige Stelle **mitteilen**, die die begehrten Informationen besitzt (§ 4 Abs. 3 Satz 2 UIG). Die Entscheidung hierüber liegt in ihrem pflichtgemäßen Ermessen. Weiterleitung oder Hinweis setzen voraus, dass der informationspflichtigen Stelle bekannt ist, wo die begehrten Informationen verfügbar sind[1]. Recherchen muss die informationspflichtige Stelle nicht anstellen. Um ggf. eine zügige Bearbeitung des Antrags durch die zuständige Stelle zu gewährleisten, kann **bereits im Rahmen der Antragstellung um Weiterleitung** an andere informationspflichtige Stellen gebeten werden. In diesem Fall dürfte das Ermessen der Behörde regelmäßig gebunden sein.

**b) Entscheidungsfrist und Frist für die Zugangsgewährung**

105 Das Gesetz unterscheidet im Hinblick auf die Entscheidung über den Antrag auf Zugang zu Umweltinformationen zwischen der **Entscheidung über den Informationszugang** und der **tatsächlichen Zugangsgewährung**. Maßgaben über den **Zeitpunkt des Zugangs** trifft § 3 Abs. 3 UIG, Vorgaben hinsichtlich der **Ablehnung eines Antrags** finden sich in § 5 UIG. Die Entscheidung über den Informationszugang stellt sowohl bei positiver als auch negativer Verbescheidung einen **Verwaltungsakt** dar[2].

**aa) Stattgabe des Antrags**

106 **Soweit dem Antrag stattzugeben** ist (ggf. also auch teilweise, wenn nur partiell Ablehnungsgründe nach §§ 8 oder 9 UIG vorliegen), ist dies dem Antragsteller durch Verwaltungsakt mitzuteilen. Eine **Frist hierfür besteht nicht**. Allerdings ist die einschlägige Frist für die tatsächliche Zugangsgewährung rein faktisch auch die Maximalfrist für die Entscheidung über die Zugangsgewährung. Die Entscheidung muss spätestens bei Zugangsgewährung getroffen sein. Im Falle einer positiven Entscheidung sind die Umweltinformationen der antragstellenden Person **schnellstmöglich** zur Verfügung zu stellen[3]. Das Gesetz sieht insoweit eine maximale **Frist von einem Monat** vor (§ 3 Abs. 3 Satz 2 Nr. 1 UIG), die mit Eingang des hinreichend bestimmten Antrags bei der informationspflichtigen Stelle zu laufen beginnt (§ 3 Abs. 3 Satz 2 UIG) bzw. im Falle der späteren Präzisierung des Antrags zu diesem Zeitpunkt (§ 4 Abs. 2 Satz 3 UIG).

107 Soweit **Umweltinformationen derart umfangreich und komplex** sind, dass die Monatsfrist nicht eingehalten werden kann, hat die informationspflichtige Stelle zwei Monate Zeit (§ 3 Abs. 3 Satz 2 Nr. 2 UIG). In diesem Fall ist der Antragsteller innerhalb der Monatsfrist des § 3 Abs. 3 Satz 2 Nr. 1 UIG unter Angabe von Gründen zu informieren (§ 4 Abs. 5 UIG). Eine **weitergehende Fristverlängerung** über diesen 2-Monats-Zeitraum hinaus ist nicht möglich[4].

Zur Heranziehung der Zwei-Monats-Frist müssen die begehrten Informationen hinsichtlich ihres Umfangs oder ihrer Komplexität **über das normale Maß hinausgehenden Aufwand** hervorrufen, der – auch bei größtmöglicher Anstrengung und Ausnutzung der zur Verfügung stehenden Ressourcen – nicht innerhalb eines Mo-

---

1 *Reidt/Schiller*, in: Landmann/Rohmer, Umweltrecht, § 4 UIG Rz. 9.
2 *Reidt/Schiller*, in: Landmann/Rohmer, Umweltrecht, § 5 UIG Rz. 23; *Fluck*, in: Fluck/Theuer, IFG, UIG, VIG, Teil A III, § 5 UIG Rz. 35 (für die Ablehnung); *Schoch*, IFG, § 7 Rz. 42 (für die insoweit vergleichbare Situation im IFG).
3 Vgl. Art. 3 Abs. 2 lit. a RL 2003/4/EG v. 28.1.2003 über den Zugang der Öffentlichkeit zu Umweltinformationen und zur Aufhebung der RL 90/313/EWG des Rates („so bald wie möglich").
4 Vgl. EuGH v. 21.4.2005 – Rs. C-186/04, NVwZ 2005, 792, 793 zur Frist in Art. 3 Abs. 4 der RL 90/313/EWG.

nats zu bewältigen ist. Ein legitimer Grund für eine Fristverlängerung dürfte demnach dann vorliegen, wenn eine **sehr große Zahl von Unterlagen** zusammenzustellen ist und/oder die **Bearbeitung der Unterlagen zur Aussonderung** geschützter öffentlicher oder privater Belange i.S.v. §§ 8 und 9 UIG (z.B. Betriebs- und Geschäftsgeheimnisse) **erheblichen Aufwand** hervorruft. **Kein relevanter Grund** dürfte regelmäßig eine **generelle Überlastung der Behörde** mit der Bearbeitung von Umweltinformationsanträgen sein, da das Gesetz einen Bezug zum konkreten Antrag fordert. Auch komplexe oder umfangreiche Begleitumstände oder Verfahrenserfordernisse, wie etwa die Anhörung eventuell betroffener Dritter, rechtfertigen eine Fristverlängerung nicht[1].

Bei positiver Entscheidung über den Antrag ist nach Möglichkeit der vom **Antragsteller genannte** Zeitpunkt für die Informationsgewährung zu berücksichtigen (vgl. § 3 Abs. 3 Satz 1 UIG). Beachtlich sind neben datumsmäßigen Präferenzen auch sachgerechte Wünsche über den tageszeitlichen Zugang. Die Entscheidung über die Zugangsgewährung kann zeitlich mit der Zugangsgewährung zusammenfallen, wenn die Informationen unmittelbar an den Antragsteller übersandt werden. 108

**bb) Ablehnung des Antrags**

Bei **Ablehnung des Antrags** wegen Vorliegens von Ablehnungsgründen nach §§ 8 und 9 UIG oder falls zwar Informationszugang gewährt wird, allerdings auf **andere Art als beantragt** oder der Antragsteller auf eine **andere, leicht zugängliche Art des Informationszugangs** verwiesen wird, gelten hierfür die Fristen des § 3 Abs. 3 Satz 2 UIG entsprechend (vgl. § 5 Abs. 1 Satz 1, 2 UIG). Es gilt also auch für die Ablehnung im Grundsatz die Monatsfrist. Nur soweit die Umweltinformationen zu umfangreich oder komplex sind, gilt die Zwei-Monats-Frist. Die verlängerte Frist kann beispielsweise dann angemessen sein, wenn erheblicher (zeitlicher) Aufwand durch die Entscheidung über das Vorliegen von Ablehnungsgründen entsteht[2]. 109

**Präzisiert** der Antragsteller einen **unbestimmten Antrag** auf Aufforderung der informationspflichtigen Stelle **nicht innerhalb angemessener Frist**, ist der Antrag gem. § 8 Abs. 2 Nr. 5 UIG abzulehnen. Diesbezüglich gibt es keine absolute Fristvorgabe. War die Aufforderung mit einer (angemessenen) Fristsetzung verbunden, ist der Antrag nach Ablauf der Frist unverzüglich zurückzuweisen. Eine längere Entscheidungsfrist (Monats- oder Zwei-Monats-Frist) ist hier nicht angezeigt, weil eine inhaltliche Auseinandersetzung mit Umweltinformationen nicht stattfindet. 110

**cc) Praxishinweise**

Die Tatsache des Neubeginns der Entscheidungsfrist zur Beantwortung von Anträgen bei (vermeintlicher) Unbestimmtheit des Antrags kann informationspflichtigen Stellen einen Anknüpfungspunkt für die **verzögerte Bearbeitung von Anträgen** bieten. Deshalb sollten mögliche Nachfragen der Behörde durch einen hinreichend präzisierten Antrag vermieden werden. Praktische Bedeutung dürfte eine Auseinandersetzung über die Einhaltung der gesetzlichen Frist über den Zugang zu Umweltinformationen kaum besitzen. Ausschlaggebend könnte die Frist im Rahmen einer gerichtlichen Auseinandersetzung über die Auskunftserteilung allerdings dann sein, wenn eine **Verpflichtungsklage auf Informationszugang** erhoben wird (ggf. in Form der **Untätigkeitsklage nach § 75 VwGO**, s. Rz. 138) und die Behörde sich 111

---

1 So ausdrücklich die Gesetzesbegründung, BT-Drs. 15/3406, S. 16.
2 Gesetzesbegründung, BT-Drs. 15/3406, S. 16. Bei Verweis auf eine andere Art des Informationszugangs wird regelmäßig die Monatsfrist ausreichen, da hier kein übermäßiger Aufwand zu erwarten ist.

darauf beruft, dass wegen nicht hinreichender Bestimmtheit die Frist noch nicht zu laufen begonnen habe.

### 8. Art des Zugangs zu Umweltinformationen

112 Gemäß § 3 Abs. 2 Satz 1 UIG kann der Zugang zu Umweltinformationen durch **Auskunftserteilung**, Gewährung von **Akteneinsicht** oder in **sonstiger Weise** gewährt werden. Im Ausgangspunkt steht es damit im pflichtgemäßen Ermessen der informationspflichtigen Stelle, auf welche Weise Informationszugang gewährt wird.

#### a) Akteneinsicht

113 **Akteneinsicht** wird gewöhnlich durch **Zurverfügungstellen der maßgeblichen Unterlagen in den Amtsräumen** der informationspflichtigen Stelle gewährt. Eine **Übersendung** der Akten an den Antragsteller oder dessen Vertreter/Rechtsanwalt steht im Ermessen der Behörde und kann nur dann in Frage kommen, wenn die Integrität und Vollständigkeit der Akten bei Rückgabe sichergestellt ist. Die Behörde hat allerdings zu berücksichtigen, inwieweit ein bestimmtes Informationsmittel einen unverhältnismäßigen, den wirksamen Informationszugang gefährdenden, Aufwand für den Antragsteller nach sich zieht. So mag für einen entfernt wohnenden Antragsteller die Einsicht in die Behördenakten unzumutbar sein, so dass die Akten zu übersenden sind oder eine Auskunft zu erteilen ist[1]. Dem Wunsch auf Übersendung der Akten in die Räumlichkeiten eines Rechtsanwalts wird in der Praxis häufig entsprochen.

Im Rahmen der Akteneinsicht bei der informationspflichtigen Stelle stellt sich regelmäßig die Frage, **ob Kopien gefertigt werden können**. Auch dies steht im Ermessen der Behörde und hängt davon ab, wie umfangreich die Kopien sind bzw. wie die personelle und sachliche Ausstattung in dieser Hinsicht ist. Da heutzutage die meisten Behörden mit Kopiereinrichtungen ausgestattet sind, dürfte die technische Verfügbarkeit regelmäßig kein Problem mehr darstellen. Soweit der Antragsteller die Kopien selbst anfertigt, kann auch der Einwand personeller Engpässe bei der Behörde nicht durchgreifen. In der Praxis ist zu beobachten, dass Behörden in dieser Hinsicht regelmäßig sehr **entgegenkommend** sind und die Anfertigung von Kopien gegen angemessene Kostenerstattung zulassen. Mitunter erklären sich informationspflichtige Stellen sogar bereit, Akteneinsicht durch Anfertigung und Übersendung von Kopien zu gewähren.

114 Soweit keine Kopien gefertigt werden können besteht die Möglichkeit, die Unterlagen **abzudiktieren** oder sie zu **fotografieren**. Hiergegen kann die Behörde nicht den Einwand der Geheimhaltungsbedürftigkeit oder des Vertrauensschutzes erheben, weil entsprechende Informationen – soweit sie z.B. durch gesetzliche Ablehnungsgründe der §§ 8 und 9 UIG geschützt sind – vor der Akteneinsicht zu schwärzen oder auszusondern sind (§ 5 Abs. 3 UIG).

115 Liegen die Umweltinformationen in **gespeicherter Form** (Dateien) vor, kann Akteneinsicht durch **Übersendung der Dateien** oder durch die **Fertigung von Kopien der Dateien** im Rahmen der Akteneinsicht erfolgen. Schwieriger, wenngleich von abnehmender praktischer Relevanz auf Grund fortschreitender technischer Entwicklungen, sind die Fälle, in denen die relevanten Informationen in schwer zugänglicher oder reproduzierbarer Weise vorliegen (z.B. auf veralteten Speichermedien oder in Form veralteter Dateiformate). Insoweit kann die Behörde ggf. gehalten sein, durch Umwandlung oder Modifikation Zugang zu den Daten zu gewähren.

---

1 Vgl. BVerwG v. 6.12.1996 – 7 C 64.95, NJW 1997, 753, 754.

### b) Auskunft

Eine **Auskunft wird in der Regel schriftlich** erteilt, kann im Einzelfall aber auch mündlich erfolgen, z.B. bei Anfragen, die sehr kurz beantwortet werden können oder die sehr zeitkritisch sind. Informationszugang in Form einer Auskunftserteilung kann sich z.B. anbieten, wenn der Informationszugang einen Überblick über eine Vielzahl von Informationen zu einem bestimmten Sachthema beinhaltet (z.B. bei der Frage, ob eine immissionsschutzrechtlich genehmigte Anlage über einen bestimmten Zeitraum die gesetzlichen Immissionsvorgaben eingehalten hat). Insoweit ist jedoch darauf hinzuweisen, dass auf eine **Auswertung** von unterschiedlichen Daten oder deren **Bewertung kein Anspruch besteht** (vgl. hierzu Rz. 45f.). Aus Sicht der informationspflichtigen Stelle kann sich eine Auskunft durch Zusammenfassung oder wörtliche Wiedergabe von relevanten Passagen aus zeitökonomischen Gründen anbieten, wenn in Dokumenten oder Dateien wegen Ablehnungsgründen nach §§ 8, 9 UIG ein Großteil der Passagen unkenntlich gemacht werden müsste.

116

### c) Zugang in sonstiger Weise

Zugang **in sonstiger Weise** umfasst als Auffangtatbestand das Zugänglichmachen von Informationen auf beliebig andere Weise. Hierunter kann auch die Übersendung von Akten- oder Datenkopien fallen. Ebenso erfasst ist die Wiedergabe von Audio- oder Videodateien oder von computergestützten Präsentationen und Animationen. Grundsätzlich denkbar ist auch die Errichtung eines (**virtuellen**) „**reading rooms**", in dem Dokumente für einzelne Antragsteller zugänglich gemacht werden, ohne dass die Umweltinformationen unkontrolliert verbreitet werden können („read-only")[1]. Ob dem Informationsberechtigten allerdings eine Reproduktionsmöglichkeit vollständig verwehrt werden kann, ist im Hinblick auf Art. 3 Abs. 4 Satz 2 der UIRL, wonach sich die informationspflichtigen Stellen bereits um unmittelbar reproduzierbare Formate zu bemühen haben, fraglich.

117

### d) Ermessen über Art des Zugangs

Bei der Entscheidung über die Art und Weise des Informationszugangs ist das Ermessen der Behörde stets dahingehend gebunden, dass durch die Art des Informationszugangs der **Informationszweck nicht verfehlt** werden darf[2]. So wäre die Übermittlung von durch die informationspflichtige Stelle zusammengestellten und bewerteten Immissionsdaten (also eine Auskunft) dann ermessensfehlerhaft, wenn der Antragsteller ausdrücklich um Übermittlung sämtlicher Rohdaten für eigene Auswertung gebeten hat. Das Gleiche würde gelten, wenn einem Antragsteller, der erklärtermaßen keine Möglichkeit zur Verwertung von Computerdateien hat, anstelle der Gewährung von Einsichtnahme in verkörperte Informationen (Ausdrucke oder Kopien) lediglich die entsprechenden Dateien übersandt würden.

118

Im Rahmen der **Ermessensausübung** über die Art des Zugangs stehen sich die Gesichtspunkte eines möglichst zügigen und effektiven Zugangs zu Umweltinformationen und das Interesse der informationspflichtigen Stelle an ordnungsgemäßer Aufgabenerfüllung gegenüber. Folgende Kriterien und Erwägungen können hierbei von Bedeutung sein:
– Umfang der zur Verfügung zu stellenden Daten;
– Sach-, Personal-, Zeitaufwand und Kosten für die Ermittlung, Zusammenstellung und ggf. Aussonderung der zur Verfügung zu stellenden Daten, wobei ins-

119

---

1 So *Reidt/Schiller*, in: Landmann/Rohmer, Umweltrecht, § 3 UIG Rz. 13.
2 Vgl. BVerwG v. 6.12.1996 – 7 C 64.95, NJW 1997, 753, 754.

besondere aufwändige Schwärzungsmaßnahmen ins Gewicht fallen können (dann ggf. Auskunft in Form von Übersichten oder Zusammenfassungen statt Akteneinsicht);

- Auslastung durch andere Verfahren auf Informationszugang (wobei die Rechtsprechung hier recht streng ist und ggf. organisatorische und personelle Maßnahmen fordert[1]);
- anderweitige, dringliche Aufgaben der Behörde (allerdings ist diesbezüglich ggf. lediglich eine zeitliche Verzögerung des Zugangs gerechtfertigt, immerhin hat die Behörde in diesem Fall bis zu zwei Monate Zeit).

120 Zu beachten ist hierbei, dass die genannten Kriterien ausschließlich im Rahmen der **Entscheidung über die Art** der Zugangsgewährung eine Rolle spielen und **nicht etwa für eine generelle Verweigerung** des Informationszugangs oder eine zeitliche Verzögerung über die Maximalfrist von zwei Monaten hinaus herangezogen werden können. Sie können auch nicht als Rechtfertigung dafür dienen, dass die Behörde durch die Art des gewählten Informationszugangs (z.B. durch Auskünfte oder viel zu kurz bemessene Akteneinsichtnahme vor Ort in umfangreiche Akten) effektiven Informationszugang verhindert.

121 **Beantragt der Antragsteller** eine **bestimmte Art** des Informationszugangs, so darf ihn die informationspflichtige Stelle nur aus gewichtigen Gründen auf eine andere Art des Informationszugangs verweisen (§ 3 Abs. 2 Satz 2 UIG). Als gewichtiger Grund gilt hierbei insbesondere ein deutlich höherer Verwaltungsaufwand (§ 3 Abs. 2 Satz 3 UIG). Das behördliche Ermessen ist also eingeschränkt, wenn sich der Antragsteller auf eine bestimmte Art des Informationszugangs (in der Praxis zumeist Akteneinsicht) festgelegt hat[2]. Flankiert wird dies durch einen **gesteigerten Begründungsaufwand**, weil der Verweis auf eine andere Art des Informationszugangs der Ablehnung des Antrags gleichgestellt wird (vgl. § 5 Abs. 1 Satz 2 und 3 UIG).

122 Soweit Umweltinformationen auf **andere, leicht zugängliche Art**, insbesondere im Zuge der gesetzlich vorgeschriebenen Verbreitung von Umweltinformationen durch informationspflichtige Stellen i.S.d. § 10 UIG (z.B. über Internetdatenbanken) zur Verfügung stehen, kann die informationspflichtige Stelle den Antragsteller auf diese Art des Informationszugangs verweisen. Hierdurch werden die informationspflichtigen Stellen entlastet. Sie müssen keine Informationen übermitteln, die sich jedermann durch frei zugängliche Quellen selbst beschaffen kann.

123 ⊃ **Praxishinweis:** Es ist zu **empfehlen**, bereits im Rahmen der **Antragstellung** die für die entsprechende Zweckerreichung sinnvollste bzw. effizienteste **Art und Form des Informationszugangs** festzulegen. Sollen bestimmte Daten oder Erkenntnisse selbst ausgewertet oder bewertet werden, bietet sich Akteneinsicht an, weil hierbei die Wahrscheinlichkeit von Fehlern oder Unvollständigkeiten bei der Übermittlung der Informationen (z.B. durch eine zusammenfassende Auskunft) reduziert wird.

### 9. Konkurrenz zu anderen Informationsansprüchen

124 Für die **anwaltliche Praxis wichtig** ist das **Konkurrenzverhältnis zwischen Umweltinformationsansprüchen und anderen Informationsansprüchen**. Unterschiede der einzelnen Informationsansprüche bestehen u.a. hinsichtlich Entscheidungsfrist,

---

1 So VGH Frankfurt v. 2.3.2010 – 6 A 1648/08, zur Frage des unverhältnismäßigen Verwaltungsaufwands i.S.d. § 7 Abs. 2 Satz 1 IFG.
2 Vgl. BVerwG v. 6.12.1996 – 7 C 64.95, NJW 1997, 753, 754.

Art und Form des Informationszugangs, Verfahrensgang und insbesondere im Hinblick auf **Ausschlussgründe**. Die Ausschlussgründe der einzelnen Informationsgesetze variieren mitunter erheblich. Beim UIG sind die faktischen Auswirkungen in dieser Hinsicht im Verhältnis zu den anderen beiden „großen" Informationsansprüchen nach IFG und VIG allerdings begrenzt. Dies deshalb, weil die Ausschlussgründe nach UIG in den meisten Fällen **weniger weitreichend** sind, d.h. ein umfassenderer Informationszugangsanspruch besteht. Beispielsweise führt das Vorliegen von Betriebs- und Geschäftsgeheimnissen i.d.R. zu einem zwingenden Ausschluss nach IFG und VIG (vgl. hierzu Rz. 216 und Rz. 286 ff.), wohingegen nach UIG der Hinderungsgrund überwunden werden kann (z.B. generell bei Emissionen oder bei überwiegendem öffentlichen Interesse). Im Hinblick auf das IFG greift überdies die Subsidiaritätsklausel des § 1 Abs. 3 IFG, wonach der Informationsanspruch im Konkurrenzfall zum UIG generell zurücktritt.

Es dürften daher nur **wenige Konstellationen** denkbar sein, in denen ein „**echtes 125 Konkurrenzverhältnis**" auftreten kann. Denkbar ist dies im Hinblick auf fachgesetzliche Informationszugangsansprüche[1], die beschränkteren Ausschlussgründen unterliegen oder weitreichender sind. Der Gesetzgeber hat für diese Fälle in § 3 Abs. 1 Satz 2 UIG festgelegt, dass „andere Ansprüche auf Zugang zu Informationen **unberührt**" bleiben. Hierdurch soll klargestellt werden, dass Informationsansprüche auf Grund anderer Gesetze durch das UIG **nicht verdrängt werden**, sondern parallel zu Informationsansprüchen auf Grund des UIG geltend gemacht werden können[2]. Trotz dieser eigentlich klaren gesetzgeberischen Intention hat das **BVerwG** entschieden, das UIG regele den Zugang zu Umweltinformationen **abschließend**. Soweit es Einschränkungen und Ablehnungsgründe normiere, seien diese Gründe ebenfalls abschließend. Verwehre das UIG demnach Zugang zu Umweltinformationen, könne ein Zugang zu diesen Informationen **nicht auf der Grundlage anderer nationaler Vorschriften** begehrt werden[3]. Diese Auffassung überrascht sehr angesichts des Wortlauts der Konkurrenzvorschrift. Richtig dürfte folgende Sichtweise sein: Kommen mehrere Anspruchsgrundlagen in Betracht, besteht Anspruchskonkurrenz. Beide Ansprüche können **nebeneinander geltend gemacht** werden, d.h. der Anspruch kann ggf. auf andere Vorschriften gestützt werden, falls das UIG keinen (hinreichenden) Informationsanspruch gewährt[4].

Dem **Anwalt** ist daher zu raten, bei beabsichtigtem Zugang zu Umweltinformatio- 126 nen auch andere, nicht qua gesetzlicher Anordnung (z.B. IFG) verdrängte **Anspruchsgrundlagen zu prüfen**. Liegen die Voraussetzungen mehrerer Anspruchsgrundlagen vor, sollte der Anspruch auf die im Ergebnis für den Antragsteller **vorteilhaftere Grundlage** gestützt werden. Hierbei sollte z.B. berücksichtigt werden, ob (verbindliche) Entscheidungsfristen bestehen und wie lange diese sind. Relevant ist auch, welche Kosten zu erwarten sind. Auch in dieser Hinsicht gibt es mitunter erhebliche Abweichungen. Hinsichtlich der Gebühren dürften die Behörden aber im Falle des Bestehens mehrerer Anspruchsgrundlagen generell gehalten sein, den niedrigsten Gebührensatz anzuwenden[5]. Es bleibt jedoch abzuwarten, ob das BVerwG seine bisherige Rechtsprechung aufrecht erhält, wonach sich Umwelt-

---

1 Z.B. § 29 VwVfG oder § 35 GenTG, vgl. hierzu *Reidt/Schiller*, in: Landmann/Rohmer, Umweltrecht, § 3 UIG Rz. 31 ff.
2 So die Gesetzesbegründung BT-Drs. 15/3406, S. 15.
3 BVerwG v. 30.4.2009 – 7 C 17.08, Rz. 13, allerdings eher beiläufig im Zuge der Begründung der Entscheidungserheblichkeit einer Rechtsfrage im Zuge einer Vorlage an den EuGH.
4 *Fluck/Theuer*, in: Fluck/Theuer, IFG, UIG, VIG, Teil A III, § 3 UIG Rz. 76; *Reidt/Schiller*, in: Landmann/Rohmer, Umweltrecht, § 3 UIG Rz. 29; *Schomerus/Tolkmitt*, DÖV 2007, 985, 991 (für das Verhältnis zum VIG); *Borchert*, in: Beyerlein/Borchert, VIG, § 1 Rz. 77 für die insoweit identische Situation im VIG.
5 *Borchert*, in: Beyerlein/Borchert, VIG, § 1 Rz. 78.

informationsansprüche exklusiv und ausschließlich nach UIG richten. Sollte dies geschehen, kämen alternative Ansprüche nicht in Betracht.

### 10. Kosten, § 12 UIG

127 Gem. § 12 Abs. 1 Satz 1 UIG ist die Übermittlung von Umweltinformationen grds. **kostenpflichtig**. Die informationspflichtige Stelle hat **Gebühren und Auslagen** zu erheben. Ausnahmen von diesem Kostenerhebungsgrundsatz finden sich enumerativ in § 12 Abs. 1 Satz 2 UIG. Entsprechend der Vorgabe aus der UIRL sind die Gebühren so zu bemessen, dass der Informationsanspruch nach § 3 Abs. 1 UIG wirksam in Anspruch genommen werden kann. Der Informationsanspruch soll **nicht mittelbar durch unangemessene Gebühren beeinträchtigt oder vereitelt** werden. Entsprechend der Ermächtigung aus § 12 Abs. 3 UIG hat die Bundesregierung eine **Verordnung über Kosten für Amtshandlungen** der informationspflichtigen Stellen beim Vollzug des Umweltinformationsgesetzes (**UIGKostV**) erlassen (Stand 22.12.2004). Hierin sind die gebührenpflichtigen Tatbestände, Ausnahmen etc. geregelt. Außerdem beinhaltet die Verordnung ein Kostenverzeichnis. Mit Ausnahme der §§ 9, 10 und 15 Abs. 2 findet das Verwaltungskostengesetz (VwKostG) ergänzend Anwendung (§ 12 Abs. 3 Satz 2 UIG). In § 12 Abs. 4 UIG ist die **Kostenerhebung durch private informationspflichtige** Stellen geregelt. Demnach gelten hierfür die gleichen Grundsätze wie für öffentliche informationspflichtige Stellen, einschließlich der in der UIGKostV festgelegten Kostensätze.

Im Hinblick auf **landesrechtliche Besonderheiten** bezüglich der Kostenerhebung wird auf die umfassende Darstellung von *Tolkmitt*[1] verwiesen.

#### a) Kostenfreiheit

128 **Keine Kosten** dürfen erhoben werden für die Erteilung **mündlicher und einfacher schriftlicher Auskünfte**, auch wenn hierbei wenige Duplikate ausgegeben werden (§ 12 Abs. 1 Satz 2 UIG i.V.m. Nr. 1.1 des Kostenverzeichnisses zur UIGKostV). Eine einfache Auskunft liegt vor, wenn bei deren Erteilung lediglich ein unerheblicher Verwaltungsaufwand anfällt oder sich die Auskunft auf wenige, genau bestimmte und ohne erhebliche Recherche zu ermittelnde Umweltinformationen beschränkt[2]. Ebenfalls **kostenfrei ist die reine Akteneinsicht** bei der informationspflichtigen Stelle einschließlich der Herausgabe von wenigen Duplikaten (vgl. Nr. 3 des Kostenverzeichnisses zur UIGKostV). **Gebührenpflichtig** sind hingegen **umfassende schriftliche Auskünfte**. Hierbei kommt es nicht ausschließlich auf den Umfang des Ergebnisses (also in diesem Fall der Auskunft) an, sondern auch auf den **sog. Vorbereitungsaufwand**, beispielsweise für die Recherche und die Abfassung des Antwortschreibens[3].

129 Kostenfreiheit besteht auch bei **Rücknahme des Antrags** oder **Ablehnung bzw. Rücknahme oder Widerruf** einer Amtshandlung (vgl. § 3 UIGKostV). Nach pflichtgemäßem Ermessen kann die informationspflichtige Stelle überdies ganz oder teilweise von der **Erhebung von Kosten absehen**, wenn dies im Einzelfall aus Gründen des öffentlichen Interesses oder der Billigkeit geboten ist (§ 2 UIGKostV)[4].

---

1 *Tolkmitt*, in Fluck/Theuer, IFG, UIG, VIG, Landes-UIG, -IFG, Überblick Teil C Rz. 670 ff.
2 OVG NW v. 18.2.2009 – 9 A 2428/08, Rz. 4 ff.
3 OVG NW v. 18.2.2009 – 9 A 2428/08, Rz. 6.
4 Zu landesrechtlichen Abweichungen, z.B. weitergehenden Befreiungstatbeständen, vgl. *Schomerus/Tolkmitt*, NVwZ 2007, 1119, 1123.

## b) Gebührenbemessung

**130** Wie das sonstige Gebührenrecht ist auch die Gebührenerhebung im Hinblick auf erteilte Umweltinformationen vom sog. **Kostendeckungsprinzip** geprägt, das allerdings eine **Einschränkung in Gestalt eines Angemessenheitskorrektivs** zur Sicherung der effektiven Wahrnehmung von Informationsansprüchen erfährt (vgl. § 12 Abs. 2 UIG). Ausgangspunkt der Gebührenhöhe ist die gesamte dem Erfolg des Informationsantrags zugrunde liegende erforderliche Behördentätigkeit. Dies beinhaltet die **Personalkosten für das Heraussuchen und die Zusammenstellung** (einschließlich der Schwärzung) der erbetenen Unterlagen sowie den **Schriftverkehr** der informationspflichtigen Stelle mit betroffenen Dritten[1]. Ebenfalls erfasst ist der Aufwand für die **wegen einer Drittbetroffenheit erforderliche Rechtsprüfung**[2]. Die Behörde muss dabei – unbeschadet der Grenzen, die aus dem Angemessenheitsgebot resultieren – den gesamten Aufwand „abrechnen". Die Entscheidung hierüber steht in ihrem **Ermessen**[3]. Bei der Bemessung kann die informationspflichtige Stelle **auch den wirtschaftlichen Wert der Umweltinformationen** für den Antragsteller berücksichtigen[4]. Verfolgt ein Antragsteller mithin (ausschließlich) **private Interessen** (beispielsweise ein Unternehmen, das die Einhaltung der gesetzlichen Vorgaben durch Konkurrenzunternehmen prüfen möchte), kann dies zu einer höheren Gebühr führen.

**131** Bei der Gebührenbemessung hat die informationspflichtige Stelle eine schwierige Gratwanderung zu vollziehen: Auf der einen Seite soll der tatsächlich angefallene Aufwand bestmöglich abgebildet werden, auf der anderen Seite sollen die Gebühren **keine abschreckende Wirkung** entfalten. Der Gesetzgeber hat insoweit selbst eine normative Grenze gesetzt. Die **Höchstgebühr beträgt Euro 500,00**[5]. Dies gilt auch, wenn durch die Informationsgewährung mehrere Gebührentatbestände erfüllt werden (§ 1 Abs. 2 UIGKostV). Innerhalb dieses Rahmens hat die informationspflichtige Stelle anhand der Umstände des Einzelfalles die konkrete Gebührenhöhe festzulegen.

## c) Auslagen

**132** **Auslagen** werden unabhängig von der Höhe der Gebühren und auch dann erhoben, wenn die **Informationsübermittlung gebührenfrei** gestellt ist. Dies gilt allerdings nur im Falle einer Befreiung, Antragsrücknahme oder -ablehnung oder Rücknahme oder Widerruf einer Amtshandlung i.S.v. §§ 2, 3 UIGKostV und nicht bei den kostenfreien Auskünften gem. § 12 Abs. 1 Satz 2 UIG. Im Übrigen dürfen Auslagen erst ab einer Höhe von Euro 5,00 erhoben werden (§ 1 Abs. 3 Satz 2 UIGKostV).

## d) Kosten privater informationspflichtiger Stellen

**133** **Private informationspflichtige Stellen** können naturgemäß nicht hoheitlich handeln, d.h. keine Verwaltungsakte erlassen[6]. Qua gesetzlicher Anordnung in § 12

---

1 BVerwG v. 27.3.2000 – 7 C 25.98, Rz. 10f.; OVG NW v. 18.7.2007 – 9 A 4544/04, Rz. 5 und VG München v. 27.4.2010 – M 1 K 09.6122, Rz. 27.
2 OVG NW v. 18.7.2007 – 9 A 4544/04, Rz. 7 und VG München v. 27.4.2010 – M 1 K 09.6122, Rz. 27.
3 Interessante Einblicke in die praktischen Erfahrungen im Hinblick auf Gebührenerhebung und -höhe geben *Zschiesche/Sperfeld*, ZUR 2011, 71, 76 in ihrem Praxistest.
4 BT-Drs. 15/3406, S. 22.
5 Diese recht bürgerfreundliche Höchstgrenze gibt es nicht in sämtlichen Bundesländern. Mitunter ist der Kostenrahmen deutlich höher. So beispielsweise in Bayern, wo eine Gebühr von bis zu 2500 Euro erhoben werden kann, vgl. Art. 12 Abs. 1 Satz 1 BayUIG i.V.m. Art. 6 Abs. 1 KostenG und Tarif-Nr. 1.I.10/2.1 des Kostenverzeichnisses.
6 In Niedersachsen gilt insoweit eine Ausnahme. Dort kann die private informationspflichtige Stelle gem. § 6 Abs. 6 Satz 2 NUIG ihre Kosten durch Bescheid festsetzen.

Abs. 4 UIG steht ihnen allerdings ein angemessener Kostenerstattungsanspruch zu, der **durch Rechnungsstellung geltend gemacht wird**[1]. Gebührenpflichtigkeit und Gebührenhöhe ergeben sich aus den Vorgaben, die in § 12 Abs. 1 und 2 UIG sowie der UIGKostV festgeschrieben sind (s.o. Rz. 128 ff.).

### 11. Rechtsschutz gegen Entscheidungen in der Sache

134 Rechtsmittel gegen Entscheidungen über einen Antrag auf Zugang zu Umweltinformationen kann zum einen der **Antragsteller gegen eine ablehnende Entscheidung** der informationspflichtigen Stelle einlegen. Zum anderen können **Dritte ein Interesse an der Verhinderung der Bekanntgabe** von Umweltinformationen im Falle einer positiven Verbescheidung des Zugangsantrags besitzen.

#### a) Rechtswegzuweisung

135 Auf Grund einer gesetzgeberischen Klarstellung in § 6 Abs. 1 UIG ist für **sämtliche Streitigkeiten, die dem UIG entstammen, der Verwaltungsrechtsweg** zu beschreiten. Dies gilt sowohl für Rechtsmittel von Antragstellern als auch von durch die Bekanntgabe betroffenen Dritten. Auch **sämtliche Bundesländer** haben in ihren Umweltinformationsgesetzen mittlerweile festgeschrieben, dass der Verwaltungsrechtsweg für Streitigkeiten aus den Landes-UIGs eröffnet ist.

#### b) Rechtsschutz des Antragstellers gegen Ablehnung des Zugangsantrags

136 Wird ein **Antrag auf Zugang zu Umweltinformationen** ganz oder teilweise **abgelehnt**, ist im Hinblick auf Rechtsmittel hiergegen zu unterscheiden, ob eine Stelle der öffentlichen Verwaltung i.S.d. § 2 Abs. 1 Nr. 1 UIG oder eine private informationspflichtige Stelle i.S.d. § 2 Abs. 1 Nr. 2 UIG gehandelt hat. Insoweit gibt es Unterschiede im Hinblick auf die Durchführung eines Vorverfahrens und die einschlägige Klageart.

#### aa) Rechtsschutz gegen Ablehnung durch Stellen der öffentlichen Verwaltung

137 Gegen eine vollständige oder teilweise Ablehnung des Informationszugangs durch Stellen der **öffentlichen Verwaltung** ist stets ein **Widerspruchsverfahren** durchzuführen[2]. Für Entscheidungen von obersten Bundesbehörden ergibt sich dies aus § 6 Abs. 2 UIG, für Entscheidungen sonstiger Stellen der öffentlichen Verwaltung aus dem allgemeinen Grundsatz des § 68 Abs. 1 Satz 1 VwGO. Für das Widerspruchsverfahren gelten die Vorschriften der §§ 68 bis 73 VwGO (für Entscheidungen der obersten Bundesbehörden ordnet dies § 6 Abs. 2 UIG explizit an). Insoweit ergeben sich also keine Besonderheiten. Allerdings **mangelt es in der Praxis** trotz expliziter gesetzlicher Anordnung eklatant häufig an einer **ordnungsgemäßen Rechtsbehelfsbelehrung** (vgl. § 5 Abs. 4 UIG)[3], sodass die Widerspruchsfrist gem. § 58 Abs. 1 VwGO nicht zu laufen beginnt[4]. Es gilt dann die Jahres-Frist aus § 58 Abs. 2 VwGO.

---

1 *Reidt/Schiller*, in: Landmann/Rohmer, Umweltrecht, § 12 UIG Rz. 30.
2 Im Hinblick auf Ansprüche nach den Landes-UIGs ist jeweils zu prüfen, ob ein solches Widerspruchsverfahren durchzuführen ist. Manche Bundesländer haben das Widerspruchsverfahren weitgehend abgeschafft, z.B. Bayern, oder es ist kein Widerspruchsverfahren gegen Entscheidungen oberster Landesbehörden erforderlich; vgl. hierzu *Tolkmitt*, in: Fluck/Theuer, IFG, UIG, VIG, Landes-UIG, -IFG, Überblick Teil C Rz. 832 f.
3 Zum Inhalt der Rechtsbehelfsbelehrung vgl. *Reidt/Schiller*, in: Landmann/Rohmer, Umweltrecht, § 5 UIG Rz. 27 ff.
4 Im Praxistest von *Zschiesche/Sperfeld* war den erhaltenen Ablehnungen (19) sogar in keinem Fall eine Rechtsbehelfsbelehrung beigefügt, ZUR 2011, 71, 77.

Bleibt der **Widerspruch erfolglos**, ist vor dem zuständigen Verwaltungsgericht **Verpflichtungsklage auf (vollständigen) Informationszugang** zu erheben. Klagegegner ist der Rechtsträger der handelnden Behörde (also der Bund oder eine Körperschaft, § 78 Abs. 1 Nr. 1 VwGO). Im Hinblick auf die **Landes-UIGs** ist zu prüfen, ob insoweit von der Möglichkeit nach § 78 Abs. 1 Nr. 2 VwGO Gebrauch gemacht wurde und die **Klage unmittelbar gegen die informationspflichtige Stelle** zu erheben ist[1]. Die in § 3 Abs. 3 Satz 2 UIG festgelegten Fristen für den Informationszugang können Auswirkungen auf die Frist für eine **Untätigkeitsklage** nach § 75 VwGO haben. Das UIG sieht zwar keine generelle Entscheidungsfrist vor. Nur im Falle der **Ablehnung des Antrags** ist gem. § 5 Abs. 1 UIG die Frist des § 3 Abs. 3 Satz 2 UIG verbindlich einzuhalten. Es gilt hierfür mithin eine **Maximalfrist von zwei Monaten**. Wenngleich für eine positive Entscheidung über den Antrag auf Informationszugang keine unmittelbaren Regelungen bestehen, gilt faktisch jedoch auch die 2-Monats-Frist. Denn gem. § 3 Abs. 3 UIG ist der tatsächliche Informationszugang innerhalb dieser Frist zu gewährleisten. Dies setzt denklogisch auch eine entsprechende positive Entscheidung innerhalb dieser Frist voraus (s. Rz. 106). Vor diesem Hintergrund kann die **Zwei-Monats-Frist** einen **besonderen Umstand** i.S.d. § 75 Satz 2 VwGO darstellen[2]. Eine Klage wäre dann bereits nach Ablauf von zwei Monaten zulässig[3]. Im Einzelfall kann eine Verpflichtungsklage in Form einer Untätigkeitsklage auch schon vor Ablauf der Zwei-Monats-Frist zulässig sein. Denn die Behörde ist gehalten, schnellstmöglich über Umweltinformationsanträge zu entscheiden (Rechtsgedanke aus § 3 Abs. 3 Satz 1 UIG und Art. 3 Abs. 2 lit. a UIRL). Dies gilt z.B. dann, wenn der Umfang der zu übermittelnden Daten und damit der Arbeitsaufwand gering ist.

138

Hat der Antragsteller ein Interesse, möglichst **schnell Zugang zu den begehrten Informationen** zu erlangen, ist **einstweiliger Rechtsschutz nach § 123 VwGO** zu erwägen. Ein insoweit erforderlicher **Anordnungsanspruch** kann sich aus dem Recht auf Zugang zu Umweltinformationen aus § 3 Abs. 1 UIG ergeben. Problematisch ist jedoch, dass häufig nicht mit hinreichender Wahrscheinlichkeit feststellbar ist, ob und in welchem Umfang Unterlagen oder sonstige Daten **Umweltinformationen** enthalten. Darüber hinaus kann im Einzelfall das **mögliche Bestehen von Ablehnungsgründen** i.S.d. §§ 8 und 9 UIG gegen einen Anordnungsanspruch sprechen. Dies gilt insbesondere im Hinblick auf den Schutz personenbezogener Daten oder von Betriebs- und Geschäftsgeheimnissen[4]. Schwierigkeiten dürfte regelmäßig auch die Begründung eines **Anordnungsgrundes (Eilbedürfnis)** bereiten. Ein Eilbedürfnis kann vorliegen, wenn der Antragsteller die begehrten Informationen aus zwingenden Gründen bis zu einem bestimmten Zeitpunkt benötigt, da ihm ansonsten **schwere und unzumutbare, anders nicht abwendbare Nachteile** drohen[5]. **In der Praxis** dürfte daher Informationszugang im Wege einstweiligen Rechtsschutzes eher selten in Betracht kommen.

139

Praktisch kaum relevant dürften Fälle sein, in denen der Antrag zwar positiv verbeschieden wird, der **tatsächliche Zugang** jedoch nicht oder nicht innerhalb der einschlägigen Frist (max. zwei Monate) gewährt wird. In diesem Fall könnte eine **allgemeine Leistungsklage** auf Zugangsgewährung erhoben werden. Problematisch ist hierbei jedoch, dass wie dargelegt (s. Rz. 118 ff.) der informationspflichtigen Stelle

140

---

1 So beispielsweise in Nordrhein-Westfalen, vgl. § 4 Abs. 2 Satz 1 AGVwGO NW.
2 Vgl. zu diesem Kriterium *Kopp/Schenke*, VwGO, § 75 Rz. 12.
3 A.A. *Reidt/Schiller*, in: Landmann/Rohmer, Umweltrecht, § 6 UIG Rz. 5.
4 OVG Münster v. 27.6.2007 – 8 B 920/07, Rz. 17.
5 Vgl. hierzu OVG Münster v. 27.6.2007 – 8 B 920/07, Rz. 18 ff. (Eilbedürfnis verneint); der gleiche Senat hat jüngst das Eilbedürfnis bejaht und hier u.a. darauf abgehoben, dass bei hoher Aktualität von Unterlagen eine Vorwegnahme der Hauptsache im Einzelfall hinnehmbar sei, vgl. OVG Münster v. 23.5.2011 – 8 B 1729/10, Rz. 11 ff.

ein Ermessen über die Art und Weise der Zugangsgewährung zusteht. Insoweit müsste der Antrag – wenn nicht eine Ermessensreduzierung auf Null vorliegt – so gefasst werden, dass auf eine Zugangsgewährung nach pflichtgemäßem Ermessen der Behörde abgestellt wird. Bei **Eilbedürftigkeit** dürfte hier regelmäßig auch ein **Antrag nach § 123 VwGO** erfolgreich sein, weil wegen der positiven Entscheidung keine Vorwegnahme der Hauptsache droht (zu beachten ist jedoch ggf. das Ermessen im Hinblick auf die Art und Weise des Zugangs).

141 Im Hinblick auf die **materiellen Erfolgsaussichten** der Klage sind die Limitierungen bei der gerichtlichen Überprüfung der Entscheidung der informationspflichtigen Stelle zu beachten (s. Rz. 49 f.).

**bb) Besonderheiten des in-camera-Verfahrens**

142 Eine komplexe Situation ergibt sich im verwaltungsgerichtlichen Prozess über die Verpflichtung zur Gewährung von Informationszugang (bzw. inhaltsgleich auch in dem Fall, dass ein Dritter sich gegen von der informationspflichtigen Stelle gewährten Informationszugang im Wege einer Anfechtungsklage zur Wehr setzt s. Rz. 148 ff.) im Hinblick auf die Regelungen in § 99 VwGO zur **Vorlage- und Auskunftspflicht von Behörden**[1]. Wie dargelegt, obliegt es der vollen gerichtlichen Überprüfung, ob Ablehnungsgründe tatbestandlich einschlägig sind und – dies entspricht jedenfalls der gerichtlichen Praxis – ob ggf. ein überwiegendes öffentliches Interesse an der Bekanntgabe besteht (s. Rz. 49 f.). Im Hinblick auf private Belange des § 9 UIG, insbesondere **personenbezogene Daten** und **Betriebs- und Geschäftsgeheimnisse**, müsste das erkennende Gericht mithin die entsprechenden Dokumente, Unterlagen etc. inhaltlich prüfen. Hierzu kann es die **Vorlage der Unterlagen** im Wege eines Beweisbeschlusses nach § 99 Abs. 1 Satz 1 VwGO anordnen[2]. Sobald die Unterlagen dem Gericht vorliegen, greift das allen Beteiligten zustehende **Akteneinsichtsrecht nach § 100 Abs. 1 VwGO**, und zwar auch dann, wenn wie hier Gegenstand der Hauptsache gerade der Zugang zu den vorzulegenden Akten ist. Der Antragsteller würde damit sein Hauptsachebegehren „über den Umweg" der Akteneinsicht in die Gerichtsakten realisieren.

143 Wenn das Bekanntwerden des Inhalts der vorzulegenden Akten dem **Wohl des Bundes oder eines Landes** Nachteile bereiten würde oder wenn die **Vorgänge nach einem Gesetz oder ihrem Wesen nach geheim gehalten werden müssen**, kann die zuständige oberste Aufsichtsbehörde die Vorlage von Urkunden oder Akten verweigern (§ 99 Abs. 1 Satz 2 VwGO) und eine sog. **Sperrerklärung** abgeben. Die Wahrung von Betriebs- und Geschäftsgeheimnissen oder der Schutz personenbezogener Daten unterfällt tatbestandlich der Vorschrift (entweder unmittelbar unter Berufung auf § 9 UIG oder den grundrechtlich gebotenen Schutz dieser Rechtsgüter). Ergeht eine Sperrerklärung, kann der Antragsteller/Kläger Antrag auf Durchführung des sog. **in-camera-Verfahrens** nach § 99 Abs. 2 VwGO stellen. Wird die **Abgabe der Sperrerklärung verweigert**, steht das gleiche Recht dem von einer Offenbarung der Betriebs- und Geschäftsgeheimnisse oder personenbezogener Daten **be-**

---

1 Instruktive Darstellung hierzu bei *Reidt/Schiller*, in: Landmann/Rohmer, Umweltrecht, § 6 UIG Rz. 9 ff.; siehe auch *Schroeter*, NVwZ 2011, 457 ff.; *Schemmer*, DVBl 2011, 323 ff. sowie *Schoch*, VBlBW 2010, 333, 242 zur identisch gelagerten Problematik im IFG.
2 Ein entsprechender Beweisbeschluss setzt allerdings die Entscheidungserheblichkeit voraus. Dies bedeutet, dass das Gericht zuvor abschließend zu prüfen hat, ob es überhaupt auf die relevanten Unterlagen ankommt oder ob nicht etwa der Anspruch aus anderen Gründen ausgeschlossen ist (z.B. weil öffentliche Interessen entgegen stehen, § 8 UIG, oder der Antrag aus formalen Gründen zurückzuweisen ist), vgl. BVerwG v. 21.2.2008 – 20 F 2.07, NVwZ 2008, 554, 555.

troffenen Dritten zu (§ 99 Abs. 2 Satz 1 VwGO analog), sofern er zum Verfahren beigeladen ist[1].

○ **Wichtige Praxishinweise:** Aus Sicht des von einer **Preisgabe von Informationen betroffenen Dritten** ist es in der Phase **nach Ergehen eines Beweisbeschlusses** auf Aktenvorlage durch das Hauptsachegericht sinnvoll, gegenüber der vorlagepflichtigen Behörde die Einholung einer Sperrerklärung anzuregen. Dem Betroffenen steht ein subjektives Verfahrensrecht auf Entscheidung der obersten Aufsichtsbehörde zu, das sich aus Art. 12 Abs. 1 und Art. 14 Abs. 1 GG ergibt[2]; er kann sich also auch **selbst an die Aufsichtsbehörde wenden**, falls die informationspflichtige Stelle dies nicht tut. In dieser Phase besteht das Risiko, dass durch eine Aktenvorlage die **Hauptsache faktisch entschieden** wird, ohne dass der Drittbetroffene seine Rechte auf Durchführung eines in-camera-Verfahrens wahren konnte. Insoweit ist – am besten durch eine förmliche Verpflichtung der informationspflichtigen Stelle – zunächst sicherzustellen, dass die Fachbehörde **die Entscheidung der Aufsichtsbehörde** nach § 99 Abs. 1 Satz 2 VwGO **abwartet**. Gibt es Anzeichen dafür, dass die informationspflichtige Stelle die Akten dem Gericht vorher vorlegen möchte, kann im Zuge einer **einstweiligen Anordnung** nach § 123 VwGO eine Verpflichtung erwirkt werden, dies bis zur Entscheidung der Aufsichtsbehörde nicht zu tun[3]. 144

Nach einer aus Sicht des von geheimhaltungsbedürftigen Tatsachen Betroffenen negativen Entscheidung der obersten Aufsichtsbehörde (**keine Sperrerklärung**) ist zu beachten: Um das Recht zu sichern, analog § 99 Abs. 2 Satz 1 VwGO einen **Antrag auf Durchführung des in-camera-Verfahrens** zu stellen, muss die Behörde den Betroffenen über das **Nichtergehen der Sperrerklärung informieren** und ihm eine angemessene Frist (in der Regel zumindest zwei Wochen) setzen, innerhalb derer der Betroffene den Antrag stellen kann[4]. Insoweit sollte bereits nach Ergehen des Beweisbeschlusses eine entsprechende förmliche Verpflichtung der informationspflichtigen Stelle angestrebt werden. Auch hier kann eine Verpflichtung **im Wege einstweiligen Rechtsschutzes** (§ 123 VwGO) erwirkt werden, falls die Behörde eine Informationspflicht nicht anerkennt. Ggf. kann darüber hinaus beim Hauptsachegericht bereits präventiv ein Antrag auf Durchführung des in-camera-Verfahrens gestellt werden, unter der Bedingung, dass keine Sperrerklärung ergeht. Die Zulässigkeit eines solchen Antrags ist zwar zweifelhaft (Bedingungsfeindlichkeit von Prozesshandlungen). Ggf. kann hierdurch aber noch rechtzeitig ein in-camera-Verfahren in Gang gebracht werden, bevor die Akten vorgelegt werden (z.B. wenn die informationspflichtige Stelle die Absicht, die Akten vorzulegen, dem Gericht vorab mitteilt).

Die **Entscheidung über die Abgabe einer Sperrerklärung** ist eine **Ermessensentscheidung**. Die oberste Aufsichtsbehörde kann sich insoweit nicht darauf beschränken, auf fachgesetzliche Geheimhaltungsgründe oder Ähnliches zu verweisen (z.B. §§ 8 und 9 UIG)[5]. Vielmehr hat sie eine **Abwägung** des privaten Interesses an effektivem Rechtsschutz sowie des öffentlichen Interesses an der Wahrheitsfindung auf der einen mit dem jeweiligen Interesse am Geheimnisschutz auf der anderen Seite vorzunehmen[6]. Insoweit kann es dazu kommen, dass **fachgesetzliche Ablehnungs-** 145

---

1 Vgl. OVG Münster v. 25.11.1999 – 13 B 1812/99, NVwZ 2000, 449.
2 OVG Münster v. 25.11.1999 – 13 B 1812/99, NVwZ 2000, 449; *Schenke*, NVwZ 2008, 938, 940 m.w.N.
3 Vgl. OVG Münster v. 25.11.1999 – 13 B 1812/99, NVwZ 2000, 449.
4 Vgl. OVG Münster v. 25.11.1999 – 13 B 1812/99, NVwZ 2000, 449; *Schenke*, NVwZ 2008, 938, 940.
5 BVerwG v. 21.2.2008 – 20 F 2.07, NVwZ 2008, 554, 556.
6 BVerwG v. 21.2.2008 – 20 F 2.07, NVwZ 2008, 554, 556.

gründe **weggewogen** werden. Jedenfalls gilt im Hinblick auf mögliche überwiegende Belange, die eine Offenbarung trotz Bestehens öffentlicher oder privater Belange rechtfertigen könnten (§§ 8 und 9 UIG) ein abweichender Bezugspunkt, da die Anknüpfungspunkte in § 99 Abs. 1 Satz 2 VwGO i.d.R. vom Fachrecht abweichen. Dies kann zu der problematischen Situation führen, dass – trotz nach Fachrecht durchgreifender Ablehnungsgründe – die Akten wegen überwiegender anderweitiger Interessen vorzulegen sind. Damit **wird das Fachrecht** im Ergebnis **ausgehebelt**. Das BVerwG nimmt dies in Kauf und beruft sich insoweit darauf, dass der Gesetzgeber diese besondere Situation bei Schaffung der Informationsfreiheitsansprüche gesehen, das in-camera-Verfahren aber nicht auch hierauf erstreckt habe[1]. Die Tatsache, dass im Ergebnis die Hauptsacheentscheidung im in-camera-Verfahren fällt, wenn die Sperrerklärung aufgehoben wird, ist in der Literatur zu Recht auf **umfassende Kritik gestoßen**[2]. Insoweit besteht gesetzgeberischer Handlungsbedarf[3].

**cc) Rechtsschutz gegen Ablehnung durch private informationspflichtige Stellen**

146  Bei (teilweise) ablehnenden Entscheidungen privater informationspflichtiger Stellen hat der Gesetzgeber anstelle eines Widerspruchsverfahrens fakultativ die sog. „**nochmalige Prüfung**" des Antrags durch die informationspflichtige Stelle auf Antrag des Antragstellers vorgesehen (§ 6 Abs. 3, 4 UIG)[4]. Die nochmalige Überprüfung ist **nicht obligatorisch**. Sie ist keine Sachurteilsvoraussetzung für eine Klage auf Zugang zu den begehrten Umweltinformationen[5]. Der Antrag ist innerhalb eines Monats schriftlich zu stellen. Die **Entscheidungsfrist** beträgt ebenfalls einen Monat (§ 6 Abs. 4 Satz 2 UIG).

147  Eine **Klage** auf Erteilung der begehrten Informationen gegen eine private informationspflichtige Stelle dürfte eine **allgemeine Leistungsklage** sein[6]. Sie unterliegt keinem Fristerfordernis[7].

---

1  BVerwG v. 21.2.2008 – 20 F 2.07, NVwZ 2008, 554, 555.
2  Sehr instruktiv *Schemmer*, DVBl 2011, 323, 327ff.; vgl. auch *Schoch*, VBlBW 2010, 333, 342; *Schroeter*, NVwZ 2011, 457ff.
3  Sperrerklärungen scheitern in der Praxis häufig an einer nicht ordnungsgemäßen Ermessensbetätigung. Im Regelfall ist dann die Sperrerklärung lediglich aufzuheben mit der Konsequenz, dass die oberste Aufsichtsbehörde jederzeit eine erneute Sperrerklärung mit hinreichenden Ermessenserwägungen erlassen kann. Insoweit sollte der Rechtsanwalt eines Betroffenen im Falle der Aufhebung der Sperrerklärung auf Abgabe einer ermessensfehlerfreien Sperrerklärung hinwirken. In Ausnahmefällen kann dies jedoch daran scheitern, dass der in-camera-Senat eine Ermessensreduzierung auf Null (öffentliche Interessen so überwiegend, dass keine Sperrerklärung möglich) annimmt, so z.B. das BVerwG im Hinblick auf Störfallinformationen über ein Kernkraftwerk, BVerwG v. 21.2.2008 – 20 F 2.07, NVwZ 2008, 556ff.
4  Auch die meisten Länder haben dies so vorgesehen, vgl. die Übersicht bei *Tolkmitt*, in: Fluck/Theuer, IFG, UIG, VIG, Landes-UIG, -IFG, Überblick Teil C Rz. 828. Manche Bundesländer haben das Überprüfungsverfahren auch im Hinblick auf Stellen der öffentlichen Verwaltung eingeführt, ohne dass dies Voraussetzung für die Klageerhebung ist, vgl. Art. 9 BayUIG sowie § 9 HUIG.
5  Eine Ausnahme hierzu bildet Hamburg. Dort ist gem. § 2 HmbUIG die Durchführung eines Überprüfungsverfahrens durch Private Klagevoraussetzung.
6  So mit überzeugender Begründung *Ziekow/Debus*, in: Fluck/Theuer, IFG, UIG, VIG, Teil A III, § 6 UIG Rz. 54 m.w.N.; *Reidt/Schiller*, in: Landmann/Rohmer, Umweltrecht, § 6 UIG Rz. 15 m.w.N.
7  Wie bereits erwähnt, wird aus der Praxis berichtet, dass auch private informationspflichtige Stellen ablehnenden Bescheiden keine Rechtsbehelfsbelehrungen nach § 5 Abs. 4 UIG beifügen, vgl. *Zschiesche/Sperfeld*, ZUR 2011, 71, 77. Insoweit würde auch keine Klagefrist laufen, würde man in der Verpflichtungsklage die statthafte Klageart sehen.

## c) Rechtsschutz betroffener Dritter

Sind durch den Zugang zu Umweltinformationen **Interessen Dritter betroffen** (insbesondere im Hinblick auf personenbezogene Daten und Betriebs- und Geschäftsgeheimnisse), haben diese regelmäßig ein Interesse daran, den Zugang zu diesen Informationen zu verhindern. Hinsichtlich der Rechtsschutzmöglichkeiten ist hierbei danach zu differenzieren, ob eine **Stelle der öffentlichen Verwaltung** (§ 2 Abs. 1 Nr. 1 UIG) oder eine **private informationspflichtige Stelle** (§ 2 Abs. 1 Nr. 2 UIG) handelt.

148

### aa) Vorgehen gegen Stellen der öffentlichen Verwaltung

Gegen die Entscheidung ist zunächst **Widerspruch** zu erheben (§ 6 Abs. 2 UIG). Im Falle der Erfolglosigkeit folgt eine **Anfechtungsklage**. Auch insoweit gilt, dass mangels Vorliegen einer Rechtsbehelfsbelehrung (was in der Praxis häufig der Fall ist) oder der Nichtbekanntgabe der Entscheidung auch an den Dritten die Widerspruchsfrist gem. § 58 Abs. 1 VwGO nicht zu laufen beginnt (Folge: Jahres-Frist für Widerspruch gem. § 58 Abs. 2 VwGO). Der Antragsteller ist in dem Verfahren gem. § 65 Abs. 2 VwGO notwendig beizuladen. Ggf. kann es auch hier im Zuge einer Anordnung des Gerichts auf Vorlage der relevanten Akten bzw. Unterlagen zu einem **in-camera-Verfahren** nach § 99 Abs. 2 VwGO kommen (s. Rz. 142 ff.). Die **Anordnung des Sofortvollzugs** dürfte in praxi nicht häufig zu erwarten sein. Sollte dies dennoch geschehen, ist flankierend ein Antrag auf einstweiligen Rechtsschutz nach § 80a VwGO zu stellen.

149

In **praktischer Hinsicht** stellt sich für einen Drittbetroffenen eine ähnliche Problematik wie im Hinblick auf die Anordnung der Aktenvorlage nach § 99 VwGO in Verfahren auf Verpflichtung zur Gewährung des Zugangs zu Umweltinformationen (s. Rz. 144). **Drittbetroffene sind darauf angewiesen**, dass sie rechtzeitig vor Gewährung des Informationszugangs über die Entscheidung der informationspflichtigen Stelle **informiert werden**. § 9 Abs. 1 Satz 3 UIG sieht zwar eine förmliche Beteiligung von Drittbetroffenen vor der Entscheidung vor. Formal betrachtet beinhaltet dies aber nicht die Vorgabe, rechtzeitig über die Entscheidung zu informieren. Insbesondere ist nicht gesetzlich vorgeschrieben, dass der Informationszugang in tatsächlicher Hinsicht nicht sofort nach positiver Entscheidung über den Informationszugang gewährt wird. Dennoch wird man hier aus Gründen des effektiven Rechtsschutzes eine **Verpflichtung der informationspflichtigen Stelle** annehmen müssen, den Drittbetroffenen förmlich zu unterrichten und anschließend eine angemessene Zeit abzuwarten, bevor der Informationszugang gewährt wird[1]. Bei berechtigten Zweifeln darüber, ob die informationspflichtige Stelle der Mitteilungspflicht nachkommt (was selten zu erwarten sein dürfte), kann einstweiliger Rechtsschutz erwogen werden.

150

### bb) Rechtsschutz gegen positive Entscheidungen privater informationspflichtiger Stellen

Gegen die Entscheidung einer privaten informationspflichtigen Stelle, Informationszugang zu gewähren, ist **kein Widerspruchsverfahren** durchzuführen. Auch eine nochmalige Prüfung i.S.d. § 6 Abs. 3, 4 UIG ist nicht vorgesehen. Es ist vielmehr **unmittelbar eine allgemeine Leistungsklage in Form der Unterlassungsklage** beim Verwaltungsgericht zu erheben. Sofern die Gefahr besteht, dass die informationspflichtige Stelle die Umweltinformationen vor rechtskräftigem Abschluss des

151

---

1 So auch *Reidt/Schiller*, in: Landmann/Rohmer, Umweltrecht, § 6 UIG Rz. 17; vgl. auch OVG Münster v. 25.11.1999 – 13 B 1812/99, NVwZ 2000, 449.

Klageverfahrens vorlegt, kann Unterlassung im Wege einer einstweiligen Anordnung nach § 123 VwGO beantragt werden. Im Hinblick auf das „**Handling**" der Situation **zur effektiven Wahrung der Rechtsschutzmöglichkeiten** kann auf die Ausführungen zum Vorgehen gegen Entscheidungen der Stellen der öffentlichen Verwaltung verwiesen werden (s. Rz. 150). Der Antragsteller ist zum Verfahren beizuladen (§ 65 Abs. 2 VwGO). Ggf. ist ein in-camera-Verfahren nach § 99 Abs. 2 VwGO möglich (s. Rz. 142 ff.).

#### cc) Rechtsschutzmöglichkeiten nach rechtswidriger Informationsfreigabe

152 Es kann vorkommen, dass informationspflichtige Stellen in **rechtswidriger Weise Informationen freigeben** und hierdurch subjektive Rechte Dritter verletzen. Dies betrifft Fälle, in denen Ausschlussgründe zum Schutz privater Belange eingreifen. Namentlich geht es um die Ausschlussgründe des § 9 Abs. 1 UIG zum Schutz personenbezogener Daten, geistigen Eigentums und insbesondere von Betriebs- und Geschäftsgeheimnissen. Kann hier der betroffene Dritte nicht wie gesetzlich vorgesehen vor der Informationsfreigabe seine Rechte wahren (durch Anhörung vor Bekanntgabe und ggf. Beschreitung des Rechtswegs gegen eine positive Entscheidung), weil er von der geplanten Informationsfreigabe nichts wusste, kommen **Schadensbegrenzungs- und Schadensliquidationsmaßnahmen** in Betracht. Für eine Schadensbegrenzung ist zunächst der den Informationszugang gewährende Bescheid durch Widerspruch oder Anfechtungsklage anzufechten. Fristprobleme stellen sich hier nicht, da die Rechtsmittelfrist mangels Bekanntgabe nicht angelaufen ist. Flankierend ist dann allerdings ein Antrag nach § 80a Abs. 1 Nr. 2 Halbs. 2 VwGO analog[1] erforderlich, mit dem die Behörde verpflichtet wird, die bereits herausgegebenen Informationen **zurückzuholen**. Ein solcher Anspruch ist freilich nur selten hilfreich, weil eine einmal offenbarte Information schwerlich rückholbar ist, insbesondere in Zeiten moderner Telekommunikationsmittel, in denen Informationen leicht zu vervielfältigen und zu verbreiten sind. Von größerer Bedeutung dürften daher mögliche **Schadensersatzansprüche** sein. Insoweit kommen **Amtshaftungsansprüche** gegen die Stelle in Betracht, die die Informationen in rechtswidriger Weise verbreitet hat (§ 839 BGB i.V.m. Art. 34 GG)[2].

### d) Landesrechtliche Besonderheiten

153 Teilweise gibt es **erhebliche Abweichungen in den Landes-UIGs** in Bezug auf den Rechtsschutz gegen Entscheidungen in Verfahren auf Informationszugang. In dieser Hinsicht wird auf die umfassende Darstellung bei *Tolkmitt*[3] sowie *Schomerus/Tolkmitt*[4] verwiesen.

### 12. Rechtsschutz gegen Kostenentscheidung

154 Die Kostenentscheidung einer Stelle der öffentlichen Verwaltung als selbstständiger Verwaltungsakt ist entweder **isoliert oder zusammen mit der Sachentscheidung** anfechtbar (vgl. § 22 Abs. 1 Satz 1 VwKostG). Wird die Hauptsacheentscheidung angefochten, erstreckt sich diese Anfechtung automatisch auf die Kostenentscheidung (§ 22 Abs. 1 Halbs. 2 VwKostG). Da bei einer vollständigen Ablehnung des

---

1 Zur Zulässigkeit in der hiesigen Konstellation des Vollzugs eines Bescheides trotz (nachträglich eingetretener) aufschiebender Wirkung eines Widerspruchs/einer Anfechtungsklage *Kopp/Schenke*, VwGO, § 80a Rz. 14.
2 *Kopp/Ramsauer*, VwVfG, § 30 Rz. 20.
3 *Tolkmitt*, in: Fluck/Theuer, IFG, UIG, VIG, Landes-UIG, -IFG, Überblick Teil C Rz. 827 ff.
4 *Schomerus/Tolkmitt*, NVwZ 2007, 1119, 1122 ff.

### III. Umweltinformationsansprüche

Zugangsantrags keine Kosten erhoben werden dürfen (s. Rz. 129), greift diese Variante nur bei einer Verpflichtungsklage auf vollständigen Informationszugang bei partiell verwehrtem Zugang. Eine isolierte Kostenanfechtung richtet sich in der Praxis zumeist gegen die Höhe der festgelegten Gebühr.

Gegen die Kostenentscheidung von Stellen der öffentlichen Verwaltung ist zunächst ein **Widerspruchsverfahren** durchzuführen und anschließend eine **Anfechtungsklage** zu erheben. 155
Schwierig ist die Situation im Hinblick auf ein Vorgehen gegen die Kostenentscheidung einer **privaten informationspflichtigen Stelle** i.S.d. § 2 Abs. 1 Nr. 2 UIG. Die Kostenentscheidung stellt **keinen Verwaltungsakt** dar (s. Rz. 133). Insoweit dürfte eine **Feststellungsklage** in analoger Anwendung von § 43 VwGO möglich sein. Alternativ kann aber auch schlicht **abgewartet werden**, bis die private informationspflichtige Stelle Leistungsklage auf Zahlung der festgelegten Kosten erhebt. Einwände gegen die Höhe können dann in diesem Verfahren geltend gemacht werden.
Nach wohl herrschender Meinung greift § 80 Abs. 2 Satz 1 Nr. 1 VwGO sowohl bei isolierter Anfechtung der Kostenentscheidung als auch bei einem inzidenten Angriff im Wege der Anfechtung der Hauptsacheentscheidung[1]. Um einem **Vollzug der Kostenentscheidung zu entgehen**, ist ggf. einstweiliger Rechtsschutz nach § 80 Abs. 5 VwGO erforderlich. Vorher ist jedoch ein Antrag an die zuständige Behörde auf **Aussetzung der Vollziehung nach § 80 Abs. 4 VwGO** zu richten, vgl. § 80 Abs. 6 Satz 1 VwGO.

### 13. Rechtsschutz gegen Maßnahmen der Überwachungsstelle

§ 13 Abs. 1 UIG ordnet im Hinblick auf private informationspflichtige Stellen eine **Überwachung** durch die zuständigen Stellen der öffentlichen Verwaltung an, die die Kontrolle i.S.v. § 2 Abs. 2 UIG über diese ausüben. Zweck der Vorschrift ist es, eine im Ergebnis der Rechts- und Fachaufsicht über die Stellen der öffentlichen Verwaltung gleich gelagerte Kontrolle zu gewährleisten. Die Überwachungsbehörde kann von der privaten informationspflichtigen Stelle **Herausgabe sämtlicher Informationen** verlangen, die die Überwachungsbehörde zur Wahrnehmung ihrer Aufgaben benötigt (§ 13 Abs. 2 UIG). Vor allem jedoch kann die Überwachungsbehörde **Maßnahmen ergreifen oder Anordnungen treffen**, die zur Einhaltung und Durchführung des UIG erforderlich sind (§ 13 Abs. 3 UIG). Hiervon erfasst sind die klassischen Mittel der Fach- und Rechtsaufsicht, also insbesondere **Weisungen und Anordnungen** in Form von Verwaltungsakten. Die Überwachungsbehörde kann beispielsweise die beaufsichtigte private informationspflichtige Stelle anweisen, bestimmte Umweltinformationen an einen Antragsteller herauszugeben. Die private informationspflichtige Stelle kann sich gegen Maßnahmen der Überwachungsbehörde durch **Widerspruch und Anfechtungsklage** zur Wehr setzen, falls ein Verwaltungsakt (z.B. Weisung) vorliegt. Wendet sie sich gegen bloße **Realakte**, wäre eine **Feststellungsklage** nach § 43 VwGO einschlägig. 156

Ein Antragsteller, dessen Antrag auf Zugang zu Umweltinformationen von einer privaten Informationsstelle negativ beschieden wird, kann sich jederzeit an die Überwachungsbehörde mit der Bitte um **aufsichtliches Einschreiten** wenden. Ein Anspruch auf solche Maßnahmen besteht jedoch entsprechend allgemeiner Grundsätze nicht. Darüber hinaus kann auch **keine Klage gegen die Überwachungsbehörde** geführt werden. Eine solche schließt das Gesetz explizit aus (§ 6 Abs. 3 Satz 3 UIG). 157

---

1 Vgl. zum Streitstand *Guckelberger*, in: Fluck/Theuer, IFG, UIG, VIG, Teil A III, § 12 UIG Rz. 87 f.

158 Einige **Bundesländer** haben in den Landes-UIGs kein spezialgesetzliches Überwachungsregime etabliert[1]. Hier kommt ggf. das allgemeine aufsichtliche Rechtsregime zur Anwendung. Insoweit ist auf die einschlägige Fachkommentierung zu verweisen.

## IV. Informationsansprüche nach Informationsfreiheitsgesetz (IFG)

### 1. Vorbemerkungen

159 Anders als das Umweltinformationsgesetz beruht das Informationsfreiheitsgesetz **nicht auf europarechtlichen Vorgaben**. Es ist vielmehr auf eine Initiative der rot-grünen Regierungskoalition aus dem Jahr 2004 zurückzuführen[2]. Ziel des IFG ist es, durch Zugang zu Informationen und die Transparenz behördlicher Entscheidungen eine effektive Wahrnehmung von Bürgerrechten zu ermöglichen. Der demokratische Meinungs- und Willensbildungsprozess sowie die Kontrolle staatlichen Handelns („Kontrolle durch Informiertsein")[3] sollen verbessert werden.

160 Bereits vor Inkrafttreten des Bundes-IFG hatten einige Bundesländer **Landes-IFGs** verabschiedet. Nach aktuellem Stand gibt es Landesinformationsfreiheitsgesetze in **elf Bundesländern**. Nur Baden-Württemberg, Bayern, Hessen, Niedersachsen und Sachsen haben bisher keine Informationsfreiheitsgesetze verabschiedet[4]. Mit Ausnahme der Länder Saarland und Thüringen, die teilweise oder vollständig auf das Bundes-IFG verweisen, haben die Bundesländer Vollregelungen erlassen. Teilweise sind die Landesgesetze zeitlich befristet[5].

161 Die nachfolgende Darstellung orientiert sich an den rechtlichen Vorgaben aus dem Bundes-IFG, kann allerdings auf entsprechende inhaltsgleiche landesrechtliche Vorschriften übertragen werden. Die fehlende europarechtliche Determinierung der Informationsfreiheitsgesetze bedingt teilweise **starke Divergenzen** zwischen den landesrechtlichen Regelungen und dem Bundes-IFG. Eine erschöpfende Darstellung dieser Abweichungen ist im hier vorgegebenen Rahmen nicht möglich. Wesentliche Abweichungen von den bundesrechtlichen Vorschriften sind jedoch kenntlich gemacht.

### 2. Anspruchsberechtigung, § 1 Abs. 1 IFG

162 Gem. § 1 Abs. 1 IFG hat „jeder" nach Maßgabe des IFG gegenüber den Behörden des Bundes einen Anspruch auf Zugang zu amtlichen Informationen. Zugangsberechtigt ist jede **natürliche oder juristische Person des Privatrechts**. Wie auch bei Zugangsansprüchen nach UIG unterfallen dem Begriff der juristischen Personen auch teilrechtsfähige Personengesellschaften und ähnliche Personenmehrheiten (s. Rz. 13)[6].

---

1 Siehe hierzu *Tolkmitt*, in: Fluck/Theuer, IFG, UIG, VIG, Landes-UIG, -IFG, Überblick Teil C Rz. 810, 814, 853; *Reidt/Schiller*, in: Landmann/Rohmer, Umweltrecht, § 13 UIG Rz. 18.
2 Zu den historischen Hintergründen vgl. *Kloepfer/Lewinski*, DVBl 2005, 1277 ff.
3 Zu den Motiven des Gesetzgebers vgl. Gesetzesbegründung BT-Drs. 15/4493, S. 6.
4 Vgl. die Aufstellung unter Rz. 2; in Baden-Württemberg dürfte es nach der Regierungsübernahme durch Grün-Rot mittelfristig ebenfalls ein IFG geben.
5 Bremen: 31.12.2015, § 14 BremIFG; Saarland: 31.12.2020, § 6 SIFG; Thüringen: 28.12.2012, § 3 ThürIFG.
6 Die Anspruchsberechtigung in den Landes-IFGs ist teilweise weiter oder enger als im Bundes-IFG, vgl. hierzu die Übersicht bei *Tolkmitt*, in: Fluck/Theuer, IFG, UIG, VIG, Landes-UIG, -IFG, Überblick Teil C Rz. 64 ff.

Anders als im Hinblick auf das UIG sind hingegen **juristische Personen des öffentlichen Rechts** sowie **Bürgerinitiativen und Verbände** nicht zugangsberechtigt. Dies stellt die Gesetzesbegründung ausdrücklich klar[1]. Die insoweit zum Umweltinformationsrecht ergangene Rechtsprechung und einschlägige Literatur ist mithin nicht auf das IFG übertragbar[2]. Jedenfalls im Hinblick auf Bürgerinitiativen und Vereinigungen hat diese Frage keine praktische Bedeutung. Der Antrag ist schlicht nicht von der Initiative, sondern von einem oder mehreren Einzelmitgliedern zu stellen. 163

Der **Zugangsanspruch ist voraussetzungslos**. Dies ist zwar nicht – wie in § 3 Abs. 1 Satz 1 UIG – explizit im Gesetz klargestellt, ergibt sich jedoch aus der Entstehungsgeschichte des Gesetzes und den gesetzgeberischen Motiven[3]. Der Antragsteller muss demnach kein rechtliches oder sonstiges berechtigtes Interesse geltend machen, um Informationszugang zu erhalten. Er kann mit der Informationserlangung **jedweden Zweck** verfolgen, z.B. die **Stützung zivilrechtlicher Schadensersatzansprüche**[4], die Erlangung von Informationen zur **Presseberichterstattung**[5] oder die Prüfung und ggf. Durchsetzung **insolvenzrechtlicher Ansprüche**[6]. Der Informationszugangsanspruch kann im Einzelfall jedoch wegen **Rechtsmissbrauchs** ausgeschlossen sein. Hieran sind jedoch strenge Anforderungen zu stellen. Rechtsmissbrauch würde vorliegen, wenn dem Informationsanspruch keinerlei nachvollziehbare Motive zugrunde liegen, sondern das Handeln des Antragstellers offenkundig und zweifelsfrei allein von der Absicht geprägt ist, die Behörde oder einen Drittbetroffenen zu schikanieren oder zu belästigen oder einem anderen Schaden zuzufügen[7]. 164

### 3. Informationspflichtige Stellen – Bundesbehörden

Informationspflichtig sind gem. § 1 Abs. 1 Satz 1 IFG **Behörden des Bundes**. Zu den Behörden zählen auch **natürliche oder juristische Personen des Privatrechts**, soweit eine Behörde sich dieser zur Erfüllung ihrer öffentlich-rechtlichen Aufgaben bedient (§ 1 Abs. 1 Satz 3 IFG). Im Übrigen gilt gegenüber sonstigen Bundesorganen und -einrichtungen der Informationszugangsanspruch ebenfalls, soweit sie öffentlich-rechtliche Verwaltungsaufgaben wahrnehmen (§ 1 Abs. 1 Satz 2 IFG). 165

Mangels eigenständiger Definition im IFG ist im Hinblick auf den Behördenbegriff § 1 Abs. 4 VwVfG heranzuziehen[8]. **Behörde** ist demnach jede Stelle, die Aufgaben öffentlicher Verwaltung wahrnimmt. Erfasst sind der **Bundeskanzler** und die **Bundesminister** sowie die dazugehörigen Ministerien genauso wie **Bundespräsident, Bundespräsidialamt, Bundesrechnungshof** und **Bundesbank**. Die Tätigkeit von **Ministerien** unterliegt dem Anwendungsbereich des § 1 Abs. 1 Satz 1 IFG auch dann, wenn es um die Vorbereitung und Begleitung von Gesetzgebungsvorhaben geht. Einen Ausschluss von sog. **Regierungstätigkeit** sieht das IFG nicht vor[9]. Gesetz- 166

---

1 BT-Drs. 15/4493, S. 7.
2 A.A. *Schoch*, VBlBW 2010, 333, 335; genauso *Rossi*, DVBl 2010, 554, 558 für Bürgerinitiativen und Verbände, kritisch hingegen im Hinblick auf juristische Personen des öffentlichen Rechts.
3 Vgl. Gesetzesbegründung BT-Drs. 15/4493, S. 7.
4 VGH Kassel v. 2.3.2010 – 6 A 1684/08.
5 Insoweit handelt es sich geradezu um einen Muster-Anwendungsfall der gesetzgeberischen Ziele der Schaffung größerer Verwaltungstransparenz und der Verbesserung des demokratischen Meinungs- und Willensbildungsprozesses.
6 BVerwG v. 9.11.2010 – 7 B 43.10.
7 So VGH Kassel v. 24.3.2010 – 6 A 1832/09, Rz. 8.
8 Vgl. Gesetzesbegründung BT-Drs. 15/4493, S. 7.
9 OVG Bln.-Bbg. v. 5.10.2010 –12 B 5.08, Rz. 19.

gebungsorgane und **Bundesgerichte** sind ebenfalls auskunftspflichtig, sofern sie in funktionaler Hinsicht Behördentätigkeiten ausüben und öffentliche Verwaltungsaufgaben wahrnehmen (§ 1 Abs. 1 Satz 2 IFG)[1]. Eine Unterscheidung zwischen Behörden und Regierungstätigkeit greift auch im Hinblick auf das **Bundeskanzleramt** nicht, sodass auch dieses eine Behörde i.S.d. § 1 Abs. 1 IFG ist[2]. Behörden des Bundes sind auch die **Auslandsvertretungen**[3]. Auch der **Bundesrat** kann als sonstiges Bundesorgan i.S.d. § 1 Abs. 1 Satz 2 IFG grds. auskunftsverpflichtet sein, allerdings nicht, soweit er im Rahmen der Gesetzgebung tätig wird[4].

167 Als Behörden im informationsrechtlichen Sinne anzusehen sind **Beliehene, nicht hingegen sog. Verwaltungshelfer** (diese können aber ggf. unter § 1 Abs. 1 Satz 3 IFG fallen)[5]. Nicht vom Bundes-IFG erfasst sind **Landesbehörden**, die Bundesrecht ausführen. Hier kann ein Anspruch nur auf Grundlage eines Landes-IFG bestehen. Problematisch ist die Situation im Hinblick auf **gemischt besetzte Behörden**, also Behörden, die sowohl Landes- als auch Bundesbeschäftigte besitzen. Hier wird man ggf. nur die Tätigkeit der Bundesbeschäftigten der Informationspflicht unterwerfen[6].

168 Unter § 1 Abs. 1 Satz 3 IFG (**Privatrechtssubjekte**) fallen neben den Verwaltungshelfern auch **Unternehmen**, die von Behörden im Zuge materieller Aufgabenprivatisierung herangezogen werden. Gemeint ist, dass sich Behörden privater Stellen bei der Aufgabenerfüllung bedienen, z.B. durch Schaffung einer **Eigengesellschaft** als GmbH oder AG. Praktische Anwendungsfälle hierfür sind – anders als im Landesrecht (z.B. bei kommunalen Unternehmen der Daseinsvorsorge) – wohl eher rar gesät[7]. Zu beachten ist, dass gem. § 7 Abs. 1 Satz 2 IFG **nicht das Privatrechtssubjekt**, sondern die Stelle informationspflichtig ist, die sich des Privatrechtssubjekts zur Erfüllung ihrer öffentlich-rechtlichen Aufgaben bedient. Der Antrag ist dementsprechend an diese Behörde zu richten (s. Rz. 226).

169 Nach den **Landes-IFGs** sind neben den Behörden auch sonstige Einrichtungen des Landes bzw. ggf. auch Gebietskörperschaften wie **Gemeinden** (beschränkt) auskunftspflichtig[8]. Im Hinblick auf Privatrechtssubjekte ist zu bemerken, dass diese teilweise selbst die Informationspflicht zu erfüllen haben[9].

**4. Der Begriff der amtlichen Information, § 2 Nr. 1 IFG**

170 „**Amtliche Information**" nach der Legaldefinition in § 2 Nr. 1 IFG ist jede amtlichen Zwecken dienende Aufzeichnung, unabhängig von der Art ihrer Speicherung, wobei Entwürfe und Notizen, die nicht Bestandteil eines Vorgangs werden sollen, ausgenommen sind.

---

1 OVG Bln.-Bbg. v. 5.10.2010 –12 B 5.08, Rz. 23.
2 OVG Bln.-Bbg. v. 5.10.2010 –12 B 5.08, Rz. 24; zur gegenteiligen Ansicht *Schoch*, VBlBW 2010, 333, 335.
3 Gesetzesbegründung BT-Drs. 15/4493, S. 7.
4 OVG Bln.-Bbg. v. 6.11.2008 – 12 B 50.07, Rz. 22.
5 *Schoch*, IFG, § 1 Rz. 82; *Rossi*, IFG, § 1 Rz. 72 f.
6 *Schoch*, IFG, § 1 Rz. 123.
7 Vgl. hierzu *Schoch*, IFG, § 1 Rz. 117 ff.; *Rossi*, IFG, § 1 Rz. 70 ff.
8 Vgl. hierzu *Tolkmitt*, in: Fluck/Theuer, IFG, UIG, VIG, Landes-UIG, -IFG, Überblick Teil C Rz. 83.
9 Vgl. *Tolkmitt*, in: Fluck/Theuer, IFG, UIG, VIG, Landes-UIG, -IFG, Überblick Teil C Rz. 90.

### a) Informationsbegriff des IFG

Der Zugangsanspruch nach § 1 Abs. 1 Satz 1 IFG bezieht sich auf „Informationen", nicht „Akten" oder sonstige „Unterlagen", wodurch sich die Begriffsbestimmung des IFG nicht nur vom Informationszugang nach dem allgemeinen Verwaltungsverfahrensrecht (§ 29 VwVfG, § 25 SGB X), sondern auch von den Informationsfreiheitsgesetzen einiger Länder unterscheidet[1]. Das IFG greift bei der Definition des Begriffes „Information"– im Gegensatz zum UIG (§ 2 Abs. 3) und VIG (§ 1 Abs. 1 Satz 1) – nicht auf den Terminus „Daten" zurück. Maßgeblich für den Informationsbegriff des IFG ist vielmehr das Vorliegen einer „**Aufzeichnung**". Erfasst sind u.a. Schriften, Bilder, Pläne und Karten, Tonaufzeichnungen, Disketten, CD-ROMs, DVDs, Filme und Fotos auf Papier[2]. Für den Gesetzgeber war von Bedeutung, dass eine **Manifestation** des Anspruchsobjekts auf einem Daten- oder sonstigen Informationsträger stattgefunden hat. Keine amtliche Information ist daher das **bloße Wissen eines Behördenmitarbeiters**[3]. Angesichts der Technologieneutralität von § 2 Nr. 1 IFG kommt es auf die **Art der Speicherung nicht an**, sodass elektronische, optische, akustische und anderweitige Speicherungen sowie klassische Papieraufzeichnungen gleichermaßen erfasst sind.

Der Zugangsanspruch erfasst nur Informationen, die **bei der Behörde vorhanden** sind. Dies ergibt sich im Gegensatz zum UIG (§ 2 Abs. 3, 4 Satz 1 UIG) und VIG (§ 1 Abs. 1 Satz 1 VIG) zwar nicht unmittelbar aus dem Gesetz, wohl aber aus Sinn und Zweck des Informationsfreiheitsgesetzes[4]. Denn das IFG ist auf die Möglichkeit gerichtet, an dem Informationsbestand der Verwaltung teilzuhaben, einen **Informationsbeschaffungsanspruch** will es demgegenüber nicht gewähren[5]. Informationen sind vorhanden, wenn sie **tatsächlich und dauerhaft**[6] bei der Behörde vorliegen. Eine **Wiederbeschaffungspflicht** besteht nur ausnahmsweise, beispielsweise wenn eine Behörde Akten oder Teile der Akten in Kenntnis der beantragten Akteneinsicht und vor Einsichtgewährung aus der Hand gibt[7]. Um einen Wertungswiderspruch zu § 7 Abs. 1 Satz 1 IFG zu vermeiden, ist Voraussetzung des Zugangsanspruchs, dass die anspruchsverpflichtete Stelle über die bei ihr tatsächlich vorhandenen Informationen auch **verfügungsbefugt** ist[8]. Vorübergehend beigezogene Akten werden von dem Zugangsanspruch nicht erfasst (vgl. § 3 Nr. 5 IFG)[9]. Ggf. besteht jedoch eine **Hinweispflicht auf die zuständige Behörde** (vgl. hierzu Rz. 227). Die **landesrechtlichen Maßgaben** zu den vom Zugangsanspruch erfassten Informationen sind weitgehend genauso wie beim Bundes-IFG[10].

Um in der Praxis möglichst **schnell und effizient Informationszugang** zu erhalten, sollte bei der Antragstellung eine hinreichende Spezifikation der begehrten Daten sowie der Verortung der relevanten Informationen in behördlichen Vorgängen und Akten vorgenommen werden (vgl. hierzu die Praxishinweise zur Antragstellung im Rahmen des UIG, Rz. 47).

---

1 *Schoch*, IFG, § 2 Rz. 11.
2 BT-Drs. 15/4493, S. 9.
3 *Burholt*, BB 2006, 2201, 2202.
4 VG Berlin v. 10.10.2007 – 2 A 102.06, Rz. 22.
5 *Gurlit*, WM 2009, 773, 776.
6 VG Berlin v. 10.10.2007 – 2 A 102.06, Rz. 22.
7 OVG Bln.-Bbg. v. 31.5.2011 – 12 N 20.10, Rz. 13.
8 *Rossi*, IFG, § 2 Rz. 14; a.a. für das IFG Schl.-Holst. OVG Schleswig v. 30.3.2005 – 4 LB 26/04, NordÖR 2005, 208.
9 OVG Münster v. 1.3.2011 – 8 A 3357/08, Rz. 194.
10 Vgl. hierzu und zu den Abweichungen *Tolkmitt*, in: Fluck/Theuer, IFG, UIG, VIG, Landes-UIG, -IFG, Überblick Teil C Rz. 156, 158 ff.

## b) Amtlichkeit der Information

**174** Der Zugangsanspruch gem. § 1 Abs. 1 Satz 1 IFG ist nur auf solche Informationen bzw. Aufzeichnungen gerichtet, die **amtlichen Zwecken dienen**. Hierdurch soll ausweislich der Gesetzesbegründung gewährleistet sein, dass private Informationen oder solche, die nicht mit amtlicher Tätigkeit zusammenhängen, von dem Zugangsanspruch ausgenommen sind[1].

**175** Ausschließliches Kriterium für die Feststellung der Amtlichkeit einer Information ist ihre **Zweckbestimmung**. Inhalt, Herkunft und Urheberschaft der Information sind demgegenüber nicht entscheidend[2]. Amtlichen Zwecken dienen alle Informationen, die in **Erfüllung amtlicher Tätigkeit** angefallen sind[3]. Da die Art der Informationsgewinnung nicht entscheidend ist, muss die betreffende Information **nicht einem Verwaltungsverfahren** entstammen[4]. Unerheblich ist zudem auch die Art der Verwaltungsaufgabe und die Handlungsform[5], der sich die Verwaltung zur Aufgabenwahrnehmung bedient. Amtliche Informationen sind daher beispielsweise auch solche, die einer Behörde im Rahmen eines **fiskalischen Hilfsgeschäftes**[6] oder einer sonstigen **erwerbswirtschaftlichen Betätigung** zugehen. **Gutachten und Stellungnahmen Dritter**, die die Behörde im Zusammenhang mit ihrer behördlichen Aufgabenerfüllung erhält, sind ebenfalls vom Informationsanspruch erfasst. Da der Anspruch nicht auf tatsächliche Informationen beschränkt ist, können auch Verwaltungsvorschriften zu amtlichen Informationen zählen[7].

## c) Ausnahmen nach § 2 Nr. 1 Satz 2 IFG

**176** **Entwürfe und Notizen**, die nicht Bestandteil eines Vorgangs werden sollen, gehören gem. § 2 Nr. 1 Satz 2 IFG nicht zu den amtlichen Informationen. Diese Regelung ist an § 29 Abs. 1 Satz 2 VwVfG sowie an § 46 Abs. 2 Satz 2 BDSG angelehnt. Als Beispiel nennt die Gesetzesbegründung handschriftliche Aufzeichnungen und Gliederungen[8]. Nicht alle Informationen eines Sachbearbeiters sind für die Öffentlichkeit von Bedeutung, weshalb informelle Skizzen, die einem Behördensachbearbeiter den Arbeitsablauf erleichtern, nicht mit einer Offenlegungspflicht belegt sind. Welche Aufzeichnungen demgegenüber in die Akten aufgenommen werden müssen, bestimmt sich nach den Grundsätzen ordnungsgemäßer Aktenführung, also den Geboten der Aktenmäßigkeit, Vollständigkeit und Führung wahrheitsgetreuer Akten[9]. Im Einzelfall kann die Abgrenzung, ob ein Dokument als förmlicher Bestandteil eines Vorgangs bzw. der Behördenunterlagen zu qualifizieren ist oder ob es vernichtet werden darf[10], Schwierigkeiten bereiten. **In der Praxis** dürfte sich dieses Problem deshalb selten stellen, weil der Antragsteller regelmäßig über nicht zu der Akte genommene Skizzen und Notizen keine Kenntnis hat. Entwürfe und andere vorbereitende Arbeiten und Beschlüsse, die Bestandteil eines Vorgangs werden sollen, können ggf. unter den Ausschlussgrund des § 4 IFG fallen (s. Rz. 200 ff.).

---

1 BT-Drs. 15/4493, S. 9.
2 *Selmann/Augsberg*, WM 2006, 2293, 2296.
3 VG Berlin v. 8.9.2009 – 2 A 8.07, Rz. 19.
4 *Kugelmann*, NJW 2005, 3609, 3610.
5 VG Köln v. 7.4.2011 – 13 K 822/10.
6 VG Stuttgart v. 17.5.2011 – 13 K 3505/09.
7 *Rossi*, IFG, § 2 Rz. 10.
8 BT-Drs. 15/4493, S. 9.
9 *Burholdt*, BB 2006, 2201, 2203.
10 *Fetzer*, in: *Fluck/Theuer*, IFG, UIG, VIG, Teil A III, § 2 IFG Rz. 19.

## 5. Ablehnungsgründe, §§ 3 bis 6 IFG

### a) Vorbemerkungen

Das IFG folgt dem gleichen Grundkonzept wie das UIG. Der grds. voraussetzungslose Zugangsanspruch wird limitiert durch einen umfassenden Katalog von Ablehnungsgründen. Strukturell sind die Ablehnungsgründe wiederum in solche zum **Schutz öffentlicher Belange** (§§ 3, 4, 7 Abs. 2 Satz 1 und § 9 Abs. 3 IFG) und solche zum **Schutz privater Belange** (§§ 5 und 6 IFG) untergliedert. Inhaltlich sind die Vorschriften mitunter unübersichtlich und es gibt an zahlreichen Stellen Friktionen bzw. Überschneidungen innerhalb der Ablehnungsgründe.

#### aa) Partielle Relativität der Ausschlussgründe

Eine wichtige Differenzierung im Hinblick auf das Durchgreifen von Ablehnungsgründen trifft das Gesetz dadurch, dass die Ablehnungsgründe **teilweise absolut** und **teilweise nur relativ** gelten. **Absolute Ablehnungsgründe** finden sich in § 3 IFG und § 6 Satz 1 IFG. Liegen die dort genannten Ablehnungsgründe vor, ist der Informationszugang zwingend zu verwehren. Eine Abwägung findet nicht statt. Die verbleibenden Ablehnungsgründe schließen den Informationsanspruch hingegen nicht zwingend aus. Teilweise stehen sie unter einem Einwilligungsvorbehalt (§ 5 Abs. 1 IFG und § 6 Satz 2 IFG); teilweise kann der Ablehnungsgrund durch ein überwiegendes schutzwürdiges Interesse des Antragstellers „weggewogen werden" (§ 5 Abs. 1 Satz 1 IFG); mitunter sind Zustimmungsvorbehalt und Abwägungsgebot auch kombiniert (§ 5 Abs. 1 Satz 1 IFG). Daneben gibt es noch die Kategorien der **„Soll-Versagung"** (§ 4 Abs. 1 Satz 1 IFG) oder **„Kann-Versagung"** (§ 9 Abs. 3 IFG). Wie im UIG liegt die Darlegungslast für das Vorliegen von Ablehnungsgründen bei der Behörde (s. Rz. 51).

#### bb) Gerichtliche Überprüfbarkeit

Bezüglich der **Maßstäbe und Maßgaben für eine gerichtliche Überprüfung** des Vorliegens von Ausschlussgründen gelten die gleichen Grundsätze wie im Hinblick auf Ausschlussgründe nach UIG. Auf die dortigen Ausführungen wird verwiesen (s. Rz. 49 f.).

### b) Schutz besonderer öffentlicher Belange, § 3 IFG

Bei den Ablehnungsgründen des § 3 IFG handelt es sich um **zwingende** Ausschlussgründe. **Eine Abwägung** mit dem öffentlichen oder dem privaten Interesse des Antragstellers auf Zugang zu den Informationen **findet nicht statt**.

Einige der in § 3 IFG normierten Ablehnungsgründe sind (weitgehend) identisch mit den Ablehnungsgründen des § 8 UIG. Insoweit gelten dann ähnliche Maßstäbe. § 3 IFG enthält jedoch zahlreiche weitere Ausschlussgründe und **schränkt den Informationszugangsanspruch umfassender ein als § 8 UIG**, weil der Gesetzgeber hier mangels europarechtlicher Bindung einen weitergehenden Spielraum besitzt. Zahlreiche Ablehnungsgründe haben kaum praktische Relevanz. Die meisten Ausschlussgründe des § 3 IFG finden sich **in ähnlicher Form in den Landes-IFGs**. Teilweise gibt es aber Einschränkungen bzw. darüber hinausgehende Ausschlussgründe (vgl. hierzu die umfassende Darstellung bei Tolkmitt[1]).

---

[1] Tolkmitt, in: Fluck/Theuer, IFG, UIG, VIG, Landes-UIG, -IFG, Überblick Teil C Rz. 202 ff.

### aa) Ablehnungsgrund § 3 Nr. 1 IFG

181 Gem. § 3 Nr. 1 IFG ist der Informationsanspruch ausgeschlossen, wenn das Bekanntwerden der Informationen nachteilige Auswirkungen haben kann auf internationale Beziehungen (§ 3 Nr. 1 lit. a IFG), militärische und sonstige sicherheitsempfindliche Belange der Bundeswehr (§ 3 Nr. 1 lit. b IFG), Belange der inneren oder äußeren Sicherheit (§ 3 Nr. 1 lit. c IFG), Kontroll- oder Aufsichtsaufgaben der Finanz-, Wettbewerbs- und Regulierungsbehörden (§ 3 Nr. 1 lit. d IFG), Angelegenheiten der externen Finanzkontrolle (§ 3 Nr. 1 lit. e IFG), Maßnahmen zum Schutz vor unerlaubtem Außenwirtschaftsverkehr (§ 3 Nr. 1 lit. f IFG) oder die Durchführung eines laufenden Gerichtsverfahrens, den Anspruch einer Person auf ein faires Verfahren oder die Durchführung strafrechtlicher, ordnungswidrigkeitenrechtlicher oder disziplinarischer Ermittlungen (§ 3 Nr. 1 lit. g IFG). Sämtliche Ablehnungsgründe stehen **unter dem Vorbehalt möglicher nachteiliger Auswirkungen** auf das jeweils genannte Schutzgut. Hierfür ist eine **Prognose** anzustellen. Der Ausschlussgrund liegt vor, wenn die hinreichende Wahrscheinlichkeit besteht, dass in absehbarer Zeit ein Nachteil für die betroffenen Rechtsgüter eintreten wird (zu den hierfür geltenden Grundsätzen s. Rz. 53).

182 Der Inhalt des Schutzgutes „**internationale Beziehungen**" (§ 3 Nr. 1 lit. a IFG) wurde im Rahmen der Darstellungen zum Ausschlussgrund des § 8 Abs. 1 Satz 1 Nr. 1 UIG bereits erläutert (s. Rz. 54). Anders als im Hinblick auf Umweltinformationen kommt dem Ausschlussgrund im Rahmen des IFG **praktische Bedeutung** zu. In der grundlegenden Entscheidung des BVerwG zu Auskünften über Flüge der CIA räumt das Gericht **der Bundesregierung** einen **weiten Spielraum** bei der Festlegung außenpolitischer Ziele und der Bewertung ein, wann diese Ziele negativ beeinträchtigt sein könnten[1]. Insoweit sei es auch legitim, zur Aufrechterhaltung einer konstruktiven Zusammenarbeit mit ausländischen Nachrichtendiensten Informationen über möglicherweise rechtswidrige Verhaltensweisen zurückzuhalten. Der Ausschlussgrund kann auch gegeben sein, wenn das Bekanntwerden der begehrten Informationen nachteilige Auswirkungen auf das diplomatische Vertrauensverhältnis der Bundesrepublik Deutschland zur Europäischen Kommission haben kann[2].

183 Im Hinblick auf den Ausschlussgrund „**militärische und sonstige sicherheitsempfindliche Belange der Bundeswehr**" (§ 3 Nr. 1 lit. b IFG) ist unklar, ob – wie bei § 8 Abs. 1 Satz 1 Nr. 1 UIG – neben der Bundeswehr auch **ausländische Streitkräfte** (z.B. der NATO, die in Deutschland stationiert sind) erfasst werden[3]. Vom Ablehnungsgrund erfasst werden sämtliche Sicherheitsbelange militärischer oder sonstiger Art. So ist der Informationsanspruch zu verwehren, wenn durch die Informationspreisgabe die **Gefahr terroristischer Anschläge** erhöht wird (s. Rz. 56).

184 Durch das Schutzgut „**Belange der inneren oder äußeren Sicherheit**" (§ 3 Nr. 1 lit. c IFG) wird eine Generalklausel für staatliche Sicherheitsinteressen **außerhalb militärischer Belange** etabliert. Gemeint ist der Schutz der freiheitlich demokratischen Grundordnung, des Bestandes und der Sicherheit des Bundes und der Länder[4]. Die Vorschrift schützt damit insbesondere die Tätigkeit und Funktionsfähigkeit der Sicherheitsbehörden des Bundes (z.B. Bundesnachrichtendienst)[5]. Dem Ausschlussgrund unterfallen beispielsweise Informationen über **die Aktivitäten terroristischer**

---
1 BVerwG v. 29.10.2009 – 7 C 22.08, NVwZ 2010, 321 ff.
2 VG Berlin v. 1.6.2011 – 20 L 151.11, Rz. 15, zur Einsichtnahme in Unterlagen zur Beantwortung eines Auskunftsersuchens der EU-Kommission zu mutmaßlich rechtswidrigen Beihilfen.
3 Bejahend *Rossi*, IFG, § 3 Rz. 14; zweifelnd *Schoch*, IFG, § 3 Rz. 29.
4 Vgl. Gesetzesbegründung BT-Drs. 15/4493, S. 9.
5 *Schoch*, IFG, § 3 Rz. 34.

IV. Informationsansprüche nach Informationsfreiheitsgesetz (IFG)  Rz. 186  Teil 1 B

Vereinigungen mit Ziel Deutschland oder die Art und Weise der **Informationsgewinnung (z.B. durch Informanten)** des Bundesnachrichtendienstes. Auch der **Schutz der Bundeskanzlerin** vor möglichen Anschlägen fällt unter den Begriff der inneren Sicherheit. Insoweit ist ein Anspruch auf Einsichtnahme in deren Terminkalender, auch wenn sich dies auf die Vergangenheit bezieht, ausgeschlossen. Es droht, dass Terroristen ein Bewegungsprofil der Bundeskanzlerin erstellen könnten[1].

Der Ausschlussgrund der **Kontroll- oder Aufsichtsaufgaben der Finanz-, Wettbewerbs- und Regulierungsbehörden** etabliert keine Bereichsausnahme für sämtliche Tätigkeiten der genannten Behörden. Vielmehr beschränkt sich die Ausnahme auf **Kontroll- oder Aufsichtsaufgaben**[2]. Nach der Gesetzesbegründung fallen im Hinblick auf Finanzbehörden die Informationen unter den Ausschlussgrund, die der Kontrolle des Steuerpflichtigen zur Festsetzung einer vollständigen und richtigen Steuer dienen. Hierzu sollten die entsprechenden Daten nicht an den Steuerpflichtigen weitergegeben werden[3]. Vom Ausschlusstatbestand erfasst ist auch das **Bundesamt für Finanzdienstleistungsaufsicht (BaFin)**[4]. Die BaFin beruft sich häufig auf den Ausschlussgrund, wenn die Preisgabe von Informationen eine **Einschränkung der freiwilligen Kooperation** der beaufsichtigten Institute nach sich ziehen könnte. Nach der Rechtsprechung des VGH Kassel soll dies jedoch nicht ausreichen. Erforderlich sei vielmehr **die konkrete Möglichkeit einer erheblichen und spürbaren Beeinträchtigung** der Aufgabenerfüllung. Bloße abstrakte Bedenken der BaFin reichten nicht aus, da andernfalls faktisch eine Bereichsausnahme für die Tätigkeit der BaFin geschaffen würde[5]. 185

Hinsichtlich der **Wettbewerbs- und Regulierungsbehörden** ist Schutzzweck der Vorschrift die Verhinderung des Bekanntwerdens von wettbewerbsrelevanten Unternehmens- und Marktdaten (ggf. ausgewertet in Form von Marktübersichten), die Behörden im Rahmen ihres gesetzlichen Auftrags erhalten haben und die den Wettbewerb zwischen den Unternehmen behindern oder verfälschen könnten[6].

**Angelegenheiten der externen Finanzkontrolle** sind die Prüfung der finanzwirtschaftlichen Aktivitäten der öffentlichen Hand durch von der geprüften Verwaltung unabhängige Einrichtungen im Zuständigkeitsbereich des Bundes durch den **Bundesrechnungshof**. Der Schutz umfasst Informationen, die der Bundesrechnungshof (einschließlich der ihn unterstützenden Prüfungsämter) im Rahmen seiner Prüfungs- und Beratungstätigkeit erlangt[7]. **Nicht** in den Bereich der externen Finanzkontrolle fällt die Prüfung der Einhaltung von in **Zuwendungsbescheiden** enthalte- 186

---

1 VG Berlin v. 7.4.2011 – 2 K 39.10, K&R 2011, 430, 431f.
2 BVerwG v. 24.5.2011 – 7 C 6.10, Rz. 13; VGH Kassel v. 2.3.2010 – 6 A 1684/08, Rz. 15; *Schoch*, IFG, § 3 Rz. 39.
3 Vgl. Gesetzesbegründung BT-Drs. 15/4493, S. 9.
4 BVerwG v. 24.5.2011 – 7 C 6.10, Rz. 13; VGH Kassel v. 2.3.2010 – 6 A 1684/08, Rz. 9.
5 VGH Kassel v. 2.3.2010 – 6 A 1684/08, Rz. 15ff. Die vom VGH an die Darlegung der konkreten Möglichkeit aufgestellten Anforderungen sind zu weitgehend. Dass die BaFin auf freiwillig übermittelte Informationen angewiesen ist, dürfte unbestritten sein. Die durchaus plausible Wahrscheinlichkeit, dass beaufsichtigte Institute künftig nur noch die gesetzlich vorgeschriebenen Informationen übermitteln werden, soll dennoch auch bei konkret geäußerten Absichten nicht ausreichen. Das Argument, aus Sicht der Beaufsichtigten genüge der Schutz von Betriebs- und Geschäftsgeheimnissen (§ 6 Satz 2 IFG) und vertraulichen Informationen (§ 3 Nr. 7 IFG) greift zu kurz. Denn die Beaufsichtigten können durchaus auch ein Interesse an der Nichtweitergabe von Informationen haben, die nicht unter den Schutz der genannten Vorschriften fallen.
6 So die Gesetzesbegründung BT-Drs. 15/4493, S. 9.
7 Vgl. Gesetzesbegründung BT-Drs. 15/4493, S. 10.

nen Regelungen und Nebenbestimmungen durch das Bundesministerium für wirtschaftliche Zusammenarbeit[1].

187 Durch § 3 Nr. 1 lit. f IFG werden Informationen geschützt, die im Zusammenhang mit der **Exportkontrolle** (also der Durchsetzung rechtlicher Beschränkungen im Außenwirtschaftsrecht) erhoben werden. Unter den Außenwirtschaftsverkehr fallen auch sämtliche Informationen im Zusammenhang mit der Durchführung von **wirtschaftlichen Sanktionsmaßnahmen**[2].

188 Der Ablehnungsgrund des § 3 Nr. 1 lit. g IFG (Durchführung eines **laufenden Gerichtsverfahrens**, Anspruch einer Person auf ein **faires Verfahren**, Durchführung strafrechtlicher, ordnungswidrigkeitenrechtlicher oder disziplinarischer **Ermittlungen**) ist **wortgleich** zum Ausschlussgrund des § 8 Abs. 1 Satz 1 Nr. 3 UIG. Auf die diesbezüglichen Ausführungen wird verwiesen (s. Rz. 60 ff.). Ergänzend ist anzumerken, dass das Gebot der Waffengleichheit als ein Teilaspekt des fairen Verfahrens nicht dadurch verletzt wird, dass ein Prozessbeteiligter eines Zivilverfahrens über den Informationsanspruch Informationen erlangt, die er ansonsten im Verfahren oder über § 242 BGB nicht erhalten hätte[3].

**bb) Ablehnungsgrund § 3 Nr. 2 IFG**

189 Kein Informationszugang darf gewährt werden, wenn das Bekanntwerden der Information **die öffentliche Sicherheit gefährden** kann, § 3 Nr. 2 IFG. Der Ausschlussgrund ist weitreichender als im UIG, wo eine Gefährdung bedeutsamer Schutzgüter der öffentlichen Sicherheit verlangt wird (§ 8 Abs. 1 Satz 1 Nr. 1 UIG). Der Begriff öffentliche Sicherheit ist nach dem **klassischen polizei- und sicherheitsrechtlichen Verständnis** auszufüllen. Er erfasst die Unversehrtheit der Rechtsordnung und der grundlegenden Einrichtungen und Veranstaltungen des Staates sowie die Unversehrtheit von Gesundheit, Ehre, Freiheit, Eigentum und sonstigen Rechtsgütern der Bürger[4]. Im Hinblick auf das Gefahrenabwehrrecht des Bundes kann der Ausschlussgrund **verwaltungsinterne Abläufe und Strukturen** erfassen (z.B. Anzahl, Art und Einsatz von Führungs- und Einsatzmitteln, Ausstattungs- und Einsatzkonzepte der Polizeien des Bundes, Vorbereitung von Planungsentscheidungen für Alarmierungsfälle, Geisellagen und Fahndungslagen)[5]. Im Hinblick auf **private Belange** kann es zu Überschneidungen mit §§ 5 und 6 IFG kommen (personenbezogene Daten, Betriebs- und Geschäftsgeheimnisse). Diese Vorschriften sind leges speciales und gehen damit vor.

Zur Bestimmung einer möglichen **Gefährdung des Schutzguts** ist auf die allgemeinen polizei- und sicherheitsrechtlichen Grundsätze abzuheben (ex ante-Sicht, hinreichende Wahrscheinlichkeit eines Schadens)[6].

**cc) Ablehnungsgrund § 3 Nr. 3 IFG**

190 § 3 Nr. 3 IFG beinhaltet zwei alternative Ausschlussgründe: Kein Informationsanspruch besteht, wenn und solange die **notwendige Vertraulichkeit internationaler Verhandlungen** (§ 3 Nr. 3 lit. a IFG) oder die **Beratungen von Behörden** (§ 3 Nr. 3 lit. b IFG) beeinträchtigt werden.

---

1 VG Köln v. 30.9.2010 – 13 K 676/09.
2 So die Gesetzesbegründung BT-Drs. 15/4493, S. 10.
3 VG Hamburg v. 27.8.2010 – 7 K 619/09, Rz. 50.
4 Vgl. Gesetzesbegründung BT-Drs. 15/4493, S. 10.
5 So die Gesetzesbegründung BT-Drs. 15/4493, S. 10.
6 Vgl. hierzu und zu Rechtsprechungsbeispielen *Schoch*, IFG, § 3 Rz. 108 f.

Der Schutz der **Vertraulichkeit internationaler Verhandlungen** soll die Verhandlungsfähigkeit der Bundesregierung sicherstellen[1]. Durch das Verbot der Preisgabe von Informationen über die Verhandlungen soll eine **Schwächung ihrer Verhandlungsposition** vermieden werden (z.b. durch Bekanntgabe von Strategien oder Fallback-Positionen). Geschützt ist ferner der Informationsaustausch im Rahmen des Europäischen Wettbewerbsnetzes (ECN)[2]. Im Hinblick auf die erforderliche notwendige Vertraulichkeit kommt der Bundesregierung **ein weiter Bewertungsspielraum** zu[3]. Im Einzelfall schwierig kann die Abgrenzung von § 3 Nr. 3 lit. a IFG zu § 3 Nr. 1 lit. a IFG sein[4].

191

Diverse Auslegungsschwierigkeiten birgt § 3 Nr. 3 lit. b IFG (Beratungen von Behörden). Im Hinblick auf den Behördenbegriff ist auf die Legaldefinition in § 1 Abs. 1 Satz 1 IFG abzustellen (s. Rz. 166f.). Geschützt werden **Beratungsvorgänge**, d.h. schriftliche oder mündliche behördliche Meinungsäußerungen und Willensbildungen, die sich inhaltlich auf die Entscheidungsfindung beziehen (s. Rz. 57f.). Trotz unklaren Wortlauts ist die Einschränkung der „**notwendigen Vertraulichkeit**" auch für den Ausschlussgrund der Behördenberatung heranzuziehen[5]. Inhaltlich erfasst werden zwischen- und innerbehördliche Vorgänge, Beratungen zwischen Exekutive und Legislative sowie zwischen Behörden und sonstigen Einrichtungen (z.B. Forschungseinrichtungen)[6]. Für die **Annahme von Vertraulichkeit** reicht die bloße Deklarierung nicht aus. Es muss vielmehr **objektive, plausible Gründe** hierfür geben[7]. Genauso wie bei § 8 Abs. 1 Satz 1 Nr. 2 UIG (s. Rz. 58) erfasst auch § 3 Nr. 3 lit. b IFG nur den Beratungsprozess. **Nicht erfasst** sind die relevanten Tatsachengrundlagen und die Grundlagen der Willensbildung (**Beratungsgegenstand**) sowie das Ergebnis der Willensbildung (**Beratungsergebnis**)[8]. In zeitlicher Hinsicht reicht der Schutz auch **über den Abschluss des Beratungsvorgangs hinaus**, wenn die Bekanntgabe von Informationen zu früheren Beratungsvorgängen künftige Beratungsvorgänge negativ beeinflussen könnte[9]. Hinsichtlich der **Prognose** über eine Beeinträchtigung der Behördenberatungen liegt die Darlegungslast bei der Behörde. Die Anforderungen sind dabei umso geringer, je größer und folgenschwerer die möglicherweise eintretende Beeinträchtigung ist[10].

192

**dd) Ablehnungsgrund § 3 Nr. 4 IFG**

§ 3 Nr. 4 IFG beinhaltet drei Varianten des Geheimnisschutzes: **Verschlusssachen, Berufsgeheimnisse und Amtsgeheimnisse**.

193

Inhalt und Reichweite des **Geheimnisschutzes** sind nicht im IFG geregelt, sondern richten sich nach den materiell-rechtlichen Vorschriften in den **einschlägigen Spezialgesetzen**[11]. Nach der ersten Variante des § 3 Nr. 4 IFG sind Informationen vom Zugangsanspruch ausgeschlossen, die einer durch Rechtsvorschrift oder durch die

---

1 Gesetzesbegründung BT-Drs. 15/4493, S. 10.
2 Gesetzesbegründung BT-Drs. 15/4493, S. 10; hierzu näher *Schoch*, IFG, § 3 Rz. 119.
3 BVerwG v. 29.10.2009 – 7 C 22.08, NVwZ 2010, 321 zum ähnlich gelagerten Ausschlussgrund des § 3 Nr. 1 lit. a IFG; vgl. im Übrigen oben Rz. 182.
4 Vgl. hierzu *Schoch*, IFG, § 3 Rz. 129.
5 OVG Münster v. 2.11.2010 – 8 A 475/10, Rz. 82.
6 So die Gesetzesbegründung BT-Drs. 15/4493, S. 10.
7 OVG Münster v. 2.11.2010 – 8 A 475/10, Rz. 86.
8 OVG Münster v. 2.11.2010 – 8 A 475/10, Rz. 91; VG Berlin v. 21.10.2010 – 2 K 89.09, Rz. 25.
9 OVG Münster v. 2.11.2010 – 8 A 475/10, Rz. 110; a.A. VG Köln v. 13.1.2011 – 13 K 3033/09, Rz. 64.
10 VG Berlin v. 17.12.2009 – 2 A 109.08, Rz. 34.
11 Vgl. Gesetzesbegründung BT-Drs. 15/4493, S. 11.

Allgemeine Verwaltungsvorschrift zum materiellen und organisatorischen Schutz von Verschlusssachen geregelten **Geheimhaltungs- oder Vertraulichkeitspflicht** unterliegen. In der Gesetzesbegründung werden diesbezüglich das Bundesverfassungsschutzgesetz, das Bundesnachrichtendienstgesetz, das Sicherheitsüberprüfungsgesetz, die Strafprozessordnung, das Ordnungswidrigkeitengesetz, das Gesetz gegen Wettbewerbsbeschränkungen sowie das Bundesbank- und das Kreditwesengesetz genannt[1]. Besondere Bedeutung in der Praxis kommt dabei **§ 9 KWG und § 8 WpHG** zu. Für beide ist anerkannt, dass sie spezialgesetzlich normierte Geheimhaltungs- oder Vertraulichkeitspflichten etablieren[2]. Zu den durch Rechtsvorschrift geregelten Geheimhaltungs- oder Vertraulichkeitspflichten[3] gehören u.a. § 39 Abs. 4 Satz 1 Stasiunterlagengesetz (StUG)[4], § 37 Abs. 2 Satz 2 GO BR (Vertraulichkeit der Verhandlungen der BR-Ausschüsse)[5], das Sozialdatengeheimnis gem. § 35 Abs. 1 SGB I[6] sowie das Steuergeheimnis nach § 30 AO[7].

194 Auch die nach dem Sicherheitsüberprüfungsgesetz (SÜG) als **Verschlusssache** eingestuften Unterlagen (sämtliche Geheimhaltungsgrade) unterfallen dem Ausschlussgrund des § 3 Nr. 4 IFG. Allerdings reicht es nicht aus, dass die Information formal als Verschlusssache eingestuft ist. Vielmehr müssen **objektiv die materiellen Voraussetzungen** für die jeweilige Einstufung auch tatsächlich vorliegen[8]. Hinsichtlich der Kategorie Berufsgeheimnisse nennt die Gesetzesbegründung exemplarisch die ärztliche und die anwaltliche Schweigepflicht[9]. Weitere Berufsgeheimnisse lassen sich der Aufzählung in § 203 Abs. 1 StGB entnehmen. Auch das Bankgeheimnis ist ein Berufsgeheimnis[10].

**ee) Ablehnungsgründe § 3 Nrn. 5 und 6 IFG**

195 Der Ausschlussgrund hinsichtlich **vorübergehend beigezogener Informationen einer anderen öffentlichen Stelle** (§ 3 Nr. 5 IFG) hat nur geringe praktische Bedeutung. Verfügt eine informationspflichtige Stelle über Akten, die ihr nicht zustehen (über die sie also keine Verfügungsbefugnis hat), ist sie für die Entscheidung über die Freigabe **nicht zuständig**, § 7 Abs. 1 Satz 1 IFG (s. Rz. 226). Vorübergehend beigezogen sind Informationen, wenn sie nur für eine gewisse Zeitdauer bei der Behörde vorliegen (z.B. beigezogene Akten einer anderen Behörde).

196 Von größerer praktischer Bedeutung ist der Ausschlussgrund des § 3 Nr. 6 IFG. Alternative 1 der Vorschrift (**fiskalische Interessen des Bundes**) ist eine Entsprechung zum Schutz wirtschaftlicher Interessen privater Dritter nach § 6 IFG (s. Rz. 216)[11]. Im Ergebnis geht es darum, die **Interessen des Bundes**, quasi seine „Geschäftsgeheimnisse", im Rahmen fiskalischen Handelns zu schützen. Die Gesetzes-

---

1 Gesetzesbegründung BT-Drs. 15/4493, S. 11.
2 BVerwG v. 24.5.2011 – 7 C 6.10, Rz. 14; VGH Kassel v. 2.3.2010 – 6 A 1684/08, Rz. 45; VG Frankfurt v. 30.8.2010 – 7 L 1957/10. F, Rz. 38; es gibt in der Praxis zahlreiche Verfahren auf Akteneinsicht bei der BaFin. § 9 KWG und § 8 WpHG spielen hierbei regelmäßig eine Rolle.
3 Mitunter werden die nachfolgend aufgeführten Vorschriften der Kategorie „besonderes Amtsgeheimnis" zugeordnet, was praktisch aber keine Auswirkungen hat.
4 VG Berlin v. 8.9.2009 – 2 A 8/07, NVwZ-RR 2010, 339, 341.
5 OVG Berlin v. 6.11.2008 – 12 B 50.07, Rz. 29f.
6 BayVGH v. 7.10.2008 – 5 BV 07.2162, Rz. 48; VG Hamburg v. 27.8.2010 – 7 K 619/09, Rz. 53.
7 BFH v. 7.12.2006 – V B 163/05, NJW 2007, 1311, 1312.
8 BVerwG v. 29.10.2009 – 7 C 21.08, NVwZ 2010, 326ff.
9 Gesetzesbegründung BT-Drs. 15/4493, S. 11.
10 BGH v. 27.2.2007 – XI ZR 195/05, NJW 2007, 2106, 2108.
11 Vgl. Gesetzesbegründung BT-Drs. 15/4493, S. 11.

begründung verweist insbesondere auf **Veräußerungen von Liegenschaften**, bei denen eine Offenbarungspflicht über das IFG nachteilig wirken kann[1]. Ebenso geschützt sein sollen **privatrechtliche Bankgeschäfte**, die der Bund über die KfW abwickelt, sowie die von der Bundesrepublik Deutschland Finanzagentur GmbH und der Bundeswertpapierverwaltung für den Bund durchgeführten Aufgaben. Daneben schützt die Vorschrift Bundesstellen vor der **Ausforschung durch Anbieter bei Beschaffungsmaßnahmen** oder durch Kaufinteressenten bei **Veräußerungen** sowie im Schuldenmanagement oder bei den von den Kreditinstituten des Bundes im staatlichen Auftrag getätigten Bankgeschäften und Finanzierungen[2].

Gegenstand zahlreicher jüngerer Entscheidungen ist der Schutz **wirtschaftlicher Interessen der Sozialversicherungen** (§ 3 Nr. 6 Alt. 2 IFG). Leistungs- und Abrechnungsdaten sowie Mitglieder-, Vertrags- und Finanzdaten gesetzlicher Krankenversicherungen und ihrer Einrichtungen sollen vom Informationsanspruch ausgeschlossen sein. Zur **Sicherung des Wettbewerbs** der Krankenkassen untereinander und zu den privaten Krankenversicherungsunternehmen sollen Vertragspartner, Konkurrenten oder Leistungserbringer keine Kenntnis von wettbewerbsrechtlichen Daten der genannten Art oder sonstigen Daten erlangen können, die geeignet sind, die wirtschaftliche Leistungsfähigkeit der Krankenkassen zu beeinträchtigen[3]. Sozialversicherungen i.S.d. Vorschrift sind auch die **gesetzlichen Unfallversicherungsträger**[4]. Der Ausschlussgrund kann einem **Insolvenzverwalter**, der bei einer Krankenkasse die dort vorliegenden Informationen über einen Insolvenzschuldner verlangt (z.B. beschäftigte Arbeitnehmer, die bei der Krankenkasse versichert sind; Einzelheiten der Beitragszahlungen für diese Mitglieder) nicht entgegengehalten werden[5]. 197

**ff) Ablehnungsgrund § 3 Nr. 7 IFG**

§ 3 Nr. 7 IFG etabliert einen Ablehnungsgrund im Hinblick auf **vertrauliche Informationen**. Nach der Gesetzesbegründung hat die Vorschrift die (freiwillige) **Informationszusammenarbeit zwischen Behörden und Bürgern** im Blick. Nicht erfasst ist die vertrauliche Kommunikation zwischen Behörden. Schwierig ist mitunter die Abgrenzung zu anderen Ausschlussgründen[6]. Problematisch ist ferner, unter welchen Voraussetzungen eine Information als vertraulich übermittelt oder erhoben gilt. Ein einseitiges „Bestimmungsrecht" durch den Übermittelnden oder die Behörde stößt auf Bedenken, weil hierbei die Gefahr des Unterlaufens des Informationsanspruchs droht. Vereinzelt wird daher gefordert, dass insoweit eine „Übereinstimmung", sprich Vereinbarung zwischen beiden Beteiligten erforderlich sei[7]. Richtigerweise wird man (zusätzlich) das Hinzutreten **objektiver Umstände** fordern müssen, die die Annahme von Vertraulichkeit untermauern[8]. Keine Vertraulichkeit soll in der Regel vorliegen, wenn Informationen auf Grund einer **rechtlichen Verpflichtung oder freiwillig** übermittelt werden[9]. Das Gleiche gilt für Stellungnahmen oder Äußerungen, die während eines Gesetzgebungsverfahrens abgegeben werden[10]. 198

---

1 Gesetzesbegründung BT-Drs. 15/4493, S. 11.
2 BT-Drs. 15/5606, S. 5.
3 Vgl. zu alledem die Gesetzesbegründung BT-Drs. 15/5606, S. 6.
4 BayVGH v. 7.10.2008 – 5 BV 07.2162, 43 ff.
5 VG Hamburg v. 27.8.2010 – 7 K 619/09, Rz. 64; VG Gelsenkirchen v. 16.9.2010 – 17 K 1274/10, Rz. 54; VG Hamburg v. 7.5.2010 – 19 K 288/10, Rz. 43.
6 Vgl. hierzu *Schoch*, IFG, § 3 Rz. 196 ff.
7 VG Berlin v. 10.10.2007 – 2 A 102.06, Rz. 28.
8 *Schoch*, IFG, § 3 Rz. 192.
9 VGH Kassel v. 24.3.2010 – 6 A 1832/09, Rz. 18.
10 OVG Bln.-Bbg. v. 5.10.2010 – 12 B 5.08, Rz. 31.

§ 3 Nr. 7 IFG trifft die – selbstverständliche – Maßgabe, dass Vertraulichkeitsschutz nur insoweit besteht, als im Zeitpunkt des Antrags auf Informationszugang das Interesse des Dritten an einer vertraulichen Behandlung **noch fortbesteht**. Ein solches Interesse kann z.B. dann fehlen, wenn die Informantenstellung eines Dritten und ggf. der Inhalt der gelieferten Informationen öffentlich bekannt sind.

### gg) Ablehnungsgrund § 3 Nr. 8 IFG

199 Anspruch auf Informationszugang besteht gem. § 3 Nr. 8 IFG nicht gegenüber den **Nachrichtendiensten** sowie den Behörden und sonstigen öffentlichen Stellen des Bundes, soweit sie **Aufgaben i.S.d. § 10 Nr. 3 des Sicherheitsüberprüfungsgesetzes** (SÜG) wahrnehmen. Die Tätigkeit der Nachrichtendienste und ähnlichen Stellen des Bundes wird durch die Ausschlussgründe des § 3 Nr. 1 lit. c IFG (s. Rz. 184) und § 3 Nr. 4 IFG (s. Rz. 193 f.) bereits geschützt. Der Gesetzgeber hat jedoch eine Lücke im Hinblick auf die **Tätigkeiten der Beschaffung** und des **fiskalischen Handelns** gesehen. Auch aus diesen Tätigkeiten ließen sich ggf. Rückschlüsse auf Strategien und Aktivitäten der Dienste ziehen[1]. Die Ausnahmevorschrift ist umfassend und nimmt die genannten Behörden vollständig vom Informationszugangsanspruch aus (**Bereichsausnahme**). Im Hinblick auf **sonstige öffentliche Stellen des Bundes**, die Aufgaben nach dem SÜG wahrnehmen, führt der Verweis auf § 10 Nr. 3 SÜG zur gem. § 34 SÜG erlassenen Sicherheitsüberprüfungsfeststellungsverordnung (SÜFV)[2]. Gem. § 1 SÜFV sind solche Behörden die Bundespolizei, das Bundeskriminalamt, die Bundeswehr und das Zollkriminalamt, allerdings jeweils begrenzt auf einen bestimmten Tätigkeitsbereich.

### c) Schutz des behördlichen Entscheidungsprozesses, § 4 IFG

200 Der Antrag auf Informationszugang soll abgelehnt werden für **Entwürfe zu Entscheidungen** sowie **Arbeiten und Beschlüsse zu ihrer unmittelbaren Vorbereitung**, soweit und solange durch die vorzeitige Bekanntgabe der Information der **Erfolg der Entscheidung** oder bevorstehender **behördlicher Maßnahmen** vereitelt würde (§ 4 Abs. 1 Satz 1 IFG). Die Vorschrift dient dem Schutz des behördlichen Willensbildungsprozesses, allerdings begrenzt auf den normierten Bereich der **unmittelbaren Entscheidungsvorbereitung**. Neben der ungestörten Entscheidungsfindung bezweckt das Gesetz die Gewährleistung einer **vollständigen und unbefangenen behördlichen Aktenführung**, die den Gang des Entscheidungsprozesses chronologisch und vollständig nachvollziehbar dokumentiert[3]. Insoweit bestehen gewisse Überschneidungen und ein Konkurrenzverhältnis zu § 3 Nr. 3 lit. b IFG (Beeinträchtigung der Beratungen von Behörden)[4].

---

1 Gesetzesbegründung BT-Drs. 15/4493, S. 12.
2 I.d.F. der Bekanntmachung vom 12.9.2007, BGBl. I, S. 2294, zuletzt geändert am 24.3.2011 (BGBl. I, S. 506).
3 Vgl. Gesetzesbegründung BT-Drs. 15/4493, S. 12.
4 Wie dargelegt (s. Rz. 192), schützt der Ablehnungsgrund des § 3 Nr. 3 lit. b IFG schriftliche oder mündliche behördliche Meinungsäußerungen und Willensbildungen, die sich inhaltlich auf die Entscheidungsfindung beziehen, also beispielsweise Besprechungen, interne Abstimmungen etc. In dieser Hinsicht wird der **Entscheidungsfindungsprozess umfassend geschützt**. Die Abgrenzung zu § 4 IFG ist im Einzelnen strittig. Da nicht nur Entwürfe zu Entscheidungen, sondern auch „Arbeiten und Beschlüsse zu ihrer unmittelbaren Vorbereitung" unter § 4 IFG fallen, dürften tatbestandlich auch Vorgänge wie interne Beratungen und Diskussionen grundsätzlich unter den Ablehnungsgrund fallen. Eine sinnvolle Abgrenzung wird man vorzugsweise durch das **Kriterium der zeitlichen und sachlichen Nähe** zur Entscheidung (Unmittelbarkeit) gewinnen, so wohl auch *Schoch*, IFG, § 4 Rz. 48. In die gleiche Richtung deutet die Gesetzesbegründung, in der gefordert wird, dass die geschützten behördlichen Maßnahmen konkret bevorstehen, vgl. BT-Drs. 15/4493, S. 12.

### aa) Vorbereitende Entwürfe, Arbeiten und Beschlüsse

**Entwürfe** für eine Sachentscheidung zeichnen sich dadurch aus, dass der Inhalt einer möglichen Entscheidung bereits schriftlich fixiert ist. Nach dem Willen der Behörde bzw. des zuständigen Sachbearbeiters ist der Entscheidungsfindungsprozess aber noch nicht abgeschlossen, die Angelegenheit also **noch nicht „spruchreif"**. Nicht unter den Begriff fallen dürften interne Entscheidungen oder Anweisungen, mit denen der Inhalt der Entscheidung vorgegeben wird (z.B. die Anweisung eines Vorgesetzten an den Sachbearbeiter, einen Antrag positiv oder negativ zu verbescheiden). Dies unterfällt vielmehr dem Begriff **Arbeiten und Beschlüsse zur unmittelbaren Vorbereitung von Entscheidungen (§ 4 IFG)**. Schwierig ist die Situation im Hinblick auf behördliches Handeln, das als Vorstufe zum eigentlichen Entscheidungsprozess anzusehen ist. Zu nennen wäre hier beispielsweise eine erste Besprechung („**Kick-off-Meeting**") der Entscheidungsträger in komplexen Verwaltungsverfahren. Dies dürfte im Zweifel eher unter § 3 Nr. 3 lit. b IFG fallen. Dieses Beispiel zeigt sehr plastisch, dass **die Abgrenzung zu verwunderlichen Ergebnissen** führen kann. Zu berücksichtigen ist nämlich, dass das **Schutzniveau aus Sicht der Behörde** beim Ausschlussgrund des § 3 Nr. 3 lit. b IFG weiter reicht als bei § 4 IFG. Dies rührt insbesondere daher, dass § 3 Nr. 3 lit. b IFG einen **zwingenden** Ablehnungsgrund statuiert, der Ablehnungsgrund des § 4 IFG hingegen eine **Sollablehnung** vorsieht und im Übrigen an das Kriterium der Entscheidungsvereitelung geknüpft ist. Letztlich werden damit **entscheidungsfernere behördliche Tätigkeiten umfassender geschützt** als entscheidungsnahe, jedenfalls insoweit, als die Maßnahmen nicht unter den Anwendungsbereich beider Vorschriften fallen (können)[1].

### bb) Erfolgsvereitelung

Der Ablehnungsgrund greift nur, „soweit und solange durch die vorzeitige Bekanntgabe der Information der **Erfolg der Entscheidung** oder bevorstehender behördlicher Maßnahmen **vereitelt** würde". Vereitelt wird der Erfolg einer Entscheidung, wenn diese bei Offenbarung der Information voraussichtlich **überhaupt nicht, mit anderem Inhalt oder wesentlich später zustande käme**[2]. Entgegen dem Wortlaut ist nicht auf eine tatsächliche Vereitelung abzustellen. Vielmehr müssen **prognostisch** hinreichende Anhaltspunkte für eine Gefährdung bestehen. Diese liegt vor, wenn der **Zweck der Maßnahme** gefährdet wird (z.B. weil die Absicht über eine unangekündigte Kontrolle frühzeitig bekannt wird). Das Gleiche gilt, wenn die Gefahr öffentlichen Drucks auf die Entscheidungsträger droht. Auch wesentliche **zeitliche Verzögerungen** durch Bekanntgabe entscheidungsvorbereitender Maßnahmen sind ausreichend (z.B. weil zusätzliche Einwendungen, Anregungen oder Bedenken vorgetragen werden).

Durch die Einschränkung der „soweit-Vereitelung" ist klargestellt, dass die Informationen ggf. **teilweise herauszugeben** sind (den Schutzzweck gefährdende Informationen sind auszusondern oder zu schwärzen). In zeitlicher Hinsicht („solange-Beschränkung") **entfällt** der Ablehnungsgrund **nach Abschluss des behördlichen Entscheidungsprozesses**, weil dann eine Beeinträchtigung des konkreten Entscheidungsprozesses nicht mehr eintreten kann. Beeinträchtigungen künftiger, anderer behördlicher Entscheidungsprozesse dürften nicht maßgeblich sein[3]. Nicht mehr schutzwürdig sind Informationen auch dann, wenn sich der Entscheidungsprozess durch nachträglich eingetretene Tatsachen „**überholt**" hat[4], beispielsweise durch

---

1 Bei Überschneidung dürfte ein Vorrang von § 3 Nr. 3 lit. b IFG bestehen. So auch *Fischer*, in: Fluck/Theuer, IFG, UIG, VIG, Teil A II, § 4 IFG Rz. 30.
2 Vgl. Gesetzesbegründung BT-Drs. 15/4493, S. 12.
3 Offen lassend OVG Bln.-Bbg. v. 5.10.2010 – 12 B 6.10, Rz. 34.
4 OVG Bln.-Bbg. v. 5.10.2010 – 12 B 6.10, Rz. 31.

eine gerichtliche Entscheidung, die das Ergebnis einer rechtlichen Prüfung determiniert.

#### cc) Regelfall-Ablehnung des Informationszugangs

204 Nach dem Wortlaut der Vorschrift **soll der Antrag abgelehnt werden**, wenn die tatbestandlichen Voraussetzungen des § 4 Abs. 1 Satz 1 IFG vorliegen. Demnach hat die Behörde den Informationsantrag abzulehnen, es sei denn, es liegt ein **atypischer Ausnahmefall** vor[1]. Solch atypische Konstellationen dürften **in der Praxis sehr selten** auftreten. Zu denken wäre beispielsweise an eine Situation, in der der Entscheidungsprozess wegen nach Informationsfreigabe zu erwartender weiterer Anregungen, Einwendungen o. Ä. zeitlich verzögert werden würde und deshalb ein Ausschlussgrund vorliegt (§ 4 IFG). Hier könnte im Einzelfall eine Bekanntgabe in Betracht kommen, wenn durch den weiteren Informationszufluss eine sachgerechtere oder rechtlich fundiertere Entscheidung gefällt werden kann. Eine gewisse zeitliche Verzögerung wäre dann ggf. hinnehmbar.

#### dd) (Ungeschriebener) Ablehnungsgrund des Kernbereichs exekutiver Eigenverantwortung

205 Die Gesetzesbegründung verweist im Hinblick auf § 4 IFG auf den ungeschriebenen verfassungsrechtlichen Ausnahmegrund des **Kernbereichs exekutiver Eigenverantwortung**. Dieser exekutive Kernbereich schließe einen selbst von parlamentarischen Untersuchungsausschüssen grds. nicht ausforschbaren **Initiativ-, Beratungs- und Handlungsbereich der Regierung** ein. Hierzu gehöre u.a. die Willensbildung der Regierung sowohl bei der Erörterung im Kabinett als auch bei der Vorbereitung von Kabinetts- und Ressortentscheidungen. Insoweit sei anders als bei behördlichen Entscheidungsprozessen auch ein Schutz **abgeschlossener Vorgänge** gegeben. Dem Bürger sei der Zugang zu diesem Kernbereich erst recht verschlossen[2]. In systematischer Hinsicht ist unklar, ob der Gesetzgeber durch diese Ausführungen auf einen – quasi übergesetzlichen – Ablehnungsgrund hinweisen wollte. Richtigerweise wird man den Ausschlussgrund des § 4 Abs. 1 Satz 1 IFG entsprechend **erweiternd auslegen**, sodass bei Betroffenheit des Kernbereichs der exekutiven Eigenverantwortung dieser Ausschlussgrund greift. Ggf. kann dieser Einwand auch im Hinblick auf den Ausschlussgrund des § 3 Nr. 3 lit. b IFG zum Tragen kommen[3].

#### ee) Rückausnahme: Ergebnisse der Beweiserhebung, Gutachten oder Stellungnahmen Dritter

206 Gem. § 4 Abs. 1 Satz 2 IFG dienen **Ergebnisse der Beweiserhebung und Gutachten oder Stellungnahmen Dritter** regelmäßig nicht der unmittelbaren Entscheidungsvorbereitung. Es handele sich hierbei um abgrenzbare Erkenntnisse, die die Verfahrensherrschaft der Behörde typischerweise nicht beeinträchtigten[4]. Wie im Hinblick auf § 8 Abs. 1 Satz 1 Nr. 2 UIG sowie § 3 Nr. 3 lit. b IFG sind demnach die genannten Informationen, die dem Bereich der für die maßgebliche Entscheidung relevanten Tatsachen- und Willensbildungsgrundlagen zuzuordnen sind, nicht

---

1 *Fischer*, in: Fluck/Theuer, IFG, UIG, VIG, Teil A II, § 4 IFG Rz. 42; *Schoch*, IFG, § 4 Rz. 27.
2 Vgl. zu alledem die Gesetzesbegründung BT-Drs. 15/4493, S. 12.
3 So zutreffend *Schoch*, IFG, § 4 Rz. 45; in diese Richtung tendiert VG Berlin v. 9.6.2011 – 2 K 46.11, Rz. 27; offen lassend OVG Bln.-Bbg. v. 5.10.2010 – 12 B 6.10, Rz. 35.
4 So die Gesetzesbegründung BT-Drs. 15/4493, S. 12.

vom Ausschlussgrund erfasst (s. Rz. 58 sowie Rz. 192). Mit **Beweiserhebung** sind Informationen zur Sachverhaltserforschung und -ermittlung gemeint. **Gutachten oder Stellungnahmen Dritter** sind sämtliche (sachkundige) Äußerungen über tatsächliche oder rechtliche Fragestellungen im Vorfeld der Entscheidung aus dem behördeninternen oder behördenexternen Bereich. Nicht von der Ausnahme erfasst sind Meinungsäußerungen und Stellungnahmen der Beteiligten des Verfahrens[1].

**ff) Pflicht zur Information des Antragstellers über Abschluss des Verfahrens**

Gem. § 4 Abs. 2 IFG ist der Antragsteller über den **Abschluss des jeweiligen Verfahrens zu informieren**, weil der Ausschlussgrund zu diesem Zeitpunkt endet. Wurde der Antrag unter Berufung auf den Ausschlussgrund bestandskräftig zurückgewiesen, ist das Verfahren abgeschlossen und der Antrag **lebt auch nicht wieder automatisch auf**. Damit der Antragsteller ggf. einen neuen Antrag stellen kann, ist er über das Ende des Verfahrens zu informieren. In atypischen Fällen kann von einer Information abgesehen werden (Soll-Vorschrift). Dies kann in Betracht kommen, wenn feststeht, dass der Informationsanspruch aus anderen Gründen (z.B. § 3 IFG) auch bei einem neuerlichen Antrag zu verwehren wäre. Die Form der Mitteilung ist von der Behörde frei wählbar. Dem **Rechtsanwalt** eines Antragstellers ist zu empfehlen, in regelmäßigen Abständen bei der Behörde den Sachstand des Verfahrens zu erfragen.

207

**d) Ablehnungsgrund § 5 IFG**

**aa) Offenbarung personenbezogener Daten nur bei Einwilligung oder überwiegendem Interesse des Antragstellers**

§ 5 Abs. 1 Satz 1 IFG trifft im Hinblick auf die Offenbarung **personenbezogener Daten** vergleichbare Vorgaben wie § 9 Abs. 1 Satz 1 Nr. 1 UIG. Zugang zu personenbezogenen Daten darf nur gewährt werden, soweit das Informationsinteresse des Antragstellers das schutzwürdige Interesse des Dritten am Ausschluss des Informationszugangs überwiegt oder der Dritte eingewilligt hat. Nach der Legaldefinition in § 2 Nr. 2 IFG ist Dritter jeder, über den personenbezogene Daten oder sonstige Informationen vorliegen. Wie sich aus § 5 Abs. 4 IFG ergibt, können Dritte auch Mitarbeiter von Behörden (informationspflichtigen Stellen) sein[2]. Nicht erfasst sind personenbezogene Daten des Antragstellers. Zum **Begriff der personenbezogenen Daten** sowie zum personellen Schutzbereich siehe die Ausführungen zu § 9 Abs. 1 Satz 1 Nr. 1 UIG (s. Rz. 78 f.). Einziger Unterschied ist, dass § 5 Abs. 1 Satz 1 IFG auf ein **„schutzwürdiges Interesse"** des Dritten abstellt, wohingegen § 9 Abs. 1 Satz 1 Nr. 1 UIG eine erhebliche **Beeinträchtigung der Interessen des Betroffenen** voraussetzt. Dennoch gelten hier ähnliche Maßstäbe (vgl. auch hierzu die Ausführungen zu § 9 Abs. 1 Satz 1 Nr. 1 UIG, s. Rz. 80).

208

Die **Einwilligung** des Betroffenen hat in der Regel schriftlich zu erfolgen[3]. Auch ohne Zustimmung des Betroffenen können personenbezogene Daten veröffentlicht werden, wenn das **Informationsinteresse des Antragstellers** das schutzwürdige Interesse des Dritten am Ausschluss des Informationszugangs überwiegt. Dies gilt nicht, wenn **besondere Arten personenbezogener Daten** i.S.d. § 3 Abs. 9 BDSG vorliegen. Die Übermittlung dieser Informationen (Angabe über die rassische oder ethnische Herkunft, politische Meinung, religiöse oder philosophische Überzeugun-

209

---

1 Gesetzesbegründung BT-Drs. 15/4493, S. 12.
2 Vgl. auch die Gesetzesbegründung BT-Drs. 15/4493, S. 9 (zu § 2 Nr. 2 IFG).
3 Gesetzesbegründung BT-Drs. 15/4493, S. 13.

gen, Gewerkschaftszugehörigkeit, Gesundheit oder Sexualleben) ist nur mit Einwilligung des Dritten zulässig.

210 Im Hinblick auf den **Bezugspunkt der Abwägung** besteht ein grundlegender Unterschied zur Abwägung bei den Ablehnungsgründen nach §§ 8 und 9 Abs. 1 UIG. Bei den letztgenannten Vorschriften muss ein **überwiegendes öffentliches Interesse** an der Bekanntgabe vorliegen. Bei § 5 Abs. 1 Satz 1 IFG kommt es im Ausgangspunkt jedoch auf **private Interessen** des Antragstellers an. Die insoweit zum UIG ergangene **Rechtsprechung des BVerwG**[1] zum regelmäßigen Nicht-Vorliegen eines überwiegenden öffentlichen Interesses bei ausschließlicher oder überwiegender Verfolgung privater Interessen (s. Rz. 65) **gilt demgemäß nicht**. Auf Grund des Zwecks des IFG, Informationstransparenz zur Stärkung des demokratischen Meinungs- und Willensbildungsprozesses zu schaffen, ist auf Seiten des Interesses des Antragstellers allerdings auch das **Informationsinteresse der Allgemeinheit** zu berücksichtigen[2]. Insoweit können öffentliche Interessen also doch eine gewisse Rolle spielen. **In der gerichtlichen Praxis** sind öffentliche Interessen regelmäßig hauptausschlaggebend. Ein gewichtiges öffentliches Interesse zu Gunsten des Informationsanspruchs kann das **Interesse eines Journalisten** sein, über die Verflechtung von Wirtschaft und Politik zu berichten[3]. Zu Lasten des schutzwürdigen Interesses Dritter an der Nichtbekanntgabe soll es sich auswirken, wenn diese nicht als Privatpersonen, sondern in ihrer gesellschaftlichen Funktion als Vertreter aus Politik, Wirtschaft, Unterhaltung und Sport auftreten. Insoweit sei nur die weniger geschützte Sozialsphäre betroffen[4].

**bb) Ausschluss des Zugangs, § 5 Abs. 2 IFG**

211 Informationspflichtige Stellen verfügen mitunter auch über **personenbezogene Daten über Mitarbeiter von Behörden**. § 5 Abs. 2 IFG ordnet diesbezüglich ein grds. überwiegendes Geheimhaltungsinteresse an, d.h. der Informationszugang ist faktisch ausgeschlossen. Inhaltlich geht es hierbei im Wesentlichen um Personalakten im weitesten Sinne[5].

In die Vorschrift sind auch **Mandatsträger** einbezogen. Von der Ausnahme des § 5 Abs. 2 IFG sind daher auch **Unterlagen der Bundestagsverwaltung zu Abgeordneten und ihren Mitarbeitern** sowie u.a. zum Wehrbeauftragten und zu sachverständigen Mitgliedern von Enquete-Kommissionen erfasst[6]. Den in § 5 Abs. 2 a.E. IFG genannten **Berufs- oder Amtsgeheimnissen** dürfte neben § 3 Nr. 4 IFG keine eigenständige Bedeutung zukommen[7].

**cc) Überwiegendes Informationsinteresse bei Gutachtern und Sachverständigen**

212 § 5 Abs. 3 IFG enthält eine **Regelvermutung** zu Gunsten eines überwiegenden schutzwürdigen Interesses des Antragstellers. Gibt ein Dritter als **Gutachter, Sachverständiger** oder in vergleichbarer Weise eine Stellungnahme in einem Verfahren ab, so kann der Zugang zu Name, Titel, akademischem Grad, Berufs- und Funktionsbezeichnung, Büroanschrift und -telekommunikationsnummer im Regelfall

---

1 BVerwG v. 24.9.2009 – 7 C 2.09, NVwZ 2010, 189, 194.
2 So ausdrücklich die Gesetzesbegründung BT-Drs. 15/4493, S. 13.
3 So VG Berlin v. 7.4.2011 – 2 K 39.10, K&R 2011, 430, 431 zum Zugang zur Gästeliste des Bundeskanzleramts hinsichtlich der im Kanzleramt ausgerichteten Geburtstagsfeier des Vorstandsvorsitzenden der Deutschen Bank.
4 VG Berlin v. 7.4.2011 – 2 K 39.10, K&R 2011, 430, 431.
5 Vgl. hierzu Gesetzesbegründung BT-Drs. 15/4493, S. 13.
6 BT-Drs. 15/5606, S. 6.
7 *Schoch*, IFG, § 5 Rz. 55 ff.

nicht verwehrt werden[1]. Insoweit handelt es sich um sog. funktionsbezogene Daten, die regelmäßig weniger schutzwürdig sind. Für die ausnahmsweise Geheimhaltung der genannten Informationen ist maßgebend, ob der Dritte durch die Offenbarung der aufgeführten Daten der Gefahr **spürbarer Nachteile** ausgesetzt würde[2].

**dd) Zugang zu Daten mitwirkender Amtsträger**

Name, Titel, akademischer Grad, Berufs- und Funktionsbezeichnung, Büroanschrift und -telekommunikationsnummer von an einem **Vorgang mitwirkenden Amtsträgern** (Bearbeitern) sind gem. § 5 Abs. 4 IFG grds. **vom Informationszugang ausgeschlossen**, soweit sie Ausdruck und Folge der amtlichen Tätigkeit sind. Die Bearbeiterstellung setzt voraus, dass der Amtsträger mit der Bearbeitung des Sachverhalts betraut bzw. dafür verantwortlich ist. Die **Rückausnahme** im Hinblick auf das Vorliegen von Ausnahmetatbeständen nimmt Bezug auf Ausnahmen aus § 3 IFG[3]. Dieser Verweis ist etwas missglückt und im Ergebnis unverständlich[4]. Gemeint sein dürften Konstellationen, in denen Interessen des Amtsträgers gegen eine Veröffentlichung sprechen und Ausschlussgründe nach § 3 IFG tatbestandlich nicht zur Anwendung kommen, wertungsmäßig aber eine vergleichbare Sachlage vorliegt. Die Gesetzesbegründung verweist insoweit auf besonders umstrittene Entscheidungen, bei denen die persönliche Schutzbedürftigkeit des Amtsträgers entgegenstehen kann[5]. § 3 Nr. 2 IFG (Gefährdung der öffentlichen Sicherheit) dürfte hier nicht unmittelbar greifen, weil die individuellen Rechtsgüter eines Amtsträgers hiervon nicht erfasst werden.

**ee) Hinweise für die anwaltliche Tätigkeit**

Für die anwaltliche Praxis hat die Beratung im Kontext von Ausschlussgründen zum Schutz privater Belange große Bedeutung. Dies gilt insbesondere für die **rechtliche Begleitung von Dritten**, deren Interessen durch eine Informationsfreigabe beeinträchtigt sein könnten. Der **Schutz unternehmerischer Positionen** – dies gilt vor allem für den Schutz geistigen Eigentums und von Betriebs- und Geschäftsgeheimnissen (s. Rz. 215 f.) aber auch für personenbezogene Daten – besitzt einen hohen Stellenwert, z.B. wenn konkurrierende Unternehmen versuchen, sensible Daten über Informationsansprüche zu erlangen. Umgekehrt besteht Beratungsbedarf auch bei der **Durchsetzung von Informationsansprüchen** gegen behauptete überwiegende private Interessen (Ausschlussgründe). Hierbei gilt, dass aus Sicht von Unternehmen, deren private Interessen durch einen Informationszugang betroffen sein können, die Interessenwahrung nicht erst ab dem Zeitpunkt eines Informationszugangsantrags und der förmlichen Beteiligung des Unternehmens (§ 8 Abs. 1 IFG) beginnt, sondern bereits dann, wenn relevante Informationen an eine informationspflichtige Stellen **übermittelt werden**. Es ist wichtig, die Behörden im Hinblick auf private Belange (z.B. personenbezogene Daten) hinreichend zu sensibilisieren. Hierdurch kann das Risiko verringert werden, dass Behörden geheimhaltungspflichtige Informationen unbeabsichtigt oder leichtfertig offenbaren. Überdies kann der Behörde bereits im Rahmen der Übermittlung der Informationen eine „Hilfestellung" an die Hand gegeben werden, warum schützenswerte Informationen vorliegen und diese auch generell nicht offenbart werden dürfen. Wenn dies plausibel darstellbar ist, kann geltend gemacht werden, dass ein überwiegendes Informationsinteresse

---
1 Eine solche Maßgabe trifft das UIG in § 9 Abs. 1 Satz 1 Nr. 1 nicht. Nach der obergerichtlichen Rechtsprechung ist dies jedoch auch dort so anzunehmen (s. Rz. 80).
2 Gesetzesbegründung BT-Drs. 15/4493, S. 13.
3 Vgl. Gesetzesbegründung BT-Drs. 15/4493, S. 14.
4 Zu Recht kritisch *Schoch*, IFG, § 4 Rz. 74 f.
5 Gesetzesbegründung BT-Drs. 15/4493, S. 14.

grds. nicht in Betracht komme. Insbesondere im Hinblick auf personenbezogene Daten können hier Ausführungen zum Nichtbestehen eines überwiegenden Informationsinteresses des Antragstellers (§ 5 Abs. 1 Satz 1 IFG) empfehlenswert sein (was in der Sache im Vorhinein im Regelfall schwierig ist, weil es auf die Umstände des Einzelfalls, also des jeweiligen Antragstellers ankommt). Bei der Kennzeichnung von und den Ausführungen zu schutzwürdigen Privatinteressen sollte jeweils auch der Hinweis aufgenommen werden, dass auch diese Ausführungen den einschlägigen Ausschlussgründen unterfallen.

### e) Schutz des geistigen Eigentums und von Betriebs- und Geschäftsgeheimnissen, § 6 IFG

#### aa) Schutz des geistigen Eigentums

215 Gem. § 6 Satz 1 IFG besteht ein Anspruch auf Informationszugang nicht, soweit der Schutz geistigen Eigentums entgegen steht. Zum geistigen Eigentum gehören insbesondere Urheber-, Marken-, Patent-, Gebrauchs- und Geschmacksmusterrechte[1]. Insoweit kommt es wie beim Ausschlussgrund des § 9 Abs. 1 Satz 1 Nr. 2 UIG (s. Rz. 83 f.) auf die Vorgaben des einschlägigen Fachrechts an[2]. Hierzu ist die einschlägige Fachliteratur heranzuziehen.

#### bb) Schutz von Betriebs- und Geschäftsgeheimnissen

216 Zugang zu Betriebs- und Geschäftsgeheimnissen darf nur gewährt werden, soweit der Betroffene eingewilligt hat (§ 6 Satz 2 IFG). Anders als im Umweltinformationsrecht (§ 9 Abs. 1 Satz 1 Nr. 3 UIG) gilt der Schutz von Betriebs- und Geschäftsgeheimnissen **absolut**. Er kann nicht durch ein überwiegendes öffentliches oder privates Interesse an der Offenbarung der Informationen „weggewogen" werden. Mit Ausnahme des fehlenden Abwägungsgebots sind die Voraussetzungen für das Vorliegen von Betriebs- und Geschäftsgeheimnissen, deren Schutzbedürftigkeit und die insoweit an die Praxis zu stellenden Anforderungen identisch wie im Hinblick auf § 9 Abs. 1 Satz 1 Nr. 3 UIG. Auf die diesbezüglichen Ausführungen wird verwiesen (s. Rz. 85 ff.).

#### cc) Hinweise für die anwaltliche Tätigkeit

217 Die anwaltliche Tätigkeit im Zusammenhang mit Informationsansprüchen hat häufig zum Gegenstand, einen Informationsanspruch gegen behauptete entgegenstehende private Interessen durchzusetzen oder private oder unternehmerische Positionen zu wahren. Aus Unternehmenssicht haben Betriebs- und Geschäftsgeheimnisse naturgemäß einen sehr hohen Stellenwert. Zu den insoweit anzuempfehlenden Verhaltenshinweisen und Strategien vgl. Rz. 214.

### 6. Ablehnungsgrund § 7 Abs. 2 Satz 1 IFG

218 Gegenstand zahlreicher gerichtlicher Auseinandersetzungen ist der Ausschlussgrund des **unverhältnismäßigen Verwaltungsaufwands** nach § 7 Abs. 2 Satz 1 IFG. Demnach ist einem nur teilweise bestehenden Anspruch auf Informationszugang nur insoweit nachzukommen, als der Informationszugang ohne Preisgabe der geheimhaltungsbedürftigen Informationen oder ohne unverhältnismäßigen Verwaltungsaufwand möglich ist. Im Grundsatz gilt daher, dass geheimhaltungs-

---

1 Gesetzesbegründung BT-Drs. 15/4493, S. 14.
2 Eine gute Einführung hierzu findet sich bei *Schoch*, IFG, § 6 Rz. 20 ff.

bedürftige Informationen (z.B. personenbezogene Daten oder Betriebs- und Geschäftsgeheimnisse) **auszusondern oder zu schwärzen** sind und die verbleibenden Informationen dem Antragsteller **zugänglich** zu machen sind. Ist eine solche Aussonderung nicht oder nur mit unverhältnismäßigem Verwaltungsaufwand möglich, besteht der teilweise Informationsanspruch nicht. Der Ausschluss greift auch, wenn die Information durch Aussonderung oder Schwärzung verfälscht würde[1].

**In der Praxis** kommt es häufig zu Meinungsverschiedenheiten darüber, unter welchen Voraussetzungen die Aussonderung oder Schwärzung unverhältnismäßigen Verwaltungsaufwand hervorrufen würde. Die **Rechtsprechung ist hier mitunter großzügig**. Es soll ausreichen, wenn der einschlägige Aktenbestand in **mehrere tausend Seiten** umfasst und in nicht nur unwesentlichem Ausmaß geheimhaltungs- und schutzbedürftige Informationen enthält[2]. Hiernach soll die Durchsicht eines Aktenumfangs von knapp 7500 Seiten bereits unverhältnismäßigen Verwaltungsaufwand hervorrufen[3]. Der VGH Kassel stellt abweichend hiervon sehr strenge Anforderungen an die Annahme unverhältnismäßigen Verwaltungsaufwands. Die Unverhältnismäßigkeit könne sich zwar grds. allein aus dem Umfang (mehrere tausend Seiten) der Akten ergeben. Allerdings müsse die Behörde dann darlegen, dass sie mit dem Zugangsgesuch trotz zumutbarer Vorkehrungen und Anstrengungen **überfordert** und dadurch in ihrer **Aufgabenerfüllung nachhaltig behindert** sei. Insoweit müsse es durch die Bearbeitung des Gesuchs zu einer nicht nur vorübergehenden Zurückstellung ihrer Kernaufgaben kommen. Bei Bearbeitung mehrerer umfangreicher Anfragen müsse die Behörde unter Umständen nach Eingang oder Dringlichkeit die Anträge sukzessive abarbeiten. Ggf. könne die gesetzliche Frist nach § 7 Abs. 5 Satz 2 IFG überschritten werden[4].

219

### 7. Ablehnungsgrund § 9 Abs. 3 IFG

Der Antrag auf Informationszugang kann abgelehnt werden, wenn der Antragsteller bereits **über die begehrten Informationen verfügt** oder sich diese in zumutbarer Weise aus allgemein zugänglichen Quellen **beschaffen kann**, § 9 Abs. 3 IFG. Der Ausschlussgrund „Kenntnis des Antragstellers" hat hierbei praktisch nur geringe Bedeutung, weil es der Behörde regelmäßig schwerfallen wird, eine entsprechende Kenntnis nachzuweisen. **Allgemein zugängliche Quellen** müssen so beschaffen sein, dass sie tatsächlich der Allgemeinheit und nicht nur einem abgegrenzten Personenkreis offen stehen. Nicht unter den Begriff fallen daher Informationen aus Datenbanken, die nicht frei zugänglich sind. Das Gleiche gilt für **Informationen aus Gerichtsverfahren**, an denen der Antragsteller nicht beteiligt ist und die nicht im Urteil veröffentlicht sind. In subjektiver Hinsicht sieht der Ausschlussgrund vor, dass die angemessene Möglichkeit des Zugangs bestehen muss. Hierbei sind individuelle Aspekte wie die technische Zugriffsmöglichkeit (Internetzugang) und Rezeptionsfähigkeit (schwierig z.B. bei Blinden) von Bedeutung.

220

In der Gesetzesbegründung wird im Hinblick auf § 9 Abs. 3 IFG darauf hingewiesen, dass nach allgemeinen verwaltungsrechtlichen Grundsätzen des Rechtsmissbrauchs **querulatorische Anträge** weder entgegengenommen noch bearbeitet werden müssten[5]. Entsprechende Anträge können daher ebenfalls gem. § 9 Abs. 3

221

---

1 Vgl. Gesetzesbegründung BT-Drs. 15/4493, S. 15.
2 So zuletzt VG Frankfurt v. 7.5.2009 – 7 L 676/09, NVwZ 2009, 1182, 1183.
3 VG Frankfurt v. 19.3.2008 – 7 E 4067/06, Rz. 55.
4 VGH Kassel v. 2.3.2010 – 6 A 1684/08, Rz. 22 ff.; VGH Kassel v. 30.4.2010 – 6 A 1341/09, Rz. 14 ff. Die Entscheidungen sind kritikwürdig. Bei Anwendung dieser Kriterien dürfte der Ausschlussgrund in der Praxis weitgehend leer laufen.
5 BT-Drs. 15/4493, S. 16.

IFG zurückgewiesen werden. Hinsichtlich der Frage, wann ein Antrag querulatorisch ist, kann auf die Grundsätze zur offensichtlich missbräuchlichen Antragstellung nach § 8 Abs. 2 Nr. 1 UIG verwiesen werden (s. Rz. 69).

### 8. Antrag und Verfahren

#### a) Antragstellung

222 Wenngleich nicht explizit normiert, kann Zugang zu Informationen nach IFG nur auf Grundlage eines entsprechenden **Antrags** erfolgen. Der Antrag kann **formlos** gestellt werden, d.h. schriftlich, mündlich, telefonisch, in elektronischer Form oder sogar nur durch schlüssiges Verhalten[1]. Zahlreiche **Landes-IFGs** treffen hingegen Vorgaben über die Form (meist Schriftlichkeit)[2]. **Für die Praxis** ist aus Gründen der Effektivität des Informationszugangs ein schriftlicher Antrag zu empfehlen.

223 Anders als beim UIG (dort § 4 Abs. 2, s. Rz. 101) gibt es im IFG **kein gesetzliches Bestimmtheitserfordernis**. Ein Antrag darf dennoch **nicht völlig unsubstantiiert** sein. Der Gesetzgeber hat bewusst auf entsprechende Regelungen verzichtet, verweist jedoch im Hinblick auf die Präzisierung des Antrags und hinsichtlich einer Beratung und Unterstützung durch die Behörde auf § 25 VwVfG[3]. Vom Antragsteller wird eine hinreichende Präzisierung der Informationen zu verlangen sein, zu denen Zugang begehrt wird[4]. Bei besonderer Sachkunde, insbesondere bei Beratung durch einen Rechtsanwalt, wird man insoweit höhere Anforderungen stellen können. Sog. **Ausforschungsanträge** zur Erlangung eines Überblicks über den Datenbestand bei einer Behörde können nicht mit dem Argument fehlender Bestimmtheit zurückgewiesen werden[5].

224 **Umstritten ist, ob der Antragsteller seine Identität preisgeben** muss. Die Gesetzesbegründung geht hiervon aus, weil die Identität des Antragstellers ggf. an Dritte zur Stellungnahme über die Freigabe personenbezogener Daten oder von Betriebs- und Geschäftsgeheimnissen weitergeleitet werden müsse (§ 8 Abs. 1 IFG)[6]. Fraglich ist, ob eine solche Datenübermittlung ohne Zustimmung des Antragstellers zulässig ist[7]. Besteht aus Sicht des Antragstellers kein Einwand gegen die Übermittlung seiner persönlichen Daten, sollte ein entsprechendes Einverständnis (präventiv) im Rahmen der Antragstellung mitgeteilt werden, um zeitliche Verzögerungen zu vermeiden.

225 Eine **Begründung** des Antrags ist gem. § 7 Abs. 1 Satz 3 IFG nur erforderlich, wenn personenbezogene Daten oder Betriebs- und Geschäftsgeheimnisse Dritter betroffen sein können. Ansonsten ist eine Begründung nicht zwingend notwendig. **Für den Antragsteller empfiehlt** sich allerdings regelmäßig eine Begründung. Hierin kann ggf. auch zu sämtlichen in Betracht kommenden Ablehnungsgründen Stellung genommen werden.

---

1 Vgl. Gesetzesbegründung BT-Drs. 15/4493, S. 13.
2 Vgl. *Tolkmitt*, in Fluck/Theuer, IFG, UIG, VIG, Landes-UIG, -IFG, Überblick Teil C Rz. 575 f.
3 Gesetzesbegründung BT-Drs. 15/4493, S. 14.
4 *Fluck*, in: Fluck/Theuer, IFG, UIG, VIG, Teil A II, § 7 UIG Rz. 46; weniger streng *Schoch*, IFG, § 7 Rz. 18 ff.
5 *Fluck*, in: Fluck/Theuer, IFG, UIG, VIG, Teil A II, § 7 UIG Rz. 47; *Schoch*, IFG, § 7 Rz. 22.
6 Gesetzesbegründung BT-Drs. 15/4493, S. 14.
7 Kritisch hierzu *Fluck*, in: Fluck/Theuer, IFG, UIG, VIG, Teil A II, § 7 IFG Rz. 45; die datenschutzrechtliche Zulässigkeit bejaht *Schoch*, IFG, § 7 Rz. 24.

Anders als im UIG **entscheidet** über den Informationsanspruch nach IFG nicht 226
zwingend die Behörde, die über die begehrten Informationen verfügt. Gem. § 7
Abs. 1 Satz 1 IFG steht die Entscheidung der Behörde zu, die **zur Verfügung über
die begehrten Informationen berechtigt** ist. An diese Behörde ist auch der Antrag
zu richten. Bei Informationen im Behördenbesitz fallen regelmäßig Besitz und Verfügungsberechtigung zusammen. Fälle eines Auseinanderfallens sind insbesondere
im Hinblick auf Regelungen des staatlichen Binnenverhältnisses über die Informationszuständigkeit denkbar, z.B. wenn die Informationen bei mehreren Behörden
vorhanden sind[1], wobei bestimmte Informationen rechtlich auch **mehreren Behörden gleichzeitig zustehen** können. Es kann also dazu kommen, dass über den Informationszugang eine andere Behörde (verfügungsberechtigte Behörde) entscheidet,
als die Behörde, die letztlich den Informationszugang gewährt (Behörde, bei der
die Informationen vorliegen). Wie bereits erwähnt, ist bei natürlichen oder juristischen **Personen des Privatrechts** als behördengleichgestellte Personen i.S.d. § 1
Abs. 1 Satz 3 IFG die Behörde zuständig, die sich der natürlichen oder juristischen
Person zur Erfüllung ihrer öffentlich-rechtlichen Aufgaben bedient, § 7 Abs. 1
Satz 2 IFG.

Verfügt die angerufene Behörde nicht über die relevanten Informationen, wäre der 227
Antrag grds. zurückzuweisen. Eine **Weiterleitungspflicht** wie in § 4 Abs. 3 UIG gibt
es nicht. Auch wenn die Behörde für die Entscheidung nicht zuständig ist, wäre der
Antrag an sich als unzulässig zurückzuweisen. In beiden Fällen wird die Behörde
aber jedenfalls den Betroffenen **auf die zuständige Stelle**, die über die Informationen
verfügt, **hinweisen müssen**. Ggf. kann sie den Antrag auch gleich an die zuständige
Stelle **weiterleiten**[2]. Einzelne **Landes-IFGs** enthalten Vorschriften über die Weiterleitung oder jedenfalls Benennung der zuständigen Stelle[3]. Für die **Praxis** ist zu empfehlen, in den Antrag die Aufforderung aufzunehmen, ihn im Falle der Unzuständigkeit an die sachlich zuständige Behörde weiterzuleiten.

Bei sog. **Massenverfahren** (gleichförmige Anträge von mehr als 50 Personen) gelten 228
gem. § 7 Abs. 1 Satz 4 IFG die Vorschriften der §§ 17 bis 19 VwVfG entsprechend.
Es ist dann ein gemeinsamer Vertreter der Antragsteller zu benennen[4].

**b) Entscheidungsfrist und Frist für die Zugänglichmachung**

Auch im Hinblick auf den Informationszugang nach IFG ist zu unterscheiden zwi- 229
schen der **Entscheidung über den Antrag** und der **tatsächlichen Gewährung** des Informationszugangs. Die Entscheidung über den Informationszugang stellt einen
**Verwaltungsakt** dar[5]. Gesetzliche Vorgaben für die Entscheidung (**Frist**) finden
sich nur im Hinblick auf (teilweise) ablehnende Entscheidungen, § 9 Abs. 1 IFG.
Die Frist für die Zugangsgewährung bildet **faktisch die Frist für die positive Entscheidung** über den Zugangsantrag. Insoweit kann auf die Ausführungen zur Situation im UIG verwiesen werden (s. Rz. 106).

Gem. § 7 Abs. 5 IFG ist die Information dem Antragsteller unter Berücksichtigung 230
seiner Belange **unverzüglich zugänglich** zu machen. Der Zugang soll (spätestens) innerhalb eines Monats erfolgen. Insoweit gilt das Gleiche wie im Hinblick auf Informationsansprüche nach dem UIG: Der Anspruch ist so schnell wie möglich zu erfüllen, im Normalfall aber spätestens bis Ablauf eines Monats (s. Rz. 106). Bei ein-

---

1 Schoch, IFG, § 7 Rz. 28.
2 So zutreffend Schoch, IFG, § 7 Rz. 31; a.A. Rossi, IFG, § 7 Rz. 20.
3 Vgl. hierzu Tolkmitt, in: Fluck/Theuer, IFG, UIG, VIG, Landes-UIG, -IFG, Überblick Teil C Rz. 592.
4 Zu den Besonderheiten von Massenverfahren siehe Schoch, IFG, § 7 Rz. 34 ff.
5 Schoch, IFG, § 7 Rz. 42.

fachen oder ohne größeren Aufwand zu beantwortenden Anfragen ist der Zugang vor Ablauf der Monatsfrist zu gewähren. Eine gesetzliche Maßgabe zum **Beginn der Monatsfrist** gibt es nicht. Sachgerecht ist es, auf den Zeitpunkt des Eingangs eines hinreichend bestimmten Antrags abzustellen[1]. Da die Entscheidungsfrist von der hinreichenden Bestimmtheit des Antrags abhängt, liegt in der (vermeintlichen) Unbestimmtheit des Antrags ein möglicher Anknüpfungspunkt für die verzögerte Bearbeitung von Anträgen. Zur Vermeidung von Verzögerungen sollte der Antrag daher von Anfang an hinreichend bestimmt gestellt werden. Anders als im UIG ist die **Monatsfrist nicht bindend** („soll"). Sie kann mithin überschritten werden, wenn es die Umstände des Einzelfalles erforderlich machen. Eine **Höchstfrist** gibt es nicht. Hinsichtlich der Kriterien für eine Überschreitung der Regelfrist von einem Monat wird auf die Ausführungen zu § 3 Abs. 3 Satz 2 Nr. 2 UIG verwiesen (s. Rz. 107).

231 Sind bei der Entscheidung über den Informationszugang **Dritte nach § 8 IFG zu beteiligen** (z.B. bei personenbezogenen Daten oder Betriebs- und Geschäftsgeheimnissen), ist der **zeitliche Aufwand** hierfür bei der **Entscheidungsfrist zu berücksichtigen**, vgl. § 7 Abs. 5 Satz 3 IFG. Es ist mithin die Frist zur Abgabe einer Stellungnahme (ein Monat) nach § 8 Abs. 1 IFG sowie kumulativ die Bestandskraft der Entscheidung über den Informationszugang oder – im Falle der Anordnung der sofortigen Vollziehung – eine 2-Wochen-Frist abzuwarten. Im Falle einer Drittbeteiligung wird die Regelfrist von einem Monat daher meist nicht einzuhalten sein.

232 Ist der Zugangsantrag **ganz oder teilweise abzulehnen**, gilt auch hierfür die Frist nach § 7 Abs. 5 Satz 2 IFG (Monatsfrist). Die Frist ist wiederum nicht verbindlich. Die vorstehenden Ausführungen zu den Auswirkungen der Beteiligung Dritter gelten entsprechend.

233 Hinsichtlich der Entscheidungs- und Zugangsfristen gibt es **in den Bundesländern** unterschiedliche Ausgestaltungen. Die Fristen sind mitunter deutlich kürzer oder länger[2].

### 9. Art und Form des Informationszugangs

234 **Art und Form des Informationszugangs** sind in § 1 Abs. 2 IFG sowie § 7 Abs. 2 und 3 IFG normiert. Nach § 1 Abs. 2 IFG kann die Behörde nach pflichtgemäßem Ermessen **Auskunft** erteilen, Akteneinsicht gewähren oder Informationen **in sonstiger Weise** zur Verfügung stellen[3]. Begehrt der Antragsteller eine bestimmte Art des Informationszugangs, so darf dieser nur aus wichtigem Grund auf andere Art gewährt werden, wobei ein wichtiger Grund insbesondere ein deutlich höherer Verwaltungsaufwand ist (§ 1 Abs. 2 Satz 3 IFG). Die Vorschrift **entspricht inhaltlich § 3 Abs. 2 Satz 1 und 2 UIG**. Insoweit kann auf die dort gemachten Ausführungen zur Art der Auskunftserteilung, die Kriterien für die Ermessensentscheidung und die Abweichung von einer vom Antragsteller benannten Art des Informationszugangs verwiesen werden (s. Rz. 112 ff.).

235 Für die konkrete Form einer **Auskunft** und der **Akteneinsicht** hat der Gesetzgeber in § 7 Abs. 3 (Auskunft) und Abs. 4 IFG (Akteneinsicht) einige **Klarstellungen** getroffen und **Spezifika** festgeschrieben. Demnach können Auskünfte mündlich, schriftlich oder elektronisch erteilt werden. Es steht im pflichtgemäßen Ermessen der Behörde, die Form der Auskunftserteilung festzulegen. Eine vom Antragsteller präfe-

---

1 *Schoch*, IFG, § 7 Rz. 105.
2 Vgl. hierzu *Tolkmitt*, in: Fluck/Theuer, IFG, UIG, VIG, Landes-UIG, -IFG, Überblick Teil C Rz. 611 ff., 575 (Tab. 24).
3 Gleiches gilt in sämtlichen landesrechtlichen IFGs, vgl. *Tolkmitt*, in: Fluck/Theuer, IFG, UIG, VIG, Landes-UIG, -IFG, Überblick Teil C Rz. 599, 609.

rierte Zugangsform ist hierbei zu berücksichtigen. Klargestellt wird überdies, dass die Behörde **nicht verpflichtet ist, die inhaltliche Richtigkeit** der Information im Rahmen einer Auskunftserteilung zu prüfen (§ 7 Abs. 3 Satz 2 IFG). Anders als im Rahmen der Akteneinsicht nach UIG etabliert § 7 Abs. 4 Satz 1 IFG einen **Anspruch auf das Anfertigen von Kopien**. Die Behörde kann insoweit also nicht einwenden, technisch oder sächlich zur Fertigung von Kopien nicht in der Lage zu sein. Klarstellend hält § 7 Abs. 4 Satz 1 IFG überdies fest, dass der Antragsteller **Notizen machen oder Ablichtungen** (Fotografien, Scans) fertigen kann. Zur Akteneinsicht in Informationen in gespeicherter Form siehe die Ausführungen zum UIG (s. Rz. 115).

### 10. Konkurrenzen zu anderen Informationsansprüchen

Gem. § 1 Abs. 3 IFG gehen Regelungen in anderen Rechtsvorschriften über den Zugang zu amtlichen Informationen mit Ausnahme des § 29 VwVfG und des § 25 SGB X vor. Nach dem Willen des Gesetzgebers soll das Informationsfreiheitsgesetz **spezialgesetzliche Informationszugangsregelungen nicht verdrängen**. Sie sollen dem IFG vorgehen. Dies soll sowohl gelten, wenn die Spezialgesetze enger als auch wenn sie weiter sind als das IFG. Als Beispiel genannt wird das UIG sowie das Stasi-Unterlagen-Gesetz[1]. Diese Subsidiaritätsregelung lässt das IFG **immer dann zurücktreten**, wenn fachgesetzliche Regelungen über den Zugang zu Informationen betroffen sind[2]. Dies gilt insbesondere im Hinblick auf die beiden anderen bedeutenden Informationsgesetze – das **UIG** (und die jeweiligen **Landes-UIGs**) und das **VIG** –, betrifft aber auch sonstige fachrechtliche Auskunftsansprüche[3]. Zu beachten ist, dass Ansprüche nach IFG nur insoweit ausgeschlossen sind, als sie inhaltlich von anderen Auskunftsansprüchen erfasst sind. Beinhaltet der Auskunftsanspruch Informationen, die über das Fachrecht hinausgehen, kommt **ergänzend das IFG** zur Anwendung. **Anspruchskonkurrenz** besteht qua gesetzlicher Anordnung zum Akteneinsichtsrecht nach **§ 29 VwVfG** sowie **§ 25 SGB X**. Die dortigen Ansprüche treten neben Ansprüche nach IFG. Bestimmungen der **Insolvenzordnung** (§§ 97, 101 InsO) sowie Informationsansprüche nach § 242 BGB hingegen gehen dem IFG **nicht vor**, weil diese Regelungen keinen Zugang zu amtlichen Informationen regeln[4].

236

### 11. Kosten, § 10 IFG

Für Amtshandlungen nach dem IFG sind grds. **Gebühren und Auslagen** zu erheben, § 10 Abs. 1 Satz 1 IFG. Dies gilt nach § 10 Abs. 1 Satz 2 IFG nicht für die Erteilung einfacher Auskünfte. Strukturell weist das Kostenrecht nach IFG **weitreichende Parallelitäten zum UIG** (dort § 12) auf[5]. So sind die Gebühren gem. § 10 Abs. 2 IFG so zu bemessen, dass der Informationszugang wirksam in Anspruch genommen werden kann (**Effektivitätsgebot**). Wie im Umweltinformationsrecht sind gebührenpflichtige Tatbestände, Ausnahmen, Gebührenhöhe etc. in einer auf Grundlage von § 10 Abs. 3 Satz 1 IFG erlassenen Rechtsverordnung geregelt (**Informationsgebührenverordnung – IFGGebV**[6]). Ergänzend findet das Verwaltungskostengesetz mit Ausnahme von § 15 Abs. 2 Anwendung (vgl. § 10 Abs. 3 Satz 2 IFG).

237

---

1 Vgl. Gesetzesbegründung BT-Drs. 15/4493, S. 8.
2 *Jastrow/Schlatmann*, IFG, § 1 Rz. 58; *Schomerus/Tolkmitt*, DÖV 2007, 985, 991; *Schlacke/Schrader/Bunge*, Aarhus-Handbuch, § 1 Rz. 314; *Schoch*, IFG, § 1 Rz. 166f.
3 Vgl. hierzu *Schoch*, IFG, § 1 Rz. 170ff.; *Beck*, VIG, § 1 Nr. 3.1.2; *Borchert*, in: Beyerlein/Borchert, VIG, § 1 Rz. 75.
4 BVerwG v. 9.11.2010 – 7 B 43.10, NVwZ 2011, 235, 236.
5 Der Gesetzgeber hat sich bei den Kostenregelungen bewusst an den Vorgaben des UIG orientiert, vgl. Gesetzesbegründung BT-Drs. 15/4493, S. 16.
6 Verordnung über die Gebühren und Auslagen nach dem Informationsfreiheitsgesetz vom 2.1.2006, BGBl. I, 6.

238 Grundlage für die Gebührenerhebung ist der **Aufwand der informationspflichtigen Stelle**. Maßgeblich ist jegliche im Kontext der Informationszugangsgewährung angefallene Tätigkeit der Behörde (Vorbereitung und Verbescheidung des Antrags, Schwärzungen, Zugangsgewährung etc.). Keine Kosten dürfen erhoben werden für die Erteilung **einfacher mündlicher oder schriftlicher Auskünfte**, auch bei Herausgabe von wenigen Abschriften (vgl. § 10 Abs. 1 Satz 2 IFG i.V.m. Nr. 1.1 des Gebühren- und Auslagenverzeichnisses der IFGGebV). Eine einfache Auskunft liegt vor, wenn die Erteilung lediglich einen unerheblichen Verwaltungsaufwand hervorruft oder sich die Auskunft auf wenige, genau bestimmte und ohne erhebliche Recherche zu ermittelnde Informationen beschränkt[1]. Die auskunftspflichtige Stelle kann nach pflichtgemäßem Ermessen aus Gründen der Billigkeit in besonderen Fällen gem. § 2 IFGGebV von der **Erhebung einer Gebühr absehen** (Auslagenpflicht bleibt bestehen). Kostenfreiheit besteht auch bei **Ablehnung und Rücknahme des Antrags**[2]. Details zur Höhe der Auslagen finden sich in Teil B des Gebühren- und Auslagenverzeichnisses zur IFGGebV.

239 Auch das Gebührenrecht nach IFG ist vom **Kostendeckungsprinzip** geprägt, das allerdings durch das Angemessenheitskorrektiv (Effektivitätsgebot) in § 10 Abs. 2 IFG eine Einschränkung erfährt. Zur Gebührenbemessung **gelten die hinsichtlich § 12 UIG erarbeiteten Grundsätze** entsprechend (sämtliche Personalkosten einschließlich Kosten einer wegen Drittbetroffenheit erforderlichen Rechtsprüfung, Berücksichtigung des wirtschaftlichen Werts der Informationen etc., s. Rz. 130). Dasselbe gilt für das Effektivitätsgebot nach § 10 Abs. 2 IFG (s. Rz. 131) mit der Maßgabe, dass die Höchstgebühr von Euro 500,00 nicht auch für die Verwirklichung mehrerer Gebührentatbestände gilt. **Auslagen** werden gem. § 1 Abs. 2 IFGGebV unabhängig von der Höhe der Gebühren und auch dann erhoben, wenn die Informationsübermittlung gebührenfrei ist, außer bei der Erteilung einfacher Auskünfte nach Nr. 1.1 des Gebühren- und Auslagenverzeichnisses zur IFGGebV.

240 Die **landesrechtlichen Besonderheiten** sind dargestellt bei *Tolkmitt*[3].

**12. Rechtsschutz gegen Entscheidungen in der Sache**

**a) Rechtsweg**

241 Wenngleich dies nicht wie im UIG (dort § 6 Abs. 1) explizit klargestellt ist, ist für sämtliche Streitigkeiten aus dem IFG der **Verwaltungsrechtsweg** eröffnet. Dies gilt sowohl für Klagen gegen die Ablehnung des Informationszugangs als auch für Drittklagen gegen die Gewährung von Informationszugang. Abgeleitet werden kann dies aus § 9 Abs. 4 bzw. § 8 Abs. 2 Satz 3 IFG, der auf § 9 Abs. 4 IFG verweist, wonach gegen die ablehnende Entscheidung/begünstigende Entscheidung Widerspruch und Verpflichtungsklage zulässig sind. Dies impliziert, dass der Rechtsweg zu den Verwaltungsgerichten eröffnet ist.

---

1 OVG NW v. 18.2.2009 – 9 A 2428/08, Rz. 4 ff.
2 Für die Rücknahme ergibt sich dies aus § 10 Abs. 3 Satz 2 IFG i.V.m. der Gesetzesbegründung BT-Drs. 15/4493, S. 16. Die Kostenfreiheit für die Ablehnung eines Antrags ergibt sich nicht unmittelbar aus den einschlägigen Vorschriften (zu Recht kritisch insoweit *Schoch*, IFG, § 10 Rz. 18). Der Gesetzgeber hat dies allerdings in der Gesetzesbegründung klar gefordert, BT-Drs. 15/4493, S. 16 (insoweit ggf. erweiternde Auslegung von § 10 Abs. 1 Satz 2 IFG).
3 *Tolkmitt*, in: Fluck/Theuer, IFG, UIG, VIG, Landes-UIG, -IFG, Überblick Teil C Rz. 673, 674 (Tab. 25), 688 ff.

## b) Rechtsschutz des Antragstellers gegen Ablehnung des Zugangsantrags

Kraft gesetzlicher Anordnung in § 9 Abs. 4 Satz 2 IFG ist im Fall einer **ablehnenden Entscheidung stets ein Widerspruchsverfahren** durchzuführen[1], also auch dann, wenn die Entscheidung von einer obersten Bundesbehörde getroffen wurde (§ 68 Abs. 1 Satz 2 Nr. 1 VwGO). Es gelten wie bei jedem Widerspruchsverfahren die Vorschriften der §§ 68 bis 73 VwGO. In der Praxis beginnt die Widerspruchsfrist häufig nicht zu laufen, mit der Konsequenz, dass gem. § 58 Abs. 2 VwGO ein Widerspruch innerhalb eines Jahres möglich ist, weil **keine ordnungsgemäße Rechtsbehelfsbelehrung** erfolgt (s. Rz. 137). 242

**Klagegegner** ist der Rechtsträger der handelnden Behörde (also der Bund oder eine Körperschaft, § 78 Abs. 1 Nr. 1 VwGO). Im Hinblick auf die **Landes-IFGs** ist zu prüfen, ob insoweit von der Möglichkeit nach § 78 Abs. 1 Nr. 2 VwGO Gebrauch gemacht wurde und die **Klage unmittelbar gegen die informationspflichtige Stelle** zu erheben ist[2]. Wird über den Antrag auf Informationszugang oder einen Widerspruch gegen den verwehrten Zugang nicht oder nicht innerhalb einer angemessenen Frist entschieden, kommt eine **Untätigkeitsklage nach § 75 VwGO** in Betracht. Anders als im Hinblick auf das UIG (s. Rz. 138) dürfte die **Ein-Monats-Frist** des § 7 Abs. 5 Satz 2 IFG für die Untätigkeitsklage **keine unmittelbare Bedeutung** haben. Denn die Frist gilt verbindlich nur im Hinblick auf eine ablehnende Entscheidung (vgl. § 9 Abs. 1 IFG, „hat zu erfolgen"), nicht hingegen, auch nicht faktisch wie beim UIG (s. Rz. 138), für eine positive Entscheidung über den Informationszugang. Insoweit bleibt es bei den allgemeinen Grundsätzen, wonach bei einfachen Informationsanträgen ohne signifikanten Verwaltungsaufwand eine Untätigkeitsklage vor Ablauf der Drei-Monats-Frist aus § 75 VwGO in Betracht kommt. 243

Bezüglich eines gerichtlichen Vorgehens im Falle positiver Verbescheidung und **Verzögerung bzw. Nichtgewährung der tatsächlichen Akteneinsicht** sowie **einstweiligem Rechtsschutz** zur Durchsetzung eines Informationsanspruchs gelten die Ausführungen zum UIG entsprechend (s. Rz. 140, 139). Das Gleiche gilt für Besonderheiten im Hinblick auf ein ggf. erforderliches **in-camera-Verfahren** (s. Rz. 142 ff.). 244

## c) Rechtsschutz betroffener Dritter

Soweit durch einen bevorstehenden Informationszugang **Interessen Dritter** betroffen sind (insbesondere personenbezogene Daten und/oder Betriebs- und Geschäftsgeheimnisse) steht diesen der Rechtsweg offen. Gem. § 8 Abs. 2 Satz 3 IFG i.V.m. § 9 Abs. 4 IFG gilt auch hier, dass ein **Widerspruch in jedem Fall** einzulegen ist. Statthafte Klageart im Falle der Erfolglosigkeit des Widerspruchs ist die **Anfechtungsklage** (insoweit ist die Verweisung auf § 9 Abs. 4 IFG etwas irreführend). Die Klage ist erfolgreich, wenn der Zugangsanspruch nicht besteht, beispielsweise weil Betriebs- und Geschäftsgeheimnisse offenbart würden. Soweit – was in der Praxis wohl nicht häufig zu erwarten ist – der Bescheid über die Zugangsgewährung mit Sofortvollzug ausgestattet ist, ist flankierend **ein Antrag nach § 80a VwGO** zu stellen. Hinsichtlich der **praktischen Handhabung** der Situation nach Ergehen einer positiven Zugangsentscheidung durch den beratenden Rechtsanwalt (Verhinderung des Vollzugs der Entscheidung) sind die Ausführungen zum UIG zu beachten (s. Rz. 150). 245

---

1 Manche Bundesländer, wie Bayern, haben das Widerspruchsverfahren weitgehend abgeschafft oder es ist kein Widerspruchsverfahren gegen die Entscheidung oberster Landesbehörden durchzuführen, *Tolkmitt*, in: Fluck/Theuer, IFG, UIG, VIG, Landes-UIG, -IFG, Überblick Teil C Rz. 834, 838, 828 (Tab. 30).
2 So beispielsweise in Nordrhein-Westfalen, vgl. § 4 Abs. 2 Satz 1 AGVwGO NW.

246 Zu Rechtsschutzmöglichkeiten nach **rechtswidriger Informationsfreigabe** und möglichen Schadensersatzansprüchen vgl. die Ausführungen zum UIG (s. Rz. 152).

**13. Rechtsschutz gegen Kostenentscheidung**

247 Die Kostenentscheidung als selbstständiger Verwaltungsakt kann **isoliert oder zusammen mit der Sachentscheidung** angefochten werden. Insoweit ergeben sich keine Unterschiede zur Situation bezüglich des Rechtsschutzes gegen Kostenentscheidungen der Stellen der öffentlichen Verwaltung im UIG. Auf die diesbezüglichen Ausführungen wird verwiesen (s. Rz. 154 ff.).

## V. Verbraucherinformationsgesetz

### 1. Vorbemerkungen

248 Nach dem Auftreten zahlreicher Lebensmittelskandale (u.a. „Gammel-Fleisch") hat der Gesetzgeber am 5.11.2007 (BGBl. I, 2558[1]) das Gesetz zur Neuregelung des Rechts der Verbraucherinformationen (VIG) verabschiedet. Hauptziel der Vorschriften ist es, durch Information der Verbraucher über Missstände und behördliche Maßnahmen zur Behebung dieser Missstände, Lebensmittelskandalen vorzubeugen bzw. sie rasch einzudämmen[2]. Daneben sollen die Vorschriften das Leitbild des „mündigen Verbrauchers" stärken. Verbraucher sollen befähigt werden, Kaufentscheidungen eigenverantwortlich zu treffen. Außerdem sollen die bestehenden verstreuten Regelungen von Informationsansprüchen in verschiedenen Rechtsvorschriften vereinheitlicht und Lücken geschlossen werden[3].

249 Inhaltlich und strukturell weist das VIG partiell Ähnlichkeiten zum UIG und/oder IFG auf. Im Detail gibt es jedoch auch erhebliche Unterschiede, obgleich allen Gesetzen die Intention zu Grunde liegt, mehr Verwaltungstransparenz zu schaffen. Wegen dieser Aufspaltung von Informationsansprüchen auf drei verschiedene Gesetze und mitunter unklaren Abgrenzungsfragen wird verschiedentlich ein einheitliches Informationsfreiheitsgesetz gefordert[4].

250 Die **praktische Bedeutung** von Verbraucherinformationsansprüchen ist bisher begrenzt. Laut einer Evaluierung durch die Bundesregierung zum Stichtag 1.5.2009 wurden seit Inkrafttreten des VIG in Deutschland insgesamt 487 Anträge gestellt[5]. Inhaltlich waren 324 Anträge nicht produktbezogen, sondern beinhalteten „Globalanfragen", also Anfragen nach einem größeren Datenbestand[6]. Zu einem überwiegenden Teil entstammten die Anträge Interessenvertretungen oder sonstigen institutionellen Antragstellern. Informationsansprüche nach VIG haben daher in der Praxis eine geringere Bedeutung als solche nach UIG und IFG.

251 Vor allem wegen dieser geringen Praxisrelevanz plant der Gesetzgeber eine **grundlegende Novellierung des VIG,** bei der wesentliche Änderungen vorgenommen werden sollen. Die wesentlichen Eckpunkte dieser Novellierung sind am Ende dieses Abschnitts dargestellt (s. Rz. 318 ff.).

---

1 Zuletzt geändert am 9.12.2010 (BGBl. I, 1934).
2 Vgl. Gesetzesbegründung BT-Drs. 16/5404, S. 7.
3 Vgl. Gesetzesbegründung BT-Drs. 16/5404, S. 7.
4 So zuletzt *Böhm/Lingenfelder/Voit*, NVwZ 2011, 198, 202 und *Schoch*, NJW 2010, 2241, 2247.
5 Vgl. BT-Drs. 17/1800, S. 7.
6 BT-Drs. 17/1800, S. 7.

## V. Verbraucherinformationsgesetz

**2. Anspruchsberechtigung**

Das Recht auf Zugang zu Verbraucherinformationen ist ein **Jedermannsrecht**, vgl. § 1 Abs. 1 Satz 1 VIG. Insoweit gelten die zur Anspruchsberechtigung nach IFG dargestellten Grundsätze (s. Rz. 162 f.). Auch der Zugangsanspruch nach VIG ist an **keinerlei Voraussetzungen** geknüpft (s. Rz. 164)[1].

252

**3. Informationspflichtige Stellen**

Wie das UIG unterscheidet das VIG zwischen **öffentlichen** (Behörden) und **privaten informationspflichtigen Stellen** (§ 1 Abs. 2 VIG).

253

**a) Behörden**

Gem. § 1 Abs. 1, Abs. 2 Nr. 1 VIG betrifft die Informationspflicht **Behörden i.S.d.** § 1 Abs. 4 VwVfG, die auf Grund anderer bundesrechtlicher oder landesrechtlicher Vorschriften öffentlich-rechtliche Aufgaben oder Tätigkeiten wahrnehmen, die der **Erfüllung der in § 1 des Lebensmittel- und Futtermittelgesetzbuches (LFGB)** genannten Zwecke dienen. Es gelten die durch die Rechtsprechung entwickelten Maßgaben zum Behördenbegriff[2]. Auch **Beliehene** sind Behörden wie oben im Hinblick auf das IFG (s. Rz. 167). Behörden sind auch **Fachbehörden ohne eigene Vollzugstätigkeit** (sog. „Untersuchungsämter"), die bei der Lebensmittelüberwachung den Vollzugsbehörden zuarbeiten, indem sie z.B. Lebensmittelproben analysieren[3]. Informationspflichtig sind ferner **Gemeinden oder Gemeindeverbände**, auf Grund der Gesetzgebungszuständigkeit der Länder allerdings nur insoweit, als der Gemeinde oder dem Gemeindeverband die Aufgaben nach dem VIG durch Landesrecht übertragen wurden. Eine solche Übertragung haben die Bundesländer Baden-Württemberg, Bayern, Brandenburg, Niedersachsen, Nordrhein-Westfalen und Thüringen vorgenommen[4]. Nicht informationspflichtig sind die **Tierseuchenkassen** der Länder[5].

254

Unklar ist, wie die Einschränkung auf Tätigkeiten, die der **Erfüllung der in § 1 LFGB genannten Zwecke** dienen, zu verstehen ist. Die in § 1 LFGB genannten Zwecke sind sehr umfassend. Sie erfassen u.a. den Schutz von Verbrauchern im Hinblick auf Lebensmittel, Futtermittel, kosmetische Mittel und Bedarfsgegenstände durch Vorbeugung oder Abwehr von Gefahren für die menschliche Gesundheit (§ 1 Abs. 1 Nr. 1 LFGB), den Schutz vor Täuschung beim Verkehr mit Lebensmitteln, Futtermitteln, kosmetischen Mitteln und Bedarfsgegenständen (§ 1 Abs. 1 Nr. 2 LFGB), die Unterrichtung von Wirtschaftsbeteiligten, Verbrauchern und Verwendern von Lebens- und Futtermitteln sowie kosmetischen Mitteln und Bedarfsgegenständen (§ 1 Abs. 2 Nr. 3 LFGB) und den Tier- und Naturschutz bei Futtermitteln (§ 1 Abs. 1 Nr. 4 lit. a LFGB). Hierunter könnten auch verbraucher- und konsumentenschützende Vorschriften **außerhalb des LFGB** gefasst werden (z.B. das Geräte- und Produktsicherheitsgesetz, GPSG)[6]. Aus der Gesetzesbegründung[7] sowie einer Zusammenschau mit § 1 Abs. 1 VIG (dort sind die dem Informationsanspruch unterfallenden Informationen aufgelistet) ergibt sich jedoch, dass der Anwendungsbereich des VIG und auch die für die Bestimmung der informationspflich-

255

---
1 Vgl. Gesetzesbegründung BT-Drs. 16/5404, S. 10.
2 BT-Drs. 16/5404, S. 11.
3 VG Ansbach v. 26.11.2009 – AN 16 K 08.01750, Rz. 36.
4 Vgl. hierzu die Übersicht bei *Borchert*, in: Beyerlein/Borchert, VIG, § 1 Rz. 70.
5 Vgl. Gesetzesbegründung BT-Drs. 16/5404, S. 11.
6 *Borchert*, in: Beyerlein/Borchert, VIG, § 1 Rz. 3.
7 BT-Drs. 16/5404, S. 1.

tigen Stellen maßgebliche Behördentätigkeit nach § 1 Abs. 2 Nr. 1 VIG beschränkt ist. Erfasst werden **Tätigkeiten auf Grundlage des LFGB** bzw. auf Grund des LFGB erlassener **Rechtsverordnungen**, unmittelbar geltender Rechtsakte der Europäischen Gemeinschaft oder der Europäischen Union im Anwendungsbereich des LFGB sowie auf Grundlage des **WeinG**, entsprechender Verordnungen sowie für den Weinbau und die Weinwirtschaft unmittelbar geltender **Rechtsakte** der Europäischen Gemeinschaft[1]. Nach dieser Maßgabe gibt es eine erhebliche Zahl relevanter Rechtsvorschriften, die hier nicht im Einzelnen aufgeführt werden können. Eine umfassende Übersicht findet sich bei *Borchert*[2]. **Nicht maßgeblich** sind Behördentätigkeiten im Kontext nationaler Rechtsverordnungen zur Umsetzung nicht unmittelbar verbindlicher Rechtsakte der Europäischen Union (Richtlinien) sowie das bereits erwähnte GPSG und das Arzneimittelrecht[3].

256 § 1 Abs. 3 VIG nimmt die obersten Bundes- und Landesbehörden, soweit sie im Rahmen der Gesetzgebung oder beim Erlass von Rechtsverordnungen tätig werden, sowie unabhängige Organe der Finanzkontrolle und Gerichte, Justizvollzugsbehörden, Strafverfolgungs- und Disziplinarbehörden und diesen vorgesetzte Dienststellen **von der Informationspflicht** aus. Außerhalb der unmittelbaren Gesetzgebungstätigkeit bleiben die obersten Bundes- und Landesbehörden informationspflichtig. Gerichte, Justizvollzugsbehörden, Strafverfolgungs- und Disziplinarbehörden sind hingegen vollständig ausgenommen. Das Gleiche gilt für unabhängige Organe der Finanzkontrolle, also den Bundesrechnungshof, die Prüfungsämter des Bundes und die Landesrechnungshöfe[4].

257 **Für die Praxis** ergibt sich hieraus die mitunter schwierige Aufgabe, im Einzelfall nachzuvollziehen, **welche Rechtsmaterie Grundlage** für das Vorhandensein von Verbraucherinformationen bei einer Behörde ist, um zu klären, ob die Informationen dem VIG unterfallen. In den einzelnen **Bundesländern** (deren Behörden gem. § 1 Abs. 2 Satz 1 Nr. 1 lit. b VIG ebenfalls informationspflichtig sind, soweit sie öffentlich-rechtliche Aufgaben im genannten Rechtsbereich wahrnehmen) ist der jeweilige **Behörden- und Verwaltungsaufbau** zu beachten[5].

**b) Private informationspflichtige Stellen**

258 Die Regelung in § 1 Abs. 2 Satz 1 Nr. 2 VIG zu privaten informationspflichtigen Stellen weist Ähnlichkeiten zu § 2 Abs. 1 Nr. 2 UIG auf (s. Rz. 19 f.). Im Hinblick auf die **Wahrnehmung öffentlicher Aufgaben** kann auf die dortigen Ausführungen verwiesen werden. Ein wesentlicher Unterschied besteht jedoch darin, dass die **Aufgabenzuweisung durch Gesetz** erfolgen muss und nicht wie im Hinblick auf das UIG auch durch Einzelanordnung oder vertragliche Vereinbarung erfolgen kann. Überdies ist nicht wie nach § 2 Abs. 1 Nr. 2 i.V.m. Abs. 2 UIG eine Kontrolle durch staatliche Stellen erforderlich, sondern der Private muss unter der **Aufsicht einer öffentlichen Stelle** stehen. Aufsicht beinhaltet weitgehende Kontroll- und Einflussmöglichkeiten, da der Private wie untergeordnete Behörden ggf. aufsichtsrechtlichen Verfügungen (**z.B. Weisungen**) unterliegt. Kontrolle i.S.v. § 2 Abs. 2 UIG kann im Einzelfall weiter gehen als Aufsicht, z.B. wenn wegen Mehrheitsbesitzes der öffentlichen Hand gesellschaftsrechtliche Weisungsrechte greifen (vgl. § 2 Abs. 2 Nr. 2 lit. a und b UIG).

---

1 Die Anwendbarkeit auf das Weingesetz ergibt sich nicht aus dem VIG, sondern aus § 52a WeinG, der die Anwendung des Verbraucherinformationsgesetzes anordnet.
2 *Borchert*, in: Beyerlein/Borchert, VIG, § 1 Rz. 5 ff.
3 *Borchert*, in: Beyerlein/Borchert, VIG, § 1 Rz. 13, 16.
4 So die Gesetzesbegründung BT-Drs. 16/5404, S. 11.
5 Übersicht hierzu bei *Borchert*, in: Beyerlein/Borchert, VIG, § 1 Rz. 67.

## 4. Der Begriff der Verbraucherinformationen

### a) Erfasste Informationsmedien und Vorliegen bei der informationspflichtigen Stelle

Welche Informationen vom Zugangsanspruch nach VIG erfasst sind, ist in § 1 Abs. 1 VIG geregelt. Demnach gilt der Zugangsanspruch für **alle Daten (Informationen), die bei einer Stelle** i.S.d. § 1 Abs. 2 VIG unabhängig von der Art ihrer Speicherung **vorhanden sind**. Aus Sicht des Antragstellers ist es ratsam, im Rahmen der Antragstellung die begehrten Daten so weit als möglich zu spezifizieren, mögliche Informationsquellen zu benennen oder die Verortung der relevanten Informationen in unterschiedlichen Akten oder Vorgängen darzulegen, um möglichst schnell und effizient Informationszugang zu erlangen (vgl. hierzu auch die Praxishinweise zum Anspruch nach UIG, Rz. 47). Der Begriff „**Daten**" ist weitgehend **identisch mit dem Begriff „Informationen"** nach § 1 Abs. 1 Satz 1 IFG oder „**Umweltinformationen**" nach § 2 Abs. 3 UIG (mit der Maßgabe natürlich, dass der Umweltbezug nicht erforderlich ist). Insoweit kann auf die dortigen Ausführungen verwiesen werden (s. Rz. 43 und Rz. 171). Der Zugangsanspruch bezieht sich auf die Informationen, so wie sie bei der Behörde vorhanden sind. Eine **Aufbereitungs- oder Beschaffungspflicht besteht nicht** (s. hierzu Rz. 45 f.). Wie beim IFG ist eine **Manifestation** der Information erforderlich (s. hierzu Rz. 171). Im Hinblick auf das Vorhandensein genügt die tatsächliche Verfügungsgewalt der informationspflichtigen Stelle. Es kommt **nicht auf die rechtliche Verfügungsbefugnis** der Behörde an[1]. Sie muss auch nicht aktenführende Stelle sein. Demgemäß sind auch Informationen erfasst, die **nur zu vorübergehenden Zwecken** (etwa auf Grund eines Widerspruchs- oder Ermittlungsverfahrens) bei der informationspflichtigen Stelle sind (anders als beim IFG, bei dem § 2 Nr. 1 IFG diese Informationen ausnimmt). Auch eine Begrenzung auf amtliche Informationen wie in § 1 Abs. 1 Satz 1 IFG besteht nicht. Die informationspflichtige Stelle ist auch **nicht verpflichtet, die inhaltliche Richtigkeit** der Informationen zu überprüfen, soweit es sich nicht um personenbezogene Daten handelt. Allerdings hat die informationspflichtige Stelle auf ihr bekannte **Zweifel an der Richtigkeit hinzuweisen** (§ 5 Abs. 3 Satz 2 VIG)[2].

### b) Informationsbegriff

§ 1 Abs. 1 Satz 1 VIG listet enumerativ und abschließend auf, welche Verbraucherinformationen zugänglich gemacht werden können. Insoweit gilt die bereits dargelegte Beschränkung auf Informationen im Kontext des LFGB, des WeinG und hiermit zusammenhängender europarechtlicher Vorschriften (s. Rz. 255). Nicht erfasst wird also beispielsweise technisches Verbraucherschutzrecht (wie das GPSG).

#### aa) Verstöße gegen und Maßnahmen nach LFGB

Vom Zugangsanspruch erfasst sind gem. § 1 Abs. 1 Satz 1 Nr. 1 VIG **Verstöße gegen das LFGB**, gegen die auf Grund des LFGB erlassenen Rechtsverordnungen und gegen unmittelbar geltende Rechtsakte der EG oder EU im Anwendungsbereich des LFGB sowie **Maßnahmen und Entscheidungen**, die im Zusammenhang mit solchen Verstößen getroffen worden sind. Die Anfragen zu diesem Bereich machten bisher den

---

1 *Beck*, VIG, § 1 Nr. 1.3.1.
2 *Werner*, ZLR 2008, 115 ff. hält § 5 Abs. 3 VIG als unverhältnismäßigen Eingriff in die Berufsfreiheit der von Falschinformationen betroffenen Unternehmen für verfassungswidrig.

überwiegenden Teil der Informationsansprüche nach VIG aus[1]. **Umstritten ist, wann ein Verstoß** gegen die relevanten Vorschriften vorliegt. Mitunter wird vertreten, dass ein Verstoß nur dann vorliege, wenn dieser in einem **Ordnungswidrigkeiten- oder Strafverfahren geahndet** wurde[2]. Mehrere Gerichte haben jüngst unter Berufung auf den Gesetzeszweck einen Verstoß i.S.d. Vorschrift bejaht, wenn die Behörde auf Grund **hinreichend konkreter Informationen zur Überzeugung** gelangt, dass ein Verstoß vorliegt[3]. Diese Auffassung findet auch in der Literatur Zustimmung[4]. Die Entscheidung dieser Streitfrage hat **erhebliche Konsequenzen für die Praxis**. Folgt man der Auffassung, wonach ein hinreichend begründeter Verdacht eines Verstoßes ausreicht, drohen **erhebliche wirtschaftliche Folgen** für betroffene Unternehmen, die schwerlich rückgängig zu machen sind, wenn sich im Nachhinein herausstellt, dass die Einschätzung der Behörde falsch war.

**bb) Gefahren durch Erzeugnisse, § 1 Abs. 1 Satz 1 Nr. 2 VIG**

262 Zugänglich zu machen sind gem. § 1 Abs. 1 Satz 1 Nr. 2 VIG Informationen über **von einem Erzeugnis** i.S.d. LFGB **ausgehende Gefahren und Risiken** für Gesundheit und Sicherheit von Verbrauchern. Die Vorschrift verweist für den Begriff des Erzeugnisses auf § 2 Abs. 1 LFGB[5]. **Erzeugnisse** sind demnach Lebensmittel, einschließlich Lebensmittel-Zusatzstoffe, Futtermittel, kosmetische Mittel und Bedarfsgegenstände. Diese einzelnen Begrifflichkeiten sind in § 2 Abs. 2 ff. LFGB weitergehend definiert. Die Vorschrift ist Ausfluss des gesetzgeberischen Bemühens um vorbeugenden Verbraucherschutz[6]. Deshalb wird man im Hinblick auf den **Gefahrenbegriff** auf das polizeirechtliche Verständnis abstellen können, wonach eine Gefahr vorliegt, **wenn mit hinreichender Wahrscheinlichkeit** bei ungehindertem Fortgang des Geschehens ein **Schaden für die Gesundheit oder Sicherheit** von Verbrauchern eintritt[7]. Ggf. kann ergänzend auf Art. 3 Nr. 14 der Verordnung (EG) Nr. 178/2002 abgestellt werden, auf die in § 2 LFGB mehrfach Bezug genommen wird[8]. Das Gleiche gilt für den Begriff des **Risikos**[9]. Der Begriff Verbraucherinnen und Verbraucher ist in § 3 Nr. 4 LFGB legaldefiniert.

**cc) Kennzeichnung, Herkunft etc. von Erzeugnissen, § 1 Abs. 1 Satz 1 Nr. 3 VIG**

263 Auch Daten über die Kennzeichnung, Herkunft, Beschaffenheit, Verwendung sowie das Herstellen oder das Behandeln von Erzeugnissen sowie über Abweichungen von Rechtsvorschriften über diese Merkmale und Tätigkeiten sind Verbraucherinformationen, § 1 Abs. 1 Satz 1 Nr. 3 VIG. Diese sehr weit reichende Informationskategorie soll Verbrauchern relevante **Begleitinformationen zu Erzeugnissen** zugänglich machen.

---

1 So das Ergebnis der bereits angesprochenen Evaluierung im Auftrag der Bundesregierung. Demnach wurde bei 267 von 487 Anträgen dieser Anspruch benannt, vgl. *Böhm/Lingenfelder/Voith*, Endbericht zur Auswertung der Anwendungserfahrungen mit dem Verbraucherinformationsgesetz (VIG) sowie Erarbeitung von konkreten Empfehlungen für Rechtsänderungen vom 23.4.2010, S. 59.
2 *Grube/Weyland*, VIG, § 1 Rz. 5; Wiemers, ZLR 2009, 413, 420.
3 BayVGH v. 22.12.2009 – G 09.1, Rz. 23; VG München v. 22.9.2010 – M 18 K 09.58778, Rz. 22; VG Köln v. 8.7.2010 – 26 L 683/10.
4 *Beck*, VIG, § 1 Nr. 1.3.2.1; *Schoch*, NJW 2010, 2241, 2244 m.w.N.; Bund für Lebensmittelrecht und Lebensmittelkunde e.V. (BLL), Leitfaden Verbraucherinformationsgesetz, 2008, S. 9.
5 Gesetzesbegründung BT-Drs. 16/5404, S. 10.
6 BT-Drs. 16/5404, S. 10.
7 *Beck*, VIG, § 1 Nr. 1.3.2.2.
8 *Borchert*, in: Beyerlein/Borchert, VIG, § 1 Rz. 41; *Beck*, VIG, § 1 Nr. 1.3.2.2.
9 Vgl. Art. 3 Nr. 9 VO (EG) Nr. 178/2002.

**Kennzeichnung** nimmt laut Gesetzesbegründung Bezug auf die Bedeutung bestimmter bei der Kennzeichnung verwendeter Begriffe oder Gütesiegel[1], wie sie in den einschlägigen fachgesetzlichen Vorschriften vorgesehen sind[2]. 264

**Herkunft** bezieht sich bei Lebensmitteln i.d.R. auf die geographische Herkunft, kann aber ggf. auch Details zum Erzeuger[3] oder zur Produktion(sweise) erfassen[4]. 265

Mit **Beschaffenheit** des Erzeugnisses sind insbesondere Informationen über das Aussehen und die Größe sowie Daten über die Einhaltung bestimmter Qualitätsmerkmale und entsprechender Standards gemeint. Erfasst werden Informationen über vergangene, gegenwärtige und zukünftige Zustände und Prognosen[5]. 266

Wie ein Produkt zu gebrauchen ist, wie es nicht verwendet werden darf/kann, welche Sorgfaltsmaßnahmen einzuhalten sind und sonstige relevante Begleitinformationen zum **Gebrauch** eines Produktes sind von dem Stichwort der **Verwendung** umfasst. 267

Im Hinblick auf das **Herstellen und Behandeln** verweist die Gesetzesbegründung auf die Legaldefinition in § 3 Nr. 2 und 3 LFGB[6]. **Herstellen** erfasst demnach die Erschaffung eines Erzeugnisses sowie dessen Be- und Verarbeitung und die Gewinnung der einzelnen Teile und Stoffe. **Behandeln** erfasst zahlreiche Handlungen im Umgang mit und der Verarbeitung von Erzeugnissen außerhalb des Herstellens oder Inverkehrbringens. 268

Die Information über **Abweichungen von Rechtsvorschriften** soll Verbrauchern die Möglichkeit eröffnen, zu erkennen, ob das Erzeugnis den einschlägigen Normen entspricht[7]. Hierbei kann es zu Überschneidungen mit § 1 Abs. 1 Satz 1 Nr. 1 VIG (Verstöße) kommen. Dies kann relevante praktische Auswirkungen haben, da die Rückausnahme vom Schutz von Betriebs- und Geschäftsgeheimnissen aus § 2 Satz 1 Nr. 2 lit. c VIG (kein Schutz der Betriebs- und Geschäftsgeheimnisse) nur bei Informationen nach § 1 Abs. 1 Satz 1 Nr. 1 VIG gilt (vgl. § 2 Satz 3 VIG). 269

**dd) Ausgangsstoffe und Verfahren, § 1 Abs. 1 Satz 1 Nr. 4 VIG**

Verbraucherinformationen sind auch Informationen über die **Ausgangsstoffe** und die bei der Gewinnung der Ausgangsstoffe **angewendeten Verfahren** (§ 1 Abs. 1 Satz 1 Nr. 4 VIG). Durch die Vorschrift sollen Informationen über den Vorproduktionsprozess abgedeckt werden. Verbraucher sollen sich über Stoffe und Teile, mit denen die Erzeugnisse hergestellt werden, informieren können[8]. Lücken, die im Hinblick auf Stoffe und Teile von Erzeugnissen entstehen, die im Endprodukt nicht mehr enthalten sind und nicht bereits von den in Nrn. 2 und 3 definierten Zugangsansprüchen erfasst sind, sollen hierdurch geschlossen werden. Ausgangsstoffe sind u.a. Inhaltsstoffe und Zusatzstoffe[9]. 270

---

1 BT-Drs. 16/5404, S. 10.
2 Vgl. hierzu *Borchert*, in: Beyerlein/Borchert, VIG, § 1 Rz. 46ff.
3 *Beck*, VIG, § 1 Nr. 1.3.2.3.
4 *Borchert*, in: Beyerlein/Borchert, VIG, § 1 Rz. 49.
5 So die Gesetzesbegründung BT-Drs. 16/5404, S. 10.
6 BT-Drs. 16/5404, S. 10.
7 Gesetzesbegründung BT-Drs. 16/5404, S. 10.
8 Gesetzesbegründung BT-Drs. 16/5404, S. 10.
9 Gesetzesbegründung BT-Drs. 16/5404, S. 10.

#### ee) Schutz- und Überwachungsmaßnahmen, § 1 Abs. 1 Satz 1 Nr. 5 VIG

271 Den Abschluss der Legaldefinitionen zu Verbraucherinformationen macht § 1 Abs. 1 Satz 1 Nr. 5 VIG, wonach **Überwachungsmaßnahmen** oder andere **behördliche Tätigkeiten oder Maßnahmen zum Schutz von Verbrauchern** einschließlich der Auswertung dieser Tätigkeiten und Maßnahmen sowie Statistiken über festgestellte Verstöße gegen in § 39 Abs. 1 Satz 1 LFGB genannte Vorschriften zugänglich zu machen sind, soweit die Verstöße sich auf Erzeugnisse beziehen.

272 Die in der Vorschrift angesprochenen Überwachungs- und Schutzmaßnahmen sind umfassend zu verstehen und beziehen sich auf **sämtliche Maßnahmen** im Kontext der für das VIG maßgeblichen Rechtsvorschriften (s. Rz. 255). Der letzte Satzteil mit der Bezugnahme auf Verstöße, die sich auf Erzeugnisse beziehen, nimmt lediglich den Begriff „Statistiken" in Bezug[1]. Maßnahmen und Tätigkeiten sind nicht nur solche, die im Rahmen der gesetzlichen Aufgabenwahrnehmung anfallen, sondern erfassen auch faktische Maßnahmen zum Schutz von Verbrauchern, beispielsweise Informationskampagnen oder die Förderung von Verbraucherorganisationen[2].

### 5. Ablehnungsgründe §§ 2, 3 und 1 Abs. 4 VIG

#### a) Vorbemerkungen

273 Wie die Informationsansprüche nach IFG und UIG unterliegt der Informationszugang nach VIG zahlreichen Begrenzungen nach Maßgabe normierter **Ausschlussgründe**. Unterschieden wird hierbei zwischen Ausschlussgründen zum Schutz **öffentlicher Belange** (§ 2 Satz 1 Nr. 1 VIG), **privater Belange** (§ 2 Satz 1 Nr. 2 VIG) sowie **sonstiger Belange** nach § 3 Abs. 3 bis 5 VIG. Die Ausschlussgründe gelten weitgehend absolut. Dies betrifft die öffentlichen sowie die sonstigen Belange[3]. Der Schutz personenbezogener Daten kann bei überwiegendem Informationsinteresse des Antragstellers „**weggewogen werden**"; Betriebs- und Geschäftsgeheimnisse sind nicht geschützt, soweit es um Verstöße i.S.v. § 1 Abs. 1 Satz 1 Nr. 1 VIG geht. Die sonstigen Belange unterliegen einer „**Soll-Versagung**".

274 Im Hinblick auf die **Kontrolldichte** und den **Prüfungsmaßstab** im Rahmen einer **gerichtlichen Überprüfung** des Vorliegens von Ausschlussgründen und die Hinweise für die **anwaltliche Tätigkeit** wird auf die Ausführungen zu den Ausschlussgründen nach UIG verwiesen (s. Rz. 49 ff.).

#### b) Schutz öffentlicher Belange, § 2 Satz 1 Nr. 1 VIG

275 Die Ausschlussgründe zum Schutz öffentlicher Belange sind **zwingend und absolut**. Sie weisen zahlreiche Parallelen zu den Ausschlussgründen nach IFG auf oder sind inhaltlich identisch. Einige Beschränkungen sind jedoch exklusiv und beruhen auf Spezifika von Verbraucherinformationen oder deren rechtliche Grundlagen.

---

1 So ausdrücklich die Gesetzesbegründung BT-Drs. 16/5404, S. 10.
2 BT-Drs. 16/5404, S. 10.
3 Anders im UIG, wo die Belange weitgehend einem Abwägungsvorbehalt mit den öffentlichen Interessen an der Bekanntgabe unterliegen. Partiell ist dies auch beim IFG der Fall, wo im Hinblick auf personenbezogene Daten ein Zugang bei überwiegendem Informationsinteresse des Antragstellers besteht.

## V. Verbraucherinformationsgesetz

### aa) Ablehnungsgrund § 2 Satz 1 Nr. 1 lit. a VIG

Bis auf kleinere Abweichungen sind die Ausschlussgründe des § 2 Satz 1 Nr. 1 lit. a VIG identisch zu Ausschlussgründen nach IFG. Sie sind lediglich redaktionell anders gefasst. Die dortigen Ausführungen gelten daher entsprechend. Kein Zugangsanspruch besteht, soweit das Bekanntwerden der Informationen **nachteilige Auswirkungen** haben kann auf **internationale Beziehungen** (entspricht § 3 Nr. 3 lit. a IFG, s. Rz. 182), **militärische und sonstige sicherheitsempfindliche Belange der Bundeswehr** (entspricht § 3 Nr. 1 lit. b IFG, s. Rz. 183), die **Vertraulichkeit der Beratung von Behörden** berührt wird (entspricht § 3 Nr. 3 lit. b IFG, s. Rz. 192) oder eine **erhebliche Gefahr für die öffentliche Sicherheit** verursachen kann (entspricht § 3 Nr. 2 IFG, s. Rz. 189, allerdings mit der Maßgabe, dass eine einfache Gefahr nicht ausreicht, sondern eine erhebliche Gefahr vorliegen muss).

276

### bb) Ablehnungsgrund § 2 Satz 1 Nr. 1 lit. b VIG

Grundsätzlich besteht während der **Dauer eines Verwaltungsverfahrens** kein Zugang zu den im Verwaltungsvorgang enthaltenen Informationen, § 2 Satz 1 Nr. 1 lit. b VIG. Die redaktionell etwas missglückte Vorschrift schließt das Verwaltungsverfahren sowie die Bereiche der Justiz-, Straf-, Disziplinar-, Gnaden- und ordnungswidrigkeitenrechtlichen Verfahren vom Informationsanspruch aus, und zwar ohne Weiteres. D.h., es ist **nicht** wie im Hinblick auf öffentliche Belange nach IFG (§ 3 IFG) eine **nachteilige Auswirkung, Beeinträchtigung** oder dergleichen erforderlich. Solange die genannten Verfahren dauern, sind die relevanten Verbraucherinformationen aus den Verfahrensakten nicht zugänglich. Hierdurch wird der **Informationszugangsanspruch erheblich eingeschränkt**. Der Gesetzgeber relativiert dies im Hinblick auf Verwaltungsverfahren jedoch dadurch, dass er eine **Rückausnahme** für Informationen nach § 1 Abs. 1 Satz 1 Nr. 1 VIG (Verstöße) oder § 1 Abs. 1 Satz 1 Nr. 2 VIG (Gefahren und Risiken für Gesundheit und Sicherheit von Verbrauchern durch Erzeugnisse) etabliert. Solche Informationen sind mithin auch während eines laufenden Verwaltungsverfahrens zugänglich zu machen. Bei entsprechend weitem Verständnis des Verstoßbegriffs i.S.v. § 1 Abs. 1 Satz 1 Nr. 1 VIG (s. Rz. 261) kann dies aus Sicht eines vermeintlich nicht rechtskonformen Unternehmens sehr misslich sein. Die Regelung stößt insoweit auf Kritik[1].

277

### cc) Ablehnungsgrund § 2 Satz 1 Nr. 1 lit. c VIG

Der Ausschlussgrund des § 2 Satz 1 Nr. 1 lit. c VIG ähnelt in seiner ersten Alternative § 3 Nr. 6 IFG. Der Informationszugang ist ausgeschlossen, soweit durch das Bekanntwerden der Informationen **fiskalische Interessen** der um Auskunft ersuchten Stelle beeinträchtigt werden können. Geschützt sein sollen wirtschaftliche Interessen der auskunftspflichtigen Stelle, wenn diese wie Dritte am Privatrechtsverkehr und am Wirtschaftsleben teilnimmt[2]. Dieser Ausschlussgrund dürfte im Rahmen der unter das VIG fallenden Tätigkeiten von Behörden und informationspflichtigen Privaten **kaum praxisrelevant** sein[3].

278

Daneben schützt die Vorschrift **Dienstgeheimnisse**. Solche dürfen durch den Informationszugang nicht verletzt werden. Die Regelung soll § 2 Satz 1 Nr. 1 lit. a VIG ergänzen[4]. Welche konkreten Fälle der Gesetzgeber vor Augen hatte, ist unklar.

279

---

1 Zusammenfassung des Sach- und Meinungsstands bei *Beck*, VIG, § 2 Nr. 2.4 sowie *Beyerlein*, in: Beyerlein/Borchert, VIG, § 2 Rz. 39.
2 Gesetzesbegründung BT-Drs. 16/5404, S. 11.
3 So auch *Beck*, VIG, § 2 Nr. 2.5.
4 Gesetzesbegründung BT-Drs. 16/5404, S. 11.

Vermutlich dürfte sich die Vorschrift auf die sich aus Gesetz oder der Natur der Sache ergebende Pflicht beziehen, bestimmte amtliche Tätigkeiten geheim zu halten. So darf regelmäßig nicht offenbart werden, wenn Behörden ein **ordnungswidrigkeitenrechtliches Verfahren gegen Unternehmen** wegen Verstoßes gegen Verbraucherschutzvorschriften führen. Insoweit könnte der Ausschlussgrund durchaus **erhöhte praktische Bedeutung** gewinnen, insbesondere im Hinblick auf Verbraucherinformationen über Verstöße nach § 1 Abs. 1 Satz 1 Nr. 1 VIG. Er könnte ggf. einer Anfrage über die Existenz und den Inhalt entsprechender Ermittlungen gegen Unternehmen entgegengehalten werden.

**dd) Ablehnungsgrund § 2 Satz 1 Nr. 1 lit. d VIG**

280 Eine praktisch wohl eher seltene Konstellation deckt der Ausschlussgrund des § 2 Satz 1 Nr. 1 lit. d VIG ab. Nach § 1 Abs. 1 Satz 1 VIG besteht ein Zugangsanspruch zu sämtlichen Informationen, die bei einer informationspflichtigen Stelle vorhanden sind. Die Informationen müssen also nicht im Rahmen der für die Charakterisierung als informationspflichtige Stelle erforderlichen Aufgaben und Tätigkeiten (s. hierzu Rz. 255) gewonnen worden sein. Mitunter sind informationspflichtige Stellen auf Grund **privatrechtlicher Beauftragung für Dritte** (Unternehmen) beratend tätig, z.B. durch Erstellung eines Gutachtens. Nach § 2 Satz 1 Nr. 1 lit. d VIG müssen Informationen nicht offenbart werden, die im Rahmen einer Dienstleistung entstanden sind, die die informationspflichtige Stelle auf Grund einer privatrechtlichen Vereinbarung außerhalb des ihr gesetzlich zugewiesenen Aufgabenbereichs des Verbraucherschutzes erbracht hat[1].

**ee) Ablehnungsgrund § 2 Satz 1 Nr. 1 lit. e VIG**

281 Mit § 2 Satz 1 Nr. 1 lit. e VIG wird eine **zeitliche Begrenzung von Auskunftsansprüchen** über Informationen nach § 1 Abs. 1 Satz 1 Nr. 1 VIG (Verstöße) geschaffen, die sich weder im UIG noch im IFG findet. In der Regel sind solche Informationen nicht mehr zu offenbaren, wenn sie zum Zeitpunkt der Antragstellung **älter als fünf Jahre** sind. Das Gesetz unterstellt hier quasi den Wegfall des Informationsinteresses bzw. der Legitimität des Informationszugangs nach Ablauf dieser Frist. Der Gesetzgeber hat sich hierbei an Löschungsfristen „anderer Rechtsbereiche" orientiert[2]. Die Frist gilt nicht ausnahmslos. **Ausnahmen** sollen dann gelten, wenn ein Auskunftsantrag **Gegenstand einer gerichtlichen Auseinandersetzung** ist und währenddessen oder danach die Fünf-Jahres-Frist abläuft[3]. Eine Ausnahme von der Regelfrist dürfte wohl auch dann in Betracht kommen, wenn auch nach Ablauf der Frist ein **(erhebliches) öffentliches oder privates Interesse** an der Veröffentlichung der Informationen besteht.

**c) Schutz privater Belange, § 2 Satz 1 Nr. 2 VIG**

**aa) Hinweise für die anwaltliche Tätigkeit**

282 Die Verteidigung privater Belange gegen Informationsansprüche oder die Durchsetzung von Informationsansprüchen gegen behauptete private Belange bilden häufig den Schwerpunkt der anwaltlichen Beratungstätigkeit im Zusammenhang mit Informationsansprüchen nach VIG. Insbesondere der Schutz von Unternehmensinteressen fordert hier regelmäßig bereits Vorkehrungen im Rahmen der Übermittlung

---

1 Gesetzesbegründung BT-Drs. 16/5404, S. 11.
2 Vgl. Gesetzesbegründung BT-Drs. 16/5404, S. 11.
3 So die Gesetzesbegründung BT-Drs. 16/5404, S. 11.

sensibler Daten an informationspflichtige Stellen. Insoweit wird auf die Ausführungen zu den Parallelvorschriften des UIG verwiesen (s. Rz. 77).

**bb) Ablehnungsgrund § 2 Satz 1 Nr. 2 lit. a VIG**

Der Schutz personenbezogener Daten, wie in § 2 Satz 1 Nr. 2 lit. a i.V.m. Satz 2 VIG festgelegt, **entspricht** inhaltlich beinahe vollständig **§ 5 IFG**. Einzig die Einschränkungen hinsichtlich der Schutzwürdigkeit des Informationsinteresses des Antragstellers aus § 5 Abs. 2 IFG gelten nicht. Mit dieser Maßgabe kann daher auf die dortigen Ausführungen verwiesen werden (s. Rz. 208 ff.).

283

Aus der **Rechtsprechung** ist zu berichten, dass ein **überwiegendes Informationsinteresse** des Antragstellers anzunehmen ist, wenn personenbezogene Daten eines Unternehmens veröffentlicht werden sollen, das (nachweislich) erheblich gegen Vorschriften i.S.v. § 1 Abs. 1 Satz 1 Nr. 1 VIG **verstoßen** hat[1].

284

**cc) Ablehnungsgrund § 2 Satz 1 Nr. 2 lit. b VIG**

Auch nach VIG nimmt der Schutz **geistigen Eigentums** einen hohen Stellenwert ein. Entsprechende Informationen sind nicht zugänglich. Es gelten die gleichen Grundsätze wie im Hinblick auf § 6 Satz 1 IFG (s. Rz. 215)[2].

285

**dd) Ablehnungsgrund § 2 Satz 1 Nr. 2 lit. c VIG**

Wie im IFG und im UIG sind auch **Betriebs- und Geschäftsgeheimnisse** in besonderer Weise unter Schutz gestellt. Zum **Begriff** der Betriebs- und Geschäftsgeheimnisse vgl. die Ausführungen zu § 9 Abs. 1 Satz 1 Nr. 3 UIG (s. Rz. 85 ff.). Der **Schutzbereich** wird im VIG dadurch **erweitert**, dass auch **sonstige wettbewerbsrelevante Informationen**, die in ihrer Bedeutung für den Betrieb mit einem Betriebs- und Geschäftsgeheimnis vergleichbar sind, vom Ausschlussgrund erfasst werden. Hintergrund hierfür ist, dass bestimmte Erkenntnisse informationspflichtiger Stellen über Unternehmen nicht als Betriebs- und Geschäftsgeheimnisse gelten. Dies betrifft z.B. **Prüf-, Mess- und Untersuchungsergebnisse**, die keine Informationen über oder Rückschlüsse auf Betriebs- und Geschäftsgeheimnisse enthalten/ermöglichen. Das Unternehmen kann aber im Einzelfall dennoch ein Interesse an der Geheimhaltung haben, weil die Informationen wettbewerbsrelevant sind. Die Gesetzesbegründung nennt diesbezüglich Ergebnisse über Qualitätsunterschiede oder die Ausnutzung von Toleranzen[3]. Die **Tragweite dieser Ausdehnung** des Schutzes betrieblicher Geheimnisse darf in praktischer Hinsicht **nicht unterschätzt werden**[4]. Eine wettbewerbsbezogene Sensitivität ist im Hinblick auf Kontroll-, Mess- und Untersuchungsergebnisse nicht selten gegeben. Bei Gesetzesverstößen jedoch greift der Ausschluss nicht (hierzu sogleich). Wenngleich nicht wie im UIG und im IFG explizit geregelt, können Geheimnisse im genannten Sinn nach **Einwilligung** des Betroffenen offenbart werden.

286

Der Ausschlussgrund kann **nicht durch überwiegende öffentliche oder private Interessen** suspendiert werden. Allerdings nimmt das Gesetz in § 2 Satz 3 VIG Informa-

287

---
1 OVG Saarlouis v. 3.2.2011 – 3 A 270/10, Rz. 31 ff. Dies soll sogar noch dann gelten, wenn die festgestellten Verstöße mittlerweile behoben wurden. Ebenfalls ein überwiegendes Interesse an der Veröffentlichung bei schwerwiegenden Verstößen bejahend VG Stuttgart v. 21.1.2009 – 4 K 4605/08.
2 Vgl. außerdem die Darstellung bei *Beyerlein*, in: Beyerlein/Borchert, VIG, § 2 Rz. 83 ff.
3 Gesetzesbegründung BT-Drs. 16/5404, S. 12.
4 Vgl. hierzu *Weiß*, StoffR 2007, 146, 149.

tionen nach § 1 Abs. 1 Satz 1 Nr. 1 VIG (Verstöße) **vom Geltungsbereich des Ausschlussgrundes** aus. Solche Informationen sind keine Betriebs- und Geschäftsgeheimnisse oder vergleichbare, geheimhaltungsbedürftige Informationen. Der Gesetzgeber argumentiert, es bestehe kein berechtigtes wirtschaftliches Interesse, Rechtsverstöße nicht zu offenbaren[1]. Hieraus dürfte abzuleiten sein, dass – entgegen der weiten Auslegung des § 1 Abs. 1 Satz 1 Nr. 1 VIG (s. Rz. 261) – der Schutz von Betriebs- und Geschäftsgeheimnissen und ähnlichen vertraulichen Informationen nur bei **feststehenden oder behördlich/gerichtlich festgestellten** Verstößen wegfällt.

288 **Kein schutzwürdiges Betriebs- und Geschäftsgeheimnis** oder eine sonstige wettbewerbsrelevante Information soll im Hinblick auf Informationen über die auf einem Produkt angebrachte Etikettierung vorliegen, die nicht mit dem Produktinhalt übereinstimmt[2]. Das Gleiche soll im Hinblick auf die Zusammensetzung von Produkten gelten, wenn diese Produkte im Handel frei erhältlich sind und sie von jedermann, der das ausreichende Fachwissen und die entsprechenden Vorrichtungen besitzt, beprobt und analysiert werden können[3].

289 Hinsichtlich der **Empfehlungen für die Rechtsberatung** vgl. die Hinweise oben Rz. 90.

### ee) Ablehnungsgrund § 2 Satz 1 Nr. 2 lit. d VIG

290 Kein Zugang besteht zu Informationen, die einer Stelle auf Grund einer durch **Rechtsvorschrift angeordneten Pflicht zur Meldung oder Unterrichtung** darüber, dass ein vorschriftswidriges Erzeugnis hergestellt, behandelt, in den Verkehr gebracht oder eingeführt worden ist, mitgeteilt worden sind. Dies gilt auch, wenn die Meldung unter **irrtümlicher Annahme einer Rechtspflicht** abgegeben wurde. Laut Gesetzesbegründung soll § 2 Satz 1 Nr. 2 lit. d VIG die durch Meldepflichten beabsichtigte Mitwirkung von Unternehmen bei der Aufklärung von Gefahrensachverhalten nicht gefährden. Die Unternehmen sollen nicht befürchten müssen, als Folge ihrer Mitwirkung unmittelbare Nachteile zu erleiden. Der Gesetzgeber bezieht sich hierbei auf den Umstand, dass Meldepflichten teilweise schon dann bestehen, wenn Anhaltspunkte für die Gefährdung von Sicherheit und Gesundheit vorliegen[4]. Die Vorschrift dürfte daher dahingehend auszulegen sein, dass Informationen nicht zugänglich zu machen sind, die aus einer **Gefahren(verdachts)meldung** resultieren, in deren Folge **kein tatsächlicher Verstoß festgestellt** wurde. Nimmt die Behörde auf Grund einer Mitteilung eigene (weitergehende) Untersuchungen vor, sind die hieraus resultierenden Erkenntnisse nicht vom Ausschlussgrund erfasst[5].

### d) Schutz sonstiger Belange, §§ 3 Abs. 3 bis 5 VIG

### aa) Ablehnungsgrund § 3 Abs. 3 VIG

291 Bei den in § 3 Abs. 3 Nr. 1 bis 3 VIG aufgeführten Gründen handelt es sich um **Soll-Ablehnungsgründe**. Der informationspflichtigen Stelle kommt ein sog. intendiertes

---

1 Gesetzesbegründung BT-Drs. 16/5404, S. 12.
2 BayVGH v. 22.12.2009 – G 09.1, Rz. 24.
3 VG Ansbach v. 26.11.2009 – AN 16 K 08.01750, Rz. 39. Dies ist sehr zweifelhaft. Die bloße theoretische Möglichkeit der Kenntnisnahme Einzelner rechtfertigt nicht die Annahme von Offenkundigkeit.
4 Vgl. Gesetzesbegründung BT-Drs. 16/5404, S. 12.
5 *Beck*, VIG, § 2 Nr. 3.4.

### V. Verbraucherinformationsgesetz

Ermessen zu. Der Antrag ist in der Regel abzulehnen, es sei denn, es liegt ein atypischer Ausnahmefall vor. Insoweit wird auf die Ausführungen zu § 4 IFG verwiesen (s. Rz. 204).

Nach § 3 Abs. 3 Nr. 1 VIG soll der Informationsantrag abgelehnt werden, soweit er sich auf **Entwürfe zu Entscheidungen** sowie Arbeiten und Beschlüsse zu **ihrer unmittelbaren Vorbereitung** bezieht, es sei denn, es handelt sich um die Ergebnisse einer Beweiserhebung, ein Gutachten oder eine Stellungnahme von Dritten. Der Ausschlussgrund entspricht inhaltlich weitgehend § 4 Abs. 1 IFG. Allerdings unterliegt er nicht der Einschränkung, dass durch die vorzeitige Bekanntgabe der Informationen der Erfolg der Entscheidung oder bevorstehender behördlicher Maßnahmen vereitelt würde (dieses Kriterium bildet vielmehr einen eigenständigen Ausschlussgrund in § 3 Abs. 3 Nr. 3 VIG, vgl. hierzu sogleich). Mit der Maßgabe dieser Einschränkung sind daher die Ausführungen zu § 4 Abs. 1 Satz 1 IFG entsprechend gültig (s. Rz. 200 ff.). 292

Auch der Ablehnungsgrund des § 3 Abs. 3 Nr. 2 VIG (**vertraulich übermittelte oder erhobene Informationen**) besitzt eine inhaltsgleiche Parallelvorschrift im IFG (§ 3 Nr. 7 IFG). Die dortigen Ausführungen gelten entsprechend (s. Rz. 198). 293

Eine Regelfallablehnung tritt auch dann ein, wenn durch das vorzeitige Bekanntwerden von Informationen der **Erfolg bevorstehender behördlicher Maßnahmen** gefährdet würde (§ 3 Abs. 3 Nr. 3 VIG). Während eine solche Erfolgsvereitelung behördlicher Maßnahmen in § 4 Abs. 1 Satz 1 IFG (Schutz des behördlichen Entscheidungsprozesses) den dortigen Ausschlussgrund einschränkt, etabliert das VIG in dieser Hinsicht einen eigenständigen Ausschlussgrund. Hierfür gelten die im Rahmen der Darstellung des § 4 Abs. 1 Satz 1 IFG getroffenen Feststellungen entsprechend (s. Rz. 202 f.). 294

#### bb) Ablehnungsgrund § 3 Abs. 4 VIG

**Missbräuchlich gestellte Anträge** sind zwingend abzulehnen (§ 3 Abs. 4 Satz 1 VIG). Das Gesetz nennt als Regelbeispiel hierzu den Fall, dass der Antragsteller über die begehrten Informationen bereits verfügt (§ 3 Abs. 4 Satz 2 VIG). Das UIG enthält eine Pendant-Regelung in § 8 Abs. 2 Nr. 1 UIG (s. Rz. 69). 295

#### cc) Ablehnungsgrund § 3 Abs. 5 VIG

Kann der Antragsteller sich die begehrten Informationen in zumutbarer Weise aus **allgemein zugänglichen Quellen beschaffen**, kann der Informationsantrag abgelehnt werden. Diese in § 3 Abs. 5 Satz 1 VIG befindliche Regelung entspricht dem Ablehnungsgrund des § 9 Abs. 3 IFG (s. Rz. 220). § 3 Abs. 5 Satz 2 VIG stellt klar, dass der Ablehnungsgrund u.a. dann vorliegt, wenn die Informationen durch die informationspflichtige Stelle gem. § 5 Abs. 1 VIG aktiv verbreitet wurden (s. hierzu Rz. 304). 296

#### e) Ablehnungsgrund: Geheimhaltungspflichten, Amts- und Berufsgeheimnisse, § 1 Abs. 4 VIG

Ein weiterer, nicht unbedeutender Ausschlussgrund findet sich an systematisch ungewöhnlicher Stelle. § 1 Abs. 4 VIG sieht vor, dass Bestimmungen über den Informationszugang und Informationspflichten auf Grund anderer Gesetze sowie die gesetzlichen Vorschriften über Geheimhaltungspflichten, Amts- und Berufsgeheimnisse unberührt bleiben. Der erste Satzteil befasst sich mit dem Konkurrenzverhältnis zu anderen Informationsansprüchen (s. Rz. 305). Daneben wird ein 297 weiterer Ausschlussgrund etabliert. Der Informationszugangsanspruch nach VIG wird begrenzt durch die bestehenden **gesetzlichen Geheimhaltungspflichten und Amts- und Berufsgeheimnisse**. Hierunter fallen etwa das Steuergeheimnis (§ 30 AO), das Verwaltungsgeheimnis (§ 30 VwVfG), das Sozialgeheimnis (§§ 35 SGB I, 67 ff. SGB X) sowie die in § 203 StGB geregelten Berufs- und Amtsgeheimnisse[1].

### 6. Antrag und Verfahren

#### a) Antrag

298  Der Informationszugang setzt einen schriftlichen Antrag voraus (§ 3 Abs. 1 Satz 1 VIG). Darüber hinaus muss der Antrag **hinreichend bestimmt** sein und insbesondere erkennen lassen, auf welche Informationen er gerichtet ist, vgl. § 3 Abs. 1 Satz 2 VIG. Die Regelung entspricht § 4 Abs. 2 UIG. Auf die dortigen Ausführungen wird verwiesen (s. Rz. 101 ff.). Auch im Hinblick auf höhere Anforderungen an die Bestimmtheit des Antrags bei **sachkundigen Antragstellern**, der Zulässigkeit von sog. **Ausforschungsanträgen**, der strategischen Notwendigkeit der Benennung von (möglichen) Informationsquellen und die Verpflichtung für den Antragsteller, seine **Identität preiszugeben**, kann auf die Ausführungen zum UIG und IFG verwiesen werden (s. Rz. 101 ff.; Rz. 224).

299  Wenngleich dies nicht wie beim UIG (dort § 4 Abs. 2 Satz 4 UIG) im VIG geregelt ist, hat die Behörde den Antragsteller ggf. **bei der Präzisierung des Antrags zu unterstützen**. Dies ergibt sich aus § 25 Satz 1 VwVfG bzw. den landesrechtlichen Äquivalentvorschriften. Wie beim Informationszugang nach IFG **entscheidet** über den Informationsanspruch nicht zwingend die Behörde oder Stelle, die über die begehrten Informationen verfügt. Liegen die Informationen in der Hand von Behörden, sei es Bundes- oder zuständige Landesbehörden, sind diese für die Entscheidung zuständig (§ 3 Abs. 1 Satz 2 Unterabs. 2 Satz 1 VIG). Bei privaten informationspflichtigen Stellen i.S.v. § 1 Abs. 2 Satz 1 Nr. 2 VIG ist für die Bescheidung des Antrags gem. § 3 Abs. 1 Satz 4 VIG die **aufsichtführende Behörde** zuständig. In dieser Situation besteht die Besonderheit, dass nicht nur die Entscheidung über den Informationszugang bei der aufsichtführenden Behörde liegt, sondern auch der **Informationszugang selbst bei dieser** stattfindet. Denn gem. § 3 Abs. 2 Satz 1 VIG ist die für die Entscheidung zuständige Stelle informationspflichtig. Insoweit ist die Situation also anders als im Hinblick auf das UIG, bei dem die private informationspflichtige Stelle sowohl über den Zugangsanspruch entscheidet als auch selbst den Zugang zu den Informationen gewährt.

300  Liegen die begehrten Informationen **bei der informationspflichtigen Stelle nicht vor**, kann sie naturgemäß keinen Zugang gewähren. Es besteht auch **keine Informationsbeschaffungspflicht** (§ 3 Abs. 2 Satz 2 VIG). Wie § 4 Abs. 3 UIG sieht das VIG (§ 5 Abs. 2 VIG) vor, dass nach **pflichtgemäßem Ermessen** der informationspflichtigen Stelle[2], der **Antrag an die Stelle weitergeleitet** wird, bei der die Informationen vorhanden sind (sofern diese bekannt ist), und der Antragsteller hierüber unterrichtet wird oder der Antragsteller auf die **andere informationspflichtige Stelle hingewiesen** wird.

---

1 Vgl. zu den relevanten Geheimhaltungsvorschriften und Amts- und Berufsgeheimnissen *Borchert*, in: Beyerlein/Borchert, VIG, § 1 Rz. 87 ff.; *Domeier/Matthes*, VIG, § 1 Rz. 7; *Beck*, VIG, § 1 Nr. 3.2.
2 Vgl. Gesetzesbegründung BT-Drs. 16/5404, S. 13.

## V. Verbraucherinformationsgesetz

### b) Entscheidungsfrist

§ 4 Abs. 2 und 3 VIG regeln, innerhalb welcher **Frist** über den Antrag auf Informationszugang **zu befinden ist**. Anders als das UIG (§ 3 Abs. 3 UIG) und das IFG (§ 7 Abs. 5 IFG) enthält das VIG **keine Fristen für die Zugänglichmachung** der Informationen. Vorgesehen ist lediglich, dass im Falle der Stattgabe des Antrags Ort, Zeit und Art des Informationszugangs mitzuteilen sind (vgl. § 4 Abs. 2 Satz 2 VIG). Eine konkrete zeitliche Vorgabe resultiert hieraus nicht. Die **Regelfrist für eine Entscheidung** beträgt gem. § 4 Abs. 2 Satz 1 VIG **einen Monat**. Ein **Fristbeginn ist nicht genannt**. Wie beim IFG wird man auch hier auf den Eingang eines hinreichend bestimmten Antrags abstellen (s. Rz. 230). Die Tatsache, dass die Frist erst bei Vorliegen eines hinreichend bestimmten Antrags beginnt, kann informationspflichtigen Stellen einen Anknüpfungspunkt für die verzögerte Bearbeitung von Anträgen bieten. Dies kann durch einen von Beginn an hinreichend präzisierten Antrag vermieden werden. Die Frist verlängert sich auf **zwei Monate**, wenn Dritte nach § 4 Abs. 1 VIG zu beteiligen sind, weil deren Belange durch den Informationszugang betroffen sein könnten (insbesondere personenbezogene Daten und Betriebs- und Geschäftsgeheimnisse). Hinsichtlich der Kriterien für eine Überschreitung der Regelfrist wird auf die Ausführungen zu § 3 Abs. 3 Satz 2 Nr. 2 UIG verwiesen (s. Rz. 107). Die genannten **Fristen sind nicht bindend**, sie können mithin überschritten werden, wenn es die Umstände des Einzelfalls erforderlich machen. Unmittelbare Sanktionen für eine Fristüberschreitung sind nicht vorgesehen. Es bestehen auch keine Auswirkungen auf die Möglichkeit einer **Untätigkeitsklage** eines Antragstellers (s. Rz. 310).

301

Wenngleich keine Höchstfrist für die tatsächliche Gewährung des Informationszugangs besteht, so darf gem. § 4 Abs. 3 Satz 3 VIG der **Informationszugang im Falle der Beteiligung Dritter** nach § 4 Abs. 1 VIG erst erfolgen, wenn die **Entscheidung bestandskräftig ist** oder **zwei Wochen nach Anordnung des sofortigen Vollzugs** vergangen sind. Zweck dieser Regelungen ist es, dem Drittbetroffenen die Möglichkeit zu geben, gerichtlich gegen den Bescheid über die Zugangsgewährung vorzugehen.

302

### 7. Art und Form des Informationszugangs

Wie beim UIG und beim IFG kann die Behörde im Hinblick auf den Informationszugang zwischen **Auskunftserteilung, Gewährung von Akteneinsicht** oder **Zugangsgewährung in sonstiger Weise** nach pflichtgemäßem Ermessen wählen, vgl. § 5 Abs. 1 Satz 1 VIG. Zu Inhalt und Reichweite der einzelnen Auskunftsformen vgl. die Ausführungen zum UIG (s. Rz. 113 ff.). Vom Antragsteller geäußerte **Präferenzen** im Hinblick auf die Art (sowie den Zeitpunkt) des Informationszugangs sind soweit möglich zu berücksichtigen. Auch die **Form** der Zugangsgewährung bestimmt die Behörde nach pflichtgemäßem Ermessen. Es bietet sich regelmäßig schriftliche Form an. Einfache oder kurz zu beantwortende Anfragen können aber auch mündlich oder fernmündlich beantwortet werden.

303

### 8. Exkurs: Aktive Verbreitung von Informationen durch Behörden

Anlass für kontroverse Auseinandersetzungen in der Praxis bietet die Möglichkeit der **aktiven Verbreitung von Informationen** über das Internet oder in sonstiger öffentlich zugänglicher Weise durch die informationspflichtigen Stellen, vgl. § 5 Abs. 1 Satz 2 VIG. Nach dem klaren Wortlaut der Vorschrift können Behörden Informationen (insbesondere natürlich Verstöße i.S.v. § 1 Abs. 1 Satz 1 Nr. 1 VIG) **ohne Antrag einer breiten Öffentlichkeit zugänglich machen**. Nach der Gesetzesbegründung ist es erklärtes Ziel des VIG, den Behörden eine rechtliche Grundlage

304

für eine antragsunabhängige, aktive Zugänglichmachung von relevanten Informationen zu geben[1]. Große Aufmerksamkeit erfahren hat in diesem Kontext das sog. **„Smiley-System"** des Berliner Stadtbezirks Pankow, bei dem das Veterinär- und Lebensmittelaufsichtsamt Pankow in einer Negativ-Liste Betriebe im Internet veröffentlicht, die nachhaltig gegen das LFGB oder sonstige VIG-relevante Rechtsvorschriften verstoßen haben[2]. Trotz des dargelegten **eindeutigen Wortlauts** wird die Auffassung vertreten, § 5 Abs. 1 Satz 2 VIG bilde **keine (hinreichende) Rechtsgrundlage** für eine Veröffentlichung derartiger Verstöße[3]. Eine Veröffentlichung sei nur möglich, wenn eine Vielzahl von Anträgen eingehe oder eine Vielzahl solcher Anträge zu erwarten sei. Dem hat jüngst das **OVG Saarlouis** eine klare Abfuhr erteilt und die Vorschrift als **wirksame Rechtsgrundlage** für eine aktive, antragsunabhängige Informationsverbreitung angesehen[4]. Eine Veröffentlichung von Verstößen soll demnach auch noch zulässig sein, wenn die festgestellten Mängel zwischenzeitlich beseitigt wurden[5].

### 9. Konkurrenz zu anderen Informationsansprüchen

305 Wie § 3 Abs. 1 Satz 2 UIG ordnet auch das VIG (§ 1 Abs. 4 VIG) an, dass Bestimmungen über den Informationszugang und Informationspflichten nach anderen Gesetzen **unberührt bleiben**. Hierdurch soll klar gestellt werden, dass zwischen Auskunftsansprüchen nach dem VIG und Informationsansprüchen nach anderen Rechtsvorschriften **Anspruchskonkurrenz** besteht[6]. Besteht ein Anspruch nach VIG und liegen gleichzeitig die Voraussetzungen nach IFG vor, richtet sich der Anspruch ausschließlich nach VIG (vgl. § 1 Abs. 3 IFG und Rz. 236). Ansprüche nach UIG können hingegen daneben bestehen[7]. Das Gleiche gilt für Informationsansprüche nach Presserecht[8]. Aus **Anwaltssicht** ist daher stets zu prüfen, ob neben dem VIG auch andere Anspruchsgrundlagen in Betracht kommen. Ggf. kann der Anspruch dann auf alternative Anspruchsgrundlagen gestützt werden, soweit das VIG keinen (hinreichenden) Informationsanspruch gewährt oder die alternative Anspruchsgrundlage anderweitige Vorteile bietet (z.B. im Hinblick auf das Verfahren, Entscheidungsfristen, Kosten etc.). Insoweit wird auf die Ausführungen zum UIG verwiesen (s. Rz. 126).

### 10. Kosten, § 6 VIG

306 Sowohl Bundes- als auch Landesbehörden, die Amtshandlungen nach dem VIG vornehmen, müssen hierfür Gebühren und Auslagen erheben. Wie im UIG und IFG sind gebührenpflichtige Tatbestände, Ausnahmen, Gebührenhöhe etc. in einer auf Grundlage der Ermächtigung in § 6 Abs. 3 VIG erlassenen Rechtsverordnung geregelt (**Verbraucherinformationsgebührenverordnung – VIGGebV**)[9]. Ergänzend findet das Verwaltungskostengesetz für Bundesbehörden mit Ausnahme von § 15 Abs. 2 VwKostG Anwendung (vgl. § 6 Abs. 3 Satz 2 VIG). Werden Landesbehörden

---

1 BT-Drs. 16/5404, S. 1.
2 Zum genauen Inhalt des Modells vgl. *Schink*, DVBl 2011, 253.
3 Meinungsstand und Nachweise bei *Schink*, DVBl 2011, 253, 258 f.
4 OVG Saarlouis v. 3.2.2011 – 3 A 270/10, Rz. 8 ff.
5 OVG Saarlouis v. 3.2.2011 – 3 A 270/10, Rz. 29.
6 Gesetzesbegründung BT-Drs. 16/5404, S. 11.
7 A.A. BVerwG v. 30.4.2009 – 7 C 17.08, Rz. 13; vgl. hierzu auch die Ausführungen zum UIG Kap. A.3.9. Rz. 124.
8 VGH Mannheim v. 10.5.2011 – 1 S 570/11, Rz. 7.
9 Verordnung über die Gebühren nach dem Verbraucherinformationsgesetz vom 24.4. 2008, BGBl. I, 762.

tätig, werden kostenpflichtige Tatbestände, Ausnahmen, Gebührenhöhe etc. durch Landesrecht bestimmt, wie § 6 Abs. 2 VIG klarstellt[1].

Grundlage für die Gebührenhöhe ist wie beim UIG und IFG der **Aufwand der informationspflichtigen Stelle**. Gebührenpflichtig ist jegliche im Kontext der Informationszugangsgewährung anfallende Tätigkeit der Behörde, wie etwa die Vorbereitung und Verbescheidung des Antrags, die tatsächliche Zugangsgewährung, die Kosten für Aussonderungen oder Schwärzungen etc. Eine wichtige Abweichung im Vergleich zum UIG und IFG besteht insoweit, als das Kostendeckungsprinzip **nicht durch das Gebot der effektiven Informationswahrnehmung** (Effektivitätsgebot) begrenzt wird (s. Rz. 130f.). Eine generelle **Ausnahme von der Gebührenpflicht** (die Pflicht zur Zahlung von Auslagen bleibt bei sämtlichen Gebührenfreistellungen erhalten) besteht bei Zugang zu Informationen nach § 1 Abs. 1 Satz 1 Nr. 1 VIG (vgl. § 6 Abs. 1 Satz 2 VIG). Bei Zugang zu Informationen über **Verstöße** gegen die für das VIG maßgeblichen Vorschriften darf mithin keine Gebühr erhoben werden. Diese Vorgabe gilt auch für die Bundesländer und die dortigen Kostenvorschriften.

307

Anders als beim IFG und UIG ist auch die Erteilung **einfacher mündlicher oder schriftlicher Auskünfte** und insbesondere die Ablehnung des Zugangsantrags (Gleiches gilt, falls der Antrag zurückgenommen wird) gebührenpflichtig. Die Gebührensätze (es sind jeweils Rahmengebühren) sind jedoch sehr moderat. Der **Höchstsatz** beträgt Euro 250,00. Aus Gründen der Billigkeit oder des öffentlichen Interesses kann die Gebühr im Einzelfall um 50 % ermäßigt werden oder in besonders gelagerten Fällen sogar ganz von der Erhebung der Gebühr abgesehen werden, vgl. § 2 VIGGebV. Hinsichtlich der Gebührenbemessung gelten die gleichen Maßgaben wie im Hinblick auf § 12 UIG. Erfasst werden sämtliche Personalkosten einschließlich Kosten einer wegen Drittbetroffenheit erforderlichen Rechtsprüfung; der wirtschaftliche Wert der Information ist zu berücksichtigen (s. Rz. 130). Die **Auslagen** für die Tätigkeit von Bundesbehörden bemessen sich nach § 10 VwKostG (vgl. § 1 Satz 2 VIGGebV). Sie werden unabhängig von der Höhe der Gebühren und auch dann erhoben, wenn keine Gebühren anfallen.

**11. Rechtsschutz gegen Entscheidungen in der Sache**

**a) Rechtsweg**

Für **sämtliche Streitigkeiten** aus dem VIG ist der **Verwaltungsrechtsweg** eröffnet. Dies ergibt sich aus § 4 Abs. 4 Satz 1 VIG, wonach im Fall einer Entscheidung über den Antrag auf Informationszugang jeweils ein Vorverfahren nach § 68 VwGO (Widerspruchsverfahren) stattzufinden hat. Dies impliziert, dass der Rechtsweg zu den Verwaltungsgerichten eröffnet ist. Klagen gegen die Ablehnung des Informationszugangs und Drittklagen gegen die Gewährung von Informationszugang sind mithin vor den Verwaltungsgerichten zu führen.

308

**b) Rechtsschutz des Antragstellers gegen Ablehnung des Zugangsantrags**

Falls der Antrag auf Zugang zu Verbraucherinformationen ganz oder teilweise abgelehnt wird, ist im Hinblick auf Rechtsmittel hiergegen zu unterscheiden, ob eine **Behörde** i.S.v. § 1 Abs. 2 Satz 1 Nr. 1 VIG oder eine **private informationspflichtige Stelle** gem. § 1 Abs. 2 Satz 1 Nr. 2 VIG handelt.

309

---

1 Eine Übersicht zu den einschlägigen landesrechtlichen Regelungen findet sich bei *Borchert*, in: Beyerlein/Borchert, VIG, § 6 Rz. 5, 12.

### aa) Rechtsschutz gegen Ablehnung durch Behörden

310 Kraft Anordnung in § 4 Abs. 4 Satz 1 VIG ist im Falle ablehnender Entscheidungen durch Behörden **stets ein Widerspruchsverfahren** durchzuführen. Dies gilt nach dem Wortlaut der Vorschrift auch dann, wenn die Entscheidung von einer obersten Bundes- oder Landesbehörde erlassen worden ist. Strittig ist in diesem Zusammenhang, ob durch diese Regelung bei Entscheidungen **oberster Landesbehörden** auch dann ein Widerspruchsverfahren durchzuführen ist, wenn das Widerspruchsverfahren nach den landesrechtlichen Vorschriften abgeschafft wurde (wie beispielsweise weitgehend in Bayern, vgl. Art. 15 BayAGVwGO)[1]. **Klagegegner** ist der Rechtsträger der handelnden Bundes- oder Landesbehörde, § 78 Abs. 1 Nr. 1 VwGO. Soweit **Landesbehörden** handeln ist zu prüfen, ob von der Möglichkeit nach § 78 Abs. 1 Nr. 2 VwGO Gebrauch gemacht wurde und die Klage unmittelbar gegen die informationspflichtige Stelle zu erheben ist. Wie im Hinblick auf das IFG (s. Rz. 243) und anders als im UIG (s. Rz. 138) hat die **Entscheidungsregelfrist** von einem Monat (§ 4 Abs. 2 Satz 1 VIG) **keine unmittelbare Auswirkung** auf eine mögliche **Untätigkeitsklage** nach § 75 VwGO. Anders als im UIG, wo die Entscheidungsfristen zwingend vorgegeben sind, ist die Entscheidungsfrist nach VIG nicht bindend. Sie kann im Einzelfall überschritten werden. Eine Maximalfrist besteht nicht. Deshalb kommt eine Untätigkeitsklage nur nach den **allgemeinen Grundsätzen** in Betracht, also beispielsweise dann, wenn einfache Informationsanträge ohne signifikanten Verwaltungsaufwand nicht vor Ablauf von drei Monaten bearbeitet werden.

311 Im Hinblick auf ein gerichtliches Vorgehen im Falle positiver Verbescheidung und **Verzögerung bzw. Nichtgewährung der tatsächlichen Akteneinsicht** sowie einstweiligen Rechtsschutz zur Durchsetzung eines Informationsanspruchs gelten die Ausführungen zum UIG entsprechend (s. Rz. 139, 140). Das Gleiche gilt für Besonderheiten eines ggf. erforderlichen **in-camera-Verfahrens** (s. Rz. 142 ff.).

### bb) Rechtsschutz gegen Ablehnung durch private informationspflichtige Stellen

312 Lehnt eine private informationspflichtige Stelle den geltend gemachten Informationsanspruch (teilweise) ab, findet **kein Widerspruchsverfahren** statt. Private informationspflichtige Stellen handeln nicht in Bescheidform, weswegen naturgemäß ein Widerspruchsverfahren per se ausscheidet. Im Ergebnis kann daher sofort Klage vor dem Verwaltungsgericht erhoben werden. Einschlägige Klageart dürfte die allgemeine Leistungsklage sein[2]. Die Klage unterliegt keinem Fristerfordernis.

### c) Rechtsschutz betroffener Dritter

313 Soweit durch den beantragten Zugang zu Verbraucherinformationen Interessen Dritter betroffen sind, also insbesondere im Hinblick auf personenbezogene Daten und Betriebs- und Geschäftsgeheimnisse, besteht ein Interesse, den Zugang zu diesen Informationen zu verhindern. Hier kommt Rechtsschutz gegen die Entscheidung informationspflichtiger Stellen auf Gewährung des Zugangs in Betracht. Auch dabei ist wiederum danach zu differenzieren, ob eine Behörde gem. § 1 Abs. 2 Satz 1 Nr. 1 VIG oder eine private informationspflichtige Stelle nach § 1 Abs. 2 Satz 1 Nr. 2 VIG handelt.

---

1 Meinungsstand bei *Mühlbauer*, DVBl 2009, 354, 356, der das Widerspruchsverfahren in diesen Fällen für obsolet hält. In der Tat dürften die besseren Argumente dafür sprechen, dass der Gesetzgeber lediglich die Fälle vor Augen hatte, in denen auch nach Landesrecht grundsätzlich ein Widerspruchsverfahren durchzuführen ist.

2 So mit überzeugender Begründung zum UIG: *Ziekow/Debus*, in: Fluck/Theuer, IFG, UIG, VIG, Teil A III, § 6 UIG Rz. 54 m.w.N.; *Reidt/Schiller*, in: Landmann/Rohmer, Umweltrecht, § 6 UIG Rz. 15 m.w.N.

## V. Verbraucherinformationsgesetz

### aa) Rechtsschutz gegen Behördenentscheidungen

Stammt der positive Bescheid von einer Behörde, ist zunächst **Widerspruch** zu erheben (§ 4 Abs. 4 Satz 1 VIG). Soweit dieser erfolglos bleibt, ist eine Anfechtungsklage statthaft. Der Antragsteller ist in dem Verfahren gem. § 65 Abs. 2 VwGO notwendig beizuladen. Auch hier kann es im Zuge einer Anordnung des Gerichts auf Vorlage der relevanten Akten bzw. Unterlagen zu einem **in-camera-Verfahren** nach § 99 Abs. 2 VwGO kommen (s. hierzu Rz. 142 ff.). Dass der Bescheid über die Gewährung von Informationszugang mit **Sofortvollzug** ausgestattet wird, dürfte selten zu erwarten sein. Sollte dies geschehen, ist flankierend ein Antrag auf einstweiligen Rechtsschutz nach § 80a VwGO zu stellen. Für den **Rechtsanwalt**, der den betroffenen Dritten berät, sind hier bestimmte Maßgaben zur **Verhinderung des Vollzugs der Entscheidung** zu berücksichtigen. Insoweit wird auf die Ausführungen zum UIG verwiesen (s. Rz. 150). 314

### bb) Rechtsschutz gegen Entscheidungen privater informationspflichtiger Stellen

Gegen die Entscheidung einer privaten informationspflichtigen Stelle, Informationszugang zu gewähren, ist **kein Widerspruchsverfahren** durchzuführen. Vielmehr ist unmittelbar eine **allgemeine Leistungsklage** in Form der Unterlassungsklage beim zuständigen Verwaltungsgericht zu erheben. Besteht die Gefahr, dass die informationspflichtige Stelle die Verbraucherinformationen vor rechtskräftigem Abschluss des Klageverfahrens vorlegen wird, kann Unterlassung im Wege einer einstweiligen Anordnung nach § 123 VwGO beantragt werden. Im Hinblick auf die Wahrung der Rechtsschutzmöglichkeiten durch den **beratenden Anwalt** wird auf die Ausführungen zum UIG verwiesen (s. Rz. 150). 315

### cc) Rechtsschutzmöglichkeiten nach rechtswidriger Informationsfreigabe

Gibt die informationspflichtige Stelle in **rechtswidriger Weise** Informationen frei und sind hierdurch subjektive Rechte Dritter verletzt, kommen Ansprüche auf **Rückholung der Informationen** sowie **Amtshaftungsansprüche** in Betracht, vgl. hierzu die Ausführungen zum UIG (s. Rz. 152). 316

### 12. Rechtsschutz gegen Kostenentscheidung

Die Kostenentscheidung als selbstständiger Verwaltungsakt kann isoliert oder zusammen mit der Sachentscheidung angefochten werden. Die rechtliche Situation ist hierbei identisch zu der im UIG (s. Rz. 154 f.). 317

### 13. Eckpunkte der geplanten Novellierung

Die Bundesregierung hat am 20.7.2011 einen Gesetzentwurf zur Novellierung des VIG verabschiedet. Dieser beruht u.a. auf den Ergebnissen einer Evaluation des VIG[1], die im Auftrag der Bundesregierung durchgeführt wurde. Im Folgenden sollen die wesentlichen Neuregelungen kurz skizziert werden. 318

### a) Erweiterung des Anwendungsbereichs

Der Anwendungsbereich des VIG soll auf Verbraucherprodukte i.S.d. § 2 Nr. 26 ProdSG (derzeit noch § 2 Abs. 3 GPSG) erweitert werden[2]. Durch diese Einbezie- 319

---

1 BT-Drs. 17/1800.
2 Nach einem Gesetzentwurf der Bundesregierung v. 27.5.2011, BR-Drs. 314/11, soll das bisherige GPSG in ein neu zu schaffendes ProdSG überführt werden.

hung von Verbraucherprodukten würde der Anwendungsbereich des VIG erheblich erweitert. Ziel ist es, eigenverantwortliche Kaufentscheidungen der Verbraucher auch in diesem Bereich zu ermöglichen. Außerdem sollen Abgrenzungsschwierigkeiten im bisher geltenden VIG ausgeräumt werden[1].

**b) Festgestellte Abweichungen von Rechtsvorschriften, § 2 Abs. 1 Satz 1 Nr. 1 VIG-E**

320 Wie dargelegt (s. Rz. 261), ist umstritten, wann ein Rechtsverstoß i.S.d. § 1 Abs. 1 Satz 1 Nr. 1 VIG vorliegt. Diese Unsicherheit soll durch die Neufassung des VIG ausgeräumt werden. Ein „Verstoß" liegt vor, wenn eine nach Bundes- oder Landesrecht zuständige Stelle **Abweichungen von Anforderungen** festgestellt hat, die das LFGB und das ProdSG sowie die aufgrund dieser Gesetze erlassenen Rechtsverordnungen oder unmittelbar geltende Rechtsakte der Europäischen Gemeinschaft oder der Europäischen Union im Anwendungsbereich des LFGB und des ProdSG festlegen. Dabei können die Länder bestimmen, welche Stelle für die Feststellung der Abweichung zuständig ist. Auf die Vorwerfbarkeit des Verhaltens kommt es nicht (mehr) an[2]. Durch diese Neuregelung würde der Auffassung eine Abfuhr erteilt, wonach für das Vorliegen eines Verstoßes (nach alter Diktion) die Ahndung in einem Ordnungswidrigkeiten- oder Strafverfahren erforderlich sei. Es würde aber auch die Rechtsprechung korrigiert, die einen Verstoß bejaht, wenn die Behörde auf Grund hinreichend konkreter Informationen zur Überzeugung gelangt, ein Verstoß liege vor (s. Rz. 261). Es bedürfte de lege ferenda vielmehr der konkreten Feststellung einer Abweichung.

**c) Ablehnungsgründe, §§ 3, 4 VIG-E**

321 Wie nach geltendem Rechtsstand (vgl. dazu Rz. 273) soll weiterhin zwischen Ausschlussgründen zum Schutz **öffentlicher Belange** (§ 3 Satz 1 Nr. 1 VIG-E), **privater Belange** (§ 3 Satz 1 Nr. 2 VIG-E) sowie **sonstiger Belange** (§ 4 Abs. 3 VIG-E) unterschieden werden. Während teilweise neue Ausschlussgründe hinzugefügt werden, schränkt der Gesetzentwurf andere Ausschlussgründe ein. Dies erfolgt teilweise durch eine vollständige Streichung, teilweise durch die Einführung von Bereichsausnahmen und Abwägungsvorbehalten.

**aa) Schutz öffentlicher Belange, § 3 Satz 1 Nr. 1 VIG-E**

322 Nach bisher geltendem Recht (§ 2 Satz 1 Nr. 1 lit. b VIG) sind Informationsansprüche während laufender Verwaltungsverfahren, Gerichtsverfahren, strafrechtlicher Ermittlungsverfahren, Disziplinarverfahren, Gnadenverfahren oder ordnungswidrigkeitenrechtlicher Verfahren ausgesetzt. Für Verwaltungsverfahren besteht eine Rückausnahme für Verstöße nach § 1 Abs. 1 Satz 1 Nr. 1 VIG oder Informationen über Gefahren oder Risiken von Erzeugnissen (§ 1 Abs. 1 Satz 1 Nr. 2 VIG). Nach der geplanten Neuregelung (§ 3 Satz 1 Nr. 1 lit. b VIG-E) soll die Rückausnahme vom Ausschlussgrund (d.h., es besteht ein Informationszugangsanspruch) in Fällen des § 2 Abs. 1 Satz 1 Nr. 1 und Nr. 2 VIG-E (entspricht § 1 Abs. 1 Satz 1 Nr. 1 und 2 VIG) für **alle** in der Vorschrift genannten Verfahren und nicht mehr nur für das Verwaltungsverfahren gelten. Neu ist überdies, dass der **gesamte Ausschlussgrund** einem **Abwägungsvorbehalt** unterliegt. Bei überwiegendem öffentlichen Interesse an

---

[1] Entwurf eines Gesetzes zur Änderung des Rechts der Verbraucherinformation v. 20.7.2011, S. 27.
[2] Entwurf eines Gesetzes zur Änderung des Rechts der Verbraucherinformation v. 20.7.2011, S. 26f.

### bb) Schutz privater Belange, § 3 Satz 1 Nr. 2 VIG-E

Nach § 3 Satz 1 Nr. 2 VIG-E sollen **wettbewerbsrelevante Informationen**, die in ihrer Bedeutung für den Betrieb mit einem Betriebs- oder Geschäftsgeheimnis vergleichbar sind (vgl. § 2 Satz 1 Nr. 2 lit. c VIG), künftig keinen Ausschlussgrund mehr begründen. Der Ausschlussgrund wird insoweit eingeschränkt (zur bisherigen Rechtslage vgl. Rz. 286ff.). 323

Der verbleibende **Schutz von Betriebs- und Geschäftsgeheimnissen würde erheblich eingeschränkt werden.** Betriebs- und Geschäftsgeheimnisse stellen nicht mehr wie bisher (mit der Ausnahme, dass bereits jetzt Verstöße nach § 1 Abs. 1 Satz 1 Nr. 1 VIG nicht geschützt sind, vgl. § 2 Satz 3 VIG) einen absoluten Ausschlussgrund dar. Sie sollen vielmehr – das Gleiche gilt für den Schutz geistigen Eigentums, § 2 Satz 1 Nr. 2 lit. b VIG – unter einen **Abwägungsvorbehalt** gestellt werden, vgl. § 3 Satz 2 VIG-E. Darüber hinaus sollen neben den Informationen über festgestellte Abweichungen (§ 2 Abs. 1 Satz 1 Nr. 1 VIG-E, bisher Verstöße i.S.d. § 1 Abs. 1 Satz 1 Nr. 1 VIG) auch Informationen über die von Erzeugnissen und Verbraucherprodukten ausgehenden Gefahren und Risiken sowie die im Rahmen der amtlichen Überwachungstätigkeit gewonnenen Informationen hinsichtlich der Einhaltung von Grenzwerten, Höchstgehalten und Höchstmengen nicht unter Betriebs- und Geschäftsgeheimnisse fallen. Dies sieht § 3 Satz 4 VIG-E vor. Kein Betriebs- und Geschäftsgeheimnis liegt überdies in der Information des Namens des Händlers, der ein Erzeugnis oder Verbraucherprodukt an Verbraucher abgibt sowie für die Handelsbezeichnung und eine bildliche Darstellung des Erzeugnisses oder Verbraucherprodukts (vgl. § 3 Satz 5 VIG-E). 324

### cc) Schutz sonstiger Belange, § 4 Abs. 3 Nr. 4, 5 VIG-E

Künftig kann ein Antrag abgelehnt werden, soweit durch die Bearbeitung des Antrags die **ordnungsgemäße Erfüllung der Aufgaben** der Behörden beeinträchtigt würde (vgl. § 4 Abs. 3 Nr. 4 VIG-E). Auch bei wissenschaftlichen **Forschungsvorhaben** einschließlich der im Rahmen eines Forschungsvorhabens erhobenen und noch nicht abschließend ausgewerteten Daten, soll der Antrag abgelehnt werden, bis diese Vorhaben wissenschaftlich publiziert werden (vgl. § 4 Abs. 3 Nr. 5 VIG-E). 325

### d) Verfahren

Das Verfahren soll vereinfacht werden, indem eine **formlose Antragstellung** nach § 4 Abs. 1 VIG-E ermöglicht wird. Grundsätzlich soll es der Behörde auch weiterhin freistehen, auf welche **Art und Weise** sie Zugang zu den gewünschten Informationen gewährt (vgl. Rz. 303). Wird jedoch eine bestimmte Art des Informationszugangs begehrt, so darf dieser nur aus wichtigem Grund auf andere Art gewährt werden, wie § 6 Abs. 1 Satz 2 VIG-E klarstellen soll. 326

Während es nach dem derzeit geltenden VIG im (pflichtgemäßen) Ermessen der informationspflichtigen Stelle steht, die Anfrage an eine andere Stelle **weiterzuleiten** (s. Rz. 300), ist die informationspflichtige Stelle nach dem neuen VIG von Amts wegen **verpflichtet**, die Anfrage an eine andere Stelle weiterzuleiten, der die Informationen vorliegen, wenn der informationspflichtigen Stelle diese andere Stelle bekannt und eine Weiterleitung möglich ist, § 6 Abs. 2 VIG-E. 327

328 Das VIG soll künftig nicht mehr selbst die **Beteiligung von potentiell Drittbetroffenen** (z.B. wegen personenbezogener Daten oder Betriebs- und Geschäftsgeheimnissen) regeln. § 5 Abs. 1 Satz 1 VIG-E verweist insoweit stattdessen auf die Verwaltungsverfahrensgesetze des Bundes und der Länder. Gleichzeitig sollen jedoch Fälle kodifiziert werden, in denen eine **Anhörung** – neben den verwaltungsverfahrensrechtlich angeordneten Ausnahmen – nicht stattfinden soll. Dies soll u.a. gelten, wenn Informationen über festgestellte Abweichungen i.S.v. § 2 Abs. 1 Satz 1 Nr. 1 VIG-E weitergegeben werden sollen oder dem Dritten die Erhebung der Informationen durch die Stelle bekannt ist und er in der Vergangenheit bereits Gelegenheit hatte, zu derselben Information Stellung zu nehmen, § 5 Abs. 1 Satz 1 Nr. 1, 2 VIG-E. Angesichts der erheblichen Beschneidung der Mitwirkungs- und Rechtsschutzmöglichkeiten von Drittbetroffenen dürften die genannten Ausnahmevorschriften sehr **zurückhaltend anzuwenden** sein. Auch die Gesetzesbegründung fordert insoweit eine sorgfältige Interessenabwägung sowie die positive Feststellung, dass schützenswerte Rechtspositionen Dritter mit hoher Wahrscheinlichkeit nicht betroffen sind[1].

**e) Rechtsschutz**

329 Nach dem Gesetzentwurf sollen Widerspruch und Anfechtungsklage in den in § 2 Abs. 1 Satz 1 Nr. 1 VIG-E genannten Fällen (festgestellte Abweichungen) **keine aufschiebende Wirkung** haben, § 5 Abs. 4 Satz 1 VIG-E. Hierdurch soll eine Verfahrensbeschleunigung erreicht werden[2]. Der Schutz der Betroffenen soll dadurch sichergestellt werden, dass der Informationszugang erst erfolgen darf, wenn die Entscheidung dem Dritten bekannt gegeben und diesem ein ausreichender Zeitraum (grds. nicht mehr als 14 Tage, vgl. § 5 Abs. 4 Satz 2 VIG-E) zur Einlegung von Rechtsbehelfen eingeräumt wurde.

**f) Pflicht zur Richtigstellung, § 6 Abs. 4 VIG-E**

330 Nach § 6 Abs. 4 Satz 1 VIG-E sollen die Behörden auf Antrag eines betroffenen Dritten oder wenn dies zur Wahrung erheblicher Belange des Gemeinwohls erforderlich ist, zur unverzüglichen **Richtigstellung** verpflichtet sein, wenn sich die von der informationspflichtigen Stelle zugänglich gemachten Informationen im Nachhinein **als falsch** oder die zu Grunde liegenden Umstände als unrichtig wiedergegeben herausstellen. Die Richtigstellung soll dabei in derselben Weise erfolgen, in der die Information zugänglich gemacht wurde, § 6 Abs. 4 Satz 2 VIG-E.

**g) Kostentragung, § 7 VIG-E**

331 Die Neufassung der Kostentragungsregelung verfolgt das Ziel, den Verbraucher nicht durch **unkalkulierbare Kostenrisiken** von einer Antragstellung abzuhalten. Auf der anderen Seite soll aber auch vermieden werden, dass der Verwaltung (und damit letztlich den Steuerzahlern) hohe Kosten durch aufwändige Informationsanträge entstehen, die vom Antragsteller nicht in hinreichendem Umfang ersetzt werden müssen[3].

---

1 Entwurf eines Gesetzes zur Änderung des Rechts der Verbraucherinformation v. 20.7.2011, S. 35.
2 Entwurf eines Gesetzes zur Änderung des Rechts der Verbraucherinformation v. 20.7.2011, S. 35.
3 Entwurf eines Gesetzes zur Änderung des Rechts der Verbraucherinformation v. 20.7.2011, S. 37.

Der Gesetzentwurf sieht daher vor, dass Anfragen mit einem Verwaltungsaufwand von weniger als 250 Euro (bei Rechtsverstößen i.S.d. § 2 Abs. 1 Satz 1 Nr. 1 VIG-E bis 1 000 Euro) kostenfrei sind. Für alle anderen Amtshandlungen sollen hingegen **kostendeckende Gebühren** und Auslagen erhoben werden. Jedoch ist der Antragsteller in diesen Fällen über die voraussichtliche Höhe der Kosten **vorab zu informieren**, damit er die Möglichkeit hat, seinen Antrag zurückzunehmen oder einzuschränken.

## VI. Sonstige Informationsansprüche und -quellen

Möglichkeiten, Informationen von Behörden oder sonstigen Stellen der öffentlichen Verwaltung zu erhalten, bieten nicht nur die dargestellten Informationsgesetze des UIG, IFG und VIG. Es gibt daneben eine Fülle von **Informationsrechten und -quellen in Verfahrensvorschriften und Fachgesetzen**. Wenngleich die praktische Bedeutung dieser Informationsansprüche und -möglichkeiten auf Grund der Informationsgesetze abgenommen hat, kann im Einzelfall ein Informationszugang über die einschlägigen Vorschriften vorteilhaft sein (z.B. wenn die Ausschlussgründe enger oder der Umfang des Auskunftsanspruchs weiter ist, als in den Informationsgesetzen). Neben diesen individuellen Informationsansprüchen gibt es zahlreiche Möglichkeiten, Informationen über allgemein zugängliche Quellen (Planunterlagen in förmlichen Planungsverfahren, Register etc.) zu gewinnen. Eine erschöpfende Darstellung der in Betracht kommenden Vorschriften würde den Rahmen dieser Abhandlung sprengen. Nachfolgend sind daher lediglich exemplarisch einige bedeutsame Informationsansprüche und -quellen aufgeführt. 332

### 1. Akteneinsichtsrecht nach § 29 VwVfG und § 100 VwGO

Große Bedeutung für die Informationsgewinnung im Rahmen der anwaltlichen Tätigkeit besitzen die Akteneinsichtsrechte nach **§ 29 VwVfG und § 100 Abs. 1 VwGO**. Den Beteiligten eines Verwaltungs(gerichts)verfahrens wird hierdurch die Möglichkeit gegeben, die behördlichen und gerichtlichen Akten einzusehen. Der Anspruch steht regelmäßig nur den Beteiligten i.S.v. § 13 VwVfG und § 63 VwGO zu; Nicht-Beteiligte am **Verwaltungsverfahren** können Zugang zu den Akten nur nach pflichtgemäßem Ermessen der Behörde erlangen. Auch der Akteneinsichtsanspruch ist im Hinblick auf schutzwürdige öffentliche und private Interessen eingeschränkt. Im Verwaltungsverfahren regelt dies § 29 Abs. 2 VwVfG. Für gerichtliche Verfahren gilt § 99 Abs. 1 VwGO (Sperrerklärung und ggf. in-camera-Verfahren, s. Rz. 142 ff.), wobei es keine Beschränkung der Einsichtnahme hinsichtlich der Akten gibt, die dem Gericht bereits vorliegen. Zu den näheren Maßgaben des Akteneinsichtsrechts im Verwaltungsverfahren vgl. die Ausführungen von *Bracher/Redeker* in Teil 1 Kap. A Rz. 34 ff. 333

### 2. Individuelle Auskunfts- und Informationsansprüche

Zahlreiche Fachgesetze sehen individuelle Auskunfts- und Informationsansprüche vor. Diese sind häufig an eine persönliche Betroffenheit (z.B. Schädigung) gekoppelt, d.h. sie stehen nicht jedermann zu[1]. 334

---

[1] Informationsansprüche enthalten beispielsweise auch § 63 BBergG und § 5 BArchG, die hier nicht dargestellt werden.

### a) Einsicht in das Wasserbuch

335 Unter welchen Voraussetzungen in das gem. § 87 WHG zu führende **Wasserbuch** Einsicht genommen werden kann, richtet sich nach den Wassergesetzen der Bundesländer. Das Wasserbuch enthält Informationen über Erlaubnisse, Bewilligungen, alte Rechte und Befugnisse, Planfeststellungen und Plangenehmigungen nach § 68 WHG, sowie Wasserschutzgebiete, Risikogebiete und festgesetzte Überschwemmungsgebiete. In manchen Bundesländern kann **jeder** Einsicht in die Wasserbücher nehmen, eines besonderen Interesses bedarf es nicht (§ 100 HWaG, § 83 BremWG, § 190 WG LSA). In **Niedersachsen** wird zur Einsichtnahme in die Wasserbücher auf das niedersächsische Umweltinformationsgesetz verwiesen, § 120 NWG. Das **nordrhein-westfälische** Wassergesetz gestattet eine Einsicht in Urkunden, die Mitteilungen über geheim zu haltende Betriebseinrichtungen oder Betriebsweisen enthalten, nur mit Zustimmung desjenigen, der an der Geheimhaltung ein berechtigtes Interesse hat (§ 160 Abs. 2 LWGNRW). In **Bayern** wurde Art. 94 BayWG, auf Grundlage dessen früher bei berechtigtem Interesse eine Einsicht in das Wasserbuch und der Erhalt beglaubigter Abzüge möglich war, ersatzlos gestrichen, so dass eine Einsichtnahme nur auf Grundlage der allgemeinen Informationsansprüche (insbesondere UIG) in Betracht kommt.

### b) § 63 BNatschG

336 § 63 BNatSchG gewährt einer nach § 3 des Umwelt-Rechtsbehelfsgesetzes vom Bund anerkannten Vereinigung unabhängig von einer möglichen Rechtsverletzung das Recht zur Einsicht in die einschlägigen Sachverständigengutachten im Vorfeld des Erlasses untergesetzlicher Normen oder der Erteilung einer Genehmigung in Planfeststellungsverfahren. Voraussetzung ist allerdings, dass die Vereinigung durch das Vorhaben in ihrem satzungsmäßigen Aufgabenbereich berührt wird[1].

### c) § 35 GenTG

337 § 35 Abs. 2 GenTG gewährt einen Auskunftsanspruch gegen die Genehmigungsbehörde oder den Betreiber, wenn Tatsachen die Annahme begründen, dass **gentechnische Arbeiten** einen **Personen- oder Sachschaden** hervorgerufen haben. Der Anspruch erfasst Informationen über die Art und den Ablauf der in der gentechnischen Anlage durchgeführten oder einer Freisetzung zugrunde liegenden gentechnischen Arbeiten (vgl. § 35 Abs. 1 GenTG). Ein Anspruch besteht gem. § 35 Abs. 3 GenTG insoweit nicht, als die Vorgänge auf Grund gesetzlicher Vorschriften geheim zu halten sind oder die Geheimhaltung einem überwiegenden Interesse des Betreibers oder eines Dritten entspricht[2].

### d) § 9 UmweltHG

338 Einen individuellen Auskunftsanspruch gegen Behörden gewährt § 9 UmweltHG. Demnach kann ein **Geschädigter** von bestimmten Behörden Auskunft verlangen, wenn der begründete Verdacht besteht, dass eine **Anlage** (vgl. § 3 Abs. 2, 3 UmweltHG) **den Schaden verursacht** hat, soweit dies zur Feststellung, dass ein Anspruch auf Schadensersatz nach dem UmweltHG besteht, erforderlich ist. § 9 UmweltHG soll den Geschädigten in die Lage versetzen, seine Ansprüche begründen zu können. Der Auskunftsanspruch ist gegen Behörden gerichtet, die die Anlage ge-

---

1 Vgl. zu diesem Anspruch *Heselhaus*, in: Frenz/Müggenborg, BNatSchG, § 63 Rz. 16 ff.
2 Vgl. hierzu *Hirsch/Schmidt-Didczuhn*, GenTG, § 35 Rz. 19 f.; *Koch/Ibelgaufts*, Gentechnikgesetz, § 35 Rz. 12 ff.

nehmigt haben oder diese überwachen oder die mit der Erfassung von Einwirkungen auf die Umwelt betraut sind. Die **Auskunftspflicht entfällt**, wenn durch die Erteilung der Auskunft die ordnungsgemäße Erfüllung der Aufgaben der Behörde beeinträchtigt würde, das Bekanntwerden des Inhalts der Auskunft dem Wohle des Bundes oder eines Landes Nachteile bereiten würde oder soweit die Vorgänge nach einem Gesetz oder ihrem Wesen nach, namentlich wegen der berechtigten Interessen der Beteiligten oder dritter Personen, geheim gehalten werden müssen[1].

### 3. Informationsgewinnung über allgemein zugängliche Quellen

#### a) Informationsquellen in förmlichen Planverfahren

Die Gewinnung der für die anwaltliche Beratung maßgeblichen Informationen im Rahmen von förmlichen Planverfahren ist regelmäßig nicht problematisch. Hier ist stets die Information der Öffentlichkeit in formalisierter Form vorgesehen, insbesondere durch die Auslegung von Planunterlagen (vgl. beispielsweise § 3 Abs. 2 BauGB, § 10 Abs. 3 BImSchG, § 73 Abs. 3 VwVfG). Ggf. können allerdings das UIG oder IFG eine ergänzende Informationsquelle sein. 339

#### b) Register

Zahlreiche umweltbezogene Informationen sind in Registern allgemein zugänglich. Im Bereich des **Bodenschutzrechts** ermächtigt § 21 Abs. 4 BBodSchG die Bundesländer, für ihr Gebiet oder für bestimmte Teile davon Bodeninformationssysteme einzurichten und zu führen. Die nähere Ausgestaltung obliegt den Ländern. Von dieser Möglichkeit haben zahlreiche Länder Gebrauch gemacht[2]. In **Bayern** wird gem. Art. 3 BayBodSchG beim Landesamt für Umwelt (LfU) ein Kataster geführt, in das unter anderem Altlasten eingetragen werden. Zu den Teilbereichen Altablagerungen, Altstandorte, stoffliche schädliche Bodenveränderungen und Rüstungsaltlasten (RÜVKA-Elemente) ist ein öffentlicher Zugang über das Internet möglich. Aus Datenschutzgründen werden bloße Verdachtsfälle aber nicht öffentlich zugänglich gemacht. Das BayBodSchG gewährt keinen individuellen Anspruch auf Zugang zu Informationen. Gewünschte weitergehende Informationen können daher nur im Einzelfall unter Berücksichtigung der Voraussetzungen des UIG bei der zuständigen Behörde beantragt werden. In **Nordrhein-Westfalen** ist das gem. § 6 Abs. 1 LBodSchG NW beim Landesumweltamt geführte Fachinformationssystem Stoffliche Bodenbelastung (FIS StoBo) ebenfalls teilweise über das Internet zugänglich. 340

#### c) REACH-Verordnung

Die REACH-Verordnung[3] verfolgt u.a. den Zweck, Bürgern die Möglichkeit zu eröffnen, anhand von Informationen über chemische Stoffe des Alltags Entscheidungen darüber zu treffen, wie sie mit diesen Stoffen umgehen wollen[4]. Das Sekretariat der Europäischen Agentur für Chemische Stoffe (vgl. Art. 75 Abs. 1 REACH-Verordnung) unterhält eine **Datenbank** mit Informationen zu allen registrierten Stof- 341

---

1 Vgl. zu diesen Grenzen des Auskunftsanspruchs *Peter*, in: Salje/Peter, UmweltHG, § 9 Rz. 19 ff.
2 Darunter Bayern, vgl. Art. 8 BayBodSchG, Niedersachsen, vgl. § 8 NBodSchG, Rheinland-Pfalz, vgl. § 9 LBodSchG Rh.-Pf., Hessen, vgl. § 7 HAltBodSchG; ein vollständiger Überblick findet sich bei *Becker*, BBodSchG, § 21 Rz. 7.
3 Verordnung (EG) Nr. 1907/2006 des Europäischen Parlaments und des Rates v. 18.12. 2006, ABl. EU, Nr. L 396, 1.
4 *Fluck/Theuer*, in: Fluck/Theuer, IFG, UIG, VIG, Teil A III, § 3 UIG Rz. 90.

fen. Es macht grds. die in Art. 119 Abs. 1 und 2 REACH-Verordnung genannten Informationen (z.B. physikalisch-chemische Angaben zu den Stoffen sowie Angaben über Verbleib und Verhalten in der Umwelt, Ergebnisse einzelner toxikologischer und ökotoxikologischer Studien), die in der Datenbank enthalten sind, über das Internet kostenlos öffentlich zugänglich, Art. 77 Abs. 2 lit. e REACH-Verordnung. Eine Veröffentlichung unterbleibt allerdings, wenn sie den geschäftlichen Interessen eines Dritten oder anderer Beteiligter schaden könnte und der Betroffene einen begründeten Antrag auf Nichtveröffentlichung nach Art. 10 lit. a, xi REACH-Verordnung gestellt hat. Sonstige Informationen i.S.d. Art. 118 REACH-Verordnung (diese betreffen in der Regel den Schutz der betroffenen Personen, vgl. Art. 118 Abs. 2 REACH-Verordnung) werden von der Europäischen Agentur für Chemische Stoffe (vgl. Art. 75 Abs. 1 REACH-Verordnung) auf Antrag bereitgestellt, Art. 77 Abs. 2 lit. e a.E. REACH-Verordnung.

# C. Europäisches Verwaltungsverfahren

| | Rz. |
|---|---|
| I. Anwendungsbereich | 1 |
| II. Direkter Vollzug (EU-Eigenverwaltung) | |
|   1. Anwendbares Recht | 5 |
|   2. Zuständigkeit der Unionsorgane | 7 |
|   3. Recht auf eine gute Verwaltung | 9 |
|   4. Recht auf Zugang zu Dokumenten | 11 |
|   5. Verfahrensablauf | |
|     a) Kein einheitlicher Verfahrensablauf | 16 |
|     b) Beihilfenrecht | 17 |
|     c) Einziehungsverfahren von EU-Fördermitteln | 22 |
|     d) Kartellverfahren | 25 |
|     e) Antidumpingverfahren | 28 |
|     f) Beweislast | 29 |
|   6. Willensbildung | 32 |
|   7. Beteiligungsrechte | |
|     a) Rechtliches Gehör der Betroffenen | 35 |
|     b) Beteiligungsrechte Dritter | 40 |
|   8. Verfahrensbeendigende Handlungsformen der EU-Organe | 43 |
|     a) Beschlüsse (Art. 288 Abs. 4 AEUV) | 44 |
|     b) Verordnungen (Art. 288 Abs. 2 AEUV) | 46 |
|     c) Richtlinien (Art. 288 Abs. 3 AEUV) | 48 |
|     d) Verträge und Vereinbarungen | 49 |
|   9. Wirksamkeitsvoraussetzungen | |
|     a) Begründungspflicht | 51 |
|     b) Amtssprache | 52 |
|     c) Nebenbestimmungen | 53 |
|     d) Zustellung und Bekanntgabe | 55 |
|     e) Rechtsmittelbelehrung | 56 |
|     f) Gültigkeitsvermutung und Durchbrechung der Bestandskraft | 57 |
|     g) Vollstreckung | 61 |
|   10. Rechtsschutz gegen die verfahrensbeendigende Maßnahme | |
|     a) Nichtigkeitsklage gem. Art. 263 Abs. 4 AEUV | 62 |
|     b) Amtshaftung | 65 |
| III. Indirekter Vollzug (mitgliedstaatlicher Vollzug) | 67 |
|   1. Allgemeine Hinweise zur anwaltlichen Tätigkeit | 69 |
|   2. Mittelbarer und unmittelbarer mitgliedstaatlicher Vollzug | 75 |
|   3. Zuständigkeit und Verwaltungsorganisation | 76 |
|   4. Grundsatz der mitgliedstaatlichen Verfahrensautonomie | |
|     a) Regel-Ausnahme-Verhältnis | 79 |
|     b) Anwendung der üblichen Handlungsformen des nationalen Verwaltungsrechts | 82 |
|     c) Mittelbares Unionsverfahrensrecht | 84 |
|     d) Eigenverantwortlicher Vollzug – Verhältnis zur Kommission | 87 |
|   5. Einschränkung der Verfahrensautonomie durch das Äquivalenzgebot und das Effektivitätsgebot | 89 |
|   6. Unmittelbare Wirkung des Unionsrechts als Vollzugsvoraussetzung | 94 |
|   7. Anwendungsvorrang | 100 |
|     a) Voraussetzungen | 102 |
|     b) Rechtsfolge: Anwendungsvorrang | 105 |
|     c) Verwerfungsrecht und Verwerfungspflicht der Behörden | 106 |
|   8. Unionsrechts- und insbesondere richtlinienkonforme Auslegung | 108 |
|   9. Einfluss des Unionsrechts auf einzelne verfahrensrechtliche Vorschriften | 116 |
|     a) Antrags- und Mitwirkungsbefugnisse | 117 |
|     b) Fristen | 118 |
|     c) Anordnung der sofortigen Vollziehung | 120 |
|     d) Bekanntgabe | 121 |
|     e) Begründungspflicht | 122 |
|     f) Beurteilungs- und Ermessensspielräume | 123 |
|     g) Nichtigkeit von Verwaltungsakten bei offensichtlicher Unionsrechtswidrigkeit | 125 |
|     h) Aufhebung unionsrechtswidriger begünstigender Verwaltungsakte (Vertrauensschutz) | 126 |
|     i) Aufhebung unionsrechtswidriger belastender Verwaltungsakte | 129 |
|     j) Verfahrens- und Formfehler | 133 |
|   10. Grundrechte und Grundfreiheiten | 135 |
|   11. Unionsrechtlicher Staatshaftungsanspruch | 141 |
|   12. Unionsrechtlicher Folgenbeseitigungsanspruch | 146 |
|   13. Entschädigungsanspruch für EuGH-Überraschungsurteile | 147 |
|   14. Die Kommissionsbeschwerde | 148 |
| IV. Gemischter Vollzug | 151 |

**Literatur:**

**Kommentare und Monographien:**

*Calliess/Ruffert* (Hrsg.), EUV/AEUV, Kommentar, 4. Aufl. 2011; *von Danwitz*, Europäisches Verwaltungsrecht, 2008; *Erbguth/Masing*, Verwaltung unter dem Einfluss des Europarechts, 2006; *Frenz*, Handbuch Europarecht, 5 Bände, 2004 bis 2010; *Grabitz/Hilf/Nettesheim* (Hrsg.), Das Recht der Europäischen Union, Kommentar, Stand August 2011; *Herdegen*, Europarecht, 13. Aufl. 2011; *Hill/Pitschas*, Europäisches Verwaltungsverfahrensrecht, 2004; *Hirsch/Montag/Säcker* (Hrsg.), Münchener Kommentar zum Europäischen und Deutschen Wettbewerbsrecht, 3 Bände, 2008–2011; *Jarass*, Charta der Grundrechte der Europäischen Union, 2010; *Jarass*, Grundfragen der innerstaatlichen Bedeutung des EG-Rechts, 1994; *Karpenstein*, Praxis des EG-Rechts, 2006; *Langen/Bunte* (Hrsg.), Kommentar zum Europäischen und Deutschen Kartellrecht, Band 2, 11. Aufl. 2010; *Lenz/Borchardt*, EU-Verträge Kommentar nach dem Vertrag von Lissabon, 5. Aufl. 2010; *Schulze/Zuleeg/Kadelbach*, Europarecht, 2. Aufl. 2010; *Schwarze*, Europäisches Verwaltungsrecht, Entstehung und Entwicklung im Rahmen der Europäischen Gemeinschaft, 2. Aufl. 2005; *Schwarze/Becker/Hatje/Schoo*, EU-Kommentar, 2. Aufl. 2009; *Sydow*, Verwaltungskooperation in der Europäischen Union, 2004; *Terhechte* (Hrsg.), Verwaltungsrecht der Europäischen Union, 2011; *Tettinger/Stern* (Hrsg.), Europäische Grundrechte-Charta, 2006

**Aufsätze:**

*Albin*, Zwangsgelder, Mittelkürzung und Umweltinspektion – Neueste Entwicklungen bei der Vollzugskontrolle von EG-Umweltrecht, DVBl 2000, 1483; *Bartelt/Zeitler*, Zugang zu Dokumenten der EU, EuR 2003, 487; *Becker*, Der transnationale Verwaltungsakt, DVBl 2001, 855; *Beysen*, Theorie und Praxis der Rückforderung vertraglicher Finanzhilfen durch die Europäische Kommission, EWS 2008, 120; *Brenner/Huber*, Europarecht und Europäisierung in den Jahren 2000/2001, DVBl 2001, 1021; *Burger*, Die administrative Nichtanwendung unionsrechtswidriger Normen, DVBl 2011, 985; *Burgi*, Verwaltungsverfahrensrecht zwischen europäischem Umsetzungsdruck und nationalen Gestaltungsunwillen, JZ 2010, 105; *Demleitner*, Die Normverwerfungskompetenz der Verwaltung bei entgegenstehendem Gemeinschaftsrecht, NVwZ 2009, 1525; *Di Fabio*, Richtlinienkonformität als ranghöchstes Normauslegungsprinzip? Überlegungen zum Einfluss des indirekten Gemeinschaftsrechts auf die nationale Rechtsordnung, NJW 1990, 947; *Ehricke*, Auflagen, Bedingungen und Zusagen in Beihilfeentscheidungen der Europäischen Kommission, EWS 2006, 241; *Epiney*, Unmittelbare Anwendbarkeit und objektive Wirkung von Richtlinien, DVBl 1996, 409; *Everling*, Lissabon-Vertrag regelt Dauerstreit über Nichtigkeitsklage Privater, EuZW 2010, 572; *Galetta*, Inhalt und Bedeutung des europäischen Rechts auf eine gute Verwaltung, EuR 2007, 57; *Gassner*, Rechtsgrundlagen und Verfahrensgrundsätze des Europäischen Verwaltungsverfahrensrechts, DVBl 1995, 16; *Grzeszick*, Das Grundrecht auf eine gute Verwaltung – Strukturen und Perspektiven des Charta-Grundrechts auf eine gute Verwaltung, EuR 2006, 161; *Gundel*, Bindung des Gemeinschaftsgesetzgebers an das im Vertrag vorgegebene System für die Delegation von Rechtsetzungsbefugnissen, JA 2008, 910; *Gundel*, Rechtsschutz gegen Handlungen der EG-Agenturen – endlich geklärt? – Zugleich Anmerkung zu EuG, Urteil v. 8.10.2008 Rs. T-411/06 – *Sogelma/europäische Agentur für Wiederaufbau*, EuGRZ 2009, 383; *Haibach*, Die Rechtsprechung des EuGH zu den Grundsätzen des Verwaltungsverfahrens, NVwZ 2007, 456; *Heck*, Rechtsschutz gegen durch EG-Richtlinien determiniertes Gesetzesrecht, NVwZ 2008, 523; *Herresthal*, Voraussetzungen und Grenzen der gemeinschaftsrechtskonformen Rechtsfortbildung, EuZW 2007, 396; *Hirsbrunner*, Settlements in EU-Kartellverfahren, EuZW 2011, 12; *Hirsch*, Auf dem Weg zum Richterstaat, JZ 2007, 853; *von Holleben/Scheidmann*, Rechtsschutz im Europäischen Chemikalienrecht – Ein Beitrag zur geplanten Chemikalienverordnung der EU, EuZW 2004, 262; *Huber*, Unitarisierung durch Gemeinschaftsgrundrechte – Zur Überprüfungsbedürftigkeit der ERT-Rechtsprechung, EuR 2008, 190; *Jarass*, Richtlinienkonforme bzw. EG-rechtskonforme Auslegung nationalen Rechts, EuR 1991, 211; *Jarass*, Voraussetzungen der innerstaatlichen Wirkung des EG-Rechts, NJW 1990, 2420; *Jarass/Beljin*, Unmittelbare Anwendung des EG-Rechts und EG-rechtskonforme Auslegung, JZ 2003, 768; *Kanitz/Wendel*, Gemeinschaftsrechtlich gebotene Grenzen der Bestandskraftdurchbrechung im europäisierten Verwaltungsverfahren?, EuZW 2008, 231; *Karpenstein/Johann*, Der Honeywell-Beschluss – Staatshaftung für unanwendbare Gesetze?, NJW 2010, 3405; *Kenntner*, Das Subsidiaritätsprotokoll des Amsterdamer VertragsAnmerkungen zum Begrenzungscharakter des gemeinschaftsrechtlichen Subsidiaritätsprinzips, NJW 1998, 2871; *Kment*, Zur Europarechtskonformität der neuen baurechtlichen Planerhaltungsregeln, AöR 2005, 570; *Koch*, Mittelbare Gemeinschaftsverwaltung in der Praxis, EuZW 2005, 455; *Koenig/Lorz*, Stärkung des Subsidiaritätsprinzips, JZ 2003, 167; *Lorenz*, Das „Olli Mattila"-Urteil des EuGH zum Recht auf Zugang zu Dokumenten des Rats der Europäischen Union und der EG-Kommission, NVwZ 2004, 436; *Lorz*, Autonomie und Bindung der Rechtssetzung in gestuften Rechtsordnungen, DVBl 2006, 1061; *Lübbig*, Die Aufhebung (Rücknahme und Widerruf) von Verwaltungsakten der Gemeinschaftsorgane, EuZW 2003, 233; *Marsch*, Das Recht auf Zugang zu EU-Dokumenten, DÖV 2005, 639; *Nowak*, Informations- und Dokumentenzugangsfreiheit in der EU, DVBl 2004, 272; *Papier*, Direkte Wirkung von Richtlinien der EG im Umwelt- und Technikrecht, DVBl 1993, 809; *Pernice*, Auswirkungen des europäischen Binnenmarktes auf das Umweltrecht – Gemeinschafts(verfassungs-)rechtliche Grundlagen, NVwZ 1990, 201; *Riedel*, Rechtsschutz gegen Akte europäischer Agenturen, EuZW 2009, 565; *Roth*, Die richtlinienkonforme Auslegung, EWS 2005, 385; *Ruffert*, Von der Europäisierung des Verwaltungsrechts zum europäischen Verwaltungsverbund, DÖV 2007, 761; *Schadtle*, Informationsfreiheit und Verwaltungstransparenz in Europa: Das Recht auf Zugang zu Dokumenten aus den EG-Mitgliedstaaten auf dem Prüfstand – Zugleich eine Besprechung des Urteils des Europäischen Gerichtshofs vom 18. Dezember 2007 Rs. C-64/05 P, DÖV 2008, 455; *Seitz*, Der Vertraulichkeitsschutz der Anwaltskorrespondenz im europäischen Wettbewerbsverfahren – Zu Umfang und Ausgestaltung des Anwaltsgeheimnisses nach der neuen europäischen Rechtsprechung, EuZW 2008, 525; *Semmroth*, DocMorris als Einfalltor für Normenverwerfungskompetenz der Verwaltung?, NVwZ 2006, 1378; *Suerbaum*, Die Europäisierung des nationalen Verwaltungsverfahrensrechts am Beispiel der Rückabwicklung gemeinschaftsrechtswidriger staatlicher Beihilfen, VerwArch 2000, 169; *Uerpmann-Wittzack*, Frühwarnsystem und Subsidiaritätsklage im deutschen Verfassungssystem, EuGRZ 2009, 461; *Wägenbaur*, Der Zugang zu EU-Dokumenten – Transparenz zum Anfassen, EuZW 2001, 680; *Zichow/Frenz*, Grundrechtlicher Vertrauensschutz – nicht nur ein allgemeiner Rechtsgrundsatz, EuR 2008, 468

# I. Anwendungsbereich

Das europäische Verwaltungsverfahrensrecht gilt für 1
- den Vollzug des Unionsrechts durch die Unionsorgane selbst (sog. „**direkter Vollzug**" bzw. „**Eigenverwaltung**"). Für die anwaltliche Praxis bildet das Verwaltungsverfahren im direkten Vollzug noch die Ausnahme;
- die Anwendung des Unionsrechts durch die jeweils zuständigen Behörden der Mitgliedstaaten (sog. „**indirekter Vollzug**" bzw. „**Unionsverwaltung**"). In der anwaltlichen Praxis bildet das Verwaltungsverfahren im indirekten Vollzug des EU-Rechts gegenwärtig noch den Regelfall;
- das Zusammenwirken von EU- und nationalen Behörden (sog. „**gemischter Vollzug**" bzw. „**Kooperationsverwaltung**"). Praktische Anwendung findet der gemischte Vollzug nur in seltenen Fällen, etwa bei der Festsetzung von Naturschutzgebieten.

An einem kodifizierten europäischen Verwaltungsverfahren fehlt es. Die **Grundsätze des europäischen Verwaltungsverfahrensrechts** sind ohne innere oder äußere Systematik zu finden im europäischen Primärrecht, also dem Vertrag über die Arbeitsweise der Europäischen Union (AEUV) – vor dem Vertrag von Lissabon: „EG-Vertrag" – einschließlich der EU-Grundrechte-Charta einerseits sowie den allgemeinen Rechtsgrundsätzen des EU-Rechts andererseits, ferner im sektorspezifischen Sekundärrecht, also insbesondere in EU-Verordnungen und anderen Gesetzgebungsakten des Rates und des EU-Parlaments[1]. 2

Das Recht der Europäischen Union wird in den **Amtsblättern der EU** (ABl.) veröffentlicht. Im Teil L (Legislation) sind rechtlich verbindliche Texte enthalten 3

---
1 Ausführlich hierzu *von Danwitz*, Europäisches Verwaltungsrecht, S. 158 ff.

(wie im deutschen Bundesgesetzblatt), im Teil C (Communication) – unverbindliche Äußerungen, wie z.B. Ausschreibungen, Berichte etc. Sämtliche Entscheidungen des EuGH und des EuG, sowie die Schlussanträge der Generalanwälte werden in der amtlichen Sammlung (Slg.) veröffentlicht. Die EuGH-Rechtssachen werden seit dem Jahr 1989 als „Rs. C" (Cour) gekennzeichnet und seit 1990 im Teil I veröffentlicht, die EuG-Rechtssachen werden als „Rs. T" (Tribunal) gekennzeichnet und im Teil II veröffentlicht.

4 Die **Datenbanken der Europäischen Union** sind im Internet frei zugänglich (http://europa.eu/index_de.htm). Darin finden sich das Amtsblatt der EU, sämtliche Dokumente der EU-Institutionen, Rechtsvorschriften und Verträge der EU (EUR-LEX), nationale Rechtsvorschriften (N-LEX), der aktuelle Stand von Rechtssetzungsverfahren (PRELEX) und weitere wichtige Informationen über die Europäische Union.

## II. Direkter Vollzug (EU-Eigenverwaltung)

### 1. Anwendbares Recht

5 Der direkte Verwaltungsvollzug erfolgt **durch die Unionsorgane** selbst. Er bildet in der anwaltlichen Praxis gegenwärtig noch die Ausnahme. Von Bedeutung ist er insbesondere im Beihilfen- und Kartellrecht, ferner im Antidumpingrecht sowie in der Struktur-, Kultur- und Forschungsförderungspolitik (EU-Fördermittel). Zuständig ist hier in erster Linie die Europäische Kommission. Sie wird insbesondere im Bereich der Produktüberwachung und der Leistungsverwaltung durch zahlreiche sog. Agenturen unterstützt, die mit eigener Rechtspersönlichkeit ausgestattet sind und eigene vor Gericht anfechtbare Handlungen erlassen dürfen (z.B. die Europäische Chemikalienagentur, Europäische Arzneimittelagentur, Europäische Umweltagentur)[1].

6 Die Unionsorgane und -einrichtungen verfügen noch über kein kodifiziertes Verfahrensrecht. Nach dem Vertrag von Lissabon (2009) stützen sich die Organe, Einrichtungen und sonstigen Stellen der EU „auf eine offene, effiziente und unabhängige europäische Verwaltung", wobei die näheren Bestimmungen im allgemeinen Gesetzgebungsverfahren erlassen werden können, Art. 298 AEUV. Gegenwärtig richtet sich das allgemeine Verwaltungsverfahren deshalb, soweit das EU-Sekundärrecht keine Sondervorschriften vorsieht, nach **allgemeinen Verfahrensgrundsätzen**, die der EuGH in seiner Rechtsprechung im Wege der Vergleichung der nationalen Rechtsordnungen herausgearbeitet hat. Hierzu gehören etwa der Grundsatz der Gesetzesmäßigkeit der Verwaltung (Bindung an das Primär- und Sekundärrecht), der Verhältnismäßigkeitsgrundsatz, der Grundsatz des rechtlichen Gehörs sowie die Grundsätze der Unparteilichkeit, des Vertrauensschutzes, der Gleichbehandlung und der Selbstbindung der Verwaltung.

### 2. Zuständigkeit der Unionsorgane

7 Nach dem Vertrag über die Europäische Union verbleiben alle Zuständigkeiten, die der Union nicht übertragen worden sind, bei den Mitgliedstaaten (Grundsatz der begrenzten Einzelermächtigung, Art. 4 Abs. 1 EUV und Art. 5 Abs. 2 EUV). Gemäß dem **Prinzip der begrenzten Organkompetenz** handelt jedes Organ nach Maßgabe der ihm im europäischen Primär- oder Sekundärrecht zugewiesenen Verfahren, Be-

---

1 Vgl. hierzu *Riedel*, EuZW 2009, 565; *Koch*, EuZW 2005, 455; *Gundel*, EuGRZ 2009, 383; *von Holleben/Scheidmann*, EuZW 2004, 262 ff.

dingungen und Ziele, Art. 13 Abs. 1 EUV. Ergibt sich die Zuständigkeit der Unionsorgane aus einem EU-Sekundärakt – etwa einer Verordnung –, so sind darin alle wesentlichen Voraussetzungen sowie Ziele, Inhalt, Geltungsbereich und Dauer der Befugnisübertragung ausdrücklich festzulegen (Art. 290 AEUV)[1].

Für die Ausübung einer solchen Zuständigkeit gilt das **Prinzip der Subsidiarität**. 8
Dieses Prinzip verlangt, dass die Unionsorgane in den Bereichen, in denen sie keine ausschließlichen Zuständigkeiten inne haben, nur dann tätig werden, wenn die Ziele durch die Mitgliedstaaten weder auf zentraler, noch auf regionaler oder lokaler Ebene ausreichend verwirklicht werden können, sondern vielmehr wegen ihres Umfangs oder ihrer Wirkungen besser auf Unionsebene umzusetzen sind[2]. Über die Einhaltung wachen die EU-Organe bei der Auslegung des EU-Rechts, die nationalen Parlamente und der EuGH, nicht dagegen nationale Behörden und Gerichte[3]. Zweifelt ein Gericht an der Einhaltung des Subsidiaritätsprinzips, so kann es seine Frage dem EuGH zur Vorabentscheidung vorlegen, Art. 267 AEUV.

### 3. Recht auf eine gute Verwaltung

Nach **Art. 41 der Grundrechte-Charta** („Recht auf eine gute Verwaltung"), die für 9
die Organe der EU nunmehr unmittelbar verbindlich ist, hat jede Person ein Recht darauf, dass ihre Angelegenheiten unparteiisch, gerecht und innerhalb einer angemessenen Frist behandelt werden[4]. Dieses Recht umfasst insbesondere, vor jeder nachteiligen individuellen Maßnahme gehört zu werden und Einsicht in die sie betreffenden Akten nehmen zu können[5]. Zur weiteren Konkretisierung hat der Europäische Bürgerbeauftragte einen Europäischen Kodex für gute Verwaltungspraxis herausgegeben, welchen die Organe einhalten sollten[6].

Das Recht auf eine gute Verwaltung umfasst darüber hinaus das Recht, sich in einer 10
der Sprachen der Verträge – wozu natürlich auch deutsch gehört – an die Organe der Union zu wenden und eine **Antwort in der eigenen Sprache** zu erhalten, Art. 41 Abs. 4 Grundrechte-Charta.

### 4. Recht auf Zugang zu Dokumenten

Übergreifendes Element des direkten Verwaltungsvollzugs durch die EU-Organe ist 11
das Recht auf Zugang zu Dokumenten der Europäischen Union[7]. Dieses Recht ist in Art. 15 AEUV, Art. 42 Grundrechte-Charta niedergelegt und in der sog. **Transparenzverordnung**[8] im Einzelnen präzisiert. Danach setzt der Zugang zu Dokumenten einen **Antrag** bei der entsprechenden Stelle voraus. Dieser Antrag muss nicht begründet, wohl aber spezifiziert werden. **Zugangsberechtigt** ist **jeder Unionsbürger** sowie jede natürliche oder juristische Person mit Wohnsitz oder Sitz in einem Mit-

---

1 Vgl. schon EuGH v. 6.12.2005 – Rs. C-66/04, Vereinigtes Königreich/Europäisches Parlament und Rat, Slg. 2005, I-10553.
2 Vgl. zum Ganzen *Galetta*, EuR 2007, 57; *Uerpmann-Wittzack*, EuGRZ 2009, 461; s.a. *Lorz*, DVBl 2006, 1061.
3 Siehe das Protokoll Nr. 2 über die Anwendung der Grundsätze der Subsidiarität und Verhältnismäßigkeit. Dazu *Kenntner*, NJW 1998, 2871.
4 Dazu *Galetta/Grzeszick*, in: Tettinger/Stern, Europäische Grundrechte-Charta, Art. 41 Rz. 73–74.
5 Ausführlich zum Ganzen *Grzeszick*, EuR 2006, 161 ff.
6 http://www.ombudsman.europa.eu/code/de/default.htm (Stand: 7.10.2010).
7 Einzelheiten bei *Wägenbaur*, EuZW 2001, 680; *Nowak*, DVBl 2004, 272; *Marsch*, DÖV 2005, 639.
8 VO 1049/2001, ABl. 2001 L 145/43.

gliedstaat. Anspruchsverpflichtete sind die Kommission, der Rat und das Europäische Parlament – nicht dagegen der EuGH.

12 Das Recht auf Dokumentenzugang umfasst ggf. auch **Dokumente von staatlichen Behörden**, die diese an ein EU-Organ übermittelt haben. Zur einschlägigen Regelung in Art. 4 Abs. 5 der Transparenzverordnung hat der Europäische Gerichtshof entschieden, dass diese Bestimmung den Mitgliedstaaten lediglich ein Recht zur Stellungnahme, nicht jedoch ein Vetorecht einräume[1].

13 Der Zugang zu einem Dokument kann verwehrt werden, wenn durch dessen Verbreitung
 – der **Schutz des öffentlichen Interesses** (öffentliche Sicherheit, militärische Belange etc.) beeinträchtigt werden kann, Art. 4 Abs. 1 der VO 1049/2001;
 – der Schutz von Geschäftsgeheimnissen, Gerichtsverfahren oder Untersuchungen der Organe beeinträchtigt werden kann, sofern an der Verbreitung kein überwiegendes öffentliches Interesse besteht, Art. 4 Abs. 2 der VO 1049/2001;
 – der Meinungsbildungs- und der Entscheidungsprozess des Organs, das in einer bestimmten Angelegenheit noch keinen Beschluss gefasst hat, beeinträchtigt werden kann, sofern an der Verbreitung kein überwiegendes öffentliches Interesse besteht, Art. 4 Abs. 3 der VO 1049/2001.

14 Alle diese **Einschränkungen** sind **eng auszulegen**. Es muss für jedes einzelne Dokument geprüft werden, ob die Offenlegung „tatsächlich geeignet ist, einen der durch die Ausnahmen geschützten Aspekte des öffentlichen Interesses zu verletzen. Diese Ausnahmen können daher nur angewendet werden, wenn die Gefahr einer Beeinträchtigung des öffentlichen Interesses absehbar und nicht rein hypothetisch ist"[2]. Kann ein uneingeschränkter Zugang nicht gewährt werden, kann der Transparenzverordnung Genüge getan werden, indem ein **Teilzugang** zu einzelnen Dokumenten oder ungeschwärzten Passagen gewährt wird[3]. Ausnahmsweise kommt eine Befreiung von der Verpflichtung zum Teilzugang dann in Betracht, wenn die Schwärzung zu einer Überlastung der Verwaltung führen würde, die vernünftigerweise nicht mehr verlangt werden kann[4].

15 Der Zugang erfolgt durch **die Einsichtnahme vor Ort, durch Bereitstellung einer Kopie oder auch in elektronischer Form**, Art. 10 Abs. 1 der VO 1049/2001. Gegen die Ablehnung des Antrags ist die Nichtigkeitsklage statthaft (s.u. Rz. 62). Die Veröffentlichung personenbezogener Daten durch die Unionsorgane kann, selbst wenn sie in EU-Verordnungen vorgesehen ist, gegen die EU-Grundrechte-Charta verstoßen[5].

---

1 EuGH v. 18.12.2007 – Rs. C-64/05 P, Schweden/Kommission, Slg. 2007, I-11389, Rz. 75; *Schadtle*, DÖV 2008, 455.
2 EuG v. 5.3.1997 – Rs. T-105/95, WWF UK/Kommission, Slg. 1997, II-313, Rz. 56; v. 17.6.1998 – Rs. T-174/95, Svenska Journalistförbundet/Rat, Slg. 1998, II-2289, Rz. 112.
3 EuGH v. 22.1.2004 – Rs. C-353/01 P, Olli Mattila, Slg. 2004, I-1073, Rz. 30–32, 37; *Lorenz*, NVwZ 2004, 436.
4 EuG v. 7.2.2002 – Rs. T-211/00, Kuijer, Slg. 2002, II-485, Rz. 57 f.; *Bartelt/Zeitler*, EuR 2003, 487 (495 f.).
5 EuGH v. 9.11.2010 – Rs. C-92/09 und C-93/09, Volker und Markus Schecke *GbR*, noch nicht in der amtl. Slg., = JZ 2011, 201.

## 5. Verfahrensablauf

### a) Kein einheitlicher Verfahrensablauf

Das europäische Verwaltungsverfahren kennt keinen einheitlichen Verfahrensablauf. Im direkten Vollzug richtet sich das Verfahren nach den jeweils zugrunde liegenden Rechtsgrundlagen (AEUV und EU-Verordnungen), die im Lichte der allgemeinen Rechtsgrundsätze und Grundrechte auszulegen sind. Vieles ist hier im Fluss[1].

16

### b) Beihilfenrecht

Das beihilfenrechtliche Verfahren ist in der **Verordnung (EG) 659/1999** des Rates vom 22. März 1999 über besondere Vorschriften für die Anwendung von Art. 88 des EG-Vertrages (Beihilfenverordnung) kodifiziert[2]. Über Vorhaben zur Gewährung neuer Beihilfen wird die Kommission entweder aufgrund von Anmeldungen der Mitgliedstaaten (Art. 2 Abs. 1 VO 659/1999) – in Deutschland ist für deren Koordinierung i.d.R. das Bundeswirtschaftsministerium, Europaabteilung zuständig – oder durch Beschwerden Dritter (Wettbewerber u.a.) tätig (Art. 20 VO 659/1999). Zuständig für die beihilfenrechtliche Prüfung ist die Generaldirektion Wettbewerb der EU-Kommission.

17

Gegenstand des beihilfenrechtlichen Verwaltungsverfahrens ist in erster Linie die Prüfung, ob eine Beihilfe vorliegt und ob diese ggf. genehmigt werden kann. Beihilfen, die anmeldepflichtig sind, dürfen nicht durchgeführt werden (**Durchführungsverbot**); Beihilfen, die von der EU-Kommission nicht genehmigt worden sind, sind rechtswidrig und müssen, sofern sie bereits ausgereicht worden sind, zurückgefordert werden (Art. 108 Abs. 3 AEUV; Art. 3 VO 659/1999).

18

Das beihilfenrechtliche Prüfverfahren ist in ein **vorläufiges Prüfverfahren** und ein förmliches **(Haupt-)Prüfverfahren** unterteilt. Beide Verfahren finden ausschließlich im Verhältnis zwischen dem Mitgliedstaat und der EU-Kommission, nicht aber im unmittelbaren Verhältnis zu den betroffenen Unternehmen (Beihilfenempfänger/Wettbewerber) statt. Die Kommission hat das förmliche Prüfverfahren einzuleiten, wenn sie bei der Prüfung der Beihilfen auf tatsächliche oder rechtliche Schwierigkeiten stößt[3]. Gelangt die Kommission im vorläufigen Prüfverfahren zu dem Schluss, dass die angemeldete oder ihr sonst zur Kenntnis gebrachte Maßnahme keine Beihilfe darstellt oder unter einen der in Art. 107 Abs. 3 AEUV oder Art. 106 Abs. 2 AEUV geregelten Tatbestände fällt (d.h. mit dem Binnenmarkt vereinbar ist), so stellt sie dies durch förmlichen Beschluss fest (Art. 4 VO 659/1999). Formelle Auskunftsersuchen der Kommission richten sich ausschließlich an die Zentralregierung des jeweiligen Mitgliedstaates (BMWi), der diese an die jeweils betroffenen Fachressorts und/oder Landesministerien weiterleitet. Die Kommission kann die Mitgliedstaaten zu ergänzenden Informationen auffordern (Art. 5 VO 659/1999).

19

Das **förmliche Prüfverfahren** wird mit einem Beschluss der Kommission eingeleitet. Beschlüsse über die Eröffnung des förmlichen Prüfverfahrens enthalten eine Zusammenfassung der wesentlichen Sach- und Rechtsfragen, eine vorläufige Würdi-

20

---

1 Eingehend *von Danwitz*, Europäisches Verwaltungsrecht, S. 315–466; *Schwarze*, Europäisches Verwaltungsrecht, S. 219–246, S. 279–488, S. 690–838.
2 ABl. 1999 L 83, S. 1; dazu *Koester*, in: Hirsch/Montag/Säcker, Münchener Kommentar zum Europäischen und Deutschen Wettbewerbsrecht (Kartellrecht), Band 2, Kommentar zur VO (EG) 659/1999, Art. 1 bis 22.
3 EuGH v. 3.5.2001 – Rs. C-204/97 Portugal/Kommission, Slg. 2001, I-3175, Rz. 35; *Kreuschitz*, in: Lenz/Borchardt, EU-Verträge, Art. 108 AEUV Rz. 15ff.

gung des Beihilfecharakters der jeweiligen Maßnahme sowie die Ausführungen zu den Bedenken der Europäischen Kommission hinsichtlich der Vereinbarkeit der (geplanten oder bereits durchgeführten) Beihilfen mit dem Binnenmarkt. Die Zentralregierung des Mitgliedstaates sowie die anderen Beteiligten und Interessierte (Beihilfenempfänger, Beschwerdeführer, Verbände etc.) werden aufgefordert, binnen einer Frist von normalerweise maximal einem Monat nach Veröffentlichung im EU-Amtsblatt Stellung zu nehmen. Diese Frist kann in begründeten Fällen verlängert werden.

21 Nachdem der Zentralregierung die Stellungnahmen der Verfahrensbeteiligten – auf Wunsch derselben: auch anonym – mitgeteilt wurden, ist das förmliche Prüfverfahren binnen angemessener Frist (regelmäßig 18 Monate nach Eröffnung des Prüfverfahrens) abzuschließen. Gelangt die Kommission zu dem Schluss, dass die jeweilige Maßnahme, ggf. nach entsprechenden Änderungen durch den betreffenden Mitgliedstaat und seine Behörden, keine Beihilfe darstellt, so ist dies durch förmlichen Beschluss festzustellen. Hiergegen können Wettbewerber, soweit sie in ihrer Wettbewerbsstellung substantiell berührt werden, Nichtigkeitsklage zum Gericht erster Instanz erheben[1]. Stellt die Kommission hingegen fest, dass die jeweilige Beihilfe mit dem Binnenmarkt (d.h. mit Art. 107 Abs. 3 sowie den dazu ergangenen Leitlinien/Mitteilungen) vereinbar ist, ergeht eine Positiventscheidung, die ihrerseits von Wettbewerbern nach Maßgabe des Art. 263 AEUV angegriffen werden kann. Eine sog. **Negativentscheidung** ergeht, wenn die Kommission zu dem Schluss gelangt, dass die angemeldete Beihilfe mit dem Binnenmarkt unvereinbar ist. In Negativentscheidungen entscheidet die Kommission, dass der betreffende Mitgliedstaat unverzüglich alle notwendigen Maßnahmen ergreift, um die Beihilfe vom Begünstigten zurückzufordern (Art. 14 VO 659/1999). Diese Rückforderung erfolgt nach den Verfahren des betreffenden Mitgliedstaates, sofern hierdurch die sofortige und tatsächliche Vollstreckung der Kommissionsentscheidung ermöglicht wird.

### c) Einziehungsverfahren von EU-Fördermitteln

22 In der Praxis bereiten die verschiedenen **Finanzhilfeprogramme der EU-Organe** – insbes. der EU-Kommission – erhebliche Probleme. Zahlreiche Förderprogramme, von den jeweiligen Forschungsrahmenprogrammen über das Förderprogramm „Media" bis hin zu EU-Finanzhilfen im Bereich der auswärtigen Beziehungen und der Entwicklungshilfe werden von der EU-Kommission verwaltet, ohne dass es dafür eine einheitliche Verfahrensregelung gibt. Einen allgemeinen Rahmen bietet lediglich die Regelung des Verfahrens zur Einziehung von Unionsforderungen in der Haushaltsordnung der Europäischen Union sowie der Durchführungsverordnung zu dieser Haushaltsordnung einschließlich der internen Verfahrensvorschriften der Europäischen Kommission zu diesen beiden Verordnungen[2].

23 Die Finanzhilfeprogramme der Europäischen Kommission werden von ihren verschiedenen Generaldirektionen verwaltet. Stellt sich nach der Zahlung von Finanzmitteln – die stets im Rahmen eines Finanzhilfevertrages gewährt werden – heraus, dass die betreffende Zahlung teilweise oder vollständig rechtsgrundlos erfolgt ist, wird ein Einziehungsverfahren eingeleitet. Nach Art. 71 der Haushaltsordnung ist dazu erforderlich, dass der „Anweisungsbefugte", d.h. der Generaldirektor oder ein nachgeordneter bevollmächtigter Beamter der Generaldirektion, die das betreffende Finanzhilfeprogramm verwaltet, die Forderung der Kommission feststellt. Steht der Europäischen Union eine einredefreie, auf Geld gehende und fällige Forderung gegen den Finanzhilfeempfänger zu, erteilt die zuständige Generaldirektion

---

1 EuGH v. 13.12.2005 – Rs. C-78/03 P, ARE, Slg. 2005, I-10737, Rz. 35.
2 Eingehend *Beysen*, EWS 2008, 120 ff.

## II. Direkter Vollzug (EU-Eigenverwaltung)

dem Rechnungsführer der Kommission (Generaldirektion Haushalt) eine Einziehungsanordnung und sendet eine **Belastungsanzeige** an den Finanzhilfeempfänger (Art. 71 Abs. 2 Haushaltsordnung). Mit dieser Belastungsanzeige wird der Fördermittelempfänger dazu aufgefordert, die festgestellte Schuld innerhalb einer bestimmten Frist zu erstatten. Ab diesem Zeitpunkt ist die Forderung zu verzinsen.

Ist eine Verrechnung möglich, wird der Fördermittelempfänger über die bevorstehende **Aufrechnung** informiert. In Art. 83 der Durchführungsverordnung hat eine Verrechnung die Wirkung einer Zahlung und entlastet die Europäische Union in Höhe der Schuld und der ggf. aufgelaufenen Zinsen. Die Verrechnung ist binnen einer Frist von zwei Monaten anzufechten, sie wird ansonsten rechtskräftig[1]. 24

### d) Kartellverfahren

Im Kartellverfahren sind die **Ermittlungsbefugnisse der Kommission** in der VO 1/2003 geregelt[2]. Diese sieht zwei voneinander unabhängige Verfahren vor: 25
– ein schriftliches Auskunftsverlangen gem. Art. 18 der VO 1/2003 und
– Nachprüfungen vor Ort (insbesondere unangekündigte „dawn raids") gem. Art. 20 der VO 1/2003.

Ein **schriftliches Auskunftsverlangen** kann auf zwei Wegen erfolgen: Zum einen kann die Kommission ein einfaches Auskunftsersuchen an die Parteien richten, wobei unrichtige oder irreführende Angaben erhebliche Geldbußen nach sich ziehen, andererseits kann die Kommission eine förmliche Auskunftsentscheidung erlassen, die mit Zwangsmitteln durchgesetzt werden kann. Die Kommission muss die Rechtsgrundlage und den Zweck ihres Auskunftsverlangens angeben. Ferner kann sie nur solche Auskünfte verlangen, die eine Prüfung der angegebenen vermuteten Zuwiderhandlung ermöglichen. 26

**Nachprüfungen vor Ort** können ebenfalls auf zwei Verfahrenswegen erfolgen: entweder durch einen unverbindlichen Prüfungsauftrag gem. Art. 20 Abs. 3 der VO 1/2003 oder durch die duldungspflichtige Prüfungsanordnung gem. Art. 20 Abs. 4 der VO 1/2003. Auch hier ist die Kommission verpflichtet, den Gegenstand und den Zweck der Nachprüfung schriftlich anzugeben. Im Rahmen ihrer Betretungsmacht kann sie allerdings auch die Vorlage der Unterlagen und Akten verlangen, die vorher nicht genau bezeichnet wurden, und auch nach anderen Informationsquellen suchen. Die Grenzen des Nachprüfungsrechts liegen in der Gefahr der Selbstbezichtigung und in der Vertraulichkeit des Schriftverkehrs zwischen Anwalt und Mandant (legal privilege), auf die sich jedoch der Syndikusanwalt nicht berufen kann[3]. 27

### e) Antidumpingverfahren

Im Antidumpingverfahren sind die Ermittlungsbefugnisse der Kommission in der VO 384/96 niedergelegt[4]. Die Kommission sendet den Parteien des Verfahrens einen Fragebogen zu, den sie innerhalb von 30 Tagen beantworten müssen, wobei diese Frist bei einem triftigen Grund verlängert werden kann. Außerdem kann 28

---

1 EuG v. 8.10.2008 – Rs. T-122/06, Helkon Media, Slg. 2008 II-210, Rz. 46ff.
2 VO 1/2003 (Kartellverordnung), ABl. 2003, L 1/1; dazu *Sura*, in: Langen/Bunte, Kommentar zum Europäischen und Deutschen Kartellrecht, Bd. 2, S. 713–878.
3 EuG v. 17.9.2007 – verb. Rs. T-125/03 und T-253/03, Akzo Nobel Chemicals Ltd und Akcros Chemicals Ltd/Kommission, Slg. 2007 II–3523, Rz. 165f.
4 VO 384/96 (Antidumpingverordnung). Dazu eingehend: *Weigl u.a.*, in: Grabitz/Hilf, Das Recht der EU, Kommentar Bd. V E 6.

die Kommission es den Mitgliedstaaten auferlegen, die erforderlichen Nachprüfungen anzustellen. Die Kommission führt auch **Kontrollbesuche** durch, wobei die Betroffenen grds. vorab über die vorzulegenden Unterlagen informiert werden, jedoch können auch weitere Unterlagen vor Ort angefordert werden. Bei Verweigerung der Mitwirkung kann die Kommission ihre Entscheidung auf Grund der verfügbaren Tatsachen – in der Regel Informationen von Konkurrenten – treffen.

### f) Beweislast

29 Scheitert im Einzelfall eine vollständige **Sachverhaltsaufklärung**, so gilt für den direkten Vollzug des EU-Rechts der aus dem deutschen Recht geläufige Grundsatz, dass derjenige beweispflichtig ist, der sich auf den Tatbestand einer für ihn günstigen oder ihn ermächtigenden Rechtsnorm beruft; ein *non liquet* geht daher i.d.R. zu Lasten der EU-Behörden[1]. So liegt im Kartellverfahren die Beweislast bei der Behörde oder Partei, die die Kommission wegen einer behaupteten Verletzung einschaltet. Die Beweislast für das Vorliegen der Freistellungsvoraussetzungen (vgl. Art. 101 Abs. 3 AEUV) liegt dagegen bei dem Unternehmen, das sich auf diese Bestimmung beruft. Ebenso obliegt der Kommission grds. der Nachweis, dass die Voraussetzungen des Art. 107 Abs. 1 AEUV vorliegen, sofern sie eine Beihilfe beanstanden oder genehmigen möchte.

30 Dies schließt **Vermutungen über das Vorliegen eines Verbotstatbestandes** nicht aus. So wird das Vorliegen der abgestimmten Verhaltensweisen i.S.d. Art. 101 AEUV sowie der Kausalzusammenhang zwischen der Fusion und der Verstärkung einer marktbeherrschenden Stellung vermutet[2]. In diesen Fällen muss das betroffene Unternehmen das Gegenteil beweisen. Desgleichen wird im Rahmen des Beihilfentatbestandes (Art. 107 Abs. 1 AEUV) vermutet, dass die Begünstigung eines Unternehmens aus staatlichen Mitteln zu einer den Wettbewerb verzerrenden Handelsbeeinträchtigung führt.

31 Informationen, die in einem konkreten Verfahren erhoben wurden, dürfen in der Regel nicht für ein anderes Verfahren genutzt werden[3]. Einem **Beweisverwertungsverbot** unterliegen rechtswidrig erlangte Beweismittel[4]. Generell dürfen die EU-Behörden nicht auf Grund von Unterlagen und Aussagen entscheiden, die den betroffenen Mitgliedstaaten oder Privaten – und sei es auch in rechtmäßiger Weise – vorenthalten wurden[5].

### 6. Willensbildung

32 Den **Willensbildungsprozess der EU-Organe** regeln – je nach Sachmaterie – der AEUV, die einschlägigen Normen des EU-Sekundärrechts, sowie die Geschäftsordnungen der Organe. Wenn die EU-Organe jedoch auf die Mitwirkung der mitgliedstaatlichen Behörden und der unterstützenden Ausschüsse angewiesen sind, so unterscheidet sich das Verfahren je nach Regelungsbereich. So muss im Kartellverfahren der Beratende Ausschuss gehört werden, bevor eine endgültige Entscheidung gem. Art. 101, 102 AEUV erlassen wird, Art. 14 der VO 1/2003.

---

1 von *Danwitz*, Europäisches Verwaltungsrecht, S. 420–421.
2 EuGH v. 8.7.1999 – Rs. C-199/92 P, Hüls AG, Slg. 1999, I-4287.
3 von *Danwitz*, Europäisches Verwaltungsrecht, S. 423.
4 EuGH v. 17.12.1981 – verb. Rs. 197-200/80, 243/80, 245/80 und 247/80, Ludwigshafener Walzmühle, Slg. 1981, 3211.
5 EuGH v. 7.6.1983 – verb. Rs. 100-103/80, Musique Diffusion Francaise, Slg. 1983, 1825, Rz. 14 ff.

Der Kommission können gem. Art. 290, 291 Abs. 2 AEUV vom Rat kraft EU-Sekundärrechts bestimmte Rechtssetzungsbefugnisse übertragen werden (sog. delegierte Rechtsakte)[1]. Das bisherige **Komitologieverfahren**, wonach die Kommission von Ausschüssen, bestehend aus nationalen Beamten und Sachverständigen, unterstützt wurde, findet hiernach keine Anwendung mehr. Lediglich auf Rechtsakte, die bisher auf den Komitologiebeschluss[2] verwiesen, wird das Komitologieverfahren bis zur Anpassung an die Rechtslage nach dem Vertrag von Lissabon angewandt. 33

Die **Kommission handelt als Kollegialorgan**. Dies bedeutet, dass die von ihr erlassenen Rechtsakte und Vorschläge – einschließlich des sog. Verwaltungsverfahrens im Rahmen des Vertragsverletzungsverfahrens – i.d.R. durch das Kollegium der Kommissare selbst beschlossen werden müssen. Ein Beschluss erfordert gem. Art. 250 AEUV eine einfache Mehrheit bei Anwesenheit der Mehrheit der Kommissare, die nicht vertreten werden können. Es gibt im Wesentlichen **drei** unterschiedlich ausgestaltete **Beschlussverfahren der Kommission**: das ordentliche Verfahren gem. Art. 5 ff. GeschO[3], das schriftliche Verfahren gem. Art. 12 GeschO und das Ermächtigungsverfahren gem. Art. 13 GeschO. 34

## 7. Beteiligungsrechte

### a) Rechtliches Gehör der Betroffenen

Rechtliches Gehör ist als **allgemeiner Grundsatz**, der auch in **Art. 41 Abs. 2 EU-Grundrechte-Charta** niedergelegt ist, selbst dann zu beachten, wenn das Unionsrecht hierzu keine ausdrückliche Regelung enthält[4]. Insbesondere kommt dieser Grundsatz bei belastenden Verwaltungsmaßnahmen zur Anwendung, bspw. wenn die Kommission Geldbußen oder Zwangsgelder verhängt (z.B. im Wettbewerbsrecht), oder bei sonstigen potentiellen Beeinträchtigungen der unmittelbar Betroffenen (z.B. im Beihilfenrecht). 35

Der **Umfang des Anspruchs** auf rechtliches Gehör wird danach bestimmt, **wie intensiv** die Maßnahme in die **Rechte des Betroffenen** eingreift. Die Intensität hängt von der Rechtsnatur und vom Regelungsinhalt der Maßnahme ab. An die Einhaltung des rechtlichen Gehörs werden umso höhere Anforderungen gestellt, je größer der Ermessensspielraum der Kommission ist[5]. Zum rechtlichen Gehör zählen sowohl ein Akteneinsichts- als auch ein Anhörungsrecht (Art. 41 Abs. 2 EU-Grundrechte-Charta)[6]. 36

Das **Akteneinsichtsrecht** ist sowohl im Primär-[7] als auch im Sekundärrecht[8] verankert. Einsicht ist in dem Umfang zu gewähren, der zur wirksamen Verteidigung gegen die Vorhaltungen der EU-Behörden notwendig ist. Grundsätzlich muss etwa die Kommission sicherstellen, dass der Adressat auf dem gleichen relevanten Kenntnisstand ist, d.h. sie muss dem Unternehmen die vollständige Verfahrensakte zur Verfügung stellen. Seine – gerichtlich kontrollierten[9] – Grenzen findet das Ak- 37

---

1 Vgl. *Gundel*, JA 2008, 910.
2 Beschluss des Rates 1999/469 v. 28.6.1999, ABl. 1999 L 184/23.
3 Geschäftsordnung der Kommission v. 15.11.2005, ABl. 2005 L 347/83.
4 EuG v. 6.12.1994 – Rs. T-450/93, Rz. 42, Lisrestal, Slg. 1994, II-1177; EuGH v. 27.6.1991 – Rs. C-49/88, *Al-Jubail*, Slg. 1991 – 3187, Rz. 15.
5 EuGH v. 30.6.1971 – Rs. 19/70, Almini/Kommission, Slg. 1971, 623, Rz. 8; *Haibach*, NVwZ 2007, 456; *Gassner*, DVBl 1995, 16 (18).
6 *Galetta/Grzeszick*, in: Tettinger/Stern, Europäische Grundrechte-Charta, Art. 41 Rz. 45.
7 Art. 15 AEUV; Art. 41 Abs. 2 EU-Grundrechte-Charta.
8 Z. B. Art. 27 Abs. 2 S. 1 der VO 1/2003, Art. 5 Abs. 11 der VO 384/96, Art. 26 Abs. 6 der VO 31/61 (Beamtenstatut).
9 EuG v. 29.6.1995 – Rs. T-30/91, Solvay u.a./Kommission, Slg. 1995, II, 1775, Rz. 102; v. 25.10.2002 – Rs. T-5/02, Tetra Laval/Kommission, Slg. 2002 II, 4381, Rz. 89 ff.

teneinsichtsrecht in Geschäftsgeheimnissen anderer Unternehmen und sonstigen vertraulichen Mitteilungen[1]. In der Regel dürfen die Dokumente, die das Unternehmen nicht einsehen konnte, nicht mehr zur Begründung des Wettbewerbsverstoßes herangezogen werden (Verwertungsverbot)[2].

38 Die **Anhörung** bezieht sich sowohl auf Tatsachen als auch auf Rechtsfragen. Sie ist grds. bei Einzelmaßnahmen erforderlich (Art. 41 Abs. 2 lit. a Grundrechte-Charta), ist aber ausnahmsweise auch bei Normativakten zu gewähren, wenn diese – wie etwa im Antidumpingrecht – Einzelne unmittelbar und individuell betrifft. Es steht im Ermessen der Kommission, ob die Anhörung mündlich oder schriftlich durchgeführt wird[3]. Die Kommission entscheidet nach eigenem Ermessen, ob auch Dritten ein Anhörungsrecht eingeräumt wird, wenn sie einen Antrag gestellt haben und ein ausreichendes Interesse geltend machen.

39 Dem Betroffenen muss eine angemessene **Frist für die Stellungnahme** eingeräumt werden. Diese ist einerseits nach der Schwierigkeit, andererseits nach der Dringlichkeit des Einzelfalls zu beurteilen, wobei das **Gebot der zügigen Verfahrensabwicklung** zu berücksichtigen ist. Erhält die Kommission im Laufe des Verfahrens neue Informationen, so kann sie dennoch von einer erneuten Anhörung absehen, wenn diese Informationen bereits vorgetragene und behandelte Tatsachen lediglich bestätigen oder konkretisieren[4].

**b) Beteiligungsrechte Dritter**

40 Den nur mittelbar Betroffenen stehen nach der Rechtsprechung nur solche Verfahrensrechte zu, die zum **Schutz ihrer berechtigten Interessen** erforderlich sind[5]. Ein berechtigtes Interesse muss **glaubhaft gemacht** werden und ist insbesondere dann zu bejahen, wenn der Dritte selbst in einer wirtschaftlichen Beziehung zum Beteiligten an dem vermeintlichen Verstoß steht, oder die Interessen solcher Personen vertritt. Grundsätzlich stehen ihm folgende Beteiligungsrechte und -möglichkeiten zu:

– Beschwerde bei der Kommission
– Stellungnahme im Rahmen laufender Verfahren
– Anhörung als Zeugen

41 Sowohl natürliche als auch juristische Personen können bei der Kommission eine **Beschwerde** einlegen, die **auf die Feststellung eines Verstoßes gegen das Kartell- oder Beihilfenrecht** gerichtet ist, Art. 7 der VO 1/2003 und Art. 20 der VO 659/1999. Wenn die Kommission im Ergebnis zur Unbegründetheit der Beschwerde kommt, ist sie verpflichtet, dies dem Beschwerdeführer mitzuteilen und ihm die Möglichkeit zur Stellungnahme einzuräumen, Art. 6 der VO 2842/98[6]. Gegen die Unterlassung einer solchen Mitteilung kann Untätigkeitsklage erhoben werden, Art. 265 AEUV[7]. Gegen die formelle Entscheidung der Kommission über die Einstellung des Verfahrens kann der Dritte unter bestimmten Voraussetzungen die Nichtigkeitsklage erheben, Art. 263 Abs. 4 AEUV (s. Rz. 62).

---

1 Mitteilung der Kommission über die Akteneinsicht, ABl. 1997 C 23/3.
2 EuGH v. 15.7.1970 – Rs. 45/69, Boehringer/Kommission, Slg. 1970, 769, Rz. 15.
3 EuGH v. 29.10.1980 – verb. Rs. 209–215, 218/78, Van Landewyck u.a./Kommission, Slg. 1980, 3125, 3232.
4 EuGH v. 14.7.1972 – Rs. 51/69, Bayer/Kommission, Slg. 1972, 745, Rz. 11.
5 EuGH v. 17.11.1987 – verb. Rs. 142, 156/84, BAT u.a./Kommission, Slg. 1987, 4487, Rz. 19 ff.
6 ABl. 1998 L 354/18.
7 EuGH v. 23.5.1990 – Rs. C-72/90, Asia Motors/Kommission, Slg. I-1990, 2182.

**Beteiligungsrechte im Beihilfeverfahren** hängen vom jeweiligen Verfahrensstadium ab. Im beihilfenrechtlichen Vorprüfungsverfahren trifft die Kommission z.B. keine Verpflichtung, sondern eine bloße Obliegenheit, dem beihilfebegünstigten Unternehmen oder dessen Konkurrenten die Möglichkeit einer schriftlichen oder mündlichen Stellungnahme einzuräumen[1]. Die Einleitung eines förmlichen (Haupt-)Prüfungsverfahrens wird demgegenüber im EU-Amtsblatt (Teil C) veröffentlicht, zu der sowohl der Beihilfenempfänger als auch dessen Wettbewerber oder Verbände Stellung nehmen können (s.o. Rz. 20). Mit der zuständigen Generaldirektion Wettbewerb werden in der Regel Hintergrundgespräche oder „Prä-Notifizierungsgespräche" geführt.

42

### 8. Verfahrensbeendigende Handlungsformen der EU-Organe

Im europäischen Verwaltungsverfahren ist stets darauf zu achten, ob sich das zuständige EU-Organ einer zulässigen **Handlungsform** bedient hat. In der Regel wird das Verwaltungsverfahren mit einem gerichtlich anfechtbaren Beschluss (bis 2009: „Entscheidung") beendet, in seltenen Fällen ergehen allerdings auch Verordnungen, Richtlinien oder (unverbindliche) Empfehlungen oder Stellungnahmen oder es werden Vereinbarungen geschlossen.

43

#### a) Beschlüsse (Art. 288 Abs. 4 AEUV)

Der Beschluss dient, einem Verwaltungsakt ähnlich, der verbindlichen **Regelung von Einzelfällen**, insbesondere im Kartell-, im Fördermittel- und im Beihilfenrecht. Beschlüsse sind **in allen Teilen verbindlich**. Adressaten eines Beschlusses können sowohl Privatpersonen und Unternehmen als auch Mitgliedstaaten sein. Eine Veröffentlichung im Amtsblatt ist, anders als bei Verordnungen, nicht zwingend erforderlich (Art. 297 Abs. 2 AEUV).

44

Ist ein Beschluss – wie etwa im Beihilfenrecht – an einen Mitgliedstaat gerichtet, schließt dies anfechtbare und **unmittelbare Wirkungen für Privatpersonen** und Unternehmen nicht aus. Entscheidend ist in der Regel, ob dem Mitgliedstaat bei der Durchführung ein Gestaltungsspielraum eingeräumt wird[2]. So kann z.B. ein an den Mitgliedstaat gerichteter Beihilfen-Rückforderungsbeschluss gem. Art. 14 der VO (EG) 659/1999 (oben Rz. 21) als Rechtsgrundlage eines staatlichen Rückforderungsbescheides dienen. Die Kehrseitentheorie findet insoweit keine Anwendung[3].

45

#### b) Verordnungen (Art. 288 Abs. 2 AEUV)

Einige Verwaltungsverfahren – etwa im Antidumping-Verfahren – können auch durch Verordnungen abgeschlossen werden. Verordnungen sind, einem Gesetz vergleichbar, in allen ihren Teilen verbindlich und gelten unmittelbar in den Mitgliedstaaten. Dies bedeutet, dass Verordnungen von den zuständigen Behörden und Normadressaten unmittelbar, d.h. ohne innerstaatlichen **Transformationsakt** angewendet werden können.

46

In seltenen Fällen entfalten Verordnungen keine unmittelbare Wirkung zu Gunsten oder zu Lasten der Betroffenen, weil sie durch innerstaatliches Recht umgesetzt und präzisiert werden müssen (sog. „**hinkende Verordnungen**"). In jedem Einzelfall ist dann – unter Berücksichtigung der vom EU-Recht geforderten effektiven Wirksamkeit (Rz. 72) – zu prüfen, ob sie als behördliche VA-Grundlage in Betracht kommen.

47

---

1 EuGH v. 15.6.1993 – Rs. C-225/91, Matra/Kommission, Slg. 1993, I-3203, Rz. 33 ff.
2 EuGH v. 7.5.1991 – Rs. C-291/89, Interhotel/Kommission, Slg. 1991, 2257, Rz. 13.
3 *Karpenstein/Klein*, in: Hirsch/Montag/Säcker, Münchener Kommentar zum Deutschen und Europäischen Wettbewerbsrecht, Band 2, Anhang zu Art. 14 BVVO, Rz. 21 ff.

Nach dem Vertrag von Lissabon sind Verordnungen unmittelbar vor dem Gericht erster Instanz der Europäischen Union (EuG) anfechtbar, wenn sie keine weiteren Vollzugsmaßnahmen voraussetzen, sondern ein Verhalten unmittelbar ge- oder verbieten (Art. 263 AEUV).

#### c) Richtlinien (Art. 288 Abs. 3 AEUV)

48 Richtlinien werden nur selten von der EU-Kommission (vgl. etwa Art. 106 Abs. 3 AEUV), sondern in aller Regel vom Rat erlassen. Sie sind auf innerstaatliche Transformation (Umsetzung) angelegt und deshalb grds. nicht unmittelbar anwendbar. Die Wahl der Form und der Umsetzungsmittel bleibt den Mitgliedstaaten überlassen. Nur in Ausnahmefällen, nämlich nach Ablauf der Umsetzungsfrist und für den Fall, dass für den Einzelnen keine unmittelbaren Verpflichtungen abgeleitet werden, können hinreichend bestimmte Richtlinienbestimmungen unmittelbare Wirkung vor den nationalen Gerichten und Behörden zeitigen[1]. Darüber hinaus kommen Schadensersatzansprüche in Betracht, wenn die innerstaatlichen Stellen offenkundig und schwerwiegend gegen Richtlinienvorschriften verstoßen, die dem Schutz der Betroffenen dienen (s.u. Rz. 141 ff.)[2].

#### d) Verträge und Vereinbarungen

49 Ein Verfahren – etwa ein Ausschreibungsverfahren der Kommission – kann darüber hinaus im Wege eines **zivilrechtlichen oder öffentlich-rechtlichen Vertrages** beendet werden. Solche Verträge bieten sich insbesondere in Bereichen wie Entwicklungshilfe, Umweltschutz, Förderung der Wissenschaft, Forschung und Entwicklung an.

50 Auch im Kartell-, Antidumping- und Beihilfenrecht kann die Kommission das Verfahren mit Hilfe einer mehr oder weniger förmlichen „**Vereinbarung**" mit dem betreffenden Unternehmen bzw. dem Mitgliedstaat beenden. Der Vorteil liegt in der informellen Beschleunigung des Verfahrens, der Nachteil in der meist fehlenden Rechtssicherheit. Im Antidumping- und Kartellrecht ist diese Möglichkeit kodifiziert, Art. 8 Abs. 1 der VO 384/96, Art. 9 der VO 1/2003. Bei schwerwiegenden (horizontalen) Kartellen zwischen Wettbewerbern ist darüber hinaus eine Verfahrensbeendigung durch sog. „Settlements" vorgesehen; diese schützen allerdings nicht vor späteren Schadensersatzklagen von Wettbewerben[3]. Im Antidumpingrecht kann die Vereinbarung z.B. darin bestehen, dass sich das Unternehmen verpflichtet, seine Einfuhren zu verringern bzw. die Einfuhrpreise zu erhöhen und die Kommission im Gegenzug von einer Fortführung des Untersuchungsverfahrens absieht. Im Kartellrecht kann z.B. vereinbart werden, dass das Unternehmen künftig von bestimmten Praktiken absieht.

### 9. Wirksamkeitsvoraussetzungen

#### a) Begründungspflicht

51 Die Begründungspflicht gilt für alle Handlungen der Organe, die verfahrensbeendend sind (Art. 296 AEUV). Die Begründung muss umso ausführlicher sein, je weiter der Ermessensspielraum ist[4]. Die Begründungspflicht soll den Betroffenen die

---

1 EuGH v. 4.12.1974 – Rs. 41/74, Van Duyn, Slg. 1974, 1337, Rz. 12 f.; dazu *Karpenstein*, Praxis des EG-Rechts, Rz. 56–73.
2 EuGH v. 19.11.1991 – verb. Rs. C-6/90 und C-9/90, Francovich, Slg. 1991, I-5357.
3 *Hirsbrunner*, EuZW 2011, 12.
4 EuGH v. 13.7.1966 – Rs. 56/64 und 58/64, Grundig Consten/Kommission, Slg. 1966, 322, 453.

## II. Direkter Vollzug (EU-Eigenverwaltung)

Wahrnehmung ihrer Rechte und dem Gerichtshof die Kontrolle der Rechtsakte der Kommission ermöglichen[1]. Die Kommission ist zwar nicht verpflichtet, den kompletten Ablauf des Verfahrens zu schildern, muss jedoch die **wesentlichen Tatsachen und die Erwägungsgründe darlegen**, die zur Entscheidung geführt haben. Der Betroffene muss die Entscheidung nachvollziehen und seine Rechtsschutzmöglichkeiten einschätzen können. Mangelhaft ist eine lückenhafte oder in sich widersprüchliche Begründung.

### b) Amtssprache

Die Wahl der Sprache im Verwaltungsverfahren richtet sich nach dem Erfordernis einer wirksamen **Wahrnehmung der Verteidigungsrechte** durch die Betroffenen[2]. In der Regel handelt es sich deshalb um die Sprache des Mitgliedstaates/Unternehmens, dem eine Verletzung des Unionsrechts vorgehalten wird. Für manche Verwaltungsverfahren ist die Wahl der Verfahrenssprache näher geregelt, z.B. Art. 2 Abs. 4 der VO 447/98, Art. 2 Abs. 4 der VO 3385/94. Urkunden müssen in Originalsprachen eingereicht werden, wobei eine Übersetzung in die Verfahrenssprache beizufügen ist, wenn die Originalsprache keine Amtssprache ist. Ein Verstoß gegen die Sprachenregelung kann gerichtlich angefochten werden, führt jedoch dann nicht zur Nichtigkeit, wenn der Adressat die Regelung richtig verstanden hat.

### c) Nebenbestimmungen

Die Zulässigkeit von Nebenbestimmungen ist primärrechtlich nicht ausdrücklich geregelt. Als „Minus" zu Genehmigungsentscheidungen sind sie in der Regel dort zulässig, wo den EU-Behörden Ermessen eingeräumt ist[3]. Im Bereich des Beihilfenrechts und der Fusionskontrolle ist **sekundärrechtlich klargestellt**, dass eine Positiventscheidung der Kommission über die Vereinbarkeit einer Beihilfe bzw. eines Zusammenschlusses mit EU-Recht mit Auflagen und Bedingungen versehen werden kann, Art. 7 Abs. 4 der VO (EG) 659/99 (Beihilfenverordnung), Art. 6 Abs. 2 und Art. 8 Abs. 2 der VO (EG) 139/2004 (Fusionskontrollverordnung)[4]. Von der Befugnis zum Erlass von Nebenbestimmungen wird in der Praxis großzügig Gebrauch gemacht.

Auflagen sind durch Verhängung von Geldbußen, Festsetzung von Zwangsgeldern oder Widerruf der Entscheidung durchsetzbar. Bedingungen müssen hingegen nicht durchgesetzt werden, da sie selbst eine aufschiebende oder auflösende Wirkung haben, vgl. etwa Art. 6 Abs. 3 lit. b, Art. 8 Abs. 6 lit. b der VO (EG) 139/2004. Auflagen und Bedingungen können **isoliert angefochten** werden, wenn sie vom Rechtsakt abtrennbar sind[5].

### d) Zustellung und Bekanntgabe

Ein Rechtsakt wird mit der Veröffentlichung im Amtsblatt bzw. mit der Bekanntgabe wirksam, Art. 297 Abs. 2 AEUV. Abstrakt-generelle Gesetzesakte (Verordnungen, Richtlinien) müssen stets im Amtsblatt der EU veröffentlicht werden. Sie treten am zwanzigsten Tag nach der Veröffentlichung in Kraft, sofern nichts anderes

---

1 EuGH v. 7.7.1981 – Rs. 158/80, Rewe/Hauptzollamt, Slg. 1981, 1805, Rz. 2.
2 Siehe hierzu *Galetta/Grzeszick*, in: Tettinger/Stern, Europäische Grundrechte-Charta, Art. 41 Rz. 73.
3 EuG v. 15.9.1998 – Rs. T-140/95, Ryanair/Kommission, Slg. 1998, II-3327.
4 Hierzu ausführlich *Ehricke*, EWS 2006, 241.
5 EuGH v. 31.3.1998 – verb. Rs. C-68/94 und C-30/95, Frankreich u.a./Kommission, Slg. 1998, I-1375, Rz. 256.

bestimmt ist. Die ordnungsgemäße Bekanntgabe der Rechtsakte mit administrativem Charakter setzt den Zugang an den Adressaten bzw. die Möglichkeit der tatsächlichen Kenntnisnahme voraus. Teilweise (z.B. im Wettbewerbs- oder im Antidumpingrecht) ist eine zusätzliche Veröffentlichung des Rechtsaktes im Amtsblatt vorgesehen. Die Bekanntgabe setzt die **Zwei-Monats-Frist** zur Erhebung einer Nichtigkeitsklage gegen den Rechtsakt in Gang (Rz. 62).

### e) Rechtsmittelbelehrung

56  Eine Rechtsmittelbelehrung ist generell nicht erforderlich, ihr Fehlen kann demnach auch grds. keine Klagefristen verlängern. Im europäischen **Sekundärrecht** finden sich hierzu nur vereinzelte Vorschriften. So regelt die Transparenzverordnung (s.o. Rz. 11 ff.), dass die EU-Organe die vollständige oder teilweise Ablehnung eines Antrages auf Akteneinsicht mit einer Rechtsmittelbelehrung versehen müssen; allerdings können nach einer Ablehnung auch weitere Anträge gestellt werden, so dass Bestandskraft und Rechtsmittelbelehrung insoweit entwertet werden[1]. Auch im Falle eines förmlichen Auskunftsverlangens oder einer Nachprüfungsentscheidung im Kartellrecht muss eine Rechtsmittelbelehrung erfolgen, Art. 20 Abs. 4 der VO 1/2003.

### f) Gültigkeitsvermutung und Durchbrechung der Bestandskraft

57  Es besteht eine **allgemeine Vermutung**, dass die von den EU-Organen erlassenen Rechtsakte gültig sind[2]. Sowohl gegenüber den mitgliedstaatlichen als auch gegenüber den EU-Organen und den Betroffenen entfalten diese Rechtsakte demnach Rechtswirkungen, solange sie nicht zurückgenommen, im Rahmen einer Nichtigkeitsklage für nichtig erklärt oder infolge eines Vorabentscheidungsverfahrens oder einer Rechtswidrigkeitseinrede für ungültig erklärt worden sind. Nur ganz ausnahmsweise ist ein Rechtsakt nichtig, nämlich dann, wenn er mit einem schweren und offensichtlichen Fehler – etwa der Veröffentlichung im falschen Amtsblatt – behaftet ist, der nach allgemeinen Rechtsgrundsätzen nicht geduldet werden kann[3].

58  Die **Bestandskraft** eines Rechtsaktes tritt **mit dem Ablauf der Rechtsmittelfristen** ein: Der Klagefrist (Art. 263 Abs. 6 AEUV) zzgl. einer zehntägigen „Entfernungsfrist" (Art. 101 VerfO EuG) oder – soweit sekundärrechtlich ausnahmsweise geregelt – einer Beschwerdefrist, z.B. Art. 90 Abs. 2 der VO (EG) 2265/2002 (Beamtenstatut), Art. 22 der VO (EG) 58/2003. Die materielle Bestandskraft kann nur durch die Wiederaufnahme des Verfahrens oder durch die Aufhebung des Rechtsaktes im Rahmen eines Vorabentscheidungsverfahrens beseitigt werden. Eine Aufhebung im Rahmen eines Vorabentscheidungsverfahrens – das stets nur durch die nationalen Gerichte initiiert werden kann – kommt aber nicht in Betracht, sofern der Betroffene im Wege einer Nichtigkeitsklage unmittelbar gegen den EU-Rechtsakt hätte vorgehen können[4]. Die Wiederaufnahme des Verfahrens ist nur im Kartell- und Antidopingrecht kodifiziert. Sie erfolgt nicht nur auf Grund eines Antrags des Betroffenen, sondern auch von Amts wegen (Art. 11 Abs. 2–4 der VO 384/96), und setzt voraus, dass sich die tatsächlichen Umstände ändern oder die Behörde falsche Tatsachen zugrunde gelegt hat, Art. 9 Abs. 2 der VO 1/2003, Art. 12 der VO 384/96.

---

1 Vgl. EuGH v. 26.1.2010 – Rs. C-362/08 P, Internationaler Hilfsfonds e.V./Kommission, ABl. C. 63 v. 13.3.2010, S. 9; hierzu von *Danwitz*, Europäisches Verwaltungsrecht, S. 443.
2 EuGH v. 10.7.1957 – Rs. 3–7/57, Algera/Gemeinsame Versammlung, Slg. 1957, 85, 126.
3 EuGH v. 5.10.2004 – Rs. C-475/01, Kommission/Griechenland, Slg. 2004, I-8923, Rz. 19.
4 EuGH v. 9.3.1994 – Rs. C-188/92, Textilwerke Deggendorf, Slg. 1994, I-833, Rz. 17 f.; *Karpenstein*, Praxis des EG-Rechts, Rz. 299 f.

**Widerruf und Rücknahme** sind für wenige Akte des Sekundärrechts explizit geregelt, vgl. Art. 9 der VO 659/99, Art. 5 Abs. 8 der VO 139/2004. Aus den allgemeinen Grundsätzen des Vertrauensschutzes und der Rechtssicherheit, die im europäischen Verwaltungsverfahren anerkannt sind, hat die Rechtsprechung allerdings einige allgemeine **Grundsätze über die Zulässigkeit von Widerruf und Rücknahme** von EU-Rechtsakten entwickelt[1]:

– Ein rechtmäßiger begünstigender EU-Rechtsakt kann grds. nicht für die Vergangenheit widerrufen werden[2], denn in diesem Fall überwiegt der Vertrauensschutz das Widerrufsinteresse der Behörde. Die Aufhebung für die Zukunft ist zulässig, wenn nach seinem Erlass eine wesentliche Änderung der Umstände eingetreten ist[3]. Gleiches dürfte für den Widerruf rechtmäßiger belastender Rechtsakte gelten.
– Die Rücknahme eines rechtswidrigen belastenden Rechtsaktes ist dagegen ohne Weiteres innerhalb einer angemessenen Frist zulässig[4]. Ist ein Rechtsakt nur partiell rechtswidrig, so kann nicht der gesamte Rechtsakt zurückgenommen werden[5].
– Rechtswidrige begünstigende Rechtsakte können innerhalb einer angemessenen Frist für die Zukunft zurückgenommen werden. Eine Rücknahme mit Wirkung für die Vergangenheit ist nur nach umfassender Interessenabwägung möglich, bei der es im Wesentlichen darauf ankommt, inwieweit der Betroffene auf die Rechtmäßigkeit und den Fortbestand des Rechtsaktes vertrauen durfte. Das Interesse am Fortbestand ist i.d.R. nicht schutzwürdig, wenn der Betroffene zu dieser Entscheidung der Behörde durch unvollständige oder gar falsche Angaben selbst beigetragen hat[6].

Die **Angemessenheit der Frist** für Rücknahme und Widerruf beurteilt sich danach, ob die Behörde sich von Anfang an Kenntnis von der Rechtswidrigkeit des Rechtsaktes verschaffen konnte bzw. sich bereits vor der Aufhebung des Rechtsaktes um die Wiederherstellung des rechtmäßigen Zustandes bemüht hat. Sie kann im Einzelfall sogar noch nach fünf Jahren bejaht werden[7]. Zu berücksichtigen sind ferner das **Vertrauen und die Gutgläubigkeit des Adressaten**. Die Frist beginnt mit dem Erlass der rechtswidrigen Entscheidung zu laufen.

### g) Vollstreckung

Beschlüsse der EU-Organe, die den Unternehmen oder Einzelpersonen eine Zahlungsverpflichtung auferlegen, sind **vollstreckbare Titel**. Die Zwangsvollstreckung erfolgt nach den zivilprozessualen Vorschriften des Staates, in dessen Hoheitsgebiet sie stattfindet, Art. 299 AEUV. Die Vollstreckungsklausel wird nach einer Prüfung, die sich lediglich auf die Echtheit des Titels erstrecken darf, von der staatlichen Behörde erteilt, welche die Regierung jedes Mitgliedstaates zu diesem Zweck bestimmt und der Kommission und dem Gerichtshof benennt. Sind diese Formvor-

---

1 S. *von Danwitz*, Europäisches Verwaltungsrecht, S. 401 ff.; *Kanitz/Wendel*, EuZW 2008, 231; s.a. *Frenz*, EuR 2008, 468.
2 EuGH v. 24.1.2002 – Rs. C-500/99 P, Conserve Italia/Kommission, Slg. 2002, I-867, Rz. 90.
3 *Lübbig*, EuZW 2003, 233 (236).
4 EuGH v. 24.1.2002 – Rs. C-500/99 P, Conserve Italia/Kommission, Slg. 2002, I-867, Rz. 90.
5 EuGH v. 10.7.1957 – Rs. 7/57, Algera/Gemeinsame Versammlung, Slg. 1957, 87, 126.
6 EuGH v. 17.4.1997 – Rs. C-90/95 P, De Compte/Parlament, Slg. 1997, I-1999, Rz. 37.
7 EuGH v. 5.12.1963 – Rs. 53/63, Lemmerz-Werke/Hohe Behörde, Slg. 1965, 519; v. 26.2.1987 – Rs. 15/85, Consorzio Cooperative d'Abruzzo/Kommission, Slg. 1987, 1005, Rz. 16f.

schriften auf Antrag der die Vollstreckung betreibenden Partei erfüllt, so kann diese die Zwangsvollstreckung nach innerstaatlichem Recht betreiben, indem sie die zuständige Stelle unmittelbar anruft. Nur auf Grund einer (Eil-)Entscheidung der EU-Gerichte kann die Zwangsvollstreckung ausgesetzt werden, Art. 299 Abs. 4 AEUV. Allein die Klageerhebung hat keine aufschiebende Wirkung, sondern muss ggf. mit einem Antrag auf einstweilige Anordnung verbunden werden, Art. 278, 279 AEUV.

## 10. Rechtsschutz gegen die verfahrensbeendigende Maßnahme

### a) Nichtigkeitsklage gem. Art. 263 Abs. 4 AEUV

62 Nach Maßgabe des Art. 263 AEUV können alle natürlichen und juristischen Personen die Handlungen der EU-Organe und -Einrichtungen im Wege einer Anfechtungsklage („Nichtigkeitsklage") **binnen zwei Monaten** anfechten. Dies betrifft zum einen die an sie gerichteten oder sie unmittelbar und individuell betreffenden Handlungen (EU-Beschlüsse), zum anderen Rechtsakte mit Verordnungscharakter, die sie unmittelbar betreffen und keine Durchführungsmaßnahmen nach sich ziehen (Verordnungen im Gesetzgebungsverfahren, Verordnungen der Kommission und unmittelbar anwendbare EU-Richtlinien)[1].

63 Hiernach kann auch ein **Nicht-Adressat** gegen EU-Beschlüsse vorgehen, nämlich dann, wenn sie ihn wegen bestimmter persönlicher Eigenschaften oder besonderer, ihn aus dem Kreis aller übrigen Personen heraushebender Umstände berühren und ihn dadurch in ähnlicher Weise individualisieren wie den Adressaten[2].

64 Klagen gegen Verordnungen sowie Rechtsakte, die zwar nicht so bezeichnet sind, aber dieselben Rechtswirkungen wie Verordnungen haben, sind zulässig, wenn die Kläger *in concreto* **ohne weitere Durchführungsakte** (unmittelbar) betroffen sind und die angefochtenen Akte hinsichtlich der angefochtenen Bestimmungen darauf angelegt sind, keine weiteren Durchführungsmaßnahmen nach sich zu ziehen.

### b) Amtshaftung

65 Die EU ersetzt nach allgemeinen Amtshaftungsgrundsätzen die von ihren Organen und Einrichtungen verursachten Schäden (sog. „**außervertragliche Haftung**")[3]. Allerdings löst nicht jede Rechtsverletzung eine Haftung aus. Verlangt ist zum einen die Verletzung einer „Schutznorm", und zum anderen – zumindest bei Akten der Rechtsetzung – eine besondere Qualität des Verstoßes.

66 Schutznormen sind solche EU-Vorschriften, die bezwecken, **dem Einzelnen Rechte zu verleihen**[4]. Bei allgemeinen Rechtsakten ist ferner erforderlich, dass eine hinreichend qualifizierte Verletzung einer höherrangigen, dem Schutz der Einzelnen dienenden Rechtsnorm vorliegt[5]. In der Praxis bejahen die EU-Gerichte eine Haftung der EU-Organe nur bei besonders offenkundigen und schwerwiegenden Rechtsverstößen, etwa bei (bedingt) vorsätzlichen Verletzungen allgemeiner Rechtsgrundsätze.

---

1 *Everling*, EuZW 2010, 572.
2 EuGH v. 15.7.1963 – Rs. 25/62, Plaumann, Slg. 1963, 213, 238; EuG v. 5.6.1996 – Rs. T-398/94, Kahn Scheepvaart/Kommission, Slg. 1996, II-477, Rz. 37.
3 Zum Ganzen *von Bogdandy*, in: Grabitz/Hilf, Das Recht der EU, Art. 288 EGV Rz. 25 ff.
4 EuGH v. 4.7.2000 – Rs. C-352/98 P, Bergaderm, Slg. 2000, I-5291, Rz. 42; v. 10.12.2002 – Rs. C-312/00 P, *Camar*, Slg. 2002, I-11 355, Rz. 53.
5 EuGH v. 2.12.1971 – Rs. 5/71, Schöppenstedt, Slg. 1971, 975, Rz. 11; v. 26.6.1990 – Rs. C-152/88, Sofrimport, Slg. 1990, I-2477, Rz. 25; v. 19.5.1992 – verb. Rs. C-104/89 und C-37/90, Mulder, Slg. 1992, I-3061, Rz. 12.

## III. Indirekter Vollzug (mitgliedstaatlicher Vollzug)

Während Verwaltungsverfahren vor den Unionsorganen (direkter Vollzug) auch für auf das Verwaltungsrecht spezialisierte Anwälte nach wie vor eher die Ausnahme bilden,[1] gehören Kenntnisse des „Europäischen Verwaltungsverfahrens" seit langem zu **den unabdingbaren Voraussetzungen** für die erfolgreiche Bearbeitung eines verwaltungsrechtlichen Mandats. 67

Bei der Durchführung von Unionsrecht wenden die Behörden die verfahrensrechtlichen Regelungen ihres **nationalen Rechts** an, soweit das Unionsrecht nicht ausnahmsweise unmittelbar geltende Verfahrensbestimmungen (unmittelbares Unionsverfahrensrecht) enthält[2]. Das Verwaltungsverfahren richtet sich beim mitgliedstaatlichen Vollzug daher grds. nach den Bestimmungen der Verwaltungsverfahrensgesetze des Bundes bzw. der Länder (zu den allgemeinen Grundzügen des Verwaltungsverfahrens vgl. den Beitrag von *Bracher/Redeker*, Teil 1 Kap. A.). Hierin liegt der zentrale Unterschied zu dem direkten Vollzug durch die Organe der EU, bei dem ausschließlich das Eigenverwaltungsrecht der Union zur Anwendung kommt (siehe hierzu oben Rz. 5–66). Das Verwaltungsverfahren und damit auch die anwaltliche Tätigkeit in diesen Verfahren unterliegen jedoch bei der Durchführung von Unionsrecht diversen Modifikationen. 68

### 1. Allgemeine Hinweise zur anwaltlichen Tätigkeit

Die **typische Konstellation**, in der ein Anwalt mit Fragen der Anwendung und Auslegung von Unionsrecht in Berührung kommt, liegt vor, wenn sich eine Partei darauf beruft, dass die ordnungsgemäße Anwendung des Unionsrechts eine andere Rechtsfolge gebiete als die Subsumtion des Sachverhaltes unter rein innerstaatliches Recht. Diese Partei wird sich jeweils auf einen weiten Anwendungsbereich der betreffenden Regelung (etwa einer Grundfreiheit, einer Richtlinienbestimmung oder bestimmter Auslegungsprinzipien) berufen. Umgekehrt wird die andere Seite vielfach bereits die unionsrechtliche Überlagerung des Sachverhalts in Abrede stellen, dies etwa mit der Begründung, die in Rede stehende Vorschrift sei nicht unmittelbar anwendbar oder wegen Verstoßes gegen Primärrecht unwirksam. Die erfolgreiche Wahrnehmung des verwaltungsrechtlichen Mandats hängt hier ganz entscheidend davon ab, dass der Anwalt die unionsrechtlichen Vorgaben sorgfältig ermittelt und nachvollziehbar darstellt. Diese Tätigkeit ist oftmals aufwändig, aber Gewinn bringend. Da das Unionsrecht zu einem hohen Anteil von der Rechtsprechung des EuGH geprägt wird, gehört auch die Suche und Durchdringung der einschlägigen Rechtsprechung des EuGH zu den Voraussetzungen der Mandatsbearbeitung[3]. 69

Der mit einem verwaltungsrechtlichen Mandat betraute Anwalt muss allerdings zunächst die **unionsrechtliche Bedeutung des Sachverhalts** erkennen. Die unionsrechtliche Überlagerung wird bisweilen übersehen, wenn die nationalen Behörden Vorschriften vollziehen, die auf EU-Richtlinien zurückzuführen sind. Ein großer und weiterhin zunehmender Anteil der verwaltungsrechtlichen Regelungen basiert auf EU-Sekundärrecht. Da die Umsetzungsvorschriften „richtlinienkonform" auszulegen sind, ist die Kenntnis der zugrunde liegenden Richtlinienbestimmungen unabdingbar. Auch bei vermeintlich eindeutigen Regelungen ist es für die Anwen- 70

---

[1] Zum zunehmenden Eigenvollzug der Union vgl. aber *Schulze-Fielitz*, in: Erbguth/Masing, Verwaltung unter dem Einfluss des Europarechts, S. 91 (96 ff.).
[2] EuGH v. 21.9.1983 – Rs. 205/82 bis 215/82, Deutsche Milchkontor, Slg. 1983, 2633, Rz. 17.
[3] Hierzu und zu weiteren taktischen Erwägungen vgl. *Karpenstein*, Praxis des EG-Rechts, Rz. 23 f.

dung der nationalen Umsetzungsregelung vielfach erforderlich, den Richtlinientext mitsamt den vorangestellten Begründungserwägungen heranzuziehen, da erst hieraus der Regelungskontext verständlich wird[1]. Dass eine Vorschrift des deutschen Rechts auf einer Richtlinie basiert, geht in der Regel aus den Eingangshinweisen oder aus einer Fußnote des deutschen Gesetzestextes hervor. Die – oft anspruchsvolle – Aufgabe des Anwalts besteht hier nicht zuletzt auch in der Prüfung, ob die Richtlinie ordnungsgemäß in das nationale Recht umgesetzt wurde.

71 Darüber hinaus muss der mit einem Verwaltungsmandat betraute Rechtsanwalt auch **Rechtsbehelfsmöglichkeiten** in den Blick nehmen, die ihm aus rein nationalen Sachverhalten nicht vertraut sind. Hier ist in erster Linie die Kommissionsbeschwerde (hierzu unten Rz. 148 ff.) zu nennen, die zwar kein durchsetzbares Recht des Einzelnen begründet und zudem in ihrem Verfahrensablauf schwerfällig ausgestaltet ist, jedoch eine von subjektiven Rechten unabhängige Rechtsschutzdimension eröffnet. Schon der Hinweis auf diese Handlungsoption kann den Verwaltungsvollzug beeinflussen. Zudem ist zu berücksichtigen, dass das Unionsrecht in erheblich weiterem Umfang als das deutsche Verwaltungsrecht **subjektive Rechtspositionen** vermittelt (hierzu Rz. 99). Ansprüche, etwa auf behördliches Einschreiten, aber auch (Dritt-)Widersprüche, können tendenziell eher geltend gemacht und erforderlichenfalls auch gerichtlich durchgesetzt werden, wenn der Sachverhalt unionsrechtlich überlagert ist.

72 Besonderheiten gelten auch bei der **Auslegung**[2]. Unionsrecht ist autonom auszulegen. Es dürfen also nicht die Maßstäbe des jeweiligen innerstaatlichen Rechts zugrunde gelegt werden. Tragendes Auslegungsprinzip ist der das Unionsrecht insgesamt prägende Effektivitätsgrundsatz. Zur Durchsetzung der Ziele der Unionsorgane muss hiernach im Zweifel diejenige Auslegung gewählt werden, die in den Mitgliedstaaten die volle Wirkung („**effet utile**") der betreffenden Bestimmungen gewährleistet[3]. Mit diesem Grundsatz unvereinbar ist etwa eine teleologische Reduktion des Unionsrechts. Ein Spezifikum der Auslegung von Unionsrecht ist zudem, dass es oft lohnend ist, auch andere Sprachfassungen heranzuziehen, da in der EU alle Sprachen gleichberechtigt sind[4]. Der historischen Auslegung kommt im Unionsrecht hingegen nur eine untergeordnete Bedeutung zu, was sich bereits daraus erklärt, dass die Materialien oftmals nicht frei zugänglich sind. Eine wichtige Auslegungshilfe bieten hingegen die den Rechtsakten der EU vorangestellten, teilweise sehr umfangreichen Begründungserwägungen (sog. considérants).

73 Bei der Bearbeitung von Mandaten mit Unionsrechtsbezug muss der Anwalt zudem auf mögliche **zeitliche Verzögerungen** achten und hinweisen, die sich aus der Notwendigkeit einer vertikalen Kooperation (mit Unionsorganen) und einer horizonta-

---

1 So lassen sich z.B. die disparaten, auf insgesamt vier Fachgesetze (USchadG, BBodSchG, BNatSchG und WHG) verteilten Regelungen des Umweltschadensrechts ohne Heranziehung der zugrundeliegenden Umwelthaftungsrichtlinie 2004/35/EG kaum verstehen.
2 Ausführlich hierzu *Karpenstein*, Praxis des EG-Rechts, Rz. 104 ff.
3 EuGH v. 4.10.2001 – Rs. C-403/99, Italien/Kommission, Slg. 2001, I-6883, Rz. 28, 31 f.; v. 16.5.2002 – Rs. C-63/00, Baden-Württemberg/Schilling, Slg. 2002, I-4483, Rz. 24; v. 24.2.2000 – Rs. C-434/97, Frankreich/Kommission, Slg. 2000, I-1129, Rz. 21; einschränkend EuGH v. 12.11.1969 – Rs. 29/69, Stauder/Ulm, Slg. 1969, 419, Rz. 4.
4 Vgl. EuGH v. 12.11.1998 – Rs. C-149/97, Institute of the Motor Industry, Slg. 1998, I-7053, Rz. 16; vgl. auch EuGH v. 12.7.1979 – Rs. 9/79, Koschnisk/Raad van Arbeid, Slg. 1979, 2717, Rz. 6; v. 17.12.1998 – Rs. C-236/97, Codan, Slg. 1998, I-8679, Rz. 26; v. 17.7.1997 – Rs. C-219/95 P, Ferrière Nord/Kommission, Slg. 1997, I-4411, Rz. 12 ff. Ein Sprachvergleich kann im Übrigen auch bei der Interpretation von Urteilen des EuGH und Schlussanträgen weiterhelfen, zumal gelegentlich Übersetzungsfehler auftreten. Ein Musterbeispiel für einen derartigen Sprachvergleich bietet BVerwG v. 14.4.2010 – 9 A 5.08, NVwZ 2010, 1225 (1243 f.), Rz. 141 f.

III. Indirekter Vollzug (mitgliedstaatlicher Vollzug)     Rz. 76 Teil 1 C

len Kooperation (mit Behörden anderer Mitgliedstaaten) ergeben können. So kann sich beispielsweise bei der Zulassung eines Projektes in einem FFH-Gebiet eine erhebliche Verzögerung ergeben, wenn nach Art. 6 Abs. 4 der FFH-RL auf Grund der Beeinträchtigung prioritär geschützter Lebensraumtypen oder Arten vor Zulassung des Projekts eine Stellungnahme der Kommission einzuholen ist.

Nicht zuletzt ist darauf hinzuweisen, dass die unionsrechtliche Überlagerung des Verwaltungsverfahrens ein nicht unerhebliches **Haftungsrisiko** für den Anwalt bietet. Dies gilt gerade mit Blick auf Anforderungen, die sich erst aus der Rechtsprechung des EuGH erschließen. Ein Beispiel bietet hier das Beihilfenrecht. Der EuGH ist der Auffassung, dass das bloße Vertrauen auf ein unionsrechtskonformes Verhalten der nationalen Behörden – d.h. insbesondere die nach Art. 108 Abs. 3 AEUV erforderliche rechtzeitige Benachrichtigung der Kommission vor jeder beabsichtigten Einführung oder Umgestaltung von Beihilfen – nicht schutzwürdig ist; der Gewerbetreibende, und der mandatierte Anwalt, müssen sich vielmehr vergewissern, dass das erforderliche Verfahren beachtet wurde[1].    74

### 2. Mittelbarer und unmittelbarer mitgliedstaatlicher Vollzug

Der Vollzug von unmittelbar anwendbarem Unionsrecht (unmittelbar anwendbares Primärrecht, Verordnungen nach Art. 288 Abs. 2 AEUV und Richtlinienbestimmungen oder Beschlüsse, die ausnahmsweise unmittelbar anwendbar sind) durch die nationalen Behörden wird vielfach als **unmittelbarer mitgliedstaatlicher Vollzug** bezeichnet, während der Vollzug von nationalem Recht, das in Umsetzung entsprechender unionsrechtlicher Verpflichtungen (v.a. zur Umsetzung von Richtlinien, aber auch zur Ergänzung von EU-Verordnungen) angeglichen wurde, den **mittelbaren mitgliedstaatlichen Vollzug** bildet. In beiden Fällen handelt es sich um Formen des indirekten, d.h. mitgliedstaatlichen Vollzugs. Die unionsrechtlichen Vorgaben an den Verwaltungsvollzug kommen auch beim mittelbaren Vollzug zur Anwendung, obwohl formell nationales Recht vollzogen wird[2]. Die unionsrechtliche Überwölbung zeigt sich vor allem darin, dass die nationalen Umsetzungsregelungen unionsrechtskonform auszulegen sind und – daher – in gerichtlichen Verfahren auch die Möglichkeit bzw. Pflicht zur Vorlage an den EuGH besteht (zu den Besonderheiten in Bezug auf den Grundrechtsschutz s. Rz. 138).    75

### 3. Zuständigkeit und Verwaltungsorganisation

Die **Zuständigkeit** für den indirekten Verwaltungsvollzug von Unionsrecht richtet sich nach der üblichen Kompetenzverteilung des GG, mithin nach den Art. 83ff. GG. Bei Vollzug von nationalem Recht, das Unionsrecht umsetzt (mittelbarer Vollzug), gelten keine Besonderheiten. Soweit hingegen Verordnungen vollzogen werden, die nach Art. 288 Abs. 2 AEUV in allen ihren Teilen verbindlich sind und unmittelbar in jedem Mitgliedstaat gelten, scheidet eine direkte Anwendung aus, da die Art. 83ff. GG unmittelbar nur Regelungen betreffend die Ausführung von Bundesgesetzen treffen. Die Vorschriften finden jedoch entsprechende Anwendung[3]. Wenn nach der innerstaatlichen Kompetenzverteilung Zweifel darüber bestehen, wer für den Vollzug zuständig ist, so ist nach dem Äquivalenzgebot diejenige Behörde zuständig, die für einen ähnlichen Gegenstand im innerstaatlichen Verfahren zuständig ist[4].    76

---

1 Hierzu s. unten Rz. 128 und *Herdegen*, Europarecht, § 10 Rz. 38f.
2 *von Danwitz*, Europäisches Verwaltungsrecht, S. 314.
3 BVerwG v. 17.10.1996 – 3 A 1.95, BVerwGE 102, 119 (125f.); *Pieroth*, in: Jarass/Pieroth, GG, Art. 83 Rz. 5.
4 *Karpenstein*, Praxis des EG-Rechts, Rz. 246.

77 Auch die **institutionelle Autonomie** und die **Organisationsautonomie** der Mitgliedstaaten bleiben beim indirekten Vollzug des Unionsrechts grds. unberührt. Die Mitgliedstaaten sind auch bei der Errichtung und Ausstattung der mit dem indirekten Vollzug des Unionsrechts befassten Verwaltungsstellen daher grds. frei. Die Organisationsautonomie wird indes insoweit eingeschränkt, als der „**Grundsatz der loyalen Zusammenarbeit**"[1] nach Art. 4 Abs. 3 EUV die Mitgliedstaaten verpflichtet, alle geeigneten Maßnahmen allgemeiner oder besonderer Art zur Erfüllung der Verpflichtungen zu treffen, die sich aus den Verträgen oder den Handlungen der Organe der Union ergeben. Zur Erfüllung dieser Verpflichtung müssen als unionsrechtliche Mindestvorgabe an die Verwaltungsorganisation die erforderlichen Behörden errichtet und sowohl personell wie materiell hinreichend ausgestattet werden[2].

78 Die EU kann zudem sekundärrechtlich, soweit dies zur Erreichung der Vertragsziele erforderlich ist, konkrete Vorgaben für die Errichtung und Ausstattung von Verwaltungsstellen machen[3]. Die Kompetenzordnung des Grundgesetzes (Art. 83ff. GG) kann in derartigen Fällen überlagert und modifiziert werden[4]. So sieht etwa das sektorspezifische Regulierungsrecht vor, dass die den „nationalen Regulierungsbehörden" zugewiesenen Aufgaben von einer zuständigen Stelle wahrgenommen werden[5]; zugleich stellen die verschiedenen Einzelrichtlinien Anforderungen an die Struktur und Tätigkeit der nationalen Regulierungsbehörden etwa betreffend die Unabhängigkeit, die Unparteilichkeit und die Transparenz in Ausübung ihrer Befugnisse. Ein weiteres Beispiel sekundärrechtlicher Vorgaben für die mitgliedstaatliche Organisationsstruktur bildet die **Europäische Dienstleistungsrichtlinie**[6], die neben verfahrensrechtlichen Vorgaben[7] auch organisatorische Vorgaben enthält. So sieht Art. 6 der Richtlinie die Schaffung eines „einheitlichen Ansprechpartners" vor, über den Dienstleistungserbringer alle Verfahren und Formalitäten abwickeln können, die für die Aufnahme ihrer Dienstleistungstätigkeiten erforderlich sind (näher hierzu Rz. 85f. und 154f.). Direkte Vorgaben an die mitgliedstaatliche Organisationsstruktur macht auch Art. 4 der Verordnung (EG) Nr. 765/2008,[8] der die Mitgliedstaaten verpflichtet, eine (einzige) Akkreditierungsstelle zu benennen und mit Hoheitsbefugnissen auszustatten; Aufgabe dieser Stelle ist es, die sog. „Konformitätsbewertungsstellen" – z.B. Laboratorien, Zertifizierungs-, Inspektions-, Prüf- oder Kalibrierstellen – zu akkreditieren[9]. Ein weiteres

---

1 Ausführlich hierzu *von Bogdandy/Schill*, in: Grabitz/Hilf, Das Recht der EU, Art. 4 Rz. 47ff.
2 EuGH v. 12.6.1990 – Rs. C-8/88, Deutschland/Kommission, Slg. 1990, 2331, Rz. 20; v. 15.12.1971 – verb. Rs. 51–54/71, International Fruit, Slg. 1971, 1107 Rz. 3f.
3 *von Danwitz*, Europäisches Verwaltungsrecht, S. 499ff.
4 BVerfG v. 17.10.2006 – 2 BvG 1/04, BVerfGE 116, 271 (290f.).
5 Vgl. das Gesetz über die Bundesnetzagentur für Elektrizität, Gas, Telekommunikation, Post und Eisenbahnen vom 7.7.2005 (BGBl. I, 1970, 2009), zuletzt geändert durch Art. 15 Abs. 12 des Gesetzes vom 5.2.2009 (BGBl. I, 160).
6 Richtlinie 2006/123/EG des Europäischen Parlaments und des Rates vom 12.12.2006 über Dienstleistungen im Binnenmarkt.
7 Vgl. z.B. die Verpflichtung aus Art. 8 Abs. 1 der Dienstleistungsrichtlinie, nach der die Mitgliedstaaten sicherstellen, dass alle Verfahren und Formalitäten, die die Aufnahme oder die Ausübung einer Dienstleistungstätigkeit betreffen, problemlos aus der Ferne und elektronisch über den betreffenden einheitlichen Ansprechpartner oder bei der betreffenden zuständigen Behörde abgewickelt werden können (umgesetzt durch § 71e VwVfG).
8 Verordnung (EG) Nr. 765/2008 vom 9.7.2008 des Parlaments und des Rates über die Anforderungen an Akkreditierung und Marktüberwachung bei der Vermarktung von Produkten.
9 Vgl. das zur Durchführung erlassene Gesetz über die Akkreditierungsstelle (AkkStelleG) vom 31.7.2009 (BGBl. I, 2625).

Beispiel für sekundärrechtliche Vorgaben an die mitgliedstaatliche Organisationsstruktur stellt die Wasserrahmenrichtlinie[1] dar, die vorsieht, dass Flussgebietseinheiten gebildet werden, innerhalb derer es zur Erreichung der Bewirtschaftungsziele (§§ 27 ff., 44 und 47 WHG) und insbesondere der Maßnahmenprogramme (vgl. § 82 WHG) einer Koordination zwischen den zuständigen Behörden bedarf. Da die Flussgebietseinheiten nicht an Verwaltungszuständigkeiten anknüpfen und insbesondere nicht an den Ländergrenzen Halt machen,[2] sind hier zur Erfüllung der unionsrechtlichen Koordinationspflichten u.a. geeignete Verwaltungsvereinbarungen zu schließen (Art. 3 Abs. 2 der Wasserrahmenrichtlinie)[3].

### 4. Grundsatz der mitgliedstaatlichen Verfahrensautonomie

#### a) Regel-Ausnahme-Verhältnis

Tragender Grundsatz des indirekten Vollzugs ist die **Verfahrensautonomie** der Mitgliedstaaten, nach der die Einzelheiten des Verfahrens prinzipiell Sache der innerstaatlichen Rechtsordnung eines jeden Mitgliedstaats sind. Die mitgliedstaatliche Durchführung ist die Regel, während Abweichungen einer ausdrücklichen Rechtsgrundlage und einer sachlichen Rechtfertigung bedürfen[4]. 79

Art. 291 Abs. 1 AEUV setzt sowohl den Grundsatz der indirekten Durchführung des Unionsrechts als auch der Anwendbarkeit des nationalen Verfahrensrechts bei der administrativen Durchführung voraus, wenn er die Verpflichtung der Mitgliedstaaten formuliert, „alle zur Durchführung der verbindlichen Rechtsakte der Union erforderlichen Maßnahmen nach innerstaatlichem Recht" zu ergreifen[5]. Zugleich entspricht der Grundsatz des mitgliedstaatlichen Vollzugs von Unionsrecht dem in Art. 5 Abs. 3 EUV verankerten **Subsidiaritätsprinzip**[6] (s.o. Rz. 8). 80

**Unionsrechtliche Verfahrensregelungen** für den indirekten Vollzug bilden nach wie vor die Ausnahme im EU-Sekundärrecht. Eine Teilkodifikation des Verwaltungsverfahrensrechts findet sich im Bereich des Zollrechts, wo die VO (EG) 450/2008 (Modernisierter Zollkodex) das Verfahren der mitgliedstaatlichen Zollverwaltungen detailliert regelt. Weitere Beispiele bilden die verfahrensrechtlichen Anforderungen der UVP-Richtlinie (RL 85/337/EWG) und der SUP-Richtlinie (2001/42/EG). 81

#### b) Anwendung der üblichen Handlungsformen des nationalen Verwaltungsrechts

Die Mitgliedstaaten bedienen sich im Rahmen des Vollzugs von Unionsrecht der üblichen Handlungsformen[7]. Das zentrale Instrument ist daher auch hier der Ver- 82

---

1 RL 2000/60 des Europäischen Parlaments und des Rates vom 23.10.2000 zur Schaffung eines Ordnungsrahmens für Maßnahmen der Gemeinschaft im Bereich der Wasserpolitik.
2 Das Einzugsgebiet der Flussgebietseinheit „Elbe" erstreckt sich z.B. über die Territorien der Tschechischen Republik, der Republik Polen, der Republik Österreich und der Bundesrepublik Deutschland; innerhalb Deutschlands liegen zehn Bundesländer im Einzugsgebiet der Elbe.
3 Vgl. hierzu von Danwitz, Europäisches Verwaltungsrecht, S. 501.
4 von Danwitz, Europäisches Verwaltungsrecht, S. 302 ff.; Frenz, Handbuch Europarecht, Rz. 1741, 1747 und 1755.
5 Frenz, Handbuch Europarecht, Rz. 1748.
6 Frenz, Handbuch Europarecht, Rz. 1756; von Bogdandy/Schill, in: Grabitz/Hilf, Das Recht der EU, Art. 4 Rz. 77.
7 Zu den in einzelnen Bereichen auftretenden Schwierigkeiten, die sekundärrechtlichen Vorgaben mit den üblichen Handlungsformen zu bewältigen vgl. von Danwitz, Europäisches Verwaltungsrecht, S. 527 ff.

**waltungsakt** i.S.v. § 35 VwVfG. Die dem Verwaltungsakt zukommenden Funktionen[1] – die Verfahrensfunktion (formeller Abschluss des Verwaltungsverfahrens), Konkretisierungs- und Umsetzungsfunktion, Vollstreckungsfunktion[2] und Rechtsschutzfunktion – kommen im unionsrechtlichen Kontext in gleicher Weise zur Geltung wie in sonstigen Verfahren[3].

83 Ebenso wie beim direkten Vollzug (s.o. Rz. 49) kann auch beim mitgliedstaatlichen Vollzug des Unionsrechts auf die Handlungsform des **Verwaltungsvertrags** zurückgegriffen werden. Der Abschluss von Verträgen darf jedoch nicht dazu führen, dass die effektive Um- oder Durchsetzung des Unionsrechts behindert wird. So kann die Rückabwicklung oder Beendigung eines Verwaltungsvertrages unionsrechtlich gefordert sein, wenn der Vertrag gegen Anforderungen des europäischen Vergaberechts verstößt[4]. Umgekehrt kann es das Gebot der effektiven Umsetzung des Unionsrechts aber auch gebieten, einen Verwaltungsvertrag zu schließen, wenn hierdurch das Unionsrecht besser angewandt und durchgesetzt werden kann. Der Handlungsform des **Realakts** kommt beim indirekten Vollzug des Unionsrechts keine wesentliche praktische Bedeutung zu. Die im Ausgangspunkt nur für das Innenverhältnis der Behörden relevanten **Verwaltungsvorschriften** können die ihnen zukommende Funktion der Norminterpretation, Normkonkretisierung und Ermessenslenkung auch im Rahmen des indirekten Vollzugs erfüllen[5]. Die hohe Komplexität des Unionsrechts ließe einen effektiven Vollzug ohne entsprechende Vorgaben der vorgesetzten Behörden an den nachgeordneten Bereich vielfach gar nicht zu. Verwaltungsvorschriften sind nach der ständigen Rechtsprechung des EuGH allerdings i.d.R. kein taugliches Instrument zur Umsetzung von Richtlinien. Die Umsetzung einer Richtlinie in innerstaatliches Recht verlangt zwar nicht notwendigerweise, dass ihre Bestimmungen förmlich und wörtlich in einer ausdrücklichen besonderen Gesetzesvorschrift wiedergegeben werden. Die Umsetzungsvorschrift muss aber tatsächlich die vollständige Anwendung der Richtlinie in so klarer und bestimmter Weise gewährleisten, dass die Begünstigten in der Lage sind, von allen ihren Rechten Kenntnis zu erlangen und diese ggf. vor den nationalen Gerichten geltend zu machen[6]. Bloße **Verwaltungsvorschriften** genügen diesen Ansprüchen grds. nicht, auch wenn die verwaltungsgerichtliche Rechtsprechung zumindest den normkonkretisierenden Verwaltungsvorschriften eine begrenzte Außenwirkung beimisst[7]. **Rechtsverordnungen** sind hingegen als taugliches Instrument zur Umsetzung von Richtlinien und der erforderlichen Ergänzung von EU-Verordnungen anerkannt.

### c) Mittelbares Unionsverfahrensrecht

84 Auch wenn die Mitgliedstaaten bei dem Vollzug von Unionsrecht nationales Verfahrensrecht anwenden und sich insbesondere der üblichen Handlungsformen bedienen, ist im Verwaltungsverfahren darauf zu achten, dass das nationale Verfahrensrecht bisweilen bereits europäischen Vorgaben nachgekommen ist. Als Beispiel

---

1 Näher hierzu *Kopp/Ramsauer*, VwVfG, § 35 Rz. 9 ff.
2 Die Verwaltungsvollstreckung richtet sich beim mitgliedstaatlichen Vollzug allein nach nationalem Recht. Das Effektivitätsgebot kann es gebieten, eine Verwaltungsvollstreckung tatsächlich und wirksam durchzuführen.
3 Näher *von Danwitz*, Europäisches Verwaltungsrecht, S. 523.
4 *von Danwitz*, Europäisches Verwaltungsrecht, S. 524 f.
5 Vgl. hierzu allgemein *Bonk*, in: Stelkens/Bonk/Sachs, VwVfG, § 1 Rz. 212 ff.
6 Vgl. etwa EuGH v. 30.5.1991 – Rs. C-361/88, Kommission/Deutschland, Slg. 1991, I-2567, Rz. 15; v. 11.8.1995 – Rs. C-433/93, Kommission/Deutschland, Slg. 1995, I-2303, Rz. 18.
7 Näher hierzu *Remien*, in: Schulze/Zuleeg/Kadelbach, Europarecht, § 14 Rz. 25; *von Danwitz*, Europäisches Verwaltungsrecht, S. 526.

III. Indirekter Vollzug (mitgliedstaatlicher Vollzug)   Rz. 87 Teil **1 C**

für derartige unionsrechtlich veranlasste Verfahrensregelungen seien etwa das **Umweltinformationsgesetz**[1] genannt, das die Umweltinformationsrichtlinie (2001/18/EG) umsetzt oder das zur Umsetzung der Umweltverträglichkeitsrichtlinie erlassene **UVPG**.

Ein weiteres Beispiel bilden die in Umsetzung der Dienstleistungs-RL in das VwVfG aufgenommenen Regelungen zum **Verfahren über eine einheitliche Stelle** nach den §§ 71a ff. VwVfG[2]. Sie kommen zur Anwendung, wenn dies durch eine Rechtsvorschrift besonders angeordnet wird (vgl. § 71a Abs. 1 VwVfG). Entsprechende Regelungen finden sich z.B. in den §§ 6b GewO, 5b HwO, § 164a StBerG, § 73a BRAO, § 4a WiPrO oder § 1a der Außenwirtschaftsverordnung.  85

Die Schaffung einheitlicher Ansprechpartner berührt nicht die bestehenden Entscheidungszuständigkeiten und Befugnisse (Art. 6 Abs. 2 der Dienstleistungsrichtlinie, § 71a Abs. 2 VwVfG). Insbesondere bewirkt sie im Gegensatz zu den §§ 72 ff. VwVfG keine Verfahrenskonzentration. Die durch die §§ 71a ff. VwVfG begründete Möglichkeit, das Verfahren über eine „einheitliche Stelle" abzuwickeln, ist vielmehr eine Option, von der ein Antragsteller Gebrauch machen kann, aber nicht muss („**Optionsmodell**"). Die einheitliche Stelle erfüllt die Funktion eines „unterstützenden Verfahrensmittlers"[3] zwischen dem Dienstleistungserbringer und den unmittelbar zuständigen Behörden. Ihre Aufgabe besteht insbesondere darin,  86

– die Durchführung des Verfahrens zu vereinfachen, indem Anzeigen, Anträge, Willenserklärungen und Unterlagen entgegengenommen und unverzüglich an die zuständigen Behörden weitergeleitet werden (§ 71b Abs. 1 VwVfG) und Mitteilungen der zuständigen Behörde weiterzuleiten und Verwaltungsakte der zuständigen Behörde bekannt zu geben (§ 71b Abs. 5 VwVfG) und

– auf Anfrage Auskünfte über die maßgeblichen Vorschriften einschließlich ihrer gewöhnlichen Auslegung, die zuständigen Behörden, den Zugang zu den öffentlichen Registern und Datenbanken, die dem Antragsteller/Anzeigepflichtigen zustehenden Verfahrensrechte und ihn unterstützende Einrichtungen zu erteilen (§ 71c VwVfG).

### d) Eigenverantwortlicher Vollzug – Verhältnis zur Kommission

Das Sekundärrecht räumt der Kommission vereinzelte Weisungsrechte[4] und Beanstandungsrechte ein[5]. Die Kommission verfügt jedoch über **kein allgemeines Weisungsrecht** gegenüber den nationalen Behörden; es ist vielmehr prinzipiell Sache der Mitgliedstaaten, für die Durchführung des Unionsrechts zu sorgen[6]. Auch Vorgaben der Kommission an die nationale Verwaltung, die konkrete Sachverhalte mit Unionsrechtsbezug betreffen, sind daher keine (verbindliche) Entscheidung i.S.v. Art. 288 AEUV, sondern lediglich (unverbindliche) Äußerungen einer Rechtsansicht[7]. Sie können daher auch nicht mit einer Nichtigkeitsklage nach Art. 263  87

---

1 Umweltinformationsgesetz vom 22.12.2004 (BGBl. I, 3704).
2 Die zuvor in den §§ 71a ff. VwVfG a.F. seit 1996 enthaltenen Bestimmungen zur Beschleunigung von Genehmigungsverfahren sind entfallen. Der Gesetzgeber ist der Auffassung, dass die Regelungen die ihnen zugedachte Signal- und Anstoßfunktion erfüllt haben (BR-Drs. 580/08, 21 [26]), vgl. hierzu *Huck*, in: Bader/Ronellenfitsch, VwVfG, § 71a Rz. 17 ff.
3 BR-Drs. 580/08, 34.
4 Vgl. etwa Art. 13 der Richtlinie 93/42/EG über Medizinprodukte. Ähnliche Regelungen treffen verschiedene weitere Richtlinien im Bereich des Produktsicherheitsrechts.
5 Vgl. etwa Art. 8 Abs. 2 der Richtlinie 2001/95/EG über die allgemeine Produktsicherheit.
6 EuGH v. 7.7.1987 – verb. Rs. 89 u. 91/86, L'Etoile commerciale und CNTA/Kommission, Slg. 1987, 3005, Rz. 11; *Gundel*, in: Schulze/Zuleeg/Kadelbach, Europarecht, § 3 Rz. 119.
7 *Gundel*, in: Schulze/Zuleeg/Kadelbach, Europarecht, § 3 Rz. 102, 120.

AEUV angegriffen werden. Es obliegt vielmehr der nationalen Behörde, in **eigener Verantwortung** zu entscheiden, ob sie der Rechtsauffassung der Kommission folgt. Folge hieraus ist, dass ein Verwaltungsakt nicht bereits deshalb rechtswidrig und verwaltungsgerichtlich angreifbar ist, weil die Behörde sich über eine Rechtsauffassung der Kommission hinweggesetzt hat; umgekehrt sind die Verwaltungsgerichte nicht daran gehindert, eine behördliche Entscheidung, obwohl sie sich auf eine unverbindliche Äußerung der Kommission stützt, wegen Verletzung des verbindlichen Unionsrechts aufzuheben[1].

88 Ebenso wenig steht der Kommission im Verhältnis zu den mitgliedstaatlichen Vollzugsbehörden ein allgemeines **Aufsichtsrecht** zu. So ist insbesondere das Vertragsverletzungsverfahren nach Art. 258f. AEUV kein allgemeines Aufsichtsinstrument, da es der Kommission lediglich die Möglichkeit einräumt, auf bereits erfolgte Verstöße zu reagieren[2]. Es eignet sich zudem schon auf Grund seiner komplexen verfahrensmäßigen Ausgestaltung nicht als Instrument für die laufende Kontrolle des mitgliedstaatlichen Vollzugs, zumal grds. nicht bereits einzelne Verstöße der Fehlanwendung von Unionsrecht, sondern erst eine in bestimmtem Grad verfestigte und allgemeine Praxis oder ein schwerwiegender Einzelverstoß eine Verurteilung des Mitgliedstaats rechtfertigen[3].

### 5. Einschränkung der Verfahrensautonomie durch das Äquivalenzgebot und das Effektivitätsgebot

89 Der Grundsatz der Verfahrensautonomie unterliegt wichtigen Einschränkungen: Dem Äquivalenzgebot und dem – praktisch bedeutsameren – Effektivitätsgebot. Diese Pflicht zur effektiven und zur einheitlichen Durchführung des Unionsrechts durch die Mitgliedstaaten ist in Art. 197 Abs. 1 AEUV nunmehr primärrechtlich ausdrücklich verankert. Sie obliegt allen Trägern der öffentlichen Gewalt.

90 Das **Äquivalenzgebot** (auch Diskriminierungsverbot oder Grundsatz der Gleichwertigkeit) besagt, dass die Behörden das nationale Recht beim Vollzug des Unionsrechts „im Vergleich zu den anderen Verfahren, in denen über gleichartige, aber rein innerstaatliche Streitigkeiten entschieden wird, ohne Diskriminierung anwenden" müssen[4]. Das Äquivalenzgebot fordert mithin eine Gleichbehandlung unionsrechtlich geregelter Sachverhalte und rein mitgliedstaatlich geregelter Sachverhalte. Eine nach dem Äquivalenzgrundsatz unzulässige Verfahrensgestaltung läge etwa vor, wenn für die Geltendmachung unionsrechtlich begründeter Ansprüche höhere Verfahrensgebühren erhoben würden oder längere Bearbeitungsfristen als bei der Bearbeitung sonstiger Anträge zur Anwendung kämen[5]. Zugleich müssen die Behörden beim Vollzug des Unionsrechts mit der gleichen Sorgfalt vorgehen wie bei rein innerstaatlichen Verwaltungsverfahren[6]. Das Äquivalenzgebot verbietet allerdings keine günstigere Behandlung von unionsrechtlich geprägten Sachverhalten

---

1 Befolgt die mitgliedstaatliche Behörde eine sich später als rechtsirrig herausstellende Rechtsauffassung der Kommission, wird dies jedoch regelmäßig zur Folge haben, dass ein unionsrechtlicher Staatshaftungsanspruch mangels qualifizierten Verstoßes (hierzu Rz. 144) ausscheidet.
2 Hierzu *Gundel*, in: Schulze/Zuleeg/Kadelbach, Europarecht, § 3 Rz. 123ff.
3 Vgl. EuGH v. 27.4.2006 – Rs. C-441/02, Kommission/Deutschland, Slg. 2006 I-3449, Rz. 48ff.; v. 29.4.2004 – Rs. C-387/99, Kommission/Deutschland, Slg. 2004, I-3751, Rz. 42; vgl. hierzu auch *Albin*, DVBl 2000, 1483 (1487f.).
4 EuGH v. 21.9.1983 – verb. Rs. 205–215/82, Deutsche Milchkontor, Slg. 1983, 2633, Rz. 19.
5 EuGH v. 1.12.1998 – Rs. C-326/96, Slg. 1998, *Levez*, I-7835, Rz. 51; v. 16.5.2000 – Rs. C-78/98, Preston, Slg. 2000, I-3201, Rz. 59; *von Danwitz*, Europäisches Verwaltungsrecht, S. 486.
6 EuGH v. 6.5.1982 – Rs. 54/81, Fromme, Slg. 1982, 1449, Rz. 7.

gegenüber Sachverhalten, die keinen über den nationalen Rahmen hinausweisenden Aspekt aufweisen[1]. Die Zulässigkeit einer solchen **Inländerdiskriminierung** bestimmt sich nach h.L. allein nach innerstaatlichem Recht[2]. Sie kann im Regelfall nur anhand der innerstaatlichen Freiheits- und Gleichheitsgrundrechte überprüft werden[3].

Das **Effektivitätsgebot** fordert, dass die Anwendung der nationalen Vorschriften „die Ausübung der durch die Unionsrechtsordnung verliehenen Rechte nicht praktisch unmöglich machen oder übermäßig erschweren" darf[4]. Ihm kommt in der Praxis des indirekten Vollzugs erhebliche Bedeutung zu. Einschränkend ist aber zu berücksichtigen, dass das Unionsrecht mit der Grundentscheidung, den Vollzug den Mitgliedstaaten zu überlassen, **Unterschiede** zwischen den jeweils zur Anwendung kommenden nationalen Durchführungsregelungen hinnimmt. Dem Effektivitätsgebot kommt nicht die Aufgabe zu, diese Unterschiede zu nivellieren[5]. 91

Nationales Verfahrensrecht, das gegen das Effektivitätsgebot verstößt, darf wegen des Anwendungsvorrangs des Unionsrechts nicht angewandt werden. An dem Effektivitätsgebot muss sich das gesamte verfahrensrechtliche Instrumentarium messen lassen, das bei dem Vollzug des Unionsrechts zur Anwendung kommt. Ob eine nationale Verfahrensvorschrift dem Effektivitätsgebot entspricht, ist unter Berücksichtigung ihrer Stellung im Verfahren, des Verfahrensablaufs und der Besonderheiten des Verfahrens zu prüfen[6]. Einer kritischen Prüfung unterziehen muss sich unter dem Gesichtspunkt des Effektivitätsgebots zum Beispiel das praktisch bedeutsame Instrument der **Einwendungspräklusion** (z.B. nach § 73 Abs. 4 Satz 3 VwVfG oder § 10 Abs. 3 Satz 5), das Einwender mit verspäteten Einwendungen ausschließt. Die Einwendungspräklusion kann zur Folge haben, dass Verstöße gegen unionsrechtliche Anforderungen nicht mehr von der beteiligten Öffentlichkeit gerügt werden können. Der Einwendungsausschluss dient aber der Rechtssicherheit, namentlich dem gesteigerten Bedürfnis des Vorhabenträgers nach Schutz und Beständigkeit der unter Drittbeteiligung zustande gekommenen Zulassungsentscheidung. Er ist daher Ausdruck eines allgemeinen Rechtsgrundsatzes, der auch im Unionsrecht anerkannt ist. Mit Rücksicht auf die genannte Zielsetzung stehen diese Präklusionsregelungen nach der Rechtsprechung des Bundesverwaltungsgerichts grds. in Einklang mit dem unionsrechtlichen Effektivitätsgebot[7]. Ähnliches gilt für **Verjährungsfristen** oder für Darlegungs- und Begründungspflichten, die dazu führen können, dass Verstöße gegen Unionsrecht im Ergebnis unbeachtlich bleiben[8]. 92

Die **Anforderungen** an einen wirksamen Vollzug des Unionsrechts sind insgesamt hoch. Beeinträchtigungen des wirksamen Vollzugs lassen sich auch nicht mit einer langjährigen Verwaltungsübung, mit dem Hinweis auf Verwaltungsvorschriften oder auf eine fehlende personelle Ausstattung oder gar auf fehlende Kenntnis der unionsrechtlichen Vorgaben rechtfertigen[9]. Verstöße gegen das Effektivitätsgebot sind in der Verwaltungspraxis daher auch nicht selten. Der Erfolg der Bearbeitung eines Verwaltungsrechtsmandats mit Unionsrechtsbezug hängt hier nicht allein davon ab, dass die materiellen Anforderungen des Unionsrechts sorgfältig herausgearbeitet und dargestellt werden, sondern auch die aus dem Effektivitätsgebot abzuleitenden Anforderungen an die tatsächliche Umsetzung dieser Vorgaben. 93

---
1 So EuGH v. 26.1.1993 – Rs. C-112/91, Wener, Slg. 1993, I-429, Rz. 16.
2 *Frenz*, Handbuch Europarecht, Rz. 1825.
3 Näher *Karpenstein*, Praxis des EG-Rechts, Rz. 159 ff.
4 EuGH v. 9.10.2001 – Rs. C-80/99, Flemmer u.a., Slg. I-2001, 7211, Rz. 55.
5 *von Danwitz*, Europäisches Verwaltungsrecht, S. 303 (488).
6 EuGH v. 27.2.2003 – Rs. C-327/00, Santex, Slg. 2003, I-1877, Rz. 56.
7 BVerwG v. 14.4.2010 – 9 A 5.08, NuR 2010, 558, Rz. 107.
8 S. näher *von Danwitz*, Europäisches Verwaltungsrecht, S. 487 f.
9 Vgl. *Frenz*, Handbuch Europarecht, Rz. 1807 f.

## 6. Unmittelbare Wirkung des Unionsrechts als Vollzugsvoraussetzung

94 Die Pflicht zur (effektiven und einheitlichen) Anwendung des Unionsrechts betrifft nur Regelungen, die **unmittelbar wirksam** sind und daher die unmittelbare Grundlage behördlicher oder gerichtlicher Entscheidungen bilden können, ohne dass es dafür eines innerstaatlichen Transformationsaktes bedarf. Die unmittelbare Wirkung setzt nach ständiger Rechtsprechung des EuGH voraus, dass die Bestimmungen des Unionsrechts **hinreichend bestimmt** und **inhaltlich unbedingt** formuliert sind. In diesem Fall trifft alle Träger der öffentlichen Gewalt einschließlich der Gerichte die Pflicht, den Regelungen effektive und einheitliche Geltung im konkreten Fall zu verschaffen. Das nationale Recht, von internen Verwaltungsvorschriften bis hin zur Verfassung, ist ggf. außer Betracht zu lassen.

95 Eine Vorschrift des Unionsrechts ist **inhaltlich unbedingt**, wenn sie eine Verpflichtung begründet, die weder an eine Bedingung geknüpft ist noch zu ihrer Erfüllung und Wirksamkeit einer Maßnahme der Unionsorgane oder der Mitgliedstaaten bedarf[1]. Maßgeblich ist insoweit, ob die Regelung den Mitgliedstaaten **einen eigenen Gestaltungsspielraum** belässt[2]. Ist dies der Fall, so ist sie durch die konkrete innerstaatliche Umsetzung bedingt, und daher nicht unmittelbar anwendbar. Ermächtigt eine Norm des Unionsrechts die Mitgliedstaaten, in Ausnahmefällen von der Regelung abzuweichen, so hindert dies die unmittelbare Anwendbarkeit jedoch nicht, solange von der Ausnahmevorschrift kein Gebrauch gemacht wurde[3] oder die Inanspruchnahme der Abweichungsmöglichkeiten einer gerichtlichen Nachprüfung zugänglich ist[4]. Ein solches echtes Regel-Ausnahmeverhältnis besteht etwa bei den primärrechtlich gewährleisteten **Grundfreiheiten**; die den Mitgliedstaaten eingeräumte Möglichkeit, aus bestimmten Gründen heraus Beschränkungen der Grundfreiheiten vorzunehmen, steht der unmittelbaren Anwendbarkeit nicht entgegen[5]. Etwas anderes gilt, wenn die Vorbehalte der Norm so weit gefasst sind, dass kein echtes Regel-Ausnahmeverhältnis mehr besteht, denn in diesem Fall verbleibt kein unbedingter Regelungsgehalt mehr[6].

96 **Hinreichend bestimmt** ist eine Unionsrechtsvorschrift, wenn sie unzweideutig eine Verpflichtung begründet[7]. Der Vorschrift muss für den individuellen Sachverhalt eine konkrete Regelungsvorgabe entnommen werden können[8]. Dies setzt voraus, dass der erfasste Personenkreis und der sachliche Regelungsgehalt erkennbar sind[9]. Die erforderliche Regelungsvorgabe kann sowohl eine **Handlungs-** als auch eine **Unterlassungspflicht** sein[10]. Die Verwendung unbestimmter oder auslegungsbedürftiger Begriffe hindert die unmittelbare Wirkung der Norm nicht.

---

1 EuGH v. 23.2.1994 – Rs. C-236/92, Comitato di coordinamento per la difesa della Cava, Slg. 1994 I-483, Rz. 9; ferner Entscheidung des EuGH v. 3.4.1968 – Rs. 28/67, Molkerei-Zentrale Westfalen/Lippe, Slg. 1968, 215.
2 Entscheidung des EuGH v. 19.12.1968 – Rs. 13/68, Salgoil/Ital. Außenhandelsministerium, Slg. 1968, 679, 692.
3 EuGH v. 19.11.1991 – verb. Rs. C-6/90 u. C-9/90, Francovich, Slg. 1991, I-5357, Rz. 20.
4 EuGH v. 10.11.1992 – Rs. C-156/91, Hansa Fleisch, Slg. 1992, I-5567, Rz. 15.
5 *Becker*, in: Schwarze/Becker/Hatje/Schoo, EU-Kommentar, Art. 28 EGV Rz. 9f.
6 *Jarass/Beljin*, JZ 2003, 768 (770).
7 EuGH v. 23.2.1994 – Rs. C-236/92, Comitato di coordinamento per la difesa della Cava, Slg. 1994 I-483, Rz. 10 unter Hinweis auf EuGH v. 26.2.1984 – Rs. 152/84, Marshall, Slg. 1986, 723 u. Rs. 71/85, Federatie Nederlandse Vakbeweging, Slg. 1986, 3855.
8 *Jarass*, NJW 1990, 2420 (2424).
9 Vgl. EuGH v. 12.5.1987 – verb. Rs. 372/85, 373/85 u. 374/85, Trän u.a., Slg. 1987, 2153, Rz. 25.
10 Vgl. EuGH v. 16.6.1966 – Rs. 57/65, Lütticke, Slg. 1966, 257; v. 17.2.1976 – Rs. 91/75, Hauptzollamt Göttingen/Wolfgang Miritz GmbH & CO., Slg. 1976, 217; v. 3.2.1976 – Rs. 59/75, Manghera, Slg. 1976, 91; v. 17.2.1976 – Rs. 45/75, Rewe/Hauptzollamt Landau/Pfalz, Slg. 1976, 181 ff.

### III. Indirekter Vollzug (mitgliedstaatlicher Vollzug)

Unmittelbar anwendbare Regelungen des Primärrechts sind insbesondere[1]: 97
- Das allgemeine Diskriminierungsverbot des Art. 18 AEUV[2],
- sämtliche Grundfreiheiten des EG-Vertrags,
  - d.h. die Warenverkehrsfreiheit (Art. 34 AEUV)[3],
  - die Arbeitnehmerfreizügigkeit (Art. 45 AEUV, mit Ausnahme des Verbleiberechts),
  - die Niederlassungsfreiheit für Selbständige (Art. 49 AEUV[4]),
  - die Dienstleistungsfreiheit (Art. 56 AEUV)[5] und
  - die Kapitalverkehrsfreiheit (Art. 63 AEUV)[6].
- das Kartellverbot in Art. 101 AEUV[7],
- das Verbot des Missbrauchs einer marktbeherrschenden Stellung (Art. 102 AEUV)[8],
- die Meldepflicht für Beihilfen (Art. 108 Abs. 3 AEUV),
- das Verbot höherer Abgaben für Waren aus anderen Mitgliedstaaten (Art. 110 AEUV)[9],
- das Gebot gleichen Entgelts für Männer und Frauen bei gleicher oder gleichwertiger Arbeit (Art. 157 AEUV)[10] und
- das Diskriminierungsverbot bei Handelsmonopolen (Art. 37 AEUV)[11].

Unmittelbar anwendbar können auch Bestimmungen sein, die den Einzelnen nicht 98
begünstigen (sog. „objektive" **unmittelbare Wirkung**)[12]. Behörden und Gerichte müssen eine hinreichend bestimmte und inhaltlich unbedingte Norm des Unionsrechts daher einem Sachverhalt auch dann zu Grunde legen, wenn sie dem Einzelnen keine Rechte verschafft. Ebenso ist die Vollzugspflicht – selbstverständlich – nicht davon abhängig, dass der Behörde die betreffenden unionsrechtlichen Vorschriften bekannt sind[13]. Gerade bei ausnahmsweise möglicher unmittelbarer Anwendung von Richtlinienbestimmungen empfiehlt es sich freilich, die Anwendungsvoraussetzungen im Verwaltungsverfahren ausführlich darzulegen.

In der anwaltlichen Praxis steht aber die **subjektive unmittelbare Wirkung** im Vor- 99
dergrund, d.h. die Möglichkeit des Einzelnen, sich im konkreten Rechtsstreit gegenüber dem Staat einschließlich aller Gebietskörperschaften und Gerichte auf unmittelbar anwendbare Regelungen des Unionsrechts zu berufen. Voraussetzung hierfür ist, dass das unmittelbar anwendbare Unionsrecht den Einzelnen in den Stande ist. Ein subjektiv-öffentliches Recht i.S.d. deutschen Schutznormtheorie braucht das Unionsrecht nicht zu vermitteln. Anders als im deutschen Recht kommt es also nicht auf die individualschutzbegründenden Normgehalte an. Ausreichend ist i.d.R., wenn die (unmittelbar anwendbare) Unionsrechtsvorschrift nach Inhalt und Zielen nicht allein dem staatlichen oder dem Unionsinteresse (z.B. der Aufsicht) dient, sondern zumindest auch typisierten Gemeinwohl-

---

1 Vgl. *Karpenstein*, Praxis des EG-Rechts, Rz. 50
2 EuGH v. 20.10.1993 – verb. Rs. C-92/92 u. C-326/92, Phil Collins, Slg. 1993, I-5145, Rz. 34f.
3 EuGH v. 19.12.1968 – Rs. 13/68, Salgoil, Slg. 1968, 679.
4 EuGH v. 14.7.1976 – Rs. 13/76, Dona/Mantero, Slg. 1976, 1333, Rz. 20.
5 EuGH v. 3.12.1974 – Rs. 33/74, van Binsbergen, Slg. 1974, 1299, Rz. 18ff.
6 EuGH v. 14.12.1995 – verb. Rs. C-163/94 u.a., Santa de Lera, Slg. 1995, I-4821, Rz. 48.
7 EuGH v. 13.7.1966 – verb. Rs. 56 u. 58/64, Consten, Slg. 1966, 321, 394.
8 EuGH v. 27.3.1974 – Rs. 127/73, Belgische Radio en Televisie u. Société belge des autors, compositeus et éditeurs/SV/SABAM/u. NV Funior, BRT I, Slg. 1974, 51, 62.
9 Entscheidung des EuGH v. 16.6.1966 – Rs. 57/65, Lütticke, Slg. 1966, 257, 266.
10 EuGH, Vorlage v. 8.4.1976 – Rs. 43/75, Defrenne II, Slg. 1976, 455, Rz. 21/24.
11 EuGH v. 13.3.1979 – Rs. 91/78, Hansen II, Slg. 1979, 935, Rz. 16.
12 Vgl. dazu etwa *Epiney*, DVBl 1996, 409.
13 *Frenz*, Handbuch Europarecht, Rz. 1764.

belangen der Betroffenen. Dies können z.B. Gesundheits-, Verbraucher- oder Umweltschutzbelange sein. Der EuGH berücksichtigt bei der Ermittlung dieser Zwecke nicht lediglich den Wortlaut der Vorschrift, sondern auch die Begründungserwägungen[1]. Hinzukommen muss eine **faktische Betroffenheit** des Einzelnen[2]. Die das deutsche Verwaltungs(prozess)recht prägende Unterscheidung zwischen der Finalität einer Begünstigung und bloßen Reflexwirkungen findet in der Rechtsprechung des EuGH daher keine direkte Entsprechung[3].

### 7. Anwendungsvorrang

100 Nicht weniger fundamental als der Grundsatz der unmittelbaren Anwendbarkeit ist der Anwendungsvorrang des Unionsrechts. Er besagt, dass das unmittelbar anwendbare Unionsrecht im Konfliktfall dem innerstaatlichen Recht vorgeht. Unionsrechtswidrige Vorschriften finden daher im Kollisionsfall keine Anwendung[4]. Alleine durch das Inkrafttreten der unionsrechtlichen Vorschrift wird jede entgegenstehende Bestimmung des nationalen Rechts ohne weiteres **unanwendbar**[5]. Der Anwendungsvorrang besteht unabhängig von dem Rang der nationalen Regelung. Er gilt nach ständiger Rechtsprechung auch gegenüber dem Verfassungsrecht der Mitgliedstaaten[6]. Nur ganz ausnahmsweise, nämlich dann, wenn das EU-Recht oder ein EuGH-Urteil seinerseits in offenkundiger und schwerwiegender Weise gegen die eigenen EU-Kompetenzgrundlagen verstößt und dieser Akt im Kompetenzgefüge zwischen EU und Mitgliedstaaten zu einer strukturell bedeutsamen Verschiebung zu Lasten der Mitgliedstaaten führt, kann – ausschließlich – das BVerfG eine Ausnahme vom EU-Anwendungsvorrang gestatten[7].

101 **Adressaten** des Anwendungsvorrangs sind neben den Gerichten auch Behörden[8]. Nach der Rechtsprechung des EuGH unterliegen nämlich „alle Träger der Verwaltung einschließlich der Gemeinden und der sonstigen Gebietskörperschaften der Verpflichtung, jede entgegenstehende Bestimmung des nationalen Rechts unangewendet zu lassen[9]."

#### a) Voraussetzungen

102 Da der Anwendungsvorrang des Unionsrechts eine Kollisionsregel ist,[10] setzt er zunächst voraus, dass die unionsrechtliche Vorschrift **unmittelbar anwendbar ist**[11].

---

1 Vgl. etwa EuGH v. 11.8.1995 – Rs. C-433/93, Kommission/Deutschland, Slg. 1995, I-2303, Rz. 19.
2 Näher von *Danwitz*, Europäisches Verwaltungsrecht, S. 514.
3 *Herdegen*, Europarecht, § 10 Rz. 46.
4 EuGH v. 15.7.1964 – Rs. 6/64, Costa/E. N. E. L., Slg. 1964, 1251, 1270; v. 17.12.1970 – Rs. 11/70, Internationale Handelsgesellschaft, Slg. 1970, 1125, Rz. 3; v. 2.7.1996 – Rs. C-473/93, Kommission/Luxemburg, Slg. 1996, I-3207, Rz. 37 f.; BVerfG v. 9.6.1971 – 2 BvR 225/69, BVerfGE 31, 145 (173 ff.); v. 29.5.1974 – 2 BvL 52/71, BVerfGE 37, 271 (277); v. 22.10.1986 – 2 BvR 197/83, BVerfGE 73, 339 (366 ff.).
5 Vgl. zuletzt EuGH v. 8.9.2010 – Rs. C-409/06, Winner Wetten, Rz. 53.
6 Vgl. BVerfG v. 29.5.1974 – 2 BvL 52/71, BVerfGE 37, 278 – Solange I; v. 22.10.1986 – 2 BvR 197/83, BVerfGE 73, 339 – Solange II; v. 12.10.1993 – 2 BvR 2134, 2159/92, BVerfGE 89, 155 – Maastricht; v. 7.6.2000 – 2 BvL 1/97, BVerfGE 102, 147 – Bananen.
7 BVerfG v. 6.7.2010 – 2 BvR 2661/06, NJW 2010, 3422 – Honeywell.
8 EuGH v. 22.6.1989 – Rs. 103/88, Fratelli Constanzo, Slg. 1989, 1839, Rz. 28 ff.; v. 29.4.1999 – Rs. C-224/97, Ciola, Slg. 1999, I-2517, Rz. 30.
9 EuGH v. 29.4.1999 – Rs. C-224/97, Ciola, Slg. 1999, I-2517, Rz. 30; v. 8.9.2010 – Rs. C-409/06, Winner Wetten, Rz. 55.
10 Vgl. zum Folgenden *Karpenstein*, Praxis des EG-Rechts, Rz. 92 ff.
11 Vgl. etwa EuGH v. 9.3.1978 – Rs. 106/77, Simmenthal II, Slg. 1978, 629, Rz. 17 f.; *Zuleeg*, VVdStRL 53 (1993), 163.

### III. Indirekter Vollzug (mitgliedstaatlicher Vollzug)   Rz. 106 Teil 1 C

Zweitens muss die Vorschrift **wirksam** sein, da anderenfalls keine Normenkollision besteht. Nur eine Vorschrift, die sich innerhalb der Regelungskompetenz der Union bewegt und den formellen und materiellen Anforderungen des Primärrechts entspricht, kann Anwendungsvorrang entfalten. Nationale Behörden (und Gerichte) sind allerdings nicht befugt, Handlungen der Unionsorgane für ungültig zu erklären. Die Befugnis zur Feststellung der Ungültigkeit einer Vorschrift des Unionsrechts ist dem EuGH vorbehalten (**Verwerfungsmonopol des EuGH**)[1]. Bei Zweifeln an der Wirksamkeit einer Vorrang beanspruchenden Unionsrechtsnorm muss die Frage daher dem EuGH vorgelegt werden. Ein Vorlagerecht steht allerdings lediglich Gerichten, nicht jedoch den Verwaltungsbehörden zu. 103

Neben der unmittelbaren Anwendbarkeit und der Wirksamkeit der Unionsrechtsnorm setzt der Anwendungsvorrang drittens voraus, dass tatsächlich ein inhaltlicher Widerspruch zu der innerstaatlichen Vorschrift besteht. Ob die Vorschrift des innerstaatlichen Rechts vor oder nach der unionsrechtlichen Vorschrift erlassen wurde, hat für den Anwendungsvorrang des Unionsrechts keine Bedeutung[2]. Ein Widerspruch kann sich auch bereits daraus ergeben, dass eine innerstaatliche Norm die effektive und einheitliche **Durchsetzung des Unionsrechts behindert**[3]. Kein Widerspruch liegt hingegen vor, wenn und soweit das Unionsrecht den Mitgliedstaaten die Befugnis einräumt, ausnahmsweise von den unmittelbar wirksamen Bestimmungen des Unionsrechts abzuweichen. Ist eine Abweichung vom Unionsrecht nicht zulässig, so ist abschließend zu prüfen, ob der Widerspruch im Wege einer unionsrechtskonformen Auslegung des nationalen Rechts aufgelöst werden kann[4]. Scheidet dieser Weg aus, weil es der nationalen Regelung an der erforderlichen Auslegungsoffenheit mangelt, wird der innerstaatliche Rechtsakt verdrängt. 104

#### b) Rechtsfolge: Anwendungsvorrang

Die unionsrechtswidrige Vorschrift ist nicht nichtig, sondern kommt lediglich nicht zur Anwendung, **soweit** es zur unverkürzten Durchsetzung des Unionsrechts **notwendig** ist[5]. Auf unionsrechtlich nicht relevante Sachverhalte kann die innerstaatliche Vorschrift daher ebenso Anwendung finden wie auf Sachverhalte, in denen kein Verstoß gegen Unionsrecht besteht (zur sich hieraus eröffnenden Möglichkeit einer zulässigen Inländerdiskriminierung s. auch Rz. 90). Der Anwendungsvorrang besteht mithin nur für die Dauer und nur im Umfang eines tatsächlichen Widerspruchs[6]. 105

#### c) Verwerfungsrecht und Verwerfungspflicht der Behörden

Der Anwendungsvorrang fordert, dass das entgegenstehende nationale Recht ohne weiteres außer Acht gelassen wird. Den nationalen Behörden kommt dabei, nicht anders als den Gerichten, ein Prüfungs- und Verwerfungsrecht zu[7]. Die öffentliche 106

---

1 EuGH v. 22.10.1987 – Rs. 314/85, Foto-Frost, Slg. 1987, 4199, Rz. 15/17.
2 EuGH v. 9.3.1978 – Rs. 106/77, Simmenthal II, Slg. 1978, 629, Ls. 1.
3 *Karpenstein*, Praxis des EG-Rechts, Rz. 30 ff.
4 Vgl. EuGH v. 4.2.1988 – Rs. 157/86, Murphy, Slg. 1988, 673, Rz. 11.
5 BVerwG v. 29.11.1990 – 3 C 77.87, BVerwGE 87, 154 (158 ff.); v. 8.4.1987 – 2 BvR 687.85, BVerfGE 75, 223 (244).
6 Vgl. EuGH v. 7.2.1991 – Rs. C-184/89, Nimz, Slg. 1991, I-297, Rz. 19; *Jarass*, in: Jarass/Pieroth, GG, Art. 23 Rz. 34.
7 Vgl. EuGH v. 1.12.2005 – Rs. C-14/04, Dellas, Slg. 2005, I-10523, Rz. 51–53; BVerwG v. 25.5.2005 – 2 C 14.04, NVwZ 2005, 1080; näher hierzu *Jarass*, Grundfragen der innerstaatlichen Bedeutung des EG-Rechts, S. 102 ff.

Verwaltung ist mithin – anders als bei dem Verstoß von Vorschriften gegen höherrangiges nationales Recht – berechtigt und auch **von Amts wegen** verpflichtet, eine als unionsrechtswidrig erachtete Bestimmung des deutschen Rechts unangewendet zu lassen[1]. Die Verwerfungspflicht besteht unabhängig davon, ob die nationale Norm „evident unionsrechtswidrig" ist und ob der EuGH zumindest die unmittelbare Wirkung der kollidierenden unionsrechtlichen Norm bereits festgestellt hat[2]. In der Praxis führt diese Verpflichtung wegen der Komplexität der unionsrechtlichen Regelungen oft zu ganz erheblichen Schwierigkeiten, zumal den Verwaltungsbehörden nicht die Möglichkeit eingeräumt ist, in Zweifelsfällen, etwa betreffend die unmittelbare Anwendbarkeit einer Richtlinienbestimmung, den EuGH anzurufen. Die Problematik wird dadurch verschärft, dass sowohl bei der zu Unrecht erfolgten wie auch bei der zu Unrecht unterlassenen Anwendung des nationalen Rechts **Staatshaftungsansprüche** drohen[3]. Gleichwohl ist die Verwaltungsbehörde **nicht befugt**, und zwar auch nicht für eine Übergangszeit, die Verdrängungswirkung des Unionsrechts **unbeachtet zu lassen** oder auch nur vorübergehend auszusetzen. Gleiches gilt grds. auch für die nationalen Gerichte[4].

107 Während die Verwaltungsbehörde unionsrechtswidriges nationales Recht mithin unangewendet lassen muss, steht ihr umgekehrt **kein Verwerfungsrecht bezüglich** Vorschriften des **EU-Sekundärrechts** zu, die gegen Primärrecht verstoßen. Geht die Behörde von der Ungültigkeit sekundären Unionsrechts aus, muss sie es also – nicht anders als die Unionsorgane bei dem direkten Vollzug – gleichwohl zur Anwendung bringen. Eine Verwerfungskompetenz steht allein dem EuGH zu, der im Rahmen der gerichtlichen Überprüfung der behördlichen Entscheidung anzurufen ist[5]. Die Behörde kann den Betroffenen lediglich auf den Rechtsweg verweisen[6]; bei Zweifeln an der Wirksamkeit einer Unionsrechtsnorm muss das angerufene Gericht die Frage dem EuGH vorlegen.

### 8. Unionsrechts- und insbesondere richtlinienkonforme Auslegung

108 Das gesamte in Verwaltungsverfahren zur Anwendung kommende nationale Recht ist unionsrechtskonform auszulegen[7]. Die Verpflichtung zur unionsrechtskonformen Auslegung trifft **jedes staatliche Organ**. Ferner gilt sie nach zutreffender Ansicht unabhängig davon, ob die betreffende EU-Vorschrift unmittelbar anwendbar ist oder ob sie den nationalen Parlamenten einen Gestaltungsspielraum belässt, der diese unmittelbaren Wirkungen ausschließt[8].

109 Die **Kommission** kann von nationalen Behörden um Stellungnahmen zur Auslegung des Unionsrechts ersucht werden. Soweit das Sekundärrecht keine entsprechenden Mechanismen vorsieht, sind die jeweiligen Stellungnahmen der Kommission jedoch rechtlich nicht verbindlich (siehe bereits Rz. 87).

110 Eine Facette der unionsrechtskonformen Auslegung ist die Pflicht aller mitgliedstaatlichen Organe zur **richtlinienkonformen Auslegung**. Die Zulässigkeit leitet sich nach der ständigen Rechtsprechung des EuGH aus Art. 288 Abs. 3 AEUV

---

1 EuGH v. 22.6.1999 – Rs. 103/88, Fratelli Costanzo, Slg. 1989, 1839, Rz. 31; *Pernice*, NVwZ 1990, 201 f.; kritisch *Papier*, DVBl 1993, 809 (813 f.); s. auch *Demleitner*, NVwZ 1989, 1525; *Semmroth*, NVwZ 2006, 1378 (1380).
2 Str.; wie hier *Burger*, DVBl 2011, 985 (988 f.).
3 Kritisch hierzu *Ehlers*, in: Erichsen/Ehlers, Allgemeines Verwaltungsrecht, § 2 Rz. 122.
4 Vgl. EuGH v. 8.9.2010 – Rs. C-409/06, Winner Wetten, Rz. 67.
5 EuGH v. 13.2.1979 – Rs. 101/78, Slg. 1979, 623, Granaria, Rz. 4 ff.
6 *Jarass*, in: Jarass/Pieroth, GG, Art. 23 Rz. 37.
7 EuGH v. 13.11.1990 – Rs. C-106/89, Marleasing, Slg. 1990, I-4135, Rz. 8.
8 *Jarass*, EuR 1991, 211 (222); a.A. *Di Fabio*, NJW 1990, 947 (955).

und ergänzend aus Art. 4 Abs. 3 EUV ab[1]. Eine Pflicht zur richtlinienkonformen Auslegung besteht erst nach dem Ablauf der Umsetzungsfrist. Zuvor kommt weder eine richtlinienkonforme Auslegung noch eine unmittelbare Wirkung der Richtlinie in Betracht[2]; allerdings müssen die Mitgliedstaaten schon während des Laufs der Umsetzungsfrist den Erlass von Vorschriften unterlassen, die geeignet sind, das Ziel der Richtlinie ernstlich in Frage zu stellen („Frustrationsverbot"),[3] was wiederum Bedeutung für die Auslegung sonstiger Rechtsvorschriften des nationalen Rechts haben kann.

Der Rechtsanwender muss das innerstaatliche Recht, insbesondere Bestimmungen einer speziell zur Umsetzung der Vorgaben einer Richtlinie erlassenen Regelung so weit wie möglich anhand des Wortlauts und des Zweckes dieser Richtlinie auslegen, um das in ihr festgelegte Ergebnis zu erreichen und so Art. 249 Abs. 3 EG nachzukommen[4]. Geltung beanspruchen diese Prinzipien aus Sicht der Union über den Mechanismus des Vorrangs des Unionsrechts, aus Sicht des Grundgesetzes unmittelbar aus Art. 23 Abs. 1 Satz 2 GG[5]. 111

Methodisch steht bei der richtlinienkonformen Auslegung an erster Stelle die Bestimmung der unionsrechtlichen Vorgaben, also die Konkretisierung des in der Richtlinie festgelegten Ergebnisses. Zweitens ist zu untersuchen, ob die den richtlinienrechtlichen Vorgaben möglicherweise widersprechende Norm des nationalen Rechts der Auslegung zugänglich ist. Das methodische Instrumentarium zur Ermittlung der **Interpretationsfähigkeit** der innerstaatlichen Norm unterscheidet sich dabei nicht grundlegend von der autonomen Auslegung nationaler Bestimmungen. Ist die Auslegungsfähigkeit zu bejahen, so besteht drittens eine unbedingte Pflicht, diejenige Auslegung zu wählen, bei der die unionsrechtliche Zielsetzung (weitestgehend) erreicht wird[6]. 112

Nach der Rechtsprechung des EuGH[7] kann bei Fehlen entgegenstehender Hinweise grds. unterstellt werden, dass der nationale Gesetzgeber die ihn aus der Richtlinie treffenden Verpflichtungen umfassend erfüllen und eine eigenständige Gestaltung nur insoweit vornehmen will, wie das Richtlinienrecht hierfür einen **Spielraum** lässt. Im Einzelnen sind die Grenzen der unionsrechtskonformen Auslegung jedoch noch wenig konturiert und sehr streitig[8]. Kontrovers wird auch die Frage behandelt, 113

---

1 Vgl. EuGH v. 18.12.1997 – Rs. C-129/96, Inter-Environment-Wallonie/Région wallonne, Slg. 1997, I-7411, Rz. 40; v. 5.10.2004 – verb. Rs. C-397/01 bis 403/01, Pfeiffer, Slg. 2004, I-8835, Rz. 114.
2 EuGH v. 4.7.2006 – Rs. C-212/04, Adeneler, Slg. 2006, I-6057, Rz. 115; v. 5.10.2004 – verb. Rs. C-397/01 u.a., Pfeiffer, Slg. 2004, I-8835, Rz. 117; *von Danwitz*, Europäisches Verwaltungsrecht, S. 188f.
3 EuGH v. 18.12.1997 – Rs. C-129/96, Inter-Environnement Wallonie, Slg. 1997, I-7411, Rz. 45.
4 EuGH v. 5.10.2004 – Rs. C-397/01 bis 403/01, Pfeiffer, Slg. 2004, I-8835, Rz. 113 unter Hinweis auf EuGH v. 10.4.1984 – Rs. 14/83, von Colson und Kamann, Slg. 1984, 1891, Rz. 26; v. 13.11.1990 – Rs. C-106/89, Marleasing, Slg. 1990, I-4135, Rz. 8; v. 14.7.1994 – Rs. C-91/92, Faccini Dori, Slg. 1994, I-3325, Rz. 26.
5 Vgl. nur *Jarass/Beljin*, JZ 2003, 768 (774).
6 Vgl. EuGH v. 27.6.2000 – Rs. C-240/98 bis C-244/98, Océano Grupo Editorial und Salvat Editores, Slg. 2000, I-4941, Rz. 30; v. 29.4.2004 – Rs. C-371/02, Björnekulla Fruktindustrier AB/Procordia Food AB, Slg. 2004, I-5791, Rz. 13; v. 15.5.2003 – Rs. C-160/01, Mau/Bundesanstalt für Arbeit, Slg. 2003, I-4791, Rz. 36; ausführlich hierzu *Roth*, EWS 2005, 385 (389, 392).
7 EuGH v. 5.10.2004 – Rs. C-397/01 bis 403/01, Pfeiffer, Slg. 2004, I-8835, Rz. 112; v. 16.12.1993 – Rs. C-334/92, Wagner Miret, Slg. 1993, I-6911, Rz. 20; v. 29.4.2004 – Rs. C-371/02, Björnekulla Fruktindustrier AB/Procordia Food AB, Slg. 2004, I-5791, Rz. 13.
8 Vgl. hierzu *Hirsch*, JZ 2007, 853 (857).

ob und in welchem Umfang bei der unionsrechtskonformen Auslegung ein weiterer Spielraum besteht als bei der autonomen Auslegung nicht unionsrechtlich determinierter nationaler Bestimmungen. Das Gebot der richtlinienkonformen Auslegung darf – bezogen auf die Vorschriften des nationalen Rechts – aber jedenfalls grds. nicht zu einer Auslegung *contra legem* führen[1].

114 Zulässig ist indes der Rückgriff auf die **teleologische Reduktion** einer Vorschrift. Denn bezweckt der Gesetzgeber eine Umsetzung der richtlinienrechtlichen Vorgaben, so stellt eine defizitäre gesetzliche Regelung gemessen an dieser Zielsetzung eine planwidrige Lücke dar, die im Wege der Rechtsfortbildung geschlossen werden kann[2]. Eine auch im Wege der teleologischen Reduktion nicht zu überwindende Grenze besteht allerdings, wenn der nationale Gesetzgeber eine Umsetzung der Richtlinie überhaupt verweigert oder wenn er von bestimmten Vorgaben einer Richtlinie bewusst abweicht[3].

115 Eine weitere Grenze findet die unionsrechtskonforme Auslegung wegen des sog. **Verbots** der **horizontalen Direktwirkung** von Richtlinien dort, wo eine Richtlinienbestimmung eine Verpflichtung zu Lasten eines Einzelnen begründen würde[4].

### 9. Einfluss des Unionsrechts auf einzelne verfahrensrechtliche Vorschriften

116 Die bei dem indirekten Vollzug des Unionsrechts zur Anwendung kommenden nationalen Verfahrensvorschriften sind im Lichte des Unionsrechts einschließlich seiner allgemeinen Rechtsgrundsätze und damit auch des Äquivalenz- und des Effektivitätsgebots (s.o. Rz. 89ff.) auszulegen und erforderlichenfalls zu **modifizieren**[5]. Der Verwaltungsvollzug folgt daher im Bereich des indirekten Vollzugs von Unionsrecht gewissen Besonderheiten, die für die anwaltliche Praxis bedeutsam sind.

#### a) Antrags- und Mitwirkungsbefugnisse

117 Die Antrags- und Mitwirkungsbefugnisse aus §§ 22 und 26 VwVfG können im Rahmen des indirekten Vollzugs von Unionsrecht nach dem Äquivalenzgrundsatz und Effektivitätsgebot modifiziert werden:

- Keine Anwendung finden etwa Beweisvorschriften, die die Rückerstattung der unter Unionsrechtsverstoß erhobenen Abgaben erschweren können[6].
- Anträge, die ein Unionsbürger im Rahmen der Geltendmachung seiner Grundfreiheiten in einer anderen gebräuchlichen Sprache stellt (etwa Englisch oder Französisch), dürfen nicht allein deswegen abgewiesen werden, weil sie nicht in deutscher Sprache verfasst sind. Die Behörden müssen sich aktiv um die Übersetzung bemühen,[7] obwohl die EU-Bürger grds. keinen Anspruch darauf haben, in ihrer Landessprache gehört zu werden.
- Soweit Behörden im Rahmen der Sachverhaltsermittlung (§ 24 VwVfG) auf eine Zusammenarbeit mit Behörden anderer Mitgliedstaaten angewiesen sind, trifft sie eine verstärkte Mitteilungs- und Sachverhaltsermittlungspflicht, insbesondere im Wege der Amtshilfe[8].

---

1 *von Danwitz*, Europäisches Verwaltungsrecht, S. 188.
2 *Herresthal*, EuZW 2007, 396.
3 Vgl. BAG v. 23.3.2006 – 2 AZR 343/05, NJW 2006, 3161 (3164).
4 Näher hierzu *Karpenstein*, Praxis des EG-Rechts, Rz. 68ff.
5 *Kopp/Ramsauer*, VwVfG, Einf. II Rz. 21.
6 EuGH v. 24.3.1988 – Rs. 104/86, Kommission/Italien, Slg. 1988, 1799, Ls. 1.
7 *Stelkens/Schmitz*, in: Stelkens/Bonk/Sachs, VwVfG, § 22 Rz. 82.
8 *von Bogdandy*, in: Grabitz/Hilf, Das Recht der EU, Art. 10 EGV Rz. 51f.

## b) Fristen

Es gelten grds. die Fristen und Termine des nationalen Verfahrensrechts, soweit im Sekundärrecht keine Sonderregelungen vorgesehen sind. Jedoch erfahren auch diese Fristenregelungen Modifikationen: 118

Früher kam die sog. **„Emmott'sche Fristenhemmung"** zur Anwendung. Sie bewirkte, dass eine Behörde sich auf den Ablauf der Rechtsbehelfsfristen (also z.B. der Widerspruchsfrist nach § 70 VwGO) nicht berufen konnte, wenn sie einen Anspruch des Antragstellers nur deshalb nicht anerkannte, weil eine Richtlinie nicht rechtzeitig umgesetzt worden war. Solange eine Richtlinie nicht ordnungsgemäß in nationales Recht umgesetzt wurde, sei der Einzelne nicht in die Lage versetzt, in vollem Umfang von seinen Rechten Kenntnis zu erlangen[1]. Die Antrags- und Klagefristen sollten daher erst mit der ordnungsgemäßen Umsetzung der Richtlinie beginnen. Der EuGH hat dies in nachfolgenden Entscheidungen allerdings relativiert, indem er hervorhob, dass die Entscheidung in der Rechtssache Emmott durch die besonderen Umstände jenes Falles gerechtfertigt gewesen sei, in dem der Klägerin des Ausgangsverfahrens durch den Ablauf der Klagefrist jegliche Möglichkeit genommen war, ihren auf die Richtlinie gestützten Anspruch auf Gleichbehandlung geltend zu machen[2]. 119

## c) Anordnung der sofortigen Vollziehung

Das der Behörde nach § 80 Abs. 2 Nr. 4 VwGO eingeräumte Ermessen bei der Entscheidung über die Anordnung der sofortigen Vollziehung eines Verwaltungsakts wird auf null reduziert, wenn die Verwirklichung des Unionsrechts auf Grund des Suspensiveffekts von Widerspruch und Klage nicht gewährleistet wäre[3]. Anträge auf Wiederherstellung der aufschiebenden Wirkung (§ 80 Abs. 4 und 5 VwGO) muss die Behörde in diesen Fällen ablehnen. Praktische Bedeutung hat dies insbesondere für die Rückforderung unionswidriger Beihilfen, die „unverzüglich" unter Einschluss der „vorläufigen Maßnahmen zur Gewährleistung einer sofortigen Vollstreckung" zu erfolgen hat, Art. 14 Abs. 3 der VO 659/99. 120

## d) Bekanntgabe

Für die Bekanntgabe von Verwaltungsakten, die Unionsrecht vollziehen, gilt § 41 VwVfG. In Ausnahmefällen kann der Effektivitätsgrundsatz eine individuelle Benachrichtigung auch von abstrakt-generellen Regelungen erforderlich machen. So kann, wenn eine Vorschrift finanzielle Konsequenzen hat und eine allgemeine Bekanntmachung im Bundesanzeiger oder ähnlichen Veröffentlichungen nicht ausreicht, sogar die individuelle Bekanntgabe von Durchführungsvorschriften geboten sein[4]. 121

## e) Begründungspflicht

Verwaltungsakte sind nach § 39 Abs. 1 VwVfG mit einer Begründung zu versehen, in der die für die Entscheidung wesentlichen tatsächlichen und rechtlichen Gründe 122

---

1 EuGH v. 25.7.1991 – Rs. C-208/90, Emmott, Slg. 1991, I-4269, Rz. 22f.
2 EuGH v. 9.2.1999 – Rs. C-343/96, Dilexport Srl, Slg. 1999, I-579, Ls. 1.
3 EuGH v. 10.7.1990 – Rs. C-217/88, Tafelwein, Slg. 1990, I-2879, Rz. 25; näher hierzu *Schoch*, in: Schoch/Schmidt-Aßmann/Pietzner, VwGO, Vorb. § 80 Rz. 18ff. und § 80 Rz. 269ff.
4 EuGH v. 25.3.2004 – Rs. C-480/00, Azienda Agricola Ettore Riboldi, Slg. 2004, I-2943, Rz. 76ff.

mitgeteilt werden. Bei Ermessensentscheidungen sollen auch die Gesichtspunkte dargelegt werden, von denen die Behörde bei Ausübung des Ermessens ausgegangen ist (§ 39 Abs. 1 VwVfG). Die aus dem Rechtsstaatsprinzip abzuleitende Begründungspflicht ist als allgemeiner Rechtsgrundsatz auch im Unionsrecht anerkannt (s. Art. 296 AEUV, Art. 41 der Grundrechte-Charta) (s.o. Rz. 51). Für den Umfang der erforderlichen Begründung gelten beim indirekten Vollzug von Unionsrecht grds. keine Besonderheiten. Insbesondere fordert das Effektivitätsgebot (s.o. Rz. 91 ff.) keine weitergehenden Begründungen als sie ansonsten im Rahmen des § 39 VwVfG erforderlich sind[1]. Das Unionsrecht gebietet allerdings, dass **Einschränkungen von Grundfreiheiten** und sonstigen unionsrechtlich begründeten Rechten **stets begründet** werden[2]. Soweit § 39 Abs. 2 VwVfG Ausnahmetatbestände vorsieht, bei denen auf eine Begründung verzichtet werden kann, muss daher im Rahmen des indirekten Vollzugs von Unionsrecht im Einzelfall geprüft werden, ob die Ausnahme bei unionsrechtskonformer Auslegung tatsächlich zum Tragen kommen kann[3].

#### f) Beurteilungs- und Ermessensspielräume

123 Die dem deutschen Verwaltungsjuristen vertraute Unterscheidung zwischen Beurteilungsspielräumen, Ermessen und Planungsermessen ist dem Unionsrecht fremd. Der EuGH erkennt allgemein an, dass der zuständigen Behörde bei der Beurteilung komplexer wirtschaftlicher, technischer oder medizinischer Sachverhalte **Entscheidungsspielräume** eingeräumt werden[4]. Teilweise lässt sich dem Unionsrecht auch eine Verpflichtung zur Einräumung derartiger Spielräume entnehmen[5]. Der den Behörden bei dem Vollzug von Unionsrecht eingeräumte Spielraum muss von den nationalen Verwaltungsgerichten nur auf „offensichtlichen Irrtum", „Ermessensmissbrauch" oder „offensichtliche Überschreitung der Grenzen des Ermessensspielraumes" hin überprüft werden[6].

124 Für den Vollzug des Unionsrechts kann in den Grenzen des Effektivitäts- und Äquivalenzgrundsatzes auf die Beurteilungs- und Ermessenskonzeption des deutschen Rechts zurückgegriffen werden (§ 40 VwVfG, § 114 VwGO). Die Ausübung des Ermessens wird durch das Unionsrecht aber beeinflusst[7]. Eine behördliche Ermessensentscheidung mit Unionsrechtsbezug muss in jedem Fall in Übereinstimmung mit den Vorgaben des Unionsrechts und seinen Zielsetzungen ausgeübt werden. Sie darf insbesondere nicht dem **Effektivitätsgebot** und dem klaren Interesse der Europäischen Union widersprechen[8].

---

1 BVerwG v. 29.9.1998 – 1 C 8.96, NVwZ 1999, 303 (305).
2 EuGH v. 15.10.1987 – Rs. 222/86, *Heylens*, Slg. 1987, 4097, Rz. 15 f.
3 *Kopp/Ramsauer*, VwVfG, § 39 Rz. 7; *Karpenstein*, in: Schwarze, EU-Kommentar, Art. 296 Rz. 5 f.
4 EuGH v. 11.7.1985 – Rs. 42/84, Remia, Slg. 1985, 2545, Rz. 34; v. 22.1.1976 – Rs. 55/75, Balkan Import-Export GmbH, Rz. 8; v. 24.4.2008 – Rs. C-55/06, Arcor, Rz. 160 ff.; v. 21.1.1999 – Rs. C-120/97, *Upjohn*, Rz. 27 ff.
5 Vgl. etwa BVerwG v. 2.4.2008 – 6 C 15.07, BVerwGE 131, 41 (zur Einräumung eines Beurteilungsspielraums der nationalen Regulierungsbehörde bei der Marktdefinition und -analyse nach der Richtlinie 2002/21/EG v. 7.3.2002 (Richtlinie über einen gemeinsamen Rechtsrahmen für elektronische Kommunikationsnetze und -dienste, „Rahmenrichtlinie").
6 EuGH v. 21.1.1999 – Rs. C-120/97, Upjohn, Slg. 1999, I-223, Rz. 34.
7 EuGH v. 15.2.1996 – Rs. C-63/93, Fintan Duff, Slg. 1996, Rz. 15 ff.
8 EuGH v. 20.3.1997 – Rs. C-24/95, Alcan II, Slg. 1997, I-1591, Rz. 24.

## g) Nichtigkeit von Verwaltungsakten bei offensichtlicher Unionsrechtswidrigkeit

Auch ein rechtswidriger Verwaltungsakt ist **grds. wirksam**; Nichtigkeit tritt lediglich ein, soweit der Verwaltungsakt an einem besonders schwerwiegenden Fehler leidet und dies bei verständiger Würdigung aller in Betracht kommenden Umstände offensichtlich ist (§ 44 Abs. 1 VwVfG), oder wenn einer der besonderen Nichtigkeitsgründe des § 44 Abs. 2 VwVfG gegeben ist. Für Verwaltungsakte, die zur Durchführung des Unionsrechts erlassen werden, gilt nichts anderes. Der Anwendungsvorrang führt also nicht dazu, dass jeder Verstoß gegen Unionsrecht als Nichtigkeitsgrund zu behandeln wäre[1]. Bei der Auslegung der Tatbestandsmerkmale des § 44 VwVfG muss aber berücksichtigt werden, dass die Wirksamkeit des Unionsrechts nicht beeinträchtigt werden darf[2].

125

## h) Aufhebung unionsrechtswidriger begünstigender Verwaltungsakte (Vertrauensschutz)

Die Rechtssicherheit und der Vertrauensschutz gehören zu den im Unionsrecht anerkannten allgemeinen Rechtsgrundsätzen[3]. Das Unionsrecht erkennt das Institut der **Bestandskraft** von Verwaltungsakten an, da die Bestandskraft einer Verwaltungsentscheidung, die nach Ablauf angemessener Klagefristen oder Erschöpfung des Rechtswegs eingetreten ist, zur Rechtssicherheit beiträgt. Daher verlangt das Unionsrecht grds. nicht, dass eine Verwaltungsbehörde verpflichtet ist, eine gegen das Unionsrecht verstoßende, bestandskräftige Verwaltungsentscheidung zurückzunehmen[4].

126

**Unionswidrige Leistungen** wie z.B. unzulässige nationale **Beihilfen**[5] und sonstige begünstigende Verwaltungsentscheidungen, die einem Mitgliedstaat unter Verstoß gegen zwingende Vorgaben des Unionsrechts gewährt wurden, sind allerdings grds. wieder einzuziehen bzw. zu widerrufen[6]. Die Rückforderung richtet sich zwar auch hier nach dem allgemeinen Instrumentarium der §§ 48 ff. VwVfG, jedoch gebietet der Effektivitätsgrundsatz, dass die unionsrechtlich vorgeschriebene Rückforderung nicht praktisch unmöglich gemacht wird[7] und dass bei der Abwägung der verschiedenen widerstreitenden Interessen, also dem öffentlichen Interesse an der Rücknahme der rechtswidrigen Begünstigung einerseits und dem **Vertrauensschutz** des Begünstigten andererseits, das Interesse der Union in vollem Umfang berücksichtigt wird[8]. Diese Vorgaben schränken den zu gewährenden Vertrauensschutz erheblich ein. Zwar zählt der Schutz berechtigten Vertrauens zu den allgemeinen Rechtsgrundsätzen des Unionsrechts; er bindet die Mitgliedstaaten daher bei der Durchführung von Unionsrecht[9]. Jedoch schränkt der EuGH dieses Vertrauen im

127

---

1 BVerwG v. 11.5.2000 – 11 B 26.00, NVwZ 2000, 1039; BGH v. 14.6.2007 – I ZR 125/04, NVwZ-RR 2008, 154 (155 f.); dazu auch *Brenner/Huber*, DVBl 2001, 1021.
2 *Ziekow*, VwVfG, § 44 Rz. 24.
3 *Frenz*, Handbuch Europarecht, Rz. 1831.
4 EuGH v. 13.1.2004 – Rs. C-453/00, Kühne & Heitz, Slg. 2004, I-837, Rz. 24.
5 Vgl. hierzu auch die „Bekanntmachung der Kommission über die Durchsetzung des Beihilfenrechts durch die einzelstaatlichen Gerichte" (2009/C 85/01); zu den großzügigeren Maßstäben bei der Rückforderung zu Unrecht gezahlter *Unionsbeihilfen* vgl. *Karpenstein*, Praxis des EG-Rechts, Rz. 279.
6 Vgl. umfassend *Suerbaum*, VerwArch 2000, 169.
7 EuGH v. 20.3.1997 – Rs. C-24/95, Alcan II, Slg. 1997, I-1591, Rz. 24; v. 21.3.1990 – Rs. C-142/87, Belgien/Kommission, Slg. 1990, I-959, Rz. 61; v. 20.9.1990 – Rs. C-5/89, Kommission/Deutschland, Slg. 1990, I-3437, Rz. 12; v. 21.9.1983 – verb. Rs. 205/82 bis 215/82, Deutsche Milchkontor, Slg. 1983, 2633, Rz. 22.
8 EuGH v. 20.3.1997 – Rs. C-24/95, Alcan II, Slg. 1997, 1591, Rz. 24.
9 EuGH v. 9.10.2001 – verb. Rs. C-80/99 bis 82/99, Flemmer u.a., Slg. 2001, I-7211, Rz. 59.

Bereich staatlicher Beihilfen erheblich ein, weil und soweit sie geeignet sind, den Wettbewerb zu verzerren.

128 Insbesondere wird die Schutzwürdigkeit des Vertrauens nur bejaht, wenn die Beihilfe unter Einhaltung des vorgesehenen **Verfahrens** (Art. 108 Abs. 3 AEUV) gewährt wurde. Praktisch bedeutet dies, dass ein Vertrauenstatbestand nur entsteht, wenn der Beihilfeempfänger sich bei der EU-Kommission vergewissert hatte, ob das Beihilfenverfahren in seiner Gesamtheit ordnungsgemäß verlaufen ist[1]. Dem Prinzip der Rechtmäßigkeit kommt hiernach in der Abwägung mit dem Vertrauensschutz des Begünstigten bei derartigen Sachverhalten ein erheblich höheres Gewicht zu als bei Verstößen gegen nationales Recht[2]. Das Interesse an einer effektiven und gleichförmigen Durchsetzung des Unionsrechts gebietet es ferner, dass der mitgliedstaatlichen Behörde jedenfalls dann kein **Rücknahmeermessen** zusteht, wenn die Kommission den Mitgliedstaat durch bestandskräftige Entscheidung zur Rückzahlung der unionsrechtswidrigen Beihilfe aufgefordert hat[3]. Ebenso kommt die **Jahresfrist** des § 48 Abs. 4 VwVfG in unionsrechtskonformer Auslegung nicht zur Anwendung, da ansonsten die unionsrechtlich vorgeschriebene Rückforderung nach Ablauf der Frist praktisch unmöglich wäre[4]. Aus dem gleichen Grund wird dem Beihilfeempfänger auch die Möglichkeit versagt, sich auf seine Gutgläubigkeit bei einem **Wegfall der Bereicherung** (§ 48 Abs. 2 Satz 2 VwVfG) zu berufen[5].

**i) Aufhebung unionsrechtswidriger belastender Verwaltungsakte**

129 Für den umgekehrten Fall der Aufhebung belastender Verwaltungsakte kommen die Vorschriften des innerstaatlichen Rechts im Ausgangspunkt unverändert zur Anwendung[6]. Insbesondere hat der EuGH anerkannt, dass nationale Vorschriften über angemessene Ausschlussfristen für die Rechtsverfolgung im Interesse der Rechtssicherheit grds. mit dem Unionsrecht vereinbar sind[7]. Der EuGH erkennt hiernach im Ausgangspunkt an, dass die **Bestandskraft** einer Verwaltungsentscheidung zur Rechtssicherheit beiträgt und dass das Unionsrecht daher keine grundsätzliche Verpflichtung der nationalen Verwaltungsbehörden begründet, unionsrechtswidrige bestandskräftige Verwaltungsentscheidungen zurückzunehmen[8].

130 Unter „**besonderen Umständen**" kann eine nationale Verwaltungsbehörde aber nach dem in Art. 4 Abs. 3 EUV verankerten Grundsatz der Zusammenarbeit verpflichtet sein, auch eine infolge der Erschöpfung des innerstaatlichen Rechtswegs bereits bestandskräftig gewordene Verwaltungsentscheidung zu überprüfen, um einer später vom Gerichtshof vorgenommenen Auslegung einer einschlägigen Bestimmung des Unionsrechts Rechnung zu tragen[9]. Voraussetzung für einen einklagbaren Anspruch auf die Wiederaufnahme des Verfahrens ist zunächst, dass

---

1 BVerwG v. 17.2.1993 – 11 C 47.92, BVerwGE 92, 81.
2 *Herdegen*, Europarecht, § 10 Rz. 40.
3 EuGH v. 20.3.1997 – Rs. C-24/95, Alcan II, Slg. 1997, I-1591, Rz. 34.
4 EuGH v. 20.3.1997 – Rs. C-24/95, Alcan II, Slg. 1997, I-1591, Rz. 33 ff.
5 EuGH v. 20.3.1997 – Rs. C-24/95, Alcan II, Slg. 1997, I-1591, Rz. 49 f.; BVerwG v. 23.4.1998 – 3 C 15.97, BVerwGE 106, 328 (332 ff.); BVerfG, Nichtannahmebeschl. v. 17.2.2000 – 2 BvR 1210/98, NJW 2000, 2015.
6 Vgl. hierzu *Kanitz/Wendel*, EuZW 2008, 231 ff.
7 EuGH v. 1.12.1998 – Rs. C-326/96, Levez, Slg. 1998, I-7835, Rz. 19; v. 9.2.2006 – Rs. C-261/05, Palmisani, Slg. 1997, I-4025, Rz. 28; v. 2.12.1997 – Rs. C-188/95, Fantask u.a., Slg. 1997, I-6783, Rz. 48; v. 15.9.1998 – verb. Rs. C-279/96 bis C-281/96, Ansaldo Energia u.a., Slg. 1998, I-5025, Rz. 17 f.
8 EuGH v. 13.1.2004 – Rs. C-453/00, Kühne & Heitz, Slg. 2004, I-837, Rz. 24.
9 EuGH v. 13.1.2004 – Rs. C-453/00, Kühne & Heitz, Slg. 2004, I-837, Rz. 27; v. 19.9.2006 – Rs. C-392/04 und C-422/04, i-21 Germany und Arcor, Slg. 2006, I-8559, Rz. 52.

der Betroffene den Instanzenzug vergeblich beschritten hat[1]. Ferner ist vorausgesetzt, dass
- die Behörde nach nationalem Recht grds. befugt ist, die betreffende Entscheidung zurückzunehmen (§ 51 VwVfG),
- die Entscheidung der Behörde infolge einer letztinstanzlichen Gerichtsentscheidung bestandskräftig geworden war (Rechtswegerschöpfung),
- das Urteil, wie eine nach seinem Erlass ergangene Entscheidung des Gerichtshofes zeigt, auf einer unrichtigen Auslegung des Unionsrechts beruht, die erfolgt ist, ohne dass der Gerichtshof um Vorabentscheidung ersucht wurde, obwohl der Tatbestand des Art. 234 Abs. 3 EG erfüllt war, und
- der Betroffene sich, unmittelbar nachdem er Kenntnis von der besagten Entscheidung des Gerichtshofes erlangt hat, an die Verwaltungsbehörde gewandt hat.

Die dritte Voraussetzung ist, wie der EuGH in der Rechtssache *Kempter*[2] klargestellt hat, bereits dann erfüllt, wenn der unionsrechtliche Gesichtspunkt, dessen Auslegung sich in Anbetracht eines späteren Urteils des Gerichtshofs als unrichtig erwiesen hat, von dem in letzter Instanz entscheidenden nationalen Gericht entweder geprüft wurde oder **von Amts wegen** hätte aufgegriffen werden können. Der Rechtsbehelfsführer muss also im Rahmen seines gerichtlichen Rechtsbehelfs des innerstaatlichen Rechts die unionsrechtliche Frage nicht zwingend bereits aufgeworfen haben. Zur vierten Voraussetzung hat der EuGH ebenfalls in der Rechtssache *Kempter* präzisiert, dass hierdurch keine spezifische Frist für den Antrag auf Überprüfung begründet werden sollte. Es ist daher ausreichend, wenn der Betroffene die (unionsrechtlich unbedenkliche) Frist des § 51 VwVfG einhält, nachdem er von der Entscheidung des EuGH zu der streitigen EU-Vorschrift erfahren hat. 131

Unter den genannten Voraussetzungen besteht zumindest ein Anspruch auf **behördliche Überprüfung** der Verwaltungsentscheidung. Ein Anspruch auf Rücknahme der unionsrechtswidrigen Verwaltungsentscheidung besteht hingegen schon deshalb nicht, weil bei der Entscheidung über die Rücknahme des bestandskräftigen Verwaltungsaktes auch Belange Dritter berücksichtigt werden müssen. Vielfach wird sich das Rücknahmeermessen aber auf null reduzieren. 132

### j) Verfahrens- und Formfehler

Verfahrens- oder Formfehler können nach § 45 Abs. 1 VwVfG durch nachträgliches Stellen des erforderlichen Antrags, Nachholung der erforderlichen Begründung, nachträgliche Anhörung eines Beteiligten, Nachholung eines erforderlichen Ausschussbeschlusses oder der erforderlichen Mitwirkung einer anderen Behörde **geheilt** werden. Ferner kann ein wirksamer Verwaltungsakt nach § 46 VwVfG nicht schon deshalb aufgehoben werden, weil er unter Verletzung von Vorschriften über das Verfahren, die Form oder die örtliche Zuständigkeit zustande gekommen ist, wenn offensichtlich ist, dass die Verletzung die Entscheidung in der Sache nicht beeinflusst hat (vgl. hierzu den Beitrag von *Bracher/Redeker*, Teil 1 Kap. A., Rz. 121 ff.). 133

Diese Verfahrensregelungen finden grds. **auch auf den indirekten Vollzug** von Unionsrecht Anwendung. Soweit das zu vollziehende Unionsrecht eigene Verfahrensanforderungen enthält oder Verfahrensanforderungen des nationalen Rechts verletzt werden, die europarechtliche Verfahrensanforderungen umsetzen, ist aber vorrangig zu prüfen, ob sie Raum für eine derartige Heilung oder Unbeachtlichkeit 134

---
1 EuGH v. 13.1.2004 – Rs. C-453/00, Kühne & Heitz, Slg. 2004, I-837; *Stelkens, P./Stelkens, U.*, in: Stelkens/Bonk/Sachs, VwVfG, § 35 Rz. 254.
2 EuGH v. 12.2.2008 – Rs. C-2/06, Kempter, Slg. 2008, I-411, Rz. 40 ff.

lassen. Ist die unionsrechtliche Verfahrensanforderung als Erfordernis anzusehen, das zwingend Beachtung finden muss und nicht nachgeholt werden kann, so werden die §§ 45 f. VwVfG insoweit verdrängt[1]. Eine solche Verfahrensanforderung wird allerdings nur anzunehmen sein, wenn besondere Anhaltspunkte vorliegen[2].

**10. Grundrechte und Grundfreiheiten**

135   Die Grundrechte der EU sind zunächst von den Unionsorganen zu beachten (s.o. Rz. 2 und z.B. Rz. 9 ff.). Sie gelten aber auch für die nationalen Behörden bei der Durchführung des Unionsrechts.

136   Die in der **Charta der Grundrechte** der Europäischen Union[3] niedergelegten Grundrechte sind nunmehr nach Art. 6 Abs. 1 EUV als echte Rechtsquelle anerkannt; sie haben den Rang von Primärrecht und stehen sonstigem Primärrecht gleich (Art. 6 Abs. 1 Unterabs. 1 EUV). Nach Art. 51 Abs. 1 der Charta sind die Grundrechte nicht nur von den Organen, Einrichtungen und sonstigen Stellen der Union zu beachten, sondern auch von den Mitgliedstaaten, soweit sie Recht der Union durchführen, d.h. bei jeder Form des indirekten Vollzugs des Unionsrechts. Verstößt eine Behörde bei der Durchführung von Unionsrecht gegen EU-Grundrechte, so ist das betreffende Handeln rechtswidrig.

137   Gleichberechtigt neben den Grundrechten der Charta stehen nach wie vor die in der Rechtsprechung des EuGH entwickelten „Grundrechte aus allgemeinen Rechtsgrundsätzen", deren Rechtserkenntnisquellen insbesondere die gemeinsamen Verfassungstraditionen der Mitgliedstaaten und die **Europäische Menschenrechtskonvention** sind (vgl. Art. 6 Abs. 3 EUV)[4].

138   Eine auch in der anwaltlichen Praxis nicht selten übersehene Konsequenz des Vorrangs des Unionsrechts für die Reichweite des (nationalen) Grundrechtsschutzes ist, dass **innerstaatliche Durchführungsvorschriften** und Verwaltungsakte, die auf zwingenden und damit vorrangigen EU-Vorschriften beruhen, nicht am Maßstab der Grundrechte des Grundgesetzes, sondern an den EU-Grundrechten gemessen werden[5].

139   Daneben sind die Mitgliedstaaten an die im AEUV kodifizierten **Grundfreiheiten** gebunden. Während die EU-Grundrechte in erster Linie Rechte privater Personen gegenüber der Union (sowie bei der Durchführung des Unionsrechts auch gegenüber den Mitgliedstaaten) sind, ist es das vornehmliche Ziel der Grundfreiheiten, den freien Binnenmarkt vor Beschränkungen durch die Mitgliedstaaten zu schützen. Die Grundfreiheiten bilden das Fundament des Binnenmarktes, der nach Art. 26 Abs. 2 AEUV einen Raum ohne Binnengrenzen umfasst, in dem der freie Verkehr von Waren, Personen, Dienstleistungen und Kapital gem. den Bestimmungen der Verträge gewährleistet ist. Die Grundfreiheiten sind zunächst als Pflichten

---

1 *Sachs*, in: Stelkens/Bonk/Sachs, VwVfG, § 45 Rz. 168.
2 *Sachs*, in: Stelkens/Bonk/Sachs, VwVfG, § 45 Rz. 168 ff.; str., vgl. hierzu auch *Kment*, AöR 2005, 571 (584 ff.).
3 Charta der Grundrechte der Europäischen Union v. 7.12.2000 in der am 12.12.2007 angepassten Fassung.
4 Vgl. näher *Jarass*, EU-Grundrechtscharta, Einl. Rz. 28 ff. und 40 f. Die EU ist der EMRK noch nicht beigetreten. Die Möglichkeit und Verpflichtung zu einem Beitritt ergibt sich aus Art. 6 Abs. 2 EUV.
5 EuGH v. 18.6.1991 – Rs. C-260/89, ERT, Slg. 1991, I-2925, Rz. 42; BVerfG v. 9.1.2001 – 1 BvR 1036/99, NJW 2001, 1267 (1268); v. 30.6.2005 – 7 C 26/04, BVerwGE 124, 47 (56 f.); v. 27.7.2004 – 1 BvR 1270/04, NVwZ 2004, 1346 (1347); *Fellenberg*, in: Mayen/Scheurle, Telekommunikationsrecht, § 113a Rz. 9.

der Mitgliedstaaten gegenüber der Union formuliert[1]. Sie begründen aber ebenso wie die Grundrechte auch **subjektive Rechte** privater Personen gegenüber dem Mitgliedstaat. Der einzelne Bürger kann sich vor den nationalen Behörden und Gerichten auf die Grundfreiheiten berufen. Grundrechte und Grundfreiheiten haben als Primärrecht den gleichen Rang[2]. Auf Grund der unmittelbaren Wirkung (s.o. Rz. 94ff.) und des Anwendungsvorrangs (s.o. Rz. 100ff.) haben alle Behörden nationale Vorschriften, die ohne Rechtfertigung in eine Grundfreiheit eingreifen, unangewendet zu lassen.

Anders als die EU-Grundrechte sind die Grundfreiheiten von den Mitgliedstaaten nicht nur bei der Anwendung von Unionsrecht bzw. auf Unionsrecht basierenden nationalen Umsetzungsakten, sondern auch beim **Vollzug von rein nationalem Recht** zu beachten. Sie gelten ebenso wie die Diskriminierungsverbote grds. auch in Bereichen, die noch der ausschließlichen Gesetzgebungskompetenz der Mitgliedstaaten unterfallen[3]. Zudem sind auch die **Unionsorgane** an die Grundfreiheiten gebunden[4]. 140

**11. Unionsrechtlicher Staatshaftungsanspruch**

Ein auch den Verwaltungsvollzug beeinflussendes Haftungsinstrument stellt der unionsrechtliche Staatshaftungsanspruch dar. Der Anspruch beruht auf richterlicher Rechtsfortbildung des EuGH. Ihm liegt die Erwägung zugrunde, dass die volle **Wirksamkeit des Unionsrechts** beeinträchtigt wäre, wenn der Einzelne nicht die Möglichkeit hätte, für den Fall eine Entschädigung zu erlangen, dass seine Rechte durch einen Verstoß gegen das Unionsrecht verletzt werden, der einem Mitgliedstaat zuzurechnen ist[5]. 141

Der unionsrechtliche **Staatshaftungsanspruch** findet seine Grundlage damit unmittelbar im Unionsrecht[6]. Die konkrete Ausgestaltung und das Klageverfahren bestimmen sich grds. nach nationalem Recht, wobei die Voraussetzungen nicht ungünstiger ausgestaltet sein dürfen als bei den nationalen Rechtsbehelfen[7]. Der Anspruch findet anders als der Amtshaftungsanspruch nach § 839 BGB i.V.m. Art. 34 GG Anwendung nicht nur auf Pflichtverletzungen der Exekutive[8], sondern auch auf Unionsrechtsverstöße der Legislative[9] und der Judikative[10]. 142

---

1 Vgl. *Jarass*, EU-Grundrechtscharta, Einl. Rz. 23.
2 Vgl. *Jarass*, EU-Grundrechtscharta, Einl. Rz. 26.
3 EuGH v. 14.2.1995 – Rs. C-279/93, Schumacker, Slg. 1995, I-225, Rz. 21–24.
4 St. Rspr., vgl. EuGH v. 29.2.1984 – Rs. 37/83, Rewe-Zentrale AG, Slg. 1984, 1229, Rz. 18; v. 9.8.1994 – Rs. C-51/93, Meyhui, Slg. 1994, I-3879, Rz. 11; v. 25.6.1997 – Rs. C-114/96, Kieffer und Thill, Slg. 1997, I-3629, Rz. 27; v. 14.7.1998 – Rs. C-284/95, Safety Hi-Tech Srl/S. & T. Srl, Slg. 1998, I-4301, Rz. 63; v. 17.5.1984 – Rs. 15/83, Denkavit, Slg. 1984, 2171, Rz. 15ff.; *Pache*, in: Schulze/Zuleeg/Kadelbach, Europarecht, § 10 Rz. 44.
5 EuGH v. 19.11.1991 – verb. Rs. C-6/90 u. C-9/90, Francovich, Slg. 1991, 5357, Rz. 33; v. 5.3.1996 – verb. Rs. C-46/93 u. C-48/93, Brasserie du pêcheur u. Factortame, Slg. 1996, I-1029, Rz. 66.
6 EuGH v. 30.9.2003 – Rs. C-224/01, Köbler, Slg. 2003, I-10239, Rz. 58.
7 EuGH v. 19.11.1991 – verb. Rs. C-9/90 und C-6/90, Francovich, Slg. 1991, I-5357, Rz. 41; v. 5.3.1996 – verb. Rs. C-46 und C-48/93, Brasserie du pecheur und Factortame, Slg. 1996, I-1029, Rz. 67.
8 EuGH v. 23.5.1996 – Rs. C-5/94, Hedley Lomas, Slg. 1996, 1–2553, Rz. 23ff.
9 EuGH v. 19.11.1991 – Rs. C-6/90, Frankovich, Slg. 1991, I-5357, Rz. 29ff.: Verstoß gegen Pflicht zur rechtzeitigen Umsetzung von einer Richtlinie und EuGH v. 5.3.1996 – Rs. C-46/93, Brasserie du pêcheur und Factortame, Slg. 1996, I-1029, Rz. 20ff.: Verstoß gegen Primärrecht durch den Gesetzgeber.
10 EuGH v. 30.9.2003 – Rs. C-224/01, Köbler, Slg. 2003, I-10239, Rz. 30ff.

143 Voraussetzung für das Entstehen eines unionsrechtlichen Staatshaftungsanspruchs ist nach der ständigen Rechtsprechung des EuGH, dass
- die verletzte Rechtsnorm dem Einzelnen Rechte verleiht (siehe hierzu oben Rz. 99),
- der Rechtsverstoß hinreichend qualifiziert ist und
- ein Kausalzusammenhang zwischen dem Verstoß und dem entstandenen Schaden besteht.

144 Ein **hinreichend qualifizierter Verstoß** liegt vor, wenn die Verletzung offenkundig und erheblich ist. Dabei sind Kriterien zu berücksichtigen, wie die Klarheit und die Genauigkeit der verletzten Norm, der Umfang des Ermessensspielraumes der Behörde und die Entschuldbarkeit eines Rechtsirrtums. Ein qualifizierter Verstoß ist auch dann zu bejahen, wenn ein Urteil des EuGH im Vertragsverletzungs- oder Vorabentscheidungsverfahren vorliegt und der Mitgliedstaat dennoch keine Schritte zur Anpassung des nationalen Rechts unternommen hat[1]. Die Versäumung der Umsetzungsfrist einer Richtlinie ist immer als ein hinreichend qualifizierter Verstoß anzusehen. Schwierigkeiten aus der Sphäre des Mitgliedstaates rechtfertigen eine verzögerte Umsetzung nicht. Ein **Kausalzusammenhang** zwischen dem Verstoß und dem Schaden ist gegeben, wenn der Eintritt des Schadens nach dem Adäquanzmaßstab voraussehbar und wahrscheinlich war. Der Staatshaftungsanspruch setzt kein Verschulden des handelnden Organs voraus.

145 Die Ersatzfähigkeit des Schadens beurteilt sich dabei nach **nationalem Recht**. Demnach ist in Deutschland auch der entgangene Gewinn ersatzfähig[2]. Anwendung findet auch der Vorrang des Primärrechtsschutzes i.S.d. § 839 Abs. 3 BGB. Das bedeutet, dass der Betroffene alle Rechtsschutzmöglichkeiten zur Schadensabwendung ausschöpfen muss. Eine Ausnahme besteht dann, wenn der Schaden trotz dieser Rechtsmittel eingetreten wäre oder deren Inanspruchnahme unzumutbar war[3]. Zu berücksichtigen ist außerdem ein Mitverschulden des Geschädigten gem. § 254 BGB, wobei der Ersatzpflichtige die Beweislast trägt[4]. Die Verjährung des Anspruchs richtet sich ebenfalls nach nationalem Recht[5].

### 12. Unionsrechtlicher Folgenbeseitigungsanspruch

146 Der unionsrechtliche Grundsatz der loyalen Zusammenarbeit verpflichtet die innerstaatlichen Organe auch dazu, „die rechtswidrigen Folgen eines Verstoßes gegen das Unionsrecht zu beheben[6]." Rechtsgrundlage des hiernach unionsrechtlich erforderlichen Instituts eines Folgenbeseitigungsanspruchs ist neben den §§ 48 ff. VwVfG der allgemeine ungeschriebene Folgenbeseitigungsanspruch des deutschen Verwaltungsrechts, der aus den Grundrechten und dem Prinzip der Gesetzmäßigkeit der Verwaltung hergeleitet wird.

---

1 EuGH v. 5.3.1996 – verb. Rs. C-46 und C-48/93, Brasserie du pecheur und Factortame, Slg. 1996, I-1029, Rz. 57.
2 EuGH v. 5.3.1996 – verb. Rs. C-46/93 u. C-48/93, Brasserie du pêcheur u. Factortame, Slg. 1996, I-1029, Rz. 86 ff.
3 BGH v. 4.6.2009 – III ZR 144/05, BGHZ 181, 199; *von Bogdandy*, in: Grabitz/Hilf, Das Recht der EU, Art. 288 EGV Rz. 162.
4 *Heinrichs* in Palandt, BGB, § 254 Rz. 72.
5 Näher EuGH v. 24.3.2009 – Rs. C-445/06, Danske Slagterier, Rz. 29 ff.
6 EuGH v. 7.1.2004 – Rs. C-201/02, Delena Wells, Slg. 2004, I-723, Rz. 64.

### 13. Entschädigungsanspruch für EuGH-Überraschungsurteile

Nach Auffassung des BVerfG ist Ersatz für Vertrauensschäden in Betracht zu ziehen, wenn der Betroffene im berechtigten Vertrauen auf die EU-Konformität des innerstaatlichen Rechts Dispositionen getroffen hat, die sich infolge einer Entscheidung des EuGH als undurchführbar erweisen. Hiernach ist es – zur Sicherung des verfassungsrechtlich gewährleisteten Vertrauensschutzes – grds. möglich, dem Einzelnen in Konstellationen der rückwirkenden Nichtanwendbarkeit eines Gesetzes infolge einer Entscheidung des EuGH eine Entschädigung für erlittene Vermögensschäden zu gewähren[1].

### 14. Die Kommissionsbeschwerde

Die Kommissionsbeschwerde ist im EU-Recht nicht ausdrücklich vorgesehen. Sie kann parallel zu dem verwaltungsgerichtlichen Rechtsschutz erhoben werden aber auch, und insbesondere, wenn das EU-widrige Verhalten auf keinem anderen Wege (mehr) angefochten werden kann. Ziel der Beschwerde ist es, die Kommission zur **Einleitung eines Vertragsverletzungsverfahrens** gegen einen Mitgliedstaat gem. Art. 258 AEUV zu veranlassen („Vertragsverletzungsbeschwerde").

Die Beschwerde ist **form-, frist- und kostenlos** und kann von jedermann mit der Behauptung eingeleitet werden, es liege ein Verstoß eines innerstaatlichen Organs gegen das EU-Recht vor. Sie kann bei der Vertretung der Europäischen Kommission in Berlin (Unter den Linden 78, 10117 Berlin) oder beim Generalsekretariat der EU-Kommission in Brüssel (Rue de la Loi, B-1048 Brüssel) eingereicht werden.

Die Kommission stellt im Internet ein (auch deutschsprachiges) Formular für die Kommissionsbeschwerde zur Verfügung[2]. Die Verwendung des Formulars ist nicht zwingend. Die geforderten Angaben, etwa zu
- den als verletzt angesehenen Bestimmungen des Unionsrechts,
- finanziellen Leistungen, die der Mitgliedstaat im Zusammenhang mit dem Beschwerdegegenstand von der Union möglicherweise erhalten hat,
- bereits unternommenen Schritten bei Kommissionsdienststellen, bei anderen Organen oder Einrichtungen der Union wie z.B. dem Petitionsausschuss des Europäischen Parlaments oder beim Europäischen Bürgerbeauftragten und
- bereits eingeleiteten Schritten bei nationalen Behörden und Gerichten,

geben jedoch wichtige Hinweise für einen sinnvollen Aufbau der Beschwerde und für die aus anwaltlicher Sicht vorab oder parallel zur Kommissionsbeschwerde einzuleitenden Schritte.

Die Kommission entscheidet auf die Beschwerde, ob sie die Untersuchung einstellt oder das Vertragsverletzungsverfahren einleitet. Über die Entscheidung wird der Beschwerdeführer informiert[3]. Es besteht **keine Pflicht** der Kommission **zur Verfahrenseinleitung**. Dies findet nach der ständigen Rechtsprechung des EuGH seine Rechtfertigung darin, dass allein der Kommission die Entscheidung obliegt, ob es angebracht ist, ein Vertragsverletzungsverfahren einzuleiten, und ggf. wegen welcher Handlung oder Unterlassung dieses Verfahren einzuleiten ist. Die Kommission verfügt hiernach in dieser Hinsicht über ein Ermessen, das ein Recht Einzelner,

---

1 BVerfG v. 6.7.2010 – 2 BvR 2661/06, NJW 2010, 3422. Dazu *Karpenstein/Johann*, NJW 2010, 3405.
2 Http://ec.europa.eu/community_law/your_rights/your_rights_forms_de.htm.
3 Vgl. die Mitteilung der Kommission an das Europäische Parlament und den Europäischen Bürgerbeauftragten über die Beziehungen zum Beschwerdeführer bei Verstößen gegen das Gemeinschaftsrecht, ABl. EG 2002 C 244/5.

von ihr eine Stellungnahme in einem bestimmten Sinn zu verlangen, ausschließt[1]. Unabhängig hiervon besteht die Möglichkeit, eine Beschwerde beim Europäischen Bürgerbeauftragten einzureichen,[2] gegen dessen Entscheidung allerdings ebenfalls kein Rechtsschutz gegeben ist.

## IV. Gemischter Vollzug

151 Die Verwaltungen der Mitgliedstaaten und der EU werden beim Vollzug des Unionsrechts als organisatorisch getrennte Verwaltungseinheiten und **grds. unabhängig** voneinander tätig. Dem Unionsbürger tritt daher je nach der Zuständigkeitsverteilung entweder eine mitgliedsstaatliche Behörde (indirekter Vollzug) oder eine Behörde der Europäischen Union (direkter Vollzug) gegenüber.

152 Zwischen beiden Vollzugsebenen bestehen jedoch vielfältige Formen der **administrativen Zusammenarbeit**. Teils sind derartige Kooperationspflichten bereits primärrechtlich angelegt, da ein effektiver Vollzug der materiellen Anforderungen des Unionsrechts ohne eine enge Zusammenarbeit der Kommission mit den nationalen Vollzugsbehörden praktisch nicht möglich wäre[3]. In erster Linie beruhen die diversen Formen des sog. gemischten Vollzugs aber auf sekundärrechtlichen Vorgaben[4].

153 Das Unionsrecht kennt sowohl Kooperationen der nationalen Behörden mit den Unionsorganen (sog. **vertikale Kooperation**) als auch der nationalen Behörden untereinander (sog. **horizontale Kooperation**) sowie Mischformen[5]. Eine Ausprägung des gemischten Vollzugs sind die in zahlreichen Richtlinien und Verordnungen vorgesehenen Informationspflichten der Mitgliedstaaten gegenüber der Kommission, die von punktuellen Berichts- und Auskunftspflichten bis hin zum Aufbau von Datenbanken und Informationsnetzen reichen („informationelle Kooperation")[6]. Daneben stehen Formen der wechselseitigen Verfahrensbeteiligung (prozedurale Kooperation) und einzelne Formen der institutionellen Kooperation[7]. Im europäischen Recht besteht mithin kein Verbot der Mischverwaltung[8]. Die umfangreichen Formen der Verwaltungskooperation bei dem Vollzug des Unionsrechts rechtfertigen es vielmehr, von einem „Europäischen Verwaltungsverbund" zu sprechen[9]. Nach dem Grundsatz der loyalen Zusammenarbeit (Art. 4 Abs. 3 AEUV) bedarf es bei allen Formen der Verwaltungskooperation einer engen und vertrauensvollen Zusammenarbeit der zuständigen Stellen.

---

1 EuGH v. 2.6.2005 – Rs. C-394/02, Kommission/Griechenland, Slg. 2005, I-4713, Rz. 16 m.w.N.; v. 14.2.1989 – Rs. 247/87, Star Fruit/Kommission, Slg. 1989, 291, Rz. 11; v. 24.3.2009 – Rs. C-445/06, Danske Slagterier, Rz. 44.
2 http://www.ombudsman.europa.eu/form/de/form2.htm.; s. hierzu bereits Rz. 9.
3 Näher *Schmidt-Aßmann*, Verwaltungsverfahren, in Handbuch des Staatsrechts, Bd. V, § 109 Rz. 45 ff. Beispiele für primärrechtlich angelegte Kooperationspflichten bilden Art. 108–109 AEUV für das Beihilfenrecht, Art. 103 AEUV für das Kartellrecht, Art. 74 AEUV für das Asyl- und Einwanderungsrecht, Art. 33 AEUV für das Zollwesen und Art. 89 i.V.m. Art. 82, 87 AEUV für die intergouvernementale Zusammenarbeit in Strafsachen; näher *von Danwitz*, Europäisches Verwaltungsrecht, S. 614 f.
4 *von Bogdandy/Schill*, in: Grabitz/Hilf, Das Recht der EU, Art. 4 Rz. 87.
5 Vgl. hierzu *Pitschas*, in: Hill/Pitschas, Europäisches Verwaltungsverfahrensrecht, S. 301 ff.
6 Vgl. als Beispiel etwa das nach Art. 11 der Richtlinie 1999/13/EG des Rates v. 11.3.1999 (VOC-Richtlinie) vorgesehene Informationssystem.
7 *Schmidt-Aßmann*, Verwaltungsverfahren, in: Handbuch des Staatsrechts, Bd. V, § 109 Rz. 47.
8 *von Danwitz*, Europäisches Verwaltungsrecht, S. 609.
9 *Ruffert*, DÖV 2007, 761.

## IV. Gemischter Vollzug

Eine konkrete gesetzliche Ausgestaltung hat die horizontale Verwaltungskooperation in dem Abschnitt zur „**Europäischen Verwaltungszusammenarbeit**" (§§ 8a–8e VwVfG) gefunden. Die Vorschriften setzen Vorgaben der Dienstleistungs-Richtlinie[1] um, die darauf zielt, die Wahrnehmung der Niederlassungsfreiheit durch Dienstleistungserbringer sowie den freien Dienstleistungsverkehr zu erleichtern. Regelungen zur Verwaltungszusammenarbeit finden sich in Kapitel VI der Richtlinie (Art. 28 ff. Richtlinie 2006/123/EG). Nach Art. 28 der Richtlinie leisten die Mitgliedstaaten einander „Amtshilfe" und ergreifen Maßnahmen, die für eine wirksame Zusammenarbeit bei der Kontrolle der Dienstleistungserbringer und ihrer Dienstleistungen erforderlich sind. Anstelle des in der Richtlinie verwendeten Begriffs der Amtshilfe sprechen die Umsetzungsregelungen der §§ 8a ff. VwVfG neutraler von „Hilfeleistungen". Dies bringt zum Ausdruck, dass die unionsrechtlich geforderte Kooperation deutlich über die lediglich auf Einzelfälle beschränkte Amtshilfe i.S.v. §§ 4 ff. VwVfG hinausgeht[2].

154

Nach § 8a Abs. 1 VwVfG sind deutsche Behörden zur Hilfeleistung gegenüber Behörden anderer Mitgliedstaaten der Europäischen Union verpflichtet, soweit diese ein entsprechendes **Ersuchen** stellen und soweit dies nach Maßgabe von Rechtsakten der Union geboten ist. Eine Verwaltungszusammenarbeit i.S.d. §§ 8a ff. VwVfG ist insbesondere in den Art. 28 f. der Dienstleistungsrichtlinie gefordert. In ihrer Anwendung sind die §§ 8a ff. VwVfG aber nicht auf die Dienstleistungsrichtlinie beschränkt. Umgekehrt können deutsche Behörden nach § 8a Abs. 2 Satz 1 VwVfG andere Mitgliedstaaten der Europäischen Union um Hilfe ersuchen, soweit dies sekundärrechtlich vorgesehen ist. Das grds. bestehende Ermessen der Behörde entfällt, wenn das Sekundärrecht eine Verpflichtung begründet, ein Hilfeersuchen zu stellen (§ 8a Abs. 2 Satz 2 VwVfG). Anforderungen an die Form und Behandlung der Ersuchen sind in § 8b VwVfG geregelt. § 8c VwVfG regelt Kosten der Hilfeleistung und § 8d VwVfG Mitteilungen, die ohne Ersuchen von Amts wegen an die Behörden anderer Mitgliedstaaten und die Kommission zu machen sind.

155

Eine weitere aus anwaltlicher Sicht relevante Form der Verwaltungskooperation hat sich im Zusammenhang mit dem Erlass sog. **transnationaler Verwaltungsakte** entwickelt. Nach dem völkerrechtlichen Territorialprinzip beschränken sich die Rechtswirkungen des Verwaltungshandelns grds. auf den Erlassstaat[3]. Transnationale Verwaltungsakte sind Entscheidungen mitgliedstaatlicher Behörden, die ihre Wirkungen abweichend hiervon ohne weitere Transformations- oder Anerkennungsakte auch im Hoheitsgebiet der anderen Mitgliedstaaten entfalten[4]. Sie bedürfen einer sekundärrechtlichen Grundlage[5]. Da transnationale Verwaltungsakte auch in anderen Mitgliedstaaten gelten, sieht das Sekundärrecht oft Abstimmungen zwischen den Mitgliedstaaten und teilweise auch eine Beteiligung der Kommission vor dem Erlass der Entscheidung vor[6]. Beispielhaft ist hier das Verfahren zur Zulassung gentechnisch veränderter Organismen zu nennen. Transnationale Verwal-

156

---

1 Richtlinie 2006/123/EG v. 12.12.2006 über Dienstleistungen im Binnenmarkt.
2 *Ziekow*, VwVfG, § 8a Rz. 1.
3 *von Danwitz*, Europäisches Verwaltungsrecht, S. 630.
4 *Gundel*, in: Schulze/Zuleeg/Kadelbach, Europarecht, § 3 Rz. 160.
5 Vgl. als Beispiel etwa Art. 11 der EG-Artenschutzverordnung Nr. 338/97 und Art. 4 ff. der zur Durchführung der Verordnung erlassenen Verordnung Nr. 939/97: Genehmigung des Einfuhr von nach dem Washingtoner Artenschutzabkommen geschützten Arten durch die Behörde eines Mitgliedstaates mit unionsweiter Wirkung, vgl. hierzu etwa *Fellenberg*, in: Lütkes/Ewer, BNatSchG 2011, § 37 Rz. 9 ff. Zu weiteren Beispielen und dem primärrechtlich verankerten „Grundsatz der gegenseitigen Anerkennung" vgl. *Gundel*, in: Schulze/Zuleeg/Kadelbach, Europarecht, § 3 Rz. 161 ff.
6 Ausführlich hierzu *Sydow*, Verwaltungskooperation in der Europäischen Union, S. 151 ff.

tungsakte können als fremde Hoheitsentscheidung nur vor den Gerichten des jeweiligen Erlassstaates angefochten werden[1]. Sie müssen von den nationalen Behörden der anderen Mitgliedstaaten anerkannt und berücksichtigt werden. Dies gilt – vorbehaltlich abweichender sekundärrechtlicher Regelungen – auch, wenn Zweifel an der Rechtmäßigkeit bestehen. Eine Ausnahme besteht nur dann, wenn sich aus objektiven Umständen eine „offensichtliche Unrichtigkeit" ergibt[2].

---

1 *Becker* DVBl 2001, 855 (856f.).
2 EuGH v. 29.4.2004 – Rs. C-476/01, Kapper, Slg. 2004, I-5005, Rz. 48; v. 27.9.1989 – Rs. 130/88, van de Bijl, Slg. 1989, 3039, Rz. 25.

# D. Planfeststellungsverfahren

| | Rz. |
|---|---|
| I. Einführung | 1 |
| II. Vorhaben der Fachplanung im Überblick | 18 |
| III. Verfahrensrechtliche Anforderungen im Planfeststellungsverfahren | |
| 1. Bedeutung von Verfahrensmängeln | 20 |
| 2. Auslegung des Plans | |
|    a) Dauer der Auslegung | 23 |
|    b) Umfang der Auslegung des Plans | 26 |
|    c) Auslegung bei Abschnittsbildung | 32 |
|    d) Auslegung bei Planänderungen | 33 |
| 3. Einwendungen gegen den Plan | |
|    a) Einwendungen Privater | 35 |
|    b) Einwendungen von Gemeinden | 45 |
|    c) Einwendungen und Stellungnahmen staatlicher Behörden | 47 |
| 4. Beteiligung anerkannter Naturschutzverbände | 48 |
|    a) Europarechtskonformität des § 2 Abs. 1 Nr. 1 UmwRG | 51 |
|    b) Präklusion | 55 |
| 5. Anhörung | |
|    a) Durchführung der Anhörungstermine | 57 |
|    b) Zusagen im Anhörungsverfahren | 59 |
| 6. Akteneinsicht | 60 |
| 7. Faires Verfahren | 61 |
| 8. Umweltverträglichkeitsprüfung | 62 |
| IV. Materiell-rechtliche Anforderungen an Planfeststellungsbeschlüsse | |
| 1. Bedeutung materieller Mängel | 71 |
| 2. Sekundäres materielles Recht | 73 |
| 3. Rechtliche Vorentscheidungen | 74 |
| 4. Planrechtfertigung | |
|    a) Fachplanerische Ziele | 76 |
|    b) Bedarfsgesetze | 78 |
| 5. Planungsleitsätze | 80 |
| 6. Abwägung | 82 |
|    a) Abwägung als Problembewältigung | 83 |
|    b) Unbeachtlichkeit und Heilung von Mängeln der Abwägung | 85 |
|    c) Abschnittsbildung | 87 |
|    d) Variantenprüfung | 92 |
|    e) Bündelung von Trassen | 96 |
| 7. Naturschutzrechtliche Eingriffsregelung | 97 |
| 8. Europarechtlicher Naturschutz | 102 |
|    a) Vogelschutzrichtlinie (79/409/EWG) | 103 |
|      aa) Allgemeine Verpflichtungen | 104 |
|      bb) Auswahl der besonderen Schutzgebiete | 108 |
|      cc) Faktische Vogelschutzgebiete | 110 |
|    b) Fauna-Flora-Habitat-Richtlinie (92/43/EWG) | 112 |
|      aa) Folgen der Unterschutzstellung | 116 |
|      bb) Allgemeines Verschlechterungs- und Störungsverbot | 117 |
|      cc) FFH-Verträglichkeitsprüfung | 118 |
|      dd) Art. 6 Abs. 4 FFH-RL | 120 |
|        (1) Alternativenprüfung | 121 |
|        (2) Zwingende Gründe | 122 |
|        (3) Kohärenzsicherung | 123 |
|    c) Zusammenfassung und Stand zum Habitatschutz nach FFH- und Vogelschutz-RL | 126 |
|    d) Artenschutz | 156 |
|      aa) Artenschutz in der FFH-Richtlinie | 157 |
|      bb) Artenschutz in der Vogelschutz-Richtlinie | 158 |
|      cc) Zugriffsverbote | 159 |
|      dd) Besonderer Artenschutz bei Eingriffen und Vorhaben | 165 |
|      ee) Behördliche Ausnahmen | 169 |
| 9. Immissionen und sonstige Gefährdungen | 173 |
|    a) Schallimmissionen | 176 |
|    b) Erschütterungen | 185 |
|    c) Sekundärer Luftschall (Körperschall) | 198 |
|    d) Elektrische und magnetische Felder | 204 |
| 10. Gesundheit | 205 |
| 11. Eigentum (Art. 14 GG) | |
|    a) Enteignung und enteignende Vorwirkung | 206 |
|    b) Enteignung im Rahmen der Verhältnismäßigkeit | 209 |
|    c) Enteignung für gemeinnützige und privatnützige Planfeststellung | 210 |
|    d) Grundstückswertminderungen | 212 |
| 12. Unfallrisiken | 213 |
| 13. Beeinträchtigungen während der Bauausführung | 214 |
| 14. Zusammentreffen mehrerer Fachplanungen | 216 |

| | Rz. | | Rz. |
|---|---|---|---|
| 15. Widmung und Entwidmung von Anlagen | 220 | 3. Rechtsbehelfe gegen dem Planfeststellungsverfahren vorgelagerte Verfahren | 226 |
| **V. Rechtsbehelfe** | 222 | 4. Rechtsbehelfe gegen Planfeststellungsbeschlüsse | |
| 1. Rechtsbehelfe gegen die Durchführung eines Planfeststellungsverfahrens | 223 | a) Anfechtungsklage ohne Vorverfahren | 227 |
| 2. Rechtsbehelfe gegen die Durchführung eines ohne erforderliches Planfeststellungsverfahren geplanten Vorhabens | 225 | b) Antrag auf Planergänzung | 229 |
| | | c) Erstinstanzliche Zuständigkeit | 230 |
| | | d) Örtliche Zuständigkeit | 233 |
| | | 5. Klagebefugnis | 234 |
| | | 6. Prozessuale Präklusion | 235 |
| | | 7. Vorläufiger Rechtsschutz | 237 |

**Literatur:**

*Beckmann*, Rechtschutz Betroffener bei der Umweltverträglichkeitsprüfung, DVBl 1991, 358; *Blümel*, Fachplanung durch Bundesgesetz, DVBl 1997, 205; *Breuer*, Verfahrens- und Formfehler der Planfeststellung für raum- und umweltrelevante Großvorhaben, in: E. Franßen, K. Redeker, O. Schlichter, D. Wilke (Hrsg.) Bürger-Richter-Staat, Festschrift für Horst Sendler, 1991, S. 357; *Cholewa/Dyong/von der Heide*, Raumordnung in Bund und Ländern, Kommentar, 1987; *Durner*, Direktwirkung europäischer Verbandsklagerechte, ZUR 2005, 285; *Erbguth u.a.* (Hrsg.), Abwägung im Recht. Symposium und Verabschiedung von Werner Hoppe am 30. Juni 1995 in Münster aus Anlass seiner Emeritierung, 1996; *Erbguth/Schink*, UVPG, 2. Aufl. 1996; *Halama*, Fachrechtliche Zulässigkeitsprüfung und naturschutzrechtliche Eingriffsregelung, NuR 1998, 633; *Hoppe/Schlarmann*, Rechtsschutz bei der Planung von Straßen und anderen Verkehrsanlagen; *Knack*, Verwaltungsverfahrensgesetz (VwVfG), 8. Aufl. 2004; *Knack/Henneke*, Verwaltungsverfahrensgesetz (VwVfG), 9. Aufl. 2010; *Kodal*, Straßenrecht, 7. Aufl. 2010; *Kühling*, Die privatnützige Planfeststellung, in: E. Franßen, K. Redeker, O. Schlichter, D. Wilke (Hrsg.), Bürger-Richter-Staat, Festschrift für Horst Sendler, 1991, S. 391; *Kühling*, Rechtsprechung des Bundesverwaltungsgerichts zum Fachplanungsrecht, DVBl 1989, 221; *Kühling/Hermann*, Fachplanungsrecht, 2. Aufl. 2000; *Kopp/Ramsauer*, Verwaltungsverfahrensgesetz: VwVfG, 11. Aufl. 2010; *Lau/Steek*, Das Erste Gesetz zur Änderung des Bundesnaturschutzgesetzes – Ein Ende der Debatte um den europäischen Artenschutz?, NuR 2008, 386; *Louis*, Bundesnaturschutzgesetz, 2. Aufl. 2000; *Meßerschmidt*, Bundesnaturschutzrecht, Stand Januar 2011; *Paetow*, Die Teilbarkeit von Planungsentscheidungen, DVBl 1985, 369; *Schlarmann*, Die Rechtsprechung zur Alternativenprüfung im Planungsrecht, DVBl 1992, 871; *Schmidt/Zschiesche*, Die Effizienz der naturschutzrechtlichen Verbands- oder Vereinsklage, NuR 2003, 16; *Schumacher/Fischer-Hüftle*, Bundesnaturschutzgesetz, 2. Aufl. 2010; *Seelig/Gündling*, Die Verbandsklage im Umweltrecht – Aktuelle Entwicklungen und Zukunftsperspektiven im Hinblick auf die Novelle des Bundesnaturschutzgesetzes und supranationale und internationale rechtliche Vorgaben, NVwZ 2002, 1033; *Steinberg/Berg/Wickel*, Fachplanung, 3. Aufl. 2000; *Stelkens/Bonk/Sachs* (Hrsg.), VwVfG, 7. Aufl. 2008; *Storost*, FFH-Verträglichkeitsprüfung und Abweichungsentscheidung, DVBl 2009, 673; *Stüer*, Die Beschleunigungsnovellen 1996, DVBl 1997, 326; *Wahl*, Entwicklung des Fachplanungsrechts, NVwZ 1990, 426.

## I. Einführung

1 Für die Verwirklichung bestimmter baulicher Vorhaben sehen Bundes- und Landesgesetze die Durchführung eines besonderen förmlichen Verwaltungsverfahrens vor. Diese unter dem verfahrensrechtlichen Vorbehalt der Planfeststellung stehenden Vorhaben werden – im Unterschied etwa zur Gesamtplanung genannten Bauleitplanung – als **Fachplanung** bezeichnet[1].

---

1 Z.B. *Kühling/Hermann*, Fachplanungsrecht, S. 1ff.

## I. Einführung

Wo das Fachplanungsrecht für Vorhaben die vorherige Planfeststellung anordnet, ist ein **Planfeststellungsverfahren** durchzuführen. Die Planfeststellung erfolgt durch den **Planfeststellungsbeschluss**, der ein Verwaltungsakt ist (§ 35 Satz 2 VwVfG) und das Planfeststellungsverfahren abschließt (§ 74 Abs. 1 Satz 1 VwVfG). Die Fachgesetze beschränken sich grds. darauf, einzelne fachbereichsspezifische Verfahrensregelungen zu treffen. Solche bereichsspezifischen Vorschriften sind insbesondere der Beschleunigung des Planfeststellungsverfahrens dienende Fristenregelungen für Einwendungen und Stellungnahmen sowie die Darlegungslast der vom Vorhaben Betroffenen regelnde Vorschriften zur sog. materiellen Präklusion von Einwendungen.

In einfach gelagerten Fällen sehen die Fachgesetze und das VwVfG (§ 74 Abs. 6) die Möglichkeit vor, an Stelle des Planfeststellungsverfahrens ein **Plangenehmigungsverfahren** durchzuführen. Die **Plangenehmigung** hat grds. die Rechtswirkungen der Planfeststellung. Auf ihre Erteilung finden aber die Vorschriften über das Planfeststellungsverfahren keine Anwendung. Sie wird im Folgenden daher nicht näher behandelt[1]. Das Rechtsinstitut der Plangenehmigung wird voraussichtlich künftig stark an Bedeutung verlieren. Nach der Rechtsprechung des EuGH[2] ist es gemeinschaftsrechtswidrig, Vorhaben, die im Wege der Plangenehmigung zugelassen werden, generell von der Umweltverträglichkeitsprüfungspflicht auszunehmen. In Umsetzung dieser Rechtsprechung ist nunmehr die Plangenehmigung für Vorhaben ausgeschlossen, die erhebliche negative Umweltauswirkungen haben können[3].

Soweit das Fachplanungsrecht keine Vorschriften enthält, wird das von Bundesbehörden durchgeführte Planfeststellungsverfahren durch das Verwaltungsverfahrensgesetz (VwVfG) des Bundes in der Fassung des Genehmigungsverfahrensbeschleunigungsgesetzes (GenBeschlG) vom 12.9.1996[4] und das von Landesbehörden durchgeführte Planfeststellungsverfahren landesrechtlich durch die Verwaltungsverfahrensgesetze der Länder geregelt. Durch das Infrastrukturplanungsbeschleunigungsgesetz vom 9.12.2006[5] – das Gesetz ist ein Artikelgesetz – wurde in praktisch alle bundesrechtliche Bereiche des Fachplanungsrechts eine Reihe von Änderungen eingeführt. Diese sollen nach dem Willen des Gesetzgebers dazu beitragen, dass entsprechende Infrastrukturvorhaben beschleunigt, geplant und verwirklicht werden können.

Eingeleitet wird das Planfeststellungsverfahren grds. durch Einreichung des Plans durch den **Vorhabenträger** bei der zuständigen Anhörungsbehörde (§ 73 Abs. 1 Satz 1 VwVfG); eine Ausnahme gilt insoweit für die eisenbahnrechtliche Planfeststellung, für die der Antrag beim Eisenbahn-Bundesamt als Planfeststellungsbehörde anzubringen ist. Als Teil des Planfeststellungsverfahrens ist durch Gesetz (§ 73 VwVfG) die Durchführung eines **Anhörungsverfahrens** vorgesehen, das von der **Anhörungsbehörde** durchgeführt wird. Im Anhörungsverfahren werden die **Träger öffentlicher Belange** (z.B. Behörden) um ihre **Stellungnahme** zum Plan gebeten und wird der Plan in den Gemeinden öffentlich **ausgelegt**, in denen sich das Vorhaben voraussichtlich auswirken wird.

Jeder, dessen Belange durch das Vorhaben berührt werden können, kann binnen einer – nach Fachplanungsrecht unterschiedlichen – Einwendungsfrist seine **Einwendungen** gegen den Plan erheben. Dieses Recht auf Einwendungen enthält gleichzei-

---

1 Vgl. dazu *Stüer*, DVBl 1997, 328.
2 EuGH v. 22.10.1998 – Rs. C-301/95, NVwZ 1998, 1281.
3 Vgl. Gesetz zur Umsetzung der UVP-Änderungsrichtlinie, der IVU-Richtlinie und weiterer EG-Richtlinien zum Umweltschutz v. 27.7.2001 – BGBl. I, 1950.
4 BGBl. I, 1354.
5 BGBl. I, 2833.

tig eine **Darlegungs- und Mitwirkungslast** der vom Vorhaben Betroffenen. Einwendungsbefugt und darlegungsbelastet ist jeder Träger von Rechten, dessen Belange durch das Vorhaben berührt werden können. Einwendungen können daher Private, die eine Beeinträchtigung etwa ihres Eigentums (Art. 14 Abs. 1 Satz 1 GG) befürchten, ebenso erheben wie Gemeinden, die ihre Selbstverwaltungsgarantie oder Bauleitplanungshoheit (Art. 28 Abs. 2 GG) durch das Vorhaben beeinträchtigt sehen.

7 Die rechtzeitig erhobenen Einwendungen und abgegebenen Stellungnahmen sind von der Anhörungsbehörde zusammen mit dem Träger des Vorhabens, den Behörden, den vom Vorhaben Betroffenen und den Einwendern **zu erörtern**. Verspätete Einwendungen sind – vorbehaltlich landesrechtlicher Abweichungen – sowohl im Planfeststellungsverfahren als auch im Verwaltungsgerichtsprozess ausgeschlossen („materielle Präklusion"; § 73 Abs. 4 VwVfG; spezialgesetzliche Regelungen in den Fachgesetzen). Die Anhörungsbehörde kann verspätete Einwendungen nicht mit der Wirkung zulassen, dass die Verspätung geheilt wird.

8 Die Anhörungsbehörde gibt zum Ergebnis des Anhörungsverfahrens eine Stellungnahme ab und leitet diese mit dem Plan, den Stellungnahmen der Behörden und den nicht erledigten Einwendungen der Planfeststellungsbehörde zu (§ 73 Abs. 9 VwVfG).

9 Die Planfeststellung erfolgt durch den das Verfahren abschließenden **Planfeststellungsbeschluss**, der ein Verwaltungsakt ist (s. Rz. 2).

10 Ob die Planfeststellungsbehörde den Plan des Vorhabenträgers feststellt, hängt vom Ergebnis der von ihr in eigener Verantwortung durchzuführenden Prüfung ab. Bei dieser Prüfung steht der Planfeststellungsbehörde ein eigener **planerischer Gestaltungsfreiraum** zu. Materielle Voraussetzungen der Planfeststellung sind das Gebot der **Planrechtfertigung**, das Abwägungsgebot sowie die Beachtung von **Planungsleitsätzen** und **anderen Normen des materiellen Fachplanungs- und sonstigen öffentlichen Rechts**.

11 Der Planfeststellungsbeschluss regelt umfassend die öffentlich-rechtliche Zulässigkeit des Vorhabens und hat deshalb alle einschlägigen materiellen Normen des öffentlichen Rechts zu beachten. Es findet daher **keine materielle Konzentration** in der Weise statt, dass der Planfeststellungsbeschluss einschlägige materielle Vorschriften des Bundes- und Landesrechts unbeachtet lassen dürfte[1]. Welchen Umfang die Bindung an Rechtsvorschriften hat, hängt vom Inhalt der einschlägigen Rechtsvorschriften ab. Dieser Inhalt ist mit den bekannten Regeln der Auslegung zu ermitteln. Sieht etwa eine Naturschutzgebietsverordnung ein Verbot baulicher Anlagen vor, darf das Vorhaben nicht im Naturschutzgebiet gebaut werden. Enthält die Naturschutzgebietsverordnung oder sonstiges Naturschutzrecht – wie dies regelmäßig der Fall ist – Ausnahmetatbestände, sind die Voraussetzungen für die ausnahmsweise Zulassung der Baumaßnahme zu prüfen und kann das Vorhaben bei Bejahung der Voraussetzungen durch Planfeststellungsbeschluss zugelassen werden.

12 Das Abwägungsgebot verlangt, im Planfeststellungsverfahren alle vom Vorhaben berührten Belange zu ermitteln, zu bewerten, gegeneinander und untereinander abzuwägen und die durch das Vorhaben ausgelösten Konflikte im Planfeststellungsbeschluss zu bewältigen.

13 Neben dem Planfeststellungsbeschluss sind andere Genehmigungen, Erlaubnisse, Bewilligungen oder Zustimmungen nicht erforderlich (§ 75 Abs. 1 VwVfG). Durch

---

1 Vgl. z.B. *Bonk/Neumann*, in: Stelkens/Bonk/Sachs, VwVfG, § 75 Rz. 10 ff. m.w.N.

das Planfeststellungsverfahren werden mithin sonst für das Vorhaben erforderliche öffentlich-rechtliche Genehmigungsverfahren ersetzt (sog. **formelle Konzentrationswirkung**). In diesem Zusammenhang ist auch das Recht der **Umweltverträglichkeitsprüfung** zu nennen. Das Gesetz über die Umweltverträglichkeitsprüfung (UVPG) enthält verfahrensrechtliche Rechtsnormen, die bei der Planfeststellung der in der Anlage zum UVPG im Einzelnen genannten Vorhaben gelten. Das Verfahren nach dem UVPG ist unselbständiger Teil des Planfeststellungsverfahrens (§ 2 Abs. 1 Satz 1 UVPG) und in dieses integriert.

Planfeststellungsbeschlüsse unterscheiden sich in ihren Rechtswirkungen von anderen Verwaltungsakten. Über die **Bestandskraftwirkung** hinaus, sehen die meisten Fachgesetze nämlich vor, dass der Planfeststellungsbeschluss insoweit „**enteignende Vorwirkung**" hat, als der festgestellte Plan dem Enteignungsverfahren zugrunde zu legen ist. Der Planfeststellungsbeschluss ist für die Enteignungsbehörde bindend. Einer weiteren Feststellung der Zulässigkeit der Enteignung bedarf es nicht (so z.B. § 22 Abs. 2 und Abs. 1 Satz 2 AEG).  14

Mit Blick auf die **Bestandskraft und deren Durchbrechung** weist der Planfeststellungsbeschluss die Besonderheit zu anderen Verwaltungsakten auf, dass die Vorschrift über das Wiederaufgreifen des Verfahrens (§ 51 VwVfG) nicht gilt (§ 72 Abs. 1 Halbs. 2 VwVfG), der Umfang der Anwendbarkeit der Vorschriften über Rücknahme und Widerruf von Verwaltungsakten (§§ 48, 49 VwVfG) umstritten ist und das Gesetz bei Auftreten nicht voraussehbarer Wirkungen des Vorhabens grds. Ansprüche auf nachträgliche Schutzvorkehrungen oder Ersatzansprüche für den Betroffenen vorsieht (§ 75 Abs. 2 Satz 2 VwVfG).  15

Die **rechtliche Kontrolle** von Planfeststellungsbeschlüssen unterscheidet sich **verfahrensrechtlich und materiell-rechtlich** in mancher Hinsicht von der gerichtlichen Kontrolle sonstiger Verwaltungsakte. Hier sei bereits auf die Gesichtspunkte der materiellen Präklusion von Einwendungen, die Geltung von speziellen Fristen für die Erhebung und Begründung verwaltungsgerichtlicher Rechtsbehelfe, auf spezielle Vorschriften zur Verkürzung des Instanzenzugs der VG sowie auf Besonderheiten bei der Kontrolldichte verwaltungsgerichtlicher Prüfung von Planfeststellungsbeschlüssen hingewiesen. Darauf wird später zurückzukommen sein.  16

Die skizzierte verfahrensrechtliche Ausgestaltung eröffnet und begrenzt zugleich das Feld anwaltlicher Tätigkeit im Planfeststellungsverfahren.  17

## II. Vorhaben der Fachplanung im Überblick

Zahlreiche spezialgesetzliche Regelungen des Fachplanungsrechts ordnen entweder zwingend oder fakultativ an, welche Vorhaben erst gebaut oder geändert werden dürfen, wenn zuvor der Plan festgestellt worden ist:  18
– Straßen, §§ 17 ff. FStrG, daneben die Straßengesetze der Länder
– Flughäfen, §§ 8 ff. LuftVG
– Mülldeponien, § 7 II AbfG, § 31 KrW-/AbfG
– Achtung: Die Errichtung und der Betrieb von ortsfesten Abfallentsorgungsanlagen zur Lagerung oder Behandlung von Abfällen sowie die wesentliche Änderung einer solchen Anlage oder ihres Betriebes (z.B. Müllverbrennungsanlage) bedürfen der Genehmigung nach den Vorschriften des BImSchG, § 7 Abs. 1 AbfG/§ 31 Abs. 1 KrW-/AbfG. Diese Regelung gilt seit Inkrafttreten des Gesetzes vom 22.4.1993[1].

---
1 BGBl. I, 466.

- Eisenbahnen, §§ 18 ff. AEG
- Wasserläufe, § 68 WHG i.V.m. den wasserrechtlichen Vorschriften der Länder. Beispiele für planfeststellungsbedürftige Ausbaumaßnahmen: Nassauskiesung (Entstehung eines Baggersees als Folge der Kiesgewinnung)
- Veränderung eines Fluss- oder Bachlaufes, Verrohrung eines Bachlaufes, Anlegen oder Zuschütten eines Teiches, Einbeziehung eines Bachlaufes in die gemeindliche Kanalisation, Veränderung des Uferbereiches eines Bachlaufes.
- Straßenbahnen, §§ 28 ff., 41 PBefG. Beispiele: Bau von U-Bahnen, Straßenbahnen, Veränderungen von Schienenanlagen.
- Bundeswasserstraßen, §§ 14, 17 ff. WaStrG
- Flurbereinigung, § 41 FlurbG
- Atomanlagen, § 9b AtG
- Versuchsanlagen, §§ 2 ff. Versuchsanlagengesetz
- Bergbauliche Vorhaben, § 57a BBergG
- Energieanlagen, § 43 Energiewirtschaftsgesetz

19   Nach den Neuregelungen des Artikelgesetzes zur Umsetzung der UVP-Änderungsrichtlinie vom 27.7.2001[1] ist die Planfeststellungsbedürftigkeit von zahlreichen Vorhaben nunmehr dann vorgesehen, wenn für das Vorhaben eine **Verpflichtung zur Durchführung einer Umweltverträglichkeitsprüfung** besteht.

## III. Verfahrensrechtliche Anforderungen im Planfeststellungsverfahren

### 1. Bedeutung von Verfahrensmängeln

20   Es liegt gerade der anwaltlichen Praxis nahe, die in der Planfeststellung einzuhaltenden Verfahrensvorschriften vor allem auch unter dem Aspekt des Verfahrensfehlers zu sehen und zu fragen, ob Verfahrensfehler Ansprüche auf Aufhebung oder Wiederholung des Verfahrens oder einzelner Verfahrensschritte begründen oder sogar zur Aufhebung des Planfeststellungsbeschlusses führen. Erfahrungsgemäß besteht bei Anhörungsbehörde und Vorhabenträger eine dem korrespondierende Furcht, Verfahrensfehler zu begehen. In gewissem Gegensatz zur Hoffnung der einen auf und Furcht der anderen vor Verfahrensmängeln im Planfeststellungsverfahren steht die Rechtsprechung zu den **Wirkungen von Verfahrensmängeln**. Danach ist im Verwaltungsprozess eine gegen eine verfahrens- oder formfehlerhafte Planfeststellung gerichtete Klage nur erfolgreich, wenn der angefochtene Beschluss über die objektive Rechtswidrigkeit hinaus den Kläger in seinen subjektiven Rechten verletzt[2]. Demnach stellen Anhörungs- und Erörterungsfehler für einen Planfeststellungsbeschluss keinen Aufhebungsgrund dar, wenn diese Fehler durch eine umfassende und zutreffende Abwägung überholt worden sind, d.h., ein Anhörungs- oder Erörterungsfehler den Abwägungsvorgang und das Abwägungsergebnis nachweislich nicht beeinflusst hat. In diesen Fällen scheidet eine Verletzung subjektiver Rechte Drittanfechtender aus. Welche Folgen nicht auf diese Weise geheilte Verfahrens- und Formfehler haben, ergibt sich aus § 46 VwVfG. Danach ist eine Verletzung von Vorschriften über das Verfahren oder die Form dann unerheblich, wenn diese im konkreten Fall nicht kausal für die getroffene Entscheidung sind, mithin eine Kausalität des Verfahrensfehlers schon aus tatsächlichen Gründen nicht gegeben ist[3].

---

1 BGBl. I, 1950.
2 BVerwG v. 17.12.1986 – 7 C 29.85, BVerwGE 75, 285 (290 f.).
3 BayVGH v. 21.2.1995 – 20 A 93.40080 u.a., S. 36 f. Umdruck; vgl. *Sachs*, in: Stelkens/Bonk/Sachs, VwVfG, § 46 Rz. 50; *Kopp/Ramsauer*, VwVfG, § 46 Rz. 25 ff.

III. Verfahrensrechtliche Anforderungen im Planfeststellungsverfahren   Rz. 26   Teil 1 D

Die Rechtsprechung geht in diesem Zusammenhang davon aus[1], dass bei Ermittlung des ausschlaggebenden **Kausalzusammenhangs** weder auf eine bloß abstrakte Möglichkeit einer Kausalität abzustellen ist, noch etwa der kaum zu führende positive Beweis gefordert werden kann. Ausreichend sei die konkrete Möglichkeit eines Kausalzusammenhangs[2]. Das Gesagte gilt auch für Verfahrensmängel bei der Umweltverträglichkeitsuntersuchung, die unselbständiger Teil des Planfeststellungsverfahrens ist (§ 2 Abs. 1 Satz 1 UVPG). 21

Darüber hinaus sehen §§ 45, 46 VwVfG, die entsprechenden Regelungen in den Landesverwaltungsverfahrensgesetzen sowie in den Fachplanungsgesetzen enthaltenen Vorschriften (z.B. § 18e Abs. 6 AEG) Möglichkeiten zur **Heilung/Unbeachtlichkeit** von erheblichen Fehlern vor. 22

## 2. Auslegung des Plans

### a) Dauer der Auslegung

Das Verwaltungsverfahrensgesetz und die spezialgesetzlichen Verfahrensvorschriften des Fachplanungsrechts sehen für die Durchführung des Anhörungsverfahrens **zeitliche Maßgaben** für die Anhörungsbehörde vor. So ist nach § 73 VwVfG und den entsprechenden spezialgesetzlichen Vorschriften in den Fachplanungsgesetzen die Anhörungsbehörde verpflichtet, innerhalb eines Monats nach Zugang des vollständigen Plans die Behörden, deren Aufgabenbereich durch das Verfahren berührt wird, zur Stellungnahme aufzufordern. Binnen dieser Frist hat die Anhörungsbehörde auch zu veranlassen, dass der Plan in den Gemeinden, in denen sich das Vorhaben auswirkt, ausgelegt wird. Gemäß § 73 Abs. 3 VwVfG haben die Gemeinden den Plan innerhalb von drei Wochen nach Zugang zur Einsicht auszulegen. Nach § 73 Abs. 3a VwVfG haben die Behörden ihre Stellungnahme innerhalb einer von der Anhörungsbehörde zu setzenden Frist abzugeben, die drei Monate nicht überschreiten darf. Nach § 73 Abs. 9 VwVfG leitet die Anhörungsbehörde ihre Stellungnahme zum Ergebnis des Anhörungsverfahrens möglichst innerhalb eines Monats nach Abschluss der Erörterung zusammen mit dem Plan, den Stellungnahmen der Behörden und den nicht erledigten Einwendungen der Planfeststellungsbehörde zu. 23

Bei allen diesen genannten Fristen handelt es sich um der Beschleunigung und Steuerung des Anhörungsverfahrens dienende **Ordnungsvorschriften**. Eine Überschreitung dieser Fristen bleibt deshalb ohne Rechtsfolge. 24

Anders verhält es sich im Hinblick auf Rechtsfolgen bei der gesetzlich normierten **Dauer der Auslegung** sowie den gesetzlich normierten **Zeiträumen für die öffentliche Bekanntmachung** der Auslegung; hier können Verfahrensfehler entstehen. Nach § 73 Abs. 3 VwVfG haben die Gemeinden den Plan für die Dauer eines Monats zur Einsicht auszulegen (§ 73 Abs. 3 Satz 1 VwVfG). Die Gemeinden haben die Auslegung vorher ortsüblich bekannt zu machen (§ 73 Abs. 5 Satz 1 VwVfG). 25

### b) Umfang der Auslegung des Plans

In der Praxis des Planfeststellungsverfahrens häufig anzutreffendes Angriffsargument ist der Vorwurf, die ausgelegten Pläne seien nicht vollständig und deshalb fehlerhaft. Die Rechtsprechung hat zum **Umfang auszulegender Pläne** wiederholt entschieden und dabei zwar Verständnis für Kläger gezeigt, über möglichst viele De- 26

---

1 BVerwG v. 30.5.1984 – 4 C 58.81, BVerwGE 69, 256 (269 f.); v. 21.3.1996 – 4 C 1.95, DVBl 1996, 915.
2 Kritisch *Breuer*, FS Sendler 1994, S. 281.

tailplanungen eines Vorhabens Kenntnis zu erhalten und Ausarbeitung und Auslegung entsprechender Gutachten und Untersuchungen zu erreichen. Die Rechtsprechung hat aber dabei stets betont, dass über das durch das Verfahrensrecht nach § 73 Abs. 3 Satz 1 i.V.m. Abs. 1 Satz 2 VwVfG hinaus Gebotene von Rechts wegen nichts gefordert werden kann. Nach diesen Bestimmungen wird normiert, was unter Plan i.S.d. Planfeststellungsrechts gemeint ist. Danach müssen die angefertigten und sodann ausgelegten Unterlagen über alle für die Beurteilung des Vorhabens wesentlichen Gesichtspunkte Aufschluss geben. Sie müssen etwaigen Einwendern namentlich die notwendigen Kenntnisse vermitteln, ohne die eine Beurteilung potentieller Einwirkungen, Gefahren oder Nachteile einer Anlage nicht möglich ist. Insoweit können auch Gutachten auslegungspflichtig sein[1]. Mit der Planauslegung brauchen somit nicht bereits alle Unterlagen bekannt gemacht werden, die möglicherweise erforderlich sind, um die Rechtmäßigkeit der Planung umfassend darzutun oder den festgestellten Plan vollziehen zu können[2]. Es reicht deshalb aus, dass sich die abwägungserheblichen Belange mit einer Deutlichkeit ergeben, die das Erkennen der Bedeutung der Planung und die Betroffenheit für Dritte erlaubt[3]. Kaum Sinn macht hingegen die in der Praxis teilweise zu beobachtende Differenzierung der ausgelegten Unterlagen in Planunterlagen und solche Unterlagen, die „nur zur Information" ausgelegt werden. Alle Planunterlagen sind nämlich Gegenstand der Unterlage und bilden insgesamt die Grundlage für die Entscheidung der Planfeststellungsbehörde über die Rechtmäßigkeit des Vorhabens.

27 Zu den **Plänen** ist anzumerken, dass diese hinreichend genau und detailliert sein müssen. Dies gilt namentlich für Lagepläne, Leitungspläne, Höhenpläne, Wegeverzeichnis, Querschnitte, Pläne für Kunstbauten, Bauwerksverzeichnis, Grunderwerbsverzeichnis und Grunderwerbsplan. Wegen der Enteignungsvorwirkung des Planfeststellungsbeschlusses, der die Zulässigkeit der Enteignung für die in Anspruch genommenen Flächen festlegt, muß der Grunderwerbsplan parzellenscharf sein, der Lageplan muss mit ihm parzellenmäßig übereinstimmen. Die in Anspruch genommenen Flächen müssen eindeutig bestimmbar dargestellt und umgrenzt sein[4].

28 Die Praxis und die Rechtsprechung halten für den **Grunderwerbsplan** einen Maßstab von M 1:1 000 generell für konkret genug[5]. Die Angabe von Circa-Angaben bei den benötigten Grundstücksflächen ist unter Bestimmtheitsgesichtspunkten ausreichend[6]. Allerdings hat das BVerwG einen Maßstab von M 1:5 000 als „metergenau" bezeichnet; dort ging es um die Bezeichnung des Geltungsbereichs einer Baumschutzverordnung. Das BVerwG hat die Formulierung „innerhalb der im Zusammenhang bebauten Ortsteile und des Geltungsbereichs der Bebauungspläne" als hinreichend bestimmt umschrieben. Maßgebend für das erforderliche Maß der Bestimmtheit seien auch Gesichtspunkte der Praktikabilität; Bestimmtheit „um jeden Preis" sei nicht geboten. Bestimmtheit werde nicht erhöht, wenn Detailliertheit zu mehr Verwirrung beim Betroffenen führt[7]. Die Nichtaufnahme einer Grundstücksinanspruchnahme in das zu den Bestandteilen eines Planfeststellungs-

---

1 BVerwG v. 17.7.1980 – 7 C 101.78, BVerwGE 60, 297/306; v. 5.12.1986 – 4 C 13/85, BVerwGE 75, 214.
2 BVerwG v. 5.12.1986 – 4 C 13.85, BVerwGE 75, 214/215.
3 BVerwG v. 25.3.1988 – 4 C 1.85, NVwZ 1989, 252; v. 26.11.1991 – 7 C 16/89, UPR 1992, 154.
4 BVerwG v. 12.1.1994 – 4 B 163.93, Buchholz 407.4 § 19 FStrG Nr. 6.
5 *Knack/Henneke*, VwVfG, § 73 Rz. 17; BVerwG v. 25.3.1988 – 4 C 1.85, NVwZ 1989, 252; v. 19.12.1989 – 4 B 224.89, UPR 1990, 220; v. 12.8.1983 – 4 B 16.83 –, Buchholz 407.4 § 17 FStrG Nr. 53; v. 12.1.1994 – 4 B 163.93; vgl. auch BayVGH v. 11.5.1989 – 22 N 87.2409, BayVBl. 1989, 661; v. 11.12.1979 – Nr. 81 VIII 70 – S. 14 AU.
6 BVerwG v. 25.3.1988 – 4 C 1.85, NVwZ 1989, 252.
7 BVerwG v. 16.6.1994 – 4 C 2.94, BVerwGE 96, 110, 114f.

beschlusses gehörende Grunderwerbsverzeichnis führt nicht notwendig zur Unvollständigkeit bzw. fehlenden Vollziehbarkeit und damit zur Rechtswidrigkeit des Planfeststellungsbeschlusses, wenn Art und Ausmaß der Inanspruchnahme aus weiteren Bestandteilen des Beschlusses, wie z.B. Lage- und Höhenplänen, ersichtlich ist[1]. Lässt sich aus den Unterlagen mit ausreichender Genauigkeit entnehmen, welcher Eingriff in fremdes Eigentum beabsichtigt ist, so ist der Planfeststellungsbeschluss nicht rechtswidrig, auch wenn die einzelnen Grundstücke nicht detailliert wiedergegeben werden[2].

Aus Gründen des Datenschutzes und zum Schutz des Rechts auf informationelle Selbstbestimmung ist die öffentliche Auslegung von **personenbezogenen Daten** von Einwendern und/oder Grundstückseigentümern insbesondere im Rahmen der Auslegung des Plans und im Anhörungsverfahren unzulässig. Hierzu wäre eine spezialgesetzliche Ermächtigungsgrundlage erforderlich, die – mit Ausnahme von § 73 Abs. 1 Satz 2 VwVfG BW – fehlt. Deshalb sind Namen und Anschrift von Grundstückseigentümern im Rahmen der Auslegung nach § 73 Abs. 3 VwVfG zu anonymisieren bzw. zu verschlüsseln[3]. Dasselbe gilt für die öffentliche Bekanntgabe des Planfeststellungsbeschlusses (§ 74 Abs. 4 und 5 VwVfG). Allerdings sind etwaige Verstöße gegen Datenschutzbestimmungen für die Rechtmäßigkeit des das Verfahren abschließenden Planfeststellungsbeschlusses unbeachtlich. Denn ein Verstoß gegen Datenschutzbestimmungen wirkt sich nicht auf das Ergebnis der zu treffenden Entscheidung aus[4]. 29

Hingegen ist die Erhebung personenbezogener Daten von der Planung Betroffener durch den Vorhabenträger aus **öffentlichen Registern** wie etwa dem Grundbuch zulässig. Nach § 12 Abs. 1 Satz 1 GBO ist die Einsicht in das Grundbuch jedem gestattet, der ein berechtigtes Interesse darlegt. Das berechtigte Interesse des Vorhabenträgers an der Ermittlung der Eigentümer der von dem Vorhaben betroffenen Grundstücke ergibt sich daraus, dass er ohne deren Kenntnis das Vorhaben nicht verwirklichen kann. Denn Voraussetzung der Durchführung des Vorhabens ist der Erwerb der für das Vorhaben benötigten Grundstücke. Hierzu ist ihm durch Gesetz ein Enteignungsrecht eingeräumt (vgl. z.B. § 7 Magnetschwebebahnplanungsgesetz, MBPlG). Voraussetzung für Enteignung und vorzeitige Besitzeinweisung (§ 6 MBPlG) ist, dass der Vorhabenträger zuvor versucht hat, das Grundstück freihändig zu erwerben. Voraussetzung dafür wiederum ist die Kenntnis des Eigentümers. Auch die Einleitung eines Besitzeinweisungsverfahrens und Enteignungsverfahrens setzt Kenntnis des enteignungsbelasteten Eigentümers voraus (z.B. Art. 20 BayEG). Im übrigen lässt es das Fachplanungsrecht zu, dass, wenn sich ein Beteiligter mit der Übertragung oder Beschränkung des Eigentums oder eines anderen Rechtes schriftlich einverstanden erklärt, das Entschädigungsverfahren – bereits während des Planfeststellungsverfahrens – unmittelbar durchgeführt werden darf. Auch aus diesem Grunde hat der Vorhabenträger ein berechtigtes Interesse an der Ermittlung der betroffenen Eigentümer aus dem Grundbuch. 30

Auch die **Übermittlung** der Einwendungen und damit der personenbezogenen Daten der Einwendungsführer **an den Träger des Vorhabens** ist zulässig. Dies ergibt sich aus der gesetzlichen Regelung des Erörterungstermins (§ 73 Abs. 6 VwVfG), 31

---

1 BVerwG v. 12.1.1994 – 4 B 163.93.
2 BVerwG v. 22.3.1985 – 4 C 63.80, BVerwGE 71, 150; *Dürr*, in: Kodal, Straßenrecht, S. 1283.
3 BVerfG v. 24.7.1990 – 1 BvR 1244/87, NVwZ 1990, 1162; v. 14.10.1987 – 1 BvR 1244/87, BVerfGE 77, 121 = NJW 1988, 403; Bay. Landesbeauftragter für den Datenschutz, 17. Tätigkeitsbericht, 1996, Kap. 8.14; VG München v. 13.2.1980 – Nr. M 562 V II/80, NJW 1981, 475; *Dürr*, in: Knack, VwVfG, § 73 Rz. 49 m.w.N.
4 BVerwG v. 21.12.1995 – 11 VR 6.95, NVwZ 1996, 896–901.

die eine substantielle Erörterung der Einwendungen mit Einwendern und Vorhabenträger gebietet und damit Ermächtigungsgrundlage für die Übermittlung der personenbezogenen Daten der Einwendungsführer an den Vorhabenträger ist. Einwender und Vorhabenträger sind Beteiligter des Verwaltungsverfahrens (§ 13 VwVfG). Eine vom Gesetz geforderte substantielle Erörterung ist aber nur möglich, wenn der Vorhabenträger die konkret betroffenen individuellen Belange des Einwenders kennt[1].

### c) Auslegung bei Abschnittsbildung

32 Wird ein Vorhaben, was insbesondere bei linienhaften Vorhaben, wie z.B. Eisenbahnstrecken oder Straßen der Fall ist, **in mehreren Abschnitten planfestgestellt**, muss der Plan auch in den jeweils benachbarten Abschnitten ausgelegt werden, sofern durch die Abschnittsbildung Zwangspunkte für die Folgeabschnitte gesetzt werden[2]. Die Rechtsprechung ist dieser Forderung soweit ersichtlich nicht gefolgt.

### d) Auslegung bei Planänderungen

33 Eine Quelle für Verfahrensfehler kann die **nachträgliche Änderung des ausgelegten Plans** sein. Finden nach Auslegung des Plans nachträgliche Änderungen (Tekturen) statt, sieht das Planfeststellungsverfahrensrecht im Wesentlichen drei Möglichkeiten vor.

34 Soll ein ausgelegter Plan geändert werden und werden dadurch der **Aufgabenbereich einer Behörde oder Belange Dritter erstmalig oder stärker als bisher berührt**, so ist diesen die Änderung mitzuteilen und ihnen Gelegenheit zu Stellungnahmen und Einwendungen innerhalb von zwei Wochen zu geben (§ 73 Abs. 8 Satz 1 VwVfG). Dieses vereinfachte Anhörungsverfahren kommt nur in Betracht, wenn die nachträglichen Planänderungen, das Gesamtkonzept der Planung nicht berühren und die Identität des Vorhabens wahren[3]. Wird durch Änderungen eines ausgelegten Plans das **Gesamtkonzept der Planung berührt** und folglich die Identität des Vorhabens geändert, ist das gesamte Anhörungsverfahren gem. § 73 Abs. 3 VwVfG zu wiederholen. Die dritte Möglichkeit besteht darin, dass die nachträgliche Planänderung so geringfügig oder für alle begünstigend ist, so dass **keine neuen oder stärkeren Betroffenheiten** Dritter oder Träger öffentlicher Belange entstehen. Wenn mit der Planänderung nachträgliche Veränderungen von geringer Erheblichkeit einhergehen, also äußerst geringfügige Zusatzbelastungen entstehen, sind diese nicht verfahrenserheblich i.S.v. § 73 Abs. 8 VwVfG[4].

## 3. Einwendungen gegen den Plan

### a) Einwendungen Privater

35 Jeder, dessen Belange durch das Vorhaben berührt werden, kann bis zwei Wochen nach Ablauf der Auslegungsfrist schriftlich oder zur Niederschrift bei der Anhörungsbehörde oder bei der Gemeinde Einwendungen gegen den Plan erheben (§ 73 Abs. 4 Satz 1 VwVfG). Als einwendungsbefugte (und damit klagebefugte) Private wurden lange Zeit nur Eigentümer und **dinglich Berechtigte** von durch die planfestzustellende Anlage betroffenen Grundstücken angesehen. Aus der Grundstücks-

---

1 Bay. Landesbeauftragter für den Datenschutz, 17. Tätigkeitsbericht, 1996, Kap. 8.14.
2 *Kühling/Hermann*, Fachplanungsrecht, S. 246f.
3 BVerwG v. 2.2.1996 – 4 A 42.95, DVBl 1996, 691.
4 BVerwG v. 10.4.1968 – IV C 227.65, BVerwGE 29, 282 (286); *Bonk/Neumann*, in: Stelkens/Bonk/Sachs, VwVfG, § 73 Rz. 115.

bezogenheit des Planungsrechts folge, dass bei einem Nutzungskonflikt die benachbarten Grundstücke durch die Eigentümer repräsentiert würden[1]. Nunmehr geht der 11. Senat des BVerwG davon aus, dass auch **Mieter** wegen Immissionen einwendungsbefugt sind. Denn § 41 Abs. 1 BImSchG schütze vor „schädlichen Umwelteinwirkungen" und damit auch andere Anwohner als Eigentümer[2]. Einwendungsbefugt ist auch der **Pächter** eines Kleingartens, der dort ein Haus bewohnt, das Scheinbestandteil des Grundstücks (§ 95 Abs. 1 BGB) sein kann[3].

Einwendungen können **bei abschnittsweiser Planfeststellung** auch gegen vorangehende Planfeststellungsbeschlüsse erhoben werden, wenn diese zu einer zwangsläufigen Betroffenheit im „eigenen" Planfeststellungsabschnitt führen (vgl. Rz. 87 ff.). 36

Nach § 73 Abs. 4 Satz 2 VwVfG in der durch Art. 1 des Genehmigungsverfahrensbeschleunigungsgesetzes (GenBeschlG) v. 12.9.1996[4] geltenden Fassung sind mit Ablauf der Einwendungsfrist alle Einwendungen ausgeschlossen, die nicht auf besonderen privatrechtlichen Titeln beruhen. Somit wird durch die Novelle zum Verwaltungsverfahrensrecht für alle von Bundesbehörden durchgeführten Planfeststellungsverfahren die sog. **materielle Präklusion** eingeführt. Vor der Novellierung wurde die materielle Präklusion von Einwendungen lediglich in spezialgesetzlich geregelten Fachplanungsbereichen geregelt (z.B. Bundesfernstraßenrecht und Eisenbahnplanfeststellungsrecht). Für landesrechtlich geregelte Planfeststellungen und durch Behörden der Länder im Auftrag ausgeführte bundesrechtlich angeordnete Planfeststellungen ist allerdings nicht das VwVfG des Bundes, sondern das jeweilige VwVfG des Landes anzuwenden (vgl. § 1 Abs. 3 VwVfG). 37

Der Ausschluss verspätet erhobener Einwendungen dürfte nur dann greifen, wenn die **Vorschriften über die Dauer der Auslegung** eingehalten worden sind. Dies folgt aus dem Grundsatz des rechtlichen Gehörs, wie er in § 73 VwVfG für das Planfeststellungsverfahren ausgeprägt worden ist. Eine verkürzte Auslegung dürfte allenfalls dann für die Präklusionswirkung unschädlich sein, wenn sie sich im konkreten Fall nicht erkennbar auf die Rechtswahrung der Betroffenen ausgewirkt hat[5]. 38

Die Ausschlusswirkung tritt auch dann nicht ein, wenn bei der ortsüblichen Bekanntmachung der Auslegung des Plans nicht ordnungsgemäß über Ort und Zeitraum der Auslegung und über den Umstand, dass etwaige Einwendungen bei den in der Bekanntmachung zu bezeichnenden Stellen innerhalb der Einwendungsfrist vorzubringen sind, **belehrt** worden ist (vgl. § 73 Abs. 5 Sätze 1 und 2 VwVfG). 39

Insoweit ist die Planfeststellungsbehörde im Hinblick auf die Rechtmäßigkeit des Verfahrens abhängig von den Gemeinden, die den Plan bekannt machen. Versäumen es diese, auf die Ausschlusswirkung in der Bekanntmachung hinzuweisen, entfällt die Präklusionswirkung. Dies wird aber angesichts der in der Praxis verwendeten Formulare kaum einmal der Fall sein. 40

Ein **Wegfall der Präklusionswirkung** kann auch dann entstehen, wenn bei nachträglichen Planänderungen im Auslegungsverfahren nach § 73 Abs. 3 oder nach § 73 Abs. 8 VwVfG die Anhörungsbehörde ohne Hinweis auf die Präklusionswirkung den Plan nochmals auslegt. Unterlässt die Behörde bei Auslegung von umfangreichen Tekturplänen den Hinweis auf die Präklusionswirkung und legt sie auch nicht lediglich die Tektur, sondern die Gesamtplanung (mit den umfangreichen Ände- 41

---
1 BVerwG v. 16.9.1993 – 4 C 9.91, UPR 1994, 66; v. 26.7.1990 – 4 B 235.89, UPR 1991, 67.
2 BVerwG v. 28.11.1995 – 11 VR 38.95, UPR 1996, 109.
3 BVerwG v. 27.11.1996 – 11 A 27.96, DVBl 1997, 729.
4 BGBl. I, 1354.
5 Vgl. BVerwG v. 10.4.1968 – IV C 227.65, BVerwGE 29, 282.

rungen) erneut aus, kann sie sich nicht auf die früher gegebenen Hinweise zur Präklusionswirkung im Rahmen der früheren Bekanntmachungen über Planauslegungen berufen. Fordert die Anhörungsbehörde zudem außerhalb des § 73 Abs. 8 VwVfG Gemeindebürger, die sich durch die Planänderung „neu" betroffen fühlen, zur Einreichung von Einwendungen auf, ohne die Präklusionswirkung zu erwähnen, so vermittelt sie – ggf. auch ungewollt – den Eindruck, das Verfahren insgesamt nochmals nach dem § 73 Abs. 3 und 5 VwVfG aufnehmen zu wollen. Hieran soll auch der Hinweis nichts ändern, dass nur zur „Information" ausgelegt worden ist. Denn aus der Sicht der Einwendungsführer könne dies nur heißen, dass bereits erhobene Einwendungen weiterhin Bestand haben, dass Neueinwendungen zusätzlich erhoben werden können und die früheren Hinweise auf den Einwendungsschluss keinen Bestand mehr haben[1].

42 § 73 Abs. 4 Satz 4 VwVfG begründet eine auch im verwaltungsgerichtlichen Verfahren zu beachtende **materielle Verwirkungspräklusion**. Das BVerwG und das BVerfG halten diese Gesetzestechnik für verfassungsrechtlich unbedenklich[2].

43 Zweifelhaft kann jedoch sein, was als „Einwendung gegen den Plan" im Einzelnen zu verstehen ist und welche **Anforderungen an die Substantiierung** des Vortrags hier zu stellen sind. Das BVerwG verlangt vom Einwender, dass er die Rechtsposition, deren Gefährdung er befürchtet, konkret bezeichnen muss. Wer z.B. darlegt, er sei um seine Gartenpflanzen besorgt, kann nachträglich nicht mehr vorbringen, die Anlage beeinträchtige die Verkehrsfähigkeit seines Grundstücks[3].

44 Im Falle der **Änderung der Rechtsprechung** (wie generell bei Gesetzesänderungen im laufenden Verfahren), die während des laufenden Verfahrens zu einer Verschärfung der rechtlichen Anforderungen z.B. an die Verhältnismäßigkeitsprüfung nach § 41 Abs. 2 BImSchG[4] führt, können weitere Gutachten, mit der Folge von Verfahrensverzögerungen, erforderlich werden, um diesen geänderten Anforderungen gerecht zu werden.

**b) Einwendungen von Gemeinden**

45 Gemeinden sind nicht „allgemeiner Sachwalter öffentlicher Interessen"[5]. Insbesondere berührt nicht jede Einwirkung eines planfestzustellenden Vorhabens das gemeindliche **Selbstverwaltungsrecht**[6]. Die Gemeinde kann sich lediglich auf die Verletzung der im Rahmen der Gesetze bestimmten eigenen Angelegenheiten der örtlichen Gemeinschaft berufen. Schallschutz, Landschaftsschutz oder Ortsbild gehören als solche nicht dazu. Hingegen ist die Gemeinde einwendungsbefugt, wenn das planfestzustellende Vorhaben hinreichend konkrete gemeindliche Planungen nachhaltig beeinträchtigt oder aber wesentliche Teile der Gemeinde einer durchsetzbaren eigenen Planung entzogen werden[7]. Die Gemeinde genügt insoweit ihrer Darlegungslast nur, wenn sie die konkreten Planungen benennt, deren Beeinträchtigung sie befürchtet. Schließlich kann die Gemeinde auch eine Verletzung ihrer Finanzhoheit geltend machen[8]. Voraussetzung dafür ist jedoch, dass die Fachpla-

---

1 BayVGH v. 21.2.1995 – 20 A 93.40080, S. 48 Umdruck.
2 BVerwG v. 24.5.1996 – 4 A 38.95, DVBl 1997, 51; v. 12.2.1996 – 4 A 38.95, DVBl 1996, 684.
3 BVerwG v. 17.7.1980 – 7 C 101.78, BVerwGE 60, 297 = MDR 1981, 253.
4 BVerwG v. 13.5.2009 – 9 A 72.07, Rz. 63.
5 BVerwG v. 21.1.1993 – 4 B 206.92, NVwZ 1993, 884 (886).
6 Art. 28 Abs. 2 GG.
7 BVerwG v. 11.4.1996 – 4 C 51.83, BayVBl. 1986, 660; v. 27.3.1992 – 7 C 18.91, UPR 1992, 310.
8 BVerwG v. 11.5.1984 – 4 C 83.80, DÖV 1985, 113.

### III. Verfahrensrechtliche Anforderungen im Planfeststellungsverfahren Rz. 49 Teil 1 D

nung gemeindliche Folgemaßnahmen auslöst, die notwendige Folge der Fachplanung sind und die Verauslagung gemeindlicher Mittel unausweichlich machen und die die Folgekosten auslösende Maßnahme der Fachplanung ohne Zustimmung der Gemeinde oder entgegen deren ausdrücklichen Willen zur Ausführung gelangen[1].

Auch Gemeinden, die sich auf eine Gefährdung ihrer Planungshoheit, ihrer Finanzhoheit oder ihres Selbstverwaltungsrechts berufen, haben ihre diesbezüglichen Einwendungen unter Nennung der konkreten Rechtspositionen innerhalb der Einwendungsfrist vorzutragen. Auch die Gemeinden trifft somit eine **Mitwirkungslast**. Nach Ablauf der Einwendungsfrist sind sie – wie Private – mit Einwendungen präkludiert[2]. Auch bereits „vollzogene" Planungen, also z.B. vorhandene Baugebiete, sind abwägungsrelevant, z.B. mit Blick auf Lärm. 46

#### c) Einwendungen und Stellungnahmen staatlicher Behörden

Dem Staat (Behörden) fehlt die Klagebefugnis, soweit er sich auf die Verletzung seiner Kompetenzen beruft. Etwas anderes gilt, wenn er als **Eigentümer eines Grundstücks** betroffen wird. Daran ändert der Umstand nichts, dass der Staat nicht grundrechtsfähig ist[3]; denn auch der Staat kann sich auf das einfachrechtlich geschützte Privateigentum (§ 903 BGB) berufen. Allerdings muss er dann im Rahmen der Betroffenenbeteiligung fristgerecht Einwendungen erheben. Andernfalls ist er präkludiert[4]. 47

#### 4. Beteiligung anerkannter Naturschutzverbände

Ein anerkannter Naturschutzverband, dem ein Mitwirkungsrecht nach § 63 BNatSchG eingeräumt ist, hat ein selbständig durchsetzbares, subjektives öffentliches Recht auf Beteiligung am Verfahren. Ein insoweit befugter Verein hat damit nicht die Rechtsstellung eines Popularklägers, sondern eines in seinen Rechten Betroffenen gem. § 42 Abs. 2 VwGO[5]. Er kann lediglich den Planfeststellungsbeschluss gem. § 64 BNatSchG mit der Behauptung anfechten, sein Beteiligungsrecht sei verletzt worden[6]. Durch das Infrastrukturplanungsbeschleunigungsgesetz ist das Beteiligungsrecht der anerkannten Naturschutzvereine in der Tendenz eingeschränkt worden. §§ 18a AEG, 17a FStrG, 14a WaStrG, 2 MBPlG und 43a EnWG sehen vor, dass die anerkannten Naturschutzverbände wie die betroffenen Bürger durch ortsübliche Bekanntmachung der Auslegung des Plans informiert werden; eine spezielle Information der Verbände erfolgt in diesem Fall also nicht. 48

Die **Naturschutzgesetze der Länder** sehen i.d.R. für anerkannte Naturschutzverbände das Recht zur Verbandsklage vor (z.B. § 36 HessNatSchG). Dies eröffnet aber nicht das Recht, gegen Maßnahmen von Bundesbehörden – etwa des Eisenbahn-Bundesamts – zu klagen[7]. Durch § 64 BNatSchG n.F. ist nunmehr aber auch auf Bundesebene die Verbandsklage eingeführt worden. Die Verbände helfen sich im Übrigen mit dem Erwerb von Sperrgrundstücken, die ihnen aus Eigentum ein umfassendes Klagerecht gewähren. Eine neue Klagemöglichkeit wird durch das **Umweltrechtsbehelfsgesetz** (§ 2 Abs. 1) eröffnet. 49

---

1 BayVGH v. 18.12.1994 – 20 A 93.40081 u.a., S. 20 Umdruck.
2 BVerwG v. 9.2.1996 – 11 VR 45.95.
3 BVerfG v. 8.7.1982 – 2 BvR 1187/80 – Sasbach, BVerfGE 61, 82.
4 BVerwG v. 9.2.1996 – 11 VR 45.95, NVwZ 1996, 514.
5 OVG Schl.-Holst. v. 30.12.1993 – 4 M 129/93, NVwZ 1994, 590.
6 BVerwG v. 31.10.1990 – 4 C 7.88, MDR 1991, 373 = NVwZ 1991, 162.
7 BVerwG v. 29.4.1993 – 7 A 3.92, LKV 1993, 315.

50 Der **sachliche Anwendungsbereich** beider Verbandsklagetypen überschneidet sich zwar, es besitzt jedoch jeder der beiden Klagetypen auch einen von dem anderen unabhängigen Anwendungsbereich. Für den Bereich des rügefähigen Rechts ergeben sich jedoch praktisch keine Überschneidungen, denn bzgl. der Verbandsklage nach § 64 BNatSchG sind die Vorschriften des Bundesnaturschutzgesetzes sowie sonstige Normen, die zumindest auch den Belangen von Naturschutz und Landschaftspflege zu dienen bestimmt sind, rügefähig. Diese Normen vermitteln jedoch keine subjektiven Rechte nach deutscher Dogmatik. Demgegenüber eröffnet das Umwelt-Rechtsbehelfsgesetz nach § 2 Abs. 1 Nr. 1 UmwRG ausschließlich die Rüge der Verletzung von Normen, die Rechte Einzelner begründen.

### a) Europarechtskonformität des § 2 Abs. 1 Nr. 1 UmwRG

51 Das OVG NW hat mit Beschluss vom 5.3.2009 dem EuGH im Wege des Vorabentscheidungsverfahrens nach Art. 234 des EG-Vertrags zur Klärung der **Reichweite des Verbandsklagerechts** im Umweltrecht insbesondere die Frage vorgelegt, ob die Bundesrepublik Deutschland die in der Richtlinie 2003/35/EG enthaltenen Vorgaben über den Zugang zu den Gerichten in Umweltangelegenheiten europarechtskonform in nationales Recht umgesetzt hat.

52 Mit der RL 2003/35/EG wurde jeweils der Art. 10a in die UVP-RL (RL 85/337/EWG) und in die IVU-RL (RL 96/61/EG) eingefügt. Wie der Wortlaut des Art. 10a belegt, haben die Mitgliedstaaten ein **Wahlrecht**, ob sie sich bei der Umsetzung der Richtlinie entweder für das Modell der **Interessentenklage** (Buchstabe a) oder für das Modell des **Individualrechtsschutzes** entscheiden, in dem der Zugang zu den Gerichten von der Geltendmachung der möglichen Verletzung eigener Rechte abhängig ist (Buchstabe b). Diese Wahlmöglichkeit hat der Gemeinschaftsgesetzgeber im Rahmen des Gesetzgebungsverfahrens ausdrücklich beibehalten.

53 Vielfach wurde bisher die Meinung vertreten, dass es nach den Vorgaben der RL 2003/35/EG somit genüge, den Verbänden einen gewissen Bestand gesetzlich bestimmter Rechte zur Geltendmachung im eigenen Namen zuzuweisen, sie also im Umweltbereich zu Trägern subjektiver Rechte zu machen. Eine Verpflichtung zur Einführung einer umfassenden Verbandsklage bestehe demgegenüber nicht[1]. Nach den Vorgaben des Gemeinschaftsrechts durfte sich der deutsche Gesetzgeber im Grundsatz für das Modell des Individualrechtsschutzes entscheiden. Um dennoch einen „weiteren Zugang" zu den Gerichten zu schaffen, bestimmt die Richtlinie, dass Nichtregierungsorganisationen auch als Träger von Rechten gelten, die i.S.d. Art. 10a Buchstabe b verletzt werden können. Dadurch, dass der deutsche Gesetzgeber die Zulässigkeit der Rechtsbehelfe von Vereinigungen nicht von der Geltendmachung der Verletzung eigener Rechte abhängig gemacht hat, sondern es ausreicht, dass umweltschützende Vorschriften gerügt werden, die Rechte Einzelner begründen, sei den Vorgaben des Gemeinschaftsrechts voll genügt. Wie von der Richtlinie gefordert „fingiert" der Gesetzgeber somit, dass die Vereinigungen Träger dieser Rechte sind. Weitergehende Forderungen an die Mitgliedstaaten, die sich für Alternative b) entschieden haben, enthält die RL 2003/35/EG nicht[2]. Es entspreche zudem ausdrücklich dem Willen des Gesetzgebers, mit dem UmwRG eine Vereinsklage gegen bestimmte umweltrechtliche Zulassungsentscheidungen oder deren Unterlassen zu ermöglichen, ohne dass es hierfür einer Verletzung von eigenen Rechten der betreffenden Vereinigung bedarf[3].

---

1 *Durner*, ZUR 2005, 285/288 f.
2 OVG Schleswig v. 12.3.2009 – 1 KN 12.08, Rz. 52, ZUR 2009, 432, der Senat betont ausdrücklich die Gemeinschaftsrechtskonformität, vgl. Rz. 46; OVG Lüneburg v. 7.7.2008 – 1 ME 131/08, ZUR 2008, 487; VG Karlsruhe v. 15.1.2007 – 8 K 1935/06 Rz. 25 ff., ZUR 2007, 264.
3 Vgl. BT-Drs. 16/3312, S. 1; s. auch VGH Kassel v. 16.9.2009 – 6 C 1005.08.T, Rz. 61, ZUR 2010, 46, der eine Vorlage an den EuGH ausdrücklich für nicht erforderlich hielt.

Zwischenzeitlich hat die Generalanwältin Sharpston ihre **Schlussanträge** vom 54
16.12.2010 gestellt. Darin vertritt sie die Meinung, dass Art. 10a der UVP-Richtlinie verlangt, dass nichtstaatliche Umweltorganisationen, die Zugang zu den Gerichten eines Mitgliedstaats begehren, dessen Verwaltungsprozessrecht die Geltendmachung einer Rechtsverletzung erfordert, die Verletzung aller für die Zulassung des Vorhabens maßgeblichen Umweltvorschriften geltend machen können, also auch solcher Vorschriften, die allein den Interessen der Allgemeinheit und nicht zumindest dem Schutz der Rechtsgüter des Einzelnen zu dienen bestimmt sind.

Eine Entscheidung des EuGH steht derzeit noch aus.

**b) Präklusion**

**§ 64 Abs. 1 Nr. 3 BNatSchG** sieht vor, dass der Verein bei der Klageerhebung grds. 55
auf das Vorbringen der Argumente beschränkt ist, die er bereits im Verwaltungsverfahren vorgebracht hat bzw. hätte vorbringen können. § 64 Abs. 1 Nr. 3 BNatSchG erfüllt nicht nur eine prozessrechtliche Funktion (Begründung und Begrenzung der Antrags- und Klagebefugnis), sondern bedeutet auch eine Beschränkung der auf einen zulässigen Antrag hin eröffneten Prüfungsgegenstände[1].

Der Einwendungsausschluss beruht im Bereich der naturschutzrechtlichen Ver- 56
bandsklage auf dem Gedanken, dass den anerkannten Naturschutzvereinen im Anhörungsverfahren eine **Mitwirkungslast** auferlegt ist. Dieser wird dann nicht genügt, wenn ein Verein nicht zumindest Angaben darüber macht, welches Schutzgut des Naturschutzrechts durch ein Vorhaben betroffen wird und welche Beeinträchtigungen ihm drohen[2]. Wenn durch die Planänderung nach § 73 Abs. 8 VwVfG die Belange des Naturschutzes stärker betroffen werden als durch die bisherige Planung, müssen auch die anerkannten Naturschutzverbände erneut beteiligt werden.

**5. Anhörung**

**a) Durchführung der Anhörungstermine**

Das Verfahrensrecht gebietet nicht, die Anhörung in einem einzigen konzentrierten 57
Termin durchzuführen. Der Anhörungsbehörde steht es im Rahmen der Verfahrensleitung offen, die Anhörung in mehreren Terminen durchzuführen. Die Funktion des Erörterungstermins liegt unter anderem darin, potentiell Planbetroffenen das rechtliche Gehör zu gewähren. Es steht jedoch im jeweiligen **Ermessen** des Verhandlungsleiters (§ 68 Abs. 2 und 3 VwVfG), in welchem Umfang er Wortmeldungen im Rahmen der gebotenen gestrafften Verhandlungsführung zulässt. Auch die Abschichtung und Abarbeitung der erhobenen Einwendungen und eingegangenen Stellungnahmen steht im Ermessen der Anhörungsbehörde. So kann sie etwa Einwendungen in alphabetischer Reihenfolge ebenso im Anhörungstermin abarbeiten, wie die Anhörung nach Themenschwerpunkten durchführen.

Ebenso wenig muss vor Durchführung des Erörterungstermins den Einwendern die 58
eingegangenen Stellungnahmen der Fachbehörden und sonstigen Träger öffentlicher Belange zur Kenntnis gegeben werden. Die Stellungnahmen der Träger öffentlicher Belange haben zwar Auswirkungen im Abwägungsbereich und auf das Ergebnis der Planfeststellung. Sie haben aber keine erläuternde oder darlegende Funktion i.S.v. § 73 Abs. 1 Satz 2 VwVfG. Deshalb müssen die Stellungnahmen der Träger öffentlicher Belange ebenso wenig wie bei der Planauslegung selbst für die

---

1 *Meßerschmidt*, Bundesnaturschutzrecht, § 61 Rz. 52.
2 BVerwG v. 23.11.2007 – 9 B 38.07 – Ortsumfahrung Celle, ZUR 2008, 257.

Durchführung der Anhörung den Einwendern zur Kenntnis gebracht werden¹. Das Anhörungsverfahren ist demnach nicht als vom Vorhabenträger in jeder Hinsicht mit Einwendern zu führender „Dialog" zu gestalten².

**b) Zusagen im Anhörungsverfahren**

59  Das Anhörungsverfahren dient nicht nur der wechselseitigen Unterrichtung von Betroffenen, Vorhabenträger und Planfeststellungsbehörde sowie der Materialsammlung, sondern auch der **streitbefriedigenden Erörterung**³. Häufig gibt der Vorhabenträger zur einvernehmlichen Erledigung von Einwendungen im Erörterungstermin Zusagen gegenüber Einwendungsführern ab. Diese sind aber nur verbindlich, wenn sich aus den Niederschriften zum Erörterungstermin oder sonst eindeutig ergibt, dass der Vorhabenträger dem Einwender materiell-rechtliche Zugeständnisse machen wollte, und die Planfeststellungsbehörde die Zusagen im Planfeststellungsbeschluss für verbindlich erklärt oder – nach entsprechender Änderung des Plans – die Planänderung planfestgestellt wird⁴.

**6. Akteneinsicht**

60  Ein Betroffener hat die Möglichkeit, bei der Planfeststellungsbehörde **Akteneinsicht** zu erreichen (§§ 29, 72 Abs. 1 Halbs. 2 VwVfG). Das BVerwG schränkt das der Planfeststellungsbehörde nach dem Wortlaut von § 72 Halbs. 2 VwVfG eingeräumte Ermessen dahin ein, dass es – vor allem nach Abschluss des Verfahrens – in aller Regel keinen Grund gebe, eine Akteneinsicht in die Planungsunterlagen zu versagen. Dies gelte umso mehr, soweit diese Unterlagen bereits bei öffentlicher Bekanntgabe des Vorhabens verfügbar sind⁵. Etwas anderes gilt, wenn und soweit wegen der großen Zahl von Verfahrensbeteiligten eine Akteneinsicht den Fortgang des Verfahrens beeinträchtigen würde.

Unabhängig vom Planfeststellungsverfahren ist – ein vom Akteneinsichtsrecht nach § 29 VwVfG zu unterscheidender **Anspruch auf Erteilung von Umweltinformationen** gegeben (vgl. § 3 UIG)⁶. Das Umweltinformationsgesetz (UIG) ist insoweit europarechtskonform auszulegen⁷. Entsprechendes gilt für die Umweltinformationsgesetze der Länder.

Des Weiteren wurde durch das Informationsfreiheitsgesetz (IFG) ein allgemeiner, verfahrensunabhängiger Anspruch für Jedermann auf **Zugang zu amtlichen Informationen des Bundes** geschaffen (§ 1 IFG).

Weder der Informationsanspruch nach Umweltinformationsrecht noch nach Informationsfreiheitsrecht sind „Hilfsansprüche" zur Durchsetzung einer Einsichtnahme in Planfeststellungsverfahrensunterlagen. Sie bestehen **selbständig und unabhängig** von laufenden Verwaltungsverfahren. Umgekehrt kann deshalb auch nicht eine Eilbedürftigkeit von auf UIG oder IFG gestützten Anträgen mit dem Laufen von Einwendungsfristen oder Erörterungsterminen im Planfeststellungsverfahren oder gar die Aussetzung von Planfeststellungsverfahren bis zur Gewährung von Zugang zu Informationen nach UIG oder IFG begründet werden.

---

1 Vgl. VGH BW v. 4.7.1991 – 5 S 84/89, VBlBW 1991, 453 mit Bezugnahme auf BVerwG v. 5.12.1986 – 4 C 13.85, Buchholz 442.40, § 8 LuftVG Nr. 6; BayVGH v. 21.2.1995 – 20 A 93.40080, S. 42 Umdruck.
2 BVerwG v. 17.2.1997 – 4 VR 17.96 – „A 20", S. 30 Umdruck, NuR 1998, 305 = Buchholz 407.4 § 17 FStrG Nr. 127.
3 BVerwG v. 24.5.1995 – 4 A 38.95, DVBl 1997, 51.
4 *Dürr*, in: Knack, VwVfG, § 73 Rz. 95.
5 BVerwG v. 17.2.1997 – 4 VR 17.96 – „A 20", Buchholz 407.4 § 17 FStrG Nr. 127.
6 BVerwG v. 12.6.2007 – 7 VR 1.07, NVwZ 2007, 1095.
7 EuGH v. 17.6.1998 – Rs. C-321/96, DVBl 1998, 1176.

III. Verfahrensrechtliche Anforderungen im Planfeststellungsverfahren Rz. 65 Teil 1 D

Nicht durch § 29 VwVfG, sondern durch § 63 Abs. 1 und 2 BNatSchG ist das **Beteiligungs- und Einsichtnahmerecht der anerkannten Naturschutzverbände** geregelt[1].

### 7. Faires Verfahren

In der Vergangenheit hatte die **Identität von zur Planfeststellung ermächtigter Behörde und Vorhabenträger** im Bereich des Eisenbahnrechts Bedenken im Hinblick auf das rechtsstaatliche Gebot des fairen Verfahrens aufgeworfen, ohne diese allerdings durchgreifen zu lassen[2]. Seit Durchführung der Privatisierung der Bundeseisenbahnen durch das Eisenbahnneuordnungsgesetz v. 27.12.1993[3] ist dieses Rechtsproblem durch Schaffung des Eisenbahn-Bundesamts als für die Planfeststellung zuständige Behörde (Art. 3 § 3 Abs. 2 Nr. 1 ENeuOG) im Eisenbahnplanungsrecht weitgehend erledigt. Allerdings ist eine parallele Situation z.B. noch im Bereich des Wasserstraßenplanungsamts gegeben.

61

### 8. Umweltverträglichkeitsprüfung

Für welche Vorhaben der Fachplanung eine **Umweltverträglichkeitsprüfung** durchzuführen ist, ergibt sich aus den §§ 3–3f UVPG i.V.m. den Anlagen 1 und 2 zum UVPG.

62

In der Praxis werden häufig **Verfahrensfehler** bei der Durchführung der Umweltverträglichkeitsprüfung gerügt. Angriffspunkte bilden der Vorwurf, dass überhaupt die gebotene Umweltverträglichkeitsprüfung nicht durchgeführt worden sei, dass die Unterlagen und Gutachten zur Umweltverträglichkeitsprüfung unzureichend seien, dass die notwendige Öffentlichkeitsbeteiligung im Verfahren nicht ordnungsgemäß durchgeführt worden sei, dass die zusammenfassende Darstellung nach § 11 UVPG fehle, und dass keine spezifische Alternativprüfung in der Umweltverträglichkeit durchgeführt worden sei. Die Rechtsprechung ist bei der Beanstandung von einer fehlerhaft durchgeführten Umweltverträglichkeitsprüfung sehr zurückhaltend.

63

Danach fordert § 11 Abs. 1 UVPG insbesondere nicht, mit der **zusammenfassenden Darstellung der Umweltauswirkungen** des Vorhabens einschließlich der Wechselwirkungen eine rechenhafte und saldierende Gegenüberstellung der von dem Vorhaben zu erwartenden Einwirkungen auf die verschiedenen Umweltschutzgüter nach standardisierten Maßstäben[4]. Auch das gänzliche Fehlen einer förmlichen Umweltverträglichkeitsprüfung allein indiziert noch keinen Abwägungsmangel. Es ist vielmehr weiter zu prüfen, ob Anhaltspunkte dafür vorhanden sind, dass als Folge der Unterlassung abwägungserhebliche Umweltbelange außer Acht gelassen oder fehlgewichtet worden sind[5].

64

Auch bei einer fehlerhaften Durchführung der Umweltverträglichkeitsprüfung kann diese für den Bestand des Planfeststellungsbeschlusses selbst nur dann von Bedeutung sein, wenn bei Einhaltung der entsprechenden Vorschriften die konkrete Möglichkeit besteht, dass die getroffene Entscheidung anders ausgefallen wäre und dadurch ein Eingriff in subjektive Rechte des jeweiligen Klägers unterblieben wäre. Auch insoweit fordert die Rechtsprechung einen Nachweis vom Kläger,

65

---
1 *Dürr*, in: Knack, VwVfG, § 73 Rz. 95.
2 BVerwG v. 27.7.1990 – 4 C 26.87, UPR 1991, 67; v. 25.9.1990 – 4 CB 30.89, UPR 1991, 70.
3 BGBl. I, 2378.
4 BVerwG v. 8.6.1995 – 4 C 4.94, BVerwGE 98, 339.
5 BVerwG v. 25.1.1996 – 4 C 5.95, DVBl 1996, 677.

dass die Verletzung objektiven Rechts kausal für die Verletzung eigener Rechte des Klägers ist[1].

66 Bei der **zusammenfassenden Darstellung i.S.v.** § 11 UVPG handelt es sich um ein behördeninternes Schriftstück[2], das keiner Veröffentlichung im Planfeststellungsverfahren bedarf und das gem. § 11 Satz 4 UVPG auch in der Begründung über die Zulässigkeit des Vorhabens, also im Planfeststellungsbeschluss, erfolgen darf[3]. Im Übrigen gibt es kein zwingendes Gebot, eine Umweltverträglichkeitsstudie dem Antrag auf Planfeststellung beizufügen[4]. Etwaige Mängel der Unterlagen (§ 6 UVPG) können im Laufe des weiteren Verfahrens ausgeglichen werden[5].

67 Das Umweltverträglichkeitsprüfungsgesetz normiert auch keine Verpflichtung zur Erstellung von **Planungsalternativen** (§ 6 Abs. 3 Nr. 5 UVPG). Namentlich können bei einer Bestandsaufnahme zur Umweltverträglichkeitsprüfung bereits Alternativen ausgeschieden werden, die sich vorweg schon als unrealistisch erweisen und somit von vornherein einen eingeschränkten Entscheidungsspielraum der Planfeststellungsbehörde zur Folge haben[6]. Mit Blick auf die in der Umweltverträglichkeitsprüfung zu leistenden Untersuchungen ist auch darauf hinzuweisen, dass die frühere Einschränkung der „Zumutbarkeit" der Beibringung (§ 6 Abs. 4 UVPG) gestrichen worden ist.

68 Auch Fehler bei der **Öffentlichkeitsbeteiligung** nach § 9 UVPG dürften für den Bestand des Planfeststellungsbeschlusses unschädlich sein, weil sich Dritte hierauf grds. nicht berufen können[7].

69 In Anbetracht der genannten bisherigen Rechtsprechung ist das Argument der Verletzung von Vorschriften des UVPG durch die Planfeststellung bislang in aller Regel somit eher ein stumpfes Schwert.

70 Hieran mag sich künftig allerdings durch das **Umwelt-Rechtsbehelfsgesetz** vom 7.12.2006[8] zumindest teilweise etwas ändern. Das Gesetz hat nämlich – über die naturschutzrechtliche Vereinsklage hinaus – eine weitere Verbandsklage eingeführt. Danach können anerkannte Umweltvereine ohne eine Klagebefugnis (§ 42 Abs. 2 VwGO) die Verletzung von dem Umweltschutz dienenden Rechtsvorschriften – zu denen die Vorschriften des Umweltverträglichkeitsprüfungsgesetzes ohne jeden Zweifel gehören – rügen (§§ 1 und 2 Umwelt-Rechtsbehelfsgesetz). Nach § 4 Abs. 1 Nr. 1 und Nr. 2 Umwelt-Rechtsbehelfsgesetz kann eine Aufhebung des Planfeststellungsbeschlusses jedenfalls dann verlangt werden, wenn eine erforderliche Umweltverträglichkeitsprüfung oder eine erforderliche Vorprüfung des Einzelfalles über die UVP-Pflichtigkeit nicht durchgeführt und nicht nachgeholt worden ist.

---

1 Zur Frage der Kausalität bei Verstößen gegen Bestimmungen des UVPG vgl. BVerwG v. 30.10.1992 – 4 A. 4.92, NVwZ 1993, 565; v. 21.7.1994 – 4 VR 1.94, BayVBl. 1994, 727 (729).
2 *Erbguth/Schink*, UVPG, § 11 Rz. 10.
3 BVerwG v. 30.10.1992 – 4 A. 4.92, NVwZ 1993, 565.
4 BVerwG v. 17.2.1997 – 4 VR 17.96 – „A 20", Buchholz 407.4 § 17 FStrG Nr. 127, Orientierungssatz 5. gem. Juris.
5 BVerwG v. 8.6.1995 – 4 C 4.94, BVerwGE 98, 339.
6 *Erbguth/Schink*, UVPG, § 12 Rz. 91.
7 *Beckmann*, DVBl 1991, 358 (361 f.).
8 BGBl. I, 2816.

## IV. Materiell-rechtliche Anforderungen an Planfeststellungsbeschlüsse

### 1. Bedeutung materieller Mängel

Da detaillierte gesetzliche Regelungen kaum vorhanden sind, hat sich eine umfangreiche Rechtsprechung zu den materiell-rechtlichen Anforderungen an die Planfeststellung entwickelt. Ausgangspunkt ist die Existenz planerischer Gestaltungsfreiheit. Rechtliche Schranken[1] für diese ergeben sich jedoch aus dem Gebot der
- Berücksichtigung des „sekundären" materiellen Rechts,
- Berücksichtigung rechtlicher Vorentscheidungen,
- der Planrechtfertigung,
- Planungsleitsätze,
- Abwägung.

Inhaltliche Fehler des Planfeststellungsbeschlusses machen diesen grds. rechtswidrig und aufhebbar, wenn dadurch Dritte in ihren Rechten verletzt werden (§ 113 Abs. 1 Satz 1 VwGO). Allerdings sehen zahlreiche neuere Gesetze des Planungsbeschleunigungsrechts vor, dass Mängel bei der Abwägung nur erheblich sind, wenn sie **offensichtlich** und **auf das Abwägungsergebnis von Einfluss** gewesen sind[2]. Den bereits zuvor bestehenden richterrechtlichen Grundsatz, wonach Planaufhebung nicht gefordert werden kann, wenn der Fehler durch Planergänzung behoben werden kann, haben die genannten Verfahrensbeschleunigungsgesetze nunmehr auch positivrechtlich normiert.

### 2. Sekundäres materielles Recht

Nach § 75 Abs. 1 VwVfG wird durch die Planfeststellung die Zulässigkeit des Vorhabens einschließlich der notwendigen Folgemaßnahmen an anderen Anlagen im Hinblick auf alle von ihm berührten öffentlichen Belange festgestellt. Neben der Planfeststellung sind andere Entscheidungen, wie öffentlich-rechtliche Genehmigungen, Erlaubnisse usw. nicht erforderlich. Durch die Planfeststellung werden alle öffentlich-rechtlichen Beziehungen zwischen dem Träger des Vorhabens und den durch den Plan Betroffenen rechtsgestaltend geregelt. Aus diesen Wirkungen folgt, dass der **Planfeststellungsbeschluss alle von seinem Regelungsbereich berührten Rechtsvorschriften beachten muss** (sog. sekundäres materielles Recht). In Betracht kommen insbesondere Bundesrecht, Landesrecht und Europarecht. Eine „materielle Konzentration" in der Weise, dass nur das Fachplanungsrecht zu beachten wäre, findet gerade nicht statt[3]. Welchen Umfang die Bindung an Rechtsvorschriften hat, hängt vom Inhalt der einschlägigen Rechtsvorschriften ab. Dieser Inhalt ist mit den bekannten Regeln der Auslegung zu ermitteln. Sieht etwa eine Naturschutzgebietsverordnung ein Verbot baulicher Anlagen vor, darf das Vorhaben nicht im Naturschutzgebiet gebaut werden. Enthält etwa die Naturschutzgebietsverordnung oder sonstiges Naturschutzrecht – wie dies regelmäßig der Fall ist – Ausnahmetatbestände, sind die Voraussetzungen für die ausnahmsweise Zulassung der Baumaßnahme zu prüfen und kann das Vorhaben bei Bejahung der Voraussetzungen durch Planfeststellungsbeschluss zugelassen werden.

### 3. Rechtliche Vorentscheidungen

Entscheidungen der Planfeststellungsbehörden können in **höherstufige Raum- und Fachplanungen** eingebunden sein, die den planerischen Freiraum einschränken.

---
1 Grundlegend dazu BVerwG v. 14.2.1975 – 4 C 21.74, BVerwGE 48, 56 = NJW 1975, 1373.
2 Z.B. § 5 Abs. 6 Satz 1 MBPlG, § 20 Abs. 7 AEG, § 75 Abs. 1a VwVfG.
3 Vgl. z.B. *Bonk/Neumann*, in: Stelkens/Bonk/Sachs, VwVfG, § 75 Rz. 10 ff. m.w.N.

Bindungen können eintreten durch z.B. Landesentwicklungs- oder Regionalpläne i.V.m. den Vorschriften des Raumordnungsgesetzes. Bindungen können sich auch aus Flächennutzungsplänen unter der Voraussetzung des § 7 BauGB oder aus einer Linienbestimmung nach § 16 FStrG ergeben[1].

75 Ist der Planfeststellung ein **Raumordnungsverfahren** vorangegangen (vgl. § 15 ROG), ist die raumordnerische Beurteilung – die kein Verwaltungsakt, sondern eine behördeninterne gutachterliche Stellungnahme ist[2] – im Rahmen der Abwägung bei der Planfeststellung zu berücksichtigen (§ 4 Abs. 2 ROG mit § 3 Abs. 1 Nr. 4 ROG). Unterbleibt ein nach Raumordnungsrecht durchzuführendes Raumordnungsverfahren, wird dadurch die Planfeststellung nicht unzulässig, sondern darf gleichwohl erfolgen. Allerdings hat die Planfeststellungsbehörde auch dann zu prüfen, ob das Vorhaben den Erfordernissen der Raumordnung und Landesplanung entspricht[3].

### 4. Planrechtfertigung

#### a) Fachplanerische Ziele

76 Ein Vorhaben ist nur dann zulässig, wenn es gerechtfertigt ist. Nach der Rechtsprechung des BVerwG ist dies dann der Fall, wenn das Vorhaben am Maßstab des Ziels des jeweiligen Fachplanungsrechts **„vernünftigerweise" geboten** ist[4]. Die das Vorhaben rechtfertigenden Gründe ergeben sich aus den Zielen des jeweiligen Fachplanungsrechts.

77 Bei **Verkehrsstrecken** sind insbesondere folgende Ziele als Rechtfertigungstatbestände anerkannt:
– Verbesserung der (überregionalen) Verkehrsverbindungen,
– verkehrsmäßige Erschließung von Gebieten,
– Beseitigung von Gefahrenstellen,
– Entlastung innerörtlicher Verkehrsverhältnisse,
– Erhaltung, Verbesserung des Verkehrsflusses,
– Erhöhung der Verkehrssicherheit,
– Schaffung eines mehrgliedrigen Verkehrssystems,
– Verbesserung der Attraktivität des öffentlichen Personenverkehrs im Verhältnis zum Individualverkehr, etwa durch Verkürzung der Transportzeiten,
– Anhebung des Beförderungskomforts durch Planfeststellung einer Schnellbahntrasse.

#### b) Bedarfsgesetze

78 In jüngerer Zeit ist der Gesetzgeber dazu übergegangen, die Planrechtfertigung im Wege gesetzgeberischer **Bedarfsfeststellung** verbindlich für Planfeststellungsbehörde und VG festzusetzen[5]. Zum Beispiel durch Art. 27 des Dritten Rechtsbereinigungsgesetzes vom 28.6.1990[6], wurde unter Änderung des Fernstraßenausbau-

---

1 Vgl. *Steinberg/Berg/Wickel*, Fachplanung, § 3 Rz. 34 ff.
2 *Cholewa/Dyong/von der Heide*, Raumordnung in Bund und Ländern, § 6 a Rz. 101.
3 BVerwG v. 5.12.1986 – 4 C 13.85, BVerwGE 75, 214 (223); v. 15.9.1995 – 11 VR 16.95, NVwZ 1996, 396 (397).
4 BVerwG v. 6.12.1985 – 4 C 59.82, BVerwGE 72, 282 (288).
5 Vgl. *Blümel*, DVBl 1997, 205.
6 BGBl. I, 1221.

gesetzes bestimmt, dass die in den Bedarfsplan aufgenommenen Bau- und Ausbauvorhaben den Zielsetzungen des § 1 Abs. 2 Satz 1 Fernstraßenausbaugesetz (FStrAbG) entsprechen. Die Feststellung des Bedarfs ist danach für die Planfeststellung nach § 17 FStrG verbindlich (§ 1 Abs. 2 Satz 2 FStrAbG). Entsprechendes gilt im Eisenbahnrecht. Nach § 1 Abs. 1 des Bundesschienenwegeausbaugesetzes – BSWAG – v. 15.11.1993[1] wird das Schienenwegenetz des Bundes nach einem Bedarfsplan ausgebaut, der dem Gesetz als Anlage beigefügt ist. Nach § 1 Abs. 2 BSWAG ist die Festsetzung des Bedarfs für die Planfestellung verbindlich. Das Eisenbahnneuordnungsgesetz v. 27.12.1993 – ENeuOG[2] – und das darin enthaltene allgemeine Eisenbahngesetz – AEG – v. 27.12.1993[3] haben dies übernommen. Auch im Bereich des Energiewirtschaftsrechts ist der Bundesgesetzgeber für Teilbereiche (Höchstspannungsleitungsnetz ab 380 kV zur Einbindung von Elektrizität aus erneuerbaren Energien) zum Erlass eines Bedarfsgesetzes übergegangen (Energieleitungsausbaugesetz, EnLAG, v. 21.8.2009)[4].

Die VG sind an die gesetzliche Bedarfsfestlegung **gebunden**[5]. Kommt ein VG auf Grund eigener verfassungsrechtlicher Prüfung zum Ergebnis, dass die gesetzliche Bedarfsfeststellung gegen das Grundgesetz verstößt, und kommt es hierauf für die vom jeweiligen VG zu treffende Entscheidung entscheidungserheblich an, muss das Gericht die Frage nach Art. 100 Abs. 1 GG dem BVerfG zur verfassungsrechtlichen Überprüfung vorlegen. Hierauf hat das BVerwG hingewiesen[6]. Eine verfassungswidrige Bedarfsfestlegung kommt nur in Betracht, wenn der Gesetzgeber sich von sachfremden und fachlich nicht haltbaren Prognosen im Hinblick auf den festgestellten Bedarf hat leiten lassen[7]. 79

## 5. Planungsleitsätze

Der Rechtsprechung des BVerwG zufolge fallen unter den Begriff des Planungsleitsatzes diejenigen gesetzlichen Bestimmungen, welche in einem Abwägungsvorgang nicht überwindbar sind, da sie vom Planer **strikte Beachtung** verlangen[8]. Ob eine strikt zu beachtende Vorschrift vorliege, sei hierbei durch Auslegung der Norm zu ermitteln[9]. Als eines der wenigen klaren Beispiele für einen unbedingt einzuhaltenden Planungsleitsatz gilt § 1 Abs. 3 FStrG, wonach Autobahnen frei von höhengleichen Kreuzungen anzulegen sind. Unklarer ist in diesem Zusammenhang die naturschutzrechtliche Eingriffsregelung (§§ 14 ff. BNatSchG) mit ihrem Vermeidungsgebot. Darauf wird an anderer Stelle zurückzukommen sein (unten Rn. 97 bis 101). 80

In der Literatur wird nach wie vor ein Verzicht auf die besondere Kategorie der Planungsleitsätze gefordert[10]. 81

## 6. Abwägung

Bei der Planfeststellung sind die von dem Vorhaben berührten öffentlichen und privaten Belange gegeneinander und untereinander abzuwägen. Das damit bezeichnete 82

---

1 BGBl. I, 1874.
2 BGBl. I, 2378.
3 BGBl. I, 2378.
4 BGBl. I, 2870.
5 BVerwG v. 21.3.1996 – 4 C 19.94, NVwZ 1996, 1016.
6 BVerwG v. 21.4.1996 – 4 C 26.94, DVBl 1996, 914 (915).
7 BVerwG v. 17.2.1997 – 4 VR 17.96 – „A 20"; Buchholz 407.4 § 17 FStrG Nr. 127.
8 BVerwG v. 22.3.1985 – 4 C 73.82, BVerwGE 71, 163 (165).
9 Vgl. *Steinberg/Berg/Wickel*, Fachplanung, § 3 Rz. 10.
10 *Wahl*, NVwZ 1990, 436.

**Abwägungsgebot** dominiert das Planfeststellungsverfahren[1]. Es ist gewohnheitsrechtlich und auch positivrechtlich im Fachplanungsrecht verankert (z.B. § 18 Abs. 1 Satz 2 AEG).

### a) Abwägung als Problembewältigung

83 Das **Abwägungsgebot** verlangt von der Planfeststellungsbehörde, dass eine Abwägung überhaupt stattfindet, in ihrem Rahmen alle nach Lage der Dinge maßgeblichen Belange rechtlich und tatsächlich ermittelt und eingestellt werden, und alle Belange ihrem objektiven Gewicht nach so ausgeglichen werden, dass es nicht zu einer unverhältnismäßigen Hintanstellung einzelner Belange kommt[2]. Bei der Sachverhaltsermittlung kann die Planfeststellungsbehörde auch auf Erkenntnisse zurückgreifen und sich diese zu eigen machen, die in einem anderen Verfahren (z.B. in einem Raumordnungsverfahren oder einem früheren Planfeststellungsverfahren) gewonnen wurden, soweit sie für das planfestzustellende Verfahren gleichermaßen aussagefähig sind[3]. Im Rahmen der Abwägung können dem Vorhaben entgegenstehende öffentliche und private Belange im Rahmen der Gesetze überwunden werden. Grenze und Ausgleichsgebot zugleich bilden hierbei gesetzlich vorgesehene Schutzauflagen. Nach § 74 Abs. 2 Satz 2 VwVfG können Schutzauflagen notwendig sein im öffentlichen Interesse und zur Vermeidung nachteiliger Wirkungen auf Rechte anderer.

84 Das **Gebot sachgerechter Problemermittlung und -bewältigung** erfährt nur scheinbar eine Ausnahme, wenn § 74 Abs. 3 VwVfG eine spätere Entscheidung einzelner Fragen ermöglicht. Denn dabei dürfen im Planfeststellungsbeschluss solche Probleme nicht ausgeklammert werden, die Auswirkungen auf den Kernbereich des Plans haben können und ohne deren Bewältigung der Plan keine ausgewogene Gesamtregelung darstellt[4]. Deshalb dürfte es unzulässig sein, z.B. im Planfeststellungsbeschluss die Festsetzung von Flächen für Ersatzmaßnahmen für Eingriffe in Natur und Landschaft offen zu lassen, wenn nach Lage der Dinge noch gar nicht feststeht, dass Ersatzmaßnahmen überhaupt durchführbar sind. Zulässig ist es hingegen, wenn im vorbehaltenen Verfahren lediglich noch über das „wie" der Maßnahmen entschieden werden muss[5].

### b) Unbeachtlichkeit und Heilung von Mängeln der Abwägung

85 Mängel bei der Abwägung sind nur erheblich, wenn sie offensichtlich und auf das Abwägungsergebnis von Einfluss gewesen sind (z.B. §§ 5 Abs. 6, Satz 1 MBPlG, § 20 Abs. 7 AEG). Beachtliche Abwägungsfehler können in einem ergänzenden Verfahren oder durch Planänderung grds. geheilt werden, ohne dass dadurch ein neues Planfeststellungsverfahren erforderlich wird. Durch das Infrastrukturplanungsbeschleunigungsgesetz sind entsprechende **Unbeachtlichkeits- und Heilungsvorschriften** in praktisch alle bundesrechtlich geregelten Fachplanungsbereiche aufgenommen worden. Nach der Rechtsprechung des BVerwG muss die Kausalitätsfrage dahingestellt werden, ob die „konkrete Möglichkeit" einer anderen Entscheidung gegeben ist.

---

1 Zur Abwägung vgl. *Erbguth u.a.* (Hrsg.), Abwägung im Recht, Symposium und Verabschiedung von Werner Hoppe, 1996.
2 BVerwG v. 14.2.1975 – IV C 21.74, BVerwGE 48, 56.
3 BVerwG v. 15.9.1995 – 11 VR 16.95, NVwZ 1996, 396.
4 BVerwG v. 23.1.1981 – 4 C 68.78, BVerwGE 61, 307; *Paetow*, DVBl 1985, 369.
5 Vgl. OVG Nds. v. 20.10.1993 – 7 K 3677/91, 7 K 3678/91, DVBl 1994, 770 (772).

Die genannten Gesetze setzen den Fall voraus, dass ein ursächlicher, erheblicher  86
Mangel der Abwägung zwar erkannt wird, gleichwohl nicht offensichtlich ist.
Auch in diesem Fall soll der Planfeststellungsbeschluss die Grundlage einer Enteignung bilden können. Dies könnte im Hinblick auf Art. 14 Abs. 3 Satz 1 GG und das daraus folgende Gebot zur rechtmäßigen Enteignung für bedenklich gehalten werden.

**c) Abschnittsbildung**

Die Rechtsfigur der **Abschnittsbildung** ist eine Ausprägung des allgemeinen Abwägungsgebots. Ihr liegt die Überlegung zugrunde, dass eine detaillierte Streckenplanung angesichts vielfältiger Schwierigkeiten insbesondere bei den linienförmigen Vorhaben nur in Teilabschnitten verwirklicht werden kann. Nach der Rechtsprechung zum Fernstraßenrecht ist eine Abschnittsbildung jedoch fehlerhaft, wenn durch eine übermäßige Parzellierung eines einheitlichen Vorhabens eine planerische Gesamtabwägung in rechtlich kontrollierbarer Weise nicht mehr möglich ist.  87

Insbesondere dürfen Teilabschnitte nicht ohne Bezug auf die **Konzeption der Gesamtplanung** gebildet werden, d.h. die Detailplanung darf die der Gesamtplanung entgegenstehenden Belange nicht unbewältigt ausblenden[1]. Sachfragen, die sachgerecht nur einheitlich gelöst werden können, dürfen verfahrensrechtlich nur einheitlich in Angriff genommen werden[2]. Im Straßenrecht müssen die gebildeten Teilabschnitte eine selbständige Verkehrsfunktion haben, um Gegenstand einer eigenständigen Planung zu sein. Dieses Erfordernis soll dem Entstehen von Planungstorsen entgegenwirken, die bei Abschnitten ohne allgemeine Verkehrswirksamkeit dann entstehen würden, wenn sich nach dem Bau mehrerer Abschnitte herausstellen sollte, dass das Gesamtplanungskonzept im Nachhinein sich als nicht realisierbar erweist[3].  88

Bei der Planung von **Eisenbahnstrecken** muss hingegen nicht jeder gebildete Teilabschnitt eine selbständige Verkehrsfunktion haben. Dies beruht darauf, dass das Eisenbahnnetz viel weitmaschiger als das Straßenbahnnetz ist und das Festhalten an der selbständigen Verkehrsfunktion eines jeden Abschnitts dazu führen würde, dass Neubauplanungen von beispielsweise mehr als 100 km an einem Stück erforderlich würden[4].  89

Eine Abschnittsbildung ist auch in der Weise möglich, dass **zwei aneinander stoßende Abschnitte** gleichzeitig in verschiedenen Verfahren geplant werden. Allerdings müssen dann in beiden Verfahren alle Probleme mitbedacht und verantwortlich gelöst werden, die durch das Vorhaben im jeweiligen Nachbarabschnitt entstehen. Dabei sind die Ergebnisse aufeinander abzustimmen. Wenn eine solche Vorgehensweise praktisch nicht möglich ist, weil die beiden Abschnitte zu eng miteinander verzahnt sind oder die auftretenden Probleme von der Sache her nur einheitlich gelöst werden können, so ist eine Abschnittsbildung insoweit untunlich und kann fehlerhaft sein[5].  90

Mit dem Argument **fehlerhafter Abschnittsbildung** und fehlerhafter Planung überhaupt kann ein Betroffener nicht nur den ihn direkt betreffenden Planfeststellungsbeschluss anfechten, sondern auch den vorangehenden Abschnitt mit der Begrün-  91

---

1 BVerwG v. 26.6.1981 – 4 C 5.78, BVerwGE 62, 342 (351f.).
2 BVerwG v. 14.9.1987 – 4 B 176.87, 4 B 177.87, 4 B 181.87, UPR 1988, 70.
3 BVerwG v. 5.6.1992 – 4 NB 21.92, NVwZ 1992, 1093; v. 2.11.1992 – 4 C 68.88, NVwZ 1993, 887 (889).
4 BVerwG v. 21.12.1995 – 11 VR 6.95, DVBl 1996, 676 = NVwZ 1996, 896.
5 BVerwG v. 14.9.1987 – 4 B 179.87, 4 B 180.87, NVwZ 1988, 363.

dung bekämpfen, die Abschnittsbildung sei fehlerhaft und die so geschaffenen Planungsbindungen (Zwangspunkte) müssten im weiteren Planungsverlauf zwangsläufig zu einer Verletzung seiner Rechte führen. Dies lässt sich etwa für den Fall denken, dass auf Grund technischer Zwangspunkte – z.B. technisch vorgegebene Kurvenradien – eine Inanspruchnahme eines Grundstücks im nächsten Planungsabschnitt unausweichlich ist[1]. Ob diese Befugnis ausschließlich enteignend Betroffenen zusteht oder sich auch (lediglich) in ihrem immissionsschutzrechtlichen Abwehranspruch Betroffene darauf berufen können, hat das BVerwG, soweit ersichtlich, bisher nicht entschieden.

### d) Variantenprüfung

92   Aus dem Abwägungsgebot ergibt sich auch die Notwendigkeit, im Planfeststellungsverfahren **Planungsalternativen** zu entwickeln. Danach sind (nur) solche Planungsalternativen abzuwägen, die sich nach Lage der Dinge aufdrängen oder sich anderweitig hätten anbieten müssen[2].

93   Bei der Variantenprüfung können bereits in einem dem Planfeststellungsverfahren **vorausgehenden Verfahrensschritt** (z.B. Raumordnungsverfahren) diejenigen Varianten ausgeschieden werden, die auf Grund einer Grobanalyse für eine weitere Überprüfung nicht mehr ernstlich in Betracht kommen und daher ausscheiden[3].

94   Nicht nur **verschiedene Standorte oder Trassenführungen** kommen als Planungsvariante in Betracht, sondern auch **technische Alternativen**. Zu denken ist hier etwa an ein mehr oder weniger die Nachbarschaft belastendes Verfahren (z.B. im Hinblick auf Immissionen wie Lärm, Abgase, Gerüche usw.).

95   Bei mehreren in Betracht kommenden Planungsvarianten müssen nicht für alle so detaillierte Entwürfe ausgearbeitet werden, dass sie Grundlage eines Planfeststellungsbeschlusses sein könnten. Es ist vielmehr ausreichend, dass Alternativplanungen so erstellt werden, dass der mit den örtlichen Besonderheiten Vertraute die Vor- und Nachteile der verschiedenen Alternativen beurteilen kann. Können durchgreifende Nachteile einer Variante bereits auf Grund einer **Grobanalyse** oder auf Grund einer Teiluntersuchung nachvollziehbar gemacht werden, scheidet zum einen die rein vorbeugende Fertigung weiterer Pläne schon deshalb aus, weil deren Kosten als Entwurfsplanung bereits stark ins Gewicht fallen würden, zum anderen aber auch, weil weitere Pläne und Untersuchungen etwa zur Immissionsauswirkung einer Alternativtrasse dann für eine weitere sachbezogene Aufbereitung des Abwägungsmaterials nicht erforderlich sind[4].

### e) Bündelung von Trassen

96   Abwägungsfehlerhaft kann es sein, wenn bei **linienförmigen Vorhaben** (Straßen, Eisenbahnstrecken) eine Landschaft neu zerschnitten und nicht mit bereits vorhandenen Verkehrswegen oder Leitungen (z.B. Stromleitungen) gebündelt wird. Bei der Planung drängt sich grds. eine Parallelführung verschiedener Verkehrswege und/oder Versorgungsleitungen als diejenige Trassenvariante auf, die regelmäßig Natur

---

1  BVerwG v. 26.6.1981 – 4 C 5.78, BVerwGE 62, 342; v. 2.11.1992 – 4 C 68.88, NVwZ 1993, 887.
2  BVerwG v. 30.5.1984 – 4 C 58.81, BVerwGE 69, 256; v. 22.3.1985 – 4 C 15.83, BVerwGE 71, 166; Schlarmann, DVBl 1992, 871 (874).
3  BVerwG v. 16.8.1995 – 4 B 92.95, BayVBl. 1996, 182; v. 21.1.1996 – 4 C 5.95, DVBl 1996, 677.
4  BVerwG v. 26.6.1992 – 4 B 1 – 11.92, NVwZ 1993, 572.

und Landschaft am wenigsten belastet[1]. Der Bündelungsgesichtspunkt ist jedoch nicht stets maßgeblich. Denn es kann sich eine getrennte Trassenführung anbieten, wenn sie sich unter noch geringeren Opfern an entgegenstehenden öffentlichen und privaten Belangen verwirklichen lässt[2].

### 7. Naturschutzrechtliche Eingriffsregelung

Eine erhebliche Rolle spielt in der Praxis der Planfeststellung die Frage, ob die Planung den **Erfordernissen des Natur- und Landschaftsschutzes** entspricht. 97

Nach § 15 Abs. 1 BNatSchG sind **Eingriffe** in Natur und Landschaft zu vermeiden; unvermeidbare Eingriffe sind auszugleichen oder zu ersetzen (§ 15 Abs. 2 Satz 1 BNatSchG). Ist ein unvermeidbarer Eingriff nicht ausreichend auszugleichen oder in sonstiger Weise zu kompensieren, ist der Eingriff zu untersagen, wenn bei Abwägung aller Anforderungen die Belange des Naturschutzes und der Landschaftspflege im Range vorgehen (§ 15 Abs. 5 BNatSchG). Für nicht ausgleichbare aber vorrangige Eingriffe ist Ersatz in Geld zu leisten (§ 15 Abs. 6 BNatSchG). 98

In Rechtsprechung und Literatur ist der rechtliche Gehalt namentlich des **Vermeidungsgebots** für die Planfeststellung bis heute nicht völlig geklärt[3]. Zwar wird seit längerem ganz überwiegend angenommen, das Vermeidungsgebot sei striktes Recht[4]. Die Folge dieser Einstufung auf die planfeststellungsrechtliche Abwägung ist damit aber noch nicht beschrieben. Insbesondere ist damit noch nicht gesagt, ob aus dem Vermeidungsgebot eine Verabsolutierung des Belangs Naturschutz in der Weise folgt, dass stets die Natur und Landschaft schonendste Trasse der Planung zugrunde zu legen ist. Hierzu hat in jüngster Zeit das BVerwG entschieden, dass das naturschutzrechtliche Vermeidungsgebot sich auf das vom Vorhabenträger zur Gestattung gestellte Vorhaben bezieht und planerische Entschließungsfreiheit voraussetzt. Aus der naturschutzrechtlichen Eingriffsregelung ergibt sich – obwohl sie striktes Recht ist – danach kein Gebot, stets diejenige Alternative eines Vorhabens zu wählen, welche die Natur am wenigsten belastet[5]. 99

§ 15 Abs. 3 BNatSchG bereichert das Arbeitsprogramm der Eingriffsregelug um ein **Rücksichtnahmegebot**. Es legt neu fest, dass bei einer Inanspruchnahme land- oder forstwirtschaftlicher Flächen für Kompensationsmaßnahmen auf agrarstrukturelle Belange Rücksicht zu nehmen ist. Für eine landwirtschaftliche Bodennutzung besonders geeignete Böden dürfen nur im notwendigen Umfang in Anspruch genommen werden. Es ist zu vermeiden, dass diese Flächen aus der Nutzung gehen. Dies setzt eine Prüfung voraus, ob Ausgleich oder Ersatz nicht auch durch Maßnahmen der Entsiegelung, der Wiedervernetzung von Lebensräumen oder durch Bewirtschaftungs- und Pflegemaßnahmen erbracht werden können. Bewirtschaftungs- und Pflegemaßnahmen kommen aber nur in Betracht, wenn sie der dauerhaften Aufwertung des Naturhaushalts oder des Landschaftsbildes dienen. 100

---

1 BVerwG v. 15.9.1995 – 11 VR 16.95, NVwZ 1996, 396.
2 BVerwG v. 15.9.1995 – 11 VR 16.95, NVwZ 1996, 396 (397); v. 17.2.1997 – 4 VR 17.96, S. 29 UA – „A 20", Buchholz 407.4 § 17 FStrG Nr. 127.
3 Vgl. neuerdings *Halama*, Fachrechtliche Zulässigkeitsprüfung und naturschutzrechtliche Eingriffsregelung, NuR 1998, 633.
4 BVerwG v. 27.2.1990 – 4 C 44.87, BVerwGE 85, 348; v. 21.8.1990 – 4 B 104.90, NVwZ 1991, 69; v. 21.12.1995 – 11 VR 6.95, DVBl 1996, 676; v. 17.2.1997 – 4 VR 17.96, S. 34 UA – „A 20", Buchholz 407.4 § 17 FStrG Nr. 127.
5 BVerwG v. 21.3.1996 – 4 C 1.95, DVBl 1996, 915; v. 17.2.1997 – 4 VR 17.96, S. 34 UA – „A 20", Buchholz 407.4 § 17 FStrG Nr. 127; zuvor so schon OVG NW v. 10.11.1993 – 23 D 52/92 AK, NVwZ-RR 1995, 10; VGH BW v. 23.6.1988 – 5 S 1030/87, NVwZ-RR 1989, 349 (351); vgl. auch BVerwG v. 30.10.1992 – 4 A 4.92, NVwZ 1993, 565 (568).

101 Ein Verstoß gegen die naturschutzrechtliche Eingriffsregelung führt auf die Klage eines vom Vorhaben enteignend Betroffenen nur dann zur **Aufhebung des Planfeststellungsbeschlusses**, wenn der Verstoß kausal für die Eigentumsinanspruchnahme ist[1]. Eine Planaufhebung scheidet auch aus, wenn der Fehler durch Planergänzung oder -modifizierung behoben werden kann[2]; auch hierbei dürfte es sich um einen Fall fehlender Kausalität handeln. Zum 1.3.2010 trat die Neufassung des BNatSchG in Kraft. Aus bisherigem Rahmenrecht des Bundes wurde eine Vollregelung auf Grund von Gesetzgebungskompetenz der konkurrierenden Gesetzgebung.

### 8. Europarechtlicher Naturschutz

102 Die europarechtlichen Naturschutzvorschriften gewinnen in der Praxis der Planfeststellung zunehmend Aufmerksamkeit und Bedeutung. Besondere Schutzpflichten enthalten die europäische Vogelschutzrichtlinie – **Vogelschutz-RL** – (79/409/EWG) und die Flora-Fauna-Habitat-Richtlinie – **FFH-RL** – (92/43/EWG). Die Richtlinien haben den Aufbau des europaweiten Schutzgebietsystems „**Natura 2000**" zur Aufgabe. Die Vogelschutzrichtlinie (Vogelschutz-RL) aus dem Jahr 1979 stellte sehr strenge Anforderungen an den Gebietsschutz. Die Habitatschutzrichtlinie aus dem Jahr 1992 ermöglicht für Pläne und Projekte eine Verträglichkeits- und Abwägungsprüfung. Mit der FFH-RL und der Vogelschutz-RL existiert ein umfassendes rechtliches Instrumentarium zu einem grenzübergreifenden Arten- und Biotopschutz in der Europäischen Union, das die dauerhafte Erhaltung der europäischen Lebensraumtypen und Arten in ihrem gesamten natürlichen Verbreitungsgebiet gewährleisten soll. Das Europäische ökologische Netz „Natura 2000" besteht nach Art. 3 Abs.1 FFH-RL aus zwei Arten von Schutzgebieten: zum einen aus ausgewiesenen Vogelschutzgebieten und zum anderen aus den nach der FFH-RL ausgewiesenen Gebieten von gemeinschaftlicher Bedeutung.

### a) Vogelschutzrichtlinie (79/409/EWG)

103 Die Richtlinie betrifft die Erhaltung sämtlicher wild lebender Vogelarten, die im europäischen Gebiet der Mitgliedstaaten heimisch sind. Sie hat den Schutz, die Bewirtschaftung und die Regulierung dieser Arten zum Ziel und regelt die Nutzung dieser Arten. Sie gilt für Vögel, ihre Eier, Nester und Lebensräume (Art. 1 Richtlinie).

### aa) Allgemeine Verpflichtungen

104 Die Mitgliedstaaten haben nach der Richtlinie die erforderlichen Maßnahmen zu treffen, um die Bestände der in Europa heimischen wild lebenden Vogelarten auf einem Stand zu halten oder auf einen Stand zu bringen, der den ökologischen, wissenschaftlichen und kulturellen Erfordernissen entspricht, wobei den wirtschaftlichen und freizeitbedingten Erfordernissen Rechnung getragen wird (Art. 2 Richtlinie).

105 Zur **Erhaltung und Wiederherstellung der Lebensstätten und Lebensräume** gehören insbesondere die Einrichtung von Schutzgebieten, Pflege und ökologisch richtige Gestaltung der Lebensräume in und außerhalb von Schutzgebieten, Wiederherstellung zerstörter Lebensstätten, Neuschaffung von Lebensstätten (Art. 3 Richtlinie). In den Anhängen zur Richtlinie sind verschiedene geschützte Vogelarten genannt.

106 Die Mitgliedstaaten sorgen dafür, dass sich die etwaige Ansiedlung wild lebender Vogelarten, die im europäischen Hoheitsgebiet der Mitgliedstaaten nicht heimisch sind, nicht nachhaltig auf die örtliche Tier- und Pflanzenwelt auswirkt (Art. 11

---

1 BVerwG v. 21.3.1996 – 4 C 1.95, DVBl 1996, 915.
2 OVG NW v. 10.11.1993 – 23 D 52/92 AK, NVwZ-RR 1995, 10 (12).

Richtlinie). Die Mitgliedstaaten trifft eine dreijährige Berichtspflicht über die Anwendung der zur Umsetzung der Richtlinie erlassenen nationalen Vorschriften (Art. 12). Die Anwendung der Richtlinie darf in Bezug auf die Erhaltung aller in ihren Schutzbereich fallenden Vogelarten zu keiner Verschlechterung der derzeitigen Lage führen (Art. 13 Richtlinie). Insbesondere können die Mitgliedstaaten strengere Schutzmaßnahmen ergreifen, als in der Richtlinie vorgesehen sind (Art. 14 Richtlinie). Des Weiteren ist ein spezielles Verfahren zur Änderung der Richtlinie zum Zwecke der Anpassung der Anhänge an den technischen und wissenschaftlichen Fortschritt vorgesehen (Art. 15–17 Richtlinie).

Die Mitgliedstaaten hatten die Richtlinie innerhalb von zwei Jahren nach ihrer Bekanntgabe in innerstaatliches Recht **umzusetzen** und den Wortlaut der wichtigsten innerstaatlichen Rechtsvorschriften der Kommission zu übermitteln (Art. 18 Richtlinie). Daraus ergibt sich, dass die Richtlinie aus dem Jahre 1979 im Jahre 1981 umgesetzt sein musste. 107

**bb) Auswahl der besonderen Schutzgebiete**

Über diese allgemeine Maßnahmen hinaus verlangt Art. 4 Abs.1 Vogelschutz-RL, dass für die in Anhang I Vogelschutz-RL aufgeführten Vögel **besondere Schutzmaßnahmen** für deren Lebensräume ergriffen werden, um das Ziel der Vogelschutz-RL zu verwirklichen. Für die Erhaltung dieser Vogelarten sieht die Vogelschutz-RL vor, die zahlen- und flächenmäßig „geeignetsten Gebiete" zu Schutzgebieten auszuweisen (sog. special protected areas- SPA). Auch für die nicht in Anhang I aufgeführten, regelmäßig auftretenden Zugvogelarten hinsichtlich ihrer Vermehrungs-, Mauser- und Überwinterungsgebiete sowie der Rastplätze in ihren Wanderungsgebieten sind entsprechende Maßnahmen zu treffen (Art. 4 Abs. 1 und Abs. 2 Richtlinie). Nach der Vogelschutz-RL treffen die Mitgliedstaaten geeignete Maßnahmen, um die Verschmutzung oder Beeinträchtigung der Lebensräume sowie die Belästigung der Vögel in den genannten Schutzgebieten zu vermeiden. Die Mitgliedstaaten bemühen sich ferner, auch außerhalb dieser Schutzgebiete die Verschmutzung oder Beeinträchtigung der Lebensräume zu vermeiden (Art. 4 Abs. 4 Richtlinie). Der Europäische Gerichtshof[1] hat entschieden, dass wirtschaftliche Betätigungen nicht zur Verkleinerung des Schutzgebiets führen dürfen[2]. Dieser Schutz wurde durch die FFH-Richtlinie jedoch abgeschwächt (dazu s. Rz. 125). 108

Für die **Auswahl und die Ausweisung** der besonderen Schutzgebiete sind die jeweiligen Mitgliedstaaten zuständig. Nach § 32 Abs.1 BNatSchG wählen die Länder die Vogelschutzgebiete aus. Im Gegensatz zur FFH-RL kennt die Vogelschutz-RL kein formalisiertes konstitutives Meldeverfahren. Die Mitteilung der Vogelschutzgebiete gegenüber der Kommission nach Art. 4 Abs. 3 Vogelschutz-RL kommt nur informatorischer Charakter zu. Die Kommission muss alle Gebiete kennen, weil sie erst dadurch in die Lage versetzt wird, zu überprüfen, ob die Mitgliedstaaten der von der Vogelschutz-RL geforderten Ausweisung von Vogelschutzgebieten in einem ausreichenden Maße nachgekommen sind und wieweit das Netz Natura funktionsfähig ist oder ob sie dafür weitere Maßnahmen veranlassen muss. Konstitutive Wirkung hat aber die Gebietsanmeldung an die Kommission nicht. Art. 4 Vogelschutz-RL gibt die Kriterien an, nach denen die Auswahl geeigneter Vogelschutzgebiet zu erfolgen hat. Den Mitgliedstaaten kommt bei der Auswahl der Vogelschutzgebiete ein fachlicher Beurteilungsspielraum zu, daher ist diese Entscheidung nur der eingeschränkten Prüfung durch die Verwaltungsgerichte zugänglich[3]. Nach 109

---
1 EuGH v. 28.2.1991 – Rs. C 57/89 – *Leybucht*, EuZW 1991, 317.
2 Bestätigt durch EuGH v. 2.8.1993 – Rs. C 335/90 – *Santona*, ZUR 1994, 305.
3 BVerwG v. 12.3.2008 – 9 A 3.06 – A 44, Hessisch Lichtenau II, NuR 2008, 633; v. 13.3.2008 – 9 VR 10.07 – A 4 Jagdbergtunnel, ZUR 2008, 378.

§ 32 Abs. 3 BNatSchG erklärt das Land die in die Liste der Gebiete von gemeinschaftlicher Bedeutung eingetragenen Gebiete nach Maßgabe des Art. 4 Abs. 4 Vogelschutz-RL entsprechend den jeweiligen Erhaltungszielen zu geschützten Teilen von Natur und Landschaft i.S. des § 22 Abs.1 bzw. § 20 BNatSchG. Die Erklärung zu Vogelschutzgebieten nach Art. 4 Abs. 1 Satz 4 Vogelschutz-RL ist ein Erklärungsakt des Mitgliedsstaats nach außen und muss nicht gleichzeitig auch die Inschutznahme bedeuten. Die geeigneten Schutzmaßnahmen können auch in einem weiteren Schritt folgen[1]. Der EuGH verlangt, dass die Ausweisung von Vogelschutzgebieten durch eine innerstaatliche Regelung erfolgen muss, die sicherstellt, dass die durch die Ausweisung geschaffenen Ge- und Verbote für jedermann unmittelbar verbindlich sind[2].

### cc) Faktische Vogelschutzgebiete

110  Erst wenn dem Gebiet ein ausreichender **Schutzstatus** nach Art. 2 Abs.1 und 2 zukommt (d.h. es zu einem Schutzgebiet erklärt oder als solches anerkannt wird), treten gem. Art. 7 FFH-RL die Verpflichtungen nach Art. 6 Abs. 2, 3 und 4 FFH-RL in Kraft.

111  Gebiete, die nicht zu Vogelschutzgebieten erklärt wurden, obwohl dies nach Art. 4 Abs. 1 Unterabs. 4 der Vogelschutz-RL erforderlich gewesen wäre („**faktische Vogelschutzgebiete**") unterliegen nicht der Schutzregelung des Art. 6 Abs. 2 bis 4 der FFH-RL, sondern der strengeren Regelung des Art. 4 Abs. 4 Satz 1 der Vogelschutz-RL[3]. Dieses ist vor allem dadurch gekennzeichnet, dass bis zu einem Regimewechsel nach Art. 7 der FFH-RL das Spektrum der Gründe, die eine Einschränkung des Vogelschutzes zugunsten eines Infrastrukturvorhabens rechtfertigen können, sehr eingeschränkt ist. Die Meldung eines Gebiets an die Europäische Kommission und die einstweilige naturschutzrechtliche Sicherstellung eines Gebiets lösen den Regimewechsel noch nicht aus. Der Übergang in das Schutzregime der FFH-RL setzt nach Art. 7 FFH-RL eine endgültige rechtsverbindliche Erklärung eines Gebiets zum besonderen Schutzgebiet (Vogelschutzgebiet) voraus. In einem faktischen Vogelschutzgebiet ist ein Straßenbauvorhaben nach Art. 4 Abs. 4 Satz1 der Vogelschutz-RL grds. unzulässig, wenn es durch die Verkleinerung des Gebiets zum Verlust mehrerer Brut- und Nahrungsreviere führen würde, die einem Hauptvorkommen einer der Vogelarten in Anhang I der Vogelschutz-RL dienen[4]. An dem damit begründeten Schutzstatus hat die FFH-RL unabhängig von dem maßgebenden Schutzregime nichts geändert[5]. Die Darlegungserfordernisse an das Vorbringen eines Vorhabengegners, ein faktisches Vogelschutzgebiet sei beeinträchtigt, steigen mit fortschreitendem Stand des Melde- und Gebietsausweisungsverfahrens[6].

### b) Fauna-Flora-Habitat-Richtlinie (92/43/EWG)

112  Die Fauna-Flora-Habitat-Richtlinie (FFH-RL) v. 21.5.1992 hat zum Ziel, zur **Sicherung der Artenvielfalt** durch die Erhaltung der natürlichen Lebensräume sowie der wild lebenden Tiere und Pflanzen im europäischen Gebiet der Mitgliedstaaten beizutragen. Die auf Grund der Richtlinie getroffenen Maßnahmen zielen darauf ab, einen günstigen Erhaltungszustand der natürlichen Lebensräume und der wild lebenden Tier- und Pflanzenarten von gemeinschaftlichem Interesse zu bewahren

---

1 *J. Schumacher*, in: Schumacher/Fischer-Hüftle, BNatSchG, § 31 Rz. 35.
2 EuGH v. 2.8.1993 – C-355/90, NuR 1994, 521 ff.
3 EuGH v. 7.12.2000 – C-374/98 – Basses Corbieres, Slg. 2000, 1-10799.
4 BVerwG v. 1.4.2004 – 4 C 2.03 – Hochmoselbrücke I, BVerwGE 120, 276.
5 BVerwG v. 13.3.2008 – 9 VR 10.07 – A 4 Jagdbergtunnel, ZUR 2008, 378.
6 BVerwG v. 12.3.2008 – 9 A 3.06 – A 44, Hessisch Lichtenau II, NuR 2008, 633.

oder wiederherzustellen. Die auf Grund dieser Richtlinie getroffenen Maßnahmen tragen den Anforderungen von Wirtschaft, Gesellschaft und Kultur sowie den regionalen und örtlichen Besonderheiten Rechnung (Art. 2 Richtlinie).

Zur Erhaltung der natürlichen Lebensräume und der Habitate der Arten soll auf Grund der Richtlinie ein europäisches ökologisches Netz besonderer Schutzgebiete mit der Bezeichnung „**Natura 2000**" errichtet werden. Dieses Netz besteht aus Gebieten, die die natürlichen Lebensraumtypen des Anh. I sowie die Habitate der Arten des Anh. II der Richtlinie umfassen. Das Netz umfasst auch die von den Mitgliedstaaten auf Grund der Vogelschutzrichtlinie (79/409/EWG) ausgewiesenen besonderen Schutzgebiete (Art. 3 Richtlinie). 113

Anhand der in einem der Anhänge zur Richtlinie (Anh. III) festgelegten Kriterien und einschlägiger wissenschaftlicher Informationen legt **jeder Mitgliedstaat eine Liste** von Gebieten vor, in der die in diesen Gebieten vorkommenden natürlichen Lebensraumtypen des Anh. I und einheimischen Arten des Anh. II aufgeführt sind. Binnen drei Jahren nach der Bekanntgabe dieser Richtlinie – mithin bis zum Jahr 1995 – sollte nach der Richtlinie diese Liste der Kommission gleichzeitig mit relevanten Informationen über die einzelnen Gebiete zugeleitet werden (Art. 4 Abs. 1 Richtlinie). 114

Auf der Grundlage der im Anhang zur Richtlinie (Anh. III) festgelegten Kriterien erstellt die Kommission jeweils im Einvernehmen mit den Mitgliedstaaten aus den Listen der Mitgliedstaaten den Entwurf einer **Liste der Gebiete von gemeinschaftlicher Bedeutung**. Die Liste, in der die Gebiete von gemeinschaftlicher Bedeutung in dieser Weise ausgewählt wurden, wird von der Kommission sodann nach einem bestimmten Verfahren festgelegt (Art. 4 Abs. 2 Unterabs. 3). Diese Liste sollte binnen sechs Jahren nach Bekanntgabe der Richtlinie – mithin bis zum Juni 1998 – erstellt werden (Art. 4 Abs. 3 Richtlinie). Ist ein Gebiet auf Grund dieses Verfahrens als Gebiet von gemeinschaftlicher Bedeutung bezeichnet worden, so weist der betreffende Mitgliedstaat dieses Gebiet so schnell wie möglich – spätestens aber binnen sechs Jahren – als besonderes Schutzgebiet aus und legt dabei die Prioritäten nach Maßgabe der Wichtigkeit sowie danach fest, inwieweit diese Gebiete von Schädigung oder Zerstörung bedroht sind (Art. 4 Abs. 4 Richtlinie). Sobald ein Gebiet in die Liste gemeinschaftlicher Bedeutung der Kommission aufgenommen ist, unterliegt das Gebiet den besonderen Schutzbestimmungen des Art. 6 Abs. 2, 3 und 4 Richtlinie. 115

### aa) Folgen der Unterschutzstellung

Vogelschutz und FFH-Gebiet werden nach ihrer Unterschutzstellung gleichbehandelt, dies ergibt sich aus Art. 7 FFH-RL. 116

### bb) Allgemeines Verschlechterungs- und Störungsverbot

Für die besonderen Schutzgebiete legen die Mitgliedstaaten die nötigen **Erhaltungsmaßnahmen** fest (Art. 6 Abs. 1 Richtlinie). Die Mitgliedstaaten treffen die geeigneten Maßnahmen, um in den besonderen Schutzgebieten die Verschlechterung der natürlichen Lebensräume und der Habitate der Arten sowie Störungen von Arten, für die die Gebiete ausgewiesen worden sind, zu vermeiden, insofern solche Störungen sich im Hinblick auf die Ziele dieser Richtlinie erheblich auswirken könnten (Art. 6 Abs. 2 Richtlinie). 117

### cc) FFH-Verträglichkeitsprüfung

118 Pläne oder Projekte, die nicht unmittelbar mit der Verwaltung des Gebietes in Verbindung stehen, oder hierfür nicht notwendig sind, die ein solches Gebiet jedoch einzeln oder in Zusammenwirkung mit anderen Plänen und Projekten erheblich beeinträchtigen könnten, erfordern eine **Prüfung auf Verträglichkeit** mit den für dieses Gebiet festgelegten Erhaltungszielen gem. Art. 6 Abs. 3 FFH-RL. Mit Blick auf die Erhaltungsziele des FFH-Gebiets stellt allein der günstige Erhaltungszustand der geschützten Lebensräume und Arten ein geeignetes Bewertungskriterium dar, wenn die vorrangig naturschutzfachliche Fragestellung zu beantworten ist, ob ein Straßenbauvorhaben das Gebiet erheblich beeinträchtigt[1]. Unter Berücksichtigung der Ergebnisse der Verträglichkeitsprüfung stimmen die zuständigen einzelstaatlichen Behörden dem Plan oder Projekt nur zu, wenn sie festgestellt haben, dass das Gebiet als solches nicht beeinträchtigt wird und, nachdem sie ggf. die Öffentlichkeit angehört haben (Art. 6 Abs. 3 Richtlinie). Dies ist der Fall, wenn aus wissenschaftlicher Sicht kein vernünftiger Zweifel daran besteht, dass es keine solchen Auswirkungen gibt[2]. In Ansehung des Vorsorgegrundsatzes ist die objektive Wahrscheinlichkeit oder die Gefahr erheblicher Beeinträchtigungen im Grundsatz nicht anders einzustufen, als die Gewissheit eines Schadens. Wenn bei einem Vorhaben aufgrund der Vorprüfung ernsthaft die Besorgnis nachteiliger Auswirkungen entstanden ist, kann dieser Verdacht nur durch eine schlüssige naturschutzfachliche Argumentation ausgeräumt werden, mit der ein Gegenbeweis geführt wird. Ein Gegenbeweis im Rahmen der FFH-Verträglichkeitsprüfung setzt die Berücksichtigung der bestehenden einschlägigen wissenschaftlichen Erkenntnisse voraus und macht die Ausschöpfung aller wissenschaftlichen Mittel und Quellen erforderlich. Dies bedeutet nicht, dass Forschungsaufträge zu vergeben sind, um Erkenntnislücken und methodische Unsicherheiten der Wissenschaft zu beheben. Derzeit nicht ausräumbare wissenschaftliche Unsicherheiten über Wirkungszusammenhänge sind dann kein unüberwindbares Zulassungshindernis, wenn das Schutzkonzept ein wirksames Risikomanagement entwickelt hat. Außerdem ist es zulässig, mit Prognosewahrscheinlichkeiten und Schätzungen zu arbeiten[3].

119 Die im Rahmen der Verträglichkeitsprüfung zur Anwendung kommende Methode der **Bestandserfassung und -bewertung** geschützter Lebensraumtypen oder Arten ist nicht normativ festgelegt. Die Methodenauswahl muss aber dem für die Verträglichkeitsprüfung allgemein maßgeblichen Standard der „besten einschlägigen wissenschaftlichen Erkenntnissen" entsprechen[4]. Vorhabenbedingte Verluste von Flächen eines Lebensraumtyps des Anhangs I der FFH-RL stellen dann keine erheblichen Beeinträchtigungen i.S.d. Art. 6 Abs. 3 FFH-RL dar, wenn sie lediglich Bagatellcharakter haben. Als Orientierungshilfe für die Beurteilung, ob ein Flächenverlust die Bagatellgrenze überschreitet, könnten die im einschlägigen Konventionsvorschlag des Bundesamtes für Naturschutz erarbeiteten Kriterien herangezogen werden[5]. Eine Verträglichkeitsprüfung, mit der zugleich auch die Verträglichkeit aller Folgeabschnitte geprüft wird, ist nach Auffassung des BVerwG nicht erforderlich. Sie kann sich vielmehr auf den jeweils planfestgestellten Abschnitt beschränken. Derzeit noch ungeklärte Fragen des Habitatschutzes zwingen daher nicht dazu, dass bei einer Planung eines Verkehrsweges auf das Instrument der Abschnittsbildung verzichtet wird[6].

---

1 BVerwG v. 17.1.2007 – 9 A 20.05 – Westumfahrung Halle, ZUR 2007, 307.
2 EuGH v. 7.9.2004 – C- 127/02 – Herzmuschelfischerei, EuZW 2004, 730.
3 BVerwG v.17.1.2007 – 9 A 20.05 – Westumfahrung Halle, ZUR 2007, 307.
4 BVerwG v. 12.3.2008 – 9 A 3.06 – Hessisch Lichtenau II, NuR 2008, 633.
5 BVerwG v. 12.3.2008 – 9 A 3.06 – Hessisch Lichtenau II, NuR 2008, 633.
6 BVerwG v. 23.11.2007– 9 B 38.07 – Ortsumgehung Celle, ZUR 2008, 257.

### dd) Art. 6 Abs. 4 FFH-RL

Kommt die FFH-Verträglichkeitsprüfung zu dem Ergebnis, dass die Erhaltungsziele eines FFH-Gebiets oder Vogelschutzgebiets **erheblich beeinträchtigt** werden, ist das Vorhaben nur noch unter den engen Voraussetzungen des Art. 6 Abs. 4 FFH-RL genehmigungsfähig; eine Alternativlösung darf nicht vorhanden sein, für das Vorhaben müssen zwingende Gründe des überwiegenden öffentlichen Interesses einschließlich solcher sozialer oder wirtschaftlicher Art streiten und der Mitgliedstaat hat durch Ausgleichsmaßnahmen die globale Kohärenz von Natura 2000 sicherzustellen. 120

#### (1) Alternativenprüfung 121

Im Vergleich zu dem Vorhaben dürfen keine zumutbaren Alternativen zur Verfügung stehen. Hierzu hat das BVerwG im Hildesheim-Urteil folgende Grundsätze aufgestellt[1]: Eine Alternativlösung ist dann nicht vorhanden, wenn sich diese nur mit einem unverhältnismäßigen Kostenaufwand verwirklichen ließe. Die Beurteilung unterliegt nicht der fachplanerischen Abwägung gem. § 17 Abs.1 Satz 2 FStrG oder einer anderweitigen Ermessensentscheidung der Planfeststellungsbehörde. Eine Alternativlösung i.S.d. Art. 6 Abs. 4 der FFH-RL ist nur dann gegeben, wenn sich das Planungsziel trotz ggf. hinnehmbarer Abstriche auch mit ihr erreichen lässt. Der Vorhabenträger braucht sich nicht auf eine technisch mögliche Alternativlösung verweisen lassen, wenn sich Art. 6 Abs. 4 FFH-RL am Alternativstandort als ebenso wirksame Zulassungsvoraussetzung erweist wie am gewählten Standort. Der Vorhabenträger darf von einer Alternativlösung Abstand nehmen, die technisch an sich machbar und rechtlich zulässig ist, ihm aber Opfer abverlangt, die außer Verhältnis zu dem mit ihr erreichbaren Gewinn für Natur und Umwelt stehen[2]. Hat die Behörde im Planfeststellungsverfahren keine grundlegend neue Alternativenprüfung vorgelegt, so ist dies im Hinblick darauf, dass die vom Kläger bevorzugte Trassenführung bereits in einem früheren Stadium als ungeeignet ausgeschieden ist, nicht zu beanstanden. Eine weniger geeignete Variante kann die Behörde schon aufgrund einer Grobanalyse in einem früheren Stadium ausscheiden[3]. Die Planungsunterlagen brauchen nur so weitgehend ausgearbeitet und untersucht zu werden, dass sich einschätzen lässt, ob sie für prioritäre oder nicht prioritäre FFH- Schutzgüter ein erhebliches Beeinträchtigungspotenzial bergen[4].

#### (2) Zwingende Gründe 122

Das Vorhaben muss durch zwingende Gründe des überwiegenden öffentlichen Interesses gerechtfertigt sein. Die Gewichtung des öffentlichen Interesses muss dabei den Ausnahmecharakter einer Abwägungsentscheidung gem. Art 6 Abs.1 FFH-RL berücksichtigen. Ist das betreffende Gebiet ein Gebiet, das einen prioritären natürlichen Lebensraumtyp und/oder eine prioritäre Art einschließt, so können nur Erwägungen im Zusammenhang mit der Gesundheit des Menschen und der öffentlichen Sicherheit im Zusammenhang mit maßgeblichen günstigen Auswirkungen für die Umwelt oder, nach Stellungnahme der Kommission, andere zwingende Gründe des überwiegenden öffentlichen Interesses geltend gemacht werden (Art. 6 Abs. 4 FFH-Richtlinie).

#### (3) Kohärenzsicherung 123

Die Ausgestaltung der Kohärenzsicherungsmaßnahmen hat sich sowohl hinsichtlich der Art als auch hinsichtlich des Umfangs funktionsbezogen an der jeweiligen

---
1 BVerwG v. 27.1.2000 – 4 C 2.99 – Ortsumgehung Hildesheim, DVBl 2000, 814.
2 BVerwG v. 17.5.2002 – 4 A 28.01 – Hessisch Lichtenau I, DVBl 2002, 1486.
3 BVerwG v. 9.7.2008 – A 14.07 – Nordumfahrung Bad Oeynhausen, BVerwGE 131, 274.
4 BVerwG v. 12.3.2008 – 9 A 3.06 – Hessisch Lichtenau II, NuR 2008, 633.

erheblichen Beeinträchtigung auszurichten, derentwegen sie ergriffen wird[1]. Der Funktionsbezug ist daher das maßgebliche Kriterium, insbesondere auch zur Bestimmung des notwendigen räumlichen und zeitlichen Zusammenhangs zwischen Gebietsbeeinträchtigung und Kohärenzsicherung. Erforderlich ist insoweit, dass der Verlust ersetzt wird, den das Gebiet hinsichtlich seiner Funktion für die biogeografische Verteilung der beeinträchtigten Lebensräume und Arten erleidet[2]. Dementsprechend kommen bei einer erheblichen Beeinträchtigung eines Lebensraums die Wiederherstellung des beeinträchtigten oder die Verbesserung des verbliebenen Lebensraums, die Neuanlage eines Lebensraums oder die Beantragung der Eingliederung eines neuen Gebiets mit entsprechendem Erhaltungsziel in das Netz Natura 2000 als Kohärenzsicherungsmaßnahmen in Betracht[3]. Ein räumlicher Bezug oder eine Rückwirkung auf den Ort des Eingriffs ist nicht erforderlich, jedoch müssen die Maßnahmen auf den Schutzgegenstand des betroffenen Gebiets, d.h. auf die Erhaltung der Lebensraumtypen bzw. Arten, deren Fortbestand durch das Projekt gefährdet wird sowie auf das Vernetzungsziel ausgerichtet sein.

Für die Eignung einer Kohärenzsicherungsmaßnahme genügt es, dass nach aktuellem wissenschaftlichem Erkenntnisstand eine hohe Wahrscheinlichkeit ihrer Wirksamkeit besteht. Bei der Entscheidung über Kohärenzsicherungsmaßnahmen verfügt die Planfeststellungsbehörde über eine naturschutzfachliche Einschätzungsprärogative.

Die Regelung von Einzelheiten des Kohärenzausgleichs kann einem ergänzenden Planfeststellungsbeschluss vor allem dann vorbehalten bleiben, wenn die Durchführung der notwendigen Kohärenzsicherungsmaßnahmen nicht ungewiss ist.

124 Der Mitgliedstaat unterrichtet die Kommission über die von ihm ergriffenen Ausgleichsmaßnahmen (Art. 6 Abs. 4 Richtlinie).

125 Für die auf Grund der Vogelschutz-RL (79/409/EWG) zu besonderen Schutzgebieten erklärten oder anerkannten Gebiete treten die Verpflichtungen nach Art. 6 Abs. 2, 3 und 4 der FFH-RL ab dem Datum für die Anwendung der vorliegenden Richtlinie – mithin im Jahr 1994 – bzw. danach ab dem Datum, zu dem das betreffende Gebiet zu einem besonderen Schutzgebiet auf Grund der Vogelschutz-RL erklärt wird oder anerkannt wird, an die Stelle der Pflichten, die sich aus der Vogelschutz-RL selbst (Art. 4 Abs. 4 Satz 1) ergeben. Da Art. 6 Abs. 4 FFH-RL es ermöglicht, in Schutzgebieten Projekte und Pläne insbesondere auch aus zwingenden Gründen sozialer oder wirtschaftlicher Art durchzuführen, soweit Alternativlösungen nicht vorhanden sind[4], ist ihr Schutz insofern nicht so strikt, wie zuvor nach Art. 4 Vogelschutz-RL[5].

**c) Zusammenfassung und Stand zum Habitatschutz nach FFH- und Vogelschutz-RL**

126 Der **Habitatschutz** nach FFH- und Vogelschutz-RL wird in der forensischen Praxis verstärkt als rechtliches Argument gegen die Planfeststellung von Vorhaben verwendet. Dies gilt namentlich für Großprojekte, wie sie etwa die Verkehrsprojekte deutsche Einheit darstellen. Schlaglichtartig wurde dies durch den Beschluss des 4. Senats des BVerwG zur A 20 vom 21.1.1998[6] deutlich, durch den der Bau der A 20 im Eilverfahren aus Gründen der FFH- und Vogelschutz-RL vorläufig gestoppt wurde.

---

1 BVerwG v. 12.3.2008 – 9 A 3.06 – Hessisch Lichtenau II, NuR 2008, 633.
2 BVerwG v. 12.3.2008 – 9 A 3.06 – Hessisch Lichtenau II, NuR 2008, 633.
3 *Storost*, DVBl 2009, 673f. (680).
4 EuGH v. 11.7.1996 – Rs. C-44/95, EuZW 1996, 597 (600).
5 *Louis*, Bundesnaturschutzgesetz, § 19c Rz. 7.
6 BVerwG v. 21.1.1998 – 4 VR 3.97, NVwZ 1998, 616.

Durch Urteil vom 19.5.1998[1] wurde im Hauptsacheverfahren die Klage indes dann abgewiesen[2]. Das Urteil enthält maßgebliche, wenn auch keineswegs abschließende Ausführungen zur Bedeutung der europarechtlichen Naturschutzrichtlinien. Durch Parallelentscheidung des 4. Senats vom 19.5.1998[3] wurde ein Urteil des BayVGH aufgehoben, das die Vogelschutz-RL dahingehend ausgelegt hatte, die Schutzpflichten nach Art. 4 Abs. 1 und 2 der Vogelschutz-RL und Art. 7, 6 Abs. 2–4 der FFH-RL griffen nur ein, wenn der Mitgliedstaat das betroffene Gebiet entweder zu einem Vogelschutzgebiet erklärt oder als solches anerkannt hat[4]. Das BVerwG teilt diese Auffassung nicht. Von Bedeutung in diesem Zusammenhang ist schließlich, dass durch das Zweite Gesetz zur Änderung des Bundesnaturschutzgesetzes vom 30.4.1998[5] die FFH-RL in nationales Recht umgesetzt wurde. Derzeit sind die entsprechenden Regelungen in den §§ 31 ff. BNatSchG enthalten.

Zusammengefasst lässt sich nach den Entscheidungen des BVerwG zur A 20 und sonstigen Fachplanungsvorhaben folgender Stand festhalten: 127

FFH-RL (92/43/EWG) und Vogelschutz-RL (79/409/EWG) haben das Ziel, die Artenvielfalt durch Erhaltung der natürlichen Lebensräume sowie der wild lebenden Tiere und Pflanzen im europäischen Gebiet der Mitgliedstaaten zu erhalten. 128

FFH-RL und Vogelschutz-RL sehen als Mittel zur Erreichung dieses Ziels insbesondere die Errichtung eines kohärenten europäischen Netzes besonderer Schutzgebiete (**Natura 2000**) vor. Dieses Netz besteht aus Gebieten mit Arten und Lebensraumtypen nach Anh. I und II FFH-RL sowie nach Anh. I Vogelschutz-RL. 129

Anhand der in Anh. III FFH-RL und in Art. 4 Abs. 1 Vogelschutz-RL festgelegten wissenschaftlichen Kriterien legen die Mitgliedstaaten geeignete **Schutzgebiete** fest. Wirtschaftliche Gründe oder politisches Ermessen dürfen bei der Frage, ob und in welchem räumlichen Umfang ein Gebiet ausgewiesen wird, nicht berücksichtigt werden. 130

Im Falle der FFH-RL legt der Mitgliedstaat die Gebietsliste an die EU-Kommission vor (Art. 4 Abs. 1 FFH-RL). Die Kommission wählt aus den gemeldeten nationalen Gebieten eine Liste von Gebieten mit europäischer (gemeinschaftlicher) Bedeutung aus (Art. 4 Abs. 2 FFH-RL). 131

Die FFH-RL war von Deutschland bis zum 5.6.1994 in nationales Recht umzusetzen. Dies ist nicht geschehen. Deshalb hat der Europäische Gerichtshof durch Urteil vom 11.12.1997 im **Vertragsverletzungsverfahren** festgestellt, dass die Bundesrepublik Deutschland gegen Art. 23 Abs. 1 FFH-RL verstoßen hat. Inzwischen ist die FFH-RL durch das Zweite Gesetz zur Änderung des Bundesnaturschutzgesetzes vom 30.4.1998[6] im Kernbereich in nationales Recht umgesetzt. 132

Die Gebietsliste hatte Deutschland bis zum 5.6.1995 der Kommission vorzulegen. Dies ist ebenfalls nicht erfolgt. Die Meldung ist auch gegenwärtig noch nicht abgeschlossen. Es lässt sich auch nicht absehen, bis wann die Gebietsliste für die ganze Bundesrepublik Deutschland vorliegen wird. Wegen der Nichtvorlage der Liste be- 133

---

1 BVerwG v. 19.5.1998 – 4 A 9.97, NVwZ 1998, 961.
2 Derzeitiger Meilenstein der Rechtsprechung des BVerwG zum Habitatschutz ist das Urteil vom 17.1.2007 – 9 A 20.05 – zur Planfeststellung der Westumfahrung Halle; vgl. dazu näher sogleich unter Rz. 155.
3 BVerwG v. 19.5.1998 – 4 C 11.96 – B 15 neu, UPR 1998, 388.
4 BayVGH v. 14.6.1996 – 8 A 94.40125, 8 A 94.40129, NuR 1997, 45.
5 BGBl. I, 823.
6 BGBl. I, 823.

reitet die Kommission ein weiteres Vertragsverletzungsverfahren unter anderem gegen Deutschland vor.

134 Sobald ein Gebiet in die Liste der EU-Kommission Aufnahme gefunden hat, unterliegt es dem Schutzregime des Art. 6 FFH-RL (Art. 4 Abs. 5 FFH-RL).

135 Die in **Art. 6 FFH-RL** enthaltenen Schutzvorschriften bilden den Kern der FFH-RL. Nach Art. 6 Abs. 3 FFH-RL bedürfen Vorhaben, die FFH-Gebiete erheblich beeinträchtigen können, einer besonderen Verträglichkeitsprüfung anhand der Erhaltungsziele des betroffenen FFH-Gebiets (s. Rz. 118 f.). Ergibt die Verträglichkeitsprüfung eine erhebliche Beeinträchtigung des Gebiets, ist das Vorhaben nur zulässig, wenn keine schonendere Alternative vorhanden ist, das Vorhaben aus zwingenden Gründen des überwiegenden öffentlichen Interesses, einschließlich solcher wirtschaftlicher Art, gerechtfertigt ist, und durch Ausgleichsmaßnahmen die Erhaltung der Kohärenz von Natura 2000 sichergestellt ist.

136 Ist das erheblich beeinträchtigte FFH-Gebiet ein solches mit **prioritären Arten** oder Lebensraumtypen, können grds. nur Erwägungen im Zusammenhang mit der Gesundheit des Menschen und der öffentlichen Sicherheit oder im Zusammenhang mit maßgeblichen günstigen Auswirkungen auf die Umwelt geltend gemacht werden. Andere Rechtfertigungsgründe – z.B. solche wirtschaftlicher Art – können nur nach Einholung einer Stellungnahme der EU-Kommission geltend gemacht werden. Die Planfeststellungsbehörde ist im Bereich ihrer Zuständigkeit zur Planfeststellung zur Einholung der Stellungnahme der Kommission über das Bundesministerium für Umwelt, Naturschutz und Reaktorsicherheit zuständig (§ 34 Abs. 4 BNatSchG).

137 Die **bisher unterbliebene Vorlage der nationalen Gebietsliste** und die deshalb noch ausstehende Gebietsliste der Kommission stellt insbesondere die Fachplanung im Verkehrswegebau vor erhebliche Schwierigkeiten.

138 Zwar greift das Schutzregime des Art. 6 FFH-RL nach dem Wortlaut der RL erst mit Aufnahme eines Gebiets in die Liste der Kommission ein. Nach dem Urteil des BVerwG vom 19.5.1998[1] tritt jedoch bis zur vollständigen Umsetzung der Richtlinie eine eingeschränkte Veränderungssperre für solche Gebiete ein, die als FFH-Gebiete ernsthaft in Betracht kommen (sog. **potentielle FFH-Gebiete**).

139 Das BVerwG neigt zur Annahme der rechtlichen Möglichkeit potentieller FFH-Gebiete. Das BVerwG bejaht im Anschluss an die Rechtsprechung des EuGH auch die rechtliche Möglichkeit faktischer Vogelschutzgebiete (s. Rz. 110 f.).

140 Bei der Frage, ob ein nicht gemeldetes Gebiet ein potentielles FFH-Gebiet ist, sei auf die in den Anh. I–III der FFH-RL genannten Kriterien abzustellen. Die Fachplanung habe wie bei gemeldeten FFH-Gebieten zu ermitteln, ob die Planung Flächen berühre, die als (potentielle) FFH-Gebiete in Betracht kommen und – im bejahenden Falle –, ob das in Art. 6 Abs. 2–4 FFH-RL vorgesehene Schutzregime eingehalten werden könne.

141 Daraus folgt, dass für Gebiete, die in rechtlicher und tatsächlicher Hinsicht ein gemeldetes oder potentielles FFH-Gebiet ohne prioritäre Arten oder prioritäre Lebensraumtypen sind, eine Prüfung nach Art. 6 Abs. 2–4 Unterabs. 1 FFH-RL vorzunehmen ist.

142 Für den Fall, dass ein von der Planung erheblich beeinträchtigtes Gebiet als gemeldetes oder potentielles FFH-Gebiet mit prioritären Arten oder prioritären Lebensraumtypen einzustufen ist, folgerte das Gericht: Art. 6 Abs. 4 Unterabs. 2 FFH-RL

---

1 BVerwG v. 19.5.1998 – 4 A 9.97, NVwZ 1998, 961.

lasse es zu, dass aus Erwägungen im Zusammenhang mit der Gesundheit des Menschen und der öffentlichen Sicherheit oder im Zusammenhang mit maßgeblichen günstigen Auswirkungen für die Umwelt oder, nach Stellungnahme der EU-Kommission, aus zwingenden Gründen des überwiegenden öffentlichen Interesses das beabsichtigte Projekt verwirklicht wird. Die Planfeststellungsbehörde könne in diesem Falle unterschiedlich verfahren. Sie könne eine technische Lösung vorsehen, welche eine erhebliche Beeinträchtigung i.S.d. Verträglichkeitsprüfung von vornherein ausschließt. Die Planfeststellungsbehörde könne aber auch die Stellungnahme der EU-Kommission einholen, wenn andere zwingende Gründe des überwiegenden öffentlichen Interesses geltend gemacht werden können.

Ob für potentielle FFH-Gebiete vor Existenz der EU-Gebietsliste eine Stellungnahme der Kommission eingeholt werden muss, und ob die Kommission bis dahin überhaupt eine Stellungnahme abgeben darf oder muss, hat das BVerwG offen gelassen. Im Übrigen ist auch nicht geklärt, ob für planfestzustellende Vorhaben wegen der Konzentrationswirkung der Planfeststellung (§ 75 Abs. 1 Satz 1 Halbs. 1 VwVfG) eine Stellungnahme der Kommission überhaupt erforderlich ist. 143

Die Kommission selbst hat die Abgabe einer Stellungnahme mit Bezug auf ein nicht gemeldetes aber möglicherweise potentielles FFH-Gebiet abgelehnt (Trinkwassertalsperre Leibis, Thüringen). 144

Die noch immer fehlende Vorlage der Gebietsliste durch die Bundesrepublik Deutschland und das Fehlen der EU-Liste der Gebiete von gemeinschaftlicher Bedeutung könnten dann zu einem **Planungsstillstand** für Gebiete mit prioritären Arten oder prioritären Lebensraumtypen führen, wenn für solche potentielle Gebiete aus Sanktionsgründen die Einholung einer Stellungnahme der Kommission Rechtmäßigkeitsvoraussetzung für die Planfeststellung wäre, die Kommission jedoch die Abgabe einer solchen Stellungnahme unter Hinweis auf die noch nicht vorliegende Listung ablehnt. Da diese Rechtsfrage bisher nicht geklärt ist, wäre im Falle ihrer Entscheidungserheblichkeit in einem künftigen Rechtsstreit damit zu rechnen, dass das Gericht das Verfahren aussetzt und die Frage dem EuGH zur Entscheidung vorlegt (Art. 267 AEUV), was zumindest zu Zeitverzögerungen führen würde. 145

Für gemeldete EU-Vogelschutzgebiete hat die Kommission in der Vergangenheit Stellungnahmen abgegeben (Peenetal, Trebel/Recknitz). Denn gem. Art. 7 FFH-RL treten die Verpflichtungen nach Art. 6 Abs. 2–4 FFH-RL – und damit auch die Pflicht zur Einholung einer Stellungnahme – in Kraft ab dem Datum für die Anwendung der FFH-RL bzw. danach ab dem Datum, zu dem das betreffende Gebiet von einem Mitgliedstaat als Vogelschutzgebiet gemeldet worden ist. Bei den nach der Vogelschutzrichtlinie geschützten Vogelarten (Anh. I) handelt es sich nicht um prioritäre Arten und/oder Lebensraumtypen nach Art. 6 Abs. 4 FFH-RL. Die Verpflichtung zur Einholung einer Stellungnahme der Kommission kann daher (nur) dann eintreten, wenn in einem Vogelschutzgebiet auch eine prioritäre Art und/oder ein prioritärer Lebensraumtyp vorhanden ist. 146

Die Einholung einer Stellungnahme der Kommission wäre dann jedenfalls entbehrlich, wenn es sich bei dem Vorhaben um ein solches handelt, das aus Erwägungen im Zusammenhang mit maßgeblichen günstigen Auswirkungen für die Umwelt gerechtfertigt ist (Art. 6 Abs. 4 Unterabs. 2 FFH-RL). Für Schienenverkehrsprojekte kommt insoweit in Betracht, dass durch das Vorhabensziel der Verlagerung von Straßen- und Luftverkehr auf die umweltschonende Schiene das Projekt „aus Erwägungen im Zusammenhang mit maßgeblichen günstigen Auswirkungen für die Umwelt" gerechtfertigt sein könnte. 147

Die **erhebliche Beeinträchtigung** eines (potentiellen) FFH-Gebiets ist unzulässig, wenn eine (zumutbare) Alternative dazu vorhanden ist. 148

149 Bei der großräumigen Variantenauswahl (Linienfindung) ist eine FFH-Prüfung nach Art. 6 Abs. 3 und 4 FFH-RL jedenfalls dann rechtlich nicht geboten, wenn eine der „Alternativen" keine Alternative im Rechtssinne ist, sondern auf der Grundlage des zugrunde gelegten verkehrlichen Planungskonzepts ein anderes Vorhaben ist.

150 Die Frage, nach welchen Maßstäben die **Alternativenprüfung** gem. Art. 6 Abs. 4 FFH-RL (hierzu s. auch Rz. 121) durchzuführen ist, hat das BVerwG mittlerweile entschieden. Nach der neuesten Rechtsprechung des BVerwG gelten für die Alternativenprüfung i.S. des Art. 6 Abs. 4 FFH-RL andere (strengere) Maßstäbe als bei der sonst nach bundesdeutschem Recht vorzunehmenden Abwägung[1]. Art. 6 Abs. 4 FFH-RL begründet danach auf Grund seines Ausnahmecharakters ein strikt beachtliches Vermeidungsgebot, das zu Lasten des Integritätsinteresses des durch Art. 4 FFH-RL festgelegten kohärenten Systems grds. nur beiseite geschoben werden darf, soweit dies mit der Konzeption größtmöglicher Schonung der durch die FFH-RL geschützten Rechtsgüter vereinbar ist. Lässt sich das Planungsziel an einem nach dem Schutzkonzept der FFH-RL günstigeren Standort oder mit geringerer Eingriffsintensität verwirklichen, so muss der Projektträger von dieser Möglichkeit Gebrauch machen, ohne dass ihm dabei ein irgendwie gearteter Gestaltungsspielraum zustünde. Dabei muss er (in Grenzen) auch Abstriche bei der Verwirklichung des mit dem Projekt verfolgten Ziels (bzw. Zielbündels) in Kauf nehmen, und kann sich nicht darauf berufen, dass es sich wegen dieser Abstriche bei der Zielverwirklichung nicht mehr um eine Alternative i.S.d. Art. 6 Abs. 4 FFH-RL, sondern um ein völlig anderes Projekt handele[2].

151 Wegen **Unzumutbarkeit** i.S.d. Art. 6 Abs. 4 FFH-RL dürfen allerdings solche Alternativen fallen gelassen werden, die technisch nicht möglich sind, die aus rechtlichen Gründen (auch solchen außerhalb des Naturschutzrechts) nicht zulässig sind oder wenn sie i.S.d. in Art. 5 Abs. 4 EUV gemeinschaftsrechtlich verankerten Verhältnismäßigkeitsgrundsatzes unverhältnismäßig sind[3]. Die Vermeidungsanstrengungen sind aber nur dann i.S.d. gemeinschaftsrechtlichen Verhältnismäßigkeitsprinzips unzumutbar, wenn Sie außerhalb jeden vernünftigen Verhältnisses zu dem mit Ihnen erreichten Gewinn für Natur und Umwelt stehen[4]. In diesem Rahmen können auch finanzielle Erwägungen den Ausschlag geben[5]. Der Maßstab ist daher strenger als nach dem bundesrechtlichen Abwägungsgebot.

152 Tangieren sämtliche zur Verfügung stehenden Alternativen eines Projektes ein (potentielles) FFH-Gebiet, ist nicht schon allein deshalb von einer Gleichwertigkeit der Alternativen auszugehen. Vielmehr enthält Art. 6 FFH-RL Differenzierungsmerkmale, die sich als Gradmesser dafür verwenden lassen, wie schwer die Beeinträchtigung im Einzelfall wiegt. Auch wenn sämtliche Projektalternativen in ein FFH-Gebiet eingreifen, ist bei der **Alternativenabwägung** deshalb zu prüfen, bei welcher Alternative der Eingriff geringfügiger bzw. schwerer ausfällt[6].

---

1 BVerwG v. 27.1.2000 – 4 C 2.99 – Bundesstraße B 1, BVerwGE 110, 302; v. 17.5.2002 – 4 A 28.01 – Bundesautobahn A 44, BVerwGE 116, 254; v. 31.1.2002 – 4 A 15.01 – Bundesautobahn A 20, DVBl 2002, 990.
2 BVerwG v. 17.5.2002 – 4 A 28.01, BVerwGE 116, 254.
3 BVerwG v. 17.5.2002 – 4 A 28.01, BVerwGE 116, 254.
4 BVerwG v. 27.1.2000 – 4 C 2.99, BVerwGE 110, 302 unter Hinweis auf EuGH v. 27.6.1990 – Rs. C-118/89, Slg. 1990, I-2637 Rz. 12 und v. 21.1.1992 – Rs. C-319/90, Slg. 1992, I-203 Rz 12.
5 BVerwG v. 27.1.2000 – 4 C 2.99, BVerwGE 110, 302; v. 17.5.2002 – 4 A 28.01, BVerwGE 116, 254.
6 BVerwG v. 27.1.2000 – 4 C 2.99, BVerwGE 110, 302; v. 17.5.2002 – 4 A 28.01, BVerwGE 116, 254.

Eine Alternativlösung i.S.v. Art. 6 Abs. 4 FFH-RL ist mithin dann nicht vorhanden, wenn diese in vergleichbar schwerer Weise in ein FFH-Gebiet eingreift, wenn sie technisch nicht durchführbar ist, wenn sie gegen andere rechtliche Gebote verstößt, wenn sie andere öffentliche Belange unverhältnismäßig stark beeinträchtigen würde oder wenn sie unverhältnismäßig Kosten verursachen würde. Hinsichtlich der Verhältnismäßigkeit ist dabei zu Gunsten der FFH-Gebiete ein strengerer Maßstab anzulegen als sonst im Rahmen der Abwägung nach bundesdeutschem Recht.

Die rechtlichen Maßgaben für die Zulässigkeit einer **abschnittsweisen Planfeststellung** werden nach dem BVerwG[1] weder durch die FFH-RL noch durch die Vogelschutz-RL eingeschränkt. Prüfungsmaßstab bleibt insoweit lediglich, ob bei abschnittsweiser Planfeststellung die Gefahr eines Planungstorsos besteht. In den Planfeststellungsabschnitten, in denen keine FFH- und/oder Vogelschutzgebiete liegen, bedarf es keiner Prüfung nach Art. 6 FFH-RL oder Art. 4 Vogelschutz-RL. In solchen vorgelagerten Streckenabschnitten ist rechtlich lediglich die Prognose erforderlich, dass dem der Planung zu Grunde liegenden Gesamtkonzept keine von vornherein unüberwindlichen Hindernisse entgegenstehen. Eine Verträglichkeitsprüfung nach Art. 6 Abs. 3 FFH-RL ist insoweit erst in dem Planungsabschnitt geboten, in dem ein FFH-/Vogelschutz-Gebiet liegt.

153

Nach dem BVerwG unterliegt es schließlich rechtlichen Zweifeln, ob für faktische bzw. gemeldete Vogelschutzgebiete Art. 7 FFH-RL und damit das geminderte Schutzregime des Art. 6 Abs. 3 und 4 FFH-RL angewendet werden darf, solange die FFH-RL nicht umgesetzt worden ist. Nach dem BVerwG gehört zur inhaltlichen Umsetzung auch die vollständige Meldung der zu schützenden Gebiete nach den Maßstäben der FFH-RL für die ganze Bundesrepublik Deutschland.

154

Das Bundesverwaltungsgericht hat dann im Urteil vom 17.1.2007[2] die Anforderungen an Eingriffe in FFH-Schutzgebiete durch Anwendung einiger **Beweislastregelungen**, wie sie bereits zuvor der Europäische Gerichtshof ansatzweise entwickelt hatte, stark erhöht. Nach dieser Entscheidung müssen für die Frage, ob ein Vorhaben ein FFH-Gebiet erheblich beeinträchtigt, die besten einschlägigen wissenschaftlichen Erkenntnisse berücksichtigt werden. Es muss nachgewiesen werden – ohne dass hieran vernünftige Zweifel verbleiben dürfen –, dass eine Beeinträchtigung der Erhaltungsziele des Gebietes ausgeschlossen ist. Insoweit können zwar grds. auch Schadensminderungs- und Schadensvermeidungsmaßnahmen zum Schutz dieser Gebiete berücksichtigt werden. Verbleibende Zweifel an der Wirksamkeit dieser Maßnahmen gehen aber zu Lasten des Vorhabens. Bestehen aus wissenschaftlicher Sicht vernünftige Zweifel daran, dass das Vorhaben die Erhaltungsziele nicht beeinträchtigen wird, darf das Vorhaben nicht zugelassen werden. Vielmehr darf eine Zulassung dann nur auf Grund einer Abweichungsprüfung nach Art. 6 Abs. 4 der FFH-RL in Verbindung mit § 34 Abs. 3 und 4 BNatSchG zugelassen werden. Auch bei dieser Abweichungsprüfung ist wiederum nachzuweisen, dass zwingende Gründe des überwiegenden öffentlichen Interesses die Durchführung des Vorhabens erfordern, denen durch eine die Schutzgebiete weniger oder gar nicht beeinträchtigende Alternativlösung nicht genügt werden kann, und dass alle notwendigen Ausgleichsmaßnahmen zur Sicherung des Zusammenhangs des europäischen ökologischen Netzes ergriffen werden. Nach alledem muss in der Verträglichkeitsprüfung vom Vorhabenträger bzw. der Behörde nachgewiesen werden, dass zu allen sich abzeichnenden Risiken und Fragen die besten einschlägigen wissenschaftlichen Erkenntnisse abgerufen, dokumentiert und berücksichtigt wurden. Die Brisanz und zugleich Problematik dieser Entscheidung für die Zulassung von

155

---

1 BVerwG v. 19.5.1998 – 4 A 9.97, NVwZ 1998, 961.
2 BVerwG v. 17.1.2007 – 9 A 20.05 – Westumfahrung Halle, ZUR 2007, 307.

Projekten, die FFH-Gebiete beanspruchen, besteht nun darin, dass die geforderten Nachweise und besten wissenschaftlichen Erkenntnisse häufig nicht gelingen bzw. nicht zur Verfügung stehen. Denn in der entsprechenden Fachwissenschaft (in der Regel Systemökologie) stehen derzeit relativ wenige gesicherte wissenschaftliche Erkenntnisse über Wirkungszusammenhänge zur Verfügung. Somit stellen europarechtlich geschützte Schutzgebiete nach dieser neuen Rechtsprechung wenn nicht unüberwindliche, so doch ernsthafte Hindernisse dar.

#### d) Artenschutz

156 Der Artenschutz ist auf europäischer Ebene vor allem in der Vogelschutz-RL und in der FFH-RL geregelt. Auf nationaler Ebene sind neben der Eingriffsregelung nach § 13 ff. BNatSchG vor allem die Vorschriften für den allgemeinen Arten-, Lebensstätten- und Biotopschutz in §§ 37 ff. BNatSchG und die speziellen Verbote nach § 44 BNatSchG beachtlich.

##### aa) Artenschutz in der FFH-Richtlinie

157 Nach der FFH-RL ist neben dem soeben dargelegten Gebietsschutz der **Artenschutz** auch unabhängig von konkreten Schutzgebieten geregelt. Nach den Art. 12 ff. FFH-RL werden im Einzelnen genannte Tier- und Pflanzenarten streng geschützt. Insbesondere Art. 12 FFH-RL enthält einen umfangreichen Katalog von Verbotstatbeständen. Art. 12 FFH-RL ordnet an, dass die Mitgliedsstaaten insoweit die notwendigen Maßnahmen treffen, um die geschützten Tierarten effektiv zu schützen. Zwar ist dann in Art. 16 FFH-RL die Möglichkeit von Ausnahmen bzw. Abweichungen von den artenschutzrechtlichen Verbotstatbeständen geregelt. Art. 16 FFH-RL knüpft jedoch die Zulässigkeit von Abweichungen an sehr strenge Voraussetzungen. An diese ist der Gesetzgeber des jeweiligen Mitgliedstaates strikt gebunden. Das Bundesnaturschutzgesetz hat in den §§ 44 ff. BNatSchG die FFH-RL umgesetzt und zum Teil strengere Verbotstatbestände normiert, als dies die FFH-RL selbst tut. Im BNatSchG ist die Möglichkeit von Befreiungen von artenschutzrechtlichen Verboten vorgesehen. § 67 BNatSchG enthält entsprechende Tatbestände. Befreiungen von artenschutzrechtlichen Verbotstatbeständen sind nur zulässig, wenn insbesondere überwiegende Gründe des Gemeinwohls die Befreiung für ein bestimmtes Vorhaben erfordern oder die Durchführung der Vorschriften im Einzelfall zu einer unzumutbaren Belastung führen würde und die Abweichung mit den Belangen von Naturschutz und Landschaftspflege vereinbar ist.

##### bb) Artenschutz in der Vogelschutz-Richtlinie

158 Die Vogelschutz-Richtlinie (Vogelschutz-RL) enthält neben Vorschriften zum Gebietsschutz weitere **artenschutzrechtliche Vorschriften**. Diese schützen europäische Vogelarten unabhängig von konkreten Schutzgebietsgrenzen. Art. 5 Vogelschutz-RL enthält einen Katalog von Verboten mit Bezug auf die Beeinträchtigung europarechtlich geschützter Vogelarten. Unter diese europarechtlich geschützten Vogelarten fallen sämtliche in Europa lebenden Vogelarten (lückenloser Schutz). Art. 5 Vogelschutz-RL verbietet insbesondere das absichtliche Töten oder Fangen, die absichtliche Zerstörung oder Beschädigung von Nestern und Eiern und der Entfernung von Nestern, ebenso wie z.B. auch das absichtliche Stören von Vögeln während der Brut- und Aufzuchtzeit. Zwar lässt Art. 9 Vogelschutz-RL wiederum Ausnahmen von den genannten Verbotstatbeständen zu. Auch diese sind aber sehr eng formuliert. Insbesondere sind Befreiungen danach nur zulässig, wenn keine andere zufrieden stellende Lösung vorhanden ist. Als Rechtfertigung für Beeinträchtigungen reichen allgemeine wirtschaftliche Interessen – wie sie regelmäßig für Ver-

kehrsvorhaben geltend gemacht werden – nicht aus. Nach Art. 9 Abs. 1a Vogelschutz-RL können lediglich Interessen der Volksgesundheit und der öffentlichen Sicherheit Ausnahmen rechtfertigen. Lediglich das Interesse der Sicherheit der Luftfahrt lässt hier in gewissen Grenzen verkehrliche Interessen gelten. Das BNatSchG hat wiederum in den §§ 44 ff. und 67 BNatSchG das artenschutzrechtliche Schutzregime in innerdeutsches Recht umgesetzt. Die Umsetzung beinhaltet gewisse Verschärfungen des Europarechts.

**cc) Zugriffsverbote**

§ 44 BNatSchG definiert für besonders und streng geschützte Arten unterschiedliche **Verbotstatbestände**, die zusätzlich noch nach den Lebensstätten und den Aktivitätszeiten der Arten unterschieden werden. Grundsätzlich gelten die Verbote des § 44 BNatSchG für den Realeingriff und wenden sich deshalb unmittelbar an die Vorhabenszulassung. Die Vorschrift des § 44 BNatSchG enthält in den Absätzen 1 Nr. 1–3 den Schutz von Tieren und in Nr. 4 den Pflanzenschutz als Individual- und Habitatschutz. Nach § 7 Abs. 2 Nr. 14 BNatSchG sind alle streng geschützten Arten zugleich auch besonders geschützt. Während bei den geschützten Pflanzen hinsichtlich der Verbotstatbestände kein Unterschied zwischen den besonders und den streng geschützten Arten besteht, gelten bei den geschützten Tieren die Verbotstatbestände der Nr. 1 und Nr. 3 für alle besonders geschützten Arten, das Störungsverbot der Nr. 2 dagegen nur für die streng geschützten Arten sowie alle europäischen Vogelarten. 159

**§ 44 Abs. 1 Nr. 1 BNatSchG** verbietet den Zugriff auf Exemplare wild lebender Tiere der besonders geschützten Art. Dieser Verbotstatbestand ist individuenbezogen. Insbesondere bei der Straßenplanung kommt dem Tötungsverbot erhöhte Bedeutung zu, da tödliche Kollisionen von Tieren der geschützten Arten mit auf den Straßen verkehrenden Kfz nicht ausgeschlossen werden können. Nach dem BVerwG fallen mögliche Kollisionsopfer an Straßen jedoch nur dann unter das Tötungsverbot, wenn sich durch den Straßenbau das Tötungsrisiko in signifikanter Weise erhöht. Die Möglichkeit, dass einzelne Tiere zu Schaden kommen, ist nicht ausreichend[1]. Daher löst das BVerwG diesen Konflikt, indem es den „Exemplarbezug" des Tötungsverbots insofern unterbricht. Diese Vorgehensweise hat das BVerwG in seiner Entscheidung zur Nordumfahrung Bad Oeynhausen bestätigt und statuierte – bezogen auf Infrastrukturprojekte – aus Verhältnismäßigkeitsgesichtspunkten eine teleologische Reduktion vom individuenbezogenen Schutzansatz[2]. 160

In **§ 44 Abs. 1 Nr. 2 BNatSchG** sind Störungsverbote für wild lebende Tiere der streng geschützten Arten und der europäischen Vogelarten während der Fortpflanzungs-, Aufzucht-, Mauser-, Überwinterungs- und Wanderzeiten definiert (zeitlich begrenzter Individuenschutz). Nur eine „erhebliche" Störung erfüllt den Tatbestand. Eine erhebliche Störung während dieser besonderen Zeiten liegt vor, wenn sich der Erhaltungszustand der lokalen Population einer Art verschlechtert. Der Begriff Erhaltungszustand einer Art ist in Art. 1 lit. i FFH-RL wie folgt definiert: „die Gesamtheit der Einflüsse, die sich langfristig auf die Verbreitung und die Größe der Population der betreffenden Arten in dem in Art. 2 bezeichneten Gebiet auswirken können". Eine lokale Population umfasst diejenigen (Teil-)Habitate und Aktivitätsbereiche der Individuen einer Art, die in einem für die Lebens(-raum)ansprüche der Art ausreichenden räumlich-funktionalen Zusammenhang stehen. Eine Verschlechterung des Erhaltungszustands ist insbesondere dann anzunehmen, wenn die Überlebenschancen, der Bruterfolg oder die Reproduk- 161

---
1 BVerwG v. 12.3.2008 – 9 A 3.06 – Hessisch Lichtenau II, NuR 2008, 633.
2 BVerwG v. 9.7.2008 – 9 A 14.07, BVerwGE 131, 274.

tionsfähigkeit vermindert werden, wobei dies artspezifisch für den jeweiligen Einzelfall untersucht werden muss[1].

162 § 44 Abs. 1 Nr. 3 BNatSchG schützt speziell Fortpflanzungs- oder Ruhestätten wild lebender Tiere der besonders geschützten Art vor deren Entnahme, Beschädigung oder Zerstörung (Habitatschutz). Nach Auffassung des BVerwG wird durch das Beschädigungs- und Zerstörungsverbot nicht der gesamte Lebensraum einer Art geschützt, sondern nur selektiv die ausdrücklich bezeichneten Lebensstätten, die durch bestimmte Funktionen für die jeweilige Art prägend sind. Hierbei handelt es sich um eine naturschutzfachliche Frage, die je nach den Verhaltensweisen der verschiedenen Arten unterschiedlich beantwortet werden kann[2]. Die Gegenstände und Bereiche müssen regelmäßig, aber nicht ständig geschützt werden, so sind z.B. regelmäßig genutzte Nistplätze auch während der winterlichen Abwesenheit von Zugvögeln geschützt[3].

163 Der § 44 Abs. 1 Nr. 4 BNatSchG definiert ein generelles Zugriffsverbot für wild lebende Pflanzen, als Individual- und Habitatschutz.

164 Der grundsätzliche Individuenschutz, das befristete Störungsverbot, der spezielle Habitatschutz und der Pflanzenschutz bilden ein **umfassendes Schutzregime** des besonderen Artenschutzes. Im Unterschied zum allgemeinen Artenschutz sind die Verbote vom Bewegungsgrund oder der Motivation des Handelnden unabhängig und greifen somit auch bei Handeln mit „vernünftigem Grund" ein, soweit nicht ein Ausnahmetatbestand nach § 44 Abs. 4 oder 5 BNatSchG gegeben ist.

**dd) Besonderer Artenschutz bei Eingriffen und Vorhaben**

165 § 44 Abs. 5 BNatSchG führt hinsichtlich des Vorgehens bei Eingriffen und Vorhaben folgende Differenzierung ein. Sind Arten nach Anh. IV der FFH-RL, europäische Vogelarten oder Arten nationaler Verantwortung nach § 54 Abs. 1 Nr. 2 BNatSchG (bisher wurde von der Verordnungsermächtigung noch kein Gebrauch gemacht) betroffen, ist Satz 2 bis 4 anzuwenden; sind andere Arten betroffen, ist unabhängig von deren Schutzstatus Satz 5 einschlägig.

166 Die Prüfung nach Satz 2 bis 4 wird als „**spezielle artenschutzrechtliche Prüfung**" (saP) bezeichnet. Eine Verpflichtung zur Durchführung der saP besteht nicht schon bei jeder noch so entfernten Vermutung hinsichtlich des Vorkommens von Arten nach Anhang IV der FFH-RL, es bedarf hierzu vielmehr regelmäßig gesicherter Informationen über das Vorkommen solcher Arten im Wirkbereich des Vorhabens[4]. Hinsichtlich der Untersuchungsmethodik und des Umfangs ist folgendermaßen vorzugehen. Zunächst wird die einzelartbezogene Bestandssituation der Art im Untersuchungsraum untersucht, um die Arten bzw. Artgruppen zu ermitteln, die tatsächlich von dem jeweiligen Plan oder Vorhaben betroffen sind. Anschließend wird bezüglich dieser Arten eine Prognose zur Erfüllung möglicher Verbotstatbestände aufgestellt. Lassen sich gewisse Unsicherheiten auf Grund verbleibender Erkenntnislücken nicht ausschließen, dürfen auch „worst-case" Betrachtungen angestellt werden[5].

167 Sofern durch das Vorhaben erkennbare **erhebliche Eingriffe** in Fortpflanzungs- und Ruhestätten wild lebender Tiere nach § 44 Abs. 1 Nr. 2 BNatSchG verursacht und

---

1 BT-Drs. 16/5100, S. 11.
2 BVerwG v. 13.5.2009 – 9 A 72.07 – A 4 Düren, DVBl 2009, 1307.
3 *Kratsch*, in: Schumacher/Fischer-Hüftle, BNatSchG, § 44 Rz. 33.
4 *Lau/Steek*, NuR 2008, 387.
5 *Kratsch*, in: Schumacher/Fischer-Hüftle, BNatSchG, § 44 Rz. 66 f.

damit unvermeidlich Tötungen hervorgerufen werden, sind Vorhaben jedoch dann nach dem artenschutzrechtlichen Eingriffsprivileg (§ 44 Abs. 5 BNatSchG) zulässig, wenn die ökologische Funktion der betroffenen Fortpflanzungs- oder Ruhestätten im räumlichen Zusammenhang weiterhin erfüllt wird. Dem können schadensbegrenzende vorbeugende Vermeidungsmaßnahmen dienen, die auf eine Beseitigung oder Minimierung der negativen Auswirkungen einer Tätigkeit abzielen.

Sind keine hinreichenden Vermeidungsmaßnahmen möglich, müssen funktionserhaltende oder konfliktmindernde Maßnahmen getroffen werden, sog. **vorgezogene Ausgleichsmaßnahmen** (CEF-Maßnahmen) gem. § 44 Abs. 5 Satz 3 BNatSchG. Diese müssen unmittelbar an den voraussichtlich betroffenen Exemplaren einer Art ansetzen, mit diesen räumlich-funktional verbunden sein und spätestens im Zeitpunkt des Eingriffs funktionsfähig sein. 168

**ee) Behördliche Ausnahmen**

Erfüllt ein Vorhaben die Verbotstatbestände des § 44 BNatSchG und ist auch ein vorgezogener Ausgleich nach § 44 Abs. 5 BNatSchG erfolglos, ist zu prüfen, ob das Vorhaben über eine **Ausnahme** zugelassen werden kann nach § 45 Abs. 7 BNatSchG. Neben der Voraussetzung des Nachweises der zwingenden Gründe des überwiegenden öffentlichen Interesses, einschließlich solche sozialer oder wirtschaftlicher Art, die für die Realisierung der Planung sprechen, sofern für das Vorhaben nicht in § 45 Abs. 7 Nr. 1 bis 4 BNatSchG aufgeführte Gründe – wie Schadensabwehr, Forschung und Lehre, menschliche Gesundheit und Sicherheit oder Naturschutz – den Ausschlag geben sowie einer rechtssicheren Prüfung zumutbarer Alternativen, fordert § 45 Abs. 7 BNatSchG, dass sich der Erhaltungszustand der Populationen der betroffenen Art „nicht verschlechtert", soweit nicht Art. 16 Abs.1 der FFH-Richtlinie weitergehende Anforderungen enthält. 169

Anders als beim Verbotstatbestand des § 44 Abs. 1 Nr. 2 BNatSchG ist im Rahmen der Ausnahme nicht der Erhaltungszustand des von dem Vorhaben unmittelbar betroffenen lokalen Vorkommens maßgeblich, sondern es ist eine **gebietsbezogene Betrachtung** anzustellen, die auch die anderen (Teil-) Populationen der Art in ihrem natürlichen Verbreitungsgebiet in den Blick nimmt[1]. Im Hinblick auf das Ziel der FFH-Richtlinie, nämlich die Artenvielfalt zu sichern, kommt es somit gerade nicht darauf an, jede lokale Art an ihrem Ort zu schützen, sondern es bedarf einer gebietsbezogenen Betrachtung, für die der Behörde ein naturschutzfachlicher Einschätzungsspielraum eingeräumt ist[2]. 170

Über den Verweis auf die Anforderungen nach Art. 16 FFH-RL wird für die Arten nach Anh. IV FFH-RL der Maßstab verschärft, danach darf eine Ausnahme nur erteilt werden, wenn für die Art weiterhin ein **günstiger** Erhaltungszustand besteht. Nach einem Urteil des EuGH kann jedoch auch bei einem nicht günstigen Erhaltungszustand eine Ausnahme erteilt werden, wenn hinreichend nachgewiesen ist, dass die Ausnahme den ungünstigen Erhaltungszustand der Population nicht verschlechtern oder die Wiederherstellung eines günstigen Erhaltungszustands nicht behindern kann[3]. 171

In die Bewertung des Erhaltungszustandes können Ausgleichsmaßnahmen einbezogen werden, die getroffen werden, um Auswirkungen auf die Populationsebene 172

---
1 BVerwG v. 16.3.2006 – 4 A 1075.04, NuR 2008, 766; v. 9.6.2010 – 9 A 20/08, Rz. 60; Lau/Steek, NuR 2008, 391.
2 BVerwG v. 13.3.2008 – 9 VR 10.07, Rz. 45, ZUR 2008, 378.
3 EuGH v. 14.6.2007 – C-342/05 – Finnischer Wolf, NuR 2007, 477; BVerwG v. 17.4.2010, – 9 B 5.10, Rz. 10, NJW 2010, 2534.

und der biogeographischen Region der jeweiligen Art auszugleichen (FCS-Maßnahmen, favourable conservation status). Im Unterschied zu CEF-Maßnahmen nach § 44 Abs. 5 BNatSchG müssen diese Maßnahmen nicht auf die jeweilige Lebensstätte oder die lokale Population bezogen sein[1]. Sie sollten jedoch schon vor oder spätestens zum Zeitpunkt der Zerstörung einer Fortpflanzungs- oder Ruhestätte Wirkung zeigen.

### 9. Immissionen und sonstige Gefährdungen

173   Gegen Planfeststellungsbeschlüsse wird häufig eingewandt, sie seien rechtswidrig, weil die Vorschriften über den Schutz vor **schädlichen Umwelteinwirkungen** verletzt seien.

174   Insbesondere Fragen des **Schallschutzes** spielen in der Praxis eine bedeutende Rolle. In gewissem Widerspruch hierzu steht der Umstand, dass aus der Verletzung von Vorschriften zum Schutz vor Immissionen regelmäßig nur Ansprüche auf Ergänzung des Plans, selten jedoch Ansprüche auf Planaufhebung resultieren. Eine Planaufhebung erfolgt nur, wenn der Fehler nicht durch Planungsergänzung behoben werden kann, weil die Ausgewogenheit der Planung nicht mehr gegeben ist.

175   Immissionen aus dem Betrieb von **planfestzustellenden Anlagen** sind grds. abwägungserhebliche Belange. Betroffene haben nach Maßgabe von § 74 Abs. 2 Satz 2 und Satz 3 VwVfG Anspruch auf Schutzvorkehrungen. Spezielle Schutzvorschriften enthalten für Schallschutz bei Verkehrslärm die §§ 41 ff. BImSchG i.V.m. den auf ihrer Grundlage erlassenen Rechtsverordnungen.

#### a) Schallimmissionen

176   Gegen den durch öffentliche Straßen, Eisenbahnen und Straßenbahnen hervorgerufenen Verkehrslärm hat der Verordnungsgeber mit der 16. BImSchV eine untergesetzliche Rechtsgrundlage geschaffen, deren Regelungsziel es ist, durch Festlegung bestimmter **Immissionsgrenzwerte** den Schutz der Nachbarschaft vor Verkehrslärmeinwirkungen sicherzustellen. Für Magnetschwebebahnen ist eine entsprechende Rechtsverordnung ebenfalls geschaffen worden (Magnetschwebebahn-Lärmschutzverordnung). Die sachlichen Anforderungen an die notwendigen Vorkehrungen zum Schutz vor Verkehrslärm folgen aus § 41 BImSchG, der über § 74 Abs. 2 Satz 2 VwVfG in das Planfeststellungsverfahren eingebracht wird. Maßnahmen der Lärmvorsorge knüpfen an den Neubau oder die wesentliche Änderung von Schienenwegen und Straßen an, wobei der Begriff der wesentlichen Änderung in § 1 Abs. 2 16. BImSchV definiert wird. Nach der Rechtsprechung des BVerwG ist die 16. BImSchV mit § 41 BImSchG und Art. 2 Abs. 2 GG vereinbar. Dies gilt insbesondere im Hinblick darauf, dass nach der 16. BImSchV Spitzenschallpegel grds. unberücksichtigt bleiben und bei der Bemessung der Lärmvorsorge keine Summenbildung von aus verschiedenen Quellen stammenden Schallpegeln vorzunehmen ist, sondern isoliert auf den neu zu bauenden bzw. wesentlich zu ändernden Verkehrsweg abzustellen ist[2].

177   Bereits vorhandener Verkehrslärm (**Vorbelastung**) und die durch den Bau oder durch die wesentliche Änderung eines neuen Verkehrswegs entstehende zusätzliche Lärmbeeinträchtigung dürfen allerdings zu keiner Gesamtbelastung führen, die eine Gesundheitsgefährdung darstellt[3]. Nach dem allgemeinen Kenntnisstand der

---

1   VGH Kassel v. 17.6.2008 – 11 C 1975/07. T, ZUR 2009, 93; BVerwG v. 1.4.2009 – 4 B 62.08, NuR 2009, 414.
2   BVerwG v. 21.3.1996 – 4 A 10.95, NVwZ 1996, 1006.
3   BVerwG v. 21.3.1996 – 4 C 9.95, BVerwGE 101, 1.

Lärmforschung liegt die Schwelle zur Gesundheitsgefährdung erst deutlich oberhalb von Beurteilungspegeln von 70 dB(A) tags und 60 dB(A) nachts.

Ansprüche auf **Lärmschutz** nach den §§ 41, 42 BImSchG i.V.m. § 1 Abs. 2 Nr. 2 und Satz 2 16. BImSchV bestehen i.d.R. im Übrigen nur im räumlichen Bereich des erheblichen baulichen Eingriffs, soweit bei den in diesem Bereich liegenden Grundstücken die in § 1 Abs. 2 Nr. 2 und Satz 2 16. BImSchV vorgesehenen Lärmpegelerhöhungen eintreten. Ausnahmsweise können aber Lärmschutzmaßnahmen über den Bereich der einzelnen Baumaßnahme hinaus zu erstrecken sein, wenn durch ein Gesamtkonzept, bestehend aus einer Vielzahl von Einzelbaumaßnahmen, eine längere Strecke insgesamt ausgebaut wird[1]. 178

Werden trotz Vorkehrungen des aktiven Schallschutzes (Schallschutzwand, Schallschutzzaun) oder bei Untunlichkeit von aktivem Schallschutz (§ 41 Abs. 2 BImSchG) die Grenzwerte der 16. BImSchV überschritten, sind nach entsprechender Abwägung **passive Schutzvorkehrungen** (Schallschutzfenster) zu gewähren (§§ 41, 42 BImSchG). 179

Die Verpflichtung zur **aktiven Lärmschutzmaßnahme** besteht dann nicht nach § 41 Abs. 2 BImSchG soweit deren Kosten außer Verhältnis zu dem angestrebten Schutzzweck ständen. Die Unverhältnismäßigkeit der Kosten kann nicht daraus hergeleitet werden, dass die nach § 42 Abs. 2 BImSchG zu leistende Entschädigung für passiven Lärmschutz regelmäßig erheblich billiger wären als die Kosten aktiven Lärmschutzes. § 41 Abs. 2 BImSchG verlangt vielmehr eine Abwägung zwischen dem Kostenaufwand für bestimmte aktive Lärmschutzmaßnahmen und dem mit ihnen erzielbaren Nutzen[2]. 180

Dabei ist gestuft vorzugehen, grds. sind zunächst die Aufwendungen für solche, die Einhaltung der Immissionsgrenzwerte vollständig sicherstellende Schutzmaßnahmen zu untersuchen, (sog. Vollschutz). Erweist sich dieser Aufwand als unverhältnismäßig, sind schrittweise Abschläge vorzunehmen, um so die mit gerade noch verhältnismäßigem Aufwand zu leistende maximale Verbesserung der Lärmsituation zu ermitteln. In Baugebieten sind dem durch die Maßnahme insgesamt erreichbaren Schutz der Nachbarschaft grds. die hierfür insgesamt aufzuwendenden Kosten gegenüberzustellen und zu bewerten[3]. 181

Bei welcher Relation zwischen Kosten und Nutzen die Unverhältnismäßigkeit des Aufwandes für aktiven Lärmschutz anzunehmen ist, bestimmt sich nach den Umständen des Einzelfalls. Ziel der Bewertung muss eine Lärmschutzkonzeption sein, die auch unter dem Gesichtspunkt der Gleichbehandlung der Lärmbetroffenen vertretbar erscheint. Kriterien für die Bewertung des Schutzzwecks sind die Vorbelastung, die Schutzbedürftigkeit und die Größe des Gebiets, das ohne ausreichenden aktiven Schallschutz von schädlichen Umwelteinwirkungen durch Lärm der Verkehrswege betroffen wäre, die Zahl der dadurch betroffenen Personen sowie das Ausmaß der für die prognostizierten Grenzwertüberschreitungen und des zu erwartenden Wertverlustes der betroffenen Grundstücke. 182

Der Normgeber hat inzwischen seine Verpflichtung aus § 43 Abs. 1 Nr. 3 BImSchV durch die 24. BImSchV v. 4.2.1997[4] erfüllt. Danach sind die durch die Verordnung normierten Schutzziele für Innenschallpegel einzuhalten. Für über den Grenzwerten der 16. BImSchV liegende Beeinträchtigungen des wohnartig genutzten Außenwohnbereichs[5], deren Vermeidung für den Vorhabenträger faktisch oder wirtschaft- 183

---
1 BayVGH v. 12.10.1995 – 20 B 94.1188, BayVBl. 1996, 400 (401).
2 BVerwG v. 13.5.2009 – 9 A 72.07, Rz. 63, DVBl 2009, 1307.
3 BVerwG v. 13.5.2009 – 9 A 72.07, Rz. 64, DVBl 2009, 1307.
4 BGBl. I, 172.
5 Terrasse, Balkone, nicht der Garten – BVerwG v. 11.11.1988 – 4 C 11.87, UPR 1989, 110.

lich (§ 41 Abs. 2 BImSchG) nicht möglich ist, ist im Planfeststellungsbeschluss Entschädigung dem Grunde, nicht aber der Höhe nach, festzusetzen[1]. Dies ergibt sich aus § 74 Abs. 2 Satz 3 VwVfG.

184 Bereits im Rahmen der Abwägung (insbesondere bei der Großräumigen Trassenentscheidung wie z.B. Fernstraßen) ist der **immisionsschutzrechtliche Trennungsgrundsatz** (§ 50 BImSchG) zu berücksichtigen.

**b) Erschütterungen**

185 Nicht nur die unmittelbaren (primären) Luftschalleinwirkungen aus dem Betrieb von öffentlichen Verkehrsanlagen sind abwägungserhebliche Belange. Dasselbe gilt auch für alle anderen mit dem Betrieb der Anlage verbundenen Immissionen, wie Erschütterungen oder sonstige Gefährdungen der Anlieger.

186 Ausgangspunkt für die rechtliche Bewertung der durch die in § 41 BImSchG genannten Anlagen entstehenden Erschütterungen ist, dass auf diese § 41 BImSchG nicht anwendbar ist. Gegenstand von § 41 BImSchG sind allein Verkehrsgeräusche. Auch gibt es, anders als für primäre Luftschalleinwirkungen, keine normativen Festlegungen entsprechend der 16. BImSchV.

187 Ansprüche Betroffener auf reale Schutzvorkehrungen gegen Erschütterungen gründen sich somit nicht auf § 41 BImSchG, sondern auf § 74 Abs. 2 Satz 2 VwVfG. Ausgleichsansprüche (bei Untunlichkeit von Schutzvorkehrungen) können auf § 74 Abs. 2 Satz 3 VwVfG gestützt werden.

188 Ist durch das Vorhaben mit einer wesentlichen/unzumutbaren Erhöhung der Erschütterungseinwirkungen zu rechnen, hat der Betroffene grds. einen **Abwehranspruch** (Art. 2 Abs. 2, Art. 14 GG) bzw. ist in der Planfeststellung eine Problembewältigung im Rahmen des § 74 Abs. 2 Sätze 2 und 3 VwVfG erforderlich. In Betracht kommen Schutzvorkehrungen oder geldwerte Ausgleichsansprüche. Dabei unterliegen eventuelle Ausgleichsansprüche nach der Rechtsprechung einer starken Modifikation, da die Höhe der Erschütterungseinwirkungen wesentlich bestimmt ist durch die bauliche Struktur der angrenzenden Anwesen[2].

189 Betroffene müssen sich vorhandene Vorbelastungen zurechnen lassen. Dies bedeutet, dass Erschütterungsvorbelastungen bei der Abwägung zu berücksichtigen sind. Dies entspricht der Rechtsprechung des **BVerwG** zum primären Luftschall vor In-Kraft-Treten der 16. BImSchV. Der Gedanke der Zurechnung von Vorbelastungen beruht darauf, dass es an der Kausalität des konkret planfestgestellten Vorhabens für Beeinträchtigungen fehlt, soweit solche Beeinträchtigungen bereits ohne das Vorhaben gegeben sind.

190 Reale und geldwerte **Ausgleichsansprüche** bei Vorbelastung des Grundstücks mit Erschütterungen bestehen folglich nur insoweit, als das Hinzutreten weiterer Erschütterungseinwirkungen zu der vorhandenen Vorbelastung die Erschütterungen in beachtlicher Weise erhöht und gerade in dieser Erhöhung eine zusätzliche unzumutbare Beeinträchtigung liegt[3].

191 Eine Abweichung hierzu gilt nach der Rechtsprechung des **BVerwG** bei einer die **Enteignungsschwelle** überschreitenden Vorbelastung des Grundstücks. In diesem

---
1 BVerwG v. 22.3.1985 – 4 C 15.83, BVerwGE 71, 166 (177).
2 OVG Bremen v. 19.1.1993 – 1 BA 11/92, NVwZ-RR 1993, 468, S. 29 f. Umdruck; BayVGH v. 21.2.1995 – 20 A 93.40080, S. 90 f. Umdruck.
3 BVerwG v. 21.5.1976 – IV C 80.74, BVerwGE 51, 15 (32); v. 14.12.1979 – 4 C 10.77, BVerwGE 59, 253 (266); v. 20.10.1989 – 4 C 12.87, BVerwGE 84, 31 (39).

Fall wird der Abwehr-/Ausgleichsanspruch durch jede weitere Zunahme der Beeinträchtigung ausgelöst und dies unabhängig davon, ob gerade in der Erhöhung selbst eine unzumutbare Beeinträchtigung liegt[1]. Wo die Enteignungsschwelle bei Erschütterungen liegt, ist Fachfrage. Rechtliches Kriterium für eine enteignende Wirkung von Erschütterungen ist, ob der Grundstückseigentümer durch die Stärke der Erschütterungen unerträglich und schwer in seinem Eigentum beeinträchtigt wird. Mangels rechtlich verbindlicher Festlegungen der **Erheblichkeitsschwelle** von Erschütterungen ist für die Frage der Zumutbarkeit von Erschütterungen auf technische **Regelwerke** und sonstigen Sachverstand zurückzugreifen.

Nach der Rechtsprechung des **BVerwG** ist mit Blick auf die Zumutbarkeit von Immissionen eine Einzelfallbetrachtung geboten[2]. Hierbei greifen die Gerichte grds. auf Regelwerke der einschlägigen Fachwissenschaft/Technik als Ausdruck des maßgeblichen Sachverstands zurück. 192

Sofern mit Bezug auf die Schädlichkeit von Immissionen kein Stand gesicherter Erkenntnis vorliegt, sondern in der Fachdiskussion unterschiedliche Meinungen über die Schwelle der Zumutbarkeit herrschen, ist es ratsam, auf die den Betroffenen am stärksten schützende Meinung abzustellen. Andernfalls läuft die Planung Gefahr, zu wenig Vorkehrungen für Betroffene festzusetzen und dadurch zumindest Planergänzungsansprüchen ausgesetzt zu sein. 193

Zur Bestimmung der Zumutbarkeitsschwelle bei Erschütterungen wurde in der Rechtsprechung die DIN 4150 „Erschütterungen im Bauwesen", Teil 2, Einwirkungen auf Menschen, und Teil 3, Einwirkungen auf Gebäude, vom Dezember 1992 herangezogen. 194

Darüber hinaus könnte auch die VDI-Richtlinie 2057 – Einwirkungen mechanischer Schwingungen auf Menschen in Gebäuden – herangezogen werden. Diese bezieht sich aber auf Erschütterungen aus dem Bereich der Industrie und des Gewerbes und dürfte die Besonderheiten der Beeinträchtigung der Anwohner an Schienenstrecken nicht hinreichend würdigen. Auch dies ist aber letztlich Fachfrage. 195

Bei der Planfeststellung sind die betroffenen Belange mit Blick auf Erschütterungen sachgerecht zu ermitteln, abzuwägen und zu bewältigen. Deshalb ist die vorhandene Erschütterungssituation zu ermitteln und eine Prognose über die Veränderung des Ist-Zustands durch das neue Vorhaben abzugeben. 196

Bei der **Bestandsaufnahme** werden i.d.R. in repräsentativen Gebäuden Messungen durchgeführt. Problematisch ist, dass auf Grund der unterschiedlichen Bodenverhältnisse und Schwingungsverhältnisse an einzelnen Gebäuden oder gar Räumen es eigentlich zu einer exakten Bestandsaufnahme nötig wäre, dass praktisch jedes Haus und jeder Raum auf die vorhandenen Erschütterungswerte untersucht werden müssten. Die Rechtsprechung hat eine so weitgehende Bestandsaufnahme aber nicht gefordert[3]. Ausreichend ist es danach, dass die messtechnische Erfassung der Erschütterungseinwirkungen nach dem Stand der Messtechnik und nach dessen Erkenntnis über Erschütterungsausbreitungen durchgeführt wird. 197

### c) Sekundärer Luftschall (Körperschall)

Einen Sonderfall der Erschütterungsproblematik stellt der sog. sekundäre Luftschall dar. **Sekundärer Luftschall** (Körperschall) tritt auf, wenn Decken und Wände 198

---
1 BVerwG v. 14.12.1979 – 4 C 10.77, BVerwGE 59, 253 (267).
2 BVerwG v. 20.10.1989 – 4 C 12.87, BVerwGE 84, 31 (39).
3 BayVGH v. 21.2.1995 – 20 A 93.40080, S. 93 Umdruck.

durch Erschütterungen zu Schwingungen angeregt werden und dadurch Schall abstrahlen.

199 Anders als Erschütterungseinwirkungen unterfällt der sekundäre Luftschall nach der Rechtsprechung[1] § 41 Abs. 1 BImSchG, weil sekundärer Luftschall Verkehrsgeräusch im weiteren Sinne ist. Doch auch nach dieser Rechtsprechung wird der sekundäre Luftschall von den Bestimmungen der 16. BImSchV nicht erfasst, da die dieser zugrunde liegenden Parameter zur Bestimmung des Beurteilungspegels (Anhang der 16. BImSchV) die Problematik des mit den Erschütterungseinwirkungen einhergehenden sekundären Luftschalls rechnerisch nicht erfassen.

200 Deshalb ist rechtlicher Maßstab wiederum § 74 Abs. 2 Sätze 2 und 3 VwVfG mit den dort geregelten realen Schutzvorkehrungen oder Ausgleichszahlungsansprüchen. Auch insoweit kommt es wieder darauf an, ob das Hinzutreten weiterer sekundären Luftschalls zu der vorhandenen Vorbelastung diese in beachtlicher Weise erhöht und gerade in dieser Erhöhung eine zusätzliche unzumutbare Beeinträchtigung der Betroffenen liegt. Fehlt es an einer Vorbelastung, kommt es darauf an, ob die Zumutbarkeitsschwelle mit Bezug auf sekundären Luftschall überschritten wird. Auch hier gilt wieder, dass die Bestimmung der Zumutbarkeitsgrenze beim Luftschall mangels der Existenz gesetzlicher Grenzwerte wiederum Einzelfall- und Fachfrage ist.

201 Auch beim sekundären Luftschall ist auf Kriterien abzustellen, die den einschlägigen Sachverstand wiedergeben. Insoweit kommt als technisches Regelwerk für die Ermittlung der Wesentlichkeitsschwelle beim sekundären Luftschall die VDI-Richtlinie 2058 (Beurteilung von Arbeitslärm in der Nachbarschaft) und die VDI-Richtlinie 2719 (Schalldämmung von Fenstern) in Betracht. Zu denken wäre auch an die bahninterne Regel „Akustik 23"; diese wurde vom Bayerischen Verwaltungsgerichtshof auf Grund eines Gutachtens des Bayer. Landesamts für Umweltschutz aber als unzureichend angesehen.

202 Nach In-Kraft-Treten der 24. BImSchV dürfte diese Verordnung als rechtlicher Maßstab zur Bestimmung der Wesentlichkeitsschwelle beim sekundären Luftschall heranzuziehen sein.

203 Die Erheblichkeitsschwelle der Zunahme von sekundärem Luftschall dürfte – wie beim primären Luftschall – bei 3 dB(A) liegen[2].

**d) Elektrische und magnetische Felder**

204 Bei der Planfeststellung namentlich von Eisenbahnstrecken, Bahnfernstromleitungen und Magnetschwebebahnstrecken sind die mit dem Betrieb dieser Anlagen verbundenen **elektrischen und magnetischen Felder** als Belange in die Prüfung einzustellen. Die zulässigen Grenzwerte für elektrische und magnetische Felder sind neuerdings in der auf Grund § 23 Abs. 1 BImSchG erlassenen 26. BImSchV (Verordnung über elektromagnetische Felder) geregelt. Die 26. BImSchV schreibt die bereits zuvor in der Rechtsprechung als ausreichend anerkannten Grenzwerte fest, wie sie die Empfehlungen der Internationalen Strahlenschutzassoziation IRPA vorsieht, welche die deutsche Strahlenschutzkommission in die Empfehlung „Elektrische und magnetische Felder im Alltag"[3]„ übernommen hat[4].

---
1 BayVGH v. 21.2.1995 – 20 A 93.40080, S. 94 Umdruck; BVerwG v. 10.10.1995 – 11 B 100.95, NVwZ-RR 1997, 336.
2 Vgl. BayVGH v. 21.2.1995 – 20 A 93.40080, S. 95 Umdruck.
3 Vom 16./17.2.1995, BAnz. Nr. 147a.
4 BayVGH v. 27.1.1993 – 20 A 92.40093, UPR 1993, 346; HessVGH v. 22.3.1993 – 2 A 3300/89, 2 A 3316/89, CR 1994, 41 = NVwZ 1994, 391; BVerwG v. 9.2.1996 – 11 VR 46.95, DVBl 1996, 682.

## 10. Gesundheit

Wenn die Planfeststellung die o.g. Maßgaben und sonstige Anforderungen des Immissionsschutzes beachtet, werden in aller Regel damit gleichzeitig auch mögliche **Gesundheitsgefahren** ausgeschlossen sein. Treten trotz Einhaltung etwa der Grenzwerte der 16. BImSchV durch vorhandene Immissionsvorbelastungen Gesundheitsgefährdungen ein, besteht seitens der davon Betroffenen ein Anspruch auf Schutzvorkehrungen[1]. 205

## 11. Eigentum (Art. 14 GG)

### a) Enteignung und enteignende Vorwirkung

Das Fachplanungsrecht gestattet die **Enteignung** Dritter, soweit sie zur Ausführung des festgestellten Plans erforderlich ist (z.B. § 22 Abs. 1 AEG; § 19 Abs. 1 FStrG; § 7 MBPlG). Dies gilt nicht nur für Grundstücke Dritter, die für den Bau der festgestellten Anlage erforderlich sind, sondern auch für Flächen, die für naturschutzrechtliche Ausgleichs- und Ersatzmaßnahmen benötigt werden[2]. Enteignet werden kann auch das Eigentum an öffentlichen Sachen bzw. an öffentlichen Zwecken gewidmeten Grundstücken – wie etwa an Bundesbahnanlagen oder Eisenbahnanlagen – sofern dies zur Herstellung des planfestzustellenden Vorhabens erforderlich ist[3]. Für den Fall der Begründung eines Leitungsrechts (Wasserleitung) an einer Bundesfernstraße hat das BVerwG entschieden, dass wegen § 8 Abs. 10 FStrG eine Enteignung nicht zulässig ist, soweit der mit ihr verfolgte Zweck durch die Begründung eines obligatorischen Nutzungsverhältnisses (Gestattungsvertrags) möglich ist[4]. 206

Da dies erst Fragen sind, die sich im Enteignungsverfahren unter dem Gesichtspunkt des Vorliegens der allgemeinen Enteignungsvoraussetzungen stellen, steht einer Aufnahme von öffentlichen Zwecken gewidmeten Grundstücken ins Grunderwerbsverzeichnis der Planunterlage (s.o.) nichts entgegen. Mit der Planfeststellung des Grunderwerbsverzeichnisses wird nämlich noch nicht abschließend über die Zulässigkeit der Enteignung entschieden. Nach Maßgabe des jeweiligen Fachplanungsrechts kommt dem Planfeststellungsbeschluss zwar enteignende Vorwirkung zu. Diese bedeutet, dass es neben der Planfeststellung einer weiteren Feststellung der Zulässigkeit der Enteignung nicht bedarf, der festgestellte Plan dem Enteignungsverfahren zugrunde zu legen und für die Enteignungsbehörde bindend ist (z.B. § 22 Abs. 2 AEG). Deshalb muss der Planfeststellungsbeschluss den Anforderungen genügen, die Art. 14 Abs. 3 GG an Enteignungen stellt. Die **enteignungsrechtliche Vorwirkung** des Planfeststellungsbeschlusses bezieht sich dem Inhalt nach aber nur auf die Feststellung, dass die Inanspruchnahme der im Plan bezeichneten Grundstücke zur Verwirklichung des Plans notwendig sind, lässt jedoch die zusätzlich nach den Enteignungsgesetzen bestehenden Enteignungsvoraussetzungen – wie das Erfordernis eines ernsthaften Angebots zum freihändigen Erwerb oder zum Abschluss eines Gestattungsvertrags – unberührt. Ob diese gegeben sind, kann und muss im nachfolgenden Enteignungsverfahren geprüft werden. 207

Soweit durch das planfestgestellte Vorhaben Grundeigentum Dritter benötigt wird, kann sich der davon Betroffene auf die Einhaltung auch anderer als subjektiver Belange berufen. Dies beruht darauf, dass eine Enteignung **insgesamt rechtmäßig** sein 208

---

1 BVerwG v. 21.3.1996 – 4 C 9.95, DVBl 1996, 916.
2 BVerwG v. 22.8.1996 – 4 A 29.95, DVBl 1997, 68; v. 13.3.1995 – 11 VR 4.95, UPR 1995, 308; v. 21.12.1995 – 11 VR 6.95, DVBl 1996, 676 = NVwZ 1996, 896; v. 23.8.1996 – 4 A 29.95.
3 BVerwG v. 27.9.1961 – I C 37.60, BVerwGE 13, 75; v. 29.3.1968 – IV C 100.65, BVerwGE 29, 249 (254); v. 4.3.1983 – 4 C 9.80, NVwZ 84, 649.
4 BVerwG v. 29.3.1968 – IV C 100.65, BVerwGE 29, 249.

muss (Art. 14 Abs. 3 GG). Ein enteignend Betroffener kann sich deshalb zum Beispiel auch auf die Verletzung von naturschutzrechtlichen Vorschriften oder sonstiger öffentlicher Belange berufen. Dies gilt allerdings nur, soweit die Verletzung des Belangs kausal für die Inanspruchnahme des Grundeigentums ist. Daran fehlt es, wenn das Grundstück auch bei Beachtung des als verletzt gerügten Belangs beansprucht würde[1]. Dies wäre dann nicht der Fall, wenn z.B. auch bei Beachtung eines übersehenen Naturschutzgebietes das im weiteren Streckenverlauf liegende Grundstück des Betroffenen von der Strecke überquert würde.

**b) Enteignung im Rahmen der Verhältnismäßigkeit**

209 Bei der Grundstücksinanspruchnahme ist der **Verhältnismäßigkeitsgrundsatz** zu beachten. Deshalb darf das Volleigentum nicht entzogen werden, wenn die Einräumung einer Dienstbarkeit zur Erreichung des Enteignungszwecks ausreicht[2]. Das ist etwa bei einer nur unterirdischen Inanspruchnahme des Grundstücks oder bei der Festsetzung von naturschutzrechtlichen Ersatzmaßnahmen auf dem Grundstück der Fall. Die Feststellung der genauen Modalitäten der Dienstbarkeit braucht nicht im Planfeststellungsbeschluss, sondern kann – falls eine Einigung nicht zustande kommt – im Enteignungsverfahren erfolgen[3]. Dasselbe gilt für die Festsetzung der Entschädigung.

**c) Enteignung für gemeinnützige und privatnützige Planfeststellung**

210 Im Planfeststellungsrecht wurde und wird danach unterschieden, ob ein planfestzustellendes Vorhaben dem Nutzen Privater oder dem Wohl der Allgemeinheit dient[4]. Es bestehen keine rechtlichen Bedenken dagegen, die Planfeststellung auch für ausschließlich privatnützige Vorhaben gesetzlich vorzusehen. Soll allerdings auf der Grundlage eines Planfeststellungsbeschlusses die Enteignung dafür benötigter Grundstücksflächen zulässig sein, muss das planfestgestellte Vorhaben zumindest auch dem öffentlichen Wohl dienen. Dies folgt aus Art. 14 Abs. 3 GG, der eine Enteignung nur zum Wohle der Allgemeinheit zulässt.

211 Dass das Wohl der Allgemeinheit und Privatnützigkeit keinen sich ausschließenden Gegensatz bilden, sondern ein privatnütziges Vorhaben zugleich gemeinnützig sein kann, liegt auf der Hand. Eine privatnützige Planfeststellung mit Enteignungsermächtigung ist daher – unter dieser Voraussetzung – zulässig[5].

**d) Grundstückswertminderungen**

212 Der Grundstücksmarkt reagiert auf den Bau z.B. einer Verkehrsanlage oft mit **Wertminderungen** der in näherer oder weiterer Nachbarschaft liegenden Grundstücke, auch wenn deren Nutzung als solche vom Vorhaben gar nicht beeinträchtigt wird. Diese als bloße Folge der Errichtung des planfestzustellenden Vorhabens eintretende Verkehrswertminderung eines Nachbargrundstücks ist nach der Rechtsprechung weder als Belang in die Abwägung einzustellen noch zu entschädigen[6]. Je-

---

1 BVerwG v. 18.3.1983 – 4 C 80.79, BVerwGE 67, 74.
2 BVerwG v. 28.2.1996 – 4 A 28.95, NJW 1996, 2113; v. 18.12.1996, – 11 A 4.96; v. 23.8.1996 – 4 A 29.95, DVBl 1997, 68.
3 BVerwG v. 28.2.1996 – 4 A 28.95, NJW 1996, 2113.
4 Vgl. die Nachweise bei *Kühling*, Die privatnützige Planfeststellung, in FS Sendler, 1991, S. 391 ff.
5 Vgl. BVerfG v. 20.3.1984 – 1 BvL 28/82, BVerfGE 66, 248 (257); BVerwG v. 9.3.1990 – 7 C 21.89, BVerwGE 85, 44 (50f.).
6 BVerwG v. 4.5.1988 – 4 C 2.85, NVwZ 1989, 151 (152); v. 9.2.1995 – 4 NB 17.94, NVwZ 1995, 895 (896).

doch ist durch die Entscheidung des BVerwG zum Flughafen Schönefeld eine gewisse „Kehrtwende" erfolgt, deren Auswirkungen noch nicht abzusehen sind[1]. Danach sind Wertverluste, die durch unterhalb der einschlägigen Grenzwerte liegenden Lärmeinwirkungen verursacht wurden, in der Abwägung zu berücksichtigen; sie können jedoch zugunsten gegenläufiger Belange weggewogen werden. Ob und welche Sachverhaltsermittlungspflichten sich für die Planfeststellung daraus ergeben, erscheint offen. Jedenfalls wenn die Nutzung des Nachbargrundstücks durch Immissionen und sonstige Auswirkungen des Vorhabens nicht nur unwesentlich beeinträchtigt wird, sind die hierdurch berührten Interessen des Betroffenen in die Abwägung einzustellen[2]. Eine enteignungsrechtliche und damit ganz andere Frage ist es, ob bei einer Inanspruchnahme von Teilflächen eines Grundstücks eine Entschädigung für die dadurch verursachte Verkehrswertminderung des Restgrundstücks im Enteignungsverfahren zuzusprechen ist.

## 12. Unfallrisiken

In der Praxis wird gegen Planfeststellungsbeschlüsse vorgetragen, die Planfeststellungsbehörde habe die mit dem Betrieb der planfestzustellenden Anlage verbundenen **Unfallrisiken** zu ermitteln und dagegen Schutzvorkehrungen vorzusehen. Mit Bezug auf Verkehrsanlagen hat die Rechtsprechung entschieden, dass mit der Eintrittswahrscheinlichkeit einhergehende Risikoabschätzung und Risikobetrachtung könne in Planfeststellungsbeschlüssen unterbleiben, soweit es um theoretische, aus dem allgemeinen Lebensrisiko erwachsende Gefährdungslagen gehe. Risikolagen, die sich der Planfeststellung nicht aufdrängen müssen, braucht sie in der im Planfeststellungsbeschluss gegebenen Begründung auch nicht abwägend zu behandeln[3]. So hat etwa der BayVGH das Risiko im Schienenverkehr beim Umschlag von Gefahrgütern als geringes Grenzrisiko bezeichnet[4]. Auch der Bau etwa einer S-Bahnlinie oder einer stark befahrenen Straße durch Wohngebiete begegnet in der Rechtsprechung unter dem Gesichtspunkt Unfallrisiko keinen Bedenken und erfordert kein spezielles Sicherheitskonzept[5].

213

## 13. Beeinträchtigungen während der Bauausführung

Die **Modalitäten der Bauausführung** eines planfestgestellten Vorhabens können im Einzelfall eine qualitative planerische Bedeutung haben und von hier aus Gegenstand der Planfeststellung sein. In diesen Fällen ist die Art und Weise der Bauausführung nicht als eine bloße Frage des technischen Vorgehens zu verstehen. Dies ist dann gegeben, wenn die technische Ausführung Einfluss auf eine sachgerechte Abwägung hat in dem Sinn, dass davon die eine oder andere planerische Entscheidung abhängig sein kann. Nur dann ist die Bauausführung Teil des Abwägungsmaterials und im Planfeststellungsbeschluss zu berücksichtigen[6]. Planerische Qualität kann etwa die Entsorgung von Altlasten haben, die zur Durchführung der Bauarbeiten entsorgt werden sollen.

214

Wenn es bei der Durchführung des planfestgestellten Vorhabens zu **Vollzugsdefiziten** kommt, stellt dies die Rechtmäßigkeit des Planfeststellungsbeschlusses nicht in Frage.

215

---

1 BVerwG v. 16.3.2006 – 4 A 1075.04, BVerwGE 125, 116.
2 BVerwG v. 9.2.1995 – 4 NB 17.94, NVwZ 1995, 895; v. 4.5.1988 – 4 C 2.85, NVwZ 1989, 151 (152).
3 BVerwG v. 5.10.1990 – 4 B 249.89, NVwZ-RR 1991, 118 (120ff.).
4 BayVGH v. 30.9.1991 – 20 A 88.40103, S. 30 Umdruck.
5 Vgl. dazu BVerwG v. 8.7.1998 – 11 A 30.97, ZUR 1999, 228.
6 BayVGH v. 21.2.1995 – 20 A 93.40080, S. 101 Umdruck; BVerwG v. 26.6.1992 – 4 B 1 – 11.92, NVwZ 1993, 572.

## 14. Zusammentreffen mehrerer Fachplanungen

216 **Materiell-rechtliche Fehlerquellen** für Planfeststellungsbeschlüsse können entstehen, wenn mehrere Vorhaben gleichzeitig planfestgestellt werden oder auf Grund eines planfestzustellenden Vorhabens an anderen Anlagen Folgemaßnahmen durchzuführen sind.

217 Wenn **mehrere selbständige Vorhaben**, für deren Durchführung Planfeststellungsverfahren vorgeschrieben sind, derart zusammentreffen, dass für diese Vorhaben oder für Teile von ihnen nur eine einheitliche Entscheidung möglich ist, und ist mindestens eines der Planfeststellungsverfahren bundesrechtlich geregelt, so findet für diese Vorhaben oder für deren Teil nur ein Planfeststellungsverfahren statt (§ 78 Abs. 1 VwVfG). Zuständigkeiten und Verfahren richten sich nach den Rechtsvorschriften über das Planfeststellungsverfahren, das für diejenige Anlage vorgeschrieben ist, die einen größeren Kreis öffentlich-rechtlicher Beziehungen berührt (§ 78 Abs. 2 Satz 1 VwVfG). Die Verwaltungsverfahrensgesetze der Länder enthalten entsprechende Vorschriften.

218 In der **Praxis** spielt die genannte Vorschrift vornehmlich eine Rolle, wenn in zentralen Bereichen von Städten komplexe Planungen stattfinden. Jüngstes und bedeutendstes Beispiel sind die im Zentralen Bereich von Berlin geplanten Verkehrsanlagen (Eisenbahn-, S-Bahn-, U-Bahn- und Straßen-).

219 Von den Fällen des § 78 VwVfG zu trennen ist die Planfeststellung von **notwendigen Folgemaßnahmen an anderen Anlagen** als der planfestgestellten Anlage. Diese ist in § 75 Abs. 1 VwVfG geregelt. Sie betrifft den Fall, dass zur Herstellung der Funktionsfähigkeit der planfestgestellten Anlage Anpassungs- und Anschlussmaßnahmen an einer anderen Anlage erfolgen müssen. Wird zum Beispiel auf Grund der Planfeststellung einer Eisenbahnstrecke erforderlich, dass eine Kreuzung mit einer Fernstraße geändert wird oder erst entsteht, darf diese Änderung nach § 75 Abs. 1 VwVfG im Rahmen der Planfeststellung der Eisenbahnstrecke miterledigt werden. Diese „Zuständigkeitsübertragung" folgt materiell aus dem Gebot umfassender Problembewältigung. Der durch die Befugnis zu Folgemaßnahmen bedingte kompetenzerweiternde Übergriff auf die originären Planungskompetenzen anderer Planungsträger ist aber nur auf das unbedingt Notwendige zu beschränken[1]. Dazu gehören nicht alle nützlichen oder zweckmäßigen Mitentscheidungen im Zusammenhang mit dem planfeststellungspflichtigen Vorhaben, sondern nur solche Vorhaben, die erforderlich sind, um durch das planfestgestellte Vorhaben verursachte nachhaltige Störungen der Funktionsfähigkeit anderer Anlagen zu beseitigen. Deshalb sind grds. nur solche Folgemaßnahmen notwendig, die zum Abschluss und zur Anpassung an andere Anlagen gehören und nicht solche, die lediglich „bei Gelegenheit" der Planfeststellung stattfinden. Selbst bei Notwendigkeit oder Unvermeidbarkeit der Anpassungsmaßnahme liegt keine zulässige Folgemaßnahme nach § 75 Abs. 1 VwVfG vor, wenn sie nur durch eine umfassende eigene Konzeption des anderen Planungsträgers bewältigt werden kann[2].

## 15. Widmung und Entwidmung von Anlagen

220 Soweit planfestgestellte Anlagen zur Nutzung durch die Öffentlichkeit bestimmt sind, bedarf es zu ihrer Indienststellung als öffentliche Anlage neben der Planfeststellung zusätzlich der **Widmung** zu diesem Zweck. Dies gilt insbesondere für Verkehrswege. Das Rechtsinstitut der Widmung ist zu unterscheiden von der Planfest-

---

1 BVerwG v. 12.2.1998 – 4 C 54.84, DVBl 1988, 843.
2 BVerwG v. 12.2.1988 – 4 C 54.84, NVwZ 1989, 153; *Kühling*, DVBl 1989, 228; BayVGH v. 19.7.1989 – 8 A 87.40015, DVBl 1990, 166.

stellung. Auch die Widmung ist Verwaltungsakt. Sie ist als dinglicher Verwaltungsakt öffentlich bekanntzumachen. Die Widmung kann zwar zusammen mit der Planfeststellung erfolgen; geschieht dies, steht sie aber unter der aufschiebenden Bedingung der Indienststellung der Anlage[1]. Wenn der öffentliche Verkehrsweg zu dem gewidmeten Zweck nicht mehr oder nicht mehr im bisherigen Umfang benötigt wird, kommt seine Entwidmung – wiederum im Unterschied zur Planfeststellung – in Betracht.

Anders als im Straßenrecht finden sich im **Eisenbahnrecht** bislang keine speziellen gesetzlichen Vorschriften zu Form, Inhalt und Voraussetzungen von Widmung und Entwidmung von öffentlichen Eisenbahnanlagen. 221

## V. Rechtsbehelfe

Beim Rechtsschutz gegen unter dem Vorbehalt der Planfeststellung stehenden Vorhaben ist zu unterscheiden zwischen Rechtsschutz vor und während des Planfeststellungsverfahrens, Rechtsschutz auf Durchführung eines Planfeststellungsverfahrens und Rechtsschutz gegen den Planfeststellungsbeschluss[2]. 222

### 1. Rechtsbehelfe gegen die Durchführung eines Planfeststellungsverfahrens

Rechtsschutz gegen die Planfeststellung **vorbereitende Maßnahmen** (z.B. Linienbestimmung oder Einleitung des Planfeststellungsverfahrens) gibt es mangels Außenwirkung grds. nicht. Nach § 44a VwGO können Rechtsbehelfe gegen behördliche Verfahrenshandlungen grds. nur gleichzeitig mit den gegen die Sachentscheidung zulässigen Rechtsbehelfen geltend gemacht werden. 223

Zur Ermöglichung der Vorbereitung der Planung sehen die Fachgesetze die Durchführung von Vorarbeiten, die zur Erstellung des Plans notwendig sind, auf Grundstücken Dritter vor. Die Eigentümer und sonstigen Nutzungsberechtigten sind zur Duldung der für die Planung **notwendigen Vorarbeiten** verpflichtet. Die Bekanntgabe der Vorarbeiten an die Betroffenen ist ein Verwaltungsakt, der mit Widerspruch und Anfechtungsklage angegriffen werden kann[3]. 224

### 2. Rechtsbehelfe gegen die Durchführung eines ohne erforderliches Planfeststellungsverfahren geplanten Vorhabens

Unterlässt der Vorhabenträger die Durchführung eines rechtlich gebotenen Planfeststellungsverfahrens oder besteht Streit darüber, ob eine Maßnahme planfeststellungsbedürftig ist, stellt sich die Frage nach dem **Anspruch von Betroffenen auf Durchführung eines Planfeststellungsverfahrens** oder auf Unterlassung des Vorhabens ohne Durchführung des Verfahrens. Das BVerwG geht davon aus, dass es kein subjektives Recht eines Dritten auf Durchführung eines Planfeststellungsverfahrens gibt[4]. Ein vom Vorhaben Betroffener kann nach dieser Rechtsprechung nur dann Unterlassung des ohne Durchführung des Verfahrens beabsichtigten Vor- 225

---

1 *Herbert*, in: Kodal, Straßenrecht, S. 314 ff.
2 Vgl. *Hoppe/Schlarmann*, Rechtsschutz bei der Planung von Straßen und anderen Verkehrsanlagen.
3 Vgl. BVerwG v. 3.3.1994 – 7 VR 4.94, 7 VR 5.94, 7 VR 6.94, NVwZ 1994, 483; HessVGH v. 5.7.1994 – 14 TH 625/93, NVwZ 1995, 298; VGH BW v. 22.7.1994 – 10 S 1017/94, NVwZ-RR 1994, 625.
4 BVerwG v. 22.2.1980 – 4 C 24.77, MDR 1980, 959 = DÖV 1980, 516 f.; ablehnend *Steinberg/Berg/Wickel*, Fachplanung, § 6 Rz. 5.

habens verlangen, wenn es Beeinträchtigungen verursacht, die im Falle der Durchführung eines Planfeststellungsverfahrens zur Aufhebung des Planfeststellungsbeschlusses und nicht lediglich zur Planergänzung führen würden.

### 3. Rechtsbehelfe gegen dem Planfeststellungsverfahren vorgelagerte Verfahren

226 Gegen raumordnerische Beurteilungen[1], Linienbestimmungen[2] und sonstige dem Planfeststellungsverfahren vorgeschaltete verwaltungsinterne Vorentscheidungen stehen Betroffenen und Gemeinden mangels Außenwirkung keine Rechtsbehelfe zur Seite.

### 4. Rechtsbehelfe gegen Planfeststellungsbeschlüsse

#### a) Anfechtungsklage ohne Vorverfahren

227 Der Planfeststellungsbeschluss ist als Verwaltungsakt mit der Anfechtungsklage angreifbar (§ 42 Abs. 1 VwGO). Die für **Rechtsbehelfe** gegen Verwaltungsakte geltende Grundregel, wonach die Rechtmäßigkeit eines Verwaltungsakts auf den Widerspruch Betroffener durch die Verwaltung in einem **Vorverfahren** zu prüfen ist (§ 68 Abs. 1 Satz 1 und Abs. 2 VwGO), gilt für Planfeststellungsbeschlüsse nicht. Bundes- und Landesgesetzgeber haben durch § 74 Abs. 1 i.V.m. § 70 VwVfG von der Befugnis zum Ausschluss des Vorverfahrens (§ 68 Abs. 1 Satz 2 Halbs. 1 VwGO) Gebrauch gemacht.

228 Somit ist gegen Planfeststellungsbeschlüsse unmittelbar Klage zum VG (§ 40 Abs. 1 VwGO) zulässig und zur Verhinderung der Bestandskraft des Planfeststellungsbeschlusses notwendig. Ein Widerspruch hingegen ist nicht zulässig[3].

#### b) Antrag auf Planergänzung

229 Kommt eine Planaufhebung wegen der Möglichkeit der Fehlerbehebung durch Planergänzung nicht in Betracht (s.o.), ist vom Kläger ggf. hilfsweise ein Antrag auf Planergänzung zu stellen, andernfalls die Klage als unbegründet abgewiesen wird. Hier ist zu beachten, dass die Rechtsprechung neuerdings auch bei Planergänzungsansprüchen die Vollziehung der Planfeststellungsbeschlusses – anders als bisher – aussetzt[4].

#### c) Erstinstanzliche Zuständigkeit

230 **Sachlich zuständig** ist zwar grds. das VG (§ 45 VwGO).

231 Für die in § 48 Abs. 1 VwGO genannten Planfeststellungsverfahren ist jedoch das **Oberverwaltungsgericht** zur Entscheidung über Streitigkeiten die Planfeststellung betreffend zuständig. Hierzu sollen jedoch nicht Streitigkeiten über das Bestehen eines Anspruchs auf Anordnung nachträglicher Schutzvorkehrungen nach § 75 Abs. 2 Satz 2 VwVfG gehören[5].

---

1 § 6 a ROG; OVG Schl.-Holst. v. 13.12.1994 – 4 K 2/94, NuR 1995, 316; BVerwG v. 30.8.1995 – 4 B 86.95, ZfBR 1995, 322.
2 § 16 FStrG; BVerwG v. 26.6.1981 – 4 C 5.78, BVerwGE 62, 342.
3 *Sachs*, in: Stelkens/Bonk/Sachs, VwVfG, § 70 Rz. 1 m.w.N.
4 BVerwG v. 21.3.1996 – 4 C 19.94 – Eschenrieder Spange, BVerwGE 100, 370 = NVwZ 1996, 1016.
5 VGH BW v. 13.9.1993 – 5 S 1778/93, NVwZ 1995, 179; BayVGH v. 14.5.1991 – 8 A 88.40109, 8 A 88.40110, NVwZ-RR 1992, 165.

## V. Rechtsbehelfe

Nach dem Infrastrukturplanungsbeschleunigungsgesetz v. 19.12.2000 (BGBl. I S. 2833) ist das **BVerwG** im ersten und letzten Rechtszug zuständig für sämtliche die Planfeststellung und Plangenehmigung der in diesem Gesetz genannten Vorhaben betreffende Streitigkeiten. Diese Zuständigkeit erfasst auch Streitigkeiten über Vorarbeiten (s.o.)[1]. 232

### d) Örtliche Zuständigkeit

**Örtlich** ist nach § 52 Nr. 1 VwGO das Gericht der Belegenheit der planfestgestellten Anlage **zuständig**[2]. 233

### 5. Klagebefugnis

Von der Planfeststellung betroffene Private und/oder Gemeinden können in dem Umfang gegen den Planfeststellungsbeschluss klagen, soweit sie die Verletzung eigener subjektiver Rechte geltend machen können. Insoweit wird auf das oben (s. Rz. 35 ff., 45 ff.) Gesagte verwiesen. Gem. § 64 BNatSchG gibt es das früher nur in einigen Landesnaturschutzgesetzen für anerkannte Naturschutzverbände eröffnete Recht zur Verbandsklage auch nach Bundesrecht[3]. Die Verbandsklage gem. § 64 BNatSchG ist dabei nicht nur gegen Planfeststellungsbeschlüsse von Bundesbehörden möglich, sondern auf Grund der unmittelbaren Geltung des § 64 BNatSchG auch gegen Planfeststellungsbeschlüsse von Landesbehörden, auch wenn das jeweilige Landesrecht selbst keine Verbandsklage vorsieht[4]. Durch das Umwelt-Rechtsbehelfsgesetz vom 7.12.2006[5] ist diese weitere Verbandsklage in die deutsche Rechtsverordnung eingefügt worden, mit der u.a. Planfeststellungsbeschlüsse angegriffen werden können (§§ 1, 2 Umwelt-Rechtsbehelfsgesetz). 234

### 6. Prozessuale Präklusion

Nach mehreren der Verfahrensbeschleunigung dienenden neueren Bundesgesetzen (§ 5 Abs. 3 VerkPBG; Infrastrukturplanungsgesetz) hat der Kläger im Klageverfahren innerhalb von sechs Wochen die Tatsachen anzugeben, durch deren Berücksichtigung oder Nichtberücksichtigung im Verwaltungsverfahren er sich beschwert fühlt. Diese Frist beginnt mit Erhebung der Klage[6]. Die Frist besteht kraft Gesetzes und nicht kraft richterlicher Anordnung. Einer gesonderten Belehrung nach § 58 Abs. 1 VwGO bedarf es daher nicht. Entsprechendes gilt für die Glaubhaftmachung von Eilanträgen nach § 80 Abs. 5 VwGO, die sogar innerhalb eines Monats nach Zustellung des Planfeststellungsbeschlusses (zu erheben und) zu begründen sind. 235

Soweit keine speziellen Beschleunigungsvorschriften eingreifen, bleibt es bei den allgemeinen Regelungen der VwGO (§§ 74 Abs. 1 Satz 2, 80, 82, 87b VwGO). 236

### 7. Vorläufiger Rechtsschutz

Soweit der Anfechtungsklage gegen einen Planfeststellungsbeschluss kraft gesetzlicher Anordnung (z.B. § 43e Energiewirtschaftsgesetz; § 2d Abs. 2 MBPlG) oder auf 237

---

1 Vgl. BVerwG v. 3.3.1994 – 7 VR 4.94, 7 VR 5/94, 7 VR 6.94, NVwZ 1994, 483.
2 *Steinberg/Berg/Wickel*, Fachplanung, § 6 Rz. 146.
3 Zur alten Rechtslage vgl. BVerwG v. 5.3.1997 – 11 A 14.96, UPR 1997, 339.
4 *Schmidt/Zschiesche*, NuR 2003, 16 (18). Siehe auch *Seelig/Gündling*, NVwZ 2002, 1031 (1038).
5 BGBl. I, 2816.
6 BVerwG v. 30.8.1993 – 7 A 14.93, NVwZ 1994, 371; v. 31.3.1995 – 4 A 1.93, BVerwGE 98, 126 (129).

Grund behördlicher Anordnungen der sofortigen Vollziehung (§ 80 Abs. 2 Nr. 4 VwGO) keine aufschiebende Wirkung zukommt, ist ein Antrag auf Herstellung bzw. Wiederherstellung der aufschiebenden Wirkung der Klage statthaft. Neben den allgemeinen Voraussetzungen, die für den Erfolg eines Eilantrags erforderlich sind, kann der Antrag nur begründet sein, wenn in der Hauptsache mit einer Aufhebung des Planfeststellungsbeschlusses und nicht lediglich mit einer Verurteilung zur Planergänzung zu rechnen ist. Planergänzungsansprüche, deren Verwirklichung die Konzeption des Vorhabens nicht berühren, können nach der älteren Rechtsprechung nicht Gegenstand des Eilverfahrens nach § 80 Abs. 5 sein[1]. Da nach der neuesten Rechtsprechung[2] aber auch bei Planergänzungsansprüchen die Vollziehung des Planfeststellungsbeschlusses ausgesetzt wird, ist auch insoweit vorläufiger Rechtsschutz in entsprechender Anwendung des § 80 Abs. 5 VwGO möglich[3].

---

[1] BayVGH v. 29.7.1994 – 20 AS 94.2131.
[2] BVerwG v. 21.3.1996 – 4 C 19.94, BVerwGE 100, 370 ff.
[3] BVerwG v. 1.4.1998 – 11 VR 13.97, DVBl 1998, 1191.

# Teil 2
# Baurecht

## A. Baugenehmigungsverfahren

| | Rz. |
|---|---|
| **I. Das anwendbare Recht** | |
| 1. Landesbauordnungen | 1 |
| 2. Das allgemeine Verwaltungsverfahrensrecht | 2 |
| 3. Verfahrensrechtliche Bestimmungen im BauGB | 3 |
| **II. Tätigkeiten vor förmlicher Antragstellung** | |
| 1. Klärungsauftrag | 4 |
| 2. Erforderlichkeit einer baurechtlichen Genehmigung | 5 |
|    a) Begriff der „baulichen Anlage" | 6 |
|    b) Genehmigungsfreie Vorhaben | 7 |
|    c) Freigestellte bzw. anzeigepflichtige Wohnbauvorhaben | |
|      aa) Allgemeines | 8 |
|      bb) Anwendungsvoraussetzungen | 11 |
|      cc) Verfahren | 15 |
|    d) Vereinfachte Genehmigungsverfahren | 18 |
|    e) Änderung baulicher Anlagen | 21 |
|    f) Instandsetzungs- und Unterhaltungsarbeiten | 23 |
|    g) Nutzungsänderungen | 26 |
|    h) Spezialgesetzliche Genehmigungen und Konzentrationswirkung | 32 |
| 3. Ermittlung der Genehmigungsfähigkeit | 39 |
|    a) Die planungsrechtliche Beurteilung | 40 |
|    b) Die materielle bauordnungsrechtliche Beurteilung | 45 |
| 4. Überwindung von materiellen Genehmigungshindernissen | 49 |
|    a) Ausnahmen, Befreiungen und Abweichungen | 50 |
|    b) Die Baulast | 52 |
|    c) Ablösung der Stellplatzpflicht | 55 |
| **III. Antrag auf Erteilung eines Bauvorbescheids** | |
| 1. Anwendungsbereich und Rechtsnatur eines Bauvorbescheids | 56 |
| 2. Bindungswirkung des Bauvorbescheids | 58 |
| 3. Formerfordernis | 61 |
| **IV. Antrag auf Erteilung einer Baugenehmigung** | |

| | Rz. |
|---|---|
| 1. Antragsinhalt | 62 |
| 2. Antragsberechtigter | 65 |
| 3. Vollständigkeit und Eindeutigkeit des Antrags | 66 |
| 4. Ausnahmen, Befreiungen und Abweichungen | 69 |
| 5. Unterschiedliche und wiederholte Anträge | 71 |
| 6. Verfahrensgang | 73 |
| 7. „Überlange" Verfahrensdauer | |
|    a) Kontaktaufnahme mit der Genehmigungsbehörde | 75 |
|    b) Die Untätigkeitsklage | 76 |
|    c) Fiktive Baugenehmigung | 77 |
| **V. Genehmigungserteilung** | |
| 1. Form der Genehmigungserteilung | 78 |
| 2. Baugenehmigungsgebühren | 80 |
| 3. Geltungsdauer | 81 |
| 4. Nebenbestimmungen | |
|    a) Zulässigkeit | 84 |
|    b) Arten von Nebenbestimmungen | 85 |
|    c) Die „modifizierende Auflage" | 86 |
| 5. Untersuchung auf Altlasten und sonstige Nachweispflichten | 89 |
| 6. Die Teilbaugenehmigung | 91 |
| 7. Die Nachtragsgenehmigung | 92 |
| 8. Nachträgliche Aufhebung einer erteilten Baugenehmigung | 93 |
| 9. Beseitigung verfallender baulicher Anlagen | 95 |
| **VI. Genehmigungshindernisse** | 96 |
| 1. Nachbareinwendungen | |
|    a) Beteiligungserfordernisse nach den Bauordnungen | 97 |
|    b) Beteiligung nach allgemeinem Verwaltungsverfahrensrecht | 98 |
|    c) Folgen von Nachbareinwendungen | 99 |
| 2. Verweigerung des gemeindlichen Einvernehmens | 102 |
| 3. Veränderungssperre gem. § 14 BauGB, Zurückstellung und vorläufige Untersagung gem. § 15 BauGB | 106 |
| **VII. „Durchsetzung" einer erteilten Baugenehmigung** | |
| 1. Auswirkungen eines Widerspruchs | 111 |

|  | Rz. |
|---|---|
| 2. „Freigestellte" bzw. „anzeigepflichtige" Wohnbauvorhaben | 113 |
| **VIII. Vorgehen bei Ablehnung der Baugenehmigung** | |
| 1. Reaktionsmöglichkeiten | 114 |
| 2. Maßgeblicher Beurteilungszeitpunkt | 116 |
| **IX. Ersatzansprüche** | 117 |
| 1. Bei rechtswidriger Ablehnung | 118 |
| 2. Bei Verzögerungen | 119 |
| 3. Bei rechtswidriger Erteilung | 121 |
| 4. Bei Falschauskunft | 122 |
| 5. Entschädigungsansprüche | 123 |
| Exkurs: Der Baunachbarstreit | 124 |
| **I. Tätigkeit im Angrenzer-/Nachbarbenachrichtigungsverfahren** | |
| 1. Zeitpunkt und Grenzen für Nachbareinwendungen | 125 |
| 2. Umfang der Einwendungen | 126 |
| 3. Einwendungen trotz unterbliebener Beteiligung | 129 |
| **II. Tätigkeit im Widerspruchsverfahren** | |
| 1. Zeitpunkt der Widerspruchseinlegung | 130 |
| 2. Prüfung der Erfolgsaussichten | 131 |
| 3. Erfordernis der Verletzung subjektiver Nachbarrechte | 133 |
| 4. Notwendigkeit einer tatsächlichen Beeinträchtigung? | 135 |
| 5. „Taktische" Fragen | 136 |
| 6. Maßnahmen zur Herstellung des Suspensiveffektes von Widerspruch bzw. Anfechtungsklage | |
| a) Kein Suspensiveffekt durch Widerspruchseinlegung | 137 |
| b) Antrag auf Anordnung der aufschiebenden Wirkung | 138 |
| **III. Besonderheiten im Fall freigestellter bzw. anzeigepflichtiger Wohnbauvorhaben** | |
| 1. Veränderte Rechtslage im Hinblick auf den Nachbarschutz | 142 |
| 2. Rechtsanspruch des Nachbarn auf Einschreiten | 143 |
| 3. Prozessuale Durchsetzung der Nachbarrechte | |
| a) Rechtsschutz in der Hauptsache | 144 |
| b) Vorläufiger Rechtsschutz | 145 |
| 4. Besonderheiten bei Planabweichungen | 147 |
| 5. Möglichkeiten eines zivilrechtlichen Vorgehens | 148 |
| **IV. Besonderheiten im vereinfachten Genehmigungsverfahren** | 149 |
| **V. Tätigkeit bei rechtswidrigem Verhalten des Bauherrn** | 151 |

**Literatur:**

**Kommentare:**

**Kommentare zu den Bauordnungen:**

*Boeddinghaus/Hahn/Schulte*, Bauordnung für das Land Nordrhein-Westfalen, Landesbauordnung, Kommentar, Stand Dezember 2010; *Degenhart* (Hrsg.), Sächsische Bauordnung, Stand Juni 2002; *Gädtke/Czepuck/Johlen/Plietz/Wenzel*, BauO NRW, 12. Aufl. 2011; *Große-Suchsdorf/Lindorf/Schmaltz/Wiechert*, Niedersächsische Bauordnung, Kommentar, 8. Aufl. 2006; *Jäde/Dirnberger/Böhme/Bauer/Michel/Radeisen/Thom*, Bauordnungsrecht Sachsen, Kommentar, Stand Juni 2011; *Jeromin* (Hrsg.), Kommentar zur Landesbauordnung Rheinland-Pfalz, Stand Dezember 2004; *Sauter*, Landesbauordnung für Baden-Württemberg, Stand März 2011; *Schlotterbeck/Hoger/Busch/Gammerl*, Landesbauordnung für Baden-Württemberg, 6. Aufl. 2011; *Simon/Busse*, BayBO, Kommentar, Stand März 2011; *Wilke/Dageförde/Knuth/Meyer/Broy-Bülow*, Bauordnung für Berlin, 6. Aufl. 2008.

**Kommentare zum BauGB:**

*Battis/Krautzberger/Löhr*, BauGB, 11. Aufl. 2009; Berliner Kommentar zum BauGB, hrsg. von *Otto Schlichter u.a.*, (zitiert: Berliner Kommentar zum BauGB), Stand Mai 2011; *Brügelmann*, Kommentar zum Baugesetzbuch, Stand Mai 2011; *Ernst/Zinkahn/Bielenberg*, BauGB, Kommentar, Stand Juni 2011; *Schrödter* (Hrsg.), Baugesetzbuch, Kommentar, 7. Aufl. 2006; *Spannowsky/Uechtritz*, Baugesetzbuch, Kommentar, 2009.

**Kommentare zum VwVfG und zur VwGO:**

*Eyermann*, VwGO, 13. Aufl. 2010; *Kopp/Schenke*, VwGO, 17. Aufl. 2011; *Kopp/Ramsauer*, VwVfG, 12. Aufl. 2011; *Redeker/von Oertzen*, VwGO, 15. Aufl. 2010; *Stelkens/Bonk/Sachs*, VwVfG, Kommentar, 7. Aufl. 2008.

**Monografien:**

*Eiding/Ruf/Herrlein,* Öffentliches Baurecht in Hessen, 2. Aufl. 2007; *Erwe,* Ausnahmen und Befreiungen im öffentlichen Baurecht, 1987; *Finkelnburg/Ortloff/Kment,* Öffentliches Baurecht, Band I: Bauplanungsrecht, 6. Aufl. 2011; *Finkelnburg/Ortloff/Otto,* Öffentliches Baurecht, Band II, 6. Aufl. 2010; *Gelzer/Bracher/Reidt,* Bauplanungsrecht, 7. Aufl. 2004; *Hoppe/Bönker/Grotefels,* Öffentliches Baurecht, 4. Aufl. 2010; *Hoppenberg/de Witt* (Hrsg.), Handbuch des öffentlichen Baurechts, München, Stand Januar 2011; *Reichel/Schulte* (Hrsg.), Handbuch Bauordnungsrecht, München 2004; *Uechtritz,* Öffentliches Baurecht, Bauplanungsrecht, Baugenehmigungsrecht, Verwaltungsprozess, RWS Grundkurs, 3., neu bearbeitete Aufl. 2002.

**Aufsätze:**

*Decker,* Das Gesetz zur Änderung der BayBO vom 22.7.2008, BauR 2008, 443; *Degenhart,* Genehmigungsfreies Bauen und Rechtsschutz, NJW 1996, 1433 ff.; *Erbguth/Stollmann,* Das bauordnungsrechtliche Genehmigungsfreistellungsverfahren, BayVBl. 1996, 65 ff.; *Erbguth/Stollmann,* Entwicklung im Bauordnungsrecht, JZ 2007, 868; *Gubelt,* Die neue Bauordnung in Nordrhein-Westfalen, NVwZ 2000, 1013 ff.; *Haar,* Die Bauordnung des Landes Sachsen-Anhalt (BauO LSA) 2006, LKV 2007, 254; *Hahn,* Die neue Bauordnung für Berlin, BauR 2006, 1420; *Hübner,* Noch einmal: Die neue Bauordnung Sachsens, LKV 2006, 452; *Ionescu/Reiling/Stengel,* Das vereinfachte Baugenehmigungsverfahren in Baden-Württemberg, VBlBW 2010, 380; *Jäde,* Aktuelle Entwicklungen im Bauordnungsrecht, ZfBR 2009, 428 ff.; ZfBR 2010, 551 ff. und ZfBR 2011, 421 ff.; *Jäde,* Grundlinien der Musterbauordnung 2002, ZfBR 2003, 221; *Knuth,* Die Brandenburgische Bauordnung auf neuen Wegen, LKV 2004, 193; *Koch,* Die neue Hamburgische Bauordnung 2005, NordÖR 2006, 56; *Mampel,* Modell eines neuen bauleitplanerischen Drittschutzes, BauR 1998, 697 ff.; *Mehde/Hansen,* Das subjektive Recht auf Bauordnungsverfügungen im Zeitalter der Baufreistellung – Eine Bilanz, NVwZ 2010, 14 ff.; *Ortloff,* Die Entwicklung des Bauordnungsrechts, NVwZ 1982, 75 ff.; NVwZ 1998, 10 ff.; NVwZ 1995, 13 ff.; NVwZ 1996, 441 ff.; NVwZ 1987, 374 ff.; NVwZ 1988, 399 ff.; NVwZ 1989, 615 ff.; NVwZ 1990, 525 ff.; NVwZ 1991, 627 ff.; NVwZ 1992, 224 ff.; NVwZ 1993, 326 ff.; NVwZ 1994, 229 ff.; NVwZ 1995, 436 ff.; NVwZ 1996, 647 ff.; NVwZ 1997, 333 ff.; NVwZ 1998, 581 ff.; NVwZ 1999, 955 ff.; NVwZ 2000, 750 ff.; NVwZ 2001, 997 ff. und NVwZ 2002, 416 ff.; NVwZ 2003, 660 ff.; NVwZ 2004, 934 ff.; NVwZ 2005, 1381 ff. und NVwZ 2006, 999 ff.; *Ortloff,* Abschied von der Baugenehmigung – Beginn beschleunigten Bauens?, NVwZ 1995, 112 ff.; *Pfaff,* Die neue Landesbauordnung für Baden-Württemberg, VBlBW 1996, 281 ff.; *Peschke,* Die neue Bauordnung Sachsens, LKV 2005, 391; *Postier,* Der öffentlich-rechtliche Nachbarschutz im Beitrittsgebiet, LVK 1992, 33 ff.; *Rasch,* Neuerungen im Brandenburgischen Baurecht, LKV 2006, 452; *Sauthoff,* Neues Bauordnungsrecht in Mecklenburg-Vorpommern, NordÖR 2006, 323; *Schlick,* Rechtsprechung des BGH zur Amtshaftung und aus enteignungsgleichem Eingriff im Zusammenhang mit dem Baurecht, BauR 2008, 290; *Seiters,* Amtshaftungsansprüche in Bauverwaltungssachen – dargestellt anhand der Rechtsprechung des Bundesgerichtshofs, NordÖR 2010, 477 ff.; *Uechtritz,* Nachbarrechtsschutz bei der Errichtung von Wohngebäuden im Freistellungs-, Anzeige- und vereinfachten Verfahren, NVwZ 1996, 640 ff.; *Uechtritz,* Vorläufiger Rechtsschutz eines Nachbarn bei genehmigungsfreigestellten Bauvorhaben – Konkurrenz zwischen Zivil- und Verwaltungsprozess?, BauR 1998, 719 ff.; *Wickel,* Die Neuordnung der bauordnungsrechtlichen Zulassungsverfahren durch die HBauO-Novelle, NordÖR 2006, 45; *Wilke/Suttkus,* Schlankeres Bauordnungsrecht?, NordÖR 2004, 143; *Winkler,* Das vereinfachte Baugenehmigungsverfahren nach Art. 80 BayBO (Art. 73 BayBO 1998), BayVBl 1997, 744 ff.; *Wittkowski,* Musterbauordnung MBO 2002, NVwZ 2004, 196.

Soweit nicht anderes vermerkt, werden die aufgeführten Werke nur mit den Namen der Verfasser bzw. Herausgeber zitiert.

# I. Das anwendbare Recht

## 1. Landesbauordnungen

### – Baden-Württemberg

1

Landesbauordnung Baden-Württemberg (LBO) i.d.F. der Bek. v. 8. August 1995 (GBl. S. 617), zuletzt geändert am 5.3.2010 (GBl. S. 357)

- **Bayern**

Bayrische Bauordnung (BayBO) i.d.F. der Bek. v. 14. August 2007 (GVBl. S. 588), zuletzt geändert am 25.2.2010 (GVBl. S. 66)

- **Berlin**

Bauordnung von Berlin (BauO Bln) i.d.F. der Bek. v. 29. September 2005, zuletzt geändert am 8.7.2010 (GVBl. S. 396)

- **Brandenburg**

Brandenburgische Bauordnung (BbgBO) i.d.F. der Bek. v. 17. September 2008 (GVBl. S. 226), zuletzt geändert am 29.11.2010 (GVBl. Nr. 39 S. 1)

- **Bremen**

Bremische Landesbauordnung (BremLBO) i.d.F. der Bek. v. 6. Oktober 2009 (BremGVBl. S. 401)

- **Hamburg**

Hamburgische Bauordnung (HBauO) v. 14. Dezember 2005, zuletzt geändert am 11.5.2010 (HmbGVBl., S. 350)

- **Hessen**

Hessische Bauordnung (HBO) i.d.F. der Bek. v. 18. Juni 2002 (GVBl. I S. 274), zuletzt geändert am 25.11.2010 (GVBl. S. 429)

- **Mecklenburg-Vorpommern**

Landesbauordnung Mecklenburg-Vorpommern (LBauO MV) i.d.F. v. 18. April 2006 (GVOBl. MV S. 102), zuletzt geändert am 12.7.2010 (GVOBl. MV S. 366)

- **Niedersachsen**

Niedersächsische Bauordnung (NBauO) i.d.F. der Bek. v. 10. Februar 2003 (Nds. GVBl. S. 89), zuletzt geändert am 11.10.2010 (Nds. GVBl. S. 475)

- **Nordrhein-Westfalen**

Bauordnung Nordrhein-Westfalen (BauO NRW) i.d.F. der Bek. v. 1. März 2000 (GV. NW. S. 256), zuletzt geändert am 17.12.2009 (GV. NW. S. 975)

- **Rheinland-Pfalz**

Landesbauordnung Rheinland-Pfalz (LBauO) i.d.F. der Bek. v. 24. November 1998 (GVBl. S. 365), zuletzt geändert am 27.10.2009 (GVBl. 2007, S. 358)

- **Saarland**

Landesbauordnung Saarland (LBO) vom 18. Februar 2004 (Amtsbl. S. 822), zuletzt geändert am 16.6.2010 (Amtsbl. S. 1312)

- **Sachsen**

Sächsische Bauordnung (SächsBO) i.d.F. v. 28. Mai 2004 (SächsGVBl. S. 200), zuletzt geändert am 19.5.2010 (SächsGVBl. S. 142)

- **Sachsen-Anhalt**

Gesetz über die Bauordnung Sachsen-Anhalt (BauO LSA) vom 20. Dezember 2005 (GVBl. LSA 2005, S. 769), zuletzt geändert am 10.12.2010 (GVBl. LSA S. 569)

- **Schleswig-Holstein**

Landesbauordnung Schleswig-Holstein (LBO Schl.-Holst.) i.d.F. der Bek. v. 22. Januar 2009 (GVOBl. S. 6), zuletzt geändert am 9.3.2010 (GVOBl., S. 356)

- **Thüringen**

Thüringer Bauordnung (ThürBO) i.d.F. vom 16. März 2004 (GVBl. S. 349), zuletzt geändert am 8.7.2009 (GVBl. S. 592

## I. Das anwendbare Recht

Die einzelnen Bauordnungen orientieren sich im Aufbau, hinsichtlich der verwendeten Begriffe und der materiellen ordnungsrechtlichen Anforderungen an der sog. „Musterbauordnung"[1], die die Länder gemeinsam entwickelt haben. Landesrechtliche Unterschiede bestehen natürlich insoweit, als die Zuständigkeitsregeln dem jeweils unterschiedlichen Organisationsrecht der einzelnen Bundesländer entsprechen. Darüber hinaus haben die Novellierungen in den vergangenen Jahren (auch im Anschluss an die Einigung auf die neue MBO im Jahr 2002) dazu geführt, dass die Unterschiede zwischen den einzelnen Bauordnungen (besonders im materiellen Bauordnungsrecht, aber auch hinsichtlich der näheren Ausgestaltung der „Freistellungs"-, „Anzeige"- bzw. „Kenntnisgabeverfahren" – dazu näher unten Rz. 8–17) gewachsen sind. In der Literatur wurde kritisiert, dass die Bauordnungen „auseinanderdriften" und sich die Musterbauordnung zu einem „Muster ohne Wert" entwickelt[2]. In Bezug auf die Novellierungen in jüngster Zeit ist aber eine gegenläufige Tendenz zu erkennen. Zu konstatieren ist ein „Trend" zu einer Annäherung an das Muster der MBO 2002, wobei diese Entwicklung stärker das materielle und weniger das Verfahrensrecht erfasst[3]. Die trotz dieser Differenzen bestehende weitgehende inhaltliche Übereinstimmung der Bauordnungen gestattet es aber, eine einheitliche Darstellung des Baugenehmigungsverfahrens zu geben. Zitiert werden im Folgenden primär die einschlägigen Bestimmungen der LBO Baden-Württemberg. Soweit Regelungen in anderen Bundesländern (speziell im Hinblick auf die Verfahrensgestaltung) hiervon wesentlich abweichen, wird hierauf gesondert hingewiesen.

### 2. Das allgemeine Verwaltungsverfahrensrecht

Die Bauordnungen regeln das Verfahren nur teilweise, so dass ergänzend auf das allgemeine Verwaltungsverfahrensrecht (vgl. dazu auch Rz. 90), also auf die Verwaltungsverfahrensgesetze, zurückgegriffen werden muss, so z.B. auf die Bestimmungen über Bevollmächtigte und Beistände (vgl. hierzu *Bracher*, *Redeker* Teil 1 Kap. A Rz. 43 bis 47) und die Regelungen über Beteiligung, Anhörung[4] und Akteneinsicht (vgl. hierzu *Bracher*, *Redeker* Teil 1 Kap. A Rz. 24 bis 42). So wird der Anwalt, der im Nachbarrechtsstreit Akteneinsicht begehrt, Antwort auf die Frage, ob und in welcher Form er hierauf einen Anspruch hat, nicht der jeweiligen Bauordnung seines Bundeslandes, sondern nur dem Verwaltungsverfahrensgesetz entnehmen können (vgl. hierzu *Bracher*, *Redeker* Teil 1 Kap. A Rz. 34 bis 42). Auch die Frage, ob und nach welchen Maßgaben eine Baugenehmigung aufgehoben werden kann, ist nicht in den Bauordnungen geregelt, sondern beurteilt sich nach §§ 48 ff. VwVfG.

### 3. Verfahrensrechtliche Bestimmungen im BauGB

Vereinzelte Bestimmungen mit verfahrensrechtlicher Bedeutung finden sich auch im BauGB, so in den §§ 14, 15, 36, 37 BauGB und in § 212a BauGB: (Keine aufschiebende Wirkung eines Nachbarwiderspruchs bzw. einer Nachbarklage gegen eine Baugenehmigung). Grundsätzlich ist zu beachten, dass zwischen dem landesrechtlich in den Bauordnungen geregelten Bauordnungsrecht und dem bundesgesetzlich im BauGB geregelten Bauplanungsrecht eine enge Wechselbeziehung besteht. So steht z.B. die Anwendbarkeit der in der Praxis bedeutsamen bauordnungsrechtlichen Abstandsvorschriften unter dem Vorbehalt, dass planungsrechtlich nichts

---

1 Siehe dazu *Ley*, NVwZ 1983, 599; zur aktuellen Fassung der Musterbauordnung *Jäde*, Musterbauordnung, 2003; siehe auch *Jäde*, NVwZ 2003, 668 und ZfBR 2003, 221.
2 Vgl. *Ortloff*, NVwZ 1995, 112 (119); *Ortloff*, NVwZ 2006, 999; siehe auch *Erbguth/Stollmann*, JZ 1995, 1141 (1145).
3 *Jäde*, ZfBR 2010, 551, 552; ders. ZfBR 2011, 427, 429.
4 Zur Beteiligung des Nachbarn nach § 13 Abs. 2 Satz 1 oder Satz 2 VwVfG siehe *Hauth*, LKV 1995, 387.

anderes bestimmt ist (vgl. § 5 Abs. 1 LBO BW). § 20 BauNVO verweist zur Definition des planungsrechtlichen Begriffs des Vollgeschosses auf die landesrechtlichen Vorschriften – mit der Konsequenz, dass die Festsetzung der Zahl der Vollgeschosse in einem Bebauungsplan von Bundesland zu Bundesland unterschiedliche Bedeutung besitzen kann[1]. Bis zur Neufassung des BauGB durch das BauROG zum 1.1.1998 knüpfte auch § 29 BauGB die Anwendbarkeit der §§ 30 bis 37 BauGB (der Bestimmungen über die planungsrechtliche Zulässigkeit von Vorhaben) daran, dass ein Vorhaben genehmigungs-, zustimmungs- oder anzeigepflichtig ist.

Diese Verknüpfung ist durch die Neufassung des § 29 BauGB zum 1.1.1998 entfallen. Die §§ 30 ff. BauGB, insbesondere §§ 34 und 35 BauGB, gelten auch dann, wenn das Vorhaben keiner Genehmigung, Anzeige oder Zustimmung nach der jeweils einschlägigen Landesbauordnung bedarf[2]. Voraussetzung ist die Errichtung, Änderung oder Nutzungsänderung einer baulichen Anlage, die städtebauliche Relevanz besitzt. Anlagen, die diese Voraussetzung nicht erfüllen, werden von den §§ 29 ff. BauGB nicht erfasst[3].

## II. Tätigkeiten vor förmlicher Antragstellung

### 1. Klärungsauftrag

4   Strebt ein Grundstückseigentümer oder ein sonstiger Berechtigter eine bestimmte Grundstücksnutzung an, so hat der beauftragte Anwalt häufig zu klären, ob für das Vorhaben eine baurechtliche (oder sonstige Genehmigung, alternativ oder kumulativ) erforderlich ist oder ob Genehmigungsfreiheit besteht. Folgende – typische – Beispielsfälle können dies verdeutlichen:

– Auf einem Grundstück im Geltungsbereich eines qualifizierten Bebauungsplans nach § 30 Abs. 1 BauGB soll ein Wohngebäude errichtet werden, bei dem der Fußboden des obersten Geschosses 14 m über der Geländeoberfläche liegt[4].

– An der Hauswand eines gewerblich genutzten Gebäudes soll eine großflächige Werbetafel angebracht werden[5].

– Im EG eines Gebäudes ist ein Einzelhandelsgeschäft (Lebensmittel) genehmigt. Der Eigentümer möchte nunmehr einen Sex-Shop mit Videokabinen betreiben[6].

---

1 Näher hierzu *Finkelnburg/Ortloff/Otto*, Öffentliches Baurecht, Band II, S. 19 f. und *Boeddinghaus*, BauR 2011, 1263 ff.
2 Allgemein zu Problemen des Verhältnisses Bauordnungsrecht und Bundesbaurecht im Hinblick auf die Neufassung des BauGB zum 1.1.1998 *Jäde*, ZfBR 1998, 129 ff.; zu den Schnittstellen im Hinblick auf Abstände und Abstandsflächenrecht *Schulte*, BauR 2007, 1514; zu Schnittstellen im Hinblick auf bauordnungsrechtliche Sonderregelungen zum Thema „Klimaschutz" und im Hinblick auf die kommunale Planungshoheit *Jäde*, ZfBR 2010, 551, 558 ff.; zu planungsrechtlichen Regelungen im Gewand bauordnungsrechtlicher Vorschriften *Haaß*, NVwZ 2008, 252 ff.
3 *Uechtritz*, BauR 2003, 49 ff.; zur „großzügigen" Annahme der bodenrechtlichen Relevanz einer Anlage im Hinblick auf die Vielzahl entsprechender Anlagen, z.B. Werbe- oder Mobilfunkanlagen, *Jäde*, KommPBy 2010, 22, Fn. 75.
4 Vgl. hierzu die unterschiedlichen Regelungen in den einzelnen Bauordnungen über die Genehmigungsfreistellung für Wohnbauvorhaben (näher dazu unten II.2.c): Die meisten Bauordnungen erstrecken die Freistellung auf Wohngebäude mittlerer Höhe (vgl. § 67 BauO NRW i.V.m. § 2 Abs. 3 BauO NRW; siehe auch § 51 Abs. 1 Nr. 1 LBO BW; danach sind Wohnhäuser bis zur Hochhausgrenze (22m) genehmigungsfrei.
5 Vgl. VGH BW v. 30.9.1983 – 5 S 640/83, BRS 40 Nr. 159 und Urt. v. 29.6.1984 – 8 S 1073/84, BRS 42 Nr. 152 sowie OVG Lüneburg v. 12.12.1986 – 6 A 112/85, BRS 46 Nr. 132; siehe auch VG Arnsberg v. 10.9.1996 – 4 K 5215/96, NWVBl. 1997, 233.
6 OVG NW v. 27.2.1987 – 11 B 2903/86, BauR 1988, 75 und OVG Berlin v. 9.4.1997 – 2 S 5.97, GewArch. 1997, 301 ff.

II. Tätigkeiten vor förmlicher Antragstellung          Rz. 6  Teil 2 A

– Ein seit Jahrzehnten bestehender landwirtschaftlicher Hof, bei dem in drei Ställen mehr als 20000 Legehennenplätze bestehen, soll geändert werden; die bestehenden Ställe sollen umgebaut und die Kapazität auf 25000 Plätze erweitert werden. Hierdurch wird eine benachbarte Wohnbebauung verstärkten Immissionen ausgesetzt[1].
– Im Außenbereich soll eine Windkraftanlage mit einer Gesamthöhe von 80 m errichtet werden[2].

In den ersten drei Fällen ist klärungsbedürftig, ob die Maßnahmen ohne Durchführung eines Genehmigungsverfahrens zulässig sind; in den beiden letzten Fällen stellt sich die Frage, *was* für ein Genehmigungsverfahren erforderlich ist.

## 2. Erforderlichkeit einer baurechtlichen Genehmigung

Nach allen Bauordnungen (vgl. z.B. § 49 Abs. 1 LBO BW und § 63 Abs. 1 BauO NRW) bedarf die Errichtung und der Abbruch **baulicher Anlagen** einer Baugenehmigung, soweit nicht in der jeweiligen Bauordnung etwas Abweichendes bestimmt ist. Diese Regelungen, die § 59 Abs. 1 MBO entsprechen (wobei die MBO allerdings den Abbruch baulicher Anlagen nicht mehr aufführt), erwecken den Eindruck, als sei die Genehmigungspflicht der Regelfall bei der Errichtung baulicher Anlagen. Hiervon kann aber nach der „Deregulierung", die alle Bauordnungen im vergangenen Jahrzehnt durchlaufen haben, nicht mehr gesprochen werden. In unterschiedlicher Ausprägung, abhängig von der Deregulierungsintensität der jeweiligen Bauordnung, unterfallen viele, wenn nicht die Mehrheit der baulichen Anlagen nicht mehr dem Erfordernis eines „normalen" Genehmigungsverfahrens bei ihrer Errichtung. Zu konstatieren ist ein vierstufiges System von Verfahrensanforderungen[3]: Von der Verfahrensfreiheit (vgl. § 61 MBO) über die Genehmigungsfreistellung (§ 62 MBO) und das vereinfachte Genehmigungsverfahren (§ 63 MBO) bis zum „normalen" Baugenehmigungsverfahren (§ 64 MBO).

5

### a) Begriff der „baulichen Anlage"

Der Begriff der „baulichen Anlage"[4] ist in allen Bauordnungen weitgehend übereinstimmend definiert (vgl. § 2 LBO BW und § 2 Abs. 1 BauO NRW). Danach sind bau-

6

---

1 Vgl. BVerwG v. 11.2.1977 – IV C 9.75, GewArch 1977, 168.
2 Vgl. hierzu die Änderung von Nr. 1.6 des Anhangs zur 4. BImSchV zum 20.6.2005 (Immissionsschutzrechtliche Genehmigungsbedürftigkeit von Windkraftanlagen mit mehr als 50m Gesamthöhe); näher zu den Genehmigungserfordernissen für Windenergieanlagen *Gatz*, Windenergieanlagen in der Verwaltungs- und Gerichtspraxis, 2009, S. 174 ff.
3 Vgl. *Erbguth/Stollmann*, JZ 2007, 868 (871) und *Finkelnburg/Ortloff/Otto*, Öffentliches Baurecht, Band II, S. 85 ff.
4 Der Begriff der „baulichen Anlage" findet sich auch in § 29 BauGB. Der bauordnungsrechtliche und der bundesrechtliche Begriff der „baulichen Anlage" sind nicht deckungsgleich, vgl. BVerwG v. 31.8.1973 – IV C 33.71, BVerwGE 44, 59 (60) und v. 3.12.1992 – 4 C 27.91, BauR 1993, 315: Werbeanlage nach Bauplanungs- und Bauordnungsrecht. Das BVerwG leitet dies daraus her, dass Zweckrichtung und Zielsetzung von Bauordnungsrecht und Planungsrecht unterschiedlich sind. Das Vorliegen einer baulichen Anlage im planungsrechtlichen Sinn setzt eine städtebauliche Relevanz voraus (näher hierzu *Uechtritz*, BauR 2003, 49 ff.). Das BVerwG tendiert aber dazu, diese großzügig zu bejahen (vgl. BauR 1993, 315 [316] und v. 7.5.2001 – 6 C 18/00, BauR 2001, 1558 [1599]). Trotz dieser Differenzierung kann davon ausgegangen werden, dass in den meisten Fällen die Begriffe übereinstimmen, eine „bauliche Anlage" in bauordnungsrechtlichem Sinne also auch eine „bauliche Anlage" im planungsrechtlichen Sinne ist (*Finkelnburg/Ortloff/Otto*, Öffentliches Baurecht, Band II, S. 18).

liche Anlagen „unmittelbar mit dem Erdboden verbundene, aus Bauprodukten hergestellte Anlagen. Eine Verbindung mit dem Erdboden besteht auch dann, wenn die Anlage durch eigene Schwere auf dem Boden ruht oder wenn die Anlage nach ihrem Verwendungszweck dazu bestimmt ist, überwiegend ortsfest benutzt zu werden".

Nach dieser Definition sind z.B. Verkaufskioske bauliche Anlagen, wenn sie so aufgestellt sind, dass sie nicht ohne Hilfsmittel fortbewegt werden können[1]. Auch ein mobiler Verkaufsstand, der regelmäßig an der gleichen Stelle aufgestellt wird, ist nicht genehmigungsfrei[2]. Gleiches gilt für einen Wohnwagen, der ständig auf einem bestimmten Grundstück abgestellt wird[3]. Ob ein im öffentlichen Verkehrsraum abgestellter Pkw-Anhänger mit einer Werbeaufschrift das Merkmal der Ortsfestigkeit erfüllt und folglich als bauliche Anlage zu qualifizieren ist, hängt von den Umständen des Einzelfalls ab[4]. Auch ein Wohnfloß[5] und ein ehemaliges Fahrgastschiff, das am Ufer liegt und als Gaststätte genutzt wird[6], wurden von der Rechtsprechung als bauliche Anlagen angesehen. Gleiches gilt für Windenergieanlagen[7]. Diese unterliegen aber als Folge der Änderung von Nr. 1.6 des Anhangs zur 4. BImSchV zum 20.6.2005 nunmehr einer immissionsschutzrechtlichen Genehmigungsbedürftigkeit, sofern die Anlage eine Gesamthöhe von mehr als 50m hat. Bis zum 30.6.2005 bestand die immissionsschutzrechtliche Genehmigungspflicht nur für Windfarmen. Einzelne Anlagen bedurften (nur) einer baurechtlichen Genehmigung[8].

Die rechtliche Beurteilung des oben erwähnten zweiten Beispielsfalles (Rz. 4) ist umstritten. Bestritten ist schon, ob es sich um eine bauliche Anlage im bauordnungsrechtlichen Sinne handelt, weil es an der Verbindung mit dem Erdboden fehlt. Überwiegend wird aber bejaht, dass eine großflächige an einer Hauswand befestigte

---

1 *Sauter*, LBO BW, § 2 Rz. 8.
2 Vgl. OVG Saarl. v. 15.11.1985 – 2 R 135/04, BauR 1986, 309; siehe auch OVG Berlin v. 1.10.1976 – II B 106.75, BRS 30 Nr. 181; OVG Lüneburg v. 30.11.1992 – 1 M 4620/92, BauR 1993, 454 und VG Weimar v. 8.3.1999 – 1 E 199/99, Thür. VBl. 1999, 194 (Anhänger mit großflächigem Werbeträger); zur Genehmigungsfreiheit eines an einer Verkaufsstelle angebrachten Kaugummiautomaten, BayVGH v. 4.10.1990 – 2 B 89.3328, BayVBl. 1991, 501; zur Einstufung einer Baustelleneinrichtung als bauliche Anlage OVG MV v. 4.1.2006 – 3 M 144/05, BRS 70, Nr. 145.
3 OVG Lüneburg v. 16.1.1967 – I A 65/65, BRS 18 Nr. 40.
4 OVG NW v. 13.9.2010 – 10 B 698/10, BauR 2011, 242.
5 VGH BW v. 20.10.1971 – II 321/70, BRS 24 Nr. 129.
6 HessVGH v. 14.4.1986 – 4 TH 449/86, BauR 1987, 183; siehe aber auch VGH BW v. 7.7.1995 – 5 S 307/94, VBlBW 1996, 66: Nutzung eines Fahrgastschiffes als Tanzlokal auf der Wasserfläche des Bodensees im Hafen von Konstanz.
7 Zu deren verfahrensrechtlicher Behandlung *Gatz*, Windenergieanlagen in der Verwaltungs- und Gerichtspraxis 2009, S. 174 ff.; siehe auch OVG NW v. 1.7.2002 – 10 B 788/04, BauR 2002, 1669 und v. 7.1.2004 – 22 B 1288/03, NVwZ-RR 2004, 408; keine Rechtsverletzung eines Nachbarn, weil für eine Windenergieanlage eine Baugenehmigung anstelle der erforderlichen Genehmigung nach BImSchG erteilt worden ist: offen gelassen nunmehr OVG NW v. 15.9.2005 – 8 B 417/05, BRS 69, Nr. 159, a.A., die drittschützende Funktion des immissionsschutzrechtlichen Genehmigungsverfahren bejahen OVG Rh.-Pf. v. 25.1.2005 – 7 B 12114/04, BRS 69 Nr. 160. Speziell zur Berechnung der Abstandsflächen OVG NW v. 29.8.1997 – 7 A 629/95, BauR 1998, 110 ff.; BayVGH v. 12.3.1999 – 2 ZB 98.3014, BayVBl. 2000, 630 und Nds. OVG v. 13.8.2001 – 1 L 4089/00, NdsVBl. 2001, 322.
8 Hierzu, auch zur Frage, wie „Altfälle" verfahrensrechtlich zu behandeln sind. *Wustlich*, NVwZ 2005, 996 ff. und *Hornmann*, NVwZ 2006, 969 f.

Werbetafel jedenfalls eine bauliche Anlage im planungsrechtlichen Sinne des § 29 BauGB darstellt[1].

In jüngster Zeit befassen sich zahlreiche gerichtliche Entscheidungen auch mit der Frage, inwieweit Antennenanlagen für den Mobilfunk als bauliche Anlagen einzustufen sind und deshalb der bauordnungsrechtlichen Genehmigungspflicht unterliegen. Die Rechtsprechung[2] bejaht überwiegend das Vorliegen einer baulichen Anlage (auch i.S.d. § 29 Abs. 1 BauGB) teilweise im Hinblick auf die exponierte Lage dieser Anlagen (typischerweise auf Gebäudedächern), teilweise unter Rückgriff auf die Judikatur des BVerwG zu Werbeanlagen, die die städtebauliche Relevanz im Hinblick auf die unterstellte Häufigkeit derartiger Anlagen im Stadtgebiet bejaht hat. Photovoltaikanlagen sind bauliche Anlagen, deren Errichtung und Änderung auf Gebäuden regelmäßig genehmigungsfrei ist (vgl. z.B. § 65 Abs. 1 Nr. 44 BauO NRW). Allerdings kann in der Anbringung einer derartigen Anlage auf einem Gebäude eine Nutzungsänderung des Gebäudes liegen, die die Genehmigungspflicht auslösen kann[3].

Neben der allgemeinen Definition der baulichen Anlagen zählen alle Bauordnungen weitere Anlagen und Einrichtungen auf, die als bauliche Anlagen gelten und daher genehmigungspflichtig sind, so z.B. Stellplätze (vgl. die Aufzählung in § 2 Abs. 1 Satz 3 LBW BW). Besteht ein Vorhaben aus einem genehmigungspflichtigen Teil (Wohnhaus) und einem – bei isolierter Betrachtung – genehmigungsfreien Teil, dann ist das Vorhaben insgesamt als bauliche Anlage genehmigungspflichtig[4].

### b) Genehmigungsfreie Vorhaben

Während durch die vorstehend zitierte Bestimmung der Kreis der Anlagen, die einer präventiven Kontrolle durch ein Genehmigungsverfahren unterliegen, erweitert wird, enthalten die Bauordnungen einen Katalog von Anlagen, die der Landesgesetz-

---

1 Vgl. OVG Schl.-Holst. v. 17.6. 1993 – 1 L 71/92, BRS 55 Nr. 138; zur Einstufung eines Schaukastens von 2,73 qm siehe VGH BW v. 12.7.1991 – 8 S 838/91, VBlBW 1992, 100; zur Differenzierung zwischen Werbung an Stätte der Leistung und sonstiger Werbung VGH BW v. 12.7.1991 – 8 S427/91, VBlBW 1992, 99; s.a. OVG Hbg. v. 25.7.1991 – BF II 29/90, BRS 52 Nr. 141; zur Beurteilung eines „Himmelsstrahler" als Werbeanlage OVG NW v. 22.6.1999 – 11 B 1466/94, BRS 56 Nr. 133 und zur Einstufung einer Werbefolie an der Innenseite eines Fenster VGH BW v. 20.6.1994 – 3 S 1931/93, VBlBW 1995, 141; siehe auch VG Arnsberg v. 10.9.1996 – 4 K 5215/96, NWVBl. 1997, 233: Werbung an einem abgestellten zum Straßenverkehr zugelassenen (und fahrbereiten) Anhänger. In Einzelnen Bauordnungen wird ausdrücklich bestimmt, dass ortsfeste Werbeanlagen bauliche Anlagen sind, vgl. § 2 Abs. 1 Satz 1 Nr. 2 NBauO; zur baurechtlichen Behandlung von Werbeanlagen auch *Dziallas*, NZBau 2009, 436 und *Jäde*, ZfBR 2010, 34; zum planungsrechtlichen Ausschluss VGH BW v. 16.4.2008 – 2 S 3005/06, BRS 73 Nr. 140.
2 BVerwG v. 1.11.1999 – 4 B 3.99, NVwZ 2000, 680; HessVGH v. 29.7.1999 – 4 TG 2118/99, BauR 2000, 1162 und VGH BW v. 26.10.1998 – 8 S 1848/98, BauR 2000, 712; zur Problematik auch *Jung*, ZfBR 2001, 24 ff.; *Rathjen*, ZfBR 2001, 304 ff. und *Gehrken*, NVwZ 2006, 977; Übersicht zum Meinungsstand bei *Uechtritz*, VerwArch 100 (2009), S. 505 Fn. 10; zur Einstufung von Mobilfunkanlagen als Hauptanlage oder als baurechtliche Nebenanlage i.S.d. § 14 Abs. 1 oder Abs. 2 BauNVO BayVGH v. 1.7.2005 – 25 B 01.2747, ZfBR 2005, 803; allgemein zu baurechtlichen Problemen bei der Errichtung von Mobilfunkanlagen *Seebauer*, BayVBl. 2007, 357 ff. und *Tysper*, BauR 2008, 614 ff.; mit der Novellierung des BauGB durch das Gesetz zur Förderung des Klimaschutzes bei der Entwicklung in den Städten und Gemeinden zum 30.7.2011 hat der Gesetzgeber in § 35 Abs. 1 Nr. 8 BauGB einen neuen Privilegierungstatbestand für die Nutzung solarer Strahlungsenergie in, an und auf Dach- und Außenflächen geschaffen.
3 OVG NW v. 20.9.2010 – 7 B 985/10, BauR 2011, 240; hierzu *Vietmeier*, BauR 2011, 210 und *Jäde*, ZfBR 2011, 427, 432.
4 OVG Rh.-Pf. v. 13.4.2005 – 8 A 12135/04, BRS 69 Nr. 151.

geber als bauordnungsrechtliche Bagatellen[1] ansieht und die somit ohne Genehmigung errichtet werden dürfen – obwohl sie nach der weitgefassten allgemeinen Definition der „baulichen Anlagen" unter diesen Begriff fallen. Im Einzelnen bestehen hier landesrechtlich erhebliche Unterschiede. Auf die entsprechenden Bestimmungen kann daher nur hingewiesen werden (z.B. Anhang zu § 50 LBO BW; Art. 57 BayBO und § 65 BauO NRW). Ein besonderes Problem stellen auch insoweit Mobilfunkanlagen dar. Nach den meisten Bauordnungen ist grds. die Errichtung von Antennenanlagen bis zu 10m genehmigungsfrei (vgl. § 65 Abs. 1 Nr. 18 BauO NRW)[2]. Die Rechtsprechung nahm aber überwiegend dennoch eine Genehmigungspflicht an, weil sie in der Errichtung einer Mobilfunkanlage auf bzw. in einem bestehenden Gebäude regelmäßig zugleich eine (nicht genehmigungsfreie) Nutzungsänderung sah[3]. Hierauf haben die Landesgesetzgeber die Regelung des § 61 Abs. 1 Nr. 4 MBO übernommen, durch die ausdrücklich die mit der Errichtung einer Antennenanlage verbundene Nutzungsänderung des Gebäudes, auf dem die Anlage angebracht wird, für verfahrensfrei erklärt wird (vgl. z.B. den Wortlaut von § 65 Abs. 1 Nr. 18 BauO NRW)[4]. Übereinstimmend ordnen aber alle Bauordnungen an, dass auch genehmigungsfreie Vorhaben den öffentlich-rechtlichen Vorschriften entsprechen müssen[5]; sie dürfen daher z.B. nicht verunstaltet wirken.

### c) Freigestellte bzw. anzeigepflichtige Wohnbauvorhaben

#### aa) Allgemeines

8   In ihrem Bestreben, tatsächliche oder vermeintliche Investitionshemmnisse zu beseitigen bzw. für überflüssig gehaltene Genehmigungsverfahren abzubauen (Stichwort „Deregulierung"), haben praktisch alle Bauordnungen für „Wohnbauvorhaben" sowie für andere, bautechnisch einfache Vorhaben im Geltungsbereich eines qualifizierten Bebauungsplans nach § 30 Abs. 1 BauGB und im Geltungsbereich eines vorhabenbezogenen Bebauungsplans nach § 12 BauGB „Freistellungs"-, „Anzeige"- bzw. „Kenntnisgabe"-Verfahren eingeführt[6]. Teilweise erstrecken die Bauordnungen die Freistellung auch auf den Abbruch von baulichen Anlagen. Gemein-

---

1 Das BVerwG v. 19.12.1985 – 7 C 65.82, NVwZ 1986, 208 (214) hat – zur alten Fassung des § 29 BauGB – angenommen, der Landesgesetzgeber dürfe nicht Bauvorhaben von größerer städtebaulicher Relevanz für genehmigungsfrei erklären und damit dem Anwendungsbereich des § 29 BauGB entziehen; da der Anwendungsbereich der §§ 29ff. BauGB seit der Neufassung zum 1.1.1998 nicht mehr davon abhängt, ob die fragliche Anlage einen förmlichen Verfahren unterliegt, bestehen auf der Basis der aktuellen Rechtslage keine Bedenken (mehr), wenn der Landesgesetzgeber bodenrechtlich relevante Anlagen für verfahrensfrei erklärt.
2 Dabei kommt es auf die Höhe der Antennenanlage an, nicht auf die Gesamthöhe von Gebäude und darauf angebrachter Antennenanlage: vgl. OVG Rh.-Pf. v. 22.10.2008 – 8 A 10597/08, BRS 73, Nr. 145: Genehmigungsfreiheit des Anbringens von Antennen an einem Mast in einer Höhe von mehr als 10 m.
3 VGH BW v. 26.10.1998 – 851848/98, BauR 2000, 712; HessVGH v. 19.12.2000 – 4 TG 3629/00, BauR 2001, 944; Nds. OVG v. 31.1.2002 – 1 MA 4216/01, BauR 2002, 772 und OVG NW v. 2.7.2002 – 7 B 924/02, BauR 2002, 1844; zur entsprechenden Problematik beim Anbringen einer Photovoltaikanlage OVG NW v. 20.9.2010 – 7 B 985/10, BauR 2011, 240.
4 Hierzu, auch zu den Fragen, die sich dann stellen, wenn durch die Errichtung einer verfahrensfreien Mobilfunkanlage von den Festsetzungen eines Bebauungsplans abgewichen werden soll, näher *Veelker*, NWVBl. 2004, 374ff.; siehe auch *Gehrken*, NVwZ 2006, 977ff.
5 Vgl. VGH BW v. 17.9.1990 – 3 S 1441/90, NVwZ-RR 1991, 395.
6 Siehe hierzu allgemein *Jäde*, UPR 1995, 81ff. und *Ortloff*, NVwZ 1995, 112ff.; ferner den Überblick von *Schretter/Schenk*, in: Reichel/Schulte (Hrsg.), Handbuch Bauordnungsrecht, S. 823ff. und bei *Finkelnburg/Ortloff/Otto*, Öffentliches Baurecht, Band II, S. 92ff.

## II. Tätigkeiten vor förmlicher Antragstellung

sam ist diesen Verfahren der „Abschied von der Baugenehmigung"[1]. Bauvorhaben, die von den entsprechenden Regelungen erfasst werden, dürfen ohne Baugenehmigung errichtet werden. Erforderlich ist lediglich, dass der Bauherr sein Vorhaben bei der Gemeinde (vgl. z.B. Art. 58 Abs. 3 BayBO und § 67 Abs. 2 BauO NRW) anzeigt bzw. zur Kenntnisnahme bringt.

Die Genehmigungsfreistellung ist aber in verschiedenen Bauordnungen in unterschiedlicher Weise ausgestaltet[2]: Zum einen räumen einzelne Bauordnungen dem Bauherrn die Möglichkeit ein, ein förmliches Baugenehmigungsverfahren durchzuführen (vgl. z.B. § 51 Abs. 6 LBO BW und § 69a Abs. 8 NBauO). Der Grund hierfür liegt auf der Hand: Eine Baugenehmigung, die die Vereinbarkeit des Vorhabens mit dem materiellen Baurecht feststellt (im Rahmen des Prüfungsumfangs des Genehmigungsverfahrens) bietet dem Bauherrn eine wesentlich größere Rechtssicherheit als die bloße Erklärung des Entwurfsverfassers, dass der Entwurf dem Öffentlichen Baurecht entspricht. Die Baugenehmigung schließt im Fall der materiellen Illegalität des Vorhabens ein Einschreiten der Bauaufsichtsbehörde aus. Zum anderen räumen verschiedene Bauordnungen der Gemeinde, bei der das Vorhaben anzuzeigen ist, die Möglichkeit ein, durch Abgabe einer Erklärung innerhalb einer bestimmten Frist die Durchführung eines Genehmigungsverfahrens zu fordern (vgl. z.B. Art. 58 Abs. 2 Nr. 4 BayBO, § 67 Abs. 1 Nr. 3 BauO NRW und § 62 Abs. 2 Nr. 4 SächsBO)[3]. 9

Teilweise wird in der Literatur behauptet, zwischen Freistellungsverfahren einerseits und Anzeige- bzw. Kenntnisgabeverfahren andererseits bestehe ein systematisch grundsätzlicher Unterschied[4]. Das Unterscheidungskriterium soll darin liegen, dass im Freistellungsverfahren ein präventives bauaufsichtliches Verfahren (mit Untersagungsmöglichkeit durch die Bauaufsichtsbehörde) überhaupt nicht stattfindet bzw. stattfinden kann[5]. Diese Auffassung erscheint unzutreffend. Unstreitig ist, dass freigestellte (ebenso wie anzeigepflichtige oder „normal" genehmigungspflichtige Vorhaben) das materielle Recht einhalten müssen. Erlangt aber eine Bauaufsichtsbehörde Kenntnis davon, dass der Beginn (materiell) rechtswidriger Bauarbeiten bevorsteht (z.B. weil der Nachbar hierauf hingewiesen hat), so ist die Bauaufsichtsbehörde – insoweit auch präventiv – zum Eingreifen berechtigt. Es ist nicht ersichtlich, warum die Aufsichtsbehörde im Freistellungsverfahren „sehenden Auges" gehalten sein soll, eine Rechtsverletzung zunächst hinzunehmen – um dann später, nach der Realisierung des Vorhabens, repressiv einzuschreiten (z.B. durch Erlass einer Beseitigungsverfügung)[6]. 10

---

1 Zur Diskussion dieser Entwicklung *Ekhardt/Beckmann/Schenderlein*, NJ 2007, 481; *Jäde*, ZfBR 2008, 538 und *Dziallas*, NZBau 210, 745.
2 Vgl. den Überblick bei *Finkelnburg/Ortloff/Otto*, Öffentliches Baurecht, Band II, S. 92 ff.
3 Zu den Gründen, für das Verlangen ein Genehmigungsverfahren durchzuführen (die in den Bauordnungen in unterschiedlicher Weise genannt sind) vgl. den Überblick bei *Schretter/Schenk* in Reichel/Schulte (Hrsg.), Handbuch Bauordnungsrecht, Kap. 14, Rz. 109.
4 So *Jäde*, UPR 1995, 81; NWVBl. 1995, 206; differenzierend auch *Erbguth/Stollmann*, JZ 1995, 1141 (1142) und *Degenhart*, NJW 1996, 1433 (1434); Gleichstellung der Verfahren demgegenüber bei *Ortloff*, NVwZ 1995, 112 ff.
5 *Jäde*, UPR 1995, 81; NWVBl. 1995, 206.
6 Wie hier *Simon*, BayVBl. 1994, 332 (337); BayVBl. 1994, 581 (583) sowie *Erbguth/Stollmann*, BayVBl. 1996, 65 (70); *Degenhart*, NJW 1996, 1433 (1436) und *Große-Suchsdorf/Lindorf/Schmaltz/Wiechert*, Niedersächsische Bauordnung, § 69a Rz. 49; zur Befugnis der Bauaufsichtsbehörde, eine Untersagungsverfügung auch schon vor dem nach außen erkennbaren Beginn der Bauarbeiten zu erlassen, siehe VGH BW v. 1.2.1993 – 8 S 1594/92, NVwZ-RR 1994, 72; zur Befugnis einzuschreiten, wenn Unterlagen, die im Kenntnisgabeverfahren vorgelegt werden müssen, vom Bauherrn nicht vorgelegt worden sind OVG NW v. 6.7.2006 – 10 B 695/06, BauR 2007, 91: Stilllegung oder Nutzungsuntersagung sind möglich unabhängig von der materiellen Rechtmäßigkeit des Vorhabens.

## bb) Anwendungsvoraussetzungen

11 In **gegenständlicher** Hinsicht sind die Freistellungs- bzw. Anzeigeverfahren in verschiedenen Bauordnungen auf „Wohnbauvorhaben" (mit Nebenanlagen) sowie sonstige Gebäude mit Obergrenzen bezüglich der Höhe beschränkt (vgl. z.B. § 51 Abs. 1 LBO BW). In den Einzelheiten enthalten die Bauordnungen teilweise unterschiedliche Regelungen[1]. Verschiedene Bundesländer beschränken die Anwendung auf „Wohngebäude geringer Höhe" (z.B. § 69a Abs. 1 NBauO) oder Wohngebäude mittlerer und geringer Höhe (vgl. § 67 Abs. 1 BauO NRW). Wieder andere Bauordnungen (z.B. Art. 58 Abs. 1 BayBO und § 62 Abs. 1 SächsBO) unterwerfen nur noch Sonderbauten der Genehmigungspflicht.

Uneinigkeit besteht darüber, wie der Begriff „Wohngebäude" zu verstehen ist. Während die überwiegende Auffassung davon ausgeht, erfasst seien nur „reine Wohngebäude, also nicht solche, in denen in untergeordneter Weise auch eine sonstige Nutzung stattfindet[2], wird teilweise angenommen, freiberufliche Tätigkeiten seien zulässig, wenn die Zweckbestimmung Wohnen überwiege, d.h. mindestens über 50 % der gesamt-genutzten Gebäudefläche ausmache[3]. Auch wenn diese extensive Interpretation kaum den Intentionen der Landesgesetzgeber entsprechen dürfte (gefördert werden sollte die beschleunigte Realisierung von Wohnraum, zur Behebung der zumindest in Ballungsgebieten teilweise gravierenden Wohnungsnot), ist einzuräumen, dass die Orientierung an der Begrifflichkeit der BauNVO und den Maßstäben, die das BVerwG für die Zulässigkeit freiberuflicher Nutzung in Wohngebäude aufgestellt hat, geeignet ist, Rechtssicherheit bei der Anwendung der Freistellungs- bzw. Anzeigevorschriften zu gewährleisten.

12 In **räumlicher Hinsicht** fordern die Bauordnungen ganz überwiegend, dass das Vorhaben im Geltungsbereich eines qualifizierten Bebauungsplanes oder einer Satzung über einen Vorhaben- und Erschließungsplan gem. § 12 BauGB liegen muss[4]. Der Plan muss in Kraft getreten sein. „Planreife" nach § 33 BauGB genügt nicht. In einzelnen Landesbauordnungen wird der Anwendungsbereich des Genehmigungsfreistellungsverfahrens über beplante Bereiche hinaus ausgedehnt. So greift in Berlin die Genehmigungsfreistellung auch für im unbeplanten Innenbereich gelegene Vorhaben, wenn die bauplanungsrechtliche Zulässigkeit bereits durch einen Bauvorbescheid festgestellt worden ist (vgl. § 63 Abs. 2 Nr. 1 lit. b BauO Bln). I. d. R. nicht erfasst sind also Bauvorhaben, die nach § 34 BauGB oder § 33 BauGB zu beurteilen sind[5]. Der entsprechende Bebauungsplan muss wirksam sein. Ist er im konkreten Anwendungsfall nichtig, so finden die Freistellungs- bzw. Anzeigeverfahren keine Anwendung[6]. Dabei ist allerdings zu beachten, dass den Bauaufsichtsbehörden

---

1 Vgl. den Überblick bei *Finkelnburg/Ortloff/Otto*, Öffentliches Baurecht, Band II, S. 92 ff.
2 So *Stollmann*, NWVBl. 1995, 41 (42) und *Schmaltz*, NdsVBl. 1995, 241 (243); ebenso *Simon*, BayVBl. 1994, 332 (334), der allerdings noch untergeordnete freiberufliche wohnähnliche Nutzungen in einer eigengenutzten Wohnung zulassen will; in diesem Sinne auch VG Koblenz v. 11.5.2000 – 1 K 471/00, NVwZ-RR 2000, 764 und *Sauter*, LBO BW, § 51 Rz. 15; abweichend wohl *Große-Suchsdorf/Lindorf/Schmaltz/Wiechert*, Niedersächsische Bauordnung § 69a Rz. 10; siehe auch *Sutthus*, NordÖR 1996, 372; nach dem OVG MV v. 29.6.1995 – 3 M 26/95, zitiert nach *Ortloff*, NVwZ 1996, 647 (650), sollen auch Ferienhäuser, die bauplanungsrechtlich keine Wohngebäude sind, vom Freistellungsverfahren erfasst werden.
3 *Erbguth/Stollmann*, BayVBl. 1996, 65 (66); ebenso *Neuhausen*, BauR 1996, 192 (194).
4 Der Vorhaben- und Erschließungsplan wurde mit der Neufassung des BauGB zum 1.1.1998 als sog. „vorhabenbezogener Bebauungsplan" in § 12 BauGB in das BauGB übernommen.
5 *Erbguth/Stollmann*, BayVBl. 1996, 65, weisen zutreffend darauf hin, dass dies auch für Vorhaben im Bereich von Satzungen nach § 34 Abs. 4 BauGB gilt.
6 *Jäde/Weinl/Dirnberger*, BayVBl. 1994, 321 (325); *Simon*, BayVBl. 1994, 332 (334); *Jäde*, NWVBl. 1995, 206 (207) und *Erbguth/Stollmann*, BayVBl. 1996, 65.

## II. Tätigkeiten vor förmlicher Antragstellung

keine Verwerfungskompetenz zusteht. Bebauungspläne, die die Behörde lediglich für nichtig ansieht, ohne dass bisher eine gerichtliche Nichtigkeitserklärung erfolgt ist, sind weiter als wirksam anzusehen und eröffnen daher den Weg zur Anwendung der Freistellungs- bzw. Anzeigeverfahren[1]. Klar ist die Rechtslage, wenn ein Bebauungsplan in einem Normenkontrollverfahren mit allgemeinverbindlicher Wirkung für nichtig erklärt worden ist. Zweifel bestehen, wenn ein Verwaltungsgericht lediglich in einem sonstigen Verfahren – inzident – von der Nichtigkeit des Bebauungsplans ausgegangen ist. Im Hinblick darauf, dass dem Bauherrn wegen der fehlenden Legalisierungswirkung der Baugenehmigung im Freistellungsverfahren die Gefahr eines späteren bauaufsichtlichen Einschreitens droht, ist in derartigen Fällen von einer Hinweispflicht der Gemeinde und/oder (im Fall der Kenntnis) der Bauaufsichtsbehörde in Bezug auf die Zweifel an der Wirksamkeit des Bebauungsplans auszugehen. Für den Bauherren empfiehlt sich in derartigen Fällen die Option für das förmliche Genehmigungsverfahren, soweit die jeweils einschlägige Bauordnung diese Möglichkeit eröffnet[2]. Einige Bauordnungen enthalten die ausdrückliche Klarstellung, dass eine spätere Nichtigkeitsfeststellung des Bebauungsplans die Genehmigungsfreistellung nicht berührt (vgl. § 67 Abs. 8 BauO NRW und § 69a Abs. 10 NBauO). Diese Regelungen fingieren nicht die materielle Legalität des freigestellten Vorhabens. Sie regeln lediglich, dass gegen ein entsprechendes Vorhaben nicht allein deshalb nachträglich eingeschritten werden kann, weil es nunmehr formell rechtswidrig ist[3]. Sie erfassen auch nicht den Fall, dass die Nichtigkeitsfeststellung während der Bauausführung stattfindet. In einer solchen Konstellation wird ein Genehmigungsverfahren erforderlich[4].

Genehmigungsfreiheit besteht nur, wenn das Vorhaben tatsächlich plankonform ist, die Festsetzungen des einschlägigen Bebauungsplans also eingehalten sind. Bedarf es der Erteilung von Ausnahmen oder Befreiungen, so sind diese gesondert zu beantragen (vgl. z.B. § 85 Abs. 2 NBauO). Mit dem Bau darf erst dann begonnen werden, wenn diese erteilt worden sind. Einige Bauordnungen stellen dies ausdrücklich klar (vgl. z.B. § 62 Abs. 3 SächsBO)[5]. Manche Bauordnungen bestimmen, dass dann, wenn eine Ausnahme, Befreiung oder Abweichung beantragt worden ist, „mit davon betroffenen Bauarbeiten" erst begonnen werden kann, wenn dem Antrag entsprochen wurde (§ 59 Abs. 4 S. 2 LBO BW). In derartigen Fällen hat die Behörde bei ihrer Entscheidung über die Ausnahme, Befreiung oder Abweichung aber nur zu prüfen, ob die Voraussetzungen hierfür gegeben sind. Das Vorhaben wird nicht insgesamt genehmigungspflichtig.

Sind die Voraussetzungen für eine Freistellung bzw. eine Anzeige erfüllt, so muss nach manchen Bauordnungen der Bauherr diesen Weg gehen. Er hat nicht die Wahl – alternativ – die Durchführung eines „normalen" Genehmigungsverfahrens zu

---

1 *Stollmann*, NWVBl. 1995, 41.
2 *Schretter/Schenk*, in: Reichel/Schulte (Hrsg.), Handbuch Bauordnungsrecht, 14. Kapitel Rz. 125a.
3 *Dahlke-Piel*, SächsVBl. 1999, 121 (130f.); hierzu auch *Große-Suchsdorf/Lindorf/ Schmaltz/Wiechert*, Niedersächsische Bauordnung, § 69a Rz. 62; weitergehend kann nach § 67 Abs. 8 BauO NRW in derartigen Fällen die Beseitigung des Vorhabens wegen eines Verstoßes gegen planungsrechtliche Vorschriften nicht verlangt werden, es sei denn, dass eine Beeinträchtigung von Rechten Dritter dies erfordert.
4 *Boeddinghaus/Hahn/Schulte*, BauO NRW, § 67 Rz. 72.
5 Hinsichtlich eines geringfügigen Vor- und Zurücktretens von Gebäudeteilen stellt sich die Frage, ob diese durch die BauNVO unmittelbar zugelassen sind (sodass es bei freigestellten Vorhaben keiner Entscheidung der Bauaufsichtsbehörde bedarf – so *Jäde*, NWVBl. 1995, 206) oder ob eine gesonderte Entscheidung der Bauaufsichtsbehörde erforderlich ist; in diesem Sinne *Große-Suchsdorf/Lindorf/Schmaltz/Wiechert*, Niedersächsische Bauordnung, § 69a Rz. 22.

beantragen, um die Rechtssicherheit einer Baugenehmigung zu erlangen. Dies trifft z.B. für das Freistellungsverfahren gem. § 62 SächsBO zu. Demgegenüber gestatten § 51 Abs. 7 LBO BW und § 67 Abs. 1 BauO NRW dem Bauherrn die Wahl zwischen dem „deregulierten" und einem „herkömmlichen" Genehmigungsverfahren.

### cc) Verfahren

15  Bei Einschlägigkeit der Freistellungs- bzw. Kenntnisgabevorschriften sieht das Verfahren wie folgt aus (im Folgenden werden das Baden-Württembergische Kenntnisgabeverfahren und das Freistellungsverfahren nach § 67 BauO NRW dargestellt)[1]:

16  – Kenntnisgabeverfahren gem. § 51 LBO BW

Wie im „normalen" Genehmigungsverfahren muss der Bauherr Bauvorlagen bei der Gemeinde einreichen (§ 53 Abs. 1 LBO BW). Diese prüft, ob die Bauvorlagen vollständig sind, die Erschließung des Vorhabens gesichert ist, keine hindernde Baulast besteht und das Vorhaben auch nicht in einem förmlich festgelegten Sanierungsgebiet gem. § 142 BauGB, in einem förmlich festgelegten Entwicklungsbereich i.S.d. § 165 BauGB oder in einem förmlich festgelegten Gebiet nach § 172 BauGB liegt (§ 53 Abs. 6 Nr. 4 LBO BW). Hierüber hat die Gemeinde dem Bauherrn eine Bestätigung innerhalb von nur fünf Werktagen zu erteilen. Innerhalb des gleichen Zeitraums sind von der Gemeinde weiter die Angrenzer zu benachrichtigen (§ 55 Abs. 1 LBO BW). Innerhalb von drei Arbeitstagen sind die Bauvorlagen an die Baurechtsbehörde weiterzuleiten (§ 53 Abs. 3 Nr. 2 LBO BW) sofern die Gemeinde nicht selbst Baurechtsbehörde ist. Haben die Angrenzer zugestimmt, kann der Bauherr innerhalb von zwei Wochen, sonst innerhalb eines Monats nach Eingang der vollständigen Bauvorlagen bei der Gemeinde mit der Realisierung des Vorhabens beginnen (§ 59 Abs. 4 LBO BW).

17  – Freistellungsverfahren gem. § 67 BauO NRW

Im Vergleich zum Baden-Württembergischen Kenntnisgabeverfahren ist die „Regelungsdichte" im Freistellungsverfahren gem. § 67 BauO NRW geringer: Auch hier hat der Bauherr Bauvorlagen bei der Gemeinde einzureichen. Beizufügen ist die Erklärung des Entwurfsverfassers, dass das Vorhaben den Anforderungen an den Brandschutz entspricht[2]. Eine förmliche Bestätigung durch die Gemeinde über die Vollständigkeit der eingereichten Bauvorlagen ist ebenso wenig vorgesehen wie eine Angrenzerbenachrichtigung[3]. Gefordert wird aber die Unterrichtung der Angrenzer durch den Bauherrn (§ 67 Abs. 4 S. 3 BauO NRW). Unklar ist, ob eine bloße „Postkartennachricht" ausreicht oder ob dem Angrenzer Bauvorlagen oder zumindest sonstige Unterlagen, die eine Beurteilung des Vorhabens gestatten, zur Kenntnisnahme gebracht werden müssen[4]. Mit dem Vor-

---

1 Vgl. auch den Überblick bzw. die Systematisierung der unterschiedlichen Verfahren bei *Schretter/Schenk*, in: Reichel/Schulte (Hrsg.), Handbuch Bauordnungsrecht Kapitel 14, Rz. 71 ff.; siehe ferner *Finkelnburg/Ortloff/Otto*, Öffentliches Baurecht, Band II, S. 92 ff.
2 Zu den zivilrechtlichen Haftungsrisiken des Entwurfsverfassers gegenüber dem Bauherrn s. *Ortloff/Rapp*, NJW 1996, 2346 ff. und *Schulte*, BauR 1996, 599 f.; eine unrichtige Erklärung stellt auch eine Ordnungswidrigkeit dar, vgl. hierzu OLG Celle v. 24.9.1997 – 22 Ss 204/97, BauR 1998, 770. Fehlt bei Baubeginn die Bescheinigung eines staatlich anerkannten Sachverständigen, so ist die Bauaufsichtsbehörde allein aus diesem Grund berechtigt, die erforderlichen Maßnahmen (Stilllegung, Nutzungsuntersagung) zu treffen, OVG NW v. 6.7.2006 – 10 B 695/06, BauR 2007, 91.
3 Empfohlen wird ein solches Vorgehen von *Erbguth/Stollmann*, BayVBl. 1996, 65 (68).
4 In diesem Sinne *Gädtke/Czepuck/Johlen/Plietz/Wenzel*, BauO NRW, § 67 Rz. 43. Ausführlich zum Problem der Nachbarunterrichtung durch den Bauherrn *Gröpl/Schleyer*, BayVBl. 1998, 97 ff.; die meisten Bauordnungen sehen im Anzeigeverfahren keine Nachbarbeteiligung vor.

haben darf einen Monat nach Eingang der Bauvorlagen bei der Gemeinde begonnen werden (§ 67 Abs. 2 BauO NRW). Innerhalb dieses Monats hat die Gemeinde die Möglichkeit der Erklärung, dass das Genehmigungsverfahren durchgeführt werden soll. Gibt die Gemeinde eine solche Erklärung ab, so wird das Verfahren in ein „normales" Genehmigungsverfahren übergeleitet[1]. Während teilweise angenommen wird, es handele sich um eine schlichte Verfahrenshandlung[2], wird andererseits die Verwaltungsaktqualität der Erklärung der Gemeinde behauptet[3]. Für die Praxis hat diese Streitfrage keine Relevanz. Auch bei Annahme eines Verwaltungsaktes scheidet eine selbständige Anfechtbarkeit dieser Erklärung wegen § 44a VwGO aus. Teilt die Gemeinde vor Ablauf der Monatsfrist schriftlich mit, dass kein Genehmigungsverfahren durchgeführt werden soll, so darf unverzüglich mit dem Vorhaben begonnen werden (§ 67 Abs. 2 S. 3 BauO NRW).

### d) Vereinfachte Genehmigungsverfahren

Die meisten Bauordnungen sehen ein „vereinfachtes Genehmigungsverfahren" (vgl. z.B. § 50 LBO BW, Art. 59 BayBO, § 67 BremLBO; § 57 HBO; § 68 LBauO M-V; § 68 BauO NRW und § 66 LBauO Rh.-Pf.) für alle genehmigungspflichtigen Bauvorhaben vor, die keine Sonderbauten sind; gemeinsam ist den „vereinfachten" Verfahren, dass der Prüfungsumfang der Genehmigungsbehörde eingeschränkt ist (vgl. z.B. Art. 59 BayBO, § 57 HBO und § 68 BauO NRW;)[4]. Ausgenommen ist – bei Unterschieden im Einzelnen – im Wesentlichen das gesamte „technische" Bauordnungsrecht. Der Prüfumfang ist in den einzelnen Bauordnungen unterschiedlich ausgestaltet. So sind nach § 68 BauO NRW das Bauplanungsrecht, Kernmaterien des Bauordnungsrechts, z.B. die Einhaltung des Abstandsflächenrechts und die Erfüllung der Stellplatzpflicht sowie die Vereinbarkeit mit anderen öffentlich-rechtlichen Vorschriften, deren Einhaltung nicht in einem anderen Verfahren geprüft wird, zu prüfen. Andere Bauordnungen (z.B. § 57 HBO) klammern die Prüfung der Einhaltung bauordnungsrechtlicher Vorschriften vollständig aus[5]. Stehen der beantragten Genehmigung zwar keine Bestimmungen entgegen, die im vereinfachten Verfahren zu prüfen sind, steht aber fest, dass das Vorhaben aus anderen Gründen unzulässig ist, so fehlt dem Antragsteller nach überwiegender Auffassung in Rechtsprechung und Schrifttum das Sachbeschei-

---

1 Zur Funktion dieser Erklärung und ihren Voraussetzungen siehe *Stollmann*, NWVBl. 1995, 41 (42) und *Neuhausen*, BauR 1996, 192 (196ff.); eine entsprechende Regelung („Genehmigungsoption") findet sich in der MBO 2002 und in mehreren anderen Bauordnungen z.B. in Art. 58 Abs. 1 BayBO und § 56 Abs. 2 Nr. 5 HBauO.
2 So *Jäde/Weinl/Dirnberger*, BayVBl. 1994, 321 (325) und *Jäde*, BayVBl. 1994, 363 (364).
3 So *Stollmann*, NWVBl. 1995, 41 (43); ebenso *Erbguth/Stollmann*, BayVBl. 1996, 65 (68f.); offen gelassen bei *Simon*, BayVBl. 1994, 332 (336); zum Meinungsstand auch *Schretter/Schenk*, in: Reichel/Schulte (Hrsg.), Handbuch Bauordnungsrecht Kapitel 14, Rz. 107.
4 Überblick über die vereinfachten Verfahren bei *Jäde*, UPR 1995, 81 ff. und *Ortloff*, NVwZ 1995, 112 ff.; allgemein zum vereinfachten Genehmigungsverfahren *Jäde/Weinl/Dirnberger*, BayVBl. 1994, 321 (322); *Stollmann*, NWVBl. 1995, 41 (46) und *Herbert/Keckemeti/Dittrich*, ZfBR 1995, 67 (68ff.); zum vereinfachten Verfahren nach § 52 LBO BW *Ionescu/Reiling/Stengel*, VBlBW 2010, 380ff.; zum bayerischen Recht *Numberger*, BayVBl 2008, 741 ff.; ausführlich zum vereinfachten Verfahren nach Art. 73 BayBO a.F. *Winkler*, BayVBl. 1997, 744 und *Jäde*, BayVBl. 2000, 484f. und BayVBl. 2002, 33, 40; zum Verfahren nach § 69 a.F. BbgBO; *Knuth*, LKV 1998, 333 (338) und *Preschel*, NJ 2001, 235 (236f.).
5 Zum Prüfungsumfang, speziell im Hinblick auf die Ausklammerung des Abstandsflächenrechts *Jeromin*, LBauO Rh.-Pf., § 66 Rz. 47; siehe auch OVG Rh.-Pf. v. 18.11.1991 – 8 B 11955/91, BauR 1992, 219 sowie HessVGH v. 26.3.2007 – 3 ZU 3100/06, NVwZ-RR 2007, 740 und OVG Saarl. v. 31.5.2007 – 2 A 189/07, NVwZ-RR 2007, 741.

dungsinteresse[1]. Nachdem in Bayern ein Senat des Bayerischen VGH abweichend von der herrschenden Meinung angenommen hatte, die Bauaufsichtsbehörde dürfe einen Bauantrag nicht wegen fehlenden Sachbescheidungsinteresses ablehnen, weil dem Vorhaben ihrer Ansicht nach im vereinfachten Genehmigungsverfahren nicht zu prüfende (bauordnungsrechtliche) Vorschriften entgegenstünden[2], hat der Gesetzgeber in Art. 68 Abs. 1 Satz 1 BayBO einen Halbs. 2 angefügt, der ausdrücklich bestimmt, die Bauaufsichtsbehörde dürfe einen Bauantrag auch ablehnen, wenn das Vorhaben gegen sonstige, nämlich nicht im bauaufsichtlichen Genehmigungsverfahren zu prüfende öffentlich-rechtliche Vorschriften verstößt. Die Bedeutung dieser Rechtsänderung ist umstritten[3]. Obergerichtlich ist bisher lediglich klargestellt, dass die Vorschrift unabhängig davon, ob sie eine gesetzliche Regelung des Vorgehens bei fehlendem Sachbescheidungsinteresse darstellt, oder eine Ermächtigung der Bauaufsichtsbehörde, die Baugenehmigung nach ihrem Ermessen zu versagen, jedenfalls keine nachbarschützende Funktion besitzt[4]. Soweit die einzelnen Bauordnungen verlangen, dass vor Baubeginn bzw. vor Ausführung der jeweiligen Bauteile die bautechnischen Nachweise vorliegen müssen, kommt eine Baueinstellung wegen formeller Baurechtswidrigkeit in Betracht[5].

19  Auch der Anwendungsbereich der vereinfachten Genehmigungsverfahren ist in den Bauordnungen im Wesentlichen deckungsgleich. Während ursprünglich von diesen „besonderen" Verfahren regelmäßig nur bestimmte Wohnbauvorhaben erfasst wurden, die nicht bereits ohnehin genehmigungsfrei gestellt waren (darüber hinaus umfasste der Katalog typischerweise auch noch eingeschossige sonstige Gebäude), haben die Gesetzgeber im Zuge der Fortführung der Deregulierung den Anwendungsbereich des vereinfachten Verfahrens wesentlich erweitert. Vorläufer war hier die Neufassung der BayBO zum 1.1.1998. Typischerweise unterfallen dem vereinfachten Verfahren heute alle (nicht freigestellten) Vorhaben mit Ausnahme der in den Bauordnungen jeweils definierten Sonderbauten, z.B. Hochhausbauten (vgl. Art. 59 Abs. 1 BayBO, § 68 Abs. 1 BauO NRW und § 62a SächsBO). Das vereinfachte Verfahren stellt also heute in den meisten Bundesländern praktisch das **Regelverfahren** dar[6].

20  Um das mit diesen Regelungen gewollte Ziel „beschleunigtes Bauen" zu fördern, statuieren die Bauordnungen Fristen, innerhalb derer die Genehmigungsbehörden über den Antrag zu entscheiden haben. Einige Bauordnungen (z.B. § 69 Abs. 5 SächsBO, § 57 Abs. 2 HBO und § 63 Abs. 2 LBauO M-V) bestimmen, dass bei Nichteinhaltung der Fristen die beantragte Genehmigung als erteilt gilt. Hier ist also das Rechtsinstitut der „**fiktiven Baugenehmigung**" eingeführt wor-

---

1  Dazu Sächs. OVG v. 3.4.1997 – 1 S 52/96, SächsVBl. 1997, 221; OVG NW v. 28.1.2009 – 10 A 1075/08, DVBl. 2009, 461, 462; OVG Rh.-Pf., ZfBR 2009, 167, 168, VGH Kassel v. 1.10.2010 – 4 A 1907/10.Z, BauR 2011, 993 und OVG Hbg. v. 30.3.2011 – 2 Bf 374/06, NVwZ-RR 2011, 591; zum Prüfungsumfang im vereinfachten Verfahren umfassend *Reicherzer*, BayVBl. 2000, 750; *Fischer*, BayVBl. 2005, 299; *Jäde*, BayVBl. 2005, 301 und BayVGH, BayVBl. 2006, 537; nach Auffassung des VGH Kassel, NVwZ-RR 2005, 222 ist eine im vereinfachten Verfahren erteilte Genehmigung rechtswidrig, wenn sich aus den Vorlagen ein Verstoß gegen Bestimmungen des Abstandsflächenrecht ergibt, soweit nicht die entsprechende Abweichung ausdrücklich zugelassen worden ist.
2  BayVGH v. 1.7.2009 – 2 BV 08.2465, BRS 74 Nr. 158.
3  *Koehl*, BayVBl 2009, 645, 650 f.; *Mannsen/Greim*, BayVBl 2010, 421 und *Jäde*, BayVBl 2011, 325, 333 f. m.w.N.
4  BayVGH v. 28.9.2010 – 2 CS 10.1760, BayVBl 2011, 147.
5  *Ionescu/Reiling/Stengel*, VBlBW 2010, 380, 383 m.w.N.; OVG NW 6.7.2006 – 103695/06, BauR 2007, 91.
6  *Jäde/Weiß*, BayVBl. 1998, 7 (10).

den[1]. Voraussetzung für den Eintritt der Genehmigungsfiktion ist aber die Vollständigkeit der eingereichten Bauvorlagen[2]. Der Eintritt der Fiktionswirkung bewirkt keine Veränderung der materiellen Rechtslage. Die Rechtslage wird hierdurch nicht materiell gestaltet[3]. Die Bauaufsichtsbehörde hat daher auch die Möglichkeit, eine rechtswidrige fiktive Baugenehmigung nach §§ 48 ff. VwVfG aufzuheben[4]. Andere Bauordnungen (z.B. die BauO NRW) kennen eine derartige Rechtsfolge bei Nichteinhaltung der gesetzlich bestimmten Fristen nicht. Hier kann die Fristüberschreitung aber haftungsrechtliche Bedeutung besitzen (dazu unten Rz. 119f.).

### e) Änderung baulicher Anlagen

Nach allen Bauordnungen ist auch die Änderung baulicher Anlagen grds. genehmigungspflichtig (vgl. § 2 Abs. 12 LBO BW und § 63 Abs. 1 BauO NRW). Dieser Grundsatz wird in allen Bauordnungen für solche Änderungen durchbrochen, bei denen der Gesetzgeber eine präventive Kontrolle nicht für erforderlich hält. Die Ausnahmetatbestände sind in den einzelnen Bauordnungen unterschiedlich formuliert. In BW sind in Nr. 2 des Anhangs zu § 50 Abs. 1 LBO BW Bauteile aufgeführt, deren Errichtung bzw. Änderung „verfahrensfrei" ist, also keiner Genehmigung bedarf. Nach Nr. 2 lit. e des Anhangs zu § 50 Abs. 1 LBO BW gilt dies für alle „unwesentlichen Änderungen" an oder in Anlagen oder Einrichtungen. Änderungen in Wohngebäuden und in Wohnungen sind – auch bei wesentlichen Änderungen – verfahrensfrei. Da über die Frage, wann eine „wesentliche Änderung" vorliegt, die Umstände des Einzelfalles entscheiden sollen[5], bestehen hier in der Praxis oft Zweifel. Als Leitlinie kann gelten, dass Maßnahmen, die auf den bestehenden baurechtlichen Zustand einer Anlage so einwirken, dass die im baurechtlichen Verfahren zu berücksichtigenden öffentlichen Belange (z.B. Brandschutz, Standsicherheit, Gestaltung) mit hinreichender Wahrscheinlichkeit beeinträchtigt werden können, als „wesentliche Änderung" einzustufen sind[6]. 21

Die meisten Bauordnungen sind hinsichtlich der Regelung der Genehmigungsfreiheit von Änderungen präziser. So stellt § 65 Abs. 2 Nr. 1 und 2 BauO NRW folgende Maßnahmen von der Genehmigungspflicht frei[7]: 22
– Geringfügige, die Standsicherheit nicht berührende Änderung tragender oder aussteifender Bauteile innerhalb von Gebäuden; die nicht geringfügige Änderung dieser Bauteile, wenn ein Sachkundiger dem Bauherrn die Ungefährlichkeit der Maßnahme schriftlich bescheinigt,

---

1 *Jäde*, UPR 1994, 201 (204f.); UPR 1995, 81 (84); *Saurer*, DVBl. 2006, 605 und *Hullmann/Zorn*, NVwZ 2009, 756ff. Der Eintritt der Fiktionswirkung bewirkt keine Veränderung der materiellen Rechtslage. Zur Rechtsnatur der „Fiktionsbescheinigung, die den Eintritt der Genehmigungsfiktion bestätigt (vgl. z.B. § 70 Abs. 4 BauO Bln); *Uechtritz*, DVBl. 2010, 684, 692.
2 HessVGH v. 20.12.2006 – 9 UE 1572/06, BauR 2007, 1389; OVG MV v. 4.8.2008 – 3 L 241/99, NVwZ-RR 2001, 578 und OVG MV v. 18.9.2003 – 1 L 279/01, LKV 2004, 563; das OVG Rh.-Pf. v. 24.1.2002 – 1 A 11023/01, NVwZ-RR 2003, 13, geht davon aus, dass die Frist erst mit Feststellung der Vollständigkeit des Bauantrags durch die Bauaufsichtsbehörde gem. § 65 Abs. 2 Nr. 1 LBauO Rh.-Pf. beginnt; siehe ferner OVG Rh.-Pf. v. 10.7.2007 – 8 A 10160/07, NVwZ-RR 2007, 743.
3 HessVGH v. 10.7.2009 – 4 B 426/09, NVwZ-RR 2009, 790.
4 HessVGH v. 10.7.2009 – 4 B 426/09, NVwZ-RR 2009, 790; OVG Schleswig. v. 2.2.2009 – 1 MB 36/08, BauR 2009, 969 und *Saurer*, DVBl. 2006, 605, 610.
5 So *Sauter*, LBO BW, § 50 Rz. 70 mit Beispielen.
6 OVG NW v. 13.11.1995 – 11 B 2161/95, NWVBl. 1996, 220; *Sauter*, LBO BW, § 50 Rz. 68; s. auch VGH BW v. 29.1.1987 – 8 S 3291/86, BRS 47 Nr. 195.
7 Die meisten Bauordnungen führen im Katalog der genehmigungsfreien Baumaßnahme Bauteile auf, deren Errichtung und Änderung genehmigungsfrei ist; vgl. z.B. Art. 57 Abs. 1 Nr. 11 und Nr. 12 BayBO (Wärmedämmung an Außenwänden und Dächern).

– die Änderung der äußeren Gestaltung durch Anstrich, Verputz, Verfugung, Dacheindeckung, Solaranlagen, durch Austausch von Fenstern, Türen, Umwehrungen sowie durch Außenwandbekleidungen an Wänden mit nicht mehr als 8,0 m Höhe über Geländeoberfläche; dies gilt nicht in Gebieten, für die eine örtliche Bauvorschrift nach § 86 Abs. 1 Nr. 1 oder 2 BauO NRW besteht.

– Im Rahmen der aktuell beabsichtigten Überarbeitung der MBO 2002 dürfte es zu einer erheblichen Ausweitung der Verfahrensfreiheit solcher Änderungen baulicher Anlagen kommen, die die Errichtung von Anlagen zur Nutzung erneuerbarer Energien, besonders aber die Änderung baulicher Anlagen, durch die Anbringung solcher Anlagen, z.B. Solaranlagen auf oder an bestehenden Gebäuden zum Gegenstand haben[1].

### f) Instandsetzungs- und Unterhaltungsarbeiten

23 Genehmigungsfrei sind weiter „Instandhaltungsarbeiten" (§ 50 Abs. 4 LBO BW; ebenso § 65 Abs. 2 Nr. 6 BauO NRW). Darunter fallen das Wiederherstellen schadhafter Bauteile und das Beseitigen von Mängeln und Schäden[2]. Voraussetzung für die Genehmigungsfreiheit ist aber, dass die „Identität der Anlage" gewahrt bleibt. Sind die Arbeiten in Quantität oder Qualität so intensiv, dass sie einer Neuerrichtung gleichkommen, ist das Vorhaben wie ein Neubau zu beurteilen[3]. Regelmäßig ist dies der Fall, wenn eine statische Neuberechnung der ganzen Anlage erforderlich wird. Das Auswechseln hingegen eines Viertels bis zu einem Drittel der vorhandenen Bausubstanz sowie das Anbringen eines neuen Dachs kann (noch) als eine vom Bestandsschutz gedeckte (genehmigungsfreie) Reparatur- bzw. Instandsetzungsmaßnahme eingestuft werden[4]. Für sich genommen genehmigungsfreie Instandhaltungsarbeiten, die unselbständiger Teil eines einheitlichen genehmigungspflichtigen Gesamtvorhabens sind, sind genehmigungspflichtig[5]. Hinzuweisen ist darauf, dass nicht alle Maßnahmen, die nach der Rechtsprechung des Bundesverwaltungsgerichts vom Bestandsschutz gedeckt sind – also **materiell** zulässig sind, obwohl sie dem aktuell geltenden Baurecht nicht mehr entsprechen –, auch **genehmigungsfrei** sind[6]. Der Begriff der „Instandsetzungs- und Unterhaltungsarbeiten" ist enger als der Kreis der Maßnahmen, die **materiell** vom Bestandsschutz erfasst sind.

24 Der Anwalt, der von seinem Mandanten mit der Klärung beauftragt ist, ob eine bestimmte Instandsetzungs- oder Unterhaltungsmaßnahme genehmigungspflichtig ist, wird diese Frage nicht in allen Fällen eindeutig beantworten können. So werden bei umfangreichen Instandsetzungsarbeiten ebenso Zweifel auftauchen können, wie bei Änderungsmaßnahmen. Der Anwalt kann mit der Frage konfrontiert werden, ob man es „darauf ankommen lassen kann"; ob also die beabsichtigten Maßnahmen ohne Genehmigung einfach durchgeführt werden sollen oder ob eine Klä-

---

1 *Jäde*, ZfBR 2011, 427, 431.
2 *Sauter*, LBO BW, § 50 Rz. 226.
3 *Sauter*, LBO BW, § 50 Rz. 228; siehe auch OVG Greifswald v. 15.1.2009 – 3 L 124/08, NordÖR 2009, 134 und 179.
4 VGH BW v. 29.1.1987 – 8 S 3291/86, BRS 47 Nr. 195.
5 VGH BW v. 11.5.2011 – 8 S 93/11 –.
6 *Große-Suchsdorf/Lindorf/Schmaltz/Wiechert*, Niedersächsische Bauordnung, § 69a Rz. 93; hinzuweisen ist darauf, dass es nach der neuen Rechtsprechung des BVerwG außerhalb der (einfach) gesetzlichen Regelungen keinen Anspruch auf Zulassung eines Vorhabens aus eigentumsrechtlichen Bestandsschutz gibt (BVerwG v. 12.3.1998 – 4 C 10.97, BauR 1998, 760); näher hierzu *Jäde*, BayVBl. 2007, 641 m.w.N.; speziell zum Bestandsschutz im Bauordnungsrecht *Ortloff*, in: *Jarass* (Hrsg.), Bestandsschutz bei Gewerbebetrieben; zum Ende des Bestandsschutzes bei Substanzveränderungen und Verfall *Goldschmidt*, DVBl. 2011, 591 ff.

rung durch Rücksprache mit der Genehmigungsbehörde erfolgen soll. Zumindest bei kostspieligen Arbeiten und bei gravierenden Zweifeln an der Genehmigungsfreiheit muss der Anwalt seinen Mandanten darauf hinweisen, dass der Verzicht auf eine Klärung problematisch ist. Hält die Baurechtsbehörde das Vorhaben nicht für genehmigungsfrei, so riskiert der Bauherr einen Bußgeldbescheid[1]; darüber hinaus kommt eine Baueinstellungsverfügung, die erhebliche Kosten verursachen kann, in Betracht. Sind Maßnahmen ohne Genehmigung durchgeführt, so muss auch mit dem Erlass einer Beseitigungsverfügung gerechnet werden, falls diese **materiell** baurechtswidrig sind. Besonders problematisch ist die Durchführung umfangreicher „Instandsetzungsarbeiten", wenn die „instandgesetzte" Anlage (nur) Bestandsschutz genießt. Wird z.B. ein nach § 35 Abs. 2, Abs. 3 BauGB nicht genehmigungsfähiges Wochenendhaus im Außenbereich so verändert, dass die Identität der Anlage nicht mehr gewahrt ist, droht eine Abbruchverfügung.

Die für den Bauherrn wünschenswerte Klärung kann nicht durch (förmlichen) Negativ-Bescheid, dass ein bestimmtes Vorhaben genehmigungsfrei ist, herbeigeführt werden. Einen solchen Negativ-Bescheid kennt das Bauordnungsrecht nicht[2]. Möglich ist aber die Einholung einer Auskunft der Genehmigungsbehörde und – falls diese für den Bauherrn „negativ" ist – die Erhebung einer verwaltungsgerichtlichen Feststellungsklage zur Klärung der Rechtslage. 25

**g) Nutzungsänderungen**

Die Frage der Genehmigungspflicht stellt sich besonders häufig bei Nutzungsänderungen (vgl. das Beispiel zu Rz. 4). Unter Nutzungsänderung ist eine Änderung der Zweckbestimmung einer baulichen Anlage zu verstehen – unabhängig von baulichen Veränderungen. Jede Baugenehmigung legt eine bestimmte Nutzungsart fest. Für die Frage, ob eine Nutzungsänderung vorliegt, kommt es nicht darauf an, welche Nutzung (vor der Änderung) tatsächlich ausgeübt wurde; entscheidend ist allein, welche Nutzung baurechtlich genehmigt ist[3]. Bestehen Zweifel, so muss versucht werden, die Genehmigung unter Rückgriff auf den Bauantrag und die Bauvorlagen auszulegen. 26

Nach allen Bauordnungen ist nicht jede Nutzungsänderung genehmigungspflichtig. Dies gilt nur für diejenigen, bei denen baurechtlich andere oder weitergehende „Anforderungen" (so § 50 Abs. 2 Nr. 1 LBO BW; ebenso § 69 Abs. 4 Nr. 1 NBauO) bzw. „keine andere öffentlich-rechtlichen Anforderungen, insbesondere auch bauplanungsrechtlichen" gelten. Einigkeit besteht darin, dass eine Genehmigungspflicht besteht, wenn auf die geänderte Nutzung andere bauordnungsrechtliche oder bauplanungsrechtliche Bestimmungen anwendbar sind als auf die genehmigte Nutzung. So hat das OVG NW im oben zitierten Beispielsfall (Rz. 4) bei Umwandlung eines Lebensmittelgeschäftes in einen „Sex-Shop" mit Videokabinen eine Nutzungsänderung bejaht, weil durch die Aufstellung der Videokabinen eine Vergnügungsstätte i.S.d. BauNVO geschaffen wurde[4]. Die Zulässigkeit von Vergnügungs- 27

---

1 Zum Bauen ohne Baugenehmigung beim Irrtum über das Bestehen einer Genehmigungspflicht *Rathjen*, ZfBR 2000, 389 ff.
2 VGH München v. 2.9.1986 – 26 B 83 A.2240, BayVBl. 1987, 499; *Ortloff*, NVwZ 1988, 401.
3 VGH Mannheim v. 18.5.1998 – 11 A 5482/97, BRS 60 Nr. 129; siehe auch HessVGH v. 10.7.2003 – 4 TG 1296/03, BauR 2003, 1875.
4 Siehe auch OVG Lüneburg v. 8.5.1987 – 6 B 10/87, BauR 1988, 72; zur (genehmigungspflichtigen) Nutzungsänderung durch Aufstellen von Geldspielgeräten in einem „Billardcafé" VGH BW v. 18.9.1991 – 3 S 1644/91, VBlBW 1992, 101; OVG NW v. 13.9.1994 – 11 A 3309/92, BRS 56 Nr. 137; OVG Berlin v. 9.4.1997 – 2 S 5.97, GewArch 1997, 301 und OVG Rh.-Pf. v. 14.4.2011 – 8 B 10278/11, BauR 2011, 1484 (Nutzungsänderung eines Wettbüros in eine Vergnügungsstätte).

stätten regelt die BauNVO aber abweichend von der Zulässigkeit von Einzelhandelsgeschäften. Entsprechend ist auch die Umwandlung von Betriebswohnungen in Gewerbe- bzw. Industriegebieten in frei verfügbare Wohnungen als genehmigungspflichtige Nutzungsänderung angesehen worden[1], weil „normale" Wohnungen in Gewerbe- und Industriegebieten unzulässig sind, Betriebswohnungen aber nach § 8 Abs. 3 BauNVO bzw. § 9 Abs. 3 BauNVO ausnahmsweise zugelassen werden können. Das OVG Hbg.[2] hat – zutreffend – betont, dass eine Nutzungsänderung stets dann zu bejahen ist, wenn die beabsichtigte Nutzung einem anderen Tatbestandsmerkmal der Vorschrift (der BauNVO) zuzuordnen sei als die bisherige Nutzung.

Auf der Grundlage dieser strengen Maßstäbe hat das OVG Lüneburg angenommen, auch die nicht in Erscheinung tretende Fortführung der Nutzung einer Kfz-Werkstatt der früheren Deutschen Bundespost durch einen privaten Dritten sei eine genehmigungspflichtige Änderung[3].

28 Für die neue Nutzung bestehen „andere bzw. weitergehende Anforderungen" aber nicht nur dann, wenn die bisherige und die neue Nutzung nach unterschiedlichen Vorschriften zu beurteilen ist. Auch dann, wenn die gleiche Vorschrift sowohl auf die bisherige als auch auf die neue Nutzung anwendbar ist, sich daraus aber unterschiedliche Anforderungen ergeben können, besteht eine Genehmigungspflicht[4]. Entscheidend ist, ob infolge der geänderten Funktion die Genehmigungsfrage in bauordnungsrechtlicher, bauplanungsrechtlicher oder immissionsschutzrechtlicher Sicht neu aufgeworfen wird, weil die Verwirklichung des (neuen) Vorhabens die jeder Nutzungsart eigene Variationsbreite verlässt[5]. So kann eine wesentliche Änderung des Sortiments bei Einzelhandelsbetrieben[6] bodenrechtlich relevant sein; Gleiches

---

1 BVerwG v. 27.5.1983 – 4 C 67.78, BRS 40 Nr. 56, auch die Entprivilegierung eines nach § 35 Abs. 1 BauGB im Außenbereich gelegenen Wohngebäudes zu „normaler" Wohnnutzung stellt daher eine genehmigungspflichtige Änderung dar (OVG Saarl. v. 12.11.1986 – 2 W 984/86, BauR 1987, 302); ebenso die Änderung eines Lager- und Hobbyraums in eine Appartement-Wohnung (BayObLG v. 24.7.1991 – 306 OWi 11/91, BayVBl. 1992, 27); Gleiches gilt für die Umwandlung einer Fremdenpension in ein Aussiedlerwohnheim, VGH BW v. 25.5.1992 – 5 S 2775/91, VBlBW 1993, 19 bzw. für die Umwidmung einer Soldatenunterkunft in ein Asylbewerberwohnheim (OVG MV v. 12.12.1996 – 3 M 103/96, BauR 1997, 617); siehe auch OVG Greifswald v. 14.7.2000 – 3 M 49/00, NordÖR 2000, 416 (Umwandlung Spielhalle in kerngebietstypische Nachtbar als Nutzungsänderung) und BVerwG v. 6.9.1999 – 4 B 74.99 BauR 2001, 220: Umstellung einer Gaststätte vom Saisonbetrieb auf ganzjährigen Betrieb. Zur Umwandlung eines Großhandelsbetriebs in einen Einzelhandelsbetrieb vgl. BayVGH v. 18.5.1982 – 1.B-179/79, BayVBl. 1983, 656 sowie zur Umnutzung eines Ausstellungsraums in eine Einzelhandelsnutzung, OVG NW v. 16.3.2007 – 7 B 134/07, NVwZ-RR 2007, 661; siehe auch BVerwG v. 3.2.1984 – 4 C 17.82, BRS 42 Nr. 51 und VGH BW v. 1.2.2007 – 8 S 2606/06, 52; zur Nutzungsänderung bei Werbeanlagen: OVG NW v. 20.3. 1992 – 11 A 610/90, NWVBl. 1993, 52, zur Genehmigungspflicht der Errichtung einer Mobilfunkanlage auf einem bestehenden Gebäude s.o. (Rz. 7).
2 OVG Hbg. v. 13.12.1996 – Bf II 46/94, BauR 1997, 613 (614).
3 OVG Lüneburg v. 11.7.1996 – 1 M 3191/96, BRS 58 Nr. 130; siehe hierzu auch BVerwG v. 22.7.2004 – 4 B 29.04, BauR 2004, 1736.
4 *Große-Suchsdorf/Lindorf/Schmaltz/Wiechert*, Niedersächsische Bauordnung, § 69 Rz. 81, siehe auch BVerwG v. 18.5.1990 – 4 C 49.89, BauR 1990, 582.
5 BVerwG v. 14.4.2000 – 4 B 28.00, BRS 63 Nr. 173, ; OVG NW v. 13.11.1995 – 11 B 2161/95, NWVBl. 1996, 220 und OVG MV v. 10.7.1995 – 3 M 210/94, BRS 57 Nr. 185.
6 OVG Lüneburg v. 11.6.1986 – 10 VG C 26/85, ZfBR 1987, 50; zweifelhaft ist, ob dies generell für Einzelhandelsbetriebe gilt, wenn eine allgemein gefasste Genehmigung vorliegt, ohne Aussagen hinsichtlich des Sortiments; vgl. auch OVG Greifswald v. 10.7.1995 – 3 M 210/94, NJ 1996, 100 und – einschränkend – OVG Greifswald v. 29.7.1998 – 3 L 193/97, NordÖR 1999, 463.

gilt für die Aufstellung zusätzlicher Spielgeräte in einer Gaststätte[1] sowie für die Umstellung von Rinder- und Schweinehaltung im Festmistverfahren in einen intensiven Schweinemastbetrieb im Flüssigmistverfahren[2]. Auch die Zweckentfremdung von Stellplätzen, die als **notwendige Stellplätze** für ein bestimmtes Vorhaben genehmigt wurden, stellt eine genehmigungspflichtige Nutzungsänderung dar[3].

Soll eine Nutzungsänderung stattfinden mit dem Ziel, eine Nutzungsart aufzunehmen, die im Fall der Neuerrichtung einer Anlage mit einer entsprechenden Nutzung genehmigungsfrei wäre, so bedarf auch eine solche Nutzungsänderung keiner Genehmigung. Dies stellen einige Bauordnungen ausdrücklich klar (vgl. z.B. § 65 Abs. 2 Nr. 3 BauO NRW). 29

Die Frage, ob eine Nutzungsänderung genehmigungspflichtig ist oder nicht, kann für den betroffenen Grundstückseigentümer eine noch größere wirtschaftliche Bedeutung besitzen als die Frage der Genehmigungspflicht von Umbauten bzw. Instandsetzungsarbeiten. Besteht eine Genehmigungspflicht, so ist anhand der aktuell geltenden Rechtslage zu prüfen, ob das Vorhaben den baurechtlichen Bestimmungen entspricht. Liegt keine genehmigungspflichtige Nutzungsänderung vor, so ist die geänderte Nutzung von der Legalisierungswirkung der früher erteilten Baugenehmigung gedeckt[4]. Es kommt also nicht darauf an, ob die neue Nutzung mit den aktuell geltenden materiell-rechtlichen Bestimmungen im Einklang steht. 30

Ähnlich wie bei der Änderung baulicher Anlagen wird der Anwalt auch bei Nutzungsänderungen häufig mit der Frage konfrontiert werden, ob eine beabsichtigte Änderung genehmigungspflichtig ist. Auch hier wird eine zweifelsfreie Beantwortung nicht immer möglich sein. Begehrt der Mandant eine Auskunft, ob er eine Nutzungsänderung ohne Genehmigungsverfahren durchführen soll, so muss darauf hingewiesen werden, dass eine – unter Umständen sofort vollziehbare – Nutzungsuntersagungsverfügung möglich ist, wenn die Genehmigungsbehörde im Streitfall die Genehmigungspflicht bejaht. Die Untersagung einer bereits aufgenommenen (geänderten) Nutzung kann im Einzelfall für den Mandanten gravierende Nachteile haben. In der Rechtsprechung der Oberverwaltungsgerichte ist umstritten, ob für eine Nutzungsuntersagung die formelle Baurechtswidrigkeit (also das Fehlen der erforderlichen Baugenehmigungen) genügt oder ob auch die materielle Baurechtswidrigkeit gegeben sein muss[5]. Angesichts dieser Rechtslage kann eine Nutzungs- 31

---

1 HessVGH v. 15.10.1986 – 3 TH 2544/86, NVwZ 1987, 428 und OVG NW v. 13.9.1994 – 11 A 3309/92, BRS 56 Nr. 137; zur Problematik auch *Otto*, DVBl 2011, 1330, 1332.
2 BVerwG v. 14.1.1983 – 4 C 19.90, NVwZ 1993, 1184.
3 *Gädtke/Czepuck/Johlen/Plietz/Wenzel*, BauO NRW, § 3 Rz. 100.
4 Vgl. dazu *Friauf*, DVBl. 1971, 713 (719f.); zur Frage der Beweislast für das Vorliegen einer Baugenehmigung OVG NW v. 18.1.2001 – 10 B 1898/00, BauR 2001, 758; zur Reichweite der Legalisierungswirkung Nds. OVG v. 10.9.2004 – 1 ME 231/04, BauR 2005, 381.
5 Vgl. die Nachweise bei *Finkelnburg/Ortloff/Otto*, Öffentliches Baurecht, Band II, S. 197f.; für die Rechtsprechung VGH BW v. 22.9.1989 – 5 S 3086/88, NVwZ 1990, 480 und VGH BW v. 1.2.2007 – 8 S 2606/06, BauR 2007, 1217 einerseits und Sächs. OVG v. 15.2.1993 – 1 S 321/92, SächsVBl. 1993, 160 und OVG Koblenz v. 22.5.1996 – 8 A 11880/95, BauR 1997, 103 andererseits; siehe ferner Nds. OVG v. 16.10.2006 – 1 ME 171/06, BauR 2007, 356; einschränkend BayVGH v.16.5.2008 – 9 ZB 07.3221 – wenn es um eine Wohnnutzung geht, die den Lebensmittelpunkt des Betroffenen bildet; einschränkend auch OVG Saarland v. 2.2.2009 – 2 B 439/08, BRS 74 Nr. 201: Maßgeblichkeit der materiellen Rechtslage, wenn die Bauaufsichtsbehörde in der Begründung ihrer Eingriffsentscheidung ihre Ermessenserwägung ausschließlich auf materiell-rechtliche Gesichtspunkte gestützt hat; zur Frage, ob Genehmigungen, die während der DDR erteilt wurden, einen „Bestandsschutz" vermitteln, siehe *Gohrke/Brehsan*, LKV 1999, 396ff.; siehe auch OVG Weimar v. 24.10.2000 – 1 EO 212/00, LKV 2001, 229; VG Frankfurt (Oder) v. 19.9.2000 – 7 K 835/98, LKV 2001, 472 und VG Weimar v. 25.4.2001 – 1 K 3816/99.We, NJ 2001, 440; zum Umgang mit „DDR-Schwarzbauten" *Finkelnburg/Ortloff/Otto*, Öffentliches Baurecht, Band II, S. 179f. m.w.N.

untersagungsverfügung auch bei materieller Rechtmäßigkeit der (genehmigungspflichtigen) neuen Nutzung nicht mit Sicherheit ausgeschlossen werden[1].

### h) Spezialgesetzliche Genehmigungen und Konzentrationswirkung

32  Nicht nur die Frage, *ob* ein Vorhaben baurechtlich genehmigungsfrei ist, bereitet Schwierigkeiten. Klärungsbedürftig kann auch die Frage sein, *welche* Genehmigung(en) für ein Vorhaben erforderlich sind.

33  Ein baurechtliches Genehmigungsverfahren ist entbehrlich, wenn über die Zulässigkeit der Errichtung und des Betriebs einer baulichen Anlage in einem besonderen Verfahren entschieden wird und die spezialgesetzliche Entscheidung die Baugenehmigung einschließt. Eine solche „Konzentrationswirkung" besitzen vor allem Planfeststellungsbeschlüsse, in denen die Zulässigkeit eines Vorhabens im Hinblick auf alle von ihm berührten öffentlichen Belange festgestellt wird (vgl. § 75 VwVfG). Zu erwähnen sind vor allem folgende bundesrechtlich geregelten Planfeststellungsverfahren: § 70 WHG, § 14 WaStrG, §§ 17ff. FStrG, § 18 AEG; § 1 MBPlG; § 31 KrW-/AbfG, § 9b AtG[2]. Landesrechtliche Planfeststellungsverfahren gibt es auf dem Gebiet des Straßen- und Wasserrechtes[3]. Das Verfahren bestimmt sich in diesen Fällen nach den Anforderungen, die sich aus dem jeweils einschlägigen Spezialgesetz ergeben, ergänzend nach den §§ 72ff. VwVfG. Soweit im Rahmen des Planfeststellungsverfahrens auch über baurechtlich relevante Anlagen entschieden wird, kann für die Frage, welche Unterlagen der Antragsteller insoweit einzureichen hat, auf die Bauvorlagenverordnung zurückgegriffen werden. Neben den genannten Planfeststellungsverfahren entfalten auch einige spezialgesetzliche Genehmigungen eine Konzentrationswirkung, d.h. auch in diesen Fällen ist ein gesondertes baurechtliches Genehmigungsverfahren entbehrlich, so z.B. die immissionsschutzrechtliche Genehmigung[4] nach § 13 BImSchG. Im oben erwähnten Beispielsfall (Änderung eines landwirtschaftlichen Betriebes mit mehr als 20 000 Hennenplätzen; Rz. 4) handelt es sich um die wesentliche Änderung einer Anlage, die einer immissionsschutzrechtlichen Genehmigung bedarf. Erforderlich ist also die Durchführung eines immissionsschutzrechtlichen Genehmigungsverfahrens, nicht eines Baugenehmigungsverfahrens.

34  Die Konzentrationswirkung stellt nach herrschender Meinung nur eine **formelle** Verfahrenskonzentration dar, d.h. die Planfeststellungsbehörde bzw. immissionsschutzrechtliche Genehmigungsbehörde ist an das materielle Recht der durch das Vorhaben berührten gesetzlichen Bestimmungen gebunden[5]. Auch wenn in diesen Fällen also ein baurechtliches Genehmigungsverfahren nicht durchgeführt wird, sind die materiellen bauplanungsrechtlichen und bauordnungsrechtlichen Bestimmungen zu beachten – soweit sich nicht aus § 38 BauGB etwas Abweichendes ergibt[6].

---

1 Vgl. z.B. OVG Greifswald v. 16.3.2000 – 3 M 13/00, NordÖR 2000, 429 und *Ortloff*, NVwZ 2002, 416 (422); siehe auch VGH Kassel v. 13.2.1998 – 4 TZ 1692/97, ZfBR 1999, 47; keine Berufung auf materielle Legalität, wenn der Bauherr keine prüffähigen Vorlagen vorlegt.
2 Eine eingeschränkte Konzentrationswirkung gilt nach § 9 Abs. 1 Satz 3 LuftVG: Die Zuständigkeit der für die Erteilung der Baugenehmigung zuständigen Behörde bleibt unberührt.
3 Beispiele bei *Große-Suchsdorf/Lindorf/Schmaltz/Wiechert*, Niedersächsische Bauordnung, § 68 Rz. 14.
4 Dazu ausführlich *Fluck*, NVwZ 1992, 114.
5 Siehe dazu *Laubinger*, VerwArch. 1986, 77ff.; BVerwG v. 27.9.1990 – 4 C 44.87, BVerwGE 85, 352 und v. 26.6.1992 – 4 B 1-11.92, NVwZ 1993, 572.
6 Zur Neufassung des § 38 BauGB durch das BauROG und zu den Voraussetzungen der Freistellung von den bauplanungsrechtlichen Anforderungen s. *Sandner*, DÖV 1998, 586 sowie *Battis/Krautzberger/Löhr*, NVwZ 1997, 1145 (1162) und *Bielenberg/Krautzberger/Söfker*, Baugesetzbuch, 6. Aufl. 1998, Rz. 412.

## II. Tätigkeiten vor förmlicher Antragstellung  Rz. 37 Teil 2 A

In den vorstehend behandelten Fällen ist die Durchführung eines bauaufsichtsrechtlichen Genehmigungsverfahrens entbehrlich, weil über die baurechtliche Zulässigkeit im Rahmen eines anderen (z.b. immissionsschutzrechtlichen) Verfahrens entschieden wird[1]. Die Konzentrationswirkung des spezialgesetzlichen Verfahrens stellt gewissermaßen eine Kollisionsregel dar, die das Verhältnis verschiedener Verfahrensarten der berührten Materien regelt. Außer den erwähnten Materien mit Konzentrationswirkung gibt es aber auch Vorhaben, für die **sowohl** eine bauaufsichtliche als auch eine **zusätzliche** Genehmigung erforderlich ist. Bekanntestes Beispiel ist die gaststättenrechtliche Erlaubnis, die neben der baurechtlichen Genehmigung benötigt wird[2]. Erforderlich ist hier die Durchführung eines gaststättenrechtlichen *und* eines bauaufsichtlichen Genehmigungsverfahrens. Gleiches gilt auch für das Verhältnis von Baugenehmigung zu einer straßenrechtlichen Ausnahme nach § 9 Abs. 8 FStrG und einer sanierungsrechtlichen Genehmigung nach §§ 144f. BauGB. In diesen Fällen ist das Verfahren auf Erteilung der zusätzlichen Genehmigung neben der bauaufsichtsrechtlichen Genehmigung nach den jeweils einschlägigen verfahrensrechtlichen Bestimmungen durchzuführen. 35

Von diesen Fällen, in denen zwei selbständige Verfahren durchzuführen sind, ist die Konstellation zu unterscheiden, dass die baurechtliche Genehmigung nur erteilt werden darf, wenn die Zustimmung bzw. das Einvernehmen einer anderen Behörde vorliegt. So bestimmt § 36 BauGB, dass über die Zulässigkeit von Vorhaben nach §§ 33 bis 35 BauGB von der Baugenehmigungsbehörde „im Einvernehmen" mit der Gemeinde entschieden wird (näher hierzu Rz. 102). Für die Genehmigung eines nichtprivilegierten Außenbereichsvorhabens nach § 35 Abs. 2 und 4 BauGB kann durch Rechtsverordnung der Landesregierung bestimmt werden, dass die Zustimmung der höheren Verwaltungsbehörde erforderlich ist (§ 36 Abs. 1 S. 4 BauGB). Einvernehmen und Zustimmung sind in diesen Fällen nur **behördeninterne Mitwirkungsakte**. Zwar ist die Genehmigungsbehörde grds. an die Verweigerung des Einvernehmens bzw. der Zustimmung gebunden; ein gesondertes Verfahren findet aber nicht statt. 36

Während in den Fällen der Konzentrationswirkung zu Gunsten eines Planfeststellungsverfahrens bzw. einer speziellen Genehmigung die Entscheidungsbefugnis der Bauaufsichtsbehörde ausgeschlossen wird, kann umgekehrt auch angeordnet sein, dass die Baugenehmigung andere spezialgesetzlich geregelte Genehmigungen einschließt; dies gilt z.B. teilweise im Verhältnis zu denkmalschutzrechtlichen Genehmigungen[3]. Eine Konzentrationswirkung zugunsten der Baugenehmigung in 37

---

1 Zur Zuständigkeit der Bauaufsichtsbehörde bei Aufnahme einer nicht genehmigten bahnfremden Nutzung, auch wenn dies innerhalb eines dem Bahnbetrieb gewidmeten Bahnhofsgebäudes geschieht, BayVGH v. 11.3.2009 – 15 BVO 81306, BauR 2009, 1129.
2 Zum Verhältnis Baugenehmigung/Erlaubnis nach dem GaststG, vgl. BVerwG v. 4.10.1988 – 1 C 72.86, NVwZ 1989, 258 und v. 14.6.2011 – 4 B 3.11, BauR 2011, 1642; siehe auch VGH BW v. 17.12.1999 – 5 S 50/97, NVwZ 2000, 1068: Prüfung des § 180a Abs. 1 Nr. 2 StGB a.F. im baurechtlichen Genehmigungsverfahren. Das Gaststättenrecht ist nach Überführung in die Kompetenz der Länder inzwischen teilweise landesrechtlich geregelt. Zum Verhältnis Baugenehmigung/naturschutzrechtliche Genehmigung siehe OVG Greifswald v. 30.10.1997 – 5 M 52/96, NordÖR 1998, 401 und v. 1.2.2001 – 1 M 77/00, NJ 2001, 499 m. Anm. *Preschel*; zum Verhältnis Baugenehmigung/Zweckentfremdungsgenehmigung, BVerwG v. 6.11.1996 – 4 B 213.96, BauR 1997, 282; zum Verhältnis Baugenehmigung/sanierungsrechtliche Genehmigung BVerwG v. 8.3.2001 – 4 B 76.00, BauR 2001, 1723 und *Battis/Krautzberger/Löhr*, BauGB, § 145 Rz. 1; zu den Problemen der Umsetzung der in Bebauungsplänen festgesetzten Ausgleichs- und Ersatzmaßnahmen im Hinblick auf die Freistellungs- bzw. Anzeigeverfahren siehe *Erbguth/Stollmann*, JZ 1995, 1141 (1144f.).
3 Vgl. z.B. § 63 Abs. 3 SächsBO i.V.m. § 12 Abs. 3 SächsDSchG; aus der Rechtsprechung OVG NW v. 18.5.1984 – 11 A 1776/83, NJW 1986, 1890 und VGH BW v. 19.7.2000 – 1 S 2992/99, VBlBW 2001, 63; weitere Beispielsfälle bei *Ortloff*, NVwZ 2002, 416 (418).

dem Sinne, dass diese die für ein Vorhaben erforderlichen weiteren Genehmigungen einschließt, findet sich in § 67 BbgBO und in § 62 Abs. 1 HBO[1]. Auch hier gilt, dass es sich nur um eine formelle Konzentration handelt. Bei ihrer Entscheidung muss die Baugenehmigungsbehörde die materiellen Vorgaben der anderen öffentlich-rechtlichen Vorschriften beachten. Andere Bauordnungen begrenzen ausdrücklich die Prüfungsbefugnis auf die Bestimmungen des öffentlichen Baurechts und stellen klar, dass die Einhaltung sonstiger öffentlich-rechtlicher Anforderungen nur dann im Baugenehmigungsverfahren zu prüfen ist, soweit wegen der Baugenehmigung eine Entscheidung nach anderen öffentlich-rechtlichen Vorschriften entfällt, ersetzt oder eingeschlossen wird (vgl. z.B. Art. 60 BayBO).

38 Besteht keine Verfahrenskonzentration, ist also neben der Baugenehmigung eine weitere Genehmigung erforderlich (z.B. im Fall der fernstraßenrechtlichen Ausnahme gem. § 9 Abs. 8 FStrG oder einer naturschutzrechtlichen Genehmigung) und liegt diese nicht vor, stellt sich die Frage der Kompetenz der Baugenehmigungsbehörde. Die Diskussion hierüber wird vielfach unter dem Stichwort „Schlusspunkttheorie" geführt[2]. Zumindest dem Wortlaut nach besteht bei einigen Bauordnungen eine umfassende Prüfungskompetenz der Baurechtsbehörde. So bestimmt § 75 BauO NRW, dass die Baugenehmigung zu erteilen ist, wenn dem Vorhaben öffentlich-rechtliche Vorschriften nicht entgegenstehen. Hieraus leitet die sogenannte „Schlusspunkttheorie" ab, die Bauaufsichtsbehörde dürfe eine Baugenehmigung nur und erst dann erteilen, wenn sie und die übrigen Behörden, deren Zuständigkeit und Entscheidungsbefugnis berührt sei, die materielle Rechtmäßigkeit des Vorhabens festgestellt hätte. Habe eine andere Behörde, deren positive Entscheidung für die Erteilung der Baugenehmigung erforderlich sei, noch nicht entschieden, stehe der Bauaufsichtsbehörde eine Vor-Prüfungskompetenz zu. Komme die Bauaufsichtsbehörde zum Ergebnis der Illegalität (wegen des Verstoßes gegen andere öffentlich-rechtliche Vorschriften), sei sie zur Versagung der Baugenehmigung befugt; sie könne aber auch die Entscheidung der zuständigen Fachbehörde abwarten. Komme die Bauaufsichtsbehörde zum Ergebnis, dass das Vorhaben den sonstigen öffentlich-rechtlichen Vorschriften entspreche, müsse sie die Entscheidung der anderen Behörde – mangels Sachentscheidungskompetenz für eine eigene positive Entscheidung – abwarten[3].

Das Bundesverwaltungsgericht hat klargestellt, dass das Bundesrecht insoweit keine Vorgaben enthält. Die Frage der Reichweite der Prüfungsbefugnis der Baugenehmigungsbehörde (und damit die Entscheidung darüber, ob die „Schlusspunkttheorie" gilt oder nicht) obliegt dem Landesgesetzgeber[4]. In den Bundesländern, in denen nach dem Wortlaut eine umfassende Prüfungsbefugnis der Bauaufsichtsbehörde besteht, ist umstritten, ob hier die Schlusspunkttheorie Anwendung findet[5]. In etlichen Bundesländern wird von den zuständigen Oberverwaltungsgerichten eine „modifizierte Schlusspunkttheorie" vertreten. Danach ist die Erteilung der

---

1 Hierzu *Knuth*, LKV 2004, 193 ff.; *Hecker*, BauR 2006, 629 ff. und *Wickel/Biebach*, NordÖR 2006, 45 ff.
2 Näher hierzu *Finkelnburg/Ortloff/Otto*, Öffentliches Baurecht, Band II, S. 104 ff; allgemein zur rechtlichen Problematik bei der Konkurrenz paralleler Genehmigungen *Gaentzsch*, NJW 1986, 1787; *Ortloff*, NJW 1987, 1665 und *Schmidt-Preuß*, DVBl 1991, 229 ff.
3 Dies ergibt sich aus der Annahme, die Baugenehmigung stelle abschließend die Vereinbarkeit des Vorhabens mit dem gesamten öffentlichen Recht fest und bilde insoweit die Grundlage für die tatsächliche Bauausführung („Schlusspunkttheorie").
4 BVerwG v. 25.10.1995 – 4 B 216.95, DVBl. 1996, 57.
5 Vgl. hierzu die unterschiedliche Judikatur des 7. Senats des OVG NW v. 14.9.2001 – 7 A 620/00 (NVwZ-RR 2002, 564) einerseits und des 10. Senats des OVG NW v. 11.9.2003 – 10 A 4694/01 (BauR 2003, 1870) andererseits; für die Schlusspunkttheorie auch OVG Rh.-Pf. v. 25.7.2007 – 8 A 10587/07, BauR 2007, 1857 und *Mampel*, BauR 2002, 719 ff.

Baugenehmigung unter der aufschiebenden Bedingung zulässig, dass die andere noch erforderliche Genehmigung beigebracht wird[1].

Zweifelsfrei ist jedenfalls, dass die Schlusspunkttheorie in den Ländern keine Gültigkeit besitzen kann, in denen sich aus dem Wortlaut der jeweiligen Bauordnung ausdrücklich eine Beschränkung hinsichtlich des Prüfungsumfangs der Bauaufsichtsbehörde ergibt[2].

### 3. Ermittlung der Genehmigungsfähigkeit

Wichtiger als die Frage, ob für ein bestimmtes Vorhaben ein baurechtliches Genehmigungsverfahren (und ggf. welches) durchzuführen ist, ist für den Bauwilligen, ob die von ihm angestrebte Nutzung überhaupt genehmigungsfähig ist. Der Interessent, der einen großflächigen Einzelhandelsbetrieb, eine Vergnügungsstätte oder ein Appartementhaus mit zahlreichen Wohnungen errichten möchte und der für sein Vorhaben ein nach Lage und Größe grds. geeignetes Grundstück erwerben kann, wird seine Kaufentscheidung in der Regel nicht ohne anwaltlichen Rat treffen wollen, ob die angestrebte Nutzung baurechtlich zulässig ist. Dem Anwalt ist also oft die Frage gestellt, die Genehmigungsfähigkeit eines Vorhabens zu beurteilen – bevor eine behördliche Entscheidung vorliegt bzw. bevor überhaupt ein Antrag gestellt wird. In gleicher Weise kann dem Anwalt (oder auch einem Architekten) die Beurteilung der materiellen Rechtmäßigkeit obliegen, wenn es sich um ein „freigestelltes" Vorhaben handelt und die einschlägige Landesbauordnung dem Bauherrn keine Möglichkeit gibt, wahlweise auf die Durchführung eines herkömmlichen Genehmigungsverfahrens zurück zu greifen. Nimmt der Bauherr ein genehmigungsfreies Vorhaben in Angriff, das materiell nicht rechtmäßig ist, besteht die Gefahr eines Einschreitens der Bauaufsichtsbehörde, da auch freigestellte Vorhaben dem materiellen Baurecht entsprechen müssen.

### a) Die planungsrechtliche Beurteilung

Da die Frage des „Ob" einer Nutzung von der planungsrechtlichen Situation abhängig ist, muss zunächst diese geklärt werden:

Da im Geltungsbereich eines qualifizierten Bebauungsplans nach § 30 Abs. 1 BauGB die Zulässigkeit eines Vorhabens von dessen Festsetzungen über Art und Maß der baulichen Nutzung abhängt, hat der Anwalt zunächst zu prüfen, ob für das fragliche Grundstück ein qualifizierter Bebauungsplan existiert und welche Festsetzungen dieser Plan enthält. Da Bebauungspläne nach § 10 Abs. 3 Satz 2 BauGB „zu jedermanns Einsicht" von den Gemeinden bereitzuhalten sind, bereitet diese Klärung in der Regel keine Schwierigkeiten. Zu achten ist darauf, wann der jeweils einschlägige Bebauungsplan ausgelegt hat. Danach richtet sich, welche Fassung der BauNVO (1962, 1968, 1977, 1986 oder 1990) zur Ermittlung des Planinhalts heranzuziehen ist. Ist in einem Bebauungsplan ein Baugebiet festgesetzt worden, so werden nach § 1 Abs. 3 BauNVO die Bestimmungen der §§ 2 bis 14 BauNVO (also die Bestimmungen, welche Nutzungsarten in den einzelnen Gebieten zulässig sind) Bestandteil des Bebauungsplans – aber in der Fassung, die zum Zeitpunkt der Auslegung des Plans nach § 3 Abs. 2 BauGB galt[3]. Dies hat besondere Bedeutung für die Frage der Zulässigkeit großflächiger Einzelhandelsbetriebe, da die

---
1 Vgl. etwa Sächs. OVG v. 8.6.1995 – 1 S 154/95, BRS 57 Nr. 187; in Hessen ist diese Vorgehensweise in § 72 Abs. 1 Satz 3 HBO ausdrücklich festgelegt.
2 *Jäde*, ZfBR 2008, 544; siehe auch VGH BW v. 19.7.1990 – 5 S 1384/89, NVwZ-RR 1991, 284.
3 Allg. Meinung vgl. nur *Uechtritz*, BauR 1986, 172 ff. und BVerwG v. 27.2.1992 – 4 C 43.87, BauR 1992, 472.

Zulässigkeitsvoraussetzungen für derartige Anlagen in den einzelnen Fassungen der BauNVO unterschiedlich sind[1].

Eine Ausnahme vom Grundsatz, dass die aktuell geltende BauNVO i.d.F. von 1990 nicht für „alte" Bebauungspläne gilt, enthielt bis zum 31.12.1997 § 4 Abs. 1 BauGB-MaßnG hinsichtlich der Nichtanrechenbarkeit von Aufenthaltsräumen in Nicht-Vollgeschossen auf die zulässige Geschossfläche[2]. Der Gesetzgeber hatte mit dieser Vorschrift darauf reagiert, dass das BVerwG § 25c BauNVO 1990 wegen Fehlens einer ausreichenden Ermächtigungsgrundlage für nichtig erklärt hatte[3]. Mit In-Kraft-Treten des BauROG zum 1.1.1998 wurde das BauGB-MaßnG aufgehoben. Die Regelung des § 4 BauGB-MaßnG wurde nicht übernommen. Dies bedeutet: § 20 Abs. 3 S. 1 BauNVO i.d.F. 1990 kommt bei „alten" Bebauungsplänen, d.h. solchen, auf die die BauNVO in einer früheren Fassung anzuwenden ist, nicht zum Tragen. Bei alten Plänen ist also auch die Geschossfläche in Geschossen, die keine Vollgeschosse sind, zu berücksichtigen[4].

41  Besteht kein qualifizierter Bebauungsplan i.S.d. § 30 Abs. 1 BauGB (und ist auch der Sonderfall des § 33 BauGB nicht gegeben), so muss die planungsrechtliche Zulässigkeit entweder nach § 34 BauGB oder § 35 BauGB beurteilt werden. Die Abgrenzungskriterien sind hier nicht darzustellen[5]. Für den Bauwilligen ist in Zweifelsfällen die Zuordnung seines Grundstücks zum Innenbereich nach § 34 BauGB von entscheidender Bedeutung, da ein Innenbereichsgrundstück grds. „Bauland" ist, die Baumöglichkeiten im Außenbereich nach § 35 BauGB aber sehr stark beschränkt sind. In Zweifelsfällen empfiehlt sich vor Ausarbeitung eines kostspieligen vollständigen Baugesuchs die Einreichung einer Bauvoranfrage, um die Zuordnung eines Grundstücks zum Innenbereich zu klären.

42  Liegt das Grundstück innerhalb des im Zusammenhang bebauten Ortsteils, so richtet sich die Zulässigkeit nach § 34 BauGB. Entspricht die Eigenart der näheren Umgebung eindeutig einem Gebietstyp der BauNVO, so richtet sich die Zulässigkeit des Vorhabens in Bezug auf die Art der Nutzung gem. § 34 Abs. 2 BauGB danach, ob es nach der BauNVO in dem jeweiligen Baugebiet zulässig wäre. Soweit § 34 Abs. 2 BauGB keine Anwendung findet, ist § 34 Abs. 1 BauGB einschlägig. Demnach kommt es darauf an, ob sich die beabsichtigte Nutzung in die Eigenart der näheren Umgebung „einfügt"[6].

---

1  Vgl. *Uechtritz*, BauR 1986, 173 m.w.N.; auf die unterschiedlichen Fassungen des § 11 Abs. 3 BauNVO kann hier nur hingewiesen werden; auch die Frage, ob Mobilfunkanlagen als fernmeldetechnische Nebenanlagen gem. § 14 Abs. 2 BauNVO in allen Baugebieten ausnahmsweise zulässig sind, bestimmt sich danach, welche BauNVO für den jeweiligen Bebauungsplan gilt, da § 14 Abs. 2 Satz 2 BauNVO, der die ausnahmsweise Zulässigkeit fernmeldetechnischer Nebenanlagen in allen Baugebieten bestimmt, erst 1990 in die BauNVO eingefügt wurde (vgl. BVerwG v. 1.11.1999 – 4 B 3.99, BauR 2000, 703).
2  Nach den früheren Fassungen der BauNVO, bis zu Novelle 1990, waren die entsprechenden Flächen anzurechnen; vgl. *König/Roeser/Stock*, BauNVO, § 20 Rz. 23.
3  BVerwG v. 27.2.1992 – 4 C 43.87, BauR 1992, 472; gestrichen wurde die verfassungsrechtlich gleichfalls kaum haltbare Bestimmung des § 25c Abs. 3 Satz 1 BauNVO (dazu *Pietzker*, NVwZ 1989, 601); zur Neuregelung im BauGB-MaßnG s. *Schmaltz*, DVBl. 1993, 814.
4  Bei der Nichtübernahme des § 4 Abs. 1 BauGB-MaßnG in das BauROG zum 1.1.1998 ging der Gesetzgeber davon aus, dem gesetzgeberischen Anliegen, den Wohnungsbau zu erleichtern, könne durch Anwendung des § 31 Abs. 2 BauGB genügt werden (vgl. *König/Roeser/Stock*, BauNVO, § 20 Rz. 23).
5  Vgl. dazu *Gelzer/Bracher/Reidt*, Bauplanungsrecht, Rz. 1952ff.
6  Vgl. hierzu *Hoppe/Bönker/Grotefels*, Öffentliches Baurecht, § 8 Rz. 143f.; zur Bedeutung der BauNVO für die Ermittlung des „Einfügens" siehe *Lemmel*, in: Planung und Plankontrolle, FS für Otto Schlichter, 1995, S. 353ff.

II. Tätigkeiten vor förmlicher Antragstellung                    Rz. 44  Teil 2 A

Auf die umfangreiche Rechtsprechung zu § 34 Abs. 1 BauGB kann an dieser Stelle nur hingewiesen werden[1].

Ist die planungsrechtliche Zulässigkeit nach § 35 BauGB zu beurteilen, so besteht in der Regel nur dann eine Chance zur Realisierung eines Vorhabens, wenn dieses nach § 35 Abs. 1 BauGB privilegiert ist. Sonstige Vorhaben im Außenbereich, vor allem Wochenend- und Ferienhäuser sind grds. nach § 35 Abs. 2, 3 BauGB unzulässig[2]. 43

Als weitere Grundlage für die planungsrechtliche Zulässigkeit von Vorhaben ist § 12 BauGB zu beachten[3]. Mit diesem Rechtsinstitut kann für einzelne Vorhaben die planungsrechtliche Genehmigungsfähigkeit begründet bzw. bestätigt oder fortgeschrieben werden. Voraussetzung für einen Vorhaben- und Erschließungsplan bzw. vorhabenbezogenen Bebauungsplan ist die Vorlage eines Vorhaben- und Erschließungsplans durch einen Vorhabenträger. Dieser muss sich gegenüber der Gemeinde im Durchführungsvertrag verpflichten, den Plan innerhalb einer bestimmten Frist zu verwirklichen[4]. Hinzu kommen muss die (objektive) Fähigkeit des Vorhabenträgers, den Plan in der zugesagten Frist zu realisieren[5]. 44

Ergreift ein Vorhabenträger gegenüber einer Gemeinde die Initiative und legt einen Vorhaben- und Erschließungsplan vor, so hat die Gemeinde nach pflichtgemäßem Ermessen darüber zu entscheiden, ob sie das Satzungsverfahren einleitet (§ 12 Abs. 2 BauGB)[6]. Ein Anspruch des Vorhabenträgers auf Einleitung eines Satzungsverfahrens gibt es nicht, auch nicht in der Form eines subjektiven Rechts auf fehlerfreie Ermessensausübung. Der Vorhabenträger kann aber beanspruchen, dass innerhalb angemessener Frist über seinen Antrag entschieden wird[7].

Das Verfahren ist mit dem zur Aufstellung eines herkömmlichen Bebauungsplans identisch. Materiellrechtlich entsprechen die Anforderungen an die Satzung über den Vorhaben- und Erschließungsplan im Wesentlichen denjenigen eines herkömmlichen Bebauungsplans. Die von der Gemeinde gebilligte Satzung umfasst

---

1 Grundlegend hierzu BVerwG v. 26.5.1987 – IV C 9.77, BVerwGE 55, 369; siehe weiter BVerwG v. 3.4.1981 – 4 C 61.78, BauR 1981, 351, und v. 10.12.1982 – 4 C 28/81, BauR 1983, 140 sowie BVerwG v. 22.5.1987 – 4 C 6.85, BauR 1987, 531; weitere Nachweise bei *Uechtritz*, Öffentliches Baurecht, Rz. 760 ff.
2 Vgl. nur *Uechtritz*, Öffentliches Baurecht, Rz. 798 ff. und *Gelzer/Bracher/Reidt*, Bauplanungsrecht, Rz. 2148 ff.
3 Zum vorhabenbezogenen Bebauungsplan: *Uechtritz*, Vorhabenbezogener Bebauungsplan-Hinweise für die Praxis, in: Thode/Uechtritz/Wochner, Immobilienrecht 2000, S. 29 ff.; *Burmeister*, VBlBW 2002, 245 und *Schliepkorte*, Der Vorhaben- und Erschließungsplan 2001; zu den Neuregelungen im BauGB 2007 *Uechtritz*, BauR 2007, 476 (485 ff.); *Porger*, in: Spannowsky/Hofmeister, BauGB 2007, Neue Anforderungen und Möglichkeiten für Städte und Gemeinden, 2007, S. 73 ff. und *Fleckenstein*, DVBl. 2008, 216 ff.
4 Anders als der Bebauungsplan, der gewissermaßen nur ein „Angebot" an den (die) Nutzungsberechtigten darstellt, ist der vorhabenbezogene BPlan auf Realisierung angelegt (*Pietzcker*, DVBl. 1992, 659); speziell zu Fragen des Durchführungsvertrages *Uechtritz*, in: Spannowsky/Krämer, Realisierung städtebaulicher Planungen und Projekte durch Verträge, 2003, S. 123 ff.; der Durchführungsvertrag muss vor dem Satzungsbeschluss (wirksam) abgeschlossen sein, VGH BW v. 14.11.2002 – 5 S 1635/00, NVwZ-RR 2003, 407.
5 Dazu gehört vor allem auch die Verfügungsbefugnis des Vorhabenträgers über die zur Realisierung benötigten Grundstücke; näher zu den sich hieraus ergebenden Anforderungen s. *Bielenberg*, ZfBR 1996, 6 (8) und *Uechtritz*, Vorhabenbezogener Bebauungsplan, S. 34 f. m.w.N.
6 *Menke*, NVwZ 1998, 577 (579) und *Reidt*, BauR 1998, 909 (913).
7 VGH BW v. 22.3.2000 – 5 S 444/09, BauR 2000, 1704; zur Situation bei konkurrierenden Vorhabenträgern, Antweiler, BauR 2002, 398 ff.

den Plan des Vorhabenträgers und die gemeindliche Satzung selbst[1]. Auch wenn sich der VEP grds. auf ein einzelnes Projekt bezieht, bleibt die Erteilung einer Baugenehmigung notwendig. Der VEP ermöglicht (planungsrechtlich) deren Erteilung. Er ersetzt sie nicht.

### b) Die materielle bauordnungsrechtliche Beurteilung

45 Die Genehmigungsfähigkeit eines Vorhabens hängt nicht nur von der Erfüllung der bauplanungsrechtlichen, sondern auch der (materiellen) bauordnungsrechtlichen Erfordernisse ab. Eine vertiefte Erörterung mit dieser Thematik kann im Rahmen dieses Beitrags nicht erfolgen. In der Regel handelt es sich hierbei aber um Einzelheiten der Bauausführung, sodass dem Anwalt im Vorfeld selten Prüfungsaufträge gestellt sind, die das „Ob" des Vorhabens betreffen. Vielmehr wird es im Regelfall um die Frage gehen, wie einzelne materiell-rechtliche Genehmigungshindernisse ausgeräumt werden können. Im Nachfolgenden sind die materiellen bauordnungsrechtlichen Anforderungen anzusprechen, die in der Praxis die häufigsten Probleme bereiten.

46 Besondere Bedeutung kommt den **Abstandsvorschriften**[2] zu, die auf eine ausreichende Belichtung, Belüftung und Besonnung der Gebäude sowie auf die Sicherung der Belange des Brandschutzes abzielen. Die weitere – traditionelle – Funktion der Abstandsflächenvorschriften, die Sicherung eines ausreichenden „Sozialabstands", dürfte in den meisten Bundesländern, die die Mindestabstandsfläche entsprechend § 6 Abs. 5 MBO auf 0,4 H (H = Randhöhe) reduziert haben, nicht mehr gewährleistet sein[3]. Das Abstandsflächenrecht ist in den Bundesländern unterschiedlich. Ganz überwiegend erfolgt aber eine Orientierung an der Systematik der Musterbauordnung (§ 6 MBO). Danach sind von den Außenwänden von Gebäuden Abstandsflächen freizuhalten. Diese Anforderung gilt auch für bauliche Anlagen, die keine Gebäude sind, von denen aber Wirkungen wie von Gebäuden ausgehen. Umstritten ist häufig, ob diese Voraussetzung bei Mobilfunksendemasten erfüllt sind[4]. Die Abstandsflächen müssen regelmäßig auf dem Grundstück selbst liegen (vgl. § 6 Abs. 2 Satz 1 MBO). Sie dürfen sich auch auf öffentliche Verkehrs-, Grün- oder Wasserflächen erstrecken, jedoch nur bis zu deren Mitte. Nicht selten werden Abstandsflächen auch auf andere Grundstücke erstreckt. Dies setzt aber die öffentlich-rechtliche Sicherung (durch Baulast) voraus, dass die entsprechenden Flächen nicht überbaut werden.

Bis auf Bayern, das als Regelabstandsfläche 1 H, mindestens aber 3 m fordert (Art. 6 Abs. 5 S. 1 BayBO), beträgt die regelmäßige Abstandsfläche 0,4 der Wandhöhe, mindestens jedoch 2,5 m (§ 5 Abs. 7 LBO BW); in NW differenziert § 6 Abs. 5 BauO NRW danach, in was für einem Baugebiet sich die jeweilige bauliche Anlage befindet. Maßgeblich für die Ermittlung der Abstandsflächen ist die Gebäudehöhe. Ausgangspunkt sind die Außenwände von Gebäuden. In unterschiedlicher und differenzierter Weise erfolgt (je nach Gestaltung) eine Anrechnung von Dachflächen. Alle Bauordnungen enthalten Ausnahmeregelungen für Nebengebäude ohne Aufenthaltsräume, insbesondere für Garagen, die innerhalb der Abstandsflächen ohne Ein-

---

1 Näher zu den Bestandteilen eines VEP *Uechtritz*, Vorhabenbezogener Bebauungsplan, S. 35 ff.
2 Zur Funktion der Abstandsflächen *Boeddinghaus*, BauR 2009, 586 ff.; siehe auch OVG NW v. 9.2.2009 – 10 B 1713/08, BauR 2009, 775 – speziell zum Verhältnis zum planungsrechtlichen Rücksichtnahmegebot.
3 Vgl. hierzu die Erläuterungen von *Ammon*, Musterbauordnung, 2006, S. 73 zu § 6 Abs. 5 MBO.
4 OVG NW v. 23.7.2008 – 10 A 2957/07, BRS 73 Nr. 128.

## II. Tätigkeiten vor förmlicher Antragstellung

haltung eines Grenzabstandes errichtet werden dürfen (vgl. § 6 Abs. 11 BauO NRW und § 6 Abs. 1 LBO BW).

Zu beachten ist auch das Verhältnis des bauordnungsrechtlichen Abstandsflächenrechts vom (bundesrechtlichen) Planungsrecht. Im Grundsatz besteht der Vorrang des Planungsrechts, wie er in § 6 Abs. 1 S. 3 MBO zum Ausdruck kommt: Danach ist eine Abstandsfläche nicht erforderlich vor Außenwänden, die an Grundstücksgrenzen errichtet werden, wenn nach planungsrechtlichen Vorschriften an die Grenze gebaut werden muss oder gebaut werden darf.

Besondere Probleme wirft das Abstandsflächenrecht auf, wenn es nicht um die Neuerrichtung, sondern die Änderung eines Gebäudes oder um dessen Nutzungsänderung geht. Grundsätzlich erfasst das Abstandsflächenrecht auch bauliche Änderungen wie Anbauten, Erweiterungen oder Aufstockungen von Gebäuden. Ob bei derartigen Maßnahmen die Einhaltung der abstandsflächenrechtlichen Anforderungen zu prüfen ist, hängt davon ab, ob sich die Änderung auf die durch die Abstandsvorschriften geschützten Belange auswirken kann[1]. In Bezug auf Nutzungsänderungen bestehen teilweise Spezialregelungen[2].

Zu erwähnen ist weiter die **Stellplatzpflicht**[3] (vgl. § 49 MBO und § 37 LBO BW), weil hieran nicht selten die Realisierung eines Vorhabens insgesamt scheitern kann. Nach fast allen Bauordnungen sind bei der Errichtung baulicher Anlagen, bei denen ein Zu- und Abfahrtsverkehr zu erwarten ist, geeignete Stellplätze oder Garagen in ausreichender Zahl herzustellen[4]. Entsprechend § 49 Abs. 3 MBO verlangen die meisten Bauordnungen auch die Herstellung ausreichender Abstellmöglichkeiten für Fahrräder (vgl. z.B. § 51 Abs. 1 Satz 2 BauO NRW). Allerdings weisen die einzelnen Landesbauordnungen gerade bei der Regelung der Stellplatzpflicht erhebliche Unterschiede auf. So geben einzelne Bauordnungen den Gemeinden die Möglichkeit, die Herstellung von Stellplätzen zu untersagen oder einzuschränken (vgl. z.B. § 44 Abs. 1 HBO und § 51 Abs. 4 BauO NRW)[5]. Regelmäßig sind die Stellplätze auf dem Baugrundstück selbst oder in zumutbarer Entfernung auf einem benachbarten Grundstück zu erstellen. In diesem Fall muss die Benutzung des Nachbargrundstücks durch Baulast gesichert sein (§ 37 Abs. 4 LBO BW; § 51 Abs. 3 BauO NRW). Zur Konkretisierung der Anforderungen der Bauordnungen über die Zahl der notwendigen Stellplätze sind in einzelnen Ländern durch Verwaltungsvorschriften **Richtzahlen** eingeführt worden[6], die angeben, für welche Nutzungsarten wie viele Stellplätze erforderlich sind. Diese gelten als sachverständige Erfahrungswerte und werden von den Genehmigungsbehörden in der Regel strikt angewandt[7].

47

---

1 Nds. OVG v. 28.1.2010 – 1 LA 284/07, BR 76 Nr. 125; hierzu auch *Wolff*, BauR 2010, 1096 ff.
2 Hierzu HessVGH v. 14.3.2008 – 4 UE 2347/06, BRS 73 Nr. 121.
3 Ausführlich hierzu *Gloria*, NVwZ 1990, 305 ff. und *Jäde*, WiVerw 2000, 209; *Reichel*, in: Reichel/Schulte (Hrsg.), Handbuch Bauordnungsrecht, 10. Kapitel, Rz. 13 ff. sowie *Finkelnburg/Ortloff/Otto*, Öffentliches Baurecht, Band II, S. 54 ff. mit Hinweisen zu der unterschiedlichen Entwicklung des Stellplatzrechts in den Landesbauordnungen; *Finkelnburg/Ortloff/Otto*, Öffentliches Baurecht, Band II, S. 55) sprechen von einer „Tendenz zur Kommunalisierung der Stellplatzpflicht", zur Entwicklung in NW *Otto*, ZfBR 2001, 21 ff.
4 In Berlin ist die Stellplatzpflicht inzwischen praktisch entfallen, dazu *Ortloff*, NVwZ 1998, 581 (582).
5 Zur Stellplatzpflicht in NW *Neuhausen*, BauR 2000, 329.
6 Vgl. z.B. Verwaltungsvorschriften des Wirtschaftsministeriums BW über die Herstellung notwendiger Stellplätze vom 16.4.1996 (GBl. S. 289) geändert durch Verwaltungsvorschrift vom 4.8.2003 (GBl. S. 590), abgedruckt bei *Sauter*, LBO BW, Bd. 2, VwV 10.
7 Siehe aber *Gädtke/Czepuck/Johlen/Plietz/Wenzel*, BauO NRW, § 51 Rz. 26, die die „Nachrangigkeit" der Verwaltungsvorschrift gegenüber der Bewertung der konkreten Verhältnisse des Einzelfalls betonen.

Abweichend hiervon gilt dies nach § 37 Abs. 1 LBO BW nicht für die Errichtung von Gebäuden mit Wohnungen. Hier ist unmittelbar durch die LBO BW vorgeschrieben, dass ein Stellplatz pro Wohnung zu errichten ist[1]. Die Stellplatzpflicht ist auch von Bedeutung für Änderungen bzw. Nutzungsänderungen von Gebäuden. Die Bauordnungen stellen überwiegend darauf ab, ob infolge der Änderung ein zusätzlicher Stellplatzbedarf entsteht (vgl. § 37 Abs. 2 LBO BW). Um die Schaffung zusätzlichen Wohnraums zu erleichtern, wird diese Verpflichtung eingeschränkt, wenn die zusätzlichen Stellplätze, die wegen des Hinzukommens weiteren Wohnraums erforderlich wären, nicht oder nur unter „großen Schwierigkeiten" auf dem Baugrundstück geschaffen werden können (§ 37 Abs. 2 LBO BW; § 51 Abs. 9 BauO NRW, ähnlich Art. 47 Abs. 1 S. 3 BayBO). Bereitet die Herstellung von Stellplätzen und Garagen auf dem Baugrundstück selbst oder in zumutbarer Entfernung Schwierigkeiten, so besteht die Möglichkeit, anstelle der Herstellung an die Gemeinde einen Geldbetrag zu zahlen (näher zur Stellplatzablösung unten Rz. 53).

48 Besondere Aufmerksamkeit verdient auch das Erfordernis der **ausreichenden Erschließung** (vgl. § 4 Abs. 1 LBO BW). Alle Bauordnungen fordern, dass das Baugrundstück in angemessener Breite an einer befahrbaren öffentlichen Verkehrsfläche liegt oder zumindest eine öffentlich-rechtlich gesicherte Zufahrt hat[2]. Ausnahmen gelten für Wohnwege. Erkennt der Anwalt, dass hinsichtlich der gesicherten Erschließung Probleme bestehen, so ist zu prüfen, ob diese Schwierigkeiten im Vorfeld gelöst werden können, z.B. durch Einräumung einer Baulast über ein zwischen Baugrundstück und öffentlicher Verkehrsfläche gelegenes Grundstück, näher dazu unten (Rz. 52 ff.). In den Bundesländern, in denen eine privatrechtliche Zufahrtssicherung ausreicht, genügt die Bestellung einer Grunddienstbarkeit.

### 4. Überwindung von materiellen Genehmigungshindernissen

49 Ergibt die Prüfung durch den Anwalt, dass der Genehmigungsfähigkeit des Vorhabens rechtliche Hindernisse entgegenstehen, so ist zu prüfen, ob und ggf. wie diese Hindernisse überwunden werden können.

#### a) Ausnahmen, Befreiungen und Abweichungen

50 Sowohl bauplanungsrechtliche als auch bauordnungsrechtliche Hindernisse können durch Erteilung von Abweichungen, Ausnahmen bzw. Befreiungen ausgeräumt werden[3]. Von den Festsetzungen eines Bebauungsplans kann nach § 31 Abs. 1 BauGB eine **Ausnahme** erteilt werden, wenn dies aus dem Plan hervorgeht. Die bauplanungsrechtliche Ausnahme ist also ein planimmanentes Instrument[4]. Die **Befreiung** ermöglicht die Durchbrechung einer zwingenden Planfestsetzung[5]. Sie kam nach der obergerichtlichen Rechtsprechung bis zur Neufassung des § 31 Abs. 2 BauGB durch das BauROG 1998 nur in atypischen Sonderfällen in Betracht. Nachdem dieses Erfordernis bereits durch § 4a Abs. 1 BauGB-MaßnG in Fällen dringen-

---

1 Näher hierzu *Ruf*, BWGZ 1995, 436 (442).
2 Nach einigen Bauordnungen genügt auch eine privatrechtliche Sicherung (vgl. § 4 Abs. 1 SächsBO).
3 Näher hierzu *Gelzer/Bracher/Reidt*, Bauplanungsrecht, S. 592 ff. Die meisten Bauordnungen haben sich von der überkommenen Differenzierung gelöst und kennen nur noch einen allgemeinen Abweichungstatbestand; vgl. Art. 63 BayBO; § 60 BbgBO und § 73 BauO NRW; siehe hierzu *Jäde/Weinl/Dirnberger*, BayVBl. 1994, 321 (323); *Erbguth/Stollmann*, JZ 1995, 1141 (1148) und *Finkelnburg/Ortloff/Otto*, Band II, Öffentliches Baurecht, S. 13 f.
4 *Battis/Krautzberger/Löhr*, BauGB, § 31 Rz. 24.
5 Auch von einem vorhabenbezogenen Bebauungsplan kann eine Befreiung erteilt werden, VGH BW v. 14.3.2007 – 8 S 1921/06, NVwZ-RR 2008, 225.

den Wohnbedarfs und in Fällen, in denen es um „vorübergehendes Wohnen" ging, aufgeweicht worden war, hat der Gesetzgeber in § 31 Abs. 2 BauGB das Erfordernis des „Einzelfalls" ganz gestrichen. Umstritten ist, ob diese Änderung eine Verabschiedung der bisher geforderten „Atypik" bedeutet oder ob hiermit lediglich auch in mehreren gleichartig gelagerten Fällen eine Befreiung ermöglicht wird[1]. Die Landesbauordnungen, die nicht den neuen einheitlichen Tatbestand der „Abweichung" kennen, unterscheiden Ausnahmen und Befreiungen danach, ob ein Abweichen von zwingenden Vorschriften oder von dispositiven Normen (des Bauordnungsrechts) gestattet wird[2]. Dabei werden Sollvorschriften, die Ausnahmen ausdrücklich vorsehen, als dispositiv angesehen. Eine Befreiung ist auch von Vorschriften möglich, die unter Ausnahmevorbehalt stehen[3]. Sowohl die Erteilung einer Ausnahme als auch die Erteilung einer Befreiung bzw. einer Abweichung stehen regelmäßig im **Ermessen** der Genehmigungsbehörde[4]. Teilweise geben die novellierten Bauordnungen dem Bauherrn in Sonderfällen auch einen Rechtsanspruch auf Erteilung einer Abweichung (z.B. zur Schaffung von Wohnraum oder zu dessen Modernisierung, vgl. § 56 Abs. 2 LBO BW).

Zu betonen sind die Grenzen einer Befreiung: Die Befreiung darf die Grundzüge der Planung nicht berühren[5]. Die Befreiung darf vor allem nicht dazu dienen, eine an sich erforderliche Planänderung zu umgehen. Besonders wenn von der zulässigen Art der im Bebauungsplan festgesetzten Nutzung abgewichen werden soll, sind die Befreiungsvoraussetzungen in der Regel nicht gegeben[6]. In einem solchen Fall kommt nur in Betracht, bei der Gemeinde eine **Planänderung** anzuregen[7]. 51

### b) Die Baulast

Während die Erteilung einer Ausnahme bzw. Befreiung im Ermessen der Genehmigungsbehörde steht, der Bauherr also in der Regel auf den „good-will" der Genehmigungsbehörde angewiesen ist, gibt ihm das Institut der Baulast die Möglichkeit, im Vorfeld eines Genehmigungsverfahrens rechtliche Hindernisse auszuräumen. Die Baulast (vgl. z.B. § 71 LBO BW) ist eine grundstücksbezogene öffentlich-rechtliche 52

---

1 Vgl. hierzu VGH BW v. 16.6.2003 – 3 S 2324/02, NVwZ 2004, 357; siehe auch *Herrmann*, NVwZ 2004, 309 und *Battis/Krautzberger/Löhr*, BauGB, § 31 Rz. 26.
2 So hält z.B. die LBO BW in § 56 an einem differenzierten Abweichungssystem fest, hierzu *Schlotterbeck/Hager/Busch/Gammerl*, LBO BW, § 56 Rz. 1.
3 VGH BW v. 22.5.1985 – 3 S 2267/83, VBlBW 1986, 25; dazu *Dürr*, VBlBW 1989, 365.
4 *Battis/Krautzberger/Löhr*, BauGB, § 31 Rz. 17 und 43; das BVerwG v. 19.9.2002 – 4 C 13.01 (BauR 2003, 488) hat aber hervorgehoben, dass für die Ausübung des Ermessens nur wenig Raum besteht, wenn die tatbestandlichen Voraussetzungen für die Erteilung einer Befreiung gegeben sind. Für Befreiungen nach § 31 Abs. 2 BauGB ist zudem gem. § 36 Abs. 1 BauGB das Einvernehmen der Gemeinde erforderlich; generell zum Rechtsinstitut der Abweichung, *Jäde*, VA 2000, 177 ff.
5 Hierzu BVerwG v. 5.3.1999 – 4 B 5.99, BauR 1999, 1280; v. 24.9.2009 – 4 B 29/09, BRS 74 Nr. 60; zur Nichtigkeit einer evident rechtswidrigen Befreiung VG Frankfurt v. 18.3.2011 – 8 K 3785/10.F, BauR 2011, 1470.
6 *Battis/Krautzberger/Löhr*, BauGB, § 31 Rz. 41 m.w.N.
7 Ein Rechtsanspruch auf Planänderung besteht in keinem Fall. Selbst wenn die Anregung Erfolg hat, kann eine entsprechende Planänderung problematisch sein, wenn sie nur im Interesse eines Grundstückseigentümers vorgenommen wird; vgl. OVG Saarl. v. 10.11.1989 – 2 R 415/86, BauR 1990, 184. Allerdings zeigt das Rechtsinstitut des vorhabenbezogenen Bebauungsplans gem. § 12 BauGB, dass eine Planung auf Veranlassung eines Privaten nicht regelmäßig zu missbilligen ist. So ist auch die Änderung eines räumlich beschränkten Teilbereichs eines bestehenden „herkömmlichen" Bebauungsplanes durch einen VEP auf Anregung eines Grundstückseigentümers zulässig. Insoweit ist die Übernahme der Planungskonzeption eines Privaten nur dann unzulässig, wenn diese städtebaulich nicht gerechtfertigt ist.

Verpflichtung des Grundstückseigentümers gegenüber der Baugenehmigungsbehörde. Ihr Inhalt besteht in einem auf das Grundstück des Baulastübernehmers bezogenen Tun, Dulden oder Unterlassen, das sich nicht schon aus öffentlich-rechtlichen Vorschriften ergibt[1].

53 Der Hauptanwendungsfall der Baulast liegt im Bauordnungsrecht. So wird häufig das bauordnungsrechtliche Erfordernis der gesicherten Zufahrt bei einem Hinterliegergrundstück dadurch (öffentlich-rechtlich) gesichert, dass der Eigentümer des Vorderliegergrundstücks eine Zufahrtsbaulast übernimmt. Auch wenn die Abstandsflächen auf dem eigenen Grundstück nicht eingehalten werden können, kommt eine Baulast in Betracht, dass diese Flächen auf dem Nachbargrundstück übernommen werden. Auch planungsrechtliche Genehmigungshindernisse können durch das Institut einer Baulast überwunden werden[2]. Zu beachten ist, dass es Zweck der Baulast ist, Hindernisse auszuräumen, die im Einzelfall einer Bebauung oder Nutzungsänderung entgegenstehen können. Die Baulast setzt also einen Zusammenhang mit einem konkreten Baugeschehen voraus. An der baurechtlichen Relevanz fehlt es, wenn keinerlei Zusammenhang mit einem Bauvorhaben besteht. Sinn und Zweck der Baulast besteht nicht darin, unabhängig vom Baugeschehen grundstücksbezogenen Verpflichtungen eine öffentlich-rechtliche dingliche Wirkung zu verleihen, gewissermaßen im Sinne einer generellen öffentlich-rechtlichen Grunddienstbarkeit[3]. Umstritten ist, inwieweit die Baulast eingesetzt werden kann, um eine Duldungspflicht von Immissionen zu begründen, um auf diese Weise die Genehmigungsfähigkeit einer störempfindlichen Nutzung zu begründen, die wegen der Nachbarschaft eines emittierenden Betriebs, z.B. eines landwirtschaftlichen Betriebs, eigentlich unzulässig wäre[4]. Das BVerwG geht grds. davon aus, dass ein Betroffener auf den öffentlichen Belang der Vermeidung schädlicher Umwelteinwirkungen nicht dadurch wirksam „verzichten" kann, dass er sich mit dem Vorhaben einverstanden erklärt. Auch die Übernahme einer entsprechenden dinglichen Verpflichtung soll an der mangelnden Eignung einer derartigen Erklärung zur Konflikt-

---

1 Sauter, LBO BW, § 71 Rz. 3; zur Baulast siehe auch Finkelnburg/Ortloff/Otto, Öffentliches Baurecht, Band II, S. 71 ff.; Ziegler, BauR 1988, 18 ff.: Maletz/Probst, ZflR 2007, 777 und umfassend Schwarz, Baulasten im öffentlichen Recht und im Privatrecht, 1995; zur aktuellen Entwicklung siehe den Überblick von Schwarz, BauR 1998, 446 und Wenzel, BauR 2002, 569 ff.; OVG Lüneburg v. 22.7.1999 – 1 L 4957/98, BauR 2000, 521. Zur Geltung des Bestimmtheitsgebotes bei der Baulasterklärung OVG NW v. 15.5.1992 – 11 A 890/91, NWVBl. 1993, 28. Alle Bauordnungen mit Ausnahme von Bay. kennen das Rechtsinstitut der Baulast. Zur Diskussion siehe auch Meendermann/Lassek, NJW 1993, 424 ff.; Kluth/Neuhäuser, NVwZ 1996, 738 und Lorenz, NJW 1996, 2612.
2 Vgl. Finkelnburg/Ortloff/Otto, Öffentliches Baurecht, Band II, S. 74 f.; Sauter, LBO BW, § 71 Rz. 24 f.; Gädtke/Czepuck/Johlen/Plietz/Wenzel, BauO NRW, § 83 Rz. 35 ff.; BVerwG v. 5.2.1971 – IV C 1.68, BRS 24 Nr. 57; siehe auch OVG Lüneburg v. 11.2.1985 – 6 A 64/83, BauR 1986, 191; zum Einsatz von Baulasten und städtebaulichem Vertrag zur Bewältigung von Altlasten in der Bauleitplanung s. Passlick, DVBl. 1992, 674 (681); zu den Zweifelsfragen bei der Anwendung der Baulast im Bereich des Bauplanungsrechts vgl. Finkelnburg/Ortloff/Otto, Öffentliches Baurecht, Band II, S. 74 f. und BVerwG, BauR 1991, 582 sowie HessVGH v. 4.1.2007 – 4 TG 2717/06, BauR 2008, 83: keine Veränderung des bauplanungsrechtlichen Grundstücksbegriffs durch landesrechtliche Baulast; siehe auch OVG Lüneburg v. 1.2.1991 – 1 M 153/90, BRS 52 Nr. 92: Sicherung von Fremdenverkehrsfunktion und BayVGH v. 13.1.2011 – 2 B 10.269, BauR 2011, 1466: Sicherung der Eigenschaft eines Betriebsleiterwohnhauses im Außenbereich.
3 VGH BW v. 10.1.2007 – 3 S 1251/06, NVwZ-RR 2007, 662 und v. VGH BW 2.9.2009 – 3 S 1773/07, BauR 2010, 753 (Baulast über Verzicht auf Einzelhandelsnutzung).
4 Dazu Nds. OVG v. 4.1.1983 – 1 C 2/81, ZfBR 1983, 281; VGH BW v. 25.7.1995 – 3 S 2123/93, NVwZ-RR 1996, 310 und HessVGH v. 16.3.1995 – 3 TG 50/95, NVwZ-RR 1995, 633; hierzu auch Finkelnburg/Ortloff/Otto, Öffentliches Baurecht, Band II, S. 75 f.; zu den Wirkungen eines dinglich gesicherten Verzichts BayVGH v. 11.7.1994 – 14 N 92.2397, BayVBl. 1995, 150.

## II. Tätigkeiten vor förmlicher Antragstellung

bewältigung nichts ändern[1]. Entsprechendes muss auch für einen durch Baulast gesicherten nachbarlichen Verzicht auf Abwehransprüche gegen Immissionen gelten[2]. Etwas anderes kommt nur dann in Betracht, wenn die Baulast so eingesetzt wird, dass Umweltkonflikte tatsächlich vermieden werden, z.B. wenn sich ein Nachbar verpflichtet, den Teil eines Grundstücks, der im Einwirkungsbereich unzumutbarer Immissionen liegt, nicht mit einer störanfälligen Nutzung zu bebauen. Eine eingetragene Baulast wird nur durch behördlichen Verzicht unwirksam. Eine Berufung auf den Wegfall der Geschäftsgrundlage kommt nicht in Betracht[3].

Regelmäßig wird die Baulast – soweit sie auf einem fremden Grundstück, das nicht im Eigentum des Bauherrn steht, eingetragen werden soll – auf Grund einer vertraglichen Vereinbarung übernommen. Eine solche Vereinbarung sollte bereits vor Einreichung eines Genehmigungsantrags abgeschlossen werden. Die – öffentlich-rechtlich wirksam – bestellte Baulast ist hinsichtlich ihres Bestandes nicht von der Wirksamkeit der ihrer Übernahme zugrunde liegenden zivilrechtlichen Übereinkunft abhängig[4]. Mit Rücksicht auf den öffentlich-rechtlichen Sicherungszweck scheidet auch eine Irrtumsanfechtung in analoger Anwendung des § 119 BGB aus[5]. Voraussetzung für die wirksame Bestellung ist die zivilrechtliche Verfügungsbefugnis des Übernehmers. Daher muss bei Miteigentümerschaft die Bestellung durch alle Miteigentümer erfolgen[6]. Eine vom Grundstückseigentümer nach Eintragung einer Auflassungsvormerkung zu Gunsten des Grundstückskäufers bestellte Baulast ist diesem gegenüber insoweit unwirksam, als sie dessen Anspruch vereiteln oder beeinträchtigen würde[7]. Besteht bereits eine privatrechtliche Grunddienstbarkeit (z.B. hinsichtlich der Überfahrbarkeit eines Vorderliegergrundstücks), so kann der Eigentümer des belasteten Grundstücks verpflichtet sein, auch eine entsprechende Baulast zu übernehmen[8]. 54

---

1 BVerwG v. 28.4.1978 – IV C 53.76, BauR 1978, 385 und v. 23.1.2002 – 4 BN 3.02, BauR 2002, 731.
2 *Gädtke/Czepuck/Johlen/Plietz/Wenzel*, BauO NRW, § 83 Rz. 37 m.w.N.; siehe aber auch OVG Saarl. v. 18.6.2002 – 2 R 2/01, NJW 2003, 768: Verpflichtung zur Duldung von Immissionen kann zulässiger Inhalt einer Baulast sein. Die (an sich unzulässigen) Immissionen werden hierdurch nicht rechtmäßig; die Baulast bewirkt aber den Verzicht von Nachbarrechten.
3 OVG Schl.-Holst. v. 19.6.1996 – 1 L 262/95, BRS 58 Nr. 42.
4 *Schwarz*, BauR 1998, 446 (454) m.w.N.
5 VGH BW v. 13.6.1984 – 3 S 696/84, NJW 1985, 1723 und OVG Lüneburg v. 26.3.1999 – 1 L 215/97, BauR 2000, 373; zur Anfechtung wegen arglistiger Täuschung siehe OVG NW v. 9.4.1987 – 7 A 2686/86, BauR 1987, 551 und *Große-Suchsdorf/Schmaltz/Wiechert*, Niedersächsische Bauordnung, § 92 Rz. 40; zum Bestand im Fall einer Zwangsversteigerung: BVerwG v. 29.10.1992 – 4 B 218.92, ZfBR 1993, 91 und OVG NW v. 26.4.1994 – 11 A 2345/92, NWVBl. 1994, 416f.
6 VGH BW v. 1.6.1990 – 8 S 637/90, VBlBW 1991, 59 und OVG NW v. 9.5.1995 – 111 A 4010/92, NJW 1996, 275; siehe auch OVG NW v. 18.7.1995 – 11 A 11/94, NJW 1996, 1362: fehlende vormundschaftsgerichtliche Genehmigung.
7 VGH BW 13.7.1992 – 8 S 558/92, NJW 1993, 678.
8 BGH v. 3.2.1989 – V ZR 224/87, NJW 1989, 1607 und LG Bochum v. 28.11.2001 – 10 S 89/01, BauR 2002, 610; zur Erstreckung des Formerfordernisses der Baulasterklärung auf das zivilrechtliche „Grundlagengeschäft" AG Aachen v. 12.12.2000 – 84 C 560/00, BauR 2002, 75; zu den Problemen bei fehlerhaften privatrechtlichen Nutzungsansprüchen des Baulastbegünstigten gegenüber dem Baulastverpflichteten siehe *Schwarz*, Baulasten, S. 54ff.; zur Durchsetzbarkeit der Baulast mittels Ordnungsverfügung siehe OVG Berlin v. 29.10.1993 – 2 B 35/92, NJW 1994, 2971; dem Erlass einer bauaufsichtlichen Verfügung zur Durchsetzung einer Stellplatzbaulast steht nicht entgegen, dass der Eigentümer des begünstigten Grundstücks kein ziviles Nutzungsrecht an dem Stellplatz besitzt OVG Rh.-Pf. v. 6.11.2009 – 8 A 10851/09, BauR 2010, 216; zur Frage von Ansprüchen des Begünstigten gegen die Bauaufsichtsbehörden auf Durchsetzung der Baulast gegenüber dem Verpflichteten HessVGH v. 4.6.1992 – 4 TG 2815/91, BRS 54, 161.

c) **Ablösung der Stellplatzpflicht**

55 Kann die Stellplatzpflicht (s.o. Rz. 47) auf dem Baugrundstück nicht erfüllt werden und ist auch eine Anlegung auf einem anderen Grundstück „in zumutbarer Entfernung" (vgl. § 37 Abs. 4 LBO BW) nicht möglich, so ist zu prüfen, ob eine Ablösung der Stellplatzverpflichtung in Betracht kommt[1]. Regelmäßig geschieht dies in der Form eines **öffentlich-rechtlichen Vertrages**, in dem sich der Bauherr zur Zahlung eines bestimmten Geldbetrages für den bzw. die nicht nachgewiesenen Stellplätze verpflichtet. Der Abschluss einer solchen Vereinbarung steht im Ermessen der Genehmigungsbehörde. Der Bauherr hat keinen Anspruch auf Ablösung. Eine Einschränkung des Ermessens kann sich über das Gebot der Gleichbehandlung (Art. 3 Abs. 1 GG) ergeben: Hat die Genehmigungsbehörde in vergleichbaren Fällen **Ablösungsvereinbarungen** geschlossen, so darf sie das Angebot eines Bauherrn zum Abschluss einer solchen Vereinbarung nicht ohne sachlichen (Differenzierungs-)Grund verweigern. Die Vorgaben zur Höhe des Ablösungsbetrages sind in den einzelnen Bauordnungen unterschiedlich. Regelmäßig erfolgt die Festlegung durch gemeindliche Satzung oder durch (verwaltungsinterne) Ablösungsbestimmungen. Der zu leistende Geldbetrag kann so bemessen werden, dass er den anteiligen durchschnittlichen Herstellungskosten von öffentlichen Parkeinrichtungen einschließlich der Kosten des Grunderwerbs im Gemeindegebiet oder in bestimmten Teilen des Gemeindegebietes entspricht. Soweit landesrechtlich nichts Abweichendes bestimmt ist (vgl. § 51 Abs. 5 Satz 4 BauO NRW), können auch 100 % der Herstellungskosten sowie der Kosten der mittleren Bodenrichtwerte als Ablösungsbetrag gefordert werden[2]. Ist zweifelhaft, ob das Vorhaben (unabhängig von den Stellplatzproblemen) realisiert werden soll, so ist vor einer vorschnellen vertraglichen Verpflichtung zur Zahlung eines Geldbetrages zur Ablösung der Stellplatzpflicht zu warnen: Es ist umstritten, ob der Grundstückseigentümer verpflichtet ist, den vertraglich vereinbarten Betrag auch dann zu bezahlen, wenn das Vorhaben nicht realisiert wird[3]. Eine Rückforderung tatsächlich bezahlter Ablösebeträge kann nicht unter Berufung auf den Wegfall der Geschäftsgrundlage verlangt werden, weil sich die Rechtslage nach Bestandskraft der Baugenehmigung geändert hat und anstelle einer Ablösung eine Abweichungsentscheidung möglich ist[4]. Gleiches muss auch für die Konstellation gelten, dass nach Zahlung des Ablösebetrags auf Grund einer Änderung der einschlägigen Verwaltungsvorschrift die Zahl der zu errichtenden Stellplätze geringer wird. Ebenso wenig kann der Bauherr eine Rückforderung geleisteter Ablösebeträge verlangen, wenn er später doch in die Lage versetzt wird, die abgelösten Stellplätze auf dem Baugrundstück oder in zumutbarer Entfernung herzustellen[5]. Der auf Grund einer Ablösungsvereinbarung gezahlte Ausgleichsbetrag ist keine Sonderabgabe[6]. Er stellt keine Abgabe i.S.d. § 80 Abs. 2 Nr. 1 VwGO dar[7]. Enthält die Baugenehmigung eine Nebenbestimmung, dass der Ausgleichsbetrag bei Nutzungsaufnahme bezahlt werden muss, so geht diese Ver-

---

1 Dazu *Gloria*, NVwZ 1990, 311 ff.; *Johst*, ZfBR 2010, 616 ff. und *Finkelnburg/Ortloff/Otto*, Öffentliches Baurecht, Band II, S. 65 ff.
2 HessVGH v. 14.7.2009 – 3 A 1584/08, BRS 74 Nr. 150 und BVerwG v. 8.10.2009 – 4 B 58.09.
3 Verneinend VGH BW v. 11.7.1990 – 5 S 537/90, BauR 1991, 66; anders wohl OVG NW v. 5.9.1996 – 7 A 958/94, BauR 1997, 450 und v. 21.11.2000 – 10 A6/99, BauR 2001, 769.
4 VGH BW v. 10.11.1998 – 8 S 2581/98, BauR 1999, 1452 und OVG MV v. 12.10.2004 – 3 M 147/03, NordÖR 2005, 123; siehe auch OVG Rh.-Pf. V. 13.11.2003 – 8 A 10878/03, NVwZ-RR 2004, 243 zur Frage, inwieweit Nutzungsänderungen, die einen geringeren Stellplatzbedarf bewirken Auswirkungen auf die Geschäftsgrundlage besitzen.
5 VGH BW v. 9.3.1999 – 8 S 2877/98, BauR 2000, 716.
6 BVerwG v. 16.9. 2004 – 4 C 5.03, BauR 2005, 375; siehe aber auch BVerfG v. 5.3.2009 – 2 BvR 1824.05, BauR 2009, 1119 („Sonderabgabe in einem weiteren Sinne").
7 OVG MV v. 12.10.2004 – 3 M 147/03, BRS 67 Nr. 159.

pflichtung mit der Baugenehmigung auf den Rechtsnachfolger über[1]. Die Ablösungsbeträge unterliegen einer Zweckbindung[2]. Sie müssen für die Schaffung von öffentlich genutzten Parkeinrichtungen oder von privat benutzten Parkeinrichtungen, die sich entlastend auf die öffentlichen Verkehrsflächen auswirken, verwendet werden. Allerdings soll der Bauherr keinen Rechtsanspruch auf die Herstellung von Parkeinrichtungen besitzen. Die Kontrolle der Zweckbindung soll ausschließlich Aufgabe der Kommunalaufsicht sein[3].

## III. Antrag auf Erteilung eines Bauvorbescheids

### 1. Anwendungsbereich und Rechtsnatur eines Bauvorbescheids

Ist zweifelhaft, ob ein bestimmtes Vorhaben überhaupt zulässig ist (z.B. weil die Bebaubarkeit des Grundstücks fraglich ist, planungsrechtliche Beurteilung nach § 34 BauGB oder § 35 BauGB), so hat der im Vorfeld eines Genehmigungsverfahrens tätige Anwalt auf die Möglichkeit einer **Bauvoranfrage** hinzuweisen. Alle Bauordnungen kennen das Rechtsinstitut des Bauvorbescheids (vgl. § 57 LBO BW). Mit diesem kann vor Einreichung eines Bauantrages ein schriftlicher Bescheid „zu einzelnen Fragen des Vorhabens" (§ 57 Abs. 1 LBO BW) erteilt werden. Ein Bauvorbescheid kommt, sofern landesrechtlich nicht ausdrücklich etwas anderes bestimmt ist (vgl. § 50 Abs. 5 S. 2 LBO BW[4]), nicht in Betracht, wenn das Vorhaben nicht genehmigungspflichtig ist[5]. Dies folgt schon aus dem Wortlaut der Bestimmungen über den Bauvorbescheid. § 71 BauO NRW spricht davon, dass „vor Einreichen des Bauantrages" ein Vorbescheid erteilt werden kann. Die entsprechenden Regelungen gehen also davon aus, dass sich an das Vorbescheidsverfahren ein Zulassungsverfahren anschließen kann. Aus dieser Überlegung folgt aber zugleich, dass ein Antrag auf Erteilung eines Bauvorbescheids in den Fällen möglich ist, in denen der Bauherr die Wahl hat, an Stelle des Freistellungsverfahrens ein „herkömmliches" Baugenehmigungsverfahren durchzuführen[6].

56

Im Anwendungsbereich des vereinfachten Baugenehmigungsverfahrens können nur die Fragen Gegenstand einer Bauvoranfrage bzw. eines Bauvorbescheids sein, die in das Prüfprogramm des vereinfachten Verfahrens nach der jeweiligen Landesbauordnung fallen[7].

Mit dem Antrag auf Erlass eines Bauvorbescheids hat der Bauherr die Möglichkeit, ohne die unter Umständen kostenintensive Erarbeitung eines förmlichen Baugesuchs rechtliche Zweifelsfragen zu klären. Auch die Kaufentscheidung hinsichtlich eines Grundstücks oder die Ausübung eines im Kaufvertrag vorbehaltenen

---

1 OVG MV v. 12.10.2004 – 3 M 147/03, NordÖR 2005, 123.
2 *Mannsen*, BayVBl 2004, 65.
3 BayVGH v. 11.3.2004 – 2 BV 02.3044, BauR 2004, 1051; siehe aber auch HessVGH v. 28.1.1983 – IV OE 111/81, NJW 1983, 2831: Rückforderung gezahlter Ablösungsbeträge bei zweckwidriger Verwendung.
4 Hierzu *Schlotterbeck/Hager/Busch/Gammerl*, LBO BW, § 50 Rz. 34.
5 Demnach kommt ein Bauvorbescheid bei „freigestellten" Wohnbauvorhaben nicht in Betracht, OVG Saarl. v. 8.6.1993 – 2 R 15/92, BRS 55 Nr. 142; *Gädtke/Czepuck/Johlen/Plietz/Wenzel*, BauO NRW, § 71 Rz. 6a; hierzu auch *Schmaltz*, BauR 2007, 975 (977) und *Hauth*, BauR 2010, 32; zur Frage der Zulässigkeit einer Bauvoranfrage bei freigestellten Vorhaben im Falle von Zweifeln über die Wirksamkeit des Bebauungsplans siehe *Kuchler/Erhard*, BayVBl. 2004, 625 und *Jäde*, BayVBl. 2005, 332. In Fällen, in denen ein Bauvorbescheidsverfahren nicht in Betracht kommt, kann der Bauherr versuchen, Klarheit über eine Zusicherung nach § 38 VwVfG zu erlangen.
6 *Schmaltz*, BauR 2007, 975, 977 und *Schlotterbeck/Hager/Busch/Gammerl*, LBO BW, § 57 Rz. 33.
7 *Schmaltz*, BauR 2007, 975 (977) und *Simon/Busse*, BayBO, Art. 71 Rz. 19.

Rücktrittsrechts wird nicht selten vom Ausgang eines Verfahrens auf Erteilung eines Bauvorbescheids abhängig gemacht[1].

Das Rechtsinstitut des Bauvorbescheids ist auch dann hilfreich, wenn der Bauwillige zwar bereit ist, seine Bauabsichten danach auszurichten, was genehmigungsfähig ist, im konkreten Fall aber gerade hierüber Zweifel bestehen. Denkbar ist dies z.B. in Fällen des § 34 Abs. 1 BauGB oder wenn Bedenken hinsichtlich der Wirksamkeit des einschlägigen Bebauungsplans bestehen. Sinnvollerweise sucht der beratende Anwalt in dieser Situation zunächst den Kontakt mit der Genehmigungsbehörde, um zu klären, welche Bebauung für genehmigungsfähig gehalten wird. Nicht selten wird aber dieses Vorgehen nicht den gewünschten Erfolg haben: Sei es, weil die Verwaltung vor einer klaren Stellungnahme zurückschreckt, sei es, weil zwischen Verwaltung und Gemeinderat bzw. dem zuständigen Ausschuss Meinungsverschiedenheiten bestehen, sodass unklar bleibt, ob ein von der Verwaltung befürworteter Bebauungsvorschlag tatsächlich gebilligt wird. In dieser Situation ist es sinnvoll (und rechtlich zulässig, zum Sachbescheidungsinteresse vgl. Rz. 71), **alternative Bauvoranfragen** einzureichen, mit denen verschiedene Varianten zur Entscheidung gestellt werden. In Betracht kommt auch die Stellung von Hilfsanträgen, wonach die Verwaltung nur dann über die hilfsweise gestellten Bauvoranfragen entscheiden soll, wenn der primär gestellte Antrag nicht für genehmigungsfähig gehalten wird[2]. Werden mehrere Varianten (nicht hilfsweise) zur Entscheidung gestellt, so kann der Bauwillige einerseits auf Bescheidung aller Anträge dringen. Er kann aber auch klarstellen, dass er nach positiver Bescheidung einer Bauvoranfrage die übrigen zurückziehen wird.

57 Der Bauvorbescheid ist ein vorweggenommener Ausschnitt aus dem feststellenden Teil der Baugenehmigung[3]. Mit dem Bauvorbescheid wird über einzelne Rechtmäßigkeitsvoraussetzungen abschließend entschieden. Gegenstand eines Vorbescheids können z.B. folgende Fragen sein: Die grundsätzliche Bebaubarkeit eines Grundstücks; die Zulässigkeit einer bestimmten Nutzungsart, die Zulässigkeit des angestrebten Maßes der baulichen Nutzung. Auch einzelne Merkmale einer Vorschrift (so z.B. die Frage der gesicherten Erschließung) können Gegenstand einer Bauvoranfrage sein[4]. Allerdings muss der Vorbescheidsantrag so gefasst sein, dass er von der Genehmigungsbehörde mit Bindungswirkung entschieden werden kann. Daran fehlt es, wenn die Stellplatzpflicht Gegenstand einer Voranfrage ist, ohne dass die Nutzungsart des Vorhabens miteinbezogen ist[5]. Erforderlich ist, dass die

---

1 Auch ein Kaufinteressent kann im Einverständnis mit dem Grundstückseigentümer eine Bauvoranfrage stellen.
2 Zulässig ist auch ein Antrag, wenn das fragliche Grundstück bereits bebaut ist, so zutreffend *Jäde*, BayVBl. 2003, 105.
3 *Simon*/Busse, BayBO, Art. 71 Rz. 21; näher zum Streit um die Rechtsnatur des Bauvorbescheids *Finkelnburg/Ortloff/Otto*, Öffentliches Baurecht, Band II, S. 142 f.; der Bauvorbescheid darf nicht mit der Teilbaugenehmigung verwechselt werden. Diese setzt einen vollständigen Bauantrag voraus, gestattet aber die teilweise Ausführung des Vorhabens vor Erteilung der endgültigen Genehmigung.
4 VGH BW v. 8.12.1982 – 5 S 892/82, VBlBW 1983, 371; *Sauter*, LBO BW, § 57 Rz. 6; unzulässig ist – mangels Bezug zu einem konkreten Vorhaben – die Klärung der Frage, ob ein Grundstück nach § 34 BauG bebaubar ist, BayVGH v. 14.2.2008 – 15 B 063463, BauR 2008, 975; unzulässig ist auch die Erteilung eines Vorbescheids für eine bahnfremde Nutzung auf einem Grundstück unter bahnrechtlichem Fachplanungsvorbehalt mit der Einschränkung, dass die beantragte Nutzung erst nach Entwidmung zulässig ist, BVerwG v. 27.4.1998 – 4 B 33.98, BRS 60 Nr. 155.
5 OVG NW v. 16.5.1995 – 11 A 4066/93, BauR 1995, 829; siehe auch OVG NW v. 11.7.2002 – 10 A 5372/99, NWVBl. 2003, 108: keine Bescheidungsfähigkeit weil die Vereinbarkeit des Vorhabens, im Hinblick auf § 15 BauNVO wegen fehlender Angaben zur Lage nicht beurteilt werden kann; ähnlich OVG Bln.-Bbg. v. 25.4.2007 – OVG 2 B 16/05, LKV 2007, 473.

III. Antrag auf Erteilung eines Bauvorbescheids　　　　　　　　　　Rz. 58 Teil 2 A

Frage, auf die sich die Bauvoranfrage bezieht, selbständig beurteilt werden kann[1]. In Betracht kommt auch die Erteilung eines positiven Vorbescheids hinsichtlich einer von mehreren Fragen, soweit der Antragsteller hieran ein Interesse hat[2]. Ein Vorbescheid, der die bauplanungsrechtliche Zulässigkeit eines Vorhabens nach den §§ 29 ff. BauGB betrifft, wird als „Bebauungsgenehmigung" bezeichnet. Ein solcher Antrag kann wegen fehlenden Sachbescheidungsinteresses zurückgewiesen werden, wenn der Realisierung des Vorhabens bauordnungsrechtliche Hindernisse entgegenstehen, die schlechthin unausräumbar sind. Entsprechendes muss umgekehrt für einen Vorbescheidsantrag gelten, der sich ausschließlich auf bauordnungsrechtliche Fragen bezieht, wenn die Unzulässigkeit des Vorhabens aus planungsrechtlichen Gründen evident ist[3]. In derartigen Konstellationen ist die Bauaufsichtsbehörde zur Verweigerung des Vorbescheids berechtigt, nicht aber verpflichtet. Die Entscheidung hierüber hat sie in Ausübung pflichtgemäßen Ermessens zu treffen[4], wobei im Grundsatz davon auszugehen ist, dass die Zurückweisung wegen fehlenden Sachbescheidungsinteresses voraussetzt, dass die materielle Baurechtswidrigkeit wegen schlechthin nicht ausräumbarer Hindernisse ohne weiteres erkennbar ist.

## 2. Bindungswirkung des Bauvorbescheids

Die Genehmigungsbehörde ist an einen erteilten Bauvorbescheid gebunden, d.h. im Genehmigungsverfahren darf über die Frage, die Gegenstand der Bauvoranfrage war, nicht abweichend vom Bauvorbescheid entschieden werden. Umstritten ist, ob dies auch dann gilt, wenn der Vorbescheid noch nicht bestandskräftig ist, z.B. im Fall eines Nachbarwiderspruchs[5].

58

Die Bindungswirkung bleibt auch bei einer Änderung der Sach- oder Rechtslage bestehen[6], also auch im Fall des (späteren) In-Kraft-Tretens einer entgegenstehenden Veränderungssperre bzw. eines Bebauungsplanes. Möglich ist nur die Aufhebung nach §§ 48 ff. VwVfG (gegebenenfalls gegen Entschädigung), wenn die rechtlichen Voraussetzungen hierfür eine Aufhebung vorliegen. Auch ein fiktiver Bauvorbescheid unterliegt der Rücknahme[7]. Auch ein materiell rechtswidriger (bestandskräftiger) Vorbescheid entfaltet Bindungswirkung, solange dieser nicht aufgehoben worden ist. Sie besteht auch gegenüber Nachbarn, wenn diesen der Bauvorbescheid zugestellt wurde. Ist dem Nachbarn gegenüber ein Bauvorbescheid bestandskräftig geworden, so sind die im Bauvorbescheid entschiedenen Fragen im Fall eines späteren

---

1 Hierzu BayVGH v. 2.7.2004 – 1 B 02.1006, BRS 67 Nr. 174 und v. 2.12.2010 – 15 ZB 08.1428, BauR 2011, 1312 (keine Bescheidungsfähigkeit eines Antrags auf Erteilung eines Bauvorbescheids über die bauplanungsrechtliche Zulässigkeit einer Wohnbebauung, wenn mangels ausreichender Planunterlagen nicht beurteilt werden kann, wie baulicherseits auf eine vorhandene erhebliche Immissionsvorbelastung Rücksicht genommen werden soll); siehe auch *Schmaltz*, BauR 2007, 975 (978).
2 VGH BW v. 3.11.2003 – 3 S 439/05, BRS 66 Nr. 80.
3 Ausführlich hierzu *Simon/Busse*, BayBO, Art. 71 Rz. 59 ff.; siehe aber auch OVG Nds. v. 14.4.2003 – 1 LB 340/02, NVwZ-RR 2005, 391: Keine Ablehnung eines Bauvorbescheids im Hinblick auf sanierungsrechtliche Belange.
4 *Jäde*, BayVBl 2005, 301.
5 OVG NW v. 9.12.1996 – 11a B 1710/96.NE, NVwZ 1997, 1006 (bejahend) und OVG Bdb. v. 19.2.1997 – 3 B 137/96, BRS 59 Nr. 156 (verneinend); siehe ferner *Finkelnburg/Ortloff/Otto*, Öffentliches Baurecht, Band II, S. 145.
6 Umfassend hierzu *Simon/Busse*, BayBO, Art. 71 Rz. 98 ff.; siehe auch *Schneider*, BauR 1988, 13 ff.; *Weidemann*, BauR 1987, 9 ff.; *Ortloff*, NVwZ 1983, 705 ff. und *Goerlich*, NVwZ 1985, 90.
7 OVG Schl.Holst. v. 1.9.2004 – 1 MB 7/03, NordÖR 2005, 65: siehe auch BayVGH v. 2.7.2004 – 1 B 02.1006, BauR 2005, 1001; Umdeutung eines Widerrufs in eine Rücknahme.

Widerspruchs bzw. einer Anfechtungsklage des Nachbarn nicht erneut zu prüfen[1]. Für den Nachbarn bzw. dessen Anwalt bedeutet dies: Er muss bereits den Bauvorbescheid bei Zustellung bzw. Kenntniserlangung (näher dazu Rz. 130) anfechten. Fraglich ist, ob etwas anderes gilt, wenn eine Baugenehmigung vor Rechtskraft des Bauvorbescheids erteilt wird. Nach Auffassung des BVerwG wird in dieser Konstellation eine erneute Sachentscheidung über die im nicht bestandskräftigen Vorbescheid behandelten Fragen getroffen. Hieraus ist gefolgert worden, es sei ausreichend, wenn der Nachbar nur die Baugenehmigung angreift[2]. Dies erscheint zweifelhaft, da das BVerwG inzwischen klargestellt hat, aus Bundesrecht ergebe sich nicht, dass eine Bebauungsgenehmigung durch eine später erteilte Genehmigung konsumiert werde[3]. Ungeachtet der insoweit ungeklärten Rechtslage besteht jedenfalls kein Zweifel, dass der Nachbar in derartigen Konstellationen Rechtsmittel gegen die Baugenehmigung einlegen muss, um das Risiko zu vermeiden, dass die Baugenehmigung mit – möglicherweise regelndem Charakter auch hinsichtlich der im Bauvorbescheid behandelten Frage – ihm gegenüber bestandskräftig wird.

59 Der Bauvorbescheid ist zeitlich befristet[4]. Die Regelungen in den einzelnen Bauordnungen sind unterschiedlich. So beträgt die Geltungsdauer nach § 57 Abs. 1 LBO BW drei Jahre, nach § 71 Abs. 1 BauO NRW zwei Jahre. Ebenso wie bei einer Baugenehmigung kommt die Verlängerung der Geltungsdauer in Betracht (dazu unten Rz. 81). Umstritten ist, ob der Lauf der Frist gehemmt ist, solange der Rechtsbehelf eines Nachbarn aufschiebende Wirkung entfaltet[5].

60 Die Bindungswirkung an den Bauvorbescheid entfällt, wenn der nachfolgende Bauantrag wesentlich von der im Vorbescheid entschiedenen Frage abweicht[6]. Keine Bindungswirkung besteht im Fall der Versagung eines Bauvorbescheids. Mit dessen (bestandskräftiger) Ablehnung wird nicht mit Wirkung für die Zukunft die Unzulässigkeit des Vorhabens festgestellt[7].

---

1 BVerwG v. 9.12.1983 – 4 C 44.80, NJW 1984, 1474; *Gädtke/Czepuck/Johlen/Plietz/Wenzel*, BauO NRW, § 71 Rz. 9 b; die sofortige Vollziehung eines Vorbescheids hat nicht die Wirkung, dass in einem anschließenden Nachbarstreit die Baugenehmigung nicht mehr daraufhin zu prüfen ist, ob subjektive Rechte des Nachbarn verletzt sind, BayVGH v. 31.3.1992 – 2 CS 92.627, BayVBl. 1993, 85 mit Anm. *Jäde*.
2 BVerwG v. 17.3.1989 – 4 C 14.85, BauR 1989, 454; dazu *Ortloff*, NVwZ 1990, 529 und *Schenke*, DÖV 1989, 489 (491); näher zu dieser Problematik auch *Simon/Busse*, BayBO, Art. 71 Rz. 116 ff.
3 BVerwG v. 9.2.1995 – 4 C 23.94, BauR 1995, 523 (525); zum Rechtsschutzbedürfnis bei gleichzeitiger Klage auf Vorbescheid und Baugenehmigung VGH BW v. 12.9.1996 – 8 S 1634/96, UPR 1997, 155; hierzu auch OVG MV v. 5.11.2008 – 3 L 281/03, NordÖR 2009, 75.
4 Es genügt, wenn vor Fristablauf ein dem Bauvorbescheid entsprechender Bauantrag gestellt wird. Eine Entscheidung hierüber innerhalb der Geltungsdauer des Bauvorbescheids ist nicht erforderlich, OVG NW v. 14.1.1992 – 10 A 111/88, NVwZ-RR 1993, 289.
5 In diesem Sinne Sächs. OVG v. 2.10.1997 – 1 S 639/96, LKV 1998, 202; verneinend *Finkelnburg/Ortloff/Otto*, Öffentliches Baurecht, Band II, S. 145. Klar ist die Rechtslage in den Bundesländern, in denen gesetzlich bestimmt ist, dass eine Anfechtung den Fristlauf hemmt (so § 77 NBauO).
6 Vgl. *Simon/Busse*, BayBO, Art. 71 Rz. 103 ff. und BayVGH v. 4.11.1996 – 1 B 94.2923, BayVBl. 1997, 341; keine Bindungswirkung kommt einem Bauvorbescheid zu, mit dem eine Befreiung (unter Bedingungen) nur „in Aussicht gestellt wird", VGH BW v. 27.10.2000 – 8 S 1445/00, BauR 2001, 759 (762).
7 Sächs. OVG v. 3.4.1997 – 1 S 52/96, SächsVBl. 1997, 221.

### 3. Formerfordernis

Der Antrag auf Erlass eines Bauvorbescheids ist nach allen Bauordnungen (Ausnahme die Stadtstaaten) schriftlich bei der Gemeinde einzureichen. Es sind grds. nur die Bauvorlagen beizufügen, die zur Beurteilung der durch Vorbescheid zu entscheidenden Fragen erforderlich sind[1]. 61

Im Einzelfall ergeben sich aber Zweifel, welche Anforderungen aus diesem Grundsatz abzuleiten sind. Die Rechtsprechung tendiert teilweise dazu, strenge Anforderungen an die vorzulegenden Planunterlagen zu stellen[2]. Die Frage, ob die Bauvorlagen eines Vorbescheidsantrages von einem bauvorlagenberechtigten Entwurfsverfasser stammen müssen, ist in einzelnen Bauordnungen ausdrücklich geregelt (vgl. § 71 Abs. 3 BauO NRW). Teilweise wird – auch bei fehlender ausdrücklicher Anordnung – angenommen, der Entwurfsverfasser müsse jedenfalls bauvorlagenberechtigt sein, wenn die zu bescheidenden Fragen die Situierung und wesentliche gestalterische oder konstruktive Ausgestaltung von Gebäuden betreffen. Anderes gilt, wenn sich der Vorbescheidsantrag nur auf die grundsätzliche planungsrechtliche Bebaubarkeit richtet, ohne Einzelheiten des Gebäudes zum Gegenstand zu haben[3].

## IV. Antrag auf Erteilung einer Baugenehmigung

### 1. Antragsinhalt

Das Baugenehmigungsverfahren beginnt mit Einreichung des Bauantrags. In einigen Bundesländern hat dies bei der Gemeinde zu erfolgen. Ist diese nicht selbst Genehmigungsbehörde, so hat sie den Genehmigungsantrag unverzüglich an die Baurechtsbehörde weiterzuleiten (vgl. § 52 Abs. 1 LBO BW). Andere Bauordnungen sehen vor, dass der Antrag direkt bei der Genehmigungsbehörde einzureichen ist (vgl. § 69 Abs. 1 BauO NRW; ebenso ist die Rechtslage in allen Stadtstaaten). 62

Der Bauantrag hat alle für die Beurteilung des Vorhabens und die Bearbeitung erforderlichen Unterlagen zu enthalten. Genauere Angaben über die Art der einzureichenden Unterlagen enthalten ergänzende Verordnungen zu den Landesbauordnungen (z.B. in BW: Verfahrensverordnung zur Landesbauordnung vom 13.11.1995, GBl. S. 794, i.d.F. der Änderung vom 27.1.2010, GBl. S. 10); die Bezeichnung in den Bundesländern ist teilweise unterschiedlich. Diese Verordnungen bestimmen im Wesentlichen übereinstimmend, dass dem Bauantrag beizufügen sind: 63
- Lageplan
- Bauzeichnungen
- Baubeschreibung

---

[1] Siehe z.B. BayVGH v. 22.5.2006 – 1 B 04.3531, NVwZ-RR 2007, 653 und VGH BW v. 15.3.1994 – 8 S 2571/93, BauR 1995, 73: Erforderlichkeit, bei einem Vorbescheidsantrag über die planungsrechtliche Zulässigkeit eines Vorhabens dessen Standort eindeutig zu bestimmen. Der Leitsatz dieser Entscheidung ist allerdings zu weitgehend formuliert. Es ging um die Frage der Beurteilung nach § 34 oder 35 BauGB. Hier leuchtet die Forderung des VGH BW ein; sie gilt aber nicht generell für jedwede Bauvoranfrage zur planungsrechtlichen Zulässigkeit eines Vorhabens.
[2] Siehe z.B. OVG Brandenburg v. 23.4.1999 – 3 A 191/97, BauR 2000, 549; OVG Rh.-Pf. v. 17.11.1999 – 8 A 10537/99, BauR 2000, 545 und VGH BW v. 17.11.1998 – 5 S 2147/98, BauR 1999, 381; allgemein zu den Problemen, welche formale Anfragen an die Formulierung von Bauvoranfragen zu stellen sind *Groth/Graupeter*, BauR 2000, 1691 ff. und *von Franckenstein*, ZfBR 2002, 648 ff. siehe ferner *Schmaltz*, BauR 2007, 975 (981 ff.), speziell zur materiellen Frage, wie konkret die Bauvoranfrage gefasst sein muss, um für ein nachfolgendes Genehmigungsverfahren Bindungswirkung zu entfalten.
[3] *Simon/Busse*, BayBO, Art. 71 Rz. 41.

– Standsicherheitsnachweis und bautechnische Nachweise (Wärme-, Schall- und Brandschutz) und
– Darstellung der Grundstücksentwässerung.

Die näheren Einzelheiten sind den jeweils einschlägigen landesrechtlichen Verordnungen zu entnehmen.

64 Der Bauantrag und die Bauvorlagen sind vom Bauherrn und vom Planverfasser zu unterzeichnen. „Bauherr" i.S.d. Landesbauordnung ist der Antragsteller. Ihn treffen die in den Bauordnungen näher bestimmten Pflichten[1] (vgl. § 42 LBO BW: z.B. die Pflicht, für die Bauausführung geeignete Unternehmer zu bestellen). Nur der Bauherr kann Adressat bauordnungsrechtlicher Verfügungen sein. Ein Wechsel des Bauherrn während der Bauausführung ist möglich, wird aber nur durch eindeutige Erklärung gegenüber der Baurechtsbehörde bewirkt[2]. Ein Wechsel der Bauherrschaft kann schon während des Baugenehmigungsverfahrens erfolgen, und zwar unabhängig von der Übertragung des Eigentums am Baugrundstück[3]. An die Qualifikation des Planverfassers stellen die Bauordnungen besondere Anforderungen (vgl. § 43 Abs. 3 LBO BW und § 70 BauO NRW)[4].

## 2. Antragsberechtigter

65 Der Antragsteller (= Bauherr i.S.d. Landesbauordnung) muss nicht Eigentümer des Baugrundstücks sein. Die Behörde kann aber von einem Bauherrn, der nicht Grundstückseigentümer ist, den Nachweis verlangen, dass er privatrechtlich zur Ausführung des Bauvorhabens berechtigt ist. Die Baurechtsbehörde soll nicht gezwungen sein, ein unter Umständen arbeitsaufwendiges Genehmigungsverfahren durchzuführen, obwohl das Vorhaben wegen fehlender privatrechtlicher Verfügungsbefugnis nicht realisierbar ist. Fehlt die Zustimmung des Grundstückseigentümers, so kann der Bauantrag wegen Fehlens des Sachbescheidungsinteresses zurückgewiesen werden[5]. Diese Befugnis der Behörde dient allein der Verwaltungseffizienz, nicht dem Interesse des Grundstückseigentümers. Die einem Nichteigentümer erteilte Baugenehmigung verletzt daher den Eigentümer auch nicht in eigenen Rechten[6]. Allenfalls kann das Sachbescheidungsinteresse fehlen, wenn offensichtlich ist, dass private Rechte Dritter der Realisierung des Vorhabens entgegenstehen[7].

---

1 Dies gilt auch, wenn die Baumaßnahme in Auftrag und für Rechnung eines anderen ausgeführt wird, VGH BW v. 26.11.1980 – 3 S 2005/80, BauR 1981, 185; die Bauherreneigenschaft einer BGB-Gesellschaft wird von der Rechtsprechung inzwischen anerkannt, siehe HessVGH v. 23.1.1998 – 4 TG 4829/96, NJW 1997, 1938 und Sächs. OVG v. 16.7.2001 – 1 B 113/01, Sächs. VBl 2001, 301 – anders noch Sächs. OVG v. 2.12.1997 – 1 S 32/97, Sächs. VBl 1998, 139; besteht der Bauherr aus einer Personenmehrheit, ordnen die meisten Bauordnungen die Bestellung eines gegenüber der Bauaufsichtsbehörde verantwortlichen Vertreters an (siehe z.B. § 69 Abs. 3 BauO NRW).
2 VGH BW v. 13.12.1989 – 3 S 2489/89, VBlBW 1990, 304; VGH Kassel v. 3.2.1984 – 4 TG 76/83, BRS 42 Nr. 166; anders für die NBauO, OVG Lüneburg v. 8.12.1978 – I A 24/78, BRS 35 Nr. 168; zum Hinzutreten zu einer Bauherrschaft HessVGH v. 6.1.2011 – 3 A 783/10.Z, BauR 2011, 1316.
3 HessVGH v. 6.1.2011 – 3 A 2579/10.Z, BauR 2011, 1315.
4 Zum Einfluss der Dienstleistungsrichtlinie auf die Ausgestaltung der Vorschriften zur Bauvorlagenberechtigung *Jäde*, ZfBR 2010, 428, 431.
5 *Ortloff*, NVwZ 1987, 377; VGH BW v. 23.11.1990 – 8 S 2244/90, BauR 1991, 440.
6 OVG Hbg. V. 25.9.1958 – 3 S II 104/37, DÖV 1960, 436; VGH BW v. 18.3.1992 – 3 S 2357/91, BWGZ 1992, 675; die Baugenehmigung gibt aber auch keine privatrechtliche Befugnis zur Benutzung des Baugrundstücks.
7 VGH BW v. 18.11.1994 – 8 S 1470/94, VBlBW 1995, 318.

## IV. Antrag auf Erteilung einer Baugenehmigung

Diese Grundsätze hatten nach der Vereinigung besondere Bedeutung für die Situation in den neuen Bundesländern im Hinblick auf ungeklärte Eigentumsverhältnisse an Baugrundstücken. Die Baurechtsbehörden, bei denen ein Bauantrag gestellt wird, sind nicht verpflichtet, die eigentumsrechtliche Situation, z.B. im Hinblick auf Rückübertragungsansprüche von Alteigentümern zu prüfen. Die Baugenehmigung kann daher an einen Verfügungsberechtigten i.S.d. § 2 Abs. 3 VermG (oder an einen Dritten im Einverständnis mit dem Verfügungsberechtigten) erteilt werden – auch wenn offen ist, ob hinsichtlich dieses Grundstücks (begründete) Rückübertragungsansprüche geltend gemacht sind[1].

### 3. Vollständigkeit und Eindeutigkeit des Antrags

Der Bauantrag muss eindeutig und vollständig sein. Er muss der Genehmigungsbehörde ermöglichen, umfassend die Zulässigkeit des Vorhabens zu beurteilen[2]. Ist dies nicht der Fall, soll die Behörde gem. § 25 VwVfG die Vervollständigung bzw. Präzisierung oder Änderung anregen. Die Ablehnung der Baugenehmigung ohne vorherigen Hinweis an den Bauherrn ist rechtswidrig[3]. Kommt der Bauherr einer Aufforderung, die eingereichten Unterlagen zu vervollständigen, nicht nach, so kann er hierzu nicht durch Ordnungsverfügung gezwungen werden[4]. Die Behörde muss stattdessen den Bauantrag zurückweisen[5].

Klarheit der Bauvorlagen ist deshalb geboten, weil diese nicht nur den Bauantrag konkretisieren, sondern – bei Genehmigungserteilung – auch Inhalt und Umfang der Baugenehmigung bestimmen. Zur Bestimmung des Genehmigungsinhalts kann auf die Bauvorlagen zurückgegriffen werden, wenn die Genehmigungsurkunde selbst unklar ist[6]. Bedeutung kann dies z.B. bei großflächigen Einzelhandelsbetrieben besitzen, wenn ein „Möbelmarkt" genehmigt wurde und im Bauantrag das zulässige Sortiment näher beschrieben ist[7].

Dem Bauherrn bzw. Planverfasser ist Sorgfalt bei der Erstellung der Antragsunterlagen anzuraten. Das OVG NW hat bei unklaren und widersprüchlichen Bauvor-

66

67

---

1 Vgl. KreisG Gera-Stadt v. 8.10.1991 – 1 D 246/91, LKV 1992, 99 und BezG Dresden v. 17.3.1992 – II S 31/92, VIZ 1992, 373; hiervon zu unterscheiden ist die – zivilrechtliche – Frage, ob der Alteigentümer Unterlassungsansprüche gegen eine tatsächliche Veränderung der Situation geltend machen, also die Durchführung von Baumaßnahmen untersagen kann, dazu BGH v. 15.4.1994 – V ZR 79/93, NJW 1994, 1723 und *Rapp*, DtZ 1994, 335.
2 Hierzu BayVGH v. 15.4.2010 – 1 ZB 08.2661, BayVBl. 2011, 573: Unzulässigkeit eines auf die Erweiterung einer nicht genehmigten Grenzbebauung beschränkten Antrags.
3 OVG Lüneburg v. 28.6.1988 – 1 A 151/85, BRS 48 Nr. 89; siehe auch VGH BW v. 25.9.1992 – 5 S 415/91, VBlBW 1993, 135: Keine Ablehnung eines unvollständigen Bauantrags im nachfolgenden gerichtlichen Verfahren, wenn die Behörde ihren Verpflichtungen aus § 25 VwVfG nicht entsprochen hat.
4 OVG Münster v. 4.9.1970 – XA 870/66, BRS 23 Nr. 136.
5 *Finkelnburg/Ortloff/Otto*, Öffentliches Baurecht, Band II, S. 112f.; zur Rechtslage in Bayern vgl. Art. 65 Abs. 2 BayBO (Rücknahmefiktion, wenn Nachbesserung trotz Fristsetzung unterbleibt); hierzu auch *Jäde/Famers*, BayVBl. 2008, 33 (37).
6 Vgl. z.B. VGH BW v. 11.12.1984 – 3 S 2507/84, BRS 44 Nr. 106, siehe auch OVG NW v. 12.1.2001 – 10 B 1827/00, BauR 2001, 755 (Auswirkungen des Fehlens von Unterlagen, die für eine Diskothek mit mehr als 200 Besuchern erforderlich sind); dies gilt sogar für solche Bauvorlagen, die von der Genehmigungsbehörde nicht mit einem Zugehörigkeitsvermerk zum Bauschein versehen worden sind, OVG NW v. 10.12.1996 – 10 A 4248/92, NWVBl. 1997, 426; zur Bestimmtheit einer Baugenehmigung s. auch VGH BW v. 17.11.1989 – 8 S 1172/89, UPR 1990, 390; OVG NW v. 26.9.1991 – 11 A 1604/89, UPR 1992, 385 und VGH BW v. 22.5.1997 – 8 S 1183/97, VBlBW 1997, 341.
7 Vgl. *Jahn*, Ansiedlung von Einzelhandelsgroßprojekten (§ 11 Abs. 3 BauNVO 1977), 1987, S. 165.

lagen (zur Verdeckung der wahren Absichten des Bauherrn) Nichtigkeit der erteilten Baugenehmigung angenommen[1]. Die weitere Annahme des OVG NW, die falsche Größenangabe des Baugrundstücks führe zur Nichtigkeit einer erteilten Genehmigung, ist vom BVerwG korrigiert worden[2]. Ferner geht die Rechtsprechung davon aus, eine Baugenehmigung sei rechtswidrig und verletze den Nachbarn in seinen Rechten, wenn die Bauvorlagen hinsichtlich nachbarrelevanter Merkmale des Vorhabens unbestimmt sind[3].

68 Die Frage der Genehmigungsfähigkeit ist anhand der Antragsunterlagen zu entscheiden. Es ist nicht Aufgabe der Genehmigungsbehörden, Mutmaßungen über etwaige geheime Absichten des Bauherrn anzustellen[4]. Die Auffassung des VGH BW[5], der in einem Sonderfall nicht auf den im Bauantrag angegebenen Nutzungszweck, sondern auf die tatsächlich beabsichtigte Nutzung abgestellt hat, ist daher bedenklich[6].

### 4. Ausnahmen, Befreiungen und Abweichungen

69 Die Frage, ob es – soweit für die Genehmigung eines Vorhabens Ausnahmen und/oder Befreiung bzw. Abweichungen erforderlich sind – gesondert zum Genehmigungsantrag eines zusätzlichen Antrags bedarf, ist in den Bauordnungen unterschiedlich geregelt. Während die MBO (vgl. § 67 Abs. 2 Satz 1) und dieser folgend etwa die BayBO (Art. 63 Abs. 2 BayBO) einen schriftlichen Antrag fordern, ist dies nach den meisten Bauordnungen nicht der Fall. Allerdings gilt auch dort, dass bei verfahrensfreien Vorhaben Ausnahmen und/oder Befreiungen bzw. Abweichungen gesondert zu beantragen sind (vgl. § 56 Abs. 6 LBO BW)[7]. Weitere Formerfordernisse bestehen grds. nicht. Die Bauaufsichtsbehörde wird aber regelmäßig die

---

1 OVG NW v. 23.9.1988 – 11 B 1739/88, BRS 48 Nr. 134 und v. 20.9.2007 – 10 A 4372/05, BauR 2008, 81; siehe auch HessVGH, BRS 44 Nr. 156.
2 BVerwG v. 26.9.1991 – 4 C 36.88, DVBl. 1992, 568 gegen OVG NW v. 23.2.1988 – 7 A 1261/86, DÖV 1989, 685.
3 OVG NW v. 13.5.1994 – 10 A 1025/90, NWVBl. 1994, 417; ebenso OVG NW v. 29.9.1995 – 11 B 1258/95, BRS 57 Nr. 162; die Rechtsprechung ist nicht völlig einheitlich; so geht der 3. Senat des VGH BW v. 9.8.2005 – 3 S 1216/05 (VBlBW 2005, 480) davon aus, die Bauvorlagenverordnung entfalte drittschützende Wirkung, wenn wegen der Unvollständigkeit der Bauvorlagen eine Verletzung von nachbarschützenden Vorschriften durch die erteilte Baugenehmigung nicht geprüft oder nicht zuverlässig ausgeschlossen werden könne; der 5. Senat VGH BW v. 12.2.2007 5 S 2826/06, VBlBW 2007, 383) will den Erfolg einer Nachbarklage davon abhängig machen, dass entweder wegen Ungenauigkeiten oder Widersprüchlichkeit eine Verletzung von nachbarschützenden Vorschriften nicht geprüft oder zuverlässig ausgeschlossen werden könne oder das Vorhaben auch in der eindeutig genehmigten Form drittschützende Vorschriften verletze; zu den Rechten des Nachbarn bei einem unrichtigen Lageplan siehe VGH BW v. 11.4.1994 – 8 S 240/94, VBlBW 1994, 313; auch die materielle Präklusion gem. § 55 Abs. 2 LBO BW (dazu näher Rz. 125) greift nur ein, wenn die Bauvorlagen den Angrenzer hinreichend konkret über seine eventuelle Betroffenheit informieren, VGH BW v. 4.3.1998 – 5 S 3180/97, VBlBW 1998, 380; unabhängig hiervon gilt der Grundsatz, dass die Anforderungen der Verordnungen über die Bauvorlagen grds. keine drittschützende Wirkung entfalten, *Schlotterbeck/Hager/Busch/Gammerl*, LBO BW, § 53 Rz. 77.
4 OVG NW v. 26.9.1991 – 11 A 1604/89, UPR 1992, 385.
5 VGH BW v. 10.3.1989 – 5 S 79/89, VBlBW 1989, 259; siehe auch VGH BW v. 25.2.1981 – 5 S 41/91, BauR 1991, 573; ergibt sich aus den Bauvorlagen objektiv ein anderer als der angegebene Inhalt, so ist der objektive Antragsinhalt maßgeblich.
6 Kritisch auch *Ortloff*, NVwZ 1990, 528.
7 Näher hierzu *Schretter/Schenk* in Reichel/Schulte (Hrsg.), Handbuch Bauordnungsrecht, Kap. 14, Rz. 363 ff.

### IV. Antrag auf Erteilung einer Baugenehmigung

Nachweise fordern können, die sie für eine sachgerechte Prüfung und Entscheidung benötigt[1]. Der Prüfungsumfang, den die Bauaufsichtsbehörde vorzunehmen hat, ist auf die Reichweite der Abweichung begrenzt. Es ist lediglich zu prüfen, ob der Widerspruch zu den materiellen baurechtlichen Anforderungen durch die beantragte Abweichung aufgehoben werden kann. Ob das Vorhaben ansonsten (also soweit keine Abweichung beantragt ist) mit den materiellen Anforderungen im Einklang steht, ist im Hinblick auf die Genehmigungsfreiheit grds. unerheblich[2]. Entsprechendes gilt im vereinfachten Genehmigungsverfahren, dem neuen „Regelverfahren" in den meisten Bauordnungen (vgl. Rz. 19). Unterlässt es der Bauherr, einen gesonderten Antrag auf Abweichung bzw. Ausnahme oder Befreiung hinsichtlich solcher Normen zu stellen, die nicht zum Prüfprogramm des vereinfachten Genehmigungsverfahrens gehören, so rechtfertigt dies nach zutreffender herrschender Auffassung nicht die Zurückweisung des Bauantrags. Es existieren auch kein Anspruch eines Nachbarn auf Nachbesserung des Bauantrages, sofern sich die unterlassene Beantragung der Abweichung auf drittschützende Vorschriften bezieht[3].

Für Befreiungen gem. § 31 Abs. 2 BauGB hat das BVerwG angenommen, es bedürfe keines ausdrücklichen gesonderten Antrags. Ein solcher soll – konkludent – regelmäßig darin liegen, dass Bauantragsunterlagen eingereicht werden, die nur bei Erteilung einer Befreiung genehmigungsfähig sind[4]. Für Befreiungen von bauordnungsrechtlichen Bestimmungen sind die Regelungen unterschiedlich. Während z.B. in Baden-Württemberg kein ausdrücklicher Antrag für eine Befreiung erforderlich ist[5], ist die Rechtslage in den meisten Bundesländern anders: So verlangt z.B. § 86 Abs. 1 NBauO einen „ausdrücklichen Antrag". Fehlt ein solcher Antrag, ist die Behörde verpflichtet, die Antragstellung anzuregen (§ 25 VwVfG)[6]. Sie darf den Bauantrag nicht ohne weiteres abweisen.

Möglich ist auch, eine Befreiung nachträglich, nach Erteilung einer Baugenehmigung zu beantragen und zu erteilen. Dies ist auch noch während eines verwaltungsgerichtlichen Verfahrens zulässig[7]. Eines erneuten Vorverfahrens bedarf es in einem solchen Fall nicht. 70

#### 5. Unterschiedliche und wiederholte Anträge

Keine Bedenken bestehen, wenn für ein Grundstück mehrere (unterschiedliche) Bauanträge gestellt werden, sei es vom Grundstückseigentümer oder sonstigen Berechtigten. Möglich ist sowohl die (zeitgleiche) Stellung verschiedener Anträge (vgl. Rz. 56) als auch die Stellung eines weiteren Antrags nach Ablehnung oder Erteilung einer Genehmigung. Voraussetzung ist allein das Vorhandensein eines Sachbescheidungsinteresses. Dieses ist zu bejahen, wenn der Bauherr sachliche Gründe für sein Vorgehen darlegen kann[8]. Probleme durch die Erteilung unterschiedlicher 71

---

1 *Gädtke/Czepuck/Johlen/Plietz/Wenzel*, BauO NRW, § 73 Rz. 30 a.
2 *Gädtke/Czepuck/Johlen/Plietz/Wenzel*, BauO NRW, § 73 Rz. 31, ebenso *Simon/Busse*, BayBO, Art. 63 Rz. 51.
3 HessVGH v. 28.11.2005 – 3 TG 2774/05, HGZ 2006, 22f.; *Jäde*, BayVBl. 2009, 709, 712 und *Ionescu/Reiling/Stengel*, VBlBW 2010, 373, 381; a.A. *Koehl*, BayVBl. 2009, 645, 650.
4 BVerwG v. 28.5.1990 – 4 B 56.90, UPR 1990, 345; BauR 1993, 315; differenzierend *Erwe*, Ausnahmen und Befreiungen im öffentlichen Baurecht, S. 163.
5 Vgl. § 56 LBO BW (Abweichendes gilt für verfahrensfreie Vorhaben; hier ist ein besonderer schriftlicher Antrag erforderlich, vgl. § 56 Abs. 6 LBO BW).
6 *Erwe*, Ausnahmen und Befreiungen im öffentlichen Baurecht, S. 162.
7 BVerwG v. 12.9.1979 – 4 B 182.79, BRS 35 Nr. 201; VGH BW v. 26.3.1985 – 3 S 405/85, VBlBW 1986, 24 und BayVGH v. 9.10.2003 – 25 CS 03.897, BauR 2004, 1933.
8 *Ortloff*, NwZ 1989, 618.

Baugenehmigungen für das gleiche Grundstück bestehen nicht: Als feststellender Verwaltungsakt begründet die Baugenehmigung keine Baupflicht[1].

72 Zulässig ist auch ein **wiederholter Bauantrag**, wenn ein früheres Baugesuch (mit identischem Inhalt) bestandskräftig abgelehnt wurde. Eine Bindung der Genehmigungsbehörde an ihre abweisende Entscheidung besteht nicht[2]. Ist aber über die behördliche Ablehnung hinaus eine Verpflichtungsklage auf Erteilung der Baugenehmigung rechtskräftig abgewiesen worden, so steht die Rechtskraft dieses Urteils einer erneuten (positiven) Entscheidung entgegen, wenn der Streitgegenstand des Gerichtsverfahrens sich auf die Genehmigungsvoraussetzungen und ihr Nicht-Vorliegen bezog[3].

### 6. Verfahrensgang

73 Das Genehmigungsverfahren ist in den Bauordnungen unterschiedlich ausgestaltet; auch wenn die grundsätzliche Orientierung an der MBO dazu führt, dass die Grundstrukturen der Verfahren ähnlich sind[4]. Unterschiede bestehen insbesondere hinsichtlich der unterschiedlichen Fristen für einzelne Verfahrenshandlungen, die neu eingeführt wurden, um das Verfahren zu beschleunigen[5]. Die folgenden Ausführungen orientieren sich an den Vorschriften der LBO BW; ergänzend wird auf die Regelungen in NW verwiesen. Ist der Verfahrensgang in anderen Ländern zu beurteilen, so müssen die für das jeweilige Bundesland einschlägigen Vorschriften über die Behandlung des Bauantrages bzw. des Verfahrensgangs beachtet werden. Das Verfahren wird, wie oben (Rz. 62) ausgeführt, entweder durch schriftlichen Antrag bei der Gemeinde oder bei der Genehmigungsbehörde (vgl. § 52 LBO BW einerseits und § 69 BauO NRW andererseits) eingeleitet. Ist die Gemeinde nicht selbst Genehmigungsbehörde, so hat sie den Bauantrag innerhalb kurz bemessener Frist an die Genehmigungsbehörde weiterzuleiten (in BW gem. § 53 Abs. 3 LBO BW innerhalb von drei Tagen; in Bayern „unverzüglich", vgl. Art. 64 Abs. 1 BayBO). Nach Eingang des Bauantrages und der Bauvorlagen hat die Behörde diese innerhalb von zehn Arbeitstagen auf Vollständigkeit zu überprüfen (§ 54 Abs. 1 LBO BW; in NW: innerhalb einer Woche, § 72 BauO NRW). Bei Unvollständigkeit oder Vorliegen erheblicher Mängel ist der Bauherr „unverzüglich" zu unterrichten und aufzufordern, die Mängel zu beheben – verbunden mit dem Hinweis, dass andernfalls der Bauantrag zurückgewiesen werden kann (§ 54 Abs. 1 LBO BW; auch wenn in NW, vgl. § 72 Abs. 1 S. 2 BauO NRW, das Gesetz davon ausgeht, dass bei Unvollständigkeit der Antrag zurückgewiesen werden „soll", folgt aus den im Verwaltungsverfahren allgemein geltenden Beratungs- und Hinweispflichten, dass die Behörde zumindest bei leicht behebbaren Mängeln verpflichtet ist, dem Bauherrn entsprechende Hinweise zu geben)[6]. Die Gemeinde, die nicht selbst Genehmigungsbehörde ist,

---

1 OVG Berlin v. 28.2.1969 – II B 66.68, BRS 22 Nr. 141; der Inhaber mehrerer selbständig nebeneinander ausnutzbarer Baugenehmigungen ist allerdings nicht befugt, ein Vorhaben so zu verwirklichen, dass einzelne Teile der verschiedenen Genehmigungen miteinander kombiniert werden, OVG Berlin v. 5.12.1995 – 2 B 16.95, UPR 1996, 157.
2 BVerwG v. 6.6.1975 – IV C 15.73, NJW 1976, 340; *Finkelnburg/Ortloff/Otto*, Öffentliches Baurecht, Band II, S. 113; Gleiches gilt für die Ablehnung einer Bauvoranfrage, Sächs. OVG v. 3.4.1997 – 1 S 52/96, SächsVBl. 1997, 221.
3 BVerwG v. 4.6.1970 – II C 39.68, DVBl. 1971, 272.
4 *Jäde*, ZfBR 2011, 427, 429 spricht von einem „Trend" im Sinne einer Annäherung an das Muster der MBO – aber zugleich, dass dieser stärker das materielle als das Verfahrensrecht erfasst.
5 Siehe hierzu auch die tabellarische Übersicht der Fristen in den einzelnen Bauordnungen bei *Schretter/Schenk* in Reichel/Schulte (Hrsg.), Handbuch Bauordnungsrecht, Kap. 14, Rz. 220.
6 *Boeddinghaus/Hahn/Schulte*, BauO NRW, § 72 Rz. 14.

## IV. Antrag auf Erteilung einer Baugenehmigung

muss zum Bauantrag gehört werden (§ 53 Abs. 4 LBO BW; § 72 Abs. 1 S. 3 BauO NRW). Außer Gemeinde und Genehmigungsbehörde sind vor einer Entscheidung über den Antrag weitere am Verfahren zu beteiligen. So sind unter bestimmten Voraussetzungen die Angrenzer bzw. Nachbarn zu hören. Die sich hieraus ergebenden Probleme werden unten (Rz. 97 ff.) näher dargestellt. Darüber hinaus kann im Einzelfall die Beteiligung weiterer Behörden geboten sein. Dies ergibt sich aus der oben (Rz. 32 ff.) dargestellten beschränkten Sachentscheidungskompetenz der Baugenehmigungsbehörde. Je nach den Besonderheiten des Falles sind ggf. selbständige Verwaltungsverfahren bei anderen Behörden einzuleiten (z.B. Anträge nach § 9 Abs. 8 FStrG).

Im baurechtlichen Genehmigungsverfahren bestehen **Mitwirkungsrechte** anderer Behörden. An erster Stelle ist hier das erforderliche Einvernehmen der Gemeinde (vgl. § 36 BauGB) zu nennen. Wegen der Bedeutung dieser Problematik wird hierauf unten (Rz. 102–105) gesondert eingegangen. Die Zustimmung der höheren Verwaltungsbehörde ist nur noch in den Fällen des § 35 Abs. 2 und 4 BauGB erforderlich, soweit dies landesrechtlich durch Rechtsverordnung bestimmt ist (§ 36 Abs. 1 S. 4 BauGB). Weitere besondere Zustimmungserfordernisse bestehen z.B. nach dem Fernstraßengesetz, vgl. § 9 Abs. 2 FStrG oder bei der Errichtung von baulichen Anlagen im Bauschutzbereich von Flughäfen[1].

Bei diesen Mitwirkungsrechten handelt es sich um **verwaltungsinterne** Mitwirkungshandlungen. Rechtsmittel sind nur gegen die Versagung der Baugenehmigung selbst, nicht gegen die verweigerten Mitwirkungsakte möglich[2].

Zur Beschleunigung des Verfahrens setzen verschiedene der novellierten Bauordnungen Fristen, innerhalb derer sich andere Behörden oder Körperschaften, die die Genehmigungsbehörde zu beteiligen hat, äußern müssen. Diese beträgt in BW zwei Monate[3]. Erfolgt innerhalb dieser Frist keine Äußerung, so kann die Behörde davon ausgehen, dass keine Bedenken bestehen. Das nach Landesrecht erforderliche Einvernehmen bzw. die Zustimmung anderer Stellen gilt dann als erteilt (§ 54 Abs. 3 LBO BW; ähnlich § 72 Abs. 2 BauO NRW). Da insofern nur interne Mitwirkungshandlungen fingiert werden, handelt es sich bei diesen Regelungen nicht um eine spezialgesetzlich angeordnete Genehmigungsfiktion i.S.d. § 42a VwVfG.

Strikte Fristen, innerhalb derer die Genehmigungsverfahren abzuschließen sind, kennen die meisten Landesbauordnungen nur für das vereinfachte Genehmigungsverfahren. Eine Ausnahme macht die Bauordnung von Baden-Württemberg[4]. Gemäß § 54 Abs. 5 LBO BW muss die Genehmigungsbehörde innerhalb von zwei Monaten entscheiden. Diese Frist beginnt, sobald die vollständigen Bauvorlagen und alle für die Entscheidung notwendigen Stellungnahmen und Mitwirkungen anderer Behörden vorliegen – spätestens aber nach Ablauf der Frist, die diesen gem. § 54 Abs. 3 LBO BW zur Abgabe ihrer Stellungnahme eingeräumt ist[5].

Besondere Sanktionen für die Nicht-Einhaltung der Fristen kennt die LBO BW nicht, insbesondere wird auch nicht – anders als bei den meisten vereinfachten Genehmigungsverfahren – die Genehmigungserteilung fingiert (vgl. hierzu die Erläu-

---

1 *Finkelnburg/Ortloff/Otto*, Öffentliches Baurecht, Band II, S. 117; näher hierzu *Große-Suchsdorf/Lindorf/Schmaltz/Wiechert*, Niedersächsische Bauordnung, § 73 Rz. 6.
2 BVerwG v. 29.5.1968 – IV C 24.66, NJW 1968, 2351.
3 Zu den Fristen für das Genehmigungsverfahren in der LBO BW *Schulte*, VBlBW 1996, 289.
4 Zu weiteren Ausnahmen siehe den Überblick bei *Schretter/Schenk*, in: Reichel/Schulte (Hrsg.), Handbuch Bauordnungsrecht, Kap. 14, Rz. 220.
5 Nach § 54 Abs. 3 LBO darf die Frist, die die Baurechtsbehörde für die Abgabe der Stellungnahmen zu setzen hat, maximal einen Monat betragen. Sobald der Bauantrag vollständig ist, muss die Behörde den Bauherrn über den auf diese Weise ermittelten Zeitpunkt der Entscheidung unterrichten (§ 54 Abs. 2 Nr. 1 LBO BW).

terungen in Rz. 20). Den Fristen kommt aber haftungsrechtliche Bedeutung zu. Da diese im Interesse der Bauherren das Genehmigungsverfahren beschleunigen sollen, handelt es sich um drittgerichtete Amtspflichten. Schäden, die der Bauherr wegen der Überschreitung der Fristen erleidet, sind nach § 839 BGB i.V.m. Art. 34 GG von der Genehmigungsbehörde zu ersetzen[1] (s. hierzu auch unten Rz. 119f.). Teilweise ist ausdrücklich bestimmt, dass der Bauherr auf die Einhaltung der Entscheidungsfristen nicht wirksam verzichten kann (vgl. § 54 Abs. 5 Satz 3 LBO BW). Diese Regelung will verhindern, dass die Baugenehmigungsbehörden ihre Pflicht zur Einhaltung der Entscheidungsfristen dadurch umgehen, dass sie von den Bauherren entsprechende Verzichtserklärungen fordern[2].

### 7. „Überlange" Verfahrensdauer

#### a) Kontaktaufnahme mit der Genehmigungsbehörde

75 Nicht selten wird der Anwalt eingeschaltet, weil das Genehmigungsverfahren nach Auffassung des Antragstellers zu lange dauert. An ihn ergeht die Aufforderung, „Druck" zu machen. Da die Gründe für die Verfahrensverzögerung höchst unterschiedlich sein können, empfiehlt sich in jedem Fall die unmittelbare Kontaktaufnahme mit der Genehmigungsbehörde, in der Regel zunächst mit dem zuständigen Sachbearbeiter. Dieser Kontakt kann Hinweise liefern, welche Probleme bestehen und ob diese ggf. – z.B. durch Änderung des Bauantrags – ausgeräumt werden können. Da der Bauherr in der Regel ein großes Interesse an der raschen Realisierung seines Vorhabens haben wird (bisweilen ist er hierauf aus wirtschaftlichen Gründen auch zwingend angewiesen), kann es in vielen Fällen sinnvoll sein, Änderungswünsche der Behörden (soweit diese für den Bauherrn tragbar sind) zu akzeptieren. Bei der bekannt langen Dauer verwaltungsgerichtlicher Verfahren (allein für die erste Instanz regelmäßig mindestens ein Jahr oder länger) wird ein solches Vorgehen den Interessen des Bauherrn eher entsprechen als der Versuch, die eigenen Vorstellungen um jeden Preis durchzusetzen.

#### b) Die Untätigkeitsklage

76 In dem Fall, dass eine rechtsmittelfähige Entscheidung über den Bauantrag verzögert wird, besteht die Möglichkeit einer verwaltungsgerichtlichen Untätigkeitsklage gem. § 75 VwGO. Aus § 75 S. 2 VwGO folgt, dass eine Untätigkeitsklage frühestens drei Monate nach Antragstellung zulässig ist. Bei komplexen Vorhaben, Schwierigkeiten mit entsprechenden Nachbarn bzw. beteiligten Behörden kann aber auch eine längere Bearbeitungszeit als die Drei-Monats-Frist sachlich vertretbar sein[3]. Weil die Untätigkeitsklage wegen der langen Verfahrensdauer nur bedingt zur „Beschleunigung" geeignet ist, sollte von dieser prozessualen Möglichkeit erst dann Gebrauch gemacht werden, wenn mit einer positiven Entscheidung ohnehin nicht (mehr) zu rechnen ist, ein verwaltungsgerichtliches Verfahren also ohnehin unvermeidlich erscheint.

#### c) Fiktive Baugenehmigung

77 Ein besonderes Drängen gegenüber der Bauaufsichtsbehörde und erst recht eine Untätigkeitsklage sind in den Konstellationen entbehrlich, in denen nach der jeweils einschlägigen Landesbauordnung die Erteilung der Genehmigung nach Überschreiten der jeweils festgelegten Genehmigungsfrist fingiert wird. Entsprechende Rege-

---

1 *Schlick*, BauR 2008, 290.
2 *Schlotterbeck/Hager/Busch/Gammerl*, LBO BW, § 54 Rz. 33.
3 Siehe auch *Finkelnburg/Ortloff/Otto*, Öffentliches Baurecht, Band II, S. 118f.

lungen finden sich in der Mehrzahl der Bauordnungen für das vereinfachte Verfahren(vgl. hierzu auch oben Rz. 20). Hier sehen die Bauordnungen im Regelfall eine dreimonatige Entscheidungsfrist nach Eingang des vollständigen Antrags vor. Wird diese Frist überschritten, so gilt die Genehmigung als erteilt. Sie hat grds. die gleichen Rechtswirkungen wie eine förmlich erteilte Genehmigung[1].

## V. Genehmigungserteilung

### 1. Form der Genehmigungserteilung

Die Erteilung der Baugenehmigung bedarf nach allen Bauordnungen der Schriftform (vgl. § 58 Abs. 1 Satz 3 LBO BW), d.h. sie muss den Anforderungen des § 37 Abs. 3 VwVfG genügen. Eine mündliche oder konkludent erteilte Baugenehmigung ist gem. § 44 Abs. 1 VwVfG nichtig[2]. Eine unterschriebene, aber noch nicht bekannt gemachte Baugenehmigung ist noch nicht wirksam. Sie stellt auch keine Zusage dar[3]. Der Bauherr erhält die Genehmigungsurkunde (den sog. „Bauschein") zusammen mit einer Ausfertigung der Bauvorlagen, die mit einem Genehmigungsvermerk zu versehen sind. Für die Ermittlung des Regelungsgehalts sind die genehmigten, d.h. mit dem Genehmigungsvermerk versehenen Bauvorlagen maßgeblich[4]. Entscheidend ist allein der objektive Erklärungsgehalt der genehmigten Bauvorlagen. Mündliche Absprachen zwischen Bediensteten der Bauverwaltung und dem Bauherrn, die keinen Eingang in den objektiven Erklärungsgehalt der Baugenehmigung gefunden haben, sind im Hinblick auf das Schriftformerfordernis irrelevant[5]. Ein Genehmigungsvermerk auf den Bauvorlagen ersetzt nicht die Baugenehmigung[6]. Auch eine schriftliche Erklärung zu Protokoll des Gerichts genügt dem Schriftformerfordernis nicht[7]. Anderes gilt für einen protokollierten gerichtlichen Vergleich[8].

78

Abweichungen, Ausnahmen und Befreiungen sind in einigen Bundesländern ausdrücklich auszusprechen (vgl. § 58 Abs. 1 S. 4 LBO BW[9]. In anderen Ländern gilt dies nur für Befreiungen (vgl. § 86 Abs. 2 NBauO). Die Bauordnungen verhalten sich nicht dazu, wie dies zu geschehen hat. In jedem Fall muss aus der Genehmigung eindeutig hervorgehen, dass eine Ausnahme bzw. Befreiung erteilt wurde[10].

79

---

1 Hierzu näher *Saurer*, DVBl. 2006, 605 und *Hullmann/Zorn*, NVwZ 2009, 756 ff.; allgemein zu Rechtsproblemen der Genehmigungsfiktion und deren Einführung in § 42a VwVfG auf Grund der Dienstleistungsrichtlinie (DLR) *Uechtritz*, DVBl. 2010, 684 ff.
2 *Sauter*, LBO BW, § 58 Rz. 108; *Dölker*, BayVBl. 1974, 400 (402 f.).
3 OVG NW v. 27.10.1995 – 10 B 2720/95, NWVBl. 1996, 222; die Benachrichtigung des Bauherrn von der Existenz der Baugenehmigung stellt keine Bekanntgabe des Verwaltungsaktes dar, VGH München v. 14.2.2001 – 26 B 97.462, BayVBl. 2002, 87.
4 OVG Berlin v. 26.1.1995 – 2 S 35/94, NVwZ 1995, 1009 und *Finkelnburg/Ortloff/Otto*, Öffentliches Baurecht, Band II, S. 134 f.; siehe auch OVG NW v. 10.12.1996 – 10 A 4248/92, NWVBl. 1997, 426: kein Rückgriff auf Bauvorlagen ohne Genehmigungsvermerk.
5 HessVGH v. 7.2.2008 – 3 ZU 473/07, BRS 73, Nr. 153.
6 OVG Lüneburg v. 9.10.1973 – VI B 79/73, BRS 27 Nr. 147.
7 VGH München v. 30.8.1984 – 2 B 83 A 1265, NVwZ 1985, 430; BayVBl. 1991, 373.
8 VGH München v. 30.8.1984 – 2 B 83 A 1265, NVwZ 1985, 430; *Stelkens*, BauR 1986, 390 (399); zur Möglichkeit, den Bauantrag im gerichtlichen Verfahren zu ändern VGH München v. 14.2.2001 – 2 B 99.933, BayVBl. 2002, 22.
9 Vgl. die Übersicht bei *Schretter/Schenk*, in: Handbuch Bauordnungsrecht, Kapitel 14, Rz. 377 ff.
10 Wird ein Vorhaben, das im Widerspruch zu einer bauaufsichtlichen Bestimmung steht, genehmigt, so enthält die Baugenehmigung nicht automatisch die Gestattung der Nichteinhaltung der Anforderung (*Schretter/Schenk*, in: Reichel/Schulte (Hrsg.), Handbuch Bauordnungsrecht, Kapitel 14 Rz. 364); es liegt also keine konkludente Befreiungserteilung vor. Diese kann ggf. durch gesonderten Verwaltungsakt nachgeholt werden.

## 2. Baugenehmigungsgebühren

80 Die Erteilung (gleiches gilt für die Ablehnung) einer Baugenehmigung ist gebührenpflichtig. Rechtsgrundlage für die Gebührenerhebung ist das in den einzelnen Ländern unterschiedlich geregelte Allgemeine Gebührenrecht[1]. In Baden-Württemberg bestimmt § 4 Abs. 2 Landesgebührengesetz (LGebG), dass die oberste Baurechtsbehörde für ihren Geschäftsbereich die gebührenpflichtigen Tatbestände und die Höhe der Gebühren durch Rechtsverordnung festsetzt. Für Landratsämter, Gemeinden und Verwaltungsgemeinschaften, die Aufgaben der unteren Baurechtsbehörde i.S.d. LBO BW wahrnehmen, wurde durch § 4 Abs. 3 LGebG die obligatorische dezentrale Gebührenfestsetzung angeführt. Danach legen die unteren Baurechtsbehörden die gebührenpflichtigen Tatbestände und die Höhe der jeweiligen Gebühren in eigener Zuständigkeit und Verantwortlichkeit fest. Bei den Landratsämtern geschieht dies durch Rechtsverordnung (vgl. § 4 Abs. 3 Satz 1 LGebG). Die Gemeinden und Verwaltungsgemeinschaften setzen die gebührenpflichtigen Tatbestände und die Höhe der jeweiligen Gebühr unter Anwendung des KAG durch Satzung fest[2]. Die Höhe der Gebühr bei der Erteilung von Baugenehmigungen orientiert sich regelmäßig an den Baukosten. Dabei stellen die Gebührenordnungen vielfach nicht auf die tatsächlichen Rohbaukosten ab, sondern legen einen fiktiven Rohbauwert zugrunde, der aus statistischen Ermittlungen für bauliche Anlagen eines bestimmten Typs festgelegt wird[3]. Diese Vorgehensweise ist obergerichtlich gebilligt worden[4]. Allerdings ist das Verfahren konfliktträchtig, wenn im Einzelfall die tatsächlichen Rohbaukosten den statistisch ermittelten durchschnittlichen Rohbauwert deutlich unterschreiten. In letzter Zeit mehren sich – offenkundig im Hinblick auf die Finanzknappheit bei der öffentlichen Hand und das gestiegene Kostenbewusstsein der Bauherren – die Auseinandersetzungen um die Höhe der Baugenehmigungsgebühren[5]. Die Gebühr wird entweder in der Genehmigungs- bzw. Versagungsentscheidung selbst oder in einem gesonderten Bescheid festgesetzt[6]. Keine Bedenken bestehen im Hinblick auf den Gleichheitssatz und das Äquivalenzprinzip, für die nachträgliche Genehmigung eines „Schwarzbaus" eine dreifach höhere Gebühr zu erheben, als sie bei einer vorherigen Baugenehmigung

---

1 VGH BW v. 28.1.1994 – 3 S 1098/91, NVwZ-RR 1994, 612.
2 VGH BW v. 21.3.2010 – 8 S 687/08 –; zur Gebührenerhebung durch die Baurechtsbehörden in Baden-Württemberg s. auch *Sauter*, LBO BW, § 47 Rz. 139 ff.
3 Vgl. *Hoerster*, BauR 1997, 14 (21 f.).
4 BVerwG v. 18.5.1998 – 8 B 49.98, NVwZ-RR 1999, 191 und v. 18.4.2000 – 11 B 20.00, LKV 2000, 451; siehe auch VG Frankfurt a.M. v. 7.3.2003 – 8 G 545/03, NVwZ-RR 2004, 6 und OVG MV v. 20.5.2003 – 1 L 186/02, NVwZ-RR 2004, 165.
5 Zu Zweifelsfragen siehe *Günther*, BauR 1994, 726 ff.; aus der Rspr. siehe VGH BW v. 28.1.1994 – 3 S 1098/91, NVwZ-RR 1994, 612; OVG MV v. 15.11.1995 – 6 L 36/95, NVwZ-RR 1997, 61; Hess. VGH v. 23.1.1996 – 5 UE 590/95, NVwZ-RR 1997, 438 und OVG Bdb. V. 23.1.1997 – 2 A 82/96, LKV 1997, 259; zur Gebührenerhebung im Freistellungsverfahren siehe *Rosenbach*, BauR 1996, 510 und *Neuhausen*, BauR 1997, 23; zu Auswirkungen der Privatisierung staatlichen Bauens auf die Baugenehmigungsgebühren siehe *Heintzen/Hildebrandt*, SächsVBl. 1998, 1 ff.; zur Erhebung von Kostenvorschüssen im Baugenehmigungsverfahren *Zehnder*, SächsVBl. 2000, 277; zur Gebührenpflicht einer kommunalen Krankenhaus GmbH einer kirchlichen Stiftung in BW siehe VGH BW v. 23.5.2001 – 3 S 2484/00, BWGZ 2001, 606; zur Gebührenpflicht eines Kindergartens in kirchlicher Trägerschaft OVG NW v. 16.1.2004 – 9 A 4608/02, NVwZ-RR 2004, 396.
6 BVerwG v. 18.5.1998 – 8 B 49.98, NVwZ-RR 1999, 191 und v. 18.4.2000 – 11 B 20.00, LKV 2000, 451.

angefallen wäre[1]. Ebenso hat der BayVGH keine Bedenken gegen die Praxis, eine Baugenehmigung nur gegen Bezahlung der geschuldeten Gebühr auszuhändigen[2]. Da es sich bei einem Gebührenbescheid um einen ausschließlich belastenden (und nicht hinsichtlich der nicht erhobenen Gebühr um einen begünstigenden) Verwaltungsakt handelt, ist eine Nacherhebung im Fall der irrtümlich zu niedrigen Gebührenfestsetzung zulässig[3].

### 3. Geltungsdauer

Die Geltungsdauer der nicht ausgenutzten Baugenehmigung ist begrenzt, in den meisten Bauordnungen (entsprechend der MBO) auf drei Jahre (§ 62 Abs. 1 LBO BW, § 77 NBauO, § 77 BauO NRW). Maßgeblich ist, welche Geltungsdauer zum Zeitpunkt der Genehmigungserteilung gilt. Die spätere gesetzliche Regelung einer längeren Geltungsdauer ist unbeachtlich[4]. Eine Verlängerung um ein, teilweise um zwei Jahre ist möglich. Für die Verlängerung einer Baugenehmigung gelten die gleichen Voraussetzungen wie für die Neuerteilung[5]. Allerdings bedarf es nicht der Einreichung eines kompletten (neuen) Bauantrags einschließlich Bauvorlagen. Es genügt ein schriftlicher Verlängerungsantrag. Maßgeblich ist die Sach- und Rechtslage im Zeitpunkt der Entscheidung der Baurechtsbehörde über den Antrag auf Verlängerung[6]. Bei der Verlängerung ist die Baurechtsbehörde nicht an die bei Erteilung der Genehmigung vertretene Rechtsansicht gebunden[7]. Dies bedeutet, auch bei unveränderter Sach- oder Rechtslage kann die Verlängerung einer Baugenehmigung verweigert werden, wenn die Baurechtsbehörde bei der Prüfung des Verlängerungsantrags nunmehr zu der Einschätzung gelangt, die Genehmigungsvoraussetzungen lägen nicht vor.

81

Die Baugenehmigung erlischt, wenn nicht innerhalb ihrer Geltungsdauer mit der Ausführung der Baumaßnahmen begonnen worden ist[8]. Ist der Bauherr durch Nachbareinspruch bzw. Klage an der Ausführung seines Vorhabens gehindert, wird die

---

1 BVerwG v. 21.9.2001 – 9 B 51.01, ZfBR 2002, 267; demgegenüber Verstoß gegen das Äquivalenzprinzip, wenn die Gebühr für einen Mobilfunkmast nach dessen Höhe bemessen wird, so OVG Rh.-Pf. v. 17.2.2005 – 12 A 11833/04, NVwZ-RR 2005, 451; zu den Grenzen für Befreiungsgebühren OVG Berlin v. 22.6.2005 – 2 B 7.05, Das Grundeigentum 2005, 1363.
2 BayVGH v. 14.2.2001 – 26 B 97.462, BayVBl. 2002, 87.
3 VGH BW v. 23.11.1995 – 2 S 2947/94, NVwZ-RR 1997, 120; siehe auch VGH BW v. 9.5.1997 – 5 S 855/96, BWGZ 1998, 284: Gebührenhöhe im Fall einer Nachtrags- bzw. Änderungsgenehmigung.
4 OVG NW v. 28.8.2002 – 10 B 1641/02, BauR 2003, 679.
5 *Große-Suchsdorf/Lindorf/Schmaltz/Wiechert*, Niedersächsische Bauordnung, § 77 Rz. 15; BayVGH v. 9.4.1975 – Nr. 181 II 71, BRS 29 Nr. 125; auch die Nachbarn sind (erneut) zu beteiligen, *Jäde*, BayVBl. 2003, 104; ebenso *Große-Suchsdorf/Lindorf/Schmaltz/Wiechert*, Niedersächsische Bauordnung, § 77 Rz. 17.
6 Nds. OVG v. 22.6.2010 – 12 LB 213/07, BauR 2010, 2093 und Nds. OVG v. 22.6.2010 – 12 LB 213/07 – BRS 76 Nr. 161 (Maßgeblichkeit des Zeitpunktes der letzten Tatsacheninstanz bei nachfolgendem Rechtsstreit).
7 OVG Saarl. v. 11.11.1985 – 2 R 146/84, BRS 44 Nr. 150; *Große-Suchsdorf/Lindorf/Schmaltz/Wiechert*, Niedersächsische Bauordnung, § 77 Rz. 15.
8 Zur Auslegung des Begriffs „Ausführung der Baumaßnahme" *Große-Suchsdorf/Lindorf/Schmaltz/Wiechert*, Niedersächsische Bauordnung § 77 Rz. 9 jeweils m.w.N.; zum Erlöschen der Genehmigung, wenn bei einem einheitlichen Vorhaben im Zeitraum der Geltungsdauer nur das Hauptgebäude, nicht aber das Nebengebäude fertig gestellt wird, s. BayVGH v. 26.4.1990 – 2 B 88.1263, BauR 1991, 195; die Baugenehmigung erlischt auch, wenn anstelle des genehmigten Vorhabens ein aliud realisiert wird, Hess.VGH v. 10.7.2003 – 4 TG 1296/03, BauR 2003, 1875 f.; zum Erlöschen bei zögerlicher und „stückwerkhaft" durchgeführten Baumaßnahmen OVG Bln.-Bdb. v. 21.10.2005 – 2 S 104/05, BauR 2006, 367, für die Baurechtsbehörde besteht keine Hinweispflicht auf das Erlöschen der Baugenehmigung bei Fristablauf, BGH v. 22.12.1992 – III ZR 96/91, UPR 1993, 145.

Frist unterbrochen[1]. Dies gilt auch dann, wenn Widerspruch und Anfechtungsklage des Nachbarn wegen § 212a BauGB keine aufschiebende Wirkung haben, die Realisierung der Baugenehmigung also rechtlich zulässig wäre[2].

82 Umstritten und noch nicht abschließend geklärt ist die Frage, ob eine Baugenehmigung nach Ausführung des Vorhabens erlöschen kann, wenn die genehmigte und (zunächst) aufgenommene Nutzung unterbrochen wird[3]. Die Landesbauordnungen enthalten zu dieser Frage keine Regelungen. Das BVerwG hat – ohne die Problematik zu thematisieren, inwieweit dies eine Rechtsfrage des Bundes- oder des Landesrechts ist – sein „Zeitmodell", welches die Rspr. zur erleichterten Zulassung der alsbaldigen Neuerrichtung eines zerstörten Gebäudes entwickelt hat, auf derartige Konstellationen übertragen. Es hat angenommen, nach zwei Jahren erlösche im Regelfall der „Bestandsschutz"[4]. Dies ist in Rspr. und Literatur kritisiert worden. Zum einen mit dem Hinweis, dass es sich hierbei um keine bundesrechtliche (durch das BVerwG zu klärende) Frage handele. Zum anderen unter Verweis darauf, dass BVerwG vermische den Unterschied zwischen dem allgemeinen Rechtsinstitut des „Bestandsschutzes" und der durch eine (wirksame) Baugenehmigung vermittelten Abschirmwirkung[5]. Eine endgültige höchstrichterliche Klärung dieser Streitfrage steht aus[6]. Überwiegend hat sich die neuere obergerichtliche Rechtsprechung vom „Zeitmodell" des BVerwG distanziert. Stattdessen wird in Bewertung des Einzelfalls darauf abgestellt, ob das Verhalten des Genehmigungsinhabers als Verzicht auf Ausübung der genehmigten bestimmungsgemäßen Nutzung gewertet werden kann[7].

83 Die Übertragung des Eigentums an einem Baugrundstück hat auf die Wirksamkeit der Baugenehmigung keine Auswirkung. Regelmäßig ist davon auszugehen, dass der Eigentumsübergang auch den Übergang aller Rechte und Pflichten aus der dem bisherigen Eigentümer erteilten Baugenehmigung zur Folge hat, ohne dass es einer besonderen Übertragungshandlung bedarf[8]. Zweifelhaft ist, ob dies auch für den Fall der Übertragung des Eigentums vor Ausnutzung der Baugenehmigung gilt. Entsprechendes gilt für die Frage, ob die Rechtsstellung als Bauantragsteller rechtsnachfolgefähig ist[9]. In jedem Fall regeln die bauordnungsrechtlichen Bestimmungen, dass eine Baugenehmigung auch für und gegen den Rechtsnachfolger gilt, nicht die Nachfolgefähigkeit der (erteilten) Baugenehmigung. Sie legen weder Voraussetzungen noch Umfang der von einer Rechtsnachfolge erfassten Rechtsposition fest[10].

---

1 VGH BW v. 22.8.1980 – 3 S 1398/80, BRS 36 Nr. 172; Gleiches gilt bei Unterbrechungen auf Grund behördlicher Eingriffe, die nicht in der Risikosphäre des Bauherrn liegen, VG Meiningen v. 17.5.1995 – 5 K 325/95.ME, LKV 1996, 139.
2 VGH BW v. 25.3.1999 – 8 S 218/99, VBlBW 1999, 269; zur Verlängerung der Geltungsdauer siehe auch von Franckenstein, ZfBR 1999, 254.
3 Ausführlich hierzu *Uechtritz*, in: FS Gelzer, 1991, S. 259 ff. m.w.N.; siehe auch *Kment*, BauR 2000, 1675 und *Uschkereit*, BauR 2010, 718.
4 BVerwG v. 18.5.1995 – 4 C 20.94, DVBl. 1996, 40.
5 OVG NW v. 14.3.1997 – 7 A 5179/95, BauR 1997, 811; siehe auch OVG Weimar v. 29.11.1999 – 1 EO 658/99, DVBl. 2000, 826 m. Anm. *Schmaltz* und *Uechtritz*, DVBl. 1997, 347.
6 Das BVerwG hat angedeutet, dass Zweifel an der bisherigen Rspr. berechtigt sein könnte, BVerwG v. 7.11.1997 – 4 C 7.97, BauR 1998, 533 (535); zur Diskussion s. auch noch *Jäde*, UPR 1998, 206 und *Goldschmidt/de Witt*, BauR 2011, 1590 ff.
7 Nds. OVG v. 20.7.2009 – 1 LA 103/07, BauR 2009, 1887 und Nds. OVG v. 3.1.2011 – 1 ME 209/10, BauR 2011, 1154 sowie VGH BW v. 4.3.2009 – 3 S 1467/07, BRS 74, Nr. 164.
8 VGH BW 30.3.1995 – 3 S 1106/94, VBlBW 1996, 23 m.w.N.; zum Thema auch *Malmendier*, BauR 2001, 565.
9 Bejahend HessVGH v. 6.1.2011 – 3 A 2579/10, BauR 2011, 1315 – und zwar unabhängig von der Übertragung des Eigentums am Baugrundstück.
10 BayVGH v. 15.2.2006 – 22 CS 06.166, NVwZ 2006, 1201 und OVG MV v. 4.11.2009 – 3 L 163/08, BRS 74, Nr. 161.

## 4. Nebenbestimmungen

### a) Zulässigkeit

Regelmäßig wird die Baugenehmigung mit mehr oder minder umfangreichen Nebenbestimmungen versehen. Die Befugnis der Behörde zur **Hinzufügung von Nebenbestimmungen** beurteilt sich nach § 36 VwVfG. Da auf die Erteilung der Baugenehmigung ein Rechtsanspruch besteht, sind Nebenbestimmungen nur zulässig, soweit sie durch Rechtsvorschrift ausdrücklich zugelassen sind (vgl. z.B. die Befristung bei fliegenden Bauten). Im Übrigen nur, wenn sie sicherstellen sollen, dass die Genehmigungsvoraussetzungen erfüllt sind.

Der Befugnis der Genehmigungsbehörde zur Hinzufügung von Nebenbestimmungen entspricht eine Verpflichtung: Kann durch Nebenbestimmungen die Genehmigungsfähigkeit herbeigeführt werden (Beispiel: Auflagen zur Reduzierung der Immissionen auf eine benachbarte Wohnbebauung), so wäre es unverhältnismäßig, wenn die Behörde die Genehmigung versagte, statt sie unter Nebenbestimmungen zu erteilen[1].

Besteht kein Rechtsanspruch auf Erteilung der Baugenehmigung (weil eine Ausnahme oder Befreiung erforderlich ist, deren Erteilung im Ermessen steht), so können der Baugenehmigung gem. § 36 Abs. 2 VwVfG Nebenbestimmungen nach pflichtgemäßem Ermessen beigefügt werden. Diese dürfen aber nach § 36 Abs. 3 VwVfG nicht dem Zweck des Verwaltungsaktes zuwiderlaufen. Das OVG NW[2] hat daher eine Auflage zur Einhaltung bestimmter Immissionsgrenzwerte als unzulässig angesehen, die im Ergebnis die bauliche Nutzung der genehmigten Anlage unmöglich gemacht hätten.

### b) Arten von Nebenbestimmungen

Als Nebenbestimmungen kommen vor allem Auflagen und Bedingungen in Betracht. Für die Rechtsnatur einer Nebenbestimmung kommt es nach allgemeiner Auffassung nicht auf die von der Behörde gewählte Bezeichnung an. Maßgeblich ist das tatsächlich Gewollte[3]. Für den Bauherrn (und den beratenden Anwalt) ist bei belastenden Nebenbestimmungen regelmäßig die entscheidende Frage, ob eine isolierte Anfechtung möglich ist. Herkömmlicherweise[4] wird die isolierte Anfechtbarkeit einer Auflage bejaht, die einer Bedingung verneint[5]. Die Auflage ist eine selbständig durchsetzbare Anordnung, die – anders als die Bedingung – die Wirksamkeit

---

1 BayVGH v. 14.9.1977 – Nr. 11 XV 73, BRS 32 Nr. 42; siehe auch *Schretter/Schenke*, in: Reichel/Schulte (Hrsg.), Handbuch Bauordnungsrecht, Kapitel 14, Rz. 41.
2 OVG NW v. 13.1.1972 – XA 188/71, BRS 25 Nr. 152.
3 Vgl. nur *Gädtke/Czepuck/Johlen/Plietz/Wenzel*, BauO NRW, § 75 Rz. 150 m.w.N.
4 Vgl. *Kopp/Ramsauer*, VwVfG, § 36 Rz. 61, der von der „klassischen Position" spricht; s. auch *Störmer*, DVBl. 1996, 81 ff. und *Sieckmann*, DÖV 1998, 525 ff.; teilweise wird bestritten, ob noch von einem „Grundsatz" der isolierten Anfechtbarkeit einer Auflage gesprochen werden kann oder ob nicht im Regelfall nur noch die Verpflichtungsklage in Betracht kommt (so *Stelkens/Bonk/Sachs*, VwVfG, § 36 Rz. 76; siehe auch *Stadie*, DVBl. 1991, 613 und BVerwG v. 18.2.1997 – 4 B 199.96, BauR 1997, 459 sowie OVG Berlin v. 30.5.1996 – 2 B 24/93, NVwZ 1997, 1005); als Beispiel für eine isolierte Anfechtbarkeit siehe OVG NW v. 21.8.1992 – 11 A 804/90, NWVBl. 1993, 99 und BVerwG v. 17.7.1995 – 1 B 23.95, BayVBl. 1996, 183.
5 Vgl. VGH BW v. 5.5.1994 – 5 S 2644/93, VBlBW 1995, 29: Keine isolierte Anfechtbarkeit der Bedingung, die notwendigen Stellplätze für ein Vorhaben nachzuweisen; siehe auch Sächs. OVG v. 16.3.2006 – 1 B 735/05, BRS 70 Nr. 154, das für die Frage, ob eine selbständig anfechtbare Auflage vorliegt, auf den „Empfängerhorizont" abstellt, also darauf, ob der Empfänger der Baugenehmigung die fragliche Nebenbestimmung i.S.e. „selbständigen Handlungsverpflichtung" verstehen muss (die selbständig anfechtbar ist) oder als eine „den Inhalt der Baugenehmigung beschreibende Ausführung".

des Verwaltungsaktes selbst nicht hemmt[1]. Die Möglichkeit einer selbständigen Anfechtbarkeit einer Nebenbestimmung ist für den Bauherrn günstig: Die Genehmigung selbst wird in ihrer Wirksamkeit durch die Anfechtung nicht berührt. Der Bauherr kann also von ihr Gebrauch machen. Bei erfolgreicher Anfechtung entfällt die Nebenbestimmung. Er hat eine Baugenehmigung ohne Einschränkung. Nach der neuen Judikatur des BVerwG soll gegen belastende Nebenbestimmungen eines Verwaltungsaktes grds. die Anfechtungsklage statthaft sein. Ob diese dann zu einer isolierten Aufhebung der Nebenbestimmung führt, ist danach keine Frage der Zulässigkeit, sondern der Begründetheit[2]. Die Begründetheit selbst ist nach materiellem Recht zu beurteilen. Die isolierte Aufhebung der Nebenbestimmung scheidet aus, wenn erst durch sie die Voraussetzungen für den Erlass des Verwaltungsaktes sichergestellt werden. Gleiches gilt, wenn die Entscheidung im Ermessen der Genehmigungsbehörde steht und diese nur deshalb zu Gunsten des Antragstellers Gebrauch gemacht hat, weil gegenläufige Ermessenserwägungen durch eine Nebenbestimmung ausgeräumt worden sind. Generell gilt der Grundsatz, dass es entscheidend darauf ankommt, ob der begünstigende Verwaltungsakt ohne die Nebenbestimmung sinnvoller- und rechtmäßigerweise bestehen bleiben kann[3].

### c) Die „modifizierende Auflage"

86 Die „modifizierende Auflage[4]" stellt eine (gegenüber dem Antrag) veränderte Genehmigung dar. Beispiel: Beantragt ist eine Genehmigung für ein Wohnhaus mit Flachdach; das Wohnhaus wird genehmigt mit der Auflage, dass ein Satteldach zu errichten ist. Verfahrensmäßig liegt eine Ablehnung des Antrags in der ursprünglichen Form vor, verbunden mit der Genehmigung eines geänderten („modifizierten") Vorhabens. Diese Modifikation stellt eine Anordnung dar. Eine modifizierende Auflage kann nicht isoliert angefochten werden[5]. Der Bauherr, der mit ihr nicht einverstanden ist, kann keine auf die Auflage beschränkte Anfechtungsklage erheben. Er muss vielmehr nach Durchführung eines Widerspruchsverfahrens Verpflichtungsklage auf Erteilung der Genehmigung in der ursprünglich beantragten Form erheben[6]. Hinsichtlich der selbständigen Durchsetzbarkeit ist die modifizie-

---

1 Überblick über die Abgrenzung bei *Stelkens/Bonk/Sachs*, VwVfG, § 36 Rz. 18ff. und 27ff.
2 BVerwG v. 22.11.2000 – 11 C 2.00, NVwZ 2001, 429f.; hierzu *Brüning*, NVwZ 2002, 1081; kritisch *Kopp/Ramsauer*, VwVfG, § 36 Rz. 62 mit dem zutreffenden Hinweis, diese Judikatur löse nicht das Problem des durch die Anfechtungsklage ausgelösten Suspensiveffektes. Gelange man zur Zulässigkeit einer Anfechtungsklage gegen die belastende Nebenbestimmung, dann entfalte diese aufschiebende Wirkung; der Betroffene könne im Schutze des Suspensiveffektes von der uneingeschränkten begünstigenden Regelung des Haupt-VA Gebrauch machen. *Kopp/Ramsauer*, VwVfG, § 36 Rz. 63, spricht sich also für die „klassische Auffassung" aus.
3 BVerwG v. 22.11.2000 – 11 C 2.00, NVwZ 2001, 429; ebenso bereits BVerwG v. 19.1.1989 – 7 C 31.87, NVwZ 1989, 864.
4 *Weyreuther*, DVBl. 1969, 295; BVerwG v. 8.2.1974 – IV C 73.72, DÖV 1974, 380; s.a. den Überblick bei *Finkelnburg/Ortloff/Otto*, Öffentliches Baurecht, Band II, S. 139ff.; für eine „Verabschiedung" von der Rechtsfigur der modifizierenden Auflage, *Brüning*, NVwZ 2002, 1081 (1082), *Schretter/Schenk*, in: Reichel/Schulte (Hrsg.), Handbuch Bauordnungsrecht, Kapitel 14, Rz. 45 verwenden die Bezeichnung „Inhaltsbestimmung".
5 Vgl. VGH BW v. 8.6.1993 – 10 S 110/92, VBlBW 1994, 23; ob dieser Grundsatz im Hinblick auf die neuere Judikatur des BVerwG noch zutreffend ist (vgl. Rz. 81) erscheint zweifelhaft; für die bisherige Auffassung und gegen die isolierte Anfechtbarkeit einer modifizierenden Auflage *Finkelnburg/Ortloff/Otto*, Öffentliches Baurecht, Band II, S. 139; ebenso *Kopp/Ramsauer*, VwVfG, § 36 Rz. 63.
6 Zur Ausnutzbarkeit der erteilten Genehmigung im Fall des Widerspruchs des Bauherrn bei einer modifizierenden Auflage BayVGH v. 17.3.1994 – 14 CE 94.239, BayVBl. 1994, 566.

rende Auflage eine „echte" Auflage, d.h. sie kann als selbständiger Verwaltungsakt von der Genehmigungsbehörde selbständig durchgesetzt werden, erforderlichenfalls mit Verwaltungszwang.

Die Feststellung, ob eine Auflage „modifizierend" ist, also nicht isoliert angefochten werden kann, bereitet im Einzelfall oft Schwierigkeiten[1]. Als Kriterium soll gelten, ob ein Wegfall der Auflage den Genehmigungsinhalt verfälschen würde; wenn nicht angenommen werden kann, dass die Behörde die Genehmigung ohne Auflage erteilt hätte, so soll eine modifizierende Auflage vorliegen. Nach der neuen Judikatur des BVerwG[2] soll nunmehr nicht mehr der „modifizierende Charakter" der Auflage entscheidend sein, sondern die Frage, ob die Genehmigung (ohne Auflage) mit einem Inhalt weiterbestehen kann, der der Rechtsordnung entspricht.

Der modifizierenden Auflage eng verwandt ist die modifizierte Baugenehmigung, d.h. die Erteilung einer Genehmigung in abgeänderter, vom Antrag abweichender Form. Von der modifizierenden Auflage unterscheidet sie sich dadurch, dass sie *nur* eine Gewährung darstellt, also nicht vollstreckbar ist[3]. Der Bauherr kann also nicht gezwungen werden, von der modifizierten Genehmigung Gebrauch zu machen. Der praktisch häufigste Fall der modifizierten Genehmigung sind die sog. „Grüneintragungen" der Genehmigungsbehörde im Baugesuch[4]. Sie betreffen in der Regel untergeordnete Details (z.B. Dachaufbauten, einzelne Stellplätze etc.). Die Genehmigung wird in der durch die Grüneintragungen modifizierten Form erteilt – um das umständliche Verfahren Rückgabe des Antrags und Neueinreichung geänderter Pläne zu vermeiden[5]. Der Bauherr, der mit den Änderungen nicht einverstanden ist, muss nach Durchführung eines Widerspruchsverfahrens Verpflichtungsklage auf Genehmigung des unveränderten Antrags stellen.

**5. Untersuchung auf Altlasten und sonstige Nachweispflichten**

Nicht selten sieht sich der Bauherr im Genehmigungsverfahren mit der Forderung der Genehmigungsbehörde konfrontiert, eine Untersuchung des Baugrundstücks auf Altlasten vorzunehmen bzw. ein Negativattest über die Altlastenfreiheit vorzulegen[6].

---

1 *Stelkens/Bonk/Sachs*, VwVfG, § 36 Rz. 48ff.; vgl. auch BayVGH v. 17.3.1994 – 14 CE 94.239, BayVBl. 1994, 566; *Sauter*, LBO BW, § 58 Rz. 127; zur Tendenz, die isolierte Anfechtbarkeit einer Auflage generell zu verneinen – ohne nach „modifizierender" oder sonstiger Auflage zu differenzieren –, vgl. den Überblick bei *Stelkens/Bonk/Sachs*, VwVfG, § 36 Rz. 89ff.; siehe auch *Störmer*, DVBl 1996, 81ff. und siehe auch *Stadie*, DVBl 1991, 613; für die Gegentendenz, *Brüning*, NVwZ 2002, 1082; als Beispiel für eine isolierte Anfechtbarkeit siehe OVG NW v. 21.8.1992 – 11 A 804/90, NWVBl. 1993, 99 und BVerwG v. 17.7.1995 – 1 B 23.95, BayVBl. 1996, 183.
2 BVerwG v. 17.2.1984 – 4 C 70.80, NVwZ 1984, 366; die Diskussion zur Rechtsprechung des BVerwG ist äußerst umfangreich, vgl. dazu *Stelkens/Bonk/Sachs*, VwVfG, § 36 Rz. 74.
3 VGH BW v. 4.2.1975 – III 1115/73, BRS 29 Nr. 121; *Weyreuther*, DVBl. 1984, 364f.; teilweise abweichend die: Terminologie von *Brüning*, NVwZ 2002, 1082. Zur Abgrenzung siehe auch *Schretter/Schenk*, in: Reichel/Schulte (Hrsg.), Handbuch Bauordnungsrecht, Kapitel 14, Rz. 46.
4 Dazu *Dürr*, VBlBW 1989, 366; VGH BW v. 6.4.1988 – 3 S 2088/87, BauR 1988, 704; *Ortloff*, NVwZ 1989, 618, bezeichnet die Grüneintragungen ungenau als „modifizierende Auflagen". In der Regel handelt es sich aber um eine modifizierende Genehmigung. Es besteht keine Verpflichtung der Baurechtsbehörde, die Genehmigungsfähigkeit durch „Grüneinträge" herbeizuführen, VGH BW v. 25.9.1992 – 5 S 415/91, VBlBW 1993, 135.
5 Näher hierzu *Sauter*, LBO BW, § 58 Rz. 128.
6 Ausführlich zur Bedeutung einer gem. § 23 LAbfG BW durchgeführten Erhebung altlastenverdächtiger Flächen für das Baugenehmigungsverfahren *Reinig*, VBlBW 1997, 163; zum bauordnungsrechtlichen Schutz vor Altlasten in „deregulierten" Verfahren, *Ehardt*, NJ 1999, 573.

Teilweise wird die Erteilung der Baugenehmigung von der Beibringung entsprechender Nachweise abhängig gemacht. Teilweise wird in Nebenbestimmungen zur Baugenehmigung festgelegt, dass die Zulässigkeit des Baubeginns vom Nachweis der Altlastenfreiheit abhängig gemacht wird. Für den Bauherrn bedeutet dies regelmäßig eine Verzögerung und eine finanzielle Mehrbelastung (entsprechende Bodenuntersuchungen können sehr kostenaufwendig sein). Diese Vorgehensweise der Behörden wirft Zweifelsfragen auf. Grundsätzlich werden diese darauf verweisen können, dass bauliche Anlagen nach der materiellen Generalklausel, die sich in allen Bauordnungen findet (vgl. § 3 LBO BW und § 3 BauO NRW), nur errichtet werden dürfen, wenn die öffentliche Sicherheit und Ordnung, insbesondere Leben und Gesundheit, nicht bedroht werden. Dies kann bei Altlasten auf dem Baugrundstück der Fall sein[1]. Darüber hinaus enthalten mittlerweile einige Bauordnungen die Anforderung, dass das Baugrundstück für die bauliche Anlage „geeignet" sein muss (vgl. § 16 BauO NRW und § 19 NBauO). Die MBO fordert dies in § 13 MBO. An dieser Eignung des Baugrundstücks fehlt es aber, wenn Bodenverunreinigungen vorhanden sind, die die Gesundheit der Bewohner oder Benutzer der Bauwerke gefährden können[2]. Entsprechendes gilt im Fall einer fehlenden Kampfmittelfreiheit. Fraglich ist aber, unter welchen Voraussetzungen Untersuchungen im Hinblick auf Altlasten und Kampfmittel gefordert werden können. Nach allgemeinen ordnungsrechtlichen Grundsätzen müsste zumindest eine Anscheinsgefahr vorliegen. Die mehr oder minder entfernte Möglichkeit des Vorhandenseins von Altlasten gestattet jedenfalls keine Ablehnung des Bauantrags wegen eines Verstoßes gegen die bauordnungsrechtliche Generalklausel bzw. wegen fehlender Eignung des Baugrundstücks[3]. Nimmt man an, dass bei einem Gefahrenverdacht eine weitere Klärung geboten ist, so bleibt immer noch offen, ob die Genehmigungsbehörde ihrerseits im Rahmen der Amtsermittlungspflicht (vgl. § 24 VwVfG) die entsprechende Klärung herbeiführen muss oder ob sie dies vom Bauwilligen fordern kann[4]. Im Grundsatz gilt: Es ist Sache des Bauherrn, die Voraussetzungen für die Erteilung der Baugenehmigung, die einen begünstigenden Verwaltungsakt darstellt, nachzuweisen. Dies folgt aus den Regeln der materiellen Beweislast im Verwaltungs-

---

1 *Krohn*, Haftungsrechtlicher Vertrauensschutz, S. 582 in FS für Karlheinz Boujong, 1996. Zu möglichen planungsrechtlichen Genehmigungshindernissen beim Vorhandensein von Altlasten s. *Krautzberger*, WuW 1990, 180 (190f.); allgemein zum Thema Baugrundrisiken im öffentlichen Recht *Stuer*, BauR 1995, 604.
2 Hierzu *Große-Suchsdorf/Lindorf/Schmaltz/Wiechert*, Niedersächsische Bauordnung, § 19 Rz. 48.
3 Näher dazu *Schink*, BauR 1987, 397 (406f.); *Dombert*, BauR 1991, 1 ff. und *Passlick*, DVBl. 1992, 674 (682); vgl. dazu auch *Reinig*, VBlBW 1997, 163 (165) und *Sauter*, LBO BW, § 3 Rz. 13 ff. Ist im Einzelfall trotz Vorliegen von Hinweisen die Gefahrenschwelle (auch als „Gefahrenverdacht") nicht erreicht, wird zumindest eine Hinweispflicht der Genehmigungsbehörde bestehen, vgl. *Simon*, BayVBl. 1988, 617 (621); siehe auch BGH v. 21.12.1989 – III ZR 118/88, UPR 1990, 148 (151): In dieser Entscheidung hält der BGH ein „pflichtwidriges Unterlassen der Bauaufsichtsbehörde" für möglich, wenn vom Bauwilligen nicht der Nachweis der fehlenden Schadstoffbelastung des Baugrundstücks gefordert wurde.
4 Hierzu *Dombert*, BauR 1991, 1 (2 ff.); die Genehmigungsbehörde hat die Möglichkeit, zur Aufklärung des Sachverhalts Sachverständige heranzuziehen, vgl. § 47 LBO BW. Mit entsprechenden Kosten kann nach den landesrechtlichen gebührenrechtlichen Bestimmungen der Bauherr belastet werden (vgl. *Stelkens*, BauR 1986, 390 [401] und *Günther*, BauR 1994, 726 [730]) – dies aber nur dann, wenn die Beauftragung des Sachverständigen im Einzelfall berechtigt war. Im Ergebnis bleibt die Behörde also auf den Kosten „sitzen", wenn die Untersuchung bei einer Ex-ante-Betrachtung nicht erforderlich war. In diesem Fall war die Amtshandlung durch den Bauantrag nicht veranlasst bzw. wurde nicht im Interesse des Bauwilligen vorgenommen.

recht[1]. Wird eine entsprechende Forderung der Genehmigungsbehörde geltend gemacht, so kann der beratende Anwalt in der Regel nur empfehlen, der Aufforderung der Behörde zu entsprechen, da eine Auseinandersetzung mit der Genehmigungsbehörde über diese Frage das Vorhaben erheblich verzögern kann[2].

Eine ähnliche Problematik stellt sich im Anwendungsbereich des § 34 Abs. 3 BauGB. Nach dieser Bestimmung, die speziell auf die Steuerung der Ansiedlung von Einzelhandelsbetrieben abzielt, ist ein Vorhaben unzulässig, wenn von ihm schädliche Auswirkungen auf zentrale Versorgungsbereiche in der Gemeinde oder in anderen Gemeinden zu erwarten sind. Umstritten ist, wer im Baugenehmigungsverfahren die Darlegungslast dafür trägt, dass von dem zur Genehmigung gestellten Vorhaben derartige Auswirkungen nicht zu erwarten sind – die Bauaufsichtsbehörde oder der Bauherr[3]. Das OVG NW geht davon aus, dass die Aufklärung, ob schädliche Auswirkungen zu erwarten sind, müsse die Bauaufsichtsbehörde im Rahmen ihrer Amtsermittlungspflicht leisten, so dass es auf die Frage der Darlegungs- und Beweislast bei der entsprechenden Prognoseentscheidung nicht ankomme[4]. 90

### 6. Die Teilbaugenehmigung

Als besonderen Genehmigungstyp kennen alle Bauordnungen die sog. Teilbaugenehmigung (vgl. Art. 70 BayBO; § 76 NBauO und § 76 BauO NRW). Ist ein Bauantrag eingereicht, so kann für einzelne Bauteile (z.B. die Baugrube) auf schriftlichen Antrag schon vor Erteilung der Baugenehmigung der Baubeginn durch Teilbaugenehmigung gestattet werden. Zweck dieses Rechtsinstituts ist es, dem Bauherrn besonders in Eilfällen den Beginn der Bauarbeiten schon vor Erteilung der endgültigen Baugenehmigung zu ermöglichen. Nach herrschender Auffassung hat die Teilbaugenehmigung aber nicht nur baufreigebende Wirkung hinsichtlich des konkret erfassten Bauteils. Mit ihr wird auch die grundsätzliche Vereinbarkeit des ganzen Vorhabens mit dem öffentlichen Baurecht bestätigt[5]. Hieraus folgt zugleich, dass eine Teilbaugenehmigung nur dann erteilt werden darf, wenn die grundsätzliche Zulässigkeit des Vorhabens feststeht[6]. 91

Die herrschende Auffassung geht zutreffend davon aus, dass die Erteilung der Teilbaugenehmigung im Ermessen der Bauaufsichtsbehörde steht[7]. Allerdings hat sich die Bauaufsichtsbehörde bei ihrer Entscheidung am Sinn und Zweck des Rechts-

---

1 *Dombert*, BauR 1991, 3; *Passlick*, DVBl. 1992, 682; ebenso *Gädtke/Czepuck/Johlen/Plitz/Wenzel*, BauO NRW, § 16 Rz. 44; vgl. auch HessVGH v. 24.6.1991 – 4 TH 899/91, DVBl. 1992, 43.
2 Im Fall der ungerechtfertigten Forderung, ein Bodengutachten beizubringen, erscheint es denkbar, die sinnlos aufgewandten Kosten später als Amtshaftungsanspruch geltend zu machen. § 839 Abs. 3 BGB dürfte in dieser Konstellation nicht entgegenstehen; zur Frage evtl. Entschädigungsansprüche *Reinig*, VBlBW 1997, 161 (170f.).
3 Zum Meinungsstand *Uechtritz*, NVwZ 2007, 660 (663).
4 OVG NW v. 13.6.2007 – 10 A 2439/06, BauR 2007, 2012.
5 *Gädke/Czepuck/Johlen/Plietz/Wenzel*, § 76 Rz. 4 m.w.N.; zur Bindungswirkung der Teilbaugenehmigung für die nachfolgende Baugenehmigung *Hermanns/Hönig*, NordÖR 2001, 92 und *Große-Suchsdorf/Lindorf/Schmaltz/Wiechert*, Niedersächsische Bauordnung, § 76 Rz. 7; zu Einschränkungen, wenn die Teilbaugenehmigung nur Erdaushub und Baugrubensicherung zulässt *Jäde*, BayVBl. 2003, 105.
6 HessVGH v. 8.12.2004 – 3 TG 3386/04, BRS 67 Nr. 25; *Große-Suchsdorf/Lindorf/Schmaltz/Wiechert*, Niedersächsische Bauordnung, § 76 Rz. 3; erforderlich ist ein „positives Gesamturteil" (vgl. OVG NW v. 3.4.1996 – 11 B 523/96, NVwZ-RR 1997, 401.
7 *Große-Suchsdorf/Lindorf/Schmaltz/Wiechert*, Niedersächsische Bauordnung, § 76 Rz. 5 und *Gädtke/Czepuck/Johlen/Plietz/Wenzel*, BauO NRW, § 76 Rz. 10.

instituts der Teilbaugenehmigung zu orientieren. Nicht geregelt ist das Verhältnis einer Teilbaugenehmigung zur nachfolgenden Baugenehmigung. Entscheidend ist insoweit der Regelungsgehalt der späteren Baugenehmigung. Stellt diese umfassend die Vereinbarkeit des Vorhaben mit den im Genehmigungsverfahren zu prüfenden öffentlich-rechtlichen Vorschriften fest, führt dies dazu, dass die Teilbaugenehmigung ihre rechtliche Bedeutung verliert, da sie von der Baugenehmigung aufgezehrt wird[1].

### 7. Die Nachtragsgenehmigung

92  Besondere Fragen wirft die sog. „Nachtrags- bzw. Tekturbaugenehmigung" auf. Oft wird vom Bauherrn nach Erhalt einer Genehmigung eine veränderte Ausführung beabsichtigt; bisweilen ergibt sich das Bedürfnis nach Änderung während der Bauausführung. Im Einzelfall muss ermittelt werden, ob die beantragte (und erteilte) Nachtragsgenehmigung eine neue Baugenehmigung darstellt, die neben der ursprünglichen Baugenehmigung besteht, oder ob die Nachtragsgenehmigung die ursprüngliche Genehmigung ersetzt. Abzustellen ist darauf, ob das Verhalten des Bauherrn (ausdrücklich oder konkludent) die Schlussfolgerung gestattet, auf die ursprüngliche Genehmigung werde verzichtet[2]. Im Regelfall dürfte die Tekturgenehmigung das Bauvorhaben nur ändern, ohne dessen Identität zu verändern. Dies bedeutet, dass das rechtliche Schicksal der Tekturgenehmigung von dem der ursprünglichen Baugenehmigung abhängt: Der Bauherr darf die Tekturgenehmigung also nur während der Geltungsdauer der ursprünglichen Baugenehmigung ausnutzen; auch die ursprüngliche Baugenehmigung muss vollziehbar sein[3].

### 8. Nachträgliche Aufhebung einer erteilten Baugenehmigung

93  Die aktuell geltenden Fassungen der Bauordnungen enthalten keine Regelungen über die nachträgliche Aufhebung einer erteilten Baugenehmigung. Es gelten also die allgemeinen Bestimmungen der §§ 48, 49 VwVfG über die Rücknahme einer rechtswidrigen (§ 48 VwVfG) und den Widerruf einer rechtmäßigen Baugenehmigung (§ 49 VwVfG)[4]. Auch eine bereits ausgenutzte Baugenehmigung kann zurückgenommen werden[5]. Die Entscheidung steht im Ermessen der Genehmigungsbehörde. Sie muss abwägen zwischen den öffentlichen Interessen an der Einhaltung

---

1 *Simon/Busse,* BayBO, Art. 70 Rz. 61.
2 VGH BW v. 6.4.1988 – 3 S 2088/87, BauR 1988, 704; OVG NW v. 20.11.1987 – 7 B 2871/87, BauR 1988, 709; BayVGH v. 25.8.1989 – 14 B 87.03332, BayVBl. 1990, 597 und VGH BW v. 10.11.1993 – 3 S 1120/92, NVwZ 1995, 280. Zum Verhältnis Baugenehmigung/„unselbständige" Nachtragsgenehmigung siehe auch VGH BW v. 19.10.1995 – 3 S 2293/94, BauR 1996, 372; zur Gebührenhöhe im Fall einer Nachtragsgenehmigung VGH BW v. 9.5.1997 – 5 S 855/96, BWGZ 1998, 284.
3 BayVGH v. 22.3.1984 – 2 B 82 A.301, BRS 42 Nr. 167; v. 21.2.2007 – 15 CS 07.162, BayVBl. 2007, 500 und v. 2.8.2007 – 1 CS 07.801, BayVBl. 2007, 758; allgemein zur Tektur- bzw. Nachtragsgenehmigung *Kerkmann,* BauR 2005, 47.
4 *Finkelnburg/Ortloff/Otto,* Öffentliches Baurecht, Band II, S. 160.
5 BayVGH v. 16.10.1978 – Nr. 55 XIV 74, BRS 33 Nr. 153; s. dazu auch OVG NW v. 2.12.1987 – 11 A 408/86, NVwZ 1988, 942; zur Möglichkeit, eine Baugenehmigung mit Wirkung für die Vergangenheit zurückzunehmen, Sächs. OVG v. 18.9.2001 – 1 BS 147/01, BRS 64 Nr. 169, zur Rücknahme einer rechtswidrig gewordenen Auflage VGH BW v. 24.9.2001 – 8 S 641/01, BauR 2002, 933; zur Ermessensausübung bei der Rücknahme einer rechtswidrigen Baugenehmigung, OVG Bln. v. 8.6.2000 – 2 SN 15.00, BRS 63 Nr. 183. Eine Baugenehmigung, die mehreren Miteigentümern erteilt worden ist, muss gegenüber allen Miteigentümern widerrufen werden, VGH BW v. 23.8.1993 – 5 S 1558/93, VBlBW 1994, 27. Zum Entschädigungsanspruch beim Widerruf einer rechtmäßigen Baugenehmigung s. LG Detmold v. 14.12.1990 – 10353/90, NVwZ 1991, 508.

## V. Genehmigungserteilung

der baurechtlichen Bestimmungen und den Interessen des Bauherrn am Erhalt der Baugenehmigung. Dabei spielt auch der Zeitraum zwischen Erteilung und Rücknahme eine Rolle[1]. Zu beachten ist die Schranke des § 48 Abs. 4 VwVfG: Die Rücknahme ist nur innerhalb eines Jahres seit dem Zeitpunkt der Kenntnisnahme der Tatsachen, die die Rücknahme rechtfertigen, möglich[2]. Kein Vertrauensschutz des Bauherrn besteht im Fall des § 50 VwVfG, wenn die Baugenehmigung, die zurückgenommen werden soll, von einem Nachbarn mit Widerspruch angefochten wurde und der Widerspruch im Zeitpunkt der Rücknahme nicht unzulässig oder offensichtlich unbegründet ist[3].

Wehrt sich der Bauherr mit einer Anfechtungsklage gegen eine Rücknahme, so ist eine nach der letzten Behördenentscheidung zu seinen Gunsten eingetretene Rechtsänderung zu berücksichtigen[4].

Der Widerrufsgrund des § 49 Abs. 2 Nr. 3 VwVfG (nachträglich eingetretene Tatsachen) ist regelmäßig restriktiv auszulegen. So rechtfertigt ein Beschluss zur Aufstellung eines Bebauungsplans keinen Widerruf[5]. Gleiches gilt für den Widerrufsgrund des § 49 Abs. 2 Nr. 4 VwVfG (nachträglicher Erlass einer Rechtsvorschrift, die dem Verwaltungsakt entgegensteht). Das In-Kraft-Treten einer Veränderungssperre ist kein Widerrufsgrund[6].

Eine Baugenehmigung ist, sofern sie sich nicht ausnahmsweise auf mehrere selbständige Bauvorhaben bezieht, nicht teilbar. Eine teilweise Rücknahme kommt daher nicht in Betracht[7].

Ist eine Baugenehmigung im vereinfachten Genehmigungsverfahren erteilt worden, so kommt eine Rücknahme nach § 48 VwVfG nicht in Betracht, wenn die Bauaufsichtsbehörde etwa durch Hinweis eines Nachbarn nach Genehmigungserteilung erkennt, dass das realisierte Vorhaben gegen bauaufsichtliche Bestimmungen verstößt, die nicht zum Prüfprogramm im vereinfachten Genehmigungsverfahren gehören. Dies schließt allerdings ein sonstiges Vorgehen der Bauaufsichtsbehörde wegen des bekannt gewordenen Rechtsverstoßes nicht aus.

94

### 9. Beseitigung verfallender baulicher Anlagen

Befindet sich eine bauliche Anlage im Verfall, so enthalten einige Bauordnungen Spezialnormen, die die Aufsichtsbehörde ermächtigen, die Beseitigung derartiger Anlagen anzuordnen, soweit sie nicht mehr genutzt werden und kein öffentliches

95

---

1 *Dürr*, VBlBW 1989, 366.
2 Dazu BVerwG v. 19.12.1984 – 1.84, Großer Senat, NJW 1985, 819 und BVerwG v. 19.7.1985 – C 2324.82, NVwZ 1986, 119; zur Frage, inwieweit die Durchführung eines bauaufsichtlichen Verfahrens, die Jahresfrist des § 48 Abs. 4 VwVfG in Lauf setzt OVG NW v. 1.4.1999 – 10 A 3381/97, NWVBl. 2000, 105. Nachweise zur umfangreichen Diskussion über die Auslegung des § 48 Abs. 4 VwVfG bei *Stelkens/Bonk/Sachs*, VwVfG, § 48 Rz. 201 ff.
3 VGH BW v. 6.5.1996 – 8 S 270/96, VBlBW 1996, 380 und Sächs. OVG v. 14.6.2006 – 1 B 121/06, BRS 70 Nr. 157; siehe auch BayVGH v. 10.12.1996 – 20 B 95.3319, NVwZ 1997, 701; siehe dazu auch Sächs. OVG v. 26.8.1992 – I S 150/92, LKV 1993, 97.
4 OVG NW v. 27.6.1996 – 7 A 3590/91, NWVBl. 1996, 479.
5 OVG Berlin v. 22.5.2003 – 6 B 17.03, LKV 2004, 33.
6 VGH BW v. 9.1.2001 – 3 S 2413/00, VBlBW 2001, 323.
7 OVG Saarl. v. 22.10.1996 – 2 W 30/96, BauR 1997, 283 – mit Annahme der Nichtigkeit einer dennoch verfügten teilweisen Rücknahme; siehe auch OVG NW v. 4.9.2001 – 10 B 332/01, NWVBl. 2002, 192; OVG Berlin v. 16.1.1998 – 2 S 15-97, NVwZ-RR 1999, 9 und Sächs. OVG v. 16.2.1999 – 1 S 53/99, SächsVBl. 1999, 137; zur Zulässigkeit nachträglicher Anforderungen wegen einer geänderten Rechtslage HessVGH 18.10.1999 – 4 TG 3007/97, BauR 2000, 553.

oder schutzwürdiges privates Interesse an ihrer Erhaltung besteht (vgl. z.B. § 54 NBauO und § 79 Abs. 2 BremLBO)[1]. Die entsprechenden Regelungen gehen nicht darauf ein, inwieweit eine Genehmigung für die entsprechende Anlage einer Abbruchanordnung entgegensteht. Typischerweise dürfte in Konstellationen, in denen der Anwendungsbereich dieser Befugnisnorm eröffnet ist, eine ursprünglich erteilte Baugenehmigung gegenstandslos geworden sein, da allgemein angenommen wird, dass der „Bestandsschutz" erlischt, wenn keine schützenswerte nutzungsfähige Substanz mehr vorhanden ist[2]. Entsprechendes muss auch für das Erlöschen einer ursprünglich rechtmäßig erteilten Genehmigung gelten. Letztlich kann die dogmatische Konzeption dieser Normen aber dahingestellt bleiben, da es dem Gesetzgeber im Rahmen seiner Gestaltungsbefugnis auch im Hinblick auf die Vorgaben des Art. 14 Abs. 1 GG nicht verwehrt sein kann, die Beseitigung einer nicht mehr genutzten und im Verfall befindlichen Anlage als nicht mehr schutzwürdig anzusehen und deren Beseitigung anzuordnen, wenn hierfür hinreichend gewichtige öffentliche Interessen sprechen.

## VI. Genehmigungshindernisse

96 Unter diesem Stichwort sollen typische Schwierigkeiten im Genehmigungsverfahren behandelt werden. Die Darstellung konzentriert sich auf Widerstände aus der Nachbarschaft und die ablehnende Haltung der belegenen Gemeinde, da dies die in der Praxis am häufigsten auftauchenden Probleme sind.

### 1. Nachbareinwendungen

#### a) Beteiligungserfordernisse nach den Bauordnungen

97 Die Bauordnungen sehen in unterschiedlicher Weise die Beteiligung von „Nachbarn" am Genehmigungsverfahren vor. Die Bauordnungen von Baden-Württemberg und Bayern fordern eine Benachrichtigung der **Eigentümer**[3] „angrenzender" (so § 55 LBO BW) bzw. „benachbarter" Grundstücke (so Art. 66 BayBO), wenn ein Bauantrag eingereicht wird. Dabei muss teilweise der Bauherr selbst den Nachbarn Lageplan und Bauzeichnungen vorlegen (so Art. 66 BayBO, vgl. auch § 68 LBauO Rh.-Pf.; die Nachbarbeteiligung obliegt hier also dem Bauherrn), teilweise hat dies durch die Gemeinde zu erfolgen (§ 56 LBO BW). Andere Bauordnungen (so z.B. § 74 BauO NRW) fordern die Nachbarbeteiligung nur vor der Erteilung von Abweichungen, wenn zu erwarten ist, dass „öffentlich-rechtlich geschützte nachbarliche Belange berührt werden". Teilweise ist die Anhörung der Nachbarn auch dann vorgesehen, wenn Ausnahmen oder Befreiungen von nachbarschützenden Vorschriften beabsichtigt sind (vgl. § 72 Abs. 2 NBauO). Soweit das jeweilige Landesrecht ausdrücklich die Beteiligung der „Angrenzer" vorsieht, gilt ein formeller Nachbarbegriff. Nur diejenigen sind „Angrenzer", die mit dem Baugrundstück eine gemeinsame Grenze haben[4]. Soweit allgemein die Beteiligung von „Nachbarn" geboten ist, so geht dies über den Kreis der Angrenzer hinaus: Zu beteiligen sind diejenigen, die durch das Vorhaben in ihren öffentlich-rechtlichen Belangen berührt werden kön-

---

1 *Guckelberger*, NVwZ 2010, 743 ff.
2 *Goldschmidt*, DVBl. 2011, 591, 595 f.
3 Dem Eigentümer gleichgestellt sind dinglich Berechtigte, wie Erbbauberechtigte und Wohnungseigentümer. Zu den zu benachrichtigenden Eigentümern zählen nicht diejenigen, die nur obligatorisch am Grundstück berechtigt sind, wie Mieter und Pächter, *Schlotterbeck/Hager/Busch/Gammerl*, LBO BW, § 55 Rz. 4.
4 *Sauter*, LBO BW, § 55 Rz. 7 und *Gädtke/Czepuck/Johlen/Plietz/Wenzel*, BauO NRW, § 74 Rz. 8.

VI. Genehmigungshindernisse　　　　　　　　　　　　　　Rz. 98　Teil **2 A**

nen. Entscheidend ist also die Art des Vorhabens. Bei immissionsträchtigen Anlagen ist der Kreis der „Nachbarn" größer als bei der Genehmigung eines Wohnbauvorhabens[1].

**b) Beteiligung nach allgemeinem Verwaltungsverfahrensrecht**

Nicht abschließend geklärt ist die Frage, inwieweit neben den speziellen Bestimmungen in den einzelnen Bauordnungen über die „Angrenzer"- bzw. „Nachbarbeteiligung" auf die Beteiligungsvorschriften des allgemeinen Verwaltungsverfahrensrechts (§ 13 VwVfG) zurückgegriffen werden kann[2]. Die Frage ist von praktischer Bedeutung wegen der Einschränkungen in allen Bauordnungen (teilweise sind nur die unmittelbaren „Angrenzer" zu beteiligen; teilweise ist die Beteiligung nur geboten, wenn es um Ausnahmen bzw. Befreiungen geht). Es kommen fakultative (nach § 13 Abs. 2 S. 1 VwVfG) oder obligatorische (nach § 13 Abs. 2 S. 2 VwVfG)[3] Beteiligungsrechte in Betracht, die in den jeweils einschlägigen Bauordnungen nicht eingeräumt werden. Grundsätzlich ist aber von Folgendem auszugehen: Verfahrensrechte dienen auch der Gewährleistung eines effektiven Grundrechtsschutzes[4]. Schon dies wirft die Frage auf, ob die Annahme, die in den Bauordnungen speziell geregelten Beteiligungsrechte schlössen die (darüber hinausgehende) Beteiligung von Nachbarn nach dem allgemeinen Verwaltungsverfahrensrecht aus, verfassungsrechtlichen Anforderungen (Art. 14 Abs. 1 GG) genügt. Zumindest dann, wenn der Wortlaut der Bauordnungen für weitergehende Beteiligungsrechte Raum lässt, erscheint eine ergänzende Anwendung des allgemeinen Verwaltungsverfahrensrechts geboten[5].

Geht man folglich von einer (ergänzenden) Anwendung des § 13 VwVfG aus, so stellt sich die Frage, wann eine *obligatorische* Nachbarbeteiligung vorliegt, weil die Baugenehmigung dem Nachbarn gegenüber rechtsgestaltend wirkt. Zutreffend erscheint die Annahme, dass eine Baugenehmigung erst, aber auch immer dann rechtsgestaltende Drittwirkung besitzt, wenn mit ihr eine Befreiung, Ausnahme oder Abweichung von einer nachbarschützenden Norm ausgesprochen wird, wenn also durch die Entscheidung der Bauaufsichtsbehörde die Rechte des Bauherrn erweitert und die Rechte des Nachbarn beschränkt werden[6].

Unterbleibt die Nachbarbeteiligung deswegen, weil die Aufsichtsbehörde zu Unrecht davon ausgeht, das Vorhaben des Bauherrn sei genehmigungsfrei, so hat der Nachbar keinen Anspruch auf Durchführung eines Baugenehmigungsverfahrens, um seine (tatsächlich bestehenden) Verfahrensrechte zu wahren[7]. Er muss also seine materiell-rechtlichen Abwehransprüche (ggf. gerichtlich) geltend machen. Anders stellt sich die Rechtslage dar, wenn gegen obligatorische Beteiligungsrechte verstoßen wird. Ob dieser Verfahrensverstoß auf das Rechtsmittel des Nachbarn hin aufzuheben ist, beurteilt sich nach den §§ 45, 46 VwVfG. Nachbarschützend

98

---
1 *Große-Suchsdorf/Lindorf/Schmaltz/Wiechert*, Niedersächsische Bauordnung, § 72 Rz. 3.
2 Dazu *Stelkens*, BauR 1986, 390 (396 ff.); *Finkelnburg/Ortloff/Otto*, Öffentliches Baurecht, Band II, S. 254 ff. sowie *Raeschke-Kessler/Eilers*, NVwZ 1988, 37.
3 VGH Kassel v. 5.9.1999 – 8 UE 656/95, NVwZ 2000, 828; siehe hierzu auch *Finkelnburg/Ortloff*/Otto, Öffentliches Baurecht, Band II, S. 255.
4 BVerfG v. 20.12.1979 – 1 BvR 385/77, BVerfGE 53, 30; siehe auch *Raeschke-Kessler/Eilers*, NVwZ 1988, 37.
5 Näher hierzu *Große-Suchsdorf/Lindorf/Schmaltz/Wiechert*, Niedersächsische Bauordnung, § 72 Rz. 110 ff. Zur Frage eines Rechtsanspruchs des Bauherrn auf Beteiligung der Nachbarn im Genehmigungsverfahren *Hauth*, LKV 1995, 387 ff.
6 So *Finkelnburg/Ortloff/Otto*, Öffentliches Baurecht, Band II, S. 255 f.; siehe auch OVG MV v. 14.7.2005 – 3 M 69/05, NordÖR 2005, 424.
7 OVG NW v. 8.12.1998 – 10 B 2255/98, BauR 1999, 628.

kann das Verfahrensrecht jedenfalls dann sein, wenn im Rahmen des richtigerweise anzuwendenden Verfahrens eine planerische Abwägung vorzunehmen ist. Für die Fallkonstellation, dass anstelle einer immissionsschutzrechtlichen Genehmigung eine Baugenehmigung erteilt wird, hat die Rechtsprechung dies verneint[1]. Abweichend hiervon hat das OVG Rh.-Pf.[2] angenommen, die Bestimmungen des förmlichen immissionsschutzrechtlichen Genehmigungsverfahrens mit Öffentlichkeitsbeteiligung seien im Hinblick auf ihre Funktion als Trägerverfahren für die nach der UVP-Richtlinie einer Umweltverträglichkeitsprüfung bedürftigen Anlagen drittschützend.

### c) Folgen von Nachbareinwendungen

99 Unliebsame Überraschungen für einen Bauherrn drohen dadurch, dass die materielle Widerspruchs- bzw. Klagebefugnis der Nachbarn gegen eine Baugenehmigung in der Regel weiter ist als die von den Bauordnungen zwingend angeordnete verfahrensmäßige Beteiligung von Angrenzern bzw. Nachbarn im Baugenehmigungsverfahren[3]. So wird z.B. in den Ländern, in denen nur die Beteiligung der „Angrenzer" vorgesehen ist, der Eigentümer eines dem Baugrundstück gegenüberliegenden, durch die Straße getrennten Grundstücks nicht angehört. Dieser ist aber regelmäßig widerspruchs- bzw. klagebefugt, z.B. wenn er sich dagegen wendet, dass ein Bauvorhaben mit einer höheren Stockwerkszahl genehmigt wird, als auf seinem Grundstück realisiert ist. Um spätere Überraschungen (Rechtsmittel nach Baubeginn mit drohenden Verzögerungen während des Baus) nach Möglichkeit zu vermeiden, empfiehlt es sich als Anwalt des Bauherrn, gegenüber der Genehmigungsbehörde darauf hinzuwirken, den Kreis der zu beteiligenden Angrenzer bzw. Nachbarn weit, nicht eng zu fassen. Dies dient letztlich der Beschleunigung im Interesse des Bauherrn!

100 Erheben Nachbarn nach Benachrichtigung über einen Bauantrag Einwendungen, so ist dies für die Genehmigungsfähigkeit grds. ohne Bedeutung. Stehen dem Vorhaben öffentlich-rechtliche Vorschriften nicht entgegen, so ist die Genehmigung zu erteilen – unabhängig von Nachbareinwendungen. In der Praxis erschweren Nachbareinwendungen aber vielfach die Genehmigungserteilung. Sei es, dass die Bereitschaft der Genehmigungsbehörde nachlässt, Ausnahmen bzw. Befreiungen zu erteilen, sei es, dass die Beurteilung sonstiger Genehmigungsvoraussetzungen „strenger" wird (z.B. bei der Frage des „Einfügens" im Rahmen des § 34 BauGB). Dies gilt besonders dann, wenn die Genehmigungsbehörden mit einer späteren gerichtlichen Überprüfung einer erteilten Baugenehmigung rechnen müssen.

101 Erhält der Bauherr Kenntnis von Nachbarschaftseinwendungen, kann es häufig sinnvoll sein, mit dem Nachbarn bzw. dessen Bevollmächtigten Kontakt aufzunehmen, um zu klären, ob und ggf. wie die Bedenken ausgeräumt werden können. Mitunter ermöglichen geringfügige Umplanungen (z.B. Verlegung störender Stellplätze) die Beseitigung nachbarlicher Einwendungen.

---

1 OVG Rh.-Pf. v. 21.1.2005 – 8 A 11488/04, BRS 69, Nr. 161, siehe auch OVG NW v. 15.11.2005 – 7 B 1823/05, BRS 69 Nr. 168 und OVG NW v. 15.9.2005 – 8 B 417/05, 159 und Nds. OVG v. 11.11.2010 – 1 ME 193/10, BauR 2011, 819.
2 OVG Rh.-Pf. v. 21.1.2005 – 8 A 11488/04, BauR 2005, 1756; hierzu auch *Scheidler*, NVwZ 2005, 863; *Lecheler*, NVwZ 2005, 1156 und Otto, ZfBR 2005, 21.
3 *Stelkens*, BauR 1986, 390 (396); siehe auch *Redeker*, BauR 1991, 525 (526f.).

VI. Genehmigungshindernisse            Rz. 103 Teil **2 A**

**2. Verweigerung des gemeindlichen Einvernehmens**

Über Vorhaben nach §§ 33 bis 35 BauGB sowie bei Ausnahmen und Befreiungen entscheidet die Genehmigungsbehörde „im Einvernehmen mit der Gemeinde"[1]. Nach gefestigter Rechtsprechung ist die Genehmigungsbehörde an die Versagung des Einvernehmens gebunden. Dies gilt selbst dann, wenn die Genehmigungsbehörde der Auffassung ist, das Einvernehmen werde zu Unrecht verweigert. Die Gemeinde darf ihr Einvernehmen nicht nach Belieben verweigern, sondern nur, wenn die planungsrechtliche Genehmigungsfähigkeit des Vorhabens tatsächlich nicht gegeben ist. Hieraus folgt auch, dass eine vertragliche Vereinbarung zwischen einer Gemeinde und einem Bauwilligen über die Zahlung eines Entgelts für den Fall der (rechtswidrigen) Einvernehmungserteilung nichtig ist[2]. Diese Nichtigkeit soll nach Auffassung des VG München auch auf eine so erteilte Baugenehmigung durchschlagen[3]. Wird die Baugenehmigung unter Verstoß gegen § 36 BauGB von der Baurechtsbehörde erteilt, so ist diese auf ein Rechtsmittel der Gemeinde hin aufzuheben – unabhängig von der Genehmigungsfähigkeit im Übrigen[4].    102

Gemäß § 36 Abs. 2 S. 2 BauGB gilt das Einvernehmen als erteilt, wenn es nicht binnen zwei Monaten nach Eingang des Ersuchens der Genehmigungsbehörde verweigert wird[5]. Diese Frist kann nicht verlängert werden[6]. Sind die vom Bauherrn eingereichten Bauvorlagen unvollständig, so greift die Einvernehmensfiktion nicht ein[7]. Allerdings trifft die Gemeinde die Obliegenheit, im Rahmen der Möglichkeiten, die ihr das jeweilige Landesrecht eröffnet, innerhalb der Zwei-Monats-Frist gegenüber dem Bauherrn oder der Bauaufsichtsbehörde auf die Vervollständigung des Bauantrags hinzuwirken. Kommt die Gemeinde dieser Mitwirkungslast nicht nach, gilt ihr Einvernehmen gem. § 36 Abs. 2 Satz 2 BauGB mit Ablauf der Zwei-Monats-Frist als erteilt[8]. Ein gem. § 36 Abs. 2 Satz 2 BauGB fingiertes Einvernehmen kann von der Gemeinde weder widerrufen noch zurückgenommen werden[9]. Dem Bauherrn, der bei Verweigerung des Einvernehmens den Verwaltungsrechtsweg beschreitet (die Entscheidung des Gerichtes ersetzt das verweigerte Einvernehmen), droht eine erhebliche Verzögerung. Erhält der beratende Anwalt Kenntnis von der    103

---

1 Umfassend hierzu *Jäde*, Gemeinde und Baugesuch, siehe weiter *Horn*, NVwZ 2002, 406 und *Jäde*, KommJur 2005, 325. Ist die Gemeinde zugleich Genehmigungsbehörde, so ist die Erteilung eines förmlichen Einvernehmens entbehrlich, BVerwG v. 19.8.2004 – 4 C 16.03, BauR 2005, 361: kritisch hierzu *Hummel*, BauR 2005, 948: die gegenteilige Auffassung (vgl. z.B. *Müller*, BauR 1982, 7) ist damit für die Praxis überholt.
2 VG Darmstadt v. 3.7.1997 – 5 E 2118/944, NJW 1998, 2073.
3 VG München v. 18.11.1997 – M 1 K 96.5647, NJW 1998, 2070; zur Nichtigkeit einer Befreiung VG Frankfurt v. 18.3.2011 – 8 K 3785/10.F, BauR 2011, 1470.
4 VGH BW v. 23.5.1995 – 8 S 3600/94, UPR 1996, 40; *Ortloff*, NVwZ 2000, 753 m.w.N.
5 Zur Frage, welche Anforderungen an ein „Ersuchen" i.S.d. § 36 Abs. 2 Satz 2 Hs. 1 BauGB zu stellen sind, OVG NW v. 24.3.2011 – 1 C 10737/10, BauR 2011, 1296.
6 Für das Einvernehmen und die Zulässigkeitsfiktion ist kein Raum, wenn ein solches wegen Identität von Gemeinde und Genehmigungsbehörde entbehrlich ist; BayVGH v. 13.3.2002 – 2 B 00.3129, BayVBl. 2003, 210. Auch eine Rücknahme des Einvernehmens kommt dann nicht in Betracht, VGH BW v. 15.3.1995 – 5 S 2000/94, VBlBW 1996, 28; BVerwG v. 12.12.1996 – 4 C 24.95, BauR 1997, 444.
7 VGH BW v. 17.11.1998 – 5 S 2147/98, BauR 1999, 381.
8 BVerwG v. 16.9.2004 – 4 C 7.03, BauR 2005, 509, näher hierzu *Jäde*, Gemeinde und Baugesuch, Rz. 88 ff.
9 BVerwG v. 12.12.1996 – 4 C 24.95, BauR 1997, 444: der Gemeinde soll in dieser Konstellation auch keine Klagebefugnis gegen die erteilte Genehmigung zustehen, Nds. OVG v. 18.3.1999 – 1 L 6696/96, NVwZ 1999, 1003; a.A. *Ortloff*, NVwZ 2006, 1002; die Gemeinde ist in derartigen Konstellationen nicht gehindert, für das betroffene Grundstück eine Veränderungssperre zu erlassen, BVerwG v. 19.2.2004 – 4 CN 16.03, BauR 2004, 1252; zur Frage, ob die Gemeinde in diesem Fall ihr Einvernehmen für eine Ausnahme nach § 14 Abs. 2 BauGB verweigern kann: *Jäde*, Gemeinde und Baugesuch, Rz. 117.

Verweigerung des Einvernehmens durch die Gemeinde – und der deshalb drohenden Ablehnung des Bauantrages –, so kann er versuchen, dem auf folgende Weise zu begegnen:

104 Nach bisheriger ständiger Rechtsprechung des BGH stellt die rechtswidrige Versagung des Einvernehmens eine Amtspflichtverletzung dar[1]. Die Rechtsprechung hat zu Lasten der Gemeinden einen strengen Maßstab angelegt. Im Hinblick auf die Neuregelung in § 36 Abs. 2 Satz 3 BauGB (diese wurde im Jahr 1998 durch das BauROG eingefügt), wonach das rechtswidrig versagte Einvernehmen durch die nach Landesrecht zuständige Behörde ersetzt werden kann, hat der BGH einen Wechsel seiner Rechtsprechung vollzogen. Dieser geht nunmehr davon aus, wegen der Ersetzungsbefugnis der Baugenehmigungsbehörde fehle es an dem maßgeblichen Grund für die Annahme einer drittgerichteten Amtspflicht seitens der Gemeinde, da die Versagung des Einvernehmens keine Bindungswirkung mehr entfalte[2]. Der Umstand, dass die jeweils einschlägigen landesrechtlichen Bestimmungen, die die Ersetzungsbefugnis der Baugenehmigungsbehörde regeln, als Ermessensnormen ausgestaltet sind, ändert nach Auffassung des BGH an dieser Einschätzung nichts. Im Hinblick darauf, dass der Bauwillige, dessen Vorhaben mit dem materiellen Recht im Einklang stehe, einen durch Art. 14 GG geschützten Anspruch auf Erteilung der Baugenehmigung habe, sei das Ermessen der Behörde hinsichtlich der Frage der Ersetzung des rechtswidrig versagten Einvernehmens regelmäßig auf Null reduziert[3].

Diese Änderung der Rechtsprechung hat erhebliche Bedeutung für die Praxis – jedenfalls für die zahlreichen kleineren Gemeinden, bei denen keine Identität zwischen Gemeinde und Baugenehmigungsbehörde besteht[4]. Im Fall einer rechtswidrigen Versagung des Einvernehmens muss sich der Bauherr bzw. sein beratender Anwalt nunmehr an die Bauaufsichtsbehörde wenden. Er muss die Bauaufsichtsbehörde zur Ersetzung des Einvernehmens auffordern. Dies sollte mit dem Hinweis verbunden werden, dass nach der zitierten Rechtsprechung des BGH eine Rechtspflicht zur Ersetzung besteht, die zugleich eine drittgerichtete Amtspflicht im Verhältnis zum Bauherrn ist. Anders formuliert: Das Risiko der Schadensersatzpflicht wegen rechtswidrig versagten Einvernehmens verlagert sich von der Gemeinde auf die Bauaufsichtsbehörde, die von ihrer Ersetzungsmöglichkeit, die der BGH als Ersetzungspflicht versteht, keinen Gebrauch macht. Die Vermutung, dass dies dazu führen dürfte, dass Baugenehmigungsbehörden in Zukunft häufiger und schneller ein fehlendes Einvernehmen ersetzen werden, um ihre Haftungsrisiken gegenüber Bauherren zu minimieren, erscheint naheliegend[5].

105 Die Ersetzung des Einvernehmens kann von der betroffenen Gemeinde mit einer Anfechtungsklage angefochten werden. Im Rahmen einer solchen Anfechtungsklage ist die Entscheidung der Aufsichtsbehörde, mit der das Einvernehmen ersetzt wurde, in vollem Umfang zu überprüfen; dies bedeutet: jedwede Rechtswidrigkeit der Baugenehmigung führt zur Aufhebung der Ersetzungsentscheidung. Es kommt also nicht darauf an, ob der Verstoß, der die bauplanungsrechtliche Unzulässigkeit des

---

1 BGH v. 29.9.1975 – III ZR 40/73, NJW 1976, 184; v. 15.11.1984 – III ZR 70/83, NJW 1985, 2817; einen Überblick über die Rechtsprechung des BGH zur Haftung der Gemeinde in den Fällen des § 36 BauGB gibt *Wurm*, in: FS für Boujong, Fn. 184, S. 687 ff.
2 BGH v. 16.9.2010 – III ZR 29/10, BauR 2011, 495; hierzu *Jeromin*, BauR 2011, 456; *Schlarmann/Krappel*, NVwZ 2011, 215 und *Jäde*, UPR 2011, 125.
3 Zurückhaltend gegenüber der Annahme des BGH, das Ermessen der Behörde zur Ersetzung des Einvernehmens sei stets auf Null geschrumpft VGH BW v. 2.8.2011 – 8 S 1516/11.
4 Insoweit ist zu beachten, dass nach der zitierten Rechtsprechung des BGH für die Einvernehmensregelung des § 36 BauGB kein Raum ist, wenn Identität von Gemeinde und Genehmigungsbehörde besteht.
5 *Schlarmann/Krappel*, NVwZ 2011, 215, 218.

## VI. Genehmigungshindernisse

Vorhabens begründet, einen spezifischen Bezug im Hinblick auf die gemeindliche Planungshoheit besitzt. Auch findet keine Beschränkung der Prüfung auf die Gründe statt, auf die die Gemeinde die Versagung ihres Einvernehmens gestützt hat[1].

Bisher wurde überwiegend angenommen, die Ersetzung des Einvernehmens falle nicht unter § 212a Abs. 1 BauGB, sie sei also nicht kraft Gesetzes sofort vollziehbar. Der Bauherr könnte von seiner Genehmigung erst dann Gebrauch machen, wenn die Ersetzung für sofort vollziehbar erklärt worden ist[2]. Ob diese Bewertung nach der Rechtsprechungswende des BGH noch zutrifft, erscheint zweifelhaft. Versteht man § 36 Abs. 2 Satz 3 BauGB i.V.m. den jeweils einschlägigen landesrechtlichen Bestimmungen über die Ersetzung des verweigerten Einvernehmens als bundesrechtliche Erweiterung des ansonsten nach Landesbauordnungsrecht bestimmten bauaufsichtlichen Prüfungsprogramms, dann wird die Ersetzungsentscheidung zum Inhalt der Baugenehmigung – mit der Konsequenz, dass sie auch unter die gesetzliche Anordnung des Sofortvollzugs nach § 212a Abs. 1 BauGB fallen müsste[3].

### 3. Veränderungssperre gem. § 14 BauGB, Zurückstellung und vorläufige Untersagung gem. § 15 BauGB

Steht die belegene Gemeinde einem Vorhaben ablehnend gegenüber, so droht dem Bauwilligen der Einsatz planerischer Mittel zur Vermeidung des unerwünschten, auf der Basis der bestehenden planungsrechtlichen Situation aber genehmigungsfähigen Vorhabens. Standardfälle sind in der Praxis großflächige Einzelhandelsbetriebe i.S.d. § 11 Abs. 3 BauNVO, die an der Peripherie angesiedelt werden sollen. Auch Spielhallen, Vergnügungsstätten i.S.d. BauNVO, Mobilfunkanlagen und bisweilen Windkraftanlagen stoßen oft auf gemeindliche Widerstände. Die Gemeinde ist grds. nicht gehindert, die Einreichung eines Bauantrags zum Anlass zu nehmen, bestehende Bebauungspläne zu ändern bzw. bisher nicht beplante Gebiete zu überplanen, um auf diese Weise die Genehmigungsfähigkeit eines unerwünschten Vorhabens zu beseitigen. Ist ein entsprechender Planaufstellungs- bzw. -änderungsbeschluss gefasst, so kann die Gemeinde eine Veränderungssperre nach § 14 BauGB beschließen[4].

106

---

1 BVerwG v. 20.5.2010 – 4 C 7.09, BauR 2010, 1879.
2 *Ortloff*, NVwZ 2001, 1000f.; Nds. OVG v. 9.3.1999 – 1 M 405/99, BRS 62 Nr. 177.
3 *Jäde*, Gemeinde und Baugesuch, Rz. 142; in der LBO BW hat der Landesgesetzgeber ausdrücklich angeordnet, dass Widerspruch und Anfechtungsklage gegen die Ersetzung des Einvernehmens keine aufschiebende Wirkung haben (§ 54 Abs. 4 Satz 5 LBO BW; ebenso § 80 Abs. 2 Satz 5 BauO NRW).
4 Die Voraussetzungen hierfür sind leicht zu erfüllen: Es ist ausreichend, wenn der künftige Planinhalt in einem Mindestmaß bestimmt und absehbar ist; BVerwG v. 10.9.1976 – IV C 39.84, NJW 1977, 400 und v. 19.2.2004 – 4 CN 13.03, BauR 2004, 1256; siehe aber auch BVerwG v. 21.10.2010 – 4 BN 26.10, BauR 2011, 481. Eine Veränderungssperre, die nur der Verhinderung eines bestimmten Vorhabens dient, ist nichtig, VGH BW v. 9.2.1998 – 8 S 2770/97, VBlBW 1998, 310. Fehlt die erforderliche Konkretisierung (die aber nicht offen gelegt sein muss) zum Zeitpunkt des Beschlusses über die Veränderungssperre, so ist diese nichtig und wird nicht durch eine spätere Konkretisierung geheilt, OVG Berlin v. 2.12.1988 – 2 A 3.87, ZfBR 1989, 173. Der Veränderungssperre kann regelmäßig nicht entgegengehalten werden, die künftige Planung, deren Sicherung sie diene, sei rechtswidrig (VGH BW v. 26.5.1981 – 3 S 2491/80, BRS 38 Nr. 108); allerdings ist eine Veränderungssperre, die zur Sicherung eines nicht erreichbaren Planungsziels erlassen wird, nichtig, BVerwG v. 21.12.1993 – 4 NB 40.93, NVwZ 1994, 685; Sächs. OVG v. 14.2.1996 – 1 S 98/95, SächsVBl. 1997, 56 und VGH BW v. 14.11.2001 – 3 S 605/01, VBlBW 2002, 200; ausführlich zu den Voraussetzungen des § 14 BauGB Hager/Kirchberg, NVwZ 2002, 538; höchstrichterlich offen ist die Frage, ob ein verfahrensfreies Vorhaben von einer Veränderungssperre erfasst wird, wenn diese erst nach Beginn der Ausführung des Vorhabens in Kraft tritt, vgl. hierzu BayVGH v. 9.9.2009 – 1 CS 09.1292, BauR 2009, 1871 sowie BayVGH v. 23.11.2010 – 1 BV 10.1332, DVBl. 2011, 299 und *Ingoldt*, DVBl. 2011, 776.

Keine Bedenken bestehen auch gegen eine Veränderungssperre, die zur Sicherung eines bereits länger zurückliegenden Planaufstellungsbeschlusses dienen soll[1]. Bei der Entscheidung über den Erlass einer Veränderungssperre unterliegt die Gemeinde nicht dem allgemeinen bauplanungsrechtlichen Abwägungsgebot des § 1 Abs. 6 BauGB, sondern der Prüfung, ob die Veränderungssperre zur Erreichung des mit ihr verfolgten Sicherungszwecks erforderlich ist[2]. Auch wenn das Bundesverwaltungsgericht betont, materielle Rechtmäßigkeitsvoraussetzung für die als Satzung zu erlassende Veränderungssperre sei nicht nur der Planaufstellungsbeschluss, sondern zusätzlich dessen ortsübliche Bekanntmachung[3], so gestattet das Bundesverwaltungsgericht es aber, dass in der gleichen Gemeinderatssitzung zunächst die Aufstellung eines Bebauungsplans und dann die Veränderungssperre beschlossen wird[4]. Nach überwiegender Auffassung ist die vorherige Bekanntmachung des Aufstellungsbeschlusses nicht erforderlich. Die gleichzeitige Bekanntmachung ist ausreichend[5].

107 Für die Dauer der Veränderungssperre (zur Geltungsdauer s. § 17 BauGB: 2 Jahre mit der Möglichkeit der Verlängerung um ein weiteres Jahr und bei Vorliegen „besonderer Umstände"[6] nochmalige Verlängerung um ein weiteres Jahr) besteht dann regelmäßig keine Genehmigungschance, weil nach dem Regelungsgehalt der Veränderungssperre Vorhaben nach § 29 BauGB nicht durchgeführt werden dürfen (§ 14 Abs. 1 Nr. 1 BauGB)[7].

108 Dem gleichen Ziel wie die Veränderungssperre dient die Zurückstellung gem. § 15 Abs. 1 S. 1 BauGB. Liegen die Voraussetzungen für den Erlass einer Veränderungssperre vor, so muss die Baugenehmigungsbehörde auf Antrag der Gemeinde die Entscheidung über die Zulässigkeit eines Vorhabens im Einzelfall für einen Zeitraum von bis zu zwölf Monaten aussetzen, wenn zu befürchten ist, dass die Durchführung der Planung durch das Vorhaben unmöglich gemacht oder wesentlich erschwert werden könnte. Die Zurückstellung liegt nicht im Ermessen der Bauaufsichtsbehörde. Stellt die Gemeinde einen solchen Antrag, so muss die Genehmigungsbehörde diesem stattgeben.

Gegenüber dem Bauherrn stellt die Zurückstellung einen Verwaltungsakt dar. Dieser hat nur das Rechtsmittel des Widerspruchs bzw. der Anfechtungsklage[8]. Da entsprechende Rechtsmittel aufschiebende Wirkung haben, ist die Behörde verpflichtet, die Bearbeitung des Baugesuchs fortzusetzen, sofern für die Zurückstellung nicht der Sofortvollzug angeordnet worden ist[9]. Ohne sofortige Vollziehbarkeit der Zurückstellungsentscheidung stellt die Nichtbearbeitung des Baugesuchs

---

1 BVerwG v. 26.6.1992 – 4 NB 19.92, NVwZ 1993, 475.
2 BVerwG v. 30.9.1992 – 4 NB 35.92, BauR 1993, 62.
3 BVerwG v. 9.2.1989 – 4 B 236.88, NVwZ 1989, 661; v. 6.8.1992 – 4 N 1.92, NVwZ 1993, 471.
4 BVerwG v. 9.2.1989 – 4 B 236.88, BauR 1989, 432.
5 VGH BW v. 20.1.1986 – 1 S 2009/85, VBlBW 1987, 24 einerseits und OVG NW v. 24.8.1989 – 7 A 2495/87, NVwZ 1990, 581, sowie VGH BW v. 28.10.1999 – 5 S 439/98, BRS 62 Nr. 121 andererseits.
6 Hierzu näher VGH BW v. 17.1.1994 – 8 S 1853/93, BauR 1994, 344 und OVG NW v. 2.3.2001 – 7 A 2983/98, BauR 2001, 1388.
7 Zur Bedeutung einer Veränderungssperre bei reduzierten Prüfprogrammen im vereinfachten Genehmigungsverfahren *Jarrass*, BayVBl. 2010, 129 und *Jäde*, ZfBR 2010, 551, 561. Zur Auslegung des Begriffs „Unterhaltungsmaßnahmen" i.S.d. § 14 Abs. 3 BauGB (deren Zulässigkeit von einer Veränderungssperre nicht berührt werden) s. OVG MV v. 12.7.1995 – 3 M 33/95, BRS 57 Nr. 118.
8 OVG NW v. 11.10.2006 – 8 A 764/06, BRS 70 Nr. 116 und VGH BW v. 20.6.2011 – 3 S 275/11 – unter Aufgabe der früher (VGH BW v. 9.8.2002 – 3 S 1517/02, NVwZ-RR 2003, 333) vertretenen Auffassung: Verpflichtungsklage auf Baugenehmigung; hierzu auch *Rieger*, BauR 2003, 1512.
9 OVG Berlin v. 21.11.1994 – 2 S 28.94, BRS 56 Nr. 90; *Hill*, BauR 1981, 523 (523 f.).

## VI. Genehmigungshindernisse

nach Widerspruch gegen die Zurückstellung eine Amtspflichtverletzung dar[1]. Hat die Aufsichtsbehörde zunächst eine Ablehnung des Baugesuchs ausgesprochen, kommt eine Zurückstellung nur nach Rücknahme des Ablehnungsbescheids in Betracht[2].

Da sich die „klassischen" Instrumente der Plansicherung (Veränderungssperre und Zurückstellung) im Zuge der Deregulierungstendenzen, die durch den „Abschied von der Baugenehmigung" gekennzeichnet sind, als unzureichend erwiesen haben, hat der Gesetzgeber mit dem BauROG 1998 in § 15 Abs. 1 S. 2 BauGB die Möglichkeit einer vorläufigen Untersagung eingeführt. Wird kein Baugenehmigungsverfahren durchgeführt, so wird auf Antrag der Gemeinde anstelle der Aussetzung der Entscheidung über die Zulässigkeit eine vorläufige Untersagung „innerhalb einer durch Landesrecht festgesetzten Frist" ausgesprochen[3]. Die vorläufige Untersagung steht der Zurückstellung nach § 15 Abs. 1 S. 1 BauGB gleich. Die materiellen und formellen Voraussetzungen der vorläufigen Untersagung entsprechen grds. denen einer Rückstellungsentscheidung nach § 15 Abs. 1 S. 1 BauGB[4]. Auch beim Antrag der Gemeinde auf Untersagung hat die Aufsichtsbehörde kein Ermessen. Sie muss die Untersagung aussprechen, wenn die Gemeinde dies beantragt.

Bei freigestellten Vorhaben sehen die neueren Landesbauordnungen überwiegend eine Wahlmöglichkeit für die Gemeinden vor: Die Gemeinde kann entweder einen Antrag auf vorläufige Untersagung stellen oder alternativ durch Erklärung die Überleitung in das vereinfachte Genehmigungsverfahren bewirken – mit der Folge, dass dann eine Veränderungssperre zum Tragen kommen kann[5] (vgl. Art. 58 Abs. 2 Nr. 4 BayBO und § 62 Abs. 2 Nr. 4 MBO).

Der durch das EAGBau 2004 neu eingefügte § 15 Abs. 3 BauGB eröffnet der Baugenehmigungsbehörde auf Antrag der Gemeinde die Zurückstellung eines Bauantrags im Außenbereich für einen Zeitraum von bis zu längstens einem Jahr, wenn die Gemeinde beschlossen hat, einen Flächennutzungsplan aufzustellen, zu ändern oder zu ergänzen, mit dem die Rechtswirkungen des § 35 Abs. 3 Satz 3 BauGB herbeigeführt werden sollen. Der Antrag muss nach § 15 Abs. 3 Satz 3 BauGB innerhalb von sechs Monaten gestellt werden, nachdem die Gemeinde in einem Verwaltungsverfahren von dem Bauvorhaben förmlich Kenntnis erhalten hat. Besondere Bedeutung hat diese Möglichkeit für die gemeindliche Steuerung von Windenergieanlagen. Obergerichtlich bisher nicht geklärt ist die Frage, welchen Konkretisierungsgrad die entsprechende gemeindliche Flächennutzungsplanung besitzen muss: Ob insoweit die Anforderungen an den Erlass einer Veränderungssperre bzw. eine Zurückstellung nach § 15 Abs. 2 BauGB entsprechend gelten oder ob sich die hinreichende Konkretheit im Fall des § 15 Abs. 3 BauGB bereits aus der entsprechenden Zielsetzung des Flächennutzungsplans ergibt[6].

109

---

1 BGH v. 26.7.2001 – III ZR 206/00, ZfBR 2001, 557.
2 Nds. OVG v. 30.9.1992 – 6 L 3200/91, BauR 1993, 65.
3 Näher hierzu *Uechtritz/Schladebach*, BauR 2001, 37 ff. und *Jäde/Dirnberg/Weiß*, BauGB, § 15 Rz. 31 ff. Fraglich ist die Anwendbarkeit der Norm, wenn es der Landesgesetzgeber unterlässt, eine entsprechende Frist festzulegen; der VGH BW (v. 4.12.2000 – 8 S 2633/00, BauR 2001, 607) will diese Regelungslücke durch analoge Anwendung der landesrechtlichen Fristbestimmung zur Zulässigkeit des Baubeginns nach Einreichung vollständiger Unterlagen schließen.
4 *Uechtritz/Schladebach*, BauR 2001, 37 (41 f.) und *Bielenberg/Stock*, in: Ernst/Zinkahn/Bielenberg, BauGB, § 15 Rz. 57 ff.
5 *Jäde*, Gemeinde und Baugesuch, Rz. 31.
6 Hierzu *Oerder*, BauR 2005, 643 (654 f.); *Stock*, in: Ernst/Zinkahn/Bielenberg/Krautzberger, BauGB § 15 Rz. 71e ff.; zur Anwendbarkeit des § 15 Abs. 3 BauGB wenn die Genehmigung im immissionsschutzrechtlichen Verfahren erteilt wird OVG Rh.-Pf. v. 22.11.2006 – 8 B 11378/06, BRS 70 Nr. 115.

110 Die durch Veränderungssperre und/oder Zurückstellung bewirkte Verzögerung veranlasst viele Bauherrn zur Aufgabe bzw. Änderung ihrer Bauabsichten. Die Möglichkeiten, hier gegenzusteuern, sind begrenzt.

Versucht werden kann, die Gemeinde unter Hinweis auf Entschädigungsansprüche nach § 39 BauGB[1] und – wirkungsvoller, wenn die Voraussetzungen im Einzelfall gegeben sind – auf Entschädigungsansprüche nach § 42 BauGB[2] von einer entsprechenden Planung abzuhalten. Gelingt dies nicht, so bleibt nur die Beschreitung des Rechtswegs. Die Veränderungssperre kann als Satzung vom Bauwilligen nach § 47 VwGO mit einem Normenkontrollantrag angegriffen werden[3]. Häufig wird dies aber kaum sinnvoll sein: Zum einen im Hinblick auf den Zeitfaktor (Normenkontrollverfahren dauern oft länger als ein Jahr); zum anderen sind die Erfolgsaussichten, wenn beim Erlass der Veränderungssperre keine Verfahrensfehler vorliegen, i.d.R. gering. Zweckmäßiger ist es daher meist, das Baugesuch trotz Veränderungssperre weiterzuverfolgen und nach Abweisung und Durchführung des Widerspruchsverfahrens Verpflichtungsklage auf Erteilung der Baugenehmigung zu erheben. Im Hinblick auf die lange Dauer verwaltungsgerichtlicher Verfahren besteht eine große Wahrscheinlichkeit, dass spätestens im Zeitpunkt der zweitinstanzlichen Entscheidung die Veränderungssperre durch Zeitablauf außer Kraft getreten ist und nunmehr vom Gericht inzident die Rechtmäßigkeit des neuen, dem Vorhaben entgegenstehenden Plans zu prüfen ist. Eine solche Vorgehensweise ist selbstverständlich nur dann sinnvoll, wenn auf Grund der städtebaulichen Situation unter Berücksichtigung des planerischen Ermessens der Gemeinde Chancen bestehen, dass die Gerichte eine entsprechende „Verhinderungsplanung" als unwirksam ansehen.

## VII. „Durchsetzung" einer erteilten Baugenehmigung

### 1. Auswirkungen eines Widerspruchs

111 Der Widerspruch eines Nachbarn gegen eine erteilte Genehmigung hätte gem. § 80 Abs. 1 VwGO grds. aufschiebende Wirkung. § 80 Abs. 1 S. 2 VwGO stellt klar, dass der Suspensiveffekt eines Widerspruchs auch für Verwaltungsakte mit Doppelwirkung, also auch für eine Baugenehmigung, die den Bauherrn begünstigt, den Nachbarn aber belastet, gilt[4]. Um die Rechtsposition des Bauherrn zu stärken und die beschleunigte Realisierung von Bauvorhaben zu erleichtern, hatte der Gesetzgeber bereits in der Vergangenheit Sonderregelungen getroffen, mit denen kraft Gesetzes die sofortige Vollziehbarkeit (bestimmter) Baugenehmigungen angeordnet worden war. So schloss § 10 Abs. 2 BauGB-MaßnG die aufschiebende Wirkung von Widerspruch und Anfechtungsklagen gegen eine Baugenehmigung für ein Vorhaben, das überwiegend Wohnzwecken (auch zum vorübergehenden Wohnen oder zur vorübergehenden Unterbringung) diente, aus[5].

Hierüber hinausgehend bestimmt § 212a BauGB, dass **generell** Widerspruch und Anfechtungsklage eines Dritten gegen die bauaufsichtliche Zulassung eines Vor-

---

1 Dazu *Birk*, NVwZ 1984, 1 (4f.).
2 Dazu *Uechtritz*, BauR 1983, 523, *Deutsch*, DVBl. 1995, 546 und *Krappel/Moradi*, BWGZ 2011, 470 ff.
3 Antragsbefugt ist auch ein Antragsteller, der nicht selbst Grundstückseigentümer ist, VGH BW v. 9.2.1998 – 8 S 2770/97, VBlBW 1998, 310.
4 *Kopp/Schenke*, VwGO, § 80 Rz. 43.
5 Zu dieser Bestimmung *Uechtritz*, BauR 1992, 1.

habens **keine** aufschiebende Wirkung haben[1]. Unter § 212a BauGB fällt jede bauaufsichtliche Entscheidung, die ein Vorhaben „zulässt", also nicht nur die Baugenehmigung (auch die im vereinfachten Baugenehmigungsverfahren) sowie die Teilbaugenehmigung und die Nachtragsgenehmigung. Auch eine Befreiungsentscheidung nach § 31 Abs. 2 BauGB zielt auf die Zulassung eines Vorhabens und unterfällt daher § 212a BauGB[2]. Hieraus folgt: Der Empfänger einer Baugenehmigung kann diese realisieren – auch wenn ein Nachbar Rechtsmittel eingelegt hat. Er ist nicht mehr auf eine gesonderte Vollzugsanordnung angewiesen.

Will der Nachbar, der Rechtsmittel eingelegt hat, die Schaffung vollendeter Tatsachen während eines laufenden Rechtsmittelverfahrens verhindern, so muss dieser seinerseits beim Verwaltungsgericht gem. § 80a Abs. 3 VwGO i.V.m. § 80 Abs. 5 VwGO den Antrag auf Anordnung der aufschiebenden Wirkung seines Rechtsbehelfs stellen (näher hierzu unten, Exkurs: Der Baunachbarstreit, II.7).

Klärungsbedürftig ist, inwieweit eine **Gemeinde**, die sich gegen die bauaufsichtliche Zulassung eines Vorhabens wendet, „Dritter" i.S.d. § 212a Abs. 1 BauGB ist – mit der Folge, dass auch Rechtsmitteln einer Gemeinde keine aufschiebende Wirkung zukäme. Besondere Bedeutung hat diese Fragestellung für den Fall der Ersetzung des gemeindlichen Einvernehmens gem. § 36 Abs. 2 Satz 3 BauGB. Auch wenn im Schrifttum teilweise angenommen wird, einem gemeindlichen Rechtsmittel gegen die Ersetzung des Einvernehmens komme keine aufschiebende Wirkung zu[3], da § 212a BauGB auch diese Konstellation erfasse, wird dies von der obergerichtlichen Rechtsprechung verneint[4]. Diese Streitfrage ist allerdings in den Bundesländern unbeachtlich, in denen entsprechend § 71 Abs. 3 MBO die sofortige Vollziehbarkeit der Ersetzungsentscheidung bestimmt ist (so z.B. in § 54 Abs. 4 Satz 5 LBO BW) 112

## 2. „Freigestellte" bzw. „anzeigepflichtige" Wohnbauvorhaben

Ist ein Vorhaben genehmigungsfrei bzw. lediglich „anzeige-" oder „kenntnisgabe-"pflichtig, so hat der Nachbar gleichfalls keine Möglichkeit, durch Widerspruchseinlegung die Ausführung des Vorhabens zu stoppen. Mangels Vorliegen einer Baugenehmigung ginge ein entsprechender Widerspruch ins Leere. Der Bauherr kann also mit der Realisierung seines Vorhabens beginnen, wenn die – in den einzelnen Bauordnungen unterschiedlichen – Voraussetzungen für den Baubeginn erfüllt sind (vgl. hierzu oben Rz. 15 ff.). Einwendungen des Nachbarn sind grds. unbeachtlich. Der Nachbar hat nur die Möglichkeit, die Baurechtsbehörde zum Einschreiten aufzufordern. Lehnt diese ab, so muss der Nachbar sein Begehren mit Widerspruch und Verpflichtungsklage weiterverfolgen[5]. 113

---

[1] Zu § 212a Abs. 1 BauGB *Gronemeyer*, BauR 1998, 413 und *Meinczyk*, ZfBR 1997, 281 (285); umstritten ist, ob der Bauvorbescheid unter § 212a BauGB fällt; bejahend Nds. OVG v. 8.7.2004 – 1 ME 167/04, NVwZ-RR 2005, 69 und OVG Münster v. 1.12.1998 – 10 B 2304/98, BRS 60 Nr. 156; verneinend BayVGH v. 1.4.1999 – 2 CS 98.2646, NVwZ 1999, 1363 und VG Dessau v. 26.5.2000 – 1 A 157/00, BauR 2000, 1733.
[2] VG München v. 15.5.2000 – 1 SN 00.1413, BRS 63 Nr. 199.
[3] Vgl. hierzu *Jäde*, Gemeinde und Baugesuch, Rz. 142.
[4] Nds. OVG v. 9.3.1999 – 1 U 405/99, BRS 62 Nr. 177; s.a. OVG NW v. 7.12.2000 – 4 TG 3044/99, DVBl. 2001, 655; *Ortloff*, NVwZ 1998, 581 (585).
[5] *Schmaltz*, Nds.VBl. 1995, 241 (247) sowie *Erbguth/Stollmann*, BayVBl. 1996, 65 (71); zum vorläufigen Rechtsschutz des Nachbarn *Uechtritz*, BauR 1998, 719 ff.

## VIII. Vorgehen bei Ablehnung der Baugenehmigung

### 1. Reaktionsmöglichkeiten

114 Nach Ablehnung seines Bauantrages kann der Bauherr zunächst Widerspruch und – im Falle der Zurückweisung des Widerspruchs – Verpflichtungsklage auf Erteilung der Baugenehmigung erheben. In den Bundesländern, in denen der Landesgesetzgeber das Widerspruchsverfahren jedenfalls für bauaufsichtliche Zulassungsentscheidungen abgeschafft hat, kommt nur die unmittelbare Klageerhebung in Betracht (vgl. hierzu Rz. 130). Wie beim Antrag auf Erteilung einer Genehmigung kann der Widerspruch bzw. die Klage wegen fehlenden Sachbescheidungsinteresses unzulässig sein, wenn feststeht, dass die Realisierung des Vorhabens (z.B. wegen fehlender zivilrechtlicher Befugnis des Bauherrn) offenkundig ausgeschlossen ist. Wird der Anwalt nach Ablehnung des Antrags eingeschaltet und ergibt dessen Prüfung, dass die Genehmigungsfähigkeit des Vorhabens zweifelhaft ist, sollte – zur Vermeidung erheblicher Verzögerungen im Falle eines Gerichtsverfahrens – geprüft werden, ob durch Änderung des Baugesuchs die im Ablehnungsbescheid genannten Genehmigungshindernisse ausgeräumt werden können. Hinzuweisen ist auch auf die Möglichkeit, den ursprünglichen Antrag mit Widerspruch und ggf. Verpflichtungsklage unverändert weiterzuverfolgen und fürsorglich einen zweiten (geänderten) Bauantrag vorzulegen, der den Bedenken der Genehmigungsbehörde Rechnung trägt.

115 Eine Chance, die erstrebte Baugenehmigung im Wege des vorläufigen Rechtsschutzes durch Antrag auf Erlass einer einstweiligen Anordnung zu erreichen, besteht regelmäßig nicht. Hier steht das Verbot, im vorläufigen Rechtsschutzverfahren die Hauptsache vorwegzunehmen, einer Entscheidung zu Gunsten des Bauherrn entgegen[1].

### 2. Maßgeblicher Beurteilungszeitpunkt

116 Wird im Widerspruchs- bzw. im Klageverfahren über die beantragte Baugenehmigung entschieden, so ist grds. die Sach- und Rechtslage zum Zeitpunkt der letzten mündlichen Verhandlung maßgeblich[2].

Für den Bauherrn besteht also die Gefahr, dass die ursprünglich bestehende (von der Behörde aber zu Unrecht verneinte) Genehmigungsfähigkeit während des Widerspruchs- bzw. Gerichtsverfahrens wegfällt, z.B. durch In-Kraft-Treten eines neuen Bebauungsplans. In einer solchen Konstellation sollte hilfsweise die Feststellung

---

1 BayVGH v. 2.4.1976 – Nr. 21 I 76, BRS 30 Nr. 130; s. auch VGH BW v. 13.12.1991 – 3 S 2931/91, VBlBW 1992, 179 und OVG Berlin v. 11.3.1991 – 2 S 1.91, UPR 1991, 396 (grds. kein Erlass einer einstweiligen Anordnung auf Erteilung eines Vorbescheids); und OVG NW v. 27.11.2003 – 10 B 2177/03, BauR 2004, 313 sowie v. 5.6.2009 – 10 B 479/09, BRS 74 Nr. 171: Keine einstweilige Anordnung, der auf die Erteilung einer „vorläufigen Baugenehmigung" gerichtet ist; siehe auch kritisch hierzu Finkelnburg/Ortloff/Otto, Öffentliches Baurecht, Band II, S. 270; diese Kritik verdient Zustimmung; in Fällen offensichtlicher Genehmigungsfähigkeit sollte die Rspr. ihren Standpunkt überdenken, da der Bauherr andernfalls (wegen der regelmäßig langen Verfahrensdauer von Verwaltungsgerichtsprozessen) keinen effektiven (d.h. zeitnahen!) Rechtsschutz erlangen kann. Das VG Gießen v. 3.11.2000 – 1 G 30.96/00, NVwZ-RR 2001, 431 hält eine vorläufige Feststellung (im Eilverfahren) für zulässig, dass eine bestimmte Nutzung keiner Baugenehmigung bedarf.

2 BVerwG v. 14.4.1978 – IV C 96.76, DVBl. 1978, 614; v. 21.12.1989 – 7 B 21.89, NVwZ 1990, 653; BayVGH v. 4.10.1991 – 2 B 88.1284, BayVBl. 1992, 211 und v. 19.10.1998 – 15 B 97.337, BayVBl. 1999, 179.

begehrt werden, dass das Vorhaben ursprünglich rechtmäßig war[1]. Ein solcher Antrag ist im Hinblick auf eine spätere Geltendmachung von Schadensersatzansprüchen sinnvoll.

## IX. Ersatzansprüche

Überblickartig sind im Folgenden Ersatzansprüche, speziell Schadensersatzansprüche bei fehlerhaftem Handeln der Genehmigungsbehörde zu behandeln[2]. Dies ist im Hinblick auf die Zweckbestimmung dieses Beitrags sinnvoll, weil die Drohung mit Schadensersatzansprüchen im Genehmigungsverfahren bisweilen die Entscheidung zu Gunsten des Bauherrn beeinflussen kann. 117

**1. Bei rechtswidriger Ablehnung**

Nach allen Bauordnungen hat der Bauherr einen Anspruch auf Genehmigungserteilung, wenn öffentlich-rechtliche Vorschriften nicht entgegenstehen. Die rechtswidrige Verweigerung einer Baugenehmigung stellt eine Amtspflichtverletzung gem. § 839 BGB i.V.m. Art. 34 GG dar. Die Behörde ist zum Schadensersatz verpflichtet[3]. Nach der neuen Rechtsprechung des BGH (vgl. oben, Rz. 104) ändert sich hieran auch nichts dadurch, dass die Ablehnung des Bauantrags allein auf ein verweigertes Einvernehmen der Gemeinde gestützt wird. Eine Amtspflichtverletzung der Gemeinde gegenüber dem Bauherrn scheidet nach der neuen Rechtsprechung des BGH aus[4]. Regelmäßig ist es der Bauaufsichtsbehörde verwehrt, die Schadensersatzverpflichtung mit dem Hinweis auf die Möglichkeit rechtmäßigen Alternativver- 118

---

1 BVerwG v. 24.10.1980 – 4 C 3.78, NJW 1981, 2426; restriktiv hierzu VGH BW v. 17.10.1995 – 3 S 1/93, NVwZ 1997, 199f.; generell zu den Fällen, in denen ein entsprechender Antrag wegen eines fehlenden Feststellungsinteresses abgelehnt werden kann, *Kopp/Schenke*, VwGO, § 113 Rz. 136ff.
2 Vgl. hierzu auch den Überblick bei *Finkelnburg/Ortloff/Otto*, Öffentliches Baurecht, Band II, S. 150ff. mit umfassenden Literaturnachweisen sowie *Wolke*, ZfBR 2004, 226, *Schlick*, BauR 2008, 290 und *Seiters*, NordÖR 2010, 477.
3 BGH v. 27.5.1963 – III ZR 48/62, BGHZ 39, 358 (364) und v. 25.3.2004 – III ZR 227/02, NVwZ 2004, 1143; zur Schadenszurechnung BGH v. 11.6.1992 – III ZR 210/90, NVwZ 1992, 1119; v. 25.10.2007 – III ZR 62/07, BayVBl. 2008, 248 und v. 22.1.2009 – III ZR 197/08, BRS 74 Nr. 172; zur Kausalität zwischen rechtswidriger Versagung der Baugenehmigung und Schaden bei zu erwartenden Nachbarwidersprüchen BGH v. 21.12.2000 – III ZR 119/00, BRS 63 Nr. 181; zu Amtshaftungsansprüchen im Zusammenhang mit Veränderungssperren, Zurückstellung und faktischen Bausperren *Hager/Kirchberg*, NVwZ 2002, 538 sowie BGH v. 30.11.2006 – III ZR 352/04, BauR 2007, 864; zu Ansprüche bei Versagung eines Vorbescheids BGH v. 10.3.1994 – III ZR 9/93, BRS 56 Nr. 148; zum Problem der Amtshaftung gegenüber dem Grundstückseigentümer bei Ablehnung des Bauantrags eines Dritten BGH v. 6.6.1991 – III ZR 221/90, DVBl. 1991, 1140; v. 8.10.1992 – III ZR 220/90, DVBl. 1993, 105 und v. 26.6.2008 – III ZR 118/07, BRS 73 Nr. 159 sowie *Nierwetberg*, BauR 1984, 114 und *Seiters*, NordÖR 2010, 472; regelmäßig bestehen bei rechtswidriger Versagung der Baugenehmigung keine Ansprüche anderer Personen, deren wirtschaftliche Interessen durch die Versagung berührt werden, BGH v. 23.9.1993 – III ZR 139/92, NJW 1994, 130 und BGH v. 10.3.1994 – III ZR 9/93, BRS 56 Nr. 148; siehe auch *Krohn*, ZfBR 1994, 8 (10) und *Deppert*, Die Rechtsstellung des Dritten im Baugenehmigungsverfahren, in FS für Boujong, S. 539ff. Fn. 184; zur Frage des Vorrangs des Primärrechtsschutzes s. *Heinz/Schmitt*, NVwZ 1992, 513. Umfassend zu Schadensersatz- und Entschädigungsansprüchen wegen rechtswidriger Bauverwaltungsakte *Boujong*, WiVerw. 1991, 59 (95ff.); s. auch den Überblick von *Schlick/Rinne*, NVwZ 1997, 1065 (1074f.), *Lansnicker/Schwirtzek*, NVwZ 1996, 745; *Rohlfing*, BauR 2006, 947 und *Schlick*, BauR 2008, 290.
4 BGH v. 16.9.2010 – III ZR 29/10, BauR 2011, 495; zur bisherigen Rechtsprechung BGH v. 21.5.1992 – III ZR 14/91, BGHZ 118, 263, 265.

haltens abzuwehren, etwa in Konstellationen, in denen bei Identität zwischen Bauaufsichtsbehörde und Gemeinde ein Bauantrag rechtswidrig abgelehnt wird, obwohl die Gemeinde die Möglichkeit gehabt hätte, vor Bescheidung des Antrags eine Veränderungssperre zu beschließen, was ihr die Möglichkeit der Ablehnung des Antrags unter Berufung auf die Veränderungssperre eröffnet hätte. Demgegenüber entfällt der Amtshaftungsanspruch, wenn sich die Vermögenslage des Geschädigten auch bei einem rechtmäßigen und amtspflichtgemäßen Vorgehen der Bauaufsichtsbehörde nicht anders gestaltet hätte[1]. Der Bauherr ist gem. §§ 249ff. BGB so zu stellen, wie er bei rechtmäßigem Verhalten der Behörde stehen würde. Dies schließt auch den Ersatz des entgangenen Gewinns ein. Von besonderer Bedeutung ist dies, wenn nach rechtswidriger Ablehnung während eines gerichtlichen Verfahrens durch Änderung bzw. Aufstellung eines Bebauungsplans dem Vorhaben die Genehmigungsfähigkeit entzogen wird. Scheitert ein Verpflichtungsbegehren, weil zum Zeitpunkt der mündlichen Verhandlung das Vorhaben nicht mehr zulässig ist, stellt das Gericht aber auf Antrag fest, dass die ursprüngliche Ablehnung rechtswidrig war, so muss der Bauherr so gestellt werden, wie er bei Genehmigungserteilung gestanden hätte. Bei größeren Vorhaben (z.B. den „ungeliebten" großflächigen Einzelhandelsbetrieben oder Spielhallen) können sich auf diese Weise Schadensersatzansprüche in Millionenhöhe ergeben. Die Drohung mit derartigen Schadensersatzansprüchen kann – sofern diese realistischerweise in Betracht kommen – die Behörde veranlassen, eine Ablehnungsentscheidung zu überprüfen, bzw. die Gemeinde, von einer beabsichtigten Planänderung Abstand zu nehmen.

**2. Bei Verzögerungen**

119 Amtspflichtwidrig handelt die Behörde auch dann, wenn sie die Entscheidung über ein Baugesuch verzögert[2]. Die Behörde ist verpflichtet, in angemessener Frist über den Bauantrag zu entscheiden. Dies gilt auch dann, wenn die Gemeinde (bei Identität zwischen Genehmigungsbehörde und Gemeinde) beabsichtigt, das Vorhaben durch Ergreifen planerischer Maßnahmen zu verhindern. Entsprechende Absichten der Gemeinde ändern nichts an deren Verpflichtung, das Baugesuch zu bearbeiten[3]. Gleiches gilt im Fall der Zurückstellung eines Baugesuchs gem. § 15 Abs. 1 BauGB, wenn der Bauherr gegen die Zurückstellung Widerspruch eingelegt hat und diese nicht für sofort vollziehbar erklärt worden ist[4]. Aus der Regelung der verwaltungsrechtlichen Untätigkeitsklage in § 75 VwGO kann nicht gefolgert werden, vor Ablauf von drei Monaten komme eine Pflichtverletzung nicht in Betracht[5]. Bei einfach

---

1 BGH v. 19.3.2008 – III ZR 49/07, BRS 73 Nr. 160, für den Fall der Ablehnung eines Bauantrags durch die Bauaufsichtsbehörde unter Hinweis auf einen formell unwirksamen Flächennutzungsplan; der BGH stellt in dieser Entscheidung darauf ab, dass die Bauaufsichtsbehörde verpflichtet gewesen wäre, der Gemeinde vor der Entscheidung über den Bauantrag Gelegenheit zu geben, den formellen Fehler zu beheben, vgl. BGH v. 25.3.2004 – III ZR 227/02, BauR 2004, 1269.
2 BGH v. 23.9.1993 – III ZR 54/92, WM 1994, 430; v. 26.7.2001 – III ZR 206/00, BRS 64 Nr. 156 und v. 12.7.2001 – III ZR 282/00 Nr. 157 (Amtspflicht zur Bearbeitung einer Bauvoranfrage); BayObLG v. 21.2.1995 – 2 ZPR 270/94, NVwZ 1995, 928; OLG Jena v. 24.3.2004 – 3 U 132/03, NVwZ-RR 2004, 809; OLG Hamburg v. 25.2.2005 – 1 U 54/01, NordÖR 2005, 256 und OLG Schl.Holst. v. 15.5.1997 – 11 U 121/94, NVwZ-RR 1998, 6 (zur Frage, wie lange eine Bauordnungsbehörde die Entscheidung über eine Bauvoranfrage verzögern darf, um der Gemeinde die Möglichkeit zu geben, das Vorhaben durch Umplanungen zu verhindern); *Schwager/Krohn*, DVBl. 1990, 1078 (1079); zur Frage, welche Behörde haftet, wenn die Verzögerung auf Weisung einer anderen Behörde eintritt, BGH v. 11.12.2008 – III ZR 216/07, BauR 2009, 797.
3 BGH v. 26.7.2001 – III ZR 206/00, BauR 2001, 1887.
4 BGH v. 26.7.2001 – III ZR 206/00, NVwZ 2002, 123.
5 *Schwager/Krohn*, DVBl. 1990, 1079.

gelagerten Genehmigungsverfahren kann die Behörde durchaus zu einer rascheren Entscheidung verpflichtet sein. Der Hinweis auf evtl. Schadensersatzansprüche bei verzögerter Behandlung des Bauantrags kann zur Beschleunigung des Genehmigungsverfahrens führen.

Soweit die einschlägige Bauordnung bestimmte Fristen für das Verhalten der Genehmigungsbehörde statuiert (vgl. oben Rz. 74), stellt die Überschreitung dieser Fristen regelmäßig eine Amtspflichtverletzung dar[1]. Grundsätzlich dürfte die Nicht-Einhaltung dieser Fristen auch schuldhaft sein. 120

Lehnt die Behörde einen Bauantrag zu Unrecht ab und erreicht der Bauherr die Genehmigung erst nach Führung eines langjährigen Prozesses, so ist der durch die Verzögerung entstandene Schaden zu ersetzen.

### 3. Bei rechtswidriger Erteilung

Nicht nur die Verweigerung bzw. die Verzögerung der Baugenehmigung kann Schadensersatzansprüche auslösen. 121

Auch die rechtswidrige Erteilung einer Baugenehmigung stellt eine Amtspflichtverletzung gegenüber dem Bauherrn dar[2]. Bei dieser Konstellation ist der Kreis der geschützten Dritten, bei denen Amtshaftungsansprüche in Betracht kommen, weiter zu ziehen, als im Fall der rechtswidrigen Verweigerung des Bauantrags (oder Vorbescheids). Die Feststellung, dass ein Vorhaben planungsrechtlich zulässig ist, ist „objekt"-, nicht „personenbezogen"[3]. Schäden, die der Genehmigungsempfänger oder ein geschützter Dritter im Vertrauen auf die Genehmigungserteilung erleidet, weil er Investitionen tätigt, die sich später (etwa nach erfolgreichem Nachbarwiderspruch) als sinnlos erweisen, muss die Genehmigungsbehörde ersetzen[4]. Allerdings bedarf es stets der Ermittlung des Schutzzwecks der jeweils verletzten Amtspflicht. Der Schutzzweck der im Genehmigungsverfahren zu wahrenden Amtspflichten geht nicht dahin, den Bauherrn vor allen denkbaren wirtschaftlichen Nachteilen zu bewahren[5].

---

1 *Pfaff*, VBlBW 1996, 281 (286).
2 BGH v. 25.1.1973 – III ZR 256/68, NJW 1973, 616; v. 25.10.1984 – III ZR 80/83, NJW 1985, 1692; v. 16.1.2002 – III ZR 269/01, NVwZ 2003, 501 und v. 9.10.2003 – III ZR 414/02, BauR 2004, 346; s.a. BGH v. 21.12.1989 – III ZR 49/88, UPR 1990, 148 (151); *de Witt/Burmeister*, NVwZ 1992, 1039 ff., *Schlick/Rinne*, NVwZ 1997, 1065 (1074 f.); *Johlen/Beutling*, BauR 2002, 263; *Schlick*, BauR 2008, 290 (297 ff.); *Gallois*, BauR 2002, 884; *Rohlfing*, BauR 2004, 1873 und *Seiters*, NordÖR 2010, 477 ff.; zur Reichweite der Amtspflicht gegenüber einem Rechtsnachfolger vgl. OLG Köln v. 4.7.1988 – 7 U 172/87, NVwZ 1989, 288; zur Bestimmung des Kreises der (anspruchsberechtigten) geschützten „Dritten" bei rechtswidriger Erteilung eines Bauvorbescheids, BGH v. 6.5.1993 – III ZR 2/92, BGHZ 122, 317; anders als im Fall der rechtswidrigen Ablehnung bejaht der BGH Ansprüche Dritter, die im Vertrauen auf den Bescheid Aufwendungen tätigen zur Verwirklichung des Bauvorhabens (näher hierzu *Deppert*, in: FS für Boujong, S. 536 ff. Fn. 184).
3 *Seiters*, NordÖR 2010, 477, 478 f.
4 *Finkelnburg/Ortloff/Otto*, Öffentliches Baurecht, Band II, S. 156.
5 Vgl. BGH v. 27.5.1963 – III ZR 48/62, BGHZ 39, 358: statische Prüfpflicht soll den Bauherrn nicht vor nutzlosen finanziellen Aufwendungen schützen; ähnlich BGH v. 1.12.1994 – III ZR 33/94, BauR 1995, 381: Genehmigung ohne ausreichende Frischwasserversorgung; kein Anspruch auf Ersatz der hierdurch erforderlichen Mehraufwendungen und BGH v. 30.7.1997 – III ZR 166/96, BauR 1998, 117 (kein Ersatz für die nachträgliche Anlage einer Feuerwehrzufahrt); zu Ansprüchen bei Erteilung trotz Bodenverunreinigungen siehe *Krohn* in FS für Boujong, S. 582 f.; Siehe hierzu vor allem BGH v. 16.1.1997 – III ZR 117/95, BGHZ 134, 268 – Mühlheim-Kärlich; siehe auch BGH v. 16.1.2003 – III ZR 269/01, NVwZ 2003, 501; kein schutzwürdiges Vertrauen bei arglistiger Täuschung durch den Bauherrn im Verfahren, auch wenn dieses nicht ursächlich für die Erteilung der Baugenehmigung geworden ist.

Im Übrigen darf der Bauherr nicht „blind" auf den Bestand einer erteilten Baugenehmigung vertrauen. Amtshaftungsansprüche scheitern bereits auf der Tatbestandsebene, wenn die Mängel der erteilten Baugenehmigung so gravierend bzw. so offensichtlich sind, dass eine Verlässlichkeitsgrundlage überhaupt nicht existiert. Hierzu zählen die Fälle, in denen sich der Bauherr die Genehmigung durch unrichtige Angaben oder gar durch arglistige Täuschung oder Bestechung erschlichen hat. Als Faustregel gilt: Es gibt keinen haftungsrechtlichen Vertrauensschutz, wenn nach allgemeinem Verwaltungsverfahrensrecht ein rechtswidriger begünstigender Verwaltungsakt nach § 48 Abs. 2 Satz 3 VwVfG entschädigungslos zurückgenommen werden kann. Kommt nach diesen Grundsätzen ein Amtshaftungsanspruch in Betracht, stellt sich weiter die Frage, ob dieser ggf. wegen eines Mitverschuldens des Bauherrn nach § 254 BGB zu mindern ist. In Betracht kommt dies z.B. bei einer besonderen Fachkunde eines Bauantragstellers[1]. Differenziert beurteilt die Rechtsprechung Konstellationen, in denen die Baugenehmigung durch Dritte angefochten worden ist. In derartigen Konstellationen kommt es stets auf die besonderen Umstände des Einzelfalls an[2]. Nach der Rechtsprechung des BGH kann nicht grds. davon ausgegangen werden, dass Aufwendungen, die der Bauherr in Kenntnis eines Nachbarwiderspruchs tätigt, nicht ersatzfähig sind. Die Rechtsprechung tendiert eher dazu, entsprechende Ansprüche wegen Mitverschulden des Bauherrn einzuschränken[3]. Im Übrigen ist die Behörde verpflichtet, den Bauherrn über eingelegte Nachbarwidersprüche zu informieren. Unterlässt dies die Aufsichtsbehörde, so stellt dieses Verhalten eine eigenständige Amtspflichtverletzung dar, die unabhängig von der Erteilung der rechtswidrigen Baugenehmigung Amtshaftungsansprüche begründen kann[4].

### 4. Bei Falschauskunft

122 Letztlich kommen Amtshaftungsansprüche auch dann in Betracht, wenn die Baurechtsbehörde dem Bauwilligen unzutreffende Auskünfte erteilt und dieser im Vertrauen auf die Richtigkeit der Auskünfte Dispositionen trifft, die sich später als Fehlschlag erweisen. Jeder Amtsträger hat die Pflicht, Auskünfte und Belehrungen richtig, klar, unmissverständlich, eindeutig und vollständig zu erteilen, sodass der um sie nachsuchende Bürger als Empfänger der Auskunft entsprechend disponieren kann[5]. Dies gilt, wie der BGH ausdrücklich betont hat, auch und gerade für den Bereich des öffentlichen Baurechts[6]. Diese Rechtsprechung hat der BGH aber eingeschränkt. So hat der BGH Amtshaftungsansprüche verneint, die darauf gestützt waren, dass ein Sachbearbeiter des Baurechtsamtes während eines förmlichen (laufenden, noch nicht abgeschlossenen) Bauvoranfrageverfahrens eine unzutreffende mündliche Erklärung abgegeben hatte[7]. Die Feststellung einer Pflichtverletzung allein genügt für die Erfüllung des Tatbestandes des § 839 BGB nicht. Hinzukommen muss (und zwar bereits auf der Tatbestandsebene), dass gerade das im Einzelfall be-

---

1 Der BGH hat in einer derartigen Konstellation angenommen, ein Amtshaftungsanspruch komme zwar dem Grunde nach in Betracht, weil es nicht gerechtfertigt sei, die Genehmigungsbehörde von jeglicher Verantwortung zu entlasten; der Anspruch ist aber nach § 254 BGB zu mindern, BGH v. 11.10.2001 – III ZR 63/00, BGHZ 149, 50, 54.
2 BGH v. 24.4.2008 – III ZR 52/06, BauR 2008, 1577, 1579.
3 BGH v. 11.10.2001 – III ZR 63/00, BGHZ 149, 50; v. 9.10.2003 – III ZR 414/02, NVwZ 2004, 638 und v. 24.4.2008 – III ZR 252/06, BauR 2008, 1577.
4 BGH v. 9.10.2003 – III ZR 414/02, BauR 2004, 346.
5 BGH v. 16.1.1992 – III ZR 18/90, NJW 1992, 1230 (1231) m.w.N. hierzu auch von *Franckenstein*, BauR 2003, 807.
6 BGH v. 27.4.1970 – III ZR 114/68, NJW 1970, 1414; v. 23.2.1978 – III ZR 97/76, NJW 1978, 1522 und v. 11.5.1989 – III ZR 88/87, NJW 1990, 245.
7 BGH v. 16.1.1992 – III ZR 18/90, NJW 1992, 1230; siehe dazu *de Witt/Burmeister*, NVwZ 1992, 1039 ff.

rührte Interesse nach dem Zweck und der rechtlichen Bestimmung des Amtsgeschäftes geschützt ist[1].

Aus dieser Judikatur kann abgeleitet werden, dass Erklärungen, die in laufenden förmlichen Verfahren abgegeben werden, in der Regel nicht geeignet sind, Amtshaftungsansprüche zu begründen[2]. Der Bürger muss den Abschluss des jeweiligen Verfahrens abwarten. Anders dürften die Fälle zu beurteilen sein, in denen die Baurechtsbehörde Falschauskünfte hinsichtlich der Genehmigungsfreiheit von Bauvorhaben bzw. Änderungen oder Nutzungsänderungen erteilt. Zweifelhaft ist die Beurteilung der Konstellation, dass die Baurechtsbehörde einen Bauherrn ausdrücklich auffordert, ein förmliches Verfahren einzuleiten, mit der Versicherung, die Genehmigungserteilung sei unproblematisch[3].

Als Anspruchsberechtigter kommt auch ein Architekt in Betracht, dem die Behörde eine Falschauskunft erteilt und der sich als Konsequenz hieraus, zivilrechtlichen Ansprüchen seines Auftraggebers, des Bauherrn, ausgesetzt sieht[4].

**5. Entschädigungsansprüche**

Hat die Bauaufsichtsbehörde im Baugenehmigungsverfahren zwar rechtswidrig, aber nicht schuldhaft gehandelt, kommen nach der Rechtsprechung des BGH zwar keine Schadensersatzansprüche, wohl aber Entschädigungsansprüche aus enteignungsgleichem Eingriff in Betracht. Der BGH bejaht dies, wenn in eine durch Art. 14 GG geschützte Rechtsposition von hoher Hand unmittelbar eingegriffen wird, die hoheitliche Maßnahme unmittelbar eine Beeinträchtigung des Eigentums herbeiführt und dem Berechtigten dadurch ein besonderes, anderen nicht zugemutetes Opfer für die Allgemeinheit auferlegt wird. Die rechtswidrige Versagung einer Baugenehmigung durch die Bauaufsichtsbehörde stellt einen typischen Anwendungsfall dieses Haftungsinstituts dar[5]. Demgegenüber kommen Entschädigungsansprüche wegen Verzögerungen im Genehmigungsverfahren nicht in Betracht, weil die bloße Untätigkeit im Regelfall nicht als Eingriff zu qualifizieren ist[6].

123

Zu beachten ist der eingeschränkte Umfang des Entschädigungsanspruchs gegenüber dem Schadensersatzanspruch aus Amtshaftung. Während letzterer dem Geschädigten vollen Schadensersatz (einschließlich des entgangenen Gewinns, z.B. aus Mieteinnahmen) gewährt, ist der Anspruch aus enteignungsgleichem Eingriff lediglich auf eine „angemessene Entschädigung" gerichtet. Im Ergebnis bedeutet dies, dass dem Geschädigten die Bodenrente zu gewähren ist[7].

---

1 BGH v. 16.1.1992 – III ZR 18/90, NJW 1992, 1230.
2 Siehe aber BGH v. 5.5.1994 – III ZR 28/93, BRS 56 Nr. 147: Amtspflichtverletzung, wenn im Rahmen eines Genehmigungsverfahrens der Amtsleiter dem Antragsteller die schriftliche Mitteilung zukommen lässt, gegen das Vorhaben bestünden „keine planungs- und ordnungsrechtlichen Bedenken"; einschränkend BGH v. 11.4.2002 – III ZR 97/01, BauR 2002, 1529: kein Schadensersatzanspruch bei evident (und dem Betroffenen erkennbar) unrichtiger Auskunft über die Baulandqualität eines Außenbereichsgrundstücks.
3 Auf der Basis der Entscheidung des BGH v. 16.1.1992 – III ZR 18/90, NJW 1992, 1230 spricht viel dafür, auch in diesen Fällen einen Amtshaftungsanspruch zu verneinen, da diese Entscheidung durch eine Tendenz gekennzeichnet ist, der Verlagerung von wirtschaftlichen Risiken auf die Baurechtsbehörde Grenzen zu setzen. Dem Bauherrn steht das Institut der Bauvoranfrage zur Verfügung, um rechtliche Zweifelsfragen zu klären. Es dürfte kein schutzwürdiges Vertrauen in den „Erfolg" einer Bauvoranfrage bzw. eines Bauantrags geben.
4 *Seiters*, NordÖR 2010, 477, 479.
5 BGH v. 11.6.1992 – III ZR 210/90, NVwZ 1992, 1119; v. 29.10.1993 – V ZR 136/92, NJW 1994, 315.
6 BGH v. 29.9.1975 – III ZR 40/73, NJW 1976, 184.
7 BGH v. 17.3.1994 – III ZR 27/93, NJW 1994, 3158; v. 30.11.2006 – III ZR 352/04, BauR 2007, 864.

Ergänzend hinzuweisen ist auf die Möglichkeit, Ansprüche auf das – teilweise – als Landesrecht fortgeltende ehemalige DDR-Staatshaftungsgesetz zu stützen, welches im Bereich der neuen Bundesländer mit Ausnahme von Berlin, Sachsen-Anhalt und Sachsen in novellierter Form fortgilt[1].

**Exkurs: Der Baunachbarstreit**

124 Im ersten Abschnitt wurde die Tätigkeit des Anwalts im Genehmigungsverfahren **für den Bauherrn** dargestellt. Im Folgenden sollen Hinweise gegeben werden, wenn der Anwalt **von einem Nachbarn** beauftragt ist, gegen ein beabsichtigtes Vorhaben tätig zu werden. Da die einzelnen Verfahrensabschnitte des Genehmigungsverfahrens im vorangehenden Teil ausführlich behandelt werden, konzentriert sich die folgende Darstellung auf die Spezifika, die sich bei der Vertretung eines Nachbarn ergeben. Unter I. und II. wird die Situation im „herkömmlichen" Genehmigungsverfahren, unter III. werden dann die Fragen erörtert, die sich hinsichtlich des Nachbarschutzes bei den genehmigungsfreien bzw. anzeigepflichtigen Vorhaben ergeben. Ziff. IV. behandelt die Besonderheiten des Nachbarschutzes im „Vereinfachten Genehmigungsverfahren".

## I. Tätigkeit im Angrenzer-/Nachbarbenachrichtigungsverfahren

### 1. Zeitpunkt und Grenzen für Nachbareinwendungen

125 Die Einschaltung des Anwalts im Baunachbarstreit beginnt häufig dann, wenn ein Grundstückseigentümer die Nachricht erhalten hat, dass für ein angrenzendes bzw. benachbartes Grundstück ein Bauantrag eingereicht ist (zur Frage, wann diese Benachrichtigung zu erfolgen hat, vgl. Rz. 97). Die Benachrichtigung ist regelmäßig mit einer Fristsetzung für evtl. Einwendungen verbunden (§ 55 LBO BW: vier Wochen; § 74 Abs. 2 S. 2 BauO NRW: ein Monat; § 72 NBauO: angemessene Frist). Diese Fristen sind regelmäßig **keine Ausschlussfristen**. Werden sie versäumt, ist der Nachbar mit seinen Einwendungen nicht präkludiert, da dies im Gesetz nicht vorgesehen ist[2]. Abweichendes gilt aber für Baden-Württemberg. Hier ist durch § 55 Abs. 2 S. 2 LBO BW ausdrücklich eine materielle Präklusion eingeführt worden. Der Nachbar ist mit allen Einwendungen, die er nicht fristgemäß vorgebracht hat, ausgeschlossen – und zwar nicht nur für das Genehmigungs-, sondern auch für ein eventuell folgendes Widerspruchs- bzw. Klagverfahren gegen die Baugenehmigung. Wegen dieser weitreichenden Rechtswirkungen ist in der Rspr. angenommen worden, das Eingreifen der materiellen Präklusion setze voraus, dass in der Angrenzerbenachrichtigung über die einzuhaltende Frist in eindeutiger und unzweifelhafter Weise belehrt und auf die Folgen ihrer Nichteinhaltung deutlich und unmissverständlich hingewiesen wird[3]. Diese Präklusion bewirkt mehr Rechts-

---

1 Dazu *Herbst/Lühmann*, LKV 1998, 49 und *Cornils*, LKV 2003, 2006; vgl. auch BGH v. 11.12.2008 – III ZR 216/07, BRS 73 Nr. 157.
2 *Große-Suchsdorf/Lindorf/Schmaltz/Wiechert*, Niedersächsische Bauordnung, § 72 Rz. 122.
3 VG Karlsruhe v. 9.1.1997 – 11 K 3769/96, NVwZ 1997, 929. Um die Präklusionswirkung auszuschließen, reicht es aus, dass die fristgerecht vorgetragenen Einwendungen „in groben Zügen erkennen lassen, welche Rechtsgüter als gefährdet angesehen und welche Beeinträchtigungen befürchtet werden" (so *Pfaff*, VBlBW 1996, 281 (286) unter Hinweis auf BVerfG v. 8.12.1982 – 2 BvR 1187/80, BVerfGE 61, 82 ff.); hierzu auch *Schlotterbeck/Hager/Busch/Gammerl*, LBO BW, § 55 Rz. 29 f., s. auch VGH BW v. 4.3.1998 – 5 S 3180/97, VBlBW 1998, 380; v. 1.4.1998 – 8 S 722/98, VBlBW 1998, 464; v. 4.9.2002 – 5 S 1280/02, BauR 2003, 373: Keine Präklusion bei unklaren Bauvorlagen, wenn Nachbar deshalb seine Betroffenheit nicht deutlich erkennen kann; VGH BW v. 9.1.2008 – 3 S 2016/07, NVwZ-RR 2008, 378, keine Präklusion bei unrichtiger Belehrung.

sicherheit für den Bauherrn, der bisher mit der Möglichkeit rechnen musste, dass sich der Nachbar trotz Benachrichtigung nicht rührt – und erst nach Erteilung der Baugenehmigung Widerspruch einlegt.

Außerhalb Baden-Württembergs gilt jedoch weiterhin: Wird der Anwalt verspätet eingeschaltet, können (und sollten) Einwendungen auch nach Fristablauf noch vorgetragen werden. Ein (bindender) Verzicht auf Nachbareinwendungen liegt nur dann vor, wenn der Nachbar gegenüber der Baugenehmigungsbehörde auf Einwendungen gegenüber dem Vorhaben verzichtet hat[1].

Umstritten ist, ob eine solche Zustimmungserklärung gegenüber der Baurechtsbehörde bis zur Zustellung der Baugenehmigung an den Bauherrn noch widerrufbar ist[2]. Hat ein früherer Eigentümer eine Zustimmungserklärung erteilt, so ist hieran auch ein Rechtsnachfolger gebunden[3]. Eine Planänderung nach Zustimmungserteilung bewirkt nicht automatisch, dass der Verzicht auf Abwehrrechte hinfällig wird. Das Einverständnis behält seine Wirkung, wenn die Belange des Nachbarn/Angrenzers hierdurch nicht in stärkerem Maß betroffen werden[4].

## 2. Umfang der Einwendungen

Der im Angrenzer/Nachbar-Benachrichtigungsverfahren tätige Anwalt sollte für seinen Mandanten das Bauvorhaben umfassend prüfen und alle Einwände gegen das Vorhaben vorbringen – also nicht nur mögliche Verstöße gegen nachbarschützende Bestimmungen (dazu näher Rz. 133) rügen. Zwar können *nach* Erteilung der Baugenehmigung Widerspruch und Anfechtungsklage nur Erfolg haben, wenn das Vorhaben gegen nachbarschützende Bestimmungen verstößt, wenn also nicht nur die objektive Rechtswidrigkeit der Baugenehmigung gegeben ist, sondern zugleich subjektive Rechte des Nachbarn verletzt sind. Dies entbindet die Genehmigungs-

126

---

1 HessVGH v. 7.12.1994 – 4 TH 3032/94, BRS 56 Nr. 180; der Verzicht muss sich auf ein hinreichend konkretisiertes Vorhaben beziehen und gilt nicht, wenn dies in Bezug auf Belange des Nachbarn in geänderter Form zur Genehmigung gestellt wird VGH BW v. 18.2.1994 – 8 S 1712/93, BRS 56 Nr. 182 und OVG Saarl. v. 5.4.1995 – 2 W 10/95, BRS 57 Nr. 138; bei einer privatrechtlichen Vereinbarung, die nicht zum Gegenstand der Nachbarerklärung zum Bauantrag gemacht wurde, wird der Bauherr den Nachbarn privatrechtlich auf Abgabe einer (öffentlich-rechtlichen) Zustimmung gegenüber der Baugenehmigungsbehörde in Anspruch nehmen können. Vgl. auch noch VGH BW v. 9.11.1990 – 8 S 1714/90, VBlBW 1991, 218; BayObLG v. 2.7.1990 – RReg 1 Z 285/89, BayVBl. 1991, 28 m. Anm. *Geiger* in BayVBl. 1991, 252 und HessVGH v. 27.4.1994 – 3 TH 20/94, BRS 56 Nr. 181; siehe auch Sächs. OVG v. 10.6.1996 – 1 S 134/96, SächsVBl. 1997, 119: Verkauf eines Grundstücks in Kenntnis eines bestimmten Bauvorhabens des Käufers, stellt schlüssiges Einverständnis mit diesem Bauvorhaben dar und schließt dagegen die Geltendmachung von Nachbarrechten aus; zur Frage der Möglichkeit einer Vereinbarung, mit der auf Abwehrrechte gegen künftige Bauvorhaben verzichtet wird *Große-Suchsdorf/Lindorf/Schmaltz/Wiechert*, Niedersächsische Bauordnung, § 72 Rz. 128ff. Zu Nachbarvereinbarungen siehe auch *v. Franckenstein*, BauR 2002, 1041 und *Schroer/Dziallas*, NVwZ 2004, 134.
2 Vgl. einerseits VGH BW v. 16.5.1963 – III 889/71, BRS 27 Nr. 164 und *Gädtke/Czepuck/Johlen/Plietz/Wenzel*, BauO NRW, § 74 Rz. 23 und andererseits OVG Saarl. V. 12.5.1978 – II R 124/77, BRS 33 Nr. 178. Offengelassen wird die Frage vom OVG NW v. 15.6.1984 – 7 B 1233/84, BauR 1984, 622; der Große Senat des BayVGH hat die wohl h.M. bekräftigt, dass die Zustimmung entsprechend § 130 Abs. 1 BGB nur bis zu ihrem Eingang bei der Bauaufsichtsbehörde widerrufen werden kann, BayVGH v. 3.11.2005 – 2 BV 04.1756, DÖV 2006, 303.
3 OVG NW v. 15.6.1984 – 7 B 1233/84, BauR 1984, 622 und Sächs. OVG v. 2.12.1997 – 1 S 32/97, SächsVBl. 1998, 140.
4 VGH BW v. 18.2.1994 – 8 S 1712/93, BRS 56 Nr. 182; *Große-Suchsdorf/Lindorf/Schmaltz/Wichert*, Niedersächsische Bauordnung, § 72 Rz. 33 m.w.N.; siehe aber auch OVG NW v. 30.8.2000 – 10 B 1145/00, BauR 2001, 89.

behörde aber nicht von der Pflicht, eine umfassende Prüfung eines Bauantrags vorzunehmen und einen Antrag auch dann abzulehnen, wenn „nur" gegen objektives Recht verstoßen wird[1]. Auf solche Verstöße eines Bauantrags sollte der Anwalt des Nachbarn hinweisen, da so die Chancen für die Ablehnung des Bauantrages steigen.

Ein entsprechendes Vorgehen empfiehlt sich auch in Konstellationen, in denen sich der Nachbar gegen die Erteilung einer Genehmigung wendet, die im vereinfachten Genehmigungsverfahren mit reduziertem Prüfprogramm durch die Aufsichtsbehörde erteilt wird (vgl. hierzu oben Rz. 18). Zwar ist die Bauaufsichtsbehörde regelmäßig nicht befugt, von sich aus das Prüfprogramm im vereinfachten Genehmigungsverfahren zu erweitern und die Baugenehmigung mit Hinweis darauf zu versagen, dass das Vorhaben gegen baurechtliche Normen verstößt, die außerhalb des Prüfprogramms der Bauaufsichtsbehörde und außerhalb des Regelungsgehaltes der Baugenehmigung liegen. Im Hinblick auf die Möglichkeit der Bauaufsichtsbehörde, in derartigen Fällen einen Bauantrag mangels Sachbescheidungsinteresses abzulehnen, oder ergänzende Anordnungen zur Ausführung des Vorhabens zu treffen[2], empfiehlt es sich für den Anwalt des Nachbarn, auch Verstöße außerhalb des Prüfprogramms bzw. außerhalb des Regelungsgehaltes der Baugenehmigung zu rügen. Grundsätzlich zwecklos ist der Hinweis auf entgegenstehende **privatrechtliche** Rechtspositionen, z.B. die Behauptung, die beabsichtigte Bebauung verstieße gegen eine auf dem Baugrundstück lastende Grunddienstbarkeit. Die Genehmigung wird unbeschadet privater Rechte Dritter (§ 59 Abs. 3 LBO BW) erteilt. Die Genehmigungsbehörde kann (und wird) derartige Einwände i.d.R. ignorieren – es sei denn, die fehlende privatrechtliche Befugnis zur Realisierung des Vorhabens ist offenkundig.

127 Keine Chance besteht auch für den Anmelder vermögensrechtlicher Ansprüche (auf ein Grundstück in den neuen Bundesländern), die Erteilung einer Baugenehmigung, die der Verfügungsberechtigte beantragt hat, zu verhindern. Die Baurechtsbehörden sind nicht verpflichtet, die eigentumsrechtliche Situation des Baugrundstücks zu prüfen[3]. Gegenteiliges ergibt sich nicht aus § 3 Abs. 3 VermG. Nach h.M. ist dies eine privatrechtliche Norm[4], die der Genehmigungserteilung nicht entgegensteht. Auch bei einer Qualifizierung als öffentlich-rechtliche Norm ändert sich an diesem Ergebnis nichts: § 3 Abs. 3 VermG richtet sich nicht an die Baurechtsbehörde; sie betrifft das Verhältnis Verfügungsberechtigter/Anmelder. Sie zählt daher nicht zu den von der Genehmigungsbehörde zu prüfenden Rechtsnormen.

Eine andere Frage ist es, ob der Anmelder (= Berechtigter i.S.d. § 2 Abs. 1 VermG) bei Baumaßnahmen des Verfügungsberechtigten einen Unterlassungsanspruch gegen die tatsächliche Veränderung der Situation geltend machen kann[5]. Mit der weitestgehenden Aufarbeitung der vermögensrechtlichen Ansprüche im Beitrittsgebiet stellen sich die entsprechenden Probleme allerdings nur noch in seltenen Ausnahmefällen.

128 Ist eine Anhörung bzw. Beteiligung des Nachbarn unterblieben, obwohl diese verfahrensrechtlich geboten war, so liegt ein Verstoß gegen formelle Beteiligungsrechte des Nachbarn vor. Dieser Fehler ist aber regelmäßig gem. § 46 VwVfG unbeachtlich, wenn offensichtlich ist, dass die Verletzung die Entscheidung in der Sache nicht beeinflusst hat[6]. Trifft Letzteres zu, so wird der Fehler jedenfalls gem. § 45

---

1 VGH BW v. 15.7.1985 – 3 S 1652/85, VBlBW 1986, 72.
2 OVG Hbg. v. 30.3.2011 – 3 Bf 374/06, NVwZ-RR 2011, 591.
3 *Uechtritz*, Öffentliches Baurecht, S. 150; siehe auch KreisG Gera-Stadt v. 8.10.1991 – 1 D 246/91, LKV 1992, 99 und BezG Dresden v. 17.3.1992 – II S 31/92, VIZ 1992, 373.
4 Zum Meinungsstand *Uechtritz*, DB 1992, 1329.
5 Dazu BGH v. 15.4.1994 – V ZR 79/93, NJW 1994, 1723 und *Rapp*, DtZ 1994, 335.
6 Näher zu dieser Anforderung *Stelkens/Bonk/Sachs*, VwVfG, § 46 Rz. 50ff.

Abs. 1 Nr. 3 VwVfG geheilt, wenn der Nachbar im Widerspruchsverfahren Gelegenheit erhält, seine Rechte wahrzunehmen[1]. Die Anhörung dient auch dem Schutz des Bauherrn, der ein Interesse daran hat, eine möglichst verlässliche Grundlage für seine weiteren Dispositionen zu erhalten[2]. Das Unterlassen der Angrenzerbenachrichtigung kann daher eine Amtspflichtverletzung gegenüber dem Bauherrn darstellen, wenn dieser hierdurch einen Schaden erleidet[3], z.B. weil ein Bau während der Ausführung infolge eines Rechtsmittels des Nachbarn stillgelegt wird.

### 3. Einwendungen trotz unterbliebener Beteiligung

Hat der Nachbar bzw. sein Anwalt Kenntnis von einem laufenden Genehmigungsverfahren (obwohl eine Benachrichtigung unterblieben ist), so kann versucht werden, einen Antrag auf Beteiligung nach § 13 VwVfG zu stellen (zur Frage der Anwendbarkeit dieser Bestimmung vgl. Rz. 98); erfolgt die Beteiligung, so kann dann der Nachbar Einsicht in die Antragsunterlagen verlangen und seine Einwendungen vortragen. Selbst wenn die Beteiligung abgelehnt wird, sollten rechtliche Zweifel an der Genehmigungsfähigkeit vorgetragen werden. Möglicherweise kann auf diese Weise die Entscheidung der Genehmigungsbehörde beeinflusst werden.

129

## II. Tätigkeit im Widerspruchsverfahren

### 1. Zeitpunkt der Widerspruchseinlegung

Ist die Baugenehmigung erteilt und dem Nachbarn zugestellt worden, so muss innerhalb der Monatsfrist des § 70 VwGO Widerspruch eingelegt werden. Dies gilt allerdings nur dort, wo der Landesgesetzgeber dieses nicht (für die meisten Rechtsmaterien und auch für das Baurecht) abgeschafft hat.[4] Wo dies der Fall ist, kommt als Rechtsmittel gegen die Baugenehmigung nur die verwaltungsgerichtliche Klage in Betracht. Erfolgt dem Nachbarn gegenüber keine amtliche Bekanntgabe der Genehmigung, so läuft ihm gegenüber grds. keine Frist. Die Widerspruchseinlegung (bzw. die Klageerhebung bei Entfallen des Widerspruchsverfahrens) ist also noch Monate, u.U. Jahre nach der Genehmigungserteilung zulässig. Hat der Nachbar aber sichere Kenntnis von der Baugenehmigung erlangt, so ist baldige Widerspruchseinlegung geboten, da andernfalls eine **Verwirkung** seiner Widerspruchsbefugnis in Betracht kommt. Das BVerwG geht davon aus, der Nachbar müsse sich vom Zeitpunkt der Möglichkeit der sicheren Kenntniserlangung nach Treu und Glauben so behandeln lassen, wie wenn ihm die Baugenehmigung amtlich bekannt gegeben worden wäre[5]. Regelmäßig beträgt zwar die Widerspruchsfrist in dieser Konstellation ein Jahr (weil keine Rechtsbehelfsbelehrung vorliegt, vgl. § 58

130

---

1 *Sauter*, LBO BW, § 55 Rz. 19; näher zu den Voraussetzungen siehe *Große-Suchsdorf/Lindorf/Schmaltz/Wiechert*, Niedersächsische Bauordnung, § 72 Rz. 127; ablehnend zu einer Heilung *Ortloff*, NJW 1983, 961 (966).
2 Vgl. BGH v. 25.1.1973 – III ZR 256/68, BGHZ 60, 112 (117).
3 OLG Stuttgart v. 22.9.1976 – 1 U 40/76, zitiert nach *Sauter*, LBO BW, § 55 Rz. 13 und OLG Stuttgart v. 28.2.1996 – 1 U 21/95, unveröffentlicht.
4 Siehe hierzu den Überblick bei *Beaucamp/Ringermuth*, DVBl. 2008, 426 und *Dolde/Porsch*, VBlBW 2008, 428 ff.
5 BVerwG v. 25.1.1974 – IV C 2.72, BVerwGE 44, 294 und v. 28.8.1987 – 4 N 3.86, NJW 1988, 839.

Abs. 2 VwGO)[1]. Die Rechtsprechung geht aber davon aus, dass eine Verwirkung der materiellen Abwehrrechte auch schon vor Ablauf der Jahresfrist eintreten kann[2], wenn ausreichende Zeit für die Geltendmachung der Abwehrrechte vorhanden und für den Bauherrn der Schluss gerechtfertigt war, der Nachbar werde sein Abwehrrecht nicht mehr geltend machen, und die verspätete Geltendmachung nach den Umständen des Einzelfalls treuwidrig erscheint[3]. Dabei hat das BVerwG betont, eine Verwirkung der materiellen Abwehrrechte setze voraus, dass der Nachbar längere Zeit hindurch untätig geblieben sei, als ihm die Rechtsbehelfsfristen im Regelfall für die Geltendmachung seines Rechts einräumten[4]. Darüber hinaus kommt eine Verwirkung der Abwehrrechte bei treuwidrigem widersprüchlichem Verhalten in Betracht, so z.B. bei Widerspruch nach vorherigem Verkauf des Baugrundstücks und Zustimmung zum Baukonzept durch den Nachbarn[5]; gleiches gilt, wenn der Nachbar zunächst gestattet, sein Grundstück für die Durchführung der Bauarbeiten in Anspruch zu nehmen[6]. Ebenso hat die Rspr. Abwehrrechte des Nachbarn verneint, der die rechtliche Unzulässigkeit eines Vorhabens geltend macht – obwohl er selbst sein Grundstück baurechtswidrig nutzt[7]. Die den Einwand einer unzulässigen Rechtsausübung begründenden Tatbestände erstrecken sich auch auf den Rechtsnachfolger desjenigen, der die Verwirkung der Abwehrrechte bewirkt hat. Dies gilt auch für denjenigen, der als Nachbar sein Grundstück „originär" im Zwangsversteigerungsverfahren erworben hat[8]. Die Geltendmachung von Abwehrrechten kann auch im Fall des Erwerbs eines „Sperrgrundstücks" unzulässig sein, wenn das Eigentum nicht erworben wurde, um die mit ihm verbundenen Gebrauchsmöglichkeiten zu nutzen, sondern nur als Mittel dafür, die formalen Voraussetzungen für eine Prozessführung zu schaffen[9].

---

1 Zu beachten ist aber folgende Konstellation: Wird bei einem Verwaltungsakt mit Drittwirkung in einer ihm beigefügten Rechtsbehelfsbelehrung abstrakt darüber belehrt, dass gegen den Bescheid Widerspruch eingelegt werden kann, bezieht sich die Rechtsbelehrung ohne weiteres auch auf einen potentiell Drittbetroffenen und setzt – wenn ihm der Verwaltungsakt bekannt gegeben wird – ihm gegenüber die Widerspruchsfrist in Lauf, BVerwG v. 11.3.2010 – 7 B 36.09, BauR 2010, 1738. Die Jahresfrist beginnt nicht erst dann, wenn die Teile des Vorhabens errichtet werden, die den Nachbarn stören. Maßgeblich ist der Zeitpunkt der Kenntnis bzw. des Kennenmüssens von der Ausnutzung der Baugenehmigung, Nds. OVGv. 17.1.1997 – 1 L 6347/95, BauR 1997, 452.
2 BVerwG v. 16.5.1991 – 4 C 4.89, BauR 1991, 597; OVG NW v. 15.9.1980 – 11 A 2306/78, BRS 36 Nr. 188; OVG Bremen v. 3.12.1981 – 1 BA 10/91, BauR 1992, 752; OVG NW v. 5.4.1992 – 7 A 1521/90, BauR 1992, 753; siehe auch *de Vivie/Barsuhn*, BauR 1995, 492 ff.
3 Vgl. OVG Bln.-Bbg. v. 3.4.2009 – OVG 10 S 5.09, BauR 2009, 1427: Verwirkung vor Ablauf eines Jahres bei Beteiligung im Verwaltungsverfahren und Ankündigung einer Befreiung.
4 BVerwG v. 16.5.1981 – 4 C 4.89, BauR 1991, 597; v. 16.4.2002 – 4 B 8.02, BauR 2003, 1031: Regelmäßig keine Verwirkung von Nachbarrechten durch bloßen Zeitablauf; ferner OVG NW v. 9.4.1992 – 7 A 1521/90, BauR 1992, 753 und v. 10.6.2005 – 10 A 3664/03, BauR 2005, 1766.
5 HessVGH v. 8.5.1990 – 3 TG 1291/90, BauR 1991, 187; Sächs. OVG v. 10.6.1996 – 1 S 134/96, SächsVBl. 1997, 119. Keine Verwirkung tritt ein, wenn der Bauherr dem Nachbarn nur die Baupläne gezeigt hat, ohne dass der Nachbar diesen zustimmt, BVerwG v. 7.8.1998 – 4 B 147.96, BRS 58 Nr. 186.
6 OVG NW v. 9.4.1996 – 7 A 1521/90, BauR 1992, 753; zur Frage des Rechtsmissbrauchs bei Erwerb eines „Sperrgrundstücks" zur Bekämpfung eines Vorhabens s. *Ortloff*, NVwZ 1992, 229.
7 OVG Thür. v. 18.10.1996 – 1 EO 262/96, BRS 58 Nr. 156 und OVG Saarl. v. 22.11.1996 – 2 W 31/96, BRS 58 Nr. 110 (kein Abwehranspruch des Nachbarn gegen eine „Zwei-Wohnungen-Klausel", wenn der Nachbar selbst drei Wohnungen nutzt); zur Problematik auch *Waechter*, BauR 2009, 1237.
8 OVG MV v. 5.11.2001 – 3 M 93/01, BRS 64 Nr. 192.
9 OVG MV v. 19.11.2003 – 3 K/99, Nord ÖR 2004, 155 f.

## 2. Prüfung der Erfolgsaussichten

Nach Widerspruchseinlegung wird der Mandant regelmäßig von seinem Anwalt eine Stellungnahme zu den Erfolgsaussichten seines Rechtsmittels erwarten. Hierzu bedarf es zunächst des Einblicks in die genehmigten Bauunterlagen. Häufig wird die Genehmigungsbehörde dem Gesuch auf Aktenüberlassung entsprechen, zumindest Kopien übersenden. Geschieht dies nicht, müssen die Akten bei der Behörde eingesehen werden (vgl. *Bracher/Redeker* Teil 1 Kap. A Rz. 39 ff.). Anhand des Baugesuchs kann die Überprüfung erfolgen, ob bauplanungsrechtliche oder bauordnungsrechtliche Bestimmungen verletzt sind. Zur Beurteilung der planungsrechtlichen Situation ist zu klären, ob für das Baugrundstück ein qualifizierter Bebauungsplan existiert und ob das genehmigte Vorhaben dessen Festsetzungen entspricht. Weiter muss der Anwalt prüfen, ob möglicherweise Bedenken gegen die Wirksamkeit des einschlägigen Bebauungsplans bestehen. Da die Verwaltungsgerichte im Rahmen eines Nachbarstreits eine „Inzidentkontrolle" des Bebauungsplans vornehmen[1], kann dies zu einer günstigeren Beurteilung der Abwehransprüche des Nachbarn führen. Dies mag folgendes Beispiel verdeutlichen: In einem fast durchgängig mit zweigeschossigen Wohnhäusern bebauten Gebiet lässt ein Bebauungsplan eine viergeschossige Bauweise zu. Ist dieser Bebauungsplan zu einem Zeitpunkt rechtsverbindlich geworden, zu dem im fraglichen Bereich nur eine zweigeschossige Bebauung vorhanden war, so stellt sich die Frage, ob dieser Plan nicht wegen der fehlenden Rücksichtnahme auf die zum Zeitpunkt seines In-Kraft-Tretens bereits vorhandene Bebauung das Abwägungsgebot des § 1 Abs. 7 BauGB verletzt und daher unwirksam ist: (Stichwort: „Gefälligkeitsplanung" zu Gunsten eines einzelnen Grundstückseigentümers). Kann dies bejaht werden, besteht die Chance, ein Bauvorhaben für ein viergeschossiges Vorhaben zu Fall zu bringen.

131

Besteht kein qualifizierter Bebauungsplan (oder ist dieser unwirksam), so wird regelmäßig § 34 BauGB anwendbar sein. In diesem Fall ist der Anwalt des Nachbarn gehalten, sich durch Ortsbesichtigung einen Eindruck von der tatsächlichen Situation zu verschaffen. Dies schon deshalb, weil häufig zweifelhaft sein wird, ob allein durch Pläne oder auch Fotografien ein vollständiger und zutreffender Eindruck von den tatsächlichen Verhältnissen möglich ist, die für die Beurteilung des Bauvorhabens nach § 34 BauGB maßgeblich sind.

132

## 3. Erfordernis der Verletzung subjektiver Nachbarrechte

Nach einhelliger Auffassung der Rechtsprechung können Widerspruch und Anfechtungsklage nur Erfolg haben, wenn die Baugenehmigung **subjektive Rechte des Nachbarn**[2] verletzt. Die Widerspruchsbehörde ist (ebenso wie das Verwaltungs-

133

---

1 Dazu *Dageförde*, VerwArch. 79 (1988), 123 ff.; da die Verwaltungsgerichte nach der Meinung des BVerwG v. 7.9.1979 – IV C 7.77 (DVBl. 1980, 230) nicht „ungefragt auf Fehlersuche" gehen sollen, ist es Aufgabe des den Nachbarn vertretenden Anwalts, auf Zweifel an der Wirksamkeit eines Bebauungsplans hinzuweisen.
2 „Nachbar" im baurechtlichen Sinn ist grds. nur der jeweilige Grundstückseigentümer. Dem Grundeigentümer sind dingliche Nutzungsberechtigte wie Erbbauberechtigte, Wohnungseigentümer (hierzu OVG NW v. 24.6.2008 – 9 A 2792/06, BRS 73 Nr. 181) und Nießbrauchsberechtigte: (*Schretter/Schenk*, in: Handbuch Bauordnungsrecht, Kapitel 14, Rz. 248 ff.; einschränkend aber OVG NW v. 15.10.1992 – 7 A 2994/91, NWVBl. 1994, 304: kein Übergang der Abwehrposition auf den Erben und OVG Saarl., BauR 2004, 821: Dingliches Wohn- und Benutzungsrecht hinsichtlich eines Grundstücks vermittelt dem Berechtigten kein Abwehrrecht) gleichgestellt. Gleiches gilt auch für den Käufer, der durch eine Auflassungsvormerkung dinglich gesichert ist: BVerwG v. 29.10.1982 – 4 C 51.79, NJW 1983, 1626, anders *Röhn/Hellman-Sieg* BauR 2009, 935 ff.; ein dingliches Vorkaufsrecht genügt nicht, VGH BW v. 12.9.1995 – 5 S 2334/95, VBlBW 1995, 107. Im Ver-

gericht) darauf beschränkt, den angegriffenen Verwaltungsakt daraufhin zu überprüfen, ob nachbarschützende Vorschriften verletzt sind[1]. Es kommt also darauf an, ob gegen bauordnungsrechtliche oder bauplanungsrechtliche Bestimmungen verstoßen wird, die zumindest auch dem Schutz des Nachbarn (und nicht nur allgemein städtebaulichen Belangen) dienen (sog. „Schutznormtheorie"[2]). In den Kommentaren[3] findet sich ein Überblick, welche bauordnungsrechtlichen Bestimmungen nachbarschützend sind. Hinsichtlich der Festsetzungen von Bebauungsplänen sind keine generellen Aussagen möglich. Dem einzelnen Plan muss ent-

---

hältnis von Wohnungseigentümern untereinander bestehen keine öffentlich-rechtlichen Abwehransprüche, BVerwG v. 14.10.1988 – 4 C 1.86, BRS 48 Nr. 115 und v. 12.3.1998 – 4 C 3/97, BauR 1998, 997; s. auch VGH BW v. 12.9.1995 – 5 S 2334/95, VBlBW 1996, 22 und OVG Rh.-Pf. V. 10.7.2007 – 8 A 10279/07, NVwZ-RR 2008, 86. Gleiches gilt für die Klage eines Eigentümers gegen eine dem Mieter erteilte Baugenehmigung BayVGH v. 6.6.2005 – 25 ZB 04.924, BRS 69 Nr. 180. Abweichendes gilt für Ansprüche auf Einschreiten zur Abwehr von Gesundheitsgefahren nach §§ 24, 25 BImSchG, VGH BW, VBlBW 1994, 238; zu den Abwehransprüchen von Wohnungseigentümern gegen Baumaßnahmen auf dem Nachbargrundstück s. OVG NW v. 28.2.1981 – 11 B 2967/90, NVwBl. 1991, 265; BayVGH, NVwZ-RR 2006, 430 und *Gröhn/Hellmann-Sieg*, BauR 2010, 400 ff. Nur obligatorisch Berechtigte, z.B. Mieter oder Pächter, sind nach ganz h.M. keine „Nachbarn" i.S.d. öffentlichen Baurechts. Sie sind regelmäßig nicht widerspruchs- bzw. klagebefugt, folglich auch vor der Erteilung der Baugenehmigung nicht zu beteiligen (so auch BVerwG v. 20.4.1998 – 4 B 22.98, BauR 1998, 994). Das öffentliche Baurecht ist grundstücksbezogen, nicht personenbezogen, es interessiert sich daher grds. nur für die Beeinträchtigung des Nachbargrundstücks, nicht der (wechselnden) Benutzer; ausführlich zum Begriff des „Nachbarn" im öffentlichen Baurecht, *Seidel*, Öffentlich-rechtlicher und privatrechtlicher Nachbarschutz, 2000, Rz. 326 ff. Zur Diskussion um die Einbeziehung der obligatorisch Berechtigten s. *Ziekow*, NVwZ 1989, 231 (232) m.w.N. und *Jäde*, UPR 1993, 330 ff.; *Mampel*, UPR 1994, 8 ff.; *Ortloff*, NVwZ 1994, 229 (234) und *Schmidt-Preuß*, NJW 1995, 27 ff. – unter Bezug auf die Stärkung der Rechtsposition der Mieter durch das BVerfG v. 26.5.1993 – 1 BvR 208/93, UPR 1993, 339; zur Nachbareigenschaft von Nutzungsberechtigten in der ehemaligen DDR s. *Postier*, LKV 1992, 33 (34 f.). Keine Bedenken bestehen gegen die Qualifizierung des Verfügungsberechtigten i.S.d. § 3 Abs. 3 VermG als Nachbar.

1 BVerwG v. 18.5.1982 – 7 C 42.80, NVwZ 1983, 32. Allerdings kommt im Widerspruchsverfahren eine Rücknahme der Baugenehmigung unter den erleichterten Voraussetzungen des § 50 VwVfG in Betracht, wenn der Nachbarwiderspruch nicht unzulässig und nicht offensichtlich unbegründet ist, OVG Bautzen v. 26.8.1992 – I S 150/92, LKV 1993, 97; VGH BW v. 6.5.1996 – 8 S 270/96, VBlBW 1996, 380 und BayVGH v. 10.12.1996 – 20 B 95.3349, NVwZ 1997, 701.

2 Überblick über die Literatur bei *Finkelnburg/Ortloff/Otto*, Öffentliches Baurecht, Band II, S. 273 ff. Die aktuellen Entwicklungslinien im baurechtlichen Nachbarschutz behandelt Kraft, VerwArch. 89 (1998), 264 ff.; zur Diskussion s. ferner *Mampel*, BauR 1998, 697 ff. und *Seidel*, Öffentlich-rechtlicher und privater Nachbarrechtsschutz, Rz. 108 ff.; aktueller Überblick über die Rechtsprechung bei *Beckmann*, BauR 2006, 1676 und BauR 2010, 1525; nur hingewiesen werden kann an dieser Stelle auf die Durchbrechung der Schutznormtheorie durch die naturschutzrechtliche Verbandsklage und zur neuen Klagemöglichkeit von Umweltschutzverbänden nach dem Umweltrechtsbehelfsgesetz (dazu *Ziekow*, NVwZ 2007, 259, *Ewer*, NVwZ 2007, 267 und *Kerkmann*, BauR 2007, 1527) sowie die Erweiterungen der Klagemöglichkeiten gegenüber den Restriktionen des Umweltrechtsbehelfsgesetzes durch den EuGH im Hinblick auf die Richtlinie über die Umweltverträglichkeitsprüfung bei bestimmten öffentlichen und privaten Projekten, vgl. hierzu EuGH v. 12.5.1011 – C-115/09, NVwZ 2011, 801 mit Anm. *Schlacke*.

3 *Gädtke/Czepuck/Johlen/Plietz/Wenzel*, BauO NRW, § 74 Rz. 54 ff.; *Sauter*, LBO BW, § 54 Rz. 49 und *Große-Suchsdorf/Lindorf/Schmaltz/Wiechert*, Niedersächsische Bauordnung, § 72 Rz. 36 ff.; s. auch noch *Ortloff*, NVwZ 1997, 333 (341 f.). Einen umfassenden Überblick über die drittschützenden Bestimmungen des Bau- und des Immissionsschutzrechts gibt *Hoppenberg*, Öffentlich-rechtlicher Nachbarschutz Rz. 141 ff., in *Hoppenberg/de Witt* (Hrsg.), Handbuch des öffentlichen Baurechts.

nommen werden, ob seine Festsetzungen nachbarschützend sind. Dies soll sich nach herkömmlicher Meinung aus der Begründung der einzelnen Festsetzungen (hierzu bedarf es regelmäßig der Prüfung der Verfahrensakten zu dem einschlägigen Bebauungsplan) oder auch ohne weiteren Hinweis aus der Art der Festsetzung selbst ergeben[1]. Beachtung verdient allerdings die aktuelle Rechtsprechung des BVerwG. Dieses geht in seiner jüngeren Judikatur davon aus, dass Festsetzungen über die **Art** der baulichen Nutzung **regelmäßig** drittschützender Natur sind, und zwar grds. in Bezug auf alle Grundstücke innerhalb des Plangebiets[2]. In der Literatur ist insoweit von einem „absoluten Gebietsschutz für die Art der baulichen Nutzung"[3] gesprochen worden. Umstritten ist, inwieweit bei der Festsetzung mehrerer unterschiedlicher Baugebiete in einem Bebauungsplan der „absolute" Drittschutz in Bezug auf die Nutzungsart nur innerhalb des jeweiligen Baugebiets gilt[4]. Bei Festsetzungen über das **Maß** der baulichen Nutzung wird ein Drittschutz überwiegend verneint[5]. Auch gem. § 173 Abs. 3 BBauG übergeleitete Bebauungspläne können drittschützende Festsetzungen enthalten, wenn die Auslegung dieser Bestimmungen nach den Maßstäben zur Bestimmung einer Schutznorm zur Bejahung subjektiver Nachbarrechte führt[6]. Entspricht das Vorhaben den Festsetzungen eines (wirksamen) Bebauungsplans, so kommen noch Einwendungen nach § 15 Abs. 1 BauNVO in Betracht. Das BVerwG sieht in § 15 BauNVO eine Ausprägung des allgemeinen baurechtlichen Rücksichtnahmegebots[7]. § 34 Abs. 1 BauGB vermittelt Drittschutz nur im Rahmen des Rücksichtnahmegebots. Im Anwendungsbereich des § 33 BauGB kann sich ein Drittschutz aus den Festsetzungen des künftigen Bebauungsplans ergeben. Im Fall einer zu Unrecht erteilten Befreiung nach § 31 Abs. 2 BauGB kommt es darauf an, ob die Vorschrift, von der befreit wurde, nachbarschützend ist oder nicht. Im ersten Fall folgt aus der Rechtswidrigkeit der Befreiung automatisch die

---

1 Vgl. *Battis/Krautzberger/Löhr*, BauGB, § 31 Rz. 62 ff.; kritisch hierzu *Mampel*, BauR 1998, 697 (699 ff.); zur Frage eines Drittschutzes bei einer Befreiung vgl. BVerwG v. 19.9.1986 – 4 C 8.84, BRS 46 Nr. 173.
2 BVerwG v. 23.8.1996 – 4 C 13.94, BauR 1997, 72; v. 2.2.2000 – 4 B 87.99, BauR 2000, 1019 f: s. auch bereits BVerwG v. 16.9.1993 – 4 C 28.91, DVBl. 1994, 285.
3 So *Kraft*, VerwArch. 89 (1998), 264 (281 ff.).
4 Hierzu VGH BW v. 21.9.1993 – 10 S 1736/91, VBlBW 2000, 72 ff.; die Rechtsprechung des OVG NW ist nicht einheitlich: vgl. OVG NW v. 28.11.2002 – 10 B 1618/02, BRS 66 Nr. 168 einerseits und v. 25.2.2003 – 7 B 2374/02, BRS 66 NR. 82 andererseits: siehe ferner OVG NW v. 17.6.2009 – 8 B 1864/08, BauR 2009, 1560; zur Problematik ferner Nds. OVG v. 31.5.2006 – 1 ME 17/06, BRS 70 Nr. 164; BayVGH, BRS 70 Nr. 165 und OVG Bln.-Bbg. v. 15.1.2005 – 10 S 17/08, BauR 2009, 1112 (kein Gebietsgewährleistungsanspruch im Sondergebiet); einen gebietsübergreifenden „absoluten" Drittschutz im Hinblick auf die Nutzungsart gibt es nicht (BVerwG v. 14.7.2006 – 1 BV 03.2179, BauR 2008, 793 und OVG Bremen v. 5.9.2006 – 1 B 285/06, BRS 70, Nr. 162), sofern sich Gegenteiliges nicht aus dem jeweiligen Bebauungsplan ergibt; der Nachbarschutz eines außerhalb der Grenzen des Plangebiets belegenen Grundstückseigentümers bestimmt sich bundesrechtlich nur nach dem in § 15 Abs. 1 Satz 2 enthaltenen Gebot der Rücksichtnahme. Erforderlich ist also eine konkrete Beeinträchtigung.
5 *Battis/Krautzberger/Löhr*, BauGB, § 31 Rz. 68 m.w.N.; BVerwG v. 23.6.1995 – 4 B 52.95, BauR 1995, 823; VGH BW v. 11.1.1995 – 3 S 3096/94, BauR 1995, 512 und Nds. OVG v. 19.10.1995 – 4 B 215/95, BauR 2002, 274. Gegenteiliges kann sich aber auch hier aus dem Willen des Plangebers ergeben, BVerwG, BauR 1996, 82; s. auch *Ortloff*, NVwZ 1997, 333 (341).
6 *Ortloff*, NVwZ 1993, 332; BVerwG v. 23.8.1996 – 4 C 13.94, BauR 1997, 72; VGH BW v. 24.9.1991 – 3 S 2049/91, VBlBW 1992, 105 (297 und 344); zur Frage, ob dies auch für übergeleitete DDRh.-Pf.läne zutreffen kann (dazu *Schmidt-Eichstaedt*, ZfBR 1991, 140 – soweit ersichtlich, sind derartige Überleitungen kaum vorgenommen worden), s. *Ortloff*, NVwZ 1993, 332.
7 BVerwG v. 13.3.1981 – 4 C 1.78, DVBl. 1981, 928; v. 10.12.1982 – 4 C 28.81, NJW 1983, 2460; v. 18.10.1985 – 4 C 19.82, NJW 1986, 1703.

Verletzung subjektiver Nachbarrechte. Im Übrigen kommt es darauf an, ob die Befreiungserteilung dem Nachbarn gegenüber rücksichtslos ist[1]. Auch beim Vorgehen eines Nachbarn gegen eine Baugenehmigung im Außenbereich, die auf § 35 BauGB gestützt ist, kommt es darauf an, ob das Vorhaben dem Nachbarn gegenüber konkret rücksichtslos ist. Zu dieser Frage gibt es eine umfangreiche Rechtsprechung, speziell zu den Auswirkungen von Windenergieanlagen[2]. Zu Recht nimmt die überwiegende Literatur an, dass auf Grund der jüngeren Rechtsprechung des BVerfG zu Art. 14 Abs. 1 GG der früher in Betracht gezogene, unmittelbar auf Art. 14 Abs. 1 GG gestützte Nachbarschutz nicht mehr in Betracht kommt[3].

Für die neuen Bundesländer ist von Bedeutung, dass die Erteilung einer Baugenehmigung an den Verfügungsberechtigten i.S.d. § 2 Abs. 3 VermG keine subjektiven Rechte des Anmelders verletzen kann (vgl. Rz. 65); dessen Widerspruch ist unzulässig[4].

134 Sieht sich der Nachbar nur durch bestimmte Teile einer Baugenehmigung in seinen Rechten verletzt (z.B. durch ein zusätzliches Geschoss), so stellt sich die Frage einer Teilbarkeit bzw. teilweisen Aufhebbarkeit der Baugenehmigung. Eine solche kommt grds. in Betracht. Voraussetzung ist aber die tatsächliche und rechtliche Teilbarkeit des Vorhabens[5].

**4. Notwendigkeit einer tatsächlichen Beeinträchtigung?**

135 Umstritten ist, inwieweit eine tatsächliche Beeinträchtigung des Nachbarn Voraussetzung für einen erfolgreichen Nachbarwiderspruch bzw. eine Nachbarklage ist. Das BVerwG vertritt die Auffassung, aus Bundesrecht ergebe sich nicht, dass eine Baugenehmigung, die unter Verstoß gegen drittschützende Bestimmungen erteilt worden sei, den Nachbarn nicht in seinen Rechten verletze, wenn dieser tatsächlich nicht spürbar beeinträchtigt sei[6]. Es komme auf die jeweilige Norm an. Jedenfalls auf der Basis der Rspr. des BVerwG zum „absoluten" Gebietsschutz hinsichtlich der Nutzungsart im Plangebiet (vgl. oben Rz. 133) kann insoweit – bundesrechtlich zwingend – eine tatsächliche Beeinträchtigung nicht gefordert werden. Im Übrigen sind die Oberverwaltungsgerichte und die Literatur in dieser Frage gespalten[7]. Streitig ist vor allem, ob eine Verletzung der Abstandsvorschriften um wenige cm in jedem Fall – unabhängig von der konkreten Situation – eine Rechtsverletzung des Nachbarn begründet[8].

---

1 Vgl. z.B. OVG Bremen v. 4.4.2003 – 1 B 95/03, NordÖR 2003, 198 und VGH BW v. 29.10.2003 – 5 S 138/03, VBlBW 2004, 146.
2 Hierzu nur VGH BW v. 3.4.2006 – 5 S 2620/05, BRS 70 Nr. 177 und BVerwG v. 11.12.2006 – 4 B 72.06, BauR 2007, 674.
3 *Ortloff*, NVwZ 1993, 331, *Mampel*, ZfBR 2002, 327 ff. Offengelassen von BVerwG v. 26.9.1991 – 4 C 5.87, NVwZ 1992, 977 (979); grds. verneint von BVerwG v. 23.8.1996 – 4 C 13.94, BauR 1997, 72; s. auch *Wahl* in FS Redeker, 1993, S. 245 (264 f.); zur Frage eines Nachbarschutzes durch Art. 5 Abs. 3 GG siehe VG Berlin v. 26.5.1995 – 19 A 83/95, NJW 1995, 2650 und *Uechtritz*, NJW 1995, 2606.
4 BezG Dresden v. 17.3.1992 – II S 31/92, VIZ 1992, 373.
5 Hierzu Sächs. OVG v. 16.2.1999 – 1 S 53/99, Sächs.VBl. 1999, 137, OVG Bln. v. 16.1.1998 – 2 S 15.97, NVwZ-RR 1999, 9, OVG NW v. 4.9.2001 – 10 B 332/01, BRS 64 Nr. 180 und Nds. OVG v. 1.9.2001 – 1 MA 2796/01, BRS 64 Nr. 190 und *Große-Suchsdorf/Lindorf/Schmaltz/Wiechert*, Niedersächsische Bauordnung, § 72 Rz. 147.
6 BVerwG v. 10.9.1984 – 4 B 147.94, BauR 1984, 621.
7 Hierzu *Gädtke/Czepuck/Johlen/Plietz/Wenzel*, BauO NRW, § 74 Rz. 119; s. auch *Mampel*, BauR 1993, 44 ff.; *Erbguth/Stollmann*, JZ 1995, 1141 (1148) und *Finkelnburg/Ortloff/Otto*, Öffentliches Baurecht, Band II, S. 228.
8 Dafür OVG Saarl. V. 6.3.1987 – 2 R 180/84, BRS 47 Nr. 100; OVG Berlin v. 25.2.1994 – 2 B 11.91, BRS 56 Nr. 172, dagegen OVG NW v. 4.6.1985 – 7 A 480/84, BauR 1985, 553; siehe auch Sächs. OVG v. 6.9.1994 – 1 S 275/94, SächsVBl. 1994, 285: Unterschreitung verletzt regelmäßig Nachbarrechte, aber Ausnahmen im Hinblick auf den Zweck der Abstandsvorschriften.

## 5. „Taktische" Fragen

Ergibt die Prüfung, dass der Widerspruch und eine evtl. Nachbarklage letztlich keine Aussicht auf Erfolg hat, so stellt sich für den Anwalt die Frage, ob er seinen Mandanten (nach Aufklärung über diesen Sachverhalt) in jedem Fall von der Aufrechterhaltung des Widerspruchs bzw. der Nachbarklage abraten soll. Das Kostenrisiko ist begrenzt. Bei Nachbarklagen setzten die Verwaltungsgerichte bisher häufig nur den Auffangstreitwert des § 52 Abs. 2 GKG fest. Selbst wenn sich die Gerichte an den Streitwertempfehlungen des BVerwG orientieren[1] (die für Nachbarklagen einen Betrag von 7 500 Euro, mindestens aber den Wert der Grundstücksminderung, vorsehen), wird eine solche Kostenbelastung dem Nachbarn i.d.R. tragbar erscheinen. Da auch Schadensersatzansprüche wegen Verzögerung des Bauvorhabens ausscheiden, kann die Aufrechterhaltung eines eigentlich aussichtslosen Rechtsmittels den Bauherrn wegen drohender Verzögerung des Vorhabens zu Zugeständnissen bewegen; zumal zu solchen, die das Vorhaben in seiner Substanz nicht berühren. Auch bei einem nicht Erfolg versprechenden Widerspruch kann daher die Kontaktaufnahme mit dem Bauherrn bzw. dessen Anwalt sinnvoll sein: Diesen kann die Bereitschaft zur Rücknahme des Widerspruchs signalisiert werden, wenn den Änderungswünschen des Nachbarn entsprochen wird (dabei sollten sich Umfang und Gewicht der Änderungswünsche allerdings an der Stärke der eigenen materiellen Rechtsposition orientieren!). Die Erfolgschancen für ein solches Vorgehen sind allerdings durch § 212a BauGB deutlich geringer geworden. Da alle Baugenehmigungen nach § 212a BauGB kraft Gesetzes sofort vollziehbar sind, dürften Bauherren durch Widerspruchseinlegung nur dann noch zu Zugeständnissen bereit sein, wenn die Rechtslage unsicher ist und eine Verletzung von Nachbarrechten ernsthaft in Betracht kommt. Grundsätzlich bestehen auch keine Bedenken dagegen, dass sich ein Nachbar seine Widerspruchsbefugnis „abkaufen" lässt. Die Rechtsprechung hat derartige Vereinbarungen ausdrücklich gebilligt, auch in den Fällen, in denen die vom Bauwilligen zu erbringende Zahlung weit über die Minderung des Wertes des beeinträchtigten (Nachbar-)Grundstücks hinausgeht[2].

136

## 6. Maßnahmen zur Herstellung des Suspensiveffektes von Widerspruch bzw. Anfechtungsklage

### a) Kein Suspensiveffekt durch Widerspruchseinlegung

Wie oben (Rz. 111) dargestellt, genügt die bloße Widerspruchseinlegung nicht, um den Baubeginn zu verhindern bzw. die weitere Bauausführung zu stoppen. Wegen § 212a Abs. 1 BauGB ist jede Baugenehmigung kraft Gesetzes sofort vollziehbar. Der Nachbar, der die Schaffung vollendeter Tatsachen verhindern möchte, die spä-

137

---

1 Für Aufgabe der bisherigen Rechtsprechung (Orientierung am Auffangstreitwert des § 13 Abs. 1 S. 2 GKG a.F., entspricht § 53 II GKG n.F.) zu Gunsten des „Streitwertkataloges" OVG Rh.-Pf. V. 24.1.1990 – 1 B 2/90, AnwBl. 1990, 565; ebenso OVG Hbg. v. 26.6.1991 – BS II 48/91, NVwZ-RR 1991, 671; v. 29.11.2006 – 2 BS 148/06, BauR 2007, 1017, zum Streitwertkatalog *Geiger*, BayVBl. 1997, 106; zur Streitwertrechtsprechung siehe auch noch BVerwG v. 9.8.1990 – 4 B 95.90, NVwZ-RR 1991, 111; OVG NW v. 11.10.1989 – 11 B 3069/89, NWVBl. 1991, 24 und v. 30.4.1991 – 11 B 2240/90, NWVBl. 1991, 355 sowie OVG Lüneburg v. 16.9.1992 – 603705/92, NVwZ-RR 1993, 167; VGH BW v. 16.2.1998 – 8 S 3223/97, VBlBW 1998, 262 und VGH BW v. 21.9.2001 – 5 S 2102/01, BauR 2002, 762 (Streitwert im vorläufigen Rechtsschutzverfahren), sowie *Noll*, in: FS Gelzer, 311 (317f.) – ein Überblick über Streitwertfestsetzungen findet sich bei *Ortloff*, NVwZ 1998, 581 (584), Fn. 106. Im Hinblick hierauf ist der den Nachbarn vertretende Anwalt oft gehalten, bei Mandatserteilung eine Honorarvereinbarung zu treffen, da andernfalls Arbeitsaufwand und Honorar nicht in einem angemessenen Verhältnis zueinander stehen.
2 BGH v. 2.7.1999 – VZR 135/98, BRS 62 Nr. 195.

ter möglicherweise nicht mehr oder nur noch unter erschwerten Umständen rückgängig zu machen sind, muss Maßnahmen ergreifen, um die aufschiebende Wirkung seines Rechtsbehelfs anzuordnen.

**b) Antrag auf Anordnung der aufschiebenden Wirkung**

138 Da die Baugenehmigung gem. § 212a Abs. 1 BauGB kraft Gesetzes sofort vollziehbar ist, hat der Nachbar die Möglichkeit, entweder bei der Baurechtsbehörde, die die Genehmigung erlassen hat, bzw. mit Eintritt des Devolutiveffekts[1] bei der Widerspruchsbehörde gem. § 80 Abs. 4 VwGO oder beim Verwaltungsgericht gem. § 80a Abs. 3 VwGO i.V.m. § 80 Abs. 5 VwGO einen Antrag auf Anordnung der aufschiebenden Wirkung seines Widerspruchs zu stellen. Umstritten ist, ob die Anrufung des Verwaltungsgerichts erst nach einer Befassung der Behörde zulässig ist[2]. Dies wird von einer Mindermeinung bejaht[3]. Demgegenüber geht die h.M. unter Bezugnahme auf den Rechtsgedanken des § 80 Abs. 6 Satz 2 Nr. 2 VwGO (unmittelbar bevorstehende Ausnutzung der Genehmigung als drohende „Vollstreckung") jedenfalls bei Hinweisen auf den drohenden Beginn von Bauarbeiten davon aus, die direkte Anrufung des Gerichts sei zulässig[4]. Im Hinblick auf diesen Meinungsstand sollte vorsorglich zunächst ein Antrag bei der Baurechtsbehörde auf Anordnung der aufschiebenden Wirkung gestellt werden. Andernfalls läuft der Nachbar Gefahr, dass sein gerichtlicher Antrag als unzulässig abgewiesen wird – mit den entsprechenden Kostennachteilen für den Nachbarn. Anträge nach § 80 Abs. 4 VwGO bzw. nach § 80a Abs. 3 VwGO sind nicht fristgebunden. Dies bedeutet: Für den Nachbarn läuft regelmäßig keine Frist für die Stellung eines entsprechenden Antrags. Allerdings wird in Ausnahmefällen eine Verwirkung in Betracht kommen, wenn ein solcher Antrag erst dann gestellt wird, wenn das Vorhaben weit fortgeschritten ist und sich die verspätete Antragstellung auf Grund der besonderen Umstände des Einzelfalls als treuwidrig erweist.

Schon im Hinblick hierauf ist dem Nachbarn zu raten, einen Antrag auf Anordnung der aufschiebenden Wirkung eines eingelegten Widerspruchs nicht hinauszuschieben.

139 Zu beachten ist auch, dass bei einem längeren Zuwarten das Rechtsschutzbedürfnis entfallen kann; dies kommt besonders in den Fällen in Betracht, in denen sich der Nachbar nur durch das bekämpfte Bauwerk selbst und nicht durch dessen Nutzung gestört sieht. Hier kann das Rechtsschutzbedürfnis für den Antrag auf Anordnung der aufschiebenden Wirkung entfallen sein, wenn das Gebäude zum Zeitpunkt der gerichtlichen Entscheidung vollständig oder weitgehend fertig gestellt ist[5]. Dies gilt

---

1 Dazu *Kopp/Schenke*, VwGO, § 80 Rz. 110.
2 Für die Erforderlichkeit einer vorherigen Befassung Nds. OVG v. 21.5.1992 – 6 M 1995/92, BauR 1992, 603; OVG Rh.-Pf. V. 14.6.1993 – 8 B 11088/93, BauR 1993, 718; *Heberlein*, BayVBl. 1991, 396 (397); *Schoch*, NVwZ 1991, 1121 (1126); a. A. OVG Bremen v. 24.1.1992 – 1 B 1/92, BauR 1992, 608; VGH BW v. 29.6.1994 – 10 S 2510/93, NVwZ 1995, 292; *Hörtnagel/Stratz*, VBlBW 1991, 326 (332); *Heieck*, VBlBW 1996, 134ff. und *Kopp/Schenke*, VwGO, § 80a Rz. 21.
3 So z.B. Nds. OVG v. 31.5.2005 – 1 LB 48/05, NordÖR 2005, 313.
4 So z.B. OVG Rh.-Pf. v. 4.6.1992 – 1 B 10880/92, BauR 1992, 607; *Schmaltz*, DVBl. 1992, 234 und *Finkelnburg/Dombert/Külpmann*, Vorläufiger Rechtsschutz im Verwaltungsstreitverfahren, Rz. 1295.
5 Siehe hierzu VGH BW v. 7.3.1995 – 3 S 174/95, NVwZ-RR 1995, 488 und v. 12.1.2005 – 8 S 2720/04, BauR 2005, 1762; OVG NW v. 11.9.2000 – 10 B 939/00, BauR 2001, 380 sowie v. 17.10.2000 – 10 B 1053/00, BRS 63 Nr. 198 und OVG Hamburg v. 21.10.2009 – 2 BS 152/09, BRS 74 Nr. 193; das OVG Saarl. v. 30.1.2002 – 2 W 5/01, DÖV 2003, 129 will ein Zuwarten des Nachbarn mit der Stellung eines Antrags, das dazu führt, dass das Bauvorhaben schon fortgeschritten ist im Rahmen der Interessenabwägung zu Lasten des Nachbarn/Antragstellers berücksichtigen.

nicht, wenn der Nachbar eine Rechtsverletzung durch die beabsichtigte Nutzung des Bauvorhabens geltend macht[1].

Erstrebt ein Nachbar vorläufigen Rechtsschutz gegen durch Bauarbeiten verursachte Lärmbelästigungen, so kann er dieses Begehren regelmäßig nicht im Rahmen eines Antrags auf Anordnung der aufschiebenden Wirkung seines gegen die Baugenehmigung gerichteten Rechtsbehelfs nach § 80a Abs. 3 VwGO i.V.m. § 80 Abs. 5 VwGO geltend machen. Statthaft ist vielmehr ein auf Einschreiten der zuständigen Behörde gerichteter Antrag auf Erlass einer einstweiligen Anordnung nach § 123 Abs. 1 VwGO[2]. 140

Der Antrag nach § 80a Abs. 3 VwGO hat selbst keine aufschiebende Wirkung[3]. Der Genehmigungsempfänger ist also während eines solchen gerichtlichen Verfahrens (das sich über Monate hinziehen kann) nicht gehindert, von seiner Genehmigung Gebrauch zu machen. Soweit die Gerichte in diesem Fall den nach § 65 Abs. 2 VwGO notwendig beizuladenden Bauherrn nicht auffordern, keine „Vollzugs-Maßnahmen" bis zur gerichtlichen Entscheidung zu treffen, kommt – zur Vermeidung der Schaffung vollendeter Tatsachen – eine Entscheidung des Vorsitzenden nach § 80a Abs. 3 VwGO i.V.m. § 80 Abs. 8 S. 1 VwGO in Betracht. Diese kann befristet sein bis zur Entscheidung der Kammer über den Antrag nach § 80a Abs. 3 VwGO[4]. Diese Möglichkeit schließt Zwischenregelungen des Gerichts, um diesem Gelegenheit zu einer näheren Prüfung zu geben, nicht aus[5]. 141

Unverändert bestehen Zweifel, welchen Maßstab die Verwaltungsgerichte bei ihrer Entscheidung über einen Antrag auf Anordnung der aufschiebenden Wirkung anzulegen haben[6]. Überwiegend wird angenommen, dass das Gericht eine Interessenabwägung vorzunehmen hat. Bei dieser sollen auch die mutmaßlichen Erfolgsaussichten des Rechtsbehelfs in der Hauptsache berücksichtigt werden. Die Praxis zeigt, dass sich die Gerichte in der ganz überwiegenden Mehrzahl der Fälle entscheidend an der materiellen Rechtslage orientieren, d.h. einem Antrag auf Anordnung der aufschiebenden Wirkung also nur dann stattgeben, wenn ernstliche Zweifel an der Rechtmäßigkeit der Baugenehmigung bestehen[7]. Dies wird überwiegend dann

---

1 OVG Berlin v. 28.8.2001 – 2 SN 11.01, DÖV 2001, 1055.
2 OVG Rh.-Pf. v. 8.12.2009 – 8 B 11243/09, BauR 2010, 747.
3 Gleiches gilt natürlich auch für einen bei der Behörde gem. § 80 Abs. 4 VwGO gestellten Antrag.
4 *Redeker/von Oertzen*, VwGO, § 80 Rz. 54; zur Entscheidung nach § 80 Abs. 8 VwGO, siehe auch *Redeker*, BauR 1991, 526 (529).
5 Sog. „Hängebeschlüsse"; siehe OVG Lüneburg v. 28.10.1986 – 7 D 8, 10/86, NVwZ 1987, 75; OVG Saarl. v. 15.12.1992 – 2 W 36/92, BauR 1993, 212; Sächs. OVG v. 17.12.2003 – 3 BS 399/03, NVwZ 2004, 1134 und OVG Hamburg v. 19.5.2005 – 2 BS 240/04, NVwZ 2004, 1135; a.A. Thür OVG v. 3.5.2002 – 4 VO 48/02, ThürVBl. 2003, 14; hierzu auch *Gronemeyer*, BauR 1998, 413 (416); *Mac Lean*, LKV 2001, 107, *Guckelberger*, NVwZ 2001, 275 und *Scheffer*, NVwZ 2004, 1081.
6 Dazu *Kopp/Schenke*, VwGO, § 80 Rz. 152 ff.; *Schmidt*, in: Eyermann, VwGO, § 80 Rz. 68 ff.; *Schoch/Schmidt-Aßmann/Pietzner*, VwGO, § 80 Rz. 247 ff.; die wohl überwiegende Auffassung nimmt an, § 212a BauGBG habe nur verfahrensrechtliche Bedeutung und daher keine Auswirkungen auf den materiellen Prüfungsmaßstab; die gesetzgeberische Entscheidung für den Sofortvollzug einer Baugenehmigung führe nicht dazu, dass bei „offener" Rechtslage regelmäßig ein Überwiegen der Interessen des Bauherren am Sofortvollzug zu bejahen sei, vgl. *Jäde*, in: Jäde/Dirnberger/Weiß, BauGB, § 212a Rz. 13; a.A. OVG Saarland v. 15.2.1999 – 2 W 9-98, NVwZ 1999, 1006 (1008) und Nds. OVG v. 15.3.2004 – 1 ME 15/04, BRS 67 Nr. 104; zur Problematik auch *Huber*, NVwZ 2004, 915 ff. und *Harr*, NVwZ 2005, 282; das BVerfG betont, dass sich in einer derartigen Konstellation grds. gleichrangige Rechtspositionen Privater gegenüberstehen, so dass sich jedenfalls aus Art. 19 Abs. 4 GG kein grundsätzlicher Vorrang für den Nachbarn ergibt, der vorläufigen Rechtsschutz erstrebt, BVerfG v. 1.10.2008 – BvR 2466/08, BauR 2009, 1285.
7 *Schmidt*, in: Eyermann, VwGO, § 80 Rz. 72 ff.

bejaht, wenn die im Eilverfahren allein mögliche summarische Prüfung ergibt, dass der Erfolg des Rechtsmittels in der Hauptsache mindestens ebenso wahrscheinlich ist wie der Misserfolg.

### III. Besonderheiten im Fall freigestellter bzw. anzeigepflichtiger Wohnbauvorhaben

#### 1. Veränderte Rechtslage im Hinblick auf den Nachbarschutz

142 Sieht sich ein Nachbar bei einem freigestellten bzw. anzeigepflichtigen Wohnbauvorhaben in eigenen Rechten verletzt, so kann er sich nicht damit begnügen, Widerspruch einzulegen. Ein derartiger Widerspruch des Nachbarn ginge ins Leere, da keine Baugenehmigung existiert. Auch ein Vorgehen nach § 80a VwGO i.V.m. § 80 Abs. 5 VwGO kommt folglich nicht in Betracht. Will der Nachbar also nicht direkt (zivilrechtlich) gegen den Bauherrn vorgehen, so kann er sich nur an die Bauaufsichtsbehörde wenden und fordern, dass diese das Vorhaben des Nachbarn überprüft bzw. eine Stilllegungsverfügung erlässt. Hierzu sind die Behörden auch bei genehmigungsfreien bzw. anzeigepflichtigen Vorhaben befugt[1]. Die Genehmigungsfreistellung für bestimmte Wohnbauvorhaben bedeutet keine Suspendierung von den Anforderungen des materiellen Baurechts. Verschiedene Bauordnungen stellen dies auch ausdrücklich klar (vgl. § 51 Abs. 4 LBO BW und § 67 Abs. 5 i.V.m. § 65 Abs. 4 BauO NRW).

#### 2. Rechtsanspruch des Nachbarn auf Einschreiten

143 Fraglich ist, unter welchen Voraussetzungen eine Rechtspflicht der Baurechtsbehörde zum Einschreiten besteht, der Nachbar also einen durchsetzbaren Rechtsanspruch besitzt[2]. Teilweise wird die Auffassung vertreten, ein Verstoß gegen nachbarschützende Vorschriften genüge nicht. Nur beim Vorliegen einer schwerwiegenden Gefährdung wichtiger Rechtsgüter könne das Ermessen der Behörde auf null reduziert sein[3]. Der Verabschiedung der Aufsichtsbehörde aus der präventiven Kontrolle soll der Gedanke zugrunde liegen, dass die genehmigungsfreien Vorhaben ohne „Einmischung" der Baurechtsbehörde verwirklicht werden können[4].

Diese Auffassung überzeugt nicht. Zustimmung verdient die Meinung, wonach bei freigestellten bzw. anzeigepflichtigen Vorhaben regelmäßig eine Rechtspflicht zum Einschreiten besteht, wenn ein Verstoß gegen nachbarschützende Bestimmungen vorliegt[5]. Die Schwächung der nachbarlichen (Abwehr-)Position durch den Wegfall des präventiven Baugenehmigungsverfahrens wird auf diese Weise durch eine Ab-

---

1 *Simon*, BayVBl. 1994, 332 (337); *Degenhart*, NJW 1996, 1433 (1436); *Uechtritz*, NVwZ 1996, 640 (642) m.w.N. und *Mehde/Hansen*, NVwZ 2010, 14 ff.
2 Ausführlich hierzu *Uechtritz*, NVwZ 1996, 640 (642 ff.); s. auch *Mampel*, UPR 1997, 267 ff.; *Borges*, DÖV 1997, 900 ff.; *Jäde*, ZfBR 1997, 171 (172 ff.); *Preschel* DÖV 1998, 45 (51 ff.); *Martini*, DVBl. 2001, 1488 ff., *Seidel*, NVwZ 2004, 139 und *Mehde/Hansen*, NVwZ 2010, 14, 18 f.
3 *Manssen*, NVwZ 1996, 145 (146); ähnlich *Preschel*, DÖV 1998, 45 (53) und *Sacksofsky*, DÖV 1999, 946 (953).
4 *Schmaltz*, Nds.VBl. 1995, 241 (247); in der Tendenz ähnlich *Preschel*, DÖV 1998, 45 (51 ff.); in diesem Sinne auch das OVG Lüneburg v. 9.10.2007 – 1 LB 5/07, NVwZ-RR 2008, 374.
5 So der VGH BW v. 26.10.1994 – 8 S 2763/94, BauR 1995, 219 (220) für ein Vorhaben, das nach der BaufreistellungsVO BW genehmigt worden war. Die bisher vorliegende Judikatur zum Nachbarschaftsschutz in Freistellungsfällen folgt überwiegend dieser Leitentscheidung: Sächs. OVG v. 22.8.1996 – 1 S 473/96, NVwZ 1997, 922; BayVGH v. 26.7.1996 – 1 CE 96.2081, NVwZ 1997, 923; OVG MV v. 9.4.2003 – 3 M 1/03, BauR 2003, 1710; VG

### III. Besonderheiten im Fall freigestellter Wohnbauvorhaben

senkung der „Eingriffsschwelle" kompensiert. Auf diese Weise kann der Befürchtung begegnet werden, bei den freigestellten bzw. anzeigepflichtigen Wohnbauvorhaben werde der Nachbarrechtsschutz verkürzt.

#### 3. Prozessuale Durchsetzung der Nachbarrechte

##### a) Rechtsschutz in der Hauptsache

Begehrt ein Nachbar von der Baurechtsbehörde ein Einschreiten gegen ein genehmigungsfreies Bauvorhaben, z.B. in der Form einer Baueinstellungsverfügung, so erstrebt er den Erlass eines Verwaltungsaktes. Lehnt die Baurechtsbehörde ein Eingreifen ab, so muss der Nachbar zunächst Widerspruch einlegen und im Fall der Zurückweisung seines Widerspruchs sein Begehren mit der Verpflichtungsklage nach § 42 Abs. 1 VwGO verfolgen[1]. In den Bundesländern, in denen das Widerspruchsverfahren abgeschafft worden ist, bleibt nur die Möglichkeit, unmittelbar Verpflichtungsklage zu erheben. 144

Diese Vorgehensweise ist dem Nachbarn grds. zeitlich unbegrenzt möglich, da in diesen Fällen keine Baugenehmigung vorliegt, gegen die – wenn eine Zustellung an den Nachbarn erfolgt ist – innerhalb der Monatsfrist des § 70 VwGO Widerspruch eingelegt werden muss. In Betracht kommt daher nur eine Verwirkung der materiellen Abwehrrechte des Nachbarn. Diese setzt voraus, dass beim Bauherrn durch Zeitablauf und das Nachbarverhalten der Eindruck entsteht, der Nachbar werde seine Abwehrrechte nicht mehr geltend machen. Zu Recht ist daher kritisch bemerkt worden, dem Beschleunigungseffekt im Freistellungsverfahren korrespondiere eine möglicherweise lange Zeit der Ungewissheit[2].

##### b) Vorläufiger Rechtsschutz

Regelmäßig wird der Nachbar, wenn die Bauaufsichtsbehörde nicht einschreitet, vorläufigen Rechtsschutz erstreben, um die Schaffung vollendeter Tatsachen zu verhindern. Bei freigestellten Vorhaben kommt – da kein Verwaltungsakt vorliegt – vorläufiger Rechtsschutz nur nach § 123 VwGO in Betracht[3]. Der Erlass einer einstweiligen Anordnung nach § 123 Abs. 1 VwGO setzt einen Anordnungs**anspruch** und einen Anordnungs**grund** voraus. Folgt man der – zutreffenden – Auf- 145

---

Meiningen v. 13.12.1996 – 5 E 1006/96.ME, NVwZ 1997, 926 und VG München v. 24.5.1996 – M 1 E, NVwZ 1997, 928; das VG Gießen v. 12.8.2004 – 1 G 3087/04, NVwZ-RR 2005, 166, will jedenfalls „keine zu hohen Anforderungen" an die Ermessensreduzierung zu Gunsten des Nachbarn stellen; offen gelassen von OVG NW v. 31.1.1997 – 10 B 3207/96, NVwZ-RR 1998, 218. In diesem Sinne auch *Degenhart*, NJW 1996, 1433 (1438) *und Uechtritz*, NVwZ 1996, 640 (642 ff.). Im Ergebnis ebenso, allerdings mit abweichender Begründung, *Mampel*, UPR 1997, 267 (268 ff.) *und Borges*, DÖV 1997, 900 (902); das BVerwG v. 10.12.1997 – 4 B 204.97, BauR 1998, 318 hat allerdings betont, die Möglichkeit des Nachbarn, seine Rechte unmittelbar (zivilrechtlich) geltend zu machen, könne ein beachtlicher Ermessensgesichtspunkt zum Nachteil des Nachbarn sein; einen Überblick über die divergierende Rechtsprechung geben *Mehde/Hansen*, NVwZ 2010, 14, 15 f.

1 *Schmaltz*, NdsVBl. 1995, 241 (247); *Erbguth/Stollmann*, BayVBl. 1996, 65 (71) und *Uechtritz*, NVwZ 1996, 640 (644); zur Frage eines Anspruchs des Nachbarn auf Einsicht in die Bauunterlagen bei der Genehmigungsfreistellung *Gröpl/Scheyer*, BayVBl. 1998, 97 ff.
2 *Ortloff*, NVwZ 1995, 112 (118); ähnlich *Manssen*, NVwZ 1996, 145 (146) und *Uechtritz*, NVwZ 1996, 640 (645). *Goerlich*, SächsVBl. 1996, 1 (6 ff.) hält deshalb einen feststellenden Bescheid, der dem Bauherrn Rechtssicherheit gibt, nicht nur für möglich, sondern sogar für verfassungsrechtlich geboten; zur Thematik auch *Mampel*, BauR 2008, 1080 ff.
3 Ausführlich zum vorläufigen Rechtsschutz des Nachbarn bei freigestellten Vorhaben *Uechtritz*, BauR 1998, 719 ff.; siehe auch *Große-Suchsdorf/Lindorf/Schmaltz/Wiechert*, Niedersächsische Bauordnung, § 72 Rz. 80 ff.

fassung, dass bei einem Verstoß gegen nachbarschützende Vorschriften regelmäßig eine Eingriffspflicht der Bauaufsichtsbehörde besteht, so ist ein Anordnungsanspruch gegeben. Ein Anordnungsgrund ist mit der Erwägung zu bejahen, dass bei einem Nicht-Einschreiten die Schaffung vollendeter Tatsachen droht[1]. Dem Nachbarn kann nicht entgegengehalten werden, wegen der Möglichkeit, die beanstandete Anlage später wieder beseitigen zu lassen, seien ihm Nachteile auf Zeit zumutbar[2]. Eine entsprechende Argumentation wird im Falle des Rechtsschutzes gem. § 80a VwGO i.V.m. § 80 Abs. 5 VwGO nicht anerkannt – obwohl auch hier entsprechend argumentiert werden könnte. Es ist keine sachliche Rechtfertigung für die Schlechterstellung des Nachbarn im Verfahren des vorläufigen Rechtsschutzes gegen freigestellte Wohnbauvorhaben ersichtlich.

146 Fraglich ist, ob für den Nachbarn die Gefahr einer Schadensersatzpflicht besteht, wenn sich eine von ihm erwirkte einstweilige Anordnung letztlich als ungerechtfertigt erweist. Hierzu sind – meist ohne nähere Begründung – unterschiedliche Auffassungen geäußert worden[3]. Ob die bisherige – einen Anspruch verneinende – Rechtsprechung des BGH[4], die zu der Rechtsprechung des OVG Münster erging (hier musste der Nachbar über § 123 VwGO vorgehen, weil das OVG Münster in seiner früheren Rechtsprechung den Suspensiveffekt des Widerspruchs gegenüber dem Bauherrn verneinte), auf die Freistellungsfälle übertragen werden kann, ist jedenfalls nicht sicher[5]. Bis zu einer erneuten obergerichtlichen Entscheidung besteht so eine Rechtsunsicherheit bzw. ein Risiko für den Nachbarn. Der Anwalt ist gehalten, den Nachbarn hierauf hinzuweisen.

### 4. Besonderheiten bei Planabweichungen

147 Die Bauordnungen beschränken die Anwendbarkeit der Freistellungs- bzw. Anzeigeverfahren regelmäßig auf plankonforme Vorhaben. Erstrebt der Bauherr eine Ausnahme oder Befreiung, so bedarf es hierfür eines besonderen Antrags bei der Baurechtsbehörde (§ 51 Abs. 5 i.V.m. § 56 Abs. 6 LBO BW; § 73 Abs. 2 BauO NRW). Mit dem Bauvorhaben darf erst begonnen werden, wenn die entsprechende Ausnahme, Befreiung bzw. Abweichung erteilt worden ist. Diese stellt einen Verwaltungsakt dar, gegen den sich der Nachbar mit Widerspruch und Anfechtungsklage wehren kann. Da § 212a Abs. 1 BauGB entsprechend anzuwenden ist[6], kommt dem Wi-

---

1 So auch die bisher vorliegende Judikatur, z.B. VGH BW v. 26.10.1994 – 8 S 2763/94, BauR 1995, 219; VG Meiningen v. 13.12.1996 – 5 E 1006/96 ME, NVwZ 1997, 926 (928); VG München v. 24.5.1996 – M 1 E 96.2516, NVwZ 1997, 928 (929) und OVG MV v. 9.4.2003 – 3 M 1/03, BauR 2003, 1710.
2 So aber *Schmaltz*, NdsVBl. 1995, 241 (247); ablehnend *Uechtritz*, NVwZ 1996, 640 (645).
3 Hierzu *Kruse*, JuS 2009, 821; ablehnend *Schmaltz*, NdsVBl. 1995, 241 (248) und *Bohle*, BWVPr 1990, 196 (200) – zur BaufreistellungsVO BW; a.A. *Taxis*, BaufreistellungsVO 1990, § 5 Erl. 7 und *Mehde/Hansen*, NVwZ 2010, 14, 18.
4 BGH v. 23.9.1980 – VI ZR 165/78, NJW 1981, 349 (350); hierzu *Kirchberg*, VBlBW 1981, 169 ff.
5 Für die Übertragbarkeit spricht das formale Argument des BGH, der im Verfahren notwendig beizuladende Bauherr sei nicht Antragsgegner und schon aus diesem Grund nicht aktivlegitimiert. Dagegen spricht die Erwägung des BGH (in der seinerzeitigen Konstellation), es handele sich beim Vorgehen des Nachbarn systematisch um ein Vollstreckungsschutzbegehren (nämlich gegen den Vollzug einer Baugenehmigung). Eine solche existiert aber in den Freistellungsfällen nicht. Das Schrifttum nimmt überwiegend an, Ansprüche auf Schadensersatz nach § 945 ZPO kämen im Ergebnis nicht in Betracht: *Kopp/Schenke*, VwGO, § 123 Rz. 44; *Mampel*, UPR 1997, 267 (271); *Borges*, DÖV 1997, 900 (904); siehe auch noch *Uechtritz*, BauR 1998, 719 (730 f.).
6 VGH BW v. 9.3.1995 – 3 S 3321/94, NVwZ-RR 1995, 489 sowie v. 9.5.2006 – 3 S 906/06, BauR 2006, 1862 und OVG Schl.-H. v. 30.10.1997 – 1 M 52/97, BauR 1998, 1232 (jeweils zu § 10 Abs. 2 BauGB-MaßnG) und OVG Bln.-Bbg. zu § 212a BauGB v. 2.9.2009 – OVG 10 S 24.09, BRS 74 Nr. 192; a.A. OVG NW v. 29.5.2008 – 10 B 616/08, NVwZ-RR 2008, 757.

derspruch eines Nachbarn gegen die Ausnahme oder Befreiung keine aufschiebende Wirkung zu. Dieser muss also vorläufigen Rechtsschutz nach § 80a VwGO i.V.m. § 80 Abs. 5 VwGO suchen, wenn er die Realisierung des Vorhabens stoppen will.

Bei der Prüfung des Ausnahme- bzw. Befreiungsantrags hat die Genehmigungsbehörde nur zu prüfen, ob hierfür die Voraussetzungen vorliegen. Die Rechtmäßigkeit des Vorhabens insgesamt ist nicht Prüfgegenstand und wird durch die Erteilung der Ausnahme bzw. Befreiung auch nicht festgestellt[1].

**5. Möglichkeiten eines zivilrechtlichen Vorgehens**

Nach ganz h.M. in Rspr. und Lehre besteht eine grundsätzliche Doppelspurigkeit von verwaltungsrechtlichem und zivilrechtlichem Nachbarschutz[2]. Der Nachbar hat grds. die Wahl, ob er ein Bauvorhaben, welches ihn in seinen subjektiven Rechten verletzt, dadurch abwehren möchte, dass er – öffentlich-rechtlich – gegen eine Baugenehmigung Widerspruch und Anfechtungsklage erhebt oder – zivilrechtlich – unmittelbar gegen den Nachbarn vorgeht. Baurechtliche Bestimmungen, die drittschützend sind, dem Nachbarn also subjektive Abwehrrechte verleihen, sind auch zivilrechtlich Schutzgesetze i.S.d. § 823 Abs. 2 BauGB[3]. Nach zutreffender Auffassung scheiden zivilrechtliche Abwehransprüche aus §§ 1004, 823 Abs. 2 BGB i.V.m. einer öffentlich-rechtlichen Schutznorm aber aus, solange eine Baugenehmigung vorliegt, die (möglicherweise auch zu Unrecht) die Vereinbarkeit des Vorhabens mit den öffentlich-rechtlichen Normen feststellt[4].

Allerdings hat der zivilgerichtliche Rechtsschutz gegen Bauvorhaben in der Praxis bisher nur ein Schattendasein geführt. Im Hinblick auf die Freistellungsverfahren wird aber verstärkt die Alternative eines zivilgerichtlichen Vorgehens diskutiert[5]. Vorteilhaft für den Nachbarn, der sich für eine zivilrechtliche Vorgehensweise entscheidet, ist, dass sich ihm jedenfalls nicht die Problematik stellt, ob und ggf. unter welchen Voraussetzungen tatsächlich eine Rechtspflicht der Behörde zum Einschreiten besteht (siehe hierzu oben Rz. 143). Der vorhabenbezogene nachbarliche Abwehranspruch besteht grds. unbeschränkt.[6] Demgegenüber bestehen aber gravierende Nachteile, die gegen ein zivilrechtliches Vorgehen sprechen: In einem Zivilprozess gilt der Beibringungsgrundsatz. Der Nachbar muss also in einem Hauptsacheverfahren den vollen Nachweis führen, in einem Eilverfahren zumindest glaubhaft zu machen, dass eine Verletzung in Nachbarrechten gegeben ist. Darüber hinaus besteht im zivilrechtlichen Eilverfahren (der Eilrechtsschutz steht bei einem nachbarlichen Vorgehen gegen freigestellte Vorhaben absolut im Vordergrund) unzweifelhaft die Gefahr, dass sich der Nachbar im Fall der späteren Aufhebung einer einstweiligen Verfügung gem. § 945 ZPO schadensersatzpflichtig macht. Aus

---

1 VGH BW v. 31.8.1995 – 8 S 1719/95, BauR 1996, 366; *Gädtke/Czepuck/Johlen/Plietz/Wenzel*, BauO NRW, § 73 Rz. 31; siehe hierzu auch *Uechtritz*, BauR 1998, 719 (720f.).
2 Vgl. nur *Jäde*, in: Birkl (Hrsg.), Nachbarschutz im Bau-, Umwelt- und Zivilrecht, Bd. 1, A 1 Rz. 19ff.; *Dürr*, DÖV 1994, 841 und *Dolderer*, DVBl. 1998, 19ff., jeweils m.w.N.
3 Siehe z.B. BGH v. 21.12.1973 – V ZR 107/72, WM 1974, 572 und v. 24.4.1970 – V ZR 97/67, NJW 1970, 1180; ein unmittelbar gegen den Bauherrn gerichteten öffentlich-rechtlicher Abwehranspruch wird von der ganz h.M. abgelehnt, *Seidel*, NVwZ 2004, 139.
4 *Ortloff*, NVwZ 2002, 416 (418) und *Enders*, SächsVBl. 2002, 289 (291f.).
5 Vgl. z.B. *Große-Suchsdorf/Lindorf/Schmaltz/Wiechert*, Niedersächsische Bauordnung, § 69a Rz. 63.
6 Hinzuweisen ist auch auf die Möglichkeit, zivilrechtlich Auflagen zur Baugenehmigung durchzusetzen. Da Auflagen „rechtsgestaltende" Verhaltensgebote gegenüber dem Bauherrn aussprechen, hat der BGH angenommen, der Nachbar könne diese gem. § 823 Abs. 2 BGB zivilrechtlich durchsetzen, soweit sie drittschützende Vorschriften konkretisieren (BGH v. 26.2.1993 – V ZR 74/92, BGHZ 122, 1 [4, 5f.]; hierzu auch *Enders*, SächsVBl. 2002, 289 [292]).

diesen Gründen dürfte die „zivilgerichtliche Alternative" voraussichtlich auch bei freigestellten Verfahren für den Nachbarn wenig attraktiv sein[1].

## IV. Besonderheiten im vereinfachten Genehmigungsverfahren

149 Im vereinfachten Genehmigungsverfahren wird – wie im herkömmlichen Verfahren – eine Baugenehmigung erteilt[2]. Der Nachbar kann also Widerspruch einlegen, dem regelmäßig aufschiebende Wirkung zukommt. Wegen § 212a Abs. 1 BauGB kommt vorläufiger Rechtsschutz des Nachbarn nach § 80a VwGO i.V.m. § 80 Abs. 5 VwGO in Betracht. Dies gilt auch für die Fälle, in denen wegen Fristablaufs vom Vorliegen einer fiktiven Genehmigung auszugehen ist (z.B. gem. § 57 Abs. 2 HBO). Die fiktive Baugenehmigung ist eine „echte" Baugenehmigung. Dem Nachbarn stehen gegen die fiktive Baugenehmigung die gleichen Rechtsmittel zu wie gegen eine „echte" Baugenehmigung[3].

150 Probleme können aber im Hinblick auf den reduzierten Prüfungsumfang im vereinfachten Genehmigungsverfahren bestehen. Sieht sich ein Nachbar nur hinsichtlich solcher Bestimmungen in seinen Rechten verletzt, die im vereinfachten Genehmigungsverfahren aus der Prüfung ausgeklammert sind, so scheidet ein Widerspruch bzw. ein Antrag auf vorläufigen Rechtsschutz nach § 80a VwGO i.V.m. § 80 Abs. 5 VwGO aus[4]. In diesem Fall bleibt dem Nachbarn nur die Vorgehensweise, die oben (Rz. 144f.) hinsichtlich der genehmigungsfreien Vorhaben dargestellt wurde[5].

In Betracht kommt auch eine Verdoppelung der öffentlich-rechtlichen Rechtsbehelfe: Fühlt sich ein Nachbar sowohl bezüglich der im vereinfachten Verfahren zu prüfenden Vorschriften als auch bezüglich der ausgeklammerten Vorschriften in seinen Rechten verletzt, so kann (muss) der Nachbar einerseits Widerspruch einlegen; andererseits kommt hinsichtlich der Verstöße gegen ausgeklammerte Vorschriften ein Antrag bei der Bauaufsichtsbehörde und, wenn dieser keinen Erfolg hat, ein – zusätzlicher – Widerspruch wegen Nicht-Einschreitens in Betracht[6].

Wendet sich ein Nachbar gegen eine Baugenehmigung, die zu Unrecht im vereinfachten Genehmigungsverfahren erteilt worden ist[7] (obwohl dessen Anwendungsvoraussetzungen tatsächlich nicht vorliegen), so ist die Baugenehmigung auf eine Nachbarklage hin aufzuheben, wenn wegen des (unzutreffend) reduzierten Prüfungsmaßstabs drittschützende materielle Vorschriften ungeprüft geblieben sind.

---

1 Näher zu der Alternative des zivilgerichtlichen Vorgehens *Uechtritz*, BauR 1998, 719 (731 f.).
2 Einen Überblick zu den Rechtsschutzfragen bei Anwendung des vereinfachten Verfahrens gibt *Winkler*, BayVBl. 1997, 744 (749); s. dazu auch *Uechtritz*, NVwZ 1996, 640 (646f.) und *Reicherzer*, BayVBl. 2000, 751 f. Wird ein Bauvorhaben zu Unrecht im vereinfachten Genehmigungsverfahren zugelassen, obwohl die Voraussetzungen hierfür nicht vorliegen, wird der Nachbar hierdurch nicht in eigenen Rechten verletzt, BayVGH v. 7.5.2002 – 26 Zs 01.2795 zitiert nach *Jäde*, BayVBl. 2003, 105.
3 *Saurer*, DVBl 2006, 605, 606 und *Uechtritz*, DVBl 2010, 684, 692.
4 OVG Koblenz v. 1.8.1991 – 4 TG 1244/91, BauR 1992, 219; s. auch OVG Nds. v. 17.12.1996 – 1 M 5481/96, UPR 1997, 159; OVG Saarlouis v. 3.1.2008 – 2 O 44/06, NVwZ-RR 2008, 378 und BVerwG v. 15.5.1997 – 4 C 23.95, NVwZ 1998, 59; der HessVGH v. 17.9.2004 – 4 TG 2610/04, BRS 67 Nr. 193 hält offenkundig die Anordnung der aufschiebenden Wirkung im Verfahren nach § 80 a i.V.m. § 80 Abs. 5 VwGO und in Bezug auf solche Vorschriften (Abstandsflächen) für möglich, die im vereinfachten Verfahren nicht zu prüfen sind.
5 *Jeromin*, LBauO Rh.-Pf., § 66 Rz. 97.
6 *Uechtritz*, NVwZ 1996, 640 (647); *Winkler*, BayVBl. 1997, 744 (749) und *Ionescu/Reiling/Stengel*, VBlBW 2010, 380, 384 f.
7 BayVGH v. 25.11.2010 – 9 B 10.531, BauR 2011, 1644.

## V. Tätigkeit bei rechtswidrigem Verhalten des Bauherrn

Führt ein Bauherr genehmigungspflichtige Maßnahmen ohne Genehmigung durch oder weicht er vom Inhalt einer Genehmigung ab, so kommt ein Widerspruch des Nachbarn nicht in Betracht. Möglich ist nur die Aufforderung an die Baurechtsbehörde, eine Baueinstellungsverfügung zu erlassen. Unterbleibt dies, muss ein Antrag auf Erlass einer einstweiligen Anordnung zur Baueinstellung erfolgen. Ein Anordnungsanspruch kommt nur in Betracht, wenn das ungenehmigte Vorhaben gegen nachbarschützende Bestimmungen verstößt[1]. Umstritten ist auch hier, ob in solchen Fällen regelmäßig ein Rechtsanspruch des Nachbarn auf ein Einschreiten der Baurechtsbehörde besteht[2] oder ob nur bei hoher Intensität der Störung oder Gefährdung eines wesentlichen Rechtsguts des Nachbarn das grds. bestehende Eingriffsermessen der Behörde auf null reduziert ist[3]. Im Schrifttum mehren sich die Stimmen, die bei einer Verletzung nachbarschützender Vorschriften regelmäßig einen Anspruch auf Einschreiten bejahen[4]. Das BVerwG hat insoweit klargestellt, dass die Frage, ob eine Ermessensreduzierung bzw. ein Anspruch auf Einschreiten zu bejahen ist, grds. nach Landesrecht zu beantworten ist[5]. Rechtsschutz nach § 80a VwGO kommt in dieser Konstellation nicht in Betracht.

151

---

1 Dazu näher *Gädtke/Czepuck/Johlen/Plietz/Wenzel*, BauO NRW, § 74 Rz. 112ff. und *Große-Suchsdorf/Lindorf/Schmaltz/Wiechert*, Niedersächsische Bauordnung, § 89 Rz. 67ff.; zur Verwirkung von Abwehrrechten durch Zeitablauf BayVGH v. 28.3.1990 – 20 B 89.3055, BauR 1990, 593 und VGH BW v. 25.9.1991 – 3 S 2000/91, VBlBW 1992, 104; in dieser Entscheidung weist der VGH auch darauf hin, dass sich ein Nachbar das Verhalten seiner Rechtsvorgänger zurechnen lassen muss.
2 So *Borges*, DÖV 1997, 900 (902).
3 So VGH BW v. 25.9.1991 – 3 S 2000/91, VBlBW 1992, 103 (104); s. auch VGH BW v. 13.12.1991 – 3 S 2358/91, VBlBW 1992, 148 (149) und *Ortloff*, NVwZ 1993, 334, Fn. 248.
4 *Mampel*, UPR 1997, 267 (268ff.) und *Borges*, DÖV 1997, 900 (902); in der Tendenz ähnlich (i.R. nachbarlicher Anspruch) *Jäde*, ZfBR 1997, 171 (173).
5 BVerwG v. 10.12.1997 – 4 B 204.97, BauR 1998, 319. Der Hinweis des BVerwG, es sei nicht ermessensfehlerhaft, wenn die Behörde in ihre Entscheidung die Möglichkeit einbeziehe, dass der Nachbar zivilrechtlich gegen den Bauherrn vorgehen könne, spricht im Ergebnis gegen die Annahme einer Ermessensreduzierung.

# B. Bebauungsplanverfahren*

| | Rz. | | Rz. |
|---|---|---|---|
| **I. Bauleitplanung und Bebauungsplan** | | b) Wer ist der richtige Ansprechpartner? | 120 |
| 1. Bedeutung der Bauleitplanung | 1 | c) Dritte (Verfahrensgehilfen) | 121 |
| 2. Rechtsquellen | 2 | d) Die Öffentlichkeit | 122 |
| a) Bundesrecht | 3 | e) Behörden und sonstige Träger öffentlicher Belange | 123 |
| b) Landesrecht | 10 | f) Rechtsaufsicht | 124 |
| 3. Die Bauleitplanung | | **III. Die einzelnen Verfahrensstadien und die Handlungsmöglichkeiten des Anwalts** | 125 |
| a) Aufgabe und Träger der Bauleitplanung | 29 | 1. Informelle Vorstufen der Planung | 126 |
| b) Planungsstufen: Flächennutzungsplan – BPlan, besondere Planinstrumente | 34 | 2. Der Planaufstellungsbeschluss | 127 |
| c) Die Bedeutung der Bauleitplanung | 41 | 3. Erste Beteiligungsphase – „frühzeitige Unterrichtung" | 131 |
| 4. Inhalt des Bebauungsplans | | 4. „Zwischenstadium" – Vorbereitung der förmlichen Beteiligung | 137 |
| a) Darstellungsweise der Festsetzungen | 43 | 5. Das förmliche Beteiligungsverfahren – Auslegung (§ 3 Abs. 2 BauGB) und Behördenbeteiligung (§ 4 Abs. 2 BauGB) | |
| b) Katalog und Regelungsgehalt der Festsetzungen | 46 | a) Förmliche Öffentlichkeitsbeteiligung | 142 |
| c) Planbegründung und Umweltbericht | 59 | b) Förmliche Behördenbeteiligung | 155 |
| **II. Aufgaben der Interessenwahrnehmung in der Planaufstellung** | | c) Nutzung elektronischer Medien im Beteiligungsverfahren | 156 |
| 1. Aufgabenstellungen im Blick auf Bindung und Freiheit des Planers | 62 | d) Das interkommunale Abstimmungsgebot | 157 |
| a) Analyse der Interessenlage des Mandanten und ihrer Rahmenbedingungen | 70 | e) Die grenzüberschreitende Beteiligung | 158 |
| b) Prüfung des Planentwurfs | 72 | 6. Beratung und Beschlussfassung über den BPlan-Entwurf | 160 |
| c) Abwägungserhebliche Belange in der Planung | 76 | 7. Rechtsaufsichtliche Kontrolle | 176 |
| d) Ermittlungstiefe | 82 | 8. Verkündung | 183 |
| e) Wahrunterstellung | 85 | 9. Aufgaben des Anwalts nach Beendigung des BPlan-Verfahrens | 186 |
| f) Prognosen | 86 | 10. Das ergänzende Verfahren – § 214 Abs. 4 BauGB | 188 |
| g) Bewertung | 87 | **IV. Vereinfachte und beschleunigte Bebauungsplanaufstellungsverfahren** | |
| h) Gewichtung und Ausgleich von Belangen | 88 | 1. Vereinfachtes Bebauungsplanverfahren (§ 13 BauGB) | 190 |
| i) Speziell: Das Folgenermittlungs- und -bewältigungsprogramm bei der planerischen Zulassung von Eingriffen in Natur und Landschaft | 90 | 2. Bebauungspläne der Innenentwicklung | 193 |
| j) Konfliktbewältigung | 91 | 3. Bebauungspläne zur Sicherung zentraler Versorgungsbereiche (§ 9 Abs. 2a BauGB) | 199 |
| k) Einflussnahme auf die Abwägungslage, Verträge | 95 | | |
| l) Fehlerkontrolle, Unbeachtlichkeitsklauseln | 102 | | |
| 2. Verfahrensbeteiligte und Zuständigkeiten | | | |
| a) Planungsträger | 118 | | |

---

* Dieser Beitrag baut auf der Darstellung von Herrn *Horst Wohlgemuth*, Rechtsanwalt, Fachanwalt für Verwaltungsrecht, Moers aus der Vorauflage auf.

|  | Rz. |  | Rz. |
|---|---|---|---|
| **V. Sonderfälle** | | **VI. Das Normenkontrollverfahren** | |
| 1. Aufstellung des Flächennutzungsplanes | 201 | **(§ 47 VwGO)** | |
| | | 1. Gegenstand und Rechtswirkungen der Normenkontrolle | 241 |
| 2. Planungsinitiative beim BPlan | 209 | | |
| 3. Der vorhabenbezogene BPlan | 212 | 2. Antragsbefugnis und Antragsfrist | 247 |
| 4. Satzungen nach §§ 34 Abs. 4 BauGB, 35 Abs. 6 BauGB | 227 | | |
| | | 3. Einstweilige Anordnung (§ 47 Abs. 6 VwGO) | 252 |
| 5. Die Veränderungssperre (§ 14 BauGB) | 232 | | |

**Literatur:**

*Battis/Krautzberger/Löhr*, BauGB, Kommentar, 11. Auflage 2009; *Becker*, Mitwirkungspflicht des Bürgers im Bebauungsplanverfahren?, NJW 1980, 1036; *Bennemann/Beinlich/Brodbeck/Daneke/Gerhold/Meiß/Simon/Teschke/Unger/Zahradnik*, Kommunalverfassungsrecht Hessen, Loseblatt Stand Dezember 2002 (zitiert: *Bennemann/Beinlich*); *Blum/Baumgarten/Beckhof/Behrens/Göke/Häusler/Menzel/Smollich/Wefelmeier*, Niedersächsische Gemeindeordnung, Kommentar, Loseblatt Stand 2010 (zitiert: *Blum/Beckhof*); *Boeddinghaus/Dieckmann*, Baunutzungsverordnung, Kommentar, 2. Aufl. 1990; *Borchert/Buschmann/Galette/Lütje/von Scheliha/Schliesky*, Kommentar zur Gemeindeordnung für Schleswig-Holstein, Loseblatt Stand Januar 2004 (zitiert: *Borchert/Buschmann/Galette*); *Borchmann*, Interessenkollision im Gemeinderecht, NVwZ 1982, 17; *Brüggen/Heckendorf*, Sächsische Gemeindeordnung, Kommentar, 1993; *Burmeister*, Praxishandbuch städtebauliche Verträge, 2000; *Darsow/Gentner/Glaser/Meyer*, Schweriner Kommentar der Kommunalverfassung des Landes Mecklenburg-Vorpommern, 3. Aufl. 2005; *Dolde*, Mitwirkungsverbot für befangene Gemeinderäte bei der Aufstellung von Bebauungsplänen, BauR 1973, 350; *Dolde*, Konfliktsituation zwischen gewerblicher Wirtschaft und wohnen als Problem des Städtebaurechts, DVBl. 1983, 732; *Dreibus/Neutz/Beucher/Nauheim-Strubek*, Kommunalgesetze Rheinland-Pfalz, Loseblatt Stand Juli 2001; *Erbguth*, Rechtsschutzfragen und Fragen der §§ 214 und 215 BauGB im neuen Städtebaurecht, DVBl. 2004, 802 ff.; *Ernst/Zinkahn/Bielenberg/Krautzberger*, BauGB (mit BauNVO und PlanzV), Kommentar Loseblatt Stand Juni 2011; *Fickert/Fieseler*, Baunutzungsverordnung, Kommentar unter besonderer Berücksichtigung des Umweltschutzes mit ergänzenden Rechts- und Verwaltungsvorschriften, 11. Aufl. 2008; *Frenz/Müggenborg* (Hrsg.), BNatSchG – Bundesnaturschutzgesetz, Kommentar, 2011; *Gabler/Höhlein/Klöckner/Lukas/Oster/Schauf/Steenbock/Stubenrauch/Tutschapsky/Dazert/Nies/Nauheim-Skrobek*, Kommunalverfassungsrecht Rheinland-Pfalz, Kommentar, Loseblatt Stand 2011 (zitiert: Gabler/Höhlein); *Gelzer/Bracher/Reidt*, Bauplanungsrecht, 7. Aufl. 2004; *Hassel*, Die Bedeutung des Unmittelbarkeitskriteriums für eine interessengerechte Anwendung der kommunalen Befangenheitsvorschriften, DVBl. 1988, 711; *Hegel*, Zur Befangenheit von Ratsmitgliedern im Bebauungsplanverfahren, BauR 1974, 377; *Held/Becker/Decker/Kirchhof/Krämer/Wansleben/Winkel*, Kommentar zur Gemeindeordnung NW (in: Kommunalverfassungsrecht NW), Loseblatt Stand Juni 2011; *Hoffmann/Kassow*, Der Einfluss von städtischen Einzelhandelskonzepten auf die baurechtliche Zulässigkeit von Vorhaben, BauR 2010, 711; *Hoppe*, Die Abwägung im EAG Bau nach Maßgabe des § 1 Abs. VII BauGB, NVwZ 2004, 903; *Hoppe/Bönker/Grotefels*, Öffentliches Baurecht, 4. Aufl. 2010; *Klang/Gundlach*, Gemeindeordnung und Landkreisordnung für das Land Sachsen-Anhalt, 2. Aufl. 1999; *König/Roeser/Stock*, BauNVO, Kommentar, 2. Aufl. 2003; *Kolodziejzok/Recken/Apfelbacher/Iven*, Gesetz über Naturschutz und Landschaftspflege (Bundesnaturschutzgesetz – BNatSchG 2002), Kommentar, in: *dies.*, Naturschutz, Landschaftspflege und einschlägige Regelungen des Jagd- und Forstrechts, Stand April 2010; *Kopp/Schenke*, VwGO – Verwaltungsgerichtsordnung, Kommentar, 17. Auflage 2011; *Krautzberger/Söfker*, BauGB mit BauNVO Leitfaden, 7. Aufl. 2004; *Krüger*, Inhaltliche Mängel des Bebauungsplanes, BauR 1989, 529; *Kunze/Bronner/Katz* (bearbeitet von Giebler, Katz, Steeger, Sixt, Bock), Gemeindeordnung für Baden-Württemberg, Kommentar, Loseblatt, 4. Aufl., Stand März 2011; *Kuschnerus*, Der sachgerechte Bebauungsplan, 3. Aufl. 2004; *Lehné*, Saarländisches Kommunalrecht, Kommentar, 2. Aufl. 1989; *Müller*, Bebauungsplan in der Gemengelage, mögliche planerische Festsetzungen zur Konfliktbewältigung, BauR 1994, 191 ff. und 294 ff.; *Pietzcker*, Änderung bestehender Bebauungspläne durch Änderung der BauNVO?, NVwZ 1989, 601; *Schlichter/Stich/Driehaus/*

*Paetow* (Hrsg.), Berliner Kommentar zum Baugesetzbuch, 3. Aufl. 2002, Stand Mai 2011 (zitiert: *Bearbeiter*, Berliner Kommentar); *Schumacher/Augustesen/Benedens/Erdmann/ Niermann/Scheiper/Nitsche/Schönmeier/Pencereci/Nobbe*, Kommentar zur GO Bbg. (in: Kommunalverfassungsrecht Brandenburg), Loseblatt Stand 2011 (zitiert: *Schumacher/ Augustesen/Benedens*); *Söfker*, Das Gesetz zur Förderung des Klimaschutzes bei der Entwicklung in den Städten und Gemeinden, ZfBR 2011, 541; *Tarner*, Die Steuerung der Ansiedlung von Vergnügungsstätten mit den Mitteln des Bauplanungsrechts unter besonderer Berücksichtigung des § 9 Abs. 2a BauGB, BauR 2011, 1273; *Widtmann/Grasser/Glaser*, Bayerische Gemeindeordnung, Kommentar, Stand Mai 2011

## I. Bauleitplanung und Bebauungsplan

### 1. Bedeutung der Bauleitplanung

1   Der Flächennutzungsplan sowie Bebauungspläne und andere Satzungen des gemeindlichen Planungsrechts beeinflussen nachhaltig das Gesicht der Gemeinde und den Lebensraum der dort wohnenden oder arbeitenden Bevölkerung. Mittels Bauleitplanung versuchen die Gemeinden, ihre Stadt- oder Dorfentwicklung zu steuern. Neben der funktionalen Gliederung und ästhetischen Gestaltung der Stadt als Lebensraum, in dem vielfältige mal sich ergänzende, mal kollidierende Funktionen zu gewährleisten und Bedürfnisse zu bedienen sind – etwa des Wohnens, des Wirtschaften und Arbeitens, des Verkehrs, der Kultur, der Erholung und des Freiraumschutzes, der „Sozialen Stadt" (weitere s. § 1 Abs. 5 und 6 BauGB), ist in der jüngeren Vergangenheit die wirtschaftliche Entwicklung der Städte und Gemeinden zunehmend in den Fokus der Bauleitplanung gerückt. Zahlreiche Rechtsstreitigkeiten über Fragen der Einzelhandelssteuerung einerseits, interkommunale Abstimmungs- und Rücksichtnahmegebote andererseits zeugen hiervon. Obwohl die jeweiligen Planungen städtebaulich begründet werden und die Streitfragen folglich im Städtebaurecht verankert sind, stehen dahinter oft massive wirtschaftliche Interessen.

Das Planungsrecht beeinflusst die Zulässigkeit von Vorhaben, aber auch vielfältige Standortvor- und -nachteile, von denen das wirtschaftliche Gedeihen eines Vorhabens abhängen kann. Es sind dies die vorteilhaften und nachteiligen Einflüsse, denen das Vorhaben aus seiner Umgebung oder aus planungsrechtlichen Bindungen ausgesetzt ist und die uns unter Schlagworten wie Immissionsbelastung, Verkehrs-, Wohn- oder Geschäftslage begegnen. Die Bauleitplanung bietet oft den entscheidenden Schlüssel für die Durchsetzung oder Verhinderung von Vorhaben und die Erhaltung oder Änderung ihres Umfeldes.

Aus den vielschichtigen Wirkungen der Bauleitplanung und der Vielfalt der betroffenen Interessen folgen ebenso vielgestaltige Aufgaben, die sich dem Anwalt im Verfahren der Bauleitplanung oder bei der anschließenden Rechtskontrolle stellen.

### 2. Rechtsquellen

2   Der Ablauf des Bebauungsplanverfahrens ist gesetzlich geregelt. Ebenso unterliegt die Planung rechtlichen Bindungen und Grenzen, die sowohl den Planungsvorgang als auch dessen Ergebnis – den Inhalt des Bauleitplanes – betreffen.

#### a) Bundesrecht

3   Das Bauplanungsrecht ist Gegenstand der konkurrierenden Gesetzgebung (Art. 74 Abs. 1 Nr. 18 GG). Der Bundesgesetzgeber hat die materiell-rechtlichen Grundlagen der Bauleitplanung und den wesentlichen Teil der zu beachtenden Verfahrensvorschriften geregelt. Die letzteren werden durch Bestimmungen des Landesrechts ergänzt, welches Kompetenzen und Verfahren der zur Bauleitplanung berufenen Rechtssetzungsorgane der örtlichen Ebene regelt.

## I. Bauleitplanung und Bebauungsplan

Wichtigste Rechtsquelle ist das **Baugesetzbuch (BauGB)** i.d.F. der Bekanntmachung vom 23.9.2004[1], zuletzt geändert durch das Gesetz zur Förderung des Klimaschutzes bei der Entwicklung in den Städten und Gemeinden vom 22.7.2011[2]. Es enthält in den §§ 1–13a BauGB, §§ 203–206 BauGB, §§ 214–216 BauGB, §§ 246 bis 249 BauGB und den Anlagen 1 und 2 den Kernbestand der Vorschriften über die Bauleitplanung. Soweit Planaufstellungsverfahren in den zeitlichen Geltungsbereich anderer Gesetzesfassungen hineinreichen, sind daneben die jeweiligen Überleitungsregelungen zu beachten.

Nach dem Europarechtsanpassungsgesetz – EAG Bau – vom 24.6.2004[3] erfolgte die letztere größere Reform im Gesetz zur Erleichterung von Planungsvorhaben für die Innenentwicklung der Städte vom 21.12.2006[4] (BauGB-Novelle 2007). Das Klimaschutzförderungsgesetz vom 22.7.2011 rückt als eines der durch die „Energiewende" und den Ausstieg aus der Atomenergie veranlassten Gesetze den Klimaschutz und hierzu den Ausbau erneuerbarer Energien, die Energieeffizienz und die Energieeinsparung in den Fokus der Bauleitplanung, und zwar sowohl bei den Aufgaben- und Grundsatzbestimmungen (§ 1 Abs. 5 Satz 2 BauGB, § 1a Abs. 5 BauGB) als auch bei den Darstellungs-, Festsetzungs- und Vertragsgestaltungsmöglichkeiten (§ 5 Abs. 2 Nr. 2 BauGB, § 9 Abs. 1 Nr. 12 und Nr. 23 lit. b BauGB, § 11 Abs. 1 Satz 2 Nr. 4 und 5 BauGB, § 249 BauGB). Weitere Änderungen betreffen die privilegiert zulässigen Nutzungen im Außenbereich (§ 35 Abs. 1 Nr. 6–8 BauGB), Baumaßnahmen im Sanierungsgebiet, Stadtumbaumaßnahmen (§§ 171a und 171c BauGB) sowie erweiterte Abweichungsmöglichkeiten im unbeplanten Innenbereich (§ 248 BauGB) und einzelne nicht durch das Klimaschutzziel veranlasste Gesetzesänderungen.

Das **Gesetz über die Umweltverträglichkeitsprüfung (UVPG)** i.d.F. der Bekanntmachung vom 24.2.2010[5], zuletzt geändert durch Art. 6 des Gesetzes vom 28.7.2011[6], ist mit seiner Anlage 1 zur Beurteilung der Frage heranzuziehen, ob die Aufstellung eines Bebauungsplanes im vereinfachten Verfahren gem. § 13 Abs. 1 Nr. 1 BauGB, eines Bebauungsplanes der Innenentwicklung gem. § 13a Abs. 1 Satz 4 BauGB – oder Außenbereichsatzung gem. § 34 Abs. 5 Nr. 2 BauGB bzw. § 35 Abs. 6 Nr. 2 BauGB ausgeschlossen ist.

Das **Bundesnaturschutzgesetz (BNatSchG)** vom 29.7.2009[7], geändert durch Art. 3 des Gesetzes vom 28.7.2011 erlangt mit seiner Definition des Eingriffs in Natur und Landschaft (§ 14 BNatSchG) Bedeutung im Rahmen des § 1a Abs. 3 BauGB. Seine Vorschriften über die Zulässigkeit und Durchführung von Eingriffen einschließlich der Einholung der Stellungnahme der Kommission sind gem. § 1a Abs. 4 BauGB anzuwenden, soweit ein Natura 2000-Gebiet i.S.d. BNatSchG betroffen ist. Ferner gibt es Auskunft über die in § 1 Abs. 6 Nr. 7 lit. b BauGB sowie in der Anlage 2 Ziffern 2.6.1 bis 2.6.5 bezeichneten Gebietstypen.

Die gem. § 9a Nr. 1–3 BauGB (früher § 2 Abs. 5 BauGB) erlassene Verordnung über die bauliche Nutzung der Grundstücke – **Baunutzungsverordnung (BauNVO)** i.d.F. der 4. Verordnung zur Änderung der Baunutzungsverordnung vom 23.1.1990[8], geän-

---

1 BGBl. I 2004, 2414.
2 BGBl. I 2011, 1509, dazu ausführlich *Söfker*, ZfBR 2011, 541 ff.
3 BGBl. I 2004, 1359; dazu im Einzelnen *Krautzberger*, in: Ernst/Zinkahn/Bielenberg/Krautzberger, Einl. Rz. 255–291.
4 BGBl. I 2006, 3316; dazu im Einzelnen *Krautzberger*, in: Ernst/Zinkahn/Bielenberg/Krautzberger, Einl. Rz. 298–335.
5 BGBl. I 2010, 94.
6 BGBl. I 2011, 1690.
7 BGBl. I 2009, 2542.
8 BGBl. I 1990, 127.

dert durch Art. 3 des InvWoBauLG vom 22.4.1993[1], ergänzt die Vorschriften des BauGB über die Bauleitplanung und über die Zulässigkeit von Vorhaben.

8 Die Verordnung über die Ausarbeitung der Bauleitpläne und die Darstellung des Planinhalts – **Planzeichenverordnung (PlanzV)** – vom 18.12. 1990[2] geändert durch Art. 2 des Gesetzes vom 22.7.2011, enthält Regelungen über die Beschaffenheit der Planunterlagen und die Bedeutung der Planzeichen, welche im Bauleitplan die Darstellungen und Festsetzungen verlautbaren; die Ermächtigungsgrundlage liegt in § 9a Nr. 4 BauGB (früher § 2 Abs. 5 Nr. 4 BauGB).

9 Das Raumordnungsgesetz (ROG) vom 22.12.2008[3], zuletzt geändert durch Art. 9 des Gesetzes vom 31.7.2009[4], formuliert in § 2 Abs. 2 ROG Grundsätze der Raumordnung, die – soweit sie nicht der Konkretisierung durch Raumordnungspläne bedürfen – als öffentliche Belange zu berücksichtigen und gem. § 1 Abs. 7 BauGB abzuwägen sind (§ 4 Abs. 1 Nr. 1 ROG). Abwägungsbeachtliche Rechtsquellen können auch Raumordnungspläne des Bundes nach § 17 Abs. 1 und 2 ROG sein.

**b) Landesrecht**

10 Die Rechtsquellen des Landesrechts sind zum einen die durch §§ 9 Abs. 4, 171f., 203 Abs. 1–3, 246 Abs. 1–4 und 7 BauGB erlassenen Rechtsvorschriften, zum anderen die Gemeindeordnungen der Länder und die hierzu ergangenen Rechtsverordnungen. Das BauGB bestimmt, dass die Bauleitplanung Aufgabe der Gemeinde und der Bebauungsplan (im Folgenden: BPlan) als Satzung zu beschließen ist und regelt neben den zulässigen Planinhalten wesentliche Verfahrensschritte der Planung. Soweit das Bundesrecht schweigt, gilt ergänzend das die Rechtsetzung der Gemeinden regelnde Landesrecht, d.h. im Wesentlichen die Gemeindeordnungen und die das Bekanntmachungsrecht der Gemeinden regelnden Rechtsvorschriften.

**Beispiel:**

§ 10 Abs. 3 BauGB ordnet die ortsübliche Bekanntmachung des Beschlusses des BPlanes (soweit nicht durch die höhere Verwaltungsbehörde genehmigungsbedürftig) durch die Gemeinde an und bestimmt, dass in der Bekanntmachung darauf hinzuweisen ist, wo der BPlan eingesehen werden kann. Mit der Bekanntmachung tritt der BPlan in Kraft. Wie und durch welches Gemeindeorgan die Bekanntmachung bewirkt wird, ist jedoch den landesrechtlichen Vorschriften zu entnehmen.

Die letzteren verweisen gewöhnlich auf das einschlägige Ortsrecht, wie die Hauptsatzungen und gemeindlichen Zuständigkeitsordnungen, die Geschäftsordnung des Rates etc.

Für die Stadtstaaten Berlin, Hamburg und Bremen gelten verfahrensrechtliche Sonderregelungen bzw. Ermächtigungen gem. § 246 Abs. 1, 2 und 4 BauGB.

11 Landesrechtliche Rechtsquellen sind außerdem die gem. §§ 8ff. ROG aufgestellten landesweiten Regionalpläne, Raumordnungspläne oder regionalen Flächennutzungspläne, in denen Ziele oder Grundsätze der Raumordnung gem. § 3 Abs. 1 Nr. 2 oder 3 ROG festgelegt werden, sowie die Gesetze der Länder über Grundsätze der Raumordnung i.S.d. § 3 Abs. 1 Nr. 3 ROG.

Hauptsächlich sind folgende Rechtsvorschriften des Landesrechts zu beachten:

---

[1] BGBl. I 1993, 466.
[2] BGBl. I 1991, 58.
[3] BGBl. I 2008, 2986.
[4] BGBl. I 2009, 2585.

### Baden-Württemberg 12
– Verordnung der Landesregierung und des Wirtschaftsministeriums zur Durchführung des Baugesetzbuchs (Durchführungsverordnung zum Baugesetzbuch – BauGB-DVO) vom 2.3.1998 (GBl. 185), zuletzt geändert durch Verordnung vom 25.4.2007 (GBl. 252, 259),
– Verordnung der Landesregierung und des Wirtschaftsministeriums zur Durchführung des Baugesetzbuchs (Durchführungsverordnung zum Baugesetzbuch – BauGB-DVO) vom 2.3.1998 (GBl. 185), zuletzt geändert durch Verordnung vom 25.4.2007 (GBl. 252, 259),
– Verordnung des Innenministeriums zur Durchführung der Gemeindeordnung (DVO GemO) vom 11.12.2000 (GBl. 2001, 2), zuletzt geändert durch Gesetz vom 14.10.2008 (GBl. 313, 327).

### Bayern 13
– Zuständigkeitsverordnung im Bauwesen (ZustVBau) vom 5.7.1994 (GVBl. 573), zuletzt geändert durch V vom 28.10.2010 (GVBl. 734),
– Gemeindeordnung für den Freistaat Bayern (Gemeindeordnung – GO) in der Fassung der Bekanntmachung vom 22.8.1998 (GVBl. 796), zuletzt geändert durch G. vom 27.7.2009 (GVBl. 400),
– Verordnung über die amtliche Bekanntmachung gemeindlicher Satzungen und von Rechtsvorschriften der Verwaltungsgemeinschaften (Bekanntmachungsverordnung – BekV) vom 19.1.1983 (GVBl. 14).

### Berlin 14
– Gesetz zur Ausführung des Baugesetzbuchs (AGBauGB) in der Fassung vom 7.11.1999 (GVBl. 578), zuletzt geändert durch G. vom 3.11. 2005 (GVBl. 692),
– Gesetz über die Zuständigkeiten in der allgemeinen Berliner Verwaltung (Allgemeines Zuständigkeitsgesetz – AZG) in der Fassung vom 22.7.1996 (GVBl. 302, ber. 472), zuletzt geändert durch G vom 13.7.2011 (GVBl. 344),
– Gesetz über die Verkündung von Gesetzen und Rechtsverordnungen vom 29.1.1953 (GVBl. 106), zuletzt geändert durch G vom 11.7. 1999 (GVBl. 390).

### Brandenburg 15
– Verordnung über Zuständigkeiten nach dem Baugesetzbuch (Baugesetzbuchzuständigkeitsverordnung – BauGBZV) vom 15.10.1997 (GVBl. II, 821), zuletzt geändert durch Verordnung vom 23.2.2009 (GVBl. II, 101, 103),
– Kommunalverfassung des Landes Brandenburg (BbgKVerf) vom 18.12.2007 (GVBl. I, 286), zuletzt geändert durch Gesetzes vom 23.9.2008 (GVBl. I, 202, 207),
– Gemeindeordnung für das Land Brandenburg (Gemeindeordnung – GO) in der Fassung der Bekanntmachung vom 10.10.2001 (GVBl. I, 154), zuletzt geändert durch Gesetz vom 18.12.2007 (GVBl. I, 286, 329),
– Verordnung über die öffentliche Bekanntmachung von Satzungen und sonstigen ortsrechtlichen Vorschriften in den Gemeinden, Ämtern und Landkreisen (Bekanntmachungsverordnung – BekanntmV) vom 01.12.2000 (GVBl. II, 435), zuletzt geändert durch Gesetz vom 20.4.2006 (GVBl. I, 46, 48).

### Bremen 16
– Gesetz über den Wegfall von Genehmigungen oder Zustimmungen nach dem Baugesetzbuch vom 7.7.1987 (Brem. GBl. 215), zuletzt geändert durch G vom 26.5.1998 (Brem. GBl. 134),
– Verordnung zur Durchführung des Baugesetzbuches vom 22.6.1993 (Brem. GBl. 234), zuletzt geändert durch Nr. 2.1 Bek. über die Änd. von Zuständigkeiten vom 31.3.2009 (Brem. GBl. 129),

- Landesverfassung der Freien Hansestadt Bremen vom 21.10. 1947 (Brem. GBl. 251), zuletzt geändert durch G. vom 31.8.2010 (Brem. GBl. 457),
- Verfassung für die Stadt Bremerhaven (VerfBrhv) vom 13.10.1971 (Brem. GBl. 243), zuletzt geändert durch G. vom 5.5.2011 (Brem. GBl. 376),
- Gesetz über die Verkündung von Rechtsverordnungen und anderen Vorschriften vom 15.12.1964 (Brem. GBl. 197), zuletzt geändert durch G. vom 24.11.2009 (Brem. GBl. 517).

17 **Hamburg**
- Gesetz über die Feststellung von Bauleitplänen und ihre Sicherung (Bauleitplanfeststellungsgesetz) in der Fassung vom 30.11.1999 (HmbGVBl. 271), zuletzt geändert durch Gesetz vom 14.6.2011 (HmbGVBl. 256),
- Verfassung der Freien und Hansestadt Hamburg vom 6.6.1952 (Fundstelle: HmbBl I 100-a, S.), zuletzt geändert durch Gesetz vom 8.7.2009 (HmbGVBl. 221),
- Bezirksverwaltungsgesetz (BezVG) vom 6.7.2006 (HmbGVBl. 404), zuletzt geändert durch Gesetz vom 15.12.2009 (HmbGVBl. 405, 433).

18 **Hessen**
- Hessische Verordnung zur Durchführung des Baugesetzbuches (DVO-BauGB) vom 17.4.2007 (GVBl. I 259), zuletzt geändert durch Verordnung vom 29.6.2010 (GVBl. I 233),
- Hessische Gemeindeordnung (HGO) in der Fassung der Bekanntmachung vom 7.3.2005 (GVBl. I 142), zuletzt geändert durch Gesetz vom 24.3.2010 (GVBl. I 119),
- Verordnung über öffentliche Bekanntmachungen der Gemeinden und Landkreise vom 12.10.1977 (GVBl. I, 409).

19 **Mecklenburg-Vorpommern**
- Gesetz des Landes Mecklenburg-Vorpommern zur Ausführung des Baugesetzbuches (Baugesetzbuchausführungsgesetz – AG-BauGB MV) vom 30.1.1998 (GVOBl. MV 110), zuletzt geändert durch Gesetz vom 28.10.2010 (GVOBl. MV 615, 618),
- Kommunalverfassung für das Land Mecklenburg-Vorpommern (Kommunalverfassung – KV MV) in der Fassung der Bekanntmachung vom 8.6.2004 (GVOBl. MV 205), zuletzt geändert durch Gesetz vom 16.12.2010 (GVOBl. MV 690, 712),
- Durchführungsverordnung zur Kommunalverfassung (KV-DVO) vom 4.3.2008 (GVOBl. MV 85), zuletzt geändert durch Verordnung vom 19.7.2011 (GVOBl. MV 858).

20 **Niedersachsen**
- Niedersächsische Verordnung zur Durchführung des Baugesetzbuches (DVO-BauGB) in der Fassung vom 24.5. 2005 (Nds. GVBl. 183), zuletzt geändert durch VO vom 12.11.2010 (Nds. GVBl. 514),
- Niedersächsisches Kommunalverfassungsgesetz (NKomVG) vom 17.12.2010 (Nds. GVBl. 576).

21 **Nordrhein-Westfalen**
- Verordnung zur Durchführung des Baugesetzbuches vom 7.7.1987 (GV NW 220), zuletzt geändert durch VO vom 17.11.2009 (GV NW 624),
- Gemeindeordnung für das Land Nordrhein-Westfalen (GO NW) in der Fassung der Bekanntmachung vom 14.7.1994 (GV NW 666), zuletzt geändert durch Gesetz vom 24.5.2011 (GV NW 271),

– Verordnung über die öffentliche Bekanntmachung von kommunalem Ortsrecht (Bekanntmachungsverordnung – BekanntmVO) vom 26.8.1999 (GV NW 516), zuletzt geändert durch Verordnung vom 5.8.2009 (GV NW 442, 481).

**Rheinland-Pfalz**

– Landesverordnung über Zuständigkeiten nach dem Baugesetzbuch vom 21.12.2007 (GVBl. 22),
– Gemeindeordnung (GemO) in der Fassung vom 31.1.1994 (GVBl. 153), zuletzt geändert durch Gesetz vom 20.10.2010 (GVBl. 319),
– Landesverordnung zur Durchführung der Gemeindeordnung (GemODVO) vom 21.2.1974 (GVBl. 98), zuletzt geändert durch Verordnung vom 6.11.2009 (GVBl. 379)

**Saarland**

– Verordnung über Zuständigkeiten nach dem Baugesetzbuch vom 20.5.2011 (ABl. 203),
– Kommunalselbstverwaltungsgesetz – KSVG – in der Fassung der Bekanntmachung vom 27.6.1997 (ABl. 682), zuletzt geändert durch G. vom 11.2.2009 (ABl. 1215),
– Verordnung über die öffentlichen Bekanntmachungen der Gemeinden und Gemeindeverbände (Bekanntmachungsverordnung – BekVO) vom 15.10.1981 (ABl. 828), zuletzt geändert durch G. vom 26.1.1994 (ABl. 509),

**Sachsen**

– Gemeindeordnung für den Freistaat Sachsen (SächsGemO) i.d.F. d. Bek. vom 18.3.2003 (SächsGVBl. 55, ber. 159), zuletzt geändert durch G. vom 26.6.2009 (SächsGVBl. 323, 325)
– Verordnung des Staatministeriums des Innern zur Durchführung der Gemeindeordnung für den Freistaat Sachsen (DVO SächsGemO) vom 8.6.1993 (SächsGVBl. 521), zuletzt geändert durch VO vom 26.8.2008 (SächsGVBl. 547),
– Verordnung des Sächsischen Staatsministeriums des Innern über die Form kommunaler Bekanntmachungen (Kommunalbekanntmachungsverordnung – KomBekVO) vom 19.12.1997 (SächsGVBl. 1998, 19).

**Sachsen-Anhalt**

– Verordnung zur Übertragung von bauplanungsrechtlichen Aufgaben und Befugnissen vom 28.4.2010 (GVBl. LSA 296),
– Gemeindeordnung für das Land Sachsen-Anhalt (Gemeindeordnung – GO LSA) in der Fassung der Bekanntmachung vom 10.8.2009 (GVBl. LSA 383).

**Schleswig-Holstein**

– Landesverordnung zur Übertragung von Zuständigkeiten auf nachgeordnete Behörden vom 9.4.1984 (GVOBl. 83), zuletzt geändert durch LVO vom 17.5.2002 (GVOBl. 104),
– Gemeindeordnung für Schleswig-Holstein (Gemeindeordnung – GO –) in der Fassung vom 28.2.2003 (GVOBl. 57), zuletzt geändert durch Ges. vom 17.12.2010 (GVOBl. 789),
– Landesverordnung über die örtliche Bekanntmachung und Verkündung (Bekanntmachungsverordnung – BekanntVO) vom 11.11.2005 (GVOBl. 527), zuletzt geändert durch LVO vom 7.10.2010 (GVOBl. 629).

27 **Thüringen**
- Vorläufige Zuständigkeitsverordnung zum Baugesetzbuch vom 25.3.1991 (GVBl. 67)

c) Nicht anwendbare Rechtsquellen,
- Thüringer Verordnung über Zuständigkeiten im Bauwesen (ThürZustBauVO) vom 22.4.2008 (GVBl. 108),
- Thüringer Gemeinde- und Landkreisordnung (Thüringer Kommunalordnung – ThürKO –) in der Fassung der Bekanntmachung vom 28.1.2003 (GVBl. 41), zuletzt geändert durch Artikel 8 des Gesetzes vom 22.6.2011 (GVBl. 99, 134),
- Thüringer Verordnung über die öffentliche Bekanntmachung von Satzungen der Gemeinden, Verwaltungsgemeinschaften und Landkreise (Thüringer Bekanntmachungsverordnung – ThürBekVO –) vom 22.8.1994 (GVBl. 1045).

28 Der BPlan ist Rechtsnorm im formellen Sinne, das Planaufstellungsverfahren daher – anders als die Planfeststellungsverfahren des Fachplanungsrechts – Rechtssetzungs-, nicht Verwaltungsverfahren. Die Verwaltungsverfahrensgesetze sind daher nicht anwendbar.

### 3. Die Bauleitplanung

#### a) Aufgabe und Träger der Bauleitplanung

29 Aufgabe der Bauleitplanung ist es, die bauliche und sonstige Nutzung der Grundstücke in der Gemeinde mit dem Ziel einer geordneten städtebaulichen Entwicklung vorzubereiten und zu leiten (§ 1 Abs. 1 BauGB). Das geschieht durch die in § 1 Abs. 2 BauGB genannten Bauleitpläne, also den Flächennutzungsplan (FNP) und den BPlan. Das in § 1 BauGB verankerte Planmäßigkeitsprinzip macht die Bauleitplanung zum zentralen Gestaltungsinstrument städtebaulicher Ordnung und Entwicklung[1].

30 Im Gegensatz zur Fachplanung, die stets ein bestimmtes Vorhaben im Blick hat (z.B. Verkehrsweg, Deponie, Nassauskiesung), hat die Bauleitplanung als überfachliche gesamträumliche Planung für alle im Planungsgebiet hervortretenden Bodennutzungsbedürfnisse und -interessen aus umfassender Sicht – § 1 Abs. 5 BauGB – koordinierend ein funktionsfähiges Gesamtkonzept zu entwickeln und hierbei Konkurrenzen und Konflikte unterschiedlicher Nutzungen abwägend zum Ausgleich zu bringen[2].

31 Die Bauleitpläne sind von der Gemeinde **„in eigener Verantwortung"** (§ 2 Abs. 1 BauGB) aufzustellen; die Bauleitplanung rechnet zu den Angelegenheiten der örtlichen Gemeinschaft i.S.d. Art. 28 Abs. 2 GG und wird von der verfassungsrechtlichen Selbstverwaltungsgarantie umfasst[3].

Sie unterliegt nicht der staatlichen Fachaufsicht. Räumlich ist sie auf das Gebiet der Gemeinde bezogen.

32 Nach § 203 Abs. 1 und 2 BauGB kann die Aufgabe der Bauleitplanung auf Antrag der Gemeinde durch die Landesregierung einer anderen Gebietskörperschaft oder einem **Verband**, im Übrigen durch Landesgesetz auf Verbandsgemeinden, Verwaltungsgemeinschaften oder vergleichbare Zusammenschlüsse von Gemeinden, de-

---

[1] BVerwG v. 17.9.2003 – 4 C 14.01, DVBl 2004, 239 (241).
[2] *Gaentzsch*, Berliner Kommentar, § 1 Rz. 10.
[3] BVerfG v. 23.11.1988 – 2 BvR 1619/83, 2 BvR 1628/83, BVerfGE 79, 127 ff.

nen nach Landesrecht Aufgaben örtlicher Selbstverwaltung obliegen[1], übertragen werden. Nach § 205 BauGB können Gemeinden und sonstige Planungsträger sich zu einem Planungsverband zusammenschließen oder – unter den Voraussetzungen des § 205 Abs. 2 BauGB – zusammengeschlossen werden.

In den Stadtstaaten ohne gesonderte Gemeindeebene (Berlin und Hamburg) ist der Stadtstaat Planungsträger.

**b) Planungsstufen: Flächennutzungsplan – BPlan, besondere Planinstrumente**

Die Bauleitplanung vollzieht sich in zwei Stufen, einer ersten vorbereitenden, die den Flächennutzungsplan, und einer zweiten, die den BPlan als rechtsverbindlichen Bauleitplan (§ 1 Abs. 2 BauGB) hervorbringt.

Der **Flächennutzungsplan** enthält das **umfassende Bodennutzungskonzept für das gesamte Gemeindegebiet**. Er stellt für diesen Planungsraum flächendeckend[2] die Art der Bodennutzung dar, die sich aus der angestrebten städtebaulichen Entwicklung nach den voraussehbaren Bedürfnissen der Gemeinde ergibt (§ 5 Abs. 1 Satz 1 BauGB).

Sein Aussagegehalt beschränkt sich auf die Darstellung von Grundzügen, die der Entwicklung und Konkretisierung zu verbindlichen Festsetzungen in der zweiten Stufe der Bauleitplanung bedürfen (§ 8 Abs. 2 BauGB).

Ihm fehlt die unmittelbare Außenwirkung einer Rechtsnorm oder eines Verwaltungsakts – das Gesetz nennt seine Planaussagen deshalb „Darstellungen" –, doch bindet er die Bauleitplanung der 2. Stufe, die aus ihm zu entwickeln ist. Hierbei lässt der FNP aufgrund seiner geringeren Detailschärfe Gestaltungsspielräume für die nachgeordnete Bebauungsplanung offen. Solange die Grundzüge des FNP unangetastet bleiben und die Konzeption, die ihm zugrunde liegt, in sich schlüssig bleibt, gestattet § 8 Abs. 1 Satz 2 BauGB auch Abweichungen des BPlanes von den Darstellungen des FNP[3]. Zur Außen- und Bindungswirkung der Darstellungen des Flächennutzungsplanes im Außenbereich s. unten,

Der **BPlan** enthält Regelungen, die wegen ihrer Rechtsverbindlichkeit „**Festsetzungen**" genannt werden (§ 8 Abs. 1 Satz 1 BauGB). Er ergeht als **Satzung** (§ 10 Abs. 1 BauGB), bezieht seinen Geltungsanspruch mithin aus seiner Qualität als Rechtsnorm im formellen Sinne[4].

Sein Geltungsbereich umfasst regelmäßig nur Teile des Gemeindegebietes; er kann sich auf die Fläche einiger weniger Grundstücke – unter Umständen sogar eines einzigen – beschränken[5].

Da der BPlan aus dem Flächennutzungsplan zu entwickeln ist, darf er i.d.R. erst nach diesem aufgestellt werden. Abweichendes gilt nur, wenn ein Flächennutzungsplan entbehrlich ist, weil der BPlan zur Ordnung der städtebaulichen Entwicklung aus-

---

1 Vgl. hierzu *Battis*, in Battis/Krautzberger/Löhr, § 203 Rz. 7; *Fislake*, Berliner Kommentar, § 203 Rz. 16.
2 Einzelne Flächen oder Darstellungen dürfen nur ausgeklammert werden, wenn dies die Grundzüge der Planung für den gesamten Planungsraum nicht berührt und die Darstellung nachgeholt werden soll – § 5 Abs. 1 Satz 2 –; sachliche Teilflächennutzungspläne sind nur im Rahmen des sog. Darstellungsprivilegs (s. Rz. 205) zulässig.
3 Grundlegend zum Konkretisierungsspielraum BVerwG v. 28.2.1975 – IV C 74.72, BVerwGE 48, 70; v. 11.2.2004 – 4 BN 1.04, BRS 67 Nr. 55.
4 BVerwG v. 1.11.1974 – IV C 38.71, BRS 28 Nr. 6; zur Frage, ob er auch Rechtsnorm im materiellen Sinne ist: *Gaentzsch*, Berliner Kommentar, § 10 Rz. 3.
5 BVerwG v. 16.8.1993 – 4 BN 29.93, BRS 55 Nr. 2.

reicht („**selbstständiger BPlan**", § 8 Abs. 3 Satz 2 BauGB)[1] oder wenn dringende Gründe es verbieten, die vorherige (i.d.R. langwierige) Aufstellung des Flächennutzungsplanes abzuwarten („**vorzeitiger BPlan**", § 8 Abs. 4 Satz 1 BauGB)[2], sowie seit der BauGB-Novelle 2007 für die Aufstellung eines **BPlanes der Innenentwicklung** (§ 13a Abs. 2 Nr. 2 BauGB).

39 Will ein Planentwurf den Konkretisierungsspielraum überschreiten, den die Darstellungen des Flächennutzungsplanes gewähren, so muss letzterer zuvor oder im „**Parallelverfahren**" (§ 8 Abs. 3 BauGB)[3] geändert werden. Bei der Aufstellung von BPlänen der Innenentwicklung genügt stattdessen die Anpassung des Flächennutzungsplanes im Wege der **Berichtigung** (§ 13a Abs. 2 Nr. 2 BauGB)[4].

40 In seiner Grundform ist der BPlan ein normativer Rahmen, welcher der individuellen Vorhabenplanung mehr oder weniger großen Spielraum lässt („Angebotsplan"). Als Sonderform des **vorhabenbezogenen BPlanes** (§ 12 BauGB) hat er dagegen die planerische Zulassung eines weitgehend konkretisierten Vorhabens zum Gegenstand (Rz. 212); er kann sich in Regelungsgehalt und Darstellungsweise vom „herkömmlichen" BPlan stark unterscheiden. Der **BPlan der Innenentwicklung** (§ 13a BauGB) ist sachlich ein Angebotsplan, der in einem beschleunigten Verfahren aufgestellt werden kann. Eine Besonderheit stellt hingegen der ebenfalls mit der BauGB-Novelle 2007 eingeführte einfache BPlan nach § 9a BauGB zur Erhaltung oder Entwicklung zentraler Versorgungsbereiche dar, der steuernde Festsetzungen zur Art der baulichen Nutzung im unbeplanten Innenbereich (§ 34 BauGB) zulässt[5].

Daneben lässt das Gesetz für bestimmte typischerweise einfachere planerische Aufgabenstellungen Innen- und Außenbereichssatzungen als Plansurrogate zu (Rz. 227, 231).

### c) Die Bedeutung der Bauleitplanung

41 Der (rechtmäßige) BPlan konkretisiert Inhalt und Schranken des Eigentums (Art. 14 Abs. 1 Satz 2 GG)[6], darf Baurechtsansprüche begrenzen und aufheben sowie die planerische Grundlage für städtebaulich motivierte Enteignungen legen. Seine Festsetzungen sind insbesondere:

- Zulässigkeitsmaßstab für alle Vorhaben nach § 29 BauGB im Plangebiet,
- Grenze für die Befreiung von Festsetzungen nach § 31 Abs. 2 BauGB, soweit sich in ihnen Grundzüge der Planung verkörpern,
- Grundlage von Bodenordnungsmaßnahmen (§§ 45, 55 Abs. 2 und Abs. 5, 59 BauGB),
- Grundlage von Enteignungen (§§ 85 ff. BauGB),
- Grundlage von Planverwirklichungsgeboten (Baugebot § 176 BauGB; Pflanzgebot § 178 BauGB; Abbruchgebot § 179 Abs. 1 BauGB),
- Grundlage von Erschließungsmaßnahmen.

---

1 Das kommt nur für kleine Gemeinden mit geringer Bautätigkeit in Betracht.
2 Näheres bei *Gelzer/Bracher/Reidt*, Rz. 203 ff.
3 Näheres bei *Gaentzsch*, Berliner Kommentar, § 8 Rz. 17.
4 Näheres bei *Krautzberger*, in: Ernst/Zinkahn/Bielenberg/Krautzberger, § 13a Rz. 75 ff.
5 Näheres bei *Söfker*, in: Ernst/Zinkahn/Bielenberg/Krautzberger, § 9 Rz. 242 ff., *Gaentzsch*, Berliner Kommentar, § 9 Rz. 73 f ff.
6 BVerfG v. 30.11.1988 – 1 BvR 1301/84, DVBl 1989, 352 (353) = MDR 1989, 517; BGH v. 11.11.1976 – III ZR 114/75, BGHZ 67, 320 (326); *Hoppe/Bönker/Grotefels*, § 2 Rz. 49; *Gaentzsch*, Berliner Kommentar, § 10 Rz. 4.

Der BPlan verteilt durch seine Nutzungszuweisungen gleichsam Eigentum und Entwicklungschancen[1]; in dieser Entscheidung über Zu- oder Umverteilung erheblicher Werte liegt seine große wirtschaftliche Bedeutung. 42

**4. Inhalt des Bebauungsplans**

**a) Darstellungsweise der Festsetzungen**

Der Anwalt muss die Darstellungsweise und den möglichen Inhalt planerischer Festsetzungen kennen, um sie „lesen" und deren Auswirkungen abschätzen zu können. 43

Der BPlan trifft seine Festsetzungen durch **Zeichnung, Farbe, Schrift oder Text**, meist in einer Kombination dieser Darstellungsformen, bei der das Grundgerüst der flächenbezogenen Regelungen durch Zeichnung, Farbe und Schrift festgesetzt wird, hingegen bestimmte Differenzierungen, Ausnahmeregelungen und dergleichen durch Text formuliert werden. 44

Die **zeichnerische Formulierung** von Festsetzungen geschieht durch Eintragung von Planzeichen in eine Karte des Plangebiets, deren Maßstab die eindeutige – d.h. geodätisch reproduzierbare – Festsetzung der Planinhalte ermöglicht (§ 1 Abs. 1 PlanzV)[2].

Die Karte soll ferner die beplanten Flurstücke mit ihren Grenzen und Bezeichnungen in Übereinstimmung mit dem Liegenschaftskataster, die vorhandenen baulichen Anlagen, die Straßen, Wege und Plätze sowie die Geländehöhe wiedergeben (§ 1 Abs. 1 PlanzV).

Sind Festsetzungen infolge ungeeigneten Maßstabes oder anderer Mängel der Planunterlagen in der Wirklichkeit nicht eindeutig lokalisierbar, führt dies zu ihrer Unwirksamkeit[3]. Auslassungen oder Fehler in den Darstellungen des Bestandes, welche die Klarheit der Planaussage nicht aufheben, berühren als solche die Wirksamkeit des Planes nicht, können aber unter Umständen darauf hindeuten, dass die hiervon berührten Belange nicht abgewogen (weil nicht gesehen) worden sind[4].

Die Festsetzungen sollen durch Verwendung der **Planzeichen** formuliert werden, welche in der Anlage zur PlanzV aufgeführt sind (§ 2 Abs. 1 PlanzV)[5]. 45

Diese Anlage enthält Planzeichen für die meisten der denkbaren Festsetzungen in sowohl schwarz-weißer als auch farbiger Darstellung. Aus ihr können weitere Planzeichen sinngemäß entwickelt werden (§ 2 Abs. 2 PlanzV).

Die Planzeichen sollen im BPlan erklärt werden (§ 2 Abs. 4 PlanzV); bei anderen Zeichen als denen der Anlage zur PlanzV ist dies zur Normklarheit unverzichtbar. Die Ausführung der Planzeichen muss klar und widerspruchsfrei, Flächen müssen allseits geschlossen, Schrift und Symbole eindeutig zuzuordnen sein. Unklarheit, die nicht durch Auslegung behoben werden kann, führt zur Unwirksamkeit.

---

1 BGH v. 11.11.1976 – III ZR 114/75, BGHZ 67, 320 (328).
2 I.d.R. zwischen 1:200 und 1:1000; Einzelheiten sind lediglich in Verwaltungsvorschriften der obersten Landesbehörde geregelt; Näheres bei *Bielenberg*, in: Ernst/Zinkahn/Bielenberg/Krautzberger, § 1 PlanzV Rz. 7, 8.
3 *Bielenberg*, in: Ernst/Zinkahn/Bielenberg/Krautzberger, § 1 PlanzV Rz. 4 und 9; Nds. OVG v. 8.7.2004 – 1 KN 184/02, BauR 2005, 54.
4 VGH BW v. 8.7.1991 – 5 S 762/90, NVwZ 1992, 900 (Schutzgebietsverordnung).
5 Deren Verwendung ist obligatorisch; Abweichungen führen aber – Klarheit der Planaussage vorausgesetzt – nicht zur Unwirksamkeit – § 2 Abs. 5 PlanzV; BVerwG v. 25.10.1996 – 4 NB 28.96, NVwZ-RR 1997, 515.

## b) Katalog und Regelungsgehalt der Festsetzungen

46 Die auf der Grundlage von Bundesrecht **zulässigen Festsetzungen** und deren mögliche Regelungsgehalte werden durch § 9 BauGB i.V.m. der Baunutzungsverordnung **abschließend**[1] geregelt. Festsetzungen, die von diesem Ermächtigungsrahmen nicht gedeckt werden, sind **unzulässig** und ohne Möglichkeit einer Heilung unwirksam. Der Katalog des § 9 Abs. 1 BauGB lässt u.a. Festsetzungen zur Regelung der baulichen Nutzung (§ 9 Abs. 1 Nr. 1–9 BauGB), der Nutzung der von Bebauung freizuhaltenden Flächen (§ 9 Abs. 1 Nr. 10 BauGB), der Verkehrs- und Versorgungsflächen, der Leitungsstrassen und der Flächen für Abfall- und Abwasserbeseitigung (§ 9 Abs. 1 Nr. 11–14 BauGB), der Grünflächen, Wasserflächen, Flächen für Aufschüttungen und Abgrabungen, der Flächen für Landwirtschaft und Wald (§ 9 Abs. 1 Nr. 15–18 BauGB), Gemeinschaftsanlagen (§ 9 Abs. 1 Nr. 22 BauGB) sowie für Zwecke des Natur-, Landschafts- und Umweltschutzes (§ 9 Abs. 1 Nr. 20, 23–25 BauGB) zu.

47 Der Plan kann sich auf wenige Festsetzungen – z.B. die Festsetzung von Verkehrsflächen – beschränken, wenn die Erfordernisse städtebaulicher Entwicklung und Ordnung einen weiteren Regelungsbedarf nicht begründen (§ 1 Abs. 3 BauGB). Alleiniger Maßstab für die planungsrechtliche Zulässigkeit von Vorhaben ist allerdings nur ein **qualifizierter BPlan**, der zumindest Art und Maß der baulichen Nutzung, die überbaubaren Grundstücksflächen und die örtlichen Verkehrsflächen regelt (§ 30 Abs. 1 BauGb), oder ein vorhabenbezogener BPlan (§ 30 Abs. 2 BauGB).

Der **einfache BPlan**, der dieses Regelungsprogramm gar nicht oder unvollständig enthält, ist Zulässigkeitsmaßstab nur hinsichtlich der Kriterien, für die er Regelungen enthält; ergänzend gelten die gesetzlichen Maßstäbe der §§ 34 und 35 BauGB (§ 30 Abs. 3 BauGB).

Die Festsetzungen des BPlanes gelten unbefristet und unbedingt; den auf ihrer Grundlage entstandenen Vorhaben vermitteln sie Bestandsschutz auch über den zeitlichen Geltungsbereich des BPlanes hinaus.

Das EAG Bau hat mit § 9 Abs. 2 BauGB erstmals die Möglichkeit eröffnet, „in besonderen Fällen" festzusetzen, dass bestimmte planerisch vorgesehene Nutzungen nur aufschiebend oder auflösend bedingt oder befristet zulässig sind. Dies hat Auswirkungen auf den zulässigen Inhalt und den Bestandsschutz von Baugenehmigungen[2].

Die folgende Darstellung beschränkt sich auf einen kurzen Überblick über Festsetzungen, deren Aussagegehalt die Bau NVO näher regelt, um deren Funktion bei der Formulierung von Festsetzungen zu verdeutlichen; sie geht ferner kurz auf die zum Ausgleich von Eingriffsfolgen nach § 1a Abs. 3 BauGB zu treffenden Festsetzungen ein.

48 Die **Art der baulichen Nutzung** bestimmt der BPlan durch Festsetzung eines **Baugebietes** (§ 9 Abs. 1 Nr. 1 BauGB i.V.m. § 1 Abs. 3 BauNVO). Hierfür stellen die §§ 2–12 BauNVO einen enumerativen Katalog von Baugebieten zur Verfügung, die sich durch ihre allgemeine Zweckbestimmung unterscheiden und – in Abhängigkeit von ihr – nur katalogmäßig bestimmten, typisierend umschriebenen baulichen Nutzungen offen stehen. Folgende Baugebiete können festgesetzt werden:

- Kleinsiedlungsgebiete (WS) § 2 BauNVO
- Reine Wohngebiete (WR) § 3 BauNVO
- Allgemeine Wohngebiete (WA) § 4 BauNVO
- Besondere Wohngebiete (WB) § 4a BauNVO

---

1 BVerwG v. 31.1.1995 – 4 NB 48.93, NVwZ 1995, 696 (697).
2 Näheres bei *Bracher*, in: Gelzer/Bracher/Reidt, Rz. 359ff.; *Kuschnerus*, Rz. 657ff.

## I. Bauleitplanung und Bebauungsplan

- Dorfgebiete (MD) § 5 BauNVO
- Mischgebiete (MI) § 6 BauNVO
- Kerngebiete (MK) § 7 BauNVO
- Gewerbegebiete (GE) § 8 BauNVO
- Industriegebiete (GI) § 9 BauNVO
- Sondergebiete (SO) für Erholungszwecke § 10 BauNVO
- Sonstige Sondergebiete § 11 BauNVO

Die §§ 2–9 BauNVO prägen die Charakteristik der von ihnen geregelten Baugebiete vor. Sie legen in ihrem jeweiligen Abs. 1 deren **allgemeine Zweckbestimmung** fest; in Abs. 2 führen sie typisierend die allgemein, in Abs. 3 die ausnahmsweise im Baugebiet zulässigen Nutzungsarten auf. Ihnen liegt das System einer abgestuften Schutzbedürftigkeit der Baugebiete zugrunde, auf die der Störgrad der in ihnen zulässigen Nutzungen abgestimmt ist.  49

An die sich hieraus ergebende **Typik** ist die Planung – von gewissen Abweichungen (Rz. 51, 52) abgesehen – **gebunden,** d.h. sie ist zur Ermöglichung bestimmter Nutzungen auf die Festsetzung eines Baugebietes angewiesen, dessen Nutzungsartenkatalog sie abdeckt, macht damit aber zugleich auch die übrigen Nutzungsarten dieses Katalogs zum Inhalt der Baugebietsfestsetzung.  50

Die **Baugebietsvorschriften** und die sie ergänzenden §§ 12–14 BauNVO haben planausfüllenden Charakter; sie können als vorgefertigte Bausteine verstanden werden, die durch die Baugebietsfestsetzung **Bestandteil des BPlanes** (§ 1 Abs. 3 BauNVO) werden und bleiben es – auch bei späteren Änderungen der BauNVO – in der **Fassung**, in welcher sie Eingang in ihn gefunden haben[1].

**Beispiel:**
Zur Prüfung des Inhalts eines Bebauungsplanes muss der Rechtsanwalt daher zunächst ermitteln, wann der Bebauungsplan aufgestellt worden ist, um – ggf. unter Heranziehung von Überleitungsvorschriften – die anzuwendende Fassung der BauNVO festzustellen.

Die möglichen **Abweichungen** bestehen in **Differenzierungen**, welche § 1 Abs. 4–10 BauNVO dem Planer in der Mehrzahl der Baugebiete unter bestimmten Voraussetzungen erlaubt.  51

Er darf durch Festsetzung im einzelnen Baugebiet allgemein zulässige Nutzungsarten für unzulässig oder nur ausnahmsweise zulässig (§ 1 Abs. 5 BauNVO), ausnahmsweise zulässige Nutzungsarten für unzulässig oder allgemein zulässig (§ 1 Abs. 6 BauNVO) erklären, wenn die **allgemeine Zweckbestimmung** des Baugebietes **gewahrt** bleibt. Er darf ferner Baugebiete horizontal (§ 1 Abs. 4 BauNVO) und/oder vertikal (§ 1 Abs. 7 BauNVO) gliedern, indem er bestimmte Nutzungsarten abgegrenzten Teilflächen bzw. Ebenen oder Geschossen des Baugebietes vorbehält. Auch das ist von der Voraussetzung abhängig, dass die allgemeine Zweckbestimmung des Baugebietes gewahrt wird, die vertikale Gliederung weiterhin vom Vorliegen besonderer städtebaulicher Gründe[2].
Diese und die weiteren Differenzierungsmöglichkeiten nach § 1 Abs. 9 BauNVO[3] (auch einzelne Baugebietsvorschriften enthalten Differenzierungsermächtigungen)

---

[1] Das hat zur Folge, dass für die Feststellung des Inhaltes von BPlänen inzwischen 4 verschiedene Fassungen der Baunutzungsverordnung nach näherer Maßgabe der Stichtagsregelungen des Überleitungsrechts in Betracht kommen (§§ 25a, 25b BauNVO); zur Problematik der Einwirkungen von Änderungen der Baunutzungsverordnung auf bestehende Pläne vgl. *Pietzcker*, NVwZ 1989, 601 ff.; BVerwG v. 27.2.1992 – 4 C 43.87, NVwZ 1993, 170 (172).
[2] Hierzu BVerwG v. 22.5.1987 – 4 C 77.84, BRS 47 Nr. 58.
[3] Hierzu näher *Boeddinghaus/Dieckmann*, § 1 Rz. 28 ff.; *Fickert/Fieseler*, § 1 Rz. 74; *König/Roeser/Stock*, § 1 Rz. 92 ff.

machen die Planung flexibel, gestatten ihr aber nicht die **Entwicklung neuer Baugebietstypen**. Wird der Charakter eines Baugebiets durch Ausschluss einer seinen Typus prägenden Nutzung oder durch die allgemeine Zulassung nicht gebietstypischer Nutzungen im Übermaß verändert, so ist die Baugebietsfestsetzung mangels Ermächtigungsgrundlage unwirksam.

**Beispiele:**

Festsetzung eines Dorfgebietes unter Ausschluss land- und forstwirtschaftlicher Wirtschaftsstellen[1];

Festsetzung eines Kerngebiets, in dem bei zulässiger viergeschossiger Bebauung ab dem 1. OG allgemein und überall Wohnen zulässig ist[2]

Ein Baugebiet kann jedoch in der Weise gegliedert werden, dass nicht alle seine Teilbereiche – für sich allein betrachtet – alle Anforderungen der allgemeinen Zweckbestimmung erfüllen[3].

52 Soll das Baugebiet ein Nutzungsspektrum erhalten, das sich von dem der vorgeregelten Gebietsarten wesentlich (§ 11 Abs. 1 BauNVO), d.h. dergestalt unterscheidet, dass es sich „keinem der in den §§ 2ff. Bau NVO geregelten Gebietstypen zuordnen und sich deshalb sachgerecht mit einer auf sie gestützten Festsetzung nicht erreichen lässt"[4] kann der Planer ein **Sondergebiet** festsetzen.

Der Gebietscharakter der Sondergebiete wird nicht wie bei den übrigen Baugebieten durch einen Nutzungsartenkatalog vorgeprägt; Zweckbestimmung und Art der Nutzung sind vielmehr vom Planer individuell zu regeln (§§ 10 Abs. 2 Satz 1, 11 Abs. 2 Satz 1 BauNVO). § 10 BauNVO enthält nur wenige Vorgaben für einige Sondergebiete, die der Erholung dienen; § 11 BauNVO verzichtet für die sonstigen Sondergebiete auch hierauf.

**Beispiel für sonstige Sondergebiete:**

Sondergebiet für großflächigen Einzelhandel; Hafengebiet.

Die Baugebiete werden zeichnerisch durch Planzeichen 1.1 bis 1.4.2 der Anlage zur PlanzV festgesetzt; Baugebietsgrenzen werden durch eine Knotenlinie nach § 13.5 der Anlage zur PlanzV markiert.

53 Der BPlan kann das **Maß der baulichen Nutzung** durch Festsetzung
 – der Grundflächenzahl (GRZ) oder der Größe der Grundfläche der baulichen Anlage (GR),
 – der Geschossflächenzahl (GFZ) oder der Größe der Geschossfläche (GF),
 – der Baumassenzahl (BMZ) oder der Baumasse (BM),
 – der Zahl der Vollgeschosse (Z),
 – der Höhe der baulichen Anlagen (H)

bestimmen (§ 16 Abs. 2 BauNVO). Auch dieser Katalog ist abschließend. Setzt der Plan das Maß der baulichen Nutzung fest, so muss er (zumindest) GRZ oder GR bestimmen, daneben die Zahl der Vollgeschosse oder die Höhe der baulichen Anlagen, wenn die Höhenentwicklung der Bebauung mit Rücksicht vor allem auf die Gestaltung des Orts- oder Landschaftsbildes regelungsbedürftig erscheint[5].

---

1 BVerwG v. 23.4.2009 – 4 CN 5.07, BVerwGE 133, 377.
2 OVG NW v. 13.11.2009 – 10 D 87/07.NE, BRS 47 Nr. 69.
3 BVerwG v. 6.5.1996 – 4 NB 16.96, BRS 58 Nr. 23.
4 BVerwG v. 29.9.1978 – 4 C 30.76, BRS 39 Nr. 11.
5 Näheres bei *Fickert/Fieseler*, § 16 Rz. 42.

## I. Bauleitplanung und Bebauungsplan

Die zulässige Grundfläche, Geschossfläche und Baumasse baulicher Anlagen kann durch absolute Maße (GR, GF und BM) oder relative, auf die nach § 19 Abs. 3 BauNVO maßgebliche Fläche des Baugrundstücks Bezug nehmende Maßzahlen bestimmt werden. Die Grundfläche ist in § 19 Abs. 4 BauNVO, die Geschossfläche in § 20 Abs. 3 und 4 BauNVO, die Baumasse in § 21 Abs. 2 BauNVO definiert. § 21a BauNVO gewährt oder ermöglicht privilegierende Sonderregelungen für Stellplätze und Garagen.

Das Vollgeschoss wird planungsrechtlich nicht eigenständig definiert; die Baunutzungsverordnung verweist auf das Landesrecht (§ 20 Abs. 1 BauNVO). Entfernt sich der Planer von der landesrechtlichen Definition, wird die Festsetzung ermächtigungslos, i.d.R. auch unbestimmt und nicht vollzugsfähig.

**Beispiel:**

Festsetzung von Z in einer Hanglage: „talseitig II, bergseitig I"[1].

Eine Festsetzung von H muss auch deren Bezugspunkte selbst abschließend und eindeutig regeln (§ 18 Abs. 1 BauNVO), wenn sie hinreichend bestimmt sein soll.

Für die Bestimmungsfaktoren GRZ, GFZ und BMZ setzt § 17 BauNVO der Planung **Obergrenzen,** die auf die verschiedenen Baugebiete zugeschnitten sind.

**Überbaubare Grundstücksflächen** („Baufenster") werden durch die Festsetzung von Baulinien, Baugrenzen oder Bebauungstiefen festgesetzt (§ 23 Abs.1 Bau NVO).

Die Vermeidung und der Ausgleich von **Eingriffen in Natur und Landschaft** sind gem. § 1a Abs. 3 Satz 1 BauGB in der **Abwägung** nach § 1 Abs. 7 BauGB zu berücksichtigen. Unvermeidbare Eingriffe sind gem. § 1a Abs. 3 Satz 2 BauGB durch geeignete Festsetzungen von Flächen oder Maßnahmen zum Ausgleich auszugleichen. In Betracht kommen vor allem Festsetzungen nach § 9 Abs. 1 Nr. 20 und 25 BauGB, aber auch nach § 9 Abs. 1 Nr. 15, 16 und 18 BauGB[2]. Bei der Festsetzung von Flächen nach § 9 Abs. 1 Nr. 15, 16 oder 18 BauGB kann die zusätzliche Festsetzung der vorgesehenen Kompensationsmaßnahmen erforderlich sein, um deren Durchsetzbarkeit und damit die Umsetzung des naturschutzrechtlichen Folgenbewältigungsprogrammes sicherzustellen[3]. Nach § 9 Abs. 1 Nr. 20 BauGB sind landschaftspflegerische Maßnahmen aller Art festsetzbar unter Einschluss von Pflege- und Bewirtschaftungsmaßnahmen. Diese bedürfen jedoch einer städtebaulichen (nicht nur allgemein landschaftspflegerischen) Rechtfertigung, die sich aus ihrer funktionalen Bedeutung für das Ausgleichskonzept ergeben kann.

§ 1a Abs. 3 Satz 3 BauGB gibt die Möglichkeit, Flächen oder Maßnahmen zum Ausgleich von Eingriffsfolgen statt im Bereich des Eingriffs **an anderer Stelle** – entweder im Geltungsbereich desselben oder eines anderen BPlanes – festzusetzen und diese Festsetzungen den Eingriffsgrundstücken zuzuordnen.

Allerdings muss diese räumliche Entkoppelung von Eingriff und Ausgleich einer geordneten städtebaulichen Entwicklung entsprechen[4] und mit den Zielen der Raumordnung, des Naturschutzes und der Landschaftspflege vereinbar sein[5].

---

1 Nachweis bei *Krüger*, BauR 1989, 529 (533).
2 *Mitschang*, Berliner Kommentar, § 1a Rz. 262.
3 OVG Rh.-Pf. v. 14.1.2000 – 1 C 12946/98, BRS 63 Nr. 13.
4 OVG NW v. 30.6.1999 – 7a D 144/97.NE, BRS 62 Nr. 225. Daran kann es fehlen, wenn die Darstellungen des Flächennutzungsplanes für den Ort des Ausgleichs eine mit der Kompensation unverträgliche Bodennutzung vorsehen.
5 An Letzterem kann es z.B. fehlen, wenn die Ausgleichsflächen nicht aufwertungsfähig oder -bedürftig sind. – OVG NW v. 17.12.1998 – 10a D 186/96.NE, BRS 60 Nr. 21.

58  Dieses Instrumentarium erlaubt es, für den planerisch absehbaren Ausgleichsbedarf durch Ausgleichsbebauungspläne einen Flächen- und Maßnahmenvorrat („**Ökokonto**") anzulegen, hiervon den planerisch zugelassenen Eingriffen bedarfsgerecht den erforderlichen Ausgleich „zuzuteilen" und diesen nach § 135a Abs. 3 BauGB zu refinanzieren. Dazu reicht es nicht aus, dass die Gemeinde zwar die Fläche bereit stellt, aber den Ausgleich einem noch zu erstellenden Ökokonto vorbehält. Die „Überziehung" eines Ökokontos ist nicht möglich[1].

Hingegen ist eine Festsetzung zur Kompensation von Eingriffen in Natur und Landschaft rechtlich nicht allein deshalb bedenklich, weil sie absehbar nach Inkrafttreten des Bebauungsplanes „nicht kurzfristig" umgesetzt werden kann, wenn ohne Gefährdung des Kompensationszwecks gewährleistet ist, dass die festgesetzten Ausgleichs- und Ersatzmaßnahmen angemessene Zeit nach der Vornahme des Eingriffs abgeschlossen werden[2].

Wegen weiterer zulässiger Festsetzungen wird auf § 9 Abs. 1 und 4 BauGB und die hierzu greifbare Literatur verwiesen.

### c) Planbegründung und Umweltbericht

59  Dem BPlan ist eine Begründung beizufügen; in ihr sind die Ziele, Zwecke und Auswirkungen des BPlanes darzustellen (§ 9 Abs. 8 BauGB).

Die Begründung soll die städtebauliche Rechtfertigung der Planung verdeutlichen und die wesentlichen Grundlagen der Abwägung – des Vorgangs wie des Ergebnisses – dokumentieren. Sie erlangt damit sowohl für die Rechtskontrolle als auch für die Auslegung der Festsetzungen bei der Anwendung des Planes[3] Bedeutung.

Die Begründung muss nicht auf Vollständigkeit selbst in nebensächlichen Fragen angelegt sein, darf aber zu zentralen – namentlich konflikträchtigen und im Entscheidungsvorgang umstrittenen – Fragen der Planung nicht schweigen, sich auch nicht auf eine Beschreibung des Planinhalts oder Allgemeinplätze ohne Bezug zur konkreten Planungsaufgabe beschränken.

60  Zur Planbegründung gehört als deren Teil auch der **Umweltbericht** (§§ 9 Abs. 8, 2a Abs. 2 Satz 2 Nr. 2, Satz 3 BauGB). Die Inhalte des aus drei Teilen (Einleitung, Beschreibung und Bewertung der in der Umweltprüfung ermittelten Umweltauswirkungen, zusätzliche Angaben) bestehenden Umweltberichts sind in Anlage 1 (zu § 2 Abs. 4 BauGB, §§ 2a und 4c BauGB) zum BauGB festgelegt[4].

61  Auch zum **Planentwurf** gehört – spätestens von der Auslegung an – eine Begründung, für deren Zweck und Inhalt das Vorgesagte mit den Abweichungen gilt, die sich aus dem Entwurfscharakter des Planes und dem Verfahrensstand seiner Aufstellung ergeben.

## II. Aufgaben der Interessenwahrnehmung in der Planaufstellung

### 1. Aufgabenstellungen im Blick auf Bindung und Freiheit des Planers

62  Der Anwalt kann auf eine für seinen Mandanten vorteilhafte Planung nur hinwirken, wenn er ihre Gesetzmäßigkeiten kennt und im Ablauf des Verfahrens für das von ihm vertretene Interesse zu nutzen weiß.

---

1 BayVGH v. 7.11.2006 – 14 N 04 107.
2 BVerwG v. 16.3.1999 – 4 BN 17.98, BRS 62 Nr. 224.
3 BVerwG v. 30.6.1989 – 4 C 15.86, BRS 49 Nr. 29.
4 Näheres bei *Krautzberger*, in: Ernst/Zinkahn/Bielenberg/Krautzberger, § 2 Rz. 186 ff., 196 ff.

## II. Aufgaben der Interessenwahrnehmung in der Planaufstellung

**63** Bauleitplanung ist als Ausübung der gemeindlichen Planungshoheit ein **politischer Gestaltungsakt**, dem zwar rechtliche Grenzen gesetzt sind, der aber nicht rechtlich determiniert ist[1]. Sie findet ihre Rechtfertigung und Begrenzung im gesetzlichen Auftrag zur Schaffung und Entwicklung der städtebaulichen Ordnung (§ 1 Abs. 3 Satz 1 BauGB; Planrechtfertigung[2]). An der **Planrechtfertigung** (städtebaulichen **Erforderlichkeit**) fehlt es, wenn die Bauleitplanung unzulässige oder andere als städtebauliche Ziele verfolgt oder Festsetzungen trifft, die nicht verwirklicht werden, sondern nur Verbotswirkungen gegenüber unerwünschten Vorhaben erzeugen sollen („Negativplanung") oder zur „Bewältigung" des Immissionskonflikts in einer Gemengelage ein minder schutzwürdiges als das tatsächlich gewollte Baugebiet (z.B. allgemeines statt reines Wohngebiet) festsetzt (Etikettenschwindel).

**Beispiele:**

Ein Bebauungsplan, der nicht darauf zielt, im Vorgriff auf künftige Entwicklungen einer bei vorausschauender Betrachtung in einem **absehbaren Zeitraum** zu erwartenden Bedarfslage gerecht zu werden, sondern nur dazu dient, der Gemeinde künftige Planungsmöglichkeiten offen zu halten – hier in Gestalt eines Sondergebiets für ein Seniorenzentrum – ist als **unzulässige Vorratsplanung** nicht erforderlich für die städtebauliche Entwicklung und Ordnung[3].

Die Planung eines faktischen allgemeinen Wohngebietes als „eingeschränktes Dorfgebiet"[4] oder eines faktischen reinen Wohngebiets unter dem Etikett eines vom Typenzwang abweichenden Wohngebiets nach § 12 Abs. 3 Satz 2 BauGB in einem VBP[5] oder eines faktischen allgemeinen Wohngebiets als Mischgebiet[6] zur Bewältigung von Immissionskonflikten ist **Etikettenschwindel**.

Seit Jahren beschäftigt die städtebauliche **Erforderlichkeit** von **Einzelhandelsausschlüssen** die Gerichte. Zur Bedeutung nachvollziehbarer und widerspruchsfreier gesamtgemeindlicher Einzelhandels- und Zentrenkonzepte für die Beurteilung hat das BVerwG im Urteil vom 26.3.2009[7] ebenso Stellung genommen wie zu den sachlichen Grenzen, die dem Einzelhandelsausschluss zur **Stärkung** von Zentren durch die fehlende **Zentrengeeignetheit** ausgeschlossener Vorhaben gesetzt sind[8].

**64** Strikte rechtliche Bindungen bestehen in der Pflicht, Bauleitpläne den Zielen der Raumordnung anzupassen (§ 1 Abs. 4 BauGB)[9], in beachtlichen Schranken des Fachrechts (z.B. § 1a Abs. 4 BauGB i.V.m. § 34 Abs. 2 BNatSchG) sowie in der Beschränkung auf die Nutzung des gesetzlich geregelten Festsetzungsinstrumentariums (§ 9 BauNVO).

---

1 *Hoppe/Bönker/Grotefels*, § 3 Rz. 15 und § 5 Rz. 9; *Reidt*, in: Gelzer/Bracher/Reidt, Rz. 31.
2 BVerwG v. 5.7.1974 – IV C 50.72, BRS 28 Nr. 4; v. 30.1.2003 – 4 CN 14.01, BVerwGE 117, 351; *Reidt*, in: Gelzer/Bracher/Reidt, Rz. 31.
3 BayVGH v. 30.6.2009 – 9 N 07541, BauR 2010, 191.
4 Nds. OVG v. 23.9.1999 – 1 K 5147/97, BauR 2000, 523; BVerwG v. 16.3.2000 – 4 BN 6.00, BauR 2000, 1018.
5 Sächs. OVG v. 12.1.2010 – 1 D 11/07.
6 OVG NW v. 7.3.2006 – 10 D 43/07.NE, BRS 70 Nr. 71, Rz. 127; differenzierend aber OVG NW v. 23.10.2009 – 7 D 106/08.NE, Rz. 49 ff. (WA statt WR).
7 BVerwG v. 26.3.2009 – 4 C 21.07, BVerwGE 133, 320; das OVG NW v. 27.11.10 – 7 D 1/09.NE, hält ein Zentrenkonzept als Grundlage für Nutzungsbeschränkungen zum Schutz zentraler Versorgungsbereiche „in aller Regel" für erforderlich.
8 Näheres bei *Janning*, ZfBR 2009, 437; *Hoffmann/Kassow*, BauR 2010, 711; *Bienek*, UPR 2008, 370.
9 Ggf. kommunalaufsichtlich durchsetzbare Planungspflicht: BVerwG v. 17.9.2003 – 4 C 14.01, BVerwGE 119, 25 ff.

65 Ansonsten aber steht der Gemeinde ein weiter Gestaltungsspielraum zu Gebote, innerhalb dessen sie eine abwägende, auf kompromisshaften Ausgleich der betroffenen Belange angelegte Entscheidung treffen soll (vgl. §§ 2 Abs. 3, 1 Abs. 7 BauGB)[1]. Planung ohne Gestaltungsfreiheit wäre nach Auffassung des Bundesverwaltungsgerichts ein Widerspruch in sich. Das im Verfassungsrecht wurzelnde[2] Abwägungsgebot verpflichtet den Planungsträger zwar zur lückenlosen Erfassung, Gewichtung und Abwägung aller von der Planung berührten öffentlichen und privaten Belange (§ 1 Abs. 6 BauGB), führt diese auch in einem nicht abschließenden Katalog nach Kategorien geordnet auf, gibt aber keine Planungsinhalte für den Einzelfall verbindlich vor, regelt mit anderen Worten den Vorgang der planerischen Willensbildung präziser als deren individuelles Ergebnis. Das BVerwG umreißt in einer frühen Grundsatzentscheidung die Anforderungen des Abwägungsgebotes folgendermaßen:

„Das Gebot der gerechten Abwägung ist verletzt, wenn eine (sachgerechte) Abwägung überhaupt nicht stattfindet. Es ist verletzt, wenn in die Abwägung an Belangen nicht eingestellt wird, was nach Lage der Dinge in sie eingestellt werden muss. Es ist ferner verletzt, wenn die Bedeutung der betroffenen privaten Belange verkannt oder wenn der Ausgleich zwischen den von der Planung berührten öffentlichen Belangen in einer Weise vorgenommen wird, der zur objektiven Gewichtigkeit einzelner Belange außer Verhältnis steht. Innerhalb des so gezogenen Rahmens wird das Abwägungsgebot jedoch nicht verletzt, wenn sich die zur Planung berufene Gemeinde in der Kollision zwischen verschiedenen Belangen für die Bevorzugung des einen und damit notwendig für die Zurückstellung eines anderen entscheidet. Innerhalb jenes Rahmens ist nämlich das Vorziehen oder Zurücksetzen bestimmter Belange überhaupt kein nachvollziehbarer Vorgang der Abwägung, sondern eine geradezu elementare planerische Entschließung, die zum Ausdruck bringt, wie und in welcher Richtung sich eine Gemeinde städtebaulich fortentwickeln will[3]."

66 Daraus folgt: Planungswünsche lassen sich nicht wie Rechtsansprüche durchsetzen. Es gibt nur zwei Wege der Einflussnahme auf eine Planung,
– die Rechtskontrolle, die im günstigsten Falle das Angriffsobjekt beseitigt, ohne indessen einen Gegenentwurf an dessen Stelle setzen oder nur gewährleisten zu können, dass eine im wesentlichen inhaltsgleiche Nachfolgeplanung unterbleibt, oder
– die Einflussnahme auf die planerische Willensbildung durch Gegenentwürfe, deren Erfolgsaussichten von der Mehrheitsfähigkeit ihrer Ziele, der Abwägungslage und – nicht zuletzt – davon abhängt, wie weit ein Gegenentwurf selbst den Forderungen des Abwägungsgebotes genügt.

67 Gewöhnlich stehen in der Planaufstellung Fragen der Zweckmäßigkeit sowie (orts)politischen Ziele im Vordergrund, rechtliche Erwägungen betreffen eher das Instrumentarium als das Ziel der Planung. Gleichwohl ist es erforderlich, die Planung schon in frühem Stadium auch mit den Augen der Rechtskontrolle zu betrachten.

Das ermöglicht,
– Planungswünsche zu formulieren, deren Übernahme die Rechtmäßigkeit der Planung nicht gefährdet,
– Planungsinteressen und die sie stützenden Belange so in die Abwägung einzuführen, dass der Planer sich mit ihnen zumindest auseinander setzen muss,
– im Misserfolgsfall das erforderliche Rechtskontrollverfahren zügig einzuleiten.

---

1 BVerwG v. 12.12.1969 – IV C 105.66, BRS 22 Nr. 4 und v. 5.7.1974 – IV C 50.72, BRS 28 Nr. 4, *Hoppe/Bönker/Grotefels*, § 5 Rz. 9 und 18; *Gaentzsch*, Berliner Kommentar, § 1 Rz. 78 ff.
2 *Reidt*, in: Gelzer/Bracher/Reidt, Rz. 551.
3 BVerwG v. 12.12.1969 – IV C 105.66, BRS 22 Nr. 4.

Die Interessenwahrnehmung vollzieht sich – unabhängig vom erreichten Stand des Planaufstellungsverfahrens – gewöhnlich in folgenden Schritten: 68
– Analyse der Interessenlage des Mandanten und Festlegung der für ihn zu verfolgenden Planungsziele;
– Prüfung, wie weit ein bereits vorliegender Planentwurf mit den Planungszielen des Mandanten übereinstimmt oder von ihnen abweicht;
– Analyse der die Abweichungen tragenden planerischen Gründe und Prüfung der Möglichkeiten, durch Argumente oder gestaltende Maßnahmen die Abwägungslage zugunsten des Mandanten zu beeinflussen;
– Durchführung entsprechender Maßnahmen.

Die Wünsche des Mandanten können in verschiedene Richtungen gehen, nämlich dahin, dass 69
– plangesteuerte Eingriffe (Enteignung, Umlegung, Bau- und Abbruchgebot) keine Grundlage erhalten,
– Genehmigungsansprüche für eigene Bebauungsabsichten gesichert, entgegenstehende Abwehransprüche Dritter ausgeschlossen werden,
– günstige Umfeldbedingungen für eigene Nutzungspläne geschaffen werden oder
– Genehmigungsansprüche für nachteilige fremde Vorhaben möglichst sicher ausgeschlossen werden.

Die hieraus entspringenden Planungsüberlegungen können sich auf eigene wie fremde Grundstücke richten; sie entspringen aber fast immer dem Interesse, die Nutzung eines eigenen Grundstücks zu ermöglichen oder zu verbessern.

**a) Analyse der Interessenlage des Mandanten und ihrer Rahmenbedingungen**

Wünsche und Interessen des Mandanten muss der Anwalt sorgfältig ermitteln, um 70 daraus sachgerechte Anregungen abzuleiten. Dazu muss er vom Mandanten, der eigene Bauinteressen verfolgt, eine genaue Beschreibung des Vorhabens erfragen und darf sich nicht darauf verlassen, dass dieser die Fachbegriffe des Planungsrechts zutreffend benutzt. Der Anwalt muss vor allem – aber nicht nur – dann, wenn städtebauliche Strukturen überplant werden, die örtlichen Gegebenheiten in tatsächlicher und rechtlicher Hinsicht analysieren. Das gilt für das Grundstück des Mandanten ebenso wie für dessen Umgebung. Eine Ortsbesichtigung wird häufig erforderlich sein. Obligat ist die Kenntnis der (genehmigten und ungenehmigten) baulichen Anlagen und Nutzungen auf dem Grundstück des Mandanten und des wesentlichen Inhalts der hierfür ergangenen Genehmigungen, ebenso wie die zutreffende bauplanungsrechtliche Beurteilung der relevanten Umgebung des Grundstücks einschließlich etwaiger Besonderheiten, z.B. in Gestalt vorhandener besonders störender oder störkritischer Nutzungen. Die Kenntnis bestehender Bauleit- und Fachpläne ist unerlässlich.

Nicht selten kolliert der Planungswunsch des Mandanten mit seinem wirklichen 71 Interesse. Das kann unterschiedliche Gründe haben, wie folgende Beispiele zeigen:
– Vorteilhafte Wirkungen belastender Festsetzungen werden übersehen oder unterbewertet;

**Beispiel:**
Der Mandant möchte eine Verkehrsflächenfestsetzung abwehren, die zu einer Verkleinerung seines Grundstücks führen, zugleich aber dessen Erschließung zum Zwecke der Bebauung ermöglichen würde.

– die Konfliktträchtigkeit von Planungswünschen wird nicht erkannt oder unterbewertet.

**Beispiel:**

Der Inhaber einer Schreinerei wünscht, dass ein unbebauter Teil seines Betriebsgrundstücks in einen die angrenzende Umgebung betreffenden BPlan-Entwurf einbezogen und als Mischgebiet festgesetzt wird, weil er hier für sich und Dritte Wohnungen bauen möchte. Sein Grundstück ist Bestandteil eines größeren unbeplanten Bebauungszusammenhangs, der einheitlich wie ein Gewerbegebiet genutzt wird (§ 34 Abs. 2 BauGB).

Der Mandant könnte ein Wohnhaus für seinen eigenen Bedarf und den einer Aufsichtsperson auch ohne die angestrebte Planung nach § 34 Abs. 2 BauGB, § 8 Abs. 3 Nr. 1 Bau NVO genehmigt bekommen, müsste als dessen Bewohner freilich die im Gewerbegebiet zulässigen Störungen hinnehmen. Bei nicht nach § 8 Abs. 3 Nr. 1 BauNVO zu beurteilenden Wohnhäusern sähe dies anders aus; sie würden den Betrieb der Gefahr einschneidender Auflagen zum Zwecke des Immissionsschutzes aussetzen.

– Die Standortentscheidung berücksichtigt nur unzulänglich die Zukunftsperspektive.

Jede Grundstücksnutzung stellt bestimmte Standortanforderungen etwa im Hinblick auf Erschließung, Anbindung an das überörtliche Verkehrsnetz, zulässigen Störpegel und vieles mehr. Gewerbliche Nutzungen sind aber durch die Dynamik technischer und wirtschaftlicher Entwicklung geprägt. Gewerbebetriebe tendieren nicht nur zur Erweiterung, sondern müssen dem technischen Fortschritt und den Forderungen des Marktes auch durch Entwicklung neuer Produkte und Fertigungsmethoden Rechnung tragen. Das kann zu nachhaltigen Änderungen der Standortanforderungen führen, die durch einen auf den Status quo abstellenden Bebauungsplan womöglich nicht mehr abgedeckt werden. Erforderliche Änderungs- und Erweiterungsgenehmigungen lassen sich gegen den Bebauungsplan nicht durchsetzen.

**Beispiel:**

Ein Produktionsbetrieb, der mit der Möglichkeit des Übergangs zum Dreischichtenbetrieb rechnet, sollte eine GI-Gebietsausweisung anstreben.

Der erste Schritt der Interessenwahrnehmung schließt mit der Festlegung des Planungszieles und seiner „Übersetzung" in die „Sprache" des Festsetzungskataloges.

**b) Prüfung des Planentwurfs**

72  Im folgenden Schritt ist der Inhalt des Planentwurfs zu klären. Er entwickelt sich im Laufe des Planungsprozesses von umrisshaften Vorstellungen zum detailgenauen, nach den Regeln der Planzeichenverordnung ausformulierten („verfahrensfähigen") Entwurf.

Zuerst wird man die Festsetzungen prüfen, welche das den Mandanten interessierende Grundstück unmittelbar betreffen.

Prüfungsbedürftig sind aber auch die für die nähere, unter Umständen selbst weitere Umgebung vorgesehenen Festsetzungen, z.B. im Hinblick auf die künftige Verkehrsanbindung oder die an anderer Stelle festgesetzten Ausgleichs- und Ersatzmaßnahmen (§ 1a Abs. 3 BauGB), von deren Durchführung die vorgesehene Nutzung abhängt. Entsprechendes gilt für Festsetzungen, welche die Nutzung benachbarter Baugebiete regeln. Sie tragen unter verschiedenen Aspekten zur Beurteilung der Standortqualität bei, lassen z.B. die Risiken künftiger Nutzungskonkurrenzen oder -konflikte, die Bevölkerungsentwicklung im Nahversorgungsbereich und anderes erkennen.

Im Einzelfall kann es sich sogar als erforderlich erweisen, bei der Prüfung des Planentwurfs dessen Auswirkungen über das Plangebiet hinaus zu untersuchen. Das ist z.B. dann der Fall, wenn die Festsetzungen des Planentwurfs plangebietsüberschreitende Nutzungskonflikte auslösen können.

**Beispiel:**

Ein verkehrsreiches GE-Gebiet soll von der bisherigen Zufahrtsstraße, einer Bundesstraße, abgekoppelt und durch eine rückwärtig das Gebiet berührende Gemeindestraße erschlossen werden. Das Plangebiet und die Plankarte enden an der rückwärtigen Gemeindestraße, so dass ein an der anderen Straßenseite liegendes WR-Gebiet und der sich anbahnende Nutzungskonflikt nicht ersichtlich sind.

Schließlich ist der gesamte Planentwurf in die Prüfung einzubeziehen, wenn schon im Vorfeld – etwa zur Absicherung von Standortentscheidungen – das Risiko der Unwirksamkeit eines inhaltsgleich beschlossenen BPlanes zu klären ist. Es kann von Festsetzungen abhängen, die das interessierende Grundstück überhaupt nicht betreffen, aber mit den übrigen Regelungen des Bebauungsplanes dergestalt zusammenhängen, dass der Plan ohne sie keine sinnvolle städtebauliche Ordnung bewirkt **oder** nach dem Inhalt der Planbegründung zweifelhaft ist, ob der Planer ihn ohne sie beschlossen hätte[1]. 73

Ein solcher **Regelungszusammenhang** besteht namentlich zwischen Festsetzungen, die Eingriffe in Natur und Landschaft gestatten, einerseits und solchen, die den Ausgleich gem. § 1a Abs. 3 BauGB herbeiführen sollen andererseits. Liegen sie räumlich abgesetzt, kann der spätere Geltungsbereich des BPlanes aus zwei (oder mehr) räumlich nicht zusammenhängenden Teilgebieten bestehen[2], die dann unter den genannten Voraussetzungen alle in die Prüfung einzubeziehen sind.

Mit dem Planentwurf ist stets auch dessen aktuelle **Begründung** zu analysieren. Sie vermittelt wichtige Aufschlüsse über die Ziele der Planung und wesentliche Abwägungsüberlegungen des Planers, welche eine Kontrolle der Planung auf innere Schlüssigkeit und Folgerichtigkeit ermöglichen, nicht selten auch als wichtige Grundlage für Gegenvorschläge nutzbar gemacht werden können. 74

Teil der Planbegründung ist der Umweltbericht (dazu näher Rz. 137 ff.).

Soweit der Planentwurf von Wünschen und Interessen des Mandanten abweicht, sind die hierfür maßgeblichen Erwägungen zu ermitteln. Falls eine Planbegründung bereits vorliegt, wird sie in erster Linie für diese Prüfung heranzuziehen sein. Auf diese Weise ist feststellbar, ob und in welchen Punkten die Abwägungsgrundlage einer Korrektur, einer Vervollständigung, einer Neubewertung oder gar einer gestaltenden Änderung zugänglich ist, die dem Interesse des Mandanten nutzen könnte und mit welcher der dem Abwägungsgebot verpflichtete Planer sich zumindest auseinandersetzen muss, wenn er einen Rechtsverstoß vermeiden will. 75

### c) Abwägungserhebliche Belange in der Planung

Im Prinzip lassen sich für diesen Zweck alle **abwägungserheblichen Belange** instrumentalisieren. Deren Kreis ist weit zu ziehen. 76

Zu den privaten Belangen zählen nicht nur das Grundeigentum – dieses „in hervorgehobener Weise"[3] – und das Recht am eingerichteten und ausgeübten Gewerbe-

---

1 BVerwG v. 6.4.1993 – 4 NB 43.92 BRS 55 Nr. 31 und v. 16.3.1994 – 4 BN 6.94, BRS 56 Nr. 34.
2 BVerwG v. 8.5.1997 – 4 N 1.96, BRS 59 Nr. 11.
3 BVerfG v. 19.12.2002 – 1 BvR 1402/01, BauR 2003, 1338; BVerwG v. 6.10.1992 – 4 NB 36.92, BRS 54 Nr. 57 und v. 31.8.2000 – 4 CN 6/99, BRS 63 Nr. 1, ausführlich *Kuschnerus*, Rz. 217 ff.

betrieb, sondern weitergehend alle mit der Grundstücks- und Gebäudenutzung verknüpften Interessen, mögen sie auf Bewahrung der vorgegebenen Grundstückssituation oder auf deren Veränderung gerichtet sein. Das Interesse an Verschonung von bestimmten Immissionen zählt hierzu ebenso wie das gegenläufige Interesse, an Emissionen bestimmten Ausmaßes nicht gehindert zu werden, das Interesse an der Verfügbarkeit und Nutzbarkeit von Infrastruktureinrichtungen des Verkehrs, der Versorgung und der Kultur ebenso wie das Interesse an naturnaher Gestaltung des Lebensraumes. Das Interesse braucht nicht i.S.d. Schutznormtheorie wehrfähig zu sein[1].

77 Nicht abwägungserheblich sind nur solche Belange/Interessen, die
   – unter Würdigung des Einzelfalles objektiv geringwertig, wie i.d.R. Wahrung der „schönen Aussicht",
   – aus der Sicht der Rechtsordnung (nicht des Planers!) mit einem Makel behaftet, wie das Interesse eines ohne die erforderliche immissionsschutzrechtliche Genehmigung geführten und nicht genehmigungsfähigen Betriebes an der Fernhaltung von Wohnbebauung
   – ohne städtebaulichen Bezug, wie z.B. das Interesse, von geschäftlicher Konkurrenz verschont zu werden
   – dem Planer nicht erkennbar sind[2].

78 Der Kreis der **öffentlichen Belange** ist ähnlich umfassend abzugrenzen. Einen – nicht abschließenden – Katalog enthalten §§ 1 Abs. 6 und 1a BauGB. Auch öffentliche Belange zählen in der planerischen Abwägung nur, soweit sie einen **städtebaulichen Bezug** aufweisen

**Beispiel:**

Das umweltpolitische Ziel, Luftverunreinigungen zu vermindern, stützt eine Festsetzung nach § 9 Abs. 1 Nr. 23 lit. a BauGB nicht, wohl aber das Bestreben, eine exponiert gelegene Bebauung vor der Abgasfahne zu schützen[3].

und der Planer sie kennt oder kennen muss.

79 Sind Belange, die das Interesse des Mandanten stützen, nicht erkannt worden, so sind sie dem Planer bewusst zu machen. Das kann selbst bei gewichtigen Belangen erforderlich sein, um sie überhaupt abwägungserheblich zu machen.

**Beispiel:**

Bei der Festsetzung einer Gemeindebedarfsfläche fällt die Wahl auf ein seit Jahren brach liegendes Grundstück, weil der Planer für ein konkretes Verwendungsinteresse des Eigentümers keine Anhaltspunkte sieht. Der Betrieb, dem es gehört, plant dort aber eine alsbaldige, womöglich nur an dieser Stelle sinnvoll durchzuführende Erweiterung. Solche Pläne aus der „Schublade des Unternehmers" braucht der Planer nicht zu kennen[4].

Werden die Belange nicht spätestens während der öffentlichen Auslegung (§ 3 Abs. 2 BauGB) geltend gemacht, so knüpft das Gesetz daran Nachteile (Präklusion

---

1 BVerwG v. 13.12.1996 – 4 NB 26.96, BRS 58 Nr. 46.
2 BVerwG v. 22.8.2000 – 4 BN 38.00, BRS 63 Nr. 45 und v. 24.9.1998 – 4 CN 2/98, BRS 60 Nr. 46; vgl. auch die Beispiele bei *Kuschnerus*, Rz. 181, 182, nunmehr § 4a Abs. 6 BauGB.
3 OVG NW v. 27.3.1998 – 10a D 188/97.NE, BRS 60 Nr. 25. An Ersterem dürfte auch der neue § 1a Abs. 5 BauGB nichts ändern.
4 BVerwG v. 9.11 1979 – 4 N 1.78, 4 N 2.79, 4 N 3.79, 4 N 4.79, BRS 35 Nr. 24 und v. 13.9.1985 – 4 C 64.80, BRS 44 Nr. 20; Nds. OVG v. 7.6.2000 – 1 K 5178/98, BRS 63 Nr. 8.

nach § 2 Abs. 3 Satz 2 und 4 BauGB; u.U. Unzulässigkeit der Normenkontrolle nach § 47 Abs. 2a VwGO).

In demselben Sinne sind dem Interesse des Mandanten **gegenläufige Belange** zu hinterfragen. Das gilt für eigene und fremde, private und öffentliche Belange gleichermaßen, weil in der politischen Auseinandersetzung, die das Planaufstellungsverfahren letztlich beherrscht, diese für Rechtsschutzverfahren bedeutsamen Unterscheidungen nur bedingt zählen. 80

Die Prüfung kann auch ergeben, dass Belange zwar dem Grunde nach als abwägungserheblich erkannt, deren tatbestandliche Grundlage aber lücken- oder fehlerhaft ermittelt ist. 81

**Beispiel 1:**
Bei der Ermittlung der Auswirkungen großflächigen Einzelhandels auf die Sicherung der Versorgung der Bevölkerung und auf die Entwicklung zentraler Versorgungsbereiche wird statt auf das vorgesehene Sortiment „Einrichtungswarenhaus" auf das (schmalere) Sortiment „Möbeleinzelhandel" abgestellt[1].

**Beispiel 2:**
Bei der Planung eines Parkplatzes im Blockinnenbereich eines Wohnquartiers werden passive Lärmschutzvorkehrungen aufgrund nur oberflächlicher Grobeinschätzung ohne detaillierte Prognose der Verkehrsbelastung und der Immissionslage vorgesehen[2].

**Beispiel 3:**
Bei der Prüfung eines Eingriffs in Natur und Landschaft werden einige den Untersuchungsraum prägende Tier- oder Pflanzenarten übersehen.

In solchen Fällen ist, soweit das dem Interesse des Mandanten dient, das Ermittlungsdefizit des Planers in geeigneter Form zu beheben. An sich genügt der Hinweis auf das bestehende Defizit, weil bei erkannter Betroffenheit eines Belangs die Ermittlungspflicht beim Planer liegt[3], der hiervon auch nicht durch Unbedenklichkeitserklärungen zuständiger Träger öffentlicher Belange entbunden wird[4]; die Erfahrung lehrt indessen, dass zumindest bei nicht evidenten Defiziten das fundierte Gutachten sicherer wirkt.

### d) Ermittlungstiefe

Die erforderliche Ermittlungstiefe ist nicht generell vorgegeben, hängt vielmehr von dem Klärungsbedarf ab, den die konkrete Planung im Einzelfall aufwirft[5]; eine Klärung von Fragen, die sich auf die planerische Entscheidung vernünftigerweise nicht auswirken kann, ist entbehrlich. Das gilt auch für die nunmehr in das Planaufstellungsverfahren integrierte Umweltprüfung; sie ist nicht unbedingt auf Vollständigkeit bis zur Nachweisgrenze, sondern nur auf das gerichtet, „was nach Inhalt und Detaillierungsgrad des Bauleitplans angemessener Weise verlangt werden kann (§ 2 Abs. 4 Satz 3 BauGB)[6] (vgl. auch Rz. 137 ff., 141). 82

---

1 OVG NW v. 27.3.1998 – 10a D 188/97.NE, BRS 60 Nr. 25.
2 OVG NW v. 8.3.1994 – 11a NE 35/90, BRS 56 Nr. 10.
3 *Reidt*, in: Gelzer/Bracher/Reidt, Rz. 599.
4 BVerwG v. 14.8.1989 – 4 NB 24.88, BRS 49 Nr. 22.
5 Z.B. BVerwG v. 21.2.1997 – 4 B 177.96, BRS 59 Nr. 9.
6 So schon früher BVerwG v. 21.3.1996 – 4 C 19.94, BVerwGE 100, 370 (377, 378) und v. 25.1.1996 – 4 C 5.95, BRS 58 Nr. 7.

Der Klärungsbedarf ist um so größer, je stärker einzelne Belange durch die Planung betroffen werden und je geringer die Möglichkeiten (oder die Bereitschaft) des Planers sind, Nutzungskonkurrenzen oder -konflikte zu vermeiden oder auf ein Maß zu begrenzen, dessen Zumutbarkeit außer Streit ist.

83 Die erforderliche Ermittlungstiefe hängt oft davon ab, wie weit der Planer auf anerkannte **Regelwerke** zurückgreift, die Anleitungen für die Vermeidung oder Bewältigung bestimmter Konflikte oder die Lösung anderer typischer Planungsaufgaben bieten. Solche Regelwerke gibt es für die Vermeidung oder Bewältigung immissionsbedingter Nutzungskonflikte[1], für die Bemessung und Beschaffenheit von Erschließungsanlagen[2] und für die Bewertung von Eingriffen in Natur und Landschaft bei der Aufstellung von BPlänen im Rahmen der §§ 1a und 2a Nr. 2 BauGB[3].

84 Die in den Fußnoten 77–79 genannten Regelwerke wenden sich z.T. nicht an die Bauleitplanung sondern sind bei der Vorhabenzulassung heranzuziehen; das ihnen zugrunde liegende Erfahrungswissen ist aber der Sache nach gleichermaßen für die Bauleitplanung verwertbar. Die Anleitungen sind überwiegend nicht quasinormativ anwendbar; einige von ihnen bieten vielmehr für typisierte Fallgestaltungen Lösungsvorschläge (etwa in Gestalt von Abstandsforderungen), deren Nutzung dem Planer einerseits einen gewissen „Sicherheitsabstand" bei der Konfliktvermeidung und -bewältigung (Rz. 91), auf der anderen Seite aber eine oft nicht unerhebliche Begrenzung des Mess- und Ermittlungsaufwandes einträgt[4]. Das gilt natürlich nur unter der Voraussetzung, dass im Beurteilungsfall keine von der Regelfallkonstellation abweichenden Besonderheiten auftreten. Ist dies der Fall (oder kann der Planer aus anderen Gründen dem Konflikt nicht weiträumig ausweichen) ist eine Einzelfallprüfung i.d.R. auf der Grundlage von Sachverständigengutachten erforderlich.

Den an sich gebotenen Ermittlungen können durch den Stand der Wissenschaft Grenzen gesetzt sein. Das führt weder zu einem Stillstand der Planung noch – auf der anderen Seite – zu der Befugnis, den hiervon betroffenen Belang aus der Abwägung auszuklammern. In einem solchen Fall muss vielmehr das Risiko des „worst case" ermittelt und in die Abwägung eingestellt werden.

---

1 Gemeinsamer Runderlass des Ministeriums für Landes- und Stadtentwicklung des Ministeriums für Arbeit, Gesundheit und Soziales und des Ministeriums für Wirtschaft, Mittelstand und Verkehr des Landes Nordrhein Westfalen v. 8.7.1982, SMBl. NW 2311 (Planungserlass); Runderlass des Ministeriums für Umwelt und Naturschutz, Landwirtschaft und Verbraucherschutz des Landes NW v. 6.6.2007, SMBl. NW 283 (Abstandserlass); DIN 18005 (Schallschutz im Städtebau); 16. BImSchV (Verkehrslärm) v. 12.6.1990 (BGBl. I 1036); 18. BImSchV (Sportanlagenlärmschutzverordnung) v. 18.7.1991 (BGBl. I 1588); Allgemeine Verwaltungsvorschrift zum Bundesimmissionsschutzgesetz (TA-Lärm) (Gewerbelärm) v. 26.8.1998 (GemMBl. 1998, 503); von der Bund/Länderarbeitsgemeinschaft für Immissionsschutz (LAI) erarbeitete Geruchsimmissionsrichtlinie (GIRL) v. 29.2.2008, ergänzt am 10.9.2008; VDI-Richtlinien Nrn. 3471 (Tierhaltung Schweine) und 3472 (Tierhaltung Hühner), abgedruckt bei *König/Roeser/Stock*, Anhang 9 und 10.
2 Empfehlungen für die Anlage von Stadtstraßen (RASt 06), herausgegeben von der Forschungsgesellschaft für Straßen- und Verkehrswesen; zur Vorgängerrichtlinie EAE 1985/95 siehe OVG NW v. 14.2.1995 – 11a D 29/91.NE, BRS 57 Nr. 15.
3 „Arbeitshilfe zur Bewertung von Eingriffen in Natur und Landschaft sowie von Kompensationsmaßnahmen bei der Aufstellung, Änderung, Ergänzung oder Aufhebung von BPlänen", Broschüre des Ministeriums für Städtebau, Wohnen, Kultur und Sport des Landes Nordrhein-Westfalen, ergänzt durch die Arbeitshilfe „Numerische Bewertung von Biotoptypen für die Bauleitplanung in NW", 2008, und andere Arbeitshilfen des Landesamtes für Natur, Umwelt und Verbraucherschutz (LANUV) NW.
4 Vgl. *Kuschnerus*, Rz. 331.

### e) Wahrunterstellung

Auch die Wahrunterstellung führt zu einer Begrenzung der Ermittlungstiefe. Sie kommt in Betracht, wenn der Planer selbst für den Fall, dass sich die behauptete Betroffenheit eines belasteten Belangs uneingeschränkt bestätigt, an seinem Abwägungsergebnis festhält (und die Grenzen eines verhältnismäßigen Ausgleichs dennoch gewahrt bleiben).

Mit dieser „Arbeitshilfe" ist aber Vorsicht geboten; denn sie scheidet aus, wenn sie sich in der Abwägung für andere Belange nachteilig auswirken kann[1].

### f) Prognosen

Die vollständige Erfassung der betroffenen Belange und die Ermittlung ihrer tatbestandlichen Grundlagen unterliegt uneingeschränkt gerichtlicher Kontrolle; abweichendes gilt nur für den Sonderfall, dass abwägungsrelevante Sachverhalte nur **prognostisch** zu ermitteln sind.

**Beispiel:**
Prognose der künftigen Verkehrsbelastung einer Durchfahrtsstraße zur Prüfung möglicher Festsetzungen zum Schutz vor Verkehrslärm.

Prognosen werden in der Rechtskontrolle nicht auf ihre Richtigkeit sondern nur darauf überprüft, ob sie aus zutreffenden Sachverhaltsannahmen methodisch einwandfrei – d.h. in der Praxis meist: aufgrund erforschter Naturgesetze oder anerkannten Erfahrungswissens – abgeleitet und im Ergebnis plausibel begründet sind[2]. Das Risiko des Fehlschlagens einer nach diesem Maßstab einwandfreien Prognose trägt der Planer nicht.

Natürlich ist der Anwalt im Planaufstellungsverfahren nicht gehindert, auf eine über die Rechtskontrollmaßstäbe hinausgehende Prognosekorrektur hinzuwirken.

### g) Bewertung

Zur Ermittlung der betroffenen Belange gehört im Rahmen des Abwägungsvorgangs auch deren Bewertung nach Umfang und Bedeutung ihrer Betroffenheit durch die Planung. Dieser Vorgang ist nicht mit der hieran anschließenden – eine Bewertungsrelation zu anderen konkurrierenden oder konfligierenden Belangen herstellenden – Gewichtung zu verwechseln.

Es geht hier nur darum, dass sich der Planer die Auswirkungen der Planung ohne perspektivische Verzerrung bewusst macht.

Soweit das Fachrecht **Bewertungsvorgaben** enthält, ist hierauf zurückzugreifen.

**Beispiel:**
Naturschutzrechtliche Definition des Eingriffs oder des geschützten Biotops; Immissionsschutzrechtliche Bestimmung der Schädlichkeitsgrenze.

Auch landesrechtliche Vorgaben hat der Planer zu beachten[3].

---

1 BVerwG v. 27.3.1980 – 4 C 34.79, BRS 36 Nr. 2.
2 BVerwG v. 6.12.1985 – 4 C 59.82, BRS 44 Nr. 3.
3 BVerwG v. 22.9.1989 – 4 NB 24689, BRS 49 Nr. 5, OVG NW v. 7.7.2006 – 10 B 2138/05.NE, Rz. 22 f: Wertung des § 51 Abs. 7 BauO NRW.

Fehler unterliegen gerichtlicher Kontrolle, auch wenn diese sich angesichts der Offenheit vieler Bewertungsvorgaben gelegentlich auf eine Plausibilitätskontrolle beschränken muss.

**h) Gewichtung und Ausgleich von Belangen**

88 Wo der Planentwurf Wünsche des Mandanten unerfüllt lässt, hat dies häufig in Fragen der Gewichtung und des Ausgleichs der abzuwägenden Belange seinen Grund. Hier liegen die Gestaltungsprärogativen des Planers; hier ist er am schwersten durch juridische Argumente zu leiten.

Es ist schwierig und im Grunde nicht weiterführend, die Gewichtung vom abwägenden Ausgleich zu trennen; denn die Gewichtung wird nicht nur durch die Lage der Dinge sondern auch durch die planerische Zielvorstellung – den Gestaltungswillen des Planers – mitbestimmt[1].

89 Die in §§ 1 Abs. 6 und 1a BauGB formulierten Berücksichtigungsgebote („Planungsleitlinien"[2]) genießen keinen apriorischen Vorrang vor anderen Belangen[3]; es kommt vielmehr auch in diesem Zusammenhang auf die konkrete städtebauliche Situation und auf die Zielvorstellungen des Planers an. Kommt einem betroffenen Belang von Rechts wegen besonderes Gewicht zu[4], führt dies zwar zu gesteigerten Prüfungs-, Rechtfertigungs- und womöglich Kompensationslasten, aber nicht unabhängig von der Fallgestaltung zur Abwägungsunüberwindlichkeit[5]3.

Der Planer hat nicht die Freiheit, einen Belang nach Belieben wegzuwägen; dessen Zurücksetzung muss er begründen. Ist die Ausgleichung der Belange hiernach aber vertretbar, ist sie rechtlich nicht zu beanstanden, auch wenn man sich städtebaulich bessere Lösungen denken kann.

**i) Speziell: Das Folgenermittlungs- und -bewältigungsprogramm bei der planerischen Zulassung von Eingriffen in Natur und Landschaft**

90 § 1a Abs. 3 BauGB weist die aufgrund und im Rahmen der naturschutzrechtlichen Eingriffsregelung zu treffende Entscheidung über Vermeidung und Ausgleich von Eingriffen in Natur und Landschaft für die Bauleitplanung der planerischen Abwägung nach § 1 Abs. 7 BauGB zu. Hierdurch erfährt das bebauungsrechtliche Abwägungsgebot eine fachrechtliche Anreicherung dahin, dass nicht nur das Integritätsinteresse von Naturhaushalt und Landschaftsbild im Plangebiet sondern auch der Kompensationsgedanke in die Abwägung (und damit das Gebot der Konfliktbewältigung, s. unter Rz. 91) einbezogen wird, wobei die gleichzeitige relative Aufwertung der Belange von Natur und Landschaft deren Überwindung erschwert[6].

Dem Planer wird hierdurch die Abarbeitung eines Ermittlungs- und Entscheidungsprogramms mit folgenden Aufgaben abverlangt:

---

1 Vgl. das Zitat bei Rz. 62; *Gaentzsch*, Berliner Kommentar, § 1 Rz. 81.
2 *Reidt*, in: Gelzer/Bracher/Reidt, Rz. 593.
3 BVerwG v. 23.11.1979 – 1 A 183.78, BRS 35 Nr. 37, für die Belange von Natur und Landschaft: BVerwG v. 31.1.1997 – 4 NB 27.96, BRS 59 Nr. 8; *Kuschnerus*, Rz. 193 ff.
4 Wie z.B. den Belangen von Natur und Landschaft und dem in § 50 BImSchG verankerten Trennungsprinzip.
5 BVerwG v. 31.1.1997 – 4 NB 27.96, BRS 59 Nr. 8; *Kuschnerus*, Rz. 197.
6 Hierzu und zum Folgenden BVerwG v. 31.1.1997 – 4 NB 27.96, BRS 59 Nr. 8, *Gassner*, in: Gassner/Bendomir-Kahlo/Schmidt-Räntsch, BNatSchG § 21 Rz. 19; *Kuschnerus*, Rz. 387; Kolodziejeck/Recken/Apfelbacher/Iven, BNatSchG § 21 Anhang Rz. 11 ff.; zu den hierbei bestehenden Beurteilungsspielräumen *Beutling/Schwarzmann*, in: Frenz/Müggenberg, BNatSchG § 18 Rz. 6 f.

## II. Aufgaben der Interessenwahrnehmung in der Planaufstellung

– Befunderhebung zur Eingriffslage.
  Feststellungen zu Naturhaushalt und Landschaftsbild im Plangebiet; Ermittlung der durch die Planung zugelassenen Veränderungen
– Abwägung des Integritätsinteresses mit den für die Planung sprechenden Belangen.
  In diesem Zusammenhang kann die Ermittlung und Prüfung von Planungsalternativen erforderlich werden
– Hält der Planer am Plankonzept fest, prüft er Möglichkeiten der Minimierung von Eingriffsfolgen.
– Sieht er solche Möglichkeiten nicht, ermittelt er die möglichen Ausgleichs- oder Ersatzmaßnahmen im Hinblick auf das § 1a Abs. 3 BauGB zugrundeliegende Folgenbewältigungskonzept und stellt dies in die Abwägung ein.
– Lässt der Planer sich bei den zwei voraufgehenden Schritten nicht von dem Grundsatz der Folgenbewältigung leiten, so liegt hierin eine Fehlgewichtung der Belange von Natur und Landschaft.
– In der Abwägung kommt eine Zurückstellung der Belange des Naturschutzes und der Landschaftspflege nur in Betracht, wenn aufgrund der örtlichen Gegebenheiten andere gewichtige Belange vorzuswürdig sind. Dies ist umso schwerer zu begründen, je weniger der Plan an Kompensation leistet.

### j) Konfliktbewältigung

Das Abwägungsgebot verlangt vom Planer, dass er die durch die Planung vorgefundenen, vor allem aber die durch sie erst geschaffenen Konflikte nicht nur zur Kenntnis nimmt, sondern bewältigt[1]. 91

**Beispiele unbewältigter Konflikte:**

Ausweisung eines GE-Gebietes ohne Erschließung[2].

Festsetzung eines Wohngebietes in der Nachbarschaft eines (ebenfalls überplanten) emittierenden Betriebes ohne Sicherung seiner Schließung oder Verlagerung[3].

Die Konfliktbewältigung muss durch den Regelungsgehalt des Planes erfolgen, wenn (und soweit) anders nicht zu gewährleisten ist, dass sie durch das Verwaltungshandeln im Rahmen des Planvollzuges bewirkt wird[4]. Kann dies – etwa durch Anwendung des § 15 BauNVO im Baugenehmigungsverfahren – erreicht werden, ist planerische Zurückhaltung möglich[5]. In der Planungspraxis zeigt sich eine große Spannweite von übertriebener Regelungsdichte bis zu beträchtlichen Regelungslücken. Beide Extreme können die Wirksamkeit des Planes gefährden; das eine kann zu Unübersichtlichkeit und innerer Widersprüchlichkeit, das andere zu einem Bewältigungsdefizit führen[6].

Eine besondere Spielart unzulänglicher Konfliktbewältigung zeigt sich in dem Versuch, das Problem definitorisch zu lösen, indem etwa eine vorhandene Bebauung entgegen der Realität und ohne den planerischen Willen, hieran etwas zu ändern, als Baugebiet minderer Schutzbedürftigkeit festgesetzt wird[7]. 92

---

1 BVerwG v. 14.7.1994 – 4 NB 25.94, BRS 56 Nr. 6 und v. 17.5.1995 – 4 NB 30.94, BRS 57 Nr. 2; *Gaentzsch*, Berliner Kommentar, § 1 Rz. 84.
2 OVG NW v. 16.1.1995 – 7a D 37/93, nv.
3 OVG NW v. 18.1.1996 – 10a B 3489/95, nv.
4 BVerwG v. 17.5.1995 – 4 NB 30.94, BRS 57 Nr. 2; *Hoppe/Bönker/Grotefels*, § 5 Rz. 145.
5 BVerwG v. 18.9.2003 – 4 CN 2.03, BVerwGE 119, 45.
6 Sehr lehrreich OVG NW v. 7.3.2006 – 10 D 43/03.NE, BRS 70 Nr. 71.
7 S. oben, Rz. 63 Fn. 5, 6.

Zum unveränderten Defizit der Konfliktbewältigung tritt dann noch eine Divergenz zwischen Planungswille und Festsetzungsgehalt als weiterer Mangel hinzu.

93 Bei der Bewältigung von Immissionskonflikten, etwa zwischen Baugebieten unterschiedlichen Störgrades (Wohnen und Gewerbe) oder zwischen Wohngebieten und Verkehrswegen muss der Planer nicht zwingend die Einhaltung von **Orientierungswerten** nach DIN 18005 oder der als Orientierungswerte geltenden Lärmgrenzwerte der 16. BImSchV gewährleisten, wenn der Plan und die Abweichung durch hinreichend gewichtige städtebauliche Gründe gerechtfertigt sind und das Abwägungsergebnis dem Gewicht der Wohnruhe einschließlich des Außenwohnbereichsschutzes hinreichend gerecht wird. Je weiter die Orientierungswerte überschritten werden, desto gewichtiger müssen allerdings die städtebaulichen Gründe sein und umso mehr hat die Gemeinde die baulichen und technischen Möglichkeiten auszuschöpfen, die ihr zu Gebote stehen, um diese Auswirkungen zu verhindern[1]. Bei der Überplanung von Gemengelagen kommt auch die Überschreitung der Richtwerte der TA-Lärm bis zur nächsten Stufe in Betracht, für Wohngebiete aber nicht über die in einem MI-Gebiet zulässigen Richtwerte hinaus[2].

94 Zeichnet sich bei einer vom Mandanten gewünschten Festsetzung schon im Planaufstellungsverfahren eine defizitäre Konfliktbewältigung ab, so muss der Anwalt Abhilfemöglichkeiten prüfen. Sie liegen oft darin, dass der Mandant an den Lasten der Konfliktbewältigung planerisch beteiligt wird. So können zur Sicherung eines Gewerbestandortes in weitgehend bebauter Umgebung Festsetzungen nach § 1 Abs. 10 BauNVO mit der Festsetzung aktiven Immissionsschutzes – etwa technischer Vorkehrungen zur Schalldämmung gem. § 9 Abs. 1 Nr. 24 BauGB – kombiniert werden[3].

Es kann schwierig sein, dem Mandanten die Zweckmäßigkeit eines solchen Nachgebens zu vermitteln; jedenfalls darf er über das im Fortbestand unbewältigter Konflikte liegende Risiko der Planunwirksamkeit nicht im Unklaren gelassen werden.

**k) Einflussnahme auf die Abwägungslage, Verträge**

95 Eine realistische Einschätzung der Abwägungslage – namentlich des Gewichts fremder Belange – kann zu der Erkenntnis führen, dass Flexibilität mehr bewirkt als Beharren auf schwer oder gar nicht durchsetzbaren Planungszielen. Können (oder sollen) diese nicht i. S. eines Kompromisses zurückgenommen werden, so kann die Nachgiebigkeit in der Bereitschaft liegen, das Planungsziel durch **Änderung der Abwägungslage** erreichbar zu machen.

**Beispiel 1:**

Die Nähe zweier alter Miethäuser steht der Erweiterung eines GE-Gebietes entgegen.

**Beispiel 2:**

Die Gemeinde sieht sich an der Planung eines Wohngebietes gehindert, weil sie entweder nicht über Grundstücke für den erforderlichen Ausgleich des Eingriffs in Natur und Landschaft verfügt oder die mit der Umsetzung der Planung verbundenen Folgekosten der Ausstattung des Wohngebietes mit Schul- und Kindergartenplätzen nicht zu tragen vermag.

---

1 BVerwG v. 22.3.2007– 4 CN 2.06; BVerwGE 128, 238, v. 13.12.2007 – 4 BN 41.07, BRS 71 Nr. 6; VGH BW v. 17.6.2010 – 5 S 884/09, BauR 2011, 80.
2 OVG MV, v. 19.3.2008 – 3 K 8/07, Rz. 92; BayVGH v. 19.1.1990 – 20 N 88.1906, BayVBl. 1990, 530.
3 *Fickert/Fieseler*, § 1 BauNVO Rz. 47.7, 47.8; *Dolde*, DVBl 1983, 732 ff.; *Müller*, BauR 1994, 191 ff. und 294 ff.

Die Planungshindernisse im ersten Beispielsfall können z.B. durch Erwerb und Abriss (oder Umnutzung) der Miethäuser, die im zweiten Beispielsfall dadurch beseitigt werden, dass ein Investor sich gegenüber dem Planungsträger vertraglich zur Durchführung von Ausgleichs- oder Ersatzmaßnahmen oder zur Übernahme von Folgekosten verpflichtet. Dies kann im ersten Fall auf der Grundlage eines privatrechtlich, im zweiten Fall auf der Grundlage eines **öffentlich-rechtlichen städtebaulichen Vertrages** geschehen.

§ 11 Abs. 1 BauGB zählt beispielhaft mögliche Gegenstände städtebaulicher Verträge auf. Dazu gehören 96
- die Übertragung ingenieur- und naturschutzfachlicher Leistungen bei der Ausarbeitung der Planung, des Umweltberichts und des ökologischen Fachbeitrages, ebenso von (nicht verantwortlichen) Funktionen bei der Zusammenstellung und Aufarbeitung des Abwägungsmaterials (§ 4b BauGB),
- Neuordnung der Grundstücksverhältnisse (freiwillige Umlegung),
- Durchführung einer Bodensanierung,
- Durchführung von Ausgleichs- und Ersatzmaßnahmen gem. § 1a BauGB[1],
- sonstige Durchführungsverpflichtungen (Bauverpflichtungen, Erschließungsverpflichtungen),
- Übernahme von Kosten oder sonstigen Aufwendungen, die der Gemeinde für städtebauliche Maßnahmen entstehen oder entstanden sind und die Voraussetzung oder Folge des geplanten Vorhabens sind (Folgekosten)[2],
- Deckung des Wohnbedarfs von Bevölkerungsgruppen mit besonderen Wohnraumversorgungsproblemen oder von ortsansässiger Bevölkerung[3],
- Errichtung und Nutzung von Anlagen und Einrichtungen zu dezentralen und zentralen Versorgung mit Strom, Wärme oder Kälte aus erneuerbaren Energien oder Kraft-Wärme-Kopplung[4].

Städtebauliche Verträge sind nach ihrem Gegenstand meist – freilich nicht immer – 97
dem öffentlichen Recht zuzurechnen; für sie gelten dann ergänzend die den öffentlich rechtlichen Vertrag regelnden Vorschriften des Landesverwaltungsverfahrensgesetzes (Teil IV).

Planungsmacht und Finanznot des Planers auf der einen und Alternativlosigkeit des 98
Nachgebens auf der anderen (Investoren-)Seite führen nicht selten zu Leistungsversprechen, welche die Grenze der **Angemessenheit** (§ 11 Abs. 2 BauGB)[5] überschreiten, bei evidenter Unangemessenheit sogar die Sachgerechtigkeit der auf dem Vertrag basierenden planerischen Abwägung in Zweifel ziehen können[6].
Im letzteren Gesichtspunkt liegt für den vertragsbereiten Investor das größere – weil schwerer zu kalkulierende – Risiko.

Der Folgekostenvertrag darf allenfalls das erfassen, was durch den jeweiligen BPlan 99
an Folgen ausgelöst wird[7] und nicht nach anderen gesetzlichen Regelungen (Auf-

---

1 BVerwG v. 9.5.1997 – 4 N 1.96, BRS 59 Nr. 11 jetzt § 1a Abs. 3 Satz 4 BauGB.
2 BVerwG v. 6.7.1973 – IV C 22.72, BRS 27 Nr. 47 und v. 14.8.1992 – 8 C 19.90, BRS 54 Nr. 29; s. im Übrigen unter Rz. 95 ff.
3 Zum Einheimischen-Modell: BVerwG v. 11.2.1993 – 4 C 18.91, BVerwGE 92, 56; *Krautzberger*, in: Ernst/Zinkahn/Bielenberg/Krautzberger, § 11 Rz. 151 ff.
4 Dazu *Krautzberger*, in: Ernst/Zinkahn/Bielenberg/Krautzberger, § 11 Rz. 167 ff.
5 Dazu ausführlich BVerwG v. 29.1.2009 – 4 C 15.07, BVerwGE 133, 85 Rz. 34; *Krautzberger*, in: Ernst/Zinkahn/Bielenberg/Krautzberger, § 11 Rz. 167 ff.
6 Nds. OVG v. 28.10.1982 – 1 C 12/81, BRS 39 Nr. 20.
7 BVerwG v. 14.8.1992 – 8 C 19.90, BRS 54 Nr. 29.

gabengesetzen) kostenmäßig endgültig von der Gemeinde zu tragen ist[1]. Die Gemeinde darf Verwaltungs- und Personalkosten für solche von ihr selbst durchgeführte Maßnahmen des Bauleitplanverfahrens auf den Vertragspartner abwälzen, die sie auch einem privaten Dritten hätte übertragen können, hingegen nicht für solche Aufgaben, die sie nicht durch Dritte erledigen lassen darf[2].

100 Zusätzliche Schranken des **Landesrechts** sind zu beachten. So darf etwa in Bayern der Ersatz von Folgekosten nur verlangt werden, soweit sich die Folgen des BPlanes als „Entwicklungssprung" darstellen, wie er nur mit größeren Vorhaben verbunden ist[3], in Baden-Württemberg nur soweit die Gemeinde nicht zur Eigenfinanzierung ohne Kreditaufnahme in der Lage ist[4].

101 Eine gewisse Vorsicht ist auch bei Verträgen angezeigt, welche die Übertragung von **Aufgaben bei der Ermittlung und Zusammenstellung des Abwägungsmaterials** (unter Einschluss ggf. des Umweltberichts) und die Einschaltung Dritter nach § 4b BauGB vorsehen[5]; wenn sie die Einflussmöglichkeiten und den Durchsetzungswillen des Investors zu wenig abschirmen, kann dies die planerische Abwägung beschädigen.

**l) Fehlerkontrolle, Unbeachtlichkeitsklauseln**

102 Zu den anwaltlichen Aufgaben bei der Betreuung eines Planaufstellungsverfahrens gehört eine fortlaufende (nicht erst nach der Planverkündung einsetzende) Fehlerkontrolle.

Verstöße gegen formelles und materielles Recht können zur Unwirksamkeit einzelner Festsetzungen oder des gesamten BPlanes führen. Ist der Fehler durch ein ergänzendes Verfahren (dazu näher Rz. 188) zu beheben, so beschränkt sich die Rechtsfolge auf die Unwirksamkeit bis zur Behebung des Fehlers.

Rechtsverstöße. Sie berühren die Interessen des Mandanten – je nach seiner Einstellung zum Planentwurf – in die eine oder andere Richtung, müssen also entweder rechtzeitig (vor dem Satzungsbeschluss) behoben oder zum richtigen Zeitpunkt (das kann dann auch nach der Schlussverkündung sein) geltend gemacht werden.

103 Nicht jeder Rechtsverstoß hat die genannten Folgen. Das verhindern **Unbeachtlichkeitsklauseln** des **Bundes-** (§§ 214, 215 BauGB) und des **Landesrechts**[6].

⊃ **Hinweis:** Die ersteren regeln allein die Rechtsfolgen von Verstößen gegen Bundesrecht, die Letzteren allein die Rechtsfolgen von Verstößen gegen Landesrecht[7].

104 Nach der Schlussbekanntmachung des BPlanes (§ 10 Abs. 3 BauGB) sind Verstöße gegen Form- und Verwaltungsvorschriften des BauGB nur beachtlich, wenn sie sich gegen den § 214 Abs. 1 BauGB genannten Vorschriften richten und nicht durch die

---

1 *Löhr*, in: Battis/Krautzberger/Löhr, § 11 Rz. 18.
2 BVerwG v. 25.11.2005 – 4 C 15.04 –, BVerwGE 124, 385.
3 BayVGH v. 2.4.1980 – 290 IV 76, KStZ 1981, 93.
4 VGH BW v. 22.3.1990 – 2 S 1058/88, ESVGH 40, 245 zum landesrechtlichen Verbot „rücksichtsloser" Mittelbeschaffung.
5 Vgl. hierzu *Battis*, in: Battis/Krautzberger/Löhr, § 4b Rz. 8.
6 § 4 Abs. 4 GO BW; § 32 AG BauGB Berlin; § 3 Abs. 4 Bbg. KVerf.; § 5 Abs. 4 Hess. GO; § 5 Abs. 5 KV MV; § 10 Abs. 2 Nds. KomVG; § 7 Abs. 6 GO NW; § 24 Abs. 6 GO Rh.-Pf.; § 12 Abs. 6 KSVG Saarl.; § 4 Abs. 4 Sächs. GO, § 6 Abs. 4 GO LSA; §§ 4 Abs. 3, 22 Abs. 5 GO Schl.-Holst.; § 21 Abs. 4 Thür. KO.
7 *Lemmel*, Berliner Kommentar, § 214 Rz. 18, 19.

"internen Unbeachtlichkeitsklauseln"[1] des § 214 Abs. 1 BauGB für unbeachtlich erklärt werden. Die Pflicht zur Ermittlung und Bewertung des Abwägungsmaterials (§ 2 Abs. 3 BauGB) wird als Verfahrensgrundnorm verstanden; ein Verstoß gegen diese ist daher ein Verfahrensmangel (§ 214 Abs. 1 Nr. 1 BauGB) und kann nicht als Mangel der Abwägung geltend gemacht werden (§ 214 Abs. 3 BauGB).

Zusätzliche Regeln zur Beachtlichkeit der Verletzung von Verfahrens- oder Formvorschriften, aber auch zu materiellen Fehlern des Planes (z.B. über das Verhältnis zum Flächennutzungsplan) trifft § 214 Abs. 2a BauGB für Bebauungspläne der Innenentwicklung, die in beschleunigten Verfahren aufgestellt werden (§ 13a BauGB). Während § 214 Abs. 2a Nr. 1 und 2 BauGB bestimmte Fehler für unbeachtlich erklärt, bezeichnet § 214 Abs. 2a Nr. 3 und 4 BauGB verfahrensspezifische Fehler, die nur unter bestimmten Voraussetzungen unbeachtlich, ansonsten aber beachtlich sind.

§ 214 Abs. 1 und 2a BauGB benennen abschließend die formellen Vorschriften des BauGB, deren Verletzung beachtlich ist, und erklären damit die Verletzung der übrigen für stets unbeachtlich.

Verstöße gegen **materielle Vorschriften des BauGB** – hierzu zählen auch die ergebnisbezogenen Anforderungen des Abwägungsgebotes – sind beachtlich, soweit sich aus § 214 Abs. 2, 2a und 3 BauGB nichts anderes ergibt. Materielle Vorschriften sind auch diejenigen über das Verhältnis zwischen dem Bebauungsplan und dem Flächennutzungsplan; deshalb sind diese nur nach Maßgabe des § 214 Abs. 2 und 2a Nr. 1 BauGB unbeachtlich.

Nach § 214 Abs. 3 BauGB sind **Mängel im Abwägungsvorgang** nur beachtlich, wenn sie offensichtlich und auf das Abwägungsergebnis von Einfluss gewesen sind[2]. **Offensichtlich** ist alles, was zur äußeren Seite des Abwägungsvorgangs gehört und aus Akten, Protokollen, der Entwurfs- und der Planbegründung oder sonstigen Unterlagen durch „positive und klare" Hinweise (selbst wenn sie der Erhärtung durch Beweisaufnahme bedürfen) zu entnehmen ist. Dagegen ist nicht offensichtlich die „innere" Seite der Abwägung (subjektive Vorstellungen mitwirkender Entscheidungsträger) oder was die Akten – ohne positive Hinweise zu geben – lediglich an Folgerungsmöglichkeiten nicht ausschließen[3].

Ein **Einfluss** des Mangels **auf das Ergebnis** liegt nicht schon in der abstrakten Möglichkeit, dass ohne den Mangel anders geplant worden wäre – sie müsste fast immer bejaht werden –, sondern setzt die sich anhand der Planunterlagen oder erkennbarer oder naheliegender Umstände abzeichnende konkrete Möglichkeit voraus, dass der Mangel im Abwägungsvorgang von Einfluss auf das Abwägungsergebnis gewesen sein kann[4].

Ein Teil der nach § 214 Abs. 1–3 BauGB beachtlichen Fehler wird gem. § 215 Abs. 1 BauGB unbeachtlich, wenn er nicht innerhalb eines Jahres seit der Schlussbekanntmachung des Planes schriftlich gegenüber der Gemeinde unter Darlegung des die Verletzung begründenden Sachverhaltes geltend gemacht worden ist. Dies gilt

---

1 Hierzu *Lemmel*, Berliner Kommentar, § 214 Rz. 24 und *Battis*, in: Battis/Krautzberger/Löhr, § 214 Rz. 1.
2 Die durch § 214 Abs. 3 Satz 2 BauGB, namentlich die „Angstklausel" des 2. Halbsatzes aufgeworfene Frage, welche vorgangsbezogenen Anforderungen des Abwägungsgebotes nicht nur verfahrens-, sondern materiellrechtlichen Charakter haben und deshalb im Rahmen des § 214 Abs. 3 BauGB beachtlich werden können.
3 BVerwG v. 21.8.1981 – 4 C 57.80, BRS 38 Nr. 37; v. 7.11.1997 – 4 NB 48.96, BRS 59 Nr. 32.
4 BVerwG v. 9.10.2003 – 4 BN 47.03, BRS 66 Nr. 65.

- für die nach § 214 Abs. 1 Satz 1 Nr. 1–3 BauGB beachtliche Verletzung der dort bezeichneten Verfahrens- und Formvorschriften,
- für eine Verletzung der Vorschriften über das Verhältnis des Bebauungsplans und des Flächennutzungsplans, soweit diese unter Berücksichtigung des § 214 Abs. 2 BauGB zunächst beachtlich ist,
- für nach § 214 Abs. 3 Satz 2 BauGB beachtliche Mängel des Abwägungsvorgangs.

111 Unbefristet bleiben hingegen beachtlich die sog. Ewigkeitsmängel:
- Die in § 214 Abs. 1 Nr. 4 BauGB bezeichneten Verfahrensverstöße,
- materielle Mängel des Bebauungsplanes mit Ausnahme der gem. § 214 Abs. 3 Satz 2 BauGB zunächst beachtlichen Abwägungsmängel.

Unbefristet beachtliche materielle Mängel sind

**Zum Beispiel:**

unbestimmte Festsetzungen, z.B. einer max. „Hauptgesimshöhe" nach § 16 BauNVO[1];

fehlende städtebauliche Erforderlichkeit i.S.d. § 1 Abs. 3 BauGB[2];

Überschreitung des Festsetzungskataloges, z.B. Festsetzung gebietsbezogener – statt vorhabenbezogener – Verkaufsflächenobergrenzen in BPlänen zur Einzelhandelssteuerung[3];

Verstöße gegen die Pflcht, Bauleitpläne den Zielen der Raumordnung anzupassen.

112 Die Rüge muss schriftlich erfolgen und binnen der Jahresfrist bei der Gemeinde eingehen. Sie ist eine Ausschlussfrist; eine Wiedereinsetzung ist nicht zulässig[4]. Mit der Rüge ist der die Verletzung begründende Sachverhalt darzulegen, d.h. die Mängel sind schriftlich so konkret und substantiiert darzulegen, dass es der Gemeinde durch die Darstellung des maßgebenden Sachverhalts ermöglicht wird, ein ergänzendes Verfahren (§ 214 Abs. 4 BauGB) zu prüfen. Das schließt eine nur pauschale Rüge aus[5].

Auf einen fristgerecht gerügten Mangel kann sich der Mandant auch dann berufen, wenn er diesen nicht selbst gerügt hat. Die Rüge eines Dritten wirkt inter omnes[6].

113 Für Bebauungspläne der Innentwicklung (§ 13a BauGB) bestimmt § 215 Abs. 1 Satz 2 BauGB die entsprechende Anwendung des Satzes 1, wenn Fehler nach § 214 Abs. 2a BauGB beachtlich sind. Dies bedeutet, dass die in § 214 Abs. 2a Nr. 3 und 4 BauGB als beachtlich bezeichneten Mängel ebenfalls unbeachtlich werden, wenn sie nicht binnen der Jahresfrist gerügt werden[7].

114 Treffen verschiedene Rechtsverstöße in einem Sachverhalt zusammen, so ist deren Beachtlichkeit (und Rügebedürftigkeit) gesondert zu prüfen.

**Beispiel:**

„Wegplanung" eines Baudenkmals. Die Nichtbeteiligung der Denkmalbehörde führt zu einem ergebnisrelevanten Abwägungsdefizit: Die Nichtbeteiligung als solche ist unbeachtlich (§ 214 Abs. 1 Nr. 2 BauGB), das Abwägungsdefizit beachtlich (und rügebedürftig) (§ 214 Abs. 1 Nr. 1 BauGB). Tritt zum Abwägungsdefizit ein materieller Abwägungsmangel (Dis-

---

1 OVG NW v. 20.2.2006 – 10 B 1490/05, BRS 70 Nr. 51, s.a. Rz. 53; weiteres Beispiel OVG NW v. 13.11.2009 – 10 D 78/07.NE, BRS 74 Nr. 69.
2 S. dazu Rz. 63.
3 BVerwG v. 3.4.2008 – 4 CN 3.07, BVerwGE 131, 86; OVG NW v. 8.6.2009 – 7 D 113/07.NE.
4 *Battis*, in: Battis/Krautzberger/Löhr, § 215 Rz. 6.
5 BVerwG v. 8.5.1995 – 4 NB 16.95, BRS 57 Nr. 51.
6 BVerwG v. 2.1.2009 – 4 BN 13.00, BRS 64 Nr. 57.
7 *Lemmel*, Berliner Kommentar, § 215 Rz. 14a.

proportionalität) hinzu, ist auch dieser beachtlich (und rügebedürftig) (§ 214 Abs. 3 Satz 2 BauGB).

Die Rügefrist wird nur ausgelöst, wenn die Gemeinde in der Schlussbekanntmachung auf die Voraussetzungen für die Geltendmachung der Verletzung von Vorschriften sowie auf die Rechtsfolgen hinweist (§ 215 Abs. 2 BauGB). 115

⊃ **Hinweis:** Planerhaltungsrecht i.S.d. heutigen §§ 214, 215 BauGB wurde erstmals durch die BauGB-Novelle 1976 – eingeführt – damals auf bestimmte Verfahrensmängel beschränkt – und in der Folge mehrfach reformiert und verschärft. Eine (Siebenjahres-)Frist für die Rüge beachtlicher Abwägungsmängel wurde erstmals durch das BauGB 1987 eingeführt; ältere BPläne konnten von den Gemeinden durch einen Bekanntmachungsakt in das neue Planerhaltungsrecht übergeleitet werden. Da dies nicht überall geschehen ist, kann sich insbesondere bei alten, vor 1987 aufgestellten Bebauungsplänen eine Prüfung des für diese geltenden Planerhaltungsrechts lohnen.

Zum Überleitungsrecht siehe im Übrigen § 233 Abs. 2 BauGB und die einschlägigen Kommentierungen.

Das **Landesrecht** (Landeskommunalrecht) regelt z.T. recht unterschiedlich, welche Verstöße gegen (landesrechtliche) Form- und Verfahrensvorschriften beachtlich sind (also zur Unwirksamkeit der Satzung führen), welche der beachtlichen Verstöße unbeachtlich werden können und unter welchen Voraussetzungen dies geschieht. 116

Es lehnt sich meist dem Regelungsmuster des § 215 BauGB an, dies freilich mit recht unterschiedlichen Fristbestimmungen.

Für den **Zeitpunkt** der Geltendmachung von Rechtsverstößen innerhalb des gesetzlichen Rahmens lassen sich schwer allgemeine Ratschläge formulieren. 117

Muss dem Mandanten an einer Fehlervermeidung gelegen sein, wird der Anwalt i.d.R. möglichst frühzeitig tätig werden.

Steht der Mandant der Planung ablehnend gegenüber, so hängt viel von der Antwort auf die Frage ab, ob der Planer nur den Fehler beheben oder auch die Planung ändern wird und welche Rechtslage (Ersatzmaßstab) die Unwirksamkeit einer Festsetzung oder des Planes im Gefolge hätte. Die Bereitschaft der Gemeindeparlamente, sich mit einmal verworfenen Planungen erneut zu befassen, ist von Fall zu Fall sehr verschieden.

## 2. Verfahrensbeteiligte und Zuständigkeiten

### a) Planungsträger

Wichtigster Beteiligter ist der Planungsträger, also die **Gemeinde** bzw. die in bestimmten Fällen (Rz. 32) an ihre Stelle tretende Körperschaft. 118

Der BPlan ist als Satzung (in Berlin als Rechtsverordnung[1] in Hamburg als Rechtsverordnung oder Gesetz[2]) zu beschließen (festzustellen). Daraus folgt, dass zur Beschlussfassung das Organ berufen ist, dem nach **Landesrecht** Rechtssetzungsbeschlüsse der jeweiligen Art (Satzung, Gesetz, Rechtsverordnung) obliegen. Das ist in den Gemeinden der Rat (Stadtrat, Gemeindevertretung, Stadtverordnetenver-

---

1 § 6 AG BauGB Berlin.
2 § 3 Abs. 1 und 2 HbgBauleitplanFestG.

sammlung[1], in Berlin das Bezirksamt[2], in Hamburg der Senat[3], ausnahmsweise die Bürgerschaft[4].

119 Welches Organ die dem Satzungsbeschluss vorausgehenden Verfahrensentscheidungen, den Planaufstellungsbeschluss (§ 2 Abs. 1 BauGB) und den Offenlegungsbeschluss (§ 3 Abs. 2 BauGB) trifft, regelt nicht das Bundes- sondern das Landesrecht.[5]

**b) Wer ist der richtige Ansprechpartner?**

120 Das zuständige Fachamt der Gemeindeverwaltung (Planungsamt) entwickelt idealtypisch die planerische Idee von Skizzen zum verfahrensfähigen Planentwurf; es sammelt das Grundlagenmaterial für die Abwägung und stellt es zusammen. Wie weit es auch Ideenträger der Planungen und wie groß sein Einfluss auf deren Inhalte ist, hängt von der örtlichen Kommunalpolitik und von Problematik und Bedeutung des Planentwurfs ab. Parlamentarische Einflussnahmen auf Entwurfsinhalte erfolgen hauptsächlich durch den zuständigen Fachausschuss (Planungsausschuss) des Rates, dessen Kontakt der Anwalt in hinreichend bedeutenden Fällen suchen sollte, oft aber auch über informelle parteipolitische Einflussnahme.

In Berlin treten an die Stelle der Gemeindeverwaltung die Bezirksämter, in Hamburg Bezirksämter und Baubehörde.

**c) Dritte (Verfahrensgehilfen)**

121 Die Gemeinde kann die Vorbereitung und Durchführung von Verfahrensschritten der Planaufstellung Dritten übertragen, § 4b BauGB. Es kann sich hierbei um die Fertigung von Planentwürfen, Bestandsaufnahmen für die Umweltprüfung, Abwicklung der Beteiligungsverfahren u.a.m. handeln. Häufig geht es dabei um Planungen eines Investors, der die Kosten für die Einschaltung des Dritten übernommen hat. Die Verantwortung für das Verfahren und die inhaltlichen Planungsentscheidungen verbleibt dabei uneingeschränkt bei der Gemeinde. Trotzdem ist der faktische Einfluss des Dritten durch die Verarbeitung und „Sortierung" des Abwägungsmaterials und Formulierung von Sitzungsvorlagen nicht zu verkennen. Das wird zum Problem, wenn die Interessen des Investors auf die Tätigkeit des Dritten durchschlagen und zu einem großen Problem, wenn dies hinter Materialfülle und Anschein der Wissenschaftlichkeit verborgen bleibt.

Der Anwalt muss hier unter Umständen wichtige Kontrollfunktionen wahrnehmen, um auf eine distanzierte Abwägung hinzuwirken.

**d) Die Öffentlichkeit**

122 Beteiligt ist auch die Öffentlichkeit, die sich im Rahmen des § 3 BauGB mit Fragen, Anregungen und Bedenken zu Worte melden kann. Sie ist in der Phase der frühzei-

---

1 §§ 24 Abs. 1, 39 Abs. 2 Nr. 3 GO BW; Art. 30, 32 Abs. 2 Nr. 2 Bay. GO; Art. 101, 148 Brem. Verf; § 18 Verf. Bremerhaven; § 28 Abs. 2 Nr. 9 Bbg. KVerf.; §§ 50 Abs. 1, 51 Nr. 6 Hess. GO, § 22 Abs. 2 und 3 Nr. 6 KV MV; §§ 45 Abs. 1, 58 Abs. 1 Nr. 5 Nds. KomVG; § 41 Abs. 1f GO NW; § 32 Abs. 1 Nr. 1 GO Rh.-Pf.; §§ 34, 35 Nr. 12 KSVG Saarl.; §§ 4 Abs. 2, 41 Abs. 2 Nr. 3 Sächs. GO; § 44 Abs. 3 Nr. 1 GO LSA; §§ 27 Abs. 1, 28 Abs. 1 Nr. 2 GO Schl.-Holst.; §§ 19, 26 Abs. 2 Nr. 2 Thür. KO.
2 § 6 Abs. 4 und 5 AG BauGB Berlin; dient der Plan der Verwirklichung von Erfordernissen der Verfassungsorgane des Bundes zur Wahrnehmung ihrer Aufgaben, beschließt anstelle der Bezirksversammlung das Abgeordnetenhaus (§ 8 AG BauGB Berlin).
3 § 3 Abs. 1 und 2 HbgBauleitPlanFestG.
4 Wenn sie sich die Feststellung vorbehalten hat oder die örtlich zuständige Bezirksversammlung dem Planentwurf nicht zugestimmt hat oder der Senat ihr den Entwurf zur Feststellung vorgelegt hat; die Feststellung erfolgt in diesem Fall durch Gesetz.
5 BVerwG v. 15.4.1988 – 4 N 4.87, BRS 48 Nr. 21.

tigen Unterrichtung anzuhören (§ 3 Abs. 1 BauGB); ihre Anregungen sind im Offenlegungsverfahren nach Sachprüfung durch das Rechtssetzungsorgan zu bescheiden (§ 3 Abs. 2 BauGB), auch wenn das geltend gemachte Interesse objektiv nicht abwägungserheblich ist.

### e) Behörden und sonstige Träger öffentlicher Belange

Die Behörden und sonstigen Träger öffentlicher Belange (TöB; Körperschaften, Verbände und andere Stellen, denen gesetzlich öffentliche Aufgaben zugewiesen sind), müssen am Planaufstellungsverfahren beteiligt werden, soweit ihre Aufgabenbereiche durch die Planung berührt werden können. Die hierbei in Betracht kommenden Aufgabenbereiche sind vielfältig; sie umfassen z.B. den Immissions-, Natur- und Denkmalschutz, Energie-, Wasser- und Telekommunikationsmedienversorgung, Abfallwirtschaft, Wissenschaft und Forschung. Die Zuständigkeit der Behörden und TöB ergibt sich aus den die Aufgabenwahrnehmung und die Organisation regelnden Vorschriften.

123

### f) Rechtsaufsicht

Soweit im Rahmen des Planaufstellungsverfahrens noch eine Rechtskontrolle stattfindet (Rz. 176), liegt diese bei der höheren Verwaltungsbehörde[1].

124

Das Genehmigungserfordernis entfällt in den Stadtstaaten[2].

Die Aufgaben der höheren Verwaltungsbehörde haben die Landesgesetzgeber mehrheitlich den für die allgemeine kommunale Rechtsaufsicht zuständigen Behörden zugewiesen, also bei kreisangehörigen Städten der Kreisverwaltung (Landrat), bei bestimmten privilegierten kreisangehörigen Gemeinden (großen Kreisstädten, selbständigen Städten, großen kreisangehörigen Städten) und bei kreisfreien Städten der staatlichen Mittelinstanz (Regierungspräsident, Regierungspräsidium, Bezirksregierung – so in Baden-Württemberg, Bayern, Hessen, Niedersachsen, Rheinland-Pfalz). Wo eine Mittelinstanz fehlt, tritt an deren Stelle der Ressortminister[3].

## III. Die einzelnen Verfahrensstadien und die Handlungsmöglichkeiten des Anwalts

Das BauGB sieht Stellungnahmen der Öffentlichkeit zum Planentwurf nur in zwei Verfahrensstadien, der frühzeitigen Öffentlichkeitsunterrichtung (§ 3 Abs. 1 BauGB) und der Auslegung des Planentwurfs (§ 3 Abs. 2 BauGB) ausdrücklich vor. Die anwaltliche Interessenwahrnehmung ist hierauf nicht beschränkt, findet vielmehr **allenthalben** Möglichkeiten zu wirkungsvollem Handeln. Informelle Schritte sind häufig ertragreicher als die formellen.

125

### 1. Informelle Vorstufen der Planung

Die anwaltliche Tätigkeit sollte frühzeitig einsetzen, wo es möglich und der Bedeutung der Sache angemessen ist, schon vor der Fassung des Planaufstellungsbeschlusses; denn nahezu jede Planung gewinnt ihre ersten Konturen durch infor-

126

---

1 In Berlin bei der zuständigen Senatsverwaltung; § 6 Abs. 5 AG BauGB Berlin.
2 § 1 BremG über den Wegfall von Genehmigungen; in Berlin findet die Rechtskontrolle im Rahmen eines Anzeigeverfahrens statt; § 6 Abs. 4 AG BauGB Berlin.
3 Mecklenburg-Vorpommern, Brandenburg, Saarland, Schleswig-Holstein; in Nordrhein-Westfalen, Sachsen und Sachsen-Anhalt liegt die Zuständigkeit immer bei der Bezirksregierung, in Thüringen bei den höheren Bauaufsichtsbehörden Erfurt, Gera und Meiningen.

melle Vorüberlegungen, Verhandlungen und Abstimmungen, die dem förmlichen Verfahren vorausgehen; bei vorhabenbezogenen Bebauungsplänen (Rz. 212) und bei größeren städtebaulichen Neuordnungsplanungen ist dies sogar die Regel.

In diesem Stadium ist noch am ehesten mit Ergebnisoffenheit und Diskussionsbereitschaft zu rechnen; im Ablauf des Planaufstellungsverfahrens engt sich das Feld aussichtsreicher Planungsvarianten zunehmend ein.

Einen Anspruch auf Information und Erörterung gibt es in diesem Stadium freilich nicht. Deshalb ist das Geschick das Anwalts gefordert, den richtigen Ansprechpartner zu finden und bei ihm Interesse für seine Planungsüberlegungen zu wecken.

In diesem Stadium ist die Möglichkeit der Einflussnahme durch Verträge oder abgestimmtes Verhalten (Rz. 95 ff.) am günstigsten. Deren rechtliche Grenzen sind zu beachten; die Ergebnisoffenheit der Abwägung darf nicht durch unzulässige Vorbindungen aufgehoben werden.

Auch Änderungen der Abwägungslage durch einseitige, vollendete Tatsachen schaffende Maßnahmen können zeitlich noch möglich sein, etwa die Nutzung noch bestehender Baurechtsansprüche oder die Lancierung von Konkurrenzprojekten, die einer missliebigen Planung die Grundlage entziehen oder schmälern[1]. Diese Konfliktstrategie kann allerdings einen raschen Bebauungsplanaufstellungsbeschluss und den Erlass einer Veränderungssperre provozieren.

Eine vertragliche Verpflichtung zur Vornahme oder Unterlassung irgendwelcher Planungen kann nicht begründet werden (§ 1 Abs. 3 Satz 2 BauGB)[2].

**2. Der Planaufstellungsbeschluss**

127 Der Planaufstellungsbeschluss markiert den Beginn des BPlan-Verfahrens, ist aber – bundesrechtlich – nicht Wirksamkeitsvoraussetzung des späteren Planes[3].

Er wird vom Rat gefasst, soweit die jeweilige Gemeindeordnung nicht die Delegation an den Fachausschuss erlaubt[4] **und** der Rat von dieser Delegationsermächtigung durch die Hauptsatzung oder einen Einzelbeschluss Gebrauch gemacht hat. Er wird in Hamburg vom Senat oder – aufgrund Ermächtigung durch Rechtsverordnung – durch die Bezirksämter gefasst[5].

128 Verstößt der Rat bei der Fassung des Planaufstellungsbeschlusses gegen **kommunalrechtliche** Form- oder Verfahrensvorschriften, hängt die Beachtlichkeit des Fehlers davon ab, ob er nach dem Kommunalrecht des jeweiligen Landes auf die Wirksamkeit der Satzung selbstständig (auch bei Fehlerfreiheit des nachfolgenden Satzungsverfahrens) durchschlägt[6].

129 Der Planaufstellungsbeschluss ist ortsüblich unter Beachtung der landesrechtlichen Bekanntmachungsvorschriften bekannt zu machen (§ 2 Abs. 1 Satz 2 BauGB). Der Ablauf des Verfahrens vom Planaufstellungs- bis zum Satzungsbeschluss ist im folgenden Schaubild dargestellt.

---

1 BVerwG v. 5.7.1974 – IV 50.72, BRS 28 Nr. 4 sowie v. 29.9.1978 – 4 C 30.76, BRS 33 Nr. 11.
2 BVerwG v. 1.2.1980 – IV C 40.77, BRS 36 Nr. 30 und v. 29.5.1981 – 4 C 72.78, BRS 38 Nr. 5.
3 BVerwG v. 15.4.1986 – 4 N 4.87, BRS 48 Nr. 21 unbeschadet dessen ist er Voraussetzung für Veränderungssperren und Zurückstellungen von Baugesuchen (§§ 14, 25).
4 So z.B. § 41 GO NW.
5 § 1 HbgBauleitPlanFestG.
6 Verneinend für BW der in BVerwG v. 15.4.1988 – 4 N 4.87, BRS 48 Nr. 21 wiedergegebene Vorlagebeschluss des VGH BW, ebenso OVG Rh.-Pf. v. 30.11.1988 – 10 C 8/88, NVwZ 1989, 674.

III. Verfahrensstadien und anwaltliche Handlungsmöglichkeiten  Rz. 130 Teil 2 B

## Planaufstellungsverfahren 130
### (Regelverfahren) vom Aufstellungs- bis zum Satzungsbeschluss

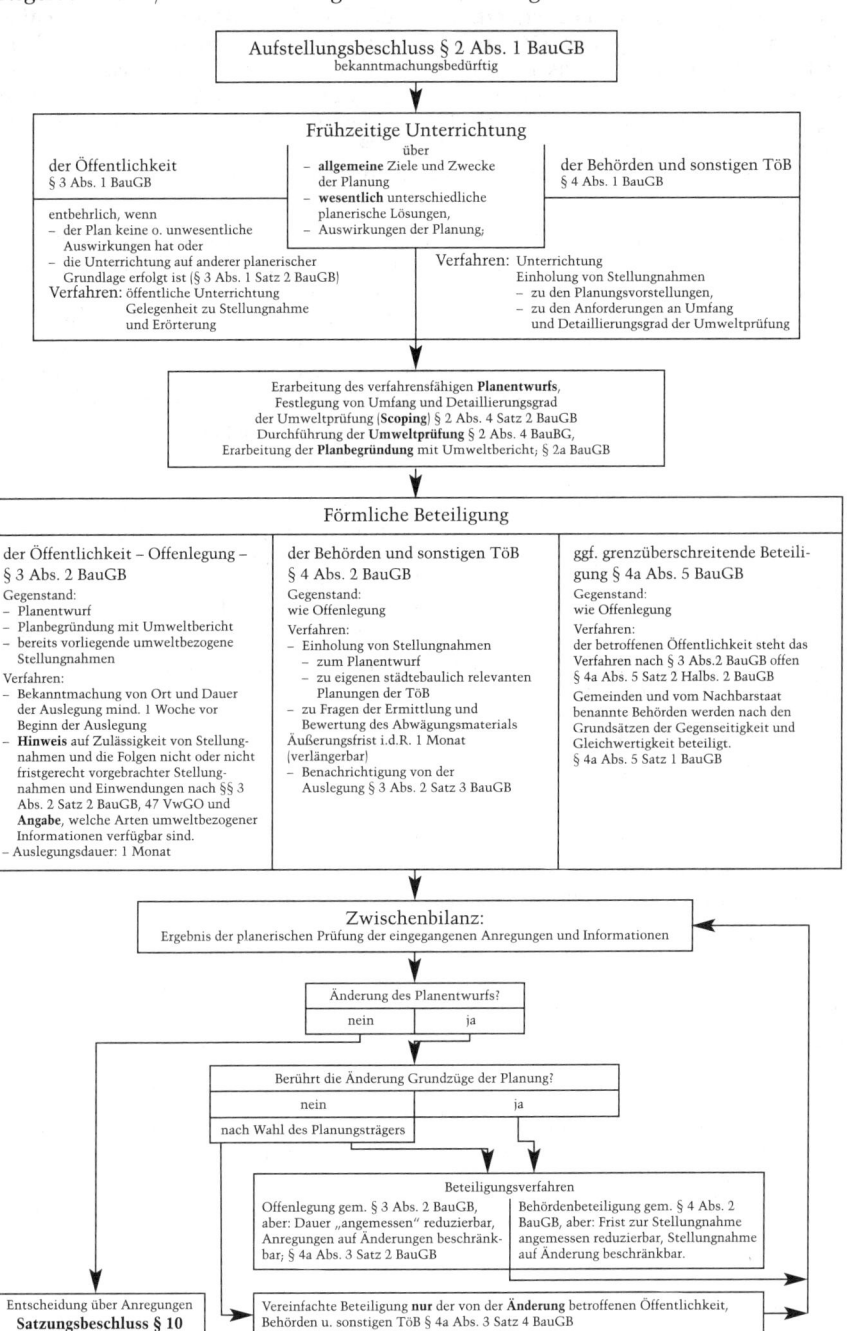

```
                    ┌─────────────────────────────────────────┐
                    │  Aufstellungsbeschluss § 2 Abs. 1 BauGB │
                    │           bekanntmachungsbedürftig       │
                    └─────────────────────────────────────────┘
                                        ↓
```

| der Öffentlichkeit § 3 Abs. 1 BauGB | Frühzeitige Unterrichtung über<br>– **allgemeine** Ziele und Zwecke der Planung<br>– **wesentlich** unterschiedliche planerische Lösungen,<br>– Auswirkungen der Planung; | der Behörden und sonstigen TöB § 4 Abs. 1 BauGB |
|---|---|---|
| entbehrlich, wenn<br>– der Plan keine o. unwesentliche Auswirkungen hat oder<br>– die Unterrichtung auf anderer planerischer Grundlage erfolgt ist (§ 3 Abs. 1 Satz 2 BauGB)<br>**Verfahren:** öffentliche Unterrichtung Gelegenheit zu Stellungnahme und Erörterung | **Verfahren:** Unterrichtung Einholung von Stellungnahmen<br>– zu den Planungsvorstellungen,<br>– zu den Anforderungen an Umfang und Detaillierungsgrad der Umweltprüfung | |

↓

```
┌──────────────────────────────────────────────────────────┐
│  Erarbeitung des verfahrensfähigen Planentwurfs,         │
│  Festlegung von Umfang und Detaillierungsgrad            │
│  der Umweltprüfung (Scoping) § 2 Abs. 4 Satz 2 BauGB     │
│  Durchführung der Umweltprüfung § 2 Abs. 4 BauBG,        │
│  Erarbeitung der Planbegründung mit Umweltbericht;       │
│  § 2a BauGB                                              │
└──────────────────────────────────────────────────────────┘
                            ↓
```

### Förmliche Beteiligung

| der Öffentlichkeit – Offenlegung – § 3 Abs. 2 BauGB | der Behörden und sonstigen TöB § 4 Abs. 2 BauGB | ggf. grenzüberschreitende Beteiligung § 4a Abs. 5 BauGB |
|---|---|---|
| **Gegenstand:**<br>– Planentwurf<br>– Planbegründung mit Umweltbericht<br>– bereits vorliegende umweltbezogene Stellungnahmen<br>**Verfahren:**<br>– Bekanntmachung von Ort und Dauer der Auslegung mind. 1 Woche vor Beginn der Auslegung<br>– **Hinweis** auf Zulässigkeit von Stellungnahmen und die Folgen nicht oder nicht fristgerecht vorgebrachter Stellungnahmen und Einwendungen nach §§ 3 Abs. 2 Satz 2 BauGB, 47 VwGO und **Angabe**, welche Arten umweltbezogener Informationen verfügbar sind.<br>– Auslegungsdauer: 1 Monat | **Gegenstand:**<br>wie Offenlegung<br>**Verfahren:**<br>– Einholung von Stellungnahmen<br>  – zum Planentwurf<br>  – zu eigenen städtebaulich relevanten Planungen der TöB<br>  – zu Fragen der Ermittlung und Bewertung des Abwägungsmaterials<br>Äußerungsfrist i.d.R. 1 Monat (verlängerbar)<br>– Benachrichtigung von der Auslegung § 3 Abs. 2 Satz 3 BauGB | **Gegenstand:**<br>wie Offenlegung<br>**Verfahren:**<br>der betroffenen Öffentlichkeit steht das Verfahren nach § 3 Abs.2 BauGB offen § 4a Abs. 5 Satz 2 Halbs. 2 BauGB<br>Gemeinden und vom Nachbarstaat benannte Behörden werden nach den Grundsätzen der Gegenseitigkeit und Gleichwertigkeit beteiligt. § 4a Abs. 5 Satz 1 BauGB |

↓

```
┌──────────────────────────────────────────────────────────┐
│  Zwischenbilanz:                                         │ ←─┐
│  Ergebnis der planerischen Prüfung der eingegangenen     │   │
│  Anregungen und Informationen                            │   │
└──────────────────────────────────────────────────────────┘   │
                            ↓                                  │
              ┌───────────────────────────┐                    │
              │ Änderung des Planentwurfs?│                    │
              │     nein        ja        │                    │
              └───────────────────────────┘                    │
                     │         ↓                               │
                     │  ┌───────────────────────────────────┐  │
                     │  │ Berührt die Änderung Grundzüge    │  │
                     │  │         der Planung?              │  │
                     │  │     nein          ja              │  │
                     │  └───────────────────────────────────┘  │
                     │    │                                     │
                     │    nach Wahl des Planungsträgers         │
                     │                ↓                         │
                     │  ┌───────────────────────────────────┐   │
                     │  │       Beteiligungsverfahren       │   │
                     │  ├──────────────────┬────────────────┤   │
                     │  │ Offenlegung gem. │ Behördenbetei- │   │
                     │  │ § 3 Abs. 2 BauGB,│ ligung gem.    │   │
                     │  │ aber: Dauer „an- │ § 4 Abs. 2     │   │
                     │  │ gemessen" redu-  │ BauGB, aber:   │   │
                     │  │ zierbar, Anre-   │ Frist zur      │   │
                     │  │ gungen auf Ände- │ Stellungnahme  │   │
                     │  │ rungen beschränk-│ angemessen re- │   │
                     │  │ bar; § 4a Abs. 3 │ duzierbar,     │   │
                     │  │ Satz 2 BauGB     │ Stellungnahme  │   │
                     │  │                  │ auf Änderung   │   │
                     │  │                  │ beschränkbar.  │   │
                     │  └──────────────────┴────────────────┘───┘
                     ↓
```

| Entscheidung über Anregungen<br>**Satzungsbeschluss § 10** | Vereinfachte Beteiligung **nur** von der von der **Änderung** betroffenen Öffentlichkeit, Behörden u. sonstigen TöB § 4a Abs. 3 Satz 4 BauGB |
|---|---|

### 3. Erste Beteiligungsphase – „frühzeitige Unterrichtung"

131 Die **Beteiligung der Öffentlichkeit** (§ 3 BauGB) und der **Behörden** und **sonstigen TöB** erfolgt in zwei Phasen. Deren erste – weitgehend informelle – soll „möglichst frühzeitig" über die planerische Aufgabenstellung informieren und dazu einladen, sich an der Konkretisierung der Planung und der Prüfung von Alternativen zu beteiligen. Sie hat, anders als die weitere Phase, idealtypisch einen unfertigen Entwurf (oder deren mehrere) zum Gegenstand und fällt in ein Entwicklungsstadium, das noch durch Offenheit gegenüber unterschiedlichen planerischen Lösungen geprägt sein sollte.

Die **frühzeitige Unterrichtung** (§§ 3 Abs. 1, 4 Abs. 1 BauGB) befasst sich demgemäß nur mit den allgemeinen Zielen und Zwecken – den Grundzügen, nicht schon Details – der Planung, sich deutlich unterscheidenden Planungsalternativen und den absehbaren Auswirkungen der Planung. Die frühzeitige Behördenbeteiligung ist zusätzlich auf die Frage gerichtet, welchen Umfang und Detaillierungsgrad die Umweltprüfung (Rz. 139) haben muss (§ 4 Abs. 1 BauGB)[1]. Hierüber hat der Planungsträger nach der ersten Phase des Beteiligungsverfahrens zu entscheiden (Rz. 137 ff.).

Den **Zeitpunkt** der frühzeitigen Beteiligung bestimmt – neben dem erreichten Planungsstadium – das Ermessen des Planers[2].

132 Für das **Verfahren** enthält das Bundesrecht nur einzelne Vorgaben. Danach hat die Unterrichtung öffentlich (§ 3 Abs. 1 Satz 1 BauGB) zu erfolgen; sie muss die Betroffenen in einer Weise erreichen, die ihnen ihr mögliches Interesse i.S. einer „Anstoßwirkung" (Rz. 138) erkennbar macht[3]. Die Äußerungen und die Erörterung brauchen dagegen nach § 3 Abs. 1 Satz 1 BauGB nicht öffentlich zu erfolgen. In diesen prozeduralen Fragen gibt es für Länder und Gemeinden legislativen Gestaltungsspielraum. Wer an Unterrichtung und Erörterung teilnehmen will, ziehe das örtlich geltende Satzungsrecht zu Rate.

133 Die frühzeitige Behördenbeteiligung wird durch eine Aufforderung zur Äußerung durchgeführt (§ 4 Abs. 1 BauGB); weitere Einzelheiten des Verfahrens regelt das BauGB nicht.

134 Die frühzeitige Öffentlichkeitsbeteiligung kann entfallen, wenn
– die Planung (d.h. die Aufstellung, Änderung oder Aufhebung eines BPlanes) sich im Plangebiet und in seinen Nachbargebieten nicht oder nur unwesentlich auswirkt oder
– die Unterrichtung und Erörterung zuvor auf anderer Grundlage erfolgt sind.

**Beispiel:**

Unterrichtung und Erörterung in einem vorlaufenden Flächennutzungsplanänderungsverfahren.

Zur Möglichkeit des Verzichts auf frühzeitige Öffentlichkeits- und Behördenbeteiligung im **vereinfachten Verfahren** s. Rz. 192, bei Bebauungsplänen der Innenentwicklung s. Rz. 196.

Verstöße gegen § 3 Abs. 1 BauGB und § 4 Abs. 1 BauGB sind für die gerichtliche Rechtskontrolle unerheblich.

---

1 Hierdurch wird die durch Art. 5 Abs. 4 der PlanUP-Richtline geforderte Behördenbeteiligung (Konsultation) an der Umweltprüfung gewährleistet.
2 *Gaentzsch*, Berliner Kommentar, § 3 Rz. 7.
3 *Gaentzsch*, Berliner Kommentar, § 3 Rz. 6.

III. Verfahrensstadien und anwaltliche Handlungsmöglichkeiten   Rz. 137 Teil 2 B

Die frühzeitige Öffentlichkeits- und Behördenbeteiligung kann für den Anwalt aus verschiedenen Gründen wichtig sein: 135
- Die (noch) größere Offenheit der Planung erlaubt es häufig, Interessen wirksamer zur Geltung zu bringen.
- Finden – verbreiteter Gepflogenheit folgend – Anhörung und Erörterung öffentlich statt, vermitteln sie Aufschlüsse über Interessenlage und Reaktion Dritter. Das eröffnet die Möglichkeit, Interessen durch Abstimmung zu koordinieren und bisher übersehenen gegenläufigen Belangen durch tragfähige Kompromisse Rechnung zutragen. Zugleich bietet die öffentliche Darstellung der Position des Mandanten bei akzeptanzkritischen Projekten die Gelegenheit, meinungsbildend auf die interessierten Kreise und die Presse einzuwirken.
- Für nicht ohne weiteres erkennbare Konfliktsituationen (Fallkonstellation wie bei Rz. 71) kann der „zuständige" TöB interessiert und als Verbündeter in der Interessenwahrnehmung gewonnen werden.
- Schließlich sind möglichst frühzeitige Verhandlungen mit einem TöB zu empfehlen, wenn von dessen Seite Bedenken gegen eigene Planvorstellungen möglich, zu erwarten oder gar schon geäußert worden sind (Beispiel 2 Rz. 71). Sie können zur Abstimmung eines planerischen Ausgleichs widerstreitender Belange führen, der eine Zurückstellung ursprünglicher Bedenken erlaubt.

Führt die frühzeitige Öffentlichkeits- und Behördenbeteiligung zu einer Änderung des – oftmals noch recht unbestimmten – Planentwurfes, so erfordert dies keine Wiederholung dieser Beteiligungsphase (§ 3 Abs. 1 Nr. 3 BauGB, 4 Abs. 1 Satz 2 BauGB); das Verfahren schreitet vielmehr zur förmlichen Beteiligung (§§ 3 Abs. 2, 4 Abs. 2 BauGB) fort. 136

### 4. „Zwischenstadium" – Vorbereitung der förmlichen Beteiligung

In dem Verfahrensstadium zwischen den Beteiligungsphasen müssen 137
- der Planentwurf,
- dessen Begründung und
- der Umweltbericht als gesonderter Teil der Begründung

fertig gestellt werden; denn sie sind notwendiger Gegenstand sowohl der Auslegung (§ 3 Abs. 2 BauGB), als auch der förmlichen Behördenbeteiligung (§ 4 Abs. 2 BauGB). Dem Umweltbericht geht die Umweltprüfung voraus (§ 2 Abs. 4 Satz 1 BauGB), deren Umfang und Detaillierungsgrad die Gemeinde zuvor fallbezogen (also für jeden BPlan gesondert) festzulegen hat (§ 2 Abs. 4 Satz 2 BauGB). Da die zum Prüfprogramm gehörenden Auswirkungen des Planes[1] nicht zu prognostizieren sind, bevor dessen Inhalt (als Entwurf) feststeht und vor diesem Zeitpunkt auch das Scoping (§ 2 Abs. 4 Satz 2 BauGB) kaum sinnvoll erfolgen kann, ergibt sich für das Stadium zwischen den Beteiligungsphasen eine Abfolge von Arbeitsschritten, wie sie in dem Schaubild Rz. 130 wiedergegeben ist. Die Ergebnisse dieser Arbeitsschritte können einander wechselseitig beeinflussen.

**Beispiel:**
Ein ökologischer Befund der Bestandsaufnahme legt eine Planänderung nahe, die ihrerseits zu anderen Umweltauswirkungen führt, die wiederum zu prüfen sind.

Deshalb ist eine fortlaufende Rückkopplung sinnvoll, die zu einer iterativen Anpassung einzelner Arbeitsergebnisse führen wird.

---
1 Vgl. Nr. 2 lit. b der Anlage zu § 2 Abs. 4 BauGB.

Tacke | 383

138  An die Ergebnisse der einzelnen Arbeitsschritte richten sich folgende Anforderungen:
– Der **Planentwurf** muss jetzt in allen vorgesehenen Festsetzungen abschließend und in der Formensprache der PlanzV formuliert sein.
– Die **Begründung** des Planentwurfes muss nunmehr den bei Rz. 59, 60 dargestellten Anforderungen genügen.
– Der **Umweltbericht** – gesonderter Teil der Begründung – muss vorliegen.

Der Umweltbericht besteht aus drei Teilen (Anlage 1 zu § 2 Abs. 4 BauGB). Der Hauptteil beschreibt und bewertet die in der Umweltprüfung ermittelten Umweltauswirkungen.

139  Gegenstand und Methodik der **Umweltprüfung** (§ 2 Abs. 4 BauGB), die der Umweltbericht auswertet, werden einerseits durch Nr. 2 der Anlage 1 zu § 2 Abs. 4 BauGB, andererseits durch den neu gefassten und aufgewerteten Katalog der Umweltbelange nach § 1 Abs. 6 Nr. 7 BauGB (der nicht nur Naturschutzaspekte sondern auch Auswirkungen auf den Menschen, Kultur- und Sachgüter umfasst) und das Prüfungsprogramm der Eingriffsregelung (§ 1a Abs. 3 BauGB, § 18 BNatSchG) vorgegeben. Die Umweltprüfung ist, den gemeinschaftsrechtlichen Vorgaben folgend, als integratives Verfahren mit medien- und schutzgutübergreifendem Ansatz ausgestaltet und Trägerverfahren für umweltbezogene Prüfungen (Eingriffsregelung, § 1a Abs. 3 BauGB; FFH-Prüfung, § 1 Abs. 6 Nr. 7b BauGB); sie ist zugleich Ausschnitt aus dem Abwägungsvorgang, der die – positiven und negativen – Auswirkungen auf die in § 1 Abs. 6 Nr. 7 BauGB aufgeführten Belange ermittelt und in den Arbeitsschritten

– Bestandsaufnahme
– Entwicklungsprognose
– Vermeidungs- und Kompensationsstrategien
– Alternativenprüfung

beschreibt und bewertet. Das so strukturierte Prüfungsprogramm enthält, wie schon das frühere Recht, eine **verfahrensrechtliche Arbeitsanleitung**, keine materiellrechtliche Vorgabe von Art und Umfang der erforderlichen Ermittlungen, noch weniger einen Maßstab für die Bewertung ihrer Ergebnisse. Dies alles wird vielmehr allein dadurch bestimmt, was die Anforderungen des Abwägungsgebotes „nach Lage der Dinge" von der planerischen Problemanalyse und der Konfliktlösung verlangen. Die Prüfungstiefe muss sich nicht an den Erfordernissen der „reinen Lehre" orientieren – die Umweltprüfung ist kein Suchprogramm – sondern aus der Sicht des Abwägungsgebotes problemangemessen sein – § 2 Abs. 4 Satz 3 BauGB[1]. Der notwendige Detaillierungsgrad der Umweltprüfung hängt somit maßgeblich vom Inhalt und Detaillierungsgrad des Bauleitplanes ab und wird durch den – unter Beachtung der Anforderungen des Abwägungsgebots anzuwendenden – Verhältnismäßigkeitsgrundsatz beschränkt[2]. Die Anforderungen an die Umweltprüfung werden weiter beschränkt durch den **gegenwärtigen Wissensstand** und **allgemein anerkannte Prüfungsmethoden** (§ 2 Abs. 4 Satz 3 BauGB). Mithilfe dieser Bestimmung kann Forderungen nach Untersuchungen, die über den gegenwärtigen Wissensstand hinausgehen, wirksam entgegengetreten werden[3].

---

1 BVerwG v. 21.3.1996 – 4 C 19.94, BVerwGE 100, 370 und v. 25.1.1996 – 4 C 5.95, BRS 58 Nr. 7 (jeweils zum Fachplanungsrecht; *Krautzberger*, in: Ernst/Zinkahn/Bielenberg/Krautzberger, § 2 Rz. 236 f.
2 *Krautzberger*, in: Ernst/Zinkahn/Bielenberg/Krautzberger, a.a.O.; *Mitschang*, Berliner Kommentar, § 2 Rz. 450 ff.
3 *Mitschang*, Berliner Kommentar, § 2, Rz. 449.

III. Verfahrensstadien und anwaltliche Handlungsmöglichkeiten   Rz. 143   Teil 2 B

Der Vermeidung **überflüssiger Doppelprüfungen** – und damit der Verfahrensökonomie – dient § 2 Abs. 4 Satz 5 BauGB, der die Verwertung noch aktueller Prüfergebnisse aus Raumordnungs-, Flächennutzungs- oder BPlan-Verfahren mit der Folge gestattet, dass die Umweltprüfung des zeitgleichen oder nachfolgenden Verfahrens auf zusätzliche oder andere erhebliche Umweltauswirkungen beschränkt wird. Der früheren Umweltprüfung kommt damit – soweit deren Ergebnisse noch aktuell sind – eine Abschichtungswirkung zu.    140

Desgleichen sind Bestandsaufnahmen und Bewertungen von Plänen i.S.d. § 1 Abs. 6 Nr. 7 lit. g BauGB in der Umweltprüfung heranzuziehen (§ 2 Abs. 4 Satz 6 BauGB).

Da **Umfang und Detaillierungsgrad** der Umweltprüfung nach Vorgesagtem keine festen Größen sein können sondern von Inhalt und absehbaren Auswirkungen der Planung abhängen, müssen sie für jeden Plan fallbezogen festgelegt werden. Diese als **Scoping** bezeichnete Entscheidung ist von der Gemeinde vor Beginn der Umweltprüfung zu treffen (§ 2 Abs. 4 Satz 2 BauGB), nachdem sie den TöB in der ersten Beteiligungsphase Gelegenheit gegeben hat, sich hierzu zu äußern (§ 4 Abs. 1 Satz 1 BauGB). Das Scoping ist bundesrechtlich an keine besondere Förmlichkeit gebunden und keine (selbstständig anfechtbare) Entscheidung mit Außenwirkung.    141

**5. Das förmliche Beteiligungsverfahren – Auslegung (§ 3 Abs. 2 BauGB) und Behördenbeteiligung (§ 4 Abs. 2 BauGB)**

**a) Förmliche Öffentlichkeitsbeteiligung**

Die förmliche Öffentlichkeitsbeteiligung (§ 3 Abs. 2 BauGB) erfolgt durch die öffentliche Auslegung    142
– des Planentwurfes,
– der Begründung (einschl. des Umweltberichtes),
– der nach Einschätzung der Gemeinde wesentlichen bereits vorliegenden umweltbezogenen Stellungnahmen

für die Dauer eines Monats.

Planentwurf und Begründung müssen den in Rz. 138 dargestellten Anforderungen entsprechen. Zu den ebenfalls auszulegenden umweltbezogenen Stellungnahmen gehören nicht nur behördliche sondern auch private Äußerungen[1], die nach Einschätzung der Gemeinde wesentlich – und das bedeutet: nach Inhalt und Detaillierungsgrad zumindest möglicherweise ergebnisrelevant – sind.

Ein den Planentwurf billigender und die Auslegung anordnender förmlicher Beschluss ist zwar üblich, durch Bundesrecht aber nicht geboten[2]. Ob das jeweils maßgebliche Kommunalrecht ihn verlangt und ihn dem Rat vorbehält, wird unterschiedlich beantwortet[3]. In Berlin und Hamburg ist er landesrechtlich vorgesehen[4]. Zuständig ist in Berlin das Bezirksamt, in Hamburg der Senat.

Das BauGB regelt nicht, welches Gemeindeorgan aus den umweltbezogenen Stellungnahmen die auszulegenden unter dem Aspekt der Wesentlichkeit auszuwählen hat.    143

---

1 *Krautzberger/Söfker*, Rz. 101.
2 BVerwG v. 15.4.1988 – 4 N 4.87, BRS 48 Nr. 21.
3 Verneinend: VGH BW v. 16.4.1970 – II 102/68, BRS 23 Nr. 14; bejahend: OVG Rh.-Pf. v. 11.12.1979 – 10 C 15.79, ZfBR 1980, 1784.
4 § 4 Abs. 1–3 AGBauGB Berlin; § 1 Abs. 1 HbgBauleitPlanFestG.

144 Die **Auslegung** ist zumindest eine Woche vor ihrem Beginn ortsüblich bekannt zu machen. Bei dieser Frist ist der Tag der Bekanntmachung selbst nicht mitzuzählen[1].

145 Die Bekanntmachung muss angeben,
- dass Gegenstand der Auslegung ein BPlan-Entwurf ist;
- das Verfahrensgebiet (den künftigen Geltungsbereich), dies nicht unbedingt mit geodätischer Exaktheit, wohl aber – z.B. unter Verwendung ortsüblicher und -bekannter Ortsteil-, Straßen- und Gemarkungsnamen – mit einer Genauigkeit, die dem Leser seine mögliche Planbetroffenheit aus dem Bekanntmachungsinhalt heraus erkennbar macht[2];

   **Beispiel:**
   „BPlan-Entwurf Nr. 150 der Stadt M, M-Schwafheim, Ackerstraße/Im schwarzen Bruch";

- welche **Arten** umweltbezogener Informationen verfügbar sind, wobei es sich nicht um eine vollständige Auflistung aller Erkenntnisquellen, sondern eine Zusammenfassung z.B. nach Themenbezügen[3] handelt,

   **Beispiel:**
   „Es liegen Erkenntnisse über Lärmimmissionen, Luftverunreinigungen und Grundwasserbelastungen vor."

- den genauen Ort der Auslegung mit Angabe der Öffnungszeiten.
- die Dauer (Beginn und Ende) der Auslegung.

Die Bekanntmachung muss ferner gem. § 3 Abs. 2 Satz 2 BauGB darauf hinweisen,
- dass während der Auslegungsfrist Stellungnahmen (gleichbedeutend mit den früher vom Gesetz so genannten „Anregungen") abgegeben werden können (Zusätze, die als Einschränkung der Statthaftigkeit oder der Erheblichkeit von Anregungen verstanden werden können, machen die Bekanntmachung fehlerhaft[4],
- dass nicht fristgerecht abgegebene Stellungnahmen bei der Beschlussfassung über den Plan unberücksichtigt bleiben können,
- „dass ein Antrag nach § 47 der Verwaltungsgerichtsordnung unzulässig ist, soweit mit ihm Einwendungen geltend gemacht werden, die vom Antragsteller im Rahmen der Auslegung nicht oder verspätet geltend gemacht wurden, aber hätten geltend gemacht werden können".

146 Der zuletzt genannte, nur für die Aufstellung von BPlänen (nicht von FNPs) geforderte Hinweis kollidiert mit der Gesetzeslage des § 47 Abs. 2a VwGO. Hiernach ist der Normenkontrollantrag einer natürlichen oder juristischen Person nur dann unzulässig, wenn der Antragsteller **nur** Einwendungen geltend macht, die er im Rahmen der Auslegung nicht oder verspätet geltend gemacht hat, aber hätte geltend machen können, und wenn auf diese Rechtsfolge im Rahmen der Beteiligung hingewiesen worden ist. Das BVerwG rät den Gemeinden zwar, die Belehrung am Wortlaut des § 47 Abs. 2a VwGO zu orientieren, aber auch eine Belehrung nach § 3 Abs. 2 Satz 2 Halbs. 2 BauGB löst die Präklusionswirkung des § 47 Abs. 2a VwGO aus, weil sie nicht geeignet ist, bei Betroffenen einen rechtserheblichen Irrtum hervorzurufen und sie von der fristgerechten Erhebung von Einwendungen abzuhalten[5].

---

1 GemSen OBG v. 6.7.1972 – GmS-OBG 2/71, BRS 25 Nr. 16.
2 BVerwG v. 6.7.1984 – 4 C 22.80, BRS 42 Nr. 23.
3 *Kuschnerus*, Rz. 694; *Krautzberger/Söfker*, Rz. 102.
4 BVerwG v. 11.4.1978 – 4 B 37.78, BRS 33 Nr. 15; OVG NW v. 9.9.1977 – III B 874/77, BRS 32 Nr. 14.
5 BVerwG v. 27.10.2010 – 4 CN 4.09, DVBl 2011, 108.

Die **Form** der Bekanntmachung, insbesondere das **Bekanntmachungsorgan** bestimmt das Landesrecht[1]. 147

Das Erscheinen der Auslegungsbekanntmachung wird der Anwalt kaum jemals selbst überwachen – schon die Fülle der Bekanntmachungsorgane macht dies in einer überörtlich tätigen Kanzlei unmöglich –, diese Aufgabe wird er vielmehr auf den Mandanten delegieren, nachdem er das richtige Bekanntmachungsorgan selbst festgestellt hat. 148

Planentwurf, Begründung und umweltbezogene Stellungnahmen müssen während der Auslegungsfrist bei der angegebenen Stelle frei zugänglich (griffbereit) sein; es genügt, wenn dies während der Publikumsverkehrszeit gewährleistet ist, falls diese nicht unzumutbar beschränkt ist[2]. Bei der Berechnung der Monatsfrist zählt der erste Auslegungstag mit[3]. 149

Für die Prüfung des ausgelegten Planentwurfes und der Begründung gilt das unter Rz. 72 ff. gesagte. Der Anwalt kann jetzt erkennen, wie weit seine bisherigen Bemühungen Erfolg hatten. Er prüft, welcher Handlungsbedarf noch besteht, insbesondere welche Maßnahmen noch erforderlich sind, um spätere Rechtsschutzbegehren nicht an Versäumnissen im Bebauungsplanverfahren scheitern zu lassen. 150

Entspricht der ausgelegte Planentwurf nicht in allem den Interessen des Mandanten, kann der Anwalt „Anregungen" (jetzt: Stellungnahmen) vorbringen, d.h. Gründe, die gegen die bisherige Planung sprechen und (möglichst konkrete) Vorschläge für eine andere formulieren (§ 3 Abs. 2 BauGB). Diese Stellungnahme ist an den Planungsträger (Rz. 29) zu richten. 151

Sie ist an keine Form gebunden, jedoch empfiehlt sich die Schriftform schon aus Beweisgründen.

Die (Auslegungs-)Frist ist einzuhalten, eine Wiedereinsetzung gegen ihre Versäumung nicht gegeben. **Verspätete** Anregungen sind allerdings nicht in jedem Falle unbeachtlich; sie können vielmehr nur unberücksichtigt bleiben, wenn ihr Inhalt 152
- der Gemeinde unbekannt war,
- auch nicht hätte bekannt sein müssen,
- für die Rechtmäßigkeit der Planung nicht von Bedeutung ist,
- die Offenlegungsbekanntmachung einen Hinweis auf die Präklusionsmöglichkeit enthielt (§ 4a Abs. 6 BauGB).

Fehlt es nur an einer dieser Voraussetzungen, sind die Stellungnahmen entsprechend den Anforderungen des Abwägungsgebotes zu berücksichtigen[4]; allerdings kann die Säumnis zur Unzulässigkeit einer Normenkontrolle führen.

Bei der Formulierung der Anregungen ist zu beachten: 153
- Sie bieten im Verfahrensablauf – von Planänderungen und hierdurch veranlassten erneuten Beteiligungsverfahren abgesehen (vgl. Schaubild Rz. 130) – die letzte Möglichkeit, die Position des Mandanten so in die Abwägung einzubringen, dass sie entsprechend den Anforderungen des Abwägungsgebotes zu berücksichtigen ist.

---
1 In Hamburg speziell für die Offenlegung: Amtlicher Anzeiger – § 1 Abs. 1 HbgBauleitPlanFestG.
2 BVerwG v. 4.7.1980 – 4 C 25.78, BRS 36 Nr. 22; Nds. OVG v. 12.4.1985 – 6 C 2/83, BRS 44 Nr. 19.
3 GemSen OBG v. 6.7.1972 – OGB 2/71, BRS 25 Nr. 1.
4 *Kuschnerus*, Rz. 187.

– Von ihrem Inhalt – namentlich ihrem Substantiierungsgrad – kann die Abwägungserheblichkeit der geltend gemachten Belange abhängen. Das ist vor allem dann von Bedeutung, wenn unsicher ist, ob der Planer diese Belange kennt oder kennen muss (Rz. 79). Davon ist umso weniger auszugehen, je mehr der Belang und dessen Gewicht in der internen Sphäre des Interessenträgers angesiedelt ist und sich der Kognition von außen entzieht.

– Die Frage „**Reden oder Schweigen**" wird häufig durch Abwägungsdefizite oder andere Fehler ausgelöst, die aus der Entwurfsbegründung oder dem Plan erkennbar sind und Erfolgsaussichten für ein Normenkontrollverfahren verheißen. Soweit es um abwägungserhebliche Belange geht, sollte Schweigen nur in Betracht gezogen werden, wenn dessen Abwägungserheblichkeit auch in diesem Fall gesichert ist und abgesehen werden kann, dass Hinweise auf das Defizit nur die Qualität der planerischen Entscheidung verbessern, deren Inhalt aber nicht verändern würden. Dabei ist neben der Möglichkeit der Fehlerkorrektur durch das ergänzende Verfahren (§ 214 Abs. 4 BauGB) auch das Risiko in Rechnung zu stellen, wegen § 47 Abs. 2a VwGO keinen zulässigen Normenkontrollantrag zustande zu bringen.

– Wer eigene Belange (ohne dass dies erkennbar wäre) **unzutreffend darstellt** kann dem Planer später nicht als Abwägungsdefizit vorhalten, dass er diesem Vorbringen bei der Planung gefolgt ist[1].

**Beispiel:**

Ein Investor stellt Umfang und Störgrad einer beabsichtigten Gewerbeansiedlung verharmlosend dar; im Genehmigungsverfahren ergeben die Bauvorlagen später die Gebietsunverträglichkeit des Vorhabens.

Es ist daher fast immer richtig, auf die Darstellung der eigenen (und „verbündeter" fremder) Belange und deren tatbestandliche Grundlage so viel Sorgfalt zu verwenden wie auf einen kunstgerecht substantiierten Beweisantrag in einem Verwaltungsstreitverfahren.

154 Mängel im Auslegungsverfahren sind grds. beachtlich (§ 214 Abs. 1 Nr. 2 und 3 BauGB), ausgenommen sind hiervon kraft interner Unbeachtlichkeitsklausel (Übersicht Rz. 107) nur folgende Mängel:

– **Einzelne** Angaben über die Verfügbarkeit umweltbezogener Informationen haben gefehlt (§ 214 Abs. 1 Nr. 2 BauGB).
– Die Planbegründung ist unvollständig (§ 214 Abs. 1 Nr. 2 BauGB).
– Der Umweltbericht ist in **unwesentlichen** Punkten unvollständig (§ 214 Abs. 1 Nr. 2 BauGB).

Daraus folgt im Gegenschluss, dass das völlige Fehlen einer Plan-(entwurfs)begründung beachtlich ist.

Bemerkenswert ist sodann, dass mehr als unwesentliche Lücken des Umweltberichts beachtlich, der Planbegründung im Übrigen dagegen (solange der Rest noch den Namen Begründung verdient) unbeachtlich sind.

Es ist zu beachten, dass die hier erörterten Unbeachtlichkeitsklauseln nur die Verfahrensverstöße erfassen, nicht dagegen damit etwa verbundene oder darauf beruhende Abwägungsmängel, die im Umfeld solcher Verfahrensverstöße auftreten[2].

---

1 VGH BW v. 24.3.1986 – 5 S 3009/85, BRS 46 Nr. 30.
2 Dies zumindest bei einer auf Verfahrensfehlern beruhenden Abwägungsdisproportionalität, vgl. *Hoppe*, NVwZ 2004, 903 (910).

### b) Förmliche Behördenbeteiligung

Die förmliche Behördenbeteiligung (§ 4 Abs. 2 BauGB) gleicht dem Verfahrensablauf der frühzeitigen Behördenbeteiligung (§ 4 Abs. 1 BauGB). Die Regelfrist zur Stellungnahme beträgt einen Monat; sie soll (nur) aus wichtigem Grunde angemessen verlängert werden. Die Präklusionsregel des § 4a Abs. 6 BauGB gilt auch hier (s. Rz. 152).

155

Im Rahmen ihrer Stellungnahmen haben die TöB auch Aufschluss über eigene Planungsvorhaben zu geben, die für die städtebauliche Ordnung und Entwicklung des Gebietes bedeutsam sein können und eigene Informationen, die für die Ermittlung und Bewertung des Abwägungsmaterials zweckdienlich sind, zur Verfügung zu stellen.

**Beispiel:**
Standortuntersuchungen aus dem Vorstadium einer Fachplanung.

Verstöße gegen § 4 Abs. 2 BauGB sind grds. beachtlich; unbeachtlich ist die Übergehung **einzelner** TöB, wenn die von ihnen vertretenen Belange unerheblich waren oder berücksichtigt worden sind (§ 214 Abs. 1 Nr. 2 BauGB).

### c) Nutzung elektronischer Medien im Beteiligungsverfahren

Das BauGB hat mit § 4a Abs. 4 BauGB die Möglichkeit eingeführt, bei der Durchführung der Öffentlichkeits- und der Behördenbeteiligung elektronische Informationstechnologien und das Internet zu nutzen.

156

### d) Das interkommunale Abstimmungsgebot

Gemäß § 2 Abs. 2 BauGB sind die Bauleitpläne benachbarter Gemeinde aufeinander abzustimmen. Dabei können sich Gemeinden auch auf die ihnen durch Ziele der Raumordnung zugewiesenen Funktionen sowie auf Auswirkungen auf ihre zentralen Versorgungsbereiche berufen.

157

Das interkommunale Abstimmungsgebot besteht nicht für jeden Bebauungsplan, der die Belange einer Nachbargemeinde irgendwie berührt, sondern stellt sich als besondere Ausprägung des Abwägungsgebots dar. Seine Bedeutung liegt darin, dass eine Gemeinde, die ihre eigenen Vorstellungen selbst um den Preis von gewichtigen Auswirkungen für die Nachbargemeinde durchsetzen möchte, einer Pflicht zur formellen und materiellen Abstimmung im Rahmen der Planung unterliegt. Die Missachtung kann die Nachbargemeinde in eigenen Rechten verletzen. Dies setzt gewichtige Auswirkungen der angegriffenen Planung auf die städtebauliche Ordnung oder Entwicklung des Gemeindegebiets der Nachbargemeinde voraus, schützt damit die Planungshoheit der benachbarten Gemeinde und verlangt deshalb einen Interessenausgleich zwischen den beteiligten Gemeinden und dazu eine Koordination der gemeindlichen Belange[1]. Fast immer geht es in den vielfältigen Rechtsstreitigkeiten um großflächige Einzelhandelsansiedlungen und den Kampf konkurrierender Gemeinden um ihre Zentralität[2].

---

1 BVerwG v. 1.8.2002 – 4 C 5.01, BVerwGE 117, 25; OVG NW v. 6.6.2005 – 10 D 153/04.NE (CentrO); OVG Rh.-Pf. v. 15.11.2010 – 1 C 10320/09.OVG, LKRZ 2011, 34.
2 Vgl. OVG Saarland v. 11.11.2010 – 2 A 29/10, LKRZ 2011, 75; Nds. OVG v. 18.2.2011 – 1 ME 252/10; OVG NW v. 6.6.2005 – 10 D 153/04.NE.

### e) Die grenzüberschreitende Beteiligung

158 Bei Bauleitplänen, die erhebliche Auswirkungen auf Nachbarstaaten haben können, sind die Gemeinden und Behörden des betroffenen Nachbarstaates nach den Grundsätzen der Gegenseitigkeit und Gleichwertigkeit zu beteiligen (§ 4a Abs. 5 BauGB).

Erheblich sind Auswirkungen von einem Gewicht, das ceteris paribus einer Nachbargemeinde die Befugnis geben würde, die Verletzung der Planungshoheit wegen unzulänglicher Abstimmung der Planung geltend zu machen[1]. Handelt es sich bei den erheblichen Auswirkungen um Umweltauswirkungen, hat die Beteiligung im betroffenen Nachbarstaat nach den Vorschriften des UVPG – also mit Öffentlichkeitsbeteiligung – stattzufinden.

Für verspätete Stellungnahmen gilt die Präklusionsregel des § 4a Abs. 6 Satz 2 Halbs. 2 BauGB.

159 Verstöße gegen die Beteiligungsvorschriften des § 4a BauGB sind grds. beachtlich (§ 214 Abs. 1 Nr. 2 BauGB); es gelten die internen Unbeachtlichkeitsklauseln dieser Vorschrift.

### 6. Beratung und Beschlussfassung über den BPlan-Entwurf

160 Über Stellungnahmen zum Planentwurf berät und beschließt das nach Landesrecht zuständige Organ (Rz. 118).

Der **Gemeinderat** tut dies nach allen Gemeindeordnungen in **öffentlicher Sitzung**[2].

161 Die im Landesrecht unterschiedlich geregelten Voraussetzungen eines Ausschlusses der Öffentlichkeit erlangen für diesen Beratungsgegenstand durchweg keine Bedeutung. Rechtsfolge des Verstoßes ist nach ganz h.M. Unwirksamkeit des Ratsbeschlusses[3], die nach mehreren Gemeindeordnungen nicht unbeachtlich wird, also nur durch Neuvornahme zu heilen ist[4].

162 **Ort** und **Zeit** der **Ratssitzung** (nach einigen Gemeindeordnungen auch deren Tagesordnung) sind öffentlich bekannt zu machen; dies gewährleistet die Öffentlichkeit der Sitzung[5].

163 Die Form der öffentlichen Bekanntmachung wird durch die Gemeindeordnungen und hierzu ergangene Rechtsverordnungen geregelt.

Die **Mindestfrist** zwischen Bekanntmachung und Sitzungstermin ist unterschiedlich geregelt, wird teilweise der Bestimmung durch die Geschäftsordnung des Rates überlassen.

Verstöße gegen die Verpflichtung zu form- und fristgerechter Bekanntmachung von Ort und Zeit der Ratssitzung haben nach ganz überwiegender Meinung die Unwirksamkeit gefasster Beschlüsse zur Folge; ob dies auch bei unterbliebener Bekannt-

---

1 *Battis* in: Battis/Krautzberger/Löhr, § 4a Rz. 3.
2 § 35 Abs. 1 GO BW; Art. 52 Abs. 2 Bay. GO; § 36 Satz 1 GO Bbg. KVerf.; § 52 Abs. 1 Hess. GO; § 29 Abs. 5 KV MV; § 64 NKomVG; § 48 Abs. 2 GO NW; § 35 Abs. 1 GO Rh.-Pf.; § 40 Abs. 1 KSVG Saarl.; § 37 Sächs. GO; § 50 GO LSA; § 35 Abs. 1 GO Schl.-Holst.; § 40 Thür. KO.
3 VerfGH NW v. 9.4.1976 – 58/75, OVGE 31, 309; *Kunze/Bronner/Katz*, § 35 Rz. 13; *Schumacher/Augustesen/Benedens*, § 44 Erläuterung 7; *Darsow/Gentner/Glaser/Meyer*, § 29 Rz. 34; *Blum/Beckhof*, § 45 Rz. 71 m.w.N.; *Gabler/Höhlein*, § 35 Erläuterung 4; *Borchert/Buschmann/Galette*, § 35 Rz. 9; *Lehné*, § 40 Erläuterung 1; a.A. *Widtmann/Grasser*, Art. 52 Rz. 14 (rechtswidrig, aber nicht nichtig).
4 So in Baden-Württemberg, Rheinland-Pfalz, Sachsen und Schleswig-Holstein.
5 Nds. OVG v. 10.3.1982 – 6 B 63/81, NVwZ 1983, 484.

machung der Tagesordnung gilt, hängt davon ab, ob der Rat diese nach dem jeweiligen Landesrecht bei gegebener Sachlage zu Beginn der Sitzung noch erweitern durfte oder nicht[1].

Form und Frist der Ladung der Ratsmitglieder werden durch die Gemeindeordnungen unterschiedlich, auch mit unterschiedlicher Ausführlichkeit geregelt bzw. der Regelung durch die Geschäftsordnung des Rates überlassen[2]. Bei **Gesetzesverstößen** wird überwiegend Unwirksamkeit der Ratsbeschlüsse angenommen[3]; bei Geschäftsordnungsverstößen ist die Meinung geteilt. 164

Der Rat muss nach einschlägigem Landesrecht **beschlussfähig** sein. 165

Ein häufiger Streitpunkt ist die Mitwirkung „**befangener Ratsmitglieder**" am BPlan-Verfahren. Alle Gemeindeordnungen verbieten es Ratsmitgliedern, beratend oder entscheidend mitzuwirken, wenn die Entscheidung ihnen selbst, einem Angehörigen oder einer von ihnen vertretenen natürlichen oder juristischen Person einen unmittelbaren Vor- oder Nachteil bringen kann, ebenso, wenn sie bei einem solchen Interessenträger entgeltlich beschäftigt sind und die Umstände einen Interessenwiderstreit nahe legen oder wenn sie dessen Kontroll- oder Leitungsorgan angehören[4]. Das Landesrecht ist im Grundsätzlichen, nicht aber in allen Einzelheiten einheitlich. 166

**Bundesrecht** setzt dem Landesrecht hierbei nur insoweit **Grenzen**, als völlig untergeordnete oder entfernte Interessenkollisionen nicht zu einer Blockierung des BPlan-Verfahrens führen dürfen[5]. 167

Ausgeschlossen sind danach im BPlan-Verfahren Eigentümer von Grundstücken, die durch die Planung vorteilhaft oder nachteilig betroffen werden können und deren nahe Angehörige; das gilt auch für mittelbare Auswirkungen und schließt unter solchen Voraussetzungen Eigentümer von Grundstücken, die dem Plangebiet benachbart sind, ein[6]. 168

Auch Mietbesitz kann ein zur Ausschließung führendes Sonderinteresse begründen[7], nicht dagegen die Mitwirkung in einer den Beratungsgegenstand behandelnden Bürgerinitiative[8].

---

1 Kunze/Bronner/Katz, § 34 Rz. 9, 11; Schumacher/Augustesen/Benedens, § 42 Erl. 5; Borchert/Buschmann/Galette, § 34 Rz. 29; Held/Becker/Decker/Kirchhof/Krämer/Wansleben, § 33 Erl. 12; Gabler/Höhlein, § 34 Erl. 5.1; Bennemann/Beinlich, § 58 HessGO Rz. 15 für den Fall, dass Zeit und Ort, nicht für den Fall, dass die Tagesordnung nicht bekannt gemacht wurde; Nds. OVG v. 10.3.1982 – 6 B 63/81, NVwZ 1983, 484; a.A. für Bayern Widtmann/Grasser, § 52 Erl. 6b.
2 Art. 45, 46 Bay. GO; §§ 34 Abs. 1, 36 Abs. 2 GO BW; §§ 34 Abs. 4, 35, 36, 38 Bbg. KVerf.; § 58 Hess. GO; § 29 KV MV; § 59 Abs. 2 NKomVG; § 47 Abs. 1 und 2 GO NW; § 34 Abs. 2 und 3 GO Rh.-Pf.; § 41 Abs. 1 und 3 KSVG Saarl.; § 36 Abs. 3 Sächs. GO; § 51 Abs. 4 GO LSA; § 34 Abs. 1, 3 und 4 GO Schl.-Holst.; § 35 Thür.KO.
3 OVG NW v. 8.7.1959 – III A 611/59, OVGE 15, 87 (91 f.); Widtmann/Grasser, Art. 45 Rz. 8 (nur unwirksam bei gleichzeitigem Gesetzesverstoß unter Berufung auf OVG NW v. 27.8.1996 – 15 A 32/93, NVwZ-RR 1997, 184); Gabler/Höhlein, § 34 Erl. 5.4 und § 37 Erl. 3.3; Kunze/Bronner/Katz, § 36 Rz. 9; Held/Becker/Decker/Kirchhof/Krämer/Wansleben, § 31 Erl. 9.
4 § 18 GO BW; Art. 49 Bay. GO; § 22 Bbg. KVerf.; § 25 Hess. GO; § 24 KV MV; § 41 NKomVG; § 31 GO NW; § 22 GO Rh.-Pf.; § 27 KSVG Saarl.; § 20 Sächs. GO; § 31 GO LSA.; § 22 GO Schl.-Holst.; § 38 Thür. KO; § 11 Verf. Bremerhaven.
5 BVerwG v. 7.5.1972 – IV C 18.70, BRS 24 Nr. 20.
6 VGH BW v. 15.3.1973 – II 949/70, BRS 27 Nr. 23.
7 OVG NW v. 20.9.1983 – 7a NE 4/80, BRS 40 Nr. 30.
8 OVG NW v. 4.12.1987 – 10a NE 48/84, BRS 48 Nr. 20.

Die Rspr. weist eine umfangreiche Kasuistik und – trotz weitgehender Gemeinsamkeiten des Landesrechts – keine ganz einheitliche Linie auf[1].

169 Das kommunalrechtliche Mitwirkungsverbot erstreckt sich auf **jegliche** (beratende oder entscheidende) **Mitwirkung** in jeglichem Stadium des Verfahrens[2].

Das bedeutet freilich nicht, dass jede unstatthafte Mitwirkung **vor** Erlass des Satzungsbeschlusses die Unwirksamkeit des Bebauungsplanes zur Folge hat[3].

170 Über den **Ausschluss** wegen Befangenheit entscheidet der **Rat**. Das ausgeschlossene Ratsmitglied muss seinen Platz im Rat verlassen; es darf (nur) bei öffentlichen Sitzungen im Zuschauerraum Platz nehmen, in Schleswig Holstein nicht einmal dies (§ 23 Abs. 3 GO Schl.-Holst.).

Die Mitwirkung eines befangenen Ratsmitgliedes führt – übrigens ebenso wie die unberechtigte Ausschließung[4] – zur Unwirksamkeit des gefassten Beschlusses, und zwar nach einigen Gemeindeordnungen unabhängig davon, ob das Abstimmungsverhalten des Ausgeschlossenen ergebnisrelevant war[5].

171 Die Rechtsfolgen der Fehler bei der Willensbildung und dem Verfahren des Rates (Rz. 161 ff.) richten sich nach dem jeweiligen Kommunalrecht, insbesondere nach dessen Unbeachtlichkeitsklauseln (Fn. 1 zu Rz. 103).

172 Zu beachten sind schließlich noch Auswirkungen des (bundesrechtlichen) Abwägungsgebotes auf das Verfahren des Gemeinderates bei der Abstimmung: Es verbietet, über mehrere Planentwürfe en bloc[6] und über den Satzungsbeschluss vor der Entscheidung über Anregungen abzustimmen[7].

Es verbietet auch die Delegation der Entscheidung über die Anregungen auf einen entscheidungsbefugten Ausschuss, weil diese Entscheidung gemeinsam mit dem Satzungsbeschluss den Schlussakt der planerischen Abwägung bildet[8].

Wenn die Bedeutung des Mandates dies rechtfertigt, wird der Anwalt die Formalien der Ratssitzung und deren Verlauf unter Kontrolle halten, ihr also als Zuhörer beiwohnen.

173 Die Verhandlung des Rates kann zu verschiedenen Ergebnissen führen:

Wird der Planentwurf geändert oder ergänzt, so ist das förmliche Beteiligungsverfahren nach § 3 Abs. 2 BauGB und § 4 Abs. 2 BauGB erneut durchzuführen (§ 4a Abs. 3 Satz 1 BauGB). In diesem Fall kann bestimmt werden, dass Anregungen und Bedenken nur zu den geänderten oder ergänzten Teilen vorgebracht werden können (§ 4a Abs. 3 Satz 2 BauGB). Eine solche Bestimmung ändert nichts daran, dass der (geänderte/ergänzte) Planentwurf **insgesamt** auszulegen ist und schließt nicht aus, dass auch gegen die beibehaltenen Teile des Planes mit der Begründung Anregungen und

---

1 Näheres hierzu *Borchmann*, NVwZ 1982, 17; *Dolde*, BauR 1973, 350; *Hassel*, DVBl 1988, 711 (714); *Hegel*, BauR 1974, 377.
2 Nds. OVG v. 16.7.1980 – 1 A 65/78, BRS 36 Nr. 28 und v. 11.6.1981 – 1 C 9/76, BRS 38 Nr. 31; OVG NW v. 20.9.1983 – 7a NE 4/80, BRS 40 Nr. 30.
3 BVerwG v. 15.4.1988 – 4 N 4.87, BRS 48 Nr. 21 (S. 68); OVG Rh.-Pf. v. 30.11.1988 – 10 C 8/88, NVwZ 1989, 674.
4 OVG NW v. 4.12.1987 – 10a NE 48/84, BRS 48 Nr. 20.
5 Immer: *Kunze/Bronner/Katz*, § 18 Rz. 25; *Gabler/Höhlein*, § 22 Erl. 7.1; *Bennemann/Beinlich*, § 25 Rz. 107; *Darsow/Gentner/Glaser/Meyer*, § 24 Rz. 27; nur bei Ergebnisrelevanz: *Blum/Beckhof*, § 26 Rz. 76; *Borchert/Buschmann/Galette*, § 22 Rz. 56; s. im Übrigen auch § 41 Abs. 6 NKomVG und § 22 Abs. 6 Bbg. KVerf.
6 OVG NW v. 12.7.1988 – 3 A 867/85, BRS 48 Nr. 22.
7 *Krautzberger*, in: Ernst/Zinkahn/Bielenberg/Krautzberger, § 3 Rz. 61.
8 BVerwG v. 18.12.1987 – 4 NB 2.87, BRS 62 Nr. 45; OVG NW v. 9.10.2003 – 10a D 55/01.NE, nv.

Bedenken vorgebracht werden, die Änderung wirke sich auch auf diese abwägungserheblich aus[1]. Die Dauer der Auslegung und die Frist zur Stellungnahme können angemessen verkürzt werden (§ 4a Abs. 3 Satz 3 BauGB).

Wird der Planentwurf nur in einer Art und Weise geändert, welche die Grundzüge der Planung nicht berührt[2], so kann die Gemeinde nach ihrer Wahl entweder die förmliche Beteiligung nach näherer Maßgabe des § 4 Abs. 3 Sätze 1–3 BauGB oder ein vereinfachtes Beteiligungsverfahren nach § 13 Abs. 2 BauGB durchführen (zu letzterem s. Rz. 190).

Die erneute Auslegung oder die vereinfachte Beteiligung sind, wie aus dem Schaubild Rz. 130 deutlich wird, so oft zu durchlaufen, bis der B-Planentwurf unverändert aus der Schlussberatung hervorgeht.

**Entbehrlich** ist ein erneutes Beteiligungsverfahren nur, wenn die (unerhebliche) Änderung einer Anregung Rechnung trägt **und** keine Auswirkungen auf andere (öffentliche oder private) Belange hat[3].

Ein Verzicht auf erneute Beteiligung ist deshalb riskant.

Die Begründung des B-Planentwurfs ist zu ändern oder zu ergänzen (fortzuschreiben), soweit dies zur Dokumentation wesentlicher Elemente der fortgeschrittenen planerischen Abwägung erforderlich ist. Das gilt sowohl für (nicht nur unerhebliche, klarstellende oder korrigierende) Planänderungen als auch für das Festhalten am Entwurf gegenüber wesentlichen, in der ursprünglichen Abwägungslage nicht absehbaren Einwendungen[4]. Das gilt im Rahmen der umweltbezogenen Abwägungslage auch für den Umweltbericht. | 174

Werden die Anregungen und Bedenken nicht berücksichtigt, so fasst der Rat den **Satzungsbeschluss.** Die geprüften, aber nicht berücksichtigten Anregungen und Bedenken sind zu bescheiden. Für im wesentlichen inhaltsgleiche Masseneinwendungen regelt § 3 Abs. 2 Satz 5 BauGB eine besondere Form der Mitteilung des Beratungsergebnisses. | 175

### 7. Rechtsaufsichtliche Kontrolle

Die früher in das Planaufstellungsverfahren integrierte, dem Satzungsbeschluss folgende Rechtskontrolle durch die höhere Verwaltungsbehörde hat schon das BauROG weitgehend abgeschafft. Rechtsaufsichtlicher Genehmigung bedürfen nur noch | 176
– der Flächennutzungsplan (§ 6 Abs. 1 BauGB),
– der selbständige BPlan (§ 8 Abs. 2 Satz 2 BauGB, s. Rz. 38),
– der vorzeitige BPlan (§ 8 Abs. 4 Satz 1 BauGB, s. Rz. 38),
– der im Parallelverfahren aufgestellte, aber **vor** Bekanntmachung des Flächennutzungsplanes bekannt zu machende BPlan (§ 8 Abs. 3 Satz 2 BauGB, § 10 Abs. 2 BauGB).

Das Genehmigungsverfahren entfällt in den Stadtstaaten[5].

---

1 *Gaentzsch*, Berliner Kommentar, § 4a Rz. 7.
2 Näher hierzu: *Krautzberger*, in: Ernst/Zinkahn/Bielenberg/Krautzberger, § 13 Rz. 16 ff.; *Gaentzsch*, Berliner Kommentar, § 3 Rz. 29.
3 BVerwG v. 18.12.1987 – 4 NB 2.87, BRS 47 Nr. 4.
4 *Gelzer/Bracher/Reidt*, Rz. 394.
5 § 1 BremG über den Wegfall von Genehmigungen; in Hamburg und Berlin geht die Rechtskontrolle im Rechtsetzungsakt auf; vgl. § 6 Abs. 4 u. 5 AGBauGB Berlin.

Die Rechtsaufsicht prüft die Beachtung aller formellen und materiellen Vorschriften des Bundes- und Landesrechts (auch, soweit Verstöße mit der Bekanntmachung nach §§ 214, 215 BauGB unbeachtlich werden), beschränkt sich aber auch hierauf.

177 Auch dieses Verfahrensstadium eröffnet dem Anwalt Handlungsmöglichkeiten; er kann Rechtsverstöße gegenüber der höheren Verwaltungsbehörde unter Bezeichnung der sie ergebenden Tatsachen geltend machen. Gegenüber Rechtsverstößen, die mit der Bekanntmachung nach § 12 BauGB unbeachtlich werden (Rz. 102) ist dies die letzte praktisch sinnvolle Interventionsmöglichkeit.

Allerdings gibt es keinen sanktionsbewehrten Anspruch auf Ausschöpfung des rechtsaufsichtlichen Prüfungsrahmens.

Verläuft die Rechtskontrolle beanstandungsfrei, so muss die höhere Verwaltungsbehörde den Plan genehmigen (§ 10 Abs. 2 BauGB i.V.m. § 6 Abs. 2–4 BauGB).

178 Beanstandungen führen zur Versagung der Genehmigung. Sie erfolgt durch Bescheid, der binnen dreier Monate seit Eingang des BPlan-Entwurfs und der vollständigen Verfahrensakte bei der höheren Verwaltungsbehörde dem Planungsträger **zugehen** muss (§ 10 Abs. 2 BauGB i.V.m. § 6 Abs. 2–4 BauGB). Die Dreimonatsfrist kann nur während noch laufender Frist verlängert werden. Liegt bei Ablauf der Frist eine Reaktion der höheren Verwaltungsbehörde nicht vor, so gilt der Plan als genehmigt.

Die Feststellung formeller oder materieller Mängel zwingt nicht in jedem Falle zu vollständiger Versagung der Genehmigung oder uneingeschränkter Geltendmachung von Rechtsverstößen.

Lassen sich die Rechtsverstöße ohne Änderung des Inhalts oder jedenfalls der Konzeption des Planes beheben – z.B. durch Nachholung des Satzungsbeschlusses nach Ausschluss befangener Ratsmitglieder oder Beteiligung eines übergangenen Trägers öffentlicher Belange, Streichung oder Vervollständigung einer Festsetzung –, kann die Genehmigung unter der Auflage erfolgen, dass der Mangel zu beheben sei. Auch dies kann nur innerhalb der Frist geschehen[1].

Wirken sich Rechtsverstöße nur auf einen räumlich oder sachlich abgrenzbaren Teil des BPlanes aus, so kann der nicht betroffene Teil vorweg genehmigt und die Entscheidung über den anderen Teil bis zu dessen Nachbesserung zurückgestellt werden (§ 10 Abs. 2 BauGB i.V.m. § 6 Abs. 4 Satz 1 BauGB). Da die Versagung der Genehmigung auch in diesem Falle an die (notfalls zu verlängernde) Frist des § 6 Abs. 4 BauGB gebunden bleibt, ist dieser Weg schon bei normalem Bearbeitungstempo kaum noch gangbar.

Dann bleibt die Möglichkeit, den BPlan unter **Ausnahme** des fehlerbehafteten Teils zu genehmigen, was sachlich mit einer Ablehnung der Genehmigung des von der Mängelrüge betroffenen Planteils oder mit einem Offenhalten des Genehmigungsverfahrens verbunden sein kann. § 6 Abs. 4 BauGB ist zu beachten[2].

179 Eine Teilung des BPlanes durch Vorweg- oder Teilgenehmigung(-beanstandung) ist ein formeller Eingriff in die Planungsentscheidung. Es ist strittig, ob der Planungsträger ihn vor der Schlussbekanntmachung des „unbedenklichen" Teils durch Beitrittsbeschluss in seinen Willen aufnehmen muss[3].

Teilentscheidungen können aber auch unversehens zu einem **inhaltlichen** Eingriff in die Planungsentscheidung geraten (wenn sie in Regelungszusammenhänge eingreifen), der von der Abwägung nicht gedeckt ist und zu einer veränderten Betroffenheit abwägungserheblicher Belange führt. In einem solchen Fall – in welchem die

---

1 Näheres hierzu *Gaentzsch/Philipp*, Berliner Kommentar, § 6 Rz. 12–14.
2 *Gaentzsch/Philipp*, Berliner Kommentar, § 6 Rz. 17.
3 *Krautzberger*, in: Ernst/Zinkahn/Bielenberg/Krautzberger, § 6 Rz. 58, streitig.

Teilentscheidung nicht hätte ergehen dürfen – darf der Planungsträger es nicht bei einem Beitrittsbeschluss bewenden lassen, sondern muss sinngemäß wie bei einer Planänderung nach der Offenlegung verfahren (vgl. Rz. 173 und Schaubild Rz. 130).

Die Versagung der Genehmigung und deren Einschränkung durch Nebenbestimmungen sind Verwaltungsakte gegenüber dem Planungsträger (nicht gegenüber den Planbetroffenen) und können – nur – von diesem einer Kontrolle im Verwaltungsstreitverfahren zugeführt werden[1].

Führen beanstandende Erklärungen der höheren Verwaltungsbehörde im rechtsaufsichtlichen Kontrollverfahren zur inhaltlichen Änderungen des BPlanes, so ist für das weitere Verfahren zu unterscheiden:

Ergeben sich nur unerhebliche Planänderungen, so müssen sie durch **Beitrittsbeschluss** des Rates in dessen Willensbildung einbezogen werden, **nachdem** das vereinfachte Beteiligungsverfahren nach §§ 4a Abs. 3 Satz 4, 13 Abs. 2 BauGB durchgeführt worden ist (s. Schaubild Rz. 130)[2].

Sind die Änderungen nach Art, Umfang und Auswirkungen im Plangebiet wesentlich, so ist das Verfahren von der Phase der förmlichen Beteiligung an (Schaubild Rz. 130) erneut durchzuführen[3].

Die Schlussbekanntmachung trotz Versagung der Genehmigung oder vor Erfüllung der Auflagen lässt keinen wirksamen BPlan entstehen. Ein solcher Fehler ist ohne Rüge jederzeit beachtlich (§ 214 Abs. 1 Nr. 4 BauGB i.V.m. § 215 Abs. 1 BauGB). 180

Vor der Schlussbekanntmachung ist dem Plan eine **zusammenfassende Erklärung** 181 beizufügen, welche angibt
– auf welche Art und Weise die Umweltbelange und die Ergebnisse der Öffentlichkeits- und Behördenbeteiligung im BPlan berücksichtigt wurden,
– aus welchen Gründen der BPlan nach Abwägung mit den geprüften in Betracht kommenden anderweitigen Planungsmöglichkeiten gewählt wurde.

Nutzen und Erfordernis einer solchen – von § 10 Abs. 4 BauGB verlangten – Erklärung mögen angesichts der Verpflichtung zur Fortschreibung der Planbegründung und des Umweltberichts entsprechend dem Verfahrensfortschritt (Rz. 59 und 137 ff.) schwer zu vermitteln sein. Der Gesetzgeber hat sie zur Umsetzung des Artikels 9 Abs. 1 UP-Richtlinie für erforderlich gehalten.

Das Fehlen der Zusammenfassenden Erklärung ist, wie ein Gegenschluss aus § 214 Abs. 1 BauGB ergibt, unbeachtlich.

Nach dem Satzungsbeschluss und vor der Verkündung ist der BPlan – die Planurkunde(n) mit den zeichnerischen und den textlichen Festsetzungen – **auszufertigen**. Die durch das bundesverfassungsrechtliche Rechtsstaatsprinzip gebotene Ausfertigung von Rechtsnormen bescheinigt die Übereinstimmung von Satzungsbeschluss und Planurkunde und erbringt Beweis für die Authentizität des Planes[4]. In welcher Form und von welchem Gemeindeorgan die Ausfertigung vorzunehmen ist, regelt das Landesrecht[5]. Ohne Ausfertigung ist eine wirksame Verkündung nicht möglich, kann also der Plan nicht wirksam werden. 182

---

1 *Krautzberger*, in: Ernst/Zinkahn/Bielenberg/Krautzberger, § 6 Rz. 77, 78 m.w.N.
2 BVerwG v. 5.12.1986 – 4 C 31.85, BRS 46 Nr. 13; *Gaentzsch/Philipp*, Berliner Kommentar, § 6 Rz. 15; *Krautzberger*, in: Ernst/Zinkahn/Bielenberg/Krautzberger, § 6 Rz. 72.
3 BVerwG v. 5.12.1986 – 4 C 31.85, BRS 46 Nr. 13; *Gaentzsch/Philipp*, Berliner Kommentar, § 6 Rz. 15; *Krautzberger*, in: Ernst/Zinkahn/Bielenberg/Krautzberger, § 6 Rz. 72.
4 BVerwG v. 9.5.1996 – 4 B 60.95, BRS 58 Nr. 41.
5 BVerwG v. 9.5.1996 – 4 B 60.95, BRS 58 Nr. 41.

## 8. Verkündung

183 Der BPlan wird nicht im Original sondern – im Wege der Ersatzverkündung – dadurch verkündet, dass
- die Genehmigung bzw. der Satzungsbeschluss mit dem Hinweis, wo der Plan eingesehen werden kann, ortsüblich bekannt gemacht und
- der Plan mit Begründung und zusammenfassender Erklärung (Rz. 181) spätestens kurzfristig darauf[1] bei der benannten Stelle zu jedermanns Einsicht bereitgehalten wird (§ 10 Abs. 3 BauGB).

184 Die **Form** der ortsüblichen **Bekanntmachung** regelt das Landesrecht Verstöße bei der Schlussbekanntmachung werden hiernach nicht unerheblich[2].

Ergeht der BPlan nach Landesrecht als Rechtsverordnung oder Gesetz (Rz. 118), gelten die für diese Rechtsnormen maßgeblichen Verkündungsvorschriften des Landesrechts.

Der Inhalt der Bekanntmachung muss ergeben, auf welchen BPlan sie sich bezieht und dessen Geltungsbereich zumindest schlagwortartig (wenn auch nicht mit der Ausführlichkeit der Auslegungsbekanntmachung)[3] umreißen.

Ferner sind in die Bekanntmachung die nach Bundes- und Landesrecht gebotenen **Hinweise** auf Frist und Form der **Rüge von Rechtsverstößen,** auf die Anforderungen an deren Begründung sowie auf die Rechtsfolgen ihrer Unterlassung aufzunehmen; von der Veröffentlichung dieser Hinweise hängt nicht das Inkrafttreten des BPlanes, sondern nur der Eintritt der Unbeachtlichkeitsfolgen ab.

185 Nach Inkrafttreten des BPlanes überwacht die Gemeinde die durch seine Umsetzung eintretenden erheblichen Umweltauswirkungen. Dieses **Monitoring** soll sie in den Stand setzen, auf unvorhergesehene nachteilige Auswirkungen sachgerecht zu reagieren (§ 4c BauGB).

Das Monitoring gehört nicht zum Planaufstellungsverfahren; seine ordnungsgemäße Durchführung ist nicht Wirksamkeitsbedingung des BPlanes.

## 9. Aufgaben des Anwalts nach Beendigung des BPlan-Verfahrens

186 Trägt der BPlan den Interessen des Mandanten nicht vollständig Rechnung, so schuldet der Anwalt – wie bei anderen Verfahren auch – eine **Belehrung** über die Notwendigkeiten und Möglichkeiten der **Rechtskontrolle.** Der Mandant ist darauf hinzuweisen, dass bestimmte beachtlich Form- und Verfahrensfehler sowie die gem. § 214 Abs. 3 BauGB erheblichen Abwägungsmängel unbeachtlich werden, wenn sie nicht binnen Jahresfrist seit der Schlussbekanntmachung gem. § 215 Abs. 1 BauGB schriftlich gegenüber der Gemeinde unter Darlegung des die Verletzung begründenden Sachverhalts geltend gemacht worden sind. Soweit dem Anwalt solche Mängel während der Begleitung des Bebauungsplanaufstellungsverfahrens deutlich geworden sind, sollte er den Mandanten hierauf hinweisen. Hingegen obliegt dem Anwalt eine umfassendere Fehlerprüfung des BPlanes nur im Rahmen eines darauf gerichteten Mandats.

Gerichtliche Rechtskontrollmöglichkeiten, über die der Anwalt belehren muss, sind die **Normenkontrollverfahren** nach § 47 Abs. 1 und 6 VwGO unter Einschluss

---

[1] BVerwG v. 22.3.1985 – 4 C 63.80, BRS 44 Nr. 21.
[2] Z.B. § 4 Abs. 4 GO BW; § 5 Abs. 4 Hess. GO; § 10 Abs. 2 Satz 2 NKomVG; § 7 Abs. 6 GO NW; § 24 Abs. 6 GO Rh.-Pf.
[3] BVerwG v. 6.7.1984 – 4 C 22.80, BRS 42 Nr. 23 und v. 10.8.2000 – 4 CN 2.99, BRS 63 Nr. 42.

der **Antragsfrist** (ein Jahr ab Schlussbekanntmachung, § 47 Abs. 2 VwGO) und die **Inzidentkontrolle** in einem Verfahren des Individualrechtsschutzes gegen Verwaltungsakte.

Im Gegensatz zum Normenkontrollverfahren, das im Abschn. VI. im Einzelnen dargestellt wird, ist die Inzidentkontrolle unbefristet möglich (unter Beachtung der Wirkungen des § 215 BauGB). Anlass der Inzidentkontrolle kann sein 187

– ein auf Grundlage des BPlanes abgelehnter Bauantrag des Mandanten,
– die Anfechtung eines Bauvorbescheides, einer Baugenehmigung oder eines diese einschließenden fachrechtlichen Genehmigungsbescheides für ein benachbartes Vorhaben, dessen Zulässigkeit sich aus den Festsetzungen des BPlanes ergibt,
– die Klage auf Untersagung eines oder ordnungsbehördliches Einschreiten gegen ein benachbartes Bauvorhaben, das wegen der Übereinstimmung mit den Festsetzungen des Bebauungsplanes genehmigungsfrei ist (z.B. § 67 Abs. 1 BauO NRW)

oder ein sonstiges Individualrechtsschutzverfahren, in dem sich die Wirksamkeit des Bebauungsplanes als Vorfrage stellt. Dem Vorteil der Unbefristetheit stehen allerdings Nachteile gegenüber. Während der Erfolg des zulässigen Normenkontrollantrages[1] nicht von einer Rechtsverletzung des Antragstellers i.S.d. § 113 Abs. 1 VwGO abhängt, setzt die erfolgreiche Inzidentkontrolle voraus, dass der angefochtene Rechtsakt wegen der Unwirksamkeit des Bebauungsplanes rechtswidrig ist und der Kläger dadurch in seinen Rechten verletzt ist (§ 113 Abs. 1 und 4 VwGO). Zudem erfasst die Bindungswirkung des Urteils nicht die inzident festgestellte Planunwirksamkeit und hindert daher die Genehmigungsbehörde nicht an der weiteren Anwendung des Planes. Dagegen ist das Urteil des OVG, das einen Bebauungsplan für unwirksam erklärt, allgemein verbindlich (§ 47 Abs. 5 VwGO).

## 10. Das ergänzende Verfahren – § 214 Abs. 4 BauGB

Nach § 214 Abs. 4 BauGB kann ein fehlerhafter – und deshalb unwirksamer – BPlan durch ein ergänzendes Verfahren auch rückwirkend in Kraft gesetzt werden. Der Gesetzeswortlaut beschreibt dieses Verfahren nicht näher und gibt keinen Hinweis auf einschränkende Zulässigkeitsvoraussetzungen. 188

Deshalb kann der Art nach jeder beachtliche Fehler in einem ergänzenden Verfahren behoben werden, d.h. sowohl die nach § 214 Abs. 1 und 2a BauGB oder nach Landesrecht beachtlichen Form- und Verfahrensfehler als auch beachtliche Abwägungsmängel und sonstige materielle Fehler[2]. Wie schon unter der an das Fachplanungsrecht angelehnten Vorgängervorschrift des § 215a BauGB i.d.F. des BauROG können einige besonders schwere Mängel nicht im ergänzenden Verfahren behoben werden. Dazu gibt es umfangreiche Kasuistik, aber (noch) keine endgültige Klarheit. Formulierungen wie diejenige, eine Fehlerbehebung im ergänzenden Verfahren sei ausgeschlossen, „wenn der festgestellte Fehler so schwer wiegt, dass er den Kern der Abwägungsentscheidung betrifft"[3] und andere Versuche, auf die Schwere des Mangels abzustellen, sind auf Kritik gestoßen[4] und prägen heute nicht mehr das Bild der Rechtsprechung. In der Tendenz setzt sich ein objektivierbarer Maßstab des Inhalts durch, dass die Fehlerbehebung im ergänzenden Verfahren nur dann ausgeschlossen ist, wenn sie zu einem Planungsergebnis führen würde, das mit dem

---
1 Zu geltend zu machenden Rechtsverletzungen nach § 47 Abs. 2 VwGO siehe unten, Rz. 247.
2 Battis/Krautzberger/Löhr, § 214 Rz. 23; *Lemmel*, Berliner Kommentar, § 214 Rz. 67; BVerwG v. 14.11.2005 – 4 BN 51.05, BRS 69 Nr. 60.
3 BVerwG v. 10.11.1998 – 4 BN 45.98, BRS 60 Nr. 53; v. 16.3.2000 – 4 BN 6.00, BauR 2000, 1018; BayVGH v. 24.7.2007 – 1 N 06.2083, Rz. 52.
4 *Lemmel*, Berliner Kommentar, § 214 Rz. 74 m.w.N.

fehlaften BPlan nicht mehr im Wesentlichen identisch wäre, d.h. die Planung in ihren **Grundzügen** geändert werden müsste[1]. Innerhalb dieser Grenzen kann der Bebauungsplan im ergänzenden Verfahren auch inhaltlich geändert werden[2]. Der Rechtsverstoß kann auch in einem **externen Verfahren** ausgeräumt werden, z.B. durch ein Zielabweichungsverfahren nach § 6 Abs. 2 ROG und Landesrecht bei einem Verstoß gegen § 1 Abs. 4 BauGB[3], durch die Änderung eines Landschaftsplanes, durch Abschluss eines Vertrages zur dauerhaften Sicherung der externen Eingriffskompensation nach § 1a Abs. 3 BauGB[4].

189 Die Fehlerbehebung im ergänzenden Verfahren erfolgt durch **Neuvornahme** der Verfahrenshandlung, die den Fehler enthält oder hervorgebracht hat und der sich hieran anschließenden Verfahrensschritte, in denen sich der Fehler fortgesetzt hat[5].

**Beispiele:**
- Erneuter Satzungsbeschluss nach Ausschließung befangener Gemeinderäte;
- erneuter Satzungsbeschluss nach redaktioneller Klarstellung oder Änderung eines Festsetzungsgehalts[6];
- Behebung eines Verstoßes gegen das Zielanpassungsgebot (§ 1 Abs. 4 BauGB) durch nachfolgendes Zielabweichungsverfahren[7];
- Wiederholung einer missglückten Schlussbekanntmachung durch den Bürgermeister.

Führt dies zu einer Planänderung, ist das Beteiligungsverfahren nach §§ 3 Abs. 2 und 3, 4 Abs. 2 BauGB erneut durchzuführen[8]. Dies kann im vereinfachten Verfahren gem. § 13 BauGB geschehen, wenn dessen Voraussetzungen vorliegen[9]. Die Abwägung hat sich dann nicht nur auf die im ergänzenden Verfahren vorgebrachten Stellungnahmen zu beschränken, sondern auch die im ursprünglichen Verfahren abgegebenen Stellungnahmen ergebnisoffen abzuwägen[10].

Im ergänzenden Verfahren kann der BPlan nach Behebung formeller und materieller Mängel **rückwirkend** in Kraft gesetzt werden (§ 214 Abs. 4 BauGB), dies allerdings nur bis zu einem Zeitpunkt, in dem die Satzung – hätte sie nicht an Fehlern gelitten – frühestens hätte in Kraft treten können[11].

---

1 BVerwG v. 18.9.2003 – 4 CN 20.02, BVerwGE 119, 54; v. 16.3.2000, – 4 BN 6.00, BauR 2000, 1018 (eine mehr oder weniger unveränderte Planungswiederholung erscheint ausgeschlossen); OVG NW v. 28.6.2007 – 7 D 79/06.NE, NuR 2008, 811; OVG Lüneburg v. 22.1.2009 – 12 KN 29/07, BRS 74 Nr. 36; *Lemmel*, Berliner Kommentar, § 214 Rz. 74–76 BVerwG.
2 BVerwG v. 8.3.2010 – 4 BN 42.09, BauR 2010, 1554; OVG Rh.-Pf. v. 20.1.2011 – 1 C 11082/09; OVG NW v. 28.6.2007 – 7 D 59/06.NE, NuR 2008, 811.
3 BVerwG v. 18.9.2003 – 4 CN 20.02, BVerwGE 119, 54.
4 OVG NW v. 28.6.2007 – 7 D 59/06.NE, NuR 2008, 811.
5 *Gelzer/Bracher/Reidt*, Rz. 1100ff.; *Lemmel*, Berliner Kommentar, § 214 Rz. 79ff.
6 OVG NW v. 18.6.2003 – 7 A 1880/02, nv.
7 BVerwG v. 18.9.2003 – 4 CN 20.02, BVerwGE 119, 54ff.
8 BVerwG v. 8.3.2010 – 4 BN 42.09, BauR 2010, 1554.
9 OVG Rh.-Pf. v. 20.1.2011 – 1 C 1108/09.
10 OVG NW v. 6.3.2008 – 10 D 103/06.NE, BRS 73 Nr. 33.
11 *Kuschnerus*, Rz. 741.

## IV. Vereinfachte und beschleunigte Bebauungsplanaufstellungsverfahren

### 1. Vereinfachtes Bebauungsplanverfahren (§ 13 BauGB)

Die Vorschriften über die Aufstellung eines BPlanes gelten auch für dessen Änderung und Aufhebung (§ 1 Abs. 8 BauGB). 190

BPläne und Planänderungen, die keine oder nur unwesentliche Auswirkungen erwarten lassen, können in einem **vereinfachten Verfahren** in Kraft gesetzt werden. Es unterscheidet sich vom Regelverfahren vor allem dadurch, dass die Umweltprüfung (und mit ihr der Umweltbericht) entfällt und das Beteiligungsverfahren flexibler ausgestaltet ist.

Die Zulässigkeit des vereinfachten Verfahrens knüpft § 13 Abs. 1 BauGB an drei Voraussetzungen, die kumulativ vorliegen müssen: 191
- Der Plan (die Planänderung) darf die Ausgangslage in planungsrechtlicher Hinsicht nicht wesentlich verändern („**bestandswahrende Planung**"). Diese Voraussetzung sieht das Gesetz als gegeben an
  - bei einer Planänderung (oder -ergänzung), welche die Grundzüge des geltenden BPlanes nicht berührt oder
  - bei einer Planaufstellung im unbeplanten Innenbereich, die den sich aus der Eigenart der näheren Umgebung ergebenden Zulässigkeitsmaßstab nicht wesentlich verändert (das gilt für alle vier Anknüpfungspunkte des Einfügungsgebotes des §§ 34 Abs. 1 BauGB; in keinem dieser Teilmaßstäbe darf sich eine wesentliche Änderung ergeben)[1] oder
  - bei der Aufstellung eines einfachen Bebauungsplanes zur Erhaltung oder Entwicklung zentraler Versorgungsbereiche, der lediglich Festsetzungen nach § 9 Abs. 2a BauGB enthält.
- Der BPlan oder die Planänderung darf nicht die Zulässigkeit eines Vorhabens vorbereiten oder begründen, das nach der Anlage 1 zum UVPG oder nach Landesrecht einer (projektbezogenen) Umweltverträglichkeitsprüfung unterzogen werden muss. Das UVP-Erfordernis ist, soweit Bundesrecht in Betracht steht, auf der Grundlage der §§ 3b ff. UVPG festzustellen.
- Es dürfen keine Anhaltspunkte für eine Beeinträchtigung der in § 1 Abs. 6 Nr. 7 lit. b BauGB genannten Schutzgüter bestehen. Das bedeutet, dass eine Beeinträchtigung von Natura 2000-Gebieten a limine ausgeschlossen sein muss; ist sie nur wenig wahrscheinlich, kommt ein vereinfachtes Verfahren nicht in Betracht.

Das vereinfachte Verfahren unterscheidet sich vom Regelverfahren in Folgendem: 192
- Die frühzeitige Unterrichtung der Öffentlichkeit (§ 3 Abs. 1 BauGB) und der Behörden (§ 4 Abs. 1 BauGB) kann entfallen (§ 13 Abs. 2 Nr. 1 BauGB).
- Umweltprüfung (§ 2 Abs. 4 BauGB), Umweltbericht (§ 2a BauGB), die Angabe der Arten verfügbarer umweltbezogener Informationen (§ 3 Abs. 2 Satz 2 BauGB) und die zusammenfassende Erklärung (§ 6 Abs. 5 Satz 3 BauGB, § 10 Abs. 4 BauGB) entfallen (§ 13 Abs. 3 BauGB).

↻ **Hinweis:** Hierdurch werden umweltbezogene Belange nicht etwa abwägungsirrelevant!

---

[1] *Kuschnerus*, Rz. 727.

- Die Auslegung (§ 3 Abs. 2 BauGB) kann dadurch ersetzt werden, dass der „betroffenen" Öffentlichkeit Gelegenheit zur Stellungnahme innerhalb angemessener Frist gegeben wird.
- ⊃ **Hinweis:** Dem Gewinn an Flexibilität steht das Risiko gegenüber, dass der Kreis der „Betroffenen" falsch ermittelt wird.
- Die förmliche Behördenbeteiligung (§ 4 Abs. 2 BauGB) kann in derselben Weise durch Gelegenheit zur Stellungnahme ersetzt werden.
- Bei der Beteiligung der Öffentlichkeit nach § 13 Abs. 2 Nr. 2 BauGB ist darauf hinzuweisen, dass von einer Umweltprüfung abgesehen wird.
- Das Monitoring nach § 4c BauGB entfällt.

Verkennt die Gemeinde, dass die Planänderung in Wahrheit Grundzüge der Planung berührt, ist dies unbeachtlich (§ 214 Abs. 1 Nr. 2 BauGB).

Voraussetzungen und Ablauf des vereinfachten Verfahrens ergeben sich aus dem folgenden Schaubild:

**Planaufstellungsverfahren**
(vereinfachtes Verfahren)

**I. Voraussetzungen**

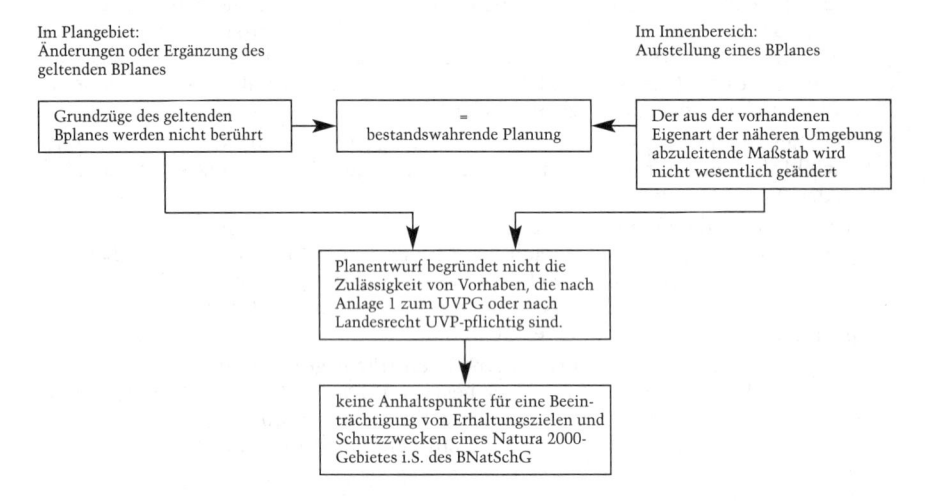

Im Plangebiet:
Änderungen oder Ergänzung des geltenden BPlanes

Im Innenbereich:
Aufstellung eines BPlanes

Grundzüge des geltenden Bplanes werden nicht berührt → = bestandswahrende Planung ← Der aus der vorhandenen Eigenart der näheren Umgebung abzuleitende Maßstab wird nicht wesentlich geändert

Planentwurf begründet nicht die Zulässigkeit von Vorhaben, die nach Anlage 1 zum UVPG oder nach Landesrecht UVP-pflichtig sind.

keine Anhaltspunkte für eine Beeinträchtigung von Erhaltungszielen und Schutzzwecken eines Natura 2000-Gebietes i.S. des BNatSchG

IV. Bebauungsplanaufstellungsverfahren

## II. Verfahren

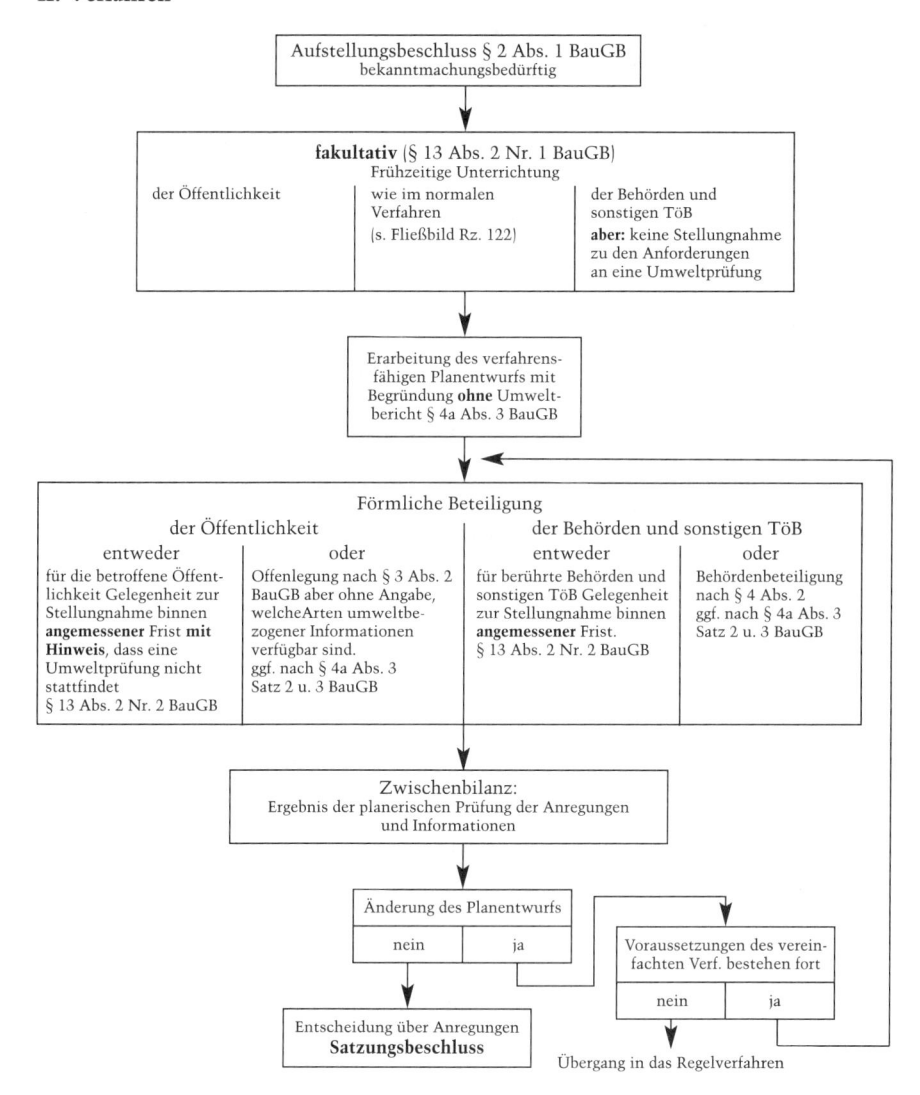

```
                    ┌─────────────────────────────────────┐
                    │  Aufstellungsbeschluss § 2 Abs. 1 BauGB │
                    │         bekanntmachungsbedürftig         │
                    └─────────────────────────────────────┘
                                      │
                                      ▼
```

| | **fakultativ** (§ 13 Abs. 2 Nr. 1 BauGB) Frühzeitige Unterrichtung | |
|---|---|---|
| der Öffentlichkeit | wie im normalen Verfahren (s. Fließbild Rz. 122) | der Behörden und sonstigen TöB **aber:** keine Stellungnahme zu den Anforderungen an eine Umweltprüfung |

```
                    ┌─────────────────────────────────────┐
                    │  Erarbeitung des verfahrens-        │
                    │  fähigen Planentwurfs mit           │
                    │  Begründung ohne Umwelt-            │
                    │  bericht § 4a Abs. 3 BauGB          │
                    └─────────────────────────────────────┘
```

**Förmliche Beteiligung**

| der Öffentlichkeit | | der Behörden und sonstigen TöB | |
|---|---|---|---|
| entweder | oder | entweder | oder |
| für die betroffene Öffentlichkeit Gelegenheit zur Stellungnahme binnen **angemessener** Frist **mit Hinweis**, dass eine Umweltprüfung nicht stattfindet § 13 Abs. 2 Nr. 2 BauGB | Offenlegung nach § 3 Abs. 2 BauGB aber ohne Angabe, welche Arten umweltbezogener Informationen verfügbar sind. ggf. nach § 4a Abs. 3 Satz 2 u. 3 BauGB | für berührte Behörden und sonstigen TöB Gelegenheit zur Stellungnahme binnen **angemessener** Frist. § 13 Abs. 2 Nr. 2 BauGB | Behördenbeteiligung nach § 4 Abs. 2 ggf. nach § 4a Abs. 3 Satz 2 u. 3 BauGB |

```
                    ┌─────────────────────────────────────┐
                    │  Zwischenbilanz:                    │
                    │  Ergebnis der planerischen Prüfung  │
                    │  der Anregungen und Informationen   │
                    └─────────────────────────────────────┘
```

| Änderung des Planentwurfs | | Voraussetzungen des vereinfachten Verf. bestehen fort | |
|---|---|---|---|
| nein | ja | nein | ja |

Entscheidung über Anregungen **Satzungsbeschluss**

Übergang in das Regelverfahren

## 2. Bebauungspläne der Innenentwicklung

Die Einführung des **beschleunigten Verfahrens** für die Aufstellung eines BPlanes für die Wiedernutzbarmachung von Flächen, die Nachverdichtung oder andere Maßnahmen der Innenentwicklung (**BPlan der Innenentwicklung**) (§ 13a BauGB) bildet das Kernstück der BauGB-Novelle 2007, des Gesetzes zur Erleichterung von Planungsvorhaben für die Innenentwicklung der Städte vom 21.12.2006. § 13a Abs. 1 BauGB benennt die Voraussetzungen des beschleunigten Verfahrens. § 13a Abs. 2 BauGB regelt das beschleunigte Verfahren in Anlehnung an das vereinfachte Verfahren des § 13 Abs. 2 und 3 Satz 1 BauGB. § 13a Abs. 3 BauGB regelt verfahrensspezifische Bekanntmachungserfordernisse und § 13a Abs. 4 BauGB ordnet die entsprechende Geltung des § 13a Abs. 1–3 BauGB für die Änderung oder Ergänzung eines BPlanes an.

194 § 13a BauGB gilt für Bebauungspläne für
- die Wiedernutzbarmachung von Flächen,
- die Nachverdichtung oder
- andere Maßnahmen der Innenentwicklung

und bezieht sich damit auf die in § 1a Abs. 2 BauGB angeregten Maßnahmen zur Verringerung der zusätzlichen Inanspruchnahme von Flächen für bauliche Nutzungen. Die erste Alternative soll den Städten durch die beschleunigte Überplanung von Industriebrachen, Konversionsflächen (z.B. ehemalige Kasernen) u. dgl. die Bewältigung des tiefgreifenden industriellen und politischen Strukturwandels der letzten zwei Jahrzehnte erleichtern. Die zweite Alternative fördert die Nachverdichtung bereits bebauter Gebiete i.d.R. ohne Änderung der Gebietsart, z.B. durch die Bebauung bisher grüner Blockinnenbereiche in Wohn- oder Mischgebieten oder sonstige Erhöhungen der Bebauungsdichte[1]. Die dritte Alternative erfasst als Auffangtatbestand alle anderen nach der jeweiligen Siedlungsstruktur der Gemeinde in Betracht kommenden Innenentwicklungsmaßnahmen, z.B. die Umnutzung vorhandener besiedelter Bereiche, die Anpassung solcher Bereiche an heutige Nutzungsanforderungen oder die gezielte Schaffung von Baurechten an bestimmten Standorten innerhalb des Siedlungsbereichs[2]. Maßnahmen der Stadterneuerung, der städtebaulichen Sanierung oder des Stadtumbaus können typischerweise für eine Anwendung des § 13a BauGB in Betracht kommen.

195 Der Begriff der **Innenentwicklung**, der für alle o.a. Alternativen gilt, erfasst nur solche Maßnahmen, die die Erhaltung, Erneuerung, Fortentwicklung, Anpassung oder den Umbau vorhandener Ortsteile oder Siedlungsbereiche betreffen[3]. Jedoch knüpft der Begriff der Innenentwicklung nicht an den zusammenhängend bebauten Ortsteil i.S.d. § 34 BauGB („Innenbereich") an, sondern an die Bodenschutzklausel in § 1a Abs. 2 Satz 1 BauGB. Bebauungspläne der Innenentwicklung sind daher abzugrenzen von Bebauungsplänen, die gezielt Flächen außerhalb der Ortslagen einer Bebauung zuführen[4]. Gegenstände eines BPlanes der Innenentwicklung können daher „Außenbereichsinseln im Innenbereich"[5], eine Kleingartenanlage (Grünfläche)[6] einbezogene Außenbereichsflächen, die den Innenbereich abrunden[7] oder eine im Siedlungsbereich gelegene Waldfläche sein[8].

196 Die Aufstellung eines BPlanes der Innenentwicklung im beschleunigten Verfahren ist nur zulässig, wenn die in ihm festzusetzende zulässige Grundfläche (§ 19 Abs. 2 BauNVO) oder die festzusetzende Größe der Grundfläche insgesamt entweder
- weniger als 20 000 qm beträgt – wobei die Grundflächen mehrerer Bebauungspläne, die in einem engen sachlichen, räumlichen und zeitlichen Zusammenhang aufgestellt werden, zusammenzurechnen sind – oder
- 20 000 qm bis weniger als 70 000 qm beträgt

    *und* aufgrund einer überschlägigen Prüfung unter Berücksichtigung der in Anlage 2 genannten Kriterien die Einschätzung erlangt wird, dass der BPlan voraussichtlich keine erheblichen Umweltauswirkungen hat, die nach § 2 Abs. 4 Satz 4

---

1 *Krautzberger*, in: Ernst/Zinkahn/Bielenberg/Krautzberger, § 13a Rz. 29.
2 *Krautzberger*, in: Ernst/Zinkahn/Bielenberg/Krautzberger, § 13a Rz. 30.
3 OVG Berlin v. 19.10.2010 – 2 A 15.09, Rz. 34; *Battis* in: Battis/Krautzberger/Löhr, § 13a Rz. 4; *Krautzberger*, in: Ernst/Zinkahn/Bielenberg/Krautzberger, § 13a Rz. 26 f.
4 OVG Berlin, v. 19.10.2010 – 2 A 15.09, Rz. 34; *Battis*, in: Battis/Krautzberger/Löhr, § 13a Rz. 4.
5 OVG Rh.-Pf. v. 24.2.2010 – I C 10852/09.
6 OVG Berlin v. 19.10.2010 – 2 A 15.09.
7 *Krautzberger*, in: Ernst/Zinkahn/Bielenberg/Krautzberger, § 13a Rz. 27.
8 BayVerfGH v. 13.7.2009 – Vf. 3-VII/09, NVwZ 2009, 825.

## IV. Bebauungsplanaufstellungsverfahren

BauGB in der Abwägung zu berücksichtigen wären (**Vorprüfung des Einzelfalls**). An dieser Vorprüfung des Einzelfalles sind die Behörden und sonstigen TB, deren Aufgabenbereiche durch die Planung berührt werden können, zu beteiligen.

Wird keine zulässige Grundfläche oder Größe der Grundfläche festgesetzt, so ist die Fläche maßgeblich, die bei der Durchführung des BPlanes voraussichtlich versiegelt würde (§ 13a Abs. 1 Satz 3 BauGB).

Das beschleunigte Verfahren ist ausgeschlossen,
– wenn durch den Bebauungsplan die Zulässigkeit von Vorhaben begründet wird, die einer UVP-Pflicht nach dem UVPG oder nach dem Landesrecht unterliegen oder
– wenn Anhaltspunkte für eine Beeinträchtigung der in § 1 Abs. 6 Nr. 7 lit. b BauGB genannten Schutzgüter (Erhaltungsziele und Schutzzweck der Natura 2000-Gebiete i.S.d. BNatSchG) bestehen.

§ 13a Abs. 2 BauGB bestimmt: Im beschleunigten Verfahren
– gelten die Vorschriften des **vereinfachten Verfahrens** nach § 13 Abs. 2 und 3 Satz 1 BauGB entsprechend (§ 13a Abs. 2 Nr. 1 BauGB) (s.o. Rz. 190 ff.);
– kann ein BPlan, der von **Darstellungen des FNP** abweicht, auch aufgestellt werden, b e v o r der FNP geändert oder ergänzt ist; die geordnete städtebauliche Entwicklung des Gemeindegebiets darf nicht beeinträchtigt werden; der FNP ist im Wege der **Berichtigung** anzupassen (§ 13a Abs. 2 Nr. 2 BauGB);
– soll einem Bedarf an Investitionen zur Erhaltung, Sicherung und Schaffung von Arbeitsplätzen, zur Versorgung der Bevölkerung mit Wohnraum oder zur Verwirklichung von Infrastrukturvorhaben in der Abwägung in angemessener Weise Rechnung getragen werden (§ 13a Abs. 2 Nr. 3 BauGB);
– gelten in den Fällen des § 13a Abs. 1 Satz 2 Nr. 1 BauGB (zulässige oder festgesetzte GR weniger als 20 000 qm) Eingriffe, die aufgrund der Aufstellung des BPlanes zu erwarten sind, als i.S.d. § 1a Abs. 3 Satz 5 vor der planerischen Entscheidung erfolgt oder zulässig (§ 13a Abs. 2 Nr. 4 BauGB).

Der Verweis auf das vereinfachte Verfahren in § 13a Abs. 2 Nr. 1 BauGB bedeutet vor allem, dass die frühzeitige Beteiligung der Öffentlichkeit und der TöB entbehrlich ist und die Umweltprüfung entfällt.

§ 13a Abs. 2 Nr. 2 BauGB bedeutet, dass bei der Aufstellung eines BPlanes, der von den Darstellungen des FNP abweicht, sowohl auf eine vorherige Änderung des FNP als auch auf dessen Änderung im Parallelverfahren (s.o. Rz. 39) verzichtet werden kann. Diese Abweichung von § 8 Abs. 2 Satz 1 BauGB ist vertretbar, weil an die geordnete städtebauliche Entwicklung sowohl durch die gewachsene Siedlungsstruktur als auch durch die Aussagen des gültigen FNP geprägt ist[1].

§ 13a Abs. 2 Nr. 3 BauGB formuliert eine „Abwägungsdirektive mit aufmerksamkeitslenkender Bedeutung"[2], die häufige Anlässe für die Aufstellung eines BPlanes der Innenentwicklung beschreibt, aber weder dessen Voraussetzung ist noch den Planer bindet[3].

Bei BPlänen der Innenentwicklung mit einer zulässigen oder festgesetzten Grundfläche von insgesamt weniger als 20 000 qm gelten die aufgrund ihrer Aufstellung zu erwartenden **naturschutzrechtlichen Eingriffe** als vor der planerischen Entscheidung erfolgt oder zulässig. Die Rechtsfolge ist in § 1a Abs. 3 Satz 5 BauGB geregelt,

---
1 *Krautzberger*, in: Ernst/Zinkahn/Bielenberg/Krautzberger, § 13a Rz. 73.
2 *Gierke*, in: Kohlhammer-Kommentar, § 13a Rz. 131, zitiert nach *Krautzberger*, in: Ernst/Zinkahn/Bielenberg/Krautzberger, § 13a Rz. 81.
3 *Krautzberger*, in: Ernst/Zinkahn/Bielenberg/Krautzberger, § 13a Rz. 81.

wonach ein **Ausgleich** in diesen Fällen **nicht erforderlich** ist. Damit entfällt die Kompensationspflicht; hingegen bleibt es bei der uneingeschränkten Beachtung des Naturschutzes in der Abwägung[1].

Die Fiktion des § 13a Abs. 2 Nr. 4 BauGB gilt nicht für BPläne der Innenentwicklung oberhalb der Schwelle von 20 000 qm nach § 13a Abs. 1 Satz 2 Nr. 2 BauGB. Die Ausgleichspflicht nach § 1a Abs. 3 BauGB besteht hier uneingeschränkt, und zwar auch für die „ersten 20 000 qm".

198 Wegen der Bekanntmachungspflichten nach § 13a Abs. 3 BauGB sei auf den Gesetzeswortlaut und die Kommentierungen zum BauGB verwiesen.

Der BPlan der Innenentwicklung ist gerade auch aus anwaltlicher Sicht in geeigneten Fällen ein wirksames, weil schnelles und kostengünstiges Instrument, Planungswünschen des Mandanten in Kooperation mit der Gemeinde zum Erfolg zu verhelfen.

### 3. Bebauungspläne zur Sicherung zentraler Versorgungsbereiche (§ 9 Abs. 2a BauGB)

199 Diese Bestimmung wurde mit der BauGB-Novelle 2007 eingeführt und gibt den Gemeinden ein Instrument, um für im Zusammenhang bebaute Ortsteile zur **Sicherung zentraler Versorgungsbereiche** ohne die Festsetzung von Baugebieten i.S.d. BauNVO bauplanungsrechtliche Regeln für die Art der zulässigen baulichen Nutzungen zu treffen. Ohne dass die Vorschrift entsprechend beschränkt wäre, zielt sie vor allem auf bauplanungsrechtliche Beschränkungen außerhalb der zu sichernden zentralen Versorgungsbereiche und ist von ihrer Zielrichtung her dem § 34 Abs. 3 BauGB zuzuordnen, nach dem innerhalb der im zusammenhängend bebaute Ortsteile von Vorhaben keine schädlichen Auswirkungen auf zentrale Versorgungsbereich zu erwarten sein dürfen[2]. Regelmäßig ist als Grundlage einer fehlerfreien Abwägung bei der Aufstellung einzelhandelssteuernder BPläne die Erstellung und Fortschreibung eines Einzelhandelskonzeptes für die Gemeinde unerlässlich[3]. Mit dieser Maßgabe kann auch ein neu zu entwickelnder zentraler Versorgungsbereich geschützt werden; Voraussetzung hierfür dürfte aber sein, dass dieser planungsrechtlich abgesichert ist[4]. Jedenfalls ist eine **Veränderungssperre**, die das Verfahren zur Aufstellung eines BPlanes nach § 9 Abs. 2a BauGB sichert, bereits dann zulässig, wenn das Einzelhandelskonzept noch erarbeitet wird[5] oder seine Abgrenzung überarbeitet werden muss[6].

200 Zentrale Versorgungsbereiche sind räumlich abgrenzbare Bereiche einer Gemeinde, denen aufgrund vorhandener Einzelhandelsnutzungen – häufig ergänzt durch diverse Dienstleistungen und gastronomische Angebote – einer Versorgungsfunktion über den unmittelbaren Nahbereich hinaus zukommt[7]. Zum Schutz zentraler Versorgungsbereiche, auch im Interesse einer verbrauchernahen Versorgung der Bevölkerung und der Innenentwicklung kann festgesetzt werden, dass nur bestimmte Arten der nach § 34 Abs. 1 und 2 BauGB zulässigen baulichen Nutzungen zulässig oder

---

1 *Krautzberger*, in: Ernst/Zinkahn/Bielenberg/Krautzberger, § 13a Rz. 82, 84; BayVerfGH, a.a.O., s.o. Rz. 195 Fn. 8.
2 *Söfker*, in: Ernst/Zinkahn/Bielenberg/Krautzberger, § 9 Rz. 242.
3 *Löhr*, in: Battis/Krautzberger/Löhr, § 9 Rz. 98k; OVG NW v. 22.11.2010 – 7 D 1/09.NE.
4 *Löhr*, in: Battis/Krautzberger/Löhr, § 9 Rz. 98j; OVG NW v. 22.11.2010 – 7 D 1/09.NE.
5 OVG Rh.-Pf. vom 27.1.2010 – 1 A 10779/09, BauR 2010, 1186; *Hoffmann/Kassow*, BauR 2010, 711 (717).
6 VG Gelsenkirchen v. 1.3.2011 – 9 L 1229/10, NRWE.
7 BVerwG v. 11.10.2007 – 4 C 7.07, BVerwGE 129, 307; OVG NW v. 6.11.2008 – 10 R 1512/07, BauR 2009, 216; auch zu Grund- und Nahversorgungszentren.

nicht zulässig sind oder nur ausnahmsweise zugelassen werden können. Die Festsetzungen können für Teile des räumlichen Geltungsbereichs des Bebauungsplanes unterschiedlich getroffen werden. Ein hierauf bezogenes städtebauliches Entwicklungskonzept ist hierbei als beachtlicher Belang besonders zu berücksichtigen[1].
Gegenstand der Festsetzungen nach § 9 Abs. 2a Satz 1 BauGB können nicht nur die Nutzungsarten der Baugebietskataloge der BauNVO sein, sondern auch Unterarten hiervon, wie sie nach § 1 Abs. 9 BauNVO festsetzungsfähig sind[2]. Die Festsetzungen müssen sich auch nicht auf Einzelhandel beziehen, sondern zur Stärkung eines zentralen Versorgungsbereichs können auch Spielhallen oder andere Vergnügungsstätten ausgeschlossen werden[3].

## V. Sonderfälle

### 1. Aufstellung des Flächennutzungsplanes

Gelegentlich muss sich der Anwalt mit der Bauleitplanung der vorbereitenden Stufe, dem Flächennutzungsplan (Rz. 35) befassen. Diese Aufgabe stellt sich zumeist dann, wenn bei der Aufstellung oder Änderung eines BPlanes zu prüfen ist, ob sich dessen Festsetzungen ohne Überschreitung des Konkretisierungsspielraumes (Rz. 35) aus dem geltenden Flächennutzungsplan entwickeln lassen (§ 8 Abs. 2 BauGB). Diese Aufgabe stellt sich außerdem, wenn der FNP vorbereitend oder parallel zur Aufstellung eines BPlanes geändert wird, um die Festsetzung einer bestimmten, den bisherigen Darstellungen des FNP nicht entsprechenden Gebietsart im BPlan vorzubereiten. Die Bindung des BPlan-Verfahrens gem. § 8 Abs. 2 BauGB und die auch bei der FNP-Aufstellung greifende Präklusion gem. § 3 Abs. 2 2. Halbs. BauGB zwingen den Anwalt, der Änderung des FNP dieselbe Aufmerksamkeit zu schenken wie der Aufstellung des BPlanes. 201

Für die **Darstellungsweise** des Planungsinhaltes gilt das oben (Rz. 43 ff.) Gesagte entsprechend. Der Maßstab der Kartengrundlage ist dem größeren Geltungsbereich und dem gröberen Raster der planerischen Aussagen angepasst. 202

Einen **Katalog möglicher Darstellungen** enthält § 5 Abs. 2 BauGB i.V.m. § 1 Abs. 1 und 2 BauGB, § 16 Abs. 1 BauNVO; dieser ist – anders als der Katalog zulässiger Festsetzungen – **nicht abschließend**. 203

Der Flächennutzungsplan kann die für eine Bebauung vorgesehenen Flächen entweder nach der **allgemeinen Art** ihrer baulichen Nutzung (als Bauflächen) oder nach der **besonderen Art** ihrer baulichen Nutzung (als Baugebiete) darstellen. 204
Als **Bauflächen** stellt § 1 Abs. 1 BauNVO
– Wohnbauflächen (W),
– gemischte Bauflächen (M),
– gewerbliche Bauflächen (G), und
– Sonderbauflächen (S),

als **Baugebiete** stellt § 1 Abs. 2 BauNVO die in Rz. 48 aufgeführten Gebietstypen zur Verfügung. Im Regelfall bedient sich die Planung der Darstellung von Bauflächen, um der zweiten Planungsstufe größere Beweglichkeit zu sichern. So lassen sich z.B. aus einer Wohnflächendarstellung WS-, WR-, WA- oder WB-Gebietsfestsetzungen ent-

---
1 *Hoffmann/Kassow*, BauR 2010, 711 (715).
2 OVG NW v. 22.11.2010 – 7 D 1/09.NE; OVG Rh.-Pf. v. 2.9.2009 – 8 A 11057/08, BRS 74 Nr. 102.
3 *Tarner*, BauR 2011, 1273.

wickeln, aus der Darstellung einer gemischten Baufläche (M) ein SO-Gebiet, das nur Ausschnitte aus den im MI- oder MK-Gebieten zulässigen Nutzungsarten festsetzt[1].

205 Der Flächennutzungsplan kann Flächen für Vorhaben darstellen, die nach § 35 Abs. 1 Nr. 2–6 BauGB im Außenbereich privilegiert zulässig sind (§ 35 Abs. 3 Satz 3 BauGB). Unter ihnen spielen namentlich Abgrabungen und Windenergieanlagen eine wichtige Rolle. Eine solche Darstellung von **Vorrangflächen** hat zur Folge, dass **raumbedeutsamen**[2] Vorhaben dieser Art im übrigen Außenbereich i.d.R. öffentliche Belange entgegen stehen (§ 35 Abs. 3 Satz 3 BauGB).

Unverkennbar nähern sich solche Darstellungen zumindest dem Rechtsnormcharakter von Festsetzungen.

Kraft Richterrechts können sie daher – obwohl keine Satzungen – mit der Normenkontrolle angegriffen werden (dazu unten Rz. 241 ff.).

Das Darstellungsprivileg darf nicht für eine verkappte Negativplanung (also die Errichtung einer nahezu lückenlosen Verbotsschranke) genutzt werden, indem Vorranggebiete nur in unbedeutender Größe („Feigenblatt") dargestellt werden. Wo die Grenze zur unzulässigen Negativplanung verläuft, ist nur unter Berücksichtigung der Verhältnisse in der planenden Gemeinde fallbezogen zu klären[3].

Für die Zwecke des § 35 Abs. 3 Satz 3 BauGB können gem. § 5 Abs. 2b BauGB sachliche **Teilflächennutzungspläne** aufgestellt werden, und zwar nach der Neufassung durch das Klimaschutzförderungsgesetz vom 22.7.2011 auch für (räumliche) Teile des Gemeindegebiets. Die Teilflächennutzungspläne müssen sich nicht auf Darstellungen mit den Rechtswirkungen des § 35 Abs. 3 Satz 3 BauGB beschränken; aus ihnen können BPläne entwickelt werden und sie können auch die Rechtswirkungen des § 35 Abs. 3 Satz 1 Nr. 1 BauGB haben, also anderen privilegierten Vorhaben entgegenstehen[4]. Für die Änderung solcher Pläne durch Ausweisung zusätzlicher Flächen für die Nutzung von Windenergie oder die Änderung oder Aufhebung von Darstellungen zum Maß der baulichen Nutzung (insbesondere Höhenbegrenzungen von Windenergieanlagen) enthält § 249 Abs. 1 BauGB i.d.F. des Klimaschutzförderungsgesetzes eine Klarstellung[5]. Erstmals eröffnet § 249 Abs. 2 BauGB Festsetzungen zum **Repowering** in BPlänen für Windenergieanlagen und entsprechende Bestimmungen i.V.m. Konzentrationszonendarstellungen im FNP[6].

Auch außerhalb der Konzentrationszonendarstellungen können die Gemeinden die städtebauliche Entwicklung im **Außenbereich** mit detaillierten und konkreten Darstellungen – z.B. von Flächen für Nutzungsbeschränkungen mit bestimmten Immissionsgrenzwerten oder mittels nicht weiter konkretisierungsbedürftiger Standortentscheidungen wie Darstellung einer Abgrabungsfläche – in der Weise steuern, dass diese Darstellungen anderen (auch) privilegierten Vorhaben als öffentlicher Belang gem. § 35 Abs. 1, Abs. 3 Satz 1 Nr. 1 BauGB entgegenstehen, ohne dass es dazu eines konkretisierenden Bebauungsplanes bedürfte[7].

206 Stellt der Flächennutzungsplan das **allgemeine Maß** der baulichen Nutzung dar, so genügt die Angabe der GFZ, der BMZ oder der Höhe der baulichen Anlagen – § 16 Abs. 1 BauNVO – (vgl. Rz. 53).

---

1 OVG NW v. 13.3.2008 – 7 D 34/07.NE, BRS 73 Nr. 79; s.a. OVG NW v. 22.11.2010 – 7 D 1/09.NE.
2 Hierzu näher VGH BW v. 24.7.2011 – 8 S 1306/01, BRS 64 Nr. 97; OVG Rh.-Pf. v. 20.2.2003 – 1 A 11406/01, BauR 2003, 1085.
3 BVerwG v. 13.3.2003 – 4 C 4.02, NVwZ 2003, 738 ff.
4 *Söfker*, ZfBR 2011, 541 (543).
5 *Söfker*, ZfBR 2011, 541 (547 f.).
6 *Söfker*, ZfBR 2011, 541 (548).
7 BVerwG v. 18.8.2005 – 4 C 13.04, BVerwGE 124, 132 (Fläche für Nutzungsbeschränkungen); v. 22.5.1987 – 4 C 57.84, BVerwGE 77, 300.

## V. Sonderfälle

Im Übrigen stellt der Flächennutzungsplan die Flächen für Einrichtungen und Anlagen der örtlichen und überörtlichen Infrastruktur und anderer besonderer Nutzungen dar (§ 5 Abs. 2 Nr. 2–10 BauGB) und verlautbart nachrichtlich Planungen nach anderen gesetzlichen Vorschriften (Fachplanungen, § 5 Abs. 4 BauGB).

Das **Verfahren** zur Aufstellung oder Änderung des Flächennutzungsplanes unterscheidet sich nicht wesentlich vom BPlan-Vrfahren; die Verfahrensvorschriften der §§ 1–4b und 13 BauGB gelten für alle Bauleitpläne gleichermaßen. Dasselbe gilt für das Planerhaltungsrecht (dazu Rz. 102 ff.), für das ergänzende Verfahren (§ 214 Abs. 4 BauGB, dazu Rz. 188 ff.) soweit es sich nicht ausdrücklich nur auf BPläne bezieht, sowie für die Zuständigkeits- und Verfahrensvorschriften der Gemeindeordnungen. Nur in den Stadtstaaten Berlin und Hamburg ergeben sich Abweichungen. In Berlin liegt das Planaufstellungsverfahren bis zur Offenlegung beim zuständigen Senator. Über den von ihm aufgestellten Planentwurf und die hierbei nicht berücksichtigten Bedenken und Anregungen beschließt der Senat. Der beschlossene Flächennutzungsplan ist dem Abgeordnetenhaus zur Zustimmung zuzuleiten[1]. In Hamburg ergibt sich gegenüber dem BPlan-Verfahren nur die Abweichung, dass der Flächennutzungsplan durch Beschluss der Bürgerschaft festgestellt wird[2]. 207

Der Flächennutzungsplan bedarf stets der **rechtsaufsichtlichen Genehmigung** durch die höhere Verwaltungsbehörde (§ 6 Abs. 1 BauGB)[3]. 208

Der Flächennutzungsplan unterliegt einem beständigen Aktualisierungsdruck; trotzdem ist seine Geltungsdauer nicht befristet. Er soll aber spätestens 15 Jahre nach seiner erstmaligen oder erneuten Aufstellung überprüft und nach Maßgabe planerischer Erfordernisse fortgeschrieben werden (§ 5 Abs. 1 Satz 3 BauGB).

### 2. Planungsinitiative beim BPlan

Die Interessenlage des Mandanten kann es erfordern, dass der Anwalt Initiativen zur Einleitung eines BPlan-Verfahrens ergreift. Das ist vor allem beim vorhabenbezogenen BPlan (s. Rz. 212 ff.) die Regel. Daraus ergeben sich Aufgaben, die sich nur im Anfangsstadium von denen der Interessenwahrnehmung im bereits laufenden Verfahren unterscheiden. 209

Der Ermittlung der Nutzungsinteressen (Rz. 70 ff.) folgt die Prüfung der Frage, ob diesen durch Ausnahmen oder Befreiungen im Baugenehmigungsverfahren hinlänglich gedient würde. Dabei müssen die Zukunftsentwicklungen der Nutzungsinteressen bedacht werden (Rz. 71).

In Grenzfällen kann eine Abwägung zwischen **Befreiung und Planaufstellung bzw. -änderung** erforderlich werden. Das mit dem Ziel einer Befreiung betriebene Verwaltungsverfahren ist wegen der rechtlichen Vorgaben und der geringeren Anzahl der Beteiligten besser steuerbar, eröffnet aber nur begrenzte Freiräume (darf Grundzüge der Planung nicht berühren), das Planverfahren ermöglicht weitergehende Lösungen, kann aber wegen der Offenheit der Abwägung und der Zahl der Beteiligten unerwartete Wendungen nehmen. 210

Verdient die Planungsinitiative den Vorzug, sind die vom Nutzungsinteresse des Mandanten geforderten oder nahegelegten planerischen Festsetzungen zu ermitteln und zusammenzustellen. Dabei bedarf es der Prüfung, ob sie sich aus den Darstellungen des Flächennutzungsplanes entwickeln lassen (Rz. 36, 38). Ist das nicht

---
1 § 2 AGBauGB Berlin.
2 § 2 HbgBauleitPlanFestG.
3 Ausnahmen in den Stadtstaaten s. Rz. 124 m. Fn. 2.

der Fall, muss grds. zugleich dessen Änderung im Parallelverfahren betrieben werden (Rz. 39).

Aus den so ermittelten Festsetzungen sollte ein Planentwurf (womöglich mit Alternativen) entwickelt werden; für größere oder konfliktträchtige Planungsaufgaben ist sachverständiger Rat dringend zu empfehlen. Alle Fragen, die durch die Planung aufgeworfen werden, muss deren Initiator beantworten können.

Unbedingt ist zu empfehlen, die **Entwicklung** einer solchen Planung mit anderen Interessenträgern und den richtigen Ansprechpartnern der Gemeinde (Rz. 120) informell abzustimmen.

211 Bleibt die Initiative bei Verwaltung und Rat erfolglos, sind aussichtsreiche Bemühungen kaum noch denkbar. Einen Anspruch auf Durchführung eines BPlan-Verfahrens schließt § 1 Abs. 3 Satz 2 BauGB selbst für den Fall aus, dass Erfordernisse der städtebaulichen Ordnung eine Planung gebieten[1].

Die – denkbare – Anrufung der **Kommunalaufsicht** wird dem Interessenten schwerlich zu „seinem" BPlan verhelfen, da deren allein rechtsaufsichtliche Befugnisse keine Weisungen erlauben, die auf einen bestimmten Planinhalt gerichtet sind[2].

### 3. Der vorhabenbezogene BPlan

212 Der vorhabenbezogene BPlan ist aus dem Vorhaben- und Erschließungsplan hervorgegangen, der erstmals durch § 55 BauZVO DDR, später durch das BauGBMaßnahmenG geregelt war. Anfangs nur als Behelfslösung für eine Übergangszeit gedacht, ist er nach vielfältiger Bewährung in der Praxis in das Baurecht übernommen worden und in seiner nunmehrigen Gestalt als Sonder- und Unterfall des BPlanes nicht mehr als „Plansurrogat" zu bezeichnen. Die gesetzliche Bezeichnung der (früheren) „Plansatzung" als (vorhabenbezogener) **BPlan** stellt klar, dass **alle formellen und materiellen Vorschriften** des BauGB über die Bebauungsplanung anwendbar sind, soweit § 12 BauGB nicht Abweichendes regelt[3].

213 Der vorhabenbezogene BPlan findet vornehmlich bei Trägern größerer Bauprojekte Interesse. Vom „herkömmlichen" BPlan unterscheiden ihn vornehmlich die Objektbezogenheit seines Regelungsgehalts und die Mitwirkung des Vorhabenträgers bei der Planung.

- Er setzt nicht – wie die Angebotsplanung – einen normativen Rahmen, der individuellen Bauwünschen einen gewissen Spielraum lässt sondern plant ein Projekt (das aus einem oder mehreren Vorhaben i.S.d. § 29 BauGB bestehen kann[4]) mitsamt Erschließung und etwaigen Ausgleichs- und Ersatzmaßnahmen.
- Die Verwirklichung des Projekts bleibt nicht – wie bei der Angebotsplanung – zeitlich offen sondern hat innerhalb einer im Durchführungsvertrag zu regelnden Frist zu erfolgen (was für viele Ansiedlungsinteressenten – z.B. Einzelhändler und Dienstleister – außerordentlich wichtig ist, § 12 Abs. 1 Satz 1 BauGB).
- Der Vorhabenträger hat jedenfalls faktisch kraft seiner Mitwirkung an der Planung (§ 12 Abs. 1 Satz 1 BauGB) einen stärkeren planerisch-gestaltenden Einfluss.

---

1 BVerwG v. 3.8.1982 – 4 B 145.82, BRS 39 Nr. 193.
2 Auch die Durchsetzung von Planungsleitsätzen oder Anpassungsverpflichtungen führt in der Praxis nie zu einem bestimmten Planinhalt.
3 *Krautzberger*, in: Battis/Krautzberger/Löhr, § 12 Rz. 39; *Krautzberger*, in: Ernst/Zinkahn/Bielenberg/Krautzberger, § 12 Rz. 130.
4 *Krautzberger*, in: Battis/Krautzberger/Löhr, § 12 Rz. 9; OVG NW v. 16.10.1997 – 11a D 116/96.NE, BRS 59 Nr. 255.

## V. Sonderfälle

– Die privatrechtliche Investitions- und Planungsregie kürzt die Verfahren gegenüber dem als schwerfällig empfundenen Gang der Verwaltung ab.

Der vorhabenbezogene BPlan ermöglicht dem Investor eine wirksame Werbung mit der Zugkraft eines Projekts und der Aussicht baldiger Verwirklichung. Das verleiht der Planung erfolgversprechende Eigendynamik, die jedoch andererseits gelegentlich Wünsche an die städtebauliche Ausgewogenheit offen lässt.

Der Anwalt ist als Begleiter solcher Planungen schon wegen der erforderlichen Vertragsgestaltungen unentbehrlich.

Der vorhabenbezogene BPlan geht aus dem **Vorhaben- und Erschließungsplan** (VE-Plan) hervor, der das Vorhaben und seine Erschließung textlich und zeichnerisch beschreibt. Er muss bei Beginn des Planaufstellungsverfahrens (bei Erlass des Planaufstellungsbeschlusses) mit der Gemeinde i. S. beiderseitiger Übereinstimmung abgestimmt sein und durchläuft das Planaufstellungsverfahren nach den allgemeinen Regeln. Mit Inkrafttreten des Satzungsbeschlusses (§ 10 Abs. 1 BauGB) wird der VE-Plan „Bestandteil" des vorhabenbezogenen Bebauungsplanes (§ 12 Abs. 3 BauGB). 214

Parallel hierzu – jedenfalls **vor** dem Satzungsbeschluss (§ 12 Abs. 1 Satz 1 BauGB) – ist der **Durchführungsvertrag** zu schließen, der die Durchführungsverpflichtung des Vorhabenträgers gegenüber der Gemeinde und die Übernahme von Planungs- und Erschließungskosten regelt. Er kann wie jeder städtebauliche Vertrag weitere Regelungsgegenstände enthalten. Der Durchführungsvertrag ist notwendige Voraussetzung des vorhabenbezogenen BPlanes, aber nicht dessen (oder des VE-Planes) Bestandteil, folglich auch im Gegensatz zum Vorhaben- und Erschließungsplan nicht notwendig Gegenstand des Beteiligungsverfahrens (namentlich der Offenlegung)[1]. 215

Der vorhabenbezogene BPlan kann im gesamten Gemeindegebiet, insbesondere auch als Nachfolgeplanung innerhalb eines Planbereiches eingesetzt werden. 216

Er ist nicht an den Festsetzungskatalog des § 9 BauGB (Rz. 46) und an die BauNVO (Rz. 48–55) gebunden (§ 12 Abs. 3 Satz 2 BauGB); in diesem Bereich darf der Planer also Festsetzungen „erfinden"[2]. Das gilt jedoch nur für den Planbereich, der vom VE-Plan abgedeckt wird; bezieht der vorhabenbezogene BPlan weitere Grundstücke ein (wobei es sich nur um „einzelne Flächen" handeln darf – § 12 Abs. 4 BauGB –, die für eine geordnete städtebauliche Entwicklung erforderlich sind und zu keiner „substantiellen" Veränderung des Planbereiches führen[3], so verbleibt es insoweit beim Festsetzungskatalog des § 9 BauGB und beim Typenzwang der BauNVO. Die Abweichung vom Festsetzungskatalog des § 9 BauGB und der BauNVO setzt einen VE-Plan zwingend voraus[4]. 217

Der vorhabenbezogene BPlan darf auch eine bauliche oder sonstige Nutzung **allgemein** festsetzen und sich dazu des Festsetzungskataloges der BauNVO oder anderer geeigneter Festsetzungen bedienen. In diesem Fall ist jedoch festzusetzen, dass im Rahmen der festgesetzten Nutzungen nur solche Vorhaben zulässig sind, zu deren Durchführung sich der Vorhabenträger im Durchführungsvertrag verpflichtet. Änderungen des Durchführungsvertrages oder der Abschluss eines neuen Durchführungsvertrages sind zulässig (§ 12 Abs. 3a BauGB).

---

1 *Reidt*, in: Gelzer/Bracher/Reidt, Rz. 919; *Krautzberger*, in: Ernst/Zinkahn/Bielenberg/Krautzberger, § 12 Rz. 135.
2 *Krautzberger*, in: Battis/Krautzberger/Löhr, § 12 Rz. 7; *Bracher*, in: Gelzer/Bracher/Reidt, Rz. 235.
3 Sächs. OVG v. 7.12.2007 – 1 D 18/06, SächsVBL 2008, 115; OVG NW u. 11.9.2008 – 7 D 74/07.NE; *Krautzberger*, in: Ernst/Zinkahn/Bielenberg/Krautzberger, § 12 Rz. 122.
4 OVG NW v. 11.9.2008 – 7 D 74/07.NE.

Der VE-Plan kann sich auch der für Vorhaben üblichen „Sprache" (Bauvorlagen) bedienen, muss aber seine Regelungsgehalte mit der für planerische Aussagen erforderlichen Vollständigkeit und Eindeutigkeit verlautbaren[1].

Die erforderliche Regelungsdichte liegt deshalb nicht unter der eines qualifizierten BPlanes (Rz. 47)[2], i.d.R. vielmehr erheblich höher. Das geplante Vorhaben darf den Anforderungen des Bauordnungsrechts nicht widersprechen[3].

218 Der Durchführungsvertrag verpflichtet den Vorhabenträger, das (oder die) Vorhaben und die Erschließungsmaßnahmen innerhalb der vereinbarten Frist auszuführen. Soweit der Vorhabenträger in diesem Zusammenhang Ausgleichs- und Ersatzmaßnahmen ausführen soll, hat der Vertrag auch hierüber Bestimmung zu treffen; denn im Bereich des VE-Planes ist § 135a BauGB nicht anzuwenden (§ 12 Abs. 3 Satz 2 BauGB).

219 Der vorhabenbezogene BPlan ist planungsrechtlicher Zulässigkeitsmaßstab für Vorhaben i.S.d. § 29 BauGB (§ 30 Abs. 2 BauGB) und kann auch Festsetzungen treffen, welche nach § 85 Abs. 1 Nr. 1 BauGB die Enteignung erlauben (§ 12 Abs. 3 S. 3 BauGB).

220 Für das Planaufstellungsverfahren gelten die allgemeinen Verfahrensvorschriften.

Über den Planaufstellungsbeschluss entscheidet die Gemeinde auf Antrag des Vorhabenträgers nach pflichtgemäßem Ermessen (§ 12 Abs. 2 S. 1 BauGB).

Die Gemeinde hat dem Vorhabenträger auf seinen Antrag (oder sobald sie es selbst für geboten hält) den voraussichtlich erforderlichen Untersuchungsrahmen der Umweltprüfung (§ 2 Abs. 4 BauGB) nach Beteiligung der Behörden gem. § 4 Abs. 1 BauGB mitzuteilen. Der Antrag auf Durchführung des Scoping ist dem Vorhabenträger dringend zu empfehlen, um eine rasche zielführende Abwicklung der UP zu gewährleisten.

221 Vor Einleitung des Satzungsverfahrens wird der Anwalt i.d.R. den Vorhabenträger oder die Gemeinde, erst danach häufiger Drittbetroffene beraten.

Bei der Beratung des **Vorhabenträgers** bedürfen i.d.R. folgende Punkte besonderer Beachtung:

222 – Das Risiko des Scheiterns der Planung liegt beim Vorhabenträger; denn die Gemeinde kann – selbst nach erfolgreicher Planabstimmung und Abschluss des Durchführungsvertrages – nicht zum Erlass des vorhabenbezogenen B-Planes gezwungen werden (§ 2 Abs. 3 BauGB). Der wirtschaftliche Schaden des Planabbruchs kann groß sein; denn die Gemeinde verlangt in aller Regel, dass der Vorhabenträger die Kosten nicht nur der städtebaulichen Entwurfsleistungen im engeren Sinne, sondern auch erhebliche Teile der vorbereitenden Grundlagenarbeit für die Abwägung übernimmt. Dazu können aufwändige Gutachten etwa für den Umweltbericht, eine Altlastenerkundung oder eine Immissionsprognose gehören. Scheitert die Planung, können diese Kosten i.d.R. nicht auf die Gemeinde abgewälzt werden[4].

Die Minimierung des Risikos beginnt damit, dass die erforderlichen Abstimmungen und Vorarbeiten in eine sinnvolle zeitliche Reihenfolge gebracht wer-

---

1 *Krautzberger*, in: Battis/Krautzberger/Löhr, § 12 Rz. 7; *Krautzberger*, in: Ernst/Zinkahn/Bielenberg/Krautzberger, § 12 Rz. 79.
2 *Krautzberger*, in: Battis/Krautzberger/Löhr, § 12 Rz. 6; *Reidt*, in: Gelzer/Bracher/Reidt, Rz. 898.
3 *Krautzberger*, in: Battis/Krautzberger/Löhr, § 12 Rz. 8; *Krautzberger*, in: Ernst/Zinkahn/Bielenberg/Krautzberger, § 12 Rz. 84.
4 BGH v. 1.12.1983 – III ZR 38/82, BRS 45 Nr. 23.

## V. Sonderfälle

den, so dass der größere Aufwand erst nach größtmöglicher Prognosesicherheit entsteht.

Die Verfügbarkeit der von VE-Plan und Durchführungsvertrag umfassten Flächen muss frühzeitig gesichert sein.

Eine Risikobeteiligung Dritter ist gewöhnlich selbst dann schwer zu erreichen, wenn bei ihnen ein wirtschaftliches Eigeninteresse an der Planverwirklichung vorhanden ist.

Bei der Gestaltung des Vertragswerks ist eine Minimierung der den Vorhabenträger treffenden wirtschaftlichen Risiken anzustreben.

– Zur Vermeidung vergeblichen Aufwandes ist zu empfehlen, mit der Gemeinde möglichst frühzeitig ein Verfahren für die erforderliche Abstimmung der Planung zu organisieren.

– Werden mit der Planung kollidierende Belange erkennbar, muss der Anwalt seine Beratungspflichten besonders ernst nehmen. 223

Der vorhabenbezogene BPlan lässt die Anforderungen des formellen und materiellen Bauordnungsrechts an das Vorhaben und seine Errichtung unberührt. Deshalb ist jedenfalls bei bauordnungsrechtlich schwierig zu beurteilenden Vorhaben eine rechtzeitige Abstimmung mit der Bauaufsichtsbehörde zu empfehlen, um zeitraubende Planüberarbeitungen zu vermeiden[1].

– Manchmal wird gefragt, wie weitgehend der VE-Plan das Vorhaben planerisch konkretisieren, welchen Freiraum er der Ausführung noch lassen soll. Das ist abstrakt schwer zu sagen. Bei der abschließenden Planung eines Vorhabens lösen sich viele Aufgaben – etwa des Immissionsschutzes – leichter, weil nicht wie bei der Planung eines Rahmens die zahlreichen unterschiedlichen Möglichkeiten seiner Ausfüllung mit ihren Auswirkungen bedacht werden müssen. Dafür ist der Rahmen späteren Änderungswünschen gegenüber viel flexibler, während bei einer abschließenden Vorhabenplanung Befreiungs- oder gar Planänderungsbedarf entsteht. 224

– Die Ablehnung eines Antrages auf Einleitung eines BPlan-Verfahrens wird als Verwaltungsakt (nur) gegenüber dem Antragsteller betrachtet[2], der nach allgemeinen Grundsätzen verwaltungsgerichtlich auf Ermessensfehler überprüft werden kann. Regelmäßig kommt nur eine Bescheidungsklage in Betracht; selbst der Lehrbuchfall einer Ermessensschrumpfung auf Null könnte nie den Inhalt einer planerischen Entscheidung vorgeben.

Auf Seiten der Gemeinde muss der Anwalt darauf hinwirken, dass die wirtschaftliche Leistungsfähigkeit des Vorhabenträgers zuverlässig geprüft und die wirtschaftlichen Voraussetzungen für die Ausführung des Vorhabens rechtlich gesichert werden[3]. 225

Für die Beratung von Drittbetroffenen gilt das in Rz. 62–94, Rz. 102 ff. Gesagte.

Entsprechendes gilt für die Aktionsmöglichkeiten in den einzelnen Verfahrensstadien (Rz. 125 ff.).

Wird der VE-Plan **nicht** innerhalb der im Durchführungsvertrag geregelten Frist durchgeführt, soll die Gemeinde den vorhabenbezogenen BPlan aufheben. Entschädigungsansprüche gegen die Gemeinde können hieraus nicht entstehen (§ 12 Abs. 6 BauGB). Die Planaufhebung kann im vereinfachten Verfahren (§ 13 BauGB) erfolgen (Rz. 190). 226

---

1 *Krautzberger*, in: Ernst/Zinkahn/Bielenberg/Krautzberger, § 12 Rz. 146.
2 *Krautzberger*, in: Battis/Krautzberger/Löhr, § 12 Rz. 44; a.A. VGH BW v. 22.3.2000 – 5 S 444/00, BRS 63 Nr. 40.
3 *Krautzberger*, in: Battis/Krautzberger/Löhr, § 12 Rz. 18; zum städtebaulichen Vertrag im Übrigen s. Rz. 95 ff.

## 4. Satzungen nach §§ 34 Abs. 4 BauGB, 35 Abs. 6 BauGB

227 Die Suche nach rasch mobilisierbaren Baulandreserven hat den Blick des Gesetzgebers auch auf Bereiche gelenkt, die zwar in gewisser Weise durch benachbarte Bebauung geprägt und für eine Bebauung strukturell nicht ungeeignet sind, wegen ihrer Außenbereichslage aber aktuell nicht bebaut werden können. Unter bestimmten Voraussetzungen können die Planungsträger durch Satzung die (weitere) Bebauung dieser Flächen ermöglichen.

228 Sie können bebaute Bereiche im Außenbereich (z.B. Streu- oder Splittersiedlungen) durch Satzung[1] gem. § 34 Abs. 4 Nr. 2 BauGB als zusammenhängend bebaute Ortsteile festlegen, soweit sie im Flächennutzungsplan als Baufläche dargestellt sind („Entwicklungssatzung"). Voraussetzung hierfür ist das Vorhandensein von Siedlungsansätzen mit i.S.d. § 34 Abs. 1 BauGB hinreichend prägender Wirkung[2].

Die Satzung begründet die Anwendbarkeit des § 34 BauGB innerhalb ihres Geltungsbereiches[3].

229 Der Planungsträger kann beim Erlass einer Entwicklungssatzung[4] **einzelne** Außenbereichsflächen, die durch die bauliche Nutzung des **angrenzenden Bereiches** entsprechend geprägt sind, zur **Abrundung** einbeziehen und hierbei „einzelne"[5] Festsetzungen nach § 9 Abs. 1 und 3 S. 1 sowie Abs. 4 BauGB treffen (§ 34 Abs. 5 S. 2 BauGB). Der Abrundungszweck erlaubt nur Vereinfachung und Verkürzung der Grenze zwischen Innen- und Außenbereich, verbietet weites Ausholen[6].

Die Wirkung einer solchen **Abrundungssatzung** gleicht der eines einfachen BPlanes (Rz. 47).

Eine Bauflächendarstellung im Flächennutzungsplan ist für die Abrundungssatzung nur erforderlich, wenn sie mit einer Entwicklungssatzung, nicht, wenn sie mit einer Klarstellungssatzung verbunden ist.

230 Die hier abgehandelten Satzungen (mit Ausnahme der reinen Klarstellungssatzung) müssen mit einer geordneten städtebaulichen Entwicklung vereinbar sein (§ 34 Abs. 5 Nr. 1 BauGB) und hängen im Übrigen von denselben Zulässigkeitsvoraussetzungen ab (§ 34 Abs. 5 Nr. 2 und 3 BauGB) wie die vereinfachte Planaufstellung (§ 13 Abs. 1 BauGB; vgl. Rz. 190 ff.). Sie eröffnen nur wesentlich geringere Gestaltungsmöglichkeiten als der BPlan und vermögen diesen, wo ein Planungsbedürfnis besteht, nicht zu ersetzen.

Bei der Aufstellung der Satzung ist eine Öffentlichkeits- und Behördenbeteiligung wie beim vereinfachten Verfahren nach § 13 Abs. 2 Satz 1 Nr. 2 und 3, Satz 2 BauGB durchzuführen (§ 34 Abs. 6 S. 1 BauGB; s. Rz. 192 ff.).

Es gelten auch hier im BPlan-Verfahren dargestellten Unbeachtlichkeitsklauseln des Bundes- und Landesrechts.

Die Aufgaben anwaltlicher Interessenwahrnehmung und die Aktionsmöglichkeiten entsprechen den sich im BPlan-Verfahren ergebenden. Der Anwalt wird im Vorfeld regelmäßig die Frage zu klären haben, ob der Gestaltungsspielraum der Satzung ausreicht, den Anliegen seines Mandanten Rechnung zu tragen.

---

1 In Berlin: RechtsVO des Bezirksamtes unter Fachaufsicht des zuständigen Senators: § 11a AG BauGB Berlin.
2 Hierzu näher: *Krautzberger*, in: Battis/Krautzberger/Löhr, § 34 Rz. 66.
3 *Söfker*, in: Ernst/Zinkahn/Bielenberg/Krautzberger, § 34 Rz. 114.
4 Ebenso beim Erlass einer „Klarstellungssatzung" nach § 34 Abs. 4 Nr. 1 BauGB, die als solche nur deklaratorische Wirkung hat.
5 Hierzu näher *Krautzberger*, in: Battis/Krautzberger/Löhr, § 34 Rz. 73.
6 BVerwG v. 18.5.1990 – 4 C 37.87, BRS 50 Nr. 81.

V. Sonderfälle                                    Rz. 233 Teil **2 B**

Durch eine **Außenbereichssatzung** nach § 35 Abs. 6 BauGB kann der Planungsträger bebaute Bereiche im Außenbereich mit Wohnbebauung „von einigem Gewicht" (aber unterhalb der Schwelle des § 34 BauGB) und ohne überwiegende landwirtschaftliche Prägung abgrenzen, innerhalb deren Wohngebäuden nach § 35 Abs. 2 BauGB bestimmte öffentliche Belange (§ 35 Abs. 3 BauGB) nicht entgegengehalten werden können (sie **insofern** also wie **privilegierte** Vorhaben behandelt werden)[1]. Die Satzung kann auch auf Vorhaben erstreckt werden, die kleineren Handwerks- oder Gewerbebetrieben dienen (§ 35 Abs. 6 Satz 2 BauGB). Die Öffentlichkeits- und Behördenbeteiligung ist wie bei der Innenbereichssatzung geregelt (§ 35 Abs. 6 Satz 5 BauGB; siehe vorstehende Rz. 230). 231

Wie eine Innenbereichssatzung kann auch eine Außenbereichssatzung mit Auswirkungen der in § 13 Abs. 1 Nr. 1 und 2 BauGB beschriebenen Art nicht erlassen werden (§ 35 Abs. 6 Satz 4 Nr. 2 und 3 BauGB).

### 5. Die Veränderungssperre (§ 14 BauGB)

Gemäß § 14 BauGB kann die Gemeinde, wenn ein Beschluss über die Aufstellung eines Bebauungsplanes gefasst ist (Bebauungsplanaufstellungsbeschluss, oben Rz. 127), eine **Veränderungssperre** des Inhalts beschließen, dass 232

– Vorhaben i.S.d. § 29 BauGB nicht durchgeführt oder bauliche Anlagen nicht beseitigt werden dürfen;
– erhebliche oder wesentlich wertsteigernde Veränderungen von Grundstücken und baulichen Anlagen, deren Veränderungen nicht genehmigungs- zustimmungs- oder anzeigepflichtig sind, nicht vorgenommen werden dürfen.

Die Veränderungssperre ist von dem hierfür zuständigen Gemeindeorgan – regelmäßig dem Rat – als Satzung zu beschließen (§ 16 Abs. 1 BauGB) und ortsüblich bekannt zu machen (§ 16 Abs. 2 Satz 1 BauGB). Statt der ortsüblichen Bekanntmachung kann die Gemeinde auch unter entsprechender Anwendung des § 10 Abs. 3 Satz 2–5 BauGB ortsüblich bekannt machen, dass eine Veränderungssperre beschlossen worden ist (Ersatzverkündung)[2].

Die Veränderungssperre entfaltet gegenüber neuen Bauvorhaben und anderen erheblichen oder wesentlich wertsteigernden Veränderungen von Grundstücken und baulichen Anlagen eine **Sperrwirkung**. Gemäß § 14 Abs. 2 BauGB kann von der Veränderungssperre eine Ausnahme zugelassen werden, wenn überwiegende öffentliche Belange nicht entgegenstehen. Über diese Ausnahme entscheidet die Baugenehmigungsbehörde im Einvernehmen mit der Gemeinde. 233

Für den Rechtsanwalt, der einen bauwilligen Mandanten vertritt, stellt sich daher die Frage, ob das Vorhaben ausnahmefähig gestaltet oder die Veränderungssperre erfolgreich, sei es durch einen Normenkontrollantrag nach § 47 Abs. 1 VwGO oder im Wege der „Inzidentkontrolle" mit einer Verpflichtungsklage gegen einen auf die Veränderungssperre gestützten Versagungsbescheid „ausgehebelt" werden kann. Die Ausnahme nach § 14 Abs. 2 BauGB wird jedenfalls dann nicht in Betracht kommen, wenn gerade das Vorhaben des Mandanten den Anlass für den BPlan-Aufstellungsbeschluss und die Veränderungssperre gesetzt hat. Die zweite Alternative führt zu der Frage, wann eine formell ordnungsgemäße Veränderungssperre rechtswidrig und daher unwirksam sein kann.

---

1 Hierzu näher: *Krautzberger*, in: Battis/Krautzberger/Löhr, § 35 Rz. 123.
2 Zur Ersatzverkündung siehe Rz. 183f., zu den Zuständigkeiten in den Stadtstaaten Rz. 118.

234 Die Veränderungssperre setzt einen Beschluss über die Aufstellung oder Änderung eines Bebauungsplanes voraus. Die Gemeinde hat diesen Beschluss spätestens gleichzeitig mit der Satzung über die Veränderungssperre gem. § 2 Abs. 1 BauGB ortsüblich bekannt zu machen. Fehlt es an dieser Bekanntmachung, so wird der Aufstellungsbeschluss nicht wirksam mit der Folge, dass auch die Veränderungssperre nichtig ist[1]. Der Fehler kann nicht rückwirkend, sondern nur für die Zukunft dadurch geheilt werden, dass die Bekanntmachung des Aufstellungsbeschlusses nachgeholt und diejenige der Veränderungssperre wiederholt wird[2].

Der BPlan-Aufstellungsbeschluss muss den Planbereich so genau bezeichnen, dass er eindeutig bestimmbar ist[3].

235 Wegen der eigentumsbeschränkenden Wirkung muss die Veränderungssperre zur Sicherung der Planung **erforderlich** sein. Daher ist sie unzulässig, wenn zur Zeit ihres Erlasses der Inhalt der beabsichtigten Planung noch in keiner Weise abzusehen ist. Vielmehr muss der künftige Planinhalt in einem Mindestmaß konkretisiert und absehbar sein. Diese Konkretisierung muss zwar nicht offen gelegt sein, insbesondere weder im BPlan-Aufstellungsbeschluss noch als Begründung der Veränderungssperre, aber sie muss so verlässlich festgelegt und dokumentiert sein, dass die Gemeinde sie ggf. rechtssicher nachweisen kann[4].

Die Anforderungen hieran sind allerdings gering. Im allgemeinen genügt es, dass die Ziele und Zwecke der Planung und diejenigen Elemente, welche die Nutzung im Wesentlichen bestimmen, bei Erlass der Sperre vorliegen[5]. Mit den Arbeiten an einem konkreten Planentwurf muss noch nicht begonnen sein; erst recht muss kein für die frühzeitige Bürger- und Behördenbeteiligung nach § 3 Abs. 1 BauGB erforderliches Planungsstadium erreicht sein[6]. Hinreichend konkretisiert ist eine Planung, wenn anhand der beabsichtigten planerischen Gestaltungsvorstellungen nach § 14 Abs. 2 Satz 1 BauGB beurteilt werden kann, ob ein konkretes Vorhaben die Planung stören oder erschweren kann; dazu muss die „Richtung" der Planung stehen.

**Beispiel:**

Eine Gemeinde kann ein Verfahren zur Aufstellung eines BPlanes, mit dem in einem Baugebiet Einzelhandelsnutzungen zur Erhaltung oder Entwicklung zentraler Versorgungsbereiche beschränkt werden sollen, bereits dann mit einer Veränderungssperre sichern, wenn das Einzelhandels- und Zentrenkonzept, das den endgültigen Festsetzungen zugrunde liegen soll, noch erarbeitet wird[7].

236 Die Veränderungssperre ist hingegen nicht erforderlich und nichtig, wenn die im Aufstellungsbeschluss manifestierte Planung offensichtlich rechtswidrig und der Mangel schlechterdings nicht behebbar ist, weil etwa der Bebauungsplan städtebaulich nicht erforderlich, die Plankonzeption eindeutig nicht verwirklichungsfähig oder das Planungsziel mit einer fachplanerischen Festlegung unvereinbar ist oder

---

1 BVerwG v. 13.12.2007 – 4 C 9.07, BVerwGE 130, 113 (114 Rz. 8); Battis/Krautzberger/Löhr, § 14 Rz. 6.
2 BVerwG v. 13.12.2007 – 4 C 9.07, BVerwGE 130, 113 (114 Rz. 8); Battis/Krautzberger/Löhr, § 14 Rz. 6.
3 Battis/Krautzberger/Löhr, § 14 Rz. 6.
4 BVerwG v. 10.9.1976 – 4 C 39.74, BVerwGE 51, 121 (127 f.); v. 19.2.2004 – 4 CN 16.03, BVerwGE 120, 138 (146 ff.).
5 BVerwG v. 19.2.2004 – 4 CN 16.03, BVerwGE 120, 138 (146 ff.): Ein bestimmtes, positives Planungsziel ist erforderlich, eine Verhinderungsabsicht reicht nicht aus.
6 *Stock*, in: Ernst/Zinkahn/Bielenberg/Krautzberger, § 14 Rz. 40.
7 OVG Rh.-Pf. v. 27.1.2010 – 1 A 10779/09, BauR 2010, 1186.

## V. Sonderfälle

ein bindendes nicht abweichungsfähiges Ziel der Raumordnung der Planung entgegensteht[1].

Nachträgliche grundlegende Änderungen des Plankonzeptes entziehen der Veränderungssperre ihre Grundlage. Hingegen sind Änderungen einzelner Planvorstellungen für deren Rechtmäßigkeit ohne Bedeutung, solange die bei ihrem Erlass hinreichend konkretisierte Grundkonzeption der Planung nicht aufgegeben worden ist und die Sicherungsfunktion der Veränderungssperre fortbesteht[2]. 237

Die Veränderungssperre gilt zwei Jahre und kann um ein Jahr verlängert werden (§ 17 Abs. 1 BauGB). Auf die Zweijahresfrist ist der seit der Zustellung der ersten Zurückstellung eines Baugesuchs nach § 15 Abs. 1 BauGB abgelaufene Zeitraum anzurechnen. Unter besonderen Umständen kann die Veränderungssperre um ein weiteres Jahr verlängert werden (§ 17 Abs. 2 BauGB)[3]. Sie tritt außer Kraft 238
– durch Fristablauf,
– sobald die Voraussetzungen für ihren Erlass weggefallen sind (§ 17 Abs. 4 BauGB), also insbesondere dann, wenn das Planungskonzept aufgegeben oder in seinen Grundzügen geändert worden ist,
– sobald und soweit die Bauleitplanung rechtsverbindlich abgeschlossen ist.

Erweist sich eine Veränderungssperre als nichtig, so hat dies für das unter Berufung auf diese abgelehnte Bauvorhaben des Mandanten weitreichende Folgen. Zwar mag das Bauvorhaben aufgrund einer veränderten Rechtslage – z.B. einer erneuten rechtmäßigen Veränderungssperre oder des Inkrafttretens des Bebauungsplanes nun nicht mehr zulässig sein, aber die rechtswidrige Versagung der Baugenehmigung kann einen auf das positive Interesse gerichteten Schadenersatzanspruch auslösen[4], demgegenüber sich die Bauaufsichtsbehörde wegen des der Gemeinde durch § 14 Abs. 1 BauGB eingeräumten Entschließungsermessens nicht auf ein rechtmäßiges Alternativverhalten berufen kann[5]. 239

Solange eine Veränderungssperre nicht in Kraft ist, obwohl deren Voraussetzungen bestehen, hat die Baugenehmigungsbehörde auf Antrag der Gemeinde die Entscheidung über die Zulässigkeit von Bauvorhaben für einen Zeitraum von bis zu zwölf Monaten **zurückzustellen**. Im Hinblick auf die Zulässigkeit stellen sich dieselben Fragen wie bei der Veränderungssperre. Da die Zurückstellung von Baugesuchen dem Baugenehmigungsverfahren zuzurechnen ist, wird von der Erläuterung von Einzelheiten abgesehen. 240

---

1 VGH BW v. 14.11.2001 – 3 S 605/01, NuR 2002, 747 (keine Erforderlichkeit eines BPlanes, mit dessen Realisierung nicht vor Ablauf von 30 Jahren begonnen werden kann); BayVGH v. 30.6.2009 – 9 N 07541, BauR 2010, 191 (nicht erforderliche Vorratsplanung); weitere Beispiele bei *Stock*, in: Ernst/Zinkahn/Bielenberg/Krautzberger, § 14 Rz. 57.
2 BVerwG v. 10.10.2007 – 4 BN 36.07, BauR 71, 116; *Krautzberger*, in: Battis/Krautzberger/Löhr, § 14 Rz. 9a.
3 Zu den Fristen, zur faktischen Veränderungssperre und deren Anrechnung sowie den Verlängerungs- und Erneuerungsvoraussetzungen siehe die einschlägigen Kommentare zu § 17 BauGB.
4 BGH v. 17.3.1994 – III ZR 27/93, BRS 68 Nr. 96; siehe auch BGH v. 2.12.2010 – III ZR 251/09, NVwZ 2011, 251.
5 BGH v. 12.7.2001 – III ZR 282/00, BRS 64 Nr. 157.

## VI. Das Normenkontrollverfahren (§ 47 VwGO)

### 1. Gegenstand und Rechtswirkungen der Normenkontrolle

241 Wie bereits unter Rz. 186 dargelegt, ist das **Normenkontrollverfahren** neben der Inzidentkontrolle das zweite und umfassendere, wenn auch befristete Instrument, mit dem BPlan, der den Wünschen des Mandanten nicht entspricht, zu gerichtlichen Überprüfungen gestellt werden kann. Gemäß § 47 Abs. 1 Nr. 1 VwGO entscheidet das Oberverwaltungsgericht im Rahmen seiner Gerichtsbarkeit auf Antrag über die Gültigkeit von Satzungen, die nach den Vorschriften des Baugesetzbuchs erlassen worden sind, sowie von Rechtsverordnungen aufgrund des § 246 Abs. 2 BauGB. Satzungen nach den Vorschriften des BauGB sind

- BPläne (§ 10 Abs. 1 BauGB) einschließlich der nach § 173 Abs. 3 Satz 1 BBauG und § 246a Abs. 3 Satz 3 BauGB a.F. übergeleiteten Pläne[1], auch vorhabenbezogene BPläne (§ 12 BauGB) und einfache BPläne zur Erhaltung oder Entwicklung zentraler Versorgungsbereiche (§ 9 Abs. 2a BauGB), sowie Aufhebungssatzungen[2],
- Veränderungssperren (§§ 14, 16 BauGB);
- Innenbereichs- (§ 34 Abs. 4 BauGB) und Außenbereichssatzungen (§ 35 Abs. 6 BauGB);
- Satzungen zur Sicherung von Gebieten mit Fremdenverkehrsfunktion (§ 22 BauGB);
- Satzungen über die Begründung von Vorkaufsrechten (§ 25 BauGB);
- Erschließungsbeitragssatzungen (§ 132 BauGB);
- Satzungen zur Festlegung (§ 142 Abs. 3 BauGB) oder Aufhebung (§ 162 BauGB) eines Sanierungsgebietes;
- städtebauliche Entwicklungssatzungen (§ 165 Abs. 6 BauGB);
- Erhaltungssatzungen (§ 172 BauGB);
- Satzungen über die Verfassung von Planungsverbänden (§ 205 BauGB)[3].

Die in § 47 Abs. 1 Nr. 1 VwGO zweite Alternative bezeichneten Rechtsverordnungen aufgrund des § 246 Abs. 2 BauGB sind diejenigen, die nach den Bestimmungen der Länder Berlin, Hamburg und Bremen an die Stelle der Satzungen treten.

Nach § 47 Abs. 1 Nr. 2 VwGO entscheidet das OVG außerdem über die Gültigkeit von anderen im Rang unter dem Landesgesetz stehenden Rechtsvorschriften, soweit das Landesrecht dies bestimmt. Diese Vorschrift hat für das Bebauungsplanaufstellungsverfahren keine praktische Bedeutung.

242 Gegen **Flächennutzungspläne** ist eine Normenkontrolle ggf. weder nach § 47 Abs. 1 Nr. 1 VwGO noch nach § 47 Abs. 1 Nr. 2 VwGO möglich, weil ein FNP weder eine Satzung (§ 47 Abs. 1 Nr. 1 VwGO) noch eine Rechtsvorschrift (§ 47 Abs. 1 Nr. 2 VwGO) in Gestalt einer förmlichen oder wenigstens einer materiellen Norm, d.h. einer abstrakt-generellen Regelung mit dem Anspruch auf Verbindlichkeit ist[4]. Statthaft ist die Normenkontrolle hingegen in entsprechender Anwendung des § 47 Abs. 1 Nr. 1 VwGO gegen (Teil-)Flächennuzungspläne, soweit diese Darstellungen mit den Rechtswirkungen des § 35 Abs. 3 Satz 3 BauGB (Vorrangflächen für Vorhaben i.S.d. § 35 Abs. 1 Nr. 2–6 BauGB) treffen[5]. Dies ist der rechtssatzähnlichen, mit einem BPlan vergleichbaren Wirkung dieser Darstellungen geschuldet.

---

1 BVerwG v. 15.8.1991 – 4 N 1.91, DVBl 1992, 36; *Kopp/Schenke*, § 47 Rz. 21.
2 *Stüer*, DVBl 2004, 83 (88); *Kopp/Schenke*, § 47 Rz. 21.
3 *Kopp/Schenke*, § 47 Rz. 21.
4 BVerwG v. 20.7.1990 – 4 N 3.88, BRS 50 Nr. 36.
5 BVerwG v. 26.4.2007 – 4 CN 3.06, BVerwGE 128, 382 (Rz. 11 ff.) u. v. 23.10.2008 – 4 BN 16.08, BRS 73 Nr. 54.

## VI. Das Normenkontrollverfahren (§ 47 VwGO)

Im Normenkontrollverfahren entscheidet das OVG über die **Gültigkeit** der Satzungen oder Rechtsvorschriften nach § 47 Abs. 1 VwGO durch Urteil oder, wenn es eine mündliche Verhandlung nicht für erforderlich hält, durch Beschluss (§ 47 Abs. 5 Satz 1 VwGO).

Rechtsbeachtliche Fehler einer Norm (zu den beachtlichen Fehlern des BPlanes oder FNP s.o. Rz. 102 ff.) führen regelmäßig zur Unwirksamkeit der gesamten Norm. Jedoch führen Mängel, die einzelnen Festsetzungen eines Bebauungsplanes anhaften, dann nicht zu dessen Unwirksamkeit, wenn die übrigen Regelungen, Maßnahmen oder Festsetzungen – für sich betrachtet – noch eine sinnvolle städtebauliche Ordnung i.F.d. § 1 Abs. 3 Satz 1 BauGB bewirken können und wenn die Gemeinde nach ihrem im Planungsverfahren zum Ausdruck gelangten Willen im Zweifel auch eine Satzung dieses eingeschränkten Inhalts beschlossen hätte[1]. Dies kann sowohl zu einer räumlichen als auch zu einer sachlichen Teilbarkeit führen. Hingegen kommt die Teilung des BPlanes nicht in Betracht, wenn eine einzelne nichtige Festsetzung mit dem gesamten Bebauungsplan in einem untrennbaren Zusammenhang steht und die Erklärung einer Teilunwirksamkeit deshalb zu einer Verfälschung des kommunalen Planungskonzeptes beitrüge[2].

Bei der Entscheidung über Teil- oder Gesamtnichtigkeit ist das OVG nicht an den Normenkontrollantrag gebunden. Bei fehlender Teilbarkeit muss es über einen eingeschränkt gestellten Antrag hinausgehen[3]. Umgekehrt trägt der Antragsteller kein Kostenrisiko, wenn er die Unwirksamkeitserklärung des gesamten BPlanes beantragt, dieser aber nur für teilunwirksam erklärt wird[4].

**Beispiele zur räumlichen Teilunwirksamkeit:**
- Teilunwirksamkeit von Festsetzungen für einen räumlich untergeordneten Bereich, weil die Neuordnung des übrigen Plangebiets für sich genommen eine sinnvolle städtebauliche Ordnung bewirken kann[5];
- Gesamtunwirksamkeit eines BPlanes mit mehreren Baugebieten, deren An- und Zuordnung einem gestuften Immissionsschutzkonzept folgt, so dass beachtliche Abwägungsfehler in Bezug auf eines der Gebiete den gesamten Plan infizieren[6];
- Teilbarkeit eines BPlanes mit mehreren Baugebieten[7].

**Beispiele zur sachlichen Teilbarkeit:**
- Regelungen zum Ausschluss von Einzelhandel können teilbar sein[8],
- aber auch zentraler Bestandteil des Planungskonzepts mit der Folge sein, dass der gesamte BPlan infiziert ist[9];
- bei der Teilunwirksamkeit von Festsetzungen zum Maß der baulichen Nutzung und zur überbaubaren Grundstücksfläche in einem untergeordneten Teilbereich des BPlanes

---

1 BVerwG v. 18.2.2009 – 4 B 54.08, BauR 2009, 1102 und v. 19.9.2002 – 4 CN 1.02, BVerwGE 117, 58 ff.
2 BVerwG v. 19.9.2002 – 4 CN 1.02, BVerwGE 117, 58 ff. und v. 6.11.2007 – 4 BN 44/07.
3 BVerwG v. 20.8.1991 – 4 NB 3.91, BRS 52 Nr. 36.
4 BVerwG v. 9.4.2008 – 4 CN 1.07, BVerwGE 131, 100 (Rz. 13); OVG Berlin v. 26.10.2010 – 10 A 13/07; anders aber BayVGH v. 25.10.2010 – 1 N 06.2609 (nur geringfügiger Erfolg) und OVG NW v. 27.11.2006 – 7 D 118/05.NE, BRS 70 Nr. 24 (ausnahmsweise fehlendes Rechtsschutzbedürfnis, soweit der Antragsteller ihn nicht berührende, offensichtlich abtrennbare und selbständig lebensfähige Teile des BPlanes angreift).
5 BayVGH v. 11.8.2005 – 2 N 03.3286, Rz. 21.
6 OVG Berlin v. 10.9.2009 – 2 A 2.06, Rz. 57 ff.
7 BayVGH v. 11.11.2009 – 2 N 08 237 und v. 3.11.2010 – 15 N 08 185.
8 BVerwG v. 18.2.2009 – 4 B 54.08, BRS 74 Nr. 8.
9 OVG NW v. 4.10.2010 – 10 D 30/08.NE.

kann mit dem Erhalt der Festsetzung zur Nutzungsart, ergänzt durch die Regeln des § 34 BauGB, ein die städtebauliche Ordnung wahrender BPlan bestehen bleiben.

246 Soweit das Normenkontrollgericht den BPlan, die Satzung oder Rechtsverordnung für unwirksam erklärt, ist die Entscheidung **allgemein verbindlich** und die Entscheidungsformel vom Antragsgegner ebenso zu veröffentlichen, wie die Rechtsvorschrift bekannt zu machen wäre (§ 47 Abs. 5 Satz 2 2. Halbs. VwGO). Für die Wirkung der Entscheidung gilt § 183 VwGO entsprechend (§ 47 Abs. 5 Satz 3 VwGO), d.h. die nicht mehr anfechtbaren Entscheidungen der Gerichte der Verwaltungsgerichtsbarkeit, die auf der unwirksamen Norm beruhen, bleiben unberührt. Die Vollstreckung aus einer solchen Entscheidung ist jedoch unzulässig. Entsprechendes gilt für Verwaltungsakte[1].
Das OVG ist nicht befugt, positiv die Gültigkeit einer Norm festzustellen.

### 2. Antragsbefugnis und Antragsfrist

247 Antragsbefugt ist jede natürliche oder juristische Person, die geltend macht, durch die Rechtsvorschrift oder deren Anwendung in ihren Rechten verletzt zu sein oder in absehbarer Zeit verletzt zu werden, sowie jede Behörde (§ 47 Abs. 2 Satz 1 VwGO). Wie bei der Klagebefugnis nach § 42 Abs. 2 VwGO genügt die Möglichkeit der Rechtsverletzung, die besteht, wenn in Bezug auf untergesetzliche Rechtsvorschriften oder deren Anwendungsakte die Heranziehung von Rechtssätzen in Betracht kommt, die zumindest auch dem Schutz der Interessen des Antragstellers zu dienen bestimmt sind[2]. Es ist ausreichend, aber auch erforderlich, dass der Antragsteller hinreichend substantiiert Tatsachen vorträgt, die es zumindest als möglich erscheinen lassen, dass er durch Festsetzungen des BPlanes in einem subjektiven Recht verletzt wird[3]. Dazu reicht es bei der Normenkontrolle gegen einen Bebauungsplan oder eine andere Satzung, der eine Abwägung voraussetzt aus, dass der Antragsteller substantiiert darlegt, in seinem Recht auf gerechte Abwägung eines eigenen privaten Belanges (§ 1 Abs. 7 BauGB) verletzt zu sein[4]. Es muss sich allerdings um einen Belang handeln, der für die Abwägung überhaupt zu beachten war, d.h. um eine solchen, der in der konkreten Planungssituation einen städtebaulich relevanten Bezug hat. Nicht abwägungsbeachtlich sind insbesondere geringwertige oder mit einem Makel behaftete Interessen sowie solche, auf deren Fortbestand kein schutzwürdiges Vertrauen besteht oder solche, die für die Gemeinde bei der Entscheidung über den Plan nicht erkennbar waren.

248 Solche Belange können auch außerhalb des Plangebietes gelegene Grundstücke des Antragstellers betreffen, etwa wegen zu erwartender Einwirkungen aus dem Plangebiet[5]. Kein abwägungserheblicher Belang, der dem Eigentümer die Antragsbefugnis verleihen könnte, ist hingegen das Interesse, mit einem bisher nicht bebaubaren Grundstück in den Geltungsbereich eines BPlanes einbezogen zu werden; dem steht das Planungsermessen der Gemeinde entgegen, das neben dem „Wie" auch das „Ob" und „Wann" der planerischen Gestaltung umfasst[6].

---

1 *Kopp/Schenke*, § 47 Rz. 145.
2 *Kopp/Schenke*, § 47 Rz. 46.
3 BVerwG v. 24.9.1998 – 4 CN 2.98, BVerwGE 102, 215 ff. und v. 17.5.2000 – 6 CN 3.99 NVwZ 2000, 691.
4 BVerwG v. 24.9.1998 – 4 CN 2.98, BVerwGE 107, 215 (Rz. 8–12) und v. 30.4.2004 – 4 CN 1.03, BRS 67 Nr. 51.
5 BVerwG v. 24.9.1998 – 4 CN 2.98, BVerwGE 107, 215.
6 BVerwG v. 30.4.2004 – 4 CN 1.03, BRS 67 Nr. 51 u. v. 27.6.2007 – 4 BN 18.07, BRS 71 Nr. 36.

## VI. Das Normenkontrollverfahren (§ 47 VwGO)

Die Antragsbefugnis besteht regelmäßig, wenn sich der Eigentümer eines im Plangebiet gelegenen Grundstücks gegen eine Festsetzung wendet, die unmittelbar sein Grundstück betrifft[1].

Gemäß § 47 Abs. 2a VwGO, der durch die BauGB-Novelle 2007 eingeführt wurde, ist der Antrag einer natürlichen oder juristischen Person, der einen BPlan oder eine Innen- oder Außenbereichssatzung zum Gegenstand hat, **unzulässig**, wenn der Antragsteller nur Einwendungen geltend macht, die er im Rahmen der öffentlichen Auslegung (§ 3 Abs. 2 BauGB) oder der Beteiligung der betroffenen Öffentlichkeit (§ 13 Abs. 2 Nr. 2 BauGB und § 13a Abs. 2 Nr. 1 BauGB) nicht oder verspätet geltend gemacht hat, aber hätte geltend machen können, und wenn auf diese Rechtsfolge im Rahmen der Beteiligung hingewiesen worden ist (**Präklusion**). Die Rechtsfolge der formellen Präklusion setzt voraus, dass die Hinweisbekanntmachung ihrerseits formell und materiell fehlerfrei ist und auch die öffentliche Auslegung des Planentwurfs ordnungsgemäß durchgeführt worden ist[2]. Dann greift sie allerdings auch, wenn der Antragsteller im Rahmen der öffentlichen Auslegung Einwendungen nicht oder nicht rechtzeitig geltend gemacht hat, die sich der planenden Gemeinde nach Lage der Dinge aufdrängen mussten[3]. Die Einwendungen sind während der Auslegungsfrist tunlichst schriftlich oder zur Niederschrift vorzubringen. Die Gemeinde darf die Belehrung sowohl an dem Wortlaut des § 3 Abs. 2 Satz 2 Halbs. 2 BauGB als auch an dem hiervon etwas abweichenden § 47 Abs. 2a VwGO orientieren[4]. Führt eine Gemeinde während eines anhängigen Normenkontrollverfahrens ein ergänzendes Verfahren durch, so wird der Normenkontrollantrag nicht nachträglich gem. § 47 Abs. 2a VwGO unzulässig, wenn der Antragsteller im Rahmen der erneuten öffentlichen Auslegung keine Einwendungen erhebt[5].

Die **Antragsfrist** für den Normenkontrollantrag beträgt ein Jahr nach der Bekanntmachung der Rechtsvorschrift (§ 47 Abs. 2 2. Halbs. VwGO). Die Frist berechnet sich nach § 57 VwGO i.V.m. §§ 187, 188 Abs. 2 und 3, 193 BGB[6]. Nach verbreiteter Auffassung gilt die Frist nicht, wenn ein Bebauungsplan oder eine andere Rechtsnorm angegriffen wird, die zunächst rechtmäßig erlassen, aber wegen einer Veränderung der Sach- oder Rechtslage rechtswidrig oder funktionslos geworden ist[7].

Hat der Antragsteller die Hürde der Antragsbefugnis überwunden und ist er nicht präkludiert, so ist der Weg zu einer **umfassenden Überprüfung** des BPlanes oder der sonstigen Satzung offen. Der Erfolg der Normenkontrolle hängt nicht davon ab, dass der Antragsteller durch den BPlan oder die Satzung tatsächlich in seinen Rechten verletzt wird. Selbstverständlich sind aber die Planerhaltungsvorschriften der §§ 214, 215 BauGB zu beachten (dazu oben Rz. 102 ff.).

### 3. Einstweilige Anordnung (§ 47 Abs. 6 VwGO)

Gemäß § 47 Abs. 6 VwGO kann das Normenkontrollgericht auf Antrag eine einstweilige Anordnung erlassen, wenn dies zur Abwehr schwerer Nachteile oder aus anderen wichtigen Gründen dringend geboten ist. In der Tätigkeit des Anwalts, der für einen Mandanten einen BPlan mit der Normenkontrolle angreift, stellt

---

1 BVerwG v. 20.3.1998 – 4 CN 6.97, BRS 60 Nr. 44.
2 VGH BW v. 3.2.2011 – 8 S 435/09.
3 BVerwG v. 18.11.2010 – 4 CN 3.10, ZfBR 2011, 152.
4 BVerwG v. 27.10.2010 – 4 CN 4.09, DVBl 2011, 108.
5 BVerwG v. 24.3.2010 – 4 CN 3.09, DVBl 2010, 779.
6 *Kopp/Schenke*, § 47 Rz. 83.
7 *Kopp/Schenke*, § 47 Rz. 85.

sich die einstweilige Anordnung oftmals als die aussichtsreichste und letzte Möglichkeit dar, Vorhaben, die den BPlan vollziehen, zu verhindern.

**Beispiele:**

Ein BPlan setzt angrenzend an die Hausgärten eines WR-Gebiets aufgrund unzureichender Immissionsprognosen und sachwidriger Abwägung einen Eingangsbereich nebst Besucherzentrum für einen Archäologischen Park mit Parkplatz für Pkw und Busse (als öffentliche Verkehrsfläche) fest. Die Stadt beginnt bereits mit der Herstellung der öffentlichen Verkehrsflächen[1].

Die Überplanung eines Blockinnenbereichs ist wegen der Lage der öffentlichen Verkehrsflächen und Stellplätze gegenüber angrenzenden Wohngrundstücken rücksichtslos und abwägungsdisproportional; die Erteilung einzelner Baugenehmigungen auf Grundlage des BPlanes wäre aber mangels Rechtsverletzung i.S.d. § 113 Abs. 1 Satz 1 VwGO nicht anfechtbar[2].

Der Erlass einer einstweiligen Anordnung in solchen Fällen, die regelmäßig in der Außervollzugsetzung des BPlanes bis zur Entscheidung über den Normenkontrollantrag bestehen wird, setzt entweder einen schweren Nachteil voraus oder muss aus anderen wichtigen Gründen dringend geboten sein. An den „schweren Nachteil" sind erheblich strengere Anforderungen zu stellen, als § 123 VwGO an den Erlass einer einstweiligen Anordnung im verwaltungsgerichtlichen Rechtsschutz stellt[3]. Ein solcher liegt nicht im bloßen Vollzug eines BPlanes, sondern ist nur dann zu bejahen, wenn die Verwirklichung des BPlanes in tatsächlicher und rechtlicher Hinsicht eine schwerwiegende Beeinträchtigung rechtlich geschützter Positionen des jeweiligen Antragstellers konkret erwarten lässt[4]. Ist diese Schwelle, wie auch in den vorstehenden Beispielsfällen, nicht erreicht, so kann die Außervollzugsetzung aus anderen wichtigen Gründen dringend geboten sein, wenn der BPlan sich bei der im Verfahren des einstweiligen Rechtsschutzes nur möglichen und gebotenen summarischen Prüfung als offensichtlich rechtsfehlerhaft erweist – mithin ein Erfolg des Hauptsacheverfahrens zu erwarten ist – und die Umsetzung des BPlanes den jeweiligen Antragsteller konkret so beeinträchtigt, dass die einstweilige Anordnung jedenfalls deshalb dringend geboten ist. In der Kasuistik setzen die Oberverwaltungsgerichte, teils sogar deren Senate, unterschiedliche Akzente. Regelmäßig wird eine Interessenabwägung geboten sein. Ein schwerer Nachteil oder ein anderer wichtiger Grund ist jedenfalls dann nicht gegeben, wenn der Individualrechtsschutz gegen den BPlan vollziehende Rechtsakte genügt, um die erheblichen Belange des Antragstellers zu schützen[5]. Entscheidendes Gewicht kommt der Reparabilität der Folgen, und damit der Frage zu, ob durch den Vollzug des BPlanes vollendete Tatsachen geschaffen würden, die später nicht mehr oder nur schwer wieder rückgängig gemacht werden können[6].

---

1 OVG NW v. 23.4.2009 – 10 B 459/09.NE, BRS 74 Nr. 55.
2 OVG NW v. 7.7.2006 – 10 B 2138/05.
3 BVerwG v. 18.5.1998 – 4 VR 2.98, NVwZ 1998, 1065; OVG Berlin v. 10.8.2010 – 10 S 20.10, NVwZ-RR 2010, 965; BayVGH v. 13.7.2009 – 2 NE 09.1506, BRS 74 Nr. 57; OVG NW v. 27.4.2009 – 10 B 459/09.NE.
4 OVG NW v. 23.4.2009 – 10 B 459/09.NE, BRS 74 Nr. 55.
5 VGH BW v. 18.2.1997 – 3 S 3419/96, NVwZ-RR 1998, 613; BayVGH v. 13.7.2009 – 2 NE 09.1506, BRS 74 Nr. 57; differenzierend *Kopp/Schenke*, § 47 Rz. 149 m.w.N.
6 *Kopp/Schenke*, § 47 Rz. 152, 154; BayVGH v. 19.8.2010 – 1 NE 08.3386 Rz. 22; OVG NW v. 7.7.2006 – 10 B 2138/05.NE.

# C. Umlegungsverfahren

|  | Rz. |
|---|---|
| I. Vorbemerkung | 1 |
| II. Allgemeine Übersicht | |
| 1. Abgrenzungsfragen | 6 |
| 2. Ablauf und Inhalt des Umlegungsverfahrens | 13 |
| 3. Verfahrensrechtliche Besonderheiten/Kosten des Umlegungsverfahrens/Steuerbefreiung | 20 |
| III. Die Bescheide im Umlegungsverfahren | |
| 1. Der Umlegungsbeschluss | |
| a) Formelle Voraussetzungen | |
| aa) Ist ordnungsgemäß über die Einleitung der Umlegung Beschluss gefasst worden? | 29 |
| bb) Hat vor Beschlussfassung eine Anhörung der Eigentümer stattgefunden? | 34 |
| cc) Ist der Umlegungsbeschluss ordnungsgemäß bekannt gemacht worden? | 35 |
| b) Materielle Voraussetzungen | |
| aa) Ist die Umlegung zweckmäßig und erforderlich? | 39 |
| bb) Liegen die planerischen Voraussetzungen für die Einleitung der Umlegung vor? | 43 |
| c) Konsequenzen des Umlegungsbeschlusses | |
| aa) Verfügungs- und Veränderungssperre | 44 |
| bb) Gemeindliches Vorkaufsrecht | 46 |
| cc) Beitragspflicht | 50 |
| 2. Der Umlegungsplan/der Beschluss über die vereinfachte Umlegung | |
| a) Formelle Voraussetzungen | |
| aa) Ist ordnungsgemäß Beschluss gefasst und dieser dementsprechend verlautbart worden? | 51 |
| bb) Sind Umlegungskarte und Umlegungsverzeichnis vollständig? | 54 |
| cc) Sind dem Umlegungsbetroffenen die Ergebnisse der Umlegung ordnungsgemäß eröffnet worden? | 58 |
| b) Materielle Voraussetzungen | |
| aa) Allgemeine Rechtmäßigkeitsvoraussetzungen | |
| (1) Ist zulässigerweise ein Teilumlegungsplan aufgestellt worden? | 61 |
| (2) Liegt dem Umlegungsplan ein bestandskräftiger Umlegungsbeschluss zugrunde? | 62 |
| (3) Liegt dem Umlegungsplan/dem Beschluss über die vereinfachte Umlegung ein rechtskräftiger und gültiger Bebauungsplan zugrunde? | 63 |
| bb) Grundstücksbezogene Anforderungen | |
| (1) Entspricht der Umlegungsplan/der Beschluss über die vereinfachte Umlegung Zusagen, die im Verfahren gemacht wurden? | 67 |
| (2) Ist die Zuteilung zweckentsprechend sowie in gleicher oder gleichwertiger Lage erfolgt? | 69 |
| (3) Entspricht die Zuteilung dem nach § 57 BauGB ermittelten Anteil (Wertumlegung)? | 72 |
| (4) Entspricht die Zuteilung dem nach § 58 BauGB ermittelten Anteil (Flächenumlegung)? | 81 |
| (5) Sind die Mehr- oder Minderzuteilungen richtig berechnet worden (§ 59 Abs. 2 BauGB)? | 84 |
| (6) Liegen die Voraussetzungen für die Abfindung mit Geld, Grundeigentum außerhalb des Umlegungsgebietes oder für die Begründung von Miteigentum u.a. vor (§ 59 Abs. 4–6 BauGB)? | 86 |
| (7) Ist für die baulichen Anlagen, Anpflanzungen u.Ä. entschädigt worden (§ 60 BauGB)? | 89 |
| (8) Ist die Aufhebung, Änderung, Begründung oder Abfindung von Rechten erfolgt (§§ 61, 62 BauGB)? | 91 |

|  | Rz. |  | Rz. |
|---|---|---|---|
| (9) Liegen die Voraussetzungen für den Erlass von Modernisierungs-, Pflanz- und Baugeboten vor (§ 59 Abs. 7 BauGB)? | 93 | bb) Teilinkraftsetzung (§ 71 Abs. 2 BauGB) | 98 |
|  |  | cc) Wirkungen der Inkraftsetzung | 101 |
|  |  | b) Vorzeitige Regelungen |  |
|  |  | aa) Vorwegnahme der Entscheidung (§ 76 BauGB) | 105 |
| 3. Inkrafttreten und Änderung des Umlegungsplans/des Beschlusses über die vereinfachte Umlegung |  | bb) Vorzeitige Besitzeinweisung (§ 77 BauGB) | 108 |
| a) Bekanntmachung der Unanfechtbarkeit |  | c) Änderung des Umlegungsplans (§ 73 BauGB) | 112 |
| aa) Gesamtinkraftsetzung (§ 71 Abs. 1 BauGB) | 94 | **IV. Rechtsschutzmöglichkeiten (Übersicht)** | 118 |

**Literatur:**

*Battis/Krautzberger/Löhr,* BauGB, Kommentar, 11. Aufl. 2009; *Baur,* Private Baulandumlegung, in: Festschrift O. Mühl, 1981, S. 71; *Bielenberg,* Rechtsprechung zum Bodenordnungsrecht, ZfBR 1995, 5; *Birk,* Die neuen städtebaulichen Verträge nach dem BauGB und nach dem BauGBMaßnG seit dem 1.5.1993 unter besonderer Berücksichtigung der Rechtslage in Baden Württemberg, 3. Teil, VBlBW 1994, 88; *Birk,* Kooperation in der Umlegung, in: Spannowsky/Krämer (Hrsg.), Neue Wege in der Bodenordnung, 2004, S. 45 ff.; *Breloer,* Rechtsfragen der Gehölzwertermittlung, NVwZ 1989, 121; *Brügelmann* u.a., BauGB, Kommentar, Loseblatt, Stand Juli 2010; *Burmeister,* Praxishandbuch Städtebauliche Verträge, 2. Aufl. 2005; *Burmeister/Seith,* Die vereinbarte amtliche Umlegung – ein versperrter Königsweg zum Bauland?, VBlBW 2003, 457; *Bryde,* „Rückenteignung" aus zweckverfehlter Umlegung, JuS 1993, 283; *Christ,* Die Umlegung als Instrument des privatnützigen Ausgleichs der Eigentümerinteressen – Kritik der Rechtsprechung des BGH im Lichte des Beschlusses des BVerfG v. 22.5.2001, DVBl 2002, 1517; *Dieterich,* Baulandumlegung, Recht und Praxis, 5 Aufl. 2006; *Driehaus* (Hrsg.), Kommunalabgabenrecht, Kommentar, Loseblatt, Stand März 2011; *Eggert,* Entschädigugsansprüche im Rahmen der Umlegung, ZfBR 2010, 117; *Ernst/Zinkahn/Bielenberg/Krautzberger* (Hrsg.) BauGB, Kommentar, Loseblatt, Stand Januar 2011; *v. Franckenstein/Gräfenstein,* Die Umlegung – Kostensparmodell für die Baulandentwicklung, BauR 2008, 463; *Goldschmidt,* Bodenordnung im Rahmen von Stadtumbaumaßnahmen, DVBl 2006, 740; *Goldschmidt/Taubeneck,* Umlegung im Zusammenhang bebauter Ortsteile nach dem EAG Bau, Flächenmanagement und Bodenordnung, FuB 2006, 225; *Grziwotz,* Kaufvertragsabwicklung bei der Ausübung eines gemeindlichen Vorkaufsrechts, NVwZ 1994, 215; *Haas,* Die Baulandumlegung – Inhalts- und Schrankenbestimmung des Eigentums, NVwZ 2002, 272; *Jäde/Dirnberger/Weiss,* BauGB/BauNVO, Kommentar, 6. Aufl. 2010; *Jäschke,* Aktuelle steuerliche Fragen der Umlegung von Grundstücken, DStR 2006, 1349; *Kirchberg,* Aktuelle Probleme der städtebaulichen Planverwirklichung durch Umlegung und Enteignung – dargestellt anhand der Rechtsprechung des baden-württembergischen Baulandgerichte und des BGH, VBlBW 1986, 401; 1987, 81; 1990, 161; *Kirchberg,* Zur „Angemessenheit" bei der einvernehmlichen Umlegung, in: Festschrift für Joachim Wenzel zum 65. Geburtstag, 2005, S. 327; *Koch,* Aufwuchsermittlung bei Grundstücksenteignung und die neue Wertermittlungsverordnung, NVwZ 1989, 122; *Kolenda,* Die vereinfachte Umlegung im Baugesetzbuch – eingeführt durch das Europarechtsanpassungsgesetz Bau (EAG Bau) –, ZfBR 2005, 538; *Kröner,* Das materielle Umlegungsrecht nach dem Bundesbaugesetz in der Rechtsprechung des BGH, ZfBR 1979, 1; *Letzner,* Die einvernehmliche gesetzliche Umlegung – Einhaltung der materiellen Grundsätze des gesetzlichen Umlegungsverfahrens für vertragliche Lösungen, in: Spannowsky/Krämer, Neue Wege in der Bodenordnung, 2004, S. 59; *Müller,* Zum Rechtsschutz gegen den Vollzug des Umlegungsplanes, BauR 1982, 549; *Müller-Jökel,* Zum Verhältnis von Umlegungsrecht und Erschließungsbeitragsrecht, ZfBR 2002, 224; *Nüßgens/Boujong,* Eigentum, Sozialbindung, Enteignung, 1987; *Numberger,* Rechtsprobleme der Baulandumlegung, BayVBl. 1988, 737; *Oehmen,* Die Ansprüche des Eigentümers bei der Zuteilung eines mangelhaften Grundstücks im Umlegungsverfahren nach Unanfechtbarkeit des Umlegungsplans, LKV 1994, 80; *Otte,* Fortentwicklung des Bodenordnungsrechts – vor allem des Baugesetzbuchs (BauGB). Veränderungen der Rechtslage seit 1990, insbesondere seit dem Investitionserleichterungs- und Wohnbaulandgesetz, DÖV 1995, 802; *Otte*, „Freiwillige Umlegung" als Umlegungsvertrag, ZfBR 1984, 211; *Otte*, Umlegungsrecht und Grenzregelungsrecht im Baugesetzbuch, ZfBR 1987, 263; Berliner Kommentar zum Baugesetzbuch (BauGB), 3. Aufl. 2002, Loseblatt Stand April 2010; *Rösrath*, Zur Anhörung beim Umlegungsbeschluss, BauR 2003, 1143; *Rüsken*, Vom Anspruch auf Gehör für fachgerichtliche Argumente vor dem BVerfG, NVwZ 2002, 428; *Rauball*, Der Umlegungsausschuß in den Ländern Baden-Württemberg, Bayern, Niedersachsen und Nordrhein-Westfalen, 1982; *Reinhardt*, Baulandumlegung in den neuen Bundesländern, LKV 1993, 287; *Rinne*, Rechtsprechung zur Umlegung – aktuelle Urteile, ausgewählte Beispiele –, in: Institut für Städtebau Berlin (Hrsg.), Städtebauliche Umlegung – aktuelle Probleme, Beispiele, Erfahrungsaustausch, 1995, S. 207; *Ronellenfitsch*, Umlegung und Stadtsanierung, VerwArch 1996, 143; *Rothe*, Umlegung und Grenzregelung nach dem Bundesbaugesetz, 1984; *Rothe*, Der Umlegungsausschuß nach dem Baugesetzbuch in den neuen Bundesländern, LKV 1994, 86; *Schmidt-Aßmann*, Die eigentumsrechtlichen Grundlagen der Umlegung (Art. 14 GG), DVBl 1982, 152; *Schrödter*, BauGB, Kommentar, 7. Aufl. 2006; *Spannowsky/Krämer* (Hrsg.), Neue Wege in der Bodenordnung, 2004; *Spannowsky*, Umlegung im Lichte des Eigentumschutzes, UPR 2004, 321; *Spieß*, Grundstückneuordnung nach dem Bodensonderungsgesetz, NJW 1998, 2553; *Stadler*, Umlegungsrecht und Erschließungsrecht – Änderungen durch die BauGB-Novelle 1998, ZfBR 1998, 12; *Stadler*, Die Umlegung als Inhaltsbestimmung des Grundeigentums, ZfBR 1999, 183; *Stang/Dürr*, Vereinbarungen zur Lastenübernahme im Zusammenhang mit der Aufstellung von Bebauungsplänen im Rahmen von Baulandumlegungen, BauR 1996, 205; *Steiner*, Grünanlagen als vorwegausscheidungsfähige Flächen im Umlegungsrecht, NVwZ 1995, 12; *Stemmler*, Verwirklicht eine den „Sollanspruch", nicht aber den Einwurfswert unterschreitende Landabfindung einen Enteignungstatbestand in der Umlegung?, ZfBR 1981, 115; *Stemmler*, Zur Bedeutung der Anhörungs- und Begründungspflichten im Umlegungsverfahren nach dem Baugesetzbuch, ZfBR 2002, 651; *Stemmler*, Fortentwicklung des Rechts der Bodenordnung nach dem Baugesetzbuch, DVBl 2003, 165; *Stich*, Möglichkeiten und Grenzen der Beschaffung von Flächen für naturschutzbezogene Ausgleichsmaßnahmen in der gemeindlichen Bauleitplanung, ZfBR 2001, 80; *Stock*, Die gesetzlichen Vorkaufsrechte nach dem Baugesetzbuch, ZfBR 1987, 10; *Stock*, Städtebauliche Grundstücksneuordnung – Überblick über die Änderungen des Baugesetzbuchs durch das EAG Bau 2004, ZfBR 2004, 536; *Stock*, Die Neuregelungen im Recht der Bodenordnung aufgrund des Europarechtsanpassungsgesetzes Bau (EAG Bau), in: Spannowsky/Krämer, Neue Wege in der Bodenordnung, 2004, S. 1; *Taubenek/Goldschmidt*, Bodenordnung, dargestellt anhand des Baulandumlegungsverfahrens mit den Besonderheiten im Land Brandenburg, LKV 1999, 249; *Tysper*, Konfliktlösung im Umlegungsrecht – Aktuelle Rechtsprechung und Umlegungsmediation, ZfIR 2006, 781; *Zabel*, Naturschutzrecht und Umlegung, DÖV 1995, 725.

## I. Vorbemerkung

Zwischen den beiden zuletzt abgehandelten Verfahren, dem Bebauungsplanverfahren einerseits und dem Baugenehmigungsverfahren andererseits, bedarf es regelmäßig der Vermittlung durch ein weiteres **Verfahren, um den Bebauungsplan** überhaupt **anwendbar zu machen**. Denn dessen Festsetzungen werden im Prinzip ohne Rücksicht auf die bestehenden katastermäßigen Grundstücksgrenzen bzw. -zuschnitte getroffen; ausschlaggebend sind vielmehr die gem. § 1 BauGB zu beachtenden städtebaulichen Leitsätze und sonstigen planungsrechtlichen Grundsätze. Selbst wenn aber gem. § 1 Abs. 6 BauGB bei der planerischen Abwägung auch die privaten (Eigentümer-)Belange zu berücksichtigen sind, so ändert dies doch nichts daran, dass der betroffene Eigentümer sein Grundstück auf dem Plan häufig nicht wiedererkennt bzw. wiederfindet, ohne dass sich allerdings die entsprechenden Änderungen bereits in einem Wechsel der Eigentumsverhältnisse, also grundbuchmäßig, niedergeschlagen haben. Denn der Bebauungsplan ist keine „self-executing"-Norm, sondern muss grds. zunächst in einem bodenordnenden Verfahren in die Wirklichkeit umgesetzt werden, bevor die erste Baugenehmigung erteilt werden kann bzw. darf.

1

2 Das geläufigste bodenordnende Verfahren ist das **Umlegungsverfahren** gem. §§ 45 ff. BauGB, ein **hoheitlich angeordnetes Grundstückstauschverfahren** mit dem Ziel, die notwendigen Erschließungs- und Infrastrukturflächen zu gewinnen und/oder den Verfahrensbeteiligten für die bauliche oder sonstige Nutzung zweckmäßig gestaltete und im Übrigen ihrem Einwurf bzw. Anteil entsprechende Grundstücke zuzuteilen. Sofern es sich nicht – was seit 1993 ebenfalls rechtlich zulässig ist – um eine Umlegung im unbeplanten Innenbereich gem. § 34 BauGB handelt, wird das Umlegungsverfahren häufig oder inzwischen sogar überwiegend **parallel zum Bebauungsplanverfahren** betrieben, um die Möglichkeit zu haben, bei der Planung flexibel auf die individuellen Eigentümerwünsche reagieren zu können. Daran muss sowohl der Gemeinde und der Umlegungsstelle einerseits als auch der Gesamtheit der betroffenen Grundeigentümer andererseits deshalb so sehr viel gelegen sein, weil die im Umlegungsverfahren getroffenen Regelungen in einem engen wechselseitigen Abhängigkeitsverhältnis zueinander stehen und weil sich dementsprechend langwierige (gerichtliche) Auseinandersetzungen mit einzelnen Verfahrensbeteiligten lähmend oder hindernd auf die Umlegung insgesamt auswirken können. Es reicht deshalb vielfach aus, bei der Erörterung der beabsichtigten Zuteilung oder spätestens im Widerspruchsverfahren gegen den Umlegungsplan die feste Entschlossenheit zu bekunden, im Streitfalle gerichtliche Hilfe in Anspruch zu nehmen, um die Umlegungsstelle dazu zu veranlassen, das Verhandlungspaket erneut aufzuschnüren und die betroffenen Grundstücke so lange zu modifizieren bzw. neu- oder umzuverteilen, bis alle Einwendungen ausgeräumt sind.

3 Der mit einem umlegungsrechtlichen Mandat betraute **Rechtsanwalt** kann also grds. davon ausgehen, dass ihm bei bewusster und konsequenter Wahrnehmung der Rechte seines Mandanten **nicht unerhebliche Einwirkungsmöglichkeiten** auf die im Umlegungsverfahren zu treffenden behördlichen Entscheidungen zu Gebote stehen. Denn das Umlegungsverfahren ist aus den genannten Gründen wie kaum ein anderes (nicht antragsgebundenes) Verwaltungsverfahren auf Verhandeln und Konsens angelegt, gerichtliche Auseinandersetzungen sind vergleichsweise selten. Kennt sich der beauftragte Rechtsanwalt allerdings nicht oder nur sehr unvollkommen mit den Mechanismen des Umlegungsverfahrens aus, so wird er es bald bereuen, ein entsprechendes Mandat überhaupt angenommen zu haben. Denn sowohl er als auch natürlich sein Mandant sind dann dem eindrucksvollen, oft sehr dominant vorgetragenen Fachchinesisch der weniger juristisch, als vielmehr (vermessungs-)technisch versierten Sachverständigen der Umlegungsstelle ausgeliefert, ohne sich effektiv oder zumindest in Anlehnung an sonst bekannte Rechtsnormen und -grundsätze zur Wehr setzen zu können. Auch die Drohung mit der etwaigen Einlegung von Rechtsmitteln wird in einem solchen Fall keine sonderliche Wirkung entfalten und setzt den Rechtsanwalt darüber hinaus in höchst unangenehmer Weise in Zugzwang: Denn er steht damit im Worte, vor den sowohl mit Zivil- als auch mit Verwaltungsrichtern besetzten Baulandgerichten und nach Maßgabe eines im Baugesetzbuch nur ansatzweise geregelten Gerichtsverfahrens darzulegen, weshalb eine umlegungsrechtliche Entscheidung, die er als solche bereits kaum nachvollziehen kann, rechtswidrig sein soll.

4 Die vorliegende Darstellung geht deshalb nach einer allgemeinen Übersicht über das Verfahren von den im Rahmen einer Umlegung ergehenden behördlichen **Entscheidungen** aus und fragt jeweils – gewissermaßen im Sinne einer **Checkliste** – nach den formellen und materiellen **Bedingungen ihrer Rechtmäßigkeit**. Damit hat auch der mit dem Umlegungsrecht weniger vertraute Rechtsanwalt nicht nur die Möglichkeit, quasi schematisiert und zugleich umfassend die Rechtmäßigkeit umlegungsrechtlicher Entscheidungen zu überprüfen, sondern erschließt sich gleichzeitig auch Argumentationsmuster und Entscheidungshilfen für die Verhandlungen mit der Umlegungsstelle, wenn es z.B. darum geht, ob ein Grundstück überhaupt in die Umlegung einbezogen wird, wenn es um die konkrete Zuteilung und

die Ausgleichsleistungen oder um die nachträgliche Änderung des Umlegungsplans geht. All dies enthebt ihn natürlich nicht der Notwendigkeit, den materiellen Fragen des Umlegungsrechts unter Berücksichtigung der hierzu gegebenen, weiterführenden Hinweise selbst nachzugehen und die eigentliche Subsumtion im konkreten Fall vorzunehmen. Denn der Schwerpunkt auch dieser Darstellung liegt auf dem **Verwaltungsverfahren**, selbst wenn sich gerade auch beim Umlegungsrecht die inhaltlichen Fragen hiervon teilweise kaum trennen lassen. Aus der gewählten Darstellungsweise folgt im Übrigen weiter, dass nicht jedes Einzel- oder Detailproblem bedacht und erörtert werden kann. Es geht vielmehr um den Gang des Verfahrens als solches und die hierbei **üblicherweise auftretenden Probleme**, wie sie auch regelmäßig in der Rechtsprechung ihren Niederschlag finden. Den Abschluss bildet eine gedrängte Übersicht über die Rechtsschutzmöglichkeiten im Umlegungsverfahren.

Seine wesentlichsten **Rechtsänderungen** hat das Umlegungsrecht in neuerer Zeit **aufgrund des Europarechtsanpassungsgesetzes Bau – EAG Bau –** v. 24.6.2004 (BGBl. I, 1359), in Kraft seit 20.7.2004, erfahren. Umlegungsverfahren, die noch nach altem Recht eingeleitet worden sind, sind allerdings grds. sowohl in formeller als auch in materieller Hinsicht auch nach den bisher geltenden rechtlichen Maßstäben zu Ende zu führen, § 233 Abs. 1 BauGB. Für das – **anstelle der bisherigen Grenzregelung** – neu geschaffene Instrument der **vereinfachten Umlegung** (§§ 80–84 BauGB n.F.) galt dies – im Interesse einer schnellen Umstellung auf das neue Recht – nur, wenn der (dem Umlegungsplan entsprechende) Beschluss über die Grenzregelung gem. § 82 BauGB a.F. noch nicht gefasst worden war, § 239 BauGB. Die Rechtsänderungen, die sich speziell aufgrund des EAG Bau 2004 für die städtebauliche Grundstücksneuordnung ergeben, werden im Übrigen aktuell, übersichtlich und erschöpfend von *Stock* (ZfBR 2004, 536 ff.) dargestellt.

## II. Allgemeine Übersicht

### 1. Abgrenzungsfragen

Im Bereich des **Allgemeinen Städtebaurechts** (Erstes Kapitel des BauGB) ist das in den §§ 45–79 BauGB geregelte **einseitig-hoheitliche Umlegungsverfahren** zwar das geläufigste, aber nicht das einzige Verfahren der Bodenordnung. Als Verfahren zur Verwirklichung der Festsetzungen eines Bebauungsplans kommen daneben die seit 1987 erstmals ausdrücklich in § 11 Abs. 1 Satz 2 Nr. 1 BauGB als städtebaulicher Vertrag angesprochene, ansonsten aber nicht geregelte **freiwillige Umlegung**, außerdem das anstelle der bisherigen Grenzregelung seit 2004 in den §§ 80–84 BauGB neugeregelte **vereinfachte Umlegungsverfahren** und, als ultima ratio, die Durchführung eines **Enteignungsverfahrens** (§§ 85–122 BauGB) in Frage. Strukturell am ehesten noch der Umlegung verwandt ist die **Flurbereinigung**. Sie dient aber gerade nicht der Verwirklichung städtebaulicher Planungen, sondern der Verbesserung der Produktions- und Arbeitsbedingungen in der Land- und Forstwirtschaft sowie der Förderung der allgemeinen Landeskultur und Landesentwicklung (§ 1 FlurbG); Überschneidungen mit Umlegungsverfahren sind allerdings möglich[1].

Die Umlegung spielt als Instrument der Bodenordnung auch im **Besonderen Städtebaurecht** (Zweites Kapitel des BauGB) eine wichtige Rolle. Besonderheiten der **Umlegung im Sanierungsgebiet** ergeben sich aus § 153 Abs. 5 BauGB[2]. Als (minder

---

[1] Vgl. § 44 Abs. 7 FlurbG und § 188 Abs. 2 BauGB sowie dazu BVerwG v. 15.9.1993 – 11 B 119.93, Buchholz 424.01 § 37 Nr. 25.
[2] Vgl. dazu im Einzelnen *Dieterich*, Baulandumlegung, Rz. 326 ff. sowie insbes. auch bereits *Ronellenfitsch*, VerwArch 1996, 143 ff.

schwere und damit weniger belastende) **Alternative zur städtebaulichen Entwicklungsmaßnahme** nach den §§ 165 ff. BauGB bietet sich die Baulandumlegung insbesondere dann an, wenn auch auf diese Weise sowie mit Blick auf die Eigentumsverhältnisse die Schaffung hinreichend großer Grundstücke für die geplante Nutzung möglich ist und wenn auch keine Anhaltspunkte dafür vorliegen, dass die Eigentümer das in der Bauleitplanung begründete Angebot einer entsprechenden baulichen Nutzung nicht zügig wahrnehmen werden[1].

7 Die **freiwillige Umlegung** ist zwar jetzt ausdrücklich gesetzlich für zulässig erklärt (§ 11 Abs. 1 Nr. 1 BauGB), allerdings ansonsten **nicht** im Einzelnen **positiv-rechtlich geregelt**, gleichwohl aber von nicht zu unterschätzender praktischer Bedeutung[2]. Grundgedanke ist, dass die beteiligten Grundeigentümer versuchen, durch privaten Kauf und Tausch ihre Grundstücke selbst so neu zu ordnen, dass sie entsprechend den Festsetzungen eines Bebauungsplans zweckgerecht bebaut werden können. In dem Maße, wie die Gemeinde selbst oder über eine von ihr eingeschaltete Erschließungsgesellschaft Einfluss auf die Inhalte und die Bedingungen der freiwilligen Umlegung nimmt, wird allerdings nicht mehr von einer rein privatrechtlichen Neuordnung des fraglichen Gebiets gesprochen werden können; es handelt sich dann ggf. um öffentlich-rechtliche Verträge[3], ohne dass sich dadurch jedoch etwas an der Freiwilligkeit, also daran ändert, dass auch eine solche Umlegung nur dann durchgeführt werden kann, **wenn** im Ergebnis **alle beteiligten Grundeigentümer** mit den ausgehandelten Bedingungen **einverstanden sind**[4]. Gerade bei größeren freiwilligen Umlegungen sind im Übrigen die vereinbarten Regelungen weitgehend dem hoheitlichen Umlegungsrecht angenähert, insbesondere was die Flächenabzüge und die Abschöpfung von Umlegungsvorteilen anbetrifft. Das ändert allerdings nichts daran, dass im Rahmen einer freiwilligen Umlegung auch einvernehmliche Regelungen getroffen werden können, die nicht Gegenstand eines Umlegungsplan sein könnten, also **vom gesetzlichen Umlegungsrecht abweichen**; dieses sei, so hat erst unlängst wieder das Bundesverwaltungsgericht betont, „**elastisch genug**" für solche besonderen Vereinbarungen, es sei denn, die daran beteiligte Gemeinde lasse sich (entgegen dem in § 56 Abs. 1 Satz 2 VwVfG normierten Rechtsgrundsätzen) als Vorteilsausgleich einen den Umständen nach **unangemessen hohen Geldbetrag** versprechen[5]. **Mischformen** zwischen freiwilliger und hoheitlicher Umlegung („**vereinbarte amtliche Umlegung**") ergeben sich dann, wenn im Rahmen einer amtlichen Umlegung, insbesondere bei Vorwegregelungen gem. § 76

---

1 So OVG Koblenz v. 6.12.2001 – 1 C 10195/00, NVwZ-RR 2002, 816. Zum Einsatz der Umlegung bei „Stadtumbaumaßnahmen" i.S.d. §§ 171a–171d BauGB s. *Goldschmidt*, DVBl 2006, 740.
2 Vgl. hierzu generell: *Rothe*, Umlegung und Grenzregelung, Rz. 483 ff.; *Dieterich*, Baulandumlegung, Rz. 465 ff.; *Otte*, in: Ernst/Zinkahn/Bielenberg/Krautzberger, BauGB, Vorb. §§ 45–84 Rz. 1 sowie § 46 Rz. 5; *Burmeister*, Praxishandbuch, S. 100 ff.; *Birk*, Kooperation, S. 45 ff.; *Tysper*, ZflR 2006, 781 ff.; *Frankenstein/Gräfenstein*, BauR 2008, 463 ff.
3 Vgl. hierzu BGH v. 25.11.1976 – III ZR 45/74, NJW 1977, 716 (717); v. 2.4.1981 – III ZR 131/79, NJW 1981, 2124; BVerwG v. 6.7.1984 – 4 C 24.80, NJW 1985, 989 sowie dazu *Otte*, ZfBR 1984, 211 (212); *Birk*, VBlBW 1994 88 (90), spricht von einem „gemischt öffentlich-rechtlichen zivilrechtlichen Vertrag eigener Art", woraus folge, dass Streitigkeiten je nach ihrer Zuordnung zum öffentlich-rechtlichen oder zivilrechtlichen Teil des Vertrages auch bei unterschiedlichen Gerichten anhängig zu machen seien.
4 OLG Stuttgart v. 15.10.1985 – 10 U (Baul.) 244/84, VBlBW 1986, 358; s. speziell dazu auch *Stang/Dürr*, BauR 1996, 209 (214).
5 BVerwG v. 17.7.2001 – 4 B 24.01, BauR 2002, 57 (60 f.); ebenso bereits VGH BW v. 20.7.2000 – 8 S 177/00, NVwZ 2001, 694 (695); s. ferner OVG Rh.-Pf. v. 7.10.2005 – 8 A 10974, BRS 69 (2005), Nr. 216 und schließlich die Untersuchung v. *Kirchberg*, Angemessenheit, S. 327 ff.

## II. Allgemeine Übersicht

BauGB (s.u. Rz. 105 ff.), Einzelvereinbarungen zwischen Umlegungsbeteiligten und der Umlegungsstelle getroffen werden[1].

Die **Grenzregelung** war (bis 2004) ein **zweiseitiger Grenzausgleich**, bei dem benachbarte Grundstücke oder Teile benachbarter Grundstücke gegeneinander ausgetauscht werden, oder eine **einseitige Grenzverschiebung**, bei der Splittergrundstücke oder Teile eines Grundstücks benachbarten Grundstücken zugeschlagen werden, beides mit dem Ziel, entweder eine ordnungsgemäße Bebauung einschließlich Erschließung herbeizuführen oder baurechtswidrige Zustände zu beseitigen (§ 80 Abs. 1 BauGB a.F.)[2]. An ihre Stelle ist die **vereinfachte Umlegung**[3] getreten, bei der nunmehr **unter den gleichen Voraussetzungen wie ansonsten bei der Umlegung** (vgl. § 80 Abs. 1 Satz 1 Halbs. 1 BauGB n.F.) nicht nur benachbarte, also unmittelbar angrenzende Grundstücksteile gegeneinander, sondern auch „**in enger Nachbarschaft**" liegende Grundstücke untereinander getauscht werden können (§ 80 Abs. 1 Satz 1 Nr. 1 BauGB n.F.). Dazu kommt die **Möglichkeit der einseitigen Zuteilung** von Grundstücken, insbesondere von Splittergrundstücken oder von Grundstücksteilen, wenn dies im öffentlichen Interesse geboten ist (§ 80 Abs. 1 Satz 1 Nr. 2, Satz 2 BauGB n.F.)[4]. Wie im bisher geltenden Recht dürfen die auszutauschenden Grundstücke bzw. Grundstücksteile („Wechselflächen") **nicht selbständig bebaubar** sein (§ 80 Abs. 1 Satz 3 BauGB n.F.). Die vereinfachte Umlegung ist so durchzuführen, dass jedem Eigentümer nach dem Verhältnis des Wertes seines früheren Grundstücks zum Wert der übrigen Grundstücke **möglichst ein Grundstück in gleicher oder gleichwertiger Lage zugeteilt** wird. Eine durch die vereinfachte Umlegung für die Grundstückseigentümer bewirkte **Wertminderung** darf **nur unerheblich** sein (§ 80 Abs. 3 Satz 1 u. 2 BauGB n.F.). **Vorteile**, die durch die vereinfachte Umlegung bewirkt werden, sind von den Eigentümern **in Geld auszugleichen** (§ 81 Abs. 1 BauGB). Im Übrigen sind auf die vereinfachte Umlegung die Vorschriften über die „reguläre" Umlegung **nur** anzuwenden, **soweit** die Vorschriften über die vereinfachte Umlegung **dies bestimmen** (§ 80 Abs. 2 Satz 1 BauGB n.F.). Die sich daraus ergebenden **Besonderheiten** und **Abweichungen** werden in der nachfolgenden Darstellung **jeweils kenntlich gemacht**.

Die planakzessorische **Enteignung** kommt schließlich dann in Frage, wenn es darum geht, ein Grundstück entsprechend den Festsetzungen des Bebauungsplans zu nutzen oder eine solche Nutzung vorzubereiten; außerdem muss das **Wohl der Allgemeinheit** die Enteignung **erfordern** und der Enteignungszweck auf andere zumutbare Weise nicht erreicht werden können (§§ 85 Abs. 1 Nr. 1, 87 Abs. 1 BauGB)[5]. Die für das Enteignungsrecht geltenden Entschädigungsgrundsätze (§§ 93–103 BauGB) finden zum Teil auch bei der Umlegung (vgl. etwa

---

1 Siehe dazu *Schriever*, in: Brügelmann u.a., BauGB, vor §§ 45–84 Rz. 37 u. *Dieterich*, Baulandumlegung, Rz. 498b ff., *Burmeister/Seith*, VBlBW 2003, 457 sowie insbesondere auch *Letzner*, in: Spannowsky/Krämer, Bodenordnung, S. 59 ff.
2 Vgl. hierzu generell: *Rothe*, Umlegung und Grenzregelung, Rz. 548 ff.; *Dieterich*, Baulandumlegung, Rz. 511 ff. sowie die (synoptischen) Erläuterungen von *Otte* zu § 80 in Ernst/Zinkahn/Bielenberg/Krautzberger, BauGB sowie schließlich BGH v. 20.3.1997 – III ZR 133/96, NVwZ 1997, 1245 (**kein** zulässiges Ziel der Grenzregelung ist die **Verbesserung** der bereits vorhandenen ordnungsgemäßen Bebauung und Erschließung).
3 Zu den Motiven für die Einführung der vereinfachten Umlegung s. *Stemmler*, DVBl 2003, 165 sowie RegE d. EAG Bau v. 17.10.2003, BR-Drs. 756/03, 92 ff., 164; s. ferner die Darstellung von *Stock*, Neuregelungen, S. 1 ff.; *Idem*, ZfBR 2004, 536 ff. u. *Kolenda*, ZfBR 2005, 538; Anwendungsbeispiele für die vereinfachte Umlegung bei *Otte*, in Ernst/Zinkahn/Bielenberg/krautzberger, BauGB § 80 Rz. 48 ff.
4 Zur Ausübung des Ermessens – bei der Entscheidung über die Durchführung einer vergleichbaren, einseitigen Grenzregelung – s. OLG München v. 3.9.1993 – U 1/93 Bau, NVwZ 1994, 620.
5 Vgl. hierzu generell die Erläuterungen von *Halama* im Berliner Kommentar BauGB zu den §§ 85 ff. sowie *Kirchberg*, VBlBW 1990, 161 (162 ff.) m. zahlr. w. N.

§§ 59–61 BauGB) sowie bei der vereinfachten Umlegung (§ 81 Abs. 1 BauGB) Anwendung[1]. Im Übrigen dient die Enteignung regelmäßig der Straßenlandbeschaffung bzw. der Beschaffung von Flächen für Gemeinbedarfs- und andere Infrastruktureinrichtungen.

10 Die Gemeinde ist bei der **Auswahl** unter den verschiedenen Formen der Bodenordnung **nicht frei**. Sie muss sich grds. für **dasjenige bodenordnende Mittel** entscheiden, das für die beteiligten Grundeigentümer **mit den geringsten Belastungen** verbunden ist[2]. Nach inzwischen gefestigter Rechtsprechung gilt dies zunächst für die **freiwillige Umlegung**[3], weshalb sich die Gemeinde auch nicht von vornherein weigern darf, sich an einem solchen Verfahren zu beteiligen[4]. Erst dann, wenn eine freiwillige Umlegung nicht zustande kommt oder nicht geeignet erscheint, die anstehenden bodenordnungsrechtlichen Probleme sachgerecht zu bewältigen[5], und wenn schließlich auch eine **vereinfachte Umlegung** nicht möglich ist[6], darf die Gemeinde die **Durchführung eines Umlegungsverfahrens** nach den §§ 45 ff. BauGB anordnen. Erst als letztes Mittel kommt die einseitig-hoheitliche „Landnahme" in Form der **Enteignung** in Frage[7], was regelmäßig mit dem Verlust des Grundeigentums in seiner konkreten Gestalt gegen eine dem Verkehrswert (§ 194 BauGB) entsprechende Entschädigung in Geld einhergeht.

11 Wird allerdings mit der Umlegung nicht der Zweck verfolgt, für die bauliche oder sonstige Nutzung zweckmäßig gestaltete Grundstücke entstehen zu lassen (vgl. § 45 Abs. 1 BauGB sowie nachstehend Rz. 39), sondern soll eine solche Maßnahme z.B. ausschließlich der Straßenlandgewinnung dienen, ohne dass damit irgendwelche Auswirkungen auf die Situation des betroffenen Gebietes insgesamt verbunden sind, so **verkehrt sich das grundsätzliche Verhältnis von Umlegung und Enteignung in ihr Gegenteil**: Denn eine solche Maßnahme kann dann wegen „Zweckverfehlung" nicht mehr unter den erleichterten Voraussetzungen einer Umlegung durchgeführt werden, sondern muss sich **am strengeren Maßstab der Voraussetzungen für eine Enteignung** messen lassen[8]. Die Umlegung ist als Mittel der Bodenordnung darüber hinaus wegen eines **Abwägungsmangels** des ihr zugrunde liegenden Bebauungsplans wiederum dann unzulässig, wenn die fragliche Festsetzung des Bebauungsplans nicht dem Gebot der **Lastengleichheit** entspricht und auch nicht etwa durch die natürlichen Geländeverhältnisse oder auf andere Weise vorgezeichnet ist[9]. Je nach Lage der Dinge ist es andererseits jedoch auch nicht von vornherein aus-

---

1 Zu den enteignungsrechtlichen Entschädigungsgrundsätzen vgl. generell die Erläuterungen von *Schmidt-Aßmann/Groß* zu den §§ 93 ff.; zu den Entschädigungsansprüchen im Rahmen der Umlegung s. im Einzelnen *Eggert*, ZfBR 2010, 117.
2 BGH v. 10.11.1983 – III ZR 131/82, NVwZ 1984, 750 (751).
3 VGH BW v. 25.2.1975 – II 1080/74, BWGZ 1976, 166 sowie etwa BGH v. 12.3.1987 – III ZR 29/86, NJW 1987, 3260 (3262).
4 BGH v. 2.4.1981 – III ZR 131/79, NJW 1981, 2124.
5 So ausdrücklich OLG Nürnberg v. 6.7.2001 – 44 U 3207/00, ZfIR 2002, 307; vgl. speziell dazu auch *Rothe*, Umlegung und Grenzregelung, Rz. 485; differenzierend: *Birk*, VBlBW 1994, 88 (89).
6 Die insoweit zur Grenzregelung ergangene Rechtsprechung vgl. OLG Köln v. 9.12.1965 – 2 U (Baul.) 5/65, NJW 1966, 506; BGH v. 8.7.1968 – III ZR 10/66, WM 1968, 1282 [1283]; OLG Hamm v. 7.12.1989 – 16 U (Baul.) 10/88, NVwZ 1990, 1005 [1006]) dürfte im Wesentlichen auch für das Verhältnis vereinfachte Umlegung/Umlegung gelten.
7 Zum Verhältnis Umlegung/Enteignung s. noch BVerwG v. 22.3.1990 – 4 C 24.86, NJW 1990, 2399 m.w.N. und hierzu *Bryde*, JuS 1993, 283.
8 BGH v. 27.6.1966 – III ZR 110/65, WM 1966, 1059 (1061); v. 8.7.1968 – III ZR 10/66, WM 1968, 1282 (1283) sowie BGH v. 13.12.1990 – III ZR 240/89, NJW 1991, 2011 (2012); *Rinne*, Rechtsprechung zur Umlegung, S. 207; *Ronellenfitsch*, VerwArch 1996, 143 (164); *Otte*, in Ernst/Zinkahn/Bielenberg/Krautzberger, BauGB § 45 Rz. 4.
9 BGH v. 11.11.1976 – III ZR 114/75, NJW 1977, 388 (390) – Wendehammer; v. 2.4.1992 – III ZR 25/91 – NJW 1992, 2633 (2636) – Frischluftschneise.

## II. Allgemeine Übersicht

geschlossen, den bei der Planung anzustrebenden gerechten Lasten- und Interessenausgleich einem späteren Umlegungsverfahren vorzubehalten[1]. Ist allerdings absehbar, dass sich die Realisierung eines (fremdnützigen) Vorhabens gegen den Willen der Eigentümer nicht durchsetzen lässt und insbesondere auch eine Umlegung oder eine Enteignung ausscheiden, ist die Planung (städtebaulich) nicht erforderlich i.S.d. § 1 Abs. 3 BauGB[2].

Mit Beschluss v. 22.5.2001[3] hat sich das **BVerfG** erstmals und endlich rechtsgrundsätzlich zur eigentumsrechtlichen Qualifizierung und Zulässigkeit der städtebaulichen Umlegung geäußert: Es handele sich, so das Gericht, entsprechend der langjährigen Rechtsprechung des BGH um eine **zulässige Inhalts- und Schrankenbestimmung** i.S.d. Art. 14 Abs. 1 Satz 2 GG und **nicht** um eine **Enteignung**. Denn die Umlegung diene dem legitimen Ziel, die Neuordnung der Grundstücke zum Zwecke ihrer plangerechten baulichen Nutzung zu ermöglichen, und schaffe einen angemessenen, die Belange der betroffenen Grundstückseigentümer hinreichend berücksichtigenden Interessenausgleich. Ob damit alle verfassungsrechtlichen Zweifelsfragen, insbesondere bei der Sanierungsumlegung, geklärt sind, wird die weitere Entwicklung erweisen[4]. 12

### 2. Ablauf und Inhalt des Umlegungsverfahrens

Der **äußere Ablauf** des Umlegungsverfahrens[5] ist durch eine **Trias der maßgeblichen Bescheide** gekennzeichnet, deren Erlass jeweils die Bestandskraft bzw. Vollziehbarkeit des vorhergehenden Bescheides voraussetzt: Eingeleitet wird die Umlegung, nach entsprechender Anordnung seitens der Gemeinde gem. § 46 Abs. 1 BauGB, durch den **Umlegungsbeschluss** (§ 47 BauGB), mit dem das Umlegungsgebiet bezeichnet und in dem die darin gelegenen Grundstücke einzeln aufgeführt werden. In dem das Verfahren andererseits abschließenden **Umlegungsplan** (§ 66 BauGB) werden die vielfältigen individuellen Regelungen, die für jedes einzelne Grundstück von der Umlegungsstelle getroffen oder mit dieser vereinbart worden sind, zusammengefasst und in dieser Form verlautbart. Der Umlegungsplan besteht aus der Umlegungskarte und aus dem Umlegungsverzeichnis (§ 66 Abs. 3 BauGB). Jedem Beteiligten ist ein seine Rechte betreffender, rechtsmittelfähiger Auszug aus dem Umlegungsplan zuzustellen (§ 70 Abs. 1 BauGB). Das **Inkrafttreten des Umlegungsplans** ist allerdings noch davon abhängig, dass die Umlegungsstelle ortsüblich bekannt macht, zu welchem Zeitpunkt der Umlegungsplan unanfechtbar geworden ist (§ 71 Abs. 1 BauGB). Mit dieser **Bekanntmachung**, ebenfalls ein Verwaltungsakt, wird der bisherige Rechtszustand durch den im Umlegungsplan vorgesehenen neuen Rechtszustand ersetzt (§ 72 Abs. 1 BauGB). 13

Bei der **vereinfachten Umlegung** erschöpft sich das förmliche Verfahren auf den – dem Umlegungsplan im regulären Verfahren gleich stehenden – **Beschluss über die vereinfachte Umlegung (§ 82 BauGB)** und dessen **Bekanntmachung (§ 83 BauGB)**. Die Anordnung der Umlegung (§ 46 Abs. 1 BauGB) und die Einleitung 14

---

1 OVG NW v. 11.9.2001 – 10 A 407/98, BauR 2002, 674 (Ls.).
2 Vgl. OVG Saarlouis v. 29.1.2002 – 2 N 6/00, NVwZ-RR 2003, 265 (Ausgleichsflächen für einen Golfplatz).
3 BVerfG v. 22.5.2001 – 1 BvR 1512/97, 1 BvR 1677/97, NVwZ 2001, 1023 sowie dazu *Haas*, NVwZ 2002, 272.
4 Siehe zu den Konsequenzen und Zweifelsfragen nach der Entscheidung des BVerfG v. 22.5.2001 insbesondere *Christ*, DVBl 2002, 1517; *Spannowsky*, UPR 2004, 321; *Kirchberg*, Angemessenheit, S. 327, 341 ff.; *Otte*, in: Ernst/Zinkahn/Bielenberg/Krautzberger, BauGB § 45 Rz. 11b u. etwa *Eggert*, ZfBR 2010, 117.
5 Vgl. auch die Übersicht bei *Dieterich*, Baulandumlegung, Rz. 63a sowie die Übersicht über die Rechtsänderungen aufgrund des EAG Bau bei *Stock*, ZfBR 2004, 536, 538 ff.

der Umlegung durch den Umlegungsbeschluss gem. § 47 BauGB entfallen also genauso wie die Verfügungs- und Veränderungssperre nach § 51 BauGB, die Notwendigkeit der Fertigung einer Bestandskarte und eines Bestandsverzeichnisses (§ 53 BauGB), der Umlegungsvermerk nach § 54 BauGB und die damit zusammenhängenden Verfahrensschritte.

15 Vielfach wird das Inkrafttreten des gesamten Umlegungsplans nicht abgewartet, sondern die endgültige Regelung entweder durch die **vorzeitige bzw. teilweise Inkraftsetzung** (§ 71 Abs. 2 BauGB; ebenfalls anwendbar nach § 83 Abs. 1 Satz 2 BauGB beim Beschluss über die vereinfachte Umlegung; s.u. Rz. 98 ff.) durch (einvernehmliche) **Vorwegregelungen** (§ 76 BauGB; s.u. Rz. 105 ff.) oder durch eine **vorzeitige Besitzeinweisung** (§ 77 BauGB; s.u. Rz. 108 ff.) vorweggenommen. Dies kann unter Umständen dazu führen, dass ein umfassender Umlegungsplan überhaupt nicht mehr aufgestellt wird, woraus sich, insbesondere bei einer stecken gebliebenen Umlegung, nicht unerhebliche Probleme ergeben können[1].

16 Der **Transformationsvorgang**, den die von der Umlegung betroffenen Grundstücke im Verlaufe des Verfahrens durchmachen[2], lässt sich wie folgt skizzieren: Zunächst werden die im Umlegungsgebiet gelegenen Grundstücke nach ihrer Fläche rechnerisch zur sog. **Umlegungsmasse**[3] vereinigt (§ 55 Abs. 1 BauGB). Aus der Umlegungsmasse sind sodann vorweg die Flächen, die nach dem Bebauungsplan als örtliche Verkehrs- und Grünflächen, für Immissionsschutzanlagen und Regenklär- und -überlaufbecken festgesetzt oder aus Gründen der geordneten städtebaulichen Entwicklung zur Verwirklichung der nach § 34 BauGB zulässigen Nutzungen erforderlich sind, sowie die – für die vorgenannten Anlagen – gesondert festgesetzten Ausgleichsflächen nach § 1a Abs. 3 BauGB auszuscheiden und der Gemeinde oder dem sonstigen Erschließungsträger zuzuteilen (**Flächenabzug**, § 55 Abs. 2 u. 3 BauGB). Die verbleibende Masse ist die **Verteilungsmasse** (§ 55 Abs. 4 BauGB). Diese Verteilungsmasse wird zwischen den beteiligten Grundeigentümern entweder nach dem **Verhältnis der Flächen** oder nach dem **Verhältnis der Werte** verteilt, in dem ihre früheren Grundstücke vor der Umlegung zueinander gestanden haben (§ 56 Abs. 1 Satz 1 BauGB). Hierfür ist der Wert bzw. die Fläche aller werthaltigen, gemeinhin als **Einwurfsmasse** bezeichneten Grundstücke dem Wert bzw. der Fläche der Verteilungsmasse gegenüberzustellen; der sich hieraus ergebende Quotient ergibt, multipliziert mit dem Wert bzw. der Fläche des jeweiligen Einwurfsgrundstücks, den **Sollanspruch** des Umlegungsbeteiligten. Umlegungsbedingte Wertsteigerungen (**Umlegungsvorteile**) können hierbei ganz oder teilweise abgeschöpft werden (§§ 57 Satz 4, 58 Abs. 1 BauGB). Im Übrigen sind den Eigentümern aus der Verteilungsmasse entsprechend ihren Anteilen nach Möglichkeit Grundstücke **in gleicher oder gleichwertiger Lage** wie die eingeworfenen Grundstücke zuzuteilen (§ 59 Abs. 1 BauGB). Soweit dies nicht möglich ist, findet ein **Ausgleich in Geld** statt (§ 59 Abs. 2 BauGB).

17 Bei der **vereinfachten Umlegung** beschränkt sich die Bodenordnung auf den **Tausch** unmittelbar angrenzender oder in enger Nachbarschaft liegender Grundstücke oder Grundstücksteile sowie auf die **einseitige Zuteilung** von Grundstücken, insbesondere von Splittergrundstücken oder Teilen von Grundstücken, wobei die auszutauschenden oder einseitig zuzuteilenden Grundstücke oder Grundstücksteile **nicht selbständig bebaubar** sein dürfen, § 80 Abs. 1 Satz 1 und 2 BauGB. Ein **Vorwegabzug**

---
1 Vgl. BGH v. 22.3.1990 – III ZR 235/88, NVwZ 1991, 99 (100).
2 Vgl. hierzu auch *Kröner*, ZfBR 1979, 1 (3) sowie die Übersicht bei *Schriever* in Brügelmann u.a., BauGB, Vor §§ 55–59 Rz. 10 ff.
3 Zu den im Umlegungsverfahren verwandten Begriffen, Bezeichnungen und Formeln s. die tabellarische Übersicht bei *Otte*, in: Ernst/Zinkahn/Bielenberg/Krautzberger, BauGB Vorb. zu §§ 45–84 Rz. 20.

## II. Allgemeine Übersicht

nach § 55 Abs. 2 BauGB findet **nicht** statt; die für die **Erschließung** erforderlichen Flächen können **einseitig zugeteilt** werden, wenn dies **im öffentlichen Interesse** geboten ist, § 80 Abs. 1 Satz 3 BauGB. Jedem Eigentümer ist nach dem **Verhältnis des Werts** seines früheren Grundstücks zum Wert der übrigen Grundstücke möglichst ein Grundstück in gleicher oder gleichwertiger Lage zuzuteilen; dadurch bewirkte **Wertminderungen** dürfen **nur unerheblich** sein, § 80 Abs. 3 Sätze 1 u. 2 BauGB. **Vorteile**, die durch die vereinfachte Umlegung bewirkt werden, sind von den Eigentümern in **Geld** auszugleichen, § 81 Abs. 1 Satz 1 BauGB.

Die Durchführung der Umlegung obliegt gem. § 46 Abs. 1 BauGB der dort als „**Umlegungsstelle**" bezeichneten Gemeinde, wobei allerdings in fast allen Bundesländern entsprechend § 46 Abs. 2 Nr. 1 BauGB selbständige **Umlegungsausschüsse** (s.u. Rz. 21, 31 f.) gebildet worden sind[1]. Diese können und sollten auch für die **vereinfachte Umlegung** zuständig gemacht werden (§ 80 Abs. 5 BauGB), um den entsprechenden Sachverstand zu nutzen. Die Umlegungsausschüsse unterliegen infolge der Bestimmung ihrer Mitglieder durch den Gemeinderat zwar einer politischen, aber keiner rechtlichen Kontrolle, sondern sind grds. (weisungs-)**unabhängig**[2]. Allerdings haftet die Gemeinde gem. Art. 34 GG für **Amtspflichtverletzungen** der Mitglieder des Umlegungsausschusses[3]. Regelmäßig gehören dem Umlegungsausschuss neben Mitgliedern des Gemeinderats weitere **sachverständige Mitglieder** (Juristen, höhere Verwaltungsbeamte, Geodäten) an, wodurch auch nach außen hin die Unabhängigkeit und Unparteilichkeit des Ausschusses unterstrichen und gleichzeitig seine Vermittlungsarbeit erleichtert wird. Darüber hinaus sind die Umlegungsausschüsse von der Rechtsprechung zwischenzeitlich auch zu **antrags- und rechtsmittelbefugten Beteiligten** des dem behördlichen Verfahren ggf. nachfolgenden baulandgerichtlichen Verfahrens erklärt worden[4], mit der Folge, dass die ggf. die Antragsfrist des § 217 BauGB auslösende Zustellung eines Widerspruchsbescheids – auch – an den Umlegungsausschuss zu erfolgen hat[5]. Die Gemeinden haben schließlich die Möglichkeit, ihre Befugnis zur Durchführung der Umlegung im Rahmen einer entsprechenden Vereinbarung auf die **Flurbereinigungsbehörde** oder eine andere geeignete Behörde zu übertragen (§ 46 Abs. 4 BauGB). Auch eine solche „Organleihe" ändert allerdings nichts daran, dass die Gemeinde die Entscheidungen der Flurbereinigungsbehörde grds. wie die ihrer eigenen Umlegungsstelle akzeptieren muss[6]. Zur **Vorbereitung** der im Umlegungsverfahren zu treffenden Entscheidungen kann die Gemeinde schließlich auch noch **öffentlich bestellte Vermessungsingenieure** beauftragen (§ 46 Abs. 4 Satz 3 BauGB), ohne dass diesen hierdurch allerdings ein entsprechender subjektiv öffentlicher Rechtsanspruch eingeräumt wird[7].

18

---

1 Vgl. hierzu eingehend *Rauball*, Umlegungsausschuss, sowie *Dieterich*, Baulandumlegung, Rz. 64 ff.
2 BGH v. 12.3.1987 – III ZR 29/86, NJW 1987, 3260 (3261), sowie BGH v. 20.7.2006 – III ZR 280/05, BGHZ 168, 346 (349).
3 BGH v. 27.4.1981 – III ZR 71/79, NJW 1981, 2122 (2123); OLG Zweibrücken v. 19.1.1989 – 5 U 91/87, NVwZ 1989, 596; zu Amtshaftungsansprüchen wegen unwirksamer Zusagen bei der städtebaulichen Sanierungsumlegung s. BGH v. 13.7.1993 – III ZR 86/92, NVwZ 1994, 91; zu Amtshaftungsansprüchen des Eigentümers gegenüber dem Umlegungsausschuss bei Zuteilung eines mangelhaften (z.B. Altlasten-)Grundstücks vgl. *Oehmen*, LKV 1994, 80.
4 BGH v. 19.1.1984 – III ZR 185/82, BGHZ 89, 353 (356 f.); v. 13.12.1990 – III ZR 240/89, NJW 1991, 2011 (2012).
5 So OLG Stuttgart v. 10.8.1993 – 10 U (Baul.) 273/92, NVwZ 1994, 518.
6 OLG Karlsruhe v. 24.4.1990 – U 3/89 Baul, n.v.; a.A.: *Otte*, in: Ernst/Zinkahn/Bielenberg/Krautzberger, BauGB § 46 Rz. 46.
7 BVerwG v. 21.6.2002 – 4 BN 26.02, NVwZ-RR 2002, 815.

19 Ein **Anspruch** auf die Anordnung und Durchführung einer Umlegung besteht **nicht** (§ 46 Abs. 3 BauGB). Genauso wie die Bauleitplanung (vgl. § 2 Abs. 3 BauGB) und später die Erschließung (vgl. § 123 Abs. 3 BauGB) obliegt dies der Gemeinde allein **im Rahmen ihrer Planungshoheit bzw. nach Maßgabe objektiver Kriterien**[1]. Aus der Durchführung eines Umlegungsverfahrens folgt umgekehrt auch keine Verdichtung der gemeindlichen Erschließungspflicht[2]. An diesen Grundsätzen wird sich auch aufgrund der **Neufassung des § 46 Abs. 1 BauGB**, wonach die Umlegung anzuordnen und durchzuführen ist, wenn und sobald dies zur Verwirklichung eines Bebauungsplans oder der innerhalb eines im Zusammenhang bebauten Ortsteils zulässigen Nutzung **erforderlich** ist, nichts ändern, selbst wenn sich daraus zumindest ein **Anspruch des Eigentümers auf Entscheidung der Gemeinde nach pflichtgemäßem Ermessen über die Anordnung der Umlegung** ergeben sollte[3]; denn mehr als ein Anspruch darauf, dass die Gemeinde hierüber überhaupt entscheidet, kann wie im vergleichbaren Fall bei einem Vorhaben- und Erschließungsplan nicht bestehen[4].

### 3. Verfahrensrechtliche Besonderheiten/Kosten des Umlegungsverfahrens/Steuerbefreiung

20 Für das **Verhältnis zum allgemeinen Verwaltungsverfahren** gelten bei der Umlegung grds. die gleichen Prinzipien, wie bereits oben (*Bracher/Redeker* Teil 1 Kap. A. Rz. 1 ff.) dargelegt. Soweit das Verfahrensrecht der Umlegung spezialgesetzlich im BauGB geregelt ist, gehen dessen Bestimmungen dem allgemeinen Verwaltungsverfahrensrecht vor. Subsidiär bzw. ergänzend gelten die Verwaltungsverfahrensgesetze der Länder (§ 1 Abs. 2 u. 3 BVwVfG), soweit diese nicht ihrerseits im Rahmen von Durchführungs- und Ausführungsbestimmungen zum BauGB davon abweichende Verfahrensbestimmungen getroffen haben. Für diesen Fall gehen die letzteren wiederum dem allgemeinen Verwaltungsverfahrensrecht der Länder vor. Ganz generell gilt, dass ein **Rückgriff auf das allgemeine Verwaltungsverfahrensrecht** wegen der, wie es der BGH formuliert hat, „komplexen Struktur und privatrechtsgestaltenden Wirkung" des Umlegungsverfahrens[5] vergleichsweise selten zulässig oder gar notwendig bzw. geboten sein wird (s.u. Rz. 32, 34, 67, 100, 112).

21 Die Zusammensetzung und die Aufgaben der Umlegungsausschüsse (s.o. Rz. 18) sowie die Regelung des Vorverfahrens sind in den **Durchführungsbestimmungen der Länder** enthalten, zu deren Erlass diese aufgrund der §§ 46 Abs. 2, 80 Abs. 5 Satz 1 BauGB ermächtigt worden sind[6]. Die in den Durchführungsbestimmungen getroffenen Regelungen ähneln sich weitgehend, doch empfiehlt es sich auf jeden Fall, bei der Überprüfung umlegungsrechtlicher Entscheidungen die jeweils einschlägige Regelung zur Hand zu nehmen. In den **fünf neuen Bundesländern**, der ehemaligen DDR, ist das Umlegungsrecht des BauGB seit dem 3.10.1990 ebenfalls un-

---

1 Differenzierend (im Einzelfall Verdichtung der allgemeinen Rechtspflicht zu einem Rechtsanspruch auf Umlegung): *Otte*, in: Ernst/Zinkahn/Bielenberg/Krautzberger, BauGB § 46 Rz. 57 f. sowie *Dieterich*, Baulandumlegung, Rz. 60 f.
2 So ausdrücklich BVerwG v. 22.1.1993 – 8 C 46.91, NVwZ 1993, 1102.
3 Vgl. BR-Drs. 756/03 v. 17.10.2003, 158 sowie *Stock*, ZfBR 2004, 536, 539.
4 Vgl. VGH BW v. 22.3.2000 – 5 S 444/00, NVwZ 2000, 1060.
5 BGH v. 30.10.1986 – III ZR 20/86, NVwZ 1987, 532; v. 22.3.1990 – III ZR 235/88, NVwZ 1991, 99 (100); vgl. auch *Kalb*, in: Ernst/Zinkahn/Bielenberg/Krautzberger, BauGB, Vorb. §§ 207–213 Rz. 9 ff.
6 Vgl. *Otte*, in: Ernst/Zinkahn/Bielenberg/Krautzberger, BauGB § 46 Rz. 17 (Übersicht über die Durchführungsvorschriften der Länder) sowie den Abdruck dieser Bestimmungen bei *Brügelmann*, BauGB, Bd. 1 („Vorschriften der Länder").

## II. Allgemeine Übersicht

eingeschränkt anzuwenden. Der **Einigungsvertrag** hat diesbezüglich **keine besonderen Überleitungsregelungen** getroffen[1].

Die **Kosten des Umlegungsverfahrens** trägt nach § 78 BauGB die Gemeinde. Das gilt auch bei der **vereinfachten Umlegung**, § 84 Abs. 2 BauGB. Hierzu gehören die Personal- und Reisekosten der Umlegungsstelle, die Vermessungskosten sowie die Kosten für Büromaterial oder für die Anfertigung und Vervielfältigung von Plänen. Ebenfalls zählen hierzu die Gebühren für die Erstellung von Gutachten nach den §§ 192 ff. BauGB[2]. **Nicht** zu den Verfahrenskosten i.S.d. § 78 BauGB zählen die **Kosten, die einem Umlegungsbeteiligten entstanden sind**. Dies gilt sowohl für die Kosten eines Rechtsanwalts, den ein Beteiligter mit seiner Vertretung vor der Umlegungsstelle beauftragt oder den er sonst im Verfahren hingezogen hat[3], als auch für die sonstigen Aufwendungen, die ein Beteiligter infolge Verdienstausfalls, für Reisen oder für die Erstellung eines Privatgutachtens aufgebracht hat (s.u. Rz. 120). Die Vorschrift des § 96 BauGB, die die Entschädigung für andere Vermögensnachteile bei der Enteignung regelt, gilt also wegen der im Prinzip gleichgerichteten Interessenlage von Allgemeinheit und betroffenem Eigentümer im Umlegungsrecht nicht, und zwar auch dann nicht, wenn die §§ 93–103 BauGB im Umlegungsrecht entsprechend anzuwenden sind[4]. 22

Die Gemeinde trägt nach § 78 BauGB ferner die **Sachkosten**. Hierbei handelt es sich um die im Umlegungsplan festgesetzten **Geldleistungen**, soweit diese nicht von den Eigentümern oder Erbbauberechtigten zu erbringen sind; im letzteren Fall gelten die Geldleistungen als Beitrag und ruhen als öffentliche Last auf dem Grundstück oder dem Erbbaurecht, vgl. § 64 Abs. 3 BauGB. 23

Beteiligt sich eine Gemeinde an einer **freiwilligen Baulandumlegung**, so ist dieser (öffentlich-rechtliche) Vertrag nicht deshalb nichtig, weil die Beteiligten neben einem **Flächenabzug abweichend von § 78 BauGB** auch eine Geldleistung der Eigentümer zur Deckung von Umlegungskosten vereinbart haben[5]. 24

Bei der Aufstellung des der Umlegung zugrunde liegenden **Bebauungsplans** gehören die **Kosten** des Umlegungsverfahrens **nicht** zum **notwendigen Abwägungsmaterial**; die Gemeinde ist deshalb in diesem Zusammenhang (noch) nicht zur Ermittlung der Kosten, die voraussichtlich auf die planbetroffenen Grundstückseigentümer wegen der Umlegung zukommen werden, verpflichtet[6]. 25

§ 79 BauGB statuiert eine **Abgaben- und Auslagenbefreiung** für Geschäfte und Verhandlungen, die der Durchführung oder Vermeidung der Umlegung dienen, einschließlich der Berichtigung der öffentlichen Bücher; dies gilt nicht für die Kosten eines Rechtsstreits. Ergänzende Regelungen können von den Ländern für ihren Rechtsbereich getroffen werden, § 79 Abs. 1 Satz 2 BauGB. Entsprechendes gilt bei der **vereinfachten Umlegung**, 84 Abs. 2 BauGB. Allerdings sind in diesem Zusammenhang jedenfalls insoweit, als es um die **Notarsgebühren** geht, noch die **Son- 26

---

1 Vgl. Art. 8 und Anl. I, Kap. XIV, Abschn. II (§ 246a BauGB) des Einigungsvertrages v. 31.8.1990, BGBl. II 1990, 885; zu den Auswirkungen des Einigungsvertrages und der Vermögensrechtsgesetze auf das Recht der Bodenordnung s. *Otte*, DÖV 1995, 802 (807); vgl. im Übrigen *Reinhardt*, LKV 1993, 287 (290, speziell zur Beteiligung von Anspruchstellern nach dem VermG am Umlegungsverfahren), *Rothe*, LKV 1994, 86 (zu den Umlegungsausschüssen) sowie *Spieß*, NJW 1998, 2553 (zur ergänzenden Grundstücksneuordnung nach dem Bodensonderungsgesetz) und *Taubenek/Goldschmidt*, LKV 1999, 249 (Besonderheiten der Baulandumlegung in den neuen Bundesländern).
2 *Battis/Krautzberger/Löhr*, BauGB, § 78 Rz. 1.
3 So ausdrücklich OLG München v. 10.10.2001 – W 4–6/01 Bau, NVwZ-RR 2003, 78.
4 BGH v. 19.9.1974 – III ZR 12/73, NJW 1975, 52 sowie BGH v. 13.11.1975 – III ZR 76/74, NJW 1976, 423.
5 BVerwG v. 6.7.1984 – 4 C 24.80, NJW 1985, 989.
6 BVerwG v. 14.11.2007 – 4 BN 37.07, BauR 2008, 1196.

derregelungen der §§ 140 ff. KostO zu berücksichtigen[1]. Im Übrigen ist die Abgabenfreiheit von der zuständigen Behörde **ohne Nachprüfung** anzuerkennen, wenn die Umlegungsstelle versichert, dass ein Geschäft oder eine Verhandlung der Durchführung oder Vermeidung der Umlegung dient, § 79 Abs. 2 BauGB.

27 Nicht zu den Abgaben, von deren Entrichtung § 79 Abs. 1 BauGB befreit, gehören **Steuern**[2]. Hinsichtlich der insoweit besonders bedeutsamen **Grunderwerbsteuer** bestimmt allerdings § 1 Abs. 1 Nr. 3 Satz 2b GrEStG 1983/1997, dass „der **Übergang des Eigentums im Umlegungsverfahren nach dem Baugesetzbuch** in seiner jeweils geltenden Fassung, wenn der neue Eigentümer in diesem Verfahren als Eigentümer eines im Umlegungsgebiet gelegenen Grundstücks Beteiligter ist," **von der Grunderwerbsteuer ausgenommen** ist. Nach der – inzwischen geläuterten – Auffassung des Bundesfinanzhofs gilt dies nicht nur dann, wenn Einwurfs- und Zuteilungsgrundstück flächenidentisch und deckungsgleich sind, sondern für **alle im förmlichen Umlegungsverfahren** von der Umlegungsstelle auf der Grundlage des BauGB angeordneten **Eigentumsänderungen**[3]. Kommt es zwischen den Umlegungsbeteiligten allerdings zu einer Zuteilung, die von den Bestimmungen des BauGB nicht vorgesehen ist, ist die Zuteilung **nicht umlegungsbedingt**, sondern nimmt den Charakter eines rechtsgeschäftlichen Grundstückserwerbs an[4].

Die Steuerbefreiung nach § 1 Abs. 1 Nr. 3 Satz 2b GrEStG **beschränkt** sich nach ihrem Wortlaut auf das hoheitliche Umlegungsverfahren. Damit sind **freiwillige Bodenordnungsmaßnahmen erheblich** verteuert worden. Inzwischen ist jedoch für den Fall, dass die Umlegungsteilnehmer ihre Grundstücke auf eine von ihnen in Form einer BGB-Gesellschaft gegründete Umlegungsgemeinschaft übertragen und nach Durchführung der Umlegung die neu gebildeten Grundstücke von der Umlegungsgemeinschaft wiederum auf die Umlegungsteilnehmer (rück-)übertragen werden, durch **Erlass des Finanzministeriums Baden-Württemberg vom 30.9.1997** – der im Einvernehmen mit den obersten Finanzbehörden der anderen Länder ergangen ist – geregelt worden, dass für diesen Fall unter im Erlass näher genannten Voraussetzungen gem. §§ 5 u. 7 Abs. 2 GrEStG die Grunderwerbsteuer (ebenfalls) nicht zu erheben ist[5].

28 Für die **Einkommensteuer** gilt: Nur dann, wenn sich der Umlegungsbeteiligte **freiwillig**, d.h. ohne dass dies durch die Notwendigkeit der bebauungsplanmäßigen Nutzung geboten ist, **nicht nur unwesentlich über den Sollanspruch hinaus** zuteilen lässt, liegt ein steuerpflichtiges Anschaffungsgeschäft i.S.d. § 23 EStG vor[6]. Vergleichbares gilt hinsichtlich der **Zuordnung** eines den Sollanspruch übersteigenden ideellen Teils eines Grundstücks zum **Betriebs- oder zum Privatvermögen**[7].

---

1 Battis/Krautzberger/Löhr, BauGB, § 79 Rz. 9.
2 Generell zu steuerlichen Fragen bei der Umlegung von Grundstücken s. *Jäschke*, DStR 2006, 1349.
3 BFH v. 28.7.1999 – II R 25/98, NVwZ 2000, 839 unter Aufgabe bzw. Modifizierung der hierzu noch in den Entscheidungen BFH v. 1.8.1990 – II R 6/88 und BFH v. 29.10.1997 – II R 36/95 vertretenen Auffassungen; s. dazu auch den im Einvernehmen mit den obersten Finanzbehörden der anderen Länder ergangenen „Anwendungs-Erlass" des FinMin. BW v. 15.3.2000, NVwZ 2001, 658; umfangreiche und die Rechtsentwicklung nachvollziehende Darstellung der Grunderwerbsteuer-Befreiung im Übrigen bei *Schriever*, in Brügelmann u.a., BauGB, § 79 Rz. 40 ff. (51).
4 FG BW v. 13.10.2004 – 2 K 22/04, EFG 2005, 891.
5 NVwZ 1998, 595.
6 BFH v. 29.3.1995 – X R 3/92, DStR 1995, 1302 = NJW 1995, 3144 (Ls.); FG Münster v. 29.1.2004 – 12 K 484/01, StE 2004, 275 (Ls.); s. dazu auch *Schriever*, in Brügelmann u.a., BauGB, § 79 Rz. 63 cf.
7 BFH v. 23.9.2009 – IV R 70/06, BFHE 226, 517 = DStRE 2010, 144; zu weiteren steuerlichen Auswirkungen der Umlegung vgl. auch Hess. FG v. 23.6.2004 – 3 K 1712/01, EFG 2004, 1793 (Berücksichtigung von Wertsteigerungen eines Grundstücks im Umlegungsverfahren bei der Bewertung für Zwecke der Schenkungsteuer).

## III. Die Bescheide im Umlegungsverfahren

### 1. Der Umlegungsbeschluss

#### a) Formelle Voraussetzungen

**aa) Ist ordnungsgemäß über die Einleitung der Umlegung Beschluss gefasst worden?**

Die Einleitung der Umlegung setzt gem. § 46 Abs. 1 BauGB die **Anordnung der Umlegung** durch die dort als „Umlegungsstelle" bezeichnete Gemeinde voraus. Bei der **vereinfachten Umlegung** entfällt sowohl dieser Verfahrensschritt als auch das nachfolgende Verfahren, das zum Umlegungsbeschluss gem. § 47 BauGB und zu den damit verbundenen rechtlichen Konsequenzen führt. Bei der Anordnung der Umlegung handelt es sich um einen **internen Vorgang ohne Verwaltungsaktqualität**[1]. Zuständig ist grds. der **Gemeinderat**[2]. Wegen der nur mittelbaren Auswirkungen der Umlegungsanordnung dürften die **gemeindlichen Befangenheitsvorschriften** auch dann **keine Anwendung** finden, wenn ein Gemeinderat über Grundbesitz im Umlegungsgebiet verfügt[3]. Die sonstigen Voraussetzungen für eine ordnungsgemäße Beschlussfassung im Gemeinderat sind jedoch zu beachten. Ihre Einhaltung kann allerdings genauso wie das Vorliegen der materiellen Voraussetzungen für die Anordnung der Umlegung nur incidenter im Rechtsmittelverfahren gegen den Umlegungsbeschluss überprüft werden[4]. 29

Nach außen hin verbindlich wird die Umlegung durch den **Umlegungsbeschluss** eingeleitet (§ 47 BauGB). Erst hierbei handelt es sich um einen anfechtbaren **Verwaltungsakt**[5]. Bisher galt: solange die Rechtsmittelfrist nicht abgelaufen und über etwa eingelegte Rechtsmittel nicht entschieden ist, ist das Umlegungsverfahren nicht rechtswirksam eingeleitet[6]. Widerspruch und/oder Antrag auf gerichtliche Entscheidung gegen den Umlegungsbeschluss haben allerdings **künftig keine aufschiebende Wirkung** mehr (§§ 212 Abs. 2 Satz 1, 224 Satz 1 BauGB n.F.); damit dürfte auch in Ansehung des jeweiligen Rechtsmittelführers[7] die Bestandskraft und damit Wirksamkeit des Umlegungsbeschlusses nicht mehr Voraussetzung für den Fortgang des Verfahrens sein (s.u. Rz. 62). 30

Zuständig ist für die Einleitung der Umlegung regelmäßig der **Umlegungsausschuss** (§ 46 Abs. 2 BauGB). Länderrechtliche Besonderheiten sind allerdings zu beachten[8]. Wird über die Einleitung der Umlegung anstatt vom Umlegungsausschuss vom Ge- 31

---

1 BGH v. 12.3.1987 – III ZR 29/86, NJW 1987, 3260 (3261) m.w.N.
2 BGH v. 12.3.1987 – III ZR 29/86, NJW 1987, 3260 (3261); vgl. ferner *Rothe*, Umlegung und Grenzregelung, Rz. 25.
3 *Rothe*, Umlegung und Grenzregelung, Rz. 27; *Dieterich*, Baulandumlegung, Rz. 57; anders – jedenfalls für das bayerische Recht – BGH v. 11.5.1967 – III ZR 141/66, NJW 1967, 1662 sowie *Otte*, in: Ernst/Zinkahn/Bielenberg/Krautzberger, BauGB § 46 Rz. 16; ebenso das VG Sigmaringen v. 19.9.1991 – 3 K 253/91, VBlBW 1992, 271, das allerdings nicht zwischen der Anordnung der Umlegung und dem Umlegungsbeschluss differenziert.
4 BGH v. 2.4.1981 – III ZR 131/79, NJW 1981, 2124; v. 12.3.1987 – III ZR 29/86, NJW 1987, 3260 (3261).
5 So bereits BVerwG v. 26.3.1955 – I C 80.54, NJW 1955, 1809.
6 BGH v. 10.7.1975 – III ZR 75/73, NJW 1975, 2195; *Otte*, in: Ernst/Zinkahn/Bielenberg/Krautzberger, BauGB § 47 Rz. 11.
7 Vgl. insoweit die differenzierte Darstellung bei *Otte*, in: Ernst/Zinkahn/Bielenberg/Krautzberger, BauGB § 47 Rz. 10f.
8 Zuständig ist in Hamburg die Baubehörde, in Bremen die Vermessungs- und Katasterverwaltung, in Hessen der Magistrat sowie in Schleswig-Holstein, Mecklenburg-Vorpommern und in Rheinland-Pfalz die Gemeindevertretung; vgl. *Dieterich*, Baulandumlegung, Rz. 65 u. 84.

meinderat Beschluss gefasst, so macht dies den Umlegungsbeschluss rechtswidrig, aber nicht nichtig[1].

32 Ist – wie in den meisten Ländern – ein ad hoc oder generell[2] eingerichteter – **Umlegungsausschuss** (s.o. Rz. 18 u. 21 f.) für die Einleitung und Durchführung des Umlegungsverfahrens zuständig, so ist dessen **ordnungsgemäße Bildung und Zusammensetzung** nach Maßgabe des jeweils einschlägigen Landesrechts zu überprüfen[3]. Die Ausschließung oder Ablehnung von Mitgliedern des Umlegungsausschusses wegen **Befangenheit** ist entweder gemeindeverfassungsrechtlich oder unter Rückgriff auf § 192 Abs. 3 BauGB geregelt; ergänzend gelten die einschlägigen Vorschriften der Verwaltungsverfahrensgesetze der Länder[4]. Im Übrigen ist der Umlegungsausschuss ein mit selbständigen Entscheidungsbefugnissen ausgestattetes **Organ der Gemeinde**[5]. Er ist zwar **an die planerischen Vorgaben der Gemeinde gebunden**; sonstige Weisungen oder direkte Einflussnahmen des Gemeinderates oder der Verwaltung auf die Arbeit des Umlegungsausschusses sind jedoch unzulässig[6]. Das gilt sogar gegenüber der Anordnung der Umlegung durch den Gemeinderat; hält der Umlegungsausschuss die gesetzlichen Voraussetzungen der Umlegung demgegenüber nicht für gegeben, so kann, ja muss er die Einleitung der Umlegung ablehnen[7]. Dazu gehört schließlich, dass der Umlegungsausschuss **nicht an Zusagen gebunden** ist, die einzelnen Umlegungsbeteiligten nicht durch den Umlegungsausschuss oder in seinem Auftrag und Namen, sondern (nur) seitens der Gemeindeverwaltung, ggf. sogar durch den Bürgermeister selbst, gemacht werden[8] (vgl. aber auch nachstehend Rz. 67 f.).

33 Die Gemeinde kann die Befugnis zur Durchführung der Umlegung gem. § 46 Abs. 4 BauGB auch ganz oder teilweise auf die **Flurbereinigungsbehörde oder eine andere geeignete Behörde** (z.B. Kataster- oder Vermessungsbehörde) übertragen (s.o. Rz. 18). Der Umfang der Entscheidungsbefugnisse der beauftragten Behörde bzw. der bei der Gemeinde verbleibenden (Mitwirkungs-)Rechte ergibt sich regelmäßig aus der wegen der Übertragung abgeschlossenen Vereinbarung (§ 46 Abs. 4 Satz 2 BauGB). **Nicht übertragbar** sind alle Rechte, die der Gemeinde nicht als Trägerin des Umlegungsverfahrens, sondern als kommunale Gebietskörperschaft zustehen. Dazu gehört das Recht der Gemeinde, die Umlegung anzuordnen (§ 46 Abs. 1 BauGB), die Rechtsstellung als Verfahrensbeteiligte (§ 48 Abs. 1 Nr. 4 BauGB), das Recht der Gemeinde auf Zuteilung des Flächenabzuges (§ 55 Abs. 2 u. 3 BauGB), ihre Gläubigerstellung gem. § 64 Abs. 1 BauGB sowie ihre sonstigen Rechte und Befugnisse nach den §§ 59 Abs. 7 u. 9, 77 Abs. 1 u. § 78 BauGB[9]. **Zuständig für die Übertragung** dürfte wegen der sachlichen Bedeutung der Angelegenheit, die der Bildung eines Umlegungsausschusses gleichkommt, nur der **Gemeinderat** sein. Eine **besondere Verlautbarung der Übertragung** ist vom Gesetz nicht vorgeschrieben; teilweise wird die öffentliche Bekanntmachung der Übertragung mit dem Hinweis

---

1 *Kirchberg*, VBlBW 1986, 401 (405) m.w.N.
2 BGH v. 14.7.1965 – III ZR 2/64, NJW 1965, 2101 (2102); v. 12.3.1987 – III ZR 29/86, NJW 1987, 3260 (3261) sowie *Rothe*, Umlegung und Grenzregelung, Rz. 32.
3 Vgl. hierzu erneut OLG Köln v. 9.12.1965 – 2 U (Baul.) 5/65, NJW 1966, 506; BGH v. 8.7.1968 – III ZR 10/66, WM 1968, 1282 (1283); OLG Hamm v. 7.12.1989 – 16 U (Baul.) 10/88, NVwZ 1990, 1005 (1006).
4 *Dieterich*, Baulandumlegung, Rz. 69; *Rothe*, Umlegung und Grenzregelung, Rz. 54 ff. m.w.N.
5 BGH v. 27.4.1981 – III ZR 71/79, NJW 1981, 2122 (2123); v. 12.3.1987 – III ZR 29/86, NJW 1987, 3260 (3261).
6 BGH v. 17.2.1966 – III ZR 171/65, WM 1966, 808 (813); v. 12.3.1987 – III ZR 29/86, NJW 1987, 3260 (3261); vgl. ferner eingehend *Otte*, in: Ernst/Zinkahn/Bielenberg/Krautzberger, BauGB § 46 Rz. 21 a ff.
7 So ausdrücklich BGH v. 12.3.1987 – III ZR 29/86, NJW 1987, 3260 (3261).
8 Vgl. *Kirchberg*, VBlBW 1987, 81, 88 m.w.N.
9 Vgl. *Otte*, in: Ernst/Zinkahn/Bielenberg/Krautzberger, BauGB § 46 Rz. 40.

## III. Die Bescheide im Umlegungsverfahren

darauf für gehoben erachtet, dass hierdurch eine nach außen hin wirksame Änderung der Behördenzuständigkeit konstituiert wird[1].

**bb) Hat vor Beschlussfassung eine Anhörung der Eigentümer stattgefunden?**

§ 47 Abs. 1 Satz 1 BauGB (i.d.F. d. EAG Bau 2004) bestimmt ausdrücklich, dass die Umlegung erst eingeleitet werden darf, wenn eine **Anhörung der Eigentümer** erfolgt ist. Das entspricht einerseits dem allgemeinen verwaltungsrechtlichen Grundsatz, dass ein Verwaltungsakt, der in die Rechte der Beteiligten eingreifen kann, einer vorherigen Anhörung bedarf (vgl. § 28 VwVfG). Andererseits ist dies aber auch offensichtlich eine Reaktion des Gesetzgebers auf die **Rechtsprechung des BVerfG** zur Notwendigkeit der Anhörung beim Umlegungsbeschluss[2] und auf die sich daran anschließende Diskussion im rechtswissenschaftlichen Schrifttum[3]. Zugleich ist das Erfordernis der Anhörung deshalb auf den Kreis der Eigentümer beschränkt worden, um die insbesondere in größeren Umlegungsverfahren zu erwartenden Unsicherheiten über den Kreis der zu Beteiligenden zu vermeiden[4]. Ob sich diese Einschränkung in jedem Fall wird halten lassen, erscheint zweifelhaft[5]. Im Übrigen kann die Unterlassung der Anhörung nach der – inzwischen geläuterten – Rechtsprechung des BGH[6] gem. § 45 Abs. 3 VwVfG einen Wiedereinsetzungsgrund bei Versäumung der Frist zur Einlegung des Widerspruchs gegen den Umlegungsbeschluss darstellen.

**cc) Ist der Umlegungsbeschluss ordnungsgemäß bekannt gemacht worden?**

Aus dem Umlegungsbeschluss muss zunächst eindeutig hervorgehen, dass und wann die Umlegungsstelle über die Einleitung der Umlegung Beschluss gefasst hat (§ 47 Abs. 1 Satz 1 BauGB). Im Umlegungsbeschluss ist sodann das **Umlegungsgebiet** so genau wie möglich **zu bezeichnen** (§ 47 Abs. 1 Satz 2 BauGB); unter „bezeichnen" ist die **Darstellung der äußeren Grenzen des Umlegungsgebietes** zu verstehen[7]. Außerdem sind – gewissermaßen zur doppelten Absicherung – **die im Umlegungsgebiet gelegenen Grundstücke** einzeln mit ihrer Grundbuch- oder Liegenschaftskatasterbezeichnung anzuführen (§ 47 Satz 3 BauGB), bei nur teilweiser Einbeziehung mit einer entsprechenden Kennzeichnung[8]. Umgekehrt reichen

---

1 *Otte*, in: Ernst/Zinkahn/Bielenberg/Krautzberger, BauGB § 46 Rz. 48; s. auch *Rothe*, Umlegung und Grenzregelung, Rz. 80. Sehr instruktiv zum Ganzen auch der Gemeinsame Runderlass zur Übertragung der Befugnis zur Durchführung der Umlegung und der Grenzregelung v. 7.7.1989, Hess. StAnz., 1711.
2 3. Kammer des Ersten Senats des BVerfG v. 31.7.2001 – 1 BvR 1061/00, NVwZ 2001, 1392.
3 Vgl. etwa *Stemmler*, ZfBR 2002, 651; *Rüsken*, NVwZ 2002, 428 sowie *Rösrath*, BauR 2003, 1143.
4 So ausdrücklich BR-Drs. 756/03 v. 17.10.2003, 159.
5 Vgl. Battis/Krautzberger/Löhr, BauGB, § 47 Rz. 2a.
6 Vgl. BGH v. 13.4.2000 – III ZR 165/99, NVwZ 2000, 1326 einerseits sowie BGH v. 10.1.2002 – III ZR 212/01, NVwZ 2002, 509 andererseits.
7 *Rothe*, Umlegung und Grenzregelung, Rz. 85; vgl. auch BGH v. 25.10.1990 – III ZR 7/90, BGHR BauGB § 47 S. 2 Umlegungsgebiet 1; s. aber auch OLG Koblenz v. 17.1.2001 – 1 U 163/00 (BauL), OLGReport Koblenz 2001, 311: „Ein Umlegungsbeschluss, in dem das Umlegungsgebiet durch eine ortsbekannte schlagwortartige Benennung ohne Angabe des genauen Grenzverlaufs bezeichnet wird, die seit Jahren auch durchgängig für das vorausgegangene Bebauungsplan-Aufstellungsverfahren verwandt wurde, ist wirksam, wenn betroffene Bürger ohne Schwierigkeiten erkennen können, auf welches Gebiet und auf welche Grundstücke sich der Umlegungsbeschluss bezieht."
8 Eine katastermäßige Abtretung des von der Umlegung betroffenen Teilgrundstücks erscheint in diesem Verfahrensstadium noch nicht unbedingt notwendig, vgl. OLG München v. 24.7.1986 – U 2/86 Bau, NVwZ 1987, 1020; a.A. *Rothe*, Umlegung und Grenzregelung, Rz. 85.

allein die katastermäßige Flurangabe oder die Bezugnahme auf die Bezeichnung des Bebauungsplans für die Bezeichnung des Umlegungsgebiets i.S.d. § 47 BauGB **nicht** aus[1]. Die (materiellen) Voraussetzungen für die Abgrenzung des Umlegungsgebietes sowie für das Verfahren bei der Herausnahme einzelner Grundstücke aus der Umlegung oder bei unwesentlichen Umlegungen des Umlegungsgebietes enthält § 52 BauGB (s.u. Rz. 41 f.).

36 Der Umlegungsbeschluss ist in der Gemeinde **ortsüblich bekannt zu machen**; die Möglichkeit, hiervon abzusehen, wenn die Beteiligten damit einverstanden sind (§ 50 Abs. 1 Satz 2 BauGB a.F.), ist 2004 zur „Vermeidung unsachgemäßer Anwendung und daraus resultierender Erschwernisse im Vollzug" gestrichen worden[2]. Das relativiert in gewissem Umfang die Beschränkung der Anhörung vor Erlass des Umlegungsbeschlusses auf den Kreis der Eigentümer gem. § 47 Abs. 1 Satz 1 BauGB (s.o. Rz. 34). Die Form der öffentlichen Bekanntmachung richtet sich nach dem **Kommunalrecht der Länder**, genauer gesagt, nach der Haupt- bzw. Bekanntmachungssatzung der jeweiligen Gemeinde, deren **Zustandekommen und Anwendung** in einem Rechtsmittel gegen den Umlegungsbeschluss ebenfalls – incidenter – der Prüfung unterliegen[3]. Ergänzend gilt § 41 Abs. 4 Satz 2 des jeweiligen LVwVfG, wonach ein öffentlich bekannt gemachter Verwaltungsakt **erst zwei Wochen nach der ortsüblichen Bekanntgabe** als bekannt gegeben gilt, es sei denn, in der Verfügung ist ein davon abweichender Tag, frühestens der auf die Bekanntgabe folgende Tag, bestimmt worden. Dies ist insbesondere für den Lauf der **Widerspruchsfrist** von Bedeutung[4].

37 Die **Bekanntmachung** muss den vollen Wortlaut des Umlegungsbeschlusses in der tatsächlich beschlossenen Form, ferner die Aufforderung, innerhalb eines Monats Rechte, die aus dem Grundbuch nicht ersichtlich sind, aber zur Beteiligung am Umlegungsverfahren berechtigen, bei der Umlegungsstelle anzumelden, sowie einen Hinweis auf die rechtlichen Wirkungen des § 50 Abs. 3 u. 4 BauGB und schließlich einen Hinweis auf die Verfügungs- und Veränderungssperre nach § 51 BauGB enthalten[5]. Fehlen diese **notwendigen Bestandteile** der Bekanntmachung, ist die Umlegung nicht ordnungsgemäß eingeleitet worden[6]. Fehlt hingegen die **Rechtsbehelfsbelehrung** (§ 211 BauGB) oder ist sie fehlerhaft, so hat dies nur zur Folge, dass entweder gem. § 210 BauGB Wiedereinsetzung gewährt werden kann oder aber für den Widerspruch eine Einjahresfrist seit Bekanntmachung gilt (§ 212 Abs. 1 BauGB i.V.m. § 58 Abs. 2 VwGO)[7].

38 Mit der öffentlichen Bekanntmachung des Umlegungsbeschlusses ist die öffentliche Auslegung von **Bestandskarte und Bestandsverzeichnis** i.S.d. § 53 BauGB verbunden, es sei denn, die Umlegung betrifft nur wenige Grundstücke; dann genügt die Mitteilung an Eigentümer und Inhaber sonstiger Rechte (§ 53 Abs. 2 u. 3 BauGB). Welche Folgerungen sich für das weitere Verfahren ergeben, wenn das Verfahren zur öffentlichen Auslegung von Bestandskarte und -verzeichnis fehlerhaft

---

1 LG Darmstadt v. 25.9.1996 – 9 O (B) 8/96, NVwZ 1997, 935.
2 BR-Drs. 756/03 v. 17.10.2003, 159.
3 Sehr instruktiv insoweit LG Karlsruhe v. 14.3.1997 – O (Baul) 8/96, n.v.
4 *Dieterich*, Baulandumlegung, Rz. 128; Gleiches gilt für den Antrag auf gerichtliche Entscheidung, vgl. § 217 Abs. 2 Satz 2.
5 Hierzu und zu weiteren sinnvollen, wenn auch nicht rechtlich gebotenen Hinweisen in der Bekanntmachung s. *Dieterich*, Baulandumlegung, Rz. 129.
6 OLG Frankfurt v. 27.1.1964 – 1 U Baul 175/63, zit. nach *Rothe*, Umlegung und Grenzregelung, Rz. 89 Fn. 263.
7 Die Anwendung des § 58 Abs. 2 VwGO kommt allerdings nur dann in Frage, wenn diese Vorschrift in der nach § 212 zu erlassenden Rechtsverordnung für anwendbar erklärt worden ist, vgl. *Kalb*, in: Ernst/Zinkahn/Bielenberg/Krautzberger, BauGB, § 211 Rz. 14.

oder überhaupt nicht durchgeführt wurde, ist unklar. Jedenfalls handelt es sich dabei nicht um selbständig anfechtbare Verwaltungsakte, sondern um **verwaltungsinterne Vorgänge**[1].

**b) Materielle Voraussetzungen**

**aa) Ist die Umlegung zweckmäßig und erforderlich?**

Allein zulässiger Zweck der Umlegung ist die Neuordnung bebauter und unbebauter Grundstücke zur **Erschließung oder Neugestaltung bestimmter Gebiete** entweder im Geltungsbereich eines Bebauungsplans oder innerhalb der im Zusammenhang bebauten Ortsteile (§ 34 BauGB), wenn sich aus der Eigenart der näheren Umgebung oder einem einfachen Bebauungsplan i.S.d. § 30 Abs. 3 BauGB hinreichend Kriterien für die Neuordnung der Grundstücke ergeben, und zwar so, dass nach Lage, Form und Größe für die bauliche oder sonstige Nutzung zweckmäßig gestaltete Grundstücke entstehen (§ 45 BauGB). Die Einleitung der Umlegung ist deshalb rechtswidrig, wenn sie diesen Zwecken nicht dient, sei es, dass die Ziele gar nicht angestrebt werden, sei es, dass sie nicht erreicht werden können[2]. Dabei ist die Zweckbestimmung aber auf das Umlegungsgebiet insgesamt und nicht auf jedes einzelne Grundstück zu beziehen[3]. Auch dann, wenn die Grenzen eines Grundstücks nicht oder nur unwesentlich geändert werden sollen, ist seine Einbeziehung in das Umlegungsverfahren jedenfalls dann noch zulässig, wenn es erst durch die Einbeziehung in die Infrastruktur des vorgesehenen Bebauungsplans im planungs- und baurechtlichen Sinne voll erschlossen wird[4]. Nur dann, wenn die Umlegung **insgesamt** nicht der Neugestaltung oder Erschließung eines Baugebietes, sondern z.B. ausschließlich der Straßenlandbeschaffung ohne Auswirkungen auf das Plangebiet dienen soll, ist sie wegen **Zweckverfehlung** unzulässig (s.o. Rz. 11). Gleiches gilt z.B. dann, wenn die Umlegung allein oder doch überwiegend dem Zweck dient, einen Betrieb gegen Barentschädigung aus dem Umlegungsgebiet auszulagern oder stillzulegen[5]; ob dies auch bei einer Sanierungsumlegung gem. § 142 BauGB, einem Unterfall der Neuordnungsumlegung, gilt, ist umstritten[6]. Nach der Rechtsprechung des BGH („Winterberg") sollen auf der anderen Seite die privatnützigen Auswirkungen einer Sanierung die Durchführung einer Umlegung auch dann erlauben, wenn es um die Gewinnung von Verkehrsflächen für die Verlegung der Ortsdurchfahrt einer Bundesstraße an den Rand der Innenstadt geht[7]; ob dies in Ansehung der Grundsatzentscheidung des BVerfG v. 22.5.2001[8] (s.o. Rz. 12) weiterhin angenommen werden kann, muss eher bezweifelt werden[9]. Rechtswidrig wegen Zweckverfehlung ist eine Umlegung schließlich dann, wenn sie allein die Änderung von Rechten an Grundstücken zum Ziel hat[10] oder ausschließlich dazu dienen soll,

39

---

1 So *Battis/Krautzberger/Löhr*, BauGB, § 53 Rz. 13 m.w.N.; a.A. *Otte*, in: Ernst/Zinkahn/Bielenberg/Krautzberger, BauGB § 53 Rz. 18f.
2 BGH v. 3.7.1968 – III ZR 10/66, WM 1968, 1282 (1283).
3 BGH v. 27.4.1981 – III ZR 71/79, NJW 1981, 2122 (2123); v. 2.4.1981 – III ZR 15/80, NVwZ 1982, 148.
4 BGH v. 12.10.1959 – III ZR 48/58, BGHZ 31, 49 (58); v. 16.12.1993 – III ZR 63/93, BayVBl. 1994, 283 sowie etwa OLG Nürnberg v. 6.7.2001 – 44 U 3207/00, ZfIR 2002, 307.
5 BGH v. 27.4.1981 – III ZR 71/79, NJW 1981, 2122 (2123).
6 Siehe dazu *Dieterich*, Baulandumlegung, Rz. 34.
7 BGH v. 13.12.1990 – III ZR 240/89, NJW 1991, 2011; s. hierzu auch die Ausführungen o. Rz. 10 mit Fn.
8 BVerfG v. 22.5.2001 – 1 BvR 1512/97, NVwZ 2001, 1023.
9 In diesem Sinne etwa auch *Christ*, DVBl 2002, 1517.
10 BGH v. 11.5.1967 – III ZR 141/66, insoweit n.v. (zit. nach *Nüßgens/Boujong*, Eigentum, Sozialbindung, Enteignung, Rz. 179).

der Gemeinde die den Einwurf übersteigenden Flächen nach § 55 Abs. 2 BauGB zu verschaffen[1].

40 Der Grundsatz der Zweckmäßigkeit ist auch für die **Begrenzung des Umlegungsgebietes** maßgebend (§ 52 Abs. 1 BauGB). Hierüber hat die Umlegungsstelle unter Berücksichtigung der Grundsätze des Umlegungsverfahrens **nach pflichtgemäßem (planerischem) Ermessen** zu entscheiden[2]. Im Einzelfall kann es ermessensgerecht sein, von vornherein zwei Umlegungsgebiete zu bilden, und zwar dann, wenn das Gesamtgebiet ausnahmsweise so beschaffen ist, dass die für die öffentliche Nutzung benötigten Flächen nur einem bestimmten, abgegrenzten Teil des Umlegungsgebiets zugute kommen; zumindest kann sich in einem solchen Fall die **Notwendigkeit** ergeben, sowohl die **Flächenabzüge** nach § 55 Abs. 2 BauGB als auch die **Flächenbeiträge** nach § 58 Abs. 1 BauGB in den jeweiligen Teilbereichen **unterschiedlich** anzusetzen[3]. Delegiert der Gemeindevorstand als Umlegungsstelle die Entscheidung darüber, welche Grundstücke in das Umlegungsgebiet einbezogen werden sollen, auf eine ausführende Behörde („die Verwaltung"), liegt eine unzulässige Ermessensunterschreitung vor[4]. Sowohl die **Anordnung der Umlegung** (§ 46 Abs. 1 BauGB) als auch der **Bebauungsplan** stellen für die Entscheidung über die Abgrenzung des Umlegungsgebiets **wesentliche Rahmenbedingungen** dar, ohne dass davon abweichende Zweckmäßigkeitserwägungen im Einzelfall ausgeschlossen sind[5]. Insbesondere kann es zulässig sein, bebauungsplanüberschreitend Teile eines benachbarten 34er-Gebiets in das Umlegungsgebiet einzubeziehen[6]

41 Zuweilen kann es auch zweckmäßig sein, **einzelne Grundstücke** entweder von vornherein oder noch im Verlaufe des Verfahrens von der Umlegung **auszunehmen**. Ebenso kann sich die **nachträgliche Einbeziehung** von Grundstücken in das Umlegungsverfahren als zweckmäßig erweisen. Für die Herausnahme eines Grundstücks aus der Umlegung ist Voraussetzung, dass es die Durchführung der Umlegung erschwert (§ 52 Abs. 2 BauGB). Dies dürfte insbesondere für Gemeindebedarfsflächen u.Ä. gelten, deren Nutzung nicht geändert, sondern erhalten werden soll[7]. **Unwesentliche Änderungen des Umlegungsgebietes** durch Herausnahme oder Einbeziehung einzelner Grundstücke können im Übrigen bis zum Beschluss über die Aufstellung des Umlegungsplans (§ 66 Abs. 1 BauGB) von der Umlegungsstelle nach **vorheriger Anhörung der Eigentümer** auch ohne ortsübliche Bekanntmachung vorgenommen werden; die Änderung wird mit der Bekanntgabe an die Eigentümer der betroffenen Grundstücke wirksam (§ 52 Abs. 3 BauGB). **Unwesentlich** ist nach

---

1 BGH v. 8.7.1968 – III ZR 10/66, BB 1968, 1358; weitere Beispiele von Zweckverfehlung bei *Kirchberg*, VBlBW 1986, 401 (403); s. schließlich auch OVG Saarlouis v. 28.1.1997 – 2 N 2/96, n.v.: „Der Senat hält es für zweifelhaft, ob eine Umlegung, die vorsieht, praktisch alle privaten Eigentümer von im Plangebiet gelegenen Grundstücken, auszusiedeln', um das benötigte Land für ein im öffentlichen Interesse liegendes Vorhaben – Friedhof und Parkplatz – zu schaffen, noch privatnützig von § 45 BauGB gedeckt ist." Von Zweckverfehlung ist schließlich auch etwa dann auszugehen, wenn die Umlegung (allein) mit dem Interesse der Gemeinde an der Erschließung und Aufteilung des Baugebiets durch einen Bauträger begründet wird, vgl. OLG Celle v. 22.1.2001 – 4 U (Baul) 42/00, IBR 2001, 335 (Ls.).
2 BGH v. 26.6.1997 – III ZR 152/96, NVwZ-RR 1998, 8 (auch zum Verhältnis von Begrenzung und Herausnahme gem. § 52 Abs. 2).
3 BGH v. 5.10.2000 – III ZR 71/00, NVwZ 2001, 233.
4 LG Darmstadt v. 25.9.1996 – 9 O (B) 8/96, NVwZ 1997, 935.
5 Siehe hierzu *Rothe*, Umlegung und Grenzregelung, Rz. 140f. u. *Dieterich*, Baulandumlegung, Rz. 93 ff sowie zuletzt BGH v. 25.10.1990 – III ZR 7/90, BGHR BauGB § 52 Abs. 1 Begrenzung 1.
6 *Otte*, in: Ernst/Zinkahn/Bielenberg/Krautzberger, BauGB § 52 Rz. 4.
7 *Otte*, in: Ernst/Zinkahn/Bielenberg/Krautzberger, BauGB § 52 Rz. 14 u. *Dieterich*, Baulandumlegung, Rz. 97f.

III. Die Bescheide im Umlegungsverfahren                    Rz. 43  Teil 2 C

Auffassung des OLG Stuttgart eine Änderung dann, wenn sich die Umlegungsmasse hierdurch **nicht um mehr als 5 %** verändert[1]. Ob gegen die Verkleinerung des Umlegungsgebietes oder gegen die Aufhebung des Umlegungsbeschlusses insgesamt **Rechtsschutzmöglichkeiten** bestehen oder ob auch insoweit § 46 Abs. 3 BauGB (kein Anspruch auf Umlegung) gilt, ist umstritten[2].

Die Einleitung der Umlegung ist nur dann i.S.d. § 46 Abs. 1 BauGB **erforderlich**, 42 wenn die notwendige Neuordnung des Bodens im Plangebiet bzw. in dem für die Neuordnung in Aussicht genommenen Gebiet nach § 34 BauGB nicht mit Mitteln erwirkt werden kann, die die beteiligten Grundeigentümer weniger beeinträchtigen. Insofern kann auf die Ausführungen unter Rz. 10 ff. verwiesen werden.

**bb) Liegen die planerischen Voraussetzungen für die Einleitung der Umlegung vor?**

Soll das Umlegungsverfahren **auf der Grundlage eines Bebauungsplans** durch- 43 geführt werden, kann es bereits eingeleitet werden, auch wenn ein Bebauungsplan noch nicht aufgestellt ist (§ 47 Abs. 2 Satz 1 BauGB; sog. **Parallelverfahren**). In diesem Fall muss der Bebauungsplan allerdings vor dem Beschluss über die Aufstellung des Umlegungsplans (§ 66 Abs. 1 BauGB) in Kraft getreten sein (§ 47 Abs. 2 Satz 2 BauGB). Nach der Rechtsprechung des BGH kann deshalb ein Umlegungsverfahren sogar dann eingeleitet und fortgeführt werden, wenn der Bebauungsplan zwar aufgestellt, aber ersichtlich fehlerhaft ist. Denn bis zum Abschluss des Umlegungsverfahrens können diese Fehler ja noch behoben werden[3]. Allenfalls dann, wenn die Bauleitplanung im Einzelfall **unheilbare formelle oder materielle Mängel** aufweist, die es verhindern, dass dieses Planungskonzept je geltendes Recht werden könnte, müsste ein derart gestützter Umlegungsbeschluss für rechtswidrig erklärt werden[4]. Im Übrigen müssen jedoch bei Einleitung der Umlegung die planerischen Vorstellungen der Gemeinde nur in dem Umfang verlässlich festgelegt und entwickelt sein, dass sie zur Beurteilung der Frage ausreichen, ob die Umlegung **zur Verwirklichung eines Bebauungsplans erforderlich** ist (vgl. § 46 Abs. 1 BauGB). Ein Bebauungsplanentwurf i.S.d. § 3 Abs. 2 BauGB muss dies nicht unbedingt sein; es reicht ggf. auch ein Ausschnitt aus dem Flächennutzungsplan, ein Lageplan und ein allgemeines Strukturkonzept[5] aus. Bei der **Umlegung im nichtüberplanten Innenbereich** (§ 45 Nr. 2 BauGB i.V.m. § 34 BauGB) reicht es demgegenüber aus, wenn sich aus der Eigenart der näheren Umgebung oder aus einem einfachen Bebauungsplan i.S.d. § 30 Abs. 3 BauGB hinreichende Kriterien für die Neuordnung der Grundstücke ergeben[6].

---

1 OLG Stuttgart v. 13.11.1980 – 10 U (Baul) 97/80, zit. nach *Kirchberg*, VBlBW 1986, 401 (405); vgl. hierzu auch *Otte*, in: Ernst/Zinkahn/Bielenberg/Krautzberger, BauGB § 52 Rz. 17.
2 Zum Meinungsstand: *Dieterich*, Baulandumlegung, Rz. 170 f.
3 BGH v. 7.2.1974 – III ZR 13/73, NJW 1974, 947 sowie BGH v. 10.11.1983 – III ZR 131/82, NVwZ 1984, 750; kritisch hierzu: *Otte*, in: Ernst/Zinkahn/Bielenberg/Krautzberger, BauGB § 47 Rz. 18.
4 BGH v. 7.2.1974 – III ZR 13/73, NJW 1974, 947; OLG München v. 24.7.1986 – U 2/86 Bau, NVwZ 1987, 1020.
5 BGH v. 12.3.1987 – III ZR 29/86, NJW 1987, 3260 (3262); zum Parallelverfahren generell s. *Dieterich*, Baulandumlegung, Rz. 88 ff.
6 Vgl. OLG Frankfurt v. 25.3.2010 – 100 U 1/09 (Baul): Einleitung der Umlegung auf der Grundlage des § 34 BauGB i.V.m. nach § 233 Abs. 3 BauGB übergeleiteten, als einfache Bebauungspläne weitergeltenden Fluchtlinienplänen.

c) Konsequenzen des Umlegungsbeschlusses

aa) Verfügungs- und Veränderungssperre

44 Von der Bekanntmachung des Umlegungsbeschlusses tritt gem. § 51 BauGB bis zum rechtskräftigen Abschluss des Verfahrens eine „**Verfügungs- und Veränderungssperre**" in Kraft. Diese begründet eine **Genehmigungspflicht** für Grundstücksteilungen, Verfügungen über Grundstücke und Rechte an Grundstücken, für Kaufverträge und Nutzungsvereinbarungen, Veränderungen der Erdoberfläche sowie für die Errichtung oder die Veränderung baulicher Anlagen (§ 51 Abs. 1 BauGB). Die Genehmigung darf nur versagt werden, wenn Grund zu der Annahme besteht, dass das Vorhaben die Durchführung der Umlegung **unmöglich machen oder wesentlich erschweren** würde (§ 51 Abs. 3 BauGB). Die **Gefahr einer bloß geringfügigen Erschwerung** reicht zur Versagung der Genehmigung **nicht** aus[1]. Der Genehmigungsvorbehalt des § 51 BauGB belastet den betroffenen Eigentümer also wesentlich weniger als die Veränderungssperre mit Befreiungsvorbehalt gem. § 14 BauGB[2]. Wird allerdings eine **Baugenehmigung** oder ein Bauvorbescheid erteilt, **ohne** dass eine Genehmigung nach § 51 Abs. 1 Satz 1 Nr. 4 BauGB vorliegt, macht dies die baurechtliche Entscheidung **nicht rechtswidrig**[3]. Soweit sich die Genehmigungspflicht demgegenüber auf **Rechtsgeschäfte** bezieht, ist die Verfügungs- und Veränderungssperre ein absolutes **gesetzliches Verbot i.S.d. § 134 BGB** mit der Folge, dass das Rechtsgeschäft bei Nichterteilung der Genehmigung als **unwirksam** anzusehen ist[4]. Für das Genehmigungsverfahren gilt im Übrigen in entsprechender Anwendung der einschlägigen Vorschriften über die Genehmigung nach § 22 BauGB die Monatsfrist und die Fiktion der Genehmigungsverteilung durch Fristablauf, vgl. § 51 Abs. 3 Satz 2 BauGB.

45 Da bei Erfüllung der gesetzlichen Voraussetzungen grds. ein **Anspruch auf Erteilung der Genehmigung** nach § 51 Abs. 3 BauGB besteht, kann die rechtswidrige Verweigerung der Genehmigung **Ersatz- oder Entschädigungsansprüche** auslösen[5]. Demgegenüber kann wohl allein die Dauer des Umlegungsverfahrens und der damit verbundenen Verfügungs- und Veränderungssperre – anders als bei der Veränderungssperre nach § 14 BauGB, vgl. § 18 BauGB – allenfalls in ganz besonders gelagerten Ausnahmefällen Entschädigungsansprüche begründen[6]. Und auch bei der rechtswidrigen Verweigerung der Genehmigung nach § 51 Abs. 3 BauGB ist wegen des **Vorranges des Primärrechtsschutzes** deswegen zunächst ein Rechtsmittelverfahren durchzuführen[7]. Erweist sich im baulandgerichtlichen Verfahren tatsächlich die Rechtswidrigkeit der Verfügung, mit der die Genehmigung gem. § 51 Abs. 3 BauGB abgelehnt wurde, können hierauf gestützt ggf. nicht nur Entschädigungsansprüche wegen enteignungsgleichen Eingriffs[8], sondern sogar Amtshaftungsansprüche nach § 839 BGB i.V.m. Art. 34 GG geltend gemacht werden (s.o. Rz. 15).

---

1 BGH v. 2.4.1981 – III ZR 15/80, NVwZ 1982, 148.
2 So ausdrücklich BGH v. 12.3.1987 – III ZR 29/86, NJW 1987, 3260 (3262).
3 So jedenfalls für die bayerische Rechtslage BayVGH v. 20.9.2006 – 14 ZB 05.2910.
4 *Otte*, in: Ernst/Zinkahn/Bielenberg/Krautzberger, BauGB § 51 Rz. 17 f.
5 BGH v. 12.3.1987 – III ZR 29/86, NJW 1987, 3260 (3261); v. 28.4.1988 – III ZR 35/87, NVwZ 1989, 501.
6 BGH v. 14.7.1965 – III ZR 2/64, NJW 1965, 2101 (2102); v. 2.4.1981 – III ZR 15/80, NVwZ 1982, 148 (149); v. 28.4.1988 – III ZR 35/87, NVwZ 1989, 501; s. auch *Battis/Krautzberger/Löhr*, BauGB, § 51 Rz. 11.
7 BGH v. 26.1.1984 – III ZR 216/82, NJW 1984, 1169 (1171 f.) unter Bezugnahme auf BVerfG v. 15.7.1981 – 1 BvL 77/78, BVerfGE 58, 300 (322 f.) – Nassauskiesung.
8 BGH v. 26.1.1984 – III ZR 216/82, NJW 1984, 1169 (1171); Fall der „faktischen Bausperre", vgl. hierzu auch BGH v. 17.9.1987 – III ZR 176/86, BGHR Vor Art. 1 GG (enteignungsgleicher Eingriff/Bausperre 1).

III. Die Bescheide im Umlegungsverfahren

### bb) Gemeindliches Vorkaufsrecht

Gemäß § 24 Abs. 1 Nr. 2 BauGB steht der Gemeinde ein **allgemeines Vorkaufsrecht** beim Kauf von Grundstücken **in einem Umlegungsgebiet** zu[1]. Das Vorkaufsrecht darf allerdings nur ausgeübt werden, wenn das **Wohl der Allgemeinheit** dies rechtfertigt (§ 24 Abs. 3 Satz 1 BauGB). Ob dies der Fall ist, kann von den Gerichten in vollem Umfange sachlich nachgeprüft werden, und zwar anhand des von der Gemeinde **angegebenen Verwendungszwecks** (§ 24 Abs. 3 Satz 2 BauGB); ein nachträglicher Austausch des Verwendungszwecks ist im Rechtsmittelverfahren nicht mehr möglich[2]. In Umlegungsgebieten kann die Ausübung des gemeindlichen Vorkaufsrechtes vom Wohl der Allgemeinheit gerechtfertigt sein, um den planerischen Festsetzungen entsprechend größere Baugrundstücke zu schaffen oder um zu geringe Größen einzelner Zuteilungsgrundstücke auszugleichen, sowie dann, wenn ein Grundstück veräußert wird, das als **Ersatzland** in die Verteilungsmasse eingebracht werden kann[3]. Dagegen wird das Vorkaufsrecht nicht im Gemeinwohlinteresse ausgeübt, wenn die Gemeinde das Grundstück allein aus privatwirtschaftlichem Gewinnstreben erwirbt[4]. Daraus folgt gleichzeitig, dass die Gemeinde die Ausübung des Vorkaufsrechts ggf. **auch auf Teilbereiche eines Grundstücks** beschränken muss, es sei denn, dies führt zu zusätzlichen Nachteilen für den Erwerber[5].

In bestimmten Fällen ist die **Ausübung des Vorkaufsrechts** von vornherein **ausgeschlossen** (§ 26 BauGB); es handelt sich dabei um gesetzliche Regelbeispiele für die Fälle, in denen das Wohl der Allgemeinheit die Ausübung des Vorkaufsrechts nicht rechtfertigen kann[6]. Eine **Abwendung des Vorkaufsrechts** in einem Umlegungsgebiet gem. § 27 Abs. 1 BauGB kommt wohl nur dann in Frage, wenn bereits ein rechtsverbindlicher Bebauungsplan vorliegt. Denn nur dann ist die Verwendung des Grundstücks mit ausreichender Sicherheit bestimmbar (§ 27 Abs. 1 Satz 1 BauGB). Aber auch in diesem Fall ist das Abwendungsrecht gem. § 27 Abs. 2 Nr. 2 BauGB ausgeschlossen, wenn das Grundstück für die Zwecke der Umlegung, also z.B. dafür benötigt wird, Alteigentümern mit kleinen Einwurfsgrundstücken ein Grundstück im Umlegungsgebiet zuzuteilen[7]. Inwieweit die in § 27a BauGB (seit 1998) zusammengeführte Ausübung das Vorkaufsrecht zugunsten Dritter (sozialer Wohnungsbau, öffentlicher Bedarfs- oder Erschließungsträger sowie Sanierungs- oder Entwicklungsträger) auch in einem Umlegungsgebiet zum Tragen kommt, bzw. kommen kann, ist noch nicht abzusehen.

Die Ausübung des gemeindlichen Vorkaufsrechts muss **binnen zwei Monaten** nach Mitteilung des Kaufvertrages **durch** (privatrechtsgestaltenden) **Verwaltungsakt**[8] ge-

---

1 Vgl. hierzu vor allem *Paetow*, in: Berliner Kommentar BauGB, § 24 Rz. 9; generell zum Vorkaufsrecht nach dem BauGB: *Stock*, ZfBR 1987, 10 ff.; die Änderungen der Vorschriften über das Vorkaufsrecht aufgrund des BauROG 1997 erläutert *Molitor*, ZfBR 1998, 72 (75 ff.).
2 BVerwG v. 15.2.1990 – 4 B 245.89, NJW 1990, 2703; v. 26.4.1993 – 4 B 31.93, NVwZ 1994, 282 (284); *Stock*, in: Ernst/Zinkahn/Bielenberg/Krautzberger, BauGB, § 24 Rz. 66 m.w.N., auch zum Ermessen bei der Ausübung des Vorkaufsrechts.
3 *Stock*, in: Ernst/Zinkahn/Bielenberg/Krautzberger, BauGB, § 24 Rz. 68 f.; OVG Lüneburg v. 30.1.1975 – VI B 99/74, NJW 1976, 159.
4 BGH v. 21.11.1961 – V ZR 73/60, BGHZ 36, 155 (160).
5 BGH v. 15.1.1971 – V ZR 164/68, NJW 1971, 560; v. 5.7.1990 – III ZR 229/89, NJW 1991, 293.
6 Vgl. hierzu die Erläuterungen von *Paetow*, in: Berliner Kommentar BauGB, § 26 Rz. 1 ff.
7 So *Paetow*, in: Berliner Kommentar BauGB, § 27 Rz. 9, unter Verweis auf die Gesetzesmaterialien.
8 VGH Kassel v. 11.2.1983 – IV OE 57/81, NVwZ 1983, 556; a.A. OLG Frankfurt v. 8.3.1982 – 1 U (Baul) 4/81, NVwZ 1982, 580; vgl. hierzu *Paetow*, in: Berliner Kommentar BauGB, § 28 Rz. 12.

genüber dem Verkäufer erfolgen (§ 28 Abs. 2 Satz 1 BauGB). Hierbei handelt es sich um eine nicht verlängerbare Ausschlussfrist (Ausnahme: § 27 Abs. 1 Satz 3 BauGB)[1]. Die Frist beginnt allerdings erst, wenn der **Kaufvertrag wirksam** ist, insbesondere alle erforderlichen **Genehmigungen erteilt** sind. Auch eine **unvollständige oder nicht hinreichend klare Mitteilung** kann die Frist des § 28 Abs. 2 Satz 1 BauGB nicht in Lauf setzen[2]. Umgekehrt soll es jedoch – wie beim vertraglichen Vorkaufsrecht – auch zulässig sein, das gemeindliche Vorkaufsrecht – mit Wirkung auf den Genehmigungszeitpunkt – schon vor Erteilung der zur Wirksamkeit des Grundstückskaufvertrags erforderlichen Genehmigung(en) auszuüben[3]. Soweit die Gemeinde die Befugnis zur Ausübung des Vorkaufsrechts nicht gem. § 46 Abs. 5 BauGB auf den Umlegungsausschuss übertragen hat, wird hierfür regelmäßig ein Beschluss des Gemeinderats erforderlich sein[4]. Die entsprechenden Formalien sind zu beachten[5]. Nur in Großstädten kann die Ausübung des Vorkaufsrechts zu den Geschäften der laufenden Verwaltung gehören.

49 Mit der Ausübung des Vorkaufsrechts wird ein **selbständiger Kaufvertrag** zwischen dem Verkäufer und der Gemeinde begründet, und zwar grds. zu **denselben Bedingungen**, die der Verkäufer mit dem ursprünglichen Käufer vereinbart hat (§ 28 Abs. 2 Satz 2 BauGB i.V.m. § 505 Abs. 2 BGB)[6]. **Überschreitet** allerdings der vereinbarte Kaufpreis den Verkehrswert (vgl. § 194 BauGB) „in einer dem Rechtsverkehr erkennbaren Weise **deutlich**", so kann die Gemeinde den Kaufpreis auf den Verkehrswert des Grundstücks zum Zeitpunkt des Verkaufsfalles beschränken (sog. **preislimitiertes Verkaufsrecht** vgl. § 28 Abs. 3 BauGB); der **Verkäufer kann** für diesen Fall jedoch bis zum Ablauf eines Monats nach bestandskräftiger Ausübung des Verkaufsrechts vom Vertrag **zurücktreten**. Sieht er davon ab, geht das Eigentum **kraft Gesetzes** auf die Gemeinde über[7]. Im Übrigen kommt eine Ausübung des Vorkaufsrechts zum **Entschädigungswert** (entspricht praktisch dem Verkehrswert, vgl. § 95 Abs. 1 BauGB i.V.m. § 194 BauGB) nur dann in Frage, wenn der Erwerb des Grundstücks für die Durchführung des Bebauungsplans erforderlich ist und es nach dem festgesetzten Verwendungszweck enteignet werden könnte (§ 28 Abs. 4 Satz 1 BauGB). Diese Bestimmung ist auch anwendbar, wenn gleichzeitig die Voraussetzungen eines Vorkaufsrechts im Umlegungsgebiet gem. § 24 Abs. 1 Nr. 2 BauGB vorliegen[8]. Für die Anfechtung von Verwaltungsakten nach **§ 28 Abs. 3, 4**

---

1 BGH v. 15.7.1960 – V ZR 191/58, NJW 1960, 1805; OLG Frankfurt v. 8.3.1982 – 1 U (Baul) 4/81, NVwZ 1982, 580.
2 *Paetow*, in: Berliner Kommentar BauGB, § 28 Rz. 8 u. 11 m.w.N. sowie VGH BW v. 1.3.1996 – 3 S 13/94, n.v.
3 So jedenfalls OVG Magdeburg v. 23.7.2001 – A 2 S 671/99, LKV 2001, 187 m. Anm. *Leinenbach*, LKV 2001, 168, im Anschluss an BGH v. 15.5.1998 – V ZR 89/97, NJW 1998, 2352.
4 BGH v. 15.7.1960 – V ZR 191/58, NJW 1960, 1805; OLG Frankfurt v. 8.3.1982 – 1 U (Baul) 4/81, NVwZ 1982, 580; VGH Kassel v. 11.2.1983 – IV OE 57/81, NVwZ 1983, 556.
5 So z.B. grds. die Beratung und Beschlussfassung in öffentlicher Sitzung, VGH BW v. 18.6.1980 – III 503/79, VBlBW 1980, 33; VGH BW v. 8.8.1990 – 3 S 132/90, NVwZ 1991, 284; vgl. aber auch BVerwG v. 15.3.1995 – 4 B 33.95, NVwZ 1995, 897: Bundesrecht steht einer landesrechtlichen Regelung nicht entgegen, wonach die Ausübung des gemeindlichen Vorkaufsrechts in nicht-öffentlicher Sitzung des Gemeinderats zu behandeln ist.
6 BGH v. 4.4.1986 – V ZR 77/85, NJW 1986, 2643 (2644); v. 10.7.1986 – III ZR 44/85, NJW 1987, 494 (495); zur Kaufvertragsabwicklung im Übrigen s. *Grziwotz*, NVwZ 1994, 215; zur Erstreckung des Vorkaufsrechts auf „kaufähnliche Verträge" (hier: Gegenleistung in Form von „5 Daimler-Benz-Aktien") s. OLG Frankfurt v. 19.10.1995 – 1 U (Baul) 1/95, NJW 1996, 935.
7 Siehe dazu und zu der gesetzlichen Neuregelung aufgrund des BauROG im Einzelnen erneut *Molitor*, ZfBR 1998, 72 (76).
8 *Paetow*, in: Berliner Kommentar BauGB, § 28 Rz. 36; *Stock*, ZfBR 1987, 10 (18).

III. Die Bescheide im Umlegungsverfahren

und 6 BauGB sowie nach § 27a BauGB sind die **Baulandgerichte** – umfassend – zuständig (§ 217 Abs. 1 BauGB)[1]; ansonsten ist der **Verwaltungsrechtsweg** gegeben[2].

**cc) Beitragspflicht**

Liegt ein Grundstück in einem Gebiet, für das ein Umlegungsbeschluss gefasst und bekannt gemacht worden ist, kann **keine grundstücksbezogene Beitragspflicht** (hier: für die Wasserversorgung) entstehen, weil es trotz der möglichen Inanspruchnahme der Einrichtung an dem **grundstücksbezogenen Vorteil** fehlt[3]. Die Grundstücke im Umlegungsgebiet sind zwar rechtlich (noch) existent, aufgrund der Eintragung des Umlegungsvermerks gem. § 54 Abs. 1 Satz 2 BauGB handelt es sich jedoch gewissermaßen um „sterbende" Grundstücke, die Bestandteil der Umlegungsmasse nach § 55 BauGB geworden sind und für die es an der Dauerhaftigkeit der grundstücksbezogenen Vorteilslage fehlt. Eine solche wird **erst** entweder nach rechtskräftiger **Aufhebung des Umlegungsbeschlusses** oder nach **Bekanntmachung der Unanfechtbarkeit des Umlegungsplans** gem. § 71 BauGB (wieder) hergestellt; ob im Falle einer vorläufigen Besitzeinweisung oder einer sonstigen Vorabregelung etwas anderes gelten kann, ist zweifelhaft[4]. 50

**2. Der Umlegungsplan/der Beschluss über die vereinfachte Umlegung**

**a) Formelle Voraussetzungen**

**aa) Ist ordnungsgemäß Beschluss gefasst und dieser dementsprechend verlautbart worden?**

In dem Umlegungsplan (§§ 66–68 BauGB) werden die Ergebnisse des vorangegangenen Verfahrens verbindlich zusammengefasst und in dieser Form bekannt gemacht. Während durch den Umlegungsbeschluss also nur die alle Eigentümer gleichermaßen treffende Einbeziehung ihrer Grundstücke in das Umlegungsverfahren verfügt wurde, enthält der Umlegungsplan eine **differenzierte und individuelle Regelung für jedes einzelne Grundstück**. Der Umlegungsplan stellt sich deshalb als **Zusammenfassung einer Vielzahl von privatrechtsgestaltenden Verwaltungsakten** dar[5]. Das Gleiche gilt im Prinzip für den „**Beschluss über die vereinfachte Umlegung**" gem. § 82 BauGB, der im vereinfachten Verfahren an die Stelle des Umlegungsplans tritt. 51

**Zuständig** für die Beschlussfassung über den Umlegungsplan/für den Beschluss über die vereinfachte Umlegung ist je nach landesrechtlicher Regelung entweder der **Umlegungsausschuss**, die **Gemeindevertretung** oder die sonst von der Gemeinde hierfür bestimmte Behörde. Für die Formalien gilt das gleiche wie beim Umlegungsbeschluss (s.o. Rz. 32f.). Vor der Beschlussfassung ist zwingend eine **Erörterung** der geplanten Zuteilung **mit den Eigentümern** durchzuführen (§§ 66 52

---

1 Bei der Ausübung des drittbegünstigenden Vorkaufsrechts nach § 27a BauGB ergibt sich dies nicht aus dem Wortlaut des § 217 Abs. 1 BauGB, sondern aus der in § 27a Abs. 3 Satz 1 BauGB angeordneten entsprechenden Anwendung der (Verfahrens-)Vorschriften des § 28 Abs. 2–4 BauGB.
2 Vgl. *Molitor*, ZfBR 1998, 72 (77) sowie im Übrigen VGH Kassel v. 4.5.1988 – 4 UE 1250/87, NJW 1989, 1626 m.w.N. aus der Rspr.; zu Entschädigungsansprüchen des Verkäufers bei Anfechtung der (rechtmäßigen) Ausübung des Vorkaufsrechts s. noch BGH v. 5.5.1988 – III ZR 105/87, NJW 1989, 37.
3 OVG Rh.-Pf. v. 8.9.2004 – 8 A 10380/04, NVwZ 1996, 849.
4 HessVGH v. 28.9.1995 – 5 UE 1173/93, NVwZ-RR 1996, 689; Lohmann, § 8 Rz. 888.
5 BGH v. 28.5.1976 – III ZR 137/74, NJW 1976, 1745; *Dieterich*, Baulandumlegung, Rz. 343; *Rothe*, Umlegung und Grenzregelung, Rz. 361.

Abs. 1, 82 Abs. 1 BauGB). Diese Erörterung macht eine gesonderte Begründung des Umlegungsplans/des Beschlusses über die vereinfachte Umlegung grds. entbehrlich[1], obwohl sie im Einzelfall **hilfreich** sein und zum **Verständnis** der ggf. gegen den Willen eines Beteiligten vorgenommenen Zuteilung/Abfindung beitragen kann.

53 Gemäß § 69 Abs. 1 BauGB ist der Beschluss über die Aufstellung des Umlegungsplans in der Gemeinde **ortsüblich bekannt zu machen** (vgl. hierzu o. Rz. 36). In der Bekanntmachung ist darauf hinzuweisen, dass der Umlegungsplan von jedem, der ein berechtigtes Interesse darlegt, an einer zu benennenden Stelle eingesehen werden kann und auszugsweise nach § 70 Abs. 1 Satz 1 BauGB zugestellt wird (§ 69 Abs. 1 Satz 2, Abs. 2 BauGB). Rechtsmittelfristen werden durch diese Bekanntmachung nicht ausgelöst. Welche Folgen es hat, wenn die Bekanntmachung nicht oder unvollständig erfolgt, ist ungeklärt. Bei der **vereinfachten Umlegung** entfällt die öffentliche Bekanntmachung.

**bb) Sind Umlegungskarte und Umlegungsverzeichnis vollständig?**

54 Aus dem Umlegungsplan muss der in Aussicht genommene Neuzustand mit allen tatsächlichen und rechtlichen Änderungen hervorgehen, die die im Umlegungsgebiet gelegenen Grundstücke erfahren (§ 66 Abs. 2 Satz 1 BauGB). Diesem Ziel dienen sowohl die **Umlegungskarte** als auch das **Umlegungsverzeichnis**, die zusammen den Umlegungsplan bilden (§ 66 Abs. 3 BauGB). Das **vereinfachte Verfahren** begnügt sich grds. mit dem Beschluss über die vereinfachte Umlegung, in dem, soweit erforderlich, die Neuordnung der Grundstücksgrenzen, die Geldleistungen und ggf. die Neubegründung und/oder Aufhebung von Dienstbarkeiten, Grundpfandrechten und Baulasten zu regeln sind, § 82 Abs. 1 Satz 1 BauGB. Gleichwohl erscheint es **zweckmäßig** – und bezüglich der **Übernahme in das Liegenschaftskataster** gem. § 82 Abs. 1 Satz 2 BauGB sogar **geboten** – auch bei der vereinfachten Umlegung eine **Umlegungskarte** und ein **Umlegungsverzeichnis** anzulegen[2].

55 Die **Umlegungskarte** stellt den **künftigen Zustand** des Umlegungsgebiets dar (§ 67 Satz 1 BauGB), und zwar in zeichnerischer Darstellung. Der **alte Zustand** des Umlegungsgebietes und ggf. sogar die Festsetzungen des Bebauungsplans müssen nicht, aber können mit aufgenommen werden, es sei denn, hierunter leidet die Übersichtlichkeit und insbesondere die Genauigkeit[3]. Denn die Umlegungskarte bzw. der Beschluss über die vereinfachte Umlegung (s.o. Rz. 53) müssen nach Form und Inhalt **zur Übernahme in das Liegenschaftskataster geeignet** sein (§§ 66 Abs. 2 Satz 2, 82 Abs. 1 Satz 2 BauGB). Auf jeden Fall sind in die Karte die neuen Grundstücksgrenzen und -bezeichnungen sowie die örtlichen Erschließungsflächen i.S.d. § 55 Abs. 2 BauGB einzutragen (§ 67 Satz 2 BauGB).

56 Ergänzt wird die Umlegungskarte durch das **Umlegungsverzeichnis** gem. § 68 BauGB. Dort sind vor allem sämtliche Grundstücke, einschließlich der außerhalb des Umlegungsgebietes zugeteilten Grundstücke, nach Lage, Größe und Nutzungsart unter **Gegenüberstellung des alten und neuen Bestands** mit Angabe ihrer Eigentümer aufzuführen. Neben dem Alt- und Neubestand der Grundstücke muss das Umlegungsverzeichnis insbesondere noch die **Rechte an Grundstücken**, die Grund-

---

[1] So zutreffend *Dieterich*, Baulandumlegung, Rz. 349; bei dem Beschluss über die vereinfachte Umlegung hält *Dieterich*, Baulandumlegung, Rz. 533 demgegenüber eine Begründung für notwendig; a.A. *Battis/Krautzberger/Löhr*, BauGB, § 82 Rz. 6 sowie etwa *Schriever/Linke*, in: Brügelmann u.a., BauGB, § 82, Rz. 17.
[2] *Battis/Krautzberger/Löhr*, BauGB, § 82 Rz. 3 m.w.N.
[3] *Dieterich*, Baulandumlegung, Rz. 351; *Otte*, in: Ernst/Zinkahn/Bielenberg/Krautzberger, BauGB, § 67 Rz. 7; *Kirchberg*, VBlBW 1987, 81 (88f.) m.w.N.

stückslasten, die Geldleistungen sowie die städtebaulichen Gebote nach § 59 Abs. 7 BauGB enthalten (vgl. zum notwendigen Inhalt des Umlegungsverzeichnisses im Übrigen den Katalog des § 68 Abs. 1 Nr. 1–8 BauGB).

Die Anforderungen an den Inhalt von Umlegungskarte und Umlegungsverzeichnis gelten entsprechend, wenn die Umlegungsstelle über einen **Teilumlegungsplan** (§ 66 Abs. 1 Satz 2 BauGB) Beschluss gefasst hat. Durch eine entsprechende Beschlussfassung, die grds. im Ermessen der Umlegungsstelle steht, darf allerdings keine Präjudizierung der in den anderen Teilen des Umlegungsgebietes zu treffenden Regelungen erfolgen. Dies bedeutet insbesondere, dass grds. bereits der Abzug der öffentlichen Erschließungsflächen gem. § 55 Abs. 2 BauGB und damit die Bestimmung der Verteilungsmasse für das Umlegungsgebiet insgesamt erfolgt sein muss (s.u. Rz. 61)[1]. 57

**cc) Sind dem Umlegungsbetroffenen die Ergebnisse der Umlegung ordnungsgemäß eröffnet worden?**

Die **ortsübliche Bekanntmachung** des Beschlusses über die Aufstellung des Umlegungsplans (die beim Beschluss über die vereinfachte Umlegung entfällt, s.o. Rz. 52) dient nur der allgemeinen Information der Öffentlichkeit und setzt insbesondere **keine Rechtsmittelfristen** in Lauf. Hierfür ist erforderlich, dass jedem Beteiligten ein seine Rechte betreffender **Auszug** aus dem **Umlegungsplan** bzw. aus dem **Beschluss über die vereinfachte Umlegung** zugestellt wird (§§ 70 Abs. 1 Satz 1, 82 Abs. 2 Satz 1 BauGB). Wird, wie meist üblich, das **Umlegungsverzeichnis für jedes Grundstück einzeln** aufgestellt (§ 68 Abs. 2 BauGB), erübrigt sich die gesonderte Fertigung eines Auszuges aus dem Gesamtverzeichnis; der Umlegungsbetroffene erhält dann eine Ausfertigung des mit seiner Ordnungsnummer versehenen, individuellen Umlegungsverzeichnisses für sein Grundstück. Dazu gehört aber auf jeden Fall noch ein Auszug (Ausschnitt) aus der Umlegungskarte. Außerdem muss der Umlegungsbeteiligte noch einmal individuell darauf hingewiesen werden, dass und wo der Umlegungsplan/der Beschluss über die vereinfachte Umlegung **insgesamt eingesehen** werden können (§§ 70 Abs. 1 Satz 2, 82 Abs. 2 Satz 2 BauGB). 58

Wie der Auszug aus dem Umlegungsplan/aus dem Beschluss über die vereinfachte Umlegung zuzustellen ist, bestimmt sich nach den Vorschriften der **Verwaltungszustellungsgesetze der Länder**, die ihrerseits weitgehend auf das Verwaltungszustellungsgesetz des Bundes (VwZG) verweisen[2]. Nach § 2 Abs. 1 VwZG besteht die Zustellung in der Übergabe eines Schriftstücks in Urschrift, Ausfertigung oder beglaubigter Abschrift oder in dem Vorlegen der Urschrift. Zugestellt wird durch die Post (§§ 3, 4 VwZG) oder durch die Behörde (§§ 5, 6 VwZG). Daneben gelten die in den §§ 14–16 VwZG geregelten Sonderarten der Zustellung. 59

Dem Auszug aus dem Umlegungsplan/aus dem Beschluss über die vereinfachte Umlegung ist gem. § 211 BauGB eine **Rechtsbehelfsbelehrung** beizufügen. Beim Fehlen dieser Rechtsmittelbelehrung gilt das oben (Rz. 37) Gesagte. Anfechtbar ist der Umlegungsplan/der Beschluss über die vereinfachte Umlegung nur **insoweit**, als hierdurch die **Rechte des jeweiligen Umlegungsbeteiligten** an seinem in die Umlegung einbezogenen Grundbesitz **betroffen** sind. Er kann also grds. auch nur insoweit eine Vollständigkeit (und Richtigkeit) der Umlegungskarte und des Umle- 60

---

1 *Otte*, in: Ernst/Zinkahn/Bielenberg/Krautzberger, BauGB § 66 Rz. 6; *Otte*, ZfBR 1987, 263 (266); LG Darmstadt v. 13.1.2005 – 9 0 (B) 25/99.
2 Zu den Problemen bei der Zustellung des Auszuges aus dem Umlegungsplan, s. *Schriever*, in: Brügelmann u.a., BauGB, § 70 Rz. 7 ff.

gungsverzeichnisses beanspruchen. Das muss dann auch seinen Niederschlag bei der **Antragstellung** im baulandgerichtlichen Verfahren finden und dementsprechend **tenorieren** auch die Baulandgerichte.

### b) Materielle Voraussetzungen

#### aa) Allgemeine Rechtmäßigkeitsvoraussetzungen

**(1) Ist zulässigerweise ein Teilumlegungsplan aufgestellt worden?**

61 Nach § 66 Abs. 1 Satz 2 BauGB **kann** der Umlegungsplan auch für **Teile eines Umlegungsgebiets** aufgestellt werden (**Teilumlegungsplan**). Bei der **vereinfachten Umlegung** ist dies **nicht** vorgesehen; die Bestimmung des § 66 Abs. 1 Satz 2 BauGB wird auch nicht gem. § 80 Abs. 2 BauGB (ausdrücklich) für anwendbar erklärt. Für den sich auf Teile des Umlegungsgebiets beschränkenden, vorgezogenen Umlegungsplan gelten im Prinzip die **gleichen Voraussetzungen** wie für den **Umlegungsplan insgesamt**. Insbesondere muss auch – abgesehen von Sonderfällen, die wegen der besonderen örtlichen Verhältnisse von vornherein die Bildung von Teilgebieten und einen jeweils unterschiedlichen Verkehrsflächenabzug nach § 55 Abs. 2 BauGB gebieten (s.o. Rz. 40) – die **Verteilungsmasse** für das **Gesamtgebiet** gebildet werden. Auch im Übrigen dürfen sich aus der Aufstellung eines Teilumlegungsplans **keine (nachteiligen) Auswirkungen** auf die Regelungen in dem verbleibenden Teil des **(Gesamt-)Umlegungsgebiets** ergeben. Insofern gelten im Prinzip die gleichen Grundsätze wie bei der Teilinkraftsetzung des Umlegungsplans nach § 71 Abs. 2 BauGB (s.u. Rz. 98 ff.) und wie bei der Vorwegregelung nach § 76 BauGB (s.u. Rz. 105 ff.). Der **Vorzug** des Teilumlegungsplans gegenüber der **Teilinkraftsetzung** nach § 71 Abs. 2 BauGB besteht allerdings darin, dass diese erst möglich ist, wenn der Umlegungsplan **insgesamt** aufgestellt worden ist. Und gegenüber der **Vorwegregelung** nach § 76 BauGB hat die Aufstellung des Teilumlegungsplans den Vorzug, dass sie **nicht** von dem **Einverständnis der Beteiligten** abhängig ist[1]. **Ermessenswidrig** kann die Aufstellung eines Teilumlegungsplans allerdings dann sein, wenn die **Durchführung der Umlegung** im restlichen Umlegungsgebiet **völlig ungewiss** ist[2]. Mit der Aufstellung eines Teilumlegungsplans korrespondiert prozessual die **räumlich begrenzte Teilaufhebung** eines Umlegungsplans im baulandgerichtlichen Verfahren[3].

**(2) Liegt dem Umlegungsplan ein bestandskräftiger Umlegungsbeschluss zugrunde?**

62 Der Umlegungsplan kann erst dann aufgestellt werden, wenn die **Umlegung bestandskräftig eingeleitet** worden ist[4]. Daraus folgte gleichzeitig, dass derjenige Eigentümer, der den Umlegungsbeschluss **nicht** angefochten hat, im weiteren Umlegungsverfahren, insbesondere im Rahmen von Rechtsmitteln gegen den Umlegungsplan, **nicht** mehr geltend machen kann, sein Grundstück habe **nicht in die Umlegung einbezogen** werden dürfen[5]; nur dann, wenn sich die „Zweckverfeh-

---

1 Vgl. zum Ganzen und zu den gesetzgeberischen Motiven eingehend *Otte*, in: Ernst/Zinkahn/Bielenberg/Krautzberger, BauGB § 66 Rz. 5 f.
2 So *Schriever*, in: Brügelmann u.a., BauGB, § 66 Rz. 34 unter Verweis auf BVerwG v. 22.1.1993 – 8 C 46.91, DVBl 1993, 669.
3 BGH v. 5.3.1981 – III ZR 48/80, NJW 1981, 2060.
4 BGH v. 10.7.1975 – III ZR 75/73, NJW 1975, 2195; *Schriever*, in: Brügelmann u.a., BauGB, § 66, Rz. 27.
5 BGH v. 7.1.1982 – III ZR 130/80, NVwZ 1982, 331 sowie BGH v. 20.12.1990 – III ZR 130/89, BGHR BauGB § 47 Umlegungsbeschluss 2.

### III. Die Bescheide im Umlegungsverfahren

lung" erst nachträglich aufgrund der Einzelausgestaltung der Umlegung im Umlegungsplan herausstellte, hat die Rechtsprechung – ausnahmsweise – auch noch in diesem Verfahrensstadium Einwendungen gegen die Umlegung „an sich" zugelassen[1]. Diese Vorgabe – **Bestandskraft des Umlegungsbeschlusses** – für die Rechtmäßigkeit des Umlegungsplans ist auch für die seit Inkrafttreten des EAG Bau (20.7.2004) eingeleiteten Umlegungsverfahren wegen des nunmehr vorgesehenen **Wegfalls der aufschiebenden Wirkung** von Widerspruch und/oder Antrag auf gerichtliche Entscheidung gegen den Umlegungsbeschluss (§§ 212 Abs. 2 Satz 1 Nr. 2, 224 Satz BauGB[2]) **nicht obsolet** geworden[2]. Denn der Wegfall des Suspensiveffekts bedeutet (nur), dass das **Umlegungsverfahren** trotz Anfechtung des Umlegungsbeschlusses grds. **seinen Fortgang nehmen** kann, einschließlich **Vorkaufsrecht** nach § 24 Abs. 1 Satz 1 Nr. 2 BauGB (s.o. Rz. 46 ff.), **Verfügungs- und Veränderungssperre** nach § 51 BauGB (s.o. Rz. 44 f.), **Eintragung des Umlegungsvermerks** nach § 54 Abs. 1 u. 2 BauGB bis hin zur **Erörterung** der vorgesehenen Regelungen des Umlegungsplans **mit den Eigentümern** nach § 66 Abs. 1 Satz 1 BauGB[3], es sei denn, es gelingt dem Widersprecher/Antragsteller, gegen den Umlegungsbeschluss einen **Sofortrechtsschutzantrag** in entsprechender Anwendung des § 80 Abs. 4 bzw. 5 VwGO durchzusetzen (§§ 212 Abs. 2 Satz 2, 224 Satz 2 BauGB). An der Voraussetzung für die **Aufstellung des Umlegungsplans**, dass das **Umlegungsverfahren bestandskräftig eingeleitet** worden sein muss, ändert der Wegfall des Suspensiveffekts von Rechtsmitteln gegen den Umlegungsbeschluss jedoch **nichts**.

Im **vereinfachten Verfahren** stellt sich diese Problematik deshalb von vornherein **nicht**, weil es kein dem Umlegungsbeschluss gem. § 47 BauGB vergleichbares Verfahren vor Aufstellung des Beschlusses über die vereinfachte Umlegung gibt.

**(3) Liegt dem Umlegungsplan/dem Beschluss über die vereinfachte Umlegung ein rechtskräftiger und gültiger Bebauungsplan zugrunde?**

Das Umlegungsverfahren kann zwar bereits formell eingeleitet werden, wenn sich die Bauleitplanung, deren Verwirklichung die Umlegung dienen soll, noch im (Vor-)Entwurfsstadium befindet (s.o. Rz. 43). Spätestens **vor dem Beschluss über die Aufstellung des Umlegungsplans** muss der Bebauungsplan jedoch gem. § 12 BauGB **in Kraft** getreten sein (§ 47 Abs. 2 Satz 2 BauGB). Auch im **vereinfachten Verfahren**, das nach § 80 Abs. 1 Satz 1 Halbs. 1 BauGB auf § 45 BauGB verweist, ist das Vorliegen einer rechtskräftigen Bauleitplanung für den Beschluss über die vereinfachte Umlegung **erforderlich**[4]. Ist diese Voraussetzung nicht erfüllt oder erweist sich der Bebauungsplan wegen formeller oder materieller Mängel als nichtig, so hat dies auch die Rechtswidrigkeit des Umlegungsplans zur Folge[5]. Der **Widerspruchsbehörde** steht allerdings regelmäßig **keine Normverwerfungskompetenz** zu; sie ist vielmehr darauf beschränkt, die Gemeinde um Aufhebung des Bebauungsplans im förmlichen Verfahren oder um nachträgliche Behebung des Fehlers zu er-

63

---

1 BGH v. 10.11.1983 – III ZR 131/82, NVwZ 1984, 750 (751); v. 12.7.1990 – III ZR 141/89, BGHR BauGB § 45 Abs. 1 Umlegungszweck 1.
2 Für die vor dem 20.7.2004 eingeleiteten Umlegungsverfahren gilt nach § 233 Abs. 1 Satz 1 BauGB noch die alte Rechtslage, vgl. *Otte*, in: Ernst/Zinkahn/Bielenberg/Krautzberger, BauGB § 47 Rz. 11b.
3 Vgl. *Otte*, in: Ernst/Zinkahn/Bielenberg/Krautzberger, BauGB § 47 Rz. 11b; *Kalb*, in: Ernst/Zinkahn/Bielenberg/Krautzberger, BauGB, § 224 Rz. 15.
4 *Schriever/Linke*, in: Brügelmann u.a., BauGB, § 80 Rz. 7; *Battis/Krautzberger/Löhr*, BauGB, § 80 Rz. 13.
5 BGH v. 28.5.1976 – III ZR 137/74, BGHZ 66, 322 (331); v. 11.6.1981 – III ZR 14/80, DVBl 1982, 352 sowie BGH v. 7.1.1982 – III ZR 130/80, BauR 1982, 236; v. 10.11.1983 – III ZR 131/82, NVwZ 1984, 750.

suchen und ggf. selbst einen Normenkontrollantrag nach § 47 VwGO zu stellen[1]. Die **Baulandgerichte** sind demgegenüber zu einer umfassenden **Inzidentkontrolle** berechtigt und verpflichtet, ohne jedoch – „gleichsam ungefragt" – in eine Überprüfung des Bebauungsplans bezüglich aller möglicherweise in Frage kommenden Rechtsmängel eintreten zu müssen[2].

64 Eine Prüfungsbefugnis der Baulandgerichte scheidet grds. aus, wenn der Bebauungsplan bereits Gegenstand eines **Normenkontrollverfahrens gem. § 47 VwGO** gewesen ist. Dies gilt nicht nur dann, wenn das Oberverwaltungsgericht bzw. der Verwaltungsgerichtshof den Bebauungsplan allgemeinverbindlich für **unwirksam erklärt** hat (§ 47 Abs. 6 Satz 2 VwGO); jedenfalls zwischen den gleichen Beteiligten gilt dies wegen der materiellen Rechtskraftbindung im nachfolgenden baulandgerichtlichen Verfahren auch dann, wenn sich im Normenkontrollverfahren die **Gültigkeit** des Bebauungsplans erwiesen hat[3]. Von dieser Bindung sind nach Auffassung des OLG Karlsruhe auch diejenigen Beteiligten des baulandgerichtlichen Verfahrens erfasst, die im Normenkontrollverfahren zwar nicht als Antragsteller aufgetreten sind, dort aber als (Mit-)Eigentümer eines betroffenen Grundstücks sog. **uneigentliche notwendige Streitgenossen** gewesen seien[4].

65 Das Vorliegen eines **qualifizierten Bebauungsplans** i.S.d. § 30 Abs. 1 BauGB ist für die Durchführung der Umlegung allerdings **nicht mehr Voraussetzung**; als Gestaltungsbasis für die (vereinfachte) Umlegung reicht seit 2004 auch ein **einfacher Bebauungsplan** nach § 30 Abs. 3 BauGB aus (§ 45 Satz 2 Nr. 2 BauGB), wenn sich daraus **hinreichende Kriterien** für die Neuordnung der Grundstücke ergeben[5], wobei „**Festsetzungslücken**" des einfachen Bebauungsplans ggf. nach Maßgabe der **§§ 34 und 35 BauGB** gefüllt werden können[6]. Auf der Grundlage eines vorhabenbezogenen Bebauungsplans bzw. **Vorhaben- und Erschließungsplans** kann eine Umlegung nach den §§ 45–79 BauGB **nicht** durchgeführt werden (vgl. § 12 Abs. 3 Satz 2 Halbs. 2 BauGB); in Frage kommt insoweit allenfalls eine Enteignung zur Verwirklichung von „Festsetzungen nach § 9 BauGB für öffentliche Zwecke" (§ 12 Abs. 3 Satz 3 BauGB). Etwas **anderes** gilt für die **vereinfachte Umlegung**; sie kann zur Bodenordnung in einem Plangebiet nach § 12 BauGB verwandt werden, wie sich aus der die §§ 80–84 BauGB ausnehmenden Beschränkung der Anwendbarkeit gesetzlicher Regelungen auf den vorhabenbezogenen Bebauungsplan in § 12 Abs. 3 Satz 2 Halbs. 2 BauGB ergibt[7].

66 Nachdem **Umlegungen** nun auch **im unbeplanten Innenbereich** grds. für zulässig erklärt worden sind (s.o. Rz. 39), stellt sich die Frage, ob **bei Nichtigkeit des Bebauungsplans** die Umlegung – wie etwa auch eine Baugenehmigung – **ersatz- bzw. hilfsweise auf § 34 BauGB** gegründet werden kann. Dies erscheint deshalb fraglich, weil sich die ins Ermessen der Gemeinde gestellte Entscheidung über die Neuordnung

---

1 BVerwG v. 21.11.1986 – 4 C 22.83, DVBl 1987, 481.
2 Grundlegend: BGH v. 28.5.1976 – III ZR 137/74, NJW 1976, 1745 (1746); zur zitierten Einschränkung der Offizialmaxime s. BVerwG v. 7.9.1979 – IV C 7.77, BauR 1980, 40.
3 BGH v. 8.5.1980 – III ZR 27/77, NJW 1980, 2814 (2815) sowie BGH v. 29.9.1994 – III ZR 57/94, NVwZ 1995, 412.
4 OLG Karlsruhe v. 7.4.1981 – U 3/80 (Baul), zit. nach *Kirchberg*, VBlBW 1990, 161 (163 Fn. 156).
5 Was insbesondere bei nach § 233 Abs. 3 BauGB übergeleiteten und als einfache Bebauungspläne weitergeltenden städtebaulichen Plänen alten Rechts der Fall sein kann, vgl. OLG Frankfurt v. 25.3.2010 – 100 U 1/09 (Baul).
6 Vgl. *Otte*, in: Ernst/Zinkahn/Bielenberg/Krautzberger, BauGB § 45 Rz. 15, der gleichzeitig klarstellt, dass und warum die Umlegung auf der Grundlage eines einfachen Bebauungsplans entgegen dem insofern missverständlichen Wortlaut des § 45 Satz 2 Nr. 2 BauGB nicht auf den unbeplanten Innenbereich beschränkt ist.
7 *Battis/Krautzberger/Löhr*, BauGB, § 12 Rz. 32.

### III. Die Bescheide im Umlegungsverfahren

des Umlegungsgebiets hierauf – d.h. auf eine Umlegung nach Maßgabe des § 34 BauGB – gerade nicht bezog. Außerdem dürften die Voraussetzungen des § 45 Abs. 1 Satz 2 BauGB, dass sich nämlich aus der Eigenart der näheren Umgebung ausreichende Kriterien für die Neuordnung der Grundstücke ergeben müssen, in diesem Fall häufig nicht gegeben sein, von den Problemen hinsichtlich der Lage und Dimensionierung von Erschließungs- und Grünanlagen einmal ganz abgesehen[1]. Die praktische Bewährung der Vorschriften über die „Innenbereichs-Umlegung" steht deshalb nach wie vor aus[2], selbst wenn der Vorwegabzug nach § 55 Abs. 2 BauGB (s.u. Rz. 75f.) seit 2004 auch auf diejenigen dort genannten Infrastruktureinrichtungen erstreckt worden ist, die „aus Gründen der geordneten städtebaulichen Entwicklung zur Verwirklichung der nach § 34 BauGB zulässigen Nutzung erforderlich sind".

#### bb) Grundstücksbezogene Anforderungen

**(1) Entspricht der Umlegungsplan/der Beschluss über die vereinfachte Umlegung Zusagen, die im Verfahren gemacht wurden?**

Zuteilung und Abfindung erfolgen grds. einseitig-hoheitlich aufgrund entsprechender Beschlussfassung der Umlegungsstelle über den Umlegungsplan/den Beschluss über die vereinfachte Umlegung. Dies schließt jedoch genauso wenig wie auch ansonsten im allgemeinen Verwaltungsverfahren (vgl. § 38 VwVfG) eine auf den Einzelfall bezogene **Zusage** bzw. **Zusicherung** aus[3]. Häufig werden solche Zusagen im Rahmen einer quasivertraglichen Vereinbarung mit Erklärungen der betroffenen Umlegungsbeteiligten über den Verzicht auf Rechtsmittel etc. gekoppelt[4]. Von diesem Gestaltungsmittel wird insbesondere bei Vorwegregelungen gem. § 76 BauGB (s.u. Rz. 105ff.) Gebrauch gemacht.

Voraussetzung für eine **Bindung** der Umlegungsstelle bei der Beschlussfassung über den Umlegungsplan/den Beschluss über die vereinfachte Umlegung ist allerdings, dass die **Zusicherung schriftlich**[5] und von der **zuständigen Behörde**, also von der Umlegungsstelle selbst oder von einem hiermit beauftragten Mitglied der Umlegungsstelle, abgegeben worden ist (§§ 38 Abs. 1, 57 VwVfG). Zusagen der Gemeindeverwaltung bzw. des Bürgermeisters können den Umlegungsausschuss also grds. nicht binden (s.o. Rz. 32). Auf der anderen Seite wird die Umlegungsstelle nicht nur als berechtigt, sondern ggf. sogar als **verpflichtet** anzusehen sein, eine **Zusage zu widerrufen**, wenn ihre Erfüllung den Gesamtzweck des Verfahrens beeinträchtigen würde und zu ungerechtfertigten Benachteiligungen anderer Beteiligter führen müsste[6]. Eine **Bindung entfällt** außerdem dann, wenn sich nach Abgabe der Zusicherung die **Sach- oder Rechtslage** derart ändert, dass die Umlegungsstelle bei Kenntnis der nachträglich eingetretenen Änderung die Zusicherung nicht gegeben

---

1 Zumal – bisher – ein Vorwegabzug für diese Flächen gem. § 55 Abs. 2 nur auf der Grundlage von Festsetzungen eines Bebauungsplans möglich war, vgl. OLG Hamm v. 18.7.1996 – 16 U 14/95, NVwZ 1997, 1248.
2 Zu Anwendungsbeispielen und zur Praxis der Umlegung in 34er-Gebieten s. *Otte*, in: Ernst/Zinkahn/Bielenberg/Krautzberger, BauGB § 45 Rz. 17–23 sowie *Goldschmidt/Taubeneck*, FuB 2006, 225.
3 BGH v. 20.11.1980 – III ZR 35/79, LM Nr. 1 zu § 71 BBauG (Bl. 3) sowie BGH v. 14.5.1992 – III ZR 42/91, NJW 1992, 2637 (2638); *Otte*, in: Ernst/Zinkahn/Bielenberg/Krautzberger, BauGB § 66 Rz. 20f.; ebenso für das Flurbereinigungsverfahren BVerwG v. 17.1.2007 – 10 C 1.06, BVerwGE 128, 87 = NVwZ-RR 2007, 456.
4 *Dieterich*, Baulandumlegung, Rz. 347.
5 So ausdrücklich für das Flurbereinigungsverfahren BVerwG v. 18.6.1987 – 5 B 165.85, RdL 1991, 13.
6 *Otte*, in: Ernst/Zinkahn/Bielenberg/Krautzberger, BauGB § 66 Rz. 21.

hätte oder aus rechtlichen Gründen nicht hätte geben dürfen (§ 38 Abs. 3 VwVfG; s. auch § 60 VwVfG). Zu **Amtshaftungsansprüchen** aus der Erteilung unwirksamer Zusagen im Umlegungsverfahren s.o. Rz. 18 m. Fn. 3.

**(2) Ist die Zuteilung zweckentsprechend sowie in gleicher oder gleichwertiger Lage erfolgt?**

69  Für die in die Umlegung eingebrachten Grundstücke sind den Eigentümern aus der Verteilungsmasse (§ 55 Abs. 4 BauGB, s.o. Rz. 16) dem Umlegungszweck entsprechend nach Möglichkeit wiederum **Grundstücke in gleicher oder gleichwertiger Lage** wie die eingeworfenen Grundstücke zuzuteilen (§ 59 Abs. 1 BauGB). Das gilt grds. auch für die **vereinfachte Umlegung** (§ 80 Abs. 3 Satz 1 BauGB). Dem **Umlegungszweck** entsprechen nur solche Grundstücke, die **entsprechend dem zu Grunde liegenden Bebauungsplan** für die bauliche oder sonstige Nutzung zweckmäßig gestaltet sind[1] oder für sich dies hinreichend aus der **Eigenart der näheren Umgebung** i.S.d. § 34 BauGB ergibt, vgl. § 45 Satz 2 Nr. 2 BauGB. Dazu können auch solche Grundstücke gehören, die nur unter **Befreiung** insbesondere von bauordnungsrechtlichen Bestimmungen zweckmäßig bebaut werden können. Voraussetzung für eine Zuteilung solcher Grundstücke dürfte jedoch sein, dass die für die Erteilung von Ausnahmen und Befreiungen zuständige Stelle gegenüber der Umlegungsstelle eine derartige Entscheidung **verbindlich in Aussicht** stellt[2]. Als „natürlicher Annex" zu den Bauflächen sind nach der seit 1998 geltenden Rechtslage ggf. auch noch die **privaten Ausgleichsflächen** i.S.d. § 1a Abs. 3 BauGB zuzuteilen, vgl. § 59 Abs. 1 BauGB n.F.[3].

70  Eine **gleiche Lage** hat das Zuteilungsgrundstück nur bzw. bereits dann, wenn es **im wesentlichen die gleichen örtlichen Lagemerkmale** aufweist wie das Einwurfsgrundstück, also wenn die neue Lage der früheren vergleichbar ist. Gleiche Lage liegt insbesondere dann vor, wenn sich die Flächen des alten und des neuen Grundstücks **wenigstens teilweise überdecken** oder doch **verhältnismäßig nahe beieinander** liegen[4]. Für die alternative Zuteilung in **gleichwertiger Lage** kommt es demgegenüber vornehmlich auf den im **Quadratmeterpreis** zum Ausdruck kommenden wirtschaftlichen Wert des Grundstückes an, wobei aber auch mit dem Einwurfsgrundstück vergleichbare **geographische oder geodätische Lagemerkmale** eine Rolle spielen können[5]. Wird dem Umlegungsbeteiligten für sein bebaubares Einwurfsgrundstück anstatt eines werthaltigen Baugrundstücks ein nicht bebaubares **Altlastengrundstück** zugewiesen, kann er zwar nicht Naturalrestitution in Form der Zuweisung eines anderen, bebaubaren Grundstücks, dafür jedoch Schadensersatz in Höhe des Wertes des ihm bei amtspflichtgemäßer Durchführung des Umlegungsverfahrens zuzuteilenden Grundstücks verlangen[6].

---

1 BGH v. 27.6.1966 – III ZR 110/65, MDR 1966, 917 sowie BGH v. 28.5.1976 – III ZR 137/74, BGHZ 66, 322 (332).
2 *Otte*, in: Ernst/Zinkahn/Bielenberg/Krautzberger, BauGB § 59 Rz. 2; *Dieterich*, Baulandumlegung, Rz. 245.
3 Vgl. *Stadler*, ZfBR 1998, 12 (14).
4 BGH v. 28.5.1976 – III ZR 137/74, BGHZ 66, 322 (332); v. 5.3.1981 – III ZR 48/80, NJW 1981, 2060 (2061).
5 BGH v. 5.3.1981 – III ZR 48/80, NJW 1981, 2060 (2061); *Dieterich*, Baulandumlegung, Rz. 247.
6 OLG Frankfurt v. 17.12.2001 – 1 U 133/98, OLGReport Frankfurt 2002, 110, sowie nachfolgend BGH v. 22.5.2003 – III ZR 32/02, NJW-RR 2003, 1004. Zur (Nicht-)Berücksichtigung eines im Umlegungsverfahrens entstandenen, gutachterlich jedoch ausgeräumten Altlastenverdachts bei der Wertermittlung eines Einwurfsgrundstücks vgl. OLG Koblenz v. 25.10.2006 – 1 U 1250/05 Baul, OLGR Koblenz 2007, 79.

### III. Die Bescheide im Umlegungsverfahren

Der in §§ 59 Abs. 1, 80 Abs. 3 Satz 1 BauGB statuierte Anspruch des Umlegungsbeteiligten auf Zuteilung eines Grundstücks in gleicher oder gleichwertiger Lage beinhaltet **nicht** das Recht, Grundstücke **an (genau) derselben Stelle** wie die eingeworfenen zu erhalten. Die Entscheidung hierüber liegt vielmehr im **Ermessen der Umlegungsstelle** („nach Möglichkeit"), das wegen der damit verbundenen Bewertungs- und Beurteilungsfragen zwar **relativ weit gespannt** ist, sich deswegen aber nicht der gerichtlichen Kontrolle gem. § 223 BauGB entzieht[1]. Fehlerhaft kann diese Ermessensentscheidung z.B. dann sein, wenn bei der **Einbeziehung bebauter Grundstücke** in die Umlegung nicht berücksichtigt wird, dass und wie der betroffene Eigentümer eine **Erweiterung des vorhandenen Baubestandes** auf der ihm gehörenden angrenzenden Fläche geplant hat, und ihm stattdessen ein Grundstück an anderer Stelle zugeteilt wird[2]. Fehlerhaft ist es ferner, wenn aufgrund der flächenmäßigen **Zusammenfassung** mehrerer Einwurfsgrundstücke **verschiedener** Eigentümer **ein Zuteilungsgrundstück** gebildet wird oder wenn auf Wunsch einer oder mehrerer Umlegungsbeteiligter eine **Zuteilung** gem. § 59 Abs. 1 BauGB **an einen privaten Dritten** erfolgt, der selbst **kein Grundeigentum** im Umlegungsgebiet hat[3].

**(3) Entspricht die Zuteilung dem nach § 57 BauGB ermittelten Anteil (Wertumlegung)?**

Die **Größe** bzw. der **Wert** der zuzuteilenden Grundstücke richtet sich im **regulären Umlegungsverfahren** grds. nach den entweder gem. § 57 BauGB (**Wertumlegung**) oder gem. § 58 BauGB (**Flächenumlegung**) errechneten **Anteilen der Eigentümer**, so ausdrücklich § 59 Abs. 1 BauGB a.E. Welcher **Verteilungsmaßstab** gewählt wird, ist von der Umlegungsstelle **nach pflichtmäßigem Ermessen** unter gerechter Abwägung der Interessen der Beteiligten je nach Zweckmäßigkeit einheitlich zu bestimmen (§ 56 Abs. 1 Satz 2 BauGB)[4]. Wenn auch die Umlegung nach dem **Flächenmaßstab** sich regelmäßig bei Neuerschließungsumlegungen mit homogenen Wertverhältnissen anbietet, während die **Wertumlegung** eher für unterschiedlich bebaute oder genutzte Umlegungsgebiete geeignet erscheint, nähern sich die Ergebnisse beider Umlegungsarten doch deshalb zunehmend an, weil auch bei der Flächenumlegung Wertunterschiede der Einwurfs- und Zuteilungsgrundstücke bei der Zuteilung zu berücksichtigen sind[5]. Der **wesentliche Unterschied** zwischen den beiden Verteilungsmaßstäben bestand bisher darin, dass bei der Flächenumlegung die **Abschöpfung des Umlegungsvorteils** in Form des **Flächenbeitrags** prozentual auf 30 % in erstmalig erschlossenen Gebieten und im Übrigen auf 10 % **begrenzt war** (§ 58 Abs. 1 Satz 2 BauGB); durch die Anfügung des Satzes „Soweit der Umlegungsvorteil den Flächenbeitrag übersteigt, ist der Vorteil in Geld auszugleichen" (§ 58 Abs. 1 Satz 4 BauGB n.F.) hat der Gesetzgeber des EAG Bau im Jahre 2004 die beiden **Verteilungsmaßstäbe** im Umlegungsverfahren **endgültig wirtschaftlich gleichgestellt**. Im Übrigen kann jedoch die Umlegungsstelle die Verteilungsmasse, wenn alle Beteiligten einverstanden sind, auch **nach einem anderen Maßstab** aufteilen (§ 56 Abs. 2 BauGB), z.B. nach dem Verhältnis der Einwurfswerte, wobei allerdings die Grundsätze der Zweckmäßigkeit gewahrt bleiben müssen[6].

---

1 BGH v. 28.5.1976 – III ZR 137/74, BGHZ 66, 322 (333); *Otte*, in: Ernst/Zinkahn/Bielenberg/Krautzberger, BauGB § 59 Rz. 12.
2 So der Ausgangssachverhalt zu BGH v. 5.3.1981 – III ZR 48/80, NJW 1981, 2060.
3 OLG Hamm v. 31.7.2003 – 16 U (Baul) 8/02, ZfIR 2004, 380 = NVwZ-RR 2004, 16 m. zust. Anm. *Uechtritz*, ZfIR 2004, 386.
4 Zu den insoweit anzustellenden Ermessenserwägungen s. *Dieterich*, Baulandumlegung, Rz. 229f. und *Schriever*, in: Brügelmann u.a., BauGB, § 56 Rz. 17ff.
5 BGH v. 2.4.1981 – III ZR 131/79, NJW 1981, 2124 (2125); OLG Stuttgart v. 12.11.1985 – 10 U (Baul.) 67/85, NVwZ 1986, 694; *Schriever*, in: Brügelmann u.a., BauGB § 58 Rz. 1.
6 BVerwG v. 6.7.1984 – 4 C 24.80, NJW 1985, 989; *Kirchberg*, VBlBW 1987, 81 (86) m.w.N.

73  Im **vereinfachten Verfahren** gilt der an § 57 BauGB angelehnte Maßstab, wonach die Zuteilung nach dem **Verhältnis des Werts** des früheren Grundstücks zum Wert der übrigen Grundstücke zu erfolgen hat (§ 80 Abs. 3 Satz 1 BauGB). Eine dadurch bewirkte **Wertminderung** darf nur **unerheblich** sein (§ 80 Abs. 3 Satz 2 BauGB). Aber auch hier können mit **Zustimmung der Eigentümer** davon **abweichende Regelungen** getroffen werden (§ 80 Abs. 3 Satz 3 BauGB). Zu berücksichtigen ist in diesem Zusammenhang ferner, dass die vereinfachte Umlegung **keinen Vorwegabzug** nach § 55 Abs. 2 BauGB kennt und dass die für die **Erschließung erforderlichen Flächen** dementsprechend nur dann i.S.d. § 80 Abs. 1 Satz 1 Nr. 2 BauGB **einseitig zugeteilt** werden können, wenn dies **im öffentlichen Interesse** geboten ist[1]. Im Übrigen sind **Vorteile**, die durch die vereinfachte Umlegung bewirkt werden, von den Eigentümern **in Geld** auszugleichen (§ 81 Abs. 1 Satz 1 BauGB). Die **Zuteilungsgrundsätze des § 59 BauGB** sind in § 80 Abs. 2 Satz 1 BauGB **nicht** für **anwendbar** erklärt worden.

74  Geht die Umlegungsstelle vom **Wertmaßstab** aus, so wird die Verteilungsmasse (Umlegungsmasse abzüglich der örtlichen Erschließungsflächen gem. § 55 Abs. 2 BauGB) in dem Verhältnis an die Eigentümer verteilt, in dem diese an der Umlegung beteiligt sind (§ 57 Satz 1 BauGB). Jedem Eigentümer soll ein Grundstück **mindestens mit dem Verkehrswert** zugeteilt werden, den sein früheres Grundstück im Zeitpunkt des Umlegungsbeschlusses hatte; die **Pflicht zur Bereitstellung von Flächen zum Ausgleich** i.S.d. § 1a Abs. 3 BauGB ist nach der seit 1998 geltenden Rechtslage mit zu berücksichtigen, vgl. § 57 Satz 2 BauGB, ggf. nach Maßgabe eines „**gedämpften Rohbaulandwerts**"[2]. Deshalb muss auch für die zuzuteilenden Grundstücke der Verkehrswert, allerdings zurückbezogen auf den Zeitpunkt des Umlegungsbeschlusses, ermittelt werden, wobei Wertänderungen, die durch die Umlegung bewirkt werden, grds. zu berücksichtigen sind (§ 57 Satz 3 u. 4 BauGB). Ergeben sich zwischen den so ermittelten Verkehrswerten Unterschiede, so sind diese in Geld auszugleichen (§ 57 Satz 5 BauGB).

75  Der **Anspruch des Eigentümers auf (mindestens) wertgleiche Zuteilung** wird bereits dann unzulässigerweise verkürzt, wenn Einwurf und Zuteilung zwar wertmäßig gleich sind, der Einwurf aber dadurch **flächenmäßig verringert** wurde, dass bei der Bildung der Verteilungsmasse, und zwar im Rahmen des Flächenabzugs nach § 55 Abs. 2 BauGB, vorweg Flächen ausgeschieden wurden, die entgegen dieser Vorschrift nicht überwiegend dem Bedürfnis der Bewohner des Umlegungsgebietes dienten und auch nicht durch Ersatzflächen außerhalb des Umlegungsgebietes (vgl. § 55 Abs. 5 BauGB) ausgeglichen wurden[3]. Gleiches gilt, wenn ein **einheitlicher** Flächenabzug angesetzt wurde, obwohl **einzelne Bereiche** des Umlegungsgebiets –

---

1 Ob die einseitige Zuteilung gegen den Willen der Beteiligten nur bei Vorliegen der Enteignungsvoraussetzungen zulässig ist, ist umstr. (vgl. *Battis/Krautzberger/Löhr*, BauGB, § 80 Rz. 18 f. einerseits u. etwa *Schriever/Linke*, in: Brügelmann u.a., BauGB, § 80 Rz. 34 andererseits).

2 OVG Rh.-Pf. v. 7.12.2004 – 6 A 11280/04, NVwZ-RR 2006, 176 (LS) Rz. 30; s. dazu eingehend *Otte*, in: Ernst/Zinkahn/Bielenberg/Krautzberger, BauGB § 57 Rz. 4a; *Schriever*, in: Brügelmann u.a., BauGB, § 57 Rz. 6a ff. sowie bereits *Stadler*, ZfBR 1998, 12 (14): „Eine langfristige Lösung der Bewertungsfragen – dies zeigt auch die umlegungsrechtliche Literatur – lässt sich nur finden, wenn die naturschutzrechtlichen Anforderungen stärker in die weitgehend autonome Preisgestaltung des Grundstücksmarktes eingehen."

3 BGH v. 19.1.1984 – III ZR 185/82, NJW 1984, 2219; kritisch hierzu: *Otte*, in: Ernst/Zinkahn/Bielenberg/Krautzberger, BauGB § 55 Rz. 17 d; fällt der Zweck des Vorwegabzuges für öffentliche Zwecke später bzw. im Nachhinein weg, ist dem durch Änderung des Umlegungsplans (s.u. Rz. 112 f.) Rechnung zu tragen, s. BVerwG v. 22.3.1990 – 4 C 24.86, NJW 1990, 2399.

### III. Die Bescheide im Umlegungsverfahren

ausnahmsweise – in Bezug auf den Stand der Erschließung bzw. den Bedarf an Flächen für die öffentliche Nutzung **unterschiedlich betroffen** sind (s.o. Rz. 40)[1].

Im Rahmen der Neufassung des § 55 Abs. 2 BauGB infolge des BauROG 1998 wurde „klargestellt", dass zu den vorweg auszuscheidenden Flächen auch die **Flächen zum Ausgleich** i.S.d. § 1a Abs. 3 BauGB für die in § 55 Abs. 2 Satz 1 BauGB genannten Anlagen gehören **und** dass Grünflächen nach § 55 Abs. 2 Satz 1 Nr. 2 BauGB auch **bauflächenbedingte Flächen** zum Ausgleich i.S.d. § 1a Abs. 3 BauGB umfassen, vgl. § 55 Abs. 2 Satz 2 BauGB. Eine Erweiterung der Vorwegausscheidung etwa auch auf **externe, bauflächenbedingte Ausgleichsflächen** hat sich aus verfassungsrechtlichen Gründen **nicht** realisieren lassen[2]. Ansonsten ist die Gemeinde (oder der sonstige Erschließungsträger) mit der Zuteilung der Flächen nach § 55 Abs. 2 BauGB für die entsprechenden, von ihnen in die Umlegungsmasse eingeworfenen Flächen abgefunden (§ 55 Abs. 3 BauGB). 76

Im Übrigen kann der Eigentümer beanspruchen, dass ihm ein **Grundstück** zugeteilt wird, dass seinem verhältnismäßigen Anteil an der ordnungsgemäß gebildeten Verteilungsmasse (**Sollanspruch**, § 56 Abs. 1 Satz 1 BauGB; s.o. Rz. 16), **mindestens** aber dem **Einwurfswert** seines Grundstücks (§ 57 Satz 2 BauGB) entspricht, es sei denn, dies ist unter Berücksichtigung des Bebauungsplans und/oder sonstiger baurechtlicher Vorschriften nicht möglich (**Vorrang der Zuteilung in Land** bzw. Grundsatz der „wert- und anteilsgerechten Zuteilung von Grund und Boden"[3]). Werden in diesem Fall der Sollanspruch wesentlich oder sogar der Einwurfswert unterschritten (**Minderzuteilung**), so findet ein Ausgleich in Geld statt (§§ 57 Satz 5, 59 Abs. 2 BauGB, s.u. Rz. 84f.). Gleiches gilt – quasi spiegelbildlich – mit der Folge einer sich für den Eigentümer ergebenden Ausgleichspflicht, wenn ihm ein Grundstück zugeteilt wird, das seinen Sollanspruch wesentlich oder den Einwurfswert übersteigt (**Mehrzuteilung**). 77

Voraussetzung für die sollanspruchsgerechte bzw. zumindest wertgleiche Zuteilung ist die genaue **Ermittlung der Verkehrswerte der Einwurfs- und Zuteilungsgrundstücke**, jeweils **bezogen** auf den Zeitpunkt des **Umlegungsbeschlusses**; **Wertänderungen**, die durch die Umlegung bewirkt werden, sind zu **berücksichtigen** (§ 57 Satz 3 u. 4 BauGB). Obwohl die Frage einer zutreffenden Bewertung der Einwurfs- und Zuteilungsgrundstücke regelmäßig im Mittelpunkt gerichtlicher Auseinandersetzungen über den Umlegungsplan steht, können die insoweit in Anlehnung an § 194 BauGB (**Verkehrswertermittlung**) zu beachtenden Grundsätze hier nicht im Einzelnen dargelegt werden (s. aber nachstehend Rz. 79f.). Zu berücksichtigen ist allerdings, dass es insoweit grds. nur um den reinen **Bodenwert** geht, während bauliche Anlagen, Anpflanzungen und sonstige Einrichtungen, die durch die Umlegung betroffen werden, gesondert nach § 60 BauGB zu bewerten und ggf. zu entschädigen sind[4] (s. auch nachstehend Rz. 89f.). Die **Einheitlichkeit des Bezugszeitpunktes** für die Einwurfs- und die Zuteilungsbewertung (Zeitpunkt des Umlegungsbeschlusses) soll bei der Bemessung der Naturalzuteilung Vor- und Nachteile ausschalten, die bei unterschiedlichen Bezugszeitpunkten infolge Kaufkraftänderungen des Währungsmittels sowie infolge Änderungen des allgemeinen Preisniveaus auf dem Grundstücksmarkt einschließlich werterhöhender Außeneinflüsse entstehen wür- 78

---

1 BGH v. 5.10.2000 – III ZR 71/00, NVwZ 2001, 233.
2 S. *Stadler*, ZfBR 1998, 12 (13f.) und im Übrigen *Stich*, ZfBR 2001, 80 mit Alternativüberlegungen zur Ausgleichsflächenbeschaffung; zum Meinungsstand vor 1998 s. noch *Steiner*, NVwZ 1995, 12 sowie *Zabel*, DÖV 1995, 725; zum Prinzip der Lastengleichheit in diesem Zusammenhang s. schließlich noch LG Darmstadt v. 25.9.1996 – 9 O (B) 8/96, NVwZ 1997, 935.
3 BGH v. 14.7.1977 – III ZR 139/74, DVBl 1978, 372 sowie BGH v. 7.11.1991 – III ZR 161/90, NVwZ 1992, 707.
4 *Dieterich*, Baulandumlegung, Rz. 206f.

den¹. Dies gilt allerdings **nur hinsichtlich der Preisverhältnisse, nicht** aber auch **für die Qualität der Grundstücke**. Denn sonst könnten sich nicht vertretbare Unterschiede in den Bewertungen je nach dem ergeben, ob die Umlegung nach Aufstellung eines Bebauungsplans (§ 45 Satz 2 Nr.1 BauGB) oder bereits vor Aufstellung des Bebauungsplans (§ 47 Abs. 2 BauGB) eingeleitet worden ist. Für die **Grundstücksqualität** ist deshalb grds. auf die **alte**, vor Einleitung des Bebauungsplanverfahrens auf dem Grundstück **realisierbare Nutzbarkeit** abzustellen². Soweit es nicht um eine Umlegung nach Maßgabe des § 34 BauGB, sondern um die Umlegung zur Verwirklichung einer städtebaulichen Planung geht, wird dem allgemein dadurch Rechnung getragen, dass die Einwurfsgrundstücke mindestens als **(Brutto-)Rohbauland** der Art und des Maßes der baulichen Nutzung, wie sie der Bebauungsplan für das Gebiet festsetzt, bewertet werden, es sei denn, eine solche Qualifizierung ist nach den Gegebenheiten der örtlichen Lage eines Grundstückes bei vernünftiger wirtschaftlicher Betrachtungsweise grds. ausgeschlossen³.

79 Bei der Ermittlung der umlegungsbedingten Wertsteigerungen (Differenz zwischen Zuteilungs- und Einwurfswert) dürfen **planungsbedingte Wertsteigerungen**, soweit Planungsvorteil und Umlegungsmehrwert nicht in untrennbarem Zusammenhang stehen, grds. **nicht** berücksichtigt werden⁴. Für eine gewisse Neutralisierung planungsbedingter Wertsteigerungen ist allerdings, wie erwähnt (s.o. Rz. 78), schon dadurch gesorgt, dass die Einwurfsgrundstücke generell als **Rohbauland** gewertet werden. Bei der **Sanierungsumlegung** sind über die umlegungsbedingten Wertsteigerungen hinaus alle mit der Neugestaltung des Sanierungsgebietes zusammenhängenden wertbeeinflussenden Faktoren zu erfassen (§ 153 Abs. 5 Nr. 2 BauGB)⁵.

80 Die umlegungsbedingten Wertsteigerungen (**Umlegungsvorteile**, vgl. auch §§ 58 Abs. 1 Satz 1, 81 Abs. 1 Satz 1 BauGB) werden regelmäßig durch einen Gestaltungsvorteil und einen Erschließungsvorteil verkörpert. Der **Gestaltungsvorteil** ist vor allem darin zu sehen, dass die neugebildeten Grundstücke **wirtschaftlicher** und vor allem **zweckmäßig(er)**, nämlich entsprechend den Festsetzungen des der Umlegung zugrundeliegenden Bebauungsplans oder, bei einer Umlegung auf der Grundlage des § 34 BauGB, entsprechend der Eigenart der näheren Umgebung genutzt werden können⁶ (aus einem „Handtuchgrundstück" wird ein annähernd quadratisch geschnittenes Baugrundstück). Im **Erschließungsvorteil** kommt zunächst die **allgemeine Verbesserung der Erschließungssituation** durch die Anlage von Verkehrsflächen, Wasserversorgungs- und Entwässerungseinrichtungen zum Ausdruck⁷,

---

1 BGH v. 21.2.1980 – III ZR 84/78, NJW 1980, 1634 (1635); v. 6.12.1984 – III ZR 174/83, NJW 1985, 3073.
2 BGH v. 15.11.1979 – III ZR 78/78, NJW 1980, 1633; v. 10.3.2005 – III ZR 224/04, NVwZ 2006, 734 (735).
3 BGH v. 22.6.1978 – III ZR 92/75, NJW 1978, 1980 (1981); LG Karlsruhe v. 8.4.2011 – 16 O 20/09 Baul, Rz. 41 ff. (unter besonderer Berücksichtigung der dienenden Funktion eines vom Plangebiet abgerückten Regenrückhaltebeckens); *Dieterich*, Baulandumlegung, Rz. 232e; *Schriever*, in: Brügelmann u.a., BauGB, § 57 Rz. 44 f.
4 BGH v. 22.6.1978 – III ZR 92/75, NJW 1978, 1980; v. 19.1.1984 – III ZR 185/82, NJW 1984, 2219 (2220) sowie OLG Köln v. 18.10.1990 – 7 U (Baul.) 24/90, DVBl 1991, 221 (222); vgl. auch BVerfG v. 17.12.1964 – 1 BvL 2/62, BVerfGE 18, 274 (285) u. *Otte*, in: Ernst/Zinkahn/Bielenberg/Krautzberger, BauGB § 57 Rz. 39 ff. m.w.N.
5 Vgl. zu den teilweise sehr komplizierten Berechnungsmethoden *Schriever*, in: Brügelmann u.a., BauGB, § 57 Rz. 97 u. *Dieterich*, Baulandumlegung, Rz. 338 ff. (mit Beispielen) sowie BGH v. 6.12.1984 – III ZR 174/83, BGHR BauGB § 59 Abs. 2 Satz 1 Geldausgleich 1 = NJW 1985, 3073 (3074) („Aufrundung").
6 *Dieterich*, Baulandumlegung, Rz. 198; BGH v. 6.12.1984 – III ZR 174/83, BGHR BauGB § 59 Abs. 2 Satz 1 Geldausgleich 1 = NJW 1985, 3073 (3074) („Aufrundung"); differenzierend: *Numberger*, BayVBl. 1988, 737 (742).
7 BGH v. 7.1.1982 – III ZR 130/80, NVwZ 1982, 331 (332); *Dieterich*, Baulandumlegung, Rz. 194.

wobei es allerdings **unerheblich** ist, ob die Umlegungsbeteiligten den neuen Erschließungszustand **subjektiv** als Verbesserung des bisherigen empfinden. Entscheidend ist vielmehr, dass auf dem allgemeinen Grundstücksmarkt die Verkehrsgerechtigkeit, die Bequemlichkeit und die Ordnungsgemäßheit moderner Erschließung grds. als verkehrswerterhöhend angesehen wird[1]. Ein sehr deutlicher Erschließungsvorteil ist ferner dann gegeben, wenn die Grundstücke **erschließungsflächenbeitragsfrei** („straßenlandfrei") zugeteilt werden; denn die Gemeinde darf dann den Aufwand für die ihr nach § 55 Abs. 2 BauGB zugeteilten örtlichen Verkehrsflächen nicht in die (spätere) Erschließungsbeitragsberechnung einbeziehen[2]. Nimmt die Umlegungsstelle demgegenüber eine „straßenlandbeitragspflichtige" Zuteilung vor – was der Ausnahmefall sein wird –, so müssen Wertänderungen insoweit unberücksichtigt bleiben (§ 57 Satz 4 Halbs. 2 BauGB; s. auch § 128 Abs. 1 Satz 3 BauGB). Zu dem Gestaltungs- und dem Erschließungsvorteil treten als **weitere Umlegungsvorteile**, die sich in den umlegungsbedingten Wertsteigerungen niederschlagen, die **Verkürzung der Aufschließungsdauer**, d.h. des Zeitraums zwischen der Bauleitplanung und seiner Verwirklichung (Zinsgewinn), sowie die **Einsparung von Vermessungs-, Notars- und Gerichtskosten** (§§ 78, 79 BauGB)[3]. Eine **Abzinsung der Wertsteigerungen** im Hinblick auf die überlange Dauer des Umlegungsverfahrens ist demgegenüber grds. **nicht zulässig** und verträgt sich nicht mit der Rückbeziehung der Wertermittlung auf den Umlegungsbeschluss[4].

**(4) Entspricht die Zuteilung dem nach § 58 BauGB ermittelten Anteil (Flächenumlegung)?**

Der entscheidende **Unterschied** zwischen der Umlegung nach dem Verhältnis der Werte und der Umlegung nach dem Verhältnis der Flächen bestand bisher darin, dass bei der in § 58 BauGB geregelten Flächenumlegung die Abschöpfung des dort als „**Flächenbeitrag**" bezeichneten Umlegungsvorteils **prozentual begrenzt** war (s.o. Rz. 72): In Gebieten, die erstmalig erschlossen werden, durfte der Flächenbeitrag nur bis zu 30 %, in anderen Gebieten bis maximal 10 % der Einwurfsfläche betragen (§ 58 Abs. 1 Satz 2 BauGB). Das ist durch die Einfügung des Satzes „Soweit der Umlegungsvorteil den Flächenbeitrag übersteigt, ist der Vorteil in Geld auszugleichen" in § 58 Abs. 1 BauGB aufgrund des EAG Bau Vergangenheit (s. erneut o. Rz. 78). Im Übrigen ist auf den Flächenbeitrag der **Flächenabzug** nach § 55 Abs. 2 BauGB **anzurechnen** (§ 58 Abs. 1 Satz 1 BauGB)[5]. Dem im Flächenbeitrag enthaltenen Flächenabzug entspricht – jedenfalls bei der straßenlandbeitragsfreien Zuteilung (s.o. Rz. 80) – annähernd der durch die Flächenumlegung bewirkte **Erschließungsvorteil**[6]. Übersteigt der Flächenabzug bei sehr aufwendigen örtlichen Verkehrsflächen i.S.d. § 55 Abs. 2 BauGB den höchstzulässigen Flächenbeitrag, so muss ein **Geldausgleich** nach § 59 Abs. 2 BauGB (s.u. Rz. 84) erfolgen[7]. Im Übrigen

81

---

1 Vgl. hier *Kirchberg*, VBlBW 1987, 81 (84) m.w.N. (Fn. 67); es sei denn, so das OLG Köln v. 18.10.1990 – 7 U (Baul) 24/90, DVBl 1991, 221, dem Eigentümer eines bereits voll erschlossenen Grundstücks wird eine Zweiterschließung mit der entsprechenden Erschließungsbeitragspflicht oktroyiert.
2 BVerwG v. 4.2.1981 – 8 C 13.81, NJW 1981, 2370; BGH v. 7.1.1982 – III ZR 130/80, NVwZ 1982, 331 (332) sowie BGH v. 10.11.1988 – III ZR 63/87, NJW 1989, 1038 (1040). Zum Zusammenspiel von Umlegungs- und Erschließungsbeitragsrecht s. ferner grundlegend *Müller-Jökel*, ZfBR 2002, 224.
3 BGH v. 22.6.1978 – III ZR 92/75, NJW 1978, 1980 (1982).
4 BGH v. 28.4.1988 – III ZR 35/87, NVwZ 1989, 501.
5 So bereits BGH v. 6.12.1984 – III ZR 174/83, NJW 1985, 3073 (3074); zur verfassungsrechtlichen Problematik des Flächenbeitrags vgl. *Brenner*, DVBl 1993, 291.
6 *Otte*, in: Ernst/Zinkahn/Bielenberg/Krautzberger, BauGB § 58 Rz. 5 u. 7.
7 *Schriever*, in: Brügelmann u.a., BauGB, § 58 Rz. 12 u. *Otte*, in: Ernst/Zinkahn/Bielenberg/Krautzberger, BauGB § 58 Rz. 13, beide unter Berufung auf BGH v. 21.2.1980 – III ZR 84/78, NJW 1980, 1634.

kann die Umlegungsstelle gem. § 58 Abs. 1 Satz 3 BauGB statt eines Flächenbeitrags ganz oder teilweise – wie bei der Wertumlegung – zur Abschöpfung der Umlegungsvorteile einen entsprechenden **Geldbeitrag** erheben[1].

82 Auch bei der Umlegung nach dem Verhältnis der Flächen ist ein pauschaler bzw. einheitlicher Satz für den Flächenbeitrag **nur bei homogenen Grundstücks(wert)verhältnissen** möglich bzw. zulässig. Ist jedoch eine heterogene Grundstücksqualität mit entsprechend unterschiedlichen Wertverhältnissen gegeben, müssen entweder für einzelne Grundstücke oder Grundstücksgruppen unterschiedliche Prozentsätze festgelegt[2] oder die **Umlegungsvorteile für einzelne Grundstücke** gesondert ermittelt werden (s.o. Rz. 72)[3]. Gerade deshalb, weil die Eigentümer gem. § 58 Abs. 2 BauGB darüber hinaus einen Anspruch auf Geld- oder Flächenausgleich haben, wenn das neue Grundstück nicht in gleicher oder gleichwertiger Lage zugeteilt werden kann, hat sich die Flächenumlegung, soweit sie überhaupt noch praktiziert wird, zu einer **Wertumlegung besonderer Art** entwickelt[4].

83 **Erstmalig erschlossen** und deshalb mit einem Flächenbeitrag bis maximal 30 % belastbar ist ein Gebiet auch dann, wenn **einzelne Grundstücke** bereits vor der Umlegung über Erschließungsmöglichkeiten verfügt haben. Denn unter dem Begriff der Erschließung wird im Umlegungsrecht die Gesamtheit der örtlichen Maßnahmen **im Umlegungsgebiet** verstanden, die erforderlich sind, um die Grundstücke für eine bauliche Nutzung geeignet zu machen. Dazu gehört die **Herstellung der örtlichen Verkehrs- und Grünanlagen** entsprechend dem der Umlegung zu Grunde liegenden Bebauungsplan, aber auch die **Herstellung der Versorgungs- und Abwassereinrichtungen**[5]. Unabhängig davon gilt jedoch, dass die zum Teil schon vorhandenen Erschließungsmöglichkeiten bei der dann auf jeden Fall notwendigen individuellen Bewertung des Erschließungsvorteils (Flächenbeitrag) zu berücksichtigen sind. Bei der Umlegung nach dem Verhältnis der Werte kommt es demgegenüber auf die Frage, ob eine erstmalige Erschließung vorliegt, nicht entscheidend an. Hier können die Erschließungsvorteile der Umlegung grds. **ohne Begrenzung** in die Bewertung eingebracht und ggf. abgeschöpft werden.

**(5) Sind die Mehr- oder Minderzuteilungen richtig berechnet worden (§ 59 Abs. 2 BauGB)?**

84 Wenn auch der an der Umlegung beteiligte Eigentümer grds. einen **Anspruch auf Zuteilung in Land entsprechend seinem Sollanspruch** (s.o. Rz. 16 und 77f.) hat, so muss er sich diesen doch ggf. durch eine Zuzahlung erkaufen. Denn **Unterschiede zwischen** den für die Einwurfsgrundstücke einerseits und für die Zuteilungsgrundstücke andererseits ermittelten **Verkehrswerten** sind gem. § 57 Satz 5 BauGB in Geld und gem. § 58 Abs. 2 BauGB (bis zu einem bestimmten Prozentsatz) **in Fläche/oder Geld auszugleichen**[6]. Etwas anderes gilt nur dann, wenn mit der Zu-

---

1 Zu den insoweit in Frage kommenden Fallgestaltungen s. *Schriever*, in: Brügelmann u.a., BauGB, § 58 Rz. 34 ff.
2 OLG Karlsruhe v. 16.6.1976 – U 3/74 (Baul), BWGZ 1976, 515 (516); *Kirchberg*, VBlBW 1987, 81 (86).
3 BGH v. 2.4.1981 – III ZR 131/79, NJW 1981, 2124 (2125); OLG Stuttgart v. 12.11.1985 – 10 U (Baul) 67/85, NVwZ 1986, 694 (695); *Schriever*, in: Brügelmann u.a., BauGB, § 58 Rz. 1 u. 6.
4 *Stich*, in: Berliner Kommentar BauGB, § 58 Rz. 2.
5 OLG Stuttgart v. 21.5.1981 – 10 U (Baul) 161/80, zit. nach *Kirchberg*, VBlBW 1987, 81 (85 Fn. 86) sowie OLG Stuttgart v. 12.11.1985 – 10 U (Baul) 67/85, NVwZ 1986, 694 (695); differenzierend: OLG Karlsruhe v. 16.6.1976 – U 3/74 (Baul), BWGZ 1976, 515 (516).
6 Speziell zum Geldausgleich bei der Verteilung nach Flächen s. BGH v. 12.3.1998 – III ZR 37/97, NVwZ 1998, 657.

teilung der Sollanspruch **mehr als nur unwesentlich** unterschritten wird; dann kann trotz (Über-)Erfüllung des Anspruchs auf eine mindestens dem Einwurfswert entsprechende Zuteilung ein (anteiliger) Ausgleichsanspruch gem. § 59 Abs. 2 BauGB („Minderwert in Mehrwert") begründet sein. Eine mehr als nur unwesentliche Unterschreitung des Sollanspruchs, bei der es sich also nicht nur um eine geringfügige „Spitze" handelt, wird nach einem von der Rechtsprechung angenommenen Erfahrungswert bei **etwa 10 %** anzusetzen sein[1]. Liegt ein solcher Fall vor, so ist der **Geldausgleich** – insoweit – **nach Enteignungsgrundsätzen**, d.h. insbesondere **zeitnahe**, bezogen auf den **Zeitpunkt des Umlegungsplans**, zu entschädigen, was eine anteilige Reduzierung des an sich zu zahlenden Mehrwerts zur Folge hat. Einzelheiten dieser komplizierten Berechnungsmethoden sind noch streitig bzw. ungeklärt[2]. Zur **Verzinsung** des Geldausgleichs sowie zur Zahlung von **Säumniszuschlägen** s. nachstehend Rz. 102.

**Regelmäßig** wird die Abschöpfung der umlegungsbedingten Wertsteigerungen (Umlegungsvorteile) allerdings in der Weise realisiert, dass den Betroffenen ein im Vergleich zu ihrem Einwurfsgrundstück **flächenmäßig kleineres** – aber entsprechend wertvolleres – **Grundstück** zugeteilt wird[3]. Bleibt die Zuteilung allerdings **hinter dem Einwurf** zurück, so ist der Eigentümer ebenso wie bei einer wesentlichen Unterschreitung des Sollanspruchs hierfür – anteilig – **nach enteignungsrechtlichen Grundsätzen** zu entschädigen (§ 59 Abs. 2 Satz 2 BauGB; s.o. Rz. 84). Entsprechendes, nämlich **Geldausgleichspflicht** des Umlegungsbeteiligten bezogen auf den **Zeitpunkt** der **Aufstellung des Umlegungsplans**, gilt, wenn die Zuteilung den Sollanspruch umgekehrt sogar noch **wesentlich überschreitet und** dadurch erst die **bebauungsplanmäßige Nutzung ermöglicht** (§ 59 Abs. 2 Satz 3 BauGB). Die letztgenannte Regelung bricht mit der bisherigen Rechtsprechung, ändert aber nichts daran, dass der Betroffene nur dann zur Hinnahme einer entsprechenden Mehrzuteilung verpflichtet werden kann, wenn anders eine bebauungsplanmäßige Nutzung des Grundstücks nicht möglich ist[4]. 85

**(6) Liegen die Voraussetzungen für die Abfindung mit Geld, Grundeigentum außerhalb des Umlegungsgebietes oder für die Begründung von Miteigentum u.a. vor (§ 59 Abs. 4–6 BauGB)?**

**Abweichend von der Regelzuteilung mit Land** innerhalb des Umlegungsgebietes, ggf. verbunden mit der Pflicht zur Leistung eines Geldausgleichs für Mehr- oder Minderzuteilung, können **mit Einverständnis** der betroffenen Eigentümer als Abfindung auch **Grundeigentum außerhalb des Umlegungsgebietes** (§ 59 Abs. 4 Nr. 2 BauGB), **Geld** (§ 59 Abs. 4 Nr. 1 BauGB) oder die Begründung von **Miteigentum an einem Grundstück** bzw. die Gewährung von grundstücksgleichen Rechten, Rechten nach dem WEG oder sonstigen dinglichen Rechten innerhalb und außerhalb des Umlegungsgebietes (§ 59 Abs. 4 Nr. 3 BauGB) vorgesehen werden. Das von § 59 Abs. 4 BauGB geforderte Einverständnis liegt u.a. dann nicht vor, wenn 86

---

1 BGH v. 6.12.1984 – III ZR 174/83, NJW 1985, 3073 (3075).
2 *Otte*, in: Ernst/Zinkahn/Bielenberg/Krautzberger, BauGB § 59 Rz. 22 ff.; *Schriever*, in: Brügelmann u.a., BauGB, § 59 Rz. 25 ff.; *Dieterich*, Baulandumlegung, Rz. 252 ff., vgl. auch bereits BGH v. 21.2.1980 – III ZR 84/78, NJW 1980, 1634 sowie hierzu *Stemmler*, ZfBR 1981, 115.
3 *Schriever*, in: Brügelmann u.a., BauGB, § 57 Rz. 21; *Dietrich*, Rz. 236.
4 BGH v. 6.12.1984 – III ZR 174/83, NJW 1985, 3073 (3075) sowie hierzu *Schriever*, in: Brügelmann u.a., BauGB, § 59 Rz. 39 ff.; die Auffassung von *Löhr*, NVwZ 1987, 545 (547), § 59 Abs. 2 S. 3 müsse auch dann Anwendung finden, wenn eine erhebliche Mehrzuteilung die bebauungsplanmäßige Nutzung des Grundstücks (nur) verbessere oder erleichtere, dürfte mit dem Wortlaut des Gesetzes nicht zu vereinbaren sein, so richtig *Numberger*, BayVBl. 1988, 737 (742).

der betroffene Eigentümer zwar grds. bereit ist, sich mit Grundeigentum außerhalb des Umlegungsgebietes abfinden zu lassen, dies aber von der Zuteilung ganz bestimmter Grundstücke abhängig macht[1]. **Beantragt** demgegenüber ein Eigentümer, der im Umlegungsgebiet **eigengenutzten Wohn- oder Geschäftsraum** aufgeben muss und im Umlegungsverfahren kein Grundstück erhält – etwa weil sein nach den §§ 57, 58 BauGB errechneter Zuteilungsanspruch hierfür nicht ausreicht –, dass für ihn als Abfindung im Umlegungsverfahren eines der in § 59 Abs. 4 Nr. 2 u. 3 BauGB bezeichneten Rechte vorgesehen wird, so **soll** dem entsprochen werden, sofern dies in der Umlegung möglich ist (§ 59 Abs. 3 BauGB).

87 Umgekehrt gibt das Umlegungsverfahren – abgesehen von dem Sonderfall des § 55 Abs. 5 BauGB – dem Beteiligten grds. **keinen Anspruch auf Ersatzlandgestellung außerhalb des Umlegungsgebiets**; das gilt auch im Blick auf die Bestimmung des **§ 189 BauGB**, wonach sich die Gemeinde dann, wenn bei einer städtebaulichen Maßnahme ein **landwirtschaftlicher Betrieb** ganz oder teilweise in Anspruch genommen wird, um die **Beschaffung oder Bereitstellung geeigneten Ersatzlandes** bemühen und ihr gehörende Grundstücke als Ersatzland zur Verfügung stellen soll. Selbst wenn ein solcher Anspruch im Einzelfall bestehen sollte, ist die Erfüllung der sich für die Gemeinde aus § 189 BauGB ergebenden Pflichten **nicht Rechtmäßigkeitsvoraussetzung** der im Umlegungsverfahren nach den §§ 45 ff. BauGB zu treffenden bzw. getroffenen Entscheidungen[2].

88 Weder auf einen Antrag noch auf das Einverständnis der Eigentümer mit der Zuteilung von Grundstücken außerhalb des Umlegungsgebietes oder ggf. mit der Abfindung in Geld kommt es dann an, wenn sie im **Umlegungsgebiet keine bebauungsfähigen Grundstücke** erhalten können oder wenn dies sonst **zur Erreichung der Ziele und Zwecke des Bebauungsplans erforderlich** ist (§ 59 Abs. 5 BauGB). Es muss sich hierbei allerdings um Einzelfälle handeln, weil sonst die Umlegung wohl kaum noch ein zulässiges Mittel der Bodenordnung sein dürfte[3]. Im Übrigen ist allein die **zeitnahe Verwirklichung des Bebauungsplans** kein Ziel i.S.d. § 59 Abs. 5 BauGB, das die Abfindung mit außerhalb des Umlegungsgebietes gelegenen Grundstücken rechtfertigen könnte[4]. Lehnt der Eigentümer eine Abfindung mit den in § 59 Abs. 4 Nr. 2 u. 3 BauGB bezeichneten Rechten (Grundeigentum außerhalb des Umlegungsgebietes oder Begründung von Miteigentum an einem Grundstück u.Ä.) ab, obgleich durch eine solche Abfindung **für eine größere Anzahl von Beteiligten eine Abfindung in Geld vermieden** werden kann und die Abfindung in diesen Rechtsformen mit dem Bebauungsplan vereinbar ist, so ist er – nach den Grundsätzen der Enteignungsentschädigung – in Geld abzufinden (§ 59 Abs. 6 BauGB).

**(7) Ist für die baulichen Anlagen, Anpflanzungen u.Ä. entschädigt worden (§ 60 BauGB)?**

89 Für **bauliche Anlagen, Anpflanzungen** und für **sonstige Einrichtungen** ist gem. § 60 BauGB nur dann nach enteignungsrechtlichen Grundsätzen eine **Geldabfindung** zu gewähren – und im Falle der Zuteilung ein Ausgleich in Geld festzusetzen –, wenn und soweit das Grundstück wegen dieser Einrichtungen einen **über den Bodenwert hinausgehenden Verkehrswert** hat. Mit anderen Worten: Die genannten Einrichtungen sind nicht isoliert zu betrachten und gem. § 60 Satz 2 BauGB nach den Vorschriften über die Enteignungsentschädigung zu bewerten, sondern nur insoweit,

---

1 OLG Stuttgart v. 5.11.1985 – 10 U 130/85, NVwZ 1986, 867.
2 BGH v. 20.7.2006 – III ZR 280/05, BGHZ 168, 346 = NVwZ 2007, 118 m. zust. Anm. *Tysper*, ZfIR 2007, 128.
3 Vgl. *Kirchberg*, VBlBW 1986, 401 (403).
4 OLG Stuttgart v. 5.11.1985 – 10 U 130/85, NVwZ 1986, 867 (868).

als sich ihr Vorhandensein in einer entsprechenden Steigerung des Bodenwertes niedergeschlagen hat[1]. Diesem Grundsatz wird allerdings häufig nicht entsprochen und selbst dann, wenn z.b. der vorhandene Bewuchs eines bisher landwirtschaftlich genutzten Grundstücks für seine Bewertung als künftiges Bauland vollkommen irrelevant ist, eine gesonderte Bewertung und Abfindung durchgeführt; gleiches gilt für mehr oder weniger nutzlose, u.U. sogar einsturzgefährdete Gebäudlichkeiten, Grenzbefestigungen u.Ä.[2]. All dieses soll wohl zur Akzeptanz der Umlegung, insbesondere dazu beitragen, den für eine Mehrzuteilung zu leistenden Geldausgleich zu verringern. Die **Einzelbewertung** insbesondere **von Anpflanzungen**[3] nach der **Methode Koch**[4] ist demgegenüber dann nicht zu beanstanden, wenn es sich z.B. um prägendes bzw. **markantes Grün** eines Villengrundstücks handelt und davon auszugehen ist, dass dieses noch nicht in die Bodenwertbildung eingeflossen ist[5].

Auch die Frage, inwieweit bereits **bezahlte Erschließungsbeiträge** zurückzuerstatten oder im Bodenwert aufgegangen sind, dürfte ein Problem des § 60 BauGB darstellen. Hierbei geht es weniger um den Wert der Erschließungsflächen, weil diese – jedenfalls bei der straßenlandbeitragsfreien Zuteilung – im Bodenwert anteilig Berücksichtigung finden (s.o. Rz. 80). Dies gilt jedoch nicht für den Anteil des Erschließungsbeitrages, der sich auf die **Freilegung sowie die ordnungsgemäße Herstellung der Erschließungsanlagen** bezieht, und natürlich auch nicht für die Beiträge, die ggf. bereits für die **Grundstücksentwässerung und Wasserversorgung** gezahlt worden sind. Die entsprechenden Kosten entstehen nur aus seiner rein bautechnischen Investition, die der Herstellung von Versorgungs- oder sonstigen baulichen Anlagen auf dem Grundstück selbst vergleichbar sind. Auch solche Anlagen erhöhen zwar den Verkehrswert der Liegenschaft, können jedoch **keine entsprechende Erhöhung des Sollanspruchs** begründen. Sie müssten deshalb zumindest in entsprechender Anwendung des § 60 BauGB entschädigt werden[6]. Regelmäßig setzt sich die Praxis dieser Problematik jedoch nicht aus, sondern erstattet die gezahlten Beiträge ohne weiteres zurück, um auf diese Weise Schwierigkeiten bei ihrer Einrechnung in die jeweiligen Grundstückswerte zu vermeiden[7]. 90

**(8) Ist die Aufhebung, Änderung, Begründung oder Abfindung von Rechten erfolgt (§§ 61, 62 BauGB)?**

**Grundstücksgleiche Rechte sowie andere Rechte** an einem im Umlegungsgebiet gelegenen Grundstück oder an einem das Grundstück belastenden Recht, ferner Ansprüche mit dem Recht auf Befriedigung aus dem Grundstück oder persönliche Rechte, die zum Erwerb, zum Besitz oder zur Benutzung eines im Umlegungsgebiet gelegenen Grundstücks berechtigen oder den Verpflichteten in der Benutzung des Grundstücks beschränken, **können** durch den Umlegungsplan **aufgehoben, geändert oder neu begründet** werden (§ 61 Abs. 1 Satz 1 BauGB). Zur zweckmäßigen und wirtschaftlichen Ausnutzung der Grundstücke können **Flächen für hintere Zuwege, gemeinschaftliche Hofräume, Kinderspielplätze, Freizeiteinrichtungen, Stellplätze, Garagen oder andere Gemeinschaftsanlagen** (vgl. § 9 Abs. 1 Nr. 22 91

---

1 BGH v. 20.12.1990 – III ZR 130/89, BGHR BauGB § 60 Geldabfindung 1.
2 Vgl. hierzu *Schriever*, in: Brügelmann u.a., BauGB, § 57 Rz. 62 sowie *Dieterich*, Baulandumlegung, Rz. 311 ff.
3 Dazu grundlegend *Schriever*, in: Brügelmann u.a., BauGB, § 60 Rz. 23 ff.
4 *Koch*, NVwZ 1989, 122; OLG München v. 18.11.1988 – 21 U 5260/87, NVwZ 1989, 187.
5 LG Karlsruhe v. 13.2.1987 – O (Baul.) 35/85, NVwZ 1989, 188 (190); dazu *Breloer*, NVwZ 1989, 121. In BGH v. 27.9.1990 – III ZR 97/89, NVwZ 1991, 404 f. wird die Frage der Anwendbarkeit der Methode Koch demgegenüber offen gelassen und statt dessen auf den objektiven (Gesamt-)Mehrwert eines kombinierten Nutz- und Ziergartens abgestellt.
6 So jedenfalls *Schriever*, in: Brügelmann u.a., BauGB, § 57 Rz. 64.
7 Vgl. *Dieterich*, Baulandumlegung, Rz. 313.

BauGB) in Übereinstimmung mit den Zielen des Bebauungsplans oder zur Verwirklichung einer nach § 34 BauGB zulässigen Nutzung festgelegt und ihre Rechtsverhältnisse geregelt werden (§ 61 Abs. 1 Satz 2 BauGB). Diese Regelung ist verfassungsrechtlich unbedenklich und erlaubt darüber hinaus auch die Begründung von **Gemeinschaftseigentum** (Bruchteilseigentum) an entsprechenden Einrichtungen[1]. Ebenso können **Baulasten** im Einvernehmen mit der Baugenehmigungsbehörde aufgehoben, geändert oder neu begründet werden (§ 61 Abs. 1 Satz 3 BauGB)[2]. Soweit durch die Aufhebung, Änderung oder Begründung von Rechten oder Baulasten Vermögensnachteile oder Vermögensvorteile entstehen, findet ein **Ausgleich in Geld** statt (§ 61 Abs. 2 Satz 1 BauGB). Vermögensnachteile sind nach den Vorschriften über die Enteignungsentschädigung auszugleichen (§ 61 Abs. 2 Satz 2 BauGB)[3]. Für die **vereinfachte Umlegung** gilt, dass dadurch betroffene **Dienstbarkeiten** und **Baulasten** nach Maßgabe des § 61 Abs. 1 Satz 3 BauGB neu geordnet und zu diesem Zweck auch neu begründet werden können, § 80 Abs. 4 Satz 1 BauGB. Betroffene **Grundpfandrechte** können neu geordnet werden, wenn die Beteiligten dem vorgesehenen neuen Rechtszustand **zustimmen**, § 80 Abs. 4 Satz 2 BauGB. Ansonsten gelten die Zuteilungsregelungen des § 59 BauGB für die vereinfachte Umlegung nicht (s.o. Rz. 73).

92 Wenn es dem Zweck der Umlegung dient und die Eigentümer zustimmen, kann **gemeinschaftliches Eigentum** an Grundstücken **geteilt** werden (§ 62 Abs. 1 BauGB). Die Umlegungsstelle ist also dazu befugt, auf diese Weise z.B. die Teilauseinandersetzung einer Erbengemeinschaft durchzuführen. Insoweit gilt, wie für alle übrigen Fälle der Aufhebung oder Änderung von Rechten nach Maßgabe der §§ 61, 62 BauGB, dass die Regelung durch den Verwaltungsakt „Umlegungsplan" **Vorrang** vor den sonst geltenden privat- oder öffentlich-rechtlichen Regelungen hat[4]. Weitere Gestaltungsformen der Zusammenfassung oder Aufteilung von Eigentumsverhältnissen durch den Umlegungsplan sind in § 62 Abs. 2 u. 3 BauGB geregelt.

**(9) Liegen die Voraussetzungen für den Erlass von Modernisierungs-, Pflanz- und Baugeboten vor (§ 59 Abs. 7 BauGB)?**

93 Die Umlegungsstelle bzw. der Umlegungsausschuss auf Antrag der Gemeinde können schließlich im Umlegungsplan unbeachtlich der insoweit weiter bestehenden Befugnisse der Gemeinde (§ 59 Abs. 9 BauGB) unter den Voraussetzungen des § 176 BauGB ein **Baugebot**, unter den Voraussetzungen des § 177 BauGB ein **Modernisierungs- oder Instandsetzungsgebot** und unter den Voraussetzungen des § 179 BauGB ein **Pflanzgebot** anordnen (§ 59 Abs. 7 BauGB). Die für diese Gebote allgemein geltende Voraussetzung des § 175 Abs. 2 BauGB, dass nämlich die alsbaldige Durchführung der entsprechenden Maßnahmen **aus städtebaulichen Gründen erforderlich** ist, gilt im Rahmen der Umlegung als **im Regelfall erfüllt**. Es müssen deshalb von der Umlegungsstelle im Streitfalle nur noch die speziellen Voraussetzungen für die in den Umlegungsplan aufgenommenen städtebaulichen Gebote nachgewiesen werden[5]. Speziell das Baugebot könnte aufgrund der neueren Rechtsprechung des Bundesverwaltungsgerichts künftig auch im Umlegungsverfahren tatsächlich eine gewisse praktische Bedeutung erlangen[6]. Auch im Rahmen einer **freiwilligen**

---

1 BVerfG v. 2.12.1999 – 1 BvR 335/89, NVwZ 2000, 428.
2 Vgl. zum Ganzen: *Otte*, in: Ernst/Zinkahn/Bielenberg/Krautzberger, BauGB § 61 Rz. 54ff.; *Dieterich*, Baulandumlegung, Rz. 279ff.; *Rothe*, Umlegung und Grenzregelung, Rz. 277ff.
3 Vgl. hierzu die Übersicht bei *Rothe*, Umlegung und Grenzregelung, Rz. 313ff.
4 *Otte*, in: Ernst/Zinkahn/Bielenberg/Krautzberger, BauGB § 61 Rz. 6; s. auch *Dieterich*, Baulandumlegung, Rz. 276.
5 *Otte*, in: Ernst/Zinkahn/Bielenberg/Krautzberger, BauGB § 59 Rz. 31.
6 BVerwG v. 15.2.1990 – 4 C 41.87, ZfBR 1990, 143; v. 3.8.1989 – 4 B 70.89, NVwZ 1990, 60.

**Umlegung** können Baugebote vereinbart werden, allerdings nur dann, wenn der **Mangel an Bauland in der Gemeinde erheblich** und in anderer Weise nicht zu beheben ist sowie wenn **Einheimische besonders betroffen** sind[1].

### 3. Inkrafttreten und Änderung des Umlegungsplans/des Beschlusses über die vereinfachte Umlegung

#### a) Bekanntmachung der Unanfechtbarkeit

##### aa) Gesamtinkraftsetzung (§ 71 Abs. 1 BauGB)

Nach der Einleitung der Umlegung durch den Umlegungsbeschluss (s.o. Rz. 29 ff.) und nach der Zusammenfassung der Ergebnisse des Verfahrens im Umlegungsplan (s.o. Rz. 51 ff.) wird mit der **Bekanntmachung der Unanfechtbarkeit des Umlegungsplans** (§ 71 Abs. 1 BauGB) das Verfahren durch einen weiteren **Verwaltungsakt** formell abgeschlossen. Voraussetzung hierfür ist, dass innerhalb der vorgesehenen Fristen keine Rechtsmittel eingelegt wurden oder auf Rechtsbehelfe wirksam verzichtet bzw. über die eingelegten Rechtsmittel rechtskräftig entschieden worden ist. Eine **Anordnung der sofortigen Vollziehung** des Umlegungsplans kommt als Grundlage für die Bekanntmachung der Unanfechtbarkeit **nicht** in Betracht[2]. In der Bekanntmachung ist dementsprechend der Zeitpunkt bzw. das Datum des Tages anzugeben, an dem für den letzten Beteiligten der Umlegungsplan unanfechtbar geworden ist. Die **Bekanntmachung** hat im Übrigen **ortsüblich** (s.o. Rz. 36) und mit einer entsprechenden **Rechtsmittelbelehrung** (s.o. Rz. 37) zu erfolgen. Entsprechendes gilt nach § 83 Abs. 1 Satz 1 BauGB für die **vereinfachte Umlegung**[3].

94

Dem Eintritt der Unanfechtbarkeit des Umlegungsplans steht es gleich, wenn dieser nur noch wegen der **Höhe einer Geldabfindung** anfechtbar oder angefochten ist (§ 71 Abs. 1 Satz 2 BauGB)[4]. Denn eine Auseinandersetzung hierüber beeinträchtigt die Neuregelung der Rechte im Umlegungsgebiet **insgesamt** nicht. Gemeint sind deshalb hiermit nicht allgemein Geldleistungen, insbesondere **nicht die Ausgleichsleistungen gem. § 59 Abs. 2 BauGB**, sondern **nur** die allein die Eigentümer bzw. Rechtsinhaber, nicht aber auch die anderen Beteiligten des Umlegungsverfahrens betreffenden **Geldabfindungen gem. §§ 59 Abs. 4–6, 60 u. 61 Abs. 2 BauGB**[5]. Wehrt sich ein Eigentümer allerdings **gegen die Geldabfindung „an sich"** (anstelle einer Zuteilung mit Land oder etwa mit Miteigentumsrechten), geht es also nicht lediglich um die Höhe der Geldabfindung, so steht dies wegen des Vorrangs der Landzuteilung vor dem Wertausgleich (s.o. Rz. 77) der Unanfechtbarkeit des Umlegungsplans nicht gleich[6]. Bei der **vereinfachten Umlegung** scheidet die Anwendung des § 71 Abs. 1 Satz 2 BauGB grds. aus, weil die Vorschriften über die vorgenannten Geldabfindungen (nach §§ 59 Abs. 4–6, 60 BauGB) nicht entsprechend § 80 Abs. 2 Satz 1 BauGB für anwendbar erklärt worden sind (s.o. Rz. 73).

95

---

1 VGH BW v. 20.7.2000 – 8 S 177/00, NVwZ 2001, 694.
2 So jedenfalls OLG Koblenz v. 10.4.2000 – 1 W 143/00 (Baul), OLGReport Koblenz 2000, 500 = DVBl 2000, 1365 (Ls.).
3 Muster einer entsprechenden Bekanntmachung bei *Schriever/Linke*, in: Brügelmann u.a., BauGB, § 83 nach Rz. 19.
4 *Otte*, in: Ernst/Zinkahn/Bielenberg/Krautzberger, BauGB § 71 Rz. 12; *Schriever*, in: Brügelmann u.a., BauGB, § 71 Rz. 9.
5 LG Karlsruhe v. 8.4.2011 – 16 O 20/09 Baul, Rz. 30 ff.; der Teilinkraftsetzung steht es nach dieser Entscheidung allerdings auch dann nicht entgegen, wenn die Abfindung im Umlegungsplan fehlerhaft als Abfindung nach § 59 Abs. 2 bezeichnet worden ist.
6 *Dieterich*, Baulandumlegung, Rz. 367.

96 Die **Anfechtung der Bekanntmachung** der Unanfechtbarkeit des Umlegungsplans kann nur darauf gegründet werden, die Umlegungsstelle sei **zu Unrecht** von der **Unanfechtbarkeit** des Umlegungsplans ausgegangen, da der Zeitpunkt der Unanfechtbarkeit noch nicht eingetreten oder falsch bestimmt worden sei[1]. Ob in diesem Zusammenhang auch geltend gemacht werden kann, der – nicht angefochtene – **Umlegungsplan** sei nicht nur rechtswidrig, sondern **nichtig**, ist streitig[2]. Die **Nichtigkeit** des dem Umlegungsplan zu Grunde liegenden **Bebauungsplans** soll den Eintritt der Unanfechtbarkeit des Umlegungsplans grds. unberührt lassen[3]. Deshalb hatte die Rechtsprechung einen **Normenkontrollantrag** gem. § 47 VwGO gegen einen Bebauungsplan **mangels Nachteil bzw. Rechtsschutzbedürfnis** bisher regelmäßig für unzulässig erklärt, wenn das zu seiner Verwirklichung durchgeführte **Umlegungsverfahren rechtskräftig abgeschlossen** worden war, es sei denn, der zur Nichtigkeit des Bebauungsplans führende Fehler war so **schwerwiegend**, dass er auch zur Nichtigkeit des Umlegungsplans führen musste[4]. Nach der neueren Rechtsprechung des BVerwG gilt dies dann **nicht**, wenn sich aus der Nichtigerklärung des Bebauungsplans ein **Anspruch des Antragstellers auf Abänderung des Umlegungsplans** in entsprechender Anwendung des § 73 Nr. 1 BauGB (s.u. Rz. 112ff.) ergibt[5].

97 Für den **Beschluss über die vereinfachte Umlegung** gilt hinsichtlich der Anfechtbarkeit der Inkraftsetzung dieses Beschlusses gem. § 83 Abs. 1 Satz 1 BauGB Entsprechendes. Das gilt **nicht** für den **Wegfall der aufschiebenden Wirkung** von Rechtsmitteln gegen die Bekanntmachung der Unanfechtbarkeit des Umlegungsplans (§§ 212 Abs. 2 Satz 1 Nr. 2, 224 Satz 1 Nr. 2 BauGB)[6]. Denn diese vorgenannten Vorschriften gelten nach ihrem Wortlaut – als Ausnahmeregelungen – **nur** für die **Inkraftsetzung des Umlegungsplans nach § 71 Abs. 1 BauGB**, nicht aber auch für die Inkraftsetzung des Beschlusses über die vereinfachte Umlegung nach § 83 Abs. 1 BauGB. Welches die Gründe für diese unterschiedliche Behandlung sind oder ob es sich dabei nur um ein gesetzgeberisches Versehen handelt, ist offen[7].

**bb) Teilinkraftsetzung (§ 71 Abs. 2 BauGB)**

98 **Vor Unanfechtbarkeit** des gesamten Umlegungsplans kann die Umlegungsstelle **räumliche und sachliche Teile** des Umlegungsplans durch Bekanntmachung **in Kraft setzen**, wenn sich die Entscheidung über eingelegte Rechtsbehelfe auf diese Teile des Umlegungsplans nicht auswirken kann (§ 71 Abs. 2 BauGB). Personen, die Rechtsbehelfe eingelegt haben, sind von der (Teil-)Inkraftsetzung zu unterrichten (§ 71 Abs. 2 Satz 2 BauGB). Die Anordnung der Teilinkraftsetzung liegt im **pflichtgemäßen Ermessen** der Umlegungsstelle[8], das allerdings auf Null reduziert sein kann[9]. Sie kommt wohl nur dann in Frage, wenn sich ein Rechtsstreit lediglich

---

1 BGH v. 20.11.1980 – III ZR 35/79, DVBl 1981, 395 (397); OLG Stuttgart v. 4.12.1984 – 10 U (Baul) 2/84, VBlBW 1986, 33.
2 Vgl. hierzu *Kirchberg*, VBlBW 1987, 81 (89).
3 So *Otte*, in: Ernst/Zinkahn/Bielenberg/Krautzberger, BauGB § 72 Rz. 6a u. *Schriever*, in: Brügelmann u.a., BauGB, § 72 Rz. 31; a.A. offensichtlich OLG Hamm v. 31.5.1990 – 16 U (Baul) 8/89, NVwZ 1990, 1107.
4 OVG Lüneburg v. 15.1.1982 – 6 C 16/79, BauR 1982, 351; VGH BW v. 9.2.1982 – 5 S 1421/81, BauR 1982, 348 (350).
5 BVerwG v. 17.12.1992 – 4 NB 25.90, NVwZ 1993, 1183.
6 Zur bisher bestehenden Rechtslage vgl. *Schriever*, in: Brügelmann u.a., BauGB, § 71 Rz. 25f.
7 *Otte*, in: Ernst/Zinkahn/Bielenberg/Krautzberger, BauGB § 83 Rz. 2a.
8 *Schriever*, in: Brügelmann u.a., BauGB, § 71 Rz. 20; *Otte*, in: Ernst/Zinkahn/Bielenberg/Krautzberger, BauGB § 71 Rz. 16.
9 LG Darmstadt v. 30.1.2004 – 9 O (B) 7/03, Rz. 21.

auf einzelne Grundstücke derart bezieht, dass unabhängig von der Entscheidung hierüber die übrigen Grundstücke des Umlegungsgebietes davon nicht betroffen werden. Besteht demgegenüber noch **Streit über die Höhe von Ausgleichsleistungen** (nicht von Geldleistungen), so lassen sich in aller Regel Auswirkungen auf die Umlegung insgesamt nicht ausschließen, da sowohl der Wert der Einwurfsmasse als auch der Wert der Verteilungsmasse für die Berechnung des individuellen Sollanspruchs maßgeblich sind (s.o. Rz. 77f.). Gleichwohl wird hier in der Praxis mit einer gewissen Großzügigkeit verfahren und auch die Gerichte nehmen kaum Anstoß[1]. § 71 Abs. 2 BauGB gilt nach § 83 Abs. 1 Satz 2 BauGB auch für die **vereinfachte Umlegung**.

Bezüglich der **Anfechtbarkeit der Teilinkraftsetzung** (der Bekanntmachung der teilweisen Unanfechtbarkeit des Umlegungsplans) gelten die Ausführungen zu Rz. 95 entsprechend. Allerdings ist bei Rechtsmitteln gegen die Teilinkraftsetzung gem. § 71 Abs. 2 BauGB der Wegfall der aufschiebenden Wirkung – anders als bei der Inkraftsetzung nach § 71 Abs. 1 BauGB (s.o. Rz. 96) – nicht vorgesehen. Aufgrund der Teilinkraftsetzung kann es zu einer grundbuchrechtlich unzulässigen Doppelbuchung im Grundbuch kommen. Sie ist jedoch grds. unschädlich, weil der Rechtsverkehr durch den Umlegungsvermerk (§ 54 Abs. 1 Satz 2 BauGB), der erst mit Abschluss des gesamten Umlegungsverfahrens gelöscht werden darf, (nur) über das noch nicht vollständig abgeschlossene Umlegungsverfahren unterrichtet wird; keinesfalls ergibt sich aus dieser Doppelbuchung die Nichtigkeit der Teilinkraftsetzung[2]. 99

Der Teilinkraftsetzung entspricht im gerichtlichen Verfahren die Teilaufhebung des angefochtenen Umlegungsplans. Sie kann zunächst dann in Frage kommen, wenn sich der Mangel eines Umlegungsplans (räumlich) nur auf einen Bereich desselben beschränkt[3]. Die Teilaufhebung kann darüber hinaus – in entsprechender Anwendung der Grundsätze der Teilnichtigkeit von Verwaltungsakten nach § 44 Abs. 4 VwVfG – dann in Frage kommen, wenn sich trotz Neubewertung der Einwurfsgrundstücke des Rechtsmittelführers nach Sachlage keine Auswirkungen auf seinen Anspruch auf Zuteilung in Land ergeben können; in einem solchen Fall muss sich das Baulandgericht auf eine Teilaufhebung beschränken[4]. 100

**cc) Wirkungen der Inkraftsetzung**

Mit der Bekanntmachung der Unanfechtbarkeit des Umlegungsplans wird der **bisherige Rechtszustand** durch den in dem Umlegungsplan vorgesehenen **neuen Rechtszustand** ersetzt (sog. **Surrogation**, §§ 63 Abs. 1, 72 Abs. 1 Satz 1 BauGB)[5]. Die Bekanntmachung schließt die **Einweisung** der neuen Eigentümer **in den Besitz** der zugeteilten Grundstücke ein (§ 72 Abs. 1 Satz 2 BauGB). Nach § 83 Abs. 2 BauGB gilt Entsprechendes für die **vereinfachte Umlegung**. Den **Eigentümern** kommt also mit der Bekanntmachung **Besitzschutz** i.S.d. §§ 854 ff. BGB zugute. 101

---

1 Vgl. aber etwa erneut OLG Hamm v. 31.5.1990 – 16 U (Baul) 8/89, NVwZ 1990, 1107. Das LG Darmstadt (v. 30.1.2004 – 9 O (B) 7/03, Rz. 18 ff.) hält eine Teilinkraftsetzung trotz Anfechtung der Höhe der Ausgleichsleistung dann für zulässig, wenn die Einteilung/Zuteilung der Grundstücke und deren Grenzverlauf zwischen den Beteiligten unstrittig sind.
2 OLG Stuttgart v. 4.12.1984 – 10 U (Bau) 42/84, VBlBW 1986, 33 (mit einer eingehenden Untersuchung aller möglichen sonstigen Mängel einer Teilinkraftsetzung).
3 BGH v. 5.3.1981 – III ZR 48/80, NJW 1981, 2060.
4 BGH v. 10.3.2005 – III ZR 224/04, ZfIR 2005, 661 = NVwZ 2006, 734, m. krit. Anm. *Grziwotz*, ZfIR 2005, 664.
5 BGH v. 22.3.1990 – III ZR 235/88, NVwZ 1991, 99 (100); v. 16.11.2007 – V ZR 214/06, NVwZ 2008, 591.

Für **sonstige Berechtigte**, wie etwa Inhaber von Grunddienstbarkeiten, Mieter oder Pächter, gilt diese Regelung nicht. Insofern muss der **Besitzübergang** gem. § 61 **BauGB gesondert bestimmt** werden[1].

102 Mit der Bekanntmachung nach §§ 71, 83 Abs. 2 BauGB werden ferner die im Umlegungsplan/im Beschluss über die vereinfachte Umlegung festgesetzten **Geldleistungen fällig** (§§ 64 Abs. 2 Satz 1, 81 Abs. 2 Satz 3 BauGB). Die Fälligkeit der Ausgleichsleistungen für Mehrwerte kann **für längstens zehn Jahre** hinausgeschoben werden (§ 64 Abs. 2 Satz 2 BauGB)[2]. Von dieser Möglichkeit soll, obwohl in § 81 Abs. 2 BauGB nicht ausdrücklich für anwendbar erklärt, auch bei der vereinfachten Umlegung Gebrauch gemacht werden können[3]. Allerdings **soll** die Ausgleichsleistung in diesem Fall mit **2 % über dem Basiszinssatz nach § 247 BGB** jährlich **verzinst** werden (§ 64 Abs. 2 Satz 3 BauGB). Für eine **Befreiung** von dieser Zinspflicht dürfte bei pflichtmäßiger Ausübung des der Umlegungsstelle insoweit verbleibenden Ermessens nur in ganz besonders gelagerten **Ausnahme- bzw. Härtefällen** Raum sein. Denn ansonsten käme dies einer **Minderung der Ausgleichsleistung** gleich und es bestünde deshalb der Anreiz, Prozesse über die Höhe des Geldbetrages möglichst lange hinauszuzögern[4]. Für den Zinsanspruch des Umlegungsbetroffenen **gegen die Gemeinde** gilt nicht § 64 Abs. 2 Satz 3 BauGB, sondern § 59 Abs. 2 Satz 2 BauGB i.V.m. § 99 Abs. 3 BauGB[5] mit der Folge, dass ein entsprechender Zinsanspruch nicht etwa mit dem Argument verneint werden kann, es liege kein besonderer Härtefall vor und die Anfechtung des Umlegungsplans sei nicht lediglich wegen der Höhe einer Geldleistung erfolgt[6].

Die Verpflichtungen des Eigentümers oder des Erbbauberechtigten zu Geldleistungen nach den §§ 57–61 BauGB **gelten als Beitrag** und ruhen als **öffentliche Last** auf dem Grundstück oder Erbbaurecht (§§ 64 Abs. 3, 81 Abs. 2 Satz 4 BauGB). Diese gesetzliche Fiktion eröffnet nach Auffassung des VGH Baden-Württemberg den Anwendungsbereich des Landeskommunalabgabenrechts und damit auch die Möglichkeit zur **Erhebung eines Säumniszuschlags** nach Maßgabe des § 3 Abs. 1 Nr. 5b KAG BW i.V.m. § 240 Abs. 1 AO 1977[7].

103 Geschäfte und Verhandlungen, die der Durchführung oder Vermeidung der (vereinfachten) Umlegung dienen, einschließlich der Berichtigung der öffentlichen Bücher, sind im Übrigen gem. §§ 79, 84 Abs. 2 BauGB grds. **frei von Gebühren und ähnlichen nichtsteuerlichen Abgaben sowie von Auslagen**. Hinsichtlich der Grunderwerbsteuer gilt § 1 Abs. 1 Nr. 3 Satz 2 lit. b GrEStG 87, wonach der Übergang des Eigentums **im hoheitlichen** (nicht aber automatisch auch im freiwilligen!) **Umlegungsverfahren** – nach Änderung der Rechtsprechung des BFH[8] – auch dann **grunderwerbssteuerfrei** ist, wenn es sich um eine den Sollanspruch nicht unwesentlich übersteigende **Mehrzuteilung** handelt (vgl. im Einzelnen o. Rz. 21).

---

1 *Schriever*, in: Brügelmann u.a., BauGB, § 72 Rz. 16.
2 Vgl. dazu OLG Bamberg v. 30.1.2004 – 9 Bau U 1/03, BayVBl. 2004, 540 (ein Anspruch auf Stundung besteht nicht; die Stundung von Ausgleichsleistungen steht vielmehr im pflichtgemäßem Ermessen der Gemeinde und kommt nur in einem Härtefall in Betracht).
3 Dafür plädiert ausdrücklich *Otte*, in: Ernst/Zinkahn/Bielenberg/Krautzberger, BauGB § 81 Rz. 8a; ebenso im Ergebnis *Schriever/Linke*, in: Brügelmann u.a., BauGB, § 81 Rz. 11.
4 *Otte*, in: Ernst/Zinkahn/Bielenberg/Krautzberger, BauGB § 64 Rz. 8.
5 *Stang*, in: Schrödter, BauGB, § 64 Rz. 6.
6 So ausdrücklich die 3. Kammer des Ersten Senats des BVerfG v. 8.5.2002 – 1 BvR 485/01, NVwZ 2003, 199.
7 VGH BW v. 15.11.2001 – 2 S 633/00, NVwZ-RR 2002, 883.
8 BFH v. 28.7.1999 – II R 25/98, NVwZ 2000, 839.

### III. Die Bescheide im Umlegungsverfahren

Die Gemeinde hat den Umlegungsplan/den Beschluss über die vereinfachte Umlegung zu **vollziehen**, sobald seine Unanfechtbarkeit nach §§ 71, 83 Abs. 1 BauGB bekannt gemacht worden ist (§§ 72 Abs. 2 Satz 1, 83 Abs. 2 Satz 3 BauGB). Die Beteiligten können **beanspruchen**, dass die Gemeinde ihnen die neuen Besitz- und Nutzungsrechte erforderlichenfalls **mit den Mitteln des Verwaltungszwanges** verschafft (§ 72 Abs. 2 Satz 2 BauGB). Zuständig hierfür ist also nicht (mehr) die Umlegungsstelle bzw. der Umlegungsausschuss, sondern die Gemeinde. Die erforderlichen Maßnahmen richten sich nach den jeweiligen **Verwaltungsvollstreckungsgesetzen der Länder**. Über die insoweit ergehenden **Rechtsbehelfe**, die grds. keine aufschiebende Wirkung haben, sowie über Sofortrechtsschutzanträge nach Maßgabe des § 80 Abs. 5 VwGO entscheiden die **Baulandgerichte**[1]. 104

#### b) Vorzeitige Regelungen

##### aa) Vorwegnahme der Entscheidung (§ 76 BauGB)

Im Normalfall bildet der Umlegungsplan/der Beschluss über die vereinfachte Umlegung erst nach seiner vollständigen oder teilweisen Inkraftsetzung eine ausreichende Grundlage für die Bodenordnung im (Teil-)Umlegungsgebiet; hierfür ist außerdem Voraussetzung, dass der der Umlegung zu Grunde liegende Bebauungsplan in Kraft getreten ist (§ 47 Abs. 2 Satz 2 BauGB). Nach § 76 BauGB besteht jedoch die Möglichkeit, **mit Einverständnis** der betroffenen Rechtsinhaber **die Eigentums- und Besitzverhältnisse für einzelne Grundstücke sowie andere Rechte nach den §§ 55–62 BauGB** zu regeln, **bevor** der Umlegungsplan aufgestellt ist; das gilt **nicht** für die **vereinfachte Umlegung**. Wenn auch in diesem Fall die Umlegung zumindest wirksam eingeleitet worden sein muss, so ist eine mit Einverständnis des Betroffenen verfügte Vorwegregelung allenfalls anfechtbar, aber nicht **nichtig**, wenn über ein Rechtsmittel gegen den Umlegungsbeschluss noch nicht rechtskräftig entschieden worden ist[2]. Ein **rechtskräftiger Bebauungsplan** ist für die Vorwegnahme der Entscheidung gem. § 76 BauGB – anders als beim Teilumlegungsplan (§ 66 Abs. 1 Satz 2 BauGB; s.o. Rz. 61) oder bei der Teilinkraftsetzung des Umlegungsplans (§ 71 Abs. 2 BauGB; s.o. Rz. 98 ff.) – gerade **nicht erforderlich**, wenngleich für die Bewertung der neuen Grundstücke ein bestimmtes Maß an Konkretisierung der vorgesehenen bauplanerischen Festsetzungen unerlässlich sein dürfte[3]. Die „Planreife" i.S.d. § 33 BauGB muss hinsichtlich der betroffenen Grundstücke allerdings noch nicht erreicht sein[4]. 105

Beschlüsse nach § 76 BauGB nehmen einen Teil des Umlegungsverfahrens vorweg. Ihr Inhalt wird daher später zum **Bestandteil des Umlegungsplans** und teilt dessen Schicksal[5]. Dies bedeutet allerdings nicht, dass die Vorwegregelungen in ihrem rechtlichen Bestand von der abschließenden Aufstellung des Umlegungsplans **abhängig** sind. Vorwegregelungen gem. § 76 BauGB werden vielmehr genauso wie der Umlegungsplan selbst gem. §§ 70, 71 BauGB in Kraft und in Vollzug gesetzt und bilden grds. selbst dann, wenn das Umlegungsverfahren nicht abgeschlossen wird, eine **selbständige Rechtsgrundlage** für die nach Maßgabe des § 72 BauGB ein- 106

---

1 *Schriever*, in: Brügelmann u.a., BauGB, § 72 Rz. 27; a.A. *Müller*, BauR 1982, 549; offen gelassen in BGH v. 9.12.1982 – III ZR 106/81, NJW 1983, 1793 (1794).
2 BGH v. 10.7.1975 – III ZR 75/73, NJW 1975, 2195.
3 *Otte*, in: Ernst/Zinkahn/Bielenberg/Krautzberger, BauGB § 76 Rz. 2 u. *Dieterich*, Baulandumlegung, Rz. 388.
4 So jedenfalls OLG Rostock v. 8.3.2001 – 1 U 155/99, NVwZ 2001, 1075 m.w.N.; a.A. *Battis/Krautzberger/Löhr*, BauGB, § 76 Rz. 8 sowie *Schriever*, in: Brügelmann u.a., BauGB, § 76 Rz. 15.
5 BVerwG v. 11.11.1970 – IV C 100.67, Buchholz 406.11 § 76 Nr. 1; BGH v. 10.7.1975 – III ZR 75/73, NJW 1975, 2195; v. 10.11.1988 – III ZR 63/87, NJW 1989, 1038 (1040).

getretenen Rechtsänderungen[1]. Ob und inwieweit in solchen Fällen eine Änderung der Vorwegnahme der Entscheidung entsprechend § 73 BauGB möglich wäre, ist eine andere Frage (s.u. Rz. 112 ff.).

107 Obwohl das Gesetz dies – anders als etwa bei der Teilinkraftsetzung, vgl. § 71 Abs. 2 BauGB – nicht expressis verbis voraussetzt, muss auch eine Vorwegnahme der Entscheidung gem. § 76 BauGB dann als **unzulässig** angesehen werden, wenn sich hieraus **Nachteile für andere**, nicht unmittelbar betroffene Umlegungsbeteiligte ergeben können oder wenn durch eine entsprechende Vorwegregelung die **Einhaltung des Grundsatzes der Zweckmäßigkeit** (§§ 45 Abs. 1, 59 Abs. 1 BauGB) im übrigen Umlegungsgebiet **gefährdet** ist[2]. Die Umlegungsstelle ist deshalb im Rahmen des ihr insoweit eingeräumten **Ermessens** gehalten, sorgfältig zu überprüfen, welche Auswirkungen sich aus der Vorwegnahme der Entscheidung auf die übrigen Umlegungsbeteiligten ergeben können, und – im Zweifelfall – deren Einverständnis einzuholen[3]. Sind in diesem Sinne „betroffene Rechtsinhaber" übergangen worden, haben sie die Möglichkeit, gegen die öffentliche Bekanntmachung der Vorwegnahme der Entscheidung Rechtsmittel einzulegen.

**bb) Vorzeitige Besitzeinweisung (§ 77 BauGB)**

108 Ist zwar der **Bebauungsplan** bereits **in Kraft** getreten, der **Umlegungsplan** jedoch **noch nicht aufgestellt**, so können die **Gemeinde** oder sonstige Bedarfs- oder Erschließungsträger auch **gegen den Willen der Betroffenen** (insofern also anders als bei der Vorwegnahme der Entscheidung nach § 76 BauGB) **vorzeitig** (vorab) zumindest **in den Besitz** der Grundstücke eingewiesen werden, die im Bebauungsplan als **Flächen i.S.d. § 9 Abs. 1 Nr. 21 BauGB oder des § 55 Abs. 2 u. 5 BauGB** festgesetzt sind (§ 77 Abs. 1 Nr. 1 BauGB). Hierbei handelt es sich zum einen um die mit **Geh-, Fahr- und Leistungsrechten** zugunsten der Allgemeinheit, eines Erschließungsträgers oder eines beschränkten Personenkreises zu belastenden Flächen (§ 9 Abs. 1 Nr. 21 BauGB) sowie um die **örtlichen Erschließungsflächen** i.S.d. § 55 Abs. 2 BauGB, zum anderen um die **sonstigen Flächen**, für die nach dem Bebauungsplan eine Nutzung für öffentliche Zwecke festgesetzt ist und für die der Bedarfs- und Erschließungsträger geeignetes Ersatzland, das auch außerhalb des Umlegungsgebietes liegen kann, in die Verteilungsmasse eingebracht hat (§ 55 Abs. 5 BauGB). Für die Umlegung innerhalb des **unbeplanten Innenbereichs** gem. § 34 BauGB (vgl. § 45 Nr. 2 BauGB) ist die Möglichkeit der vorzeitigen Besitzeinweisung **nicht** vorgesehen[4], vermutlich wegen der rechtsstaatlich bedenklichen Unschärfe des insoweit gem. § 55 Abs. 2 Satz 1 BauGB zur Erschließung Erforderlichen.

Die vorzeitige Besitzeinweisung nach § 77 BauGB ist – genauso wie die Regelung über die Vorwegnahme der Entscheidung nach § 76 BauGB – bei der **vereinfachten Umlegung nicht anwendbar**; dort beschränkt sich die Beschleunigung des Verfahrens auf die Möglichkeit der Teilinkraftsetzung nach § 83 Abs. 1 Satz 2 BauGB i.V.m. § 71 Abs. 2 BauGB (s.o. Rz. 98 ff.).

109 Voraussetzung für die vorzeitige Besitzeinweisung ist allerdings, dass das **Wohl der Allgemeinheit** sie erfordert, was in den Fällen des § 77 Abs. 1 Nr. 1 BauGB insbesondere dann der Fall ist, **wenn Maßnahmen zur Verwirklichung des Bebauungs-**

---

[1] BGH v. 22.3.1990 – III ZR 235/88, NVwZ 1991, 99 (100); vgl. hierzu auch *Otte*, in: Ernst/Zinkahn/Bielenberg/Krautzberger, BauGB § 76 Rz. 6.
[2] *Dieterich*, Baulandumlegung, Rz. 387; *Otte*, in: Ernst/Zinkahn/Bielenberg/Krautzberger, BauGB § 76 Rz. 3.
[3] *Rothe*, Umlegung und Grenzregelung, Rz. 431; OLG Köln v. 13.5.1970 – 2 U 70/69, MDR 1970, 1011 (1012).
[4] Vgl. BR-Drs. 756/03 v. 17.10.2003, 163.

### III. Die Bescheide im Umlegungsverfahren

plans bevorstehen und die Flächen für die vorgesehenen Anlagen und Einrichtungen der Erschließung und Versorgung des Gebiets **benötigt** werden (§ 77 Abs. 2 Nr. 1 BauGB). Das **allgemeine öffentliche Interesse an der baldigen Herstellung** der örtlichen Erschließungsflächen etc. oder etwa **rein finanzielle oder allgemein wirtschaftliche Erwägungen**, die für eine alsbaldige Herstellung dieser Anlagen und Bauten sprechen könnten, reichen für die vorzeitige Besitzeinweisung also regelmäßig **nicht** aus[1].

Auch **zugunsten sonstiger Umlegungsbeteiligter** kann von der Umlegungsstelle eine **vorzeitige Besitzeinweisung** verfügt werden. Die **Anforderungen** hierfür sind aber **wesentlich strenger** als bei der vorzeitigen Besitzeinweisung zugunsten der Gemeinde oder der Bedarfs- oder Erschließungsträger: Denn es muss nicht nur der Bebauungsplan in Kraft getreten, sondern außerdem der **Umlegungsplan aufgestellt** und eine **Übertragung der Grenzen** der neuen Grundstücke in die Örtlichkeit erfolgt sein (§ 77 Abs. 1 Nr. 2 BauGB). Außerdem müssen regelmäßig **dringende städtebauliche Gründe** für die Beschaffung des Besitzes bestehen und diese Gründe die Interessen der davon Betroffenen an der weiteren Ausübung des Besitzes wesentlich überwiegen (§ 77 Abs. 2 Nr. 2 BauGB). Insofern werden also an das die vorzeitige Besitzeinweisung rechtfertigende Wohl der Allgemeinheit ähnlich strenge Anforderungen gestellt wie bei der vorzeitigen Besitzeinweisung im Enteignungsverfahren (§ 116 Abs. 1 Satz 1 BauGB). Vorstellbar ist eine vorzeitige Besitzeinweisung zugunsten anderer Beteiligter – insbesondere privater Bauherren – deshalb nur z.B. bei aktivem Wohnraummangel oder etwa beim Bau privat geführter Gemeinbedarfseinrichtungen wie Krankenhäuser, Kindergärten u. Ä.[2]. Außerdem wird die Umlegungsstelle in diesem Fall zusätzlich zu prüfen und zu würdigen haben, ob die **Einweisung in den Besitz** auch beim Inkrafttreten des Umlegungsplans **mit hoher Wahrscheinlichkeit erwartet** werden kann[3].

110

Das **Verfahren der vorzeitigen Besitzeinweisung** bestimmt sich nach den Vorschriften über die vorzeitige Besitzeinweisung bei der Enteignung (§ 77 Abs. 3 BauGB i.V.m. § 116 BauGB). Danach ist die Besitzeinweisung nur zulässig, wenn über sie in einer **mündlichen Verhandlung** verhandelt worden ist (§ 116 Abs. 1 Satz 3 BauGB)[4]. Daraus ergibt sich, dass die Betroffenen binnen angemessener Frist zu der mündlichen Verhandlung **geladen** und ggf. in entsprechender Anwendung des § 108 Abs. 3 Nr. 4 BauGB auf die **Folgen der Säumnis** hingewiesen werden müssen[5]. Der Kreis derjenigen, die zu dieser Verhandlung zu laden sind, darf nicht zu eng gezogen werden. Der ordnungsgemäß ausgefertigte Beschluss ist dem Antragsteller, dem Eigentümer und dem unmittelbaren Besitzer zuzustellen (§ 116 Abs. 1 Satz 4 BauGB). Die Besitzeinweisung wird mit dem im Beschluss bezeichneten Zeitpunkt wirksam (§ 116 Abs. 1 Satz 5 BauGB). Auf Antrag des unmittelbaren Besitzers ist dieser Zeitpunkt auf mindestens 2 Wochen nach Zustellung der Anordnung über die vorzeitige Besitzeinweisung an ihn festzusetzen (§ 116 Abs. 1 Satz 6 BauGB). Weitere Einzelheiten des Verfahrens sind in § 116 Abs. 2–5 BauGB geregelt. Die Anordnung der vorzeitigen Besitzeinweisung ist ein selbständiger anfechtbarer **Verwaltungsakt**; Rechtsmittel dagegen haben jedoch **keine aufschiebende Wirkung**

111

---

1 *Otte*, in: Ernst/Zinkahn/Bielenberg/Krautzberger, BauGB § 77 Rz. 6; *Dieterich*, Baulandumlegung, Rz. 400.
2 *Otte*, in: Ernst/Zinkahn/Bielenberg/Krautzberger, BauGB § 77 Rz. 3; *Dieterich*, Baulandumlegung, Rz. 398.
3 BGH v. 28.2.1957 – III ZR 203/56, BGHZ 23, 377 (386f.); *Rothe*, Umlegung und Grenzregelung, Rz. 457.
4 OLG Karlsruhe v. 9.12.2010 – 21 U 1/10 Baul, n.v., Abdr. S. 17.
5 *Dyong*, in: Ernst/Zinkahn/Bielenberg/Krautzberger, BauGB, § 116 Rz. 7; OLG Oldenburg v. 14.1.1985 – 7 W (Baul) 5/84, ZfBR 1985, 248 (249).

(§§ 212 Abs. 2 Satz 1 Nr. 3, 224 Satz 1 Nr. 3 BauGB). § 80 Abs. 4 u. 5 VwGO sind entsprechend anzuwenden (§§ 212 Abs. 2 Satz 2, 224 Satz 2 BauGB).

### c) Änderung des Umlegungsplans (§ 73 BauGB)

112 **Nach Eintritt der Unanfechtbarkeit** kann die Umlegungsstelle den Umlegungsplan gem. § 73 BauGB nur noch ändern, wenn der **Bebauungsplan geändert** wird (Nr. 1), wenn eine **rechtskräftige Entscheidung eines Gerichts** die Änderung notwendig macht (Nr. 2) oder wenn die **Beteiligten** mit der Änderung **einverstanden** sind (Nr. 3). Die allgemeinen Vorschriften über die Rückgängigmachung von Verwaltungsakten bzw. über das Wiederaufgreifen des Verfahrens (§§ 48–51 VwVfG) sind daneben **nicht** anwendbar[1]. Im Übrigen wird die nachträgliche Änderung des Umlegungsplans wegen dessen privatrechtsgestaltender Wirkung auf **Ausnahmefälle** beschränkt bleiben; dies ist auch und gerade bei der der Umlegungsstelle insoweit obliegenden **Ermessensausübung**[2] zu beachten. Eine **Ermessensreduzierung auf Null** i.S. eines Anspruchs einzelner Umlegungsbeteiligter auf Abänderung des Umlegungsplans dürfte nach der neuesten Rechtsprechung des BVerwG wegen der involvierten **Grundrechte der Beteiligten aus Art. 14 GG** nicht unbedingt nur in Ausnahmefällen zum Tragen kommen[3]. Im Blick darauf, also auf Art. 14 GG, könnte sich auch die Frage stellen, ob der Umstand, dass die Vorschrift des § 73 BauGB über die Änderung des Umlegungsplans **nicht** gem. § 80 Abs. 2 BauGB **im vereinfachten Umlegungsverfahren** für anwendbar erklärt worden ist, vor der Verfassung Bestand hat.

113 Offen ist, ob eine Korrektur der Umlegung im Verfahren nach § 73 Abs. 1 BauGB nur möglich ist, wenn die Änderung des Bebauungsplans die **Grundzüge der alten Planung** unberührt lässt, mit der Folge, dass bei **tiefer greifenden Änderungen** des Bebauungsplans die bereits durchgeführte **Umlegung** als solche grds. **unumkehrbar** bleibt und die notwendigen Anpassungen **nur durch ein neues Umlegungsverfahren** herbeigeführt werden können[4]. Diese Problematik stellt sich auch dann, wenn der der Umlegung zu Grunde liegende **Bebauungsplan** nach Rechtskraft des Umlegungsplans in einem Normenkontrollverfahren gem. § 47 VwGO **für nichtig erklärt** wird (s.o. Rz. 95). Entscheidend dürfte auch insoweit wieder auf das der Umlegungsstelle bei der Änderungsbefugnis eingeräumte **Ermessen** abzustellen sein sowie darauf, ob eine Änderung bei einer Totalrevision oder bei einem Totalausfall des Bebauungsplans mit den der Umlegung generell zugrunde liegenden Prinzipien und insbesondere auch mit der privatrechtsgestaltenden Wirkung des Umlegungsplans zu vereinbaren ist.

114 Eine **gerichtliche Entscheidung** kann die Änderung des Umlegungsplans dann gem. § 73 Nr. 2 BauGB **notwendig** machen, wenn sich daraus ergibt, dass dem Umlegungsplan unrichtige Festsetzungen zugrunde gelegen haben. Gedacht ist hierbei insbesondere an zivilrechtliche **Entscheidungen auf dem Gebiete des Nachbarrechts**[5]. Dass hiermit nicht die Entscheidung eines Baulandgerichts gemeint sein kann, die sich auf den Umlegungsplan selbst bezieht, ergibt sich bereits daraus,

---

1 BGH v. 30.10.1986 – III ZR 20/86, NVwZ 1987, 532; v. 22.3.1990 – III ZR 235/88, NVwZ 1991, 99 (100).
2 Siehe hierzu erneut BGH v. 22.3.1990 – III ZR 235/8, NVwZ 1991, 99 (100).
3 Vgl. BVerwG v. 22.3.1990 – 4 C 24.86, NJW 1990, 2399; v. 17.12.1992 – 4 NB 25.90, NVwZ 1993, 1183 sowie hierzu *Bryde*, JuS 1993, 283; einschränkend *Schriever*, in: Brügelmann u.a., BauGB, § 73 Rz. 8.
4 Vgl. BGH v. 22.3.1990 – III ZR 235/88, NVwZ 1991, 99 (100) u. etwa LG Hannover v. 26.4.1995 – 43 O (Baul.) 14/94, NVwZ 1995, 1245 sowie *Dieterich*, Baulandumlegung, Rz. 408.
5 BGH v. 10.11.1988 – III ZR 63/87, NJW 1989, 1038 (1040).

dass es in § 73 BauGB allein um die Änderungsbefugnis **nach Unanfechtbarkeit** des Umlegungsplans geht[1]. Ob hierzu auch Normenkontrollentscheidungen gem. § 47 VwGO gezählt werden können[2], kann jedenfalls dann offen bleiben, wenn insoweit § 73 Nr. 1 BauGB zumindest entsprechende Anwendung findet (s.o. Rz. 95 und 112). Jedenfalls die Entscheidung über eine **Amtshaftungsklage** gegen einen Bebauungsplan soll keine gerichtliche Entscheidung i.S.d. § 73 Nr. 2 BauGB sein[3].

Eine Änderung des unanfechtbar gewordenen Umlegungsplans ist schließlich mit **Einverständnis aller Beteiligten** zulässig (§ 73 Nr. 3 BauGB). Gemeint sind hiermit nicht nur die Eigentümer, sondern alle mittelbar und unmittelbar Betroffenen. Auch insoweit ist jedoch der **Grundsatz der Zweckmäßigkeit** und das möglicherweise bestehende öffentliche Interesse an bestimmten Regelungen des bisherigen Umlegungsplans zu beachten. Die zuweilen erörterte Frage, ob sich das Einverständnis der Beteiligten nur auf die **Änderung an sich**, nicht aber auch auf deren Inhalt beziehen muss, ist eher theoretischer Natur, weil sich das Einverständnis wohl nur dann herstellen lässt, wenn Einigkeit über den Inhalt der Änderung besteht[4]. 115

Für die **Änderung von Vorwegregelungen** gem. § 76 BauGB ist § 73 BauGB nunmehr auch für anwendbar erklärt worden (§ 76 Satz 2 BauGB)[5]. Eine **entsprechende Anwendung** des § 73 Nr. 1 BauGB ist in diesem Fall insbesondere auch dann denkbar, wenn ein beabsichtigter **Bebauungsplan** – dessen Vorliegen nicht Voraussetzung für eine Entscheidung gem. § 76 BauGB ist – überhaupt **nicht in Kraft getreten** ist. Die (entsprechende) Anwendung des § 73 BauGB erlaubt die Anpassung der Vorwegnahme der Entscheidung an die durch die Aufgabe der Planungsvorstellungen eingetretene neue Sachlage[6]. Aber auch insoweit besteht grds. nur eine Befugnis, nicht aber eine Verpflichtung der Umlegungsstelle zur Änderung. Das gilt auch bezüglich der Frage, ob im Rahmen der Änderung einer Vorwegregelung gem. § 76 BauGB Flächen zurückgegeben werden sollen, die bereits vorab gem. § 55 Abs. 2 BauGB für öffentliche Zwecke in Beschlag genommen wurden[7]. 116

Das **Verfahren** zur Änderung des (unanfechtbaren) Umlegungsplans ist gesetzlich nicht geregelt. Es ist jedoch davon auszugehen, dass – weil es sich um den Umlegungsplan handelt – auf jeden Fall das Verfahren nach den §§ 66–71 BauGB (einschließlich der Erörterung der geplanten Änderung mit den Betroffenen, vgl. § 66 Abs. 1 BauGB) direkt oder zumindest entsprechend anzuwenden ist[8]. Im Übrigen ist auch der Beschluss über die Änderung des Umlegungsplans ein **Verwaltungsakt**, der gesondert mit Rechtsmitteln angefochten werden kann. 117

## IV. Rechtsschutzmöglichkeiten (Übersicht)

Die im Umlegungsverfahren ergehenden Bescheide, insbesondere der Umlegungsbeschluss (§ 47 BauGB), der (Auszug aus dem) Umlegungsplan (§§ 66, 70 BauGB) 118

---
1 BGH v. 20.11.1980 – III ZR 35/79, DVBl 1981, 395 (397).
2 Vgl. *Schriever*, in: Brügelmann u.a., BauGB, § 73 Rz. 18.
3 OLG Zweibrücken v. 23.12.1999 – 6 U 41/98, OLGReport Zweibrücken 2001, 6.
4 *Schriever*, in: Brügelmann u.a., BauGB, § 73 Rz. 23 u. *Dieterich*, Baulandumlegung, Rz. 406.
5 So bisher schon BGH v. 30.10.1986 – III ZR 20/86, NVwZ 1987, 532; v. 22.3.1990 – III ZR 235/88, NVwZ 1991, 99 (100); s. auch LG Essen v. 4.11.1988 – 39 O 2/88, NVwZ 1989, 798.
6 BGH v. 22.3.1990 – III ZR 235/88, NVwZ 1991, 99 (100).
7 BGH v. 22.3.1990 – III ZR 235/88, NVwZ 1991, 99 (101); s. dazu aber auch erneut BVerwG v. 22.3.1990 – 4 C 24.86, NJW 1990, 2399.
8 Vgl. *Otte*, in: Ernst/Zinkahn/Bielenberg/Krautzberger, BauGB § 73 Rz. 14 u. *Schriever*, in: Brügelmann u.a., BauGB, § 73 Rz. 31.

oder aus dem Beschluss über die vereinfachte Umlegung (§ 82 Abs. 2 BauGB) und die Bekanntmachung der Unanfechtbarkeit des Umlegungsplans (§ 71 BauGB) bzw. des Beschlusses über die vereinfachte Umlegung (§ 83 Abs. 1 BauGB), aber auch z.B. die Versagung der Genehmigung gem. § 51 BauGB, die Ausübung des limitierten Vorkaufsrechts (§ 28 Abs. 3 BauGB), die Teilinkraftsetzung des Umlegungsplans bzw. des Beschlusses über die vereinfachte Umlegung (§§ 71 Abs. 2, 83 Abs. 1 Satz 2 BauGB) sowie die Vorwegnahme der Entscheidung (§ 76 BauGB), die vorzeitige Besitzeinweisung (§ 77 BauGB) und schließlich die Beschlussfassung über die Änderung des bestandskräftigen Umlegungsplans (§ 73 BauGB) sind Verwaltungsakte, die, ggf. nach **Durchführung eines Vorverfahrens**[1], vor den Baulandgerichten angefochten werden können (§ 217 BauGB). Zuständig ist in erster Instanz das Landgericht, **Kammer für Baulandsachen**, wobei sich die Zuständigkeit einer Baulandkammer über die Bezirke mehrerer Landgerichte erstrecken kann (§ 219 Abs. 2 BauGB). Die Kammern für Baulandsachen entscheiden in der Besetzung mit zwei Richtern des Landgerichts einschließlich des Vorsitzenden sowie einem hauptamtlichen Richter eines Verwaltungsgerichts (§ 220 Abs. 1 Satz 2 BauGB). Über die Berufung und die Beschwerde gegen Entscheidungen der Baulandkammern entscheidet das Oberlandesgericht, **Senat für Baulandsachen**, in der Besetzung mit zwei Richtern des Oberlandesgerichts einschließlich des Vorsitzenden und einem hauptamtlichen Richter eines Oberverwaltungsgerichts bzw. Verwaltungsgerichtshofs (§ 229 Abs. 1 BauGB). Über die Revision entscheidet der **BGH** (§ 230 BauGB), seit jeher der III. Zivilsenat, in seiner normalen Besetzung.

119 Für das **baulandgerichtliche Verfahren**[2] enthält das Baugesetzbuch in den §§ 217–232 BauGB eine **eigene Gerichtsverfassung** und eine **eigene Prozessordnung**. Soweit sich hieraus nichts anderes ergibt, sind die bei Klagen in bürgerlichen Rechtsstreitigkeiten geltenden Vorschriften entsprechend anzuwenden (§ 221 Abs. 1 BauGB). Die wesentlichen Abweichungen des baulandgerichtlichen Verfahrens vom „normalen" Zivilprozess sind zusammen gefasst folgende:
- Spezielle Spruchkörper bei Landgericht und Oberlandesgericht (§§ 217 Abs. 1 Satz 4, 220 u. 229 BauGB); Möglichkeit der bezirksübergreifenden Zuständigkeit der Baulandkammer (§ 219 Abs. 2 BauGB); Unzulässigkeit des Einzelrichters (§ 220 Abs. 1 Satz 3 BauGB)
- keine Parteien, sondern Beteiligte; weiter Beteiligtenkreis (§ 222 Abs. 1 BauGB); Anwaltszwang bei LG und OLG nur bezüglich solcher Beteiligter, die Anträge zur Sache stellen (§ 222 Abs. 3 Satz 2 BauGB)
- statt Klage „Antrag auf gerichtliche Entscheidung", innerhalb eines Monats seit Zustellung bei der Ausgangsbehörde anhängig zu machen, die unverzüglich an das Gericht abgibt (§ 217 Abs. 1–4 BauGB)
- Zulässigkeit der „Untätigkeitsklage" (§ 212 Abs. 1 BauGB i.V.m. § 75 VwGO), der Fortsetzungsfeststellungsklage (§ 217 Abs. 1 Satz 3 BauGB i.V.m. § 113 Abs. 1 Satz 4 VwGO)[3] und der Vollstreckungsabwehrklage (§ 217 Abs. 1 BauGB i.V.m. § 767 ZPO)[4]
- Antrag nach § 80 Abs. 5 VwGO zur Anordnung der aufschiebenden Wirkung von Widerspruch/Antrag auf gerichtliche Entscheidung gegen den Umlegungsbeschluss nach § 47 BauGB, gegen die Bekanntmachung der Unanfechtbarkeit

---

1 Vgl. die Verordnungsermächtigung in § 212 Abs. 1 BauGB; hiervon hatten bisher alle Bundesländer Gebrauch gemacht; die Tendenz ist seit Inkrafttreten des BauROG allerdings rückläufig; zum aktuellen Stand s. *Battis/Krautzberger/Löhr*, BauGB, § 212 Rz. 1 m.w.N.
2 Vgl. hierzu vor allem die Erläuterungen von *Kalb* zu den §§ 217ff., in: Ernst/Zinkahn/Bielenberg/Krautzberger, BauGB sowie *Kirchberg*, VBlBW 1986, 401 u. 1990, 161 (169).
3 OLG Celle v. 30.9.2004 – 4 U 53/04 (Baul), BauR 2004, 1989 (LS).
4 OLG Bamberg v. 30.1.2004 – 9 Bau U 1/03, BayVBl. 2004, 540.

IV. Rechtsschutzmöglichkeiten (Übersicht)  Rz. 121 Teil 2 C

des Umlegungsplans nach § 71 Abs. 1 BauGB und gegen die vorzeitige Besitzeinweisung nach § 77 BauGB (§§ 212 Abs. 2 Satz 2, 224 Satz 2 BauGB)[1].
– Durchführung des Vorverfahrens (Widerspruchsverfahrens) in Umlegungssachen als Sachurteilsvoraussetzung (§ 212 Abs. 1 BauGB), wenn dieses durch VO der Landesregierung vorgesehen ist (s.o. Rz. 118)
– keine Verpflichtung zur Vorauszahlung der Gebühr für das Verfahren in allgemeinen nach § 12 Abs. 1 Satz 1 u. 2 GKG (§ 221 Abs. 4 BauGB); davon unberührt bleiben dürfte die Fälligkeit der Verfahrensgebühr mit Einreichung der Antragsschrift gem. § 6 GKG n.F., ggf. nach Maßgabe einer vorläufigen Streitwertfestsetzung durch die Baulandkammer
– (eingeschränktes) Amtsermittlungsprinzip (§ 221 Abs. 2 BauGB) u. Ausschluss des Versäumnisurteils sowie spezielle Säumnisregelung (§ 227 BauGB)

Über den Antrag auf gerichtliche Entscheidung wird durch **Urteil** entschieden. Die in Frage kommenden **Tenorierungsmöglichkeiten** ergeben sich aus § 226 BauGB. Für die **Kostenentscheidung** gelten über § 221 Abs. 1 BauGB die §§ 91 ff. ZPO. Ist ein Antrag auf gerichtliche Entscheidung tatsächlich **nicht** gestellt worden und legt die Gemeinde dennoch einen **vermeintlichen Antrag** vor – was öfter vorkommt, als man denkt –, so haftet sie für die Gerichtskosten[2]. Zu den **Kosten des Rechtsstreites** gehören zwar nicht die Kosten, die den Betroffenen im vorangegangenen **Verwaltungsverfahren** entstanden sind[3]. Dafür werden aber insbesondere die Kosten eines vom Antragsteller im **Widerspruchsverfahren** bevollmächtigten Rechtsanwalts als Kosten des Rechtsstreits angesehen[4]. 120

Als **Streitwert** werden im Umlegungsverfahren regelmäßig **20 % des Einwurfswerts** der betroffenen Fläche angesetzt, und zwar sowohl im Verfahren gegen den Umlegungsbeschluss als auch im Verfahren gegen den Umlegungsplan[5]. Das gilt auch dann, wenn mit dem Antrag auf gerichtliche Entscheidung (lediglich) begehrt wird, ein **außerhalb des Umlegungsgebiets** gelegenes Grundstück **in die Umlegung einzubeziehen**[6]. Geht es um das Rechtsschutzinteresse eines an der Umlegung beteiligten **Grundstückspächters**, so sind als Streitwert nicht 20 % des Wertes des eingeworfenen Grundstücks, sondern der **Wert des Nutzungsrechts** zugrunde zu legen, der bei Miet- und Pachtverträgen gem. § 41 GKG dem **einjährigen Entgelt** entspricht[7]. Eine Berücksichtigung etwaiger **Aufbauten, Anpflanzungen und ähnlicher Einrichtungen** (vgl. § 60 BauGB) bei der Bemessung des Streitwerts erscheint nur dann geboten, wenn Anhaltspunkte dafür erkennbar sind, dass diese **tatsächlich** von der Umlegung **betroffen** bzw. **nachhaltig berührt** werden[8]. Begehrt der Umle- 121

---
1 Gegen Entscheidungen der Baulandkammer über die Anordnung der aufschiebenden Wirkung eines Rechtsbehelfs gem. §§ 212, 224 i.V.m. § 80 Abs. 5 VwGO ist die sofortige Beschwerde analog § 794 ZPO statthaft, vgl. OLG Karlsruhe v. 15.3.2001 – W 1/01 (Baul), NVwZ 2001, 839; die Vorschrift des § 80b VwGO ist im baulandgerichtlichen Verfahren demgegenüber nicht anwendbar, weshalb die aufschiebende Wirkung des Antrags auf gerichtliche Entscheidung im Berufungsverfahren vor dem Baulandsenat fortbesteht, vgl. OLG Rostock v. 21.6.1999 – 13 U 1/98, NVwZ 2000, 214.
2 LG Karlsruhe v. 28.12.2009 – 16 O 24/09 Baul.
3 BGH v. 8.4.1965 – III ZR 60/64, NJW 1965, 1480 (1483) sowie OLG München v. 10.10.2001 – W 4–6/01, NVwZ-RR 2001, 78; *Kalb*, in: Ernst/Zinkahn/Bielenberg/Krautzberger, BauGB, § 228 Rz. 3.
4 BGH v. 2.4.1981 – III ZR 131/79, WM 1981, 722 (724); OLG München v. 24.10.1975 – 11 W 1752/75, NJW 1976, 429 (Ls.).
5 BGH v. 22.2.1968 – III ZR 140/66, NJW 1968, 890; v. 13.2.1969 – III ZR 123/68l, NJW 1969, 1114; OLG Karlsruhe v. 20.3.2006 – 21 U 1/05 Baul, NJW-RR 2006, 1250.
6 OLG Saarbrücken v. 15.3.2004 – 4 W (Baul) 284/03.
7 OLG Karlsruhe v. 23.2.2006 – 21 W 1/06 Baul, JurBüro 2006, 539.
8 Vgl. *Kirchberg*, VBlBW 1990, 161 (175) m.w.N.

gungsbeteiligte über die Anfechtung des Umlegungsplans einschließlich der darin getroffenen Ausgleichs- und Entschädigungsleistungen hinaus die **Zuteilung eines ganz bestimmten oder gar eines weiteren Grundstücks**, so dürfte eine maßvolle Erhöhung des „Regelstreitwertes" bis hin zur Festsetzung des Streitwerts in Höhe des Wertes des beanspruchten Grundstückes zulässig sein[1]. Ebenfalls mit 20 % des Werts des Gegenstands, um dessen Besitz es geht, wird der Streitwert in Verfahren über eine **vorzeitige Besitzeinweisung** nach § 116 BauGB festgesetzt[2].

---

1 OLG Bamberg v. 14.9.1982 – 5 W 44/82, JurBüro 1983, 103; OLG Karlsruhe v. 20.3.2006 – 21 U 1/05 Baul, NJW-RR 2006, 1250.
2 BGH v. 27.9.1973 – III ZR 131/71, NJW 1973, 2202 (2206).

# D. Enteignungsverfahren

|  | Rz. |
|---|---|
| **I. Einführung** | 1 |
| 1. Eigentumsgarantie | 6 |
| 2. Begriff der Enteignung | 10 |
| 3. Zulässigkeit der Enteignung | 14 |
| 4. Entschädigung | 24 |
| 5. Gegenstand des Enteignungsverfahrens | 29 |
| 6. Rechtsgrundlagen des Enteignungsverfahrens | 36 |
| a) Bundesrechtliche Regelungen | 37 |
| b) Landesrechtliche Enteignungsregelungen | 38 |
| 7. Überblick über das Verfahren | 40 |
| **II. Enteignungsbehörde** | 41 |
| **III. Enteignungsantrag** | 44 |
| 1. Antragsbefugnis | 46 |
| 2. Form und Inhalt | 48 |
| 3. Zurückweisung aussichtsloser Anträge | 49 |
| 4. Rechtsschutz | 50 |
| **IV. Beteiligte des Enteignungsverfahrens** | 53 |
| **V. Vorbereitung der mündlichen Verhandlung** | 58 |
| 1. Verfahrensbeschleunigung | 59 |
| 2. Überprüfung von Bebauungsplänen | 61 |
| 3. Rechtsschutz | 62 |
| **VI. Anberaumung des Termins zur mündlichen Verhandlung** | 64 |
| 1. Bekanntmachung und Ladung | 65 |
| 2. Vorzeitige Einleitung des Verfahrens | 70 |
| 3. Mitteilung an Grundbuchamt und Vollstreckungsgericht | 71 |
| 4. Gang der mündlichen Verhandlung | 73 |
| 5. Rechtsschutz | 75 |
| **VII. Genehmigungspflichtige Rechtsvorgänge** | 76 |
| 1. Genehmigungspflichtige Vorgänge | 77 |
| 2. Versagungsgründe | 78 |
| 3. Rechtswirkungen der Genehmigungspflicht | 80 |

|  | Rz. |
|---|---|
| **VIII. Einigung und Teileinigung** | 83 |
| 1. Rechtsnatur der Einigung | 84 |
| 2. Zulässiger Inhalt der Einigung | 85 |
| 3. Form | 89 |
| 4. Unterzeichnungsfrist | 90 |
| 5. Rechtswirkung der Einigung | 91 |
| 6. Teileinigung | 92 |
| **IX. Entscheidung der Enteignungsbehörde** | 94 |
| 1. Vorabentscheidung über Rechtsänderungen | 96 |
| 2. Materieller Inhalt stattgebender Entscheidungen | 97 |
| 3. Enteignungsbeschluss | 99 |
| **X. Verwendungsfrist** | 101 |
| **XI. Verfahren bei der Entschädigung durch Gewährung anderer Rechte** | 104 |
| **XII. Vorzeitige Besitzeinweisung** | 107 |
| 1. Voraussetzungen für die vorzeitige Besitzeinweisung | 109 |
| 2. Inhalt des Besitzeinweisungsbeschlusses | 113 |
| 3. Rechtsfolgen der Besitzeinweisung | 115 |
| 4. Entschädigung | 116 |
| 5. Verfahren und Rechtsschutz | 117 |
| **XIII. Ausführung des Enteignungsbeschlusses** | 122 |
| 1. Voraussetzungen | 124 |
| 2. Zustellung und Mitteilung | 125 |
| 3. Rechtsschutz | 126 |
| **XIV. Verfahrensabschluss** | |
| 1. Hinterlegung | 129 |
| 2. Verteilungsverfahren | 130 |
| 3. Aufhebung des Enteignungsbeschlusses | 131 |
| 4. Voraussetzungen der Aufhebung | 132 |
| 5. Verfahren | 133 |
| 6. Rechtsschutz | 134 |
| **XV. Kosten** | 135 |
| **XVI. Vollstreckbare Titel** | 140 |
| **XVII. Verfahren vor den Baulandgerichten** | 141 |

**Literatur:**

**Kommentare, Lehrbücher und Monographien:**

*Aust/Jacobs/Pasternak*, Die Enteignungsentschädigung, 6. Aufl., Berlin 2007; *Battis/Krautzberger/Löhr*, Kommentar zum Baugesetzbuch, 11. Aufl., München 2009; *Ernst/Zinkahn/Bielenberg/Krautzberger*, Kommentar zum Baugesetzbuch, Loseblatt, Stand Januar 2011; *Frey*, Die Verfassungsmäßigkeit der transitorischen Enteignung, 1983; *Friedrich*,

Rechtsprobleme beim Erlass eines Bundesenteignungsgesetzes, 1978; *Gassner*, Der freihändige Grunderwerb der öffentlichen Hand, Diss., 1981; *Gelzer/Busse/Fischer*, Entschädigungsanspruch aus Enteignung und enteignungsgleichem Eingriff, 3. Aufl., München 2010; *Hoppe/Beckmann*, Grundeigentumsschutz bei heranrückendem Bergbau, 1988; *Jarass/Pieroth*, Grundgesetz. Kommentar, München 2011; *Jaschinski*, Der Fortbestand des Anspruchs aus enteignendem Eingriff, 1997; *Maurer*, Allgemeines Verwaltungsrecht, 17. Aufl., München 2009; *Nüßgens/Boujong*, Eigentum, Sozialbindung, Enteignung, München 1987; *Maunz/Dürig*, Kommentar zum Grundgesetz, Loseblatt, München, Art. 14 GG, Stand Januar 2011; *Ossenbühl*, Staatshaftungsrecht, 5. Aufl., München 1998; *Schlichter/Stich/Driehaus/Paetow* (Hrsg.), Berliner Kommentar zum Baugesetzbuch, 3. Aufl., Köln u.a. 2003, Stand September 2010; *Schmidbauer*, Enteignung zugunsten Privater, 1989; *Spannowsky/Uechtritz*, Baugesetzbuch. Kommentar, München 2009; *Stadler*, Die Enteignung zur Verwirklichung von Festsetzungen des Bebauungsplans, Münster 2001; *Steinberg*, Das Nachbarrecht der öffentlichen Anlagen, 1988.

**Aufsätze:**
*Baron*, Enteignung und vorzeitige Besitzeinweisung zur Verwirklichung eines planfestgestellten Bauvorhabens in Sachsen-Anhalt, DVP 2003, 348; *Battis/Otto*, Die Enteignung von Grundstücken zur Erweiterung industrieller Produktionsstätten am Beispiel des Werkflugplatz-Enteignungsgesetzes, DVBl 2004, 1501; *Beckmann/Wittmann*, Die Zulegung nach § 35 BBergG, ZfB 2009, 32ff.; *Bell*, Die fachplanerische Enteignung zugunsten Privater, UPR 2002, 367; *Boujong*, Enteignungsgleicher Eingriff und enteignender Eingriff, UPR 1984, 137ff.; *Bryde*, „Rückenteignung" bei zweckverfehlter Umlegung – BVerwGE 85, 96; JuS 1993, 283ff.; *Burkhard*, Grundzüge der Enteignung nach dem Landesenteignungsgesetz Baden-Württemberg, VBlBW 1990, 201ff.; *Erbguth*, Das Dilemma Enteignung zu Gunsten privater Vorhabenträger, NordÖR 2005, 55; *Frenzel*, Herkunft und Entwicklung des rechtsstaatlichen Verfahrensgedankens am Beispiel des Enteignungsrechts; Der Staat 18 (1979), 592ff.; *Gatz*, Unanfechtbarkeit der beurkundeten Einigung im Enteignungsverfahren, jurisPR-BVerwG 12/2006, Anm. 6.; *Hufeld*, Zur Zulässigkeit von Legalenteignungen durch eine Legalplanung, JZ 1997, 302ff.; *Jarass*, Die enteignungsrechtliche Vorwirkung bei Planfeststellungen, DVBl 2006, 1329; *Kirchberg*, Aktuelle Probleme der städtebaulichen Planverwirklichung durch Umlegung und Enteignung, VBlBW 1990, 161; *Kolb*, Entschädigungsausschluss für Überschuldungsfälle, NJ 2002, 144; *Körner*, Rechtsschutz im Enteignungsverfahren bei Untätigkeit der Enteignungsbehörde, UPR 2003, 17; *Krebs*, Konsensuales Verwaltungshandeln im Städtebaurecht, DÖV 1989, 969; *Krohn*, Enteignung und Inhaltsbestimmung in der neueren Rechtsprechung des Bundesgerichtshofes, ZfBR 1994, 5ff.; *Labbe*, Besitzeinweisung ohne vorherige Grunderwerbsverhandlungen?, BayVBl. 1978, 201; *Labbe/Bühring*, Baulandausweisung und Abschöpfung von Planungsgewinnen, BayVBl. 2007, 289; *Lässig*, Die Aufspaltung von Verwaltungsverfahren in Grund- und Betragsverfahren – insbesondere unter § 112 Abs. 2 BBauG, DVBl 1981, 483; *Leisner*, Die Höhe der Enteignungsentschädigung, NJW 1992, 409; *Menger*, Zur rechtlichen Stellung der Enteignungsbehörde nach dem BBauG, VerwArch 70 (1979), 177; *Möllers*, Zur demokratischen Legitimation der Enteignungsbehörde nach dem Baugesetzbuch, NVwZ 1997, 858; *Nolte*, Anspruch auf Grundstücksübernahme bei einer fernstraßenrechtlichen Planung – Entscheidung im Planfeststellungs- oder Enteignungsverfahren?, jurisPR-BVerwG 1/2004, Anm. 6; *Papier*, Entwicklung der Rechtsprechung zur Eigentumsgarantie des Art. 14 GG, NWVBl. 1990, 397ff.; *Rasche*, Abschied vom Preußischen Enteignungsgesetz – Zur Neuordnung des Enteignungsrechts in Nordrhein-Westfalen, NWVBl. 1989, 261ff.; *Riedel*, Die vorzeitige Besitzeinweisung nach § 44b EnWG – Die Rechtslage nach dem Infrastrukturplanungs-Beschleunigungsgesetz – RdE 2008, 81ff.; *Roller*, Enteignung, ausgleichspflichtige Inhalts- und Schrankenbestimmungen und salvatorische Klauseln, NJW 2001, 1003; *Scheidler*, Die vorzeitigen Besitzeinweisung nach bayerischem Enteignungsrecht, KommPrax 2005, 344; *Scheidler*, Die vorzeitige Besitzeinweisung für Straßenbauvorhaben, LKV 2009, 97ff.; *Scheidler*, Die vorzeitige Besitzeinweisung nach § 116 BauGB, BauR 2010, 42ff.; *Scheidler*, Beschleunigung des Baus von Hochspannungsfreileitungen, Erdkabeln und Gasversorgungsleitungen durch § 44b EnWG, GewArch 2010, 97ff.; *Schink*, Umweltschutz – Eigentum – Enteignung – Salvatorische Klauseln – Zur Entscheidung des Bundesverwaltungsgerichts vom 15. Februar 1990, DVBl 1990, 1375; *Schlick*, Die Rechtsprechung des BGH zu den öffentlich-rechtlichen Ersatzleistungen, NJW 2009, 3139ff., 3487ff.; *Schmidt-Aßmann*, Formen der Enteignung (Art 14 III GG), JuS 1986, 833ff.; *Schmidt-Preuß*, Das Ent-

schädigungs- und Ausgleichsleistungsgesetz, NJW 1994, 3249 ff.; *Sendler*, Restitutionsausschluss verfassungswidrig?, DÖV 1994, 401 ff.; *v. Daniels/Hermanns*, Planfeststellungsbedürftige Vorhaben auf fremdem Grundeigentum, NVwZ 2005, 1017; *Wagner*, Ausgleichszahlungen für Beschränkungen der Forstwirtschaft in Forst-, Naturschutz- und Gewässerschutzrecht, BayVBl. 1994, 705 ff.; *Weides/Jahnz*, Rechtsfragen der Enteignung nach dem Bundesberggesetz, DVBl 1984, 921 ff.; *Wichert*, Enteignung und Besitzeinweisung für energiewirtschaftliche Leistungsvorhaben, NVwZ 2009, 876; *Wienke*, Die Planungsentscheidung in der Administrativenteignung, BayVBl. 1983, 297; *Zimmermann*, Wiedergutmachung zwischen materieller Gerechtigkeit und politischem Kompromiß – Das Entschädigungs- und Ausgleichsgesetz, DtZ 1994, 359 ff.; *Zuleeg*, Die Gesetzgebungsbefugnis des Bundes und der Länder im Recht der Enteignung und Aufopferung, DVBl 1963, 322.

## I. Einführung

Das private Grundeigentum ist in einer hochentwickelten Industriegesellschaft durch den Flächenbedarf für öffentliche Zwecke, für das öffentliche Verkehrsnetz, aber auch für zahllose andere öffentliche oder private Infrastruktureinrichtungen, zu denen etwa Abfallentsorgungsanlagen, Abwasserbehandlungsanlagen, Fernleitungen für Strom, Öl oder Gas zählen, für Maßnahmen des Naturschutzes etc. und durch andere private Vorhaben gefährdet, mit denen zugleich ein zulässiger Enteignungszweck verwirklicht werden soll. Dem Schutz vor der Enteignung kommt deshalb hohe Bedeutung zu. 1

Zum Schutz des Eigentums hat das Grundgesetz die Zulässigkeit der Enteignung von verschiedenen Voraussetzungen abhängig gemacht. Gem. Art. 14 Abs. 3 Satz 1 GG ist eine Enteignung nur zum **Wohl der Allgemeinheit** zulässig. Sie darf nur durch Gesetz oder aufgrund eines Gesetzes erfolgen, das Art und Ausmaß der **Entschädigung** regelt. Die Entschädigung ist unter gerechter **Abwägung** der Interessen der Allgemeinheit und der Beteiligten zu bestimmen (Art. 14 Abs. 3 Satz 2 GG). 2

Zum Schutz des Eigentums bedarf es außerdem vor jeder Enteignung der Durchführung eines **Enteignungsverfahrens**. Die Rechtsprechung des BVerfG hat dem Verfahren für den Grundrechtsschutz gerade im Bereich des Eigentumsgrundrechts besondere Bedeutung beigemessen[1]. Das Grundgesetz hat jedoch die verfassungsgerechte Ausformung des Enteignungsverfahrens dem Gesetzgeber überlassen. 3

Der grundrechtliche Schutz des Eigentums machte auch im Zusammenhang mit dem **Beitritt der ehemaligen DDR** zur Bundesrepublik eine Reihe von gesetzlichen Regelungen erforderlich, mit denen entzogenes Eigentum zurückgewährt oder zumindest entschädigt werden sollte. In der Gemeinsamen Erklärung vom 15.6.1990, die gem. Art. 41 Abs. 1 des Einigungsvertrages in den Einigungsvertrag inkorporiert wurde, wurde festgelegt, enteignetes Grund- und Unternehmenseigentum grds. den ehemaligen Eigentümern oder ihren Erben zurückzugeben, sofern nicht wegen veränderter Nutzungsart oder Zweckbestimmung eine Rückübertragung von der Natur der Sache her nicht möglich war und sofern nicht inzwischen Dritte in redlicher Weise Eigentum oder Nutzungsrechte daran erworben hatten. Ausgenommen waren davon jedoch Enteignungen auf besatzungsrechtlicher bzw. besatzungshoheitsrechtlicher Grundlage in den Jahren 1945–1949. Das BVerfG hat diesen Ausschluss 4

---

1 Vgl. BVerfG v. 23.4.1974 – 1 BvR 6/74, 2270/73, BVerfGE 37, 132 (141, 148); v. 7.12.1977 – 1 BvR 734/77, BVerfGE 46, 325 (334); v. 27.9.1978 – 1 BvR 361/78, BVerfGE 49, 220 (225); v. 20.12.1979 – 1 BvR 385/77, BVerfGE 53, 30 (65); v. 25.2.1981 – 1 BvR 768/80, 1 BvR 820/80, BVerfGE 56, 216 (236); v. 4.5.1981 – 1 BvR 1457/81, BVerfGE 60, 348 (357 f.); v. 8.7.1982 – 2 BvR 1187/80, BVerfGE 61, 82 (114 ff.); v. 16.12.1987 – 1 BvR 1046/85, BVerfGE 74, 274 (293); s. auch BVerwG v. 21.3.1986 – 4 C 48.82, BRS 45 Nr. 207, 623; v. 14.12.1990 – 7 C 5.90, BVerwGE 87, 241 (243).

nicht beanstandet[1]. Art. 143 Abs. 3 GG bestimmt, dass Art. 41 des Einigungsvertrages und Regelungen zu seiner Durchführung auch insoweit Bestand haben, als sie vorsehen, dass Eingriffe in das Eigentum auf dem Gebiet der DDR nicht mehr rückgängig gemacht werden. Nähere Regelungen zu Art. 41 Einigungsvertrag enthalten das Gesetz zur Regelung offener Vermögensfragen[2] und das Gesetz über den Vorrang für Investitionen bei Rückübertragungsansprüchen nach dem Vermögensgesetz[3]. Mit der Novellierung durch das Gesetz zur Beseitigung von Hemmnissen bei der Privatisierung von Unternehmen und zur Förderung von Investitionen[4] wurde der Grundsatz „Rückgabe vor Entschädigung" zum Zwecke der Erleichterung von Investitionen modifiziert, aber nicht aufgegeben. Schließlich wurde der Komplex des Investitionsrechts durch das Gesetz über den Vorrang für Investitionen bei Rückübertragungsansprüchen nach dem Vermögensgesetz – Investitionsvorranggesetz[5] – neu geordnet und das Gesetz über besondere Investitionen in der Deutschen Demokratischen Republik aufgehoben. Eine im Wesentlichen umfassende Regelung von Fragen, die im Zusammenhang mit der Enteignungspraxis der DDR stehen, enthält das Entschädigungs- und Ausgleichsleistungsgesetz vom 27.9.1994[6].

5 Bevor im Nachfolgenden das Enteignungsverfahren im Einzelnen dargestellt wird, soll zunächst ein Überblick über den Begriff des Eigentums und der Enteignung, über die Zulässigkeitsvoraussetzungen der Enteignung, über die Entschädigungsregelungen und über Gegenstand und Rechtsgrundlagen der Enteignungsverfahren gegeben werden.

**1. Eigentumsgarantie**

6 Art. 14 Abs. 1 Satz 1 GG gewährleistet das Eigentum und das Erbrecht. Inhalt und Schranken werden durch die Gesetze bestimmt. Art. 14 GG definiert den Eigentumsbegriff nicht. Die Eigentumsgarantie verfolgt den Zweck, dem Einzelnen einen Freiheitsraum im vermögensrechtlichen Bereich zu sichern und ihm dadurch eine eigenverantwortliche Lebensgestaltung zu ermöglichen[7]. Geschützt ist u.a. auch das Recht des Eigentümers, sein Eigentum entgeltlich Dritten zu überlassen. Deshalb kann der Eigentümer bereits während eines laufenden Enteignungsverfahrens eine besondere Entschädigung verlangen, wenn sein Haus aufgrund einer bevorstehenden Enteignung des Grundstücks nicht mehr zu vermieten ist[8].

---

1 BVerfG v. 23.4.1991 – 1 BvR 1170/90, 1 BvR 1174/90, 1 BvR 1175/90, BVerfGE 84, 90 (117 ff.); s. dazu *Sendler*, DÖV 1994, 401 ff. m.w.N.; BVerwG v. 29.4.1994 – 7 C 47.93, NJW 1994, 2777.
2 Vermögensgesetz in der Fassung der Bekanntmachung vom 9.2.2005 (BGBl. I S. 205), das durch Artikel 3 des Gesetzes vom 23.5.2011 (BGBl. I S. 920) geändert worden ist.
3 Investitionsvorranggesetz in der Fassung der Bekanntmachung vom 4.8.1997 (BGBl. I S. 1996), das zuletzt durch Artikel 5 des Gesetzes vom 19.12.2006 (BGBl. I S. 3230) geändert worden ist.
4 V. 22.3.1991, BGBl. I 1991, 766.
5 Neufassung des Investitionsvorranggesetzes v. 4.8.1997, BGBl. I 1996, 60.
6 BGBl. I S. 2624; 1995 I S. 110, das zuletzt durch Artikel 4 Absatz 38 des Gesetzes vom 22.9.2005 (BGBl. I S. 2809) geändert worden ist; dazu *Schmidt-Preuß*, Das Entschädigungs- und Ausgleichsleistungsgesetz, NJW 1994, 3249 ff.; *Zimmermann*, DtZ 1994, 359 ff., das BVerfG hat § 1 Abs. 3 EALG mit Beschl. v. 10.10.2001 – 1 BvL 17/00, BVerfGE 104, 74 für verfassungswidrig und nichtig erklärt; dazu *Kolb*, NJ 2002, 144.
7 Zum Eigentumsbegriff ausführlich *Ossenbühl*, Staatshaftungsrecht, S. 145 ff.; *Papier*, in: Maunz/Dürig, GG, Art. 14 Rz. 55–205.
8 BGH v. 28.11.2007 – III ZR 114/07, NVwZ 2008, 348, *Schlick*, NJW 2009, 3139.

## I. Einführung

Neben dem zivilrechtlichen Eigentum i.S.d. BGB werden durch Art. 14 GG auch **sonstige subjektive Vermögensrechte** geschützt. Dazu zählen als private Rechte z.B. Patentrechte, Urheberrechte, Gesellschaftsrechte und obligatorische Rechte (z.B. der Anspruch auf Zahlung eines Kaufpreises) allgemein. Art. 14 Abs. 1 GG schützt den eingerichteten und ausgeübten Gewerbebetrieb sowie das durch einen schuldrechtlichen Pachtvertrag gewährte Nutzungsrecht am jeweiligen Grundstück. Der Entzug einer zu einem landwirtschaftlichen Betrieb gehörenden Pachtfläche ist zugleich Eingriff in den eingerichteten und ausgeübten Gewerbebetrieb[1]. Das gilt z.B. auch für die durch Durchschneidung einer räumlich zusammenhängenden landwirtschaftlichen Nutzfläche durch eine Verkehrsstrasse[2]. Als Beeinträchtigung des Gewerbebetriebs kommen auch die sich aus einer enteignungsbedingten Mehrentfernung ergebenden Nachteile in Betracht, die sich durch zusätzliche **Wegekosten** auf den Ertrag des landwirtschaftlichen Betriebs auswirken[3]. Geschützt sind daneben auch **subjektiv-öffentliche Rechte**, wenn ihr Vermögenswert entweder durch eigene Leistung oder durch eigenen Kapitalaufwand erworben worden ist[4]. Nicht enteignungsfähig sind sonstige öffentlich-rechtliche Berechtigungen, wie z.B. eine wasserrechtliche Erlaubnis oder Bewilligung. Für solche Berechtigungen ergibt sich aus den jeweiligen Fachgesetzen, ob und ggf. unter welchen Voraussetzungen sie eingeschränkt oder aufgehoben werden können. Nicht geschützt sind außerdem das Vermögen als solches[5] und z.B.

– bloße Chancen, Hoffnungen und Erwartungen (z.B. die Hoffnung, dass Bauerwartungsland sich zu Bauland entwickelt),
– mangelbehaftete, deliktische oder sonst im Widerspruch zum Recht erworbene Vermögenswerte[6],
– Vermögen, das im Vertrauen auf eine gegenwärtige Rechtslage erworben worden ist, das aber von Anfang an mit der Gefahr behaftet war, bei Änderung der Rechtslage zu entfallen (z.B. kein Schutz bestehender Geschäftsbeziehungen eines erworbenen Kundenstammes oder einer bestimmten Marktstellung vor öffentlicher Konkurrenz).

Der **Anliegergebrauch** vermittelt nach der Rechtsprechung des BVerwG keine aus Art. 14 Abs. 1 Satz 1 GG ableitbare Rechtsposition. Wie weit er gewährleistet ist, richtet sich vielmehr nach dem einschlägigen Straßenrecht, dessen Regelungsbereich das Nachbarschaftsverhältnis zwischen Straße und angrenzenden Grundstücken umfasst. Der einfache Gesetzgeber hat insoweit in Erfüllung des ihm in Art. 14 Abs. 1 Satz 2 GG erteilten Auftrages Inhalt und Schranken des Eigentums zu bestimmen. Hierbei hat er einerseits dem Gewährleistungsgehalt des in Art. 14 Abs. 1 Satz 1 GG grundgesetzlich anerkannten Privateigentums und andererseits dem Sozialgebot des Art. 14 Abs. 2 GG Rechnung zu tragen[7].

---

1 *Schlick*, NJW 2009, 3139.
2 BGH v. 21.10.2010 – III ZR 237/09, UPR 2011, 111 (112); v. 13.12.2007 – III ZR 116/07, NVwZ-RR 2008, 297.
3 BGH v. 21.10.2010 – III ZR 237/09, UPR 2011, 111 (112).
4 Vgl. z.B. BVerfG v. 8.10.1985 – 1 BvL 17/83, 1 BvL 19/83, BVerfGE 70, 278 (285); v. 16.7.1985 – 1 BvL 5/80, 1 BvR 1023/83, 1 BvR 1052/83, 1 BvR 1227/84, BVerfGE 69, 272 (304); v. 28.2.1980 – 1 BvL 17/77 u.a., BVerfGE 53, 257 (290); v. 1.7.1981 – 1 BvR 874/77 u.a., BVerfGE 58, 81 (109); v. 20.3.1984 – 1 BvR 27/82, BVerfGE 66, 234 (247).
5 Vgl. nur BVerfG v. 14.1.1987 – 1 BvR 1052/79, BVerfGE 74, 129 (148); v. 19.10.1983 – 2 BvR 298/81, BVerfGE 65, 196 (209); BGH v. 11.3.1982 – III ZR 174/80, BGHZ 83, 190 (194f.).
6 Siehe z.B. BGH v. 21.1.1999 – III ZR 168/97, NJW 1999, 1247, wonach eine illegale Gewässernutzung, deren Untersagung unverhältnismäßig wäre, noch keine als Eigentum geschützte Rechtsposition ist.
7 BVerwG v. 11.5.1999 – 4 VR 7.99, DVBl 1999, 1513.

9  Da das Eigentum als Zuordnung eines Rechtsgutes an einen Rechtsträger notwendigerweise der rechtlichen Ausformung bedarf, hat der Verfassungsgeber dem Gesetzgeber die Aufgabe übertragen, den Inhalt und die Schranken des Eigentums zu bestimmen. **Inhalts- und Schrankenbestimmungen** i.S.v. Art. 14 Abs. 1 Satz 2 GG liegen nach ständiger Rechtsprechung vor, wenn der Gesetzgeber generell und abstrakt die Rechte und Pflichten hinsichtlich solcher Rechtsgüter festlegt, die unter den verfassungsrechtlichen Eigentumsbegriff fallen[1]. Inhalts- und Schrankenbestimmungen müssen ihrerseits materiell-rechtliche Anforderungen erfüllen, um verfassungsmäßig zu sein. Bei der Bestimmung von Inhalt und Schranken des Eigentums hat der Gesetzgeber sowohl der grundgesetzlichen Anerkennung des Privateigentums (Art 14 Abs. 1 Satz 1 GG) als auch der Sozialpflichtigkeit des Eigentums (Art. 14 Abs. 2 GG) Rechnung zu tragen. Das Wohl der Allgemeinheit ist nicht nur Grund, sondern auch Grenze für die Beschränkung des Eigentums; schutzwürdige Interessen des Eigentümers und die Belange des Gemeinwohls sind in einen gerechten Ausgleich und in ein ausgewogenes Verhältnis zu bringen[2]. Der Gesetzgeber muss z.B. die Privatnützigkeit des Eigentums und die grundsätzliche Verfügungsbefugnis sowie den Verhältnismäßigkeitsgrundsatz beachten und die schutzwürdigen Interessen der Betroffenen in einen gerechten Ausgleich und ein ausgewogenes Verhältnis bringen. Die gesetzgeberische Gestaltungsbefugnis ist vom jeweils betroffenen Sachbereich abhängig. So ist diese Befugnis um so weiter, je mehr das Eigentumsobjekt in einem sozialen Bezug und in einer sozialen Funktion steht. Sie wird darüber hinaus insbesondere durch die wirtschaftlichen und gesellschaftlichen Verhältnisse geprägt[3]. Zur Vermeidung einer enteignenden Wirkung kann der Gesetzgeber verpflichtet sein, Ausgleichs- oder Entschädigungsansprüche einzuräumen. Derartige **ausgleichspflichtige Inhaltsbestimmungen** i.S.d. Art. 14 Abs. 1 Satz 2 GG sind von der Enteignung zu unterscheiden[4].

## 2. Begriff der Enteignung

10  Nach der Rechtsprechung des BVerfG ist eine Enteignung die vollständige oder teilweise **Entziehung vermögenswerter Rechtspositionen** i.S.d. Art. 14 Abs. 1 Satz 1 GG durch einen gezielten hoheitlichen Rechtsakt zur Erfüllung bestimmter öffentlicher Aufgaben[5]. Eine Enteignung liegt nur vor, wenn
– Eigentum betroffen ist,
– durch einen Eingriff, der sich durch folgende Erfordernisse auszeichnet:
  – es muss sich um eine hoheitliche Maßnahme handeln,
  – es muss ein positives Handeln vorliegen, so dass ein Unterlassen grds. nicht genügt,
  – der Eingriff muss auf das Eigentum unmittelbar einwirken,

---

1 BVerfG v. 15.7.1981 – 1 BvL 77/78, BVerfGE 58, 300 (330).
2 BVerfG v. 21.7.2010 – 1 BvL 8/07, Juris.
3 BVerfG v. 21.7.2010 – 1 BvL 8/07, Juris.
4 BVerfG v. 10.10.1997 – 1 BvR 310/84, NJW 1998, 367; BVerwG v. 18.7.1997 – 4 BN 5.97, NVwZ-RR 1998, 225; v. 15.2.1990 – 4 C 47/89, BVerwGE 84, 361 (368); BVerfG v. 13.2.1996 – 1 BvR 262/91, BVerfGE 94, 1; *Ossenbühl*, Staatshaftungsrecht, S. 181 ff.; *Roller*, NJW 2001, 1003 ff.; *Krohn*, ZfBR 1994, 5 ff.; *Wagner*, BayVBl. 1994, 705 ff.
5 Zum Enteignungsbegriff s. BVerfG v. 30.11.1988 – 1 BvR 1301/84, BVerfGE 79, 174 (191); v. 24.3.1987 – 1 BvR 1046/85, BVerfGE 74, 264 (280); v. 12.3.1986 – 1 BvL 81/79, BVerfGE 72, 66 (76); v. 19.6.1985 – 1 BvL 57/79, BVerfGE 70, 191 (199f.); v. 20.3.1984 – 1 BvL 28/82, BVerfGE 66, 248 (257); v. 15.7.1981 – 1 BvL 77/78, BVerfGE 58, 300 (330f.); v. 12.6.1979 – 1 BvL 19/76, BVerfGE 52, 1 (27); v. 8.7.1976 – 1 BvL 19/75 u.a., BVerfGE 42, 263 (299); BVerwG v. 15.2.1990 – 4 C 47.89, DVBl 1990, 585; v. 16.3.1989 – 4 C 36.85, BVerwGE 81, 329 (340); v. 22.5.1987 – 4 C 17.84, BVerwGE 77, 295 (297f.); BGH v. 9.10.1986 – III ZR 2/85, BGHZ 99, 24 (28f.); *Ossenbühl*, Staatshaftungsrecht, S. 167 ff.

## I. Einführung

– der Eingriff geht materiell über die Sozialbindung i.S.v. Art. 14 Abs. 1 Satz 2 GG hinaus und ist rechtmäßig.

Die Enteignung kann aufgrund eines Gesetzes durch eine behördliche Entscheidung, regelmäßig durch Verwaltungsakt, erfolgen (**Administrativenteignung**). Ausnahmsweise kann auch der Gesetzgeber selbst enteignen (**Legalenteignung**). Zwischen Legalenteignung und Administrativenteignung hat der Gesetzgeber keine Wahlfreiheit. Vielmehr darf zur Sicherung eines umfassenden und effektiven Rechtsschutzes von der Legalenteignung nur ausnahmsweise Gebrauch gemacht werden[1]. Beruhen entschädigungspflichtige Verfügungs- und Nutzungsbeschränkungen auf einem Plan, etwa auf einem Bebauungsplan, dann spricht man auch von einer sog. **Planenteignung**, die überwiegend als Unterfall der Administrativenteignung angesehen wird[2]. 11

Der Enteignungsbegriff des BVerfG ist enger als der vom BGH vertretene entschädigungsrechtliche Enteignungsbegriff[3]. Enteignung im entschädigungsrechtlichen Sinne des BGH ist der hoheitliche Eingriff in eine als Eigentum geschützte Rechtsposition, der jenseits der Sozialbindung liegt und der für den Betroffenen ein Sonderopfer darstellt. Über die rechtmäßigen Eingriffe in das Eigentum aufgrund eines dem Art. 14 Abs. 3 GG entsprechenden Enteignungsgesetzes hinaus hat der BGH die Enteignungsentschädigung auf rechtswidrige Eingriffe in das Eigentum (**enteignungsgleicher Eingriff**) und auf Eingriffe in das Eigentum ausgedehnt, die als ungewollte und atypische Nebenfolgen eines im Übrigen rechtmäßigen Verwaltungshandelns enteignenden Charakter haben (**enteignender Eingriff**)[4]. Trotz des engeren verfassungsrechtlichen Enteignungsbegriffs des BVerfG hält der BGH an den von ihm begründeten Ansprüchen auf Entschädigung wegen enteignungsgleicher und enteignender Eingriffe fest[5]. Ansprüche wegen enteignungsgleicher und enteignender Eingriffe stützt der BGH allerdings nicht mehr auf Art. 14 GG, sondern auf den allgemeinen Aufopferungsgrundsatz in seiner vom BGH geprägten richterrechtlichen Ausformung. Enteignende und enteignungsgleiche Eingriffe können somit nach wie vor finanzielle Entschädigungsansprüche auslösen. Ein förmliches Enteignungsverfahren steht hierfür aber nicht zur Verfügung[6]. 12

---

1 BVerfG v. 18.12.1968 – 1 BvR 638, 673/64 u.a., BVerfGE 24, 367 (401); v. 10.5.1977 – 1 BvR 514/68 u.a., BVerfGE 45, 297 (331, 333); v. 15.7.1981 – 1 BvL 77/78, BVerfGE 58, 300 (301); v. 17.7.1996 – 2 BvR 2/93, DVBl 1997, 42.
2 *Battis*, in: Battis/Krautzberger/Löhr, BauGB, Vorb. §§ 85–122 BauGB Rz. 3; zu den Voraussetzungen einer Planung durch den Gesetzgeber s. BVerfG v. 17.7.1996 – 2 BvF 2/93, NJW 1997, 383: „Entfaltet die Legalplanung enteignungsrechtliche Vorwirkungen, hat sie vor der Verfassung jedenfalls dann Bestand, wenn sie nicht nur – wie jede Enteignung – i.S.d. Art. 14 Abs. 3 Satz 1 GG zum Wohle der Allgemeinheit erforderlich ist, sondern auch triftige Gründe für die Annahme bestehen, dass die Durchführung einer behördlichen Planfeststellung mit erheblichen Nachteilen für das Gemeinwohl verbunden wäre, denen nur durch eine gesetzliche Regelung begegnet werden kann." s. auch OVG NW v. 17.12.2007 – 20 B 1586/07, Juris, Rz. 29.
3 Zur Unterscheidung *Ossenbühl*, Staatshaftungsrecht, S. 176; *Nüßgens/Boujong*, Eigentum, Sozialbindung, Enteignung, Rz. 334, 341.
4 Zum enteignungsgleichen Eingriff s. *Ossenbühl*, Staatshaftungsrecht, S. 213ff.; *Schoch*, Jura 1989, 529ff.; *Boujong*, UPR 1984, 137ff.; zum enteignenden Eingriff s. *Ossenbühl*, Staatshaftungsrecht, S. 269ff.; *Jaschinski*, Der Fortbestand des Anspruchs aus enteignendem Eingriff, 1997; *Maurer*, Allgemeines Verwaltungsrecht, § 27.
5 Zum Fortbestand des enteignungsgleichen Eingriffs s. BGH v. 26.1.1984 – III ZR 216/82, BGHZ 90, 17 (29ff.); zum Fortbestand des enteignenden Eingriffs s. BGH v. 29.3.1984 – III ZR 11/83, BGHZ 91, 20 (26ff.); v. 9.10.1986 – III ZR 2/85, BGHZ 99, 24; v. 23.6.1988 – III ZR 8/87, BGHZ 105, 15; v. 10.12.1987 – III ZR 220/86, BGHZ 102, 350 (357); v. 17.3.1994 – III ZR 10/93, BGHZ 125, 293.
6 Vgl. *Steinberg*, Das Nachbarrecht der öffentlichen Anlagen, 1988, S. 166; *Burkhard*, VBlBW 1990, 201.

13 Aus der enteignungsrechtlichen Rechtsprechung des BVerfG zum Verhältnis von Primärrechtsschutz und Entschädigung folgt, dass der von einer Enteignung Betroffene nicht mehr die Wahl hat, ob er den Eingriff mit den dafür vorgesehenen Rechtsmitteln abwehrt oder ihn hinnimmt und stattdessen eine Entschädigung verlangt. Vielmehr kann er sich gegen eine Enteignung nur im Wege des Primärrechtsschutzes wehren, also gegen die Enteignungsentscheidung vorgehen. Der Grundsatz „dulde und liquidiere" gilt im Enteignungsrecht nicht.

### 3. Zulässigkeit der Enteignung

14 Zulässig ist die Enteignung nur, wenn sie durch Gesetz oder durch Verwaltungsakt aufgrund eines Gesetzes erfolgt, das Art und Ausmaß der Entschädigung regelt (Art. 14 Abs. 3 Satz 1 GG)[1]. Gesetze, die die Enteignung zulassen, sind etwa das Allgemeine Eisenbahngesetz, das Fernstraßengesetz, das Bundes-Berggesetz, die Naturschutzgesetze etc., in Einzelfällen aber auch spezielle Gesetze, die für ein bestimmtes Vorhaben erlassen wurden und dieses als dem Wohl der Allgemeinheit dienlich einstufen i.S.d. Art. 14 Abs. 3 GG, so z.B. das Werkflugplatz-Enteignungsgesetz für die Freie und Hansestadt Hamburg[2].

15 Weitere Voraussetzung für die Zulässigkeit der Enteignung ist es, dass sie der Verwirklichung eines bestimmten, **im öffentlichen Nutzen liegenden Zwecks** dient (vgl. z.B. § 85 BauGB). Dabei rechtfertigt allerdings nicht jedes öffentliche Interesse die Enteignung. Voraussetzung ist vielmehr ein besonders schwerwiegendes, dringendes öffentliches Interesse[3]. Mit diesem erhöhten Rechtfertigungsbedarf soll sichergestellt werden, dass der Eigentumsschutz aus Art. 14 GG nicht durch beliebige, gering zu bewertende öffentliche Interessen eingeschränkt wird. Nach Art. 14 Abs. 3 Satz 2 GG ist es Aufgabe des Gesetzgebers zu bestimmen, für welche Vorhaben unter welchen Voraussetzungen und für welche Zwecke eine Enteignung zulässig ist. Die Planungshoheit der Gemeinden berechtigt diese nicht, in ihren Bauleitplänen selbst Enteignungszwecke festzulegen[4].

16 Liegt ein besonderes Gemeinwohlbedürfnis für die Enteignung vor, dann kann sie auch zugunsten Privater zulässig sein. Ebenso kann eine Enteignung zulässig sein, bei der das Grundstück nicht auf den privaten Vorhabenträger übergeht, sondern z.B. auf das Land, das es dann an den Vorhabenträger vermietet[5]. Bei **Enteignungen zugunsten Privater** muss nach der Rechtsprechung des BVerfG jedoch in besonderer Weise bereits vom Gesetzgeber sichergestellt werden, dass der gemeinwohlorientierte Enteignungszweck tatsächlich erreicht und auf Dauer gesichert werden kann. Das BVerfG hat dies z.B. bei einer Enteignung zugunsten eines privaten Energieversorgungsunternehmens, das mit der Stromversorgung eine öffentliche Aufgabe erfüllt, akzeptiert[6]. Der Enteignung zugunsten Privater steht nicht entgegen, dass das

---

1 Zum Überblick über die Zulässigkeitsvoraussetzungen s. *Maurer*, Allgemeines Verwaltungsrecht, § 27 II. 3.
2 Dazu *Battis/Otto*, DVBl 2004, 1501 ff.; *Jarass*, DVBl 2006, 1329 (1334); OVG Hamburg v. 9.8.2004 – 2 Bs 300/04, NVwZ 2005, 105.
3 Vgl. BVerfG v. 8.7.2009 – 1 BvR 2187/07, Juris, Rz. 8; v. 24.3.1987 – 1 BvR 1046/85, NJW 1987, 1251 (1253); dazu auch *Jarass*, DVBl 2006, 1329 (1331).
4 BVerwG v. 3.7.1998 – 4 CN 5.97, DVBl 1998, 1294 (1295).
5 Vgl. *Jarass*, DVBl 2006, 1329 (1332): „Enteignung zugunsten der öff. Hand mit privatbegünstigender Wirkung".
6 BVerfG v. 20.3.1984 – 1 BvL 28/82, BVerfGE 66, 248 (257 f.); s. zu diesen Enteignungen *Wichert*, NVwZ 2009, 876 (878 ff.); BVerwG v. 7.11.1996 – 4 B 170.96, NuR 1997, 397, zur unzulässigen Enteignung zugunsten eines privaten Landeplatzes; zur Enteignung zugunsten einer Privatschule s. BGH v. 7.7.1988 – III ZR 134/87, ZfBR 1989, 31; s. auch *Schmidbauer*, Enteignung zugunsten Privater, 1989; *Jackisch*, Die Zulässigkeit der Enteignung zugunsten Privater, 1996; *Bell*, UPR 2002, 367.

## I. Einführung

begünstigte Unternehmen auch private Zwecke verfolgt, die zugleich im öffentlichen Interesse liegen. Voraussetzung ist lediglich, dass das Unternehmen zumindest mittelbar auch Gemeinwohlbelange wahrnimmt[1]. Als mittelbare, gemeinnützige Ziele der Unternehmenstätigkeit Privater, die eine Enteignung rechtfertigen können, kommen auch die Förderung der Wirtschaftsstruktur und die Schaffung und Erhaltung von Arbeitsplätzen in Betracht. Dies sehen einzelne spezialgesetzliche Enteignungsvorschriften ausdrücklich vor, z.B. § 79 Abs. 1 BBergG und § 35 Nr. 3 BBergG (Versorgung des Marktes mit Bodenschätzen im Wege einer bergrechtlichen Zulegung)[2]. Allerdings muss in derartigen Fällen besonders intensiv geprüft werden, ob die mittelbaren, gemeinnützigen Zwecke durch das Vorhaben tatsächlich und dauerhaft erreicht werden können. Die Behörde darf insoweit nicht leichtfertig auf die Angaben des privaten Vorhabenträgers vertrauen, sondern muss etwa den konkreten Bedarf an Arbeitsplätzen und deren Bedeutung für die Allgemeinheit am betreffenden Standort konkret ermitteln[3]. Auch eine **Durchgangsenteignung** (sog. transitorische Enteignung), die darauf gerichtet ist, privaten Dritten das Eigentum nach einem Durchgangserwerb durch die öffentliche Hand zu verschaffen, ist grds. zulässig[4]. Bei einer solchen transitorischen Enteignung zugunsten der Gemeinde (§ 169 Abs. 3 BauGB) im Rahmen einer städtebaulichen Entwicklungsmaßnahme (§ 165 Abs. 1 BauGB), die darauf gerichtet ist, privaten Dritten das Eigentum zu verschaffen, muss die dauerhafte Sicherung des Enteignungszwecks nicht bereits in der Entwicklungssatzung (§ 165 Abs. 6 BauGB) vorgenommen werden. Die Entwicklungssatzung ist nicht geeignet, die Erwerber der Grundstücke rechtlich an das Gemeinwohlziel zu binden, weil bei Erlass der Entwicklungssatzung noch nicht feststeht, an wen die Gemeinde die von ihr zu erwerbenden oder zu enteignenden Grundstücke veräußern wird. Die Gemeinde ist jedoch gesetzlich verpflichtet, bei der Veräußerung der Grundstücke die Erreichung der Ziele und Zwecke der städtebaulichen Entwicklungsmaßnahme dauerhaft zu sichern[5].

Eine Enteignung ist weiterhin nur dann zulässig, wenn sie im konkreten Fall auch **erforderlich und verhältnismäßig** im engeren Sinne ist[6]. Nicht erforderlich ist eine Enteignung z.B. dann, wenn der Enteignungszweck auch auf andere, weniger belastende Weise erreichbar ist (vgl. z.B. § 87 Abs. 1 BauGB, z.B. durch freihändigen Erwerb, dingliche Belastung oder obligatorischen Vertrag)[7]. Vorrangig vor der Enteignung eines privaten Grundstückseigentümers sind Grundstücke der öffentlichen Hand in Anspruch zu nehmen, wenn das Vorhaben auf ihnen ebenso verwirklicht werden kann[8]. Der Vorhabenträger ist nicht verpflichtet, unabhängig von den enteignungsrechtlichen Vorschriften auch solche Flächen zu erwerben, die für die Verwirklichung des Vorhabens nicht notwendig sind[9]. Gleichwohl ist die Enteignung ggf. auszuweiten, wenn die Enteignung einer Grundstücksfläche dem Eigen-

17

---

1 BVerfG v. 24.3.1987 – 1 BvR 1046/85, BVerfGE 74, 264.
2 Dazu BVerwG v. 20.11.2008 – 7 C 10.08, BVerwGE 132, 261; *Beckmann/Wittmann*, Die Zulegung nach § 35 BBergG, ZfB 2009, 32.
3 OVG Hamburg v. 9.8.2004 – 2 Bs 300/04, NVwZ 2005, 105; dazu auch *Battis/Otto*, DVBl 2004, 1501 ff.
4 BVerwG v. 3.7.1998 – 4 CN 5.97, DVBl 1998, 1294 (1297); *Frey*, Die Verfassungsmäßigkeit der transitorischen Enteignung, 1983; Näher zu Enteignungen zu Gunsten Privater *Petz*, in: Spannowsky/Uechtritz, BauGB, § 87 Rz. 34 ff.
5 BVerwG v. 6.2.2006 – 4 BN 3.06, BauR 2006, 965.
6 Dazu *Jarass*, DVBl 2006, 1329 (1333 f.).
7 Vgl. *Maurer*, Allgemeines Verwaltungsrecht, § 27 Rz. 58; BVerwG v. 29.3.1968 – IV C 100.65, BVerwGE 29, 248 (254); v. 18.8.1964 – I C 48.63, BVerwGE 19, 171.
8 BVerfG v. 8.7.2009 – 1 BvR 2187/07, Juris, Rz. 23.
9 BVerwG v. 31.10.1997 – 4 VR 11.97, NVwZ-RR 1998, 541.

tümer einen Rest des Grundstücks belassen würde, den er nicht mehr in angemessenem Umfang nutzen könnte[1].

18   Soweit die Zulässigkeit der Enteignung eine Pflicht des Enteignungsbegünstigten zu vorherigem Verhandeln mit dem Enteignungsbetroffenen voraussetzt (vgl. z.B. § 87 Abs. 2 Satz 1 BauGB, § 4 Abs. 2 Satz 1 EEG NW), bedarf es keines der Höhe nach konkret bestimmten **Angebotes**. Ausreichend und angemessen ist ein Angebot, das der im Einzelnen noch zu ermittelnden Entschädigung „in etwa" entspricht[2]. Unangemessen sind Angebote, die den Entschädigungswert um ca. 25 % unterschreiten[3].

19   Der Enteignungsbegünstigte kann seine Bemühungen um einen freihändigen Erwerb einstellen, wenn der Enteignungsbetroffene Verhandlungen ausdrücklich ablehnt, so z.B. wenn er zu erkennen gibt, dass er jedes Angebot ausschlagen werde, um es auf die Enteignung ankommen zu lassen oder wenn er die Annahme des Angebotes von für die Behörde unzumutbaren Bedingungen abhängig macht[4]. Erklären Vertreter der enteignungsbegünstigten Gemeinde im Rahmen der Verhandlungen über den freihändigen Erwerb, dem Eigentümer werde das Grundstück im Wege der Enteignung entzogen, falls er nicht freiwillig veräußere, so liegt darin keine zur Anfechtung des Vertrages berechtigende widerrechtliche Drohung[5].

20   Die Beantwortung der Frage, ob eine **Vollenteignung** oder lediglich eine **dingliche Belastung** oder sogar nur ein **obligatorischer Vertrag** in Betracht kommt, hängt von der notwendigen Intensität der Grundstücksinanspruchnahme ab. Die Vollenteignung ist zulässig bei einem auf Dauer ausgerichteten und andere Nutzungen ausschließenden Unternehmen[6]. Typisches Beispiel ist der Bau einer öffentlichen Straße, deren Zweckbestimmung eine weitere wirtschaftliche Nutzung ausschließt. Gerechtfertigt ist die Vollenteignung auch dann, wenn die Aufgabenerfüllung eine ungestörte Besitzausübung erfordert oder wenn die Entrichtung regelmäßig anfallender Vergütungen für die Bestellung von Dienstbarkeiten oder die Vereinbarung von Pachtverhältnissen zu einem unangemessenen Verwaltungsaufwand führen würde[7]. Die Belastung mit dinglichen Rechten ist dagegen z.B. bei notwendigen Geh- und Fahrrechten, bei erforderlichen Schutzstreifen oder Sichtflächen entlang von Straßen denkbar[8]. Wird ein Grundstück dauerhaft nur unterirdisch in Anspruch genommen (z.B. durch die Tunnelführung einer Straße), reicht zur Verwirklichung des Enteignungszweckes regelmäßig die Belastung des privaten Grundstücks mit einer Dienstbarkeit[9]. Soll ein Grundstück mit einem Erbbaurecht belastet werden, kann der Eigentümer anstelle der Belastung die Entziehung des Eigentums verlangen (§ 92 Abs. 1 Satz 1 BauGB); soll ein Grundstück mit einem anderen Recht belastet werden, kann der Eigentümer die Entziehung des Eigentums

---

1   BVerwG, v. 7.7.2004 – 9 A 21.03, Juris, Rz. 24 a.E.; v. 27.6.2007 – 4 A 2004/05, NVwZ 2007, 1308.
2   BVerwG v. 19.10.1966 – IV C 57.65, MDR 1967, 241; BGH v. 27.6.1966 – III ZR 202/65, NJW 1966, 2012; BayVGH v. 4.9.2006 – 8 ZB 06.1653; s. dazu auch *Aust*, in: Aust/Jacobs/Pasternak, Die Enteignungsentschädigung, Rz. 5 ff.
3   *Petz*, in: Spannowsky/Uechtritz, Kommentar zum BauGB, § 87 Rz. 53.1; BGH, v. 19.6.1986 – III ZR 22/85, NVwZ 1986, 1053.
4   BGH v. 8.5.1980 – III ZR 27/77, BGHZ 77, 338 (346); v. 16.12.1982 – III ZR 123/81, BauR 1983, 249; v. 22.3.1965 – III ZR 55/64, BRS 19 Nr. 85; *Baron*, DVP 2003, 348 (352).
5   BayObLG v. 17.6.1991 – RReg. 1 Z 107/90, BayVBl. 1992, 157.
6   BVerfG v. 18.12.1968 – 1 BvR 638, 673/64 u.a., BVerfGE 24, 367 (407); v. 12.11.1974 – 1 BvR 32/68, BVerfGE 38, 175 (180).
7   BGH v. 15.6.1967 – III ZR 17/66 (Karlsruhe), NJW 1967, 2305.
8   Vgl. OVG NW v. 9.1.2004 – 11 D 116/02; vgl. auch Art. 2 Abs. 3, 6 Abs. 1 BayEG; § 7 Abs. 1 ThürEG; §§ 4 Abs. 2, 8 Abs. 1 HEG.
9   BVerwG v. 28.2.1996 – 4 A 28.95, NJW 1996, 2113.

## I. Einführung

verlangen, wenn die Belastung mit dem dinglichen Recht für ihn unbillig ist (§ 92 Abs. 2 Satz 2 BauGB)[1].

**Unangemessen** ist eine Enteignung, wenn die mit ihr verbundenen Vorteile außer Verhältnis zu den für den betroffenen Eigentümer eintretenden Nachteilen stehen. Zu fragen ist insoweit, ob die Enteignung übermäßig oder unzumutbar belastet. Dabei muss die Enteignung auch zeitlich so auf den Beginn der Zweckverwirklichung angemessen abgestimmt sein, dass die Beschränkungen den Eigentümer nicht zu einem unnötig frühen Zeitpunkt treffen.

21

Verfassungsrechtlich gewährleistet ist auch ein **Rückerwerbsanspruch** des enteigneten früheren Eigentümers, wenn die öffentliche Aufgabe, der die Enteignung dienen soll, nicht ausgeführt oder das enteignete Grundstück dazu nicht mehr benötigt wird[2]. Ein Rückübertragungsanspruch kann allerdings ausscheiden, wenn das enteignete Grundstück erheblich verändert worden ist (vgl. z.B. § 57 Abs. 3 LBG)[3]. Das gilt allerdings nicht für abgeschlossene Enteignungen in der ehemaligen DDR und für vorkonstitutionelle Enteignungen[4].

22

Schließlich ist eine Enteignung nur dann zulässig, wenn das die Enteignung zulassende Gesetz eine Regelung über Art und Ausmaß der Entschädigung enthält (Junktim-Klausel). **Salvatorische Entschädigungsklauseln**, nach denen eine angemessene Entschädigung in Geld zu leisten sein soll, wenn eine Maßnahme im konkreten Fall eine Enteignung darstellt, sind nach der Rechtsprechung des BVerwG mit Art. 14 Abs. 3 Satz 2 GG nur bedingt zu vereinbaren, da der Gesetzgeber selbst festlegen müsse, wann eine Enteignung vorliege, die eine Entschädigungspflicht i.S.d. Art. 14 Abs. 3 Satz 2 GG auslöse[5]. Salvatorische Entschädigungsklauseln können jedoch auch nach der Rechtsprechung des BVerwG als Anspruchsgrundlage für entschädigungspflichtige Inhalts- und Schrankenbestimmungen des Eigentums, die keine Enteignung sind, Bestand haben.

23

## 4. Entschädigung

Gem. Art. 14 Abs. 3 Satz 3 GG ist die Entschädigung unter gerechter Abwägung der Interessen der Allgemeinheit und der Beteiligten zu bestimmen. Wegen der Höhe der Entschädigung steht im Streitfall der Rechtsweg vor den ordentlichen Gerichten offen (Art. 14 Abs. 3 Satz 4 GG)[6].

24

Die Enteignungsentschädigung ist kein Schadensersatz, sondern ein angemessener, der erlittenen Einbuße entsprechender Wertausgleich[7]. Sie wird für die durch die Enteignung eintretenden Rechtsverluste und die durch die Enteignung bedingten

25

---

1 Zu einer vergleichbaren Vorschrift des baden-württembergischen Ethylen-Rohrleitungsgesetzes VGH BW v. 23.5.2011 – 8 S 282/11, Juris, Rz. 9.
2 Vgl. BVerfG v. 12.11.1974 – 1 BvR 32/68, NJW 1975, 37; BVerwG v. 14.12.1990 – 7 C 5.90, NVwZ 1991, 987.
3 Dazu VG Trier v. 11.2.2009 – 5 K 612/08–, LKRZ 2009, 194f.
4 BVerfG v. 26.2.1998 – 1 BvR 1114/86, NVwZ 1998, 724; v. 22.9.1997 – 1 BvR 677/94, NJW 1998, 221.
5 BVerwG v. 15.2.1990 – 4 C 47.89, DVBl 1990, 585 ff.; dazu *Schink*, DVBl 1990, 1375, a.A. BGH v. 23.6.1988 – III ZR 8/87, BGHZ 105, 15 (17); v. 10.6.1985 – III ZR 3/84, BGHZ 95, 24 (28); zum Rückenteignungsanspruch bei zweckverfehlter Umlegung s. *Bryde*, JuS 1993, 283 ff.
6 BVerwG v. 15.2.1990 – 4 C 47.89, DVBl 1990, 585 (587); zu Art und Umfang der Entschädigung s. *Ossenbühl*, Staatshaftungsrecht, S. 207 ff.; Gelzer/Busse/Fischer, Entschädigungsanspruch aus Enteignung und enteignungsgleichem Eingriff, S. 1 ff.; *Leisner*, NJW 1992, 140 ff.
7 *Aust*, in: Aust/Jacobs/Pasternak, Die Enteignungsentschädigung, S. 3.

anderen Vermögensnachteile gewährt. Da die Höhe der Entschädigung unter gerechter Abwägung der Interessen der Allgemeinheit und der Beteiligten festzulegen ist[1], muss nicht stets der **Marktwert**, d.h. der **Verkehrswert**, der sich am allgemeinen Markt und dessen Preisbildung orientiert[2], ersetzt werden. Grundsätzlich soll jedoch der Betroffene in die Lage versetzt werden, eine Sache gleicher Art und Güte zu beschaffen[3]. Der Verkehrswert[4] bildet nach den Enteignungsgesetzen der Länder und vielen Spezialgesetzen die Grundlage für die Bemessung der Entschädigung für die erlittenen Rechtsverluste[5]. Als Rechtsgrundlage für die Bewertung des Grundstücks dient die auf der Grundlage des § 199 Abs. 1 BauGB erlassene **Wertermittlungsverordnung**[6]. Zur Ermittlung des Verkehrswertes von Grundstücken sieht die Verordnung das **Vergleichswertverfahren**, das **Ertragswertverfahren** und das **Sachwertverfahren** vor (§ 8 Abs. 1 Satz 1 WertV). Der Verkehrswert ist aus dem Ergebnis des herangezogenen Verfahrens unter Berücksichtigung der Lage auf dem Grundstücksmarkt zu bemessen. Sind mehrere Verfahren herangezogen worden, ist der Verkehrswert aus den Ergebnissen der angewandten Verfahren unter Würdigung ihrer Aussagefähigkeit zu bemessen. Bei der Wertermittlung von enteigneten Grundstücksflächen sind im Vergleichswertverfahren grds. die Kaufpreise solcher Grundstücke heranzuziehen, die hinsichtlich der ihren Wert beeinflussenden Merkmale mit den zu bewertenden Grundstücken hinreichend übereinstimmen[7]. Befinden sich unter der Grundstücksoberfläche der enteigneten Grundstücke **grundeigene Bodenschätze**, so ist der Grundeigentümer für den vollen Entzug des Eigentums zu entschädigen. Wirken sich dabei die grundeigenen Bodenschätze werterhöhend auf den Grundstückswert aus, so ist diese Werterhöhung bei der Entschädigung zu berücksichtigen. Bei abbauwürdigen Bodenschätzen ist dies regelmäßig der Fall[8]. **Bergfreie Bodenschätze**, zu deren Abbau nicht der Grundstückseigentümer, sondern der bergrechtlich Berechtigte befugt ist, sind bei der Wertberechnung dagegen nicht zu berücksichtigen.

26 Bei der Festsetzung der Entschädigung sind zukünftige Wertsteigerungen grds. nicht zu berücksichtigen, es sei denn, sie stehen bei der Enteignung unmittelbar bevor[9]. Bei der Entschädigung ist zwischen zwei Zeitpunkten zu unterscheiden: Für die **Qualitätsbemessung** (z.B. Einstufung des Grundstücks als landwirtschaftliche Nutzfläche, Bauerwartungsland oder Bauland) kommt es auf den Zeitpunkt der Entziehung (Enteignung oder Besitzeinweisung) an, wobei Werterhöhungen, die ohne die Enteignung und die zugrundeliegende Planung eingetreten wären, unberücksichtigt bleiben. Für die **Preisermittlung** ist nach § 93 Abs. 4 Satz 1 BauGB maßgeblich der Zeitpunkt, zu dem über den Enteignungsantrag entschieden wird, wobei bei der Entschädigungsfestsetzung Werterhöhungen unberücksichtigt bleiben, die nach dem Zeitpunkt eingetreten sind, zu dem der Betroffene zur Vermei-

---

1 BVerfG v. 30.3.1998 – 1 BvR 1172/85, NVwZ 1998, 947 (948).
2 Näher zu den verschiedenen Verfahren der Wertermittlung *Petz*, in: Spannowsky/Uechtritz, BauGB, § 95 Rz. 11 ff.
3 BGH v. 25.6.1959 – III ZR 220/57, BGHZ 30, 338; v. 8.11.1962 – III ZR 86/61, BGHZ 39, 198 (199 f.); v. 12.3.1964 – III ZR 209/62, BGHZ 41, 354 (358); v. 28.9.1972 – III ZR 44/70, BGHZ 59, 250; v. 3.6.1982 – III ZR 28/76, NJW 1982, 2488.
4 Zur Ermittlung des Verkehrswertes unbebauter, bebauter und gewerblicher Grundstücke *Gelzer/Busse/Fischer*, Entschädigungsanspruch, Rz. 94 ff., 331 ff. bzw. 495 ff.
5 Vgl. nur § 10 Abs. 1 EEG NW; Art. 10 Abs. 1, 2 BayEG; § 13 Abs. 1 NEG; § 95 Abs. 1 BauGB.
6 Verordnung über die Grundsätze für die Ermittlung der Verkehrswerte von Grundstücken v. 6.12.1988, BGBl. I, 2209.
7 OLG Thüringen v. 12.8.2009 – BI U 664/08, ThürVBl. 2010, 7.
8 BGH v. 14.4.2011 – III ZR 229/09, MDR 2011, 721; OLG Thüringen v. 12.8.2009 – BI U 664/08, ThürVBl. 2010, 7.
9 Vgl. § 10 Abs. 2 Nr. 1 EEG NW; § 13 Abs. 2 Nr. 1 NEG; § 95 Abs. 2 Nr. 1 BauGB.

## I. Einführung

dung der Enteignung ein angemessenes Kauf- oder Tauschangebot hätte annehmen können[1]. Zieht sich das Enteignungsverfahren über einen längeren Zeitraum hin, tritt an die Stelle des Enteignungsbeschlusses oder der Besitzeinweisung diejenige Maßnahme, welche eine weitere Entwicklung des Objekts verhindert[2]. Grundsätzlich trägt der Enteignungsbegünstigte die Verantwortung für die richtige Verkehrswertermittlung und die alsbaldige Auszahlung der entsprechenden Entschädigung[3].

Ob sich der Gesetzgeber zur Regelung der Entschädigung gem. Art. 14 Abs. 3 Satz 2 GG darauf beschränken kann, im jeweiligen Enteignungsgesetz der Enteignungsbehörde vorsorglich für den Fall einer enteignenden Wirkung die Zahlung einer angemessenen Entschädigung vorzuschreiben, ist umstritten. Der BGH erkennt die sog. **salvatorischen Entschädigungsregelungen** als ausreichend an, da er sie nicht als Enteignungsentschädigungsregelungen i.S.d. Art. 14 Abs. 3 Satz 2 GG ansieht, sondern als Ausgleichsregelungen im Rahmen einer Inhalts- und Schrankenbestimmung. Das BVerfG hat hingegen ausgeführt, dass eine pauschale Regelung, nach der für enteignende Wirkungen eine „angemessene Entschädigung" zu zahlen ist, weder als Ausgleichsregelung für eine Inhalts- und Schrankenbestimmung, noch als Regelung über eine Enteignungsentschädigung gem. Art. 14 Abs. 3 Satz 2 GG ausreichend sei[4]. In der Literatur wird überwiegend die Meinung vertreten, dass salvatorische Klauseln dem Regelungsgebot des Art. 14 Abs. 3 Satz 2 GG nicht genügen und der Gesetzgeber die Anspruchsvoraussetzungen regeln müsse[5]. In den Enteignungsgesetzen der Länder sind, wie im BauGB, regelmäßig Einzelheiten der Enteignungsentschädigung, etwa Grundsätze der Vorteilsausgleichung[6], der Mitverschuldensanrechnung[7], der Festlegung des Stichtages für die Qualitätsbemessung und nicht zuletzt hinsichtlich des Umfangs der Entschädigung (Verkehrswertentschädigung/Folgenentschädigung) sowie über die Art der Entschädigung (Geld/Land/Gewährung anderer Rechte), Entschädigungsberechtigte und -verpflichtete geregelt. 27

Grundsätzlich wird die Enteignungsentschädigung in Geld geleistet. Allerdings kann in Ausnahmefällen eine **Geldentschädigung** unbillig sein. 28

**Beispiel:**

Wenn einem Entschädigungsbegünstigten Ersatzland unmittelbar neben einem von einer Enteignung betroffenen Grundstück zur Verfügung steht, kann die Geldentschädigung unzumutbar sein[8].

Die Enteignungsgesetze sehen deshalb unter bestimmten Voraussetzungen – ebenso wie § 90 BauGB – auch eine Entschädigung in Land vor (vgl. z.B. §§ 5 Abs. 1, 16 EEG NW; § 14 LEntG BW; § 45 HEG). Eine solche Entschädigung in Land er-

---

1 BGH v. 24.1.1980 – III ZR 26/78, NJW 1980, 1844; v. 17.10.1974 – III ZR 53/72, NJW 1975, 157; so auch § 95 Abs. 2 Nr. 3 BauGB, § 10 Abs. 2 Nr. 3 EEG NW (mit der Einschränkung, dass spätere Wertsteigerungen dann berücksichtigt werden, wenn der Eigentümer Kapital oder Arbeit für sie aufgewendet hat).
2 BGH v. 19.07.2007 – III ZR 305/06, Juris, Rz. 7 m.w.N.
3 OLG Frankfurt v. 26.3.2007 – 100 U 3/96 (Baul), Juris, Rz. 89.
4 BVerfG v. 2.3.1999 – 1 BvL 7/91, NJW 1999, 812.
5 *Papier*, in: Maunz/Dürig, GG, Art. 14 Rz. 565 f.; *Jarass/Pieroth*, GG, Art. 14 Rz. 83; vgl. auch *Maurer*, Allgemeines Verwaltungsrecht, § 27 Rz. 63.
6 S. hierzu auch die Rechtsprechungsübersicht bei *Petz*, in: Spannowsky/Uechtritz, BauGB, § 93 Rz. 15.
7 Dazu *Petz*, in: Spannowsky/Uechtritz, BauGB, § 93 Rz. 19.1.
8 OLG Düsseldorf v. 20.12.1971 – U (Baul.) 7/70, BauR 1972, 169.

folgt nur auf Antrag des Betroffenen. Ihm kann eine andere Art der Entschädigung als in Geld nicht gegen seinen Willen aufgezwungen werden[1].

### 5. Gegenstand des Enteignungsverfahrens

29 Das Enteignungsverfahren dient dazu, die Voraussetzungen für die Zulässigkeit der Enteignung in einem förmlichen Verwaltungsverfahren zu prüfen. Der konkrete Entscheidungsgehalt des Enteignungsverfahrens lässt sich allerdings nur anhand des jeweils einschlägigen Bundes- oder Landesgesetzes bestimmen. Regelmäßig teilen Bundes- oder Landesgesetze die behördliche Prüfung der Voraussetzungen für die Enteignung in zwei getrennte Verfahren zwischen einer Planungs- und einer Enteignungsbehörde auf[2].

30 Die Prüfung der Zulässigkeit der Enteignung im Enteignungsverfahren wird insoweit erheblich eingeschränkt, wenn dem Enteignungsverfahren ein förmliches **Planfeststellungsverfahren** vorausgeht. Dies gilt z.B. für den Fernstraßen- und Wasserstraßenbau, für Abfalldeponien, für Eisenbahntrassen etc. Im Rahmen des Planfeststellungsverfahrens wird die Zulässigkeit des Vorhabens auf den konkret zu bezeichnenden Grundstücken parzellenscharf und verbindlich festgelegt. Für die Enteignungsbehörde ist der Planfeststellungsbeschluss bindend, sofern das einschlägige Fachrecht einen entsprechenden bindenden Charakter des Planfeststellungsbeschlusses ausdrücklich normiert[3]. Sie ist deshalb nicht berechtigt, erneut zu prüfen, ob das Vorhaben gemeinwohlkonform ist. Im Enteignungsverfahren steht somit die Frage nach der angemessenen Entschädigung im Vordergrund. Hinzu kommt die Frage, ob der vollständige Entzug des Eigentums erforderlich ist oder ob die Begründung einer Dienstbarkeit genügt. Zu entscheiden bleibt außerdem, ob die beantragte Enteignungsmaßnahme sich tatsächlich aus dem Planfeststellungsbeschluss ergibt und ob ernsthafte Bemühungen um den freihändigen Erwerb des Eigentums angestellt wurden. Da eine „Enteignung auf Vorrat" nicht zulässig ist, muss im Enteignungsverfahren außerdem geprüft werden, ob die Enteignung auch im gegenwärtigen Zeitpunkt noch erforderlich ist[4].

31 Die Prüfungsmaßstäbe des Enteignungsverfahrens sind insoweit von denen des vorangehenden Planungsverfahrens abzugrenzen. Auch wenn mit dem Planfeststellungsbeschluss die eigentumsrechtliche Zuordnung der von ihm betroffenen Grundstücke noch nicht geändert wird[5], kann der Planfeststellungsbeschluss **enteignungsrechtliche Vorwirkungen** entfalten[6]. Für den privaten Eigentümer des verplanten Grundstückes folgt nämlich bereits aus dem unanfechtbaren Planfeststel-

---

1 BGH v. 13.7.1978 – III ZR 112/75 (Köln), NJW 1979, 923; so auch die Enteignungsgesetze der Länder, die die Entschädigung in Land von einem entsprechenden Antrag des Eigentümers abhängig machen, z.B. § 14 Abs. 1 EEG NW, Art. 14 Abs. 1 BayEG. *Petz*, in: Spannowsky/Uechtritz, BauGB, § 100 Rz. 21.1 weist darauf hin, dass die Entschädigungsleistung für auf dem Grundstück vorhandene Gebäude oftmals nicht ausreichen, um hiermit auf dem Ersatzland ein vergleichbares Gebäude zu errichten.
2 Vgl. dazu im Einzelnen *Schmidt-Aßmann*, JuS 1986, 833 (838).
3 Vgl. BVerwG v. 27.3.1992 – 7 C 18.91, BVerwGE 90, 96; zu den zahlreichen Fachgesetzen, die keine enteignungsrechtliche Vorwirkung des Planfeststellungsbeschlusses normieren vgl. auch *Bell*, UPR 2002, 367 (368).
4 *Jarass*, DVBl 2006, 1329 (1335); *Burkhard*, VBlBW 1990, 201 (205).
5 Vgl. BVerfG v. 10.5.1977 – 1 BvR 514/68 u.a., BVerfGE 45, 297 (319); auch *v. Daniels/Hermanns*, NVwZ 2005, 1017 (1018).
6 Dazu ausführlich *Jarass*, DVBl 2006, 1329 ff.; *v. Daniels/Hermanns*, NVwZ 2005, 1017; der Bebauungsplan entfaltet keine enteignungsrechtliche Vorwirkung, BVerfG v. 8.7.2009 – 1 BvR 2187/07, Juris, Rz. 9; willkürlich BVerwG v. 14.6.2007 – 4 BN 21.07, BRS 71 Nr. 3; *Halama*, in: Berliner Kommentar zum BauGB, § 87 Rz. 19.

## I. Einführung

lungsbeschluss, dass er sein Grundstück zum Wohl der Allgemeinheit für das Vorhaben opfern muss. Grundsätzlich hat die Planfeststellungsbehörde alle Probleme, die sich durch das Planvorhaben ergeben, im Planfeststellungsbeschluss zu bewältigen. Muss für den Bau des planfestzustellenden Vorhabens fremdes Grundstückseigentum in Anspruch genommen werden, hat die Planfeststellungsbehörde im Rahmen ihrer Abwägung zu prüfen, ob die für das Vorhaben sprechenden öffentlichen Belange so gewichtig sind, dass sie das Interesse des Eigentümers an der Erhaltung der Eigentumssubstanz überwiegen. Ist das der Fall, so entfaltet der Planfeststellungsbeschluss Vorwirkungen für das nachfolgende Enteignungsverfahren[1]. Die Enteignung bzw. der Rechtsverlust erfolgt aber erst mit dem Enteignungsbeschluss, sofern dieser eine Eingriffsregelung enthält. Die Vorwirkung des Planfeststellungsbeschlusses erschöpft sich darin, den Zugriff auf das Eigentum zuzulassen[2]. Soweit enteignungsrechtliche Vorwirkungen des Planfeststellungsverfahrens bestehen, müssen die Anforderungen an eine ordnungsgemäße planerische Abwägung verschärft werden[3].

Der Betroffene müsse – so das BVerwG – sich grds. schon gegen den Planfeststellungsbeschluss wenden, um seine Rechte zu verteidigen. Denn dass eine Enteignung erfolgen dürfe, könne bei Vorliegen eines entsprechenden Planfeststellungsbeschlusses nicht mehr in Frage gestellt werden[4], sofern das Gesetz eine solche Vorwirkung vorsehe (etwa § 19 Abs. 1 Satz 3 FStrG). Insoweit sei das Planfeststellungsverfahren ein „vorweggenommener Teil der Enteignung"[5]. Es handele sich um ein gestuftes Verwaltungsverfahren[6]. Die Durchführung des Enteignungsverfahrens auf Grundlage des Planfeststellungsbeschlusses stelle insoweit einen Vollzug desselben nach § 80 Abs. 1 VwGO dar[7]. Sähen die Eigentümer in der Enteignung einen Verstoß gegen Art. 14 Abs. 3 GG, müssten sie den Planfeststellungsbeschluss anfechten. Dies stelle auch keine unzumutbare Erschwerung des Rechtsschutzes dar. Diese Unterscheidung der Verfahren gewährleiste, dass die im Planfeststellungsverfahren getroffene komplexe Abwägungsentscheidung nicht später im Enteignungsverfahren grds. wieder in Frage gestellt werden könne und vermeide hierdurch unnötige Doppelprüfungen von entscheidungserheblichen Tatsachen und Rechtsfragen. Zudem begegne sie der Gefahr widersprüchlicher Ergebnisse und schaffe hierdurch Rechtssicherheit für alle Beteiligten[8]. 32

---

1 BVerwG v. 2.9.2010 – 9 B 11.10, NuR 2010, 799.
2 Auch dazu BVerwG v. 2.9.2010 – 9 B 11.10, Juris, Rz. 20.
3 Vgl. *Schmidt-Aßmann*, JuS 1986, 833 (838); v. *Daniels/Hermanns*, NVwZ 2005, 1017 (1019); zur enteignungsrechtlichen Vorwirkung einer Planungsentscheidung des Gesetzgebers BVerfG v. 17.7.1996 – 2 BvF 2/93, BVerfGE 95, 1; *Hufeld*, JZ 1997, 302; ob auch der Bebauungsplan eine enteignungsrechtliche Vorwirkung haben kann, ist umstritten, bejahend OVG Berlin v. 25.8.1995 – 2 A 4/93, NVwZ-RR 1996, 189 (190); ablehnend *Battis*, in: Battis/Krautzberger/Löhr, BauGB, § 87 BauGB Rz. 3; BVerfG v. 16.12.2002 – 1 BvR 171/02, UPR 2003, 142; BVerwG v. 25.8.1997 – 4 BN 4.97, NVwZ-RR 1998, 483; v. 23.12.1997 – 4 BN 23.97, BauR 1998, 515; zur fehlenden enteignungsrechtlichen Vorwirkung raumordnerischer Genehmigungen VGH BW v. 15.4.1997 – 10 S 4/96, NVwZ 1998, 416.
4 BVerwG v. 20.10.2008 – 7 B 21.08, Juris, Rz. 10 m.w.N.; BayVGH v. 28.2.2011 – 22 ZB 10.1258, Juris, Rz. 7; v. 19.3.2010 – 22 ZB 09.3157, Juris, Rz. 9; OVG NW v. 24.1.2008 – 20 B 1769/07, Juris, Rz. 10.
5 BayVGH v. 17.8.2010 – 8 CS 10303, Juris, Rz. 29.
6 OVG NW v. 24.1.2008 – 20 B 1769/07, Juris, Rz. 10; v. 24.1.2008 – 20 B 1782/07, Juris, Rz. 9.
7 OVG NW v. 24.1.2008 – 20 B 1789/07, Juris, Rz. 9 a.E.; v. 24.1.2008 – 20 B 1769/07, Juris, Rz. 10 a.E.
8 Auch zum Vorgenannten BVerfG v. 15.2.2007 – 1 BvR 300 u. 848/06 – Messe Stuttgart, Juris, Leitsatz 3a.

33 Dem wird entgegengehalten, dass sich das Enteignungsverfahren nicht in einem entscheidungslosen Vollzug des Planfeststellungsbeschlusses erschöpft. Die Enteignungsbehörde entscheide eigenständig über die Einleitung des Enteignungsverfahrens und sei sogar verpflichtet, aus Gründen der Verhältnismäßigkeit Alternativen zu einer Enteignung zu berücksichtigen[1]. Grundstückseigentümer, welche von Bebauungsplanfestsetzungen, auf deren Grundlage eine Enteignung in Betracht kommt, unmittelbar betroffen sind, sollen sich nicht nur gegen den Bebauungsplan wenden müssen. Sie können auch noch im Enteignungsverfahren einwenden, die Voraussetzungen für eine zwangsweise Inanspruchnahme ihres Eigentums hätten nicht vorgelegen[2]. Führt der Planfeststellungsbeschluss zu einer Existenzgefährdung oder -vernichtung, die im Enteignungsverfahren nicht mehr korrigiert werden kann, und wirkt sich dieser Umstand auf die Planabwägung aus, müssen die Folgen einer Enteignung bereits im Planfeststellungsverfahren in die Abwägung einbezogen werden[3]. Ob über einen Anspruch auf Übernahme eines Grundstücks bereits im Planfeststellungsbeschluss entschieden werden muss, richtet sich nach der Art der Beeinträchtigungen. Ermöglicht der Planfeststellungsbeschluss den unmittelbaren Zugriff auf das Grundeigentum, so ist die Regelung der damit verbundenen Entschädigungsfragen einschließlich der Frage einer Übernahme des Gesamtgrundstücks dem Enteignungsverfahren vorbehalten. Wirkt die Planung demgegenüber nur mittelbar ohne enteignungsrechtliche Vorwirkung auf Rechte Dritter ein, hat die Planfeststellungsbehörde schon im Planfeststellungsbeschluss dem Grunde nach über Entschädigungsansprüche gemäß § 74 Abs. 2 Satz 3 VwVfG zu entscheiden[4].

34 Für Planungen mit enteignungsrechtlicher Vorwirkung wird eine besondere **Planrechtfertigung** gefordert, die sichern soll, dass die Planung den gesetzlich festgelegten Gemeinwohlzielen oder aber anderen Zielen dient, die vor Art. 14 Abs. 3 Satz 1 GG Bestand haben. Außerdem wird geprüft, ob das planfestzustellende Vorhaben „vernünftigerweise" geboten ist. Zur Planrechtfertigung reicht es nicht aus, wenn die Verwirklichung des Vorhabens eine größere Bedeutung aufweist als das Interesse des Eigentümers am Erhalt seines Eigentums. Vielmehr muss sich die Enteignung als „unbedingt erforderlich" erweisen[5]. Wird in einem Planfeststellungsverfahren mit enteignungsrechtlicher Vorwirkung bereits über die Zulässigkeit der Enteignung im Grundsatz verbindlich entschieden, dann besteht für den Betroffenen eine **Anfechtungslast**, weil er den Planfeststellungsbeschluss nicht bestandskräftig werden lassen und das Enteignungsverfahren abwarten darf, wenn er die grundsätzliche Zulässigkeit der Enteignung bestreiten will. Der unmittelbar betroffene Grundeigentümer ist hingegen nicht gehalten, Rechtsschutz gegen den Planfeststellungsbeschluss zu suchen, um sich seine Rechtsschutzmöglichkeiten hinsichtlich der Höhe der Entschädigung oder der Auswirkungen einer Teilenteignung auf die Restflächen im nachfolgenden Enteignungsverfahren zu erhalten. Über die Entschädigung und auch über den Anspruch auf Übernahme des Restgrundstücks wird nämlich nicht bereits im Planfeststellungs-, sondern erst im nachfolgenden Enteignungsverfahren entschieden[6]. Kann der Eigentümer wegen einer bevorstehenden Enteignung seines Grundstücks sein Haus nicht mehr vermieten, kann er

---

1 OLG Sachsen-Anhalt v. 26.8.2010 – 2 U 14/10 (Baul), Juris, Rz. 73; a.A. OVG Saarland v. 14.5.1999 – 2 V 3/99: Im Enteignungsverfahren sei nicht zu prüfen, ob es realisierbare Alternativen zur planfestgestellten Ausführung gibt.
2 BayVGH v. 14.8.2008 – 1 N 07.2753, Juris, Rz. 41.
3 Vgl. BVerwG v. 14.4.2010 – 9 A 13.08, Juris, Rz. 26; v. 28.1.1999 – 4 A 18/98, Juris, Rz. 25.
4 BVerwG v. 24.8.2009 – 9 B 32.09, Buchholz 316 § 74 VwVfG Nr. 78.
5 Vgl. v. Daniels/Hermanns, NVwZ 2005, 1017 (1019).
6 BVerwG v. 7.7.2004 – 9 A 21.03, NVwZ 2004, 1358, dazu Anm. von Nolte, jurisPR-BVerwG 1/2004, Anm. 6; BayVGH v. 18.10.2006 – 22 B 05.234, Juris.

## I. Einführung

aber noch während des laufenden Enteignungsverfahrens eine Entschädigung für diesen Umstand verlangen[1].

Die Enteignungsbehörde und die Baulandgerichte haben im Wege einer **Inzidentkontrolle** die Rechtsverbindlichkeit planerischer Festsetzungen von Amts wegen zu prüfen. Sie sind allerdings nicht berechtigt, Festsetzungen eines Bebauungsplans als unwirksam zu verwerfen. Die Enteignungsbehörde kann allerdings die Gemeinde um eine Beseitigung des Mangels durch Aufhebung oder Änderung eines Bebauungsplans bitten. Sie kann außerdem einen **Normenkontrollantrag** gegen den Bebauungsplan einreichen. Hat während des Laufs eines baulandgerichtlichen Verfahrens, das die Anfechtung eines Enteignungsbeschlusses zwecks Nutzung eines Grundstücks entsprechend den Festsetzungen eines Bebauungsplans betrifft, das Oberverwaltungsgericht im Normenkontrollverfahren den Bebauungsplan (rechtskräftig) für unwirksam erklärt, so muss das Baulandgericht den Enteignungsbeschluss auch dann aufheben, wenn der Bebauungsplan durch ein ergänzendes Verfahren zur Behebung von Fehlern rückwirkend in Kraft gesetzt werden könnte und die Gemeinde ein solches Verfahren angekündigt hat[2]. Für den Fall, dass es an einem spezialgesetzlichen Planfeststellungsverfahren fehlt, in dem die enteignungsrechtliche Vorwirkung angemessen berücksichtigt werden kann, muss im Enteignungsverfahren eine sachgerechte Abwägung ermöglicht werden. Dies entspricht der Rechtsprechung des BVerwG, wonach eine ordnungsgemäße Enteignung voraussetzt, dass eine Würdigung der für und wider das Vorhaben streitenden öffentlichen Belange untereinander und im Verhältnis zu den privaten Belangen erforderlich ist[3]. Die Enteignungsgesetze der Länder sehen größtenteils ein eigenes enteignungsrechtliches Planfeststellungsverfahren vor (vgl. z.B. § 23 EEG NW; § 24 LEntG BW; § 6 EntG HH).

### 6. Rechtsgrundlagen des Enteignungsverfahrens

Die Gesetzgebungskompetenz im Bereich des Enteignungsrechts ist nach dem Grundgesetz zwischen Bund und Ländern aufgeteilt. Die konkurrierende Gesetzgebung des Bundes erstreckt sich nach Art. 74 Abs. 1 Nr. 14 GG auf das Recht der Enteignung, soweit sie auf den Sachgebieten der Art. 73 und 74 GG in Betracht kommen[4]. Die Entwicklung des Enteignungsverfahrens wurde maßgeblich vom Preußischen Gesetz über die Enteignung von Grundeigentum vom 11.6.1874 beeinflusst, das in veränderter Form noch im Saarland und in Schleswig-Holstein fortgilt[5].

#### a) Bundesrechtliche Regelungen

In zahlreichen Bestimmungen verweisen bundesrechtliche Fachgesetze auf Enteignungsvorschriften der Länder, so z.B. § 19a Bundesfernstraßengesetz, § 30 Personenförderungsgesetz, § 22 Abs. 4 Allgemeines Eisenbahngesetz, § 44 Abs. 3 Bundeswasserstraßengesetz, § 45 Abs. 3 Energiewirtschaftsgesetz. Eigenständige Ent-

---

1 BGH v. 28.11.2007 – III ZR 114/07; *Aust*, in: Aust/Jacobs/Pasternak, Die Enteignungsentschädigung, Rz. 962; *Gelzer/Busse/Fischer*, Entschädigungsanspruch, Rz. 442.
2 BGH v. 22.2.2007 – III ZR 216/06, NVwZ 2007, 854; BayVGH v. 20.12.2010 – 8 B 10.1372, Juris, Rz. 1 ff.
3 BVerwG v. 17.1.1986 – 4 C 6.84, 4 C 7.84, BVerwGE 72, 365; v. 21.3.1986 – 4 C 48.82, BVerwGE 74, 109.
4 S. dazu *Friedrich*, Rechtsprobleme beim Erlass eines Bundesenteignungsgesetzes, 1978; *Zuleeg*, DVBl 1963, 322.
5 *Maurer*, Allgemeines Verwaltungsrecht, § 27 Rz. 75; *Frenzel*, Der Staat 18 (1979), 592 ff.

eignungsregelungen enthalten z.B. die §§ 85ff. BauGB, §§ 87ff. FlurbG und die §§ 77ff. BBergG[1]. Ein umfassendes Bundesenteignungsgesetz gibt es nicht.

**b) Landesrechtliche Enteignungsregelungen**

38 Ähnlich wie das Bundesrecht verweisen auch zahlreiche landesgesetzliche Fachgesetze auf die Landesenteignungsgesetze. Die Landesgesetzgeber haben ganz überwiegend Landesenteignungsgesetze erlassen, die zur Anwendung kommen, soweit nicht Bundesrecht oder spezielleres Landesrecht Geltung beanspruchen (s. dazu Hamburgisches Enteignungsgesetz v. 11.11.1980, GVBl., 305ff. – EntG HH; Landesenteignungsgesetz Rheinland-Pfalz v. 22.4.1966, GVBl., 103 – LEnteigG Rh.-Pf.; Niedersächsisches Enteignungsgesetz v. 6.4.1981, GVBl. 83 – NEG, Landesenteignungsgesetz Baden-Württemberg v. 6.4.1982, GBl., 97 – LEntG BW, Bayerisches Gesetz über die entschädigungspflichtige Enteignung v. 11.11.1974, GVBl., 610ff. – BayEG; Gesetz über Enteignung und Entschädigung für das Land Nordrhein-Westfalen v. 20.6.1989, GV NW, 570 – EEG NW; Berliner Enteignungsgesetz v. 14.7.1964, GVBl., 737 – EntG Bln.; Enteignungsgesetz für die Freie Hansestadt Bremen v. 5.10.1965, BremGBl., 120 – EntG Brem.; Hessisches Enteignungsgesetz v. 4.4.1973, GVBl. 1, 107 – HEG; Enteignungsgesetz für das Land Mecklenburg-Vorpommern v. 2.3.1993, GVOBl., 178 – EntG MV; Thüringer Enteignungsgesetz v. 23.3.1994, GVBl., 329 – ThürEG; Enteignungsgesetz des Landes Brandenburg v. 19.10.1992, GVBl., 430 – EntGBbg; Enteignungsgesetz des Landes Sachsen-Anhalt v. 13.4.1994, GVBl., 508 – EnteigG LSA; Sächsisches Entschädigungs- und Enteignungsgesetz v. 18.7.2001, GVBl., 453 – SächsEntEG).

39 Bei der Neuordnung ihres Enteignungsrechts haben die Bundesländer regelmäßig die Erfahrungen und Erkenntnisse aus dem Bereich der bewährten Enteignungsvorschriften des BauGB übernommen[2]. Das Land Sachsen verzichtet in seinem Enteignungsgesetz sogar nahezu vollständig auf eigene Regelungen und verweist in § 3 lediglich auf Vorschriften des BauGB. Im nachfolgenden soll deshalb das Enteignungsverfahren nach dem BauGB erläutert und daneben auf landesrechtliche Regelungen verwiesen werden.

**7. Überblick über das Verfahren**

40 Die Enteignung ist im fünften Teil des BauGB (§§ 85–122) ausführlich geregelt, wobei der erste Abschnitt die Zulässigkeit der Enteignung (§ 85–92), der zweite Abschnitt die Entschädigung (§§ 93–103) und der dritte Abschnitt das Enteignungsverfahren zum Gegenstand hat (§§ 104–122). Andere Enteignungsgesetze enthalten regelmäßig vergleichbare Verfahrensbestimmungen. Das Enteignungsverfahren nach dem BauGB ist auf Antrag eines Beteiligten von der Enteignungsbehörde einzuleiten. Die Enteignungsbehörde hat eine mündliche Verhandlung vorzubereiten und durchzuführen und auf deren Grundlage einen Enteignungsbeschluss zu fassen, soweit sie nicht eine gütliche Einigung oder Teileinigung zwischen den Beteiligten herbeiführen kann. In dem Enteignungsbeschluss ist u.a. auch die verlängerbare Frist festzusetzen, innerhalb derer der Enteignungszweck zu verwirklichen ist. Wird nach Rechtskraft des Enteignungsbeschlusses die festgesetzte Entschädigung gezahlt oder hinterlegt, ordnet die Enteignungsbehörde die Ausführung des Enteignungsbeschlusses an und bestimmt den Zeitpunkt, zu dem der bisherige Rechtszustand durch den im Enteignungsbeschluss festgesetzten neuen Rechtszustand er-

---

1 S. dazu *Hoppe/Beckmann*, Grundeigentumsschutz bei heranrückendem Bergbau, 1988; *Weides/Jahnz*, Rechtsfragen der Enteignung nach dem Bundesberggesetz, DVBl 1984, 921; *Beckmann/Wittmann*, ZfB 2009, 32ff.
2 Vgl. etwa *Rasche*, NWVBl. 1989, 261; *Burkhard*, VBlBW 1990, 201.

setzt wird. Wird die im Enteignungsbeschluss festgesetzte Entschädigung nicht gezahlt, wird der Enteignungsbeschluss aufgehoben. Für die Auseinandersetzung zwischen den Beteiligten sieht das BauGB ein Verteilungsverfahren, Regelungen über die Hinterlegung, über die Kostenregelung und die Zwangsvollstreckung vor. Neben weiteren Beschleunigungsinstrumenten besteht außerdem die Möglichkeit der vorzeitigen Besitzeinweisung.

## II. Enteignungsbehörde

Gem. § 104 Abs. 1 BauGB wird die Enteignung von der **höheren Verwaltungsbehörde** durchgeführt. Die Enteignung ist traditionell Aufgabe staatlicher Behörden. Die Bestimmung der höheren Verwaltungsbehörde obliegt dem Organisationsrecht der Länder. Regelmäßig sind dies die den kreisfreien Städten und Landkreisen übergeordneten staatlichen Verwaltungsbehörden. In Ländern mit dreistufigem Verwaltungsaufbau sind höhere Verwaltungsbehörden die Bezirksregierungen bzw. die Regierungspräsidien. In Ländern ohne höhere Verwaltungsbehörde ist die oberste Landesbehörde, d.h. das für das Bauwesen zuständige Ministerium oder in den Stadtstaaten die zuständige Senatsbehörde zugleich höhere Verwaltungsbehörde und insoweit auch Enteignungsbehörde (vgl. z.B. § 18 EntGBbg; § 9 Abs. 1 EntG MV). 41

Gem. § 104 Abs. 2 BauGB können die Landesregierungen durch Rechtsverordnungen bestimmen, dass an den Entscheidungen der Enteignungsbehörde **ehrenamtliche Beisitzer** mitzuwirken haben. Von dieser Ermächtigung haben die Bundesländer Baden-Württemberg, Bremen, Hamburg, Mecklenburg-Vorpommern und Schleswig-Holstein Gebrauch gemacht[1]. Das Berliner Landesrecht sieht diese Möglichkeit nach § 22 DVO BauGB nicht mehr vor. 42

Auch nach den Landesenteignungsgesetzen ist zumeist die **Bezirksregierung** bzw. das **Regierungspräsidium** Enteignungsbehörde (§ 5 SächsEntEG, dort Landesdirektion genannt; § 17 Abs. 1 LEntG BW; § 18 Abs. 1 Satz 1 EEG NW; § 11 Abs. 1 HEG). In Bayern wird die Enteignung von der **Kreisverwaltungsbehörde** gem. Art. 19 Abs. 1 BayEG durchgeführt. In Thüringen und Sachsen-Anhalt ist Enteignungsbehörde das **Landesverwaltungsamt** (vgl. § 17 ThürEG, § 16 EnteigG LSA). In Niedersachsen ist das Innenministerium zuständige Enteignungsbehörde (vgl. § 19 Abs. 1 NEG). 43

## III. Enteignungsantrag

Gem. § 105 BauGB ist der Enteignungsantrag bei der Gemeinde, in deren Gemarkung das zu enteignende Grundstück liegt, einzureichen. Die frühzeitige Beteiligung der **Gemeinde** im Enteignungsverfahren ist sinnvoll, weil die Gemeinde dem Antragsteller möglicherweise Standortalternativen aufzeigen kann, auf denen er sein Vorhaben auch ohne Enteignung verwirklichen kann. Besteht eine solche Möglichkeit nicht, legt die Gemeinde den Enteignungsantrag mit ihrer Stellungnahme binnen eines Monats der Enteignungsbehörde vor (§ 105 Satz 2 BauGB). Die Gemeinde soll bei der Einleitung des Enteignungsverfahrens behilflich sein. Sie ist allerdings nicht befugt, offensichtlich unzulässige oder unbegründete An- 44

---

[1] *Battis*, in: Battis/Krautzberger/Löhr, BauGB, § 104 BauGB Rz. 2; zu den Nachweisen s. *Dösing*, in: Spannowsky/Uechtritz, BauGB, § 104 Rz. 5.1; zur rechtlichen Stellung der Enteignungsbehörde s. *Menger*, VerwArch 70 (1979), 177; verfassungsrechtliche Zweifel an der Mitentscheidungsbefugnis von ehrenamtlichen Beisitzern äußert *Möllers*, NVwZ 1997, 858.

träge zurückzuweisen. In ihrer Stellungnahme an die Enteignungsbehörde hat sich die Gemeinde auf alle objektiven und subjektiven Voraussetzungen der Zulässigkeit der Enteignung zu beziehen. Ist die Gemeinde selbst Antragstellerin oder wird ein Antrag auf Rückenteignung gestellt, dann ist der Antrag unmittelbar bei der Enteignungsbehörde zu stellen, ebenso sonstige Anträge im Laufe des Enteignungsverfahrens (Antrag auf Entschädigung in wiederkehrende Leistungen nach § 99 Abs. 1 BauGB, in Land nach § 100 BauGB oder durch Gewährung anderer Rechte gem. § 101 BauGB, auf Rückenteignung gem. § 102 BauGB, auf vorzeitige Besitzeinweisung gem. § 116 BauGB, auf Aufhebung des Enteignungsbeschlusses gem. § 120 BauGB oder auf Entziehung des Eigentums oder der Begründung eines Rechts gem. § 43 BauGB).

45  Nach den Landesenteignungsgesetzen ist der Enteignungsantrag regelmäßig bei der **Enteignungsbehörde** selbst zu stellen (vgl. Art. 20 Abs. 1 BayEG; § 19 Satz 1 EntGBbg; § 20 Abs. 1 Satz 1 NEG; § 18 Abs. 1 ThürEG; § 18 LEntG BW; § 19 Satz 1 EEG NW; § 22 HEG).

### 1. Antragsbefugnis

46  Antragsbefugt ist grds. jede natürliche oder juristische Person des privaten oder öffentlichen Rechts, die die Absicht hat, ein fremdes Grundstück zu ihren Gunsten zu enteignen. Den Antrag kann immer nur derjenige stellen, zu dessen Gunsten die Enteignung erfolgen soll[1]. In bestimmten Fällen kann der Eigentümer auch die Einleitung eines Enteignungsverfahrens gegen sich selbst beantragen.

**Beispiel:**

Kommt eine Einigung über die Übernahme eines im Bebauungsplan als öffentliche Grünfläche ausgewiesenen Grundstücks nicht zustande, so kann der Eigentümer die Einleitung eines Enteignungsverfahrens gegen sich selbst beantragen (vgl. § 43 Abs. 1 Satz 1 BauGB)[2].

47  Denkbar ist auch der Antrag des Betroffenen, die Enteignung auszudehnen, wenn die Anwendung des Grundsatzes des geringstmöglichen Eingriffs beim Eigentümer zu einem unbilligen Ergebnis führen würde. Das kann der Fall sein, wenn der Eigentümer mit dem verbleibenden Restgrundstück wirtschaftlich Sinnvolles nicht mehr anfangen kann[3]. Ein Dritter kann regelmäßig nicht zugunsten eines anderen einen Enteignungsantrag stellen.

**Beispiel:**

Eine Wohnungsbaugesellschaft kann im Zuge der Erschließung und Bebauung eines Geländes nicht zugunsten der Gemeinde die Enteignung eines im Bebauungsplan als Verkehrsfläche ausgewiesenen und von der Gemeinde zu diesem Zweck einzurichtenden Grundstückes beantragen[4].

### 2. Form und Inhalt

48  Das BauGB stellt zwar keine bestimmten Anforderungen an Form und Inhalt des Enteignungsantrages. Allgemein wird jedoch gefordert, dass der Enteignungsantrag **schriftlich** gestellt oder zumindest zur Niederschrift der Gemeindeverwaltung erklärt werden muss. Auch eine **Begründung** ist zwar im BauGB nicht vorgeschrie-

---

1  BGH v. 12.7.1973 – III ZR 46/72 (Hamm), NJW 1973, 1750.
2  BGH v. 25.11.1974 – III ZR 42/73, BGHZ 63, 240 (249).
3  Vgl. BGH v. 8.11.1979 – III ZR 87/78, NJW 1980, 835.
4  BGH v. 12.7.1973 – III ZR 46/72, BGHZ 61, 128.

## III. Enteignungsantrag

ben. Sie ist jedoch im Hinblick auf die notwendige Prüfung der Zulässigkeitserfordernisse unentbehrlich. Der Enteignungsantrag muss zumindest ein bestimmtes Grundstück bezeichnen, auf das sich das Enteignungsverfahren beziehen soll. Nach den Landesenteignungsgesetzen muss der Antragsteller mit dem Enteignungsantrag die für die Beurteilung des Vorhabens und die Bearbeitung des Enteignungsantrages erforderlichen Unterlagen einreichen. Er muss insbesondere die zu enteignenden Gegenstände, soweit erforderlich unter Vorlage von Grundbuch- oder Katasterauszügen und Lageplänen, bezeichnen, und er soll regelmäßig die **Beteiligten** nach Namen und Anschrift angeben (vgl. § 19 Satz 2 f. EEG NW; Art. 20 Abs. 2 BayEG; § 18 Abs. 2 LEntG BW; § 22 HEG; § 19 Satz 2 f. EntGBbg; § 20 Abs. 1 Satz 2 NEG; § 19 Abs. 1 ThürEG; § 17 Abs. 1 Satz 2 EnteigG LSA; nach § 5 Abs. 2 Satz 3 SächsEntEG *muss* der Antragsteller u.a. die Beteiligten benennen). Unvollständige, mangelhafte oder offensichtlich unzulässige Enteignungsanträge können ohne Durchführung eines Verfahrens zurückgewiesen werden, wenn der Antragsteller die ihm mitzuteilenden Mängel nicht innerhalb der ihm gesetzten Frist behebt (§ 20 EEG NW; § 20 EntGBbg). Die Begründung des Antrages kann allerdings nachgereicht werden. An sie dürfen im Übrigen keine zu strengen Anforderungen gestellt werden.

### 3. Zurückweisung aussichtsloser Anträge

Die Enteignungsbehörde wird – anders als die Gemeinde, die den Antrag nur entgegennimmt – allgemein für befugt gehalten, offensichtlich aussichtslose Anträge bereits vor der Einleitung des Enteignungsverfahrens und der mündlichen Verhandlung zurückzuweisen[1]. 49

### 4. Rechtsschutz

Die Einleitung des Enteignungsverfahrens steht nicht im Ermessen der Enteignungsbehörde. Sie kann deshalb den Enteignungsantrag nur ablehnen, wenn die gesetzlichen Voraussetzungen für die Zulässigkeit der Enteignung nicht vorliegen[2]. 50

Entscheidungen der Enteignungsbehörde, mit denen ein Antrag auf Enteignung zurückgewiesen wird, können vom Antragsteller mit dem **Antrag auf gerichtliche Entscheidung** nach §§ 217 ff. BauGB angefochten werden. Gegen die Untätigkeit der Enteignungsbehörde kann sich der Antragsteller mit einer **Untätigkeitsklage** vor den Baulandgerichten wehren. Da dem Antrag im Umkehrschluss aus § 224 Abs. 1 Satz 1 BauGB aufschiebende Wirkung zukommt, ist das Enteignungsverfahren noch nicht wirksam eingeleitet[3]. Angefochten werden kann auch die Entscheidung der Enteignungsbehörde, mit der bereits die Einleitung des Enteignungsverfahrens abgelehnt wird[4]. 51

Die Landesenteignungsgesetze verweisen hinsichtlich der gerichtlichen Überprüfbarkeit von Entscheidungen im Enteignungsverfahren regelmäßig auf die Vorschriften der §§ 217 ff. BauGB und erklären die Kammern für Baulandsachen für zuständig.

Unterlässt es die Gemeinde, den bei ihr eingereichten Enteignungsantrag fristgerecht an die Enteignungsbehörde weiterzuleiten, so kann der Antragsteller zwar gegen diese Untätigkeit keinen formellen Rechtsbehelf einlegen. Er ist jedoch be- 52

---
1 Vgl. BGH v. 28.9.1967 – III ZR 164/66, BGHZ 48, 286.
2 OLG Saarbrücken v. 29.5.1972 – 3 UBl. 1/70, DVBl 1974, 131.
3 *Dösing*, in: Spannowsky/Uechtritz, BauGB, § 108 Rz. 2.1.
4 *Holtbrügge*, in: Berliner Kommentar zum BauGB, § 106 Rz. 5; BGH v. 28.9.1967 – III ZR 164/66, BGHZ 48, 286.

## IV. Beteiligte des Enteignungsverfahrens

53 Im BauGB und in den Landesenteignungsgesetzen wird abschließend geregelt, wer Beteiligter am Enteignungsverfahren ist (vgl. etwa § 106 BauGB, Art. 22 BayEG, § 21 EEG NW, § 19 LEntG BW). Die Beteiligten des Enteignungsverfahrens sind von der Enteignungsbehörde zur mündlichen Verhandlung zu laden. Sie werden in der öffentlichen Bekanntmachung der Einleitung des Enteignungsverfahrens aufgefordert, ihre Rechte in der mündlichen Verhandlung wahrzunehmen. Sie können **Einwendungen** gegen den Enteignungsantrag vor der mündlichen Verhandlung, schriftlich oder während der mündlichen Verhandlung zur Niederschrift der Enteignungsbehörde vorbringen und auch unterschiedliche Anträge stellen, mit denen sie Art und Umfang der Enteignung sowie der Art der Entschädigung beeinflussen können.

54 Die Enteignungsbehörde muss auf eine Einigung zwischen den Beteiligten hinwirken. Die Rechtsstellung der Beteiligten bestimmt sich im Übrigen nach den Vorschriften der ZPO.

55 **Beteiligte** im Enteignungsverfahren sind u.a.

1. der Antragsteller,

2. der Eigentümer und diejenigen, für die ein Recht an dem Grundstück oder an einem das Grundstück belastenden Recht im Grundbuch oder im Wasserbuch eingetragen oder durch Eintragung gesichert ist,

3. Inhaber eines nicht im Grundbuch oder Wasserbuch eingetragenen Rechts an dem Grundstück oder an einem das Grundstück belastenden Recht, eines Anspruchs mit dem Recht auf Befriedigung aus dem Grundstück oder eines persönlichen Rechts, das zum Erwerb, zum Besitz oder zur Nutzung des Grundstücks beschränkt,

4. wenn Ersatzland bereitgestellt wird, der Eigentümer und die Inhaber der in den Nrn. 2 und 3 genannten Rechte hinsichtlich des Ersatzlandes,

5. die Eigentümer der Grundstücke, die durch eine Ersatzrechtsenteignung betroffen werden,

6. Enteignungsbegünstigte,

7. und die Gemeinde.

56 Die **Inhaber nicht eingetragener bzw. nicht eintragungsfähiger Rechte** erlangen ihre Beteiligtenstellung durch Anmeldung derselben. Zu diesen Rechten zählen insbesondere solche, die außerhalb des Grundbuches durch Erbschaft, durch Zuschlag im Zwangsversteigerungsverfahren, durch Übergang des Rechts am Grundstück durch Vereinigung oder Befriedigung, oder durch Abtretung der durch eine Briefhypothek gesicherten Forderung entstehen. Wer Inhaber eines Anspruches mit dem Recht auf Befriedigung aus dem Grundstück ist, ergibt sich im Wesentlichen aus § 10 Abs. 1 ZVG. Die Anmeldung dieser Rechte kann spätestens in der letzten mündlichen Verhandlung mit den Beteiligten erfolgen.

57 Bestehen Zweifel an einem angemeldeten Recht, so hat die Enteignungsbehörde dem Anmeldenden unverzüglich eine **Frist zur Glaubhaftmachung** seiner Rechte zu set-

---

1 *Battis*, in: Battis/Krautzberger/Löhr, BauGB, § 105 BauGB Rz. 4 m.w.N.

zen. Nach fruchtlosem Ablauf der Frist ist er bis zur Glaubhaftmachung seines Rechts nicht mehr zu beteiligen (z.B. § 106 Abs. 3 BauGB; § 21 Abs. 3 EEG NW; Art. 22 Abs. 3 BayEG; § 19 Abs. 2 Satz 2 f. LEntG BW; § 20 Abs. 3 ThürEG). Da Inhaber von eingetragenen Hypotheken-, Grund- oder Rentenschuldbriefen oft nur schwer zu ermitteln sind, zumal der Übergang dieser Rechte nicht immer aus dem Grundbuch ersichtlich ist, ist der im Grundbuch eingetragene Gläubiger eines Grundpfandrechtes sowie sein Rechtsnachfolger zu der Erklärung verpflichtet, ob und wer das Grundpfandrecht erworben hat (z.B. § 106 Abs. 4 BauGB; Art. 22 Abs. 4 BayEG; § 21 Abs. 4 EEG NW; § 19 Abs. 3 LEntG BW; § 20 Abs. 4 ThürEG).

## V. Vorbereitung der mündlichen Verhandlung

Schon vor der mündlichen Verhandlung soll die Enteignungsbehörde alle Anordnungen treffen, die erforderlich sind, um das Verfahren tunlichst in einem Verhandlungstermin zu erledigen.

**1. Verfahrensbeschleunigung**

Gem. § 107 Abs. 1 Satz 1 BauGB soll das Enteignungsverfahren beschleunigt durchgeführt werden. Dies dient der Verwirklichung der im öffentlichen Interesse liegenden Enteignungszwecke, aber auch der Rechtssicherheit der durch die Antragstellung in ihrem Eigentumsrecht Betroffenen. Zur Beschleunigung des Enteignungsverfahrens dient auch die Möglichkeit, verschiedene Enteignungsverfahren miteinander zu verbinden (§ 107 Abs. 3 BauGB). Wenn es die Gemeinde beantragt, muss die Verbindung der Enteignungsverfahren sogar vorgenommen werden. Allerdings können zunächst verbundene Enteignungsverfahren wieder getrennt werden, wenn dies aus sachlichen Gründen geboten erscheint.

Um eine Beschleunigung des Enteignungsverfahrens zu ermöglichen, sehen BauGB und die Landesenteignungsgesetze vor, dass die Enteignungsbehörde den Sachverhalt bereits im vorbereitenden Verfahren so erforschen soll oder muss, dass das Verfahren in einem einzigen Verhandlungstermin erledigt werden kann. Dazu soll/muss sie den Eigentümer und den Antragsteller anhören und andere Träger öffentlicher Belange beteiligen, deren Aufgabenbereich berührt ist, z.B. die Landwirtschaftsbehörden, wenn es sich um landwirtschaftlich genutzte Grundstücke handelt, die zur Entschädigung in Land enteignet werden sollen (§§ 107 Abs. 1, 2 BauGB; § 24 Abs. 1, 2 EEG NW; § 26 Abs. 1 BayEG; § 24 Abs. 1 ThürEG; auch § 22 Abs. 1 NEG, wo allerdings keine Pflicht zur Verfahrensbeschleunigung normiert ist). § 107 Abs. 1 Satz 4 BauGB normiert zudem zwingend die Pflicht zur Einholung eines Gutachtens des Gutachterausschusses (§ 192 BauGB), wenn Eigentum entzogen oder ein Erbbaurecht bestellt wird. Die Landesenteignungsgesetze sehen dies nicht oder nicht zwingend (vgl. etwa § 24 Abs. 1 Satz 3 EEG NW) vor. Die Einholung des Gutachtens führt häufig zu enormen Verzögerungen des Enteignungsverfahrens, was ggf. zur Erhebung einer Untätigkeitsklage nach § 217 Abs. 3 BauGB gegen die Enteignungsbehörde Anlass geben und einen Amtshaftungsanspruch nach § 839 BGB i.V.m. Art. 34 GG begründen kann[1].

**2. Überprüfung von Bebauungsplänen**

Dient die Enteignung der Verwirklichung von Festsetzungen eines Bebauungsplanes[2], muss die Enteignungsbehörde den Bebauungsplan sowie die Bebauungsplan-

---
1 Dazu ausführlich *Körner*, UPR 2003, 17 ff.
2 Dazu *Stadler*, Die Enteignung zur Verwirklichung von Festsetzungen eines Bebauungsplans.

akten beiziehen und überprüfen, ob der Bebauungsplan rechtswirksam ist[1]. Diese Überprüfung durch die Enteignungsbehörde als „Vorfrage" für die Enteignungsentscheidung muss auch unabhängig von der Jahresfrist aus § 47 Abs. 2 Satz 1 VwGO erfolgen[2]. Die Behörde hat allerdings insoweit keine Verwerfungskompetenz hinsichtlich des Bebauungsplans[3]. Sie kann den Bebauungsplan aber (unter Einhaltung der Frist aus § 47 Abs. 2 Satz 1 VwGO) im **Normenkontrollverfahren** gerichtlich überprüfen lassen,[4] weil gem. § 47 Abs. 2 Satz 1 VwGO auch jede Behörde den Normenkontrollantrag stellen kann, für deren Verwaltungshandeln der Bebauungsplan rechtserheblich ist. Auch das Baulandgericht hat im Verfahren nach § 217 BauGB die Wirksamkeit des einer Enteignung nach § 85 BauGB zugrunde liegenden Bebauungsplans inzidenter zu prüfen[5].

**3. Rechtsschutz**

62 Verstößt die Enteignungsbehörde gegen den Beschleunigungsgrundsatz und verzögert schuldhaft das Enteignungsverfahren, dann kann die Nichtbeachtung des § 107 BauGB eine Amtspflichtverletzung darstellen, die Schadensersatzansprüche nach § 839 BGB i.V.m. Art. 34 GG auslösen kann[6].

63 Die Enteignungsbehörde kann bereits vor einer Anberaumung und Durchführung der mündlichen Verhandlung einen aussichtslosen Enteignungsantrag ablehnen[7]. Dem Antragsteller ist allerdings zuvor Gelegenheit zur Äußerung zu geben. Den ablehnenden Bescheid kann der Antragsteller mit einem Antrag auf gerichtliche Entscheidung gem. § 217 BauGB anfechten. Das Gericht kann den Ablehnungsbescheid aufheben und die Enteignungsbehörde verpflichten, den Antragsteller unter Beachtung der Rechtsauffassung des Gerichts neu zu bescheiden. Umstritten ist allerdings, ob der Antragsteller einen materiell-rechtlichen Anspruch auf Einleitung des Enteignungsverfahrens haben kann[8]. Jedenfalls dann, wenn die Voraussetzungen der §§ 85 ff. BauGB bzw. der Enteignungsgesetze vorliegen, handelt die Behörde rechtswidrig, wenn sie den Antrag ablehnt. Insoweit steht der Enteignungsbehörde kein Ermessen zu[9].

## VI. Anberaumung des Termins zur mündlichen Verhandlung

64 Das eigentliche Enteignungsverfahren wird durch Anberaumung eines Termins zur mündlichen Verhandlung mit den Beteiligten eingeleitet (§ 108 Abs. 1 Satz 1 BauGB, § 25 Abs. 1 Satz 1 EEG NW, § 29 Abs. 1 Satz 1 NEG, § 24 Abs. 1 Satz 1 EnteigG LSA). Zuständig für die Anberaumung des Termins zur mündlichen Verhandlung ist der Leiter der Enteignungsbehörde.

---

1 Vgl. BVerfG v. 8.7.2009 – 1 BvR 2187/07, Juris, Rz. 9; BGH v. 28.5.1976 – III ZR 137/74, DVBl 1976, 776; *Stadler*, Die Enteignung zur Verwirklichung von Festsetzungen eines Bebauungsplans, S. 278.
2 *Stadler*, Die Enteignung zur Verwirklichung von Festsetzungen eines Bebauungsplans, S. 278 f.
3 Str., vgl. *Stadler*, Die Enteignung zur Verwirklichung von Festsetzungen eines Bebauungsplans, S. 204 f. m.w.N.; *Battis*, in: Battis/Krautzberger/Löhr, BauGB, § 10 BauGB Rz. 10 m.w.N.
4 Ein laufendes Normenkontrollverfahren verhindert nicht das Enteignungsverfahren, vgl. OLG Frankfurt v. 26.3.2007 – 100 U 3/96 (Baul), Juris, Rz. 89; 100 U 5/96 (Baul), Juris, Rz. 97.
5 LG Augsburg v. 16.7.2003 – 1 BLO 3728/02.
6 *Dyong*, in: Ernst/Zinkahn/Bielenberg/Krautzberger, BauGB, § 107 BauGB Rz. 3.
7 BGH v. 28.9.1967 – III ZR 164/66, BGHZ 48, 286.
8 Bejahend: OLG Saarbrücken v. 29.5.1972 – 3 UBl. 1/70, DVBl 1974, 131; vgl. dazu auch *Battis*, in: Battis/Krautzberger/Löhr, BauGB, § 107 BauGB Rz. 8.
9 Dazu *Dyong*, in: Ernst/Zinkahn/Bielenberg/Krautzberger, BauGB, § 107 Rz. 10.

## 1. Bekanntmachung und Ladung

Die Anberaumung des Termins zur mündlichen Verhandlung ist unter Bezeichnung des betroffenen Grundstückes und des im Grundbuch als Eigentümer Eingetragenen sowie des ersten Termins mit den Beteiligten in der Gemeinde ortsüblich bekannt zu machen. Welches Verfahren für die ortsübliche Bekanntmachung einzuhalten ist, ergibt sich aus dem jeweiligen Landesrecht. 65

Erstreckt sich das zu enteignende Grundstück auf das **Gebiet mehrerer Gemeinden**, so muss die öffentliche Bekanntmachung entsprechend in diesen Gemeinden erfolgen. In der Bekanntmachung sind alle Beteiligten aufzufordern, ihre Rechte spätestens in der mündlichen Verhandlung wahrzunehmen mit dem Hinweis, dass auch bei Nichterscheinen über den Enteignungsantrag und andere im Verfahren zu erledigende Anträge entschieden werden kann (§ 108 Abs. 5 Satz 2 BauGB). 66

Zeitgleich zur ortsüblichen Bekanntmachung kann die **Ladung** der Beteiligten erfolgen. Die Ladung ist zuzustellen. Die Ladungsfrist beträgt einen Monat (§ 109 Abs. 1 Satz 3, 4 BauGB). 67

Die Ladung muss enthalten: 68
– die Bezeichnung des Antragstellers und des betroffenen Grundstücks,
– den wesentlichen Inhalt des Enteignungsantrages mit dem Hinweis, dass der Antrag mit den ihm beigefügten Unterlagen bei der Enteignungsbehörde eingesehen werden kann,
– die Aufforderung, etwaige Einwendungen gegen den Enteignungsantrag möglichst vor der mündlichen Verhandlung bei der Enteignungsbehörde schriftlich einzureichen oder zur Niederschrift zu erklären, und den Hinweis, dass auch bei Nichterscheinen über den Enteignungsantrag und andere im Verfahren zu erledigende Anträge entschieden werden kann.

Die Ladung von Personen, deren Beteiligung auf einen Antrag auf Entschädigung in Land beruht, muss außer den zuvor genannten Inhalt auch die Bezeichnung des Eigentümers, dessen Entschädigung in Land beantragt ist, und des Grundstücks, für das die Entschädigung in Land gewährt werden soll, enthalten (§ 108 Abs. 4 BauGB). Weitere Formvorschriften enthält das BauGB für die Ladung nicht. Maßgebend sind die Verwaltungszustellungsgesetze der Länder. Für die Ladungsfrist gilt § 31 VwVfG, der wiederum teilweise auf §§ 187–193 BGB verweist, soweit nicht in § 31 Abs. 2–5 VwVfG Spezielleres bestimmt ist. 69

## 2. Vorzeitige Einleitung des Verfahrens

Gem. § 108 Abs. 2 BauGB kann das Enteignungsverfahren zugunsten der Gemeinde bereits dann eingeleitet werden, wenn der Entwurf eines Bebauungsplanes nach § 3 Abs. 2 BauGB ausgelegen hat und mit den Beteiligten ernsthafte Verhandlungen über den freihändigen Erwerb nach § 87 Abs. 2 BauGB geführt und die von ihnen gegen den Entwurf des Bebauungsplanes fristgerecht vorgebrachten Anregungen erörtert worden sind. Die Gemeinde muss sich also ernsthaft um den **freihändigen Erwerb** des zu enteignenden Grundstücks zu angemessenen Bedingungen bemüht haben. Die Gemeinde kann in demselben Termin die Verhandlungen zum freihändigen Erwerb führen und die Anregungen erörtern (§ 108 Abs. 2 Satz 2 BauGB). Das Enteignungsverfahren ist gem. § 108 Abs. 2 Satz 3 BauGB so zu fördern, dass der Enteignungsbeschluss ergehen kann, sobald der Bebauungsplan rechtsverbindlich geworden ist. Bereits vor Rechtsverbindlichkeit des Bebauungsplanes ist eine **Volleinigung** zwischen den Beteiligten oder eine Teileinigung möglich. Die vorzeitige Einleitung des Enteignungsverfahrens zugunsten der Gemeinde führt allerdings 70 nicht dazu, dass bereits vor Rechtsverbindlichkeit des Bebauungsplanes ein Enteignungsbeschluss ergehen kann. Sinn der Regelung des § 108 Abs. 2 BauGB ist es vielmehr, eine Einigung bereits zu einem Zeitpunkt zu ermöglichen, in dem der Bebauungsplan noch nicht rechtsverbindlich geworden ist.

### 3. Mitteilung an Grundbuchamt und Vollstreckungsgericht

71 Die Enteignungsbehörde muss dem Grundbuchamt die Einleitung des Enteignungsverfahrens mitteilen. Das **Grundbuchamt** hat die Enteignungsbehörde von allen Eintragungen zu benachrichtigen, die nach dem Zeitpunkt der Einleitung des Enteignungsverfahrens im Grundbuch des betroffenen Grundstücks vorgenommen sind und werden. Die Enteignungsbehörde ersucht das Grundbuchamt, in das Grundbuch des betroffenen Grundstücks einen **Enteignungsvermerk** einzutragen. Mit diesem Enteignungsvermerk soll der Erwerber eines Grundstückes, das in ein Enteignungsverfahren einbezogen ist, geschützt werden. Zugleich soll sichergestellt werden, dass die mit der Einleitung des Enteignungsverfahrens geltenden Genehmigungspflichten gem. § 109 BauGB beachtet und die nach § 109 BauGB bewirkten Verfügungsbeschränkungen durchgesetzt werden können.

72 Ist im Grundbuch die Anordnung der **Zwangsversteigerung** oder **Zwangsverwaltung** eingetragen, gibt die Enteignungsbehörde außerdem dem **Vollstreckungsgericht** von der Einleitung des Enteignungsverfahrens Kenntnis, soweit dieses das Grundstück betrifft, das Gegenstand des Vollstreckungsverfahrens ist (§ 108 Abs. 7 BauGB).

### 4. Gang der mündlichen Verhandlung

73 Über den Verlauf der mündlichen Verhandlung enthalten die Enteignungsgesetze keine Regelung. Lediglich mittelbar lässt sich aus dem BauGB schließen, dass der entscheidungserhebliche Sachverhalt in der mündlichen Verhandlung eingehend zu erörtern ist, dass die Enteignungsbehörde auf eine Einigung zwischen den Beteiligten hinzuwirken hat und dass die Möglichkeit bestehen muss, etwas zur Niederschrift der Enteignungsbehörde zu erklären (vgl. die §§ 112 Abs. 1, 110 Abs. 1, 92 Abs. 5 BauGB). Im Übrigen kann § 68 VwVfG entsprechend angewendet werden, obwohl die Anwendung dieser Vorschrift als Teil des förmlichen Verwaltungsverfahrens nicht – wie in § 63 Abs. 1 VwVfG vorgesehen – ausdrücklich durch eine Rechtsvorschrift des BauGB angeordnet ist. Eine solche spezifische Anordnung auf die entsprechenden Landesvorschriften enthalten z.B. Art. 23 BayEG, § 23 Abs. 1 Satz 2 LEntG BW, § 18 Abs. 2 EEG NW, § 21 ThürEG, § 18 Abs. 2 EntGBbg.

74 Gem. § 68 Abs. 1 Satz 1 VwVfG ist die mündliche Verhandlung **nicht öffentlich**. An ihr können Vertreter der Aufsichtsbehörden und Personen, die bei der Behörde zur Ausbildung beschäftigt sind, teilnehmen. Anderen Personen kann der Verhandlungsleiter die Anwesenheit gestatten, wenn kein Beteiligter widerspricht. Der **Verhandlungsleiter** hat darauf hinzuwirken, dass unklare Anträge erläutert, sachdienliche Anträge gestellt, ungenügende Angaben ergänzt sowie alle für die Feststellung des Sachverhaltes wesentlichen Erklärungen abgegeben werden (§ 68 Abs. 2 VwVfG). Der Verhandlungsleiter ist für die Ordnung verantwortlich. Er kann Personen, die seine Anordnungen nicht befolgen, entfernen lassen. Die Verhandlung kann ohne diese Person fortgesetzt werden (§ 68 Abs. 3 VwVfG). Über die mündliche Verhandlung ist eine **Niederschrift** zu fertigen (vgl. dazu im Einzelnen § 68 Abs. 4 VwVfG).

## 5. Rechtsschutz

Die Anberaumung eines Termins zur mündlichen Verhandlung löst für die Betroffenen Rechtsfolgen aus. Von der Bekanntmachung über die Einleitung des Enteignungsverfahrens an bedürfen nämlich gem. § 109 Abs. 1 BauGB eine Reihe von Rechtsvorgängen, Vorhaben und Teilungen der schriftlichen **Genehmigung** der Enteignungsbehörde. Im Übrigen sind mit der Einleitung des Enteignungsverfahrens wirtschaftliche Auswirkungen verbunden, weil das in ein Enteignungsverfahren einbezogene Grundstück sich regelmäßig nicht mehr veräußern lässt[1]. Hinzu kommt, dass gem. § 95 Abs. 2 Nr. 5 BauGB bei der Festsetzung der Entschädigung wertsteigernde Veränderungen außer Betracht bleiben, die nach Einleitung des Enteignungsverfahrens ohne behördliche Anordnung oder Zustimmung der Behörde vorgenommen worden sind. Die Einleitung des Enteignungsverfahrens ist deshalb ein belastender Verwaltungsakt, der selbständig vor den **Baulandgerichten** angefochten werden kann. Eine fehlerhafte Anwendung der Bestimmungen über die Einleitung des Enteignungsverfahrens und ihre ortsübliche Bekanntmachung kann einen Verfahrensmangel darstellen, der im Baulandprozess zur Aufhebung eines stattgebenden Enteignungsbeschlusses führen kann. Allerdings können Verfahrensfehler bis zum Enteignungsbeschluss geheilt werden, wenn sie unter Einhaltung von Fristen wiederholt werden[2].

75

## VII. Genehmigungspflichtige Rechtsvorgänge

Von der Bekanntmachung über die Einleitung des Enteignungsverfahrens an bedürfen eine Reihe von Rechtsvorgängen, Vorhaben und Teilungen der schriftlichen Genehmigung durch die Enteignungsbehörde (vgl. § 109 Abs. 1 BauGB, Art. 27 Abs. 1 BayEG, § 26 EEG NW, § 25 EnteigG LSA). Das Genehmigungserfordernis dient dem Wohl der Allgemeinheit. Es soll rechtliche Handhaben bieten, auf Rechtsvorgänge und Vorhaben Einfluss zu nehmen, die dem Enteignungszweck zuwiderlaufen können. Die Genehmigungspflicht tritt mit der Bekanntmachung über die Einleitung des Enteignungsverfahrens in Kraft. Allerdings kann die Enteignungsbehörde vor der Bekanntmachung anordnen, dass die Genehmigungspflicht zu einem früheren Zeitpunkt einsetzt, wenn Rechtsvorgänge oder Vorhaben zeitlich vor der Bekanntmachung den Enteignungszweck unmöglich machen oder erschweren könnten[3].

76

### 1. Genehmigungspflichtige Vorgänge

Der Genehmigungspflicht unterliegen gem. §§ 109 Abs. 1, 51 Abs. 1 BauGB
– Grundstücksteilungen,
– Verfügungen über ein Grundstück und über ein Recht an einem Grundstück,
– Vereinbarungen, durch die einem anderen ein Recht zum Erwerb, zur Nutzung oder zur Bebauung eines Grundstückes oder Grundstücksteiles eingeräumt wird,
– erhebliche Veränderungen der Erdoberfläche,
– wesentlich wertsteigernde sonstige Veränderungen des Grundstücks,
– nicht genehmigungsbedürftige, aber wertsteigernde bauliche Anlagen oder wertsteigernde Änderungen solcher Anlagen,
– die Errichtung oder Änderung genehmigungsbedürftiger baulicher Anlagen.

77

---
1 Vgl. *Dyong*, in: Ernst/Zinkahn/Bielenberg/Krautzberger, BauGB, § 107 BauGB Rz. 1.
2 *Dyong*, in: Ernst/Zinkahn/Bielenberg/Krautzberger, BauGB, § 108 BauGB Rz. 19.
3 *Holtbrügge*, in: Berliner Kommentar zum BauGB, § 109 Rz. 7.

## 2. Versagungsgründe

78 Gem. § 109 Abs. 2 BauGB darf die Enteignungsbehörde die Genehmigung nur versagen, wenn Grund zu der Annahme besteht, dass der Rechtsvorgang, das Vorhaben oder die Teilung die Verwirklichung des Enteignungszwecks unmöglich machen oder wesentlich erschweren würde (vgl. auch z.B. § 26 Abs. 3 EEG NW, Art. 27 Abs. 5 Satz 2 BayEG; § 29a Abs. 3 NEG). Eine **wesentliche Erschwerung** liegt z.B. vor, wenn die genehmigungspflichtige Maßnahme den Wert des Grundstückes und damit die Höhe der Entschädigung wesentlich erhöht. Nicht erforderlich ist somit, dass die Enteignung „ernsthaft in Frage gestellt" wird[1].

79 Liegen die genannten Versagungsgründe nicht vor, hat der Betroffene einen Rechtsanspruch auf die Erteilung der Genehmigung. Umstritten ist, ob die Genehmigung mit einer Nebenbestimmung versehen werden darf. Bejaht wird dies zum Teil, wenn die Nebenbestimmung dazu dient, einen Versagungsgrund auszuräumen[2]. Die **Zulässigkeit von Nebenbestimmungen** ist in einigen Landesenteignungsgesetzen allerdings ausdrücklich geregelt. So kann gem. § 26 Abs. 4 Satz 1 EEG NW die Genehmigung unter Auflagen, Bedingungen oder Befristungen erteilt werden (s. auch z.B. § 26 Abs. 4 Satz 1 EntGBbg). Allerdings ist die dadurch betroffene Vertragspartei berechtigt, bis zum Ablauf eines Monats nach Unanfechtbarkeit der Entscheidung vom Vertrag zurückzutreten.

## 3. Rechtswirkungen der Genehmigungspflicht

80 Die Genehmigungspflicht hat zur Folge, dass Rechtsgeschäfte bis zur Entscheidung über den Genehmigungsantrag **schwebend unwirksam** sind. Eintragungen in das Grundbuch darf das Grundbuchamt nach § 29 GBO ohne die Genehmigung nicht vornehmen.

81 Es ist sichergestellt, dass im Falle der Abweisung des Enteignungsantrages der Betroffene einen Entschädigungsanspruch für alle durch die Geltung der Genehmigungspflicht entstandenen Nachteile hat (vgl. § 109 Abs. 4 i.V.m. § 116 Abs. 6 BauGB). Über Art und Höhe der Entschädigung entscheidet die Enteignungsbehörde. Vorhaben, die vor dem Inkrafttreten der Genehmigungspflicht baurechtlich genehmigt waren, ferner Unterhaltungsarbeiten und die Fortführung einer bisher ausgeübten Nutzung werden von der Genehmigungspflicht nicht berührt.

82 Die Genehmigungspflicht besteht fort, bis die **Ausführungsanordnung** gem. § 117 BauGB ergangen ist. Sie endet, wenn der Enteignungsantrag abgelehnt wird, oder wenn die Enteignung sich durch eine Einigung erledigt. Die Genehmigung bzw. deren Versagung ist ein Verwaltungsakt, der durch Antrag auf gerichtliche Entscheidung gem. § 217 BauGB vor den Baulandgerichten angefochten werden kann. Umgekehrt kann derjenige, der einen Genehmigungsantrag gestellt hat, versuchen, seinen Genehmigungsanspruch gerichtlich durchzusetzen. Auch die Entscheidung der Enteignungsbehörde nach § 109 Abs. 3 BauGB, die eine vorzeitige Genehmigungspflicht auslöst, ist ein vor den Baulandgerichten anfechtbarer Verwaltungsakt.

## VIII. Einigung und Teileinigung

83 Die Enteignungsbehörde hat in jedem Stand des Verfahrens auf eine Einigung zwischen den Beteiligten hinzuwirken (vgl. §§ 110 Abs. 1 BauGB, 27 Abs. 1 EEG NW;

---

1 Vgl. dazu *Battis*, in: Battis/Krautzberger/Löhr, BauGB, § 109 BauGB Rz. 4.
2 So *Battis*, in: Battis/Krautzberger/Löhr, BauGB, § 109 BauGB Rz. 4; *Holtbrügge*, in: Berliner Kommentar zum BauGB, § 109 Rz. 6.

VIII. Einigung und Teileinigung                                    Rz. 85   Teil 2 D

Art. 29 Abs. 1 BayEG). Da die **Enteignung nur im Notfall** erfolgen soll, verlangt der Gesetzgeber nicht nur den ernsthaften Versuch eines freihändigen Erwerbs durch den Begünstigten als Voraussetzung der Zulässigkeit der Enteignung. Vielmehr verpflichtet er die Enteignungsbehörde zusätzlich, auf eine Einigung zwischen den Beteiligten hinzuwirken.

### 1. Rechtsnatur der Einigung

Die Einigung muss zwischen den Beteiligten erzielt werden. Die Enteignungsbehörde ist gem. § 110 Abs. 2 Satz 1 BauGB nur insoweit beteiligt, als sie eine Niederschrift über die Einigung aufzunehmen hat. Die Einigung ist ein **öffentlich-rechtlicher Vertrag** i.S.d. §§ 54 ff. VwVfG, der nach § 110 Abs. 3 Satz 1 BauGB einem nicht mehr anfechtbaren Enteignungsbeschluss gleichsteht[1]. Gegenstand des Vertrages ist nicht die Verpflichtung des Eigentümers, dem Antragsteller das Grundstück zu verkaufen oder die Einigung zwischen beiden, dass das Eigentum an dem Grundstück übergehen soll. Vielmehr erklären sich die Parteien in der Einigung mit der Enteignung als solcher (durch Erlass einer Ausführungsanordnung durch die Enteignungsbehörde), also mit dem Eigentumsübergang durch Hoheitsakt, einverstanden. Die Einigung umfasst alle Punkte, die auch in einem Enteignungsbeschluss zu regeln sind, insbesondere auch die Art und Höhe der Entschädigung. Auch die vorzeitige Besitzeinweisung kann Gegenstand einer Einigung nach § 110 BauGB sein. Für den Eintritt der mit der Einigung bezweckten Rechtsänderung ist es erforderlich, dass eine **Ausführungsanordnung** ergeht, die den Zeitpunkt der Rechtsänderung festlegt. Zum Erlass dieser Anordnung ist die Enteignungsbehörde von Gesetzes wegen verpflichtet. Bis zur Unanfechtbarkeit der Ausführungsanordnung ist eine Anfechtung oder ein Rücktritt von der Einigung möglich, infolge derer die Einigung rückwirkend entfällt, falls etwa die Voraussetzungen einer Anfechtung nach §§ 62 VwVfG, 119 ff. BGB vorliegen. Ist die Ausführungsanordnung unanfechtbar und damit bestandskräftig, sind aus Gründen der Rechtssicherheit Angriffe gegen die Einigung, etwa eine Anfechtung, nicht mehr möglich. Es bleibt lediglich die Möglichkeit einer Rücknahme der Ausführungsanordnung durch die Enteignungsbehörde nach §§ 48 ff. VwVfG[2]. 84

### 2. Zulässiger Inhalt der Einigung

Gem. § 54 Satz 1 VwVfG darf die Einigung als **öffentlich-rechtlicher Vertrag** nicht gegen zwingende gesetzliche Vorschriften verstoßen. Es kann deshalb zwischen den Beteiligten nur das vereinbart werden, was auch Gegenstand eines Enteignungsbeschlusses sein könnte. Dazu gehört die Einigung über den Übergang oder die Belastung des Eigentums an dem zu enteignenden Grundstück oder eines sonstigen enteignungsfähigen Rechts und über die Höhe der Entschädigung[3]. An den Enteignungsantrag sind die Beteiligten aber in Bezug auf den Inhalt der Einigung nicht gebunden. Die Einigung kommt allerdings nur dann wirksam zustande, wenn die Voraussetzungen für eine Enteignung nach §§ 85 ff. BauGB vorliegen. Tatsächliche und rechtliche Zweifel machen die Einigung nicht unwirksam. Erst eine offensichtliche Unzulässigkeit der Einigung führt zur Nichtigkeit der Einigung[4]. 85

---

1 Vgl. zur Einordnung als öffentlich-rechtlicher Vergleichsvertrag BGH v. 14.10.1971 – III ZR 9/69, NJW 1972, 157; OLG Frankfurt v. 3.6.1971 – 15 W 7/71, NJW 1972, 166.
2 BVerwG v. 29.3.2006 – 4 B 1.06 mit Anm. von *Gatz*, jurisPR-BVerwG 12/2006, Anm. 6.
3 Dazu und zur Anfechtung wegen Nichtbeachtung der Einigung OLG Karlsruhe v. 7.3.1995 – U 3/94, NVwZ 1995, 934.
4 BVerwG v. 28.3.1962 – V C 100.61, DVBl 1962, 600; s. auch BGH v. 19.12.1966 – II ZR 212/65, NJW 1967, 1324, wonach es zu den Aufgaben der Einigung gehört, solche Zweifel in beiderseitigem Einvernehmen zu bereinigen.

86 Veräußert ein Grundstückseigentümer sein Grundstück an die öffentliche Hand, um einer drohenden Enteignung zuvorzukommen, so beurteilen sich die vertraglichen Pflichten einschließlich der vorvertraglichen Pflichten nach h.M. allein nach dem **Zivilrecht**[1].

87 Wenn derartige privatrechtliche Einigungen die Voraussetzungen des § 110 BauGB, insbesondere auch hinsichtlich der Enteignungsvoraussetzungen erfüllen, können sie in das Enteignungsverfahren eingebracht und mit dem Inhalt nach § 113 Abs. 2 BauGB in der mündlichen Verhandlung oder in einem zu diesem Zweck angesetzten Erörterungstermin vor der Enteignungsbehörde nach § 110 Abs. 2 BauGB beurkundet und damit in eine öffentlich-rechtliche Einigung umgewandelt werden. Verweigert die Enteignungsbehörde die Beurkundung, weil die dazu erforderlichen Voraussetzungen nicht vorliegen, so bedarf es für die beabsichtigte Übertragung oder Belastung dinglicher Rechte einer **Beurkundung** nach § 313 BGB[2].

88 Haben sich die Beteiligten außerhalb des Enteignungsverfahrens nur über die Übertragung des Grundeigentums geeinigt, so kann hinsichtlich der Höhe der Entschädigung ein gesondertes **Entschädigungsfeststellungsverfahren** statthaft bleiben[3]. Anders als die öffentlich-rechtliche Einigung kann die privatrechtliche Einigung kein vollstreckbarer Titel i.S.v. § 122 BauGB sein. Wird außerhalb eines Enteignungsverfahrens ein Vertrag geschlossen, um damit einer Enteignung zuvorzukommen, hat dies nur privatrechtliche Wirkungen; ein öffentlich-rechtlicher Rückenteignungsanspruch ist dann ebenfalls ausgeschlossen[4].

### 3. Form

89 Liegt eine rechtsgültige Einigung vor, so hat die Enteignungsbehörde darüber eine **Niederschrift** aufzunehmen. Die Niederschrift muss den Erfordernissen entsprechen, die in § 113 Abs. 2 BauGB für einen stattgebenden Enteignungsbeschluss bestimmt sind[5]. Die Beteiligten müssen die Niederschrift unterschreiben (§ 110 Abs. 2 Satz 3 BauGB). Dies gilt auch für die im gerichtlichen Verfahren nach § 231 BauGB getroffene Einigung[6]. Gleichzeitige Anwesenheit aller Beteiligten bei der Unterschrift ist nicht erforderlich.

### 4. Unterzeichnungsfrist

90 Den Beteiligten kann die Enteignungsbehörde eine angemessene Frist setzen, binnen derer die Niederschrift zu unterschreiben ist. Nach ergebnislosem Ablauf der Frist würde dann das Enteignungsverfahren fortgesetzt werden. Gleichermaßen kann ein Beteiligter, der die Niederschrift bereits unterschrieben hat, den anderen Beteiligten für Ihre Unterzeichnung eine Frist setzen, nach deren fruchtlosem Ablauf er sich nicht mehr an die Einigung gebunden hält[7].

---

1 BGH v. 29.4.1982 – III ZR 154/80, BGHZ 84, 1; v. 23.5.1985 – III ZR 10/84, BGHZ 95, 1; v. 9.4.1987 – III ZR 181/85, BGHZ 100, 329; kritisch dazu *Gassner*, Der freihändige Grunderwerb der öffentlichen Hand, S. 83; *Krebs*, DÖV 1989, 969.
2 BGH v. 14.7.1983 – III ZR 153/81, DVBl 1983, 1150.
3 BGH v. 23.5.1985 – III ZR 10/84, NJW 1986, 933.
4 BayVGH v. 11.9.2007 – 4 C 07.589, Juris, Rz. 5; OVG NW v. 2.4.2009 – 11 E 469/08, Juris, Rz. 16.
5 S. dazu *Wünschmann*, in: Spannowsky/Uechtritz, BauGB, § 110 Rz. 19.1; VGH München v. 23.9.2009 – 8 B 08.2947, BayVBl. 2010, 624.
6 BGH v. 31.10.2002 – III ZR 13/02, NJW 2003, 757.
7 *Wünschmann*, in: Spannowsky/Uechtritz, BauGB, § 110 Rz. 23.1.

VIII. Einigung und Teileinigung | Rz. 93 Teil 2 D

### 5. Rechtswirkung der Einigung

Die beurkundete Einigung steht einem nicht mehr anfechtbaren Enteignungsbeschluss gleich (§ 110 Abs. 3 Satz 1 BauGB, § 27 Abs. 3 Satz 1 EEG NW, § 30 Abs. 3 NEG, § 29 Abs. 3 Satz 5 BayEG). Durch die Einigung wird jedoch die gewollte Rechtsänderung nicht unmittelbar bewirkt. Erforderlich ist vielmehr noch die **Ausführungsanordnung**, die erst ergehen darf, wenn der durch die Enteignung Begünstigte die Geldentschädigung gezahlt oder zulässigerweise unter Verzicht auf das Recht der Rücknahme hinterlegt hat. Wenn im Grundbuch die Anordnung der Zwangsversteigerung oder Zwangsverwaltung eingetragen ist, muss die Enteignungsbehörde dem Vollstreckungsgericht von der Einigung Kenntnis geben (§ 110 Abs. 3 Satz 2 BauGB). Aus der Niederschrift über die Einigung findet wegen der in der Niederschrift bezeichneten Leistungen die Zwangsvollstreckung nach den Vorschriften der ZPO über die Vollstreckung von Urteilen statt (§ 122 BauGB).

91

### 6. Teileinigung

Mit der Einigung nach § 110 BauGB wird der Enteignungsantrag insgesamt erledigt, also sowohl ein Einvernehmen über den Übergang oder die Belastung des Eigentums an dem zu enteignenden Grundstück als auch über die Höhe der Entschädigung hergestellt. Demgegenüber bedeutet die Teileinigung nach § 111 BauGB, dass sich die Beteiligten nur dem Grunde nach, d.h. über den Übergang oder die Belastung des Eigentums an dem von der Enteignung betroffenen Grundstück geeinigt haben, während sie die Höhe der Entschädigung offengelassen haben. Auch im Falle der Teileinigung gelten gem. § 111 Satz 1 BauGB die **Formerfordernisse** hinsichtlich der Niederschrift über die Einigung[1]. Gem. § 111 Satz 2 BauGB hat die Enteignungsbehörde anzuordnen, dass dem Berechtigten eine **Vorauszahlung** in Höhe der zu erwartenden Entschädigung zu leisten ist, soweit sich aus der Einigung nichts anderes ergibt (vgl. auch § 28 Abs. 1 Satz 2 EEG NW, Art. 29 Abs. 4 Satz 2 BayEG, § 31 Abs. 1 Satz 2 NEG). Auch für die beurkundete Teileinigung gilt, dass sie einem nicht mehr anfechtbaren Enteignungsbeschluss gleichsteht. Die Verpflichtung der Enteignungsbehörde, eine Vorauszahlung anzuordnen, trägt § 111 Satz 3 i.V.m. § 110 Abs. 3 BauGB Rechnung, wonach eine Ausführungsanordnung bereits ergehen kann.

92

Soweit sich die Beteiligten in der Teileinigung nicht geeinigt haben, wird das Enteignungsverfahren gem. § 111 Satz 3 BauGB fortgesetzt (vgl. etwa auch § 28 Abs. 1 Satz 4 EEG NW, Art. 29 Abs. 4 Satz 3 BayEG, § 28 Abs. 1 HEG). § 111 BauGB schließt Teileinigungen außerhalb des Enteignungsverfahrens nicht aus[2].

93

**Beispiel:**

Haben sich außerhalb des Enteignungsverfahrens der Eigentümer und die Gemeinde in einem notariellen Vertrag über die Übertragung des zur Durchführung eines Bebauungsplanes beanspruchten Grundeigentums geeinigt, so ist hinsichtlich der Höhe der Entschädigungen ein gesondertes Entschädigungsfeststellungsverfahren vor der Enteignungsbehörde statthaft[3].

---

1 Nach *Wünschmann*, in: Spannowsky/Uechtritz, BauGB, § 111 Rz. 1.1 ist § 111 BauGB auch für die Entschädigung durch Ersatzland einschlägig.
2 *Battis*, in: Battis/Krautzberger/Löhr, BauGB, § 111 BauGB Rz. 1; s. auch BGH v. 15.10.1992 – III ZR 147/91, NJW 1993, 457.
3 Vgl. BGH v. 23.5.1985 – III ZR 10/84, BGHZ 95, 1.

## IX. Entscheidung der Enteignungsbehörde

94 Kommt eine Einigung zwischen den Beteiligten nicht zustande, entscheidet die Enteignungsbehörde aufgrund der mündlichen Verhandlung durch Beschluss über den Enteignungsantrag, die übrigen gestellten Anträge sowie über die erhobenen Einwendungen (§ 112 Abs. 1 BauGB, § 29 Abs. 1 EEG NW, Art. 30 Abs. 1 BayEG, § 28 Abs. 1 Satz 1 EnteigG LSA). Soweit bestimmt ist, dass aufgrund der mündlichen Verhandlung der Beschluss über den Enteignungsantrag ergeht, heißt das nicht, dass nur über die Anträge und Einwendungen entschieden wird, die in der mündlichen Verhandlung vorgebracht worden sind. Dies ergibt sich aus dem im Verwaltungsverfahren geltenden **Untersuchungsgrundsatz**. Die Entscheidung kann aber nur auf Tatsachen und Beweisergebnisse gestützt werden, zu denen die Beteiligten sich in der mündlichen Verhandlung äußern konnten.

95 Hat eine mündliche Verhandlung stattgefunden und ist eine Einigung nicht erzielt worden, dann muss über den Enteignungsantrag und über die übrigen gestellten Anträge entschieden werden. Zu diesen übrigen Anträgen zählen etwa Anträge nach:[1]
- § 92 Abs. 2–4 BauGB (**Ausdehnung der Enteignung auf Verlangen des Eigentümers**),
- § 97 Abs. 2 Satz 3 BauGB (**Begründung von Rechten für Versorgungsunternehmen**)
- § 99 Abs. 1 Satz 2 BauGB (**Entschädigung in wiederkehrenden Leistungen**),
- § 100 BauGB (**Entschädigung in Ersatzland**),
- § 101 Abs. 1 Satz 1 BauGB (**Entschädigung durch Gewährung anderer Rechte**).
- § 115 Abs. 1 BauGB (**vorübergehendes Hindernis**).

Der entsprechende Beschluss kann entweder dem Enteignungsantrag und den sonstigen Anträgen ganz oder teilweise stattgeben oder sie ablehnen. Daneben kann das Verfahren auch durch Zurücknahme des Antrages beendet werden (§ 121 BauGB). Die Entscheidung über die Kosten ist dann ein Verwaltungsakt i.S.d. § 217 BauGB[2].

### 1. Vorabentscheidung über Rechtsänderungen

96 Auf Antrag eines Beteiligten hat die Enteignungsbehörde vorab über den Übergang oder die Belastung des Eigentums an dem zu enteignenden Grundstück oder über sonstige durch die Enteignung zu bewirkende Rechtsänderungen zu entscheiden. In diesem Fall hat die Enteignungsbehörde anzuordnen, dass dem Berechtigten eine Vorauszahlung in Höhe der zu erwartenden Entschädigung zu leisten ist (§ 112 Abs. 2 BauGB, § 29 Abs. 2 EEG NW, Art. 30 Abs. 2 BayEG, 28 Abs. 2 LEntG BW). Damit ist der Enteignungsbehörde aus Gründen der Verfahrensbeschleunigung die Möglichkeit eingeräumt, das Enteignungsverfahren hinsichtlich des Grundes der Enteignung und der Höhe der Entschädigung zu trennen. Die Vorabentscheidung über den Grund der Enteignung kann von dem Eigentümer angefochten werden, wenn die auf die Entschädigung zu leistende Vorauszahlung offensichtlich fehlerhaft festgesetzt ist[3].

---

1 *Wünschmann*, in: Spannowsky/Uechtritz, BauGB, § 112 Rz. 9.1.
2 Vgl. BGH v. 18.6.1973 – III ZR 182/71, DVBl 1974, 130.
3 Vgl. BGH v. 8.5.1980 – III ZR 27/77, BRS 45 Nr. 115; v. 23.6.1983 – III ZR 40/82, BRS 45 Nr. 223.

## 2. Materieller Inhalt stattgebender Entscheidungen

Grundsätzlich erwirbt der Enteignungsbegünstigte durch die Enteignung originäres lastenfreies Eigentum[1], anderenfalls müssen im Enteignungsbeschluss ausdrücklich die Rechte bezeichnet werden, die aufrechterhalten bleiben. Dies ist in § 112 Abs. 3 BauGB als Verpflichtung der Enteignungsbehörde geregelt (vgl. auch z.B. § 29 Abs. 3 EEG NW, § 30 Abs. 1 EntGBbg, Art. 30 Abs. 3 BayEG). 97

Die Vorabentscheidung nach § 112 Abs. 2 BauGB kann gem. § 217 BauGB **angefochten** werden. Allerdings sollen hinsichtlich der Höhe der Vorauszahlung mit Rücksicht auf den vorläufigen Charakter nur offensichtliche Fehlentscheidungen, nicht aber Einzelheiten der Entschädigung gerügt werden können[2]. 98

**Beispiel:**
Eine offensichtlich fehlerhafte Festsetzung liegt z.B. dann vor, wenn unter Verstoß gegen die zu beachtenden Entschädigungsgrundsätze nicht die rechtlich zulässige Nutzbarkeit, sondern die ausgeübte Nutzung der Bewertung zugrundegelegt wird[3].

## 3. Enteignungsbeschluss

Soweit es nicht zu einer Einigung kommt, entscheidet die Enteignungsbehörde aufgrund der mündlichen Verhandlung durch Beschluss über den Enteignungsantrag, die übrigen gestellten Anträge sowie die erhobenen Einwendungen (§ 112 Abs. 1 BauGB). Die verfahrensrechtlichen Anforderungen, denen ein Enteignungsbeschluss genügen muss, sind in § 113 BauGB geregelt (vgl. auch z.B. § 29 ThürEG, § 30 EEG NW, Art. 31 BayEG). Die formellen Anforderungen des § 113 Abs. 1 BauGB gelten sowohl für die stattgebenden als auch für die ablehnenden Beschlüsse. Gem. § 113 Abs. 1 Satz 1 BauGB ist der Beschluss der Enteignungsbehörde den Beteiligten zuzustellen. Der Beschluss ist mit einer Belehrung über Zulässigkeit, Form und Frist des Antrages auf gerichtliche Entscheidung (§ 217 BauGB) zu versehen. Aus § 39 Abs. 1 VwVfG ergibt sich, dass der Enteignungsbeschluss der Enteignungsbehörde auch zu begründen ist. Die Enteignungsbehörde ist befugt, einen angefochtenen Enteignungsbeschluss zurückzunehmen[4]. Für den stattgebenden Enteignungsbeschluss bestimmt § 113 Abs. 2 BauGB die genauen Anforderungen an den Inhalt der Entscheidung. U.a. muss der Beschluss die Betroffenen und sonstigen Beteiligten, den Enteignungszweck und den Gegenstand der Enteignung bezeichnen. § 113 Abs. 2 Nr. 4 lit. a BauGB erlaubt es, einen zu enteignenden Grundstücksteil durch Bezugnahme auf Vermessungsrisse oder -karten zu bezeichnen. Hierzu hat das LG Augsburg die Ansicht vertreten, dass eine dem Bestimmtheitsgebot genügende Bezugnahme nur dann erfolgt ist, wenn der Lageplan entweder mit dem Enteignungsbeschluss fest verbunden oder zumindest ausdrücklich als Bestandteil des Beschlusses bezeichnet ist. Ein loses Beifügen reiche nicht aus[5]. Der Inhalt des Enteignungsbeschlusses kann außerdem ergänzt werden durch die Gewährung anderer Rechte i.S.v. § 115 BauGB und durch die Festsetzung der Besitzeinweisungsentschädigung nach § 116 Abs. 4 Satz 2 BauGB sowie durch einen Nachtragsbeschluss über eine vorbehaltene zusätzliche Entschädigung von Nebenschäden[6]. 99

---

1 Zum Umfang stattgebender Enteignungsentscheidungen *Wünschmann*, in: Spannowsky/Uechtritz, BauGB, § 112 Rz. 11.1.
2 BGH v. 8.5.1980 – III ZR 27/77, BGHZ 77, 338 (346); *Dyong*, in: Ernst/Zinkahn/Bielenberg/Krautzberger, BauGB, § 112 BauGB Rz. 5e; zweifelnd BGH v. 23.6.1983 – III ZR 40/82, DVBl 1983, 1147 (1149); kritisch auch *Lässig*, DVBl 1981, 483 (484 ff.).
3 Vgl. BGH v. 8.5.1980 – III ZR 27/77, BGHZ 77, 338 (347).
4 OLG Koblenz v. 21.12.1982 – 1 W 12/82 – Baul., NJW 1983, 2036.
5 LG Augsburg v. 16.7.2003 – 1 BLO3728/02.
6 S. dazu BGH v. 3.3.1977 – III ZR 36/75, BRS 34 Nr. 84.

100 In den Fällen der Teileinigung oder der Vorabentscheidung muss der Enteignungsbeschluss gem. § 113 Abs. 3 BauGB nur über die Punkte eine Aussage treffen, über die im Falle der Teileinigung keine Einigung erzielt oder im Falle der Vorabentscheidung noch nicht entschieden worden ist.

## X. Verwendungsfrist

101 Gem. § 113 Abs. 2 Nr. 3 BauGB muss der Enteignungsbeschluss außer dem Enteignungszweck auch die Frist bestimmen, innerhalb derer das Grundstück zu dem vorgesehenen Zweck zu verwenden ist. Mit der Bestimmung einer Verwendungsfrist wird dem verfassungsrechtlichen Grundsatz der Erforderlichkeit in zeitlicher Hinsicht Rechnung getragen[1], wonach der zeitliche Abstand zwischen Enteignung und nachfolgendem Beginn der Ausführung des Unternehmens nicht unangemessen groß sein darf. Da der zulässige räumliche und zeitliche Umfang der Enteignung sich aus den Planunterlagen ergibt[2], muss der Grundsatz der Verhältnismäßigkeit auch insoweit bereits im Planfeststellungsverfahren geprüft werden[3].

102 Die Frist beginnt gem. § 114 Abs. 1 BauGB mit dem Eintritt der Rechtsänderung (vgl. z.B. auch § 34 Abs. 1 NEG, § 31 Abs. 1 EEG NW, Art. 32 Abs. 1 BayEG), d.h. mit dem in der Ausführungsanordnung festgesetzten Tag (vgl. § 117 Abs. 5 BauGB). Kommt der Enteignungsbegünstigte innerhalb der Frist dem Verwendungsgebot nicht nach, so hat der frühere Eigentümer einen **Rückenteignungsanspruch** nach § 102 Abs. 1 Nr. 1 BauGB. Umgekehrt besteht allerdings gegenüber dem Enteigneten kein Anspruch auf Rücknahme der Enteignungsgegenstände, wenn der Verwendungszweck nicht verwirklicht wird.

**Beispiel:**

Benötigt die öffentliche Hand zur Vorbereitung einer Straße ein Privatgrundstück und verkauft der Eigentümer es ihr, um der förmlichen Enteignung zu entgehen, so trägt die öffentliche Hand – ebenso wie im Falle vorgezogener Enteignung – das Risiko der bestimmungsgemäßen Verwendung des Kaufobjekts. Entfällt infolge einer Planänderung der Verwaltungszweck, so kann die öffentliche Hand die Rückgängigmachung des Kaufs nach den Grundsätzen über den Fortfall der Geschäftsgrundlage selbst dann nicht verlangen, wenn sie für das Grundstück keine anderweitige Verwendung hat[4].

103 Die Enteignungsbehörde muss den Fristbeginn nach § 113 Abs. 2 Nr. 3 BauGB nicht durch die Angabe eines bestimmten Datums bezeichnen[5]. Die Enteignungsbehörde kann die Verwendungsfrist vor ihrem Ablauf auf Antrag verlängern, wenn der Enteignungsbegünstigte nachweist, dass er den Enteignungszweck ohne Verschulden innerhalb der festgesetzten Frist nicht erfüllen kann, oder vor Ablauf der Frist eine Gesamtrechtsnachfolge eintritt und der Rechtsnachfolger nachweist, dass er den Enteignungszweck innerhalb der festgesetzten Frist nicht erfüllen kann. Der enteignete frühere Eigentümer ist jedoch vor der Entscheidung über die Verlängerung zu hören (vgl. § 114 Abs. 2 BauGB). Er kann die **Fristverlängerung** als einen ihn belastenden Verwaltungsakt mit dem Antrag auf gerichtliche Entscheidung an-

---

1 *Battis*, in: Battis/Krautzberger/Löhr, BauGB, § 114 BauGB Rz. 1; s. auch BGH v. 27.1.1977 – III ZR 153/74, BGHZ 68, 101; v. 19.2.1976 – III ZR 147/73 (Bremen), NJW 1976, 1266.
2 *Scheidler*, BauR 2010, 42 (43) schlägt insoweit vor, zur Präzisierung einen Plan mit einem Maßstab 1:1000 zu verwenden und dort die vorzunehmenden Änderungen einzuzeichnen.
3 BVerwG v. 14.2.1975 – IV C 21.74, DVBl 1975, 713.
4 BGH v. 5.5.1978 – V ZR 193/76, NJW 1978, 1481.
5 BGH v. 28.5.1984 – III ZR 100/83, NVwZ 1986, 506.

fechten (§ 217 BauGB). Begründet ist sein Anfechtungsantrag allerdings nur, wenn die Voraussetzungen für die Verlängerung der Verwendungsfrist nicht gegeben sind. Der Enteignete kann also nicht mit neuen Einwendungen gegen die Enteignung selbst vorgehen. Lehnt die Enteignungsbehörde den Antrag auf Fristverlängerung ab, so kann dagegen der Antragsteller das Anfechtungsverfahren beschreiten. Dabei hat die Anfechtung der ablehnenden Entscheidung keine aufschiebende, zur vorläufigen Fristverlängerung führende Wirkung[1]. Die vorläufige Fristverlängerung kann deshalb nur im Wege einer einstweiligen Verfügung erstritten werden.

## XI. Verfahren bei der Entschädigung durch Gewährung anderer Rechte

Gem. § 101 Abs. 1 BauGB kann der Eigentümer eines zu enteignenden Grundstückes auf seinen Antrag hin, wenn dies unter Abwägung der Belange der Beteiligten billig ist, ganz oder teilweise entschädigt werden durch Bestellung oder Übertragung von Miteigentum an einem Grundstück, grundstücksgleichen Rechten, Rechten nach dem Wohnungseigentumsgesetz, sonstigen dinglichen Rechten an dem zu enteignenden Grundstück oder an einem anderen Grundstück, dessen Enteignungsbegünstigten oder durch Übertragung von Eigentum an einem bebauten Grundstück des Enteignungsbegünstigten oder durch Übertragung von Eigentum an einem Grundstück des Enteignungsbegünstigten, das mit einem Eigenheim oder einer Kleinsiedlung bebaut werden soll. Diese Bestimmung soll durch § 115 BauGB verfahrensmäßig für den Fall erleichtert werden, dass die Bestellung, Übertragung oder Bewertung der genannten Rechte im Zeitpunkt des Erlasses des Enteignungsbeschlusses nicht möglich ist. In diesem Fall kann die Enteignungsbehörde auf Antrag des Eigentümers des enteignenden Grundstückes dem Enteignungsbeschluss neben der Festsetzung der Entschädigung in Geld dem Enteignungsbegünstigten aufgeben, binnen einer bestimmten Frist dem von der Enteignung Betroffenen ein Recht der bezeichneten Art zu angemessenen Bedingungen anzubieten. Führt das Angebot zur Einigung zwischen den Beteiligten, dann erwirbt der Enteignungsbetroffene das Recht nach den einschlägigen zivilrechtlichen Vorschriften. 104

**Antragsbefugt** ist nur der Eigentümer, dem das Grundstück durch Enteignung entzogen werden soll. Der Antrag kann formfrei bis zum Schluss der letzten mündlichen Verhandlung vor der Enteignungsbehörde gestellt werden (§ 101 Abs. 2 BauGB). In dem Antrag soll das Recht und das Grundstück, an dem es bestehen soll, genau bezeichnet werden. 105

Bietet der Enteignungsbegünstigte binnen der bestimmten Frist ein Recht der bezeichneten Art nicht an oder einigt er sich mit dem von der Enteignung Betroffenen nicht, so wird ihm ein solches Recht auf Antrag zugunsten des von der Enteignung Betroffenen durch Enteignung entzogen. Die Enteignungsbehörde setzt den Inhalt des Rechts fest, soweit dessen Inhalt durch Vereinbarung bestimmt werden kann. Es handelt sich dabei um ein sog. **Nachverfahren**, auf das die allgemeinen Verfahrens- und Entschädigungsvorschriften entsprechend anzuwenden sind. 106

## XII. Vorzeitige Besitzeinweisung

Obwohl die Enteignungsbehörde durch den Gesetzgeber auf die Verfahrensbeschleunigung des Enteignungsverfahrens verpflichtet wird, kann es wegen der notwendigen Bemühungen um den freihändigen Erwerb und wegen der dem Enteignungsverfahren häufig folgenden gerichtlichen Streitigkeiten Jahre dauern bis der 107

---

1 *Battis*, in: Battis/Krautzberger/Löhr, BauGB, § 114 BauGB Rz. 8.

Enteignungsbeschluss unanfechtbar geworden ist und der Begünstigte Besitz und Eigentum erhält. Die vorzeitige Besitzeinweisung soll es deshalb ermöglichen, dass im Interesse der Allgemeinheit mit der Ausführung des Vorhabens begonnen werden kann. Die vorzeitige Besitzeinweisung ist ein spezielles enteignungsrechtliches Institut, das nicht nur im Baugesetzbuch, sondern auch in den Landesenteignungsgesetzen (vgl. etwa Art. 39 BayEG[1], §§ 37 ff. EEG NW, § 31 EnteigG LSA[2], § 37 ThürEG)[3] und in zahlreichen weiteren Gesetzen (etwa § 18f FStrG, § 44b EnWG[4]) vorgesehen ist. Die landesrechtlichen Vorschriften kommen insbesondere bei straßenrechtlichen Enteignungen in Betracht[5]. Die vorzeitige Besitzeinweisung übernimmt Funktionen der bei anderen Verwaltungsakten möglichen sofortigen Vollziehung[6], wobei allerdings die vorzeitige Besitzeinweisung weder einen bereits vollstreckbaren Verwaltungsakt voraussetzt, noch dessen Rechtsfolgen vorläufig vollzieht[7].

108 Die Entscheidung über die vorzeitige Besitzeinweisung erfolgt auf Antrag desjenigen, der das Enteignungsverfahren eingeleitet hat und in den Besitz eingewiesen werden will. Der Antrag auf vorläufige Besitzeinweisung kann gleichzeitig mit dem Antrag auf Enteignung gestellt werden[8]. Umstritten ist, ob die Entscheidung über den Antrag auf vorzeitige Besitzeinweisung die vorherige förmliche Einleitung des Enteignungsverfahrens voraussetzt. Die systematische Stellung des § 116 BauGB im BauGB spricht dafür, dass es sich bei der vorzeitigen Besitzeinweisung um ein spezielles Instrument des Enteignungsrechts handelt, so dass als frühester Zeitpunkt für die Entscheidung über den Antrag der Zeitpunkt in Betracht kommt, in dem auch das Enteignungsverfahren durch Anberaumung eines Termins zur mündlichen Verhandlung förmlich eingeleitet wird[9]. Umstritten ist auch, ob die vorzeitige Besitzeinweisung noch nach Erlass des Enteignungsbeschlusses von der Enteignungsbehörde ausgesprochen werden kann. Nach überwiegender Auffassung kann eine vorzeitige Besitzeinweisung bis zu dem Zeitpunkt, zu dem die Ent-

---

1 Vgl. *Scheidler*, KommPrax 2005, 344.
2 Vgl. dazu und zu den entsprechenden Regelungen im FStrG *Baron*, DVP 2003, 348–350.
3 Zur Problematik der vorzeitigen Besitzeinweisung bei einer Enteignung zu Zwecken der Energieversorgung vor Erlass des Landesenteignungsgesetzes vgl. SächsVerfGH v. 24.2.2000 – Vf 37-IV-99, LKV 2000, 301 f.
4 Dazu ausführlich *Riedel*, RdE 2008, 81 ff.; *Scheidler*, GewArch 2010, 97 ff.
5 *Scheidler*, BauR 2010, 42 (43). Ausführlich zur vorzeitigen Besitzeinweisung bei Straßenbauvorhaben, *Scheidler*, LKV 2009, 97 ff.
6 Vgl. *Battis*, in: Battis/Krautzberger/Löhr, BauGB, § 116 BauGB Rz. 1.
7 Zur Verfassungsmäßigkeit der vorzeitigen Besitzeinweisung BayVerfGH v. 15.2.1984 – Vf. 13 – VII/82, NVwZ 1985, 106.
8 Vgl. *Holtbrügge*, in: Berliner Kommentar zum BauGB, § 116 Rz. 3, 4; *Dyong*, in: Ernst/Zinkahn/Bielenkahn/Krautzberger, BauGB, § 116 BauGB Rz. 3; *Battis*, in: Battis/Krautzberger/Löhr, BauGB, § 116 BauGB Rz. 3; LG Darmstadt v. 5.5.1999 – 9 O (B) 17/98, NVwZ 2000, 116; für die vorzeitige Besitzeinweisung nach den Straßengesetzen ist die Einleitung des Enteignungsverfahrens nicht erforderlich, vgl. dazu *Baron*, DVP 2003, 348 (350).
9 Vgl. *Holtbrügge*, in: Berliner Kommentar zum BauGB, § 116 Rz. 4; Nach anderer Ansicht soll die vorzeitige Besitzeinweisung auch vorher bereits zulässig sein, da die gem. § 116 Abs. 1 Satz 2 BauGB erforderliche mündliche Verhandlung die Berücksichtigung der Rechte des betroffenen Eigentümers oder Nutzungsberechtigten in ausreichender Weise sicherstelle, vgl. *Battis*, in: Battis/Krautzberger/Löhr, BauGB, § 116 BauGB Rz. 3, LG Darmstadt v. 5.5.1999 – 9 O (B) 17/98, NVwZ 2000, 116, bzw. das Grundstück bereits mit dem Antrag betroffen i.S.v. § 116 Abs. 1 Satz 1 BauGB ist, vgl. *Petz*, in: Spannowsky/Uechtritz, BauGB, § 116 Rz. 9.1. Ebenfalls für ein isoliertes Verfahren zur vorzeitigen Besitzeinweisung, *Scheidler*, LKV 2009, 97 (98); entgegen dem letztgenannten OLG Sachsen-Anhalt v. 9.12.2010 – 2 U 60/10 (Baul), Juris, Rz. 31: „Die vorzeitige Besitzeinweisung ist Teil des Enteignungsverfahrens".

XII. Vorzeitige Besitzeinweisung

eignung durch die rechtskräftige Ausführungsanordnung gem. § 117 BauGB durchgeführt ist, erfolgen[1].

**1. Voraussetzungen für die vorzeitige Besitzeinweisung**

Die vorzeitige Besitzeinweisung darf nur erfolgen, wenn die sofortige Ausführung der beabsichtigten Maßnahme aus Gründen des Wohls der Allgemeinheit **dringend** geboten ist. Es muss ein qualifiziertes öffentliches Interesse der Allgemeinheit vorliegen, das über das Allgemeinwohlinteresse an der Enteignung hinausgeht. Ohne die vorzeitige Besitzeinweisung muss der Allgemeinheit ein wesentlicher Vorteil entgehen oder ein nicht unerheblicher Nachteil entstehen[2]. Zeitlich gesehen ist ein gesteigertes öffentliches Interesse erforderlich, dass gerade durch die vorzeitige Besitzeinweisung gewahrt werden kann und muss. Das Merkmal der Dringlichkeit verlangt nach der Rechtsprechung des OVG NW allerdings nicht, dass das Vorhaben sinnvoll schlechterdings ausschließlich sofort verwirklicht werden kann, noch dass der Vorhabenträger unter Ausschöpfung aller ihm soeben noch zuzumutenden technischen, finanziellen und sonstigen Anstrengungen ein Scheitern des Vorhabens auch bei einer Verweisung auf das reguläre Enteignungsverfahren abwenden kann[3]. An dem dringlichen Gebotensein der sofortigen Ausführung der beabsichtigten Maßnahme aus Gründen des Wohls der Allgemeinheit fehlt es nicht deshalb, weil zum Zeitpunkt des Erlasses des Besitzeinweisungsbeschlusses von der Beigeladenen noch Trassierungsverhandlungen bei benachbarten Grundstücken geführt wurden. Wie der Bayerische Verwaltungsgerichtshof zutreffend ausgeführt hat, „kann die Dringlichkeit des Zugriffs gerade bei großräumigen Projekten [...] nicht kleinräumig oder nach einzelnen Gemarkungen bewertet werden. Insbesondere liegt sie nicht erst dann vor, wenn das betreffende Grundstück gleichsam als allerletztes Grundstück der Verwirklichung des Projekts entgegensteht[4].

Die Voraussetzungen für die vorzeitige Besitzeinweisung können nicht vorliegen, wenn lediglich eine Einzelperson durch sie Vorteile erhält. Denkbar ist eine vorzeitige Besitzeinweisung wegen des dringenden öffentlichen Interesses vor allem bei Maßnahmen der öffentlichen Infrastruktur, bei der Errichtung von Krankenhäusern oder bei Engpässen in der öffentlichen Versorgung mit Energie[5].

Die sofortige Ausführung der Maßnahme ist dringend geboten, wenn sie bei **Abwägung der Belange der Allgemeinheit und des Betroffenen** unumgänglich ist, um von der Allgemeinheit wesentliche Nachteile abzuwenden oder um ihr wesentliche Vorteile zu erhalten, die bei Ausführung zu einem späteren Zeitpunkt verloren gingen. Die Interessen der Allgemeinheit müssen dabei die Interessen der Betroffenen

---

1 *Battis*, in: Battis/Krautzberger/Löhr, BauGB, § 116 BauGB Rz. 3.
2 OVG NW v. 24.1.2008 – 20 B 1782/07, Juris, Rz. 21; VGH BW v. 23.8.2010 – 1 S 975/10, NVwZ-RR 2011, 143; BVerwG v. 29.11.1956 – I C 40.56, DÖV 1957, 185; vgl. auch BayVGH v. 6.12.1982 – 8 CS 82 A.1984, BayVBl. 1983, 308f.; *Wienke*, BayVBl. 1983, 297 (295); zur vorzeitigen Besitzeinweisung im Zusammenhang mit der Entwicklungsmaßnahme Hauptstadt Berlin, KG v. 17.4.1998 – U 702/98 (Baul.), NJW 1998, 3064; zur vorzeitigen Besitzeinweisung für naturschutzrechtliche Kompensationsmaßnahmen s. OLG Celle v. 26.2.1998 – 4 U 169/98, NuR 1999, 476; zur vorzeitigen Besitzeinweisung bei Straßenvorhaben nach dem Verkehrswegeplanungsbeschleunigungsgesetz BVerwG v. 5.1.1999 – 8 B 153.98, NuR 1999, 454.
3 OVG NW v. 24.1.2008 – 20 B 1782/07, Juris, Rz. 23.
4 BayVGH v. 23.4.2010 – 22 ZB 10.43, Juris, Rz.10.
5 Vgl. dazu *Dyong*, in: Ernst/Zinkahn/Bielenberg/Krautzberger, BauGB, § 116 BauGB Rz. 4; OLG Koblenz v. 5.11.1969 – 2 W 381/69 (Baul.), BRS 26 Nr. 51.

ganz erheblich überwiegen[1]. Wesentliche Nachteile können z.B. auch ein empfindlicher Zeitverlust und erhebliche Mehrkosten sein[2].

112 Die vorzeitige Besitzeinweisung setzt außerdem voraus, dass mit **hoher Wahrscheinlichkeit** zu erwarten ist, dass dem **Enteignungsantrag entsprochen** wird[3]. Daraus folgt, dass die Enteignungsbehörde, wenn ihr der Enteignungsantrag nach einer ersten Überprüfung als unzulässig oder unbegründet erscheint, einen Besitzeinweisungsbeschluss nicht erlassen darf[4]. Die Enteignungsbehörde hat deshalb vor einer vorzeitigen Besitzeinweisung zu prüfen, ob sämtliche Voraussetzungen für die beabsichtigte Enteignung erfüllt sind, insbesondere, ob ernsthafte Verhandlungen über den freihändigen Erwerb geführt wurden[5]. Allerdings müssen nicht die Voraussetzungen des Enteignungsverfahrens vorliegen[6].

### 2. Inhalt des Besitzeinweisungsbeschlusses

113 Über den Antrag auf vorzeitige Besitzeinweisung entscheidet die Enteignungsbehörde durch Beschluss, in dem der Zeitpunkt anzugeben ist, zu dem die Besitzeinweisung wirksam werden soll. Außerdem sind der Antragsteller, der von der Besitzeinweisung betroffene Eigentümer und der unmittelbare Besitzer sowie das betroffene Grundstück zu bezeichnen. Hingewiesen werden muss auf die Rechtswirkungen der Besitzeinweisung. Die Enteignungsbehörde kann die vorzeitige Besitzeinweisung gem. § 116 Abs. 2 BauGB außerdem von der Leistung einer Sicherheit in Höhe der voraussichtlichen Entschädigung nach § 113 Abs. 2 Nr. 8 BauGB[7] und von der vorherigen Erfüllung anderer Bedingungen abhängig machen. Die Enteignungsbehörde muss die vorzeitige Besitzeinweisung von der **Sicherheitsleistung** abhängig machen, wenn dies von dem Inhaber eines Rechts, das zum Besitz oder zur Nutzung des Grundstücks berechtigt, beantragt wird (vgl. § 116 Abs. 2 Satz 2 BauGB). Wird die geforderte Sicherheitsleistung nicht erbracht, hebt die Behörde den Besitzeinweisungsbeschluss wieder auf.

114 Der Besitzeinweisungsbeschluss muss nach § 211 BauGB schließlich eine **Belehrung** darüber enthalten, dass die Betroffenen binnen eines Monats seit der Zustellung bei der zu bezeichnenden Baulandkammer Antrag auf gerichtliche Entscheidung stellen können und dass dieser Antrag bei der Enteignungsbehörde einzureichen ist. Die Enteignungsbehörde ordnet regelmäßig die sofortige Vollziehung dieses Beschlusses nach § 80 Abs. 2 Nr. 4 VwGO an[8], sofern sie sich nicht schon nach § 80 Abs. 2 Nr. 3 VwGO i.V.m. landesrechtlichen Bestimmungen wie etwa § 41 Abs. 6a BbgStrG ergibt. Die Anforderungen an die Begründung nach § 80 Abs. 3 Satz 1 VwGO weichen aufgrund der Nähe zu den materiell-rechtlichen Voraussetzungen nach § 116 BauGB kaum voneinander ab[9].

---

1 Vgl. *Battis*, in: Battis/Krautzberger/Löhr, BauGB, § 116 BauGB Rz. 4.
2 OVG Niedersachsen v. 28.9.1964 – I B 72/64, NJW 1965, 554 f.; *Kirchberg*, VBlBW 1990, 161 (168).
3 BGH v. 28.2.1957 – III ZR 203/56, BGHZ 23, 377; v. 22.2.1965 – III ZR 104/64, BGHZ 43, 168; KG v. 17.4.1998 – U 702/98 Baul., NJW 1998, 3064 (3065).
4 Vgl. OLG Düsseldorf v. 20.12.1971 – U (Baul.) 7/70, BauR 1972, 169; *Labbe*, BayVBl. 1978, 201.
5 Vgl. OLG Naumburg v. 17.4.2002 – 1 U Baul 4/00, Juris; OLG Düsseldorf v. 20.12.1971 – U (Baul.) 7/70, BauR 1972, 169; BGH v. 28.2.1957 – III ZR 203/56, BGHZ 23, 377; v. 22.2.1965 – III ZR 104/64, BGHZ 43, 168.
6 So aber *Aust*, in: Aust/Jacobs/Pasternak, Die Enteignungsentschädigung, Rz. 110. *Aust* geht daher auch nicht näher auf die Möglichkeit einer vorherigen, überschlägigen Prüfung ein.
7 *Petz*, in: Spannowsky/Uechtritz, BauGB, § 116 Rz. 23.1.
8 *Scheidler*, BauR 2010, 42 (45).
9 BayVGH v. 6.12.1982 – 8 CS 82 A.1984, BayVBl. 1983, 308 f.; VG München v. 29.4.2008 – M 2 S 08.1722, Juris, Rz. 28; *Scheidler*, BauR 2010, 42 (45 f.).

### 3. Rechtsfolgen der Besitzeinweisung

Durch die Besitzeinweisung wird dem Besitzer der Besitz entzogen und der Eingewiesene Besitzer i.S.v. § 854 BGB[1]. Der Eingewiesene darf auf dem Grundstück das von ihm im Enteignungsantrag bezeichnete Vorhaben ausführen und die dafür erforderlichen Maßnahmen treffen (vgl. z.B. § 116 Abs. 3 BauGB, § 37 Abs. 3 Thür-EG, § 35 Abs. 3 Satz 1 NEG, § 38 Abs. 1 EEG NW). Anders als der Enteignungsbeschluss bedarf der Besitzeinweisungsbeschluss keiner Ausführungsanordnung nach § 117 Abs. 1 Satz 1 BauGB, sondern wirkt unmittelbar[2]. Das **Besitzrecht** des vorzeitig Eingewiesenen ist **zweckgebunden** auf die Ausführung des im Enteignungsantrag bezeichneten Vorhabens. Die Besitzeinweisung führt also nicht zu einer unumschränkten Herrschaftsgewalt. Weigert sich der bisherige Besitzer, kann dem Eingewiesenen der Besitz auch mit Mitteln des **Verwaltungszwanges**[3] verschafft werden. Ob die Enteignungsbehörde verpflichtet ist, gegen den Enteignungsbetroffenen Verwaltungszwang anzuwenden, wenn er seiner Verpflichtung aus der Besitzeinweisung nicht nachkommt, ist umstritten[4]. Der Antrag auf gerichtliche Entscheidung gegen eine vorzeitige Besitzeinweisung hat gem. § 224 Satz 1 Nr. 3 BauGB keine aufschiebende Wirkung.

115

### 4. Entschädigung

Gem. § 116 Abs. 4 Satz 1 BauGB hat der Eingewiesene – für den Fall, dass die vorzeitige Besitzeinweisung aufgehoben wird – für die durch die vorzeitige Besitzeinweisung entstehenden Vermögensnachteile Entschädigung zu leisten, soweit die Nachteile nicht bereits durch die Verzinsung der Geldentschädigung nach § 99 Abs. 3 BauGB ausgeglichen werden. Art und Höhe der Entschädigung können im Besitzeinweisungsbeschluss oder im Enteignungsbeschluss festgesetzt werden. Fällig wird die Entschädigung für die vorzeitige Besitzeinweisung in dem Zeitpunkt, der im Besitzeinweisungsbeschluss als Zeitpunkt für den Eintritt der Rechtswirkungen festgesetzt wird[5]. Nach § 93 Abs. 4 Satz 1 BauGB ist maßgeblich für die Bemessung der Entschädigung der Zeitpunkt des Eingriffs, d.h. der Tag, an dem die Behörde über den Enteignungsantrag entscheidet. Bei einem sich über einen längeren Zeitraum hinziehenden Enteignungsverfahren tritt an die Stelle des Enteignungsbeschlusses oder der Besitzeinweisung diejenige Maßnahme, von der ab eine Weiterentwicklung des Objekts, insbesondere der Qualität des Grundstücks verhindert wird, als das Grundstück endgültig von der konjunkturellen Weiterentwicklung ausgeschlossen wird[6].

116

### 5. Verfahren und Rechtsschutz

Die vorzeitige Besitzeinweisung erfolgt nur auf **Antrag**. Antragsberechtigt ist, wer einen Enteignungsantrag gestellt hat oder zugleich stellt und in den Besitz des von

117

---

1 *Battis*, in: Battis/Krautzberger/Löhr, BauGB, § 116 BauGB Rz. 7; *Scheidler*, BauR 2010, 42 (45).
2 *Scheidler*, BauR 2010, 42 (45).
3 Nach a.A. kann die vorläufige Besitzeinweisung nur durch ein einstweiliges Verfügungsverfahren/Klageverfahren nach §§ 861, 862 BGB vor der ordentlichen Gerichtsbarkeit durchgesetzt werden, da es sich bei dem Besitz um ein zivilrechtliches Institut handle, vgl. *Aust*, in: Aust/Jacobs/Pasternak, Enteignungsentschädigung, Rz. 114.
4 Bejahend OVG NW v. 8.2.1995 – 2 v B 73/95, NVwZ-RR 1996, 182; offen gelassen von BGH v. 19.9.1985 – III ZR 71/83, BGHZ 96, 1.
5 Zur Frage eines Schadensersatzanspruches nach § 945 ZPO, wenn ein Besitzeinweisungsbeschluss im Wege einer später aufgehobenen einstweiligen Verfügung, die auf Räumung und Herausgabe eines zum Abbruch bestimmten Hauses gerichtet war, vollzogen worden ist, s. BGH v. 19.9.1985 – III ZR 71/83, ZfBR 1986, 88.
6 BGH v. 19.7.2007 – III ZR 305/06, BauR 2008, 25.

der Enteignung betroffenen Grundstücks gelangen will, um auf dem Grundstück das im Enteignungsantrag bezeichnete Bauvorhaben auszuführen. Im Rahmen eines sog. **Nebenverfahrens** hat die Enteignungsbehörde zu prüfen, ob der Besitzeinweisungsantrag zulässig und nicht offensichtlich unbegründet ist. Ist dies nicht der Fall, dann hat sie eine mündliche Verhandlung anzuberaumen, zu der der Antragsteller und die durch die Besitzeinweisung Betroffenen unter Einhaltung einer angemessenen Frist geladen[1] werden. Der Besitzeinweisungsbeschluss ist fehlerhaft, wenn die mündliche Verhandlung nur mit dem Grundeigentümer, jedoch nicht mit dem unmittelbaren Besitzer, Mieter oder Pächter geführt wurde und wenn er nicht die Bezeichnung der unmittelbaren Besitzer enthält und diesen zugestellt ist[2]. Sofern der Antragsteller sein Vorhaben nach Durchführung der mündlichen Verhandlung ändert, ist eine erneute mündliche Verhandlung durchzuführen, wenn die Änderung Auswirkungen auf die Entscheidungsfindung im Besitzeinweisungs- und Enteignungsverfahren haben kann[3].

118 Der von der Besitzeinweisung Betroffene kann beantragen, dass vor der Besitzeinweisung der Zustand des Grundstückes durch **Beweissicherung** festgestellt wird. Wichtig ist dies vor allem bei vorhandenen Baulichkeiten oder vorhandenem Aufwuchs. Die Form der Beweissicherung ist gesetzlich nicht vorgeschrieben. Die Behörde kann einen Sachverständigen beauftragen, aber auch die notwendigen Untersuchungen selbst vornehmen. Die Ablehnung eines Beweissicherungsantrages kann gem. § 217 BauGB vor den Baulandgerichten angefochten werden, wobei der Antrag gemäß § 224 BauGB keine aufschiebende Wirkung hat. Ein Besitzeinweisungsbeschluss, der ergeht, ohne vorher über einen gestellten Beweissicherungsantrag zu entscheiden, ist rechtswidrig[4].

119 Die Enteignungsbehörde darf auch nicht aus der Erwägung heraus, die von der Besitzeinweisung, der Enteignung und den sich anschließenden Maßnahmen ausgehenden Beeinträchtigungen seien so geringfügig, dass eine Entschädigungspflicht ausscheide, bereits im Besitzeinweisungsverfahren über Grund und Höhe der Entschädigung befinden.

120 Wird der Enteignungsantrag abgewiesen, so verliert auch die vorzeitige Besitzeinweisung ihre Berechtigung. Sie ist daher aufzuheben. Der frühere unmittelbare Besitzer muss wieder in den Besitz eingewiesen werden und nun für alle besonderen Nachteile, die durch die vorzeitige Besitzeinweisung entstanden sind, eine angemessene **Entschädigung** erhalten.

121 Die Ablehnung der vorzeitigen Besitzeinweisung sowie der Erlass des Besitzeinweisungsbeschlusses sind Verwaltungsakte, die von demjenigen, der durch sie nachteilig betroffen wird, mit dem **Antrag auf gerichtliche Entscheidung** nach § 217 BauGB angefochten werden können[5]. Der Antrag auf gerichtliche Entscheidung gegen eine **vorzeitige** Besitzeinweisung hat gem. § 224 Satz 1 Nr. 3 BauGB keine aufschiebende Wirkung. § 80 Abs. 5 VwGO ist entsprechend anzuwenden[6]. Bei dem Antrag

---

1 Dazu *Scheidler*, BauR 2010, 42 (44).
2 Vgl. HessVGH v. 29.10.1964 – BV 32/64, BRS 19 Nr. 68; zur Notwendigkeit einer einheitlichen Verhandlung s. auch OLG Oldenburg v. 14.1.1985 – 7 W/Baul. 5/84, BRS 45 Nr. 212.
3 VGH BW v. 5.3.2001 – 10 S 2700/00, NVwZ-RR 2001, 562; näher *Wünschmann*, in: Spannowsky/Uechtritz, BauGB, § 112 Rz. 6.2.
4 OLG Düsseldorf v. 23.2.1976 – U (Baul.) 3/75, BRS 34 Nr. 72.
5 Vgl. BGH v. 19.9.1985 – III ZR 71/83, BRS 45 Nr. 108; *Holtbrügge*, in: Berliner Kommentar zum BauGB, § 116 Rz. 21.
6 OLG Koblenz v. 26.3.1984 – 1 W 148/84 (Baul.), BRS 45 Nr. 218; a.A. OVG Niedersachsen v. 25.1.1983 – 14 B 58/82, BRS 45 Nr. 213; ausführlich zu Art, Umfang und Verfahren des vorläufigen Rechtsschutzes gegen eine vorzeitige Besitzeinweisung auch OLG Stuttgart v. 20.4.1983 – 10 W (Baul.) 38/82, BRS 45 Nr. 210.

auf Anordnung der aufschiebenden Wirkung des Antrages auf gerichtliche Entscheidung gegen einen zur Vollziehung eines straßenrechtlichen Planfeststellungsbeschlusses ergangenen Besitzeinweisungsbeschlusses handelt es sich um eine öffentlich-rechtliche Streitigkeit, für die die Verwaltungsgerichte zuständig sind[1].

## XIII. Ausführung des Enteignungsbeschlusses

Ist der Enteignungsbeschluss oder sind die Entscheidungen nach § 112 Abs. 2 BauGB nicht mehr anfechtbar, so ordnet auf Antrag eines Beteiligten die Enteignungsbehörde die Ausführung des Enteignungsbeschlusses oder der Vorabentscheidung an, wenn die dazu im Einzelnen aufgeführten Voraussetzungen vorliegen. Die mit dem Enteignungsbeschluss bezweckten Rechtsänderungen treten somit nicht unmittelbar mit der Unanfechtbarkeit des Enteignungsbeschlusses ein. Vielmehr soll im Interesse der Rechtssicherheit und zum Schutz des Enteignungsbetroffenen die Rechtsänderung erst durch einen besonderen rechtsgestaltenden Verwaltungsakt, nämlich die **Ausführungsanordnung** nach § 117 Abs. 1 Satz 1 BauGB, eintreten[2].

Ausführungsanordnungen sind allerdings nicht nur für den unanfechtbaren Enteignungsbeschluss erforderlich, sondern auch für die Vorgänge, die neben dem Enteignungsbeschluss im Rahmen eines Enteignungsverfahrens eine Rechtsänderung herbeiführen können. Dazu zählt die Teileinigung gem. § 111 BauGB, die Vorabentscheidung nach § 112 Abs. 2 BauGB sowie der Nachtragsbeschluss nach § 113 Abs. 4 BauGB. Für diese zuletzt genannten Vorgänge sieht § 117 BauGB drei spezifische zusätzliche Möglichkeiten der Ausführung vor, auf die im nachfolgenden nicht im Einzelnen eingegangen werden soll.

### 1. Voraussetzungen

Erforderlich für den Erlass einer Ausführungsanordnung ist zunächst der Antrag eines Beteiligten. Diesen Antrag kann jeder Beteiligte stellen, nicht nur der Enteignungsbegünstigte. Ein besonderes Interesse an der Ausführungsanordnung muss nicht vorliegen. Auch eine besondere Form oder eine bestimmte Frist ist für den Antrag nicht vorgeschrieben. Der Erlass einer Ausführungsanordnung setzt außerdem voraus, dass der Enteignungsbeschluss unanfechtbar ist. Dritte Voraussetzung ist schließlich, dass der durch die Enteignung Begünstigte die Geldentschädigung gezahlt oder zulässigerweise unter Verzicht auf das Recht der Rücknahme hinterlegt hat.

### 2. Zustellung und Mitteilung

Liegen die Voraussetzungen des § 117 BauGB vor, ergeht die Ausführungsanordnung, ohne dass der Behörde ein Ermessensspielraum zusteht. Die Anordnung ist allen Beteiligten zuzustellen, deren Rechtsstellung durch den Enteignungsbeschluss betroffen wird. Auch der Gemeinde, in deren Bezirk das von der Enteignung betroffene Grundstück liegt, ist die Ausführungsanordnung mitzuteilen. In der Ausführungsanordnung ist der Tag festzusetzen, zu dem der bisherige Rechtszustand durch den im Enteignungsbeschluss geregelten neuen Rechtszustand ersetzt wird. Anders als beim Zeitpunkt für die vorzeitige Besitzeinweisung, muss der Tag nach seinem Datum bestimmt sein und reichen Bezugnahmen auf Ereignisse (z.B. der Zeitpunkt nach Unanfechtbarkeit des Beschlusses) nicht aus[3]. Mit

---
1 OLG Brandenburg v. 25.11.2010 – 11 Bauland W 1/10 –, NVwZ 2011, 639.
2 *Battis*, in: Battis/Krautzberger/Löhr, BauGB, § 117 BauGB Rz. 1.
3 Vgl. *Petz*, in: Spannowsky/Uechtritz, BauGB, § 116 Rz. 32.1 u. § 117 Rz. 4.1.

diesem Tag ändert sich die dingliche Rechtslage und das Grundbuch wird unrichtig. Die Enteignungsbehörde muss daher dem **Grundbuchamt** gem. § 117 Abs. 7 BauGB eine beglaubigte Abschrift des Enteignungsbeschlusses und der Ausführungsanordnung übersenden und es ersuchen, die Rechtsänderungen im Grundbuch einzutragen.

### 3. Rechtsschutz

126 Auch die Ausführungsanordnung ist ein Verwaltungsakt, der durch Antrag auf gerichtliche Entscheidung gem. § 217 BauGB angefochten werden kann. Im gerichtlichen Verfahren kann allerdings nicht mehr geprüft werden, ob der Enteignungsbeschluss wirksam zustande gekommen ist[1].

127 **Begründet** ist der Antrag auf gerichtliche Entscheidung gegen die Ausführungsanordnung nur dann, wenn die Voraussetzungen für die Ausführungsanordnung nicht vorliegen. Das kann der Fall sein, wenn der Enteignungsbeschluss einem betroffenen Beteiligten nicht zugestellt ist und daher auch noch nicht unanfechtbar geworden ist. Denkbar ist auch, dass die Geldentschädigung noch nicht oder noch nicht vollständig bezahlt ist oder dass der in der Ausführungsanordnung festgesetzte Tag unter Abwägung der Belange der Beteiligten ermessensfehlerhaft festgesetzt worden ist[2].

128 Fraglich ist, ob dem Antrag auf gerichtliche Entscheidung gegen die Ausführungsanordnung **aufschiebende Wirkung** zukommt. Gegen die aufschiebende Wirkung spricht, dass die Rechts- und Besitzänderung auf jeden Fall zu dem festgesetzten Zeitpunkt aus Gründen der Rechtsklarheit eintreten soll. Andererseits könnte für die aufschiebende Wirkung des Antrags auf gerichtliche Entscheidung die Rechtsweggarantie des Art. 19 Abs. 4 GG sprechen, die dem Betroffenen einen effektiven Rechtsschutz garantiert[3]. Zudem spricht die Formulierung des § 224 BauGB dafür, dass ein Antrag auf gerichtliche Entscheidung nach § 217 BauGB grds. aufschiebende Wirkung entfaltet.

## XIV. Verfahrensabschluss

### 1. Hinterlegung

129 Gem. § 97 Abs. 2 BauGB sind **Nebenberechtigte**, deren Rechte bei der Enteignung nicht aufrechterhalten oder nicht durch neue Rechte ersetzt werden, gesondert zu entschädigen. Zu diesen Nebenberechtigten zählen Erbbauberechtigte, Altenteilsberechtigte, Inhaber von Dienstbarkeiten und Erwerbsrechten an dem Grundstück, Inhaber von persönlichen Rechten, die zum Besitz oder zur Nutzung des Grundstücks berechtigen, wenn der Berechtigte im Besitz des Grundstücks ist und Inhaber von persönlichen Rechten, die zum Erwerb des Grundstückes berechtigen oder den Verpflichteten in der Nutzung des Grundstückes beschränken[4]. Sobald mehrere Berechtigte derartige Ansprüche geltend machen, kann gem. § 118 Abs. 1 BauGB der zur Zahlung Verpflichtete die Geldentschädigung unter Verzicht auf die Rück-

---

1 Vgl. OLG Bremen v. 14.2.1979 – U (B) 2/78, BRS 45 Nr. 226; *Dyong*, in: Ernst/Zinkahn/Bielenberg/Krautzberger, BauGB, § 117 BauGB Rz. 21.
2 Vgl. *Dyong*, in: Ernst/Zinkahn/Bielenberg/Krautzberger, BauGB, § 117 BauGB Rz. 21.
3 So OLG Koblenz v. 26.3.1984 – 1 W 148/84 (Baul.), NVwZ 1984, 678; *Dyong*, in: Ernst/Zinkahn/Bielenberg/Krautzberger, BauGB, § 117 BauGB Rz. 22; s. auch *Battis*, in: Battis/Krautzberger/Löhr, BauGB, § 117 BauGB Rz. 12.
4 Ausführlich zu den einzelnen Nebenberechtigten *Gelzer/Busse/Fischer*, Entschädigungsanspruch, Rz. 660 ff.

nahme bei dem Amtsgericht, in dessen Bezirk das von der Enteignung betroffene Grundstück liegt, hinterlegen.

## 2. Verteilungsverfahren

Durch die Zahlung der Entschädigungssumme bzw. ihre Hinterlegung unter Verzicht auf die Rücknahme wird der Entschädigungspflichtige frei und die Enteignungsbehörde kann die Ausführungsanordnung erlassen. Die Berechtigten, für die die Geldentschädigung nach § 118 Abs. 1 BauGB hinterlegt wird, können, solange sie über die Auszahlung nicht einig sind, erst nach dem Erlass der Ausführungsanordnung zu ihrem Geld kommen, indem sie entweder vor den ordentlichen Gerichten ihre Forderungen geltend machen oder die Einleitung eines Verteilungsverfahrens nach § 119 Abs. 1 BauGB beantragen. Für das Verteilungsverfahren ist das **Amtsgericht** zuständig, in dessen Bezirk das von der Enteignung betroffene Grundstück liegt (§ 119 Abs. 2 BauGB). Auf das Verteilungsverfahren sind die Vorschriften über die Verteilung des Erlöses im Falle der Zwangsversteigerung mit einigen in § 119 Abs. 3 BauGB vorgesehenen Abweichungen anzuwenden.

130

## 3. Aufhebung des Enteignungsbeschlusses

Ist die Ausführungsanordnung noch nicht ergangen, so hat die Enteignungsbehörde den Enteignungsbeschluss auf Antrag aufzuheben, wenn der durch die Enteignung Begünstigte die ihm durch den Enteignungsbeschluss auferlegten Zahlungen nicht innerhalb von einem Monat nach dem Zeitpunkt geleistet hat, in dem der Beschluss unanfechtbar geworden ist (§ 120 Abs. 1 Satz 1 BauGB). Diese Regelung dient den Interessen des Enteigneten. Sie soll ihn davor schützen, dass der Enteignungsbegünstigte durch Nichtzahlung den Erlass der Ausführungsanordnung und damit den Zeitpunkt des Eigentumswechsels verzögert. Der Antrag auf Aufhebung des Enteignungsbeschlusses kann wirksam nur bis zu dem Zeitpunkt gestellt werden, zu dem die Ausführungsanordnung ergeht. Wenn die Ausführungsanordnung ergangen ist, obwohl der Enteignungsbegünstigte noch nicht gezahlt hat, findet § 120 BauGB keine Anwendung. Die Ausführungsanordnung kann dann jedoch angefochten werden, weil sie wegen eines Verstoßes gegen § 117 Abs. 1 BauGB rechtswidrig ist[1].

131

## 4. Voraussetzungen der Aufhebung

Die Aufhebung des Enteignungsbeschlusses nach § 120 BauGB setzt zunächst voraus, dass der **Enteignungsbeschluss unanfechtbar** ist. Zweite Voraussetzung für die Aufhebung ist es, dass die **Ausführungsanordnung** noch **nicht ergangen** ist. Die Ausführungsanordnung ist ergangen, wenn sie allen Beteiligten zugestellt ist. Die Antragsberechtigten haben einen **Auskunftsanspruch** gegen die Enteignungsbehörde sowohl hinsichtlich der Frage, ob der Enteignungsbeschluss bereits unanfechtbar ist als auch hinsichtlich der Zustellung an alle Beteiligten[2]. Dritte Voraussetzung für die Aufhebung ist nach § 120 Abs. 1 Satz 1 BauGB, dass der Enteignungsbegünstigte der **Zahlungsverpflichtung** aus dem Enteignungsbeschluss nach dessen Unanfechtbarkeit innerhalb der Monatsfrist **nicht nachkommt**. Nach der Rechtsprechung des BGH darf allerdings trotz Versäumung der Monatsfrist, die nach §§ 187 Abs. 1, 188 Abs. 2 BGB zu berechnen ist, der Enteignungsbeschluss nicht aufgehoben werden, wenn der Enteignungsbegünstigte nach Anhörung zu dem Aufhebungsantrag die Entschädigung unverzüglich leistet oder hinterlegt[3].

132

---
1 *Dyong*, in: Ernst/Zinkahn/Bielenberg/Krautzberger, BauGB, § 120 BauGB Rz. 2.
2 *Battis*, in: Battis/Krautzberger/Löhr, BauGB, § 120 BauGB Rz. 2f.
3 BGH v. 12.7.1973 – III ZR 120/72, BGHZ 61, 136.

Eine Aufhebung soll auch dann ausgeschlossen sein, wenn die Zahlung zwar nach Ablauf der Frist, aber noch vor Stellung des Antrags auf Aufhebung eingeht[1]. Voraussetzung für die Aufhebung des Enteignungsbeschlusses ist schließlich ein **Antrag** eines Beteiligten, dem eine nicht gezahlte Entschädigung zusteht oder der als Nebenberechtigter aus der Entschädigung zu befriedigen ist.

### 5. Verfahren

133 Die Enteignungsbehörde entscheidet über den Antrag auf Aufhebung des Enteignungsbeschlusses durch Beschluss. Eine mündliche Verhandlung ist nicht vorgeschrieben. Der durch die Enteignung Begünstigte muss vor der Aufhebung des Enteignungsbeschlusses gehört werden.

### 6. Rechtsschutz

134 Von dem Enteignungsbegünstigten kann der Aufhebungsbeschluss mit dem Antrag auf gerichtliche Entscheidung angefochten werden (§ 217 BauGB). Außerdem kann der Antragsteller, dessen Antrag nach § 120 BauGB abgelehnt wurde, gegen diesen ablehnenden Beschluss Antrag auf gerichtliche Entscheidung stellen. Ist sein Antrag auf gerichtliche Entscheidung begründet, hebt das Baulandgericht den ablehnenden Beschluss auf und verpflichtet die Enteignungsbehörde, den Enteignungsbeschluss aufzuheben (§ 226 Abs. 2 Satz 2 BauGB).

## XV. Kosten

135 Gem. § 121 Abs. 1 Satz 1 BauGB hat der **Antragsteller** die Kosten zu tragen, wenn der Antrag auf Enteignung abgelehnt oder zurückgenommen wird. Wird dem Antrag auf Enteignung stattgegeben, so hat der **Entschädigungsverpflichtete** die Kosten zu tragen. Wird einem Antrag auf Rückenteignung stattgegeben, so hat der von der Rückenteignung Betroffene die Kosten zu tragen. Wird ein Antrag eines sonstigen Beteiligten abgelehnt oder zurückgenommen, sind diesem die durch die Behandlung seines Antrages verursachten Kosten aufzuerlegen, wenn sein Antrag offensichtlich unbegründet war. Bei Erledigung des Enteignungsverfahrens durch Einigung der Beteiligten ist über die Kostenverteilung zu entscheiden[2].

136 Zu den Kosten zählen die **Kosten des Verfahrens und die zur zweckentsprechenden Rechtsverfolgung oder Rechtsverteidigung notwendigen Aufwendungen** der Beteiligten. Die Gebühren und Auslagen eines Rechtsanwalts oder eines sonstigen Bevollmächtigten sind erstattungsfähig, wenn die **Zuziehung eines Bevollmächtigten notwendig** war. Diese Notwendigkeit ist im Enteignungsverfahren für den Enteigneten angesichts der zahlreichen schwierigen Rechtsfragen regelmäßig zu bejahen[3]. Rechtsanwälte, die sich selbst vertreten, haben ebenfalls einen Erstattungsanspruch[4].

137 Für den Rechtsanwalt entsteht nach dem RVG regelmäßig die **Geschäftsgebühr** für die Vertretung im Verwaltungsverfahren. Das Verwaltungsverfahren und das ge-

---

1 *Battis*, in: Battis/Krautzberger/Löhr, BauGB, § 120 BauGB Rz. 4.
2 Dazu BayVGH v. 16.8.2006 – 8 CS 06.1275.
3 *Kirchberg*, VBlBW 1990, 161 (167); *Battis*, in: Battis/Krautzberger/Löhr, BauGB, § 121 BauGB Rz. 8.
4 BVerwG v. 16.10.1980 – 8 C 10.80, BayVBl. 1981, 93; a.A. VGH BW v. 26.5.1981 – 2 S 1747/80, NVwZ 1982, 633; BFH v. 10.2.1972 – V B 33/71, BFHE 104, 306; v. 29.3.1973 – IV B 89/70, BFHE 108, 574.

richtliche Verfahren stellen verschiedene Angelegenheiten dar. Im gerichtlichen Verfahren fallen Verfahrens- und die Terminsgebühr an. Bei einer Einigung während des Enteignungsverfahrens kommt eine Einigungsgebühr in Betracht. Die Gebühren sollen nach der Höhe der festgesetzten Entschädigung, nicht nach dem im Verhältnis Anwalt/Mandat maßgeblichen Streitwert der Entschädigungsforderung des Enteigneten berechnet werden[1].

Für das **Besitzeinweisungsverfahren** sind Kosten gesondert zu erstatten, weil dieses Verfahren mit den Enteignungsverfahren keine Einheit bildet[2]. 138

**Aufwendungen** für einen Bevollmächtigten, für den Gebühren und Auslagen gesetzlich nicht vorgesehen sind, können nur bis zur Höhe der gesetzlichen Gebühren und Auslagen von Rechtsbeiständen erstattet werden. Aufwendungen, die durch das Verschulden eines Erstattungsberechtigten entstanden sind, hat dieser selbst zu tragen; das Verschulden eines Vertreters ist dem Vertretenen zuzurechnen. Die Kosten des Verfahrens richten sich nach den landesrechtlichen Vorschriften. Die Enteignungsbehörde setzt die Kosten im Enteignungsbeschluss oder durch gesonderten Beschluss fest. Der Beschluss bestimmt auch, ob die Zuziehung eines Rechtsanwalts oder eines sonstigen Bevollmächtigten notwendig war (§ 121 Abs. 2 bis 4 BauGB). 139

## XVI. Vollstreckbare Titel

Gem. § 122 Abs. 1 BauGB findet die Zwangsvollstreckung nach den Vorschriften der ZPO über die Vollstreckung von Urteilen in bürgerlichen Rechtsstreitigkeiten statt 140
– aus der Niederschrift über eine Einigung wegen der in ihr bezeichneten Leistungen;
– aus nicht mehr anfechtbarem Enteignungsbeschluss wegen der zu zahlenden Geldentschädigung oder einer Ausgleichszahlung;
– aus einem Beschluss über die vorzeitige Besitzeinweisung oder deren Aufhebung wegen der darin festgesetzten Leistungen, d.h. wegen der vorgesehenen Entschädigung nach § 116 Abs. 4, 6 BauGB.

## XVII. Verfahren vor den Baulandgerichten

Die Baulandgerichte entscheiden über alle Verwaltungsakte, die im Rahmen des Enteignungsverfahrens ergehen, auch wenn diese keine Entschädigungsregelung treffen. Die Baulandgerichte sind verpflichtet und befugt, die Entscheidung der Enteignungsbehörde vollständig nachzuprüfen. Es handelt sich dabei um eine reine Rechtskontrolle; der Enteignungsbehörde kommt ein gerichtlich nur beschränkt nachprüfbarer Entscheidungsspielraum zu[3]. Mit der Einrichtung von Baulandgerichten sollte die Zweigleisigkeit des Rechtsweges bei Enteignungsstreitigkeiten verhindert werden. Grundsätzlich sind Maßnahmen im behördlichen Enteignungsverfahren Verwaltungsakte, über deren Rechtmäßigkeit – sofern keine Sonderregelung besteht – aufgrund der allgemeinen Generalklausel des § 40 Abs. 1 VwGO die allgemeinen Verwaltungsgerichte zu entscheiden hätten. Gem. Art. 14 Abs. 3 Satz 4, Art. 34 Satz 3 GG ist jedoch der Streit um die Höhe der Enteignungsentschä- 141

---
1 Vgl. BGH v. 5.2.1968 – III ZR 217/65, DVBl 1969, 204.
2 BGH v. 27.9.1973 – III ZR 131/71, BGHZ 61, 240 (247).
3 BVerfG v. 8.7.2009 – 1 BvR 2187/07, Juris, Rz. 12.

digigung stets vor den Zivilgerichten auszutragen. Um zu verhindern, dass zwei dreistufige Rechtswege hintereinander geschaltet werden müssen, bei denen die Gerichte jeweils nur für einen Teil des gesamten Enteignungskomplexes zuständig sind, wurden die Teilzuständigkeiten der Verwaltungs- und Zivilgerichte bei den **Kammern für Baulandsachen** bei den Landgerichten und **Senaten für Baulandsachen** bei den Oberlandesgerichten zusammengefasst[1]. Für die Anfechtungsklage eines Enteignungsbetroffenen, mit der er gegen einen Enteignungsbeschluss einwendet, in diesem sei formal zu Unrecht von der Festsetzung einer Enteignungsentschädigung abgesehen worden, ist der Verwaltungsrechtsweg gegeben. Die Beteiligten streiten insoweit nur über ihrer Natur nach verwaltungsrechtliche, nicht die Höhe der Entschädigung betreffende formale Pflichten beim Erlass eines Enteignungsbeschlusses und nicht über die Höhe der Entschädigung[2].

142 Das Verfahren vor den Baulandgerichten richtet sich grds. nach den Bestimmungen der **Zivilprozessordnung**. Es zeichnet sich jedoch durch einige gerichtsorganisatorische und verfahrensrechtliche Besonderheiten aus, die hier nur in einem Überblick skizziert werden können.

143 Gegenstand des Baulandprozesses können alle Verwaltungsakte sein, die im Enteignungsverfahren ergehen. Angegriffen werden können diese Verwaltungsakte nicht mit einer Anfechtungsklage, sondern mit dem **Antrag auf gerichtliche Entscheidung** i.S.v. § 217 Abs. 1 Satz 1 BauGB. Der Antrag ist binnen eines Monats seit der Zustellung des Verwaltungsaktes bei der Verwaltungsbehörde einzureichen, die den Verwaltungsakt erlassen hat. Der Antrag muss den Verwaltungsakt bezeichnen, gegen den er sich richtet. Er soll die Erklärung, inwieweit dieser Verwaltungsakt angefochten wird, und einen bestimmten Antrag enthalten. Er soll außerdem die Gründe sowie die Tatsachen und Beweismittel angeben, die zur Rechtfertigung des Antrages dienen (§ 217 Abs. 3 BauGB).

144 Die Verwaltungsbehörde, die den Verwaltungsakt erlassen hat, muss den Antrag mit ihrer Akte unverzüglich dem zuständigen **Landgericht vorlegen.** Ist das behördliche Verfahren noch nicht abgeschlossen, so sind statt der Akten Abschriften der bedeutsamen Aktenstücke vorzulegen (§ 217 Abs. 4 BauGB).

145 Über den Antrag entscheidet die beim Landgericht gebildete **Kammer für Baulandsachen** in der Besetzung mit zwei Richtern des Landgerichts einschließlich des Vorsitzenden und einem Richter des Verwaltungsgerichts (§ 220 Abs. 1 BauGB).

146 Für das Verfahren gilt grds. die **Zivilprozessordnung**; das Gericht kann allerdings die Beweisaufnahme auch von Amts wegen anordnen und nach Anhörung der Beteiligten auch solche Tatsachen berücksichtigen, die von ihnen nicht vorgebracht worden sind (§ 221 BauGB). **Rechtsanwaltszwang** i.S.d. § 78 ZPO gilt in dem Verfahren vor dem Landgericht und dem Oberlandesgericht nur für die Beteiligten, die Anträge zur Hauptsache stellen (§ 222 Abs. 3 Satz 2 BauGB).

147 Über den Antrag auf gerichtliche Entscheidung wird durch **Urteil** entschieden (§ 226 Abs. 1 BauGB). Wird ein Antrag auf gerichtliche Entscheidung, der einen Anspruch auf eine Geldleistung betrifft, für begründet erachtet, so hat das Gericht den Verwaltungsakt zu ändern. Wenn es in anderen Fällen einen Antrag auf gerichtliche Entscheidung für begründet erachtet, hat das Gericht den Verwaltungsakt aufzuheben und erforderlichenfalls die Verwaltungsbehörde zu verpflichten, unter Aufhebung des Verwaltungsaktes und unter Beachtung der Rechtsfassung des Gerichts anderweitig zu entscheiden (§ 226 Abs. 2 BauGB).

---

1 Vgl. dazu *Porger*, in: Berliner Kommentar zum BauGB, vor § 217 Rz. 4; s. auch BVerfG v. 23.2.1956 – 1 BvL 28/55, 49/55, BVerfGE 4, 387.
2 VGH München v. 23.9.2009 – 8 B 08.2947, BayVBl. 2010, 624.

Anders als im Zivilprozess kann auch bei **Säumnis der Beteiligten** mündlich verhandelt werden; ein Versäumnisurteil gibt es in diesem Verfahren nicht. 148

Über die **Berufung** und die **Beschwerde** entscheidet der Senat für Baulandsachen des Oberlandesgerichtes in der Besetzung mit zwei Richtern des Oberlandesgerichts einschließlich des Vorsitzenden und einem Richter vom Oberverwaltungsgericht (§ 229 Abs. 1 Satz 1 BauGB). Über die **Revision** entscheidet gem. § 230 BauGB der BGH. 149

# Teil 3
# Umweltrecht

## A. Immissionsschutzrecht

|  | Rz. |
|---|---|
| **I. Das anwendbare Recht** | 1 |
| 1. Unionsrecht | 2 |
| 2. Bundes-Immissionsschutzgesetz | 5 |
| 3. Landes-Immissionsschutzgesetze | 6 |
| 4. Gesetz über die Umweltverträglichkeitsprüfung (UVPG) | 7 |
| 5. Treibhausgas-Emissionshandelsgesetz | 8 |
| 6. Das allgemeine Verwaltungsverfahrensrecht | 9 |
| 7. Rechtsverordnungen zum BImSchG | 10 |
| 8. Verwaltungsvorschriften | 12 |
| **II. Die Bedeutung des Rechtsanwalts im Immissionsschutzrecht** | 15 |
| **III. Tätigwerden vor der förmlichen Antragstellung** | |
| 1. Erforderlichkeit einer immissionsschutzrechtlichen Genehmigung | 19 |
| a) Anlagenbegriff des BImSchG | 20 |
| b) Reichweite des Genehmigungsvorbehalts | 22 |
| 2. Ermittlung der Genehmigungsfähigkeit | 31 |
| a) Materiell-rechtliche Anforderungen an genehmigungsbedürftige Anlagen | 32 |
| b) Nicht genehmigungsbedürftige Anlagen | 39 |
| 3. Festlegung der Zulassungsart | 40 |
| 4. Unterrichtung und Beratung hinsichtlich des Genehmigungsantrags | |
| a) Regelfall | 41 |
| b) UVP-pflichtige Anlagen | 43 |
| **IV. Das Genehmigungsverfahren** | |
| 1. Zuständige Genehmigungsbehörde | 49 |
| 2. Feststellung der UVP-Pflicht | 51 |
| 3. Der Genehmigungsantrag | 54 |
| 4. Die Antragsunterlagen | 55 |
| 5. Die Vollständigkeitsprüfung | 59 |
| 6. Auslegung von Antrag und Antragsunterlagen | |
| a) Öffentliche Bekanntmachung der Auslegung | 63 |
| b) Auslegung von Antrag und Unterlagen | 67 |

|  | Rz. |
|---|---|
| c) Absehen von einer erneuten Auslegung bei nachträglichen Änderungen | 71 |
| 7. Recht auf Akteneinsicht | 73 |
| 8. Einwendungen Dritter | |
| a) Anforderungen an Einwendungen | 76 |
| b) Präklusion | 84 |
| c) Einwendungsmuster | 88 |
| 9. Behördenbeteiligung | 89 |
| 10. Koordinierungspflicht mehrerer Zulassungsverfahren | 93 |
| 11. Beteiligung der anerkannten Umweltvereinigungen | 95 |
| 12. Beteiligung von Gemeinden und anderen Gebietskörperschaften | 98 |
| 13. Erörterungstermin | 99 |
| 14. Vereinfachtes Genehmigungsverfahren | 112 |
| 15. Verfahrensmängel und ihre Folgen | 115 |
| 16. Entscheidung der Genehmigungsbehörde | 118 |
| a) Erteilung der Genehmigung | 119 |
| aa) Inhalt der Genehmigung | 120 |
| bb) Bekanntmachung der Genehmigung | 130 |
| cc) Wirkungen der Genehmigung | 134 |
| b) Ablehnung des Genehmigungsantrags | 136 |
| c) Beendigung des Genehmigungsverfahrens in sonstiger Weise | 137 |
| 17. Erlöschen der Genehmigung | 138 |
| a) Erlöschen durch Fristablauf und fehlenden Fortbetrieb | 139 |
| b) Rücknahme und Widerruf | 140 |
| **V. Besondere Verfahrensarten** | |
| 1. Teilgenehmigungsverfahren (§ 8 BImSchG) | 151 |
| 2. Vorbescheidsverfahren (§ 9 BImSchG) | 158 |
| 3. Die Änderung genehmigter Anlagen (§§ 15, 16 BImSchG) | 165 |
| a) Anzeigeverfahren | 166 |
| b) Änderungsgenehmigungsverfahren | 169 |
| aa) Verzicht auf die Öffentlichkeitsbeteiligung | 170 |
| bb) UVP-pflichtige Änderungen | 173 |

|  | Rz. |  | Rz. |
|---|---|---|---|
| 4. Die Zulassung des vorzeitigen Beginns (§ 8a BImSchG) | 176 | 2. Festlegung der Gesamtzahl der Emissionsberechtigungen | 209 |
| 5. Nachträgliche Anordnungen (§ 17 BImSchG) | 181 | 3. Zuteilung der individuellen Emissionsberechtigungen | 211 |
| a) Voraussetzungen | 182 | 4. Wesentliche Änderungen durch das Gesetz zur Anpassung der Rechtsgrundlagen für die Fortentwicklung des Emissionshandels | 217 |
| b) Inhalt nachträglicher Anordnungen | 191 | | |
| c) Verfahren | 195 | | |
| VI. Klimaschutzrecht | 198 | | |
| 1. Erteilung der Emissionsgenehmigung (§ 4 TEHG) | 202 | | |

**Literatur:**

**Kommentare und Monografien:**

*Adam/Hentschke/Kopp-Assenmacher*, Handbuch des Emissionshandelsrecht, 2006; *Feldhaus*, Bundes-Immissionsschutzrecht, Stand September 2011; *Frenz*, Emissionshandelsrecht, 2. Aufl. 2008; *Jarass*, BImSchG, 8. Aufl. 2010; *Koch/Pache/Scheuing*, GK-BImSchG, Stand Oktober 2010; *Körner/Vierhaus*, TEHG, 2005; *Kotulla*, Bundes-Immissionsschutzgesetz, Stand Juni 2010; *Landmann/Rohmer*, Umweltrecht, Stand April 2011; *Ohms*, Praxishandbuch Immissionsschutzrecht, 2. Aufl. 2011; *Pütz/Buchholz/Runte*, Anzeige- und Genehmigungsverfahren nach dem Bundes-Immissionsschutzgesetz, 8. Aufl. 2007; *Schweer/v. Hammerstein*, TEHG, 2004; *Sellner/Reidt/Ohms*, Immissionsrecht und Industrieanlagen, 3. Aufl. 2006; *Ule/Laubinger*, BImSchG, Stand Mai 2011.

**Aufsätze:**

*Baur*, Die privatrechtlichen Auswirkungen des Bundesimmissionsschutzgesetzes, JZ 1974, 657; *Beckmann*, Die integrative immissionsschutzrechtliche Genehmigung, NuR 2003, 715; *Bier*, Immissionsschutzrechtlicher Nachbarschutz, ZfBR 1992, 15; *Biesecke*, Die verfahrensrechtliche Integration durch das novellierte Bundesimmissionsschutzgesetz, ZUR 2002, 325; *Breuer*, Schutz von Betriebs- und Geschäftsgeheimnissen im Umweltrecht, NVwZ 1986, 171; *Busse*, Die immissionsschutzrechtlichen Genehmigungsverfahren, VR 1998, 263; *Calliess*, Integrierter Umweltschutz revisited, Reformbedarf in TA Luft und Anlagenzulassungsrecht? DVBl 2010, 1; *Calliess*, Umweltvorsorge durch integrierten Umweltschutz und Verfahren – Überlegungen am Beispiel der Umsetzung der Art. 7 der IVU-Richtlinie im Bundesimmissionsschutzrecht, Umweltrecht und Umweltwissenschaft 2007, 143; *Denkhaus*, Genehmigungsfähigkeit einer Verbesserung der Immissionssituation trotz weiterer Immissionswertüberschreitungen im Änderungsgenehmigungsverfahren nach § 16 BImSchG, NuR 2000, 9; *Dicke/Tünnesen-Harmes*, Das Gesetz zur Beschleunigung und Vereinfachung immissionsschutzrechtlicher Genehmigungsverfahren und seine praktische Bedeutung für die Betreiber genehmigungspflichtiger Anlagen, GewArch 1997, 48; *Dippel*, Praxisfragen der Öffentlichkeitsbeteiligung im Genehmigungsverfahren nach dem Bundes-Immissionsschutzgesetz, NVwZ 2010, 145; *Engelhardt*, Aus der Rechtsprechung zum Immissionsschutzrecht, NuR 1992, 108; *Fluck*, Änderungen genehmigungsbedürftiger Anlagen nach §§ 15, 16 BImSchG idF der Beschleunigungsnovelle, VerwArch 88 (1997), 265; *Fluck*, „Umplanungen" genehmigter Anlagen vor Inbetriebnahme als Änderung i.S.v. § 15 BImSchG, GewArch 1996, 222; *Friedrich*, Umweltrechtliche Folgen einer Aufteilung bestehender Anlagen auf mehrere Betreiber, NVwZ 2002, 1174; *Führ*, Anlagenänderung durch Anzeige, UPR 1997, 421; *Hansmann*, Änderung von genehmigungsbedürftigen Anlagen i.S.d. Immissionsschutzrechts, DVBl 1997, 1421; *Hansmann*, Beschleunigung und Vereinfachung immissionsschutzrechtlicher Genehmigungsverfahren?, NVwZ 1997, 105; *Hansmann*, Prüfung wasserrechtlicher Fragen im integrierten Anlagenzulassungsverfahren, ZfW 1999, 238; *Hansmann*, Die Umsetzung des Integrationsgebots im Anlagenzulassungsrecht, NVwZ 2001, Sonderheft, 26; *Horn*, Die Behandlung ausgewählter formell rechtlicher Regelungen des BImSchG in der Rechtsprechung, UPR 1984, 113; *Jarass*, Neue (und alte) Probleme bei der Änderung immissionsschutzrechtlicher Anlagen, NJW 1998, 1097; *Jarass*, Das Gebot der Koordinierung konkurrierender Zulassungsverfahren, NVwZ 2009, 65; *Jarass*, Probleme um die Entscheidungsfrist der immissionsschutzrechtlichen Genehmigung, DVBl 2009, 205; *Jarass*, Immissionsschutzrechtlicher Anlagenbegriff und Reichweite der Genehmigungsbedürftigkeit, UPR 2011, 201; *Kälberer*, Nebeneinrichtung oder eigenständige Anlage?, AbfallR 2005, 7; *Kaster*, Die Stellung der Umweltschutzbehörden im parallelen Gestattungsverfahren, NuR 1996, 109; *Kenyeressy/Posser/Theuer*, Die Verbesserungsgenehmigung in BImSchG, NVwZ 2009, 1460; *Koch/Kahle*, Aktuelle Rechtsprechung zum Immissionsschutzrecht, NVwZ 2006, 1124; *Koch/Braun*, Aktuelle Entwicklungen des Immissionsschutzrechts, NVwZ 2010, 1199; *Knäpple*, Gesetz zur Reduzierung und Beschleunigung von immissionsschutzrechtlichen Genehmigungsverfahren, Immissionsschutz 2008, 28; *Knopp/Wolf*, Änderung des immissionsschutzrechtlichen Industrieanlagen-Zulassungsverfahrens, BB 1997, 1593; *Kutscheidt*, Die wesentliche Änderung industrieller Anlagen, NVwZ 1997, 111; *Kutscheidt*, Anmerkung zur Änderung genehmigungsbedürftiger Anlagen, NVwZ 2001, Sonderheft, 30; *Manten*, Volle Kraft voraus – Gesetz zur Reduzierung und Beschleunigung von immissionsschutzrechtlichen Genehmigungsverfahren, DVBl 2009, 213; *Meins*, Erneuerungen im Immissionsschutzrecht, BayVBl. 1998, 136; *Moormann*, Die wesentlichen Änderungen des Immissionsschutzrechts durch das Investitionserleichterungs- und Wohnbaulandgesetz, UPR 1993, 286; *Moormann*, Die Änderungen des Bundes-Immissionsschutzgesetzes durch das Gesetz zur Beschleunigung und Vereinfachung immissionsschutzrechtlicher Genehmigungsverfahren, UPR 1996, 408; *Müggenborg*, Integrierte chemische Anlagen, NVwZ 2010, 479; *Oexle/Gessmann*, Zur Änderung des BImSchG durch das Rechtsbereinigungsgesetz Umwelt, AbfallR 2009, 215; *Ohms*, Das Mandat im Umweltrecht, Teil 1 und 2, ZAP Fach 19, 567 und 591; *Paulus*, Immissionsschutzrechtliche Öffentlichkeitsbeteiligung im Lichte aktueller gemeinschaftsrechtlicher Vorgaben, AuR 2006, 167; *Plog/Tepperwien*, Der Erörterungstermin im Verwaltungsverfahren, NdsVBl. 2010, 95; *Rebentisch*, Änderungen des BImSchG durch das Rechtsbereinigungsgesetz Umwelt, UPR 2010, 121; *Riese/Dieckmann*, Der Erörterungstermin – Bestandsaufnahme und Reformvorschlag, DVBl 2010, 1343; *Röckinghausen*, Mehr Legitimation durch mehr Verfahren?, EurUP 2008, 210; *Schäfer*, Zur Beschleunigung des Genehmigungsverfahrens nach dem Bundes-Immissionsschutzgesetz, DÖV 1977, 85; *Schäfer*, Die Beschleunigungsnovellen zum Immissionsschutzrecht, NVwZ 1997, 526; *Scheidler*, Das Integrationsprinzip im deutschen und europäischen Umweltrecht – die Ausgangslage zur Schaffung einer integrierten Vorhabengenehmigung nach der Föderalismusreform, WiVerw 2008, 3; *Scheidler*, Integrative Elemente im Immissionsschutzrecht, NuR 2008, 764; *Scheidler*, Rechtsnatur und Wirkungen der immissionsschutzrechtlichen Genehmigung, DVP 2008, 233; *Scheidler*, Rechtsschutzfragen in Zusammenhang mit der immissionsschutzrechtlichen Genehmigung, Immissionsschutz 2009, 80; *Scheidler*, Aktuelle Änderungen im anlagenbezogenen Immissionsschutzrecht, Immissionsschutz 2010, 72; *Scheidler*, Aktuelle Änderungen im Bundes-Immissionsschutzrecht – ein Überblick, UPR 2010, 17; *Scheidler*, Die immissionsschutzrechtliche Genehmigung, SächsVBl. 2010, 213; *Scheidler*, Rechtsnatur und Wirkungen der immissionsschutzrechtlichen Genehmigung – Einbindung der Gemeinde, LKRZ 2010, 326; *Scheidler*, Änderungen des Bundes-Immissionsschutzgesetzes zum 01.03.2010, Kommunalpraxis BY 2010, 54; *Schink*, Die Verbesserungsgenehmigung nach § 6 Abs. 3 BImSchG, NuR 2011, 250; *Seibert*, Aktuelle Rechtsprechung des Oberverwaltungsgerichts für das Land Nordrhein-Westfalen zum Immissionsschutzrecht, DVBl 2011, 391; *Sellner*, Die Genehmigung nach dem Bundes-Immissionsschutzgesetz, NJW 1975, 801; *Sellner*, Änderungsgenehmigung nach § 16 BImSchG n.F. und Öffentlichkeitsbeteiligung, Festschrift für Feldhaus, 1999, 101; *Sellner*, Der integrative Ansatz im Bundes-Immissionsschutzgesetz – Was ändert sich durch das Artikelgesetz?, in: Dolde (Hrsg.), Umweltrecht im Wandel, 2001, 401; *Spiegels*, Klagebefugnis aufgrund einer immissionsschutzrechtlichen Genehmigung, NVwZ 2003, 1091; *Staupe*, Die vollständige Koordination des Behördenhandelns gem. IVU-Richtlinie, ZUR 2000, 368; *Streinz*, Materielle Präklusion und Verfahrensbeteiligung im Verwaltungsrecht, VerwArch 79 (1988), 272; *Theuer/Kenyeressy*, Die für genehmigungsbedürftige Anlagen relevanten Änderungen des BImSchG durch das Rechtsbereinigungsgesetz Umwelt (RGU) und das Gesetz zur Neuregelung des Wasserrechts, Immissionsschutz 2010, 4; *Tigges*, Förmliches immissionsschutzrechtliches Genehmigungsverfahren und Nachbarschutz, ZNER 2005, 93; *Ule*, Die Bedeutung des Verwaltungsverfahrensgesetzes für das Bundes-Immissionsschutzgesetz DVBl 1976, 729; *Vallendar*, Die UVP-Novelle zur BImSchV 9, UPR 1992, 212; *Versteyl*, Erweiterung der Öffentlichkeitsbeteiligung des Rechtsschutzes im Anlagenzulassungsrecht, AbfallR 2008, 8; *Versteyl/Neumann*, Das immissionsschutzrechtliche Genehmigungsverfahren als Schnittstelle von Recht und Technik – dargestellt am Beispiel von

Umplanungen, LKV 1996, 1; *Wasielewski*, Die „wesentliche Änderung" – eine rechtsvergleichende Betrachtung des Atom- und Immissionsschutzrechts, UPR 1998, 420; *Wicke*, Die Auswirkungen des neuen § 16 BImSchG auf den Vollzug der dynamischen Grundpflichten des § 5 Abs. 1 BImSchG, DÖV 1997, 678; *Wolf*, Die Genehmigung von Kohlekraftwerken im Zeichen der Europäisierung des Rechtsrahmens, NuR 2010, 244; *Zöttel*, Die Mitteilung über die immissionsschutzrechtliche Genehmigungsbedürftigkeit einer Anlagenänderung, NVwZ 1998, 234.

## I. Das anwendbare Recht

1 Die Rechtsquellen im Immissionsschutzrecht sind vielfältiger Natur. Geordnet nach der Normenhierarchie sind zu nennen:

### 1. Unionsrecht

2 Das **immissionsschutzrechtliche Anlagenzulassungsrecht** und damit der Kern des deutschen Immissionsschutzrechts werden maßgeblich durch unionsrechtliche Vorgaben bestimmt. Als wichtigste Vorgabe ist hier die noch geltende Richtlinie 2008/1/EG des Europäischen Parlaments und des Rates vom 15.1.2008 über die integrierte Vermeidung und Verminderung der Umweltverschmutzung (sog. **IVU-Richtlinie**) zu nennen[1]. Die IVU-Richtlinie wird mit Wirkung vom 7.1.2014 durch die Richtlinie 2010/75/EU des Europäischen Parlaments und des Rates vom 24.11.2010 über Industrieemissionen (integrierte Vermeidung und Verminderung der Umweltverschmutzung; sog. **Industrieemissionen-Richtlinie**)[2] abgelöst, die mehrere bislang geltende Richtlinien zusammenfasst. Beide Richtlinien enthalten sowohl Anforderungen an das Zulassungsverfahren als auch materiell-rechtliche Vorgaben. Für das Zulassungsverfahren sind ein Genehmigungsvorbehalt für neue und wesentlich geänderte Anlagen (Art. 4 und 12 Abs. 2 der IVU-Richtlinie; Art. 4 und 20 Abs. 2 der Industrieemissionen-Richtlinie), Vorgaben für den Genehmigungsantrag (Art. 6 der IVU-Richtlinie; Art. 12 der Industrieemissionen-Richtlinie), für die Beteiligung der Öffentlichkeit im Verfahren (Art. 15 der IVU-Richtlinie; Art. 24 der Industrieemissionen-Richtlinie), für eine vollständige Koordinierung bei mehreren Zulassungsentscheidungen (Art. 7 der IVU-Richtlinie; Art. 5 Abs. 2 der Industrieemissionen-Richtlinie), zum Inhalt der Genehmigung (Art. 9 der IVU-Richtlinie; Art. 14 der Industrieemissionen-Richtlinie) und zu Rechtsschutzmöglichkeiten (Art. 16 der IVU-Richtlinie; Art. 25 der Industrieemissionen-Richtlinie) vorgesehen. Die Regelungen der Industrieemissionen-Richtlinie entsprechen für die verfahrensrechtlichen Vorgaben weitgehend den Vorschriften der IVU-Richtlinie. Weitergehende Vorgaben bestehen etwa für die Pflicht, die wesentlichen Teile der Genehmigung im Internet bekannt zu machen (Art. 24 Abs. 2 der Industrieemissionen-Richtlinie; s.a. Rz. 131).

3 Für den Bereich des **Emissionshandels** werden die wesentlichen Regelungen ebenfalls auf unionsrechtlicher Ebene vorgegeben. In Umsetzung des Kyoto-Protokolls vom 11.12.1997 zum Rahmenübereinkommen der Vereinten Nationen über Klimaänderungen[3] ist die Richtlinie 2003/87/EG des Europäischen Parlaments und des Rates vom 13.10.2003 über ein System für den Handel mit Treibhausgas-Emissionszertifikaten (sog. **Emissionshandels-Richtlinie**)[4] erlassen worden, in der die wesentlichen Regelungen des Emissionshandels enthalten sind. Durch die Richt-

---

1 ABl. Nr. L 24, S. 8.
2 ABl. Nr. L 334, S. 17.
3 BGBl. II 2002 S. 966. Die EU hat das Abkommen durch die Entscheidung 2002/358/EG vom 25.4.2002 (ABl. Nr. L 130, S. 1) genehmigt.
4 ABl. Nr. L 275, S. 32.

linie 2008/101/EG[1] ist das Emissionshandelssystem ab 2012 auf den Luftverkehr ausgedehnt worden. Zudem sieht die Richtlinie 2009/29/EG[2] eine stärkere Harmonisierung des Emissionshandelssystems, eine Absenkung der Gesamtmenge an Berechtigungen sowie die Einbeziehung weiterer Treibhausgase und zusätzlicher Industrietätigkeiten jeweils für die Zeit ab 2013 vor.

Die Richtlinienbestimmungen entfalten grundsätzlich keine unmittelbaren Rechtswirkungen vor Ablauf der Umsetzungsfristen in den Mitgliedstaaten. Allerdings können Richtlinien unter bestimmten, vom Europäischen Gerichtshof näher festgelegten Kriterien auch **unmittelbare Anwendung** finden. Dies ist der Fall, wenn die Richtlinie innerhalb der Umsetzungsfrist nicht oder nicht ausreichend umgesetzt wurde, die betreffende Richtlinienbestimmung eine Begünstigung des Einzelnen enthält und die Bestimmung zudem inhaltlich unbedingt und hinreichend genau ist[3]. In diesem Fall sind die Richtlinienbestimmungen von den deutschen Behörden und Gerichten unmittelbar anzuwenden. Entgegenstehendes nationales Recht darf nicht angewendet werden. Sofern der Wortlaut der deutschen Vorschrift einer Auslegung zugänglich ist, ist diese so zu wählen, dass sie den unionsrechtlichen Vorgaben gerecht wird (sog. richtlinienkonforme Auslegung)[4]. Die unionsrechtlichen Vorgaben sind mit Ausnahme der Vorgaben in der Industrieemissionen-Richtlinie in das deutsche Recht umgesetzt worden. Die Frist für die Umsetzung der Vorgaben in der Industrieemissionen-Richtlinie läuft für die wesentlichen Teile der Richtlinie am 7.1.2013 ab.

## 2. Bundes-Immissionsschutzgesetz

Die unbestrittene „**Königsnorm**" im Immissionsschutzrecht bildet das Gesetz zum Schutz vor schädlichen Umwelteinwirkungen durch Luftverunreinigungen, Geräusche, Erschütterungen und ähnliche Vorgänge (Bundes-Immissionsschutzgesetz – BImSchG) in der Fassung der Bekanntmachung vom 26.9.2002[5]. Es enthält zum einen die materiellen Vorgaben, die das Immissionsschutzrecht für die vom BImSchG erfassten Anlagen aufstellt. Hierbei unterscheidet das BImSchG grundsätzlich zwischen genehmigungsbedürftigen Anlagen (§§ 4 ff. BImSchG) und nicht genehmigungsbedürftigen Anlagen (§§ 22 ff. BImSchG). Zum anderen enthält das BImSchG für genehmigungsbedürftige Anlagen auch die einschlägigen Verfahrensvorschriften. Für nicht genehmigungsbedürftige Anlagen wird auf Verfahrensvorschriften in anderen Gesetzen, hier insbesondere die Verfahrensvorschriften in den Landesbauordnungen, zurückgegriffen. Das BImSchG ist seit seinem ursprünglichen Erlass vom 1.4.1974 durch zahlreiche Gesetze geändert worden. Die Grundstruktur ist aber stets beibehalten worden. Es enthält nach wie vor das Zulassungsrecht für Industrieanlagen in Deutschland.

---

1 ABl. 2009 Nr. L 8, S. 3.
2 ABl. Nr. L 140, S. 63.
3 St. Rspr., s. die Nachweise bei *Ruffert*, in: Calliess/Ruffert, EUV/AEUV, 4. Aufl. 2011, Art. 288 AEUV Rz. 48.
4 *Ruffert*, in: Calliess/Ruffert, EUV/AEUV, 4. Aufl. 2011, Art. 288 AEUV Rz. 77 ff.
5 BGBl. I S. 3830.

### 3. Landes-Immissionsschutzgesetze

6 Einige Bundesländer verfügen über eigene Landes-Immissionsschutzgesetze. Dies sind Bayern[1], Berlin[2], Brandenburg[3], Bremen[4], Nordrhein-Westfalen[5] und Rheinland-Pfalz[6]. Die Anwendungsbereiche der Landes-Immissionsschutzgesetze sind relativ schmal, da sie die Vorschriften des BImSchG nur ergänzen können, darüber hinausgehende Regelungen wegen des Vorrangs des Bundesrechts (Art. 31 GG) demnach nichtig sind. Anwendungsbereiche ergeben sich zum einen für Immissionen, die von menschlichen Tätigkeiten ausgehen und in keinem Zusammenhang mit einer Anlage stehen. Dies ist etwa bei Regelungen für verhaltensbezogenen Lärm der Fall (z.B. Regelung der Nachtruhe, der Ruhezeiten, Verbote für bestimmte Tätigkeiten, Lärmminderungsgebote). Daneben eröffnet § 22 Abs. 2 BImSchG den Bundesländern die Möglichkeit, für nichtgenehmigungsbedürftige Anlagen über das BImSchG hinausgehende Vorschriften zu erlassen. Zum Teil haben die Bundesländer in ihren Landes-Immissionsschutzgesetzen hiervon Gebrauch gemacht. In der Praxis bedeutsame Fälle sind insbesondere die Zulassung von Volksfesten, Märkten oder anderen lärmintensiven Veranstaltungen, für die die Bundesländer teils ein Genehmigungserfordernis, teils auch ergänzende materielle Vorgaben geregelt haben.

### 4. Gesetz über die Umweltverträglichkeitsprüfung (UVPG)

7 Verfahrensrechtliche Anforderungen enthält auch das Gesetz über die Umweltverträglichkeitsprüfung (UVPG) in der Fassung der Bekanntmachung vom 24.2.2010[7]. In den §§ 3 ff. UVPG ist die Frage geregelt, ob eine Anlage UVP-pflichtig ist, d.h. sie vor ihrer Errichtung und den Betrieb einer Umweltverträglichkeitsprüfung (UVP) unterzogen werden muss. Ist die UVP-Pflicht zu bejahen, enthält § 6 Abs. 3 UVPG Mindestanforderungen an den Genehmigungsantrag sowie § 9 UVPG Anforderungen an das Genehmigungsverfahren. Diese Vorschriften gelten allerdings nur dann, wenn nicht in spezielleren Gesetzen Regelungen enthalten sind bzw. das UVPG weitergehende Regelungen enthält (§ 4 Satz 1 und 2 UVPG). In § 1 Abs. 2 und 3 der 9. BImSchV sind solche Regelungen zur UVP-Pflicht enthalten. Sie bleiben allerdings teilweise hinter den Vorschriften des UVPG zurück, so dass es geboten ist, jedenfalls ergänzend die entsprechenden Vorschriften des UVPG heranzuziehen[8].

### 5. Treibhausgas-Emissionshandelsgesetz

8 Eine Erweiterung des Immissionsschutzrechts ist durch die Einführung des Emissionshandels eingetreten, der maßgeblich auf völkerrechtlichen und unionsrechtlichen Vorgaben beruht (s. Rz. 3). Zu deren Umsetzung hat der deutsche Gesetzgeber das Treibhausgas-Emissionshandelsgesetz (TEHG) vom 8.7.2004[9] erlassen.

---

1 Bayerisches Immissionsschutzgesetz (BayImSchG) vom 8.10.1974 (BayRS III S. 472).
2 Landes-Immissionsschutzgesetz (LImSchG Bln.) vom 5.12.2005 (GVBl. S. 735).
3 Landesimmissionsschutzgesetz (LImSchG) i.d.F. der Bek. vom 22.7.1999 (GVBl. I S. 386).
4 Bremisches Gesetz zum Schutz vor schädlichen Umwelteinwirkungen (Bremisches Immissionsschutzgesetz – BremImSchG) vom 26.6.2001 (Brem. GBl. S. 220).
5 Gesetz zum Schutz vor Luftverunreinigungen, Geräuschen und ähnlichen Umwelteinwirkungen (Landes-Immissionsschutzgesetz – LImSchG) vom 18.3.1975 (GV NW S. 232).
6 Landes-Immissionsschutzgesetz i.d.F. der Bek. vom 20.12.2000 (GVBl. S. 578).
7 BGBl. I S. 94.
8 Zu § 1 Abs. 3 Satz 1 der 9. BImSchV Reidt/Schiller, in: Landmann/Rohmer, UmweltR, Band III, § 16 BImSchG Rz. 107.
9 BGBl. I S. 1578.

Das TEHG ist aufgrund einer Änderung der unionsrechtlichen Vorgaben (s. Rz. 3) als Art. 1 des Gesetzes zur Anpassung der Rechtsgrundlagen für die Fortentwicklung des Emissionshandels vom 27.7.2011[1] umfassend novelliert worden. Aufgrund einer Übergangsbestimmung gilt für die Bestandsanlagen in der laufenden Handelsperiode 2008–2012 weitgehend das TEHG in der Altfassung fort (s. § 34 Abs. 1 TEHG). Ergänzt wird das TEHG durch das jeweils für eine Handelsperiode geltende Zuteilungsgesetz[2] und eine Zuteilungsverordnung[3]. Diese beruhen auf dem jeweils für eine Handelsperiode nach den §§ 7 und 8 TEHG aufzustellenden nationalen Allokationsplan[4] (s. Rz. 198 ff.).

**6. Das allgemeine Verwaltungsverfahrensrecht**

Soweit das BImSchG und die 9. BImSchV (s. Rz. 11) keine Verfahrensvorschriften enthalten, kann ergänzend für die Zulassung von genehmigungsbedürftigen Anlagen auf die Vorschriften des Verwaltungsverfahrensgesetzes (VwVfG) zurückgegriffen werden. Da die Zulassung durchweg durch Landesbehörden erfolgt, finden die Landesverwaltungsverfahrensgesetze Anwendung, sofern das Bundesland ein solches erlassen hat (§ 1 Abs. 3 VwVfG). Dies ist in allen Bundesländern der Fall; teilweise wird allerdings pauschal auf das VwVfG des Bundes verwiesen (s. *Bracher/Redeker* Teil 1 Kap. A. Rz. 1 ff.). 9

**7. Rechtsverordnungen zum BImSchG**

Als technisches Anlagenzulassungsrecht bedürfen die immissionsschutzrechtlichen Vorschriften im BImSchG oftmals einer weitergehenden Konkretisierung und Erläuterung. Der Verordnungsgeber hat hiervon insbesondere durch Erlass diverser Durchführungsverordnungen zum BImSchG Gebrauch gemacht. Derzeit gelten folgende Durchführungsverordnungen: 10
- 1. BImSchV – Verordnung über kleine und mittlere Feuerungsanlagen – in der Fassung der Bekanntmachung vom 26.1.2010 (BGBl. I S. 38);
- 2. BImSchV – Verordnung zur Emissionsbegrenzung von leichtflüchtigen halogenierten organischen Verbindungen – vom 10.12.1990 (BGBl. I S. 2694), zuletzt geändert durch VO vom 20.12.2010 (BGBl. I S. 2194);
- 4. BImSchV – Verordnung über genehmigungsbedürftige Anlagen – in der Fassung der Bekanntmachung vom 14.3.1997 (BGBl. I S. 504), zuletzt geändert durch VO vom 26.11.2010 (BGBl. I S. 1643);
- 5. BImSchV – Verordnung über Immissionsschutz- und Störfallbeauftragte – vom 30.7.1993 (BGBl. I S. 1433), zuletzt geändert am 9.11.2001 (BGBl. I S. 1504);
- 7. BImSchV – Verordnung zur Auswurfbegrenzung von Holzstaub – vom 18.12.1975 (BGBl. I S. 3133);
- 9. BImSchV – Verordnung über das Genehmigungsverfahren – in der Fassung der Bekanntmachung vom 29.5.1992 (BGBl. I S. 1001), zuletzt geändert durch VO vom 23.10.2007 (BGBl. I S. 2470);

---

1 BGBl. I S. 1475.
2 Derzeit: Gesetz über den nationale Zuteilungsplan für Treibhausgas-Emissionsberechtigungen in der Handelsperiode 2008 bis 2012 (Zuteilungsgesetz 2012 – ZuG 2012) vom 7.8.2007 (BGBl. I S. 1788).
3 Derzeit: Verordnung über die Zuteilung von Treibhausgas-Emissionsberechtigungen in der Handelsperiode 2008 bis 2012 (Zuteilungsverordnung 2012 – ZuV 2012) vom 13.8.2007 (BGBl. I S. 1941).
4 Derzeit: Nationaler Allokationsplan 2008 bis 2012 für die Bundesrepublik Deutschland vom 28.6.2006 (BAnZ S. 5148), revidiert mit Stand vom 13.2.2007.

- 10. BImSchV – Verordnung über die Beschaffenheit und die Auszeichnung der Qualitäten von Kraft- und Brennstoffen – vom 8.1.2010 (BGBl. I S. 1849);
- 11. BImSchV – Verordnung über Emissionserklärungen – i.d.F. der Bekanntmachung vom 5.3.2007 (BGBl. I S. 289), geändert durch VO vom 26.11.2010 (BGBl. I S. 1643);
- 12. BImSchV – Störfall-Verordnung – i.d.F. der Bekanntmachung vom 8.6.2005 (BGBl. I S. 1598), geändert durch VO vom 26.11.2010 (BGBl. I S. 1643);
- 13. BImSchV – Verordnung über Großfeuerungs- und Gasturbinenanlagen – vom 20.7.2004 (BGBl. I S. 1717), zuletzt geändert durch VO vom 27.1.2009 (BGBl. I S. 129);
- 14. BImSchV – Verordnung über Anlagen der Landesverteidigung – vom 9.4.1986 (BGBl. I S. 380);
- 16. BImSchV – Verkehrslärmschutzverordnung – vom 12.6.1990 (BGBl. I S. 1036), zuletzt geändert am 19.9.2006 (BGBl. I S. 2146);
- 17. BImSchV – Verordnung über die Verbrennung und die Mitverbrennung von Abfällen – i.d.F. der Bekanntmachung vom 14.8.2003 (BGBl. I S. 1633), geändert durch VO vom 27.1.2009 (BGBl. I S. 129);
- 18. BImSchV – Sportanlagenlärmschutzverordnung – vom 18.7.1991 (BGBl. I S. 1588), zuletzt geändert durch VO vom 9.2.2006 (BGBl. I S. 324);
- 20. BImSchV – Verordnung zur Begrenzung der Emissionen flüchtiger organischer Verbindungen beim Umfüllen und Lagern von Ottokraftstoffen – vom 27.5.1998 (BGBl. I S. 1174), zuletzt geändert durch VO vom 4.5.2009 (BGBl. I S. 1043);
- 21. BImSchV – Verordnung zur Begrenzung der Kohlenwasserstoffemissionen bei der Betankung von Kraftfahrzeugen – vom 7.10.1992 (BGBl. I S. 1730), zuletzt geändert durch VO vom 6.5.2002 (BGBl. I S. 1566);
- 24. BImSchV – Verkehrswege-Schallschutzmaßnahmenverordnung – vom 4.2.1997 (BGBl. I S. 172), geändert durch VO vom 23.9.1997 (BGBl. I S. 2329);
- 25. BImSchV – Verordnung zur Begrenzung von Emissionen aus der Titandioxid-Industrie – vom 8.11.1996 (BGBl. I S. 1722);
- 26. BImSchV – Verordnung über elektromagnetische Felder – vom 16.12.1996 (BGBl. I S. 1966);
- 27. BImSchV – Verordnung über Anlagen zur Feuerbestattung – vom 19.3.1997 (BGBl. I S. 545), geändert durch VO vom 3.5.2000 (BGBl. I S. 632);
- 28. BImSchV – Verordnung über Emissionsgrenzwerte für Verbrennungsmotoren – vom 20.4.2004 (BGBl. I S. 614), zuletzt geändert durch VO vom 8.4.2011 (BGBl. I S. 605);
- 29. BImSchV – Gebührenordnung für Maßnahmen bei Typprüfungen von Verbrennungsmotoren – vom 22.5.2000 (BGBl. I S. 735), zuletzt geändert durch Gesetz vom 9.9.2001 (BGBl. I S. 2331);
- 30. BImSchV – Verordnung über Anlagen zur biologischen Behandlung von Abfällen – vom 20.2.2001 (BGBl. I S. 305), geändert durch VO vom 27.4.2009 (BGBl. I S. 900);
- 31. BImSchV – Verordnung zur Begrenzung der Emissionen flüchtiger organischer Verbindungen bei der Verwendung organischer Lösungsmittel in bestimmten Anlagen – vom 21.8.2001 (BGBl. I S. 2180), zuletzt geändert durch VO vom 20.12.2010 (BGBl. I S. 2194);
- 32. BImSchV – Geräte- und Maschinenlärmschutzverordnung – vom 29.8.2002 (BGBl. I S. 3478), zuletzt geändert durch VO vom 6.3.2007 (BGBl. I S. 261);
- 34. BImSchV – Verordnung über die Lärmkartierung – vom 6.3.2006 (BGBl. I S. 516);

I. Das anwendbare Recht　　　　　　　　　　　　　　　Rz. 13　Teil **3 A**

- 35. BImSchV – Verordnung zur Kennzeichnung der Kraftfahrzeuge mit geringem Beitrag zur Schadstoffbelastung – vom 10.10.2006 (BGBl. I S. 2218), geändert durch VO vom 5.12.2007 (BGBl. I S. 2793);
- 36. BImSchV – Verordnung zur Durchführung der Regelungen der Biokraftstoffquote – vom 29.1.2007 (BGBl. I S. 60), geändert durch VO vom 17.6.2011 (BGBl. I S. 1105);
- 39. BImSchV – Verordnung über Luftqualitätsstandards und Emissionshöchstmengen – vom 2.8.2010 (BGBl. I S. 1065).

Für das hier in erster Linie interessierende Verfahrensrecht haben insbesondere die 4. BImSchV und die 9. BImSchV Bedeutung. Die Vorschriften der 4. BImSchV regeln die Frage, wann eine Anlage genehmigungsbedürftig i.S.d. BImSchG ist. Folge ist dann die Durchführung eines immissionsschutzrechtlichen Genehmigungsverfahrens. Seine Ausgestaltung im Einzelnen ist dann den Vorschriften der 9. BImSchV zu entnehmen. Aus materiell-rechtlicher Sicht haben für genehmigungsbedürftige Anlagen insbesondere die 12., 13. und 17. BImSchV größere Bedeutung. 11

## 8. Verwaltungsvorschriften

Von besonderer praktischer Bedeutung für die Zulassung von immissionsschutzrechtlich bedeutsamen Anlagen sind die Verwaltungsvorschriften des Bundes, die auf der Grundlage des § 48a BImSchG erlassen worden sind. Zu nennen sind hier insbesondere die Technische Anleitung zur Reinhaltung der Luft (**TA Luft**) vom 24.7.2002[1] und die Technische Anleitung zum Schutz gegen Lärm (**TA Lärm**) vom 24.8.1998[2]. Die Regelwerke konkretisieren die Anforderungen, die das BImSchG im Hinblick auf Luftschadstoffe und Lärmimmissionen an die Zulassung von Anlagen stellt. Beide Regelwerke gelten sowohl für genehmigungsbedürftige als auch für nicht genehmigungsbedürftige Anlagen. Für genehmigungsbedürftige Anlagen gelten allerdings teilweise strengere Anforderungen. Obwohl es sich bei beiden Regelwerken um Verwaltungsvorschriften handelt, die an sich nur Behörden intern binden, entfalten sowohl die TA Luft als auch die TA Lärm darüber hinausgehende Bindungswirkung auch für Private und die Gerichte. Das Bundesverwaltungsgericht begründet dies nach anfänglichen Schwankungen in der Argumentation zuletzt damit, dass es sich um sog. normkonkretisierende Verwaltungsvorschriften handelt. Ihnen kommt die Funktion zu, bundeseinheitlich einen gleichmäßigen und berechenbaren Gesetzesvollzug sicherzustellen[3]. 12

In der Praxis erhebliche Bedeutung entfalten die Regelwerke und Auslegungshinweise, die die **Bund/Länder-Arbeitsgemeinschaft für Immissionsschutz (LAI)** zu einigen Rechtsvorschriften und Sachmaterien erlassen hat. In der Arbeitsgemeinschaft sind Vertreter aller Bundesländer sowie der Fachbehörden des Bundes (BMU, UBA) vertreten. Die Dokumente sind Ausdruck geballten Sachverstandes, der insbesondere durch die Anwendungsprobleme der Behörden in der Praxis gespeist wird. Aus diesem Grunde messen die Gerichte den Regelwerken und Auslegungshinweisen der LAI eine hohe Bedeutung zu. Auch wenn sie für die Gerichte als private Regelwerke keine strikte Bindungswirkung entfalten, legen die Gerichte sie ihren Entscheidungen als sachverständige Äußerung oftmals zugrunde. Zu nennen sind etwa die Freizeitlärm-Richtlinie vom 2./4.5.1995[4], die Geruchsimmissions- 13

---
1 GMBl. S. 511.
2 GMBl. S. 503.
3 So für die TA Luft BVerwG v. 21.6.2001 – 7 C 21.00, BVerwGE 114, 342 (344); v. 20.12.1999 – 7 C 15.98, BVerwGE 110, 216 (218); für die TA Lärm BVerwG v. 29.8.2007 – 4 C 2.07, BVerwGE 129, 209 Rz. 12.
4 NVwZ 1997, 469.

Richtlinie (GIRL) in der Fassung vom 21.9.2004[1], die Lichtimmissionen-Richtlinie vom 10./12.5.2000[2] oder die Erschütterungs-Leitlinie vom 10./12.5.2000[3].

14 **Einige Bundesländer** haben ferner Verwaltungsvorschriften für den Vollzug des Bundes-Immissionsschutzgesetzes und speziell auch das immissionsschutzrechtliche Genehmigungsverfahren erlassen[4]. Diese Verwaltungsvorschriften sollen die bundesrechtlichen Vorgaben teilweise erläutern, teilweise auch näher konkretisieren. Abweichungen von den bundesrechtlichen Vorgaben dürfen sie nicht enthalten. Als Verwaltungsvorschriften entfalten sie eine strikte Bindungswirkung ohnehin lediglich gegenüber den jeweiligen Landesbehörden. Weder Private (Vorhabenträger, Nachbarn) noch die Gerichte sind an diese Verwaltungsvorschriften gebunden.

## II. Die Bedeutung des Rechtsanwalts im Immissionsschutzrecht

15 Die Tätigkeit des Rechtsanwalts im Immissionsschutzrecht hat je nach Stellung des Mandanten und je nach Genehmigungsstand der Anlage unterschiedliche Zielrichtungen. Sofern es um die erstmalige Errichtung einer Industrieanlage und damit genehmigungsbedürftigen Anlage i.S.d. § 4 BImSchG geht, kann der **Vorhabenträger** den Rechtsanwalt um Beratung und Hilfestellung während der Antragstellung und des immissionsschutzrechtlichen Genehmigungsverfahrens, ggf. auch des nachfolgenden Rechtsschutzverfahrens bitten. Ziel der anwaltlichen Tätigkeit ist hier die Einreichung eines rechtskonformen Antrags sowie die zügige Verfahrensdurchführung und Erteilung der notwendigen immissionsschutzrechtlichen Genehmigung. Entsprechendes gilt für nachfolgende Klageverfahren, die von Nachbarn oder anerkannten Umweltschutzvereinigungen angestrengt werden können. Der Anlagenbetreiber kann sich allerdings auch nach Inbetriebnahme einer genehmigten Anlage Ansprüchen Dritter auf Schadenersatz oder Unterlassung gegenüber sehen. Ebenso kann die Genehmigungsbehörde im Wege nachträglicher Anordnungen (s. Rz. 181 ff.) weitergehende Anforderungen an den Anlagenbetrieb vorsehen oder gar die Anlage teilweise oder komplett stilllegen. In diesem Fall muss der Anwalt die Rechtmäßigkeit einer solchen nachträglichen Anordnung oder Stilllegungsanordnung prüfen und ggf. die notwendigen Rechtsbehelfe einlegen, damit der Anlagenbetrieb ohne Einschränkungen fortgesetzt werden kann.

16 Gerade bei der Zulassung komplexer Industrieanlagen kommt es häufiger vor, dass sich die **Genehmigungsbehörde** an einen Rechtsanwalt wendet mit der Bitte, sie bei einzelnen rechtlichen Fragen zu beraten oder aber einen erstellten Genehmigungsentwurf auf Rechtssicherheit und Bestand vor Gericht zu überprüfen. Nicht selten beauftragen die Genehmigungsbehörden Rechtsanwälte auch mit der Wahrnehmung ihrer rechtlichen Vertretung vor Gericht, da die Klagen Dritter sich aufgrund der erlassenen Genehmigung unmittelbar gegen die Genehmigungsbehörde bzw. ihren Rechtsträger, nicht aber gegen den Anlagenbetreiber bzw. Vorhabenträger richten. Ziel ist hier dann ebenso wie bei der Vertretung des Vorhabenträgers die Abweisung der Klagen gegen den immissionsschutzrechtlichen Zulassungsakt.

17 Häufig beauftragen aber auch **Bürger, Bürgerinitiativen und anerkannte Umweltvereinigungen** Rechtsanwälte, um sich im Genehmigungsverfahren bei der Abfassung von Einwendungen und der Teilnahme am Erörterungstermin unterstützen zu

---

1 Abgedruckt bei Landmann/Rohmer, UmweltR, Band IV, unter Ziff. 4.2.
2 Abgedruckt bei Landmann/Rohmer, UmweltR, Band IV, unter Ziff. 4.3.
3 Abgedruckt bei Landmann/Rohmer, UmweltR, Band IV, unter Ziff. 4.4.
4 So für Nordrhein-Westfalen: Verwaltungsvorschriften zum Bundes-Immissionsschutzgesetz vom 1.9.2000 (MBl. S. 1180); für Schleswig-Holstein: Verwaltungsvorschriften zum Bundes-Immissionsschutzgesetz vom 20.3.1998 (ABl. S. 169).

lassen. Nach Erlass des Zulassungsaktes lassen sich die Betroffenen regelmäßig durch Rechtsanwälte vor Gericht vertreten. Bei der Zulassung bestimmter komplexer Anlagen ist dies auch zwingend notwendig, da die Klagen erstinstanzlich beim Oberverwaltungsgericht bzw. Verwaltungsgerichtshof erhoben werden müssen und hier Vertretungszwang durch Rechtsanwälte (§ 67 VwGO) besteht. Ziel der anwaltlichen Tätigkeit ist dann die Verhinderung des Vorhabens, ggf. mit gerichtlicher Hilfe. Ist die Anlage bereits in Betrieb, können die Begehren der Betroffenen auch darauf gerichtet sein, die Genehmigungsbehörde zum hoheitlichen Einschreiten gegen den Anlagenbetreiber zu verpflichtet. Daneben können auch zivilrechtliche Unterlassungs- und Beseitigungsansprüche unmittelbar gegen den Anlagenbetreiber in Betracht kommen. Ziel ist dann letztlich die Wiederherstellung eines gesetzeskonformen Anlagenbetriebs. Regelmäßig wird hierfür auch die Zuhilfenahme der Gerichte erforderlich sein.

Unabhängig von diesen unterschiedlichen Interessenlagen sind Kenntnisse vom Ablauf des immissionsschutzrechtlichen Genehmigungsverfahrens Grundvoraussetzung für eine angemessene Beratung und Vertretung in diesem Bereich. Das immissionsschutzrechtliche Genehmigungsverfahren weist in mancher Hinsicht Besonderheiten auf, die es vom herkömmlichen Verwaltungsverfahren (§§ 9 ff. VwVfG) unterscheidet. Aus diesem Grund soll zunächst das Verfahren für die erstmalige Zulassung von Anlagen im Immissionsschutzrecht sowie deren Änderung und nachträgliche Anpassung im Allgemeinen dargelegt werden. Erst im Anschluss daran werden aus der spezifischen Sicht des Vorhabenträgers, der Genehmigungsbehörde oder des Nachbarn die Gesichtspunkte dargelegt, auf die erfahrungsgemäß besonderes Augenmerk zu legen ist, um eine optimale Vertretung des jeweiligen Mandanten zu gewährleisten. 18

## III. Tätigwerden vor der förmlichen Antragstellung

### 1. Erforderlichkeit einer immissionsschutzrechtlichen Genehmigung

Die Durchführung eines immissionsschutzrechtlichen Genehmigungsverfahrens setzt naturgemäß die Genehmigungsbedürftigkeit der Anlage voraus. Gemäß § 4 Abs. 1 Satz 1 BImSchG muss es sich hierfür um eine Anlage im immissionsschutzrechtlichen Sinne handeln, die zudem genehmigungsbedürftig sein muss. 19

### a) Anlagenbegriff des BImSchG

Der immissionsschutzrechtliche Anlagenbegriff, der sich vom Begriff der baulichen Anlage in § 29 BauGB sowie in den Landesbauordnungen (s. *Uechtritz* Teil 2 Kap. A. Rz. 6 ff.) unterscheidet, ist in § 3 Abs. 5 BImSchG näher definiert. Danach sind Anlagen: 20

- **Betriebsstätten** und sonstige **ortsfeste Einrichtungen** (Nr. 1). Hierzu gehören Fabriken, Lagerhallen und allen ihren Betrieb dienenden Nebeneinrichtungen;
- **Maschinen**, Geräte und sonstige ortsveränderliche technische Einrichtungen sowie Fahrzeuge, soweit sie nicht der Vorschrift des § 38 BImSchG unterfallen (Nr. 2). Da die Ausnahme des § 38 BImSchG für alle Verkehrsfahrzeuge gilt, werden von den sonstigen ortsveränderlichen technischen Einrichtungen nur solche erfasst, deren bestimmungsgemäßer Gebrauch gerade die Ortsveränderlichkeit ist (z.B. Kiesbau, Betonmischanlage, Beförderungsmittel)[1];

---

[1] *Kutscheidt*, in: Landmann/Rohmer, UmweltR, Band III, § 3 Rz. 27 ff.; *Feldhaus*, in: Feldhaus, BImSchR, Band 1/I, § 3 Anm. 13.

– **Grundstücke**, auf denen Stoffe gelagert, abgelagert oder Arbeiten durchgeführt werden, die Immissionen verursachen können, ausgenommen öffentliche Verkehrswege (Nr. 3). Das Grundstück muss bestimmungsgemäß, also nicht nur gelegentlich, dem Lagern oder dem Arbeiten dienen[1]. Erfasst werden etwa Lagerplätze, Kohlenhalden, Baustellen[2], aber auch Parkplätze, Sportanlagen oder Kinderspielplätze[3].

21 Der Anlagenbegriff ist damit **sehr weit** gezogen. Es reicht bereits, wenn die Immissionen von Tätigkeiten auf bestimmten Grundstücken ausgehen und dies regelmäßig erfolgt. So stellt etwa ein Volksfestplatz, der von der Gemeinde entsprechend gewidmet worden ist, eine Anlage i.S.d. § 3 Abs. 5 Nr. 3 BImSchG dar. Wird dagegen der gemeindliche Marktplatz nur gelegentlich für Volksfeste oder Konzerte genutzt, ist der Anlagenbegriff nicht erfüllt. Die Zulassung solcher Veranstaltungen richtet sich dann nach den Landes-Immissionsschutzgesetzen, je nach Veranstaltung auch nach den Vorschriften der Gewerbeordnung, des Gaststättengesetz etc.

### b) Reichweite des Genehmigungsvorbehalts

22 Gemäß § 4 Abs. 1 Satz 1 BImSchG bedürfen die Errichtung und der Betrieb von Anlagen, die aufgrund ihrer Beschaffenheit oder ihres Betriebs im besonderen Maße geeignet sind, schädliche Umwelteinwirkungen hervorzurufen oder in anderer Weise die Allgemeinheit oder die Nachbarschaft zu gefährden, erheblich zu beeinträchtigen oder erheblich zu belästigen, sowie von ortsfesten Abfallentsorgungsanlagen zur Lagerung oder Behandlung von Abfällen einer immissionsschutzrechtlichen Genehmigung. Für Anlagen, die keinen gewerblichen Zwecken dienen oder die nicht im Rahmen wirtschaftlicher Unternehmungen Verwendung finden, sieht § 4 Abs. 1 Satz 2 BImSchG Besonderheiten vor. In der Praxis spielt diese Ausnahme allerdings keine größere Rolle.

23 Der Verordnungsgeber hat von der Verordnungsermächtigung in § 4 Abs. 1 Satz 3 BImSchG Gebrauch gemacht und mit den Vorschriften der 4. BImSchV den Genehmigungsvorbehalt näher und abschließend konkretisiert. In dem Anhang zur 4. BImSchV findet sich ein umfangreicher Katalog an Anlagen, die jeweils – teilweise erst bei Überschreitung bestimmter Größen- und Leistungswerte – einer Spalte 1 oder 2 zugeordnet wird. Die jeweilige Zuordnung zu den Spalten ist für die Reichweite des Genehmigungsvorbehalts keine Bedeutung. Nach ihr richtet sich vielmehr die Ausgestaltung des Genehmigungsverfahrens. Das BImSchG kennt insoweit das förmliche Genehmigungsverfahren (§ 10 BImSchG), das für die Anlagen der Spalte 1 des Anhangs zur 4. BImSchV gilt, und das vereinfachte Genehmigungsverfahren (§ 19 BImSchG), das für die Anlagen der Spalte 2 des Anhangs zur 4. BImSchV gilt. Das vereinfachte Genehmigungsverfahren zeichnet sich – wie es sich bereits aus dem Namen ergibt – durch einen weitgehenden Verzicht auf förmliche Verfahrensschritte wie z.B. die Öffentlichkeitsbeteiligung aus (s. noch näher Rz. 112 ff.).

---

1 OVG Hamburg v. 24.1.2007 – 2 Bf 62/05.Z, UPR 2007, 357; *Kutscheidt*, in: Landmann/Rohmer, UmweltR, Band III, § 3 Rz. 28; *Jarass*, BImSchG, § 3 Rz. 74.
2 BVerwG v. 7.6.1977 – I C 21.75, DÖV 1978, 49 (50); BayObLG v. 30.3.1978 – 3 Ob OWi 117/77, BayVBl. 1978, 445.
3 *Kutscheidt*, in: Landmann/Rohmer, UmweltR, Band III, § 3 Rz. 28b; *Jarass*, BImSchG, § 3 Rz. 77; für Kinderspielplätze und Kindertagesstätten s. Gesetzesbegründung, BT-Drs. 17/4836, S. 5; überholt daher VG Münster v. 20.3.1981 – 1 K 2229/79, NVwZ 1982, 327 (328).

In der Praxis gestaltet sich die **Zuordnung der geplanten Anlage** zu den einzelnen 24
Ziffern des Anhangs zur 4. BImSchV mitunter nicht immer einfach[1]. Der Katalog
in dem Anhang zur 4. BImSchV hat abschließenden Charakter und verbietet damit
eine analoge Anwendung der dort verwendeten Begrifflichkeiten[2]. Besondere Sorgfalt ist auf die sprachliche Abfassung der einzelnen Ziffern zu legen, die mitunter
nur gering differieren (z.B. „Lagerung", „Ablagerung"), was aber eine weitreichende
Bedeutung haben kann. Zum Teil wird der gesamte Betrieb (Betriebsstätte) – z.B.
Nr. 1.1 „Kraftwerke", Nr. 8.5 „Kompostwerke", Nr. 10.18 „Schießplätze" – oder
nur die jeweilige (emittierende) technische Einrichtung genannt – z.B. bei Nr. 4.4.
Im ersteren Fall erstreckt sich das Genehmigungserfordernis auf die gesamte Betriebsstätte mit allen dazu gehörigen Bestandteilen. Im zweiten Fall erstreckt
sich das Genehmigungserfordernis lediglich auf einzelne Einrichtungen.

**Beispiele:** 25
- Zur Betriebsstätte „Kraftwerke" (Nr. 1.1 des Anhangs zur 4. BImSchV) gehören auch Kühltürme als technisch unerlässliche Bestandteile des Kraftwerks, nicht aber der Parkplatz oder das Pförtnerhaus.
- Zu „Anlagen zur Destillation oder Raffination oder sonstigen Weiterverarbeitung von Erdöl oder Erdölerzeugnissen in dem Mineralöl-, Altöl- oder Schmierstoffraffinerien" (Nr. 4.4 des Anhangs zur 4. BImSchV) gehören Abfülleinrichtungen, Tankanlagen, Verlade- und Transporteinrichtungen, Anlagestellen, Pumpstationen; sie bilden mit dem Anlagenkern die genehmigungsbedürftige Gesamtanlage.
- Die Feuerungsanlage eines Dampfkessels dient dem Erhitzen von Dampf, so dass der Dampfkessel der Feuerungsanlage zugerechnet ist.

Bei schwierigen Zuordnungsfällen bedarf die einzelne Ziffer ggf. der **Auslegung**. 26
Hierbei können der Anhang 1 der IVU-Richtlinie und der Anhang I der Industrieemissionen-Richtlinie herangezogen werden (zu den Richtlinien näher Rz. 2). Für
die nähere Auslegung der einzelnen Ziffern des Katalogs hat die LAI zudem Auslegungshinweise erlassen (LAI 1998; s.a. Rz. 13). Die Hinweise haben trotz der zwischenzeitlichen Neufassung des Anhangs zur 4. BImSchV noch erhebliche praktische Bedeutung[3]. Allenfalls Indizcharakter kommt hingegen dem Katalog in der
Anlage 1 zum UVPG zu. Die dort genannten Anlagen unterscheiden sich sowohl
in ihrer Art als auch in den Größen- und Leistungswerten vom Katalog des Anhangs
zur 4. BImSchV.

In der Praxis bereitet auch die genaue Bestimmung des **Umfangs des Genehmi-** 27
**gungsvorbehalts** mitunter Probleme. Vom Genehmigungsvorbehalt werden nämlich nicht nur die einzelne Hauptanlage, sondern auch Nebeneinrichtungen erfasst.
Mitunter können auch zwei selbständige Anlagen eine gemeinsame Anlage darstellen[4].

§ 1 Abs. 2 der 4. BImSchV enthält für die Praxis eine wichtige Konkretisierung des 28
Genehmigungsvorbehalts. Danach erstreckt sich das Genehmigungserfordernis auf
alle vorgesehenen Anlagenteile und Verfahrensschritte, die zum Betrieb notwendig
sind, sowie auf **Nebeneinrichtungen**, die mit den Anlagenteilen und Verfahrensschritten in einem räumlichen und betriebstechnischen Zusammenhang stehen
und die für das Entstehen schädlicher Umwelteinwirkungen, die Vorsorge gegen

---
1 Eingehend *Jarass*, UPR 2011, 201 ff.
2 VGH München v. 23.11.2006 – 22 BV 06.2223, NVwZ-RR 2007, 382 (383); *Jarass*, BImSchG, § 4 Rz. 15; *Jarass*, UPR 2011, 201; *Feldhaus*, in: Feldhaus, BImSchR, Band 1/I, § 4 Anm. 18; *Dietlein*, in: Landmann/Rohmer, UmweltR, Band III, § 4 Rz. 19.
3 Abgedruckt sind die LAI-Hinweise bei *Hansmann/Röckinghausen*, in: Landmann/Rohmer, UmweltR, Band IV, Anhang zur 4. BImSchV bei den jeweiligen Ziffern.
4 Zum Ganzen eingehend *Jarass*, UPR 2011, 201 ff.

schädliche Umwelteinwirkungen oder das Entstehen sonstiger Gefahren, erheblicher Nachteile oder erheblicher Belästigungen von Bedeutung sein können. Bedeutung entfaltet die Vorschrift in aller Regel für die Frage, ob Nebeneinrichtungen der Hauptanlage zugeordnet werden können. Sie werden von dem Genehmigungserfordernis erfasst, sofern sie den Zweck der (genehmigungsbedürftigen) Haupteinrichtung fördern.

29 Unter welchen Voraussetzungen zwei selbständige Anlagen eine **gemeinsame Anlage** bilden, die dem Genehmigungsvorbehalt unterfallen, regelt § 1 Abs. 3 der 4. BImSchV. Danach gilt auch dann ein Genehmigungserfordernis, wenn einzelne (an sich selbständige) Anlagen derselben Art nicht jeweils für sich, wohl aber zusammen die für das Genehmigungserfordernis im Anhang zur 4. BImSchV maßgebenden Leistungsgrenzen oder Anlagengrößen erreichen oder überschreiten. Voraussetzung hierfür ist, dass die einzelnen Anlagen gleichartig sind und in einem engen räumlichen und betrieblichen Zusammenhang stehen. Bestimmend dafür, ob Anlagen derselben Art zugehören, sind technologische Gesichtspunkte unter besonderer Berücksichtigung der Emissionsart. Anlagen, die verschiedenen Nummern des Anhangs zur 4. BImSchV zugeordnet werden, sind in der Regel keine Anlagen derselben Art[1]. Ein enger räumlicher und betrieblicher Zusammenhang ist nach § 1 Abs. 3 Satz 2 der 4. BImSchV dann gegeben, wenn die Anlagen

– auf demselben Betriebsgelände liegen,
– mit gemeinsamen Betriebseinrichtungen verbunden sind und
– einem vergleichbaren technischen Zweck dienen.

30 Das Genehmigungserfordernis erfasst die Errichtung und den Betrieb der genehmigungsbedürftigen Anlage. Die **Errichtung** beginnt mit der Aufstellung der Anlagen an dem vorgesehenen Ort bzw. mit dem Beginn der Baumaßnahmen am Verwendungsort[2]. Nicht zur Errichtung zu zählen ist dagegen die bloße Herstellung von Anlagen bzw. Anlageteilen, die an einem anderen Ort als dem der endgültigen Aufstellung der Anlage stattfindet. Durch die Einbeziehung der Errichtung in das Genehmigungserfordernis unterfallen etwa auch die Auswirkungen des Errichtungsvorgangs selbst (z.B. der Baulärm[3]) der Genehmigungspflicht. Unter dem **Betrieb** einer Anlage versteht man die Nutzung der Anlage zu ihrem Zweck. Erfasst wird die gesamte Betriebsweise einschließlich ihrer Wartung und Unterhaltung[4]. Der Betrieb beginnt mit der Inbetriebnahme der Anlage zu Produktions- oder Probezwecken[5]. Er endet mit der endgültigen Stilllegung oder einer Unterbrechung von mehr als drei Jahren (s. Rz. 139)[6].

### 2. Ermittlung der Genehmigungsfähigkeit

31 Die Ermittlung der Genehmigungsfähigkeit der geplanten Anlage bildet regelmäßig den Schwerpunkt der Tätigkeit des beratenden Rechtsanwalts. Sie richtet sich maß-

---

1 BVerwG v. 29.12.2010 – 7 B 6.10, NVwZ 2011, 429 Rz. 17; *Jarass*, BImSchG, § 4 Rz. 20; *Böhm*, in: GK-BImSchG, § 4 Rz. 62; *Ludwig*, in: Feldhaus, BImSchR, Band 2, § 1 4. BImSchV Rz. 16.
2 *Sellner/Reidt/Ohms*, 2. Teil, Rz. 2.
3 *Jarass*, BImSchG, § 5 Rz. 3; *Dietlein*, in: Landmann/Rohmer, UmweltR, Band III, § 5 Rz. 22.
4 So die Begründung des Regierungsentwurfs, BT-Drs. 7/179, S. 31; *Böhm*, in: GK-BImSchG, Band I, § 4 Rz. 104; *Jarass*, BImSchG, § 4 Rz. 47.
5 *Sellner/Reidt/Ohms*, 2. Teil, Rz. 3; für den Probebetrieb diff. *Jarass*, BImSchG, § 4 Rz. 46; *Dietlein*, in: Landmann/Rohmer, UmweltR, Band III, § 4 Rz. 77.
6 *Dietlein*, in: Landmann/Rohmer, UmweltR, Band III, § 4 Rz. 77; *Jarass*, BImSchG, § 4 Rz. 47.

geblich danach, ob eine genehmigungsbedürftige oder nicht genehmigungsbedürftige Anlage vorliegt.

a) **Materiell-rechtliche Anforderungen an genehmigungsbedürftige Anlagen**

Die Genehmigungsvoraussetzungen für die Errichtung und den Betrieb einer genehmigungsbedürftigen Anlage sind in § 6 Abs. 1 BImSchG geregelt. Danach ist die immissionsschutzrechtliche Genehmigung zu erteilen, wenn  32
- sichergestellt ist, dass die sich aus § 5 BImSchG und aus einer aufgrund des § 7 BImSchG erlassenen Rechtsverordnung ergebenden Pflichten erfüllt werden (Nr. 1) und
- andere öffentlich-rechtliche Vorschriften und Belange des Arbeitsschutzes der Errichtung und den Betrieb der Anlage nicht entgegenstehen (Nr. 2).

Die von § 6 Abs. 1 Nr. 1 BImSchG in Bezug genommenen Pflichten sind in erster Linie die Betreiberpflichten. § 5 Abs. 1 Satz 1 enthält hierzu die folgenden vier **Grundpflichten**:  33
- Schutzpflicht (§ 5 Abs. 1 Satz 1 Nr. 1 BImSchG);
- Vorsorgepflicht (§ 5 Abs. 1 Satz 1 Nr. 2 BImSchG);
- Abfallbeseitigungs- und -verwertungspflicht (§ 5 Abs. 1 Satz 1 Nr. 3 BImSchG);
- Energieeffizienzpflicht (§ 5 Abs. 1 Satz 1 Nr. 4 BImSchG).

Zur Konkretisierung insbesondere der Schutz- und Vorsorgepflicht enthalten die Durchführungsverordnungen zum BImSchG (s. Rz. 10f.) sowie die TA Luft und die TA Lärm zum Teil sehr detaillierte Einzelheiten. Das Einhalten dieser Anforderungen ist vom Vorhabenträger bzw. vom Anlagenbetreiber nachzuweisen. Für genehmigungsbedürftige Anlagen wird die Schutzpflicht insbesondere konkretisiert durch die TA Luft und die TA Lärm, die Vorsorgepflicht durch die 13. und 17. BImSchV sowie die TA Luft. Die 39. BImSchV enthält dagegen keine unmittelbar für die Anlagenzulassung geltenden Vorschriften. Sie konkretisiert vielmehr die Anforderungen an die Luftreinhalteplanung, die außerhalb des Anlagenzulassungsrecht von der zuständigen Behörde zur Verringerung bestimmter Luftschadstoffe aufzustellen ist (§§ 47aff. BImSchG)[1]. Für die Anlagenzulassung haben sie nur dann Bedeutung, wenn durch die Anlage vollendete Tatsachen geschaffen werden, die durch das Instrumentarium der Luftreinhalteplanung nicht wieder beseitigt werden können und die es deswegen ausschließen, dass die vorgegebenen Grenzwerte eingehalten werden können[2]. Entsprechendes gilt, wenn in den Luftreinhalte- und Aktionsplänen explizite Vorgaben für die Erteilung der Genehmigung festgelegt worden sind[3].  34

Für die Erteilung einer Änderungsgenehmigung nach § 16 BImSchG (s. Rz. 165ff.) sieht § 6 Abs. 3 BImSchG geringere Anforderungen an die Schutz- und Vorsorgepflicht vor, wenn die Anlagenänderung dazu führt, dass die von der Anlage ausgehenden Immissionen zwar reduziert werden, diese Reduktion aber etwa aufgrund der Vorbelastung nicht dazu führt, dass die Schutz- oder Vorsorgepflicht eingehal-  35

---
1 Zu einzelnen Fragen der Luftreinhalteplanung EuGH v. 2.7.2008, Rs. C-237/07, Slg. 2008, I-6221 Rz. 34ff.; BVerwG v. 27.9.2007 – 7 C 36.07, BVerwGE 129, 296 Rz. 20ff.; v. 29.3.2007 – 7 C 9.06, BVerwGE 128, 278 Rz. 13ff.; *Jarass*, NVwZ 2003, 257ff.; *Scheidler*, UPR 2006, 216ff.; *Sparwasser*, NVwZ 2006, 369ff.; zu den jüngsten Entwicklungen *Koch/Braun*, NVwZ 2010, 1199 (1203ff.).
2 OVG Münster v. 9.12.2009 – 8 D 6/08. AK, Rz. 205; s.a. BVerwG v. 26.5.2004 – 9 A 6.03, BVerwGE 121, 57 (60ff.).
3 *Scheidler*, in: Feldhaus, BImSchR, Band 1/I, § 6 Rz. 85; *Scheidler*, GewArch 2009, 281 (285).

ten werden und somit die Änderung an sich gemäß § 6 Abs. 1 Nr. 1 BImSchG nicht genehmigungsfähig wäre (sog. **Verbesserungsgenehmigung**). Nr. 3.5.4 TA Luft und Nr. 3.2.1 3. Abs. TA Lärm sahen die Erteilung einer solchen Verbesserungsgenehmigung für den Bereich der Luftschadstoffe und Lärmimmissionen schon bislang vor[1]. Der Gesetzgeber hat hieran anknüpfend nunmehr in § 6 Abs. 3 BImSchG eine neue gesetzliche Regelung getroffen, der die Regelungen in der TA Luft und TA Lärm ablösen[2]. Voraussetzung für die Erteilung der Änderungsgenehmigung ist danach, dass der Immissionsbeitrag der geänderten Anlage deutlich und über das durch nachträgliche Anordnungen nach § 17 Abs. 1 BImSchG (s. dazu Rz. 181 ff.) durchsetzbare Maß reduziert wird, weitere Maßnahmen der Luftreinhaltung, insbesondere Maßnahmen, die über den Stand der Technik hinausgehen, durchgeführt werden, der Vorhabenträger einen Immissionsmanagementplan zur Verringerung seines Verursacheranteils vorlegt, um eine spätere Einhaltung der Anforderungen der Schutzpflicht zu erreichen, und die konkreten Umstände einen Widerruf der Genehmigung nicht erfordern. Die Vorschrift ist teilweise misslungen. So wird aufgrund des Hinweises auf die Luftreinhaltung nicht hinreichend deutlich, ob auch die Überschreitung von Lärmimmissionswerte erfasst werden[3]. Zudem setzt die Anwendung des § 6 Abs. 3 BImSchG die Genehmigungsbedürftigkeit der Anlagenänderung voraus. Systematisch hätte sich daher eine Regelung innerhalb des § 16 BImSchG aufgedrängt. Schließlich bedarf es keinen Rückgriffs auf § 6 Abs. 3 BImSchG, wenn sich die Genehmigungsfähigkeit bereits aus anderen Gründen ergibt[4].

36 Von § 6 Abs. 1 Nr. 2 BImSchG werden alle **sonstigen öffentlich-rechtlichen Vorschriften** erfasst, die für die Errichtung und den Betrieb der geplanten Anlage von Bedeutung sind. Hierzu zählen insbesondere die **bauplanungsrechtlichen Vorschriften** der §§ 29 ff. BauGB. Anders als in dem Bereich der Fachplanung (s. § 38 BauGB) sind die genehmigungsbedürftigen Anlagen nach dem BImSchG vom Bauplanungsrecht nicht freigestellt. Etwas anderes gilt lediglich hinsichtlich öffentlich zugänglicher Abfallentsorgungsanlagen. Diese sind dann von den §§ 29 ff. BauGB freigestellt, wenn sie überörtliche Bedeutung haben[5]. Dies ist regelmäßig dann der Fall, wenn die Auswirkungen der Anlage über ein Gemeindegebiet hinausgehen[6]. Die Einhaltung der bauplanungsrechtlichen Anforderungen bedarf regelmäßig einer sorgfältigen Prüfung. Gerade bei komplexen Industrieanlagen kann es mitunter erforderlich sein, dass ein Bebauungsplan aufgestellt wird, der ein Industriegebiet oder ein Sondergebiet ausweist, das die Errichtung der geplanten Anlage erst ermöglicht. Ohne Bebauungsplan können genehmigungsbedürftige Anlagen im Außenbereich auch gemäß § 35 Abs. 1 Nr. 4 BauGB (ortsgebundener Betrieb) und Nr. 6 (Windenergieanlage) privilegierte Vorhaben sein. Die Privilegierung führt dann dazu, dass sich solche Vorhaben gegenüber entgegenstehenden öffentlichen Belangen (§ 35 Abs. 3 BauGB) durchsetzen können[7]. Auch im unbeplanten Innenbereich (§ 34 BauGB) können genehmigungsbedürftige Anlagen ohne Weiteres bauplanungsrechtlich zulässig sein. Dies hängt gemäß § 34 Abs. 1 BauGB maßgeblich von der Eigenart der näheren Umgebung ab. Hierfür bedarf es stets einer sorgfältigen

---

1 Dazu OVG Münster v. 8.5.2007 – 8 B 2477/07, NWVBl. 2007, 439.
2 *Kenyeressy/Posser/Theuer*, NVwZ 2009, 1460 (1461); *Reidt/Schiller*, in: Landmann/Rohmer, UmweltR, Band III, § 16 Rz. 173.
3 Bejahend *Kenyeressy/Posser/Theuer*, NVwZ 2009, 1460 (1461); *Czajka*, in: Feldhaus, BImSchR, Band I/I, § 16 Rz. 88a, 88f; a.A. *Jarass*, BImSchG, § 6 Rz. 18; *Schink*, NuR 2011, 250 (252).
4 Zu den Anforderungen im Einzelnen *Dietlein*, in: Landmann/Rohmer, UmweltR, Band III, § 6 Rz. 62a ff.
5 *Jarass*, BImSchG, § 6 Rz. 36.
6 *Sellner/Reidt/Ohms*, 1. Teil, Rz. 254.
7 S. im Einzelnen *Sellner/Reidt/Ohms*, 1. Teil, Rz. 366 ff.

Prüfung. Ist etwa die Anlage eines Schornsteins notwendig, findet sich in der Umgebung aber für die Höhe eines solchen Schornsteins kein Vorbild, liegt es regelmäßig nahe, dass sich die Anlage nicht in den vorhandenen Rahmen einfügt. Das Gleiche kann für ein massives Kesselhaus oder für einen Kühlturm gelten, bei dem unter Umständen auch die aus ihm aufsteigenden Kühlschwaden mitberücksichtigt werden müssen[1]. Im Außenbereich kann im Einzelfall auch der ungeschriebene öffentliche Belang eines Planungserfordernisses dem Vorhaben entgegenstehen. Dies ist der Fall, wenn die geplante Anlage einen gesteigerten Koordinierungsbedarf hervorruft[2]. Dies ist allerdings bei genehmigungsbedürftigen Anlagen im Regelfall nicht anzunehmen. Insbesondere darf die Komplexität der technischen Einrichtungen nicht dazu verleiten, voreilig einen solchen Koordinierungsbedarf zu bejahen. Neben dem Bauplanungsrecht sind regelmäßig auch Vorschriften des **Naturschutzrechts** (z.B. Eingriffsregelung, §§ 14 ff. BNatSchG, FFH-Recht, §§ 33 ff. BNatSchG, Artenschutz, §§ 44 ff. BNatSchG), des **Waldrechts**, der **Landesbauordnungen** etc. zu prüfen.

Besonderheiten gelten für das **Wasserrecht**. Nicht selten bedarf der Betrieb der geplanten Anlage auch einer wasserrechtlichen Erlaubnis oder Bewilligung gemäß § 8 WHG. Dies ist etwa bei einem Kraftwerk der Fall, zu dessen Kühlung Wasser aus einem nahegelegenen Fluss entnommen und erwärmtes Kühlwasser wieder eingeleitet werden muss. Gemäß § 13 BImSchG erstreckt sich die immissionsschutzrechtliche Genehmigung nicht auf solche wasserrechtlichen Erlaubnisse und Bewilligungen. Dies hat zur Folge, dass in diesen Fällen ein selbständiges Gestattungsverfahren nach dem Wasserrecht durchzuführen ist. Die entsprechenden Verfahrensvorschriften befinden sich im WHG, ergänzend in den Landeswassergesetzen. Zuständig für die Erteilung der Erlaubnis bzw. Bewilligung ist die Wasserbehörde, nicht die Immissionsschutzbehörde. Die Immissionsschutzbehörde hat daher grundsätzlich das Wasserrecht nicht zu prüfen, soweit es Gegenstand des Erlaubnis- oder Bewilligungsverfahrens ist. 37

**Beispiel:**
Der geplante Betrieb eines Kohlekraftwerks verursacht Quecksilberimmissionen, die sowohl über das eingeleitete Abwasser als auch über den Luftpfad per Schornstein in den nahegelegenen Fluss gelangen. Soweit das Wasserrecht Anforderungen an das Abwasser stellt (s. §§ 12, 57 WHG), ist dies ausschließlich im wasserrechtlichen Gestattungsverfahren zu prüfen. Die Quecksilberimmissionen über den Luftpfad sind dagegen von der immissionsschutzrechtlichen Genehmigungsbehörde zu prüfen. Hierbei sind ggf. auch wasserrechtliche Normen anzuwenden[3].

Um die Gefahr divergierender Entscheidungen der Immissions- und Wasserbehörde zu vermeiden, sieht § 10 Abs. 5 BImSchG vor, dass das immissionsschutzrechtliche Genehmigungsverfahren und das wasserrechtliche Gestattungsverfahren zu koordinieren sind (**Verfahrenskoordination**). Damit ist eine entsprechende unionsrechtliche Pflicht (Art. 7 der IVU-Richtlinie; Art. 5 Abs. 2 der Industrieemissionen-Richtlinie) umgesetzt worden. Dies setzt regelmäßig voraus, dass die immissionsschutzrechtliche Genehmigung nicht erteilt werden kann, solange keine gesicherte Erkenntnis darüber vorliegt, ob die erforderliche wasserrechtliche Gestattung ebenfalls erteilt werden kann. Die beiden Genehmigungen sind – ggf. über Nebenbestimmungen – so miteinander zu verzahnen, dass im Falle der Aufhebung einer Genehmigung auch die andere Genehmigung entfällt (s. auch Rz. 93 f.). Gegen den Betrieb kann dann sowohl aus Sicht des Immissionsschutzrechts als auch des Wasserrechts eingeschritten werden. 38

---
1 OVG Münster v. 3.9.2009 – 10 D 121/07.NE, NuR 2009, 801 (817 f.).
2 BVerwG v. 1.8.2002 – 4 C 5.01, BVerwGE 117, 25 (30 f.).
3 Zur Problematik s. nur *Reidt/Schiller*, NuR 2011, 624 ff.

### b) Nicht genehmigungsbedürftige Anlagen

39 Liegt zwar eine Anlage i.S.d. BImSchG vor, ist diese aber nicht genehmigungsbedürftig, enthält § 22 BImSchG Anforderungen an die Errichtung und den Betrieb der nicht genehmigungsbedürftigen Anlage. Die Tatsache, dass diese Anlagen keiner immissionsschutzrechtlichen Genehmigung bedürfen, bedeutet also nicht, dass das Immissionsschutzrecht keine materiell-rechtlichen Vorgaben an sie stellt. Zu den Betreiberpflichten gehören:
– die Schutzpflicht (§ 22 Abs. 1 Satz 1 Nr. 1 BImSchG);
– die Vorsorgepflicht (§ 22 Abs. 1 Satz 1 Nr. 2 BImSchG);
– die Abfallbeseitigungspflicht (§ 22 Abs. 1 Satz 1 Nr. 3 BImSchG).

Hinzu treten ggf. weitergehende Anforderungen, die die Länder gemäß § 22 Abs. 2 BImSchG erlassen haben (s. Rz. 6). Zudem sind die Genehmigungsanforderungen des etwaig anzuwendenden Zulassungsverfahrens zu beachten. In aller Regel ist die Errichtung bzw. die Änderung einer Anlage i.S.d. BImSchG baugenehmigungspflichtig, da es sich zugleich um eine bauliche Anlage i.S.d. Landesbauordnung handelt (s. § 2 Abs. 1 MBO 2002). Sämtliche Bauordnungen sehen vor, dass das Bauvorhaben nur dann genehmigungsfähig ist, wenn keine öffentlich-rechtlichen Vorschriften entgegenstehen, die im Baugenehmigungsverfahren zu prüfen sind. Letzteres richtet sich nach der jeweiligen Ausgestaltung in der Landesbauordnung (s. näher *Uechtritz* Teil 2 Kap. A. Rz. 18 ff.).

### 3. Festlegung der Zulassungsart

40 Für die Zulassung einer genehmigungsbedürftigen Anlage hat der Vorhabenträger verschiedene Möglichkeiten: Zum einen kann er eine immissionsschutzrechtliche **Vollgenehmigung** beantragen. Ab bestandskräftiger Vollgenehmigung kann der Vorhabenträger die Anlage dann errichten und betreiben. Insbesondere bei komplexeren Anlagen empfiehlt sich ein solches Vorgehen aber zumeist aus wirtschaftlichen Gründen nicht. Bestehen gewisse Zweifel an der Genehmigungsfähigkeit der Anlage oder einer bestimmten Anlagenkonfiguration, wird auch bei Ablehnung des Genehmigungsantrags eine Gebühr fällig, deren Höhe sich grundsätzlich aus dem Gesamtinvestitionsvolumen errechnet. Bisweilen kann der Vorhabenträger auch ein berechtigtes Interesse an einer schnellen Entscheidung über einzelne Genehmigungsvoraussetzungen haben, etwa über die Eignung des Standorts. Wenn etwa eine Änderung des Bauplanungsrechts droht, dauert die Erarbeitung eines kompletten Genehmigungsantrags mit sämtlichen notwendigen Antragsunterlagen und Sachverständigengutachten zu lange. Für diese Fälle sehen die §§ 8 und 9 BImSchG die Möglichkeit der Erteilung einer Teilgenehmigung und eines Vorbescheides anstelle einer Vollgenehmigung vor. Die **Teilgenehmigung** gemäß § 8 BImSchG bietet die Möglichkeit, eine Zulassung von einzelnen Anlagenteilen oder von einzelnen genehmigungspflichtigen Tätigkeiten zu erhalten. Sie kann nur für die Errichtung der Anlage bzw. von Teilen der Anlage oder aber für die Errichtung und den Betrieb nur von Teilen der Anlage beantragt werden. So besteht die Möglichkeit, eine genehmigungsbedürftige Anlage durch aufeinander aufbauende Teilgenehmigungen sukzessive zuzulassen. § 9 BImSchG sieht daneben vor, über einzelne Genehmigungsvoraussetzungen einen **Vorbescheid** zu erlassen. Auch hier steht der Gedanke im Vordergrund, dem Vorhabenträger die Möglichkeit einzuräumen, vorab über streitige Genehmigungsvoraussetzungen rechtsverbindliche Klarheit zu erlangen. Die Bindungswirkung des Vorbescheides bezieht sich grundsätzlich nur auf die angefragte Genehmigungsvoraussetzung. Voraussetzung für die Erteilung sowohl einer Teilgenehmigung als auch eines Vorbescheides ist eine positive vorläufige Gesamtbeurteilung über die Gesamtanlage (§ 8 Satz 1 Nr. 3, § 9 Abs. 1

BImSchG)[1]. Um nicht in nachfolgenden Verfahren festzustellen, dass die Anlage in ihrer Gesamtheit nicht genehmigungsfähig ist, und zur Vermeidung eines Genehmigungskorsos muss sich die Genehmigungsbehörde bereits im Vorbescheids- und Teilgenehmigungsverfahren Klarheit darüber verschafft, ob die Anlage insgesamt genehmigungsfähig ist. Dies muss selbstverständlich nicht schon mit einer letzte Zweifel ausschließenden Gewissheit erfolgen, da die Teilgenehmigung und der Vorbescheid gegenüber der Vollgenehmigung gerade den Vorteil einer zügigen behördlichen Entscheidung hat. Maßgeblich ist vielmehr, ob dem Gesamtvorhaben keine von vornherein unüberwindlichen Hindernisse entgegenstehen[2]. Die der Teilgenehmigung oder dem Vorbescheid zugrundeliegende positive vorläufige Gesamtbeurteilung kann von der Genehmigungsbehörde in später nachfolgenden Teilgenehmigungsverfahren nicht vollends wieder in Frage gestellt werden. Die Bindungswirkung entfällt insoweit nur, wenn sich nachträgliche Änderungen der Rechts- oder Sachlage ergeben. Auf diese Weise stellt die Teilgenehmigung und der Vorbescheid oftmals eine gesicherte Investitionsentscheidung für den Vorhabenträger dar. Gerade bei komplexen Industrieanlagen ist es üblich, zunächst einen Vorbescheid und kombiniert damit eine erste Teilgenehmigung für den Bau der Anlage oder wichtiger Teile der Anlage zu beantragen. Die letzte Teilgenehmigung umfasst dann den Betrieb der Anlage (zu den Verfahren im Einzelnen s. Rz. 151 ff. und 158 ff.).

**4. Unterrichtung und Beratung hinsichtlich des Genehmigungsantrags**

**a) Regelfall**

Zu dem genauen Inhalt des Genehmigungsantrags enthält das BImSchG nur eher allgemeine Aussagen, die dem Umstand geschuldet sind, dass der Kreis der genehmigungsbedürftigen Anlagen sehr weit gezogen ist. § 10 Abs. 1 Satz 2 BImSchG sieht lediglich vor, dass dem Antrag die zur Prüfung nach § 6 BImSchG erforderlichen Zeichnungen, Erläuterungen und sonstigen Unterlagen beizufügen sind (s. Rz. 55 ff.). Gemäß § 4 Abs. 1 Satz 1 der 9. BImSchV sind dem Antrag die Unterlagen beizufügen, die zur Prüfung der Genehmigungsvoraussetzungen erforderlich sind. Da dies nicht immer leicht festzustellen ist und insbesondere bei komplexen Industrieanlagen der Umfang der beizubringenden Antragsunterlagen sehr umfangreich sein kann, sieht § 2 Abs. 2 Satz 1 der 9. BImSchV die Möglichkeit vor, dass die Genehmigungsbehörde den Vorhabenträger im Hinblick auf die Antragstellung berät und mit ihm den zeitlichen Ablauf des Genehmigungsverfahrens sowie sonstige für die Durchführung dieses Verfahrens erhebliche Fragen erörtert. Andere Fachbehörden (z.B. Bauaufsichtsbehörden, Wasserbehörden, Naturschutzbehörden; Standortgemeinde) können ebenso hinzugezogen werden wie Dritte, etwa anerkannte Naturschutzvereinigungen[3]. Die Erörterung soll insbesondere der Klärung dienen, welche Antragsunterlagen und Sachverständigengutachten der Genehmigungsbehörde mit der Antragstellung vorzulegen sind. Die Informationen über den zeitlichen Ablauf des Genehmigungsverfahrens sollen dem Vorhabenträger zudem ein Bild darüber verschaffen, zu welchem Zeitpunkt er mit der Genehmigungserteilung rechnen kann. Ferner gibt die Genehmigungsbehörde dem Vorhabenträger ein Bild über die voraussichtlich zu beteiligenden Fachbehörden.

41

---

1 Teilweise wird auch von positivem Gesamturteil gesprochen; die hier verwendete Terminologie orientiert sich an der seit 1993 geltenden Rechtslage; ebenso *Jarass*, BImSchG, § 8 Rz. 9.
2 BVerwG v. 19.12.1985 – 7 C 65.82, BVerwGE 72, 300 (304); OVG Lüneburg v. 22.5.2008 – 12 MS 16/07, Rz. 61; näher *Jarass*, BImSchG, § 8 Rz. 8 ff., § 9 Rz. 8.
3 *Jarass*, BImSchG, § 10 Rz. 20; *Roßnagel*, in: GK-BImSchG, § 10 Rz. 151.

42 Die Beratung der Genehmigungsbehörde hängt von der **vorherigen Unterrichtung** des Vorhabenträgers über die geplante Anlage ab. Hierzu ist der Vorhabenträger nicht verpflichtet; er kann auch unmittelbar den Genehmigungsantrag bei der Genehmigungsbehörde einreichen. Insbesondere bei komplexen Industrieanlagen ist eine vorherige Unterrichtung und Beratung durch die Genehmigungsbehörde aber dringend zu empfehlen. Erfahrungsgemäß kostet es viel Zeit, wenn die Genehmigungsbehörde den eingereichten Antrag für unvollständig hält und dann der Vorhabenträger entsprechende Antragsunterlagen nachreichen muss. Entsprechendes gilt für einen Streit mit der Genehmigungsbehörde über die notwendigen Antragsunterlagen. Letztlich riskiert der Vorhabenträger hier die Ablehnung seines Genehmigungsantrags; eine gerichtliche Durchsetzung ist in den wenigsten Fällen erfolgversprechend und führt zu einer weiteren Zeitverzögerung. Es liegt damit im Interesse des Vorhabenträgers, in einem noch frühzeitigen Stadium im Rahmen der Besprechung Einfluss auf die Genehmigungsbehörde im Hinblick auf die als notwendig anzusehenden Antragsunterlagen zu nehmen.

**b) UVP-pflichtige Anlagen**

43 Bei UVP-pflichtigen Anlagen (s. Rz. 51 f.) unterrichtet die Genehmigungsbehörde auf Antrag des Vorhabenträgers vor Beginn des Genehmigungsverfahrens, ansonsten im Falle der Notwendigkeit über Inhalt und Umfang der voraussichtlich nach den §§ 3 bis 4e der 9. BImSchV beizubringenden Antragsunterlagen (§ 2a Abs. 1 der 9. BImSchV). Grundlage für die Unterrichtung sind geeignete **Angaben des Vorhabenträgers** zum Vorhaben entsprechend dem jeweiligen Planungsstand des Genehmigungsvorhabens (s. § 2a Abs. 1 Satz 1 der 9. BImSchV). In der Regel wird es sich bei diesen Unterlagen um mehr oder weniger pauschale und vorläufige Beschreibungen der geplanten Anlage und ihrer voraussichtlichen Auswirkungen auf die in § 1a der 9. BImSchV genannten Schutzgüter handeln. Detailangaben sind weder erforderlich noch in dem Verfahrensstadium vor der Antragstellung vorhanden. Die Unterlagen müssen aber so konkret sein, dass sich die Genehmigungsbehörde und andere hinzuzuziehende Fachbehörden einen ersten Eindruck vom geplanten Vorhaben machen können.

44 Vor der Unterrichtung über die voraussichtlich beizubringenden Unterlagen gibt die Genehmigungsbehörde dem Vorhabenträger Gelegenheit zu einer **Besprechung** über Art und Umfang der Unterlagen, Gegenstand, Umfang und Methoden der Umweltverträglichkeitsprüfung sowie sonstige für deren Durchführung erhebliche Fragen (sog. **Scoping-Termin**; § 2a Abs. 1 Sätze 2 und 3 der 9. BImSchV). Zwingend zu beteiligen ist dabei der Vorhabenträger und die von ihm benannten Sachverständigen, die als Bevollmächtigte oder Beistände des Vorhabenträgers (s. § 15 VwVfG) auftreten. Ferner zwingend zu beteiligen sind die Fachbehörden, die auch im nachfolgenden Genehmigungsverfahren zu beteiligen sind (§ 11 der 9. BImSchV; s. Rz. 89 ff.). Ferner kann die Genehmigungsbehörde nach ihrem Ermessen auch Sachverständige und Dritte, insbesondere die Standort- und Nachbargemeinden, hinzuziehen (§ 2a Abs. 1 Satz 4 der 9. BImSchV). Dem Ermessen der Genehmigungsbehörde korrespondiert allerdings kein subjektiver Anspruch eines Dritten auf Teilnahme am Scoping-Termin[1]. Der Kreis derjenigen, die zum Scoping-Termin hinzugezogen werden, hat sich nach dem Sinn und Zweck der dem Verfahrensrecht zugehörigen Umweltverträglichkeitsprüfung zu richten, die für die Genehmigungsentscheidung notwendigen Erkenntnismittel zusammenzutragen. Ein zu beteiligender Dritter muss demnach etwas zur Festlegung des genehmigungsrelevanten Untersuchungsrahmens beitragen können. Das allgemeine Interesse an der geplanten Anlage oder die Verfolgung allgemeiner ökologischer oder auch wirtschaftlicher

---

1 So zu § 5 Satz 4 UVPG BVerwG v. 9.11.2006 – 4 A 2001.06, BVerwGE 127, 95 Rz. 26.

Belange reicht für eine Hinzuziehung nicht aus. Der Scoping-Termin dient nicht dazu, bereits über die Zulässigkeit der geplanten Anlage zu diskutieren und das Genehmigungsverfahren vorweg zu nehmen. In der Praxis regelmäßig hinzugezogen werden anerkannte Umweltvereinigungen, da sie aufgrund ihres Sachverstandes und der Kenntnis der örtlichen Gegebenheiten oftmals sachdienliche Hinweise für die Erarbeitung der Umweltverträglichkeitsprüfung geben können.

Der den Vorhabenträger beratende Anwalt muss bei der Teilnahme im Scoping-Termin insbesondere darauf dringen, dass die beizubringenden Unterlagen und der voraussichtliche Untersuchungsrahmen der Umweltverträglichkeitsprüfung entsprechend den rechtlichen Vorgaben festgelegt werden. Unnötiger Untersuchungsaufwand sollte ebenso abgewehrt wie eine weitgehende Präzisierung der durchzuführenden Untersuchung gefordert werden. Sinnvoll zur Vorbereitung des Scoping-Termins ist die Erarbeitung einer schriftlichen **Scoping-Unterlage**, die schon konkrete Vorschläge zum Umfang und zum Inhalt der Umweltverträglichkeitsuntersuchung enthält und die der Genehmigungsbehörde möglichst vorab übermittelt wird. Vertritt der Rechtsanwalt dagegen die Standort- oder Nachbargemeinde oder aber eine Umweltvereinigung, wird Ziel seiner Vertretung im Scoping-Termin sein, den Kreis der beizubringenden Unterlagen und den Untersuchungsrahmen möglichst weit zu ziehen und damit die Genehmigungsbehörde und den Vorhabenträger auch auf Aspekte einer potentiellen Schutzgüterbetroffenheit aufmerksam zu machen. So kommt es in der Praxis oftmals vor, dass die Standortgemeinde auf schützenswerte Biotope oder empfindliche Naturgüter, auf meteorologische oder klimatologische Probleme im engeren Bereich der Anlage hinweist und dadurch notwendige Ergänzungsuntersuchungen veranlasst. 45

Die **Art und Weise der Durchführung** des Scoping-Termins ist weder in der 9. BImSchV noch im UVPG näher geregelt. In der Praxis orientiert man sich zumeist am Erörterungstermin im Genehmigungsverfahren (s. Rz. 99 ff.). Die Genehmigungsbehörde bestimmt einen Verhandlungsleiter, der zur Konzentrierung und Ordnung der Erörterung den Beteiligten jeweils das Wort erteilt. Über den Scoping-Termin wird eine Niederschrift verfasst. Die Genehmigungsbehörde kann sich insoweit auf ein Inhaltsprotokoll beschränken, das die Teilnehmer am Scoping-Termin und den Inhalt ihrer Diskussionsbeiträge wiedergibt. 46

Auf der Grundlage des Ergebnisses des Scoping-Termins **unterrichtet** die Genehmigungsbehörde den Vorhabenträger über den Inhalt und Umfang der für die Umweltverträglichkeitsprüfung beizubringenden Antragsunterlagen (§ 2a Abs. 1 Satz 1 der 9. BImSchV). Ist der Vorhabenträger mit Inhalt oder Umfang nicht einverstanden, bestehen gegen die Unterrichtung keine förmlichen Rechtsbehelfe. Er kann lediglich bei der Genehmigungsbehörde Gegenvorstellung einlegen. Kommt er dem festgelegten Inhalt und Umfang der beizubringenden Unterlagen nicht nach, läuft er Gefahr, dass die Genehmigungsbehörde seinen nachfolgenden Genehmigungsantrag als unvollständig gemäß § 20 Abs. 2 Satz 2 der 9. BImSchV ablehnt. Die Genehmigungsbehörde ist auch nicht daran gehindert, nachträglich im Genehmigungsverfahren noch weitere Unterlagen einzufordern[1]. Dies kann etwa eine Folge der Öffentlichkeitsbeteiligung sein. Soweit die Behörden allerdings bereits im Scoping-Termin beteiligt worden sind, obliegen ihnen Sorgfaltspflichten dergestalt, dass sie bereits im Scoping-Termin ihre Erkenntnisse vortragen. Unterlassen sie dies, handeln sie regelmäßig amtspflichtwidrig, und es kommen Schadenersatzansprüche des Vorhabenträgers gemäß § 839 BGB i.V.m. Art. 14 GG in Betracht. 47

Bedarf die Anlagenzulassung neben der immissionsschutzrechtlichen Genehmigung **auch anderer Zulassungen**, etwa der Erteilung einer wasserrechtlichen Erlaubnis oder 48

---

1 *Erbguth/Schink*, UVPG, 1992, § 5 Rz. 23 m.w.N.

Bewilligung, die von der immissionsschutzrechtlichen Genehmigung nicht umfasst werden (§ 13 BImSchG), obliegen der immissionsschutzrechtlichen Genehmigungsbehörde die Pflicht zum Scoping-Termin und die Beratungspflichten des Vorhabenträgers nur, wenn sie zugleich als federführende Behörde bestimmt wird. Dies wird regelmäßig der Fall sein, da der Schwerpunkt der Zulassung bei genehmigungsbedürftigen Anlagen im Immissionsschutzrecht liegt. Die Beratung des Vorhabenträgers erfolgt dann in Abstimmung mit der anderen Zulassungsbehörde, hier also der Wasserbehörde, und der Naturschutzbehörde (§ 2a Abs. 2 der 9. BImSchV).

## IV. Das Genehmigungsverfahren

### 1. Zuständige Genehmigungsbehörde

49 Die für die Erteilung der Genehmigung zuständige Behörde bestimmt sich nach Landesrecht. Die Bundesländer haben folgende Zuständigkeitsregelung erlassen:
- **Baden-Württemberg:** Verordnung der Landesregierung und des Ministeriums für Umwelt, Naturschutz und Verkehr über Zuständigkeiten für Angelegenheiten des Immissionsschutzes (Immissionsschutz-Zuständigkeitsverordnung – ImSchZuVO) vom 11.5.2010 (GBl. S. 406);
- **Bayern:** Art. 1 Bayerisches Immissionsschutzgesetz (BayImSchG) vom 8.10.1974 (GVBl. S. 499), zuletzt geändert durch Gesetz vom 22.7.2008 (GVBl. S. 466);
- **Berlin:** Anlage zum Allgemeinen Gesetz zum Schutz der öffentlichen Sicherheit und Ordnung in Berlin (ASOG Bln.) i.d.F. der Bekanntmachung vom 11.10.1996 (GVBl. S. 930), zuletzt geändert durch Gesetz vom 3.2.2010 (GVBl. S. 45);
- **Brandenburg:** Verordnung zur Regelung der Zuständigkeiten auf dem Gebiet des Immissionsschutzes (Immissionsschutzzuständigkeitsverordnung – ImSchZV) vom 31.3.2008 (GVBl. II S. 122), zuletzt geändert durch Gesetz vom 20.12.2010 (GVBl. II Nr. 95);
- **Bremen:** Bekanntmachung der Zuständigkeiten für Aufgaben des Immissionsschutzes vom 20.11.2007 (ABl. S. 1193);
- **Hamburg:** Anordnung zur Durchführung des BImSchG (Amtl. Anz. 2005 S. 1811), zuletzt geändert durch Anordnung vom 9.8.2011 (Amtl. Anz. S. 1858);
- **Hessen:** Verordnung über immissionsschutzrechtliche Zuständigkeiten, zur Bestimmung der federführenden Behörde nach dem Gesetz über die Umweltverträglichkeitsprüfung und über Zuständigkeiten nach dem Benzinbleigesetz vom 13.10.2009 (GVBl. S. 406);
- **Mecklenburg-Vorpommern:** Verordnung über die Zuständigkeit der Immissionsschutzbehörden (Immissionsschutz-Zuständigkeitsverordnung – ImSchZustVO MV) vom 4.7.2007 (GVOBl. S. 250), geändert durch Verordnung vom 13.2.2008 (GVOBl. S. 31);
- **Niedersachsen:** Ziff. 8.1 Verordnung über Zuständigkeiten auf den Gebieten des Arbeitsschutz-, Immissionsschutz-, Sprengstoff-, Gentechnik- und Strahlenschutzrechts sowie in anderen Rechtsgebieten (ZustVO-Umwelt-Arbeitsschutz) vom 27.10.2009 (GVBl. S. 374);
- **Nordrhein-Westfalen:** Zuständigkeitsverordnung Umweltschutz (ZustVU) vom 11.12.2007 (GV NW S. 662), zuletzt geändert durch Verordnung vom 21.12.2010 (GV NW S. 700);
- **Rheinland-Pfalz:** Landesverordnung über Zuständigkeiten auf dem Gebiet des Immissionsschutzes (ImSchZuVO) vom 14.6.2002 (GVBl. S. 280), zuletzt geändert durch Gesetz vom 28.9.2010 (GVBl. S. 280);
- **Saarland:** Verordnung über die Zuständigkeiten nach dem Bundes-Immissionsschutzgesetz und nach dem Treibhausgas-Emissionshandelsgesetz (ZVO-

BImSchG-TEHG) vom 10.12.2007 (ABl. S. 2528), geändert durch Verordnung vom 27.10.2010 (ABl. S. 1387);
- **Sachsen:** Ausführungsgesetz zum Bundes-Immissionsschutzgesetz und zum Benzinbleigesetz (AGImSchG) vom 4.7.1994 (GVBl. S. 1281), zuletzt geändert durch Gesetz vom 29.1.2008 (GVBl. S. 138); Verordnung des Sächsischen Staatsministeriums für Umwelt und Landwirtschaft über Zuständigkeiten zur Ausführung des Bundes-Immissionsschutzgesetzes, des Benzinbleigesetzes und der aufgrund dieser Gesetze ergangenen Verordnungen (Sächsische Immissionsschutz-Zuständigkeitsverordnung – SächsImSchZuVO) vom 26.6.2008 (GVBl. S. 444);
- **Sachsen-Anhalt:** Verordnung über die Regelung von Zuständigkeiten im Immissions-, Gewerbe- und Arbeitsschutzrecht (ZustVO GewAIR) vom 14.6.1994 (GVBl. LSA S. 636), zuletzt geändert durch Verordnung vom 25.6.2011 (GVBl. LSA S. 612);
- **Schleswig-Holstein:** Landesverordnung über die zuständigen Behörden nach immissionsschutzrechtlichen Vorschriften und medienübergreifenden Berichtspflichten (ImSchV-ZustVO) vom 20.10.2008 (GVOBl. S. 540), geändert durch Verordnung vom 6.3.2011 (GVOBl. S. 74);
- **Thüringen:** Thüringer Verordnung zur Regelung von Zuständigkeiten und zur Übertragung von Ermächtigungen auf den Gebieten des Immissionsschutzes und des Treibhausgas-Emissionshandels vom 6.4.2008 (GVBl. S. 78), geändert durch Verordnung vom 13.5.2011 (GVBl. S. 90).

Handelt es sich um eine Anlage, die der Bergaufsicht untersteht, bedarf es einer immissionsschutzrechtlichen Genehmigung nur für Anlagen, soweit sie über Tage errichtet und betrieben werden (§ 4 Abs. 2 Satz 1 BImSchG). Für solche Anlage besteht regelmäßig eine Spezialzuständigkeit der Bergämter bzw. Landesoberbergämter.

## 2. Feststellung der UVP-Pflicht

Für einen abschließend festgelegten Katalog von Anlagen besteht die Pflicht, vor ihrer Zulassung eine Umweltverträglichkeitsprüfung (UVP) durchzuführen. Ob für die Errichtung und den Betrieb der geplanten Anlage die Durchführung einer Umweltverträglichkeitsprüfung erforderlich ist, bestimmt sich nach den §§ 3a bis 3f UVPG i.V.m. der Anlage 1 zum UVPG. Die in Spalte 1 der Anlage 1 zum UVPG genannten Anlagen bedürfen – ggf. bei Erreichen oder Überschreiten der dort festgelegten Größen- oder Leistungswerte – vor ihrer Zulassung stets einer Umweltverträglichkeitsprüfung (§ 3b Abs. 1 UVPG). Für die Anlagen der Spalte 2 der Anlage 1 zum UVPG entscheidet über die UVP-Pflicht eine Vorprüfung des Einzelfalls (sog. **Screening**)[1]. Eine Umweltverträglichkeitsprüfung ist dann durchzuführen, wenn die Anlage aufgrund überschlägiger Behördenprüfung erhebliche nachteilige Umweltauswirkungen haben kann (§ 3c Satz 1 UVPG). Der Inhalt der Vorprüfung unterscheidet sich danach, ob die in Spalte 2 enthaltene Anlage mit einem „A" (dann allgemeine Vorprüfung) oder mit einem „S" (dann standortbezogene, auf die örtlichen Gegebenheiten beschränkte Vorprüfung) gekennzeichnet ist. Die im Einzelnen bei der Vorprüfung zu berücksichtigen Kriterien sind in der Anlage zum UVPG aufgeführt. Das Ergebnis der UVP-Vorprüfung ist der Öffentlichkeit nach den Umweltinformationsgesetzen des Bundes und der Länder zugänglich zu machen. Soll eine Umweltverträglichkeitsprüfung unterbleiben, ist dies bekannt zu geben (§ 3a Satz 2 UVPG). Die behördliche Feststellung ist nicht selbständig anfechtbar (§ 3a Satz 3 UVPG). Rechtsschutz gegen eine zu Unrecht unterlassene

---

1 Dazu ausführlich *Feldmann*, DVBl 2001, 589 (594 ff.); *Koch/Siebel/Hoffmann*, NVwZ 2001, 1081 (1085 f.).

Umweltverträglichkeitsprüfung kann daher nur mit der Erteilung der Genehmigung geltend gemacht werden. Die Durchführung und das Ergebnis der Vorprüfung sind schriftlich zu dokumentieren (§ 3c Satz 6 UVPG). In einem Gerichtsverfahren kann das Ergebnis der UVP-Vorprüfung nach § 3c UVPG nur dahingehend überprüft werden, ob die Vorprüfung entsprechend den Vorgaben von § 3c UVPG durchgeführt worden ist und ob das Ergebnis nachvollziehbar ist (§ 3a Satz 4 UVPG). Dies bedeutet nichts anderes als eine gerichtliche Plausibilitätskontrolle[1].

52 Sollen **mehrere Anlagen** derselben Art errichtet und betrieben werden, die gleichzeitig von denselben oder mehreren Vorhabenträger verwirklicht werden sollen und in einem engen Zusammenhang stehen, bedarf die Errichtung und der Betrieb dieser Anlagen der Durchführung einer Umweltverträglichkeitsprüfung, wenn die Anlagen zusammen die maßgeblichen Größen- oder Leistungswerte erreichen oder überschreiten (§ 3b Abs. 2 UVPG). Dies gilt allerdings nur für Anlagen, die jeweils für sich genommen die Werte für die standortbezogene oder die allgemeine Vorprüfung nach Spalte 2 der Anlage 1 zum UVPG erreichen oder überschreiten. § 3b Abs. 2 UVPG erspart in diesen Fällen die Vorprüfung und sieht eine zwingende Umweltverträglichkeitsprüfung vor[2].

53 Ist eine UVP-Pflicht zu bejahen, ist die Umweltverträglichkeitsprüfung **unselbständiger Teil des immissionsschutzrechtlichen Genehmigungsverfahrens** (§ 1 Abs. 2 der 9. BImSchV). Zur Erreichung einer größeren Übersichtlichkeit hat der Verordnungsgeber die allgemeinen Vorgaben des UVPG zur Durchführung der Umweltverträglichkeitsprüfung in die 9. BImSchV eingearbeitet.

### 3. Der Genehmigungsantrag

54 Das immissionsschutzrechtliche Genehmigungsverfahren wird mit einem **schriftlichen Antrag** eingeleitet (§ 10 Abs. 1 Satz 1 BImSchG). Inhalt und Umfang des Genehmigungsantrags werden durch die §§ 3 bis 5 der 9. BImSchV näher konkretisiert. In der Praxis verwenden die Genehmigungsbehörden Vordrucke für den Antrag und die Unterlagen, wozu sie § 5 der 9. BImSchV ermächtigt. Die Vordrucke weisen je nach Bundesland im Einzelnen Unterschiede auf. Sie sind oftmals im Internet abrufbar. Die Vordrucke genügen in aller Regel den Vorgaben der 9. BImSchV. § 3 der 9. BImSchV regelt den Mindestinhalt, den der Genehmigungsantrag enthalten muss. Dies sind:
- die Angabe des Namens und des Wohnsitzes oder des Sitzes des Antragstellers (Nr. 1);
- die Angabe, ob eine Genehmigung oder ein Vorbescheid beantragt wird, und im Falle eines Antrags auf Genehmigung, ob es sich um eine Änderungsgenehmigung handelt, ob eine Teilgenehmigung oder ob eine Zulassung des vorzeitigen Beginns beantragt wird (Nr. 2);
- die Angabe des Standortes der Anlage, bei einer ortsveränderlichen Anlage die Angabe der vorgesehenen Standorte (Nr. 3);
- Angaben über Art und Umfang der Anlage (Nr. 4);
- die Angabe, zu welchem Zeitpunkt die Anlage in Betrieb genommen werden soll (Nr. 5).

---

1 OVG Berlin-Brandenburg v. 29.7.2010 – 11 S 45/09, Rz. 9.
2 Die Bestimmung geht zurück auf das Urteil des EuGH v. 21.9.1999 – Rs. C-392/96, Slg. 1999, I-5901 Rz. 64 ff. Der Europäische Gerichtshof hat dort den von der UVP-Richtlinie eingeräumten Umsetzungsspielraum als überschritten angesehen, wenn ein Mitgliedstaat lediglich Kriterien der Projektgröße festlegt und hierbei weder sensible Standorte noch die kumulative Wirkung von Projekten berücksichtigt.

## 4. Die Antragsunterlagen

Die §§ 4 bis 4e der 9. BImSchV regeln daneben die für den Genehmigungsantrag 55
weiter erforderlichen Zeichnungen, Erläuterungen und sonstigen Unterlagen (s.
§ 10 Abs. 1 Satz 2 BImSchG). § 4 Abs. 1 Satz 1 der 9. BImSchV bestimmt lediglich
allgemein, dass dem Antrag die Unterlagen beizufügen sind, die zur Prüfung der Genehmigungsvoraussetzungen erforderlich sind.

Der Genehmigungsantrag umfasst regelmäßig die folgenden Unterlagen[1]: 56
– **Angaben zur Anlage und zum Anlagenbetrieb** (§ 4a der 9. BImSchV). Die erforderlichen Mindestangaben sind sehr detailliert vorgegeben. Sie betreffen die Beschreibung der Anlage und des Anlagenkonzeptes, den Bedarf an Grund und Boden, Angaben zur Art, Menge und Beschaffenheit der Einsatzstoffe, Zwischen-, Neben- und Endprodukte sowie der Reststoffe bis hin zu Art und Ausmaß der Immissionen, die voraussichtlich von der Anlage ausgehen werden. § 4a Abs. 2 der 9. BImSchV sieht ergänzend für Anlagen, von denen schädliche Umwelteinwirkungen hervorgerufen werden können, die Notwendigkeit einer Immissionsprognose vor, soweit Immissionswerte in Rechts- oder Verwaltungsvorschriften festgelegt sind und nach dem Inhalt dieser Vorschriften eine Prognose zum Vergleich mit diesen Werten erforderlich ist. Dies ist etwa für bestimmte Luftschadstoffe (s. Nrn. 4.2.1, 4.3.1, 4.4.1, 4.4.2 und 4.5.1 TA Luft) oder bei Lärmimmissionen (s. Nr. 3.2.1 i.V.m. Nrn. 6.1 und 6.2 TA Lärm) der Fall. Soweit nach Rechts- oder Verwaltungsvorschriften eine Sonderprüfung durchzuführen ist, müssen die Unterlagen Angaben über Art, Ausmaß und Dauer der Immissionen oder ihrer Eignung, schädliche Umwelteinwirkungen herbeizuführen, enthalten. Dies ist bei bestimmten Luftschadstoffen gemäß Nr. 4.8 TA Luft und Lärmimmissionen gemäß Nr. 3.2.2 TA Lärm der Fall. Die Darstellung aller dieser Angaben wird im Rahmen des Vordrucks systematisiert.
– **Angaben zu den Schutzmaßnahmen** (§ 4b der 9. BImSchV). Notwendig sind Unterlagen zu den Maßnahmen, die dazu dienen sollen, die Grundpflichten nach § 5 Abs. 1 Satz 1 Nr. 1 und 2 BImSchG (s. Rz. 33f.) einzuhalten. Weiter sind auch die vorgesehenen Maßnahmen zum Arbeitsschutz sowie zum Schutz vor schädlichen Umwelteinwirkungen im Falle der Betriebseinstellung (§ 5 Abs. 3 BImSchG) darzulegen. Je nach Einzelfall gehören hierzu Immissionsprognosen, Untersuchungen zu Erschütterungen und zu Gerüchen etc. Bedarf die Anlage nach der Störfall-Verordnung (§ 9 der 12. BImSchV) einer Sicherheitsanalyse, so muss sie ebenfalls den Genehmigungsunterlagen beigefügt werden (§ 4b Abs. 2 der 9. BImSchV).
– **Plan zu Behandlung der Abfälle** (§ 4c der 9. BImSchV). Die Unterlagen müssen detaillierte Angaben über die Maßnahmen zur Vermeidung oder Verwertung von Abfällen enthalten, insbesondere auch die Angabe von Gründen, warum eine weitergehende Vermeidung oder Verwertung von Abfällen technisch nicht möglich oder unzumutbar ist (s. § 5 Abs. 1 Satz 1 Nr. 3 BImSchG). Ferner sind die vorgesehenen Maßnahmen zur Verwertung oder Beseitigung von Abfällen, die bei einer Störung des bestimmungsgemäßen Betriebs entstehen können, sowie bei einer Betriebseinstellung anzugeben. Zur näheren Konkretisierung der Anforderungen an die Antragsunterlagen hat die LAI eine Verwaltungsvorschrift erlassen[2].
– **Angaben zur Energieeffizienz** (§ 4d der 9. BImSchV). Die Unterlagen müssen auch Angaben über vorgesehene Maßnahmen zur sparsamen und effizienten

---
1 Eingehend dazu *Pütz/Buchholz/Runte*, S. 229 ff.
2 Allgemeine Musterverwaltungsvorschrift zur Vermeidung, Verwertung und Beseitigung von Abfällen nach § 5 Abs. 1 Nr. 3 BImSchG (Stand vom 28.9.2005), abgedruckt bei Feldhaus, BImSchR, Band 4, unter Ziff. C 4.13.

Energieverwendung enthalten, insbesondere Angaben über Möglichkeiten zur Erreichung hoher energetischer Wirkungs- und Nutzungsgrade, zur Einschränkung von Energieverlusten sowie zur Nutzung der anfallenden Energie (s. § 5 Abs. 1 Satz 1 Nr. 4 BImSchG).

– Zu den Genehmigungsunterlagen gehört auch eine Darlegung der Vereinbarkeit der geplanten Anlage mit den Vorschriften über **Naturschutz und Landschaftspflege**. Die Unterlagen müssen insbesondere Angaben über Maßnahmen zur Vermeidung, Verminderung oder zum Ausgleich erheblicher Beeinträchtigung von Natur- und Landschaft sowie über Ersatzmaßnahmen bei nicht ausgleichbaren, aber vorrangigen Eingriffen in diese Schutzgüter enthalten (§ 4 Abs. 2 der 9. BImSchV). Welche Unterlagen hier im Einzelnen beizufügen ist, richtet sich nach dem Anlagentypus und insbesondere nach den fachrechtlichen Vorgaben. Darlegungen zur Eingriffsregelung (§§ 14 ff. BNatSchG) erfolgen in der Praxis zumeist in einem **landschaftspflegerischen Begleitplan** (LBP). § 17 Abs. 4 Sätze 3 bis 5 BNatSchG sieht dies an sich nur für planfeststellungsbedürftige Vorhaben vor. Die Vorschrift kann aber entsprechend herangezogen werden. Die Vereinbarkeit mit benachbarten Natura 2000-Gebieten erfordert die Beifügung von **FFH-Verträglichkeitsuntersuchungen**. Schließlich sollten die artenschutzrechtlichen Vorgaben (§§ 44 ff. BNatSchG) im Rahmen eines **artenschutzrechtlichen Fachbeitrags** dargelegt werden.

– Für UVP-pflichtige Anlagen muss dem Genehmigungsantrag gemäß § 4e der 9. BImSchV eine **Umweltverträglichkeits-Untersuchung** (UVU) beigefügt werden. Die UVU muss eine Beschreibung der Umwelt und ihrer Bestandteile sowie der zu erwartenden erheblichen Auswirkungen der geplanten Anlage auf die in § 1a der 9. BImSchV genannten Schutzgüter inklusive der Wechselwirkungen beinhalten. Die in § 1a der 9. BImSchV genannten Umweltgüter umfassen die menschliche Gesundheit, Tiere, Pflanzen und die biologische Vielfalt, Boden, Wasser, Luft, Klima und Landschaft, Kultur- und sonstige Sachgüter. Das Untersuchungsgebiet ist in § 4e Abs. 1 der 9. BImSchV nicht näher begrenzt. In der Praxis orientiert man sich regelmäßig an dem Beurteilungsgebiet nach Nr. 4.6.2.5 TA Luft, das regelmäßig auch durch von der Anlage ausgehende Geräusche, Erschütterungen oder Gerüche nicht überschritten wird. Bei den einzelnen Schutzgütern kann es allerdings erforderlich sein, einen differenzierten Maßstab anzulegen[1]. Praktische Schwierigkeiten ergeben sich regelmäßig bei der Darstellung der Wechselwirkungen. Was hierunter konkret zu verstehen ist, lässt sich der Verordnung nicht entnehmen. Es fehlen zudem materielle Maßstäbe, denen zu entnehmen wäre, wie etwa Luftverunreinigungen gegen Lärm, sauberes Wasser gegen Bodenbelastung zu verrechnen wären[2]. Bestandteil der UVU muss gemäß § 4e Abs. 3 der 9. BImSchV auch eine Übersicht über die wichtigsten vom Vorhabenträger geprüften technischen Verfahrensalternativen zum Schutz vor und zur Vorsorge gegen schädliche Umwelteinwirkungen sowie zum Schutz der Allgemeinheit und der Nachbarschaft vor sonstigen Gefahren, erheblichen Nachteilen und erheblichen Belästigungen enthalten. Die wesentlichen Auswahlgründe sind mitzuteilen. Diese Übersicht bedeutet allerdings nicht, dass im Rahmen des Genehmigungsverfahrens eine Alternativenprüfung durchzuführen ist, etwa dergestalt, dass alternative Standorte, ein reduzierter Anlagenbetrieb etc. im Hinblick auf ihre Umweltauswirkungen zu prüfen wären[3]. Der Begriff „Übersicht" macht ferner deutlich, dass die Alternativen nicht im Hinblick auf ihre Umweltauswirkungen zu untersuchen und darzustellen

---

[1] Näher dazu *Mayen*, NVwZ 1996, 319 (321); *Haneklaus*, in: Hoppe, UVPG, 3. Aufl. 2007, § 6 Rz. 29.
[2] *Feldmann*, UPR 1991, 127 (130); *Wahl*, DVBl 1988, 86 (88).
[3] St.Rspr., s. BVerwG v. 9.4.2008 – 7 B 2.08, NVwZ 2008, 789 Rz. 6; v. 14.5.1995 – 7 NB 3.95, BVerwGE 101, 166 (173 f.).

sind. Die UVU muss auf der Grundlage des allgemeinen Kenntnisstandes und der für die Durchführung von Umweltverträglichkeitsprüfungen allgemein anerkannten Prüfungsschritte und -methoden erfolgen. Dabei hat der Fachgutachter auch auf Schwierigkeiten hinzuweisen, die bei der Zusammenstellung der Angaben für die Unterlagen nach den §§ 4 bis 4e der 9. BImSchV aufgetreten sind, insbesondere soweit diese Schwierigkeiten auf fehlenden Kenntnissen und Prüfmethoden oder auf technischen Lücken beruhen (§ 4e Abs. 4 der 9. BImSchV).

– eine allgemeinverständliche, für die Auslegung geeignete **Kurzbeschreibung** (§ 4 Abs. 3 der 9. BImSchV). Die Kurzbeschreibung soll einen Überblick über die Anlage, ihren Betrieb und die voraussichtlichen Auswirkungen auf die Allgemeinheit und die Nachbarschaft ermöglichen. Bei UVP-pflichtigen Anlagen erstreckt sich die Kurzbeschreibung auch auf die nach § 4e der 9. BImSchV erforderlichen Angaben.

– ein **Verzeichnis** der dem Antrag beigefügten Unterlagen, in dem die Unterlagen, die **Geschäfts- oder Betriebsgeheimnisse** enthalten, besonders gekennzeichnet sind (§ 4 Abs. 3 Satz 2 der 9. BImSchV). Das Verzeichnis dient der Genehmigungsbehörde zur Aussortierung der Geschäfts- oder Betriebsgeheimnisse enthaltenden Unterlagen vor der Auslegung. Die Inhalte der geheim zu haltenden Unterlagen müssen vom Vorhabenträger so ausführlich schriftlich dargestellt werden, dass es im Rahmen der Auslegung möglich ist zu beurteilen, ob und in welchem Umfang Personen von den Auswirkungen der Anlage betroffen werden können (§ 10 Abs. 2 Satz 2 BImSchG). Betriebs- und Geschäftsgeheimnisse sind alle auf ein Unternehmen bezogene Tatsachen, Umstände und Vorgänge, die nicht offenkundig, sondern nur einem begrenzten Personenkreis zugänglich sind und an deren Nichtverbreitung das Unternehmen ein berechtigtes Interesse hat[1]. Bejaht die Genehmigungsbehörde nach einer Prüfung das Vorliegen eines Betriebs- oder Geschäftsgeheimnisses, beschränkt sie die Auslegung der Unterlagen auf die Auslegung der Umschreibungen und des Verzeichnisses über die geheim zu haltenden Unterlagen[2].

Besonderheiten gelten für Anlagen, für die eine **Umwelterklärung** nach der Umweltauditverordnung[3] oder ein **Umweltbetriebsprüfungsbericht** nach der EMAS-Verordnung[4] angefertigt worden sind (§ 4 Abs. 1 Satz 2 der 9. BImSchV). Ist die geplante Anlage Teil eines Standortes, für den Angaben bereits in der Umwelterklärung bzw. in dem Umweltbetriebsprüfungsbericht enthalten sind, kann auf diese Unterlagen zurückgegriffen werden. Die Verfahrensvereinfachung erklärt sich zum einen aus der Vermeidung von Doppelprüfungen, zum anderen aus dem Anreiz zur Teilnahme an dem Umweltaudit. 57

**Besondere Anforderungen** für die Antragsunterlagen können sich auch aus Fachgesetzen für spezielle Anlagentypen ergeben. So sieht etwa § 6 KWKG für die Zulassung von **Kraft-Wärme-Kopplungsanlagen** vor, dass neben den allgemeinen Antragsunterlagen auch spezielle Angaben im Genehmigungsantrag enthalten sein 58

---

1 So zu § 9 Abs. 1 Nr. 3 UIG BVerwG v. 24.9.2009 – 7 C 2.09, NVwZ 2010, 189 Rz. 50; v. 28.5.2009 – 7 C 18.08, NVwZ 2009, 1113 Rz. 12; s.a. BVerfG v. 14.3.2006 – 1 BvR 2087/03 u.a., BVerfGE 115, 205 (230 f.); *Reidt/Schiller*, in: Landmann/Rohmer, UmweltR, Band I, § 9 UIG Rz. 20.
2 Hierzu im Einzelnen *Sellner/Reidt/Ohms*, 2. Teil, Rz. 60.
3 Verordnung (EWG) Nr. 1836/1993 über die freiwillige Beteiligung gewerblicher Unternehmen an einem Gemeinschaftssystem für das Umweltmanagement und die Umweltbetriebsprüfung vom 29.6.1993 (ABl. Nr. L 168, S. 1).
4 Verordnung (EG) Nr. 761/2001 über die freiwillige Beteiligung von Organisationen an einem Gemeinschaftssystem für das Umweltmanagement und die Umweltbetriebsprüfung (EMAS) vom 19.3.2001 (ABl. Nr. L 114, S. 1).

müssen, sowie die Vorlage eines Sachverständigengutachtens über die Eigenschaften der Anlage, die für die Feststellung des Vergütungsanspruch von Bedeutung sind. Beim Neubau einer KWK-Anlage sind diese Angaben und Unterlagen bereits im Genehmigungsantrag vorzulegen. Unterfällt die Anlage dem **Treibhausgas-Emissionshandelsgesetz** (s. Rz. 199), enthält § 4 Abs. 3 TEHG Anforderungen an den Genehmigungsantrag, die im immissionsschutzrechtlichen Genehmigungsverfahren zu beachten sind, soweit sie zusätzliche Anforderungen enthalten (§ 4 Abs. 6 Satz 2 TEHG). Zu den Anforderungen des § 4 Abs. 3 TEHG näher Rz. 204.

### 5. Die Vollständigkeitsprüfung

59  Nach Eingang des Antrags und der Unterlagen prüft die Genehmigungsbehörde, ob der Antrag und die Antragsunterlagen **vollständig** sind (§ 7 der 9. BImSchV). Die Vollständigkeitsprüfung erfolgt insbesondere im Hinblick auf die notwendige Auslegung der Genehmigungsunterlagen. Die Allgemeinheit und die Nachbarschaft müssen anhand der Genehmigungsunterlagen feststellen können, ob von der Anlage schädliche Umwelteinwirkungen und/oder sonstige Gefahren etc. ausgehen und ob sie durch die Auswirkungen der Anlage in ihren Rechten potentiell betroffen sind. Dies bedeutet allerdings nicht, dass eine Vollständigkeit stets bereits dann zu verneinen ist, wenn die Genehmigungsbehörde noch Ermittlungsbedarf im Rahmen ihrer Sachermittlungstätigkeit (§§ 24 Abs. 1 Satz 2, 26 Abs. 1 VwVfG) sieht. Selbst wenn sie noch Gutachten in Auftrag geben muss oder andere Behörde zu externen Überprüfungen veranlasst werden müssen (§ 13 Abs. 1 der 9. BImSchV), können die Genehmigungsunterlagen gleichwohl vollständig sein[1].

60  Die Vollständigkeitsprüfung hat unverzüglich, in der Regel innerhalb eines Monats nach Einreichung, zu erfolgen. Die Frist kann in begründeten Ausnahmefällen einmal um zwei Wochen verlängert werden (§ 7 Abs. 1 Satz 2 der 9. BImSchV). In der Praxis ist des Öfteren zu beobachten, dass sich die Prüfung nicht auf die Vollständigkeit beschränkt sondern bereits im Einzelnen die Genehmigungsfähigkeit des Antrags geprüft wird. Damit soll offenbar späteren Schwierigkeiten bei der Einhaltung der 7-monatigen Genehmigungsfrist (s. Rz. 118) vorgebeugt werden. Eine solche inhaltliche Prüfung entspricht nicht den gesetzlichen Vorgaben. Der Rechtsanwalt des Vorhabenträgers sollte daher bei einer Überschreitung der Monatsfrist zeitnah bei der Genehmigungsbehörde anfragen, wann mit dem Abschluss der Vollständigkeitsprüfung zu rechnen sei. Die Überschreitung der Prüfungsfrist kann zu Amtshaftungsansprüchen des Vorhabenträgers gegen das Bundesland führen. In der Praxis scheitert dies allerdings meist daran, dass dem Vorhabenträger an einem „guten Verhältnis" zur Genehmigungsbehörde gelegen ist, zumal dies nicht Voraussetzung für eine zügige Durchführung des Genehmigungsverfahrens ist.

61  Sind der Antrag oder die Antragsunterlagen nicht vollständig, hat die Genehmigungsbehörde den Vorhabenträger unverzüglich aufzufordern, den Antrag oder die Unterlagen innerhalb einer angemessenen Frist zu ergänzen. Die Frist inklusive einer ggf. erforderlichen Nachfrist soll drei Monate nicht überschreiten. Während dieser Zeit darf die Genehmigungsbehörde aber nicht untätig bleiben. Vielmehr hat sie die bereits vorliegenden Unterlagen weiter zu prüfen (Teilprüfungen). Ferner besteht auch die Möglichkeit für die Genehmigungsbehörde, dem Vorhabenträger zu gestatten, Unterlagen, die für die Beurteilung der Genehmigungsfähigkeit der Anlage nicht unmittelbar von Bedeutung sind, bis zum Beginn der Errichtung oder der Inbetriebnahme der Anlage nachzureichen. § 12 Abs. 2a BImSchG sieht die Möglichkeit eines entsprechenden Auflagenvorbehaltes in der Genehmigung

---

1 VGH Kassel v. 29.10.1991 – 14 A 2767/90, BImSchG-Rspr § 5 Nr. 52, S. 4; *Dippel*, NVwZ 2010, 145 (147f.).

IV. Das Genehmigungsverfahren

vor (s. Rz. 125). Wird die gesetzte Frist vom Vorhabenträger nicht eingehalten und verstreicht auch eine Nachfrist fruchtlos, soll die Genehmigungsbehörde den Antrag gemäß § 20 Abs. 2 Satz 2 der 9. BImSchV ablehnen. Dies verdeutlicht die hohen Sorgfaltspflichten, die vom Vorhabenträger erwartet werden und deren Erfüllung auch Aufgabe des beratenden Rechtsanwalts ist. Erfahrungsgemäß führt die Einreichung unvollständiger Unterlagen regelmäßig zu nicht unerheblichen Verfahrensverzögerungen im Genehmigungsverfahren.

Sind der Antrag und die Antragsunterlagen vollständig, hat die Genehmigungsbehörde den Vorhabenträger über die voraussichtlich zu beteiligenden Behörden und den geplanten zeitlichen Ablauf des Genehmigungsverfahrens zu unterrichten (§ 7 Abs. 2 der 9. BImSchV). 62

**6. Auslegung von Antrag und Antragsunterlagen**

**a) Öffentliche Bekanntmachung der Auslegung**

Gemäß § 10 Abs. 3 Satz 1 BImSchG hat die Genehmigungsbehörde das Vorhaben in ihrem amtlichen Veröffentlichungsblatt und außerdem entweder im Internet oder in örtlichen Tageszeitungen, die im Bereich des Standortes der Anlage verbreitet sind, **öffentlich bekannt zu machen**. Bei der Auswahl der Tageszeitung hat die Genehmigungsbehörde ein Auswahlermessen. Unter „Bereich des Standortes der Anlage" ist der mutmaßliche Einwirkungsbereich der Anlage zu verstehen[1]. Eine Tageszeitung, die nur am Anlagenstandort erscheint, reicht daher nicht aus[2]. Ausreichend ist dagegen die Veröffentlichung in nur einer Tageszeitung[3]. Eine ausschließliche Veröffentlichung im Internet begegnet im Hinblick auf die Informationsfunktion Bedenken[4]. 63

Um die notwendige **Anstoßfunktion** zu erreichen, muss die Bekanntmachung bestimmten **inhaltlichen Vorgaben** genügen[5]. Der notwendige Mindestinhalt der Bekanntmachung ergibt sich aus § 10 Abs. 4 BImSchG und § 9 der 9. BImSchV. Danach muss die Bekanntmachung Folgendes umfassen: 64

– eine allgemein verständliche Umschreibung der Anlage mit Standort (Straße, Hausnummer);
– die nach § 3 der 9. BImSchV notwendigen Angaben im Genehmigungsantrag (s. dazu Rz. 54);
– Auslegungsort[6] und -zeit des Antrags und der Unterlagen unter Angabe des jeweils ersten und letzten Tages;
– Hinweis auf die Möglichkeit von Einwendungen bei der in der Bekanntmachung zu bezeichnenden Stelle innerhalb der Einwendungsfrist unter Angabe des jeweils ersten und letzten Tages;
– Hinweis auf die Rechtsfolgen einer verspäteten Einwendung;

---

1 *Jarass*, BImSchG, § 10 Rz. 60; *Czajka*, in: Feldhaus, BImSchR, Band 2, § 8 9. BImSchV Rz. 16.
2 *Jarass*, BImSchG, § 10 Rz. 60a; *Sellner/Reidt/Ohms*, 2. Teil, Rz. 68; *Roßnagel*, in: GK-BImSchG, § 10 Rz. 275.
3 OVG Münster v. 5.10.2010 – 8 B 817/10, NWVBl. 2011, 148 (149); *Czajka*, in: Feldhaus, BImSchR, Band 1/I, § 10 Rz. 37; a.A. *Jarass*, BImSchG, § 10 Rz. 60a.
4 *Jarass*, BImSchG, § 10 Rz. 60a.
5 Zur Anstoßfunktion von Bekanntmachungen allg. BVerfG v. 27.12.1999 – 1 BvR 1746/97, NVwZ 2000, 546 (547); BVerwG v. 6.7.1984 – 4 C 22.80, BVerwGE 69, 344 (345 ff.); v. 26.5.1978 – 4 C 9.77, BVerwGE 55, 369 (375 ff.).
6 S. zu § 3 Abs. 2 Satz 2 1. Halbs. BauGB BVerwG v. 29.1.2009 – 4 C 16.07, BVerwGE 133, 98 Rz. 33 ff.: Die Angabe des Dienstraums ist nicht erforderlich.

- ggf. Bestimmung eines Erörterungstermins mit Hinweis darauf, dass die formgerecht erhobenen Einwendungen auch bei Ausbleiben des Vorhabenträgers oder des Einwenders erörtert werden;
- Hinweis, dass die Zustellung der Genehmigung durch öffentliche Bekanntmachung ersetzt werden kann;
- Hinweis auf die zuständige Genehmigungsbehörde und die für die Öffentlichkeitsbeteiligung maßgeblichen Vorschriften inkl. einer etwaigen grenzüberschreitenden Behörden- und Öffentlichkeitsbeteiligung.

65 Sofern mit **grenzüberschreitenden Auswirkungen** zu rechnen ist, hat die Genehmigungsbehörde gemäß § 11a Abs. 4 der 9. BImSchV darauf hinzuwirken, dass das Vorhaben ferner in dem anderen Staat auf geeignete Weise bekannt gemacht wird. Die Bekanntmachung erfolgt nach den in dem anderen Staat maßgeblichen Anforderungen. In der Bekanntmachung muss mindestens angegeben werden, bei welcher Behörde Einwendungen erhoben werden können und dass mit Ablauf der Einwendungsfrist alle Einwendungen ausgeschlossen sind, die nicht auf besonderen privatrechtlichen Titeln beruhen. Da § 11a der 9. BImSchV nicht nur Unionsrecht umsetzt, sondern auch völkerrechtlich geboten ist[1], ist mit anderem Staat nicht nur ein EU-Mitgliedstaat, sondern jeder Staat im völkerrechtlichen Sinne gemeint.

66 Der die Genehmigungsbehörde bzw. den Vorhabenträger beratende Anwalt wird den Bekanntmachungstext besonders **sorgfältig zu prüfen** haben. Die Formvorschriften über die öffentliche Bekanntmachung haben eine große Bedeutung, da bei Fehlern die Einwendungsfrist nicht zu laufen beginnt. Dies kann für die Einwender – etwa bei Fehlern in der Auswahl der Veröffentlichungsorgane – unterschiedlich zu beantworten sein. Ein potentiell Betroffener kann sich nicht darauf berufen, dass es in anderen, ihn nicht betreffenden Teilen des Einwirkungsbereichs des Vorhabens zu einer fehlerhaften öffentlichen Bekanntmachung gekommen ist[2]. Läuft keine Einwendungsfrist, greift auch die Präklusionsvorschrift des § 10 Abs. 3 Satz 5 BImSchG nicht ein (s. Rz. 85). In der Praxis ist es oftmals so, dass die Genehmigungsbehörde dem Vorhabenträger den Bekanntmachungstext vorab zur Prüfung übersendet. Der den Vorhabenträger beratende Anwalt sollte frühzeitig auf etwaige Fehler der öffentlichen Bekanntmachung hinweisen. Werden nachträglich Fehler festgestellt, wird es regelmäßig sinnvoll sein, die öffentliche Bekanntmachung zu wiederholen und einen ggf. schon bestimmten Erörterungstermin zu verlegen.

**b) Auslegung von Antrag und Unterlagen**

67 Nach der öffentlichen Bekanntmachung folgt die Auslegung von Antrag und Antragsunterlagen gemäß § 10 Abs. 3 Satz 2 BImSchG i.V.m. § 10 der 9. BImSchV. Zwischen der Bekanntmachung und dem Beginn der Auslegungsfrist soll mindestens **eine Woche** liegen (§ 9 Abs. 2 1. Halbs. der 9. BImSchV); maßgeblich für die Bekanntmachung ist dabei der voraussichtliche Tag der Ausgabe des Veröffentlichungsblattes oder der Tageszeitung, die zuletzt erscheint. Beim Internet ist der Tag des Einstellens auf die Website maßgeblich. Entscheidend ist der späteste Zeitpunkt. Die **Auslegungsfrist** beträgt nach § 10 Abs. 3 Satz 2 2. Halbs. BImSchG **einen Monat**. Auszulegen sind der Antrag und die Unterlagen bei der Genehmigungsbehörde und – soweit erforderlich – bei einer geeigneten Stelle in der Nähe des Standorts der geplanten Anlage. Regelmäßig wird es notwendig sein, die Unterlagen

---

1 S. die ISPOO-Konvention über die Umweltverträglichkeitsprüfung und grenzüberschreitende Zusammenhang vom 25.2.1991 (ABl. 1992 Nr. C 104, S. 7).
2 BVerwG v. 14.9.2010 – 7 B 15.10, NVwZ 2011, 364 Rz. 22; OVG Lüneburg v. 6.3.1985 – 7 B 64/84, NVwZ 1985, 506 (508); *Sellner/Reidt/Ohms*, 2. Teil, Rz. 71.

auch in der Standortgemeinde (etwa im Rathaus) auszulegen, sofern sich dort nicht der Sitz der Genehmigungsbehörde befindet. Bei UVP-pflichtigen Anlagen sind darüber hinaus Antrag und Unterlagen auch in den Gemeinden auszulegen, in denen sich das Vorhaben voraussichtlich auswirkt (§ 10 Abs. 1 Satz 2 der 9. BImSchV).

Die ausgelegten Unterlagen können während der Dienststunden eingesehen werden (§ 10 Abs. 1 Satz 4 der 9. BImSchV). Nach der Rechtsprechung reichen hierfür die üblichen Dienstzeiten der Behörde aus. Eine Beschränkung auf die Sprech- und Kernzeiten der Behörde, die regelmäßig nur vormittags ist, ist dagegen unzulässig[1]. Eine Einsichtnahmemöglichkeit an Wochenenden oder an Abenden für Berufstätige muss nicht gewährleistet werden[2]. Der Genehmigungsbehörde bleibt es freilich unbenommen, eine Einsichtnahmemöglichkeit über die üblichen Dienststunden hinaus anzubieten. Dies kann etwa bei umstrittenen Großvorhaben, bei denen mit einem gesteigerten Öffentlichkeitsinteresse zu rechnen ist, sinnvoll sein. Nicht zu empfehlen ist, je nach Publikumsandrang von Fall zu Fall zusätzliche Auslegungszeiten einzuräumen. Dies kann im Hinblick auf den Gleichheitssatz des Art. 3 Abs. 1 GG zu Gleichbehandlungsproblemen führen, die dann eventuell einen Verfahrensfehler darstellen. Will die Genehmigungsbehörde auch an Abenden oder an Wochenende eine Einsichtnahmemöglichkeit eröffnen, sollte dies daher bereits in der Bekanntmachung angekündigt werden. 68

Auszulegen sind der **Antrag** und die vom Vorhabenträger vorgelegten **Antragsunterlagen** mit Ausnahme der Unterlagen, die Betriebs- oder Geschäftsgeheimnisse beinhalten, sowie die entscheidungserheblichen Berichte und Empfehlungen, die der Genehmigungsbehörde im Zeitpunkt der Bekanntmachung bereits vorliegen (§ 10 Abs. 3 Satz 2 i.V.m. § 10 Abs. 1 Sätze 1 und 2 der 9. BImSchV). Die Auslegung auch der sonstigen der Genehmigungsbehörde vorliegenden behördlichen Unterlagen ist unionsrechtlich durch Art. 4 Nr. 3 lit. a) der Richtlinie 2003/35/EG[3] geboten. Bei einer UVP-pflichtigen Anlage ist auch die vom Vorhabenträger eingereichte **UVU** auszulegen. Enthalten die Antragsunterlagen Betriebs- oder Geschäftsgeheimnisse, sind sie nicht auszulegen. Die Genehmigungsbehörde hat dann lediglich die **Kurzdarstellung** auszulegen (§ 10 Abs. 3 der 9. BImSchV). Bei Anlagen, die in den Anwendungsbereich der Störfall-Verordnung (12. BImSchV) fallen, ist die anzufertigende **Sicherheitsanalyse** grundsätzlich ebenfalls als Bestandteil der Antragsunterlagen auszulegen. Ergibt sich aus der Auslegung allerdings eine Gefahr für die öffentliche Sicherheit und sind Maßnahmen der Gefahrenabwehr gegenüber Dritten, von denen die Gefahren drohen, nicht möglich, ausreichend oder zulässig, kann die Genehmigungsbehörde von einer Auslegung absehen. Anstelle der Sicherheitsanalyse ist dann eine verständliche und zusammenhängende Darstellung, die der Vorhabenträger vorlegen muss, auszulegen (§ 4b Abs. 3 i.V.m. § 10 Abs. 1 Satz 5 der 9. BImSchV). **Sachverständigengutachten**, die der Vorhabenträger als Bestandteil seiner Antragsunterlagen der Genehmigungsbehörde vorlegt, sind ebenfalls auszulegen. Sie sind den sonstigen Unterlagen i.S.d. § 10 Abs. 1 Satz 2 BImSchG gleichgestellt (s. § 13 Abs. 2 Satz 1 der 9. BImSchV). Dies gilt auch für Gutachten, die der Vorhabenträger nach Abstimmung mit der Genehmigungsbehörde beauftragt hat. 69

---

[1] OVG Lüneburg v. 6.3.1985 – 7 B 64/84, NVwZ 1985, 506 (508).
[2] OVG Bautzen v. 20.11.2000 – 1 BS 110/00, Rz. 56; *Dietlein*, in: Landmann/Rohmer, UmweltR, Band III, § 10 Rz. 90; *Jarass*, BImSchG, § 10 Rz. 65; s.a. BVerwG v. 22.12.1980 – 7 C 84/78, BVerwGE 61, 256 (272 f.).
[3] Richtlinie 2003/35/EG des Europäischen Parlaments und des Rates vom 26.5.2003 über die Beteiligung der Öffentlichkeit bei der Ausarbeitung bestimmter umweltbezogener Pläne und Programme und zur Änderung der Richtlinien 85/337/EWG und 96/61/EG des Rates in Bezug auf die Öffentlichkeitsbeteiligung und den Zugang zu Gerichten (ABl. Nr. L 156, S. 17).

70  Der Allgemeinheit und der Nachbarschaft ist in die ausgelegten Unterlagen gemäß § 10 Abs. 1 Satz 6 der 9. BImSchV **Einsicht zu gewähren**. Ein Anspruch auf Überlassung von Fotokopien aus dem ausgelegten Antrag und den Unterlagen besteht nicht. Der Einsichtnehmende kann lediglich die Überlassung einer Abschrift oder Vervielfältigung der Kurzbeschreibung nach § 4 Abs. 3 Satz 1 der 9. BImSchV verlangen (§ 10 Abs. 2 der 9. BImSchV). Über die Überlassung weiterer Fotokopien oder Abschriften entscheidet die Genehmigungsbehörde nach pflichtgemäßem Ermessen. Bei der Ermessensausübung sind der Umfang und die Komplexität der geplanten Anlage zu berücksichtigen. Insbesondere bei komplexen Industrieanlagen wird es in aller Regel ermessensfehlerhaft sein, wenn die Genehmigungsbehörde hier die Möglichkeit von Fotokopien ausschließt. Insbesondere dürfte das Fotokopieren mit einem eigenen Gerät des Einsichtnehmenden regelmäßig zu gestatten sein. Begehrt der Einsichtnehmende Fotokopien gegen Kostenerstattung, kann es ermessensfehlerhaft sein, wenn die Behörde dies unter Hinweis auf technische oder personelle Voraussetzungen ablehnt. Ggf. kann es auch geboten sein, einen privaten Dienstleister einzuschalten, der die Fotokopieranträge der Einsichtnehmenden abarbeitet. Dies dürfte allerdings nur im Ausnahmefall geboten sein. In der Praxis hat es sich in der Vergangenheit angeboten, dem Einsichtnehmenden gegen Entgelt eine CD-ROM mit den Antragsunterlagen zu übergeben. Bedenken bestehen hingegen gegen die teilweise Behördenpraxis insbesondere gegenüber anerkannten Umweltvereinigungen, ihnen die ausgelegten Unterlagen für einen gewissen Zeitraum zu überlassen und damit die Möglichkeit eigener Fotokopien zu ermöglichen. Die ausgelegten Antragsunterlagen sollten unter keinen Umständen außer Haus gegeben werden, da hier die Gefahr einer Manipulation besteht. Der den Vorhabenträger beratende Rechtsanwalt hat ggf. auf die Einhaltung dieser Regeln gegenüber der Genehmigungsbehörde zu dringen.

**c) Absehen von einer erneuten Auslegung bei nachträglichen Änderungen**

71  Wird der Genehmigungsantrag nach Abschluss der Auslegung oder der gesamten Öffentlichkeitsbeteiligung geändert, kann unter bestimmten Voraussetzungen von einer **erneuten Auslegung** der geänderten Antragsunterlagen abgesehen werden. Gemäß § 8 Abs. 2 Satz 1 der 9. BImSchV ist dies der Fall, wenn die geänderten Unterlagen keine Umstände enthalten, die nachteilige Auswirkungen für Dritte besorgen lassen. Dies ist etwa dann anzunehmen, wenn nachteilige Auswirkungen für Dritte durch vom Vorhabenträger vorgesehene Maßnahmen ausgeschlossen werden oder die Nachteile im Verhältnis zu den jeweils vergleichbaren Vorteilen gering sind (§ 8 Abs. 2 Satz 2 der 9. BImSchV). Die Genehmigungsbehörde kann allerdings gleichwohl auch in diesen Fällen die geänderten Antragsunterlagen nach ihrem pflichtgemäßen Ermessen auslegen.

72  Bei **UVP-pflichtigen Anlagen** kann von einer erneuten Auslegung nur unter engeren Voraussetzungen abgesehen werden. Es kommt nicht auf potentielle nachteilige Auswirkungen für Dritte sondern darauf an, ob zusätzliche oder andere erhebliche Auswirkungen auf die in § 1a der 9. BImSchV genannten Schutzgüter zu besorgen sind (§ 8 Abs. 2 Sätze 3 und 4 der 9. BImSchV). Nur in eindeutigen Fällen sollte hier von einer erneuten Auslegung abgesehen werden. Im Zweifel sollte die Entscheidung für eine erneute Öffentlichkeitsbeteiligung ausfallen. § 8 Abs. 2 Satz 4 der 9. BImSchV sieht dann die Möglichkeit vor, die Einwendungsmöglichkeit und die Erörterung auf die vorgesehenen Änderungen zu beschränken. Hierauf ist in der Bekanntmachung hinzuweisen.

## 7. Recht auf Akteneinsicht

Neben der Einsichtnahmemöglichkeit in den Genehmigungsantrag hat ein Dritter 73
auch die Möglichkeit, in nicht ausgelegte Unterlagen Akteneinsicht zu nehmen.
§ 10a Satz 1 der 9. BImSchV bestimmt, dass die Genehmigungsbehörde **Akteneinsicht nach pflichtgemäßem Ermessen** gewährt. § 29 Abs. 1 Satz 3, Abs. 2 und 3
VwVfG findet entsprechende Anwendung. Damit erstreckt sich das Akteneinsichtsrecht grundsätzlich auch auf Entwürfe zu Entscheidungen und auf interne
Aktenvermerke. Die Genehmigungsbehörde kann die Akteneinsicht verweigern,
soweit durch sie die ordnungsgemäße Erfüllung ihrer Aufgaben beeinträchtigt,
das Bekanntwerden des Akteninhalts dem Wohle des Bundes oder eines Landes
Nachteile bereiten würde oder soweit die Vorgänge wegen der berechtigten Interessen der Beteiligten oder dritter Personen geheim gehalten werden müssen. Im Übrigen kann die Akteneinsicht auch aus sonstigen sachgerechten Gründen verweigert werden. Die Akteneinsicht erfolgt bei der Genehmigungsbehörde. Sie kann je
nach Einzelfall auch das Anfertigen von Fotokopien umfassen (s. Rz. 70).

Daneben ergibt sich ein Akteneinsichtsrecht auch aus den Vorschriften der **Lan-** 74
**desumweltinformationsgesetze**. Bei den Antragsunterlagen handelt es sich um
Umweltinformationen, da die geplante Anlage regelmäßig unmittelbare oder mittelbare Auswirkungen auf Umweltbestandteile hat (§ 2 Abs. 3 UIG und die entsprechenden Ländervorschriften). Der Informationszugangsanspruch ist voraussetzungslos und kann von jedermann geltend gemacht werden. Antragsbefugt sind
auch Bürgerinitiativen, sofern sie organisatorisch hinreichend verfestigt ist[1]. Der
Anspruch erstreckt sich auch auf die ausgelegten Antragsunterlagen. Insbesondere
entfaltet die Pflicht zur Auslegung der Antragsunterlagen keine Sperrwirkung gegenüber dem Anspruch nach den Landesumweltinformationsgesetzen[2]. Der Informationszugangsanspruch kann von der Genehmigungsbehörde bei Vorliegen der
abschließend aufgezählten und eng auszulegenden Ablehnungsgründe der §§ 8
und 9 UIG (bzw. die entsprechenden Ländervorschriften) abgelehnt werden. Praktische Bedeutung hat insbesondere der Schutz von Betriebs- und Geschäftsgeheimnissen (§ 9 Abs. 1 Nr. 3 UIG und die entsprechenden Ländervorschriften). Auf geistiges Eigentum des Vorhabenträgers (§ 9 Abs. 1 Nr. 2 UIG und die entsprechenden
Ländervorschriften) kann sich die Genehmigungsbehörde regelmäßig nicht berufen, da die Antragsunterlagen zumeist keinen Urheberschutz genießen[3]. Der Informationszugangsanspruch erstreckt sich ferner nicht auf interne Mitteilungen der
Genehmigungsbehörde[4].

Für Unterlagen, die **nachträglich**, d.h. nach der Auslegung von der Genehmigungs- 75
behörde **angefertigt** oder die nachträglich von der Genehmigungsbehörde **in Auftrag
gegeben** worden sind, bestimmt § 10 Abs. 3 Satz 4 BImSchG i.V.m. § 10 Abs. 1
Satz 3 der 9. BImSchV ausdrücklich, dass diese Unterlagen ebenfalls nach den Landesumweltinformationsgesetzen Dritten zugänglich zu machen sind. Der Hinweis
hat lediglich deklaratorische Bedeutung und geht zurück auf entsprechende unionsrechtliche Vorgaben (Art. 15 Abs. 1 i.V.m. Anhang V Nr. 2 der IVU-Richtlinie). Die
Genehmigungsbehörde kann sich auch insoweit auf die Ablehnungsgründe der §§ 8
und 9 bzw. der entsprechenden Landesvorschriften berufen. Dies ergibt sich aus Anhang V Nr. 2 der IVU-Richtlinie, der auf die Richtlinie 2003/4/EG (sog. Umweltinformations-Richtlinie) verweist[5].

---
1 S. BVerwG v. 21.2.2008 – 4 C 13.07, BVerwGE 130, 223 Rz. 25.
2 *Reidt/Schiller*, in: Landmann/Rohmer, UmweltR, Band I, § 3 UIG Rz. 34.
3 *Schiller*, I+E 2011, 10 ff.
4 Zu diesem Begriff OVG Münster v. 3.8.2010 – 8 A 283/08, ZUR 2010, 601 (604 ff.).
5 *Dietlein*, in: Landmann/Rohmer, UmweltR, Band III, § 10 Rz. 95b; a.A. *Jarass*, BImSchG,
 § 10 Rz. 89a: bloße Rechsfolgenverweisung.

## 8. Einwendungen Dritter

### a) Anforderungen an Einwendungen

76 Gemäß § 10 Abs. 3 Satz 4 BImSchG und § 12 Abs. 1 Satz 1 der 9. BImSchV kann die Öffentlichkeit gegenüber der Genehmigungsbehörde bis zwei Wochen nach Ablauf der Auslegungsfrist schriftlich Einwendungen erheben. Eine **Einwendung** ist jedes sachliche, auf die Verhinderung oder Modifizierung der beantragten Anlage abzielende Gegenvorbringen. Das Vorbringen muss so konkret sein, dass die Genehmigungsbehörde erkennen kann, in welcher Weise sie bestimmte Belange einer näheren Betrachtung unterziehen soll[1]. Die näheren inhaltlichen Anforderungen unterscheidet die Rechtsprechung danach, ob es sich um eine Betroffenen-Einwendung oder um eine Jedermann-Einwendung handelt. Bedeutung hat dies für die Rechtsfolgen: Für den Betroffenen besteht die Möglichkeit einer Präklusion gemäß § 10 Abs. 3 Satz 5 BImSchG, während der Jedermann-Einwender ohnehin gegen die Genehmigung mangels Klagebefugnis (§ 42 Abs. 2 VwGO) nicht klagen kann. Für ihn spielt daher die Rechtsfolge der Präklusion nur eine ungeordnete, in ihrer Auswirkung auf das Genehmigungsverfahren selbst beschränkte Rolle.

77 Bei einer **Betroffenen-Einwendung**, die jeder potentiell betroffene Einwender („Nachbar") erheben kann, müssen mindestens in groben Zügen die eigenen Rechtsgüter, deren Verletzung befürchtet wird, benannt und die befürchteten Beeinträchtigungen dargelegt werden[2]. Maßstab ist „das durchschnittliche Wissen eines nicht sachverständigen Bürgers"[3]. Nicht angegeben werden muss, weshalb der Einwender die Beeinträchtigung befürchtet[4].

**Beispiele für Betroffenen-Einwendungen:**
- Gesundheits- oder Sachschäden durch von der Anlage stammende Luftverunreinigungen
- Unzumutbare Belästigungen durch Anlagengeräusche oder Anlagengerüche
- Ertragseinbußen bzw. Umsatzeinbußen eines Vermieters wegen Lärmbeeinträchtigungen durch Anlagen
- Gefährdung von Gesundheit und Leben wegen Explosionsgefahren, ausgehend von der Anlage

Genügt die Einwendung diesen Mindestanforderungen nicht, ist sie als Betroffenen-Einwendung unbeachtlich. Sie kann dann aber eine Jedermann-Einwendung darstellen, freilich mit der Folge, dass ein Rechtsbehelf nicht möglich ist (s. Rz. 76, 79). Bedeutung hat dies insbesondere bei sog. **Sammeleinwendungen**, d.h. eines gleichlautenden, für eine Vielzahl von Fällen erstellten Einwendungsmusters. Soll es sich hierbei um eine Betroffenen-Einwendung handeln, müssen über die dort geltend gemachten Einwendungen hinaus die individuellen Rechtspositionen des Betroffenen angegeben werden. Ebenso muss das möglicherweise betroffene eigene Rechtsgut benannt werden. Ist dies nicht der Fall, handelt es sich um eine Jedermann-Einwendung mit der Folge, dass der Betroffene mit seinen eigenen Rechtspositionen präkludiert ist.

---

1 BVerwG v. 24.7.2008 – 7 B 19.08, Rz. 10; v. 30.1.1995 – 7 B 20.95, Buchholz 406.25 § 10 BImSchG Nr. 3; v. 17.7.1980 – 7 B 101.78, BVerwGE 60, 297 (300, 311); VGH München v. 9.6.2011 – 22 ZB 10.2192 u.a., Rz. 16; OVG Münster v. 9.12.2009 – 8 D 10/08.AK, Rz. 130 ff. (insoweit nicht in DVBl 2010, 724 abgedruckt).
2 VGH München v. 31.1.2000 – 22 A 99.40009 u.a., NVwZ-RR 2000, 661 (666); VGH Mannheim v. 16.6.1998 – 10 S 909/97, NVwZ-RR 1999, 298 (300).
3 BVerfG v. 8.7.1982 – 2 BvR 1187/80, BVerfGE 61, 82 (117 f.); BVerwG v. 9.9.1988 – 7 C 3.86, BVerwGE 80, 207 (220).
4 BVerwG v. 17.7.1980 – 7 B 101.78, BVerwGE 60, 297 (311); strenger VGH München v. 31.1.2000 – 22 A 99.40009 u.a., NVwZ-RR 2000, 661 (666) hinsichtlich Störfälle.

IV. Das Genehmigungsverfahren　　　　　　　　　　　　　Rz. 81　Teil 3 A

**Jedermann-Einwendungen** können auch im Interesse der Allgemeinheit erhoben werden. Sie müssen zumindest kursorisch die Allgemeininteressen, deren Verletzung geltend gemacht wird, darlegen. Konkret betroffene Rechtsgüter müssen dagegen nicht bezeichnet werden[1]. 78

Den inhaltlichen Vorgaben einer Einwendung genügt es nicht, in dem Schreiben lediglich „Einwendungen" zu erheben und sich die **weitere Begründung** vorzubehalten. Geht die weitere Begründung nicht innerhalb der Einwendungsfrist ein, greift die Präklusion ein. Entsprechendes gilt, wenn der Anwalt für seinen Mandanten der Genehmigungsbehörde mitteilt, sein Mandant sei gegen das Vorhaben, er werde nach dem Studium der Unterlagen die Einwendung näher begründen. Ein solches Schreiben stellt keine Einwendung dar und führt, wenn die angekündigte Begründung nicht während der Einwendungsfrist nachgereicht wird, zur Präklusion (s. Rz. 84 ff.). Ebenso präkludiert ist der Betroffene, der während der Einwendungsfrist nur Belange der Allgemeinheit geltend macht, ohne auf die Verletzung eigener Rechtsgüter hinzuweisen. Ein Betroffener muss – will er nicht der Gefahr der Präklusion unterliegen – seine möglicherweise verletzten Belange vollständig geltend machen. Befürchtet etwa ein Einwender, durch Lärmeinwirkungen der geplanten Anlage könne er als Vermieter von drei Gebäuden in Anlagennähe in Zukunft Mieteinbußen erleiden, führt er in der Einwendungsschrift jedoch nur eines dieser Mietshäuser und die entsprechende Grundstücksbezeichnung auf, kann er sich auf seine Eigentumsposition hinsichtlich der anderen beiden Gebäuden nicht mehr berufen. Der den Einwender vertretende Anwalt muss demnach den Sachverhalt genau ermitteln, seinen Mandanten über die potentiellen Präklusionsfolgen aufklären und in der Einwendungsschrift alle potentiell von der geplanten Anlage betroffenen Rechtsposition seines Mandanten vollständig aufführen. 79

**Einwendungsbefugt** ist jedermann. Die Betroffenheit in einem Recht oder in einem rechtlichen Interesse ist nicht Voraussetzung für die Einwendung[2]. Neben den in eigenen Rechtspositionen betroffenen privaten und juristischen Personen steht daher auch jedem noch so weit entfernt wohnenden Dritten oder auch einer Bürgerinitiative die Einwendungsbefugnis zu[3]. Einwendungen können auch von Personen mit ausländischem Wohnsitz erhoben werden. § 11 Abs. 4 Satz 2 der 9. BImSchV stellt sie für den weiteren Verlauf der Beteiligung den Inländern gleich. 80

Für die **Form** der Einwendungen bestimmt § 10 Abs. 3 Satz 4 BImSchG, dass sie **schriftlich** bei der Genehmigungsbehörde oder bei einer Stelle, bei der Antrag und Unterlagen zur Einsicht ausliegen, erhoben werden. Eine Erhebung von Einwendungen zur Niederschrift der Behörde ist nicht möglich. Die Schriftform erfordert, dass in der Einwendungsschrift der Vor- und Zuname sowie Anschrift in leserlicher Form angegeben und dass die Einwendung vom Einwender oder einem Bevollmächtigten unterschrieben werden. Eine Einwendung erfüllt auch dann die erforderliche Schriftform, wenn sie in **elektronischer Form**, etwa durch E-Mail übersendet wird (§ 3a Abs. 2 Satz 1 und 2 VwVfG). Erforderlich ist hierfür allerdings, dass das elektronische Dokument mit einer qualifizierten elektronischen Signatur nach dem Signaturgesetz versehen wird. Eine E-Mail, welche diesen normativen Anforderungen nicht genügt, ist nicht geeignet, die gesetzliche Frist für die Erhebung von Einwendungen zu wahren. Dass in Ausnahmefällen vom Erfordernis der eigenhändigen Unterschrift nach der Rechtsprechung Abstand genommen werden kann, wenn sich auch ohne eigenhändige Namenszeichnung aus anderen Anhaltspunkten eine der Unterschrift vergleichbare Gewähr für die Urheberschaft und den 81

---
1 BVerwG v. 17.7.1980 – 7 B 101.78, BVerwGE 60, 297 (301); OVG Münster v. 10.11.1988 – 21 A 1104/85, UPR 1989, 390 (390f.).
2 *Jarass*, BImSchG, § 10 Rz. 71.
3 *Sellner/Reidt/Ohms*, 2. Teil, Rz. 91.

Rechtsverkehrswillen ergibt, ist auf die Übermittlung von Dokumenten durch einfache E-Mail nicht übertragbar[1].

82 Besonderheiten gelten in sog. **Massenverfahren**, d.h. bei gleichförmigen Eingaben, die von mehr als 50 Personen auf Unterschriftenlisten unterzeichnet oder in Form vervielfältigter gleichlautender Texte eingereicht werden. Hierfür gelten die Vorschriften der §§ 17 bis 19 VwVfG[2]; notwendig ist insbesondere, dass im Text der Einwendungsschrift ein Vertreter der übrigen Unterzeichner benannt wird. Bei Fehlern oder Unleserlichkeit der Angabe von Name und Anschrift kann die Genehmigungsbehörde gleichförmige Eingaben unberücksichtigt lassen (s. § 17 Abs. 2 VwVfG). Die Genehmigungsbehörde kann im Einzelfall unter bestimmten Voraussetzungen auch einen gemeinsamen Vertreter von Amts wegen bestellen (s. die §§ 17 Abs. 4, 18 Abs. 1 VwVfG). In der Genehmigungspraxis spielen die Vorschriften keine große Rolle.

83 **Fristgerecht** ist die Einwendung dann, wenn sie bis zum Ende der Einwendungsfrist – zwei Wochen nach Ablauf der Auslegungsfrist – bei der Behörde bzw. bei der Stelle, bei der Antrag und Unterlagen ausliegen, eingeht. Sie kann auch schon vor Beginn der zweiwöchigen Einwendungsfrist, also während der Auslegungsfrist von einem Monat erhoben werden. Eine vor Beginn der Auslegungsfrist erhobene Einwendung ist dagegen unzulässig[3]. Vorsorglich sollte in diesen Fällen die Einwendung nach Beginn der Auslegungsfrist wiederholt werden[4]. Für die Beurteilung der Rechtzeitigkeit des Eingangs einer per Telefax erhobenen Einwendung kommt es darauf an, ob die gesendeten Signale noch vor Ablauf des letzten Tages der Frist vom Telefaxgerät der zuständigen Behörde vollständig empfangen worden sind. Der Eingangszeitpunkt bestimmt sich regelmäßig nach dem Uhrzeitaufdruck des Telefaxgeräts der Behörde[5].

**b) Präklusion**

84 Erfolgt die Einwendung nicht frist- oder formgerecht, kann der Einwender im weiteren Genehmigungsverfahren mit seiner Einwendung nicht mehr gehört werden (**formelle Präklusion**). Der Einwender ist etwa zum ggf. nachfolgenden Erörterungstermin nicht zugelassen (§ 14 Abs. 1 der 9. BImSchV). Sofern er zugleich Betroffener ist, kann er ferner in einem späteren Rechtsbehelfsverfahren (Widerspruch, Klage) gegen die erteilte Genehmigung keinen Rechtsbehelf erheben (**materielle Präklusion**)[6]. Die Regelung einer materiellen Präklusion ist verfassungsrechtlich unbedenklich im Hinblick auf den Verwirkungsgedanken und der Mitwirkungslast potentiell betroffener Dritter[7]. Sie ist auch mit unionsrechtlichen Vorgaben vereinbar. Aus Art. 10a der UVP-Richtlinie, Art. 15a der IVU-Richtlinie und Art. 25 der Industrieemissionen-Richtlinie über den Zugang zu Gericht für die betroffene Öffentlichkeit ergeben sich im Hinblick auf die Präklusion keine Anforderungen. Die Anordnung einer materiellen Präklusionswirkung überschreitet auch nicht die der mitgliedstaatlichen Verfahrensautonomie gesetzten Grenzen durch das Äquiva-

---
1 BVerwG v. 14.9.2010 – 7 B 15.10, NVwZ 2011, 364 Rz. 25.
2 *Sellner/Reidt/Ohms*, 2. Teil, Rz. 100; *Jarass*, BImSchG, § 10 Rz. 76; *Storost*, in: Ule/Laubinger, BImSchG, § 10 Rz. D 52; a.A. Roßnagel, in: GK-BImSchG, § 10 Rz. 367 ff.
3 *Dietlein*, in: Landmann/Rohmer, UmweltR, Band III, § 10 Rz. 150; a.A. *Jarass*, BImSchG, § 10 Rz. 74 m.w.N.; *Czajka*, in: Feldhaus, BImSchR, Band 1/I, § 10 Rz. 66.
4 *Sellner/Reidt/Ohms*, 2. Teil, Rz. 97.
5 OVG Münster v. 9.12.2009 – 8 D 10/08.AK, DVBl 2010, 724 (725).
6 BVerwG v. 17.7.1980 – 7 B 101.78, BVerwGE 60, 297 (301 ff.); *Dietlein*, in: Landmann/Rohmer, UmweltR, Band III, § 10 Rz. 159; *Jarass*, BImSchG, § 10 Rz. 91.
7 BVerfG v. 8.7.1982 – 2 BvR 1187/80, BVerfGE 61, 82 (109 f.).

## IV. Das Genehmigungsverfahren

lenzprinzip und das Effektivitätsprinzip[1]. Der für den Vorhabenträger und die Genehmigungsbehörde im späteren Widerspruchs- und/oder Klageverfahren tätige Anwalt sollte sich gleichwohl nicht damit begnügen, die betreffenden Einwendungen als verspätet zu rügen, sondern dazu hilfsweise inhaltlich Stellung nehmen.

Aufgrund der weitreichenden Präklusionswirkung greift die Präklusion nur dann ein, wenn die Bekanntmachung und die Auslegung **keine Verfahrensfehler** enthalten, die zu einer Behinderung des Einwenders geführt haben[2]. Die Präklusion tritt gleichfalls nicht ein, wenn in der öffentlichen Bekanntmachung entgegen § 10 Abs. 4 Nr. 2 BImSchG nicht auf die Rechtsfolge des Einwendungsausschlusses hingewiesen worden ist[3]. Ferner ist die Präklusion auf solche Einwendungen beschränkt, die der Dritte aufgrund der ausgelegten Unterlagen vorbringen konnte[4]. Sie scheidet auch dann aus, wenn die später erteilte Genehmigung nicht mit den ausgelegten Unterlagen übereinstimmt. Dies ist etwa der Fall, wenn der Vorhabenträger nachträglich die Antragsunterlagen geändert hat und keine erneute Auslegung stattgefunden (s. Rz. 71 f.) oder aber die Genehmigungsbehörde den Antrag durch Nebenbestimmungen verändert hat[5]. 85

Tritt die **Betroffeneneigenschaft erst nach Ende der Einwendungsfrist** ein, etwa weil der Einwender erst nach der Auslegungsfrist geboren wird oder in dem Einwendungsbereich der Anlage zieht, hindert dies nach zutreffender Auffassung den Eintritt der Präklusion nicht[6]. Im Fall einer nicht schuldhaften Versäumung der Einwendungsfrist ist die Möglichkeit einer Wiedereinsetzung gegeben (§ 32 VwVfG). Dies gilt nicht mehr nach Erteilung der Genehmigung[7]. Eine allgemeine Verlängerung der Einwendungsfrist durch die Genehmigungsbehörde ist dagegen unzulässig. Die Präklusionswirkung steht nicht zur Disposition der Genehmigungsbehörde[8]. 86

Hat ein Einwender die Einwendungsfrist versäumt, ist ihm dies formlos **mitzuteilen**. Eine Zustellung des Genehmigungsbescheides an ihn ist dann nicht notwendig. Der Vorhabenträger und die beteiligten Behörden müssen gemäß § 12 Abs. 2 der 9. BImSchV über die erhobenen Einwendungen unterrichtet werden. Sinn und Zweck dieser **Informationspflicht** ist die notwendige Vorbereitung auf den Erörterungstermin. Der Einwender kann hierbei verlangen, dass sein Name und seine 87

---

1 BVerwG v. 14.9.2010 – 7 B 15.10, NVwZ 2011, 364 Rz. 9 ff.; OVG Münster v. 9.12.2009 – 8 D 10/08.AK, Rz. 81 ff. (insoweit nicht in DVBl 2010, 724 abgedruckt); krit. *v. Danwitz*, UPR 1996, 323 (326 f.) unter Bezugnahme auf EuGH v. 14.12.1995 – Rs. C-312/93, Slg. 1995, I-4599 Rz. 15 ff.
2 VGH München v. 4.6.2003 – 22 CS 03.1109, NVwZ 2003, 1138 (1139); OVG Lüneburg v. 6.3.1985 – 7 B 64/84, NVwZ 1985, 506; *Jarass*, BImSchG, § 10 Rz. 93; *Sellner/Reidt/Ohms*, 3. Teil, Rz. 55.
3 OVG Münster v. 9.12.2009 – 8 D 10/08.AK, DVBl 2010, 724 (727); v. 10.6.2008 – 8 D 103/07. AK, Rz. 47.
4 BVerwG v. 17.7.1980 – 7 C 101.78, BVerwGE 60, 297 (310); OVG Münster v. 29.9.1986 – 7 D 4/86, NVwZ 1987, 342; ebenso zum Fachplanungsrecht BVerwG v. 24.10.2010 – 9 A 13.09, Rz. 34 (insoweit nicht in DVBl 2011, 496 abgedruckt); v. 14.4.2010 – 9 A 5.08, BVerwGE 136, 292 Rz. 85.
5 BVerwG v. 17.7.1980 – 7 C 101.78, BVerwGE 60, 297 (307); *Jarass*, BImSchG, § 10 Rz. 94; *Storost*, in: Ule/Laubinger, BImSchG, § 10 Rz. D 60.
6 BVerwG v. 29.8.1986 – 7 C 52.84, NVwZ 1987, 131 (132); *Dietlein*, in: Landmann/Rohmer, UmweltR, Band III, § 10 Rz. 182, 188; *Czajka*, in: Feldhaus, BImSchR, Band 1/I, § 10 Rz. 70; a.A. OVG Lüneburg v. 16.8.1985 – 7 B 15/85, NVwZ 1986, 671; diff. *Jarass*, BImSchG, § 10 Rz. 96.
7 BVerwG v. 17.7.1980 – 7 C 101.78, BVerwGE 60, 297 (309); *Dietlein*, in: Landmann/Rohmer, UmweltR, Band III, § 10 Rz. 140 f.; *Jarass*, BImSchG, § 10 Rz. 95.
8 BVerwG v. 17.7.1980 – 7 C 101.78, BVerwGE 60, 297 (309); *Sellner/Reidt/Ohms*, 2. Teil, Rz. 98.

Anschrift vor der Weiterreichung an den Vorhabenträger unkenntlich gemacht werden, sofern diese zur ordnungsgemäßen Durchführung des Genehmigungsverfahrens nicht erforderlich sind. Ein entsprechender Hinweis hat in der Bekanntmachung zu erfolgen.

### c) Einwendungsmuster

88  Max Mustermann                                      Köln, den 20.4.2011
Riesenkopfallee 13
50997 Köln

Bezirksregierung Köln
Dezernat 53 – Immissionsschutz
Zeughausstr. 2–10
50667 Köln

**Errichtung und Betrieb eines Kohlekraftwerks in Köln-Godorf, Rheinstraße 5
hier: Einwendungsschreiben**

Sehr geehrte Damen und Herren,

im Zeitraum vom 12.3.2011 bis zum 13.4.2011 lagen die Antragsunterlagen für die Errichtung und den Betrieb eines neuen Kohlekraftwerks in Köln-Godorf, Rheinstraße 5, in unserer Gemeinde aus. Ich bin Eigentümer des Grundstücks Riesenkopfallee 13 in Köln-Rodenkirchen, das in unmittelbarer Nachbarschaft zum geplanten Kraftwerksstandort liegt. Ich bewohne das Grundstück, das mit einem Einfamilienhaus bebaut und von einem großen Garten umgeben ist. Mit dem Vorhaben bin ich nicht einverstanden und erhebe ich folgende Einwendungen:

1. Die ausgelegten Antragsunterlagen sind unvollständig, so dass von ihnen nicht die erforderliche Anstoßfunktion ausgeht. Es fehlen etwa nähere Unterlagen zu den Anforderungen an einen Störfallbetrieb. Ferner ist die vom Vorhabenträger vorgelegte Schallimmissionsprognose in weiten Teilen nicht nachvollziehbar und damit fehlerhaft. … Die Auslegung der Antragsunterlagen ist daher zwingend zu wiederholen.

2. Die vom Vorhabenträger vorgelegte UVU ist ebenfalls fehlerhaft. Sie kommt teilweise zu nicht nachvollziehbaren Ergebnissen bei den Schutzgütern Mensch sowie Tiere und Pflanzen. … Zudem fehlt eine nähere Betrachtung des in nur 1 km vom Anlagenstandort liegenden FFH-Gebiets „Rheinauen". Für das Gebiet sind erhebliche Beeinträchtigungen zu befürchten.

3. Ich befürchte ferner, dass mein Wohngrundstück unzumutbaren Lärm- und Luftschadstoffen ausgesetzt wird. Weder die Vorsorgewerte der TA Luft noch der 13. BImSchV werden eingehalten. … Die vom Vorhabenträger vorgelegte Luftschadstoffprognose ist zudem aus folgenden Gründen fehlerhaft: …

4. Durch das Kraftwerksvorhaben wird mein Grundstück in Zukunft unzumutbar verschattet. Der Kühlturm nebst den Kühlwasserschwaden wird die Sonneneinstrahlung auf meinem Grundstück deutlich reduzieren. Zudem geht von dem Vorhaben eine erdrückende Wirkung aus.

5. Durch die Errichtung und den Betrieb des geplanten Kraftwerks wird es zu einem massiven Wertverlust meines Grundstücks kommen. Die Grundstückspreise sind bereits jetzt nach Vorstellung der Planung in der Öffentlichkeit zurückgegangen, was sich in vielen Verkaufsfällen der jüngeren Zeit in der Umgebung belegen lässt. Ich fordere Entschädigung für den Wertverlust!

6. Das Kraftwerksvorhaben verstößt auch gegen bauplanungsrechtliche Vorgaben. Seine Errichtung im Außenbereich ist unzulässig, da es sich nicht um ein privilegiertes Vorhaben nach § 35 Abs. 1 BauGB handelt und zudem die Stadt Köln ihr Einvernehmen verweigert hat.

Zusammenfassend lehne ich das Vorhaben aus den o.g. Gründen ab. Bitte unterrichten Sie mich über den weiteren Verlauf des Genehmigungsverfahrens. Mit der Weitergabe meiner persönlichen Daten bin ich nicht einverstanden.
Mit freundlichen Grüßen

### 9. Behördenbeteiligung

Parallel zur Bekanntmachung und Auslegung des Genehmigungsantrags und der Antragsunterlagen läuft die Behördenbeteiligung (§ 10 Abs. 5 BImSchG i.V.m. § 11 der 9. BImSchV). Den Behörden, deren Aufgabenbereich durch die geplante Anlage berührt wird, werden die Antragsunterlagen **sternförmig** mit der Aufforderung **übersandt**, eine Stellungnahme innerhalb einer Frist von einem Monat abzugeben. Bei der Stellungnahme ist die Behörde auf ihren jeweiligen Zuständigkeitsbereich beschränkt. Gibt die Behörde innerhalb der ihr gesetzten Monatsfrist keine Stellungnahme ab, so ist davon auszugehen, dass die beteiligte Behörde sich nicht äußern will (§ 11 Satz 3 der 9. BImSchV). 89

Der **Kreis der zu beteiligenden Behörden** ergibt sich aus dem jeweiligen Antragsgegenstand. Dies sind zum einen die Fachbehörden, die die Auswirkungen der Errichtung der geplanten Anlage sowie deren Betrieb zu beurteilen haben (z.B. Naturschutzbehörden, Baubehörden, Wasserbehörden, Forstbehörden). Ferner sind diejenigen Behörden zu beteiligen, deren Entscheidungen nach § 13 BImSchG von der Genehmigung eingeschlossen werden[1]. Schließlich sind die Behörden zu beteiligen, die neben der beantragten immissionsschutzrechtlichen Genehmigung eine eigene Genehmigungsentscheidung in Bezug auf die Anlage zu treffen haben (s. Rz. 37 f.)[2]. 90

Aufgrund der Parallelität der Öffentlichkeitsbeteiligung und der Behördenbeteiligung liegen die behördlichen Stellungnahmen im Zeitpunkt der Auslegung der Antragsunterlagen noch nicht vor. Sie können daher auch nicht mit ausgelegt werden. Dritte haben die Möglichkeit, im Wege der **Akteneinsicht** gemäß § 10a der 9. BImSchV bzw. § 3 Abs. 1 UIG und den entsprechenden Ländervorschriften Einsicht in die Stellungnahmen zu nehmen bzw. sich Kopien anfertigen zu lassen (s. Rz. 73 ff.). Soweit die behördlichen Stellungnahmen bis zum Erörterungstermin vorliegen, sind sie dort zu behandeln. Einwendern ist auf Verlangen Gelegenheit zu geben, sich dazu zu äußern. 91

Gemäß § 11a Abs. 1 der 9. BImSchV sind **ausländische Behörden** in gleichem Umfang wie inländische Behörden zu unterrichten, wenn die geplante Anlage erhebliche, in den Antragsunterlagen zu beschreibende Auswirkungen in dem betreffenden anderen Staat haben kann oder wenn ein anderer Staat, der möglicherweise von den Auswirkungen erheblich berührt wird, darum ersucht. Es spielt keine Rolle, ob es sich hierbei um einen EU-Mitgliedstaat oder um andere sogenannte Drittstaaten handelt (s. Rz. 65). Die Unterrichtung erfolgt durch die von der zuständigen obersten Landesbehörde bestimmte Behörde. Sie richtet sich an die oberste für Umweltangelegenheiten zuständige Behörde des anderen Staates (§ 11a Abs. 1 Sätze 2 und 3 der 9. BImSchV). Der zuständigen Behörde des anderen Staates ist auch eine Ausfertigung der öffentlich bekannt zu machenden Unterlagen zu übermitteln (§ 11a Abs. 3 Satz 1 der 9. BImSchV). Schließlich ist der geplante zeitliche Ablauf des Genehmigungsverfahrens mitzuteilen. Der Behörde des anderen Staates ist Gelegenheit zur Stellungnahme innerhalb einer angemessenen Frist einzuräumen (§ 11a Abs. 3 Satz 4 der 9. BImSchV). 92

---

1 *Jarass*, BImSchG, § 10 Rz. 45.
2 *Dietlein*, in: Landmann/Rohmer, UmweltR, Band III, § 10 Rz. 102.

## 10. Koordinierungspflicht mehrerer Zulassungsverfahren

93 In der Praxis bedarf die geplante Anlage nicht selten trotz der Konzentrationswirkung der immissionsschutzrechtlichen Genehmigung (§ 13 BImSchG) mehrerer behördlicher Zulassungen. Als Beispiel sei die Zulassung eines Kraftwerks genannt, das neben der immissionsschutzrechtlichen Genehmigung auch einer wasserrechtlichen Gestattung für die Entnahme und Einleitung von Kühlwasser benötigt (s. Rz. 37f.). Für diese Fälle sieht § 10 Abs. 5 Satz 2 BImSchG vor, dass die Genehmigungsbehörde eine vollständige Koordinierung der Zulassungsverfahren sowie der Inhalts- und Nebenbestimmungen sicher zu stellen hat. Die Pflicht zur Verfahrenskoordination gilt auch, wenn weitere mit dem Vorhaben in einem unmittelbaren räumlichen oder betrieblichen Zusammenhang stehende Vorhaben, die Auswirkungen auf die Umwelt haben können und die für die Genehmigung Bedeutung haben, nach anderen Gesetzen zu genehmigen sind. Dies ist etwa der Fall, wenn auf demselben Betriebsgelände die Änderung einer Chemieanlage nach dem BImSchG und die Änderung einer Abwasseranlage nach dem WHG zu genehmigen sind. Gemäß § 11 Satz 4 der 9. BImSchV muss sich die Genehmigungsbehörde über die anderweitigen das Vorhaben betreffenden Zulassungsverfahren Kenntnis verschaffen, auf ihre Beteiligung hinwirken und mit den anderen Behörden frühzeitig den Inhalt des beabsichtigten Genehmigungsbescheides erörtern und abstimmen. Aus der Pflicht zur Verfahrenskoordination ergibt sich allerdings keine Pflicht zur zeitlichen Parallelität der Genehmigungsverfahren. Die beiden Zulassungsverfahren können auch nacheinander durchgeführt werden[1].

94 In der Praxis ist die **Pflicht zur Verfahrenskoordination** nicht immer leicht umzusetzen. Es empfiehlt sich, analog der Regelung des § 14 UVPG eine federführende Behörde zu bestimmen, die die Pflicht zur Verfahrenskoordination übernimmt. Dies wird oftmals, nicht aber zwingend die immissionsschutzrechtliche Genehmigungsbehörde sein, da hier zumeist der Schwerpunkt der Zulassungsverfahren liegt. Das Ziel eines wirksamen integrierten Konzeptes wird sich mit einer federführenden Behörde in der Regel am besten erreichen lassen. Der den Vorhabenträger oder die Genehmigungsbehörde beratende Anwalt sollte deshalb dies in Erwägung ziehen. Weder die Gemeinde noch eine Behörde, deren Aufgabenbereich durch das zu genehmigende Vorhaben berührt wird, haben ein subjektives Recht auf Mitwirkung oder auf Einleitung eines Genehmigungsverfahrens[2].

## 11. Beteiligung der anerkannten Umweltvereinigungen

95 Für die Beteiligung der anerkannten Umweltvereinigungen i.S.d. § 3 UmwRG enthält weder § 10 BImSchG noch die 9. BImSchV eine ausdrückliche Regelung. Insbesondere sind die Umweltvereinigungen keine Träger öffentlicher Belange, so dass sie nicht wie Behörden zu beteiligen sind[3]. Die Vorschriften des Umwelt-Rechtsbehelfsgesetz gewähren ebenfalls kein Beteiligungsrecht, sondern setzen dieses vielmehr voraus (s. § 2 Abs. 1 Nr. 3 UmwRG). Für anerkannte Naturschutzvereinigungen besteht kein Mitwirkungsrecht im immissionsschutzrechtlichen Genehmigungsverfahren gemäß § 63 BNatSchG. Das Genehmigungsverfahren ist dort nicht als Trägerverfahren aufgeführt. Eine Beteiligungsmöglichkeit ist aber jedenfalls bei UVP-pflichtigen Anlagen und IVU-Anlagen gemäß Art. 6 Abs. 4 der UVP-Richtlinie, Art. 15 Abs. 1 der IVU-Richtlinie und Art. 24 Abs. 1 der Industrieemissionen-Richtlinie unionsrechtlich geboten. Nach diesen Vorschriften hat die betroffene Öffentlichkeit das Recht, frühzeitig und in effektiver Weise zu dem geplanten

---

1 Einschränkend *Jarass*, NVwZ 2009, 65 (67f.).
2 OVG Lüneburg v. 16.6.1993 – 7 L 1965/92, Rz. 27.
3 S. BVerwG v. 14.5.1997 – 11 A 43.96, BVerwGE 104, 367 (370); OVG Münster v. 9.12.2009 – 8 D 10/08.AK, DVBl 2010, 724 (726f.).

## IV. Das Genehmigungsverfahren

Vorhaben Stellung zu nehmen und ihre Meinung zu äußern. Zur betroffenen Öffentlichkeit gehören auch und gerade die anerkannten Umweltvereinigungen als Nichtregierungsorganisationen (Art. 1 Abs. 2 der UVP-Richtlinie; Art. Art. 2 Nr. 15 der IVU-Richtlinie; Art. 3 Nr. 17 der Industrieemissionen-Richtlinie). Um dem Genüge zu tun, reicht es aber aus, dass sich die anerkannten Umweltvereinigungen im Rahmen der Öffentlichkeitsbeteiligung beteiligen und eine Einwendung abgeben können. Die anerkannten Umweltvereinigungen sind demnach wie Privatbürger behandelt. Dies schließt es nicht aus, dass die Genehmigungsbehörde die anerkannten Umweltvereinigungen im Rahmen der Behördenbeteiligung beteiligt. Eine Pflicht hierzu besteht aber nicht. Erfolgt eine Beteiligung im Rahmen der Behördenbeteiligung, ist die Stellungnahme der Umweltvereinigung nur dann zugleich Einwendung i.S.d. § 10 Abs. 3 Satz 4 BImSchG und verhindert die Präklusionswirkung, wenn die Stellungnahme zugleich die Anforderungen an eine Einwendung (s. Rz. 76ff.) erfüllt. Insbesondere muss sie innerhalb der Einwendungsfrist eingehen[1].

Aus dem Beteiligungsrecht ergibt sich zugleich eine Mitwirkungsobliegenheit dahingehend, dass die Anforderungen an ein **substantiiertes Vorbringen**, soll es nicht die Präklusionswirkung auslösen, höher sind als bei einer Privatperson. Aufgrund der Stellung als „Anwälte der Natur" und der besonderen Sachkunde muss die Stellungnahme der Umweltvereinigung erkennen lassen, dass sie sich bereits im Genehmigungsverfahren mit dem vorhandenen Material unter naturschutzfachlichen Gesichtspunkten kritisch auseinander gesetzt hat. Je umfangreicher und intensiver die vom Vorhabenträger bereits vorgenommene Begutachtung und fachliche Bewertung in den ausgelegten Antragsunterlagen ausgearbeitet ist, umso intensiver muss auch die Auseinandersetzung mit dem vorhandenen Material ausfallen. Dadurch sollen die Umweltvereinigungen angehalten werden, ihre Sachkunde bereits im Verwaltungsverfahren einzubringen[2]. Dem Vorhabenträger und der Genehmigungsbehörde müssen durch die Stellungnahme hinreichend deutlich werden, aus welchen Gründen nach Auffassung der beteiligten Vereinigung zu welchen im Einzelnen zu behandelnden Fragen weiterer Untersuchungsbedarf besteht oder einer Wertung der Fachgutachter nicht gefolgt werden kann. Die Stellungnahme muss zumindest Angaben dazu enthalten, welches Schutzgut durch die geplante Anlage betroffen ist und welche Beeinträchtigungen ihm drohen. Im Regelfall ist auch die räumliche Zuordnung eines naturschutzrechtlich bedeutsamen Vorkommens oder seine Beeinträchtigung näher zu spezifizieren[3]. Das weitere Ziel der Präklusionsregelung, den Vorhabensträger vor einem überraschenden Prozessvortrag zu schützen, erfordert ferner, dass die Umweltvereinigung eine eigenständige, auf den von der Fachbehörde ermittelten Tatsachen „beruhende" naturschutzfachliche Bewertung schon im Genehmigungsverfahren und nicht erst im Klageverfahren vorbringt[4].

96

Geht die Einwendung der Umweltvereinigung bei der Genehmigungsbehörde verfristet ein bzw. genügt sie nicht den Anforderungen an Form und Inhalt, stellt sich wie bei Privatbürgern die Frage nach einer **Präklusion**. § 10 Abs. 3 Satz 5 BImSchG findet auf anerkannte Umweltvereinigungen keine Anwendung. Das Bundesverwaltungsgericht geht zu den vergleichbaren fachplanungsrechtlichen Präklusionsvorschriften davon aus, dass sie auf anerkannte Naturschutzvereinigungen keine Anwendung finden, sofern dies nicht ausdrücklich gesetzlich geregelt ist[5]. Diese

97

---

1 OVG Münster v. 9.12.2009 – 8 D 10/08. AK, DVBl 2010, 724 (727).
2 BVerwG v. 9.8.2010 – 9 B 10.10, Buchholz 406.400 § 61 BNatSchG 2002 Nr. 12; v. 12.4.2005 – 9 VR 41.04, NVwZ 2005, 943 (946); v. 1.4.2004 – 4 C 2.03, Rz. 15; v. 22.1.2004 – 4 A 4.03, NVwZ 2004, 861 (863).
3 BVerwG v. 12.4.2005 – 9 VR 41.04, NVwZ 2005, 943 (946).
4 BVerwG v. 9.8.2010 – 9 B 10.10, Buchholz 406.400 § 61 BNatSchG 2002 Nr. 12.
5 S. BVerwG v. 27.2.2003 – 4 A 59.01, BVerwGE 118, 15 (17f.) zu § 17 Abs. 4 Satz 1 FStrG a.F.

Rechtsprechung gilt hier entsprechend. Dagegen greift die Präklusionsvorschrift des § 2 Abs. 3 UmwRG ein. Gegen diese Vorschrift bestehen keine durchgreifenden unionsrechtlichen Bedenken[1]. Ebenso wie bei § 10 Abs. 3 Satz 5 BImSchG greift die Präklusionswirkung nur dann ein, wenn die öffentliche Bekanntmachung der Auslegung (Rz. 63 ff.) nicht fehlerhaft war[2].

### 12. Beteiligung von Gemeinden und anderen Gebietskörperschaften

98 Für die Beteiligung von Gemeinden und anderen Gebietskörperschaften (Landkreise, Bezirke) gelten grundsätzlich die Regelungen über die Behördenbeteiligung (Rz. 89 ff.). Kann die Gebietskörperschaft daneben eine Beeinträchtigung von eigenen Rechtspositionen geltend machen, ist sie Einwenderin und kann eine Betroffenen-Einwendung erheben. Will sie sich die Möglichkeit offen halten, ihre Rechte notfalls im Klagewege geltend zu machen, muss die Gebietskörperschaft im Rahmen der Öffentlichkeitsbeteiligung form- und fristgerecht Einwendungen erheben. Für Inhalt, Form und Frist gelten die gleichen Anforderungen wie bei Privatbürgern (Rz. 76 ff.). Um diesen Anforderungen zu genügen, muss die Gebietskörperschaft ggf. eine Stellungnahme im Rahmen der Behördenbeteiligung zugleich als Einwendung im Rahmen der Öffentlichkeitsbeteiligung erheben. Die Einreichung einer Stellungnahme nach Ablauf der Einwendungsfrist oder das Fehlen einer konkret benannten beeinträchtigten Rechtsposition reicht hierfür nicht aus[3]. Gemeinden können sich als möglicherweise beeinträchtigte eigene Rechtsposition auf ihre Planungshoheit (Art. 28 Abs. 2 GG) berufen. Dies setzt allerdings die Beeinträchtigung konkreter, hinreichend verfestigter Planungen voraus[4]. Daneben können sich Gemeinden auch auf eine mögliche Verletzung ihres Eigentums (§ 903 BGB), insbesondere hinsichtlich kommunaler Einrichtungen wie Schulen, Kindergärten oder Krankenhäuser, berufen. Notwendig ist ein hinreichend substantiierter Vortrag. Landkreise werden sich regelmäßig nur auf eine Verletzung ihres Eigentums berufen können. Entsprechendes gilt für Bezirke in Stadtstaaten wie Berlin.

### 13. Erörterungstermin

99 Gemäß § 10 Abs. 6 BImSchG kann die Genehmigungsbehörde nach Ablauf der Einwendungsfrist die rechtzeitig gegen das Vorhaben erhobenen Einwendungen mit dem Vorhabenträger und denjenigen, die Einwendungen erhoben haben, erörtern. Mit dem Erörterungstermin wird die **zweite Phase** der Öffentlichkeitsbeteiligung eingeleitet. Der Einwender hat die Möglichkeit, seine Einwendungen in einem mündlichen Gespräch mit der Genehmigungsbehörde und dem Vorhabenträger zu vertiefen, zum Gegenstand des Genehmigungsverfahrens Fragen zu stellen und Erläuterungen entgegen zu nehmen (§ 14 Abs. 1 der 9. BImSchV).

100 Die Entscheidung darüber, ob ein Erörterungstermin durchgeführt wird, steht im **pflichtgemäßen Ermessen** der Genehmigungsbehörde. Bei der Ermessensausübung hat sich die Behörde am Zweck des Erörterungstermins zu orientieren (§§ 12 Abs. 1 Satz 2, 14 der 9. BImSchV). Er kann entfallen, wenn über die erhobenen Einwendungen und Stellungnahmen hinaus keine weiteren, der Genehmigungsbehörde nicht bereits bekannten Tatsachen und Auffassungen übermittelt worden wären,

---

1 BVerwG v. 14.9.2010 – 7 B 15.10, NVwZ 2011, 364 Rz. 6 ff.; v. 14.4.2010 – 9 A 5.08, BVerwGE 136, 291 Rz. 107 f.
2 OVG Münster v. 9.12.2009 – 8 D 10/08.AK, DVBl 2010, 724 (727).
3 BVerwG v. 24.7.2008 – 7 B 19.08, Rz. 10; v. 30.1.1995 – 7 B 20.95, Buchholz 406.25 § 10 BImSchG Nr. 3.
4 St. Rspr., s. BVerwG v. 24.7.2008 – 7 B 19.08, Rz. 11.

## IV. Das Genehmigungsverfahren

die für die Entscheidung hätten relevant sein können[1]. § 16 Abs. 1 der 9. BImSchV nennt (nicht abschließend) Fälle, in denen auf den Erörterungstermin verzichtet werden kann. Dies ist der Fall, wenn Einwendungen gegen die geplante Anlage nicht oder nicht rechtzeitig erhoben worden sind, rechtzeitig erhobene Einwendungen zurückgenommen worden sind, ausschließlich Einwendungen erhoben worden sind, die auf besonderen privatrechtlichen Titeln beruhen oder die erhobenen Einwendungen nach der Einschätzung der Genehmigungsbehörde keiner Erörterung bedürfen. Letzteres ist regelmäßig dann der Fall, wenn die Einwendung derart pauschal und ohne nähere Substanz erfolgt, dass eine Betroffenheit des Einwenders fern liegt und insbesondere eine nähere Sachaufklärung nicht geboten erscheint. Der Vorhabenträger ist hiervon zu unterrichten (§ 16 Abs. 2 der 9. BImSchV).

Der Erörterungstermin dient dem **rechtlichen Gehör** und der **vollständigen Sachverhaltsermittlung** durch die Genehmigungsbehörde. Er hat zum Ziel, durch eine vertiefte Auseinandersetzung mit den gegensätzlichen Positionen, wie sie sich durch die Einwendungen herauskristallisiert haben, die Informations- und Entscheidungsgrundlage der Genehmigungsbehörde zu verbreiten[2]. Der Erörterungstermin ist damit mehr als ein „Anhörungstermin". Die Genehmigungsbehörde wird Fragen an den Einwender stellen, wenn der Inhalt seiner Einwendungen nicht ausreichend klar ist. Sie wird dem Vorhabenträger, die nach § 10 Abs. 5 BImSchG beteiligten Behörden oder die hinzugezogenen Sachverständigen bitten, zu den Einwendungen Stellung zu nehmen. Dies alles dient zugleich der **besseren Sachaufklärung** durch die Genehmigungsbehörde und der ergänzenden Information der Einwender. Der Erörterungstermin dient auch dazu, die Einwender über den neuesten Erkenntnisstand im Hinblick auf die Auswirkungen der geplanten Anlage auf die Allgemeinheit und die Nachbarschaft zu unterrichten[3]. Zugleich soll dem Erörterungstermin eine **Befriedungsfunktion** im Vorfeld gerichtlichen Rechtsschutzes zukommen. Nicht selten wird allerdings der Erörterungstermin von Einwendern als Forum für ihre persönlichen Zwecke einer Generalkritik an der geplanten Anlage missverstanden. In erster Linie sollen nicht Rechtsstandpunkte oder die unterschiedlichen Ansichten zur Rechtswidrigkeit der geplanten Anlage ausgetauscht werden, sondern den Einwendern soll noch einmal mündlich die Möglichkeit gegeben werden, ihre Betroffenheit durch die geplante Anlage näher darzulegen. Zugleich erhält der Vorhabenträger Möglichkeit, die geplante Anlage zu erläutern und etwaige Missverständnisse auszuräumen. Das vermehrte Auftreten von Rechtsanwälten als Beistände der Einwender und des Vorhabenträgers lässt diese Zwecke in der Praxis vielfach in den Hintergrund treten[4]. Insbesondere bei sehr umstrittenen Großanlagen wird oftmals das Ziel, einen **Ausgleich zwischen den divergierenden Interessen** des Vorhabenträgers und der Einwender zu erreichen, kaum erreicht werden. Ist die Situation im Erörterungstermin von solchen Grundsatzkontroversen beherrscht, wird es wenig Sinn haben, dass die Genehmigungsbehörde durch Mitteilung einer vorläufigen Auffassung zur Genehmigungsfähigkeit und zur Begründetheit oder Unbegründetheit einzelner Einwendungen versucht, auf die Meinungsbildung der Beteiligten einzuwirken. Hier erscheint es für die Genehmigungsbehörde und den sie beratenden Anwalt eher geraten, die Teilnehmer darauf hinzuweisen, dass die Einwendungen im Detail geprüft, die Redebeiträge im Erörterungstermin

---

1 So zum Fachplanungsrecht BVerwG v. 24.7.2008 – 4 A 3001.07, BVerwGE 131, 316 Rz. 32; s.a. *Dippel*, NVwZ 2010, 145 (151 ff.); krit. *Koch/Braun*, NVwZ 2010, 1271 (1272): Verzicht nur in Ausnahmefall.
2 S. im Fachplanungsrecht BVerwG v. 24.7.2008 – 4 A 3001.07, BVerwGE 131, 316 Rz. 32.
3 *Jarass*, BImSchG, § 10 Rz. 86; *Sellner/Reidt/Ohms*, 2. Teil, Rz. 119 ff.; *Czajka*, in: Feldhaus, BImSchR, Band 1/I, § 10 Rz. 76.
4 Kritisch auch *Dippel*, NVwZ 2010, 145 (147 ff.); *Riese/Dieckmann*, DVBl 2010, 1343 (1345 f.).

sorgfältig gewürdigt werden und dass erst danach – und keineswegs im Erörterungstermin selbst – eine Entscheidung ergeht.

102 Der **Gegenstand** des Erörterungstermin ist in zweifacher Weise begrenzt: Zum einen werden Fragen nur insoweit erörtert, soweit dies für die Prüfung der Genehmigungsvoraussetzungen von Bedeutung sein kann. Nicht entscheidungserhebliche Fragen, etwa zu nicht zu prüfenden Alternativen zur geplanten Anlage, haben nicht Gegenstand des Erörterungstermins zu sein. Zum anderen sind auch nur die rechtzeitig erhobenen Einwendungen zu erörtern. Dies ist nur dann der Fall, wenn sie innerhalb der Einwendungsfrist bei der Genehmigungsbehörde oder bei der auslegenden Stelle erhoben worden sind (§ 14 Abs. 2 der 9. BImSchV). Schließlich sind Einwendungen, die auf besonderen privatrechtlichen Titeln beruhen, im Erörterungstermin nicht zu behandeln. Dies ergibt sich daraus, dass die in § 14 Satz 1 BImSchG angeordnete Ausschlusswirkung privatrechtlicher Abwehransprüche für solche besonderen privatrechtlichen Titel nicht gilt. Der Einwender ist durch schriftlichen Bescheid von der Genehmigungsbehörde auf den Rechtsweg vor den ordentlichen Gerichten zu verweisen (§ 15 der 9. BImSchV).

103 Soweit es sich um ein **UVP-pflichtiges Vorhaben** handelt, sind auch Einwendungen und Stellungnahmen im Zusammenhang mit der Umweltverträglichkeitsprüfung zu erörtern. Auch hier ist zu beachten, dass nur entscheidungserhebliche Einwendungen erörtert werden müssen. Dies ist insbesondere dann bedeutsam, wenn neben der immissionsschutzrechtlichen Genehmigung auch weitere Zulassungen notwendig sind (z.B. eine wasserrechtliche Erlaubnis oder Bewilligung), die nach § 13 BImSchG von der immissionsschutzrechtlichen Genehmigung nicht eingeschlossen sind. Auch wenn diese Fragen in der Umweltverträglichkeitsuntersuchung (UVU) medienübergreifend mit betrachtet worden sind und für die Verfahrenskoordination (§ 10 Abs. 5 Satz 2 BImSchG, § 11 Satz 4 der 9. BImSchV) relevant sind, sind sie nicht Gegenstand des Erörterungstermins. Etwas anderes gilt auch dann nicht, wenn insoweit Einwendungen erhoben worden sind[1].

104 **Teilnehmer des Erörterungstermins** sind Mitarbeiter der Genehmigungsbehörde, die Einwender und der Vorhabenträger. Sinnvoll ist es ferner, dass auch die Sachverständigen, die im Genehmigungsverfahren Gutachten erstattet haben, und Vertreter der Behörden, die nach § 10 Abs. 5 BImSchG Stellung genommen haben, hinzugezogen werden. Der Erörterungstermin bedarf einer sorgfältigen Vorbereitung bei den Beteiligten, insbesondere wenn er sich auf ein Großverfahren mit unter Umständen mehr als tausend Einwendungen bezieht. Daher darf der Erörterungstermin – trotz der Pflicht zur Verfahrensbeschleunigung – nicht zu früh angesetzt werden. Die Genehmigungsbehörde wird meist aus der langjährigen öffentlichen Diskussion der geplanten Anlage abschätzen können, mit welcher Anzahl von Einwendungen zu rechnen und ob eine umfangreiche Vorbereitungszeit für den Erörterungstermin anzusetzen ist. Ist der Erörterungstermin zu früh angesetzt, besteht die Möglichkeit einer Verlegung gemäß § 17 der 9. BImSchV. Die Verlegung kommt allerdings nur in Betracht, wenn Ort und Zeit des neuen Erörterungstermins zum frühestmöglichen Zeitpunkt bestimmt worden sind. Der Vorhabenträger und diejenigen, die rechtzeitig Einwendungen erhoben haben, sind von der Verlegung zu benachrichtigen. Die kann auch durch öffentliche Bekanntmachung erfolgen (§ 17 Abs. 2 Satz 2 der 9. BImSchV).

105 Zur Vorbereitung des Erörterungstermin insbesondere in Großverfahren hat sich die Praxis bewährt, dass die Genehmigungsbehörde mit Vertretern des Vorhabenträgers und ggf. der Einwender **Gespräche** führt, um über die Modalitäten während des Erörterungstermins und einige für das Verfahren bedeutsame Maßnahmen Kon-

---

[1] S. die Verordnungsbegründung, BR-Drs. 491/91, S. 48.

sens zu erzielen. Dies führt zugleich zur Entlastung des eigentlichen Erörterungstermins, da prozessuale Fragen nicht zu Beginn erörtert werden müssen[1]. Hierher gehört etwa die Frage, ob die **Öffentlichkeit** zum Erörterungstermin zugelassen wird. Gemäß § 18 Abs. 1 Satz 1 der 9. BImSchV ist der Erörterungstermin grundsätzlich öffentlich. Im Einzelfall kann aus besonderen Gründen aber die Öffentlichkeit ausgeschlossen werden (§ 18 Abs. 1 Satz 2 der 9. BImSchV). Ein solcher besonderer Grund liegt etwa vor, wenn mit der Anwesenheit zielgerichtet störender Gruppen bei politisch sehr umstrittenen Vorhaben gerechnet wird oder aber im Rahmen der Erörterung Betriebs- oder Geschäftsgeheimnisse zum Gegenstand gemacht werden können[2]. Der Ausschluss der Öffentlichkeit kann immer nur ultima ratio sein. Es ist stets geboten, zunächst von milderen, unter Umständen auch polizeilichen Maßnahmen Gebrauch zu machen (etwa den Ausschluss einzelner Störer).

Der Genehmigungsbehörde obliegt in jedem Stadium des Erörterungstermins die **Verhandlungsleitung**. Der Verhandlungsleiter kann daher die Einwender darauf hinweisen, dass die Entscheidung über den Genehmigungsantrag nicht im Erörterungstermin, sondern auf sorgfältiger Prüfung aller Unterlagen, Einwendungen und des Ergebnisses des Erörterungstermins in einem späteren Stadium getroffen wird. Ferner kann der Verhandlungsleiter auch auf die rechtliche Beachtlichkeit bestimmter Einwendungen hinweisen und die Einwender darüber unterrichten, welche Bedenken möglicherweise im Hinblick auf ihre Einwendungen bestehen könnten. Die Einwender können dann ihre Einwendung ergänzen bzw. präzisieren oder aber diese zurücknehmen. Die Genehmigungsbehörde muss bei allen Hinweisen und eigenen Verlautbarungen zurückhaltend sein und stets einen neutralen und entscheidungsoffenen Eindruck vermitteln[3]. Die Genehmigungsbehörde kann die Verhandlungsleitung auch einem Dritten, d.h. einer Person außerhalb der Genehmigungsbehörde übertragen. Die früher in § 18 Abs. 1 Satz 2 der 9. BImSchV enthaltene Definition des Verhandlungsleiters, nach der er ein Vertreter der Genehmigungsbehörde sein müsse, ist entfallen. 106

Bei in der Öffentlichkeit sehr umstrittenen Vorhaben kommt es regelmäßig vor, dass ein Einwender oder sein Anwalt **Befangenheitsanträge** gegen den Verhandlungsleiter oder seinem Stellvertreter stellt. Für diese Befangenheitsanträge gilt § 21 VwVfG. Dessen Voraussetzungen liegen regelmäßig nicht vor. Insbesondere dürfte sich aus § 2 Abs. 2 Satz 3 Nr. 5 der 9. BImSchV keine Pflicht der Genehmigungsbehörde ergeben, die Verhandlungsleiter einem unabhängigen Dritten außerhalb der Genehmigungsbehörde zu übertragen[4]. Die Befangenheitsanträge verfolgen überwiegend im Verfahren strategische Gründe, ohne dass sich von ihnen der einzelne Einwender oder sein Vertreter Erfolgsaussichten versprechen. Vielmehr soll ein Zeichen gesetzt werden, den Verhandlungsleiter und seinen Stellvertreter zu ermahnen, den Grundsatz strikter Neutralität einzuhalten. Die Genehmigungsbehörde sollte von vornherein organisatorische Vorkehrungen dafür treffen, dass über derartige Befangenheitsanträge rechtzeitig während des Erörterungstermins durch die hierfür zuständige Stelle entschieden werden kann. 107

Die **Art und Weise der Durchführung** des Erörterungstermins obliegt dem Ermessen der Genehmigungsbehörde bzw. des Verhandlungsleiters. Gemäß § 18 Abs. 2 der 9. BImSchV kann der Verhandlungsleiter bestimmen, dass Einwendungen zusammengefasst erörtert werden. Er hat dann die Reihenfolge der Erörterung bekannt zu geben. Für einen bestimmten Zeitraum kann der Verhandlungsleiter das Recht 108

---
1 Eher kritisch *Dippel*, NVwZ 2010, 145 (146 f.).
2 *Dietlein*, in: Landmann/Rohmer, UmweltR, Band IV, § 18 9. BImSchV Rz. 4.
3 S. dazu *Czajka*, in: Feldhaus, BImSchR, Band 1/I, § 10 Rz. 76.
4 So auch *Jarass*, BImSchG, § 10 Rz. 84; *Dippel*, NVwZ 2010, 145 (148 f.).

zur Teilnahme an dem Erörterungstermin auf die Personen beschränken, deren Einwendungen zusammengefasst werden sollen. In umfangreichen Genehmigungsverfahren mit einer Vielzahl von Einwendungen ist eine Themenbündelung in jedem Falle unerlässlich. Die Genehmigungsbehörde muss dann bereits vor Beginn des Erörterungstermins die Einwendungen nach Einzelthemen systematisieren und danach eine Tagesordnung erstellen, die sie zu Beginn des Erörterungstermins den Beteiligten bekannt gibt. Hierbei hat sich Genehmigungsbehörde auf diejenigen Einwendungen zu beschränken, die für die Prüfung der Genehmigungsvoraussetzungen erforderlich sind. So ist eine Erörterung zu Fragen alternativer Technologien entbehrlich, da eine Alternativenprüfung mangels Ermessen der Genehmigungsbehörde nicht zulässig ist. Der Verhandlungsleiter kann allerdings derartige Themen, die oftmals von den Einwendern im Schwerpunkt geltend gemacht und von der interessierten Öffentlichkeit besonders betont werden, zur Steigerung der Akzeptanz des Vorhabens gleichwohl erörtern.

109 **Einwender** haben während des Erörterungstermins das **Recht**, selbst oder durch ihre Vertreter ihre Einwendungen weiter zu erläutern und zu substantiieren. Sie dürfen auch Fragen zu den ausgelegten Unterlagen stellen, die dann in erster Linie vom Vorhabenträger zu beantworten sind. Soweit für die angeschnittenen Fragenkomplexe Sachverständige an dem Erörterungstermin teilnehmen, können auch sie sich auf Aufforderung des Verhandlungsleiters zu den gestellten Fragen äußern. „Anträge" seitens der Einwender müssen nicht zwingend vom Verhandlungsleiter verbeschieden werden[1].

110 Über den Verlauf des Erörterungstermins ist eine **Niederschrift** zu verfassen. Streit zwischen den Beteiligten entsteht häufig über die Frage, ob die Niederschrift in Form eines Tonband-Wortprotokolls erstellt werden muss und ob den Einwendern nach dem Erörterungstermin die Niederschrift zur Verfügung gestellt wird. § 19 der 9. BImSchV sieht hierzu lediglich vor, dass ein Protokoll über den Verlauf und die Ereignisse des Erörterungstermins niederzulegen ist. Die Genehmigungsbehörde kann den Verlauf des Erörterungstermins zum Zwecke der Anfertigung der Niederschrift auf Tonträger aufzeichnen (§ 19 Abs. 1 Satz 5 der 9. BImSchV). Die Tonaufzeichnung ist nach Eintritt der Unanfechtbarkeit der Entscheidung über den Genehmigungsantrag zu löschen. Da das Anfertigen eines Tonband-Wortprotokolls mit erheblichen Kosten verbunden ist, die der Vorhabenträger zu tragen hat[2], wird die Genehmigungsbehörde ihre Entscheidung mit dem Vorhabenträger abstimmen müssen. Dabei sollte sich der Vorhabenträger allerdings nicht nur von den entstehenden Kosten leiten lassen. Erstreckt sich der Erörterungstermin über mehrere Tage und ist der zu erörternde Stoff sehr umfangreich, empfiehlt sich schon aus Gründen einer besseren Verwertbarkeit der Inhalte des Erörterungstermins die Erstellung eines Wortprotokolls. Dadurch bleibt der Verlauf des Erörterungstermins auch nachträglich hinreichend transparent. Private Ton- und Bildaufzeichnungen der Einwender oder des Vorhabenträgers sind grundsätzlich nicht gestattet. Der Verhandlungsleiter kann im Einzelfall aber eine Erlaubnis erteilen[3]. Den Einwendern ist eine Abschrift der Niederschrift zu überlassen (§ 19 Abs. 2 Satz 2 der 9. BImSchV).

111 Gerade bei größeren Genehmigungsverfahren kann es einmal geboten sein, den Erörterungstermin zu **verlegen**, zu **unterbrechen**, zu **vertagen** oder gar **abzubrechen**. § 17 der 9. BImSchV regelt lediglich die Verlegung des Erörterungstermins. Eine Unterbrechung steht nach allgemeinen Grundsätzen des Verwaltungsverfahrensrechts in der Entscheidungsbefugnis des Verhandlungsleiters. Sie liegt nur dann

---
1 Näher *Dippel*, NVwZ 2010, 145 (150f.).
2 S. OVG Münster v. 11.12.2008 – 9 A 1304/05, NWVBl. 2009, 272 (273).
3 S. *Jarass*, BImSchG, § 10 Rz. 87.

vor, wenn der Erörterungstermin am gleichen Tage oder – falls hierauf bereits in der Bekanntmachung hingewiesen worden war – an einem oder mehreren weiteren Tagen fortgesetzt wird. Eine Vertagung des Erörterungstermins – die Fortsetzung an einem oder mehreren Folgetagen – setzt voraus, dass auf den neuen Termin in der Bekanntmachung nach § 10 Abs. 4 Nr. 3 BImSchG hingewiesen worden ist[1]. Vor einem Abbruch des Erörterungstermins muss der Verhandlungsleiter die sitzungspolizeilichen Befugnisse gemäß § 18 Abs. 4 der 9. BImSchV ausüben[2]. Er kann die Entfernung von Personen, die seine Anordnungen nicht befolgen, anordnen. Nur im äußersten Fall ist der Verhandlungsleiter befugt, die Sitzung vor Erreichung des Erörterungszwecks für beendet zu erklären (§ 18 Abs. 5 der 9. BImSchV).

### 14. Vereinfachtes Genehmigungsverfahren

Für die in Spalte 2 des Anhangs zur 4. BImSchV aufgeführten Anlagen wird ein vereinfachtes Genehmigungsverfahren durchgeführt (§ 19 Abs. 1 Satz 1 BImSchG i.V.m. § 2 Abs. 1 Satz 1 Nr. 2 der 4. BImSchV). Etwas anderes gilt dann, wenn die Anlage UVP-pflichtig ist (s. § 2 Abs. 1 Satz 1 Nr. 1 lit. c) der 4. BImSchV), sie Nebeneinrichtung zu einer Spalte 1 des Anhang zur 4. BImSchV aufgeführten Anlage ist (§ 2 Abs. 1 Satz 1 Nr. 1 lit. b) der 4. BImSchV)[3], oder aber der Vorhabenträger beantragt, ein förmliches Genehmigungsverfahren durchzuführen (§ 19 Abs. 3 BImSchG; s. Rz. 114). Dann muss zwingend ein förmliches Genehmigungsverfahren durchgeführt werden.

112

§ 19 Abs. 2 BImSchG i.V.m. § 24 der 9. BImSchV benennen abschließend die Vorschriften des förmlichen Genehmigungsverfahrens, die im vereinfachten Genehmigungsverfahren keine Anwendung finden. Das vereinfachte Genehmigungsverfahren unterscheidet sich danach von dem förmlichen Genehmigungsverfahren nach § 10 BImSchG dadurch, dass **keine Öffentlichkeitsbeteiligung** stattfindet. Wichtige praktische Bedeutung hat ferner, dass die Präklusionsvorschrift des § 10 Abs. 3 Satz 5 BImSchG sowie der zivilrechtliche Bestandsschutz der Genehmigung nach § 14 BImSchG keine Anwendung finden. Der Genehmigungsbehörde bleibt es allerdings unbenommen, trotz der fehlenden Pflicht zur Öffentlichkeitsbeteiligung nach allgemeinen Grundsätzen die **Nachbarn**, die von der Anlage betroffen sein könnten, **hinzuzuziehen** (s. § 13 VwVfG) und ihnen den Genehmigungsbescheid zuzustellen. Dies richtet sich nach den gleichen Grundsätzen wie im Baugenehmigungsverfahren (s. *Uechtritz* Teil 2 Kap. A. Rz. 97 f.). Der für einen Nachbarn vertretende Anwalt kann die Hinzuziehung seines Mandanten bei der Genehmigungsbehörde **beantragen**, sobald die Planung der Anlage bekannt geworden ist. In aller Regel wird die Genehmigungsbehörde dem Antrag stattgeben, wenn rechtliche Interessen des Nachbarn betroffen sein können. Aus Gründen der Rechtssicherheit hat auch der den Vorhabenträger vertretende Anwalt zu prüfen und mit seinem Mandanten zu erörtern, ob im Einzelfall – auch wenn es an Beteiligungsanträgen der Nachbarn fehlt – die Initiative ergriffen und eine Nachbarbeteiligung bei der Genehmigungsbehörde angeregt werden soll. Oftmals können dadurch nach Erteilung der Genehmigung und Baubeginn auftretende unangenehme Auseinandersetzungen aufgrund überraschender Nachbarwidersprüche vermieden werden.

113

Will der **Vorhabenträger** das Risiko nachträglicher (zivilrechtlicher) Abwehransprüche gegen die genehmigte Anlage vermeiden, kann er bei der Genehmigungsbehörde **beantragen**, dass die Genehmigung nicht in einem vereinfachten Verfahren sondern in einem förmlichen Genehmigungsverfahren erteilt wird (§ 19 Abs. 3 BImSchG).

114

---

1 *Sellner/Reidt/Ohms*, 2. Teil, Rz. 131.
2 Zu den sitzungspolizeilichen Befugnissen des Verhandlungsleiters *Czajka*, in: Feldhaus, BImSchR, Band 2, § 18 der 9. BImSchV Rz. 25; *Sellner/Reidt/Ohms*, 2. Teil, Rz. 138.
3 BVerwG v. 29.12.2010 – 7 B 6.10, NVwZ 2011, 429 Rz. 18.

Der Antrag ist mit dem Genehmigungsantrag zu stellen (§ 3 Satz 2 der 9. BImSchV). An den Antrag ist die Genehmigungsbehörde gebunden. Der Vorhabenträger kann den Antrag jederzeit während des Genehmigungsverfahrens zurücknehmen[1].

### 15. Verfahrensmängel und ihre Folgen

115 Mängel im Genehmigungsverfahren können Auswirkungen auf die Rechtmäßigkeit der Entscheidung der Genehmigungsbehörde haben. Dies ist allerdings aufgrund gesetzlicher Bestimmungen und der Rechtsprechung nur sehr eingeschränkt der Fall. **§ 44a Satz 1 VwGO** sieht vor, dass einzelne Verfahrensmängel unabhängig von und vor der endgültigen Sachentscheidung der Behörden durch einen Rechtsbehelf nicht geltend gemacht werden können. Liegt nach Meinung des Einwenders ein Verfahrensmangel vor, etwa weil ihm die beantragte Akteneinsicht verweigert wird, weil nach seiner Auffassung die Unterlagen nicht vollständig ausgelegt worden sind, weil er zu Unrecht nicht zum Erörterungstermin zugelassen worden ist oder weil zu Unrecht auf ein Erörterungstermin verzichtet worden ist, so ist während des Genehmigungsverfahrens hiergegen ein Rechtsbehelf nicht zulässig. Der Verfahrensfehler kann erst gemeinsam mit der Sachentscheidung, d.h. also regelmäßig mit der Genehmigung, geltend gemacht werden[2]. Die Ausnahme des § 44a Satz 2 VwGO gilt für Einwender nicht, weil sie mit Erhebung der Einwendung als Beteiligte im Genehmigungsverfahren anzusehen sind[3].

116 Rügt der Betroffene im Klageverfahren einen Verfahrensfehler, ist zunächst zu prüfen, ob dieser nicht nachträglich geheilt worden ist oder – wenn dies nicht der Fall ist – ob der Fehler überhaupt beachtlich ist. Eine **Heilung des Verfahrensfehlers** gemäß § 45 Abs. 1 VwVfG etwa durch Nachholung einer Beteiligung kann auch noch bis zum Abschluss des Berufungsverfahren vor Gericht erfolgen (§ 45 Abs. 2 VwVfG). Unabhängig davon ist ein Verfahrensfehler gemäß § 46 VwVfG regelmäßig **unbeachtlich**, da die Genehmigungsbehörde bei der Entscheidung über den Genehmigungsantrag kein Ermessen, vielmehr der Vorhabenträger einen Anspruch auf Erteilung der Genehmigung hat, wenn die Genehmigungsvoraussetzungen vorliegen (s. § 6 Abs. 1 BImSchG). Dementsprechend verneint die Rechtsprechung einen Anspruch auf Aufhebung der Genehmigung, der allein auf die Verletzung von Verfahrensvorschriften gestützt wird. Vielmehr ergibt sich eine Klagebefugnis nur dann, wenn neben dem Verfahrensfehler zugleich materielle Rechte beeinträchtigt werden[4].

117 Dies galt nach der bisherigen Rechtsprechung grundsätzlich auf für die Durchführung der Umweltverträglichkeitsprüfung. Da die **Vorschriften über die UVP** Verfahrensvorschriften sind und das materielle Recht nicht anreichern, sah das Bundesverwaltungsgericht grundsätzlich eine Verletzung dieser Vorschriften als unbeachtlich an[5]. Die Rechtslage ist allerdings geändert worden durch das Inkrafttreten des Umwelt-Rechtsbehelfsgesetzes (UmwRG). Gemäß § 4 Abs. 1 Satz 1 UmwRG kann eine anerkannte Umweltvereinigung eine fehlerhafte unterbliebene UVP bzw.

---

1 *Jarass*, BImSchG, § 19 Rz. 9; *Roßnagel*, in: GK-BImSchG, § 19 Rz. 11.
2 VGH Kassel v. 10.9.1991 – 14 R 2081/91, NVwZ 1992, 391; VGH München v. 18.7.1988 – 22 AE 88.40074 u.a., DVBl 1988, 1179.
3 VGH München v. 1.2.2001 – 22 AE 00.40055, NVwZ-RR 2001, 373; OVG Koblenz v. 19.5.1987 – 7 C 1/87, NVwZ 1988, 76; a.A. *Roßnagel*, in: GK-BImSchG, § 10 Rz. 567.
4 BVerwG v. 5.10.1990 – 7 C 55.89 u.a., BVerwGE 85, 368 (372ff.); OVG Koblenz v. 29.10.2008 – 1 A 11330/07, DVBl 2009, 390 (391ff.); OVG Münster v. 5.10.2007 – 8 B 1340/07, BRS 71 Nr. 62.
5 BVerwG v. 16.10.2008 – 4 C 3.07, BVerwGE 132, 152 Rz. 52; v. 13.12.2007 – 4 C 9.06, BVerwGE 130, 83 Rz. 38; v. 18.11.2004 – 4 CN 11.03, BVerwGE 122, 207 (213); v. 25.1.1996 – 4 C 5.95, BVerwGE 100, 238 (250).

## IV. Das Genehmigungsverfahren

UVP-Vorprüfung rügen. Hat die Rüge Erfolg, ist die Genehmigung aufzuheben. Entsprechendes gilt für private Kläger (§ 4 Abs. 3 UmwRG). Einzelne Verfahrensfehler im Zusammenhang mit der UVP sind dagegen weiterhin unbeachtlich. Insoweit bleibt es bei der bisherigen höchstrichterlichen Rechtsprechung.

### 16. Entscheidung der Genehmigungsbehörde

Für die **Dauer des Genehmigungsverfahrens** bestimmt § 10 Abs. 6a BImSchG, dass die Genehmigungsbehörde über den Genehmigungsantrag innerhalb einer Frist von sieben Monaten nach Eingang des Antrags und der Antragsunterlagen zu entscheiden hat. Im vereinfachten Verfahren verkürzt sich die Frist auf drei Monate. Der Fristbeginn setzt die Vollständigkeit der Antragsunterlagen voraus[1]. Die Frist kann von der Genehmigungsbehörde für jeweils drei Monate verlängert werden, wenn dies wegen der Schwierigkeit der Prüfung oder aus Gründen, die dem Vorhabenträger zuzurechnen sind, erforderlich ist. Verlängerungen sind insbesondere bei Großvorhaben (z.B. bei der Errichtung von Kraftwerken oder Abfallverbrennungsanlagen) üblich und notwendig. Dies ist allerdings nur vor Ablauf der Frist möglich und setzt eine Bekanntgabe der Verlängerung gegenüber dem Vorhabenträger voraus[2]. Nach Ablauf der Genehmigungsfrist tritt keine Genehmigungsfiktion ein, d.h. die Genehmigung gilt nicht als erteilt. Fristüberschreitungen können allerdings zu Amtshaftungsansprüchen des Vorhabenträgers gemäß Art. 34 GG i.V.m. § 839 BGB führen, da die Genehmigungsfrist der Beschleunigung des Genehmigungsverfahrens und damit den Interessen des Vorhabenträgers dient. Unabhängig von der Genehmigungsfrist besteht die allgemeine Pflicht der Genehmigungsbehörde, das Genehmigungsverfahren zügig durchzuführen (§ 10 Satz 2 VwVfG). Demzufolge hat die Genehmigungsbehörde unverzüglich über den Antrag zu entscheiden (§ 20 Abs. 1 Satz 1 der 9. BImSchV), sobald alle Umstände ermittelt sind, die für die Beurteilung des Antrags von Bedeutung sind.

### a) Erteilung der Genehmigung

Kommt die Genehmigungsbehörde zum Ergebnis, dass alle Genehmigungsvoraussetzungen vorliegen, so hat sie die Genehmigung zu erteilen (§ 6 Abs. 1 BImSchG). Ein Ermessen besteht nicht. Gemäß § 10 Abs. 7 BImSchG ist die Genehmigung schriftlich zu erlassen, zu begründen und dem Vorhabenträger und den Personen, die Einwendungen erhoben haben, zuzustellen.

### aa) Inhalt der Genehmigung

§ 21 der 9. BImSchV regelt den Inhalt des Genehmigungsbescheides. Gemäß § 21 Abs. 1 der 9. BImSchV muss der Genehmigungsbescheid zwingend enthalten:
– die Angabe des Namens und des Wohnsitzes oder des Sitzes des Vorhabenträgers;
– die Angabe der Art der Genehmigung (Genehmigung, Teilgenehmigung, Änderungsgenehmigung) und die Angabe der Rechtsgrundlage;
– die genaue Bezeichnung des Gegenstandes der Genehmigung einschließlich des Standortes der Anlage;
– die Festlegung der erforderlichen Emissionsbegrenzungen;
– die Nebenbestimmungen zur Genehmigung;
– die Begründung, aus der die wesentlichen tatsächlichen und rechtlichen Gründe, die die Behörde zu ihrer Entscheidung bewogen haben, und die Behandlung der Einwendungen hervorgehen sollen;

---
1 *Jarass*, DVBl 2009, 205 (206).
2 OVG Hamburg v. 5.8.2009 – 5 E 10/09, NordÖR 2009, 425.

– Angaben über das Verfahren zur Beteiligung der Öffentlichkeit;
– eine Rechtsbehelfsbelehrung, je nach Landesrecht ggf. gesondert für Vorhabenträger und Dritte (s. Rz. 129).

Gegen Bezugnahmen auf die vorgelegten Antragsunterlagen bestehen im Hinblick auf die Bestimmtheit der Genehmigung jedenfalls dann keine Bedenken, wenn die in Bezug genommenen Unterlagen in eine geordnete und nachprüfbar vollständige Behördenakte geheftet werden, so dass sowohl für den Vorhabenträger als Empfänger des Genehmigungsbescheides als auch für Drittbetroffene ohne weiteres feststellbar ist, welche Unterlagen gemeint sind[1].

121 Für Anlagen, auf die die 17. BImSchV Anwendung findet, sind ferner spezifische Angaben zu Abfallschlüsseln, Massenströmen, Heizwerten und Schadstoffgehalten erforderlich (s. im Einzelnen § 21 Abs. 3 der 9. BImSchV). Daneben soll der Genehmigungsbescheid den Hinweis enthalten, dass der Bescheid unbeschadet der behördlichen Entscheidungen ergeht, die nach § 13 BImSchG nicht von der Genehmigung eingeschlossen werden (§ 21 Abs. 2 der 9. BImSchV).

122 Besonderheiten gelten für die sogenannte **Rahmengenehmigung**[2]. Für Anlagen, die unterschiedlichen Betriebsweisen dienen oder in denen unterschiedliche Stoffe eingesetzt werden (Mehrzweck- oder Vielstoffanlagen), erstreckt sich der Genehmigungsgegenstand auf Antrag des Vorhabenträgers auf die unterschiedlichen Betriebsweisen und Stoffe, wenn die Genehmigungsvoraussetzungen für alle erfassten Betriebsweisen und Stoffe erfüllt sind (§ 6 Abs. 2 BImSchG). Im Genehmigungsbescheid müssen dann alle unterschiedlichen Betriebsweisen bzw. Stoffe angegeben werden[3].

123 Einen Schwerpunkt des Genehmigungsbescheides insbesondere bei komplexeren Anlagen bilden in der Regel die **Nebenbestimmungen**, deren Zulässigkeit § 12 BImSchG regelt. Demnach ist zu unterscheiden zwischen Auflagen, Bedingungen und den Inhalt der Genehmigung näher konkretisierende Regelungen in der Genehmigung. Die Terminologie entspricht den in § 36 VwVfG verwendeten Begriffen.

In der Praxis der Genehmigungsbehörden werden unter der Überschrift „Nebenbestimmungen" im Genehmigungsbescheid auch solche Regelungen aufgeführt, die tatsächlich nur den Inhalt der Genehmigung näher ausgestalten und vielfach auch als „modifizierende Auflagen" bezeichnet werden[4]. Der Terminologie ist oftmals verwirrend und für die Einstufung nicht maßgeblich. Vielmehr stellt die Rechtsprechung ausschließlich auf den materiellen Gehalt des Zusatzes ab, der ggf. im Wege der Auslegung des Behördenwillens zu ermitteln ist[5].

**Beispiele für Bedingungen:**
– Mit der Bauausführung darf erst begonnen werden, wenn die abschließende baustatische Prüfung nachgewiesen ist;
– Die Inbetriebnahme der genehmigten Anlage ist erst nach Stilllegung einer anderen Anlage des Vorhabenträgers zulässig;
– Mit dem Bau der Windkraftanlage darf erst nach Vorlage eines geeigneten Sicherungsmittels für die Kosten des Rückbaus begonnen werden;

---

1 VGH Kassel v. 29.10.1991 – 14 A 2767/90, BImSchG-Rspr. § 5 Nr. 52, S. 7.
2 S. näher *Müggenborg*, NVwZ 2008, 848 ff.
3 Näher die Gesetzesbegründung, BR-Drs. 31/96, S. 15 f.; *Dietlein*, in: Landmann/Rohmer, UmweltR, Band III, § 6 Rz. 59 ff.; *Kotulla*, in: Kotulla, BImSchG, § 6 Rz. 50.
4 Im Einzelnen s. dazu *Sellner*, in: Landmann/Rohmer, UmweltR, Band III, § 12 Rz. 92 ff.
5 S. etwa OVG Münster v. 10.12.1999 – 21 A 3481/96, NVwZ-RR 2000, 671.

## IV. Das Genehmigungsverfahren

**Beispiel für Auflagen:**
- Spätestens sechs Monate nach Inbetriebnahme der Anlage muss durch Messungen die Einhaltung bestimmter Grenzwerte nachgewiesen werden;
- Abschalten einer Windkraftanlage während des Herbstzugs der Fledermäuse;

**Beispiele für inhaltsbestimmende Regelungen der Genehmigung/modifizierende Auflagen:**
- Verpflichtung zum Einbau einer Rauchgasentschwefelung;
- Verpflichtung zum Einbau einer Entstaubungsanlage;
- Beim nächsten Wohnhaus darf der von der Anlage ausgehende Geräuschpegel – gemessen 0,5 m vor geöffnetem Fenster – tagsüber 55 dB(A) und nachts 40 dB(A) nicht überschreiten;
- Bestimmung, die die Einhaltung bestimmter Emissionswerte für Schadstoffe im Abgas vorschreibt.

Die Frage der Abgrenzung zwischen Nebenbestimmungen und inhaltsbestimmenden Maßgaben ist entscheidend für die **Wahl des richtigen Rechtsschutzes**: „Echte" Nebenbestimmungen können mit der Anfechtungsklage isoliert aufgehoben werden, sofern die Genehmigung ohne sie sinnvoller- und rechtmäßiger Weise bestehen bleiben kann[1]. Nur wenn dies nicht der Fall ist, ist eine Verpflichtungsklage notwendig. Dagegen muss bei inhaltsbestimmenden „Maßgaben" stets eine Verpflichtungsklage erhoben werden, weil der Kläger hier eine weniger eingeschränkte Betriebsgenehmigung, also ein „mehr" an Genehmigung zu erstreiten versucht. Eine isolierte Anfechtungsklage ist hier unzulässig[2]. Der Anwalt, der vor der Frage steht, ob der Vorhabenträger die Genehmigung wegen einzelner Nebenbestimmungen oder inhaltsbestimmender Regelungen anfechten soll, wird zunächst zu prüfen haben, ob die Regelungen selbständig anfechtbar sind. In Zweifelsfällen sollte neben der Anfechtungsklage hilfsweise auch eine Verpflichtungsklage erhoben werden[3].

124

Die Beifügung von Nebenbestimmungen ist nicht unbegrenzt zulässig. **Auflagen** oder **Bedingungen** sind gemäß § 12 Abs. 1 Satz 1 BImSchG nur zulässig, um die Erfüllung der in § 6 BImSchG genannten Genehmigungsvoraussetzungen sicherzustellen. Dies entspricht § 36 Abs. 1 VwVfG, da es sich bei der immissionsschutzrechtlichen Genehmigung um eine gebundene Entscheidung handelt. Weitergehende Auflagen oder Bedingungen nach Ermessen der Genehmigungsbehörde sind daher rechtswidrig[4]. Unzulässig ist etwa eine Auflage zur Eigenüberwachung durch einen externen privaten Sachverständigen[5]. Gemäß § 12 Abs. 2 Satz 1 BImSchG kann die Genehmigung **befristet** werden. Notwendig hierfür ist allerdings ein Antrag des Vorhabenträgers. Soll die Genehmigung nachträglich verlängert werden, muss der Anlagenbetreiber einen Antrag auf Änderung der Genehmigung stellen, über den nur in einem immissionsschutzrechtlichen Genehmigungsverfahren nach den § 10 oder § 19 BImSchG entschieden werden darf[6]. Der **Widerrufsvorbehalt** kann nur bei genehmigungsbedürftigen Anlagen, die Erprobungszwecken

125

---

1 BVerwG v. 19.1.1989 – 7 C 31.87, BVerwGE 81, 185 (186).
2 BVerwG v. 17.2.1984 – 7 C 8.82, BVerwGE 69, 37 (39); VGH München v. 24.9.1984 – 22 B 82. A 436, UPR 1985, 97.
3 *Jarass*, BImSchG, § 6 Rz. 62; *Sellner*, in: Landmann/Rohmer, UmweltR, Band III, § 12 Rz. 190.
4 *Sellner*, in: Landmann/Rohmer, UmweltR, Band III, § 12 Rz. 114; *Storost*, in: Ule/Laubinger, BImSchG, § 12 Rz. D 10; wohl auch BVerwG v. 26.4.2007 – 7 C 15.06, NVwZ 2007, 1086 (1087).
5 VGH München v. 19.2.2009 – 22 BV 08.1164, NVwZ-RR 2009, 594 (594ff.).
6 BVerwG v. 7.12.2001 – 7 B 83.01, Buchholz 406.25, § 10 BImSchG Nr. 4.

dienen sollen, beigefügt werden (§ 12 Abs. 2 Satz 2 BImSchG). Ein **Auflagenvorbehalt** setzt die Zustimmung des Vorhabenträgers voraus. Ferner muss die Genehmigungsbehörde hinreichend bestimmte, in der Genehmigung bereits allgemein festgelegte Anforderungen an die Errichtung oder den Betrieb der Anlage in einem Zeitpunkt nach Erteilung der Genehmigung näher festlegen. So kann etwa eine Genehmigung unter Vorbehalt der Prüfung der Standsicherheit zulässig sein[1]. Entsprechendes gilt, wenn sich eine beteiligte Fachbehörde nicht rechtzeitig vor Erlass der Genehmigung geäußert hat (§ 12 Abs. 2a BImSchG).

126 Besonderheiten gelten für **ortsfeste Abfallentsorgungsanlagen**. Gemäß § 12 Abs. 1 Satz 2 BImSchG soll dem Vorhabenträger zur Sicherstellung der Anforderungen nach § 5 Abs. 3 BImSchG eine **Sicherheitsleistung** auferlegt werden. § 17 Abs. 4a Satz 1 BImSchG sieht die Möglichkeit der nachträglichen Anordnung einer solchen Sicherheitsleistung vor. Sinn und Zweck dieser Vorschriften ist es sicherzustellen, dass die öffentliche Hand bei Zahlungsunfähigkeit des Betreibers einer Abfallentsorgungsanlage nicht die zum Teil erheblichen Sicherungs-, Sanierungs- und Entsorgungskosten zu tragen hat. Eines konkreten Anlasses für die Beifügung einer solchen Sicherheitsleistung bedarf es nicht[2]. Ob die Auferlegung einer Sicherheitsleistung eine Auflage oder eine Bedingung darstellt, hängt maßgeblich vom Willen der Behörde ab[3].

127 Der Genehmigungsbescheid enthält neben den Nebenbestimmungen oftmals auch verschiedene **Hinweise** an den Vorhabenträger. Hierbei handelt es sich nicht um anfechtbare Verwaltungsakte, da die Genehmigungsbehörde subjektive Rechte und Pflichten des Vorhabenträgers nicht verbindlich feststellen will. Eine Rechtsschutzmöglichkeit des Vorhabenträgers besteht insoweit nicht.

128 Besonderheiten gelten für die Genehmigung von **UVP-pflichtigen Anlagen**. Auf der Grundlage der Umweltverträglichkeits-Untersuchung des Vorhabenträgers, den behördlichen Stellungnahmen und den Äußerungen und Einwendungen Dritter, insbesondere der anerkannten Umweltvereinigungen, erarbeitet die Genehmigungsbehörde eine zusammenfassende Darstellung der zu erwartenden Auswirkungen der geplanten Anlage auf die in § 1a der 9. BImSchV genannten Schutzgüter inklusive der Wechselwirkungen sowie der Maßnahmen, mit denen erhebliche nachteilige Auswirkungen auf die Schutzgüter vermieden, vermindert oder ausgeglichen werden, einschließlich der Ersatzmaßnahmen bei nicht ausgleichbaren, aber vorrangigen Eingriffen in Natur und Landschaft (§ 20 Abs. 1a Satz 1 der 9. BImSchV). Auf der Grundlage dieser zusammenfassenden Darstellung bewertet die Genehmigungsbehörde sodann die Auswirkungen der geplanten Anlage auf die in § 1a der 9. BImSchV genannten Schutzgüter (§ 20 Abs. 1b der 9. BImSchV). Beide Teile stellen die Umweltverträglichkeitsprüfung (UVP) dar. Sofern für die Anlage noch weitere Zulassungen erforderlich sind, so wird die UVP im Zusammenwirken mit den anderen Zulassungsbehörden erarbeitet. Die Ausführungen zur UVP sind in den Genehmigungsbescheid aufzunehmen (§ 21 Abs. 1 Nr. 5 der 9. BImSchV).

129 Der Genehmigung muss schließlich eine **Rechtsbehelfsbelehrung** beigefügt werden, wie sich aus § 10 Abs. 8 Satz 2 BImSchG ergibt. Der Inhalt der Rechtsbehelfs-

---

1 So die Gesetzesbegründung, BT-Drs. 14/4599, S. 129; *Jarass*, BImSchG, § 12 Rz. 35; überholt OVG Münster v. 30.12.1991 – 21 B 2540/90, DVBl 1992, 725 (726 f.).
2 BVerwG v. 13.3.2008 – 7 C 44.07, BVerwGE 131, 11 (Rz. 21 ff.); OVG Bautzen v. 5.7.2010 – 4 B 129/07, Rz. 5; OVG Lüneburg v. 16.11.2009 – 12 LB 344/07, UPR 2010, 151 (151 f.).
3 OVG Lüneburg v. 16.11.2009 – 12 LB 344/07, UPR 2010, 151. Für eine Auflage: *Jarass*, BImSchG, § 12 Rz. 17; *Czajka*, in: Feldhaus, BImSchR, Band 1/I, § 12 Rz. 50; für eine Bedingung: *Wasielewski*, in: GK-BImSchG, Band II, § 12 Rz. 23c; *Grete/Küster*, NuR 2002, 467 (471).

belehrung richtet sich je nach den Adressaten der Bekanntmachung (s. Rz. 130 ff.). Aufgrund der in den Bundesländern teilweise entfallenden Notwendigkeit der Durchführung eines Widerspruchsverfahrens kann die Rechtsbehelfsbelehrung an den Vorhabenträger von derjenigen der Einwender und sonstigen Drittbetroffenen abweichen[1].

**bb) Bekanntmachung der Genehmigung**

Gemäß § 10 Abs. 7 Satz 1 BImSchG ist der Genehmigungsbescheid dem Vorhabenträger und den Personen, die Einwendungen erhoben haben, **individuell zuzustellen**. Das Verfahren richtet sich im Einzelnen nach den Zustellungsgesetzen der Bundesländer. Zustellungsmängel führen regelmäßig nicht zur Rechtswidrigkeit der Genehmigung, sondern verhindern nur den Lauf der Rechtsbehelfsfristen[2]. 130

Daneben ist die Genehmigung, soweit sie im förmlichen Genehmigungsverfahren mit Öffentlichkeitsbeteiligung ergeht, **öffentlich bekanntzumachen**, indem der verfügende Teil, die Rechtsbehelfsbelehrung und ein Hinweis auf Auflagen und sonstige Nebenbestimmungen im amtlichen Veröffentlichungsblatt der Genehmigungsbehörde und außerdem im Internet oder in örtlichen Tageszeitungen, die im Bereich des Standorts der geplanten Anlage verbreitet sind, veröffentlicht werden (§ 10 Abs. 7 Satz 2, Abs. 8 Satz 2 BImSchG)[3]. Mit dem verfügenden Teil ist der Inhalt der Genehmigung gemeint, der die getroffenen Regelungen in örtlicher und sachlicher Hinsicht verständlich umschreibt, soweit sie für Drittbetroffene bedeutsam sind[4]. Eine Ausfertigung des kompletten Genehmigungsbescheides ist vom Tage nach der Bekanntmachung an zwei Wochen zur Einsicht auszulegen; in der öffentlichen Bekanntmachung ist auf Einsichtsort und -zeiten hinzuweisen (§ 10 Abs. 8 Satz 3 BImSchG). Mit dem Ende der Auslegungsfrist gilt der Bescheid auch gegenüber Dritten, die keine Einwendungen erhoben haben, als zugestellt; darauf ist in der öffentlichen Bekanntmachung hinzuweisen (§ 10 Abs. 8 Satz 5 BImSchG). Die Genehmigungsbehörde kann die individuelle Zustellung des Genehmigungsbescheides an die Einwender ebenfalls durch die öffentliche Bekanntmachung ersetzen (§ 10 Abs. 8 Satz 1 BImSchG). Dies wird insbesondere bei einer Vielzahl von Einwendern angezeigt sein. Die in § 74 Abs. 5 VwVfG für das Planfeststellungsverfahren geltende Richtzahl von 50 Einwendern kann als Indiz herangezogen werden. Einwender können in diesem Fall den kompletten Genehmigungsbescheid auch nach Ablauf der Auslegungsfrist bis zum Ablauf der Widerspruchsfrist, also für die Dauer eines Monats, schriftlich anfordern (§ 10 Abs. 8 Satz 6 BImSchG). 131

Bei Fällen mit **grenzüberschreitendem Bezug** ist der Genehmigungsbescheid ferner den ausländischen Behörden zu übermitteln (§ 11a Abs. 6 der 9. BImSchV). 132

Ergeht die Genehmigung im **vereinfachten Genehmigungsverfahren**, darf die Genehmigung nur auf Antrag des Vorhabenträgers öffentlich bekannt gemacht werden. Die unter Rz. 131 dargelegten Anforderungen gelten dann entsprechend (§ 21a der 9. BImSchV). 133

---

1 OVG Münster v. 5.10.2010 – 8 B 817/10, NWVBl. 2011, 148 (148 f.).
2 *Jarass*, BImSchG, § 10 Rz. 121; *Dietlein*, in: Landmann/Rohmer, UmweltR, Band III, § 10 Rz. 258; *Storost*, in: Ule/Laubinger, BImSchG, § 10 Rz. J 12.
3 Art. 24 Abs. 2 der Industrieemissionen-Richtlinie verlangt ab dem 7.1.2013 stets eine Veröffentlichung im Internet.
4 *Jarass*, BImSchG, § 10 Rz. 123; *Storost*, in: Ule/Laubinger, BImSchG, § 10 Rz. J 11; s.a. zum Planfeststellungsrecht BVerwG v. 27.5.1983 – 4 C 40.81 u.a., BVerwGE 67, 206 (213 ff.).

### cc) Wirkungen der Genehmigung

134 Der Genehmigung kommt sowohl eine **Gestattungswirkung** als auch eine **Feststellungswirkung** zu. Sie gestattet die Errichtung und den Betrieb der genehmigten Anlage. Damit wird das präventiv-polizeiliche Bauverbot aufgehoben. Zugleich stellt sie fest, dass die Anlage mit den zum Zeitpunkt der Genehmigungserteilung geltenden öffentlich-rechtlichen Vorschriften vereinbar ist. Aufgrund der Anknüpfung an diesen Zeitpunkt kann sich die Feststellungswirkung nicht auf nachträgliche, d.h. nach Genehmigungserteilung eintretende Rechtsänderungen erstrecken. Nachträglichen Rechtsänderungen kann daher nicht mit dem Einwand begegnet werden, in einen als rechtmäßig festgestellten Bestand dürfe nicht eingegriffen werden[1].

135 Mit Eintritt der Bestandskraft der Genehmigung sind alle **privatrechtlichen Ansprüche** von Nachbarn auf Einstellung des Betriebs der Anlage, etwa aus den §§ 906, 1004 BGB, **ausgeschlossen**. Sie können nur Schutzvorkehrungen oder im Falle der technischen Nichtdurchführbarkeit oder wirtschaftlichen Unvertretbarkeit Schadensersatz gegenüber dem Anlagenbetreiber verlangen (§ 14 BImSchG). Bestimmte Schutzvorkehrungen wie z.B. den Einbau von Staubfilter können auch dann vor den Zivilgerichten eingeklagt werden, wenn sie nach § 16 BImSchG genehmigungsbedürftig sind und nicht von vornherein ausgeschlossen ist, dass die Änderungsgenehmigung nicht erteilt werden darf. Alternativ kann das Zivilgericht den Anlagenbetreiber auch dazu verurteilen, Vorkehrungen unter dem Vorbehalt ihrer Genehmigung zum Schutze des Nachbarn vorzunehmen[2]. Von der Ausschlusswirkung ausgenommen sind Ansprüchen, die auf besonderen privatrechtlichen Titeln beruhen (z.B. vertragliche und dingliche Ansprüche am Grundstück, insbesondere aus Eigentum, Nießbrauch oder Dienstbarkeiten). Entsprechendes gilt für die Rechte des Eigentümers des Betriebsgrundstücks[3]. Erlischt die Genehmigung gemäß § 18 Abs. 1 und 2 BImSchG, leben die ausgeschlossenen privatrechtlichen Ansprüche nicht wieder auf[4].

Die Genehmigung gewährt in öffentlich-rechtlicher Hinsicht nur einen **beschränkten Bestandsschutz**. Anders als etwa durch Baugenehmigung legalisierte bauliche Anlagen ist der Anlagenbetreiber rechtlich nicht davor geschützt, verschärften Anforderungen für den Betrieb der Anlage im Wege nachträglicher Anordnungen gemäß § 17 BImSchG unterworfen zu werden (s. näher Rz. 181 ff.).

### b) Ablehnung des Genehmigungsantrags

136 Lehnt die Genehmigungsbehörde den Genehmigungsantrag ab, weil etwa der Vorhabenträger die Antragsunterlagen trotz Aufforderung nicht vervollständigt hat (§ 20 Abs. 2 Satz 2 der 9. BImSchV) oder die Anlage auch unter Anordnung von Nebenbestimmungen nicht genehmigungsfähig ist (§ 20 Abs. 2 Satz 1 der 9. BImSchV), muss dies durch einen schriftlichen Ablehnungsbescheid erfolgen. § 20 Abs. 3 Satz 1 der 9. BImSchV sieht ferner vor, dass § 10 Abs. 7 BImSchG entsprechend gilt. Der Ablehnungsbescheid ist daher dem Vorhabenträger und ggf. den Einwendern individuell zuzustellen. Handelt es sich um eine UVP-pflichtige Anlage, ist in die Begründung des Bescheides die ggf. schon erarbeitete zusammenfassende Darstellung aufzunehmen (§ 20 Abs. 3 Satz 2 der 9. BImSchV). Daneben ist der verfügende Teil öffentlich bekannt zu machen (s. im Einzelnen Rz. 131)[5].

---

1 BVerwG v. 23.10.2008 – 7 C 48.07, BVerwGE 132, 224 Rz. 27.
2 BGH v. 18.11.1994 – V ZR 98/93, NJW 1995, 714 (714f.).
3 VGH Mannheim v. 14.10.1988 – 10 S 2775/87, NVwZ-RR 1989, 129.
4 BVerwG v. 24.10.2002 – 7 C 9.02, BVerwGE 117, 133 (135ff.).
5 § 10 Abs. 8 BImSchG gilt entsprechend: *Jarass*, BImSchG, § 10 Rz. 126; *Dietlein*, in: Landmann/Rohmer, UmweltR, Band III, § 10 Rz. 247.

## c) Beendigung des Genehmigungsverfahrens in sonstiger Weise

Erledigt sich das Genehmigungsverfahren auf sonstige Weise, insbesondere weil der Vorhabenträger seinen Genehmigungsantrag zurücknimmt[1], sind der Vorhabenträger und die Einwender hiervon zu benachrichtigen (§ 20 Abs. 4 Satz 1 der 9. BImSchV). Daneben ist die Beendigung des Genehmigungsverfahrens gemäß § 10 Abs. 8 Satz 1 BImSchG öffentlich bekannt zu machen (s. Rz. 131). 137

## 17. Erlöschen der Genehmigung

Die Genehmigung kann auf verschiedene Weise erloschen: durch Fristablauf und fehlendem Fortbetrieb oder durch Rücknahme und Widerruf. 138

## a) Erlöschen durch Fristablauf und fehlenden Fortbetrieb

Die Genehmigung erlischt, wenn nicht innerhalb einer von der Genehmigungsbehörde gesetzten angemessenen Frist mit der Errichtung oder den Betrieb der Anlage begonnen wird oder eine Anlage während eines Zeitraums von mehr als drei Jahren nicht betrieben wird (§ 18 Abs. 1 BImSchG). Diese Fristen kann die Genehmigungsbehörde auf Antrag aus wichtigem Grunde verlängern, wenn hierdurch der Zweck des Gesetzes nicht gefährdet wird (§ 18 Abs. 3 BImSchG). Die Verlängerung der Geltungsdauer der Genehmigung erfolgt in einem formlosen Verwaltungsverfahren gemäß den §§ 9 ff. VwVfG[2]. Der Antrag muss vor dem Ablauf der Geltungsfrist der Genehmigung bei der Genehmigungsbehörde gestellt werden. Die Verlängerung der Genehmigung kann auch nach dem Ablauf der Geltungsfrist erteilt werden. 139

## b) Rücknahme und Widerruf

Die Genehmigung kann auch durch Rücknahme und Widerruf erlöschen. Für die **Rücknahme** gilt die allgemeine Bestimmung des § 48 VwVfG[3]. Voraussetzung ist danach eine im Zeitpunkt ihrer Erteilung rechtswidrige Genehmigung. Die Rücknahmevoraussetzungen richten sich nach § 48 Abs. 1 Satz 2, Abs. 3 Satz 1 VwVfG[4]. Danach ist eine Rücknahme grundsätzlich unbeschränkt möglich. Allerdings hat die Behörde dem Genehmigungsinhaber auf Antrag den Vermögensnachteil auszugleichen, den dieser dadurch erleidet, dass er auf dem Bestand des Verwaltungsaktes vertraut hat, soweit sein Vertrauen unter Abwägung mit dem öffentlichen Interesse schutzwürdig ist. Das Vertrauen des Genehmigungsinhabers ist daher im Rahmen des Ermessens zu berücksichtigen. Auf Vertrauensschutz kann sich der Genehmigungsinhaber von vornherein dann nicht berufen, wenn er die Genehmigung durch arglistige Täuschung, Drohung oder Bestechung oder durch Angaben erwirkt hat, die in wesentlicher Beziehung unrichtig oder unvollständig waren oder er die Rechtswidrigkeit der Genehmigung kannte oder in grober Fahrlässigkeit nicht kannte. Ist der Genehmigungsinhaber dagegen schutzwürdig, wird der auszugleichende Vermögensnachteil durch die Behörde festgesetzt. Obergrenze für den festzusetzenden Vermögensnachteil ist das Interesse, dass der Genehmi- 140

---

1 BVerwG v. 24.4.1969 – I C 34.68, BVerwGE 32, 41 (43); *Jarass*, BImSchG, § 10 Rz. 28; *Czajka*, in: Feldhaus, BImSchR, Band 1/I, § 10 Rz. 26.
2 *Jarass*, BImSchG, § 18 Rz. 15; *Scheidler*, in: Feldhaus, BImSchR, Band 1/I, § 18 Rz. 28; *Scheuing/Wirths*, in: GK-BImSchG, Band II, § 18 Rz. 73, 79. Anders bei Verlängerung einer der Genehmigung beigefügten Befristung BVerwG v. 7.12.2001 – 7 B 83.01, Buchholz 406.25 § 10 BImSchG Nr. 4.
3 *Jarass*, BImSchG, § 21 Rz. 6; *Sellner/Reidt/Ohms*, 5. Teil, Rz 16.
4 *Jarass*, BImSchG, § 21 Rz. 42.

gungsinhaber an dem Bestand der Genehmigung hat. Der Entschädigungsanspruch kann nur innerhalb eines Jahres geltend gemacht werden.

141 Für den **Widerruf der Genehmigung** sieht § 21 BImSchG eine gegenüber § 49 VwVfG geltende Sonderregelung vor. § 21 BImSchG ist allerdings in den wesentlichen Punkten § 49 VwVfG nachgebildet, so dass keine unterschiedlichen Ergebnisse auftreten. Die Vorschrift gilt auch für nach § 67 Abs. 1 BImSchG übergeleitete Genehmigungen, auch wenn diese nicht von vornherein unter der Einschränkung der gesetzlichen Widerrufsgründe des BImSchG erteilt wurden und insoweit Bestandsschutz genießen[1]. Entsprechendes gilt für abfallrechtliche Planfeststellungen des § 67 Abs. 7 Satz 1 BImSchG und für Genehmigungen für Windenergieanlagen i.S.d. § 67 Abs. 9 Satz 1 BImSchG. Nicht anwendbar ist § 21 BImSchG hingegen auf bloße anzeigepflichtige Anlagen (§ 67 Abs. 2, 3, § 67a Abs. 1 BImSchG)[2] oder auf eine erteilte Baugenehmigung[3]. Insoweit tritt an die Stelle des Widerrufs eine Untersagung gem. § 25 Abs. 2 BImSchG. Im Übrigen kann auch § 49 VwVfG ergänzend angewendet werden[4]. Gem. § 9 Abs. 3 BImSchG findet § 21 BImSchG ferner auch auf den Widerruf eines Vorbescheides Anwendung. Keine Anwendung findet die Vorschrift hingegen auf die Aufhebung einer erteilten Genehmigung im Widerspruchs- und im Klageverfahren. Dies richtet sich nach den allgemeinen Vorschriften wie bei anderen Genehmigungen. Insoweit kommen allein die §§ 72f. VwGO und § 113 VwGO zur Anwendung. § 21 Abs. 7 BImSchG sieht ferner für den Fall, dass die von einem Dritten angefochtene Genehmigung während des Widerspruchsverfahrens oder des Klageverfahrens aufgehoben wird, vor, dass § 21 Abs. 1 bis 6 BImSchG keine Anwendung findet, soweit dadurch dem Widerspruch oder der Klage abgeholfen wird. Die Vorschrift ist missglückt und in sich widersprüchlich. Für den Fall, dass die Genehmigungsbehörde anlässlich des Rechtsbehelfsverfahrens die Genehmigung aufheben will, kommt an sich nicht der Widerruf sondern die Rücknahme in Betracht. Der dadurch relativ enge Anwendungsbereich des § 21 Abs. 7 BImSchG umfasst damit Fälle, in denen nachbarschützende Anforderungen nach Erlass der Genehmigung und vor Erlass des Widerspruchsbescheides verschärft werden und dadurch die Genehmigung rechtswidrig wird[5].

142 § 21 Abs. 1 BImSchG sieht insgesamt fünf Widerrufsgründe vor:
– Widerrufsvorbehalt (Nr. 1);
– Nichterfüllung von Auflagen (Nr. 2);
– Änderung der tatsächlichen Situation (Nr. 3);
– Änderung der Rechtslage (Nr. 4);
– schwere Nachteile für das Gemeinwohl (Nr. 5).

143 Bezieht sich der Widerruf der Genehmigung auf einen **Widerrufsvorbehalt**, ist es unerheblich, ob der Widerrufsvorbehalt rechtmäßig oder rechtswidrig ist. Dies ergibt sich aus der Bestandskraft der Genehmigung. Etwas anderes gilt nur dann, wenn der Widerrufsvorbehalt nichtig ist[6].

---

1 BVerwG v. 18.5.1982 – 7 C 42.80, BVerwGE 65, 313 (321); OLG Hamm v. 22.1.1990 – 22 U 285/88, NVwZ 1990, 693 (694); *Jarass*, BImSchG, § 25 Rz. 5.
2 BVerwG v. 9.12.1983 – 7 C 68.82, NVwZ 1984, 305 (305f.); *Hansmann*, in: Landmann/ Rohmer, UmweltR, Band III, § 21 Rz. 23.
3 *Jarass*, BImSchG, § 21 Rz. 5; *Laubinger*, in: Ule/Laubinger, BImSchG, § 21 Rz. B 4.
4 *Kühling*, in: Kotulla, BImSchG, § 21 Rz 15; *Jarass*, BImSchG, § 21 Rz. 5.
5 *Jarass*, BImSchG, § 21 Rz. 4; *Kühling*, in: Kotulla, BImSchG, § 21 Rz. 19.
6 S. BVerwG v. 19.5.1994 – 1 B 104.94, NVwZ-RR 194, 580; *Jarass*, BImSchG, § 21 Rz. 7; *Sellner/Reidt/Ohms*, 5. Teil, Rz. 18.

## IV. Das Genehmigungsverfahren

§ 21 Abs. 1 Nr. 2 BImSchG sieht die Möglichkeit des Widerrufs dann vor, wenn die Genehmigung mit einer **Auflage** verbunden ist und der Genehmigungsinhaber diese Auflage nicht oder nicht innerhalb der ihm dafür gesetzten Frist erfüllt. Voraussetzung ist, dass die Auflage vollziehbar ist. Der Widerruf kommt allerdings immer nur als ultima ratio in Betracht. Mildere Mittel sind die Durchsetzung der Auflage mit den Mitteln des Verwaltungsvollstreckungsrechts oder die zeitweise Betriebsuntersagung nach § 20 Abs. 1 BImSchG bis zur Erfüllung der Auflage. Nur wenn solche milderen Mittel keinen Erfolg haben, kann die Genehmigung widerrufen werden. Für den Fall einer Nichtbefolgung einer nachträglichen Anordnung gilt § 21 Abs. 1 Nr. 2 BImSchG nicht entsprechend[1]. Ob die Auflage rechtmäßig ist, spielt nur im Rahmen der Ermessensausübung eine Rolle[2]. Entsprechendes gilt für das Verschulden des Genehmigungsinhabers.

144

§ 21 Abs. 1 Nr. 3 BImSchG lässt den Widerruf auch zu, wenn die Genehmigungsbehörde aufgrund **nachträglich eingetretener Tatsachen** berechtigt wäre, die Genehmigung nicht zu erteilen und ohne den Widerruf das öffentliche Interesse gefährdet wäre. Vorraussetzung ist das nachträgliche Auftreten von Tatsachen, die zum Zeitpunkt der Genehmigungserteilung noch nicht vorlagen. Nicht hierher gehören Rechtsänderungen oder die geänderte Auslegung einer Genehmigungsvorschrift[3]. Eine Tatsachenänderung liegt hingegen bei neuen wissenschaftlichen Erkenntnissen vor[4]. Die weiterhin erforderliche Gefährdung des öffentlichen Interesses setzt einen konkret drohenden Schaden an Allgemeingütern oder Individualrechtsgütern voraus,[5] diese Voraussetzung ist eher weit zu verstehen[6].

145

Nach § 21 Abs. 1 Nr. 4 BImSchG ist ein Widerruf auch in den Fällen möglich, in denen die Genehmigungsbehörde aufgrund einer **geänderten Rechtsvorschrift** berechtigt wäre, die Genehmigung nicht zu erteilen. Der Genehmigungsinhaber darf allerdings von der Genehmigung noch keinen Gebrauch gemacht haben, und ohne den Widerruf muss das öffentliche Interesse gefährdet werden. Dies führt zu einer starken Einengung der Widerrufsmöglichkeit.

146

Schließlich kann nach § 21 Abs. 1 Nr. 5 BImSchG der Widerruf auch erfolgen, um **schwere Nachteile für das Gemeinwohl** zu verhüten oder zu beseitigen. Bei dieser Vorschrift handelt es sich um einen Auffangtatbestand für besonders schwere Fälle. Schwere Nachteile für das Gemeinwohl liegen nur dann vor, wenn die konkrete Gefahr eines schweren Schadens droht. Dies wird in der Regel nur bei konkreten Gefahren für das Leben, die Gesundheit oder erhebliche Sachwerte gegeben sein[7]. Belästigungen und Nachteile i.S.v. § 3 Abs. 1 BImSchG genügen nicht[8]. Die schweren Nachteile können vor oder nach Genehmigungserteilung aufgetreten sein[9].

147

Liegt ein Widerrufsgrund vor, steht der Widerruf im **Ermessen** der Genehmigungsbehörde. Bei der Ausübung des Ermessens ist der Grundsatz der Verhältnismäßigkeit zu beachten. Zu prüfen ist, ob nicht im konkreten Einzelfall ein milderes Mittel – etwa eine nachträgliche Anordnung oder die befristete Betriebsuntersagung

148

---

1 *Sellner/Reidt/Ohms*, 5. Teil, Rz. 20, *Hansmann*, in: Landmann/Rohmer, UmweltR, Band III, § 21 Rz. 28.
2 *Koch*, in: GK-BImSchG, § 21 Rz. 45; *Jarass*, BImSchG, § 21 Rz. 9.
3 *Jarass*, BImSchG, § 21 Rz. 11.
4 BVerwG v. 15.2.1988 – 7 B 219.87, NVwZ 1988, 824 (825).
5 BVerwG v. 24.1.1992 – 7 C 38.90, NVwZ 1992, 565 (565 f.).
6 VGH Mannheim v. 10.3.2000 – 10 S 2762/99, NVwZ-RR 2000, 674 (675); *Jarass*, BImSchG, § 21 Rz. 12.
7 *Jarass*, BImSchG, § 21 Rz. 17.
8 *Hansmann*, in: Landmann/Rohmer, UmweltR, Band III, § 21 Rz. 44.
9 *Ohms*, Praxis des Immissionsschutzrechtes, Rz. 697; *Jarass*, BImSchG, § 21 Rz. 17; a.A. *Laubinger*, in: Ule/Laubinger, BImSchG, § 21 Rz. C 47.

oder Stilllegung – in Betracht kommt. Darf eine nachträgliche Anordnung wegen Unverhältnismäßigkeit nicht getroffen werden, soll die Genehmigungsbehörde die Genehmigung unter den Voraussetzungen des § 21 Abs. 1 Nr. 3–5 ganz oder teilweise widerrufen (§ 17 Abs. 2 Satz 2 BImSchG). In diesen Fällen ist das Ermessen demnach eingeschränkt. Lediglich in atypischen Fällen darf vom Widerruf abgesehen werden.

149 Erfolgt der Widerruf der Genehmigung nach § 21 Abs. 1 Nr. 3 bis 5 BImSchG steht dem Genehmigungsinhaber auf Antrag ein **Entschädigungsanspruch** zu (§ 21 Abs. 4 BImSchG). Insoweit gelten die Ausführungen zu § 48 Abs. 3 VwVfG entsprechend (Rz. 140).

150 Der Widerruf ist gem. § 21 Abs. 2 BImSchG nur innerhalb einer **Ausschlussfrist** von einem Jahr zulässig. Die Frist beginnt mit der Kenntnis der Genehmigungsbehörde von den Tatsachen, die den Widerruf rechtfertigen. Die Tatsachen sind nicht nur Tatsachen im engeren Sinne, sondern alle Umstände, die den Widerruf tragen, also auch Rechtsänderungen[1]. Auch für die Geltendmachung des Entschädigungsanspruchs gilt die Jahresfrist (§ 21 Abs. 4 Satz 4 BImSchG). Verfahrensmäßig setzt die Entschädigung einen Antrag durch den Genehmigungsinhaber voraus; die Genehmigungsbehörde hat den auszugleichenden Vermögensnachteil festzusetzen (§ 21 Abs. 4 Satz 3 BImSchG). Gegen den Entschädigungsfestsetzungsbescheid kann der Genehmigungsinhaber Klage vor dem zuständigen Zivilgericht erheben (§ 21 Abs. 6 BImSchG).

## V. Besondere Verfahrensarten

### 1. Teilgenehmigungsverfahren (§ 8 BImSchG)

151 Für das Teilgenehmigungsverfahren gelten grundsätzlich die allgemeinen Vorschriften des Genehmigungsverfahrens (s. oben Rz. 49 ff.). Hinzu treten folgende Besonderheiten:

152 Eine Teilgenehmigung darf nur auf **Antrag** des Vorhabenträgers erteilt werden. Er muss hieran ein berechtigtes Interesse haben. Ein solches wird in aller Regel anzunehmen sein, wenn möglichst früh mit der Ausführung der Anlage aus wirtschaftlichen Gründen begonnen werden soll, eine Vorlage und insbesondere eine Teilprüfung aller Unterlagen aber zu Verzögerungen führen würde. Eine entsprechende verfahrensmäßige Erleichterung ergibt sich aus § 22 Abs. 1 der 9. BImSchV. Nach dieser Vorschrift kann die Genehmigungsbehörde zulassen, dass in den **Antragsunterlagen** endgültige Angaben nur hinsichtlich des Gegenstandes der Teilgenehmigung gemacht werden. Für die sonstigen Gegenstände der Vollgenehmigung sind Angaben zu machen, die bei einer vorläufigen Prüfung ein ausreichendes Urteil darüber ermöglichen, ob die Genehmigungsvoraussetzungen im Hinblick auf die Errichtung und den Betrieb der gesamten Anlage vorliegen werden (§ 22 Abs. 1 Satz 2 der 9. BImSchV). Aufgrund der Unterlagen muss sich die Genehmigungsbehörde die vorläufige positive Gesamtbeurteilung über die Gesamtanlage bilden (s. Rz. 40).

153 Handelt es sich um eine **UVP-pflichtige Anlage**, erstreckt sich die Umweltverträglichkeitsprüfung im Rahmen der vorläufigen Prüfung auf die erkennbaren Auswirkungen der gesamten Anlage auf die in § 1a der 9. BImSchV genannten Schutzgüter

---

[1] So zu § 48 Abs. 4 VwVfG BVerwG v. 19.12.1984 – GrSen 1.84 u.a., BVerwGE 70, 356; v. 17.10.1989 – 1 C 36.87, BVerwGE 84, 17 (22); speziell zu § 21 *Jarass*, BImSchG, § 21 Rz. 18.

und im Rahmen der abschließenden Prüfung auf die Auswirkungen, deren Ermittlung, Beschreibung und Bewertung Voraussetzung für Feststellungen oder Gestattungen sind, die Gegenstand dieser Teilgenehmigung sind (§ 22 Abs. 3 Satz 1 der 9. BImSchV)[1]. In weiteren Teilgenehmigungsverfahren beschränkt sich die Prüfung der Umweltverträglichkeit dann auf zusätzliche oder andere erhebliche Auswirkungen auf die in § 1a der 9. BImSchV genannten Schutzgüter. Die verminderten Anforderungen an die UVP haben entsprechende Auswirkungen auf die Umweltverträglichkeitsuntersuchung, die Teil der Antragsunterlagen ist.

Für die **Öffentlichkeitsbeteiligung** bestimmt § 22 Abs. 2 der 9. BImSchV, dass nur der Antrag, die Antragsunterlagen nach § 4 der 9. BImSchV, soweit sie den Gegenstand der Teilgenehmigung betreffen, und Unterlagen, die Angaben über die Auswirkungen der Anlage auf die Nachbarschaft und die Allgemeinheit enthalten, auszulegen sind. Für **weitere Teilgenehmigungsverfahren** ist regelmäßig eine Öffentlichkeitsbeteiligung nicht mehr geboten (§ 8 Abs. 1 Satz 2, Abs. 2 der 9. BImSchV). Voraussetzung ist, dass sich aus den für die weitere Teilgenehmigung auszulegenden Unterlagen keine Umstände ergeben, die nachteilige Auswirkungen für Dritte besorgen lassen[2]. 154

Die Zulässigkeit von **Nebenbestimmungen** ist bei der Teilgenehmigung gegenüber der Vollgenehmigung (s. Rz. 123 ff.) in weitergehendem Umfang zulässig. Die Befristung ist auch ohne Antrag des Vorhabenträgers zulässig. Entsprechendes gilt für einen Auflagen- oder Widerrufsvorbehalt, der unbegrenzt zulässig ist (§ 12 Abs. 3 BImSchG). Bis zur Entscheidung über die Vollgenehmigung darf die Genehmigungsbehörde dann von dem Vorbehalt Gebrauch machen, ohne dass die Voraussetzungen des § 17 Abs. 2 BImSchG vorliegen müssen[3]. 155

Die **Wirkungen** der Teilgenehmigung sind gegenüber der Vollgenehmigung (s. Rz. 134 f.) eingeschränkt: Die gestattende und feststellende Wirkung beschränkt sich auf den jeweiligen Gegenstand der Teilgenehmigung. Bindungswirkung entfaltet die Teilgenehmigung darüber hinaus aber auch hinsichtlich der vorläufigen positiven Gesamtbeurteilung hinsichtlich der Gesamtanlage. Gemäß § 8 Satz 2 BImSchG entfällt die Bindungswirkung der vorläufigen positiven Gesamtbeurteilung nur, wenn eine Änderung der Sach- oder Rechtslage oder Einzelprüfungen im Rahmen späterer Teilgenehmigungen zu einer von der vorläufigen positiven Gesamtbeurteilung abweichenden Beurteilung führen. 156

Die Bindungswirkung der Teilgenehmigung führt dazu, dass die von der Anlage betroffenen Dritten in aller Regel bereits gegen die 1. Teilgenehmigung **Rechtsbehelfe** einlegen müssen, wollen sie keine Rechtsnachteile erleiden. Der den Vorhabenträger beratende Anwalt wird den Inhalt insbesondere der vorläufigen positiven Gesamtbeurteilung sorgfältig zu überprüfen haben. Aufgrund der Bindungswirkung wird bereits im Teilgenehmigungsverfahren über das Gesamtvorhaben entschieden. Macht der Drittbetroffene von seinem Klagerecht keinen Gebrauch, läuft er Gefahr, im Klageverfahren gegen weitere Teilgenehmigungen und insbesondere gegen die Betriebsgenehmigung auf die bindenden Regelungsgehalte der vorangegangenen und insbesondere der 1. Teilgenehmigung mit der Folge verwiesen zu werden, dass er sich gegen das Gesamtvorhaben nicht mehr wenden kann. Die Bindungswirkung der bestandskräftig gewordenen 1. Teilgenehmigung tritt demnach neben die Bestandskraftpräklusion des § 11 BImSchG[4]. Für Klagen gegen weitere 157

---

1 Dazu näher OVG Lüneburg v. 22.5.2008 – 12 MS 16/07, Rz. 36.
2 OVG Lüneburg v. 22.5.2008 – 12 MS 16/07, Rz. 69.
3 Vgl. dazu im Einzelnen *Czajka*, in: Feldhaus, BImSchR, Band 1/I, § 12 Rz. 98, 106.
4 S. BVerwG v. 11.3.1993 – 7 C 4.92, BVerwGE 92, 185 (191 ff.); OVG Münster v. 31.7.1986 – 21 A 458/81, NVwZ 1987, 983.

Teilgenehmigungen bleibt danach in der Regel nur insoweit Raum, als spezifische Rechtsbeeinträchtigungen von späteren Detailregelungen in den Teilgenehmigungen ausgehen. Ferner sind Klagen gegen spätere Teilgenehmigungen dann sinnvoll, wenn aufgrund einer wesentlichen Antragsänderung die vorläufige positive Gesamtbeurteilung in einer Weise verändert oder fortentwickelt wird, die die Bindungswirkung der ursprünglichen vorläufigen positiven Gesamtbeurteilung entfallen lassen. Eine spätere Teilgenehmigung kann ferner dann angefochten werden, wenn die Bindungswirkung der vorläufigen positiven Gesamtbeurteilung in der 1. Teilgenehmigung aus den Gründen des § 8 Abs. 2 BImSchG entfallen ist.

**2. Vorbescheidsverfahren (§ 9 BImSchG)**

158 Insbesondere bei komplexen Industrieanlagen (Kraftwerken etc.) kann es sinnvoll sein, anstelle einer Vollgenehmigung zunächst einen Vorbescheid und eine 1. Teilgenehmigung zu beantragen, um besonders problematische Genehmigungsvoraussetzungen vorab klären zu lassen (s. Rz. 40). Für die Erteilung des Vorbescheides gemäß § 9 BImSchG gelten im Wesentlichen die gleichen Voraussetzungen wie für die Teilgenehmigung (s. Rz. 151 ff.). Hinzu kommen folgende Besonderheiten:

159 Der Vorbescheid wird nur auf **Antrag** des Vorhabenträgers erteilt und setzt ein berechtigtes Interesse an seiner Erteilung voraus[1]. Das berechtigte Interesse muss sich aus den Antragsunterlagen ergeben. Ferner sind in den Antragsunterlagen Angaben dazu zu machen, für welche Genehmigungsvoraussetzungen oder für welchen Standort der Vorbescheid beantragt wird (§ 23 Abs. 1 der 9. BImSchV). Gemäß § 23 Abs. 4 der 9. BImSchV i.V.m. § 22 der 9. BImSchV müssen ferner im Antrag Angaben enthalten sein, die die vorläufige positive Gesamtbeurteilung ermöglichen. Trotz der in § 9 BImSchG abweichenden Formulierung gegenüber § 8 BImSchG besteht Einigkeit, dass für die ausreichende Beurteilung der Auswirkungen der Anlage im Vorbescheidsverfahren nichts anderes gilt als für die vorläufige positive Gesamtbeurteilung im Teilgenehmigungsverfahren[2].

160 Für das **Vorbescheidsverfahren** gelten die Vorschriften über das Genehmigungsverfahren entsprechend (§ 10 Abs. 9 BImSchG i.V.m. § 1 Abs. 1 Nr. 2 der 9. BImSchV). Betrifft das Vorhaben eine UVP-pflichtige Anlage, gelten die gemäß § 22 Abs. 3 der 9. BImSchV für die Teilgenehmigung geltenden Anforderungen (s. Rz. 153) im Vorbescheidsverfahren entsprechend (§ 22 Abs. 4 der 9. BImSchV). Ferner kann von einer erneuten Bekanntmachung abgesehen werden, wenn sich aus den Unterlagen keine nachteiligen Auswirkungen für Dritte ergeben (§ 8 Abs. 1 Satz 2, Abs. 2 Satz 1 der 9. BImSchV). Da der Vorbescheid anders als die Teilgenehmigung für das Vorhaben regelmäßig nur einmal ergeht, hat dies allerdings keine praktische Bedeutung.

161 Für den **Inhalt des Vorbescheids** enthält § 23 Abs. 2 und 3 der 9. BImSchV nähere Vorgaben. Der Vorbescheid muss enthalten:
– die Angabe des Namens und des Wohnsitzes oder des Sitzes des Vorhabenträgers;
– die Angabe, dass ein Vorbescheid erteilt wird, und die Angabe der Rechtsgrundlage;
– die genaue Bezeichnung des Gegenstandes des Vorbescheides;

---

[1] Zum fehlenden Rechtsschutz Drittbetroffener bei der Wahl eines Vorbescheidsverfahrens OVG Lüneburg v. 22.5.2008 – 12 MS 16/07, Rz. 31.
[2] BVerwG v. 19.12.1985 – 7 C 65.82, BVerwGE 72, 300 (327); OVG Münster v. 6.4.1989 – 21 A 952/88, NWVBl. 1990, 91 (93); *Jarass*, BImSchG, § 9 Rz. 8; *Storost*, in: Ule/Laubinger, BImSchG, § 9 Rz. B 7, C 17; *Peschau*, in: Feldhaus, BImSchR, Band 1/I, § 9 Rz. 15; a.A. *Dietlein*, in: Landmann/Rohmer, UmweltR, Band III, § 9 Rz. 38 ff.

## V. Besondere Verfahrensarten

- die Voraussetzungen und die Vorbehalte, unter denen der Vorbescheid erteilt wird;
- die Begründung, aus der die wesentlichen tatsächlichen und rechtlichen Gründe, die die Genehmigungsbehörde zu ihrer Entscheidung bewogen haben, und die Behandlung der Einwendungen hervorgehen sollen;
- bei UVP-pflichtigen Anlagen ist die zusammenfassende Darstellung nach § 20 Abs. 1a sowie die Bewertung nach § 20 Abs. 1b der 9. BImSchV in die Begründung aufzunehmen.

Neben diesen notwendigen Inhalten soll der Vorbescheid enthalten:
- einen Hinweis auf § 9 Abs. 2 BImSchG;
- einen Hinweis, dass der Vorbescheid nicht zur Errichtung der Anlage oder von Teilen der Anlage berechtigt;
- einen Hinweis, dass der Vorbescheid unbeschadet der behördlichen Entscheidungen ergeht, die nach § 13 BImSchG nicht von der Genehmigung eingeschlossen werden, und
- eine Rechtsbehelfsbelehrung.

Der Vorbescheid kann ebenso wie die Vollgenehmigung (s. Rz. 123 ff.) mit **Nebenbestimmungen** verbunden werden. § 23 Abs. 2 Nr. 4 der 9. BImSchV sieht ferner vor, dass im Vorbescheid „Vorbehalte", unter denen der Vorbescheid erteilt wird, aufgenommen werden müssen. Gemeint sind damit Einschränkungen der Bindungswirkung des Vorbescheids durch spätere Nebenbestimmungen in den gestattenden Teilgenehmigungen bzw. in der Vollgenehmigung[1]. 162

Bei der Formulierung des Vorbescheides treten immer wieder Fehler auf, die Sinn und Zweck des Vorbescheids zuwiderlaufen und diesen teilweise auch rechtswidrig machen. Wichtig ist insbesondere, dass im verfügenden Teil des Vorbescheides der Gegenstand des Vorbescheides eindeutig bezeichnet ist. 163

**Beispiel für einen Standortvorbescheid:**
„Es wird festgestellt, dass für die Anlage ... die Genehmigungsvoraussetzungen des § 5 Abs. 1 Satz 1 Nr. 1 und Nr. 2 BImSchG und die bauplanungsrechtlichen Voraussetzungen vorliegen."

Die **vorläufige positive Gesamtbeurteilung** muss im Einzelnen in der Begründung des Bescheides dargelegt werden. Wichtig ist auch, dass der beratende Anwalt die im Vorbescheid enthaltenen Vorbehalte prüft. Wird der verfügende Entscheidungsteil durch zu weitgehende Vorbehalte in Frage gestellt, verfehlt der Vorbescheid seinen Sinn und Zweck. Hier muss der beratende Anwalt prüfen, ob der Vorbescheid nicht in Wahrheit eine Ablehnung des Vorbescheidsantrags ist. Dritte werden hingegen durch zu weitgehende Vorbehalte in ihren Rechten nicht verletzt und können den Vorbescheid insoweit daher auch nicht vor Gericht angreifen[2]. Etwas anderes gilt allerdings, wenn die vorläufige positive Gesamtbeurteilung im Vorbescheid gänzlich fehlt. Der Vorbescheid ist dann rechtswidrig und verletzt auch betroffene Nachbarn in ihren Rechten[3]. 164

---

[1] *Jarass*, BImSchG, § 9 Rz. 10; *Wasielewski*, in: GK-BImSchG, Band I, § 9 Rz. 65; *Kugelmann*, in: Kotulla, BImSchG, § 9 Rz. 91 ff.; s.a. *Dietlein*, in: Landmann/Rohmer, UmweltR, Band III, § 9 Rz. 58 ff.
[2] BVerwG v. 17.2.1978 – I C 102.76, BVerwGE 55, 250 (270 f.); *Jarass*, BImSchG, § 9 Rz. 22; *Wasielewski*, in: GK-BImSchG, Band I, § 9 Rz. 113.
[3] *Sellner/Reidt/Ohms*, 3. Teil, Rz. 122; *Storost*, in: Ule/Laubinger, BImSchG, § 9 Rz. E 1.

### 3. Die Änderung genehmigter Anlagen (§§ 15, 16 BImSchG)

165 Die Änderung genehmigter Anlagen richtet sich nach den §§ 15 und 16 BImSchG. Für wesentliche Änderungen der genehmigten Anlage bedarf es grundsätzlich der Durchführung eines **Änderungsgenehmigungsverfahrens**. § 16 BImSchG regelt die Frage, wann eine wesentliche Änderung vorliegt, sowie die Art und Weise des Genehmigungsverfahrens. Ist die geplante Änderung der Anlage nicht wesentlich, wird nach § 15 BImSchG ein bloßes **Anzeigeverfahren** durchgeführt.

#### a) Anzeigeverfahren

166 Nach § 15 Abs. 1 Satz 1 BImSchG ist die Änderung der Lage, der Beschaffenheit oder des Betriebs einer genehmigungsbedürftigen Anlage schriftlich bei der Genehmigungsbehörde anzuzeigen, sofern sich die Änderung auf die in § 1 BImSchG genannten Schutzgüter auswirken kann. Letzteres ist nur dann nicht der Fall, wenn sich die Änderung auf die Schutzgüter offensichtlich nicht auswirkt und damit eindeutig neutral ist[1]. Die Anzeigepflicht gilt grundsätzlich auch dann, wenn es sich um eine wesentliche Änderung handelt. Insbesondere in Zweifelsfällen muss der Vorhabenträger zunächst die Änderung anzeigen. Die Genehmigungsbehörde prüft dann, ob es sich um eine wesentliche Änderung handelt, und teilt dies dem Vorhabenträger mit. Ist die Änderung zweifelsfrei wesentlich, kann der Vorhabenträger allerdings auch sofort die Änderungsgenehmigung beantragen (s. § 15 Abs. 1 Satz 1 BImSchG)[2].

167 Der Anzeige nach § 15 Abs. 1 Satz 1 BImSchG sind Zeichnungen, Erläuterungen und sonstige Unterlagen beizufügen, soweit diese für die Prüfung erforderlich sind, ob das Vorhaben genehmigungsbedürftig ist (§ 15 Abs. 1 Satz 2 BImSchG). Damit wird die Genehmigungsbehörde in die Lage versetzt, die nach § 15 Abs. 2 Satz 1 BImSchG vorgesehene Prüfung der Genehmigungsbedürftigkeit der angezeigten Änderung zu ermöglichen.

168 Eine **Änderung** liegt immer dann vor, wenn vom Genehmigungsbestand, wie er sich aus dem Genehmigungsbescheid ergibt, abgewichen werden soll. Die Änderung kann sich hierbei auf die Lage der Anlage, die Beschaffenheit oder den Betrieb der Anlage beziehen. Keine Änderung liegt bei einem Betreiberwechsel vor, da die immissionsschutzrechtliche Genehmigung anlagenbezogen ist[3]. **Wesentlich** ist die Änderung dann, wenn durch die Änderung nachteilige Auswirkungen auf die in § 1 BImSchG genannten Schutzgüter hervorgerufen werden können und diese Auswirkungen für die Prüfung nach § 6 Abs. 1 Nr. 1 BImSchG (d.h. für die Prüfung der Grundpflichten des § 5 BImSchG) erheblich sein können (§ 16 Abs. 1 Satz 1 BImSchG). Verbessernde und immissionsschutzrechtlich neutrale Änderungen werden damit vom Genehmigungserfordernis nach dem BImSchG ausgenommen. Dies entspricht den Vorgaben der Art. 2 Nr. 11 der IVU-Richtlinie und Art. 3 Nr. 9 der Industrieemissionen-Richtlinie. Auch bei Vorliegen einer wesentlichen Änderung ist eine Genehmigung dann nicht erforderlich, wenn durch die Änderung hervorgerufene nachteilige Auswirkungen offensichtlich gering sind und die Erfüllung der sich aus § 6 Abs. 1 Nr. 1 BImSchG ergebenen Anforderungen sichergestellt ist (§ 16 Abs. 1 Satz 2 BImSchG). Diese Bagatellklausel dürfte keinen größeren Anwendungsbereich haben. Dies gilt umso mehr, als eine Saldierung der Nachteile mit anderweitigen Vorteilen der vorgesehenen Änderung unzulässig ist. Die nach-

---

1 Hansmann, NVwZ 1997, 105 (108).
2 Jarass, BImSchG, § 15 Rz. 17; Hansmann, in: Landmann/Rohmer, UmweltR, Band III, § 15 Rz. 20.
3 BVerwG v. 15.12.1989 – 4 C 36.86, BVerwGE 84, 209 (211); VGH München v. 15.2.2006 – Au 4 S 05.2021, UPR 2006, 361; Jarass, BImSchG, § 15 Rz. 5b.

teiligen Auswirkungen müssen jeweils für sich betrachtet offensichtlich gering sein[1]. Von der (wesentlichen) Änderung ist die **Neuerrichtung** abzugrenzen. Eine solche liegt dann vor, wenn die Änderung der vorhandenen Anlage so weitgehend ist, dass sie sich in Wahrheit als aliud darstellt. Dann gelten die gleichen Regeln, wie wenn die geänderte Anlage erstmals errichtet würde[2].

**Beispiele aus der Rechtsprechung:**
- Umbauten an einem Hühnerhaltungsbetrieb mit Einfluss auf Art und Ausmaß der Geruchsbelästigungen in der Nachbarschaft = wesentliche Änderung (BVerwG v. 11.2.1977 – IV C 9.75, NJW 1978, 64);
- Aufnahme eines neuen Arbeitsablaufs und neuer Arbeitsgänge in einem Gerbereibetrieb = wesentliche Änderung (VGH München v. 3.2.1975 – 105 VI 74, GewArch 1975, 140);
- Ersetzung eines Ringofens durch einen Tunnelofen in Ziegelei = Neuerrichtung (BVerwG v. 12.12.1975 – IV C 71.73, BVerwGE 50, 49; a.A. *Kutscheidt*, DÖV 1976, 633);
- Änderung der Arbeitszeit eines Betriebes = wesentliche Änderung (BVerwG v. 27.3.1958 – I C 145.54, BVerwGE 6, 294);
- Produktionsumstellung in einer Gerberei dergestalt, dass Felle nicht nur für den eigenen Betrieb sondern zur Belieferung fremder Betriebe eingesalzen werden = wesentliche Änderung (BVerwG v. 10.7.1964 – I B 43.64, GewArch 1964, 244);
- Erhöhung der Zahl der Hämmer in einem genehmigten Hammerwerk = wesentliche Änderung des Betriebes der Anlage (BVerwG v. 27.3.1958 – I C 145.54, BVerwGE 6, 294);
- Austausch eines Fallhammers gegen einen Luftsenkhammer in einer Gesenkschmiede = wesentliche Änderung (OVG Münster v. 12.4.1978 – VII A 1112/74, NJW 1979, 772);
- Erhöhung der Gesamtleistung von Motorprüfständen = wesentliche Änderung (VGH München v. 5.1.1984 – 22 CE 82 A.1999, GewArch 1985, 172);
- Erneuerung der Sicherheitsbauten an einem Schießstand = wesentliche Änderung der Beschaffenheit (OVG Koblenz v. 4.3.1986 – 7 A 17/83, NVwZ 1988, 176);
- Ersatz einer Windenergieanlage durch neuen Herstellertyp = wesentliche Änderung (OVG Berlin-Brandenburg v. 18.11.2010 – 11 S 67.09, NVwZ-RR 2011, 97).

Von der Frage, ob eine Änderung vorliegt und diese wesentlicher Natur ist, hängt der Ausgang des Anzeigeverfahrens ab. Die Genehmigungsbehörde hat dem Vorhabenträger unverzüglich, spätestens innerhalb eines Monats nach Eingang der Anzeige bzw. der nachgeforderten Unterlagen **mitzuteilen**, ob die Änderung einer Genehmigung bedarf. Teilt die Genehmigungsbehörde dem Vorhabenträger mit, dass die Änderung keiner Genehmigung bedarf, weil sie nicht wesentlicher Natur ist, oder äußert sie sich innerhalb der Monatsfrist überhaupt nicht, darf der Vorhabenträger die Änderung vornehmen (§ 15 Abs. 2 Satz 2 BImSchG). Die Mitteilung ist ein feststellender Verwaltungsakt i.S.v. § 35 Satz 1 VwVfG. Darüber hinaus enthält sie keine Gestattung, die das Verbot der Ausübung der genehmigungspflichtigen Tätigkeit aufhebt. Die Gestattung folgt vielmehr unmittelbar aus dem Gesetz (§ 15 Abs. 2 Satz 2 BImSchG). Schweigt die Behörde, handelt es sich um eine **Mitteilungsfiktion**. Probleme können sich ergeben, wenn drittbetroffene Nachbarn die Mitteilung anfechten. Die Anfechtung hat nach § 80 Abs. 1 VwGO aufschiebende Wirkung. Der Vorhabenträger kann sich daher auf die Feststellungswirkung der Mittelung nicht berufen. Nach Ablauf der Monatsfrist tritt allerdings die Regelungsfiktion des § 15 Abs. 2 Satz 2 2. Alt. BImSchG hinzu, d.h. der Vorhabenträger darf dann kraft der gesetzlichen Gestattungswirkung die Änderung vornehmen[3].

---
1 *Reidt/Schiller*, in: Landmann/Rohmer, UmweltR, Band III, § 16 Rz. 96; *Jarass*, BImSchG, § 16 Rz. 10.
2 VGH München v. 23.11.2006 – 22 BV 06.2223, NVwZ-RR 2007, 382.
3 So *Hansmann*, in: Landmann/Rohmer, UmweltR, Band III, § 15 Rz. 70; *Hansmann*, NVwZ 1997, 105 (108); *Kutscheidt*, NVwZ 1997, 111 (116).

Bejaht die Genehmigungsbehörde eine wesentliche Änderung, endet das Anzeigeverfahren. Der Vorhabenträger muss dann einen entsprechenden Genehmigungsantrag bei der Genehmigungsbehörde einreichen.

**b) Änderungsgenehmigungsverfahren**

169 Das Verfahren zur Erteilung der Änderungsgenehmigung richtet sich nach § 10 Abs. 1 bis 8 BImSchG und den Vorschriften der 9. BImSchV (s. § 1 Abs. 1 Nr. 1 lit. b) der 9. BImSchV). Es gelten also grundsätzlich die unter den Rz. 49 ff. gemachten Ausführungen. Nachfolgend wird nur auf einige Besonderheiten eingegangen:

**aa) Verzicht auf die Öffentlichkeitsbeteiligung**

170 Gemäß § 16 Abs. 2 BImSchG soll die Genehmigungsbehörde von der öffentlichen Bekanntmachung des Änderungsvorhabens sowie der Auslegung des Antrags und der Unterlagen absehen, wenn der Vorhabenträger dies beantragt und erhebliche nachteilige Auswirkungen auf die in § 1 BImSchG genannten Schutzgüter nicht zu besorgen sind. Dies ist insbesondere dann der Fall, wenn erkennbar ist, dass die Auswirkungen durch die getroffenen oder vom Vorhabenträger vorgesehenen Maßnahmen ausgeschlossen werden oder die Nachteile im Verhältnis zu den jeweils vergleichbaren Vorteilen gering sind (§ 16 Abs. 2 Satz 2 BImSchG). Voraussetzung für das **Absehen von einer Öffentlichkeitsbeteiligung** ist allein, ob erhebliche nachteilige Auswirkungen auf die Schutzgüter Mensch, Tiere, Pflanzen, Boden, Wasser, Atmosphäre sowie Kultur- und sonstige Schutzgüter zu besorgen sind. Hiervon ist in der Regel selbst dann nicht auszugehen, wenn mit der Anlagenänderung gewisse zusätzliche Immissionen aufgrund einer Änderung der Technologie verbunden sind, etwa die Abgabe eines neuen Schadstoffes oder gewisse zusätzliche Lärmimmissionen aufgrund des Einbaus einer neuen Abgasreinigungsanlage, sofern dies im Gesamtergebnis zu keinen erheblichen nachteiligen Auswirkungen führt. Zulässig ist auch eine Saldierung zwischen den Vor- und Nachteilen. Wenn die Änderung etwa zu einer erheblichen Senkung des Schadstoffausstoßes der Anlage führt, andererseits aber mit einer gewissen Erhöhung der Lärmbelastung in der Nachbarschaft – wenn auch im noch zulässigen Rahmen – einhergeht, sind erhebliche nachteilige Auswirkungen nicht zu besorgen. Unionsrechtliche Bedenken gegen die **Saldierungsklausel** bestehen nicht. Art. 15 Abs. 1 der IVU-Richtlinie und Art. 24 Abs. 1 der Industrieemissionen-Richtlinie sehen zwar ein Absehen von der Öffentlichkeitsbeteiligung nicht vor. Es obliegt aber den Mitgliedstaaten, den Begriff der „erheblichen nachteiligen Auswirkungen" i.S.v. Art. 2 Nr. 11 der IVU-Richtlinie bzw. von Art. 2 Nr. 9 der Industrieemissionen-Richtlinie näher zu konkretisieren[1]. Eine bloße Erhöhung der Emissionen, die von der Anlage ausgehen, führt nicht notwendigerweise zu einer Öffentlichkeitsbeteiligung. Entscheidend sind vielmehr die Auswirkungen für die Immissionsseite[2].

171 Liegen die Voraussetzungen des § 16 Abs. 2 Satz 1 BImSchG vor, steht die Entscheidung, von einer Öffentlichkeitsbeteiligung abzusehen, nicht im pflichtgemäßen Ermessen der Genehmigungsbehörde. Vielmehr handelt es sich um eine **Soll-Vorschrift**. Dies bedeutet, dass die Genehmigungsbehörde von einer Öffentlichkeitsbeteiligung absehen muss, es sei denn es liegt ein atypischer Fall vor, für den allerdings praktische Anwendungsfelder kaum denkbar sind[3].

---

1 OVG Münster v. 3.12.2008 – 8 D 19/07.AK, NuR 2009, 204 (207); VGH München v. 13.5.2005 – 22 A 96.40091, NVwZ-RR 2006, 456 (459); *Reidt/Schiller*, in: Landmann/Rohmer, UmweltR, Band III, § 16 Rz. 125; a.A. *Jarass*, BImSchG, § 16 Rz. 58; *Czajka*, in: Feldhaus, BImSchR, Band 1/I, § 16 Rz. 76; *Führ*, in: GK-BImSchG, § 16 Rz. 119.
2 *Jarass*, BImSchG, § 16 Rz. 55.
3 *Reidt/Schiller*, in: Landmann/Rohmer, UmweltR, Band III, § 16 Rz. 139.

Findet eine Öffentlichkeitsbeteiligung statt, können sich die **Antragsunterlagen** auf die geänderten Anlagenteile und die geänderte Betriebsweise der Anlage beschränken. Unterlagen über den vorhandenen unveränderten Bestand der Anlage sind nur dann mit dem Änderungsgenehmigungsantrag vorzulegen, wenn sie erforderlich sind, um die Genehmigungsvoraussetzungen für die wesentliche Änderung nach § 6 Abs. 1 BImSchG zu prüfen. Dies wird im Hinblick auf die Genehmigungsfähigkeit von Errichtungsmaßnahmen, die Gegenstand des Änderungsgenehmigungsantrags sind, in der Regel nicht der Fall sein. Sind infolge der Anlagenänderung auch zusätzliche Emissionen und damit zusätzliche Immissionsbelastungen oder etwa neue Störfallgefahren verbunden, wird es dagegen regelmäßig notwendig sein, zur Prüfung der Genehmigungsvoraussetzungen auch die Daten der bestehenden und unveränderten Anlage zugrunde zu legen. Nur auf dieser erweiterten Basis kann beurteilt werden, ob und inwieweit zusätzliche Emissionen und damit Immissionen sowie neue Gefahren die Erfüllung der Genehmigungsvoraussetzungen ggf. in Frage stellen. Die Zusammenstellung der Unterlagen im Änderungsgenehmigungsverfahren bedarf besonderer Sorgfalt. In der Praxis steht der Umfang der auszulegenden Unterlagen immer wieder im Streit. Der beratende Anwalt wird daher sorgfältig die einzureichenden Genehmigungsunterlagen zu prüfen haben. Eine gewisse Orientierung bieten die in den Länderverwaltungsvorschriften festgelegten einzureichenden Unterlagen. 172

#### bb) UVP-pflichtige Änderungen

Von einer Öffentlichkeitsbeteiligung kann nicht abgesehen werden, wenn die wesentliche Änderung der genehmigungsbedürftigen Anlage UVP-pflichtig ist. Dies richtet sich gem. § 1 Abs. 3 der 9. BImSchV danach, ob die für eine UVP-pflichtige Anlage in der Anlage 1 des UVPG angegebenen Größen- oder Leistungswerte durch die Änderung oder Erweiterung selbst erreicht oder überschritten werden oder wenn die Änderung oder Erweiterung erhebliche nachteilige Auswirkungen auf die in § 1a der 9. BImSchV genannten Schutzgüter haben kann. § 1 Abs. 3 der 9. BImSchV geht grundsätzlich den Vorschriften der §§ 3ff. UVPG als Spezialregelung vor. Da die Vorschrift aber teilweise vom Wortlaut her hinter den Anforderungen des UVPG zurückbleibt, müssen immer auch ergänzend die §§ 3b und 3e UVPG in den Blick genommen werden (s. § 4 Abs. 1 UVPG)[1]. 173

Eine **UVP-Pflicht** kann sich demnach in folgenden zwei Fällen ergeben: Die Änderung oder Erweiterung überschreitet für sich genommen bereits die in Spalte 1 der Anlage 1 des UVPG angegebenen Größen- oder Leistungswerte. Maßgeblich sind also allein die Schwellenwerte für die sog. X-Vorhaben. Entsprechendes gilt, wenn die zu ändernde Anlage bislang noch nicht UVP-pflichtig war, die Anlage durch die Änderung oder Erweiterung also gleichsam in die UVP-Pflicht „hineinwächst" (Fall des § 3b Abs. 3 UVPG). Bei der Frage, ob die Schwellenwerte für die sog. X-Vorhaben erreicht oder überschritten werden, ist dann der Anlagenbestand mit in den Blick zu nehmen[2]. Die UVP-Pflicht kann sich daneben als Ergebnis einer Vorprüfung des Einzelfalls ergeben, wenn die Änderung oder Erweiterung den nach Spalte 2 der Anlage 1 des UVPG maßgebenden Größen- oder Leistungswert erstmals erreicht bzw. überschreitet (s. § 3e Abs. 1 Nr. 2 UVPG). Abweichend vom Wortlaut ist in unionsrechtskonformer Auslegung hierbei auch der Anlagenbestand zu berücksichtigen, wenn die bisherige Anlage bislang nicht UVP-pflichtig war[3]. Maß- 174

---
1 *Reidt/Schiller*, in: Landmann/Rohmer, UmweltR, Band III, § 16 Rz. 107.
2 BVerwG v. 20.8.2008 – 4 C 11.07, BVerwGE 131, 352 Rz. 22; OVG Weimar v. 2.9.2008 – 1 EO 448/08, UPR 2009, 112; *Sangenstedt*, in: Landmann/Rohmer, UmweltR, Band I, § 3b UVPG Rz. 44.
3 *Reidt/Schiller*, in: Landmann/Rohmer, UmweltR, Band III, § 16 Rz. 116.

geblicher Zeitpunkt für die Beurteilung der UVP-Pflichtigkeit ist die Entscheidung über die Erteilung der beantragten Änderungsgenehmigung[1].

175 **Gegenstand** einer ggf. erforderlichen Umweltverträglichkeitsprüfung sind grundsätzlich nur die zu ändernden bzw. zu erweiternden Anlagenteile. Die bestehende Anlage bzw. bestehende Anlagenteile sind allerdings als Vorbelastung darzustellen und zu würdigen. Etwas anderes gilt, wenn es sich um qualitative Änderungen handelt. Hier sind nicht nur die zu ändernden Anlagenteile und betrieblichen Verfahrensschritte maßgeblich, sondern auch die unveränderten Anlagenteile und Verfahrensschritte, auf die sich die Änderung auswirken wird[2]. Die Einschränkungen aus Bestandsschutzgründen nach § 3b Abs. 3 Sätze 3 und 4 UVPG finden keine Anwendung[3].

### 4. Die Zulassung des vorzeitigen Beginns (§ 8a BImSchG)

176 Bereits vor Erteilung der Genehmigung kann der Vorhabenträger beantragen, dass die Genehmigungsbehörde die Zulassung des vorzeitigen Beginns ausspricht. Dies bedeutet, dass der Vorhabenträger bereits vor Erlass der Genehmigung bzw. Änderungsgenehmigung mit einzelnen Maßnahmen beginnen darf. Für eine neue Anlage gilt dies allerdings nur für die Zulassung von **Errichtungsmaßnahmen** einschließlich von Maßnahmen, die zur Prüfung der Betriebstüchtigkeit der Anlage erforderlich sind (§ 8a Abs. 1 BImSchG). Der **Betrieb der Anlage** kann daher nur im Rahmen eines Änderungsgenehmigungsverfahrens vorläufig zugelassen werden. § 8a Abs. 3 BImSchG setzt hierfür voraus, dass die Änderung der Erfüllung einer sich aus dem BImSchG oder einer aufgrund des BImSchG erlassenen Rechtsverordnung ergebenen Pflicht dient.

177 Die Zulassung des vorzeitigen Beginns setzt stets voraus, dass
– ein Neugenehmigungs- oder ein Änderungsgenehmigungsverfahren anhängig ist;
– mit einer Entscheidung im Genehmigungsverfahrens zugunsten des Vorhabenträgers gerechnet werden kann (§ 8a Abs. 1 Nr. 1 BImSchG);
– ein öffentliches Interesse oder ein berechtigtes Interesse des Vorhabenträgers an dem vorzeitigen Beginn besteht (§ 8 Abs. 1 Nr. 2 BImSchG) und
– der Vorhabenträger sich verpflichtet, alle bis zur Entscheidung durch die Errichtung der Anlage verursachten Schäden zu ersetzen und, wenn das Vorhaben nicht genehmigt wird, den früheren Zustand wiederherzustellen (§ 8a Abs. 1 Nr. 3 BImSchG).

Die Frage, ob mit einer Entscheidung im Genehmigungsverfahren zugunsten des Vorhabenträgers gerechnet werden kann, setzt die Prognose voraus, dass die Genehmigungsbehörde die Erteilung der beantragten endgültigen (Änderungs-) Genehmigung bereits überwiegend für wahrscheinlich hält[4].

178 Die Prüfung der Voraussetzungen für die Zulassung des vorzeitigen Beginns erfolgt in einem eigenen **nichtförmlichen Verfahren**, auf das die Vorschriften der 9. BImSchV (§ 1 Abs. 1 Nr. 3 der 9. BImSchV) und ergänzend die Vorschriften der Verwaltungsverfahrensgesetze der Länder Anwendung finden. Das Verfahren wird durch einen schriftlichen Antrag des Vorhabenträgers eingeleitet. Inhaltliche Vor-

---

1 OVG Weimar v. 8.3.2004 – 1 EO 814/03, ThürVBl. 2004, 259; Reidt/Schiller, in: Landmann/Rohmer, UmweltR, Band III, § 16 Rz. 109.
2 Reidt/Schiller, in: Landmann/Rohmer, UmweltR, Band III, § 16 Rz. 119.
3 Reidt/Schiller, in: Landmann/Rohmer, UmweltR, Band III, § 16 Rz. 111; Führ, in: GK-BImSchG, Band II, § 16 Rz. 282 ff.
4 BVerwG v. 22.3.2010 – 7 VR 1.10, Rz. 16.

## V. Besondere Verfahrensarten

gaben für den Antrag ergeben sich aus § 24a Abs. 1 der 9. BImSchV. Die nähere Ausgestaltung des Verfahrens steht im Ermessen der Genehmigungsbehörde. Eine Beteiligung von Fachbehörden ist auch dann nicht erforderlich, wenn im Genehmigungsverfahren Einvernehmens- oder Zustimmungspflichten bestehen[1]. Allerdings wird es für die notwendige Prognose, ob mit einer Genehmigung zu rechnen ist, regelmäßig erforderlich sein, dass die Stellungnahmen aller beteiligten Behörden im Genehmigungsverfahren (Rz. 90) vorliegen. Anerkannte Umweltvereinigungen sind über das Genehmigungsverfahren hinaus nicht noch einmal separat zu beteiligen[2]. Eine Öffentlichkeitsbeteiligung analog § 10 Abs. 3 BImSchG findet nicht statt[3]. Durch die Zulassung potentiell betroffene Private sind ggf. nach § 28 VwVfG anzuhören[4]. Im Übrigen wird es regelmäßig für die Prognose erforderlich sein, dass die Einwendungsfrist abgelaufen ist[5]. Handelt es sich um eine UVP-pflichtige Anlage, bedarf der vorzeitige Beginn keiner Umweltverträglichkeitsprüfung. Um die Vorgaben der UVP-Richtlinie zu erfüllen, die grundsätzlich vor Zulassung des Vorhabens eine Öffentlichkeitsbeteiligung fordert, reicht es aus, wenn der vorzeitige Beginn regelmäßig erst mit Ablauf der Einwendungsfrist zugelassen werden kann[6].

Für die **Zulassungsentscheidung** enthält § 24a Abs. 2 und 3 der 9. BImSchV Vorgaben. Der Bescheid ist schriftlich zu erlassen und muss enthalten: 179
- die Angabe des Namens und des Wohnsitzes oder des Sitzes des Vorhabenträgers;
- die Angabe, dass der vorzeitige Beginn zugelassen wird, und die Angabe der Rechtsgrundlage;
- die genaue Bezeichnung des Gegenstandes des Bescheides;
- die Nebenbestimmungen der Zulassung;
- die Begründung, aus der die wesentlichen tatsächlichen und rechtlichen Gründe, die die Behörde zu ihrer Entscheidung bewogen haben, hervorgehen sollen;
- Angaben über das Verfahren zur Beteiligung der Öffentlichkeit.

Ferner soll der Bescheid enthalten:
- die Bestätigung der Verpflichtung nach § 24a Abs. 1 Nr. 2 der 9. BImSchV;
- den Hinweis, dass die Zulassung jederzeit widerrufen werden kann;
- die Bestimmung einer Sicherheitsleistung, sofern dies erforderlich ist, um die Erfüllung der Pflichten des Vorhabenträgers zu sichern.

Für die zugelassenen Errichtungsarbeiten ist **keine** nach Landesrecht erforderliche **Baugenehmigung** oder **sonstige die Errichtung betreffende Zulassung** notwendig. Dies folgt aus dem Zweck des § 8a BImSchG, da die Baugenehmigung und andere Gestattungen von der späteren immissionsschutzrechtlichen Genehmigung konzentriert werden (§ 13 BImSchG) und dies durch die Zulassung vorzeitigen Beginns nicht entfallen soll. Es ist deshalb ausreichend, wenn die Genehmigungsbehörde 180

---
1 *Jarass*, BImSchG, § 8a Rz. 17.
2 OVG Greifswald v. 25.3.2002 – 3 M 87/01, NVwZ 2002, 1258 (1258 ff.).
3 *Jarass*, BImSchG, § 8a Rz. 16; a.A. OVG Greifswald v. 25.3.2002 – 3 M 87/01, NVwZ 2002, 1258 (1260).
4 *Sellner*, in: Landmann/Rohmer, UmweltR, Band III, § 8a Rz. 33 ff.; *Jarass*, BImSchG, § 8a Rz. 17.
5 So zu § 7a AbfG a.F. und § 9a WHG a.F. BVerwG v. 30.4.1991 – 7 C 35.90, NVwZ 1991, 994 (995).
6 S. BVerwG v. 30.4.1991 – 7 C 35.90, NVwZ 1991, 994 (995); *Sellner*, in: Landmann/Rohmer, UmweltR, Band III, § 8a Rz. 56 ff.; i. Erg. trotz Bejahung einer eigenen UVP-Pflicht auch *Jarass*, BImSchG, § 8a Rz. 2a, 12; offen lassend VGH Mannheim v. 17.11.2009 – 10 S 1851/09, Rz. 10.

die zuständige Baugenehmigungsbehörde beteiligt und die Prognose getroffen werden kann, dass auch in Bezug auf die maßgeblichen baurechtlichen Fragen mit einer Entscheidung zugunsten des Vorhabenträgers gerechnet werden kann[1].

### 5. Nachträgliche Anordnungen (§ 17 BImSchG)

181 § 17 BImSchG ermächtigt die Genehmigungsbehörde, den Betrieb einer genehmigten Anlage nach der Erteilung der Genehmigung mit nachträglichen Anordnungen zu belasten. Damit wird der dynamische Charakter der Grundpflichten aus § 5 BImSchG rechtlich durchgesetzt. Der Vertrauens- und Bestandsschutz für den Betreiber der genehmigten Anlage wird entsprechend eingeschränkt[2].

#### a) Voraussetzungen

182 Eine nachträgliche Anordnung nach § 17 BImSchG setzt zunächst eine **genehmigte Anlage** voraus. Fehlt es an der erforderlichen Genehmigung, kann die Genehmigungsbehörde allein nach § 20 Abs. 2 BImSchG vorgehen und die Anlage stilllegen[3]. Vor Unanfechtbarkeit der Genehmigung kann die Behörde nachträgliche Einschränkungen der Genehmigung im Rechtsbehelfsverfahren in Form von Nebenbestimmungen nach § 12 BImSchG vornehmen, sofern dies der Erfüllung nachbarschützender Betreiberpflichten dient; § 17 BImSchG findet dann nur bei nicht nachbarschützenden Pflichten Anwendung[4].

183 Gemäß § 17 Abs. 1 Satz 1 BImSchG dürfen nachträgliche Anordnungen nur „zur Erfüllung der sich aus diesem Gesetz oder aufgrund dieses Gesetzes erlassenen Rechtsverordnungen ergebenen Pflichten" getroffen werden. Notwendig ist das **tatsächliche Vorliegen einer Pflichtverletzung**. Eine drohende Verletzung reicht nicht aus[5]. Als mögliche Pflichtverletzungen kommen die Grundpflichten aus § 5 Abs. 1 Satz 1 BImSchG und die sich aus den BImSchV ergebenden Pflichten in Betracht.

**Beispiele:**
Die Anlage emittiert einen Stoff, dessen Gesundheitsschädlichkeit bei Genehmigungserteilung noch nicht bekannt war (Verletzung der Schutzpflicht aus § 5 Abs. 1 Satz 1 Nr. 1 BImSchG).

Aufgrund der Weiterentwicklung des Standes der Technik nach Genehmigungserteilung wird das Vorsorgegebot des § 5 Abs. 1 Satz 1 Nr. 2 BImSchG nicht mehr eingehalten.

Aufgrund verschärfter umweltrechtlicher Anforderungen genügt die genehmigte Entsorgungsmöglichkeit nicht mehr dem Gebot der ordnungsgemäßen und schadlosen Verwertung von Abfällen (§ 5 Abs. 1 Satz 1 Nr. 3 BImSchG).

184 Keine ausreichende Pflichtverletzung ergibt sich aus § 6 Abs. 1 Nr. 2 BImSchG[6]. Für die Durchsetzung der **sonstigen öffentlich-rechtlichen Vorschriften** ist auf die Eingriffsermächtigungen der jeweils einschlägigen Fachgesetze zurückzugreifen. Allerdings ist stets zu prüfen, ob nicht die neuen fachgesetzlichen Anforderungen unmittelbar gelten, so dass sie keiner Umsetzung durch konkretisierenden Verwaltungsakt

---

1 So auch *Storost*, in: Ule/Laubinger, BImSchG, § 8a Rz. C 11; *Sellner*, in: Landmann/Rohmer, UmweltR, Band III, § 8a Rz. 110 ff.
2 S. BVerwG v. 12.12.1975 – IV C 71.73, BVerwGE 50, 49 (55).
3 *Hansmann*, in: Landmann/Rohmer, UmweltR, Band III, § 17 Rz. 56.
4 BVerwG v. 18.5.1982 – 7 C 42.80, BVerwGE 65, 313 (320 ff.); *Hansmann*, in: Landmann/Rohmer, UmweltR, Band III, § 17 Rz. 26.
5 *Sellner/Reidt/Ohms*, 4. Teil, Rz. 8 f.; *Koch*, in: GK-BImSchG, Band II, § 17 Rz. 69; a.A. *Jarass*, BImSchG, § 17 Rz. 12; *Czajka*, in: Feldhaus, BImSchR, Band 1/I, § 17 Rz. 36.
6 *Jarass*, BImSchG, § 17 Rz. 15; *Koch*, in: GK-BImSchG, Band II, § 17 Rz. 73.

## V. Besondere Verfahrensarten

bedürfen. Die immissionsschutzrechtliche Genehmigung steht von vornherein unter dem Vorbehalt einer Änderung fachgesetzlicher Anforderungen; der Bestandsschutz ist insoweit eingeschränkt[1]. Von § 17 Abs. 1 BImSchG erfasst werden ferner nur materielle Betreiberpflichten; die bloße Verletzung einer Mitwirkungspflicht (insbesondere aus den §§ 26 bis 31a, 52 ff. BImSchG) reicht nicht aus[2].

Die Ursache für die Pflichtverletzung ist grundsätzlich unerheblich. Ein Verschulden ist nicht erforderlich. Eine Pflichtverletzung kann sich daher auch infolge einer **Veränderung der Umgebung** der Anlage ergeben[3].

**Beispiele:**

Heranrückende Wohnbebauung mit der Folge, dass die Nachbarschaft nicht mehr ausreichend gegen Lärm- oder Geruchsimmissionen, die von der genehmigten Anlage ausgehen, geschützt ist.

Erhöhung der Luftverunreinigung im Einwirkungsbereich der genehmigten Anlage, die nachweisbar ganz oder teilweise auf andere in der Umgebung angesiedelte Emittenten zurückzuführen ist und zu einer Überschreitung der Immissionswerte der TA Luft im Einwirkungsbereich der Anlage führt.

Allerdings ist für die Frage, ob eine Verletzung der Grundpflichten aus § 5 BImSchG festzustellen ist, auch auf den Grundsatz der Priorität abzustellen. Soweit etwa Wohnbebauung an immissionsschutzrechtlich genehmigte Betriebe herangeführt wird, ist aufgrund der Pflicht zur gegenseitigen Rücksichtnahme eine Mittelwertbildung hinsichtlich der für die Wohnbebauung zulässigen Immissionsbelastung vorzunehmen. Dies hat zur Folge, dass der Wohnbebauung in vorbelasteter Lage nicht der gleiche Schutz zukommt wie im Normalfall[4].

Der Erlass einer nachträglichen Anordnung ist gemäß § 17 Abs. 2 BImSchG ferner nur dann zulässig, wenn sie **verhältnismäßig** ist. Der mit der Erfüllung der Anordnung verbundene Aufwand darf nicht außer Verhältnis zu dem mit der Anordnung angestrebten Erfolg stehen. Dabei sind insbesondere Art, Menge und Gefährlichkeit der von der Anlage ausgehenden Emissionen, der von ihr verursachten Immissionen sowie die Nutzungsdauer und technischen Besonderheiten der Anlage zu berücksichtigen. Allerdings ist zu beachten, dass im Falle konkretisierender Rechtsvorschriften (Rechtsverordnung nach § 7 BImSchG oder Verwaltungsvorschrift nach § 48 Abs. 1 Satz 1 Nr. 4 BImSchG) eine Verhältnismäßigkeitsprüfung nur noch in besonderen Situationen des Betreibers in Betracht kommt. Zu prüfen ist dann, ob aufgrund besonderer atypischer Gegebenheiten des Einzelfalls die vom Vorschriftengeber grundsätzlich für angemessen erachtete Zumutbarkeitsschwelle überschritten ist. Relevanz kann dies etwa im Hinblick auf die Einhaltung der in der TA Luft vorgegebenen Sanierungsfristen haben[5].

Bei der Ermittlung der Zumutbarkeitsschwelle[6] ist auf die **Nutzungsdauer** und die **technischen Besonderheiten** der Anlage abzustellen. Für die Nutzungsdauer sind in erster Linie der Grad der Abschreibung der Anlage und die verbleibende Restnutzung von Bedeutung. Je länger die Anlage bereits genutzt worden ist, desto geringer

---
1 BVerfG v. 14.1.2010 – 1 BvR 1627/09, NVwZ 2010, 771 Rz. 55 ff.; BVerwG v. 30.4.2009 – 7 C 14.08, NVwZ 2009, 1441 Rz. 26 ff.; v. 23.10.2008 – 7 C 48.07, BVerwGE 132, 224 Rz. 31 f.
2 *Koch*, in: GK-BImSchG, Band II, § 17 Rz. 71; a.A. *Jarass*, BImSchG, § 17 Rz. 14a.
3 *Jarass*, BImSchG, § 17 Rz. 18; *Koch*, in: GK-BImSchG, Band II, § 17 Rz. 74.
4 BVerwG v. 29.4.1986 – 7 B 149.84, NVwZ 1985, 186 (186 f.); v. 12.12.1975 – IV C 71.73, BVerwGE 50, 49 (54).
5 BVerwG v. 30.8.1996 – 7 VR 2.96, NVwZ 1997, 497 (499).
6 Hierzu näher *Jarass*, BImSchG, § 17 Rz. 33 ff.; *Hansmann*, in: Landmann/Rohmer, UmweltR, Band III, § 17 Rz. 84 ff.

ist der Aufwand zu gewichten, der für die Erfüllung der Anordnung notwendig ist. Bei technischen Besonderheiten ist auf die jeweilige einzelne Anlage abzustellen. Hinsichtlich wirtschaftlicher Gesichtspunkte ist Maßstab ein wirtschaftlich gesunder Durchschnittsbetreiber[1]. Die Grenze der Zumutbarkeit ist regelmäßig dann überschritten, wenn sich durch die nachträgliche Anordnung die Ertragslage langfristig verschlechtert, so dass die Anordnung auf eine Stilllegung der Anlage hinausläuft[2]. In die Abwägung ferner einzustellen sind die von der Anlage ausgehenden **Emissionen** und die von ihr verursachten **Immissionen** sowie deren Menge und Gefährlichkeit. Für die Abwägung hat schließlich Bedeutung, ob die Anordnung der Abwehr konkreter Gesundheitsgefahren oder aber der Einhaltung der übrigen Grundpflichten dient. Bei sog. **Vorsorgeanordnungen** spielt der Eigentumsschutz des Betreibers eine gesteigerte Rolle[3]. Umfang und Ausmaß der geforderten Vorsorge müssen dem Risikopotential, das durch die Anforderungen verhindert werden soll, proportional sein[4]. Die Beweislast für die Unverhältnismäßigkeit liegt beim Betreiber[5].

188 Die nachträgliche Anordnung muss ferner auf einer **ordnungsgemäßen Ermessensausübung** der Behörde beruhen. Hinsichtlich der konkreten Anforderungen ist zwischen Vorsorge- und Gefahrenanordnungen zu unterscheiden. Die Behörde muss bei Erlass von **Vorsorgeanordnungen** alle kollidierenden Interessen berücksichtigen. Sie kann daher auch bei Vorliegen der Tatbestandsvoraussetzungen des § 17 Abs. 1 Satz 1 BImSchG vom Erlass einer Anordnung absehen. Die Genehmigungsbehörde hat dabei zu berücksichtigen, dass einerseits die Grundpflichten nach dem Willen des Gesetzgebers dauerhaft einzuhalten sind, zum anderen die Vorsorgeanordnung wirtschaftliche Interessen des Betreibers berühren kann. Auch Aspekte der Arbeitsplatz- sowie der Versorgungssicherheit können berücksichtigt werden[6]. In der Praxis von besonderer Bedeutung sind ferner die Nr. 6.1 und 6.2 der TA Luft, die sowohl für Vermeidungs- als auch für Vorsorgeanordnungen nähere Konkretisierungen vorsehen.

189 Dient die Anordnung der Gefahrenabwehr, d.h. ist die Allgemeinheit oder die Nachbarschaft nicht ausreichend vor schädlichen Umwelteinwirkungen oder sonstigen Gefahren, erheblichen Nachteilen oder erheblichen Belästigungen geschützt, sieht § 17 Abs. 1 Satz 2 BImSchG eine „**Soll**"-**Vorschrift** vor. Die Behörde darf vom Erlass der **Gefahrenanordnung** nur in atypischen Sachlagen absehen[7]. Ein atypischer Fall liegt etwa vor, wenn die Betroffenen in die Beeinträchtigung eingewilligt haben oder wenn die Anlage ohnehin in Kürze stillgelegt werden soll[8]. Dagegen dürfte ein atypischer Fall nicht bereits dann vorliegen, wenn im Genehmigungsverfahren keine diesbezüglichen Bedenken vorgetragen worden sind[9].

190 Ferner ist § 17 Abs. 3a BImSchG zu beachten. Nach dieser Vorschrift soll die Behörde von nachträglichen Anordnungen absehen, soweit in einem vom Betreiber

---

1 BVerwG v. 30.8.1996 – 7 VR 2.96, NVwZ 1997, 497 (500); *Jarass*, BImSchG, § 17 Rz. 37a; *Sellner/Reidt/Ohms*, 4. Teil, Rz. 14.
2 *Dolde*, NVwZ 1986, 873 (878); *Jarass*, BImSchG, § 17 Rz. 37a.
3 *Jarass*, DVBl 1986, 314 (316f.).
4 BVerwG v. 17.2.1984 – 7 C 8.82, BVerwGE 69, 37 (44).
5 BVerwG v. 30.8.1996 – 7 VR 2.96, NVwZ 1997, 497 (500); *Sellner/Reidt/Ohms*, 4. Teil, Rz. 17; *Hansmann*, in: Landmann/Rohmer, UmweltR, Band III, § 17 Rz. 99; a.A. *Koch*, in: GK-BImSchG, Band II, § 17 Rz. 150.
6 *Jarass*, BImSchG, § 17 Rz. 43; a.A. *Koch*, in: GK-BImSchG, Band II, § 17 Rz. 98f.
7 BVerwG v. 29.3.2007 – 7 C 9.06, BVerwGE 128, 278 Rz. 30; v. 15.12.1998 – 7 C 35.87, BVerwGE 84, 220 (233); *Jarass*, BImSchG, § 17 Rz. 46; *Koch*, in: GK-BImSchG, Band II, § 17 Rz. 43.
8 *Czajka*, in: *Feldhaus*, BImSchR, Band 1/I, § 17 Rz. 68; *Jarass*, BImSchG, § 17 Rz. 49.
9 *Jarass*, BImSchG, § 17 Rz. 46.

vorgelegten Plan technische Maßnahmen an der Anlage oder an Anlagen Dritter vorgesehen sind, die zu einer weitergehenden Verringerung der Immissionsfrachten führen als die Summe der Minderungen, die durch den Erlass nachträglicher Anordnungen zur Erfüllung der sich aus dem BImSchG oder den Durchführungsverordnungen ergebenen Pflichten bei den beteiligten Anlagen erreichbar wäre und wenn hierdurch der in § 1 BImSchG genannte Zweck gefördert wird. Gemeint sind Fälle der Kompensation, in denen durch Erlass einer **Kompensationsanordnung** die Verringerung von Emissionen und damit auch Immissionen besser erreicht werden kann als durch eine Vermeidungs- oder Vorsorgeanordnung. Voraussetzung hierfür ist eine Immissionsreduzierung durch „technische Maßnahmen". Eine vollständige oder teilweise Stilllegung der Anlage ist davon nicht erfasst. Die Immissionsreduzierung muss tatsächlich erbracht werden können. Maßnahmen, die bereits im Genehmigungsbescheid beauflagt oder durch eine schon erlassene nachträgliche Anordnung angeordnet worden sind, finden keine Berücksichtigung. Die Immissionsfrachten an der belasteten Anlage und der begünstigten Anlage müssen vergleichbar sein (§ 17 Abs. 3a Satz 3 BImSchG).

**b) Inhalt nachträglicher Anordnungen**

Für den Inhalt der nachträglichen Anordnungen gelten die allgemeinen verwaltungsrechtlichen Anforderungen (verfügender Teil, Begründung). Inhaltlich können alle Maßnahmen angeordnet werden, die auch Gegenstand von Nebenbestimmungen nach § 12 Abs. 1 BImSchG sein können[1]. Erfasst werden etwa Anweisungen zur Beschaffenheit der Anlage und zur Art und Weise des Anlagenbetriebs, ferner alle Handlungen, die zur Erfüllung immissionsschutzrechtlicher Verpflichtungen erforderlich sind. In Betracht kommen etwa Beschränkungen der Betriebszeit,[2] Maßnahmen zur Staubimmissionsminderung (Berieselungsanlage),[3] bestimmte Ausführungen zum Brandschutz (Flüssiggaslagerbehälter)[4] oder etwa die Nachrüstung einer Sinteranlage mit einem Aktivkoksadsorber zur Minimierung von Dioxin-/Furan-Immissionen[5]. Für den Bereich der Luftreinhaltung sehen die Nr. 5.2. bis 5.4 TA Luft und die 13. BImSchV anlagen- und schadstoffbezogene Anforderungen zur Begrenzung der Immissionen vor. Es können auch Maßnahmen mit Bezug auf die Immissionsseite angeordnet werden (etwa die Errichtung einer Lärmschutzwand). 191

Die nachträgliche Anordnung darf nicht auf etwas **objektiv Unmögliches** gerichtet sein. Die Anlage muss weiter betrieben werden können[6]. Ein bloß subjektives Unvermögen an der Erfüllung der angeordneten Maßnahme berührt die Rechtmäßigkeit der Anordnung hingegen nicht[7]. Hängt die Erfüllbarkeit der Anordnung von der Zustimmung eines Dritten ab, muss ihm gegenüber ggf. eine Duldungsverfügung erlassen werden. 192

Für die Durchführung der Anordnung ist ferner eine **angemessene Frist** vorzusehen[8]. Die Frist ist nicht identisch mit der bei einer Zwangsmittelandrohung ein- 193

---

1 *Sellner/Reidt/Ohms*, 4. Teil, Rz. 18 f.
2 BVerwG v. 29.3.2007 – 7 C 9.06, BVerwGE 128, 278 Rz. 30; OVG Schleswig v. 31.5.2005 – 1 LB 4/05, NordÖR 2006, 37; *Koch*, in: GK-BImSchG, Band II, § 17 Rz. 120; *Jarass*, BImSchG, § 17 Rz. 22; ebenso zu § 24 BImSchG BVerwG v. 30.4.1992 – 7 C 23.91, BVerwGE 90, 163 (168).
3 VG Arnsberg v. 21.4.2005 – 7 K 152/04, Rz. 30 ff.
4 OVG Münster v. 18.10.2002 – 21 A 417/99, Rz. 52 ff.
5 BVerwG v. 30.8.1996 – 7 VR 2.96, NVwZ 1997, 497 (498 ff.).
6 OVG Münster v. 9.7.1987 – 21 A 1556/86, NVwZ 1988, 173; *Jarass*, BImSchG, § 17 Rz. 21.
7 BVerwG v. 28.4.1972 – IV C 42.69, BVerwGE 40, 101 (103).
8 BVerwG v. 6.5.1997 – 7 B 142.97, NVwZ 1997, 1000 (1001).

zuräumenden Frist[1]. Möglich ist auch, die Anordnung auf einen künftigen Zeitpunkt zu beziehen, etwa wenn sie gegenwärtig nicht möglich oder nicht verhältnismäßig wäre. Hierher gehören auch sog. gestreckte Verfügungen, die mit einem Investitionsplan des Betreibers abgestimmt sind (Ersatzinvestitionen).

194 § 17 Abs. 3 BImSchG sieht vor, dass durch **Vorsorgeanordnungen** weitergehende Anforderungen zur Vorsorge gegen schädliche Umwelteinwirkungen gegenüber der Vorsorgepflicht des § 5 Abs. 1 Satz 1 Nr. 2 BImSchG nicht gestellt werden dürfen. Die konkreten Anforderungen ergeben sich aus den Durchführungsverordnungen zum BImSchG. Allerdings sehen die Rechtsverordnungen – dies gilt auch für die praktisch besonders bedeutsamen 13. und 17. BImSchV – die dort geregelten Vorsorgeanforderungen nicht als abschließend an. § 17 Abs. 3 BImSchG läuft demnach derzeit leer[2].

**c) Verfahren**

195 **Zuständig** für den Erlass nachträglicher Anordnungen sind die nach Landesrecht zuständigen Behörden. Dies sind meist die Gewerbeaufsichtsämter, die staatlichen Umweltämter oder die Kreisverwaltungen.

196 Für das Verfahren zum Erlass einer nachträglichen Anordnung gelten die **§§ 9 ff. VwVfG**. Der Anlagenbetreiber ist gem. § 28 Abs. 1 VwVfG vor Erlass einer nachträglichen Anordnung anzuhören. Zweckmäßigerweise ist ihm zugleich eine Stellungnahmefrist einzuräumen. Aus dem Anhörungsschreiben muss ersichtlich werden, warum und mit welchem Inhalt die nachträgliche Anordnung ergehen soll. Eine Öffentlichkeits- oder Behördenbeteiligung findet nicht statt. Die nachträgliche Anordnung ist **schriftlich** zu erlassen und muss eine entsprechende **Begründung** enthalten[3].

197 Besonderheiten gelten für Anlagen der Spalte 1 des Anhangs zur 4. BImSchV, wenn für sie zur Durchsetzung der Schutzpflicht gem. § 5 Abs. 1 Satz 1 Nr. 1 BImSchG neue Immissionsgrenzwerte festgesetzt werden sollen (sog. **Gefahrenanordnungen**). Vor Erlass einer solchen nachträglichen Anordnung ist der Entwurf der Anordnung öffentlich bekannt zu machen (§ 17 Abs. 1a Satz 1 BImSchG). Einwendungsbefugt sind alle Personen, deren Belange durch die nachträgliche Anordnung berührt werden können, sowie anerkannte Umweltvereinigungen. Anders als im Genehmigungsverfahren ist damit nicht jedermann einwendungsbefugt. Für die Entscheidung über den Erlass der nachträglichen Anordnung gilt § 10 Abs. 7 und 8 BImSchG entsprechend (s. Rz. 130 f.).

## VI. Klimaschutzrecht

198 Für bestimmte Anlagen, bei denen es sich überwiegend um immissionsschutzrechtlich genehmigungsbedürftige Anlagen handelt (s. Rz. 22 ff.), ist mit Erlass des TEHG seit 2005 ein **Emissionshandelssystem** eingeführt worden, das dem Klimaschutz dient und langfristig die Folgen des Klimawandels begrenzen soll. Der Emissionshandel beruht auf der Grundidee, dass jeder Betreiber von Anlagen, die Treibhausgase – dies sind gem. § 3 Abs. 2 TEHG Kohlendioxid ($CO_2$), Methan ($CH_4$), Distickstoffoxid ($N_2O$), Fluorkohlenwasserstoff (FKW), perfluorierte Kohlen-

---

1 VGH Mannheim v. 20.12.1984 – 10 S 3107/84, NVwZ 1985, 433 (434).
2 *Jarass*, BImSchG, § 17 Rz. 41; *Koch*, in: GK-BImSchG, Band II, § 17 Rz. 151; weitergehend *Sellner/Reidt/Ohms*, 4. Teil, Rz. 30.
3 *Jarass*, BImSchG, § 17 Rz. 1; *Sellner/Reidt/Ohms*, 4. Teil, Rz. 6 f., 5. Teil, Rz. 1.

wasserstoffe und Schwefelhexafluorid ($SF_6$) – emittieren, für den Betrieb der Anlagen über eine entsprechende Anzahl von Emissionsberechtigungen verfügen muss, andernfalls eine Zahlungspflicht eintritt (derzeit gem. § 18 Abs. 1 TEHG 100 Euro pro Tonne emittierten Kohlendioxidäquivalents). Diese Emissionsberechtigungen gelten zeitlich begrenzt und werden zu Beginn einer Handelsperiode, die fünf Jahre dauert (§ 6 Abs. 4 Satz 2 TEHG), von der zuständigen Behörde zugeteilt. Die Menge der Emissionsberechtigungen ist absolut beschränkt (sog. **cap and trade-System**) und verringert sich zudem mit jeder nachfolgenden Handelsperiode. Auf die Zuteilung besteht nach Maßgabe im Einzelnen festgelegter materieller Zuteilungsregeln ein Anspruch (§ 9 Abs. 1 TEHG). Die zugeteilten Emissionsberechtigungen waren in den beiden ersten Handelsperioden kostenlos (§ 18 Satz 1 ZuG 2007, § 16 Satz 1 ZuG 2012). Benötigen die Anlagenbetreiber für den Anlagenbetrieb über die zugeteilten weitere Emissionsberechtigungen, können sie diese von anderen Betreibern kaufen; die Emissionsberechtigungen sind – etwa an der Deutschen Strombörse in Leipzig – handelbar. Zudem ist ein Emissionshandelsregister bei der Deutschen Emissionshandelsstelle, die beim Umweltbundesamt eingerichtet worden ist, eingeführt worden (§ 14 TEHG). Für den Anlagenbetreiber kann es finanziell günstiger sein, emissionsbegrenzende Maßnahmen an seiner Anlage durchzuführen und damit die Notwendigkeit eines Kaufs von Emissionsberechtigungen zu reduzieren. Die nicht mehr benötigten Emissionsberechtigungen können dann an Drittbetreiber veräußert werden[1].

Gegen das mit dem TEHG eingeführte Emissionshandelssystem bestehen **keine durchgreifenden verfassungsrechtlichen Bedenken**[2]. Da es in seinen maßgeblichen Teilen auf unionsrechtlichen Vorgaben beruht (s. Rz. 3), kann es nicht im Einzelnen am Maßstab des nationalen Verfassungsrechts geprüft werden. Dies bedeutet allerdings nicht, dass einzelne Zuteilungsentscheidungen und insbesondere die Anwendung der materiellen Zuteilungsregeln auf den konkreten Einzelfall verfassungsrechtlichen Geboten, insbesondere den Vorgaben aus Art. 3 Abs. 1 GG und Art. 12 und 14 GG, nicht genügen müssen[3].

199

Vom **Anwendungsbereich** des Emissionshandels erfasst werden gem. § 2 Abs. 1 Satz 1 TEHG nur Emissionen der in Anhang 1 zum TEHG genannten Treibhausgase durch die dort genannten Tätigkeiten. Wie sich aus dem abschließenden Katalog des Anhangs 1 zum TEHG ergibt, sind die Tätigkeiten immer anlagenbezogen. Neben der im Einzelnen benannten Anlage, deren Kreis sich weitgehend, nicht aber vollständig mit dem Anhang zur 4. BImSchV deckt[4], ist dort auch das jeweilige Treibhausgas benannt. Derzeit findet ein Emissionshandel nur für Kohlendioxid ($CO_2$) statt. Das System ist aber auf eine Erweiterung auf weitere Treibhausgase angelegt. Ab der dritten Handelsperiode (2013–2020) werden etwa bei der Aluminiumproduktion auch PFC und $N_2O$ bei einzelnen Anlagen der chemischen Industrie erfasst. Zu berücksichtigen sind auch Anlagenteile und Nebeneinrichtungen im räumlichen und betriebstechnischen Zusammenhang (§ 2 Abs. 2 Nr. 2 TEHG). Dies gilt selbst dann, wenn sie zu einer nicht in Anhang 1 zum TEHG genannten Anlage gehören (§ 2 Abs. 1 Satz 2 TEHG). § 2 Abs. 3 TEHG regelt in ähnlicher Weise wie § 1 Abs. 4 der 4. BImSchV die Voraussetzungen, unter denen mehrere selbständige Anlagen zusammen als eine Anlage betrachtet werden (sog. gemeinsame Anlage). Liegt eine immissionsschutzrechtliche Genehmigung vor, sind deren Festlegungen maßgeblich (§ 3 Abs. 3 Satz 2 TEHG). § 25 TEHG sieht darüber hinaus auch die Bildung einer fiktiven sog. „einheitlichen" Anlage für die Zwecke

200

---
1 Zum System des Emissionshandels s. *Sellner/Reidt/Ohms*, 6. Teil, Rz. 1 ff.
2 BVerfG v. 14.5.2007 – 1 BvR 2036/05, NVwZ 2007, 942; BVerwG v. 30.6.2005 – 7 C 26.04, BVerwGE 124, 47.
3 *Sellner/Reidt/Ohms*, 6. Teil, Rz. 13.
4 S. dazu *Frenz*, NVwZ 2006, 1095 ff.

des Emissionshandels vor[1]. Schließlich sieht § 2 Abs. 5 TEHG eine Bereichsausnahme für Anlagen nach § 3 Nr. 1 EEG vor, die ausschließlich Erneuerbare Energien einsetzen (z.B. Biomasseanlagen)[2].

201 Für den Vollzug des Emissionshandels sieht das TEHG **drei verfahrensrechtliche Stufen** vor: zum einen die Erteilung einer Emissionsgenehmigung (§ 4 TEHG) als grundsätzliche Berechtigung, Treibhausgase zu emittieren; zum anderen die Festlegung der Gesamtzahl an Emissionsberechtigungen für die jeweilige Handelsperiode durch die Aufstellung eines nationalen Zuteilungsplans (§ 7 TEHG) und darauf basierend die individuelle Zuteilung von Emissionsberechtigungen im Einzelfall (§ 10 TEHG). Derzeit gilt die zweite Handelsperiode von 2008 bis 2012.

**1. Erteilung der Emissionsgenehmigung (§ 4 TEHG)**

202 Für den Betrieb einer vom Emissionshandel erfassten Anlage bedarf es einer Emissionsgenehmigung (§ 4 Abs. 1 TEHG). Ihre Erteilung erfolgt in einem **nichtförmlichen Genehmigungsverfahren**. Soweit § 4 TEHG hierfür keine Besonderheiten vorsieht, finden die §§ 9 ff. VwVfG Anwendung.

203 **Zuständige Behörde** ist bei immissionsschutzrechtlich genehmigungsbedürftigen Anlagen die jeweils nach dem BImSchG zuständige Landesbehörde (s. Rz. 49), im Übrigen das Umweltbundesamt (§ 20 Abs. 1 TEHG). Beim Umweltbundesamt ist die Deutsche Emissionshandelsstelle gegründet worden.

204 § 4 Abs. 3 TEHG enthält für den **Genehmigungsantrag** bestimmte Vorgaben. Danach muss der Genehmigungsantrag umfassen:
– die Angabe des Namens und der Anschrift des Verantwortlichen;
– eine Darstellung der Tätigkeit, ihres Standortes und von Art und Umfang der dort durchgeführten Verrichtungen oder der verwendeten Technologien;
– eine Aufstellung der Rohmaterialien und Hilfsstoffe, deren Verwendung voraussichtlich mit Emissionen verbunden ist;
– Angaben über die Quellen von Emissionen;
– Angaben zur Ermittlung und Berichterstattung nach § 5 TEHG;
– die Angabe, zu welchem Zeitpunkt die Anlage in Betrieb genommen worden ist oder werden soll;
– alle zur Prüfung der Genehmigungsvoraussetzungen erforderlichen Unterlagen.

Ferner ist dem Antrag eine nichttechnische Zusammenfassung beizufügen (§ 4 Abs. 3 Satz 2 TEHG). Der Antrag ist **schriftlich** einzureichen. § 4 Abs. 4 TEHG sieht die Möglichkeit vor, dass die zuständige Behörde vorschreibt, dass der Antragsteller elektronische Formularvorlagen nutzt. Die Deutsche Emissionshandelsstelle hat hiervon Gebrauch gemacht[3]. Im Übrigen hat sie im Leitfaden „Zuteilungsregeln 2008 bis 2012" vom 17.8.2007[4] für die jeweiligen erfassten Anlagen im Einzelnen dargelegt, welche Angaben hierzu im Genehmigungsantrag gemacht werden müssen. Der Antrag ist spätestens mit der Einreichung des Zuteilungsantrags (s. Rz. 213 ff.) zu stellen (§ 4 Abs. 3 TEHG).

---
1 Zu den Voraussetzungen näher VG Berlin v. 10.2.2011 – 10 K 136.09, Rz. 16 ff.
2 Zur umstrittenen Unionsrechtskonformität *Beyer*, in: Landmann/Rohmer, UmweltR, Band IV, § 2 TEHG Rz. 23; einschränkend *Sellner/Reidt/Ohms*, 6. Teil, Rz. 22.
3 Bekanntmachung nach § 10 Abs. 2 i.V.m. § 4 Abs. 4 und § 23 des Treibhausgas-Emissionshandelsgesetzes (TEHG) vom 11.8.2007 (BAnz. v. 13.8.2007). Die elektronischen Formulare sind unter http://www.dehst.de zur Verfügung gestellt.
4 Erhältlich auf der website unter www.dehst.de.

Die **materiellen Voraussetzungen** für die Erteilung der Emissionsgenehmigung sind gering. Gem. § 4 Abs. 2 TEHG muss der Anlagenbetreiber lediglich in der Lage sein, die durch seine Tätigkeit verursachten Emissionen zu ermitteln und darüber Bericht zu erstatten (s. § 5 Abs. 1 TEHG). Ist dies der Fall, hat die Behörde die Emissionsgenehmigung zu erteilen (gebundene Genehmigung). 205

Die **Verfahrensausgestaltung** liegt im Ermessen der zuständigen Behörde. Eine Öffentlichkeits- und Behördenbeteiligung findet nicht statt. Ebenso bedarf es keiner Beteiligung einer anerkannten Umweltvereinigung. 206

Der notwendige **Inhalt der Emissionsgenehmigung** ergibt sich aus § 4 Abs. 5 TEHG. Danach muss der Genehmigungsbescheid enthalten: 207
– Name und Anschrift des Verantwortlichen;
– eine Beschreibung der Tätigkeit und ihrer Immissionen sowie des Standortes, an dem die Tätigkeit durchgeführt wird;
– Überwachungsauflagen, in denen Überwachungsmethoden und -häufigkeit festgelegt sind;
– Auflagen für die Berichterstattung gem. § 5 TEHG und
– eine Verpflichtung zur Abgabe von Berechtigungen gem. § 6 TEHG.

Die Emissionsgenehmigung ist ebenso wie die immissionsschutzrechtliche Genehmigung anlagenbezogen und geht auf den Rechtsnachfolger der Anlage über[1]. Die Bekanntmachung der Emissionsgenehmigung erfolgt durch Zustellung gegenüber dem Antragsteller (§ 41 Abs. 1 und 5 VwVfG). Eine öffentliche Bekanntmachung findet nicht statt.

Für **immissionsschutzrechtlich genehmigungsbedürftige Anlagen** entfällt die Erteilung der Emissionsgenehmigung. Gem. § 4 Abs. 6 TEHG ersetzt die immissionsschutzrechtliche Genehmigung vielmehr die Emissionsgenehmigung. Die Prüfung der Voraussetzungen des § 4 Abs. 2 TEHG findet im immissionsschutzrechtlichen Genehmigungsverfahren statt. Dort sind auch die nach § 4 Abs. 3 TEHG notwendigen Angaben zu machen und Unterlagen vorzulegen. Für **Altanlagen** sieht § 4 Abs. 7 TEHG eine in der Praxis wichtige Ausnahme vor. Danach bedürfen alle bis zum 15.7.2004 (Inkrafttreten des TEHG in der Ursprungsfassung) genehmigten Anlagen keiner Emissionsgenehmigung. Für deren Ausstoß von Treibhausgasen reicht die immissionsschutzrechtliche Genehmigung nach dem BImSchG aus, die ggf. auf Grundlage des § 17 BImSchG – insbesondere im Hinblick auf Überwachung und Berichterstattung – angepasst werden muss (s. § 4 Abs. 7 Satz 2 TEHG). 208

## 2. Festlegung der Gesamtzahl der Emissionsberechtigungen

Die Gesamtzahl der Emissionsberechtigungen für die einzelnen Tätigkeiten sowie die Regeln für die Zuteilung werden für die jeweilige Handelsperiode im **nationalen Zuteilungsplan** („Allokationsplan") festgelegt (§ 7 Satz 3 TEHG). Ergänzt werden die Regelungen durch das Zuteilungsgesetz für die jeweilige Handelsperiode. Die Rechtsnatur des nationalen Zuteilungsplans ist gesetzlich nicht festgelegt. Mangels Außenwirkung handelt es sich jedenfalls um keine Rechtsnorm. Als Regierungsakt in Form eines Beschlusses stellt er vielmehr einen verwaltungsinternen Vorbereitungsakt zur Abstimmung mit der Kommission und der Erfüllung der aus Art. 9 Abs. 1 der RL 2003/87/EG folgenden Notifikationspflicht dar[2]. 209

---
1 *Sellner/Reidt/Ohms*, 6. Teil, Rz. 25.
2 *Frenz*, in: Frenz, Emissionshandelsrecht, § 7 TEHG Rz. 10 ff.; *Vierhaus*, in: Körner/Vierhaus, § 7 TEHG Rz. 6 ff.

210 Das **Aufstellungsverfahren** für den Zuteilungsplan ist im Einzelnen in § 8 TEHG geregelt. Der Entwurf des Plans wird durch das BMU in Abstimmung mit den sonstigen Bundesministerien erarbeitet. Der Entwurf wird sodann den Bundesländern zur Anhörung übersandt (§ 8 Abs. 1 Satz 1 TEHG). Er wird mindestens 21 Monate vor Beginn der jeweiligen Handelsperiode im Bundesanzeiger und für eine Dauer von sechs Wochen auf der Internetseite des BMU veröffentlicht. Bis drei Tage nach Ablauf des Bekanntmachungszeitraums im Internet können Einwendungen von jedermann erhoben werden. Eine Beschränkung auf Betroffene findet nicht statt[1]. Die fristgerecht erhobenen Einwendungen sind bei der Erarbeitung der Endfassung des Zuteilungsplans zu „berücksichtigen" (§ 8 Abs. 1 Satz 3 TEHG). Berücksichtigen bedeutet nicht, dass auf eine Einwendung hin der Entwurf zwingend geändert werden muss. Vielmehr reichen die Kenntnisnahme des Einwendungsinhalts und die Prüfung einer angemessenen Einbeziehung aus[2]. Die Endfassung des Zuteilungsplans werden an die Kommission und die übrigen Mitgliedstaaten spätestens 18 Monate vor Beginn der jeweiligen Handelsperiode übermittelt (§ 8 Abs. 3 TEHG). Derzeit gilt der nationale Allokationsplan (NAP) 2008–2012 der zweiten Handelsperiode.

### 3. Zuteilung der individuellen Emissionsberechtigungen

211 Gem. § 9 Abs. 1 TEHG haben die Anlagenbetreiber einen **Anspruch auf Zuteilung** von Emissionsberechtigungen nach Maßgabe des jeweiligen Zuteilungsgesetzes. Für die Handelsperiode 2008–2012 gilt das Zuteilungsgesetz 2012.

212 Die Zuteilung erfolgt nach einem komplizierten System materieller Zuteilungsregeln. Bei immissionsschutzrechtlich genehmigungsbedürftigen Anlagen ist für ihre Anwendung die Einordnung der jeweiligen Anlage nach dem Anhang der 4. BImSchV maßgeblich[3]. Für Industrieanlagen, die bis zum 31.12.2002 in Betrieb genommen worden sind, erfolgt die Zuteilung auf der Basis historischer Emissionen (**Grandfathering-Prinzip**). Maßgebliche Basisperiode ist für bis zum 31.12.1999 in Betrieb genommene Anlagen der Zeitraum vom 1.1.2000 bis 31.12.2005, für danach in Betrieb genommene Anlagen der Zeitraum vom 1. Januar des nach Inbetriebnahme folgenden Jahres bis 31.12.2005. Die Emissionen werden um einen festgelegten Kürzungsfaktor (0,9875) gekürzt (§ 6 ZuG 2012 i.V.m. § 12 ZuV 2012). Inbetriebnahme meint gem. § 3 Abs. 2 Nr. 2 ZuG 2012 die erstmalige Aufnahme des Regelbetriebs nach Abschluss des Probebetriebs. Bei einer wesentlichen Änderung oder Erweiterung einer Anlage ist dies bezogen auf die geänderten Anlagenteile. Für Anlagen der Energiewirtschaft (sowohl Bestands- als auch Neuanlagen) und Industrieanlagen, deren Inbetriebnahme in den Jahren 2003 bis 2007 erfolgte, erfolgt die Zuteilung unter Berücksichtigung der Treibhausgasemissionen, die im Branchendurchschnitt entstehen (sog. **Benchmark-Prinzip**). Damit werden effiziente Anlagen relativ besser gestellt als alte und ineffiziente Anlagen (§§ 7, 8 ZuG 2012 i.V.m. den §§ 13, 14 ZuV 2012). Eine Ausnahme gilt für Kleinanlagen, für die weiterhin eine Zuteilung nach dem Grandfathering-Prinzip erfolgt (§ 7 Abs. 4 i.V.m. § 6 ZuG 2012). Für die übrigen Energieanlagen unterscheidet sich ferner die Berechnung des Benchmark: Während für bestehende Energieanlagen mit mehreren Brennstoffen ein „Misch-Benchmark" gebildet wird (§ 7 Abs. 2 ZuG 2012), erfolgt bei KWK-Anlagen die Zuteilung aufgrund eines „Doppel-Benchmark" (§ 7 Abs. 3 ZuG 2012). Der mit der zweiten Handelsperiode eingeführte Systemwechsel für

---

1 *Schweer/v. Hammerstein*, TEHG, § 8 Rz. 4f.; *Weinreich*, in: Landmann/Rohmer, UmweltR, Band IV, § 8 TEHG Rz. 4.
2 S. *Weinreich*, in: Landmann/Rohmer, UmweltR, Band IV, § 8 TEHG Rz. 4; Zweifel an der Unionsrechtskonformität äußert *Vierhaus*, in: Körner/Vierhaus, § 8 TEHG Rz. 8.
3 VG Berlin v. 10.2.2011 – 10 K 57.09, Rz. 47.

VI. Klimaschutzrecht                                                    Rz. 214  Teil 3 A

Energieanlagen macht nunmehr eine Abgrenzung zu den Industrieanlagen notwendig, was etwa bei einem Industriekraftwerk schwierig sein kann. Berücksichtigt man, dass sachlicher Grund für die unterschiedliche Behandlung der geringere Wettbewerb von Energieanlagen und die Überwälzungsmöglichkeit der Zertifikatpreise in die Produktpreise[1] sein soll, wird man Energieanlagen, die Teil eines industriellen Produktionsverfahrens sind, als nicht von § 7 ZuG 2012 und damit vom Benchmark-Prinzip erfasst ansehen. Die Rechtsprechung stellt insoweit maßgeblich auf die Einordnung nach der immissionsschutzrechtlichen Genehmigung aufgrund deren Tatbestandswirkung ab[2]. Für Neuanlagen, d.h. Anlagen, deren Inbetriebnahme nach dem 31.12.2007 erfolgt ist (§ 3 Abs. 2 Nr. 1 ZuG 2012), gilt ebenfalls das Benchmark-Prinzip (§ 9 ZuG 2012). Maßgebliche Rechengröße ist ein bestimmter $CO_2$-Ausstoß je Produktionseinheit, der sich an der besten verfügbaren Technik orientiert. Besondere Zuteilungsregeln gibt es schließlich für Kuppelgas erzeugende Anlagen in der Eisen- und Stahlindustrie (§ 11 ZuG 2012). Die bei der Produktion entstehenden Kuppelgase werden zumeist aufgefangen und in der Anlage oder in Weiterverarbeitungsanlagen im Hüttenwerk energetisch verwertet[3]. Die Sonderregelung bewirkt, dass die Kuppelgas erzeugenden Anlagen ebenso wie Industrieanlagen Zuteilungen nach dem Grandfathering-Prinzip erhalten. Für den Fall, dass die beantragten Emissionsberechtigungen in der zweiten Handelsperiode die Gesamtmenge von 379,07 Mio. Emissionsberechtigungen je Jahr übersteigt, sieht § 4 Abs. 3 ZuG 2012 eine **anteilige Kürzungsregelung** entsprechend dem Effizienzstandard der Anlage vor. Hiergegen bestehen keine durchgreifenden rechtlichen Bedenken[4].

Die Zuteilung erfolgt in einem **nicht förmlichen Verwaltungsverfahren**. Soweit    213
keine Besonderheiten geregelt sind, gelten die §§ 9 ff. VwVfG ergänzend. Für den Zuteilungsantrag sieht § 10 Abs. 1 Satz 1 TEHG die **Schriftform** vor. Ihm sind die zur Prüfung des Zuteilungsanspruchs erforderlichen Unterlagen beizufügen (§ 10 Abs. 1 Satz 2 TEHG). Welche Unterlagen im Einzelfall notwendig sind, richtet sich nach der jeweiligen Anlage. § 3 Abs. 1 Satz 1 ZuV 2012 verweist für den Zuteilungsantrag maßgeblich auf die in der Entscheidung 2004/156/EG[5] festgelegten Anforderungen. Ferner nimmt § 3 Abs. 2 ZuV 2012 für einzelne Anlagentypen Bezug auf besondere Angaben, die für die Ermittlung der Kohlendioxid-Emissionen notwendig, und die im Einzelnen detailliert geregelt sind. Bei Berechnungen sind die angewandte Berechnungsmethode zu erläutern und die Ableitung der Angabe nachvollziehbar darzustellen. Auf Verlagen der Zuteilungsbehörde ist der Betreiber verpflichtet, die den Angaben zugrundeliegenden Einzelnachweise vorzulegen.

§ 10 Abs. 1 Satz 3 TEHG sieht ferner vor, dass die Angaben im Zuteilungsantrag vor    214
seiner Einreichung von einer **sachverständigen Stelle verifiziert** worden sind. Hierbei handelt es sich entweder um unabhängige Umweltgutachter oder Umweltgutachterorganisationen, die nach dem Umweltauditgesetz tätig werden dürfen, oder aber um Sachverständige, die zur Verifizierung von Zuteilungsanträgen öffentlich

---

1 So die Begründung des Gesetzentwurfs, BT-Drs. 16/5240, S. 22.
2 VG Berlin v. 10.2.2011 – 10 K 57.09, Rz. 41 ff.; s.a. *Frenz*, in: Frenz, Emissionshandelsrecht, Vor §§ 6 ff. ZuG 2012 Rz. 8.
3 Zur Zielsetzung der Regelung *Neuser*, in: Landmann/Rohmer, UmweltR, Band IV, § 11 ZuG 2012 Rz. 1.
4 So zu § 4 Abs. 4 ZuG 2007 BVerwG v. 24.12.2010 – 7 C 23.09, NVwZ 2011, 618 Rz. 19; die vorhergehende Revisionsentscheidung in diesem Verfahren (BVerwG v. 16.10.2007 – 7 C 33.07, BVerwGE 129, 328) ist vom Bundesverfassungsgericht aufgehoben worden (BVerfG v. 10.12.2009 – 1 BvR 3151/07, NVwZ 2010, 435).
5 Entscheidung 2004/156/EG der Kommission vom 29.1.2004 zur Festlegung von Leitlinien für Überwachung und Berichterstattung betreffend Treibhausgasemissionen gemäß der Richtlinie 2003/87/EG des Europäischen Parlamentes und des Rates (ABl. Nr. L 59, S. 1).

bestellt worden sind. Gem. § 20 ZuV 2012 besteht die Verifizierung aus einem Prüfbericht, aus dem sich in nachvollziehbarer Weise Inhalt und Ergebnis der Prüfung erkennen lassen. Aus der Pflicht zur Zertifizierung folgt nach der Rechtsprechung, dass Ergänzungen und Konkretisierungen des Antrags im nachfolgenden Widerspruchs- oder Klageverfahren unzulässig sind[1].

215 Für den **Zeitpunkt des Zuteilungsantrages** bestimmt § 10 Abs. 3 Satz 1 2. Halbs. TEHG, dass er bis zu dem im jeweiligen Zuteilungsgesetz für bestehende Anlagen und Neuanlagen festgelegten Zeitpunkt zu stellen ist. Nach Verstreichen dieses Zeitpunkts besteht der Zuteilungsanspruch nicht mehr. Für die zweite Handelsperiode endete der Zeitpunkt für Bestandsanlagen am 17.11.2007 (§ 14 Abs. 1 ZuG 2012 i.V.m. § 22 ZuV 2012). Lediglich für Neuanlagen kann noch bis Inbetriebnahme der Neuanlage ein Zuteilungsantrag gestellt werden (§ 14 Abs. 2 ZuG 2012). Umstritten ist, ob bei einer Fristversäumung Wiedereinsetzung in den vorigen Stand möglich ist[2]. Weitere Einzelheiten des Zuteilungsverfahrens sind in der Zuteilungsverordnung festgelegt worden.

216 Weder **Form** noch **Inhalt der Zuteilungsentscheidung** sind gesetzlich näher festgelegt. Sie richten sich daher nach den allgemeinen Regeln. Im Tenor ist die Anzahl der zugeteilten Emissionsberechtigungen festzulegen. Die Zuteilungsentscheidung kann unter den Voraussetzungen des § 36 Abs. 1 VwVfG mit Nebenbestimmungen (s. Rz. 123 ff.) versehen werden. Nebenbestimmungen sind daher nur zulässig, wenn sie sicherstellen sollen, dass die gesetzlichen Voraussetzungen des Verwaltungsaktes erfüllt werden.

### 4. Wesentliche Änderungen durch das Gesetz zur Anpassung der Rechtsgrundlagen für die Fortentwicklung des Emissionshandels

217 Durch das Gesetz zur Anpassung der Rechtsgrundlagen für die Fortentwicklung des Emissionshandels (s. Rz. 8) ist das TEHG grundlegend novelliert und neu gefasst worden. Wesentliche Änderungen ergeben sich insbesondere durch die Einbeziehung des Luftverkehrs ab 2012, d.h. also noch in der zweiten Handelsperiode. Der Anwendungsbereich des TEHG ist ferner ab der dritten Handelsperiode 2013–2020 erweitert worden im Hinblick auf die Treibhausgase PFC bei der Aluminiumproduktion und $N_2O$ bei einzelnen Anlagen der chemischen Industrie. Für Bestandsanlagen werden bislang nicht erfasste Prozessfeuerungen einbezogen. Die Wirkung der Emissionsgenehmigung wird im Hinblick auf den neu geregelten Genehmigungsvorbehalt für Monitoringkonzepte (neu: Überwachungsplan) klargestellt. Sie stellt lediglich fest, dass eine Anlage dem Anwendungsbereich des TEHG unterfällt und mit ihr Treibhausgase freigesetzt werden dürfen. Bei immissionsschutzrechtlich genehmigten Anlagen hat der Anlagenbetreiber ein Wahlrecht, ob er daneben noch eine separate Emissionsgenehmigung beantragt (§ 4 Abs. 1, Abs. 4 Satz 2 TEHG). Die Emissionsberechtigungen werden grundsätzlich versteigert. Die Einzelheiten sind nunmehr unionsrechtlich durch die Verordnung (EU) Nr. 1031/2010 der Kommission vom 12.11.2010[3] geregelt (§ 8 TEHG). Daneben können dem Anlagenbetreiber auf Antrag kostenlose Emissionsberechtigungen nach Maßgabe der Richtlinie 2003/87/EG (s. Rz. 3) zugeteilt werden (§ 9 TEHG). Auch insoweit erfolgen die materiellen Zuteilungsregeln nunmehr auf unionsrechtlicher Ebene.

---

1 VG Berlin v. 10.2.2011 – 10 K 136.09, Rz. 22; v. 25.8.2010 – 10 K 116.09, Rz. 20.
2 Bejahend *Klinski*, in: Landmann/Rohmer, UmweltR, Band IV, § 10 TEHG Rz. 19; verneinend *Körner*, in: Körner/Vierhaus, § 10 TEHG Rz. 24 ff.
3 ABl. Nr. L 302, S. 1.

Für die laufende zweite Handelsperiode 2007–2012 finden die Änderungen nur eingeschränkt Anwendung. Gem. § 34 Abs. 1 TEHG gelten die Vorschriften des TEHG in der Fassung vom 8.7.2004 für Bestandsanlagen weiter. Entsprechendes gilt für Anlagen, die bis zum 31.12.2012 in Betrieb genommen werden. 218

# B. Kreislaufwirtschafts- und Abfallrecht

|  | Rz. |
|---|---|
| **I. Einleitung** | |
| 1. Entwicklung und heutige praktische Bedeutung des Kreislaufwirtschaftsrechts | 1 |
| 2. Kreislaufwirtschaftsrechtliche Regelungsebenen | 6 |
| a) Baseler Übereinkommen über die Verbringung gefährlicher Abfälle | 9 |
| b) Europarechtliche Regelungen | 10 |
| c) Bundesrechtliche Regelungen | 11 |
| d) Landesrechtliche Regelungen | 14 |
| e) Satzungsrechtliche Regelungen | 15 |
| **II. Abfallrecht als Stoffrecht** | 16 |
| 1. Der Abfallbegriff | 18 |
| a) Entledigungstatbestände | 19 |
| aa) Entledigung (§ 3 Abs. 2 KrWG) | 20 |
| bb) Entledigungswille (§ 3 Abs. 3 KrWG) | 24 |
| cc) Entledigen müssen (§ 3 Abs. 4 KrWG) | 30 |
| b) Ende der Abfalleigenschaft (§ 5 KrWG) | 34 |
| c) Abfälle zur Verwertung, Abfälle zur Beseitigung | 38 |
| d) Abgrenzung Abfall/Nebenprodukt (§ 4 KrWG) | 42 |
| 2. Weitere Begriffsbestimmungen | |
| a) Abfallerzeuger, Abfallbesitzer | 44 |
| b) Abfallentsorgung | 46 |
| c) Gefährliche Abfälle | 47 |
| d) Deponien, Stand der Technik | 48 |
| 3. Grundsätze und Pflichten des Abfallrechts | |
| a) Pflichtenhierarchie und Grundpflichten | 49 |
| aa) Abfallvermeidung | 50 |
| bb) Abfallverwertung | 52 |
| cc) Abfallbeseitigung | 63 |
| b) Spezielle Pflichten für Bioabfälle und Klärschlämme | 67 |
| c) Spezielle Pflichten der Anlagenbetreiber | 68 |
| 4. Abfallwirtschaftliche Bedeutung der Gewerbeabfallverordnung | 70 |
| 5. Überlassungspflichten, Entsorgungszuständigkeiten | 74 |
| a) Abfälle aus privaten Haushaltungen | 75 |
| b) Abfälle zur Beseitigung aus anderen Herkunftsbereichen | 78 |
| c) Abfälle zur Verwertung aus anderen Herkunftsbereichen | 86 |

|  | Rz. |
|---|---|
| d) Landesrechtliche Sonderregelungen: Andienungs- und Überlassungspflichten | 87 |
| e) Keine Überlassungspflicht bei anderweitiger privater Entsorgung (§ 17 Abs. 2 KrWG) | 89 |
| f) Entsorgungszuständigkeiten, Entsorgungspflichten | |
| aa) Pflichtenumfang der öffentlich-rechtlichen Entsorgungsträger | 94 |
| bb) Verlagerung von Entsorgungspflichten | 96 |
| cc) Überschreitung der öffentlich-rechtlichen Entsorgungszuständigkeit | 97 |
| g) Drittbeauftragung (§ 22 KrWG) | 101 |
| h) Einführung einer Wertstofftonne | 108 |
| 6. Stoffstromüberwachung im Inland | 111 |
| a) Allgemeine Überwachung (§ 47 KrWG) | 112 |
| b) Registerverfahren | 118 |
| c) Nachweisverfahren | 119 |
| 7. Grenzüberschreitende Abfallverbringung | |
| a) EG-Abfallverbringungsverordnung | 122 |
| b) Abfallverbringungsgesetz | 130 |
| **III. Ordnung und Planung der Abfallentsorgung** | |
| 1. Abfallwirtschaftsplanung (§§ 30f. KrWG) | 131 |
| a) Materielle Anforderungen an die Abfallwirtschaftsplanung | 134 |
| b) Rechtsschutz gegen Abfallwirtschaftspläne | 138 |
| 2. Anlagenzwang für Abfälle zur Beseitigung (§ 28 KrWG) | |
| a) Grundsatz der Abfallbeseitigung in dafür zugelassenen Anlagen | 141 |
| b) Ausnahmen vom Anlagenzwang | 142 |
| **IV. Verfahren zur Anlagenzulassung und Anlagenüberwachung** | 148 |
| 1. Reichweite der abfallrechtlichen Anlagenzulassung | 149 |
| 2. Zulassung von Anlagen zur Entsorgung von Abfällen | 158 |
| a) Verfahren | 159 |
| b) Materielle Genehmigungsvoraussetzungen | 164 |

|  | Rz. |  | Rz. |
|---|---|---|---|
| aa) Einhaltung der Grundpflichten | 165 | b) Standortgemeinde | 210 |
| bb) Einhaltung anderer öffentlich-rechtlicher Vorschriften | 172 | c) Betroffene Nachbarn, Grundstückseigentümer | 213 |
| c) Altanlagen | 175 | d) Bürgerinitiative | 215 |
| 3. Zulassung von Deponien | 176 | 5. Anlagenüberwachung | 216 |
| a) Bedeutung der Zulassung von Deponien | 177 | a) Im Betrieb befindliche Anlagen | 218 |
| b) Standortsuchverfahren | 178 | aa) Nachträgliche Anordnungen | 219 |
| c) Planfeststellungsverfahren mit UVP | 185 | bb) Sonstige Überwachung | 222 |
| d) Plangenehmigung | 189 | b) Stillgelegte Anlagen | 224 |
| e) Genehmigungsvoraussetzungen | 193 | c) Abgrenzung zu Altlasten | 230 |
| aa) Zulassungsvoraussetzungen des KrWG | 194 | V. Satzungsrechtliche Ausgestaltung der öffentlichen Entsorgung | 231 |
| bb) Anforderungen des sekundären Fachrechts | 201 | 1. Rechtliche Grundlagen | 232 |
| cc) Schranken der planerischen Gestaltungsfreiheit | 202 | 2. Anschluss- und Benutzungszwang | 233 |
| f) Sicherheitsleistung | 205 | 3. Regelung der Art und Weise der Entsorgung | 237 |
| g) Zulassung vorzeitigen Beginns | 206 | a) Anforderungen an die Getrennthaltung von Abfällen | 238 |
| 4. Unterschiedliche Konstellationen des anwaltlichen Mandats; taktische Fragen |  | b) Hol- und Bringsysteme, Ort und Zeit der Überlassung, Standorte für Sammelbehälter | 239 |
| a) Vorhabenträger | 207 | 4. Abfallgebühren | 243 |
|  |  | 5. Rechtsschutz | 246 |

**Literatur:**

*von Bechtolsheim*, Abfallgebühren, in: Lübbe-Wolff/Wegener (Hrsg.), Umweltschutz durch kommunales Satzungsrecht, 3. Aufl. 2002; *Beckmann*, Kommunale Abfallwirtschaft im Wettbewerb, AbfallR 2002, 11; *Beckmann*, Anforderungen der DepV und der AbfAblV für den Weiterbetrieb von Deponien, AbfallR 2003, 2; *Beckmann/Gesterkamp*, Sicherheitsleistungen für Abfallentsorgungsanlagen und Entsorgungsdienstleistungen, UPR 2003, 206; *Beckmann*, Abfallhierarchie und gesetzliche Überlassungspflichten im Arbeitsentwurf des Kreislaufwirtschaftsgesetzes; Erste Anmerkungen zum Arbeitsentwurf der Bundesregierung mit Stand vom 23.2.2010, AbfallR 2010, 54; *Beckmann*, in: Landmann/Rohmer, Umweltrecht, Stand 2010; *Beckmann*, Abstimmungspflichten der Verpackungsverordnung bei der Einführung einer kommunalen Wertstofftonne, UPR 2010, 321; *Begemann/Lustermann*, Neue Rechtsprechung des EuGH zur grenzüberschreitenden Abfallverbringung, NVwZ 2005, 283; *Bergs*, Neues Grenzwertkonzept für Klärschlämme, Bioabfälle und Wirtschaftsdünger, AbfallR 2003, 80; *Cosson*, Begrenzungen kommunaler wirtschaftlicher Betätigung im Bereich der Abfallwirtschaft, DVBl 1999, 891; *Dieckmann*, Verwertungspflicht, „Mindestrestmülltonne" und Europarecht, AbfallR 2002, 20; *Dieckmann*, Umsetzung der Gewerbeabfallordnung, AbfallR 2003, 15; *Dieckmann*, Rechtsschutz gegen unzulässige kommunale Aufgabenwahrnehmung, in: Frenz/Schink (Hrsg.), Die Abfallwirtschaft im normgeberischen Dauergriff, 2005, 95; *Dieckmann*, Die neue EG-Abfallverbringungsverordnung, ZUR 2006, 561; *Dieckmann*, Der Arbeitsentwurf für das neue Kreislaufwirtschaftsgesetz; AbfallR 2010, 65; *Dieckmann*, Entsorgungszuständigkeiten nach dem neuen Kreislaufwirtschaftsgesetz, AbfallR 2010, 301; *Diefenbach*, § 1 UWG als Schranke wirtschaftlicher Betätigung der Kommunen, WiVerw 2003, 99; *Dippel/Doerfert*, Abfallwirtschaftspläne und bestehende Entsorgungsstrukturen – ein Beitrag aus der Sicht privater Anlagenbetreiber, NVwZ 1998, 230; *Dippel*, Der Europäische Gerichtshof und die Abfallverbrennung – Die Entscheidungen des EuGH vom 13. Februar 2003 und ihre Folgen für die Entsorgungspraxis, PHi 2003, 172; *Dippel/Deifuß*, Umweltverträglichkeitsprüfung und Vorprüfung bei der Änderungsgenehmigung bestehender Anlagen, NVwZ 2004, 1153; *Dippel*, Entsorgung werthaltiger Abfallstoffe aus der kommunalen Sammlung über Kaufverträge, AbfallR 2005, 135; *Dippel*, Müllverbrennungsanlagen, in: Wirth (Hrsg.), Darmstädter

Baurechtshandbuch, Band 2 (Öffentliches Baurecht), 2. Aufl. 2005, S. 957 ff.; *Dippel*, Die Verfüllung von Tagebauen mit ungeeigneten Abfallstoffen – berg- und abfallrechtliche Bewertung und verfahrensrechtliche Konsequenzen, AbfallR 2010, 132; *Dippel*, Das gemeindliche Einvernehmen gem. § 36 BauGB in der jüngeren Rechtsprechung – alle Fragen schon geklärt?, NVwZ 2011, 769; *Dolde/Vetter*, Beseitigung und Verwertung nach dem Kreislaufwirtschafts- und Abfallgesetz, NVwZ 2000, 21; *Dolde/Vetter*, Verwertung und Beseitigung von Abfall nach dem Entwurf einer Abfallverwaltungsvorschrift des Bundes, NVwZ 2001, 1103; *Dolde/Vetter*, Der Referentenentwurf des Kreislaufwirtschaftsgesetzes aus kommunaler Sicht, AbfallR 2011, 22; *Enders*, Die öffentlich-rechtliche und zivilrechtliche Verantwortlichkeit des Abfallerzeugers, NVwZ 2005, 381; *Fluck* (Hrsg.), Kreislaufwirtschafts-, Abfall- und Bodenschutzrecht (Loseblatt-Kommentar), 97. EL, Stand April 2011; *Frenz/Kafka*, Vergaberechtliche Grenzen bei der Einbeziehung Privater in die Abfallentsorgung, GewArch 2000, 129; *Frenz*, Abfallwirtschaftsplanung und kommunale Selbstverwaltung – zur Möglichkeit und Reichweite der Festsetzung von Entsorgungsregionen –, UPR 2000, 339; *Frenz*, Kreislaufwirtschafts- und Abfallgesetz, 3. Aufl. 2002; *Frenz*, Nebenzwecke und Zwischenlagerungen im Abfallrecht – Zur Berücksichtigung auf die Zukunft lautender Handelsverträge –, UPR 2003, 281; *Frenz*, Produktlagerung, Verwertung und Beseitigung nach deutschem und europäischem Recht, WiVerw 2003, 1; *Friedrich*, EU erzwingt neues Kreislaufwirtschaftsgesetz – Kommunen und Privatentsorger streiten sich um Abfälle, ZRP 2011, 108; *Gesterkamp*, Die vergaberechtliche Relevanz öffentlich-rechtlicher Vereinbarungen im Rahmen kommunaler Kooperationen, AbfallR 2004, 250; *Giesberts/Posser*, Grundfragen des Abfallrechts, Stand 2001; *Giesberts/Reinhardt* (Hrsg.), BeckOK Umweltrecht, Stand April 2011; *Gruneberg*, Vergaberechtliche Relevanz von Vertragsänderungen und Vertragsverlängerungen in der Abfallwirtschaft, VergabeR 2005, 171; *Gruneberg/Wenzel*, Überlassungspflichten und Wertstofftonne – Der Entwurf des KrWG aus kommunalwirtschaftlicher Sicht, AbfallR 2010, 162; *Habel*, Das Elektro- und Elektronikgerätegesetz – ElektroG – Chancen für Wettbewerb und Wachstum?, AbfallR 2005, 117; *Hagmann*, Behördliche Kompetenzen bei grenzüberschreitender Abfallverbringung, UPR 2005, 133; *Hausmann/Mutschler-Siebert*, Nicht mehr als eine Klarstellung – interkommunale Kooperationen nach dem EuGH-Urteil zur Stadtreinigung Hamburg, VergabeR 2010, 427; *Hurst*, Reichweite der Überlassungspflichten für Abfälle zur Verwertung aus privaten Haushaltungen, AbfallR 2005, 146; *Jarass*, BImSchG, 8. Aufl. 2010; *Jarass/Petersen/Weidemann*, Kreislaufwirtschafts- und Abfallgesetz (Loseblatt-Kommentar), 27. EL, Stand August 2010; *Klett*, Deponieverordnung – ausgewählte Fragen zu deren Anwendung, AbfallR 2002, 23; *Kopp/Piroch*, Neuordnung des Kreislaufwirtschafts- und Immissionsschutzrechts, UPR 2010, 438; *Kotzea/Franz*, Der Rechtsschutz des beauftragten Entsorgers iSd § 16 KrW-/AbfG gegen für verbindlich erklärte Abfallwirtschaftsplaninhalte, UPR 2000, 5; *Kropp*, Die neue Verordnung über die Verbringung von Abfällen (VVA), AbfallR 2006, 150; *Kropp*, Neuabgrenzung von Verwertung und Beseitigung, AbfallR 2010, 193; *Kunig/Paetow/Versteyl*, Kreislaufwirtschafts- und Abfallgesetz, 2. Aufl. 2003; *von Lersner/Wendenburg*, Recht der Abfallbeseitigung (Loseblatt-Kommentar), Stand 2004; *Müller*, Kommunale Abfallwirtschaft und unlauterer Wettbewerb, DVBl 2002, 1014; *Ossenbühl*, Zur Kompetenz der Länder für ergänzende abfallrechtliche Regelungen, DVBl 1996, 19; *Pauly/Oexle*, Das neue Elektro- und Elektronikgerätegesetz, AbfallR 2005, 98; *Peters*, Wahrnehmung abfallrechtlicher Entsorgungsaufgaben durch Verbände, Einrichtungen und Dritte, UPR 1999, 17; *Petersen*, Neue Strukturen im Abfallrecht – Folgerungen aus der EuGH-Judikatur, NVwZ 2004, 34; *Pippke/Gnittke*, Abfallsatzung, in: Lübbe-Wolff/Wegener (Hrsg.), Umweltschutz durch kommunales Satzungsrecht, 3. Aufl. 2002; *Portz*, In-House-Geschäfte, Interkommunale Zusammenarbeit und Anwendung des Vergaberechts, AbfallR 2005, 120; *Prelle/Thärichen*, Die Anwendung der Gewerbeabfallverordnung bei der grenzüberschreitenden Abfallverbringung, AbfallR 2005, 76; *Quaas*, Sonderprobleme der Abfallgebühr, VBlBW 2000, 10; *Queitsch*, Die Novellierung des Kreislaufwirtschafts- und Abfallgesetzes – Zur Fortentwicklung des Referentenentwurfes des BMU zur Änderung des KrW-/AbfG (Stand 2.11.2010), AbfallR 2011, 30; *Reese*, Grundprobleme des europäischen Abfallrechts und Lösungsbeiträge der neuen Abfallrahmenrichtlinie, NVwZ 2009, 1073; *Reese*, Die Gewerbeabfallverordnung, in: Dokumentation zur Sondertagung der Gesellschaft für Umweltrecht e.V., 2003, 42; *Rüdiger*, Nachweisverordnung, 2009; *Schink*, Auswirkungen der Entscheidungen des EuGH vom 13. Februar 2003 auf das deutsche Abfallrecht, UPR 2003, 121; *Schlüter*, Abfallrecht, in: Bergmann/Kenntner (Hrsg.), Deutsches Verwaltungsrecht unter europäischem Einfluss, 2002, 657; *Stuttmann*, Der Rechtsbegriff Abfall, NVwZ 2006, 401; *Teufel*, Gewerbeabfallverordnung versus Rechtswirklichkeit, AbfallR 2004, 85; *Teufel/Kempkes*, Die Kommune als Wettbewerber im Entsorgungsmarkt, AbfallR 2005, 57; *Tomerius*, Gesetzgebungskompetenzen in der Kreislaufwirtschaft und Satzungsspielräume der Kommunen, NuR 1999, 621; *Unruh*, Die Zukunft der Andienungspflichten, ZUR 2000, 83; *Wagner*, Deponieverordnung, 2003; *Wenzel*, Überlassungspflichten und Wertstofftonne – Der Entwurf des KrWG aus kommunalwirtschaftlicher Sicht, AbfallR 2010, 162; *Wiesemann*, Auswirkungen von Privatisierungen auf kommunale Benutzungsgebühren, NVwZ 2005, 391; *Winter*, Die Steuerung grenzüberschreitender Abfallströme, DVBl 2000, 657.

## I. Einleitung

### 1. Entwicklung und heutige praktische Bedeutung des Kreislaufwirtschaftsrechts

Dieser Beitrag stellt das Kreislaufwirtschaftsrecht auf der Basis eines Regierungsentwurfs für ein neues „Kreislaufwirtschaftsgesetz" – KrWG – dar. Das Abfallrecht wird derzeit zur Umsetzung der Abfallrahmenrichtlinie[1] umfassend novelliert. Die nachfolgenden Erläuterungen basieren auf dem Gesetzesentwurf der Bundesregierung vom 30.3.2011 zum KrWG[2]. Nachträgliche Änderungen des Gesetzes gegenüber dem Regierungsentwurf sind naturgemäß möglich, konnten hier aber nicht mehr berücksichtigt werden. 1

Durch das KrWG sollen europarechtliche Vorgaben in nationales Recht umgesetzt werden, sowie die Kreislaufwirtschaft stärker am Ressourcen-, Klima- und Umweltschutz ausgerichtet werden[3]. Das seit Oktober 1996 geltende **Kreislaufwirtschafts- und Abfallgesetz** (KrW-/AbfG) wird mit dem Inkrafttreten des KrWG außer Kraft gesetzt. Jedoch wird das KrWG auch weiterhin wohl nur den vorläufigen Abschluss einer sich dynamischen Rechtsetzung im Bereich des Abfallrechts bilden, die auf bundesrechtlicher Ebene erst seit dem Jahre 1972 und auf europarechtlicher Ebene seit dem Jahre 1975[4] wahrnehmbar ist. Zuvor war das „Abfallrecht" in Deutschland nur in kommunalen Satzungen als Teil der Daseinsvorsorge geregelt, allerdings auch mit gefahrenabwehrrechtlichen Inhalten. Man sprach damals von „staubfreier Müllabfuhr". Deponien unterlagen noch keiner Zulassungspflicht und hatten als „städtische Müllplätze" im Allgemeinen nur eine auf den Betrieb bezogene Benutzungsordnung. 1972 trat das Abfallbeseitigungsgesetz als erste bundeseinheitliche Regelung in Kraft, die aber ebenfalls noch als Gefahrenabwehrrecht konzipiert war. Erst 1986 wurde daraus das „Gesetz über die Vermeidung und Entsorgung von Abfällen" (Abfallgesetz – AbfG), welches schon Regelungsansätze zur Stoffstromlenkung und damit abfallwirtschaftsrechtliche Inhalte aufwies[5]. Das seit 1996 geltende KrW-/AbfG beinhaltete neben **ordnungsrechtlichen** und **planungsrechtlichen** Komponenten auch eine **wirtschaftsrechtliche Komponente**. Durch die Regelung des grundsätzlich in privater Verantwortlichkeit befindlichen Bereichs der Abfallverwertung wurde in großem Umfang wirtschaftliches Geschehen geregelt. Die Einordnung dieser Bestandteile des Kreislaufwirtschaftsgesetzes in den Bereich des Wirtschaftsrechts liegt damit auf der Hand[6]. Diese Komponenten

---

1 Richtlinie 2008/98/EG des Europäischen Parlaments und des Rates vom 19.11.2008 über Abfälle und zur Aufhebung bestimmter Richtlinien, ABl. L 312/3.
2 Entwurf eines Gesetzes zur Neuordnung des Kreislaufwirtschafts- und Abfallrechts vom 30.3.2011, BT-Drs. 17/6052.
3 Vgl. Gesetzesentwurf der Bundesregierung vom 30.3.2011, 135.
4 Erlass der EG-Richtlinie 75/442/EWG über Abfälle (15.7.1975) und der EG-Richtlinie 75/439/EWG über die Altölbeseitigung (16.6.1975).
5 Zur Entwicklung des Abfallrechts vgl. *Kunig/Paetow/Versteyl*, KrW-/AbfG, Einl. Rz. 13 ff.; *Kloepfer*, Umweltrecht, § 20 Rz. 6 ff.
6 Vgl. z.B. *Weidemann*, NJW 1996, 2757 ff.; *Beckmann/Kersting*, BB 1997, 161 ff. („Von der öffentlichen Daseinsvorsorge zur privaten Kreislaufwirtschaft"); *Petersen*, NVwZ 1998, 1113 ff.

hat das KrWG beibehalten und noch weitergehend normiert. Jedoch ist der Aufbau und die Struktur des Gesetzes im Wesentlichen beibehalten worden.

2   Die wesentlichen **rechtlichen Veränderungen aufgrund des KrWG** sind folgende: Das KrWG präzisiert den Abfallbegriff, indem das Ende der Abfalleigenschaft (§ 5 KrWG) normiert sowie eine Abgrenzung zwischen **Abfall und Nebenprodukt** (§ 4 KrWG) vorgenommen wird. Die Legaldefinitionen sind an die europarechtlichen Vorgaben angepasst. Neu eingefügt wurde die Definition des Begriffs der Verwertung (§ 3 Abs. 23 KrWG). Jedoch wird der Begriff der Beseitigung weiterhin lediglich negativ zur Verwertung definiert. Diese Abgrenzung ist im weiteren Abfallrecht an vielen Stellen von Bedeutung. Der Bereich der Abfallverwertung liegt nach dem KrWG grundsätzlich in privater Hand. Zentrale Vorschrift für alle abfallwirtschaftlichen Maßnahmen ist die **fünfstufige Abfallhierarchie** gem. § 6 KrWG. Anders als die vorherige dreistufige Abfallhierarchie wird die Verwertung weiter ausdifferenziert. Hierdurch soll der Ressourcenschutz weiter gestärkt werden. Durch §§ 7f. KrWG wird die Abfallhierarchie für die Teilnehmer der Kreislaufwirtschaft verbindlich. Die erstmalige Legaldefinition des Begriffs der **gewerblichen Sammlung** soll zur Rechtssicherheit beitragen (§ 3 Abs. 18 KrWG). Die Zulässigkeit von gewerblichen Sammlungen wird erstmals in § 17 Abs. 3 KrWG definiert. Diese kann auch auf der Grundlage von vertraglichen Bindungen zwischen Sammler und der privaten Haushaltung in dauerhaften Strukturen erfolgen. In diesem Zusammenhang ist zu beachten, dass der Grundsatz der Überlassungspflicht für Abfälle aus privaten Haushaltungen an den öffentlich-rechtlichen Entsorgungsträger beibehalten wird (§ 17 Abs. 1 Satz 1 KrWG). Jedoch entfällt diese Überlassungspflicht u.a., wenn Abfälle durch eine gewerbliche Sammlung einer ordnungsgemäßen und schadlosen Verwertung zugeführt werden und öffentliche Interessen dieser Sammlung nicht entgegenstehen (§ 17 Abs. 2 Satz 1 Nr. 4 KrWG). Im Rahmen der Novellierung des Abfallrechts wurde erstmals normiert, wann öffentliche Interessen der gewerblichen Sammlung entgegenstehen (§ 17 Abs. 3 KrWG). Zudem werden gesetzliche Regelungen zu der Einführung einer einheitlichen **Wertstofftonne** eingefügt (§ 10 Abs. 1 Nr. 3 KrWG).

3   Die Einordnung einer Entsorgungsmaßnahme als **Abfallverwertung bzw. Abfallbeseitigung** hat für die Entsorgungszuständigkeit gravierende Bedeutung. Diejenigen Abfallmengen, die verwertet werden, stehen den öffentlich-rechtlichen Entsorgungsträgern zur Auslastung ihrer Anlagen nicht mehr zur Verfügung. Diese fürchten um die Auslastung ihrer Anlagen und weisen auf Gebührenerhöhungen infolge der Nichtauslastung hin. So kommt es also zu einem Wettbewerb um die Abfallmengen, bei dem sich – etwas vergröbert – folgende „Gefechtslage" abzeichnet: Auf der einen Seite steht die von der gesetzgeberischen Konzeption her eigentlich unerwünschte Abfallbeseitigung in den – lange Zeit nicht ausgelasteten – Beseitigungsanlagen der öffentlich-rechtlichen Entsorgungsträger. Auf der anderen Seite stehen private Entsorger mit ihren Angeboten „kreislaufgerechter Verwertungslösungen". Beide Seiten bemühen sich um dieselben Stoffe. Es ist die Rede von dem „**Kampf um den Müll**", der in bemerkenswertem Gegensatz zu dem steht, worüber noch vor dem Inkrafttreten des KrW-/AbfG geklagt wurde, nämlich über den sog. „Müllnotstand"[1]. Davon profitieren naturgemäß auch Anlagen in der Trägerschaft öffentlich-rechtlicher Entsorgungsträger. Sobald jedoch die Kapazitäten zur Vorbehandlung von Abfällen wieder größer sind als die Menge der zur Vorbehandlung anstehenden Abfälle, dürfte der gegenwärtig etwas gedämpfte „Kampf um den

---

1 Zu den unterschiedlichen Grundansätzen in der Diskussion vgl. aus der Literatur beim In-Kraft-Treten des KrW-/AbfG etwa *Schink*, NVwZ 1997, 435 ff., und *Queitsch*, UPR 1995, 412 ff., einerseits sowie *Weidemann*, GewArch 1997, 311 ff., und *Kahl*, DVBl 1995, 1327 ff., andererseits; diese unterschiedlichen Positionen prägen die Diskussion bis heute.

Müll" wieder heftiger werden[1]. Vor diesem Hintergrund verwundert es nicht, wenn um die grundlegende Abgrenzung zwischen Abfallverwertung und Abfallbeseitigung in vielen Fällen auch weiterhin Streit entbrennen dürfte, denn davon hängt im Allgemeinen ab, welchen Entsorgungsweg die Stoffe nehmen[2].

Die Praxis zeigt, dass das **Kreislaufwirtschaftsrecht auch „Interessenrecht"** ist. Das wirkt sich auch auf die anwaltliche Tätigkeit aus. In vielen Fällen sind den auf bestimmte Entsorgungsmaßnahmen bezogenen Mandaten, die dem Anwalt angetragen werden, die dahinterstehenden Interessen sehr schnell anzumerken. Zusätzlich zu den üblichen, bei dem In-Kraft-Treten eines neuen Gesetzes bestehenden rechtlichen Unwägbarkeiten hat es der Anwalt in diesen Konstellationen dann auch mit Behörden zu tun, deren Verhalten im Vollzug nicht selten über ministerielle Erlasse der Länder auch „politisch" geprägt ist[3].  4

↻ **Hinweis:** Wie in allen Bereichen des Umweltrechts zeichnet sich auch im Abfallrecht die anwaltliche Tätigkeit dadurch aus, dass der Anwalt in zahlreichen Fällen den **Kontakt mit Vertretern anderer Disziplinen** pflegen muss. Viele Rechtsfragen, die sich im Kreislaufwirtschaftsrecht stellen, sind ohne Mitwirkung von Vertretern anderer Disziplinen – z.B. als Gutachter – nicht zu lösen. Auch in den Behörden, Verbänden und sonstigen Stellen, mit denen der Anwalt im Kreislaufwirtschaftsrecht zu tun hat, arbeiten Juristen mit Naturwissenschaftlern, Ingenieuren und Vertretern anderer Fachdisziplinen ständig zusammen. Für den Anwalt bedeutet dies, dass er zahlreiche technische und naturwissenschaftliche Grundlagen dieses Rechtsgebiets zumindest in Grundzügen kennen muss, wenn er ein kreislaufwirtschaftsrechtliches Mandat sachgerecht führen will. Das gilt für alle Konstellationen des anwaltlichen Mandats im Kreislaufwirtschaftsrecht, also sowohl bei der Beratung und Vertretung von Abfallerzeugern und Abfallbesitzern als auch bei der Beratung und Vertretung von öffentlich-rechtlichen Entsorgungsträgern, Anlagenbetreibern bzw. Gegnern von Entsorgungsanlagen. Für den Anwalt hilfreich sind Zeitschriften und andere Publikationen, die sich z.T. in allgemein verständlicher Weise mit technischen und naturwissenschaftlichen Grundlagen des Abfallrechts befassen[4]. 5

## 2. Kreislaufwirtschaftsrechtliche Regelungsebenen

Die Rechtsentwicklung wird im Kreislaufwirtschaftsrecht auch weiterhin vom Europäischen Recht stark geprägt werden. Die Anzahl europäischer Rechtsnormen im Abfallrecht hat ein erhebliches Ausmaß erreicht[5]. Nahezu unüberschaubar ist inzwischen die Rechtsprechung des Europäischen Gerichtshofs in diesem Bereich[6]. 6

---

1 Vgl. den Bericht „Kapazitätslücken" zweier Autoren der Prognos AG im Entsorga-Magazin 11–12/2005, 20 ff.
2 Recht anschaulich sind dazu nach wie vor die Ausführungen von *Weidemann*, NJW 1996, 2757 ff.
3 Vgl. etwa zur Abgrenzung von thermischer Behandlung im Zuge der Abfallbeseitigung und energetischer Verwertung von Abfällen den aus rechtlicher Sicht eher „abenteuerlichen" Runderlass des MUNLV NW v. 8.5.2003 – IV-4–851/4–25431/8; vgl. dazu *Dippel*, PHi 2003, 172 ff. (174); *Schink*, UPR 2003, 121 ff.
4 S. etwa die Zeitschriften „Müll und Abfall" (MuA), „Wasser, Luft und Boden" (WLB), oder „ENTSORGA Magazin".
5 Vgl. die Aufzählung nur der wesentlichsten Rechtsakte der Gemeinschaft bei *Kloepfer*, Umweltrecht, § 20 Rz. 18.
6 Das wird deutlich, wenn man auf der Internetseite des EuGH (*www.curia.eu.int*) eine Entscheidungssuche mit dem Stichwort „Abfall" durchführt; instruktiv zur EuGH-Rechtsprechung im Abfallrecht *Schlüter*, Abfallrecht, in Bergmann/Kenntner (Hrsg.), Deutsches Verwaltungsrecht unter europäischem Einfluss, 2002, S. 657 ff. (dort insbes. Rz. 37 ff. m.w.N.).

Für Deutschland – wie für die anderen EG-Mitgliedstaaten – sind die **europarechtlichen Vorgaben** aus der Rechtssetzung und der Rechtsprechung in unterschiedlicher Weise verbindlich. Europäische Verordnungen (im Abfallrecht höchst bedeutsam ist die novellierte EG-Abfallverbringungsverordnung VO (EG) Nr. 1013/2006) gelten nach Art. 288 Abs. 2 AEUV unmittelbar in jedem Mitgliedstaat, sie bilden also unmittelbar die Grundlage des verwaltungsbehördlichen Handelns. Europäische Richtlinien geben die rechtliche Entwicklung dagegen „nur" mittelbar vor: Sie sind für die Mitgliedstaaten hinsichtlich des zu erreichenden Zieles verbindlich, überlassen den Mitgliedstaaten jedoch die Wahl der Form und der Mittel, wie sie dieses Ziel erreichen (Art. 288 Abs. 3 AEUV). Sie sind also innerhalb der in der jeweiligen Richtlinie genannten Umsetzungsfrist in nationales Recht umzusetzen (im Abfallrecht von besonderer Bedeutung ist die Abfallrahmenrichtlinie RL 2008/98/EG, die durch das KrWG umgesetzt werden soll).

7   Die Rechtsprechung des EuGH und des Gerichts erster Instanz (vgl. Art. 19 EUV, Art. 251 ff. AEUV) zur Konkretisierung der gemeinschaftsrechtlichen Regelungen ergeht zumeist im Rahmen von **Vertragsverletzungsverfahren** (Art. 258 AEUV) oder in **Vorabentscheidungsverfahren** (Art. 267 AEUV) auf entsprechende Vorlagen durch Gerichte der Mitgliedstaaten. Unbeschadet einer formalen Bindung an diese Entscheidungen, die im Wesentlichen auf die jeweiligen Beteiligten eingeschränkt ist, zwingt Art. 4 EUV zu einer Beachtung der gemeinschaftsrechtlichen Vorgaben, auch in ihrer Konkretisierung durch die Rechtsprechung der Europäischen Gerichtsbarkeit. Nach Art. 4 EUV treffen die Mitgliedstaaten alle Maßnahmen zur Erfüllung der ihnen aus den europarechtlichen Verträgen oder aus Handlungen der Organe der Gemeinschaft resultierenden Verpflichtungen und unterlassen alles, was die Verwirklichung der Ziele des AEUV gefährden könnte (sog. „**effet utile**"). Diese Verpflichtung trifft die Mitgliedstaaten gleichermaßen im Bereich der Rechtsetzung, des Verwaltungsvollzugs und der nationalen Gerichtsbarkeit[1]. Die Kenntnis des einschlägigen Europarechts ist deshalb für die Wahrnehmung des kreislaufwirtschaftsrechtlichen Mandats unerlässlich. Für den im Kreislaufwirtschaftsrecht tätigen Anwalt heißt dies, dass er sich – sei es im konkreten Fall oder innerhalb seiner eigenen Fortbildung – stets auch mit den europarechtlichen Hintergründen und Rahmenbedingungen für das deutsche Kreislaufwirtschaftsrecht befassen muss.

8   Normative Regelungen, die für die anwaltliche Arbeit im Kreislaufwirtschaftsrecht von Bedeutung sind, finden sich auf **fünf Regelungsebenen**:

### a) Baseler Übereinkommen über die Verbringung gefährlicher Abfälle

9   Mit der grenzüberschreitenden Verbringung gefährlicher Abfälle und ihrer Entsorgung befasst sich das **Baseler Übereinkommen** vom 22.3.1989. Der Umsetzung dieses Übereinkommens dient auf europäischer Ebene die Abfallverbringungsverordnung (VO (EG) Nr. 1013/2006)[2], die 2006 umfassend novelliert wurde. Anders als im Baseler Übereinkommen wird im Rahmen der AbfVerbrVO die Verbringung aller Abfälle, nicht nur der gefährlichen Abfälle geregelt. Ziel der AbfVerbrVO ist es, eine ordnungsgemäße Abfallverbringung sowie umwelt- und gesundheitsverträgliche Verwertung und Beseitigung durch ein strenges Kontroll- und Verbotesystem sicherzustellen. Die Verbringung von Abfällen unterliegt einem grundsätzlichen **Verbot mit Erlaubnisvorbehalt**. Die Verbringung von Abfällen zur Beseitigung und von Abfällen zur Verwertung unterliegt größtenteils einem einheitlichen Verfahren. Im Rahmen der Notifizierung wird jedoch weiterhin zwischen Verwertung

---

1 Vgl. *Kahl*, in *Calliess/Ruffert* (Hrsg.), Kommentar zu EUV/AEUV, 3. Aufl., Art. 4 EUV Rz. 54 ff.; *Jarass/Beljin*, NVwZ 2004, 1 ff. (6 ff.), jeweils m.w.N.
2 Verordnung (EG) Nr. 1013/2006, Abl. EG Nr. L 190, S. 1.

## I. Einleitung

und Beseitigung differenziert, um so dem Vorrang der Abfallverwertung Rechnung zu tragen. Die **Notifizierung** leitet das Verwaltungsverfahren ein, das mit einer behördlichen Zustimmung oder Versagung abschließt[1]. In Deutschland wird das Baseler Abkommen mit dem Gesetz zur Ausführung der VO (EG) Nr. 1013/2006 [...] über die Verbringung von Abfällen und des Baseler Übereinkommens [...] vom 22.3.1989 über die Kontrolle der grenzüberschreitenden Verbringung gefährlicher Abfälle und ihrer Entsorgung (AbfVerbrG)[2] umgesetzt. Zu beachten ist, dass die Beseitigung im Inland bzw. in einem Mitgliedstaat der Europäischen Union Vorrang gegenüber der Beseitigung im Ausland hat (§ 2 Abs. 1 AbfVerbrG). Durch das novellierte AbfVerbrG wurden die Regelungen an die AbfVerbrVO angepasst.

### b) Europarechtliche Regelungen

Auf **europarechtlicher Ebene** finden sich zahlreiche Regelungen, die für die Rechtsanwendung des Kreislaufwirtschaftrechts und damit auch für die anwaltliche Tätigkeit in diesem Bereich von ganz wesentlicher Bedeutung sind. Zu nennen sind hier vor allem die novellierte **Verordnung über die Verbringung von Abfällen** des Parlamentes und Rates (Nr. 1013/2006) vom 14.6.2006, die als europäische Verordnung keiner Umsetzung in den Mitgliedstaaten bedarf. Eine weitere bedeutende europäische Regelung ist die auch für gefährliche Abfälle geltende Richtlinie über Abfälle und zur Aufhebung bestimmter Richtlinien (sog. „Abfallrahmenrichtlinie") 2008/98/EG vom 19.11.2008. Die Regelungen der Abfallrahmenrichtlinie sind maßgeblicher Bestandteil des Regierungsentwurfs für das Gesetz zur Novellierung des Kreislaufwirtschafts- und Abfallrechts und haben somit entscheidenden Einfluss auf das nationale Abfallrecht. Außerdem gibt es zahlreiche das nationale Abfallrecht prägende **Richtlinien** des Rates der EG. Die im Hinblick auf ihre praktische Bedeutung derzeit wohl wichtigsten Richtlinien für Entsorgungsanlagen bzw. bestimmte Abfallstoffe sind: 10

- die Richtlinie 1999/31/EG über Abfalldeponien vom 26.4.1999,
- die Richtlinie 2000/76/EG über die Verbrennung von Abfällen vom 4.12.2000 oder
- die Richtlinie über Elektro- und Elektronik-Altgeräte vom 27.1.2003.

Die Bedeutung der europarechtlichen Regelungen im Kreislaufwirtschaftsrecht nimmt weiter zu[3].

### c) Bundesrechtliche Regelungen

Die wichtigste Rechtsquelle auf **bundesrechtlicher Ebene** ist das Gesetz zur Förderung der Kreislaufwirtschaft und Sicherung der umweltverträglichen Beseitigung von Abfällen (Kreislaufwirtschaftsgesetz, KrWG). Es stützt sich auf die konkurrierende Gesetzgebungskompetenz des Bundes gem. Art. 74 Abs. 1 Nr. 11, 24 GG sowie auf die Rahmengesetzgebungskompetenz gem. Art. 75 Abs. 1 Nr. 4 GG. Die Länder haben deshalb ein Normsetzungsrecht nur noch insoweit, als der Bund 11

---

1 Näher zur AbfVerbrVO siehe *Kropp*, AbfallR 2006, 150 ff.
2 Gesetz zur Ausführung der Verordnung (EG) Nr. 1013/2006 des Europäischen Parlaments und des Rates vom 14. Juni 2006 über die Verbringung von Abfällen 1) und des Basler Übereinkommens vom 22. März 1989 über die Kontrolle der grenzüberschreitenden Verbringung gefährlicher Abfälle und ihrer Entsorgung 2) vom 19.7.2007, BGBl. I 2007, 1462.
3 Vgl. *Kloepfer*, Umweltrecht, § 20 Rz. 18; ausführlich zum europäischen Abfallrecht *Jarass/Petersen/Weidemann*, KrW-/AbfG Kommentar, Einf. Rz. 229 ff.; zur Bedeutung des europäischen Abfallrechts vgl. aus strafrechtlicher Sicht BayObLG v. 22.2.2000 – 4 St RR 7/2000, UPR 2000, 277 f.

von seinem Gesetzgebungsrecht mit dem KrWG noch keinen Gebrauch gemacht hat (Art. 72 GG)[1].

12 Noch auf Grundlage der vor dem KrWG geltenden Bestimmungen sind eine Reihe von **Rechtsverordnungen** erlassen worden. Folgende seien hier beispielhaft genannt:

- Verordnung über das Europäische Abfallverzeichnis (AVV)[2] – diese Verordnung definiert zugleich in ihrem § 3, welche Abfälle gefährlich sind,
- Verordnung über Verwertungs- und Beseitigungsnachweise (NachwV)[3],
- Verordnung zur Transportgenehmigung[4],
- Verordnung über Entsorgungsfachbetriebe (EfbV)[5],
- Verordnung über die umweltverträgliche Ablagerung von Siedlungsabfällen (AbfAblV)[6],
- Verordnung über Deponien und Langzeitlager (DepV)[7],
- Verordnung über den Versatz von Abfällen unter Tage (VersatzV)[8],
- Altölverordnung[9],
- Verordnung über die Überlassung, Rücknahme und umweltverträgliche Entsorgung von Altfahrzeugen (AltfahrzeugV)[10],
- Verordnung über die Rücknahme und Entsorgung gebrauchter Batterien und Akkumulatoren (BattV)[11],
- Verordnung über die Vermeidung von Verpackungsabfällen (VerpackV)[12],
- Verordnung über die Verwertung von Bioabfällen (BioAbfV)[13],
- Verordnung über Anforderungen an die Verwertung und Beseitigung von Altholz (AltholzV)[14],
- Verordnung über die Entsorgung von gewerblichen Siedlungsabfällen und von bestimmten Bau- und Abbruchabfällen (GewAbfV)[15],

---

1 Vgl. BVerfG v. 7.5.1998 – 2 BvR 1876/91, DVBl 1998, 702 ff. (Landesabfallabgabengesetze) und v. 7.5.1998 – 2 BvR 1991, 2004/95, DVBl 1998, 705 ff. (kommunale Verpackungssteuer) und BVerfG v. 29.3.2000 – 2 BvL 3/96, UPR 2000, 304 ff. (Lizenzmodell NW); dazu auch *Wulfhorst*, Die Konkretisierung des KrW-/AbfG – eine Aufgabe für den Landesgesetzgeber?, NVwZ 1997, 975 ff.
2 BGBl. I 2001, 3379 ff.
3 BGBl. I 2006, 2298, zuletzt geändert durch das KrWG (Gesetzesentwurf vom 30.3.2011).
4 BGBl. I 1996, 1411, zuletzt geändert durch Gesetz vom 19.7.2007, BGBl. I 2007, 1462.
5 BGBl. I 1996, 1421, zuletzt geändert durch das KrWG (Gesetzesentwurf vom 30.3.2011).
6 BGBl. I 2001, 305 ff., zuletzt geändert durch VO vom 13.12.2006, BGBl. I 2006, 2860.
7 BGBl. I 2002, 2807 ff., zuletzt geändert durch das KrWG (Gesetzesentwurf vom 30.3.2011).
8 BGBl. I 2002, 2833 ff., zuletzt geändert durch das KrWG (Gesetzesentwurf vom 30.3.2011).
9 BGBl. I 2002, 1368 ff., zuletzt geändert durch VO vom 20.10.2006, BGBl. I 2006, 2298.
10 BGBl. I 2002, 2214 ff., zuletzt geändert durch das KrWG (Gesetzesentwurf vom 30.3.2011).
11 BGBl. I 2001, 1486 ff., zuletzt geändert durch Gesetz vom 9.9.2001, BGBl. I 2001, 2331 f.
12 BGBl. I 1998, 2379 ff., zuletzt geändert durch das KrWG (Gesetzesentwurf vom 30.3.2011).
13 BGBl. I 1998, 2955 ff., zuletzt geändert durch das KrWG (Gesetzesentwurf vom 30.3.2011).
14 BGBl. I 2002, 3302 ff., zuletzt geändert durch das KrWG (Gesetzesentwurf vom 30.3.2011).
15 BGBl. I 2002, 1938 ff., zuletzt geändert durch Gesetz vom 9.11.2010, BGBl. I 2010, 1504.

I. Einleitung

– Verordnung über Betriebsbeauftragte für Abfall[1] und
– Klärschlammverordnung (AbfKlärV)[2].

Die bundesrechtlichen Rechtsverordnungen konkretisieren in ihrem Regelungsgegenstand solche Bereiche des Bundesrechts, die das KrWG wie bereits zuvor das KrW-/AbfG nur ansatzweise geregelt hat. Hat der im Kreislaufwirtschaftsrecht tätige Anwalt ein Mandat mit Bezug zu dem Regelungsgegenstand einer der genannten Verordnungen zu führen (z.B. im Bereich der Altautoentsorgung), muss er sich mit dem Inhalt der jeweiligen Verordnung vertieft befassen. Einzelheiten zum jeweiligen Teilbereich des Abfallrechts sind dann der jeweiligen Verordnung zu entnehmen. Die Darstellung der Verordnungen im Einzelnen würde den hier zur Verfügung stehenden Rahmen sprengen.

### d) Landesrechtliche Regelungen

Zur Ausfüllung des Bundesrechts haben die Länder, soweit die konkurrierende Gesetzgebung das zulässt, **Landesabfallgesetze** erlassen. Diese Landesgesetze müssen, soweit das noch nicht geschehen ist, an den neuen bundesrechtlichen Rahmen des KrWG angepasst werden. Schwierig wird das dadurch, dass das KrWG als „Kompromissgesetz" viele im Gesetzgebungsverfahren streitige Fragen durch Kompromissformeln überdeckt, deren Auslegung in der Praxis Schwierigkeiten bereitet. Somit bleibt abzuwarten, in wie weit die Länder die offen gebliebenen Streitfragen klären werden. Schon in der Vergangenheit haben die Länder die bundesrechtlichen Regelungen ergänzt bzw. konkretisiert. Es waren Tendenzen zu beobachten, die ganz offensichtlich darauf abzielen, vermeintlich verfehlte bundesgesetzliche Regelungen für das jeweilige Bundesland zu „korrigieren"[3]. Die Frage, ob und inwieweit in diesen Bereichen landesrechtliche Regelungen zulässig sind, ist im Einzelnen höchst umstritten. Für den Anwalt, der mit diesen Dingen zu tun hat, bleibt deshalb nach wie vor die landesrechtliche Entwicklung aufmerksam zu beobachten.

### e) Satzungsrechtliche Regelungen

Die öffentlich-rechtlichen Entsorgungsträger (früher: entsorgungspflichtige Körperschaften) werden durch Landesrecht bestimmt. Dies sind im Allgemeinen die Kommunen oder kommunale Zweckverbände. Sie haben auf **kommunaler Regelungsebene** zur Regelung der Abfallentsorgung in ihrem Bereich **Abfallsatzungen** und Gebührensatzungen erlassen. Die Kommunen regeln darin die Einzelheiten der Inanspruchnahme der öffentlichen Abfallentsorgung sowohl in „technischer" als auch in gebührenrechtlicher Hinsicht. Auch die kommunalen Regelungen können in vielen anwaltlichen Mandaten von Bedeutung sein, in denen es z.B. um die Ausgestaltung des öffentlich-rechtlichen Benutzungsverhältnisses über die „öffentliche Einrichtung Abfallentsorgung" oder um die Durchsetzung des Anschluss- und Benutzungszwangs geht[4].

---

1 BGBl. I 1977, 1913.
2 BGBl. I 1992, 912, geändert durch VO vom 9.11.2010, BGBl. I 2010, 1504.
3 Vgl. *Schink*, Erwartungen an die Abfallwirtschaftspolitik der Landesregierung und die Novelle des Landesabfallgesetzes, StGR 1996, 102; *Wulfhorst*, NVwZ 1997, 975 ff.
4 Vgl. *Pippke/Gnittke*, Abfallsatzung, in Lübbe-Wolff/Wegener (Hrsg.), Umweltschutz durch kommunales Satzungsrecht, s. zum kommunalen Abfall-Satzungsrecht unten Rz. 231 ff.

## II. Abfallrecht als Stoffrecht

16 Der Bereich des KrWG, der sich auf die **Einordnung von Stoffen als Abfälle** und die Regelung der Verantwortlichkeit für deren Entsorgung bezieht, bringt gegenüber dem alten KrW-/AbfG weitreichende Änderungen mit sich. Über den neuen Abfallbegriff (§ 3 Abs. 1 KrWG) können neben beweglichen Sachen nun auch unbewegliche Sachen grundsätzlich Abfall sein; verunreinigte Böden werden vom Anwendungsbereich des KrWG aber durch § 2 Abs. 2 Nr. 10 KrWG wieder ausgenommen. Die Einordnung als Abfall besagt aber für sich allein noch nichts darüber, was mit diesen Stoffen geschehen darf bzw. geschehen muss und wer dafür verantwortlich ist. Dafür gibt es vielmehr eine weitere entscheidende Weichenstellung, nämlich die Einordnung als Abfall zur Verwertung oder Abfall zur Beseitigung (§ 3 Abs. 1 Satz 2 KrWG). Durch die Regelung zur Abgrenzung zwischen Nebenprodukt und Abfall (§ 4 KrWG) und zum Ende der Abfalleigenschaft (§ 5 KrWG) wurde im Gegensatz zur alten Rechtslage Klarheit geschaffen. Die Abgrenzungen zwischen **Abfällen und Nicht-Abfällen** (Produkte, Nebenprodukte bzw. Primärrohstoffe) einerseits und zwischen **Abfällen zur Verwertung und Abfällen zur Beseitigung** andererseits sind die entscheidenden Fragen von wirtschaftlicher Bedeutung, mit denen sich der Anwalt in kreislaufwirtschaftsrechtlichen Mandaten immer wieder befassen muss. Ihre Beantwortung entscheidet darüber, ob ein Stoff dem Abfallrecht unterliegt und in wessen Verantwortung die Entsorgung liegt.

17 **Hinweis:** Der Anwalt hat häufig in einem auf die Steuerung von Abfallströmen bzw. auf bestimmte Entsorgungsmaßnahmen bezogenen Mandat zu Beginn gedanklich zunächst folgende Fragen zu prüfen:

– Handelt es sich bei dem Stoff, um den es geht, um Abfall (d.h. nicht um ein Produkt, Nebenprodukt oder einen Primärrohstoff)? Davon hängt die Anwendbarkeit des Abfallrechts ab.

– Wenn der Stoff ein Abfall ist, ist er Abfall zur Verwertung oder Abfall zur Beseitigung? Davon hängt im Allgemeinen die Entsorgungsverantwortlichkeit und der Eintritt anderer abfallrechtlicher Rahmenbedingungen ab.

Mit der Beantwortung dieser Fragen werden also die grundlegenden Weichen für die weitere Mandatswahrnehmung gestellt.

### 1. Der Abfallbegriff

18 Nach § 3 Abs. 1 Satz 1 KrWG sind **Abfälle** alle Stoffe oder Gegenstände, deren sich ihr Besitzer entledigt, entledigen will oder entledigen muss. Durch die Novellierung des Abfallrechts erstreckt sich der Abfallbegriff nun **auch auf unbewegliche Sachen**. Somit wurde der AbfRRl Rechnung getragen. Zu beachten ist bei der Anwendbarkeit des KrWG jedoch, dass der Anwendungsbereichs des KrWG gem. § 2 Abs. 1 Nr. 10 KrWG in soweit eingeschränkt ist, als dass Böden am Ursprungsort (Böden in situ), einschließlich nicht ausgehobener, kontaminierter Böden und Bauwerken, die dauerhaft mit dem Grund und Boden verbunden sind, nicht unter den Geltungsbereich fallen. Somit wird – auch wenn unbewegliche Sachen grundsätzlich als Abfall qualifiziert werden können – der Anwendungsbereich des KrWG auf diese erheblich eingeschränkt. Durch diesen Anwendungsausschluss wird eine Korrektur des Gesetzgebers dahingehend vorgenommen, dass das KrWG – wie schon das KrW-/AbfG – **faktisch lediglich auf bewegliche Sachen** Anwendung findet[1]. Ob § 2 Abs. 10 KrWG diese Zielsetzung erfüllen kann, ist vor allem im Hinblick auf § 94 BGB fraglich[2]. Des Weiteren unterliegen die weiteren in der Negativliste

---
1 Vgl. Gesetzesentwurf der Bundesregierung vom 30.3.2011, zu § 2 Abs. 10, 167.
2 Ausführlich hierzu siehe *Kopp/Piroch*, UPR 2010, 438 f.; *Dieckmann*, AbfallR 2010, 65.

## II. Abfallrecht als Stoffrecht

gem. § 2 Abs. 2 KrWG normierten Bereichsausnahmen nicht dem Geltungsbereich des KrWG (unter anderem Tierkörper, radioaktive Stoffe i.S.d. Atomgesetzes, gasförmige Stoffe, ungefasstes Wasser, Abwasser oder Kampfmittel).

### a) Entledigungstatbestände

Für die Einordnung als Abfall nach § 3 Abs. 1 Satz 1 KrWG kommt es allein auf die Erfüllung eines der **drei Merkmale der sog. „Entledigungstrias"** an: Es muss sich um einen Stoff oder Gegenstand handeln, dessen sich sein Besitzer entledigt, entledigen will oder entledigen muss. Diese Entledigungstatbestände werden in § 3 Abs. 2 (Entledigung), § 3 Abs. 3 (Entledigungswillen) und § 3 Abs. 4 (Entledigenmüssen) KrWG näher definiert. Der späteste Zeitpunkt für Anfall von Abfällen ist anzunehmen, wenn Sachen einer Verwertung oder Beseitigung zugeführt werden (§ 3 Abs. 2 KrWG). Es kann aber auch ein früherer Zeitpunkt nach den Regelungen von § 3 Abs. 3 und 4 KrWG maßgeblich sein[1].

### aa) Entledigung (§ 3 Abs. 2 KrWG)

§ 3 Abs. 2 KrWG definiert die **Entledigung als Zuführen zur Verwertung** i.S.d. Anlage 2 **oder zu einer Beseitigung** i.S.d. Anlage 1 **oder als Aufgabe der tatsächlichen Sachherrschaft** unter Wegfall jeder weiteren Zweckbestimmung. Die erste Alternative – Zuführung zu einem Verwertungs- oder Beseitigungsvorgang – meint den tatsächlichen Beginn eines solchen Vorgangs, nicht etwa den gesamten Vorgang der Verwertung oder Beseitigung[2]. Die zweite Alternative – die Sachherrschaftsaufgabe unter Wegfall jeder weiteren Zweckbestimmung – meint den Fall, dass der Abfallbesitzer den Stoff nicht selbst einem solchen Vorgang „zuführt", sondern nur seine Sachherrschaft aufgibt. Praktische Bedeutung dürfte Letzteres nicht haben, denn dann läge ohnehin ein Fall vor, in dem sich der Abfallbesitzer einer Sache „entledigen will" (§ 3 Abs. 3 KrWG)[3]. **Abgrenzungsprobleme** treten hier auf zwischen der nicht dem Abfallrecht unterliegenden **Nutzung** einer Sache und ihrer **Verwertung** als Abfall. Diese Abgrenzung lässt sich praxisgerecht kaum anhand der in Anlage 2 des KrWG aufgeführten Verfahrensarten durchführen, denn diese Aufzählung ist sehr allgemein gehalten. Erschwert wird die Abgrenzung noch dadurch, dass in Anlage 2 viele Verfahren aufgeführt sind, die je nach Einsatzstoff einmal als nicht dem Abfallrecht unterliegende Nutzung einer beweglichen Sache oder als dem Abfallrecht unterliegende Nutzung eines Abfalles angesehen werden können[4]. Dies folgt auch daraus, dass § 3 Abs. 2 KrWG als Vermutungsregelung ausgestaltet ist. Folglich ist sie nicht als abschließend anzusehen und kann widerlegt werden[5].

> **Hinweis:** Als Faustregel lässt sich für die Abgrenzung zwischen der Nutzung einer Sache „als Produkt" und ihrer Verwertung als Abfall festhalten, dass die Verwertung ein Vorgang ist, bei dem eine Sache zu einem Zweck genutzt wird, zu dem sie nicht gezielt hergestellt worden ist, oder die erneute Nutzung zum alten Zweck, nachdem die Sache zuvor entwidmet wurde (und somit zuvor Abfall geworden ist)[6].

---

1 Vgl. VGH München v. 30.11.1999 – 20 B 99.1068, ZUR 2000, 211 Rz. 19.
2 *Frenz*, § 3 KrW-/AbfG Rz. 18; *Kunig/Paetow/Versteyl*, § 3 KrW-/AbfG Rz. 30; *Fluck* (Hrsg.), § 3 KrW-/AbfG Rz. 123; *Kunig*, NVwZ 1997, 209 (212).
3 *Kunig*, NVwZ 1997, 212.
4 Vgl. *Fluck* (Hrsg.), § 3 KrW-/AbfG Rz. 127; s. auch *Kunig/Paetow/Versteyl*, § 3 KrW-/AbfG Rz. 29; ausführlich *Frenz*, NuR 1999, 301 ff. (302).
5 Vgl. Gesetzesentwurf der Bundesregierung vom 30.3.2011, zu § 3 Abs. 1, S. 169.
6 Zur Abgrenzung zwischen der Verwendung eines Stoffes als Produkt und seiner Verwertung als Abfall vgl. ausführlich *Frenz*, WiVerw 2003, 1 ff. am Beispiel von aufbereitetem REA-Gips aus der Rauchgasentschwefelung von Kraftwerken.

22 Ist eine Sache jedoch gezielt hergestellt, ist sie Nicht-Abfall. Was „gezielt" ist, bestimmt sich nach dem durch eine Anlage determinierten Verfahrensablauf unter Berücksichtigung der Verkehrsanschauung. Schwierig wird es dort, wo in einer Anlage mehrere Zwecke verfolgt werden, also ein Produktionszweck einerseits und ein Verwertungszweck für einen Abfall andererseits. Unter Berücksichtigung der Verkehrsanschauung muss hier im Rahmen einer Gesamtwürdigung der Zweck (Produktnutzung oder Abfallverwertung) je nach dem Einsatzstoff bestimmt werden. Zu der Abgrenzung zwischen Nebenprodukt und Abfall siehe die Erläuterungen unter II.1.d, Rz. 42 ff.

**Beispiele anhand vergleichbarer technischer Vorgänge:**

23 Keine Entledigung, sondern Nutzung als Produkt bzw. Primärrohstoff:
- Einsatz von Erz als Primärrohstoff bei der Verhüttung,
- Einsatz von Rohöl bei der Raffination[1],
- Einsatz von Kohlenstaub beim Brennen von Zementklinker,
- Einsatz von Lösemitteldestillat aus der Lackherstellung als Brennstoff in dafür zugelassenen Feuerungsanlagen[2].

Entledigung:
- Einsatz von Schrott bei der Verhüttung,
- Einsatz von Altöl oder
- Einsatz von Altreifen oder Altkunststoffen beim Brennen von Zementklinker.

**bb) Entledigungswille (§ 3 Abs. 3 KrWG)**

24 Nach § 3 Abs. 3 KrWG ist ein **Entledigungswille** hinsichtlich solcher Stoffe oder Gegenstände anzunehmen,
- die bei bestimmten Handlungen anfallen, ohne dass der Zweck der Handlung auf den Anfall der Sache gerichtet ist („Produktionsabfälle") oder
- deren ursprüngliche Zweckbestimmung entfällt oder aufgegeben wird, ohne dass ein neuer Verwendungszweck unmittelbar an deren Stelle tritt („Produktabfälle")[3].

§ 3 Abs. 3 KrWG fingiert in seinem Anwendungsbereich also einen Entledigungswillen oder erklärt einen entgegenstehenden Willen für unbeachtlich, wenn er sich nicht mit der Verkehrsanschauung deckt. Nach dem Gesetz ist für die **Beurteilung der Zweckbestimmung die Auffassung des Erzeugers oder Besitzers der Sache maßgeblich**, wobei auch die **Verkehrsanschauung** zugrunde zu legen ist. Der Gesetzeswortlaut geht aber ersichtlich davon aus, dass es in erster Linie auf die Auffassung des Abfallerzeugers oder Abfallbesitzers ankommt. Die Verkehrsanschauung ist nach dem Gesetzeswortlaut lediglich als Korrektiv zu berücksichtigen, um missbräuchlichen Gestaltungen entgegenzuwirken[4]. In diesem Zusammenhang ist auf die notwendige Abgrenzung zwischen Nebenprodukt und Abfall hinzuweisen, die neu in § 4 KrWG eingefügt worden ist. Näheres hierzu siehe unter II.1.d, Rz. 42 ff.

---
1 Beispiele u.a. genannt bei *Fluck* (Hrsg.), § 3 KrW-/AbfG Rz. 126.
2 OVG Münster v. 17.8.2005 – 8 A 1598/04, UPR 2006, 77 ff. = AbfallR 2005, 274 (Ls.).
3 Begriffe von *Kloepfer*, Umweltrecht, § 20 Rz. 62; *Stuttmann*, NVwZ 2006, 401 (404).
4 Allgemeine Ansicht, vgl. OVG Münster v. 17.8.2005 – 8 A 1598/04, UPR 2006, 77 ff., Ziff. II.1. der Entscheidungsgründe (betr. Lösemitteldestillat aus der Produktion von Lacken: kein Abfall); VG Düsseldorf v. 9.1.2009 – 17 K 2461/08, juris-Rz. 34; *Kloepfer*, Umweltrecht, § 20 Rz. 62; *Kunig/Paetow/Versteyl*, § 3 KrW-/AbfG Rz. 35; *v. Lersner/Wendenburg*, § 3 KrW-/AbfG Rz. 22 f.; *Fluck* (Hrsg.), § 3 KrW-/AbfG Rz. 143; kritisch dazu allerdings *Queitsch*, UPR 1995, 412 (413), der stärker auf die Verkehrsanschauung abheben will. Vgl. ausführlich auch *Stuttmann*, NVwZ 2006, 401 (404).

## II. Abfallrecht als Stoffrecht

**Beispiele für Sachen, die über § 3 Abs. 3 KrW-/AbfG als Abfälle anzusehen sind:** 25
- Aus dem Dienstleistungsbereich etwa Straßenkehricht, „Arbeitsspuren" von Handwerkerleistungen wie Kleinteile, Späne oder Mörtelreste, abgeschnittene Haare beim Friseur[1],
- Aus dem gewerblichen bzw. industriellen Bereich z.B. Ausschuss aus der Produktion oder Gießereialtsande als ein Beispiel typischer „Industriereststoffe".

**Beispiele für Nebenprodukte gem. § 4 KrWG (Vor-, Co-, Koppel- und Zwischenprodukte), die danach keine Abfälle sind:**
- Hochprozentiger, ohne weitere Bearbeitung einsetzbarer normengerechter Gips aus Rauchgasreinigungsanlagen als Ergebnis von Umweltschutzmaßnahmen[2],
- Melasse und Carbonatationskalk aus der Zuckerherstellung,
- Bei der Druckfarbenherstellung im Produktionsprozess zurückgewonnenes Lösemittel, welches im Produktionsprozess wieder eingesetzt werden kann[3],
- Lösemitteldestillat aus der Herstellung von Wasserklarlacken, welches im betriebseigenen Kraftwerk sodann als Brennstoff eingesetzt wird[4].

↻ **Hinweis:** Die Abgrenzung zwischen Produkten und Abfällen im Zuge der Anwendung des § 3 Abs. 3 KrWG ist im Einzelfall besonders schwierig, wirtschaftlich aber von besonderer Bedeutung. Vor allem in der Produktion gibt es vielfach auch unter- oder nebengeordnete Produktionszwecke, so dass eine Gesamtwürdigung anzustellen ist. Der Anwalt, der sich vor die Aufgabe gestellt sieht, Argumente für die Einordnung eines Stoffes als Produkt zu finden, wird etwa mit einem positiven Marktwert oder für den Stoff vorhandenen Produktnormen argumentieren können. Je höher ein Veredelungsgrad oder Reinheitsgrad eines Stoffes ist, desto größer ist die Wahrscheinlichkeit, dass der Anwalt mit Aussicht auf Erfolg einen Stoff als (Co-, Neben- oder Koppel-)Produkt einordnen und die Sache somit dem Geltungsbereich des Abfallrechts entziehen kann. 26

Wegen der nicht zuletzt wirtschaftlichen Brisanz dieser Abgrenzung gibt es eine Fülle sog. **Arbeitspapiere** der einzelnen Länderministerien oder länderübergreifender Arbeitskreise, die sich unter anderem mit der Abgrenzung zwischen Produkten und Abfällen befassen, die noch zu den Regelungen des KrW-/AbfG erarbeitet wurden[5]. Rechtliche Bedeutung im Sinne „normkonkretisierender Verwaltungsvorschriften" haben diese Papiere nicht[6].

Die praktische Bedeutung dieser wohl eher als „Arbeitshilfen" zu bezeichnenden Ausarbeitungen ist aber gleichwohl nicht zu übersehen. Die Kenntnis etwa der

---

1 *Frenz*, § 3 KrW-/AbfG Rz. 30; *v. Lersner/Wendenburg*, § 3 KrW-/AbfG Rz. 20; *Fluck* (Hrsg.), § 3 KrW-/AbfG Rz. 152.
2 Vgl. eingehend *Frenz*, WiVerw 2003, 1 ff.; *Fluck*, DVBl 1995, 541; *Fluck* (Hrsg.), § 3 KrW-/AbfG Rz. 163; unzutreffend wohl die andere Ansicht (Abfall) von *Kunig/Paetow/Versteyl*, § 3 KrW-/AbfG Rz. 40 unter Hinweis auf § 7 Abs. 2 KrW-/AbfG, denn § 7 Abs. 2 KrW-/AbfG schließt die Einordnung qualitativ hochwertiger spezifikationsgerechter Stoffe als Neben- oder Koppelprodukte nicht aus.
3 Vgl. die anschaulichen Ausführungen dazu bei *Fluck*, Müll und Abfall 1997, 534.
4 OVG Münster v. 17.8.2005 – 8 A 1598/04, UPR 2006, 77 ff., AbfallR 2005, 274.
5 Das sicher am meisten verwendete Papier dieser Art war lange Zeit das Arbeitspapier einer Bund-Länder-AG „Abfallbegriff, Abfallverwertung und Abfallbeseitigung nach dem KrW-/AbfG" (Stand 6.11.1997), abgedruckt bei *Jarass/Ruchay/Weidemann* (Hrsg.), Anhang D, Nr. 100.1b; vgl. dazu auch *Petersen*, NVwZ 1998, 1113 (1116).
6 Vgl. *Breuer*, Zulässigkeit und Bedeutung vorgesehener Inhalte von Muster-Verwaltungsvorschriften der Länderarbeitsgemeinschaft Abfall (LAGA), in Klett/Schmitt-Gleser (Hrsg.), 6. Kölner Abfalltage, S. 71 (78 ff.), der zu Recht nur vom „norminterpretierenden Charakter" dieser Papiere spricht.

Ausarbeitungen der Länderarbeitsgemeinschaft-Abfall (LAGA) ist für jeden Anwalt, der sich vertieft mit kreislaufwirtschaftsrechtlichen Mandaten befasst, ein unbedingtes „Muss". Es zeigt sich nämlich, dass allein die Existenz solcher Papiere unabhängig von ihrer rechtlichen Qualität das behördliche Handeln in ganz erheblichem Umfang prägt. Es bleibt abzuwarten, wie sich diese Problematik im Hinblick auf die nun in § 4 KrWG eingefügte Abgrenzung zwischen Nebenprodukt und Abfall entwickelt. Sollen die Arbeitspapiere in der behördlichen Praxis erneut Verwendung finden, müssen sie dahingehend überarbeitet werden.

27  Ein zweiter Tatbestand, bei dem der Wille zur Entledigung i.S.v. § 3 Abs. 3 KrWG anzunehmen ist und der zur Einordnung von Sachen als Abfall führt, ist das **Entfallen oder Aufgeben der ursprünglichen Zweckbestimmung, ohne dass ein neuer Verwendungszweck unmittelbar an die Stelle des alten tritt**. Die ursprüngliche **Zweckbestimmung entfällt**, wenn die Sache nicht mehr zum bisherigen Zweck benutzt werden kann oder tatsächlich genutzt wird. Sie wird aufgegeben, wenn der Besitzer die Entscheidung trifft, sie nicht mehr wie bisher nutzen zu wollen. Die Zweckbestimmung einer Sache entfällt nicht, wenn deren weitere Verwendung unter Aufrechterhaltung der Zweckbestimmung – auch durch Dritte – beabsichtigt ist. Es ist möglich, dass sich das „Entfallen" und das „Aufgeben" einer ursprünglichen Zweckbestimmung überschneiden[1].

28  § 3 Abs. 3 Nr. 2 KrWG macht die Abfalleigenschaft einer Sache weiterhin davon abhängig, dass **kein neuer Verwendungszweck** unmittelbar an die Stelle der ursprünglichen Zweckbestimmung tritt. „Unmittelbar" heißt zum einen, dass der Zweck zeitlich ohne Verzug nach Aufgabe der alten Nutzung an die Stelle der ursprünglichen Zweckbestimmung tritt. Streitig ist, ob nach Aufgabe der ursprünglichen Zweckbestimmung eine Lagerung möglich ist, bevor ein neuer Verwendungszweck an die Stelle des alten tritt[2]. Den bereits erwähnten Arbeitshilfen der LAGA bezogen auf die Regelungen des KrW-/AbfG a.F. ist zu diesem Punkt eine restriktive Auffassung zu entnehmen („zeitlich unmittelbar")[3].

29  **Beispiele:**[4]
 – Verwendung eines nicht mehr fahrtauglichen LKW mit Kranaufsatz als stationärer Kran: Abfall i.S.v. § 3 Abs. 3 Nr. 2 KrW-/AbfG[5],
 – zur Abholung bereitgestellter Sperrmüll: Abfall i.S.v. § 3 Abs. 3 Nr. 2 KrW-/AbfG (der Sperrmüll verliert aber die Abfalleigenschaft, wenn ein neuer Besitzer die Sache (z.B. ein Möbelstück) unmittelbar nutzen kann und will),
 – Altreifen von einem Fahrzeug: Abfall nach § 3 Abs. 3 Nr. 2 KrW-/AbfG[6] (die Altreifen verlieren ihre Abfalleigenschaft, wenn sie zu einem neuen Verwendungszweck im Zuge eines Verwertungsvorganges eingesetzt werden, z.B. zur Beschwerung von Plastikplanen in der Landwirtschaft oder als „Fender" in der Schifffahrt).

---

1 *Fluck* (Hrsg.), § 3 KrW-/AbfG Rz. 171; *Kunig/Paetow/Versteyl*, § 3 KrW-/AbfG Rz. 41; zur Abfalleigenschaft von Altfahrzeugen bei Abstellen unter freiem Himmel siehe OVG Koblenz v. 24.08.2009 – 8 A 10623/09, NVwZ 2009, 1508 ff. Rz. 6.
2 Vgl. *Fluck* (Hrsg.), § 3 KrW-/AbfG Rz. 172.
3 Ziff. II.2. 2. 2 des Bund-Länder-AG-Papiers „Abfallbegriff, Abfallverwertung und Abfallbeseitigung", Stand 6.11.1997; a.A. (großzügiger) *Kunig/Paetow/Versteyl*, § 3 KrW-/AbfG Rz. 43.
4 Diese Beispiele werden u.a. bei *Fluck* (Hrsg.), § 3 KrW-/AbfG Rz. 187 ff. genannt.
5 Vgl. die noch auf der Basis des AbfG ergangene Entscheidung des VGH Mannheim v. 24.5.1994 – 10 S 2847/92, NVwZ-RR 1995, 75 f.
6 VG Würzburg v. 27.5.2003 – W 4 S 03.376 zur Abfalleigenschaft gebrauchter Autoreifen unterschiedlicher Qualitäten bei beabsichtigtem Weiterverkauf, beabsichtigter Aufarbeitung sowie beabsichtigter energetischer Verwertung in Zementwerken; OVG Bautzen v. 2.10.2003 – 4 BS 462/02 zur Abfalleigenschaft von Altchemikalien, die zur Verwendung als Labor- und Produktionschemikalien bestimmt waren.

### cc) Entledigen müssen (§ 3 Abs. 4 KrWG)

Der dritte Entledigungstatbestand, den § 3 KrWG definiert, ist das **"Entledigen-** 30
**müssen"** gem. § 3 Abs. 4 KrWG. Danach muss sich der Besitzer beweglicher Sachen entledigen, wenn er diese entsprechend ihrer ursprünglichen Zweckbestimmung nicht mehr verwendet, sie aufgrund ihres konkreten Zustandes geeignet sind, gegenwärtig oder künftig das Wohl der Allgemeinheit, insbesondere der Umwelt zu gefährden und deren Gefährdungspotenzial nur durch eine ordnungsgemäße und schadlose Verwertung oder gemeinwohlverträgliche Beseitigung ausgeschlossen werden kann. Bei dem nach dieser Bestimmung definierten Abfall handelt es sich um sog. **"Zwangsabfall"**, in Anlehnung an die Rechtsprechung des BVerwG zum objektiven Abfallbegriff nach der alten Rechtslage[1].

Als erstes Merkmal des "Zwangsabfalls" wird wie beim Entledigungstatbestand des 31
§ 3 Abs. 3 Nr. 2 KrWG darauf abgestellt, dass die fragliche **Sache nicht mehr entsprechend ihrer ursprünglichen Zweckbestimmung verwendet** wird[2]. Der Unterschied zur Einordnung als Abfall nach § 3 Abs. 3 Nr. 2 KrWG liegt bei § 3 Abs. 4 KrWG jedoch darin, dass eine neue Zweckbestimmung an die Stelle der ursprünglichen Zweckbestimmung getreten ist, denn sonst wäre die Abfalleigenschaft bereits über § 3 Abs. 3 Nr. 2 KrWG gegeben.

Weitere Voraussetzung für die Einordnung einer Sache als Abfall nach § 3 Abs. 4 32
KrWG ist das Vorhandensein eines **gegenwärtigen oder künftigen Gefahrenpotentials**, welches nur durch eine ordnungsgemäße und schadlose Verwertung oder gemeinwohlverträgliche Beseitigung ausgeschlossen werden kann. Mit dieser Wendung knüpft der Gesetzgeber an die Rechtsprechung des BVerwG zum früheren objektiven Abfallbegriff an. Zu den Abfallstoffen "Bauschutt" und "Altreifen" hatte das BVerwG bereits auf das "gegenwärtige Gefährdungspotenzial" von Abfällen abgehoben. Zwar ist der in § 3 Abs. 4 KrWG normierte "objektive" Abfallbegriff ein vom klassischen ordnungsrechtlichen Verständnis geprägter Begriff; der in diesem Zusammenhang maßgebliche "konkrete Zustand" einer Sache ist jedoch **nicht** gleichbedeutend mit einer **konkreten Gefahr** im ordnungsrechtlichen Sinn. Bezüglich der angesprochenen Altreifen und des Bauschutts stellte das BVerwG schon auf der alten rechtlichen Basis des bis 1996 geltenden § 1 Abs. 1 Satz 1 AbfG vielmehr eine typisierende Betrachtung an, die auch im Rahmen der abfallrechtlichen Einordnung des § 3 Abs. 4 KrWG von Bedeutung ist. Gemeint ist danach die bloße Eignung zur Gefährdung des Allgemeinwohls, also ein "Minus" gegenüber einer konkreten Gefahr[3]. Soweit das Gesetz auf ein künftiges Gefährdungspotenzial der Sache abstellt, ist damit die vom Abfallerzeuger oder Abfallbesitzer beabsichtigte oder ihm mögliche Nutzung gemeint und die damit verbundene Eignung, die potenziellen Gefahren der Sache zu beseitigen bzw. zu beherrschen. Die Bewertung in dieser Frage verlangt eine Abwägung zwischen dem Interesse des Abfallbesitzers an einer uneingeschränkten Nutzung der Sache einerseits und dem öffentlichen Interesse, durch Anwendung des Abfallrechts abfalltypische Gefahren auszuschließen, andererseits[4]. Das setzt eine Beurteilung der Wahrscheinlichkeit einer künftigen Nutzung außerhalb des Abfallrechts voraus, die den Gefahren der Sache adäquat ist.

---

1 BVerwG v. 24.6.1993 – 7 C 10.92 – (Bauschutt), NVwZ 1993, 990; v. 24.6.1993 – 7 C 11.92 – (Altreifen), NVwZ 1993, 988, jeweils zum alten objektiven Abfallbegriff des § 1 Abs. 1 Satz 1 Alt. 2 AbfG 1986.
2 Vgl. dazu näher *Kunig/Paetow/Versteyl*, § 3 KrW-/AbfG Rz. 47; *Kunig*, NVwZ 1997, 209 (213).
3 *Petersen/Rid*, NJW 1995, 7 (9); *Kunig*, NVwZ 1997, 209 (213); *Fluck* (Hrsg.), § 3 KrW-/AbfG Rz. 224 ff.; v. *Lersner/Wendenburg*, § 3 KrW-/AbfG Rz. 29.
4 Vgl. *Kloepfer*, Umweltrecht, § 20 Rz. 67; *Kunig/Paetow/Versteyl*, § 3 KrW-/AbfG Rz. 50; s. auch *Fluck*, DVBl 1995, 537 (544 f.).

Wahrscheinlich sein muss dabei nicht die bloße Möglichkeit einer gefahrenadäquaten künftigen Nutzung, sondern eine entsprechende Absicht des Gefahrenerzeugers bzw. Abfallbesitzers. Im Sinne der Rechtsprechung des BVerwG zu den Stoffen „Bauschutt" und „Altreifen" muss die begründete Annahme bestehen, dass der Besitzer in tatsächlicher, organisatorischer, finanzieller, personeller, unternehmerischer und rechtlicher Hinsicht in der Lage ist, die Sache alsbald einer umweltunschädlichen Nutzung zuzuführen[1].

33 Was **umweltunschädlich** ist, bestimmt sich zunächst einmal nach dem sonstigen Umweltrecht (Wasser-, Immissionsschutz- oder Baurecht sowie Gefahrstoff- oder Chemikalienrecht[2]). Diese sonstigen umweltordnungsrechtlichen Vorschriften müssen geeignet sein, das spezifische Gefährdungspotenzial der Sache unter Kontrolle zu halten. Erst wenn diese Vorschriften zu einer ausreichenden Nutzungskontrolle nicht mehr ausreichen, kann über § 3 Abs. 4 KrWG das Abfallrecht zum Zuge kommen[3].

**b) Ende der Abfalleigenschaft (§ 5 KrWG)**

34 Durch die Novellierung des Abfallrechts wurde mit § 5 KrWG erstmals eine ausdrückliche Regelung darüber eingefügt, wie lange die **Eigenschaft einer Sache als Abfall andauert.** Hiernach endet die Abfalleigenschaft eines Stoffes oder Gegenstandes, wenn dieser ein Verwertungsverfahren durchlaufen hat und so beschaffen ist, dass

– er üblicherweise für bestimmte Zwecke verwendet wird (Nr. 1),
– ein Markt für ihn oder eine Nachfrage nach ihm besteht (Nr. 2),
– er alle für seine jeweilige Zweckbestimmung geltenden technischen Anforderungen sowie alle Rechtsvorschriften und anwendbaren Normen für Erzeugnisse erfüllt (Nr. 3) sowie
– seine Verwendung insgesamt nicht zu schädlichen Auswirkungen auf Mensch und Umwelt führt (Nr. 4).

Das **Ende der Abfalleigenschaft** steht im Zusammenhang mit den abfallrechtlichen Pflichten zur Verwertung und Beseitigung. Somit kann die Abfalleigenschaft nur mit Erfüllung dieser Pflichten enden und nur wenn das abfallrechtliche Pflichtenverhältnis beendet ist.

35 Die Legaldefinition nach § 5 Abs. 1 KrWG setzt allgemein das **Durchlaufen eines Verwertungsverfahrens** voraus. Somit gilt in diesem Zusammenhang die allgemeine Definition des Verwertungsverfahrens nach § 3 Abs. 23 KrWG. Wichtig

---

1 So kommt z.B. aus chemikalienrechtlichen Gründen eine solche Nutzung für bestimmte Abfälle nicht in Betracht, vgl. OVG Lüneburg v. 14.2.2003 – 7 ME 64/02 (für bestimmte Bahnschwellen) und OVG Lüneburg v. 21.4.2005 – 7 LC 41/03 (asbesthaltige Bauabfälle), UPR 2006, 37ff. = LKV 2006, 174ff.; VGH Kassel v. 18.12.2002 – 6 TG 2353/02, UPR 2003, 314f. (Asbestzement); VGH München v. 15.10.2003 – 20 CE 03.2282, NVwZ-RR 2004, 95f. = UPR 2004, 232f. (Asbestzement); s. ferner *Kunig/Paetow/Versteyl*, § 3 KrW-/AbfG Rz. 50; *Fluck* (Hrsg.), § 3 KrW-/AbfG Rz. 230ff.
2 Das Chemikalienrecht ist, was seine Anwendbarkeit auf die ordnungsgemäße Abfallentsorgung betrifft, in der Vergangenheit mehrfach geändert worden. Nach der letzten, insoweit einschlägigen Änderung der Chemikalienverbotsverordnung (ChemVerbV) ist die „ordnungsgemäße und schadlose Abfallverwertung in einer dafür zugelassenen Anlage" ebenso wie die „gemeinwohlverträgliche Abfallbeseitigung" vom Verbot des Inverkehrbringens der betreffenden Stoffe wieder freigestellt, vgl. die Änderung durch Gesetz v. 21.6.2005, BGBl. I 2005, 1666 (1667).
3 *Kunig/Paetow/Versteyl*, § 3 KrW-/AbfG Rz. 52; *Fluck* (Hrsg.), § 3 KrW-/AbfG Rz. 240ff.; *Fluck*, DVBl 1995, 537 (544f.); *Queitsch*, UPR 1995, 412 (414).

ist, dass die Abfälle eine Substitutionsfunktion erfüllen können und dass das Verwertungsverfahren beendet worden ist. Es ist zudem davon auszugehen, dass das Ende der Abfalleigenschaft voraussetzt, dass das Verwertungsverfahren ordnungsgemäß durchlaufen wurde[1]. Dies ist vor allem im Hinblick auf die Grundpflichten gem. § 7 Abs. 3 Satz 2 KrWG anzunehmen. Problematisch ist in diesem Zusammenhang, dass das Ende der Abfalleigenschaft ein Durchlaufen eines Verwertungsverfahrens voraussetzt. So entsteht eine Problematik in den Fällen, in denen es für eine weitere Verwendung keines Verwertungsverfahrens bedarf[2]. Des Weiteren müssen die Stoffe oder Gegenstände üblicherweise für bestimmte Zwecke genutzt werden (§ 5 Abs. 1 Nr. 1 KrWG). Es ist davon auszugehen, dass diesem Abgrenzungskriterium keine große Bedeutung zukommen wird. Die Begrifflichkeit „üblicherweise" ist in diesem Zusammenhang unbestimmt und interpretationsoffen. Ein Einsatz von ein und demselben Abfall kann für verschiedene Zwecke möglich sein, die auch alle als „üblicherweise" qualifiziert werden können. Grundsätzlich kann angenommen werden, dass ein Stoff oder Gegenstand, der für einen bestimmten Zweck eingesetzt wird, auch üblicherweise hierfür Verwendung findet. Auch das Abgrenzungskriterium, ob ein Markt für ihn oder eine Nachfrage nach ihm besteht, trägt wenig zu einer Abgrenzung bei. Selbst wenn kein Markt besteht, so muss doch davon ausgegangen werden, dass nach dem Stoff oder Gegenstand, der für einen bestimmten Zweck eingesetzt wird, grundsätzlich immer eine Nachfrage besteht, da die Zweckbestimmung bereits eine bestimmte Substitutionswirkung impliziert. So kann beispielsweise bei dem Einsatz von bestimmten Stoffen zur Stickstoffreduzierung in den Abgasen bestimmter Industrieanlagen davon ausgegangen werden, dass eine Nachfrage besteht, da sonst dieser Stoff in diesem Verfahren nicht eingesetzt und nicht nachgefragt werden würde. Dies ist auch anzunehmen, wenn kein anderer außer dem Verwender diesen Stoff nachfragen würde. Somit ist das Tatbestandsmerkmal nach § 5 Abs. 1 Nr. 2 KrWG immer schon dann erfüllt, wenn eine Nachfrage eines einzelnen hiernach besteht. Dies ist bei einem Durchlaufen eines Verwertungsverfahrens grundsätzlich anzunehmen, da dieses eine bestimmte Zweckerreichung verfolgt.

Für das Ende der Abfalleigenschaft maßgeblich sind somit die Abgrenzungskriterien gem. § 5 Abs. 1 Nr. 3 und 4 KrWG. Beide verfolgen das Ziel, dass das Produkt nicht zu negativen Auswirkungen auf die Umwelt und die Gesundheit führt. § 5 Abs. 1 Nr. 4 KrWG ist als eine Art Auffangvorschrift zu qualifizieren, die sicherstellt, dass alle schädlichen Auswirkungen, die nicht durch die Anwendung der geltenden technischen Anforderungen und Rechtsvorschriften für Erzeugnisse gem. § 5 Abs. 1 Nr. 3 KrWG ausgeschlossen werden, dennoch vermieden werden und bei einer Gefährdung kein Ende der Abfalleigenschaft angenommen werden kann. Die allgemeine Regelung des § 5 KrWG bedarf aufgrund ihrer Unbestimmtheit der Konkretisierung durch die Rechtsprechung oder durch Rechtsverordnung nach § 5 Abs. 2 KrWG. Die Verordnungsermächtigung nach § 5 Abs. 2 KrWG der Bundesregierung geht über eine bloße Umsetzung europarechtlicher Vorgaben hinaus. So können auch weitergehende Konkretisierungen zum Ende der Abfalleigenschaft vorgenommen werden.

Die Abfallrahmenrichtlinie sieht vor, dass die allgemeine Regelung durch ein Komitologieverfahren (Ausschussverfahren auf europäischer Ebene, vgl. Art. 39 RL 2008/98/EG) mindestens für körniges Gesteinsmaterial, Papier, Glas, Metall, Reifen und Textilien konkretisiert werden. Diesem Vorbehalt des Komitologieverfahrens wurde bereits durch die Verordnung mit Kriterien zur Festlegung, wann be-

---

1 Vgl. *Kopp/Piroch*, UPR 2010, 438 (440); so schon die bisherige Rechtsprechung, siehe z.B. BVerwG v. 14.12.2006 – 7 C 4.06, NVwZ 2007, 338f., zu Klärschlammkompost.
2 Ausführlich hierzu bzgl. der AbfRRl siehe *Reese*, NVwZ 2009, 1073 (1075f.).

stimmte Arten von Schrott nicht mehr als Abfall anzusehen sind, entsprochen (VO (EU) Nr. 333/2011 vom 31.3.2011). Gem. Art. 4 VO (EU) Nr. 333/2011 ist das Ende der Abfalleigenschaft anzunehmen, wenn

- der verwertete Abfall die Kriterien in dem entsprechenden Anhang erfüllt (lit. a),
- eine Behandlung des Abfalls im Einklang mit den im Anhang aufgestellten Kriterien aufgenommen wurde (lit. b),
- das gewonnene Material den Anforderungen des entsprechenden Anhangs genügt (lit. c), und
- die Vorschriften über die Konformitätserklärung und das Qualitätsmanagement eingehalten werden (lit. d).

Zudem wurde der Europäischen Kommission von dem Joint Research Centre der EU-Kommission Vorschläge über Verordnungen zum Abfallende von Altpapier, Glasscherben und Kupferschrott unterbreitet[1]. Die weiteren Rechtsentwicklungen zu dieser Thematik sind abzuwarten.

**c) Abfälle zur Verwertung, Abfälle zur Beseitigung**

38 Nach § 3 Abs. 1 Satz 2 KrWG sind **Abfälle zur Verwertung solche Abfälle, die verwertet werden**; Abfälle, die **nicht verwertet werden, sind Abfälle zur Beseitigung**. Die Einordnung einer Sache als Abfall zur Verwertung oder zur Beseitigung orientiert sich damit an der tatsächlichen Handhabung. Sie knüpft nicht an die Verwertbarkeit des Abfalls, an einer Verwertungspflicht oder an einer Verwertungsabsicht des Abfallerzeugers oder Abfallbesitzers an[2]. Die Einordnung von Stoffen als „zur Verwertung bestimmt" führt noch nicht dazu, dass ihre Abfalleigenschaft endet[3]. Die Möglichkeit einer zeitnahen Verwertung muss substantiiert aufgezeigt werden[4]. Zur Abgrenzung zwischen Abfällen zur Verwertung und Abfällen zur Beseitigung kommt es auf den Schadstoffgehalt oder – bei energetischer Verwertung – auf den Heizwert der Abfälle nicht an[5].

39 Was **Verwertung** ist, wird in § 3 Abs. 23 KrWG definiert. Verwertung ist jedes Verfahren, als dessen Hauptergebnis die Abfälle innerhalb der Anlage oder in der weiteren Wirtschaft einem sinnvollen Zweck zugeführt werden, indem sie entweder andere Materialien ersetzen, die sonst zur Erfüllung einer bestimmten Funktion verwendet worden wären, oder indem die Abfälle so vorbereitet werden, dass sie diese Funktion erfüllen. In Anlage 2 des KrWG wird eine nicht abschließende Liste von **Verwertungsverfahren** aufgeführt. Der Oberbegriff der Verwertung wird in § 3 Abs. 24 und 25 KrWG (Wiederverwendung und Recycling) weiter konkretisiert. Fällt ein Verwertungsverfahren nicht in diese Verfahrensgruppe, ist es als sonstige Verwertung zu qualifizieren (z.B. Bergversatz oder energetische Verwertung)[6]. Be-

---

1 Vgl. EUWID 24/2011, 25.
2 BVerwG, v. 1.12.2005 – 10 C 4.04, NVwZ 2006, 589 (592); OVG Münster v. 25.6.1998 – 20 B 1424/97, NVwZ 1998, 1207 (1208); OVG Lüneburg v. 6.5.1998 – 7 M 3055/97, NVwZ 1998, 1202 (1204); *Kunig/Paetow/Versteyl*, § 3 KrW-/AbfG Rz. 24ff.; *Giesberts/Posser*, Grundfragen des Abfallrechts, Rz. 176ff. (178); *Kunig*, NVwZ 1997, 209 (214); *Dolde/Vetter*, NVwZ 2000, 21 (22).
3 BVerwG v. 27.6.1996 – 7 B 94.96, NVwZ 1996, 1010.
4 Vgl. *Wolf*, in: Giesberts/Reinhardt, BeckOK Umweltrecht, § 3 KrW-/AbfG Rz. 19; *Kropp*, AbfallR 2010, 193 (194).
5 EuGH v. 27.2.2002 – Rs. C-6/00, EuZW 2002, 275ff. (ASA) für stoffliche Verwertung; EuGH v. 13.2.2003 – Rs. C-228/00, EuZW 2003, 217ff. = NVwZ 2003, 455ff. (Zementindustrie) und Rs. C-458/00, EuZW 2003, 220ff. = NVwZ 2003, 457ff. (MVA Straßburg) für energetische Verwertung.
6 Vgl. Begründung des KrWG-Entwurfs vom 30.3.2011, zu § 3 Abs. 23.

seitigung ist jedes Verfahren, das keine Verwertung ist, auch wenn das Verfahren zur Nebenfolge hat, dass Stoffe oder Energie zurückgewonnen werden. Konkretisiert wird die Definition durch Anlage 1, die eine nicht abschließende Liste mit Beseitigungsverfahren enthält. Die Beseitigung wird in negativer Abgrenzung zur Verwertung definiert. Zur **Abgrenzung von der Beseitigung** stellt das Gesetz auf den **Hauptzweck der Maßnahme** ab, unabhängig davon, ob in einem Verfahren als Nebenfolge Stoffe oder Energie zurückgewonnen wird. Das Verfahren der Verwertung muss einen sinnvollen Zweck erfüllen. Dies ist gegeben, wenn andere Materialien, die sonst zur Erfüllung bestimmter Funktionen verwendet worden wären, substituiert werden oder wenn sie so vorbereitet werden, dass sie diese Funktion erfüllen. Im Mittelpunkt der Betrachtung steht somit der Substitutionsgedanke. Die Wiederverwendung und das Recycling sind Formen der Verwertung (§ 3 Abs. 24 und 25 KrWG).

Die Abgrenzung zwischen Verwertungs- und Beseitigungsmaßnahmen stellt ein mehrstufiges Prüfungsverfahren dar. Fällt die in Frage stehende Maßnahme unter ein Verfahren nach Anlage 1 oder 2 KrWG, so wird eine entsprechende Qualifizierung vorgenommen. Liegt jedoch kein Verfahren i.S.d. Anlage 1 oder 2 KrWG vor, muss die Abgrenzung zwischen Verwertung und Beseitigung mittels materieller Kriterien getroffen werden. Zunächst ist für die Annahme einer Verwertungsmaßnahme entscheidend, dass der Abfall in irgendeiner Weise sinnvoll eingesetzt wird. Es muss ein Nutzungseffekt durch den Einsatz des Abfalls i.S. einer Substitution vorliegen. Zudem muss der Hauptzweck der Maßnahme nach Maßgabe wirtschaftlicher Betrachtungsweise in der Abfallnutzung liegen. Diese Voraussetzung, dass der Zweck der **Ressourcensubstitution** als Hauptzweck gelten muss, entspricht der Rechtsprechung des EuGH[1]. Liegen diese Voraussetzungen nach § 3 Abs. 23 KrWG nicht vor, so handelt es sich um eine Beseitigung.

⊃ **Hinweis:** Die **Einordnung von Stoffen** als Abfall zur Verwertung oder als Abfall zur Beseitigung hat im Kreislaufwirtschaftsrecht **grundlegende und große wirtschaftliche Bedeutung**, denn davon hängt in vielen Regelungsbereichen des Gesetzes die weitere rechtliche Einordnung ab. Schon die Anforderungen an die Entsorgung sind unterschiedlich ausgestaltet; §§ 7 ff. KrWG gelten für die Verwertung, §§ 15 ff. KrWG für die Beseitigung. Abfälle zur Verwertung verbleiben im Verantwortungsbereich des Abfallerzeugers bzw. Abfallbesitzers, Abfälle zur Beseitigung unterliegen zumeist der Beseitigungsverantwortung der öffentlich-rechtlichen Entsorgungsträger (§ 17 KrWG). Abfälle zur Beseitigung unterliegen dem abfallrechtlichen Anlagenzwang (§ 28 KrWG), Abfälle zur Verwertung dürfen auch in anderen Anlagen als Abfallbeseitigungsanlagen oder nach dem BImSchG speziell zur Behandlung von Abfällen zur Beseitigung zugelassenen Anlagen verwertet werden. Abfälle zur Beseitigung unterliegen in weitaus stärkerem Maße als Abfälle zur Verwertung der Steuerbarkeit über die Abfallwirtschaftsplanung (§ 30 Abs. 1, 4 KrWG). Unterschiede zwischen Abfällen zur Beseitigung und zur Verwertung gibt es auch bei der abfallrechtlichen Überwachung (§§ 47 ff. KrWG).

40

Für die Wahrnehmung eines anwaltlichen Mandats im Kreislaufwirtschaftsrecht, das sich auf Abgrenzungsfragen zwischen Abfällen zur Verwertung und zur Beseitigung bezieht, ist deshalb gerade auf diese Abgrenzung von Abfällen zur Verwertung von Abfällen zur Beseitigung erhöhte Sorgfalt zu verwenden. Hier ist im Bereich des Abfall-Stoffrechts **die** entscheidende rechtliche Weichenstellung[2].

---
1 Vgl. EuGH v. 27.2.2002 – Rs. C-6/00 (ASA), EuZW 2002, 275 (279).
2 Darauf weist auch *Kunig*, NVwZ 1997, 209 (210, 214) zu Recht hin; vgl. dazu auch *Giesberts/Posser*, Grundfragen des Abfallrechts, Rz. 171.

41 Bei den Verwertungsverfahren ist zwischen der stofflichen und energetischen Verwertung zu differenzieren. Die **stoffliche Verwertung** kann in drei Gruppen untergliedert werden: Recycling (§ 3 Abs. 25 KrWG), Vorbereitung zur Wiederverwendung (§ 3 Abs. 24 KrWG) und die sonstige stoffliche Verwertung. Beispielhaft werden in Anlage 2 KrWG mögliche stoffliche Verwertungsverfahren aufgezeigt (R2–R11). Jedoch können nicht alle Verfahren eindeutig zugeordnet werden. So ist es denkbar, dass ein stoffliches Verwertungsverfahren unter ein Verwertungsverfahren der Anlage 2 KrWG subsumiert werden kann und gleichzeitig auch unter ein Beseitigungsverfahren in Anlage 1 KrWG fällt. Eine eindeutige Zuordnung ist in diesen Fällen nicht möglich. Diese Problematik besteht beispielsweise beim sog. Bergversatz. Dieses Verfahren stellt kein Recycling dar, könnte aber als sonstige stoffliche Verwertung qualifiziert werden. So ist daran zu denken, dass dieses Verfahren als Verwertungsverfahren R 11 qualifiziert werden kann, es erscheint auch möglich, das Beseitigungsverfahren D 12 anzunehmen. Jedoch ist es nicht möglich, dass ein Verfahren sowohl eine Beseitigungs- als auch eine Verwertungsmaßnahme darstellt. Maßgeblich für die Qualifizierung als stoffliche Verwertung oder Beseitigung muss somit das Hauptergebnis der Maßnahme sein[1]. Im Hinblick auf die **energetische Verwertung** wird in Anlage 2 KrWG das Verwertungsverfahren R 1 (Hauptverwendung als Brennstoff oder als anderes Mittel der Energieerzeugung) genannt. Dieses Verfahren wird durch die Fußnote (*) konkretisiert. Es wird bestimmt, wann eine Verwertung energieeffizient ist und somit als Verwertungsverfahren eingestuft werden kann. Es ist jedoch zu beachten, dass diese Fußnote lediglich für Verbrennungsanlagen gilt, deren Zweck in der Behandlung fester Siedlungsabfälle besteht. Nach dem Wortlaut ist auf den Anlagenzweck abzustellen und nicht auf die tatsächliche Verbrennung der Abfälle. Der Anlagenzweck ergibt sich aus der Anlagenkonzeption und -genehmigung. Diese Fußnote ist folglich nur auf Hausmüllverbrennungsanlagen anwendbar[2].

**d) Abgrenzung Abfall/Nebenprodukt (§ 4 KrWG)**

42 Neu eingefügt im Rahmen der Novellierung des Abfallrechts wurde § 4 KrWG mit der Definition dessen, was ein „**Nebenprodukt**" ist. Nach der alten Rechtslage wurde die Abgrenzung über die Auslegung des Entledigungswillens nach § 3 Abs. 3 Nr. 1 KrW-/AbfG a.F. vorgenommen. Diese allgemeine Regelung wird nun durch die Spezialregelung nach § 4 KrWG ergänzt. Die allgemeine Abgrenzung nach § 3 Abs. 3 KrWG findet insoweit noch Anwendung, als dass § 4 KrWG lediglich Herstellungsverfahren erfasst. Die Abgrenzung von Nebenprodukten zu Abfällen, die außerhalb eines Herstellungsverfahrens anfallen, muss somit weiterhin nach § 3 Abs. 3 KrWG beurteilt werden[3].

Fällt ein Stoff oder Gegenstand bei einem Herstellungsverfahren an, dessen Hauptzweck nicht auf die Herstellung dieses Stoffes oder Gegenstandes gerichtet ist, ist er gem. § 4 KrWG als Nebenprodukt zu qualifizieren, wenn
– sichergestellt ist, dass der Stoff oder Gegenstand weiterverwendet wird (Nr. 1),
– eine weitere, über ein normales industrielles Verfahren hinausgehende Vorbehandlung für die Weiterverwendung nicht erforderlich ist (Nr. 2),
– der Stoff oder Gegenstand als integraler Bestandteil eines Herstellungsprozesses erzeugt wird (Nr. 3) und
– die weitere Verwendung rechtmäßig ist (Nr. 4).

---

1 Vgl. hierzu *Kropp*, AbfallR 2010, 196; am Beispiel der Verfüllung von Tagebauen mit Abfällen ausführlich *Dippel*, AbfallR 2010, 132 ff. mit zahlreichen Nachweisen aus der Rechtsprechung.
2 Näher hierzu siehe *Kropp*, AbfallR 2010, 197.
3 Zur Annahme einer vollkommenen Verdrängung des Anwendungsbereichs von § 3 Abs. 3 KrWG siehe *Dieckmann*, AbfallR 2010, 64 (66).

## II. Abfallrecht als Stoffrecht

Voraussetzung für die Anwendung von § 4 KrWG ist zunächst, dass es sich um einen Stoff oder Gegenstand handelt, der bei einem **Herstellungsverfahren** anfällt. Hiervon eingeschlossen sind nach der Rechtsprechung des EuGH neben industriellen Produktionsverfahren auch bergbauliche Tätigkeiten sowie landwirtschaftliche Verfahren. Für eine Qualifizierung als Nebenprodukt ist es erforderlich, dass eine gesicherte positive Prognose über die Verwendung des Stoffes oder Gegenstandes besteht[1]. Nach der Gesetzesbegründung muss die Verwendungsabsicht bereits zu dem Zeitpunkt des Herstellungsverfahrens nachgewiesen werden. Zudem darf keine über ein normales industrielles Verfahren hinausgehende Vorbehandlung für die Weiterverwendung erforderlich sein (§ 4 Abs. 1 Nr. 2 KrWG). Eine Aufbereitung, die auch bei der Verarbeitung von Hauptprodukten notwendig ist, schließt eine Qualifizierung als Nebenprodukt nicht aus. Dieses Tatbestandsmerkmal ist jedoch sehr interpretationsoffen, wenn man bedenkt, dass zum Teil unterschiedlichste Vorbehandlungen vor dem eigentlichen Einsatz von Stoffen vorgenommen werden. So besteht ein weiter Auslegungsspielraum, den es durch Rechtsverordnung und Rechtsprechung zu konkretisieren gilt. Zudem muss das Nebenprodukt als integraler Bestandteil eines Herstellungsprozesses erzeugt werden (§ 4 Abs. 1 Nr. 3 KrWG). Diese Voraussetzung stellt sicher, dass der Stoff oder Gegenstand tatsächlich einer Verwendung zugeführt werden kann, also im Rahmen des Herstellungsprozesses so aufbereitet wird, dass er verwendet werden kann. Dies schließt jedoch nicht aus, dass – wie bereits aufgezeigt – eine Vorbehandlung i.S.v. § 4 Abs. 1 Nr. 2 KrWG notwendig ist. Als zentrales Begriffsmerkmal ist die weitere rechtmäßige Verwendung nach § 4 Abs. 1 Nr. 4 KrWG zu sehen. Von der **Rechtmäßigkeit der weiteren Verwendung** ist auszugehen, wenn der Stoff oder Gegenstand alle für seine jeweilige Verwendung anzuwendenden Produkt-, Umwelt- und Gesundheitsschutzanforderungen erfüllt und insgesamt nicht zu schädlichen Auswirkungen auf Mensch und Umwelt führt. Durch die Bezugnahme auf schädliche Auswirkungen auf Mensch und Umwelt sollen mögliche Schutzlücken der genannten Anforderungen geschlossen werden. Dies kann beispielsweise dann der Fall sein, wenn dem Risikopotential eines Stoffes oder Gegenstandes durch die Produkt-, Umwelt- und Gesundheitsschutzanforderungen nicht ausreichend Rechung getragen wird. In diesen Fällen soll so die Erfüllung des allgemeinen Schutzstandards gewährleistet werden. Die Entscheidung, ob eine Schutzlücke vorliegt, ist oftmals eine Frage rechtspolitischer Bewertung. Vor allem im Hinblick auf die Frage der rechtmäßigen Verwertung erscheint fraglich, an welchen Kriterien – wenn nicht anhand der geltenden Rechtsvorschriften – diese Wertung vorgenommen werden soll[2]. Die Bundesregierung wird durch § 4 Abs. 2 KrWG ermächtigt, die Anforderungen nach § 4 Abs. 1 KrWG zur Abgrenzung Abfall und Nebenprodukt mittels Rechtsverordnung durch weitere Kriterien zu konkretisieren. Auch diese Entwicklung bleibt abzuwarten.

### 2. Weitere Begriffsbestimmungen

#### a) Abfallerzeuger, Abfallbesitzer

§ 3 Abs. 8 KrWG definiert den **Abfallerzeuger** als natürliche oder juristische Person, durch deren Tätigkeit Abfälle anfallen (Ersterzeuger) oder die Vorbehandlungen, Mischungen oder sonstige Behandlungen vornimmt, die eine Veränderung der Natur oder der Zusammensetzung dieser Abfälle bewirken (Zweiterzeuger). Der Begriff des Abfallerzeugers umfasst damit nicht nur den „Ersterzeuger", bei dem ein Abfallstoff erstmals „entsteht", sondern **auch den „Abfallveränderer"**, aufgrund

---
1 Siehe hierzu VG Köln v. 10.9.2009 – 13 K 2418/07, juris-Rz. 50 ff. m.w.N.
2 Vgl. *Dieckmann*, AbfallR 2010, 64 (66).

dessen Tätigkeit eine Veränderung der Natur oder der Zusammensetzung eines Abfalls eintritt[1].

45 Wer **Abfallbesitzer** ist, wird in § 3 Abs. 9 KrWG definiert. Besitzer von Abfällen ist danach jede natürliche oder juristische Person, die die tatsächliche Sachherrschaft über Abfälle hat. Der Begriff des Besitzes im öffentlich-rechtlichen Sinn ist dabei **nicht automatisch gleichbedeutend mit dem zivilrechtlichen Besitzbegriff**, denn die Sachherrschaft im öffentlich-rechtlichen Sinn setzt keinen Besitzbegründungswillen voraus. Erforderlich ist nur ein „Mindestmaß an tatsächlicher Sachherrschaft"[2]. Praktische Bedeutung hat dieser Unterschied z.B. in den Fällen, in denen Abfälle auf umzäunte Grundstücke geworfen oder durch Hochwasser angeschwemmt werden, ohne dass der Grundstückseigentümer einen Besitzbegründungswillen für diese Stoffe hätte. Zivilrechtlicher Besitz läge an solchen Abfällen möglicherweise nicht vor; die Rechtsprechung bejaht in derartigen Fällen gleichwohl den öffentlich-rechtlichen Abfallbesitz[3]. Diese Rechtsprechung ist aber nicht unumstritten[4]. Auch die im Zivilrecht ausdrücklich geregelten Figuren des **Besitzdieners** (§ 855 BGB) und des **mittelbaren Besitzers** (§ 868 BGB) können im Rahmen des öffentlich-rechtlich geregelten Abfallbesitzes Bedeutung erlangen. Besitzdiener, der auch abfallrechtlich Abfallbesitzer sein kann, könnte etwa der Betriebsleiter einer Anlage sein, in der sich Abfälle befinden. Mittelbare Besitzer im zivilrechtlichen Sinne, die auch öffentlich-rechtlich als Abfallbesitzer zu bezeichnen wären, sind etwa Spediteure[5]. In vielen Fällen kommt es vor, dass Abfallerzeuger und Abfallbesitzer personenverschieden sind. In solchen Konstellationen kommen beide für eine Inanspruchnahme in Betracht. Eine feste Reihenfolge dergestalt, dass zuerst der Abfallerzeuger verantwortlich sein sollte (vgl. den Wortlaut der §§ 7 Abs. 2, 15 Abs. 1, 17 Abs. 1 KrWG), gibt es nicht[6].

### b) Abfallentsorgung

46 Den Begriff der **Abfallentsorgung** definiert § 3 Abs. 22 KrW-/AbfG. Danach umfasst die Abfallentsorgung die **Verwertungs- und Beseitigungsverfahren, einschließlich die Vorbereitung vor der Verwertung oder Beseitigung**. Der Begriff dient als Anknüpfung u.a. bei der Festlegung der Pflichten der „Entsorgungsträger" in §§ 20, 22 KrWG und zur Bezeichnung der „Entsorgungsfachbetriebe" und „Entsorgergemeinschaften" in §§ 56 f. KrWG. Anlagenrechtlich hat der Begriff der Entsorgung im Kreislaufwirtschaftsrecht keine Bedeutung, denn das KrWG regelt nur das Erfordernis und die Zulassung von Abfallbeseitigungsanlagen (§§ 28, 34 ff. KrWG)[7].

---

1 *Enders*, NVwZ 2005, 381 ff.; *Fluck* (Hrsg.), § 3 KrW-/AbfG Rz. 266 ff., 289 ff.; *Kunig/Paetow/Versteyl*, § 3 KrW-/AbfG Rz. 54.
2 BVerwG v. 8.5.2003 – 7 C 15.02, DVBl 2003, 1076 ff. = UPR 2003, 390 f.; v. 11.12.1997 – 7 C 58.96, DVBl 1998, 336 ff., in Fortführung seiner st.Rspr.; OVG Weimar v. 29.3.1994 – 2 EO 18/93, NuR 1995, 208 ff.; *Frenz*, § 3 KrW-/AbfG Rz. 88 ff. (89).
3 BVerwG v. 8.5.2003 – 7 C 15.02, DVBl 2003, 1076 ff.; v. 11.12.1997 – 7 C 58.96, DVBl 1998, 336 ff.; anders noch die Vorinstanz, OVG Münster v. 21.12.1995 – 20 A 5004/94, NuR 1996, 314; s. auch schon BVerwG v. 20.7.1988 – 7 B 9.88, NVwZ 1988, 1021; v. 19.1.1989 – 7 C 82/87, DVBl 1989, 522; VG Aachen v. 10.5.2011 – 9 L 165/11, juris-Rz. 15 f.; vgl. auch *Kunig/Paetow/Versteyl*, § 3 KrW-/AbfG Rz. 57 f.; *Wolf*, in: Giesberts/Reinhardt, BeckOK Umweltrecht, § 3 KrW-/AbfG Rz. 30 mit zahlreichen Nachweisen.
4 Vgl. *Fluck* (Hrsg.), § 3 KrW-/AbfG Rz. 303 ff.
5 *Fluck* (Hrsg.), § 3 KrW-/AbfG Rz. 313, 314.; vgl. auch *v. Lersner/Wendenburg*, § 3 KrW-/AbfG Rz. 38, 39.
6 *Frenz*, § 3 KrW-/AbfG Rz. 98 ff. (100); *Enders*, NVwZ 2005, 381 ff. (384).
7 *Kunig/Paetow/Versteyl*, § 3 KrW-/AbfG Rz. 59.

## c) Gefährliche Abfälle

§ 3 Abs. 5 KrWG enthält die Begriffsbestimmung der **gefährlichen Abfälle**. Das Gesetz verweist an dieser Stelle im Hinblick auf gefährliche Abfälle auf eine Rechtsverordnung nach § 48 Satz 2 KrWG. Hierbei handelt es sich um die Verordnung über das Europäische Abfallverzeichnis (Abfallverzeichnisverordnung – AVV). Abfallarten, die im Abfallverzeichnis (Anlage zu § 2 Abs. 1 AVV) mit einem Sternchen (*) gekennzeichnet sind, sind gefährlich. Alle nicht in der oben genannten Verordnung genannten Abfälle sind, sind nicht gefährlich i.S.d. KrWG. An die Entsorgung und Überwachung gefährlicher Abfälle sind besondere Anforderungen zu stellen (§§ 48, 50 KrWG). 47

## d) Deponien, Stand der Technik

§ 3 Abs. 27 KrWG enthält eine gesetzliche Definition für **Deponien** als „Beseitigungsanlagen zur Ablagerung von Abfällen oberhalb der Erdoberfläche (oberirdische Deponien) oder unterhalb der Erdoberfläche (Untertagedeponien)". Damit greift das KrWG, wie auch schon das KrW-/AbfG, die EG-rechtliche Definition aus der EG-Deponierichtlinie 1999/31/EG auf[1]. Einzelheiten zur Zulassung, zum Betrieb, zur Überwachung und Stilllegung von Deponien enthalten die §§ 34ff. KrWG sowie die Regelungen der Deponieverordnung (DepV). 48

Definiert ist in § 3 Abs. 6 KrWG ferner der Begriff der „**Inertabfälle**" als mineralische Abfälle, die keinen wesentlichen physikalischen, chemischen oder biologischen Veränderungen unterliegen. Für die Praxis wichtig ist diese Begriffsdefinition, weil Deponien für Inertabfälle nach § 35 Abs. 3 Satz 3 Nr. 2 KrWG in einem Plangenehmigungsverfahren anstelle eines Planfeststellungsverfahrens mit Öffentlichkeitsbeteiligung zugelassen werden können.

Schließlich enthält § 3 Abs. 28 KrWG für den Anwendungsbereich des KrWG die Definition des **Standes der Technik**. Vergleichbare Vorschriften gibt es in § 3 Abs. 6 BImSchG und in § 3 Nr. 11 WHG für das Immissionsschutzrecht und das Wasserrecht. § 3 Abs. 28 KrWG verweist zur Bestimmung des Standes der Technik auf die in Anlage 3 des Gesetzes aufgeführten Kriterien. Inhaltlich zielt der Stand der Technik auf die „Erreichung eines allgemein hohen Schutzniveaus für die Umwelt insgesamt" ab, wobei die Bestimmung des Standes der Technik stets „unter Berücksichtigung der Verhältnismäßigkeit zwischen Aufwand und Nutzen möglicher Maßnahmen" zu erfolgen hat. Für die Anwendungspraxis wichtig ist damit, dass „Stand der Technik" nicht das technisch Machbare ist, sondern dasjenige, was unter vertretbaren Bedingungen möglich ist[2].

## 3. Grundsätze und Pflichten des Abfallrechts

### a) Pflichtenhierarchie und Grundpflichten

§ 6 KrWG regelt die **Abfallhierarchie**. Gem. § 6 Abs. 1 KrWG stehen die Maßnahmen der Vermeidung und der Abfallbewirtschaftung in folgender Rangfolge: 49
1. Vermeidung
2. Vorbereitung zur Wiederverwendung
3. Recycling

---

1 Zu Einzelheiten vgl. *Frenz*, § 3 KrW-/AbfG Rz. 114.
2 *Frenz*, § 3 KrW-/AbfG Rz. 120; *Wolf*, in: Giesberts/Reinhardt, BeckOK Umweltrecht, § 3 KrW-/AbfG Rz. 34.

4. sonstige Verwertung, insbesondere energetische Verwertung und Verfüllung
5. Beseitigung.

Anders als zuvor in der dreistufigen Abfallhierarchie nach dem KrW-/AbfG wird nunmehr die „**Verwertungstreppe" in drei Stufen** untergliedert. § 6 Abs. 1 KrWG ist als Leitprinzip ausgestaltet und entfaltet somit keinen Anspruch auf unmittelbare Beachtung. Vielmehr ist die Rangfolge nach § 6 Abs. 1 KrWG als Ausgangspunkt für die Beurteilung zu sehen, welche Maßnahme Vorrang hat (§ 6 Abs. 2 Satz 1 KrWG)[1]. Vorrang hat nach Maßgabe der §§ 7, 8 KrWG die Maßnahme, die den Schutz von Mensch und Umwelt bei der Erzeugung und Bewirtschaftung von Abfällen unter Berücksichtigung des Vorsorge- und Nachhaltigkeitsprinzips am besten gewährleistet. Für die Bestimmung maßgeblich sind somit die Grundpflichten nach § 7 KrWG, das Hochwertigkeitsgebot aus § 8 KrWG und die insbesondere zu berücksichtigenden Kriterien nach § 6 Abs. 2 Satz 3, 4 KrWG. Diese sind die zu erwartenden Emissionen, das Maß der Schonung der natürlichen Ressourcen, die einzusetzende oder zu gewinnende Energie, sowie die Anreicherung von Schadstoffen in Erzeugnissen, in Abfällen zur Verwertung oder in daraus gewonnenen Erzeugnissen. Zudem sind bei der Beurteilung des Vorrangs einer Maßnahme die technische Möglichkeit, die wirtschaftlichen Zumutbarkeit und die sozialen Folgen der Maßnahme zu beachten (§ 6 Abs. 2 Satz 4 KrWG).

Die Vorschrift dürfte sich in der Praxis als „Papiertiger" erweisen. Durch die Verwendung des Begriffs „soll" in § 6 Abs. 2 Satz 1 KrWG wird bereits klar, dass diese Regelung lediglich eine **Grundsatznorm** darstellt, von der in bestimmten Fällen **Abweichungen** möglich sind. Diese Möglichkeit der Abweichung wird zudem bei der Betrachtung der zu berücksichtigenden Kriterien deutlich. Diese zielen nicht nur auf die Schadlosigkeit der Maßnahme und den Schutz von Mensch und Umwelt ab (§ 6 Abs. 2 Satz 3 KrWG), sondern berücksichtigen auch wirtschaftliche, soziale und technische Aspekte (§ 6 Abs. 2 Satz 4 KrWG). Dies eröffnet vielfältige Möglichkeiten, von der Abfallhierarchie abzuweichen, zumal diese Kriterien auslegungsbedürftig sind und somit entwicklungsoffen ausgestaltet sind. Es ist vielmehr eine Entscheidung unter Berücksichtigung des Verhältnismäßigkeitsgrundsatzes zu treffen, in dessen Rahmen die verschiedenen Interessen abgewogen werden. Zudem ist zu beachten, dass durch die Verweisung von § 6 Abs. 2 KrWG auf §§ 7, 8 KrWG die Komplexität der Anwendung dieser Rechtsvorschrift weiter zunimmt. Es lässt sich feststellen, dass diese Regelung das Ergebnis politischer Kompromisse ist. Für die Durchsetzung der Abfallhierarchie in der Praxis ist die Vorschrift untauglich.

**aa) Abfallvermeidung**

50 Die **Abfallvermeidung** steht in der Pflichtenhierarchie des § 6 Abs. 1 KrWG an erster Stelle. Vermeidung ist jede Maßnahme, die ergriffen wird, bevor ein Stoff, Material oder Erzeugnis zu Abfall geworden ist, und dazu dient, die Abfallmenge, die schädlichen Auswirkungen des Abfalls auf Mensch und Umwelt oder den Gehalt an schädlichen Stoffen in Materialien und Erzeugnisse zu verringern. Hierzu zählen insbesondere die anlageninterne Kreislaufführung von Stoffen, die abfallarme Produktgestaltung, die Wiederverwendung, die Verlängerung der Lebensdauer etc. (§ 3 Abs. 20 KrWG). § 7 Abs. 1 KrWG verweist über § 13 KrWG für die **anlagenbezogene Abfallvermeidung** auf das BImSchG und im Übrigen auf die Ausgestaltung der Vermeidungspflicht durch Rechtsverordnungen. Die über § 13 KrWG und den darin enthaltenen Verweis auf das BImSchG geregelten Pflichten der Anlagenbetreiber zur Vermeidung und Verwertung von Abfällen stehen stets unter dem Vorbehalt

---
1 Vgl. *Beckmann*, AbfallR 2010, 54 (56).

der technischen Möglichkeit und Zumutbarkeit[1]. Dieses sowie der in § 7 Abs. 1 KrWG enthaltene Verweis auf die Rechtsverordnungen zur Konkretisierung der Abfallvermeidungspflichten zeigen, dass die Pflicht zur Abfallvermeidung, der von Gesetzes wegen der Vorrang gebührt, in der Rechtsanwendungspraxis wenig greifbar ist[2].

Detailliertere Regelungen zur Abfallvermeidung sind jedoch zwischenzeitlich auf Verordnungsebene, aber auch auf Gesetzesebene geschaffen worden. Zu nennen sind hier vor allem die neuen Regelungen des Elektro- und Elektronikgerätegesetzes, das mit der schon in der Konzeptionsphase des Produkts (§ 4 ElektroG) einsetzenden Verantwortung der Gerätehersteller auch den Abfallvermeidungsgedanken in sich trägt[3]. Eine – wenn auch nur teilweise – klassisch am Gedanken der Abfallvermeidung orientierte Regelung des Abfallrechts ist auch die Verpackungsverordnung (vgl. § 1 VerpackV). Allerdings greifen sowohl beim ElektroG als auch bei der VerpackV die auf die Abfallvermeidung und Abfallverwertung bezogenen Regelungen ineinander und lassen sich inhaltlich nicht strikt voneinander trennen[4]. 51

**bb) Abfallverwertung**

Die Abfallverwertung ist gem. § 6 Abs. 1 KrWG in drei Stufen unterteilt: Vorbereitung zur Wiederverwendung, Recycling und sonstige Verwertung (insbesondere energetische Verwertung und Verfüllung). Die beiden ersten Stufen stellen die stoffliche Verwertung dar. **Vorbereitung zur Wiederverwendung** ist jedes Verwertungsverfahren der Prüfung, Reinigung oder Reparatur, bei dem Erzeugnisse oder Bestandteile von Erzeugnissen, die zu Abfall geworden sind, so vorbereitet werden, dass sie ohne weitere Vorbereitung wieder für denselben, ursprünglichen Zweck verwendet werden können (§ 3 Abs. 24 KrWG). **Recycling** hingegen ist jedes Verwertungsverfahren, durch das Abfälle zu Erzeugnissen, Materialien oder Stoffen entweder für den ursprünglichen Zweck oder für andere Zwecke aufbereitet werden (§ 3 Abs. 26 KrWG). **Sonstige Verwertung** sind die Maßnahmen, die die allgemeine Verwertungsdefinition nach § 3 Abs. 23 KrWG erfüllen. Dies können beispielsweise die energetische Verwertung oder die Verfüllung von Abfällen sein. In allen Fällen steht die Nützlichkeit einer Maßnahme im Vordergrund der rechtlichen Betrachtung. Die Abfälle müssen – mit den Worten des EuGH – „für einen sinnvollen Zweck eingesetzt werden", d.h. also andere Materialien ersetzen, die sonst für diese Maßnahme hätten verwendet werden müssen[5]. 52

§ 3 Abs. 22 KrWG dehnt die Verwertung auch auf vorbereitende Maßnahmen aus: Danach ist auch das Bereitstellen, Überlassen, Sammeln, Einsammeln durch Hol- und Bringsysteme, Befördern, Lagern und Behandeln von Abfällen zur Verwertung von der Kreislaufwirtschaft, also von der Verwertung umfasst[6]. 53

---

1 Dazu *Frenz*, § 5 KrW-/AbfG Rz. 4f.; *Fluck*, DVBl 1997, 463ff.; *Rebentisch*, NVwZ 1995, 639 (641).
2 So ausdrücklich *Kunig/Paetow/Versteyl*, § 4 KrW-/AbfG Rz. 10; *Fluck* (Hrsg.), § 4 KrW-/AbfG Rz. 66; *Jarass/Ruchay/Weidemann* (Hrsg.), § 4 KrW-/AbfG Rz. 55f.
3 Vgl. ausführlich zum ElektroG: *Pauly/Oexle*, AbfallR 2005, 98ff.; zu den erwarteten Auswirkungen dieses Gesetzes auf Wettbewerb und Markt vgl. *Habel*, AbfallR 2005, 117ff.
4 Ausführlich zum Regelungsansatz der Abfallvermeidung vgl. *Kloepfer*, Umweltrecht, § 20 Rz. 91ff. (98ff.), auch zum Vermeidungsgedanken im Rahmen der Batterieverordnung und der Altfahrzeugverordnung.
5 Vgl. EuGH v. 27.2.2002 – Rs. C-6/00 (ASA), EuZW 2002, 275 für die stoffliche Verwertung; ausführlich *Dippel*, AbfallR 2010, 132; grundlegend dazu bereits *Lange*, NVwZ 1996, 729ff.
6 Zur Definition der Begriffe und Teilschritte der Kreislaufwirtschaft vgl. *Kunig/Paetow/Versteyl*, § 4 KrW-/AbfG Rz. 46ff.

54 Die **Grundpflicht zur Verwertung** nach § 7 Abs. 2 KrWG richtet sich **an alle Abfallerzeuger und Abfallbesitzer**. Sie beginnt, sobald der Abfall anfällt und ist dann unverzüglich zu befolgen[1]. Die Abfallverwertung ist vorrangig vor der Abfallbeseitigung (§ 7 Abs. 2 Satz 2 KrWG). Der Vorrang entfällt, wenn die Beseitigung der Abfälle den Schutz von Mensch und Umwelt nach Maßgabe des § 6 Abs. 2 Satz 2 und 3 KrWG am besten gewährleistet (§ 7 Abs. 2 Satz 3 KrWG). Der Vorrang der Verwertung gilt nicht für Abfälle, die „unmittelbar und üblicherweise durch Maßnahmen der Forschung und Entwicklung anfallen" (§ 7 Abs. 3 Satz 4 KrWG). Soweit eine Verwertungspflicht besteht, ist die Verwertung ordnungsgemäß und schadlos durchzuführen (§ 7 Abs. 2 Satz 1 KrWG) und es ist eine den Schutz von Mensch und Umwelt am besten gewährleistende, **hochwertige Verwertung anzustreben** (§ 8 Abs. 1 Satz 3 KrWG). Das Hochwertigkeitsgebot ist als Prinzip der Verwertung anzusehen. § 8 Abs. 1 KrWG beinhaltet ein „Strebsamkeitsgebot", was bedeutet, dass eine hochwertige Verwertungsmaßnahme lediglich anzustreben ist. Zudem ist der Begriff der Hochwertigkeit unbestimmt. Gem. § 8 Abs. 1 Satz 1 KrWG sollen für die Bestimmung der Hochwertigkeit die Kriterien nach § 6 Abs. 2 Satz 2 und 3 KrWG herangezogen werden. Wie bereits dargelegt, sind diese Kriterien sehr unbestimmt und interpretationsoffen. Aufgrund der Unbestimmtheit des Begriffs der Hochwertigkeit und des normierten Strebsamkeitsgebot muss festgestellt werden, dass das Hochwertigkeitsgebot nach § 8 KrWG allenfalls eine Appellfunktion erfüllen kann[2]. Der Begriff der „Hochwertigkeit" ist letztlich sehr schillernd und für die praktische Anwendung in der allgemeinen gesetzlichen Formulierung wenig brauchbar, wenngleich er eine Rechtspflicht begründet, die die Bundesregierung durch eine Rechtsverordnung (§ 8 Abs. 2 KrWG) konkretisieren kann[3]. Jedenfalls wird man darunter wohl eine Verwertungsmaßnahme im Sinne möglichst optimaler Ressourcenschonung verstehen müssen.

55 ◯ **Hinweis:** Wenig greifbar für die anwaltliche Praxis ist – wie aufgezeigt – der Begriff der „Hochwertigkeit" der Verwertung vor allem deshalb, weil die Hochwertigkeit nach dem Gesetz lediglich „anzustreben" ist. Das bedeutet, dass aus dem Postulat der Hochwertigkeit ganz konkrete Rechtspflichten für den Einzelfall wohl nicht abgeleitet werden können. Die Behörde kann also keine angeblich „minderwertige" Verwertungstechnik im Einzelfall verbieten.

56 Soweit eine Verwertung erfolgt, hat sie nach § 7 Abs. 3 KrWG **ordnungsgemäß und schadlos** zu erfolgen. Was in diesem Sinne „ordnungsgemäß" und „schadlos" ist, wird in § 7 Abs. 3 KrWG im Einzelnen definiert. Ordnungsgemäßheit der Verwertung bedeutet danach soviel wie Rechtmäßigkeit, und zwar im Hinblick auf die Vorschriften des Kreislaufwirtschaftsrechts selbst und im Hinblick auf andere öffentlich-rechtliche Vorschriften bezüglich des Verwertungsverfahrens und des aus diesem Verfahren gewonnenen Produkts. Bestandteil der Betrachtung der Ordnungsgemäßheit der Verwertung sind deshalb auch chemikalienrechtliche oder auch gefahrstoffrechtliche Vorschriften[4]. Wann die Verwertung „schadlos" ist, war schon im Immissionsschutzrecht (§ 5 Abs. 1 Nr. 3 BImSchG) stets umstritten. Jedenfalls ist darunter die Umweltverträglichkeit der Verwertung aus kreislaufwirt-

---

1 Vgl. *Jarass/Ruchay/Weidemann* (Hrsg.), § 5 KrW-/AbfG Rz. 27 ff.
2 So auch *Beckmann*, AbfallR 2010 54 (58).
3 *Fluck* (Hrsg.), § 5 KrW-/AbfG Rz. 107 ff. unter Hinweis auf den „Appellcharakter"; ähnlich *Jarass/Ruchay/Weidemann* (Hrsg.), § 5 KrW-/AbfG Rz. 48 ff.
4 OVG Lüneburg v. 21.4.2005 – 7 LC 41/03, UPR 2006, 37 ff.; *Frenz*, § 5 KrW-/AbfG Rz. 63; *Jarass/Ruchay/Weidemann* (Hrsg.), § 5 KrW-/AbfG Rz. 86; *Kunig/Paetow/Versteyl*, § 5 KrW-/AbfG Rz. 26, 27; *Cosson*, in: Giesberts/Reinhardt, BeckOK Umweltrecht, § 5 KrW-/AbfG Rz. 13.

## II. Abfallrecht als Stoffrecht

schaftsrechtlicher Sicht zu verstehen[1]. Die Verhaltenspflicht zur schadlosen Verwertung von Abfällen ist dann verletzt, wenn die nahe liegende Gefahr eines Schadens, also eines Verlustes oder einer Beeinträchtigung konkret geschützter Rechtsgüter droht.

Nach § 7 Abs. 4 KrWG ist die Verpflichtung zur **Abfallverwertung** einzuhalten, soweit dies **technisch möglich und wirtschaftlich zumutbar** ist, insbesondere für einen gewonnenen Stoff oder gewonnene Energie ein Markt vorhanden ist oder geschaffen werden kann. Wann eine Verwertung **wirtschaftlich zumutbar** ist, definiert das Gesetz sogleich selbst in § 7 Abs. 4 Satz 3 KrWG. Wirtschaftlich zumutbar ist eine Verwertung nämlich dann, wenn die mit ihr verbundenen Kosten nicht außer Verhältnis zu den Kosten stehen, die für eine Abfallbeseitigung zu tragen wären. Damit ist ein Kostenvergleich vorgeschrieben, der sich an dem betriebswirtschaftlichen Kostenbegriff orientieren muss[2]. Die zusätzliche Einbeziehung eines betriebswirtschaftlich-ökologisch geprägten Kostenbegriffs ist wegen der schwierigen Erfassung und Quantifizierung solcher „Kosten" rechtsstaatlichen Bedenken ausgesetzt, denn dadurch würde der Norminhalt wohl zu unbestimmt. In der Praxis sind solche Kostenvergleiche mit erheblichen Schwierigkeiten verbunden. Das bezieht sich sowohl auf die Frage, welche Kosten grundsätzlich in einen Kostenvergleich einbezogen werden dürfen als auch auf die Frage, wie tief gehend ein solcher Kostenvergleich sein darf, ob also z.B. auch Kostenvorteile, die aus der Nutzung des „Verwertungsprodukts" erst nach Schaffung eines entsprechenden Marktes realisiert werden können, in den Kostenvergleich einbezogen werden dürfen. Die Einzelheiten können dazu an dieser Stelle nicht dargestellt werden. 57

Die Verwertungspflicht ist auch nur insoweit einzuhalten, wie die Verwertung **technisch möglich** ist. Nach § 5 Abs. 4 KrWG wird die technische Möglichkeit nicht generell definiert, sondern lediglich über ein Beispiel, wonach die Verwertung auch dann technisch möglich ist, wenn hierzu eine Vorbehandlung erforderlich ist (§ 5 Abs. 4 Satz 2 KrWG). Die technische Möglichkeit i.S.v. § 5 Abs. 4 Satz 2 KrWG bezieht sich nicht auf den „Stand der Technik", sondern auf die **Möglichkeit im konkreten Einzelfall**. Ein Verwertungsverfahren muss als praktisch geeignet erscheinen, es muss jedoch praktisch noch nicht erprobt sein. In diesem Zusammenhang wird die „Branchenüblichkeit" bei der Beurteilung eine Rolle spielen. Technisch unmöglich und damit von der Verwertungspflicht ausgeschlossen ist ein Vorgang, der aufgrund nicht verfügbarer Technik oder der Nichteinsetzbarkeit vorhandener Technik zum Verwertungsvorgang im Einzelfall objektiv unmöglich ist[3]. 58

⊃ **Hinweis:** Sofern sich der Anwalt in einem kreislaufwirtschaftlichen Mandat einer solchen Fallgestaltung gegenübergestellt sieht, sollte er, da es in diesen Fällen um Fragen von erheblichem wirtschaftlichen Wert gehen wird, mit Hilfe technischer und/oder betriebswirtschaftlicher Sachverständiger auf den Kostenvergleich erhebliche Mühe verwenden, um so einer durch die Behörde geäußerten Ansicht fundiert entgegentreten zu können. 59

---

1 Dazu im Einzelnen *Jarass/Ruchay/Weidemann* (Hrsg.), § 5 KrW-/AbfG Rz. 88ff.; *Frenz*, § 5 KrW-/AbfG Rz. 66ff.; *Kunig/Paetow/Versteyl*, § 5 KrW-/AbfG Rz. 28; kritisch gegenüber der Begriffspaarung „ordnungsgemäß und schadlos" *Fluck* (Hrsg.), § 5 KrW-/AbfG Rz. 148ff.
2 *Fluck* (Hrsg.), § 5 KrW-/AbfG Rz. 191ff.; *Kunig/Paetow/Versteyl*, § 5 KrW-/AbfG Rz. 37; *Frenz*, § 5 KrW-/AbfG Rz. 117; *Cosson*, in: Giesberts/Reinhardt, BeckOK Umweltrecht, § 5 KrW-/AbfG Rz. 18.
3 Dazu im Einzelnen *Kunig/Paetow/Versteyl*, § 5 KrW-/AbfG Rz. 31, 32; *Jarass/Ruchay/Weidemann* (Hrsg.), § 5 KrW-/AbfG Rz. 37ff.; *Frenz*, § 5 KrW-/AbfG Rz. 118f.; unklar *v. Lersner/Wendenburg*, § 5 KrW-/AbfG Rz. 19.

60 Soweit eine Verwertungspflicht besteht, können Abfälle durch die genannten Verwertungsmaßnahmen verwertet werden (§ 6 Abs. 1 Nr. 2–4 KrWG). Grundsätzlich sind die Verwertungsmaßnahmen **als gleichrangig angelegt** worden (§ 8 Abs. 1 Satz 1 KrWG). Im Einzelfall hat die besser umweltverträgliche Verwertungsart den Vorrang, bei gleichrangigen Maßnahmen besteht ein Wahlrecht (§ 6 Abs. 1 Satz 1 und 2 KrWG). § 8 Abs. 2 KrW-/AbfG enthält eine Verordnungsermächtigung für die Bundesregierung, durch Rechtsverordnung für bestimmte Abfallarten den Vorrang oder Gleichrang einer Verwertungsmaßnahme zu bestimmen. Eine solche Rechtsverordnung existiert bislang nicht. Solange bleibt es also bei den gesetzlichen Kriterien, die allerdings nur sehr allgemein und wenig für den Vollzug tauglich formuliert sind. Vorbehaltlich einer näheren Konkretisierung durch Rechtsverordnung besteht zum jetzigen Zeitpunkt jedenfalls ein Wahlrecht des Abfallerzeugers und Abfallbesitzers zwischen den Verwertungsmaßnahmen[1].

61 Für die **Zulässigkeit der energetischen Verwertung** (nicht aber für die Abgrenzung von thermischer Beseitigung und energetischer Verwertung[2]) gelten außerdem die in § 8 Abs. 3 KrWG festgelegten Voraussetzungen. Danach muss der Heizwert des einzelnen, unvermischten Abfalls mindestens 11 000 kJ/kg betragen. In diesem Fall ist die energetische Verwertung einer stofflichen Verwertung gleichrangig, soweit keine Regelungen durch Rechtsverordnung getroffen worden sind. Der **Heizwert** drückt den Energieinhalt eines einzelnen Brennstoffs aus und wird durch eine direkte Messung in einem Kalorimeter nach Maßgabe der DIN 51708 bestimmt.

62 ⊃ **Hinweis:** Im praktischen Einzelfall wird der Anwalt, wenn er die Voraussetzungen des § 8 Abs. 3 KrWG prüft, seinem Mandanten nahe legen, entsprechende Heizwertanalysen eines Einsatzstoffs einzuholen, sofern diese nicht bereits vorliegen.

### cc) Abfallbeseitigung

63 Abfälle, die nicht verwertet werden, sind so zu beseitigen, dass das Wohl der Allgemeinheit nicht beeinträchtigt wird und dass die Menge und Schädlichkeit der Abfälle vermindert wird (§ 15 Abs. 1 und 2 KrWG). Abfallbeseitigung wird in negativer Abgrenzung zu der Verwertung in § 3 Abs. 26 KrWG definiert. Hiervon umfasst sind auch Vorbereitungen vor der Beseitigung (§ 3 Abs. 22 KrWG), sowie das Bereitstellen, Überlassen, Einsammeln, die Beförderung, die Behandlung, die Lagerung und die Ablagerung von Abfällen zur Beseitigung[3]. Die Behandlung, Lagerung und Ablagerung von Abfällen zur Beseitigung darf nach § 28 Abs. 1 KrWG nur in den dafür zugelassenen Anlagen oder Einrichtungen (Abfallbeseitigungsanlagen) geschehen, darüber hinaus in solchen nach dem BImSchG genehmigungspflichtigen Anlagen, die überwiegend einem anderen Zweck als dem der Abfallbeseitigung dienen[4].

64 Nach § 15 Abs. 2 KrWG ist bei der **Abfallbeseitigung das Wohl der Allgemeinheit zu beachten**. Abfälle sind so zu beseitigen, dass das Wohl der Allgemeinheit nicht beeinträchtigt wird. Das KrWG erläutert das Wohl der Allgemeinheit, wie früher auch schon § 2 Abs. 1 AbfG oder § 10 Abs. 4 KrW-/AbfG, mit einigen Beispielen. Es darf dabei insbesondere die Gesundheit der Menschen nicht beeinträchtigt, Tiere

---

1 Vgl. *Kunig/Paetow/Versteyl*, § 6 KrW-/AbfG Rz. 6; *Fluck* (Hrsg.), § 6 KrW-/AbfG Rz. 81; vgl. auch *Petersen/Rid*, NJW 1995, 7 (11).
2 Vgl. oben Rz. 41 sowie ausführlich *Petersen*, NVwZ 2004, 34 ff. (37) m.w.N.
3 Zur Definition der Teilschritte der Abfallbeseitigung vgl. *Kunig/Paetow/Versteyl*, § 10 KrW-/AbfG Rz. 11 ff.
4 Zu diesem Begriff vgl. ausführlich *Kunig/Paetow/Versteyl*, § 27 KrW-/AbfG Rz. 15 ff. m.w.N.; *Kropp*, in: Giesberts/Reinhardt, BeckOK, § 27 KrW-/AbfG Rz. 30 ff.

## II. Abfallrecht als Stoffrecht

und Pflanzen nicht gefährdet, Gewässer und Boden nicht schädlich beeinflusst werden, es dürfen keine schädlichen Umwelteinwirkungen herbeigeführt oder die Belange der Raumordnung und Landesplanung, des Naturschutzes sowie des Städtebaus beeinträchtigt werden. Auch darf sonst die öffentliche Sicherheit oder Ordnung nicht gefährdet werden. Die Frage, ob das Wohl der Allgemeinheit beeinträchtigt ist, bestimmt sich nach Maßgabe einer Abwägung, bei der durchaus die in § 15 Abs. 2 KrWG genannten Belange gegeneinander abgewogen werden können. Dies entspricht inhaltlich der früheren Regelung in § 10 Abs. 4 KrW-/AbfG. Wie schon zuvor, trifft auch das KrWG über den Wahrscheinlichkeitsgrad, mit dem die Prognose einer Beeinträchtigung des Allgemeinwohls feststehen muss, keine Aussage. Für den praktischen Vollzug wird man an die Gefahrenprognose des Polizei- und Ordnungsrechts anknüpfen können, so dass das Allgemeinwohl jedenfalls dann beeinträchtigt ist, wenn nach allgemeiner Lebenserfahrung und bei Beachtung anerkannter fachlicher Regeln eine Beeinträchtigung als wahrscheinlich vorausgesehen werden kann[1]. Je schutzwürdiger dabei das im Einzelfall relevante Rechtsgut ist, desto geringer muss der Grad einer möglichen Beeinträchtigung sein.

§ 16 KrWG enthält eine Verordnungsermächtigung an die Bundesregierung, entsprechend dem Stand der Technik Anforderungen an die Beseitigung von Abfällen nach Herkunftsbereich, Anfallstelle sowie nach Art, Menge und Beschaffenheit festzulegen. Davon hat die Bundesregierung inzwischen durch den Erlass der **Deponieverordnung** (DepV) Gebrauch gemacht. Die seit 2009 geltende DepV beinhaltet Regelungen über die Errichtung, den Betrieb, die Stilllegung, die Nachsorge, die Überwachung und Kontrolle von Deponien sowie Vorschriften zu der Behandlung und Ablagerung von Abfällen, dem Einsatz von Abfällen zur Herstellung von Deponieersatzbaustoffen und Verwendung von Abfällen als Deponieersatzbaustoffe auf oberirdischen Deponien und zu Anforderungen an Langzeitlager. Anders als noch im KrW-/AbfG wird die Regelung zum Erlass von allgemeinen Regelungen nicht in § 16 KrWG aufgenommen, da sich diese Kompetenz bereits aus Art. 84 Abs. 2 GG ergibt. 65

⊃ **Hinweis:** Die **abfallrechtlichen Grundpflichten**, wie das Gesetz sie formuliert, sind noch immer wenig konkret und im Vollzug oft schlecht greifbar. Zur Konkretisierung der abfallrechtlichen Grundpflichten sehen die gesetzlichen Vorschriften deshalb Verordnungsermächtigungen vor, die oben schon im Einzelnen erwähnt wurden. Diese Verordnungsermächtigungen betreffen oft solche Inhalte des Gesetzes, die bereits im Gesetzgebungsverfahren teilweise stark umstritten waren und im Gesetz selbst deshalb mit solchen Formulierungen überdeckt worden sind, die mehrere Interpretationen zulassen. Die Neigung der Bundesregierung, zur Ausfüllung umstrittener Inhalte des Gesetzes Verordnungen zu erlassen, war zunächst nicht sehr ausgeprägt. So blieb es vor allem in den ersten Jahren der Geltung des KrW-/AbfG bei vielen gesetzlichen Unklarheiten. Die Praxis in der Rechtsanwendung bestätigt diesen Befund, und zwar sowohl auf der Ebene des Verwaltungshandelns als auch auf der Ebene der Verwaltungsgerichte. Entscheidende Zweifelsfragen mussten – mit vielfach unvorhersehbarem Ergebnis – zunächst in der Rechtsprechung geklärt werden. Seit einigen Jahren nimmt die Regelungsdichte jedoch beständig zu. Das ist mindestens auf drei Faktoren zurückzuführen: auf europarechtliche Vorgaben, auf die Klärung wesentlicher Fragen in der Rechtsprechung und sicher auch auf politische Rahmenbedingungen. Dennoch sind weiterhin wichtige Praxisfragen nicht abschließend geregelt und müssen trotzdem für den Einzelfall im Vollzug gehandhabt werden. Das macht nach wie vor die Beson- 66

---

1 Vgl. dazu *Kloepfer*, Umweltrecht, § 20 Rz. 167 ff.; *Kunig/Paetow/Versteyl*, § 10 KrW-/AbfG Rz. 24 ff.; *v. Lersner/Wendenburg*, § 10 KrW-/AbfG Rz. 24 ff.

derheit des anwaltlichen Mandats im Kreislaufwirtschaftsrecht (wie auch im Umweltrecht allgemein) aus.

Für den im Kreislaufwirtschaftsrecht tätigen Anwalt bedeutet das zwangsläufig, dass er sich in der Wahrnehmung seines Mandats mit diesen noch vielfach ungeklärten Zweifelsfragen in der Rechtsanwendung „herumschlagen" muss. Vielfach wird er deshalb zu Beginn seines Mandats nicht in der Lage sein, eine einigermaßen zuverlässige Prognose über die Erfolgsaussichten seines Vorgehens abzugeben. Das ist jedoch nicht nur eine Erschwernis für die Mandatswahrnehmung, sondern manchmal auch eine Chance. Soweit sich nämlich die zuständige Behörde z.B. nicht durch rechtlich z.T. „dubiosen" Merkblätter oder Erlasse vorgesetzter Verwaltungsebenen gebunden fühlt (aber leider **nur** dann), lassen sich unter Vermeidung gerichtlicher Schritte gelegentlich auch einvernehmliche Lösungen erzielen (zur Konsenssuche im verwaltungsrechtlichen Mandat vgl. *Bracher/Redeker*, Teil 1 Kap. A., Rz. 135 ff.).

### b) Spezielle Pflichten für Bioabfälle und Klärschlämme

67 § 11 KrWG enthält Verordnungsermächtigungen für die Bundesregierung und (nachrangig) für die Landesregierungen, im Bereich der Bioabfälle und Klärschlämme durch Rechtsverordnungen Anforderungen zur **Sicherung der ordnungsgemäßen und schadlosen Abfallverwertung** festzulegen. Derartige Anforderungen enthält die Bioabfallverordnung, die auf § 8 KrW-/AbfG a.F. gestützt wurde. Sie enthält Anforderungen an die Aufbringung solcher Stoffe auf landwirtschaftlich, forstwirtschaftlich oder gärtnerisch genutzte Grundstücke[1]. Die Verordnungsermächtigung in § 11 KrWG greift allerdings nicht, weil es sich bei dem landwirtschaftlichen Dünger um ein Produkt handelt, denn Produkte sind dem Anwendungsbereich des KrWG nicht unterstellt[2]. Die Produkteigenschaft dürfte etwa zutreffen auf bestimmte industrielle Nebenprodukte, die in großer Reinheit anfallen (z.B. Carbonatationskalk aus der Zuckerindustrie) und ohne weitere Behandlung oder Aufbereitung zur weiteren Verwendung (z.B. als landwirtschaftlicher Dünger) geeignet sind. Düngemittelrechtliche, also nährstoffseitig begründete Anforderungen bleiben allerdings von der Unterscheidung nach § 11 KrWG unberührt.

### c) Spezielle Pflichten der Anlagenbetreiber

68 In § 13 KrWG sind die speziellen **Pflichten der Betreiber von genehmigungsbedürftigen und nicht genehmigungsbedürftigen Anlagen** nach dem BImSchG geregelt. Das KrWG verweist hier im Hinblick auf die Vermeidungs-, Verwertungs- und Beseitigungspflicht auf die Vorschriften des BImSchG. Nach § 5 Abs. 1 Nr. 3 BImSchG hat der Betreiber immissionsschutzrechtlich genehmigungspflichtiger Anlagen Abfälle zu vermeiden, nicht vermeidbare Abfälle zu verwerten und nicht verwertbare Abfälle ohne Beeinträchtigung des Allgemeinwohls zu beseitigen. Erst wenn die Vermeidung technisch nicht möglich oder nicht zumutbar ist, darf (und muss) der Betreiber immissionsschutzrechtlich genehmigungspflichtiger Anlagen entstandene Abfälle verwerten bzw. nachrangig ohne Beeinträchtigung des Allgemeinwohls beseitigen. Insofern sind die Pflichten der Anlagenbetreiber wieder

---

1 BGBl. I 1998, 2955; s. ausführlich dazu *Bergs*, AbfallR 2003, 80 ff. mit Darstellung der Bezüge zum Klärschlamm- und Düngerecht.
2 Vgl. *Kunig/Paetow/Versteyl*, § 8 KrW-/AbfG Rz. 10 ff.; *Frenz*, § 8 KrW-/AbfG Rz. 6 ff., 9 ff.; auch sog. Wirtschaftsdünger (Legaldefinition in § 2 Nr. 2 DüngeG) – also z.B. Gülle oder Jauche – dürfte nach Maßgabe des in § 3 Abs. 1 KrWG enthaltenen Abfallbegriffs zumeist Abfall (zur Verwertung) sein, vgl. *Frenz*, § 8 KrW-/AbfG Rz. 6 ff., 9 ff.

deckungsgleich mit den „allgemeinen" Pflichten des KrWG, die für die gemeinwohlverträgliche Abfallbeseitigung in §§ 15 und 16 KrWG geregelt sind.

↻ **Hinweis:** Auch im Anlagenbereich sind die über § 13 KrWG geregelten abfallwirtschaftsrechtlichen Pflichten für den Vollzug wenig griffig. Gerade im Bereich des Anlagenbetriebs gibt es allerdings Überwachungsansätze der Länderbehörden, die durchaus auch im Rahmen anwaltlicher Mandate ganz konkreten Handlungsbedarf auslösen. So prüfen z.B. die Länderbehörden, ob die Betreiber immissionsschutzrechtlich genehmigungspflichtiger Anlagen ihren Abfallvermeidungs- oder Verwertungspflichten nachkommen. Z.T. geschieht dies sogar im Rahmen landesweit angelegter Vollzugsprogramme[1]. Die Behörden selbst oder die von ihnen Beauftragten (vgl. §§ 47 KrWG, 52 BImSchG) legen den Unternehmen je nach dem Industriezweig einen speziell darauf bezogenen Fragenkatalog vor. 69

Vor allem dann, wenn nicht die Behörde selbst, sondern ein von ihr Beauftragter die Überprüfung des Unternehmens vornimmt, kann der Fragenkatalog durchaus auch zum Teil „ausforschende" Fragen beinhalten, die entweder bis tief hinein in den Produktionsprozess gehen oder auch Sachbereiche betreffen, die mit dem konkreten Prüfauftrag nichts zu tun haben. Auch kommt es vor, dass die Prüfer dem Unternehmen nicht nur wohlmeinende Ratschläge geben, wie dieser oder jener Stoff zu vermeiden oder zu verwerten wäre. Das wird für den Mandanten (z.B. ein Unternehmen) spätestens dann ärgerlich, wenn diese Hinweise technisch oder rechtlich problematisch oder gar falsch sind und dennoch als Anknüpfungspunkt für die weitere behördliche Anlagenüberwachung dienen sollen.

In solchen Fällen ist auch der Anwalt aufgefordert, dem entgegenzutreten. Erweist sich das Vorgehen des beauftragten Prüfers nach dem Prüfungsauftrag als überzogen oder nicht sachgerecht, wird die Behörde den Prüfer entsprechend anweisen. Teilt sie die Auffassung des Unternehmens bzw. des Anwalts nicht, wird sie das Unternehmen auf der Basis der §§ 52 BImSchG, 47 KrWG auffordern, die gewünschten Auskünfte vollständig zu erteilen. Solche Aufforderungen im Einzelfall sind – anders als die Wahrnehmung der allgemeinen Überwachung nach den Vorschriften der §§ 47 KrWG, 52 BImSchG – Verwaltungsakte[2] und deshalb mit dem Widerspruch und der verwaltungsgerichtlichen Anfechtungsklage angreifbar[3].

**4. Abfallwirtschaftliche Bedeutung der Gewerbeabfallverordnung**

Seit dem 1.1.2003 gilt die „Verordnung über die Entsorgung von gewerblichen Siedlungsabfällen und von bestimmten Bau- und Abbruchabfällen" (GewAbfV). Die Verordnung ist eine Reaktion auf das Urteil des BVerwG vom 15.6.2000, mit dem Abfallgemische entgegen einer bis dahin verbreiteten Auffassung nicht als grundsätzlich überlassungspflichtige Abfälle zur Beseitigung eingeordnet wurden[4]. Die 70

---

1 Instruktiv dazu der Beitrag von *Bartholot/Neuhaus/Stark*, Die Betreiberpflicht zur Vermeidung und Verwertung von Abfällen aus genehmigungsbedürftigen Anlagen nach dem BImSchG, Immissionsschutz 2000, 108 ff.
2 *Kunig/Paetow/Versteyl*, § 40 KrW-/AbfG Rz. 29; *Frenz*, § 40 KrW-/AbfG Rz. 16.
3 Zur Einordnung der allgemeinen Überwachung als schlichtes Verwaltungshandeln vgl. im Übrigen VGH Mannheim v. 28.11.2000 – 10 S 1375/99, UPR 2001, 272 ff.; v. 30.3.2001 – 10 S 1184/00, UPR 2001, 278 ff.
4 Vgl. die Begründung des Regierungsentwurfs der GewAbfV, dort Ziffer I.2, abgedruckt bei *Fluck/Kaminsky*, in Fluck (Hrsg.), Kreislaufwirtschaftsrecht, Einführung GewAbfV (Gliederungsziffer 720); vgl. auch das in Bezug genommene Urteil des BVerwG v. 15.6.2000 – 3 C 4.00, NVwZ 2000, 1178 f.

GewAbfV ist konzipiert als ein im Ergebnis abfallwirtschaftlich lenkendes Instrument, dessen Erlass auch abfallwirtschaftlich motiviert war. Ziel war es, mit der GewAbfV für eine stärkere Auslastung der Entsorgungsinfrastruktur der öffentlich-rechtlichen Entsorgungsträger zu sorgen[1]. Entsprechend dieser Zielsetzung war die GewAbfV von Anfang an sehr umstritten. Mindestens eine „beseitigungsorientierte" Auslegung der GewAbfV durch die Vollzugsbehörden würde auch auf gravierende europarechtliche Bedenken stoßen[2].

Die GewAbfV gilt, wie sich aus § 1 GewAbfV ergibt, für die Verwertung und Beseitigung von gewerblichen Siedlungsabfällen sowie von bestimmten Bau- und Abbruchabfällen sowie weiteren Abfällen, die im Anhang der Verordnung aufgeführt sind. Sie gilt nicht für die diesen Abfallgruppen nicht zuzuordnenden Abfälle, auch soweit sie aus gewerblichen Herkunftsbereichen stammen. Sie gilt ferner nicht für die Abfälle aus Haushaltungen[3]. Nach § 3 GewAbfV trifft die Erzeuger und Besitzer gewerblicher Siedlungsabfälle eine Pflicht, bestimmte **Abfälle getrennt zu halten**, zu lagern, einzusammeln, zu befördern und einer Verwertung zuzuführen. Diese Pflicht entfällt, soweit die Abfälle einer Vorbehandlungsanlage zugeführt werden und gewährleistet ist, „dass sie dort in weitgehend gleicher Menge und stofflicher Reinheit wieder aussortiert und einer stofflichen oder energetischen Verwertung zugeführt werden" (vgl. § 3 Abs. 2 GewAbfV). Ebenfalls entfällt die Pflicht zur Getrennthaltung, soweit diese „unter Berücksichtigung der besonderen Umstände des Einzelfalles technisch nicht möglich oder wirtschaftlich nicht zumutbar ist, insbesondere aufgrund einer geringen Menge oder hoher Verschmutzung ist" (§ 3 Abs. 3 GewAbfV). § 3 Abs. 8 GewAbfV schreibt den Abfallerzeugern und Abfallbesitzern vor, gefährliche Abfälle (zu dieser Definition vgl. § 3 Abs. 1 AVV) von anderen Abfällen jeweils getrennt zu halten, zu lagern, einzusammeln, zu befördern und einer ordnungsgemäßen Verwertung oder Beseitigung zuzuführen. Hierbei ist es also nicht möglich, die Abfälle gemischt zu erfassen.

71 Gewerbliche Siedlungsabfälle sowie Bau- und Abbruchabfälle nehmen häufig den Weg in Vorbehandlungsanlagen, in denen sie durch Sortierung, Zerkleinerung, Verdichtung oder andere Verfahren behandelt werden (zur Definition einer Vorbehandlungsanlage vgl. § 2 Nr. 3 GewAbfV). Nach Maßgabe des § 3 GewAbfV kann in einem solchen Fall die Getrennthaltungspflicht entfallen. Allerdings dürfen nach § 4 GewAbfV einem solchen Gemisch aus gewerblichen Siedlungsabfällen nur bestimmte Abfallarten zugeführt werden, die in § 4 Abs. 1 Satz 1 Nr. 1 und 2 GewAbfV aufgeführt sind. Die Abfallerzeuger und Abfallbesitzer solcher Abfälle haben nach § 4 Abs. 1 Satz 2 GewAbfV Sorge dafür zu tragen, dass andere als die genannten Abfälle dem Abfallgemisch nicht zugeführt werden. Die Tatsache, dass die Verordnung hier auch die Verpflichtung zur Minimierung von Fehlwürfen nennt, macht deutlich, dass das Vorhandensein von „Störstoffen" als solches ein Abfallgemisch noch nicht zu einem Abfall zur Beseitigung macht[4]. § 5 GewAbfV normiert **Anforderungen an Vorbehandlungsanlagen** für gewerbliche Siedlungsabfälle bzw. Bau- und Abbruchabfälle. In der Anlage dürfen solche Abfälle nicht mit anderen Abfällen vermischt werden, und die Anlage ist so zu betreiben, dass eine **Verwertungsquote** von min-

---

1 Vgl. das „Hintergrundpapier" der Bundesregierung nach der Kabinettsentscheidung zur GewAbfV vom 15.5.2000, in Auszügen abgedruckt bei *Fluck/Kaminsky*, in: Fluck (Hrsg.), Kreislaufwirtschaftsrecht, Einführung GewAbfV (Gliederungsziffer 720).
2 Vgl. *Dieckmann*, AbfallR 2003, 15 ff.; *Reese*, Die Gewerbeabfallverordnung, in: Dokumentation zur Sondertagung der Gesellschaft für Umweltrecht e.V., 2003, 42 ff.; aus europarechtlicher Sicht kritisch zur GewAbfV *Frenz*, WiVerw 2003, 33 (47 ff.).
3 Vgl. BVerwG v. 27.6.2006 – 7 C 10/05, NVwZ-RR 2006, 638 zur Einordnung von Abfällen aus einer Seniorenwohnanlage (Betreutes Wohnen) als Abfälle aus privaten Haushaltungen; vgl. zu diesem Begriff auch die Begriffsbestimmung in § 2 Nr. 2 GewAbfV.
4 VG Frankfurt/Oder v. 30.4.2003 – 7 L 759/02, AbfallR 2003, 257; vgl. dazu auch *Teufel*, AbfallR 2004, 85 f.

## II. Abfallrecht als Stoffrecht

destens 85 Masseprozent als Mittelwert im Kalenderjahr erreicht wird (§ 5 Abs. 1 GewAbfV). Übergangsregelungen, nach denen vorübergehend lediglich eine Verwertungsquote von 65 Masseprozent bzw. 75 Masseprozent als Mittelwert im Kalenderjahr zu erreichen waren, sind inzwischen durch Zeitablauf gegenstandslos geworden. § 6 GewAbfV enthält eine Regelung für gemischte gewerbliche Siedlungsabfälle, die einer energetischen Verwertung zugeführt werden. Dies darf ohne vorherige Vorbehandlung nur geschehen, wenn in dem Gemisch Glas, Metalle, mineralische Abfälle und bestimmte biologisch abbaubare Abfälle wie Küchen- und Kantinenabfälle oder Garten- und Parkabfälle nicht enthalten sind. Durch organisatorische Maßnahmen hat der Abfallerzeuger und -besitzer für eine Minimierung von Fehlwürfen Sorge zu tragen. Auch hier gilt daher, dass die Existenz von „Störstoffen" als solche ein Gemisch noch nicht insgesamt zu einem Abfall zur Beseitigung macht[1]. Anforderungen zur Getrenntaltung und Anforderungen an die Vorbehandlung von Bau- und Abbruchabfällen sind in § 8 GewAbfV enthalten. Die Regelungen werden insgesamt ergänzt durch zahlreiche Kontrollregelungen (§ 9 GewAbfV), durch die Pflicht zur Führung eines Betriebstagebuchs (§ 10 GewAbfV) und durch immerhin 13 neue Bußgeldtatbestände (§ 11 GewAbfV).

Eine besondere Rolle hinsichtlich der praktischen Bedeutung der Regelung kommt der in § 7 Satz 4 GewAbfV enthaltenen Regelung zu, wonach die Erzeuger und Besitzer gewerblicher Siedlungsabfälle, die nicht verwertet werden, Abfallbehälter des öffentlich-rechtlichen Entsorgungsträgers nach dessen näheren Festlegungen zu nutzen haben. Mindestens muss nach dieser Regelung ein Behälter – die sog. **„Pflichtrestmülltonne"** – vorgehalten werden. Besonders diese Regelung, die erst im Vermittlungsausschussverfahren in die GewAbfV Eingang gefunden hat, hat die Rechtsprechung bisher beschäftigt. Das BVerwG hat durch zwei Urteile vom 17.2.2005 zum KrW-/AbfG a.F. Klarheit über Inhalt und Reichweite dieser Pflicht zur Vorhaltung der sog. „Pflichtrestmülltonne" geschaffen. Das BVerwG betont, dass die Behälternutzungspflicht nach § 7 Satz 4 GewAbfV nicht im Widerspruch zu § 13 Abs. 1 Satz 2 KrW-/AbfG a.F. stehen darf, der eine Überlassungspflicht nur für Erzeuger und Besitzer von Abfällen zur Beseitigung kennt. Auch darf durch § 7 Satz 4 GewAbfV nicht der europarechtliche Vorrang der Verwertung (heute Art. 4 Abs. 1 RL 2008/98/EG) unterlaufen werden. Deshalb legt das BVerwG § 7 Satz 4 GewAbfV gesetzeskonform aus und reduziert seinen Anwendungsbereich auf die Erzeuger und Besitzer gewerblicher Siedlungsabfälle zur Beseitigung. Nur sie sind zur Nutzung einer „Pflichtrestmülltonne" verpflichtet. Haben Abfallerzeuger oder -besitzer keine Abfälle zur Beseitigung, gilt die Verpflichtung zur Nutzung der „Pflichtrestmülltonne" nicht. Allerdings müssen diese Abfallerzeuger bzw. Abfallbesitzer, wenn sie geltend machen, dass bei ihnen keine Abfälle zur Beseitigung anfallen, dies im Einzelfall auch nachweisen, was im Regelfall nicht möglich sein wird[2]. In diesem Sinne versteht das BVerwG § 7 Satz 4 GewAbfV als eine reine Vollzugsbestimmung, die nur sicherstellen soll, dass die Überlassungspflicht in der Praxis umfassend durchgesetzt wird[3]. Diese Annahmen sind auf die Regelungen des

72

---

1 Vgl. erneut VG Frankfurt/Oder v. 30.4.2003 – 7 L 759/02, AbfallR 2003, 257; vgl. aber auch VGH Mannheim v. 26.7.2011 – 10 S 1368/10, BeckRS 2011, 53012 zur Einordnung eines Gemischs (insgesamt) als Abfall zur Beseitigung, wenn mehr als nur Störstoffe darin enthalten sind.
2 Vgl. OVG Münster v. 4.7.2007 – 14 A 2682/04, AbfallR 2007, 186; VG Köln v. 27.4.2010 – 14 K 5915/08.
3 BVerwG v. 17.2.2005 – 7 C 25.03, NVwZ 2005, 693 ff. = DVBl 2005, 711 ff. und v. 17.2. 2005 – 7 CN 6.04, NVwZ 2005, 695 ff.; ferner BVerwG v. 1.12.2005 – 10 C 4/04, NVwZ 2006, 589 ff. (591 ff.); vgl. bereits zum Nachweis, dass keine Abfälle zur Beseitigung anfallen, VG Minden v. 14.7.2004 – 3 K 2815/03 (*www.nrwe.de*) für den Fall gebrauchter Inkontinenzartikel aus gewerblichen Herkunftsbereichen – Alten- und Pflegeheim – zur energetischen Verwertung.

KrWG übertragbar. Für die Anwaltspraxis heißt dies noch umso mehr, dass der Anwalt in einem solchen Fall möglichst frühzeitig detaillierte Angaben zum Verwertungsweg der Abfälle sammeln muss.

73 Keine Bedeutung haben die Vorschriften der GewAbfV in den Fällen **grenzüberschreitender Abfallverbringung**, die sich ausschließlich nach Maßgabe der EG-Abfallverbringungsverordnung 1013/2006 richten. Das bedeutet für den Fall z.B. des Abfallexports gewerblicher Siedlungsabfälle zur Verwertung, dass entsprechende Verbringungen nicht mit dem Hinweis untersagt werden dürfen, nach Maßgabe der GewAbfV sei die Verbringung nicht zuzulassen. Insbesondere können die strengen Regelungen der GewAbfV etwa im Bereich der Verwertungsquote von 85 % nicht zur Grundlage einer Einwandserhebung bzw. Untersagung der Verbringung gemacht werden. Denn Art. 11 Abs. 1 der EG-Abfallverbringungsverordnung ergibt dafür keinen zulässigen Einwandsgrund[1].

## 5. Überlassungspflichten, Entsorgungszuständigkeiten

74 Die oben (Rz. 38 ff.) dargestellte Abgrenzung zwischen Abfällen zur Verwertung und Abfällen zur Beseitigung hat auch Einfluss auf die **Reichweite der abfallrechtlichen Überlassungspflichten**. Das Gesetz trennt nämlich bei der Regelung der Überlassungspflichten in § 17 KrWG zwischen Abfällen, die zur Verwertung bestimmt sind, und solchen, die beseitigt werden (müssen).

### a) Abfälle aus privaten Haushaltungen

75 Nach § 17 Abs. 1 Satz 1 KrWG sind Erzeuger und Besitzer von **Abfällen aus privaten Haushaltungen**[2] nicht selbst zur Entsorgung verpflichtet (und berechtigt). Vielmehr müssen sie diese Abfälle den nach Landesrecht zur Entsorgung verpflichteten juristischen Personen (öffentlich-rechtlichen Entsorgungsträgern) überlassen, soweit sie zu einer Verwertung auf den von ihnen im Rahmen ihrer privaten Lebensführung genutzten Grundstücken nicht in der Lage sind oder diese nicht beabsichtigen. Die Regelung steht in der Tradition des § 3 Abs. 1 AbfG 1986; auch nach dieser Bestimmung waren Abfälle grundsätzlich der entsorgungspflichtigen Körperschaft zu überlassen. Nach § 17 Abs. 1 Satz 1 KrWG gilt das allerdings nicht uneingeschränkt. Abfälle aus privaten Haushaltungen sind solche, die regelmäßig im Rahmen der üblichen Lebensführung in Haushaltungen anfallen. Dazu gehören z.B. **Küchenabfälle**, aber auch unbrauchbare **Haushaltsgeräte** aus dem Freizeitbereich oder dem Bereich der **Gartenarbeit** ebenso wie **Sperrmüll**, nicht aber sog. Bauabfälle[3]. Diese Abfälle sind dem öffentlich-rechtlichen Entsorgungsträger nach § 17 Abs. 1 Satz 1 KrWG zu überlassen. Wer öffentlich-rechtlicher Entsorgungsträger ist, wird nach dem jeweiligen Landesrecht bestimmt. Zumeist sind dies die Kreise bzw. kreisfreien Städte. Für einzelne Schritte der Abfallentsorgung können in den Ländern auch die kreisangehörigen Städte und Gemeinden zuständig sein[4].

---

1 Zutreffend bereits *Dieckmann*, AbfallR 2002, 20 ff. [22]; *Fluck/Kaminsky*, in: Fluck (Hrsg.), Kreislaufwirtschaftsrecht, Einführung GewAbfV (Gliederungsziffer 720), Rz. 69 ff.; vgl. auch OVG Münster v. 4.3.2005 – 14 A 347/04 (*www.nrwe.de*) zum fehlenden Abstimmungsbedürfnis zwischen der für eine Zustimmung nach Art. 7 EG-Abfallverbringungsverordnung zuständigen Behörde und dem örtlichen öffentlich-rechtlichen Entsorgungsträger im Hinblick auf das Bestehen oder Nichtbestehen einer Überlassungspflicht; vgl. zum Diskussionsstand auch *Prelle/Thärichen*, AbfallR 2005, 76 ff. m.w.N.
2 Hierzu gehören auch Abfälle aus Ferienhausanlagen und Seniorenwohnanlagen, vgl. BVerwG v. 7.8.2008 – 7 C 51.07, DVBl 2008, 1310 f. Rz. 10 f. m.w.N.
3 Vgl. *Jarass/Ruchay/Weidemann* (Hrsg.), § 13 KrW-/AbfG Rz. 60; *Kunig/Paetow/Versteyl*, § 13 KrW-/AbfG Rz. 14; *Frenz*, § 13 KrW-/AbfG Rz. 24.
4 S. z.B. die nordrhein-westfälische Regelung in § 5 Abs. 1, 6, 9 LAbfG NW.

## II. Abfallrecht als Stoffrecht

Die Überlassungspflicht besteht nicht für solche Abfälle aus privaten Haushaltungen, die der Erzeuger oder Besitzer auf dem von ihm im Rahmen seiner privaten Lebensführung genutzten Grundstück **verwerten kann oder zu verwerten beabsichtigt**. Die Verwertung ist somit auf das eigene Grundstück beschränkt. Die Verwertung muss auf Grundstücken stattfinden, die von den privaten Haushaltungen im Rahmen ihrer privaten Lebensführung, z.B. zur Erholung oder gärtnerischen Betätigung, genutzt werden. Ein Grundstück, das für die Verwertung der Abfälle angemietet oder erworben wird, wird somit von § 17 Abs. 1 Satz 1 KrWG nicht eingeschlossen[1]. Sofern sich der Abfallerzeuger oder Abfallbesitzer auf die Möglichkeit und/oder Absicht einer Verwertung beruft, um der Überlassungspflicht zu entgehen, wird die zuständige Behörde oder der öffentlich-rechtliche Entsorgungsträger dies in der Praxis auf **Plausibilität** prüfen. Wenn das Gesetz die Überlassungspflicht auch dann entfallen lässt, wenn eine Verwertung beabsichtigt ist, so räumt es damit im Ergebnis dem Abfallerzeuger bzw. Abfallbesitzer ein **Wahlrecht** ein, ob er die Abfälle **selbst verwertet** oder sie dem öffentlich-rechtlichen Entsorgungsträger **überlässt**[2]. Die bundesrechtlich vorgegebene Rechtslage im Hinblick auf ein Entfallen der Überlassungspflicht müssen die Länder und auch die Kommunen in ihren Regelungen berücksichtigen. Die Vorschriften des Landesrechts und der kommunalen Satzungen über den Anschluss- und Benutzungszwang müssen auch Ausnahmetatbestände enthalten für solche Abfälle aus privaten Haushaltungen, die vom Abfallerzeuger selbst verwertet werden (sollen)[3].

**Beispiel:**

In einem Privathaushalt, der über ein Einfamilienhaus mit Garten verfügt, entstehen sowohl Nahrungsreste als auch Gartenabfälle. Der Abfallerzeuger möchte beides selbst auf seinem Grundstück kompostieren. Es steht allerdings auch eine Biotonne des öffentlich-rechtlichen Entsorgungsträgers zur Verfügung. Die zuständige Behörde fordert die Überlassung beider Abfälle an den öffentlich-rechtlichen Entsorgungsträger und stützt sich dabei auf § 17 Abs. 1 Satz 1 KrWG i.V.m. mit den satzungsrechtlichen Vorschriften. Was die Gartenabfälle angeht, wird die Behörde mit dieser Verfügung auf einen entsprechenden Rechtsbehelf des Abfallerzeugers wohl keinen Erfolg haben, denn solche hausgartentypischen Abfälle können üblicherweise auch ordnungsgemäß und schadlos auf dem Hausgrundstück kompostiert werden. Hierfür muss eine Ausnahme bzw. Befreiungsmöglichkeit vom Anschluss- und Benutzungszwang vorgesehen sein. Anders könnte es aber hinsichtlich der Nahrungsreste aussehen, sofern damit ein drohender Ungezieferbefall verbunden sein kann[4].

### b) Abfälle zur Beseitigung aus anderen Herkunftsbereichen

Nach § 17 Abs. 1 Satz 2 KrWG gilt die **Überlassungspflicht** auch für Erzeuger und Besitzer von **Abfällen zur Beseitigung aus anderen Herkunftsbereichen**, soweit sie diese nicht in eigenen Anlagen beseitigen. Die Befugnis zur Beseitigung in eigenen Anlagen besteht nicht, soweit die Überlassung der Abfälle an den öffentlich-rechtlichen Entsorgungsträger aufgrund überwiegender öffentlicher Interessen erforderlich ist (§ 17 Abs 1 Satz 3 KrWG). Mit Abfällen aus „anderen Herkunftsbereichen" meint das Gesetz alle Abfälle, die ihrer Herkunft nach nicht aus privaten Haushaltungen stammen, also z.B. solche aus **Industrie und Gewerbe**, aus **Geschäftsräumen**

---

1 Vgl. Gesetzesentwurf der Bundesregierung vom 30.3.2011, zu § 17, 203.
2 *Kunig/Paetow/Versteyl*, § 13 KrW-/AbfG Rz. 18; *Jarass/Ruchay/Weidemann* (Hrsg.), § 13 KrW-/AbfG Rz. 62.
3 Vgl. dazu *Schink*, NVwZ 1997, 435 (437); *Kunig/Paetow/Versteyl*, § 13 KrW-/AbfG Rz. 19.
4 Vgl. OVG Münster v. 10.8.1998 – 22 A 5429/96, NVwZ 1999, 91 f. = DVBl 1998, 1234 ff.; vgl. auch OVG Münster v. 14.6.1995 – 22 A 2424/94, NVwZ-RR 1996, 80 f.; s. ferner BVerwG v. 27.6.1996 – 7 B 94.96, NVwZ 1996, 1010.

oder **Infrastruktureinrichtungen** (z.B. Krankenhäusern, Schulen o.Ä.), ungeachtet der Eigenschaften dieser Abfälle[1]. Die aus § 17 Abs. 1 Satz 2, 3 KrWG folgende Überlassungspflicht reicht so weit, wie es sich bei diesen Abfällen aus anderen Herkunftsbereichen um Abfälle zur Beseitigung handelt. Das Gesetz sieht **keine Überlassungspflicht für Abfälle zur Verwertung** aus anderen Herkunftsbereichen als aus Haushaltungen vor. Auch hier kommt es also wieder auf die Abgrenzung zwischen Abfällen zur Verwertung und Abfällen zur Beseitigung an (vgl. dazu oben Rz. 38 ff.).

79 Die Überlassungspflicht für nicht-häusliche Abfälle zur Beseitigung entfällt jedoch unter Umständen bei der sog. „**Eigenbeseitigung**". Sehr umstritten ist in diesem Zusammenhang die Frage, was unter einer „eigenen Anlage" zu verstehen ist. Der Begriff deutet auf einen zivilrechtlichen Maßstab hin. Er war – zumal in Zeiten zu großer Entsorgungskapazitäten der öffentlich-rechtlichen Entsorgungsträger – in der Praxis immer wieder Gegenstand von Versuchen der öffentlich-rechtlichen Entsorgungsträger und der Behörden, in eher zielorientierter Weise zur Auslastung öffentlicher Entsorgungsanlagen eine einschränkende Interpretation zu fordern[2]. Das wird der im abfallrechtlichen Mandat tätige Anwalt in geeigneten Fällen schnell feststellen.

**Beispiel:**

80 Eine eigene Anlage soll danach nur vorliegen, wenn sie im Alleineigentum des Abfallerzeugers bzw. Abfallbesitzers steht und sich im räumlichen Zusammenhang mit dem Ort der Abfallentstehung befindet.

81 Dem Gesetz lässt sich für diese einschränkende Interpretation des Begriffs „eigene Anlage" indes nichts entnehmen[3]. Die verwaltungsgerichtliche Rechtsprechung hat sich dazu bisher noch nicht abschließend äußern müssen[4]. Nach wohl überwiegender Auffassung wird man eine „**eigene Anlage**" mindestens dann annehmen müssen, wenn der Abfallerzeuger oder Abfallbesitzer aufgrund einer **zivilrechtlich begründeten Rechtsposition** die Befugnis hat, seinem Verantwortungskreis unterfallende Abfälle dort zu beseitigen. Auf die öffentlich-rechtliche Betreibereigenschaft kommt es im Zuge dieser Bewertung nicht an, denn die Betreibereigenschaft hat allenfalls Einfluss auf anlagenrechtliche, nicht aber auf stoffrechtliche Zusammenhänge[5]. Zu eng ist nach der wohl h.M. vor allem die Auffassung, es müsse sich um eine im (Allein-)Eigentum des Abfallerzeugers oder Abfallbesitzers stehende Anlage oder jedenfalls um eine solche Anlage handeln, an der ein auf gesellschaftsrechtlichen Positionen begründetes Mitbenutzungsrecht besteht. Nicht einmal ein

---

1 VG Düsseldorf v. 11.3.1997 – 17 L 1216/97, NVwZ-RR 1997, 347; VG Berlin v. 4.6.1997 – 10 A 88/97, NVwZ 1997, 1032; *Kunig/Paetow/Versteyl*, § 13 KrW-/AbfG Rz. 20; *Frenz*, § 13 KrW-/AbfG Rz. 24; *Jarass/Ruchay/Weidemann* (Hrsg.), § 13 KrW-/AbfG Rz. 72.
2 Für diese Position im Schrifttum vgl. *Queitsch*, UPR 1995, 412 (416); *Arndt/Walter*, WiVerw 1997, 183 (210 ff., 216).
3 Deutlich *Kunig/Paetow/Versteyl*, § 13 KrW-/AbfG Rz. 21 f.; *Giesberts*, in: Giesberts/Reinhardt, BeckOK Umweltrecht, § 13 KrW-/AbfG, Rz. 22 ff.; *Frenz*, § 13 KrW-/AbfG Rz. 44 ff. (49 ff.).
4 Offenlassend bei einer (nur) vertraglichen Rechtsposition des Nutzers einer Anlage z.B. OVG Münster v. 25.6.1998 – 20 B 1424/97, NVwZ 1998, 1207 (1210); verneinend bei vertraglicher Rechtsposition z.B. VG Regensburg v. 10.11.1997 – RN 13 K 97993, NVwZ 1998, 431; VG Sigmaringen v. 26.1.1998 – 3 K 1517/96, NVwZ 1998, 429; ähnlich BayObLG v. 18.5.1998 – 3 ObOWi 54/98, NVwZ 1998, 1220.
5 Vgl. *Fluck* (Hrsg.), § 13 KrW-/AbfG Rz. 100; *Frenz*, § 13 KrW-/AbfG Rz. 49 ff.; *Kunig/Paetow/Versteyl*, § 13 KrW-/AbfG Rz. 21 f.; *Bartram/Schade*, UPR 1995, 253 (255); eher restriktiv *Jarass/Ruchay/Weidemann* (Hrsg.), § 13 KrW-/AbfG Rz. 82 ff.; *Giesberts*, in: Giesberts/Reinhardt, BeckOK Umweltrecht, § 13 KrW-/AbfG Rz. 22 ff.; gänzlich restriktiv zum Begriff der „eigenen Anlage" i.S.v. Alleineigentum äußert sich *Queitsch*, UPR 1995, 412 (416); ähnlich *Arndt/Walter*, WiVerw 1997, 183 (210 ff., 216).

räumlicher Zusammenhang zwischen dem Ort der Abfallentstehung und der „eigenen Anlage" kann gefordert werden, wie sich aus § 17 Abs. 1 KrWG ergibt. Für derartige einschränkende Interpretationsansätze gibt das Gesetz nichts her. Handelt es sich nach allem um eine „eigene Anlage" des Abfallerzeugers oder Abfallbesitzers, kann die Überlassungspflicht auch für Abfälle zur Beseitigung aus anderen Herkunftsbereichen als aus Haushaltungen entfallen.

Die Überlassungspflicht entfällt aber dann nicht, wenn **überwiegende öffentliche** 82
**Interessen** die Überlassung der Abfälle an den öffentlich-rechtlichen Entsorgungsträger erfordern (§ 17 Abs. 1 Satz 3 KrWG). Das Gesetz schweigt dazu, welche öffentlichen Interessen hier gemeint sind und wer darüber zu entscheiden hat, ob sie vorliegen. Neben originär abfallwirtschaftlichen Interessen (vgl. die Gemeinwohlumschreibung in § 15 Abs. 2 KrWG) können wohl auch Interessen der öffentlich-rechtlichen Entsorgungsträger an der Auslastung vorhandener Abfallbeseitigungsanlagen als „überwiegende öffentliche Interessen" grundsätzlich in Betracht kommen; auch dies ist aber höchst umstritten[1]. Dafür genügt indes nicht, dass der öffentlichrechtliche Entsorgungsträger sein öffentliches Interesse selbst bestimmt. Für eine solche „Selbstdefinition" eines öffentlichen Interesses durch den öffentlich-rechtlichen Entsorgungsträger enthält das KrWG keine Grundlage, denn es ist nichts dafür erkennbar, dass der Bundesgesetzgeber dies als „öffentliches Interesse" anerkennen wollte[2]. Dies müsste vielmehr im Wege eines Landesgesetzes oder einer landesrechtlichen Rechtsverordnung zuvor als „öffentliches Interesse" im Wege der Normgebung anerkannt oder wenigstens durch die zuständige Behörde so definiert worden sein[3].

**Beispiel:**
Die Möglichkeit der behördlichen Definition eines öffentlichen Interesses an der Auslas- 83
tung öffentlich betriebener Anlagen muss ein zwiespältiges Bild hervorrufen. In der Praxis wird in solchen Fällen nämlich oft harte Interessenpolitik gemacht. Das zeigt das folgende reale Praxisbeispiel: Ein Kreis als öffentlich-rechtlicher Entsorgungsträger betreibt eine lange Zeit nicht ausgelastete Behandlungsanlage für Hausmüll und hausmüllähnliche Gewerbeabfälle. Kreisintern zuständig ist dafür ein Eigenbetrieb des Kreises. Der Werkleiter dieses Eigenbetriebs ist zugleich Leiter des Abfallwirtschaftsamtes der Kreisverwaltung. Praktisch vereinigt er damit die Funktionen des öffentlich-rechtlichen Entsorgungsträgers und der zuständigen Abfallwirtschaftsbehörde in Personalunion auf sich. In einer solchen Konstellation mutet es ausgesprochen merkwürdig an, wenn die Abfallwirtschaftsbehörde durch ihren Amtsleiter im Wege einer abfallrechtlichen Verfügung ein öffentliches Interesse an der Auslastung derjenigen Anlage formuliert, die durch denselben Kreisbediensteten verantwortlich geleitet wird. Eine stark **interessengeleitete Rechtsanwendung** liegt auf der Hand.

Wenn ein öffentliches Interesse an einer Überlassung von Abfällen an den öffent- 84
lich-rechtlichen Entsorgungsträger grundsätzlich besteht, ist allein damit aber noch nichts darüber gesagt, ob dieses öffentliche Interesse das private Interesse des Abfallerzeugers bzw. Abfallbesitzers an einer Eigenentsorgung überwiegt. Dies muss vielmehr im einzelnen Falle durch eine **abwägende Betrachtung** ermittelt werden. Allein die Existenz gegenläufiger Interessen besagt naturgemäß noch

---

1 Vgl. die Darstellungen bei *Frenz*, § 13 KrW-/AbfG Rz. 62 ff. (68); *Kunig/Paetow/Versteyl*, § 13 KrW-/AbfG Rz. 21 mit zahlreichen Nachweisen.
2 Vgl. OVG Frankfurt/Oder v. 14.10.2004 – 2 B 135/04, ZUR 2005, 264 (266); OVG Münster v. 25.6.1998 – 20 B 1424/97, NVwZ 1998, 1207 (1210); VG Koblenz v. 30.10.1998 – 7 L 2549/98 KO, Umdr. S. 7; VG Düsseldorf v. 25.3.1998 – 16 L 5700/97, Umdr. S. 9 f.; vgl. auch OVG Lüneburg v. 6.5.1998 – 7 M 3055/97, NVwZ 1998, 1202 (1204).
3 Vgl. *Fluck* (Hrsg.), § 13 KrW-/AbfG Rz. 107; *Kunig/Paetow/Versteyl*, § 13 KrW-/AbfG Rz. 25; *Jarass/Ruchay/Weidemann* (Hrsg.), § 13 KrW-/AbfG Rz. 81; s. auch *Zandonella/Thärichen*, NVwZ 1998, 1160 ff.

nichts darüber, welches Interesse schwerer wiegt[1]. Geht es aber um den Bestand einer öffentlichen Entsorgungseinrichtung, deren Fortexistenz aus Gründen des § 1 KrWG erforderlich ist, wird im einzelnen Fall dieses öffentliche Interesse durch gegenläufige private Interessen schwer zu überwiegen sein. Zu Recht wird in diesem Zusammenhang aber vor einer zu extensiven Interpretation und Anwendung der „öffentlichen Interessen" an einer Überlassung gewarnt[2].

85 ⊃ **Hinweis:** In einem abfallrechtlichen Verfahren über das Bestehen einer Überlassungspflicht wird der Anwalt erhebliche Mühe darauf zu verwenden haben, einem vom öffentlich-rechtlichen Entsorgungsträger und der Abfallwirtschaftsbehörde geltend gemachten öffentlichen Interesse an der Überlassung gegenläufige private Interessen entgegenzusetzen. Anhaltspunkte für private Interessen, die gegen eine Überlassung sprechen können, findet der Anwalt sowohl im Bereich wirtschaftlicher Interessen des Privatunternehmens als auch im Bereich umwelttechnischer Standards, wenn diese bei der vorgesehenen privaten Entsorgung besser sein sollten als bei der öffentlich-rechtlichen Beseitigung[3].

### c) Abfälle zur Verwertung aus anderen Herkunftsbereichen

86 Für **Abfälle zur Verwertung aus anderen Herkunftsbereichen** als aus Haushaltungen gilt nach § 17 Abs. 1 KrWG **keine Überlassungspflicht**. Für die Verwertung dieser Abfälle ist der Abfallerzeuger bzw. Abfallbesitzer selbst verantwortlich. Die Anwendungsprobleme in der Praxis bestehen hier in der zuweilen schwierigen Abgrenzung zwischen Abfällen zur Verwertung und Abfällen zur Beseitigung[4], die bereits dargestellt worden ist (vgl. oben Rz. 38 ff.). Hierauf wird der Anwalt im konkreten Fall erhebliche Sorgfalt zu verwenden haben.

### d) Landesrechtliche Sonderregelungen: Andienungs- und Überlassungspflichten

87 Nach § 17 Abs. 4 Satz 1 KrWG können die Länder „zur Sicherstellung der umweltverträglichen Beseitigung"[5] **Andienungs- und Überlassungspflichten für gefährliche Abfälle zur Beseitigung** bestimmen. Nicht eingeschlossen von dieser Regelung sind Abfälle zur Verwertung. Die Regelung bildet eine bundesrechtliche Grundlage für die landesrechtliche Sicherstellung eines Anschluss- und Benutzungszwangs für Einrichtungen der öffentlichen Entsorgungsinfrastruktur. Die Zulässigkeit derartiger landesrechtlicher Bestimmungen für diese Stoffe wurde bisher im Grundsatz nicht bestritten und wird auch von der Rechtsprechung nicht in Frage gestellt[6]. Eine landesrechtliche Andienungspflicht war aber Gegenstand eines Vorlagebeschlusses des BVerwG an den EuGH (Art. 267 AEUV) anhand der baden-

---

1 Vgl. ausführlich – mit unterschiedlicher Tendenz – OVG Bautzen v. 6.1.2005 – 4 BS 116/04, UPR 2005, 440 ff. und OVG Frankfurt/Oder v. 14.10.2004 – 2 B 135/04, ZUR 2005, 264 ff.
2 *Jarass/Ruchay/Weidemann* (Hrsg.), § 13 KrW-/AbfG Rz. 81; *Frenz*, § 13 KrW-/AbfG Rz. 62 ff. m.w.N.
3 Vgl. OVG Münster v. 25.6.1998 – 20 B 1424/97, NVwZ 1998, 1207 (1210); VG Düsseldorf v. 25.3.1998 – 16 L 5700/97, Umdr. S. 9 f.; sehr eingehend dazu die Kommentierung bei *Frenz*, § 13 KrW-/AbfG Rz. 55 ff.
4 Vgl. dazu *Kloepfer*, Umweltrecht, § 20 Rz. 183 ff.; *Petersen*, NVwZ 1998, 1113 (1116 ff.); *Dolde/Vetter*, NVwZ 2000, 21 ff.; speziell zu Abfallgemischen vgl. bereits *Kersting*, NVwZ 1998, 1153 ff.
5 Zu der vom Normgeber nur gering einschränkenden Wirkung dieses Gesetzeswortlauts vgl. *Kunig/Paetow/Versteyl*, § 13 KrW-/AbfG Rz. 48.
6 BVerwG v. 31.1.2002 – 7 B 1.02, DVBl 2002, 569 ff. zur Andienungspflicht für besonders überwachungsbedürftige Abfälle zur Beseitigung nach der SAbfVO BW 1999; vgl. auch die vorangegangene Entscheidung des VGH Mannheim v. 22.5.2001 – 10 S 1405/99, DVBl 2001, 1873 (Ls.).

württembergischen Regelungen, mit dem die europarechtlichen Vorgaben (EG-Abfallverbringungsordnung, EG-Abfallrahmenrichtlinie) für die Zulässigkeit auch die grenzüberschreitende Verbringung von Abfällen zur Beseitigung erfassender landesrechtlicher Andienungspflichten erfragt wurden[1]. Der EuGH hat die ihm vorgelegte Frage dahingehend beantwortet, dass es mit den Regelungen der Art. 3 bis 5 der damals geltenden VO EWG 259/93 (EG-Abfallverbringungsverordnung) nicht vereinbar ist, dass ein Mitgliedstaat für die Verbringung von Abfällen zwischen Mitgliedstaaten dem Notifizierungsverfahren nach der EG-Abfallverbringungsverordnung ein Verfahren über die Andienung und Zuweisung dieser Abfälle vorschaltet[2]. Für grenzüberschreitende Verbringungen von Abfällen zur Beseitigung stoßen landesrechtliche Regelungen dieser Art damit an rechtliche Grenzen.

Etwas „schillernd" und inhaltlich umstritten ist die in § 17 Abs. 4 Satz 2 KrWG enthaltene Regelung, wonach **landesrechtliche Andienungspflichten für gefährliche Abfälle zur Verwertung**, die die Länder bis zum In-Kraft-Treten des Gesetzes (bis auf die Verordnungsermächtigungen war dies am 7.10.1996) bestimmt haben, unberührt bleiben[3]. Handelt es sich bei Abfällen zur Verwertung um nicht gefährliche Abfälle, so gilt diese „Schutzklausel" nicht. Die Abgrenzung zwischen nicht gefährlichen und gefährlichen Abfällen zur Verwertung ergibt sich aus der AVV. Diese Andienungsregelung ist als politischer Kompromiss zwischen den Vorstellungen des Bundes und zahlreicher Länder erst im Vermittlungsausschuss in das damals geltende KrW-/AbfG a.F. aufgenommen worden. Wie nahezu alle gesetzlichen Kompromissregelungen bleibt sie unscharf und für die Praxis wenig griffig. Hintergrund der Bemühungen der Länder zur Schaffung einer solchen Regelung waren Bestandsschutzerwägungen für die bereits existierenden **landesoffiziellen Sonderabfallentsorgungsgesellschaften**; die Länder haben sich auf diese Weise Spielräume verschafft, in die Entsorgungsstruktur eingreifen zu können, ohne selbst Entsorgungsverantwortung übernehmen zu müssen[4]. Die Gültigkeit landesrechtlicher Andienungspflichten (nicht: Überlassungspflichten) wurde im Schrifttum seit langem mit gewichtigen Argumenten, auch aus der Sicht des Europarechts, bestritten[5]. Die Rechtsprechung hat sich vor dem Hintergrund landesrechtlich unterschiedlicher Ausgangssituationen unterschiedlich dazu geäußert. Das BVerwG hat in einer Entscheidung[6] aus dem Jahr 2000 mit ausführlicher Begründung eine Gesetz-

---

1 Dazu BVerwG v. 29.7.1999 – 7 CN 2.98, ZUR 2000, 114 = NVwZ 1999, 1228 ff.; vgl. noch VGH Mannheim v. 24.11.1997 – 10 S 3287/96, DVBl 1998, 343 (344); vgl. auch *Ossenbühl*, DVBl 1996, 19 (20); *Kunig/Paetow/Versteyl*, § 13 KrW-/AbfG Rz. 48; *Frenz*, § 13 KrW-/AbfG Rz. 105; *Jarass/Ruchay/Weidemann* (Hrsg.), § 13 KrW-/AbfG Rz. 118 ff.; *Fluck* (Hrsg.), § 13 KrW-/AbfG Rz. 204, folgert aus dem Gesetzeswortlaut „zur Sicherstellung ..." die Notwendigkeit einer besonderen Rechtfertigung landesrechtlicher Andienungs- und Überlassungspflichten.
2 EuGH v. 13.12.2001 – Rs. C-324/99 – (Daimler Chrysler AG), NVwZ 2002, 582 (585), Rz. 66 ff.
3 Vgl. BVerwG v. 29.7.1999 – 7 CN 1.98, DVBl 1999, 1523 ff. (1525) mit ausführlicher Darlegung der gesetzlichen Konzeption; ausführlich auch *Beckmann/Krekeler*, UPR 1997, 214 ff.
4 *Kunig/Paetow/Versteyl*, § 13 KrW-/AbfG Rz. 42.
5 *Ossenbühl*, DVBl 1996, 19 (23); *Peine*, UPR 1996, 161 (166); *Konzak/Figgen*, BB 1996, 753 (758); *Unruh*, ZUR 2000, 83 ff., vgl. auch *Beckmann/Krekeler*, UPR 1997, 214 (218 ff.); am Beispiel der Länder Berlin und Brandenburg vgl. *Spoerr*, LKV 1996, 145 ff.; dagegen aber BVerfG v. 13.12.2000 – 2 BvR 999/00, NVwZ 2001, 551 f.
6 BVerwG v. 13.4.2000 – 7 C 47.98, DVBl 2000, 1347 ff. = UPR 2001, 25 ff. = AbfallPrax 2000, 121 ff.; ebenso OVG Frankfurt/Oder, NVwZ 1997, 604 (607); zur Spezialproblematik der landesrechtlichen Andienungspflicht für Altöle nach früherem Rechtszustand vgl. § 64 KrW-/AbfG i.V.m. §§ 5a, 5b AbfG sowie BVerwG v. 23.2.1998 – 7 BN 2.97, NVwZ 1998, 1184 ff.; vgl. heute die Altölverordnung i.d.F. der Bekanntmachung v. 16.4.2002, BGBl. I 2002, 1368 ff.

gebungskompetenz des Landes Rheinland Pfalz für eine vor dem In-Kraft-Treten des KrW-/AbfG a.F. erlassene landesrechtliche Andienungsregelung für gegeben und die landesrechtliche Regelung auch nach dem In-Kraft-Treten des KrW-/AbfG a.F. für rechtmäßig gehalten. Eine dagegen gerichtete Verfassungsbeschwerde wurde vom BVerfG nicht zur Entscheidung angenommen. Das BVerfG hält die rheinland-pfälzische Regelung für verfassungsgemäß[1]. Die niedersächsische Verordnung über die Andienung von Sonderabfällen aus dem Jahre 1995, nach In-Kraft-Treten des KrW-/AbfG a.F. durch Verordnung aus dem Jahre 1998 geändert, wurde hinsichtlich besonders überwachungsbedürftiger Abfälle zur Verwertung vom BVerwG für nichtig erklärt[2], weil sich die Prüfung des Landes in erster Linie darauf erstrecken musste, ob das niedersächsische Landesabfallgesetz und die dort grundsätzlich angelegten Andienungsregelungen mit der neuen Konzeption des KrW-/AbfG a.F. vereinbar war – es war also der Landesgesetzgeber gefordert. Mit der Änderung der Andienungsverordnung hatte aber nur der Verordnungsgeber gehandelt, was nicht ausreichend war. Für den Anwalt heißt es also: Eine sorgfältige Prüfung im Einzelfall anhand des jeweiligen Landesrechts ist in solchen Fällen angezeigt.

**e) Keine Überlassungspflicht bei anderweitiger privater Entsorgung (§ 17 Abs. 2 KrWG)**

89 Nach § 17 Abs. 2 KrWG besteht für solche Abfälle keine Überlassungspflicht, die aufgrund einer Rechtsverordnung nach § 25 KrWG einer **Rücknahme- oder Rückgabepflicht** unterliegen (Nr. 1)[3], die im Rahmen einer freiwilligen Rücknahme nach § 26 KrWG zurück genommen werden (Nr. 2), die durch **gemeinnützige Sammlung** einer ordnungsgemäßen und schadlosen Verwertung zugeführt werden (Nr. 3) oder die durch **gewerbliche Sammlung** einer ordnungsgemäßen und schadlosen Verwertung zugeführt werden (Nr. 4)[4]. Die erstgenannte Bestimmung (§ 17 Abs. 2 Nr. 1 KrWG) entfaltet ihre praktische Bedeutung z.B. im Rahmen der Verordnung über die Rücknahme und Entsorgung gebrauchter **Batterien** und Akkumulatoren (BattV). Diese Verordnung enthält in den §§ 3 ff. ein System von Regelungen zu Rücknahme-, Verwertungs- und Beseitigungspflichten bei Batterien. Vergleichbares gilt für die Rücknahme gebrauchter Verpackungen nach Maßgabe der VerpackV oder für die Rücknahme von Altautos nach Maßgabe der AltfahrzeugV[5]. In diesen Fällen greift die „normale" Überlassungspflicht für Abfälle aus privaten Haushaltungen nicht ein.

90 Eine weitere Ausnahme von der Überlassungspflicht des § 17 Abs. 1 Satz 1 KrWG gilt nach § 13 Abs. 3 Nr. 3 KrWG für Abfälle (z.B. für **Altkleider**), die im Rahmen gemeinnütziger Straßensammlungen einer ordnungsgemäßen und schadlosen Verwertung zugeführt werden. Gem. § 3 Abs. 17 KrWG ist eine **gemeinnützige Sammlung** eine Sammlung, die durch eine nach § 5 Abs. 1 Nr. 9 KStG steuerbefreite Körperschaft, Personenvereinigung oder Vermögensmasse getragen wird und der Verfolgung gemeinnütziger, mildtätiger oder kirchlicher Zwecke i.S.d. §§ 52–54 AO dient. Die Beauftragung eines gewerblichen Sammlers steht dem nicht entgegen, wenn dieser den Veräußerungserlös nach Abzug seiner Kosten vollständig an die Körperschaft, Personenvereinigung oder Vermögensmasse auskehrt. Eine Ein-

---

1 BVerfG v. 13.12.2000 – 2 BvR 999/00, NVwZ 2001, 551 f.
2 BVerwG v. 29.7.1999 – 7 CN 1.98, DVBl 1999, 1523 ff.
3 Zu den vielfältigen Rechtsproblemen der Rücknahme- und Rückgabepflichten vgl. *Beckmann*, DVBl 1995, 313 ff.
4 Vgl. *Frenz*, § 13 KrW-/AbfG Rz. 84 ff., 89 ff.; *Kunig/Paetow/Versteyl*, § 13 KrW-/AbfG Rz. 31 ff. mit Hinweisen darauf, was unter „gemeinnützigen" und „gewerblichen" Sammlungen zu verstehen ist.
5 Dazu im Einzelnen *Frenz*, § 13 KrW-/AbfG Rz. 80 ff.

## II. Abfallrecht als Stoffrecht

schränkung der gemeinnützigen Sammlungen dahingehend, dass lediglich unmittelbar gemeinnützig verwendete Abfälle hiervon erfasst werden – zum Beispiel Weitergabe von Altkleidern an Bedürftige – ist dem Gesetz nicht zu entnehmen. So muss davon ausgegangen werden, dass auch die Sammlung von Abfällen dann als gemeinnützige Sammlung angesehen werden muss, wenn diese einer Einnahmeerzielung zur Verwendung der Einnahmen für gemeinnützige Zwecke dienen[1]. Die Einschränkung der Möglichkeit der Einschaltung von gewerblichen Sammlern dahingehend, dass dieser zum Selbstkostenpreis tätig wird, ist problematisch. Oftmals wird es gemeinnützigen Organisationen nicht möglich sein, die Sammlungen selber durchzuführen, da diese einen hohen logistischen Aufwand mit sich bringen. Um einen gewerblichen Sammler in Anspruch nehmen zu können, müsste dieser somit auf eine Gewinnerzielung verzichten und lediglich die ihm entstehenden Kosten in Ansatz bringen. Es bleibt abzuwarten, wie sich diese Einschränkung auf die Praxis der gemeinnützigen Sammlungen auswirkt. Es ist jedoch davon auszugehen, dass die Relevanz dieser Sammlungen deutlich abnehmen wird. Zudem ist zu beachten, dass die gemeinnützige Sammlung einer Anzeigepflicht nach § 18 KrWG unterliegt. Diese Verpflichtung wird zu einem erheblichen Mehraufwand führen[2].

Keine Überlassungspflicht besteht nach § 13 Abs. 3 Nr. 4 KrWG auch für solche Abfälle, die im Rahmen gewerblicher Sammlungen einer ordnungsgemäßen und schadlosen Verwertung zugeführt werden[3]. Eine **gewerbliche Sammlung** von Abfällen ist eine Sammlung, die zum Zweck der Einnahmeerzielung erfolgt. Die Sammlung kann auch aufgrund vertraglicher Bindungen zwischen dem Sammler und der privaten Haushaltung in dauerhaften Strukturen erfolgen (§ 3 Abs. 18 KrWG). Die in der Rechtsprechung des BVerwG[4] entwickelte, sehr restriktive und vor allem im Hinblick auf ihre Europarechtskonformität umstrittene Definition der gewerblichen Sammlungen wird somit dahingehend korrigiert, dass die gewerbliche Sammlung auch vorliegen kann, wenn sie aufgrund vertraglicher Bindungen in dauerhaften Strukturen erfolgt. Zudem unterliegt auch die gewerbliche Sammlung – ebenso wie die gemeinnützige Sammlung – der **Anzeigepflicht** nach § 18 KrWG[5]. Des Weiteren ist für die Zulässigkeit einer gewerblichen Sammlung erforderlich, dass die Abfälle einer ordnungsgemäßen und schadlosen Verwertung zugeführt werden (das ist z.B. bei Altpapier, Altglas oder Altmetallen regelmäßig unproblematisch) und keine öffentlichen Interessen dieser Sammlung entgegenstehen. Wann anzunehmen ist, dass öffentliche Interessen einer gewerblichen Sammlung entgegenstehen, bestimmt sich nach § 17 Abs. 3 KrWG. Demnach stehen **überwiegende öffentliche Interessen** der Sammlung entgegen, wenn die Sammlung in ihrer konkreten Ausgestaltung die Funktionsfähigkeit des öffentlich-rechtlichen Entsorgungsträgers, des von diesem beauftragten Dritten oder des nach § 25 KrWG eingerichteten Rücknahmesystems gefährdet. Diese Regelung des § 17 Abs. 3 Satz 1 KrWG wird durch die nachstehenden Sätze näher konkretisiert. Eine Gefährdung der Funktionsfähigkeit des öffentlich-rechtlichen Entsorgungsträgers oder des beauftragten Dritten ist anzunehmen, wenn die Erfüllung der Entsorgungspflichten zu wirtschaftlich ausgewogenen Bedingungen verhindert wird. Dies bedeutet, dass die gewerbliche Sammlung unzulässig ist, wenn die Wirtschaftlichkeit der Aufgabenerfüllung durch den öffentlich-rechtlichen Entsorgungsträger berührt ist. Fraglich ist jedoch, in welchem nennenswerten Umfang die Wirtschaftlichkeit berührt sein muss. Dass die derzeitige Rechtsprechung des BVerwG, das die öffentlichen Interessen i.S.v. § 17 Abs. 3 KrWG weit interpretiert, aufrechterhalten bleibt, ist nicht

---

1 Vgl. BVerwG v. 19.12.2007 – 7 B 55.07, AbfallR 2008, 39, Rz. 7.
2 Siehe hierzu ausführlich *Dieckmann*, AbfallR 2010, 301 (304 ff.).
3 Dazu ausführlich *Hurst*, AbfallR 2005, 146 (148 ff.) m.w.N.
4 Vgl. BVerwG v. 18.6.2009 – 7 C 16.08, NVwZ 2009, 1292 Rz.31.
5 Ausführlich zu der Anzeigepflicht siehe *Dieckmann*, AbfallR 2010, 301 (305, 307).

zu erwarten. Hiernach wäre ein Überwiegen öffentlicher Interessen schon dann möglich, wenn die gewerbliche Sammlung mehr als nur geringfügige Auswirkungen auf Organisation und Planungssicherheit des öffentlich-rechtlichen Entsorgungsträgers zur Folge hat[1]. Dadurch würde der Behörde die weitreichende Möglichkeit eröffnet, gewerbliche Sammlungen zu untersagen. In diesem Zusammenhang ist zu beachten, dass von § 17 Abs. 3 Satz 3 KrWG eine Rückeinschränkung gemacht wird. Hiernach gilt die Annahme, dass eine wirtschaftliche Beeinträchtigung nicht vorliegt, wenn das Niveau der zu erbringenden Leistungen durch den öffentlich-rechtlichen Entsorgungsträger geringer ist als das der gewerblichen Sammlung. In diesem Fall kann er sich nicht auf seinen wirtschaftlichen Nachteil berufen[2]. Es wird teilweise angenommen, dass diese Rückeinschränkung zu einer Aushöhlung der kommunalen Entsorgungsverantwortung führen kann[3]. Jedoch entspricht diese Regelung dem Sinn des KrWG, einer ordnungsgemäßen und qualitativ hochwertigen Abfallbewirtschaftung. Allgemein lässt sich sagen, dass die Konkretisierung aus § 17 Abs. 3 KrWG, nicht zur Rechtssicherheit, sondern zwangsläufig zu Problemen führen wird und nicht zu einer klaren Aufgabenverteilung zwischen öffentlicher Hand und Privaten beiträgt. Zudem ist zu beachten, dass die in § 17 Abs. 3 Nrn. 3 und 4 KrWG genannten Ausnahmen von der Überlassungspflicht nach dem Gesetz ausdrücklich nicht für gemischte Abfälle aus privaten Haushaltungen und gefährlichen Abfällen gelten. Den Regelungen hinsichtlich der Überlassungspflichten und der gewerblichen Sammlungen ist ihr Charakter als politische Kompromisslösung anzusehen.

**Beispiel:**

92 Der Kreisverband des Deutschen Roten Kreuzes führt eine Altkleidersammlung durch. Die gesammelten Altkleider werden geordnet, ggf. aufbereitet und dann über das Rote Kreuz oder andere caritative Organisationen an Bedürftige abgegeben. Eine solche Sammlung fällt – abgesehen davon, dass die Abfalleigenschaft der Altkleider zweifelhaft ist[4] – gemäß § 17 Abs. 2 Nr. 2 KrWG nicht in die öffentliche Entsorgungszuständigkeit.

93 Die oben genannten Bereiche bewegen sich damit völlig außerhalb des Bereichs der durch den öffentlich-rechtlichen Entsorgungsträger organisierten Hausmüllentsorgung, sofern der öffentlich-rechtliche Entsorgungsträger nicht – was unter bestimmten Voraussetzungen möglich ist – an diesen speziell organisierten Entsorgungssystemen mitwirkt.

**f) Entsorgungszuständigkeiten, Entsorgungspflichten**

**aa) Pflichtenumfang der öffentlich-rechtlichen Entsorgungsträger**

94 § 20 KrWG definiert die Pflichten der **öffentlich-rechtlichen Entsorgungsträger**. Wer öffentlich-rechtlicher Entsorgungsträger ist, bestimmt sich nach Landesrecht. Zumeist sind dies die Kreise und kreisfreien Städte oder auch Regional- bzw. Zweckverbände. Für einzelne Teilschritte der Abfallbeseitigung (in der Praxis geht es hierbei vor allem um die Einsammlung und Beförderung von Abfällen) können auch kreisangehörige Städte und Gemeinden nach Maßgabe des Landesrechts

---

1 Vgl. BVerwG v. 18.6.2009 – 7 C 16.08, NVwZ 2009, 1292 Rz. 34; deutliche Zweifel an der Europarechtskonformität dieser Rechtsprechung äußert beispielsweise das OVG Hamburg v. 18.2.2011 – 5 Bs 196/10, AbfallR 2011, 141 ff., juris-Rz. 20.
2 Hierzu siehe *Dieckmann*, AbfallR 2010 301 (307 ff.); *Dolde/Vetter*, AbfallR 2011, 22 (25 f.); kritisch aus Sicht der öffentlich-rechtlichen Entsorgungsträger siehe *Queitsch*, AbfallR 2011, 30 (33 ff.).
3 Vgl. *Wenzel*, AbfallR 2010, 162 (165).
4 Vgl. § 3 Abs. 3 KrW-/AbfG und oben Rz. 28 f.; s. auch BVerwG v. 19.11.1998 – 7 C 31.97, NVwZ 1999, 1111 = GewArch 1999, 261 ff. zur Abfalleigenschaft von Altkleidern.

öffentlich-rechtliche Entsorgungsträger sein[1]. § 20 Abs. 1 KrWG weist die Beseitigung der den öffentlich-rechtlichen Entsorgungsträgern in ihrem Gebiet angefallenen und überlassenen Abfälle aus privaten Haushaltungen und Abfälle zur Beseitigung aus anderen Herkunftsbereichen der **Entsorgungspflicht** der öffentlich-rechtlichen Entsorgungsträger zu. Nach § 20 Abs. 3 KrWG gilt das unter bestimmten Voraussetzungen auch für Kraftfahrzeuge oder Anhänger ohne gültige amtliche Kennzeichen, wenn diese auf öffentlichen Flächen oder außerhalb im Zusammenhang bebauter Ortsteile abgestellt sind.

Wie die Entsorgungspflicht zu erfüllen ist, ergibt sich aus § 20 Abs. 1 KrWG: Diese Bestimmung verweist für die Abfallverwertung auf die §§ 6 bis 11 KrWG und für die Abfallbeseitigung auf die §§ 15 und 16 KrWG. Insofern gelten für die öffentlich-rechtlichen Entsorgungsträger die **allgemeinen Regelungen**, die für andere Abfallerzeuger und Abfallbesitzer ebenso gelten[2]. Eine Besonderheit gilt für öffentlich-rechtliche Entsorgungsträger nach § 20 Abs. 1 Satz 2 KrWG: Solche Abfälle, die beim Abfallerzeuger oder Abfallbesitzer, der nicht öffentlich-rechtlicher Entsorgungsträger ist, nach Maßgabe des § 7 Abs. 4 KrWG nicht verwertet werden können und deshalb dem öffentlich-rechtlichen Entsorgungsträger als Abfälle zur Beseitigung überlassen werden, sind vom öffentlich-rechtlichen Entsorgungsträger zu verwerten, sofern die Gründe für eine Nicht-Verwertung bei ihm nicht vorliegen[3] (zu den Grenzen der Verwertungspflicht vgl. ansonsten oben Rz. 57 ff.). § 20 KrWG mit der Pflichtenregelung der öffentlich-rechtlichen Entsorgungsträger ist die zuständigkeitsrechtliche **Ergänzung der Überlassungspflicht** der Abfallerzeuger und -besitzer gem. § 17 KrWG. Der Überlassungspflicht, die die Abfallerzeuger und Abfallbesitzer nach Maßgabe des § 17 KrWG trifft, korrespondiert die Verwertungs- und Beseitigungspflicht des jeweiligen öffentlich-rechtlichen Entsorgungsträgers nach Maßgabe des § 20 KrWG und ein Entsorgungsanspruch des Überlassungspflichtigen[4].

**bb) Verlagerung von Entsorgungspflichten**

Die zur Verwertung und Beseitigung Verpflichteten können gem. § 22 KrWG Dritte mit der Erfüllung ihrer Aufgaben beauftragen. Anders als im KrW-/AbfG a.F. bleibt ihre Verantwortlichkeit für die Pflichtenerfüllung von einer **Drittbeauftragung** unberührt und solange bestehen bis die Entsorgung endgültig und ordnungsgemäß abgeschlossen ist (§ 22 Satz 2 KrWG). Folglich ist eine befreiende Pflichtenübertragung nicht möglich. Somit bleibt der Auftraggeber bis zum Abschluss des Entsorgungsvorgangs Verpflichteter i.S.v. §§ 7 Abs. 2, 15 Abs. 1 KrWG. Die Dritten sind lediglich technische Erfüllungsgehilfen. Dies entspricht der Rechtsprechung des BVerwG, wonach lediglich die Erfüllung übertragen werden kann; „zur Entsorgung verpflichtet bleibt – im Rahmen einer verschuldensunabhängigen Gefährdungshaftung – weiterhin auch der jeweilige Auftraggeber"[5]. In diesem Zusammenhang ist zu beachten, dass für den zur Entsorgung Verpflichteten auch strafrechtliche Folgen im Fall einer Straftat durch den Dritten entstehen können.

---

1 Vgl. z.B. die nordrhein-westfälische Regelung in § 5 Abs. 1, 2, 6 LAbfG NW. Danach sind die Kreise und kreisfreien Städte öffentlich-rechtliche Entsorgungsträger, soweit nichts anderes bestimmt ist. Das ist für die Aufgaben der Einsammlung und Beförderung unter bestimmten Voraussetzungen der Fall, denn für diese Aufgaben kann die gesetzliche Zuständigkeit bei den kreisangehörigen Städten und Gemeinden liegen.
2 *Jarass/Ruchay/Weidemann* (Hrsg.), § 15 KrW-/AbfG Rz. 24, 99 ff.; *Frenz*, § 15 KrW-/AbfG Rz. 6.
3 *Fluck* (Hrsg.), § 15 KrW-/AbfG Rz. 59; *Frenz*, § 15 KrW-/AbfG Rz. 8 ff.; vgl. auch *Bothe*, UPR 1996, 170 (171).
4 VG Arnsberg v. 3.4.2006 – 14 K 2327/05; *Dippel*, in: Giesberts/Reinhardt, BeckOK Umweltrecht, § 15 KrW-/AbfG, Rz. 8 m.w.N.
5 Vgl. BVerwG v. 28.6.2007 – 7 C 5.07, NVwZ 2007 1185, Rz. 16; vgl. im Einzelnen auch *Dippel*, in: Giesberts/Reinhardt, BeckOK Umweltrecht, § 16, Rz. 7 m.w.N.

### cc) Überschreitung der öffentlich-rechtlichen Entsorgungszuständigkeit

97 Die **öffentlichen-rechtlichen Entsorgungsträger**, denen nach Maßgabe des § 20 KrWG die Pflicht zur Durchführung der öffentlichen Entsorgung obliegt, sind gelegentlich geneigt, den durch § 20 KrWG **abgesteckten Aufgabenbereich** zu überschreiten. In der Praxis sind Fälle festzustellen, in denen sich der öffentlich-rechtliche Entsorgungsträger entweder selbst (z.B. durch einen Eigenbetrieb) oder über eine von ihm allein oder mit privaten Unternehmen gemeinsam gegründete privatrechtliche Gesellschaft im Bereich der Abfallverwertung gewerblicher Abfälle betätigt. Dies ist nicht ohne weiteres und vor allem nicht grenzenlos möglich[1]. Die Gemeinde- und Kreisordnungen der Ländern ziehen dem gewisse Grenzen[2], indem für die **Gründung** von bzw. **Beteiligung von Kommunen an wirtschaftlichen Unternehmungen** enge, aber landesrechtlich durchaus mit gewissen Nuancen unterschiedliche Voraussetzungen aufgestellt werden[3]. Allerdings kommt den kommunalen öffentlich-rechtlichen Entsorgungsträgern bei der Beurteilung der Rechtsfrage, ob sie eine wirtschaftliche Unternehmung gründen oder sich an einer solchen beteiligen dürfen, ein gerichtlich nur eingeschränkt überprüfbarer Beurteilungsspielraum zu[4].

Zudem kann zwar grundsätzlich ein – im Verwaltungsrechtsweg geltend zu machender – öffentlich-rechtlicher Unterlassungsanspruch gegen eine Kommune darauf bestehen, dass die Kommune eine unzulässige wirtschaftliche Betätigung unterlässt und ggf. auf eine Eigengesellschaft einwirkt, unzulässige wirtschaftliche Betätigung zu unterlassen[5]. Jedoch erweist sich dieses Rechtsinstitut als „stumpfes Schwert" gegen eine abfallwirtschaftliche Tätigkeit einer Kommune außerhalb ihrer gesetzlichen Entsorgungszuständigkeit, sei es außerhalb des eigenen Gebiets oder sei es – in ihrem Gebiet – in der Sache außerhalb ihrer gesetzlich zugewiesenen Entsorgungsaufgaben. Denn etwa nach § 107 Abs. 2 Nr. 4 GO NW gehört die Abfallentsorgung nicht zur wirtschaftlichen Betätigung der Gemeinde[6], so dass eine solche Tätigkeit nach verwaltungsgerichtlicher Rechtsprechung gar nicht unzulässig wäre. Bevor er einen öffentlich-rechtlichen Unterlassungsanspruch gegen eine Gemeinde geltend macht, hat der Anwalt also zunächst die Frage zu prüfen, ob die jeweilige Gemeindeordnung bzw. Kreisordnung die Abfallentsorgung als wirtschaftliche Betätigung einstuft. Ist das der Fall, wird die Geltendmachung eines öffentlich-rechtlichen Unterlassungsanspruchs wenig Aussicht auf Erfolg haben[7].

98 Die Zivilgerichte wenden aber auf die **wirtschaftliche Betätigung der öffentlichen Hand** auch § 4 UWG mit dem darin enthaltenen Verbot des unlauteren Wettbewerbs an[8]. Dieser Ansatz über den wettbewerbsrechtlichen Schutz ist im Rechtsschutz gegen wirtschaftliche Betätigung der öffentlichen Hand, wenn und soweit es

---

1 Vgl. umfassend zur kommunalen Mitwirkung in der Kreislaufwirtschaft *Jungkamp*, NVwZ 2010, 546 ff.; *Berger*, DÖV 2010, 118 ff.; *Teufel/Kempkes*, AbfallR 2005, 57 ff.
2 Vgl. dazu *Beckmann/David*, DVBl 1998, 1041 ff. m.w.N.
3 Vgl. für NW beispielhaft *Jarass*, NWVBl. 2002, 335 ff.
4 OVG Münster v. 14.4.2008 – 15 B 122/08, NVwZ 2008, 1031 ff.; v. 15.12.1994 – 9 A 2251/93, NWVBl. 1995, 173 (174).
5 OVG Münster v. 13.8.2003 – 15 B 1137/03, NVwZ 2003, 1520 ff.; s. auch *Antweiler*, NVwZ 2003, 1466 ff.
6 OVG Münster v. 12.10.2004 – 15 B 1873/04, NWVBl. 2005, 133 ff.; a.A. jedoch innerhalb einer vergaberechtlichen Fallgestaltung der Vergabesenat des OLG Düsseldorf v. 17.6.2002 – Verg 18/02, NWVBl. 2003, 192 ff. = VergabeR 2002, 471 ff.
7 Vgl. *Dippel*, in: Giesberts/Reinhardt, BeckOK Umweltrecht, § 15 KrW-/AbfG, Rz. 12 ff.; *Dieckmann*, Rechtsschutz gegen unzulässige kommunale Aufgabenwahrnehmung, in: Frenz/Schink (Hrsg.), Die Abfallwirtschaft im normgeberischen Dauergriff, 2005, S. 95 ff. (100 ff.).
8 S. *Hefermehl/Köhler/Bornkamm*, Gesetz gegen den unlauteren Wettbewerb, 26. Aufl., § 4 UWG Rz. 13.56; *Müller*, DVBl 2002, 1014 ff.; *Diefenbach*, WiVerw 2003, 99 ff.

## II. Abfallrecht als Stoffrecht

für den Rechtsschutz Anlass gibt, jedoch auch nur bedingt ein schärferes Schwert. Das OLG Düsseldorf hält die Betätigung der Gemeinden in der Abfallentsorgung auf der Grundlage des § 107 GO NW in großem Umfang für zulässig[1]. Das OLG verneint deshalb einen Verstoß der beklagten Stadt gegen § 1 UWG a.F.[2] (vgl. heute § 4 Nr. 11 UWG). Der BGH hat die Entscheidung des OLG Düsseldorf in der Revisionsinstanz bestätigt[3]. Schon zuvor hatte der BGH zu den entsprechenden Regelungen der BayGO unter dem Blickwinkel des § 1 UWG a.F. entschieden, dass ein Verstoß einer kommunalen Eigengesellschaft gegen Art. 87 BayGO, der der erwerbswirtschaftlichen Tätigkeit der Gemeinden Grenzen setzt, nicht zugleich sittenwidrig i.S.v. § 1 UWG a.F. ist[4]. Auch mit dem wettbewerbsrechtlichen Schutz gegen objektiv rechtswidrige kommunale Entsorgungstätigkeit wird man als Anwalt bei Fallgestaltungen in der Abfallwirtschaft deshalb – je nach Fassung des einschlägigen Kommunalrechts – oft an rechtliche Grenzen stoßen. Das gilt natürlich erst recht, wenn die abfallwirtschaftliche Tätigkeit nach Maßgabe des Kommunalrechts überhaupt nicht als wirtschaftliche Betätigung gilt[5].

Möglicherweise hilft hier das Vergaberecht, wenn auch nur im Rahmen einer vergaberechtlich eröffneten Nachprüfungsentscheidung im Zuge der Vergabe eines öffentlichen Auftrags. So hat das OLG Düsseldorf im Rahmen einer vergaberechtlichen Nachprüfungsentscheidung entschieden, dass die abfallwirtschaftliche Tätigkeit eines Kommunalverbands oder eines von ihm beherrschten Unternehmens außerhalb seines Verbandsgebiets gegen § 107 Abs. 2 GO NW verstoßen kann – mit der Folge, dass ein solcher Verband bzw. ein solches Unternehmen als Bieter in einem Vergabeverfahren auszuschließen ist, weil insoweit ein Verstoß gegen das in § 97 Abs. 1 GWB angelegte Verbot der Wettbewerbsverfälschung liegen kann, auf das sich ein unterlegener Bieter berufen kann[6]. An dieser Ansicht hält das OLG Düsseldorf in seiner vergaberechtlichen Rechtsprechung fest[7]. 99

Die Frage des Schutzes gegen unzulässige Betätigung der Kommunen ist noch lange nicht ausdiskutiert. Erst recht nicht ist die (in erster Linie rechtspolitische) Diskussion darüber abgeschlossen, inwieweit man den Kommunen in der Abfallwirtschaft durch entsprechende Gestaltung des Kommunalrechts eine erwerbswirtschaftliche Betätigung ermöglicht und diese lediglich als nicht-wirtschaftlich fingiert[8]. In diesen Fragen ist der rechtliche Prüfungsbedarf also hoch, bevor anwaltlicher Rat gegeben werden kann.

↪ **Hinweis:** Für einen Anwalt, der z.B. im Auftrage eines privaten Entsorgungsunternehmens gegen eine zu weit gefasste Tätigkeit eines öffentlich-rechtlichen Entsorgungsträgers vorgehen will, heißt das im Allgemeinen, dass er sein Heil nicht oder jedenfalls nicht so schnell vor den Verwaltungsgerichten finden wird. Stattdessen könnte er, wenn er ein durch die Tätigkeit der öffent- 100

---

1 Vgl. dazu *Beckmann/David*, DVBl 1998, 1041 ff.; *Cosson*, DVBl 1999, 891 ff. (894 f.) m.w.N.
2 OLG Düsseldorf v. 28.10.1999 – 2 U 7/99, NVwZ 2000, 111.
3 BGH v. 26.9.2002 – I ZR 293/99, NWVBl. 2003, 190 ff.
4 BGH v. 25.4.2002 – I ZR 250/00, VergabeR 2002, 467 ff.
5 Vgl. *Dippel*, in: Giesberts/Reinhardt, BeckOK Umweltrecht, § 15 KrW-/AbfG, Rz. 14 f. m.w.N.; ferner *Dieckmann*, in: Frenz/Schink (Hrsg.), Die Abfallwirtschaft im normgeberischen Dauergriff, 2005, S. 95 (99 f.).
6 OLG Düsseldorf v. 17.6.2002 – Verg 18/02, NWVBl. 2003, 192 ff. = VergabeR 2002, 471 ff.; vgl. bereits OLG Düsseldorf v. 12.1.2000 – Verg 3/99, NVwZ 2000, 714 ff.; ausdrücklich a.A. zur Reichweite des Schutzes durch § 107 GO NW: OVG Münster v. 12.10.2004 – 15 B 1889/04, NWVBl. 2005, 133 ff.
7 OLG Düsseldorf v. 13.8.2008 – Verg 42/07.
8 Vgl. *Glahs/Külpmann*, VergabeR 2002, 555 ff.; *Beckmann*, AbfallR 2002, 11 ff.; *Teufel/Kempkes*, AbfallR 2005, 57 ff.

lichen Hand im Wettbewerb beeinträchtigtes privates Unternehmen vertritt, je nach der landesrechtlichen Ausgestaltung des Gemeinderechts mehr Erfolg haben, wenn er vor den Zivilgerichten versucht, die Tätigkeit der öffentlichen Hand zu unterbinden. Möglich – im Allgemeinen aber ebenfalls wenig erfolgversprechend – ist es auch, begleitend dazu die Kommunalaufsicht einzuschalten.

### g) Drittbeauftragung (§ 22 KrWG)

101 Außerordentlich große praktische Bedeutung haben die in § 22 KrWG enthaltenen Möglichkeiten, **Dritte** mit der Erfüllung abfallrechtlicher Pflichten zur Verwertung und Beseitigung von Abfällen **zu beauftragen**.

102 Die abfallrechtliche **Drittbeauftragung nach § 22 KrWG** ist der „Standardfall" der Einbeziehung Dritter in die Entsorgung. Diese Möglichkeit steht allen zur Abfallverwertung oder Abfallbeseitigung Verpflichteten zu. Die öffentlich-rechtliche Verantwortlichkeit für die Erfüllung der abfallrechtlichen Pflichten bleibt von einer Drittbeauftragung allerdings unberührt (§ 22 Satz 2 KrWG). Zwischen den zur Verwertung und Beseitigung Verpflichteten und den Dritten kommt (von einigen Ausnahmen abgesehen) ein **zivilrechtliches Vertragsverhältnis**, regelmäßig ein Dienstvertrag mit werkvertraglichen Elementen, zustande[1]. Der Dritte wird damit „Erfüllungsgehilfe" des öffentlich-rechtlichen Entsorgungsträgers. Der Anwalt, der sich mit den im Verhältnis zwischen dem zur Verwertung und Beseitigung Verpflichteten und dem Dritten auftretenden Fragen befasst, bewegt sich deshalb nicht im eigentlich abfallrechtlichen Bereich, sondern im Bereich des zivilen Vertragsrechts. Bestehen deshalb Meinungsverschiedenheiten etwa über den Vertragsgegenstand, die Entgeltregelungen, Haftungsregelungen oder anderes mehr, so ist das im Streitfall durch das zuständige Zivilgericht und nicht durch ein Verwaltungsgericht zu klären.

Die Möglichkeit der Übertragung der Pflichten auf Dritte, wie zuvor nach § 16 Abs. 2 KrW-/AbfG gegeben, ist durch die Novellierung entfallen. Für bestehende Aufgabenübertragungen gilt die Übergangsregelung nach § 72 Abs. 1 KrWG.

103 Nach § 22 Satz 3 KrWG müssen die beauftragten Dritten über die erforderliche **Zuverlässigkeit** verfügen. Der Begriff der „Zuverlässigkeit" ist ein aus dem Gewerberecht stammender Begriff und ist unterschiedlich je danach aufzufassen, *wofür* der Betreffende zuverlässig sein muss[2].

104 Sehr wichtig und auch für die anwaltliche Praxis von größter Bedeutung ist der Umstand, dass öffentlich-rechtliche Entsorgungsträger, die als öffentliche Auftraggeber Drittbeauftragungsverträge abschließen wollen, unter bestimmten Voraussetzungen zur **Ausschreibung** solcher **öffentlicher Aufträge** nach Maßgabe der §§ 97ff. GWB verpflichtet sind, weil es sich bei Entsorgungsverträgen um Dienstleistungsaufträge im vergaberechtlichen Sinn handelt[3]. Voraussetzung ist nach § 99 Abs. 1 GWB zunächst, dass der Vertrag entgeltlich ist. Entgeltlichkeit ist nicht nur bei di-

---

1 Unstreitig, vgl. *Kunig/Paetow/Versteyl*, § 16 KrW-/AbfG Rz. 11; *Frenz*, § 16 KrW-/AbfG Rz. 5; *v. Lersner/Wendenburg*, § 16 KrW-/AbfG Rz. 13; *Dippel*, in: Giesberts/Reinhardt, BeckOK Umweltrecht, § 16 KrW-/AbfG, Rz. 3 ff.; ausführlich und mit Darstellung des Mindestinhalts eines Drittbeauftragungsvertrags *Jarass/Ruchay/Weidemann* (Hrsg.), § 16 KrW-/AbfG Rz. 9 ff. (48 ff.).
2 Zur Zuverlässigkeit i.S.v. § 16 KrW-/AbfG vgl. *Jarass/Ruchay/Weidemann* (Hrsg.), § 16 KrW-/AbfG Rz. 19 ff., 96 f.; *Kunig/Paetow/Versteyl*, § 16 KrW-/AbfG Rz. 15, 30.
3 Vgl. *Hailbronner*, in: Byok/Jaeger (Hrsg.), Kommentar zum Vergaberecht, 2. Aufl. 2005, § 99 GWB Rz. 492; *Frenz*, § 16 KrW-/AbfG Rz. 39 ff.; ausführlich *Frenz/Kafka*, GewArch 2000, 129 ff. (131 f.).

rektem „Geldfluss" in Richtung des Auftragnehmers gegeben, sondern bereits dann, wenn der öffentliche Entsorgungsträger (Auftraggeber) eine Entsorgungsleistung beschafft und sich seinerseits zu einer geldwerten Gegenleistung verpflichtet, und wenn es sich hierbei um zwei voneinander nicht trennbare Teile eines einheitlichen „Leitungsaustauschgeschäfts" handelt[1]. Zudem muss der Auftragswert einen bestimmten Schwellenwert überschreiten (zu den Schwellenwerten und ihrer Berechnung vgl. §§ 2, 3 der Vergabeverordnung – VgV). Es besteht in solchen Fällen für den öffentlichen Auftraggeber keine freie Auswahlmöglichkeit des zu beauftragenden Dritten, sondern die Verpflichtung zur Beauftragung desjenigen, dessen Angebot das wirtschaftlichste ist (§ 97 Abs. 5 GWB). Fühlt sich ein Bieter zu Unrecht übergangen, hat er – wenn er den vermeintlichen Verstoß unverzüglich gerügt hat, § 107 Abs. 3 GWB – die Möglichkeit, dagegen ein Nachprüfungsverfahren vor der Vergabekammer anzustrengen (§§ 107 ff. GWB). Die Angelegenheit wird dann in einem gerichtsähnlichen Verfahren innerhalb einer kurzen Frist überprüft; die Vergabekammer trifft erforderlichenfalls auch geeignete Sicherungsmaßnahmen zur Verhinderung von Rechtsbeeinträchtigungen des Antragstellers. Die Entscheidung ergeht durch Verwaltungsakt (§ 114 Abs. 3 GWB). Gegen die Entscheidung der Vergabekammer gibt es die Möglichkeit der sofortigen Beschwerde (§§ 116 ff. GWB), über die das zuständige OLG entscheidet.

Es ist inzwischen in der Rechtsprechung geklärt, dass außer reinen Entsorgungsdienstleistungsverträgen auch weitere, in der Abfallwirtschaft gebräuchliche Gestaltungen als Beschaffungsvorgänge (vgl. § 97 Abs. 1 GWB) dem GWB-Vergaberecht unter den sonstigen notwendigen Voraussetzungen unterliegen: 105

Auch wenn ein öffentlich-rechtlicher Entsorgungsträger (z.B. eine Kommune) eine Nachbarkommune durch eine öffentlich-rechtliche Vereinbarung nach dem Recht über kommunale Gemeinschaftsarbeit (z.B. nach § 23 GkG NW) mit der Wahrnehmung von Entsorgungsaufgaben beauftragt, ohne dass die öffentlich-rechtliche Wahrnehmungszuständigkeit mit übergeht (sog. mandatierende Vereinbarung), handelt es sich nach auch heute noch herrschender Auffassung um einen öffentlichen Auftrag[2]. Eine Entscheidung des EuGH hatte erneute Diskussionen darüber hervorgerufen[3]. Anders dürfte es sich aber in der kommunalen Gemeinschaftsarbeit bei sog. delegierenden Vereinbarungen darstellen, bei denen die öffentlich-rechtliche Wahrnehmungszuständigkeit auf die „beauftragte" Kommune vollständig übergeht[4]. Zu weitgehend ist die – an der entscheidenden Stelle der Entscheidung

---

1 Allg. Auffassung, vgl BGH v. 1.2.2005 – X ZB 27/04, VergabeR 2005, 328 ff. = AbfallR 2005, 91 anhand eines „Verkaufs" von Altpapier an ein Entsorgungsunternehmen; dazu die Besprechung von *Dippel*, AbfallR 2005, 135 ff.; ferner *Ganske*, in: Reidt/Stickler/Glahs, Vergaberecht Kommentar, 3. Aufl. 2011, § 99 GWB, Rz. 31
2 Vgl. *Ganske*, in: Reidt/Stickler/*Glahs*, Vergaberecht Kommentar, 3. Aufl. 2011, § 99 GWB, Rz. 45 ff. mit zahlreichen Nachweisen zum Diskussionsstand; aus neuerer Zeit ferner *Hausmann/Mutschler-Siebert*, Nicht mehr als eine Klarstellung – interkommunale Kooperationen nach dem EuGH-Urteil zur Stadtreinigung Hamburg, VergabeR 2010, 427 ff.; OLG Düsseldorf v. 5.5.2004 – VII Verg 78/03, VergabeR 2004, 619 ff.; OLG Frankfurt/Main v. 7.9.2004 – 11 Verg 11/04, VergabeR 2005, 80 ff.; a.A. jedoch *Struve*, Durchbruch für interkommunale Zusammenarbeit, EuZW 2009, 805 ff.
3 EuGH v. 9.6.2009 – Rs. C-480/09, EuZW 2009, 529 ff.; vgl. ferner den Vorlagebeschluss des OLG Düsseldorf v. 6.7.2011 – VII Verg 39/11 (juris) an den EuGH.
4 Vgl. umfassend dazu *Portz*, In-House-Geschäfte, Interkommunale Zusammenarbeit und Anwendung des Vergaberechts, AbfallR 2005, 120 ff.; *Hattig/Ruhland*, Kooperation der Kommunen mit öffentlichen und privaten Partnern und ihr Verhältnis zum Vergaberecht, VergabeR 2005, 425 ff.; *Ziekow/Spiegel*, Die Vergaberechtspflichtigkeit von Partnerschaften der öffentlichen Hand, VergabeR 2005, 145 ff.; *Burgi*, Warum die „Kommunale Zusammenarbeit" kein vergabepflichtiger Beschaffungsvorgang ist, NZBau 2005, 208 ff. (210).

nur dürftig begründete – Ansicht des OLG Naumburg, auch delegierende Vereinbarungen unterlägen dem Vergaberecht[1]. Das OLG Naumburg übersieht dabei, dass die delegierende Vereinbarung einen öffentlich-rechtlichen Aufgabenübergang beinhaltet, der nach dem Recht der kommunalen Gemeinschaftsarbeit nur zwischen kommunalen Körperschaften möglich ist und schon deshalb kein an den Markt gerichtetes Beschaffungsverhalten darstellt. Die delegierende Vereinbarung ist überhaupt kein Beschaffungsvorgang, denn diejenige Körperschaft, die eine Aufgabe mit der delegierenden Vereinbarung auf eine andere Körperschaft überträgt, verliert ihre „Tauglichkeit" als öffentlicher Auftraggeber für die übertragene Zuständigkeit[2].

Dem Vergaberecht unterliegt ferner das sog. PPP-Modell (public-private partnership), bei dem der öffentliche Auftraggeber (Entsorgungsträger) mit einem privaten Entsorgungsunternehmen eine gemeinsame Gesellschaft zur Wahrnehmung von Entsorgungsaufgaben gründet oder bei dem private Unternehmen in eine (dann gemeinsame) Gesellschaft mit Entsorgungsaufgaben als Gesellschafter nachträglich aufgenommen werden[3]. Ein nicht dem Vergaberecht unterliegender Vorgang ist insoweit nur bei der sog. In-House-Vergabe an eine zu 100 % von einem öffentlichen Auftraggeber (oder mehreren gemeinsam) gehaltene Gesellschaft denkbar, wenn diese Gesellschaft ihre Tätigkeit im Wesentlichen für den/die sie beherrschenden öffentlichen Auftraggeber verrichtet[4].

Schließlich liegt ein dem GWB-Vergaberecht unterfallender Vorgang auch in der Verlängerung oder der sonstigen wesentlichen Änderung von Entsorgungsverträgen, die wirtschaftlich einem Neuabschluss gleichkommt[5]. Hier bestehen in der Praxis bei Entsorgungsverträgen erhebliche Abgrenzungsschwierigkeiten, wann – etwa bei Nichtkündigung, bei Anpassungen der Dienstleistung an den Stand der Technik oder bei Eingriffen in das Preisgefüge – solche schwerwiegenden Veränderungen vorliegen, die eine neue Ausschreibungspflicht auslösen. Aus anwaltlicher Sicht ist hier eine sorgfältige Prüfung unbedingt angebracht.

106 Wird der Auftrag zu Unrecht ohne Ausschreibung vergeben, und kommt es nicht zu einem Vergaberechtsschutzverfahren nach Maßgabe des GWB, so trägt der öffentliche Auftraggeber dennoch ein spezifisch vergaberechtliches Risiko. Im Bereich etwa von Abfallgebühren können sich Gebührenschuldner später nach h.M. zwar nicht auf eine zu Unrecht unterlassene Ausschreibung, wohl aber auf die Nichtübereinstimmung des Auftrags mit dem öffentlichen Preisrecht (VO/PR Nr. 30/53) – diese Gefahr besteht tendenziell immer bei unterlassener Ausschreibung – beru-

---

1 OLG Naumburg v. 3.11.2005 – 1 Verg 9/05, ZfBR 2006, 81 ff. (85).
2 *Dippel*, in: Giesberts/Reinhardt, BeckOK Umweltrecht, § 16 KrW-/AbfG, § 16, Rz. 51; darauf weist auch *Gesterkamp*, AbfallR 2004, 250 (254) bereits hin.
3 Vgl. *Otting*, Privatisierung und Vergaberecht, VergabeR 2002, 11 ff.; *Jasper/Pooth*, Die Auslegung der In-House-Kriterien, VergabeR 2003, 613 ff.; *Berger*, Die Ausschreibungspflicht bei der Veräußerung von Unternehmensanteilen durch öffentliche Körperschaften, ZfBR 2002, 134 ff.
4 EuGH v. 18.11.1999 – Rs. C-107/98, EuZW 2000, 246 ff.; v. 11.1.2005 – Rs. C-26/03, EuZW 2005, 86 ff.; dazu *Ganske*, in: Reidt/Stickler/Glahs, Vergaberecht Kommentar, 3. Aufl. 2011, § 99 GWB, Rz. 50 ff. mit zahlreichen weiteren Nachweisen zum Stand der Rechtsprechung.
5 Vgl. EuGH v. 19.6.2008 – Rs. C-454/06 („Pressetext"), VergabeR 2008, 758 ff.; OLG Düsseldorf v. 14.2.2001 – Verg 13/00, VergabeR 2001, 210 ff.; v. 20.6.2001 – Verg 3/01, VergabeR 2001, 329 ff.; OLG Celle v. 4.5.2001 – 13 Verg 5/00, VergabeR 2001, 325 ff.; *Kulartz/Duikers*, Ausschreibungspflicht bei Vertragsänderungen, VergabeR 2008, 728 ff.; *Gruneberg*, Vergaberechtliche Relevanz von Vertragsänderungen und Vertragsverlängerungen in der Abfallwirtschaft, VergabeR 2005, 171 ff. m.w.N.

fen mit der Folge, dass später erlassene Gebührenbescheide als rechtswidrig aufgehoben werden können[1].

**Beispiel:**

Ein Kreis als öffentlich-rechtlicher Entsorgungsträger beabsichtigt, ein gemeinsam mit einem privaten Entsorgungsunternehmen gegründetes gemischt-wirtschaftliches Unternehmen, von dessen Stammkapital der Kreis einen Anteil von 51 % hält, mit der Einsammlung und dem Transport des Hausmülls in einem bestimmten Bereich zu beauftragen. Der Auftrag wird ohne öffentliche Ausschreibung vergeben; zu einem Vergaberechtsschutzverfahren anderer Interessenten kommt es nicht. In einem späteren Widerspruchs- oder Klageverfahren rügt dann ein Gebührenzahler, seines Erachtens stehe die zu zahlende Vergütung nicht in Übereinstimmung mit den Vorschriften des öffentlichen Preisrechts. Deshalb seien die vom Unternehmen für die Gebührenberechnung in Rechnung gestellten Kosten überteuert und nicht erforderlich (vgl. z.B. § 6 Abs. 1 Satz 3, Abs. 2 KAG NW). Bei Überprüfung des dem gemischt-wirtschaftlichen Unternehmen erteilten Auftrags stellt sich heraus, dass die Vergütung preisrechtlich zu beanstanden ist. Das zuständige Verwaltungsgericht hebt den entsprechenden Gebührenbescheid deshalb auf. Die damit verbundenen Folgen für andere Fälle, aber auch die „Nebenfolgen" z.B. durch die Berichterstattung in den Medien sind für den öffentlich-rechtlichen Entsorgungsträger als öffentlichen Auftraggeber unübersehbar. 107

Aus anwaltlicher Sicht muss deshalb in solchen Fällen an die Adresse öffentlicher Auftraggeber zur Vorsicht bei der Vergabe öffentlicher Aufträge geraten werden. Vertritt der Anwalt einen übergangenen Bieter, so ist zu empfehlen, die Vergabeentscheidung im Vergaberechtsschutzverfahren überprüfen zu lassen.

### h) Einführung einer Wertstofftonne

Durch die Einführung einer **einheitlichen Wertstofftonne** soll die Gelbe Tonne von Duales System Deutschland (DSD) abgelöst werden, eine gemeinsame Verwertung von Nichtverpackungen aus Kunststoff und Metall und den Verpackungen zu ermöglichen. Jedoch bringt die Einführung einer einheitlichen Wertstofftonne sowohl rechtliche als auch politische Probleme mit sich, da Wertstoffe erfasst werden, die verschiedenen Entsorgungspfaden zugeordnet werden. Somit ist die Regelung dieses Aspektes von großer wirtschaftlicher Bedeutung[2]. 108

Mit § 10 Abs. 1 Nr. 3 KrWG trifft der Gesetzgeber erstmals eine gesetzliche Regelung zur Einführung einer einheitlichen Wertstofftonne. § 10 KrWG normiert eine Verordnungsermächtigung zur Konkretisierung der in §§ 7–9 KrWG festgelegten Anforderungen an eine ordnungsgemäße, schadlose und möglichst hochwertige Verwertung der Abfälle. 109

Problematisch an dieser Regelung ist, dass der Gesetzgeber keine klare Regelung getroffen hat, ob der öffentlich-rechtliche Entsorgungsträger Systemträger der einheitlichen Wertstofftonne sein soll. Weder der Wortlaut der Norm, genauso wenig wie die Gesetzesbegründung beinhalten diesbezüglich Hinweise. Aufgrund dieser Ungewissheit haben die Diskussionen um die Einführung einer einheitlichen Wert- 110

---

1 Allg. Auffassung, vgl. VGH Mannheim v. 31.5.2010 – 2 S 2423/08, BeckRS 2010, 50831; OVG Schleswig v. 13.2.2008 – 2 KN 3/06, NordÖR 2008, 236 ff.; OVG Saarland v. 25.5.2009 – 1 A 325/08, NVwZ-RR 2009, 780 (Ls.); OVG Lüneburg v. 2.3.2004 – 9 LA 28/04, NVwZ 2004, 1012 f.; OVG Koblenz v. 4.2.1999 – 12 C 13291/96. OVG; v. 4.2.1999 – 12 A 10533/98. OVG, AbfallPrax 1999, 144 ff.; OVG Münster v. 15.12.1994 – 9 A 2251/93, NVwZ 1995, 1238; vgl. auch *Haubelt*, Bezüge zwischen Kommunalabgabenrecht und Vergaberecht, NordÖR 2011, 219 ff.; *Berstermann/Petersen*, Vergaberecht und Preisrecht, ZfBR 2008, 22 ff. sowie *Burgi*, Kommunales Privatisierungsfolgenrecht, NVwZ 2001, 601 (607).
2 Siehe hierzu *Friedrich*, ZRP 2011, 108 (109).

stofftonne erheblich an Dynamik zugenommen[1]. Somit bleibt abzuwarten, unter welchen Voraussetzungen die einheitliche Wertstofftonne eingeführt werden kann, also ob es sich um eine kommunale oder um eine einheitliche Wertstofftonne in privater Regie handelt. Diese Entscheidung ist von großer wirtschaftlicher und politischer Bedeutung und ist zum jetzigen Zeitpunkt noch nicht abzusehen. Für das „normale" anwaltliche Mandat mit abfallwirtschaftlichem Bezug dürfte diese Frage indes bis auf Weiteres noch keine großen Auswirkungen haben.

### 6. Stoffstromüberwachung im Inland

111 Regelungen über umweltrechtliche Pflichten sind nur so gut wie die Möglichkeit, ihre Einhaltung zu kontrollieren. Die abfallrechtliche Überwachung wird der zuständigen Überwachungsbehörde durch verschiedene Instrumente ermöglicht. Neben der allgemeinen Überwachung nach § 47 KrWG gibt es das Register- sowie das Nachweisverfahren. Im Rahmen der abfallrechtlichen Überwachung wird hinsichtlich der verschiedenen rechtlichen Verpflichtungen zwischen gefährlichen und nicht gefährlichen Abfällen differenziert. Ein Abfall ist dann als gefährlich einzustufen, wenn die Abfallart im AVV mit einem Sternchen (*) gekennzeichnet ist (§ 3 Abs. 1 AVV).

#### a) Allgemeine Überwachung (§ 47 KrWG)

112 § 47 KrWG schafft für die zuständigen Behörden die Möglichkeit, **Überwachungsmaßnahmen** durchzuführen, die wiederum Grundlage verwaltungsbehördlichen Einschreitens sein können oder auch der schlichten Information dienen können. § 47 KrWG gilt naturgemäß nicht für die Überwachung der grenzüberschreitenden Abfallverbringung. Die dafür maßgeblichen Regelungen enthält die EG-Abfallverbringungsverordnung (Verordnung (EG) 1013/2006) und das Gesetz zur Ausführung der Verordnung (EG) Nr. 1013/2006 des Europäischen Parlaments und des Rates vom 14. Juni 2006 über die Verbringung von Abfällen und des Basler Übereinkommens vom 22. März 1989 über die Kontrolle der grenzüberschreitenden Verbringung gefährlicher Abfälle und ihrer Entsorgung (AbfVerbrG) (dazu unten Rz. 122 ff.). § 47 Abs. 1 KrWG enthält eine weitgefasste Aufgabenzuweisung an die zuständigen Behörden, die für die **Überwachung der Abfallverwertung und Abfallbeseitigung** zuständig sind[2]. Dies gilt mit der Einschränkung, dass die **Überwachung zur Wahrung des allgemeinen Wohls erforderlich** ist[3]. Der Bereich der Abfallvermeidung regelt sich ausschließlich nach den in §§ 24 und 25 KrWG vorgesehenen Rechtsverordnungen und wird vom Anwendungsbereich des § 47 KrWG nicht erfasst[4].

113 Welches die zuständige Überwachungsbehörde ist, richtet sich nach dem jeweiligen Landesrecht (vgl. Art. 30 GG). Prüfungsberechtigt sind neben den Angehörigen der **zuständigen Behörden** auch **Privatpersonen**, die zu den Überwachungsaufgaben herangezogen werden. Diese werden tätig aufgrund eines Auftrags der zuständigen Behörde. Gegenstand der Überwachung ist die Einhaltung aller für die Abfallentsorgung relevanten Vorschriften, also keineswegs nur die Überwachung der Einhaltung abfallrechtlicher Vorschriften. Gegenstand der Überwachung kann deshalb der

---

1 Siehe hierzu u.a. *Beckmann*, UPR 2010, 321 ff.; *Gruneberg/Wenzel*, AbfallR 2010, S. 162 ff.; Pro einheitliche Wertstofftonne in privater Regie u.a. *Friedrich*, ZRP 2011, 108 (109); Pro kommunale Wertstofftonne siehe *Queitsch*, AbfallR 2011, 30 (31 f.).
2 Vgl. *Kunig/Paetow/Versteyl*, § 40 KrW-/AbfG Rz. 1 ff.; *Frenz*, § 40 KrW-/AbfG Rz. 3 f.
3 Ausführlich zu Erforderlichkeitsgesichtspunkten *Jarass/Ruchay/Weidemann* (Hrsg.), § 40 KrW-/AbfG Rz. 205 ff.; in der Praxis ist gelegentlich die Ausforschung „ins Blaue hinein" festzustellen.
4 *Kunig/Paetow/Versteyl*, § 40 KrW-/AbfG Rz. 8.

gesamte Bereich des öffentlichen Umweltrechts einschließlich des Strafrechts sein. Unberührt davon bleibt jedoch die Zuständigkeit anderer Behörden, so dass es zu Zuständigkeitsüberlagerungen kommen kann[1].

**Beispiel:**

In einem Ziegelwerk werden sog. „Fangstoffe" aus der Papierindustrie als Porosierungsmittel eingesetzt und mit dem zu brennenden Ton vermischt. Im Produktionsprozess der Ziegelherstellung verschwelen diese Fangstoffe während des Brennvorgangs und führen damit zu der gewünschten Porenbildung in den Ziegeln. Für diesen Vorgang kann es eine Doppelzuständigkeit von Behörden geben: Die Abfallwirtschaftsbehörde wird unter dem Blickwinkel der Ordnungsgemäßheit und Schadlosigkeit der Abfallverwertung (§ 7 Abs. 3 KrWG) den Verbleib der Fangstoffe aus der Papierindustrie nachvollziehen; sie verfolgt damit einen stoffbezogenen Kontrollansatz im Nachgang zur Abfallentstehung in der Papierfabrik. Die für das Ziegelwerk zuständige Immissionsschutzbehörde wird unter dem Blickwinkel der Betreiberpflichten des § 5 BImSchG denselben Vorgang zu würdigen haben; sie verfolgt damit einen anlagebezogenen Kontrollansatz im Hinblick auf das Ziegelwerk.

114

§ 47 Abs. 3 und 4 KrWG beschreiben die zur Erteilung von Auskünften Verpflichteten und deren **Mitwirkungspflichten** bei der Überprüfung. Danach sind nicht nur Auskünfte durch die Verpflichteten zu erteilen. Die Regelung enthält vielmehr auch Betretungsrechte der Überwachungsbehörden und ihrer Beauftragten[2]. Die Auskunftspflicht wird in zweierlei Weise eingeschränkt: Zum einen statuiert § 47 Abs. 5 KrWG ein **Auskunftsverweigerungsrecht** nach § 55 StPO. Hiernach besteht ein Auskunftsverweigerungsrecht für den Zeugen, der sich durch eine wahrheitsgemäße Aussage selbst oder einen Angehörigen der strafrechtlichen Verfolgung aussetzt. Zum anderen darf die Behörde bei dem Auskunftsverlangen das Verhältnismäßigkeitsprinzip nicht aus dem Blick verlieren. Sie darf insbesondere **keine allgemeine Ausforschung** betreiben, deren Umfang über die Durchführung und Erfüllung der Überwachungsaufgabe des § 47 Abs. 1 KrWG hinausginge[3]. Insoweit setzt also der Umfang der Überwachungsaufgabe zugleich den gesetzlichen Rahmen für die Möglichkeit, Auskünfte zu verlangen.

115

Die Auskunfts-, Mitwirkungs- und Duldungspflichten des § 47 KrWG bestehen kraft Gesetzes. Sie werden aber erst durch eine entsprechende Aufforderung der Behörde aktualisiert. Dabei handelt es sich im Allgemeinen zunächst noch um **schlicht-hoheitliches Verwaltungshandeln**[4]. Wenn sich der Verpflichtete weigert, seiner Pflicht nachzukommen, kann die zuständige Behörde die Verpflichtung durch einen **Verwaltungsakt** konkretisieren[5], für den ggf. als Rechtsgrundlage zu-

116

---

1 Vgl. umfassend *Kunig/Paetow/Versteyl*, § 40 KrW-/AbfG Rz. 9 ff.; speziell zu Zuständigkeitsfragen und der Abgrenzung verschiedener Behördenzuständigkeiten vgl. *Jarass/Ruchay/Weidemann* (Hrsg.), § 40 KrW-/AbfG Rz. 70 ff., 102 ff.; vgl. zu Fragen der Zuständigkeitsabgrenzung verschiedener Fachbehörden auch BVerwG v. 18.10.1991 – 7 C 2.91, NVwZ 1992, 480 sowie v. 10.11.1993 – 4 B 185.93, NVwZ 1994, 296.
2 Zum Status der behördlichen Beauftragten vgl. einerseits *Fluck* (Hrsg.), § 40 KrW-/AbfG Rz. 118 und *Kunig/Paetow/Versteyl*, § 40 KrW-/AbfG Rz. 10 und zum Immissionsschutzrecht *Jarass*, BImSchG, 8. Aufl. 2010, § 52 Rz. 27 (Beauftragte sind u.U. Beliehene) und andererseits *Frenz*, § 40 KrW-/AbfG Rz. 6 (Beauftragte sind bloße Verwaltungshelfer).
3 Vgl. ausführlich *Jarass/Ruchay/Weidemann* (Hrsg.), § 40 KrW-/AbfG Rz. 205 ff.; zu den Grenzen der behördlichen Informationsbefugnis nach der Parallelvorschrift des Immissionsschutzrechts (§ 52 Abs. 2 BImSchG) vgl. *Jarass*, BImSchG, 8. Aufl. 2010, § 52 Rz. 32 ff. sowie *Mösbauer*, NVwZ 1985, 457 (460).
4 VGH Mannheim v. 28.11.2000 – 10 S 1375/99, NVwZ 2001, 574 f. = UPR 2001, 272 f.
5 *Kunig/Paetow/Versteyl*, § 40 KrW-/AbfG, § 40 Rz. 12; *Jarass/Ruchay/Weidemann* (Hrsg.), § 40 KrW-/AbfG Rz. 390 ff.; für die entsprechende Vorschrift in § 52 Abs. 2 BImSchG vgl. ebenso *Jarass*, BImSchG, 8. Aufl. 2010, § 52 Rz. 49.

sätzlich auf § 62 KrWG zurückgegriffen werden muss[1]. Erst dann ist also auch die Möglichkeit des Widerspruchs gegeben.

**Beispiel:**

117 Die zuständige Abfallwirtschaftsbehörde verlangt vom Betreiber eines Containerdienstes Auskünfte „über die entsorgten Abfälle und deren Verbleib". Dahinter steht die Vermutung der Behörde, es würden gemischte Gewerbeabfälle der von der Behörde wahrgenommenen öffentlichen Entsorgungszuständigkeit entzogen. Das Auskunftsverlangen der Behörde ist pauschal und umfassend formuliert und nicht näher konkretisiert. Das angesprochene Unternehmen sieht in dem Auskunftsverlangen eine unzulässige Ausforschung und kommt dem nicht nach. Die Behörde erlässt daraufhin einen Verwaltungsakt, mit dem die gestellten Fragen präzisiert und auch für das Unternehmen formal angreifbar gemacht werden. Jetzt kann zunächst im Wege des Widerspruchsverfahrens geprüft werden, ob das Auskunftsverlangen trotz der Präzisierung noch immer als rechtlich unzulässige Ausforschung angesehen wird, oder ob das Unternehmen nunmehr verpflichtet ist, die Auskünfte zu erteilen.

**b) Registerverfahren**

118 Gem. § 50 KrWG müssen die Entsorger von Abfällen Register führen. Konkretisiert wird die Vorschrift durch die Verordnung über die Nachweisführung bei der Entsorgung von Abfällen (Nachweisverordnung). In diesem Zusammenhang ist auf die Befreiungsmöglichkeit von der **Registerpflicht** gem. § 26 Abs. 1 Satz 1 NachwV hinzuweisen. Die zuständige Behörde kann einen gem. § 49 oder § 50 KrWG Registerpflichtigen auf Antrag oder von Amts wegen ganz oder teilweise unter dem Vorbehalt des Widerrufs von der Nachweis- und Registerführung freistellen, wenn eine Beeinträchtigung des Wohls der Allgemeinheit durch diese Befreiung nicht zu befürchten ist. Die zuständige Behörde ist zudem berechtigt, die Erbringung anderer geeigneter Nachweise zu verlangen (§ 26 Abs. 1 Satz 2 NachwV). Des Weiteren kann sie gegenüber einem nach § 49 KrWG zur Führung von Registern über die Entsorgung nicht gefährlicher Abfälle Verpflichteten die Registrierung weiterer Angaben anordnen (§ 26 Abs. 2 NachwV). Somit werden die Rechte der zuständigen Behörde ausgeweitet. Zu beachten ist, dass § 26 NachwV als Ermessensvorschrift ausgestaltet ist[2].

**c) Nachweisverfahren**

119 § 50 KrWG normiert die formalisierte **Überwachung der Abfallentsorgung** durch die Führung von **Nachweisen** und Nachweisbüchern sowie durch die Einbehaltung und Aufbewahrung von Belegen (Nachweisverfahren) für gefährliche Abfälle. Dieses Verfahren wird durch die Verordnung über die Nachweisführung bei der Entsorgung von Abfällen (Nachweisverordnung)[3] konkretisiert. Zu beachten ist die Privilegierung der sog. Eigenentsorger gem. § 50 Abs. 2 KrWG. Hiernach besteht keine Nachweispflicht für die Entsorgung gefährlicher Abfälle, wenn die Erzeuger oder Besitzer dieser Abfälle in eigenen Abfallentsorgungsanlagen entsorgen, welche in einem engen räumlichen und betrieblichen Zusammenhang mit den Anlagen oder Stellen stehen, in denen die zu entsorgenden Abfälle angefallen sind.

Das Nachweisverfahren ist aufgeteilt in die Vorabkontrolle nach § 50 Abs. 1 Satz 2 Nr. 1 KrWG und die Verbleibskontrolle gem. § 50 Abs. 1 Satz 2 Nr. 2 KrWG. Die Vorabkontrolle nach § 50 Abs. 1 Satz 2 Nr. 1 KrWG erfolgt vor Beginn der Entsor-

---

1 VGH Mannheim v. 30.3.2001 – 10 S 1184/00, DVBl 2001, 1291 ff. = UPR 2001, 278.
2 Näheres hierzu siehe *Rüdiger*, Nachweisverordnung, 2009, § 27 Rz. 2 ff.
3 Nachweisverordnung v. 20.10.2006 i.d.F. der letzten Änderung durch G. v. 19.7.2007, BGBl. I 2007, 1462 ff.

gung in Form einer Erklärung des Erzeugers, Besitzers, Sammlers oder Beförderers von Abfällen zur vorgesehenen Entsorgung, einer Annahmeerklärung des Abfallentsorgers und einer Bestätigung der Zulässigkeit der vorgesehenen Entsorgung durch die zuständige Behörde. Diese Erklärungen werden im Entsorgungsnachweis i.S.v. § 3 NachwV zusammengefasst. Die Verbleibskontrolle gem. § 50 Abs. 1 Satz 2 Nr. 2 KrWG erfolgt durch den Nachweis über die durchgeführte Entsorgung oder Teilabschnitte der Entsorgung in Form von Erklärungen des Erzeugers, Besitzers, Sammlers, Beförderers und Entsorgers über den Verbleib der entsorgten Abfälle. Der Nachweis über die durchgeführte Entsorgung wird im Fall der Einzelentsorgung durch Begleitscheine (§§ 10 f. NachwV), im Fall der Sammelentsorgung durch Übernahmescheine (§ 12 NachwV) und Begleitscheine (§ 13 NachwV i.V.m. §§ 10 f. NachwV) dokumentiert. Die Verbleibskontrolle ermöglicht es, nachzuvollziehen, ob ein Abfall den in der Vorabkontrolle angegebenen Entsorgungsweg nimmt bzw. genommen hat[1].

Für gefährliche Abfälle gilt nach § 50 KrWG das **obligatorische Nachweisverfahren**. Es bedarf keiner zusätzlichen behördlichen Anordnung des Nachweisverfahrens. Dagegen gilt für nicht gefährliche Abfälle gem. § 51 KrWG das **fakultative Nachweisverfahren** (die Behörde muss die Nachweisführung im Einzelfall anordnen). Die zuständige Behörde kann anordnen, dass die Erzeuger, Besitzer, Sammler, Beförderer, Händler, Makler oder Entsorger von Abfällen Nachweise führen müssen. Gegen diese Anordnung bestehen dann Rechtsschutzmöglichkeiten. Auch das fakultative Nachweisverfahren gilt jedoch nicht für private Haushaltungen. 120

Das Nachweisverfahren hat insgesamt die Aufgabe, die Umweltverträglichkeit der Abfallverwertung und Abfallbeseitigung präventiv zu kontrollieren[2]. Die gesetzlichen Vorgaben der §§ 50 ff. KrWG werden durch die **Nachweisverordnung** konkretisiert[3]. Die Nachweisverordnung gilt nicht für die grenzüberschreitende Verbringung von Abfällen (§ 1 Abs. 4 NachwV). Für diese Verbringungsvorgänge gilt die EG-Abfallverbringungsverordnung (nachfolgend Rz. 122 ff.) bzw. das Abfallverbringungsgesetz (nachfolgend Rz. 130). 121

### 7. Grenzüberschreitende Abfallverbringung

#### a) EG-Abfallverbringungsverordnung

Die **grenzüberschreitende Beförderung von Abfällen** unterliegt den Anforderungen der EG-Abfallverbringungsverordnung (EG) Nr. 1013/2006[4]. Die Verordnung hat eine erhebliche praktische Bedeutung, denn Abfälle sind Waren i.S.d. Art. 28 ff. AEUV und nehmen deshalb Teil an der europarechtlich gewährleisteten Warenverkehrsfreiheit[5]. Die Warenverkehrsfreiheit darf auch nicht durch Abgaben mit zollgleicher Wirkung eingeschränkt werden, was der EuGH in einem den früheren „Solidarfonds Abfallrückführung" betreffenden Vertragsverletzungsverfahren (Art. 258 122

---

1 Näheres hierzu siehe *Rüdiger*, Nachweisverordnung, 136 ff.
2 S. die anschaulichen Ausführungen des OVG Münster v. 18.12.1998 – 20 B 1388/98, NVwZ-RR 1999, 731 ff. = UPR 1999, 391 f. zum Umfang der anzustellenden behördlichen Prüfungen.
3 Stattdessen sei verwiesen auf die Darstellungen bei *Petersen/Stöhr/Kracht*, DVBl 1996, 1161 (1164 ff.) und bei *Budde*, NuR 1997, 166 ff.; vgl. ferner die anschauliche Darstellung (Schaubild) bei *Fluck* (Hrsg.), § 41 KrW-/AbfG, Abb. 1 sowie im Einzelnen die dortige Kommentierung der NachwV.
4 Verordnung (EWG) Nr. 259/93 des Rates v. 1.2.1993 zur Überwachung und Kontrolle der Verbringung von Abfällen in der, in die und aus der Europäischen Gemeinschaft (Abl. EG Nr. L 30, S. 1).
5 EuGH v. 9.7.1992 – Rs. C-2/90, DVBl 1995, 232 ff. (234).

AEUV) gegen die Bundesrepublik Deutschland klargestellt hat[1]. Die EG-Abfallverbringungsverordnung definiert für ihren Anwendungsbereich nicht selbst den Abfallbegriff, sondern nimmt in Art. 1 (Geltungsbereich) und Art. 2 (Begriffsbestimmungen) auf die Abfallrahmenrichtlinie 2008/98/EG Bezug. Der EG-rechtliche Abfallbegriff ist identisch mit dem – in Umsetzung des EG-Rechts – zeitlich später entstandenen Abfallbegriff des KrWG. Die Verordnung ist in den Mitgliedstaaten unmittelbar geltendes Recht (vgl. Art. 288 Abs. 2 AEUV) und verdrängt deshalb vorher geltende Regelungen des deutschen Abfallrechts zur Abfallverbringung. Eine Ausnahme gilt für nationale Regelungen, die weitergehende Schutzmaßnahmen in dem nach Art. 193 AEUV zulässigen Umfang enthalten[2]. Durch die Novellierung der EG-Abfallverbringungsverordnung im Jahr 2006 wurden die Regelungen aufgrund von geänderten Begrifflichkeiten des Baseler Übereinkommens und der Einbeziehung von Erfahrungen aus dem Verwaltungsvollzug (vor allem eine Zusammenfassung bzw. Vereinfachung der verschiedenen Genehmigungsverfahren) angepasst.

123 Der Anwalt hat sich mit den Verbringungsregelungen auseinanderzusetzen, wenn er mit solchen Vorgängen grenzüberschreitender Abfalltransporte zu tun hat, bei denen die zuständigen Behörden evtl. anderer Ansicht zur Zulässigkeit solcher Vorgänge sind als diejenigen, die transportieren oder empfangen wollen. Die EG-Abfallverbringungsverordnung trennt in ihrer Regelungssystematik zunächst hinsichtlich der Anforderungen, die an zulässige Verbringungen gestellt werden, zwischen **drei Stoffgruppen**, nämlich Abfällen der sog. **„Grünen Liste"** (Anhang III), den Stoffen der sog. **„Gelben Liste"** (Anhang IV) und den Abfällen, für die das Ausfuhrverbot des Art. 36 VO (EG) Nr. 1013/2006 gilt (Anhang V). Es ist zu beachten, dass ein Abfallgemisch, auch wenn es als eine Kombination aus in der grünen Liste enthaltenen Stoffen angesehen wird, keiner Kategorie der Grünen Liste zugeordnet werden kann und nicht ohne weiteres grün gelistet werden kann[3]. Sie trennt darüber hinaus zwischen Abfällen zur Beseitigung und Abfällen zur Verwertung und auch danach, ob die Abfälle zwischen den Mitgliedstaaten transportiert, durch Staaten der EG durchgeführt werden, oder ob es sich um Verkehr mit Drittländern handelt[4]. Anders als in der vorherigen AbfVerbrV bestehen hinsichtlich des Notifizierungsverfahrens[5] bei Abfällen zur Beseitigung und Abfällen zur Verwertung keine gravierenden Unterschiede. Für Abfälle zur Beseitigung gelten jedoch strengere Maßstäbe hinsichtlich der Notifizierungspflicht und der behördlichen Einwände (Art. 11 und 12 VO (EG) Nr. 1013/2006)[6]. So gelten etwa für Abfälle zur Verwertung nicht die Grundsätze der Entsorgungsautarkie der EG-Mitgliedstaaten und der Entsorgungsnähe zum Anfallort der Abfälle[7]. Entsprechende Einschränkungen sind nur bei Abfällen zur Beseitigung möglich (vgl. Art. 11 Abs. 1 lit. a VO (EG) Nr. 1013/2006).

---

1 EuGH v. 27.2.2003 – Rs. C-389/00, ZUR 2003, 229 ff. (verfügbar auch über *www.curia.eu.int*) zur Beitragspflicht von Abfallexporteuren zum sog. Solidarfonds Abfallrückführung nach dem deutschen Abfallverbringungsgesetz.
2 Vgl. *Winter*, UPR 1994, 161 ff.; v. *Köller/Klett/Konzak*, EG-Abfallverbringungsverordnung, 1994, Einführung, A.III.1.; s. auch *Giesberts*, NVwZ 1996, 949 ff.; zu solchen weitergehenden Maßnahmen vgl. z.B. Art. 4 Abs. 3 lit. a) VO (EWG) 259/93; sehr ausführlich zur Steuerung grenzüberschreitender Abfallströme *Winter*, DVBl 2000, 657 ff.
3 Vgl. BVerwG v. 29.3.2011 – 7 B 76.10, BeckRS 2011, 49836, Rz. 8.
4 S. die anschauliche Darstellung bei *Fluck* (Hrsg.), Einführung zur EG-AbfVerbrV, Abb. 1 oder bei *Winter*, UPR 1994, 161 (162) mit den dort enthaltenen Schaubildern; zur Verbringung von für die Pappenproduktion vorgesehenen alten Kleidungsstücken mit Abfalleigenschaft in Drittländer (Tschechische Republik) vgl. BVerwG v. 19.11.1998 – 7 C 31.97, NVwZ 1999, 1111 f. = GewArch 1999, 261 ff.
5 Ausführlich zum Notifizierungsverfahren siehe *Kropp*, AbfallR 2004, 150 (153 ff.).
6 Vgl. *Dieckmann*, ZUR 2006, 561 (563 f.).
7 EuGH v. 25.6.1998 – Rs. C-203/96, NVwZ 1998, 1169 ff.

## II. Abfallrecht als Stoffrecht

Für die grenzüberschreitende Verbringung von Abfällen besteht ein Verbot mit Erlaubnisvorbehalt. Eine Verbringung der Abfälle ist, abgesehen von den Abfällen der „grünen Liste", nur mit vorheriger schriftlicher Notifizierung und einer behördlichen Zustimmung zulässig. Diese Verfahrensschritte stellen die Vorabkontrolle dar. Die Notifizierung gewährleistet, dass die Behörden vorab über Art, Beförderung und Beseitigung oder Verwertung der Abfälle informiert werden und ihnen die Möglichkeit gegeben wird, für den Schutz der menschlichen Gesundheit und Umwelt erforderliche Maßnahmen anzuordnen, insbesondere begründete Einwände gegen die Abfallverbringung zu erheben.

124

Die **möglichen Einwandsgründe** ergeben sich für die Verbringung von Abfällen zur Beseitigung aus Art. 11 VO (EG) Nr. 1013/2006, von Abfällen zur Verwertung aus Art. 12 VO (EG) Nr. 1013/2006. Von besonderer praktischer Bedeutung sind die Einwände, die zu einer Versagung einer Genehmigung führen können. Gegen die Verbringung von Abfällen zur Beseitigung stehen den Behörden weitreichende Einwandsmöglichkeiten zu. Neu eingefügt wurde im Rahmen der Novellierung der VerbringungsV Art. 11 Abs. 1 lit. i VO (EG) Nr. 1013/2006. Hiernach besteht ein Einwand gegen die Verbringung von Abfällen zur Beseitigung darin, dass es sich um gemischte Siedlungsabfälle aus privaten Haushaltungen handelt. Dieser Einwand ist an keine weitergehenden Anforderungen geknüpft. Es ist in diesem Zusammenhang zu beachten, dass gem. Art. 3 Abs. 5 VO (EG) Nr. 1013/2006 die Verbringung von gemischten Siedlungsabfällen aus privaten Haushaltungen den Regelungen für Abfälle zur Beseitigung unterliegt, unabhängig davon, ob die Abfälle verwertbar sind. Allgemein lässt sich feststellen, dass die Einwendungen nach Art. 11 VO (EG) Nr. 1013/2006 gegen die Verbringung von Abfällen zur Beseitigung so weitreichend sind, dass die Behörde – wenn dies gewünscht ist – eine Verbringung weitestgehend verhindern kann[1].

125

Die Einwandsmöglichkeiten gegen die Verbringung von Abfällen zur Verwertung sind indes geringer. Die Einwandserhebung wird nicht durch Gründe der Entsorgungsautarkie oder Entsorgungsnähe begründet, sondern besteht nur ausnahmsweise. Dies ist anzunehmen, wenn beispielsweise der Notifizierende oder Empfänger in der Vergangenheit wegen illegaler Verbringungen verurteilt worden ist. Ausgeweitet worden sind die Einwandsmöglichkeiten gegen die Verbringung von Abfällen zur Verwertung im Hinblick auf die umweltschädliche Verwertung in anderen Mitgliedstaaten. Die Ausweitung der Einwandsgründe stellt teilweise eine Umsetzung der Rechtsprechung des EuGH dar[2]. Neu eingefügt – auch zur ausdrücklichen Verankerung der geltenden EuGH-Rechtsprechung[3] – wurde der Einwand des falschen Verfahrens nach Art. 12 Abs. 1 lit. h) VO (EG) Nr. 1013/2006. Die Verbleibskontrolle wird mit Hilfe von einer Anzeige über den tatsächlichen Verbringungsbeginn sowie von Belegen sichergestellt. Von diesem grundsätzlichen Verfahren werden jedoch einige Ausnahmen/Privilegierungen geschaffen. Während nur für bestimmte Abfälle zur Verwertung eine Notifizierungspflicht besteht, sind alle Abfälle zur Beseitigung dieser Pflicht unterworfen (Art. 3 Abs. 1 VO (EG) Nr. 1013/2006).

126

Stoffe der „**Grünen Liste**" (Anhang III) sind solche Abfälle, die im Allgemeinen als weniger gefährlich angesehen werden. Sie werden mit einer Kombination aus dem OECD-Code für die spezifische Abfallart und einer Zahlenkombination gemäß dem Brüsseler Übereinkommen vom 14.6.1983 bezüglich der Zusammenarbeit auf dem

---

1 Vgl. *Dieckmann*, ZUR 2006, 561 (565).
2 Z.B. Art. 12 Abs. 1 lit. c VO (EG) Nr. 1013/2006 als Kodifizierung und Konkretisierung der Rechtsprechung des EuGH v. 16.12.2004 – C 277/02, NVwZ 2005 309 ff., Rz. 39 ff.; *Dieckmann*, ZUR 2006, 561 (565 f.).
3 Vgl. EuGH v. 27.2.2002 – Rs C-6/00, NVwZ 2002 579, Rz. 38 ff.

Gebiet des Zollwesens gekennzeichnet; die Zahlenkombination kann sich in ihrer zollrechtlichen Anwendung sowohl auf „echte" Waren als auch auf Abfälle beziehen. Diese Kennzeichnung unterscheidet sich von der durch die Abfallverzeichnisverordnung – AVV – vorgegebenen Systematik zur Einordnung von Abfällen in Schlüsselnummern aus Gründen der abfallwirtschaftlichen Überwachung. Sind die Abfälle der Grünen Liste zur **Verwertung** bestimmt, bedarf es innerhalb der EG **keines Anzeigeverfahrens** (Notifizierung). Nach Art. 11 der Verordnung ist vielmehr nur ein besonderes Begleitformular nach Anhang VII der Verordnung beizugeben. In diesen Fällen besteht kein Erfordernis einer Sicherheitsleistung. Diese sind lediglich für notifizierungspflichtige Verbringung von Abfällen vorgesehen (Art. 6 VO (EG) Nr. 1013/2006).

127 Anders als die Stoffe der „Grünen Liste" unterliegen die übrigen Stoffe, unabhängig ob es sich um Abfälle zur Verwertung oder Beseitigung handelt, dem **Notifizierungsverfahren** (vgl. Art. 4–9 der Verordnung (EG) 1013/2006)[1]. Die Notifizierung geschieht mit Hilfe eines Begleitscheins, der von der zuständigen Behörde am Versandort ausgestellt wird und der die in Art. 6 der Verordnung genannten Angaben enthält. Die Behörden am Versandort und am Bestimmungsort haben nach Art. 11 der Verordnung 1013/2006/EG weitreichende Befugnisse zur Erhebung von Einwänden gegen die Verbringung zur grenzüberschreitenden Verwertung[2]. In bestimmtem Umfang können nach dieser Bestimmung auch die für die Durchfuhr zuständigen Behörden Einwände gegen die geplante Verbringung erheben[3]. Die möglichen Einwände hat der EuGH in einer als weitreichend angesehenen Entscheidung vom 16.12.2004 inhaltlich präzisiert. Die Bedeutung dieser Entscheidung liegt vor allem in der Feststellung des EuGH, dass die zuständige Behörde am Versandort der Abfälle – also im Herkunftsland – bei der Prüfung der Auswirkungen der beabsichtigten Verwertung auf Gesundheit und Umwelt am Bestimmungsort der Abfälle die im Versandstaat geltenden Standards zugrunde legen kann und im Notifizierungsverfahren einen auf Art. 7 Abs. 4 lit. a), erster Gedankenstrich der VO (EWG) 259/93 a.F. gestützten Einwand erheben kann[4]. Hingegen ist es der Behörde am Versandort nach dieser Entscheidung des EuGH verwehrt, einen auf Art. 7 Abs. 4 lit. a), zweiter Gedankenstrich gestützten dahingehenden Einwand zu erheben. Der EuGH stellt in der genannten Entscheidung vom 16.12.2004 zudem klar, dass Art. 7 Abs. 4 lit. a) erster Gedankenstrich der VO (EWG) 259/93 a.F. sowohl die Behörde am Versandort als auch die Behörde am Bestimmungsort zur Erhebung von Einwänden berechtigt, die nicht nur an die Beförderung der Abfälle in ihrem jeweiligen Zuständigkeitsbereich anknüpfen, sondern auch an die im Zusammenhang mit dieser Verbringung vorgesehene Verwertungsmaßnahme[5]. Die Erhebung derartiger Einwände muss aber mit wissenschaftlichen Erkenntnissen untermauert sein und muss sich am Verhältnismäßigkeitsprinzip orientieren, d.h. der Einwand darf nicht über den erforderlichen Umfang hinausgehen. Darauf weist der EuGH in seiner Entscheidung vom 16.12.2004 ausdrücklich hin[6]. Dennoch: in dieser Entscheidung liegt eine deutliche Verschärfung des Abfallregimes bei grenzüberschreitenden Verbringungsvorgängen sowie ein Widerspruch zu der – auf Abfälle zur Be-

---

1 Zur EU-Notifizierung als Genehmigungsverfahren im strafrechtlichen Sinn des § 326 Abs. 1 StGB vgl. BayObLG v. 22.2.2000 – 4 St RR 7/2000, UPR 2000, 277 ff.
2 Zu den möglichen Einwänden bei der grenzüberschreitenden Verbringung von Abfällen zur energetischen Verwertung vgl. Kropp/v. d. Lühe, AbfallR 2003, 123 ff. m.w.N.
3 Vgl. bereits VG Köln v. 8.5.1996 – 4 K 3935/95, NVwZ 1997, 823 ff.
4 EuGH v. 16.12.2004 – Rs. C-277/02, NVwZ 2005, 309 ff.; vgl. dazu auch die Besprechung von *Begemann/Lustermann*, NVwZ 2005, 283 ff.
5 EuGH v. 16.12.2004 – Rs. C-277/02, NVwZ 2005, 309 ff.
6 EuGH v. 16.12.2004 – Rs. C-277/02, NVwZ 2005, 309 ff., Rz. 49 f.; vgl. dazu auch *Hagmann*, Behördliche Kompetenzen bei grenzüberschreitender Abfallverbringung, UPR 2005, 133 ff. (135 f.).

seitigung bezogenen – vorherigen Rechtsprechung des EuGH zu Art. 4 Abs. 3 VO (EWG) 259/93 a.f., wonach gerade nicht gefordert werden darf, dass die beabsichtigte Beseitigungsmaßnahme den Anforderungen des Umweltrechts im Versandstaat entspricht[1]. Ein gewisses Spannungsverhältnis dieser Rechtsprechung des EuGH zu der auch für Abfälle geltenden Warenverkehrsfreiheit ist ebenfalls nicht zu übersehen[2]. Für solche Abfälle, die in den **Listen nicht genannt** sind, gilt, dass sie den Abfällen der Gelben Liste entsprechend behandelt werden (Art. 10 der Verordnung 259/93/EWG a.F.). Diese Aussagen zu der alten Abfallverbringungsverordnung sind auf die geltende Verordnung übertragbar.

**Verfahrensrechtliche Fragen**: Die Verbringung zur Verwertung bestimmter Abfälle der Gelben Liste unterliegt nach der Rechtsprechung des BVerwG einem präventiven **Verbot mit Erlaubnisvorbehalt**. Die Verbringung der notifizierungspflichtigen Abfälle darf erst nach Zustimmung der Behörde erfolgen (§ 3 Abs. 1 VO (EG) Nr. 1013/2006). Erhebt die deutsche Behörde im Notifizierungsverfahren einen Einwand, so ist dies deshalb verfahrensrechtlich als Ablehnung einer notwendigen Zustimmung zu sehen. Will die notifizierende Person dagegen vorgehen, so muss sie dies mit einer **Verpflichtungsklage** tun[3]. Diese Rechtsprechung verschafft den zuständigen deutschen Behörden eine starke Position im Notifizierungsverfahren. Denn solange ein Einwand erhoben und die Zustimmung nicht erteilt oder vor Gericht in einem langen Verfahren erstritten worden ist, darf die Verbringung nicht erfolgen. Ein Verstoß hat ggf. auch strafrechtliche Konsequenzen unter dem Blickwinkel des § 326 Abs. 2 StGB[4]. Die **Zuordnung eines Verbringungsvorgangs** als Verwertung oder Beseitigung durch die notifizierende Person darf durch die zuständige Behörde nicht von Amts wegen korrigiert werden. Ist die Behörde der Ansicht, die Zuordnung sei fehlerhaft, so darf sie vielmehr nur einen entsprechenden Einwand gem. Art. 12 Abs. 1 lit. h VO (EG) Nr. 1013/2006 erheben. Dies muss innerhalb der in Art. 7 Abs. VO (EG) 1013/2006 vorgesehenen Frist geschehen[5]. 128

Im Zuge des Beitritts der **neuen EG-Mitgliedstaaten** Estland, Lettland, Litauen, Malta, Polen, Slowakei, Slowenien, Tschechische Republik, Ungarn und Zypern zum 1.5.2004 wurden für einige dieser Staaten in den Beitrittsverträgen eine Reihe von **Übergangsregelungen** in abfallwirtschaftlicher Hinsicht vereinbart, die auch die Anwendung der VO (EG) 1013/2006 betreffen. Die differenziertesten Regelungen dürften etwa für **Polen** bestehen. Dort gilt, dass Abfallverbringungen nach Polen generell notifizierungspflichtig noch bis zum 31.12.2012 sind, auch was Abfälle zur Verwertung der „Grünen Liste" betrifft (vgl. oben Rz. 126). Solange zudem für Anlagen in Polen Übergangsfristen nach der EG-Richtlinie 96/61/EG (IVU-Richtlinie) gelten, gilt für diese Anlagen ein Verbot der Abfallverbringung zum Zweck der Verwertung. Davon sind z.B. Kraftwerke oder Zementwerke in Polen betroffen. 129

### b) Abfallverbringungsgesetz

Das Gesetz zur Ausführung der Verordnung (EG) Nr. 1013/2006 des Europäischen Parlaments und des Rates vom 14.6.2006 über die Verbringung von Abfällen und des 130

---

1 EuGH v. 13.12.2001 – Rs. C-324/99, EuZW 2002, 89 ff.
2 *Begemann/Lustermann*, NVwZ 2005, 283 ff. (285); zur Warenverkehrsfreiheit für Abfälle vgl. EuGH v. 25.6.1998 – Rs. C-203/96, NVwZ 1999, 1169 ff.
3 BVerwG v. 6.11.2003 – 7 C 2.03, NVwZ 2004, 344 ff.; OVG Münster v. 29.4.2004 – 20 A 3956/02, NVwZ 2004, 1261 ff.; anders (kein Erlaubnisvorbehalt bei der Notifizierung von Abfällen zur Verwertung) noch VGH Mannheim v. 23.3.1999 – 10 S 3242/98, UPR 1999, 276 = AbfallPrax 1999, 186; vgl. auch *Winter*, DVBl 2000, 657 (659 ff.).
4 BayObLG v. 22.2.2000 – 4 St RR 7/2000, UPR 2000, 277 f.
5 EuGH v. 15.7.2004 – Rs. C-472/02, NVwZ 2005, 76 f.; vgl. bereits EuGH v. 27.2.2002 – Rs. C-6/00, NVwZ 2002, 579 ff. = EuZW 2002, 275 ff.

Baseler Übereinkommens vom 22.3.1989 über die Kontrolle der grenzüberschreitenden Verbringung gefährlicher Abfälle und ihrer Versorgung (**Abfallverbringungsgesetz – AbfVerbrG**) regelt die Verbringung von Abfällen in den, aus dem und durch den Geltungsbereich dieses Gesetzes; räumlich hat das Gesetz einen engeren Anwendungsbereich als die EG-Abfallverbringungsverordnung, denn es gilt nur für grenzüberschreitende Abfallverbringung mit Bezug auf Deutschland. Es füllt innerstaatlich die Lücken, die die EG-Abfallverbringungsverordnung noch lässt; so regelt es z.B. den europarechtlich für Abfälle zur Beseitigung zulässigen Grundsatz der Beseitigungsautarkie (§ 2 AbfVerbrG). Es enthält ferner ergänzende Bestimmungen zu den Rücknahmeverpflichtungen[1] nach Art. 22 Abs. 2 Unterabs. 1 oder Abs. 3 Unterabs. 1 und Art. 24 Abs. 2 lit. c), d), oder e) VO (EG) Nr. 1012/2006. Das AbfVerbrG füllt zudem den europarechtlich naturgemäß ungeregelten Bereich der innerstaatlichen Zuständigkeiten oder die Bußgeldtatbestände aus[2]. In diesem Zusammenhang ist auf die Vollzugshilfe zur AbfallverbrV und zum AbfallverbrG der Länderarbeitsgemeinschaft Abfall (LAGA) hinzuweisen[3].

## III. Ordnung und Planung der Abfallentsorgung

### 1. Abfallwirtschaftsplanung (§§ 30f. KrWG)

131 Gem. § 30 Abs. 1 KrWG stellen die Länder für ihr Gebiet **Abfallwirtschaftspläne** nach überörtlichen Gesichtspunkten auf. Die Länder haben damit eine **Planungspflicht**[4]. Die Pläne sind nach § 31 Abs. 5 KrWG alle sechs Jahre bei Bedarf fortzuschreiben. § 30 Abs. 1 KrWG regelt weiter die Mindestinhalte der Abfallwirtschaftspläne:

1. Ziele der Abfallvermeidung, Abfallverwertung, insbesondere der Vorbereitung zur Wiederverwendung und des Recyclings, sowie der Abfallbeseitigung,
2. die bestehende Situation der Abfallbewirtschaftung,
3. die erforderlichen Maßnahmen zur Verbesserung der Abfallverwertung und Abfallbeseitigung einschließlich einer Bewertung ihrer Eignung zur Zielerreichung, sowie
4. die Abfallentsorgungsanlagen, die zur Sicherung der Beseitigung von Abfällen sowie der Verwertung von gemischten Abfällen aus privaten Haushaltungen [...] im Inland erforderlich sind.

Zudem weisen sie zugelassene Abfallbeseitigungsanlagen i.S.v. § 30 Abs. 1 Satz 2 Nr. 4 KrWG und Flächen, die für Deponien, für sonstige Abfallbeseitigungsanlagen sowie für sonstige Abfallbeseitigungsanlagen i.S.d. § 30 Abs. 1 Satz 2 Nr. 4 KrWG geeignet sind. Außerdem können die Pläne bestimmen, welcher Entsorgungsträger vorgesehen ist und welcher Abfallbeseitigungsanlage sich die Beseitigungspflichtigen zu bedienen haben. Zudem werden in § 30 Abs. 6 KrWG weitere konkretisierende Vorgaben für die inhaltliche Ausgestaltung und Darstellung der Abfallbewirtschaftungspläne normiert. Diese Angaben sind jedoch nicht zwingend umzusetzen, soweit dies zweckmäßig ist. Was zweckmäßig ist, geht aus dem Gesetz nicht hervor. Maßgeblich für das Vorliegen der Zweckmäßigkeit im Einzelfall sind jedoch

---
1 Zu der Rückführungspflicht siehe VGH München v. 10.12.2009 – 20 B 09.45, NVwZ 2010, 527 ff.
2 Vgl. *Kloepfer*, Umweltrecht, § 20 Rz. 319 ff. m.w.N., im Einzelnen vgl. auch die Kommentierung zum AbfVerbrG bei *Fluck* (Hrsg.) sowie *Wendenburg*, NVwZ 1995, 833 (839).
3 Mitteilung LAGA 25, Stand: 30.9.2009, abrufbar auf www.laga-online.de
4 Diese Planungspflicht besteht gegenüber dem Bund, vgl. *Kunig/Paetow/Versteyl*, § 29 KrW-/AbfG Rz. 9 m.w.N.; *Kropp*, in: Giesberts/Reinhardt, BeckOK Umweltrecht, § 29 KrW-/AbfG, Rz. 7; es gibt also keinen Anspruch Dritter auf Abfallwirtschaftsplanung.

nach der Gesetzesbegründung die Planungsstrukturen im Einzelfall[1]. Diese Betrachtungsweise eröffnet den Planungsträgern einen großen Spielraum bei der Beurteilung der Zweckmäßigkeit. Des Weiteren werden in § 30 Abs. 7 KrWG weitere fakultative Bestandteile der Abfallwirtschaftspläne normiert.

Die Abfallwirtschaftspläne wirken zunächst „innenverbindlich", d.h. innerhalb der Verwaltung auf den Vollzug durch die nachgeordneten Behörden[2]. Sie können aber auch in bestimmtem Umfang für die Beseitigungspflichtigen für **verbindlich erklärt** werden (§ 30 Abs. 4 KrWG), so dass sie dann in diesem Umfang auch außenverbindlich sind. Auf diesem Wege kann beispielsweise ein Benutzungszwang für eine bestimmte Abfallbeseitigungsanlage eingeführt werden. Es kann aber auch einer Abfallbeseitigungsanlage ein Abfallstrom abgeschnitten werden, der bisher dieser Anlage zufloss. Die Abfallwirtschaftsplanung kann deshalb im Gegensatz zu sonstigen Planungen, die lediglich bestimmte Anpassungspflichten auslösen, sehr weitreichende Folgen haben, ohne dass es weiterer rechtlicher Zwischenschritte bedürfte[3]. 132

↻ **Hinweis:** Besteht in einem Mandat Anlass zur Prüfung, ob der Inhalt eines Abfallwirtschaftsplans für die rechtliche Beurteilung maßgeblich ist, sollte sich der Anwalt ein Exemplar dieses Plans von der zuständigen Behörde oder vom öffentlich-rechtlichen Entsorgungsträger erbitten. Dies wird er i.d.R. ohne weiteres erhalten, ggf. gegen Kostenerstattung. Der freie Zugang zu den in einem Abfallwirtschaftsplan enthaltenen Informationen ist auch vom Informationsanspruch nach dem Umweltinformationsgesetz und dem Informationsfreiheitsgesetz bzw. entsprechenden Regelungen der Länder über Auskunftsansprüche gegen öffentliche Stellen abgedeckt (vgl. lediglich beispielhaft die bundesrechtlichen Regelungen in § 3 Abs. 1, § 2 Abs. 3 UIG, § 1 IFG). 133

### a) Materielle Anforderungen an die Abfallwirtschaftsplanung

Auch die Abfallwirtschaftsplanung unterliegt wie jede staatliche Planung dem **Gebot der Abwägung**. Nach gefestigter Rechtsprechung bedeutet das, dass eine Abwägung überhaupt stattfindet, dass in diese Abwägung alle Belange eingestellt werden, die nach Lage der Dinge in sie eingestellt werden müssen, und dass die Bedeutung der betroffenen öffentlichen und privaten Belange nicht verkannt oder der Ausgleich zwischen ihnen in einer Weise vorgenommen wird, die zur objektiven Gewichtigkeit einzelner Belange außer Verhältnis steht[4]. In diesem Rahmen kommt dem Träger der Abfallwirtschaftsplanung **Planungsermessen** zu, welches nur auf Planungsfehler (Abwägungsausfall, Abwägungsdefizit, Abwägungsüberschuss und Abwägungsfehleinschätzung) kontrolliert werden kann. Der Bereich innerhalb der planerischen Gestaltungsfreiheit unterliegt hingegen nicht der Rechtskontrolle der Gerichte. 134

Für den Träger der Abfallwirtschaftsplanung gibt es gleichwohl Festpunkte, an denen er seine Planung auszurichten hat. Das ist zum einen der im Gesetz genannte Gesichtspunkt der Überörtlichkeit der abfallwirtschaftlichen Planung (vgl. § 30 135

---

1 Vgl. Gesetzesentwurf der Bundesregierung vom 30.3.2011, zu § 30 Abs. 6, S. 218.
2 Vgl. z.B. die Regelung in § 17 Abs. 5 LAbfG NW: „Richtlinie für alle behördlichen Entscheidungen, Maßnahmen und Planungen, die für die Abfallentsorgung Bedeutung haben."
3 Zu den weitreichenden Auswirkungen der Abfallwirtschaftsplanung auf bestehende Entsorgungsstrukturen vgl. *Dippel/Doerfert*, NVwZ 1998, 230 ff.
4 Vgl. *Kunig/Paetow/Versteyl*, § 29 KrW-/AbfG Rz. 44 ff.; *Frenz*, § 29 KrW-/AbfG Rz. 16 ff.; *Jarass/Ruchay/Weidemann* (Hrsg.), § 29 KrW-/AbfG Rz. 24 ff.; *Dippel/Doerfert*, NVwZ 1998, 230 (231 ff.); *Dolde/Vetter*, NVwZ 2001, 1103 (1107 f.); *Kropp*, in: Giesberts/Reinhardt, BeckOK Umweltrecht, § 29 KrW-/AbfG, Rz. 12 ff.

Abs. 1 Satz 1 KrWG), der die Schaffung abfallwirtschaftlich optimaler Strukturen ermöglichen soll. Eine Art „kirchturmspolitische Planung" durch eine Beschränkung der Planung auf die Gebietsgrenzen der öffentlich-rechtlichen Entsorgungsträger steht mit dem Gesichtspunkt der Überörtlichkeit der Planung deshalb nicht in Übereinstimmung[1]. Gleichwohl kann es Gesichtspunkte geben, die es gebieten, nach regionalen Lösungen zu suchen[2]. Zum anderen hat sich der Träger der Abfallwirtschaftsplanung auch an den Vorgaben der **überörtlichen Gesamtplanung** auszurichten. Nach § 30 Abs. 5 KrWG sind deshalb bei der Abfallwirtschaftsplanung die Ziele und Erfordernisse der Raumordnung und Landesplanung zu berücksichtigen. Berücksichtigen heißt, dass diese Belange „in die Abwägung einzubeziehen" sind, so dass „Berücksichtigen" weniger als „Beachten" ist. Im Ergebnis läuft dies für die Abfallwirtschaftsplanung allerdings häufig auch auf ein „Beachtenmüssen" hinaus. Nur folgt dies nicht aus § 30 Abs. 5 KrWG, sondern aus § 4 ROG und gilt nur, soweit die Ziele der Raumordnung und Landesplanung sachlich und räumlich hinreichend konkret gefasst sind[3]. Außerdem sind örtliche Planungen bei der Abfallwirtschaftsplanung zu berücksichtigen, d.h. in die Abwägung einzubeziehen. Das gilt schon deshalb, weil die Abfallwirtschaftsplanung, insbesondere Flächenausweisungen, das Gebiet der betreffenden Gemeinden beeinflussen können, sowohl im Hinblick auf die faktischen Auswirkungen als auch im Hinblick auf die Bauleitplanung. Mit Aussicht auf Erfolg wird sich eine Gemeinde jedoch gegen eine ihr Gebiet betreffende Abfallwirtschaftsplanung nur dann zur Wehr setzen können, wenn entweder eine hinreichend konkretisierte eigenörtliche Planung dadurch nachhaltig gestört oder wesentliche Teile des Gemeindegebiets einer durchsetzbaren Planung entzogen oder gemeindliche Einrichtungen erheblich beeinträchtigt werden[4].

**Beispiel:**

136 Im Abfallwirtschaftsplan einer nordrhein-westfälischen Bezirksregierung ist für das Gebiet der kreisfreien Stadt A nach Maßgabe des § 30 Abs. 1 Satz 3 Nr. 2 KrWG ein für die Errichtung einer Deponie geeigneter Standort ausgewiesen. Die kreisfreie Stadt A hat in ihrem Flächennutzungsplan dort eine Fläche für die Landwirtschaft (§ 5 Abs. 2 Nr. 9a BauGB) festgesetzt und nachrichtlich eine Art „Biotopverbund" mit der Nachbargemeinde dargestellt. Der Abfallwirtschaftsplan der Bezirksregierung enthält außerdem nach Maßgabe von § 30 Abs. 1 Satz 4 KrWG die Bestimmung, dass sich die kreisfreie Stadt A als öffentlich-rechtlicher Entsorgungsträger und Beseitigungspflichtiger bis auf weiteres für die Beseitigung der Haushaltsabfälle der im Kreis B vorhandenen Müllverbrennungsanlage und der dortigen Deponie zu bedienen habe. Bisher hat die Stadt A im Hinblick auf die Abfallbeseitigung mit der im benachbarten Regierungsbezirk befindlichen Stadt C zusammengearbeitet und die Abfälle zu der dort gelegenen Deponie verbracht.

Für den Anwalt bieten sich hier aus der Sicht der Stadt A zwei Ansatzpunkte der Prüfung, ob der Abfallwirtschaftsplan abwägungsfehlerfrei ist: Zum einen könnte man die Beeinträchtigung eigener kommunaler Planungen der Stadt A prüfen (allerdings angesichts der Inhalte

---

1 Vgl. *Dolde/Vetter*, NVwZ 2001, 1103 (1106); zum Verhältnis der überörtlichen Abfallwirtschaftsplanung zur kommunalen Selbstverwaltung vgl. in diesem Zusammenhang *Frenz*, UPR 2000, 339 (341 f.) m.w.N.
2 Vgl. *Jarass/Ruchay/Weidemann* (Hrsg.), § 29 KrW-/AbfG Rz. 47 (50); *Kunig/Paetow/Versteyl*, § 29 KrW-/AbfG Rz. 50 f.
3 *Kunig/Paetow/Versteyl*, § 29 KrW-/AbfG Rz. 52 f.; *Frenz*, § 29 KrW-/AbfG Rz. 26.
4 Zur Berücksichtigung kommunaler Belange bei der Abfallwirtschaftsplanung vgl. *Kunig/Paetow/Versteyl*, § 29 KrW-/AbfG Rz. 61 ff.; ferner *Frenz*, UPR 2000, 339 (341); zur Wehrfähigkeit kommunaler Positionen in übergeordneten Planungen vgl. BVerwG v. 27.10.1998 – 11 A 10.98, NVwZ-RR 1999, 225 f.; v. 20.1.1984 – 4 C 43.81, NVwZ 1984, 367; v. 22.5.1987 – 4 C 57.84, DVBl 1987, 1008; VerfGH NW v. 17.1.1995 – VerfGH 11/93, DVBl 1995, 465 zu einer Standortausweisung in einem Gebietsentwicklungsplan; speziell zur Abfallentsorgungsplanung OVG Lüneburg v. 19.6.1987 – 7 B 20/87, NVwZ 1987, 997 (998).

des Flächennutzungsplans wohl mit geringen Erfolgsaussichten). Zum anderen könnte der Anwalt auch prüfen, ob bestehende verfestigte Entsorgungsstrukturen der Stadt A mit dem außerhalb des Regierungsbezirks gelegenen Kreis C in der Hausmüllbeseitigung durch den Abfallwirtschaftsplan noch in abwägungsfehlerfreier Weise geregelt – nämlich überwunden – werden, oder ob hier Abwägungsfehler liegen.

In die Abfallwirtschaftsplanung eingestellt werden müssen auch die Belange der durch die Planung **berührten Privaten**, so z.B. die Belange privater Anlagenbetreiber. Diese Anlagenbetreiber können, noch bevor ein Abfallwirtschaftsplan erstmalig aufgestellt wird, über verfestigte Vertragsbeziehungen verfügen, um die Auslastung ihrer Anlagen sicherzustellen. Hier kann der Träger der Abfallwirtschaftsplanung mit seinen Überlegungen also nicht „bei null anfangen", sondern muss die schon existierenden Entsorgungsstrukturen seinen planerischen Überlegungen zugrunde legen. Im Allgemeinen können verfestigte Entsorgungsstrukturen durch den Abfallwirtschaftsplan nur aufgegriffen, nicht aber überwunden werden[1]. 137

**b) Rechtsschutz gegen Abfallwirtschaftspläne**

Soweit Ausweisungen der Abfallwirtschaftspläne gem. § 30 Abs. 4 KrWG für **verbindlich** erklärt worden sind (dafür haben die meisten Länder die Form der Rechtsverordnung gewählt[2]), können sie in den Ländern, die von der Ermächtigung des § 47 Abs. 1 Nr. 2 VwGO Gebrauch gemacht haben, der prinzipalen **Normenkontrolle** unterzogen werden[3]. Für die Antragsbefugnis ist dabei entscheidend, ob die Planfestsetzungen sachlich und räumlich bereits so konkret sind, dass der Antragsteller damit die Möglichkeit einer Rechtsverletzung geltend machen kann[4]. 138

⊃ **Hinweis:** Prüft der Anwalt, ob gegen einen Abfallwirtschaftsplan die verwaltungsgerichtliche Normenkontrolle beantragt wird, muss er die Frist von einem Jahr[5] nach der Bekanntmachung beachten (§ 47 Abs. 2 Satz 1 VwGO). Eine Normenkontrolle gegen verbindlich erklärte Abfallwirtschaftspläne ist nach § 47 Abs. 1 Nr. 2 VwGO außerdem nur möglich, sofern die Länder von dieser Ermächtigung zur Bestimmung weiterer untergesetzlicher normenkontrollfähiger Vorschriften Gebrauch gemacht haben. Derzeit sind dies die Länder Baden-Württemberg, Bayern, Brandenburg, Bremen, Hessen, Mecklenburg-Vorpommern, Niedersachsen, Rheinland-Pfalz (ausgenommen Verordnungen eines Verfassungsorgans), Saarland, Sachsen, Sachsen-Anhalt, Schleswig-Holstein und Thüringen[6]. 139

Soweit Abfallwirtschaftspläne **nicht für verbindlich** erklärt worden sind, haben sie den Charakter von Verwaltungsvorschriften, die der Normenkontrolle nach herkömmlicher Auffassung nicht zugänglich sind. Dennoch können Abfallwirtschaftspläne faktisch grundrechtsrelevante Auswirkungen haben, etwa wenn sie Investitionsentscheidungen vorgeben und dadurch Grundstückssituationen prä- 140

---

1 Ausführlich zu diesem Problem *Dippel/Doerfert*, NVwZ 1998, 230 ff. m.w.N.; vgl. auch *Dolde/Vetter*, NVwZ 2001, 1103 ff. (1108).
2 Vgl. *Jarass/Ruchay/Weidemann* (Hrsg.), § 29 KrW-/AbfG Rz. 113 m.w.N.
3 *Kunig/Paetow/Versteyl*, § 29 KrW-/AbfG Rz. 87 ff.; *Jarass/Ruchay/Weidemann* (Hrsg.), § 29 KrW-/AbfG Rz. 115; *Frenz*, § 29 KrW-/AbfG Rz. 65; *Kotzea/Franz*, UPR 2000, 5 (6 f.).
4 Vgl. zur Antragsbefugnis BVerwG v. 20.7.1998 – 9 B 10.98, DVBl 1999, 100; v. 18.12.1990 – 7 NB 4/90, NVwZ-RR 1991, 235; *Jarass/Ruchay/Weidemann* (Hrsg.), § 29 KrW-/AbfG Rz. 116 ff.; *Kunig/Paetow/Versteyl*, § 29 KrW-/AbfG Rz. 90; *Dippel/Doerfert*, NVwZ 1998, 230 (233 f.); vgl. auch *Eckert*, NVwZ 1997, 966 (971) m.w.N. aus der Rechtsprechung.
5 Die nur noch einjährige Frist gilt seit dem Änderungsgesetz vom 22.12.2006, BGBl. I 2006, 3316.
6 Vgl. die Nennung der einzelnen Bestimmungen bei *Frenz*, § 29 KrW-/AbfG Rz. 65 (dort Fn. 173).

gen. Insofern muss auch Rechtsschutz möglich sein[1]. Die seit langem in dieser Richtung geführte Diskussion ist durch eine Entscheidung des BVerwG neu belebt worden, mit der das BVerwG es zulässt, Ziele der Raumordnung in einem Regionalplan zum Gegenstand einer **Normenkontrolle** zu machen, auch wenn der Landesgesetzgeber für den Regionalplan keine Rechtssatzform vorgibt[2]. Es liegt sehr nahe, dies auch für hinreichend konkrete Festlegungen in nicht für verbindlich erklärten Abfallwirtschaftsplänen anzunehmen[3]. Auch dann kann ein Normenkontrollantrag jedoch nur erhoben werden, wenn der Landesgesetzgeber dies gemäß § 47 Abs. 1 Nr. 2 VwGO zugelassen hat. Auch eine **Feststellungsklage** dürfte dann wohl in Betracht kommen. Denn dazu bedarf es eines feststellungsfähigen Rechtsverhältnisses, das auch bei nicht für verbindlich erklärten Abfallwirtschaftsplänen vorliegen wird, wenn der Plangeber Festlegungen mit „faktischer Außenwirkung" trifft. Schließlich besteht noch die Möglichkeit einer **Inzidentkontrolle** des Abfallwirtschaftsplans bei der verwaltungsgerichtlichen Überprüfung von Verwaltungsakten, für deren Beurteilung es auf den Inhalt eines nicht für verbindlich erklärten Abfallwirtschaftsplans ankommt[4].

## 2. Anlagenzwang für Abfälle zur Beseitigung (§ 28 KrWG)

### a) Grundsatz der Abfallbeseitigung in dafür zugelassenen Anlagen

141 Nach § 28 Abs. 1 KrWG dürfen Abfälle zum Zwecke der Beseitigung nur in den dafür zugelassenen Anlagen oder Einrichtungen (Abfallbeseitigungsanlagen) behandelt, gelagert oder abgelagert werden. Darüber hinaus ist die Behandlung von Abfällen zur Beseitigung in bestimmten immissionsschutzrechtlich genehmigungspflichtigen Anlagen zulässig, außerdem die Lagerung und Behandlung in bestimmten, vom Gesetz als „unbedeutende Anlagen nach dem BImSchG" bezeichneten, insoweit genehmigungsfreien Anlagen. Mit diesem **abfallrechtlichen Anlagenzwang** wird der ungeordneten Abfallbeseitigung außerhalb solcher Anlagen entgegengewirkt[5]. Der Begriff der **Abfallbeseitigungsanlage** ist weit aufzufassen. Technische oder bauliche Vorkehrungen sind nicht zwingend erforderlich. Entscheidend für die Einordnung i.S.d. „Beseitigung" ist im Allgemeinen allein die – vom Anlagenbetreiber vorgegebene – Zweckbestimmung[6]. Die Ausfüllung des Begriffs „Anlage" erfordert eine gewisse Stetigkeit der Nutzung[7].

---

1 Zu Recht in diesem Sinne *Frenz*, § 29 KrW-/AbfG Rz. 65 m.w.N. aus der Diskussion im Schrifttum; vgl. auch *Kunig/Paetow/Versteyl*, § 29 KrW-/AbfG Rz. 89.
2 BVerwG v. 20.11.2003 – 4 CN 6.03, NVwZ 2004, 614 ff.
3 In diesem Sinne ausdrücklich auch *Jarass/Ruchay/Weidemann* (Hrsg.), § 29 KrW-/AbfG Rz. 127 ff. (128); a.A. *Kropp*, in: Giesberts/Reinhardt, BeckOK Umweltrecht, § 29 KrW-/AbfG Rz. 52.
4 Vgl. *Jarass/Ruchay/Weidemann* (Hrsg.), § 29 KrW-/AbfG Rz. 127 ff.; *Kunig/Paetow/Versteyl*, § 29 KrW-/AbfG Rz. 92; *Dippel/Doerfert*, NVwZ 1998, 230 (234); *Kotzea/Franz*, UPR 2000, 5 (7 f.); weitergehend für die Zulässigkeit von Feststellungsklagen *Ibler*, DVBl 1989, 639 (642 ff.); *Kropp*, in: Giesberts/Reinhardt, BeckOK Umweltrecht, § 29 KrW-/AbfG Rz. 52.
5 Zur Bedeutung der Regelung vgl. ausführlich *Jarass/Ruchay/Weidemann* (Hrsg.), § 27 KrW-/AbfG Rz. 1 ff.: „stoffrechtliches Pendant zum anlagenrechtlichen Zulassungsvorbehalt"; *Kropp*, in: Giesberts/Reinhardt, BeckOK Umweltrecht, § 27 KrW-/AbfG, Rz. 4.
6 Vgl. zur Zweckbestimmung BVerwG v. 30.3.1990 – 7 C 82.88, NVwZ 1990, 863 f.; instruktiv auch *Jarass/Ruchay/Weidemann* (Hrsg.), § 27 KrW-/AbfG Rz. 31 ff.; ausführlich hierzu siehe *Kropp*, in: Giesberts/Reinhardt, BeckOK Umweltrecht, § 27 KrW-/AbfG, Rz. 12 ff.; zu dem sehr viel umfassenderen Begriff der „Abfallentsorgungsanlage", die nicht zwingend dem Zulassungsvorbehalt des § 31 KrW-/AbfG unterliegt, vgl. OVG Greifswald v. 19.6.1997 – 3 M 115/96, NVwZ 1997, 1027 ff.
7 Vgl. *Kunig/Paetow/Versteyl*, § 27 KrW-/AbfG Rz. 17; *Frenz*, § 27 KrW-/AbfG Rz. 3; *Kropp*, in: Giesberts/Reinhardt, BeckOK Umweltrecht, § 27 KrW-/AbfG Rz. 15 f.

## b) Ausnahmen vom Anlagenzwang

§ 28 KrWG sieht in zweierlei Hinsicht **Ausnahmen von dem grundsätzlichen Anlagenzwang** für Abfälle zur Beseitigung vor, und zwar entweder als Einzelfallausnahmen (Abs. 2) oder als Ausnahmen durch Rechtsverordnung auf Landesebene (Abs. 3). 142

Zum einen können nach § 28 Abs. 2 KrWG im **Einzelfall** unter dem Vorbehalt des Widerrufs Ausnahmen vom Anlagenzwang zugelassen werden, wenn dadurch das Wohl der Allgemeinheit nicht beeinträchtigt wird. Diese Regelung kann von Bedeutung sein, wenn in einer **Industrieanlage**, deren immissionsschutzrechtliche Genehmigung den Vorgang der Abfallbeseitigung nicht abdeckt, Abfälle verbrannt werden sollen. 143

**Beispiel:**

Ein Zementwerk ist technisch in der Lage, den Inhalt einer wild abgelagerten Halde, die im Wesentlichen aus Altreifen und Industriegummi besteht, nach einer entsprechenden Aufbereitung als Ersatzbrennstoff einzusetzen. Der Einsatz dieser Abfälle als Ersatzbrennstoff wird jedoch von der immissionsschutzrechtlichen Genehmigungssituation des Zementwerks nicht abgedeckt, wohl aber ist der Einsatz vergleichbarer Brennstoffe mit ähnlichem Emissionsverhalten gestattet. In einem solchen Fall – beim Vorliegen entsprechender Abgasreinigungstechnik – kann die zuständige Behörde nach § 28 Abs. 2 KrWG den befristeten Einsatz des Materials ausnahmsweise gestatten, sofern nicht der vergleichsweise aufwendige Weg der Veränderung der immissionsschutzrechtlichen Genehmigungssituation des Zementwerks für diese vorübergehende Maßnahme eingeschlagen werden soll. 144

Ein anderer Anwendungsfall des § 28 Abs. 2 KrWG ist die Abfallbeseitigung „auf freiem Feld". Hier wäre etwa an die Aufbringung von Klärschlämmen oder Bioabfällen in einem das nach Maßgabe der AbfKlärV bzw. BioAbfV allgemein zulässige Maß übersteigenden Umfang – insoweit handelte es sich nicht um Beseitigung, sondern um Verwertung – möglich. Einen **Rechtsanspruch** auf Erteilung einer Ausnahme nach § 28 Abs. 2 KrWG gibt es nach allgemeinen verwaltungsrechtlichen Regeln nur dann, wenn eine **Ermessensreduzierung** mit dem Ergebnis vorliegt, dass ausschließlich der Erlass der Ausnahmeentscheidung eine rechtmäßige Entscheidung darstellt[1]. Das wird allerdings nur ganz selten der Fall sein. Im Übrigen besteht nur ein Anspruch des Antragstellers auf fehlerfreie Ermessensausübung. 145

Eine Ausnahme vom abfallrechtlichen Anlagenzwang für Abfälle zur Beseitigung gibt es zum anderen nach § 28 Abs. 3 KrWG in den von den **Landesregierungen durch Rechtsverordnung** bestimmten Fällen. Diese Regelung trifft in erster Linie auf solche Abfälle zu, die beim Gartenbau und in der Land- und Forstwirtschaft anfallen. Einige Bundesländer haben dazu Rechtsverordnungen zumeist schon auf der früher gültigen Rechtsgrundlage des § 4 Abs. 4 AbfG erlassen, die die Beseitigung von pflanzlichen Abfällen betreffen. Darin sind auch regionale Besonderheiten (etwa Brauchtumsfeuer o.Ä.) geregelt[2]. 146

---

1 *Jarass/Ruchay/Weidemann* (Hrsg.), § 27 Rz. 75; *Fluck* (Hrsg.), § 27 KrW-/AbfG Rz. 179 f. mit Hinweis auf das Verhältnis zwischen der Einzelfallausnahme nach § 27 Abs. 2 KrW-/AbfG und der abfallrechtlichen Überlassungspflicht; vgl. zur Ermessensausübung bei Ausnahmen vom Anlagenzwang auch VGH Kassel v. 3.2.1986 – IX TH 120/82, NVwZ 1986, 662 f. zur Verfüllung einer Kiesgrube mit Bauschutt; was die eigentliche abfallrechtliche Einordnung einer solchen Maßnahme angeht, ist die Rechtsprechung des VGH Kassel seit der ersten „Tongrubenentscheidung" des BVerwG v. 26.5.1994 – 7 C 14.93, NVwZ 1994, 897 f. überholt; vgl. zur Verfüllung eines Tagebaus auch BVerwG v. 14.4.2005 – 7 C 26.03, NVwZ 2005, 954 ff.; *Kropp*, in: Giesberts/Reinhardt, BeckOK Umweltrecht, § 27 KrW-/AbfG, Rz. 40 ff. mit weiteren Anwendungsfällen.
2 S. dazu *Fluck* (Hrsg.), § 27 KrW-/AbfG Rz. 191 ff. (196); *Kunig/Paetow/Versteyl*, § 27 KrW-/AbfG Rz. 55 (59) mit einer Auflistung der landesrechtlichen Verordnungen.

147 ⊃ **Hinweis:** Der Anwalt, der sich mit der Zulässigkeit einer Beseitigung etwa von Pflanzenabfällen außerhalb einer zugelassenen Abfallbeseitigungsanlage befasst, sollte zunächst prüfen, ob evtl. eine auf der Basis von § 28 Abs. 3 KrWG geltende landesrechtliche Rechtsverordnung dieses abschließend zulässt. In vielen Bundesländern ist allein die Prüfung nach Maßgabe dieser Verordnung noch nicht ausreichend. Zusätzlich wird ein Blick in das jeweilige kommunale Satzungsrecht zu werfen sein, welches nach näherer Maßgabe der landesrechtlichen Verordnung ggf. weitergehende Anforderungen z.B. für die Beseitigung von Kleingartenabfällen in rechtlich zulässiger Weise enthalten kann.

### IV. Verfahren zur Anlagenzulassung und Anlagenüberwachung

148 Erfahrungsgemäß weisen die Zulassung und der Betrieb von **Abfallentsorgungsanlagen** ein besonderes **Konfliktpotenzial** auf. Der Anwalt kann sich hier als Vertreter des Vorhabenträgers, der Standortgemeinde, betroffener Nachbarn oder auch einer Bürgerinitiative wiederfinden. Dabei wird der Erfolg eines Vorgehens im konkreten Fall nicht nur von den jeweiligen rechtlichen Rahmenbedingungen, sondern häufig auch von taktischen Erwägungen bestimmt.

#### 1. Reichweite der abfallrechtlichen Anlagenzulassung

149 § 35 KrWG statuiert eine grundsätzliche Zulassungspflicht für **Anlagen**, in denen eine Entsorgung von Abfällen durchgeführt wird[1]. Anders als noch in § 31 KrW-/AbfG wird der Kreis entsorgungsrelevanter Anlagen über die ortsfesten Anlagen hinaus erweitert und nicht lediglich auf Abfälle zur Beseitigung erstreckt. Dabei verweist § 35 Abs. 1 KrWG für die Errichtung und den Betrieb von Anlagen, in denen eine Entsorgung von Abfällen durchgeführt wird, auf die Genehmigungsvorschriften des BImSchG. Deponien hingegen unterwirft § 35 Abs. 2 KrWG der abfallrechtlichen Planfeststellung. Mit dieser genehmigungsrechtlichen Zweiteilung zwischen Deponien auf der einen und anderen Abfallentsorgungsanlagen auf der anderen Seite greift das KrWG – ebenso wie zuvor das KrW-/AbfG – die bereits durch das Investitionserleichterungs- und Wohnbaulandgesetz[2] im Jahre 1993 geschaffene Rechtslage auf[3]. Vor 1993 erfolgte die Zulassung sämtlicher Abfallanlagen durch abfallrechtliche Planfeststellung; unbedeutende Anlagen unterlagen einer abfallrechtlichen Genehmigung.

150 Der **Anlagenbegriff** des § 35 KrWG bestimmt sich aufgrund der Verweisung auf das Genehmigungsrecht des BImSchG nicht abfall-, sondern immissionsschutzrechtlich, d.h. nach der Definition des § 3 Abs. 5 BImSchG[4]. Hiernach sind Anlagen Betriebsstätten und sonstige ortsfeste Einrichtungen, Maschinen, Geräte und sonstige ortsveränderliche technische Einrichtungen, sowie Fahrzeuge, soweit sie nicht § 38 BImSchG unterliegen, und Grundstücke, auf denen Stoffe gelagert oder abgelagert oder Arbeiten durchgeführt werden, die Emissionen verursachen können, ausgenommen öffentliche Verkehrswege.

---

[1] Zur Unterscheidung zwischen Abfällen zur Verwertung und solchen zur Beseitigung s.o. Rz. 38 ff.
[2] Investitionserleichterungs- und Wohnbaulandgesetz v. 22.4.1993, BGBl. I 1993, 466 ff.
[3] Vgl. zur Entwicklungsgeschichte des Zulassungsrechts für Abfallanlagen *Kunig/Paetow/Versteyl*, § 31 KrW-/AbfG Rz. 5 ff.; *Klages*, in: Giesberts/Reinhardt, BeckOK Umweltrecht, § 31 KrW-/AbfG Rz. 1 ff.
[4] *Kunig/Paetow/Versteyl*, § 31 KrW-/AbfG Rz. 23 und § 27 KrW-/AbfG Rz. 15 ff.

Dem Verweis auf das BImSchG nach § 35 Abs. 1 KrWG unterliegen Anlagen, in denen eine Entsorgung von Abfällen durchgeführt wird. Die Abfallentsorgung umfasst gem. § 3 Abs. 22 KrWG alle Verwertungs- und Beseitigungsverfahren, einschließlich der Vorbereitung der Verwertung oder Beseitigung. Dies bedeutet, dass sowohl die **Lagerung als auch die Behandlung** hiervon umfasst sind. Dies umfasst jedoch nicht die **Ablagerung** von Abfällen zur Beseitigung. Diese Anlagen bedürfen als Deponien gem. § 35 Abs. 2 KrWG der abfallrechtlichen Planfeststellung. Ein „Behandeln" von Abfällen stellt jede Maßnahme dar, die eine Veränderung der Menge, der Natur oder der Zusammensetzung von Abfällen bewirkt. Mit einer Lagerung von Abfällen ist eine vorübergehende Zwischenlagerung vor ihrer endgültigen Entsorgung gemeint. Nicht erfasst werden davon Vorgänge, die zur Phase des Einsammelns gehören; dazu gehört z.B. auch die Bereitstellung von Abfällen zur Abholung beim Abfallerzeuger, auch wenn es um die Erfassung im Bringsystem – z.B. bei der Altglas- oder Altpapiersammlung – über Sammelcontainer geht (R 13 Anlage 2 KrWG, D 15 Anlage 1 KrWG)[1]. Ebenfalls keine Lagerung, sondern eine „Ablagerung" liegt vor, wenn Abfälle endgültig und mit der Absicht, sich ihrer auf Dauer zu entledigen, abgelagert werden[2]. 151

Die **Errichtung** und der **Betrieb** einer Anlage werden in aller Regel in einem einheitlichen Verfahren genehmigt. Unter der „Errichtung" ist der Bau der Anlage einschließlich aller dazu erforderlichen tatsächlichen Maßnahmen am Standort mit Ausnahme bloßer Vorbereitungshandlungen zu verstehen[3]. Der „Betrieb" umfasst sowohl die eigentliche zweckbestimmte Nutzung der Anlage (inklusive eventueller Probeläufe) als auch Wartungs- und Unterhaltungsmaßnahmen sowie „logistische Produktionshilfen" wie z.B. den Werksverkehr[4]. Beendet wird der Betrieb durch die endgültige Stilllegung der Anlage. 152

Genehmigungsbedürftig sind nach § 35 KrWG nicht nur die Errichtung und der Betrieb, sondern auch jede **wesentliche Änderung einer Anlage oder ihres Betriebes**. Ob eine solche genehmigungsbedürftige „wesentliche Änderung" vorliegt, richtet sich für die unter § 35 Abs. 1 KrWG fallenden Anlagen nach § 16 BImSchG, der voraussetzt, dass die Änderung der Lage, der Beschaffenheit oder des Betriebs einer genehmigungsbedürftigen Anlage nachteilige Auswirkungen hervorrufen kann und diese für die Prüfung nach § 6 Abs. 1 Nr. 1 BImSchG erheblich sein können. Diese Voraussetzungen dürften insbesondere bei technischen Veränderungen der Anlage, einer nicht nur unerheblichen Erweiterung der Anlagenkapazität oder der für die Anlage zugelassenen Stoffe gegeben sein[5]. 153

---

1 *Frenz*, § 31 KrW-/AbfG Rz. 4; Regierungsentwurf des KrWG vom 30.3.2011, zu § 35, S. 223; VGH München v. 15.12.1992 – 2 B 92/88, NVwZ-RR 1993, 606. Ein Biomüllumschlagplatz, auf dem eine Aussonderung der im angelieferten Biomüll vorhandenen Störstoffe und eine mehrtägige Zwischenlagerung des Abfalls in Containern stattfindet, ist nach Ansicht des VGH Kassel jedoch eine „Anlage zur Behandlung und Lagerung von Abfällen" und gehört nicht mehr zum Vorgang des Einsammelns, s. VGH Kassel v. 12.3.1996 – 14 TH 2775/96, NVwZ-RR 1997, 404ff.; OVG Lüneburg v. 4.1.2005 – 7 ME 249/04, NVwZ-RR 2006, 25f., Rz. 4.
2 Zu Abgrenzungsschwierigkeiten bei der Unterscheidung in der Bandbreite zwischen Produktlagerung, (Zwischen-)Lagerung und Ablagerung von Abfall vgl. *Frenz*, UPR 2003, 281 ff.
3 *Jarass/Ruchay/Weidemann* (Hrsg.), § 31 KrW-/AbfG Rz. 74; *Kunig/Paetow/Versteyl*, § 31 KrW-/AbfG Rz. 28.
4 *Jarass/Ruchay/Weidemann* (Hrsg.), § 31 KrW-/AbfG Rz. 79ff.; *Klages*, in: Giesberts/Reinhardt, BeckOK Umweltrecht, § 31 KrW-/AbfG Rz. 22.
5 Vgl. *Jarass*, § 16 BImSchG Rz. 8ff.; *Jarass/Ruchay/Weidemann* (Hrsg.), § 31 KrW-/AbfG Rz. 94; s. auch die Beispiele bei *von Lersner/Wendenburg*, § 31 Rz. 22.; *Klages*, in: Giesberts/Reinhardt, BeckOK Umweltrecht, § 31 KrW-/AbfG Rz. 23 f.; BVerwG v. 21.8.1996 – 11 C 9.95, NVwZ 1997, 161 ff., Rz. 28 f.

**Beispiel:**

154 In einer nach dem BImSchG zugelassenen Müllverbrennungsanlage (vgl. Nr. 8.1, Sp. 1 des Anhangs zur 4. BImSchV) sollen künftig auch Abfälle aus der Herstellung von Farben und Lacken sowie Abfälle aus der Leder- und der Textilindustrie verbrannt werden. Da sich im Allgemeinen durch den beabsichtigten **Einsatz neuer Abfallstoffe** die Emissionswerte der Anlage verändern können, wird es sich bei einer derartigen Änderung regelmäßig um eine genehmigungsbedürftige wesentliche Änderung i.S.d. § 16 Abs. 1 BImSchG handeln. Das Betreiberunternehmen der MVA beantragt deshalb, den Abfallartenkatalog um die nach dem Abfallkatalog gemäß der Abfallverzeichnis-Verordnung (AVV) eingeordneten, im Einzelnen benannten Abfälle zu erweitern.

Allerdings können in einem solchen Fall beim Vorhandensein einer entsprechenden Rauchgasreinigungstechnik die Voraussetzungen des § 16 Abs. 2 BImSchG vorliegen, wonach die zuständige Genehmigungsbehörde auf Antrag des Vorhabensträgers von der öffentlichen Bekanntmachung des Vorhabens und der Auslegung des Antrags und der Unterlagen absehen soll.

155 Es ist sogar vorstellbar, dass bei solchen „Änderungen" lediglich eine Anzeige nach § 15 Abs. 1 BImSchG ausreicht[1]. Soweit nämlich die durch die Änderung hervorgerufenen nachteiligen Auswirkungen **offensichtlich gering** und die Erfüllung der sich aus § 6 Abs. 1 Nr. 1 BImSchG ergebenden Anforderungen sichergestellt sind, entfällt nach § 16 Abs. 1 Satz 2 BImSchG das Genehmigungserfordernis.

156 Ob eine **wesentliche Änderung einer Deponie** i.S.d. § 35 Abs. 2 KrWG in Rede steht, hängt in erster Linie von dem für die Deponie bereits vorliegenden Planfeststellungsbeschluss bzw. der Plangenehmigung einschließlich der darin in Bezug genommenen Antragsunterlagen ab, auf deren Basis die Zulassung ausgesprochen wurde. Ist das Vorhaben davon noch gedeckt, liegt keine wesentliche Änderung vor. Deckt der Planfeststellungsbeschluss die Änderung nicht, ist zu fragen, ob dadurch genehmigungsrelevante Fragen neu aufgeworfen werden, ob also die Zulassungsvoraussetzungen der Planfeststellung, insbesondere die in § 15 Abs. 2 KrWG genannten Schutzgüter, betroffen werden[2]. Auch diese Kriterien dürften z.B. bei einer räumlichen Ausweitung des Deponiekörpers oder bei einer Erweiterung des Katalogs der abzulagernden Stoffe um solche Abfälle, die den bislang zugelassenen nicht vergleichbar sind, erfüllt sein[3].

157 ↻ **Hinweis: Keine wesentliche Änderung** einer Deponie ist es, wenn auf dem vom Planfeststellungsbeschluss räumlich umfassten Gelände eine gänzlich andersartige Anlage (z.B. eine Müllverbrennungsanlage oder eine Bauschuttaufbereitungsanlage) errichtet werden soll, soweit wegen des gänzlich andersartigen Betriebszwecks solcher Anlagen die Deponie nach Gegenstand, Art oder Betriebsweise nicht berührt wird. Der räumliche Zusammenhang allein besagt in solchen Fällen ohne weiteres noch nichts für eine wesentliche Änderung der Deponie[4]. Insofern ist also auch für bestimmte Anlagen auf Deponiegeländen u.U. ein „deponiefremdes" Genehmigungsverfahren zu führen.

---

1 In diesem Sinne äußert sich das MUNLV NW in einem „Leitfaden zur energetischen Verwertung von Abfällen in Zement-, Kalk- und Kraftwerken in NW" (2. Aufl.) vom September 2005, S. 10 ff. (Tab. I.3).
2 *Jarass/Ruchay/Weidemann* (Hrsg.), § 31 KrW-/AbfG Rz. 93 f.; *Frenz*, § 31 KrW-/AbfG Rz. 9.
3 Vgl. BVerwG v. 24.10.1991 – 7 B 65.91, NVwZ 1992, 789 f.; ferner die Beispiele bei *von Lersner/Wendenburg*, § 31 KrW-/AbfG Rz. 53 und bei *Kunig/Paetow/Versteyl*, § 31 KrW-/AbfG Rz. 33.
4 Vgl. *Jarass/Ruchay/Weidemann* (Hrsg.), § 31 Rz. 182; s. ferner BVerwG v. 24.10.1991 – 7 B 65.91, NVwZ 1992, 789 f.; OVG Münster v. 30.4.2010 – 20 D 119/07. AK, juris-Rz. 37 ff.; OVG Lüneburg v. 22.1.2009 – 12 KS 288/07, juris-Rz. 31 ff.

IV. Verfahren zur Anlagenzulassung und Anlagenüberwachung   Rz. 161   Teil 3 B

## 2. Zulassung von Anlagen zur Entsorgung von Abfällen

Die **Zulassung von Abfallentsorgungsanlagen** (außer Deponien) richtet sich nach dem BImSchG. Sowohl im Hinblick auf das Verfahren als auch im Hinblick auf die materiellen Genehmigungsvoraussetzungen sind danach primär die Vorschriften des BImSchG einschlägig. 158

### a) Verfahren

Der in § 35 Abs. 1 KrWG enthaltene Verweis auf das BImSchG für die Zulassungspflicht von Abfallbeseitigungsanlagen stellt keine Rechtsfolgen-, sondern eine **Rechtsgrundverweisung** dar[1]. Die Norm hat für die Genehmigungsbedürftigkeit damit keine konstitutive Wirkung. Welche Anlagen einer Genehmigung bedürfen, bestimmt sich vielmehr ausschließlich nach den immissionsschutzrechtlichen Vorschriften. Der Kreis der nach § 4 Abs. 1 BImSchG genehmigungspflichtigen Anlagen ist danach abschließend in der 4. BImSchV festgelegt, wobei sich die Abfallentsorgungsanlagen im Wesentlichen in den Ziff. 8.1 bis 8.15. des Anhangs finden. Abfälle können aber auch in anderen Anlagen eingesetzt werden, z.B. in Anlagen der Ziff. 1.3, Spalte 1 oder 2 (Feuerungsanlagen für sog. „Ersatzbrennstoffe") oder in Anlagen der Ziff. 2.3, Spalte 1 (Anlagen zur Herstellung von Zementklinker oder Zementen). 159

Die im Anhang zur 4. BImSchV in Spalte 1 genannten Anlagen unterliegen dem **förmlichen Genehmigungsverfahren** nach § 10 BImSchG, während die in Spalte 2 genannten Anlagen im **vereinfachten Verfahren** nach § 19 BImSchG genehmigt werden. Der Ablauf der Verfahren ist detailliert in der 9. BImSchV geregelt (s. dazu eingehend *Schiller*, Teil 3 Kap. A., Rz. 57 ff., für das vereinfachte Verfahren Rz. 130 ff.). Sofern Abfallentsorgungsanlagen die in Spalte 2 des Anhangs zur 4. BImSchV aufgeführten Mengenschwellen unterschreiten, unterliegen sie keiner Genehmigungspflicht nach dem BImSchG; in aller Regel besteht dann aber zumindest eine **baurechtliche Genehmigungsbedürftigkeit**. Für zahlreiche Abfallentsorgungsanlagen der Spalten 1 und 2 besteht die Pflicht zur Durchführung einer Umweltverträglichkeitsprüfung (UVP) oder einer dahingehenden Vorprüfung; eine solche Verpflichtung kann auch bei Änderungen oder Erweiterungen bestehender Vorhaben eintreten (vgl. §§ 3–3f UVPG, § 1 Abs. 2, 3 der 9. BImSchV). Nach der bisherigen, gefestigten Rechtsprechung des BVerwG indiziert allerdings eine zu Unrecht unterbliebene oder eine fehlerhafte UVP nicht bereits einen materiell-rechtlichen Fehler der Zulassungsentscheidung, denn das europarechtliche Gebot, das Ergebnis einer UVP im Rahmen eines Genehmigungsverfahrens zu berücksichtigen, bedeutet nicht, dass damit zugleich auf den Inhalt der Entscheidung Einfluss genommen werden soll[2]. Der Anhang zu § 3 UVPG enthält in Abschnitt 8 zahlreiche Anlagen zur Behandlung von Abfällen zur Beseitigung oder Verwertung bzw. zur Lagerung von Abfällen als UVP-pflichtige Anlagen. Verfahrensrechtlich findet die **Umweltverträglichkeitsprüfung** als unselbständiger Teil des förmlichen immissionsschutzrechtlichen Genehmigungsverfahrens statt (§ 1 Abs. 2 der 9. BImSchV)[3]. 160

Eingeleitet wird das immissionsschutzrechtliche Genehmigungsverfahren durch einen entsprechenden Antrag des Vorhabenträgers. Bei welcher Behörde dieser Antrag zu stellen ist, richtet sich nach den **Zuständigkeitsregelungen** des jeweiligen Landesrechts. In Nordrhein-Westfalen z.B. sind für die Genehmigung von Abfall- 161

---

1 *Jarass/Ruchay/Weidemann* (Hrsg.), § 31 KrW-/AbfG Rz. 135; *Kunig/Paetow/Versteyl*, § 31 KrW-/AbfG Rz. 18; *Fluck*, UPR 1997, 234 (235).
2 BVerwG v. 21.3.1996 – 4 C 19.94, NVwZ 1996, 1016; kritisch dazu *Scheidler*, NVwZ 2005, 863 ff. m.w.N.; keine Aufhebung der Genehmigung mit der Begründung, das Ergebnis einer KVP-Vorprüfung sei fehlerhaft, OVG Schleswig v. 9.7.2010 – 1 MB 12/10.
3 Zum System der erst im Jahre 2001 eingeführten Vorprüfung, ob eine UVP durchgeführt werden muss, vgl. *Peters*, Einl. UVPG Rz. 32 ff.; *Dippel/Deifuß*, NVwZ 2004, 1153 ff.

Dippel | 669

entsorgungsanlagen nach dem BImSchG zum Teil die Bezirksregierungen, zum Teil aber auch die Kreise und kreisfreien Städte zuständig.

162 ⊃ **Hinweis:** Der Anwalt des Vorhabenträgers sollte in jedem Fall darauf hinwirken, dass bereits vor Antragstellung ein **Kontakt zu der Genehmigungsbehörde** hergestellt wird. Diese ist nach § 2 Abs. 2 der 9. BImSchV und im übrigen auch nach § 25 VwVfG gehalten, den Vorhabenträger im Hinblick auf die Antragstellung zu beraten und mit ihm den zeitlichen Ablauf des Verfahrens und sonstige für die Durchführung des Verfahrens erhebliche Fragen zu erörtern, sobald sie über das geplante Vorhaben unterrichtet wird. Dadurch kann nicht nur das Verfahren beschleunigt, sondern auch das – bei Abfallentsorgungsanlagen erfahrungsgemäß besonders hohe – Risiko von Fehlplanungen und der dadurch bedingten vergeblichen Aufwendungen gering gehalten werden.

163 Anders als beim abfallrechtlichen Planfeststellungsverfahren für Deponien wird im Rahmen des immissionsschutzrechtlichen Genehmigungsverfahrens nicht untersucht, ob ein **Bedarf für die Anlage** besteht oder ob es **alternative Standorte** oder Anlagenarten gibt[1]. Anderes könnte nur gelten, wenn das BImSchG dies ausdrücklich fordern würde; derartige planerische Elemente sind dem Verfahren nach dem BImSchG jedoch fremd. Die Genehmigungsentscheidung nach § 6 Abs. 1 BImSchG ist vielmehr eine gebundene Entscheidung. Von der Genehmigungsbehörde wird daher nur geprüft, ob das konkret beantragte Vorhaben an dem geplanten Standort zulässig ist oder nicht. Liegen die Voraussetzungen für die Erteilung der Genehmigung vor, hat der Antragsteller einen Anspruch auf die Genehmigung, den er gegebenenfalls im Klagewege durchsetzen kann[2].

**b) Materielle Genehmigungsvoraussetzungen**

164 Welchen Anforderungen die Anlage materiell genügen muss, ergibt sich aus § 6 BImSchG. Die in dieser Vorschrift genannten **Genehmigungsvoraussetzungen**, denen ein Genehmigungsantrag für eine immissionsschutzrechtlich genehmigungspflichtige Abfallentsorgungsanlage zu genügen hat, entstammen sowohl dem Immissionsschutzrecht (vgl. § 6 Abs. 1 Nr. 1 BImSchG) als auch sonstigen anlagebezogenen Vorschriften des öffentlichen Rechts (vgl. § 6 Abs. 1 Nr. 2 BImSchG).

**aa) Einhaltung der Grundpflichten**

165 Voraussetzung für die Erteilung der Genehmigung ist nach § 6 Abs. 1 Nr. 1 BImSchG zunächst die Einhaltung der in § 5 BImSchG normierten **Grundpflichten des Betreibers**, d.h. der Gefahrenabwehrpflicht, der Vorsorgepflicht, der Abfallvermeidungs- und Entsorgungspflicht und der Abwärmenutzungspflicht (s. dazu ausführlich *Schiller*, Teil 3 Kap. A., Rz. 31 ff.). Für Abfallentsorgungsanlagen gelten in diesem Zusammenhang keine Besonderheiten[3].

---

1 *Jarass*, § 6 BImSchG Rz. 43 ff.; *Kunig/Paetow/Versteyl*, § 31 KrW-/AbfG Rz. 38 ff.; vgl. zur fehlenden Verpflichtung zur Prüfung von Standortalternativen im BImSchG-Verfahren auch VGH München v. 17.1.2002 – 22 ZB 01.1782, NVwZ-RR 2002, 335; ferner zur fehlenden Verpflichtung zur Alternativenprüfung bei der Genehmigung von BImSchG-Anlagen BVerwG v. 9.4.2008 – 7 B 2.08, NVwZ 2008, 789 ff.
2 *Jarass/Ruchay/Weidemann* (Hrsg.), § 31 KrW-/AbfG Rz. 59; *von Lersner/Wendenburg*, § 31 KrW-/AbfG Rz. 9; *Klages*, in: Giesberts/Reinhardt, BeckOK Umweltrecht, § 31 KrW-/AbfG Rz. 31; vgl. im Übrigen auch die Regelung in § 14a BImSchG und dazu *Jarass*, § 14a BImSchG Rz. 1, 2.
3 Für Müllverbrennungsanlagen und Anlagen zur Mitverbrennung von Abfällen vgl. ausführlich *Dippel*, in: Wirth (Hrsg.), Darmstädter Baurechtshandbuch, 2005, Bd. 2, XI. Teil Rz. 471 ff.

IV. Verfahren zur Anlagenzulassung und Anlagenüberwachung

Umgesetzt werden die Gefahrenabwehr- und die Vorsorgepflicht bei der Genehmigung von Abfallentsorgungsanlagen in der Regel durch eine **Festlegung** von Art und Menge derjenigen **Abfallstoffe**, die in der Anlage eingesetzt werden dürfen (z.B. durch „Positivannahmekataloge"), und durch bestimmte **Anforderungen an den Betrieb** (z.B. Brandüberwachung im Müllbunker, bestimmte Mindesttemperaturen bei Verbrennungsanlagen). 166

Im Hinblick auf die **Abfallvermeidungs- und Entsorgungspflicht** des § 5 Abs. 1 Nr. 3 BImSchG ist zu berücksichtigen, dass diese nicht für die in der Anlage eingesetzten Abfälle, sondern für die durch Errichtung oder Betrieb der Abfallentsorgungsanlage *erzeugten* Abfälle (z.B. Filterstäube, MVA-Schlacke etc) gilt[1]. § 5 Abs. 1 Nr. 3 BImSchG stellt eine **anlagenbezogene Anforderung** dar, die in ihrem Anwendungsbereich formell die Grundpflichten der Abfallerzeuger und -besitzer nach dem KrWG verdrängt, die aber materiell klarstellt, dass die Regelungen des KrWG auch für den Umgang mit Abfällen im Anlagenbereich gelten[2]. Dieses Verhältnis zwischen Immissionsschutzrecht und Abfallrecht wird von § 13 KrWG bestätigt: die Pflichten der Betreiber von BImSchG-Anlagen, diese so zu errichten und zu betreiben, dass Abfälle vermieden, verwertet oder beseitigt werden, richten sich demzufolge nach dem BImSchG, das jedoch in § 5 Abs. 1 Nr. 3 auf das KrWG zurückverweist. Die Anlagenbetreiber sind damit materiell an das KrWG gebunden, unterliegen insoweit jedoch der Überwachung durch die Immissionsschutzbehörde als „Anlagenbehörde". Für Abfallverbrennungsanlagen finden sich spezielle anlagenbezogene Anforderungen zum Umgang mit betrieblich „erzeugten" Abfällen (Schlacken, Rostaschen, Filter-, Kesselstäube u.a.) in § 7 der 17. BImSchV. 167

**Materiell** ist der Anlagenbetreiber bei der (anlagenexternen) Verwertung und Beseitigung der beim Anlagenbetrieb anfallenden Abfälle ebenfalls **an die stoffbezogenen Anforderungen des KrWG gebunden**[3]. Das ergibt sich daraus, dass die immissionsschutzrechtliche Pflicht des § 5 Abs. 1 Nr. 3 BImSchG ohnehin nur für den Anlagenbereich gilt und für den anlagenexternen Bereich der Abfallentsorgung deshalb keine Besonderheiten gelten[4]. Auch § 13 KrWG trifft dazu keine andere Aussage. Fallen in der Anlage Abfälle an, muss der Betreiber sie daher in einer den materiellen Anforderungen des KrWG genügenden Art und Weise entsorgen. Dies ergibt sich mittelbar auch aus § 5 Abs. 1 Nr. 3 BImSchG, da eine Verwertung der Abfälle naturgemäß die Vereinbarkeit solcher Entsorgungshandlungen mit allen einschlägigen öffentlich-rechtlichen Vorschriften voraussetzt, zu denen eben auch die des KrWG gehören, und gemeinwohlverträglich (d.h. „ohne Beeinträchtigung des Wohls der Allgemeinheit") nur eine Abfallbeseitigung ist, die mit der Gemeinwohlklausel des § 10 Abs. 2 KrWG im Einklang steht[5]. An die anlageninterne Verwertung können stoffbezogene Anforderungen hingegen nur durch Rechtsverordnungen nach § 8 Abs. 2 und § 10 KrWG festgelegt werden, siehe § 13 KrWG. 168

Die **Pflicht zur sparsamen und effizienten Energieverwendung** (§ 5 Abs. 1 Nr. 4 BImSchG in der seit 2001 geltenden Fassung) ersetzt die früher geltende Abwärmenutzungspflicht. Anders als die frühere Abwärmenutzungspflicht gilt die Energieverwendungspflicht unmittelbar und setzt nicht den Erlass einer Rechtsverordnung zu ihrer Anwendbarkeit voraus. Ein wichtiger Teil dieser neu und weitergehend gefassten Pflicht ist jedoch nach wie vor die Abwärmenutzungspflicht. Für Abfallver- 169

---

1 Dazu ausführlich *Fluck*, UPR 1997, 234 (236).
2 *Kunig/Paetow/Versteyl*, § 9 KrW-/AbfG Rz. 3; *Jarass*, § 5 BImSchG Rz. 85; *Fluck*, DVBl 1997, 463 ff.
3 *Kunig/Paetow/Versteyl*, § 9 KrW-/AbfG Rz. 12 ff.; *Fluck*, UPR 1997, 234 (238); vgl. auch OVG Münster v. 17.8.2005 – 8 A 1598/04, UPR 2006, 77 ff. = Abfall 2005, 274 (Ls.).
4 OVG Münster v. 19.5.2005 – 8 A 2228/03; *Jarass*, § 5 BImSchG Rz. 89.
5 *Fluck* (Hrsg.), § 9 KrW-/AbfG Rz. 91 f.; *Jarass*, § 5 BImSchG Rz. 91a, 93.

brennungsanlagen findet sich eine solche Pflicht bereits in § 8 der 17. BImSchV; sie verpflichtet den Anlagenbetreiber zur Wärmenutzung im Rahmen des je nach dem Standort der Anlage Möglichen und Zumutbaren. Wie der Wortlaut der Vorschrift verdeutlicht, hängt jedoch nicht die Standortwahl für eine Anlage davon ab, ob dort die Wärme weitgehend genutzt werden kann[1].

170 Neben der Einhaltung der in § 5 BImSchG normierten allgemeinen Grundpflichten muss sichergestellt sein, dass die sich aus den auf Grund des § 7 BImSchG erlassenen Rechtsverordnungen ergebenden Pflichten erfüllt werden. Für Abfallverbrennungsanlagen kann insofern insbesondere die Verordnung über Verbrennungsanlagen für Abfälle und ähnliche brennbare Stoffe (**17. BImSchV**) zu berücksichtigen sein, die – im Vergleich zur TA Luft – relativ strenge Emissionsgrenzwerte festlegt. Anwendung findet die 17. BImSchV jedoch nicht nur auf klassische Abfallverbrennungsanlagen, sondern auch auf andere Feuerungsanlagen, wenn darin Abfälle **mitverbrannt** werden[2].

**Beispiel:**

171 Der Betreiber eines Zementwerkes beantragt, dass im Drehrohrofen seines Zementwerkes neben den herkömmlichen Brennstoffen (Primärenergieträger wie z.B. Kohle, Öl oder Gas) künftig auch bestimmte Abfälle verbrannt werden dürfen. Das ist in der Zementindustrie weitgehend üblich. Als Energieträger in der Zementherstellung werden z.B. Altreifen, Lösemittel, Althölzer, Papierschlämme oder Kunststoffe in aufbereiteter Form eingesetzt und ersetzen in diesem Umfang die o.g. Primärenergieträger.

Insofern ist § 1 Abs. 2 und § 5a der 17. BImSchV zu beachten. Im Falle der **Mitverbrennung von Abfällen** sehen diese Regelungen eine differenzierte Anwendung der Verordnung, insbesondere im Hinblick auf die Festlegung von Emissionsgrenzwerten nach dem Anteil der mitverbrannten Abfälle an der jeweils gefahrenen Feuerungswärmeleistung vor. § 5a der 17. BImSchV enthält die Vorgaben für die Festlegung von Emissionsgrenzwerten bei Mitverbrennungsanlagen, die im Unterschied zu den Emissionsgrenzwerten für „reine" Abfallverbrennungsanlagen nicht unmittelbar (vgl. § 5) der 17. BImSchV zu entnehmen sind, sondern nach Maßgabe des Anhangs II jeweils ermittelt werden müssen und dann im Genehmigungsbescheid oder in einer nachträglichen Anordnung gem. § 17 BImSchG festzusetzen sind, vgl. § 5a Abs. 8 der 17. BImSchV. Vor allem für den Einsatz von Abfällen als Brennstoffe zum Ersatz von Primärenergieträgern in Zementwerken enthält § 5a der 17. BImSchV ausführliche Sonderregelungen[3].

**bb) Einhaltung anderer öffentlich-rechtlicher Vorschriften**

172 Nach § 6 Abs. 1 Nr. 2 BImSchG dürfen der Errichtung und dem Betrieb der Anlage des Weiteren keine anderen öffentlich-rechtlichen Vorschriften und Belange des Arbeitsschutzes entgegenstehen (dazu ausführlich *Schiller*, Teil 3 Kap. A., Rz. 36 ff.). Dabei ist die Genehmigungsbehörde auf die Prüfung **anlagenbezogener Vorschriften** beschränkt[4]. Stoffbezogene Anforderungen, wie sie etwa das KrWG an die Art und Weise der Entsorgung von Abfällen stellt, spielen im immissionsschutzrechtlichen Genehmigungsverfahren hingegen grundsätzlich keine Rolle. Allerdings kann die Abgrenzung zwischen anlagen- und stoffbezogenen Anforderungen in Ein-

---

1 Vgl. auch *Jarass*, BImSchG, § 5 Rz. 98 ff. (103).
2 Vgl. § 1 Abs. 1 der 17. BImSchV; zur Abfallmitverbrennung in Industrieanlagen vgl. nach der bis 2003 geltenden Fassung der 17. BImSchV *Lübbe-Wolff*, DVBl 1999, 1091 ff.
3 Zur Abfallverbrennung und Mitverbrennung in Kraftwerken, Zementwerken und anderen Industrieanlagen vgl. ausführlich *Dippel*, Müllverbrennungsanlagen, in: Wirth (Hrsg.), Darmstädter Baurechtshandbuch, 2. Aufl. 2005, Bd. Öffentliches Baurecht, S. 957 ff. (973, dort Rz. 475 ff.).
4 *Jarass*, § 6 BImSchG Rz. 23 ff.; *Klages*, in: Giesberts/Reinhardt, BeckOK Umweltrecht, § 31 KrW-/AbfG Rz. 48.

### IV. Verfahren zur Anlagenzulassung und Anlagenüberwachung

zelfällen schwierig sein; z.T. sind Überschneidungen möglich[1]. Allgemein sind anlagenbezogen solche Regelungen, die bauliche, technische und organisatorische Anforderungen an die Errichtung und den Betrieb der Anlage stellen, während stoffbezogen solche Anforderungen sind, die – anlagenunabhängig – den Umgang mit einem Stoff betreffen[2]. In Betracht zu ziehen sind danach neben den immissionsschutzrechtlichen Vorschriften insbesondere die Vorschriften des Bauplanungs- und Bauordnungsrechts, des Wasser- und des Naturschutzrechts.

Im Hinblick auf die bauplanungsrechtlichen Anforderungen ist für Anlagen, in denen Abfälle zur Beseitigung entsorgt werden, jedoch die Vorschrift des **§ 38 BauGB** zu beachten, wonach die Regelungen der §§ 29 bis 37 BauGB auf die für die Errichtung und den Betrieb von **öffentlich zugänglichen Abfallbeseitigungsanlagen** geltenden Verfahren nach dem BImSchG nicht anzuwenden sind, wenn die Gemeinde beteiligt wird[3]. Städtebauliche Belange sind danach nur noch als abwägungserhebliche Belange im Rahmen des Genehmigungsverfahrens zu berücksichtigen. Die gemeindliche Planungshoheit wird dadurch erheblich eingeschränkt. Diese – zunächst häufig kritisierte[4] und in der Praxis schwierig handhabbare – Privilegierung von Abfallbeseitigungsanlagen führt dazu, dass entgegenstehende Festsetzungen in einem Bebauungsplan oder andere bauplanerische Aspekte das Vorhaben nicht zwingend zu Fall bringen. Auch ist ein gemeindliches Einvernehmen nach § 36 BauGB nicht erforderlich[5]. Öffentlich zugänglich i.S.d. § 38 BauGB sind alle Anlagen, die nicht nur der Eigenentsorgung des Betreibers der Anlage oder einem engen Kreis von Betrieben dienen, sondern auch Privaten, Einzelpersonen und Unternehmen offen stehen[6]. Auf die Schwierigkeiten der Qualifizierung einer Anlage, in der nicht nur Abfälle zur Beseitigung, sondern auch Abfälle zur Verwertung eingesetzt werden, sei hier nur hingewiesen[7].

Auch die **Vorschriften des KrWG** finden im immissionsschutzrechtlichen Genehmigungsverfahren Anwendung, soweit sie **anlagenbezogen** sind. Welche abfallrechtlichen Regelungen diese Voraussetzung erfüllen, ist allerdings nicht immer leicht zu beantworten[8]. Zu den anlagenbezogenen Vorschriften werden insbesondere die für verbindlich erklärten Festsetzungen in Abfallentsorgungsplänen (§ 30 Abs. 4 KrWG) gezählt[9]. Keine Anwendung findet hingegen unstreitig § 36 KrWG; gegenüber dieser ausdrücklich nur für Deponien geltenden Regelung sind die §§ 6, 5 BImSchG spezieller[10]. Die für die Verwertung von Abfällen geltenden Vor-

---

1 *Fluck* (Hrsg.), § 9 KrW-/AbfG Rz. 155 ff.; ausführlich zur Abgrenzung anlagen- bzw. stoffbezogener Anforderungen bei der Zulassung von Industrieanlagen *Fluck*, DVBl 1997, 463 ff.
2 *Kunig/Paetow/Versteyl*, § 9 KrW-/AbfG Rz. 7; *Fluck* (Hrsg.), § 9 KrW-/AbfG Rz. 156 f.; *Fluck*, DVBl 1997, 463 (468 f.).
3 Vgl. dazu im Einzelnen *Dippel*, NVwZ 1999, 921 (922, 925 ff.); zu einem konkreten Anwendungsfall vgl. OVG Lüneburg v. 4.1.2005 – 7 ME 249/04, NVwZ-RR 2006, 25 f., am Fall einer Abfallumschlagstation.
4 S. nur die Nachweise bei *Beckmann*, NWVBl. 1995, 81 (88 [Fn. 43]).
5 Zum gemeindlichen Einvernehmen in der jüngeren Rechtsprechung vgl. *Dippel*, NVwZ 2011, 769 ff.
6 OVG Koblenz v. 13.9.1994 – 7 B 11901/94, NVwZ 1995, 290; OVG Lüneburg v. 4.1.2005 – 7 ME 249/04, NVwZ-RR 2006, 25 f.; OVG Schleswig v. 2.2.2010 – 1 KS 4/07, AbfallR 2010, 255; *Dippel*, NVwZ 1999, 921 (927) m.w.N.; *Kunig/Paetow/Versteyl*, § 30 KrW-/AbfG Rz. 6; *von Lersner/Wendenburg*, § 31 KrW-/AbfG Rz. 33.
7 Dazu näher OVG Lüneburg v. 4.1.2005 – 7 ME 249/04, NVwZ-RR 2006, 25 f.; ferner *Dippel*, NVwZ 1999, 921 (927) m.w.N.
8 Vgl. *Kunig/Paetow/Versteyl*, § 31 KrW-/AbfG Rz. 64.
9 *Kunig/Paetow/Versteyl*, § 31 KrW-/AbfG Rz. 70.
10 *Jarass/Ruchay/Weidemann* (Hrsg.), § 31 KrW-/AbfG Rz. 162; *Kunig/Paetow/Versteyl*, § 31 KrW-/AbfG Rz. 68.

schriften der §§ 4 und 5 KrW-/AbfG a.F. (ähnlich §§ 7, 8 KrWG) hat das OVG Münster über § 6 Abs. 1 Nr. 2 BImSchG im Fall einer Abfallentsorgungsanlage Anwendung finden lassen. Es ging in diesem Fall um ein „Rohstoffverwertungszentrum", in dem u.a. Ofenausbruch, Hochofen-, Kupolofen- und Elektroofenschlacke, Gießereialtsande sowie Bauschutt und Straßenaufbruch bearbeitet und anschließend als Sekundärrohstoffe an Abnehmer weiterveräußert werden sollen. Da es sich bei der in Rede stehenden Anlage um eine in die Abfallverwertung eingebundene Anlage handele, müsse ihr Betrieb den in den §§ 4 und 5 KrW-/AbfG a.F. normierten Grundsätzen und Grundpflichten genügen, was im Rahmen des immissionsschutzrechtlichen Genehmigungsverfahrens zu überprüfen sei[1]. Für eine derartige Anlage zur Erzeugung von „Produkten", deren Abfalleigenschaft mit dem Verlassen der Anlage noch nicht beendet ist[2], ist diese Rechtsprechung konsequent; sie dürfte aber auf immissionsschutzrechtlich genehmigungspflichtige „Nicht-Abfallentsorgungsanlagen", in denen u.a. auch Abfälle verwertet werden, nicht übertragbar sein[3]. Eine Nebenbestimmung mit dem Inhalt, beabsichtigte Änderungen der Entsorgungswege seien der für die Anlage zuständigen Behörde anzuzeigen, ist in einer Anlagengenehmigung nach dem BImSchG zwar systemfremd, kann aber aufgrund § 12 Abs. 2c BImSchG seit 2009 in einer BImSchG-Genehmigung angeordnet werden[4]. Dasselbe gilt für Anordnungen zur Vorlage von Entsorgungsnachweisen oder zur Vorlage von Abfallwirtschaftskonzepten bzw. -bilanzen[5].

#### c) Altanlagen

175 Für Abfallentsorgungsanlagen (außer Deponien), die vor der durch das Investitionserleichterungs- und Wohnbaulandgesetz 1993 erfolgten Rechtsänderung nach § 7 AbfG zugelassen wurden, bestimmt § 67 Abs. 7 Satz 1 BImSchG, dass die **abfallrechtliche Planfeststellung** bzw. Genehmigung **als immissionsschutzrechtliche Genehmigung** fortgilt. Dadurch wird sichergestellt, dass Anlagen, die nunmehr dem Zulassungsrecht des BImSchG unterfallen, aber noch nach dem alten Abfallgesetz zugelassen wurden, insoweit Bestandsschutz genießen. Der Zulassungsbescheid gilt danach mit seinem bisherigen Inhalt weiter. Der Betreiber kann jedoch auf der Grundlage des § 51 Abs. 1 Nr. 1 VwVfG von der Zulassungsbehörde die Aufhebung solcher Nebenbestimmungen verlangen, für die mit der Rechtsänderung 1993 die Rechtsgrundlage entfallen ist[6]. Die nach dem BImSchG im Jahre 1993 nicht mögliche Anordnung einer **Sicherheitsleistung** ist nach der seit 2001 geltenden Fassung des BImSchG (§ 12 Abs. 1 S. 2) für Abfallentsorgungsanlagen wieder möglich und seit der Gesetzesänderung 2009 regelmäßig auch geboten[7]. Soweit die Aufhebung einer Nebenbestimmung allerdings eine wesentliche Änderung der Anlage oder ihres Betriebes bedeuten würde, ist eine Genehmigung nach § 16 BImSchG erforderlich[8].

---

1 OVG Münster v. 10.12.1999 – 21 A 3481/96, GewArch 2000, 301 ff.
2 Vgl. BVerwG v. 14.12.2006 – 7 C 4.06, NVwZ 2007, 338 ff. für Klärschlammkompost (Ende der Abfalleigenschaft erst mit zulässiger Aufbringung auf den Boden).
3 Vgl. den Beschluss des für das Abfallrecht zuständigen 20. Senats des OVG Münster v. 18.12.1998 – 20 B 1388/98, NVwZ-RR 1999, 731 = UPR 1999, 391, der die immissionsschutzrechtlich bedeutsamen Genehmigungsvoraussetzungen deutlich von stoffbezogenen Regelungen abgrenzt.
4 Vgl. für die Rechtslage vor der Gesetzesänderung 2009 OVG Münster v. 19.5.2005 – 8 A 2228/03.
5 OVG Münster v. 17.8.2005 – 8 A.1598/04, UPR 2006, 77 ff. = AbfallR 2005, 274 (Ls.).
6 OVG Münster v. 30.8.1999 – 21 A 2945/96, NVwZ 2000, 89 ff.; *Kunig/Paetow/Versteyl*, § 31 KrW-/AbfG Rz. 88; *Jarass*, BImSchG, § 67 Rz. 39 (jeweils m.w.N.).
7 *Jarass*, BImSchG, § 12 Rz. 16 ff., 25; anders noch die Rechtslage, die der Entscheidung des OVG Münster v. 30.8.1999 – 21 A 2945/96, NVwZ 2000, 89 ff. zugrunde lag.
8 *Kunig/Paetow/Versteyl*, § 31 KrW-/AbfG Rz. 88.

## 3. Zulassung von Deponien

Unberührt durch das Investitionserleichterungs- und Wohnbaulandgesetz von 1993 unterliegen die Errichtung und der Betrieb von Deponien sowie deren wesentliche Änderung nach § 35 Abs. 2 KrWG weiterhin der **abfallrechtlichen Planfeststellung**. Die materiellen Zulassungsvoraussetzungen sind dabei in § 36 KrWG geregelt, während § 38 KrWG für das Verfahren auf die Vorschriften der §§ 72 bis 78 VwVfG verweist. Durch die Planfeststellung wird die Zulässigkeit des Vorhabens hinsichtlich aller von ihm berührten öffentlichen Belange festgestellt, § 75 Abs. 1 VwVfG. Dem Planfeststellungsbeschluss kommt daher **Konzentrationswirkung** zu, d.h. andere Zulassungsentscheidungen, Zustimmungen oder Erlaubnisse, die sonst eventuell erforderlich gewesen wären, werden von ihm umfasst und ersetzt[1]. Des Weiteren kann er, soweit das Landesrecht dies vorsieht, enteignungsrechtliche Vorwirkung entfalten[2].

176

### a) Bedeutung der Zulassung von Deponien

Während man noch Anfang der neunziger Jahre von einem „Müllnotstand" sprach, weil die vorhandenen Abfallbeseitigungskapazitäten bei weitem nicht ausreichten, und die Zulassung zahlreicher Deponien für nötig erachtete, ist die Bedeutung der Zulassung von Deponien in den letzten Jahren stark gesunken, zuletzt aufgrund des Umstands, dass seit dem 1.6.2005 ein Verbot der Ablagerung nicht vorbehandelter Abfälle gilt, das schon seit längerer Zeit zu einer erheblichen Reduktion der den Deponien zufließenden Abfallmengen führt[3]. Nicht fehlende Kapazitäten, sondern eine **fehlende Auslastung vorhandener Kapazitäten** wird heute von den Deponiebetreibern beklagt. Diese Entwicklung war seit dem In-Kraft-Treten des KrW-/AbfG bis zum 1.6.2005 vor allem auf die verstärkte **Abwanderung gewerblicher Abfälle** in die Verwertung zurückzuführen, wird aber durch das rechtsverbindliche Ablagerungsverbot derzeit überlagert.

177

### b) Standortsuchverfahren

Die Aufstellung des dem Planfeststellungsverfahren zugrundeliegenden Plans obliegt dem (öffentlichen oder privaten) Träger des Vorhabens. Die zuständige Planfeststellungsbehörde plant daher nicht selbst originär, sondern sie vollzieht die Planung des Vorhabenträgers abwägend nach, indem sie prüft, ob diese die verbindlichen rechtlichen Vorgaben einhält und den Anforderungen genügt, die sich aus dem Abwägungsgebot ergeben[4]. Dazu gehört insbesondere, dass naheliegende **alternative Standorte** untersucht und berücksichtigt werden. Ergibt die Untersuchung, dass der von dem Träger des Vorhabens gewählte Standort ungeeignet oder ein anderer Standort offensichtlich besser geeignet ist, lehnt die Planfeststellungsbehörde den Plan ab. Der Vorhabenträger sollte daher bei der Planaufstellung besondere Sorgfalt walten lassen und sich nicht darauf beschränken, die zwingenden gesetzlichen Vorgaben einzuhalten, sondern – insbesondere im Hinblick auf den geplanten Standort – auch das Abwägungsmaterial möglichst vollständig ermitteln und zu ei-

178

---

1 Zu den weiteren Entscheidungswirkungen der Planfeststellung s. *Jarass/Ruchay/Weidemann* (Hrsg.), § 31 KrW-/AbfG Rz. 186 ff.
2 S. dazu *Kunig/Paetow/Versteyl*, § 31 KrW-/AbfG Rz. 125 ff.
3 Zum Ablagerungsverbot für unvorbehandelte Abfälle, zur unmittelbaren Verbindlichkeit der DepV und zur Vereinbarkeit mit höherrangigem Bundesrecht vgl. BVerwG v. 3.6.2004 – 7 B 14.04, UPR 2004, 430 f.; zur Europarechtskonformität dieser Regelungen vgl. EuGH v. 14.4.2005 – C-6/03, DVBl 2005, 697 ff. sowie OVG Koblenz v. 4.11.2003 – 8 B 11220/03, NVwZ 2004, 363 ff.
4 BVerwG v. 24.11.1994 – 7 C 25.93, DVBl 1995, 238 ff.

nem Ausgleich bringen, der den Anforderungen des Abwägungsgebotes genügt[1]. In der Praxis wird mit der Begutachtung der in Betracht kommenden Standorte in aller Regel ein entsprechend spezialisiertes Fachbüro beauftragt[2]. Solche Standortsuchverfahren werden regelmäßig auf Seiten des Vorhabenträgers, der potentiellen Standortgemeinden und auf Seiten Dritter (z.B. auch durch Bürgerinitiativen) rechtlich begleitet. Dies wird häufig auch Aufgabe des Anwalts sein.

179 ⊃ **Hinweise:** Der Anwalt des Vorhabenträgers sollte darauf hinwirken, dass schon während der Phase der Planaufstellung **Kontakt mit der für die Planfeststellung zuständigen Behörde** aufgenommen wird. So kann nicht nur das Risiko von Fehlplanungen von vornherein gering gehalten und das Verfahren beschleunigt, sondern auch ermittelt werden, welche Unterlagen der Behörde im Einzelnen vorzulegen sind. Weiterhin bietet sich bereits in diesem Stadium des Verfahrens eine Einbindung der in Betracht kommenden Standortgemeinden an; dadurch können frühzeitig eventuell zu berücksichtigende städtebauliche Belange ermittelt und eventuelle Widerstände erkannt oder sogar beseitigt werden. Gelingt es, in der Einwohnerschaft der betroffenen Standortgemeinde(n) frühzeitig Akzeptanz für das Vorhaben zu schaffen, kann sich das letztlich in nicht unerheblichem Maße verfahrensbeschleunigend auswirken.

Da die Errichtung von Abfalldeponien erfahrungsgemäß vor allem in der Bevölkerung erheblichen Widerstand hervorruft, kann sich schließlich auch die Einbeziehung von **Bürgerinitiativen**, z.B. durch die Einrichtung „Runder Tische", schon in der Planungsphase anbieten. Darauf sollte auch ein auf dieser Seite mit der Standortsuche befasster Anwalt frühzeitig hinwirken, um in dem zumeist nicht leicht zu überblickenden Verfahren ständig „am Ball" zu bleiben.

Im Rahmen eines Standortsuchverfahrens kann der Anwalt im Allgemeinen nicht für Mandanten (Bürgerinitiativen, Grundstückseigentümer, Nachbarn oder Standortgemeinden) an mehreren Standorten tätig sein. Da sich die – üblicherweise angestrebte – erfolgreiche Tätigkeit bei der Abwehr eines Standorts fast zwangsläufig zu Lasten der anderen potenziellen Standorte auswirkt, würde der Anwalt anderenfalls widerstreitende Interessen vertreten. Damit wäre dies ein Fall der berufsrechtlich untersagten **Interessenkollision** (vgl. § 43a Abs. 4 BRAO).

180 Verbindliche Festlegungen zur **Vorgehensweise bei der Standortsuche** gibt es nicht. Entscheidend ist, dass dabei alle geeigneten Standorte ermittelt und in die planerische Abwägung einbezogen werden. Besondere Probleme erlangt daher die Formulierung der für die Bewertung der Alternativen letztlich maßgebenden **Kriterien**[3]. Auszugehen ist dabei in jedem Fall von § 36 Abs. 1 KrWG, der die wesentlichen Versagungsgründe für die Planfeststellung nennt. Von Bedeutung ist danach zunächst die Beachtung von Zielen der Raumordnung (§ 4 Abs. 1 ROG)[4] sowie die Beachtung der überörtlichen Abfallwirtschaftsplanung (§ 31 KrWG, vgl. dazu oben Rz. 131 ff.). Sind in einem Abfallwirtschaftsplan geeignete Flächen für Deponien ausgewiesen und diese Ausweisungen für verbindlich erklärt worden, muss sich der geplante Standort nach § 36 Abs. 1 Nr. 5 KrWG im Rahmen dieser Festsetzungen halten. Fehlt es an einer Verbindlichkeit der Festsetzungen, ist die Planung immerhin noch im Rahmen der Abwägung zu berücksichtigen. Die weiteren Kriterien für die Suche nach einem geeigneten Standort ergeben sich aus der in § 36 Abs. 1 KrWG enthaltenen Anforderung der Gemeinwohlverträglichkeit.

---

1 *Hoppe/Just*, DVBl 1997, 790 (792); *Kretz*, UPR 1992, 129 (135); *Kloepfer*, Umweltrecht, § 20 Rz. 259.
2 *Hoppe*, DVBl 1994, 255 (256).
3 S. dazu *Heute-Bluhm*, VBlBW 1993, 206 (210 ff.); *Hoppe*, DVBl 1994, 255 (256); *Jarass/Ruchay/Weidemann* (Hrsg.), § 32 KrW-/AbfG Rz. 170 ff.
4 *Frenz*, § 32 KrW-/AbfG Rz. 8.

IV. Verfahren zur Anlagenzulassung und Anlagenüberwachung   Rz. 184   Teil **3 B**

Gegen ein **gestuftes Vorgehen** bei der Standortauswahl ist grundsätzlich nichts einzuwenden, soweit dabei alle geeigneten und ernsthaft in Betracht kommenden Standorte berücksichtigt werden. So ist es insbesondere zulässig, anhand eines bestimmten, mehrere bereits gewichtete Kriterien umfassenden Bewertungsmodells zunächst potentielle Standorte zu ermitteln und die abschließende Entscheidung dann aufgrund einer nochmaligen Gewichtung einzelner Kriterien vorzunehmen, ohne wiederum alle in Betracht kommenden Standorte dieser Bewertung zu unterwerfen[1]. 

181

⊃ **Hinweis:** Innerhalb der ersten Stufe einer Standortauswahl, in der bestimmte Flächen anhand von „**Negativkriterien**" aus der weiteren Suche ausgeschlossen werden, können manche Kriterien willkürlich wirken und damit die Angreifbarkeit eines späteren Planfeststellungsbeschlusses erhöhen. Wenig überzeugend wäre es z.B., generell Flächen mit einer Geländeneigung > 3 % aus angeblichen technischen Gründen von der weiteren Standortsuche auszuschließen (dieses Kriterium ist in den standortbezogenen Kriterien in Anhang I der DepV nicht genannt), obwohl die anderen Standortvoraussetzungen erfüllt werden (können). In dieser Phase der Standortsuche empfiehlt sich für den Anwalt sowohl des Vorhabenträgers als auch potentieller Gegner des Vorhabens eine sorgfältige Prüfung der Kriterien.

182

Werden mit der zuständigen Behörde während der Planaufstellung Gespräche geführt, dürfen in diesem Rahmen keine für das spätere Planfeststellungsverfahren bindenden Vereinbarungen getroffen werden[2]. **Vorwegbindungen** sind aufgrund des der Behörde bei der Planfeststellung eingeräumten Planungsermessens prinzipiell unzulässig[3].

183

Die Ermittlung der für die Standortsuche maßgeblichen **tatsächlichen Verhältnisse** (z.B. Beschaffenheit und Stabilität des Untergrundes) setzt häufig Untersuchungen vor Ort voraus. Finden diese auf den eigenen Grundstücken des Vorhabenträgers statt, ergeben sich insoweit keine Probleme. Werden für das Vorhaben jedoch fremde Grundstücke in Betracht gezogen, ist mit Widerständen der Eigentümer zu rechnen. Aus diesem Grund sieht § 34 Abs. 1 KrWG eine **Duldungspflicht** für Eigentümer und Nutzungsberechtigte von Grundstücken (außer Wohnungen) vor. Diese gilt allerdings nur zugunsten öffentlich-rechtlicher Entsorgungsträger i.S.d. § 17 KrWG und der zuständigen Behörde, nicht hingegen zugunsten privater Eigenentsorger. Nur Vorhabenträger, die gleichzeitig öffentlich-rechtlicher Entsorgungsträger i.S.d. § 17 KrWG sind, können daher von den Eigentümern und Nutzungsberechtigten von Grundstücken verlangen, dass diese das Betreten der Grundstücke durch ihre Beauftragten sowie die Ausführung von Vermessungen, Boden- und Grundwasseruntersuchungen zwecks Erkundung geeigneter Deponiestandorte dulden. Die Duldungspflicht besteht unmittelbar kraft Gesetzes[4], so dass die Bekanntgabe der Untersuchungsabsicht gem. § 34 Abs. 1 Satz 2 KrWG nach überwiegender Auffassung ein Realakt ohne Regelungscharakter ist. Manche landesgesetzliche Regelung sieht vor, dass die zuständige Behörde über das Bestehen einer (gesetzlichen)

184

---
1 VGH München v. 24.1.1992 – 8 CS 91.01233-35, NuR 1992, 337f.; *Kunig/Paetow/Versteyl*, § 32 KrW-/AbfG Rz. 69; *Jarass/Ruchay/Weidemann* (Hrsg.), § 32 KrW-/AbfG Rz. 170ff.; ausführlich zu Fragen der Standortwahl und der Standortalternativen *Wahl/Dreier*, NVwZ 1999, 606 (618) m.w.N.
2 *Tettinger*, NWVBl. 1993, 284 (286).
3 Vgl. BVerwG v. 5.12.1986 – 4 C 13.85, NVwZ 1987, 578ff. (581f.); v. 9.4.1987 – 4 B 73.87, NVwZ 1987, 886f. (886).
4 Überzeugend *Fluck* (Hrsg.), § 30 KrW-/AbfG Rz. 56; ebenso *Kunig/Paetow/Versteyl*, § 30 KrW-/AbfG Rz. 5; *Klages*, in: Giesberts/Reinhardt, BeckOK Umweltrecht, § 30 KrW-/AbfG Rz. 1ff.; VG Schleswig v. 30.3.1995 – 12 B 30/95, NVwZ-RR 1996, 81; a.A. aber wohl *Jarass/Ruchay/Weidemann* (Hrsg.), § 30 KrW-/AbfG Rz. 35ff.

Duldungspflicht sowie über deren Art und Umfang auf Antrag eines Beteiligten ausdrücklich entscheidet (vgl. z.B. § 20 Abs. 1 LAbfG NW). Gemäß § 34 Abs. 1 Satz 2 KrWG ist den Eigentümern und Nutzungsberechtigten eine entsprechende Absicht zum Betreten und zur Durchführung von Untersuchungen vorher bekannt zu geben. Weigert sich der Duldungspflichtige, kann eine auf § 62 KrWG gestützte Verfügung ergehen. Durchgesetzt werden kann diese notfalls im Wege des Verwaltungszwangs[1]. Nach Abschluss der Arbeiten muss der vorherige Zustand unverzüglich wiederhergestellt werden, siehe § 34 Abs. 2 KrWG.

### c) Planfeststellungsverfahren mit UVP

185   Für die Durchführung des Planfeststellungsverfahrens verweist § 38 KrWG auf die Vorschriften des VwVfG (s. dazu ausführlich *Geiger*, Teil 1 Kap. D.). Eingeleitet wird das Verfahren nach § 73 Abs. 1 Satz 1 VwVfG mit der **Einreichung der (vollständigen) Planunterlagen** bei der Anhörungsbehörde, die nach Landesrecht häufig mit der Planfeststellungsbehörde identisch ist[2]. Der Plan muss Zeichnungen und Erläuterungen enthalten, die das Vorhaben, den Anlass und die betroffenen Grundstücke und Anlagen hinreichend konkret erkennen lassen. In dem daraufhin durchzuführenden **Anhörungsverfahren** werden zunächst die Stellungnahmen der Behörden, deren Aufgabenbereich durch das Vorhaben berührt werden, eingeholt und sodann die Planunterlagen einen Monat zur Einsicht ausgelegt. **Einwendungen** gegen das Vorhaben können die durch das Vorhaben betroffenen Personen während der Auslegung und bis zwei Wochen nach Ablauf der Auslegungsfrist vorbringen. Die Einwendungen können nach § 38 Abs. 2 KrWG nur schriftlich erhoben werden. Nach Ablauf der Einwendungsfrist sind alle nicht auf besonderen privatrechtlichen Titeln beruhenden Einwendungen ausgeschlossen, § 73 Abs. 4 Satz 3 VwVfG. Aufgrund dieser sog. **materiellen Präklusion** müssen die verspätet vorgebrachten Aspekte in der Abwägung nicht mehr berücksichtigt werden; ebenso wenig können sie später gerichtlich noch geltend gemacht werden. In dem nach Ablauf der Einwendungsfrist anzuberaumenden **Erörterungstermin** werden die rechtzeitig erhobenen Einwendungen und die Stellungnahmen der Behörden mit dem Vorhabenträger, den Betroffenen und den Einwendern erörtert. Den Abschluss des Anhörungsverfahrens bildet die **Stellungnahme der Anhörungsbehörde** zum Ergebnis des Anhörungsverfahrens und die Weiterleitung sämtlicher Unterlagen an die Planfeststellungsbehörde (sofern diese mit der Anhörungsbehörde nicht identisch ist), § 73 Abs. 9 VwVfG.

186   Sind mit dem Vorhaben **Eingriffe in Natur und Landschaft** i.S.d. § 14 BNatSchG verbunden – was bei der Errichtung von Deponien wohl immer der Fall sein wird –, müssen gemäß § 63 Abs. 1 Nr. 3 BNatSchG auch **anerkannte Naturschutzverbände** am Planfeststellungsverfahren beteiligt werden. Bei Verletzung des **Beteiligungsrechts** kann ein Verband den ohne seine Mitwirkung zustande gekommenen Planfeststellungsbeschluss anfechten (§ 64 Abs. 1 BNatSchG)[3]. Im Übrigen hängt das spätere Klagerecht der Naturschutzverbände und dessen Reichweite davon ab, in-

---

1   *Kunig/Paetow/Versteyl*, § 30 KrW-/AbfG Rz. 5; *Klages*, in: *Giesberts/Reinhardt*, BeckOK Umweltrecht, § 30 KrW-/AbfG Rz. 6; zum vorläufigen Rechtsschutz gegen die Standortsuche für eine Restmülldeponie vgl. OVG Schleswig v. 14.12.1993 – 4 M 133/93, NVwZ 1994, 918 f.
2   Zu den landesrechtlichen Zuständigkeiten s. als Beispiel die Regelung in § 38 LAbfG NW i.V.m. der Verordnung zur Regelung der Zuständigkeiten auf dem Gebiet des Technischen Umweltschutzes in NW (*www.lanuv.nrw.de*).
3   Zum gesetzlich seit der Naturschutznovelle 2002 neu geregelten Klagerecht der anerkannten Naturschutzverbände vgl. *Gassner/Bendomir-Kahlo/Schmidt-Räntsch*, BNatSchG, 2. Aufl. 2003, § 61 Rz. 8, 11 ff. („Treuhandklage zugunsten von Natur und Landschaft") m.w.N.; vgl. bereits BVerwG v. 12.11.1997 – 11 A 49.96, DVBl 1998, 334.

wieweit das jeweilige Landesrecht dies bzgl. bestimmter weiterer Verwaltungsentscheidungen vorsieht[1]. Für anerkannte Umweltverbände sieht auch das seit 2007 geltende Umweltrechtsbehelfsgesetz (UmwRG) ein Klagerecht vor, wenn geltend gemacht wird, dass die angegriffene Entscheidung gegen Vorschriften verstößt, die dem Umweltschutz dienen (§ 2 UmwRG)[2].

In dem sich anschließenden **Beschlussverfahren** prüft die Planfeststellungsbehörde, ob und, wenn ja, mit welchem Inhalt der Plan festgestellt wird. Dazu ist sie nicht auf die bereits vorhandenen Unterlagen beschränkt. Aufgrund der Amtsermittlungspflicht (§ 24 VwVfG) ist sie vielmehr verpflichtet, den Sachverhalt umfassend zu ermitteln, und kann daher auch weitere Feststellungen oder Untersuchungen vornehmen lassen. Liegen die zwingenden Zulassungsvoraussetzungen vor, und ergibt auch die Ausübung des planerischen Ermessens keine entgegenstehenden Gesichtspunkte, erlässt die Planfeststellungsbehörde den **Planfeststellungsbeschluss**. Darin trifft sie eine Entscheidung über alle entscheidungserheblichen Fragen inklusive der Einwendungen, über die im Erörterungstermin keine Einigung erzielt werden konnte, der u.U. nach § 36 Abs. 2 KrWG erforderlichen **Schutzvorkehrungen und Ausgleichsmaßnahmen** und in aller Regel auch über die nach § 36 Abs. 3 KrWG, § 19 DepV zu erbringende **Sicherheitsleistung**. Nach § 36 Abs. 4 Satz 1 KrWG kann sie den Planfeststellungsbeschluss unter Bedingungen erteilen, mit Auflagen verbinden oder befristen, soweit dies zur Wahrung des Wohls der Allgemeinheit erforderlich ist. Nach § 36 Abs. 4 Satz 2 KrWG überprüft die zuständige Behörde außerdem regelmäßig, ob der Planfestellungsbeschluss dem neuesten Stand der jeweils geltenden Anforderungen noch entspricht.

187

Nach § 35 Abs. 2 Satz 2 KrWG ist in dem Planfeststellungsverfahren stets eine **Umweltverträglichkeitsprüfung** (UVP) nach dem UVPG durchzuführen[3]. Ein gesondertes Verfahren wird dadurch allerdings nicht erforderlich; vielmehr findet die UVP als unselbständiger Teil des Planfeststellungsverfahrens statt. Verfahrensrechtliche Regelungen enthalten die §§ 5 ff. UVPG. Nach § 5 UVPG kann sich der Vorhabenträger bereits während der Phase der Planaufstellung von der zuständigen Behörde beraten lassen, sobald er ihr geeignete Unterlagen vorlegt. Anhand dieser Unterlagen erörtert die Behörde mit ihm den Gegenstand, Umfang und Methoden sowie sonstige für die Durchführung der UVP erhebliche Fragen (sog. scoping-Verfahren). Die vom Vorhabenträger daraufhin erarbeiteten entscheidungserheblichen Unterlagen über die Umweltauswirkungen des Vorhabens werden zusammen mit den Planunterlagen eingereicht, § 6 UVPG. Für das Anhörungs- und das Erörterungsverfahren sehen die §§ 7 ff. UVPG ergänzende Vorschriften vor. Im Rahmen des Beschlussverfahrens hat die Behörde die §§ 11 und 12 UVPG zu beachten; danach ist eine zusammenfassende Darstellung der Umweltauswirkungen der geplanten Deponie zu erarbeiten, sind die Umweltauswirkungen zu bewerten und das Ergebnis bei der Entscheidung zu berücksichtigen[4].

188

---

1 Vgl. z.B. die weitergehende Regelung in den §§ 12, 12a, 12b LG NW.
2 Vgl. zur europarechtskonformen Auslegung des UmwRG: EuGH v. 12.5.2011 – Rs. C-115/09; vgl. zuvor den Vorlagebeschluss des OVG Münster v. 5.3.2009 – 8 D 58/08, NVwZ 2009, 987 ff.
3 S. dazu im Einzelnen *Kunig/Paetow/Versteyl*, § 34 KrW-/AbfG Rz. 12 ff.; *Frenz*, § 34 KrW-/AbfG Rz. 24 f.; *Klages*, in: Giesberts/Reinhardt, BeckOK Umweltrecht, § 31 KrW-/AbfG Rz. 53.
4 Zur Folge von absoluten Verfahrensfehlern wie einer zu Unrecht unterbliebenen UVP und zu § 4 UmwRG, siehe VGH Kassel v. 24.9.2008 – 6 C 1600/07. T, DVBl 2009 186, Rz. 44 f.

### d) Plangenehmigung

189 Unter den Voraussetzungen des § 35 Abs. 3 KrWG kann die zuständige Behörde anstelle der Planfeststellung eine **Plangenehmigung** nach § 74 Abs. 6 VwVfG erteilen. Zu einer Verfahrensbeschleunigung führt dies insbesondere deshalb, weil in diesem Verfahren **keine Öffentlichkeitsbeteiligung** durchzuführen ist. Auch das Erfordernis einer UVP kann bei bestimmten, weniger bedeutsamen Deponien entfallen (vgl. § 35 Abs. 2 Satz 2, Abs. 3 KrWG, § 3 UVPG i.V.m. Abschnitt 12 der Anlage 1). In ihren Rechtswirkungen steht die Plangenehmigung jedoch – mit Ausnahme der enteignungsrechtlichen Vorwirkung – einer Planfeststellung gleich, weshalb die zuständige Behörde die gleichen materiellen Zulassungsvoraussetzungen wie bei der Planfeststellung zu prüfen hat[1]. Die Entscheidung darüber, ob im Einzelfall anstelle eines Planfeststellungs- ein Plangenehmigungsverfahren durchgeführt wird, trifft die zuständige Behörde unter den Voraussetzungen des § 35 Abs. 3 KrWG bei einem entsprechenden Antrag oder auch von Amts wegen nach pflichtgemäßem Ermessen[2].

190 Die Möglichkeit einer Plangenehmigung besteht nach § 35 Abs. 3 Satz 1 Nr. 1 KrWG zum einen für die Errichtung und den Betrieb einer **unbedeutenden Deponie**, soweit dadurch keine erheblichen nachteiligen Auswirkungen auf ein in § 2 Abs. 1 Satz 2 UVPG genanntes Schutzgut hervorgerufen werden können. Unbedeutend ist eine Deponie, wenn die von ihr ausgehenden Auswirkungen auf die Umgebung gering sind, was sich insbesondere nach Standort und Größe der Anlage, Art der abzulagernden Abfälle sowie Art und Umfang der potentiellen Auswirkungen auf die Umwelt und die Nachbarschaft richtet[3]. Häufig werden diese Kriterien bei Boden- und Bauschuttdeponien erfüllt sein. Können allerdings nach der im Zulassungsverfahren anzustellenden Prognose negative Auswirkungen auf die Schutzgüter des § 2 Abs. 1 Satz 2 UVPG (Menschen, Tiere und Pflanzen, Boden, Wasser, Luft, Klima, Landschaft, Kultur- und sonstige Sachgüter) nicht ausgeschlossen werden, muss eine Planfeststellung erfolgen.

191 Nach § 35 Abs. 3 Satz 1 Nr. 2 KrWG kann auch die **wesentliche Änderung** einer Deponie oder ihres Betriebes im vereinfachten Verfahren genehmigt werden. Wiederum ist erforderlich, dass die Änderung keine erheblichen nachteiligen Auswirkungen auf ein in § 2 Abs. 1 Satz 2 UVPG genanntes Schutzgut haben kann.

192 Eine Plangenehmigung kann schließlich auch für die Errichtung und den Betrieb von **Versuchsdeponien** erteilt werden, die ausschließlich oder überwiegend der Entwicklung oder Erprobung neuer Verfahren dienen, wenn die Genehmigung für höchstens zwei Jahre nach Inbetriebnahme gelten soll, § 35 Abs. 3 Satz 1 Nr. 3 KrWG. Für Anlagen zur Ablagerung gefährlicher Abfälle darf allerdings nur eine maximal einjährige Betriebszeit genehmigt werden, § 35 Abs. 3 Satz 1, Nr. 3 2. Halbs. KrWG.

### e) Genehmigungsvoraussetzungen

193 Indem § 35 Abs. 2 KrWG die Errichtung und den Betrieb von Deponien der abfallrechtlichen Planfeststellung unterwirft, wird der Planfeststellungsbehörde eine **planerische Gestaltungsfreiheit** eingeräumt[4]. Rechtliche Grenzen der Ausübung des Planungsermessens stellen insbesondere die zwingenden Zulassungsvoraussetzun-

---

[1] Jarass/Ruchay/Weidemann (Hrsg.), § 31 KrW-/AbfG Rz. 206; Frenz, § 31 KrW-/AbfG Rz. 19; Kunig/Paetow/Versteyl, § 31 Rz. 132.
[2] Frenz, § 31 KrW-/AbfG Rz. 15; Kunig/Paetow/Versteyl, § 31 KrW-/AbfG Rz. 140.
[3] Jarass/Ruchay/Weidemann (Hrsg.), § 31 KrW-/AbfG Rz. 199; Frenz, § 31 KrW-/AbfG Rz. 12.
[4] Vgl. nur BVerwG v. 24.11.1994 – 7 C 25.93, DVBl 1995, 238.

gen des Abfallrechts und des aufgrund der Konzentrationswirkung der Planfeststellung geltenden sekundären Fachrechts dar. Außerdem muss sich die Entscheidung an den allgemein geltenden Schranken der planerischen Gestaltungsfreiheit messen lassen, zu denen insbesondere das Abwägungsgebot gehört[1].

### aa) Zulassungsvoraussetzungen des KrWG

Die zwingenden materiellen Zulassungsvoraussetzungen für die Errichtung und den Betrieb von Deponien sowie deren wesentliche Änderung sind im Wesentlichen in § 36 Abs. 1 und 2 KrWG sowie in den §§ 3ff. DepV geregelt. 194

Insbesondere muss danach sichergestellt sein, dass das **Wohl der Allgemeinheit** nicht beeinträchtigt wird, § 36 Abs. 1 Nr. 1 KrWG. Ähnlich wie § 5 Abs. 1 BImSchG differenziert die Regelung dabei zwischen der Pflicht zur **Abwehr von Gefahren** (Nr. 1a) und der Pflicht, **Vorsorge** gegen Beeinträchtigungen nach dem Stand der Technik zu treffen (Nr. 1b). Eine – beispielhafte und nicht abschließende – Aufzählung der Schutzgüter des Wohls der Allgemeinheit findet sich in § 15 Abs. 2 KrWG. Die Möglichkeit einer Gefahr im Sinne einer hinreichenden Wahrscheinlichkeit eines Schadens für Schutzgüter des Wohls der Allgemeinheit kann aber nur bei solchen Schutzgütern einen zwingenden Versagungsgrund begründen, die nicht unter Abwägungsvorbehalt stehen, wie etwa der menschlichen Gesundheit[2]. Im Übrigen ist durch Abwägung der verschiedenen Belange zu ermitteln, ob eine Beeinträchtigung des Wohls der Allgemeinheit i.S.v. § 36 Abs. 1 Nr. 1 KrWG vorliegt[3]. Der Vorsorgepflicht genügen Errichtung und Betrieb, wenn sie dem jeweiligen Stand der Technik genügen. Verbindliche Konkretisierungen der in Nr. 1a und b genannten Grundpflichten enthalten die Vorschriften der **Deponieverordnung** (DepV) in ihren anlagenbezogenen Vorschriften. Bautechnische Anforderungen an Deponien sind vor allem in § 3 DepV enthalten (Basisabdichtung, Einteilung in verschiedene Bereiche). § 4 DepV regelt Anforderungen an Organisation und Personal einer Deponie. § 6 DepV gibt Anforderungen vor, die an die abzulagernden Abfälle zu stellen sind. Eingehend geregelt ist auch das Verfahren zur Annahme von Abfällen (§ 8 DepV) sowie die Emissionsüberwachung der Deponie (§ 9 DepV), außerdem Informations- und Dokumentationspflichten des Betreibers (§ 10 DepV)[4]. Die Vorschriften der DepV gelten ungeachtet der Festlegung in Planfeststellungsbeschlüssen (z.B. hinsichtlich der Anforderungen an die abzulagernden Abfälle) unmittelbar auch für bereits genehmigte Deponien. Die durch die erhöhten Vorsorgeanforderungen der DepV begründeten Pflichten wirken auf die Rechtsstellung von Deponiebetreibern also auch dann rechtsgestaltend ein, wenn ein unbefristeter, bestandskräftiger Planfeststellungsbeschluss dies bisher anders geregelt hat[5]. 195

Eine Besonderheit der – insofern nicht als Realkonzession ausgestalteten – abfallrechtlichen Planfeststellung stellt die in § 36 Abs. 1 Nr. 2 KrWG normierte Zulas- 196

---

1 BVerwG v. 24.11.1994 – 7 C 25.93, DVBl 1995, 238 (240); *Frenz*, § 32 KrW-/AbfG Rz. 2ff., 5ff.; *Wahl/Dreier*, NVwZ 1999, 616ff.
2 Näher dazu *Kunig/Paetow/Versteyl*, § 32 KrW-/AbfG Rz. 17ff. (19).
3 *Jarass/Ruchay/Weidemann* (Hrsg.), § 32 KrW-/AbfG Rz. 35ff.; *von Lersner/Wendenburg*, § 32 KrW-/AbfG Rz. 13; *Kunig/Paetow/Versteyl*, § 32 KrW-/AbfG Rz. 18ff.
4 Vgl. im Einzelnen *Klett*, Deponieverordnung – ausgewählte Fragen zu deren Anwendung, AbfallR 2002, 23ff.; vor allem aus technischer Sicht vertiefend die Kommentierung von *Wagner*, Deponieverordnung, 2003.
5 BVerwG v. 3.6.2004 – 7 B 14.04, NVwZ 2004, 1246f. = UPR 2004, 430f.; OVG Münster v. 18.8.2003 – 20 B 233/03, NVwZ 2004, 1384ff. (1386); a.A. noch *Beckmann*, Anforderungen der DepV und der AbfAblV für den Weiterbetrieb von Deponien, AbfallR 2003, 2ff. (4); zur europarechtlichen Zulässigkeit der in der AbfAblV enthaltenen Vorgaben als verstärkte nationale Schutzmaßnahmen i.S.v. Art. 176 EGV vgl. EuGH v. 14.4.2005 – Rs. C-6/03, NVwZ 2005, 794ff. = DVBl 2005, 697ff.

sungsvoraussetzung dar, wonach keine Tatsachen bekannt sein dürfen, die Bedenken gegen die **Zuverlässigkeit** des Betreibers oder der für die Errichtung, Leitung oder Beaufsichtigung des Deponiebetriebes **verantwortlichen Personen** ergeben. Hintergrund dieser Regelung sind die besonderen Gefahren, die ein Tätigwerden unzuverlässiger Personen im Zusammenhang mit der Errichtung und dem Betrieb von Deponien hervorrufen kann. Ob diese gesetzliche Ausgestaltung überzeugend ist, mag dahinstehen. Im Immissionsschutzrecht, bei potenziell nicht minder gefährlichen Anlagen, gewinnt die Zuverlässigkeit jedenfalls erst bei einer Entscheidung über die Betriebsuntersagung nach § 20 Abs. 3 BImSchG Bedeutung. Zum Kreis der verantwortlichen Personen gehören alle diejenigen natürlichen Personen, die bei Errichtung und Betrieb tatsächlich – und nicht nur formell – Lenkungsfunktionen wahrnehmen[1]. Fehlende Zuverlässigkeit ist gegeben, wenn eine verantwortliche Person keine Gewähr für eine ordnungsgemäße Errichtung bzw. einen ordnungsgemäßen Deponiebetrieb bietet. **Bedenken gegen die Zuverlässigkeit** können sich insbesondere aus Verstößen gegen Vorschriften des Umweltrechts und andere wirtschaftsrelevante Vorschriften, aus Straftaten und aus fehlender Fachkunde ergeben[2].

197 Ebenfalls personenbezogen ist die in § 36 Abs. 1 Nr. 3 KrWG enthaltene Anforderung an das Leitungspersonal und das sonstige Personal, dem die „erforderliche **Fach- und Sachkunde**" abverlangt wird. Beides lässt sich nur schwer auseinanderhalten. Man wird unter Sachkunde eine gewisse, durch Einarbeitung zu erlangende Vertrautheit mit der Materie des Deponiebetriebs, unter Fachkunde eine tiefer gehende Ausbildung zu verstehen haben, wobei zu beidem auch eine ständige Weiterbildung gehört[3]. § 4 DepV konkretisiert zwar den etwas schwammigen gesetzlichen Begriff der Fach- und Sachkunde für das Deponiepersonal nicht (Abs. 1), er regelt aber Details der Fortbildungspflicht des Deponiepersonals (Abs. 2) im Sinne einer turnusmäßigen Lehrgangsteilnahme mit bestimmten Lerninhalten.

198 § 36 Abs. 1 Nr. 4 KrWG fordert, dass keine nachteiligen Wirkungen auf **Rechte Dritter** zu erwarten sind. Dritte können dabei nicht nur die in ihrer Gesundheit oder ihrem Eigentum potenziell Betroffenen, sondern auch in ihrer gemeindlichen Planungshoheit oder in ihrer Eigenschaft als Träger öffentlicher Einrichtungen (z.B. Wasserversorgung) betroffene Gemeinden sein[4]. In Betracht zu ziehen nach § 36 Abs. 1 Nr. 4 KrWG sind allein die durch die Errichtung und den Betrieb der Deponie entstehenden mittelbaren Eingriffe[5], vor allem durch die zu erwartenden **Immissionen**[6]. Insofern kann auf die Zumutbarkeitskriterien des BImSchG und der darauf beruhenden Verordnungen und Verwaltungsvorschriften zurückgegriffen werden. Unmittelbare Betroffenheiten, z.B. durch Enteignung, sind hingegen bereits im Rahmen der Abwägung zu berücksichtigen. § 36 Abs. 1 Nr. 4 KrWG hat, wie bereits

---

1 *Jarass/Ruchay/Weidemann* (Hrsg.), § 32 KrW-/AbfG Rz. 68 f.; *Klages*, in: Giesberts/Reinhardt, BeckOK Umweltrecht, § 32 KrW-/AbfG Rz. 12.
2 *Jarass/Ruchay/Weidemann* (Hrsg.), § 32 KrW-/AbfG Rz. 63 ff.; *Fluck* (Hrsg.), § 32 Krw-/AbfG Rz. 45; *Frenz*, § 32 KrW-/AbfG Rz. 31 ff.; *Kunig/Paetow/Versteyl*, § 32 KrW-/AbfG Rz. 29 ff.; *Klages*, in: Giesberts/Reinhardt, BeckOK Umweltrecht, § 32 KrW-/AbfG Rz. 12.
3 So *Frenz*, § 32 KrW-/AbfG Rz. 38 ff. unter Hinweis auf die europarechtliche Vorgabe in Art. 8 lit. a) der EG-Deponierichtlinie 1999/31/EG.
4 Vgl. BVerwG v. 12.8.1999 – 4 C 3.98, ZfBR 2000, 204; v. 25.3.2011 – 7 B 86.10, Rz. 8 f.; OVG Saarland v. 09.07.2010 – 3 A 482/09, BauR 2010, 2162 f., Rz. 105 ff.; *Dippel*, NVwZ 1999, 921 (922 f.) m.w.N. aus der Rechtsprechung; ferner *Frenz*, § 32 KrW-/AbfG Rz. 23
5 *Jarass/Ruchay/Weidemann* (Hrsg.), § 32 KrW-/AbfG Rz. 74.
6 *Jarass/Ruchay/Weidemann* (Hrsg.), § 32 KrW-/AbfG Rz. 80 ff.; *Fluck* (Hrsg.), § 32 KrW-/AbfG Rz. 58; *Kunig/Paetow/Versteyl*, § 32 KrW-/AbfG Rz. 40 ff.

aus seinem Wortlaut deutlich wird, drittschützenden Charakter[1], so dass sich im Fall einer Anfechtung Dritte auf einen Verstoß gegen diese Vorschrift berufen können.

Nach § 36 Abs. 2 KrWG stehen **nachteilige Wirkungen** auf das Recht eines anderen der Planfeststellung allerdings dann **nicht entgegen**, wenn sie durch Auflagen oder Bedingungen verhütet oder ausgeglichen werden können oder wenn der Betroffene ihnen nicht widerspricht. Die möglichen Schutz- und Ausgleichsmaßnahmen muss die Behörde von Amts wegen prüfen. Keine Anwendung findet § 36 Abs. 1 Nr. 4 KrWG auch, wenn das Vorhaben dem Wohl der Allgemeinheit dient, was bei Abfallentsorgungsanlagen regelmäßig anzunehmen ist, da sie einer im öffentlichen Interesse stehenden geregelten Abfallentsorgung und damit nicht nur der Daseinsvorsorge, sondern auch dem Umweltschutz dienen[2]. Der von der Planfeststellung Betroffene ist dann für den durch die Zulassung eingetretenen Vermögensnachteil in Geld zu entschädigen. 199

Nach § 36 Abs. 1 Nr. 5 KrWG dürfen dem Vorhaben schließlich die für verbindlich erklärten **Festsetzungen eines Abfallwirtschaftsplanes** nicht entgegenstehen. Für verbindlich erklärt werden können nach § 30 Abs. 4 KrWG insbesondere die Ausweisungen geeigneter Flächen für Deponien (vgl. oben Rz. 131 ff.). 200

**bb) Anforderungen des sekundären Fachrechts**

Zwingende Anforderungen an die Errichtung und den Betrieb einer Deponie können sich auch aus dem sekundären Fachrecht, insbesondere aus dem Bauplanungs- und Bauordnungsrecht, dem Wasser- und dem Immissionsschutzrecht ergeben. Im Hinblick auf das Bauplanungsrecht ist insofern jedoch wiederum § 38 BauGB zu berücksichtigen, der die Anwendung der §§ 29 ff. BauGB auf Planfeststellungsverfahren ausschließt und die städtebaulichen Belange ebenso wie die Planungshoheit der betroffenen Gemeinde(n) lediglich im Rahmen der Abwägung Beachtung finden lässt[3]. 201

**cc) Schranken der planerischen Gestaltungsfreiheit**

Wichtigste Schranke des der zuständigen Behörde im Planfeststellungsverfahren eröffneten Planungsermessens ist neben den zwingenden Zulassungsvoraussetzungen das **Abwägungsgebot**[4]. Danach sind alle von der Planung berührten öffentlichen und privaten Belange gegeneinander und untereinander gerecht abzuwägen[5]. Zu dem von der Behörde zusammenzustellenden Abwägungsmaterial gehören allerdings nur solche Belange, die für sie als abwägungserheblich erkennbar sind, die sich also entweder von selbst aufdrängen oder die von einem Betroffenen rechtzeitig in das Verfahren eingebracht werden und ernsthaft in Betracht zu ziehen sind[6]. Einzustellen sind danach z.B. die grundrechtlich geschützten Interessen des privaten Vorhabenträgers und der von dem Vorhaben betroffenen Dritten, Umfang und Auswirkungen der Inanspruchnahme privaten Grundeigentums, Vorhabenalternativen 202

---
1 *Frenz*, § 32 KrW-/AbfG Rz. 46; *Kunig/Paetow/Versteyl*, § 32 KrW-/AbfG Rz. 50, jeweils m.w.N.
2 BVerwG v. 9.3.1990 – 7 C 21.89, NVwZ 1990, 969 ff.; *Jarass/Ruchay/Weidemann* (Hrsg.), § 32 KrW-/AbfG Rz. 105.
3 S. dazu bereits oben unter 2.b) bb), oben Rz. 172 ff.
4 *Kunig/Paetow/Versteyl*, § 32 KrW-/AbfG Rz. 60 ff.
5 S. dazu ausführlich *Geiger*, Teil 1 Kap. D., Rz. 82 ff.; *Wahl/Dreier*, NVwZ 1999, 606 (616 ff.); *Jarass/Ruchay/Weidemann* (Hrsg.), § 32 KrW-/AbfG Rz. 159 ff., jeweils m.w.N.
6 Zu der Hinzuziehung einer Nachbargemeinde bei einer möglichen Beeinträchtigung der Belange, siehe BVerwG v. 25.3.2011 – 7 B 86.10, Rz. 8 f.

sowie insbesondere alternativ in Betracht kommende Standorte[1]. Eine gesetzliche Pflicht zur flächendeckenden Standortauswahl besteht dabei allerdings nicht; es sind nur diejenigen Alternativen zu prüfen, die sich nach Lage der Dinge von selbst anbieten oder aufdrängen[2]. Ebenfalls zum Abwägungsmaterial gehören die Ergebnisse der im Rahmen des Verfahrens durchgeführten Umweltverträglichkeitsprüfung, wie sich aus § 12 UVPG ausdrücklich ergibt[3].

203 Eine korrekte Abwägung verlangt auch, dass die betroffenen **Belange in ihrer Gewichtigkeit richtig erkannt** werden. Fehlerhaft wäre es etwa, wenn die Behörde das Eigentum der Standortgemeinde an den für das Vorhaben vorgesehenen Grundstücken dem Schutz des Art. 14 GG unterstellte und entsprechend hoch gewichtete. Gemeinden sind nämlich nicht Inhaber des Grundrechts aus Art. 14 GG; ihr Eigentum ist allenfalls im Rahmen der kommunalen Selbstverwaltungsgarantie geschützt[4].

204 **Mängel im Abwägungsvorgang**, d.h. ein Abwägungsausfall, ein Abwägungsdefizit oder eine Abwägungsfehlgewichtung, führen allerdings nicht in jedem Fall zur Aufhebbarkeit der Zulassungsentscheidung. Nach § 75 Abs. 1a VwVfG gilt dies vielmehr nur für erhebliche Mängel und auch nur dann, wenn diese nicht nachträglich durch Planergänzung oder ein ergänzendes Verfahren behoben werden können. Erheblich sind solche Mängel, die offensichtlich und auf das Abwägungsergebnis von Einfluss gewesen sind.

### f) Sicherheitsleistung

205 § 40 Abs. 1 KrWG verpflichtet den Deponiebetreiber, die beabsichtigte Stilllegung der Deponie der zuständigen Behörde unverzüglich anzuzeigen. Dieser Anzeige sind Unterlagen über Art, Umfang und Betriebsweise der Deponie sowie über die beabsichtigte Rekultivierung und sonstige zur Wahrung des Allgemeinwohls vorgesehene Vorkehrungen beizufügen. Genaueres dazu regelt § 19 Abs. 3 DepV. Aus den in diesem Zusammenhang beizubringenden Unterlagen ergibt sich, ob und welcher **Sicherungsbedarf** an der Deponie besteht. Damit ergibt sich auch, für welche Summe der Betreiber „gut" sein muss, damit die Deponiestilllegung und -nachsorge nicht der Allgemeinheit zur Last wird. Anlässlich der Stilllegung einer Deponie verpflichtet die zuständige Behörde den Inhaber in aller Regel, auf seine Kosten das Gelände zu **rekultivieren** und sonstige Vorkehrungen zu treffen, die zur Beseitigung oder Verhütung von Beeinträchtigungen des Wohls der Allgemeinheit erforderlich sind, § 40 Abs. 2 KrWG. Um bereits von vornherein sicherzustellen, dass die zur Nachsorge erforderlichen Kosten auch im Falle einer Insolvenz des Deponiebetreibers nicht von der Allgemeinheit getragen werden müssen, soll die Behörde nach § 36 Abs. 3 KrWG, § 18 DepV verlangen, dass der Inhaber insofern **Sicherheit leistet**[5]. Diese Forderung wird der Zulassungsentscheidung in aller Regel als Bedingung bei-

---

1 *Jarass/Ruchay/Weidemann* (Hrsg.), § 32 KrW-/AbfG Rz. 170; einen mit Fundstellen aus der Rechtsprechung unterlegten Überblick geben insoweit *Wahl/Dreier*, NVwZ 1999, 606 (616).
2 *Dolde*, NVwZ 1996, 526 (530); allgemein zur Standortalternativenprüfung im Planfeststellungsverfahren *Beckmann*, DVBl 1994, 236 (238ff.); *Hoppe*, DVBl 1994, 255 (258ff.); *Schink*, DVBl 1994, 245 (252f.).
3 Dazu *Scheidler*, NVwZ 2005, 863ff. (864); zum fehlenden Drittschutz der UVP-Regelungen vgl. BVerwG v. 25.1.1996 – 4 C 5.95, NVwZ 1996, 788ff.; OVG Lüneburg v. 11.2.2004 – 8 LA 206/03, NVwZ-RR 2004, 407ff. = NuR 2004, 403ff.; *Kunig/Paetow/Versteyl*, § 32 KrW-/AbfG Rz. 72.
4 BVerwG v. 24.11.1994 – 7 C 25.93, DVBl 1995, 238 (241f.).
5 Vgl. im Einzelnen zur Sicherheitsleistung bei Entsorgungsanlagen *Beckmann/Gesterkamp*, UPR 2003, 206ff.; s. zum Zweck der Regelung auch *Jarass/Ruchay/Weidemann* (Hrsg.), § 32 KrW-/AbfG Rz. 124ff.; *Fluck* (Hrsg.), § 32 KrW-/AbfG Rz. 87; *Klages*, in: Giesberts/Reinhardt, BeckOK Umweltrecht, § 32 KrW-/AbfG Rz. 25f.

gefügt. Regelungen zur Art und Höhe der Sicherheitsleistung finden sich in § 18 DepV. Danach kann die Sicherheitsleistung insbesondere in den von § 232 BGB vorgesehenen Formen, aber auch durch andere geeignete und insolvenzfeste Sicherungsmittel erbracht werden. In aller Regel erfolgt die Sicherheitsleistung dadurch, dass der Deponiebetreiber eine **Bankbürgschaft** stellt[1]. Für die Höhe der Sicherheitsleistung ist insbesondere das Gefährdungspotential der Deponie und die voraussichtlichen Kosten für Maßnahmen nach ihrer Stilllegung maßgeblich. Aufgrund der schwierigen Prognostizierbarkeit dieser Kosten und zur Absicherung späterer Kostensteigerungen kann die Behörde dabei einen vertretbaren Zuschlag einrechnen oder sich eine spätere Erhöhung der Sicherheitsleistung vorbehalten[2]. Um den Deponiebetreiber nicht unverhältnismäßig zu belasten, kann die Behörde die Erbringung der **Sicherheitsleistung auch abschnittsweise** fordern. Soweit der Sicherungszweck erfüllt ist, muss die Behörde die Sicherheitsleistung freigeben.

### g) Zulassung vorzeitigen Beginns

Da die Durchführung von Zulassungsverfahren für Deponien erfahrungsgemäß relativ viel Zeit in Anspruch nimmt, kann ein erhebliches praktisches Bedürfnis für einen vorzeitigen Beginn der Errichtung und auch des Betriebes einer Deponie bestehen. Einer solchen Situation trägt § 37 KrWG Rechnung. Danach kann die zuständige Behörde im Planfeststellungs- oder Plangenehmigungsverfahren auf Antrag zulassen, dass bereits **vor der Feststellung des Planes** oder der Erteilung der Genehmigung mit der Errichtung und dem Betrieb des **Vorhabens begonnen** wird. Diese Zulassung kann sie allerdings nur unter dem Vorbehalt des Widerrufs und nur für einen Zeitraum von zunächst sechs Monaten erteilen. Voraussetzung ist, dass eine Entscheidung zugunsten des Vorhabenträgers unter Berücksichtigung aller für die Entscheidung wesentlichen Kriterien überwiegend wahrscheinlich ist – was einen bereits hinreichend weit fortgeschrittenen Verfahrensstand voraussetzt –, dass an dem vorzeitigen Beginn ein öffentliches Interesse besteht und dass der Vorhabenträger sich verpflichtet, Ersatz für alle bis zur endgültigen Entscheidung durch die Ausführung verursachten Schäden zu leisten und im Falle einer Ablehnung seines Antrages den früheren Zustand wiederherzustellen[3]. Soweit es erforderlich ist, um die Erfüllung dieser Verpflichtungen sicherzustellen, hat die zuständige Behörde nach § 37 Abs. 2 KrWG die **Leistung einer Sicherheit** zu verlangen. Bindungswirkung im Hinblick auf die Planfeststellung entfaltet die Entscheidung über die Zulassung vorzeitigen Beginns nicht[4].

206

### 4. Unterschiedliche Konstellationen des anwaltlichen Mandats; taktische Fragen

### a) Vorhabenträger

Gegen die Ablehnung der Planfeststellung kann der Vorhabenträger **Verpflichtungsklage** erheben. Da dem Antragsteller im abfallrechtlichen Planfeststellungs-

207

---

1 *Kunig/Paetow/Versteyl*, § 32 KrW-/AbfG Rz. 77 ff.; zur Unzulässigkeit von Rückstellungen als Sicherungsmittel nach der DepV vgl. BVerwG v. 26.6.2008 – 7 C 50.07, NVwZ 2008, 1122 ff.
2 § 19 Abs. 5 DepV; *Jarass/Ruchay/Weidemann* (Hrsg.), § 32 Krw-/AbfG, Rz. 139; *Kunig/Paetow/Versteyl*, § 32 KrW-/AbfG Rz. 82.
3 S. zu den Voraussetzungen im Einzelnen *Fluck* (Hrsg.), § 33 KrW-/AbfG Rz. 34 ff.; *Frenz*, § 33 KrW-/AbfG Rz. 6 ff.; *Kunig/Paetow/Versteyl*, § 33 KrW-/AbfG Rz. 18 ff.; *Klages*, in: Giesberts/Reinhardt, BeckOK Umweltrecht, § 33 KrW-/AbfG Rz. 4 ff.; OVG Bautzen v. 29.06.2010 – 4 B 51/10, AbfallR 2010, 258, juris-Rz. 9 f.
4 *Fluck* (Hrsg.), § 33 KrW-/AbfG Rz. 47; *Jarass/Ruchay/Weidemann* (Hrsg.), § 33 KrW-/AbfG Rz. 41; *Klages*, in: Giesberts/Reinhardt, BeckOK Umweltrecht, § 33 KrW-/AbfG Rz. 11 f.

verfahren kein Zulassungsanspruch zusteht und nur in seltenen Ausnahmefällen von einer Ermessensreduzierung auf null ausgegangen werden kann, sollte der Antrag allerdings im Regelfall nur auf **Neubescheidung des Planfeststellungsantrags** lauten[1]. Sonst besteht im Klageverfahren das Risiko, dass der Vorhabensträger wegen einer teilweisen Zurückweisung der auf eine ganz bestimmte Sachentscheidung gerichteten Klage nur mit dem – darin enthaltenen – Neubescheidungsbegehren Erfolg hat und einen Teil der Kosten tragen muss.

208 In der Sache können neben einer Fehleinschätzung zwingender Zulassungsvoraussetzungen insbesondere Verstöße gegen das **Abwägungsgebot** gerügt werden. Auf die fehlerfreie Ausübung des Planungsermessens hat der private Vorhabenträger einen Rechtsanspruch, der sich auf alle abwägungsrelevanten Gesichtspunkte erstreckt[2].

209 Bei einem **Vorgehen gegen Nebenbestimmungen** kommt es darauf an, ob diese untrennbare Bestandteile der Zulassungsentscheidung sind (Bedingungen, Befristungen, regelmäßig auch die Schutzauflagen wegen ihrer Verankerung in der planerischen Abwägung[3]) und daher nur mit dieser gemeinsam im Wege der Verpflichtungsklage angegriffen werden können oder ob es sich um isoliert im Wege der Anfechtungsklage angreifbare Bestimmungen handelt[4].

**b) Standortgemeinde**

210 Die Standortgemeinde – und damit der für sie tätige Anwalt – steht zunächst vor der Frage, ob sie in **Zulassungsverfahren für Abfallentsorgungsanlagen** um ihr Einvernehmen (§ 36 Abs. 1 BauGB) ersucht werden muss oder nicht (vgl. § 38 BauGB). Im immissionsschutzrechtlichen Verfahren muss sie um ihr Einvernehmen ersucht werden, im abfallrechtlichen Planfeststellungs- oder Plangenehmigungsverfahren im Allgemeinen nicht[5]; in diesen Fällen ist sie im Verfahren „nur" zu beteiligen (§ 38 S. 1 BauGB). Von dieser grundlegenden Weichenstellung in Zulassungsverfahren für Abfallentsorgungsanlagen hängt die verfahrensrechtliche Stärke der gemeindlichen Position ab.

211 ⊃ **Hinweis:** Der für die Gemeinde in dieser Phase tätige Anwalt wird die Gemeinde darüber zu informieren haben, dass selbst bei „politisch nicht erwünschten" Vorhaben eine Entscheidung über das **Einvernehmen** nur auf der Basis der in § 36 Abs. 2 Satz 1 BauGB genannten Kriterien getroffen werden muss[6]. Wenn die Gemeinde hier geschickt agiert, ist der Vorhabensträger gleichwohl häufig im Gegenzug zu einer schnellen Einvernehmenserteilung zu substanziellen Zugeständnissen an die Gemeinde bereit, von denen die Gemeinde die Entscheidung von Gesetzes wegen nicht abhängig machen dürfte[7].

---

1 Vgl. *Jarass/Ruchay/Weidemann* (Hrsg.), § 32 KrW-/AbfG Rz. 215.
2 BVerwG v. 24.11.1994 – 7 C 25.93, DVBl 1995, 238 (241).
3 Vgl. BVerwG v. 14.9.1992 – 4 C 34–38.89, NVwZ 1993, 362.
4 S. dazu *Jarass/Ruchay/Weidemann* (Hrsg.), § 32 Rz. 216; zur Abgrenzung zwischen Inhaltsbestimmung und Nebenbestimmungen vgl. aus der neueren Rechtsprechung BVerwG v. 22.11.2000 – 11 C 2.00, NVwZ 2001, 429 ff.; OVG Münster v. 10.12.1999 – 21 A 3481/96, NVwZ-RR 2000, 671 sowie v. 17.8.2005 – 8 A 1598/04, UPR 2006, 77 ff. = AbfallR 2005, 274 (Ls.).
5 Zur Einordnung eines Vorhabens als planfeststellungsbedürftige „Maßnahme von überörtlicher Bedeutung" i.S.v. § 38 BauGB vgl. BVerwG v. 30.6.2004 – 7 B 92.03 (www.bverwg.de); v. 31.7.2000 – 11 VR 5.00, UPR 2001, 33 f. (34); ausführlich zum System der §§ 36, 38 BauGB *Lasotta*, DVBl 1998, 255 ff.; *Dippel*, NVwZ 1999, 921 ff.; *Horn*, NVwZ 2002, 406 ff., jeweils m.w.N.
6 Zum Prüfungsumfang der Gemeinde nach § 36 BauGB vgl. eingehend *Dippel*, NVwZ 2011, 769 (771 f.) m.w.N. aus der jüngeren Rechtsprechung.
7 Vgl. BVerwG v. 25.11.1980 – 4 B 140.80, NJW 1981, 1747; *Dippel*, in: S. Gronemeyer (Hrsg.), BauGB-Praxiskommentar, 1999, § 36 Rz. 11.

Auf dem Rechtsweg können die von der Planfeststellung betroffenen Standortgemeinden in erster Linie eine Verletzung ihres verfassungsrechtlich geschützten **Selbstverwaltungsrechts**, insbesondere in seiner Ausprägung als **Planungshoheit**, rügen[1]. Das Selbstverwaltungsrecht vermittelt aber auch ein Abwehrrecht der Gemeinde gegenüber erheblichen **Beeinträchtigungen gemeindlicher Einrichtungen**, so dass auch insoweit der Rechtsweg mit Aussicht auf Erfolg beschritten werden kann[2]. Für die Gemeinde wird es regelmäßig um die Abwehr mittelbarer Betroffenheiten durch die Anlage gehen (z.b. Planungshoheit). In diesen Fällen ist gegen Planfeststellungsbeschlüsse die Verpflichtungsklage regelmäßig die richtige Klageart, gerichtet auf einen Planergänzungsanspruch[3]. 212

### c) Betroffene Nachbarn, Grundstückseigentümer

In der **Planungsphase** fehlt es für einstweiligen Rechtsschutz betroffener Nachbarn oder Gemeinden gegen die Standortsuche in aller Regel an dem erforderlichen Rechtsschutzinteresse, da in diesem Stadium im Hinblick auf die Rechtsposition potentiell Betroffener noch keine vollendeten, nicht mehr ohne weiteres rückgängig zu machenden Tatsachen geschaffen werden[4]. Vorgegangen werden kann daher in aller Regel erst gegen den **Planfeststellungsbeschluss** der zuständigen Behörde. Dabei ist zu berücksichtigen, dass ein Vorgehen gegen einen Planfeststellungsbeschluss oder eine Plangenehmigung kein Vorverfahren voraussetzt. Es kann vielmehr unmittelbar Anfechtungsklage erhoben werden (vgl. § 74 Abs. 1 Satz 2, Abs. 6 i.V.m. § 70 VwVfG). Für die **immissionsschutzrechtliche Genehmigung** gilt das in dieser Allgemeinheit nicht: hier ist vorbehaltlich landesgesetzlicher Sonderregelungen (zulässig gem. § 68 Abs. 1 Satz 2, 1. Hs. VwGO) auch heute noch in einigen Ländern zunächst das Widerspruchsverfahren zu durchlaufen. 213

Für das **gerichtliche Verfahren** gilt Folgendes: § 48 Abs. 1 Nr. 5 VwGO begründet eine erstinstanzliche **Zuständigkeit** des Oberverwaltungsgerichts für Klagen, die Müllverbrennungsanlagen mit einer jährlichen Durchsatzleistung von über einhunderttausend Tonnen[5] betreffen oder ortsfeste Anlagen, in denen gefährliche Abfälle gelagert oder abgelagert werden. Für den heute häufig anzutreffenden Fall der Mitverbrennung bestimmter aufbereiteter Abfallarten in Großkraftwerken[6] gilt nach § 48 Abs. 1 Nr. 3 VwGO ebenfalls die erstinstanzliche Zuständigkeit des Oberverwaltungsgerichts. Das betrifft gemäß § 80 Abs. 5 Satz 1 VwGO auch Anträge auf Regelung der Vollziehung im einstweiligen Rechtsschutz, denn auch für diese Anträge ist das Gericht der Hauptsache zuständig. Gegen alle übrigen Abfallentsorgungsanlagen ist die Klage bei dem Verwaltungsgericht anhängig zu machen, ebenso Anträge auf Regelung der Vollziehung. **Aussicht auf Erfolg** hat eine Anfechtungsklage nur, wenn die Verletzung eines nicht präkludierten, unmittelbar betroffenen subjektiven Rechts gerügt werden kann[7]. Bei einer nur mittelbaren Betroffenheit nach Planfeststellungsbeschlüssen kommt in aller Regel nur ein – im Wege ei- 214

---

1 *Jarass/Ruchay/Weidemann* (Hrsg.), § 32 Rz. 230ff.; *Jarass*, § 6 BImSchG Rz. 71.
2 BVerwG v. 12.8.1999 – 4 C 3.98, NVwZ 2000, 675f. = ZfBR 2000, 204f. (gemeindliche Trinkwasserversorgungsanlage); zu den Grenzen der Wehrfähigkeit gemeindlicher Positionen vgl. BVerwG, ZfBR 2000, 66 m.w.N.; vgl. auch *Dippel*, NVwZ 1999, 921 (922f.) m.w.N. aus der Rechtsprechung.
3 Vgl. *Jarass/Ruchay/Weidemann* (Hrsg.), § 32 KrW-/AbfG Rz. 217.
4 OVG Schleswig v. 14.12.1993 – 4 M 133/93, NVwZ 1994, 918.
5 Das gilt – auch bei Müllverbrennungsanlagen – allerdings nicht für Klagen gegen nachträgliche Anordnungen nach § 17 BImSchG, vgl. VGH Mannheim v. 23.7.1999 – 10 S 373/99, UPR 2000, 38f.
6 Ausführlich dazu *Dippel*, Müllverbrennungsanlagen, in: Wirth (Hrsg.), Darmstädter Baurechtshandbuch, S. 957ff.
7 Zur Klagebefugnis Dritter s. *Jarass/Ruchay/Weidemann* (Hrsg.), § 32 Rz. 222ff.

ner Verpflichtungsklage geltend zu machender – Planergänzungsanspruch in Betracht[1]. Wird eine Verletzung des Abwägungsgebotes gerügt, sind bei Planfeststellungen zudem die Einschränkungen des § 75 Abs. 1a VwVfG zu berücksichtigen; danach verhilft in der Praxis bei weitem nicht jeder Abwägungsmangel einer Klage zum Erfolg.

#### d) Bürgerinitiative

215 Mangels Klagebefugnis können Bürgerinitiativen selbst keinen Rechtsschutz gegen Planfeststellungsbeschlüsse, Plangenehmigungen oder immissionsschutzrechtliche Genehmigungen für Abfallentsorgungsanlagen erlangen. In aller Regel **unterstützen** sie daher einen oder mehrere **individuell betroffene Anwohner**. Ist die Bürgerinitiative ein rechtsfähiger Verein, und hat sie Eigentum an einem durch das Vorhaben unmittelbar oder mittelbar betroffenen Grundstück (solche Fälle sind nicht selten), so hat aber auch sie eine grundsätzlich wehrfähige Position. Allerdings wird sich in solchen Fällen vielfach die Frage des Rechtsmissbrauchs stellen, wenn es sich um ein eigens zur Verhinderung oder Verzögerung eines Vorhabens erworbenes Grundstück (sog. **Sperrgrundstück**) handelt. Die Rechtsprechung nimmt das Fehlen einer auf das Eigentum an einem „Sperrgrundstück" gestützten Klagebefugnis an, wenn die Eigentümerstellung rechtsmissbräuchlich begründet worden ist, wenn damit also lediglich die formalen Voraussetzungen für eine Prozessführung geschaffen werden sollten. Ob das im Einzelfall so ist, ist eine Tatsachenfrage, auf deren Aufklärung der Anwalt – gleichgültig, wer ihn in einer darauf bezogenen Angelegenheit mandatiert hat – erhöhte Sorgfalt zu verwenden haben wird. Die Frage lässt sich z.B. anhand der Zeitabläufe oder aufgrund der mit der Übertragung im Zusammenhang stehenden Umstände beantworten[2]. In Planfeststellungen nehmen die Eigentümerbelange eines Sperrgrundstücks in der Abwägung erfahrungsgemäß ein geringes Gewicht ein[3].

#### 5. Anlagenüberwachung

216 Die Befugnisse der zuständigen Behörden beschränken sich nicht auf die Präventivkontrolle innerhalb des Zulassungsverfahrens. Vielmehr unterliegen Abfallentsorgungsanlagen während ihrer gesamten Betriebsdauer und noch geraume Zeit nach der Betriebseinstellung der **behördlichen Überwachung**. Im Verhältnis zwischen Anlagenbetreiber und Überwachungsbehörde kommt es dabei häufig zu Differenzen über die Zulässigkeit behördlicher Anordnungen.

217 ⊃ **Hinweis:** Besonders problematisch sind in diesem Zusammenhang diejenigen Konstellationen, in denen durch den Anlagenbetrieb Dritte beeinträchtigt werden – oder sie dies meinen – und von der zuständigen Behörde ein Einschreiten gegen den Betreiber verlangen. Die Behörden sind im Allgemeinen bestrebt, in solchen Fällen besonders korrekt vorzugehen. Dann muss sich der Anwalt mit der Frage des Drittschutzes der jeweils in Rede stehenden Vorschriften befassen. Allgemein sind drittschützend solche Vorschriften, die nicht nur den Interessen der Allgemeinheit, sondern (zumindest auch) dem Schutz individualisierbarer Dritter dienen. Vorschriften im Bereich der Vorsorge sind hingegen grundsätzlich nicht drittschützend.

---

1 Jarass/Ruchay/Weidemann (Hrsg.), § 32 Rz. 217.
2 BVerwG v. 27.10.2000 – 4 A 10.99, NVwZ 2000, 427ff. = ZfBR 2001, 416ff.
3 Jarass/Ruchay/Weidemann (Hrsg.), § 32 Rz. 162 m.w.N. aus der Rechtsprechung.

## a) Im Betrieb befindliche Anlagen

Die Zulassung entfaltet für den Betreiber einer Anlage grundsätzlich **passiven Bestandsschutz**, d.h. die dadurch erlangte Rechtsposition bleibt ihm auch bei einer nachträglichen Änderung der Sach- oder Rechtslage grundsätzlich erhalten. Da der Anlagenbetreiber jedoch aufgrund seiner Bindung an die Grundpflichten, denen ein gewisses **dynamisches Element** innewohnt, in seinem Vertrauen auf den Bestand der Genehmigung weniger schutzwürdig ist als etwa der Inhaber einer Baugenehmigung, muss er von der Genehmigung abweichende nachträgliche Maßnahmen der Behörde in gewissem Umfang hinnehmen.

218

### aa) Nachträgliche Anordnungen

Rechtsgrundlage für den Erlass nachträglicher Anordnungen gegenüber den nach BImSchG zugelassenen Abfallentsorgungsanlagen ist § 17 BImSchG (vgl. dazu *Schiller*, Teil 3 Kap. A., Rz. 181 ff.)[1]. Zulässig sind danach allerdings nur solche Anordnungen, die die Erfüllung der sich aus dem BImSchG oder der auf Grund dieses Gesetzes erlassenen Rechtsverordnungen ergebenden Pflichten sicherstellen sollen. Dagegen ist § 17 BImSchG nicht einschlägig, wenn es um die Durchsetzung anderer als immissionsschutzrechtlicher Normen geht. Über § 17 i.V.m. § 6 Abs. 1 Nr. 2 BImSchG lassen sich also beispielsweise anlagenbezogene Anforderungen aus anderen öffentlich-rechtlichen Vorschriften, z.B. des KrWG, nicht durchsetzen. Insoweit sind allein die Ermächtigungsgrundlagen des jeweiligen Fachrechts einschlägig[2]. Gemäß § 17 Abs. 2 BImSchG steht die **Zulässigkeit nachträglicher Anordnungen** unter dem Vorbehalt der **Verhältnismäßigkeit**. Unzulässig ist eine nachträgliche Maßnahme danach insbesondere dann, wenn der mit der Erfüllung der Anordnung verbundene Aufwand außer Verhältnis zu dem damit angestrebten Erfolg steht, wenn also z.B. die Kosten für den verlangten Einbau eines zusätzlichen Abluftfilters erheblich sind, während die dadurch zu erreichende Emissionsminderung verschwindend gering ist[3].

219

Aufgrund von § 36 Abs. 4 Satz 2 KrWG, § 22 DepV überprüfen die zuständigen Behörden regelmäßig und aus besonderem Anlass die Genehmigungssituation von Deponien im Hinblick auf die Übereinstimmung mit dem neuesten Stand der sich aus § 36 Abs. 1 KrWG ergebenden Anforderungen. Als Folge einer solchen **Überprüfung**, aber auch aus anderen der Behörde bekannt werdenden Gründen, kann sich der Bedarf für Anpassungen der Genehmigungssituation ergeben. Die **nachträgliche Aufnahme, Änderung oder Ergänzung von Auflagen** über Anforderungen an **Deponien** oder ihren Betrieb sind auf der Grundlage des § 36 Abs. 4 Satz 3 KrWG zulässig. Voraussetzung ist, dass die Maßnahmen zur Wahrung des Wohls der Allgemeinheit oder zum Schutz der Rechte anderer erforderlich sind. Sie kommen insbesondere in Betracht, wenn sich die Umstände, unter denen die Zulassungsentscheidung gefallen ist, verändern, sei es durch neu hinzutretende Umstände, nachträglich auftretende Gefahren oder neuere Erkenntnisse des wissenschaftlichen und technischen Fortschritts[4]. Stellt sich z.B. heraus, dass nur eine dem neuesten wissenschaftlichen Stand entsprechende Oberflächenabdichtung durch Verhinderung des Eindringens von Niederschlagswasser in den Deponiekörper wirksam Gefahren für

220

---

1 Zur instanziellen Zuständigkeit der Verwaltungsgerichte in solchen Fällen vgl. VGH Mannheim v. 23.7.1999 – 10 S 373/99, UPR 2000, 38 f.
2 S.o. unter 2.b) bb) Rz. 154 ff.; allg. Auffassung, vgl. nur *Jarass*, BImSchG, § 17 Rz. 15 m.w.N.
3 Vgl. im Einzelnen *Jarass*, BImSchG, § 17 Rz. 31 ff. (33 ff.).
4 Vgl. die Beispiele bei *Jarass/Ruchay/Weidemann* (Hrsg.), § 32 KrW-/AbfG Rz. 206 und bei *Kunig/Paetow/Versteyl*, § 32 KrW-/AbfG Rz. 101.

das Grundwasser minimieren kann, so kann die Behörde aufgrund von § 36 Abs. 4 Satz 3 KrWG, § 21 DepV grundsätzlich anordnen, dass der Deponiebetreiber eine solche nachträglich errichtet. Obwohl die Regelung den Vorbehalt der Verhältnismäßigkeit nicht – wie etwa § 17 Abs. 2 BImSchG – ausdrücklich enthält, findet er als allgemein gültiger Grundsatz auch hier uneingeschränkt Anwendung. Nachträgliche Anordnungen an Deponien oder ihren Betrieb müssen daher jeweils geeignet, erforderlich und verhältnismäßig im engeren Sinne sein[1]. Darüber hinaus dürfen nachträgliche Anordnungen keine wesentlichen Änderungen der Anlage oder ihres Betriebes bewirken[2]. Eine wesentliche Änderung der Deponie setzt vielmehr einen entsprechenden Antrag des Deponiebetreibers voraus. Zulässig ist es insoweit nur, wenn die Behörde dem Betreiber eine sog. **Zielanordnung** erteilt (vgl. im Immissionsschutzrecht § 17 Abs. 4 BImSchG), mit der der Betreiber zur Antragstellung innerhalb einer bestimmten Frist verpflichtet wird[3].

221 Für Deponien, die vor In-Kraft-Treten des AbfG 1972 bzw. im Gebiet der **ehemaligen DDR** vor dem 1.7.1990 errichtet wurden, enthält § 39 KrWG eine Ermächtigung für **nachträgliche Befristungen**, Bedingungen und Auflagen sowie für vollständige oder teilweise Betriebsuntersagungen, wenn erhebliche Beeinträchtigungen des Wohls der Allgemeinheit durch Auflagen, Bedingungen oder Befristungen nicht verhindert werden können[4].

### bb) Sonstige Überwachung

222 Erfüllt der Betreiber einer nach BImSchG genehmigten Abfallentsorgungsanlage seine Pflichten nicht, kann die Behörde den Betrieb der Anlage auf der Grundlage des § 20 Abs. 1 BImSchG ganz oder teilweise **untersagen**[5]. Im Falle eines Betriebes ohne Genehmigung soll die Behörde in aller Regel eine **Stilllegung oder Beseitigung** der Anlage verfügen, § 20 Abs. 2 BImSchG. Ohne Genehmigung wird die Anlage z.B. betrieben, soweit nicht zugelassene Stoffe eingesetzt werden.

223 Die **Untersagung des Betriebs** ungenehmigter Deponien – in der Praxis ein keineswegs unvorstellbarer Fall – erfolgt über § 62 KrWG[6]. Auch beim Betrieb einer genehmigten **Deponie** ergibt sich aus § 62 KrWG die Ermächtigungsgrundlage für behördliche Anordnungen zur Durchsetzung spezifisch abfallrechtlicher Vorgaben. Auf spezialgesetzliche Rechtsgrundlagen aus dem jeweiligen Landesabfallrecht oder – wenn es an einer Spezialregelung fehlt – auf die jeweilige ordnungsbehördliche Generalklausel muss deshalb grundsätzlich nicht mehr zurückgegriffen werden[7]. Eine Rücknahme bzw. ein Widerruf der Zulassungsentscheidung kommt in Betracht, wenn die Erfüllung der gesetzlichen Pflichten nicht durch eine verhältnismäßige nachträgliche Anordnung oder Ordnungsverfügung sichergestellt werden kann.

---

1 *Jarass/Ruchay/Weidemann* (Hrsg.), § 32 KrW-/AbfG Rz. 208; *Kunig/Paetow/Versteyl*, § 32 KrW-/AbfG Rz. 102.
2 *Kunig/Paetow/Versteyl*, § 32 KrW-/AbfG Rz. 103; *Schink*, DÖV 1998, 353 (355); *Jarass/ Ruchay/Weidemann* (Hrsg.), § 31 KrW-/AbfG Rz. 119.
3 *Frenz*, § 32 KrW-/AbfG Rz. 63; *Kunig/Paetow/Versteyl*, § 32 KrW-/AbfG Rz. 103f.; zur Zielanordnung nach § 17 Abs. 4 BImSchG vgl. im Einzelnen *Jarass*, BImSchG, § 17 Rz. 62.
4 S. dazu *Oebbecke*, UPR 1995, 161 ff.
5 Vgl. *Jarass*, BImSchG, § 20 Rz. 9 ff.
6 *Fluck* (Hrsg.), § 27 KrW-/AbfG Rz. 134, § 21 KrW-/AbfG Rz. 44 ff.; *Jarass/Ruchay/Weidemann* (Hrsg.), § 31 KrW-/AbfG Rz. 222 m.w.N.
7 *Jarass/Ruchay/Weidemann* (Hrsg.), § 31 KrW-/AbfG Rz. 222; vgl. aber VGH München v. 22.9.2003 – 20 ZB 03.1166, NVwZ-RR 2004, 97 f. zur Einschlägigkeit landesrechtlicher Befugnisnormen bei der Ablagerung von Abfall außerhalb einer Deponie.

## b) Stillgelegte Anlagen

Auch nach Einstellung des Betriebes (bei Deponien wird der Verfüllungsbetrieb "Ablagerungsphase" genannt, § 2 Nr. 2 DepV) können von Abfallentsorgungsanlagen noch Gefahren ausgehen. Insbesondere bei Deponien sind in aller Regel langfristige Sicherungsmaßnahmen und Kontrollen des Deponieverhaltens erforderlich. Das **Verfahren für die Stilllegung** einer Deponie ist in § 40 Abs. 1–4 KrWG i.V.m. § 19 Abs. 3 DepV geregelt; es endet mit der Feststellung des Abschlusses der Stilllegung (endgültige Stilllegung) durch die zuständige Behörde. Für die nach dem BImSchG genehmigten Anlagen findet sich eine entsprechende Regelung in § 5 Abs. 3 i.V.m. § 15 Abs. 3 BImSchG. Danach ist die beabsichtigte Stilllegung der Anlage der zuständigen Behörde unverzüglich **anzeigen**. Der Inhaber einer Deponie muss der Anzeige Unterlagen über Art, Umfang und Betriebsweise sowie die beabsichtigte Rekultivierung und sonstige Vorkehrungen zum Schutz des Wohls der Allgemeinheit beifügen (vgl. im Einzelnen § 20 Abs. 3 DepV). Betreiber immissionsschutzrechtlich genehmigter Anlagen müssen Unterlagen über die zur Erfüllung der sich aus § 5 Abs. 3 BImSchG ergebenden Pflichten vorgesehenen Maßnahmen beifügen. 224

Bei Deponien schließt sich der Ablagerungsphase (§ 2 Nr. 2 DepV) die Stilllegungsphase (§ 2 Nr. 28 DepV) an. In dieser Phase hat die Behörde nach § 40 Abs. 2 Satz 1 KrWG sodann den „Betreiber der Deponie" zu verpflichten, auf seine Kosten das Deponiegelände zu **rekultivieren** und sonstige Vorkehrungen zu treffen, die erforderlich sind, um Beeinträchtigungen des Wohls der Allgemeinheit zu verhüten (sog. **Nachsorge**)[1]. Technische Anforderungen an den Abschluss der Deponie und die Nachsorge finden sich in §§ 12, 13 DepV i.V.m. den dort in Bezug genommenen Regelungen der Ziff. 10.6 ff. der TA Siedlungsabfall und 9.7 der TA Abfall. 225

Praktisch bedeutsam wird immer wieder die Frage nach den Grenzen der nach § 40 Abs. 2 KrWG möglichen Inanspruchnahme: In welchem Umfang kann die Behörde dem Inhaber Nachsorgemaßnahmen auferlegen, und wie lange haftet dieser für die erforderliche Nachsorge? Sowohl im Hinblick auf die wirtschaftliche Zumutbarkeit als auch auf die zeitliche Dimension ergeben sich die Grenzen der Inanspruchnahme vor allem aus dem Grundsatz der **Verhältnismäßigkeit**. Da die Ermächtigung in § 40 Abs. 2 KrWG an die Grundpflicht zur gemeinwohlverträglichen Abfallbeseitigung anknüpft, die erst erfüllt ist, wenn eine ordnungsgemäße Endablagerung auf Dauer gesichert ist,[2] werden die sich aus dem Verhältnismäßigkeitsgrundsatz ergebenden Grenzen von der Rechtsprechung jedoch relativ weit gezogen. 226

In **zeitlicher Hinsicht** können Nachsorgeanordnungen danach unter Umständen auch noch Jahre nach der Stilllegung zulässig sein[3]. Eine Frist sieht § 40 Abs. 2 KrWG – anders als etwa § 17 Abs. 4a BImSchG – nicht vor. Hat der Betreiber die Stilllegung ordnungsgemäß angezeigt, wird jedoch überwiegend ein Zeitraum von etwa zehn Jahren als Grenze der Zumutbarkeit abfallrechtlicher Anordnungen angesehen[4]. Bis zur ausdrücklichen bundesweiten Regelung eines formellen Still- 227

---

1 Vgl. zur Grundstruktur der Nachsorgepflicht im Immissionsschutz- und Abfallrecht *Spieth/Laitenberger*, BB 1996, 1893 ff.
2 Vgl. BVerwG v. 6.5.1997 – 7 B 142.97, NVwZ 1997, 1000 (1001).
3 VGH München v. 10.12.1996 – 20 B 96.521, NVwZ 1997, 1023 (1024); *Jarass/Ruchay/Weidemann* (Hrsg.), § 36 KrW-/AbfG Rz. 105 ff.; *Kunig/Paetow/Versteyl*, § 36 KrW-/AbfG Rz. 23; *von Lersner/Wendenburg*, § 36 KrW-/AbfG Rz. 23; *Klages*, in: Giesberts/Reinhardt, BeckOK Umweltrecht, § 36 KrW-/AbfG Rz. 7.
4 Vgl. BVerwG v. 6.5.1997 – 7 B 142.97, NVwZ 1997, 1000 (1001); *Kunig/Paetow/Versteyl*, § 36 KrW-/AbfG Rz. 23; *Spieth/Laitenberger*, BB 1996, 1893 (1898).

legungsverfahrens (§ 40 Abs. 1–4 KrWG, § 12 DepV) war bundesrechtlich lediglich eine entsprechende Anzeige der Stilllegung vorgeschrieben, jedoch kein daran anschließendes Stilllegungsverfahren und keine behördliche Feststellung des Abschlusses der Stilllegung. War nach früherer Rechtslage die gebotene Stilllegungsanzeige unterblieben oder war es während des Betriebes ständig zu groben Verstößen gegen die Anforderungen an einen ordnungsgemäßen Betrieb gekommen, dürfte der als verhältnismäßig anzusehende Zeitraum für Anordnungen auf abfallrechtlicher Grundlage allerdings deutlich länger als zehn Jahre sein[1]. Solche Fallgestaltungen können auch heute noch praxisrelevant sein, soweit es Deponien betrifft, die schon lange Zeit ohne die auch nach § 36 KrW-/AbfG a.F. vorgeschriebene Anzeige außer Betrieb genommen worden sind; diese Deponien sind nämlich noch immer nicht „stillgelegt" i.S.d. § 40 Abs. 2 Satz 2 KrWG[2].

228 Die **wirtschaftliche Zumutbarkeit** wird man stets in Relation zu Art und Umfang der drohenden Beeinträchtigungen des Wohls der Allgemeinheit und insbesondere zum Grad der Eintrittswahrscheinlichkeit sehen müssen[3]. U.U. kann eine Anordnung auch dann noch als wirtschaftlich zumutbar gelten, wenn für die Sanierung alle aus dem Deponiebetrieb erwirtschafteten Mittel verwendet werden müssen[4]. Auf § 40 Abs. 2 KrWG gestützte Anordnungen richten sich gegen den **„Betreiber"** der Deponie. Betreiber von einer Anlage ist diejenige juristische oder natürliche Person oder Personenvereinigung, welche die Anlage in eigenem Namen, auf eigene Rechung und in eigener Verantwortung führt[5]. Zudem besitzt der Anlagenbetreiber die rechtliche und tatsächliche Verfügungsgewalt über den Betrieb der Anlage und trägt die wirtschaftlichen Betriebsrisiken. Entscheidend ist, wer den bestimmenden bzw. maßgeblichen Einfluss auf die Lage, Beschaffenheit und den Betrieb der Anlage ausübt, also wer die maßgeblichen Entscheidungen trifft[6].

229 Der Betreiber einer immissionsschutzrechtlich genehmigten Anlage hat diese nach § 5 Abs. 3 BImSchG so stillzulegen, dass von der Anlage oder dem Anlagengrundstück keine schädlichen Umwelteinwirkungen oder sonstige Gefahren, erhebliche Nachteile und Belästigungen für die Allgemeinheit und die Nachbarschaft hervorgerufen werden können, vorhandene Abfälle ordnungsgemäß entsorgt werden und die Wiederherstellung eines ordnungsgemäßen Zustandes des Betriebsgeländes gewährleistet ist. Ein Anzeigeverfahren gegenüber der zuständigen Behörde zur Umsetzung dieser Verpflichtung regelt § 15 Abs. 3 BImSchG. Ermächtigungsgrundlage für behördliche Anordnungen zur Erfüllung der sich aus § 5 Abs. 3 BImSchG ergebenden Pflichten ist § 17 BImSchG. Dabei ist die Grenze der Verhältnismäßigkeit in § 17 Abs. 2 BImSchG ausdrücklich normiert. Eine zeitliche Grenze sieht § 17 Abs. 4a BImSchG vor; danach können Anordnungen neuerdings nur noch während eines Zeitraums von einem Jahr nach der Einstellung des gesamten Betriebes getroffen werden (früher: zehn Jahre).

---

1 *Kunig/Paetow/Versteyl*, § 36 KrW-/AbfG Rz. 23; vgl. z.B. VGH München v. 10.12.1996 – 20 B 96.521, NVwZ 1997, 1023 (1024): Inanspruchnahme nach 13 bis 15 Jahren jedenfalls noch möglich.
2 VGH München v. 9.7.2003 – 20 CS 03.103, DVBl 2003, 1468 ff.; vgl. zur Stilllegung ohne förmliches Verfahren aber auch OVG Bautzen v. 18.10.2005 – 4 B 271/02, AbfallR 2006, 91 (Ls.).
3 *Kunig/Paetow/Versteyl*, § 36 KrW-/AbfG Rz. 22.
4 VGH München v. 11.2.1993 – 20 CS 92.2252, DVBl 1993, 739 (740).
5 Vgl. BVerwG v. 22.10.1998 – 7 C 38.97, NJW 1999, S. 1416 (1417).
6 Vgl. OVG Münster v. 9.12.2009 – 8 D 6/08. AK, BeckRS 2009, 42287, Rz. 229; VGH München v. 4.5.2005 – 22 B 99.2208 und 2209, NVwZ-RR 2006, 537; siehe hierzu auch *Beckmann*, in: Landmann/Rohmer, Umweltrecht, § 42 Rz. 8 m.w.N.

## c) Abgrenzung zu Altlasten

Besteht der Verdacht, dass von einer stillgelegten Deponie schädliche Bodenveränderungen oder sonstige Gefahren für den einzelnen oder die Allgemeinheit ausgehen, finden nach § 40 Abs. 2 Satz 2 KrWG für die Erfassung, Untersuchung, Bewertung und Sanierung die Vorschriften des **Bundes-Bodenschutzgesetzes** (BBodSchG) Anwendung. Das KrWG regelt damit Einwirkungen einer stillgelegten Deponie (vgl. § 40 Abs. 3 KrWG zur Feststellung des Abschlusses der Stilllegung) auf den Boden nicht mehr. Behördliche Anordnungen zur Sanierung einer – i.S.v. § 40 Abs. 2 Satz 2 KrWG – stillgelegten Deponie werden damit durch das KrWG nicht mehr erfasst. Die Stilllegung einer Deponie bildet damit die Schnittstelle zwischen der Anwendbarkeit des § 40 Abs. 2 Satz 1 KrWG als Ermächtigungsgrundlage für Sanierungsanordnungen und der Anwendbarkeit des Bodenschutzrechts. Da § 40 Abs. 2 Satz 2 KrWG als Rechtsgrundverweisung auf das Bodenschutzrecht zu verstehen ist, wird damit auch ein weiterer Kreis von Sanierungspflichtigen eröffnet, wie er den bodenschutzrechtlichen Regelungen zu entnehmen ist[1]. Für den Umgang mit **altlastverdächtigen Deponieflächen** bestehen daher Spezialregelungen, die die abfallrechtlichen Regelungen in gewissem Umfang verdrängen. Besteht bereits Gewissheit, dass es sich um eine Altlast handelt, findet das BBodSchG nach § 3 Abs. 1 Nr. 2 BBodSchG ohnehin anstelle des KrWG Anwendung[2]. Altlastverdächtige Flächen sind nach § 2 Abs. 6 BBodSchG Altablagerungen oder Altstandorte, bei denen der Verdacht schädlicher Bodenveränderungen oder sonstiger Gefahren für den einzelnen oder die Allgemeinheit besteht. Unter schädlichen Bodenveränderungen sind dabei nach § 2 Abs. 3 BBodSchG Beeinträchtigungen der Bodenfunktionen zu verstehen, die geeignet sind, Gefahren, erhebliche Nachteile oder erhebliche Belästigungen für den einzelnen oder die Allgemeinheit herbeizuführen (vgl. *Sparwasser/Edelbluth*, Teil 3 Kap. E., Rz. 63 ff.).

## V. Satzungsrechtliche Ausgestaltung der öffentlichen Entsorgung

Die von den Ländern zu öffentlich-rechtlichen Entsorgungsträgern i.S.d. § 17 Abs. 1 KrWG bestimmten Kommunen regeln die **öffentliche Abfallentsorgung durch Satzung**. Darin legen sie insbesondere die Modalitäten der Inanspruchnahme der öffentlichen Abfallentsorgung, den Anschluss- und Benutzungszwang sowie die für die einzelnen Leistungen zu erbringenden Gebühren fest. Eine Auseinandersetzung mit Fragen des Satzungsrechts kann für den Anwalt erforderlich werden, wenn der Gegenstand des Mandats maßgeblich durch satzungsrechtliche Vorschriften bestimmt wird. Häufig stellt sich dabei die Frage nach der Wirksamkeit einer bestimmten Satzungsregelung.

### 1. Rechtliche Grundlagen

Eine Rechtsgrundlage für den Erlass von Abfallsatzungen und Abfallgebührensatzungen findet sich im jeweiligen Landesrecht (s. z.B. § 9 Abs. 1 LAbfG NW). Diese ermächtigt allerdings nicht ohne weiteres zu eingreifenden Regelungen. Vielmehr gilt nach herrschender Auffassung auch für den kommunalen Satzungsgeber der **Vorbehalt des Gesetzes**, so dass es für belastende Maßnahmen stets einer speziellen

---

1 Vgl. OVG Münster v. 16.11.2000 – 20 A 1774/99, NVwZ 2001, 1186 ff.; OVG Weimar v. 11.6.2001 – 4 KO 52/97, NuR 2002, 172 ff. = LKV 2002, 285 ff.; *Kloepfer*, Umweltrecht, § 20 Rz. 282 ff. (284); *Beckmann/Hagmann*, DVBl 2001, 1636 ff.; *Frenz*, § 36 KrW-/AbfG Rz. 25; a.A. jedoch *Kunig/Paetow/Versteyl*, § 36 KrW-/AbfG Rz. 27; *Klages*, in: Giesberts/Reinhardt, BeckOK Umweltrecht, § 36 KrW-/AbfG Rz. 13 ff.
2 *Frenz*, § 36 KrW-/AbfG Rz. 33 ff.; vgl. ferner *Versteyl/Sondermann*, BBodSchG, 2002, § 3 Rz 24 ff. zur Abgrenzung zwischen (betriebenen) Deponien und Altlasten.

gesetzlichen Ermächtigungsgrundlage bedarf[1]. Für unzulässig erklärt hat das BVerwG aus diesem Grunde etwa eine nur auf der allgemeinen Satzungsbefugnis beruhende Satzungsregelung, die die gewerbliche Abgabe von Einwegerzeugnissen einschränkte bzw. verbot[2]. Für den kommunalen Anschluss- und Benutzungszwang sowie für die Erhebung von Abfallgebühren enthält das Landesrecht daher in aller Regel spezielle Rechtsgrundlagen (z.B. § 9 Abs. 1a, 2 LAbfG NW). Hier kann sich allerdings im Einzelfall die Frage stellen, ob die Satzungsregelung auch in vollem Umfang von der Ermächtigungsgrundlage gedeckt ist. Des Weiteren ist zu beachten, dass eine Satzungsregelung immer mit höherrangigem Recht vereinbar sein muss. Eine gegen abschließendes Landes- oder Bundesabfallrecht verstoßende kommunale Regelung ist nichtig. Gleiches gilt nach der Rechtsprechung des BVerfG zu **kommunalen Verpackungssteuern** für solche Satzungsregelungen, die zwar nicht unmittelbar im Widerspruch zu höherrangigem Recht stehen, aber eine Lenkungswirkung bezwecken, die der Konzeption des Bundesabfallrechts zuwiderläuft[3].

### 2. Anschluss- und Benutzungszwang

233 Zu Konflikten zwischen der Kommune auf der einen und Einwohnern oder ortsansässigen Unternehmen auf der anderen Seite kommt es häufig im Hinblick auf Inhalt und Umfang des in der Satzung festgelegten Anschluss- und Benutzungszwanges. Der **Anschlusszwang** beinhaltet die Verpflichtung eines Grundstückseigentümers, den Anschluss des Grundstücks an die öffentliche Abfallentsorgung sicherzustellen, insbesondere indem er Stellplätze für Abfallbehälter schafft und die von der Kommune bestimmten Behälter vorhält. Durch den **Benutzungszwang** wird eine Verpflichtung zur Überlassung von Abfällen begründet. Da der Umfang der Überlassungspflichten bereits durch § 17 Abs. 1 KrWG geregelt wird, ist diese Norm auch für den rechtlich zulässigen Umfang des kommunalen Benutzungszwangs im Bereich der Abfallentsorgung entscheidend[4]. Ein Benutzungszwang, der über den durch § 17 Abs. 1 KrWG gezogenen Rahmen hinausgeht, ist mit höherrangigem Recht nicht vereinbar und damit unzulässig. Soweit keine Überlassungspflichten bestehen und damit kein Benutzungszwang angeordnet werden kann, ist auch ein Anschlusszwang unzulässig[5].

234 Für Haushaltsabfälle kann die Abfallsatzung daher einen Anschluss- und Benutzungszwang nur anordnen, soweit der Abfallerzeuger oder -besitzer diese nicht selbst ordnungsgemäß verwertet. Wer also **Grünabfälle** im eigenen Garten kompostiert, kann durch die Satzung nicht verpflichtet werden, diese der öffentlichen Abfallentsorgung zuzuführen[6]. Ob und inwieweit **Selbstkompostierer**, die nur einen

---

1 Vgl. BVerfG v. 19.6.2007 – 1 BvR 1290/05, NVwZ 2007, 1172 ff., juris-Rz. 38 ff.; *Pippke/Gnittke*, Abfallsatzung, in: Lübbe-Wolff/Wegener (Hrsg.), Umweltschutz durch kommunales Satzungsrecht, Rz. 299 m.w.N.
2 BVerwG v. 7.9.1992 – 7 NB 2.92, NJW 1993, 411 f.; vgl. auch BayVGH v. 22.1.1992 – 20 N 91.2850, NVwZ 1992, 1004 ff.; OVG Schleswig v. 16.2.1996 – 3 K 2/95, NVwZ 1996, 1034 ff.
3 BVerfG v. 7.5.1998 – 2 BvR 1876/91, 1083/92, NJW 1998, 2346 ff.
4 Vgl. BVerwG v. 1.12.2005 – 10 C 4.04, NVwZ 2006, 589 ff.; OVG Münster v. 10.8.1998 – 22 A 5429/96, NVwZ 1999, 91; *Fluck* (Hrsg.), § 13 KrW-/AbfG Rz. 74; s. ferner *Hurst*, AbfallR 2005, 146 ff.; zum Umfang der Überlassungspflichten s. oben Rz. 74 ff.; aus bundes-, aber auch aus europarechtlicher Sicht problematisch dürfte bereits § 9 Abs. 1a LAbfG NW sein, der landesgesetzlich die bisher in § 13 KrW-/AbfG bei den Regelungen zur Überlassungspflicht enthaltenen unbestimmten Rechtsbegriffe sehr „fiskalfreundlich" ausprägt.
5 *von Lersner/Wendenburg*, § 13 KrW-/AbfG Rz. 18.
6 Siehe bereits OVG Münster v. 10.8.1998 – 22 A 5429/96, NVwZ 1999, 91 f.; *von Lersner/Wendenburg*, Recht der Abfallbeseitigung, § 13 KrW-/AbfG Rz. 14; vgl. aber auch § 9 Abs. 1a Satz 3 LAbfG NW.

Teil der kompostierbaren Abfälle verwerten, im Hinblick auf den übrigen Teil einem Anschluss- und Benutzungszwang für die „grüne" oder „braune Tonne" unterworfen werden können, bemisst sich vor allem nach den Kriterien des Verhältnismäßigkeitsgrundsatzes. Unterlässt ein Selbstkompostierer z.B. lediglich eine Verwertung der sog. problematischen Bioabfälle (Fleisch- und Fischabfälle), dürfte es in aller Regel unverhältnismäßig sein, ihn im Hinblick auf diesen verschwindend geringen Teil der Bioabfälle dem Anschluss- und Benutzungszwang für die öffentliche Bioabfallentsorgung zu unterwerfen, da dieser ohne weiteres auch über die Restmüllentsorgung erfasst werden kann[1]. § 17 Abs. 1 KrWG enthält insofern eine neue bundesrechtliche Vorgabe: für Abfälle, die in zulässiger Weise der Eigenverwertung auf dem zur privaten Lebensführung genutzten Grundstück zugeführt werden, gilt nicht die bundesrechtliche Überlassungspflicht. Dafür kann auch der Anschluss- und Benutzungszwang nicht gelten.

Eine vollständige **Befreiung vom Anschluss- und Benutzungszwang** für die Hausmüllentsorgung mit dem Argument, auf einem zu Wohnzwecken genutzten Grundstück falle wegen umfassender Abfallvermeidung und Kompostierung kein Restmüll an, kommt in aller Regel nicht in Betracht[2]. Der den Kommunen bei der Ausgestaltung des Anschluss- und Benutzungszwangs zustehende weite Ermessensspielraum gestattet es, auf die bloße Möglichkeit des Anfalls von Restmüll statt auf die tatsächliche Inanspruchnahme der Restmüllentsorgung abzustellen[3].

Abfälle aus anderen, insbesondere **gewerblichen und industriellen Herkunftsbereichen** unterliegen nach § 17 Abs. 1 Satz 2 KrWG der Pflicht zur Überlassung und damit einem möglichen Anschluss- und Benutzungszwang nur, soweit es sich um Abfälle zur Beseitigung handelt und der Abfallbesitzer oder -erzeuger diese nicht zulässigerweise in eigenen Anlagen beseitigt, es sei denn, überwiegende öffentliche Interessen erfordern eine Überlassung (vgl. oben Rz. 78 ff.). Für Abfälle zur Verwertung, die aus anderen Herkunftsbereichen als privaten Haushaltungen stammen, kann überhaupt kein Anschluss- und Benutzungszwang begründet werden.

### 3. Regelung der Art und Weise der Entsorgung

Im Hinblick auf kommunale Regelungen der Art und Weise der Abfallentsorgung stellt sich die Frage der Reichweite einer Sperrwirkung der in §§ 10 und 16 KrWG enthaltenen Regelungen[4]. Diese enthalten eine Ermächtigung der Bundesregierung, durch Rechtsverordnung Anforderungen an die Getrennthaltung, Beförderung und Lagerung von Abfällen und an das Bereitstellen, Überlassen, Sammeln und Einsammeln von Abfällen durch Hol- und Bringsysteme festzulegen. Da nach herrschender Ansicht Verordnungsermächtigungen auch dann Sperrwirkung entfalten, wenn von ihnen kein Gebrauch gemacht wird, könnten die §§ 10 und 16 KrWG den Bereich der **Satzungskompetenz der öffentlich-rechtlichen Entsorgungsträger** erheblich einschränken[5]. Dabei ist jedoch zu berücksichtigen, dass sich die Verordnungsermäch-

---

1 OVG Münster v. 10.8.1998 – 22 A 5429/96, NVwZ 1999, 91 (92).
2 Vgl. VG Arnsberg v. 28.7.1994 – 7 K 3277/93, NWVBl. 1995, 272 f.; VGH München v. 26.1.1996 – 4 CS 95.2779, NVwZ-RR 1996, 647; Quaas, VBlBW 2000, 10 (11); ausführlich zu diesem Thema auch *Pippke/Gnittke*, Abfallsatzung, in: Lübbe-Wolff/Wegener (Hrsg.), Umweltschutz durch kommunales Satzungsrecht, Rz. 332 ff.
3 *Pippke/Gnittke*, Abfallsatzung, in: Lübbe-Wolff/Wegener (Hrsg.), Umweltschutz durch kommunales Satzungsrecht, Rz. 339 m.w.N. aus der Rechtsprechung.
4 Vgl. allgemein zur Sperrwirkung des KrW-/AbfG gegenüber kommunalen Regelungsspielräumen *Tomerius*, NuR 1999, 621 ff.; *Kunig/Paetow/Versteyl*, § 12 KrW-/AbfG Rz. 11 ff.
5 Vgl. *Fluck* (Hrsg.), § 7 KrW-/AbfG Rz. 53 ff.; *Kunig/Paetow/Versteyl*, § 12 KrW-/AbfG Rz. 12.

tigungen nur auf die Erfüllung der Pflichten der Abfallerzeuger und -besitzer nach § 7 bzw. § 15 KrWG beziehen und damit den Bereich betreffen, für den die öffentlich-rechtlichen Entsorgungsträger ohnehin nicht zuständig sind[1], hinsichtlich der Abfälle zur Verwertung auch nicht nach dem In-Kraft-Treten der Gewerbeabfallverordnung am 1.1.2003. Für den Bereich der durch §§ 17, 20 KrWG begründeten Zuständigkeit der Kommunen entfalten die §§ 10 und 16 KrWG demnach keine Sperrwirkung. Da das KrWG zur **Organisation der Abfallentsorgung** durch die öffentlich-rechtlichen Entsorgungsträger sowie zur Art und Weise und zum Zeitpunkt der Überlassung von Abfällen an sie keine abschließenden Aussagen trifft, sind insofern satzungsrechtliche Regelungen möglich. Der den Kommunen dabei eröffnete Gestaltungsspielraum wird allerdings begrenzt durch den Rahmen der bundes- und landesrechtlichen Regelungen, den Grundsatz der Verhältnismäßigkeit und das Willkürverbot.

### a) Anforderungen an die Getrennthaltung von Abfällen

238 Als Ausgestaltung des Anschluss- und Benutzungszwanges können die Kommunen in der Abfallsatzung **Pflichten zur Getrennthaltung** der ihrer Entsorgungspflicht (§ 20 Abs. 1 KrWG) unterliegenden Abfälle – und zwar nur dieser, nicht etwa auch solcher Abfälle, die von Erzeuger und Besitzern selbst entsorgt werden! – anordnen[2]. In der Praxis geschieht dies insbesondere für **schadstoffhaltige Abfälle**, die zwecks Entlastung der Entsorgungsanlagen gesonderten Sammlungen zugeführt werden sollen (z.B. Kühl- und Bildschirmgeräte, Lacke und Farben), sowie für verwertbare Abfälle (z.B. Papier, Glas und Biomüll).

### b) Hol- und Bringsysteme, Ort und Zeit der Überlassung, Standorte für Sammelbehälter

239 Die Art und Weise der **Überlassung einzelner Abfallfraktionen** kann sowohl durch Hol- als auch durch Bringsysteme ausgestaltet werden. Nachdem die Zulässigkeit einer satzungsrechtlichen Bringpflicht lange umstritten war, hat das BVerwG mit Beschluss vom 27.7.1995 die Ausgestaltung der Überlassungspflicht als **Bringpflicht** durch Satzung für grundsätzlich zulässig erklärt, wenn dafür abfallwirtschaftlich plausible Gründe vorliegen, die Bringpflicht für den Abfallbesitzer zumutbar ist und dieser dadurch nicht zur Umgehung des Bringsystems herausgefordert wird[3]. Diese Rechtsprechung hat das BVerwG mit Urteil vom 25.8.1999 bekräftigt. Danach ist es auch im Rahmen eines bestehenden Holsystems zulässig, den Überlassungspflichtigen in Einzelfällen aufgrund besonderer örtlicher Gegebenheiten eine individuelle Bringpflicht aufzuerlegen, weil dies – so das BVerwG – einer angemessenen Lastenverteilung zwischen dem öffentlich-rechtlichen Entsorgungsträger und den Erzeugern bzw. Besitzern der Abfälle entspricht[4]. In dem vom BVerwG entschiedenen Fall ging es um ein im Außenbereich gelegenes Grundstück, das von Müllsammelfahrzeugen (Lkw) nicht angefahren werden konnte. Allerdings dürfen Bringpflichten nicht grenzenlos eingeführt werden: Zweifel am Vor-

---

1 *Pippke/Gnittke*, Abfallsatzung, in: Lübbe-Wolff/Wegener (Hrsg.), Umweltschutz durch kommunales Satzungsrecht, Rz. 350.
2 BayVGH v. 22.1.1992 – 20 N 91.2850, NVwZ 1992, 1004 (1007); VG Freiburg v. 7.10.1994 – 6 K 1574/94, NVwZ-RR 1995, 255 (257); *Hoppe*, DVBl 1990, 609 (614); vgl. ferner *Pippke/Gnittke*, Abfallsatzung, in: Lübbe-Wolff/Wegener (Hrsg.), Umweltschutz durch kommunales Satzungsrecht, Rz. 351 f. unter Hinweis auf die Regelungen der GewAbfV.
3 BVerwG v. 27.7.1995 – 7 NB 1.95, NVwZ 1996, 63 ff. = VBlBW 1995, 472 ff.; v. 25.8.1999 – 7 C 27/98, UPR 2000, 144 ff.; vgl. auch VGH Mannheim v. 18.3.1993 – 10 S 2333/96, DVBl 1997, 1127; *Fluck* (Hrsg.), § 13 KrW-/AbfG Rz. 74 c.
4 BVerwG v. 25.8.1999 – 7 C 27.98, NVwZ 2000, 71 ff.

liegen der Voraussetzungen einer Bringpflicht können im Einzelfall bestehen, wenn die Dichte der Container-Stellplätze so extrem gering ist, dass diese für einen Großteil der Einwohner nicht mehr in zumutbarer Reichweite liegen[1].

Im Hinblick auf den Ort der Überlassung hat das BVerwG entschieden, dass die Abfallsatzung die Erzeuger und Besitzer von Abfällen auch verpflichten kann, die **Abfallbehältnisse** nicht – wie im Regelfall – in unmittelbarem räumlichen Zusammenhang mit dem jeweiligen Grundstück, sondern an einem anderen **„geeigneten" Aufstellort** zur Abholung bereitzustellen[2]. Im konkreten Fall waren Abholstandorte bestimmt worden, die 389 bzw. 644 m vom Grundstück des Abfallbesitzers entfernt lagen. Eine derartige Regelung sei von den landesrechtlichen Ermächtigungsnormen zur satzungsrechtlichen Ausgestaltung von Art und Weise, Ort und Zeit der Überlassung gedeckt, die wiederum mit Bundesrecht vereinbare Konkretisierungen der Überlassungspflichten darstellten.

240

Die Einrichtung von **Standorten für Sammelbehälter** bzw. die durch ihre Benutzung hervorgerufenen Störungen führen häufig zu Konflikten zwischen der Stadt und den betroffenen Nachbarn. Für den hier beteiligten Anwalt ist zu berücksichtigen, dass es sich bei den Stellplätzen in aller Regel um bauliche Anlagen i.S.d. Landesbauordnungen handelt, so dass auch bauplanungsrechtliche Aspekte relevant werden können[3], und dass außerdem das für nicht genehmigungspflichtige Anlagen geltende Immissionsschutzrecht (§§ 22 ff. BImSchG) Anwendung findet[4]. Von der Rechtsprechung werden die von Abfallsammelplätzen ausgehenden **Störungen** allerdings auch in Wohngebieten als grundsätzlich **sozialadäquat und zumutbar** angesehen, wenn Benutzungszeiten festgelegt und deren Einhaltung in erforderlichem Umfang kontrolliert werden[5].

241

**Beispiel:**

In einem reinen Wohngebiet der Stadt X wurde ein Stellplatz für **Altglascontainer** eingerichtet. Die Stadt hat den Standort mit einem Hinweisschild versehen, wonach die Einwurfzeiten werktags von 8–13 Uhr und von 15–19 Uhr sind. Dennoch werden die Container zum Teil bis spät in die Nacht hinein benutzt, was zu erheblichen Lärmbelästigungen der Nachbarn führt.

242

Einer Nachbarklage auf Beseitigung der Container dürfte in aller Regel kein Erfolg beschieden sein, da die durch die *ordnungsgemäße* Benutzung hervorgerufenen Geräuschimmissionen nach dem Maßstab des § 22 Abs. 1 i.V.m. § 3 Abs. 1 BImSchG grundsätzlich als sozialadäquat und damit unerheblich hinzunehmen sind[6]. Zwar besteht eine Duldungspflicht nicht im Hinblick auf die aus der *verbotswidrigen* Benutzung der Sammelbehälter resultierenden Immissionen, doch folgt daraus allenfalls ein Anspruch auf ein entsprechendes ordnungsbehördliches Einschreiten, nicht jedoch auf die Beseitigung der Behälter. In derartigen

---

1 Vgl. BVerwG v. 27.7.1995 – 7 NB 1.95, NVwZ 1996, 63 ff. = VBlBW 1995, 472 (473), wonach als Maß für eine zumutbare räumliche Entfernung die Strecke anzusehen ist, die „üblicherweise zu Fuß zurückgelegt wird".
2 BVerwG v. 25.8.1999 – 7 C 27.98, NVwZ 2000, 71 ff.
3 Die Privilegierung des § 38 BauGB findet keine Anwendung, da es sich bei den Sammelcontainern nicht um Abfallbeseitigungsanlagen handelt und außerdem keine immissionsschutzrechtliche Genehmigung erforderlich ist.
4 *Koch*, NuR 1996, 276 ff.
5 Vgl. aus der umfangreichen Rechtsprechung: BVerwG v. 3.5.1996 – 4 B 50.96, BayVBl. 1996, 634 ff.; v. 13.10.1998 – 4 B 93.98, NVwZ 1999, 298 f. = BauR 1999, 145 f.; OVG Koblenz v. 23.6.2010 – 8 A 10357/10, BauR 2010, 1907 ff.; VGH München v. 4.3.2010 – 22 ZB 09.1785, BayVBl. 2011, 180 f.; OVG Bautzen v. 17.12.2007 – 4 B 612/06, AbfallR 2008, 206; VGH Kassel v. 24.8.1999 – 2 UE 2287/96, NVwZ-RR 2000, 668 ff. = DVBl 2000, 207 f.; VG Schleswig v. 17.2.2000 – 12 A 112/97, NVwZ-RR 2001, 22 f.; VG Düsseldorf v. 9.5.2000 – 3 K 4329/99, NVwZ-RR 2001, 23 f.
6 Vgl. nur VG Köln v. 2.7.1992 – 4 K 2071/89, NVwZ 1993, 401 ff.

Konstellationen sollte der Anwalt daher anstelle oder doch zumindest neben einem Vorgehen gegen den Stellplatz selbst einen Antrag auf ordnungsbehördliches Einschreiten gegen die verbotswidrige Nutzung in Betracht ziehen. **Im Streitfall wäre die allgemeine Leistungsklage die richtige Klageart.**

### 4. Abfallgebühren

243 Für die Inanspruchnahme der öffentlichen Abfallentsorgung dürfen die öffentlich-rechtlichen Entsorgungsträger **Abfallgebühren** erheben (zur Erhebung von Benutzungsgebühren vgl. ausführlich *Sieben*, Teil 4, Rz. 122 ff.). Dabei ist unerheblich, ob sie die Leistungen selbst oder durch ein nach § 22 KrWG beauftragtes Privatunternehmen erbringen[1].

244 Die rechtlichen Anforderungen an die **Bemessung von Abfallgebühren** ergeben sich insbesondere aus den Kommunalabgabengesetzen der Länder[2]. Bei der Kalkulation von Abgaben steht dem kommunalen Satzungsgeber ein Prognosespielraum zu, der gerichtlich nur eingeschränkt überprüfbar ist. Ein Gericht handelt im Allgemeinen nicht sachgerecht, wenn es die Abgabenkalkulation „ungefragt" einer Detailprüfung unterzieht[3]. Zu den in der Kalkulation ansatzfähigen Kosten gehören auch solche für die Entsorgung sog. „wilden Mülls"[4]. Daneben gibt es häufig spezielle Regelungen in den Landesabfallgesetzen, die z.B. eine nähere Bestimmung der ansatzfähigen Kosten oder die Möglichkeit zur Schaffung von **Anreizen zur Vermeidung**, Getrennthaltung und Verwertung von Abfällen bei der Gebührenbemessung vorsehen[5]. In bestimmtem Umfang modifizieren sie damit die allgemeinen Gebührengrundsätze.

245 Häufiger Gegenstand von Rechtsstreitigkeiten war in der jüngeren Vergangenheit insbesondere die **gebührenrechtliche Behandlung der öffentlichen Bioabfallentsorgung**. Wird diese über eine an den Maßstab der Nutzung der Restmülltonne anknüpfende Einheitsgebühr finanziert, kann darin eine Benachteiligung derjenigen Grundstückseigentümer liegen, die ihren Bioabfall selbst kompostieren und damit vom Anschluss- und Benutzungszwang für die Bioabfallentsorgung befreit sind. Nach dem Grundsatz der Typengerechtigkeit kann der Satzungsgeber zwar verallgemeinernde und pauschalierende Anknüpfungen an Regelsachverhalte vornehmen; liegt die Zahl der abweichenden Ausnahmen aber über 10 % – wie es bei der **Eigenkompostierung** zumindest in ländlicheren Gebieten die Regel sein dürfte – ist die Ungleichbehandlung derjenigen, die die Leistung nicht in Anspruch nehmen, damit nicht mehr zu rechtfertigen[6]. § 9 Abs. 2 Satz 7 LAbfG NW bestimmt daher z.B., dass zwar die Erhebung einer einheitlichen Abfallgebühr zulässig ist, Eigenkompostierern dabei aber ein angemessener Gebührenabschlag gewährt werden muss.

---

1 Vgl. ausführlich *Wiesemann*, NVwZ 2005, 391 ff. zu den Auswirkungen von Privatisierungen auf kommunale Benutzungsgebühren.
2 S. dazu im Einzelnen *Sieben*, Teil 4, Rz. 122 ff.; speziell zu den Sonderproblemen der Abfallgebühren *Quaas*, VBlBW 2000, 10 ff. und 89 ff.; *v. Bechtolsheim*, Abfallgebühren, in: Lübbe-Wolff/Wegener (Hrsg.), Umweltschutz durch kommunales Satzungsrecht, Rz. 540 ff.
3 BVerwG v. 17.4.2002 – 9 CN 1.01, NVwZ 2002, 1123 ff.; zu den Anforderungen an die Prognoseentscheidung bei der Planung einer Restabfalldeponie vgl. VG Braunschweig v. 24.4.2002 – 8 A 421/00, NVwZ-RR 2003, 344 f.
4 VGH Mannheim v. 29.10.2003 – 2 S 1019/02, NVwZ-RR 2004, 286 ff.
5 S. z.B. OVG Lüneburg v. 26.3.2003 – 9 KN 439/02, NVwZ-RR 2004, 891 ff.
6 OVG Münster v. 17.3.1998 – 9 A 3871/96, DVBl 1998, 1240; VGH Kassel v. 28.9.1999 – 5 UE 251/97.

**5. Rechtsschutz**

Gegenstand des anwaltlichen Mandats dürfte im vorliegenden Zusammenhang in aller Regel ein Vorgehen gegen die auf einer satzungsrechtlichen Grundlage beruhende **Verfügung** sein. Wird dagegen Widerspruch eingelegt bzw. Klage erhoben, prüft die Widerspruchsbehörde bzw. das Gericht die Rechtmäßigkeit der Satzungsregelung nur inzident. Die Aufhebung der Regelung kann auf diesem Weg nicht erreicht werden. Ein Vorgehen unmittelbar gegen die **Satzung** kommt nur in denjenigen Bundesländern in Betracht, in denen das Landesrecht eine **Normenkontrolle** nach § 47 Abs. 1 Nr. 2 VwGO zulässt. Voraussetzung für einen zulässigen Normenkontrollantrag ist nach § 47 Abs. 2 Satz 1 VwGO, dass der Antragsteller geltend macht, durch die Rechtsvorschrift oder deren Anwendung in seinen Rechten verletzt zu sein. Daran fehlt es bei einem Anbieter von sog. „Müllschleusen" (Einwurfsysteme mit Zuordnung der eingeworfenen Abfälle zu einzelnen Wohnungen in größeren Wohnanlagen), wenn eine Abfallsatzung diese Einrichtungen generell verbietet. Denn es handelt sich dabei in Bezug auf den Anbieter der „Müllschleusen" nicht um einen „finalen und grundrechtsspezifischen" Eingriff in dessen Rechte, sondern um eine Veränderung wirtschaftlicher Rahmenbedingungen, mit denen ein Unternehmen stets rechnen muss[1]. 246

Bei einem Vorgehen gegen eine Gebührenforderung ist zu beachten, dass der Widerspruch gegen einen Gebührenbescheid gemäß § 80 Abs. 2 Nr. 1 VwGO keine aufschiebende Wirkung hat, die Forderung daher auch weiterhin vollstreckbar ist. Es kann jedoch ein Antrag auf **Aussetzung der Vollziehung** bei der Behörde gestellt und, wenn dieser abschlägig beschieden wird, vorläufiger gerichtlicher Rechtsschutz in Anspruch genommen werden (§ 80 Abs. 5 und 6 VwGO). Eine sofortige Anrufung des Verwaltungsgerichts ohne vorangehenden Aussetzungsantrag bei der Behörde kommt bei Bescheiden über die Anforderung von öffentlichen Abgaben und Kosten nach diesen Regelungen nur in den gesetzlich geregelten Sonderfällen in Betracht. 247

---

1 Ausführlich dazu VGH München v. 22.9.2005 – 20 N 05.1564, UPR 2006, 40 ff.

# C. Recht der Wasserwirtschaft

| | Rz. | | Rz. |
|---|---|---|---|
| **I. Überblick über das Recht der Wasserwirtschaft** | 1 | **III. Gewässerbenutzungen** | 86 |
| 1. Ziele des Rechts der Wasserwirtschaft | 2 | 1. Begriff der Gewässerbenutzung | 89 |
| 2. Aufbau und Struktur des Rechtsgebiets | 4 | 2. Einzelne Benutzungstatbestände | |
| a) Europäisches Wasserrecht | 7 | a) Echte Gewässerbenutzungen | 92 |
| b) Wasserrecht der Bundesrepublik Deutschland | | aa) Entnehmen und Ableiten von Wasser aus oberirdischen Gewässern (§ 9 Abs. 1 Nr. 1 WHG) | 93 |
| aa) Wasserhaushaltsgesetz | 9 | bb) Aufstauen und Absenken von oberirdischen Gewässern (§ 9 Abs. 1 Nr. 2 WHG) | 97 |
| bb) Wassergesetze der Länder | 10 | | |
| cc) Kommunale Satzungen | 12 | | |
| **II. Gewässer** | 13 | cc) Entnehmen fester Stoffe aus oberirdischen Gewässern, soweit sich dies auf die Gewässereigenschaften auswirkt (§ 9 Abs. 1 Nr. 3 WHG) | 102 |
| 1. Oberirdische Gewässer | 18 | | |
| 2. Küstengewässer | 23 | | |
| 3. Grundwasser | 27 | | |
| 4. Ausnahme bestimmter Gewässer von den Bestimmungen des WHG nach § 2 Abs. 2 WHG | 33 | dd) Einbringen und Einleiten von Stoffen in Gewässer (§ 9 Abs. 1 Nr. 4 WHG) | 106 |
| a) Kleine Gewässer von wasserwirtschaftlich untergeordneter Bedeutung | 34 | (1) Einbringen von Stoffen | 107 |
| b) Heilquellen | 40 | (2) Einleiten von Stoffen | 112 |
| c) Keine Ausnahme vom Anwendungsbereich der §§ 89 und 90 WHG (§ 2 Abs. 2 Satz 2 WHG) | 43 | (3) Besondere Restriktionen für das Einbringen und Einleiten von Stoffen in das Grundwasser (§ 48 Abs. 1 Satz 1 WHG) | 117 |
| 5. Eigentum an Gewässern | 48 | | |
| a) Eigentum an Bundeswasserstraßen | 50 | ee) Entnehmen, Zutagefördern, Zutageleiten und Ableiten von Grundwasser (§ 9 Abs. 1 Nr. 5 WHG) | 121 |
| b) Eigentum an anderen Gewässern | 53 | | |
| c) Keine Eigentumsfähigkeit des fließenden Wassers in oberirdischen Gewässern und des Grundwassers | 55 | b) Gewässerbenutzungen nach § 9 Abs. 2 WHG („Unechte Gewässerbenutzungen" oder „Quasi-Benutzungen") | 126 |
| d) Einschränkungen des Grundeigentums | 59 | | |
| e) Duldungspflichten des Eigentümers oder Nutzungsberechtigten eines Gewässers | 63 | aa) Aufstauen, Absenken und Umleiten von Grundwasser durch Anlagen, die hierzu bestimmt oder geeignet sind (§ 9 Abs. 2 Nr. 1 WHG) | 127 |
| 6. Allgemeine Sorgfaltspflichten | | | |
| a) Allgemeine Sorgfaltspflicht bei gewässerrelevanten Maßnahmen (§ 5 Abs. 1 WHG) | | bb) Maßnahmen, die geeignet sind, dauernd oder in einem nicht nur unerheblichen Ausmaß nachteilige Veränderungen der Wasserbeschaffenheit herbeizuführen (§ 9 Abs. 2 Nr. 2 WHG) | 134 |
| aa) Anwendungsbereich der Sorgfaltspflicht | 65 | | |
| bb) Einzelne Sorgfaltspflichten | 70 | | |
| b) Sorgfaltspflichten im Zusammenhang mit dem Schutz vor Hochwasser (§ 5 Abs. 2 WHG) | 76 | 3. Zulassung von Gewässerbenutzungen | 142 |
| c) Durchsetzung der Sorgfaltspflichten des § 5 Abs. 1 und 2 WHG | 82 | a) Formen der Zulassung von Gewässerbenutzungen | 153 |

| | Rz. | | Rz. |
|---|---|---|---|
| aa) Erlaubnis und gehobene Erlaubnis | 154 | (1) Befreiung vom Anschlusszwang | 305 |
| bb) Bewilligung | 158 | (2) Befreiung vom Benutzungszwang | 310 |
| b) Voraussetzungen für die Erteilung von Erlaubnissen und Bewilligungen | 165 | dd) Formalien des Befreiungsantrags | 315 |
| c) Inhalts- und Nebenbestimmungen zu Erlaubnis und Bewilligung | 169 | ee) Ermessen des Aufgabenträgers | 317 |
| d) Verfahren zur Erteilung der Erlaubnis oder Bewilligung | 180 | b) Ausgestaltung von Versorgungsverhältnissen | 318 |
| e) Verhältnis von Erlaubnissen oder Bewilligungen zu anderen Zulassungsentscheidungen | 186 | 3. Anforderungen an die Versorgung mit Trinkwasser | |
| | | a) Rechtliche Grundlage | 322 |
| aa) Planfeststellungsbedürftige Vorhaben | 190 | b) Anforderungen an die Beschaffenheit von Trinkwasser | 331 |
| bb) Bergrechtliche Betriebspläne | 201 | c) Anforderungen an Wasserversorgungsanlagen | 342 |
| cc) Immissionsschutzrechtlich genehmigungsbedürftige Anlagen | 207 | 4. Festsetzung von Wasserschutzgebieten | |
| | | a) Gegenstand und Schutzzweck von Wasserschutzgebieten | 347 |
| dd) Baurechtlich genehmigungsbedürftige Anlagen | 218 | aa) Schutz der Gewässer im Interesse der öffentlichen Wasserversorgung | 348 |
| f) Änderung einer zugelassenen Gewässerbenutzung | 224 | bb) Grundwasseranreicherung | 351 |
| g) Vorzeitiger Beginn | 232 | cc) Verhinderung des Abfließens von Niederschlagswasser, des Abschwemmens und Eintrags von Bodenbestandteilen, Dünge- und Pflanzenschutzmitteln | 353 |
| aa) Anhängigkeit eines Erlaubnis- oder Bewilligungsverfahrens | 236 | | |
| bb) Antrag des Unternehmers | 241 | | |
| cc) Prognose über die Entscheidung im Erlaubnis- oder Bewilligungsverfahren | 244 | b) Erforderlichkeit der Festsetzung | 356 |
| | | c) Festsetzungsermessen | 363 |
| dd) Interesse an dem vorzeitigen Beginn | 248 | d) Form der Schutzgebietsfestsetzung | 366 |
| ee) Pflicht des Benutzers zu Schadenersatz und Wiederherstellung des früheren Zustandes | 252 | e) Besondere Anforderungen in Wasserschutzgebieten | 368 |
| | | f) Verfahren zur Festsetzung von Wasserschutzgebieten | 372 |
| ff) Widerruf | 259 | g) Rechtsschutz gegen die Festsetzung von Wasserschutzgebieten | 375 |
| gg) Nebenbestimmungen | 266 | | |
| hh) Drittschutz | 268 | h) Befreiung von Festsetzungen | 379 |
| **IV. Wasserversorgung** | 271 | i) Entschädigungspflicht (§ 52 Abs. 4 WHG) | 381 |
| 1. Versorgungspflicht | 279 | | |
| 2. Begründung und Ausgestaltung von Versorgungsverhältnissen | 285 | j) Ausgleich für Einschränkungen der ordnungsgemäßen land- oder forstwirtschaftlichen Nutzung | 384 |
| a) Anschluss- und Benutzungszwang | 288 | **V. Abwasserbeseitigung** | |
| aa) Begründung des Anschluss- und Benutzungszwangs | | 1. Begriff des Abwassers | 391 |
| | | a) Schmutzwasser | 393 |
| (1) Gesetzliche Bestimmung | 290 | b) Niederschlagswasser | 401 |
| (2) Bestimmung durch Satzung | 294 | 2. Abwasserbeseitigung | |
| bb) Rechtliche Wirkung | 300 | a) Begriff (§ 54 Abs. 2 WHG) | 405 |
| cc) Befreiung vom Anschluss- oder Benutzungszwang | | b) Grundsätze der Abwasserbeseitigung (§ 55 WHG) | |

| | Rz. |
|---|---|
| aa) Grundsatz der ordnungsgemäßen und schadlosen Abwasserbeseitigung (§ 55 Abs. 1 WHG) | 409 |
| bb) Niederschlagswasser (§ 55 Abs. 2 WHG) | 416 |
| c) Pflicht zur Abwasserbeseitigung | |
| aa) Juristische Personen des öffentlichen Rechts | 421 |
| bb) Abweichende Bestimmungen des Abwasserbeseitigungspflichtigen durch Landesrecht (§ 56 Satz 2 WHG) | 428 |
| cc) Beauftragung Dritter (§ 56 Satz 3 WHG) | 431 |
| 3. Abwasserbeseitigung durch Einleiten von Abwasser in ein Gewässer („Direkteinleitung") | 434 |
| 4. Abwasserbeseitigung durch Einleiten von Abwasser in die Kanalisation („Indirekteinleitung") | 446 |
| a) Genehmigungsbedürftigkeit von Indirekteinleitungen | 448 |
| b) Voraussetzungen der Erteilung einer Genehmigung für Indirekteinleitung | 451 |
| c) Weitere Anforderungen an Indirekteinleitungen | 455 |
| d) Erstreckung der Anforderungen auf Indirekteinleitungen in private Abwasseranlagen | 459 |
| 5. Anforderungen an Abwasseranlagen | |
| a) Allgemeine Anforderungen | 464 |
| b) Genehmigungspflicht für UVP-pflichtige Abwasserbehandlungsanlagen | 471 |
| c) Genehmigung sonstiger Abwasseranlagen | 479 |
| d) Selbstüberwachung (§ 61 WHG) | |
| aa) Selbstüberwachung von Direkt- und Indirekteinleitungen | 486 |
| bb) Selbstüberwachung der Betreiber von Abwasseranlagen | 489 |
| VI. Umgang mit wassergefährdenden Stoffen | 494 |
| 1. Begriff der wassergefährdenden Stoffe, Einstufung | 496 |
| 2. Umgang mit wassergefährdenden Stoffen | 506 |
| 3. Anlagen zum Umgang mit wassergefährdenden Stoffen | |
| a) Anlagenbegriff | 513 |
| b) Anforderungen an Anlagen | |

| | Rz. |
|---|---|
| aa) Allgemeine Anforderungen | 517 |
| bb) Erleichterungen für Anlagen zum Umschlagen wassergefährdender Stoffe sowie zum Lagern und Abfüllen von Gülle, Jauche und Silagesickersäften | 523 |
| cc) Allgemein anerkannte Regeln der Technik | 528 |
| dd) Verordnung über Anlagen zum Umgang mit wassergefährdenden Stoffen vom 31.3.2010 | 531 |
| ee) Anzeigepflichten | 535 |
| ff) Verhütung von Gewässerschäden, Meldepflicht | 538 |
| VII. Haftung für Veränderungen von Gewässern | |
| 1. Veränderung durch Einbringen oder Einleiten von Stoffen | 541 |
| 2. Veränderung eines Gewässers durch Austreten von Stoffen | 546 |
| VIII. Anlagen in oder an Gewässern | 553 |
| IX. Ausbau von Gewässern | |
| 1. Begriff | 558 |
| 2. Anforderungen an den Gewässerausbau | 565 |
| 3. Verfahren | |
| a) Allgemeines Verfahren bei Gewässerausbau | 567 |
| b) Ausbau und Neubau einer Bundeswasserstraße | 574 |
| X. Unterhaltung von Gewässern | |
| 1. Zweck und Rechtsnatur der Gewässerunterhaltung | 578 |
| 2. Umfang der Gewässerunterhaltung | |
| a) Nach WHG | 579 |
| b) Nach Bundeswasserstraßenrecht | 580 |
| c) Nach Landesrecht | 585 |
| 3. Träger der Unterhaltungslast | 587 |
| 4. Besondere Pflichten im Interesse der Unterhaltung | |
| a) Duldungspflichten | 593 |
| b) Unterlassungspflichten | 597 |
| c) Einschränkung der Benutzung von Ufergrundstücken | 598 |
| d) Schadenersatzanspruch bei Duldungspflichten | 599 |
| 5. Zulassung von Unterhaltungsmaßnahmen | 606 |
| 6. Ansprüche bei Unterlassung von Unterhaltungsmaßnahmen | 609 |
| XI. Hochwasserschutz | |
| 1. Hochwasser | 612 |

|  | Rz. |  | Rz. |
|---|---|---|---|
| 2. Bewertung von Hochwasserrisiken | 613 | c) Zulässigkeit von Nutzungsbeschränkungen | 625 |
| 3. Festsetzung von Überschwemmungsgebieten |  | XII. Gewässeraufsicht | 626 |
| a) Begriff | 619 | 1. Überwachung |  |
| b) Festsetzung durch Rechtsverordnungen der Bundesländer | 621 | a) Gegenstand der Überwachung | 627 |
|  |  | b) Überwachungsmaßnahmen | 632 |
|  |  | 2. Anordnungen im Einzelfall | 633 |

**Literatur:**
*Berendes*, Wasserhaushaltsgesetz, Kurzkommentar, Stand 2010; *Breuer*, Öffentliches und privates Wasserrecht, 3. Aufl. 2004; *Czychowski/Reinhardt*, Wasserhaushaltsgesetz, Kommentar, 10. Aufl. 2010; *Drost*, Das neue Wasserrecht, Kommentar, Grundwerk, Stand März 2010; *Fischer/Zwetkow*, Systematisierung der derzeitigen Privatisierungsmöglichkeiten auf dem deutschen Wassermarkt – Trennung von Netz und Betrieb als zusätzliche Option? NVwZ 2003, 281; *Giesberts/Reinhardt*, Beck'scher Online-Kommentar Umweltrecht, Stand Juli 2011, zit. BeckOK; *Knopp*, Abwägungsprobleme bei der Festsetzung von Wasserschutzgebieten für die öffentliche Wasserversorgung, ZUR 2007, 467; *Kotulla*, Das Gesetz zur Verbesserung des vorbeugenden Hochwasserschutzes, NVwZ 2006, 129; *Landmann/Rohmer*, Umweltrecht, Stand 2011; *Scheier*, Zulassung des vorzeitigen Beginns Probleme beim Vollzug der §§ 9a WHG, 7a AbfG und 15a BImSchG, NVwZ 1993, 529; *Sieder/Zeitler/Dahme/Knopp*, Wasserhaushaltsgesetz und Abwasserabgabengesetz, Stand 2010.

# I. Überblick über das Recht der Wasserwirtschaft

Wasser ist unverzichtbare Grundlage des menschlichen Lebens. Es ist zugleich wichtiger Lebensraum für Tiere und Pflanzen. In der industrialisierten Gesellschaft wird Wasser außerdem für eine Vielzahl von Zwecken und Aufgaben eingesetzt: Es dient als Lebensmittel, wird aber zugleich zur Erzeugung von Energie, als Ausgangs- oder Hilfsstoff und als Reinigungsmittel in Produktionsverfahren eingesetzt. Gewässer werden als Vorfluter zum Ableiten von Abwasser und als Verkehrsweg genutzt. Wasser kann auch – z.B. bei Baumaßnahmen im Grundwasserbereich – unerwünscht sein oder – z.B. in Hochwassersituationen – sogar eine erhebliche Gefahr für Menschen und Sachgüter darstellen.

## 1. Ziele des Rechts der Wasserwirtschaft

Im Hinblick auf die vielfältigen Funktionen und Nutzungen des Wassers ist es erforderlich, das Wasser vor nachteiligen Veränderungen zu schützen und zugleich sicherzustellen, dass die unterschiedlichen Nutzungen von Wasser dauerhaft ohne Beeinträchtigung der Menge sowie des chemischen und ökologischen Zustandes des Wasserdargebotes, der Eigenschaften des Wassers und anderer Nutzungen langfristig ausgeübt werden können.

§ 1 des Wasserhaushaltsgesetzes (WHG)[1] benennt es deshalb ausdrücklich als Zweck der Wasserwirtschaft, durch eine nachhaltige Gewässerbewirtschaftung die Gewässer als Bestandteil des Naturhaushalts, als Lebensgrundlage des Menschen, als Lebensraum für Tiere und Pflanzen sowie als nutzbares Gut zu schützen.

---

1 Gesetz zur Ordnung des Wasserhaushalts – Wasserhaushaltsgesetz v. 31.7.2009, BGBl. I 2009 S. 2585, geändert durch Gesetz vom 11.8.2010 (BGBl. I 2010, 1163).

## 2. Aufbau und Struktur des Rechtsgebiets

4  Das Recht der Wasserwirtschaft ist zum 1.3.2010 deutlich umgestaltet worden.

5  Nach Art. 75 Abs. 1 Satz 1 Nr. 4 GG in der bis zum 31.8.2006 geltenden Fassung hatte der Bund auf dem Gebiet des Wasserhaushalts nur das Recht, Rahmenvorschriften für die Gesetzgebung der Länder zu erlassen.

6  In Folge der im Jahre 2006 beschlossenen Föderalismusreform ist dem Bund mit Wirkung zum 1.9.2006 die Kompetenz eingeräumt worden, auch für den Wasserhaushalt im Rahmen der konkurrierenden Gesetzgebung nach Art. 74 Nr. 32 GG bundeseinheitliche Vollregelungen zu erlassen. Von diesen Vollregelungen zum Wasserhaushalt dürfen die Bundesländer innerhalb einer Frist von sechs Monaten nach Verkündung einer Bundesregelung **abweichende Regelungen** treffen (Art. 72 Abs. 3 Satz 2 GG); diese Abweichungsmöglichkeit gilt nach Art. 72 Abs. 3 Satz 1 Nr. 5 GG allerdings ausdrücklich **nicht für stoffbezogene oder anlagenbezogene Regelungen**.

### a) Europäisches Wasserrecht

7  Das deutsche Recht der Wasserwirtschaft wird maßgeblich durch Vorschriften des Europäischen Rechts bestimmt. Durch das Wasserhaushaltsgesetz vom 31.7.2009 werden zahlreiche Richtlinien des Europäischen Rechts in nationales Recht der Bundesrepublik Deutschland umgesetzt[1].

8  Richtlinien der EU sind nur für die Mitgliedstaaten verbindlich, an die sie gerichtet sind[2]. Die EU-Richtlinien zum Gewässerschutz stellen deshalb keine eigenständig anzuwendenden Normen zum Gewässerschutz in der Bundesrepublik Deutschland dar. Für die anwaltliche Beratungstätigkeit zu Fragen des Wasserrechts ist deshalb in der Regel das Wasserhaushaltsgesetz des Bundes maßgeblich. Eine nähere Befassung mit dem Inhalt der Richtlinien der EU zum Gewässerschutz ist allerdings dann angezeigt, wenn Umstände des Einzelfalls Anlass für die Annahme geben,

---

1 Richtlinie 80/68/EWG des Rates vom 17.12.1979 über den Schutz des Grundwassers gegen Verschmutzung durch bestimmte gefährliche Stoffe (ABl. L 20 v. 26.1.1980, S. 43, die durch die Richtlinie 2000/60/EG (ABl. L 327 v. 22.12.2000, S. 1) geändert worden ist,
Richtlinie 91/271/EWG des Rates vom 21.5.1991 über die Behandlung von kommunalem Abwasser (ABl. L 135 v. 30.5.1991, S. 40), die zuletzt durch die Verordnung (EG) Nr. 1137/2008 (ABl. L 311 v. 21.11.2008, S. 1) geändert worden ist,
Richtlinie 2000/60/EG des Europäischen Parlaments und des Rates vom 23.10.2000 zur Schaffung eines Ordnungsrahmens für Maßnahmen der Gemeinschaft im Bereich der Wasserpolitik (Wasserrahmenrichtlinie – WRRL), (ABl. L 327 v. 22.12.2000, S. 1), die zuletzt durch die Richtlinie 2008/105/EG (ABl. L 348 v. 24.12.2008, S. 84) geändert worden ist,
Richtlinie 2004/35/EG des Europäischen Parlaments und des Rates vom 21.4.2004 über Umwelthaftung zur Vermeidung und Sanierung von Umweltschäden (ABl. L 143 v. 30.4.2004, S. 56), die durch die Richtlinie 2006/21/EG (ABl. L 102 v. 11.4.2006, S. 15) geändert worden ist,
Richtlinie 2006/11/EG des Europäischen Parlaments und des Rates vom 15.2.2006 betreffend die Verschmutzung infolge der Ableitung bestimmter gefährlicher Stoffe in die Gewässer der Gemeinschaft (ABl. L 64 v. 4.3.2006, S. 52),
Richtlinie 2006/118/EG des Europäischen Parlaments und des Rates vom 12.12.2006 zum Schutz des Grundwassers vor Verschmutzung und Verschlechterung (ABl. L 372 v. 27.12.2006, S. 19, L 53 vom 22.2.2007, S. 30, L 139 v. 31.5.2007, S. 39),
Richtlinie 2007/60/EG des Europäischen Parlaments und des Rates v. 23.10.2007 über die Bewertung und das Management von Hochwasserrisiken (ABl. L 288 v. 6.11.2007, S. 27).
2 Art. 288 des Vertrages über die Arbeitsweise der Europäischen Union (ABl. Nr. C 115 v. 9.5.2008, S. 47).

dass eine Vorschrift des Wasserrechts gegen Vorschriften der EU verstößt und deshalb nicht europarechtskonform ist.

**b) Wasserrecht der Bundesrepublik Deutschland**

**aa) Wasserhaushaltsgesetz**

Das Wasserhaushaltsgesetz vom 31.7.2009 ist am 1.3.2010 als bundeseinheitliche Vollregelung in Kraft getreten und bildet damit die zentrale Rechtsvorschrift des Rechts der Wasserwirtschaft. 9

**bb) Wassergesetze der Länder**

Auch nach Inkrafttreten des Wasserhaushaltsgesetzes als Vollregelung verbleibt den Bundesländern ein Spielraum für den Erlass eigener wasserrechtlicher Regelungen. Dieser ergibt sich zum einen daraus, dass die Länder im Bereich der konkurrierenden Gesetzgebung dazu berechtigt sind, eigene Vorschriften zu erlassen, solange und soweit der Bund von seiner Gesetzgebungszuständigkeit keinen Gebrauch gemacht hat (Art. 72 Abs. 1 GG). Weiterer Spielraum für die Gesetzgebung der Bundesländer ergibt sich daraus, dass die Länder nach Art. 72 Abs. 3 Satz 1 Nr. 5 GG das Recht haben, zum Wasserhaushalt abweichende Regelungen zu erlassen. 10

Das Abweichungsrecht der Bundesländer besteht gem. Art. 72 Abs. 3 Satz 1 Nr. 5 GG ausdrücklich nicht für „stoff- und anlagenbezogene" Regelungen. Stoffliche Belastungen von Gewässern oder von Anlagen ausgehende Gefährdungen der Gewässer sind Kernbereiche des Gewässerschutzes, die bundeseinheitlich zu regeln sind[1]. „Stoffbezogen" sind alle Regelungen, deren Gegenstand stoffliche Einwirkungen auf den Wasserhaushalt z.B. durch Einleiten von Stoffen in Gewässer betreffen; „anlagenbezogen" sind alle Regelungen zu Bau und Betrieb von Abwasseranlagen, Rohrleitungen oder Anlagen zum Umgang mit wassergefährdenden Stoffen[2]. 11

**cc) Kommunale Satzungen**

Im Bereich der öffentlichen Wasserversorgung und Abwasserbeseitigung haben die Gemeinden oder Gemeindeverbände als zuständige Aufgabenträger die Möglichkeit, durch Wasserversorgungssatzungen oder Entwässerungssatzungen unter Beachtung der höherrangigen Rechtsvorschriften des Wasserhaushaltsgesetzes und der Vorschriften des jeweiligen Landeswasserrechts eigene Regelungen zu treffen. Durch kommunale Satzungen kann etwa eine Anschluss- und Benutzungspflicht an die gemeindliche Wasserversorgungsanlage festgelegt werden, um Gesundheitsrisiken durch den Verbrauch von ungeeignetem Trinkwasser vorzubeugen; ebenso besteht die Möglichkeit, durch kommunale Satzung eine Anschluss- und Benutzungspflicht an die örtliche Abwasserbeseitigungseinrichtung zu regeln, um eine ungeordnete Ableitung von Schmutzwasser in das Grundwasser oder in Oberflächengewässer zu verhindern. 12

---

1 Begründung zum Entwurf eines Gesetzes zur Änderung des Grundgesetzes, BT-Drs. 16/813, S. 11.
2 *Knopp*, in: Sieder/Zeitler/Dahme/Knopp, Vorbemerkung Rz. 3g.

## II. Gewässer

13 Das Recht der Wasserwirtschaft einschließlich aller Verwaltungsverfahren mit wasserwirtschaftlichem Hintergrund ist auf den Schutz und die nachhaltige Bewirtschaftung von **Gewässern** ausgerichtet.

14 Unter den **Gewässerbegriff** des § 2 Abs. 1 WHG fallen
1. oberirdische Gewässer,
2. Küstengewässer,
3. das Grundwasser

oder Teile dieser Gewässer.

15 Allen Gewässerarten ist gemeinsam, dass sie **in den natürlichen Wasserkreislauf** eingebunden sind[1].

16 **Wasser in geschlossenen Leitungen** oder **Behältern** (z.B. Trinkwasser in Speicherbehältern oder einer Trinkwasserleitung, Wasser in Schwimmbecken, Zierteichen, Springbrunnen, Schmutzwasser in einer Abwasserkanalisation oder einem Abwassersammelbehälter) ist deshalb **kein Gewässer** i.S.v. § 2 Abs. 1 WHG. Dieses Wasser hat keinen Kontakt zum natürlichen Wasserkreislauf, so dass es an den natürlichen Gewässerfunktionen keinen Anteil hat und eine Steuerung der Menge und Güte des Wassers mit dem im Wasserhaushaltsgesetz vorgesehenen wasserwirtschaftlichen Instrumentarium nicht möglich ist[2].

17 Die Prüfung, ob im Einzelfall ein Gewässer vorliegt, ist von erheblicher praktischer Bedeutung:
- So bedürfen **Benutzungen** eines Gewässers wie die **Entnahme von Wasser** aus einem Gewässer oder die **Einleitung von Abwasser** in ein Gewässer der **vorherigen wasserrechtlichen Zulassung** (vgl. Näheres dazu unter III Rz. 92ff.). Die Entnahme von Wasser aus einer **öffentlichen Wasserversorgungsanlage** oder die Ableitung von Schmutzwasser in die **öffentliche Kanalisation** stellt dagegen keine Benutzung eines Gewässers dar und wird maßgeblich durch Vorschriften des **Kommunalrechts** bestimmt.
- Die Regelungen in **Haftung für Veränderungen von Gewässern** nach § 89 WHG und die **Gewässersanierung** nach § 90 WHG (vgl. Näheres dazu unter VII Rz. 541 ff.) setzen ebenfalls voraus, dass ein Gewässer verändert oder geschädigt worden ist.
- Nicht zuletzt ist der **Gewässerbegriff** des § 2 Abs. 1 WHG auch **strafrechtlich relevant**, da der gesetzliche Tatbestand der Gewässerverunreinigung nach **§ 324 StGB** als Tathandlung die **Verunreinigung eines Gewässers** vorsieht[3].

### 1. Oberirdische Gewässer

18 **Oberirdische Gewässer** werden in § 3 Nr. 1 WHG als „das **ständig oder zeitweilig in Betten fließende oder stehende** oder **aus Quellen wild abfließende Wasser**" definiert.

19 Zu den oberirdischen Gewässern in diesem Sinne zählen
- **fließende Gewässer** wie Ströme, Flüsse oder Bäche,

---

1 BVerwG, ZFW 2006, 211.
2 BVerwG, NVwZ-RR 2005, 739; BVerwG, ZUR 2011, 254; *Czychowski/Reinhardt*, § 2 Rz. 7; *Knopp*, in: Sieder/Zeitler/Dahme/Knopp, § 1 Rz. 4.
3 BayObLG v. 24.2.1988 – RReg 4 St 248/87, NuR 1989, 54–55.

## II. Gewässer

- **stehende natürliche Gewässer** wie Seen und Teiche,
- **stehende künstliche** Gewässer wie Baggerseen, die bei Sand- oder Kiesabbau nicht nur vorübergehend entstehen[1],
- **wild**, d.h. außerhalb eines Gewässerbettes **abfließendes Wasser aus Quellen**.

Für die Annahme eines oberirdischen Gewässers i.S.v. § 3 Nr. 1 WHG reicht es aus, dass Wasser zeitweilig in einem Gewässerbett steht oder fließt. **Gewässerbett** ist eine äußerlich erkennbare natürliche oder künstliche Begrenzung des Wassers in einer Eintiefung an der Erdoberfläche[2]. Das **Gewässerbett** eines mit dem natürlichen Wasserkreislauf in Verbindung stehenden Gewässers kann **natürlich entstanden** sein (z.B. als vom Wasser modelliertes Flussbett) oder **künstlich hergestellt** worden sein (z.B. als Schifffahrtskanal, Kiesteich oder Fischteich). Als Gewässerbett ist deshalb auch eine ca. 20 bis 25 cm tiefe und 1,5 bis 2m breite Rinne anzusehen, die gelegentlich der Abführung des Oberflächenwassers von einer Grünlandfläche dient[3]. Auch der Seitengraben eines Weges, der zweckgerichtet zur Ableitung von Oberflächenwasser von dem Verkehrsweg genutzt wird, aber in Trockenzeiten kein Wasser führt, ist als Gewässerbett eines oberirdischen Gewässers anzusehen[4].  20

Die Eigenschaft eines oberirdischen Gewässers entfällt nicht, wenn ein fließendes Gewässer bis zu seiner Mündung in ein anderes Gewässer auf Teilstrecken verrohrt und in einem Betonkastenprofil geführt wird[5]. Unterquert ein fließendes Gewässer einen Verkehrsweg mittels eines Rohrdurchlasses, ändert dies ebenfalls nichts an der Eigenschaft als oberirdisches Gewässer[6]. In beiden Fällen wird das Wasser zwar auf einer Teilstrecke auf besondere Art und Weise geführt, ohne aber insgesamt seine Verbindung mit dem natürlichen Wasserkreislauf zu verlieren.  21

Die Eigenschaft als oberirdisches Gewässer entfällt aber dann, wenn das in einem Gewässer befindliche Wasser aus dem unmittelbaren Zusammenhang mit dem natürlichen Wasserkreislauf ausgesondert wird. Eine **Aussonderung des Wassers aus dem unmittelbaren Zusammenhang mit dem natürlichen Wasserkreislauf** findet statt, wenn ein fließendes Gewässer in eine Rohrleitung geleitet wird, die zur Ableitung von Schmutzwasser genutzt wird und in die örtliche Kläranlage mündet; in diesem Fall verliert das fließende Gewässer mit dem Eintritt in die Rohrleitung seine Gewässereigenschaft und wird zum Bestandteil der örtlichen Schmutzwasseranlage[7].  22

### 2. Küstengewässer

Küstengewässer ist das Meer zwischen der landseitigen Begrenzung durch die Küstenlinie bei mittlerem Hochwasser oder der seewärtigen Begrenzung der oberirdischen Gewässer und der seewärtigen Begrenzung des Küstenmeeres (§ 3 Nr. 2 WHG).  23

Die **landseitige Begrenzung** der Küstengewässer wird durch die **Küstenlinie bei mittlerem Hochwasser** oder die **seewärtige Begrenzung der oberirdischen (Binnen-)Gewässer** bestimmt.  24

---

1 OVG Koblenz, ZFW 1973, 174 (175); VGH Mannheim, DÖV 1977, 331.
2 BVerwG, ZUR 2011, 254 (255); *Czychowski/Reinhardt*, § 3 Rz. 7; *Knopp*, in: Sieder/Zeitler/Dahme/Knopp, § 1 Rz. 6.
3 OVG Schleswig, NuR 2000, 294.
4 OVG Schleswig, ZFW 1997, 126.
5 BVerwG, ZFW 1997, 25.
6 OLG Hamm, NVwZ-RR 2003, 107 (108).
7 BVerwG, ZFW 1976, 282 (286); BVerwG, ZFW 1997, 25.

25 Im Tidegebiet der Nordsee ist als **Küstenlinie** die Linie anzusehen, die von einer Flut mittlerer Höhe nicht überschritten wird. An der gezeitenlosen Ostsee wird die Küstenlinie durch die Linie des Mittelwasserstandes bestimmt. Beide Linien sind im Gelände durch die Grenze des Wuchses von Landpflanzen und am Strand durch die Grenze zwischen nassem und trockenem Sand gekennzeichnet[1].

26 Die **seewärtige Begrenzung** der oberirdischen Gewässer wird nicht durch solche natürlichen Merkmale, sondern durch gesetzlich festgelegte Linien bestimmt: Bei Binnenwasserstraßen des Bundes beginnt das Küstengewässer am seeseitigen Endpunkt der Bundeswasserstraße[2]. Die seewärtige Begrenzung von oberirdischen Gewässern, die nicht Bundeswasserstraßen sind, richtet sich gem. § 3 Nr. 2, 2. Halbs. WHG nach den landesrechtlichen Vorschriften[3].

**3. Grundwasser**

27 Grundwasser i.S.d. Definition des § 3 Nr. 3 WHG ist das **unterirdische Wasser in der Sättigungszone, das in unmittelbarer Berührung mit dem Boden oder dem Untergrund steht**. Die Begriffsbestimmung entspricht wörtlich Art. 2 Nr. 2 der Richtlinie 2000/60/EG des Europäischen Parlaments und des Rates vom 23.10.2000 zur Schaffung eines Ordnungsrahmens für Maßnahmen der Gemeinschaft im Bereich der Wasserpolitik (Wasserrahmenrichtlinie – WRRL)[4].

28 In Nr. 4.2 der DIN 4049 Teil 1 – Hydrologie-Grundbegriffe wird Grundwasser als unterirdisches Wasser definiert, das die Hohlräume der Erdrinde zusammenhängend ausfüllt und dessen Bewegung ausschließlich oder nahezu ausschließlich von der Schwerkraft und den durch die Bewegung selbst ausgelösten Reibungskräften bestimmt wird.

29 Grundwasser ist das gesamte **in der Sättigungszone sowohl horizontal fließende als auch vertikal den Boden durchsickernde unterirdische Wasser**, soweit es an den natürlichen Gewässerfunktionen teilnimmt und der wasserwirtschaftlichen Lenkung zugänglich ist[5]. Unerheblich ist, in welchem Horizont oder in welcher Tiefe sich Grundwasser befindet[6]. Die Begriffsbestimmung des Grundwassers in § 3 Nr. 3 WHG erfasst demnach nicht nur oberflächennahes Grundwasser, sondern auch das Grundwasser in tiefer liegenden Grundwasserhorizonten. Zum Grundwasser gehört auch Wasser, das sich unterhalb der Gewässersohle eines oberirdischen Gewässers befindet oder aus einem oberirdischen Gewässer in die gesättigte Bodenzone infiltriert ist[7]. Grundwasser, das auf landwirtschaftlichen Flächen in unterirdisch verlegten Drainageleitungen gesammelt wird, behält seine Grundwassereigenschaft[8]. Auch Wasser, das in einem in den Grundwasserhorizont hineinreichenden Hausbrunnen steht, ist Grundwasser[9]. Wasser, das bei hohem Grundwasserspiegel aus Wiesen oder Feldern hervortritt und für eine kurze Zeit auf der Erdoberfläche stehenbleibt, ist ebenfalls Grundwasser, da sich nicht dauerhaft ein neues oberirdisches Gewässer bildet und das zu Tage getretene Wasser wei-

---

1 *Czychowski/Reinhardt*, § 3 Rz. 39; *Knopp*, in: Sieder/Zeitler/Dahme/Knopp, § 1 Rz. 11c, jeweils m.w.N.
2 Vgl. dazu § 1 Abs. 1 Nr. 1 i.V.m. Anlage 1 WaStrG.
3 Vgl. im Detail etwa § 1 Abs. 4 NdsWG, § 1 Abs. 1 Satz 3 LWaG MV, § 1 Abs. 3 SchlHWG.
4 ABl Nr. L 327, S. 1.
5 *Czychowski/Reinhardt*, § 3 Rz. 45 m.w.N.
6 OVG NW, ZFW 1999, 53 m.w.N.
7 VG Sigmaringen, ZFW 1999, 129.
8 OVG Koblenz, NVwZ-RR 1989, 10.
9 *Czychowski/Reinhardt*, § 3 Rz. 48.

II. Gewässer

ter im natürlichen Zusammenhang mit dem unterirdischen Wasser steht[1]. Wird im Zuge einer Baumaßnahme Grundwasser freigelegt und nach kurzer Zeit wieder mit Erdreich bedeckt, bleibt die Grundwassereigenschaft ebenfalls bestehen[2].

**Nicht** zum **Grundwasser** zählt dagegen Wasser, das sich außerhalb der gesättigten Bodenzone befindet. Dies gilt für **Niederschlagswasser**, das nach dem Auftreffen auf die Erdoberfläche zwar in der Bodenkrume und im Mutterboden versickert, aber nicht bis zum Grundwasserleiter gelangt; auch die **allgemeine Bodenfeuchte** stellt rechtlich betrachtet kein Grundwasser dar[3]. 30

Wasser, das aus der gesättigten Bodenzone ausgetreten ist, zählt ebenfalls nicht zum Grundwasser. **Kein Grundwasser** ist deshalb das im Zuge von Abgrabungsmaßnahmen im Kies- oder Kohletagebau beim Anschnitt eines Grundwasserleiters ausgetretene Wasser, das sich in einem **Baggersee** oder einem **stillgelegten Braunkohletagebau** sammelt; Baggerseen und Wasser in stillgelegten Tagebauen sind vielmehr als oberirdische Gewässer anzusehen[4]. 31

Grundwasser, das aus der gesättigten Bodenzone z.B. in einen Gebäudekeller eindringt, verliert mit dem Eindringen in den Keller seine Einbindung in den natürlichen Wasserkreislauf und damit insgesamt die Gewässereigenschaft[5]. Der Verlust der Gewässereigenschaft hat weiter zur Folge, dass das in den Keller eingedrungene Wasser nicht mehr der Steuerung durch das Wasserwirtschaftsrecht unterliegt und damit ohne wasserrechtliche Zulassung abgepumpt werden kann[6]. 32

**4. Ausnahme bestimmter Gewässer von den Bestimmungen des WHG nach § 2 Abs. 2 WHG**

Gemäß **§ 2 Abs. 2 Satz 1 WHG** können die Länder **kleine Gewässer von wasserwirtschaftlich untergeordneter Bedeutung**, insbesondere Straßenseitengräben als Bestandteil von Straßen, Be- und Entwässerungsgräben sowie Heilquellen von den Bestimmungen des WHG ausnehmen. 33

**a) Kleine Gewässer von wasserwirtschaftlich untergeordneter Bedeutung**

Die Ausnahmemöglichkeit betrifft nach dem Gesetzeswortlaut nur kleine Gewässer mit wasserwirtschaftlich untergeordneter Bedeutung. 34

„**Klein**" ist ein Gewässer, das nach seinem natürlichen Erscheinungsbild nur als völlig geringfügig auftritt, wenig Wasser führt, ein sehr schmales Bett hat oder nur eine geringe Fläche Landes mit wenig Wasser überdeckt[7]. 35

Eine **wasserwirtschaftlich untergeordnete Bedeutung** ergibt sich aus der Funktion, die das kleine Gewässer für den Wasserhaushalt besitzt, in Beziehung zu dem Wasserhaushalt des entsprechenden Gewässereinzugsgebietes im Ganzen. Der Landesgesetzgeber muss hier eine Wertung vornehmen und feststellen, dass der Wasserhaushalt der in Frage kommen Einzugsgebiete nicht nennenswert beeinflusst wird, wenn bestimmte Typen von Gewässern aus den gesetzlichen Vorschriften 36

---

1 *Breuer*, Rz. 152 m.w.N.
2 *Breuer*, Rz. 152 am Ende.
3 *Czychowski/Reinhardt*, § 3 Rz. 50.
4 *Knopp*, in: Sieder/Zeitler/Dahme/Knopp, § 1 Rz. 7; *Czychowski/Reinhardt*, § 3 Rz. 52; *Breuer*, Rz. 152 jeweils m.w.N.
5 *Czychowski/Reinhardt*, § 3 Rz. 50.
6 *Knopp*, in: Sieder/Zeitler/Dahme/Knopp, § 1 Rz. 7; *Breuer*, Rz. 152.
7 *Knopp*, in: Sieder/Zeitler/Dahme/Knopp, § 1 Rz. 14.

des WHG ausgenommen werden[1]. Dem Altarm eines Gewässers von 1 km Länge und über 4 m Breite kommt nach einer Entscheidung des OVG Nordrhein-Westfalen jedenfalls keine wasserrechtlich untergeordnete Bedeutung in diesem Sinne zu[2].

37 Bei den in § 2 Abs. 2 Satz 1 WHG genannten Gewässern handelt es sich um Regelbeispiele. Wie sich aus dem Wort „insbesondere" ergibt, ist die Ausnahmemöglichkeit gerade nicht auf die dort genannten kleinen Gewässer beschränkt. Die Ausnahmemöglichkeit betrifft demnach auch andere kleine Gewässer von wasserwirtschaftlich untergeordneter Bedeutung wie z.B. Fischteiche, Feuerlöschteiche oder Eisweiher.

38 Soweit kleine Gewässer landesrechtlich von den Bestimmungen des WHG ausgenommen sind, finden etwa die Vorschriften der §§ 8ff. WHG über die wasserrechtliche Erlaubnis keine Anwendung, so dass Einwirkungen auf diese Gewässer abweichend von § 8 WHG nach dem Wasserrecht erlaubnisfrei bleiben. So ist etwa das Besetzen eines von den Bestimmungen des WHG ausgenommenen Fischteichs mit Fischen ebenso wie das Einbringen von Fischfutter nach dem WHG wasserrechtlich erlaubnisfrei. Erlaubnisfreiheit gilt auch für das Entnehmen von Wasser aus einem ausgenommenen Feuerlöschteich.

39 Von der Ausnahmemöglichkeit des § 2 Abs. 2 Satz 1 WHG haben die Bundesländer in unterschiedlichem Umfang Gebrauch gemacht. Die von der Mehrzahl der Bundesländer in ihren Landeswassergesetzen geregelten Ausnahmen vom Anwendungsbereich des WHG betreffen Seitengräben, die Bestandteile von Verkehrswegen sind, sowie Entwässerungsgräben, die nicht der Vorflut oder der Vorflut der Grundstücke nur eines Eigentümers dienen, oder Grundstücke, die zur Fischzucht oder Fischhaltung oder zu sonstigen Zwecken mit Wasser bespannt werden. Wegen der Einzelheiten sei hier auf das jeweilige Landesrecht verwiesen.

**b) Heilquellen**

40 Neben kleinen Gewässern von wasserwirtschaftlich untergeordneter Bedeutung können die Länder auch Heilquellen von der Anwendung der Bestimmungen des WHG ausnehmen.

41 Heilquellen sind natürlich zu Tage tretende oder künstlich erschlossene Wasser- oder Gasvorkommen, die auf Grund ihrer chemischen Zusammensetzung, ihrer physikalischen Eigenschaften oder der Erfahrung nach geeignet sind, Heilzwecken zu dienen (§ 53 Abs. 1 WHG).

42 Landesrechtliche Ausnahmen für Heilquellen vom Anwendungsbereich des WHG existieren gegenwärtig nur im Landeswassergesetz des Landes Baden-Württemberg bezogen auf Solquellen i.S.d. Bergrechts, die zu Heilquellen erklärt worden sind[3].

**c) Keine Ausnahme vom Anwendungsbereich der §§ 89 und 90 WHG (§ 2 Abs. 2 Satz 2 WHG)**

43 Die Möglichkeit, kleine Gewässer von untergeordneter Bedeutung oder Heilquellen durch landesrechtliche Vorschriften von dem Anwendungsbereich des WHG auszunehmen, gilt nicht für alle Vorschriften des WHG:

44 Gemäß § 2 Abs. 2 Satz 2 WHG kann die Anwendung der dort bezeichneten §§ 89 und 90 WHG nicht durch Landesrecht ausgeschlossen werden.

---

1 *Knopp*, in: Sieder/Zeitler/Dahme/Knopp, § 1 Rz. 14.
2 OVG NW, NuR 1989, 90.
3 § 1 Abs. 2 WG BW.

## II. Gewässer

§ 89 WHG regelt die Haftung für Schäden, die dadurch entstehen, dass durch eine nachteilige Veränderung der Wasserbeschaffenheit einem Anderen ein Schaden zugefügt wird (dazu im Einzelnen unter VII Rz. 541 ff.). 45

§ 90 WHG regelt die Pflicht der für eine Gewässerschädigung verantwortlichen Person zu Sanierungsmaßnahmen. 46

Die bundesrechtlich geregelte Haftung im Zusammenhang mit der Beeinträchtigung von Gewässern bleibt also nach § 2 Abs. 2 Satz 2 WHG auch dann unvermindert erhalten, wenn sie der Landesgesetzgeber als Gewässer von geringer wasserwirtschaftlicher Bedeutung eingestuft hat. 47

### 5. Eigentum an Gewässern

Das Eigentum an Gewässern ist im Zuge der Novellierung des WHG mit Wirkung vom 1.3.2010 erstmalig bundesrechtlich geregelt worden. 48

Die Frage, wer Gewässereigentümer ist, spielt im Zusammenhang mit dem erlaubnisfreien Eigentümergebrauch (§ 26 WHG) (dazu im Einzelnen unter III.3 Rz. 145 f.), mit Maßnahmen und Pflichten der Gewässerunterhaltung (§ 40 Abs. 1 und § 41 Abs. 1 Satz 1 Nr. 1 WHG) (dazu im Einzelnen unter X), sowie mit Pflichten zur Duldung von Gewässerveränderungen oder von Durchleitungen von Wasser und Abwasser eine Rolle. 49

#### a) Eigentum an Bundeswasserstraßen

§ 4 Abs. 1 Satz 1 WHG regelt, dass das Eigentum an den Bundeswasserstraßen dem Bund nach Maßgabe der wasserstraßenrechtlichen Vorschriften zusteht. 50

§ 4 Abs. 1 WHG enthält keine eigene materiell-rechtliche Regelung des Eigentums an Bundeswasserstraßen, sondern lediglich einen Verweis auf die bereits nach Art. 89 Abs. 1 GG sowie § 1 Abs. 1 WaStrVermG[1] bestehende Rechtslage, nach welcher der Bund mit Wirkung vom 24.5.1949 Eigentümer der früheren Reichswasserstraßen geworden ist[2]. 51

Da jede Bundeswasserstraße zugleich ein oberirdisches Gewässer i.S.d. § 3 Nr. 1 WHG darstellt, regelt § 4 Abs. 2 WHG, dass den Bund als Eigentümer der Bundeswasserstraßen alle Pflichten treffen, die sich für den Gewässereigentümer nach dem WHG, den auf Grund des WHG erlassenen Rechtsverordnungen sowie anderen wasserrechtlichen Vorschriften – auch Normen des Landeswasserrechts – treffen. 52

#### b) Eigentum an anderen Gewässern

Soweit das WHG keine eigenen Regelungen zum Gewässereigentum trifft, gelten die Vorschriften des Landesrechts (§ 4 Abs. 5 WHG). 53

Regelungen zum Eigentum an Gewässern, die nicht Bundeswasserstraßen sind, sind damit im jeweiligen Landeswassergesetz zu finden. Die Vorschriften des Landeswasserrechts treffen dabei landesspezifische Regelungen unter anderem zum Eigentum an Gewässern erster und zweiter Ordnung sowie zu Änderungen des Eigentums infolge von Veränderungen des Gewässers z.B. durch Überflutungen oder Ver- 54

---

1 Gesetz über die vermögensrechtlichen Verhältnisse der Bundeswasserstraßen vom 21.5.1951 (BGBl. I S. 352).
2 BT-Drs. 16/12275, S. 54.

landungen. Da die Regelungen der einzelnen Länder deutlich voneinander abweichen, wird zu Details auf das jeweilige Landeswassergesetz verwiesen.

**c) Keine Eigentumsfähigkeit des fließenden Wassers in oberirdischen Gewässern und des Grundwassers**

55 Nach § 4 Abs. 2 WHG sind Wasser eines fließenden oberirdischen Gewässers und Grundwasser nicht eigentumsfähig.

56 Mit § 4 Abs. 2 WHG hat der Gesetzgeber den Zweck verfolgt, die in früheren Fassungen des WHG bundesgesetzlich nicht und in den Landeswassergesetzen teilweise unterschiedlich geregelte Rechtslage zur fehlenden Eigentumsfähigkeit der „fließenden Welle" und des Grundwassers klarzustellen[1].

57 Fließendes Wasser wird wie andere Allgemeingüter (z.B. freie Luft) mangels Abgrenzbarkeit nicht als Sache angesehen[2] und aus diesem Grunde als nicht eigentumsfähig betrachtet.

58 Zum Grundwasser hat das Bundesverfassungsgericht in seinem „Nassauskiesungsbeschluss" vom 15.7.1981 festgestellt, dass das Grundwasser wegen seiner überragenden Bedeutung für die Allgemeinheit und seiner besonderen Empfindlichkeit gegenüber nachteiligen Veränderungen zur Sicherung einer funktionsfähigen Wasserbewirtschaftung einer vom zivilrechtlich geregelten Oberflächeneigentum getrennten öffentlich-rechtlichen Benutzungsordnung durch das Recht der Wasserwirtschaft unterstellt worden ist[3].

**d) Einschränkungen des Grundeigentums**

59 Nach § 4 Abs. 3 Nr. 1 WHG berechtigt das Grundeigentum nicht zu einer Gewässerbenutzung, die einer behördlichen Zulassung bedarf. Das Grundeigentum berechtigt ferner nicht zum Ausbau eines Gewässers (§ 4 Abs. 3 Nr. 2 WHG).

60 Der Eigentümer eines Grundstücks ist daher nicht bereits aus dem Grundstückseigentum dazu berechtigt, das auf seinem Grundstück anstehende Oberflächenwasser oder Grundwasser zu benutzen, sondern muss vor Beginn einer Gewässerbenutzung eine behördliche Zulassung einholen.

61 Der Grundstückseigentümer ist auch nicht dazu berechtigt, ohne vorherige Prüfung und Zulassung im Rahmen eines behördlichen Planfeststellungs- oder Plangenehmigungsverfahrens ein Gewässer auszubauen, d.h. ein Gewässer künstlich herzustellen, ein vorhandenes Gewässer zu beseitigen oder ein Gewässer oder seine Ufer wesentlich umzugestalten (§ 67 Abs. 2 Satz 1 WHG).

62 Die genannten Beschränkungen des Grundstückseigentums stellen keine entschädigungspflichtige Enteignung dar, sondern sind als nach Art. 14 Abs. 1 Satz 2 GG zulässige Inhalts- und Schrankenbestimmung des Eigentums anzusehen: Durch die Trennung der Nutzung eines Gewässers von dem Eigentum am Grundstück entfallen die Merkmale der Privatnützigkeit und der grundsätzlichen Verfügungsbefugnis nicht deswegen, weil der Eigentümer für bestimmte Einwirkungen auf das Grundstück eine vorherige behördliche Zustimmung benötigt[4]. Das BVerfG weist in diesem Zusammenhang darauf hin, dass das Nutzungsrecht des Grund-

---

1 BT-Drs. 16/12275, S. 54.
2 Palandt/*Ellenberger*, BGB, 70. Aufl. 2011, vor § 90 Rz. 8.
3 BVerfG, NJW 1982, 745 (751).
4 BVerfG, NJW 1982, 745 (751).

II. Gewässer                                                                 Rz. 67 Teil 3 C

stückseigentümers nach dem Wortlaut des § 905 BGB in erster Linie den Erdkörper, d.h. die Oberfläche des Grundstücks betrifft, während die Berechtigung, auf die im Erdkörper enthaltenen Stoffe wie Bodenschätze, aber auch Grundwasser zuzugreifen, stets weitgehenden Einschränkungen unterlag. Die Möglichkeit, ein Grundstück wirtschaftlich sinnvoll zu verwenden, hängt in aller Regel nicht davon ab, dass dort ohne vorherige behördliche Prüfung und Zulassung Gewässerbenutzungen ausgeübt werden können oder ein dort befindliches Gewässer umgestaltet werden kann[1].

### e) Duldungspflichten des Eigentümers oder Nutzungsberechtigten eines Gewässers

Nach § 4 Abs. 4 WHG sind Eigentümer und Nutzungsberechtigte (Erbbauberechtigte, Mieter, Pächter u.a.) eines Gewässers dazu verpflichtet, Gewässerbenutzungen durch Dritte zu dulden, soweit für die Benutzung eine behördliche Zulassung – z.B. eine wasserrechtliche Erlaubnis oder Bewilligung – erteilt worden ist oder für die Benutzung – z.B. im Rahmen des Gemeingebrauchs – eine behördliche Zulassung nicht erforderlich ist. 63

Ob der Gewässerbenutzer an den Duldungspflichtigen für die Benutzung ein Entgelt zu zahlen hat, ergibt sich aus den Vorschriften des Landesrechts. Diese sehen teilweise ein Entgelt vor, soweit die duldungspflichtige Benutzung einer behördlichen Zulassung bedarf (vgl. z.B. Art. 4 Satz 2 BayWG), schließen den Anspruch auf ein öffentlich-rechtliches Entgelt bei behördlich zugelassenen Benutzungen aus (vgl. z.B. § 12 Satz 1 BlnWG) oder regeln eine Entgeltpflicht für bestimmte Benutzungen wie etwa das Entnehmen von festen Stoffen aus Gewässern (vgl. § 11 Satz 2 WG BW, § 13 Satz 2 LWG NW). 64

### 6. Allgemeine Sorgfaltspflichten

#### a) Allgemeine Sorgfaltspflicht bei gewässerrelevanten Maßnahmen (§ 5 Abs. 1 WHG)

##### aa) Anwendungsbereich der Sorgfaltspflicht

Nach § 5 Abs. 1 WHG ist jede natürliche oder juristische Person verpflichtet, bei Maßnahmen, mit denen Einwirkungen auf ein Gewässer verbunden sein können, die nach den Umständen erforderliche Sorgfalt anzuwenden, um 65
1. eine nachteilige Veränderung der Gewässereigenschaften zu vermeiden,
2. eine mit Rücksicht auf den Wasserhaushalt gebotene sparsame Verwendung des Wassers sicherzustellen,
3. die Leistungsfähigkeit des Wasserhaushalts zu erhalten und
4. eine Vergrößerung und Beschleunigung des Wasserabflusses zu vermeiden.

§ 5 Abs. 1 WHG hat nicht nur eine Appellfunktion an die Verantwortlichkeit für den Gewässerschutz, sondern begründet ausdrücklich eine Pflicht zur Anwendung der erforderlichen Sorgfalt, wenn im Einzelfall nicht ganz unwahrscheinlich ist, dass eine Maßnahme zu Einwirkungen auf ein Gewässer führt[2]. 66

Die Sorgfaltspflicht des § 5 Abs. 1 WHG ist bei jeder Tätigkeit oder Maßnahme zu beachten, die gewässerrelevant sein kann. Zu den gewässerrelevanten Tätigkeiten 67

---
1 BVerfG, NJW 1982, 745 (751) m.w.N.
2 OVG Greifswald, ZFW 1999, 50 zur Vorgängerregelung des § 1a Abs. 2 WHG a.F.; *Czychowski/Reinhardt*, § 5 Rz. 13.

und Maßnahmen gehört zunächst die Ausübung von Gewässerbenutzungen, gleich ob diese zulassungsbedürftig oder zulassungsfrei sind, weil Gewässerbenutzungen stets mit Einwirkungen auf ein Gewässer verbunden sind.

68 Die Sorgfaltspflichten nach § 5 Abs. 1 WHG gelten auch für andere Tätigkeiten und Maßnahmen, die zwar selbst keine Gewässerbenutzung darstellen, aber nach den besonderen Umständen des Einzelfalls zu Einwirkungen auf ein Gewässer führen können. Solche Maßnahmen sind z.B.
– die Einleitung von Schmutzwasser in die Kanalisation[1],
– der Einsatz von Chemikalien in Produktionsbetrieben,
– der Umgang mit wassergefährdenden Stoffen,
– die Verwendung von Pflanzenschutz- oder Düngemitteln in der Landwirtschaft,
– die Verwertung oder Beseitigung von Abfällen,
– das Einsetzen von Streumitteln im Winterdienst[2].

69 Die allgemeine Sorgfaltspflicht des § 5 Abs. 1 WHG ist auch bei der Erstellung von Bebauungsplänen und bei der Zulassung von Einzelbauvorhaben dadurch zu berücksichtigen, dass die Beseitigung des in einem beplanten Baugebiet oder einem baurechtlich genehmigten Einzelvorhaben anfallenden Abwassers sichergestellt sein muss.

**bb) Einzelne Sorgfaltspflichten**

70 Zur **Vermeidung einer nachteiligen Veränderung von Gewässern (§ 5 Abs. 1 Nr. 1 WHG)** führen alle Maßnahmen, mit denen bewirkt wird, dass es nicht zu einer nachteiligen Veränderung eines Gewässers kommt. Eine Vermeidung nachteiliger Veränderungen liegt nicht nur darin, dass eine erstmalige Veränderung des Gewässers verhindert wird, z.B. durch
– Einsatz von dichten Schlauchverbindungen und Instrumenten zur Kontrolle des Füllstandes eines Öltanks bei der Lieferung von Heizöl,
– Einsatz von Leichtflüssigkeitsabscheidern an einer Tankstelle,
– Verringerung des Verschmutzungsgrades von Abwasser vor Einleitung in die Kanalisation,
– Verminderung des Gebrauchs von Wasch- und Reinigungsmitteln,
– Kontrolle der Dichtheit von Schmutzwasserleitungen und Schmutzwassersammelgruben.

71 Eine Vermeidung nachteiliger Veränderungen von Gewässern liegt auch dann vor, wenn die Fortdauer einer bereits eingetretenen nachteiligen Veränderung eines Gewässers unterbunden wird[3], z.B. durch
– Aufnehmen einer beim Befüllen eines Öltanks ausgetretenen „Kleckermenge",
– Verlegen einer Ölsperre und Absaugen ausgetretenen Öls auf einem oberirdischen Gewässer nach einem Unfall mit Mineralöl,
– Abpumpen von mit Lösemitteln verunreinigtem Grundwasser an einem Produktionsstandort.

72 Die Sorgfaltspflicht zur **Sicherstellung einer sparsamen Verwendung des Wassers (§ 5 Abs. 1 Nr. 2 WHG)** soll dem Umstand Rechnung tragen, dass unnötige Wasser-

---

1 BVerwG, NVwZ 1991, 996 (997).
2 *Czychowski/Reinhardt*, § 5 Rz. 14 m.w.N.
3 *Drost*, § 5 WHG Rz. 10.

entnahmen eine Verringerung der für die Wasserversorgung benötigten Wassermenge zur Folge haben und darüber hinaus nachteilige ökologische Folgen haben können, die sich durch das Austrocknen von Feuchtgebieten oder durch verstärkten Anfall von zu behandelndem Abwasser zeigen. Die Pflicht zur Sicherstellung der sparsamen Verwendung von Wasser soll die zur Versorgung benötigte **Wassermenge** sichern[1].

Die sparsame Verwendung von Wasser kann sichergestellt werden, indem z.B. 73
- in Gebäuden wassersparende Armaturen eingebaut werden,
- Wasser in geeigneten Prozessen im Kreislauf geführt und mehrfach verwendet wird,
- Niederschlagswasser gesammelt und für die Bewässerung von Grünflächen oder andere Zwecke genutzt wird, in denen Wasser mit Trinkwasserqualität nicht erforderlich ist (z.B. Toilettenspülung),
- Wasserverluste durch Sanierung von undichten Verteilungsleitungen verringert werden,
- entnommenes Grundwasser möglichst nah am Entnahmeort wieder in den Grundwasserleiter zurückgeführt wird.

Die Sorgfaltspflicht zur **Erhaltung der Leistungsfähigkeit des Wasserhaushalts (§ 5** 74 **Abs. 1 Nr. 3 WHG)** soll den gesamten Wasserhaushalt mit seinen vielfältigen Funktionen als Bestandteil von Natur und Landschaft sowie als Grundlage für die öffentliche Wasserversorgung, die Gesundheit der Bevölkerung, die Gestaltung von Freizeit und Erholung, die gewerbliche Wirtschaft, die Land- und Forstwirtschaft, das Wohnungs- und Siedlungswesen und andere Belange schützen. Gegenstand dieser Sorgfaltspflicht ist daher nicht nur der Schutz des für die Wasserversorgung benötigten Wasserdargebots nach der Menge, sondern auch der Schutz der zur Erfüllung der Funktionen des Wasserhaushalts erforderlichen biologischen und chemischen Beschaffenheit des Wassers[2]. Die Sorgfaltspflicht des § 5 Abs. 1 Nr. 3 WHG umfasst zusätzlich den Schutz des Wasserhaushalts vor Einwirkungen, die nicht nur vorübergehende oder geringfügige Störungen des wasserwirtschaftlichen oder ökologischen Gleichgewichts des Gewässers und seiner Einbindung in Natur und Landschaft verursachen oder erwarten lassen[3]. Die praktische Bedeutung dieser Sorgfaltspflicht für Einzelpersonen oder Unternehmen und dementsprechend für die anwaltliche Beratungspraxis ist als eher gering einzustufen.

Der Sorgfaltspflicht des § 5 Abs. 1 Nr. 4 WHG zur **Vermeidung einer Vergrößerung** 75 **und Beschleunigung des Wasserabflusses** kann z.B. dadurch Rechnung getragen werden, dass
- Niederschlagswasser von befestigten Flächen nicht in ein Gewässer abgeleitet, sondern auf geeigneten Flächen versickert wird,
- Drainagen so verändert oder zurückgebaut werden, dass der Wasserabfluss verlangsamt wird,
- auf unnötige Bodenversiegelungen verzichtet oder vorhandene Bodenversiegelungen entfernt werden.

---

1 *Czychowski/Reinhardt*, § 5 Rz. 23; *Knopp*, in: Sieder/Zeitler/Dahme/Knopp, § 1a Rz. 21a.
2 *Drost*, § 5 WHG Rz. 12; *Czychowski/Reinhardt*, § 5 Rz. 27 f.
3 *Czychowski/Reinhardt*, § 5 Rz. 28.

### b) Sorgfaltspflichten im Zusammenhang mit dem Schutz vor Hochwasser (§ 5 Abs. 2 WHG)

76 Jede Person, die durch Hochwasser betroffen sein kann, ist im Rahmen des ihr Möglichen und Zumutbaren verpflichtet, geeignete Vorsorgemaßnahmen zum Schutz vor nachteiligen Hochwasserfolgen und zur Schadensminderung zu treffen, insbesondere die Nutzung von Grundstücken den möglichen nachteiligen Folgen für Mensch, Umwelt oder Sachwerte durch Hochwasser anzupassen.

77 § 5 Abs. 2 WHG formuliert eine Pflicht zur Eigenvorsorge und macht damit deutlich, dass Hochwasserschutz nicht nur eine Aufgabe des Staates ist, sondern auch zu den Bürgerpflichten jedenfalls der Personen gehört, die von Hochwasser betroffen sein können[1]. Von Hochwasser betroffen sind Personen,
- die Eigentümer oder Nutzer eines Grundstückes sind, das sich in einem festgesetzten oder vorläufig gesicherten Überschwemmungsgebiet i.S.v. § 76 WHG oder innerhalb eines Gebietes mit signifikantem Hochwasserrisiko (Risikogebiet) i.S.v. § 73 Abs. 1 WHG (dazu im Einzelnen unter XI. Rz. 613) befindet[2]

oder
- die bei einem Hochwasser sonst Schaden nehmen können[3].

78 Dieser Sorgfaltspflicht kann im Einzelfall dadurch Rechnung getragen werden, dass potenziell von Hochwasser betroffene Personen
- sich bei der zuständigen Behörde darüber informieren, ob ihr Grundstück in einem festgesetzten oder vorläufig gesicherten Überschwemmungsgebiet oder in einem Gebiet mit signifikantem Hochwasserrisiko liegt,
- bei akuten Hochwasserereignissen Informationen der Behörden zur aktuellen Hochwassersituation und eventuellen Verhaltensregeln einholen und befolgen,
- ihr Eigentum vor heranrückendem Hochwasser sichern.

79 Potenziell von Hochwasser betroffene Personen müssen die Nutzung eines Grundstücks in einem Überschwemmungsgebiet im Rahmen des Möglichen und Zumutbaren den besonderen Umständen anpassen. Möglich und zumutbar sind in jedem Fall einfache Maßnahmen wie etwa
- das Umräumen von Mobiliar und anderen hochwertigen Gegenständen aus hochwassergefährdeten Gebäudegeschossen in höher gelegene Räume oder die Nutzung externer Lagermöglichkeiten außerhalb des Gefahrenbereichs,
- das Umlagern von Rohstoffen, Erzeugnissen und Abfällen eines produzierenden Gewerbebetriebes,
- die Entfernung von Fahrzeugen vom Grundstück,
- die Verlegung von Aufenthaltsräumen in nicht durch Hochwasser gefährdete Gebäudeteile.

80 Eine Verpflichtung zum Umbau vorhandener und bestandskräftig genehmigter Bausubstanz wird dagegen regelmäßig daran scheitern, dass solche Umbaumaßnahmen nicht mehr „im Rahmen des Möglichen und Zumutbaren" liegen[4]. Im Rahmen der Sorgfaltspflicht nach § 5 Abs. 2 Nr. 4 WHG sind allerdings bauliche Maßnahmen zu verlangen, die unterhalb der Schwelle des Eingriffs in die bauliche Substanz lie-

---

1 *Kotulla*, NVwZ 2006, 129 (130).
2 *Drost*, § 5 Rz. 17.
3 *Czychowski/Reinhardt*, § 5 Rz. 31.
4 Ebenso *Czychowski/Reinhardt*, § 5 Rz. 33; *Drost*, § 5 WHG, Rz. 18, *Kotulla*, NVwZ 2006, 129 (130).

## II. Gewässer

gen, aber trotzdem einen wirkungsvollen Schutz vor nachteiligen Hochwasserfolgen oder hochwasserbedingten Schäden bieten. Zu diesen Maßnahmen zählt es etwa, Heizöltanks in vom Hochwasser gefährdeten Räumen eines Gebäudes so zu befestigen, dass sie vor einem Auftrieb durch das in den Raum eindringende Wasser geschützt sind, womit zugleich Schäden am Tank und dessen Zuleitungen und Schäden durch auslaufendes Heizöl vermieden werden.

Anders können die Dinge liegen, wenn vorhandene Gebäude geändert oder neu hergestellt werden sollen. Da in diesen Fällen für die Änderung oder Neuerrichtung kein Bestandsschutz besteht, können durch Nebenbestimmungen zur Baugenehmigung Maßnahmen zum Schutz vor nachteiligen Hochwasserfolgen und zur Schadensminderung angeordnet werden. Diese Anforderungen ergeben sich allerdings nicht aus der allgemeinen Sorgfaltspflicht des § 5 Abs. 2 WHG, sondern aus den besonderen Schutzvorschriften für festgesetzte Überschwemmungsgebiete und den Bestimmungen des Bauordnungsrechts der Länder, welches regelt, dass bauliche Anlagen sowie andere Anlagen und Einrichtungen so angeordnet, beschaffen und gebrauchstauglich sein müssen, dass durch **Wasser**, Feuchtigkeit, pflanzliche oder tierische Schädlinge sowie andere chemische, physikalische oder biologische Einwirkungen **keine Gefahren** oder unzumutbare Belästigungen **entstehen**[1]. 81

### c) Durchsetzung der Sorgfaltspflichten des § 5 Abs. 1 und 2 WHG

§ 5 Abs. 1 und 2 WHG begründen materielle verwaltungsrechtliche Pflichten der Adressaten. Die genannten Normen stellen dagegen keine Grundlage für Anordnungen gegenüber Pflichtigen im Einzelfall dar. Soweit Sorgfaltspflichten nach § 5 Abs. 1 und 2 WHG durchgesetzt werden sollen, ist dies allerdings auf der Grundlage des § 100 Abs. 1 Satz 2 WHG durch **gewässeraufsichtliche Einzelfallanordnung** möglich: Nach dieser Norm ordnet die für die Gewässeraufsicht zuständige Behörde nach pflichtgemäßem Ermessen die Maßnahmen an, die im Einzelfall erforderlich sind, um die Erfüllung von öffentlich-rechtlichen Verpflichtungen nach dem WHG sicherzustellen. Zu den öffentlich-rechtlichen Verpflichtungen nach dem WHG zählen auch die Sorgfaltspflichten des § 5 Abs. 1 und 2 WHG. 82

Vor dem Erlass einer auf § 100 Abs. 1 Satz 2 WHG gestützten Anordnung zur Erfüllung der allgemeinen Sorgfaltspflichten muss die Behörde allerdings prüfen, ob das WHG speziellere Regelungen enthält, die den allgemeinen Sorgfaltspflichten des § 5 WHG als lex specialis vorgehen. Speziellere Regelungen zu wasserrechtlichen Sorgfaltspflichten enthalten etwa die Vorschriften über 83
– die Zulassung von Gewässerbenutzungen (§§ 8 ff. WHG),
– die Reinhaltung von oberirdischen Gewässern (§ 32 WHG), Küstengewässern (§ 45 WHG) und Grundwasser (§ 48 WHG),
– Anforderungen an die Einleitung von Abwasser in Gewässer oder Abwasseranlagen (§§ 57, 58 f. WHG) und
– den Umgang mit wassergefährdenden Stoffen (§ 62 f. WHG),
– Nutzungsverbote oder -beschränkungen in festgesetzten Überschwemmungsgebieten (§ 78 WHG).

Die allgemeinen Sorgfaltspflichten haben deshalb Bedeutung im sog. „wasserrechtlichen Vorfeld", in dem spezielle Vorschriften des Wasserrechts noch nicht greifen[2]. 84

---
1 Vgl. Exemplarisch § 11 Abs. 3 BbgBO, § 16 BauO NRW, § 4 Abs. 1 i.V.m. § 14 LBO Schl.-Holst., § 13 BauO LSA.
2 *Czychowski/Reinhardt*, § 5 Rz. 14; *Knopp*, in: Sieder/Zeitler/Dahme/Knopp, § 1a Rz. 22; *Drost*, § 5 WHG Rz. 14, 21.

85 In der anwaltlichen Prüfung von Einzelfallanordnungen nach § 100 WHG zur Durchsetzung allgemeiner Sorgfaltspflichten nach § 5 Abs. 1 oder 2 WHG sollte deshalb zuerst die Frage geklärt werden, ob der Behörde eine speziellere Rechtsvorschrift zum Einschreiten zur Verfügung steht. Ist dies zu bejahen, sollte anhand der Begründung der Einzelfallanordnung geprüft werden, weshalb die Behörde die speziellere Vorschrift nicht angewendet hat. Enthält die Einzelfallanordnung oder deren Begründung hierzu keine Hinweise, könnte dies bereits dafür sprechen, dass die Behörde den Vorrang der spezielleren Vorschrift nicht beachtet hat und die erlassene Anordnung rechtswidrig ist. Hat die Behörde eine gewässeraufsichtliche Anordnung zur Durchsetzung von allgemeinen Sorgfaltspflichten nach § 5 Abs. 1 oder 2 WHG erlassen, weil die Voraussetzungen der spezielleren Norm für ein Einschreiten nicht „ausgereicht" haben, wäre dies ebenfalls rechtswidrig: Die spezielleren Voraussetzungen regeln ihren Anwendungsbereich abschließend und entfalten daher eine Sperrwirkung für die Anwendung der allgemeineren Regelungen des § 5 Abs. 1 oder 2 WHG[1].

### III. Gewässerbenutzungen

86 Im Interesse des von § 1 WHG normierten Gesetzeszwecks einer nachhaltigen Gewässerbewirtschaftung zum Schutz der Gewässer als Bestandteil des Naturhaushalts, als Lebensgrundlage des Menschen, als Lebensraum für Tiere und Pflanzen sowie als nutzbares Gut werden Gewässerbenutzungen durch § 8 Abs. 1 WHG einer grundsätzlichen Erlaubnis- oder Bewilligungspflicht unterworfen, soweit nicht durch das WHG oder eine auf Grund des WHG erlassene Vorschrift etwas anderes bestimmt ist.

87 § 8 Abs. 1 WHG normiert ein grundsätzliches Verbot der Gewässerbenutzung, von welchem durch eine behördliche Zulassung in Gestalt der Erlaubnis oder Bewilligung nach Prüfung des Einzelfalles eine Befreiung erteilt werden kann. Bei § 8 Abs. 1 WHG handelt es sich um ein **repressives Verbot mit Befreiungsvorbehalt**, das wegen der überragenden Bedeutung des Schutzes von Gewässern vor nachteiligen Veränderungen als nach Art. 14 Abs. 1 Satz 2 GG zulässige Inhalts- und Schrankenbestimmung des Eigentums anzusehen ist und auch nicht gegen das Gleichbehandlungsgebot des Art. 3 GG und das Übermaßverbot verstößt[2].

88 Dem entsprechend besteht – anders als etwa im Immissionsschutzrecht oder im Bauordnungsrecht – kein Rechtsanspruch auf die Erteilung einer Erlaubnis oder Bewilligung[3].

#### 1. Begriff der Gewässerbenutzung

89 **§ 9 Abs. 1 WHG** bezeichnet die sog. „**echten Gewässerbenutzungen**". Als Gewässerbenutzungen i.S.v. § 9 Abs. 1 WHG sind nur solche **Handlungen** anzusehen, die **sich unmittelbar auf ein Gewässer richten** und **sich des Gewässers zur Erreichung bestimmter Ziele bedienen**[4]. Eine Gewässerbenutzung setzt nicht voraus, dass zu ihrer Ausübung besondere technische Anlagen errichtet werden, weil es nach § 9 Abs. 1 Nr. 1 bis 5 WHG allein maßgeblich ist, dass eine oder mehrere der dort genannten Handlungen ausgeführt werden[5].

---

1 *Czychowski/Reinhardt*, § 5 Rz. 32.
2 BVerfG, NJW 1982, 745 (751 f.).
3 BVerfG, NJW 1982, 745 (752); BVerwG, NuR 2004, 809.
4 BVerwG, NJW 1974, 815.
5 *Czychowski/Reinhardt*, § 9 Rz. 9; *Drost*, § 9 Rz. 14.

III. Gewässerbenutzungen

Keine Gewässerbenutzung in diesem Sinne stellt es dar, wenn ein Benutzungstatbestand des § 9 Abs. 1 WHG lediglich zufällig verursacht wird, weil z.B. 90
- beim Ausheben einer Baugrube unbeabsichtigt und unerwartet Grundwasser freigelegt wird,
- Abwasser durch falsches Betätigen eines Absperrschiebers in ein Gewässer statt wie vorgesehen in die Kanalisation gelangt,
- nach einem Verkehrsunfall ausgetretener Kraftstoff in einen neben der Straße verlaufenden Bach fließt[1].

In solchen Fällen fehlt es an einem zweckgerichteten Handeln in Bezug auf das Gewässer.

**§ 9 Abs. 2 WHG** benennt bestimmte Tätigkeiten und Verhaltensweisen, die den 91 echten Benutzungen gleichgestellt werden, weil sie wegen der möglichen Auswirkungen auf den Wasserhaushalt besonders gewichtig sind. Bei diesen „**unechten**" **Gewässerbenutzungen** – auch als „Quasi-Benutzung" bezeichnet – wird zwar nicht das Wasser für einen bestimmten Zweck genutzt, aber zur Verfolgung eines bestimmten anderen Zwecks doch so auf den Wasserhaushalt eingewirkt, dass eine vorherige behördliche Kontrolle im Rahmen eines Erlaubnis- oder Bewilligungsverfahrens zu seinem Schutz erforderlich ist[2].

## 2. Einzelne Benutzungstatbestände

### a) Echte Gewässerbenutzungen

§ 9 Abs. 1 WHG führt folgende Tatbestände als echte Gewässerbenutzungen auf: 92

#### aa) Entnehmen und Ableiten von Wasser aus oberirdischen Gewässern (§ 9 Abs. 1 Nr. 1 WHG)

Kennzeichnend für diese Benutzung ist, dass einem oberirdischen Gewässer Wasser 93 entzogen wird und sich dadurch die Wassermenge ändert.

Das **Entnehmen** von Wasser aus oberirdischen Gewässern erfolgt durch **Pump- oder** 94 **Schöpfvorrichtungen**[3], aber auch durch das Anlegen von Entnahmesystemen in durchlässigen Bodenschichten zur Entnahme des Uferfiltrats eines oberirdischen Gewässers[4].

Das **Ableiten** von Wasser erfolgt unter **Ausnutzung der natürlichen Fließ- und Ge-** 95 **fälleeigenschaft** des Gewässers durch **Gräben, Kanäle oder Rohre**[5]. Auch das Ableiten von Wasser über eine Druckrohrleitung zur Triebwerksanlage eines Wasserkraftwerks[6] und das Durchleiten von Wasser durch die Turbinenanlage eines Flusskraftwerks[7] fällt unter § 9 Abs. 1 Nr. 1 WHG.

Wird das gesamte Wasser eines Gewässers dauerhaft abgeleitet, um die bisherige 96 Gewässerfläche anderweitig nutzen zu können, handelt es sich nicht mehr um eine Gewässerbenutzung i.S.v. § 9 Abs. 1 Satz 1 WHG. In diesem Fall liegt eine Be-

---
1 BVerwG, NJW 1974, 815.
2 *Drost*, § 9 WHG Rz. 8.
3 *Czychowski/Reinhardt*, § 9 Rz. 16; *Drost*, § 9 Rz. 17.
4 *Landmann/Rohmer/Pape*, § 9 WHG Rz. 33.
5 *Czychowski/Reinhardt*, § 9 Rz. 16; *Drost*, § 9 Rz. 17; *Landmann/Rohmer/Pape*, § 9 WHG Rz. 34.
6 VGH München, ZFW 1994, 287.
7 VG Braunschweig, ZFW 1992, 529.

seitigung bzw. wesentliche Umgestaltung des Gewässers vor, die nach § 67 Abs. 2 WHG einen Gewässerausbau darstellt, der nach § 68 WHG einer besonderen Zulassung durch Planfeststellung oder Plangenehmigung unterliegt.

### bb) Aufstauen und Absenken von oberirdischen Gewässern (§ 9 Abs. 1 Nr. 2 WHG)

97 **Aufstauen** ist jedes planmäßige Anheben des Wasserspiegels durch künstliche Einrichtungen oder Maßnahmen, die den Wasserabfluss hemmen. Zu welchem Zweck, in welchem Umfang, auf welche Dauer und mit welchen Vorrichtungen das Aufstauen erfolgt, ist für die Erfüllung des Benutzungstatbestandes unerheblich[1]. Üblicherweise erfolgt das Aufstauen mittels Staubrettern, Stauwehren oder Staumauern.

98 Staut sich ein Gewässer durch natürliche Umstände wie etwa durch Treibgut aus Hochwasser oder Eisgang, ist der Benutzungstatbestand des § 9 Abs. 1 Nr. 2 WHG nicht erfüllt, da es in diesem Fall an einer zweckgerichteten, gerade auf das Aufstauen des Gewässers zielenden Handlung fehlt.

99 **Kein Aufstauen** im Sinne einer Gewässerbenutzung nach § 9 Abs. 1 Nr. 2 WHG liegt vor, wenn eine Talsperre zum Aufstauen eines bisher natürlich abfließenden Gewässers errichtet wird: Durch den Bau der Talsperre wird das bisher natürlich abfließende **Gewässer wesentlich umgestaltet**, so dass ein nach §§ 67, 68 WHG planfeststellungsbedürftiger Gewässerausbau vorliegt[2].

100 Das **Absenken eines oberirdischen Gewässers** liegt vor, wenn der Wasserspiegel des oberirdischen Gewässers durch eine künstliche Maßnahme verringert wird. Dies kann z.B. durch
– Entnahme größerer Wassermengen aus einem Gewässer,
– Verringerung der abfließenden Wassermenge durch Aufstauen des Gewässers,
– Maßnahmen wie das Verbreitern des Gewässerprofils oder eine Vertiefung der Gewässersohle

herbeigeführt werden[3]. Bei der Verbreiterung des Gewässerprofils oder einer Vertiefung der Gewässersohle ist wiederum im Einzelfall die Prüfung erforderlich, ob noch eine Gewässerbenutzung oder bereits eine wesentliche Umgestaltung des Gewässers und damit ein Gewässerausbau i.S.v. § 67 WHG vorliegt.

101 Das Absenken eines oberirdischen Gewässers muss unmittelbar auf eine entsprechende Maßnahme zurückzuführen sein. Ergibt sich eine Absenkung des Wasserspiegels nur mittelbar z.B. durch Entnahme von Grundwasser im Quellgebiet eines Flusses, erfüllt dies nicht den Tatbestand des Absenkens des oberirdischen Gewässers nach § 9 Abs. 1 Nr. 2 WHG[4], sondern den Tatbestand des Entnehmens von Grundwasser nach § 9 Abs. 1 Nr. 5 WHG.

---

1 *Czychowski/Reinhardt*, § 9 Rz. 19; *Drost*, § 9 Rz. 19; *Landmann/Rohmer/Pape*, § 9 WHG Rz. 37.
2 *Landmann/Rohmer/Pape*, § 9 WHG Rz. 37.
3 *Czychowski/Reinhardt*, § 9 Rz. 20; *Drost*, § 9 Rz. 20; *Landmann/Rohmer/Pape*, § 9 WHG Rz. 38.
4 *Landmann/Rohmer/Pape*, § 9 WHG Rz. 38.

### cc) Entnehmen fester Stoffe aus oberirdischen Gewässern, soweit sich dies auf die Gewässereigenschaften auswirkt (§ 9 Abs. 1 Nr. 3 WHG)

Das **Entnehmen fester Stoffe aus oberirdischen Gewässern** umfasst das gezielte und planmäßige Heben oder Herausnehmen von festen Stoffen aus einem Gewässerbett[1], das z.B. durch Bagger oder Pumpen erfolgen kann.

**Feste Stoffe** sind alle entnahmefähigen Stoffe, die in ihrem Aggregatzustand weder flüssig noch gasförmig sind. Zu den festen Stoffen werden deshalb Erde, Kies, Sand, Steine, Ton, Torf, Humus, Eis, aber auch Wasserpflanzen gezählt[2]. Auch Schlamm in einem Gewässer zählt zu den festen Stoffen, da er zwar viel Wasser enthält, im Übrigen aber aus unverfestigten, feinkörnigen, tonreichen und Gesteinsstoffen besteht[3].

Das Entnehmen fester Stoffe aus oberirdischen Gewässern ist **nur erlaubnispflichtig, soweit** es sich auf die **Gewässereigenschaften auswirkt**. Gewässereigenschaften sind nach der Begriffsbestimmung in § 3 Nr. 7 WHG die auf die Wasserbeschaffenheit, die Wassermenge, die Gewässerökologie sowie die Hydromorphologie (d.h. die tatsächlichen Gegebenheiten eines Gewässers z.B. hinsichtlich der Sohlstruktur, der Uferbefestigung und des Sohlsubstrates) bezogenen Eigenschaften von Gewässern. Eine Auswirkung auf die Gewässereigenschaften ist insbesondere dann zu bejahen, wenn die Entnahme von festen Stoffen **den Wasserabfluss verändert** oder sich **unmittelbar auf den ökologischen, chemischen oder mengenmäßigen Zustand des Gewässers** auswirkt. Ob sich die Entnahme auf das Gewässer günstig, neutral oder nachteilig auswirkt, spielt für die Erfüllung des Erlaubnistatbestandes keine Rolle[4].

Das Entnehmen von festen Stoffen aus einem oberirdischen Gewässer stellt **keine Gewässerbenutzung** dar, wenn es im Rahmen der **Gewässerunterhaltung** erfolgt (§ 9 Abs. 3 Satz 2 WHG). Werden feste Stoffe einem Gewässer nicht zum Zweck ihrer Gewinnung und weiteren Verarbeitung entnommen, sondern zur Erhaltung des Gewässerbettes, der Sicherung des Wasserabflusses oder der Erhaltung der Schiffbarkeit des Gewässers entnommen, handelt es sich um Maßnahmen der Gewässerunterhaltung nach § 39 Abs. 1 Satz 2 Nr. 1 und 3 WHG, die keiner wasserrechtlichen Zulassung bedürfen.

### dd) Einbringen und Einleiten von Stoffen in Gewässer (§ 9 Abs. 1 Nr. 4 WHG)

Der Benutzungstatbestand betrifft das Einbringen und Einleiten von Stoffen in Gewässer, d.h. in oberirdische Gewässer (§ 3 Nr. 1 WHG), Küstengewässer (§ 3 Nr. 2 WHG) und das Grundwasser (§ 3 Nr. 3 WHG).

#### (1) Einbringen von Stoffen

Ein **Einbringen** liegt vor, wenn einem Gewässer zur Verfolgung eines bestimmten Zwecks **feste Stoffe** zugeführt werden; zu den festen Stoffen gehören **auch Schlämme**[5] sowie **Eis**[6] und **Schnee**[7]. Der Tatbestand des Einbringens ist mit der zweck-

---

1 *Czychowski/Reinhardt*, § 9 Rz. 21; *Drost*, § 9 Rz. 21; *Landmann/Rohmer/Pape*, § 9 WHG Rz. 39.
2 *Czychowski/Reinhardt*, § 9 Rz. 22.
3 *Czychowski/Reinhardt*, § 9 Rz. 23.
4 *Czychowski/Reinhardt*, § 9 Rz. 24; *Drost*, § 9 Rz. 23.
5 *Czychowski/Reinhardt*, § 9 Rz. 24; *Drost*, § 9 Rz. 23.
6 BayObLG, NJW 1966, 1572 (1573).
7 *Czychowski/Reinhardt*, § 9 Rz. 29.

gerichteten Zuführung jeder festen Materie erfüllt, die vor dem Einbringen in das Gewässer in diesem nicht enthalten war, insoweit ein „Fremdkörper" ist[1].

108 **Kein Einbringen** liegt dagegen im **Stapellauf** und dem sonstigen **Zuwasserlassen von Bootskörpern in oberirdische Gewässer**, weil diese Vorgänge – ebenso wie das allgemeine Befahren von Gewässern mit Booten – entweder zum erlaubnisfreien Gemeingebrauch gehören oder als Ausübung der Schifffahrt anzusehen sind, die im Rahmen der grundgesetzlich zugewiesenen Gesetzgebungskompetenzen nicht zum Wasserhaushalt nach Art. 74 Abs. 1 Nr. 32 WHG gehört, sondern durch Normsetzung im Bereich des Rechts der Küsten-, Hochsee- und Binnenschifffahrt nach Art. 74 Abs. 1 Nr. 21 GG zu regeln ist[2]. Ebenfalls nicht als Einbringen fester Stoffe in ein Gewässer ist es zu werten, wenn in einem Gewässer ein **Bootssteg** errichtet[3], **Haltepfähle**, **Ankerbojen** oder **Bojenfelder**[4] zum Festmachen von Schiffen eingerichtet werden, **Brückenpfeiler, Treppen und Anlegestellen** in einem Gewässer hergestellt oder **Rohre und Kabel** darin verlegt werden[5]. Den soeben genannten Anlagen ist gemein, dass sie nicht zweckgerichtet auf die Einwirkung auf das Gewässer errichtet und betrieben werden, sondern dass mit ihnen andere Zwecke wie die Ausübung der Schifffahrt, der Zugang zu einem Gewässer oder die Führung von Verkehrswegen und Leitungstrassen über oder unter Gewässern verfolgt werden. Derartige Anlagen stellen keine erlaubnispflichtige Benutzung eines Gewässers dar, sondern unterliegen als Anlagen in, an, über und unterirdischen Gewässern den Anforderungen des § 36 WHG und sind nach Maßgabe des Landeswasserrechts genehmigungsbedürftig.

109 **Unzulässig** und damit auch **nicht erlaubnisfähig** ist es, feste Stoffe in oberirdische Gewässer und in Küstengewässer einzubringen, um sich ihrer zu **entledigen** (§ 32 Abs. 1 Satz 1, § 45 Abs. 1 Satz 1 WHG). Mit dem in § 32 Abs. 1 Satz 1 WHG und § 45 Abs. 1 Satz 1 WHG enthaltenen Einbringungsverbot soll verhindert werden, dass oberirdische Gewässer und Küstengewässer zur Abfallentsorgung missbraucht werden, indem von Land oder von Schiffen aus feste Abfälle eingebracht werden. Das Einbringungsverbot erfasst nicht nur feste Abfälle aus Haushalt, Gewerbebetrieben oder Schifffahrt, sondern auch an einer Stauanlage oder einem Kraftwerksrechen aus dem Gewässer entnommenes Rechengut[6]. Nicht unter das Einbringungsverbot fällt nach § 32 Abs. 1 Satz 2 WHG und § 45 Abs. 1 Satz 2 WHG das Wiedereinbringen von Sediment, das einem Gewässer entnommen wurde; Gewässersedimente fallen üblicherweise im Zuge von Maßnahmen der Gewässerunterhaltung oder im Rahmen eines Gewässerausbaus an, so dass es nicht gerechtfertigt ist, ein zeitnahes Wiedereinbringen von Sedimenten durch Anwendung des Einbringungsverbotes auszuschließen[7].

110 Das Einbringen von – ebenfalls festen – **Eisstücken** und **Schnee** in Gewässer soll dagegen zum Zwecke der Entledigung erlaubnisfähig sein, wenn mögliche Gefahren für den Wasserabfluss durch Eistrieb oder für die Gewässergüte wegen der in Schnee- und Eisresten von Verkehrsflächen enthaltenen Schadstoffe wie Reste von Tausalz, Öl oder Reifenabrieb durch Nebenbestimmungen in einer wasserrechtlichen Erlaubnis vermieden werden können. Begründet wird diese Ausnahme vom Verbot des Einbringens fester Stoffe in oberirdische Gewässer und Küstengewässer damit, dass es sich bei Schnee und Eis um Formen gefrorenen Wassers han-

---

1 *Landmann/Rohmer/Pape*, § 9 Rz. 44 m.w.N.
2 *Czychowski/Reinhardt*, § 9 Rz. 30; *Drost*, § 9 Rz. 26; BayVGH, NVwZ 2000, 422.
3 VGH BW, NJW 1990, 3163.
4 OVG Hamburg, ZFW 1992, 451.
5 VGH BW, ZFW 1978, 298.
6 BVerwG, ZFW 1980, 227.
7 *Czychowski/Reinhardt*, § 32 Rz. 12 f.

delt und der Gesetzgeber das Einbringen gefrorenen Wassers nicht allein wegen des Aggregatzustandes generell untersagen wollte[1].

Der Benutzungstatbestand des Einbringens von Stoffen in ein Gewässer nach § 9 Abs. 1 Nr. 4, 1. Alt. WHG ist auch erfüllt, wenn im Zuge der **Nutzung erneuerbarer Energien** Erdwärme genutzt werden soll und dazu Bohrungen in den Grundwasserleiter niedergebracht oder feste Stoffe wie Leitungen oder Erdwärmesonden in den Grundwasserleiter eingebracht werden, um dem Grundwasser die enthaltene Wärme zu entnehmen oder dem Grundwasser zur Kühlung Wärme wieder zuzuführen. Eine wasserrechtliche Zulassung ist in diesen Fällen aber nach § 49 Abs. 1 Satz 2 WHG nur erforderlich, wenn sich das Einbringen nachteilig auf die Grundwasserbeschaffenheit auswirken kann. Sind die einzubringenden Stoffe als Baustoff nach dem Bauproduktengesetz zugelassen, stellt dies ein Indiz dafür dar, dass nachteilige Veränderungen der Grundwasserbeschaffenheit praktisch ausgeschlossen sind. In diesem Fall ist das Einbringen von Erdwärmesonden und Leitungen aber in jedem Fall nach § 49 Abs. 1 Satz 1 WHG anzuzeigen. 111

**(2) Einleiten von Stoffen**

**Einleiten** ist die zweckgerichtete Zuführung von **flüssigen oder gasförmigen Stoffen** in ein Gewässer, die vor der Einleitung nicht in dem Gewässer vorhanden waren. Unter den Benutzungstatbestand des Einleitens fällt damit z.B. 112

– die Einleitung von Abwasser oder von gesammeltem Niederschlagswasser,
– die Einleitung von flüssigen Abfällen,
– die Einleitung von im Zuge einer Baugrubenentwässerung gefördertem Wasser in ein oberirdisches Gewässer oder das Grundwasser,
– das Einleiten von Tensiden zur Reinigung von Grundwasser durch in-situ-Bodenwäsche,
– das Wiedereinleiten von im Rahmen einer Altlastensanierung gefördertem und dekontaminiertem Grundwasser nach Abschluss der Reinigung,
– das Einpressen von Wasser oder Gas in grundwasserführende Bodenschichten zur Gewinnung von Erdöl oder Gas,
– die behälterlose Speicherung von Gas oder Mineralöl, soweit die eingeleiteten Stoffe nach den Umständen des Einzelfalls mit einem Gewässer in Berührung kommen können,
– das Wiedereinleiten des zum Betrieb einer Wärmepumpenheizung verwendeten Grundwassers.

Zum Einleiten von flüssigen oder gasförmigen Stoffen in Gewässer werden häufig technische Vorkehrungen wie Gräben, Rohre oder Sickerschächte verwendet. Die **Verwendung technischer Vorkehrungen** ist allerdings **nicht zwingend**: Das Einleiten erfordert nicht, dass die Zuführung mittels einer Leitung erfolgt. Eine Einleitung liegt **auch** im ziel- und zweckgerichteten **Versickern**[2] oder **Verrieseln**[3] von flüssigen Stoffen wie z.B. Abwasser aus einer Grundstückskläranlage; auf die Beschaffenheit der zum Einleiten benutzten Anlage kommt es ebenso wenig an wie auf die Eigentumsverhältnisse an der Anlage[4]. 113

---

1 *Czychowski/Reinhardt*, § 32 Rz. 7; ebenso *Knopp*, in: Sieder/Zeitler/Dahme/Knopp, § 3 WHG a.F. Rz. 17d; im Ergebnis auch BayVGH, NJW 1966, 1572 (2573) zu § 26 WHG a.F.
2 OVG NW, ZFW 1998, 456.
3 OVG NW, ZFW 1999, 52 (53).
4 OVG Schleswig, ZFW 1997, 125; OVG Schleswig, ZFW 1996, 537.

114 Der Benutzungstatbestand des Einleitens ist auch nicht daran geknüpft, dass durch das Einleiten eines flüssigen Stoffes nachteilige Veränderungen der Gewässerbeschaffenheit zu erwarten sind. Ob die eingeleiteten Stoffe verschmutzt, erhitzt oder gar sauberer als das Gewässer sind, in das sie eingeleitet werden, ist für die Erfüllung des Benutzungstatbestandes ohne Belang. Damit ist auch die Einleitung von nicht verschmutztem Wasser in ein Gewässer als Gewässerbenutzung anzusehen und unterliegt der Erlaubnispflicht[1].

115 **Keine Einleitung** liegt vor, wenn flüssige oder gasförmige Stoffe dem Gewässer nicht durch ein zweckgerichtetes gewässerbezogenes Verhalten zugeführt werden, sondern lediglich zufällig in das Gewässer hineingelangt sind. Hiernach ist es mangels zweckgerichteten Verhaltens **nicht als Einleiten** von Stoffen in Gewässer anzusehen, wenn
- gesammeltes Niederschlagswasser zur Gartenbewässerung eingesetzt wird,
- nach einem Tankwagenunfall Öl ausläuft und in ein oberirdisches Gewässer oder das Grundwasser eintritt[2],
- der Straßendienst einer Gemeinde im Winter zur Erfüllung von Verkehrssicherungspflichten Streusalz auf einer öffentlichen Straße ausbringt[3],
- landwirtschaftliche Flächen mit Stallmist, Fäkalien oder Jauche zum Zweck der Erhaltung oder Verbesserung der Bodenfruchtbarkeit sach- und fachgerecht gedüngt werden oder Pflanzenschutzmittel auf land- und forstwirtschaftlichen Flächen verwendet werden[4].

116 Das **Einleiten von Abwasser in die Abwasserkanalisation** stellt **kein Einleiten in ein Gewässer** dar, weil die Kanalisation und das darin befindliche Wasser vom natürlichen Wasserkreislauf getrennt ist und die Kanalisation deshalb kein Gewässer ist. Einleiter des in der Kanalisation gesammelten Abwassers ist deshalb erst der Träger der kommunalen Abwasserkanalisation, der das gesammelte Abwasser in den Vorfluter einleitet[5].

**(3) Besondere Restriktionen für das Einbringen und Einleiten von Stoffen in das Grundwasser (§ 48 Abs. 1 Satz 1 WHG)**

117 Nach § 48 Abs. 1 Satz 1 WHG darf eine Erlaubnis für das Einbringen und Einleiten von Stoffen in das Grundwasser nur erteilt werden, wenn eine nachteilige Veränderung der Grundwassereigenschaften nicht zu besorgen ist.

118 Eine **nachteilige Veränderung der Grundwassereigenschaften** liegt bereits dann vor, wenn sich die Wasserbeschaffenheit im Vergleich zu der vor Einbringen oder Einleiten eines Stoffes vorhandenen Wasserbeschaffenheit **verschlechtert**[6]. Verunreinigungen, die im Zeitpunkt des Einbringens oder Einleitens bereits vorhanden waren, schließen deshalb weitere Verunreinigungen des Grundwassers nicht aus. Eine nachteilige Veränderung ist auch nicht erst anzunehmen, wenn die Verschlechterung der Grundwasserbeschaffenheit zu konkreten Nachteilen oder Schäden geführt hat; die **Herabsetzung des Gebrauchswertes für Mensch, Tier oder Pflanzen genügt** bereits[7].

---

1 *Czychowski/Reinhardt*, § 9 Rz. 39.
2 BVerwG, NJW 1974, 815.
3 BGH, NJW 1994, 1006.
4 *Czychowski/Reinhardt*, § 9 Rz. 56; *Drost*, § 9 WHG Rz. 29; *Landmann/Rohmer/Pape*, § 9 Rz. 57 m.w.N.
5 *Czychowski/Reinhardt*, § 9 Rz. 37.
6 *Czychowski/Reinhardt*, § 48 Rz. 12, § 32 Rz. 37.
7 OLG Celle, NJW 1986, 2326 (2327) – Beeinträchtigung durch Silagesickersaft.

Eine nachteilige Veränderung der Grundwassereigenschaften ist immer schon dann **zu besorgen**, wenn die Möglichkeit eines entsprechenden Schadeneintritts nach den gegebenen Umständen und im Rahmen einer sachlich vertretbaren, auf konkreten Feststellungen beruhenden Prognose nicht von der Hand zu weisen ist[1]. **Nicht zu besorgen** ist eine nachteilige Veränderung der Grundwassereigenschaften demnach nur dann, wenn nach einer Bewertung der konkreten Umstände des Einzelfalls auch die **entfernte Wahrscheinlichkeit einer Grundwasserbeeinträchtigung ausgeschlossen** werden kann[2]. 119

Zur Präzisierung der Voraussetzungen für die Erfüllung dieser Anforderungen ist gem. § 48 Abs. 1 Satz 2 WHG eine Rechtsverordnung zur Gewässerbewirtschaftung nach § 23 Abs. 1 Nr. 3 WHG vorgesehen, die Anforderungen insbesondere an das Einbringen und Einleiten von Stoffen formulieren soll. 120

ee) Entnehmen, Zutagefördern, Zutageleiten und Ableiten von Grundwasser (§ 9 Abs. 1 Nr. 5 WHG)

Der Benutzungstatbestand des § 9 Abs. 1 Nr. 5 WHG erfasst wie alle übrigen Benutzungstatbestände nur zweckgerichtetes, auf das Grundwasser bezogenes Verhalten. 121

Ein **Entnehmen** von Grundwasser findet statt, wenn bereits erschlossenes und ohne besondere Vorkehrungen zugängliches Grundwasser gehoben wird[3], z.B. durch Schöpfen aus einem von Grundwasser gespeisten Brunnen oder aus einer vorübergehend mit Grundwasser gefüllten Grube. 122

**Zutagefördern** ist das planmäßige Emporheben von Grundwasser mit dazu bestimmten oder geeigneten Einrichtungen wie z.B. Pumpen[4]. 123

Beim **Zutageleiten** von Grundwasser wird das natürliche Gefälle und der artesische Druck des Grundwassers genutzt; es findet z.B. statt, wenn eine Baugrube unterhalb des Grundwasserspiegels angelegt wird, so dass das Grundwasser auf Grund des bestehenden Gefälles ohne technische Hilfsmittel zu Tage tritt[5]. 124

**Ableiten** ist das unterirdische Lösen und Fortleiten von Grundwasser aus seinem natürlichen Zusammenhang[6], das z.B. durch Anbringen eines Brunnens zur Absenkung des Grundwasserspiegels verwirklicht wird. 125

b) Gewässerbenutzungen nach § 9 Abs. 2 WHG („Unechte Gewässerbenutzungen" oder „Quasi-Benutzungen")

Unechte Gewässerbenutzungen unterscheiden sich von echten Gewässerbenutzungen dadurch, dass eine Handlung ausgeübt wird, die nicht mit dem Ziel und Zweck der Nutzung eines Gewässers oder seiner Eigenschaften vorgenommen wird, die sich aber wegen des mit ihr verbundenen Zugriffs auf ein Gewässer in vergleichbarer Weise wie die in § 9 Abs. 1 WHG genannten Gewässerbenutzungen erheblich auf die Gewässereigenschaften auswirken kann. Die in § 9 Abs. 2 WHG aufgeführten Tatbestände gelten aus diesem Grunde ebenfalls als Gewässerbenutzung und sind nur nach Erteilung einer Erlaubnis oder Bewilligung zulässig. 126

---

1 BVerwG, NJW 1981, 837.
2 *Czychowski/Reinhardt*, § 48 Rz. 26 m.w.N.
3 *Czychowski/Reinhardt*, § 9 Rz. 68; *Drost*, § 9 WHG Rz. 33.
4 *Czychowski/Reinhardt*, § 9 Rz. 68 m.w.N.
5 SächsOVG, SächsVBl. 2004, 259.
6 *Czychowski/Reinhardt*, § 9 Rz. 68 m.w.N.

### aa) Aufstauen, Absenken und Umleiten von Grundwasser durch Anlagen, die hierzu bestimmt oder geeignet sind (§ 9 Abs. 2 Nr. 1 WHG)

127 § 9 Abs. 2 Nr. 1 WHG unterwirft mit dem **Aufstauen** jede Erhöhung und mit dem **Absenken** jede Verminderung des natürlichen Grundwasserstandes der Erlaubnis- oder Bewilligungspflicht. **Umleiten** ist die Veränderung der Fließrichtung des Grundwassers, ohne dass das Grundwasser aus dem bestehenden natürlichen Zusammenhang gelöst wird[1].

128 Das Aufstauen, Absenken oder Umleiten von Grundwasser muss durch **Anlagen** erfolgen, die hierzu **bestimmt oder geeignet** sind.

129 **Anlagen** sind künstlich vom Menschen hergestellte Bauwerke, die in den Grundwasserleiter eintauchen müssen[2].

130 Zum Aufstauen, Absenken oder Umleiten von Grundwasser **bestimmt** sind z.B.
– Spundwände, Wannen, Verschalungen, Untergrundverdichtungen mit Betoninjektionen oder Pressluftsperren zum Trockenlegen von Baustellen für Großbauten,
– Pumpbrunnen zur Ableitung von Grundwasser aus einer Baugrube.

131 Anlagen, die zum Aufstauen, Absenken oder Umleiten von Grundwasser bestimmt sind, können auch unter einen Benutzungstatbestand nach § 9 Abs. 1 WHG fallen:
– So ist etwa der Einsatz eines zur **Wasserhaltung in einer Baugrube** bestimmten Pumpbrunnens als Zutagefördern von Grundwasser i.S.v. § 9 Abs. 1 Nr. 5 WHG anzusehen[3]. In diesem Fall ist der Tatbestand der „unechten" Gewässerbenutzung nach § 9 Abs. 2 Nr. 1 WHG gegenüber dem Tatbestand der „echten" Gewässerbenutzung nach § 9 Abs. 1 Nr. 5 WHG subsidiär[4], so dass die wasserrechtliche Erlaubnis zutreffend für das Zutagefördern von Grundwasser zu beantragen ist.
– Die Errichtung einer zum Umleiten von Grundwasser bestimmten **Mauer oder Spundwand im Grundwasserbereich** erfüllt neben dem Tatbestand des § 9 Abs. 2 Nr. 1 WHG auch den Tatbestand des Einbringens von festen Stoffen in ein Gewässer nach § 9 Abs. 1 Nr. 4 WHG. Für diesen Fall wird vertreten, dass der Tatbestand der unechten Gewässerbenutzung nach § 9 Abs. 2 Nr. 1 WHG wegen des Bezuges auf eine zur Umleitung von Grundwasser bestimmten Anlage gegenüber dem allgemeinen Tatbestand des Einbringens von festen Stoffen in das Grundwasser vorrangig ist[5].
Die Abgrenzung zwischen einer Benutzung nach § 9 Abs. 2 Nr. 1 WHG und einer Benutzung nach § 9 Abs. 1 Nr. 4 WHG ist in solchen Fällen von praktischer Bedeutung, in denen für die unechte Gewässerbenutzung die Erteilung einer Bewilligung beantragt werden soll: Für das Einbringen von festen Stoffen nach § 9 Abs. 1 Nr. 4 WHG darf eine Bewilligung nicht erteilt werden (§ 14 Abs. 1 Nr. 3 WHG); diese Beschränkung gilt dagegen nicht für das Umleiten von Grundwasser durch eine dazu bestimmte Anlage nach § 9 Abs. 2 Nr. 1 WHG. In derartigen Fällen setzt die Zuordnung der beabsichtigen Anlage zu den Benutzungstatbeständen deshalb eine genaue Einzelfallprüfung des Vorhabens voraus, die durch eine möglichst genaue Beschreibung der zu errichtenden Anlage und ihrer Auswirkungen auf den Wasserhaushalt deutlich unterstützt werden kann.

---

1 *Drost*, § 9 WHG Rz. 37; *Landmann/Rohmer/Pape*, § 9 Rz. 69.
2 *Drost*, § 9 WHG Rz. 36.
3 OVG Lüneburg, ZFW 2007, 239.
4 *Breuer*, Rz. 246.
5 *Czychowski/Reinhardt*, § 9 Rz. 79; a.A. *Drost*, § 9 Rz. 38.

Zum Aufstauen, Absenken oder Umleiten von Grundwasser **geeignet** ist jede Anlage, die objektiv zu einer Einwirkung auf das Grundwasser führen kann. Zu solchen Anlagen zählen etwa 132
- unterirdisch verlegte Rohrleitungen, die quer zum Grundwasserstrom verlegt werden[1],
- Baukörper, deren Gebäudeteile (z.B. Tiefgarage, Kellergeschosse) oder Fundament in den Grundwasserleiter reichen und die Grundwasserströmung verändern können.

Da es nur auf die **objektive Eignung von Anlagen** zum Aufstauen, Absenken oder Umleiten von Grundwasser ankommt, sind subjektive Einschätzungen oder Absichten desjenigen, der solche Anlagen errichtet, grds. unbeachtlich. Ob die Folgen der Errichtung einer Anlage im Grundwasserbereich vorherzusehen waren oder tatsächlich eintreten, spielt für die wasserrechtliche Einordnung als erlaubnispflichtige Benutzung nach § 9 Abs. 2 Nr. 1 WHG ebenfalls keine Rolle. Auch eine erteilte anderweitige behördliche Zulassung (z.B. eine Baugenehmigung) macht die Erteilung einer wasserrechtlichen Erlaubnis nicht überflüssig, da Gewässerbenutzungen der gesonderten wasserrechtlichen Zulassungspflicht unterliegen[2]. 133

**bb) Maßnahmen, die geeignet sind, dauernd oder in einem nicht nur unerheblichen Ausmaß nachteilige Veränderungen der Wasserbeschaffenheit herbeizuführen (§ 9 Abs. 2 Nr. 2 WHG).**

§ 9 Abs. 2 Nr. 2 WHG stellt einen Auffangtatbestand dar, der nur anzuwenden ist, wenn keiner der übrigen Benutzungstatbestände des § 9 Abs. 1 WHG oder des § 9 Abs. 2 WHG erfüllt ist[3]. 134

Durch § 9 Abs. 2 Nr. 2 WHG sollen Handlungen, die zwar keinen Gewässerbezug aufweisen, sich aber auf ein Gewässer nachteilig auswirken können, einer vorherigen behördlichen Prüfung unterzogen werden. 135

**Maßnahme** ist ein Verhalten, das zwar nicht auf die Verwendung eines Gewässers zu einem bestimmten Zweck gerichtet ist, sich aber nachteilig auf ein Gewässer auswirken kann. Anders als bei dem Tatbestand des § 9 Abs. 2 Nr. 1 WHG setzt § 9 Abs. 2 Nr. 2 WHG nicht voraus, dass Anlagen errichtet und betrieben werden. Unter den Begriff der Maßnahme fällt damit jegliche Tätigkeit, die zu einer nachteiligen Veränderung der Wasserbeschaffenheit führen kann. 136

Eine **nachteilige Veränderung der Wasserbeschaffenheit** ist in einer Verschlechterung der **physikalischen**, **chemischen** oder **biologischen** Beschaffenheit des Wassers eines oberirdischen Gewässers, eines Küstengewässers oder des Grundwassers zu sehen[4]. 137

Eine Maßnahme ist zur nachteiligen Veränderung der Wasserbeschaffenheit **geeignet**, wenn Anhaltspunkte dafür bestehen, dass die Maßnahme zu einer nachteiligen Veränderung des Wassers führt[5]. Die Eignung ist bereits zu bejahen, wenn eine Maßnahme die nicht nur ganz entfernte theoretische Möglichkeit einer schädlichen Einwirkung auf das Grundwasser mit sich bringt[6]. 138

---
1 BayVGH, ZFW 1976, 231; BayObLG, ZFW 1990, 299.
2 OVG Rh.-Pf., ZFW 1975, 104.
3 *Breuer*, Rz. 247; *Czychowski/Reinhardt*, § 9 Rz. 81.
4 *Czychowski/Reinhardt*, § 9 Rz. 83.
5 *Czychowski/Reinhardt*, § 9 Rz. 86; *Drost*, § 9 WHG Rz. 43.
6 BGH, NJW 1982, 2489; VGH EW, NVwZ-RR 1991, 540 (541).

139 **Dauernd** ist eine nachteilige Veränderung der Wasserbeschaffenheit nicht nur, wenn sie sich auf unabsehbare Zeit erstreckt, sondern bereits dann, wenn sie über die kalkulierbaren Zeiträume der heutigen Wasserwirtschaft hinausgeht[1]. Eine dauernde Veränderung der Wasserbeschaffenheit liegt schon dann vor, wenn die zeitliche Dauer der Veränderung nur abgeschätzt, aber nicht sicher festgestellt werden kann[2].

140 Ob die Änderung der Wasserbeschaffenheit ein **nicht nur unerhebliches Ausmaß** erreicht, muss nach den Verhältnissen des betroffenen Gewässers beurteilt werden[3]. Das Kriterium des nicht unerheblichen Ausmaßes ist deshalb relativ zu verstehen; bei der Beurteilung des Ausmaßes der Änderung der Wasserbeschaffenheit zur Prüfung der Erlaubnispflicht im Einzelfall sind daher insbesondere die Art des betroffenen Gewässers, seine Empfindlichkeit und die damit verbundene Schutzbedürftigkeit sowie die Art und Intensität der möglichen Änderungen der Wasserbeschaffenheit infolge der Maßnahme zu berücksichtigen.

141 Als Maßnahmen, die den Tatbestand der Benutzung i.S.v. § 9 Abs. 2 Nr. 2 WHG erfüllen, sind beispielhaft zu nennen
- das vorübergehende Lagern von Abfällen auf unbefestigtem Boden oder unzureichend abgedichteten Grundstücksflächen, so dass wasserlösliche Bestandteile ausgewaschen werden und über den Boden in das Grundwasser gelangen können,
- das Lagern von anderen Gegenständen wie z.B. Chemikalien oder Streusalz, wenn nach den Umständen des Einzelfalls nicht ausgeschlossen werden kann, dass Bestandteile dieser Stoffe in ein Gewässer gelangen,
- das Aufschütten von Halden mit Produktionsrückständen (Schlacke, Abraum, Schutt),
- das Verkippen von Abraum im Tagebau,
- das Lagern und Behandeln von Autowracks auf unbefestigten und öldurchlässigen Flächen[4],
- die Gehegehaltung von Fischen in oberirdischen Gewässern, in deren Rahmen Stickstoff und Phosphor in ein Gewässer gebracht werden[5],
- das Verwenden von Pestiziden bei geringem Flurabstand des Grundwassers mit schwachem Pflanzenbewuchs und hoher Bodendurchlässigkeit[6],
- der Trockenabbau von Sand oder Kies oberhalb des Grundwasserspiegels, durch den die Bodendeckschicht reduziert wird[7],
- das Verfüllen einer Sand- oder Kiesgrube, die zu Tage getretenes Grundwasser enthält oder sich mit ihrer Sohle dicht über einem Grundwasserleiter befindet,
- das Fördern von Tiefengrundwasser für eine geothermische Heizung, wenn die Gefahr besteht, dass Grundwasser aus einem oberen Grundwasserleiter in einen tieferen Grundwasserleiter mit anderer Wasserzusammensetzung gelangt,
- die Nutzung von Bodenwärme durch im Boden verlegte mit Wärmetauscherflüssigkeit gefüllte Leitungen, soweit die durch den Wärmeaustausch eintretende Abkühlung des Bodens zur einer Änderung der physikalischen Eigenschaften durch Abkühlung des Grundwassers führt[8].

---

1 *Breuer*, Rz. 247.
2 *Knopp*, in: Sieder/Zeitler/Dahme/Knopp, § 3 WHG a.F. Rz. 29; *Drost*, § 9 WHG Rz. 42.
3 *Knopp*, in: Sieder/Zeitler/Dahme/Knopp, § 3 WHG a.F. Rz. 29; *Breuer*, Rz. 247; *Czychowski/Reinhardt*, § 9 Rz. 84.
4 BVerwG, NVwZ 1983, 409 (410).
5 OVG Greifswald, NVwZ-RR 1996, 197 (198).
6 *Czychowski/Reinhardt*, § 9 Rz. 89 m.w.N.
7 BGH, NJW 1982, 2489 (2490); VGH BW, ZFW 1997, 32.
8 *Drost*, § 9 Rz. 44.

III. Gewässerbenutzungen

**3. Zulassung von Gewässerbenutzungen**

Alle Gewässerbenutzungen bedürfen der vorherigen Erteilung einer Erlaubnis oder Bewilligung, soweit nicht durch das WHG oder auf Grund des WHG erlassener Vorschriften etwas anderes bestimmt ist (§ 8 Abs. 1 WHG). 142

Für die Erlaubnis- oder Bewilligungspflicht ist es grds. nicht von Bedeutung, ob sich eine Gewässerbenutzung günstig, neutral oder ungünstig auf ein Gewässer auswirkt, und welche Einwirkungsintensität die Gewässerbenutzung hat. 143

Durch die grundsätzliche Regelung der Erlaubnis- oder Bewilligungspflicht soll ein wirksamer Schutz der Gewässer und ihrer Funktionen erreicht werden. Die Regelung ist auf Grund der überragenden Bedeutung des geschützten Rechtsguts „Wasser" auch verfassungsrechtlich nicht zu beanstanden[1]. 144

**Ausnahmen** von dem Grundsatz der Erlaubnis- oder Bewilligungspflicht ergeben sich nach dem Wortlaut des § 8 Abs. 1 WHG nur aus dem WHG oder den auf Grund des WHG erlassenen Rechtsvorschriften. Die im WHG geregelten Ausnahmen betreffen 145

- Gewässerbenutzungen zur **Abwehr einer gegenwärtigen Gefahr** für die öffentliche Sicherheit, sofern der drohende Schaden schwerer wiegt als die mit der Benutzung verbundenen nachteiligen Veränderungen von Gewässereigenschaften (§ 8 Abs. 2 WHG),
  z.B. durch Entnahme von Löschwasser aus einem oberirdischen Gewässer zur Bekämpfung eines Brandes, das Einleiten von aus einem Keller abgepumptem Wasser in einen Bach oder das Absenken des Wasserstandes durch Öffnen von Wehrtoren bei Hochwasser,
- bestimmte **Benutzungen bei Übungen und Erprobungen** für Zwecke der **Verteidigung** oder der **Gefahrenabwehr** (§ 8 Abs. 3 Nr. 1 bis 3 WHG),
- das Entnehmen von **Wasserproben** und das Wiedereinleiten von Proben nach der Untersuchung[2],
- die Benutzung von Gewässern im Rahmen des **Gemeingebrauchs** nach § 25 WHG i.V.m. den Vorschriften des Landesrechts über den Gemeingebrauch,

  ⊃ Hinweis: Der Gemeingebrauch umfasst nicht das Einbringen oder Einleiten von Stoffen in oberirdische Gewässer (§ 25 Abs. 1 Satz 2 WHG), das deshalb stets einer vorherigen Erlaubnis bedarf,
- die Benutzung von oberirdischen Gewässern im Rahmen des **Eigentümer- oder Anliegergebrauchs** nach § 26 WHG, wenn durch die Benutzung andere nicht beeinträchtigt werden, keine nachteilige Veränderung der Wasserbeschaffenheit, keine wesentliche Veränderung der Wasserführung sowie keine andere Beeinträchtigung des Wasserhaushalts zu erwarten sind

  ⊃ Hinweis: Auch der Eigentümer- oder Anliegergebrauch umfasst nicht das Einleiten und Einbringen von Stoffen in ein oberirdisches Gewässer (§ 26 Abs. 1 Satz 2 WHG),
- die **erlaubnisfreie Benutzung von Küstengewässern** nach Maßgabe landesrechtlicher Vorschriften (§ 43 WHG) für das Einleiten von Grund-, Quell- oder Niederschlagswasser oder für das Einbringen und Einleiten von anderen Stoffe, wenn dadurch keine signifikanten nachteiligen Veränderungen zu erwarten sind,
- die **erlaubnisfreie Benutzung des Grundwassers** (§ 46 WHG), die das Entnehmen, Zutagefördern, Zutageleiten oder Ableiten von Grundwasser für den Haushalt,

---

1 BVerfG, NJW 1982, 745 (752).
2 *Czychowski/Reinhardt*, § 8 Rz. 26; *Landmann/Rohmer/Pape*, § 8 Rz. 37.

für den landwirtschaftlichen Hofbetrieb, für das Tränken von Vieh außerhalb des Hofbetriebs oder in geringen Mengen zu einem vorübergehenden Zweck oder für Zwecke der gewöhnlichen Bodenentwässerung landwirtschaftlich, forstwirtschaftlich oder gärtnerisch genutzter Grundstücke umfasst, soweit keine signifikanten nachteiligen Auswirkungen auf den Wasserhaushalt zu besorgen sind,
– das Einbringen von Stoffen in das Grundwasser bei **Erdaufschlüssen** mit Auswirkungen auf Bewegung, Höhe oder Beschaffenheit des Grundwassers, wenn sich das Einbringen der Stoffe nicht nachteilig auf die Grundwasserbeschaffenheit auswirken kann (§ 49 Abs. 1 Satz 2 WHG);

○ **Hinweis:** In diesen Fällen besteht zwar keine Erlaubnispflicht, die Arbeiten müssen aber der zuständigen Behörde einen Monat vor Beginn angezeigt werden (§ 49 Abs. 1 Satz 1 WHG).

146 **Weitere Ausnahmen** von dem Erlaubnis- oder Bewilligungserfordernis können sich aus dem jeweiligen **Landeswassergesetz** ergeben: Das WHG lässt den Ländern hier zum Gemeingebrauch (§ 25 Abs. 1 Satz 1 WHG), zum Eigentümer- und Anliegergebrauch (§ 26 Abs. 1 Satz 1 WHG) sowie zur erlaubnisfreien Benutzung von Küstengewässern (§ 43 WHG) und des Grundwassers (§ 46 Abs. 3 WHG) bewusst Raum für landesspezifische Regelungen.

147 Im Rahmen der anwaltlichen Beratung ist deshalb bei der Prüfung, ob eine bestimmte Tätigkeit der wasserrechtlichen Erlaubnis oder Bewilligung bedarf, nicht nur das WHG heranzuziehen, sondern auch zu prüfen, ob das Landeswasserrecht zu einer Erlaubnis- oder Bewilligungsfreiheit einer geplanten Gewässernutzung führt.

148 Lässt sich im Einzelfall nicht sicher ermitteln, ob eine Tätigkeit den Tatbestand einer Gewässerbenutzung erfüllt, oder ob für eine Gewässerbenutzung eine Erlaubnis oder Bewilligung nicht erforderlich ist, ist dem Mandanten nach dem Grundsatz des sichersten Weges zu raten, entweder einen Antrag auf Erteilung der Erlaubnis oder Bewilligung bei der zuständigen Wasserbehörde zu stellen oder mit der Behörde vor Ausübung der Tätigkeit verbindlich zu klären, dass die Tätigkeit ohne Erlaubnis oder Bewilligung ausgeführt werden darf.

149 Ein Antrag auf Erlaubnis oder Bewilligung ist bereits dann zulässig, wenn bestehende Zweifel über die Erlaubnis- oder Bewilligungsbedürftigkeit einer Maßnahme geklärt werden sollen, da es dem Benutzer ermöglicht werden muss, die Rechtmäßigkeit der Benutzung vor Beginn ihrer Ausführung eindeutig zu klären[1]. Zu berücksichtigen ist allerdings, dass die Bearbeitung eines Erlaubnis- oder Bewilligungsantrages nach Maßgabe des Landesrechts üblicherweise bereits mit Eingang des Antrags bei der Behörde Verwaltungsgebühren auslöst.

150 Mündliche oder einfache schriftliche Auskünfte werden dagegen nach den gebührenrechtlichen Vorschriften der Bundesländer überwiegend gebührenfrei erteilt[2], so dass zunächst versucht werden sollte, eine Klärung der Zweifelsfrage durch unmittelbaren Kontakt mit der zuständigen Erlaubnis- oder Bewilligungsbehörde herbeizuführen.

151 Dass für eine gewässerrelevante Maßnahme eine Erlaubnis oder Bewilligung nicht erforderlich ist, kann außerdem Gegenstand einer behördlichen Zusicherung sein[3]. Die behördliche Zusicherung der Erlaubnisfreiheit ist nur wirksam, wenn sie von der zuständigen Behörde schriftlich erteilt worden ist[4]. Eine wirksam erteilte Zusi-

---

1 *Czychowski/Reinhardt*, § 8 Rz. 27.
2 Vgl. z.B. § 9 Abs. 1 Nr. 5 LGebG BW; § 2 Abs. 2 Satz 1 GebBeitrGBln; § 7 Abs. 1 Nr. 1 GebG NW.
3 VG Regensburg v. 26.4.2010 – RN 8 K 08.2153, Rz. 44.
4 VG Köln v. 15.12.2009 – 14 L 1506/09, Rz. 9 unter Hinweis auf § 38 VwVfG NW.

III. Gewässerbenutzungen

cherung der Erlaubnisfreiheit einer Einwirkung auf ein Gewässer entfaltet auch dann Rechtswirkung, wenn sie objektiv rechtswidrig ist[1]; diese Rechtswirkung endet erst, wenn die Behörde die Zusicherung auf Grund einer anderen rechtlichen Beurteilung ausdrücklich zurückgenommen hat. Solange eine Zusicherung der Erlaubnisfreiheit besteht, kann dem Gewässerbenutzer deshalb nicht der Vorwurf einer wegen fehlender Erlaubnis unbefugten Gewässerbenutzung gemacht werden.

Die Erlaubnisfreiheit einer gewässerrelevanten Maßnahme kann auch durch einen feststellenden Verwaltungsakt geklärt werden[2]. 152

### a) Formen der Zulassung von Gewässerbenutzungen

Gewässerbenutzungen i.S.v. § 9 WHG werden durch Erlaubnis, gehobene Erlaubnis oder Bewilligung zugelassen. 153

### aa) Erlaubnis und gehobene Erlaubnis

Die Erlaubnis gewährt die **Befugnis**, ein Gewässer zu einem bestimmten Zweck in einer nach Art und Maß bestimmten Weise zu benutzen (§ 10 Abs. 1 Satz 1 WHG). 154

Die Befugnis bewirkt nur die **Zulässigkeit der erlaubten Gewässerbenutzung im Rahmen des öffentlichen Rechts**, gewährt dem Benutzer aber **kein subjektiv-öffentliches Recht auf Ausübung der Benutzung**[3]. Störungen einer erlaubten Gewässerbenutzung durch Andere begründen deshalb keine zivilrechtlichen Ansprüche des Gewässerbenutzers gegen den Störer. 155

Der Gewässerbenutzer kann seinerseits allerdings zivilrechtlichen Unterlassungsansprüchen von Anderen ausgesetzt werden, die sich durch die erlaubte Benutzung nachteilig betroffen sehen. Da die Erlaubnis kein Recht zur Gewässerbenutzung gibt, kann der Benutzer derartigen Unterlassungsansprüchen nicht unter Hinweis auf die Bestandskraft der erteilten Erlaubnis entgegen treten. 156

Zivilrechtliche Unterlassungsansprüche können dadurch begrenzt werden, dass der Benutzer eine **gehobene Erlaubnis** nach § 15 WHG beantragt. Ist eine Gewässerbenutzung durch eine unanfechtbare gehobene Erlaubnis zugelassen, kann auf Grund privatrechtlicher Ansprüche zur Abwehr nachteiliger Wirkungen der Benutzung nicht die vollständige Einstellung der Benutzung verlangt werden (§ 16 Abs. 1 Satz 1 WHG); privatrechtliche Ansprüche sind in diesem Fall auf das **Verlangen von Vorkehrungen** zum Ausschluss der nachteiligen Wirkungen, die nach dem Stand der Technik durchführbar und wirtschaftlich vertretbar sind oder – falls solche Vorkehrungen nicht durchführbar oder wirtschaftlich vertretbar sind – auf das **Verlangen nach Entschädigung** begrenzt (§ 16 Abs. 1 Satz 2 und 3 WHG). Voraussetzung für die Erteilung einer gehobenen Erlaubnis ist, dass hierfür ein öffentliches Interesse besteht, weil das Vorhaben z.B. der öffentlichen Wasserversorgung oder der öffentlichen Abwasserbeseitigung dient, oder dass im Einzelfall ein berechtigtes Interesse des Gewässerbenutzers besteht, das den Ausschluss privatrechtlicher Ansprüche auf Einstellung der Benutzung erfordert[4]. 157

---
1 VG Regensburg v. 26.4.2010 – RN 8 K 08.2153, Rz. 54.
2 VG Aachen v. 21.11.2007 – 6 K 68/06, Rz. 22.
3 BGH, NJW 1984, 975 (976).
4 *Czychowski/Reinhardt*, § 15 Rz. 12.

### bb) Bewilligung

158 Die Bewilligung gewährt das Recht, ein Gewässer zu einem bestimmten Zweck in einer nach Art und Maß bestimmten Weise zu nutzen (§ 10 Abs. 1 WHG).

159 Anders als bei der Erlaubnis erhält der Gewässerbenutzer ein auch Dritten gegenüber wirkendes **subjektiv-öffentliches Recht** zur Benutzung eines Gewässers. Aus dieser Rechtsnatur der Bewilligung ergibt sich, dass der Inhaber einer Bewilligung von der Wasserbehörde ein Einschreiten gegen Störungen der bewilligten Benutzung mit den Möglichkeiten des öffentlichen Rechts verlangen und notfalls im Wege einer Verpflichtungsklage durchsetzen kann[1]. Der Inhaber einer Bewilligung ist zur Verteidigung des subjektiv-öffentlichen Rechts auch dazu berechtigt, bei Beeinträchtigungen oder Störungen auf zivilrechtlichem Wege auf Unterlassung zu klagen oder Schadenersatz zu fordern[2].

160 Mehrere Bundesländer haben in ihrem Landeswassergesetz auf die Ansprüche aus dem bewilligten Recht die für die Ansprüche aus dem Eigentum geltenden Vorschriften des bürgerlichen Rechts entsprechend für anwendbar erklärt[3].

161 Nicht zuletzt wegen der eingeräumten weitreichenden Rechtsposition gelten für die Erteilung der Bewilligung nach § 14 Abs. 1 WHG folgende Voraussetzungen, die kumulativ vorliegen müssen:

1. Die Gewässerbenutzung kann dem Benutzer ohne eine gesicherte Rechtsstellung nicht zugemutet werden.

   Ob dem Unternehmer die Durchführung seines Vorhabens **ohne gesicherte Rechtsstellung nicht zumutbar** ist, ist im einzelnen Fall nach den wirtschaftlichen Verhältnissen beim Unternehmer zu entscheiden[4]. Diese Voraussetzung ist erfüllt, wenn bei Wegfall oder Beschränkung einer durch die Erlaubnis vermittelten Befugnis zur Gewässerbenutzung der Bestand des Gesamtunternehmens in Frage gestellt würde[5]. Diese Voraussetzung kann etwa bei Wasserwerken eines kommunalen Trägers der öffentlichen Wasserversorgung oder einem Unternehmen der Mineralwasserbranche gegeben sein, da diese auf einen dauerhaften, regelmäßigen und geschützten Zufluss von Wasser angewiesen sind[6]. Die Voraussetzung kann auch erfüllt sein, wenn der Benutzer ohne eine gesicherte Rechtsstellung ein Investitionsrisiko eingeht, das ihn bei vernünftiger Würdigung seiner wirtschaftlichen Lage dazu bestimmen müsste, von der Durchführung seines Vorhabens abzusehen, weil die Benutzung selbst (z.B. die Errichtung eine Stauwehrs zum Betrieb eines Wasserkraftwerks) oder ein von ihr abhängiges Vorhaben (z.B. ein auf die Entnahme von Kühlwasser angewiesenes Kraftwerk) einen erheblichen Kapitalaufwand erfordert[7].

   Für die Prüfung der Zumutbarkeit kann weiter von Bedeutung sein, welche Ansprüche Anderer auf Unterlassung oder Schadenersatz gegen das Vorhaben erhoben werden können und auf welche Dauer die beabsichtigte Benutzung ausgeübt wird.

   Bestehen für eine Gewässerbenutzung Alternativen, weil z.B. ein Betrieb das zur Produktion benötigte Wasser zu wirtschaftlich vertretbaren Kosten durch An-

---

1 *Czychowski/Reinhardt*, § 10 Rz. 64; *Drost*, § 10 Rz. 23.
2 *Czychowski/Reinhardt*, § 10 Rz. 65; *Drost*, § 10 Rz. 25.
3 Vgl. etwa § 31 Abs. 1 BbgWG, § 15 Abs. 1 BlnWG, § 26 Abs. 1 LWG NW, § 14 Abs. 2 SächsWG; § 11 Satz 1 SchlHWG.
4 VG Würzburg v. 5.8.2010 – W 4 K 10.67, Rz. 35.
5 *Breuer*, Rz. 413.
6 *Czychowski/Reinhardt*, § 14 Rz. 4 m.w.N.
7 *Czychowski/Reinhardt*, § 14 Rz. 9.

schluss an die öffentliche Wasserversorgung beziehen kann, ist es dem Benutzer zumutbar, sich an die öffentliche Versorgungsanlage anzuschließen, so dass die Voraussetzungen für die Erteilung einer Bewilligung zur Entnahme von Produktionswasser aus dem Grundwasser nicht vorliegen[1].

2. Die Benutzung muss einem bestimmten Zweck dienen, der nach einem bestimmten Plan verfolgt wird.

Der Zweck, dem die Benutzung dienen soll, ist bereits im Antrag auf Erteilung einer Bewilligung zu benennen. Ferner muss mit dem Bewilligungsantrag auch der aus textlichen und zeichnerischen Angaben bestehende technische Plan vorgelegt werden, in dem das Benutzungsvorhaben nach Art und Umfang einschließlich der mit der Benutzung verbundenen Auswirkungen auf den Wasserhaushalt so darzulegen sind, dass die Behörde eine zuverlässige und fundierte Grundlage zur Beurteilung der Benutzung erhält[2].

3. Bei der Gewässerbenutzung darf es sich nicht um ein Einbringen oder Einleiten von Stoffen in Gewässer (§ 9 Abs. 1 Nr. 4 WHG) oder um eine Maßnahme handeln, die geeignet sind, dauernd oder in einem nicht nur unerheblichen Ausmaß nachteilige Veränderungen der Wasserbeschaffenheit herbeizuführen (§ 9 Abs. 2 Nr. 2 WHG).

Die genannten Benutzungen sind **nicht bewilligungsfähig**. Ein entsprechender Antrag wäre durch die Behörde zwingend abzulehnen. Die für eine nicht bewilligungsfähige Nutzung erteilte Bewilligung ist wegen nach § 44 Abs. 1 VwVfG nichtig[3] und kann damit die Benutzung unter keinen Umständen legalisieren.

Soweit der Benutzer für eine nicht bewilligungsfähige Gewässerbenutzung nach § 9 Abs. 1 Nr. 4 WHG oder § 9 Abs. 2 Nr. 2 WHG eine gesicherte Rechtsstellung benötigt, bleibt ihm nur die Möglichkeit, eine gehobene Erlaubnis zu beantragen.

Die Bewilligung wird für eine angemessene Frist erteilt, die nur in besonderen Fällen dreißig Jahre überschreiten darf (§ 14 Abs. 2 WHG).

Ist zu erwarten, dass die Benutzung auf das Recht eines anderen nachteilig einwirkt und erhebt der Betroffene Einwendungen, so darf die Bewilligung nur erteilt werden, wenn die nachteiligen Wirkungen durch Auflagen verhütet oder ausgeglichen werden. Ist dies nicht möglich, so darf die Bewilligung gleichwohl aus Gründen des Wohls der Allgemeinheit (z.B. zur Sicherung der öffentlichen Wasserversorgung) erteilt werden; der Betroffene ist zu entschädigen (§ 14 Abs. 3 WHG). Zur Entschädigung der durch eine bewilligte Gewässerbenutzung Betroffenen ist der durch die Erteilung der Bewilligung begünstigte Gewässerbenutzer verpflichtet.

**b) Voraussetzungen für die Erteilung von Erlaubnissen und Bewilligungen**

Nach § 12 Abs. 1 WHG sind die Erlaubnis und die Bewilligung zwingend zu versagen, wenn schädliche Gewässerveränderungen zu erwarten sind, die auch durch Nebenbestimmungen nicht vermieden oder ausgeglichen werden können, oder wenn andere Anforderungen nach anderen öffentlich-rechtlichen Vorschriften nicht erfüllt werden.

**Schädliche Gewässerveränderung** ist jede Veränderung der Gewässereigenschaften, die das Wohl der Allgemeinheit, insbesondere die öffentliche Wasserversorgung be-

---

1 VG Freiburg, ZFW 1996, 340 (341).
2 *Czychowski/Reinhardt*, § 14 Rz. 25.
3 *Czychowski/Reinhardt*, § 14 Rz. 28.

einträchtigt, oder die nicht den Anforderungen des WHG oder sonstiger wasserrechtlicher Vorschriften entspricht (§ 3 Nr. 10 WHG). Der Begriff des Wohls der Allgemeinheit unterliegt als unbestimmter Rechtsbegriff einer uneingeschränkten verwaltungsgerichtlichen Kontrolle. Ob eine Beeinträchtigung des Wohls der Allgemeinheit zu erwarten ist, ist aufgrund einer konkreten Einzelfallbetrachtung zu entscheiden[1]. Schädliche Gewässerveränderungen liegen insbesondere dann vor, wenn die beabsichtigte und beantragte Benutzung zu einer nachteiligen Veränderung des ökologischen oder chemischen Zustands eines oberirdischen Gewässers führt oder gegen Bewirtschaftungsziele für Gewässer verstößt. **Zu erwarten** ist eine schädliche Gewässerveränderung, wenn ihr Eintritt nach allgemeiner Lebenserfahrung oder anerkannten fachlichen Regeln wahrscheinlich ist und ihrer Natur nach annähernd voraussehbar ist. Je größer und folgenschwerer die zu erwartende schädliche Gewässerveränderung durch die Benutzung ist, desto geringer sind die Anforderungen an die Wahrscheinlichkeit[2].

167 **Andere öffentlich-rechtliche Vorschriften**, deren Anforderungen zur Vermeidung einer Versagung erfüllt sein müssen, können sich aus dem Verbot von nicht auszugleichenden Eingriffen in Natur und Landschaft nach § 15 Abs. 5 **BNatSchG**[3] ergeben, wenn z.B. die Wasserentnahme aus einem oberirdischen Gewässer die Bedeutung des Gewässers für die Tier- und Pflanzenwelt in nicht auszugleichender Weise beeinträchtigt[4]. Die Erlaubnis oder Bewilligung für eine Gewässerbenutzung kann auch aus Gründen des **Gesundheitsschutzes** untersagt werden[5], wenn z.B. Grundwasser, das von einem Privathaushalt zur Trinkwassergewinnung entnommen werden soll, mit nicht zu entfernenden Krankheitserregern belastet ist und zu einer Gesundheitsgefahr für die Wasserbezieher führen kann[6]. Ebenfalls ist eine Versagung der wasserrechtlichen Erlaubnis zum Entnehmen von Grundwasser für die häusliche Trinkwasserversorgung gerechtfertigt, wenn durch eine **kommunale Satzung** ein **Anschluss- und Benutzungszwang** für die im Bereich des betreffenden Grundstücks betriebsfertig hergestellte öffentliche Wasserversorgungsanlage angeordnet ist[7]; entsprechendes gilt für das **Ableiten von gereinigtem Abwasser aus einer Kleinkläranlage** in den Untergrund oder einen Vorfluter, wenn zur Beseitigung des Schmutzwassers von einem Grundstück eine leitungsgebundene öffentliche Entwässerungsanlage zur Verfügung steht, an die das Grundstück zur Erfüllung des satzungsrechtlichen Anschluss- und Benutzungszwangs anzuschließen ist.

168 Sind die vorstehenden Versagungsgründe im Einzelfall nicht erfüllt oder durch Nebenbestimmungen zur erteilten Zulassung vermeidbar oder auszugleichen, besteht trotzdem **kein Anspruch auf Erteilung der beantragten wasserrechtlichen Zulassung**. Die Erteilung der Erlaubnis oder Bewilligung steht vielmehr im pflichtgemäßen Ermessen der Wasserbehörde (§ 12 Abs. 2 WHG). Im Rahmen dieses **Bewirtschaftungsermessens** muss die Behörde bei der Entscheidungsfindung Kriterien wie
– gewässerbezogene Planungen (Maßnahmenprogramm nach § 82 WHG, Bewirtschaftungsplan nach § 83 WHG, Abwasserbeseitigungsplan),
– Festsetzungen von Wasserschutzgebieten (§ 51 WHG), Heilquellenschutzgebieten (§ 53 Abs. 4 WHG) und Überschwemmungsgebieten,

---

1 BVerwG 4 C 89.77 – Buchholz 445.4 § 31 WHG Nr. 5; BVerwG, NuR 2004, 809.
2 *Czychowski/Reinhardt*, § 12 Rz. 25 m.w.N.
3 Vgl. dazu BVerwG, NVwZ 1991, 364 (365); zu einzelnen Aspekten auch *Drost*, § 9 WHG Rz. 27 ff.
4 *Czychowski/Reinhardt*, § 12 Rz. 29.
5 *Czychowski/Reinhardt*, § 12 Rz. 29 m.w.N.
6 BVerwG, NVwZ 1989, 1061 (1062).
7 Ebenso *Drost*, § 12 WHG Rz. 25, der auf Vorschriften des gemeindlichen Satzungsrechts hinweist; *Czychowski/Reinhardt*, § 12 Rz. 56.

III. Gewässerbenutzungen

– raumbezogene Planungen (Festsetzungen zum Grundwasserschutz in Raumordnungs- oder Regionalplänen nach § 8 ROG),
– andere Möglichkeiten, den mit der Benutzung verfolgten Zweck z.B. durch Erfüllung der Anschluss- und Benutzungspflicht an eine kommunale Einrichtung erreichen,
– individuelle Interessen Dritter, insbesondere anderer Gewässerbenutzer oder potenziell von einer Gewässerbenutzung Betroffener

berücksichtigen. Ferner ist im Rahmen der ordnungsgemäßen Ausübung des Bewirtschaftungsermessens auch auf künftige Entwicklungen Rücksicht zu nehmen: Würde die beantragte Benutzung eine geplante Trinkwasserversorgungsanlage vereiteln oder erschweren, kann die Wasserbehörde die Erteilung der Erlaubnis oder Bewilligung ablehnen[1].

#### c) Inhalts- und Nebenbestimmungen zu Erlaubnis und Bewilligung

Die Zulässigkeit von Inhalts- und Nebenbestimmungen ergibt sich aus § 13 WHG. 169

Inhalts- und Nebenbestimmungen sind ein wesentlicher Bestandteil von wasserrechtlichen Erlaubnissen und Bewilligungen. Bei der Prüfung von Versagungsgründen nach § 12 Abs. 1 Nr. 1 WHG muss die Behörde prüfen, ob schädliche Gewässerveränderungen durch Inhalts- und Nebenbestimmungen vermieden oder ausgeglichen werden können. Inhalts- und Nebenbestimmungen sind deshalb zur Beseitigung von Versagungsgründen bestimmt und geeignet und ermöglichen es außerdem, das behördliche Bewirtschaftungsermessen unter Berücksichtigung der wasserwirtschaftlichen Anforderungen, die sich im Zusammenhang mit dem konkret zuzulassenden Benutzungsvorhaben ergeben, einzelfallgerecht und zielgerichtet auszuüben. 170

**Inhaltsbestimmungen** sind wesentlicher unselbstständiger Teil der erlaubten oder bewilligten Benutzung und bestimmen den Rahmen, in dem der Gewässerbenutzer von der Erlaubnis oder Bewilligung Gebrauch machen darf[2]. Als Inhaltsbestimmungen einer wasserrechtlichen Zulassung sind deshalb etwa Bestimmungen über die zulässige Entnahmemenge von Wasser aus einem Gewässer sowie Bestimmungen über Einleitungsmengen und Einleitungsgrenzwerte z.B. zur zulässigen Schadstofffracht oder Einleittemperatur bei Abwassereinleitungen anzusehen. Hält der Benutzer eine Inhaltsbestimmung der Erlaubnis oder Bewilligung nicht ein, erfolgt die Gewässerbenutzung insgesamt ohne Zulassung und damit zugleich unbefugt. Die unbefugte Verunreinigung oder sonstige nachteilige Veränderung eines Gewässers erfüllt auch den Tatbestand des § 324 StGB, so dass eine verwaltungsrechtlich nicht legitimierte Gewässerbenutzung zugleich strafbar ist. 171

Erscheint eine Inhaltsbestimmung rechtswidrig, kann sie während der Rechtsbehelfsfrist nur zusammen mit der Erlaubnis oder Bewilligung angefochten werden, weil jede Inhaltsbestimmung untrennbarer Bestandteil der wasserrechtlichen Zulassung ist. Die Anfechtung einer Inhaltsbestimmung führt dazu, dass die gesamte Zulassungsentscheidung vorerst keine Bestandskraft erlangt und von ihr kein Gebrauch gemacht werden darf. 172

⊃ **Hinweis:** Bei der Prüfung, ob gegen eine Inhaltsbestimmung in einer Erlaubnis oder Bewilligung vorgegangen wird, sollte im Einzelfall stets kritisch geprüft werden, ob die anzugreifende Inhaltsbestimmung die beabsichtigte Benutzung 173

---
1 *Czychowski/Reinhardt*, § 12 Rz. 65 unter Hinweis auf VG Würzburg v. 12.4.1973 – W I 29/71.
2 *Czychowski/Reinhardt*, § 13 Rz. 9 m.w.N.

essenziell beeinflusst oder vollständig in Frage stellt. Von der Anfechtung einer Inhaltsbestimmung „aus Prinzip" sollte im Hinblick auf die mit einem Rechtsbehelfsverfahren verbundene Verzögerung der Aufnahme der Benutzung tunlichst abgesehen werden.

174 **Nebenbestimmungen** sind zusätzliche behördliche Anordnungen, die die Gestattung der Gewässerbenutzung durch zusätzliche behördliche Anordnungen ergänzen[1]. In der Praxis häufig verwendete Nebenbestimmungen sind **Befristungen** der wasserrechtlichen Zulassung. Die Anordnung einer Befristung ist nur für die **Bewilligung** in § 14 Abs. 2 WHG zwingend vorgeschrieben. Ihre Zulässigkeit ist jedoch trotz fehlender ausdrücklicher Regelung im WHG auch **für die Erlaubnis allgemein anerkannt**[2] und wird im Übrigen in einzelnen Landesgesetzen ausdrücklich verlangt[3].

175 **Befristungen einer Erlaubnis** kommen z.B. in Betracht, wenn sich im Zeitpunkt der Erteilung einer wasserrechtlichen Erlaubnis zur Entnahme von Grundwasser zur privaten Trinkwasserversorgung oder zur Einleitung von gereinigtem Wasser aus einer Kleinkläranlage abzeichnet, dass das betreffende Grundstück in absehbarer Zeit an eine zentrale Wasserversorgungs- oder Abwasserbeseitigungsanlage angeschlossen werden kann. Die Befristung einer Erlaubnis kann auch angeordnet werden, wenn die Auswirkungen einer Benutzung auf den Wasserhaushalt im Zeitpunkt der Zulassungsentscheidung noch nicht feststehen, oder wenn der Gewässerbenutzer durch die Befristung dazu angehalten werden soll, binnen der gesetzten Fristen schrittweise die Schadstoffbelastung des einzuleitenden Abwassers zu reduzieren[4]. Die Befristung einer Erlaubnis muss nach den Umständen des Einzelfalls erforderlich und angemessen sein. In jedem Fall unzulässig ist es, wenn die Wasserbehörde eine Erlaubnis auf einen Zeitraum von jeweils einem Jahr befristet, um sich den Weg zu jährlichen Neubescheiden offenzuhalten.

176 Die Befristung einer Erlaubnis ändert nichts daran, dass die bestandskräftige Erlaubnis nach § 18 Abs. 1 WHG jederzeit widerruflich ist. Ist beispielsweise die Frist einer Erlaubnis zur Einleitung von gereinigtem Wasser aus einer Kleinkläranlage in ein Gewässer noch nicht abgelaufen, kann die Wasserbehörde die Erlaubnis dennoch nach § 18 Abs. 1 WHG widerrufen, sobald die zentrale Abwasserbeseitigungsanlage für das Grundstück hergestellt worden ist und das Grundstück angeschlossen werden kann.

177 Die **Befristung einer Bewilligung** ist **zwingendes Recht**. Nach § 14 Abs. 2 WHG wird die Bewilligung für eine bestimmte angemessene Frist erteilt, die nur in Ausnahmefällen 30 Jahre überschreiten darf. Die Frist von 30 Jahren ist nicht als Regelfrist, sondern als **Höchstfrist** anzusehen. Die Wasserbehörde muss die konkrete Frist im Bewilligungsbescheid ausdrücklich festlegen. Fehlt die nach § 14 Abs. 2 WHG zwingende Befristung, leidet die Bewilligung an einem besonders schwerwiegenden Fehler, der auch im Hinblick auf die eindeutige gesetzliche Regelung der Befristung bei verständiger Würdigung aller in Betracht kommenden Umstände offensichtlich ist; eine Bewilligung ohne eine Befristung wäre deshalb nach § 44 Abs. 1 VwVfG nichtig. Die Nichtigkeit kann allerdings durch eine nachträgliche Festsetzung der Frist auch noch nach Ablauf der Rechtsbehelfsfrist geheilt werden, da der Benutzer wegen der Vorschrift des § 14 Abs. 2 WHG mit einer Befristung rechnen

---

1 *Czychowski/Reinhardt*, § 13 Rz. 12.
2 *Breuer*, Rz. 453; *Czychowski/Reinhardt*, § 13 Rz. 16, jeweils m.w.N.
3 Vgl. Art. 15 Abs. 2 Satz 2 BayWG [Befristung einer beschränkten Erlaubnis für eine Gewässerbenutzung zu vorübergehenden Zwecken für einen Zeitraum von nicht mehr als einem Jahr]; § 28 Abs. 3 Satz 2 BbgWG [Erlaubnis „ist zu befristen"].
4 *Czychowski/Reinhardt*, § 13 Rz. 16.

musste und bei einer unheilbaren Nichtigkeit der Bewilligung schlechter gestellt wäre[1].

Die Frist für die Bewilligung muss nach den Umständen des Einzelfalls angemessen sein. Die angemessene Frist muss die Wasserbehörde im Rahmen ihres Bewirtschaftungsermessens ermitteln. Bei der Bestimmung der Frist sind wasserwirtschaftliche Kriterien wie die Art und Intensität der voraussichtlichen Auswirkungen des Vorhabens auf den Wasserhaushalt, die voraussichtliche Entwicklung des Wasserhaushalts in dem von der Benutzung betroffenen Gebiet sowie bestehende wasserwirtschaftliche Planungen, aber auch die Bedeutung der Gewässerbenutzung für den Benutzer und die Amortisation der vom Benutzer zu tätigenden Investitionen zu berücksichtigen. Die Angemessenheit der Befristung wird als unbestimmter Rechtsbegriff angesehen und unterliegt damit der verwaltungsgerichtlichen Kontrolle[2]. 178

Da die Befristung einer Erlaubnis oder Bewilligung untrennbarer Bestandteil der Zulassungsentscheidung ist, kann sie ebenfalls nur gemeinsam mit der Erlaubnis oder Bewilligung angegriffen werden und hemmt bis zum Abschluss des Rechtsbehelfsverfahrens die Bestandskraft. 179

#### d) Verfahren zur Erteilung der Erlaubnis oder Bewilligung

Das WHG enthält zum Verwaltungsverfahren über die Erteilung einer Erlaubnis oder Bewilligung nur rudimentäre Vorschriften. 180

§ 11 Abs. 1 WHG regelt, dass die Erlaubnis oder Bewilligung für ein Vorhaben, das einer Umweltverträglichkeitsprüfung bedarf, nur in einem Verfahren erteilt werden kann, das den Anforderungen des UVPG entspricht. Dieser Regelung wird lediglich die Funktion beigemessen, an die Geltung des UVPG zu erinnern[3]. 181

Die **UVP-pflichtigen wasserwirtschaftlichen Vorhaben** sind abschließend in Nr. 13 der Anlage 1 zum UVPG aufgeführt. **Kriterien für die UVP-Pflicht** sind im Wesentlichen **Art und Größe** eines Vorhabens. Wasserwirtschaftliche Anlagen, die in Nr. 13 Spalte 1 der Anlage 1 zum UVPG mit einem „X" gekennzeichnet sind, bedürfen immer einer Umweltverträglichkeitsprüfung. Anlagen, die in Nr. 13 Spalte 2 mit einem „A" gekennzeichnet sind, bedürfen nach § 3c Satz 1 UVPG einer Umweltverträglichkeitsprüfung, wenn das Vorhaben nach Einschätzung der zuständigen Behörde aufgrund einer allgemeinen Vorprüfung des Einzelfalls unter Berücksichtigung der Kriterien in Anlage 2 zum UVPG erhebliche Auswirkungen auf die Umwelt haben kann. Anlagen mit einer geringen Größe oder Leistung, die in Nr. 13 Spalte 2 mit einem „S" gekennzeichnet sind, bedürfen nach § 3c Satz 2 UVPG einer Umweltverträglichkeitsprüfung in Gestalt einer standortbezogenen Vorprüfung, wenn trotz der geringen Größe oder Leistung aufgrund besonderer örtlicher Gegebenheiten am Standort erhebliche Auswirkungen auf die Umwelt nach den Kriterien der Anlage 2 UVPG zu erwarten sind. Bestehen Zweifel, ob ein Vorhaben unter Nr. 13 der Anlage 1 zum UVPG fällt, ist es empfehlenswert, möglichst schon bei der Vorbereitung von Antragsunterlagen Kontakt zur Wasserbehörde aufzunehmen, um die Notwendigkeit einer UVP zu klären. Die Wasserbehörde ist nach § 5 UVPG auf Ersuchen des Trägers des wasserwirtschaftlichen Vorhabens dazu verpflichtet, ihn schon vor Beginn des Erlaubnis- oder Bewilligungsverfahrens frühzeitig über Inhalt und Umfang der beizubringenden Unterlagen zu **unterrichten** 182

---
1 *Knopp*, in: Sieder/Zeitler/Dahme/Knopp, § 8 WHG a.F. Rz. 40; *Czychowski/Reinhardt*, § 14 Rz. 30.
2 *Breuer*, Rz. 453.
3 *Czychowski/Reinhardt*, § 11 Rz. 2.

und Gelegenheit zu einer **Besprechung über die UVP** zu geben, zu der auch Behörden hinzuzuziehen sind, deren umweltbezogener Aufgabenbereich durch das Vorhaben berührt wird (§ 7 UVPG). Durch diese Unterrichtung gewinnt der Träger des Vorhabens wichtige Erkenntnisse, die ihm eine Vorlage vollständiger Antragsunterlagen ermöglicht und damit zu einer Beschleunigung des Zulassungsverfahrens führt.

183 § 11 Abs. 2 WHG regelt, dass eine Bewilligung nur in einem Verfahren erteilt werden kann, in dem die Betroffenen und die beteiligten Behörden Einwendungen geltend machen können. Damit ist – auch mit Wirkung für das Wasserrecht der Länder – bundeseinheitlich geregelt, dass über die Erteilung einer Bewilligung in einem förmlichen Verwaltungsverfahren oder durch Planfeststellungsverfahren zu entscheiden ist, da diese Verfahren eine Beteiligung der Öffentlichkeit und der in ihrem Aufgabenbereich betroffenen Behörden vorsehen.

184 Die nähere Ausgestaltung des Verfahrens zur Erteilung der Erlaubnis oder Bewilligung wird in den Vorschriften des Landesrechts geregelt.

185 Die Landeswassergesetze haben das Verfahren unterschiedlich ausgestaltet. Teilweise ist die Erlaubnis in einem förmlichen Verfahren zu erteilen[1], teilweise ist ein förmliches Verfahren vorgeschrieben, wenn die erlaubnispflichtige Gewässerbenutzung einer Umweltverträglichkeitsprüfung bedarf oder von wasserwirtschaftlicher Bedeutung ist[2]. Im Land Brandenburg unterliegen bestimmte Gewässerbenutzungen der Planfeststellungspflicht[3]. In Niedersachsen ist ein förmliches Verfahren auch für die einfache Erlaubnis für das Einbringen oder Einleiten von Stoffen in Gewässer oder für Benutzungen nach § 9 Abs. 2 Nr. 2 WHG erforderlich, wenn die Benutzung im Zusammenhang mit einer Anlage geplant ist, die unter den Anwendungsbereich der IVU-Richtlinie[4] fällt[5]. In Schleswig-Holstein werden für das Verfahren zur Erteilung der gehobenen Erlaubnis und der Bewilligung bestimmte Elemente aus dem Planfeststellungsrecht übernommen; andererseits ist dort für bestimmte Benutzungen wie z.B. die Einleitung von unbelastetem Niederschlagswasser, die Sanierung von Grundwasserverunreinigungen, Gewinnung von Wärme durch Wärmepumpen ein vereinfachtes Erlaubnisverfahren vorgesehen, in welchem die Erlaubnis als erteilt gilt, wenn der Erlaubnisantrag die gesetzlich geforderten Angaben und Beschreibungen zum Vorhaben vollständig enthält und die Behörde nicht binnen zwei Monaten nach Eingang des Antrags widerspricht[6].

**e) Verhältnis von Erlaubnissen oder Bewilligungen zu anderen Zulassungsentscheidungen**

186 In vielen Fällen bedarf ein Vorhaben, das mit der Benutzung eines Gewässers verbunden ist, nicht nur einer wasserrechtlichen Erlaubnis oder Bewilligung, sondern weiterer **Zulassungsentscheidungen nach Fachgesetzen** wie z.B. dem Bundes-Im-

---

1 So § 108 WG BW.
2 § 86 Abs. 1 Nr. 2 BlnWG, § 98 Abs. 1 BremWG, § 92 Abs. 2 HmbWG, § 21 Abs. 3 WG LSA.
3 § 129a Abs. 2 Satz 1 Nr. 2, 3, 9, 13 BbgWG.
4 Richtlinie 2008/1/EG des Europäischen Parlaments und des Rates vom 15.1.2008 über die integrierte Vermeidung und Verminderung der Umweltverschmutzung (ABl. EU Nr. L 24 S. 8), mit Wirkung vom 6.1.2011 ersetzt durch die Richtlinie 2010/75/EU des Europäischen Parlaments und des Rates vom 24.11.2010 über Industrieemissionen (integrierte Vermeidung und Verminderung der Umweltverschmutzung) (ABl. EU Nr. L 334, S. 17).
5 § 12 Abs. 1 NdsWG.
6 § 119 Abs. 1 und 3 SchlHWG.

missionsschutzgesetz, dem Bundesberggesetz oder dem Kreislaufwirtschafts- und Abfallgesetz. Soweit für die Ausübung der Benutzung bauliche Anlagen errichtet werden müssen, kann ferner eine **Genehmigungspflicht nach Bauordnungsrecht** bestehen.

Dies kann dazu führen, dass ein Vorhaben in mehreren getrennten Zulassungsverfahren nach unterschiedlichen Vorgaben des Umwelt- und Baurechts sowie – bei planfeststellungsbedürftigen Vorhaben – des allgemeinen Verwaltungsrechts durch verschiedene Behörden zu überprüfen ist. 187

Im Interesse einer zügigen und effektiven Entscheidung über die Zulassung derartiger Vorhaben muss sichergestellt werden, dass ein Vorhaben möglichst in einem Zulassungsverfahren umfassend behandelt und zugelassen wird, so dass eine Mehrfachbelastung sowohl des Antragstellers als auch der mit der Zulassung befassten Behörden vermieden wird. 188

Um eine möglichst zügige und einheitliche Entscheidung über ein Vorhaben zu erreichen, enthalten sowohl das WHG als auch umweltrechtliche Fachgesetze Regelungen zum Verhältnis von wasserrechtlichen Zulassungen zu fachgesetzlichen Zulassungen. 189

**aa) Planfeststellungsbedürftige Vorhaben**

Wird für ein Vorhaben, das mit der Benutzung eines Gewässers verbunden ist, ein Planfeststellungsverfahren durchgeführt, entscheidet die Planfeststellungsbehörde auch über die Erteilung der Erlaubnis oder Bewilligung der Gewässerbenutzung (§ 19 Abs. 1 WHG). 190

§ 19 Abs. 1 WHG enthält nach dem Wortlaut nur die Regelung, dass die Planfeststellungsbehörde auch für die Entscheidung über die Erteilung der Erlaubnis oder Bewilligung zuständig ist. Bei § 19 Abs. 1 WHG handelt es sich demnach nur um eine Regelung zur Zuweisung der Entscheidungszuständigkeit an die Planfeststellungsbehörde; materiell-rechtliche Wirkungen wie etwa die Erstreckung der Konzentrationswirkung eines Planfeststellungsbeschlusses auch auf die wasserrechtliche Erlaubnis oder Bewilligung richten sich ausschließlich nach dem für das Planfeststellungsverfahren maßgeblichen allgemeinen Verwaltungsverfahrensrecht[1]. 191

Die Entscheidung der nach § 19 Abs. 1 WHG zuständigen Planfeststellungsbehörde über die Erteilung der wasserrechtlichen **Erlaubnis oder Bewilligung** tritt, auch wenn sie in ein und demselben Beschluss getroffen wird, als **rechtlich selbständiges Element** neben die Planfeststellung. Die wasserrechtliche Erlaubnis oder Bewilligung führt gegenüber der Planfeststellung ein rechtliches Eigenleben[2]. Dem liegt die Erwägung zugrunde, dass im Gegensatz zu Planfeststellungsbeschlüssen, die in hohem Maße gegen nachträgliche Änderungen geschützt sind, im Wasserrecht flexibel handhabbare Instrumente unverzichtbar sind; daher stehen die Erlaubnis und die Bewilligung nach Maßgabe des § 13 Abs. 1 WHG von vornherein unter dem Vorbehalt nachträglicher Anordnungen. Die Erlaubnis kann ferner über die in § 49 VwVfG bzw. entsprechenden Vorschriften des Landesrechts genannten Gründe hinaus nach Maßgabe des § 18 Abs. 1 WHG jederzeit widerrufen werden. Diese Regelungen ermöglichen es, i.S.d. Gewässerschutzes auf eine veränderte Lage effektiv zu reagieren. Der Gesetzgeber misst diesem Gesichtspunkt erhebliche Bedeutung bei, da er bei keiner der mehrfachen Novellierungen des Wasserhaus- 192

---

1 *Knopp*, in: Sieder/Zeitler/Dahme/Knopp, § 14 WHG a.F. Rz. 2.
2 BVerwG v. 16.3.2006 – 4 A 1075/04 („Flughafen Berlin-Schönefeld"), NVwZ-Beilage 2006, 1 (42), Rz. 450.

haltsgesetzes erwogen hat, den Regelungsgehalt des § 14 Abs. 1 WHG, der im Verhältnis zum Planfeststellungsrecht einen erhöhten wasserrechtlichen Schutz gewährleistet, aus dem Gesetz zu entfernen[1].

193 Nach der zitierten Rechtsprechung des BVerwG werden wasserrechtliche Erlaubnisse oder Bewilligungen – insoweit abweichend von dem Wortlaut des § 75 VwVfG – nicht von der Konzentrationswirkung des Planfeststellungsbeschlusses erfasst, sondern als rechtlich selbstständige Entscheidung von der Planfeststellungsbehörde „mit erlassen".

194 Trotz der rechtlichen Selbstständigkeit der wasserrechtlichen Erlaubnis oder Bewilligung stehen das Wasserrecht und das Planfeststellungsrecht aber nicht beziehungslos nebeneinander: Erweist sich die mit dem planfeststellungsbedürftigen Vorhaben verbundene Gewässerbenutzung nach wasserrechtlichen Kriterien als nicht zulassungsfähig und lässt sich das Vorhaben ohne die Gewässerbenutzung nicht verwirklichen, ist auch das planfeststellungsbedürftige Vorhaben unzulässig, da es sich i.S.d. Planungsrechts als nicht durchführbar und damit als nicht erforderlich erweist[2].

195 Die Zuständigkeit der Planfeststellungsbehörde für die Erteilung der wasserrechtlichen Erlaubnis nach § 19 Abs. 1 WHG setzt voraus, dass die Gewässerbenutzung Bestandteil des planfeststellungsbedürftigen Vorhabens ist.

196 Diese Voraussetzung ist etwa dann gegeben, wenn zur Realisierung eines planfeststellungsbedürftigen Verkehrsprojektes (z.B. Bahnhof, Flughafen) bauliche Anlagen errichtet werden sollen, zu deren Errichtung Grundwasser mittels Pumpen zu Tage gefördert werden muss, das anschließend in ein oberirdisches Gewässer eingeleitet wird: In diesem Fall sind sowohl der Benutzungstatbestand des § 9 Abs. 1 Nr. 5, 2. Alt. WHG (vgl. dazu Rz. 121 ff.) und des § 9 Abs. 1 Nr. 4, 2. Alt. WHG (vgl. dazu oben Rz. 112 ff.) erfüllt. Werden zur Errichtung der Gebäude Spundwände gesetzt, ist außerdem regelmäßig der Benutzungstatbestand des § 9 Abs. 2 Nr. 1 WHG (vgl. dazu oben Rz. 93 ff.) erfüllt. In diesem Fall entscheidet die Planfeststellungsbehörde auch über die Erteilung der wasserrechtlichen Erlaubnis für die genannten Benutzungstatbestände.

197 Über die Erteilung der wasserrechtlichen Erlaubnis oder Bewilligung entscheidet die Planfeststellungsbehörde nach § 19 Abs. 3, 1. Alt. WHG im **Einvernehmen** mit der zuständigen Wasserbehörde. Das Einvernehmen der zuständigen Wasserbehörde liegt nur vor, wenn die Wasserbehörde mit der von der Planfeststellungsbehörde zu treffenden wasserrechtlichen Entscheidung einverstanden ist und ihr voll und ganz nach Form und Inhalt zustimmt[3].

198 Eine Ausnahme gilt insoweit nach § 19 Abs. 3, 2. Alt. WHG nur, wenn die **Planfeststellung durch** eine **Bundesbehörde** erfolgt: In diesem Fall trifft die Planfeststellungsbehörde des Bundes die wasserrechtliche Entscheidung im **Benehmen** mit der Wasserbehörde; das Benehmen mit der Wasserbehörde setzt kein Einverständnis der Wasserbehörde voraus, sondern erfordert lediglich, dass die Planfeststellungsbehörde des Bundes der Wasserbehörde Gelegenheit zur Äußerung und Stellungnahme zu der beabsichtigten Entscheidung gibt.

199 Erteilt die Planfeststellungsbehörde die wasserrechtliche Erlaubnis oder Bewilligung ohne das erforderliche Einvernehmen der Wasserrechtsbehörde, so ist der

---

1 BVerwG v. 16.3.2006 – 4 A 1075/04 („Flughafen Berlin-Schönefeld"), NVwZ-Beilage 2006, 1 (42), Rz. 450 a.E.
2 BVerwG v. 16.3.2006 – 4 A 1075/04 („Flughafen Berlin-Schönefeld"), NVwZ-Beilage 2006, 1 (42), Rz. 452.
3 *Knopp*, in: Sieder/Zeitler/Dahme/Knopp, § 14 WHG a.F. Rz. 17.

III. Gewässerbenutzungen

Verwaltungsakt gem. § 44 Abs. 3 Nr. 4 VwVfG oder einer entsprechenden Vorschrift des Landesverwaltungsverfahrensgesetzes zwar nicht nichtig, aber rechtswidrig und damit anfechtbar. Zu beachten ist allerdings, dass der Mangel der wasserrechtlichen Zulassungsentscheidung bis zum Abschluss der letzten Tatsacheninstanz eines verwaltungsgerichtlichen Verfahrens dadurch geheilt werden kann, dass die unterbliebene Beteiligung der Wasserbehörde nachgeholt wird (§ 45 Abs. 1 Nr. 5, Abs. 2 VwVfG).

Ist ein von einem planfeststellungsbedürftigen Vorhaben Betroffener der Auffassung, dass die Wasserbehörde das Einvernehmen zu der Erteilung der wasserrechtlichen Entscheidung nicht hätte erteilen dürfen, kann er die Erteilung des Einvernehmens nicht selbstständig anfechten, da es sich bei der Erteilung des Einvernehmens durch die Wasserbehörde um einen innerdienstlichen Vorgang ohne Verwaltungsaktsqualität handelt[1]. Die Rechtswidrigkeit der Erteilung des Einvernehmens kann deshalb ausschließlich im Rahmen der Anfechtung des Planfeststellungsbeschlusses geltend gemacht werden. 200

### bb) Bergrechtliche Betriebspläne

Sieht ein bergrechtlicher Betriebsplan eine Benutzung von Gewässern vor, ist nach § 19 Abs. 2 WHG die Bergbehörde zur Entscheidung über die Erteilung der Erlaubnis zuständig. 201

Auch § 19 Abs. 2 WHG stellt lediglich eine Zuständigkeitsnorm dar, so dass neben der Entscheidung der Bergbehörde über die Zulassung des bergrechtlichen Betriebsplans nach § 51 Abs. 1 Satz 1 BBergG von der Bergbehörde – nicht jedoch von der Wasserbehörde – eine Erlaubnis zu erteilen ist. 202

Nach dem Wortlaut des § 19 Abs. 2 WHG ist die **Zuständigkeit der Bergbehörde auf die Erteilung einer wasserrechtlichen Erlaubnis beschränkt**. Möchte der Bergbauunternehmer für eine im Zusammenhang mit dem bergrechtlichen Betriebsplan stehende Gewässerbenutzung eine **Bewilligung**, muss er diese **außerhalb des bergrechtlichen Betriebsplanverfahrens bei der Wasserbehörde beantragen**. Eine von der Bergbehörde außerhalb der Zuständigkeit des § 19 Abs. 2 WHG für die Erteilung einer Erlaubnis erteilte Bewilligung wäre nicht nur rechtswidrig, sondern nach § 44 Abs. 1 VwVfG oder der entsprechenden Vorschrift des Landesverwaltungsverfahrensrechts sogar nichtig, weil die Bewilligung von einer absolut unzuständigen Behörde erlassen worden wäre. 203

Bei der Entscheidung über die Erlaubnis für eine im Zusammenhang mit der bergbaulichen Tätigkeit gem. bergrechtlichem Betriebsplan stehende Gewässerbenutzung handelt es sich um eine wasserrechtliche Entscheidung, bei deren Erlass die Bergbehörde das gesamte formelle und materielle Wasserrecht zu beachten hat[2]. 204

Auch bei der Zuständigkeitszuweisung nach § 19 Abs. 2 WHG ist zu beachten, dass diese nur für Gewässerbenutzungen gilt, die im Zusammenhang mit den im bergrechtlichen Betriebsplan aufgeführten Tätigkeiten stehen (z.B. das Zutageförden, Ableiten oder Einleiten von Grubenwasser). Andere Gewässerbenutzungen wie z.B. das Einleiten von Niederschlagswasser in ein Gewässer fallen dagegen nicht unbedingt in die Zuständigkeit der Bergbehörde, so dass die Erteilung einer diesbezüglichen Erlaubnis bei der Wasserbehörde zu beantragen wäre. 205

Die Vorschriften des § 19 Abs. 3 WHG über die Herstellung des Einvernehmens mit der Wasserbehörde gelten auch für die Entscheidung der Bergbehörde über die Ertei- 206

---

1 *Knopp*, in: Sieder/Zeitler/Dahme/Knopp, § 14 WHG a.F. Rz. 17b.
2 *Knopp*, in: Sieder/Zeitler/Dahme/Knopp, § 14 WHG a.F. Rz. 15.

lung der wasserrechtlichen Erlaubnis, so dass auf die Ausführungen unter Rz. 197 Bezug genommen werden kann.

### cc) Immissionsschutzrechtlich genehmigungsbedürftige Anlagen

207 Gemäß § 13 BImSchG schließt eine immissionsschutzrechtliche Genehmigung eine Vielzahl von anderen behördlichen Entscheidungen ein, die die immissionsschutzrechtlich genehmigungsbedürftige Anlage betreffen.

208 Von der Konzentrationswirkung des § 13 BImSchG **ausdrücklich ausgenommen** sind aber **wasserrechtliche Erlaubnisse und Bewilligungen nach §§ 8 und 10 WHG.**

209 Deshalb muss für eine immissionsschutzrechtlich genehmigungsbedürftige Anlage
– z.B. ein Kraftwerk,

die zugleich mit der Benutzung eines Gewässers verbunden ist,
– z.B. durch Entnahme von Kühlwasser aus einem Gewässer und Ableitung von Abwasser in ein Gewässer

neben der immissionsschutzrechtlichen Genehmigung die wasserrechtliche Erlaubnis oder Bewilligung gesondert beantragt und erteilt werden.

210 Anders als dies in § 19 Abs. 1 und 2 WHG für Planfeststellungen oder bergrechtliche Betriebspläne vorgesehen ist, enthält weder das WHG noch das BImSchG eine Zuständigkeitsregelung, die der Immissionsschutzbehörde die Zuständigkeit für die Erteilung wasserrechtlicher Zulassungen überträgt.

211 Bei immissionsschutzrechtlich genehmigungsbedürftigen Anlagen, die mit der Benutzung eines Gewässers verbunden sind, ist deshalb **neben der Genehmigung nach BImSchG zusätzlich eine Erlaubnis oder Bewilligung** bei der Wasserbehörde zu beantragen.

212 Um bei dieser Verfahrensweise widersprüchliche Entscheidungen der zuständigen Behörden zu vermeiden, sieht § 10 Abs. 5 Satz 2 BImSchG vor, dass die immissionsschutzrechtliche Genehmigungsbehörde eine vollständige Koordinierung der Genehmigungsverfahren und der Inhalts- und Nebenbestimmungen sicherzustellen hat.

213 Nach § 11 Satz 4 9. BImSchV ist die Genehmigungsbehörde außerdem dazu verpflichtet, sich über den Stand der anderweitigen das Vorhaben betreffenden Zulassungsentscheidungen Kenntnis zu verschaffen und mit den für diese Verfahren zuständigen Behörden frühzeitig den von ihr beabsichtigten Inhalt des Genehmigungsbescheides zu **erörtern und abzustimmen.**

214 Im Rahmen dieser **Koordinationspflicht** muss die Genehmigungsbehörde nach BImSchG deshalb von sich aus dafür sorgen, dass während des Genehmigungsverfahrens ein Informationsaustausch mit der Wasserbehörde eingerichtet und aufrechterhalten wird, und dass Inhalt und Nebenbestimmungen der zu treffenden Entscheidungen nach BImSchG und WHG möglichst frühzeitig aufeinander abgestimmt werden.

215 Aus der Sicht des Vertreters eines Antragstellers sollte in Genehmigungsverfahren, die neben einer Genehmigung nach §§ 4ff. BImSchG auch eine Erlaubnis oder Bewilligung nach §§ 8, 10 WHG erfordern, in einem möglichst frühen Stadium auf die Notwendigkeit der Koordination hingewiesen werden. Als geeigneter Zeitpunkt kommt hierzu etwa die Beratung des Trägers des Vorhabens durch die Genehmigungsbehörde in Betracht, die nach § 2 Abs. 2 Satz 1 9. BImSchV erfolgen soll, so-

bald der Träger des Vorhabens die Genehmigungsbehörde über das geplante Vorhaben unterrichtet hat. Die Genehmigungsbehörde kann zu dieser Beratung andere Behörden hinzuziehen, soweit dies erforderlich ist (§ 2 Abs. 2 Satz 2 9. BImSchV). Die Beratung nach § 2 Abs. 2 9. BImSchV dient dem Informationsaustausch zwischen Antragsteller bzw. Träger des Vorhabens und den mit der Zulassung des Vorhabens befassten Behörden. Die Beratung setzt nur eine Unterrichtung der Genehmigungsbehörde über das geplante Vorhaben voraus und kann demgemäß schon vor der Antragstellung durchgeführt werden.

Durch Wahrnehmung des Beratungsangebotes wird sichergestellt, dass die Aspekte der Zulassung – ggf. auch durch Entscheidungen nach verschiedenen umweltrechtlichen Fachgesetzen wie BImSchG oder WHG – zum frühestmöglichen Zeitpunkt vollständig erfasst werden, so dass alle erforderlichen Zulassungsanträge gestellt und die Zulassungsverfahren zeitlich und inhaltlich parallel in die Wege geleitet und bearbeitet werden können. 216

Verschiedene Bundesländer haben in ihren Landeswassergesetzen ergänzende oder abweichende Regelungen zu Entscheidungen über sowohl immissionsschutzrechtlich als auch wasserrechtlich zulassungsbedürftige Vorhaben getroffen[1]. 217

**dd) Baurechtlich genehmigungsbedürftige Anlagen**

Ist die Errichtung oder Nutzung von baulichen Anlagen, die einer Genehmigung nach Landesbauordnung bedürfen, mit der Benutzung eines Gewässers verbunden, deckt die Baugenehmigung die Benutzung eines Gewässers nicht ab[2]. 218

Hat z.B. die Baubehörde die Errichtung eines Wohngebäudes mit einer Kleinkläranlage zur Behandlung des häuslichen Abwassers und anschließender Versickerung des behandelten Abwassers im Untergrund genehmigt, ist die wasserrechtliche Erlaubnis zur Versickerung des behandelten Abwassers im Untergrund in der Baugenehmigung selbst dann nicht enthalten, wenn die Wasserbehörde der Baugenehmigung im Rahmen der Behördenbeteiligung intern zugestimmt hat[3]. Anders als im Baurecht, in dem sich das grundsätzliche Recht zum Bauen aus der mit dem Eigentumsrecht verbundenen Baufreiheit und nicht erst aus der Baugenehmigung ergibt, wirkt im Wasserrecht erst die wasserrechtliche Erlaubnis oder Bewilligung rechtsbegründend, da nur sie die widerrufliche Befugnis oder im Falle der Bewilligung das Recht gewährt, ein Gewässer zu einem bestimmten Zweck und in einer bestimmten Weise zu benutzen. 219

In § 4 Abs. 3 WHG wird ausdrücklich klargestellt, dass das Grundeigentum von sich aus nicht zu einer gestattungspflichtigen Gewässerbenutzung berechtigt. Da ein Recht auf eine Gewässerbenutzung oder einen Gewässerausbau nicht besteht, fehlt es auch an der Grundlage für eine dem Baurecht entsprechende Unterscheidung zwischen formeller und materieller Illegalität einer Gewässereinwirkung[4]. 220

Anders als in Fällen, in denen jemand ohne die erforderliche Baugenehmigung und damit formell illegal ein materiell genehmigungsfähiges Gebäude errichtet hat und nutzt, kommt es im Wasserrecht nicht darauf an, ob die bereits ausgeübte Gewässerbenutzung gestattet werden kann und damit materiell legal ist. 221

---

1 Vgl. z.B. Art. 64 Abs. 2 BayWG, § 9 BremWG, § 12 HessWG, § 95 HmbWG, § 12 NdsWG, §§ 119 ff. LWG Rh.-Pf.
2 *Czychowski/Reinhardt*, § 10 Rz. 10.
3 OVG Koblenz, ZFW 1975, 104 (106).
4 BVerwG DVBl 1979, 67; VG Würzburg v. 20.7.2010 – W 4 K 09.1251, Rz. 29.

222 Die Versickerung von behandeltem Abwasser aus dem Ablauf der Kleinkläranlage in den Untergrund ist in diesem Fall als Einleiten von Stoffen in ein Gewässer (§ 9 Abs. 1 Nr. 4 WHG) erst zulässig, wenn die Wasserbehörde eine entsprechende Erlaubnis erteilt hat.

223 Eine wasserrechtliche Zulassung bleibt auch dann erforderlich, wenn die Errichtung von Anlagen zur Abwasserbehandlung nach den Vorschriften der jeweiligen Landesbauordnung als genehmigungsfreies oder verfahrensfreies Vorhaben genannt wird. Die Genehmigungs- oder Verfahrensfreiheit nach der Landesbauordnung lässt die bundesrechtlich vorgegebene Erlaubnis- oder Bewilligungspflicht für Gewässerbenutzungen unberührt.

**f) Änderung einer zugelassenen Gewässerbenutzung**

224 Die Erlaubnis und die Bewilligung gestatten die Benutzung eines bestimmten Gewässers zu einem bestimmten Zweck in einer bestimmten Art und Weise (§ 10 Abs. 1 WHG).

225 Die Änderung einer zugelassenen Gewässerbenutzung liegt demgemäß immer dann vor, wenn ein **anderes Gewässer benutzt** wird.

**Beispiel:**

Prozesswasser, das von einem Betrieb bisher aus einem Oberflächengewässer entnommen worden ist, soll aus dem Grundwasser gefördert werden.

226 Eine Änderung einer Gewässerbenutzung liegt auch dann vor, wenn der **zugelassene Benutzungszweck geändert** wird.

**Beispiel:**

Der bisher zum Betrieb einer Mühle bestimmte Aufstau eines Gewässers soll künftig für eine Bewässerung oder die Speisung einer Fischzuchtanlage genutzt werden[1].

Die durch bestehende Erlaubnis zugelassene Einleitung von betrieblichem Abwasser aus einem Produktionsbetrieb in ein Gewässer soll um die Einleitung von Niederschlagswasser von dem Betriebsgelände ergänzt werden.

227 Ob eine Änderung des Benutzungszwecks vorliegt, richtet sich im Einzelfall nach dem in der bestehenden wasserrechtlichen Erlaubnis oder Bewilligung ausdrücklich genannten Benutzungszweck. Wenn die beabsichtigte neue Gewässerbenutzung nicht dem bisherigen Benutzungszweck entspricht, ist eine neue Erlaubnis oder Bewilligung erforderlich, da die Wasserbehörde prüfen muss, ob die Voraussetzungen des § 12 Abs. 1 WHG für die Erteilung der Erlaubnis oder Bewilligung erfüllt sind und die wasserrechtliche Zulassung nach dem Bewirtschaftungsermessen der Behörde erteilt werden kann.

228 Eine Änderung des Benutzungszwecks ist allerdings nicht zwingend daran geknüpft, dass die Zweckänderung wasserwirtschaftlich von Bedeutung ist, da die Entscheidung über die Zulassung einer Gewässerbenutzung wegen der Abwägung zwischen dem Interesse an der Ausübung der Benutzung und dem Wohl der Allgemeinheit je nach Benutzung unterschiedlich ausfallen kann[2].

229 Eine **Änderung von Art und Maß der Benutzung** stellt auch eine Benutzungsänderung dar. Art und Maß der Benutzung werden in der wasserrechtlichen Zulassung z.B. durch die Festsetzung von

---

1 VGH Mannheim, ZFW 1982, 361.
2 *Czychowski/Reinhardt*, § 10 Rz. 56.

- zulässigen Entnahmemengen pro Zeiteinheit für Wasserförderanlagen,
- Parametern für Einleitmenge und zulässige Schmutzfracht von Abwasser bei Einleitung in ein Gewässer,
- Stauhöhen für das Aufstauen von Gewässern

geregelt. Will der Inhaber einer Erlaubnis oder Bewilligung von diesen Werten abweichen, setzt das ebenfalls grds. eine Prüfung der Änderung durch die Wasserbehörde im Erlaubnis- oder Bewilligungsverfahren voraus.

Eine Ausnahme von diesem Grundsatz kann etwa dann in Betracht gezogen werden, wenn gegenüber den Festlegungen in der wasserrechtlichen Zulassung keine Erweiterung, sondern lediglich eine Einschränkung der Benutzung vorgenommen wird[1]. Bei der Entscheidung, eine solche Änderung im Betrieb umzusetzen, sollte der Inhaber der wasserrechtlichen Zulassung allerdings berücksichtigen, dass die Wasserbehörde die Erlaubnis nach § 18 Abs. 1 WHG jederzeit ganz oder teilweise widerrufen kann und sich dazu veranlasst sehen könnte, die Benutzung durch einen Teilwiderruf der Erlaubnis zu beschränken, um die erlaubte Benutzung an den geringeren Nutzungsbedarf des Erlaubnisinhabers anzupassen. Bei einer Beschränkung von Art und Maß der Benutzung für eine durch Bewilligung zugelassene Gewässerbenutzung kann ein Teilwiderruf der Bewilligung auf § 18 Abs. 2 Satz 2 Nr. 2 WHG gestützt werden, wenn der Zweck der Benutzung so geändert worden ist, dass er mit dem Plan nach § 14 Abs. 1 Nr. 2 WHG nicht mehr übereinstimmt.

**Keine neue Erlaubnis oder Bewilligung** ist erforderlich, wenn sich die Änderung der Benutzung darauf beschränkt, dass zu ihrer Ausübung benötigte **Benutzungsanlagen ersetzt oder verändert** werden und die Änderung sich weder auf den Benutzungszweck noch auf Art und Maß der Benutzung auswirkt[2]. Gegenstand der Erlaubnis oder Bewilligung ist nämlich nicht eine bestimmte zur Benutzung eingesetzte Benutzungsanlage, sondern die Benutzung selbst (§ 8 Abs. 1 WHG).

**Beispiel:**

Austausch einer defekten oder veralteten Förderpumpe durch eine neue Pumpe mit gleicher Förderleistung,

Vertiefung eines Brunnens innerhalb des bisher genutzten Grundwasserstockwerks,

Errichtung eines neuen Einleitbauwerks,

Anpassung einer Benutzungsanlage (hier: Einbau einer Turbine an Stelle eines Wasserrades zum Antrieb einer Mühle) an den technischen Fortschritt, wenn die Grenzen der zugelassenen Benutzung nicht überschritten werden und die Anpassung weder für das Wohl der Allgemeinheit noch für andere bedeutsam sein kann[3].

### g) Vorzeitiger Beginn

Gemäß § 17 Abs. 1 WHG kann die zuständige Behörde in einem Erlaubnis- oder Bewilligungsverfahren auf Antrag zulassen, dass bereits vor Erteilung der Erlaubnis oder der Bewilligung mit der Gewässerbenutzung begonnen wird, wenn
1. mit einer Entscheidung zugunsten des Benutzers gerechnet werden kann,
2. an dem vorzeitigen Beginn ein öffentliches Interesse oder ein berechtigtes Interesse des Benutzers besteht und
3. der Benutzer sich verpflichtet, alle bis zur Entscheidung durch die Benutzung verursachten Schäden zu ersetzen und, falls die Benutzung nicht erlaubt oder bewilligt wird, den früheren Zustand wiederherzustellen.

---
1 *Czychowski/Reinhardt*, § 10 Rz. 50 m.w.N.
2 BayVGH, NuR 1981, 44.
3 OVG NW, OVGE 31, 137.

233 § 17 Abs. 1 WHG enthält eine gesetzliche Ausnahme von dem allgemeinen Erlaubnis- oder Bewilligungserfordernis des § 8 Abs. 1 WHG.

234 Die Regelung zur Zulassung des vorzeitigen Beginns soll es ermöglichen, dass der Unternehmer einer Gewässerbenutzung dann, wenn mit einem langwierigen Verfahren bis zur Erteilung der beantragten Erlaubnis oder Bewilligung zu rechnen ist, schon vor Abschluss dieses Verfahrens mit der Gewässerbenutzung beginnen kann.

235 Um eine Umgehung des Erlaubnis- oder Bewilligungserfordernisses zu vermeiden, ist die Zulassung des vorzeitigen Beginns an enge Voraussetzungen geknüpft.

**aa) Anhängigkeit eines Erlaubnis- oder Bewilligungsverfahrens**

236 Der vorzeitige Beginn kann nur „in" einem Erlaubnis- oder Bewilligungsverfahren zugelassen werden.

237 Daraus ergibt sich, dass im Zeitpunkt der Zulassung des vorzeitigen Beginns ein Erlaubnis- oder Bewilligungsverfahren anhängig sein muss.

238 Eine isolierte Entscheidung über den vorzeitigen Beginn ohne ein Hauptverfahren ist unzulässig[1].

239 Der vorzeitige Beginn kann **frühestens** im Zeitpunkt des Eingangs des **vollständigen Erlaubnis- oder Bewilligungsantrages** einschließlich der dazu gehörenden Unterlagen zugelassen werden, weil das Erlaubnis- oder Bewilligungsverfahren mit Eingang des Antrags bei der Behörde beginnt.

240 Die Zulassung vorzeitigen Beginns ist nicht mehr möglich, wenn das Erlaubnis- oder Bewilligungsverfahren vor der Behörde mit Zustellung der Entscheidung über die Erteilung oder die Versagung der Erlaubnis oder Bewilligung abgeschlossen worden ist, da das Erlaubnis- oder Bewilligungsverfahren mit Zustellung der Entscheidung der Wasserbehörde beendet ist.

**bb) Antrag des Unternehmers**

241 Die Zulassung des vorzeitigen Beginns ist vom Unternehmer bei der Wasserbehörde zu beantragen.

242 Eine Zulassung des vorzeitigen Beginns von Amts wegen ist nach § 22 Satz 2 Nr. 2 VwVfG bzw. entsprechenden Vorschriften des Verwaltungsverfahrensrechts der Länder ausgeschlossen, weil die Behörde gem. § 17 Abs. 1 WHG nur auf einen entsprechenden Antrag des Unternehmers tätig werden darf.

243 Der Antrag auf Zulassung des vorzeitigen Beginns ist im Erlaubnis- oder Bewilligungsverfahren zu stellen. Er kann anfänglich mit dem Antrag auf Erteilung der Erlaubnis oder Bewilligung verbunden werden. Ebenso ist es möglich, den Antrag auf Zulassung des vorzeitigen Beginns während des laufenden Erlaubnis- oder Bewilligungsverfahrens nachträglich zu stellen.

**cc) Prognose über die Entscheidung im Erlaubnis- oder Bewilligungsverfahren**

244 Die Zulassung des vorzeitigen Beginns setzt die Prognose der Wasserbehörde voraus, dass mit einer Entscheidung zu Gunsten des Benutzers gerechnet werden kann (§ 17 Abs. 1 Nr. 1 WHG).

---

1 *Knopp*, in: Sieder/Zeitler/Dahme/Knopp, § 14 WHG a.F. Rz. 3; *Czychowski/Reinhardt*, § 17 Rz. 5.

## III. Gewässerbenutzungen

Mit einer Entscheidung zugunsten des Unternehmers kann gerechnet werden, wenn eine Versagung der Erlaubnis auf Grund des § 12 WHG oder der Bewilligung nach §§ 12, 14 WHG sowie eventuell einschlägiger Vorschriften des Landesrechts aller Voraussicht nach nicht in Betracht kommt[1]. — 245

Um diese Prognoseentscheidung treffen zu können, muss die Behörde über alle **entscheidungserheblichen Unterlagen** verfügen. Die Entscheidung über die Zulassung des vorzeitigen Beginns setzt damit mindestens voraus, dass der Behörde ein vollständiger **Erlaubnis- oder Bewilligungsantrag einschließlich aller Unterlagen zur Beschreibung des wasserwirtschaftlichen Vorhabens** vorliegen. — 246

Soweit andere **Behörden oder Träger öffentlicher Belange** von der Benutzung in ihrem Aufgabenbereich berührt werden, müssen diese im Verfahren über die Zulassung vorzeitigen Beginns **beteiligt, mindestens aber summarisch angehört** worden sein[2]. — 247

### dd) Interesse an dem vorzeitigen Beginn

An dem vorzeitigen Beginn muss ein öffentliches Interesse oder ein berechtigtes Interesse des Benutzers bestehen (§ 17 Abs. 1 Nr. 2 WHG). — 248

Ein **öffentliches Interesse** an einem vorzeitigen Beginn besteht regelmäßig, wenn die beantragte Benutzung dem Wohl der Allgemeinheit, insbesondere der öffentlichen Wasserversorgung oder Abwasserbeseitigung dient[3]. — 249

Ein **berechtigtes Interesse des Benutzers** liegt vor, wenn dieser ein verständiges, durch die Sachlage gerechtfertigtes Interesse an der Zulassung des vorzeitigen Beginns hat, wobei auch ein tatsächliches Interesse genügen kann. Ein berechtigtes Interesse des Benutzers am vorzeitigen Beginn kann zu bejahen sein, wenn — 250
– die Erlaubnis oder Bewilligung ein umfangreiches oder schwieriges Vorhaben betrifft, dessen Durchführung längere Zeit in Anspruch nimmt,
– technische oder wirtschaftliche Gründe den vorzeitigen Beginn erforderlich machen,
– eine ausgeübte Benutzung über eine in der Erlaubnis oder Bewilligung angeordnete Befristung hinaus verlängert werden soll[4].

Das öffentliche Interesse oder das berechtigte Interesse des Benutzers muss in der Entscheidung über die Zulassung des vorzeitigen Beginns begründet werden. Die Begründung unterliegt in vollem Umfang der verwaltungsgerichtlichen Überprüfung[5]. — 251

### ee) Pflicht des Benutzers zu Schadenersatz und Wiederherstellung des früheren Zustandes

Nach § 17 Abs. 1 Nr. 3 WHG muss sich der Benutzer dazu verpflichten, alle bis zur Entscheidung durch die Benutzung **verursachten Schäden zu ersetzen** und bei Versagung der Erlaubnis oder Bewilligung **den früheren Zustand wiederherzustellen**. — 252

---

1 *Knopp*, in: Sieder/Zeitler/Dahme/Knopp, § 14 WHG a.F. Rz. 4.
2 *Czychowski/Reinhardt*, § 17 Rz. 8 m.w.N.
3 *Czychowski/Reinhardt*, § 17 Rz. 13.
4 *Knopp*, in: Sieder/Zeitler/Dahme/Knopp, § 14 WHG a.F. Rz. 8; *Czychowski/Reinhardt*, § 17 Rz. 14.
5 *Czychowski/Reinhardt*, § 17 Rz. 13, 14.

253 Da die Verpflichtung Voraussetzung für die Zulassung des vorzeitigen Beginns ist, muss der Benutzer die **Erklärung über seine Verpflichtung vor der Entscheidung** über die Zulassung des vorzeitigen Beginns gegenüber der Erlaubnis- oder Bewilligungsbehörde **abgegeben** haben.

254 Eine **besondere Form** dieser Erklärung ist im WHG **nicht vorgegeben**. Der Benutzer kann seine Verpflichtung zum Schadenersatz entweder **einseitig** gegenüber der Erlaubnis- oder Bewilligungsbehörde **erklären** oder mit der Behörde hinsichtlich der Verpflichtung und ihrer Erfüllung einen **öffentlich-rechtlichen Vertrag** schließen[1].

255 Die Pflicht zum Ersatz von Schäden nach § 17 Abs. 1 Nr. 3, 1. Alt. WHG erfasst alle Schäden, die durch die vorzeitige Benutzung bis zur Entscheidung über die beantragte Erlaubnis oder Bewilligung durch das Vorhaben adäquat verursacht werden[2]. Auf ein Verschulden des Benutzers hinsichtlich der Schadenverursachung kommt es nicht an. Die Pflicht zum Ersatz von Schäden aus der vorzeitigen Benutzung erfasst auch solche Schäden, die durch den vorzeitigen Beginn der Benutzung verursacht worden sind, aber erst nach der Entscheidung über die Erlaubnis oder Bewilligung eintreten[3].

256 Die Verpflichtung begründet einen **öffentlich-rechtlichen Titel**, der die Behörde berechtigt, vom Benutzer zu verlangen, dass dieser die Geschädigten schadlos hält. Bei der Verpflichtung zum Schadenersatz handelt es sich **zugleich** um eine **Verpflichtung zugunsten Dritter**, die durch die vorzeitige Benutzung betroffen sind. Diesen – im Zeitpunkt der Entscheidung über den Antrag auf Zulassung des vorzeitigen Beginns oft noch unbekannten – Betroffenen steht daher auch unmittelbar ein **zivilrechtlich durchsetzbarer Schadensersatzanspruch** gegen den Benutzer zu, ohne dass eine Vermittlung durch die Behörde erforderlich ist[4]. Der zivilrechtlichen Verfolgung solcher Schadensersatzansprüche kann der Benutzer deshalb nicht entgegenhalten, dass diese unzulässig ist, bevor die Erlaubnis- oder Bewilligungsbehörde über einen Entschädigungsantrag entschieden hat.

257 Die Pflicht zur Wiederherstellung des früheren Zustandes bei Versagung der Erlaubnis oder Bewilligung (§ 17 Abs. 1 Nr. 3, 2. Alt. WHG) wird durch die Herstellung eines den Gegebenheiten vor Beginn der vorzeitigen Benutzung entsprechenden Zustandes erfüllt[5]. In diesem Zusammenhang ist es unschädlich, wenn der im Zeitpunkt der Zulassung des vorzeitigen Beginns vorhandene Zustand wegen der mit der vorzeitigen Benutzung verbundenen Änderungen nicht im Maßstab „1:1" wiederhergestellt werden kann[6]. Der Benutzer hat zur Erfüllung seiner Pflicht aus § 17 Abs. 1 Nr. 3, 2. Alt. WHG lediglich einen der früheren Lage qualitativ und quantitativ vergleichbaren Zustand herbeizuführen[7]. Maßnahmen zur Wiederherstellung des früheren Zustandes sind etwa der Rückbau von Benutzungsanlagen, die Renaturierung eines Gewässers oder eine Ersatzbepflanzung des Gewässerufers. Die im Einzelfall zu treffenden Maßnahmen müssen nach Versagung der wasserrechtlichen Zulassung von der Erlaubnis- oder Bewilligungsbehörde näher konkretisiert und durch Bescheid festgelegt werden[8].

---

1 *Czychowski/Reinhardt*, § 17 Rz. 15.
2 *Czychowski/Reinhardt*, § 17 Rz. 15; *Knopp*, in: Sieder/Zeitler/Dahme/Knopp, § 9a WHG a.F. Rz. 10.
3 *Czychowski/Reinhardt*, § 17 Rz. 16; *Knopp*, in: Sieder/Zeitler/Dahme/Knopp, § 9a WHG a.F. Rz. 10; Giesberts/Reinhardt/*Guckelberger*, BeckOK, § 17 WHG Rz. 8.
4 *Czychowski/Reinhardt*, § 17 Rz. 17; Giesberts/Reinhardt/*Guckelberger*, BeckOK, § 17 WHG Rz. 8; *Knopp*, in: Sieder/Zeitler/Dahme/Knopp, § 9a WHG a.F. Rz. 10; *Breuer*, Rz. 471.
5 *Czychowski/Reinhardt*, § 17 Rz. 20 m.w.N.
6 VG Cottbus v. 11.12.2006 – 3 L 410/06, Rz. 12.
7 Giesberts/Reinhardt/*Guckelberger*, BeckOK, § 17 WHG Rz. 8.
8 *Czychowski/Reinhardt*, § 17 Rz. 20.

Die Verpflichtungen zum Schadenersatz und zur Wiederherstellung des früheren 258
Zustandes setzen den Gewässerbenutzer erheblichen rechtlichen und wirtschaftlichen Risiken aus. Diese Risiken sind der „Preis" dafür, dass ihm die Ausübung einer Gewässerbenutzung bereits vor deren behördlicher Zulassung gestattet wird. Bei der Entscheidung, ob diese Risiken im Rahmen eines Erlaubnis- oder Bewilligungsverfahrens eingegangen werden sollen, ist eine Abwägung des Benutzers zwischen den Chancen der Gewässerbenutzung und den Risiken im Fall der Versagung der wasserrechtlichen Zulassung erforderlich. In diese Abwägung sollte der Benutzer insbesondere Erwägungen dazu einstellen,
– mit welchen Schäden durch die vorzeitige Benutzung zu rechnen ist,
– welche Benutzungsanlagen zur vorzeitigen Benutzung errichtet werden müssen,
– welche Änderungen des zu benutzenden Gewässers in Folge der vorzeitigen Benutzung erforderlich sind,
und
– welche Maßnahmen vorgenommen werden müssen, um die im Zuge der vorzeitigen Benutzung errichteten Anlagen zu beseitigen und Veränderungen des Gewässers wieder rückgängig zu machen.

**ff) Widerruf**

Die Zulassung des vorzeitigen Beginns kann gem. § 17 Abs. 2 WHG jederzeit widerrufen werden. 259

Weil sich die Widerruflichkeit bereits aus dem Gesetz ergibt, ist es nicht erforderlich, dass sich die Behörde den Widerruf in der Entscheidung über die Zulassung des vorzeitigen Beginns vorbehält[1]. 260

Der Widerruf der Zulassung vorzeitigen Beginns kann darauf gestützt werden, dass 261
sich die Sachlage nach der Zulassungsentscheidung verändert hat, z.B. durch
– nachträgliche Erkenntnisse, die die Erlaubnis- oder Bewilligungsfähigkeit der geplanten Gewässerbenutzung in Frage stellen,
– Wegfall des Interesses an der geplanten Gewässerbenutzung durch Aufgabe der Nutzungsabsicht vor Erteilung der Erlaubnis oder Bewilligung.

Der Widerruf setzt aber nicht zwingend voraus, dass nach der Zulassung des vorzeitigen Beginns eine neue Sachlage eingetreten ist. Die Möglichkeit zum Widerruf besteht prinzipiell bereits dann, wenn die Behörde nach Zulassung des vorzeitigen Beginns die Voraussetzungen für ihre Erteilung anders beurteilt[2]. 262

In dieser weit reichenden Widerrufsmöglichkeit kommt zum Ausdruck, dass die 263
Zulassung des vorzeitigen Beginns nur vorläufigen Charakter hat.

Die Zulassung des vorzeitigen Beginns begründet für den Gewässerbenutzer **keinen** 264
**Vertrauenstatbestand dahingehend**, dass
– die vorzeitig zugelassene Gewässerbenutzung erlaubnis- oder bewilligungsfähig ist[3],
– dass die vorzeitig zugelassene Benutzung bis zur Erteilung der Erlaubnis oder Bewilligung ausgeübt werden darf.

---
1 *Czychowski/Reinhardt*, § 17 Rz. 22; *Knopp*, in: Sieder/Zeitler/Dahme/Knopp, § 9a WHG a.F. Rz. 14b.
2 *Czychowski/Reinhardt*, § 17 Rz. 22 m.w.N.; *Knopp*, in: Sieder/Zeitler/Dahme/Knopp, § 9a WHG a.F. Rz. 14b.
3 BVerwG, NVwZ 1991, 994.

265 Der Gewässerbenutzer kann sich lediglich darauf verlassen, dass er im Zeitraum zwischen der Zulassung des vorzeitigen Beginns und deren Widerruf bzw. der Ablösung durch den endgültigen Erlaubnis- oder Bewilligungsbescheid die Gewässerbenutzung nicht rechtswidrig ausgeübt hat.

**gg) Nebenbestimmungen**

266 Nach § 17 Abs. 2 Satz 2 i.V.m. § 13 WHG sind Inhalts- und Nebenbestimmungen zur Zulassung des vorzeitigen Beginns zulässig.

267 Hinsichtlich möglicher Regelungen zu Inhalts- und Nebenbestimmungen wird auf die obigen Ausführungen zu Rz. 169 ff. Bezug genommen.

**hh) Drittschutz**

268 Ein Drittschutz gegen die Zulassung vorzeitigen Beginns ist nur gegeben, wenn die Zulassung des vorzeitigen Beginns einen außerhalb des Erlaubnis- oder Bewilligungsverfahrens stehenden Dritten unmittelbar belastet[1].

269 Die Regelung des § 17 Abs. 1 Nr. 1 WHG über die Prognoseentscheidung zur Erlaubnis- oder Bewilligungsfähigkeit der geplanten Benutzung ist nicht drittschützend, weil der Prognose der Behörde wegen des vorläufigen Charakters und der jederzeitigen Widerruflichkeit der Zulassung vorzeitigen Beginns kein Regelungscharakter zukommt und damit auch keine Bindungswirkung für das weitere Erlaubnis- oder Bewilligungsverfahren beizumessen ist[2].

270 Eine eigenständige Belastung des Dritten enthält demnach auch nicht die nach § 17 Abs. 1 Nr. 2 WHG von der Behörde zu prüfende Frage des öffentlichen Interesses oder des berechtigten Interesses des Benutzers, da auch ein für den Gewässerbenutzer positives Prüfungsergebnis nur zur vorläufigen, jederzeit widerruflichen und für den Ausgang des Erlaubnis- oder Bewilligungsverfahrens unverbindlichen Zulassung des vorzeitigen Beginns führt.

## IV. Wasserversorgung

271 Die der Allgemeinheit dienende Wasserversorgung wird in § 50 Abs. 1 WHG als „öffentliche Wasserversorgung" und als Aufgabe der Daseinsvorsorge bezeichnet.

272 § 50 Abs. 1 WHG ist zu entnehmen, dass die Wasserversorgung nicht von Bürgern oder Betrieben in eigener Regie zu sichern ist, sondern im Rahmen der Selbstverwaltungsgarantie des Art. 28 Abs. 2 GG eine wesentliche Aufgabe der örtlichen Gemeinschaft und der kommunalen Selbstverwaltung zur Versorgung von Bevölkerung und Betrieben mit dem bedeutsamen Gut „Wasser" darstellt.

273 Die bundesrechtliche Regelung des § 50 Abs. 1 WHG entspricht inhaltlich weitgehend den bis zum Inkrafttreten der Neufassung des WHG in einigen Landeswassergesetzen enthaltenen Normen, die die örtliche Wasserversorgung ebenfalls den Gemeinden oder Gemeindeverbänden (Zweckverbänden) zugewiesen haben und bietet seit dem 1.3.2010 eine bundesunmittelbare Regelung zur Aufgabenzuständigkeit in der öffentlichen Wasserversorgung.

274 **Wasserversorgung** umfasst die **Wassergewinnung**, die **Wasseraufbereitung** sowie **Transport** und **Verteilung** von Trink-, Brauch- und Produktionswasser zum Endver-

---

1 BVerwG, NVwZ 1991, 994 (996); BayVGH, BayVBl. 1990, 247.
2 BVerwG, NVwZ 1991, 994 (996); BayVGH, BayVBl. 1990, 247.

IV. Wasserversorgung  Rz. 282 Teil 3 C

braucher[1]. Einzelne Handlungen der Wasserversorgung sind das **Sammeln, Fördern, Reinigen, Aufbereiten, Bereitstellen, Speichern, Weiterleiten, Zuleiten, Verteilen und Liefern** von Trink- und Brauchwasser[2].

**Öffentlich** ist eine Wasserversorgung, in deren Rahmen ein **unbestimmter, aber bestimmbarer Kreis von Personen** (z.B. alle Einwohner einer Gemeinde oder eines Zweckverbandsgebiets) mit Trink- oder Brauchwasser **beliefert** wird[3]. **Nicht** zur öffentlichen Wasserversorgung zählt es, wenn sich Betriebe oder Privatpersonen durch eigene Brunnen selbst mit Wasser versorgen (Eigenversorgung). 275

Die Wahl der **Organisationsform der öffentlichen Wasserversorgung** obliegt im Rahmen der kommunalen Selbstverwaltungsgarantie der jeweiligen Kommune. Durch § 50 Abs. 1 WHG ist es auch nicht ausgeschlossen, dass die öffentliche Aufgabe der Wasserversorgung durch Aufgabenträger in privater Rechtsform erfüllt wird[4]. 276

Die Wasserversorgung in Deutschland erfolgt 277
– in öffentlich-rechtlicher Organisationsform
  z.B. durch Gemeinden, Eigenbetriebe, Anstalten des öffentlichen Rechts oder Zweckverbände,
  oder
– in privatrechtlichen Organisationsformen wie Eigengesellschaften
  z.B. in Rechtsform der GmbH, GmbH & Co. KG, AG[5].

Zulässigkeit und Ausgestaltung der vorgenannten Organisationsformen ergeben sich nicht aus dem WHG, sondern aus den Wassergesetzen und den Vorschriften des Kommunalrechts der Bundesländer. 278

## 1. Versorgungspflicht

Mit der Bezeichnung der öffentlichen Wasserversorgung als Aufgabe der Daseinsvorsorge korrespondiert eine Pflicht des örtlichen Aufgabenträgers, für eine ordnungsgemäße Versorgung der Grundstücke in seinem Zuständigkeitsbereich zu sorgen. 279

**Einzelheiten** zur Versorgungspflicht werden durch das **Landeswasserrecht** sowie durch kommunale **Wasserversorgungssatzung** geregelt. 280

Die Wasserversorgungssatzung enthält Regelungen zum **Anschluss- und Benutzungsrecht** an die öffentliche Wasserversorgungseinrichtung und regelt auch, ob im Rahmen der Wasserversorgung nur Trink- und Brauchwasser, oder auch zusätzliche Versorgungsformen wie Löschwasser geboten werden. 281

**Einschränkungen des Anschluss- und Benutzungsrechts** können z.B. gesetzlich oder durch Satzung für die Fälle normiert sein, dass ein **Grundstück** nicht durch eine betriebsfertige Versorgungsleitung der örtlichen Verteilungsanlage erreicht wird und damit **nicht erschlossen** ist, **oder** dass die Wasserversorgung wegen der Lage des Grundstücks oder aus sonstigen Gründen **erhebliche Schwierigkeiten** bereitet[6]. Ebenfalls kann ein Anschluss- und Benutzungsrecht ausgeschlossen wer- 282

---

1 *Fischer/Zwetkow*, NVwZ 2003, 281 (285).
2 *Czychowski/Reinhardt*, § 50 Rz. 4; *Berendes*, § 50 Rz. 3.
3 *Berendes*, § 50 Rz. 3.
4 BT-Drs. 16/12275, S. 66.
5 Zu den verschiedenen denkbaren Modellen einer Erfüllung öffentlicher Aufgaben durch Unternehmen in privater Rechtsform vgl. *Fischer/Zwetkow*, NVwZ 2003, 281 (288 ff.).
6 Vgl. etwa § 57 Abs. 1 Satz 2 SächsWG, § 61 Abs. 1 Satz 2 ThürWG.

den, wenn die **Versorgung** eines Grundstücks **mit Wasser in Trinkwasserqualität** im Hinblick auf die dort ausgeübte Nutzung **nicht erforderlich** ist.

283 Ob die Versorgungspflicht nur die Versorgung mit Trink- und Brauchwasser umfasst, oder ob auch die **Versorgung mit Löschwasser zur Brandbekämpfung** von der Versorgungspflicht erfasst wird, wird in der Rechtsprechung unterschiedlich beurteilt: Nach Auffassung des OVG Berlin-Brandenburg erfasst die Übertragung der Aufgabe der Wasserversorgung im Rahmen der Daseinsvorsorge nicht nur die Versorgung mit Trink- und Brauchwasser, sondern auch die Versorgung mit Löschwasser, wenn eine anderweitige Bereitstellung von Löschwasser, etwa aus Oberflächengewässern oder Löschwasserbrunnen nicht ausreichend ist[1]. Eine entgegengesetzte Auffassung vertritt das Brandenburgische Oberlandesgericht, das die Aufgabe der Löschwasserversorgung nicht der allgemeinen Daseinsvorsorge, sondern der Gefahrenabwehr zuordnet[2]. Die Bewältigung der Aufgabe der Trinkwasserversorgung verlangt jedoch nicht die Erfüllung der Aufgabe der Löschwasserversorgung zur Gefahrenabwehr und setzt sie auch nicht voraus. Diese Auslegung hat der BGH im Rahmen der zugelassenen Revision als „durchaus naheliegend" bezeichnet[3], aber insoweit wegen fehlender Revisibilität der vom Brandenburgischen OLG herangezogenen landesrechtlichen Vorschrift des § 57 BbgWG a.F. von einer abschließenden Entscheidung abgesehen.

284 Eine Verpflichtung des Wasserversorgungsunternehmens zur Bereitstellung von Löschwasser besteht somit nur, soweit dem Aufgabenträger durch Vorschriften des Landeswasserrechts die Aufgabe der Löschwasserversorgung ausdrücklich zugewiesen ist[4].

**2. Begründung und Ausgestaltung von Versorgungsverhältnissen**

285 Dem aus der Versorgungspflicht nach § 50 Abs. 1 WHG resultierenden Anschluss- und Benutzungsrecht steht in allen Bundesländern eine Anschluss- und Benutzungspflicht gegenüber, die der Aufgabenträger der öffentlichen Wasserversorgung gegenüber dem persönlich zu Anschluss und Benutzung Verpflichteten im Wege des Verwaltungszwangs durchsetzen kann.

286 Die Anordnung des Anschlusszwangs stellt einen belastenden Eingriff in das Grundstückseigentum dar. Bei der Anordnung des Anschlusszwangs handelt es sich um eine zulässige Bestimmung von Inhalt und Schranken des Eigentums. Eine Inhalts- und Schrankenbestimmung des Eigentums bedarf einer gesetzlichen Grundlage (Art. 14 Abs. 1 Satz 2 GG). Die Anordnung des Anschlusszwangs stellt außerdem eine Beschränkung der in Art. 2 GG geschützten Handlungsfreiheit des Anschlusspflichtigen dar, in die nur durch Gesetz eingegriffen werden darf.

287 Ebenfalls einer gesetzlichen Grundlage bedarf der Eingriff in die nach Art. 2 GG geschützte Handlungsfreiheit des Benutzungspflichtigen, dem durch die Anordnung des Benutzungszwangs eine freie Auswahl von Versorgungs- oder Entsorgungsmöglichkeiten verwehrt wird.

**a) Anschluss- und Benutzungszwang**

288 Der **Anschlusszwang** verpflichtet den Adressaten, alle Maßnahmen zu ergreifen oder zu dulden, die erforderlich sind, um die öffentliche Einrichtung der Wasserver-

---

1 OVG Bln.-Bbg. v. 28.5.2008 – OVG 1 S 191.07, Rz. 17.
2 Bbg. OLG v. 28.7.2010 – 4 U 95/09, Rz. 55; ebenso: BayVGH, NVwZ 1988, 564 (565).
3 BGH v. 14.7.2011 – III ZR 196/10, Rz. 10.
4 Vgl. etwa § 46 LWG Rh.-Pf.

sorgung jederzeit in Anspruch nehmen zu können. **Objekt** des Anschlusszwangs ist regelmäßig das **anzuschließende Grundstück** im Gebiet des Aufgabenträgers. **Adressat** des Anschlusszwangs ist damit im Regelfall der **Grundstückseigentümer oder** ein dem Grundstückseigentümer gleichgestellter **dinglicher Berechtigter** (z.B. Erbbauberechtigter, Nutzer i.S.d. Sachenrechtsbereinigungsgesetzes).

Der **Benutzungszwang** verpflichtet den Adressaten, seinen Trinkwasserbedarf ausschließlich durch Bezug von Trinkwasser aus der öffentlichen Wasserversorgungseinrichtung zu decken. **Adressat** des Benutzungszwangs ist jeder, der ein angeschlossenes Grundstück tatsächlich benutzt so dass z.b. auch Mieter oder Pächter eines Grundstücks dem Benutzungszwangs unterliegen. Aus dem Benutzungszwang ergibt sich gleichzeitig das Verbot, eigene Einrichtungen oder Einrichtungen von Dritten zum Bezug von Trinkwasser zu nutzen. 289

### aa) Begründung des Anschluss- und Benutzungszwangs

#### (1) Gesetzliche Bestimmung

Gesetzliche Grundlagen für die Anordnung eines Anschluss- oder Benutzungszwangs an Einrichtungen der Trinkwasserversorgung sind nicht im WHG, sondern in Vorschriften des **Landesrechts** zu finden. Hier sind je nach Bundesland insbesondere die Vorschriften des **Kommunalrechts** oder des **Bauordnungsrechts** einschlägig. 290

Nach den kommunalrechtlichen Vorschriften der Bundesländer können die Gemeinden und Gemeindeverbände aus Gründen des Wohls der Allgemeinheit für die Grundstücke ihres Gebietes den Anschluss an öffentliche Einrichtungen und die Benutzung dieser Einrichtungen vorschreiben. 291

Nach den inhaltlich weitgehend gleichen Regelungen des Landesrechts z.B. in Brandenburg, Sachsen, Sachsen-Anhalt und Thüringen[1] steht die Anordnung des Anschluss- und Benutzungszwangs im Ermessen der versorgungspflichtigen Körperschaft. Ein Anschluss- und Benutzungszwang ergibt sich in diesen Ländern damit nicht bereits unmittelbar aus dem Gesetz, sondern erfordert als weitere Voraussetzung eine Regelung der versorgungspflichtigen kommunalen Körperschaft durch eine von der kommunalen Vertretung beschlossene Satzung. 292

Im Land Berlin wird der Anschluss- und Benutzungszwang durch Landesgesetz angeordnet[2]. In der Freien und Hansestadt Hamburg ist der Anschluss- und Benutzungszwang an das öffentliche Wasserversorgungsnetz und die Benutzung der Wasserversorgungseinrichtungen in der Hamburgischen Bauordnung geregelt[3]. 293

#### (2) Bestimmung durch Satzung

Soweit Anschluss- und Benutzungszwang nicht bereits durch Gesetz angeordnet sind, ist zu ihrer Begründung der Erlass einer kommunalen Satzung erforderlich. 294

Die Anordnung eines Anschluss- und Benutzungszwangs obliegt in den Flächenländern stets der jeweiligen, nach Landesrecht versorgungspflichtigen Körperschaft. 295

---

1 § 12 Abs. 1 BbgKVerf; § 8 Nr. 2 GO-LSA; § 14 Abs. 1 SächsGemO; § 20 Abs. 2 Nr. 2 ThürKO.
2 § 4 Abs. 3 BerlBG.
3 § 4 Abs. 2 HBauO.

296 Damit wird einerseits dem Recht auf kommunale Selbstverwaltung der Gemeinde und Gemeindeverbände aus Art. 28 Abs. 2 GG Rechnung getragen. Andererseits ist damit gewährleistet, dass die Gemeinden und Gemeindeverbände den Anschluss und die Benutzung entsprechend den örtlichen Verhältnissen regeln können.

297 Soweit zur Anordnung des Anschluss- und Benutzungszwangs an Einrichtungen der öffentlichen Wasserversorgung eine kommunale Satzung erforderlich ist, unterliegt diese Satzung dem rechtsstaatlichen Bestimmtheitsgebot.

298 Jeder zum Anschluss und zur Benutzung Verpflichtete muss unmittelbar aus der Satzung erkennen können, ob und in welchem Umfang er zum Anschluss oder zur Benutzung einer öffentlichen Einrichtung verpflichtet ist.

299 Dem verfassungsrechtlich begründeten Bestimmtheitsgebot ist nur Genüge getan, wenn in der Satzung mindestens folgende Punkte geregelt sind:
– Beschreibung der öffentlichen Einrichtung, für die ein Anschluss- und Benutzungszwang begründet werden soll,
– Beschreibung der Rechte und Pflichten, die begründet werden sollen,
– Festlegung des Geltungsbereichs der Satzung,
– Bestimmung der Tatbestände, die zu einer Anschlusspflicht führen,
– Bestimmung des Personenkreises, der nach dem Willen des Satzungsgebers zum Anschluss oder zur Benutzung verpflichtet sein soll.

**bb) Rechtliche Wirkung**

300 Der zum Anschluss Verpflichtete muss das Grundstück an die öffentliche Wasserversorgungsanlage anschließen. Der zur Benutzung Verpflichtete muss seinen gesamten Trinkwasserbedarf durch Bezug der benötigten Menge aus der öffentlichen Wasserversorgungsanlage decken.

301 Die Anordnung eines Anschluss- und Benutzungszwangs für eine öffentliche Wasserversorgungseinrichtung ist im Hinblick auf Art. 14 GG als verhältnismäßig anzusehen. Er stellt eine zulässige gesetzliche Inhaltsbestimmung gem. Art. 14 Abs. 1 Satz 2 GG dar und ist Ausdruck der Sozialbindung des Eigentums gem. Art. 14 Abs. 2 GG[1].

302 Das gilt auch dann, wenn der betroffene Grundstückseigentümer seinen Trinkwasserbedarf bisher aus einer eigenen, einwandfreies Wasser liefernden Anlage gedeckt hat. Denn die Einrichtung einer öffentlichen Wasserversorgungsanlage mit Anschluss- und Benutzungszwang gehört seit langem zu den aus Gründen des allgemeinen Wohls, insbesondere des Gesundheitsschutzes der Bevölkerung, gesetzlich zugewiesenen Aufgaben der Gemeinden. Die Eigentumsrechte des Grundeigentümers, der eine private Anlage betreibt, sind daher von vornherein dahin eingeschränkt, dass er seine Anlage nur solange benutzen darf, bis die Gemeinde von der ihr gesetzlich zustehenden Befugnis Gebrauch macht, die Wasserversorgung im öffentlichen Interesse in ihre Verantwortung zu übernehmen und hierfür zulässigerweise den Anschluss- und Benutzungszwang zu begründen; besonderen Ausnahmefällen, in denen die Ausübung des Anschluss- und Benutzungszwangs möglicherweise im Hinblick auf Art. 14 GG nicht gerechtfertigt wäre, kann dadurch Rechnung getragen werden, dass in der Wasserversorgungssatzung des Auf-

---

1 BVerwG, NVwZ-RR 1990, 96; BayVGH, NVwZ-RR 1994, 412; OVG Schleswig, NVwZ-RR 1997, 47; OVG Nds., NuR 2007, 43f.; OVG NW v. 14.4.2011 – 15 A 60/11, Rz. 17.

gabenträgers die Möglichkeit der Befreiung vom Anschluss- und Benutzungszwang vorgesehen wird[1].

Die zentrale Trinkwasserversorgung stellt einen maßgeblichen Gesichtspunkt der Volksgesundheit dar, weil sich dadurch u.a. erübrigt, die Funktionsfähigkeit einer Vielzahl von hauseigenen Wasserversorgungsanlagen und die Qualität des durch diese gelieferten Wassers durch Überwachung oder entsprechende Anordnung bei Missständen sicherzustellen[2]. 303

Die Entscheidung eines Zweckverbandes zugunsten einer zentralen Wasserversorgung ist regelmäßig selbst dann rechtens, wenn sie bei dem einzelnen Grundstückseigentümer zu einer deutlichen finanziellen Mehrbelastung gegenüber der Wasserversorgung durch eine private Wassergewinnung führt[3]. 304

### cc) Befreiung vom Anschluss- oder Benutzungszwang

### (1) Befreiung vom Anschlusszwang

Das Satzungsrecht der Aufgabenträger der öffentlichen Wasserversorgung sieht häufig eine Befreiung vom Anschlusszwang unter der Voraussetzung vor, dass dem Verpflichteten der Anschluss aus besonderen Gründen auch unter Berücksichtigung der Erfordernisse des Gemeinwohls nicht zugemutet werden kann. 305

Der Aufgabenträger muss bei entsprechender Satzungsgestaltung im Zuge der Entscheidung über die Befreiung eine Interessenabwägung vornehmen, inwieweit das private Interesse, von der Anschlusspflicht befreit zu werden, das öffentliche Interesse an einer dauerhaften Versorgungssicherheit, der öffentlichen Gesundheitspflege und der Inanspruchnahme der Wasserversorgungsanlage überwiegt. 306

Eine **Befreiung vom Anschlusszwang** kann nur auf **objektive und grundstücksbezogene Gründe** gestützt werden, die sich aus einer besonderen und außergewöhnlichen Lage des Grundstücks ergeben und damit einen **atypischen Einzelfall** betreffen[4]. Die objektiven grundstücksbezogenen Gründe für eine Befreiung müssen zur Begründung eines Antrags auf Befreiung vom Anschlusszwang für den jeweiligen Einzelfall konkret vorgetragen werden. 307

Die Unzumutbarkeit des Anschlusses kann nicht ohne Weiteres damit begründet werden, dass dem Anschlusspflichtigen zur Herstellung der Verbindung seines Grundstücks mit der öffentlichen Wasserversorgungsanlage Anschlusskosten oder Kosten für die Umgestaltung des vorhandenen Leitungsnetzes auf dem Grundstück entstehen. Die mit dem Anschluss verbundenen Kosten sind im Hinblick auf die in der Anschlusspflicht zum Ausdruck kommende Sozialbindung des Eigentums grds. zumutbar. Ausnahmen kommen nur in solchen Fällen in Betracht, in denen der Anschlusspflichtige wegen der atypischen Gestaltung des Einzelfalls außerordentlich hohe Kosten aufwenden muss. So könnte es für eine Befreiung sprechen, dass eine technisch zuverlässige Lösung zur Versorgung eines Grundstücks mit Wasser nur mit erheblichem Bau- und Kostenaufwand hergestellt werden kann, weil die Verbindung des Grundstücks mit der im öffentlichen Bereich verlegten Wasserleitung die Herstellung einer Leitungsverbindung von erheblicher Länge erfordert, die zudem aufwändig gegen Frost gesichert werden muss. 308

---

1 BVerwG, NVwZ-RR 1990, 96.
2 OVG NW v. 14.4.2011 – 15 A 60/11, Rz. 17.
3 OVG Bln.-Bbg. v. 20.10.2009 – 9 S 16.09.
4 OVG Frankfurt/Oder v. 31.7.2003 – 2 A 316/02, LKV 2004, 277 (279); VG Dresden v. 25.7.2007 – 4 K 2874/04.

309 Als Orientierungswert für die Zumutbarkeit von Anschlusskosten im Zusammenhang mit der Erfüllung der Anschlusspflicht wird in der Rechtsprechung ein Wert von 25 000,00 Euro im Einzelfall zu Grunde gelegt[1].

**(2) Befreiung vom Benutzungszwang**

310 Gemäß § 3 Abs. 1 AVBWasserV[2] hat das Wasserversorgungsunternehmen dem Kunden bzw. Anschlussnehmer der öffentlichen Wasserversorgung im Rahmen des wirtschaftlich Zumutbaren die Möglichkeit einzuräumen, den Bezug auf den von ihm gewünschten Verbrauchszweck oder auf einen Teilbedarf zu beschränken. Die Regelung bezweckt einen Ausgleich zwischen dem Interesse einzelner Verbraucher an der Berücksichtigung ihrer individuellen Bedürfnisse und dem Interesse der Allgemeinheit an einer sicheren, kostengünstigen und zu weitgehend gleichen Bedingungen erfolgenden Wasserversorgung[3].

311 Das Recht des Anschlussnehmers auf eine Beschränkung des Bezugs auf von ihm gewünschte Verbrauchszwecke gilt nicht nur für Wasserversorgungsverhältnisse auf Grund eines privatrechtlichen Versorgungsvertrages: Da Rechtsvorschriften, die das Versorgungsverhältnis öffentlich-rechtlich regeln, den Bestimmungen der AVBWasserV entsprechend zu gestalten sind (§ 35 Abs. 1, 1. Halbs. AVBWasserV), kann der Anschlussnehmer auch im Rahmen eines öffentlich-rechtlich gestalteten Wasserversorgungsverhältnisses eine entsprechende Beschränkung des Wasserbezugs beantragen[4].

312 Eine Verpflichtung zur Befreiung vom Zwang zur Benutzung der öffentlichen Wasserversorgungsanlage ist demgemäß etwa bejaht worden für die Verwendung von Brauchwasser aus einer Eigenwasserversorgungsanlage zur Reinigung von Arbeitsgegenständen in einem landwirtschaftlichen Betrieb[5].

313 Im häuslichen Bereich ist eine Befreiung vom Zwang zum Bezug von Trinkwasser aus der öffentlichen Wasserversorgungsanlage für die Verbrauchszwecke der Toilettenspülung und des Wäschewaschens zu erteilen[6]. Eine Teilbefreiung von der Pflicht zur Benutzung der öffentlichen Wasserversorgung kommt auch für die Zwecke der Gartenbewässerung[7] oder der Reinigung in Betracht. Allen vorgenannten Verbrauchszwecken ist gemeinsam, dass sie nicht aus Gründen des Gesundheitsschutzes zwingend die Verwendung von Wasser in Trinkwasserqualität voraussetzen. Für andere Verbrauchszwecke wie etwa die Verwendung von Wasser zum Trinken, zur Zubereitung von Speisen und Getränken oder zum Duschen wird eine Befreiung vom Benutzungszwang deshalb eher nicht in Betracht kommen.

314 Neben dem Aspekt des Gesundheitsschutzes ist nach § 3 Abs. 1 AVBWasserV für die Erteilung einer Befreiung vom Benutzungszwang weiter von Bedeutung, dass die Befreiung dem Wasserversorgungsunternehmen wirtschaftlich zumutbar ist. Eine

---

1 OVG NW v. 23.6.2008 – 15 A 1412/08; VG Cottbus v. 25.9.2009 – 7 K 923/07, Rz. 31.
2 Verordnung über Allgemeine Bedingungen für die Versorgung mit Wasser vom 20.6.1980 (BGBl. I S. 750, 1067), zuletzt durch Artikel 1 der Verordnung vom 13.1.2010 (BGBl. I S. 10).
3 BVerfG, DVBl 1982, 27 (29); BVerwG, NVwZ 1986, 754, 755; BayVGH, BayVBl. 2008, 274; SächsOVG, NVwZ-RR 2011, 490.
4 BVerwG, NVwZ 1986, 483; OVG Frankfurt/Oder v. 31.7.2003 – 2 A 316/02, LKV 2004, 277 (281).
5 OVG NW, DÖV 1990, 151–152.
6 BVerwG, NVwZ 2010, 1157.
7 BVerwG, NVwZ 2011, 886.

Teilbefreiung vom Benutzungszwang ist wirtschaftlich unzumutbar, wenn anderenfalls die finanziellen Kapazitäten des Aufgabenträgers der Wasserversorgung überfordert wären oder die Wasserversorgung nicht zu erträglichen Preisen möglich wäre[1]. Ob die finanziellen Kapazitäten des Aufgabenträgers überfordert sind, beurteilt sich nach dessen individueller wirtschaftlicher Leistungskraft; ob die Preise als erträglich und damit als wirtschaftlich zumutbar i.S.v. § 3 Abs. 1 Satz 1 AVBWasserV angesehen werden können, hängt insbesondere von dem Preis-/Gebührenniveau ab, das sonst in vergleichbaren Lagen für den Wasserbezug gilt[2]. Dies schließt nicht aus, dass ein auf die Befreiung zurück zu führender deutlicher prozentualer Anstieg des Wasserpreises oder ein deutlicher Gebührensprung gegebenenfalls bereits für sich genommen den Rahmen des wirtschaftlich Zumutbaren verlassen können.

**dd) Formalien des Befreiungsantrags**

Die satzungsrechtlichen Regelungen der Aufgabenträgers der Wasserversorgung schreiben oftmals vor, dass die Befreiung vom Anschluss- und Benutzungszwang schriftlich zu beantragen und zu begründen ist.

Die vom einzelnen Versorgungsträger aufgestellten satzungsrechtlichen Formalien sollten bei der Anbringung eines Antrags auf Befreiung vom Anschluss- oder Benutzungszwang unbedingt eingehalten werden: Ohne einen Antrag auf Befreiung besteht für den Aufgabenträger weder eine Pflicht noch ein Anlass zur Entscheidung über eine Befreiung (§ 22 Satz 2 Nr. 2 VwVfG). Wird der Antrag nicht begründet, ist eine auf die Erteilung der Befreiung gerichtete Verpflichtungsklage unzulässig[3].

**ee) Ermessen des Aufgabenträgers**

Das Satzungsrecht der Aufgabenträger der Wasserversorgung sieht üblicherweise ein Ermessen des Aufgabenträgers bei der Entscheidung über die Befreiung von Anschluss- und Benutzungszwang vor. Der Antragsteller hat in diesen Fällen keinen Anspruch auf Befreiung vom Anschluss- und Benutzungszwang, sondern lediglich einen Anspruch auf fehlerfreie Ermessensausübung.

**b) Ausgestaltung von Versorgungsverhältnissen**

Bei Aufgaben aus dem Bereich der Daseinsvorsorge, zu denen auch die Wasserversorgung gehört, liegt es im Ermessen des öffentlichen Aufgabenträgers, ob er die ihm obliegende Aufgabe durch eine privatrechtliche oder öffentlich-rechtliche Ausgestaltung des Benutzungsverhältnisses erfüllen will[4].

Ein durch öffentlich-rechtliche Normen über den Anschlusszwang in Gestalt einer Wasserversorgungssatzung begründetes Wasserversorgungsverhältnis muss damit nicht zwingend in Gestalt eines öffentlich-rechtlichen Benutzungsverhältnisses durchgeführt werden. Vielmehr ist es zulässig, mit dem gesetzlich oder durch Satzung zum Anschluss Verpflichteten einen zivilrechtlichen Versorgungsvertrag zu schließen und in dessen Rahmen Versorgungsbedingungen zu vereinbaren.

Die Entscheidung, ob ein Benutzungsverhältnis zivilrechtlich ausgestaltet wird, muss der Aufgabenträger im Rahmen der Wasserversorgungssatzung regeln. Dies

---

1 BVerwG, NVwZ 1986, 754; BVerwG v. 30.12.2010 – 8 B 40/10, Rz. 6.
2 BVerwG, RdL 1988, 232.
3 VG Cottbus v. 25.9.2009 – 7 K 923/07, Rz. 21.
4 BGH, MDR 1966, 136; BGH, NJW 1975, 106; BGH, NVwZ 1991, 606 und ständige Rechtsprechung.

kann durch die ausdrückliche Satzungsregelung erfolgen, dass die Versorgung mit Wasser auf Grundlage eines privatrechtlichen Versorgungsvertrages durchgeführt wird. **Indizien für eine zivilrechtliche Ausgestaltung** des Wasserversorgungsverhältnisses liegen außerdem vor, wenn in der Wasserversorgungssatzung ausdrücklich darauf hingewiesen wird, dass die Wasserversorgung nach Maßgabe von **Versorgungsbedingungen** erfolgt und für die Wasserversorgung **Entgelte** erhoben werden. Fehlt es an ausdrücklichen Regelungen und an den vorgenannten Indizien, ist davon auszugehen, dass das Wasserversorgungsverhältnis nicht nur öffentlich-rechtlich begründet worden, sondern auch öffentlich-rechtlich ausgestaltet ist.

321 Hat sich der Aufgabenträger für die privatrechtliche Ausgestaltung eines öffentlich-rechtlich begründeten Wasserversorgungsverhältnisses entschieden, ergeben sich für Rechtsstreitigkeiten zwischen dem Anschlusspflichtigen und dem Aufgabenträger folgende für die anwaltliche Beratungspraxis bedeutsame Konsequenzen:

- Steht im Streit, ob die gesetzlichen oder satzungsgemäßen **Voraussetzungen des Anschluss- oder Benutzungszwangs** erfüllt sind, oder ob im Einzelfall eine Befreiung vom Anschluss- oder Benutzungszwang zu erteilen ist, ist im Regelfall der Rechtsweg zu den **Verwaltungsgerichten** gegeben.
- Steht dagegen die Erfüllung von **Pflichten aus dem vertraglichen Wasserversorgungsverhältnis** z.B. zur Duldung der Anbringung von Wasserzählern auf dem angeschlossenen Grundstück, zur Duldung von Reparaturen am Trinkwasser-Hausanschluss oder die Zahlung von Versorgungsentgelten im Streit, ist der Rechtsweg zu den **ordentlichen Gerichten** gegeben.

### 3. Anforderungen an die Versorgung mit Trinkwasser

#### a) Rechtliche Grundlage

322 Anforderungen an die Qualität von Trinkwasser enthält die Verordnung über die Qualität von Wasser für den menschlichen Gebrauch (**Trinkwasserverordnung – TrinkwV**)[1].

323 Zweck der TrinkwV ist es, die menschliche Gesundheit vor nachteiligen Einflüssen, die sich aus der Verunreinigung von Wasser ergeben, das für den menschlichen Gebrauch bestimmt ist, durch Gewährleistung seiner Genusstauglichkeit und Reinheit zu schützen (§ 1 TrinkwV).

324 Die TrinkwV regelt Qualitätsanforderungen an Wasser für den menschlichen Gebrauch (§ 2 Abs. 1 Satz 1 TrinkwV). Sie gilt ausdrücklich nicht für natürliches Mineralwasser i.S.d. Mineral- und Tafelwasserverordnung sowie für Heilwasser i.S.d. Arzneimittelgesetzes (§ 2 Abs. 1 Satz 2 TrinkwV).

325 Für Anlagen und Wasser aus Anlagen, die zur Entnahme oder Abgabe von Wasser bestimmt sind, das nicht die Qualität von Wasser für den menschlichen Gebrauch hat, und die zusätzlich zu den Wasserversorgungsanlagen im Haushalt verwendet werden, gilt die TrinkwV nur, soweit sie auf solche Anlagen ausdrücklich Bezug nimmt (§ 2 Abs. 2 TrinkwV).

326 Wasser für den menschlichen Gebrauch ist Trinkwasser und Wasser für Lebensmittelbetriebe (§ 3 Nr. 1 TrinkwV).

327 **Trinkwasser** ist nach § 3 Nr. 1 lit. a TrinkwV alles Wasser, im ursprünglichen Zustand oder nach Aufbereitung, das zum Trinken, zum Kochen, zur Zubereitung von

---

1 Verordnung über die Qualität von Wasser für den menschlichen Gebrauch (Trinkwasserverordnung – TrinkwV) vom 21.5.2001 (BGBl. I S. 959), zuletzt geändert durch Art. 1 der Verordnung vom 3.5.2011 (BGBl. I S. 748).

IV. Wasserversorgung  Rz. 331 Teil 3 C

Speisen und Getränken oder zur Körperpflege und -reinigung, zur Reinigung von Gegenständen, die bestimmungsgemäß mit Lebensmitteln in Berührung kommen sowie zur Reinigung von Gegenständen, die bestimmungsgemäß nicht nur vorübergehend mit dem menschlichen Körper in Kontakt kommen, bestimmt ist. Dies gilt ungeachtet der Herkunft des Wassers, seines Aggregatzustandes – neben Wasser in flüssiger Form werden danach auch Eis und Wasserdampf erfasst – und ungeachtet dessen, ob es für die Bereitstellung auf Leitungswegen, in Tankfahrzeugen, in Flaschen oder anderen Behältnissen bestimmt ist.

Unter den Trinkwasserbegriff des § 3 Nr. 1 Buchst. a TrinkwV fällt nicht nur **Wasser aus der öffentlichen Wasserversorgungsanlage**, sondern auch **Wasser aus einer Eigenwasserversorgungsanlage**, die als **alleinige Trinkwasserquelle** eines Grundstücks dient[1].  328

Wasser aus einer **Eigenwasserversorgungsanlage, die zusätzlich** zu einem bestehenden Anschluss an die öffentliche Wasserversorgung **genutzt wird**, muss mangels einer ausdrücklichen Bezugnahme nach § 2 Abs. 2 TrinkwV auf die Qualitätsanforderungen der §§ 4–10 TrinkwV **keine Trinkwasserqualität** haben. Die Verwendung solchen Wassers etwa zum Wäschewaschen im Haushalt ist auch dann als zulässig anzusehen, wenn das aus der Eigenwasserversorgungsanlage entnommene Waschwasser keine Trinkwasserqualität hat[2]. Die TrinkwV soll zwar gewährleisten, dass jedem Haushalt Wasser in Trinkwasserqualität zur Verfügung steht, dient aber nicht dazu, das Verbrauchsverhalten der Anschlussnehmer zu reglementieren und ihnen vorzuschreiben, zu bestimmten Verwendungszwecken nur Wasser mit Trinkwasserqualität zu benutzen. Die Entscheidung, alternativ Wasser aus einer zusätzlichen, keine Trinkwasserqualität liefernden Eigenversorgungsanlage zu verwenden, darf der Anschlussnehmer eigenverantwortlich treffen[3].  329

Sollten örtlich zuständige Aufgabenträger der Wasserversorgung oder Gesundheitsbehörden der Auffassung sein, dass zur Abwehr von Gesundheitsgefahren für bestimmte Verwendungszwecke zwingend Wasser in Trinkwasserqualität zu verwenden ist, kann die Verwendung von Wasser minderer Qualität aus einer Eigenwasserversorgungsanlage nicht durch Anwendung der TrinkwV unterbunden werden; den Gesundheitsgefahren ist vielmehr durch Anordnung eines Anschluss- und Benutzungszwangs an die öffentliche Versorgungseinrichtung oder durch Anordnungen zur Gefahrenabwehr (z.B. der Untersagung der Nutzung von Brunnenwasser für bestimmte Zwecke) zu begegnen[4].  330

**b) Anforderungen an die Beschaffenheit von Trinkwasser**

Trinkwasser muss ab Inkrafttreten der Ersten Verordnung zur Änderung der Trinkwasserverordnung[5] zum 1.11.2011 nach § 4 Abs. 1 TrinkwV n.F. so beschaffen sein, dass durch seinen Genuss oder Gebrauch eine Schädigung der menschlichen Gesundheit insbesondere durch Krankheitserreger nicht zu besorgen ist; es muss außerdem rein und genusstauglich sein. Diese Anforderung gilt als erfüllt, wenn bei der Wasseraufbereitung und der Wasserverteilung mindestens die allgemein anerkannten Regeln der Technik eingehalten werden und das Wasser für den menschlichen Gebrauch den Anforderungen der §§ 5 bis 7 TrinkwV entspricht.  331

---

1 BVerwG, NVwZ 2010, 1157, Rz. 18; BVerwG, NVwZ 2011, 886, Rz. 16.
2 BVerwG, NVwZ 2010, 1157, Rz. 20.
3 BVerwG, NVwZ 2010, 1157, Rz. 22 unter Hinweis auf die amtliche Begründung zur TrinkwV in BR-Drs. 721/00, S. 51 f.
4 BVerwG, NVwZ 2010, 1157, Rz. 22 am Ende.
5 BGBl. 2011 I S. 748.

332  **Allgemein anerkannte Regeln der Technik für die Trinkwasserversorgung** ergeben sich insbesondere aus den vom DIN Deutsches Institut für Normung e.V. herausgegebenen Normen DIN 2000 „Leitsätze für die zentrale Trinkwasserversorgung" und DIN 2001 „Leitsätze für die Einzel-Trinkwasserversorgung".

333  Die §§ 5 bis 7 **TrinkwV** enthalten mikrobiologische (§ 5 i.V.m. Anlage I TrinkwV) und chemische (§ 6 TrinkwV i.V.m. Anlage II TrinkwV) Anforderungen an Trinkwasser. § 7 i.V.m. Anlage III TrinkwV enthält sog. Indikatorparameter; zu den Indikatorparametern zählt etwa die Koloniezahl des im untersuchten Trinkwasser vorhandenen Darmbakteriums *Escherichia coli (E. coli)*, dessen Vorhandensein auf eine Kontamination des Trinkwassers durch Fäkalien und damit auf hygienische Mängel wie Undichtigkeiten des Versorgungssystems, zu geringen Wasseraustausch in Rohrleitungen oder zu warme Wassertemperaturen hindeutet. Weitere Indikatorparameter sind der Eisengehalt des Trinkwassers, der zwar in der Regel nicht gesundheitsschädlich ist, aber auf eine unzureichende Wasseraufbereitung (Enteisenung) hinweist und zu braunen Verfärbungen beim Wäschewaschen sowie Beeinträchtigungen des Erscheinungsbildes des Trinkwassers durch Trübung oder Geschmacksveränderung führen kann. Indikatorparameter wie Sulfat, Natrium oder Chloride deuten auf eine erhöhte Korrosivität des Trinkwassers hin, die sich nachteilig auf das Verteilungsnetz für Trinkwasser zwischen dem Wasserwerk und der Entnahmestelle beim Endverbraucher auswirken kann.

334  Die Parameter nach §§ 5 bis 7 **TrinkwV** sind **nicht nur** von **Aufgabenträgern der öffentlichen Wasserversorgung** einzuhalten, sondern müssen **auch von Inhabern einer privaten Eigenwasserversorgungsanlage** beachtet werden, **sofern** diese als **einzige Anlage zur Gewinnung von Trinkwasser** auf einem Grundstück verwendet wird. § 14 i.V.m. Anlage IV TrinkwV verpflichtet die Inhaber von Eigenwasserversorgungsanlagen, das geförderte Wasser innerhalb bestimmter Fristen auf Einhaltung der Parameter zu **untersuchen** oder untersuchen zu lassen.

335  Die nach § 5 Abs. 2 und § 6 Abs. 2 TrinkwV festgesetzten Grenzwerte sowie die nach § 7 TrinkwV festgelegten Grenzwerte und Anforderungen müssen bei Wasser, das auf Grundstücken oder in Gebäuden und Einrichtungen oder in Wasser-, Luft- oder Landfahrzeugen auf Leitungswegen bereitgestellt wird, am Austritt aus den Zapfstellen, die der Entnahme von Trinkwasser dienen, eingehalten sein. Maßgeblich für die Trinkwasserqualität ist damit der Wasserhahn oder ein sonstiger Auslass, aus dem Trinkwasser zum unmittelbaren weiteren Gebrauch entnommen wird.

336  Grenzwertüberschreitungen sind dem **Gesundheitsamt** unverzüglich nach Maßgabe des § 16 TrinkwV anzuzeigen.

337  Wird dem Gesundheitsamt bekannt, dass im Wasser aus einer Wasserversorgungsanlage die Anforderungen und Grenzwerte nicht eingehalten werden, hat es nach § 9 Abs. 1 TrinkwV unverzüglich zu entscheiden, ob die Nichteinhaltung oder Nichterfüllung eine Gefährdung der menschlichen Gesundheit der betroffenen Verbraucher besorgen lässt und ob die betroffene Wasserversorgung bis auf weiteres weitergeführt werden kann. Dabei hat es auch die Gefahren zu berücksichtigen, die für die menschliche Gesundheit durch eine Unterbrechung der Bereitstellung oder durch eine Einschränkung der Verwendung des Wassers für den menschlichen Gebrauch entstehen würden. Das Gesundheitsamt unterrichtet den Unternehmer und den sonstigen Inhaber der betroffenen Wasserversorgungsanlage unverzüglich über seine Entscheidung und ordnet die zur Abwendung der Gefahr für die menschliche Gesundheit erforderlichen Maßnahmen an. In allen Fällen, in denen die Ursache der Nichteinhaltung oder Nichterfüllung unbekannt ist, ordnet das Gesundheitsamt eine unverzügliche entsprechende Untersuchung an oder führt sie selbst durch.

IV. Wasserversorgung  Rz. 342 Teil 3 C

Ist eine Gefährdung der menschlichen Gesundheit zu besorgen, so ordnet das Gesundheitsamt nach § 9 Abs. 2 TrinkwV an, dass der Unternehmer oder der sonstige Inhaber einer Wasserversorgungsanlage für eine anderweitige Versorgung zu sorgen hat. Ist dies dem Unternehmer oder dem sonstigen Inhaber einer Wasserversorgungsanlage auf zumutbare Weise nicht möglich, so prüft das Gesundheitsamt, ob eine Weiterführung der betroffenen Wasserversorgung mit bestimmten Auflagen gestattet werden kann und ordnet die insoweit erforderlichen Maßnahmen an. 338

Lässt sich eine Gefährdung der menschlichen Gesundheit auch durch Anordnungen oder Auflagen nach § 9 Abs. 2 TrinkwV nicht ausschließen, ordnet das Gesundheitsamt die Unterbrechung der betroffenen Wasserversorgung an (§ 9 Abs. 3 Satz 1 TrinkwV). Die Wasserversorgung ist in betroffenen Leitungsnetzen oder Teilen davon sofort zu unterbrechen, wenn das Wasser im Leitungsnetz mit Krankheitserregern i.S.d. § 5 TrinkwV in Konzentrationen verunreinigt ist, die eine akute Schädigung der menschlichen Gesundheit erwarten lassen und keine Möglichkeit zur hinreichenden Desinfektion des verunreinigten Wassers mit Chlor oder Chlordioxid besteht, oder wenn es durch chemische Stoffe in Konzentrationen verunreinigt ist, die eine akute Schädigung der menschlichen Gesundheit erwarten lassen. 339

Das Gesundheitsamt kann nach Maßgabe des § 9 Abs. 5 TrinkwV einen höheren als den in der TrinkwV normierten Grenzwert festsetzen, wenn die Abweichung für die Gesundheit der betroffenen Verbraucher unbedenklich ist und durch anzuordnende Abhilfemaßnahmen innerhalb von höchstens 30 Tagen behoben werden kann. 340

Gelangt das Gesundheitsamt zu dem Ergebnis, dass die Nichteinhaltung eines der nach § 6 Abs. 2 TrinkwV festgesetzten Grenzwerte für chemische Parameter nicht durch Abhilfemaßnahmen innerhalb von 30 Tagen behoben werden kann, dass die Weiterführung der Wasserversorgung für eine bestimmte Zeit über diesen Zeitraum hinaus nicht zu einer Gefährdung der menschlichen Gesundheit führt und die Wasserversorgung in dem betroffenen Gebiet nicht auf andere zumutbare Weise aufrechterhalten werden kann, kann es gem. § 9 Abs. 6 TrinkwV zulassen, dass von dem betroffenen Grenzwert in einer von dem Gesundheitsamt festzusetzenden Höhe während eines von ihm festzulegenden Zeitraums abgewichen werden kann. Die Zulassung der Abweichung ist so kurz wie möglich zu befristen und darf drei Jahre nicht überschreiten. 341

**c) Anforderungen an Wasserversorgungsanlagen**

Zu den Wasserversorgungsanlagen gehören nach der zum 1.11.2011 in Kraft tretenden Neufassung des § 3 Abs. 1 Nr. 2 TrinkwV zunächst u.a. Wasserwerke, Kleinanlagen zur Eigenversorgung, Anlagen zur Verteilung und Abgabe von Trinkwasser an Verbraucher einschließlich der dazu gehörenden Leitungen und Installationen. Zu den Wasserversorgungsanlagen gehört nach § 3 Abs. 1 Nr. 3 TrinkwV n.F. auch die Trinkwasser-Installation zwischen dem Punkt des Übergangs von Trinkwasser aus einer Wasserversorgungsanlage an den Nutzer und dem Punkt der Entnahme von Trinkwasser. Der Übergang von Trinkwasser an den Nutzer erfolgt an der Hauptabsperrvorrichtung, die nach § 10 Abs. 1 AVBWasserV den Endpunkt des Trinkwasser-Hausanschlusses bildet, der zu der Betriebsanlage des Wasserversorgungsunternehmens gehört. Hinter der Hauptabsperrvorrichtung beginnt die Kundenanlage i.S.v. § 12 AVBWasserV; diese endet mit der einzelnen Zapf- oder Entnahmestelle. Damit ist auch die Kundenanlage i.S.v. § 12 AVBWasserV als Wasserversorgungsanlage i.S.v. § 3 Abs. 1 Nr. 3 TrinkwV n.F. anzusehen und von dem Kunden bzw. Anschlussnehmer so zu errichten und zu betreiben, dass sie den allgemein anerkannten Regeln der Technik entspricht. 342

Ernst | 761

343 Konkrete Anforderungen an die Neuerrichtung oder die Instandhaltung von Anlagen für die Verteilung von Trinkwasser enthält § 17 TrinkwV: Zur Herstellung oder Instandhaltung dürfen nur Werkstoffe und Materialien verwendet werden, die in Kontakt mit Wasser Stoffe nicht in solchen Konzentrationen abgeben, die höher sind als nach den allgemein anerkannten Regeln der Technik unvermeidbar, oder den nach dieser Verordnung vorgesehenen Schutz der menschlichen Gesundheit unmittelbar oder mittelbar mindern, oder den Geruch oder den Geschmack des Wassers verändern (§ 17 Abs. 1 Satz 1 TrinkwV). Diese Anforderung gilt als erfüllt, wenn bei Planung, Bau und Betrieb der Anlagen mindestens die allgemein anerkannten Regeln der Technik eingehalten und insbesondere zertifizierte Verfahren oder Produkte eingesetzt werden.

344 Allgemein anerkannte Regeln der Technik an Anlagen zur Verteilung von Wasser sind z.B. der DIN 1988 „Technische Regeln für Trinkwasser-Installationen" sowie der DIN EN 1717. Weitere Informationen zu allgemein anerkannten Regeln der Technik können etwa den Veröffentlichungen des DVGW Deutscher Verein des Gas- und Wasserfaches e.V.[1] entnommen werden.

345 Nach § 17 Abs. 2 TrinkwV n.F. dürfen Wasserversorgungsanlagen, aus denen Trinkwasser abgegeben wird, nicht ohne eine den allgemein anerkannten Regeln der Technik entsprechende Sicherungseinrichtung mit Wasser führenden Teilen verbunden werden, in denen sich Wasser befindet oder fortgeleitet wird, das nicht Trinkwasser ist. Der Inhaber einer Wasserversorgungsanlage hat die Leitungen unterschiedlicher Versorgungssysteme beim Einbau dauerhaft farblich unterschiedlich zu kennzeichnen oder kennzeichnen zu lassen. Entnahmestellen von Wasser, das nicht für den menschlichen Gebrauch i.S.d. § 3 Nr. 1 bestimmt ist, sind bei der Errichtung dauerhaft als solche zu kennzeichnen oder kennzeichnen zu lassen und erforderlichenfalls gegen nicht bestimmungsgemäßen Gebrauch zu sichern (§ 17 Abs. 2 Satz 3 TrinkwV n.F.).

346 Die Regelung des § 17 Abs. 2 TrinkwV wird rechtlich relevant, wenn auf einem Grundstück ein Teil des häuslichen Wasserbedarfs aus der öffentlichen Wasserversorgungsanlage gedeckt wird, während zur Befriedigung des häuslichen Wasserbedarfs für das Waschen von Wäsche oder die Toilettenspülung Wasser aus einer nicht der TrinkwV unterliegenden Eigenwasserversorgungsanlage wie z.B. einem Brunnen oder unter Nutzung von Grauwasser oder Regenwasser verwendet wird: In diesen Fällen sollte bereits im Rahmen des Antrags auf Befreiung vom Benutzungszwang möglichst genau beschrieben werden, wie die in § 17 Abs. 2 TrinkwV vorgesehene Sicherung der öffentlichen Wasserversorgungsanlage vor dem Eindringen von Wasser aus der Eigenwasserversorgungsanlage technisch bewerkstelligt wird. Fehlt es an einer solchen Beschreibung, ist damit zu rechnen, dass der Aufgabenträger der Wasserversorgung den Befreiungsantrag mit der Begründung ablehnt, dass ein ausreichender Schutz der öffentlichen Wasserversorgungsanlage nicht gewährleistet ist.

#### 4. Festsetzung von Wasserschutzgebieten

#### a) Gegenstand und Schutzzweck von Wasserschutzgebieten

347 Nach § 51 Abs. 1 WHG können Wasserschutzgebiete festgesetzt werden, um
– Gewässer im Interesse der derzeit bestehenden oder künftigen öffentlichen Wasserversorgung vor nachteiligen Einwirkungen zu schützen,
– das Grundwasser anzureichern oder

---

[1] www.dvgw.de.

– das schädliche Abfließen von Niederschlagswasser sowie das Abschwemmen und den Eintrag von Bodenbestandteilen, Dünge- oder Pflanzenschutzmitteln in Gewässer zu vermeiden.

**aa) Schutz der Gewässer im Interesse der öffentlichen Wasserversorgung**

**Gewässer** i.S.v. § 51 Abs. 1 Satz 1 Nr. 1 WHG sind oberirdische Gewässer, Küstengewässer und das Grundwasser (§ 2 Abs. 1 Satz 1 WHG). Die Ausweisung von Wasserschutzgebieten zum Schutz von Wasser in Leitungen oder Speicherbehältern ist demgemäß nicht zulässig, weil es sich bei dem gefassten Wasser nicht um ein Gewässer handelt. 348

Die Festsetzung von Schutzgebieten nach § 51 Abs. 1 Satz 1 Nr. 1 WHG ist zur Sicherung der **öffentlichen Wasserversorgung** zulässig. Öffentliche Wasserversorgung ist die nicht nur vorübergehende Versorgung eines unbestimmten, aber bestimmbaren Personenkreises mit Trink- und Brauchwasser auf Grund vertraglicher oder satzungsmäßiger Verpflichtung[1]. Eine Festsetzung von Wasserschutzgebieten zum Schutz der Eigenwasserversorgung aus einem privat oder gewerblich genutzten Brunnen (z.B. für lebensmittelverarbeitende Betriebe) ist nicht zulässig[2]. Betreiber privater oder gewerblicher Eigenversorgungsanlagen können deshalb einen Schutz ihrer Versorgungsanlage nur durch zivilrechtliche Abwehrbefugnisse oder die Bestellung von Dienstbarkeiten für Grundstücksflächen im Einzugsbereich der Versorgungsanlage erreichen[3]. 349

**Nachteilige Einwirkungen** sind alle Handlungen oder Maßnahmen, die sich unmittelbar auf Menge und Beschaffenheit des für die öffentliche Wasserversorgung vorgesehenen Wassers auswirken können[4]. Eine nachteilige Einwirkung liegt bereits dann vor, wenn die natürliche Wasserbeschaffenheit in chemischer, physikalischer, hygienischer und geschmacklicher Hinsicht unvorteilhaft berührt werden kann[5]. Anlass für die Annahme einer nachteiligen Einwirkung besteht bereits dann, wenn die Möglichkeit einer nachteiligen Einwirkung im Rahmen einer sachlich vertretbaren Prognose nicht von der Hand zu weisen ist[6]. 350

**bb) Grundwasseranreicherung**

Grundwasseranreicherung dient der Verbesserung der wasserwirtschaftlichen Verhältnisse durch Erhaltung bzw. Erhöhung des Grundwasserspiegels[7]. 351

Wasserschutzgebiete zur Grundwasseranreicherung können nicht nur mit dem Ziel der Ermöglichung, Verbesserung oder Sicherung der Wasserversorgung festgesetzt werden. Die Festsetzung von Wasserschutzgebieten zur Grundwasseranreicherung kann auch zur Erhaltung und Steigerung der Bodenfruchtbarkeit, zum Schutz vor Versteppung oder zur Gewährleistung der Standsicherheit von baulichen Anlagen erfolgen[8]. 352

---

1 VGH München, NVwZ-RR 1996, 649.
2 VGH München, NVwZ-RR 1996, 649.
3 *Drost*, § 51 WHG Rz. 46; *Czychowski/Reinhardt*, § 51 Rz. 26.
4 *Drost*, § 51 WHG Rz. 52, 53; *Czychowski/Reinhardt*, § 51 Rz. 29.
5 *Drost*, § 51 WHG Rz. 53.
6 BVerwGE 55, 220 (226).
7 *Drost*, § 51 WHG Rz. 54; *Czychowski/Reinhardt*, § 51 Rz. 30; *Breuer*, Rz. 860.
8 *Czychowski/Reinhardt*, § 51 Rz. 31; *Drost*, § 51 Rz. 54.

### cc) Verhinderung des Abfließens von Niederschlagswasser, des Abschwemmens und Eintrags von Bodenbestandteilen, Dünge- und Pflanzenschutzmitteln

353 Mit der Festsetzung von Wasserschutzgebieten zur Verhinderung eines schädlichen Abfließens von Niederschlagswasser soll der Wasserabfluss verzögert werden, um eine bessere Ausnutzung des Wasserschatzes zu sichern, Bodenerosion, Austrocknungsschäden und Hochwasserschäden zu vermeiden und die Unterhaltung von Gewässern zu erleichtern[1].

354 Die Festsetzung von Wasserschutzgebieten zur Verhinderung des Abschwemmens und des Eintrags von Bodenbestandteilen, Dünge- und Pflanzenschutzmitteln soll der Überfrachtung von Gewässern mit Nährstoffen (z.B. Nitrat) und chemischen Verbindungen aus Pflanzenschutzmitteln entgegen wirken.

355 Die Festsetzung von Wasserschutzgebieten mit diesen Schutzzwecken hat bisher kaum praktische Bedeutung erlangt, da die Festlegung und Abgrenzung solcher Schutzgebiete einerseits erhebliche Schwierigkeiten bereitet[2] und einem Ausbringen von Dünge- oder Pflanzenschutzmitteln durch gewässeraufsichtliche Maßnahmen begegnet werden kann, soweit sich dieses als Quasi-Benutzung i.S.d. § 9 Abs. 2 Nr. 2 WHG (vgl. dazu Rz. 136 ff.) darstellt und ohne wasserrechtliche Erlaubnis ausgeübt wird.

### b) Erforderlichkeit der Festsetzung

356 Die Festsetzung von Wasserschutzgebieten ist gem. § 51 Abs. 1 Satz 1, 1. Halbs. WHG nur zulässig, soweit es das Wohl der Allgemeinheit erfordert. Erforderlich ist die Festsetzung eines Wasserschutzgebietes bereits dann, wenn sie vernünftigerweise geboten ist, um den mit der Festsetzung verfolgten Schutzzweck zu erreichen[3].

357 Bei der Festsetzung eines Wasserschutzgebietes im Interesse der bestehenden oder künftigen öffentlichen Wasserversorgung richtet sich die Erforderlichkeit der Festsetzung eines Wasserschutzgebietes nach der Schutzbedürftigkeit, Schutzwürdigkeit und Schutzfähigkeit des zu sichernden Trinkwasservorkommens[4].

358 **Schutzbedürftig** ist ein Wasservorkommen, wenn es wahrscheinlich ist, dass das bereits in Anspruch genommene oder künftig in Anspruch zu nehmende Wasser ohne den Gebietsschutz in seiner Eignung als Trinkwasser hygienisch oder geschmacklich beeinträchtigt würde[5]. Zur Bejahung der Schutzbedürftigkeit bedarf es keines konkreten Nachweises eines unmittelbar drohenden Schadenseintritts; ausreichend ist ein Anlass, typischerweise gefährlichen Situationen zu begegnen[6].

359 Die **Schutzwürdigkeit** eines Gewässers fehlt, wenn trotz der Schutzanordnungen aus hydrologischen oder geologischen Gründen eine nicht unwesentliche Beeinträchtigung des in Anspruch genommenen Wassers zu befürchten ist, so dass eine Nutzung des Wassers zur Trinkwassergewinnung generell ausscheidet[7].

---

1 *Czychowski/Reinhardt*, § 51 Rz. 32; *Drost*, § 51 Rz. 55.
2 Vgl. dazu *Czychowski/Reinhardt*, § 51 Rz. 34.
3 OVG LSA v. 17.3.2011 – 2 K 174/09, Rz. 50; BayVGH v. 30.7.2010 – 22 N 08.2749, Rz. 22 (st. Rspr.); VGH BW v. 26.11.2009 – 3 S 140/07, Rz. 52 m.w.N.
4 VGH München v. 30.7.2010 – 22 N 08.2749, Rz. 23.
5 *Czychowski/Reinhardt*, § 51 Rz. 19 m.w.N.
6 VGH München v. 30.7.2010 – 22 N 08.2749, Rz. 23.
7 *Czychowski/Reinhardt*, § 51 Rz. 19.

Der **Schutzfähigkeit** kann entgegenstehen, dass das zu sichernde Wasservorkommen im Einzugsbereich von Straßen oder großflächigen Industrie- und Gewerbegebieten mit dem Potenzial zur Gewässergefährdung liegt, oder dass sich Altlasten nachteilig auf das im Schutzgebiet vorhandene Wasservorkommen auswirken können[1]. 360

Die Festsetzung von Wasserschutzgebieten ist nur zulässig, „**soweit**" diese zum Erreichen des Schutzzwecks erforderlich ist. Im Zuge der Festsetzung eines Wasserschutzgebietes muss die Erforderlichkeit sowohl im Hinblick auf **Art und Umfang der Schutzanordnungen** als auch hinsichtlich der **flächenmäßigen Ausdehnung** von der Behörde geprüft und nachgewiesen werden[2]. In ein Wasserschutzgebiet dürfen nur Grundstücke einbezogen werden, die im Einzugsbereich der zu sichernden öffentlichen Wasserversorgungsanlage liegen, und von denen nach gegebenen Erkenntnismöglichkeiten und Prüfung der örtlichen Verhältnisse nachteilige Einwirkungen auf das zu schützende Gewässer ausgehen können. Der örtliche Normgeber muss die örtlichen Gegebenheiten prüfen und sich hierbei auf wasserwirtschaftliche und geologische Erkenntnisse stützen; bei einer näheren Abgrenzung des Schutzgebiets und seiner weiteren Schutzzone sind wissenschaftlich fundierte, in sich schlüssige Schätzungen zulässig. Eine hydrogeologisch nicht gerechtfertigte Einbeziehung eines Grundstücks in ein Wasserschutzgebiet wäre rechtswidrig[3]. 361

§ 51 Abs. 2 WHG legt außerdem fest, dass Trinkwasserschutzgebiete nach Maßgabe der allgemein anerkannten Regeln der Technik in Zonen mit unterschiedlichen Schutzbestimmungen unterteilt werden sollen. In der Praxis hat sich ausgehend von den als allgemein anerkannten Regeln der Technik angesehenen Arbeitsblättern W101 – Richtlinien für Trinkwasserschutzgebiete; I. Teil: Schutzgebiete für Grundwasser, W 102 – Richtlinien für Trinkwasserschutzgebiete; II. Teil: Schutzgebiete für Talsperren des DVGW Deutscher Verein für das Gas- und Wasserfach e.V. die Unterteilung von Wasserschutzgebieten in die Wasserschutzzone I – Fassungsbereich, die Wasserschutzzone II – Engeres Schutzgebiet und die Wasserschutzzone III – Weiteres Schutzgebiet herausgebildet. 362

### c) Festsetzungsermessen

Hinsichtlich der Festsetzung von Wasserschutzgebieten ist der zuständigen Behörde ein weitgehendes Ermessen eingeräumt. 363

Damit besteht weder eine Verpflichtung zum Erlass einer Schutzgebietsverordnung noch ein Individualanspruch eines am Erlass der Schutzgebietsverordnung Interessierten (z.B. eines Unternehmens der öffentlichen Wasserversorgung)[4]. 364

Die Festsetzung eines Wasserschutzgebietes zur Sicherung der öffentlichen Wasserversorgung kann aber objektiv erforderlich sein, wenn ein bestimmtes Trinkwasservorkommen zur Gewährleistung der ortsnahen Wasserversorgung gesichert werden muss[5]. 365

### d) Form der Schutzgebietsfestsetzung

Die Festsetzung von Wasserschutzgebieten erfolgt gem. § 51 Abs. 1 Satz 1 WHG durch Rechtsverordnung der Landesregierung. Die Ermächtigung zum Erlass von 366

---

1 *Czychowski/Reinhardt*, § 51 Rz. 19 m.w.N. aus der Rechtsprechung.
2 *Czychowski/Reinhardt*, § 51 Rz. 40 m.w.N.
3 VGH München v. 30.7.2010 – 22 N 08.2749, Rz. 36 (st.Rspr.).
4 BVerwG, ZFW 1970, 242.
5 *Czychowski/Reinhardt*, § 51 Rz. 40 m.w.N.

Schutzgebietsverordnungen kann von der Landesregierung durch Rechtsverordnung auf andere Landesbehörden (z.b. die Landkreise als Untere Wasserbehörde) übertragen werden.

367 In der Schutzgebietsverordnung ist die begünstigte Person zu benennen. Durch Benennung der begünstigten Person wird es den Eigentümern von Grundstücken im Schutzgebiet erleichtert, den zur Leistung von Entschädigungszahlungen nach § 52 Abs. 4 WHG oder von Ausgleichszahlungen für wirtschaftliche Nachteile bei Einschränkung der land- oder forstwirtschaftlichen Nutzung von Grundstücken nach § 52 Abs. 5 WHG Verpflichteten zu identifizieren[1].

**e) Besondere Anforderungen in Wasserschutzgebieten**

368 In Wasserschutzgebietsverordnungen können nach § 52 Abs. 1 WHG
– **bestimmte Handlungen verboten** oder nur für eingeschränkt zulässig erklärt werden,
– **Eigentümer und Nutzungsberechtigte** (z.B. Mieter oder Pächter) von Grundstücken verpflichtet werden
  – zu bestimmten Handlungen und bestimmter Nutzung der Grundstücke,
  – zum Anfertigen und Aufbewahren von Aufzeichnungen über die Bewirtschaftung und deren Vorlage bei der zuständigen Behörde,
  – zur Duldung von bestimmten Maßnahmen, insbesondere zur Beobachtung des Gewässers und des Bodens, zur Überwachung von Schutzbestimmungen, zur Errichtung von Zäunen und Kennzeichnungen sowie zur Duldung von Bepflanzungen und Aufforstungen,
  oder
– **Begünstigte** zur Durchführung der vom Eigentümer oder Nutzer zu duldenden Maßnahmen zur Beobachtung des Gewässers und des Bodens, zur Überwachung von Schutzbestimmungen, zur Errichtung von Zäunen und Kennzeichnungen sowie zur Bepflanzung und Aufforstung verpflichtet werden.

369 Die nach § 52 Abs. 1 WHG zulässigen Verbote, Beschränkungen und Duldungspflichten müssen in der Schutzgebietsverordnung zur Wahrung des Bestimmtheitsgebotes des § 37 VwVfG oder entsprechender Vorschriften des Landesrechts möglichst genau bezeichnet werden, so dass jeder von einer Schutzanordnung Betroffene erkennen kann, welche Handlungen verboten oder nur eingeschränkt zulässig sind, zu welchen Maßnahmen er verpflichtet ist, und welche Maßnahmen er zu dulden hat.

370 Anhaltspunkte für mögliche Schutzbestimmungen können den vom DVGW Deutscher Verein für das Gas- und Wasserfach e.V. herausgegebenen Arbeitsblättern W101 – Richtlinien für Trinkwasserschutzgebiete; I. Teil: Schutzgebiete für Grundwasser, W 102 – Richtlinien für Trinkwasserschutzgebiete; II. Teil: Schutzgebiete für Talsperren entnommen werden. Die DVGW-Arbeitsblätter sind durch Erlasse der obersten Landesbehörden in verschiedenen Bundesländern als Verwaltungsvorschriften eingeführt worden. Die in den DVGW-Arbeitsblättern genannten Verbote, Beschränkungen und Duldungspflichten sind nicht zu einer pauschalen Übernahme in eine Schutzgebietsverordnung bestimmt; die konkreten Anordnungen muss die zuständige Behörde nach den Umständen des Einzelfalls ermitteln und sodann in der Schutzgebietsverordnung festlegen.

371 Schutzanordnungen in Wasserschutzgebieten stellen nach Art. 14 Abs. 1 Satz 2 GG grds. zulässige Bestimmungen zur Inhaltsbestimmung des Grundstückseigen-

---
1 BT-Drs. 16/12275, S. 67.

tums dar, die der verfassungsrechtlich garantierten Rechtsstellung des Privateigentums und dem Gebot einer sozialgerechten Eigentumsordnung gleichermaßen Rechnung tragen müssen und bei deren Erlass die Belange der Allgemeinheit und die Interessen der von den Schutzanordnungen Betroffenen gerecht gegeneinander abzuwägen sind[1].

#### f) Verfahren zur Festsetzung von Wasserschutzgebieten

Das Verfahren zur Festsetzung von Wasserschutzgebieten ist nicht im WHG, sondern in den Landeswassergesetzen geregelt. 372

Da die Festsetzung von Wasserschutzgebieten und der damit verbundenen Schutzanordnungen nach § 52 Abs. 1 Satz 1 WHG sich nachteilig oder belastend auf die Nutzung von Grundstücken auswirken kann, ist in den Landeswassergesetzen regelmäßig die Durchführung eines Verfahrens mit Beteiligung der Öffentlichkeit, der in ihrem Aufgabenbereich betroffenen Behörden und sonstigen Träger öffentlicher Belange (z.B. Wasserversorgungsunternehmen) vorgesehen. 373

In einem als Wasserschutzgebiet vorgesehenen Gebiet können nach § 52 Abs. 2 WHG vorläufige Anordnungen nach § 52 Abs. 1 WHG getroffen werden, wenn andernfalls der mit der Festsetzung des Wasserschutzgebiets verfolgte Zweck gefährdet wäre. Die vorläufige Anordnung tritt mit dem Inkrafttreten der Wasserschutzgebietsverordnung außer Kraft, spätestens nach Ablauf von drei Jahren. Wenn besondere Umstände es erfordern, kann die Frist um höchstens ein weiteres Jahr verlängert werden. Vorläufige Anordnungen sind bereits vor Ablauf dieser Fristen außer Kraft zu setzen, sobald und soweit die Voraussetzungen für ihren Erlass weggefallen sind (§ 52 Abs. 2 Satz 4 WHG). 374

#### g) Rechtsschutz gegen die Festsetzung von Wasserschutzgebieten

Die Festsetzung von Wasserschutzgebieten erfolgt gem. § 51 Abs. 1 WHG in Form einer Rechtsverordnung. 375

Bei Rechtsverordnungen handelt es sich um „andere im Rang unter dem Landesgesetz stehende Rechtsvorschriften" i.S.v. § 47 Abs. 1 Nr. 2 VwGO. Sofern das Landesrecht dies bestimmt, kann deshalb Rechtsschutz im Wege eines **Normenkontrollantrags nach § 47 VwGO** erlangt werden. 376

Antragsbefugt im Normenkontrollverfahren gegen die Festsetzung eines Wasserschutzgebietes sind Grundstückseigentümer, sonstige dinglich Nutzungsberechtigte sowie Mieter oder Pächter eines Grundstücks, deren Nutzungsrechte durch die Festsetzung des Wasserschutzgebietes oder die damit verbundenen Schutzanordnungen eingeschränkt werden. 377

Soll die Festsetzung eines Wasserschutzgebiets zur Sicherung der öffentlichen Wasserversorgung ganz oder teilweise aufgehoben werden, ist das in der Schutzgebietsverordnung als Begünstigter bezeichnete Wasserversorgungsunternehmen antragsbefugt. 378

#### h) Befreiung von Festsetzungen

Die zuständige Behörde kann gem. § 52 Abs. 1 Satz 2 WHG von Verboten, Beschränkungen sowie Duldungs- und Handlungspflichten nach § 52 Abs. 1 Satz 1 379

---
1 BayVGH, NVwZ 2008, 380 (381).

WHG eine Befreiung erteilen, wenn der Schutzzweck nicht gefährdet wird oder überwiegende Gründe des Wohls der Allgemeinheit dies erfordern. An die Voraussetzungen der Befreiung können strenge Maßstäbe angelegt werden, so dass eine Befreiung nicht in Betracht kommt, wenn eine Verunreinigung des zu schützenden Wasservorkommens oder eine sonstige nachteilige Veränderung der Gewässereigenschaften nach den gegebenen Umständen und im Rahmen einer sachlich vertretbaren, auf konkreten Feststellungen beruhenden Prognose nicht von der Hand zu weisen ist[1]. Ist dagegen die Unschädlichkeit einer Maßnahme nachgewiesen und dauerhaft sichergestellt, darf die Erteilung einer Befreiung nicht abgelehnt werden[2].

380 Nach § 52 Abs. 1 Satz 3 WHG hat die Behörde eine Befreiung zu erteilen, soweit dies zur Vermeidung unzumutbarer Beschränkungen des Eigentums erforderlich ist und hierdurch der Schutzzweck nicht gefährdet wird. § 52 Abs. 1 Satz 3 WHG trägt dem Umstand Rechnung, dass Normen, die Inhalt und Schranken des Eigentums bestimmen, grds. auch ohne Ausgleichsregelungen die Substanz des Eigentums wahren und dem Gleichheitsgebot entsprechen müssen. Die Bestandsgarantie des Eigentums nach Art. 14 Abs. 1 GG verlangt, dass in erster Linie Vorkehrungen getroffen werden, die eine unverhältnismäßige Belastung des Eigentümers real vermeiden und die Privatnützigkeit des Eigentums so weit wie möglich erhalten. Als Instrumente stehen dem Gesetzgeber hierfür unter anderem Befreiungsvorschriften zur Verfügung[3]. Die Behörde hat daher zunächst zu prüfen, ob im Einzelfall eine unzumutbare Beschränkung des Eigentums durch die Schutzgebietsverordnung oder eine Schutzanordnung vorliegt; ist dies zu bejahen, muss die Behörde prüfen, ob der Schutzzweck durch die Befreiung gefährdet wird. Ein Anspruch auf die Befreiung besteht, wenn die Behörde feststellt, dass der Schutzzweck nicht gefährdet ist.

**i) Entschädigungspflicht (§ 52 Abs. 4 WHG)**

381 Soweit eine Anordnung von Verboten oder Nutzungsbeschränkungen nach § 52 Abs. 1 Satz 1 Nr. 1 WHG oder eine Anordnung von Pflichten des Eigentümers oder Nutzungsberechtigten nach § 52 Abs. 1 Satz 1 Nr. 2 WHG das Eigentum unzumutbar beschränkt und diese Beschränkung nicht durch eine Befreiung nach § 52 Abs. 1 Satz 2 WHG oder andere Maßnahmen vermieden oder ausgeglichen werden kann, ist eine Entschädigung zu leisten.

382 Eine Entschädigung für die Festsetzung eines Wasserschutzgebietes ist **nicht** zu leisten, **wenn** die Festsetzung des Wasserschutzgebietes eine mögliche **Nutzung des Grundeigentums beeinträchtigt, die als Gewässerbenutzung oder Gewässerausbau zu klassifizieren ist** und deshalb nach § 4 Abs. 3 WHG bereits nicht Gegenstand des Grundeigentums oder nach anderen Vorschriften des Wasserrechts z.B. über die Lagerung von Stoffen an Gewässern oder über den Einsatz von Dünge- und Pflanzenschutzmitteln unzulässig ist. In diesem Fall liegt in der Schutzgebietsausweisung kein Eingriff in das Eigentum, sondern lediglich eine Aktualisierung der Inhalts- und Schrankenbestimmung[4].

383 Anders kann die Sachlage zu beurteilen sein, wenn durch die Festsetzung eines Wasserschutzgebietes eine ordnungsgemäß und zulässig ausgeübte Nutzung ausgeschlossen oder wesentlich eingeschränkt wird[5]. Eine Entschädigung wegen wesentlicher Einschränkung kommt allerdings nur in Betracht, wenn dem Eigentümer

---
1 BVerwG, NJW 1981, 837.
2 *Czychowski/Reinhardt*, § 52 Rz. 46 unter Hinweis auf VGH Kassel, ZFW 1985, 125.
3 BVerwG, NVwZ 2003, 1116 (1117).
4 *Czychowski/Reinhardt*, § 52 Rz. 68 m.w.N.
5 BGHZ 133, 277.

praktisch alle Nutzungsmöglichkeiten entzogen werden und sich deshalb als Eingriff in den bestandsgeschützten Betrieb darstellen[1].

**j) Ausgleich für Einschränkungen der ordnungsgemäßen land- oder forstwirtschaftlichen Nutzung**

Setzt eine Schutzgebietsanordnung nach § 52 Abs. 1 Satz 1 Nr. 1 oder Nr. 2 WHG erhöhte Anforderungen fest, die die ordnungsgemäße **land- oder forstwirtschaftliche Nutzung** eines Grundstücks einschränken, so ist gem. § 52 Abs. 5 WHG für die dadurch verursachten wirtschaftlichen Nachteile ein angemessener Ausgleich zu leisten, soweit nicht eine Entschädigungspflicht nach § 52 Abs. 4 WHG besteht. 384

§ 52 Abs. 5 WHG stellt einen einfachgesetzlichen Ausgleichsanspruch für Nachteile im Vorfeld einer Enteignung dar, den der Gesetzgeber nicht verfassungsrechtlich gebietet, sondern aus Billigkeitsgründen gewährt[2]. 385

Der Billigkeitsausgleich ist auf Einschränkungen der ordnungsgemäßen land- oder forstwirtschaftlichen Nutzung von Grundstücken in einem förmlich festgesetzten Wasserschutzgebiet beschränkt. Andere als land- oder forstwirtschaftliche Nutzungen nehmen an dem Billigkeitsausgleich deshalb nicht teil. 386

Auch für land- oder forstwirtschaftlich genutzte Grundstücke kommt ein Billigkeitsausgleich nur in Betracht, soweit sich aus erhöhten Anforderungen aus Schutzgebietsanordnungen wirtschaftliche Nachteile ergeben, welche die bereits in den allgemeinen wasserrechtlichen Vorschriften enthaltenen Nutzungsbeschränkungen übertreffen. Demgemäß ist ein Billigkeitsausgleich nicht für Beschränkungen z.B. bei der Aufbringung von Dünger oder Pflanzenschutzmitteln oder bei der Lagerung von wassergefährdenden Stoffen, Jauche oder Festmist zu leisten, die sich bereits aus § 9 Abs. 2 Nr. 2 WHG oder den Vorschriften über die Reinhaltung von Oberflächengewässern oder Grundwasser in § 32 Abs. 2 WHG und § 48 Abs. 2 WHG bzw. Vorschriften über den Umgang mit wassergefährdenden Stoffen in §§ 62 ff. WHG ergeben. 387

Ein Billigkeitsausgleich kommt jedoch dann in Betracht, wenn ein land- oder forstwirtschaftlicher Betrieb im Vergleich zu einem außerhalb eines Wasserschutzgebietes tätigen Betrieb durch Schutzanordnungen wirtschaftliche Nachteile erleidet. **Wirtschaftliche Nachteile** können darin bestehen, dass der Betrieb **Ertragseinbußen und Einkommensverluste** erleidet, weil Mehraufwand für die Verwendung anderer Nährstoffe oder eine geänderte Aufbringungstechnik entsteht[3], betriebliche Einrichtungen wie Stallanlagen oder Silos geändert werden müssen, Ersatzflächen außerhalb eines Wasserschutzgebietes zugepachtet werden müssen, oder ein Betriebszweig (z.B. Viehhaltung) reduziert oder aufgegeben werden muss[4]. 388

Wirtschaftliche Nachteile, die auf **klimatische Verhältnisse, Schädlingsbefall oder Anbaufehler** zurückzuführen sind, oder ein **Verkehrswertverlust** des land- oder forstwirtschaftlich genutzten Grundstücks **berechtigen nicht** zu einem Billigkeitsausgleich[5]. 389

Der Betroffene muss nachweisen, dass die Ausweisung der land- oder forstwirtschaftlichen Flächen als Wasserschutzgebiet die alleinige Ursache dafür ist, dass 390

---

1 BGHZ 133, 277.
2 *Czychowski/Reinhardt*, § 52 Rz. 92 m.w.N.
3 OLG München, NVwZ-RR 1996, 316.
4 *Czychowski/Reinhardt*, § 52 Rz. 117.
5 *Czychowski/Reinhardt*, § 52 Rz. 118.

er kostenträchtigen erhöhten Anforderungen unterworfen ist[1]. Zur Nachweisführung können Unterlagen aus der Buchführung, Betriebszweigabrechnungen sowie Schlagkarteien vorgelegt werden.

## V. Abwasserbeseitigung

### 1. Begriff des Abwassers

391 Nach der Definition des § 54 Abs. 1 Satz 1 WHG ist Abwasser

1. das durch häuslichen, gewerblichen, landwirtschaftlichen oder sonstigen Gebrauch in seinen Eigenschaften veränderte Wasser und das bei Trockenwetter damit zusammen abfließende Wasser (Schmutzwasser) sowie
2. das von Niederschlägen aus dem Bereich von bebauten oder befestigten Flächen gesammelt abfließende Wasser (Niederschlagswasser).

392 Als Schmutzwasser nach § 54 Abs. 1 WHG gelten auch die aus Anlagen zum Behandeln, Lagern oder Ablagern von Abfällen austretenden Flüssigkeiten.

#### a) Schmutzwasser

393 Schmutzwasser ist jedes durch Gebrauch in seinen Eigenschaften veränderte Wasser. Ob die Veränderung des Wassers die physikalische, chemische oder biologische Veränderung des Wassers betrifft, ist unerheblich.

394 **Gebrauch von Wasser ist die bewusste und gewollte Verwendung von Wasser, die zu einer Veränderung der physikalischen, chemischen oder biologischen Eigenschaften des Wassers führt.** Ein Gebrauch von Wasser liegt z.B. in der Verwendung für die Zubereitung von Speisen und Getränken, für die Reinigung von Anlagen und Gegenständen, für die Herstellung von Erzeugnissen, zum Kühlen und Heizen, für Ackerbau und Viehwirtschaft und auch als Löschwasser[2].

395 Da der Gebrauch eine Veränderung der Eigenschaften des Wassers voraussetzt, fällt Grundwasser, das im Rahmen von Bauarbeiten zutage gefördert und anschließend ohne Veränderung seiner Inhaltsstoffe in ein Oberflächengewässer oder in die Kanalisation eingeleitet wird, nicht unter den Begriff des Schmutzwassers[3].

396 Durch Gebrauch in seinen Eigenschaften verändertes Wasser wird zu Abwasser frühestens zu dem Zeitpunkt, in dem es im Rohrsystem gesammelt wird, um es zum Abwasserkanal oder zur grundstückseigenen Abwasserbehandlungsanlage zu leiten. Sammelleitungen, die flüssige, wasserhaltige Stoffe unmittelbar aus einem Produktionsprozess in Richtung einer Abwasserbehandlungsanlage oder des anlageexternen Abwasserkanals ableiten, führen Abwasser. Nichts anderes gilt für ein Rohrleitungssystem auf einem privaten Grundstück, über welches häusliches Schmutzwasser einer Kleinkläranlage zur Behandlung zugeführt wird[4] und zuvor keiner weiteren Verwendung mehr zugeführt werden kann oder soll[5].

397 Kein Schmutzwasser ist dagegen Wasser, das in einem Reinigungs- oder gewerblichen Produktionsprozess in einem geschlossenen Kreislauf verwendet wird und

---

1 OLG Frankfurt v. 7.11.1997 – 8 U 184/94.
2 Giesberts/Reinhardt/*Guckelberger*, BeckOK, WHG § 54 Rz. 6.
3 *Czychowski/Reinhardt*, § 54 Rz. 8.
4 OVG Lüneburg, NVwZ-RR 2002, 347 (348); VGH München v. 13.8.2004 – 22 ZB 03.2823, Rz. 2; OVG Greifswald v. 22.6.2011 – 2 L 261/06, Rz. 44.
5 OVG Frankfurt/Oder, LKV 2004, 277 (283).

## V. Abwasserbeseitigung

noch nicht zur Ableitung bestimmt ist[1]. Ebenfalls kein Schmutzwasser ist bereits gebrauchtes Wasser in einem Haushalt, das ohne Behandlung in einem separaten Wasserkreislauf geführt wird („Grauwasser") und trotz der gebrauchsbedingten Veränderung noch für Zwecke wie etwa die Toilettenspülung bestimmt und geeignet ist[2].

Schmutzwasser, das vor einer erneuten Verwendung zur Toilettenspülung oder Gartenbewässerung zunächst durch eine Behandlung in einer Kleinkläranlage von – insbesondere festen – Inhaltsstoffen befreit werden muss, um ein weiteres Mal verwendet werden zu können, fällt dagegen unter den Abwasserbegriff des § 54 Abs. 1 WHG[3]. 398

Flüssige Abfälle unterliegen dem Wasserrecht erst von dem Zeitpunkt an, in dem sie in ein Gewässer oder eine Abwasseranlage eingebracht werden (arg. § 2 Nr. 6 KrW-/AbfG). Ob die Einleitung oder Einbringung rechtmäßig oder rechtswidrig erfolgt, ist für die Abgrenzung unerheblich[4]. 399

Aus Anlagen zum Behandeln, Lagern und Ablagern von Abfällen austretende Flüssigkeiten wie z.B. Kondensate aus dem Betrieb von Abfallverbrennungsanlagen oder Sickerwasser aus Deponien sind nicht durch den bewussten und gewollten Gebrauch von Wasser entstanden, so dass der Schmutzwasserbegriff nach § 54 Abs. 1 Satz 1 Nr. 1 WHG auf solche Flüssigkeiten nicht unmittelbar anwendbar ist. Wegen der Belastung solcher Flüssigkeiten mit organischen und anorganischen Abfallbestandteilen und des damit verbundenen Gefährdungspotenzials für Gewässer hat sich der Gesetzgeber in § 54 Abs. 1 Satz 2 WHG dazu entschieden, solche Flüssigkeiten ebenfalls dem Abwasserregime zu unterwerfen. 400

### b) Niederschlagswasser

Als Niederschlagswasser wird in § 54 Abs. 1 Satz 1 Nr. 2 WHG das von Niederschlägen aus dem Bereich von bebauten oder befestigten Flächen gesammelt abfließende Wasser bezeichnet. 401

§ 54 Abs. 1 Satz 1 Nr. 2 WHG erfasst zunächst jede Form von **Niederschlag**, also Regen, Schnee, Hagel, Tau, Nebel u.a.[5]. 402

Zu Abwasser wird jedoch nur Niederschlagswasser, das aus dem Bereich von bebauten oder befestigten Flächen wie z.B. Straßen, Plätzen, Wohn- und Gewerbegrundstücken gesammelt abfließt. Derartiges Wasser enthält vor allem nach längeren Trockenperioden regelmäßig erhebliche Schmutzmengen, die seine rechtliche Einordnung als Abwasser erforderlich machen[6]. Das im Bereich der befestigten Verkehrsflächen anfallende Regenwasser ist unabhängig von seinem Verschmutzungsgrad Niederschlagswasser in diesem Sinne. Die im Niederschlagswasser von Verkehrsflächen enthaltenen Schwebstoffe, sonstige darin mitgeführte stoffliche Bestandteile und der von ihm weggeschwemmte Straßenschmutz sind Teil des Niederschlagswassers. Niederschlagswasser von befestigten Flächen, insbesondere aber Verkehrsflächen unterliegt keinem gegenüber dem übrigen, abfließenden Abwasser 403

---

1 *Czychowski/Reinhardt*, § 54 Rz. 12 m.w.N.
2 OVG Frankfurt/Oder, LKV 2004, 277 (284).
3 OVG Frankfurt/Oder, LKV 2004, 277 (284).
4 *Giesberts/Reinhardt/Wolf*, BeckOK, KrW-/AbfG § 2 Rz. 28; *Czychowski/Reinhardt*, § 54 Rz. 14.
5 *Czychowski/Reinhardt*, § 54 Rz. 15.
6 BT-Drs. 7/2272 S. 27.

gesonderten Schicksal, so dass die Beseitigung des von befestigten Flächen gesammelt abfließenden Niederschlagswassers zur Abwasserbeseitigung zählt[1].

404 Nicht unter den Niederschlagswasserbegriff des § 54 Abs. 1 Satz 1 Nr. 2 WHG fällt Niederschlag, der nach dem Auftreffen auf eine unbefestigte Grundstücksfläche auf natürlichem Wege im Boden versickert, da dieses Niederschlagswasser nicht „gesammelt" abgeleitet wird[2].

**2. Abwasserbeseitigung**

**a) Begriff (§ 54 Abs. 2 WHG)**

405 Abwasserbeseitigung umfasst das Sammeln, Fortleiten, Behandeln, Einleiten, Versickern, Verregnen und Verrieseln von Abwasser sowie das Entwässern von Klärschlamm in Zusammenhang mit der Abwasserbeseitigung.

406 Die Beseitigung von Abwasser setzt zunächst voraus, dass bereits Abwasser entstanden ist. Handlungen, die erst zum Entstehen von Abwasser führen – wie z.B. der häusliche oder gewerbliche Gebrauch und die damit einhergehende Veränderung von Wasser – fallen damit nicht unter die Abwasserbeseitigung. Auch Anlagen, die – wie etwa eine betriebliche Anlage zur Kreislaufführung – dazu dienen, Abwasser nicht oder nur in geringerer Menge oder Schädlichkeit entstehen zu lassen, sind nicht Bestandteil der Abwasserbeseitigung[3].

407 Das vorübergehende Aufbewahren von Fäkalien in einer wasserdichten Sammelgrube gehört ebenfalls nicht zur Abwasserbeseitigung, da diese Aufbewahrung dem „Sammeln", d.h. der Erfassung von Abwasser bei dem Abwassererzeuger[4] vorausgeht.

408 Zur Abwasserbeseitigung gehört auch die Beseitigung des in Kleinkläranlagen anfallenden Schlamms (§ 54 Abs. 2 Satz 2 WHG). Kleinkläranlagen sind im Rahmen der dezentralen Abwasserbehandlung betriebene Abwasserbehandlungsanlagen für eine Abwassermenge von bis zu 8m$^3$ pro Tag[5]. Die Beseitigung des Schlamms aus Kleinkläranlagen umfasst die Behandlung des Schlamms in einer Abwasserbehandlungsanlage zur weiteren Behandlung mit dem dort anfallenden Schlamm[6].

**b) Grundsätze der Abwasserbeseitigung (§ 55 WHG)**

**aa) Grundsatz der ordnungsgemäßen und schadlosen Abwasserbeseitigung (§ 55 Abs. 1 WHG)**

409 Abwasser ist so zu beseitigen, dass das Wohl der Allgemeinheit nicht beeinträchtigt wird (§ 55 Abs. 1 Satz 1 WHG).

410 § 55 Abs. 1 WHG enthält ein Gebot zur ordnungsgemäßen und schadlosen Abwasserbeseitigung[7].

411 Die Abwasserbeseitigung ist eine Aufgabe der Daseinsvorsorge und dient neben den Belangen des Gewässerschutzes auch den Belangen der Volksgesundheit, weil mit dem Anschluss und der Benutzung der öffentlichen Einrichtungen eine ordnungs-

---

1 BVerwG v. 21.6.2011 – 9 B 99/10, Rz. 11 (st.Rspr.).
2 *Czychowski/Reinhardt*, § 54 Rz. 15.
3 *Czychowski/Reinhardt*, § 54 Rz. 20.
4 *Czychowski/Reinhardt*, § 54 Rz. 21; *Drost*, § 54 WHG Rz. 17.
5 *Drost*, § 54 WHG Rz. 23.
6 *Czychowski/Reinhardt*, § 54 Rz. 30.
7 BVerwG, NVwZ 2002, 202 (203).

gemäße Entsorgung des in den Haushalten entstehenden Schmutzwassers und dessen Beseitigung in leistungsfähigen, überwachten Anlagen gewährleistet und damit Umwelt- und Gesundheitsgefahren vorgebeugt wird, die sich aus nicht sachgemäßer Abwasserbeseitigung ergeben[1].

Vor diesem Hintergrund wird die Beseitigung von Abwasser in zentralen Abwasserbehandlungsanlagen regelmäßig als dem Wohl der Allgemeinheit entsprechende Form der Abwasserbeseitigung angesehen.

In den letzten Jahren ist – insbesondere im Hinblick auf die Situation in den neuen Bundesländern – zunehmend in Frage gestellt worden, ob eine Abwasserbeseitigung zwingend durch zentrale Einrichtungen gewährleistet werden muss, die mit einem hohen Investitionsaufwand und damit verbundener finanzieller Belastung von Beitrags- und Gebührenpflichtigen einhergehen. Als Alternative wird eine dezentrale Entsorgung mittels Kleinkläranlagen vorgeschlagen, die den allgemein anerkannten Regeln der Technik entsprechen und ein Reinigungsergebnis erzielen, das demjenigen zentraler Abwasserbehandlungsanlagen entspricht oder dieses sogar noch übertrifft.

§ 55 Abs. 1 Satz 2 WHG eröffnet nunmehr den abwasserbeseitigungspflichtigen Kommunen und Kommunalverbänden die Möglichkeit, in ihrem Entsorgungsgebiet von der Errichtung einer zentralen Abwasserbeseitigung für häusliches Abwasser – nicht jedoch für Abwasser als gewerblichen, industriellen oder anderen Herkunftsbereichen – abzusehen und die Möglichkeiten der dezentralen Beseitigung zu nutzen. Als „dezentrale Anlagen" zur Beseitigung von häuslichem Abwasser können neben Kleinkläranlagen für einzelne Grundstücke auch Anlagen für mehrere Häuserblöcke („Kompaktanlagen") sowie Ortsteilkläranlagen oder Ortskläranlagen für einzelne Orte im Zuständigkeitsgebiet des Aufgabenträgers in Betracht zu ziehen sein[2]. Hält eine dezentrale Anlage zur Beseitigung von häuslichem Abwasser die Anforderungen und Einleitwerte gem. Anhang 1 Teil C Abs. 4 und 5 der Verordnung über Anforderungen an das Einleiten von Abwasser in Gewässer (Abwasserverordnung – AbwV) vom 17.6.2004[3] ein und wird sie unter Beachtung der wasserrechtlichen und baurechtlichen Zulassungsvorschriften betrieben, entspricht die dezentrale Entsorgung dem Wohl der Allgemeinheit.

Es bleibt allerdings darauf hinzuweisen, dass § 55 Abs. 1 Satz 2 WHG den abwasserbeseitigungspflichtigen Körperschaften lediglich die **Möglichkeit zu einem Einsatz dezentraler Abwasserbeseitigungslösungen** einräumt. Eine **Verpflichtung** zu deren Einsatz oder gar ein **Anspruch** von Grundstückseigentümern, die Abwasserbeseitigung durch eine dezentrale Anlage vorzunehmen und im Gegenzug von einem Anschluss- und Benutzungszwang an die öffentliche Abwasserkanalisation befreit zu werden, wird durch § 55 Abs. 1 Satz 2 WHG **nicht normiert**[4].

**bb) Niederschlagswasser (§ 55 Abs. 2 WHG)**

Niederschlagswasser soll
– ortsnah versickert, verrieselt
  oder
– direkt oder über eine Kanalisation ohne Vermischung mit Schmutzwasser („Trennkanalisation") in ein Gewässer eingeleitet werden, soweit dem weder wasserrechtliche noch sonstige öffentlich-rechtliche Vorschriften noch wasserwirtschaftliche Belange entgegenstehen.

---

1 OVG Frankfurt/Oder, LKV 2004, 277 (278).
2 *Czychowski/Reinhardt*, § 55 Rz. 11; *Drost*, § 55 WHG Rz. 9.
3 BGBl. I S. 1108, berichtigt BGBl. I S. 2625.
4 *Czychowski/Reinhardt*, § 55 Rz. 10 m.w.N.

417 Die ortsnahe Versickerung oder Verrieselung von Niederschlagswasser muss nicht zwingend auf dem Grundstück erfolgen, auf dem das Niederschlagswasser angefallen ist. Als zulässig ist es auch anzusehen, wenn Niederschlagswasser mittels einer zentralen Versickerungs- oder Verrieselungsanlage zur Entwässerung eines Neubaugebietes beseitigt wird[1].

418 Bei der Planung und Realisierung der in § 55 Abs. 2 WHG genannten Varianten der Niederschlagswasserbeseitigung durch ortsnahe Versickerung oder Verrieselung, direkte Einleitung in ein Gewässer oder Einleitung in eine Trennkanalisation ist zu berücksichtigen, dass diese Formen der Niederschlagswasserbeseitigung **wasserrechtlichen Anforderungen** – insbesondere dem Erfordernis der Erteilung der wasserrechtlichen **Erlaubnis zur Gewässerbenutzung** nach § 9 Abs. 1 Nr. 4 WHG für das Einleiten von Stoffen in Gewässer sowie **Verboten aus Schutzanordnungen nach § 52 Abs. 1 WHG für Wasserschutzgebiete** unterliegen können.

419 Neben diesen wasserrechtlichen Maßgaben können auch andere öffentlich-rechtliche Vorschriften, insbesondere **bauordnungsrechtliche Anforderungen** an die Abwasserbeseitigung von baulichen Anlagen bestimmten Formen der Niederschlagswasserbeseitigung entgegen stehen.

420 Schließlich können den genannten Varianten der Niederschlagswasserbeseitigung auch bei Erfüllung aller gesetzlichen Anforderungen im Einzelfall wasserwirtschaftliche Belange entgegenstehen, die eine anderweitige Beseitigung des Niederschlagswassers gebieten.

### c) Pflicht zur Abwasserbeseitigung

#### aa) Juristische Personen des öffentlichen Rechts

421 Nach § 56 Satz 1 WHG ist Abwasser von den juristischen Personen des öffentlichen Rechts zu beseitigen, die nach Landesrecht hierzu verpflichtet sind (Abwasserbeseitigungspflichtige). Der Regelung des § 56 Satz 1 WHG ist damit nur zu entnehmen, dass Abwasser von juristischen Personen des öffentlichen Rechts zu beseitigen ist.

422 Die Bestimmung der konkret zur Abwasserbeseitigung verpflichteten juristischen Personen des öffentlichen Rechts ergibt sich aus den Regelungen der einzelnen Bundesländer.

423 Üblicherweise sind in Landeswassergesetzen der Flächenstaaten Gemeinden und Gemeindeverbände (Zweckverbände) im Rahmen der kommunalen Selbstverwaltung zur Beseitigung von Abwasser verpflichtet.

424 Im Land Berlin obliegt die Abwasserbeseitigungspflicht den Berliner Wasserbetrieben[2]. In der Freien und Hansestadt Hamburg obliegt die Aufgabe der Abwasserbeseitigung für das im Gebiet der Freien und Hansestadt Hamburg mit Ausnahme von Neuwerk anfallende Abwasser der Stadtentwässerung, der die damit verbundenen hoheitlichen Rechte zustehen, im Übrigen der Freien und Hansestadt Hamburg[3]. In der Freien Hansestadt Bremen haben die Stadtgemeinden Bremen und Bremerhaven das in ihrem Gebiet anfallende Abwasser zu beseitigen[4].

---

1 *Czychowski/Reinhardt*, § 55 Rz. 20 unter Hinweis auf *Queitsch*, NWVBl. 2006, 323.
2 § 29e Abs. 1 Satz 2 BlnWG.
3 § 2 Satz 2 und 3 Hamburgisches Abwassergesetz (HmbAbwG) in der Fassung vom 24.7.2001 (HmbGVBl. 2001, S. 258), zuletzt geändert durch Artikel 6 des Gesetzes v. 19.4.2011 (HmbGVBl. S. 123).
4 § 45 Abs. 1 BremWG.

## V. Abwasserbeseitigung

Dem Landesgesetzgeber ist nicht nur die Bestimmung der abwasserbeseitigungspflichtigen Körperschaft des öffentlichen Rechts überlassen, sondern ihm obliegt auch die Regelung von Überlassungspflichten[1] sowie von Inhalt und Umfang der Beseitigungspflicht[2]. 425

Weitere Einzelheiten zur Durchführung der Abwasserbeseitigung, insbesondere zu den Voraussetzungen der Anordnung eines Anschluss- und Benutzungszwangs sowie zur Durchführung des Benutzungsverhältnisses finden sich in Satzungen der Gemeinden und Gemeindeverbände. In Berlin wird die Benutzung der öffentlichen Abwasserbeseitigungseinrichtungen durch Allgemeine Bedingungen für die Entwässerung in Berlin der Berliner Wasserbetriebe geregelt. In der Freien und Hansestadt Hamburg ist insoweit das Hamburgische Abwassergesetz maßgeblich; in der Freien Hansestadt Bremen existieren für die Stadtgemeinde Bremen und die Stadtgemeinde Bremerhaven jeweils eigene Entwässerungsortsgesetze (EOG). 426

Für die Anordnung des Anschluss- oder Benutzungszwangs sowie die Befreiungsmöglichkeiten gelten im Übrigen die zur Wasserversorgung (vgl. dazu Rz. 288–317) dargestellten Grundsätze. 427

### bb) Abweichende Bestimmungen des Abwasserbeseitigungspflichtigen durch Landesrecht (§ 56 Satz 2 WHG)

Die Länder können nach § 56 Satz 2 WHG bestimmen, unter welchen Voraussetzungen die Abwasserbeseitigung anderen als den in § 56 Satz 1 WHG genannten abwasserbeseitigungspflichtigen juristischen Personen des öffentlichen Rechts obliegt. 428

Von dieser Möglichkeit ist in den Landeswassergesetzen durch Erlass von Vorschriften zur Abwasserbeseitigungspflicht des Trägers der Baulast für das auf **Verkehrsflächen anfallende Niederschlagswasser** Gebrauch gemacht worden. Die Träger der Baulast für Verkehrswege sind an Stelle der Gemeinden oder Gemeindeverbände für das auf Verkehrsflächen (z.B. Straßen, Betriebsanlagen der Eisenbahn) anfallende Niederschlagswasser beseitigungspflichtig, soweit ihnen nach anderen Vorschriften (z.B. § 1 Abs. 4 Nr. 1 FStrG, Vorschriften des Landesstraßenrechts oder § 4 AEG für Eisenbahnanlagen) die Entwässerung der Verkehrsfläche obliegt. 429

Einige Landeswassergesetze ermächtigen die abwasserbeseitigungspflichtigen Körperschaften, die Abwasserbeseitigungspflicht auf den Abwassererzeuger zu übertragen, wenn eine Übernahme des Abwassers mittels einer öffentlichen Kanalisation wegen eines unverhältnismäßig hohen Aufwandes oder einer ungünstigen Siedlungsstruktur (z.B. wegen der Lage eines Grundstücks im nicht erschlossenen Gemeindegebiet oder im Außenbereich) nicht angezeigt ist und das Wohl der Allgemeinheit, insbesondere der Schutz der Gewässer nicht beeinträchtigt wird, wenn das Abwasser zur gemeinsamen Behandlung in einer öffentlichen Anlage nicht geeignet ist (z.B. Abwasser aus Industrie- und Gewerbebetrieben), oder wenn Abwasser wegen seiner Menge oder besonderer Abwasserinhaltsstoffe zweckmäßiger getrennt in einer eigenen Abwasserbehandlungsanlage des Erzeugers beseitigt werden kann[3]. 430

---

1 *Czychowski/Reinhardt*, § 56 Rz. 9 m.w.N. zu einschlägigen Vorschriften des Landesrechts.
2 *Czychowski/Reinhardt*, § 56 Rz. 10 m.w.N. zu einschlägigen Vorschriften des Landesrechts.
3 Vgl, z.B. § 66 Abs. 3 BbgWG, § 45 Abs. 5 BremWG, § 53 Abs. 5 LWG NW, § 53 Abs. 4 LWG Rh.-Pf.

### cc) Beauftragung Dritter (§ 56 Satz 3 WHG)

431 Die zur Abwasserbeseitigung Verpflichteten können sich zur Erfüllung ihrer Pflichten Dritter bedienen.

432 Als „Dritte" können sowohl kommunale Eigengesellschaften als auch Privatunternehmen eingeschaltet werden, die Aufgaben der Errichtung, der Verwaltung und des Betriebs von Abwasserbeseitigungseinrichtungen übernehmen.

433 Bedient sich ein gesetzlich zur Abwasserbeseitigung Verpflichteter eines Dritten, wird der Dritte als Verwaltungshelfer tätig. Die Beauftragung Dritter führt deshalb nicht zu einem Übergang der Beseitigungspflicht; diese bleibt bei dem gesetzlich zur Abwasserbeseitigung Verpflichteten[1]. Eine Ausnahme gilt insoweit in Sachsen: Dort geht gem. § 63 Abs. 3 SächsWG bei vollständiger oder teilweiser Übertragung der Aufgaben auf Körperschaften des öffentlichen Rechts die Abwasserbeseitigungspflicht insoweit auf diese über.

### 3. Abwasserbeseitigung durch Einleiten von Abwasser in ein Gewässer („Direkteinleitung")

434 Die unmittelbare Einleitung von Abwasser in ein Gewässer („Direkteinleitung") ist als Gewässerbenutzung nach § 9 Abs. 1 Nr. 4 WHG erlaubnispflichtig.

435 Die Erlaubnis für das Einleiten von Abwasser in ein Gewässer darf gem. § 57 Abs. 1 WHG nur erteilt werden, wenn

1. die Menge und Schädlichkeit des Abwassers so gering gehalten wird, wie dies bei Einhaltung der jeweils in Betracht kommenden Verfahren nach dem Stand der Technik möglich ist,
2. die Einleitung mit den Anforderungen an die Gewässereigenschaften und sonstigen rechtlichen Anforderungen vereinbar ist und
3. Abwasseranlagen oder sonstige Einrichtungen errichtet und betrieben werden, die erforderlich sind, um die Einhaltung der Anforderungen nach den Nummern 1 und 2 sicherzustellen.

436 Die Voraussetzungen des § 57 Abs. 1 WHG müssen **kumulativ** erfüllt sein, damit eine Einleitung von Abwasser zugelassen werden kann.

437 **§ 57 Abs. 1 Nr. 1 WHG** enthält das Gebot, Menge und Schädlichkeit des Abwassers so gering zu halten, wie dies nach dem Stand der Technik möglich ist („Minimierungsgebot").

438 **Stand der Technik** i.S.v. § 57 Abs. 1 Nr. 1 WHG ist der Entwicklungsstand fortschrittlicher Verfahren, Einrichtungen oder Betriebsweisen, der die praktische Eignung einer Maßnahme zur Begrenzung von Emissionen in Luft, Wasser und Boden, zur Gewährleistung der Anlagensicherheit, zur Gewährleistung einer umweltverträglichen Abfallentsorgung oder sonst zur Vermeidung oder Verminderung von Auswirkungen auf die Umwelt zur Erreichung eines allgemein hohen Schutzniveaus für die Umwelt insgesamt gesichert erscheinen lässt; bei der Bestimmung des Standes der Technik sind insbesondere die in der Anlage 1 zu § 3 Nr. 11 WHG aufgeführten Kriterien zu berücksichtigen.

439 Die dem **Stand der Technik entsprechenden Anforderungen an Abwassereinleitungen** werden durch die Verordnung über Anforderungen an das Einleiten von Abwas-

---

[1] *Czychowski/Reinhardt*, § 56 Rz. 22.

ser in Gewässer (**Abwasserverordnung – AbwV**)[1] vom 17.6.2004 festgelegt. Die AbwV legt für derzeit 57 in den Anhängen zur AbwV näher bezeichnete Abwasserherkunftsbereiche Anforderungen für das Einleiten von Abwasser fest, hierzu werden in erster Linie Grenzwerte definiert, die das Abwasser an der Einleitungsstelle einhalten muss. Mindestanforderungen werden z.b. definiert für häusliches und in einer Kanalisation gesammeltes kommunales Abwasser, für verschiedenste Produktions- (z.b. Brauereien, Eisen-, Stahl- und Tempergießereien) und Dienstleistungsbranchen (z.b. Tankstellen, Zahnärzte) sowie für Anlagen zur oberirdischen Ablagerung von Abfällen.

Gemäß § 57 Abs. 2 Satz 2 WHG können Anforderungen an Abwasser auch für den Ort des Anfalls des Abwassers oder vor seiner Vermischung festgelegt werden. Derartige Festlegungen finden sich nicht nur in einzelnen Anhängen der AbwV, sondern z.b. auch in 440

– Anhang 5 Nr. 6 Deponieverordnung vom 27.4.2009[2]

hinsichtlich der Vermeidung von Sickerwasser aus Siedlungsabfalldeponien, und

– § 5 Abs. 4 der Verordnung über Anlagen zur biologischen Behandlung von Abfällen (30. BImSchV)[3] hinsichtlich der Vermeidung von Abwasser durch Rückführung von Prozesswasser in die biologische Behandlung.

Die in der AbwV festgelegten Anforderungen an Abwassereinleitungen bestimmen den Stand der Technik abschließend und sind damit für die Erlaubnisbehörde grds. bindend. Eine Festsetzung **weitergehender Anforderungen** ist allerdings **zulässig**, wenn diese nach dem Bewirtschaftungsermessen der Behörde **zur Sicherung der Gewässerqualität** erforderlich ist[4]. 441

Nach § 57 Abs. 3 WHG sind **Erlaubnisse für vorhandene Abwassereinleitungen**, die nicht den Anforderungen der AbwV in der am 28.2.2010 geltenden Fassung entsprechen, innerhalb angemessener Fristen **anzupassen**. Bei der Bemessung der Anpassungsfristen ist zu berücksichtigen, ob hinsichtlich einzelner gefährlicher Abwasserinhaltsstoffe zwischenzeitlich gesetzliche Einleitungsverbote angeordnet worden sind, wie stark die mit der vorhandenen Anlage erzielten Werte von den Anforderungen nach dem Stand der Technik abweichen, wie alt die Anlage ist und wie groß der Ersatz- oder Erneuerungsbedarf ist. Der Aufwand für den Umbau oder die Erweiterung der Anlagen kann unzumutbar sein, wenn sich die Reinigungsleistung der neuen Abwasseranlage von der Leistung der vorhandenen Anlage nur geringfügig unterscheidet. Die Pflicht zur Anpassung trifft nicht nur die Erlaubnisbehörde, sondern auch den Abwassereinleiter, da sich die Pflicht nicht an einen bestimmten Adressaten wendet[5]. 442

Die für die Gewässeraufsicht zuständigen Wasserbehörden sind darüber hinaus nach § 100 Abs. 2 WHG dazu verpflichtet, bestehende Zulassungen – zu denen 443

---

1 Verordnung über Anforderungen an das Einleiten von Abwasser in Gewässer (Abwasserverordnung – AbwV) v. 17.6.2004 (BGBl. I S. 1108, ber. S. 2625), zuletzt geändert durch Gesetz v. 31.7.2009 (BGBl. I S. 2585).
2 Verordnung über Deponien und Langzeitlager (Deponieverordnung – DepV) v. 27.4.2009 (BGBl. I S. 900), zuletzt geändert durch Verordnung v. 26.11.2010 (BGBl. I S. 1643).
3 Verordnung über Anlagen zur biologischen Behandlung von Abfällen (30. BImSchV) v. 20.2.2001 (BGBl. I S. 317), zuletzt geändert durch Verordnung v. 27.4.2009 (BGBl. I S. 900).
4 *Berendes*, § 57 WHG Rz. 7.
5 *Berendes*, § 57 WHG Rz. 11; a.A. *Czychowski/Reinhardt*, § 57 Rz. 45 (Anpassungspflicht trifft nur die Behörde).

auch die Erlaubnis zum Einleiten von Abwasser zählt – regelmäßig sowie aus besonderem Anlass zu prüfen und soweit erforderlich anzupassen. Diese behördliche Anpassungspflicht erfasst alle Abwassereinleitungen, auch wenn diese den Anforderungen der AbwV in der am 28.2.2010 geltenden Fassung entsprechen und danach nicht der Anpassungspflicht des § 57 Abs. 3 WHG unterliegen.

444 **§ 57 Abs. 1 Nr. 2 WHG** knüpft die Erteilung der Erlaubnis zum Einleiten von Abwasser in ein Gewässer weiter daran, dass die Einleitung mit den Anforderungen an die Gewässereigenschaften und sonstigen rechtlichen Anforderungen vereinbar sein muss. Die Anforderung, dass die Einleitung mit den **Anforderungen an die Gewässereigenschaften** vereinbar sein muss, knüpft klarstellend an den Versagungsgrund des § 12 Abs. 1 Nr. 1 WHG an, der dann gegeben ist, wenn aus der Einleitung schädliche, auch durch Nebenbestimmungen nicht vermeidbare oder nicht ausgleichbare Gewässerveränderungen zu erwarten sind[1]. Die Anforderung, dass die Einleitung mit **sonstigen rechtlichen Anforderungen** vereinbar sein muss, zielt klarstellend auf den Versagungsgrund des § 12 Abs. 1 Nr. 2 WHG, nach welchem die Erlaubnis zu versagen ist, wenn andere Anforderungen nach öffentlich-rechtlichen Vorschriften z.B. des Immissionsschutz-, Abfall- oder Baurechts nicht erfüllt werden[2].

445 Die in **§ 57 Abs. 1 Nr. 3 WHG** geforderte Einrichtung von Abwasseranlagen oder sonstigen Einrichtungen zur Einhaltung von Anforderungen nach § 57 Abs. 1 Nr. 1 und 2 WHG soll sicherstellen, dass die genannten Anforderungen – sollten sie nicht durch die Gestaltung oder Umgestaltung des Prozesses, in dem das Abwasser entsteht, einzuhalten sein – durch Einsatz technischer Einrichtungen eingehalten werden.

#### 4. Abwasserbeseitigung durch Einleiten von Abwasser in die Kanalisation („Indirekteinleitung")

446 Einleitungen von Abwasser in eine vom natürlichen Wasserhaushalt getrennte öffentliche Kanalisation stellen keine Einleitung in ein Gewässer dar und bedürfen damit nicht der Erlaubnis nach § 9 Abs. 1 Nr. 4 WHG.

447 Da das zunächst in die Kanalisation eingeleitete Abwasser aber nach der Behandlung in einer Kläranlage in ein Gewässer eingeleitet wird, besteht unter dem Aspekt eines wirksamen Gewässerschutzes gleichwohl ein wasserwirtschaftlicher Anlass, Einleitungen in die Kanalisation so zu steuern, dass gefährliche Stoffe möglichst nicht in die Kanalisation gelangen und schädliche Gewässerveränderungen vermieden werden.

#### a) Genehmigungsbedürftigkeit von Indirekteinleitungen

448 Gemäß § 58 Abs. 1 WHG bedarf das Einleiten von Abwasser in öffentliche Abwasseranlagen deshalb der **Genehmigung durch die zuständige Wasserbehörde**, soweit an das in die Kanalisation einzuleitende Abwasser Anforderungen in der AbwV festgelegt sind.

449 **Öffentliche Abwasseranlagen** sind alle Abwasseranlagen, die dazu dienen, Abwasser einer unbestimmten Zahl nicht näher bezeichneter Einleiter aufzunehmen[3].

---

1 *Czychowski/Reinhardt*, § 57 Rz. 24.
2 *Czychowski/Reinhardt*, § 57 Rz. 24.
3 *Berendes*, § 58 WHG Rz. 2; *Czychowski/Reinhardt*, § 58 Rz. 7.

Genehmigungsbedürftig sind alle Einleitungen von Abwasser in die öffentliche Kanalisation aus den in **Anhang 1 bis Anhang 57 AbwV genannten Herkunftsbereichen** von Abwasser. 450

**b) Voraussetzungen der Erteilung einer Genehmigung für Indirekteinleitung**

Eine Genehmigung für eine Indirekteinleitung darf nur erteilt werden, wenn 451
1. die nach der Abwasserverordnung in ihrer jeweils geltenden Fassung für die Einleitung aus dem betreffenden Herkunftsbereich maßgebenden Anforderungen einschließlich der allgemeinen Anforderungen eingehalten werden,
2. die Erfüllung der Anforderungen an die Direkteinleitung des Abwassers aus der Kläranlage in einen Vorfluter durch die geplante Indirekteinleitung in die Kanalisation nicht gefährdet wird

➲ **Hinweis:** Eine Gefährdung der Erfüllung der Anforderungen an die Direkteinleitung kann sich nicht nur aus der geplanten einzelnen Indirekteinleitung ergeben, sondern auch durch Summationswirkungen mehrerer Indirekteinleitungen entstehen oder zur Vermeidung von Belastungsspitzen oder zur Erhaltung von Reservekapazitäten der Abwasseranlage notwendig sein[1]

und
3. Abwasseranlagen oder sonstige Einrichtungen errichtet und betrieben werden, die erforderlich sind, um die Einhaltung der Anforderungen nach den Nummern 1 und 2 sicherzustellen.

Auch für vorhandene Indirekteinleitungen besteht eine Anpassungspflicht an die Weiterentwicklung des Standes der Technik innerhalb angemessener, für den jeweiligen Einzelfall zu ermittelnder Fristen (§ 58 Abs. 3 WHG). 452

Als auf Grund des WHG erteilte Zulassung unterliegt auch eine Genehmigung zur Indirekteinleitung von Abwasser der Prüfungs- und Anpassungspflicht des § 100 Abs. 2 WHG. 453

Für Indirekteinleitungen gelten deshalb im Wesentlichen die gleichen bundesrechtlichen Anforderungen wie an Direkteinleitungen. 454

**c) Weitere Anforderungen an Indirekteinleitungen**

Soweit abwasserbeseitigungspflichtige juristische Personen des öffentlichen Rechts durch Satzung oder Abwasserentsorgungsbedingungen Anforderungen an Einleitungen in die Kanalisation wie z.B. Einleitungsverbote oder Einleitgrenzwerte normiert haben, bleiben diese von der Erteilung einer Indirekteinleitergenehmigung grds. unberührt. 455

Während die Erteilung der Indirekteinleitergenehmigung dem Gewässerschutz dient, wird mit satzungsrechtlich normierten Einleitungsverboten und Einleitgrenzwerten vorrangig das Ziel verfolgt, die öffentliche Abwasserbeseitigungseinrichtung und die mit ihrem Betrieb befassten Mitarbeiter des Aufgabenträgers vor Beeinträchtigungen und Schäden zu schützen. 456

Die Anforderungen des Aufgabenträgers der Wasserversorgung sind damit unabhängig von der Erteilung der Indirekteinleitergenehmigung zu beachten. 457

---
1 *Czychowski/Reinhardt*, § 58 Rz. 23.

458 Sind in satzungsrechtlichen Bestimmungen des Aufgabenträgers und in der Indirekteinleitergenehmigung unterschiedliche Einleitgrenzwerte festgesetzt, gilt für den Einleiter jeweils der schärfere Grenzwert[1].

**d) Erstreckung der Anforderungen auf Indirekteinleitungen in private Abwasseranlagen**

459 § 59 Abs. 1 WHG stellt Abwassereinleitungen Dritter in private Abwasseranlagen, die der Beseitigung von gewerblichem Abwasser dienen, den Einleitungen in öffentliche Abwasseranlagen gleich.

460 Mit dieser Regelung werden insbesondere Industrieparks erfasst, in denen der Betreiber den dort als Mieter oder Pächter ansässigen Unternehmen neben den für deren Tätigkeit erforderlichen Räumen auch eine zentrale Infrastruktur zur Versorgung mit Strom, Gas, Wasser, Wärme u.a. sowie zur Beseitigung von Abwasser zur Verfügung stellt. Wird das in der Abwasseranlage des Industrieparks gesammelte Abwasser von dem Betreiber des Industrieparks in die öffentliche Kanalisation eingeleitet, ist dieser Indirekteinleiter i.S.d. § 58 WHG.

461 Da es für einen wirksamen Gewässerschutz nicht darauf ankommt, ob gewerbliches Abwasser von einem Unternehmen unmittelbar in die öffentliche Abwasseranlage eingeleitet wird, oder ob dies durch eine vorgeschaltete private Abwasseranlage des Betreibers eines Industrieparks oder eines sonstigen Anbieters von Entsorgungsinfrastruktur erfolgt, unterstellt § 59 WHG auch Einleitungen von Abwasser in private Anlagen zur Beseitigung von gewerblichem Abwasser den für Indirekteinleitungen nach § 58 WHG geltenden wasserwirtschaftlichen und wasserrechtlichen Anforderungen.

462 Damit unterliegen auch die in einem Industriepark ansässigen Unternehmen bei der Einleitung von gewerblichem Abwasser in die private Abwasseranlage des Betreibers dem Genehmigungserfordernis nach § 58 Abs. 1 WHG und den Genehmigungsvoraussetzungen des § 58 Abs. 2 WHG.

463 Nach § 59 Abs. 2 WHG kann die für die Erteilung der Genehmigung zuständige Behörde derartige Abwassereinleitungen von der Genehmigungsbedürftigkeit freistellen, wenn durch vertragliche Regelungen (z.B. Nutzungsvertrag, Entsorgungsvertrag o. Ä.) zwischen dem Betreiber der privaten Abwasseranlage und dem Einleiter die Einhaltung der Anforderungen nach § 58 Abs. 2 WHG sichergestellt ist. Bei der Entscheidung über die Freistellung prüft die Behörde insbesondere, ob der zwischen dem Betreiber der privaten Abwasseranlage und dem Einleiter vereinbarte Vertrag die Anforderungen an die Abwassereinleitung nach § 58 Abs. 2 WHG und dem für die Einleitung geltenden Anhang der AbwV regelt. Ob im Einzelfall eine Freistellung erteilt wird, steht nach § 59 Abs. 2 WHG im Ermessen der Wasserbehörde; ein Rechtsanspruch auf die Freistellung besteht nicht.

**5. Anforderungen an Abwasseranlagen**

**a) Allgemeine Anforderungen**

464 Nach § 60 Abs. 1 Satz 1 WHG sind Abwasseranlagen sind so zu errichten, zu betreiben und zu unterhalten, dass die Anforderungen an die Abwasserbeseitigung eingehalten werden.

465 Im Übrigen dürfen Abwasseranlagen nur nach den allgemein anerkannten Regeln der Technik errichtet, betrieben und unterhalten werden.

---

1 *Czychowski/Reinhardt*, § 58 Rz. 11. m.w.N.

## V. Abwasserbeseitigung

**Abwasseranlagen** sind alle öffentlichen und privaten Einrichtungen zur Abwasserbeseitigung i.S.v. § 54 Abs. 2 WHG. Abwasseranlagen sind damit alle Anlagen, die dem Sammeln, Fortleiten, Behandeln, Einleiten, Versickern, Verregnen und Verrieseln von Abwasser sowie dem Entwässern von Klärschlamm dienen. Unter den Begriff der Abwasseranlage fallen daher nicht nur zentrale Klärwerke oder dezentrale Kleinkläranlagen, in denen Abwasser behandelt wird, sondern auch alle zum Sammeln und Fortleiten von Abwasser bestimmten Leitungen. Als Abwasseranlage sind neben zentralen Einrichtungen wie Klärwerken oder öffentlichen Ortskanalisationen auch Grundstücksentwässerungsanlagen[1] anzusehen, die auf einem privaten Grundstück verlegt sind und der Sammlung und Fortleitung von Abwasser zwischen den einzelnen Anfallstellen für Abwasser bis zur Übergabe in die öffentliche Kanalisation dienen. Ebenfalls unter den Begriff der Abwasseranlage fallen abflusslose Sammelgruben[2] und Kleinkläranlagen und Anlagen zur Untergrundverrieselung von Abwasser[3] auf Privatgrundstücken. 466

**Anforderungen an die Abwasserbeseitigung** ergeben sich zunächst aus **§ 57 WHG** i.V.m. den Anforderungen der AbwV. Bei diesen Anforderungen handelt es sich um Mindestanforderungen, die es nicht ausschließen, dass die Wasserbehörde im Rahmen von Zulassungsentscheidungen wie Einleitungserlaubnissen und Indirekteinleitergenehmigungen sowie durch behördliche Einzelfallmaßnahmen im Rahmen der Gewässeraufsicht nach § 100 Abs. 1 Satz 2 WHG weitergehende Anforderungen stellt, soweit es zum Schutz eines Gewässers erforderlich ist[4]. 467

**Allgemein anerkannte Regeln der Technik** sind solche, die speziell die technische Konstruktion, die Beschaffenheit und die Wirkungsweise technischer Anlagen zum Gegenstand haben, auf wissenschaftlichen Erkenntnissen und praktischen Erfahrungen beruhen und sich bei der Mehrheit der auf dem Gebiet der Abwasserbeseitigung tätigen Praktiker durchgesetzt haben[5]. Sie finden sich in DIN-Vorschriften[6] sowie in technischen Regelwerken der Fachverbände wie dem DVGW Deutscher Verein des Gas- und Wasserfachs e.V. oder des DWA Deutsche Vereinigung für Wasserwirtschaft, Abwasser und Abfall e.V. sowie in Richtlinien des VDI Vereins Deutscher Ingenieure e.V. 468

Regeln der Technik haben als solche zwar keinen Rechtsnormcharakter. Sie können vom Gesetzgeber allerdings in seinen Regelungswillen aufgenommen werden. Werden sie – wie in § 60 Abs. 1 Satz 2 WHG geschehen – von dem Gesetzgeber aufgenommen, wird die materielle Rechtsvorschrift durch sie inhaltlich näher ausgefüllt[7]. Von Fachverbänden aufgestellte Regelwerke haben allerdings nicht schon kraft ihrer Existenz die Qualität von allgemein anerkannten Regeln der Technik und begründen auch keinen Ausschließlichkeitsanspruch. Sie begründen eine tatsächliche Vermutung dafür, dass sie als Regeln, die unter Beachtung bestimmter verfahrensrechtlicher Vorkehrungen zustande gekommen sind, sicherheitstechnische Festlegungen enthalten, die einer objektiven Kontrolle standhalten, schließen den Rückgriff auf weitere Erkenntnismittel aber keineswegs aus. Die Behörden, die im Rahmen des einschlägigen Rechts den Regeln der Technik Rechnung zu tragen haben, dürfen dabei auch aus anderen Quellen schöpfen, die nicht in der gleichen Weise wie etwa die DIN-Normen kodifiziert sind[8], so dass zur Feststellung der 469

---

1 OVG Lüneburg, ZFW 1997, 191.
2 *Berendes*, § 60 WHG Rz. 3.
3 OVG Lüneburg, NdsVBl. 1997, 113.
4 *Czychowski/Reinhardt*, § 60 Rz. 16 m.w.N.
5 BVerwG, ZFW 1997, 25; *Drost*, § 60 WHG Rz. 12.
6 BVerwG, ZFW 1997, 25.
7 BVerwG, ZFW 1997, 25.
8 BVerwG, NVwZ-RR 1997, 214.

Anforderungen nach allgemein anerkannten Regeln der Technik im Einzelfall unter Umständen auch auf Fachgutachten, Kommentare, Lehrbücher und Fachaufsätze[1] sowie andere nicht schriftlich niedergelegte Informationen zurückzugreifen sein kann. Wird in einem behördlichen oder verwaltungsgerichtlichen Verfahren über die Rechtmäßigkeit von Anforderungen an Abwasseranlagen der Einwand erhoben, dass eine bestimmte formalisierte und schriftlich fixierte technische Regel fachlich überholt sei, muss die Behörde bzw. das Gericht diesem Einwand nachgehen[2].

470 **Vorhandene Abwasseranlagen**, die den Mindestanforderungen an die Abwasserbeseitigung nach § 60 Abs. 1 WHG nicht entsprechen, sind **binnen angemessener Frist anzupassen**. Die Anpassungspflicht stellt nach der Begründung zum WHG eine unmittelbar geltende Verpflichtung des für die Errichtung, den Betrieb oder die Unterhaltung der Abwasseranlage Verantwortlichen dar[3] und setzt deshalb nicht voraus, dass die Behörde eine diesbezügliche Einzelfallanordnung zur Anpassung der Anforderungen an eine Abwasseranlage trifft.

### b) Genehmigungspflicht für UVP-pflichtige Abwasserbehandlungsanlagen

471 Die Errichtung, der Betrieb und die wesentliche Änderung einer **Abwasserbehandlungsanlage, für die** nach dem Gesetz über die Umweltverträglichkeitsprüfung[4] **eine Verpflichtung zur Durchführung einer Umweltverträglichkeitsprüfung besteht**, bedürfen nach § 60 Abs. 3 WHG einer Genehmigung.

472 **Abwasserbehandlungsanlagen** sind alle Einrichtungen, die dazu dienen, Abwasser durch chemische, physikalische und biologische Verfahren von Schadstoffen zu befreien[5]. § 60 Abs. 3 WHG betrifft deshalb in erster Linie Kläranlagen.

473 Die Pflicht zur Durchführung einer Umweltverträglichkeitsprüfung für Abwasserbehandlungsanlagen ergibt sich aus § 3 Abs. 1 Satz 1 i.V.m. Anlage 1 Nr. 13.1.1 bis 13.1.3 UVPG.

474 UVP-pflichtig und damit nach § 60 Abs. 3 WHG genehmigungsbedürftig sind hiernach Errichtung und Betrieb von Abwasserbehandlungsanlagen, die für organisch belastetes Abwasser von 9000 kg/d oder mehr biochemischen Sauerstoffbedarfs in fünf Tagen (roh) oder anorganisch belastetes Abwasser von 4500 m$^3$ oder mehr Abwasser in zwei Stunden (ausgenommen Kühlwasser) ausgelegt sind (Anlage 13.1.1 UVPG).

475 Anlagen mit einer Auslegung für organisch belastetes Abwasser von 600 kg/d bis weniger als 9000 kg/d biochemischen Sauerstoffbedarfs in fünf Tagen (roh) oder anorganisch belastetes Abwasser von 900 m$^3$ bis weniger als 4500 m$^3$ Abwasser in zwei Stunden (ausgenommen Kühlwasser) sind nach Anlage 1 UVP-pflichtig, wenn eine allgemeine Vorprüfung des Einzelfalls nach § 3c Satz 1 UVPG ergibt, dass das Vorhaben nach Einschätzung der zuständigen Behörde aufgrund überschläger Prüfung unter Berücksichtigung der in der Anlage 2 UVPG aufgeführten Kriterien erhebliche nachteilige Umweltauswirkungen haben kann (Anlage 1 Nr. 13.1.2 UVPG).

---

1 *Czychowski/Reinhardt*, § 60 Rz. 22 m.w.N.
2 *Breuer*, Rz. 534.
3 BT-Drs. 16/12275, S. 70; *Drost*, § 60 WHG Rz. 14.
4 Gesetz über die Umweltverträglichkeitsprüfung in der Fassung der Bekanntmachung v. 24.2.2010 (BGBl. I S. 94), zuletzt geändert durch Gesetz v. 28.7.2011 (BGBl. I S. 1690).
5 *Czychowski/Reinhardt*, § 60 Rz. 36.

V. Abwasserbeseitigung                                                Rz. 482 Teil 3 C

Abwasserbehandlungsanlagen mit einer Auslegung für organisch belastetes Abwasser von 120 kg/d bis weniger als 600 kg/d biochemischen Sauerstoffbedarfs in fünf Tagen (roh) oder anorganisch belastetes Abwasser von 10 m$^3$ bis weniger als 900 m$^3$ Abwasser in zwei Stunden (ausgenommen Kühlwasser) sind UVP-pflichtig, wenn trotz der geringen Größe oder Leistung des Vorhabens nur aufgrund besonderer örtlicher Gegebenheiten gem. den in der Anlage 2 Nr. 2 UVPG aufgeführten Schutzkriterien erhebliche nachteilige Umweltauswirkungen zu erwarten sind (Anlage 1 Nr. 13.1.2 UVPG). 476

Die UVP ist nach § 2 Abs. 1 Satz 1 UVPG ein unselbstständiger Teil des Genehmigungsverfahrens nach § 60 Abs. 3 WHG und wird deshalb **im Rahmen des Genehmigungsverfahren für die Abwasserbehandlungsanlage** durchgeführt. Im Genehmigungsverfahren für eine UVP-pflichtige Abwasserbehandlungsanlage muss eine Öffentlichkeitsbeteiligung mit Gelegenheit zur Äußerung zu dem Vorhaben stattfinden (§ 9 UVPG). 477

Die Genehmigung ist zu versagen oder mit den notwendigen Nebenbestimmungen zu versehen, wenn die Anlage den allgemeinen Anforderungen des § 60 Abs. 1 WHG nicht entspricht oder sonstige öffentlich-rechtliche Vorschriften dies erfordern. Die Regelungen zum Erlass von Inhalts- und Nebenbestimmungen (§ 13 Abs. 1 WHG – Rz. 169 ff.), zum Ausschluss privatrechtlicher Abwehransprüche durch die erteilte Genehmigung (§ 16 Abs. 1 und Abs. 3 WHG – Rz. 157) und zum vorzeitigen Beginn (§ 17 WHG – Rz. 232) gelten entsprechend. 478

**c) Genehmigung sonstiger Abwasseranlagen**

Gemäß § 60 Abs. 4 WHG können die Länder regeln, dass die Errichtung, der Betrieb und die wesentliche Änderung von Abwasseranlagen, die nicht unter § 60 Abs. 3 WHG fallen, einer Anzeige oder Genehmigung bedürfen. Mit dieser Regelung erhalten die Länder die Möglichkeit, sowohl für nicht UVP-pflichtige Abwasserbehandlungsanlagen als auch für andere Abwasseranlagen (z.B. die Herstellung, den Betrieb und die Änderung von Einrichtungen der Abwasserkanalisation) eine Anzeige- oder Genehmigungspflicht zu normieren. 479

Mit der Regelung des § 60 Abs. 4 WHG soll der Fortbestand und die Fortentwicklung der traditionell unterschiedlich ausgeprägten Zulassungserfordernisse gewährleistet werden. 480

Landesrechtliche Genehmigungserfordernisse bestehen etwa für 481
– Abwasseranlagen allgemein[1],
– Kanalisationsnetze für die öffentliche Abwasserbeseitigung ab einer bestimmten Nennweite oder Kanalisationsnetze für die private Abwasserbeseitigung von befestigten gewerblichen Flächen, die bestimmte Flächengrößen überschreiten und die unmittelbar in ein Gewässer einmünden[2],
– Abwasserbehandlungsanlagen bestimmter Größe und Ausführung[3].

Genehmigungserfordernisse nach anderen öffentlich-rechtlichen Vorschriften bleiben unberührt (§ 60 Abs. 4 Satz 2 WHG). Zu diesen Genehmigungserfordernissen zählt etwa die Genehmigung nach anderen öffentlich-rechtlichen Vorschriften wie z.B. die **Baugenehmigung nach Landesbauordnung** oder eine **Anschlussgeneh-** 482

---
1 Vgl. z.B. § 45e Abs. 2 WG BW; § 48 BremWG, § 54 Abs. 1 LWG Rh.-Pf., § 67 SächsWG.
2 Vgl. z.B. § 71 Abs. 1 BbgWG, § 58 Abs. 1 LWG NW.
3 Vgl. z.B. § 71 Abs. 2 BbgWG, § 58 Abs. 2 LWG NW, § 35 Abs. 2 SchlHWG.

**migung nach der Entwässerungssatzung** des Aufgabenträgers der Abwasserbeseitigung.

483 In verschiedenen Bundesländern kommt der Genehmigung von Abwasseranlagen Konzentrationswirkung hinsichtlich einer neben der wasserrechtlichen Genehmigung erforderlichen Baugenehmigung zu[1].

484 Andere Bundesländer sehen eine Genehmigungsfreiheit für serienmäßig hergestellte Abwasseranlagen vor, die über eine Bauartzulassung verfügen oder nach dem Bauproduktengesetz zugelassen sind[2].

485 Zu Details wird wegen der Vielfalt der Regelungen auf das jeweils einschlägige Landeswasserrecht verwiesen.

### d) Selbstüberwachung (§ 61 WHG)

#### aa) Selbstüberwachung von Direkt- und Indirekteinleitungen

486 **Einleiter** von Abwasser in **Gewässer** oder in die **Kanalisation** sind dazu verpflichtet, das Abwasser nach Maßgabe einer Rechtsverordnung oder einer für die Abwassereinleitung erteilten Zulassung (z.B. Erlaubnis oder Indirekteinleitergenehmigung) selbst durch fachkundiges Personal zu untersuchen oder durch eine geeignete externe Stelle untersuchen zu lassen (§ 61 Abs. 1 WHG).

487 Bis eine Rechtsverordnung des Bundes zur Konkretisierung der Pflicht zur Selbstüberwachung erlassen worden ist, gelten die Vorschriften der Landeswassergesetze und der dazu erlassenen Selbstüberwachungs- bzw. Eigenkontrollverordnungen weiter.

488 Neben diese gesetzlichen und untergesetzlichen Regelungen auf Landesebene treten im Einzelfall die in Nebenbestimmungen zur Einleiterlaubnis oder zur Indirekteinleitergenehmigung festgelegten Anforderungen an die Selbstüberwachung. Solche Nebenbestimmungen sind nur in dem durch die Anforderungen der §§ 54–59 WHG gesetzten Rahmen zulässig und durch § 61 Abs. 1 WHG ausschließlich auf Untersuchungen des Abwassers beschränkt. Bei der Festlegung von Untersuchungspflichten muss die Behörde prüfen, ob der Einleiter selbst über fachkundiges Personal verfügt und die Untersuchungen deshalb im eigenen Haus durchführen kann; ist dies der Fall, wäre die – mit zusätzlichen Kosten für den Einleiter verbundene – Anordnung, dass eine externe Untersuchungsstelle einzuschalten ist, unverhältnismäßig und damit rechtswidrig.

#### bb) Selbstüberwachung der Betreiber von Abwasseranlagen

489 Wer eine **Abwasseranlage betreibt**, ist verpflichtet, ihren **Zustand**, ihre **Funktionsfähigkeit**, ihre **Unterhaltung** und ihren **Betrieb** sowie **Art und Menge des Abwassers und der Abwasserinhaltsstoffe** selbst zu überwachen (§ 61 Abs. 2 WHG).

490 Er hat nach Maßgabe einer nach § 60 Abs. 3 WHG zu erlassenden Rechtsverordnung hierüber **Aufzeichnungen anzufertigen**, **aufzubewahren** und auf Verlangen der zuständigen Behörde **vorzulegen**.

491 § 61 Abs. 2 WHG ist nicht auf genehmigungsbedürftige Abwasseranlagen beschränkt, sondern erfasst alle Abwasseranlagen, die der Abwasserbeseitigung in dem durch § 54 Abs. 2 WHG definierten Umfang entsprechen.

---

1 Vgl. etwa § 99 Abs. 3 NdsWG, § 58 Abs. 5 LWG NW, § 67 Abs. 6 SächsWG.
2 Vgl. etwa § 58 Abs. 2 LWG NW, § 67 Abs. 2 SächsWG, § 35 Abs. 2 SchlHWG.

Zur Selbstüberwachung ist deshalb nicht nur der **Betreiber einer Abwasserbehand-** 492
**lungsanlage** (z.b. eines öffentlichen Klärwerks oder einer privaten Kleinkläranlage)
verpflichtet. Zur Selbstüberwachung verpflichtet ist auch der Betreiber einer **öffentlichen Kanalisation hinsichtlich der Sammelleitungen einschließlich der Haus-
und Grundstücksanschlussleitungen**, soweit diese zur öffentlichen Einrichtung gehören.

Ebenfalls zur Selbstüberwachung verpflichtet ist ein **Grundstückseigentümer**, der 493
eine – generell nicht zur öffentlichen Einrichtung der Abwasserbeseitigung zählende – Grundstücksentwässerungsanlage auf seinem Privatgrundstück betreibt.
Zur Überwachung solcher Anlagen gehört es nach § 61 Abs. 2 WHG auch, die **private Grundstücksentwässerungsanlage** zur Verhinderung eines unkontrollierten
Austritts von Schmutzwasser in den Untergrund **auf Dichtheit zu prüfen** und **erkannte Undichtigkeiten** oder sonstige Schäden zu beseitigen.

## VI. Umgang mit wassergefährdenden Stoffen

Der Schutz der Gewässer vor schädlichen Veränderungen ihrer physikalischen, chemischen oder biologischen Beschaffenheit durch Gewässerbenutzungen oder Indirekteinleitungen von Abwasser wird durch die Anforderungen an den Umgang mit wassergefährdenden Stoffen nach §§ 62 ff. WHG ergänzt. 494

Ziel der wasserrechtlichen Anforderungen an den Umgang mit wassergefährdenden 495
Stoffen ist die Vermeidung des Eintrags von Stoffen, die zur nachteiligen Veränderung von Gewässereigenschaften führen können.

### 1. Begriff der wassergefährdenden Stoffe, Einstufung

**Wassergefährdende Stoffe** sind feste, flüssige und gasförmige Stoffe, die geeignet 496
sind, dauernd oder in einem nicht nur unerheblichen Ausmaß nachteilige Veränderungen der Wasserbeschaffenheit herbeizuführen (§ 62 Abs. 3 WHG).

**Stoffe** sind alle Stoffe i.S.d. § 3 Nr. 1 ChemG sowie Zubereitungen nach § 3 Nr. 4 497
ChemG. Der Stoffbegriff schließt auch Gemische und Abfälle ein[1].

**Nachteilige Veränderung der Wasserbeschaffenheit** ist jede Verschlechterung der 498
**physikalischen**, **chemischen** oder **biologischen** Beschaffenheit des Wassers[2].

Eine **dauernde** Veränderung der Wasserbeschaffenheit liegt nicht erst vor, wenn die 499
Veränderung „für alle Zeit" andauert, sondern ist bereits zu bejahen, wenn die zeitliche Dauer der nachteiligen Veränderung nicht sicher festgestellt werden kann
(z.B. für langlebige Schadstoffe, deren Abbau durch natürliche Vorgänge mehrere
Jahre oder gar Jahrzehnte dauern kann).

Ob eine nachteilige Veränderung der Wasserbeschaffenheit ein **nicht nur unerheb-** 500
**liches Ausmaß** überschreitet, ist insbesondere nach der Giftigkeit, der Beständigkeit in der Umwelt, der Bioakkumulation in Umwelt und Organismen, der Menge
eines Stoffes, der Konzentration gefährlicher Bestandteile in einem Stoff oder der
Einwirkungsdauer des Stoffes zu beurteilen[3].

Die Vorgängerregelung des § 62 Abs. 3 WHG – der zum 1.3.2010 außer Kraft getre- 501
tene § 19g Abs. 5 WHG a.F. – enthielt eine beispielhafte Aufzählung wassergefähr-

---
1 BT-Drs. 16/12275, S. 71.
2 *Czychowski/Reinhardt*, § 9 Rz. 83, *Czychowski/Reinhardt*, § 62 Rz. 50.
3 *Czychowski/Reinhardt*, § 62 Rz. 50.

dender Stoffe[1]. Eine solche Aufzählung ist im geltenden WHG nicht mehr enthalten, da es nach Auffassung des Bundesgesetzgebers fachlich nicht zu rechtfertigen ist, einzelne wassergefährdende Stoffe besonders hervorzuheben[2].

502 Die Bestimmung wassergefährdender Stoffe und ihrer Gefährlichkeit ist **bisher** der **Allgemeinen Verwaltungsvorschrift über die nähere Bestimmung wassergefährdender Stoffe und ihre Einstufung entsprechend ihrer Gefährlichkeit (VwVwS)** vom 17.5.1999[3] zu entnehmen. Anhang 1 VwVwS zählt nicht wassergefährdende Stoffe auf. Der Katalog der wassergefährdenden Stoffe ist in Anhang 2 VwVwS enthalten. Dort erfolgt zugleich die Einstufung wassergefährdender Stoffe aufgrund der physikalischen, chemischen und biologischen Stoffeigenschaften in die Wassergefährdungsklassen (WGK)
– WGK 1: schwach wassergefährdend,
– WGK 2: wassergefährdend,
– WGK 3: stark wassergefährdend.

503 Das Umweltbundesamt bietet unter der Internetadresse „*http://www.umweltbundesamt.de/wasser-und-gewaesserschutz/index.htm*" den Katalog wassergefährdender Stoffe sowie eine durch Angabe z.B. von Stoffbezeichnung und Wassergefährdungsklasse zu steuernde Online-Suchmaschine an, die zur Ermittlung der zurzeit bestimmten und eingestuften wassergefährdenden Stoffe genutzt werden kann.

504 Seit Inkrafttreten des neu gefassten WHG zum 1.3.2010 ist vorgesehen, dass wassergefährdende Stoffe durch **Rechtsverordnung** bestimmt und eingestuft werden; die Verordnungsermächtigung ergibt sich aus § 62 Abs. 4 Nr. 1 WHG. Zum Zeitpunkt des Abschlusses des Manuskripts liegt der Referentenentwurf einer „*Verordnung über Anlagen zum Umgang mit wassergefährdenden Stoffen (VAUwS)*" vom 24.11.2010 vor.

505 Der **Entwurf der VAUwS** vom 24.11.2010 normiert die **Pflicht zur Einstufung** in Wassergefährdungsklassen, bezeichnet bestimmte Materialien, für welche die Pflicht zur Einstufung entfällt, weil sie entweder nicht wassergefährdend sind (z.B. Lebensmittel, Futtermittel) oder zwar wassergefährdend sind, es aber einer Differenzierung nach Wassergefährdungsklassen nicht bedarf (z.B. Wirtschaftsdünger, Jauche, Dung nicht landwirtschaftlicher Herkunft). Der Entwurf der VAUwS vom 24.11.2010 normiert des Weiteren die **Pflicht des Betreibers** einer Anlage zum Umgang mit Stoffen, Gemischen oder Abfällen **zur Selbsteinstufung** der in seiner Anlage enthaltenen oder verwendeten Stoffe, Gemische oder Abfälle und deren Zuordnung zu einer Wassergefährdungsklasse. Die Pflicht zur Selbsteinstufung entfällt nur für Stoffe oder Gemische, die nicht einstufungspflichtig sind, bereits nach VwVwS eingestuft sind oder deren Einstufung bereits im Bundesanzeiger veröffentlich ist. Der Betreiber der Anlage muss die von ihm getroffene Selbsteinstufung dokumentieren und die Dokumentation an das Umweltbundesamt zur Überprüfung und Entscheidung übermitteln. Trifft die Selbsteinstufung nach dem Ergebnis der

---

1 § 19g Abs. 5 WHG a.F. benannte nicht abschließend im Einzelnen Säuren, Laugen, Alkalimetalle, Siliciumlegierungen mit über 30 v.H. Silicium, metallorganische Verbindungen, Halogene, Säurehalogenide, Metallcarbonyle und Beizsalze, Mineral- und Teeröle sowie deren Produkte, flüssige sowie wasserlösliche Kohlenwasserstoffe, Alkohole, Aldehyde, Ketone, Ester, halogen-, stickstoff- und schwefelhaltige organische Verbindungen, Gifte.
2 BT-Drs. 16/12275, S. 71.
3 Bundesanzeiger Nr. 98a vom 29.5.1999, S. 3, geändert mit Wirkung ab 1.8.2005 durch Allgemeine Verwaltungsvorschrift v. 27.7.2005, Bundesanzeiger Nr. 142a v. 30.7.2005.

## 2. Umgang mit wassergefährdenden Stoffen

Umgang mit wassergefährdenden Stoffen ist
- das Lagern, Abfüllen, Herstellen und Behandeln wassergefährdender Stoffe,
- das Verwenden wassergefährdender Stoffe im Bereich der gewerblichen Wirtschaft und im Bereich der öffentlichen Einrichtungen sowie
- die Beförderung wassergefährdender Stoffe in Rohrleitungsanlagen, die den Bereich eines Werksgeländes nicht überschreiten.

506

Das Befördern von wassergefährdenden Stoffen in **Rohrleitungsanlagen, die den Bereich eines Werksgeländes überschreiten** („Rohrfernleitungsanlagen") ist zwar technisch ebenfalls als Umgang mit wassergefährdenden Stoffen anzusehen, **rechtlich** aber den Bereichen **Arbeitsschutz und Gerätesicherheit** sowie dem **Chemikalienrecht** zugeordnet und damit außerhalb des Rechts der Wasserwirtschaft geregelt.

507

**Lagern** ist das vorübergehende Aufbewahren von wassergefährdenden Stoffen zur späteren Nutzung, Abgabe oder Entsorgung. Entscheidend ist, dass eine nochmalige gezielte menschliche Einwirkung auf den Stoff beabsichtigt ist[1]; ist keine nochmalige Einwirkung auf den Stoff beabsichtigt, liegt ein Ablagern von wassergefährdenden Stoffen vor, das als unechte Gewässerbenutzung nach § 9 Abs. 2 Nr. 2 WHG ohne wasserrechtliche Erlaubnis verboten ist, und auf welches im Übrigen die Vorschriften des Kreislaufwirtschafts- und Abfallgesetzes Anwendung finden. **Kein Lagern** stellt es dar, wenn wassergefährdende Stoffe als Betriebsmittel in Maschinen oder Geräten aufbewahrt werden, um die Funktionsfähigkeit zu sichern; das Aufbewahren z.B. von Kraftstoff in einem Fahrzeugtank oder Motoröl in einem Fahrzeugmotor ist deshalb nicht als Lagern anzusehen, sondern stellt eine Verwendung dieser wassergefährdenden Stoffe dar. Bei **Transportvorgängen** ist ein **Lagern erst gegeben**, sobald der Beförderungsvorgang nach der Verkehrsanschauung tatsächlich in einer Weise unterbrochen ist, dass der **Schwerpunkt mehr auf dem „Aufbewahren"** als auf dem „Fortbewegen" liegt[2]. Werden wassergefährdende Stoffe für den Wechsel der Beförderungsart oder des Beförderungsmittels (Umschlag) oder aus sonstigen transportbedingten Gründen zeitweilig abgestellt (z.B. auf öffentlichen Straßen, Parkplätzen, Autohöfen, Gleisanlagen, Container- oder Rangierbahnhöfen), ist dies als zeitweiliger Aufenthalt im Rahmen der Beförderung anzusehen[3]; in diesem Fall liegt noch kein Lagern i.S.d. § 62 Abs. 1 Satz 1 WHG vor, so dass sich die Anforderungen an die Art und Weise der Aufbewahrung nach dem Recht der Beförderung gefährlicher Güter richten. Bei der Abgrenzung der „Lagerung" vom „zeitweiligen Aufenthalt im Rahmen der Beförderung" wird üblicherweise darauf abgestellt, ob die Weiterbeförderung binnen 24 Stunden nach Beginn des zeitweiligen Aufenthaltes oder am darauffolgenden Werktag erfolgt; ist dieser Werktag ein Sonnabend, so endet die Frist mit Ablauf des nächsten Werktages[4]. Bei einem längeren Aufbewahren von wassergefährdenden Stoffen in einem Transportfahrzeug liegt regelmäßig ein Lagern vor.

508

---

1 *Czychowski/Reinhardt*, § 62 Rz. 28.
2 *Gößl*, in: Sieder/Zeitler/Dahme/Knopp, § 19g WHG a.F. Rz. 55.
3 Vgl. § 2 Abs. 2 Gefahrgutbeförderungsgesetz (GGBefG).
4 OVG Münster, NVwZ-RR 2001, 231 (232); vgl. auch Ziff. 2.1 (1) der Technische Regeln für brennbare Flüssigkeiten TRbF 20 „Läger".

509 **Abfüllen** ist das Befüllen von Behältern oder Verpackungen mit wassergefährdenden Stoffen[1]. Unter den Begriff des Abfüllens fällt z.b. das Befüllen eines Fahrzeugtanks mit Treibstoff, eines Heizöltanks in einem Gebäude oder das Befüllen von Verkaufsverpackungen mit wassergefährdenden Stoffen.

510 **Herstellen** ist das Erzeugen, Gewinnen und Schaffen wassergefährdender Stoffe.

511 **Behandeln** ist das Einwirken auf wassergefährdende Stoffe, um deren Eigenschaften zu verändern. Das Einwirken kann durch chemische, physikalische oder biologische Vorgänge geschehen. Ein Einwirken setzt nicht zwingend die Umgestaltung eines wassergefährdenden Stoffes voraus, sondern kann auch in einem Reinigen zur Wiederherstellung der Gebrauchsfähigkeit bestehen (z.B. durch Aufbereitung von gebrauchten Lösemitteln). Das bloße Halten eines Stoffes auf einer bestimmten Temperatur, z.B. durch Kühlen ohne sonstige Veränderung, ist allerdings kein Behandeln in diesem Sinne; hier kann aber ein Lagern gegeben sein.

512 **Verwenden** ist das Anwenden, Gebrauchen und Verbrauchen von wassergefährdenden Stoffen unter Ausnutzung ihrer Eigenschaften. Anforderungen an das Verwenden von wassergefährdenden Stoffen werden gem. § 62 Abs. 1 Satz 1 WHG nur für den **Bereich der gewerblichen Wirtschaft** – das sind alle Wirtschaftszweige **mit Ausnahme der Landbewirtschaftung**[2] – sowie für den Bereich öffentlicher Einrichtungen (z.B. Einrichtungen der Daseinsvorsorge, Hochschulen, Krankenhäuser u.a.) gestellt. Für das **Verwenden von wassergefährdenden Stoffen im privaten Haushalt** werden dagegen **keine Anforderungen** nach §§ 62 ff. WHG gestellt; die auch **für Privatpersonen** geltenden Anforderungen an die Verwendung von wassergefährdenden Stoffen in Privathaushalten z.B. nach dem Chemikalienrecht sowie Anforderungen an die Entsorgung von Resten solcher Stoffe nach der Verwendung wie z.B. Verbote von Einleitungen in die öffentliche Abwasseranlage oder abfallrechtlich normierte Beseitigungs- und Überlassungspflichten bleiben selbstverständlich unberührt.

### 3. Anlagen zum Umgang mit wassergefährdenden Stoffen

#### a) Anlagenbegriff

513 Anlagen sind auf eine gewisse Dauer vorgesehene, als Funktionseinheit organisierte Einrichtungen von nicht ganz unerheblichem Ausmaß, die der Erfüllung bestimmter Zwecke dienen[3]. Nach dem Zweck der §§ 62 ff. WHG ist der Umgang mit wassergefährdenden Stoffen angesichts ihrer besonderen Gefährlichkeit für die Gewässer konkreten Anforderungen unterworfen. Deswegen ist der Anlagenbegriff des § 62 WHG weit zu verstehen und umfasst **jede zum Umgang mit wassergefährdenden Stoffen bestimmte ortsfeste oder ortsfest benutzte Einrichtung**[4]. Der Anlagenbegriff setzt nicht voraus, dass der Umgang mit wassergefährdenden Stoffen in einer baulichen Anlage, unter Einsatz technischer Geräte oder Maschinen stattfindet.

514 Unter den Anlagenbegriff fallen
– **bauliche Anlagen** wie z.B. Produktionsanlagen, Lagerhallen, Lagertanks, Lösch- und Ladebrücken, Reinigungsanlagen, Tankstellen,

---

1 *Czychowski/Reinhardt*, § 62 Rz. 22.
2 Vgl. zu dieser Definition die amtliche Begründung zur Einführung des Tatbestandes durch die Änderung von § 19g WHG a.F. durch das 5. Gesetz zur Änderung des Wasserhaushaltsgesetzes, BT-Drs. 10/5727, S. 21.
3 *Czychowski/Reinhardt*, § 62 Rz. 16 m.w.N.
4 BayVGH, ZFW 1989, 100 (102).

## VI. Umgang mit wassergefährdenden Stoffen

– **Grundstücke**, auf denen mit wassergefährdenden Stoffen umgegangen wird, z.B. Plätze, auf denen wassergefährdende Inhaltsstoffen gelagert oder umgeschlagen werden, aber auch der Lagerplatz eines holzverarbeitenden Unternehmens, auf dem Holz mit Holzschutzmitteln imprägniert wird[1],
– **Fahrzeuge**, soweit diese in ihrer konkreten Funktion im Einzelfall nicht zum Befördern wassergefährdender Stoffe, sondern zum Lagern oder Abfüllen eingesetzt werden wie z.b. ein **Straßentankfahrzeug**, das auf einer Baustelle zum Vorhalten von Treibstoff oder zum Betanken von Baumaschinen verwendet wird, **Eisenbahnkesselwagen** auf einem Abstellgleis, in denen wassergefährdende Stoffe über einen längeren als den für Zwischenhalte oder Rangieren benötigten Zeitraum aufbewahrt werden; **Wasserfahrzeuge** wie z.B. Bunkerboote oder ortsfest verankerte Bunkerstationen zur Versorgung von Schiffen mit Treibstoff[2] oder Bilgenentölungsboote zur Übernahme von Ölabfällen der Schifffahrt,
– **Behälter** wie Tanks, Fässer, Container oder Kanister.

Der Anlagenbegriff setzt weiter voraus, dass eine Einrichtung vom Eigentümer oder Besitzer im Sinne einer auch nach außen hin erkennbaren Funktionseinheit für den Umgang mit wassergefährdenden Stoffen bestimmt worden ist[3]. Fehlt es an einer solchen Zweckbestimmung – etwa weil wassergefährdende Stoffe durch einen Unfall auf das Grundstück gelangt sind oder ohne Willen des Eigentümers oder Besitzers von Dritten auf das Grundstück gebracht worden sind, ist der Anlagenbegriff nicht erfüllt. 515

Der Anlagenbegriff des § 62 WHG ist konkret im Hinblick auf die jeweilige Anlagenfunktion zu bestimmen[4]; zur Anlage gehören alle Bestandteile, die zur Erfüllung der jeweiligen Funktion vorhanden sind[5]. **Anlage** ist damit die gesamte jeweils vorhandene **technische Funktionseinheit**[6] einschließlich aller **technischen Schutzvorkehrungen** und **Sicherheitseinrichtungen**[7]. 516

### b) Anforderungen an Anlagen

#### aa) Allgemeine Anforderungen

Anlagen zum Lagern, Abfüllen, Herstellen und Behandeln wassergefährdender Stoffe sowie zum Verwenden wassergefährdender Stoffe im Bereich der gewerblichen Wirtschaft und im Bereich öffentlicher Einrichtungen müssen nach § 62 Abs. 1 Satz 1 WHG so beschaffen sein und so errichtet, unterhalten, betrieben und stillgelegt werden, dass **eine nachteilige Veränderung der Eigenschaften von Gewässern nicht zu besorgen** ist. 517

Diese Anforderungen gelten nach § 62 Abs. 1 Satz 2 WHG auch für **Rohrleitungsanlagen**, die den Bereich eines Werksgeländes nicht überschreiten oder Zubehör einer Anlage zum Umgang mit wassergefährdenden Stoffen sind (z.B. Verbindungsleitungen zwischen einer Löschbrücke und Lagerbehältern in einem Hafengelände). Die Anforderungen nach § 62 Abs. 1 Satz 1 WHG gelten gem. § 61 Abs. 1 Satz 2 Nr. 2 WHG auch für solche Rohrleitungsanlagen, die Anlagen miteinander verbin- 518

---

1 BayObLG, DÖV 1994, 76.
2 OVG Hamburg, ZUR 1999, 98.
3 BayObLG, DÖV 1994, 76 unter Hinweis auf BVerwG, NVwZ 1990, 863 zum Begriff der Abfallentsorgungsanlage.
4 BayObLG, ZFW 1997, 192 (193).
5 *Gößl*, in: Sieder/Zeitler/Dahme/Knopp, § 19g WHG a.F. Rz. 65.
6 BayObLG, DÖV 1994, 76.
7 *Czychowski/Reinhardt*, § 62 Rz. 18f.

den, die in einem engen räumlichen und betrieblichen Zusammenhang stehen; damit soll der Situation in **Industrieparks** Rechnung getragen werden, in denen Rohrleitungsanlagen häufig Anlagen miteinander verbinden, die sich auf verschiedenen Werksgeländen befinden. Derartige Rohrleitungsanlagen unterliegen, sofern ein enger räumlicher und betrieblicher Zusammenhang zwischen den verbundenen Anlagen besteht, in gleicher Weise dem Besorgnisgrundsatz wie Rohrleitungsanlagen, die den Bereich eines Werksgeländes nicht überschreiten, da es keinen sachlichen Grund für eine unterschiedliche Behandlung beider Typen von Rohrleitungsanlagen gibt[1].

519 Die **Besorgnis der nachteiligen Veränderung der Gewässereigenschaften** besteht bereits dann, wenn konkrete tatsächliche Anhaltspunkte dafür bestehen, dass eine nachteilige Veränderung nach den gegebenen Umständen und im Rahmen einer sachlich vertretbaren, auf konkreten Feststellungen beruhenden Prognose nicht von der Hand zu weisen ist[2]. Nach dem Besorgnisgrundsatz ist jeder auch noch so wenig naheliegenden Wahrscheinlichkeit der Verunreinigung von Gewässern vorzubeugen[3].

520 Eine **Konkretisierung** der an den strengen Vorgaben des Besorgnisgrundsatzes zu orientierenden Anforderungen an Anlagen zum Umgang mit wassergefährdenden Stoffen soll durch Rechtsverordnung des Bundes nach § 62 Abs. 4 Satz 2 WHG geregelt werden. Der Referentenentwurf der Verordnung über Anlagen zum Umgang mit wassergefährdenden Stoffen enthält in §§ 14–31 E-VAUwS neben allgemeinen Anforderungen an Anlagen zum Umgang mit wassergefährdenden Stoffen (§ 14–19 E-VAUwS) auch Anforderungen an Anlagen in Abhängigkeit von ihrem nach Gefährdungsstufen bewerteten Gefährdungspotenzial (§§ 20–26 E-VAUwS) sowie Anforderungen an bestimmte Anlagenteile, Typen von Anlagen sowie an Anlagen in Schutzgebieten und Überschwemmungsgebieten (§§ 27–31 E-VAUwS). Die noch ausstehenden bundesrechtlich normierten Anforderungen an Anlagen zum Umgang mit wassergefährdenden Stoffen stellen stoffbezogene und zugleich anlagenbezogene Regelungen dar, so dass gem. Art. 72 Abs. 3 Satz 1 Nr. 5 GG für die Bundesländer kein Recht zur Abweichung von den bundesrechtlichen Regelungen besteht.

521 **Bis zur Konkretisierung** der Anforderungen durch Rechtsverordnung des Bundes nach § 62 Abs. 4 Nr. 2 WHG ergeben sich mangels bundesrechtlicher Regelungen konkrete Anforderungen aus den in der Vergangenheit von den Bundesländern erlassenen **Verordnungen über Anlagen zum Umgang mit wassergefährdenden Stoffen (VAwS)**[4].

522 Entspricht eine Anlage den Anforderungen der VAwS der Länder bzw. einer künftigen VAUwS des Bundes, ist davon auszugehen, dass eine nachteilige Veränderung der Gewässereigenschaften nicht zu besorgen ist.

**bb) Erleichterungen für Anlagen zum Umschlagen wassergefährdender Stoffe sowie zum Lagern und Abfüllen von Gülle, Jauche und Silagesickersäften**

523 Für Anlagen zum **Umschlagen wassergefährdender Stoffe**, zum **Lagern und Abfüllen von Jauche, Gülle und Silagesickersäften** sowie von vergleichbaren in der Landwirtschaft anfallenden Stoffen natürlichen tierischen oder pflanzlichen Ursprungs gelten die Anforderungen des § 62 Abs. 1 Satz 1 WHG entsprechend mit der ein-

---

1 BT-Drs. 16/12275, S. 70 f.
2 BVerwG, NJW 1981, 837; VG Frankfurt/Oder v. 4.11.2010 – 5 K 213/07, Rz. 79.
3 BVerwG, NJW 1974, 815; BVerwG, NJW 1981, 837.
4 VG Frankfurt/Oder v. 4.11.2010 – 5 K 213/07, Rz. 77.

schränkenden Maßgabe, dass der **bestmögliche Schutz der Gewässer vor nachteiligen Veränderungen** ihrer Eigenschaften erreicht wird.

Zwar gilt auch für diese Anlagen prinzipiell der Besorgnisgrundsatz; es sollen jedoch gewisse Erleichterungen gegenüber den Anforderungen nach dem Besorgnisgrundsatz ermöglicht werden, weil anderenfalls für das Wirtschafts- und Gesellschaftsleben notwendige Vorgänge in nicht vertretbarem Umfang eingeschränkt würden[1]. Mit der Forderung nach bestmöglichem Schutz der Gewässer soll vermieden werden, dass der Umschlag von wassergefährdenden Stoffen und das Lagern und Abfüllen von landwirtschaftlichen Stoffen tierischen und pflanzlichen Ursprungs in der Praxis unmöglich werden, weil bei diesen Tätigkeiten die nach dem Besorgnisgrundsatz üblicherweise zu fordernde Mehrfachsicherung gegen Gewässerschäden durch Doppelwandung von Behältern, Auffangräume und Leckagesicherungen technisch unmöglich oder wirtschaftlich nicht mehr realisierbar wäre[2]. 524

Der bestmögliche Schutz der Gewässer von nachteiligen Veränderungen muss aber durch ein besonders ausgeprägtes Abhilfe- und Beseitigungsregime zur Bekämpfung von Schadenfällen gewährleistet werden[3], das z.B. in einer wirksamen Abdichtung von Umschlagflächen gegen den Untergrund, der Verhinderung des Austretens wassergefährdender Stoffe aus Schlauchverbindungen, der Überwachung von Befüllungs- und Entleerungsvorgängen, dem Vorhalten von flüssigkeitsbindenden Aufsaugmaterialien oder Ölsperren sowie einer angemessenen Abdichtung von Lager- und Abfüllanlagen für Jauche, Gülle und Silagesickersäfte bestehen kann. 525

Anforderungen an Umschlaganlagen ergeben sich aus den VAwS der Länder, solange nicht eine bundesrechtliche Regelung nach § 62 Abs. 4 Nr. 2 WHG getroffen ist. 526

Anforderungen an Anlagen zum Lagern und Abfüllen von Jauche, Gülle und Silagesickersäften ergeben sich aus Rechtsverordnungen der Bundesländer („**JGS-Verordnung**"), welche neben den in § 62 Abs. 1 Satz 3, 2. Alt. WHG genannten flüssigen Stoffen auch die Lagerung von Festmist regeln. Allgemeine Anforderungen betreffen die Dichtheit, Standsicherheit und Beständigkeit von JGS-Anlagen gegen die zu erwartenden mechanischen und chemischen Einflüsse sowie die Erkennbarkeit von Undichtheiten aller Anlagenteile. Hinsichtlich der besonderen Anforderungen an die Ausführung wird in den JGS-Verordnungen auf die nach § 62 Abs. 2 WHG auch bundesrechtlich maßgeblichen **allgemein anerkannten Regeln der Technik** Bezug genommen. 527

### cc) Allgemein anerkannte Regeln der Technik

Für die Errichtung, Unterhaltung, den Betrieb und die Stilllegung von Anlagen zum Umgang mit wassergefährdenden Stoffen gelten die allgemein anerkannten Regeln der Technik. 528

**Allgemein anerkannte Regeln der Technik** ergeben sich bis zum Erlass einer Verordnung des Bundes nach § 62 Abs. 4 Nr. 2 WHG aus technischen Vorschriften und Baubestimmungen, die in den einzelnen Bundesländern durch öffentliche Bekanntmachung eingeführt worden und dadurch für den Vollzug der VAwS des jeweiligen Landes verbindlich sind. Normen und sonstige Bestimmungen oder technische Vorschriften anderer Mitgliedsstaaten der Europäischen Gemeinschaften sind den deutschen allgemein anerkannten Regeln der Technik gleichgestellt, so- 529

---

1 *Czychowski/Reinhardt*, § 62 Rz. 45. m.w.N.
2 *Gößl*, in: Sieder/Zeitler/Dahme/Knopp, § 19g WHG a.F. Rz. 84.
3 *Gößl*, in: Sieder/Zeitler/Dahme/Knopp, § 19g WHG a.F. Rz. 84.

fern das geforderte Schutzniveau in Bezug auf Sicherheit, Gesundheit und Gebrauchstauglichkeit gleichermaßen dauerhaft erreicht wird. Weitere Quellen für allgemein anerkannte Regeln der Technik sind **DIN-Vorschriften, Unfallverhütungsvorschriften** der Berufsgenossenschaften sowie **Technische Regeln für brennbare Flüssigkeiten (TRbF)**.

530 In § 13 E-VAUwS ist vorgesehen, dass das Bundesministerium für Umwelt, Naturschutz und Reaktorsicherheit für bestimmte Anlagen im Hinblick auf deren Beschaffenheit, Errichtung, Unterhaltung, Betrieb oder Stilllegung technische Regeln verbindlich einführen und im Bundesanzeiger bekanntmachen kann.

**dd) Verordnung über Anlagen zum Umgang mit wassergefährdenden Stoffen vom 31.3.2010**

531 Der ersatzlose Wegfall der Bestimmungen der §§ 19i (Pflichten des Betreibers), 19k (Besondere Pflichten beim Befüllen und Entleeren) sowie 19l (Fachbetriebspflicht bei Einbau, Wartung und Reinigung) WHG a.F. hat zu einer Regelungslücke geführt, auf die der Bund mit der *Verordnung über Anlagen zum Umgang mit wassergefährdenden Stoffen vom 31.3.2010*[1] reagiert hat, die am 10.4.2010 in Kraft getreten ist.

532 Diese Verordnung stellt eine reine Übergangsvorschrift dar, die mit dem Inkrafttreten der – gegenwärtig im Referentenentwurf vom 24.11.2010 vorliegenden – VAuWS außer Kraft gesetzt wird.

533 In der Verordnung vom 31.3.2010 sind im Wesentlichen die Regelungen der früheren §§ 19i, 19k und 19l WHG a.F. wortgleich übernommen worden.

534 Bundeseinheitlich sind damit wieder geregelt
- die Pflicht des Betreibers zur Beauftragung von Fachbetrieben mit Einbau, Wartung und Überwachung, soweit er nicht selbst über die notwendige Fachkunde verfügt,
- die Pflicht des Befüllers oder Entleerers einer Anlage, sich vor Beginn des Befüllens oder Entleerens von einer Anlage zum Lagern wassergefährdender Stoffe vom ordnungsgemäßen Zustand der dafür erforderlichen Sicherheitseinrichtungen zu überzeugen, die zulässigen Belastungsgrenzen der Anlagen und der Sicherheitseinrichtungen einzuhalten und die Befüllung oder Entleerung während des Vorgangs zu überwachen,
- die Pflicht, mit Einbau, Aufstellung, Instandhaltung, Instandsetzung und Reinigung von Anlagen zum Umgang mit wassergefährdenden Stoffen Fachbetriebe zu beauftragen sowie die Anforderungen an Fachbetriebe,
- die Ausnahme von Anlagen zum Lagern und Abfüllen von Jauche, Gülle und Silagesickersäften von den Vorschriften dieser Verordnung.

**ee) Anzeigepflichten**

535 Der Umgang mit wassergefährdenden Stoffen unterliegt nach § 62 WHG keiner Genehmigungspflicht.

536 Im Zusammenhang mit Errichtung, Betrieb und Unterhaltung von Anlagen zum Umgang mit wassergefährdenden Stoffen ist allerdings zu beachten, dass die Bundesländer durch Landeswassergesetz oder im Rahmen der jeweiligen VAwS **Anzeigepflichten** normiert haben. Die Anzeigepflicht soll es der Wasserbehörde ermögli-

---

1 BGBl. I S. 37.

chen, von dem geplanten Umgang mit wassergefährdenden Stoffen Kenntnis zu erlangen und zu prüfen, ob zur Erfüllung der gesetzlichen Vorgaben Anordnungen nach § 100 Abs. 1 WHG getroffen werden müssen. Die Anzeigepflicht kann nach Maßgabe des Landeswasserrechts entfallen, wenn der Umgang mit wassergefährdenden Stoffen im Rahmen eines Vorhabens geplant ist, das nach dem Bau-, Abfall-, Gewerbe-, Immissionsschutz- oder Bergrecht einer Zulassung bedarf.

In der noch zu erlassenden VAUwS des Bundes sind ebenfalls Anzeigepflichten vorgesehen. 537

**ff) Verhütung von Gewässerschäden, Meldepflicht**

Wenn wassergefährdende Stoffe aus einer Anlage oder einem Fahrzeug in ein oberirdisches Gewässer, eine Entwässerungsanlage oder in den Boden gelangt sind oder zu gelangen drohen, besteht nach landesrechtlichen Vorschriften der Landeswassergesetze oder der jeweiligen VAwS die Pflicht, unverzüglich die erforderlichen Maßnahmen zum Schutz vor Verunreinigung oder nachteiliger Veränderung des Wassers zu treffen und den Austritt von wassergefährdenden Stoffen unverzüglich der Polizei, Feuerwehr oder Wasserbehörde zu melden, wenn die Stoffe in ein oberirdisches Gewässer, die Kanalisation oder in den Boden gelangt sind oder zu gelangen drohen oder aus sonstigen Gründen eine Verunreinigung eines Gewässers nicht auszuschließen ist. 538

Entsprechende Pflichten enthält § 17 E-VAUwS. 539

Meldepflichten nach Landesrecht können auch bestehen, wenn bei Baugrundsondierungen, Baumaßnahmen, Ausschachtungen oder ähnlichen Eingriffen in den Untergrund das Vorhandensein wassergefährdender Stoffe im Boden oder im Grundwasser festgestellt wird. 540

## VII. Haftung für Veränderungen von Gewässern

### 1. Veränderung durch Einbringen oder Einleiten von Stoffen

Gemäß § 89 Abs. 1 WHG ist zum Schadenersatz verpflichtet, wer durch Einbringen fester oder Einleiten flüssiger Stoffe in ein Gewässer (Grundwasser, Oberflächengewässer) eine Veränderung der physikalischen, chemischen oder biologischen Beschaffenheit des Wassers verursacht. 541

Nach der Rechtsprechung des Bundesgerichtshofs setzt das Einbringen, Einleiten oder Einwirken i.S. des § 89 Abs. 1 WHG voraus, dass der Verursacher dieses Verhalten zielgerichtet ausübt, um das Gewässer unmittelbar für bestimmte Zwecke zu nutzen[1] 542

**Beispiel:**
Versenken von mit Abfällen gefüllten Fässern in einem Fluss,
Einleiten von Betriebsabwasser in ein Gewässer.

Die bloße Verursachung eines Hineingelangens schädlicher Stoffe in das Gewässer reicht zur Begründung einer Haftung nach § 89 WHG nicht aus. Eine Schadenersatzpflicht nach § 89 Abs. 1 WHG scheidet nach der ständigen Rechtsprechung des BGH etwa dann aus, wenn ein mit Abfällen gefüllter Behälter während des Transports vom Fahrzeug in einen Fluss stürzt und der Inhalt in das Gewässer ge- 543

---
[1] BGH, NJW 1994, 1006.

langt. In diesem Fall fehlt es an einem unmittelbar auf den Zweck des Gewässers gerichteten Verhalten.

544 Eine Schadenersatzpflicht nach § 89 Abs. 1 WHG ist auch immer dann ausgeschlossen, wenn die Einleitung oder Einbringung von Stoffen aus einer Anlage durch eine wasserrechtliche Erlaubnis zugelassen worden ist und die in der Erlaubnis festgesetzten Einleitwerte nicht überschritten werden. Ergänzend muss der Betreiber der Anlage nachweisen, dass die Anlage im Zeitpunkt des Schadenfalles im Übrigen ordnungsgemäß betrieben worden ist[1].

545 Im Gegensatz zu anderen Haftungstatbeständen z.B. des BGB ist ein Verschulden (Vorsatz oder Fahrlässigkeit) zur Haftungsbegründung nach § 89 Abs. 1 WHG nicht erforderlich.

**2. Veränderung eines Gewässers durch Austreten von Stoffen**

546 Während § 89 Abs. 1 WHG eine Schadenersatzpflicht an ein bewusstes, zweckgerichtetes Einwirken auf Gewässer knüpft, sieht § 89 Abs. 2 WHG eine Schadenersatzpflicht für den Fall vor, dass
– aus einer Anlage,
– die dazu bestimmt ist, Stoffe herzustellen, zu verarbeiten, zu lagern, abzulagern, zu befördern oder wegzuleiten,
– derartige Stoffe in ein Gewässer gelangen,

**ohne zweckgerichtet** in das Gewässer **eingeleitet oder eingebracht** zu werden.

547 Als **Anlagen**, die eine Haftung nach § 89 Abs. 2 WHG auslösen können, kommen etwa in Betracht
– Produktionsbetriebe,
– Werkstätten,
– Anlagen zum Lagern von Stoffen (z.B. Tankanlagen, Abfallcontainer),
– Abfalldeponien,
– Rohrleitungsanlagen,
– Transportfahrzeuge aller Art.

548 Zur Begründung der Schadenersatzpflicht nach § 89 Abs. 2 WHG reicht es aus, dass Stoffe zunächst in die Kanalisation gelangen und über diese erst später in einem Gewässer zu Verunreinigungen führen[2].

549 **Ersatzpflichtig** ist der **Inhaber der Anlage**. Inhaber ist derjenige, der verantwortlich die Verfügungsgewalt über die Anlage hat, also der Eigentümer der Anlage ebenso wie der Mieter oder Pächter[3], nicht aber der weisungsabhängig tätige Fahrer eines verunglückten Fahrzeugs, aus dem Stoffe ausgetreten sind.

550 Auch die Haftung nach § 89 Abs. 2 WHG setzt kein Verschulden voraus, sondern stellt einen Tatbestand der verschuldensunabhängigen Gefährdungshaftung dar.

551 Die Ersatzpflicht tritt dann nicht ein, wenn der Schaden durch höhere Gewalt verursacht worden ist (§ 89 Abs. 2 Satz 2 WHG).

552 **Höhere Gewalt** ist ein außergewöhnliches, betriebsfremdes, von außen durch elementare Naturkräfte oder Handlungen dritter Personen herbeigeführtes Ereignis,

---

1 BGH, NVwZ 2003, 376.
2 BGH, NJW 1981, 2416.
3 OLG Köln, ZFW 1998, 296.

das nach menschlicher Einsicht und Erfahrung nicht vorhersehbar ist und mit wirtschaftlich erträglichen Mitteln auch durch äußerste, vernünftigerweise zu erwartende Sorgfalt nicht verhütet oder unschädlich gemacht werden kann[1].

## VIII. Anlagen in oder an Gewässern

Anlagen in, an, über und unter oberirdischen Gewässern sind so zu errichten, zu betreiben, zu unterhalten und stillzulegen, dass keine schädlichen Gewässerveränderungen zu erwarten sind und die Gewässerunterhaltung nicht mehr erschwert wird, als es den Umständen nach unvermeidbar ist (§ 36 Satz 1 WHG). 553

Anlage i.S.v. § 36 Satz 1 WHG ist jede für eine gewisse Dauer geschaffene ortsfeste oder ortsbewegliche Einrichtung, die geeignet ist, auf die Gewässereigenschaften, den Gewässerzustand, die Wasserbeschaffenheit oder auf den Wasserabfluss einzuwirken[2]. Unter den weit auszulegenden Anlagenbegriff fallen insbesondere 554
1. bauliche Anlagen wie Gebäude, Brücken, Bootsstege, Unterführungen, Stauwehre, Hafenanlagen und Anlegestellen, Entnahme- oder Einleitbauwerke,
2. Rohrleitungsanlagen, Düker,
3. Fähren.

Anlagen in einem Gewässer oder in räumlicher Nähe zu einem Gewässer können sich nachteilig auf die Gewässereigenschaften, auf den Wasserabfluss sowie auf die Unterhaltung des Gewässers auswirken. § 36 WHG soll diesem Gefährdungspotenzial Rechnung tragen und es der Wasserbehörde ermöglichen, eventuellen Gefahren im Einzelfall durch Anordnungen nach § 100 Abs. 1 WHG im Rahmen der Gewässeraufsicht zu begegnen. Eine bundesweite Einführung einheitlicher Genehmigungspflichten hat der Bundesgesetzgeber bei der Novellierung des WHG nicht für erforderlich gehalten, da in den Ländern voneinander abweichende und differenzierende Regelungen existieren[3]. 555

Ob die Errichtung von Anlagen einer **Anzeigepflicht** unterliegt oder einer **behördlichen Zulassung** bedarf, richtet sich deshalb maßgeblich nach dem einschlägigen **Landeswasserrecht**. 556

Handelt es sich bei dem Gewässer um eine **Bundeswasserstraße**, ist zu berücksichtigen, dass die Errichtung, die Veränderung und der Betrieb von Anlagen einschließlich des Verlegens, der Veränderung und des Betriebs von Seekabeln in, über oder unter einer Bundeswasserstraße oder an ihrem Ufer einer **strom- und schifffahrtspolizeilichen Genehmigung** nach § 31 Abs. 1 Nr. 2 WaStrG[4] bedarf, wenn durch die beabsichtigte Maßnahme eine Beeinträchtigung des für die Schifffahrt erforderlichen Zustandes der Bundeswasserstraße oder der Sicherheit und Leichtigkeit des Verkehrs zu erwarten ist. In Zweifelsfällen ist es empfehlenswert, diese Frage frühzeitig mit dem örtlich zuständigen Wasser- und Schifffahrtsamt zu klären. Die strom- und schifffahrtspolizeiliche Genehmigung ersetzt nicht die nach anderen Rechtsvorschriften erforderlichen Verwaltungsakte (§ 31 Abs. 6 WaStrG), so dass eventuelle nach Landeswasserrecht erforderliche Genehmigungen gesondert einzuholen sind. 557

---
1 BGH, NJW 1986, 2312.
2 *Czychowski/Reinhardt*, § 36 Rz. 4.
3 BT-Drs. 16/12275, S. 62.
4 Bundeswasserstraßengesetz in der Fassung der Bekanntmachung vom 23.5.2007 (BGBl. I S. 962; 2008 I S. 1980), zuletzt geändert durch Verordnung vom 27.4.2010 (BGBl. I S. 540).

## IX. Ausbau von Gewässern

### 1. Begriff

558　Gewässerausbau ist die Herstellung, Beseitigung oder wesentliche Umgestaltung eines Gewässers oder seiner Ufer (§ 67 Abs. 2 WHG).

559　Als **Herstellung** eines Gewässers sind beispielsweise anzusehen
- das Entstehen eines Baggersees im Rahmen der Sand- oder Kiesgewinnung, soweit dieser auf Dauer bestehen bleiben soll[1],
- die Beseitigung der Teilstrecke eines Baches zur Anlage eines Fischteiches[2].

560　Die **Beseitigung** liegt vor, wenn ein vorhandenes Gewässer verfüllt werden soll.

561　Eine **wesentliche Umgestaltung** liegt vor, wenn die Maßnahme den Zustand des Gewässers im äußeren Bild oder im Hinblick auf die Wasserwirtschaft, die Schifffahrt, die Fischerei oder in sonstiger Hinsicht bedeutsam ändert[3]. Als wesentliche Umgestaltung sind etwa anzusehen
- Begradigung und Vertiefung von Flüssen,
- Erweiterung von Gewässern durch Verbreitern oder Vertiefen,
- das Anlegen von Schiffsanlegestellen.

562　Dem Gewässerausbau gleichgestellt sind gem. § 67 Abs. 2 Satz 3 WHG Deich- und Dammbauten, die den Hochwasserabfluss beeinträchtigen.

563　**Kein Gewässerausbau** liegt vor, wenn ein Gewässer nur für einen **begrenzten Zeitraum entsteht** und der **Wasserhaushalt dadurch nicht wesentlich beeinträchtigt** wird (§ 67 Abs. 2 Satz 2 WHG). Das Herstellen eines Gewässers kann deshalb unter die Ausnahme des § 67 Abs. 2 Satz 2 WHG fallen, wenn **von vornherein** feststeht, dass das Gewässer innerhalb **konkreter und verbindlicher zeitlicher Festlegungen wieder beseitigt** wird[4]. Der Ausnahmetatbestand des § 67 Abs. 2 Satz 2 WHG kann z.B. greifen, wenn im Zuge des Abbaus von Kies, Sand und anderen Bodenschätzen nach dem Plan des Unternehmers eine Ansammlung von freigelegtem Grundwasser zur Bildung eines Baggersees führt, die nach dem Plan nur über einen **verbindlich begrenzten Zeitraum** bestehen soll und entsprechend dem Fortschritt der Abbaumaßnahme mit Abraummaterial verfüllt wird; der Abbauunternehmer muss in diesem Fall im Einzelfall nachweisen, dass ihm geeignetes Material zur Verfüllung in der benötigten Menge zur Verfügung steht[5]. Die Ausnahme des § 67 Abs. 2 Satz 2 WHG greift auch bei der vorübergehenden Herstellung anderer Gewässer wie z.B. das Anlegen von Teichen und Seen für die Dauer einer Messe, Ausstellung, Bundes- oder Landesgartenschau[6]. Ob sich aus der Entstehung eines Gewässers für einen planmäßig von vornherein begrenzten Zeitraum **wesentliche Beeinträchtigungen des Wasserhaushalts** ergeben, muss im Einzelfall unter Berücksichtigung des Zeitraums der Freilegung, der Auswirkungen auf das freigelegte Grundwasser und den Grundwasserstand, auf angrenzende Oberflächengewässer, auf das Wirkungsgefüge von Boden, Luft, Fauna und Flora der Umgebung, aber auch auf Natur und Landschaft sowie möglicherweise betroffene Rechte Dritter geprüft werden[7].

---

1　OVG Koblenz, ZFW 1974, 368; BVerwGE 55, 220.
2　OVG Saarlouis, Handbuch des Deutschen Wasserrechts, R 1364.
3　*Hofmann/Kollmann*, Handbuch des Deutschen Wasserrechts, C 10 E, § 31 Rz. 7.
4　*Schenk*, in: Sieder/Zeitler/Dahme/Knopp, § 31 WHG a.F. Rz. 21a.
5　*Drost*, § 67 WHG Rz. 30.
6　*Schenk*, in: Sieder/Zeitler/Dahme/Knopp, § 31 WHG a.F. Rz. 21a.
7　*Czychowski/Reinhardt*, § 67 Rz. 40; *Schenk*, in: Sieder/Zeitler/Dahme/Knopp, § 31 WHG a.F. Rz. 21b.

## IX. Ausbau von Gewässern

Liegt nach den vorgenannten Kriterien **kein Gewässerausbau** vor, ist in der Regel von der **Erfüllung eines oder mehrerer Benutzungstatbestände** i.S.v. § 9 Abs. 1 WHG auszugehen: Soweit für das Vorhaben Grundwasser freigelegt wird, greift § 9 Abs. 1 Nr. 5 WHG betreffend das Zutageleiten von Grundwasser; die Verfüllung des Gewässers zur vorgesehenen Beseitigung fällt als Einbringen von Stoffen in ein Gewässer unter § 9 Abs. 1 Nr. 4 WHG.

### 2. Anforderungen an den Gewässerausbau

Gemäß § 67 Abs. 1 WHG sind beim Gewässerausbau
- natürliche Rückhalteflächen zu erhalten,
- das natürliche Abflussverhalten nicht wesentlich zu verändern,
- naturraumtypische Lebensgemeinschaften zu bewahren und
- sonstige erhebliche nachteilige Veränderungen des natürlichen oder naturnahen Zustands des Gewässers zu vermeiden oder, soweit dies nicht möglich ist, auszugleichen.

Soweit dies nicht möglich ist, müssen die durch den Gewässerausbau entstandenen Beeinträchtigungen ausgeglichen werden (§ 67 Abs. 1, letzter Teilsatz WHG).

### 3. Verfahren

#### a) Allgemeines Verfahren bei Gewässerausbau

Gemäß § 68 WHG bedarf der Gewässerausbau der Planfeststellung der zuständigen Behörde.

Bestimmte Vorhaben des Gewässerausbaus unterliegen der UVP-Pflicht. Die UVP-pflichtigen Ausbauvorhaben ergeben sich aus § 3 UVPG i.V.m. Anhang I Nr. 13.6 (Stauanlagen), 13.8 (Flusskanalisierungs- und Stromkorrekturarbeiten), Nr. 13.9 bis 13.12 (Häfen), 13.16 (Bauten des Küstenschutzes), 13.17 (Landgewinnung am Meer), 13.18 (sonstige Ausbaumaßnahmen) und 14.1 (Bau einer Bundeswasserstraße).

Für einen nicht UVP-pflichtigen Gewässerausbau kann anstelle eines Planfeststellungsbeschlusses eine Plangenehmigung erteilt werden (§ 68 Abs. 2 WHG).

Für die Planfeststellung und die Plangenehmigung gelten die Vorschriften der § 13 Abs. 1 WHG über die Zulässigkeit von Inhalts- und Nebenbestimmungen zur Vermeidung oder zum Ausgleich von nachteiligen Wirkungen sowie des § 14 Abs. 3 bis 6 WHG über die Entschädigung für nicht auszugleichende Nachteile entsprechend.

Gewässerausbauten einschließlich notwendiger Folgemaßnahmen, die wegen ihres räumlichen oder zeitlichen Umfangs in selbständigen Abschnitten oder Stufen durchgeführt werden, können in entsprechenden Teilen zugelassen werden, wenn dadurch die erforderliche Einbeziehung der erheblichen Auswirkungen des gesamten Vorhabens auf die Umwelt nicht ganz oder teilweise unmöglich wird (§ 69 Abs. 1 WHG). Entscheidet sich die Zulassungsbehörde für eine abschnitts- oder stufenweise Zulassung, darf sie sich nicht auf eine Prüfung der Umweltauswirkungen des Vorhabens in dem jeweils zuzulassenden Abschnitt beschränken, sondern muss stets die Auswirkungen auf die Umwelt bezogen auf das Gesamtvorhaben berücksichtigen.

Unter den Voraussetzungen des § 17 WHG kann die Behörde sowohl im Planfeststellungsverfahren als auch im Plangenehmigungsverfahren den vorzeitigen Beginn zulassen.

573 Soweit das WHG keine besonderen Vorschriften für das Planfeststellungs- oder Plangenehmigungsverfahren enthält, gelten die Vorschriften der §§ 72 bis 78 VwVfG. Da § 68 WHG den Gewässerausbau generell der Planfeststellungs- oder Plangenehmigungspflicht unterwirft, ist die Regelung des § 74 Abs. 7 VwVfG, nach welcher Planfeststellung und Plangenehmigung in Fällen von unwesentlicher Bedeutung entfallen, nicht anwendbar[1].

### b) Ausbau und Neubau einer Bundeswasserstraße

574 Der Ausbau und der Neubau von **Bundeswasserstraßen** ist spezialgesetzlich durch §§ 12–21 WaStrG geregelt. Die Vorschriften des WaStrG über die verkehrsbezogene Unterhaltung von Bundeswasserstraßen gehen den allgemeinen Ausbauvorschriften des WHG als lex specialis vor.

575 Ausbau sind alle Maßnahmen zur wesentlichen Umgestaltung einer Bundeswasserstraße, einer Kreuzung anderer Verkehrswege mit einer Bundeswasserstraße, eines oder beider Ufer, die über die Unterhaltung hinausgehen und die Bundeswasserstraße als Verkehrsweg betreffen (§ 12 Abs. 2 Satz 1 WaStrG). Für die Beseitigung einer Bundeswasserstraße gelten die Vorschriften über den Ausbau entsprechend (§ 12 Abs. 2 Satz 2 WaStrG).

576 Maßnahmen, die dem Ausbau oder dem Neubau einer Bundeswasserstraße dienen, bedürfen keiner wasserrechtlichen Erlaubnis, Bewilligung oder Genehmigung (§ 12 Abs. 6 WaStrG).

577 Wasserwirtschaftliche Belange sind gleichwohl zu berücksichtigen: Gemäß § 12 Abs. 7 WaStrG sind bei Ausbau oder Neubau einer Bundeswasserstraße in Linienführung und Bauweise die Erhaltung und Verbesserung des Selbstreinigungsvermögens des Gewässers zu beachten und die natürlichen Lebensgrundlagen zu bewahren. Ausbaumaßnahmen müssen ferner die nach §§ 27 bis 31 WHG maßgebenden Bewirtschaftungsziele berücksichtigen. Ausbau- oder Neubaumaßnahmen werden so durchgeführt, dass mehr als nur geringfügige Auswirkungen auf den Hochwasserschutz vermieden werden.

## X. Unterhaltung von Gewässern

### 1. Zweck und Rechtsnatur der Gewässerunterhaltung

578 Die Gewässerunterhaltung stellt sicher, dass Gewässer dem Wohl der Allgemeinheit dienen und im Einklang mit ihm dem Nutzen einzelner dienen. Bei der Gewässerunterhaltung handelt es sich um eine öffentlich-rechtliche, als „Unterhaltungslast" bezeichnete Verpflichtung (§ 39 Abs. 1 Satz 1 WHG). Sie geschieht nicht in Erfüllung einer auch Dritten gegenüber bestehenden Rechtspflicht, sondern allein in Erfüllung einer öffentlichen Aufgabe des Trägers der Unterhaltungslast[2].

### 2. Umfang der Gewässerunterhaltung

#### a) Nach WHG

579 Zur Gewässerunterhaltung gehören nach **Bundesrecht** gem. § 39 Abs. 1 Satz 2 WHG insbesondere

---

1 *Czychowski/Reinhardt*, § 70 Rz. 2.
2 BVerwGE 44, 235.

X. Unterhaltung von Gewässern                               Rz. 583   Teil 3 C

1. die Erhaltung des Gewässerbettes, auch zur Sicherung eines ordnungsgemäßen Wasserabflusses,
   z.B. durch Entfernung von verunreinigenden Ablagerungen wie Gewässersedimenten oder Geröll, gesunkenen Wasserfahrzeugen, Fahrzeugwracks, Abfällen oder toten Fischen[1] aus dem Gewässerbett,
2. die Erhaltung der Ufer, insbesondere durch Erhaltung und Neuanpflanzung einer standortgerechten Ufervegetation, sowie die Freihaltung der Ufer für den Wasserabfluss,
   z.B. durch Sicherung, Freihaltung, Instandhaltung, Erhaltung und Schutz des Ufers, d.h. der gesamten, bei bordvoller Wasserführung überströmten Eintiefung der Erdoberfläche[2],
3. die Erhaltung der Schiffbarkeit von schiffbaren Gewässern mit Ausnahme der besonderen Zufahrten zu Häfen und Schiffsanlegestellen,
   z.B. durch Erhaltung der Fahrrinne eines nach Landesrecht schiffbaren Gewässers im vorhandenen Umfang, nicht aber die Vertiefung oder Verbreiterung der Fahrrinne, die als Ausbau i.S.v. § 67 WHG anzusehen sind,
4. die Erhaltung und Förderung der ökologischen Funktionsfähigkeit des Gewässers insbesondere als Lebensraum von wild lebenden Tieren und Pflanzen,
5. die Erhaltung des Gewässers in einem Zustand, der hinsichtlich der Abführung oder Rückhaltung von Wasser, Geschiebe, Schwebstoffen und Eis den wasserwirtschaftlichen Bedürfnissen entspricht,
   z.B. durch Beseitigung eines Eisstaus auf einem Gewässer, Unterhaltung von Sand- oder Geröllfängen.

**b) Nach Bundeswasserstraßenrecht**

Die Unterhaltung von **Bundeswasserstraßen** ist als Hoheitsaufgabe des Bundes in §§ 7 ff. WaStrG geregelt.   580

Im Vordergrund der Unterhaltungsvorschriften des WaStrG steht die Erhaltung der Sicherheit und Leichtigkeit des Verkehrs auf den Bundeswasserstraßen. Die Vorschriften des WaStrG über die verkehrsbezogene Unterhaltung von Bundeswasserstraßen gehen den allgemeinen Unterhaltungsvorschriften des WHG als lex specialis vor; für nicht verkehrsbezogene Unterhaltungsarbeiten an Bundeswasserstraßen gelten allerdings die Vorschriften des WHG und der Landeswassergesetze[3].   581

Die Unterhaltung der **Binnenwasserstraßen** umfasst die Erhaltung eines ordnungsgemäßen Zustandes für den Wasserabfluss und die Erhaltung der Schiffbarkeit (§ 8 Abs. 1 Satz 1 WHG). Die Unterhaltung der **Seewasserstraßen** umfasst nur die Erhaltung der Schiffbarkeit der von der Wasser- und Schifffahrtsverwaltung des Bundes gekennzeichneten Schifffahrtswege einschließlich Arbeiten und Maßnahmen zur Sicherung des Bestandes der Inseln Helgoland (ohne Düne), Wangerooge und Borkum, soweit es wirtschaftlich zu vertreten ist (§ 8 Abs. 5 Satz 1 und 2 WaStrG).   582

Maßnahmen innerhalb der Bundeswasserstraßen, die der Unterhaltung der Bundeswasserstraßen oder der Errichtung oder dem Betrieb der bundeseigenen Schifffahrtsanlagen dienen, bedürfen keiner wasserrechtlichen Erlaubnis, Bewilligung oder Genehmigung (§ 7 Abs. 3 WaStrG).   583

---
1 VGH Mannheim v. 7.8.1989 – 5 S 998/89.
2 *Czychowski/Reinhardt*, § 39 Rz. 7 m.w.N.
3 BVerfG, NJW 1962, 2243 (2246).

584 Wasserwirtschaftlichen Belangen ist gem. § 8 Abs. 1 Satz 4 WaStrG dadurch Rechnung zu tragen, dass Unterhaltungsmaßnahmen die nach §§ 27 bis 31 WHG maßgebenden Bewirtschaftungsziele berücksichtigen und so durchgeführt werden müssen, dass mehr als nur geringfügige Auswirkungen auf den Hochwasserschutz vermieden werden. Maßnahmen zu Gunsten der Gewässergüte sind wegen der Verkehrsbezogenheit der Unterhaltungsvorschriften der §§ 7 ff. WaStrG nicht auf das Bundeswasserstraßenrecht zu stützen, sondern richten sich weiter nach den Maßgaben des WHG und der Landeswassergesetze.

### c) Nach Landesrecht

585 § 39 WHG enthält keine stoff- oder anlagenbezogene Regelung, so dass es den Bundesländern freigestellt ist, die Unterhaltung von Gewässern durch eigene Vorschriften zu konkretisieren oder zu ergänzen. Dementsprechend enthalten die Landeswassergesetze eine Vielzahl von Regelungen zu dem sachlichen und räumlichen Umfang der Unterhaltungspflichten, die durch die spezifischen Verhältnisse der jeweiligen Bundesländer geprägt sind.

586 Im Zuge einer Überprüfung der Rechtmäßigkeit von Unterhaltungsmaßnahmen ist deshalb ergänzend zu den Vorschriften des WHG das jeweilige Landesrecht zu berücksichtigen.

### 3. Träger der Unterhaltungslast

587 Träger der Unterhaltungslast oberirdischer Gewässer sind die **Eigentümer oberirdischer Gewässer** (§ 40 Abs. 1 Satz 1, 1. Alt. WHG). Das WHG nennt lediglich den Bund als Eigentümer der Bundeswasserstraßen (§ 4 Abs. 1 Satz 1 WHG). Die Eigentümer anderer Gewässer sind den Vorschriften des Landesrechts zu bestimmen, die das Gewässereigentum üblicherweise an die Bedeutung des Gewässers, klassifiziert nach Gewässern I., II. oder III. Ordnung knüpfen.

588 Nach § 40 Abs. 1 Satz 1, 2. Alt. WHG kann das Landesrecht die Unterhaltungslast unabhängig von der Frage des Gewässereigentums **Gebietskörperschaften, Wasser- und Bodenverbänden, gemeindlichen Zweckverbänden oder anderen Körperschaften des öffentlichen Rechts** zuweisen. Besteht eine solche Zuweisung, ist die betreffende öffentlich-rechtliche Körperschaft an Stelle des Eigentümers zur Unterhaltung verpflichtet.

589 Gemäß § 40 Abs. 3 WHG soll der **Verursacher eines Hindernisses** für den Wasserabfluss oder für die Schifffahrt oder eine andere Beeinträchtigung, die Unterhaltungsmaßnahmen nach § 39 WHG erforderlich macht, **an Stelle des Trägers der Unterhaltungslast** zur Beseitigung verpflichtet werden. § 40 Abs. 3 WHG ist z.B. anwendbar, wenn

– durch einen Unfall oder eine Schiffshavarie ein Fahrzeug in einem Gewässer versunken ist,

– feste Stoffe in ein Gewässer gelangt sind und dort den Wasserabfluss behindern oder

– Abwassereinleitungen zu Schlammablagerungen im Gewässer geführt haben.

590 Die Verpflichtung wird nicht von dem Träger der Unterhaltungslast, sondern von der Wasserbehörde ausgesprochen.

591 Hat die unterhaltungspflichtige Person das Hindernis oder die andere Beeinträchtigung bereits beseitigt, so hat ihr der Verantwortliche als Verursacher die Kosten zu erstatten, soweit die Arbeiten erforderlich waren und die Kosten angemessen sind

(§ 40 Abs. 3 Satz 2 WHG). Der Träger der Unterhaltungslast kann den Anspruch auf Erstattung der Aufwendungen auf dem Verwaltungsgerichtsweg durch allgemeine Leistungsklage verfolgen[1].

Können sich der Träger der Unterhaltungslast und der Verantwortliche über die Höhe des Erstattungsanspruchs nicht einigen, hat die Wasserbehörde die von dem Verantwortlichen zu leistende Erstattung durch Leistungsbescheid festzusetzen (§ 42 Abs. 2 WHG); gegen die Festsetzung des Erstattungsanspruchs mittels Leistungsbescheid kann der Verantwortliche nach § 42 Abs. 1, 1. Alt. VwGO Anfechtungsklage erheben. 592

### 4. Besondere Pflichten im Interesse der Unterhaltung

#### a) Duldungspflichten

§ 41 Abs. 1 WHG normiert bestimmte Duldungspflichten im Interesse der Gewässerunterhaltung. Hiernach haben 593

- **Gewässereigentümer** Unterhaltungsmaßnahmen am Gewässer zu dulden;
- **Anlieger und Hinterlieger** zu dulden, dass die zur Unterhaltung verpflichtete Person oder ihre Beauftragten die Grundstücke **betreten, vorübergehend benutzen** und aus ihnen **Bestandteile** für die Unterhaltung **entnehmen**, wenn diese anderweitig nur mit unverhältnismäßig hohen Kosten beschafft werden können; Hinterlieger sind die Eigentümer der an Anliegergrundstücke angrenzenden Grundstücke und die zur Nutzung dieser Grundstücke Berechtigten;
- **Anlieger** zu dulden, dass die zur Unterhaltung verpflichtete Person die Ufer **bepflanzt**;
- **Inhaber von Rechten und Befugnissen** an Gewässern (z.B. einer Erlaubnis zur Gewässerbenutzung) zu dulden, dass die **Benutzung vorübergehend behindert oder unterbrochen** wird.

Die zu duldenden Maßnahmen müssen dem Duldungspflichtigen **rechtzeitig vorher angekündigt** werden (§ 41 Abs. 1 Satz 2 WHG). Die rechtzeitige Ankündigung soll den Duldungspflichtigen in die Lage versetzen, vor Beginn der Unterhaltungsmaßnahme Maßnahmen zur Vermeidung oder Verminderung von Schäden durch Unterhaltungsarbeiten zu treffen, Beweissicherung zu betreiben oder zu der beabsichtigten Maßnahme Stellung zu nehmen. Die Ankündigungsfrist hängt von den Umständen des Einzelfalls ab; dabei ist vor allem auf Art und Umfang der Maßnahme und deren Eilbedürftigkeit abzustellen. Fehlt eine Ankündigung, besteht auch keine Duldungspflicht. Eine vorherige **Ankündigung ist** allerdings **nicht erforderlich**, wenn Unterhaltungsmaßnahmen zur Abwehr einer gegenwärtigen Gefahr in einer **Notstandslage i.S.v. § 904 BGB** durchgeführt werden müssen (z.B. durch Beseitigung eines Eisstaus bei Eisgefahr). 594

Weitergehende Duldungspflichten ergeben sich aus dem Recht der einzelnen Bundesländer, deren Vorschriften nach § 41 Abs. 3 WHG ausdrücklich unberührt bleiben. 595

Soweit eine Duldungspflicht besteht, hat der Träger der Unterhaltungslast bei der Auswahl der Mittel zur Durchführung der Unterhaltungsmaßnahme den **Grundsatz der Verhältnismäßigkeit** zu beachten. Er muss deshalb von mehreren in Betracht zu ziehenden Möglichkeiten diejenige auswählen, die eine effektive Unterhaltung ermöglicht und die von einer Unterhaltungsmaßnahme betroffenen Dul- 596

---

1 VGH Kassel, ZFW 1994, 345.

dungspflichtigen so gering wie möglich belastet. Bei der Auswahl der geringstmöglich belastenden Maßnahme muss der Träger der Unterhaltungslast nicht auf die Situation eines einzelnen Grundstücks abstellen, sondern kann im Sinne einer effektiven Unterhaltung auch die Notwendigkeit des Gleichlaufs der Maßnahmen auf mehreren Grundstücken im Einzugsbereich der Unterhaltungsmaßnahme berücksichtigen; demgemäß ist es nicht erforderlich, die Unterhaltungsmaßnahmen für jedes Grundstück einzeln festzulegen[1].

**b) Unterlassungspflichten**

597 Die nach § 40 Abs. 1 WHG zur Duldung Verpflichteten haben Handlungen zu unterlassen, die die Unterhaltung unmöglich machen oder wesentlich erschweren würden.

**c) Einschränkung der Benutzung von Ufergrundstücken**

598 Anlieger – nicht aber Hinterlieger – können durch wasserbehördliche Anordnung nach § 41 Abs. 3 WHG verpflichtet werden, die Ufergrundstücke in erforderlicher Breite so zu bewirtschaften, dass die Unterhaltung nicht beeinträchtigt wird. Zulässige Beschränkungen der Benutzung von Ufergrundstücken betreffen etwa das Verbot, Ufergrundstücke in einer zu bestimmenden Breite zu bebauen oder dort Bäume und Sträucher anzupflanzen, Umzäunungen zu errichten, die die maschinelle Räumung des Gewässerbettes behindern können, oder auf einem Ufergrundstück intensiven Ackerbau mit langen Zeitabschnitten ohne Pflanzendecke zu betreiben[2].

**d) Schadenersatzanspruch bei Duldungspflichten**

599 Nach § 41 Abs. 4 WHG hat der nach § 41 Abs. 1 Nr. 1 bis 3 WHG zur Duldung von Unterhaltungsmaßnahmen Verpflichtete einen Anspruch auf Schadenersatz, wenn durch die zu duldende Unterhaltungsmaßnahme ein Schaden entsteht.

600 Inhalt und Umfang des Schadenersatzanspruchs richten sich nach §§ 249 ff. BGB.

601 Wird eine Fläche für Unterhaltungsmaßnahmen in Anspruch genommen, richtet sich die Höhe des Schadenersatzes nach dem Wert der entzogenen Nutzung; bei der Entnahme von Bestandteilen (z.B. von Sand im Uferbereich für Bauzwecke) richtet sich der Schadenersatz nach der Beeinträchtigung des Eigentümers, nicht aber nach dem Wert des Stoffes für den Unterhaltungspflichtigen[3].

602 Geringfügige Schäden an einem Grundstück sind ersatzlos hinzunehmen[4].

603 Kein Schadenersatzanspruch besteht im Falle der vorübergehenden Behinderung oder Unterbrechung einer zugelassenen Gewässerbenutzung, da die Duldungspflicht des § 41 Abs. 1 Nr. 4 WHG nicht zu den in § 41 Abs. 4 WHG abschließend genannten Haftungstatbeständen zählt.

604 Anspruchsberechtigt ist der Duldungspflichtige; zur Leistung des Schadensatzes verpflichtet ist der Träger der Unterhaltungslast.

605 Schadenersatzansprüche nach § 41 Abs. 4 WHG sind gem. § 40 Abs. 2 VwGO vor den Zivilgerichten geltend zu machen[5].

---

1 *Drost*, § 41 WHG Rz. 20.
2 *Czychowski/Reinhardt*, § 41 Rz. 39.
3 *Czychowski/Reinhardt*, § 41 Rz. 43.
4 *Czychowski/Reinhardt*, § 41 Rz. 43 m.w.N.
5 BVerwG, NJW 1987, 2758.

## 5. Zulassung von Unterhaltungsmaßnahmen

§ 39 WHG normiert kein Zulassungserfordernis für Unterhaltungsmaßnahmen. 606

Nach § 9 Abs. 3 Satz 2 WHG sind Maßnahmen zur Unterhaltung eines Gewässers keine Gewässerbenutzung, soweit hierbei keine chemischen Mittel wie z.B. Pestizide oder Herbizide verwendet werden. Die Gewässerunterhaltung durch Einsatz von Maschinen (z.B. von Räumbaggern zum Erhalten der vorhandenen Gewässertiefe oder Krautungsbooten zum Abmähen von Unterwasserpflanzen) ist deshalb nicht zulassungsbedürftig. 607

Werden dagegen im Zuge einer Unterhaltungsmaßnahme chemische Mittel eingesetzt, bedarf diese Maßnahme einer wasserrechtlichen Erlaubnis. Hierbei ist zu berücksichtigen, dass die Anwendung von Pestiziden oder Herbiziden in und im Randbereich von Gewässern weit zurückgedrängt bzw. nach den Landeswassergesetzen häufig insgesamt untersagt ist, so dass die Erteilung einer Erlaubnis für chemische Unterhaltungsmaßnahmen im Regelfall abzulehnen sein wird. 608

## 6. Ansprüche bei Unterlassung von Unterhaltungsmaßnahmen

Ein klagbarer Rechtsanspruch Anderer – wie z.B. eines unmittelbaren Gewässeranliegers – auf Erfüllung der Unterhaltungslast oder Durchführung bestimmter Unterhaltungsmaßnahmen besteht grds. nicht, da es sich bei der Gewässerunterhaltung um eine öffentliche Aufgabe handelt. 609

Besonderheiten können bestehen, wenn Unterhaltungsmaßnahmen in einem Einzelfall durchzuführen sind, weil eine unverhältnismäßige Beeinträchtigung des Eigentums Anderer vermieden werden muss und ein dringendes Bedürfnis nach sofortiger Abhilfe besteht[1]. 610

Wird eine solche Unterhaltungsmaßnahme pflichtwidrig unterlassen und durch die Verletzung der Unterhaltungspflicht in das Eigentum eines Anderen eingegriffen, steht dem Betroffenen ein aus dem Rechtsstaatsgebot des Art. 20 Abs. 3 GG abzuleitender Abwehr- oder Folgenbeseitigungsanspruch zu[2]. 611

## XI. Hochwasserschutz

### 1. Hochwasser

Hochwasser ist die zeitlich begrenzte Überschwemmung von normalerweise nicht mit Wasser bedecktem Land durch oberirdische Gewässer oder durch in Küstengebiete eindringendes Meerwasser (§ 72 WHG). 612

### 2. Bewertung von Hochwasserrisiken

Zum Schutz vor Hochwasser müssen die zuständigen Behörden der Länder **bis zum 22.12.2011** die **Hochwasserrisiken bewerten und** nach der Bewertung Gebiete mit signifikantem Hochwasserrisiko – sog. **Risikogebiete – bestimmen** (§ 73 Abs. 1 Satz 1 WHG). Die Bewertung der Hochwasserrisiken erfolgt nicht bezogen auf einzelne Wasserläufe oder das Gebiet einzelner Gemeinden oder Bundesländer, sondern länderübergreifend für die in § 7 Abs. 1 Satz 2 i.V.m. Anlage 2 WHG genannten **Flussgebietseinheiten**. 613

---
1 BGH, NVwZ 2004, 764 (765) hinsichtlich der Gefährdung der Funktionsfähigkeit eines Wasserkraftwerks durch im Gewässer treibendes Mähgut aus Krautungsarbeiten.
2 BVerwG, NJW 1974, 813 (815).

614 Für die Risikogebiete erstellen die zuständigen Behörden **Gefahrenkarten** mit Angaben zur Wahrscheinlichkeit des Eintritts von Hochwasserereignissen sowie zum Ausmaß der Überflutung, zur Wassertiefe und soweit erforderlich zum Wasserstand und zur Fließgeschwindigkeit oder zum Wasserabfluss (§ 74 Abs. 2 WHG).

615 Nach § 74 Abs. 4 WHG sind mögliche nachteilige Folgen des Hochwassers in **Risikokarten** darzustellen, in denen nach § 74 Abs. 4 WHG i.V.m. Art. 6 Abs. 5 der EU-Hochwasserschutzrichtlinie[1]
– die Zahl der potenziell betroffenen Einwohner als Orientierungswert,
– die Art der wirtschaftlichen Tätigkeiten in dem potenziell betroffenen Gebiet,
– Industrieanlagen, die im Falle der Überflutung unbeabsichtigte Umweltverschmutzungen verursachen könnten,
– potenziell betroffene Schutzgebiete von Wasser für den menschlichen Gebrauch, Erholungsgewässer und Badegewässer sowie nährstoffsensible Gebiete und
– weitere Informationen, die der Mitgliedstaat als nützlich betrachtet, etwa Informationen über andere bedeutende Verschmutzungsquellen
anzugeben sind.

616 Auf der Grundlage der Gefahrenkarten und Risikokarten sind für die Risikogebiete bis zum **22.12.2015 Risikomanagementpläne** aufzustellen, die den Anforderungen des Anhangs zur EU-Hochwasserschutzrichtlinie entsprechen müssen.

617 Gefahrenkarten, Risikokarten und Risikomanagementpläne sind jeweils im sechsjährigen Turnus zu überprüfen und erforderlichenfalls zu aktualisieren (§ 74 Abs. 6 Satz 1, § 75 Abs. 6 Satz 1 WHG).

618 Die Pflicht zur Erstellung von Gefahrenkarten, Risikokarten und Risikomanagementplänen entfällt, wenn bis zum 22.12.2010 bereits Unterlagen mit vergleichbarem Informationsgehalt vorliegen (§§ 74 Abs. 6 Satz 2, 75 Abs. 6 Satz 2 WHG).

### 3. Festsetzung von Überschwemmungsgebieten

#### a) Begriff

619 Überschwemmungsgebiete sind Gebiete zwischen oberirdischen Gewässern und Deichen oder Hochufern und sonstige Gebiete, die bei Hochwasser überschwemmt oder durchflossen, oder die für Hochwasserentlastung oder Rückhaltung beansprucht werden (§ 76 Abs. 1 Satz 1 WHG).

620 Dies gilt nicht für Gebiete, die überwiegend von den Gezeiten beeinflusst sind, soweit durch Landesrecht nichts anderes bestimmt ist (§ 76 Abs. 1 Satz 2 WHG). Mit dieser Regelung soll der besonderen Situation dieser Gewässerabschnitte, die vor allem durch Küstenhochwasser betroffen sind, in denen aber auch z.B. Hochwasser aus dem Binnenland zeitgleich mit einer Sturmflut eintreffen kann, Rechnung getragen werden[2]. § 76 Abs. 1 Satz 2, 2. Halbs. WHG lässt abweichende Regelungen der Länder damit ausdrücklich zu.

#### b) Festsetzung durch Rechtsverordnungen der Bundesländer

621 Als Überschwemmungsgebiete sind gem. § 76 Abs. 2 Satz 1 Nr. 1 WHG durch Rechtsverordnung der Bundesländer spätestens bis zum 22.12.2013 die Gebiete in-

---

1 Richtlinie 2007/60/EG des Europäischen Parlamentes und des Rates v. 23.10.2007 über die Bewertung und das Management von Hochwasserrisiken, ABl. L 288/27 v. 6.11.2007.
2 BT-Drs. 16/12275, S. 75.

nerhalb von Risikogebieten festzusetzen, in denen ein Hochwasserereignis statistisch einmal in 100 Jahren zu erwarten ist.

Des Weiteren sind als Überschwemmungsgebiete die zur Hochwasserentlastung und Rückhaltung beanspruchten Gebiete festzusetzen (§ 76 Abs. 2 Satz 1 Nr. 2 WHG). Eine Frist zur Festsetzung solcher Überschwemmungsgebiete ist nicht geregelt. 622

Noch nicht festgesetzte Überschwemmungsgebiete sind zu ermitteln, in Kartenform darzustellen und vorläufig zu sichern (§ 76 Abs. 3 WHG). 623

Gemäß § 76 Abs. 4 WHG ist die Öffentlichkeit über die vorgesehene Festsetzung von Überschwemmungsgebieten zu informieren; außerdem ist ihr Gelegenheit zur Stellungnahme zu geben. Die Information muss die festgesetzten und vorläufig gesicherten Gebiete einschließlich der in ihnen geltenden Schutzbestimmungen sowie die Maßnahmen zur Vermeidung von nachteiligen Hochwasserfolgen umfassen (§ 76 Abs. 4 Satz 2 WHG). 624

### c) Zulässigkeit von Nutzungsbeschränkungen

§ 78 WHG normiert ein System von Nutzungsbeschränkungen, das 625
– bestimmte Handlungen in Überschwemmungsgebieten gesetzlich untersagt (§ 78 Abs. 1 WHG)
z.B. Ausweisung von neuen Baugebieten in Bauleitplänen, Errichtung und Erweiterung baulicher Anlagen, Errichtung von abflusshemmenden Mauern, Wällen o. Ä. quer zur Fließrichtung, Aufbringen und Ablagern von wassergefährdenden Stoffen mit Ausnahme von Stoffen, die im Rahmen der ordnungsgemäßen Land- und Forstwirtschaft eingesetzt werden dürfen, nicht nur kurzfristige Ablagerung von Gegenständen, die den Wasserabfluss behindern können, Erhöhen oder Vertiefen der Erdoberfläche, Anlegen von Baum- oder Strauchpflanzungen, Umwandlung von Grünland in Ackerland, Umwandlung von Auwald in eine andere Nutzungsart,
– Ausnahmen vom Verbot der Ausweisung neuer Baugebiete unter bestimmten Voraussetzungen zulässt (§ 78 Abs. 2 WHG),
– die Genehmigung der Errichtung oder Erweiterung baulicher Anlagen unter bestimmten Voraussetzungen im Einzelfall zulässt (§ 78 Abs. 3 WHG),
– die Zulassung von bestimmten Maßnahmen ermöglicht, wenn Hochwasserabfluss und Hochwasserrückhaltung nicht wesentlich beeinträchtigt werden und eine Gefährdung von Leben oder erhebliche Gesundheits- oder Sachschäden nicht zu befürchten sind (§ 78 Abs. 4 WHG).

## XII. Gewässeraufsicht

Die Gewässer sowie die Erfüllung der öffentlich-rechtlichen Verpflichtungen nach WHG und Landeswassergesetzen unterliegen nach § 100 Abs. 1 WHG der Überwachung durch die nach Landesrecht zuständigen Behörden. 626

### 1. Überwachung

#### a) Gegenstand der Überwachung

Die Überwachung durch die Gewässeraufsicht bezieht sich auf die Erfüllung **aller öffentlich-rechtlichen Verpflichtungen**, die sich aus Vorschriften des **WHG**, der darauf gestützten **Rechtsverordnungen** oder aus **landesrechtlichen Vorschriften** ergeben. 627

Die Überwachung der Erfüllung von Pflichten, die sich aus anderen öffentlich-rechtlichen Regelungsmaterien ergeben (z.B. aus dem Bauordnungsrecht), ist nicht 628

Aufgabe der Gewässeraufsicht, sondern der für diese Regelungsmaterie zuständigen Sonderordnungsbehörde (z.B. Bauaufsicht, Abfallbehörde). In der Praxis ist aber festzustellen, dass sich Wasserbehörden und andere Sonderordnungsbehörden bei der Feststellung von Missständen sowohl hinsichtlich der Ermittlung des Sachverhalts als auch hinsichtlich der zu treffenden behördlichen Entscheidungen regelmäßig miteinander abstimmen, um widersprüchliche Maßnahmen zu vermeiden.

629 Die Überwachung durch die Gewässeraufsicht kann in Form **turnusgemäßer Überprüfungen** von Gewässerbenutzungen oder anderen Einwirkungen auf Gewässer in regelmäßigen Zeitabständen erfolgen. Die Häufigkeit von turnusgemäßen Überprüfungen richtet sich üblicherweise **nach Art, Umfang und Gefahren der Gewässerbenutzung.**

630 **Anlassbezogene Überprüfungen** können vorgenommen werden, wenn etwa eine Betriebsstörung mit möglichen Auswirkungen auf Gewässer auftritt, oder wenn Anzeichen auf eine unerlaubt ausgeübte Einwirkung auf Gewässer hindeuten.

631 Nach § 100 Abs. 2 WHG sind die auf Grund des WHG und nach landesrechtlichen Vorschriften erteilten **Zulassungen** regelmäßig sowie aus besonderem Anlass **zu überprüfen und anzupassen.**

### b) Überwachungsmaßnahmen

632 Im Rahmen der Überwachung sind Bedienstete und Beauftragte der Behörde nach § 101 Abs. 1 Satz 1 WHG dazu berechtigt,
– Gewässer zu befahren,
– technische Ermittlungen und Prüfungen vorzunehmen
  z.B. durch Entnahme und Untersuchung von Wasser-, Abwasser- und Grundwasserproben sowie von Proben anderer Stoffen, Niederbringen von Grundwasserbeobachtungsbrunnen,
– zu verlangen, dass Auskünfte erteilt oder Unterlagen vorgelegt werden,
  z.B. durch Anforderung von Auskünften in schriftlicher oder mündlicher Form, Vorlage von Geschäftsbüchern oder betrieblichen Aufzeichnungen (Betriebstagebücher, Messprotokollen, Zählerstand einer Wasser- oder Abwassermessvorrichtung),

  ⊃ **Hinweis:** Das Auskunftsverlangen ist ein Verwaltungsakt i.S.v. § 35 Satz 1 VwVfG. Es muss deshalb dem Adressaten bekannt gegeben werden, hinreichend bestimmt sein, sich auf konkrete Auskünfte beziehen und begründet werden. Dem Adressaten steht gegen das Auskunftsverlangen verwaltungsgerichtlicher Rechtsschutz zur Verfügung;

– zu verlangen, dass Arbeitskräfte, Werkzeuge oder sonstige technische Hilfsmittel zur Verfügung gestellt werden
  z.B. durch Anforderung von Werkzeug, Leitern, Messgeräten, Schutzkleidung,
– Betriebsgrundstücke und Betriebsräume während der Betriebszeit zu betreten,

  ⊃ **Hinweis:** Viele wasserwirtschaftliche Anlagen werden im automatischen Betrieb ohne Personal gefahren, so dass „Betriebszeit" i.S.v. § 101 Abs. 1 Satz 4 WHG nicht die Zeit ist, in der die Anlage mit Personal besetzt ist, sondern ggf. bei einem 24-Stunden-Betrieb den gesamten Tag umfasst[1].

– Wohnräume sowie Betriebsgrundstücke und -räume außerhalb der Betriebszeit zu betreten, sofern die Prüfung zur Verhütung dringender Gefahren für die öffentliche Sicherheit und Ordnung erforderlich ist,

---

1 *Czychowski/Reinhardt*, § 101 Rz. 27.

⊃ **Hinweis:** Das Grundrecht auf Unverletzlichkeit der Wohnung wird durch diese Vorschrift eingeschränkt!
– Grundstücke und Anlagen zu betreten, die nicht zum unmittelbar angrenzenden befriedeten Besitztum von Wohnräumen, Betriebsgrundstücken und Betriebsräumen gehören,
– die Hinzuziehung eines bestellten Gewässerschutzbeauftragten nach § 64 WHG zu gewässeraufsichtlichen Maßnahmen zu verlangen (§ 101 Abs. 1 Satz 3 WHG)

⊃ **Hinweis:** Ist ein Gewässerschutzbeauftragter nach § 64 WHG bestellt, sollte dieser vom Betreiber der Anlage immer zu behördlichen Überwachungsmaßnahmen hinzugezogen werden, auch wenn die Behörde dies nicht verlangt; damit ist einerseits sicher gestellt, dass der Gewässerschutzbeauftragte über die zur Wahrnehmung seiner Aufgaben nach § 65 WHG erforderlichen Informationen verfügt; andererseits verfügt der Gewässerschutzbeauftragte auch über die Sach- und Fachkenntnis, um der Behörde wesentliche Umstände des Anlagenbetriebs erläutern zu können.

### 2. Anordnungen im Einzelfall

Die zuständige Behörde ordnet nach pflichtgemäßem Ermessen die Maßnahmen an, die im Einzelfall notwendig sind, um Beeinträchtigungen des Wasserhaushalts zu vermeiden oder zu beseitigen oder die Erfüllung der wasserrechtlichen Verpflichtungen nach Bundes- oder Landesrecht sicherzustellen (§ 100 Abs. 1 Satz 2 WHG).

§ 100 Abs. 1 Satz 2 WHG ermöglicht der Wasserbehörde eine einzelfallbezogene Anordnung, wenn gegen eine wasserrechtliche Verpflichtung verstoßen wird.

Anordnungen können z.B. erlassen werden,
– um eine nicht zugelassene Gewässerbenutzung zu unterbinden z.B. durch Untersagung einer nicht vom Gemeingebrauch gedeckten Entnahme von Wasser, Untersagung von Abwassereinleitungen in ein Gewässer vor Erteilung einer Erlaubnis, Untersagung des Betriebs einer Kleinkläranlage bei bestehender Anschlussmöglichkeit an die Kanalisation, Untersagung der Änderung von Entnahmemengen oder Einleitgrenzwerten, Anordnung von Vorbehandlungsmaßnahmen,

⊃ **Hinweis:** Nicht zugelassene Benutzungen eines Gewässers sind nicht nur formell, sondern auch materiell rechtswidrig, so dass ihre Untersagung wegen der fehlenden Benutzungsbefugnis auch dann gerechtfertigt ist, wenn die Benutzung „eigentlich" erlaubnisfähig wäre; dies gilt jedenfalls dann, wenn eine Beeinträchtigung des Wasserhaushalts konkret zu erwarten ist[1]. Wenn die Benutzung offensichtlich unbedenklich ist und deshalb von der Erteilung der Genehmigung auszugehen ist, kann die vollständige Untersagung rechtswidrig sein[2]. Gleiches kann gelten, wenn der Benutzer versehentlich die Beantragung einer neuen Erlaubnis versäumt, nachdem eine befristete Erlaubnis abgelaufen ist[3], dem Benutzer durch eine Untersagung beträchtliche Nachteile entstehen würden, denen keine annähernd vergleichbar gewichtigen öffentlichen Interessen entgegenstehen[4]. Eine Untersagung kann außerdem rechtswidrig sein, wenn

---
1 BVerwG, NVwZ-RR 1994, 202.
2 VGH Mannheim, ZFW 1996, 442.
3 *Czychowski/Reinhardt*, § 101 Rz. 44.
4 OVG Hamburg, DVBl 1979, 236 (dort für das Einleiten von häuslichem Abwasser in einen offenen Graben aber ausdrücklich verneint, da die Benutzung der öffentlichen Kanalisation zumutbar ist).

die Wasserbehörde bei dem Gewässerbenutzer berechtigte Erwartungen auf die Erteilung einer Zulassung geweckt hat[1],
- um Errichtung, Betrieb und Überwachung der zur Einhaltung von zulässigen Grenzwerten erforderlichen Abwasserbehandlungsanlage zu erreichen,
- um die Feststellung und den Nachweis des Entstehens und des Verbleibs von Abwasser zu ermöglichen,
- um eine Beobachtung des Grundwasserzustandes nach Menge oder Güte zu erreichen,
- um eine Nutzung von ungenehmigten Anlagen in, an, über oder unter Gewässern zu unterbinden und deren Rückbau oder Entfernung durchzusetzen,
- um Nutzungsverbote in Überschwemmungsgebieten durchzusetzen.

636 Die Wasserbehörde ist durch eine Ermessensreduzierung auf „Null" zum Erlass von Anordnungen verpflichtet, wenn Gefahren für die menschliche Gesundheit, für besonders wertvolle, empfindliche oder knappe Umweltgüter oder für das Wohl der Allgemeinheit bestehen[2].

637 Zu einem Einschreiten bei ausschließlicher Betroffenheit privater Interessen ist die Behörde grds. nicht verpflichtet, da es ihr nicht obliegt, nachbarrechtliche Streitigkeiten zu ordnen, wenn ein Betroffener seine Rechte im Zivilrechtsweg geltend machen kann[3]. Eine Ausnahme gilt insoweit aber, wenn ein Einschreiten der Behörde zur Beseitigung einer unmittelbaren Gefahr für wichtige Rechtsgüter oder zum unumgänglichen Schutz eines Einzelnen gegen wesentliche Nachteile erforderlich ist: In diesen Fällen kann die Behörde zum Einschreiten verpflichtet sein, wenn ein zivilrechtliches Vorgehen zwar möglich wäre, aber zur Durchsetzung eines effektiven Schutzes nicht zeitgerecht zu erlangen wäre[4]. Ein individueller Rechtsanspruch auf Einschreiten der Behörde ergibt sich allein vor diesem Hintergrund noch nicht. Dazu ist es zusätzlich erforderlich, dass das Einschreiten wegen Verletzung einer Rechtsnorm erfolgt, die über den Zweck der Ordnung des Wasserhaushalts hinaus drittschützenden Charakter hat[5].

638 **Adressat** von Anordnungen der Wasserbehörde ist nach den allgemeinen Grundsätzen des Polizei- und Ordnungsrechts der **Handlungs- oder Zustandsstörer**.

639 Die **Haftung des Zustandsstörers**, insbesondere des Eigentümers eines Grundstücks kann durch den Grundsatz der Verhältnismäßigkeit im Ausmaß dessen, was dem Eigentümer zur Gefahrenabwehr abverlangt werden darf, begrenzt sein. Eine solche Belastung ist **nicht gerechtfertigt, soweit sie dem Eigentümer nicht zumutbar** ist. Eine **den Verkehrswert des Grundstücks überschreitende Belastung** des Eigentümers kann insbesondere dann **unzumutbar** sein, wenn die **Gefahr**, die von dem Grundstück auf ein Gewässer ausgeht, aus **Naturereignissen**, aus **der Allgemeinheit zuzurechnenden Ursachen** oder von **nicht nutzungsberechtigten Dritten** herrührt. Eine **Kostenbelastung**, die den Verkehrswert des sanierten Grundstücks übersteigt, kann **allerdings zumutbar** sein, wenn der Eigentümer das **Risiko der entstandenen Gefahr bewusst** in Kauf genommen hat. Ein solcher Fall liegt etwa dann vor, wenn der Eigentümer das Grundstück in Kenntnis von Altlasten, die von früheren Eigentümern oder Nutzungsberechtigten verursacht worden sind, erworben hat oder wenn er zulässt, dass das Grundstück in einer risikoreichen Weise genutzt wird (z.B. zum Betrieb einer Abfallentsorgungsanlage oder zur Auskiesung mit anschlie-

---

1 *Czychowski/Reinhardt*, § 101 Rz. 44 unter Hinweis auf OVG Münster, ZFW 1974, 381.
2 *Czychowski/Reinhardt*, § 101 Rz. 49.
3 *Czychowski/Reinhardt*, § 101 Rz. 50.
4 *Czychowski/Reinhardt*, § 101 Rz. 50 am Ende m.w.N.
5 BVerwGE 27, 176 (180).

ßender Verfüllung). Auch derartige Umstände sind bei der erforderlichen Abwägung schutzwürdiger Eigentümerinteressen mit den Belangen der Allgemeinheit beachtlich. Wer ein solches Risiko bewusst eingeht, kann seiner Inanspruchnahme als Zustandsverantwortlicher nicht entgegenhalten, seine Haftung müsse aus Gründen des Eigentumsschutzes begrenzt sein. Denn das **freiwillig übernommene Risiko mindert die Schutzwürdigkeit des Eigentümers.** Auch dann, wenn und soweit Risikoumstände beim Erwerb eines Grundstücks oder bei der Nutzungsgewährung an Dritte zwar erkennbar waren oder im Verlauf der Nutzung hätten erkannt werden können, der Eigentümer aber in **fahrlässiger Weise** die Augen davor geschlossen hat, kann eine Kostenbelastung über die Höhe des Verkehrswerts hinaus zumutbar sein. Für die Beurteilung der Zumutbarkeit kann der Grad der Fahrlässigkeit erheblich sein. Die **Zumutbarkeit** kann ferner **davon beeinflusst** werden, ob der Eigentümer **Vorteile aus dem Risiko** – etwa durch einen reduzierten Kaufpreis oder einen erhöhten Pachtzins – **erzielt hat**[1].

---

1 BVerfG, NJW 2000, 2573 (2575f.).

# D. Natur- und Landschaftsschutzrecht

|  | Rz. |
|---|---|
| **I. Einführung** | |
| 1. Praktische Bedeutung des Naturschutzrechts | 1 |
| 2. Gesetzliche Grundlagen | 2 |
| 3. Die Bedeutung des Naturschutzrechts in der anwaltlichen Tätigkeit | 8 |
| **II. Das naturschutzrechtliche Instrumentarium** | |
| 1. Überblick | 11 |
| 2. Ziele des Naturschutzes und der Landschaftspflege | 15 |
| 3. Landschaftsplanung | 17 |
| 4. Allgemeiner Gebietsschutz: Die naturschutzrechtliche Eingriffsregelung | |
|    a) Bedeutung | 21 |
|    b) Anwendungsvoraussetzungen | |
|       aa) Eingriff in Natur und Landschaft | 23 |
|       bb) Behördliche Entscheidung | 27 |
|    c) Rechtsfolgen | 28 |
|       aa) 1. Stufe: Vermeidung von Beeinträchtigungen | 29 |
|       bb) 2. Stufe: Kompensation von Beeinträchtigungen | 32 |
|          (1) Ausgleichsmaßnahmen | 33 |
|          (2) Ersatzmaßnahmen | 38 |
|          (3) Verhältnis von Ausgleichs- und Ersatzmaßnahmen | 39 |
|          (4) Sicherung von Ausgleichs- und Ersatzmaßnahmen | 40 |
|          (5) Bevorratung von Kompensationsmaßnahmen | 41 |
|          (6) Verordnungsermächtigung und Kompetenzen der Länder | 42 |
|       cc) 3. Stufe: Abwägung | 43 |
|       dd) 4. Stufe: Ersatzzahlung | 48 |
|    d) Standardisierte Beurteilungshilfen | 50 |
|    e) Verfahren | 51 |
| 5. Besonderer Gebiets- und Objektschutz: Die Unterschutzstellung bestimmter Flächen und Objekte | |
|    a) Überblick | 57 |
|    b) Schutzgebiete und Schutzumfang | 60 |
|       aa) Naturschutzgebiete, § 23 BNatSchG | 61 |
|       bb) Nationalparke und Nationale Naturmonumente, § 24 BNatSchG | 63 |
|       cc) Biosphärenreservate, § 25 BNatSchG | 67 |
|       dd) Landschaftsschutzgebiete, § 26 BNatSchG | 69 |
|       ee) Naturparke, § 27 BNatSchG | 71 |
|       ff) Naturdenkmale, § 28 BNatSchG | 73 |
|       gg) Geschützte Landschaftsbestandteile, § 29 BNatSchG | 75 |
|    c) Verfahren der Unterschutzstellung | 78 |
|    d) Einstweilige Sicherstellung | 80 |
|    e) Bestandsschutz, Land-, Forst-, Fischereiwirtschaft und Befreiungen | 81 |
| 6. Biotopverbund und Biotopvernetzung, §§ 20, 21 BNatSchG | 86 |
| 7. Allgemeiner Artenschutz | 89 |
| 8. Europäischer Natur- und Artenschutz | |
|    a) Überblick | 91 |
|    b) Europäisches Netz „Natura 2000", §§ 31 bis 36 BNatSchG | 93 |
|       aa) Auswahl von Schutzgebieten | |
|          (1) Auswahl von Vogelschutzgebieten | 94 |
|          (2) Auswahl von FFH-Gebieten | 96 |
|       bb) Schutzregime | |
|          (1) Überblick | 99 |
|          (2) Anwendungsbereich: Projekte und Pläne | 101 |
|          (3) Verträglichkeitsprüfung | 103 |
|          (4) Ausnahmsweise Zulassung durch eine Abweichungsentscheidung | 111 |
|          (5) Faktische Vogelschutzgebiete und potenzielle FFH-Gebiete | 119 |
|            (a) Faktische Vogelschutzgebiete | 121 |
|            (b) Potenzielle FFH-Gebiete | 124 |
|            (c) Auswirkungen auf die anwaltliche Praxis | 127 |
|    c) Besonderer Artenschutz, §§ 44 bis 47 BNatSchG | |
|       aa) Überblick | 128 |
|       bb) Zugriffsverbote | |
|          (1) Tötungsverbot, § 44 Abs. 1 Nr. 1 BNatSchG | 130 |

|  | Rz. |
|---|---|
| (2) Störungsverbot | 131 |
| (3) Schutz von Lebensstätten | 132 |
| (4) Schutz von Pflanzenarten | 133 |
| (5) Sonderregelung für nach § 15 BNatSchG zulässige Eingriffe | 134 |
| cc) Ermittlungs- und Bewertungsmethoden | 137 |
| dd) Ausnahmen, § 45 Abs. 7 BNatSchG | 138 |
| ee) Leitfäden für die Praxis | 140 |
| 9. Flächenbezogener gesetzlicher Biotopschutz | 141 |
| III. Naturschutzrechtliche Anforderungen an Fachplanungsentscheidungen | 145 |
| 1. Anwaltliche Tätigkeit vor Einleitung des Planfeststellungsverfahrens | 146 |
| 2. Anwaltliche Tätigkeit im Planfeststellungsverfahren | |
| a) Erforderlichkeit naturschutzrechtlicher Einwendungen | 147 |
| b) Die naturschutzrechtlichen Anforderungen im Einzelnen | |
| aa) Eingriffsregelung: Landschaftspflegerischer Begleitplan | 151 |
| bb) Natura 2000-Gebiete und besonderer Artenschutz | 159 |
| cc) Inanspruchnahme von Schutzgebieten | 165 |
| dd) Beeinträchtigung gesetzlich geschützter Biotope | 167 |
| ee) Ziele des Naturschutzes und der Landschaftspflege | 168 |
| 3. Rechtsschutz | |
| a) Grundsatz | 170 |
| b) Behebbare Abwägungsmängel | 171 |
| IV. Naturschutzrechtliche Anforderungen an die Bauleitplanung | 175 |
| 1. Anwaltliche Tätigkeit vor dem Aufstellungsbeschluss | 177 |
| a) Inanspruchnahme von Schutzgebieten | |
| aa) Grundsatz: Unzulässigkeit mit Befreiungsmöglichkeit im Einzelfall | 178 |
| bb) Ausnahme: Planung in die Befreiungslage hinein | 181 |
| b) Beeinträchtigung gesetzlich geschützter Biotope | 188 |
| c) Europäischer Natur- und Artenschutz | |
| aa) Natura 2000-Gebiete | 190 |
| bb) Besonderer Artenschutz | 193 |

|  | Rz. |
|---|---|
| d) Baumschutzregelungen | 195 |
| e) Eingriff in Natur und Landschaft | |
| aa) Überblick | 197 |
| bb) Praktische Vorgehensweise | 205 |
| (1) Summarische Vorprüfung | 206 |
| (2) Bestandsaufnahme und Bewertung des vorhandenen Zustandes | 208 |
| (3) Fachliche Prognose der zu erwartenden Eingriffe | 212 |
| (4) Vermeidungsmaßnahmen | 213 |
| (5) Ausgleichsmaßnahmen | 214 |
| (6) Zuordnungsfestsetzungen | 220 |
| f) Landschaftsplan | 222 |
| 2. Anwaltliche Tätigkeit im Ablauf des Verfahrens | |
| a) Entwurfsbegründung und Umweltbericht | 229 |
| b) Anregungen und Bedenken | 232 |
| c) Begründung des Bebauungsplans | 236 |
| 3. Anwaltliche Tätigkeit nach dem Satzungsbeschluss | 239 |
| V. Naturschutzrechtliche Anforderungen an Baugenehmigungen | 241 |
| 1. Tätigkeiten vor Antragstellung | |
| a) Typische Fallkonstellationen | 242 |
| b) Klärung der Sach- und Rechtslage in materiell-rechtlicher und verfahrensrechtlicher Hinsicht | 243 |
| c) Konzentrationswirkung der Baugenehmigung | 244 |
| d) Die Anforderungen des naturschutzrechtlichen Instrumentariums im Einzelnen | |
| aa) Eingriff in Natur und Landschaft | 246 |
| bb) Schutzgebiete und Baumschutzregelungen | 249 |
| cc) Natura 2000-Gebiete | 252 |
| dd) Besonderer Artenschutz | 255 |
| ee) Gesetzlich geschützte Biotope | 257 |
| e) Die Rechtsprechung des BVerwG zum Naturschutz im Innenbereich gem. § 34 BauGB | 259 |
| f) (Un-)Wirksamkeit (untergesetzlicher) naturschutzrechtlicher Vorschriften | 264 |
| g) Abstimmung mit der (Naturschutz-)Behörde | 266 |

| | Rz. | | Rz. |
|---|---|---|---|
| 2. Antragstellung | 270 | 1. Anerkennung von Naturschutzvereinen | 272 |
| VI. Beteiligung anerkannter Naturschutzvereinigungen und Verbandsklage | 271 | 2. Verbandsbeteiligung | 275 |
| | | 3. Verbandsklage | 281 |
| | | VII. Straf- und Bußgeldvorschriften | 292 |

**Literatur:**

**Kommentare:**

*Battis/Krautzberger/Löhr*, BauGB, Kommentar, 11. Aufl. 2009; *Frenz/Müggenborg* (Hrsg.), Bundesnaturschutzgesetz, Kommentar, 2011; *Lütkes/Ewer* (Hrsg.), Bundesnaturschutzgesetz, Kommentar, 2011.

**Monographien und Sammelbände:**

*Becker*, Das neue Umweltrecht 2010, 2010; *de Witt/Dreier*, in: Hoppenberg (Hrsg.), Handbuch des öffentlichen Baurechts, Stand November 2010, Kapitel E, Naturschutz; *Günther*, Baumschutzrecht, 1994; *Kloepfer*, Umweltrecht, 3. Aufl. 2004; *Kratsch/Schumacher*, Naturschutzrecht, 2005; *Schmidt/Kahl*, Umweltrecht, 8. Aufl. 2010; *Sparwasser/Engel/Voßkuhle*, Umweltrecht, 5. Aufl. 2003; *Stüer*, Fachplanungsrecht, 4. Aufl. 2009.

**Aufsätze:**

*Burmeister*, Zur Prüfung der Erheblichkeit von Beeinträchtigungen der Natura-2000-Gebiete gem. § 34 BNatSchG im Rahmen einer FFH-Verträglichkeitsprüfung (LANA-Empfehlungen), NuR 2004, 296; *Degenhart*, Verfassungsrechtliche Rahmenbedingungen der Abweichungsgesetzgebung, DÖV 2010, 422 ff.; *Dolde*, Artenschutz in der Planung – Die „kleine" Novelle zum Bundesnaturschutzgesetz, NVwZ 2008, 121; *Egner*, Landschaftsschutz und Bauleitplanung, NuR 2003, 737; *Erbguth/Schubert*, Zur Vereinbarkeit bestehender öffentlicher Anlagen in (potenziellen) FFH-Gebieten mit europäischem Habitatschutzrecht, DVBl 2006, 591; *Fischer-Hüflte*, Zur naturschutzrechtlichen Vereinsklage nach dem BNatschG 2009, NuR 2011, 237; *Gellermann*, Artenschutz und Straßenplanung – Neues aus Leipzig, NuR 2009, 85; *Gellermann*, Naturschutzrecht nach der Novelle des Bundesnaturschutzgesetzes, NVwZ 2010, 73 ff.; *Günther*, Baumschutzvorschriften im Spiegel der aktuellen Rechtsprechung und Literatur, NuR 2002, 587; *Halama*, Die FFH-Richtlinie – unmittelbare Auswirkungen auf das Planungs- und Zulassungsrecht, NVwZ 2001, 506; *Hendler/Brockhoff*, Die Eingriffsregelung des neuen Bundesnaturschutzgesetzes, NVwZ 2010, 733 ff.; *Hendrischke*, „Allgemeine Grundsätze" als abweichungsfester Kern der Naturschutzgesetzgebung des Bundes, NuR 2007, 454 ff.; *Hösch*, Die FFH-Verträglichkeitsprüfung im System der Planfeststellung, NuR 2004, 210; *Klooth/Louis*, Der rechtliche Status der europäischen Vogelschutzgebiete und der Gebiete von gemeinschaftlicher Bedeutung, NuR 2005, 438; *Köck/Wolf*, Grenzen der Abweichungsgesetzgebung im Naturschutz – Sind Eingriffsregelung und Landschaftsplanung allgemeine Grundsätze des Naturschutzes?, NVwZ 2008, 353 ff.; *Lau*, Die Rechtsprechung des BVerwG zum europäischen Naturschutzrecht im Jahr zwei und drei nach seiner Entscheidung zur Westumfahrung Halle, NVwZ 2011, 461; *Louis*, Das Verhältnis zwischen Baurecht und Naturschutz unter Berücksichtigung der Neuregelung durch das BauROG, in: Dokumentation zur 21. wissenschaftlichen Fachtagung der Gesellschaft für Umweltrecht e.V., 1997; *Louis*, Rechtliche Grenzen der räumlichen, funktionalen und zeitlichen Entkoppelung von Eingriff und Kompensation (Flächenpool und Ökokonto), NuR 2004, 714; *Louis*, Die Zugriffsverbote des § 42 Abs. 1 BNatSchG im Zulassungs- und Bauleitplanverfahren, NuR 2009, 91; *Louis*, Das neue Bundesnaturschutzgesetz, NuR 2010, 77 ff.; *Louis/Wolf*, Naturschutz und Baurecht, NuR 2002, 455; *Michler/Möller*, Änderungen der Eingriffsregelung durch das BNatSchG 2010, NuR 2011, 81 ff.; *Philipp*, Artenschutz in Genehmigung und Planfeststellung, NVwZ 2008, 593; *Schink*, Die Verträglichkeitsprüfung nach der FFH-Richtlinie der EG, DÖV 2002, 45; *Seelig/Gründling*, Die Verbandsklage im Umweltrecht – Aktuelle Entwicklungen und Zukunftsperspektiven im Hinblick auf die Novelle des Bundesnaturschutzgesetzes und supranationale und internationale rechtliche Vorgaben, NVwZ 2002, 1033; *Siegel*, Rechtliche Rahmenbedingungen und Gestaltungsspielräume bei der Aufstellung von Landschaftsplänen, NuR 2003, 325; *Sparwasser/Wöckel*, Zur Systematik der naturschutzrechtlichen Eingriffsregelung, NVwZ 2004, 1189; *Steeck/Lau*, Die Rechtsprechung des BVerwG zum europäischen Naturschutzrecht im Jahr eins nach seiner Entscheidung zur Westumfahrung Halle, NVwZ 2009, 616; *Storost*, FFH-Verträglichkeitsprüfung und Abweichungsentscheidung, DVBl 2009, 673; *Stich*, Aufhellung wichtiger Vollzugsprobleme der naturschutzbezogenen Eingriffsregelung durch die Rechtsprechung, DVBl 2002, 1588; *Stüer*, Europäischer Gebietsschutz, Rechtsprechungsbericht 2005–2010, NuR 2010, 677.

## I. Einführung

### 1. Praktische Bedeutung des Naturschutzrechts

Das Naturschutzrecht hat sich aus dem Schattendasein, das es bis weit in die 80er Jahre des letzten Jahrhunderts hinein führte, seit langem herausentwickelt. Dabei haben insbesondere auch die Vorschriften des europäischen Rechts – Stichworte „FFH-Richtlinie" und „Vogelschutzrichtlinie" – eine wichtige Rolle gespielt. Inzwischen zählt das Naturschutzrecht zu einer der **zentralen Materien des besonderen Verwaltungsrechts**. Ob und wie gebaut werden kann, ist fast immer auch von naturschutzrechtlichen Regelungen abhängig. Dies gilt nicht nur für natur- und landschaftsbeanspruchende Großvorhaben wie Flughäfen, Straßen, Bahnlinien usw., sondern auch für die Bauleitplanung der Gemeinden und für die Erteilung von Bau- und sonstigen Genehmigungen, z.B. nach dem BImSchG. Aus dieser praktischen Bedeutung des Naturschutzrechts folgt eine ständig wachsende Zahl von Gerichtsentscheidungen und wissenschaftlichen Veröffentlichungen, so dass sich das Naturschutzrecht inzwischen als ein komplexes Gebiet mit zahlreichen, teilweise schwierigen Regelungen und Rechtsfragen darstellt.

### 2. Gesetzliche Grundlagen

Die frühere Rahmenkompetenz des Bundes für den Naturschutz und die Landschaftspflege nach Art. 75 Abs. 1 Satz 1 Nr. 3 GG a.F. wurde durch die Verfassungsänderungen im Rahmen der sog. Föderalismusreform I in Art. 74 Abs. 1 Nr. 29 GG und damit in die konkurrierende Gesetzgebungskompetenz übergeführt[1]. Für die Ausübung dieser konkurrierenden Gesetzgebungskompetenz durch den Bund gilt zwar nicht die Erforderlichkeitsklausel nach Art. 72 Abs. 2 GG, jedoch ist sie ein Anwendungsfall der ebenfalls erst mit der Föderalismusreform I eingeführten neuen Kategorie der sog. **Abweichungsgesetzgebung**. D. h. dass die Länder, anders als im Regelfall der konkurrierenden Gesetzgebung (Art. 72 Abs. 1 GG), auch dann noch eigenständige Regelungen im Bereich des Naturschutzes und der Landschaftspflege treffen können, wenn der Bund von seiner Kompetenz abschließend Gebrauch gemacht hat (Art. 72 Abs. 3 Satz 1 Nr. 2 GG). Die späteren Regelungen der Länder gehen dann der bundesrechtlichen Regelung vor. Allerdings besteht ein sog. abweichungsfester Kern, für den die Länder keine Abweichungszuständigkeit haben. Nicht abweichen können die Länder im Naturschutzrecht gem. Art. 72 Abs. 3 Satz 1 Nr. 2 GG von den bundesrechtlichen Regelungen über die allgemeinen Grundsätze des Naturschutzes, das Recht des Artenschutzes und des Meeresnaturschutzes[2]. Zu beachten ist, dass der Bund – wie aus Art. 72 Abs. 3 Satz 3 GG folgt – nach einer abweichenden Regelung durch ein Land wiederum eine vorrangige Regelung treffen kann[3], von der das Land dann auch wieder abweichen kann. Inwieweit dies tatsächlich zu dem in der Literatur befürchteten Problem der für den Rechtsanwender schwer überschaubaren „Ping-pong-Gesetzgebung"[4] führen wird,

---

1 Gesetz v. 28.8.2006, BGBl. I, 2034.
2 Allgemein zu den Problemen der neuen Abweichungsgesetzgebung und zur Bestimmung des abweichungsfesten Kerns *Degenhart*, DÖV 2010, 422 ff.; speziell zur Bestimmung der „allgemeinen Grundsätze des Naturschutzes" *Hendrischke*, NuR 2007, 454 ff.
3 Damit der Bund seine bisherige Regelung nicht wieder unmittelbar mit vorrangiger Wirkung vor der landesrechtlichen Abweichung versehen kann, gilt grds., dass das Bundesgesetz erst sechs Monate nach Verkündung in Kraft tritt, Art. 72 Abs. 3 Satz 2 GG.
4 Hierzu *Köck/Wolf*, NVwZ 2008, 353 (354) m.w.N.

lässt sich bislang noch nicht verlässlich sagen. Jedenfalls erfordert das neu geschaffene System der Abweichungskompetenz gerade auch im Naturschutzrecht eine genaue Prüfung und Kenntnis des jeweiligen Landesrechts. Nur hingewiesen werden kann in diesem Zusammenhang auf die Problematik der Unbestimmtheit des abweichungsfesten Kerns der konkurrierenden Gesetzgebung, die schwierige verfassungsrechtliche Abgrenzungsfragen aufwirft und die zur Verfassungswidrigkeit eventueller landesrechtlicher Abweichungsvorschriften wegen Überschreitung der Kompetenzen des Landesgesetzgebers führen kann[1].

3 In Ausübung seiner neuen konkurrierenden Gesetzgebungskompetenz hat der Bund am 29.7.2009 ein völlig neues „Gesetz über Natur und Landschaftspflege" (Bundesnaturschutzgesetz – BNatSchG)[2] erlassen, das am 1.3.2010 in Kraft trat. Dieses Gesetz ersetzte das noch auf der Rahmenkompetenz beruhende BNatschG, ursprünglich vom 24.12.1976[3], das zwischenzeitlich mehrfach, teilweise umfangreich und erheblich, geändert worden war[4].

4 Das BNatSchG enthält nunmehr eine Regelung der Materie des Naturschutzrechts, die für das gesamte Bundesgebiet grds. einheitlich gilt. Inhaltlich knüpft es an das bisher in Bund und Ländern bestehende naturschutzrechtliche Regelungskonzept an[5]. Allerdings steht das BNatSchG, wie bereits erwähnt, unter dem Vorbehalt abweichender und damit nach Art. 72 Abs. 3 Satz 3 GG vorrangiger Normierung durch den Landesgesetzgeber. Für den Anwalt ist es deshalb unerlässlich, sich darüber zu informieren, inwieweit in dem jeweiligen Bundesland vom BNatSchG abweichende landesrechtliche Vorschriften gelten.

5 Neben dem BNatSchG gelten derzeit folgende **Landesnaturschutzgesetze**, die zum Teil ausführende (beispielsweise über das Verfahren oder in Ausübung weiterer durch das BNatSchG ausdrücklich eingeräumter Ausgestaltungsermächtigungen), zum Teil abweichende Regelungen enthalten. Soweit das betreffende Landesgesetz abweichende Regelungen enthält, ist dies jeweils vermerkt. Allerdings ist zu beachten, dass Bund und Länder jederzeit erneut abweichende Vorschriften erlassen können, so dass die Rechtsentwicklung besonders sorgfältig im Auge behalten werden muss.

– **Baden-Württemberg**: Gesetz zum Schutz der Natur, zur Pflege der Landschaft und über die Erholungsvorsorge in der freien Landschaft (Naturschutzgesetz – NatSchG) vom 13.12.2005[6].
– **Bayern**: Gesetz über den Schutz der Natur, die Pflege der Landschaft und die Erholung in der freien Natur (Bayerisches Naturschutzgesetz – BayNatSchG) vom 23.2.2011[7]. Enthält Abweichungen vom BNatSchG, die jeweils in der amtlichen Überschrift der Bestimmungen gekennzeichnet sind[8].
– **Berlin**: Gesetz über Naturschutz und Landschaftspflege von Berlin (Berliner Naturschutzgesetz – NatSchG Bln.) vom 3.11.2008[9].

---

1 Der Bundesgesetzgeber hat im BNatSchG jeweils am Anfang eines Kapitels in einer Vorschrift definiert, was nach seiner Ansicht die allgemeinen Grundsätze des Naturschutzes sind. Hierbei handelt es sich um eine einfachgesetzliche Auslegung der Verfassung, die im Fall eines Verfassungsrechtsstreits über die Reichweite der Landeskompetenz zur Abweichung aber nicht verbindlich ist; *Gellermann*, NVwZ 2010, 73 (74 f.); *Michler/Möller*, NuR 2011, 81 (82).
2 BGBl. I, 2542.
3 BGBl. I, 3574, ber. BGBl. 1977, 650.
4 Zu diesen Änderungen *Lütkes*, in: Lütkes/Ewer (Hrsg.), BNatSchG, Kommentar, Einl Rz. 45 ff.
5 *Gellermann*, NVwZ 2010, 73.
6 GBl., 745, zuletzt geändert durch Gesetz v. 17.12.2009 (GBl., 809).
7 GVBl., 82.
8 Eine detaillierte Aufzählung der Abweichungen findet sich in BGBl. 2011 I, 365.
9 GVOBl., 378.

## I. Einführung

- **Brandenburg**: Gesetz über den Naturschutz und die Landschaftspflege im Land Brandenburg (Brandenburgisches Naturschutzgesetz – BbgNatSchG) vom 26.5.2004[1].
- **Bremen**: Bremisches Gesetz über Naturschutz und Landschaftspflege (BremNatG) vom 27.4.2010[2]. Enthält Abweichungen vom BNatSchG, die im Gesetzestext gekennzeichnet sind.
- **Hamburg**: Hamburgisches Gesetz zur Ausführung des Bundesnaturschutzgesetzes (Hamburgisches Naturschutz-Ausführungsgesetz – HmbBNatSchAG) vom 11.5.2010[3]. Enthält Abweichungen vom BNatSchG. Eine Aufzählung aller Abweichungen findet sich in BGBl. 2011 I, 93.
- **Hessen**: Hessisches Ausführungsgesetz zum Bundesnaturschutzgesetz (HAGBNatSchG) vom 20.12.2010[4]. Enthält Abweichungen vom BNatSchG, die jeweils in der amtlichen Überschrift der Bestimmungen gekennzeichnet sind.
- **Mecklenburg-Vorpommern**: Gesetz des Landes Mecklenburg-Vorpommern zur Ausführung des Bundesnaturschutzgesetzes (Naturschutzausführungsgesetz – NatSchAG MV) vom 23.2.2010[5]. Enthält Abweichungen vom BNatSchG, die im Gesetzestext bzw. in den amtlichen Überschriften gekennzeichnet sind[6].
- **Niedersachsen**: Niedersächsisches Ausführungsgesetz zum Bundesnaturschutzgesetz (NAGBNatSchG) vom 19.2.2010[7]. Enthält Abweichungen vom BNatSchG, die im Gesetzestext gekennzeichnet sind.
- **Nordrhein-Westfalen**: Gesetz zur Sicherung des Naturhaushalts und zur Entwicklung der Landschaft (Landschaftsgesetz – LG) vom 21.7.2000[8]. Enthält vereinzelte Abweichungen vom BNatSchG.
- **Rheinland-Pfalz**: Landesgesetz zur nachhaltigen Entwicklung von Natur und Landschaft (Landesnaturschutzgesetz – LNatSchG) vom 28.9.2005[9].
- **Saarland**: Gesetz zum Schutz der Natur und Heimat im Saarland (Saarländisches Naturschutzgesetz – SNG) vom 5.4.2006[10].
- **Sachsen**: Sächsisches Gesetz über Naturschutz und Landschaftspflege (Sächsisches Naturschutzgesetz – SächsNatSchG) vom 3.7.2007[11]. Enthält vereinzelte Abweichungen vom BNatSchG.
- **Sachsen-Anhalt**: Naturschutzgesetz des Landes Sachsen-Anhalt (NatSchG LSA) vom 10.12.2010[12]. Enthält Abweichungen vom BNatSchG, die im Gesetzestext gekennzeichnet sind[13].
- **Schleswig-Holstein**: Gesetz zum Schutz der Natur (Landesnaturschutzgesetz – LNatSchG) vom 24.2.2010[14]. Enthält Abweichungen vom BNatSchG, die im Gesetzestext gekennzeichnet sind.
- **Thüringen**: Thüringer Gesetz für Natur und Landschaft (Thüringer Naturschutzgesetz – ThürNatG) vom 30.8.2006[15].

---

1 GVBl. I, 350, zuletzt geändert durch Gesetz v. 15.7.2010, GVBl. I Nr. 28, 1.
2 Brem. GBl., 315.
3 Hamb. GVBl., 305, ber. Hamb. GVBl., 402.
4 GVBl. I, 629.
5 GVOBl., 66, zuletzt geändert durch Gesetz v. 12.7.2010, GVOBl., 383.
6 Eine detaillierte Aufzählung der Abweichungen findet sich in BGBl. 2010 I, 1621.
7 GVBl., 104.
8 GV. NW, 568, zuletzt geändert durch Gesetz v. 16.3.2010, GVBl. NW, 185.
9 Rh.-Pf. GVBl., 387, zuletzt geändert durch VO v. 22.6.2010, GVBl., 106.
10 Amtsbl. des Saarlandes, 726, zuletzt geändert durch Gesetz v. 28.10.2008, Amtsbl. des Saarlandes 2009, 3.
11 GVBl., 321, zuletzt geändert durch Gesetz v. 15.12.2010, GVBl. 387.
12 GVBl. LSA, 569.
13 Eine detaillierte Aufzählung der Abweichungen findet sich in BGBl. 2011 I, 30.
14 GVOBl., 301, zuletzt geändert durch Gesetz v. 15.12.2010, GVOBl., 784, ber. GVOBl. 2011, 48.
15 GVBl., 421, zuletzt geändert durch Gesetz v. 9.3.2011, GVBl., 25.

6 Aus dieser Übersicht ergeben sich drei Fallgruppen landesrechtlicher Regelungen: Einige Länder haben nach Erlass des BNatSchG völlig neue, auf das novellierte BNatSchG abgestimmte Gesetze beschlossen. Andere haben die bisherigen Landesnaturschutzgesetze unverändert beibehalten; hier besteht die Schwierigkeit darin, die Vorschriften zu ermitteln, die weiter gelten. Schließlich haben einige Länder ihre noch auf dem Rahmenrecht beruhenden Gesetze zwar grds. beibehalten in diesen aber punktuell Abweichungsregelungen normiert.

7 Von Bedeutung sind schließlich auch die einschlägigen Regelungen des **europäischen Rechts**. Dies gilt insbesondere für die Flora-Fauna-Habitat-Richtlinie[1] und die Vogelschutzrichtlinie[2]. Die Vogelschutzrichtlinie wurde Ende des Jahres 2009 neu erlassen. Die Änderungen gegenüber der seit 1979 geltenden Volgelschutzrichtlinie[3] sind jedoch nur geringfügig.

### 3. Die Bedeutung des Naturschutzrechts in der anwaltlichen Tätigkeit

8 Mit der zunehmenden Bedeutung des Naturschutzrechts geht eine zunehmende Bedeutung in der anwaltlichen Tätigkeit einher. Dabei zeichnet sich das Naturschutzrecht durch zwei **Besonderheiten** aus:
1. Rechtliche Gesichtspunkte und Argumente reichen allein häufig nicht aus, ein Verfahren sachgerecht zu führen. Der Anwalt muss darüber hinaus zumindest über Grundkenntnisse der **naturwissenschaftlich-fachlichen Probleme** und Zusammenhänge verfügen und bereit sein, intensiv mit Fachleuten des Naturschutzes, wie z.B. Landschaftsplanern oder Biologen, zusammenzuarbeiten.

9 2. Naturschutzrechtliche Fragen begegnen dem Anwalt selten in isolierter Form. Die Beratung einer Stadt bei der Aufstellung einer Baumschutzsatzung ist die Ausnahme. Regelmäßig stellen sich naturschutzrechtliche Fragen im Rahmen von **spezialgesetzlich geregelten** Planungsentscheidungen, insbesondere der Fachplanung und der Bauleitplanung, sowie in spezialgesetzlich geregelten Genehmigungsverfahren, vor allem im Baurecht.

10 Nach einem Überblick über das spezifische Instrumentarium des Naturschutzrechts sind die – praktisch regelmäßig relevanten – naturschutzrechtlichen Anforderungen an Planungsentscheidungen und Genehmigungen und die hieraus folgenden besonderen Anforderungen an die anwaltliche Tätigkeit daher wesentlicher Inhalt der folgenden Darstellung. Exemplarisch behandelt werden Fachplanungsentscheidungen, die Bauleitplanung und das Baugenehmigungsverfahren.

## II. Das naturschutzrechtliche Instrumentarium

### 1. Überblick

11 Das Naturschutzrecht enthält mehrere Regelungen, die für Planungsentscheidungen und Genehmigungen von Bedeutung sind. Im Einzelnen handelt es sich um folgende Vorschriften[4]:
– Ziele des Naturschutzes, §§ 1, 2 BNatSchG

---

1 Richtlinie 92/43/EWG des Rates v. 21.5.1992 zur Erhaltung der natürlichen Lebensräume sowie der wildlebenden Tiere und Pflanzen, ABl. Nr. L 206, S. 7, zuletzt geändert durch die Richtlinie 2006/105/EG v. 20.11.2006, ABl. Nr. L 363, S. 368, ber. ABl. 2007, Nr. L 80, S. 15.
2 Richtlinie 2009/147/EG des Europäischen Parlaments und des Rates v. 30.11.2009 über die Erhaltung der wildlebenden Vogelarten, ABl. 2010 Nr. L 20, S. 7.
3 Richtlinie 79/409/EWG des Rates v. 2.4.1979 über die Erhaltung der wildlebenden Vogelarten, ABl. Nr. L 103, S. 1.
4 Zum besseren Verständnis orientiert sich der folgende Überblick zunächst nicht an der praktischen Bedeutung der einzelnen Vorschriften, sondern am Aufbau des BNatSchG.

- Landschaftsplanung, §§ 8 bis 12 BNatSchG
- Allgemeiner Gebietsschutz: Die naturschutzrechtliche Eingriffsregelung, §§ 13 bis 18 BNatSchG
- Besonderer Gebiets- und Objektschutz: Die Unterschutzstellung einzelner Flächen und Objekte, §§ 20 bis 29 BNatSchG
- (Flächenbezogener) Biotopschutz, § 30 BNatSchG
- Auswahl und Ausweisung europäischer Schutzgebiete/Verträglichkeitsprüfung, §§ 31 bis 36 BNatSchG
- Artenschutz, §§ 37 ff. BNatSchG

Die dargestellten Regelungen gewährleisten **teilweise** einen **unmittelbaren gesetzlichen Schutz** von Natur und Landschaft, so insbesondere die naturschutzrechtliche Eingriffsregelung, die gesetzlichen Biotopschutzvorschriften und das Artenschutzrecht. **Im Übrigen** handelt es sich nur um Ermächtigungen an die zuständigen Behörden zum Erlass **untergesetzlicher Vorschriften**, z.B. in Gestalt von Schutzgebietsverordnungen oder Baumschutzregelungen. 12

Vorfrage der Anwendung solcher Regelungen ist immer, ob sie **selbst rechtmäßig zustande gekommen** sind; ist dies nicht der Fall, sind sie als Rechtsnormen nichtig und entfalten keine Rechtswirkungen[1]. Für die anwaltliche Beratung kann dieser Gesichtspunkt von besonderer Bedeutung sein. 13

Besonders hinzuweisen ist auf § 7 BNatSchG, der zahlreiche Definitionen der im BNatSchG verwendeten Begriffe enthält. Hier werden insbesondere auch die durch das europäische Recht vorgegebenen Begriffe verbindlich erläutert; ohne diese Definitionen sind die (weiteren) Vorschriften des BNatSchG letztlich nicht zu verstehen. 14

**2. Ziele des Naturschutzes und der Landschaftspflege**

§ 1 BNatSchG enthält die **Ziele des Naturschutzes und der Landschaftspflege,** die gem. § 2 BNatSchG zu verwirklichen sind, soweit es im Einzelfall erforderlich, möglich und unter Abwägung aller Anforderungen angemessen ist (§ 2 Abs. 3 BNatSchG)[2]. Die rechtliche Bedeutung der Ziele des Naturschutzes und der Landschaftspflege wird häufig unterschätzt. Sie enthalten durch ihren flächendeckenden und in der Aufgabenstellung umfassenden Ansatz Vorgaben für das gesamte Naturschutzrecht[3]. 15

§§ 1 und 2 BNatSchG räumen den zuständigen Behörden zur Durchsetzung der Ziele **keine Befugnisse** ein[4]; es handelt sich vielmehr um Programmsätze, die 16

---

1 Vgl. als Bsp. VGH Mannheim v. 7.8.1992 – 5 S 251/91, NuR 1993, 139; OVG Lüneburg v. 6.12.1990 – 3 A 105/88, NuR 1993, 341.
2 Vgl. im Einzelnen *Schmidt/Kahl*, Umweltrecht, § 7 Rz. 10; *Becker*, Das neue Umweltrecht 2010, Rz. 297 ff.
3 Gem. § 1 BNatSchG gelten die Ziele des Naturschutzes und der Landschaftspflege im besiedelten und unbesiedelten Bereich, also grds. flächendeckend. Der noch dem Reichsnaturschutzgesetz vom 26.6.1935 zugrundeliegende Ansatz des sog. „Reservatsdenkens", demzufolge sich Naturschutz im Wesentlichen in Schutzgebietsausweisungen und in Fang- und Pflückverboten niederschlug, wurde damit überwunden. Die in § 1 genannten Ziele bringen insbesondere seit dem „Gesetz zur Neuregelung des Naturschutzes und der Landschaftspflege (BNatSchGNeuregG)" vom 25.3.2002 (BGBl. I, 1193) die umfassende und gestalterische Aufgabenstellung von Naturschutz und Landschaftspflege zum Ausdruck; vgl. *Kloepfer*, Umweltrecht, § 11 Rz. 31.
4 Auch die nunmehr in § 3 Abs. 2 BNatSchG enthaltene Befugnis-Generalklausel führt nicht zur Durchsetzbarkeit der Ziele aus § 1 BNatSchG, weil es sich bei diesen weiterhin um Programmsätze handelt (vgl. auch BT-Drs. 16/12274, 51).

gem. § 2 Abs. 2 BNatSchG von den Behörden aktiv zu unterstützen sind. Von praktischer Bedeutung ist § 1 BNatSchG deshalb insbesondere bei der Interpretation spezieller naturschutzrechtlicher Vorschriften[1], bei der Ausübung des den (Naturschutz-)Behörden eingeräumten Ermessens[2] und schließlich bei Planungsentscheidungen, bei denen sie als sog. „Optimierungsgebote" wirken und den Belangen des Naturschutzes und der Landschaftspflege in der Abwägung ein besonderes Gewicht verleihen[3].

### 3. Landschaftsplanung

17  Gem. §§ 8 bis 12 BNatSchG soll die Landschaftsplanung (in Gestalt von überörtlichen Landschaftsprogrammen und Landschaftsrahmenplänen sowie örtlichen Landschafts- und Grünordnungsplänen) die Erfordernisse und Maßnahmen zur Verwirklichung der Ziele des Naturschutzes und der Landschaftspflege darstellen[4].

18  § 9 Abs. 1 BNatSchG umschreibt die **Aufgaben der Landschaftsplanung** mit der Konkretisierung der Ziele des Naturschutzes und der Landschaftspflege für den jeweiligen Planungsraum unter Einbeziehung der Erfordernisse und Maßnahmen zur Erreichung dieser Ziele. § 9 Abs. 3 BNatSchG konkretisiert diese Aufgaben durch eine vierstufige Regelung der Mindeststandards von Plänen[5]: Sie haben erstens den vorhandenen sowie den zu erwartenden Zustand von Natur und Landschaft darzustellen. Zweitens sind die Ziele i.S.d. § 1 BNatSchG für das jeweilige Gebiet zu konkretisieren. Nach Maßgabe dieser Ziele ist drittens der vorhandene und (ohne Durchführung von Maßnahmen) zu erwartende Zustand zu beurteilen und zu bewerten. Hieraus ist in einem vierten Schritt ein Anforderungs- und Maßnahmenkatalog insb. von Schutz-, Pflege- und Entwicklungsmaßnahmen zur Verwirklichung der Ziele zu entwickeln.

19  Der Sache nach handelt es sich bei der Landschaftsplanung um eine **Querschnittsplanung mit Vorlauffunktion** für die gesamträumliche Planung und für die Fachplanung. Gem. § 10 Abs. 2 Satz 2 BNatSchG hat die überörtliche Landschaftsplanung **grds. flächendeckend** zu erfolgen, die örtliche Landschaftsplanung ist hingegen nur noch unter bestimmten Voraussetzungen obligatorisch. Dabei ist zu beachten, dass die Landschaftsplanung sowohl durch die zunächst erforderliche Bestandsaufnahme als auch durch die Erarbeitung der erforderlichen Maßnahmen des Naturschutzes und der Landschaftspflege die unbedingt notwendigen ökologischen Beiträge zu sonstigen Planungen, Maßnahmen und Genehmigungsentscheidungen leistet, ohne die eine angemessene Berücksichtigung der Belange des Naturschutzes und der Landschaftspflege häufig nicht möglich wäre[6].

20  Die **Landschaftsplanung ist nunmehr bundesrechtlich geregelt**. Allerdings sind hier – unabhängig von der zusätzlichen Möglichkeit der Abweichungsgesetzgebung – bereits im Bundesrecht erhebliche Ausgestaltungsspielräume für die Landesgesetzgebung vorgesehen, vgl. §§ 10 Abs. 4, 11 Abs. 1 Satz 4, Abs. 5 BNatSchG[7]. Auch

---

1 Vgl. als Bsp. die Entscheidung des OVG Lüneburg v. 7.12.1989 – 3 A 198/87, NuR 1990, 281; im Ergebnis ebenso VGH Kassel v. 11.3.1994 – 3 N 2454/93, NuR 1994, 395.
2 *Sparwasser/Engel/Voßkuhle*, Umweltrecht, § 6 Rz. 65.
3 BVerwG v. 27.1.1989 – 4 B 201–205.88, Buchholz 407.4, § 17 FStrG Nr. 82; vgl. *Stüer*, Fachplanungsrecht, Rz. 1312 ff.; vgl. u. Rz. 166 f.
4 Umfassend zur Landschaftsplanung *de Witt/Dreier*, Naturschutz, Rz. 81 ff.; *Schmidt/Kahl*, Umweltrecht, § 7 Rz. 13 ff.; *Becker*, Das neue Umweltrecht 2010, Rz. 321 ff.
5 Hierzu *Sparwasser/Engel/Voßkuhle*, Umweltrecht, § 6 Rz. 106; *Kloepfer*, Umweltrecht, § 11 Rz. 70.
6 *Sparwasser/Engel/Voßkuhle*, Umweltrecht, § 6 Rz. 107; *Gassner*, NuR 1993, 118 (119).
7 *Gellermann*, NVwZ 2010, 73 (75).

in Zukunft werden sich die Vorschriften der Länder deshalb voraussichtlich teilweise stark unterscheiden. Dies gilt sowohl für die Zuständigkeit und das Verfahren der Aufstellung der Pläne als auch für ihre Verbindlichkeit.

### 4. Allgemeiner Gebietsschutz: Die naturschutzrechtliche Eingriffsregelung

#### a) Bedeutung

§§ 13 bis 18 BNatSchG enthalten eine umfangreiche Regelung des „Eingriffs in Natur und Landschaft". 21

Die naturschutzrechtliche Eingriffsregelung galt bei Erlass des BNatSchG als einer der wesentlichen Fortschritte in der Naturschutzgebung. Sie sollte einen „flächendeckenden Mindestschutz" von Natur und Landschaft gewährleisten und (auch) im Naturschutzrecht das **Verursacherprinzip** einführen[1].

Nachdem es der Eingriffsregelung in den ersten zehn Jahren ihres Bestehens zunächst nicht gelungen war, diesen hohen Anforderungen zu genügen, und von allen Seiten ein erhebliches Vollzugsdefizit beklagt wurde[2], hat sich die jetzt in §§ 13 bis 18 BNatSchG normierte Eingriffsregelung inzwischen zu einer der **zentralen Vorschriften** des Naturschutzrechts entwickelt[3]. Die heute geltende Regelung entspricht in ihrer Grundstruktur der durch das BNatSchGNeuregG[4] bereits im Jahr 2002 geschaffenen Vorschrift[5]. Die Eingriffsregelung war und ist Gegenstand einer schon fast nicht mehr überschaubaren Zahl wissenschaftlicher Untersuchungen und Gerichtsentscheidungen[6]. Es hat sich jedoch inzwischen eine im Wesentlichen gesicherte Dogmatik der Eingriffsregelung herausgebildet, die auch dem im Naturschutzrecht tätigen Anwalt geläufig sein muss. 22

#### b) Anwendungsvoraussetzungen

##### aa) Eingriff in Natur und Landschaft

Die Anwendung der §§ 13 ff. BNatSchG setzt das Vorliegen eines **Eingriffs in Natur und Landschaft** voraus. Gemäß der Legaldefinition des § 14 Abs. 1 BNatSchG sind Eingriffe in Natur und Landschaft „Veränderungen der Gestalt oder Nutzung von Grundflächen oder Veränderungen des mit der belebten Bodenschicht in Verbindung stehenden Grundwasserspiegels, die die Leistungs- und Funktionsfähigkeit des Naturhaushalts oder das Landschaftsbild erheblich beeinträchtigen können"[7]. 23

Ob ein Vorhaben diese Voraussetzungen erfüllt[8], kann im Einzelfall schwierig zu beantworten sein. § 14 Abs. 2 u. 3 BNatSchG regelt klarstellend lediglich, dass 24

---

1 Vgl. aus den Gesetzgebungsmaterialien BT-Drs. 7/5251, 4 sowie die amtliche Begründung zum Regierungsentwurf des BayNatSchG, LT-Drs. 7/3007; aus der Literatur *Müller*, NJW 1977, 925 ff.; *Pielow*, NuR 1979, 15 ff.; *Breuer*, NuR 1980, 89 ff.
2 Vgl. *Kuchler*, Naturschutzrechtliche Eingriffsregelung und Bauplanungsrecht, S. 17 ff.; *Heidtmann*, NuR 1993, 68 (72 ff.); *Ramsauer*, Die naturschutzrechtliche Eingriffsregelung, S. 7 (Vorwort).
3 Allerdings gilt sie, entgegen dem ursprünglichen flächendeckenden Ansatz, inzwischen nicht mehr im Innenbereich, vgl. § 18 Abs. 2 Satz 1 BNatSchG.
4 Hierzu *Sparwasser/Wöckel*, NVwZ 2004, 1189 ff.; *Anger*, NVwZ 2003, 319 ff.; *Stich*, DVBl 2002, 1588 ff.
5 *Gellermann*, NVwZ 2010, 73 (76).
6 Vgl. *Krautzberger*, NuR 1998, 455 ff.; *Sparwasser/Wöckel*, NVwZ 2004, 1189 ff.
7 Vgl. OVG Schleswig v. 17.4.1998 – 2 K 2/98, NuR 1999, 533 (534).
8 Eine umfangreiche, hier nicht mögliche, Kommentierung der einzelnen Begriffe findet sich bei *de Witt/Dreier*, Naturschutz, Rz. 631 ff. mit zahlreichen praktischen Beispielen; vgl. auch *Lütkes*, in: Lütkes/Ewer (Hrsg.), BNatSchG, Kommentar, § 14 Rz. 6 ff.

land-, forst-, und fischereiwirtschaftliche Maßnahmen regelmäßig keinen Eingriff in Natur und Landschaft darstellen. Die Länder haben die Maßnahmen, die regelmäßig die Voraussetzungen des § 14 Abs. 1 BNatSchG erfüllen oder nicht erfüllen, durch sog. „**Positivlisten**" und „**Negativlisten**" von Vorhaben bestimmt; insoweit ist allerdings zu beachten, dass die entsprechenden Regelungen nur (noch) in den Landesnaturschutzgesetzen gelten, die die Länder in Ausübung ihrer Abweichungskompetenz nach Erlass des BNatSchG erlassen haben[1]. Soweit diese Positiv- und Negativlisten noch auf der Ermächtigung des § 18 Abs. 4 Satz 2 und 3 BNatSchG a.F. (oder entsprechenden Vorgängerregelungen) beruhen, sind sie außer Kraft getreten. Auch soweit die Länder in neuen Landesnaturschutzgesetzen von ihrer Abweichungsgesetzgebung Gebrauch gemacht haben, ist insbesondere bei der Regelung von Ausnahmetatbeständen, die keinen Eingriff darstellen, darauf zu achten, dass die Länder nicht ihre Kompetenzen überschreiten und in den abweichungsfesten Kern nach Art. 72 Abs. 3 Satz 1 Nr. 2 GG eingreifen. Durch die Abweichungsgesetzgebung ergeben sich auch hier sehr unterschiedliche Regelungen in den Ländern[2].

25   Mit § 14 Abs. 2 BNatSchG (sog. „**Landwirtschaftsklausel**") soll der Konflikt zwischen Naturschutz und der Land-, Forst- und Fischereiwirtschaft besser gesteuert werden[3]. Die land-, forst- und fischereiwirtschaftliche Bodennutzung ist nach § 14 Abs. 2 Satz 1 BNatSchG (allerdings nur) insoweit kein Eingriff, als die Ziele des Naturschutzes und der Landschaftspflege (§ 1 BNatSchG) berücksichtigt werden. Daran anschließend folgt eine widerlegbare Vermutungsregel, dass die „**gute fachliche Praxis**" in der Regel den Zielen des Naturschutzes und der Landschaftspflege nicht widerspricht. § 5 Abs. 2 bis 4 BNatSchG enthält eine Regelung über die Anforderungen der „guten fachlichen Praxis", auf die § 14 Abs. 2 Satz 2 BNatSchG bezug nimmt; sie wird ergänzt durch fachrechtliche Definitionen des Land-, Forst- und Fischereiwirtschaftsrechts[4].

26   § 14 Abs. 3 Nr. 1 BNatSchG stellt klar, dass die Beseitigung von Sekundärbiotopen, die durch Stilllegung entsprechender Flächen entstanden sind, bei der Wiederaufnahme der Bodennutzung innerhalb einer Frist von zehn Jahren[5] keinen Eingriff darstellt. Ebenfalls nicht als Eingriff gilt die Wiederaufnahme der Bodennutzung, wenn die Nutzungseinstellung im Rahmen einer vorgezogenen Kompensationsmaßnahme i.S.v. § 16 BNatSchG erfolgte, § 14 Abs. 3 Nr. 2 BNatSchG[6]. Im Übrigen bleibt es aber bei der Regelung, dass eine wesentliche Änderung oder gar ein Wechsel der Bodennutzung[7] sowie die Errichtung von Gebäuden[8] nicht durch § 14 Abs. 2 BNatSchG privilegiert werden.

**bb) Behördliche Entscheidung**

27   Nicht mehr allgemeine Voraussetzung der Anwendbarkeit der naturschutzrechtlichen Eingriffsregelung ist, dass für den Eingriff **in anderen Rechtsvorschriften eine behördliche Entscheidung** (d.h. Bewilligung, Erlaubnis, Genehmigung, Zu-

---

1 *Michler/Möller*, NuR 2011, 81.
2 S. bspw. Art. 6 BayNatSchG; § 6 HmbBNatSchAG; § 12 NatSchAG MV; § 5 NAGBNatSchG; § 6 NatSchG LSA; § 8 LNatSchG Schl.-Holst.
3 Hierzu *Müller*, NuR 2002, 530 ff.
4 Vgl. *Lütkes*, in: Lütkes/Ewer (Hrsg.), BNatSchG, Kommentar, § 14 Rz. 24 ff.
5 Bayern hat abweichend hiervon eine Frist von 15 Jahren geregelt, Art. 6 Abs. 5 Nr. 1 BayNatSchG.
6 Hierzu *Hendler/Brockhoff*, NVwZ 2010, 733 (734).
7 BVerwG v. 13.4.1983 – 4 C 76.80, BVerwGE 67, 93; v. 29.11.1985 – 4 B 213.85, NuR 1986, 251.
8 *de Witt/Dreier*, Naturschutz, Rz. 655 mit weiteren Beispielen.

stimmung, Planfeststellung, Plangenehmigung oder sonstige Entscheidung) oder eine Anzeige an eine Behörde **vorgeschrieben** ist oder dass er durch eine Behörde durchgeführt wird, wie dies bis zum Inkrafttreten des BNatSchG 2010 in § 20 Abs. 1 BNatSchG a.F. geregelt war. Das BNatSchG enthält für diesen Fall in § 17 Abs. 4 eine eigenständige Genehmigungspflicht[1]. Allerdings werden Vorhaben, die die Voraussetzungen des § 14 Abs. 1 BNatSchG erfüllen, regelmäßig bereits einer anderweitigen behördlichen Entscheidung unterfallen.

### c) Rechtsfolgen

Die Rechtsfolgen der naturschutzrechtlichen Eingriffsregelung folgen einem – dem früheren Rahmenrecht entsprechenden – **Stufenmodell**[2]: 28

#### aa) 1. Stufe: Vermeidung von Beeinträchtigungen

Auf der ersten Stufe trifft den Verursacher des Eingriffs gem. § 15 Abs. 1 Satz 1 BNatSchG die Verpflichtung, **vermeidbare Beeinträchtigungen** von Natur und Landschaft **zu unterlassen**. Die Bedeutung der Vorschrift, die auf den ersten Blick nur eine Selbstverständlichkeit zum Ausdruck bringt[3] – warum sollte es zulässig sein, Natur und Landschaft zu beeinträchtigen, wenn diese Beeinträchtigungen vermeidbar sind? –, wirft jedoch einige Fragen auf:[4] 29

Im Wesentlichen bestand bereits unter altem Recht Einigkeit darüber, dass über das Verbot vermeidbarer Beeinträchtigungen nicht der Verzicht auf das Vorhaben insgesamt gefordert werden kann, auch nicht mit der Begründung, es stünden geeignetere Standorte zur Verfügung[5]. Dem entspricht nunmehr auch die Regelung in § 15 Abs. 1 Satz 2 BNatSchG: Vermeidbar ist ein Eingriff nur, wenn zumutbare[6] Alternativen gegeben sind, den mit dem Eingriff verfolgten Zweck am gleichen Ort ohne oder mit geringeren Beeinträchtigungen von Natur und Landschaft erreichen[7]. Die Zulässigkeit des Vorhabens selbst wird somit von § 15 Abs. 1 BNatSchG vorausgesetzt und nicht in Frage gestellt. Das Verbot vermeidbarer Beeinträchtigungen ist in diesem Sinne „relativ" (**Minimierungsgebot**[8]); es begründet keinen absoluten Schutz für Natur und Landschaft[9]. 30

Mit diesem Inhalt ist § 15 Abs. 1 BNatSchG allerdings eine Vorschrift, die **strikte Beachtung** verlangt und weder einem gerichtlich nicht überprüfbaren administrativen Beurteilungsspielraum noch einer weiteren Abwägung unterliegt[10]. Nach § 15 Abs. 1 Satz 3 BNatSchG ist zu begründen, warum ein Eingriff nicht vermeidbar ist, um die Beachtung des Vermeidungsgebots in der Praxis zu stärken[11]. 31

---

1 Hierzu bestehen allerdings abweichende Vorschriften in den Ländern, bspw. Art. 6 Abs. 1 bis 3 BayNatSchG (lediglich Untersagungsbefugnis in diesen Fällen); §§ 5, 7 Abs. 1 NAGBNatSchG (diese Fälle gelten weiterhin nicht als Eingriff).
2 Zu den Rechtsfolgen der naturschutzrechtlichen Eingriffsregelung im Einzelnen *Hendler/Brockhoff*, NVwZ 2010, 733 ff.; vgl. auch (zur alten Rechtslage) *Kuchler*, NuR 1991, 465 ff.; *Sparwasser/Wöckel*, NVwZ 2004, 1189 ff.
3 Vgl. *Pielow*, NuR 1979, 15, der von einer „im Grunde banalen Forderung" spricht.
4 Zum Streitstand *de Witt/Dreier*, Naturschutz, Rz. 664 ff.
5 Vgl. BVerwG v. 7.3.1997 – 4 C 10.96, NuR 1997, 404; *Dürr*, UPR 1991, 81 (90 m.w.N.).
6 Vgl. hierzu BVerwG v. 19.3.2003 – 9 A 33.02, NVwZ 2003, 1120 (1124).
7 *Hendler/Brockhoff*, NVwZ 2010, 733 (734); *Louis*, NuR 2010, 77 (81).
8 *de Witt/Dreier*, Naturschutz, Rz. 668.
9 BVerwG v. 30.10.1992 – 4 A 4.92, NuR 1993, 125; OVG Münster v. 10.11.1993 – 23 D 52/92.AK, NVwZ-RR 1995, 10 (12).
10 BVerwG v. 30.10.1992 – 4 A 4.92, NuR 1993, 125; v. 7.3.1997 – 4 C 10/96, NuR 1997, 404.
11 BT-Drs. 16/12274, 57.

### bb) 2. Stufe: Kompensation von Beeinträchtigungen

32 Auf der zweiten Stufe sind nach § 15 Abs. 2 Satz 1 BNatSchG **unvermeidbare Beeinträchtigungen** durch Maßnahmen des Naturschutzes und der Landschaftspflege **auszugleichen** (Ausgleichsmaßnahmen) oder zu **ersetzen** (Ersatzmaßnahmen).

#### (1) Ausgleichsmaßnahmen

33 § 15 Abs. 2 Satz 2 BNatSchG enthält eine Legaldefinition des Ausgleichs; ausgeglichen ist eine Beeinträchtigung, wenn und sobald die beeinträchtigten Funktionen des Naturhaushalts in gleichartiger Weise wiederhergestellt sind und das Landschaftsbild landschaftsgerecht wiederhergestellt oder neu gestaltet ist.

34 Die eigentliche Schwierigkeit bei der Auslegung der Vorschrift liegt darin, dass – aus tatsächlichen Gründen – ein **vollständiger Ausgleich** aller durch ein Vorhaben hervorgerufener, nicht vermeidbarer Beeinträchtigungen des Naturhaushalts und insbesondere des Landschaftsbilds **nicht möglich** ist. Dies ist eine unbestrittene Erkenntnis der ökologischen Wissenschaften; die Wiederherstellung des status quo ante ist ausgeschlossen[1].

35 Es muss also auch auf dieser Stufe der Rechtsfolgen der Eingriffsregelung eine **wertende Betrachtung** stattfinden[2]. Im Ergebnis fordert das Ausgleichsgebot, dass durch entsprechende Maßnahmen in einem räumlich-funktionellen Zusammenhang mit dem Vorhaben ein Ausgleich der durch das Vorhaben verursachten Beeinträchtigung von Natur und Landschaft erfolgt[3]; eine „Naturalrestitution" ist nicht erforderlich[4].

36 Das Ausgleichsgebot gilt allerdings auch dann, wenn ein in diesem Sinne vollständiger Ausgleich nicht möglich ist. Ausgleichsmaßnahmen sind dann insoweit durchzuführen, wie sie möglich sind (**Teilausgleich**)[5].

37 Ebenso wie das Verbot vermeidbarer Beeinträchtigungen ist das Ausgleichsgebot mit diesem Inhalt **striktes Recht** und keiner weiteren Abwägung zugänglich[6].

#### (2) Ersatzmaßnahmen

38 Eine Beeinträchtigung ist gem. § 15 Abs. 2 Satz 3 BNatSchG ersetzt, wenn und sobald die beeinträchtigten Funktionen des Naturhaushalts **in dem betroffenen Naturraum in gleichwertiger Weise** hergestellt sind und das Landschaftsbild landschaftsgerecht neu gestaltet ist. Bei den Ersatzmaßnahmen handelt es sich um physisch-reale Maßnahmen, die wie Ausgleichsmaßnahmen auf eine Kompensation der mit dem Vorhaben verbundenen Beeinträchtigungen von Natur und Landschaft abzielen, jedoch nur in einem lockereren funktionellen Zusammenhang stehen und/oder auch in weiterer Entfernung vom Ort des Eingriffs durchgeführt werden können[7].

---

1 *Kuchler*, Naturschutzrechtliche Eingriffsregelung und Bauplanungsrecht, S. 169 m.w.N.
2 *Lütkes*, in: Lütkes/Ewer (Hrsg.), BNatSchG, Kommentar, § 15 Rz. 17; *Gassner*, NuR 1988, 69; *Berkemann*, NuR 1993, 97 (102).
3 BVerwG v. 27.9.1990 – 4 C 44.87, BVerwGE 85, 348 (360); *Kloepfer*, Umweltrecht, § 11 Rz. 95; *de Witt/Dreier*, Naturschutz, Rz. 673 m.w.N.
4 Auch hier ist im Einzelnen einiges umstritten; vgl. *Berkemann*, NuR 1993, 97 (102, 103, Fn. 48); vgl. auch *Dürr*, UPR 1991, 81 (90); *de Witt/Dreier*, Naturschutz, Rz. 673.
5 BVerwG v. 30.10.1992 – 4 A 4.92, NuR 1993, 125 (129); v. 17.2.1997 – 4 VR 17.96, NuR 1998, 305.
6 BVerwG v. 30.10.1992 – 4 A 4.92, NuR 1993, 125 (129); OVG Lüneburg v. 4.12.1997 – 7 M 1155/97, NuR 1998, 275.
7 *Lütkes*, in: Lütkes/Ewer (Hrsg.), BNatSchG, Kommentar, § 15 Rz. 21 ff.

## (3) Verhältnis von Ausgleichs- und Ersatzmaßnahmen

Im Gegensatz zur früheren Rechtslage ist den Ausgleichsmaßnahmen gegenüber den Ersatzmaßnahmen kein ausdrücklicher Vorrang mehr eingeräumt. Daraus folgt, dass der Eingriffsverursacher seiner Kompensationspflicht grds. durch beide Instrumente nachkommen kann[1]. Für die Bauleitplanung war die Unterscheidung zwischen Ausgleichs- und Ersatzmaßnahmen bereits gem. § 200a BauGB vollständig aufgegeben worden.

39

## (4) Sicherung von Ausgleichs- und Ersatzmaßnahmen

Gemäß § 15 Abs. 4 BNatSchG sind Ausgleichs- und Ersatzmaßnahmen vom Eingriffsverursacher bzw. dessen Rechtsnachfolger in dem jeweils erforderlichen, von der Behörde festzulegenden Zeitraum zu unterhalten und rechtlich zu sichern[2]. Nach § 17 Abs. 5 BNatSchG kann die Behörde eine Sicherheitsleistung verlangen, nach § 17 Abs. 6 BNatSchG sind die Ausgleichs- und Ersatzmaßnahmen in einem Kompensationsverzeichnis zu erfassen und nach § 17 Abs. 7 BNatSchG hat die zuständige Behörde die ordnungsgemäße Durchführung der Maßnahmen zu prüfen[3].

40

## (5) Bevorratung von Kompensationsmaßnahmen

Nach § 16 Abs. 1 BNatSchG können unter bestimmten Voraussetzungen Maßnahmen des Naturschutzes und der Landschaftspflege, die im Hinblick auf zu erwartende Eingriffe durchgeführt worden sind, als Ausgleichs- oder Ersatzmaßnahmen berücksichtigt werden. Die nähere Ausgestaltung der Berücksichtigung von vor dem Eingriff verwirklichter Maßnahmen, beispielsweise im Rahmen eines **Ökokontos** oder Flächenpools, bleibt gem. § 16 Abs. 2 BNatSchG weiterhin ausdrücklich der Landesgesetzgebung überlassen.

41

## (6) Verordnungsermächtigung und Kompetenzen der Länder

Nach § 15 Abs. 7 Satz 2 BNatSchG sind die Länder zur näheren Ausgestaltung der Ausgleichs- und Ersatzmaßnahmen ermächtigt, solange und soweit der Bund nicht von seiner in § 15 Abs. 7 Satz 1 BNatSchG eingeräumten diesbezüglichen Verordnungsermächtigung Gebrauch macht. Wegen der zusätzlichen Möglichkeit der Abweichungsgesetzgebung ist auch insoweit das im Detail sehr unterschiedliche Landesrecht jeweils sorgfältig zu prüfen.

42

### cc) 3. Stufe: Abwägung

Die dritte Stufe der Rechtsfolgen wird erreicht, wenn die Beeinträchtigungen weder zu vermeiden noch in angemessener Frist auszugleichen oder zu ersetzen sind. Die Abwägung als dritte Stufe der Eingriffsregelung wird demnach nur unter der Voraussetzung relevant, dass zumindest ein Rest von nicht vermeidbaren und nicht in dem erforderlichen Maße ausgleichbaren oder ersetzbaren Beeinträchtigungen von Natur und Landschaft übrig bleibt[4]. Gem. § 15 Abs. 5 BNatSchG ist in diesem Fall der Eingriff zu **untersagen**, wenn **bei Abwägung** aller Anforderungen an Natur und Landschaft die Belange des Naturschutzes und der Landschaftspflege im Range vorgehen.

43

---

1 *Gellermann*, NVwZ 2010, 73 (76).
2 Hierzu *Hendler/Brockhoff*, NVwZ 2010, 733 (736).
3 *Gellermann*, NVwZ 2010, 73 (76).
4 Vgl. BVerwG v. 27.10.2000 – 4 A 18.99, NuR 2001, 216 (223, 224).

44 Nach der Rechtsprechung des BVerwG ist die **Rechtsnatur dieser Abwägungsentscheidung unterschiedlich**, je nachdem, ob sie ein Vorhaben betrifft, das in einer planerischen oder einer gebundenen Entscheidung zugelassen wird:

45 Bei **Fachplanungsentscheidungen**, die regelmäßig aufgrund planerischer Abwägung ergehen, handelt es sich nach dieser Rechtsprechung um eine zwar „**bipolare**", gleichwohl aber „**echte**" **Abwägung**[1]. Es ist daher insbesondere eine **Kompensation** aller betroffenen Belange untereinander in dem Sinne erlaubt, dass das Vorhaben trotz negativer Auswirkungen auf die Belange des Naturschutzes und der Landschaftspflege wegen überwiegender positiver Auswirkungen auf andere Belange zugelassen werden kann[2]. Nach richtiger Auffassung sind bei dieser Abwägung auch ggf. betroffene private Belange zu berücksichtigen[3], ebenso ein möglicher Teilausgleich[4]. Auch mögliche Ersatzmaßnahmen sind seit der Novelle des BNatSchGNeuRG zu berücksichtigen, wodurch es für die Behörden wohl (noch) schwieriger geworden ist, einen Eingriff wegen fehlender oder unzureichender Kompensationsmöglichkeiten zu untersagen[5].

46 Die Abwägung gem. § 15 Abs. 5 BNatSchG ist der fachplanerischen Abwägung nachgelagert[6], die **fachplanerische und die spezifisch naturschutzrechtliche Abwägung sind also zu unterscheiden**[7]. Nur das Vorhaben, das sich als Ergebnis der fachplanerischen Abwägung ergibt, ist Gegenstand der naturschutzrechtlichen Prüfung[8]. Gleichwohl stellt das BVerwG eine Verknüpfung („Rückkopplung") zwischen beiden Abwägungen her. Die naturschutzrechtliche Abwägung „binde" das planerische Abwägungsergebniss[9]; es zwinge die Planungsbehörde, ihr (bisheriges fachplanerisches) Abwägungsergebnis zu überdenken und ggf. von dem Vorhaben Abstand zu nehmen.

47 Handelt es sich bei der Zulassungsentscheidung um eine **gebundene Entscheidung**, wie z.B. eine Baugenehmigung für ein Außenbereichsvorhaben gem. § 35 BauGB, verneint das BVerwG demgegenüber den für eine echte Abwägung kennzeichnenden behördlichen Abwägungsspielraum und die damit grds. einhergehende eingeschränkte gerichtliche Kontrolle. Nach der Auffassung des BVerwG geben die bauplanungsrechtlichen Genehmigungsvoraussetzungen mit ihrer sog. „nachvollziehenden" und damit uneingeschränkt gerichtlich überprüfbaren Abwägung den Rahmen vor, der auch für die Rechtsnatur und die daraus folgende gerichtliche Überprüfbarkeit der naturschutzrechtlichen Abwägungsentscheidung maßgebend ist. Zur Begründung verweist das BVerwG auf den „insoweit akzessorischen Charakter der Eingriffsregelung". Handle es sich bei der in Rede stehenden Zulassungsentscheidung nach dem jeweiligen Fachgesetz um eine gesetzlich gebundene Ent-

---

1 BVerwG v. 27.9.1990 – 4 C 44.87, BVerwGE 85, 348 (362); v. 17.1.2007 – 9 C 1.06, NVwZ 2007, 581 (583).
2 BVerwG v. 27.10.2000 – 4 A 18.99, NuR 2001, 216 (223) („bilanzierende Betrachtungsweise"); *Kuchler*, Naturschutzrechtliche Eingriffsregelung und Bauplanungsrecht, S. 179.
3 Dies ist allerdings umstritten; VGH München v. 12.3.1991 – 8 B 89.2169, NuR 1991, 339; *Berkemann*, NuR 1993, 97 (104) sowie *Sparwasser/Engel/Voßkuhle*, Umweltrecht, § 6 Rz. 150 f.; vgl. auch *Lütkes*, in: Lütkes/Ewer (Hrsg.), BNatSchG, Kommentar § 15 Rz. 68.
4 *Kuchler*, Naturschutzrechtliche Eingriffsregelung und Bauplanungsrecht, S. 183 (184).
5 *Kloepfer*, Umweltrecht, § 11 Rz. 101.
6 BVerwG v. 7.3.1997 – 4 C 10.96, NuR 1997, 404 (405); dazu eingehend *Halama*, NuR 1998, 633 ff.; vgl. auch BVerwG v. 27.10.2000 – 4 A 18.99, NuR 2001, 216 (222).
7 BVerwG v. 27.9.1990 – 4 C 44.87, BVerwGE 85, 348 (362); vgl. auch BVerwG v. 13.12.2001 – 4 C 3.01, NuR 2002, 360.
8 *Halama*, NuR 1998, 633 (634); BVerwG v. 19.3.2003 – 9 A 33.02, NVwZ 2003, 1120 (1123).
9 BVerwG v. 27.10.2000 – 4 A 18.99, NuR 2001, 216 (224).

scheidung, könne die naturschutzrechtliche Eingriffsregelung den Rechtscharakter dieser Entscheidung nicht verändern[1].

### dd) 4. Stufe: Ersatzzahlung

§ 15 Abs. 6 BNatSchG enthält nunmehr eine bundesrechtliche Regelung über die Erhebung von Ersatzzahlungen, die bei zuzulassenden Eingriffen für nicht ausgleichbare oder ersetzbare Beeinträchtigungen zu leisten sind. 48

Die Ersatzzahlung hat sich gem. § 15 Abs. 6 Satz 2 und 3 BNatSchG an den durchschnittlichen Kosten der nicht durchführbaren Ausgleichs- und Ersatzmaßnahmen zu orientieren. Ist dies nicht möglich, so bemisst sie sich nach der Dauer und Schwere des Eingriffs unter Berücksichtigung der dem Verursacher aus dem Eingriff erwachsenden Vorteile. Gemäß § 15 Abs. 7 Satz 1 BNatSchG können Einzelheiten durch Rechtsverordnung des Bundes geregelt werden; diese Verordnung wurde bislang nicht erlassen. Nach § 15 Abs. 7 Satz 2 BNatSchG verbleibt die Kompetenz zur detaillierten Regelung der Höhe der Ersatzzahlung bei den Ländern, solange und soweit der Bund von seiner Verordnungsermächtigung nicht Gebrauch macht. 49

### d) Standardisierte Beurteilungshilfen

Eine zentrale Frage bei der „Abarbeitung" der naturschutzrechtlichen Eingriffsregelung ist die fachliche Bewertung der Auswirkungen eines Eingriffs und der Kompensationsmaßnahmen. Gesetzliche oder untergesetzliche Regelungen (im Sinne einer „TA Eingriffsregelung") gibt es nicht. Verschiedene Bundes- und Landesbehörden haben daher **Leitfäden** zur Handhabung der Eingriffsregelung in der Praxis herausgegeben (s.u. Rz. 210). Diese Leitfäden stellen auch für den Rechtsanwalt eine wichtige Arbeitshilfe dar. 50

### e) Verfahren

Gem. § 17 Abs. 1 BNatSchG entscheidet über die den Verursacher des Eingriffs treffenden Pflichten die Behörde, die auch für die Zulassungsentscheidung, die Entgegennahme einer Anzeige oder die Durchführung eines Eingriffs zuständig ist. Damit gilt grds. weiterhin das sog. „Huckepackverfahren", durch das die Eingriffsregelung verfahrensrechtlich dem jeweiligen Recht des Vorhabens zugeordnet wird. Dies soll der **Verfahrensvereinfachung** dienen. 51

Gem. § 17 Abs. 1 BNatSchG ist das **Benehmen** mit den für Naturschutz und Landschaftspflege zuständigen Behörden herzustellen. Die Naturschutzbehörden werden also nur in der schwächsten Form beteiligt; die für die Entscheidung zuständigen Behörden sind an ihre Stellungnahme nicht gebunden[2]. 52

Die Länder können nach § 17 Abs. 1 BNatSchG jedoch eine „weiter gehende Form der Beteiligung vorschreiben". Einige Landesnaturschutzgesetze sehen daher vor, dass das **Einvernehmen** der Naturschutzbehörden erforderlich ist[3]. 53

Ist die den Eingriff durchführende oder über ihn entscheidende Behörde eine Bundesbehörde, so muss sie auch das Benehmen mit der obersten Landesbehörde für 54

---

1 BVerwG v. 13.12.2001 – 4 C 3.01, NVwZ 2002, 1112 (1113); bestätigt durch BVerwG v. 17.1.2007 – 9 C 1/06, NVwZ 2007, 581 (583).
2 Vgl. *Gellermann*, in: Landmann/Rohmer, Umweltrecht, § 17 Rz. 7.
3 So z.B. § 8 Abs. 1 BremNatG; § 8 HmbBNatSchG; § 10 Abs. 1 SächsNatSchG; § 11 Abs. 1 LNatSchG Schl.-Holst.

Naturschutz und Landschaftspflege herstellen, wenn sie sich über die Stellungnahme der für Naturschutz und Landschaftspflege zuständigen (Landes-)Behörde hinwegsetzen will, § 17 Abs. 2 BNatSchG.

55 Wird der Eingriff nicht von einer Behörde durchgeführt oder ist für ihn keine (anderweitige) behördliche Zulassung oder Anzeige notwendig, so gilt nunmehr bundesrechtlich eine eigenständige Genehmigungspflicht für den Eingriff, deren Verfahren in § 17 Abs. 3 BNatSchG normiert ist.

56 Handelt es sich bei dem Eingriff um ein Vorhaben, das gem. § 3 UVPG einer **Umweltverträglichkeitsprüfung** unterliegt, muss gem. § 17 Abs. 10 BNatSchG das Verfahren, in dem die Entscheidungen über die Rechtsfolgen der Eingriffsregelung getroffen werden, den Anforderungen des UVPG entsprechen.

### 5. Besonderer Gebiets- und Objektschutz: Die Unterschutzstellung bestimmter Flächen und Objekte

#### a) Überblick

57 Gem. §§ 20 bis 36 BNatSchG können Teile von Natur und Landschaft bei Vorliegen der im Einzelnen geregelten Schutzgründe zu einem Schutzgebiet, einem Naturdenkmal oder einem geschützten Landschaftsbestandteil erklärt werden. § 20 Abs. 2 BNatSchG enthält einen **abschließenden Katalog der Schutzgebiete.** Die Regelung des § 20 Abs. 2 BNatSchG ist abweichungsfest, so dass die Länder keine neuen Schutzgebietskategorien regeln können. Sie bestimmen gem. § 22 Abs. 2 BNatSchG jedoch Form und Verfahren der Unterschutzstellung.

58 **Voraussetzung der Unterschutzstellung** ist bei allen Schutzgebieten eine rechtsverbindliche Erklärung, die den Schutzgegenstand, den Schutzzweck, die zur Erreichung des Zwecks notwendigen Gebote und Verbote, und, soweit erforderlich, die Pflege-, Entwicklungs- und Wiederherstellungsmaßnahmen oder die Ermächtigungen hierzu umfasst[1].

59 § 22 Abs. 1 Satz 3 BNatSchG eröffnet die Möglichkeit, Schutzgebiete in verschiedene **Zonen** einzuteilen. Je nach Schutzzweck der jeweiligen Zone kann ein abgestufter, den einzelnen Zonen angepasster Schutz festgesetzt werden. Dabei können auch Flächen der **Umgebung** einbezogen werden, die zwar selbst die gesetzlichen Voraussetzungen (noch) nicht erfüllen, deren Einbeziehung aber im Hinblick auf die zu schützenden Kernzonen vernünftig und geboten ist, damit nicht die mit der Unterschutzstellung insgesamt verfolgten Ziele durch Randeinwirkungen von weniger wertvollen Grundstücken aus beeinträchtigt oder vereitelt werden können.

#### b) Schutzgebiete und Schutzumfang

60 Festgesetzt werden können:

##### aa) Naturschutzgebiete, § 23 BNatSchG

61 Naturschutzgebiete sind Gebiete, in denen ein **besonderer Schutz** von Natur und Landschaft in ihrer Ganzheit oder in einzelnen Teilen zur Erhaltung, Entwicklung oder Wiederherstellung von Lebensstätten, Lebensgemeinschaften oder Biotopen bestimmter wildlebender Tier- und Pflanzenarten aus wissenschaftlichen, natur-

---

1 Zur Entwicklung der Schutzgebiete und den fachlichen Konzepten *de Witt/Dreier*, Naturschutz, Rz. 188 ff.

## II. Das naturschutzrechtliche Instrumentarium

geschichtlichen oder landeskundlichen Gründen oder wegen ihrer Seltenheit, besonderen Eigenart oder hervorragender Schönheit erforderlich ist[1].

Gem. § 23 Abs. 2 BNatSchG sind nach Maßgabe näherer Bestimmungen (in der jeweiligen Verordnung) alle Handlungen verboten, die zu einer Zerstörung, Beschädigung oder Veränderung des Naturschutzgebietes oder seiner Bestandteile oder zu einer nachhaltigen Störung führen können. Es besteht daher grds. ein **absolutes Veränderungsverbot**[2]. 62

### bb) Nationalparke und Nationale Naturmonumente, § 24 BNatSchG

Nationalparke sind einheitlich zu schützende Gebiete, die **großräumig, weitgehend unzerschnitten und von besonderer Eigenart** sind, im überwiegenden Teil ihres Gebietes die Voraussetzungen eines Naturschutzgebietes erfüllen und sich in einem vom Menschen nicht oder wenig beeinflussten Zustand befinden oder geeignet sind, sich in einen Zustand zu entwickeln oder entwickelt zu werden, der einen möglichst ungestörten Ablauf der Naturvorgänge in ihrer natürlichen Dynamik gewährleistet[3]. 63

Ziel der Nationalparke ist es, im überwiegenden Teil ihres Gebietes den möglichst ungestörten Ablauf der Naturvorgänge in ihrer natürlichen Dynamik zu gewährleisten. (Nur) soweit es der Schutzzweck erlaubt, sollen Nationalparke auch der wissenschaftlichen Umweltbeobachtung, der naturkundlichen Bildung und dem Naturerlebnis der Bevölkerung dienen[4]. 64

Gem. § 24 Abs. 3 BNatSchG entspricht der Umfang des Schutzes grds. dem der Naturschutzgebiete; dabei ist auf die vorausgesetzte Großräumigkeit besondere Rücksicht zu nehmen[5]. 65

Nationale Naturmonumente sind Gebiete, die aus wissenschaftlichen, naturgeschichtlichen, kulturhistorischen oder landeskundlichen Gründen und wegen ihrer Seltenheit, Eigenart oder Schönheit von herausragender Bedeutung sind. Zu den Nationalen Naturmonumenten zählen bedeutsame Naturbestandteile, die nicht das Kriterium der Großflächigkeit erfüllen[6]. Sie sind gem. § 24 Abs. 4 Satz 2 BNatSchG wie Naturschutzgebiete zu schützen. 66

### cc) Biosphärenreservate, § 25 BNatSchG

Biosphärenreservate sind einheitlich zu schützende und zu entwickelnde Gebiete, die **großräumig und für bestimmte Landschaftstypen charakteristisch** sind, in we- 67

---

1 Zu den Tatbestandsmerkmalen im Einzelnen de Witt/Dreier, Naturschutz, Rz. 236. Auch der Einbeziehung von Flächen der Umgebung („Pufferzone") kommt eine hohe Bedeutung zu; vgl. VGH Kassel v. 11.3.1994 – 3 N 2454/93, NuR 1994, 395 (397); BVerwG v. 13.8.1996 – 4 NB 4.96, NuR 1996, 600; v. 5.2.2009 – 7 CN 1.08, NuR 2009, 346 (348); OVG Lüneburg v. 16.12.2009 – 4 KN 717/07, NuR 2010, 579 (580).
2 *Kloepfer*, Umweltrecht, § 11 Rz. 127.
3 Im Gebiet der Bundesrepublik Deutschland erfüllen nur wenige Landschaftsräume die Voraussetzungen eines Nationalparks, BVerwG v. 10.9.1999 – 6 BN 1.99, NuR 2000, 43 (45); allgemein zum Nationalpark *Peine*, LKV 2002, 441.
4 Die Wesensmerkmale des Nationalparks sind in der Definition des Nationalparks durch die Internationale Naturschutzunion IUCN festgehalten, vgl. hierzu *Heugel*, in: Lütkes/Ewer (Hrsg.), BNatSchG, Kommentar, § 24 Rz. 2 und *de Witt/Dreier*, Naturschutz, Rz. 251.
5 *de Witt/Dreier*, Naturschutz, Rz. 254 ff.
6 BT-Drs. 16/13430, 22.

sentlichen Teilen ihres Gebiets die Voraussetzungen eines Naturschutzgebiets und im Übrigen überwiegend eines Landschaftsschutzgebietes erfüllen. Sie dienen vornehmlich der Erhaltung, Entwicklung oder Wiederherstellung einer durch hergebrachte vielfältige Nutzung geprägten Landschaft und der darin historisch gewachsenen Arten- und Biotopvielfalt, einschließlich Wild- und früherer Kulturformen wirtschaftlich genutzter oder nutzbarer Tier- und Pflanzenarten. Sie dienen darüber hinaus beispielhaft der Entwicklung und Erprobung von die Naturgüter besonders schonenden Wirtschaftsweisen und, soweit es der Schutzzweck erlaubt, auch der Forschung und der Beobachtung von Natur und Landschaft sowie der Bildung für nachhaltige Entwicklung.

68 Gem. § 25 Abs. 3 BNatSchG entspricht der Schutzumfang dem der Natur- und Landschaftsschutzgebiete unter Berücksichtigung der durch die Großräumigkeit und Besiedlung gebotenen Ausnahmen. Die Biosphärenreservate sind über Kernzonen, Pflegezonen und Entwicklungszonen zu entwickeln. Sie können auch als Biosphärengebiete oder Biosphärenregionen bezeichnet werden.

#### dd) Landschaftsschutzgebiete, § 26 BNatSchG

69 Landschaftsschutzgebiete sind Gebiete, in denen ein besonderer Schutz von Natur und Landschaft zur Erhaltung, Entwicklung oder Wiederherstellung der Leistungs- und Funktionsfähigkeit des Naturhaushalts oder der Regenerations- und nachhaltigen Nutzungsfähigkeit der Naturgüter, einschließlich des Schutzes von Lebensstätten und Lebensräumen bestimmter wild lebender Tier- und Pflanzenarten, oder wegen der Vielfalt, Eigenart und Schönheit oder der besonderen kulturhistorischen Bedeutung der Landschaft oder wegen ihrer besonderen Bedeutung für die Erholung erforderlich ist[1].

70 Gem. § 26 Abs. 2 BNatSchG sind im Landschaftsschutzgebiet alle Handlungen verboten, die den Charakter des Gebiets verändern oder dem Schutzzweck zuwiderlaufen[2]. Die **Verbote** der jeweiligen Verordnung können **sowohl repressiver (absoluter) als auch präventiver (relativer) Art** sein[3], also bestimmte Maßnahmen nur unter Genehmigungsvorbehalt stellen.

#### ee) Naturparke, § 27 BNatSchG

71 Naturparke sind **großräumige Gebiete**, die überwiegend bereits durch Landschaftsschutzgebiete oder Naturschutzgebiete verbindlich geschützt sind. Sie sind einheitlich zu pflegen und zu entwickeln, da die Gebiete sich wegen ihrer landschaftlichen Voraussetzungen für die Erholung besonders eignen, in ihnen ein nachhaltiger Tourismus angestrebt wird und sie nach den Erfordernissen der Raumordnung für die Erholung vorgesehen sind. Sie dienen der Erhaltung, Entwicklung oder Wiederherstellung einer durch vielfältige Nutzung geprägten Landschaft und ihrer Arten- und Biotopvielfalt, in ihnen wird zu diesem Zweck eine dauerhaft umweltgerechte

---

1 Vgl. die umfassende Darstellung bei *Carlsen/Fischer-Hüftle*, NuR 1993, 311 ff; VGH Mannheim v. 29.9.1988 – 5 S 1466/88, VBlBW 1989, 227 (228); v. 11.10.1993 – 5 S 1266/92, NVwZ 1994, 1024; BVerwG v. 16.6.1988 – 4 B 102.88, NVwZ 1988, 1020; OVG Bautzen v. 24.9.1998 – 1 S 369/96, NuR 1999, 344; OVG Münster v. 3.3.1999 – 7 A 2883/92, NuR 2000, 51; v. 19.1.2001 – 8 A 2049/99, NVwZ 2001, 1179; OVG Lüneburg v. 2.7.2003 – 8 KN 2523/01, NuR 2003, 703; BVerwG v. 1.2.2007 – 7 BN 1.07; VGH München v. 31.10.2007 – 14 N 05.2125, NVwZ-RR 2008, 452; OVG Lüneburg v. 16.12.2009 – 4 KN 717/07, NVwZ 2010, 598.
2 Vgl. die Aufzählung bei *de Witt/Dreier*, Naturschutz, Rz. 279.
3 OVG Lüneburg v. 13.3.2003 – 8 KN 236/01, NuR 2003, 567; VGH München v. 1.8.1988 – 9 N 87/01708, NuR 1989, 182; *Carlsen/Fischer-Hüftle*, NuR 1993, 311 (316ff.).

## II. Das naturschutzrechtliche Instrumentarium

Landnutzung angestrebt und sie müssen besonders dazu geeignet sein, eine nachhaltige Regionalentwicklung zu fördern.

Der Schwerpunkt in diesen nach der gesetzlichen Regelung zu planenden, zu gliedernden, zu erschließenden und weiter zu entwickelnden Gebieten liegt gem. § 27 Abs. 2 BNatSchG bei den **Entwicklungsmaßnahmen**; daneben sind aber alle Gebote und Verbote gem. den grds. geltenden Bestimmungen des § 22 Abs. 1 BNatSchG möglich. Im übrigen gelten die Bestimmungen der bereits bestehenden Landschaftsschutzgebiets- und Naturschutzgebietsverordnungen[1].

### ff) Naturdenkmale, § 28 BNatSchG

Naturdenkmale sind **Einzelschöpfungen der Natur** oder entsprechende **Flächen bis 5 ha**, deren besonderer Schutz aus wissenschaftlichen, naturgeschichtlichen oder landeskundlichen Gründen oder wegen ihrer Seltenheit, Eigenart oder Schönheit erforderlich ist[2].

Der gesetzlich vorgesehene Schutz von Naturdenkmalen ist hoch; § 28 Abs. 2 BNatSchG enthält ein **grds. absolutes Veränderungsverbot**. Nach Maßgabe näherer Bestimmungen in der jeweiligen Verordnung sind die Beseitigung des Naturdenkmals und alle Handlungen, die zu einer Zerstörung, Beschädigung oder Veränderung des Naturdenkmals führen können, verboten[3].

### gg) Geschützte Landschaftsbestandteile, § 29 BNatSchG

Geschützte Landschaftsbestandteile sind Teile von Natur und Landschaft, deren besonderer Schutz zur Erhaltung, Entwicklung oder Wiederherstellung der Leistungs- und Funktionsfähigkeit des Naturhaushalts, zur Belebung, Gliederung oder Pflege des Orts- und Landschaftsbildes, zur Abwehr schädlicher Einwirkungen oder wegen ihrer Bedeutung als Lebensstätten bestimmter wild lebender Tier- und Pflanzenarten erforderlich ist. Gem. § 29 Abs. 1 Satz 2 BNatSchG kann sich der Schutz für den Bereich eines Landes oder für Teile eines Landes auf den gesamten Bestand an Alleen, einseitigen Baumreihen, Bäumen, Hecken oder anderen Landschaftsbestandteilen erstrecken.

Innerhalb dieser bundesrechtlichen Vorgabe enthalten die Landesnaturschutzgesetze besondere Ermächtigungen zum Erlass von **Baumschutzverordnungen bzw. Baumschutzsatzungen**, die es ermöglichen, Grünbestände insbesondere auch innerhalb im Zusammenhang bebauter Ortsteile flächendeckend zu schützen[4]. Die Baumschutzregelungen haben erhebliche praktische Bedeutung erlangt[5].

Die geschützten Landschaftsbestandteile genießen gem. § 29 Abs. 2 BNatSchG den gleichen Schutz wie Naturdenkmale. Nach Maßgabe näherer Bestimmungen in der jeweiligen Verordnung oder Satzung sind die Beseitigung der geschützten Landschaftsbestandteile sowie alle Handlungen, die zu einer Zerstörung, Beschädigung oder Veränderung führen können, verboten[6]. Für den Fall der Bestandsminderung

---
1 *Kloepfer*, Umweltrecht, § 11 Rz. 145; *de Witt/Dreier*, Naturschutz, Rz. 288.
2 Beispiele bei *de Witt/Dreier*, Naturschutz, Rz. 298.
3 *Heugel*, in: Lütkes/Ewer (Hrsg.), BNatSchG, Kommentar, § 28 Rz. 8; vgl. als Beispiel OVG Münster v. 15.8.1996 – 22 A 4322/95, NVwZ-RR 1997, 533; VGH Kassel v. 31.10.1988 – 2 TH 2957/86, AgrarR 1990, 60.
4 *de Witt/Dreier*, Naturschutz, Rz. 325 ff.
5 Vgl. hierzu die umfassende Darstellung bei *Günther*, Baumschutzrecht, 1994, S. 1 ff.; *Günther*, NuR 2002, 587; *Günther*, NuR 1998, 637; ausführlich ferner *de Witt/Dreier*, Naturschutz, Rz. 322 ff.
6 Beispiele bei *de Witt/Dreier*, Naturschutz, Rz. 319.

kann die Verpflichtung zu Ersatzpflanzungen oder zur Leistung von Ersatz in Geld vorgesehen werden[1].

#### c) Verfahren der Unterschutzstellung

78 Das Verfahren der Unterschutzstellung ist weiterhin bundesrechtlich nicht geregelt, sondern wird gem. § 22 Abs. 2 BNatSchG ausdrücklich dem Landesrecht überlassen. § 22 Abs. 1 BNatSchG enthält lediglich Mindestanforderungen der Erklärungen zur Unterschutzstellung. Landesrechtlich ist in der Regel der Erlass einer **Rechtsverordnung** durch die jeweils zuständige Naturschutzbehörde vorgesehen. Baumschutzregelungen können in manchen Ländern auch als gemeindliche Satzung ergehen.

79 Die Rechtsprechung hat zahlreiche **verfahrensrechtliche Erfordernisse** entwickelt; insbesondere ist das verfassungsrechtliche Gebot der Bestimmtheit zu beachten[2]. Der Schutzgegenstand muss durch Text und Karte eindeutig bezeichnet werden; außerdem muss die textliche Beschreibung die Grenzen des jeweiligen Gebietes und die darin enthaltenen Flächen genau bestimmen[3]. Sind Karten Bestandteile der Verordnung, sind sie (ebenfalls) auszufertigen[4].

#### d) Einstweilige Sicherstellung

80 § 22 Abs. 3 BNatSchG enthält nunmehr eine bundesrechtliche Regelung zur einstweiligen Sicherstellung, die zumindest Anforderungen an Inhalt und Dauer der Erklärungen festlegt. Form und Verfahren werden weiterhin durch das Landesrecht bestimmt. Die einstweilige Sicherstellung ermöglicht, dass Eingriffe, die im Widerspruch zu dem vorgesehenen Schutzzweck stehen, durch Rechtsverordnung oder Einzelanordnung **befristet untersagt** werden können. Die Regelungen entsprechen im Grundsatz der Veränderungssperre gem. § 14 BauGB.

#### e) Bestandsschutz, Land-, Forst-, Fischereiwirtschaft und Befreiungen

81 Bei Erlass der Schutzgebietsverordnungen vorhandene Anlagen genießen **Bestandsschutz**, auch wenn sie mit dem Schutzzweck nicht vereinbar sind. Instandsetzungen sind zulässig, nicht jedoch eine vollständige Erneuerung.

82 Gemäß § 5 Abs. 1 BNatSchG ist bei Maßnahmen des Naturschutzes und der Landschaftspflege die besondere Bedeutung einer natur- und landschaftsverträglichen **Land-, Forst- und Fischereiwirtschaft** für die Erhaltung der Kultur- und Erholungslandschaft zu berücksichtigen. Dies gilt auch bei Verfahren zur Unterschutzstellung, so dass Schutzgebietsverordnungen regelmäßig Klauseln enthalten, die die Landwirtschaft privilegieren[5].

---

1 Siehe zu Ausgleichszahlungen *Günther*, NuR 2002, 587 (590 ff.).
2 Vgl. BVerwG v. 29.1.2007 – 7 B 68.06, NVwZ 2007, 589; VGH Mannheim v. 5.11.2001 – 5 S 1006/00, NVwZ-RR 2002, 571; OVG Lüneburg v. 24.8.2001 – 8 KN 41/01, NuR 2002, 56 (57 f.); vgl. für Baumschutzvorschriften BVerwG v. 16.6.1994 – 4 C 2.94, NVwZ 1994, 1099: Das Bestimmtheitsgebot wird nicht verletzt, wenn eine Baumschutzsatzung ihren Geltungsbereich mit der Formulierung „innerhalb der im Zusammenhang bebauten Ortsteile und des Geltungsbereichs der Bebauungspläne" umschreibt.
3 OVG Lüneburg v. 14.8.1990 – 3 L 103/89, NuR 1991, 285.
4 VGH Mannheim v. 18.11.1986 – 5 S 650/86, NuR 1987, 180; VGH Kassel v. 27.2.1990 – 3 N 728/84, UPR 1991, 119; a.A. bei ausreichender „Verknüpfung" von Verordnungstext und Anlage VGH München v. 25.4.1996 – 9 N 94599, NuR 1998, 150.
5 *de Witt/Dreier*, Naturschutz, Rz. 387 ff.

II. Das naturschutzrechtliche Instrumentarium  Rz. 89 Teil 3 D

Gem. § 67 Abs. 1 BNatSchG kann von den Geboten und Verboten des BNatSchG, 83
einer Rechtsverordnung auf Grund des § 57 BNatSchG sowie des Naturschutzrechts der Länder auf Antrag **Befreiung** gewährt werden, wenn dies aus Gründen des überwiegenden öffentlichen Interesses, einschließlich solcher sozialer oder wirtschaftlicher Art, notwendig ist, oder die Durchführung der Vorschriften im Einzelfall zu einer unzumutbaren Belastung führen würde und die Abweichung mit den Belangen von Natur und Landschaftspflege vereinbar ist[1]. Ein Rechtsanspruch auf eine Befreiung besteht nicht[2].

Unabhängig davon, ob ein Eingriff in Natur und Landschaft i.S.d. § 14 BNatSchG 84
vorliegt, kann die Gewährung der Befreiung gem. § 67 Abs. 3 Satz 2 BNatSchG von der Durchführung von Vermeidungs-, Ausgleichs- und Ersatzmaßnahmen oder der Zahlung eines Ersatzgeldes abhängig gemacht werden; die Befreiung ist insoweit mit **Nebenbestimmungen** zu versehen[3].

Die mit dem Erlass von Schutzgebietsverordnungen verbundenen **Beschränkungen** 85
**der Eigentümerbefugnisse** sind grds. zulässig. Es handelt sich um Inhalts- und Schrankenbestimmungen i.S.d. Art. 14 Abs. 1 Satz 2 GG, die in der Regel entschädigungslos hinzunehmen sind[4].

### 6. Biotopverbund und Biotopvernetzung, §§ 20, 21 BNatSchG

Zur dauerhaften Sicherung der Populationen wild lebender Tiere und Pflanzen ein- 86
schließlich ihrer Lebensstätten, Biotope und Lebensgemeinschaften sowie der Bewahrung, Wiederherstellung und Entwicklung funktionsfähiger ökologischer Wechselbeziehungen (§ 21 Abs. 1 BNatSchG) verpflichtet § 20 Abs. 1 BNatSchG die Länder zur Schaffung eines Biotopverbundes, der mindestens 10 % der Fläche eines Landes umfassen soll.

Nach der (abschließenden[5]) Aufzählung des § 21 Abs. 3 BNatSchG können Natio- 87
nalparke, Nationale Naturmonumente, Naturschutzgebiete, Natura 2000-Gebiete, Biosphärenreservate, Biotope gem. § 30 BNatSchG, Flächen des Nationalen Naturerbes sowie des Grünen Bandes und Teile von Landschaftsschutzgebieten sowie Naturparken Bestandteil des Biotopverbundes sein. Er soll gem. § 21 Abs. 2 BNatSchG länderübergreifend erfolgen.

Der Biotopverbund besteht gem. § 21 Abs. 3 BNatSchG aus sog. Kernflächen, Ver- 88
bindungsflächen und Verbindungselementen. Sie sind entweder zu geschützten Teilen von Natur und Landschaft i.S.d. § 20 Abs. 2 BNatSchG zu erklären oder durch planungsrechtliche Festsetzungen, langfristige vertragliche Vereinbarungen oder andere geeignete Maßnahmen rechtlich zu sichern.

### 7. Allgemeiner Artenschutz

§ 39 BNatSchG regelt den **allgemeinen Schutz von Tieren und Pflanzen und deren** 89
**Lebensstätten.** Gemäß § 39 Abs. 1 Nr. 1 BNatSchG ist es verboten, wild lebende

---
1 Vgl. BVerwG v. 20.2.2002 – 4 B 12.02, NuR 2003, 351; v. 21.6.2006 – 9 A 28.05, NVwZ 2006, 1407; VGH Mannheim v. 13.10.2005 – 3 S 2521/04, NuR 2006, 264.
2 BVerwG v. 21.2.1994 – 4 B 33.94, NVwZ-RR 1994, 372; VGH Mannheim v. 25.6.1991 – 8 S 2110/90, NuR 1992, 329; ausführlich zur naturschutzrechtlichen Befreiung, allerdings nach leicht abweichender alter Rechtslage, *Louis*, NuR 1995, 62 ff. und *Stollmann*, DVBl 1999, 746 ff.
3 *Heugel*, in: Lütkes/Ewer (Hrsg.), BNatSchG, Kommentar, § 67 Rz. 20.
4 *Kimminich*, NuR 1994, 261 (266 ff.); *Kloepfer*, Umweltrecht, § 11 Rz. 197 ff.; BVerwG v. 24.6.1993 – 7 C 26.92, NuR 1993, 487 ff.; BGH v. 26.1.1984 – III ZR 179/82, BGHZ 90, 4.
5 *Louis*, NuR 2010, 77 (84).

Tiere mutwillig zu beunruhigen oder ohne vernünftigen Grund zu fangen, zu verletzen oder zu töten. § 39 Abs. 1 Nr. 2 BNatSchG verbietet es, wild lebende Pflanzen ohne vernünftigen Grund von ihrem Standort zu entnehmen oder zu nutzen oder ihre Bestände niederzuschlagen oder auf sonstige Weise zu verwüsten. § 39 Abs. 1 Nr. 3 BNatSchG verbietet es, Lebensstätten wild lebender Tiere und Pflanzen ohne vernünftigen Grund zu beeinträchtigen oder zu zerstören.

90 Ein **vernünftiger Grund** in diesem Sinne liegt (u.a.) vor, wenn eine Handlung ausdrücklich erlaubt ist[1]. Die Verbote des allgemeinen Artenschutzes stehen also genehmigten oder zulässigen genehmigungsfreien Bauvorhaben nicht entgegen. Sie sind daher auch in Planungsverfahren nicht von Bedeutung. Für die anwaltliche Tätigkeit sind die Vorschriften des allgemeinen Artenschutzes also allenfalls in Ausnahmefällen relevant.

### 8. Europäischer Natur- und Artenschutz

#### a) Überblick

91 Der Europäische Natur- und Artenschutz hat in den letzten Jahren, begründet insbesondere durch die Rechtsprechung des EuGH und des BVerwG und durch Änderungen des deutschen Naturschutzrechts, eine herausragende Stellung in Verwaltungsverfahren, vor allem in Genehmigungsverfahren für Großvorhaben, erlangt. Die Regelungen haben ihren Ursprung im Wesentlichen in der **Vogelschutzrichtlinie** („VRL")[2] und in der **Flora-Fauna-Habitat-Richtlinie** („FFH-RL")[3]. Die VRL und die FFH-RL dienen dem Schutz natürlicher Lebensräumen und gefährdeter Tier- und Pflanzenarten. Hierfür enthalten die Richtlinien zwei voneinander zu unterscheidende Schutzregime: Zum einen führen sie einen europaweiten gebietsbezogenen Natur- und Artenschutz ein, indem von den Mitgliedsstaaten Schutzgebiete auszuweisen sind, die gemeinsam ein kohärentes ökologisches Netz bilden, das sog. „Natura 2000-Netz". Als zweites Schutzregime enthalten die Richtlinien allgemeine Verbotstatbestände zum Schutz gefährdeter Tier- und Pflanzenarten. Diese Vorschriften betreffen nicht nur den Schutz von Tieren und Pflanzen innerhalb hierfür speziell ausgewiesener Gebiete, sondern gelten unabhängig von diesen Schutzgebieten.

92 Im BNatSchG finden sich die Vorschriften zum europäischen ökologischen Netz „Natura 2000" in §§ 31 bis 36 BNatSchG und zum Artenschutz in §§ 37 bis 47 BNatSchG, wobei in der verwaltungsrechtlichen Praxis insbesondere die Regelungen des sog. „Besonderen Artenschutzes" in §§ 44 und 45 BNatSchG von Bedeutung sind.

#### b) Europäisches Netz „Natura 2000", §§ 31 bis 36 BNatSchG

93 Gemäß § 31 BNatSchG i.V.m. Art. 3 FFH-RL besteht das **Netz „Natura 2000"** aus den nach der FFH-RL ausgewiesenen FFH-Gebieten und aus den nach der VRL ausgewiesenen Vogelschutzgebieten. Die Auswahl der jeweiligen Gebiete war bzw. ist Aufgabe der Mitgliedsstaaten.

---

1 *Heugel*, in: Lütkes/Ewer (Hrsg.), BNatSchG, Kommentar, § 39 Rz. 3.
2 Richtlinie 2009/147/EG des Europäischen Parlaments und des Rates v. 30.11.2009 über die Erhaltung der wildlebenden Vogelarten, ABl. 2010 Nr. L 20, S. 7. Bei dieser Richtlinie handelt es sich um einen Neuerlass der schon deutlich älteren Richtlinie 79/409/EWG des Rates v. 2.4.1979 über die Erhaltung der wildlebenden Vogelarten, ABl. Nr. L 103, S. 1, der jedoch keine wesentlichen inhaltlichen Neuerungen enthält.
3 Richtlinie 92/43/EWG des Rates v. 21.5.1992 zur Erhaltung der natürlichen Lebensräume sowie der wildlebenden Tiere und Pflanzen, ABl. Nr. L 206, S. 7, zuletzt geändert durch die Richtlinie 2006/105/EG v. 20.11.2006, ABl. Nr. L 363, S. 368, ber. ABl. 2007, Nr. L 80, S. 15.

## aa) Auswahl von Schutzgebieten

### (1) Auswahl von Vogelschutzgebieten

Neben dem Zweck, die erforderlichen Maßnahmen zum **Schutz der Artenvielfalt und der Lebensräume** aller in Europa heimischen Vogelarten zu treffen, enthält die VRL die Pflicht zur Durchführung besonderer Schutzmaßnahmen für bestimmte, in Anhang I der VRL aufgeführte besonders schutzwürdige Vogelarten. Gemäß Art. 4 VRL müssen die Mitgliedsstaaten **lebensraumbezogene Schutzmaßnahmen** zur Sicherung des Überlebens und der Vermehrung stark bedrohter Vogelarten ergreifen. Sie haben die für die Erhaltung dieser Arten zahlen- und flächenmäßig geeignetsten Gebiete zu Schutzgebieten zu erklären („Vogelschutzgebiete") und dort einen hohen Schutzstandard sicherzustellen. 94

Gem. § 32 Abs. 1 BNatSchG wird die **Gebietsauswahl** in Deutschland durch die Länder im Benehmen mit dem Bundesministerium für Umwelt, Naturschutz und Reaktorsicherheit und unter Beteiligung der anderen fachlich betroffenen Bundesministerien getroffen. Die Auswahlentscheidung muss ausschließlich nach den in Art. 4 Abs. 1 und 2 VRL genannten ornithologischen Kriterien erfolgen[1]. Den Mitgliedstaaten kommt (nur) ein beschränkter naturschutzrechtlicher Beurteilungsspielraum zu[2]. 95

### (2) Auswahl von FFH-Gebieten

Die FFH-RL bezweckt gem. Art. 2 FFH-RL die **Sicherung der Artenvielfalt** durch die Erhaltung der natürlichen Lebensräume sowie der wildlebenden Tiere und Pflanzen in Europa. Dem dient die Errichtung des „Natura 2000-Netzes". Dieses Netz besteht gem. Art. 3 Abs. 1 FFH-RL aus Gebieten, die die in Anhang I der FFH-RL genannten natürlichen Lebensräume sowie die Habitate der in Anhang II der FFH-RL genannten Arten umfassen. Das „Natura 2000-Netz" muss den Fortbestand oder die Wiederherstellung eines günstigen Erhaltungszustands der natürlichen Lebensräume und der Habitate der Arten gewährleisten. 96

Hinsichtlich der materiellen Auswahlkriterien für die i.S.d. FFH-RL schutzwürdigen Gebiete verweist § 32 Abs. 1 Satz 1 BNatSchG auf Art. 4 Abs. 1 FFH-RL und damit auch auf die Kriterien des Anhangs III. Die nach diesen Kriterien zu bestimmenden **Gebiete** werden gem. § 33 Abs. 1 BNatSchG **von den Ländern im Benehmen mit dem Bundesministerium für Umwelt, Naturschutz und Reaktorsicherheit ausgewählt**[3] und von diesem der EG-Kommission benannt. Die Abgrenzung der Gebiete erfolgt im gesamten Verfahren nur nach fachlichen, nicht nach politischen, wirtschaftlichen oder infrastrukturellen Gesichtspunkten[4]. Wie bei der Auswahl von Vogelschutzgebieten kommt den Mitgliedsstaaten (nur) ein beschränkter naturschutzfachlicher Beurteilungsspielraum zu[5]. Anschließend erstellt die Kommission aus den ihr gemeldeten Gebieten eine **Liste der Gebiete von gemeinschaftli-** 97

---

1 BVerwG v. 15.1.2004 – 4 A 11.02, NuR 2004, 366 (368); v. 14.11.2002 – 4 A 15.02, NVwZ 2003, 485; v. 31.1.2002 – 4 A 15.01, NuR 2002, 539.
2 BVerwG v. 14.11.2002 – 4 A 15.02, NVwZ 2003, 485; v. 31.1.2002 – 4 A 15/01, NVwZ 2002, 1103.
3 Siehe hierzu die ausführliche Darstellung bei *Gebhard*, NuR 1999, 361 ff.
4 BVerwG v. 19.5.1996 – 4 A 9.97, NuR 1998, 544 (550); v. 24.8.2000 – 6 B 23.00, NuR 2001, 45; EuGH v. 11.7.1996 – C-44/95, NuR 1997, S. 36 ff., v. 14.1.2010 – C-226/08, NuR 2010, 114.
5 BVerwG v. 24.8.2000 – 6 B 23.00, NuR 2001, 45; v. 27.2.2003 – 4 A 59/01, NVwZ 2003, 1253.

cher Bedeutung. Diese ist mittlerweile von der Kommission veröffentlicht und auch bereits mehrfach fortgeschrieben worden[1].

98 Mit der Aufnahme eines Gebiets in die Kommissionsliste sind die **Länder gem. § 32 Abs. 2 und 3 BNatSchG verpflichtet, eine Unterschutzstellung** entsprechend den jeweiligen Erhaltungszielen gem. § 20 Abs. 2 BNatSchG **durchzuführen.** Nach § 32 Abs. 4 BNatSchG kann eine förmliche Unterschutzstellung unterbleiben, sofern ein anderer adäquater Schutz gewährleistet ist, wozu auch vertragliche Vereinbarungen zählen.

**bb) Schutzregime**

**(1) Überblick**

99 Gemäß § 7 Abs. 1 Nr. 6 BNatSchG handelt sich bei einem FFH-Gebiet ab dem Zeitpunkt der **Aufnahme in die Liste der Kommission** um ein „Gebiet von gemeinschaftlicher Bedeutung" und damit um ein „Natura 2000-Gebiet" gem. § 7 Abs. 1 Nr. 8 BNatSchG. Ab diesem Zeitpunkt gilt der Schutz der §§ 33 und 34 BNatSchG.

100 Gemäß Art. 7 FFH-RL gelten die Vorschriften der FFH-RL auch für die durch die Mitgliedsstaaten zu Schutzgebieten erklärten Vogelschutzgebiete. Im BNatSchG ist dies in § 7 Abs. 1 Nr. 8 geregelt, wonach auch europäische Vogelschutzgebiete zu den Natura 2000-Gebieten zählen. Damit gilt ab dem Zeitpunkt der **Erklärung zum Schutzgebiet** auch für Vogelschutzgebiete das Schutzregime der §§ 33 und 34 BNatSchG und nicht mehr das Schutzregime der VRL. Dies ist von Bedeutung, weil das Schutzregime der §§ 33 und 34 BNatSchG schwächer ist als das Schutzregime der VRL, wie es insbesondere in Art. 4 Abs. 4 VRL statuiert ist.

**(2) Anwendungsbereich: Projekte und Pläne**

101 Nach § 34 Abs. 1 BNatSchG sind für alle **„Projekte"** vor ihrer Zulassung oder Durchführung **Verträglichkeitsprüfungen** im Hinblick auf die Erhaltungsziele des Gebiets von gemeinschaftlicher Bedeutung oder des Europäischen Vogelschutzgebiets angeordnet. Der Begriff des Projektes ist nicht legal definiert. Er ist entsprechend dem Projektbegriff des UVP-Rechts auszulegen und anzuwenden[2]. Danach sind Projekte definiert als die Errichtung von baulichen oder sonstigen Anlagen sowie sonstige Eingriffe in Natur und Landschaft einschließlich derjenigen zum Abbau von Bodenschätzen[3]. § 36 BNatSchG ordnet die Durchführung von Verträglichkeitsprüfungen auch für **„Pläne"** an. Dazu gehören die in § 36 BNatSchG ausdrücklich genannten fernstraßenrechtlichen und bundeswasserstraßenrechtlichen Linienbestimmungen sowie sonstige Pläne, die bei behördlichen Entscheidungen zu beachten oder zu berücksichtigen sind. § 36 Satz 2 BNatSchG bestimmt (zwar), dass die Verträglichkeitsprüfung bei Raumordnungsplänen sowie bei Bauleitplänen und Satzungen nach § 34 Abs. 4 Satz 1 Nr. 3 BauGB keine Anwendung findet. Für **Bauleitpläne** bestimmt allerdings § 1a Abs. 4 BauGB, dass bei der Aufstellung von Bauleitplänen gem. § 34 BNatSchG zu prüfen ist, ob durch die Bauleitplanung die Erhaltungsziele eines Natura 2000-Gebiets erheblich beeinträchtigt werden können[4]. Für Raumordnungspläne gilt § 7 Abs. 6 ROG.

---

1 Die zum Stand Juli 2011 aktuellen Listen für die in der Bundesrepublik Deutschland maßgeblichen biografischen Regionen (kontinentale, atlantische und alpine Region) wurden mit Beschlüssen der Kommission 2011/62/EU, 2011/63/EU und 2011/64/EU v. 10.1.2011, ABl. EU L 33/1, L 33/52 und L 33/146, veröffentlicht.
2 EuGH v. 7.9.2004 – C-127/02, NuR 2004, 788.
3 Art. 1 Abs. 2 UVP-Richtlinie; siehe hierzu auch *Frenz*, NVwZ 2011, 275 ff.
4 Vgl. OVG Münster v. 3.9.2009 – 10 D 121/07. NE, NuR 2009, 801; *Reidt*, NVwZ 2010, 8; hierzu näher unter Rz. 190 ff.

II. Das naturschutzrechtliche Instrumentarium

Da § 34 BNatSchG bereits bei Aufstellung eines Bebauungsplans zu beachten ist, regelt § 34 Abs. 8 BNatSchG, dass die Verträglichkeitsprüfung nach § 34 Abs. 1 bis 7 BNatSchG für Vorhaben i.S.d. § 29 BauGB in Gebieten mit Bebauungsplänen nach § 30 BauGB und während der Planaufstellung nach § 33 BauGB entfällt. Für Vorhaben in Bereichen nach § 34 BauGB, im Außenbereich nach § 35 BauGB sowie für Bebauungspläne, soweit sie eine Planfeststellung ersetzen, ist gem. § 34 Abs. 8 BNatSchG die Verträglichkeitsprüfung jedoch durchzuführen[1].

**(3) Verträglichkeitsprüfung**

Kernstück des Schutzregimes für Natura 2000-Gebiete ist die Verträglichkeitsprüfung nach § 34 BNatSchG. § 34 Abs. 1 BNatSchG schreibt vor, dass Projekte und Pläne vor ihrer Zulassung oder Durchführung auf ihre Verträglichkeit mit den Erhaltungszielen eines Natura 2000-Gebietes zu überprüfen sind, wenn sie einzeln oder im Zusammenwirken mit anderen Plänen oder Projekten geeignet sind, das Gebiet erheblich zu beeinträchtigen, und nicht unmittelbar der Verwaltung des Gebietes dienen.

Projekte, die zu **erheblichen Beeinträchtigungen** der genannten Schutzgebiete führen können, sind gem. § 34 Abs. 2 BNatSchG grds. unzulässig und können nur im Wege einer sog. „Abweichungsentscheidung" gem. § 34 Abs. 3 BNatSchG zugelassen werden.

Welche Behörde für die Durchführung dieser **Verträglichkeitsprüfung** zuständig ist, schreibt § 34 Abs. 1 BNatSchG nicht vor; diese Regelung ist Sache des Landesrechts[2]. Als Teil des Zulassungsverfahrens wird die FFH-Verträglichkeitsprüfung aber regelmäßig von der Zulassungsbehörde durchgeführt werden[3].

Der (eigentlichen) Verträglichkeitsprüfung vorgelagert ist eine **Vorprüfung** (Screening)[4]. In dieser wird zunächst ermittelt, ob nach Lage der Dinge ernsthaft die Besorgnis nachteiliger Auswirkungen auf die Erhaltungsziele eines Natura 2000-Gebiets besteht[5]. Hierzu werden die erwarteten Auswirkungen auf die beeinträchtigten Natura 2000-Gebiete überschlägig abgeschätzt[6]. Kommt die Vorprüfung zu dem Ergebnis, dass erhebliche Beeinträchtigungen des Natura 2000-Gebiets offensichtlich ausgeschlossen sind, muss eine Verträglichkeitsprüfung nicht durchgeführt werden.

Die FFH-Verträglichkeitsprüfung (im engeren Sinne) hat sodann zu bestimmen, ob ein Projekt ein FFH-Gebiet erheblich beeinträchtigen kann[7]. Gegenstand der Prüfung sind die Auswirkungen auf die für das konkrete Gebiet formulierten Erhaltungsziele, nicht jegliche von dem Projekt ausgehende Umweltauswirkungen[8].

---

1 Siehe hierzu auch Rz. 261.
2 *Sparwasser/Engel/Voßkuhle*, Umweltrecht, § 6 Rz. 234.
3 Vgl. *Kloepfer*, Umweltrecht, § 11 Rz. 182.
4 Vgl. hierzu BVerwG v. 13.8.2010 – 4 BN 6.10, NuR 2010, 797; BVerwG v. 26.11.2007 – 4 BN 46.07, NuR 2008, 115; *Steeck/Lau*, NVwZ 2008, 854.
5 BVerwG v. 13.8.2010 – 4 BN 6.10, NuR 2010, 797; v. 26.11.2007 – 4 BN 46.07, NuR 2008, 115; v. 17.1.2007 – 9 A 20.05, NVwZ 2007, 1054; EuGH v. 7.9.2004 – C-127/02, NuR 2004, 788; *Storost*, DVBl 2009, 673, 674.
6 Näher *Steeck/Lau*, NVwZ 2008, 854; vgl. auch EuGH v. 10.1.2006 – C-98/03, NuR 2006, 166.
7 Vgl. hierzu *de Witt/Dreier*, Naturschutzrecht, Rz. 470 ff; *Lau*, NVwZ 2011, 461; *Steeck/Lau*, NVwZ 2009, 616; *Jarass*, NuR 2007, 371 (373 ff.); *Burmeister*, NuR 2004, 296 ff.; *Hösch*, NuR 2004, 210 (212 ff.); *Gellermann/Schreiber*, NuR 2003, 205 ff.; *Schink*, DÖV 2002, 45 ff.
8 *Hösch*, NuR 2004, 210 (212).

Zur Beurteilung der Erheblichkeit einer Beeinträchtigung muss die Verträglichkeitsprüfung folgende **Inhalte** aufweisen[1]:
- Vorhabenbeschreibung und Beschreibung und Charakterisierung anderer Vorhaben, bei denen die Möglichkeit besteht, dass sie in Zusammenwirkung erhebliche Auswirkungen auf Natura 2000-Gebiete haben;
- Ermittlung der Wirkungen/Wirkfaktoren einschließlich ihrer Intensität und ihrer maximalen Einflussbereiche;
- Ermittlung der möglicherweise vom Vorhaben betroffenen Schutzgebiete einschließlich deren Erhaltungsziele und Schutzzwecke;
- Ermittlung der maßgeblichen Bestandteile des betroffenen Natura 2000-Gebietes;
- Ermittlung der maßgeblichen Bestandteile, die von den Einflussbereichen überlagert werden;
- Bestandsaufnahme;
- Wirkungsprognose, d.h. Prognose der Schutzgebietsentwicklung ohne und mit Verwirklichung des Vorhabens;
- Bewertung der Erheblichkeit der vorhabensbedingten Beeinträchtigungen bezogen auf die für die Erhaltungsziele und den Schutzzweck maßgeblichen Gebietsbestandteile.

108 Das für die Verträglichkeitsprüfung maßgebliche Kriterium, der Begriff **„erhebliche Beeinträchtigungen"**, wird im BNatSchG nicht definiert. Nach der Rechtsprechung des BVerwG kommt dem Merkmal der „Erheblichkeit" keine einschränkende Bedeutung zu. Da die Verträglichkeitsprüfung verlangt, dass ein Vorhaben zu (überhaupt) keinen Beeinträchtigungen der Erhaltungsziele eines Natura 2000-Gebiets führt, wird also jede Beeinträchtigung als erheblich betrachtet, die sich negativ auf die Lebensräume und Arten, die den Grund der Unterschutzstellung bilden, auswirkt[2].

109 Im Rahmen der Verträglichkeitsprüfung dürfen allerdings **Schutz- und Kompensationsmaßnahmen** zur Verhinderung erheblicher Beeinträchtigungen berücksichtigt werden. Voraussetzung ist jedoch, dass derartige Maßnahmen die Beeinträchtigungen verhindern und nicht bloß abmildern[3].

110 Zu den Anforderungen an die Prüfung der Erheblichkeit einer Beeinträchtigung von Natura 2000-Gebieten existieren mittlerweile zahlreiche **Leitfäden**, die auch für den Rechtsanwalt wertvolle Arbeitshilfen bieten. Hervorzuheben ist zum einen die von der Europäischen Kommission herausgegebene Interpretationshilfe zu Art. 6 FFH-RL[4]. Zum anderen wurden im Auftrag der bundesdeutschen Länderarbeitsgemeinschaft Naturschutz, Landschaftspflege und Erholung Empfehlungen zur Verträglichkeitsprüfung gem. § 34 BNatSchG erarbeitet[5]. Die ständige Konkre-

---

1 Siehe hierzu die LANA-Empfehlung, NuR 2004, 296 ff.; *Kratsch/Schumacher*, Naturschutzrecht, S. 157 f.
2 BVerwG v. 17.1.2007 – 9 A 20.05, NVwZ 2007, 1054; *Storost*, DVBl 2009, 673 (675).
3 *Storost*, DVBl 2009, 673 (676).
4 Europäische Kommission, Natura 2000 – Gebietsmanagement, Die Vorgaben des Art. 6 der Habitat-Richtlinie 92/43/EWG, April 2000, sowie der dazu ergangene „Auslegungsleitfaden zu Art. 6 Abs. 4 der ‚Habitat-Richtlinie' 92/43/EWG", Januar 2007; beide Dokumente sind abrufbar im Internet unter: http://ec.europa.eu/environment/nature/legislation/habitatsdirective/index_en.htm.
5 LANA, „Anforderungen an die Prüfung der Erheblichkeit von Beeinträchtigungen der Natura-2000-Gebiete gem. § 34 BNatSchG im Rahmen der FFH-Verträglichkeitsprüfung (FFH-VP)", Stand 4./5. März 2004, abgedruckt mit Vorbemerkung von *Burmeister* in NuR 2004, 296 ff.

tisierung der Anforderungen durch die Rechtsprechung führt allerdings dazu, dass bei Anwendung der Leitfäden stets auch die aktuelle Rechtsprechung zu beachten ist.

**(4) Ausnahmsweise Zulassung durch eine Abweichungsentscheidung**

Ergibt die Verträglichkeitsprüfung, dass das Projekt zu **erheblichen Beeinträchtigungen** eines Natura 2000-Gebiets in seinen für die Erhaltungsziele oder den Schutzzweck maßgeblichen Bestandteilen führen kann, ist es gem. § 34 Abs. 2 BNatSchG grds. **unzulässig**. Eine **Zulassung** kann dann nur unter den Voraussetzungen des § 34 Abs. 3 oder 4 BNatSchG erfolgen[1]: 111

Diese Voraussetzungen sind streng. Nach § 34 Abs. 3 BNatSchG muss das Projekt aus **zwingenden Gründen des überwiegenden öffentlichen Interesses**, einschließlich solcher sozialer oder wirtschaftlicher Art, notwendig sein, und zumutbare Alternativen, den mit dem Projekt verfolgten Zweck an anderer Stelle ohne oder mit geringeren Beeinträchtigungen zu erreichen, dürfen nicht gegeben sein. Darüber hinaus muss der Mitgliedstaat alle notwendigen Ausgleichsmaßnahmen ergreifen, um sicher zu stellen, dass die globale Kohärenz der Schutzgebiete gewahrt ist (sog. „Kohärenzsicherungsmaßnahmen"). 112

Der Kreis der bei der Abweichungsentscheidung zu berücksichtigenden Gründe des „öffentlichen Interesses" ist sehr weit. § 34 Abs. 3 BNatSchG selbst nennt auch solche „sozialer oder wirtschaftlicher Art". Daneben kommen noch vielfältige andere Gründe in Betracht[2]. Nach der Rechtsprechung des BVerwG kommt es entscheidend auf das „Überwiegen" des öffentlichen Interesses an. Die Entscheidung, ob diese Voraussetzung erfüllt ist, erfordert eine Abwägung, in der das Gewicht der für das Vorhaben streitenden Gemeinwohlbelange nachvollziehbar bewertet und mit den gegenläufigen Belangen des Habitatschutzes abgewogen werden muss[3]. Es handelt sich allerdings nicht um eine fachplanerische Abwägung, sondern um eine den **spezifischen Regeln des FFH-Rechts folgende Abwägung**[4]. 113

Voraussetzung einer Abweichungsentscheidung ist darüber hinaus, dass zumutbare Alternativlösungen nicht vorhanden sind[5]. Die im Rahmen der Abweichungsentscheidung durchzuführende **Alternativenprüfung** ist wesentlich strenger als die (weiterhin durchzuführende) Alternativenprüfung nach Maßgabe des Fachplanungsrechts (vgl. *Geiger*, Teil 1 Kap. D, Rz. 92 ff.). Die Alternativenprüfung i.S.d. § 34 Abs. 3 Nr. 2 BNatSchG erfolgt nicht im Wege einer Abwägungsentscheidung, sondern allein im Hinblick auf die jeweiligen Auswirkungen auf die Belange des Naturschutzes. Lässt sich das Planungsziel an einem nach dem Schutzkonzept der FFH-RL günstigeren Standort oder mit geringerer Eingriffsintensität verwirklichen, so muss der Projektträger von dieser Möglichkeit Gebrauch machen. 114

Etwas anderes gilt nur für „unzumutbare" Alternativen, bei denen der mit der günstigeren Alternative verbundene Aufwand außerhalb jedes vernünftigen Verhältnisses zu dem mit ihm erreichbaren Gewinn für Natur und Landschaft steht. Darüber hinaus kann der Vorhabenträger nicht auf solche Alternativen verwiesen werden, 115

---
1 Diese Zulassungsgründe entsprechen Art. 6 Abs. 4 Satz 1 und Satz 2 FFH-RL; zur Abweichungsentscheidung *Storost*, DVBl 2009, 673 ff.
2 BVerwG v. 9.7.2009 – 4 C 12.07, NVwZ 2010, 123 (125).
3 BVerwG v. 9.7.2009 – 4 C 12.07, NVwZ 2010, 123 (125 f.); v. 12.3.2008 – 9 A 3.06, NuR 2008, 633 (648 f.); v. 17.1.2007 – 9 A 20.05, NVwZ 2007, 1054 (1069).
4 BVerwG v. 17.1.2007 – 9 C 1.06, NVwZ 2007, 581 (583 f.).
5 Zur Alternativenprüfung im Rahmen der Abweichungsentscheidung *Winter*, NuR 2010, 601 ff.

mit denen sich das Projektziel oder auch bloße Teilziele nicht verwirklichen lassen[1].

116 Die **Kohärenzsicherungsmaßnahmen** sollen im Falle der Genehmigung eines Vorhabens im Wege einer Abweichungsentscheidung den Funktionsverlust der Erhaltungsziele eines Natura 2000-Gebiets im räumlichen und zeitlichen Zusammenhang zum Vorhaben ersetzen, beispielsweise durch Wiederherstellung beeinträchtigter Lebensräume, die Verbesserung des verbleibenden Lebensraums oder die Eingliederung neuer Gebiete in das Netz von Schutzgebieten. Kohärenzsicherungsmaßnahmen müssen deshalb die Förderung genau jener Funktionen bezwecken, die durch das Vorhaben beeinträchtigt wurden[2].

117 Können von dem Projekt im Natura 2000-Gebiet prioritäre Biotope oder Arten betroffen werden, ist eine Zulassung nur unter den (strengeren) Voraussetzungen des § 34 Abs. 4 BNatSchG möglich. Aus dem Wortlaut der Vorschrift ergibt sich nunmehr ausdrücklich, dass diese Voraussetzungen nur gelten, wenn geschützte Lebensraumtypen oder Arten tatsächlich beeinträchtigt werden und nicht bereits dann, wenn sie lediglich vorhanden sind[3]. Im Rahmen der Abweichungsentscheidung nach § 34 Abs. 3 Nr. 1 und 2 BNatSchG können als **zwingende Gründe des überwiegenden öffentlichen Interesses** nur solche im Zusammenhang mit der Gesundheit des Menschen, der öffentlichen Sicherheit, einschließlich der Landesverteidigung und des Schutzes der Zivilbevölkerung, oder der maßgeblich günstigen Auswirkungen des Projekts auf die Umwelt geltend gemacht werden. Letztere Variante liegt nur vor, wenn ein Projekt den Zustand der Umwelt unmittelbar verbessert, z.B. die Sanierung einer Kläranlage oder Deponie, die nicht dem Stand der Technik entsprechen. Projekte, die regelmäßig nur indirekt günstige Auswirkungen auf die Umwelt haben, wie z.B. Anlagen zur Erzeugung regenerativer Energien, sind somit nicht umfasst[4]. Sonstige Gründe i.S.d. Abs. 3 Nr. 1 können indes weiterhin berücksichtigt werden, wenn die zuständige Behörde zuvor über das Bundesministerium für Umwelt, Naturschutz und Reaktorsicherheit eine Stellungnahme der Kommission eingeholt hat (§ 34 Abs. 4 Satz 2 BNatSchG). An die Stellungnahme der Kommission ist die entscheidende Behörde nicht gebunden[5].

118 Um zu verhindern, dass schon bestehende Schutzanordnungen und Verbote für geschützte Teile von Natur und Landschaft gem. § 20 Abs. 2 BNatSchG und nach § 30 BNatSchG **unterlaufen** werden, regelt § 34 Abs. 7 BNatSchG, dass § 34 BNatSchG nur insoweit anzuwenden ist, als die Schutzvorschriften, einschließlich der Vorschriften über Ausnahmen und Befreiungen, keine strengeren Regelungen für die Zulassung von Projekten enthalten.

**(5) Faktische Vogelschutzgebiete und potenzielle FFH-Gebiete**

119 Nach dem ursprünglichen Zeitplan sollten die Mitgliedstaaten bis zum 5.6.1995 schützenswerte Gebiete an die Kommission melden und diese sollte im Einvernehmen mit den betroffenen Mitgliedstaaten bis zum 5.6.1998 eine Gemeinschaftsliste

---

1 BVerwG v. 3.6.2010 – 4 B 54.09, NVwZ 2010, 1289 (1290f.); v. 17.5.2002 – 4 A 28.1, NVwZ 2002, 1243 (1246); EuGH v. 27.6.1990 – C-118/89, NVwZ 1991, 51; *Lau*, NVwZ 2011, 461 (464f.).
2 BVerwG v. 12.3.2008 – 9 A 3.06, NuR 2008, 633 (651); *Stüer*, NuR 2010, 677 (683).
3 Dies war jedenfalls bis zur Entscheidung des BVerwG v. 9.7.2009 – 4 C 12.07, NVwZ 2010, 123 (125) umstritten.
4 *Louis*, DÖV 1999, 374 (380).
5 *Louis*, DÖV 1999, 374 (380).

## II. Das naturschutzrechtliche Instrumentarium

erstellen. Aufgrund mitgliedstaatlicher Versäumnisse – auch der Bundesrepublik Deutschland[1] – bei der Meldung der Gebiete konnte die Kommission zunächst nur eine vorläufige Gemeinschaftsliste verabschieden; eine erste Liste von Gebieten gemeinschaftlicher Bedeutung wurde erst mit großer Verzögerung veröffentlicht[2]. Die Liste ist in verschiedene sog. „biografische Regionen" aufgeteilt. Für das Gebiet der Bundesrepublik Deutschland sind die Listen der kontinentalen, atlantischen und alpinen Region maßgeblich. Die Gemeinschaftsliste wird von der Kommission ständig fortgeschrieben. Für alle drei genannten Regionen gilt derzeit jeweils die vierte aktualisierte Liste von Gebieten von gemeinschaftlicher Bedeutung[3].

Grundsätzlich unterliegt ein FFH-Gebiet erst dann den Anforderungen der §§ 33 BNatSchG, wenn es in die Gemeinschaftsliste eingetragen ist. Vogelschutzgebiete unterliegen diesen Anforderungen erst nach ihrer Erklärung zum Schutzgebiet durch den jeweiligen Mitgliedstaat. Nach ständiger Rechtssprechung des EuGH und des BVerwG können bestimmte Schutzanforderungen allerdings unter Umständen auch schon vor der Aufnahme in die Liste der Gebiete von gemeinschaftlicher Bedeutung bzw. der Erklärung zum Schutzgebiet Anwendung finden. Dann gelten die Anforderungen an Eingriffe in sog. „faktische Vogelschutzgebiete" bzw. „potentielle FFH-Gebiete". Diese Rechtsprechung war von großer Bedeutung, bevor die Kommission erstmalig eine vollständige Liste von Gebieten gemeinschaftlicher Bedeutung verabschiedet hatte. Das BVerwG hat jedoch in neueren Entscheidungen sowohl für FFH-Gebiete als auch für Vogelschutzgebiete festgestellt, dass das Melde- und Gebietsauswahlverfahren in Deutschland mittlerweile einen so fortgeschrittenen Stand erreicht hat, dass das zusammenhängende Netz von FFH- und Vogelschutzgebieten entstanden ist. Der Einwand des Vorliegens eines faktischen Vogelschutzgebiets[4] oder eines potenziellen FFH-Gebiets[5] unterliegt daher inzwischen jedenfalls **besonderen Darlegungsanforderungen**. Das BVerwG hat jedoch ebenfalls entschieden, dass weitere Gebiete aufgrund neuer wissenschaftlicher Erkenntnisse ggf. noch unter Schutz zu stellen sind, wenn sich ihre Bedeutung erst zukünftig herausstellt[6]. Daher bleibt die Rechtsprechung zu faktischen Vogelschutzgebieten bzw. potentiellen FFH-Gebieten grds. weiterhin aktuell.

120

### (a) Faktische Vogelschutzgebiete

Als „faktische Vogelschutzgebiete" gelten nach der Rechtsprechung des EuGH Gebiete, die ein Mitgliedstaat nicht förmlich als Vogelschutzgebiet nach Art. 4 VRL ausgewiesen hat, die jedoch nach den Kriterien der Vogelschutzrichtlinie national unter Schutz hätten gestellt werden müssen. Solche Gebiete unterstehen – bis zu einer förmlichen Unterschutzstellung durch den Mitgliedstaat – unmittelbar dem

121

---

1 Vgl. BVerwG v. 28.6.2002 – 4 A 59.01, NuR 2003, 93; wegen der unzureichenden Umsetzung der FFH-Richtlinie wurde die Bundesrepublik auf Klage der Kommission vom EuGH bereits verurteilt, EuGH v. 11.12.1997 – C 38/97, NuR 1998, 194; v. 1.9.2001 – C 71/99, NuR 2002, 151.
2 Die sog. „ersten aktualisierten Listen von Gebieten gemeinschaftlicher Bedeutung", die (auch) für die Bundesrepublik Deutschland gelten, wurden von der Kommission mit Entscheidungen vom 12.11.2008 (alpine Region) verabschiedet.
3 Beschlüsse der Kommission 2011/62/EU, 2011/63/EU und 2011/64/EU vom 10.1.2011, ABl. EU L 33/1, L 33/52 und L 33/146.
4 BVerwG v. 21.6.2006 – 9 A 28.05, NVwZ 2006, 1407 (1408); v. 13.3.2008 – 9 VR 10.07 NuR 2008, 495 (496).
5 BVerwG v. 13.3.2008 – 9 VR 10.07, NuR 2008, 495 (497).
6 BVerwG v. 13.3.2008 – 9 VR 10.07, NuR 2008, 495 (497); v. 14.4.2011 – 4 B 77.09, Rz. 49.

Schutzregime der Vogelschutzrichtlinie[1]. Das BVerwG hat sich dieser Rechtsprechung angeschlossen[2]. Ein faktisches Vogelschutzgebiet ist nach der Rechtsprechung des BVerwG anzunehmen, wenn das fragliche Gebiet die Kriterien des Art. 4 Abs. 1 uns 2 VRL eindeutig erfüllt und deshalb vom Mitgliedstaat unter Schutz gestellt werden muss[3]. Dies ist ausschließlich anhand ornithologischer Kriterien zu beurteilen; insbesondere findet keine Abwägung mit anderen Belangen, etwa wirtschaftlicher, infrastruktureller oder freizeitbedingter Art, statt. Ob ein Gebiet aus sachfremden Erwägungen nicht als Vogelschutzgebiet ausgewiesen wurde, ist gerichtlich überprüfbar; nur eingeschränkt überprüfbar ist hingegen, welche Gebiete letztlich die „geeignetsten" Gebiete darstellen[4].

122 Für faktische Vogelschutzgebiete gilt insbesondere das **Beeinträchtigungs- und Störungsverbot** des Art. 4 Abs. 4 Satz 1 VRL unmittelbar. Dieses Schutzregime ist strenger als das der FFH-RL, weil Beeinträchtigungen der Erhaltungsziele nur aus Gründen des Gebietsschutzes, der Gesundheit des Menschen oder der öffentlichen Sicherheit gerechtfertigt werden können; anders als bei der FFH-RL können also zum Beispiel wirtschaftliche Erfordernisse nicht berücksichtigt werden. Gemäß Art. 7 FFH-RL gilt die FFH-RL ausdrücklich erst nach der förmlichen Unterschutzstellung eines Vogelschutzgebiets. Sie findet auf faktische Vogelschutzgebiete noch keine Anwendung, um einen rechtswidrig handelnden Mitgliedstaat nicht durch ein schwächeres Schutzregime zu belohnen[5]. Die förmliche Unterschutzstellung verlangt eine endgültige verbindliche Ausweisung als besonderes Schutzgebiet; eine einstweilige naturschutzrechtliche Sicherung des Gebiets ist noch nicht ausreichend[6]. Auch die für die Unterschutzstellung maßgeblichen Arten und die Abgrenzung des Gebiets müssen verbindlich festgelegt sein[7].

123 Soweit die Mitgliedstaaten keine eigenen Kriterien zur Bestimmung der ornithologischen Wertigkeit aufstellen, erlangt der jeweils aktuelle **IBA-Katalog** Bedeutung für diese Bestimmung[8]. In diesem Katalog sind neben den Gebieten, die aufgrund des nationalen und des europäischen Rechts oder völkerrechtlicher Verträge unter Schutz stehen, auch alle Gebiete erfasst, die keiner Schutzregelung unterliegen, aus ornithologischer Sicht aber ebenfalls als schutzwürdig zu qualifizieren sind. Bei dem IBA-Katalog handelt es sich zwar nicht um eine eigenständige Rechtsquelle, er dient aber als wissenschaftliches Erkenntnismittel, dem ein hoher Beweiswert zukommt[9].

---

1 Grundsatzentscheidung des EuGH v. 2.8.1993 – C-355/90, NuR 1994, 521 ff.; v. 7.12.2000 – C 374/98, NuR 2001, 210 (212); vgl. auch BVerwG v. 1.4.2004 – 4 C 2.03, DVBl 2004, 1115; Erbguth, NuR 2000, 130 (135 f.); Gellermann/Schreiber, NuR 2003, 205 (206 f.); de Witt/Dreier, Naturschutz, Rz. 532 ff.
2 BVerwG v. 19.5.1997 – 4 A 9.97, NuR 1998, 544 (550); v. 31.1.2002 – 4 A 15.01, NuR 2002, 539 (541); v. 1.4.2004 – 4 C 2.03; DVBl 2004, 1115 (1118 ff.).
3 BVerwG v. 12.6.2003 – 4 B 37.03, NVwZ 2004, 98.
4 BVerwG v. 24.2.2004 – 4 B 101.03; v. 13.3.2008 – 9 VR 10.07, NuR 2008, 495 (496).
5 EuGH v. 13.6.2002 – C-117/00, NuR 2002, 672; BVerwG v. 19.5.1998 – 4 C 11/96, NuR 1998, 649; v. 21.11.2001 – 4 VR 13/00, NuR 2002, 153; v. 14.11.2002 – 4 A 15/02, NuR 2003, 360.
6 BVerwG v. 1.4.2004 – 4 C 2.03, NVwZ 2004, 1114 (1117).
7 EuGH v. 14.10.2010 – C-535/07, NuR 2010, 791.
8 Heith/Evans (Hrsg.), Important Bird Areas in Europe, Priority Sites for conservation, 2000.
9 EuGH v. 7.12.2000 – C-374/98, NuR 2001, 210 (211); BVerwG v. 31.1.2002 – 4 A 15.01, NuR 2002, 539; v. 27.2.2003 – 4 A 59.01, NuR 2003, 686 (691).

## (b) Potenzielle FFH-Gebiete

Unter „**potenziellen FFH-Gebieten**" versteht das BVerwG Gebiete, für die aus fachlicher Sicht kein Zweifel besteht, dass sie die von der Richtlinie vorausgesetzten Merkmale erfüllen und für die deshalb die Annahme nahe liegt, dass sie auch tatsächlich als FFH-Gebiet an die Kommission gemeldet werden[1]. Darunter fallen auch Gebiete, die in der Kommissionsliste fehlerhaft zu klein abgegrenzt sind[2]. 124

Im Unterschied zu faktischen Vogelschutzgebieten kommt nach der Rechtsprechung des **EuGH** eine unmittelbare Anwendung des Schutzregimes der FFH-RL auf potenzielle FFH-Gebiete (noch) nicht in Betracht. Direkte Anwendung finden die Regelungen nur auf die Gebiete, die in die Kommissionsliste eingetragen sind. Für Gebiete, die zwar der Kommission gemeldet, aber noch nicht in die Kommissionsliste aufgenommen waren, sind jedoch **Schutzmaßnahmen** zu ergreifen, die geeignet sind, die ökologischen Merkmale dieser Gebiete zu erhalten[3]. 125

Das **BVerwG** hat ebenfalls die unmittelbare Anwendung des Schutzregimes der FFH-RL, also der §§ 33 ff. BNatSchG, verneint. Es wendet allerdings die „**materiell-rechtlichen**" Maßstäbe der FFH-RL an, weil dadurch die vom EuGH geforderte Wahrung der ökologischen Bedeutung des Gebiets sichergestellt sei[4]. In einer neueren Entscheidung stellt das BVerwG jedoch klar, dass das für potenzielle FFH-Gebiete zu gewährleistende Schutzregime hinter dem der FFH-RL zurückbleiben darf. Zulässig ist zum Beispiel eine nur vorläufige Unterschutzstellung des Gebiets[5]. 126

## (c) Auswirkungen auf die anwaltliche Praxis

Pläne und Projekte sollten nach der jetzigen Rechtslage nicht nur daraufhin überprüft werden, ob in die Gemeinschaftsliste aufgenommene Natura 2000-Gebiete beeinträchtigt werden können. Jedenfalls wenn entsprechende Anhaltspunkte bestehen, ist auch zu prüfen, ob im Wirkungsbereich des Vorhabens ein potenzielles bzw. faktisches Schutzgebiet liegt und dieses in seinen für Erhaltungsziele oder Schutzzweck maßgeblichen Bestandteilen beeinträchtigt werden kann (Verträglichkeitsprüfung)[6]. Mangels Schutzgebietsausweisung stehen Schutzzweck und Erhaltungsziele allerdings noch nicht eindeutig fest und müssen anhand der Kriterien der Anhänge I bis III der FFH-RL bestimmt werden[7]. Eine Hilfe bei der Verträglichkeitsprüfung stellen die **LANA-Empfehlungen** dar[8]. 127

## c) Besonderer Artenschutz, §§ 44 bis 47 BNatSchG

### aa) Überblick

Die Regelungen des besonderen Artenschutzes sind neben den gebietsbezogenen Regelungen für Natura 2000-Gebiete zu beachten. Sie enthalten verschiedene **Ver-** 128

---

1 BVerwG v. 19.5.1998 – 4 A 9.97, NVwZ 1998, 961 (967); v. 27.10.2000 – 4 A 18.99, DVBl 2001, 386 (389); vgl. auch *Louis*, DÖV 1999, 374; *de Witt/Dreier*, Naturschutz, Rz. 536 ff.
2 BVerwG v. 14.4.2010 – 9 A 5.08, NuR 2010, 558 (559).
3 EuGH v. 13.1.2005 – C-117/03, NuR 2005, 242; v. 14.9.2006 – C-244/05, NuR 2006, 736.
4 BVerwG v. 7.9.2005 – 4 B 49.05, NVwZ 2005, 1422 f.; vgl. auch BVerwG v. 24.8.2000 – 4 B 23.00, NuR 2001, 45; v. 17.5.2002 – 4 A 28.01, NuR 2002, 739.
5 BVerwG v. 14.4.2010 – 9 A 5.08, NuR 2010, 558 (560).
6 Hierzu oben Rz. 103 ff.; *Hösch*, NuR 2004, 210 ff.
7 *Koch*, NuR 2000, 374 (377); *de Witt/Dreier*, Naturschutz, Rz. 549.
8 Dieser Leitfaden zu „Anforderungen an die Prüfung der Erheblichkeit von Beeinträchtigungen der Natura-2000-Gebiete gem. § 34 BNatSchG im Rahmen einer FFH-Verträglichkeitsprüfung" ist abgedruckt mit einer Vorbemerkung von *Burmeister* in NuR 2004, 296 ff.

bote zum Schutz europäischer Vogelarten, besonders geschützter Arten und streng geschützter Arten. Diese Verbote gelten allgemein und unabhängig davon, wie und wo, d.h. in welchem Gebiet, der entsprechende Verbotstatbestand verwirklicht wird.

129 Vor Inkrafttreten der sog. „kleinen Artenschutznovelle" zum BNatSchG am 18.12.2007[1] waren die artenschutzrechtlichen Verbotstatbestände in Planungs- und Genehmigungsverfahren nicht von Bedeutung, weil die Erfüllung der Verbotstatbestände „absichtliches" Handeln voraussetzte[2]. Dies war bei der Realisierung von Vorhaben praktisch nie der Fall, weil sie nicht dem Zweck dienten, die verbotenen „Erfolge" herbeizuführen, z.B. die Tötung von Tieren. Mit Urteil vom 10.1.2006 hat der EuGH jedoch die Bundesrepublik Deutschland wegen unzureichender Umsetzung der FFH-RL verurteilt; das Gericht hat entschieden, dass die artenschutzrechtlichen Verbotstatbestände der FFH-RL bereits dann erfüllt seien, wenn die (unzulässigen) Auswirkungen mit hoher Wahrscheinlichkeit eintreten würden[3]. Mit der „kleinen Artenschutznovelle" wurden diese Anforderungen in das deutsche Recht umgesetzt, mit der Folge, dass die Regelungen des besonderen Artenschutzes bei der Planung und Genehmigung von Vorhaben **erhebliche Bedeutung** erlangt haben. Dies gilt jedenfalls für die sog. „Zugriffsverbote" gem. § 44 Abs. 1 BNatSchG; die sog. „Besitz- und Vermarktungsverbote" gem. § 44 Abs. 3 BNatSchG haben daneben – zumindest für Planungs- und Genehmigungsverfahren – keine nennenswerte praktische Relevanz.

**bb) Zugriffsverbote**

**(1) Tötungsverbot, § 44 Abs. 1 Nr.1 BNatSchG**

130 Gemäß § 44 Abs. 1 BNatSchG ist es verboten, wild lebenden Tieren der besonders geschützten Arten nachzustellen, sie zu fangen, zu verletzen oder zu töten oder ihre Entwicklungsformen aus der Natur zu entnehmen, zu beschädigen oder zu zerstören. Das Tötungsverbot ist z.B. bei Straßenbauvorhaben von besonderer Bedeutung, da von Straßen grds. die Gefahr ausgeht, dass geschützte Arten durch Kollisionen mit Kraftfahrzeugen getötet werden. Da es sich gerade bei Straßenbauvorhaben nie völlig ausschließen lässt, dass einzelne Exemplare besonders geschützter Arten durch Kollisionen getötet werden, legt das BVerwG das Tötungsverbot allerdings „sachgerecht" aus. Danach ist der Tatbestand nur bzw. erst erfüllt, wenn sich das Kollisionsrisiko für die betroffenen Tierarten durch das Straßenbauvorhaben **in signifikanter Weise erhöhen** kann[4].

---

1 Erstes Gesetz zur Änderung des BNatSchG v. 12.12.2007, BGBl. I, Seite 2873; hierzu *Lütkes*, NVwZ 2008, 598 ff.
2 § 43 Abs. 4 BNatSchG 2002 enthielt bis zum 17.12.2007 folgende Ausnahmeregelung: „Die Verbote des § 42 Abs. 1 und 2 gelten nicht für den Fall, dass die Handlungen (...) bei der Ausführung eines nach § 19 zugelassenen Eingriffs, bei der Durchführung einer Umweltverträglichkeitsprüfung nach dem Gesetz über die Umweltverträglichkeitsprüfung oder einer nach § 30 zugelassenen Maßnahme vorgenommen werden, soweit hierbei Tiere, einschließlich ihrer Nist-, Brut-, Wohn- oder Zufluchtstätten und Pflanzen der besonders geschützten Arten nicht absichtlich beeinträchtigt werden."
3 EuGH v. 10.1.2006 – C-98/03, NVwZ 2006, 319; siehe auch EuGH v. 30.1.2002 – C-103/00, NuR 2004, 596 f.
4 BVerwG v. 9.7.2008 – 9 A 14.07, NVwZ 2009, 302 (311); v. 12.3.2008 – 9 A 3.06, NuR 2008, 633 (653); v. 9.6.2010 – 9 A 20.08 – NuR 2010, 870; *Gellermann*, NuR 2009, 85 (86); *Louis*, NuR 2009, 91 (93); *Beier/Geiger*, DVBl 2011, 399.

## (2) Störungsverbot

Gemäß § 44 Abs. 1 Nr. 2 BNatSchG ist es verboten, wild lebende Tiere der streng geschützten und der europäischen Vogelarten während der Fortpflanzungs-, Aufzucht-, Mauser-, Überwinterungs- und Wanderungszeiten erheblich zu stören; eine **erhebliche Störung** liegt vor, wenn sich durch die Störung der Erhaltungszustand der lokalen Population einer Art verschlechtert. „Störungen" in diesem Sinne sind nachteilige Auswirkungen auf Tiere, die bei dem Tier eine Reaktion, z.B. Unruhe oder Flucht hervorrufen[1]. Als Störungen in diesem Sinne kommen etwa die Verkleinerungen der Jagdhabitate von Fledermäusen, die Unterbrechung ihrer Flugrouten oder die Irritation der Fledermäuse durch Lärm in Betracht[2]. Störungen von Vögeln können z.B. durch die während der Bauphase eines Vorhabens hervorgerufenen Lärmimmissionen, Erschütterungen oder visuellen Effekte hervorgerufen werden[3]. Zu beachten ist, dass § 44 Abs. 1 Nr. 2 BNatSchG nicht jede Störung verbietet, sondern nur eine „erhebliche", d.h. eine Störung, die sich auf den Erhaltungszustand der lokalen Population der gestörten Art auswirken kann[4]. Maßnahmen, durch die erhebliche Störungen vermieden werden können, sind zu berücksichtigen. Da § 44 Abs. 1 Nr. 2 BNatSchG eine Störung nur während bestimmter Zeiten verbietet, kann unter Umständen auch durch eine zeitlich abgestimmte Durchführung von Bauvorhaben eine Störung vermieden werden.

131

## (3) Schutz von Lebensstätten

Gemäß § 44 Abs. 1 Nr. 3 BNatSchG ist es verboten, Fortpflanzungs- oder Ruhestätten der wildlebenden Tiere der besonders geschützten Arten aus der Natur zu entnehmen, zu beschädigen oder zu zerstören. Zu den Fortpflanzungsstätten gehören insbesondere Nist-, Brut- und Aufzuchtstätten sowie die für die Lebensstätte erforderliche Umgebung; Ruhestätte sind Bereiche, in die sich Tiere zurückziehen[5]. Dieser Verbotstatbestand kann insbesondere dann erfüllt werden, wenn für ein Bauvorhaben **Flächen in Anspruch genommen werden** müssen, die als Fortpflanzungs- oder Ruhestätte dienen[6].

132

## (4) Schutz von Pflanzenarten

Gemäß § 44 Abs. 1 Nr. 4 BNatSchG ist es verboten, wildlebende Pflanzen der besonders geschützten Arten oder ihre Entwicklungsformen aus der Natur zu entnehmen, sie oder ihre Standorte zu beschädigen oder zu zerstören. Wie beim Schutz von Lebensstätten kann dieser Verbotstatbestand insbesondere durch die Inanspruchnahme von Flächen für Bauvorhaben erfüllt werden.

133

## (5) Sonderregelung für nach § 15 BNatSchG zulässige Eingriffe

Für gem. § 15 BNatSchG zulässige Eingriffe in Natur und Landschaft enthält § 44 Abs. 5 BNatSchG eine Sonderregelung im Zusammenhang mit den Zugriffsverboten des § 44 Abs. 1 BNatSchG. Danach liegt für in Anhang IV der FFH-RL auf-

134

---

1 *Gellermann*, NuR 2009, 85 (87); *Louis*, NuR 2009, 91 (95).
2 BVerwG v. 12.3.2008 – 9 A 3.06, NuR 2008, 633 (654).
3 BVerwG v. 13.3.2008 – 9 VR 10.07, NuR 2008, 495 (498).
4 Zumindest in der Literatur ist umstritten, ob die Erheblichkeitsschwelle mit den Vorgaben der FFH-RL vereinbar ist, vgl. z.B. *Dolde*, NVwZ 2008, 122 (123); *Gellermann*, NuR 2009, 85 (87f.); *Gellermann*, NuR 2007, 783 (785); *de Witt/Dreier*, Naturschutz, Rz. 573f.; vgl. auch *Philipp*, NVwZ 2008, 593 (596).
5 *Louis*, NuR 2009, 91 (93f.).
6 Vgl. BVerwG v. 13.3.2008 – 9 VR 10.07, NuR 2008, 495 (498).

geführte Tier- und Pflanzenarten, für europäische Vogelarten sowie für in einer Rechtsverordnung nach § 54 Abs. 1 Nr. 2 BNatSchG aufgeführte Arten ein Verstoß gegen das Störungsverbot gem. § 44 Abs. 1 Nr. 3 BNatSchG und im Hinblick auf damit verbundene unvermeidbare Beeinträchtigungen wild lebender Tiere auch gegen das Tötungsverbot gem. § 44 Abs. 1 Nr. 1 BNatSchG nicht vor, soweit die ökologische Funktion der von dem Eingriff oder Vorhaben betroffenen Fortpflanzungs- oder Ruhestätten im räumlichen Zusammenhang weiterhin erfüllt wird. Der Sache nach wird durch die komplizierten Regelungen des § 44 Abs. 5 BNatSchG in eingeschränktem Umfang eine **populationsbezogene Erheblichkeitsschwelle** eingeführt[1].

135 Die ökologische Funktion der von einem Eingriff betroffenen Fortpflanzungs- und Ruhestätten wird im räumlichen Zusammenhang weiter erfüllt, wenn für den örtlichen Bestand der betroffenen Art ausreichend Ersatzlebensstätten in der Umgebung zur Verfügung stehen[2]. Zur Aufrechterhaltung der ökologischen Funktion der betroffenen Fortpflanzungs- und Ruhestätten, können auch sog. „**vorgezogene Ausgleichsmaßnahmen**" (sog. „CEF-Maßnahmen"[3]) gem. § 44 Abs. 5 Satz 3 BNatSchG beitragen.

136 Sind nur andere geschützte Arten betroffen, liegt ein Verstoß gegen die Verbotstatbestände des § 44 Abs. 1 BNatSchG im Falle eines nach der Eingriffsregelung zulässigen Vorhabens (gar) nicht vor.

**cc) Ermittlungs- und Bewertungsmethoden**

137 Wie die Auswirkungen auf Lebensstätten oder Arten zu ermitteln und zu bewerten sind, ist gesetzlich nicht festgelegt. Art und Umfang, Methodik und Untersuchungstiefe hängen von den Umständen und den naturräumlichen Gegebenheiten des Einzelfalls ab. Da in weiten Bereichen der ökologischen Wissenschaften **keine allgemeingültigen Verfahren** oder Bewertungen festgelegt sind, räumt das BVerwG den Genehmigungsbehörden insoweit einen gerichtlich nur eingeschränkt überprüfbaren **Beurteilungsspielraum** ein. Die Gerichte überprüfen naturschutzfachliche Einschätzungen der sachverständig beratenen Genehmigungsbehörde nur daraufhin, ob sie einen nach neuesten wissenschaftlichen Erkenntnissen vertretbaren Standpunkt einnehmen und nicht auf einem Bewertungsverfahren beruhen, das sich als unzulängliches oder ungeeignetes Mittel erweist, um den gesetzlichen Anforderungen gerecht zu werden[4].

**dd) Ausnahmen, § 45 Abs. 7 BNatSchG**

138 Gemäß § 45 Abs. 7 BNatSchG können die zuständigen Behörden im Einzelfall Ausnahmen von den artenschutzrechtlichen Verbotstatbeständen zulassen. Die Vorschrift enthält **verschiedene Ausnahmetatbestände**, von denen in der anwaltlichen Praxis regelmäßig die Ausnahmen gem. § 45 Abs. 7 Nr. 4 und Nr. 5 BNatSchG von Bedeutung sind, wonach Ausnahmen im Interesse der Gesundheit des Menschen, der öffentlichen Sicherheit, einschließlich der Verteidigung und des Schutzes der Zivilbevölkerung, oder der maßgeblich günstigen Auswirkungen auf die Umwelt

---

1 Vgl. BVerwG v. 9.7.2008 – 9 A 14.07, NVwZ 2009, 302 (312); vgl. auch zu § 45 Abs. 7 BNatSchG BVerwG v. 9.6.2010 – 9 A 20.08, NuR 2010, 870 (872); hierzu auch *Gellermann*, NuR 2009, 85 (88f.); *Dolde*, NVwZ 2008, 121.
2 *Lütkes*, NVwZ 2008, 598 (601).
3 Die Abkürzung entstammt der englischen Bezeichnung der Maßnahmen, nämlich *measures to ensure the „continued ecological functionality"*.
4 BVerwG v. 9.7.2008 – 9 A 14.07, NVwZ 2009, 302 (307f.).

oder aus anderen zwingenden Gründen des überwiegenden öffentlichen Interesses einschließlich solcher sozialer oder wirtschaftlicher Art zugelassen werden können.

Für beide Tatbestände gilt gem. § 45 Abs. 7 Satz 2 BNatSchG darüber hinaus, dass eine Ausnahme nur zugelassen werden kann, wenn zumutbare **Alternativen** nicht gegeben sind und sich der **Erhaltungszustand** der Population einer Art nicht verschlechtert. Diese Ausnahmegründe entsprechen inhaltlich im Wesentlichen den Gründen, unter denen eine Abweichungsentscheidung im Zusammenhang mit der Verträglichkeitsprüfung bei Natura 2000-Gebieten zulässig ist. Auch für die Voraussetzung, dass eine zumutbare Alternative nicht gegeben ist, gelten vergleichbare Grundsätze wie bei der Alternativenprüfung im Rahmen der Abweichungsentscheidung[1]. 139

**ee) Leitfäden für die Praxis**

Für die Abarbeitung der Vorschriften zum besonderen Artenschutz in Planungs- und Genehmigungsverfahren bestehen zahlreiche **Leitfäden und Vollzugshinweise**, insbesondere der EU und von Bundes- und Landesbehörden, die für die anwaltliche Praxis wertvolle Hinweise enthalten. Aus der Vielzahl der Veröffentlichungen sind zum Beispiel hervorzuheben der von der Europäischen Kommission herausgegebene Leitfaden zu den maßgeblichen Vorschriften der FFH-RL[2] und die von der Länderarbeitsgemeinschaft Naturschutz, Landschaftspflege und Erholung erarbeiteten Vollzugshinweise zum Artenschutzrecht[3]. Darüber hinaus wurden Leitfäden auch für spezielle Themen herausgegeben, zum Beispiel zu den Auswirkungen des Straßenverkehrs auf Vögel[4]. 140

**9. Flächenbezogener gesetzlicher Biotopschutz**

Neben der Möglichkeit, bestimmte Gebiete als Schutzgebiete i.S.d. § 22 Abs. 1 BNatSchG durch ein förmliches Verfahren auszuweisen, normiert § 30 BNatSchG für **besonders schutzwürdige Biotope** sowie Gewässer ein **absolutes Verbot** der Zerstörung oder sonstiger erheblicher oder nachhaltiger Beeinträchtigung. Geschützt werden nach § 30 BNatSchG bestimmte Feuchtbiotope, Trockenbiotope, Waldbiotope, Meeres- und Küstenbiotope und alpine Biotope. 141

§ 30 BNatSchG wurde aus dem Regelungszusammenhang der §§ 13 ff. BNatSchG herausgelöst, so dass gegenüber baulichen Anlagen ein weiter gehender Schutz als bei Anwendung der Eingriffsregelung besteht[5]. Ebenso findet das Landwirtschaftsprivileg des § 14 Abs. 2 BNatSchG keine Anwendung. 142

Gem. § 30 Abs. 1 BNatSchG handelt es sich beim gesetzlichen Biotopschutz um einen allgemeinen Grundsatz, so dass die Länder hiervon nicht abweichen dürfen[6]. 143

---
1 BVerwG v. 12.3.2008 – 9 A 3.06, NuR 2008, 633 (655).
2 Europäische Kommission, Leitfaden zum strengen Schutzsystem für Tierarten von gemeinschaftlichem Interesse im Rahmen der FFH-Richtlinie 92/43/EWG, Februar 2007, abrufbar im Internet unter: *http://ec.europa.eu./environment/nature/conservation/spe cies/guidance/index_en.htm*.
3 LANA, Vollzugshinweise zum Artenschutz, Stand 19.11.2010, abrufbar im Internet unter: *http://www.bfn.de/0305_vollzugshinweise.html*.
4 Bundesministerium für Verkehr, Bau und Stadtentwicklung, Arbeitshilfe Vögel und Straßenverkehr, Ausgabe 2010, abrufbar im Internet unter: *http://www.kifl.de/pdf/Arbeits hilfeVoegel.pdf*.
5 *Kloepfer*, Umweltrecht, § 11 Rz. 151.
6 *Louis*, NuR 2010, 77 (84).

Die Verbote gelten darüber hinaus gem. § 30 Abs. 2 Satz 2 BNatSchG auch für weitere von den Ländern gesetzlich geschützte Biotope.

144 § 30 Abs. 3 BNatSchG erlaubt die Zulassung von Ausnahmen von den Verboten des gesetzlichen Biotopschutzes, wenn die Beeinträchtigungen des Biotops ausgeglichen werden können. Daneben besteht die Möglichkeit zur Erteilung einer Befreiung unter den Voraussetzungen des § 67 Abs. 1 BNatSchG. Gem. § 30 Abs. 4 BNatSchG kann eine **Ausnahme oder Befreiung nunmehr auch bereits im Verfahren zur Aufstellung eines Bebauungsplans erteilt werden**, mit der Folge, dass es für die Durchführung des Vorhabens keiner weiteren Ausnahme oder Befreiung bedarf. Voraussetzung ist jedoch, dass mit der Durchführung des Vorhabens innerhalb von sieben Jahren nach Inkrafttreten des Bebauungsplans begonnen wird.

### III. Naturschutzrechtliche Anforderungen an Fachplanungsentscheidungen

145 Fachplanungen geraten zwangsläufig in **Kollision** mit den Belangen des Naturschutzes und der Landschaftspflege und damit den Vorschriften des Naturschutzrechts. Der Bau von Flughäfen, Straßen, Bahnlinien, Abfalldeponien und weiteren planfeststellungsbedürftigen (Groß-)Vorhaben stellt immer einen Eingriff in Natur und Landschaft dar, gefährdet häufig gesetzlich geschützte Biotope und kommt oft auch nicht ohne die Inanspruchnahme von Schutzgebieten aus. Darüber hinaus haben die Regelungen zum Schutz von Natura 2000-Gebieten und zum besonderen Artenschutz große Bedeutung gerade für den Bau solcher (Groß-)Vorhaben erlangt. Dass um die Zulässigkeit solcher Vorhaben mit Nachdruck gestritten wird, ist hinreichend bekannt; dabei spielen naturschutzrechtliche Fragen häufig eine zentrale Rolle[1].

#### 1. Anwaltliche Tätigkeit vor Einleitung des Planfeststellungsverfahrens

146 Der typische Fall anwaltlicher Tätigkeit im Fachplanungsrecht ist die Beratung und Vertretung von Privatpersonen, Unternehmen und Kommunen, die von dem geplanten Projekt einen Nachteil befürchten. Zwar sind auch für diese Auftraggeber bereits vor der förmlichen Einleitung des Planfeststellungsverfahrens **informelle Verhandlungen** mit dem Vorhabenträger möglich und häufig auch sachgerecht. Bei diesen Verhandlungen stehen jedoch in der Regel die konkreten eigenen Interessen der Betroffenen im Vordergrund, zu denen die Belange des Naturschutzes als spezifisch öffentliche Belange nicht gehören. Deshalb sind Fragen des Naturschutzrechts in diesem Verfahrensstadium regelmäßig nicht von wesentlicher Bedeutung. Anderes gilt freilich bei der Beratung von Vertretern spezifischer Naturschutzinteressen, z.B. Naturschutzverbänden.

#### 2. Anwaltliche Tätigkeit im Planfeststellungsverfahren

##### a) Erforderlichkeit naturschutzrechtlicher Einwendungen

147 Wer von einer Fachplanung betroffen ist und deshalb **Einwendungen** erheben kann, ist nicht darauf beschränkt, eigene Belange oder gar eigene (subjektive) Rechte i.S.d. § 113 Abs. 1 Satz 1 VwGO geltend zu machen. Eine Einwendung i.S.d. § 73 Abs. 4 Satz 1 VwVfG ist vielmehr jedes „sachliche Gegenvorbringen"[2]. Jeder Betroffene

---

1 Vgl. als nur ein Beispiel die Entscheidung des BVerwG zur Ostseeautobahn A 20, BVerwG v. 19.5.1998 – 4 A 9.97, NuR 1998, 544 ff.
2 BVerwG v. 17.7.1980 – 7 C 101.78, DVBl 1980, 1001.

### III. Naturschutzrechtliche Anforderungen an die Fachplanung

kann also auch auf die fehlende oder unzureichende Berücksichtigung fremder oder öffentlicher Belange hinweisen und Verstöße gegen alle anzuwendenden Rechtsvorschriften rügen. Dies gilt insbesondere auch für die Belange und Vorschriften des Naturschutzrechts.

Besonders wichtig sind diese Einwendungen für diejenigen Einwender, die von der **enteignungsrechtlichen Vorwirkung** des Planfeststellungsbeschlusses betroffen werden. Sie haben zwar nach der Rechtsprechung des BVerwG grds. das Recht, eine vollständige Überprüfung eines Planfeststellungsbeschlusses zu verlangen und können auch Verstöße gegen fremde und öffentliche Belange sowie gegen nicht drittschützende Vorschriften rügen, so dass auf ihre Klage hin die Feststellung der Rechtswidrigkeit eines Planfeststellungsbeschlusses – vorbehaltlich der Unbeachtlichkeitsregelungen und Heilungsmöglichkeiten – häufig auch zu dessen Aufhebung führt[1].

148

Jedoch finden sich inzwischen in fast allen Fachplanungsgesetzen und in § 73 Abs. 4 Satz 3 VwVfG Vorschriften, die eine **materielle Präklusion** anordnen (vgl. *Geiger*, Teil 1 Kap. D, Rz. 37). Waren Naturschutzbelange oder der Verstoß gegen naturschutzrechtliche Vorschriften nicht Gegenstand der Einwendungen, kann mit diesem Argument also auch die Aufhebung des Planfeststellungsbeschlusses durch das Gericht nicht mehr verlangt werden.

149

Die Vereinbarkeit der Planung mit den Vorschriften des Naturschutzrechts muss daher vom Anwalt im Einzelnen geprüft werden. Gibt es Anhaltspunkte für Verstöße gegen diese Anforderungen, sollten diese im Interesse des Mandanten möglichst detailliert zum Gegenstand von Einwendungen gemacht werden (vgl. *Geiger*, Teil 1 Kap. D, Rz. 35 ff.).

150

#### b) Die naturschutzrechtlichen Anforderungen im Einzelnen

##### aa) Eingriffsregelung: Landschaftspflegerischer Begleitplan

Planfeststellungsbedürftige Vorhaben stellen in der Regel einen Eingriff in Natur und Landschaft i.S.d. § 14 Abs. 1 BNatSchG dar. Sie haben **häufig schwerwiegende Beeinträchtigungen** von Natur und Landschaft zur Folge, so dass umfangreiche Maßnahmen zur Vermeidung, zum Ausgleich und zum Ersatz dieser Beeinträchtigungen erforderlich werden.

151

§ 17 Abs. 4 Satz 3 BNatSchG enthält für solche Vorhaben eine spezielle Regelung: Wird der Eingriff in Natur und Landschaft auf Grund eines Fachplans vorgenommen, hat der Planungsträger Ort, Art, Umfang und zeitlichen Ablauf des Eingriffs und die zur Vermeidung, zum Ausgleich und zum Ersatz erforderlichen Maßnahmen einschließlich der tatsächlichen und rechtlichen Verfügbarkeit der für den Ausgleich und Ersatz benötigten Flächen im Einzelnen **im Fachplan oder in einem landschaftspflegerischen Begleitplan** in Text und Karte darzustellen[2]. Der landschaftspflegerische Begleitplan ist Bestandteil des Fachplans.

152

Die Aufstellung eines landschaftspflegerischen Begleitplans ist gem. § 17 Abs. 4 Satz 3 BNatSchG allerdings **nicht zwingend** vorgeschrieben; die Darstellung der naturschutzrechtlich erforderlichen Maßnahmen zur Vermeidung, zum Ausgleich und zum Ersatz von Beeinträchtigungen von Natur und Landschaft kann auch im Fachplan selbst erfolgen. Das Fehlen eines landschaftspflegerischen Begleitplans al-

153

---

1 BVerwG v. 13.4.1983 – 4 C 21.79, BVerwGE 67, 84 ff.; v. 21.3.1986 – 4 C 48/82, BVerwGE 74, 109 ff.
2 Hierzu *de Witt/Dreier*, Naturschutz, Rz. 963 ff.

lein begründet die Rechtswidrigkeit einer Fachplanung also nicht. Wegen der regelmäßig umfangreichen Vermeidungs-, Ausgleichs- und Ersatzmaßnahmen ist die Aufstellung eines separaten landschaftspflegerischen Begleitplans jedoch in der Regel aus Gründen der besseren Übersichtlichkeit sachgerecht[1].

154 Da der landschaftspflegerische Begleitplan zu den im Planfeststellungsverfahren auszulegenden Unterlagen gehört, kann – und muss – er vom Anwalt **eingesehen und geprüft** werden. Dabei ist eine abschließende Überprüfung, ob durch die im Einzelnen dargestellten Maßnahmen den Anforderungen der naturschutzrechtlichen Eingriffsregelung genügt wird, durch den Anwalt allein häufig nicht möglich. Es stellen sich oft Fachfragen, die auch einer Beurteilung durch einen Sachverständigen bedürfen.

155 Hierzu gehört insbesondere auch die Frage, ob der Erstellung des landschaftspflegerischen Begleitplans eine **ausreichende Erfassung der mit dem Vorhaben verbundenen Beeinträchtigungen** von Natur und Landschaft zugrunde liegt. Ohne eine solche Bestandsaufnahme ist eine sinnvolle Konzeption von Maßnahmen zur Vermeidung, zum Ausgleich und zum Ersatz von vornherein nicht möglich[2].

156 Hier liegt auch die besondere Bedeutung der **Landschaftsplanung** für Fachplanungsentscheidungen. Die Landschaftsplanung beeinflusst die Fachplanungen durch ihre vorlaufende Ermittlung der Belange von Natur und Landschaft, so dass Nutzungskonflikte frühzeitig erkannt werden können[3]. Die Landschaftsplanung bietet damit die Möglichkeit einer Gesamtabschätzung der Auswirkungen des Vorhabens[4]. Ob Landschaftspläne vorhanden sind und ihre Ergebnisse bei der Fachplanung berücksichtigt wurden, ist vom Anwalt, ggf. zusammen mit einem Sachverständigen, daher ebenfalls zu prüfen.

157 Ob ein **Sachverständiger** zur Überprüfung der fachlichen Konzeption eines landschaftspflegerischen Begleitplans hinzugezogen wird, sollte der Anwalt möglichst frühzeitig mit dem Auftraggeber klären, nicht zuletzt auch wegen der dadurch entstehenden weiteren Kosten.

158 Die eigene Aufgabe des Anwalts besteht aber in jedem Fall in einer **Evidenzkontrolle**. So ist beispielsweise zu prüfen, ob die wesentlichen Beeinträchtigungen, die mit einem Vorhaben verbunden sind, überhaupt erkannt wurden[5], ob die für Ausgleichsmaßnahmen vorausgesetzte funktionale Kompensation der Beeinträchtigungen von vornherein ausscheidet oder ob vorgesehene Ausgleichs- und Ersatzmaßnahmen so unbestimmt sind, dass die erforderliche Kompensation der Beeinträchtigungen von Natur und Landschaft bereits aus rechtlichen Gründen nicht sichergestellt ist[6].

---

1 *de Witt/Dreier*, Naturschutz, Rz. 965.
2 Vgl. BVerwG v. 9.3.1993 – 4 B 190.92, NuR 1994, 188.
3 *de Witt/Dreier*, Naturschutz, Rz. 103.
4 *de Witt/Dreier*, Naturschutz, Rz. 993; vgl. auch *Bönsel*, LKV 2002, 218 f.
5 Vgl. als Beispiel VGH Mannheim v. 15.11.1994 – 5 S 1602/93, NuR 1995, 358 ff.; der landschaftspflegerische Begleitplan qualifizierte zwei große Brückenbauwerke in einer bislang unvorbelasteten Landschaft ausdrücklich nicht als Beeinträchtigungen des Naturhaushalts und des Landschaftsbildes.
6 So z.B., wenn für die Beseitigung von 5 ha hochwertigem Laubwald als Ausgleichsmaßnahme nur vorgesehen ist, dass „auf der Gemarkung der betroffenen Gemeinden 5 ha Wald anzupflanzen sind"; vgl. VGH Mannheim v. 15.11.1994 – 5 S 1602/93, NuR 1995, 358.

## bb) Natura 2000-Gebiete und besonderer Artenschutz

Im Rahmen der Zulassung planfeststellungsbedürftiger Vorhaben ist auch zu prüfen, ob das Vorhaben zu erheblichen Beeinträchtigungen der Erhaltungsziele von Natura 2000-Gebieten gem. § 34 Abs. 1 BNatSchG oder zu einem Verstoß gegen artenschutzrechtliche Verbotstatbestände gem. § 44 Abs. 1 BNatSchG führen kann. 159

§ 34 Abs. 1 Satz 3 BNatSchG verpflichtet den Vorhabenträger zur Vorlage der für die (Natura 2000-)Verträglichkeitsprüfung und die Abweichungsentscheidung erforderlichen Unterlagen, d.h. eines Fachgutachtens, in dem die Auswirkungen auf Natura 2000-Gebiete im einzelnen beschrieben und, soweit erforderlich, die naturschutzfachlichen Voraussetzungen für eine Abweichungsentscheidung geprüft werden. Ist für das Vorhaben eine Umweltverträglichkeitsprüfung nach dem UVPG vorgeschrieben, werden die für die (Natura 2000-)Verträglichkeitsprüfung erforderlichen Unterlagen regelmäßig gemeinsam mit den Unterlagen für die Umweltverträglichkeitsuntersuchung vorgelegt, da die Auswirkungen auf Natura 2000-Gebiete auch bei der Umweltverträglichkeitsprüfung zu berücksichtigen sind. In der Praxis wird die (Natura 2000-)Verträglichkeitsprüfung allerdings meistens dennoch im Rahmen eines **eigenen „Fachbeitrags"**, also in einem gesonderten Dokument, abgearbeitet. 160

§ 44 BNatSchG enthält keine Anforderungen an die für die Prüfung eines Verstoßes gegen artenschutzrechtliche Verbotstatbestände vorzulegenden Unterlagen. Auch insoweit muss der Vorhabenträger jedoch die Genehmigungsfähigkeit des Vorhabens durch geeignete Unterlagen nachweisen. Dies erfolgt ebenfalls in der Regel – auch bei einem UVP-pflichtigen Vorhaben – durch eine gesonderte Stellungnahme eines Sachverständigen, der sog. **„speziellen artenschutzrechtlichen Prüfung"** (saP). 161

Erfordert die Zulassung des Vorhabens Maßnahmen zur Sicherung des Zusammenhangs des Natura 2000-Netzes (sog. Kohärenzsicherungsmaßnahmen) gem. § 34 Abs. 5 BNatSchG oder vorgezogene Ausgleichsmaßnahmen gem. § 44 Abs. 5 BNatSchG zur Vermeidung eines Verstoßes gegen artenschutzrechtliche Verbotstatbestände, sollen diese Maßnahmen gem. § 17 Abs. 4 Satz 4 BNatSchG in den Fachplan bzw. den **landschaftspflegerischen Begleitplan** aufgenommen werden. 162

Wie der landschaftspflegerische Begleitplan müssen auch die Unterlagen zum Artenschutz vom Anwalt eingesehen und geprüft werden, ggf. unter Hinzuziehung eines Sachverständigen. Jedenfalls ist vom Anwalt auch insoweit eine **Evidenzkontrolle** durchzuführen, in der zum Beispiel überprüft werden sollte, ob die Beeinträchtigungen ausreichend erfasst wurden, ob sämtliche im Wirkungsbereich des Vorhabens vorhandenen Natura 2000-Gebiete berücksichtigt wurden und ob die jeweiligen Erhaltungsziele vollständig abgearbeitet wurden. 163

Eine ggf. erforderliche Abweichungsentscheidung von den Anforderungen des § 34 BNatSchG oder eine Ausnahme oder Befreiung von den artenschutzrechtlichen Verbotstatbeständen ist von der **Konzentrationswirkung** des Planfeststellungsbeschlusses gem. § 75 VwVfG umfasst. Nach der Rechtsprechung des BVerwG muss der Planfeststellungsbeschluss die Entscheidung im verfügenden Teil nicht ausdrücklich nennen[1]. 164

## cc) Inanspruchnahme von Schutzgebieten

Die regelmäßig durch Rechtsverordnungen ausgewiesenen Schutzgebiete sind beim Erlass von Planfeststellungsbeschlüssen wie jede andere Vorschrift auch zu beach- 165

---
1 BVerwG v. 26.3.1998 – 4 A 7.97, NuR 1998, 605 (607); so auch OVG Münster v. 23.3.2007 – 11 B 916/06. AK, NuR 2007, 360 (362).

ten¹. Eine Kollisionsnorm wie § 38 BauGB gibt es nicht. Ist das geplante Vorhaben mit der Schutzgebietsverordnung unvereinbar, kann seine **Genehmigungsfähigkeit** also nur herbeigeführt werden, indem entweder die Schutzgebietsverordnung ganz oder teilweise **aufgehoben** oder **geändert** wird, oder indem eine **Befreiung** von der jeweiligen Verordnung erteilt wird².

166 Auch eine naturschutzrechtlich ggf. erforderliche Befreiung ist von der **Konzentrationswirkung** eines Planfeststellungsbeschlusses gem. § 75 VwVfG umfasst. Die Planfeststellungsbehörde darf eine Befreiung nur erteilen, wenn die gesetzlich geregelten Voraussetzungen hierfür vorliegen. Kann bei der Verwirklichung des geplanten Vorhabens der Schutzzweck des Gebiets nicht mehr oder jedenfalls in wesentlichen Teilen nicht mehr verwirklicht werden, muss die Schutzgebietsausweisung vor der Planfeststellung ganz oder teilweise aufgehoben werden³.

**dd) Beeinträchtigung gesetzlich geschützter Biotope**

167 Die gesetzlichen Biotopvorschriften sind von der Planfeststellungsbehörde ebenfalls wie jede andere Rechtsnorm auch zu beachten. Führt ein Vorhaben zu einer erheblichen Beeinträchtigung oder gar Zerstörung eines (landes-)gesetzlich geschützten Biotops, bedarf die Planung einer **Ausnahmegenehmigung** i.S.d. § 30 Abs. 3 BNatSchG oder einer förmlichen **Befreiung**⁴. Erteilt werden darf die Ausnahme oder Befreiung nur, wenn ihre **gesetzlichen Voraussetzungen** vorliegen. Die naturschutzrechtlichen Verbote unterliegen also nicht der allgemeinen fachplanerischen Abwägung⁵.

**ee) Ziele des Naturschutzes und der Landschaftspflege**

168 § 1 BNatSchG enthält Ziele des Naturschutzes und der Landschaftspflege. Die Ziele sind als **Richtpunkte** insbesondere auch für Planungsentscheidungen von Bedeutung, und zwar nicht nur für Regelungen des BNatSchG, sondern auch für Planungsnormen in anderen Gesetzen, die ausdrücklich auf die Belange oder Erfordernisse des Naturschutzes und der Landschaftspflege Bezug nehmen⁶.

169 § 2 Abs. 3 BNatSchG enthält ein **Abwägungsgebot**, wobei den Belangen des Naturschutzes und der Landschaftspflege hierbei in der fachplanerischen Entscheidung kein genereller Vorrang zukommt⁷. Die Vorschrift unterwirft die Anforderungen des Naturschutzes und der Landschaftspflege einem Abwägungsvorbehalt, ohne dabei einen irgendwie gearteten Gewichtungsvorrang zu postulieren. Vielmehr ist ein Interessenausgleich mit den übrigen gleichrangigen Belangen vorzunehmen.

---

1 BVerwG v. 26.6.1992 – 4 B 1–11.92, NuR 1993, 22 (25, 26); *de Witt/Dreier*, Naturschutz, Rz. 995.
2 BVerwG v. 26.6.1992 – 4 B 1–11.92, NuR 1993, 22 (26); *Louis*, NuR 1995, 62 (65).
3 OVG Berlin v. 14.12.1982 – 2 A 10.81, NVwZ 1983, 419; VGH Kassel v. 20.1.1987 – 2 UE 1292/85, NuR 1988, 250; vgl. auch BVerwG v. 26.3.1998 – 4 A 7.97, NuR 1998, 605.
4 Vgl. *de Witt/Dreier*, Naturschutz, Rz. 995; *Louis*, NuR 1992, 24; vgl. auch BVerwG v. 26.6.1992 – 4 B 1–11.92, NVwZ 1993, 572.
5 *Louis*, NuR 1992, 24; *Kratsch*, NuR 1994, 278.
6 Z.B. § 2 Abs. 1 Nr. 6 ROG; §§ 1 Abs. 6 Nr. 7, 1a, 35 Abs. 3 Nr. 5 BauGB; § 6 Abs. 2 Satz 1 LuftVG; § 32 Abs. 1 Nr. 1a i.V.m. § 10 Abs. 4 Satz 2 Nr. 5 KrW-/AbfG; § 37 Abs. 2 FlurbG; vgl. *Sparwasser/Engel/Voßkuhle*, Umweltrecht, § 6 Rz. 64f.; *Kloepfer*, Umweltrecht, § 11 Rz. 35.
7 BVerwG v. 7.3.1997 – 4 C 10.96, BVerwGE 104, 144 (148).

## 3. Rechtsschutz

### a) Grundsatz

Es wurde bereits darauf hingewiesen, dass nach der Rechtsprechung des BVerwG ein von der enteignungsrechtlichen Vorwirkung eines Planfeststellungsbeschlusses betroffener Kläger eine vollständige Überprüfung des angefochtenen Planfeststellungsbeschlusses erreichen kann. Er wird wie der Adressat des Planfeststellungsbeschlusses behandelt, so dass die Feststellung der **Rechtswidrigkeit des Planfeststellungsbeschlusses** – vorbehaltlich der Unbeachtlichkeitsregelungen und Heilungsmöglichkeiten – auch zu dessen **Aufhebung** führt[1].

170

### b) Behebbare Abwägungsmängel

Die meisten Fachplanungsgesetze enthalten – in Anlehnung an § 214 Abs. 3 Satz 2 BauGB – die Bestimmung, dass **Abwägungsmängel** nur erheblich sind, wenn sie **offensichtlich und auf das Abwägungsergebnis von Einfluss** gewesen sind. Auch in diesem Sinne erhebliche Mängel bei der Abwägung dürfen nur dann zur Aufhebung des Planfeststellungsbeschlusses oder der Plangenehmigung führen, wenn sie nicht durch **Planergänzung** oder durch ein **ergänzendes Verfahren** behoben werden können[2].

171

Die Auswirkungen dieser Vorschriften sind in der Rechtsprechung grds. geklärt[3]. Es ist anerkannt, dass der Gesetzgeber die radikale Folge einer Rechtswidrigkeit des Planfeststellungsbeschlusses, nämlich dessen Aufhebung, vermeiden wollte, wenn der Fehler – auch als materieller Fehler in der Abwägung – durch ein ergänzendes Verfahren behoben werden kann. Dabei genügt es, dass die **konkrete Möglichkeit der Fehlerbehebung** in einem ergänzenden Verfahren besteht, was wiederum voraussetzt, dass der Abwägungsmangel nicht von solcher Art und Schwere ist, dass er die Planung als Ganzes von vornherein in Frage stellt. Speziell für das Naturschutzrecht ist jedoch Folgendes zu beachten:

172

Nach der Rechtsprechung des BVerwG sind die genannten Vorschriften auch auf Fehler bei der **spezifisch naturschutzrechtlichen Abwägung** gem. Art. 15 Abs. 5 BNatSchG anwendbar[4]. Wie bereits gezeigt wurde, ist diese Abwägung der allgemeinen fachplanerischen Abwägung nachgelagert (s.o. Rz. 43ff.). Das BVerwG sieht allerdings keinen Grund dafür, die in der jeweiligen Fachplanungsnorm enthaltene Regelung zur Planerhaltung auf die fachplanerische Abwägung zu beschränken. Da einerseits der Ausgang der naturschutzrechtlichen Abwägung die Planungsbehörde dazu zwingen könne, ihr (bisheriges) Planungsergebnis zu überdenken und ggf. von dem Vorhaben Abstand zu nehmen, rechtfertige dies andererseits auch die Anwendung der Vorschriften der Planerhaltung (auch) auf die naturschutzrechtliche Abwägung[5].

173

---

1 BVerwG v. 13.4.1983 – 4 C 21.79, BVerwGE 67, 84ff.; s.o. Rz. 148.
2 Vgl. § 18e Abs. 6 AEG; § 17e Abs. 6 FStrG; § 14e Abs. 6 WaStrG; § 10 Abs. 8 LuftVG; § 29 Abs. 8 PBefG.
3 Vgl. BVerwG v. 14.11.2002 – 4 A 15.02, NVwZ 2003, 485; v. 12.4.2000 – 11 A 18.98, NVwZ 2001, 82; v. 19.2.2001 – 2 Bs 370.00, NVwZ 2001, 1173 (1176f.); v. 21.3.1996 – 4 C 19.94, NVwZ 1996, 1016 (1017); v. 10.7.1997 – 4 NB 15.97, NuR 1998, 198f.; OVG Münster. 3.12.1997 – 7a B 1110/97. NE, BauR 1999, 362 (364); VGH Mannheim v. 28.3.1996 – 5 S 1301/95, NuR 1997, 356.
4 BVerwG v. 27.10.2000 – 4 A 18.99, NuR 2001, 216 (223f.); v. 9.6.2004 – 9 A 11.03, NuR 2004, 795 (801f.).
5 BVerwG v. 27.10.2000 – 4 A 18.99, NuR 2001, 216 (224).

174 Die Vorschriften betreffen ausschließlich Mängel bei der Abwägung. In einem ergänzenden Verfahren heilbar sind allerdings auch **Verstöße gegen durch Abwägung nicht zu überwindende zwingende (strikte) Rechtsvorschriften**, solange sie nicht von solcher Art und Schwere sind, dass sie die Planung als Ganzes in Frage stellen[1]. Dies ist etwa von Bedeutung für Verstöße gegen Artenschutzrecht[2], für ggf. erforderliche Ausnahmen und Befreiungen von Schutzgebietsverordnungen und den gesetzlichen Biotopvorschriften oder auch für die Pflicht zur Unterlassung vermeidbarer Beeinträchtigungen und zur Durchführung von Ausgleichs- und Ersatzmaßnahmen gem. § 15 Abs. 2 Satz 1 BNatSchG[3].

## IV. Naturschutzrechtliche Anforderungen an die Bauleitplanung

175 Die grundsätzlichen Anforderungen an die anwaltliche Tätigkeit im Bebauungsplanverfahren werden für den Fall der Vertretung eines von der Planung Betroffenen im Beitrag von *Tacke* (Teil 2 Kap. B) dargestellt. Auf das dort beschriebene Verfahren und die ebenfalls dargestellten Einflussmöglichkeiten in den einzelnen Verfahrensabschnitten wird verwiesen. Wie im Fachplanungsrecht gilt, dass ein Betroffener in ein Bebauungsplanverfahren auch fremde und öffentliche Belange einbringen und auch die Einhaltung naturschutzrechtlicher Vorschriften einfordern kann, soweit dies den eigenen Interessen förderlich ist.

176 Die aktiven und gestalterischen Aufgaben liegen jedoch bei der Gemeinde. Sie ist für die Aufstellung der Bauleitpläne zuständig und dafür verantwortlich, dass ein – in jeder Hinsicht – rechtmäßiger Bebauungsplan zustande kommt. Dabei spielen naturschutzrechtliche Vorschriften häufig eine entscheidende Rolle. Nicht zuletzt deshalb suchen die Gemeinden bei der Aufstellung von Bebauungsplänen immer häufiger um anwaltlichen Rat nach. Die besonderen naturschutzrechtlich begründeten Anforderungen an die anwaltliche Beratung einer Gemeinde bei der Aufstellung eines Bebauungsplans sind daher wesentlicher Inhalt der folgenden Darstellung.

### 1. Anwaltliche Tätigkeit vor dem Aufstellungsbeschluss

177 Gem. § 2 Abs. 1 Satz 2 BauGB beginnt das Bebauungsplanverfahren mit dem Aufstellungsbeschluss. Bevor der Aufstellungsbeschluss gefasst werden kann, hat jedoch eine **Vorplanung** stattzufinden, in der sich bereits wesentliche naturschutzrechtliche Fragen stellen:

#### a) Inanspruchnahme von Schutzgebieten

#### aa) Grundsatz: Unzulässigkeit mit Befreiungsmöglichkeit im Einzelfall

178 Die Aufstellung eines Bebauungsplans in einem Landschaftsschutzgebiet **ist regelmäßig unzulässig**. Es gilt der Grundsatz, dass Bebauungspläne nicht gegen zwingende Rechtssätze verstoßen dürfen. Hierzu zählen auch Landschaftsschutzgebietsverordnungen[4]. Dies gilt nur dann nicht, wenn die Festsetzungen des Bebauungs-

---

1 BVerwG v. 27.10.2000 – 4 A 18.99, NuR 2001, 216 (224); v. 17.5.2002 – 4 A 28.01, NuR 2002, 739 (744); v. 1.4.2004 – 4 C 2.03, NuR 2004, 524 (526).
2 Vgl. BVerwG v. 1.4.2004 – 4 C 2.03, NuR 2004, 524 (526).
3 Hierzu BVerwG v. 27.10.2000 – 4 A 18.99, NuR 2001, 216 (222 ff.).
4 BVerwG v. 28.11.1988 – 4 B 212.88, NVwZ 1989, 662; VGH Mannheim v. 9.5.1997 – 8 S 2357/96, NuR 1997, 597; *Louis*, Das Verhältnis zwischen Baurecht und Naturschutz, S. 91 ff. m.w.N.

plans den Schutzzweck der Landschaftsschutzgebietsverordnung nicht berühren[1]. In der Regel kann ein Bebauungsplan daher erst aufgestellt werden, wenn die **Landschaftsschutzgebietsverordnung** (zumindest) für den Geltungsbereich des Bebauungsplans **aufgehoben** wurde[2].

Im Einzelfall kann jedoch für die in einem Bebauungsplan vorgesehene Bebauung[3] oder für einen Bebauungsplan selbst die Erteilung einer **Befreiung** von den Vorschriften der Landschaftsschutzgebietsverordnung zugelassen werden, sofern die gesetzlich im Einzelnen in § 67 Abs. 1 Satz 1 BNatSchG geregelten Befreiungsvoraussetzungen vorliegen[4]. Diese Möglichkeit kommt für einen Bebauungsplan in Betracht, wenn er lediglich **in kleinerem Umfang** in ein Schutzgebiet hineinragt[5]. Die Ausnahmegenehmigung bindet die Gerichte[6]. 179

Nach Ansicht des **VGH München** ist die Erteilung einer **Befreiung** für einen Bebauungsplan als solchen nicht möglich[7]. Zur früheren landesrechtlichen Befreiungsvorschrift des Art. 49 Abs. 1 Nr. 1 BayNatSchG a.F. hat das Gericht festgestellt, dass eine Anwendung nur im Einzelfall und nur für „Tathandlungen", jedoch **nicht für den Erlass von Rechtsvorschriften** in Betracht komme. Adressat der Norm sei nicht der Plangeber, sondern der Bauherr, der den Bebauungsplan umsetze. 180

**bb) Ausnahme: Planung in die Befreiungslage hinein**

Der VGH München hat jedoch einschränkend ausgeführt, dass ein Bebauungsplan, dessen Geltungsbereich sich in ein Schutzgebiet erstreckt, trotz fehlender Genehmigungsfähigkeit **nicht unwirksam** ist, wenn ein bei Inkrafttreten des Bebauungsplans bestehender Widerspruch zu einer Landschaftsschutzverordnung dadurch ausgeräumt werden kann, dass für alle aufgrund des Bebauungsplans zulässigen Vorhaben eine (naturschutzrechtliche) Befreiung erteilt werden kann. 181

Damit befindet sich der VGH München in der Sache (wieder) auf der gleichen Linie wie das BVerwG, das einen Verstoß der Bauleitplanung gegen Bestimmungen der Schutzgebietsverordnung ebenfalls nicht annimmt, wenn sich die Erteilung von Befreiungen von dem naturschutzrechtlichen Veränderungsverbot für die Zukunft abzeichnet[8]. Unter diesen Umständen kann eine Gemeinde „**in die Befreiungslage hineinplanen**"[9]. Liegen diese Voraussetzungen vor, so steht der Bauleitplanung kein unüberwindbares rechtliches Hindernis entgegen[10]. 182

Die Möglichkeit, den Widerspruch zwischen Bebauungsplan und Landschaftsschutzverordnung durch eine Befreiung im Einzelfall aufzulösen, besteht jedoch nicht, wenn die Landschaftsschutzverordnung durch die im Bebauungsplan vor- 183

---

1 *Dürr*, UPR 1991, 81 (82 m.w.N.).
2 VGH Kassel v. 27.7.1988 – 3 UE 1870/84, NuR 1989, 87; v. 31.5.2001 – 3 N 4010/97, NuR 2001, 704 (706); in Sachsen wurde für diesen Fall durch § 51 Abs. 4 SächsNatSchG ein besonderes (vereinfachtes) „Ausgliederungsverfahren" geschaffen.
3 *Dürr*, UPR 1991, 81 (82).
4 BVerwG v. 17.12.2002 – 4 C 15.01, NuR 2003, 365; v. 30.1.2003 – 4 CN 14.01, NuR 2003, 489 (490); hierzu *Egner*, NuR 2003, 737 ff.
5 *de Witt/Dreier*, Naturschutz, Rz. 376.
6 BVerwG v. 30.1.2003 – 4 CN 14.01, NuR 2003, 489 (490).
7 VGH München v. 28.3.2002 – 1 NE 01.2074, NuR 2003, 752; v. 14.1.2003 – 1 NE 01.2072, NuR 2003, 753.
8 BVerwG v. 9.2.2004 – 4 BN 28.03, NVwZ 2004, 1242, 1243.
9 BVerwG v. 17.12.2002 – 4 C 15.01, NuR 2003, 365 (366); VGH Mannheim v. 2.2.2001 – 3 S 1000/99, NuR 2001, 690 (693); v. 14.9.2001 – 5 S 2869/99, NuR 2002, 296 (298); VGH München v. 14.1.2003 – 1 NE 01.2072, NuR 2003, 753.
10 BVerwG v. 17.12.2002 – 4 C 15.01, NuR 2003, 365 (366).

gesehenen Veränderungen (teilweise) **funktionslos** würde; eine Befreiung ist nur in solchen Fällen denkbar, die den Bestand der Verordnung nicht grds. berühren[1]. Funktionslos wird eine Landschaftsschutzverordnung, wenn das Landschaftsschutzgebiet infolge der (mehreren) Befreiungen ganz oder teilweise seine Schutzwürdigkeit verlieren würde. Dies ist in aller Regel dann der Fall, wenn die Bebauung soviel Gewicht hat, dass ein im Zusammenhang bebauter Ortsteil entsteht oder sie in einem über eine Ortsabrundung hinausgehenden Umfang erweitert wird[2].

184 Die dargestellten Grundsätze gelten nicht nur für Landschaftsschutzgebiete, sondern erst recht für die **weiteren Schutzgebiete**, die regelmäßig einen weiter gehenden Schutz von Natur und Landschaft begründen.

185 Der Anwalt der Gemeinde muss daher bereits vor Beginn des Bebauungsplanverfahrens **klären**, ob der Geltungsbereich des vorgesehenen Bebauungsplans im Geltungsbereich einer Schutzgebietsverordnung liegt. Ob dies der Fall ist, sollte bei der Gemeinde bekannt sein; im Zweifel empfiehlt sich eine Nachfrage bei der zuständigen Naturschutzbehörde. Häufig, aber nicht immer, sind Schutzgebietsverordnungen auch im Internet verfügbar.

186 Gegebenenfalls ist zu prüfen, ob die Schutzgebietsverordnung unwirksam und die Durchführung eines Normenkontrollverfahrens gegen die Verordnung erfolgversprechend ist. Diese Frage stellt sich jedenfalls dann, wenn die Aufstellung des Bebauungsplans andernfalls, nach den dargestellten Anforderungen, nicht möglich ist.

187 Zur Klarstellung ist darauf hinzuweisen, dass die Existenz einer der Bauleitplanung entgegenstehenden Schutzgebietsverordnung nicht bereits die Durchführung eines Aufstellungsverfahrens verbietet. Maßgeblich ist vielmehr auch insoweit der Zeitpunkt des Satzungsbeschlusses.

### b) Beeinträchtigung gesetzlich geschützter Biotope

188 Würde die Realisierung der Festsetzung eines Bebauungsplans zur Beeinträchtigung oder Zerstörung gesetzlich geschützter Biotope führen, darf der Bebauungsplan ebenfalls nur aufgestellt werden, wenn im Verfahren eine **Ausnahme oder Befreiung** von der zuständigen Behörde jedenfalls in Aussicht gestellt wird[3]. Es ist dagegen nicht erforderlich, dass eine solche Entscheidung bereits vor Satzungsbeschluss vorliegt. Mit § 30 Abs. 4 BNatSchG hat der Gesetzgeber mittlerweile die Möglichkeit geschaffen, eine Entscheidung über Ausnahmen oder Befreiungen für künftige Vorhaben eines Bebauungsplans „vorzuziehen". D.h. die Ausnahmen und Befreiungen für aufgrund eines Bebauungsplans zu erwartende Beeinträchtigungen gesetzlich geschützter Biotope können bereits vor der Genehmigung der jeweiligen Vorhaben erteilt werden. Ein Bebauungsplan ist jedoch rechtswidrig und unwirksam, wenn seine Verwirklichung am Vorliegen eines gesetzlich geschützten Biotops nach § 30 Abs. 2 BNatSchG scheitert, weil (auch) eine **Befreiungslage** nicht vorliegt[4]. Bei den gesetzlichen Biotopvorschriften handelt es sich um striktes Recht, das nicht zur Disposition der Gemeinden steht, und insbesondere nicht in der Abwägung gem. § 1 Abs. 7 BauGB überwunden werden kann[5].

---

1 So VGH München v. 14.1.2003 – 1 NE 01.2072, NuR 2003, 753 (754 f.); wann die Grenze zur Unzulässigkeit überschritten ist, kann von den Gerichten freilich unterschiedlich beurteilt werden, *Egner*, NuR 2003, 737 (739); vgl. auch BVerwG v. 17.12.2002 – 4 C 15.01, NuR 2003, 365; VGH Mannheim v. 29.7.1999 – 5 S 1603/97, NuR 2000, 272 (273 f.); *Louis/Wolf*, NuR 2002, 455 (456); *de Witt/Dreier*, Naturschutz, Rz. 377.
2 VGH München v. 28.3.2002 – 1 NE 01.2074, NuR 2003, 753.
3 *Louis/Wolf*, NuR 2002, 455 f.; zum Artenschutz *Müller*, NuR 2005, 157 ff.
4 Vgl. BVerwG v. 25.8.1997 – 4 NB 12.97, NuR 1998, 135 (136).
5 *Louis/Wolf*, NuR 2002, 455.

Im Hinblick auf diese Rechtslage muss der Anwalt der Gemeinde raten, **möglichst** 189
**frühzeitig** noch in der Phase der Vorplanung zu klären, ob sich in dem vorgesehenen
Plangebiet gesetzlich geschützte Biotope befinden. Ist dies der Fall, ist zumindest zu
klären, ob eine Ausnahme oder Befreiung möglich ist; anderenfalls ist damit zu
rechnen, dass (jedenfalls) die Naturschutzbehörde gegen die Planung im Aufstellungsverfahren – berechtigte – Einwenungen erheben wird, so dass dem Bebauungsplan bei Genehmigungsbedürftigkeit die Genehmigung gem. § 10 Abs. 2 BauGB
versagt wird oder dass er in einem Normenkontrollverfahren für unwirksam erklärt
wird. Sinnvollerweise sollte, von der Möglichkeit der vorzeitigen Ausnahme oder
Befreiung des § 30 Abs. 4 BNatSchG Gebrauch gemacht werden, weil damit frühzeitig Rechtssicherheit erlangt werden kann.

#### c) Europäischer Natur- und Artenschutz

##### aa) Natura 2000-Gebiete

Gemäß § 1a Abs. 4 BauGB sind bei der Aufstellung der Bauleitpläne die Vorschriften des BNatSchG über die Zulässigkeit und Durchführung von Eingriffen in Natura 2000-Gebiete einschließlich der Einholung der Stellungnahme der Kommission anzuwenden, soweit ein solches Gebiet in seinen für die Erhaltungsziele oder den Schutzzweck maßgeblichen Bestandteilen erheblich beeinträchtigt werden kann. 190

In diesen Fällen hat also im Zuge der Aufstellung der Bauleitpläne eine Verträglichkeitsprüfung gem. § 34 Abs. 1 BNatSchG stattzufinden[1]. Die in der Rechtsprechung vertretene Auffassung, diese Prüfung habe integriert in die planerische Abwägung gem. § 1 Abs. 7 BauGB zu erfolgen[2], ist insoweit irreführend als ein negatives Ergebnis der Verträglichkeitsprüfung nicht nach allgemeinen Abwägungsgrundsätzen sondern nur unter den Voraussetzungen des § 34 Abs. 3, ggf. i.V.m. Abs. 4 BNatSchG überwunden werden kann[3]. Diese Anforderungen gelten auch in faktischen Vogelschutzgebieten[4]. 191

Die – insoweit missverständliche – Regelung in § 36 Satz 2 BNatSchG ändert an diesen Anforderungen nichts; sie ergeben sich unabhängig davon aus § 1a Abs. 4 BauGB. 192

##### bb) Besonderer Artenschutz

Die Verbotstatbestände des besonderen Artenschutzes gem. § 44 Abs. 1 BNatSchG spielen im Rahmen der Bauleitplanung (nur) mittelbar eine Rolle. Grundsätzlich sind Bebauungspläne nicht geeignet, die Verbotstatbestände des § 44 Abs. 1 BNatSchG zu erfüllen, weil nicht der Bebauungsplan (selbst), sondern erst die Realisierung des konkreten Bauvorhabens gegen die artenschutzrechtlichen Verbote verstoßen kann. Bei der Aufstellung von Bebauungsplänen sind die artenschutzrechtlichen Verbotstatbestände daher nur von Bedeutung, wenn sie unüberwindbare Hindernisse für die Realisierung der Planung darstellen, weil in diesem Fall dem Bebauungsplan die „Erforderlichkeit" i.S.d. § 1 Abs. 3 BauGB fehlt[5]. 193

---

1 OVG Schleswig v. 23.7.2009 – 1 KN 22/05, NordÖR 2010, 452 ff.; OVG Koblenz v. 12.4.2011 – 8 C 10056/11.
2 VGH Kassel v. 5.7.2007 – 4 N 867/06, NuR 2008, 258 (260 f.).
3 VGH Kassel v. 5.7.2007 – 4 N 867/06, NuR 2008, 258 (260).
4 OVG Greifswald v. 30.6.2010 – 3 K 19/06, NuR 2011, 136, 137 ff.
5 Vgl. BVerwG v. 25.8.1997 – 4 NB 12.97, NuR 1998, 135 (136); OVG Koblenz v. 13.2.2008 – 8 C 19368/07, NVwZ-RR 2008, 514 (515 f.); OVG Münster v. 30.1.2009 – 7 D 11/08. NE, ZfBR 2009, 583 (586 ff.).

194 Im Rahmen der Aufstellung eines Bebauungsplans ist lediglich zu prüfen, ob eine spätere Genehmigung aus artenschutzrechtlichen Gründen unter keinen Umständen erteilt werden kann, also auch nicht im Wege der Erteilung einer Ausnahme nach § 45 Abs. 7 BNatSchG oder einer Befreiung nach § 67 Abs. 2 BNatSchG. Unter diesen Voraussetzungen muss die Aufstellung des Bebauungsplans allerdings unterbleiben, denn ein solcher Bebauungsplan ist wegen Verstoßes gegen § 1 Abs. 3 BauGB rechtswidrig. Faktisch führt dies freilich dazu, dass bereits bei der Aufstellung des Bebauungsplans untersucht werden muss, ob im Sinne des § 44 Abs. 1 BNatSchG geschützte Arten durch die spätere Verwirklichung der vom Bebauungsplan zugelassenen Vorhaben beeinträchtigt werden können. In der Regel muss die Gemeinde hierfür sachverständige Hilfe in Anspruch nehmen. Diese Ermittlungspflicht gilt auch bei Bebauungsplänen im Sinne von § 13a BauGB, obwohl für diese nach § 13a Abs. 3 Satz 1 Nr. 1 BauGB keine förmliche Umweltprüfung durchgeführt werden muss[1]. Wird dabei festgestellt, dass die Verwirklichung des Bebauungsplans (voraussichtlich) zu Verstößen gegen die artenschutzrechtlichen Verbote führen wird, die nur durch vorgezogene Ausgleichsmaßnahmen („CEF-Maßnahmen") nach § 44 Abs. 5 Satz 3 BNatSchG vermieden werden können, sind solche Ausgleichsmaßnahmen bereits im Bebauungsplan festzusetzen; anderenfalls ist der Bebauungsplan fehlerhaft[2]. Eine Ausnahme- oder Befreiungsmöglichkeit schon auf Planebene analog zum Biotopschutz nach § 30 Abs. 4 BNatSchG sieht das Gesetz bislang nicht vor.

**d) Baumschutzregelungen**

195 Die dargestellten Grundsätze gelten entsprechend für **Baumschutzverordnungen**[3]. Auch bei diesen Vorschriften handelt es sich um zwingendes Recht, das von den Gemeinden anzuwenden ist, und nicht durch Abwägung überwunden werden kann.

196 Anderes gilt jedoch für **kommunale Baumschutzsatzungen**. Da diese in der Normenhierarchie nicht höher stehen als Bebauungspläne, gilt der Grundsatz, dass das spätere Recht dem früheren vorgeht. Bei Baumschutzsatzungen ist daher eine vorherige Ausnahmegenehmigung oder Befreiung nicht erforderlich[4].

**e) Eingriff in Natur und Landschaft**

**aa) Überblick**

197 Die Bedeutung der naturschutzrechtlichen Eingriffsregelung für die Bauleitplanung wurde erstmals 1993 durch die im Investitionserleichterungs- und Wohnbaulandgesetz geschaffenen Vorschriften der §§ 8a–c BNatSchG a.F. ausdrücklich geregelt[5]. Damals wurden Bebauungspläne der naturschutzrechtlichen Eingriffsregelung erstmals unmittelbar unterstellt. §§ 8a–c BNatSchG 1993 haben eine wahre Flut von Gerichtsentscheidungen und wissenschaftlichen Stellungnahmen hervorgerufen[6].

---

1 VGH Mannheim v. 6.5.2011 – 5 S 1670/09, NuR 2011, 659 (660f.).
2 VGH München v. 30.3.2010 – 8 N 09.1861, BayVBl. 2011, 339 (341f.).
3 Ausführlich hierzu *Günther*, NuR 2002, 587ff.; *de Witt/Dreier*, Naturschutz, Rz. 322ff.
4 *Louis*, Das Verhältnis zwischen Baurecht und Naturschutz, S. 94 (95).
5 Der Meinungsstreit zur vorher geltenden Rechtslage ist deshalb inzwischen nur noch von akademischem Interesse; vgl. die Zusammenfassungen bei *Dürr*, BauR 1994, 460 (463) und *Koch*, Der Baurechtskompromiß im Meinungsstreit, in: Ramsauer (Hrsg.), Die naturschutzrechtliche Eingriffsregelung, S. 199 (200 m.w.N.).
6 Ein Überblick geben die Beiträge in *Ramsauer* (Hrsg.), Die naturschutzrechtliche Eingriffsregelung; informativ zu den verschiedenen Streitfragen und (teilweise) gefundenen Ergebnissen sind außerdem die Beiträge von *Schmidt*, Die Neuregelung des Verhältnisses zwischen Baurecht und Naturschutz, S. 74ff.; *Louis*, Das Verhältnis zwischen Baurecht und Naturschutz, S. 89ff.

## IV. Naturschutzrechtliche Anforderungen an die Bauleitplanung

Durch das am 1.1.1998 in Kraft getretene Bau- und Raumordnungsgesetz 1998[1] wurden die 1993 getroffenen Regelungen grundlegend modifiziert. Das BNatSchGNeuregG brachte im Jahre 2002 keine grundlegenden Änderungen mehr mit sich. Die damals geschaffene Regelung des § 21 BNatSchG a.F. wurde in § 18 des heute geltenden BNatSchG inhaltlich identisch übernommen. Einzelheiten der geltenden Regelung können hier nicht dargestellt werden[2]. Zusammenfassend gilt Folgendes:

Die **maßgeblichen Vorschriften** finden sich sowohl im BNatSchG als auch – und insbesondere – im BauGB. Zu beachten sind § 18 BNatSchG sowie § 1a Abs. 3 und 4, § 2 Abs. 4, § 5 Abs. 2a, § 9 Abs. 1a, § 11 Abs. 1 Nr. 2, §§ 135a–c und § 200a BauGB[3]. 198

Das Gesetz schreibt ein **einstufiges Verfahren** vor. Das maßgebliche Entscheidungsprogramm der naturschutzrechtlichen Eingriffsregelung ist nur bei der Aufstellung von Bauleitplänen abzuarbeiten. Ist das Aufstellungsverfahren abgeschlossen und der Bebauungsplan in Kraft getreten, ist die naturschutzrechtliche Eingriffsregelung gem. § 18 Abs. 2 BNatSchG auf das einzelne Vorhaben nicht (mehr) anzuwenden. Gleiches gilt für Genehmigungen gem. § 33 BauGB. Allein für Vorhaben im Außenbereich und für Bebauungspläne, die Planfeststellungsverfahren ersetzen, findet die Eingriffsregelung Anwendung, § 18 Abs. 2 Satz 2 BNatSchG. 199

Bei der Aufstellung von Bauleitplänen ist zu ermitteln, ob durch die Planung die Zulässigkeit von Vorhaben begründet werden soll, mit denen Eingriffe verbunden sind, die zu erheblichen Beeinträchtigungen führen können (§ 2 Abs. 4 BauGB)[4]. Ist dies der Fall, findet die Eingriffsregelung des BNatSchG Anwendung. Allerdings regelt § 18 Abs. 1 BNatSchG ausdrücklich, dass über die Rechtsfolgen der Eingriffsregelung nach den Vorschriften des BauGB zu entscheiden ist. 200

§ 1a Abs. 3 Satz 1 BauGB bestimmt, dass die Vermeidung und der Ausgleich[5] voraussichtlich erheblicher Beeinträchtigungen des Landschaftsbildes sowie der Leistungs- und Funktionsfähigkeit des Naturhaushalts (Eingriffsregelung nach dem BNatSchG) **in der Abwägung** nach § 1 Abs. 7 BauGB zu berücksichtigen sind. Damit hat der Gesetzgeber die zunächst umstrittene[6], letztlich aber höchstrichterlich geklärte[7] Frage im Sinne dieser Rechtsprechung geregelt. Der Eingriffsregelung und den dort angeordneten Rechtsfolgen kommt in der Bauleitplanung **kein Vorrang bei der Planungsentscheidung** zu. Sie hat nicht den Charakter eines sog. Optimierungsgebots. Die Anforderungen unterliegen vielmehr uneingeschränkt dem planerischen Abwägungsgebot[8]. Auch die eigenständige naturschutzrechtliche Abwägung gem. § 19 Abs. 3 BNatSchG findet keine Anwendung. 201

Das BauGB ermöglicht eine räumliche und zeitliche Flexibilität für entsprechende Festsetzungen. Sie können **sowohl am Ort des Eingriffs als auch an anderer Stelle** getroffen werden. § 9 Abs. 1a BauGB bestimmt, dass Flächen oder Maßnahmen 202

---

1 BGBl. I, 2081.
2 Weiterführend *Krautzberger*, in: Battis/Krautzberger/Löhr, BauGB, Kommentar, § 1a Rz. 12 ff.; *Louis*, Das Verhältnis zwischen Baurecht und Naturschutz, S. 89 ff.; *Krautzberger*, NuR 1998, 455 ff.; *Gassner*, NuR 1999, 79 ff.
3 Siehe *Schillhorn*, BauR 2002, 1800.
4 *Lütkes*, BauR 2003, 983 (990); *Stich*, DVBl 2002, 1588 (1589).
5 Gemäß § 200a BauGB stehen Ersatzmaßnahmen Ausgleichsmaßnahmen insoweit gleich.
6 Vgl. z.B. *Blume*, NuR 1996, 384; *Löhr*, LKV 1994, 324; *Runkel*, NVwZ 1993, 1136.
7 BVerwG v. 31.1.1997 – 4 NB 27.96, NVwZ 1997, 1213.
8 *Lütkes*, BauR 2003, 983 (989 f.); *Wolf*, NuR 2001, 481 (482); *Krautzberger*, NuR 1998, 455 (457).

zum Ausgleich i.S.d. § 1a Abs. 3 BauGB auch an anderer Stelle sowohl im sonstigen Geltungsbereich des Bebauungsplans als auch in einem anderen Bebauungsplan festgesetzt werden können. Anstelle von Festsetzungen sind gem. § 11 Abs. 1 Nr. 2 BauGB auch **städtebauliche Verträge** mit entsprechendem Inhalt zulässig[1]. § 9 Abs. 1a Satz 2 BauGB ermöglicht ferner sog. **Zuordnungsfestsetzungen**. Hierdurch können Flächen oder Maßnahmen zum Ausgleich an anderer Stelle den Grundstücken, auf denen Eingriffe zu erwarten sind, ganz oder teilweise zugeordnet werden[2].

203 Daneben existiert auch die Möglichkeit einer **zeitlichen Entzerrung** der Maßnahmen. Die Regelung in § 135a Abs. 2 Satz 2 BauGB eröffnet der Gemeinde die Möglichkeit, einen Ausgleich im Wege eines sog. „**Ökokontos**" oder eines „**Flächenpools**" vorweg durchzuführen. Ausgleichsmaßnahmen können bereits vor Eingriffen in Natur und Landschaft realisiert und diesen zugeordnet werden[3].

204 Zu beachten ist, dass bei dem im Jahr 2006 eingeführten sog. „Bebauungsplan der Innenentwicklung" nach § 13a Abs. 2 Nr. 4 BauGB gesetzlich fingiert wird, eventuelle Eingriffe seien bereits vor der planerischen Entscheidung erfolgt oder zulässig gewesen. Dies hat nach § 1a Abs. 3 Satz 4 BauGB zur Konsequenz, dass diese Eingriffe nicht ausgleichspflichtig sind. Voraussetzung für die Anwendung von § 13a Abs. 2 Nr. 4 BauGB ist unter anderem, dass die festgesetzte Grundfläche des Bebauungsplans weniger als 20 000 qm beträgt (§ 13a Abs. 1 Satz 2 Nr. 1 BauGB) und keine Anhaltspunkte für eine Beeinträchtigung eines Natura 2000-Gebiets bestehen (§ 13a Abs. 1 Satz 5 BauGB) bestehen[4].

**bb) Praktische Vorgehensweise**

205 Im Folgenden soll dargestellt werden, welche praktische Vorgehensweise der Anwalt einer Gemeinde empfehlen kann, die einen Bebauungsplan aufstellen will, der einen Eingriff in Natur und Landschaft zur Folge hat. In aller Regel wird hierfür, jedenfalls bei kleineren Gemeinden, die nicht selbst über entsprechend qualifizierte Mitarbeiter verfügen, die Zusammenarbeit mit einem qualifizierten (Landschafts-)Planungsbüro unerlässlich sein. Die Aufgabe des Anwalts besteht dabei jedoch weiterhin darin, neben fachlichen Anforderungen auf die Einhaltung der rechtlichen Standards zu achten, womit Planungsbüros häufig überfordert sind.

**(1) Summarische Vorprüfung**

206 Zunächst ist nach §§ 18 Abs. 1 i.V.m. 14 Abs. 1 BNatSchG zu entscheiden, ob das Rechtsregime des BauGB auf den zu erwartenden Eingriff Anwendung findet, das geplante Vorhaben also zu einem Eingriff in Natur und Landschaft führt.

207 Liegen die Voraussetzungen der §§ 18 Abs. 1 i.V.m. 14 Abs. 1 BNatSchG vor, sollte die Gemeinde bereits in der Phase der Vorplanung eine **summarische Vorprüfung** der nachfolgend im Einzelnen dargestellten Schritte vornehmen. Diese Prüfung erlaubt eine „strategische Orientierung", insbesondere auch hinsichtlich der erforderlichen Ausgleichs- und Ersatzmaßnahmen und der hierfür erforderlichen Flächen.

---

1 Auch mit dieser Regelung folgt das Gesetz nur der bereits zuvor bestehenden Rechtsprechung; vgl. BVerwG v. 9.5.1997 – N 1.96, DVBl 1997, 1121.
2 *Stich*, DVBl 2002, 1588 (1589).
3 Zum Ökokonto *Louis*, NuR 2004, 714 ff.; *Lüers*, UPR 1997, 348 (351).
4 Vgl. zum Bebauungsplan der Innenentwicklung *Battis*, in: Battis/Krautzberger/Löhr, BauGB, Kommentar, § 13a Rz. 1 ff. sowie *Tacke*, Teil 2 Kap. B, Rz. 193 ff.

## (2) Bestandsaufnahme und Bewertung des vorhandenen Zustandes

Die zutreffende Abwägung der Belange des Naturschutzes und der Landschaftspflege und die Abarbeitung der Anforderungen des § 18 BNatSchG ist ohne eine **fachliche Bestandsaufnahme und Bewertung** des vorhandenen Zustandes nicht möglich[1]. Wie bei einer Umweltverträglichkeitsprüfung[2] sollte der Untersuchungsrahmen mit den beteiligten Behörden abgestimmt werden. Der Umfang der Bestandsaufnahme und Bestandsbewertung ist abhängig von der Bedeutung der in Anspruch genommenen Flächen für die Leistungsfähigkeit des Naturhaushalts und des Landschaftsbildes sowie den zu erwartenden Beeinträchtigungen. Die Anforderungen an die angemessene Ermittlung sind nicht zu unterschätzen[3].

208

Existiert für das vorgesehene Plangebiet bereits ein **Landschaftsplan**, kann auf dessen Grundlagenteil zurückgegriffen werden; liegt ein solcher nicht vor, muss die Gemeinde eigene Erhebungen vornehmen (lassen)[4]. Der hierfür erforderliche Zeitaufwand ist rechtzeitig zu kalkulieren; zu berücksichtigen ist insbesondere, dass bestimmte Bestandserhebungen jahreszeitlich gebunden sind.

209

Für die Beschreibung und Bewertung der einzelnen Funktionen gibt es **keine verbindliche Vorgabe**[5]. Entscheidend ist, dass die Bewertung sich nach einer vorab festgelegten und nachvollziehbaren Methode richtet. Aus diesem Grund wurden zwischenzeitlich sowohl vom Bundesministerium für Verkehr, Bau und Wohnungswesen (jetzt Bundesministerium für Verkehr, Bau und Stadtentwicklung) als auch von verschiedenen Landesbehörden **Leitfäden** zur Handhabung der Eingriffsregelung in der Praxis herausgegeben. Diese sind zurzeit:

210

– Bundesministerium für Verkehr, Bau- und Wohnungswesen, Leitfaden zur Handhabung der naturschutzrechtlichen Eingriffsregelung in der Bauleitplanung, Berlin 2001.
– Landesamt für Umweltschutz Baden-Württemberg, Die naturschutzrechtliche Eingriffsregelung in der Bauleitplanung, Mannheim 2000[6].
– Bayerisches Staatsministerium für Landesentwicklung und Umweltfragen, Bauen im Einklang mit Natur und Landschaft, 2. Auflage 2003[7].
– Senatsverwaltung für Stadtentwicklung, Umweltschutz und Technologie, Berlin, Umweltverträglichkeitsprüfung und Eingriffsregelung in der Stadt- und Landschaftsplanung, Berlin 1999[8].
– Ministerium für Landwirtschaft, Umweltschutz und Raumordnung des Landes Brandenburg, Vorläufige Hinweise zum Vollzug der Eingriffsregelung, Potsdam, Stand Januar 2003[9].

---

1 *Louis*, Das Verhältnis zwischen Baurecht und Naturschutzrecht, S. 97 ff.
2 Vgl. § 5 UVPG; zum Umfang der Ermittlungspflicht VGH Kassel v. 22.7.1994 – 3 N 882/94, NuR 1995, 147; s. auch *Stich*, DVBl 2002, 1588 (1591 f.); *Ellinghoven/Brandenfels*, NuR 2004, 565 (567 ff.).
3 BVerwG v. 31.1.1997 – 4 NB 27.96, DVBl 1997, 1112 (1114).
4 *Louis*, Das Verhältnis zwischen Baurecht und Naturschutz, S. 97 (98).
5 BVerwG, NVwZ 2008, 216.
6 Abrufbar im Internet unter *http://www.fachdokumente.lubw.baden-wuerttemberg.de/servlet/is/50121/?COMMAND=DisplayBericht&FIS=200&OBJECT=50121&MODE=METADATA* (Stand Mai 2011).
7 Abrufbar im Internet unter *http://www.stmug.bayern.de/umwelt/naturschutz/doc/leitf_oe.pdf* (Stand Mai 2011).
8 Abrufbar im Internet unter *http://www.stadtentwicklung.berlin.de/umwelt/landschaftsplanung/uvp/download/uvp-leit.pdf* (Stand Mai 2011).
9 Abrufbar im Internet unter *http://www.mlur.brandenburg.de/cms/media.php/2318/hve.pdf* (Stand Mai 2011).

– Niedersächsisches Landesamt für Ökologie, Naturschutzfachliche Hinweise zur Anwendung der Eingriffsregelung in der Bauleitplanung, Informationsdienst Naturschutz Niedersachsen, Heft 1/94 (1994).

211 Daneben haben auch viele Gemeinden oder Landkreise eigene, regelmäßig kürzere, aber ortsbezogene Leitfäden herausgegeben. Ein Blick in das Internet kann hier möglicherweise zu wichtigen Informationen verhelfen.

**(3) Fachliche Prognose der zu erwartenden Eingriffe**

212 Ist die Bestandsaufnahme und -bewertung abgeschlossen, sind den so gefundenen Ergebnissen die zu erwartenden Eingriffe gegenüberzustellen. **Rechtlich irrelevant** sind dabei gem. § 1a Abs. 3 Satz 5 BauGB solche Beeinträchtigungen von Natur und Landschaft, die bereits vor der planerischen Entscheidung erfolgt sind oder zulässig waren.

**(4) Vermeidungsmaßnahmen**

213 In einem nächsten Schritt ist zu prüfen, ob sich die mit dem Bebauungsplan verfolgten Ziele **mit geringeren Beeinträchtigungen** von Natur und Landschaft verwirklichen lassen. Welche Vermeidungsmaßnahmen hier in Betracht kommen, bedarf der Entscheidung im Einzelfall. Denkbar sind z.B. Verschiebungen der überbaubaren Grundstücksflächen oder die Verminderung der Bodenversiegelung, indem für Stellplätze die Befestigung mit wasserdurchlässigen Materialien vorgesehen wird[1]. Eine grundsätzliche **Alternativenprüfung** hat in diesem Zusammenhang nicht mehr stattzufinden; sie ist vielmehr Teil der Abwägung gem. § 1 Abs. 7 BauGB[2].

**(5) Ausgleichsmaßnahmen**

214 Verbleiben unvermeidbare Beeinträchtigungen von Natur und Landschaft, ist ein **schlüssiges Konzept von Ausgleichsmaßnahmen** zu entwickeln, über das dann in der Abwägung gem. § 1 Abs. 7 BauGB zu entscheiden ist. Dies setzt eine konkrete Eingriffs-/Ausgleichsbilanz voraus. Nur auf dieser Grundlage ist eine sachgerechte Entscheidung möglich, welche Beeinträchtigungen von Natur und Landschaft einer Kompensation bedürfen. § 200a BauGB stellt Ausgleichsmaßnahmen den Ersatzmaßnahmen gleich. Dies entspricht nunmehr der allgemeinen Regelungskonzeption des BNatSchG, § 15 Abs. 2 Satz 1 BNatSchG.

215 Problematisch ist an dieser Stelle der Planung regelmäßig die **Verfügbarkeit von Flächen** für Ausgleichsmaßnahmen. Die Klärung, welche Flächen aus fachlicher Sicht für derartige Maßnahmen in Betracht kommen, sollte zweckmäßigerweise bereits mit der Erfassung des vorhandenen Zustandes erfolgen. Nach der Rechtsprechung des BVerwG kommen grds. nur solche Flächen für Ausgleichsmaßnahmen in Betracht, die **aufwertungsbedürftig und -fähig** sind[3].
Ein bloßer Erhalt bereits wertvoller Flächen ist dagegen kein Ausgleich[4].

---

1 Weitere Beispiele bei *Louis*, Das Verhältnis zwischen Baurecht und Naturschutz, S. 107 (108).
2 BVerwG v. 7.3.1997 – 4 C 10.96, DVBl 1997, 838 (839).
3 BVerwG v. 9.6.2004 – 9 A 11.03, NuR 2004, 795 (804f.); v. 10.9.1998 – 4 A 35.97, NuR 1999, 103; v. 28.1.1999 – 4 A 18.98, NuR 1999, 510; OVG Schleswig v. 12.2.2002 – 4 M 93/01, NuR 2002, 695; OVG Koblenz v. 14.1.2000 – 1 C 12946/98, BauR 2000, 1011; VGH Mannheim v. 17.5.2001 – 8 S 2603/00, BauR 2002, 430; *Stich*, DVBl 2002, 1588 (1594).
4 OVG Koblenz v. 14.1.2000 – 1 C 12946/98, NuR 2000, 384.

Die Suche nach aufwertungsfähigen Flächen gestaltet sich durch die flexible Regelung sehr **weiträumig**. Neben dem vorgesehenen Plangebiet und angrenzenden Bereichen kommen gem. § 1a Abs. 3 i.V.m. § 9 Abs. 1a BauGB Flächen auch außerhalb des Gemeindegebiets in Betracht, die im Eigentum der Gemeinde stehen oder über die mit dem Grundstückseigentümer Verträge abgeschlossen werden können[1]. Allerdings kann die räumlich getrennte Festsetzung der Ausgleichsflächen zu Konflikten mit den jeweiligen Eigentümern dieser Flächen führen, da sie die Lasten tragen und dadurch erst den Vorteil der Bebaubarkeit für die Flächen im Plangebiet schaffen[2]. 216

Höchstrichterlich ist geklärt, dass neben dem gesetzlich gem. § 9 Abs. 1a BauGB ausdrücklich für zulässig erklärten **separaten (Ausgleichs-)Bebauungsplan** ein einheitlicher **Bebauungsplan** auch **aus zwei räumlich voneinander getrennten Teilbereichen** bestehen kann[3]. Hierdurch können die Ausgleichsmaßnahmen in demselben Bebauungsplan, jedoch an anderer Stelle als der Eingriff im Gemeindegebiet festgesetzt und nach Durchführung abgerechnet werden[4]. 217

Lösungen sind schließlich auch durch **städtebauliche Verträge** gem. § 11 BauGB möglich[5]. Von dieser Möglichkeit wird in der Praxis – zu Recht – häufig Gebrauch gemacht, weil vertragliche Regelungen sehr flexible Lösungen ermöglichen, insbesondere auch ohne Bindung an den Festsetzungskatalog des BauGB und die dort geregelten – komplizierten – Abrechnungsmöglichkeiten. 218

Welche Ausgleichsmaßnahmen erforderlich und zugleich möglich sind, richtet sich nach der Wahl des Kompensationsmaßstabes. Ein allgemein anerkanntes fachliches Bilanzierungsverfahren gibt es bislang nicht[6], auch hier sind aber insbesondere die oben genannten Leitfäden zu beachten. Der von der Gemeinde beauftragte Planer muss in jedem Fall nach einem schlüssigen Konzept vorgehen, das zumindest folgende Anforderungen erfüllen sollte, die auch vom Anwalt überprüft werden können und müssen: 219
– Die Bewertungsmaßstäbe müssen vorab festgelegt und nachvollziehbar sein.
– Die verschiedenen Funktionen des Naturhaushalts müssen getrennt erfasst und bewertet werden; eine Verrechnung verschiedener Funktionen ist unzulässig.
– Ausgleichsmaßnahmen müssen auf eine qualitative Kompensation der Beeinträchtigungen von Natur und Landschaft abzielen; ein rein quantitativer Flächenvergleich ist regelmäßig unzureichend.
– Ziel der Ausgleichsmaßnahmen muss eine gleichartige Kompensation der Eingriffsfolgen sein.
– Die Ausgleichsmaßnahmen dürfen nicht ihrerseits auf Dauer zu anderen oder weiteren Beeinträchtigungen des Naturhaushalts führen.
– Die möglichen und erforderlichen Ausgleichsmaßnahmen sind als Darstellungen in den Flächennutzungsplan oder als Festsetzungen in den Bebauungsplan aufzunehmen (wenn der Ausgleich nicht über einen städtebaulichen Vertrag erfolgt). Die Kataloge des § 5 und des § 9 BauGB stellen hierfür zahlreiche Möglichkeiten zur Verfügung.

---
1 Vgl. hierzu *Mitschang*, ZfBR 1999, 125 (131 f.); *Bunzel*, BauR 1999, 3 ff.
2 *de Witt/Dreier*, Naturschutz, Rz. 886.
3 BVerwG v. 9.5.1997 – 4 N 1.96, NuR 1997, 446 (447).
4 Vgl. hierzu VG Gießen v. 17.9.2001 – 1 E 756/01, NuR 2002, 439.
5 *de Witt/Dreier*, Naturschutz, Rz. 879 ff.
6 BVerwG v. 31.1.1997 – 4 NB 27.96, NuR 1997, 543 (544).

### (6) Zuordnungsfestsetzungen

220 Gem. § 1a Abs. 3 Satz 3 BauGB kann eine Gemeinde Ausgleichsmaßnahmen nicht nur am Ort des Eingriffs festsetzen, sondern auch an anderer Stelle, soweit dies mit einer geordneten städtebaulichen Entwicklung und den Zielen der Raumordnung sowie des Naturschutzes und der Landschaftspflege vereinbar ist. Durch Zuordnungsfestsetzungen gem. § 5 Abs. 2a und § 9 Abs. 1a BauGB besteht die Möglichkeit, Ausgleichsmaßnahmen bestimmten Eingriffen rechtlich verbindlich zuzuordnen. Auf diese Weise können **größere, zusammenhängende Ausgleichsmaßnahmen** mehreren Bauflächen rechtlich verbindlich zugeordnet werden. Eine Zuordnung bereits auf Ebene des Flächennutzungsplans empfiehlt sich allerdings aufgrund der frühzeitigen Bindung nicht[1].

221 Die Zuordnung erfolgt in der Regel durch **textliche Festsetzung**. Diese muss bestimmen, welche Maßnahmen als Ausgleich für welche Eingriffe dienen sollen. Anstelle einer Zuordnungsfestsetzung kommt auch der Abschluss eines die Kostenübernahme regelnden städtebaulichen Vertrages gem. § 11 BauGB in Betracht[2]. Eine weitere Möglichkeit zum Ausgleich besteht durch Maßnahmen auf von der Gemeinde bereitgestellten Flächen (§ 1a Abs. 3 Satz 4 BauGB). Im Bebauungsplan müssen diese Flächen sowie die darauf durchzuführenden Maßnahmen konkret erkennbar sein. Die Begründung zum Bebauungsplan hat auf die Funktion als Ausgleichsfläche einzugehen[3]. Hierfür geeignet sind indes nur Flächen, über die die Gemeinde verfügen kann[4].

### f) Landschaftsplan

222 Ein wesentlicher und teilweise schwieriger Teil der anwaltlichen Tätigkeit bei der Aufstellung eines Bauleitplans besteht in der Beratung der Gemeinde, ob, wann und mit welchem Inhalt im Laufe des Verfahrens ein Landschaftsplan oder Grünordnungsplan aufgestellt werden muss.

Nach der Neuregelung des BNatSchG ist die Aufstellung der örtlichen Landschaftspläne nach § 11 Abs. 2 Satz 1 BNatSchG nur notwendig, wenn dies im Hinblick auf Erfordernisse und Maßnahmen zur Umsetzung der konkretisierten Ziele des Naturschutzes und der Landschaftspflege erforderlich ist.

223 Auch das neue BNatSchG enthält keine einheitliche Regelung über die Bedeutung der Landschaftspläne in der Bauleitplanung. Nach § 11 Abs. 3 BNatSchG „können" die in den Landschaftsplänen für die örtliche Ebene konkretisierten Ziele, Erfordernisse und Maßnahmen des Naturschutzes und der Landschaftspflege als Darstellungen oder Festsetzungen in die Bauleitpläne aufgenommen werden. Die genaue Ausgestaltung bleibt weiterhin dem Landesrecht überlassen. Verbindliche Vorgabe des Bundesrechts ist darüber hinaus nur, dass die Erkenntnisse aus der Landschaftsplanung in der Abwägung nach § 1 Abs. 7 BauGB zu berücksichtigen sind.

224 In den Landesnaturschutzgesetzen finden sich demgemäß verschiedene Variationen der Integration von Landschaftsplänen in die Bauleitplanung[5]. Trotz aller Unterschiede werden die Länderregelungen herkömmlicherweise in **drei Kategorien** eingeteilt:

---

1 *Louis*, NuR 1998, 113 (118).
2 BVerwG v. 9.5.1997 – 4 N 1.96, BVerwGE 104, 353. Dies gilt auch bei einem eine Planfeststellung ersetzenden Bebauungsplan; vgl. BVerwG v. 5.1.1999 – 4 BN 28.97, DÖV 1999, 557 (558).
3 *Louis*, NuR 1998, 113 (122).
4 *Louis*, NuR 1998, 113 (122).
5 *de Witt/Dreier*, Naturschutz, Rz. 132 ff.

- Landschaftspläne, die im Rahmen der Bauleitplanung aufgestellt werden; sog. „unmittelbare" bzw. „Primärintegration" (**mitlaufende Landschaftsplanung**).
- Landschaftspläne, deren Außenverbindlichkeit nach ihrer (isolierten) Aufstellung durch Übernahme in die Bauleitpläne hergestellt wird; sog. „mittelbare" oder „Sekundärintegration" (**vorlaufende Landschaftsplanung**).
- Landschaftspläne mit eigener Außenrechtsverbindlichkeit, die selbständig neben den Bauleitplänen gelten (**parallel laufende Landschaftsplanung**).

**Primärintegration** bedeutet, dass Landschafts- und Grünordnungspläne als unselbständiger Fachbeitrag der Bauleitpläne erarbeitet werden[1]. Die Primärintegration fördert die unmittelbare Abstimmung der Planungen und beschleunigt das Verfahren. Ihre wesentliche Bedeutung für die Bauleitplanung liegt darin, dass sie durch die Ermittlung und Bewertung des Zustandes und der Erfordernisse von Natur und Landschaft die letztlich unentbehrlichen Grundlagen für die gem. § 1 Abs. 7 BauGB erforderliche Abwägung liefert[2]. Ein selbständiger Landschaftsplan, der umfassend die Erfordernisse und Maßnahmen zur Verwirklichung der Ziele des Naturschutzes und der Landschaftspflege darstellt, kommt bei dem Modell der Primärintegration also nicht zustande.

Dieses ist anders bei der sog. **Sekundärintegration**. Hier entsteht eine selbständige Landschaftsplanung. Problematisch kann dies dann sein, wenn Landschaftsplanung und Bauleitplanung nicht rechtzeitig koordiniert werden. Zwar kann der Landschaftsplan grds. auch nach Abschluss der Bauleitplanung fertig gestellt werden; dies darf aber nicht dazu führen, dass zum Zeitpunkt des Satzungsbeschlusses die Belange des Naturschutzes und der Landschaftspflege nur unzureichend ermittelt worden sind und deshalb nicht mit dem ihnen tatsächlich zukommenden Gewicht in die Abwägung eingestellt werden können[3].

Werden Landschaftspläne mit eigener Rechtsverbindlichkeit, also als Rechtsnormen, aufgestellt, ist die Planung materiell und verfahrensrechtlich in vollem Umfang verselbständigt. Die rechtliche Verbindlichkeit der Festsetzung hängt nicht von einer späteren Übernahme in die Bauleitplanung ab.

Vor dem Hintergrund dieser komplizierten Rechtslage besteht die Aufgabe des Anwalts darin, **frühzeitig zu klären**, ob für das für die Bauleitplanung vorgesehene Gebiet bereits eine Landschaftsplanung existiert oder ob aus Anlass der Planung die Aufstellung eines Landschaftsplans erforderlich ist und in welchem Verfahren dies zu geschehen hat. Wird ein Landschaftsplan zu Unrecht nicht aufgestellt, kann dies über die fehlerhafte Abwägung nach § 1 Abs. 7 BauGB zur Unwirksamkeit der Bauleitplanung führen[4].

### 2. Anwaltliche Tätigkeit im Ablauf des Verfahrens

#### a) Entwurfsbegründung und Umweltbericht

Gem. § 3 Abs. 2 Satz 1 BauGB sind die Entwürfe der Bauleitpläne mit der Begründung öffentlich auszulegen. § 2a BauGB verpflichtet die Gemeinden dazu, einem Bauleitplan schon im Aufstellungsverfahren eine Begründung inklusive eines **Umweltberichts** beizufügen. Der Umweltbericht ist selbständiger Teil der Begründung.

---

1 *Siegel*, NuR 2003, 325 (330).
2 *Stich*, DVBl 1992, 259; *Ramsauer*, NuR 1993, 108 (111).
3 *Stich*, DVBl 1992, 259; *Ramsauer*, NuR 1993, 108 (111).
4 Vgl. *de Witt/Dreier*, Naturschutz, Rz. 157 ff.

230  Im Umweltbericht sind die auf Grund der Umweltprüfung nach § 2 Abs. 4 BauGB ermittelten, voraussichtlich erheblichen Umweltauswirkungen zu beschreiben und zu bewerteten, vgl. auch die Anlage zu § 2 Abs. 4 und § 2a Satz 2 Nr. 2 BauGB, die den Inhalt des Umweltberichts festlegt. Er soll dokumentieren, dass die Gemeinde die verfahrensrechtlichen Anforderungen an die Ermittlung und Bewertung der abwägungserheblichen Umweltbelange erfüllt hat[1].

231  Die Begründung und der Umweltbericht sind Grundlage für alle Stellungnahmen, insbesondere auch der Naturschutzbehörden. Die Darstellung braucht zwar noch nicht den Anforderungen an die Begründung gem. § 9 Abs. 8 BauGB zu entsprechen. Sie sollte jedoch bereits so **klar und nachvollziehbar** sein, dass kritische oder gar ablehnende Stellungnahmen der Naturschutzbehörden und die damit verbundenen Verzögerungen des weiteren Verfahrens vermieden werden.

### b) Anregungen und Bedenken

232  Werden bei der frühzeitigen Bürger- und Behördenbeteiligung oder während der Offenlage des Entwurfs des Bauleitplans Einwendungen gegen die naturschutzrechtliche Konzeption erhoben, sind diese **sorgfältig zu prüfen**.

233  Dies gilt nicht nur bei Einwendungen von Behörden, sondern auch von Naturschutzverbänden oder Privaten. Gemeinden neigen insbesondere bei letzteren zuweilen dazu, die Anregungen und Bedenken nicht ernst genug zu nehmen. Die Aufgabe des Anwalts besteht deshalb häufig nicht nur in der Prüfung der rechtlichen Relevanz der vorgetragenen Anregungen und Bedenken, sondern auch darin, die Gemeinde zu einer **offenen Auseinandersetzung** mit den Einwendungen zu bewegen.

234  Tauchen **Fachfragen** auf, muss regelmäßig eine weitere Stellungnahme des beauftragten Planungsbüros eingeholt werden. Auch hier stellt sich dem Anwalt zuweilen die Aufgabe, dem Planungsbüro klarzumachen, dass Einwendungen grds. als konstruktiver Beitrag gesehen werden müssen, die zu einer Optimierung der Planung führen sollten, und nicht als bloße Kritik an den (bisherigen) Ergebnissen des Planungsbüros.

235  Legt sich eine Gemeinde zu früh im Einzelnen auf eine bestimmte naturschutzrechtliche Konzeption bei ihrer Planung fest und lässt auch sachgerechte Anregungen und Bedenken unberücksichtigt, kann dies zu einem **Abwägungsfehler** und damit zur Unwirksamkeit des Bauleitplans führen.

### c) Begründung des Bebauungsplans

236  Gem. § 9 Abs. 8 BauGB ist dem Bebauungsplan eine Begründung einschließlich des nach § 2a Satz 2 Nr. 2 BauGB erforderlichen Umweltberichts beizufügen. In ihr sind die **Ziele, Zwecke und wesentlichen Auswirkungen des Bebauungsplans** und in dem Umweltbericht die aufgrund der **Umweltprüfung** nach § 2 Abs. 4 BauGB ermittelten und bewerteten Belange darzulegen. Die Begründung des Bebauungsplans ist die wichtigste und vorrangige Unterlage, anhand derer sowohl die höhere Verwaltungsbehörde im Genehmigungsverfahren (§ 10 Abs. 2 BauGB) als auch ggf. ein Gericht im Normenkontrollverfahren die Rechtmäßigkeit eines Bebauungsplans prüfen.

237  Auch im Hinblick auf die Bewältigung der naturschutzrechtlichen Fragen sollten die Begründung und insbesondere der Umweltbericht daher von vornherein so **vollständig** gefasst werden, dass sie diesen Überprüfungen standhalten.

---

1 *Battis*, in: Battis/Krautzberger/Löhr, BauGB, Kommentar, § 2 Rz. 13.

In der Regel wird ein Entwurf der Begründung des Bebauungsplans ebenfalls von dem von der Gemeinde beauftragten Planungsbüro gefertigt. Wegen der besonderen Bedeutung der Begründung für das weitere Verfahren und die Gültigkeit des Bebauungsplans muss der Anwalt der Gemeinde diesen Entwurf **sorgfältig** daraufhin **überprüfen**, ob er die dargestellten Anforderungen erfüllt. Häufig sind nicht unerhebliche **Änderungen und Ergänzungen** erforderlich. 238

### 3. Anwaltliche Tätigkeit nach dem Satzungsbeschluss

Wird einem nach § 10 Abs. 2 BauGB genehmigungsbedürftigen Bebauungsplan, nachdem er von der Gemeinde gem. § 10 Abs. 1 BauGB beschlossen wurde, die erforderliche **Genehmigung** der höheren Verwaltungsbehörde **versagt**, kann der Bebauungsplan nicht in Kraft treten (vgl. *Tacke*, Teil 2 Kap. B, Rz. 176 ff.). 239

Die Gemeinde kann gegen die Versagung der Genehmigung allerdings Widerspruch einlegen[1] und versuchen, die Genehmigung gerichtlich zu erstreiten[2]. Bevor insbesondere ein Gerichtsverfahren durchgeführt wird, sollte im Interesse der Beschleunigung des Verfahrens jedoch zunächst, ggf. im Widerspruchsverfahren, versucht werden, ob nicht durch eine teilweise Änderung der Planung die naturschutzrechtlichen Bedenken der höheren Verwaltungsbehörde **ausgeräumt** werden können. 240

## V. Naturschutzrechtliche Anforderungen an Baugenehmigungen

Zu den grundsätzlichen Anforderungen an die anwaltliche Tätigkeit im Baugenehmigungsverfahren wird auf den Beitrag von *Uechtritz*, Teil 2 Kap. A verwiesen. Aus naturschutzrechtlicher Sicht ist Folgendes zu ergänzen: 241

### 1. Tätigkeiten vor Antragstellung

#### a) Typische Fallkonstellationen

Die Realisierung einer bestimmten Grundstücksnutzung setzt – auch – die Vereinbarkeit des Vorhabens mit den Vorschriften des Naturschutzrechts voraus. Folgende **Fallkonstellationen** sind **typisch**: 242
- Das Vorhaben stellt einen Eingriff in Natur und Landschaft dar.
- Das zu bebauende Grundstück liegt im Geltungsbereich einer Schutzgebietsverordnung.
- Auf dem Grundstück befinden sich Bäume, die zur Realisierung des Vorhabens gefällt werden müssen, die jedoch durch eine Baumschutzverordnung oder -satzung geschützt sind.
- Die Realisierung des Vorhabens führt zur Beeinträchtigung oder Zerstörung eines gesetzlich geschützten Biotops.
- Das Vorhaben verstößt gegen die Zugriffsverbote des besonderen Artenschutzrechts.

---

1 Soweit in dem betreffenden Bundesland das Widerspruchsverfahren noch vorgesehen ist.
2 *Löhr*, in: Battis/Krautzberger/Löhr, BauGB, Kommentar, § 6 Rz. 5.

### b) Klärung der Sach- und Rechtslage in materiell-rechtlicher und verfahrensrechtlicher Hinsicht

243 Die naturschutzrechtliche Beurteilung eines baugenehmigungsbedürftigen Vorhabens kann mit erheblichen Schwierigkeiten verbunden sein. Die zu beantwortenden Fragen sind komplex: Es geht sowohl um die materiell-rechtliche Beurteilung des Vorhabens nach den einschlägigen Vorschriften des Naturschutzrechts als auch um die verfahrensrechtliche Frage, ob das Vorhaben neben der Baugenehmigung einer separaten naturschutzrechtlichen Genehmigung bedarf. Bei einer solchen Genehmigung kann es sich ggf. auch um eine förmliche Ausnahme oder Befreiung von den einschlägigen naturschutzrechtlichen Vorschriften handeln, wenn das geplante Vorhaben nach diesen Vorschriften zunächst nicht zulässig wäre. Eine weitere Schwierigkeit besteht darin, dass die verfahrensrechtlichen Vorschriften nach wie vor landesrechtlich geregelt sind, und dass das Landesrecht auch insoweit sehr unterschiedliche Regelungen enthält.

Die folgende Darstellung muss sich deshalb auf die Grundzüge und die wesentlichen Zusammenhänge dieser sehr komplexen Problematik beschränken.

### c) Konzentrationswirkung der Baugenehmigung

244 Im Gegensatz zu Planfeststellungsbeschlüssen (vgl. § 75 VwVfG) und immissionsschutzrechtlichen Genehmigungen (vgl. § 13 BImSchG) haben **Baugenehmigungen** nach den meisten (Landes-)Bauordnungen **keine Konzentrationswirkung**. Ist eine naturschutzrechtliche Genehmigung im konkreten Einzelfall erforderlich, wird diese – in diesen Ländern – durch die Baugenehmigung also nicht ersetzt bzw. umfasst; es ist vielmehr ein separates naturschutzrechtliches Genehmigungsverfahren durchzuführen.

245 Konzentrationswirkung hat die Baugenehmigung allerdings in Brandenburg[1] und in Hamburg[2]. In anderen Bundesländern werden von der Baugenehmigung zumindest einige naturschutzrechtliche Genehmigungen umfasst[3]. Auch insoweit ist also jeweils eine präzise Analyse des jeweiligen Landesrechts unerlässlich.

### d) Die Anforderungen des naturschutzrechtlichen Instrumentariums im Einzelnen

#### aa) Eingriff in Natur und Landschaft

246 Gemäß § 18 Abs. 2 Satz 1 BNatSchG ist die naturschutzrechtliche Eingriffsregelung auf Vorhaben in Gebieten mit Bebauungsplänen nach § 30 BauGB, während der Planaufstellung nach § 33 BauGB und im Innenbereich nach § 34 BauGB nicht anzuwenden. Von Bedeutung ist die naturschutzrechtliche Eingriffsregelung also nur noch für Bauvorhaben im Außenbereich gem. § 35 BauGB, wie § 18 Abs. 2 Satz 2 BNatSchG auch ausdrücklich bestimmt.

247 Die Entscheidung über die Rechtsfolgen der naturschutzrechtlichen Eingriffsregelung werden (auch) bei Bauvorhaben im sog. **„Huckepackverfahren"** getroffen. § 17 Abs. 1 Satz 1 BNatSchG bestimmt, dass, wenn ein Eingriff nach anderen Rechtsvorschriften einer behördlichen Zulassung oder Anzeige bedarf, die für diese Entscheidung zuständige Behörde zugleich über die Rechtsfolgen der naturschutz-

---

1 Vgl. § 67 Abs. 1 S. 2 BbgBO.
2 Vgl. § 62 i.V.m. § 72 Abs. 2 HBauO.
3 Vgl. Art. 18 BayNatSchG; § 79 Abs. 4 Satz 1 NatSchGBW; § 3 Abs. 3 HAGBNatSchG; § 53 Abs. 3 SächsNatSchG.

rechtlichen Eingriffsregelung zu entscheiden hat. Diese Entscheidung ergeht grds. im Benehmen mit der für Naturschutz und Landschaftspflege zuständigen Behörde; allerdings kann Bundes- oder Landesrecht eine weitergehende Form der Beteiligung, also insbesondere das Einvernehmen der Naturschutzbehörden, vorschreiben.

Ist ein Vorhaben baurechtlich genehmigungs- oder jedenfalls anzeigebedürftig, findet ein separates naturschutzrechtliches Genehmigungsverfahren im Hinblick auf die Anforderungen der naturschutzrechtlichen Eingriffsregelung also nicht statt. Auch ein entsprechender Antrag ist demgemäß nicht erforderlich. Bei der Mitwirkung der Naturschutzbehörde in der Form des Benehmens oder auch des Einvernehmens handelt es sich um interne Mitwirkungsakte, die der Bauherr ebenfalls nicht separat beantragen muss. 248

**bb) Schutzgebiete und Baumschutzregelungen**

Fallen Bauvorhaben unter einen nach der jeweiligen Schutzgebietsverordnung oder Baumschutzregelung genehmigungspflichtigen Tatbestand, ist in der Regel eine **Genehmigung** der zuständigen Naturschutzbehörde **erforderlich**. Letztlich maßgeblich sind insoweit wiederum die Vorschriften der jeweiligen Schutzgebietsverordnung und Baumschutzregelung sowie das jeweilige Landesrecht[1]. 249

Neben einer Genehmigung nach der Schutzgebietsverordnung oder der Baumschutzregelung kommt grds. auch eine **Befreiung** von den jeweiligen Vorschriften gem. § 67 BNatSchG in Betracht, wenn die Voraussetzungen einer Genehmigung nach den Vorschriften selbst nicht vorliegen. 250

Sowohl die naturschutzrechtliche Genehmigung als auch die Befreiung sind grds. gesondert zu beantragen. Es ist ein separates naturschutzrechtliches Genehmigungs- bzw. Befreiungsverfahren durchzuführen. Dies gilt allerdings dann nicht, wenn die Baugenehmigung nach Maßgabe des jeweiligen Landesrechts Konzentrationswirkung hat oder die naturschutzrechtliche Genehmigung oder Befreiung umfasst bzw. ersetzt. Auch in diesen Fällen wird es in der Regel allerdings sinnvoll sein, dass Vorliegen der naturschutzrechtlichen Genehmigungs- bzw. Befreiungsvoraussetzungen im Bauantrag darzulegen. 251

**cc) Natura 2000-Gebiete**

Vorhaben im nicht beplanten Innenbereich gem. § 34 BauGB und im Außenbereich gem. § 35 BauGB, die geeignet sind, ein Natura 2000-Gebiet erheblich zu beeinträchtigen, müssen gem. § 34 Abs. 1 BNatSchG **auf ihre Verträglichkeit überprüft** werden. Ergibt die Prüfung der Verträglichkeit, dass das Projekt zu erheblichen Beeinträchtigungen des Gebiets in seinen für die Erhaltungsziele oder den Schutzzweck maßgeblichen Bestandteilen führen kann, ist es grds. unzulässig. Zugelassen werden darf es nur unter den Voraussetzungen des § 34 Abs. 3 bzw. Abs. 4 BNatSchG (zu diesen Voraussetzungen s.o. Rz. 111 ff.). 252

Nach ausdrücklicher Regelung in § 34 Abs. 8 BNatSchG gelten §§ 34 Abs. 1 bis Abs. 7 BNatSchG nicht im Geltungsbereich eines Bebauungsplans gem. § 30 BauGB und während der Planaufstellung nach § 33 BauGB. Der Grund für diese Regelung liegt darin, dass bei Aufstellung eines Bebauungsplans die Verträglichkeitsprüfung gem. § 34 Abs. 1 BNatSchG und die Entscheidung über die Zulässigkeit des Vorhabens gem. § 34 Abs. 3 und Abs. 4 BNatSchG bereits im Bebauungsplanverfahren zu erfolgen hat (vgl. oben Rz. 190 ff.). 253

---

1 Zur – landesrechtlich teilweise angeordneten – Konzentrationswirkung der Baugenehmigung s.o. Rz. 244 f.

254 Die Verträglichkeitsprüfung und, soweit erforderlich, die Entscheidung über die Zulassung des Vorhabens erfolgen im Baugenehmigungsverfahren. Ein separates naturschutzrechtliches Verfahren sieht das BNatSchG nicht vor. Anderes gilt nur dann, wenn das Vorhaben einer behördlichen Entscheidung oder einer Anzeige an die (Baugenehmigungs-)Behörde nicht bedarf; in diesem Fall ist es gem. § 34 Abs. 6 Satz 1 BNatSchG der für Naturschutz und Landschaftspflege zuständigen Behörde anzuzeigen. Abweichende landesrechtliche Vorschriften sind allerdings möglich.

**dd) Besonderer Artenschutz**

255 Baugenehmigungsbedürftige Vorhaben können gegen **die Zugriffsverbote des § 44 Abs. 1 BNatSchG** verstoßen. Sind solche Vorhaben (jedoch) bauplanungsrechtlich zulässig, wird das grundsätzliche Verbot des § 44 Abs. 1 BNatSchG **durch die Regelung des § 44 Abs. 5 BNatSchG modifiziert.** Diese Vorschrift bestimmt, dass insbesondere auch die praktisch allein relevanten Zugriffsverbote nur nach Maßgabe des § 44 Abs. 5 Satz 2 bis 5 gelten. Diese im Einzelnen komplizierten Regelungen bestimmen, dass die besonderen artenschutzrechtlichen Verbote in diesen Fällen nur für bestimmte europarechtlich geschützte und in einer (bislang aber noch nicht erlassenen) Rechtsverordnung gem. § 54 BNatSchG aufgeführte Arten und außerdem nur dann gelten, soweit die ökologische Funktion der von dem Eingriff oder Vorhaben betroffenen Fortpflanzungs- oder Ruhestätten im räumlichen Zusammenhang nicht weiter erfüllt wird[1]. Sind andere (auch besonders geschützte) Arten betroffen, liegt bei Handlungen zur Durchführung des Vorhabens nach der ausdrücklichen Regelung in § 44 Abs. 5 Satz 5 BNatSchG darin kein Verstoß gegen die Verbote des § 44 Abs. 1 BNatSchG.

256 Stehen die Vorschriften des besonderen Artenschutzes einem Bauvorhaben trotz dieser erheblichen Einschränkungen entgegen, kann eine Genehmigungsfähigkeit bei Vorliegen der jeweiligen Voraussetzungen über die in § 45 Abs. 7 BNatSchG vorgesehenen **weiteren Ausnahmemöglichkeiten** oder **über Befreiungen** gem. § 67 Abs. 2 BNatSchG herbeigeführt werden. Sowohl die Ausnahmen gem. § 45 Abs. 7 BNatSchG als auch die Befreiungen gem. § 67 Abs. 2 BNatSchG setzen eine Antrag voraus; die Entscheidungen treffen (vorbehaltlich landesrechtlich angeordneter Konzentrationswirkung der Baugenehmigung) die zuständigen Naturschutzbehörden.

**ee) Gesetzlich geschützte Biotope**

257 Führt ein Bauvorhaben zu einer Zerstörung oder sonstigen erheblichen Beeinträchtigung eines gesetzlich geschützten Biotops, ist es gem. § 30 BNatSchG verboten, also unzulässig. Die Genehmigungsfähigkeit kann nur herbeigeführt werden, indem gem. § 30 Abs. 3 BNatSchG von dem jeweiligen Verbot eine **Ausnahme** zugelassen oder gem. § 67 BNatSchG eine **Befreiung** erteilt wird. Ausnahmen und Befreiungen werden nur auf Antrag erteilt. Insoweit ist ein separates naturschutzrechtliches Verfahren durchzuführen, es sei denn die Baugenehmigung hat nach der maßgeblichen landesrechtlichen Vorschrift Konzentrationswirkung.

258 Ist im Zuge der Aufstellung eines Bebauungsplans bereits eine Ausnahme oder Befreiung von den gesetzlichen Biotopvorschriften erteilt worden, bedarf es für die Durchführung des Vorhabens gem. § 30 Abs. 4 Satz 2 BNatSchG keiner weiteren

---

1 Nach der Rechtsprechung des BVerwG hat das Gesetz auch mit dieser Regelung, ebenso wie durch § 45 Abs. 7 Satz 7 BNatSchG, eine sog. „populationsbezogene Erheblichkeitsschwelle" eingeführt; vgl. BVerwG v. 9.7.2008 – 9 A 14.07, NVwZ 2009, 302 (312); *Heugel*, in: Lütkes/Ewer (Hrsg.), BNatSchG Kommentar, § 44 Rz. 37.

Ausnahme oder Befreiung, wenn mit der Durchführung innerhalb von sieben Jahren nach Inkrafttreten des Bebauungsplans begonnen wird.

**e) Die Rechtsprechung des BVerwG zum Naturschutz im Innenbereich gem. § 34 BauGB**

Es wurde bereits darauf hingewiesen, dass die naturschutzrechtliche Eingriffsregelung gem. § 18 Abs. 2 BNatSchG im Innenbereich nach § 34 BauGB nicht gilt. Nach der Rechtsprechung des BVerwG ist darüber hinaus auch das weitere naturschutzrechtliche Instrumentarium im Innenbereich nur eingeschränkt anwendbar; das BVerwG ist – jedenfalls grds. – der Auffassung, ein gem. § 34 BauGB zulässiges Vorhaben könne über die Vorschriften des Naturschutzrechts allenfalls modifiziert, nicht aber gänzlich untersagt werden, es sei denn gegen Entschädigung. Gestützt wurde diese Rechtsprechung zunächst auf einen „Vorrang des Planungsrechts" vor dem Naturschutzrecht und die verfassungsrechtliche Eigentumsgarantie[1] und zuletzt (auch) auf eine ausdrücklich über den Wortlaut hinausgehende Interpretation der heute in § 18 Abs. 2 Satz 1 BNatSchG enthaltenen Regelung, dass die naturschutzrechtliche Eingriffsregelung im Innenbereich keine Anwendung findet[2]. In der Literatur ist diese Rechtsprechung auf Widerspruch gestoßen[3]. Durch das heute geltende BNatSchG dürfte diese Streitfrage allerdings im Wesentlichen entschieden sein: 259

Dass die **naturschutzrechtliche Eingriffsregelung** im Innenbereich nicht gilt, hat der Gesetzgeber in § 18 Abs. 2 Satz 1 BNatSchG ausdrücklich geregelt. 260

Für **Natura 2000-Gebiete** bestimmt § 34 Abs. 8 BNatSchG, dass § 34 Abs. 1 bis Abs. 7 BNatSchG nicht für Vorhaben in Gebieten mit Bebauungsplänen nach § 30 BauGB und während der Planaufstellung nach § 33 BauGB gelten. Diese Regelung kann sowohl nach ihrem Wortlaut als auch nach ihrem Sinn und Zweck nur so verstanden werden, dass diese Vorschriften für Vorhaben im Außenbereich gem. § 35 BauGB und im Innenbereich gem. § 34 BauGB demgegenüber (uneingeschränkt) Geltung beanspruchen[4]. Es kann dem Gesetzgeber nicht unterstellt werden, er habe § 34 BauGB nur versehentlich nicht in § 34 Abs. 8 BNatSchG genannt. Führt ein – bauplanungsrechtlich zulässiges – Innenbereichsvorhaben zu einer erheblichen Beeinträchtigung eines Natura 2000-Gebiets, ist es deshalb nur zulässig, wenn die Voraussetzungen des § 34 Abs. 3 und ggf. Abs. 4 BNatSchG vorliegen. Liegen diese Voraussetzungen nicht vor, ist das Vorhaben – naturschutzrechtlich – unzulässig und darf trotz seiner bauplanungsrechtlichen Zulässigkeit nicht realisiert werden. 261

Für die Vorschriften des **besonderen Artenschutzes** hat der Gesetzgeber, wie gezeigt wurde (s.o. Rz. 255), eine differenzierte Regelung in § 44 Abs. 5 BNatSchG getroffen. Eindeutig ist allerdings auch insoweit, dass insbesondere die praktisch relevanten Zugriffsverbote des § 44 Abs. 1 BNatSchG auch für bauplanungsrechtlich zuläs- 262

---

1 Vgl. BVerwG v. 12.6.1970 – IV C 77.68, BVerwGE 35, 256 ff.; v. 24.2.1978 – IV C 12.76, BVerwGE 55, 272 ff.; v. 13.4.1983 – 4 C 21.79, BVerwGE 67, 84 ff.; zusammenfassend *Dürr*, UPR 1991, 81 (84 f.).
2 BVerwG v. 11.1.2001 – 4 C 6.00, NVwZ 2001, 1040 (1041 f.). Anders allerdings die Entscheidung des BVerwG v. 21.12.1994 – 4 B 266.94, NuR 1995, 248 f.; dort hat das BVerwG festgestellt, dass der gesetzliche Biotopschutz auch im Innenbereich (uneingeschränkt) Anwendung findet und dass dieser Sicht auch die Beschränkung der Geltung der naturschutzrechtlichen Eingriffsregelung auf den Außenbereich nicht entgegensteht.
3 Vgl. zur älteren Rechtsprechung *Kuchler*, DVBl 1989, 978 ff.; zur Entscheidung v. 11.1.2001 *Louis*, NuR 2002, 466 ff.
4 *Ewer*, in: Lütkes/Ewer (Hrsg.), BNatSchG, Kommentar, § 34 Rz. 82.

sige Vorhaben gelten; § 44 Abs. 5 Satz 1 BNatSchG ordnet diese Geltung ausdrücklich an. Auch insoweit kann dem Gesetzgeber nicht unterstellt werden, er habe in diesem Zusammenhang übersehen, dass zu den bauplanungsrechtlich zulässigen Vorhaben auch solche gehören, die nach § 34 BauGB im Innenbereich zulässig sind. Dies bedeutet, dass auch ein im Innenbereich bauplanungsrechtlich zulässiges Vorhaben an den artenschutzrechtlichen Vorschriften scheitern kann, weil es gegen die Voraussetzungen des § 44 Abs. 5 Satz 2 BNatSchG verstößt[1].

263 Keine ausdrückliche Regelung findet sich nach wie vor zur Bedeutung von Schutzgebieten, Baumschutzregelungen und insbesondere auch den gesetzlich geschützten Biotopen im Innenbereich. Wie gezeigt wurde, ist die Rechtsprechung des BVerwG insoweit uneinheitlich. Nur die Vorschriften über die gesetzlich geschützten Biotope beanspruchen demnach uneingeschränkte Bedeutung, bis hin zu der möglichen Unzulässigkeit des (bauplanungsrechtlich zulässigen) Vorhabens; für Schutzgebietsverordnungen hat das BVerwG diese Rechtsfolge dagegen (bislang) ausgeschlossen.

### f) (Un-)Wirksamkeit (untergesetzlicher) naturschutzrechtlicher Vorschriften

264 Ist ein baurechtlich zulässiges Vorhaben naturschutzrechtlich unzulässig, weil es gegen die maßgeblichen naturschutzrechtlichen Anforderungen verstößt und auch eine Ausnahme oder Befreiung von diesen Anforderungen nicht erteilt wird bzw. werden muss, stellt sich bei untergesetzlichen Vorschriften die Frage nach deren Wirksamkeit. Insbesondere bei Schutzgebietsverordnungen und Baumschutzregelungen, die der Genehmigung eines Vorhabens entgegenstehen, ist zu prüfen, ob sie ihrerseits gegen höherrangiges Recht verstoßen und deshalb unwirksam sind.

265 Die Feststellung der Unwirksamkeit kann bei untergesetzlichen Vorschriften entweder **inzident** im Rahmen eines Rechtsstreits um die Erteilung der beantragten bau- oder naturschutzrechtlichen Genehmigung erfolgen oder durch ein **Normenkontrollverfahren** gem. § 47 VwGO. Die Durchführung eines Normenkontrollverfahrens wird jedoch häufig daran scheitern, dass seit dem Inkrafttreten der fraglichen Vorschrift die einjährige Frist des § 47 Abs. 2 Satz 1 VwGO bereits abgelaufen ist. Nach der Rechtsprechung des BVerwG steht dies einer Inzidentkontrolle der Vorschrift jedoch nicht entgegen[2].

### g) Abstimmung mit der (Naturschutz-)Behörde

266 Die Durchführung eines Gerichtsverfahrens ist nur selten der Königsweg. Auch wenn Anhaltspunkte für den erfolgreichen Abschluss solcher Verfahren bestehen, sollte der Anwalt im Einzelnen prüfen und mit seinem Mandanten beraten, ob dieses Vorgehen sinnvoll ist. Die Frage stellt sich bereits wegen der regelmäßigen **Dauer derartiger Gerichtsverfahren**, die sich ohne weiteres über Jahre hinziehen können. Eine solche Verzögerung macht die Durchführung des Verfahrens häufig bereits aus wirtschaftlichen Gründen uninteressant, da der Baubeginn nachhaltig verzögert wird.

267 Ist die zuständige Naturschutzbehörde nicht grds. und von vornherein unkooperativ, sollte wegen der damit verbundenen Beschleunigung des Verfahrens immer versucht werden, einen **Kompromiss** zu erzielen. Auch für den Bauherrn ist dieses häufig die bessere Lösung. Der Kompromiss kann z.B. in einer für Natur und Land-

---

1 Dieser – neuen – Rechtslage steht auch die Entscheidung des BVerwG v. 11.1.2001 zum damals geltenden Recht nicht entgegen.
2 BVerwG v. 8.4.2003 – 4 B 23.03.

schaft verträglicheren Gestaltung des Bauvorhabens oder im Angebot der Durchführung großzügiger Ausgleichs- und Ersatzmaßnahmen bestehen.

Führen Verhandlungen mit einer zunächst zuständigen unteren Naturschutzbehörde nicht weiter, empfiehlt sich die **Kontaktaufnahme mit der höheren Naturschutzbehörde**, deren Fach- und Rechtsaufsicht die nachgeordnete Behörde unterliegt. 268

Grundsätzlich gilt: Steht fest, dass ein geplantes Vorhaben naturschutzrechtliche Fragen aufwirft, sollte möglichst frühzeitig bereits in der Planungsphase eine **Einbindung der zuständigen Naturschutzbehörde** erfolgen, damit Probleme möglichst noch vor der förmlichen Antragstellung ausgeräumt werden können. Die frühzeitige Kontaktaufnahme mit der Naturschutzbehörde führt in aller Regel zu einer Beschleunigung des Verfahrens und kann dazu beitragen, teure Umplanungen, Verzögerungen oder möglicherweise sogar die förmliche Ablehnung der erforderlichen Genehmigung zu verhindern. 269

**2. Antragstellung**

Bei der Antragstellung ist, wie beim Bauantrag (vgl. *Uechtritz*, Teil 2 Kap. A, Rz. 66 ff.), auf **Vollständigkeit und Eindeutigkeit** zu achten. Dies gilt sowohl dann, wenn eine isolierte naturschutzrechtliche Genehmigung erforderlich ist, also auch dann, wenn naturschutzrechtliche Fragen, wie z.B. bei der Eingriffsregelung, im Baugenehmigungsverfahren abgearbeitet werden. Unvollständige oder unklare Anträge führen zumindest zu einer Verzögerung des Verfahrens. 270

## VI. Beteiligung anerkannter Naturschutzvereinigungen und Verbandsklage

Die Beteiligung von anerkannten Naturschutzvereinigungen in Verwaltungs- und Gerichtsverfahren mit Bezug zum Naturschutzrecht richtet sich nach zwei unterschiedlichen Gesetzen. Zum einen enthalten **§§ 63 und 64 BNatSchG** neben Mitwirkungsrechten in Verwaltungsverfahren die Möglichkeit einer altruistischen Verbandsklage[1]. Zum anderen enthält auch das **Umweltrechtsbehelfsgesetz (UmwRG)** die Möglichkeit für anerkannte Umweltvereinigungen, Rechtsbehelfe gegen bestimmte Verwaltungsentscheidungen einzulegen. 271

### 1. Anerkennung von Naturschutzvereinen

Einer Vereinigung stehen die entsprechenden Rechte der §§ 63 f. BNatSchG und des UmwRG erst offen, wenn das Bundesumweltministerium oder die zuständige Landesbehörde dem Verein gem. § 3 UmwRG die Anerkennung ausgesprochen haben. Auch für die Beteiligungsrechte des BNatSchG richtet sich die Anerkennung gem. § 63 Abs. 1 und 2 BNatSchG nach dem UmwRG. 272

Die Voraussetzungen der **Anerkennung** sind in § 3 Abs. 1 Satz 2 Nr. 1 bis 5 UmwRG geregelt. Weitere Voraussetzung für die Beteiligung nach dem BNatSchG ist allerdings, dass die Vereinigung nach ihrem satzungsgemäßen Aufgabenbereich im **Schwerpunkt Ziele des Naturschutzes und der Landschaftspflege** fördert. Auf die Rechtsform der Vereinigung kommt es – entgegen der früheren Regelung des BNatSchG – nicht mehr an. Die Anerkennung ist eine gebundene Entscheidung; 273

---

1 Ausführlich hierzu *de Witt/Dreier*, Naturschutz, Rz. 1151 ff; *Fischer-Hüftle*, NuR 2011, 237; zur leicht abweichenden alten Rechtslage auch *Stüer*, NuR 2002, 708 ff.

bei Vorliegen der Voraussetzungen muss eine Anerkennung auf Antrag erteilt werden. Sie kann dementsprechend mit der Verpflichtungsklage durchgesetzt werden.

274 Für ausländische Vereinigungen und Vereinigungen, deren Tätigkeitsbereich über das Gebiet eines Landes hinausgehen, erteilt das **Umweltbundesamt** die Anerkennung; bei Vereinigungen, die im Schwerpunkt Ziele des Naturschutzes und der Landschaftspflege fördern, ergeht die Anerkennung im Einvernehmen mit dem Bundesamt für Naturschutz. Für inländische Vereinigungen, deren Tätigkeitsbereich auf ein Land begrenzt ist, erteilt die zuständige **Landesbehörde** die Anerkennung.

**2. Verbandsbeteiligung**

275 Anerkannten Vereinigungen ist nach § 63 Abs. 1 und 2 BNatSchG in bestimmten Verfahren mit naturschutzrechtlichem Bezug **Gelegenheit zur Stellungnahme und Einsicht** in die einschlägigen Sachverständigengutachten zu geben[1]. Ihnen wird dadurch ein **subjektiv-öffentliches Mitwirkungsrecht** eingeräumt[2]. Gemäß § 63 Abs. 3 BNatSchG kann eine Beteiligung ausgeschlossen sein, wenn ihr Eilfälle nach § 28 Abs. 2 Nr. 1 und 2 VwVfG oder zwingende öffentliche Interessen nach § 28 Abs. 3 VwVfG entgegenstehen oder die Akteneinsicht an öffentlichen Interessen oder Datenschutzgründen scheitert[3].

276 Soweit eine Vereinigung durch das Vorhaben in ihrem satzungsmäßigen Aufgabenbereich berührt wird, erstreckt sich ihre Beteiligung auf Bundesebene auf:
– die Vorbereitung von **Verordnungen** und anderen im Rang unter dem Gesetz stehenden **Rechtsvorschriften** auf dem Gebiet des Naturschutzes und der Landschaftspflege durch die Bundesregierung oder das Bundesumweltministerium, § 63 Abs. 1 Nr. 1 BNatSchG,
– die Erteilung von Befreiungen von Geboten und Verboten zum Schutz von geschützten Meeresgebieten gem. § 57 Abs. 2 BNatSchG, auch wenn diese durch eine andere Entscheidung eingeschlossen oder ersetzt werden, sowie
– in **Planfeststellungs- und Plangenehmigungsverfahren**, die von Behörden des Bundes[4] oder im Bereich der deutschen ausschließlichen Wirtschaftszone und des Festlandsockels von Behörden der Länder durchgeführt werden, und für die eine Öffentlichkeitsbeteiligung vorgesehen ist, soweit es sich um Vorhaben handelt, die mit Eingriffen in Natur und Landschaft verbunden sind.

277 Auf Landesebene sind die Vereinigungen zu beteiligen
– bei der Vorbereitung von **Verordnungen** und anderen im Rang unter dem Gesetz stehenden **Rechtsvorschriften**, § 63 Abs. 2 Nr. 1 BNatSchG
– bei **Planfeststellungs- und -genehmigungsverfahren** (auch der Bundesbehörden) für Vorhaben im Gebiet des anerkennenden Landes, die mit Eingriffen in Natur und Landschaft verbunden sind, §§ 63 Abs. 2 Nr. 6 und 7 BNatSchG
– bei der Vorbereitung von **Landschaftsplänen und -programmen** i.S.d. §§ 10 und 11, § 63 Abs. 2 Nr. 2 BNatSchG
– bei der Vorbereitung von **Plänen** i.S.d. § 36 Satz 1 Nr. 2 BNatSchG, die Auswirkungen **auf ein Natura 2000-Gebiet** haben können, § 63 Abs. 2 Nr. 3 BNatSchG

---

[1] Ein Verein ist dabei nicht Träger öffentlicher Belange, BVerwG v. 14.5.1997 – 11 A 43.96, BVerwGE 104, 367.
[2] Vgl. *Seelig/Gründling*, NVwZ 2002, 1033 (1034).
[3] Vgl. *Stüer*, NuR 2002, 708 (710).
[4] Dies betrifft insbesondere Verfahren nach dem Allgemeinen Eisenbahngesetz und dem Bundeswasserstraßengesetz.

- bei der Vorbereitung von Programmen staatlicher und sonstiger öffentlicher Stellen zur **Wiederansiedlung von Tieren und Pflanzen** verdrängter wild lebender Arten in der freien Natur, § 63 Abs. 2 Nr. 4 BNatSchG
- vor **Befreiungen** von Verboten und Geboten zum Schutz von Natura 2000-Gebieten, Naturschutzgebieten, Nationalparken, Nationalen Naturmonumenten, Biosphärenreservaten und sonstigen Schutzgebieten im Rahmen des § 32 Abs. 2 BNatSchG, auch wenn diese durch eine andere Entscheidung eingeschlossen oder ersetzt werden, § 63 Abs. 2 Nr. 5 BNatSchG
- in weiteren Verfahren zur Ausführung von landesrechtlichen Vorschriften, wenn das Landesrecht dies vorsieht

Zu den Plänen i.S.d. § 36 Satz 1 Nr. 2 BNatSchG gehören auch Bauleitpläne[1]. 278

Das Mitwirkungsrecht kann mit einer allgemeinen Leistungsklage und ggf. einer einstweiligen Anordnung nach § 123 VwGO erstritten werden, sog. **Partizipationserzwingungsklage**[2]. 279

Die unterlassene Vereinigungsbeteiligung stellt einen Verfahrensfehler dar. Dieser kann allerdings dann nicht den Erfolg einer Klage begründen, wenn der betroffenen Vereinigung die Möglichkeit einer Verbandsklage eröffnet ist, die eine materiellrechtliche Prüfung mit einschließt, und sofern der Beteiligungsmangel die Entscheidung in der Sache nicht beeinflusst haben kann[3]. 280

### 3. Verbandsklage

Eine nach § 3 UmwRG anerkannte Vereinigung hat gem. § 64 BNatSchG die Möglichkeit, Rechtsbehelfe gegen konkrete Vorhaben einzulegen, **ohne in eigenen Rechten i.S.d. §§ 42 Abs. 2, 47 Abs. 2 Satz 1 VwGO verletzt zu sein**[4]. 281

Rechtsbehelfe können auf Bundesebene eingelegt werden gegen 282
- die Erteilung von **Befreiungen** von Geboten und Verboten zum Schutz von geschützten Meeresgebieten gem. § 57 Abs. 2 BNatSchG, sowie
- in **Planfeststellungs- und Plangenehmigungsverfahren**, die von Behörden des Bundes oder im Bereich der deutschen ausschließlichen Wirtschaftszone und des Festlandsockels von Behörden der Länder durchgeführt werden, und für die eine Öffentlichkeitsbeteiligung vorgesehen ist, soweit es sich um Vorhaben handelt, die mit Eingriffen in Natur und Landschaft verbunden sind.

Rechtsbehelfe können auf Landesebene eingelegt werden gegen 283
- **Befreiungen** von Verboten und Geboten zum Schutz von Natura 2000-Gebieten, Naturschutzgebieten, Nationalparken, Nationalen Naturmonumenten und sonstigen Schutzgebieten im Rahmen des § 32 Abs. 2 BNatSchG, sowie
- **Planfeststellungsbeschlüsse** über Vorhaben im Gebiet des anerkennenden Landes, die mit Eingriffen in Natur und Landschaft verbunden sind, sowie **Plangenehmigungen**, soweit eine Öffentlichkeitsbeteiligung vorgesehen ist.

---

1 *Fischer-Hüftle*, NuR 2011, 237 (239).
2 *Hünnekens*, in: Johlen/Oerder, § 11 Rz. 114; § 44a VwGO findet dabei keine Anwendung, *Sparwasser/Engel/Vosskuhle*, Umweltrecht, § 6 Rz. 293 ff.
3 BVerwG v. 19.3.2003 – 9 A 33.02, NVwZ 2003, 1120; v. 14.11.2002 – 4 A 15.02, NVwZ 2003, 485.
4 Zur Neuregelung im BNatSchG 2009 im Einzelnen *Fischer-Hüftle*, NuR 2011, 237.

284 Rechtsbehelfe sind allerdings nur zulässig, wenn die Vereinigung
- die Verletzung von Vorschriften geltend macht, die zumindest auch den Belangen des Naturschutzes und der Landschaftspflege zu dienen bestimmt sind, § 64 Abs. 1 Nr. 1 BNatSchG,
- in ihrem satzungsmäßigen Aufgabenbereich berührt ist, § 64 Abs. 1 Nr. 2 BNatSchG und
- zur Mitwirkung berechtigt war und sich hierbei auch im Rahmen ihrer Mitwirkungsrechte geäußert hat, es sei denn, sie wurde rechtswidrig nicht beteiligt, § 64 Abs. 1 Nr. 3 BNatSchG
- die Rechtsbehelfe in dem Fall, dass ihr der Verwaltungsakt nicht bekannt gegeben wurde, binnen eines Jahres erhebt, nachdem die Vereinigung von dem Verwaltungsakt Kenntnis erlangt hat oder hätte erlangen können, § 64 Abs. 2 BNatSchG i.V.m. § 2 Abs. 4 Satz 1 UmwRG.

285 Hierbei ist besonders zu beachten, dass die Vereinigung von ihren Mitwirkungsmöglichkeiten Gebrauch gemacht haben muss. Mit von ihr im Verwaltungsverfahren nicht vorgebrachten Einwendungen ist sie gem. § 64 Abs. 2 BNatSchG i.V.m. § 2 Abs. 3 UmwRG im gerichtlichen Verfahren **präkludiert**.

286 Ausgeschlossen ist gem. § 64 Abs. 2 BNatSchG i.V.m. § 1 Abs. 1 Satz 4 UmwRG schließlich auch eine Klage gegen Verwaltungsakte, die in einem verwaltungsgerichtlichen Streitverfahren erlassen wurden, wodurch eine doppelte gerichtliche Befassung mit einer Sachfrage verhindert wird.

287 Neben der Verbandsklage nach BNatSchG kann eine anerkannte Naturschutzvereinigung auch Rechtsbehelfe nach Maßgabe des UmwRG[1] gegen Entscheidungen mit Bezug zum Naturschutzrecht einlegen, **ohne in eigenen Rechten i.S.d. §§ 42 Abs. 2, 47 Abs. 2 Satz 1 VwGO verletzt zu sein.**

288 Das UmwRG gilt für Rechtsbehelfe gegen
- Entscheidungen gem. § 2 Abs. 3 UVPG über die Zulassung UVP-pflichtiger Vorhaben,
- Genehmigungen für Anlagen, die einer förmlichen Genehmigung gem. § 10 BImSchG bedürfen (d.h. in Spalte 1 des Anhangs zur 4. BImSchV aufgeführte Anlagen), und Entscheidungen nach § 17 Abs. 1a BImSchG,
- Erlaubnisse gem. § 8 Abs. 1 WHG für Vorhaben i.S.d. Richtlinie 2008/1/EG des Europäischen Parlaments und des Rates vom 15.1.2008 (IVU-Richtlinie) sowie
- Planfeststellungsbeschlüsse für Deponien nach § 31 Abs. 2 KrW-/AbfG.

289 Das UmwRG gilt auch, wenn rechtswidrig keine der genannten Entscheidungen getroffen wurde. Rechtsbehelfe sind allerdings nur zulässig, wenn die Vereinigung
- in ihrem satzungsmäßigen Aufgabenbereich berührt ist, § 2 Abs. 1 Nr. 2 UmwRG,
- zur Mitwirkung berechtigt war und sich hierbei auch im Rahmen ihrer Mitwirkungsrechte geäußert hat, es sei denn, sie wurde rechtswidrig nicht beteiligt, § 2 Abs. 1 Nr. 3 UmwRG
- die Rechtsbehelfe in dem Fall, dass ihr der Verwaltungsakt nicht bekannt gegeben wurde, binnen eines Jahres erhebt, nachdem die Vereinigung von dem Ver-

---

[1] Hierzu *Ziekow*, NVwZ 2007, 259; *Schlacke*, NuR 2007, 8; *Schmidt/Kremer*, ZUR 2007, 57; *Schumacher*, UPR 2008, 13; *Spieth/Appel*, NuR 2009, 312; *Schrödter*, NVwZ 2009, 157; *Meitz*, ZUR 2010, 563; *Fischer-Hüftle*, NuR 2011, 237.

waltungsakt Kenntnis erlangt hat oder hätte erlangen können, § 2 Abs. 4 Satz 1 UmwRG.

Darüber hinaus enthält § 2 Abs. 1 Nr. 1 UmwRG die weitere Voraussetzung, dass die Vereinigung geltend machen muss, dass die angegriffene Entscheidung gegen Vorschriften verstößt, die dem Umweltschutz dienen, Rechte Einzelner begründen und für die Entscheidung von Bedeutung sein können. Mit Urteil vom 12.5.2011[1] hat der EuGH diese **Beschränkung auf Vorschriften, die Rechte Einzelner begründen**, wegen fehlerhafter Umsetzung der dem UmwRG zugrunde liegenden Richtlinie 2003/35/EG des Europäischen Parlaments und des Rates vom 26.5.2003 für **europarechtswidrig** erklärt. Der EuGH hat gleichzeitig entschieden, dass sich Umweltvereinigungen bei der Einlegung von Rechtsbehelfen auf die unmittelbare Anwendbarkeit der Richtlinie 2003/35/EG berufen können. Dies bedeutet, dass sich Vereinigungen bei Rechtsbehelfen nach dem UmwRG derzeit auch auf die Verletzung nicht drittschützender Vorschriften berufen können; dies sind **insbesondere Vorschriften des Naturschutzrechts**. Das Urteil des EuGH gilt allerdings nur für solche Vorschriften, die **aus dem Europarecht hervorgegangen** sind. 290

Für die **Praxis besonders relevante Folge** des Urteils des EuGH ist, dass Vereinigungen nunmehr auch außerhalb der Verbandsklage nach § 64 BNatSchG Verstöße gegen Vorschriften zum Schutz der Natura 2000-Gebiete und gegen Vorschriften des besonderen Artenschutzes rügen können. Dies betrifft insbesondere die von der Verbandsklage des BNatSchG nicht umfassten Genehmigungen nach dem BImSchG und UVP-pflichtige Vorhaben, die nicht im Wege der Planfeststellung genehmigt werden. 291

## VII. Straf- und Bußgeldvorschriften

Der Anwalt wird zuweilen auch mit der Frage konfrontiert, ob naturschutzrechtliche Genehmigungshindernisse nicht dadurch ausgeräumt werden können, dass **vollendete Tatsachen geschaffen** werden, z.B. indem gesetzlich geschützte Biotope oder geschützte Bäume „schlicht" beseitigt werden. 292

Ein solches Vorgehen ist höchst problematisch. Der Mandant muss darauf hingewiesen werden, dass der Verstoß gegen die entsprechenden Vorschriften in aller Regel eine **Ordnungswidrigkeit** gem. § 69 BNatSchG darstellt, die mit Bußgeldern bis zu 50 000 Euro geahndet werden kann. 293

Unter besonderen Voraussetzungen erfüllen entsprechende Handlungen den **Straftatbestand** des § 71 BNatSchG, der eine Freiheitsstrafe bis zu 5 Jahren vorsieht, oder die Straftatbestände des § 304 StGB und § 329 Abs. 3 StGB, die Freiheitsstrafen bis zu drei bzw. fünf Jahren vorsehen[2]. 294

---

1 EuGH v. 12.5.2011 – C-115/09, NuR 2011, 423; hierzu *Appel*, NuR 2011, 414.
2 Vgl. im Einzelnen die Kommentierung bei *Kraft*, in: Lütkes/Ewer (Hrsg.), BNatSchG, Kommentar, § 71 Rz. 1 ff.

# E. Bodenschutzrecht

|  | Rz. |
|---|---|
| **I. Einführung und Überblick** | 1 |
| 1. Die anwaltliche Perspektive | 3 |
| 2. Wirtschaftliche Bedeutung von Altlasten | 5 |
| **II. Rechtsquellen, Systematik, grundlegende Begriffe** | |
| 1. Grundlagen und Rechtsquellen | |
| a) Historische Entwicklung | 10 |
| b) Rechtsquellen | |
| aa) Völkerrecht | 14 |
| bb) Europarecht | 15 |
| cc) Bundesrecht | 18 |
| dd) Landesrecht | 25 |
| 2. Überblick über das BBodSchG | |
| a) Gesetzeszweck und Regelungssystematik | 29 |
| b) Anwendungsbereich | 33 |
| aa) Abfallrecht | 34 |
| bb) Wasserrecht | 38 |
| cc) Bergrecht | 39 |
| dd) Immissionsschutzrecht | 40 |
| ee) Baurecht | 41 |
| c) Begriffsbestimmungen | 42 |
| aa) Boden | 43 |
| bb) Schädliche Bodenveränderungen und Altlasten | 44 |
| d) Instrumente | 48 |
| 3. Grundsätze und Pflichten | 51 |
| a) Verhaltenspflichten (§ 4 BBodSchG) | |
| aa) Vermeidungspflicht | 53 |
| bb) Abwehrpflicht | 54 |
| cc) Sanierungspflicht | 56 |
| b) Entsiegelungspflicht (§ 5 BBodSchG) | 61 |
| c) Auf- und Einbringen von Materialien (§ 6 BBodSchG) | 62 |
| d) Vorsorge (§ 7 BBodSchG) | |
| aa) Allgemein | 64 |
| bb) Landwirtschaft (§ 17 BBodSchG) | 69 |
| **III. Wie erhalte ich Informationen über bekannte Altlasten?** | |
| 1. Altlastenatlas und Altlastenkataster | 71 |
| 2. Umweltinformationsgesetz | 83 |
| 3. Grundbücher | 84 |
| 4. Bebauungspläne | 85 |
| 5. Sonstige Verwaltungsakten | 86 |
| **IV. Wie gehe ich mit einem Verdacht oder Kenntnissen von Altlasten um?** | |
| 1. Informations- und Auskunftspflichten gegenüber Behörden | 87 |
| 2. Informationspflicht gegenüber Privaten | |

|  | Rz. |
|---|---|
| a) Vertraglich | 91 |
| b) Gesetzlich | 92 |
| 3. Von Seiten der Behörden | |
| a) Aufklärungsverfügung | 93 |
| b) Kennzeichnung in Bebauungsplänen | 97 |
| c) Altlasten im Baugenehmigungsverfahren | 98 |
| **V. Mit welchen behördlichen Maßnahmen muss ich rechnen?** | |
| 1. Aufklärungsverfügung | 101 |
| 2. Sanierungsverfügung | 108 |
| 3. Sanierungsuntersuchungen und Sanierungsplan | 111 |
| a) Sanierungsuntersuchungen | 112 |
| b) Sanierungsplanung | 113 |
| 4. Duldungsverfügung | 122 |
| 5. Nachsanierung | 123 |
| **VI. Wie läuft ein Sanierungsverfahren ab?** | |
| 1. Erkundung | 125 |
| 2. Bewertung der Altlasten | 126 |
| 3. Bestimmung des Sanierungsziels | 138 |
| 4. Welche Sanierungsmethoden gibt es? | 146 |
| a) Sicherungsmaßnahmen | 149 |
| b) Dekontamination | 156 |
| c) Weitere Maßnahmen | 164 |
| d) Auswahl der Sanierungsmaßnahme | 165 |
| 5. Behördliche Umsetzung der erforderlichen Maßnahmen | |
| a) Einseitige behördliche Umsetzung | 166 |
| b) Genehmigungserfordernisse und Konzentrationswirkung | 167 |
| c) Öffentlichkeitsbeteiligung und Betroffenenunterrichtung | 171 |
| d) Behördenzuständigkeit | 173 |
| 6. Welche vertraglichen Lösungen kommen in Betracht? | 174 |
| 7. Nach der Sanierung | |
| a) Überwachung und Nachweispflichten | 179 |
| b) Rekultivierung | 180 |
| c) Nachsanierung | 182 |
| d) Wertausgleich | 183 |
| **VII. Wer muss mit einer Sanierungsverfügung rechnen?** | 188 |
| 1. Verursacher | 190 |
| 2. Eigentümer und Inhaber der tatsächlichen Gewalt | 201 |
| a) Grundsatzentscheidung des BVerfG | 205 |
| b) Maßgeblicher Zeitpunkt | 213 |

| | Rz. | | Rz. |
|---|---|---|---|
| c) Zusammenfassung | 216 | 4. Sonstige Ausgleichsansprüche | 287 |
| 3. Gesamtrechtsnachfolger des Verursachers | 217 | 5. Sonstige zivilrechtliche Möglichkeiten | 288 |
| 4. Früherer Eigentümer | 233 | X. Was müssen Verkäufer bzw. Erwerber eines Grundstücks beachten? | |
| 5. Derelinquent | 239 | | |
| 6. Gesellschaftsrechtlich Verpflichteter | 241 | 1. Verkäufersicht | |
| 7. Behördenperspektive: Auswahl unter mehreren Verantwortlichen | 245 | a) Dokumentation fehlender Kenntnis von Altlasten | 290 |
| | | b) Haftungsausschluss | 291 |
| VIII. Wie lassen sich Sanierungspflichten abwehren? | | c) Übernahme der Sanierung durch den Käufer | 297 |
| 1. Dereliktion, Veräußerung | 251 | d) Übernahme der Sanierung durch den Verkäufer | 298 |
| 2. Störerauswahl | 253 | 2. Käufersicht | |
| 3. Verstoß gegen das Rückwirkungsverbot | 254 | a) Sachverhaltsaufklärung | 299 |
| 4. Legalisierungswirkung von Genehmigungen | 256 | b) Rückgriffsmöglichkeiten | 302 |
| 5. Verjährung | 261 | c) Übernahme der Sanierung durch den Verkäufer | 304 |
| 6. Verwirkung | 262 | XI. Altlasten aus Sicht der Gemeinde | |
| 7. Freistellungsklauseln | 263 | 1. Altlasten in der Bauleitplanung | 305 |
| 8. Weitere Einschränkungen der Sanierungspflicht – insbesondere Verhältnismäßigkeit | 264 | 2. Kennzeichnungspflichten | 312 |
| | | 3. Schadensersatzrisiken (Amtshaftung) | 313 |
| IX. Rückgriffsmöglichkeiten bei behördlicher Inanspruchnahme und Schadensersatzansprüche gegen den Verursacher | | 4. Vertragliche Lösungen | 318 |
| | | XII. Straf-, steuer- und insolvenzrechtliche Bezüge | |
| 1. Rückgriff nach § 24 Abs. 2 BBodSchG | 265 | 1. Strafrechtliche Verantwortung | 319 |
| 2. Verschuldenshaftung | 278 | 2. Steuerrecht | 323 |
| 3. Gefährdungshaftung | 282 | 3. Insolvenzverfahren | 326 |
| | | XIII. Ausblick | 331 |

**Literatur:**

**Allgemeine Darstellungen:**

*Achatz*, Steuerrecht, 7. Aufl. 2010; *Achterberg/Püttner/Würtenberger* (Hrsg.), Besonderes Verwaltungsrecht, Band II, 2. Aufl. 2000; *Behling*, Strategien zur Weiterentwicklung der Altlastenvorsorge, 1999; *Bender/Sparwasser* (Hrsg.), Umweltrecht, 1. Aufl. 1988; *Beudt* (Hrsg.), Grundwassermanagement, 1997; *Brandner*, Gefahrenerkennbarkeit und polizeirechtliche Verantwortlichkeit, 1990; *Brandt*, Altlastenrecht, 1993 (zit. Altlastenrecht]; *Burmeister*, Praxishandbuch Städtebauliche Verträge, 2. Aufl. 2005; *Classen* (Hrsg.), „In einem vereinten Europa dem Frieden der Welt zu dienen ...": Liber amicorum Thomas Oppermann, 2001 (zit. FS Oppermann); *Drews/Wacke/Vogel/Martens*, Gefahrenabwehr: allgemeines Polizeirecht (Ordnungsrecht) des Bundes und der Länder., 9. Aufl. 1986; *Driehaus/Birk* (Hrsg.), Baurecht – Aktuell, Festschrift für Felix Weyreuther, 1993 (zit. FS Weyreuther); *Eichhorn*, Altlasten im Konkurs, 1996; *Enders*, Die zivilrechtliche Verantwortlichkeit für Altlasten und Abfälle, 1999; *Epiney*, Umweltrecht in der Europäischen Union, 2. Aufl. 2005; *Ewers*, Zeitliche Grenzen der polizeilichen Störerhaftung dargestellt am Beispiel der Haftung für Altlasten, 2004; *Feil*, Auswirkungen des Bundes-Bodenschutzgesetzes auf die Landesbodenschutzgesetze und den Ländern verbleibende Gesetzgebungsspielräume – eine Untersuchung am Beispiel der Bodenschutzgesetze der Länder Baden-Württemberg, Berlin und Sachsen, 2000; *Fehn*, Öffentlich-rechtliche Verantwortlichkeit und zivilrechtliche Haftung für Altlasten, 1998; *Giesberts*, Die gerechte Lastenverteilung unter mehreren Störern, 1990; *Griesbeck*, Die materielle Polizeipflicht des Zustandsstörers und die Kostentragungspflicht nach unmittelbarer Ausführung der Ersatzvornahme, 1991; *Hendler/Marburger/Reinhardt/Schröder* (Hrsg.), Bodenschutz und Umweltrecht. Umwelt-

und Technikrecht (UTR), Band 53, 15. Trierer Kolloquium zum Umwelt- und Technikrecht, 2000; *Horn*, Kostenausgleich bei Altlastensanierung, 2004; *Huber*, Grundlagen und Grenzen der Zustandsverantwortlichkeit des Grundeigentümers im Umweltrecht, 2004;*Jorczyk*, Rüstungs- und Kriegsaltlasten, 1996; *Kim*, Bodenschutz durch Bauplanungsrecht, 2000; *Kloepfer*, Umweltrecht, 3. Aufl. 2004; *Knoche*, Altlasten und Haftung, 2001; *Knopp/Löhr*, BBodSchG in der betrieblichen und steuerlichen Praxis, 2000; *Koch* (Hrsg.), Umweltrecht, 3. Aufl. 2010; *Koch*, Bodensanierung nach dem Verursacherprinzip, 1985; *Kohls*, Nachwirkende Zustandsverantwortlichkeit. Insbesondere zur verfassungsrechtlichen Dimension der Sanierungsverantwortlichkeit ehemaliger Grundstückseigentümer nach dem Bundes-Bodenschutzgesetz, 2002; *Kothe*, Altlastenrecht in den neuen Bundesländern, 1996; *Kühn*, Die Amtshaftung der Gemeinden wegen der Überplanung von Altlasten, 1997; *Lisken/Denninger*, Handbuch des Polizeirechts, 3. Aufl. 2001; *Loll*, Vorsorgender Bodenschutz im Bundes-Bodenschutzgesetz. § 17 BBodSchG und die gute fachliche Praxis in der Landwirtschaft, 2003; *Müller*, Die gute fachliche Praxis im Pflanzenschutz-, Düngemittel- und Bundes-Bodenschutzgesetz, 2001; *Ossenbühl*, Staatshaftungsrecht, 5. Aufl. 1998; *Ossenbühl*, Zur Haftung des Gesamtrechtsnachfolgers für Altlasten, 1995; *Papier*, Altlasten und polizeiliche Störerhaftung, 1985; *Pieroth/Schlink/Kniesel*, Polizei- und Ordnungsrecht, 6. Aufl. 2010; *Roesler*, Die Legalisierungswirkung gewerbe- und immissionsschutzrechtlicher Genehmigungen vor dem Hintergrund der Altlastenproblematik, 1993; *Sach*, Genehmigung als Schutzschild?, 1993; *Sachverständigenrat für Umweltfragen (SRU)*, „Schritte ins nächste Jahrtausend", 2000, BT Drs. 14/3363; *Sachverständigenrat für Umweltfragen (SRU)*, Sondergutachten „Altlasten", 1989, BT Drs. 11/6191; *Sachverständigenrat für Umweltfragen (SRU)*, Sondergutachten „Altlasten II", 1995, BT Drs. 13/380; *Sachverständigenrat für Umweltfragen (SRU)*, „Umweltpolitische Handlungsfähigkeit sichern", Umweltgutachten 2004, BT Drs. 15/3600; *Schmidt/Kahl*, Umweltrecht, 8. Aufl. 2010; *Schrader*, Altlastensanierung nach dem Verursacherprinzip, 1989 (zit. Altlastensanierung); *Sparwasser/Engel/Voßkuhle*, Umweltrecht, 5. Aufl. 2003; *Trurnit*, Die Altlastenhaftung des Rechtsnachfolgers, 1998; *Würtenberger/Heckmann*, Polizeirecht in Baden-Württemberg, 6. Aufl. 2005 (zit. Polizeirecht); *Wrede*, Durchgriffs- und Konzernhaftung nach dem Bundes-Bodenschutzgesetz, 2004; *Ziehm*, Die Störerverantwortlichkeit für Boden- und Wasserverunreinigungen. Ein Beitrag zur Haftung für sogenannte Altlasten, 1989; *Ziehm*, Europäisches Grundwasserschutzrecht und Trinkwasserschutzrecht und die Implementation in Deutschland und Frankreich, 1998.

**Kommentare und Handbücher:**

*Battis/Krautzberger/Löhr*, BauGB, 9. Aufl. 2005; *Baumbach/Hopt*, Handelsgesetzbuch, 34. Aufl. 2010 (zit. Handelsgesetzbuch); *Becker-Schwarze*, Wandlung der Handlungsformen im öffentlichen Recht, 1991; *Bickel*, Bundes-Bodenschutzgesetz, Kommentar, 4. Aufl. 2004 (zit. BBodSchG); *Brügelmann/Gierke*, BauGB, Kommentar, Loseblatt, Stand September 2002; *Czychowski/Reinhardt*, Wasserhaushaltsgesetz: unter Berücksichtigung der Landeswassergesetze, 2010 (zit. WHG); *Franzius/Altenbockum/Gerhold*, Handbuch Altlastensanierung und Flächenmanagement, Loseblatt, Stand 2011; *Feldwisch/Hendrischke/Schmehl*, Gebietsbezogener Bodenschutz. Bodenschutzgebiete, Bodenplanungsgebiete, Bodenbelastungsgebiete und Bodengefährungsgebiete im Gefüge des Umwelt- und Planungsrechts, 2003; *Fluck*, Kreislaufwirtschafts-, Abfall- und Bodenschutzrecht, 97. Aufl. 2011; *Frenz*, Bundes-Bodenschutzgesetz (BBodSchG), 2000 (zit. BBodSchG); *Giesberts/Reinhardt*, Beck'scher Online-Kommentar Umweltrecht, Ed. 19, Stand April 2011; *Horn*, BBodSchG Onlinekommentar, Stand Oktober 2010 (zit. BBodSchG); *Kübler/Prütting/Lüke*, InsO: Kommentar zur Insolvenzordnung, Stand Februar 2000 (zit. InsO); *Kunig/Paetow/Versteyl*, KrW-/AbfG, Kommentar, 2. Aufl. 2003 (zit. KrW-/AbfG); *Landel/Vogg/Wüterich*, Bundes-Bodenschutzgesetz, Kommentar, 2000 (zit. BBodSchG); *Landmann/Rohmer* (Hrsg.), Umweltrecht, Kommentar, Loseblatt, Stand September 2010; *Münchener Kommentar*, BGB, Band IV, 5. Aufl. 2009; *Palandt*, BGB, Kommentar, 70. Aufl. 2011 (zit. Palandt/*Bearbeiter*); *Sanden/Schoeneck*, Bundes-Bodenschutzgesetz, Kommentar, 1998 (zit. BBodSchG); *Versteyl/Sondermann*, BBodSchG, Kommentar, 2. Aufl. 2005 (zit. BBodSchG); *Schönke/Schröder*, Strafgesetzbuch, Kommentar, 28. Aufl. 2010 (zit. StGB).

**Aufsätze:**

*Albrecht*, Die Wertausgleichsregelung im Bundes-Bodenschutzgesetz, NVwZ 2001, 1120; *Attendorn*, Haben BBodSchG und BBodSchV unmittelbar zulassungsmodifizierende Wirkung?, NuR 2011, 28; *Becker*, Die neue öffentlich-rechtliche Haftung für die Sanierung schädlicher Bodenveränderungen und Altlasten nach § 4 III BBodSchG, DVBl 1999, 134; *Becker*, Überblick über die öffentlich-rechtlichen und privatrechtlichen Folgen des Verkaufs und Kaufs eines kontaminierten Grundstücks unter dem neuen Bundes-Bodenschutzgesetz (BBodSchG), DVBl 2000, 595; *Beckhaus*, Regressansprüche des Veräußerers eines kontaminierten Grundstücks, ZUR 2010, 418; *Beckmann/Hagmann*, Rechtsgrundlagen der Rekultivierung und Nachsorge von Deponien nach In-Kraft-Treten des BBodSchG, DVBl 2001, 1636; *Bickel*, Grenzen der Zustandshaftung des Eigentümers für die Grundstückssanierung bei Altlasten, NJW 2000, 2562; *Bickel*, Verdrängung von Landesrecht durch das Bundesbodenschutzgesetz, NVwZ 2000, 1133; *Bickel*, Der Einfluss des Allgemeinen Polizeirechts auf die Auslegung des Bundes-Bodenschutzgesetzes, NVwZ 2004, 1210; *Borggräfe*, Bilanzierung von Umweltrückstellungen, JbFfSt. 1996/1997, 609; *Boujong*, Entschädigungs- und Ausgleichsansprüche im Zusammenhang mit Umweltschäden – Ein Rechtsprechungsbericht –, UPR 1987, 81; *Breuer*, Rechtsprobleme der Altlasten, NVwZ 1987, 751; *Breuer*, Empfehlen sich ergänzende gesetzliche oder untergesetzliche Regelungen der Altlasten, und welchen Inhalt sollen sie haben?, DVBl 1994, 890; *Buchholz*, Untersuchungsanordnungen nach dem Bundes-Bodenschutzgesetz, NVwZ 2002, 563; *Bückmann*, Quo vadis, europäischer Bodenschutz?, UPR 2006, 210; *Christonakis*, Drittschutz gegen den bodenschutzrechtlichen Sanierungsvertrag, UPR 2005, 11; *Cranshaw*, Keine Verantwortlichkeit der Bundesrepublik Deutschland für Rüstungsaltlasten, jurisPR-InsR 7/2006 Anm. 4; *Diehr*, Der Sanierungsplan nach dem BBodSchG, UPR 1998, 128; *Dombert*, Grundzüge der Umwelthaftung nach dem neuen Bodenschutzrecht des Bundes, Phi. 1998, 136; *Dombert*, Der Sanierungsvertrag nach § 13 Abs 4 BBodSchG – Vorzüge, Praxisprobleme und aktuelle Rechtsfragen, ZUR 2000, 303; *Dombert*, Streben nach effektiverem Bodenschutz an den Grenzen des Grundgesetzes – Zur Verfassungsmäßigkeit des § 4 VI BBodSchG im Hinblick auf Art 14 GG, NJW 2001, 927; *Drasdo*, Keine bodenschutzrechtliche Inanspruchnahme des Insolvenzverwalters nach Freigabe kontaminierter Grundstücke, ZfIR 2005, 31; *Erbguth*, Das neue Bodenschutzrecht des Bundes, GewArch 1999, 223; *Erbguth*, Einzelfragen der Sanierung und des Altlastenmanagements im Bundes-Bodenschutzgesetz, NuR 1999, 127; *Erbguth/Stollmann*, Verantwortlichkeit im Bodenschutzrecht, DVBl 2001, 601; *Erbguth/Stollmann*, Zum Anwendungsbereich des Bundes-Bodenschutzrechts, NuR 2001, 241; *Fischer*, Sanierungsverträge in der Praxis, BauR 2000, 833; *Fleischer/Empt*, Gesellschaftsrechtliche Durchgriffs- und Konzernhaftung und öffentlich-rechtliche Altlastenverantwortlichkeit, ZIP 2000, 905; *Fluck*, Die Bündelungswirkung der Verbindlicherklärung von Sanierungsplänen nach dem BBodSchG, DVBl 1999, 1551; *Fluck*, Die Information Betroffener bei der Altlastensanierung nach § 12 BBodSchG, Privatisierung der Betroffenenbeteiligung?, NVwZ 2001, 9; *Fluck*, Die „Legalisierungswirkung" von Genehmigungen als ein Zentralproblem öffentlich-rechtlicher Haftung für Altlasten, VerwArch. 79 (1988), 406; *Fluck/Kirsch*, § 24 Abs 2 BBodSchG – Ist stets allein der Handlungsstörer ausgleichspflichtig?, UPR 2001, 253; *Frenz*, Landwirtschaftliche Bodennutzung und Bundes-Bodenschutzgesetz, NuR 2004, 642; *Frenz*, Abfall- und Bodenschutzrecht – Abgrenzung, Parallelen und Zusammenspiel, UPR 2002, 201; *Frenz/Heßler*, Altlastensanierung und öffentlichrechtlicher Sanierungsvertrag, NVwZ 2001, 13; *Gabe-Emden*, 1 Jahr Bundes-Bodenschutzgesetz: Altlastensanierung auf neuer Rechtsgrundlage – Risiken im Grundstückshandel, VA 2000, 57; *Gärtner*, Kann die Sanierungsverantwortlichkeit bei Altlasten verjähren, UPR 1997, 452; *Garbe*, Die Störerauswahl und das Gebot der gerechten Lastenverteilung, DÖV 1998, 632; *Gerhold*, Die Behandlung streitiger Rechtsfragen der Sanierungsverantwortlichkeit durch das Bundes-Bodenschutzgesetz, altlasten-spektrum 1998, 107; *Giesberts*, Sanierungsverantwortlichkeit nach BBodSchG bei Erwerb, Veräußerung und Umwandlung von Unternehmen und bei Grundstückstransaktionen, DB 2000, 505; *Gorny/Meier*, Die Pflicht des Konkursverwalters zur Kostentragung bei Beseitigung von Umweltgefahren, altlasten-spektrum 1996, 142; *Hellriegel/Schmitt*, Aufwertung des bodenschutzrechtlichen Ausgleichsanspruchs, NJW 2009, 1118; *Herbert*, Der Ausgleich zwischen mehreren Sanierungsverantwortlichen nach dem Abfallrecht der Länder Hessen, Thüringen und Rheinland-Pfalz, NVwZ 1994, 1061; *Heßler/Janssen*, Die Beweiserleichterung bei der Geltendmachung von Störerausgleichsansprüchen nach § 24 Abs 2 Bundes-Bodenschutzgesetz, NuR 2004, 719; *Huber/Unger*, Grundlagen und Grenzen der Zustandsverantwortlichkeit des Grundstückseigentümers im Umweltrecht, VerwArch 2005, 139; *Hünnekens/Arnold*, Haftung des Gesamtrechtsnachfolgers nach dem Bundes-Bodenschutzgesetz, NJW 2006, 3388; *Hünnekens/Plogmann*, Läuft der bodenschutzrechtliche Ausgleichsanspruch wegen Anwendung der mietrechtlichen Verjährungsvorschriften ins Leere?, NVwZ 2003, 1216; *Hull-*

*mann/Zorn*, Zeitliche Grenzen der Altlastenhaftung, NVwZ 2010, 1267; *Joachim/Lange*, Haftungsbeschränkung des Erben für bodenschutzrechtliche Sanierungspflichten, ZEV 2011, 53; *Jochum*, Die polizei- und ordnungsrechtliche Störermehrheit und die beschränkte Kostentragungspflicht des Nicht-So-Störers, NVwZ 2003, 526; *Jochum*, Neues zum europäischen Bodenschutz- und Abfallrecht, NVwZ 2005, 140; *Kahl*, Die Sanierungsverantwortlichkeit nach dem Bundes-Bodenschutzgesetz, Die Verwaltung, Bd. 33 (2000), 29; *Kippes*, Aushandlungsprozesse bei der Sanierung von Altlasten, VerwArch. 87 1996, 405; *Kippes*, Struktur und Ablauf von Bargaining-Prozessen bei der Sanierung von Altlasten, Verwaltungsrundschau 1997, 41; *Klein*, Europäisches Bodenschutzrecht, EurUP 2007, 2; *Kloepfer/ Thull*, Der Lastenausgleich unter mehreren polizei- und ordnungsrechtlich Verantwortlichen, DVBl 1989, 1121; *Kniesel*, Verantwortlichkeit für Altlasten und ihre Grenzen, BB 1997, 2009; *Knoche*, Ausgleichsansprüche nach § 24 II BBodSchG ohne behördliche Verpflichtung eines Sanierungsverantwortlichen?, NVwZ 1999, 1198; *Knoche*, Der Anfang vom Ende der privaten Sanierungsverantwortlichkeit für Altlasten, GewArch 2000, 448; *Knoche*, Die Überwachung von Altlasten und altlastenverdächtigen Flächen, GewArch 2000, 221; *Knoche*, Sachmängelgewährleistung beim Kauf eines Altlastengrundstücks, NJW 1995, 1985; *Knopp*, Aktuelles aus der „Altlasten-Szene" – Freiwerden des Grundstückseigentümers von der Zustandsverantwortung, BB 1996, 389; *Knopp*, Bundes-Bodenschutzgesetz und erste Rechtsprechung, DÖV 2001, 441; *Knopp*, Vertragliche Altlastenregelungen zwischen Sanierungsverantwortlichen i.S.d. § 4 III BBodSchG, NJW 2000, 905; *Kobes*, Das Bundes-Bodenschutzgesetz, NVwZ 1998, 786; *Koch/Schütte*, Bodenschutz und Altlasten in der Bauleitplanung, DVBl 1997, 1415; *Körner*, Bodenschutzrechtlicher Wertausgleich und Altlastenfreistellung, NVwZ 2004, 699; *Körner/Vierhaus*, Das Berliner Bodenschutzgesetz, LKV 1996, 345; *Kothe*, Die altlastenbedingte Rückbesinnung auf die Funktionsnachfolge, LKV 1997, 73; *Kratzenberg*, Bodenschutz in der Bauleitplanung, UPR 1997, 177; *Kurz/Schwarz*, Zur ordnungsrechtlichen Haftung der Organe insolventer Kapitalgesellschaften für Betriebsgrundstücke nach deren Freigabe durch den Insolvenzverwalter – Ein Überblick, NVwZ 2007, 1380; *Landel/Mohr*, § 24 Abs. 2 BBodSchG: Entlastung für den Zustandsstörer, UPR 2009, 130; *Landel/Mohr*, Der bodenschutzrechtliche Ausgleichsanspruch in Mietverhältnissen, ZMR 2009, 588; *Landel/Versteyl*, Zur Verantwortlichkeit im Bodenschutz für das Handeln der Vorväter, ZUR 2006, 475; *Lepsius*, Zu den Grenzen der Zustandshaftung des Grundeigentümers, JZ 2001, 22; *Louis/Wolf*, Bodenschutz in der Bauleitplanung, NuR 2002, 61; *Martensen*, Die Verjährung als Grenze polizeilicher Verantwortlichkeit, NVwZ 1997, 442; *Matthes/Henke*, Die Kollision von umweltrechtlicher Gefahrenabwehr und Insolvenzrecht, SächsVBl. 2011, 73; *Mohr*, Die Haftung des Grundstückseigentümers für naturbedingte Gefahrenquellen – Risiken der Zustandsstörerhaftung, BWGZ 2011, 75; *Mohr*, Einstufung als Altlastengrundstück, UPR 2006, 299; *Müggenborg*, Die Abgrenzung von Berg- und Bodenschutzrecht, NVwZ 2006, 278; *Müggenborg*, Die bodenschutzrechtliche Konzernhaftung nach § 4 III 4 Fall 1 BBodSchG, NVwZ 2001, 1114; *Müggenborg*, Der Kauf von Altlastengrundstücken nach der Schuldrechtsmodernisierung, NJW 2005, 2810; *Müggenborg*, Die Haftung des früheren Eigentümers nach § 4 VI BBodSchG, NVwZ 2000, 50; *Müggenborg*, Das Verhältnis des Umweltschadensgesetzes zum Boden- und Gewässerschutzrecht, NVwZ 2009, 12; *Müggenborg*, Rechtliche Aspekte der Altlastenproblematik und der Freistellungsklausel, NVwZ 1992, 845; *Müggenborg*, Zur Begrenzung der Zustandshaftung bei Altlasten, NVwZ 2001, 39; *Müller*, Die gute fachliche Praxis der landwirtschaftlichen Bodennutzung im Bundes-Bodenschutzgesetz, AgrarR 2002, 237; *Neumann*, Verdrängung der landesrechtlichen Regelung der Altlastenfeststellung durch Bundes-Bodenschutzgesetz, jurisPR-BVerwG 16/2006 Anm. 1; *Neumann*, Geltung bodenschutzrechtlicher Vorschriften bei Abfallverwertung durch Verfüllung eines Tagebaus, jurisPR-BVerwG 17/2005 Anm. 4; *Neumann*, Übergang öffentlich-rechtlicher Pflichten auf Gesamtrechtsnachfolger auch ohne vorangegangenen VA, jurisPR-BVerwG 17/2006 Anm. 5; *Neumann*, Erstattungsfähigkeit der Kosten einer Bodenuntersuchung, jurisPR-BVerwG 13/2005 Anm. 3; *Nolte*, Gesamtrechtsnachfolge in die abstrakte Verhaltenspflicht bei Altlasten vor und nach In-Kraft-Treten des § 4 III 1 Alt 2 BBodSchG, NVwZ 2000, 1135; *Notter*, Terra incognita legis – Stellt § 17 Abs 3 BBodSchG die Landwirtschaft von den Pflichten des Bodenschutzrechts frei?, ZUR 2008, 184; *Oerder*, Ordnungspflichten und Altlasten, NVwZ 1992, 1031; *Ossenbühl*, Verzicht, Verwirkung und Verjährung als Korrektive einer polizeilichen Ewigkeitshaftung, NVwZ 1995, 547; *Oyda*, Altlastenklauseln in Grundstückskaufverträgen, RNotZ 2008, 245; *Paetow*, Das Abfallrecht als Grundlage der Altlastensanierung, NVwZ 1990, 510; *Palme*, Das Urteil des

BVerwG zur bodenschutzrechtlichen Haftung des Gesamtrechtsnachfolgers, NVwZ 2006, 1130; *Papier*, Zur rückwirkenden Haftung des Rechtsnachfolgers für Altlasten, DVBl 1996, 125; *Papier*, Empfehlen sich ergänzende gesetzliche oder untergesetzliche Regelungen für Altlasten, und welchen Inhalt sollen sie haben?, JZ 1994, 810; *Peine*, Die Rechtsnachfolge in öffentlich-rechtliche Rechte und Pflichten, DVBl 1980, 941; *Peine*, Die Legalisierungswirkung, JZ 1990, 201; *Peine*, Landwirtschaftliche Bodennutzung und Bundes-Bodenschutzgesetz, NuR 2002, 522; *Peine*, Risikoabschätzung im Bodenschutz, DVBl 1998, 157; *Peine*, Umfassender Bodenschutz in einem Landesbodenschutzgesetz und die Kompetenz des Landesgesetzgebers, NVwZ 1999, 1165; *Peine*, Die Ausweisung von Bodenschutzgebieten nach § 21 Abs 3 BBodSchG, NuR 2001, 246; *Peters*, Strukturen des neuen Bodenschutzrechts, VBlBW 1999, 83; *Petersen/Lorenz*, Das Van de Walle-Urteil des EuGH – Sanierung von Altlasten nach Abfallrecht? NVwZ 2005, 257; *Pietzcker*, Polizeirechtliche Störerbestimmung nach Pflichtwidrigkeit und Risikosphäre, DVBl 1984, 457; *Pohl*, Die Altlastenregelungen der Länder, NJW 1995, 1645; *Pützenbacher*, Der Ausgleichsanspruch nach § 24 II BBodSchG, NJW 1999, 1137; *Raeschke-Kessler*, Amtshaftung, vertragliche Haftung und Störerausgleich bei Altlasten, NJW 1993, 2276; *Rehbinder*, Die Freistellung von Anlagenerwerbern von der Verantwortlichkeit für die Sanierung von Altlasten in den neuen Bundesländern, DVBl 1991, 421; *Rid/Froeschle*, Gesetzgebungskompetenz für ein Bundesbodenschutzgesetz, UPR 1994, 321; *Riese/Karsten*, Bodenschutzrechtliche Ordnungspflichten im Insolvenzrecht, NuR 2005, 234; *Ritgen*, Gefahrenabwehr im Konkurs, GewArch 1998, 393; *Rossi*, Bodenschutz/Altlasten/stillgelegte Abfallbeseitigungsanlage/Sanierung und Rekultivierung von Deponien/Pflichten der Gemeinden/Rechts- und Funktionsnachfolge, NJ 2002, 219; *Sachs*, Rechtsprechungsübersicht Haftung des Grundstückseigentümers für Sanierung von Altlasten, JuS 2000 1219; *Sandner*, Schafft die Bundes-Bodenschutzverordnung mehr Rechtssicherheit bei der Altlastensanierung?, NJW 2000, 2542; *Schäfer*, Zur Vorsorge um Bodenschutzrecht, DVBl 2002, 734; *Schäfer*, Anwendungsbeispiele schädlicher Bodenveränderungen, NuR 2004, 223; *Schäling*, Zur Haftungsbegrenzung bei Inanspruchnahme des Inhabers der tatsächlichen Gewalt als Verantwortlicher i.S.d. Bundes-Bodenschutzgesetzes, NVwZ 2004, 543; *Schäling*, Grenzen der Haftung des Inhabers der tatsächlichen Gewalt für schädliche Bodenveränderungen und Altlasten nach dem Bundes-Bodenschutzgesetz, NuR 2009, 693; *Schenk*, Bodenerkundungsmaßnahmen zum Schutz des Grundwassers, BayVBl. 1997, 33; *Schink*, Verantwortlichkeit für die Gefahrenabwehr und die Sanierung schädlicher Bodenveränderungen nach dem Bundesbodenschutzgesetz, DÖV 1999, 797; *Schink*, Der Bodenschutz und seine Bedeutung für die nachhaltige städtebauliche Entwicklung, DVBl 2000, 221; *Schink*, Rechtsfragen der Altlasten, GewArch 1996, 50; *Schink*, Die Altlastenregelungen des Entwurfs des Bundesbodenschutzgesetzes, DÖV 1995, 213; *Schink*, Grenzen der Störerhaftung bei der Sanierung von Altlasten, VerwArch. 82 (1991), 357; *Schlabach*, Das Bodenschutzgesetz von Baden-Württemberg, VBlBW 1993, 121; *Schlabach*, Die Verantwortlichkeit des Zustandsstörers für schädliche Bodenveränderungen und Altlasten nach dem BBodSchG, VBlBW 1999, 406; *Schlabach/Heck*, Erkundung von Verdachtsflächen im Weg der Amtsermittlung nach § 9 Abs. 1 BBodSchG, Generelle Kostenfreiheit für den ermittelten Störer?, BayVBl. 2001 262; *Schlemminger/Böhn*, Betragsmäßige Höchstbegrenzung der Sanierungsverpflichtung in Sanierungsverträgen, NVwZ 2010, 354; *Schlemminger/Friedrich*, Die bodenschutzrechtliche Verantwortlichkeit des Alteigentümers – „der dünne Draht" zwischen Ent- und Ewigkeitshaftung, NJW 2002, 2133; *Schlette*, Ausgleichsansprüche zwischen mehreren Umweltstörern gem. § 24 II Bundes-Bodenschutzgesetzes, VerwArch. 2000, 41; *Schnur*, Die normative Kraft der Verfassung, DVBl 1962, 123; *Schoch*, Grundfälle zum Polizei- und Ordnungsrecht, JuS 1995, 504; *Schoeneck*, Zur Haftung der Gemeinden in den Neuen Bundesländern für Altlasten, ZUR 1997, 97; *Schwachheim*, Zum Gesamtschuldnerausgleich unter mehreren Störern, NVwZ 1988, 225; *Schwartmann*, Neues zur kommunalen Altlastenhaftung – Die Auswirkungen des neuen Bodenschutzrechts auf Grundstückskaufverträge mit Gemeinden, DStR 2000, 205; *Schwertner/Libert*, Der Rückgriffsanspruch nach § 24 Abs. 2 BBodSchG und seine Berücksichtigung im Kaufvertrag, ZfBR 2010, 123; *Seibert*, Altlasten in der verwaltungsgerichtlichen Rechtsprechung, DVBl 1992, 664; *Segner*, Inanspruchnahme des Insolvenzverwalters für Maßnahmen des BBodSchG, NZI 2005, 54; *Spannowsky*, Das Prinzip gerechter Lastenverteilung und die Kostentragungslast des Zustandsstörers, DVBl 1994, 560; *Sparwasser/Geißler*, Grenzen der Zustandsstörerhaftung am Beispiel des Altlastenrechts, DVBl 1995, 1317; *Spieth*, Haftung ohne Grenzen?, altlasten-spektrum 1998, 75; *Spieth/Wolfers*, Die neuen Störer: Zur Ausdehnung der Altlastenhaftung in § 4

BBodSchG, NVwZ 1999, 355; *Staupe*, Rechtliche Aspekte der Altlastensanierung, DVBl 1988, 606; *Tiedemann*, Die bodenschutzrechtliche Einstandsverantwortlichkeit und der existenzvernichtende Eingriff, NVwZ 2008, 257; *Tollmann*, Die Opferfälle: Eine unendliche Geschichte – Zum Rechtsgrund und zur Reichweite der Zustandsverantwortlichkeit im Bodenschutzrecht, DVBl 2008, 616; *Tollmann*, Die Zustandsverantwortlichkeit des früheren Grundeigentümers gem. § 4 Abs 6 BBodSchG – ein Irrläufer der Geschichte?, ZUR 2008, 512; *Troidl*, Zehn Jahre Bundes-Bodenschutzgesetz – rechtswidrige Sanierungsverfügungen, NVwZ 2010, 154; *Trurnit*, Sanierungsverantwortlichkeit nach § 4 III und VI Bundes-Bodenschutzgesetz, BVlBW 2000, 261; *Trurnit*, Zur Verjährung der Sanierungsverantwortlichkeit für schädliche Bodenveränderungen und Altlasten nach dem Bundes-Bodenschutzgesetz, NVwZ 2001, 1126; *Versteyl*, Altlast = Abfall? Vom Ende des beweglichen Abfallbegriffs, NVwZ 2004, 1297; *Vierhaus*, Das Bundes-Bodenschutzgesetz, NJW 1998, 1262; *Vierhaus*, Die Verjährung des zivilrechtlichen Ausgleichsanspruchs nach § 24 Abs. 2 Bundes-Bodenschutzgesetz, NWVBl. 2009, 419; *von Mutius*, Die Rechtsnachfolge im Bundes-Bodenschutzgesetz, DÖV 2000, 1; *Wagner*, Bodenschutzrechtlicher Störerausgleich und Vertragsrecht, JZ 2005, 150; *Welge/Schröder*, Neues Bodenschutzrecht und kommunale Vollzugspraxis, ZG 2000, 140; *Werner*, Das neue Bundes-Bodenschutzgesetz, BWGZ 1998, 847; *Wrede*, Kontaminierter Boden als Abfall, NUR 2005, 28.

## I. Einführung und Überblick[1]

1  **Bodenschutzrecht** aus der Sicht des Anwalts ist nicht nur, aber v.a. **Altlastenrecht**. Außerhalb des Altlastenrechts sind Fragen im Zusammenhang mit Abgrabungen und Auffüllungen von einiger Bedeutung, nämlich insbesondere, wenn Bodenaushub – genehmigungspflichtig – auf andere Grundstücke verbracht werden soll. Quantitativer Bodenschutz (Versiegelungsverbot, Entsiegelungspflicht) und qualitativer Bodenschutz (Nutzungsbeschränkungen in der Landwirtschaft einschließlich Ausgleichspflicht) spielen daneben bislang außerhalb der betroffenen Spezialbereiche noch kaum eine Rolle.

2  In der Bundesrepublik Deutschland gibt es eine große Anzahl von **Altlasten**. Darunter versteht man im allgemeinen Sprachgebrauch – vgl. die Legaldefinition in § 2 Abs. 5 BBodSchG (unten Rz. 44ff.) – sowohl
   – **Altablagerungen** wie verlassene oder stillgelegte Ablagerungsplätze mit kommunalen und industriellen Abfällen, abgelagerten Kampfstoffen oder wilden Ablagerungen als auch
   – **Altstandorte** wie frühere Produktionsstätten mit kontaminierten Böden, Bodenkontaminationen infolge von Leckagen defekter Rohrleitungen, Tanklager oder Abwasserkanäle, und zwar sowohl ziviler wie auch militärischer Herkunft[2].

Im Bereich solcher Altlasten finden sich im oder auf dem Boden Stoffe verschiedenster Art, Beschaffenheit und Herkunft, die zu einer Verunreinigung von Teilen des Bodens, des Grund- und Oberflächenwassers und der Luft führen oder jedenfalls führen können, indem z.B. Gase in die Luft entweichen oder Schadstoffe ausgetragen werden.

---

1 Herzlich danken wir *Johanna Hennighausen* für die Mithilfe bei der Überarbeitung. Für wertvolle Hinweise zu allen praktischen Fragen der Altlastensanierung danken wir *Bertram Schrade*, HPC AG, Freiburg. Schließlich danken wir WP *Mathias Hecht*, Hecht und Partner Wirtschaftsprüfungsgesellschaft, Freiburg für seine Mitwirkung zu den steuerrechtlichen Bezügen. Über Anregungen und Verbesserungsvorschläge freuen wir uns, z.B. über info@shp-rechtsanwaelte.de.

2 Für Rüstungsaltlasten aus der Zeit des Deutschen Reiches vor 1945 besteht aber aufgrund einer Regelung im Allgemeinen Kriegsfolgengesetz (§ 1 Abs. 1 Nr. 1 AKG) *keine* Verantwortlichkeit der Bundesrepublik Deutschland, BVerwG v. 3.11.2005 – 7 C 27.04, NVwZ 2006, 354; dazu auch *Cranshaw*, jurisPR-InsR 7/2006 Anm. 4.

## I. Einführung und Überblick

### 1. Die anwaltliche Perspektive

Die Art der Fragestellungen, mit denen der Anwalt im Altlastenrecht umgehen muss, ist vielfältig: Sein Mandant kann Verursacher einer Verschmutzung oder Eigentümer eines belasteten Grundstücks sein und das Interesse haben, die Haftung für eine Sanierung abzuwehren. Er kann aber auch im Gegenteil Eigentümer, Grundstücksnachbar oder planende Gemeinde sein und gerade ein Interesse daran haben, dass die Sanierung durchgeführt wird. Schließlich beschäftigen Altlasten den Anwalt auch außerhalb eigentlicher Sanierungsverfahren, z.B. bei der Bauleitplanung, beim Grundstücks- und Unternehmens(ver)kauf, bei der Bilanzaufstellung oder gar im Strafprozess. – Im Vordergrund der folgenden Betrachtung steht daher das Altlastenrecht, v.a. das „verwaltungsrechtliche" Altlastenrecht.

Die hier für anwaltliche Zwecke gewählte Darstellung nimmt nach einem Überblick über die Rechtsquellen, wichtige Grundbegriffe sowie die bestehenden Grundpflichten (Abschnitt II.) insbesondere die Fragen in den Blick,
– wie der Anwalt Informationen über bereits bekannte Altlasten erhält (Abschnitt III.),
– wie mit dem Verdacht oder Kenntnissen einer Altlast umzugehen ist (Abschnitt IV.),
– mit welchen behördlichen Maßnahmen gerechnet werden muss (Abschnitt V.),
– wie ein Sanierungsverfahren abläuft (Abschnitt VI.),
– welche Adressaten mit einer Sanierungsverfügung rechnen müssen (Abschnitt VII.),
– wie sich Sanierungspflichten abwehren lassen (Abschnitt VIII.),
– welche Rückgriffs- und Schadensersatzmöglichkeiten gegen den Verursacher bestehen (Abschnitt IX.),
– was bei Veräußerung oder Erwerb eines Grundstücks zu beachten ist (Abschnitt X.),
– wie aus Sicht der Gemeinde mit Altlasten umzugehen ist (Abschnitt XI.), und
– welche straf-, steuer- und insolvenzrechtlichen Bezüge bestehen (Abschnitt XII.).

### 2. Wirtschaftliche Bedeutung von Altlasten

Um das Altlastenrecht ist es – wirtschaftlich und rechtlich – ruhiger geworden, auch wenn es immer noch oft um erhebliche Sanierungsbeträge geht. Dies gilt auch für die neuen Bundesländer, in denen Altlastenfälle ursprünglich besonders zahlreich und für die Entwicklung der betroffenen Flächen hinderlich waren[1].

Entstanden sind Altlasten v.a. durch – aus heutiger Sicht – unsachgemäße Behandlung oder Ablagerung von Stoffen. Oft waren zum Zeitpunkt der Ablagerung oder der Behandlung das Gefährdungspotential und die Wirkungszusammenhänge aber auch noch nicht, oder jedenfalls nicht vollständig, erkennbar. Die ständig fortschreitende Verfeinerung der zu Gebote stehenden Analysetechniken ermöglichte immer wieder neue, zuweilen alarmierende Erkenntnisse über die nachteiligen Folgen unsachgemäßer Ablagerungen.

Im Jahre 1988 waren im alten Bundesgebiet rund 40 000 Altablagerungen und fast 8000 kontaminierte industrielle oder gewerbliche Altstandorte erfasst[2]. Die Zahl

---
1 Eine Reihe besonders bedeutender oder schwieriger Sanierungsfälle ist dargestellt in *Franzius/Altenbockum/Gerhold*, Handbuch Altlastensanierung und Flächenmanagement, Bd. 4, Ziff. 9000–9210.
2 Antwort der BReg. auf die Große Anfrage „Altlasten" der Fraktion der SPD; s. BT-Drs. 11/2725 (Februar 1989).

der neu entdeckten verdächtigen Altstandorte nahm dann noch ständig zu. Der SRU ging im Jahr 2000 bereits von 325 000 zivilen und 10 000 militärischen Flächen[1] aus. Da die Erfassung der Altlasten und altlastenverdächtigen Flächen nach § 11 BBodSchG Sache der Länder ist, wird eine einheitliche bundesweite Statistik nicht mehr geführt. Jedoch hat die Bund/Länder-Arbeitsgemeinschaft Bodenschutz mit Stand vom 30.7.2010 eine Zusammenstellung der von den Ländern geführten Zahlen veröffentlicht. Addiert man die darin enthaltenen Angaben aller Bundesländer, ergeben sich in der Bundesrepublik 322 298 altlastenverdächtige Flächen und 25 059 abgeschlossene Sanierungen[2].

8  Obwohl nach heutigem Wissensstand von den (z.Z. überbauten) Altlastenflächen „nur" ca. 10–15 % konkret sanierungsbedürftig sind[3], ist die Sanierung oft technisch schwierig und entsprechend teuer. Schätzungen über die Kosten der Altlastensanierung sind so unterschiedlich wie ungenau: Noch 1987 wurden sie in den alten Ländern für den Verlauf der nächsten zehn Jahre auf ca. 17 Mrd. DM geschätzt[4], 1994 schon – für das gesamte Bundesgebiet – auf 80 bis 200 Mrd. DM[5]. Aus der Zusammenstellung von Kostenschätzungen für die Altlastensanierung in den alten Bundesländern des Sachverständigenrats für Umweltfragen aus dem Jahr 1995 ergibt sich gleichfalls ein breites Spektrum von nur 17 Mrd. DM bis zu stattlichen 390 Mrd. DM[6]. Je nach Wahl des Sanierungsverfahrens (in situ bzw. on site, unten Rz. 146 ff.) ergibt sich mithin – unter der Annahme von 23 600 zu sanierenden Altlasten – ein Kostenrahmen von 184 bis 925 Mrd. DM[7]. Die Schätzungen des Finanzierungsbedarfs für die Altlastensanierung im Beitrittsgebiet weisen ebenfalls ein uneinheitliches Bild auf (10,6 bis 113 Mrd. DM). Die Wirtschaftsministerkonferenz rechnete im Jahre 1991 mit 36 bis 270 Mrd. DM[8]. Der **SRU** gab als Schätzung für die Gesamtkosten der Sanierung von zivilen Altlasten in den neuen Bundesländern 48 Mrd. DM an[9].

9  Zur Veranschaulichung der zum Teil horrenden **Kosten** im Einzelfall diene die folgende aus eigener Erfahrung gewonnene Übersicht:

| Maßnahme: | Kosten: |
|---|---|
| Analyse auf Schwermetalle | 50,– Euro/Probe |
| Sanierungsplanung in größeren Fällen | > 50 000,– Euro |
| Deponiegebühr für 1 t schwach kontam. Materials | 30,– Euro/t |
| Deponiegebühr für 1 t stark kontam. Materials | 100,– Euro/t |
| Stripanlage für LCKW | 200 000,– Euro zzgl. laufender Kosten |
| Probebohrungen | 250,– Euro/lfd. Meter |
| Rammkernsondierung | 35,– Euro/lfd. Meter |
| Analyse auf CKW | 60,– Euro/Probe |

---

1 SRU, Umweltgutachten 2000, Tz. 79.
2 Bericht der LABO „Bundesweite Kennzahlen zur Altlastenstatistik", Stand 30.7.2010, abrufbar unter www.labo-deutschland.de/documents/Altlastenstatistik_Juli_2010_d09.pdf (letzter Aufruf Juni 2011).
3 SRU, Umweltgutachten 2004, Tz. 800.
4 Vgl. *Breuer*, NVwZ 1987, 751, 752 m.w.N.
5 *Breuer*, DVBl 1994, 890, Fn. 11 m.w.N.
6 SRU, Sondergutachten „Altlasten II", 1995, Tz. 165 (Tabelle 1.16).
7 SRU, Sondergutachten „Altlasten II", 1995, Tz. 167 (Tabelle 1.17).
8 SRU, Sondergutachten „Altlasten II", 1995, Tz. 330 (Tabelle 2.9).
9 Wobei rund 11 Mrd. DM auf Altablagerungen und rund 37 Mrd. DM auf Altstandorte entfallen, SRU, Sondergutachten „Altlasten II", 1995, Tz. 330.

## II. Rechtsquellen, Systematik, grundlegende Begriffe

### 1. Grundlagen und Rechtsquellen

#### a) Historische Entwicklung

**Bodenschutzrecht**[1] ist – zumal aus Anwaltsperspektive – noch immer v.a. **Altlastenrecht**. Außerhalb des Altlastenrechts sind bislang nur Abgrabungen und Auffüllungen von einiger Bedeutung, nämlich insbesondere, wenn z.B. bei Neubauvorhaben Bodenaushub – genehmigungspflichtig – auf andere Grundstücke verbracht werden soll. Quantitativer Bodenschutz (Versiegelungsverbot, Entsiegelungspflicht) und qualitativer Bodenschutz (Nutzungsbeschränkungen in der Landwirtschaft einschließlich Ausgleichspflicht) spielen daneben – außerhalb spezialisierter Kanzleien – bislang noch kaum eine Rolle. Dies sollte sich freilich mit Inkrafttreten einer auf Grundlage von § 5 BBodSchG erlassenen EntsiegelungsV ändern. Bis heute (2011) liegt diese Verordnung jedoch nicht vor. 10

**Systematisch** ist **Bodenschutz** ein Teil des medienbezogenen Umweltschutzes, vergleichbar dem WHG und dem BImSchG. Ob es eines **eigenständigen Bodenschutzrechts** überhaupt bedürfe, war aber lange Zeit umstritten[2]. Dem lag die Vernachlässigung des Schutzguts Boden, dann aber auch die Tatsache zugrunde, dass jedenfalls Einzelaspekte des Bodenschutzes in einer ganzen Reihe verschiedener Gesetze unmittelbar oder mittelbar schon verwirklicht waren. Bodenschützende Regelungen enthalten u.a. das Immissionsschutzrecht, das Wasserrecht und das Abfallrecht. So warf der Querschnittscharakter des Bodenschutzes auch nicht unerhebliche Regelungsprobleme auf. Die Zusammenfassung in einem eigenen Gesetz erschien daher allenfalls wünschenswert, nicht aber notwendig. 11

Immer neue spektakuläre Altlastenfälle rückten die Schutzbedürftigkeit des Bodens in das Bewusstsein einer breiten Öffentlichkeit. Schon länger gab es daher eigene Landes-Bodenschutzgesetze mit einer Regelung auch der Altlastenfragen[3]. 12

Am 7.2.1994 wurde ein Referentenentwurf des künftigen Bundes-Bodenschutzgesetzes vorgelegt. Aber erst am 24.3.1998 wurde das **Gesetz zum Schutz vor schädlichen Bodenveränderungen und zur Sanierung von Altlasten** (Bundes-Bodenschutzgesetz)[4] verkündet. Es sollte Rechtssicherheit und bundesweit Rechtseinheit schaffen, was grds. auch gelungen ist, wenngleich Regelungslücken (Opfergrenze, vgl. unten Rz. 202 ff.) bleiben und im Vergleich zu zuvor bestehenden Landesgesetzen oft nur der kleinste gemeinsame Nenner gefunden wurde. 13

#### b) Rechtsquellen

##### aa) Völkerrecht

Völkerrechtlich ist auf die Europäische Bodencharta von 1972 mit Grundsätzen für eine nachhaltige Bodenbewirtschaftung, die Weltboden-Charta von 1982 und das 14

---

1 Zum Bodenschutz auch *Hendler/Marburger/Reinhardt/Schröder* (Hrsg.), 15. Trierer Kolloquium zum Umwelt- und Technikrecht, 2000; zum Bodenschutzrecht im System des Umweltrechts *Hendler*, S. 87 ff.; zu Regelungsschwerpunkten, dogmatischen Strukturen und Prinzipien *Rengeling*, S. 43 ff.; zu den Bodenfunktionen *Stahr*, S. 11 ff.; zur Sanierung kontaminierter Flächen *Versteyl*, S. 147 ff.
2 Dafür schon *Bender/Sparwasser*, Umweltrecht, 1988, Rz. 4.
3 Vorreiter war Baden-Württemberg mit seiner in Deutschland ersten positiv-rechtlichen Normierung eines Bodenschutzgesetzes: Gesetz zum Schutz des Bodens v. 1.9.1991, GBl. 1991, 434.
4 V. 17.3.1998, BGBl. I 1998, 502, zuletzt geändert durch Art. 3 des Gesetzes v. 9.12.2004, BGBl. I 2004, 3214.

UNEP-Umweltrechtsprogramm von Montevideo[1] sowie die Alpenkonvention mit einer wechselseitigen Verpflichtung der Alpenländer einschließlich der EU zu Maßnahmen des qualitativen und quantitativen Bodenschutzes im Alpenraum[2] hinzuweisen.

#### bb) Europarecht

15 Ein „besonderes europäisches Altlastenregime" in Form von Richtlinien oder Verordnungen gibt es bislang nicht[3]. Bereits 2002 hat die Kommission die Ausarbeitung einer **Bodenschutzstrategie** in Angriff genommen und im Jahr 2006 einen Vorschlag für eine **Bodenrahmenrichtlinie**[4] vorgelegt[5]. Auf der Tagung des EU-Ministerrats am 20.12.2007 stieß der Vorschlag jedoch auf deutliche Ablehnung (u.a. von deutscher Seite), die ein Zustandekommen der erforderlichen qualifizierten Mehrheit nicht erwarten ließ. Aus diesem Grunde stellte der Ratsvorsitz eine Abstimmung über den Richtlinienvorschlag zurück[6]. Ob es in absehbarer Zeit zu einer europäischen Bodenrahmenrichtlinie kommen wird, ist nach wie vor ungewiss. Denn trotz der wünschenswerten Vereinheitlichung der Wettbewerbsbedingungen auch unter dem Blickwinkel des Bodenschutzes wird von einigen Mitgliedsstaaten ein Regelungsbedarf auf EU-Ebene wegen Verstoßes gegen das Subsidiaritätsprinzip und mit Verweis auf das angebliche Fehlen eines grenzüberschreitenden Bezugs[7] weiter abgelehnt.

16 **Zielgerichtete Regelungen mit Altlastenbezug** enthielt das Europarecht gleichwohl – und zwar erstmals[8] – mit der **Umwelthaftungsrichtlinie**[9] (vgl. insbes. Art. 2 Nr. 1 lit. c, Art. 5 und 6 der RL), auch wenn diese sich nicht mit alleinigem Schwerpunkt dem Umweltmedium Boden widmet[10].

17 Als unmittelbares Schutzobjekt des Gemeinschaftsrechts ausdrücklich benannt wird der Boden zudem in der IVU-RL, die u.a. die Vermeidung und die Verminderung von Emissionen in den Boden bezweckt. – Ergänzend ist hinzuweisen auf die UVP-RL, die KlärschlammRL[11], die Deponie-RL, die FFH-RL[12] sowie die Richtlinie über die Bewirtschaftung von Abfällen aus der mineralgewinnenden Indus-

---

1 Zu all dem *Ewer*, in: Landmann/Rohmer, Umweltrecht, Bd. II, Vorb. Bodenschutzrecht, Rz. 23 f. m.w.N.
2 Art. 2 Abs. 2 UAbs. (a) Buchst. c) Alpenkonvention v. 7.11.1991, Gesetz v. 29.9.1994, BGBl. II 1994, 2539.
3 Dazu auch *Schulte*, in: Giesberts/Reinhardt, Beck'scher Online-Kommentar Umweltrecht, § 1 BBodSchG Rz. 28.
4 Richtlinie des Europäischen Parlaments und des Rates zur Schaffung eines Ordnungsrahmens für den Bodenschutz und zur Änderung der Richtlinie 2004/35/EG, KOM(2006), 232.
5 Dazu *Klein*, EurUP 2007, 2; *Bückmann*, UPR 2006, 210.
6 Http://www.umweltbundesamt.de/boden-und-altlasten/aktuelles/brrl.htm (letzter Aufruf Juni 2011).
7 Dazu *Klein*, EurUP 2007, 2, 11 f. m.w.N.
8 Zur früheren Situation *Epiney*, Umweltrecht in der Europäischen Union, S. 302 f.
9 RL 2004/35 EG v. 21.4.2004, ABl. EG Nr. L 143/56, geändert durch RL 2006/21/EG v. 15.3.2006, ABl. EG Nr. L 102/15.
10 *Schulte*, in: Giesberts/Reinhardt, Beck'scher Online-Kommentar Umweltrecht, § 1 BBodSchG Rz. 28.
11 RL 86/278/EWG v. 12.6.1986, ABl. EG Nr. L 181/6, geändert durch RL 91/692/EWG, ABl. EG Nr. L 377/48.
12 Zu den genannten Richtlinien näher *Sparwasser/Engel/Voßkuhle*, Umweltrecht, § 10 Rz. 62 ff. sowie § 6 Rz. 222 ff.

trie[1]. Langfristige Sanierungspflichten speziell für gewässergefährdende Altlasten ergeben sich zudem aus der Wasserrahmen-RL[2].

**cc) Bundesrecht**

Der Regierungsentwurf[3] gestaltete das Bodenschutzgesetz nach einigen Schwankungen im Gesetzgebungsverfahren[4] richtigerweise insgesamt als **konkurrierendes Recht** aus[5]. 18

Das **BBodSchG** vom 17.3.1998[6] ist mit seinen Verordnungsermächtigungen sofort wirksam geworden; die übrigen Regelungen des Gesetzes traten am 1.3.1999 in Kraft. 19

Den **Ländern** bleiben gesetzgeberische Aufgaben nur noch, **soweit** der Bund von seiner Gesetzgebungskompetenz nicht schon Gebrauch gemacht hat, im Wesentlichen also nur zur Schließung der gewollten (?) „Lücken"[7] und zur Regelung der Einrichtung der Behörden und der Verfahren (dazu unten Rz. 25 ff.). Soweit das BBodSchG eine – im Zweifel abschließende – Regelung enthält, geht sie Landesrecht und früherem – verstreuten – Bundesrecht vor. 20

Neben dem BBodSchG ist auf eine Reihe weiterer bundesrechtlicher Vorschriften, insbesondere des Abfall- und des Wasserrechts zu verweisen, die als Spezialgesetze vorgehen und/oder vom BBodSchG selbst für vorrangig erklärt werden, vgl. § 3 Abs. 1 BBodSchG. Umgekehrt findet das BBodSchG Anwendung, soweit ein anderes Gesetz Einwirkungen auf den Boden nicht regelt. Hierauf ist im Rahmen der Darstellung des Anwendungsbereichs zurückzukommen (unten Rz. 33 ff.). 21

Ein wesentlicher Teil des neuen Bodenschutzrechts besteht im untergesetzlichen Regelwerk, hier der **Bodenschutz- und Altlastenverordnung** vom 12.7.1999[8]. Diese Verordnung enthält Prüfwerte, aber nur in geringem Umfang auch Sanierungswerte, die ohne Weiteres bestimmte Sanierungsmaßnahmen auslösen. Die Werte der BBodSchV sind weder vollständig noch abschließend[9]. 22

Neben dem Polizeirecht der Länder spielte sich das Altlastenrecht in einer Fülle von **Verwaltungsvorschriften** ab, die den – hier berechtigten – „Normenhunger der Verwaltung" befriedigen sollten. Die meisten wurden mit Inkrafttreten der BBodSchV obsolet. Wie auch sonst oft im Umweltrecht existieren im Bereich der Altlasten eine Reihe von privaten Regelwerken, insbesondere zu Prüfungs- und Sanierungswerten, aber auch zu Sanierungstechniken[10]. 23

---

1 RL 2006/21/EG v. 15.3.2006, ABl. EG Nr. L 102/15.
2 RL 2000/60/EG v. 23.10.2000, ABl. EG Nr. L 237/1; vgl. dazu SRU, Umweltgutachten 2004, Tz. 798.
3 V. 27.9.1996, BR-Drs. 702/96.
4 Dazu *Sparwasser/Engel/Voßkuhle*, Umweltrecht, § 9 Rz. 58 ff. m.w.N.
5 Vgl. zusammenfassend *Peine*, in: Fluck (Hrsg.), KrW-/Abf-/BodSchR, Einl. BBodSchG II, Rz. 6 ff., 14 m.w.N.; *Ewer*, in: Landmann/Rohmer, Umweltrecht, Bd. II, BBodSchG, Vorb. Rz. 133 ff.
6 BGBl. I 1998, 502, zuletzt geändert durch Art. 3 des Gesetztes v. 9.12.2004, BGBl. I 2004, 3214.
7 BVerfG v. 9.10.1984 – 2 BvL 10/82, BVerfGE 67, 299 (324); dazu auch *Feil*, Auswirkungen des Bundes-Bodenschutzgesetzes auf die Landesbodenschutzgesetze und den Ländern verbleibende Gesetzgebungsspielräume, 2000.
8 BGBl. I 1999, 1554, zuletzt geändert durch Art. 16 des Gesetzes v. 31.7.2009, BGBl. I 2009, 2585.
9 OVG Lüneburg v. 3.5.2000 – 7 M 550/00, NVwZ 2000, 1194; krit. dazu *Knopp*, DÖV 2001, 441, 452; s.a. *Sandner*, NJW 2000, 2542.
10 Dazu die Arbeitshilfen in *Franzius/Altenbockum/Gerhold*, Handbuch Altlastensanierung und Flächenmanagement, Bd. 5, 15441 ff.

24 Am 14.11.2007 ist zudem das **Umweltschadensgesetz (USchadG)** in Kraft getreten, mit dem der Bund die Umwelthaftungsrichtlinie (dazu oben Rz. 16) in nationales Recht umgesetzt hat. Nach § 2 Nr. 1 lit. c USchadG gehört auch die Schädigung des Bodens zu den vom USchadG erfassten Umweltschäden. Das USchadG ist dabei allerdings subsidiär, soweit andere Vorschriften weitergehende Anforderungen enthalten (§ 1 Satz 1 USchadG). Da das Bodenschutzrecht im BBodSchG eine weitreichende Normierung erfahren hat, werden für eine subsidiäre Anwendung des USchadG nur wenige Fälle in Betracht kommen. Weitergehende Regelungen als das BBodSchG trifft das USchadG aber insbesondere im Bereich der Informations- und der Sanierungspflichten[1]. In der Praxis wird dies aufgrund des **eingeschränkten Anwendungsbereichs** des USchadG in zeitlicher, sachlicher und persönlicher Hinsicht aber nur in wenigen Fällen zum Tragen kommen.

**dd) Landesrecht**

25 Soweit bundesrechtliche Vorschriften bestehen, gehen sie nach Art. 72 Abs. 1 GG landesrechtlichen Regelungen vor, darunter auch den polizeirechtlichen Generalklauseln[2]. Die dem Bundesgesetz entgegenstehenden landesrechtlichen Regelungen traten – mit seinem Inkrafttreten – außer Kraft[3]. **Eigenständig** regeln können die Länder nach § 21 BBodSchG das Verwaltungsverfahren, die Führung von Verdachtsflächenkatastern und die Vornahme von Maßnahmen des Bodenschutzes bei flächenhaft schädlichen Bodenveränderungen und zur Einrichtung eigener Bodeninformationssysteme[4] (unten Rz. 49). Alle Länder haben die erforderlichen Zuständigkeitsregelungen getroffen und inzwischen auch die Arbeiten an einem insgesamt neuen Landesgesetz abgeschlossen[5].

26 Die Abgrenzung zum **Polizei- und Ordnungsrecht der Länder** folgt den allgemeinen Regeln[6]. Danach sind die Vorschriften des Polizei- und Ordnungsrechts subsidiär anwendbar, wenn und soweit nicht die bundesrechtlichen Vorschriften des BBodSchG Sperrwirkung entfalten, was in jedem Einzelfall zu prüfen ist[7].

---

1 *Müggenborg*, NVwZ 2009, 12; *Schmidt/Kahl*, Umweltrecht, § 8 Rz. 19.
2 BVerwG v. 16.5.2000 – 3 C 2.00, NVwZ 2000, 1179: „Durch § 4 Abs. 3 Bundes-Bodenschutzgesetz ist die ordnungsrechtliche Verantwortlichkeit für schädliche Bodenveränderungen und Altlasten abschließend geregelt worden. Früheres Landesrecht (hier: Hessisches Altlastengesetz) ist dadurch verdrängt worden.", NVwZ 2000, 1179 mit krit. Anmerkung *Bickel*, NVwZ 2000, 1133. Im Jahr 2006 hat das BVerwG sodann ausdrücklich entschieden, dass die Vorschrift in § 11 Abs. 1 HessAltlastG, nach der eine konstitutive Altlastenfeststellung durch Verwaltungsakt möglich war, durch Bundesrecht verdrängt wird, vgl. BVerwG v. 26.4.2006 – 7 C 15.05, NVwZ 2006, 1067; dazu *Neumann*, jurisPR-BVerwG 16/2006, Anm. 1.
3 Soweit Widersprüche bestehen, mussten die Länder ihre Bodenschutzgesetze und ihre Gesetze zur Altlastensanierung dem neuen Bundesrecht *anpassen*. Weitergehende Vorschriften dürfen die Länder also nur beibehalten, sofern kein Widerspruch zu Bundesrecht eintritt. Dies wirft die im Einzelfall immer wieder schwierige Frage auf, ob eine „konkurrierende" Bundesvorschrift als **abschließend** zu verstehen sein soll.
4 Zu den verbleibenden Handlungsmöglichkeiten der Länder *Peine*, NVwZ 1999, 1165, sowie *Feil*, Auswirkungen des Bundes-Bodenschutzgesetzes auf die Landesbodenschutzgesetze und den Ländern verbleibende Gesetzgebungsspielräume, 2000.
5 Zu Einzelheiten – auf dem Stand 2003 – *Sparwasser/Engel/Voßkuhle*, Umweltrecht, § 9 Rz. 69 m.w.N. Für Baden-Württemberg trat das entsprechende Landesbodenschutz- und Altlastengesetz am 14.12.2004 in Kraft, Gesetz zur Ausführung des Bundesbodenschutzgesetzes, GBl. 2004, 908, zuletzt geändert durch Artikel 10 des Gesetzes v. 17.12.2009, GBl. 2009, 815.
6 *Bickel*, NVwZ 2004, 1210.
7 *Sanden/Schoeneck*, BBodSchG, § 3 Rz. 1; *Ewer*, in: Landmann/Rohmer, Umweltrecht, Bd. II, BBodSchG, Vorb. Rz. 191 m.w.N.

Die öffentlich-rechtliche Verantwortlichkeit für Altlasten, besonders für „Uraltlasten", also für Ablagerungen oder Kontaminationen, die sich schon vor dem Inkrafttreten des WHG (1.3.1960) ereignet haben und abgeschlossen waren, richtete sich mangels spezialgesetzlicher Eingriffsermächtigungen seit Langem nach den das allgemeine Polizei- und Ordnungsrecht normierenden Landesgesetzen[1]. Auch dem Polizeirecht der Länder geht jetzt – vorbehaltlich der Rückwirkungsproblematik (dazu unten Rz. 219 ff.) – § 10 BBodSchG vor. 27

In den neuen Ländern ist eine Inanspruchnahme des (Verhaltens- bzw. Zustands-)Störers nach den gleichen (polizeirechtlichen) Rechtsgrundsätzen wie in den alten Ländern möglich, weil in der DDR das Preußische Polizeiverwaltungsgesetz vom 1.6.1931 weiter galt und seine allgemeinen Grundsätze (polizeiliche Generalklausel und Verantwortlichkeit) in dem Volkspolizeigesetz von 1968 fortgeführt wurden[2]. 28

### 2. Überblick über das BBodSchG

#### a) Gesetzeszweck und Regelungssystematik

Die wichtigste Zielsetzung der **Kodifizierung** des Bodenschutzrechts besteht in der Überwindung der bisherigen Zersplitterung dieser Rechtsmaterie, aber auch in der Aufwertung des Schutzgutes Boden insgesamt. Wie jedes moderne Umweltgesetz enthält auch das BBodSchG eine auslegungs- und ermessensleitende Bestimmung seines Gesetzeszwecks in § 1. 29

Der Aufbau des **Bodenschutzgesetzes folgt** einem **Integrationsmodell**. Es enthält ganz überwiegend allgemein anzuwendende Vorschriften (§§ 1–10 und 17 ff. BBodSchG) und trifft nur dort, wo nötig, ergänzende Vorschriften für Altlasten (§§ 11 bis 16 BBodSchG). Die fünf Teile umfassen Allgemeine Vorschriften, Grundsätze und Pflichten, Ergänzende Vorschriften für Altlasten, Regelungen der landwirtschaftlichen Bodennutzung sowie Schlussvorschriften. Im Einzelnen gibt es allgemeine Regelungen mit Begriffsbestimmungen (§ 2 BBodSchG), die zentrale Bestimmung der Sanierungspflichtigen (§ 4 BBodSchG), Ermächtigungen der zuständigen Behörde zu einzelfallbezogenen Sanierungsanordnungen („bodenschutzrechtliche Generalklausel": § 10 BBodSchG, ergänzende Generalermächtigung: § 16 BBodSchG) und eine Ermächtigung zum Erlass von Rechtsverordnungen der Bundesregierung über Anforderungen zur Altlastensanierung (§ 8 BBodSchG), aber auch besondere altlastenrechtliche Bestimmungen zur Erfassung altlastenverdächtiger Flächen und zur Information der Betroffenen (§§ 11 f. BBodSchG), zum Sanierungsplan des Verpflichteten (§ 13 BBodSchG) oder der zuständigen Behörde (§ 14 BBodSchG), zur behördlichen Überwachung und zur Eigenkontrolle von Altlasten und altlastverdächtigen Flächen (§ 15 BBodSchG). 30

Die **BBodSchV** enthält nach **allgemeinen** Vorschriften zu Anwendungsbereich und Begriffsbestimmungen Regelungen zur Untersuchung von schädlichen Bodenveränderungen und Altlasten sowie zur Bewertung der Untersuchungsergebnisse, die Anforderungen an die Sanierung von schädlichen Bodenveränderungen und Altlasten, weiter **spezielle** Vorschriften für die Altlastensanierung, zu Gegenstand und Inhalt von Sanierungsuntersuchungen und Sanierungsplänen, Ausnahmen mit Verfahrenserleichterungen für solche Bodenkontaminationen, bei denen Gefahren mit einfachen Mitteln abgewehrt oder beseitigt werden können, Vorschriften für die Gefahrenabwehr von schädlichen Bodenveränderungen aufgrund von Bodenerosion durch Wasser, sodann Vorsorgeanforderungen, die zur Vermeidung künftiger schädlicher Bodenveränderungen zu erfüllen sind, und Anforderungen an das Auf- 31

---
1 VGH Mannheim v. 14.12.1989 – 1 S 2719/89, NVwZ 1990, 781; krit. m.w.N. *Breuer*, DVBl 1994, 890, 893.
2 *Rehbinder*, DVBl 1991, 421, 422 f.

bringen und Einbringen von Materialien auf oder in den Boden, und schließlich Schlussbestimmungen, d.h. zur Zugänglichkeit von technischen Regeln und Normblättern sowie zum Inkrafttreten.

32 Vier technische Anhänge ergänzen die Vorschriften der BBodSchV:
- *Anhang 1* regelt fachliche Anforderungen an die Untersuchung von schädlichen Bodenveränderungen und Altlasten. Hier werden einheitliche Anforderungen an die Ermittlung von umweltgefährdenden Stoffen in Böden und anderen Materialien und die hierzu durchzuführende repräsentative Probenahme, Analytik und Qualitätssicherung bei der Untersuchung vorgegeben.
- *Anhang 2* enthält Bodenwerte, welche die Erforderlichkeit von Prüfungen bzw. Gefahrenabwehr- und Sanierungsmaßnahmen sowie von Vorsorgemaßnahmen indizieren (Prüf-, Maßnahmen- und Vorsorgewerte).
- *Anhang 3* enthält schließlich detaillierte Anforderungen an den Inhalt und die Reichweite von Sanierungsuntersuchungen und Sanierungsplänen bei Altlasten.
- *Anhang 4* regelt die Anforderungen an die Untersuchung und Bewertung von Flächen, bei denen der Verdacht einer schädlichen Bodenveränderung aufgrund von Bodenerosion durch Wasser vorliegt.

### b) Anwendungsbereich

33 Der Anwendungsbereich des BBodSchG wird zweifach begrenzt, nämlich durch einengende Begriffsbestimmungen in § 2 BBodSchG und durch **ausdrückliche Vorrangbestimmungen** zugunsten anderer Gesetze, die sich ebenfalls auf die Nutzung des Bodens oder für den Boden erhebliche Tätigkeiten beziehen[1], vgl. § 3 Abs. 1 BBodSchG. Hier verrät sich die Verwandtschaft des BBodSchG mit dem Polizeirecht: So wie das Polizeirecht tritt jetzt auch das BBodSchG (§ 3 BBodSchG) hinter dem jeweils speziellen Fachrecht zurück[2].

### aa) Abfallrecht

34 Eine **ausdrückliche Vorrangbestimmung** enthält § 3 Abs. 1 Nr. 1 BBodSchG zugunsten der Vorschriften des Abfallrechts[3] über
- das Aufbringen von Abfällen zur Verwertung als Sekundärrohstoffdünger oder Wirtschaftsdünger i.S.d. § 1 Düngemittelgesetz und der hierzu aufgrund des KrW-/AbfG erlassenen Rechtsverordnungen[4] sowie der Klärschlammverordnung (dazu § 8 KrW-/AbfG i.V.m. der AbfKlärV) (Ziff. 1).
- Zu den genannten Spezialvorschriften zählen die **BioabfallV**[5] und die **KlärschlammV**[6]. § 6 BBodSchG enthält eine Verordnungsermächtigung zur Bestim-

---

1 Zum Anwendungsbereich und zu Abgrenzungsfragen umfassend *Erbguth/Stollmann*, NuR 2001, 241.
2 So sind neben den gleich näher zu besprechenden Vorschriften *vorrangig* u.a. die Vorschriften über den Verkehrswegebau und die Beförderung gefährlicher Güter, bestimmte Vorschriften des Bundeswaldgesetzes und des Flurbereinigungsgesetzes und die Regelungen über Bodenbelastungen durch radioaktive Stoffe und Anlagen oder durch Kampfmittel; auch das **Düngemittel- und Pflanzenschutzgesetz** sowie das GenTG gehen generell vor, § 3 Abs. 1 Nr. 4 und 5 BBodSchG.
3 Zum Verhältnis von Abfallrecht und Bodenschutzrecht vgl. *Frenz*, UPR 2002, 201.
4 Vgl. die Düngeverordnung in der Fassung der Bekanntmachung v. 27.2.2007, BGBl. I 2007, 221, zuletzt geänd. durch Art. 18 des Gesetzes v. 31.7.2009, BGBl. I 2009, 2585.
5 Bioabfallverordnung v. 21.9.1998, BGBl. I 1998, 2955, zuletzt geänd. durch Art. 3 der Verordnung v. 9.11.2010, BGBl. I 2010, 1504.
6 Klärschlammverordnung v. 15.4.1992, BGBl. I 1991, 912, zuletzt geänd. durch Art. 9 der Verordnung v. 9.11.2010, BGBl. I 2010, 1504.

## II. Rechtsquellen, Systematik, grundlegende Begriffe   Rz. 36 Teil 3 E

mung der Anforderungen an das Auf- und Einbringen von Materialien hinsichtlich der Schadstoffgehalte und sonstiger Eigenschaften. Damit soll die Vermeidungspflicht des § 4 Abs. 1 BBodSchG konkretisiert und der Umfang der Vorsorgeanforderungen zum Schutz des Bodens bestimmt werden. Diese scheinbar weite Ermächtigung wird durch den **beschränkten Anwendungsbereich** nach § 3 BBodSchG zurückgenommen: Klärschlamm, Sekundärrohstoffdünger, Dünge- und Pflanzenschutzmittel unterliegen danach nicht dem BBodSchG, sondern den für sie besonders geltenden Bestimmungen. Übrig bleiben daher für die Anwendung des § 6 BBodSchG wohl nur unbelastete oder nur sehr gering belastete Böden.
– die Zulassung und den Betrieb von Abfallbeseitigungsanlagen zur Beseitigung von Abfällen sowie über die Stilllegung von Deponien (vgl. §§ 27, 31–36 KrW-/AbfG i.V.m. § 10 KrW-/AbfG) (Ziff. 2)[1].
– Nach der Stilllegung einer Deponie gilt aber Bodenschutzrecht, insbesondere also für ihre Sanierung nach Einstellung des Betriebs, und zwar ungeachtet dessen, ob nur ein Altlasten**verdacht** – von dem in § 36 Abs. 2 Satz 2 KrW-/AbfG irreführend die Rede ist – besteht oder die Sanierungsbedürftigkeit feststeht[2].

Vorrang haben danach auch die Bodenschutzvorschriften des § 32 Abs. 1 Nr. 1 lit. a i.V.m. **§ 10 Abs. 4 Nr. 3 KrW-/AbfG**, v.a. aber die Altlastenregelung des **§ 36 Abs. 2 Satz 1 KrW-/AbfG**, wonach dem Deponieinhaber die **Rekultivierung** auferlegt werden kann; für die Sanierung dagegen verweist das Abfallrecht in **§ 36 Abs. 2 Satz 2 KrW-/AbfG** in das BBodSchG zurück[3]. 35

Auf die frühere Anwendbarkeit des KrW-/AbfG (AbfG) kann es heute nur noch insoweit ankommen, als in Frage steht, ob eine bodenschutzrechtliche Regelung gegen das Rückwirkungsverbot verstößt, weil sie etwas anordnet, wozu nach dem vorher geltenden Abfallrecht der Adressat nicht verpflichtet war (dazu unten Rz. 219 ff.). Die Anwendbarkeit des Abfallrechts ist aber ebenfalls inhaltlich und zeitlich beschränkt: Das KrW-/AbfG (AbfG) kann entsprechend seinem Geltungsbereich nur für solche Altlasten (Teil-)Regelungen bereithalten, die auf Abfallablagerungen[4] zurückgehen. Auch kann es wegen des Rückwirkungsverbots grds. nur für solche Abfallablagerungen Anwendung finden, die bei Inkrafttreten des AbfG noch nicht stillgelegt waren[5]. Damit fällt es für die rechtliche Durchführung der Sanierung der Mehrzahl der Boden- und Gewässergefährdungen oder gar -schädigungen, nämlich für die sog. „echten Altlasten" aus. Nach dem Zeitpunkt des Inkrafttretens des AbfG (11.6.1972) unterscheidet man zwischen Anlagen und Ablagerungen einerseits, („echten") Altanlagen und Altablagerungen andererseits. „Alt" sind sie, wenn sie nach dem Stichtag nicht mehr betrieben wurden. Hinzu kommen als „neue Altanlagen" diejenigen bestehenden Anlagen, die durch die Neuregelungen des AbfG 1986 erst zu Abfallentsorgungsanlagen geworden sind, z.B. bestimmte be- 36

---

1 Dazu *Sanden/Schoeneck*, BBodSchG, § 6 Rz. 13 ff.; OVG Weimar v. 11.6.2001 – 4 KO 52/97, NJ 2002, 218 mit zust. Anm. *Rossi*: klare Abgrenzung zwischen Abfallrecht und Bodenschutzrecht im Zusammenhang mit stillgelegten Deponien.
2 VGH München v. 9.7.2003 – 20 CS 03 103, NVwZ 2003, 1281 zu den Anforderungen an die Stilllegung einer Deponie; vgl. auch VG Oldenburg v. 24.2.2005 – 5 B 5276/03, AbfallR 2005, 89, sowie OVG Münster v. 16.11.2000 – 20 A 1774/99, ZUR 2001, 335, mit zust. Anm. *Frenz*.
3 Zur Abgrenzung von Bergrecht und Bodenschutzrecht bei der Auffüllung eines ehemaligen Tagebaus mit Abfällen s. BVerwG v. 14.4.2005 – 7 C 26.03, BVerwGE 123, 247 (dazu *Neumann*, jurisPR-BVerwG 17/2005 Anm. 4) sowie BVerwG v. 28.7.2010 – 7 B 16.10, NVwZ-RR 2010, 838.
4 Zum Abfallbegriff *Sparwasser/Engel/Voßkuhle*, Umweltrecht, § 11 Rz. 130 ff.
5 *Kunig/Paetow/Versteyl*, Krw-/AbfG, § 36 Rz. 5 m.w.N.; *Ewer*, in: Landmann/Rohmer, Umweltrecht, Bd. II, BBodSchG, Vorb. Rz. 167 ff.; s.a. VGH Mannheim v. 27.9.1996 – 10 S 413/96, VBlBW 1997, 110.

stehende Verwertungsanlagen oder Tanklager für bestimmte Altöle. Schließlich gibt es illegale Altanlagen/Altablagerungen, die praktisch wie neue behandelt werden. „Uralt" schließlich sind sie, wenn sie nach Inkrafttreten des WHG (1.3.1960) nicht mehr betrieben oder gar errichtet wurden[1]. Der Sprachgebrauch ist aber nicht einheitlich.

37 Zukünftige Abgrenzungsprobleme zum Abfallrecht ergeben sich auch aus dem Unionsrecht. Anders als das **Europarecht** setzt der deutsche **Abfallbegriff** nach § 3 Abs. 1 KrW-/AbfG eine bewegliche Sache und damit die Sonderrechtsfähigkeit von Abfall voraus. Nicht ausgekofferte Altlasten fallen danach automatisch in das Regime des Bodenschutzes und werden erst mit ihrer Trennung vom umgebenden Erdreich Abfall. Grundlegend anders entschied dies im Jahr 2004 jedoch der EuGH[2] zum Abfallbegriff der **europäischen Abfallrahmenrichtlinie** 75/442. Dieser sei weit auszulegen und umfasse – hier durch ausgetretenen Kraftstoff – kontaminiertes Erdreich auch schon vor seiner Auskofferung, also zu einem Zeitpunkt, zu dem nach deutschem Recht allein Bodenschutzrecht anwendbar wäre. Welche Auswirkungen sich aus dieser Ausdehnung des europäischen Abfallbegriffs ergaben, war zunächst fraglich[3]. Art. 2 Abs. 1b) der **novellierten Abfallrahmenrichtlinie (RL 2008/98/EG**[4]**)** stellt jetzt zumindest klar, dass Böden (in situ), einschließlich nicht ausgehobener kontaminierter Böden und dauerhaft mit dem Boden verbundene Gebäude nicht mehr in den Anwendungsbereich der Richtlinie fallen. Die novellierte Abfallrahmenrichtlinie war zum 12.12.2010 in nationales Recht umzusetzen. Auch wenn der Gesetzgeber dem bislang noch nicht nachgekommen ist[5], sollte geklärt sein, dass die frühere EuGH-Rechtsprechung zur Anwendung des Abfallrechts auf nicht ausgekoffertes kontaminiertes Erdreich nicht länger aufrechterhalten werden kann[6]. Ungeklärt ist dagegen u.E. nach wie vor die Frage, ob Abfallrecht dann anzuwenden ist, wenn kontaminierter Boden ausgegraben wird (ex situ), um ihn sodann zu deponieren, wenn eine solche Deponierung nicht auf einer bestehenden Deponie, sondern „on-site" erfolgen soll.

**bb) Wasserrecht**

38 Dem Wasserrecht geht das BBodSchG vor, wo es nach seinen **Begriffsbestimmungen** – vgl. § 2 Abs. 1 BBodSchG zum „Boden": „ohne Grundwasser und Gewässerbetten" – anwendbar ist (dazu sogl. Rz. 43) und die **Vorrangbestimmungen** des § 3 Abs. 1 BBodSchG nichts anderes vorsehen (oben Rz. 33)[7].

Nach § 4 Abs. 3 Satz 1 BBodSchG sind Gewässerschäden nach den Bestimmungen des BBodSchG zu **sanieren**[8]. Andererseits richten sich die dabei zu erfüllenden Anforderungen nach dem Wasserrecht, § 4 Abs. 4 Satz 3 BBodSchG. Das BBodSchG bestimmt daher das „Ob" der Sanierung, während sich das „Wie" nach dem WHG bzw. den Wassergesetzen der Länder richtet[9].

---

1 Zu den Begriffen *Breuer*, NVwZ 1987, 751, 752; eingehend *Paetow*, NVwZ 1990, 510.
2 EuGH v. 7.9.2004 – C-1/03 – Van de Walle/Texaco, NVwZ 2004, 1341.
3 Dazu *Wrede*, NUR 2005, 28; *Versteyl*, NVwZ 2004, 1297; *Petersen/Lorenz*, NVwZ 2005, 257.
4 Richtlinie des Europäischen Parlaments und des Rates über Abfälle und zur Aufhebung bestimmter Richtlinien v. 19.11.2008, ABl. EU L 312, 3.
5 Stand Juni 2011.
6 S. auch *Giesberts/Hilf*, in: Giesberts/Reinhardt, Beck'scher Online-Kommentar Umweltrecht, § 4 BBodSchG Rz. 19.
7 Zu Abgrenzungsfragen s. die neue Legaldefinition des Grundwassers in § 3 Nr. 3 WHG.
8 Nach VG Cottbus v. 9.9.2004 – 3 K 1631/03, NuR 2005, 199, gilt dies auch dann, wenn die Altlast nicht mehr vorhanden ist.
9 BVerwG v. 16.3.2006 – 7 C 3.05, NVwZ 2006, 928; dazu *Neumann*, jurisPR-BVerwG 17/2006 Anm. 5.

## cc) Bergrecht

Vorschriften des Bundesberggesetzes gehen dem BBodSchG vor[1]. Zu beachten ist jedoch, dass das Regime des Bergrechts mit der Entlassung aus der Bergaufsicht endet, § 69 Abs. 2 BBergG[2]. Das BBergG ist ebenfalls nicht auf Betriebe anwendbar, die bei Inkrafttreten des BBergG (am 1.1.1982) bereits endgültig eingestellt waren (§ 169 Abs. 2 BBergG).

39

## dd) Immissionsschutzrecht

Die – schwierige – Abgrenzung gegenüber bzw. Verzahnung mit dem BImSchG regelt § 3 Abs. 1 Nr. 11 i.V.m. Abs. 3 BBodSchG[3]. Dabei geht es um die bodenschutzrelevanten Pflichten des Betreibers nach Betriebseinstellung, um die Verknüpfung von **immissionsschutzrechtlicher und bodenschutzrechtlicher Vorsorgepflicht und eine bodenschutzbezogene Bagatellklausel** für immissionsschutzrechtliche Genehmigungen.

40

## ee) Baurecht

Auf den Vorrang des spezielleren **Baurechts** in dem für den Bodenschutz so wichtigen Bereich der **Versiegelung** ist hinzuweisen. Auf die Berücksichtigung von Altlasten bei der Bauleitplanung wird unten (Rz. 305 ff.) eingegangen.

41

## c) Begriffsbestimmungen

Die gesetzlichen Begriffsbestimmungen werden wesentlich ergänzt durch die Bewertungskonzepte der BBodSchV (dazu näher unten Rz. 126 ff.). Wie praktisch festgestellt wird und auch vom Anwalt möglichst schnell und einfach in Erfahrung zu bringen ist, ob er es mit einer Altlast zu tun hat, wird unten (Rz. 71 ff.) näher dargestellt.

42

## aa) Boden

Für die gegenständliche Abgrenzung des Geltungsbereichs des BBodSchG gegenüber dem WHG – die meisten Bestimmungen des BBodSchG knüpfen an eine Beeinträchtigung des Bodens an („Jeder, der auf den Boden einwirkt", § 4 Abs. 1 BBodSchG; „Der Verursacher einer schädlichen Bodenveränderung", § 4 Abs. 3 Satz 1 BBodSchG) – ist von der gesetzlichen Begriffsbestimmung des Bodens in § 2 Abs. 1 BBodSchG auszugehen: **Boden** ist „die obere Schicht der Erdkruste (...) ohne Grundwasser und Gewässerbetten". „An der Oberfläche" bestimmen daher die Landeswassergesetze die **Uferlinie** und damit den Anwendungsbereich des BBodSchG, der endet, wo das Gewässer beginnt. „In der Tiefe" beginnt der Boden unter dem Gewässerbett und endet, wo das **Grundwasser** (§ 3 Nr. 3 WHG) beginnt[4].

43

---

[1] Zur Abgrenzung *Müggenborg*, NVwZ 2006, 278; *Erbguth*, in: Giesberts/Reinhardt, Beck'scher Online-Kommentar Umweltrecht, § 2 BBodSchG Rz. 18 f.; zur Frage des Verhältnisses einer bergrechtlichen Betriebsplanzulassung zu den Anforderungen von BBodSchG und BBodSchV *Attendorn*, NuR 2011, 28.
[2] Zu einem solchen Fall s. VGH Mannheim v. 1.4.2008 – 10 S 1388/06, NuR 2008, 718.
[3] Vgl. dazu BGH v. 18.2.2010 – III ZR 295/09, BGHZ 184, 288.
[4] Näher *Kotulla*, in: Fluck, KrW-/Abf-/BodSchR, § 2 BBodSchG Rz. 66 ff.; *Peine*, in: Fluck, KrW-/Abf-/BodSchR, Einleitung BBodSchG II Rz. 80 ff.

### bb) Schädliche Bodenveränderungen und Altlasten

44 **Schädliche Bodenveränderungen** werden in § 2 Abs. 3 BBodSchG gesetzlich bestimmt als Beeinträchtigungen der Bodenfunktionen (dazu § 2 Abs. 2 BBodSchG), die geeignet sind, **Gefahren**, erhebliche Nachteile oder erhebliche Belästigungen für den Einzelnen oder die Allgemeinheit herbeizuführen. Eine physikalische, chemische oder biologische Veränderung der Beschaffenheit des Bodens muss jedoch bereits eingetreten sein, die bloße „Gefahr einer Bodenveränderung" genügt hierfür nicht[1]. Dieser Ansatz ist **anthropozentrisch**[2]. Die Begriffstrias lehnt sich an § 3 Abs. 1 BImSchG an. Da die Nachteile oder Belästigungen **erheblich** sein müssen und damit die Gefahrenschwelle wohl regelmäßig überschreiten, kommt diesem Tatbestandsmerkmal kaum eigenständige Bedeutung gegenüber der **Gefahrenabwehr** zu. Rechtsgüter des **Einzelnen** sind insbesondere Leben und Gesundheit, solche der **Allgemeinheit** das unbelastete Grundwasser, aber auch die natürlichen Funktionen des Bodens und seine Bedeutung als Archiv der Natur- und Kulturgeschichte (vgl. § 1 Satz 3 i.V.m. § 2 Abs. 2 Nr. 1 und 2 BBodSchG). Entscheidende Bedeutung für die Begriffsbestimmungen kommt den **Standards** für die Beurteilung und die Bewertung zu (dazu die Ermächtigung des § 8 BBodSchG), die die BBodSchV enthält.

45 Nach den gesetzlichen Begriffsbestimmungen des BBodSchG sind **Altlasten**[3] (§ 2 Abs. 5 BBodSchG):
- stillgelegte Abfallbeseitigungsanlagen sowie sonstige Grundstücke, auf denen Abfälle behandelt, gelagert oder abgelagert worden sind (Altablagerungen), und
- Grundstücke stillgelegter Anlagen und sonstige Grundstücke, auf denen mit umweltgefährdenden Stoffen umgegangen worden ist, ausgenommen Anlagen, deren Stilllegung einer Genehmigung nach dem Atomgesetz bedarf (Altstandorte),

durch die schädliche Bodenveränderungen oder sonstige Gefahren für den Einzelnen oder die Allgemeinheit hervorgerufen werden;

und altlastverdächtige Flächen (§ 2 Abs. 6 BBodSchG):
- Altablagerungen und Altstandorte, bei denen der Verdacht schädlicher Bodenveränderungen (dazu die Begriffsbestimmung in § 2 Abs. 3 BBodSchG) oder sonstiger Gefahren für den Einzelnen oder die Allgemeinheit besteht.

46 Keine besondere Begriffsbestimmung findet sich für militärische oder Rüstungs-Altlasten, also Alt-Standorte sowohl der Militärproduktion als auch des Militärbetriebs[4]. Eine gesonderte Begriffsbestimmung im BBodSchG ist auch entbehrlich, da beide Kategorien von der allgemeinen Altlastendefinition des § 2 Abs. 5 BBodSchG umfasst werden[5].

---

1 BGH v. 18.2.2010 – III ZR 295/09, BGHZ 184, 288; *Erbguth*, in: Giesberts/Reinhardt, Beck'scher Online-Kommentar Umweltrecht, § 2 BBodSchG Rz. 14.
2 Krit. *Peine*, DVBl 1998, 157, 159. Keine menschliche Handlung mehr setzt jetzt VG Freiburg v. 14.11.2002 – 6 K 763/01, NuR 2004, 257, voraus; dazu *Schäfer*, NuR 2004, 223.
3 Dazu auch BGH v. 18.2.2010 – III ZR 295/09, BGHZ 184, 288.
4 SRU, Sondergutachten „Altlasten II", 1995, S. 162.
5 Die Sanierungskosten für Rüstungsaltlasten fallen Bund und Ländern zur Last, Art. 120 GG. Der Entwurf eines Rüstungsaltlastenfinanzierungsgesetzes, BR-Drs. 322/97 v. 30.4.1997, ist offenbar inzwischen eingeschlafen. – Allgemein zu den Rüstungsaltlasten *Jorczyk*, Rüstungs- und Kriegsaltlasten, 1996. Für Rüstungsaltlasten aus der Zeit des Deutschen Reiches vor 1945 besteht aber aufgrund einer Regelung im Allgemeinen Kriegsfolgengesetz (§ 1 Abs. 1 Nr. 1 AKG) *keine* Verantwortlichkeit der Bundesrepublik Deutschland, BVerwG v. 3.11.2005 – 7 C 27.04, NVwZ 2006, 354.

## II. Rechtsquellen, Systematik, grundlegende Begriffe

Der altlastenrechtliche **Anlagenbegriff** des § 2 Abs. 5 Nr. 2 BBodSchG erstreckt sich (entsprechend § 3 Abs. 5 Nr. 1 BImSchG) auf Betriebsstätten und sonstige ortsfeste Einrichtungen, z.b. auch Deponiekörper sowie Nebeneinrichtungen und Leitungssysteme, z.b. auch die Kanalisation. Schließlich umfasst der Anlagenbegriff des § 2 Abs. 5 BBodSchG auch **Grundstücke** (vgl. § 3 Abs. 5 Nr. 3 BImSchG, wie sich aus dem Ausdruck „sonstige Grundstücke" in § 2 Abs. 5 BBodSchG ergibt). Umgekehrt fallen **ortsveränderliche** technische Einrichtungen und Fahrzeuge (vgl. § 3 Abs. 5 Nr. 2 BImSchG) nicht unter die Altlastendefinition. Gebäudekontaminationen sind wegen der festen Verbindung mit dem Boden und unabhängig von der Beeinträchtigung des sie tragenden Erdreichs erfasst. Wann eine **Stilllegung** vorliegt, ist eine Frage des Einzelfalls[1]. Eine Stilllegung liegt bei Fortführung des Betriebs nur vor, wenn diese in anderer Weise oder erst nach nicht unerheblicher Zeit erfolgt. Zweifelsfragen bleiben bei Betriebsunterbrechungen auf unbestimmte Zeit und teilweiser Betriebseinstellung. Dabei ist gegenüber dem jeweils einschlägigen Fachrecht und hilfsweise gegenüber dem Polizeirecht abzugrenzen. Jedenfalls sind laufende Betriebe in den Altlastenbegriff nicht einbezogen. 47

### d) Instrumente

Bodenschutz kann Haupt- oder Nebenziel von Regelungen sein, kann unmittelbar oder mittelbar erfolgen. Zur Verwirklichung des Bodenschutzes dienen eingreifende, leistende und planende Bodenschutzmaßnahmen, die räumlich beschränkt oder flächendeckend wirken und die sich auf alte, schon bestehende, aber auch auf neue Bodenbeeinträchtigungen richten können. Entsprechend dem **Querschnittscharakter** der Aufgabe Bodenschutz finden sich eine Vielzahl solcher unmittelbar und mittelbar bodenschützender Maßnahmen in einer Reihe verschiedener Gesetze verstreut, z.B. unter dem Gesichtspunkt des Landverbrauchs im Naturschutzrecht, der Stoffeinträge im Wasserrecht, im Immissionsschutzrecht oder im Abfallrecht. Ergänzend ist zu verweisen auf das Forstrecht[2] sowie auf Einzelbestimmungen im Recht der Raumordnung (Raumordnungsgesetz) und Landesplanung (Landesplanungsgesetze), der Bauleitplanung (BauGB) sowie einzelner Fachplanungsgesetze. 48

Die wesentlichen **Instrumente** des Bodenschutzrechts selbst bestehen in Gefahrenabwehr- und Vorsorgemaßnahmen gegen das Entstehen schädlicher Bodenveränderungen, in Ermittlung und Überwachung bestehender Gefahren und in Sanierungs- und Schutzmaßnahmen. Damit ist auch der Anwalt vorwiegend befasst. Den Ländern bleiben gebietsbezogene Maßnahmen und Festsetzungen wie Bodenschutzpläne zur Sanierung des Gebiets, Bodenschutzpläne zur Vorsorge sowie die Einrichtung und Führung von Bodeninformationssystemen überlassen, § 21 Abs. 2–4 BBodSchG; so können sie auch Bodenbelastungsgebiete – ähnlich Wasserschutzgebieten – festsetzen, § 21 Abs. 3 BBodSchG[3]. 49

Verursacher und Grundstückseigentümer werden verpflichtet, Belastungen des Bodens, die zu **schädlichen Bodenveränderungen** führen können, zu unterlassen oder abzuwenden. Zum langfristigen Schutz des Bodens sind aber schon **unterhalb der Gefahrenschwelle** Belastungen des Bodens zu vermeiden oder zu vermindern, wenn sonst durch dauernden Eintrag langfristig die natürlichen Bodenfunktionen 50

---

1 Der VGH München v. 9.7.2003 – 20 CS 03.103, NVwZ 2003, 1281 fordert für Deponien eine tatsächliche Stilllegung in der Weise, dass behördliche Maßnahmen nicht mehr zu erwarten sind, sowie eine entsprechende Anzeige an die zuständigen Behörden.
2 Vgl. dazu *Sparwasser/Engel/Voßkuhle*, Umweltrecht, § 6 Rz. 301 ff.
3 Dazu *Peters*, VBlBW 1999, 83 f. m.w.N. in Fn. 9; näher *Peine*, NuR 2001, 246. Vgl. Art. 5 BayBodSchG – ergänzende Vorschriften für schädliche Bodenveränderungen und Verdachtsflächen; Art. 7–9 BayBodSchG – Bodeninformationssystem.

beeinträchtigt werden. Die **Vorsorgepflicht** soll verhindern, dass durch schleichende Anreicherung umweltgefährdender Stoffe im Boden jedenfalls auf längere Sicht die Belastungsgrenze erreicht wird. Zur Verwirklichung des vorsorgenden Bodenschutzes auch gegenüber dem Landverbrauch ist mit Grund und Boden sparsam und schonend umzugehen[1]. Schließlich wird der bodenschutzrechtliche Vorsorgegrundsatz auch für die **landwirtschaftliche** Bodennutzung näher bestimmt, § 17 BBodSchG.

### 3. Grundsätze und Pflichten

51   Das BBodSchG enthält in §§ 4ff. **Grundsätze und Pflichten**, die insgesamt gelten und die für den Bereich Altlasten in §§ 11ff. um besondere Vorschriften ergänzt werden. Die wichtigsten materiellen Pflichten enthalten dabei § 4, nämlich eine

– allgemeine Vermeidungspflicht (Abs. 1),

– Abwehrpflicht (Abs. 2) und

– Sanierungspflicht (Abs. 3)

und § 7 BBodSchG mit seiner

– Vorsorgepflicht.

52   Dabei handelt es sich um personenbezogene Umweltpflichten[2]. Sie verlangen **aus sich heraus** Befolgung und Erfüllung[3] und müssen nicht erst durch Verwaltungsakt umgesetzt werden. Sie entsprechen damit den umstrittenen, insoweit überflüssig gewordenen **materiellen Polizeipflichten**[4], über die sie im Vorsorgebereich aber hinausreichen. Zu unterscheiden ist dabei grds. zwischen den Gefahrenabwehrpflichten i.w.S. des § 4 BBodSchG einerseits und der Vorsorgepflicht des § 7 BBodSchG andererseits. Die **Umsetzung** dieser Grundpflichten in **vollstreckbare** Anordnungen im Einzelfall erfolgt aufgrund der §§ 9 und 10 BBodSchG.

#### a) Verhaltenspflichten (§ 4 BBodSchG)

#### aa) Vermeidungspflicht

53   Nach § 4 Abs. 1 BBodSchG hat sich **jeder**, der auf den Boden einwirkt, so zu **verhalten**, dass **schädliche Bodenveränderungen nicht hervorgerufen** werden. Durch die Bezugnahme auf die Begriffsbestimmung der schädlichen Bodenveränderung in § 2 Abs. 3 BBodSchG, der neben Gefahren auch erhebliche Nachteile und erhebliche Belästigungen anführt, geht die Vermeidungspflicht über die Gefahrenabwehr im engeren Sinn hinaus[5]. Auch wenn die Neuregelung gegenüber dem Polizeirecht weitergehend ist, verstößt sie nicht gegen das Rückwirkungsverbot (dazu unten Rz. 219ff.), weil sie an in der Vergangenheit nicht abgeschlossene Tatbestände anknüpft[6]. Allerdings hat sich wegen des Erfordernisses der Erheblichkeit der Nachteile oder Belästigungen gegenüber der nach Polizeirecht tatbestandlich vorausgesetzten Gefahrenlage aber kaum etwas geändert. Manche sehen in der Vermeidungspflicht auch nur eine spezialgesetzliche Ausprägung der polizeirechtlichen

---

1 Ebenso § 1a Abs. 2 BauGB.
2 *Sparwasser/Engel/Voßkuhle*, Umweltrecht, § 2 Rz. 82ff.
3 Sie stellen nicht lediglich eine „Fiktion" dar, vgl. BVerwG v. 16.3.2006 – 7 C 3.05, NVwZ 2006, 928.
4 *Dombert*, in: Landmann/Rohmer, Umweltrecht, Bd. II, BBodSchG, § 4 Rz. 3.
5 *Sanden/Schoeneck*, BBodSchG, § 4 Rz. 8.
6 Vgl. dazu *Schink*, DÖV 1995, 213, 217, gegen Rückwirkung auch *Sanden/Schoeneck*, BBodSchG, § 4 Rz. 54.

## II. Rechtsquellen, Systematik, grundlegende Begriffe   Rz. 56   Teil 3 E

Gefahrenvermeidungspflicht, die als materielle Polizeipflicht in der polizeirechtlichen Generalklausel enthalten sein soll[1]. Auf **Verschulden** kommt es jedenfalls nicht an. Die Vermeidungspflicht ist durch einen auf § 10 Abs. 1 BBodSchG gestützten Verwaltungsakt umsetzbar[2].

### bb) Abwehrpflicht

Nach § 4 Abs. 2 BBodSchG sind der Grundstückseigentümer und der Inhaber der tatsächlichen Gewalt über ein Grundstück verpflichtet, Maßnahmen zur Abwehr der von ihrem Grundstück drohenden schädlichen Bodenveränderungen zu ergreifen. Diese **Abwehrpflicht** ergänzt die an **jedermann** gerichtete Vermeidungspflicht des Abs. 1 und ist in der besonderen Verantwortung des **Eigentümers** bzw. des **Nutzungsberechtigten** für den Zustand seines Grundstücks, verfassungsrechtlich in der besonderen Sozialbindung auch des Umweltmediums Boden[3] begründet. Vermeidungs- und Abwehrpflicht haben damit dieselbe Funktion des **präventiven Bodenschutzes**. Während die Vermeidungspflicht des Abs. 1 aber vom Schutzgut selbst ausgeht und eine jedermann-gerichtete Verhaltenspflicht einführt, richtet sich die Abwehrpflicht vom Adressatenkreis her enger nur an bestimmte Garanten mit einer entsprechenden Schutzpflicht. Diese Abwehrpflicht findet ihre **Grenze** im Verhältnismäßigkeitsprinzip, wenn der Pflichtige rechtlich oder tatsächlich nicht in der Lage ist, die Gefahr – selbst unter Einschaltung Dritter – abzuwehren. Sie ist ferner begrenzt, wenn der Pflichtige zur Duldung der Einwirkung verpflichtet ist, z.B. aufgrund einer bestandskräftigen immissionsschutzrechtlichen Genehmigung, die nach § 14 BImSchG Abwehransprüche ausschließt[4]. Hierzu wird der Anwalt im Einzelnen vorzutragen haben. Durchsetzbar ist die Abwehrpflicht über eine auf § 10 Abs. 1 BBodSchG gestützte Anordnung[5]. 54

**Beispiel:**

Den Grundstückseigentümer trifft die Pflicht nach § 4 Abs. 2 BBodSchG, eine von rostenden Rohrleitungen mit wassergefährdenden Flüssigkeiten auf seinem Grundstück ausgehende Gefahr für andere Grundstücke zu **beseitigen**, indem er die Leitungen stilllegt und von dem Grundstück entfernt. Schon gegen die **Vermeidungspflicht** und damit gegen § 4 Abs. 1 BBodSchG verstieße es, ungeeignetes Material zu verwenden; insoweit gelten aber Spezialvorschriften (§ 62 WHG: Anforderungen an den Umgang mit wassergefährdenden Stoffen)[6]. 55

### cc) Sanierungspflicht

Nach § 4 Abs. 3 Satz 1 BBodSchG ist eine Reihe von Adressaten verpflichtet, den Boden und Altlasten sowie durch schädliche Bodenveränderungen oder Altlasten verursachte Verunreinigungen von Gewässern zu **sanieren**. Diese Sanierungspflicht ist die wohl **wichtigste Grundpflicht** des BBodSchG und richtet sich anders als die 56

---

1 *Sanden/Schoeneck*, BBodSchG, § 4 Rz. 9.
2 *Giesberts/Hilf*, in: Giesberts/Reinhardt, Beck'scher Online-Kommentar Umweltrecht, Stand April 2011, § 4 BBodSchG Rz. 1, 5.
3 Schon aufgrund seiner Bedeutung für das Grundwasser, dazu BVerfG v. 15.7.1988 – 1 BvL 77/78, BVerfGE 58, 300, aber auch wegen seiner Unvermehrbarkeit, dazu BVerfG v. 22.5.2001 – 1 BvR 1512/97, 1 BvR 1677/97, NVwZ 2001, 1023.
4 *Sanden/Schoeneck*, BBodSchG, § 4 Rz. 12 ff. – Im Einzelfall ist das Verhältnis zwischen immissionsschutzrechtlicher Duldungs- und bodenschutzrechtlicher Schutzpflicht zu problematisieren.
5 *Giesberts/Hilf*, in: Giesberts/Reinhardt, Beck'scher Online-Kommentar Umweltrecht, § 4 BBodSchG Rz. 6, 12 ff.
6 Dazu näher *Czychowski/Reinhardt*, WHG, 10. Aufl. 2010, Rz. 4 ff.

vorbesprochenen vorbeugenden Pflichten auf Schadensbehebung und Nachsorge, hat also statt präventivem **reparierenden Charakter**[1].

57 Die Sanierungspflicht des § 4 Abs. 3 BBodSchG unterscheidet nicht zwischen schädlichen Bodenveränderungen und Altlasten. Die besonderen altlastenbezogenen Pflichten, vor allem Einzelheiten der Sanierungspflicht nach Voraussetzungen (Rz. 125 ff.), Inhalt (Rz. 138 ff.) und Adressaten (Rz. 188 ff.) werden aber erst unten näher dargestellt.

58 Die Sanierungspflicht des § 4 Abs. 3 BBodSchG setzt eine **sanierungsbedürftige Schädigung** des Bodens voraus. Während § 4 Abs. 1 und Abs. 2 BBodSchG das **präventive** behördliche Einschreiten gegen den Handlungsstörer (Verursacher) bzw. den Zustandsstörer (rechtlicher oder tatsächlicher Sachherrschaftsinhaber) wegen einer Gefahr für das Schutzgut Boden regelt, ist bei der Sanierungspflicht die Gefahr bereits verwirklicht und der Schaden eingetreten; es liegt also eine Störung vor[2].

59 § 4 BBodSchG betrifft auch die Abwehr von schädlichen Bodenveränderungen aufgrund wasserbedingter Erosion. Dazu bestimmt § 8 BBodSchV, aufgrund welcher Umstände vom Vorliegen einer durch wasserbedingte Erosion verursachten schädlichen Bodenveränderung auszugehen ist. Bestehen bestimmte Anhaltspunkte, trifft die zuständige Behörde eine Ermittlungspflicht. Die Bewertung der Ergebnisse dieser Untersuchungen erfolgt dann einzelfallbezogen unter Berücksichtigung der Besonderheiten des Standorts. Anhang 4 der BBodSchV bestimmt schließlich die weiteren Anforderungen an die Untersuchung und Bewertung von Flächen, bei denen der Verdacht einer schädlichen Bodenveränderung aufgrund von wasserbedingter Erosion vorliegt[3].

**Beispiel:**

60 Ein Kaiserstühler Winzer stellt auf seiner leicht nach innen geneigten Weinbauterrasse eine Außenneigung her, damit sich hier keine Kaltluftseen mehr bilden, und lockert den Boden durch tiefes Pflügen. In der Folge rutscht der Hang ab und verschüttet die unten liegende Straße. Hier kann die Bodenschutzbehörde Sicherungsmaßnahmen aufgeben, wobei sich allerdings Abgrenzungsfragen zu den Kompetenzen der Straßenverkehrs- und subsidiär der (Orts-)Polizeibehörde stellen.

**b) Entsiegelungspflicht (§ 5 BBodSchG)**

61 § 5 BBodSchG betrifft die **Entsiegelungspflicht** als Unterfall der bodenschutzrechtlichen Pflichten und rundet damit den Pflichtenkatalog des § 4 BBodSchG ab, enthält aber nicht selbst bürgerverbindliche Pflichten. Baurechtliche Vorschriften, also bauplanungsrechtlich[4] begründete Rückbauanordnungen (§ 179 BauGB) gehen vor[5]. Satz 1 enthält eine Ermächtigung des Verordnungsgebers, entsprechende Pflichten einzuführen. Bisher (2011) liegt eine solche Verordnung jedoch noch nicht vor. Nach Satz 2 kann eine Entsiegelungsanordnung erlassen werden[6].

---

1 *Sanden/Schoeneck*, BBodSchG, § 4 Rz. 20.
2 Dem Verantwortlichen kann aber kein umfassendes Untersuchungskonzept oder die Ausarbeitung eines Sanierungsplans auferlegt werden, VGH Kassel v. 23.8.2004 – 6 TG 1119/03, NVwZ 2005, 718.
3 So auch VG Freiburg v. 14.11.2002 – 6 K 1763/01; s. auch *Mohr*, BWGZ 2011, 75, 76.
4 Anders für das Bauordnungsrecht: *Dombert*, in: Landmann/Rohmer, Umweltrecht, Bd. II, BBodSchG, § 5 Rz. 11 ff., 15.
5 *Hendler*, UTR 53, 103, 107 ff.; ausführlich *Kim*, Bodenschutz durch Bauplanungsrecht, 2000; für einschränkendes Verständnis der Subsidiaritätsklausel des § 5 BBodSchG aber *Peine*, in: Fluck, KrW-/Abf-/BodSchR, Einleitung BBodSchG II Rz. 106, 113. Rückbauanordnungen sind v.a. in neueren Umlegungsplänen enthalten, um § 15 Abs. 2 BNatSchG umzusetzen.
6 *Dombert*, in: Landmann/Rohmer, Umweltrecht, Bd. II, BBodSchG, § 5 Rz. 22 ff.

## c) Auf- und Einbringen von Materialien (§ 6 BBodSchG)

§ 6 BBodSchG enthält die Ermächtigung, durch Rechtsverordnungen nähere Bestimmungen über das Auf- und Einbringen von Materialien auf bzw. in den Boden zu erlassen, wobei aufgrund der Negativliste des § 3 BBodSchG bspw. die Einträge von Klärschlamm, Sekundärrohstoffdünger, Dünge- und Pflanzenschutzmitteln gerade nicht erfasst werden[1] (oben Rz. 34 ff.). Hauptanwendungsfall wird damit wohl die Verbringung von **Erdaushub**.

62

Neben dem Altlastenbereich liegt ein Schwerpunkt der Anwendung des BBodSchG in der Problematik von **Ausgrabungen** bzw. **Auffüllungen**: In einer Vielzahl von Fällen soll etwa bei Bauvorhaben nicht oder kaum belasteter Bodenaushub auf andere Grundstücke verbracht werden. Da Deponieraum teuer ist, werden dafür oft andere private Grundstücke vorgesehen. § 12 BBodSchV regelt dabei besondere Anforderungen für das **Auf- und Einbringen in oder auf eine durchwurzelbare Bodenschicht** oder das Herstellen einer durchwurzelbaren Bodenschicht (vgl. § 12 Abs. 1, 2 BBodSchV). Die Anforderungen werden in der Vollzugshilfe der LABO zu § 12 BBodSchV in Einzelnem näher erläutert[2]. Die bloße Zwischenlagerung von Bodenmaterial im Rahmen der Errichtung einer baulichen Anlage unterliegt dagegen nicht § 12 BBodSchG, wenn das Bodenmaterial am Herkunftsort wiederverwendet wird, vgl. § 12 Abs. 2 Satz 2 BBodSchV.

63

Zu beachten ist allerdings, dass für die bodenbezogene Verwertung von Bodenaushub **außerhalb der durchwurzelbaren Bodenschicht** (z.B. durch Verfüllung oder Verwendung im Straßenbau) zusätzlich die Vorschriften des KrW-/AbfG über eine schadlose Verwertung einzuhalten sind, sofern der Boden die Merkmale des **Abfallbegriffs** (§ 3 KrW-/AbfG) erfüllt. Da das KrW-/AbfG die materiellen Anforderungen nicht regelt, hat die LAGA[3] im Jahr 1997 hierzu eine Vollzugshilfe erarbeitet (Mitteilung M 20), die im Jahr 2003 überarbeitet wurde[4]. Der Boden wird dabei in fünf Kategorien (Zuordnungswerte Z0 bis Z5) eingeteilt, wonach sich die Möglichkeit und Art der weiteren Verwendung richten. Einer Verwertung zugeführt werden können danach nur Böden der Kategorien Z0 bis Z2, alle übrigen Böden müssen deponiert werden. Einheitlich angewandt wird in Deutschland allerdings nur der Allgemeine Teil (Teil I) der Mitteilung M 20. Die technischen Regeln für die Verwertung (Teil II) sowie die Regeln für die Probenahme und Analytik (Teil III) werden in den Ländern unterschiedlich gehandhabt[5].

## d) Vorsorge (§ 7 BBodSchG)

### aa) Allgemein

Die **Vorsorgepflicht** des § 7 BBodSchG ist Ausdruck des vorsorgenden Ansatzes des BBodSchG insgesamt[6] und entspricht für das Umweltmedium Boden der Vorsorgepflicht des § 5 Abs. 1 Nr. 2 BImSchG für das Umweltmedium Luft sowie u.a. der §§ 1a, 26 Abs. 2 Satz 1, 34 Abs. 2 Satz 1 WHG für das Umweltmedium Wasser.

64

---

1 Krit. dazu auch *Sanden/Schoeneck*, BBodSchG, § 6 Rz. 22.
2 LABO, Vollzugshilfe zu den Anforderungen an das Aufbringen und Einbringen von Materialien auf oder in den Boden, Stand 11.9.2002, abrufbar unter http://www.labo-deutschland.de/documents/12-Vollzugshilfe_110902_9be.pdf (letzter Aufruf Juni 2011).
3 Länderarbeitsgemeinschaft Abfall.
4 LAGA, Mitteilung 20: Anforderungen an die stoffliche Verwertung von mineralischen Reststoffen/Abfällen – Technische Regeln – (Stand November 2003), abrufbar unter http://www.laga-online.de/servlet/is/23874/ (letzter Aufruf Juni 2010).
5 So gibt es in Baden-Württemberg etwa die Verwaltungsvorschrift für die Verwertung von als Abfall eingestuftem Bodenmaterial v. 14.3.2007, – Az.: 25–8980.08M20 Land/3 –. Eine Übersicht über die Vollzugshilfen in den einzelnen Bundesländern findet sich unter http://www.laga-online.de/servlet/is/23876/ (letzter Aufruf Juni 2011).
6 Vgl. § 1: nachhaltig zu sichern, Vorsorge zu treffen.

65 Anders als bei der bloßen Gefahrenabwehr werden zur **Vorsorge** vor langfristig zu erwartenden Beeinträchtigungen des Bodens anspruchsvollere Maßstäbe gesetzt. Schon bevor gefahrbegründende Schadstoffkonzentrationen erreicht werden, soll eine Anreicherung von Schadstoffen im Boden – z.B. aufgrund von Summationsschäden – und das künftige Überschreiten der Gefahrenschwelle verhindert werden[1].

66 Dementsprechend begründet § 7 BBodSchG **Vorsorgepflichten**, die über die Gefahrenabwehr weit hinausgehen. Deshalb sind auch die Vorsorgewerte (§ 8 Abs. 2 Nr. 1 BBodSchG) nach Anhang 2 Nr. 4 BBodSchV weit strenger als die Maßnahmewerte, und deshalb wird auch nach der Empfindlichkeit der Böden gegenüber Schadstoffen unterschieden. Werden Vorsorgewerte überschritten, so soll der Verpflichtete Vorkehrungen treffen, um weitere durch ihn auf dem Grundstück und in dessen Einwirkungsbereich verursachte Schadstoffeinträge zu vermeiden oder wirksam zu vermindern; entsprechende Vorsorgeanordnungen müssen – „auch in Hinblick auf den Zweck der Nutzung" – verhältnismäßig sein (§ 7 Satz 3 BBodSchG).

67 Nähere Bestimmungen der **Vorsorgeanforderungen** enthält § 10 BBodSchV. Aber auch Einträge von Schadstoffen, für die keine Vorsorgewerte festgesetzt sind, sind – so weit wie technisch und wirtschaftlich vertretbar – zu begrenzen; das Vorsorgegebot ist insoweit aber behördlich nicht durchsetzbar[2]. Ebenfalls der Vorsorge dienen die Anforderungen an das Auf- und Einbringen von Materialien auf oder in den Boden in § 12 BBodSchV. Zur Herstellung einer durchwurzelbaren Bodenschicht in und auf Böden dürfen danach nur Bodenmaterial sowie Baggergut und Gemische von Bodenmaterial mit solchen Abfällen, deren Verwertung nach der Bioabfallverordnung und der Klärschlammverordnung zulässig ist, auf- und eingebracht werden. Damit soll erreicht werden, dass bei der Verwertung von Abfällen in und auf Böden keine Böden mit möglichen schädlichen Bodenveränderungen entstehen.

68 Auch muss der Grundstückseigentümer dafür sorgen, dass nicht aus undichten Rohrleitungen oder anderen Anlagen grundwassergefährdende Stoffe in den Boden gelangen, und zwar weder langfristig noch in Mengen, die zunächst ungefährlich erscheinen. Die Besorgnis der langfristigen Anreicherung umweltgefährdender Stoffe im Boden genügt.

**bb) Landwirtschaft (§ 17 BBodSchG)**

69 Für den besonders wichtigen Bereich der **Landwirtschaft**[3] konkretisiert § 17 BBodSchG die Vorsorgepflicht des § 7 BBodSchG, dem er gleichzeitig als Spezialregelung vorgeht. Im Mittelpunkt der Norm steht die Bestimmung der **guten fachlichen Praxis**, durch die bei der landwirtschaftlichen Bodennutzung die Vorsorgepflicht nach § 7 erfüllt wird, § 17 Abs. 1 Satz 1 BBodSchG. Die Grundsätze der guten fachlichen Praxis werden in § 17 Abs. 2 BBodSchG näher bestimmt. Insbesondere sollen die Bodenbearbeitung unter Berücksichtigung der Witterung standortgemäß erfolgen, die Bodenstruktur erhalten oder verbessert werden, Bodenverdichtungen und Bodenabträge vermieden werden, naturbetonte Strukturelemente erhalten bleiben und Ähnliches mehr, § 17 Abs. 2 Satz 2 Nr. 1–5 BBodSchG[4].

---

1 Dazu näher *Behling*, Strategien zur Weiterentwicklung der Altlastenvorsorge, 1999.
2 *Versteyl*, in: Versteyl/Sondermann, BBodSchG, § 7 Rz. 13.
3 Nicht auch für die Forstwirtschaft, vgl. § 3 Abs. 1 Nr. 6 BBodSchG.
4 Eingehend und materialreich *Nies*, in: Landmann/Rohmer, Umweltrecht, Bd. II, BBodSchG, § 17 Rz. 12 ff., 48 ff.; *Loll*, Vorsorgender Bodenschutz im Bundes-Bodenschutzgesetz, 2003; ferner *C. Müller*, Die gute fachliche Praxis im Pflanzenschutz-, Düngemittel- und Bundes-Bodenschutzgesetz, 2001; *Müller*, AgrarR 2002, 237; *Peine*, NuR 2002, 522 sowie *Frenz*, NuR 2004, 642.

Die Bedeutung der Vorschrift wird wieder durch die Eingrenzung des Anwendungsbereichs in § 3 Abs. 1 Nr. 1 und 4 BBodSchG beschränkt; Klärschlammverordnung, Düngemittelgesetz und KrW-/AbfG gehen danach als Sonderregelungen vor. § 10 Abs. 1 i.V.m. § 17 i.V.m. diesen Sonderregelungen hat aber dann Bedeutung, wenn die Spezialregelung zwar Standards, nicht aber auch Maßnahmen enthält: Dann können die erforderlichen Anordnungen auf das BBodSchG gestützt werden[1]. § 17 Abs. 3 BBodSchG schließlich trifft eine Sonderbestimmung zu den Pflichten der Landwirtschaft zur Gefahrenabwehr, wobei die Auslegung der Norm, insbesondere das Zusammenspiel von § 17 Abs. 3 Satz 1 und Satz 2, erhebliche Schwierigkeiten bereitet[2]. In der Praxis hat dies bislang allerdings wohl kaum eine Rolle gespielt.

70

## III. Wie erhalte ich Informationen über bekannte Altlasten?

### 1. Altlastenatlas und Altlastenkataster

Die systematische Erfassung und Kartierung von Altlasten ist oft von entscheidender Bedeutung für die **Verkehrsfähigkeit** eines Grundstücks[3]. Die Kenntnis zumindest ihrer Grundzüge hilft dabei, einerseits möglichst schnell und günstig Kenntnisse über die Altlastensituation eines Grundstücks zu erlangen, andererseits aber auch einzuschätzen, welche Kenntnisse behördlich vorliegen und von wem sie abzurufen sind. Ihre Nichtkenntnis ist haftungsträchtig. Besteht nur der geringste Verdacht einer Altlast, gehört es zu den anwaltlichen Beratungspflichten, in die jeweilige Kartierung und ggf. auch in die betreffenden Stammdatenblätter Einsicht zu nehmen. Um sich dieses wichtigen Hilfsmittels auch richtig bedienen zu können, ist die Grundkenntnis der behördlichen Vorgehensweise bei der Erfassung und Kartierung unerlässlich. Die Erfassung der Altlasten und altlastverdächtigen Flächen ist „Sache der Länder", § 11 BBodSchG[4].

71

Aufgrund von Erhebungen in den letzten 30 Jahren werden in den Bundesländern Karten in den sog. **Altlastenatlas** aufgenommen bzw. dort ergänzt. Der Altlas umfasst den gesamten Zuständigkeitsbereich der jeweiligen Bodenschutzbehörde und stellt Einzelflächen (bis zum Maßstab 1:5 000) vergrößert dar. Hier sind die einzelnen Verdachtsflächen unter Angabe von Beweisniveau und Handlungsbedarf aufgeführt. Ergänzend dazu gibt es in einem **Altlastenkataster** sog. **Stammdatenblätter** für jede einzelne Fläche, die im Atlas mit einer Nummer bezeichnet ist.

72

Die Stammdatenblätter enthalten u.a. folgende Angaben: Flächenname, Gemeinde, Adresse, Branchen/Art der Ablagerungen bzw. bei einem Produktionsbetrieb, mit welchen wassergefährdenden Stoffen umgegangen wurde, einschließlich Zeitraum, Beschäftigte usw., Bemerkungen, heutige Nutzung, und zwar der betroffenen Fläche selbst, aber auch ihrer Umgebung, Wasserschutzgebiet (Schutzzone, Stand), Oberflächengewässer, sonstige Schutzgüter, Bearbeiter, Bearbeitungsstand, Beweisniveau, Handlungsbedarf.

73

---

1 *Sanden/Schoeneck*, BBodSchG, § 17 Rz. 3.
2 Dazu *Notter*, ZUR 2008, 184.
3 Zur Frage, ob sich ein Grundstückseigentümer gegen eine belastende Einstufung seines Grundstücks wehren kann, vgl. VGH Mannheim v. 29.11.2005 – 10 S 758/05, UPR 2006, 311; dazu *Mohr*, UPR 2006, 299.
4 Vgl. dazu den Überblick über das bestehende Landesrecht bei *Sanden/Schoeneck*, BBodSchG, § 11 Rz. 10 ff. Eine Auflistung auch in diesem Zusammenhang wichtiger Adressen enthält *Franzius/Altenbockum/Gerhold*, Handbuch Altlastensanierung und Flächenmanagement, Bd. 5, Rz. 16000. Zur unterschiedlichen landesrechtlichen Bezeichnung der einbezogenen Gebiete vgl. *Feldwisch/Hendrischke/Schmehl*, Gebietsbezogener Bodenschutz, 2003.

74 Die Atlanten liegen bei den Landratsämtern und den Gemeinden jeweils aus.

75 Zum **Verständnis** der in Altlastenatlas und Altlastenkataster enthaltenen Informationen bedarf es der Kenntnis der Hintergründe, wie diese Informationen zusammengetragen wurden und wie die **Bewertungskategorien** zu verstehen sind:

76 Wie auch in den meisten anderen Ländern wurde z.b. in Baden-Württemberg 1987 eine systematische, einheitliche und stufenweise Altlastenbearbeitung eingeführt. Ziel ist es dabei, einerseits gegen akute Gefährdungen mit den notwendigen Sofortmaßnahmen vorzugehen, andererseits aber nicht vorschnell zu sanieren. Dementsprechend sollen vorgezogene Sanierungen akute Gefahren abwehren und die notwendige Zeit für ein geordnetes Vorgehen schaffen. Möglicherweise erlauben die so gewonnenen Informationen bereits auf einer frühen Untersuchungsstufe die Einschätzung, dass eine akute Gefahr für Mensch und Umwelt und damit ein aktueller Sanierungsbedarf gar nicht vorliegt. In der Folge reicht dann oft die regelmäßige weitere Beobachtung (Langzeit-Monitoring) der (noch) nicht sanierungsbedürftigen Altlasten aus. Aufgrund des erheblichen Aufwands für die tatsächliche Sanierung einer Altlast und der noch großen Zahl akut sanierungsbedürftiger Altlasten sind ein stufenweises Vorgehen, die Erstellung einer strengen Prioritätenliste und damit auch die Zurückstellung der Sanierung kontaminierter, aber eben nicht akut gefährlicher Standorte unumgänglich.

77 Dazu findet zunächst eine flächendeckende **historische Erhebung** zur Feststellung und Lokalisierung altlastverdächtiger Flächen statt. In einer einzelfallspezifischen historischen Erkundung werden dann alle verfügbaren Informationen über die jeweilige Verdachtsfläche erfasst. Dies führt auf das sog. **Beweisniveau 1**. Aus der Abschätzung des Gefährdungspotentials für Mensch und Umwelt ergibt sich der weitere Handlungsbedarf.

78 Diese **historische Erhebung der Altlasten (HistE)** wird von den jeweiligen unteren Bodenschutzbehörden vorgenommen und ist jetzt wohl in allen Bundesländern abgeschlossen. Hierdurch wurden in Baden-Württemberg 32 000 aktuelle Verdachtsflächen erfasst, in ca. 11 000 Fällen wurden die Bewertungskommissionen tätig, 6 130 Fälle befanden sich in der Einzelfallbearbeitung und 340 kommunale und private Altlasten waren bereits saniert bzw. befanden sich in der Sanierung. Ende 2009 wurden in der Erhebung für Baden-Württemberg 14 472 Altlastenverdachtsflächen geführt, 635 befanden sich aktuell in der Sanierung, und in 2 445 Fällen war die Sanierung bereits abgeschlossen[1].

79 Nach der einzelfallspezifischen historischen Erkundung werden von einer informellen Bewertungskommission **Fallgruppen** gebildet:
 – **A-Fall** (Ausscheiden aus der weiteren Bearbeitung und Archivierung, weil unverdächtig),
 – **B-Fall** (Belassen zur Wiedervorlage, d.h. abwarten) und
 – **E-Fall** (Weitererkunden).

80 Die **E-Fälle** werden unter Abschätzung des Gefährdungspotentials im Einzelnen weiter untersucht. Dabei werden nach verschiedenen Kriterien Punkte vergeben. Die Gesamtpunktzahl entscheidet über die Priorität des Sanierungsbedarfs. Daraus entsteht dann eine Liste, in welcher Reihenfolge und mit welcher Dringlichkeit die einzelnen Fälle abgearbeitet werden.

81 Bei Einordnung als **E-Fall** und Aufnahme der Bearbeitung beginnen die technischen Erkundungen, die unterschieden werden in **orientierende** und sog. **nähere** Erkun-

---

1 Altlastenstatistik Baden-Württemberg 2009, abrufbar unter http://www.lubw.baden-wuerttemberg.de/servlet/is/69555/ (letzter Aufruf Juni 2011).

dung. Danach wird jeweils neu bewertet. Man erreicht damit das sog. Beweisniveau 2 bzw. 3. Auf jedem Beweisniveau werden die Schutzgüter Grundwasser, Oberflächengewässer, Boden und Luft bewertet. Die Bewertungsziffer, die daraus zusammenfassend folgt, bestimmt den Platz in der Prioritätenliste, anhand derer die weitere Bearbeitung, unter Umständen gestreckt auf einen Zeitraum von über zehn Jahren, erfolgt.

Die meiste Arbeit verursachen die sog. **B-Fälle**, bspw. bei Vorliegen eines Bauantrags oder Aufnahme einer Bauleitplanung durch eine Gemeinde. Auch bei Gewerbeabmeldungen besteht möglicherweise Handlungsbedarf. In den sog. B-Fällen wird üblicherweise dem Bauherrn aufgegeben, entweder abzuwarten, bis nach der Einstufung die Priorität für eine Erkundung auf Kosten des Landes erreicht ist, oder zur umgehenden Verwirklichung des Vorhabens die erforderlichen Beprobungen selbst vorzunehmen und damit auch den Nachweis für die gefahrenfreie Nutzung (Altlastenfreiheit) zu erbringen. 82

## 2. Umweltinformationsgesetz

Der Inhalt von Altlastenatlas und Stammdatenblättern sind Umweltinformationen i.S.d. § 2 Abs. 3 Nr. 1 UIG[1]. Aus diesem Grund besteht ein von einem konkreten Verwaltungsverfahren unabhängiger **Informationsanspruch**, der nicht vom Nachweis eines besonderen Interesses abhängig ist. Besteht auch nur der geringste Anhaltspunkt für einen Altlastenverdacht, zählt es zu den grundlegenden Beratungspflichten des ein Grundstücksgeschäft betreuenden Anwalts, für die entsprechende Aufklärung zu sorgen. 83

## 3. Grundbücher

Auch das Grundbuch kann Anhaltspunkte für das zumindest frühere Bestehen einer Altlast und daraus resultierende, auf dem Grundstück als öffentliche Last ruhende Ausgleichspflichten geben (näher dazu unten Rz. 183 ff.). Die entsprechende Grundbucheinsicht zählt damit ebenfalls zu den altlastenrelevanten Pflichten des Rechtsanwalts. 84

## 4. Bebauungspläne

Auch in Bebauungsplänen – jedenfalls solchen neueren Datums – können Hinweise auf bekannte Altlasten enthalten sein. In Bebauungsplänen „sollen" nach § 9 Abs. 5 Nr. 3 BauGB Flächen, deren Böden erheblich mit umweltgefährdenden Stoffen belastet sind, gekennzeichnet werden. Existiert für das fragliche Grundstück ein Bebauungsplan, empfiehlt sich eine Einsichtnahme in dessen Festsetzungen und Begründung einschließlich Umweltbericht. Für die anwaltliche Arbeit haben diese Altlastenkennzeichnungen erhebliche Bedeutung: Sie dürfen im Bebauungsplan nicht übersehen werden, können sie doch den Mandanten von einem Grundstückskauf abhalten, jedenfalls aber Anlass zu weiteren Nachforschungen geben. Auch wegen dieser Bedeutung dürfte die Einsicht in den Bebauungsplan zu den Standardpflichten des einen Grundstückskauf begleitenden Anwalts gehören. 85

## 5. Sonstige Verwaltungsakten

In anhängigen Verwaltungsverfahren, etwa Baugenehmigungs- oder immissionsschutzrechtlichen Genehmigungsverfahren, können sich Hinweise auf Altlasten 86

---

1 Zur Umweltinformation vgl. *Sparwasser/Engel/Voßkuhle*, Umweltrecht, § 2 Rz. 174 ff.

aus den behördlichen Verfahrensakten ergeben. Gibt es hierfür Anhaltspunkte, sollte der Rechtsanwalt dies zum Anlass für weitere Sachaufklärung nehmen.

## IV. Wie gehe ich mit einem Verdacht oder Kenntnissen von Altlasten um?

### 1. Informations- und Auskunftspflichten gegenüber Behörden

87 Die Frage nach Mitteilungspflichten gegenüber der Behörde hinsichtlich der Kenntnis von einer Altlast oder von einem Altlastenverdacht wird dem einschlägig tätigen Anwalt erfahrungsgemäß besonders häufig gestellt. Sie ist jeweils nach Landesrecht zu beantworten: Offenbarungspflichten i.S. einer Pflicht, der Behörde Kenntnis von einer Altlast oder einem Altlastenverdacht zu geben, sind im BBodSchG nämlich nicht allgemein geregelt[1]. Nach § 21 Abs. 2 Nr. 2 BBodSchG können die Länder weitergehende Bestimmungen über die **Mitteilung von Verdachtsflächen** an die zuständigen Behörden treffen[2]. Eine Reihe von Ländern haben entsprechende **Anzeigepflichten** vorgesehen[3]. Außerdem können die Länder nach § 11 BBodSchG die Erfassung von Altlasten und altlastenverdächtigen Flächen in sog. **Altlastenkatastern**[4] (dazu oben Rz. 71 ff.) und hiermit zusammenhängende Auskunftspflichten regeln.

**Beispiel:**

88 Einem Tüftler läuft auf seinem Grundstück aus Unachtsamkeit ein Fass mit einer von ihm entwickelten, noch nicht patentierten, leider aber auch wassergefährdenden Flüssigkeit aus. Statt sich den Behörden zu offenbaren, zieht er es vor, sich selbst an die Sanierung zu machen.

89 So bestimmt § 3 Abs. 1 LBodSchAG BW, dass der Verursacher, dessen Gesamtrechtsnachfolger, der Grundstückeigentümer und der Inhaber der tatsächlichen Gewalt verpflichtet sind, „offenkundige Anhaltspunkte" für das Vorliegen einer schädlichen Bodenveränderung unverzüglich der zuständigen Bodenschutz- und Altlastenbehörde mitzuteilen. Entsprechend verpflichtet Art. 1 BayBodSchG die nach § 4 Abs. 3 und Abs. 6 BBodSchG Verantwortlichen, konkrete Anhaltspunkte für eine mögliche Altlast oder schädliche Bodenveränderung der zuständigen Behörde mitzuteilen. Der Verstoß gegen die Anzeigepflicht stellt in einigen Bundesländern eine Ordnungswidrigkeit dar und ist entsprechend bußgeldbewehrt (z.B. gem. § 17 Abs. 1 Nr. 1 LBodSchAG BW, anders dagegen Art. 14 Nr. 1 BayBodSchG, der eine Ordnungswidrigkeit nur für den Fall der Nichterteilung einer von der Behörde verlangten Auskunft normiert). Selbstverständlich ist der Anwalt seinerseits zu einer Anzeige grds. nicht verpflichtet.

90 Landesrecht regelt bei Vorliegen eines Verdachts schädlicher Bodenveränderungen oder Altlasten auch darüber hinausgehende **Auskunftspflichten** sowie die Pflicht, **Unterlagen vorzulegen**. Derartige Pflichten obliegen etwa nach § 3 Abs. 2 LBodSchAG BW neben dem Verursacher auch dessen Gesamtrechtsnachfolger, dem Eigentümer, dem früheren Eigentümer und dem Inhaber der tatsächlichen Gewalt. Ein Verstoß stellt regelmäßig eine Ordnungswidrigkeit dar (vgl. etwa § 17 Abs. 1 Nr. 2 LBodSchAG BW).

---

1 *Peine*, in: Fluck, KrW-/Abf-/BodSchR, § 11 BBodSchG Rz. 23.
2 Dazu *Versteyl*, in: Versteyl/Sondermann, BBodSchG, § 21 Rz. 10f.
3 *Sanden/Schoeneck*, BBodSchG, § 11 Rz. 7, zusammenfassend Rz. 9.
4 Eine Übersicht über bestehende Landesvorschriften gibt *Sondermann*, in: Versteyl/Sondermann, BBodSchG, § 11 Rz. 17ff.

## 2. Informationspflicht gegenüber Privaten

### a) Vertraglich

Informationspflichten gegenüber Privaten können sich aus vertraglichen Beziehungen ergeben. Wird bei **Vermietung oder Verpachtung** eines Grundstücks dem Mieter/Pächter eine Altlast oder schädliche Bodenveränderung bekannt, ist an die Anzeigepflicht aus § 536c Abs. 1 BGB zu denken. Deren Nichtbeachtung kann einen Schadensersatzanspruch des Vermieters/Verpächters nach § 536c Abs. 2 BGB auslösen. Bei **Grundstückskaufverträgen** obliegt es vor Vertragsschluss zunächst dem Verkäufer, den Käufer auf bekannte Altlasten oder einen Altlastenverdacht hinzuweisen. Je nach Vertragsgestaltung können besondere Informationspflichten aber auch noch nach Abschluss des Kaufvertrags vereinbart werden, was insbesondere im Zusammenhang mit besonderen Absprachen zur Durchführung einer Sanierung erfolgen wird (näher unten Rz. 290 ff., 298).

91

### b) Gesetzlich

Nach § 12 BBodSchG haben die Untersuchungs- und Sanierungsverpflichteten auch eine Pflicht zur „Information der Betroffenen"[1], also insbesondere der Grundstückseigentümer, der Nutzungsberechtigten oder der betroffenen Nachbarschaft. Sie gilt aber erst, wenn eine Sanierungsanordnung **bereits getroffen** ist (deshalb näher dazu unten Rz. 171 ff.).

92

## 3. Von Seiten der Behörden

### a) Aufklärungsverfügung

Wenn der zuständigen Behörde Anhaltspunkte dafür vorliegen, dass eine schädliche Bodenveränderung oder Altlast vorliegt, soll sie die zur **Ermittlung** des Sachverhalts geeigneten Maßnahmen ergreifen, § 9 Abs. 1 Satz 1 BBodSchG. Die Regelung ist die wichtigste Vorschrift im Vorfeld einer Sanierung und ermöglicht der zuständigen Behörde die vor Erlass von Einzelanordnungen erforderliche **Aufklärung des Sachverhalts**.

93

Besteht aufgrund konkreter Anhaltspunkte sogar der hinreichende Verdacht einer schädlichen Bodenveränderung oder Altlast, kann die zuständige Behörde dem Adressaten einer möglichen Sanierungspflicht i.S.d. § 4 Abs. 3, 5 und 6 BBodSchG die notwendigen Untersuchungen zur **Gefährdungsabschätzung** aufgeben, § 9 Abs. 2 Satz 1 BBodSchG, erforderlichenfalls auch unter Einschaltung von Sachverständigen oder Untersuchungsstellen i.S.d. § 18 BBodSchG, § 9 Abs. 2 Satz 2 BBodSchG. Die Abs. 1 und 2 regeln damit die sog. **Amtsermittlung** einerseits, den **Gefahrerforschungseingriff** andererseits (vgl. unten Rz. 101 ff.).

94

Geht die Behörde nach Abs. 2 vor, ist zwar der Adressat kostentragungspflichtig[2], dieser hat aber gem. § 24 Abs. 1 Satz 1 BBodSchG **einen Erstattungsanspruch gegenüber** der Behörde, wenn sich der Verdacht nicht bestätigt und er die den Verdacht begründenden Umstände nicht vertreten muss[3]. Die Kosten sind in analoger An-

95

---
1 Dazu *Fluck*, NVwZ 2001, 9; krit. zur Gesetzgebungskompetenz *Bickel*, BBodSchG, § 12 Rz. 1.
2 § 24 Abs. 1 BBodSchG ist als Sondervorschrift abschließend; a.A. *Schlabach/Heck*, BayVBl. 2001, 262 ff., wonach § 24 Abs. 1 BBodSchG nicht abschließend und der ermittelte Störer auch für die Kosten von Maßnahmen nach § 9 Abs. 1 BBodSchG aufgrund landesrechtlichen Kostenrechts heranzuziehen sein soll.
3 Der Erstattungsanspruch umfasst aber nicht die entstandenen **Anwaltskosten**, BVerwG v. 17.2.2005 – 7 C 14.04, NVwZ 2005, 691; dazu *Neumann*, jurisPR-BVerwG 13/2005 Anm. 3.

wendung von § 24 Abs. 1 Satz 2 BBodSchG auch dann erstattungsfähig, wenn die Untersuchung zwar nicht durch eine behördliche Anordnung veranlasst wurde, aber im „Vorfeld" einer solchen Anordnung zwischen Behörde und Pflichtigem abgestimmt war und die Behörde das Untersuchungskonzept gebilligt hatte[1]. Die Voraussetzungen des § 9 Abs. 1 Satz 1 BBodSchG werden durch die **Prüfwerte** der auf der Grundlage des § 8 Abs. 1 Satz 2 Nr. 1 BBodSchG erlassenen BBodSchV näher bestimmt, wobei auch diese Werte zunächst nur eine Indizfunktion haben und nicht schon eine Erforschungspflicht nach Abs. 2 auslösen[2].

96 Während und nach der Sanierung unterliegt eine Altlast der **behördlichen Überwachung**, § 15 Abs. 1 Satz 1 BBodSchG, in deren Rahmen die Behörde auch **Auskünfte** von den Sanierungspflichtigen einholen und die Vornahme von Eigenkontrollmaßnahmen anordnen kann, § 15 Abs. 2 Satz 1 BBodSchG[3].

**b) Kennzeichnung in Bebauungsplänen**

97 Nach § 9 Abs. 5 Nr. 3 BauGB sollen Flächen, deren Böden erheblich mit umweltgefährdenden Stoffen belastet sind, **im Bebauungsplan gekennzeichnet** werden. Auf die Reichweite der altlastenbezogenen Pflichten der Kommune im Bauleitplanverfahren und die damit zusammenhängenden **Amtshaftungsrisiken** wird unter Rz. 313 ff. näher eingegangen.

**c) Altlasten im Baugenehmigungsverfahren**

98 Oft werden Altlasten erst entdeckt, während die Baugrube ausgehoben wird. Insoweit ergeben sich aber keine Besonderheiten gegenüber anderen hier behandelten Altlastfällen. Anderes gilt, wenn der **Bauherr schon im Genehmigungsverfahren** – etwa aufgrund entsprechender Festsetzungen des Bebauungsplans – eine Untersuchung des Baugrundstücks auf Altlasten vornehmen bzw. ein Negativattest über die Altlastenfreiheit vorlegen soll.

99 Nach den landesrechtlichen Bauordnungen (vgl. § 58 LBO BW) darf die Genehmigung nur erteilt werden, wenn dem Vorhaben von der Baurechtsbehörde zu prüfende öffentlich-rechtliche Vorschriften nicht entgegenstehen. So sind nach § 34 Abs. 1 BauGB die Anforderungen an gesunde Wohn- und Arbeitsverhältnisse zu wahren, nach § 34 Abs. 2 BauGB i.V.m. § 15 BauNVO sind Vorhaben unzulässig sind, wenn sie unzumutbaren Belästigungen oder Störungen ausgesetzt werden, und nach § 35 Abs. 3 Nr. 3 BauGB, wenn ein Vorhaben im Außenbereich schädlichen Umwelteinwirkungen ausgesetzt wird. Nach allen landesrechtlichen bauordnungsrechtlichen Vorschriften sind bauliche Anlagen so anzuordnen, zu errichten und zu unterhalten, dass die öffentliche Sicherheit oder Ordnung, insbesondere Leben, Gesundheit und die natürlichen Lebensgrundlagen nicht bedroht werden, und dass sie ihrem Zweck entsprechend ohne Missstände benutzbar sind (vgl. § 3 Abs. 1 Satz 1 LBO BW).

100 Sowohl die Erteilung wie die Nichterteilung der Baugenehmigung kann, wenn sie rechtswidrig ist, **Amtshaftungsansprüche** nach sich ziehen[4]. Insoweit ergeben sich

---

1 BVerwG v. 17.2.2005 – 7 C 14.04, NVwZ 2005, 691; *Hilf*, in: Giesberts/Reinhardt, Beck'scher Online-Kommentar Umweltrecht, § 24 BBodSchG Rz. 15.
2 So zutreffend *Sanden/Schoeneck*, BBodSchG, § 9 Rz. 8, gegen *Vierhaus*, NJW 1998, 1262, 1264.
3 Zur Überwachung von Altlasten und altlastverdächtigen Flächen *Knoche*, GewArch 2000, 221.
4 Vgl. BGH v. 29.7.1999 – III ZR 234/97, NJW 2000, 427, 430.

aus dem Altlastenrecht aber keine Besonderheiten gegenüber dem Recht der Baugenehmigung im Allgemeinen.

## V. Mit welchen behördlichen Maßnahmen muss ich rechnen?

### 1. Aufklärungsverfügung

Sobald hinreichend starke Verdachtsmomente auf das Vorhandensein einer Altlast hinweisen, ist das Gefährdungspotential möglichst präzise einzuschätzen. Die zuständige Behörde (unten Rz. 173) kann bei Vorliegen eines „Anfangsverdachts" weitere Ermittlungen selbst vornehmen (**Amtsermittlung**, § 9 Abs. 1 BBodSchG) oder, wenn aufgrund konkreter Anhaltspunkte der hinreichende Verdacht einer schädlichen Bodenveränderung oder einer Altlast besteht, einem dafür Verantwortlichen weitere Erkundungsmaßnahmen aufgeben (**Gefahrerforschungseingriff**, § 9 Abs. 2 BBodSchG, vgl. Rz. 105 ff.)[1]. 101

Oft bringt – besonders im Falle eines alten Betriebsstandortes, aber auch einer Altdeponie – schon die Befragung noch erreichbarer Zeitzeugen (z.B. der Mitarbeiter, Nachbarn, der Abfallbeförderer und des Deponiebetreibers) oder die Sichtung einschlägiger Unterlagen und Karten, wertvolle Hinweise auf die Arten der abgelagerten Stoffe, die insgesamt abgelagerten Mengen sowie den Ablagerungszeitraum (historische Erkundung). Ergänzend sind nach Möglichkeit multitemporale Luftbildauswertungen sowie eine datenverarbeitungsgestützte Erfassung und Bewertung mit einem GEO-Informationssystem vorzunehmen. 102

Wenn die erzielbaren Informationen zur Einschätzung des Gefährdungspotentials der abgelagerten Stoffe nicht ausreichen, sind in der Regel kostenintensive Probebohrungen (Beispiele dazu oben Rz. 9) vorzunehmen. Insbesondere die Feststellung der Kontamination des in der Abstromfahne – wohin also das Grundwasser von der Altlast aus fließt – der Altlast entnommenen Grundwassers lässt häufig recht genaue Rückschlüsse auf die einzelnen in der Altlast enthaltenen Gefahrstoffe zu. Neben Proben von Sickerwasser und Bodenluft sind oft auch solche von Feststoffen zu analysieren. Durch die Nutzung von Erfahrungen aus der Untersuchung anderer Altlasten sowie durch systematisch stufenweises Vorgehen in Form fortschreitender Einzelanalysen werden weitere Aufschlüsse gewonnen. Ggf. sind dann Untersuchungen der Umgebung des kontaminierten Standortes insbesondere zur Abgrenzung des Schadensbereichs anzuschließen. Sie können sich auf den Grundwasserflurabstand – also den Höhenunterschied zwischen höchstem Grundwasserstand und Bodenoberfläche –, die Fließrichtung und den Leiter des Grundwassers sowie auf den Grad der Grundwasserverunreinigung beziehen, aber auch auf Bodenformationen, Hauptwindrichtungen usw. 103

Die **Aufklärungspflicht der Behörde** ist in § 9 BBodSchG bestimmt: So muss die zuständige Behörde, wenn Anhaltspunkte für eine schädliche Bodenveränderung oder Altlast vorliegen, die zur Ermittlung des Sachverhalts geeigneten Maßnahmen ergreifen, § 9 Abs. 1 Satz 1 BBodSchG. Bei Überschreiten der in Anhang 2 BBodSchV festgelegten Prüfwerte hat die Behörde das Vorliegen einer schädlichen Bodenveränderung oder Altlast förmlich festzustellen. 104

Daneben kann die Behörde auch einen **Gefahrerforschungseingriff** vornehmen und bestimmten Personen die notwendigen Untersuchungen zur Gefährdungsabschätzung **aufgeben**. Voraussetzung ist, dass **konkrete Anhaltspunkte** für den hinrei- 105

---

1 Zur Abgrenzung von Maßnahmen nach § 9 Abs. 1 und § 9 Abs. 2 BBodSchG s. auch VGH Mannheim v. 18.12.2007 – 10 S 2351/06, ZUR 2008, 325.

chenden Verdacht einer schädlichen Bodenveränderung oder Altlast vorliegen, § 9 Abs. 2 BBodSchG. Die Aufklärung obliegt dann u.a. dem **Verursacher** oder dem **Grundstückseigentümer** oder dem **Inhaber der tatsächlichen Gewalt** über das Grundstück, § 9 Abs. 2 Satz 1 i.V.m. § 4 Abs. 3, 5, 6 BBodSchG. Da der hinreichende Verdacht des Vorliegens einer schädlichen Bodenveränderung oder Altlast genügt, kann auch derjenige in Anspruch genommen werden, dessen Verursachungsbeitrag noch nicht endgültig geklärt ist. Folglich lässt die Vorschrift auch die Inanspruchnahme des **Anscheins- oder Verdachtspflichtigen** zu[1]. Hier bieten sich dem Anwalt vielfältige Einsatzmöglichkeiten: Es kann darum gehen, den nicht ausräumbaren Verdacht wenigstens zu relativieren oder den vagen Verdacht umgekehrt zu konkretisieren, oft sogar, andere mögliche Kausalverläufe erst einmal aufzuzeigen – kurz gesagt darum, in die Aufklärung als Grundlage für Verfügungen aktiv und kreativ einzusteigen.

106 Für die Frage, ob die Gefahrerforschung zu dem nicht abwälzbaren behördlichen Aufwand unter dem Gesichtspunkt der Amtsermittlung gehört, ergibt sich daraus: Zunächst beginnt die Behörde mit der sog. Erstermittlung nach § 9 Abs. 1 Satz 2 BBodSchG. Ergeben sich dabei konkrete Anhaltspunkte für eine sanierungsbedürftige Belastung, erfolgt der Gefahrerforschungseingriff nach § 9 Abs. 2 BBodSchG[2]. Dabei gilt die bekannte Je-desto-Formel: Je höherrangig das gefährdete Rechtsgut ist, je höher der drohende Schaden ist, desto geringere Anforderungen sind an die Wahrscheinlichkeit des Schadenseintritts zu stellen[3]. Bei den beiden Hauptschutzgütern des Bodenschutzrechts, menschliche Gesundheit und Grundwasserschutz, dürften praktisch kaum Fälle vorstellbar sein, bei denen nach der Je-desto-Formel nicht schon auch bei geringem Verdacht womöglich weitgehende Erforschungseingriffe aufgegeben werden können. Entsprechend schwer fällt die anwaltliche Abwehr entsprechender Aufklärungsverfügungen. Die Behörde hat bei der Bestimmung der Gefahrerforschungsmaßnahmen allerdings den allgemeinen **Bestimmtheitsgrundsatz** (§ 37 VwVfG) zu berücksichtigen, worauf der Anwalt besonderes Augenmerk legen sollte[4].

107 Die Kosten des Gefahrerforschungseingriffs sind dem Adressaten nach § 24 Abs. 1 Satz 2 BBodSchG zu **erstatten**, wenn er die den Verdacht begründenden Umstände nicht zu vertreten hat[5]. Dies war in einigen Landesgesetzen schon vorgesehen; anders hatte aber eine Reihe von OVGs entschieden[6]. Ein Rückerstattungsanspruch besteht auch, wenn sich zwar der Verdacht auf die schädliche Bodenveränderung bestätigt, der **Herangezogene** aber **nicht** i.S.d. § 4 Abs. 3, 5 oder 6 BBodSchG **sanierungspflichtig** war und deshalb aus nachträglicher Sicht gar nicht hätte herangezogen werden dürfen. Falls man hier § 24 Abs. 1 Satz 2 BBodSchG nicht unmittelbar anwendet, besteht ein Folgenbeseitigungsanspruch des Nichtstörers[7].

---

1 Dazu OVG Saarlouis v. 14.4.2010 – 5 K 1113/08, NuR 2010, 521.
2 Zur Abgrenzung zwischen Anordnung von Sanierungsuntersuchungen nach § 13 Abs. 1 BBodSchG und Gefahrerforschungsmaßnahmen nach § 9 Abs. 2 BBodSchG vgl. OVG Saarlouis v. 14.4.2010 – 5 K 1113/08, NuR 2010, 521; VGH Mannheim v. 18.12.2007 – 10 S 2351/06, ZUR 2008, 325 sowie *Troidl*, NVwZ 2010, 154, 156.
3 VGH Mannheim, VBlBW 1984, 20.
4 Am Bestimmtheitsgrundsatz sind bereits einige Verfügungen gescheitert, vgl. *Troidl*, NVwZ 2010, 154, 156f. m.w.N. zur untergerichtlichen Rechtsprechung.
5 Nicht umfasst sind jedoch nach BVerwG v. 17.2.2005 – 7 C 14.04, NVwZ 2005, 691 die Anwaltskosten.
6 OVG Münster v. 10.1.1985 – 4 B 1434/84, NVwZ 1985, 355; OVG Saarland v. 21.9.1983 – 2 W 1695/83, NuR 1986, 216; VGH München v. 13.5.1986 – 20 CS 86.00338, DÖV 1986, 977; dazu *Schenk*, BayVBl. 1997, 33.
7 *Bickel*, BBodSchG, § 24 Rz. 3; BGH v. 11.7.1996 – III ZR 133/95, DVBl 1996, 1312; VGH München v. 26.7.1995 – 22 B 93271, NVwZ-RR 1996, 645.

## 2. Sanierungsverfügung

§ 10 BBodSchG enthält die zentrale **Ermächtigungsgrundlage** zur Durchsetzung der Altlastensanierung. § 10 Abs. 1 Satz 1 BBodSchG macht die vorher im Gesetz enthaltenen Pflichten in **Einzelfallanordnungen** umsetzbar und schafft damit erforderlichenfalls die Voraussetzungen eines Vollstreckungstitels. Die Sätze 2–4 gestalten die allgemeine Anordnungsbefugnis näher aus. 108

Mit der **Sanierungsanordnung** nach § 10 Abs. 1 Satz 1 i.V.m. § 4 BBodSchG wird dem oder den Pflichtigen aufgegeben, bestimmte Maßnahmen oder Maßnahmen zur Erreichung eines bestimmten Ziels (unten Rz. 138 ff.) durchzuführen. Der Verwaltungsakt bildet zudem die Grundlage für eine sich anschließende Vollstreckung[1]. Anstelle der Sanierungsanordnung kann auch ein Sanierungsplan (dazu sogleich Rz. 113 ff.) für verbindlich erklärt werden, § 13 Abs. 6 Satz 1 BBodSchG. 109

Eine Sanierungsanordnung muss immer auch dem **Verhältnismäßigkeitsgrundsatz** entsprechen[2]. Nicht jede Altlast ist sofort sanierungsbedürftig. Die „Sanierung auf Null" ist längst aufgegeben. Eine Sanierung ist abzubrechen, wenn sie trotz besonders hohen Aufwands Verbesserungen nur noch im Grenzbereich erbringt. Ausnahmsweise können höhere Restbelastungen hingenommen werden, möglicherweise mit rechtsverbindlich festzulegenden Nutzungsbeschränkungen. Zu all diesen Fragen kann sich der Anwalt einbringen und für seinen Mandanten viel erreichen. 110

## 3. Sanierungsuntersuchungen und Sanierungsplan

Bei Altlasten, bei denen wegen der Verschiedenartigkeit der erforderlichen Maßnahmen ein abgestimmtes Vorgehen notwendig ist oder von denen auf Grund von Art, Ausbreitung oder Menge der Schadstoffe in besonderem Maße schädliche Bodenveränderungen oder sonstige Gefahren ausgehen, soll die zuständige Behörde von den zur Sanierung Verpflichteten die notwendigen Untersuchungen zur Entscheidung über Art und Umfang der erforderlichen Maßnahmen (**Sanierungsuntersuchungen**) sowie die Vorlage eines **Sanierungsplans** verlangen, § 13 Abs. 1 BBodSchG. Die Sanierungsplanung soll gerade bei bedeutenden und schwierigen Altlasten Transparenz schaffen und damit auch die Akzeptanz bei den Betroffenen erhöhen. 111

### a) Sanierungsuntersuchungen

Die zuständige Behörde kann zunächst eine Verpflichtung zur Durchführung von **Sanierungsuntersuchungen** erlassen, die bereits auf die Erstellung eines Sanierungsplans gerichtet sind. Eine solche Verpflichtung zu Sanierungsuntersuchungen ist von qualifizierten Voraussetzungen abhängig und nur bei Altlasten zulässig. Zum Zeitpunkt des Erlasses einer Anordnung von sanierungsvorbereitenden Untersuchungen nach § 13 Abs. 1 BBodSchG muss aufgrund einer sachgerechten Prognosestellung das Erfordernis einer qualifizierten Sanierungsplanung bereits feststehen und nur deren konkrete Ausgestaltung offen sein[3]. Sanierungsuntersuchungen 112

---

1 Der Grundverwaltungsakt erledigt sich auch nicht im Falle einer Ersatzvornahme; deswegen sind Einwendungen gegen die Rechtmäßigkeit des Grundverwaltungsakts auch nach der Vollstreckung im Wege der Anfechtung des Grund-VA weiterzuverfolgen, vgl. BVerwG v. 25.9.2008 – 7 C 5.08, NVwZ 2009, 122.
2 Ausführlich *Franzius/Altenbockum/Gerhold*, Handbuch Altlastensanierung und Flächenmanagement, Bd. 4 Ziff. 10154.
3 VGH Mannheim v. 18.12.2007 – 10 S 2351/06, ZUR 2008, 325.

nach § 13 BBodSchG gehen in ihrem Umfang weit über Maßnahmen zur Gefährdungsabschätzung nach § 9 Abs. 2 BBodSchG hinaus, wie sich aus § 6 BBodSchV i.V.m. Ziff. 1 des Anhangs 3 zur BBodSchV ergibt[1].

**b) Sanierungsplanung**

113 Die **Aufgabe des Anwalts** bei der **Sanierungsplanung** umfasst vor allem die zeitliche Entwicklung und die inhaltliche Entscheidung. Zu allem sind zunächst umfassende Aufklärungen der Interessenlage des Mandanten erforderlich, die über die bloße Abwicklung der Sanierung weit hinausreichen und insbesondere die Nutzungsabsichten für das betroffenen Grundstücke, aber auch schon die endgültige Verteilung der Sanierungslast erfassen.

114 Die **Sanierungsplanung** (§ 13 BBodSchG) erstreckt sich auf **Art, Umfang und zeitlichen Ablauf** der Sanierung. Sie ist von der zuständigen Behörde **einzelfallbezogen** unter Berücksichtigung des Schadstoffpotentials, der Schadstoffpfade, der Schutzgutexposition und der technischen und wirtschaftlichen Durchführbarkeit festzulegen. Dabei hat die Behörde ein **Auswahlermessen**, für dessen Ausübung der anwaltliche Vortrag für den Sanierungspflichtigen oft erhebliche Bedeutung hat. Insoweit handelt es sich aber nicht um ein Planungsermessen, wie die Sanierungsplanung auch nicht Teil der Fachplanung ist. Zwar sind auch bei der Sanierung der Sachverhalt zu ermitteln, Belange zu bewerten und Interessen abzuwägen. Dies gilt aber für jeden etwas komplexeren Eingriffsakt und macht ihn nicht zu einem materiellen Planungsakt. Sanierungsplanung ist daher nicht mehr als die vorausschauende Vorbereitung der Sanierungsanordnung, an deren Stelle auch die Verbindlicherklärung eines Sanierungsplans (§ 13 Abs. 6 BBodSchG) treten kann.

115 **Zeitlich** kann es wichtig sein, dass die Sanierung in möglichst kurzer Zeit beendet wird. Umgekehrt kann aber auch an der Verzögerung des Verfahrens ein Interesse bestehen, sei es aus Geldmangel, in der Hoffnung auf ein künftig kostengünstigeres Verfahren oder im Hinblick auf die noch laufende Ermittlung weiterer, möglichst vorrangig in Anspruch zu nehmender Verantwortlicher. **Inhaltlich** wird es oft um die Wahl des bestgeeigneten Sanierungsverfahrens gehen (z.B. „Hydraulik" statt „Auskoffern"), über das auch die Expertenmeinungen nicht selten weit auseinandergehen. Gerade hier besteht in besonderem Umfang anwaltlicher Beratungsbedarf, der mit der sorgfältigen Aufklärung der wirklichen Interessen des Mandanten beginnt.

116 Allgemein ist dem Sanierungspflichtigen vor Erlass der Sanierungsanordnung **rechtliches Gehör** zu gewähren. Im Einzelfall kann es erforderlich sein, ein umfassendes **Sanierungskonzept** zu entwickeln. Sinnvollerweise ist es zwischen zuständiger Behörde und Sanierungspflichtigen, wenn möglich auch schon mit den (sonstigen) Kostenträgern, aber auch mit weiteren Betroffenen (§ 12 Satz 1 BBodSchG) abzustimmen. Dazu soll der zur Sanierung Verpflichtete die notwendigen Untersuchungen zur Entscheidung über Art und Umfang der erforderlichen Maßnahmen und einen „**Sanierungsplan**" vorlegen, wozu er förmlich verpflichtet werden kann, § 13 Abs. 1 Satz 1 BBodSchG[2].

---

1 Zur Abgrenzung zwischen Sanierungsuntersuchungen nach § 13 Abs. 1 BBodSchG und Gefährdungsabschätzungsmaßnahmen nach § 9 Abs. 2 BBodSchG vgl. VGH Mannheim v. 18.12.2007 – 10 S 2351/06, ZUR 2008, 325; OVG Saarlouis v. 14.4.2010 – 5 K 1113/08, NuR 2010, 521.
2 Zum Sanierungsplan *Diehr*, UPR 1998, 128; *Vierhaus*, NJW 1998, 1262, 1268f.; *Fluck*, DVBl 1999, 1551.

Einzelheiten des Inhalts des Sanierungsplans bestimmt § 6 BBodSchV i.V.m. ihrem Anhang 3. Der Sanierungsplan muss danach u.a. eine Zusammenfassung der Gefährdungsabschätzung und der durchgeführten Voruntersuchungen enthalten. Dabei kann die Mitwirkung eines Sachverständigen verlangt werden, § 13 Abs. 2 i.V.m. § 18 BBodSchG, was wohl auch meist geschieht. 117

In dem Sanierungsplan sind nach § 6 Abs. 2 Satz 1 BBodSchV darzustellen 118
– die Maßnahmen zur Sanierung vollständig mit Text und Zeichnungen (Satz 1),
– dass die vorgesehenen Maßnahmen geeignet sind, das Sanierungsziel zu erreichen (Satz 2), und
– die Auswirkungen der Maßnahmen auf die Umwelt und die voraussichtlichen Kosten sowie erforderlichen Zulassungen, auch soweit ein verbindlicher Sanierungsplan nach § 13 Abs. 6 BBodSchG diese nicht einschließen kann (Satz 3).

Die **Anforderungen** an eine Sanierungsuntersuchung und an einen Sanierungsplan bestimmen sich im Übrigen nach Anhang 3 der BBodSchV, § 6 Abs. 3 BBodSchV. 119

| Inhalt der **Sanierungsuntersuchung** (Anh. 3 Ziff. 1) | Inhalt des **Sanierungsplans** (Anh. 3 Ziff. 2) |
|---|---|
| – schadstoff-, boden-, material- und standortspezifische Eignung der Verfahren,<br>– technische Durchführbarkeit,<br>– erforderlicher Zeitaufwand,<br>– Wirksamkeit im Hinblick auf das Sanierungserfordernis,<br>– Kostenschätzung sowie das Verhältnis von Kosten und Wirksamkeit,<br>– Auswirkungen auf die Betroffenen und auf die Umwelt,<br>– Erfordernis von Zulassungen,<br>– Entstehung, Verwertung und Beseitigung von Abfällen,<br>– Arbeitsschutz,<br>– Wirkungsdauer der Maßnahmen und deren Überwachungsmöglichkeiten,<br>– Erfordernisse der Nachsorge und<br>– Nachbesserungsmöglichkeiten. | 1. **Darstellung der Ausgangslage**, insbesondere hinsichtlich<br>– der Standortverhältnisse,<br>– der Gefahrenlage,<br>– der Sanierungsziele,<br>– der getroffenen behördlichen Entscheidungen und der geschlossenen öffentlich-rechtlichen Verträge und der Ergebnisse der Sanierungsuntersuchungen.<br><br>2. **Textliche und zeichnerische Darstellung** der durchzuführenden Maßnahmen und der Nachweis ihrer Eignung, insbesondere hinsichtlich<br>– des Einwirkungsbereichs der Altlast und der benötigten Flächen,<br>– des Gebiets des Sanierungsplans,<br>– der Elemente und des Ablaufs der Sanierung im Hinblick auf die im Anhand im Einzelnen bezeichneten Vorgänge,<br>– der entsprechenden fachspezifischen Berechnungen,<br>– der zu behandelnden Mengen und der Transportwege bei Bodenbehandlung in off-site-Anlagen,<br>– der technischen Ausgestaltung von Sicherungsmaßnahmen und begleitenden Maßnahmen und<br>– der behördlichen Zulassungserfordernisse für die durchzuführenden Maßnahmen. |

| Inhalt der **Sanierungsuntersuchung** (Anh. 3 Ziff. 1) | Inhalt des **Sanierungsplans** (Anh. 3 Ziff. 2) |
|---|---|
| | 3. Eine Darstellung der **Eigenkontrollmaßnahme** zur Überprüfung der sachgerechten Ausführung und Wirksamkeit der vorgesehenen Maßnahmen, insbesondere<br>– des (im Anhang näher bezeichneten) Überwachungskonzepts und<br>– des Untersuchungskonzepts für Materialien und Bauteile bei der Ausführung von Bauwerken. |
| | 4. Eine Darstellung der Eigenkontrollmaßnahme im Rahmen der Nachsorge einschließlich der Überwachung. |
| | 5. Eine Darstellung des **Zeitplans** und der Kosten. |

120 Die zuständige **Behörde** kann nach § 14 Abs. 1 BBodSchG den Sanierungsplan i.S. des § 13 Abs. 1 BBodSchG aber auch **selbst erstellen** oder **ergänzen** oder durch einen **Sachverständigen** erstellen oder ergänzen lassen, wenn

1. der Plan nicht oder nicht innerhalb der von der Behörde gesetzten Frist oder fachlich unzureichend erstellt worden ist (§ 14 Satz 1 Nr. 1 BBodSchG),
2. ein nach § 4 Abs. 3, 5, 6 BBodSchG Verpflichteter nicht oder nicht rechtzeitig herangezogen werden kann (§ 14 Satz 1 Nr. 2 BBodSchG) oder
3. aufgrund der großflächigen Ausdehnung der Altlast, der auf der Altlast beruhenden weiträumigen Verunreinigung eines Gewässers oder aufgrund der Anzahl der nach § 4 Abs. 3, 5, 6 BBodSchG Verpflichteten ein koordiniertes Vorgehen erforderlich ist (§ 14 Satz 1 Nr. 3 BBodSchG)[1].

121 Nach § 13 Abs. 6 BBodSchG kann der Sanierungsplan – ggf. unter Erlass zusätzlicher Nebenbestimmungen – **für verbindlich erklärt werden**. Die Verbindlicherklärung tritt an die Stelle des Erlasses einer Sanierungsanordnung nach § 10 BBodSchG.

**4. Duldungsverfügung**

122 Das BBodSchG selbst regelt über § 9 Abs. 2 BBodSchG hinaus keine Mitwirkungs- und Duldungspflichten Privater, die zur Erfüllung der Aufgaben der Bodenschutzbehörden, insbesondere auch im Rahmen der Amtsermittlung (§ 9 Abs. 1 BBodSchG) erforderlich sind. § 9 Abs. 2 Satz 3 BBodSchG eröffnet aber den Ländern die Möglichkeit zum Erlass ergänzender Regelungen[2]. Neben den Informations- und Auskunftspflichten (dazu oben Rz. 87 ff.) geht es insbesondere um Duldungspflichten hinsichtlich der Entnahme von Proben, der Einrichtung von Messstellen und des Betretens von Grundstücken oder gar Wohnungen, wie sie beispielsweise in § 3 Abs. 3 LBodSchAG BW geregelt wurden. Die Behörde kann diese Pflichten durch den Erlass von Verfügungen durchsetzen.

---

1 In den Fällen des § 14 Satz 1 Nr. 2, 3 BBodSchG trägt gem. § 24 Abs. 1 Satz 3 BBodSchG derjenige die Kosten, von dem die Erstellung eines Sanierungsplans hätte verlangt werden können.
2 Dazu *Sanden/Schoeneck*, BBodSchG, § 9 Rz. 11, 20 ff.

## 5. Nachsanierung

Ist die geforderte Sanierung durchgeführt, schließt dies **ein weiteres Sanierungsverlangen** grds. nicht aus, sei es aufgrund neuerer Erkenntnisse, aufgrund jetzt strengerer Anforderungen oder aufgrund neuer Kontaminationen. 123

**Beispiel:**

Erst während oder nach der Sanierung wird die Gefährlichkeit einer Substanz festgestellt, die bereits in die Sanierung einbezogen ist. – Das Grundstück wird in ein Trinkwasserschutzgebiet einbezogen und unterliegt jetzt strengeren Maßstäben hinsichtlich des Sanierungsziels. – Auf dem sanierten Grundstück wird ein neuer Schadstoffherd gefunden. 124

## VI. Wie läuft ein Sanierungsverfahren ab?

### 1. Erkundung

Liegen der Behörde Anhaltspunkte für das Vorliegen einer schädlichen Bodenveränderung oder Altlast vor, wird sie zunächst entweder von Amts wegen oder durch Erlass einer Gefährdungsabschätzungsverfügung (zur Abgrenzung vgl. oben Rz. 101 ff.) **Erkundungsmaßnahmen** veranlassen. 125

### 2. Bewertung der Altlasten

Die so gewonnenen Befunde müssen **bewertet** werden, und zwar unter Berücksichtigung von Art und Konzentration der Schadstoffe, der Möglichkeit ihrer Ausbreitung in die Umwelt und ihrer Aufnahme durch Menschen, Tiere und Pflanzen sowie der Nutzung des Grundstücks, § 9 Abs. 1 Satz 3 BBodSchG[1]. 126

Lange fehlte es im deutschen Recht an einer normativen, gesetzeskonkretisierenden **Standardisierung von Bodenwerten**. Zu den wichtigsten Forderungen an den Gesetzgeber im Zusammenhang mit der bundesrechtlichen Regelung der Altlastenfragen gehörte daher die Aufstellung formalisierter Bewertungskonzepte[2]. Die geforderten Prüf-, Richt- oder Orientierungswerte können zwar nicht die Gefahrenschwelle im Einzelfall eindeutig festlegen, wohl aber als Richtlinie für die Art und Weise der Ausübung des behördlichen Handlungsermessens dienen. Die bekannteste von etwa 30 „Wertelisten" unterschiedlicher Herkunft und verschiedenen Inhalts, aber ohne unmittelbare rechtliche Bedeutung, die in der fachwissenschaftlichen Diskussion und in der Verwaltungspraxis verwendet werden, ist die sog. Holland- oder Niederländische Liste[3]. Daneben sind auch die sog. Kloke-Liste (Orientierungswerte für tolerierbare Gesamtgehalte einiger Elemente in Kulturböden), die Berliner Liste (Beurteilungskriterien für die Beurteilung kontaminierter Standorte in Berlin), die Hamburger Liste und die Brandenburger Liste in Gebrauch. – Schon früher hatten auch die meisten Länder gehandelt und wenigstens Verwaltungsvorschriften zu ihren altlastenregelnden Gesetzen erlassen[4], die dann aber von Land zu Land verschieden waren. 127

---

1 Eingehend dazu *Franzius/Altenbockum/Gerhold*, Handbuch Altlastensanierung und Flächenmanagement, Bd. 1, Ziff. 4000 ff.
2 SRU, Sondergutachten „Altlasten", 1989.
3 Dazu OVG Lüneburg v. 7.3.1997 – 7 M 3628/96, NJW 1998, 97; v. 3.5.2000 – 7 M 550/00, NVwZ 2000, 1194; dazu auch SRU, Sondergutachten „Altlasten II", 1995, Tz. 97.
4 Vgl. für Baden-Württemberg die VwV des Umwelt- und des Sozialministeriums über Orientierungswerte für die Bearbeitung von Altlasten und Schadensfällen in der Fassung v. 1.3.1998, http://www.lubw.baden-wuerttemberg.de/servlet/is/14914/ (letzter Aufruf Juni 2011).

128 Die nach § 8 BBodSchG erlassene **Bundes-Bodenschutz- und Altlastenverordnung** regelt jetzt die Bewertung. Als Herzstück der ganzen Reform soll sie einen einheitlichen und zügigen Vollzug gewährleisten, Wettbewerbsverzerrungen aufheben und durch Rechtssicherheit Investitionshemmnisse beseitigen. Dabei ist klar, dass sie „keinen Automatismus der Sanierung einführen"[1] und nicht das Ende, sondern die Grundlage der Ermessensausübung sein soll. Bei der Bewertung können auch weiterhin Regelwerke wie die sog. Hollandliste herangezogen werden, soweit das Bundes-Bodenschutzgesetz sowie die Bundes-Bodenschutz- und Altlastenverordnung keine oder keine gegenteiligen Festlegungen enthalten[2]. Hier wird der Anwalt seine Beratungspflicht typischerweise im Zusammenwirken mit einem behördenexternen Sachverständigen wahrnehmen.

129 Liegen der Gehalt oder die Konzentration eines Schadstoffs unterhalb des jeweiligen **Prüfwertes**, ist insoweit der Verdacht einer schädlichen Bodenveränderung oder Altlast ausgeräumt (§ 8 Abs. 1 Nr. 1 BBodSchG, § 4 Abs. 2 Satz 1 BBodSchV). Werden **Maßnahmenwerte** überschritten, ist in der Regel vom Vorliegen einer schädlichen Bodenveränderung oder Altlast auszugehen und es besteht Handlungsbedarf (vgl. § 8 Abs. 1 Satz 2 Nr. 2 BBodSchG). Die indizielle Bedeutung von Maßnahmenwerten hinsichtlich des Vorliegens von Gefahren, erheblichen Nachteilen oder erheblichen Belästigungen ist hier wesentlich stärker als bei Prüfwerten. Der Gefahrenverdacht kann aber auch hier im **Einzelfall** durch konkrete Befunde widerlegt werden. Auf die entsprechende Aufklärung hat der Anwalt ggf. hinzuwirken.

130 Allerdings stehen weit weniger Maßnahmenwerte als Prüfwerte zur Verfügung, nämlich nur für Dioxine, Furane und Cadmium[3]. Diese Regelungslücke hat § 4 Abs. 5 BBodSchV mit seinem Verweis auf Anhang 2 geschlossen. Dies sperrt aber jedenfalls insoweit nicht die fortdauernde Verwendung standardisierter Länderlisten, als Werte der BBodSchV hierzu nicht in Widerspruch stehen[4]. Die ist zwar rechtspolitisch unbefriedigend, erzeugt aber jedenfalls entsprechenden Beratungsbedarf.

131 Die Prüfwerte für den Pfad Boden-Grundwasser sind auf die Prognose der Qualität des Sickerwassers am Übergang zur gesättigten Zone anzuwenden. Entsprechende Bedeutung kommt der BBodSchV im Hinblick darauf zu, eine möglichst verlässliche Sickerwasserprognose zu begründen (dazu § 2 Nr. 5 BBodSchV, zur Methodik Anhänge 1 und 2): Am Ort der Bodenverunreinigung ist hier eine einigermaßen genaue Bestimmung der Schadstoffe möglich. Was aber in der gesättigten Zone, also im Grundwasser ankommt, kann nur geschätzt und muss dann bewertet werden. Insoweit fordert die Verordnung, dass die Prognose der Sickerwasserbeschaffenheit zu begründen ist. Da die folgende Sanierungsanordnung an diese Sickerwasserprognose anknüpft, ergeben sich entsprechende Unsicherheiten schon hinsichtlich der tatbestandlichen Voraussetzungen einer Sanierungsanordnung. Auch hier ist ggf. anwaltlich anzusetzen.

132 Anders als Maßnahmenwerte stellt die BBodSchV **Prüfwerte** großzügig zur Verfügung. Es fehlen aber noch die besonders praxisrelevanten Prüfwerte für Mineralölkohlenwasserstoffe[5] und polyzyklische aromatische Kohlenwasserstoffe sowie

---

1 So zu Recht auch SRU, Sondergutachten „Altlasten II", 1995, Tz. 453.
2 OVG Lüneburg v. 3.5.2000 – 7 M 550/00, NVwZ 2000, 1194.
3 S. auch *Giesberts/Hilf*, in: Giesberts/Reinhardt, Beck'scher Online-Kommentar Umweltrecht, § 4 BBodSchG Rz. 57.
4 Näher *Dombert*, in: Landmann/Rohmer, Umweltrecht, Bd. II, BBodSchG, § 8 Rz. 17 ff.; *Peine*, in: Fluck, KrW-/Abf-/BodSchR, Einleitung BBodSchG II Rz. 155 ff.
5 Krit. dazu aus der Sicht der kommunalen Vollzugspraxis *Welge/Schröder*, ZG 2000, 140, ebenso zu Abgrenzungsproblemen gegenüber Werten in anderen Gesetzen (KrW-/AbfG, Düngemittel-, Pflanzenschutz-, Gentechnik-, Bauordnungsrecht, BImSchG).

VI. Wie läuft ein Sanierungsverfahren ab? Rz. 138 Teil 3 E

für Stoffe wie Antimon, Barium, Thallium, Phenole, Kupfer, Zink und sprengstofftypische Nitroaromen. Anhand dieser Prüfwerte ordnen die zuständigen Behörden Verdachtsflächen ein und überprüfen bestehende Einordnungen, nämlich da, wo sich Abweichungen von den bisher verwendeten Prüfwerten ergeben.

So sind in Anhang 2 folgende Prüfwerte nach § 8 Abs. 1 Satz 2 Nr. 1 BBodSchG für die direkte Aufnahme von Schadstoffen auf Kinderspielflächen, in Wohngebieten, Park- und Freizeitanlagen und Industrie- und Gewerbegebieten ausgedrückt in mg/kg Trockenmasse enthalten (Auszug): 133

134

| Stoff | Kinderspielflächen | Wohngebiete | Park- und Freizeitanlagen | Industrie- und Gewerbegebiete |
|---|---|---|---|---|
| Arsen | 25 | 50 | 125 | 140 |
| Blei | 200 | 400 | 1 000 | 2 000 |
| Cadmium | 10 | 20 | 50 | 60 |
| Cyanide | 50 | 50 | 50 | 100 |
| Chrom | 200 | 400 | 1 000 | 1 000 |
| Nickel | 70 | 140 | 350 | 900 |
| Quecksilber | 10 | 20 | 50 | 80 |
| Pentachlorphenol | 50 | 100 | 250 | 250 |
| Polychlorierte Biphenyle (PCB) | 0,4 | 0,8 | 2 | 40 |

Die zum Teil erheblichen Unterschiede zwischen den verschiedenen Nutzungsarten im Hinblick auf die erforderlichen Sanierungskosten geben Anlass für den beratenden Anwalt, erstens die Möglichkeiten einer Änderung der bislang vorgesehenen Nutzungsart mit dem Ziel geringen Sanierungsaufwands zu ventilieren und zweitens ggf. die Richtigkeit einer zu einem höheren Sanierungsaufwand führenden Bestimmung der Nutzungsart – z.B. im Wege der Inzidentkontrolle oder sogar des Normenkontrollverfahrens – zu überprüfen. 135

Außerdem hat die Länderarbeitsgemeinschaft Wasser (LAWA) in einer Arbeitsgruppe „Prüfwerte" Geringfügigkeitsschwellen zur Beurteilung von Grundwasserverunreinigungen festgelegt. Erst wenn die Prognose ergibt, dass bei Erreichen der gesättigten Zone diese Schwellen überschritten sind, ist der Weg zu einer grundwasserbezogenen Sanierung grds. eröffnet. Auch bei Anwendung dieser Prüfwerte bleiben aber das Vorsorgegebot des § 7 BBodSchG und der Besorgnisgrundsatz des § 1a WHG zu beachten. 136

Da die BBodSchV nur für wenige Stoffe **Maßnahmenwerte** enthält, bedarf es für die Anordnung einer **Sanierung** oft weiterhin des Rückgriffs auf die schon überflüssig geglaubten Listen. Die BBodSchV wird aber fortgeschrieben und sollte zunehmend diesen Rückgriff erübrigen. 137

### 3. Bestimmung des Sanierungsziels

Boden und Altlasten sowie durch Bodenkontaminationen und Altlasten verursachte Gewässerverunreinigungen sind so zu sanieren, dass dauerhaft keine Ge- 138 fahren, erhebliche Nachteile oder erhebliche Belästigungen entstehen, vgl. § 4 Abs. 3 Satz 1 BBodSchG.

139 Den zu erfüllenden **Sorgfaltsmaßstab** bestimmt § 4 Abs. 4 Satz 1 BBodSchG unter Bezug auf die planungsrechtlich **zulässige Nutzung** des Grundstücks, auf das eingewirkt wird. Die Nutzung des Grundstücks beeinflusst nämlich die Expositionswege und den Wirkungsort und die Wirkungsweise von Schadstoffen jedenfalls in Bezug auf das Schutzgut menschliche Gesundheit. In Wohngebieten etwa müssen andere Maßstäbe gelten als für Verkehrsflächen oder gewerblich genutzte Flächen mit nur vorübergehendem Aufenthalt von Menschen. Auf Kinderspielplätzen sind schon deshalb besonders hohe Anforderungen zu stellen, weil hier selbst die orale Aufnahme von Boden und Bodenbestandteilen nicht ausgeschlossen werden kann. Dementsprechend unterscheiden – wie schon bei den Prüfwerten (oben Rz. 133 f.) – auch die näheren Bestimmungen der Sanierungsziele nach den Nutzungsarten.

140 Während die **Vorsorge**anforderungen in der BBodSchV immer gleich sind, unterscheiden die für die **Sanierungs**pflicht maßgeblichen Bodenwerte nach bestimmten **Nutzungen**: Was unter Gesichtspunkten der Gefahrenabwehr erreicht werden muss, richtet sich entscheidend nach der Art der Ausbreitung und der Aufnahme (vgl. § 9 Abs. 1 BBodSchG). Dazu sieht schon § 4 Abs. 4 Satz 1 BBodSchG, auf den § 9 Abs. 1 Satz 3 a.E. BBodSchG verweist, vor, dass die planungsrechtlich zulässige Nutzung des Grundstücks und das sich daraus ergebende Schutzbedürfnis zu beachten sind. Fehlt eine planungsrechtliche Festsetzung, entscheidet die Prägung des Gebiets unter Berücksichtigung der absehbaren Entwicklung. Sowohl hinsichtlich der Wirksamkeit der planungsrechtlichen Festsetzung als auch erst recht der Einschätzung des Gebiets § 34 BauGB sind die bauplanungsrechtlichen Kenntnisse des Anwalts gefragt. Die Vorsorge ist unmittelbar bodenbezogen und daher benutzungsunabhängig.

141 Bei verunreinigten **Gewässern** ergeben sich die Sanierungsanforderungen nach § 4 Abs. 4 Satz 3 BBodSchG aus den Vorgaben des Wasserrechts, insbesondere §§ 32 Abs. 2, 48 Abs. 2 WHG[1]. Die inhaltlichen Sanierungsanforderungen entnimmt die Praxis den von der Länderarbeitsgemeinschaft Wasser (LAWA) erarbeiteten Grundsätzen.

142 **Der Schutz des Grundwassers** steht oft im Vordergrund der Bodenschutzbemühungen. § 2 Nr. 5 BBodSchV benennt als Ort der Gefahrenbeurteilung für das Grundwasser den Übergangsbereich von der ungesättigten zur wassergesättigten Zone. Dabei ist abzuschätzen, welche Eintrittswahrscheinlichkeit dafür besteht, dass Schadstoffe aus einer Altlast die gesättigte Zone erreichen. Welche Schutzwürdigkeit dem Grundwasservorkommen bei der Sanierung eingeräumt wird, bestimmt sich im Rahmen des **Bewirtschaftungsermessens** nach wasserrechtlichen Vorgaben, § 4 Abs. 4 Satz 3 BBodSchG. Eine Grundwassergefährdung liegt nicht vor, wenn sich die Schadstoffkonzentrationen auf dem Weg zu ihm auf ein unbedenkliches Maß verringert haben. Dies hängt u.a. vom Bindungsvermögen der Bodenschichten, der Migrationsgeschwindigkeit, den chemischen Umwandlungs- und biologischen Abbauprozessen und von der Verdünnungswirkung durch hinzukommende Niederschläge und seitlichen Zustrom unbelasteten Sickerwassers ab.

143 Im Ergebnis soll der vor der Einwirkung auf den Boden bestehende Zustand (status quo ante) so weit wie möglich wieder hergestellt werden, und zwar sowohl hinsichtlich der am Standort zu diesem Zeitpunkt ausgeübten Nutzung als auch der vorhandenen Vegetation.

---

[1] Vgl. zum vorbeugenden Gewässerschutz *Sparwasser/Engel/Voßkuhle*, Umweltrecht, § 8 Rz. 216.

Ziel der Sanierungsmaßnahmen ist grds., dass nur noch Schadstoffkonzentrationen bestehen bleiben, die den natürlichen oder jedenfalls ohne die Belastung vorgefundenen Hintergrundwerten entsprechen oder diesen nahekommen. Dafür sollten aber weder ein unverhältnismäßiger Aufwand noch eine – wegen etwaiger gleichzeitiger unerwünschter Folgen der Sanierung – ungünstige Umweltbilanz in Kauf genommen werden. Die Festlegung der Sanierungsziele erfordert daher eine **Abwägung aller Umstände des jeweiligen Einzelfalles**, und zwar unter besonderer **Berücksichtigung der Schutzgüter** Grundwasser, Grundwassernutzungen, menschliche Gesundheit, Boden und Pflanzen. Diese Festlegung erfolgt grds. auch nicht etwa vorab gesondert, sondern geht als Vorbereitungsmaßnahme in die Sanierungsanordnung ein und in dieser auf. Nach den allgemeinen Lehren über feststellende Verwaltungsakte hat die zuständige Behörde freilich auch die Möglichkeit, als „weniger" gegenüber der Sanierungsanordnung und grds. unter deren Voraussetzungen vorab eine Sanierungszielbestimmung zu treffen. Damit bleibt es auch nach Inkrafttreten der Verordnung bei der Notwendigkeit, über die Sanierung jeweils nur im Einzelfall zu entscheiden und in diese Entscheidung zahlreiche Abwägungsfaktoren einzustellen. Gerade bei umfangreichen und/oder schwierigen Verfahren wird die Behörde meist vorbereitend Sanierungsuntersuchungen oder eine Sanierungsplanung nach § 13 BBodSchG aufgeben oder durchführen. 144

Die zuständige Behörde kann über die Sanierung jeweils nur im Einzelfall entscheiden und muss in diese Entscheidung zahlreiche Abwägungsfaktoren einstellen. Auf diese Entscheidung ist seitens des Anwalts durch entsprechenden Vortrag einzuwirken, was regelmäßig die Zuziehung eines entsprechenden Sachverständigen voraussetzt. 145

### 4. Welche Sanierungsmethoden gibt es?

Aufklärungs- und insbesondere Sanierungskosten hängen entscheidend von der **Wahl der jeweiligen Methode** ab. Die Kenntnis, welche Methoden in Betracht kommen, ist daher für den beratenden Anwalt durchaus von Wert, schon damit der Mandant dem regelmäßig beigezogenen Fachgutachter nicht schutzlos ausgeliefert ist[1]. Jedenfalls ist immer mit zu bedenken, wie die Fläche künftig genutzt werden soll und wie groß der Eilbedarf für Aufklärung und Sanierung ist, weil davon nicht zuletzt der immer vorzunehmende Verhältnismäßigkeitstest abhängt. 146

Für eine boden-, gewässer- und luftschützende Sanierung kommen meist verschiedenartige und dementsprechend verschieden teure Maßnahmen in Betracht[2]. Grundkenntnisse hiervon erleichtern dem Anwalt nicht nur die Auseinandersetzung hierüber gerade mit Fachleuten, sondern sind auch Voraussetzung für die umfassende Betreuung des Mandanten. So sehen § 2 Abs. 7 Nr. 2, Abs. 8 sowie § 4 Abs. 3 Satz 2 BBodSchG zur Sanierung bei stofflichen Belastungen neben **Dekontaminations-** auch gleichwertige **Sicherungsmaßnahmen** vor. Soweit die Beseitigung der Altlast auf diese Weise nicht möglich oder aber unzumutbar ist, sind sonstige Sicherungs- und Beschränkungsmaßnahmen zu ergreifen (§ 4 Abs. 3 Satz 3 BBodSchG). Dabei soll die derzeitige und die planungsrechtlich zulässige künftige Nutzung des Grundstücks berücksichtigt werden, § 4 Abs. 4 BBodSchG (oben Rz. 135, 139 ff.). 147

Bei den technischen Lösungen ist zu unterscheiden zwischen **Dekontamination**, die auf die tatsächliche Entfernung der Schadstoffe abzielt, und **Sicherung**, bei der 148

---
1 Dazu näher *Sparwasser/Engel/Voßkuhle*, Umweltrecht, § 9 Rz. 29–46.
2 Umfassend *Franzius/Altenbockum/Gerhold*, Handbuch Altlastensanierung und Flächenmanagement, Bd. 2, Ziff. 5000–6503; s.a. SRU, Sondergutachten „Altlasten II", 1995, Tz. 150 f. sowie SRU, Umweltgutachten 2004, Tz. 808 ff.

das Schadstoffpotential erhalten bleibt, jedoch seine Einwirkung auf die Umweltmedien vermindert oder ausgeschlossen wird. Nach dem Verbleib des kontaminierten Materials im Boden wird unterschieden zwischen Maßnahmen **in situ** und **ex situ**, nach dem Ort der Behandlung zwischen **on site** und **off site**, die im Folgenden näher erklärt werden.

### a) Sicherungsmaßnahmen

149 Ein Verfahren der Sicherung ist die dauerhafte **Immobilisierung** (Verfestigung), bei der Suspensionen eingespritzt werden, die die Schadstoffe im Boden (**in situ**) fixieren, d.h. derart verfestigen, dass Auslaugungen verhindert oder zumindest bis auf einen nicht mehr bedenklichen Rest vermindert werden.

150 Ein anderes Sicherungsverfahren stellt das **Einkapseln** der Schadstoffe und kontaminierten Massen an Ort und Stelle (**in situ**) durch die Abdichtung der Oberfläche gegen Niederschlagswasser (Errichtung einer mehrschichtigen Versiegelung unter Verwendung von Folien) und die Errichtung von vertikalen Dichtwänden (etwa im Schlitzwandverfahren) seitlich der Altlast sowie die zureichende Abdichtung ihrer Sohle – letztlich alles zum Schutz der Gewässer, vor allem des Grundwassers – dar. All dies ist ebenfalls sehr aufwendig. Problematisch sind die Dichtigkeit der verwendbaren Materialien (Folien, Spundwände, Ton, Lehm usw.), die noch immer fehlende Kenntnis des Langzeitverhaltens der Dichtungen und die mangelnde Erfahrung mit den anzuwendenden Techniken. Auch nach Abschluss der Sanierung sind daher in aller Regel noch langfristige Überwachungsmaßnahmen (Rechtsgrundlage: § 15 Abs. 2 BBodSchG) erforderlich, und etwa auftretendes Sickerwasser bedarf ständiger Behandlung.

151 Sicherungsmaßnahmen sind auch bestimmte **hydraulische Maßnahmen** wie eine Grundwasserabsenkung und -umleitung, die ausschließen, dass der Grundwasserstrom aus dem Schadstoffherd Schadstoffe auswäscht. Zum Einsatz kommen auch **durchströmte Reinigungswände**, die im direkten Abstrom der Altlast liegen und die mit angepassten Filtermaterialen gefüllt sind. Idealerweise werden diese passiv durchströmt, so dass kein zusätzlicher Energiebedarf besteht.

152 Letztlich auch „nur" eine Maßnahme der Sicherung ist die **Deponierung**, also die Auskofferung (Ausgrabung) des kontaminierten Erdreichs, und ihre Verbringung (**ex situ**) auf geeignete Deponien. Häufig und v.a. bei kleineren Verunreinigungen ist die Auskofferung immer noch die Methode der Wahl. Dagegen sprechen freilich die oft hohen Aufwendungen für die Entsorgung des kontaminierten Bodens, der Mangel geeigneten Deponieraums und auch das Gefährdungspotential bei Durchführung der Sanierungsarbeiten. Gleichwohl ist es eine Methode, mit der in kurzer Zeit eine Kontamination ausgebaut und damit das Grundstück ohne oder nur mit geringen Einschränkungen einer Neunutzung zugeführt werden kann.

153 Die ausgehobenen kontaminierten Bodenteile können auch durch Zugabe geeigneter **Zuschlagsstoffe** (z.B. Zement oder Bitumen) so **verfestigt** werden, dass Schadstoffe nur noch in konkret vernachlässigbar geringer Menge ausgelaugt werden. Die behandelten Erdmassen können dann oft an gleicher Stelle wieder abgelagert werden. Das Verfahren kommt allerdings nur selten zur Anwendung, da der Nachweis für eine nachhaltige Immobilisierung nur schwer zu erbringen ist.

154 Schließlich wird entsprechend § 2 Abs. 8, § 4 Abs. 3 Satz 3 BBodSchG – s. auch § 5 Abs. 5 BBodSchV – jedenfalls für nutzungsbezogene Sanierungsfälle unter den sonstigen Schutz- und Beschränkungsmaßnahmen ausdrücklich auch die **Anpassung der Nutzung und der Bewirtschaftung der Böden** anerkannt. Ergebnis einer Abwägung kann daher, gerade bei besonders aufwendigen Sanierungen, auch sein, die ei-

VI. Wie läuft ein Sanierungsverfahren ab?

gentlich vorgesehene Nutzung als Kinderspielplatz oder für Gemüseanbau zu untersagen (oben Rz. 139 ff.). Dabei kann in bereits ausgeübte Nutzungen – ggf. gegen Zahlung eines Ausgleichs – eingegriffen werden[1].

Wo Mensch und Tier nicht gefährdet sind, gelten geringere Sanierungsanforderungen bzw. ist eine Sanierung und je nach Fall sogar eine weitere Sicherung entbehrlich. 155

**b) Dekontamination**

Auch **Dekontaminationsmaßnahmen** können unter Belassung des Erdreichs oder nach Auskofferung vorgenommen werden, und zwar entweder an Ort und Stelle oder andernorts. 156

Eine Möglichkeit bildet das **Ausgraben (daher ex situ)** der kontaminierten Erdmassen und die anschließende Extraktion der Schadstoffe sowie ihre **Behandlung vor Ort (on-site-treatment)**. So werden die Schadstoffe den ausgehobenen Erdmassen mittels physikalischer oder chemischer Verfahren entzogen (z.B. durch Auswaschen, d.h. durch Aufkonzentrieren in der Feinstkornfraktion, oder durch „Strippen", d.h. Durchlüften zur Austreibung flüchtiger Stoffe). Die abgetrennten Schadstoffe werden umgewandelt, abgebaut oder sind als Abfall oder Sonderabfall zu entsorgen. Für die Behandlung kommen auch thermische Verfahren (z.B. im Wege des Einsatzes mobiler Infrarot- oder Wirbelschichtverbrennungsanlagen) oder mikrobiologische Verfahren in Betracht. 157

Meist ist die Behandlung on-site kostengünstiger als die off-site (also die Behandlung der Schadstoffe an zentralen Stellen). Zwar sind die Entfernung und Behandlung in zentralen Entsorgungsanlagen für den Standort und seine Umwelt oft die beste Lösung. Dagegen sprechen aber die hierfür meist notwendigen hohen zusätzlichen Aufwendungen, insbesondere der Transportaufwand. Mittlerweile gibt es viele Bodenbehandlungsanlagen, die in der Praxis gut funktionieren und aus diesem Grund in geeigneten Fällen gerne zur Dekontamination hochbelasteter Böden genutzt werden. 158

Mit gleicher Wirkung können abgelagerte Schadstoffe u.U. auch ohne vorheriges Ausgraben der kontaminierten Erdmassen (**in situ**) an Ort und Stelle behandelt werden[2]. Dazu gibt es mittlerweile eine Fülle von Techniken. 159

**Beispiele:**

Biologische Verfahren (Stimulierung der vorhandenen natürlichen Abbauprozesse, Injektion von nicht vorhandenen Bakterienstämmen, Einstellung optimaler Abbaumilieus im Untergrund). 160
Chemische Verfahren (in-situ chemische Oxidation, in-situ chemische Reduktion).
Physikalische Verfahren (thermische Methoden in Kombination mit Absaugung, elektrokinetische Methode, Air Sparging, Spülungen des Untergrunds).

Weiter kommt auch eine **hydraulische Sanierung** durch „**pump and treat**" im Wege der künstlich herbeigeführten Änderung der lokalen Grundwasserfließrichtung durch ständiges Grundwasserpumpen, kombiniert mit einem Stripping-Verfahren oder photokatalytisch-nassoxidativer Reinigung in Betracht. – Bei einer anderen Art der hydraulischen Sanierung werden Brunnen gesetzt, die kontaminiertes 161

---

1 Die bloße Empfehlung, bis zur endgültigen Klärung der Lage landwirtschaftliche Produkte aus dem kontaminierten Gelände nicht zu vermarkten, ist dagegen keine ausgleichspflichtige Maßnahme, BGH v. 22.1.1998 – III ZR 168/96, DVBl 1998, 328.
2 Dazu SRU, Umweltgutachten 2004, Tz. 808.

Grund- und Oberflächenwasser aufnehmen. Dieses wird gefiltert oder sonst vor Ort gereinigt. Dann wird es über Schluckbrunnen oder durch Verrieselung auf dem Gelände dem Boden wieder zugeführt. Voraussetzung ist, dass die Schadensquelle sich in der grundwassergesättigten Zone befindet. Gegenüber dem herkömmlichen Ausgraben entsteht oft nur ein Bruchteil der Kosten, zudem wird Deponieraum gespart. Der Sanierungserfolg und der Zeitbedarf sind jedoch schwerer kontrollierbar als bei den herkömmlichen Methoden.

162 Im Zusammenhang mit anderen Sanierungsmaßnahmen ist zum Gewässerschutz, insbesondere zum Schutz des Grundwassers, meist auch eine **Sickerwasserbehandlung** erforderlich. Hierzu ist das Sickerwasser in geeigneter Weise zu sammeln sowie in einer deponieeigenen oder hierfür geeigneten öffentlichen Anlage vor seiner Einleitung in eine kommunale Kläranlage vorzubehandeln. Das kann etwa im Wege der Umkehrosmose geschehen, so dass der nur noch schwach verunreinigte größere Wasserstrom abgeleitet und das stark verunreinigte Konzentrat zur Verdampfung einer thermischen Entsorgungsanlage zugeführt werden kann.

163 Sofern Gase aus dem kontaminierten Standort austreten, müssen diese ebenfalls gesammelt und entsprechend behandelt werden. Zuweilen – meist jedoch nur bei jungen Deponien – lohnt sich eine **thermische Verwertung**.

### c) Weitere Maßnahmen

164 Damit auch auf anderen Beeinträchtigungen beruhende Veränderungen der physikalischen, chemischen oder biologischen Beschaffenheit des Bodens erfasst werden können, ergänzt § 2 Abs. 7 Nr. 3 BBodSchG den Sanierungsbegriff. In diesem Sinne kommen auch Maßnahmen gegen Bodenerosionen und -verdichtungen in Betracht (dazu auch § 4 BBodSchG i.V.m. §§ 8 ff. BBodSchV, oben Rz. 31).

### d) Auswahl der Sanierungsmaßnahme

165 Das BBodSchG kennt keine bestimmte Rangfolge der Sanierungsmaßnahmen. Dekontaminations- und Sicherungsmaßnahmen sind nach § 4 Abs. 3 Satz 2 BBodSchG grds. **gleichrangig**. Die Auswahl hat im Einzelfall unter Berücksichtigung des Verhältnismäßigkeitsgrundsatzes so zu erfolgen, dass das Sanierungsziel nachhaltig erreicht werden kann. Aus diesem Grunde wird häufig eine Dekontaminationsmaßnahme vorzuziehen sein[1]. Für schädliche Bodenveränderungen oder Altlasten, die nach dem 1.3.1999 eingetreten sind, ordnet § 4 Abs. 5 Satz 1 BBodSchG ausdrücklich einen **Vorrang** der Sanierung an, der lediglich durch den Verhältnismäßigkeitsgrundsatz begrenzt wird. Eine Ausnahme sieht § 4 Abs. 5 Satz 2 BBodSchG aus Gründen des Vertrauensschutzes vor.

### 5. Behördliche Umsetzung der erforderlichen Maßnahmen

#### a) Einseitige behördliche Umsetzung

166 Zur Umsetzung der zur Erreichung des Sanierungsziels erforderlichen Maßnahmen kann die zuständige Behörde eine Verfügung nach § 10 BBodSchG (Rz. 108 ff.) erlassen. Bei komplexen Altlastensanierungen kann sie die Vorlage eines Sanierungsplans verlangen und diesen für verbindlich erklären (Rz. 113 ff.), unter bestimmten Umständen auch einen Sanierungsplan selbst erstellen oder durch einen Sachverständigen erstellen lassen (Rz. 120).

---

[1] Näher *Giesberts/Hilf*, in: Giesberts/Reinhardt, Beck'scher Online-Kommentar Umweltrecht, § 4 BBodSchG Rz. 60.

## VI. Wie läuft ein Sanierungsverfahren ab?

### b) Genehmigungserfordernisse und Konzentrationswirkung

Die Durchführung der Sanierung erfordert oft weitere öffentlich-rechtliche Genehmigungen, Gestattungen, Planfeststellungen usw.

**Beispiel:**

So bedürfen Errichtung und Betrieb eines Schluckbrunnens im Rahmen einer hydraulischen Sanierung der wasserrechtlichen Gestattung, bedarf das Strippen, also das Entgasen, womöglich einer immissionsschutzrechtlichen Genehmigung[1], setzt das Auskoffern eine Baugenehmigung voraus und ist der Transport deponiepflichtigen Materials anzeigepflichtig.

Zur Erleichterung des Verfahrens und zur Beschleunigung der Sanierung sehen § 13 Abs. 6 Satz 2 (§ 14 Abs. 2) und § 16 Abs. 2 BBodSchG eine **Konzentrationswirkung** des Sanierungsplans bzw. der Sanierungsanordnung vor. So schließen verbindlicher Sanierungsplan bzw. Sanierungsanordnung weitere für die Sanierung erforderliche behördliche Genehmigungen ein, außer bei UVP-pflichtigen Vorhaben. Im Umfang der Konzentrationswirkung sind die sonst jeweils zuständigen Behörden zu beteiligen.

Wo die Zuständigkeits- und Verfahrenskonzentration ausnahmsweise nicht greift, sind die entsprechenden Genehmigungserfordernisse zu prüfen, ggf. sind die notwendigen Anträge zu stellen. Zur Vermeidung von Verzögerungen im Ablauf der Sanierung ist dies alles durch den betreuenden Anwalt rechtzeitig vorzunehmen.

### c) Öffentlichkeitsbeteiligung und Betroffenenunterrichtung

Eine besondere **Öffentlichkeitsbeteiligung** ist bodenschutzrechtlich nicht vorgesehen. Die Sanierungsverpflichteten müssen aber gem. § 12 BBodSchG die verschiedenen Betroffenen – Grundstückseigentümer, sonstige Nutzungsberechtigte und Nachbarschaft – von der bevorstehenden Durchführung der Sanierungsmaßnahmen **informieren** und die zur Beurteilung der Maßnahmen erforderlichen wesentlichen vorhandenen Unterlagen vorlegen. Zu unterrichten ist nicht über die Gefahrenlage, sondern nur über die vorgesehenen Maßnahmen. In diesem Zusammenhang ist auch dem Geschäfts- oder Betriebsgeheimnis Rechnung zu tragen (§ 12 Satz 2 BBodSchG). Ermächtigungsgrundlage für entsprechende Anordnungen ist § 16 BBodSchG.

Erfahrungsgemäß obliegt dem Anwalt auch hier eine wichtige Aufgabe, indem er entweder für die entsprechende Unterrichtung sorgt oder diese selbst vornimmt. Zwar eröffnet regelmäßig spätestens eine Duldungsverfügung der zuständigen Behörde gegenüber dem betroffenen Nachbar-Eigentümer den Weg zur Inanspruchnahme von dessen Grundstück im Sanierungsverfahren. Oft ist aber der Sanierungspflichtige dem Nachbarn auch schadensersatzpflichtig und haftet daher für einen Nutzungsausfall. Hier bewähren sich frühzeitig abgeschlossene **Duldungsvereinbarungen**.

### d) Behördenzuständigkeit

In der Regel sind die unteren Verwaltungsbehörden zuständig, vgl. beispielsweise Art. 10 Abs. 2 Satz 1 BayBodSchG oder § 16 Abs. 2 LBodSchAG BW[2].

---

[1] Dazu ausführlicher *Sparwasser/Engel/Voßkuhle*, Umweltrecht, § 10 Rz. 138 ff.
[2] Hilfreich ist die Sammlung der Anschriften Sanierungsbeteiligter in *Franzius/Altenbockum/Gerhold*, Handbuch Altlastensanierung und Flächenmanagement, Bd. 5, Ziff. 16000.

### 6. Welche vertraglichen Lösungen kommen in Betracht?

174 Anstelle einer Sanierungsverfügung kann auch ein **öffentlich-rechtlicher Vertrag** abgeschlossen werden, der einerseits mehr Akzeptanz beim Betroffenen und Effizienz bei der Durchführung gewährleistet, andererseits aber auch vom Sanierungspflichtigen als Mittel der Verzögerung und Verwässerung des Sanierungsziels eingesetzt werden kann[1].

175 Mit dem Sanierungsplan kann daher der Entwurf eines **Sanierungsvertrags** über die Ausführung des Plans vorgelegt werden, § 13 Abs. 4 BBodSchG. Dabei handelt es sich um einen **öffentlich-rechtlichen Vertrag** zwischen Sanierungspflichtigem und Behörde. Der Vertrag kann auch die **Einbeziehung Dritter** vorsehen, so ausdrücklich § 13 Abs. 4 a.E. BBodSchG. Damit gemeint sind aber nicht Erfüllungsgehilfen, sondern andere Sanierungspflichtige und bspw. auch duldungspflichtige Betroffene i.S.d. § 12 Satz 1 BBodSchG. Ergänzend gelten die §§ 54 ff. LVwVfG.

176 Bei der Gestaltung dieses Vertrags ist anwaltlich insbesondere darauf zu achten, dass die Pflichten für den Mandanten möglichst günstig verteilt werden, d.h. erstens für den Mandanten möglichst schonend und zweitens aber auch zur Durchführung der Sanierung möglichst effektiv.

177 Gerade in umfangreichen Sanierungsverfahren spricht **viel für die Vertragslösung**. Anders als bei der Notwendigkeit einer verwaltungsgerichtlichen Auseinandersetzung führt sie in der Regel schneller zur Sanierung. Unsicherheiten bei der Bestimmung des Sanierungsziels, der Prüfung der Verhältnismäßigkeit der Maßnahmen und der Gewichtung der jeweiligen Verantwortlichkeiten können dem Sofortvollzug bzw. seiner Durchsetzbarkeit entgegenstehen. Verwaltungsgerichtliche Verfahren dauern jedenfalls in schwierigen Fällen oft lange und bereiten auf allen Seiten viel Mühe. Bei der Anordnung und Durchsetzung von Sanierungspflichten von Handlungs- und Zustandsstörern hat die Behörde schließlich im Rahmen ihres **Opportunitätsermessens** erheblichen Spielraum. So lassen sich allseits vernünftige Lösungen oft im Vertragsweg vereinbaren, wo sonst langwierige Rechtsstreitigkeiten mit ungewissem Ausgang drohten[2]. Unter welchen Voraussetzungen es zulässig ist, in einem Sanierungsvertrag **betragsmäßige Höchstgrenzen und Freistellungsklauseln** zu vereinbaren, ist bislang noch unzureichend beleuchtet worden[3].

178 Nur in Extremfällen wird sich die Frage der **Nichtigkeit** des Sanierungsvertrags nach § 59 Abs. 2 LVwVfG stellen. Dagegen spricht schon die Komplexität der Abwägungsvorgänge bei einer umfangreichen Sanierung. Der Nichtigkeitsgrund des § 59 Abs. 2 Nr. 3 LVwVfG setzt die eindeutige Rechtswidrigkeit der entsprechenden Sanierungsanordnung voraus. Auch ein Nichtigkeitsgrund nach § 59 Abs. 2 Nr. 4 LVwVfG liegt wohl nur vor, wenn die vereinbarte Gegenleistung **eindeutig** unangemessen ist.

---

1 Anschaulich *Dombert*, in: Landmann/Rohmer, Umweltrecht, Bd. II, BBodSchG, § 13 Rz. 13 ff., 35 ff.; *Dombert*, ZUR 2000, 303; *Frenz/Heßler*, NVwZ 2001, 13; *Fischer*, BauR 2000, 833, 834; eingehend *Kippes*, Verwaltungsrundschau 1997, 41, und *Kippes*, VerwArch. 87 (1996), 405.
2 S. auch *Schlemminger/Böhn*, NVwZ 2010, 354, 355; zur Frage des Drittschutzes gegen einen bodenschutzrechtlichen Sanierungsvertrag s. *Christonakis*, UPR 2005, 11.
3 Einen ersten systematischen Zugriff unternehmen *Schlemminger/Böhn*, NVwZ 2010, 354.

## 7. Nach der Sanierung

### a) Überwachung und Nachweispflichten

Altlasten und altlastenverdächtige Flächen unterliegen sowohl der **behördlichen Überwachung**, § 15 Abs. 1 Satz 1 BBodSchG, als auch der **Eigenkontrolle** des Sanierungsverpflichteten, § 15 Abs. 2 BBodSchG. Dazu können Eigenkontrollmaßnahmen, insbesondere Boden- und Wasseruntersuchungen sowie Einrichtung und Betrieb von Messstellen verlangt werden. § 16 BBodSchG ist Ermächtigungsgrundlage für Maßnahmen nach § 15 Abs. 1, 3 BBodSchG, § 15 Abs. 2 BBodSchG enthält die erforderliche Ermächtigung selbst. Regelmäßig haben der Sanierung eine Funktionsprüfung und eine Langzeitkontrolle zu folgen. Für den Bereich bestimmter Deponien gelten die sogleich dargestellten abfallrechtlichen Sondervorschriften.

179

### b) Rekultivierung

Rekultivierung bedeutet die umgebungs- und nutzungsgerechte Gestaltung der betroffenen Fläche nach Durchführung der Sanierung oder wenigstens die Herstellung des ursprünglichen Zustands, z.B. durch Begrünung oder Anlage von Freizeitflächen. Polizeirechtlich gab es insoweit keine Möglichkeit einer Rekultivierungsanordnung, als die Rekultivierung über die Gefahrenabwehr hinausgeht. Denkbar wären auch naturschutzrechtliche Anordnungen, wenn man eine Sanierung ihrerseits als einen ausgleichsbedürftigen Eingriff und die anschließende Rekultivierung als Ausgleichsmaßnahme ansieht[1]. Inzwischen enthalten einige Landesgesetze Vorschriften zur Anordnung einer Rekultivierung[2]. Das BBodSchG wiederum schweigt dazu, was eine **Sperrwirkung** jedenfalls hinsichtlich sonst dem BBodSchG unterfallender Sanierungen bedeutet[3]. Eine Sondervorschrift für stillgelegte Deponien enthält § 36 Abs. 2 Satz 1 KrW-/AbfG, wonach die Behörde die Rekultivierung anordnen soll[4]. Falls die Sanierung einen Eingriff i.S. des § 14 BNatSchG einschließt, hat der Sanierungsverantwortliche auch die Anforderungen der Eingriffs-Ausgleichs-Regelung des § 15 BNatSchG zu beachten und ist die Behörde gehalten, deren Einhaltung sicherzustellen (§ 17 Abs. 1 BNatSchG). Bedarf eine Sanierung – was bei „größeren" Sanierungen kaum der Fall sein wird – keiner behördlichen Zulassung oder Anzeige, ist für Eingriffe i.S.d. § 14 BNatSchG eine Genehmigung der Naturschutzbehörde erforderlich, § 17 Abs. 3 BNatSchG.

180

**Beispiel:**

Für eine Sanierung durch großflächiges Auskoffern verlangt die Behörde die Modellierung des Geländes entsprechend dem früheren Zustand und seine Begrünung.

181

### c) Nachsanierung

Lebt nach Abschluss einer Sanierung ein bereits beseitigt geglaubter Altlastenverdacht aufgrund neuer Erkenntnisse wieder auf, so ist die Behörde nicht gehindert, ein neues Verfahren einzuleiten (sog. Nachsanierung, oben Rz. 123 f.).

182

---

1 Dazu näher *Sparwasser/Engel/Voßkuhle*, Umweltrecht, § 6 Rz. 142 ff.
2 Näher *Pohl*, NJW 1995, 1645, 1647.
3 Dazu *Ewer*, in: Landmann/Rohmer, Umweltrecht, Bd. II, BBodSchG, Vorb. Rz. 190 f. m.w.N.
4 Zu den Rechtsgrundlagen der Rekultivierung und Nachsorge von Deponien *Beckmann/Hagmann*, DVBl 2001, 1636.

### d) Wertausgleich

183 Wird die Sanierung ganz oder teilweise von der Behörde durchgeführt und steigt der Verkehrswert des betreffenden Grundstücks dadurch an, wäre es unbillig, diese **Wertsteigerung** ohne Weiteres dem Eigentümer zukommen zu lassen, der selbst keinen Beitrag zur Sanierung geleistet hat. Dazu bestimmt jetzt § 25 BBodSchG in Ergänzung der Kostenregelung des § 24 BBodSchG einen Wertausgleich. Damit soll eine sonst eintretende „**ungerechtfertigte Bereicherung**" des Eigentümers wieder abgeschöpft werden[1]. Voraussetzung ist, dass staatliche Maßnahmen durchgeführt wurden, Verantwortliche zur Kostenerstattung nicht oder nur teilweise herangezogen werden können und damit **öffentliche Mittel zur Sanierung des Grundstücks** eingesetzt werden müssen.

**Beispiel:**

184 Die Behörde führt eine aufwendige Sanierung durch. Der Eigentümer kann wegen mangelnder Leistungsfähigkeit zu den Kosten der Ersatzvornahme nicht herangezogen werden. Eine Befriedigung aus dem Grundstück ist aber möglich. Hier ermöglicht § 25 BBodSchG die „Refinanzierung aus dem Grundstück selbst".

185 Den Ausgleichsbetrag setzt die Behörde nach Beendigung der Sicherung oder Sanierung durch **Verwaltungsakt** fest, § 25 Abs. 3 BBodSchG. Damit wird er fällig und kann nach den Verwaltungsvollstreckungsgesetzen der Länder beigetrieben werden. Längstens kann die Festsetzung binnen vier Jahren nach dem Abschluss der Arbeiten erfolgen, § 25 Abs. 3 Satz 2 BBodSchG (Festsetzungsverjährung).

186 Die Ausgleichspflicht wird ohne Eintragung in das Grundbuch wirksam, ruht als öffentliche Last auf dem Grundstück, § 25 Abs. 6 BBodSchG, und hat im Falle der Zwangsversteigerung das Vorrecht des 3. Ranges nach § 10 Abs. 1 Nr. 3 ZVG. Ein entsprechender Hinweis kann in das Grundbuch eingetragen werden, § 25 Abs. 6 Satz 2 BBodSchG sowie § 93b GBV[2]. Der Vermerk erfolgt allerdings ohne Angabe der Höhe des Ausgleichsbetrags[3]. Die entsprechende **Grundbucheinsicht** zählt damit zu den altlastenrelevanten Grundpflichten des Anwalts und wird ihm ggf. Anlass geben, über die Höhe des Ausgleichsbetrags weitere Nachforschungen bei der zuständigen Behörde anzustellen.

187 Wurden Subventionen oder Mittel aus Förderprogrammen gewährt, die grds. freiwillig und als verlorene Zuschüsse gezahlt werden, könnte die Rückzahlungspflicht nach § 25 BBodSchG im Widerspruch zu dem Förderzweck stehen. Dies ist im Einzelfall Auslegungsfrage[4]. Nach Möglichkeit wird der Anwalt rechtzeitig – d.h. in der Förderzusage – für Klarheit sorgen. Anderes gilt, wenn die Rückforderung nach § 25 BBodSchG vorbehalten wurde. Ausdrücklich ausgeschlossen wurde die Rückforderung für Fälle der Freistellung aufgrund von Art. 1 § 4 Abs. 3 Satz 1 Umweltrahmengesetz DDR (vgl. § 25 Abs. 1 Satz 3 BBodSchG) und im Fall von Ausgleichsbeträgen nach § 154 BauGB im Falle baulicher und bodenschutzbezogener Sanierungen (§ 25 Abs. 1 Satz 4 BBodSchG). Schließlich ist auch eine Härtefallregelung in § 25 Abs. 5 Satz 1 BBodSchG ausdrücklich vorgesehen.

---

1 Näher *Körner*, NVwZ 2004, 699; *Albrecht*, NVwZ 2001, 1120. Entsprechende Regelungen enthielten bisher schon § 18 Bln. BodSchG, § 35 Bbg. AbfG, § 13 Abs. 4 Brem. AgAbfG, § 16 H AltlastG, § 38 N AbfG, § 33 Abs. 2 NW LAbfG, § 32 Rh.-Pf. LAbfWAG und § 22 Th AbfAG.
2 Eingefügt aufgrund der Verordnung über die Eintragung des Bodenschutzlastenvermerks v. 18.3.1999, BGBl. I 1999, 497; dazu aus praktischer Sicht *Albrecht*, NVwZ 2001, 1120.
3 Der Vermerk lautet lediglich: „Bodenschutzlast. Auf dem Grundstück ruht ein Ausgleichsbetrag nach § 25 des Bundes-Bodenschutzgesetzes als öffentliche Last.", vgl. § 93b Abs. 1 Satz 2 GBV.
4 Dazu *Sanden/Schoeneck*, BBodSchG, § 25 Rz. 6, und *Vierhaus*, NJW 1998, 1262, 1267.

## VII. Wer muss mit einer Sanierungsverfügung rechnen?

Die Frage nach den **Adressaten** der bodenschutzrechtlichen Grundpflichten ist eine der schwierigsten der bisherigen Altlastendiskussion, die entsprechende Regelung in § 4 BBodSchG eine der wichtigsten des ganzen Gesetzes. Entsprechend umstritten war die Norm im Gesetzgebungsverfahren[1]. Immerhin sind eine Reihe von Streitfragen jetzt geklärt, für andere kann an die bisherige – im Ursprung polizeirechtliche – Diskussion angeknüpft werden; neu aufgeworfen sind einige verfassungsrechtliche Fragen, wobei auch hier inzwischen erste Grundsatzentscheidungen vorliegen.

188

Den Kreis der Verursacher und die wichtigsten ihre Sanierungspflicht einschränkenden Gesichtspunkte enthält das Schaubild[2]:

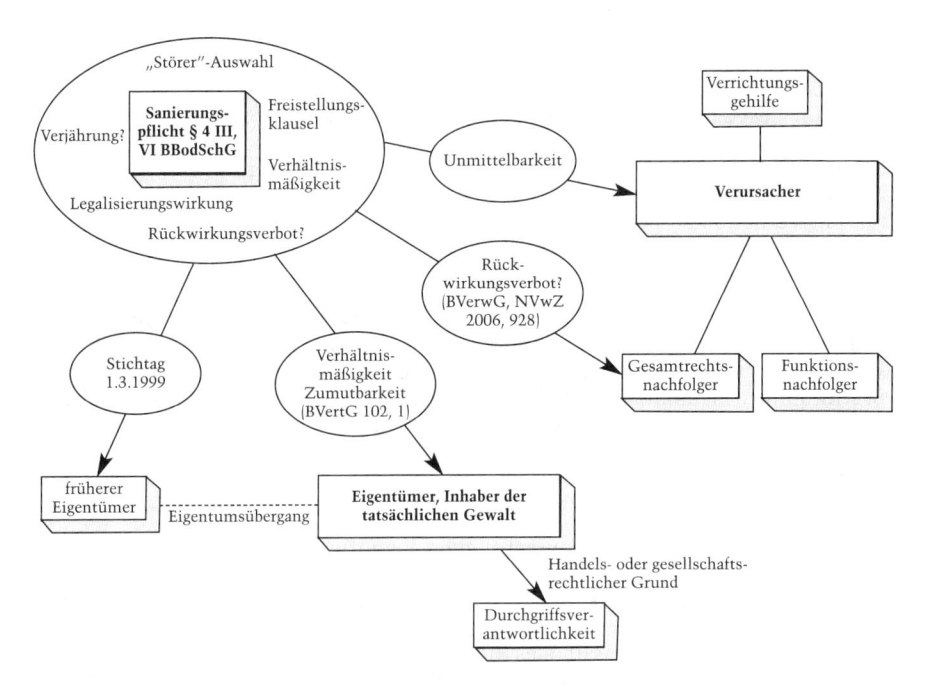

189

[Schaubild: "Störer"-Auswahl mit den Elementen Sanierungspflicht § 4 III, VI BBodSchG, Verjährung?, Freistellungsklausel, Verhältnismäßigkeit, Legalisierungswirkung, Rückwirkungsverbot?, Unmittelbarkeit, Verrichtungsgehilfe, Verursacher, Rückwirkungsverbot? (BVerwG, NVwZ 2006, 928), Gesamtrechtsnachfolger, Funktionsnachfolger, Stichtag 1.3.1999, Verhältnismäßigkeit Zumutbarkeit (BVerfG 102, 1), früherer Eigentümer, Eigentumsübergang, Eigentümer, Inhaber der tatsächlichen Gewalt, Handels- oder gesellschaftsrechtlicher Grund, Durchgriffsverantwortlichkeit]

### 1. Verursacher

Zur Sanierung verpflichtet ist zunächst der **Verursacher** einer schädlichen Bodenveränderung oder Altlast, § 4 Abs. 3 Satz 1 BBodSchG. Dies entspricht der polizeirechtlichen Haftung des Handlungs- oder auch „Verhaltensstörers" (vgl. z.B. § 4 MEPolG). Landesrechtliche Regelungen, und sei es auch nur zur näheren Auslegung, sind damit überholt und **ausgeschlossen**. Der bundesrechtliche Begriff des Verursachers ist aus dem BBodSchG, insbesondere den dort verankerten Grundpflichten heraus auszulegen. Dabei kann man sich an die Dogmatik anlehnen, die Rechtsprechung und Literatur zum Begriff des polizeirechtlichen Handlungsstörers entwickelt haben.

190

So erkennt die – schon vom Preußischen Oberverwaltungsgericht vertretene – „**Theorie der unmittelbaren Verursachung**" nur ein solches Verhalten als polizei-

191

---
1 *Sanden/Schoeneck*, BBodSchG, § 4 Rz. 4–6 m.w.N.
2 Nach *Sparwasser/Engel/Voßkuhle*, Umweltrecht, § 9 Rz. 186.

rechtlich erhebliche Ursache an, das selbst unmittelbar die konkrete Gefahr oder Störung herbeigeführt und damit die Gefahrengrenze überschritten hat[1].

**Beispiel:**

192 Der Abfallerzeuger sollte trotz Kausalität in der Regel nicht für die Sanierung einer von ihm beschickten Deponie verantwortlich sein, wenn diese von ihm nicht auch selbst **betrieben** worden war.

193 Hierbei geht es aber nicht um eine reine Kausalitätsfrage; vielmehr erfordert die Anwendung des Kriteriums der „Unmittelbarkeit" eine **wertende Zurechnung**. Insoweit stellt sich die Frage nach den **Kriterien**, die den notwendigen Wertungen zugrunde zu legen sind[2]. Dazu sind im Schrifttum weitere Störertheorien entwickelt worden, etwa die „Theorie der rechtswidrigen Verursachung"[3] oder die „Pflichtwidrigkeitstheorie"[4]. Der Zurechnungsmaßstab ist zunächst den spezialgesetzlichen risikozuweisenden Rechtsnormen zu entnehmen (früher etwa den §§ 25 Abs. 3, 51 GewO), jetzt vor allem den §§ 4 Abs. 1 u. 7 BBodSchG, hilfsweise den subsidiär geltenden Bestimmungen über die polizeirechtliche Verantwortlichkeit, aber auch den **grundgesetzlichen Wertentscheidungen** (Art. 20a, 20 Abs. 1, 28 Abs. 1 Satz 1 GG). Wer von einer grundrechtlichen Freiheit Gebrauch macht, darf dies nicht in einer vom **Grundrechtsschutzbereich** nicht mehr gedeckten, gemeinwohlunverträglichen Weise tun (vgl. etwa Art. 2 Abs. 1 und Art. 14 Abs. 2 GG). Damit berechtigt ein Verhalten zu polizeilichem Einschreiten, durch das die objektiv einzuhaltenden Sorgfaltsstandards und damit in der Regel auch grundrechtlich geschützte Freiheiten anderer verletzt werden.

194 Dabei kann es im Rahmen der gebotenen **Objektivierung des Zurechnungsmaßstabs** nicht darauf ankommen, ob der Handelnde subjektiv nach seinen Kenntnissen und Fähigkeiten in der Lage war, die maßgeblichen Standards zu erfüllen. In die Bestimmung des Inhalts und des Umfangs der den Einzelnen treffenden „Nichtstörungspflicht", d.h. der Pflicht zur Wahrung der Gemeinwohlverträglichkeit des eigenen Verhaltens, müssen jedoch, um überhaupt von einer „Pflicht" sprechen zu können, (objektivierte) Sorgfaltskriterien eingehen. Solche begründen jetzt ausdrücklich auch die Grundpflichten der §§ 4 Abs. 1, 2 und 7 BBodSchG.

195 Die Frage, wie es mit der polizeirechtlichen Verantwortlichkeit für die Fälle einer etwaigen Verhaltenshaftung steht, in denen eine von einem Produktionsabfall ausgehende Gefahr erst später (**ex post**) als solche erkannt worden ist und auch erst erkannt werden konnte, sei es aufgrund eines zwischenzeitlich erreichten neuen wissenschaftlichen Erkenntnisstandes oder neuer technischer Erkenntnismöglichkeiten, etwa aufgrund einer Verfeinerung der Analysetechnik, wird kontrovers beantwortet. Sie hat erhebliche praktische Bedeutung.

**Beispiel:**

196 Bis in die sechziger Jahre wurden Abfälle aus der Herstellung von Kondensatoren auf gemeindliche Müllkippen verbracht. Auch nach umfangreichen Recherchen war dem Herstel-

---

1 Vgl. *Drews/Wacke/Vogel/Martens*, Gefahrenabwehr, S. 313; *Würtenberger*, in: Achterberg/Püttner/Würtenberger (Hrsg.), Besonderes Verwaltungsrecht, § 21 Rz. 206 ff. m.w.N.; *Giesberts/Hilf*, in: Giesberts/Reinhardt, Beck'scher Online-Kommentar Umweltrecht, § 4 BBodSchG Rz. 22.
2 Krit. zur Unmittelbarkeitslehre *Landel/Vogg/Wüterich*, BBodSchG, § 1 Rz. 52 f.
3 Klassisch *Schnur*, DVBl 1962, 1.
4 Vgl. etwa *Pietzcker*, DVBl 1984, 457; *Schink*, GewArch 1996, 50, 55; unter dem Gesichtspunkt der materiellen Polizeipflicht *Griesbeck*, Die materielle Polizeipflicht des Zustandsstörers und die Kostentragungspflicht nach unmittelbarer Ausführung der Ersatzvornahme, 1991, S. 75 ff. m.w.N.; krit. dazu VGH Mannheim v. 4.8.1995 – 10 S 828/95, BB 1996, 392, 393; dazu *Knopp*, BB 1996, 389 f.

ler nicht nachzuweisen, dass er damals schon um die besonderen Gefahren für das Grundwasser wissen konnte. Entlastet ihn dies nur vom Schuldvorwurf i.S. des § 823 BGB oder auch von der polizei-, jetzt bodenschutzrechtlichen Verantwortung i.S. der Verursacherhaftung?

Geht man von der eben genannten „Pflichtwidrigkeitstheorie" aus, also von dem Kriterium der objektiven Verletzung einer Pflicht zur Wahrung der Gemeinwohlverträglichkeit des eigenen Verhaltens, dann ist die Ablagerung von Abfällen, die im Entsorgungszeitpunkt nach dem wissenschaftlichen Erkenntnisstand als ungefährlich zu beurteilen waren, auch dann objektiv keine polizeirechtlich relevante Pflichtverletzung, wenn – aber eben erst später – die Gefährlichkeit dieser Abfälle erkannt und akut wird[1]. Hingegen erfassen die polizei- und ordnungsrechtliche Generalklausel und die objektive, verschuldensunabhängige Verantwortlichkeit sowohl des Verhaltens- als auch des Zustandsstörers seit jeher auch und gerade solche „Gefahren und Störungen, die aus latenten und unterschätzten, spezialgesetzlich schwer greifbaren Entwicklungsrisiken erwachsen"[2]. Nach der Theorie der unmittelbaren Verursachung ist dem Störer die Gefahr bzw. Störung zuzurechnen, da er diese selbst unmittelbar – objektiv – herbeigeführt hat, auch wenn er hiervon keine Kenntnis hatte. 197

Erfüllt ein **für eine juristische Person oder Personengesellschaft Handelnder** in seiner Person die Voraussetzungen eines Verhaltensverantwortlichen, so ist seine persönliche Verantwortlichkeit als Verursacher **nicht dadurch ausgeschlossen**, dass sein Handeln zivilrechtlich der Gesellschaft zugerechnet wird. Öffentlich-rechtlich tritt die Verhaltensverantwortlichkeit des für die juristische Person Handelnden vielmehr **neben** eine etwaige Verantwortlichkeit der Gesellschaft[3]. Dem steht auch die Regelung in § 4 Abs. 3 Satz 4 BBodSchG nicht entgegen. 198

Umgekehrt lässt sich alleine über zivilrechtliche Zurechnungsnormen, etwa § 128 HGB, eine Verhaltensverantwortlichkeit nicht begründen[4], da das BBodSchG den Kreis der Verantwortlichen abschließend geregelt hat. 199

Nicht geregelt ist in § 4 BBodSchG die Haftung für Handlungen eines **Verrichtungsgehilfen** (sog. Zusatzverantwortlichkeit des Geschäftsherrn, vgl. § 4 Abs. 3 MEPolG[5]). Dabei handelt es sich um ein offensichtliches Versehen des Gesetzgebers, zumindest aber ist für die Absicht einer abschließenden Regelung durch den Bund hier nichts ersichtlich[6]. Die Länder können (und sollten) daher diese Regelungslücke durch landesrechtliche Vorschriften ausfüllen, zum Beispiel durch Verweis auf ihr Polizeirecht[7], was aber soweit ersichtlich noch nicht geschehen ist. 200

---
1 *Kloepfer*, Umweltrecht, § 12 Rz. 146ff. m.w.N.; eingehend *Brandner*, Gefahrenerkennbarkeit und polizeirechtliche Verantwortlichkeit, 1990.
2 *Breuer*, DVBl 1994, 890, 893.
3 OVG Bremen v. 21.7.2009 – 1 B 89/09, NuR 2009, 798; OVG Münster v. 26.3.2007 – 20 B 61/07, UPR 2007, 315.
4 VGH München v. 29.11.2004 – 22 CS 04.2701, NJW-RR 2005, 829.
5 Im Polizeirecht trifft diese Zusatzverantwortlichkeit auch den Aufsichtspflichtigen über Kinder bzw. den Betreuer für den ihm übertragenen Aufgabenkreis (§ 4 Abs. 2 MEPolG); auch zu dieser Zusatzverantwortlichkeit ist eine landesrechtliche Ergänzung möglich, aber wohl ohne praktische Bedeutung.
6 *Giesberts/Hilf*, in: Giesberts/Reinhardt, Beck'scher Online-Kommentar Umweltrecht, § 4 BBodSchG Rz. 24ff.
7 Ebenso *Bickel*, BBodSchG, § 9 Rz. 11; s.a. § 21 Rz. 1 a.E.; enger zu den landesrechtlichen Möglichkeiten aber *Giesberts*, in: Fluck, KrW-/Abf-/BodSchR, § 9 BBodSchG Rz. 134, der von einer abschließenden Regelung der Verantwortlichkeiten im BBodSchG ausgeht und daher Ergänzungsmöglichkeiten nur aufgrund der Öffnungsklausel des § 9 Abs. 2 Satz 3 BBodSchG, also für Duldungsanordnungen sieht; s.a. *Peine*, in: Fluck, KrW-/Abf-/BodSchR, Einleitung BBodSchG II, Rz. 288.

## 2. Eigentümer und Inhaber der tatsächlichen Gewalt

201 Zur Sanierung verpflichtet sind (neben dem Verursacher) auch der **Grundstückseigentümer** und der **Inhaber der tatsächlichen Gewalt**[1] über das Grundstück, § 4 Abs. 3 Satz 1 BBodSchG. Dies entspricht der polizeirechtlichen Haftung des sog. „Zustandsstörers" (vgl. z.B. § 5 MEPolG). Danach ist bspw. auch der **Pächter** verantwortlich, der die Verunreinigung weder verursacht noch gekannt hat, aber auch der Insolvenzverwalter[2]. Hinsichtlich der Grenzen dieser Verantwortlichkeit enthält sich das Gesetz einer näheren Regelung. Zur Verantwortlichkeit des Insolvenzverwalters s. unten Rz. 326 ff.

202 Diese Sanierungspflicht des Eigentümers oder Inhabers der tatsächlichen Gewalt (früher: Zustandshaftung) bedeutet grds. volle und im Prinzip unbegrenzte Verantwortung. Von der wohl überwiegenden Meinung in Rechtsprechung[3] und Literatur[4] wurde eine **Begrenzung der Haftung**, etwa auf den Verkehrswert des sanierten Grundstücks, lange Zeit verneint. Diese Auffassung wurde auch von uns seit Langem kritisiert[5].

**Beispiel:**

203 Ein Schlossereibetrieb kaufte zwecks Betriebserweiterung das Nachbargrundstück von einer Chemischen Reinigung. Dem Käufer war bekannt, dass sich auf dem Grundstück Altlasten befinden. Nach ersten Untersuchungen wurden Euro 100 000 als Sanierungskosten veranschlagt. Das Grundstück hat ohne Altlast einen Wert von Euro 200 000. Als Kaufpreis wurden folglich Euro 100 000 vereinbart. Nach dem Eigentumserwerb durch die Schlosserei stellte sich heraus, dass die Sanierungskosten Euro 1 Mio. betragen. Haftet der Schlossereibetrieb nur mit dem Grundstück, das er von der Chemischen Reinigung erworben hat (also in Höhe von Euro 200 000)? Und wovon hängt diese Haftungsbeschränkung ab?

204 Zu dieser Frage hat das **Bundesverfassungsgericht** im Jahr 2000 eine **Grundsatzentscheidung** getroffen[6]. Sie ist zwar zum Polizeirecht ergangen, gilt nach dem BVerfG selbst aber auch für das Bodenschutzrecht[7]:

---

1 Zu den sich bei der Inanspruchnahme des (bloßen) Inhabers der tatsächlichen Gewalt ergebenden Schwierigkeiten vgl. *Schäling*, NuR 2009, 693; *Schäling*, NVwZ 2004, 543.
2 *Dombert*, in: Landmann/Rohmer, Umweltrecht, Bd. II, BBodSchG, § 4 Rz. 25 m.w.N.
3 BVerwG v. 14.12.1990 – 7 B 134.90, NVwZ 1991, 475; VGH München v. 13.5.1986 – 20 CS 86.00338, NVwZ 1986, 942, 944 m.w.N., ebenso VGH Mannheim v. 11.10.1985 – 5 S 1738/85, NVwZ 1986, 325, 326.
4 *Drews/Wacke/Vogel/Martens*, Gefahrenabwehr, S. 320 f. m.w.N.; *Spannowsky*, DVBl 1994, 560, 562 f.: „nur ausnahmsweise unter dem Gesichtspunkt des Übermaßverbots".
5 Eingehend dazu *Sparwasser/Geißler*, DVBl 1995, 1317, 1319 f.; krit. auch *Kahl*, Die Verwaltung 33 (2000), 29, 37 f. m.w.N.; OVG Münster v. 7.3.1996 – 20 A 657/95, NVwZ 1997, 804, 806. S. a. *Ziehm*, Europäisches Grundwasserschutzrecht und Trinkwasserschutzrecht und die Implementation in Deutschland und Frankreich, S. 61 ff.; *Schrader*, Altlastensanierung, S. 121 ff.; *Oerder*, NVwZ 1992, 1031, 1037; *Schink*, VerwArch. 82 (1991), 357, 379, jeweils m.w.N.; s.a. BVerwG v. 14.12.1990 – 7 B 134.90, NVwZ 1991, 475 m.w.N.; ihm folgend VGH Mannheim v. 4.8.1995 – 10 S 828/95, VBlBW 1995, 488; die subjektive Voraussetzung aber ausdrücklich bestätigend BVerwG v. 14.11.1996 – 4 B 205.96, NVwZ 1997, 577 f.
6 BVerfG v. 16.2.2000 – 1 BvR 242/91, 1 BvR 315/91, BVerfGE 102, 1. Dazu eingehend *Tollmann*, DVBl 2008, 616, 619 ff.; *Huber/Unger*, VerwArch. 2005, 139; *Huber*, Grundlagen und Grenzen der Zustandsverantwortlichkeit des Grundeigentümers im Umweltrecht, 2004, sowie aus den zahlreichen Urteilsbesprechungen *Sachs*, JuS 2000, 1219 f.; *Lepsius*, JZ 2001, 22; *Müggenborg*, NVwZ 2001, 39; *Erbguth/Stollmann*, DVBl 2001, 601, 603 f.; *Knopp*, DÖV 2001, 441, 450 ff.; s.a. *Kirchhof*, FS Oppermann, S. 639 ff.; krit. *Bickel*, NJW 2000, 2562 f.; *Knoche*, GewArch 2000, 448, 451 ff. Zur Sozialbindung *Hösch*, VBlBW 2004, 7.
7 BVerfG v. 16.2.2000 – 1 BvR 242/91, 1 BvR 315/91, BVerfGE 102, 1, Rz. 5: „Das Bundes-Bodenschutzgesetz hat in Bezug auf die Zustandsverantwortlichkeit für Altlasten in der Sache keine Änderung gebracht".

### a) Grundsatzentscheidung des BVerfG

Danach ist es zwar verfassungsrechtlich nicht geboten, den Eigentümer, der den ordnungswidrigen Zustand weder verursacht noch verschuldet hat, als Nichtstörer anzusehen. Jedoch ist die Haftung des Zustandsstörers (jetzt: Eigentümers oder Inhabers der tatsächlichen Gewalt) mit seinem gesamten Vermögen, wie sie von der zunächst ganz h.M. aus dem geltenden Sicherheits- und Ordnungsrecht abgeleitet wurde, mit Art. 14 Abs. 1 GG als verfassungsrechtlicher Gewährleistung des **Eigentums** nicht vereinbar und deshalb **verfassungskonform einschränkend auszulegen**, und zwar grds. i.S. einer Beschränkung auf den Wert des sanierten Grundstücks und unter Berücksichtigung der Zumutbarkeit im Einzelfall. Dementsprechend ist auch anwaltlich vorzutragen. 205

Die Haftung des Eigentümers beruht auf der mit dem Eigentum verbundenen Sachherrschaft sowie der Verbindung von Vorteilen und Lasten der Sache und ist Folge der **Sozialbindung** des Eigentums: „Ziel der Vorschriften ist es, unbeschadet der Haftung des Verursachers eine **effektive Gefahrenabwehr** auch durch den Eigentümer als Herrn der Sache sicherzustellen. Der Eigentümer hat regelmäßig die rechtliche und tatsächliche Möglichkeit, auf die Sache und damit auch auf die Gefahrenquelle einzuwirken. Die Zustandsverantwortlichkeit findet in der **durch die Sachherrschaft vermittelten Einwirkungsmöglichkeit** auf die gefahrenverursachende Sache ihren legitimierenden Grund. Der Eigentümer kann **überdies** aus der Sache Nutzen ziehen"[1]. 206

Zu Recht unterscheidet das BVerfG aber auch nach Eigenart und Funktion des Eigentumsobjekts, so dass die Gestaltungsfreiheit des Gesetzgebers und damit auch die Eingriffsmöglichkeit umso größer ist, je stärker der **soziale** Bezug ist[2]. Entsprechend schon bisher in der Literatur erhobenen Forderungen nach einer grundsätzlichen Begrenzung der Haftung auf den Wert des Grundstücks[3] hält das BVerfG[4] die Haftung mit dem übrigen Vermögen des Pflichtigen in der Regel dann für unzumutbar, wenn dieses „in keinem rechtlichen oder wirtschaftlichen Zusammenhang mit dem sanierungsbedürftigen Grundstück steht", es sei denn, es bilde „mit dem sanierungsbedürftigen Grundstück eine funktionale Einheit"[5]. 207

Im Viereck zwischen Eigentumsschutz, Sozialbindung (Art. 14 Abs. 2 GG), staatlicher Schutzpflicht (Art. 2 Abs. 2 Satz 1 GG) und Schutz der natürlichen Lebensgrundlagen (Art. 20a GG)[6] begrenzt das BVerfG den Haftungsumfang unter den Gesichtspunkten der **Verhältnismäßigkeit** und der **Zumutbarkeit**[7] und versagt diesen Schutz dann, „wenn der Eigentümer das Risiko der entstandenen Gefahr **bewusst in Kauf genommen**", insbesondere das Grundstück in Kenntnis oder fahrlässiger Unkenntnis der Altlast erworben oder eine riskante Nutzung darauf zugelassen hat[8]. 208

---

1 BVerfG v. 16.2.2000 – 1 BvR 242/91, 1 BvR 315/91, BVerfGE 102, 1, 17, Hervorhebung durch Verf. Ebenso schon *Würtenberger*, in: Achterberg/Püttner/Würtenberger (Hrsg.), Besonderes Verwaltungsrecht, Bd. II, 2. Aufl. 2000, § 21 Rz. 205.
2 BVerfG v. 16.2.2000 – 1 BvR 242/91, 1 BvR 315/91, BVerfGE 102, 1, 17.
3 So schon *Bender/Sparwasser/Engel*, Umweltrecht, Rz. 5/147 ff.; *Sparwasser/Geißler*, DVBl 1995, 1317, 1319; *Sparwasser*, in: Beudt (Hrsg.), Grundwassermanagement, 1997, S. 39; *Kahl*, Die Verwaltung 33 (2000), 29, 38 m.w.N.; *Würtenberger*, in: Achterberg/Püttner/Würtenberger (Hrsg.), Besonderes Verwaltungsrecht, Bd. II, § 21 Rz. 205; wohl auch *Bickel*, BBodSchG, 1999, § 4 Rz. 17.
4 BVerfG v. 16.2.2000 – 1 BvR 242/91, 1 BvR 315/91, BVerfGE 102, 1, 22.
5 BVerfG v. 16.2.2000 – 1 BvR 242/91, 1 BvR 315/91, BVerfGE 102, 1, 23.
6 BVerfG v. 16.2.2000 – 1 BvR 242/91, 1 BvR 315/91, BVerfGE 102, 1, 18.
7 BVerfG v. 16.2.2000 – 1 BvR 242/91, 1 BvR 315/91, BVerfGE 102, 1, 19 f.
8 BVerfG v. 16.2.2000 – 1 BvR 242/91, 1 BvR 315/91, BVerfGE 102, 1, 21; zur Opferlage als Grenze der Altlastenhaftung *F. Kirchhof*, FS Oppermann, S. 639 ff.; vgl. zum maßgeblichen Zeitpunkt (bindende Einigung) VG Frankfurt v. 23.7.1999 – 14 G 212/99, NVwZ 2000, 107.

209 Die uneingeschränkte und unbedingte Gleichsetzung des Handelns in „vorwerfbarer" Unkenntnis des Risikos mit dem Handeln in positiver Kenntnis trage dem verfassungsrechtlichen Erfordernis eines in jeder Hinsicht gerechten und verhältnismäßigen Ausgleichs (!) zwischen den schutzwürdigen Interessen des Eigentümers und den Belangen des Gemeinwohls nicht in vollem Umfang Rechnung. Eine unterschiedslose Gleichsetzung beider Verhaltensweisen verbiete sich insbesondere deshalb, weil die Schutzwürdigkeit der vom Eigentümer erworbenen oder überlassenen Position in unterschiedlichem Ausmaß gemindert sein könne[1].

210 Schließlich soll eine Rolle spielen, ob der Eigentümer **Vorteile aus dem Risiko** – etwa durch einen reduzierten Kaufpreis oder einen erhöhten Pachtzins – erzielt hat[2].

**Beispiel:**

211 Wer sein Grundstück zum Betrieb einer Deponie oder zur Lagerung wassergefährdender Stoffe teuer verpachtet, kann sich auf die Unzumutbarkeit der Sanierungshaftung kaum berufen. Entsprechendes gilt für den Käufer eines altlastenverdächtigen Grundstücks im Umfang der Vorhersehbarkeit der Sanierungskosten, erst recht, wenn er es wegen der Belastung billiger erworben hat.

212 Nur angedeutet wird durch das BVerfG, dass es möglicherweise weitergehender Haftungsbegrenzungen in den Fällen bedarf, in denen der Grundstückseigentümer sich in einer „**Opferposition**" befindet (Bsp.: Tanklastwagenunfall)[3]. Ob sich die vom BVerfG entwickelten Kriterien zur Haftungsbegrenzung des Eigentümers auch auf den bloßen Inhaber der tatsächlichen Gewalt übertragen lassen, ist noch ungeklärt[4].

**b) Maßgeblicher Zeitpunkt**

213 Ist die Gefahrenquelle räumlich-gegenständlich eingegrenzt, stellt sich weiter die Frage des maßgeblichen Zeitpunkts, und zwar in Hinblick sowohl auf Veränderungen der **Größe** des Grundstücks und die Zugehörigkeit zu besagter „funktionaler Einheit"[5] als auch auf Änderungen des **Grundstückswerts**.

214 Der entscheidende Anknüpfungspunkt für die Frage, welcher Zeitpunkt hier maßgeblich sein soll, ist u.E. derjenige, in dem die haftungsauslösende Pflicht entsteht. Dabei genügte die sog. abstrakte Polizeipflicht nicht, eine solche Rechtspflicht zu begründen, weil hier, anders als bei der durch Verfügung konkretisierten Pflicht, die Kenntnis des Pflichtigen zweifelhaft ist. Anders verhält es sich mit der jetzt ausdrücklich geregelten Sanierungspflicht nach § 4 Abs. 3 BBodSchG. Sobald diese entsteht, kann die Haftung nicht mehr beschränkt werden. Entscheidend ist damit die Zugehörigkeit zu der vom BVerfG für maßgeblich erklärten „funktionalen Ein-

---

1 BVerfG v. 16.2.2000 – 1 BvR 242/91, 1 BvR 315/91, BVerfGE 102, 1, 22.
2 BVerfG v. 16.2.2000 – 1 BvR 242/91, 1 BvR 315/91, BVerfGE 102, 1, 22: „Auch dann, wenn und soweit Risikoumstände beim Erwerb eines Grundstücks oder bei der Nutzungsgewährung an Dritte zwar erkennbar waren oder im Verlauf der Nutzung hätten erkannt werden können, der Eigentümer aber in fahrlässiger Weise die Augen davor geschlossen hat, kann dies dazu führen, dass eine Kostenbelastung über die Höhe des Verkehrswerts hinaus zumutbar ist. Für die Beurteilung der Zumutbarkeit kann der Grad der Fahrlässigkeit erheblich sein".
3 Zur Kritik und zu den unterschiedlichen Lösungsansätzen (Tatbestands- oder Rechtsfolgenlösung) *Tollmann*, DVBl 2008, 616, 619 ff. m.w.N.
4 Dazu *Schäling*, NuR 2009, 693.
5 BVerfG v. 16.2.2000 – 1 BvR 242/91, 1 BvR 315/91, BVerfGE 102, 1, 22 f.

heit"[1] zu diesem Zeitpunkt. Änderungen danach sind für den Haftungsumfang unerheblich, ungeachtet dessen, ob sich damit die Haftungsmasse vergrößert oder verkleinert.

Für Wertänderungen wird zu unterscheiden sein: Wertminderungen nach dem Entstehen der Sanierungspflicht sind haftungsmindernd nicht mehr zu berücksichtigen, da der Eigentümer nicht besser gestellt werden soll, der seiner Sanierungspflicht nicht genügt. Werterhöhungen sind letztlich „Vorteile aus dem Risiko"[2] und daher auch nach dem genannten Zeitpunkt noch zu berücksichtigen[3]. Dies gilt erst recht für Werterhöhungen aufgrund der Sanierung. 215

### c) Zusammenfassung

Nach alledem haftet der Eigentümer oder Inhaber der tatsächlichen Gewalt unter Berücksichtigung des **sozialen Bezugs** des betroffenen Grundstücks mit dem, was bei Entstehung der Sanierungspflicht zur funktionalen Einheit um die **Gefahrenquelle** gehört, und zwar grds. mit dem **Verkehrswert nach der Sanierung**[4]. Diese Schutzwürdigkeit des Eigentümers wird aber durch freiwillig **übernommenes Risiko** gemindert und erst recht durch daraus **gezogenen Gewinn**. 216

### 3. Gesamtrechtsnachfolger des Verursachers

Nach § 4 Abs. 3 Satz 1 BBodSchG haftet der **Gesamtrechtsnachfolger**[5] des Verursachers[6]. 217

**Beispiel:**

§§ 1922, 1967 BGB: Erbschaft – der Erbe haftet ungeachtet seiner Verfügungsgewalt (auch) bodenschutzrechtlich für die vom Erblasser verursachte Bodenverunreinigung; §§ 2 ff. UmwG: Verschmelzung; §§ 174 ff. UmwG: Vermögensübertragung. Nicht dagegen: § 25 HGB: Erwerb eines Handelsgeschäfts unter Firmenfortführung, da dies keine Gesamtrechtsnachfolge, sondern (lediglich) einen gesetzlichen Schuldbeitritt begründet[7]. Für die Unternehmensspaltung nach den §§ 123 ff. UmwG ist umstritten, ob die hier eintretende „partielle Gesamtrechtsnachfolge" unter § 4 Abs. 3 BBodSchG fällt[8]. 218

Problematisch ist wegen des **Rückwirkungsverbots**[9], ob die Vorschrift auch auf **Gesamtrechtsnachfolgen** anzuwenden ist, die **vor** Inkrafttreten des BBodSchG am 1.3.1999 eingetreten sind. 219

---

1 BVerfG v. 16.2.2000 – 1 BvR 242/91, 1 BvR 315/91, BVerfGE 102, 1, 22 f.
2 BVerfG v. 16.2.2000 – 1 BvR 242/91, 1 BvR 315/91, BVerfGE 102, 1, 22.
3 Zum ganzen schon *Sparwasser/Geißler*, DVBl 1995, 1317, 1322 f. m.w.N.
4 Ausführlich zum ganzen *Sparwasser/Geißler*, DVBl 1995, 1319, 1320; in diesem Sinne wohl auch *Kahl*, Die Verwaltung 33 (2000), 29, 37 f. m.w.N.
5 Vgl. dazu *Nolte*, NVwZ 2000, 1135; *von Mutius/Nolte*, DÖV 2000, 1, sowie allgemein *Kohls*, Nachwirkende Zustandsverantwortlichkeit, 2002; *Wrede*, Durchgriffs- und Konzernhaftung nach dem Bundes-Bodenschutzgesetz, 2004.
6 Die Zustandsverantwortlichkeit ist an das Eigentum am Grundstück bzw. die Sachherrschaft gekoppelt und geht – bzw. ging (Rz. 233 ff.) – mit der Übertragung beim Voreigentümer unter und entsteht bei dem Erwerber neu. Daher ist der „Rechtsnachfolger" des Zustandsstörers seinerseits originär zustandsverantwortlich.
7 *Hopt*, in: Baumbach/Hopt, Handelsgesetzbuch, § 25 Rz. 10.
8 Näher *Giesberts/Hilf*, in: Giesberts/Reinhardt, Beck'scher Online-Kommentar Umweltrecht, § 4 BBodSchG Rz. 28 ff.
9 Dazu *Papier*, DVBl 1996, 125, 131; BVerfG v. 25.5.1993 – 1 BvR 1509/91, 1 BvR 1648/91, BVerfGE 88, 384, 403; grundlegend *Ossenbühl*, Zur Haftung des Gesamtrechtsnachfolgers für Altlasten, 1995.

220 Es geht dabei um die Frage, ob sich das BBodSchG **unzulässig Rückwirkung**[1] beimisst, indem es bisher nicht Verantwortliche jetzt in den Kreis der Verantwortlichen einbezieht. Hierbei handelt es sich um eine der nach Inkrafttreten des BBodSchG am meisten diskutierten Fragen. In der Vorauflage wurde dazu noch vertreten, dass § 4 Abs. 3 BBodSchG zu Unrecht Rückwirkung entfalte und aus diesem Grunde verfassungskonform einschränkend auszulegen sei[2].

221 Im Jahr 2006 hatte das BVerwG Gelegenheit, die Frage zu entscheiden[3]. Das Gericht **verneint** einen Verstoß gegen das Rückwirkungsverbot, indem es die Regelung in § 4 Abs. 3 BBodSchG lediglich als normativen **Ausdruck eines seit Langem anerkannten allgemeinen Grundsatzes des Verwaltungsrechts** ansieht, wonach öffentlich-rechtliche Pflichten auf den Gesamtrechtsnachfolger übergehen.

**Beispiel**[4]:

222 Aufgrund bergrechtlicher Zulassung werden Kaliminen ausgebeutet. Die Zulassung erlischt und die Betriebsstätte wird aus der bergrechtlichen Haftung entlassen. Nach Jahrzehnten und einigen Betriebsübergängen werden Salzauswaschungen aus den Kalihalden in das Grundwasser festgestellt. Hier ist aufgrund Erlöschens des bergrechtlichen Regimes Bodenschutzrecht anwendbar. Nach § 4 Abs. 3 BBodSchG haftet der Gesamtrechtsnachfolger des ursprünglichen Betreibers = Verursachers. Bestand auch vor Inkrafttreten des BBodSchG eine öffentlich-rechtliche Verantwortlichkeit für die Altlast, legte sich § 4 Abs. 3 BBodSchG dann zu Unrecht **Rückwirkung** bei und wäre verfassungskonform einschränkend auszulegen, wenn eine **Gesamtrechtsnachfolge** in die bereits bestehende Polizeipflicht vor Inkrafttreten des BBodSchG noch nicht existiert hätte.

223 Hier muss man verschiedene Problemkreise abschichten. Ausgangspunkt ist die Frage, ob für den **Handlungsstörer** vor Inkrafttreten des BBodSchG **überhaupt** eine „Polizeipflicht" und damit eine **Verantwortlichkeit** für die von ihm verursachten schädlichen Bodenverunreinigungen oder Altlasten bestand. In Betracht kommen insbesondere bergrechtliche, abfallrechtliche, wasserrechtliche, landes-bodenschutzrechtliche „Polizeipflichten" oder Pflichten nach den allgemeinen Polizeigesetzen der Länder[5].

224 Darin, dass das BBodSchG eine Inanspruchnahme erst durch die **Erstreckung der bodenschutzrechtlichen Pflichten** auf Bodenverunreinigungen, die vor Inkrafttreten des BBodSchG verursacht wurden, ermöglicht, sieht das BVerwG lediglich eine – im Ergebnis verfassungsrechtlich unbedenkliche – **unechte Rückwirkung**, da die **Umweltgefahr**, die in der Vergangenheit ins Werk gesetzt wurde, mangels durchgeführter Sanierung **immer noch fortbesteht** und ein Vertrauen der Pflichtigen auf den Fortbestand der geltenden Vorschriften nicht geschützt ist[6].

---

1 Zur Unterscheidung zwischen echter und unechter Rückwirkung BVerfG v. 15.10.1996 – 1 BvL 44/92, 1 BvL 48/92, BVerfGE 95, 64 ff.; v. 23.11.1999 – 1 BvF 1/94, BVerfGE 101, 239, 263; abweichend der für das Bodenschutzrecht nicht zuständige 2. Senat in BVerfG v. 14.5.1986 – 2 BvL 2/83, BVerfGE 72, 200, 241 f.
2 Vgl. Voraufl., Rz. 202–209 mit zahlreichen Nachw.
3 BVerwG v. 16.3.2006 – 7 C 3.05, NVwZ 2006, 928; dazu *Landel/Versteyl*, ZUR 2006, 475; *Hünnekens/Arnold*, NJW 2006, 3388; *Palme*, NVwZ 2006, 1130; *Giesberts/Hilf*, in: Giesberts/Reinhardt, Beck'scher Online-Kommentar Umweltrecht, § 4 BBodSchG Rz. 26; *Horn*, BBodSchG Onlinekommentar, § 4 Rz. 6; *Schmidt/Kahl*, Umweltrecht, § 8 Rz. 58 ff.
4 Nach BVerwG v. 16.3.2006 – 7 C 3.05, NVwZ 2006, 928.
5 Näher dazu *Landel/Versteyl*, ZUR 2006, 475, 476 ff.; das BVerwG selbst verwies die Sache insoweit zur weiteren Tatsachenfeststellung an den VGH Mannheim zurück, BVerwG v. 16.3.2006 – 7 C 3.05, NVwZ 2006, 928.
6 BVerwG v. 16.3.2006 – 7 C 3.05, NVwZ 2006, 928.

## VII. Wer muss mit einer Sanierungsverfügung rechnen?

Wenn geklärt ist, dass für den Rechtsvorgänger selbst eine „Polizeipflicht" bestand, geht es in einem zweiten Schritt um die besonders umstrittene Frage, ob durch die Anordnung eines **Übergangs** der Verantwortung auf den Gesamtrechtsnachfolger im BBodSchG ein (weiterer) Verstoß gegen das **Rückwirkungsverbot** liegen kann. Dies wäre nur dann der Fall, wenn eine solche Gesamtrechtsnachfolge früher nicht existierte, die Haftung des Rechtsnachfolgers, dessen Rechtsnachfolge bereits vor Inkrafttreten des BBodSchG am 1.3.1999 eingetreten und damit „abgeschlossen" war, also erstmals mit dem BBodSchG (rückwirkend) begründet wurde.

225

**Das BVerwG verneint dies** – mit Blick auf die zuvor abweichende Rechtsprechung und umfangreiche Literatur[1] überraschend[2] –, indem es davon ausgeht, dass das BBodSchG lediglich **eine ohnehin schon bestehende Rechtslage normiert** habe. Zu diesem Ergebnis kommt das BVerwG unter Auswertung der eigenen Rechtsprechung seit dem Jahr 1956: Es sei seit Langem geklärt, dass öffentlich-rechtlich begründete Pflichten auf den Gesamtrechtsnachfolger übergehen, und zwar ungeachtet der Frage, ob es sich um eine „abstrakte" oder bereits durch Verwaltungsakt konkretisierte Pflicht handele[3]. Interessant ist in diesem Zusammenhang, dass das BVerwG die Blickrichtung weitet. Es sieht die Rechtsnachfolge in die „Polizeipflicht" lediglich als einen Unterfall der Rechtsnachfolge in öffentlich-rechtliche Pflichten an. Über diesen „Kunstgriff" wird es dem BVerwG ermöglicht, auf eigene Rechtsprechung zur Frage der „Rechtsnachfolge" aus anderen Bereichen als dem allgemeinen Ordnungsrecht, zu dem es aufgrund der Länderkompetenzen keine revisionsgerichtlichen Entscheidungen gibt[4] –, zurückzugreifen und die **Rechtsnachfolge in öffentlich-rechtliche Pflichten** als **allgemeinen Grundsatz des Verwaltungsrechts** zu qualifizieren. In diesem Zusammenhang betont das BVerwG, dass es sich bei der „abstrakten" (Polizei-)Pflicht nicht um eine bloße Fiktion[5], sondern um eine echte Pflicht zur Mitwirkung bei der Gefahrenbeseitigung handelt, die unmittelbar mit dem Eintritt der Gefahr entsteht[6].

226

Obwohl es sich nach Auffassung des BVerwG **gar nicht um einen Fall der Rückwirkung** handelt, schließt sich die weitere Frage an, ob eine Heranziehung des Gesamtrechtsnachfolgers mit dem Grundsatz des **Vorbehalts des Gesetzes** vereinbar ist. Hiergegen wurde häufig zu bedenken gegeben, vor Inkrafttreten des BBodSchG fehle es an einer Eingriffsnorm, die den Gesamtrechtsnachfolger verpflichtet[7]. Auch diesen Einwand hat das BVerwG nun abgeschnitten: Der Vorbehalt des Gesetzes sei erst dann zu beachten, wenn die Behörde in Rechte des Bürgers eingreife. War die Polizeipflicht durch Verfügung gegenüber dem Rechtsvorgänger bereits konkretisiert, gehe dessen Verpflichtung mit Eintritt des Rechtsnachfolgetatbestands auf den Rechtsnachfolger über. Ob dabei die zivilrechtlichen Rechtsnachfolgetatbestände (wie z.B. §§ 1922, 1967 BGB, §§ 20 Abs. 1, 174 UmwG 1995) direkt oder

227

---

1 Überblick bei *Hünnekens/Arnold*, NJW 2006, 3388, 3389.
2 Deutlich *Palme*, NVwZ 2006, 1130: „Damit lässt das BVerwG eine fast zwei Jahrzehnte geführte und viele Autoren nährende Auseinandersetzung in der Rechtswissenschaft geradezu als Geisterdiskussion erscheinen"; kritisch auch *Schmidt/Kahl*, Umweltrecht, § 8 Rz. 59f.
3 BVerwG v. 16.3.2006 – 7 C 3.05, NVwZ 2006, 928.
4 Dazu *Neumann*, jurisPR-BVerwG 17/2006 Anm. 5.
5 Gegen das „Konstrukt" der materiellen Polizeipflicht noch *Sparwasser/Geißler*, DVBl 1995, 1319, 1322 m.w.N.; a.A. dagegen *Würtenberger/Heckmann*, Polizeirecht, Rz. 456 m.w.N.; s.a. *Kahl*, Die Verwaltung 33 (2000), 29 (43) m.w.N.; *Trunnit*, Die Altlastenhaftung des Rechtsnachfolgers, 1998, S. 39ff. m.w.N.
6 BVerwG v. 16.3.2006 – 7 C 3.05, NVwZ 2006, 928; zustimmend *Palme*, NVwZ 2006, 1130, 1131.
7 So insbesondere *Peine*, DVBl 1980, 941, 946ff.; allgemein zu dieser Frage auch *Würtenberger/Heckmann*, Polizeirecht, Rz. 456 m.w.N.

analog anzuwenden seien, lässt das BVerwG offen. War die Polizeipflicht dagegen noch nicht durch Verfügung konkretisiert (abstrakte Polizeipflicht), so erfolge der Eingriff erst gegenüber dem Rechtsnachfolger durch Erlass einer an diesen adressierten Verfügung. Für den Übergang der abstrakten Polizeipflicht aber genüge auch ein dem Zivilrecht entstammender Rechtsnachfolgetatbestand[1]. Dem ist nach wie vor **kritisch entgegenzuhalten**, dass – anders als bei der durch Verfügung konkretisierten Pflicht – die Kenntnis des Pflichtigen von der Pflichtenstellung, in die er einrückt, zweifelhaft ist und er deswegen eine Entscheidung darüber, das Erbe auszuschlagen (bzw. eine Beschränkung der Erbenhaftung nach den erbrechtlichen Instituten herbeizuführen[2]) oder sonst die Gesamtrechtsnachfolge nicht anzutreten, gar nicht treffen kann[3]. Und der Hinweis darauf, dass es meistens nur um die nicht höchstpersönliche Kostenerstattung gehe[4], klammert die Fälle der Handlungspflichten aus[5].

228 Schließlich handelt es sich bei der Polizeipflicht auch **nicht um eine höchstpersönliche Pflicht**, die nicht rechtsnachfolgefähig wäre[6]. Die bodenschutzrechtliche Verhaltenspflicht begründet in erster Linie eine Handlungspflicht, nämlich eine verursachte schädliche Bodenveränderung oder Altlast zu beseitigen. Bei der Beseitigung handelt es sich jedoch um eine vertretbare Handlung, die nicht höchstpersönlich ist[7].

**Beispiel:**

229 Ein Erblasser hat das Nachbargrundstück mit Unrat belastet. Sein Rechtsnachfolger soll auf Unterlassung weiterer Verunreinigungen in Anspruch genommen werden sowie auch auf Beseitigung. Hier kann die Beseitigung vom Erben verlangt werden, weil diese Handlung vertretbar und nicht höchstpersönlich ist. Dagegen besteht eine Verpflichtung des Rechtsnachfolgers zur Unterlassung nicht, weil diese höchstpersönlich ist; ein Unterlassungsanspruch setzt nämlich eine Wiederholungsgefahr voraus, die von dem verstorbenen Erblasser aber nicht mehr ausgeht.

230 Die Haftung des Gesamtrechtsnachfolgers ist nach überzeugender Auffassung **dem Umfang nach** auf den Wert des übergegangenen Vermögens **beschränkt**[8], was in der Rechtsprechung allerdings bislang noch nicht abschließend entschieden ist. Anders mag dies in Fällen sein, in denen der Gesamtrechtsnachfolger bereits vor dem Eintritt der Rechtsnachfolge das Verhalten des Verursachers **maßgeblich steuern konnte**, wie etwa die alleinige Gesellschafterin einer handlungsverantwortlichen GmbH vor der Verschmelzung nach §§ 2 ff. UmwG[9]. Da die Haftungsbeschränkung des Erben dem Umfang nach noch nicht gesicherter Rechtsprechung entspricht, sollte der Erbe für den Fall, dass die Erbenhaftung weiter reicht als die Erbschaft reichen wür-

---

1 BVerwG v. 16.3.2006 – 7 C 3.05, NVwZ 2006, 928; dazu *Landel/Versteyl*, ZUR 2006, 475, 478.
2 Dazu *Joachim/Lange*, ZEV 2011, 53, 54.
3 A.A. *Palme*, NVwZ 2006, 1130, 1131: Es sei gerade Wesen der Universalsukzession, dass der Nachfolger „mit Gedeih und Verderb" in alle existenten Rechte und Pflichten des Vorgängers eintrete. Warum hiervon ausgerechnet für öffentlich-rechtliche Verpflichtungen eine Ausnahme zu machen sei, sei nicht ersichtlich.
4 *Würtenberger/Heckmann*, Polizeirecht, Rz. 456.
5 Voraufl., Rz. 208.
6 So auch *Kahl*, Die Verwaltung 33 (2000), 29 (Fn. 69f.) m.w.N.
7 BVerwG v. 16.3.2006 – 7 C 3.05, NVwZ 2006, 928.
8 Ebenso *Knopp/Löhr*, BBodSchG in der betrieblichen und steuerlichen Praxis, 2000, Rz. 92; *Spieth/Wolfers*, NVwZ 1999, 355, 359f.; *Dombert*, in: Landmann/Rohmer, Umweltrecht, Bd. II, BBodSchG, § 4 Rz. 37; *Herrmann*, in: Koch (Hrsg.), Umweltrecht, § 8 Rz. 54; a.A. *Erbguth/Stollmann*, DVBl 2001, 601, 602f.; *Joachim/Lange*, ZEV 2011, 53, 56.
9 So im Fall VGH Mannheim v. 18.12.2007 – 10 S 2351/06, ZUR 2008, 325.

de, erwägen, von der Möglichkeit Gebrauch machen, die **Erbschaft auszuschlagen** oder sonstige **erbrechtliche Rechtsinstitute zur Haftungsbeschränkung** (Nachlassverwaltung, Nachlassinsolvenz, Dürftigkeitseinrede) zu bemühen[1].

Nach der ausdrücklichen Regelung der Rechtsnachfolge nur für den Gesamtrechtsnachfolger im BBodSchG stellt sich die Frage, was zur **Einzelrechtsnachfolge** gelten soll – auch hier nur für den Verursacher (oben Rz. 217). Das BBodSchG entfaltet hier keine Sperrwirkung, weil es eine abschließende Regelung offenbar nicht beabsichtigt[2]. Jedoch fehlt es bei der Einzelrechtsnachfolge regelmäßig an einem Nachfolgetatbestand, der für ein Einrücken in die Polizeipflicht des Rechtsvorgängers erforderlich ist[3]. 231

Eine besondere Fallgruppe bildet die der **Funktionsnachfolge**. Durch Art. 21 Abs. 1 EinigVtr ist den Bundesländern mit der Verwaltungskompetenz auch das Verwaltungsvermögen bezüglich der Abfallentsorgungsanlagen zugeordnet worden, so dass nicht von einer Rechtsnachfolge **der Gemeinden** gesprochen werden kann. Deshalb wurde unter dem Stichwort der Funktionsnachfolge erörtert, ob aus diesem Gesichtspunkt eine Haftung der in den neuen Bundesländern entstandenen Gemeinden für die Sanierung von Abfalldeponien abgeleitet werden kann. Aufgrund der rechtlichen und tatsächlichen Stellung der ehemaligen Räte der Gemeinden in der DDR sind diese lediglich vollziehende Organe im Rahmen des Systems des „demokratischen Zentralismus" gewesen und haben keine den heutigen Gemeinden vergleichbare Funktion ausgeübt. Im Ergebnis wird die Haftung der Gemeinden und Landkreise verneint und damit die Verantwortung den jeweiligen Eigentümern aufgebürdet[4]. 232

### 4. Früherer Eigentümer

Nach § 4 Abs. 6 BBodSchG ist auch der **frühere Eigentümer** eines Grundstücks zur Sanierung verpflichtet, wenn er sein Eigentum nach dem 1.3.1999 übertragen hat und die schädliche Bodenveränderung oder Altlast hierbei kannte oder kennen musste, außer er hat darauf vertraut, dass schädliche Bodenveränderungen oder Altlasten nicht vorhanden sind, und sein Vertrauen ist schutzwürdig. Auch mit dieser – besonders umstrittenen[5] – Regelung antwortet der Gesetzgeber wie schon bei der Dereliktion auf Missbrauchsfälle und die Bemühungen zu ihrer Lösung in der Rechtsprechung, die sich mit den Figuren des Scheingeschäfts und des sittenwidrigen und damit nichtigen Rechtsgeschäfts (§ 138 BGB) beholfen hatte[6]. 233

---

1 Dazu *Joachim/Lange*, ZEV 2011, 53; vgl. auch *Oyda*, RNotZ 2008, 245, 251.
2 Dazu *Ewer*, in: Landmann/Rohmer, Umweltrecht, Bd. II, BBodSchG, Vorb. Rz. 190 f. m.w.N.
3 *Würtenberger/Heckmann*, Polizeirecht, Rz. 455 a.E.; ebenso *Oyda*, RNotZ 2008, 245, 251.
4 VG Gera v. 20.3.1996 – 2 K 772/94.GE, ZUR 1997, 94; dazu *Schoeneck*, ZUR 1997, 97; *Kothe*, LKV 1997, 73; zur Rechtsnachfolge aber auch VG Meiningen v. 7.7.1997 – 5 K 754/95.Me, ThürVBl. 1998, 69; s.a. BVerwG v. 11.11.1999 – 3 C 34.98, BVerwGE 110, 61; OVG Weimar v. 11.6.2001 – 4 KO 52/97, NJ 2002, 218 mit zust. Anmerkung *Rossi*, NJ 2002, 219 f.
5 Zur Kritik *Tollmann*, ZUR 2008, 512; *Kahl*, Die Verwaltung 33 (2000), 29, 55 ff. m.w.N.; *Spieth/Wolfers*, NVwZ 1999, 355, 356 f.; *Müggenborg*, NVwZ 2000, 50, 51 f.; *Müggenborg*, NVwZ 2001, 39, 43; *Dombert*, NJW 2001, 927; *Knopp/Löhr*, Rz. 142 ff.
6 Dazu VGH Mannheim v. 20.1.1998 – 10 S 23/97, UPR 1998, 397 f. m.w.N.; anders noch im Eilverfahren NVwZ 1996, 1036 ff.

**Beispiel:**

234 Der Eigentümer eines belasteten Grundstücks versucht, sich der Haftung zu entziehen, indem er speziell für die Abwicklung seines Risikokaufs eine mit einem Stammkapital von 50 000 SFr versehene und sonst mittellose Schweizer AG gründet; ein Insolvenzverfahrensantrag ist nach Schweizer Recht nicht möglich, und öffentlich-rechtliche Forderungen, die in Deutschland entstanden sind, sind in der Schweiz nicht beitreibbar. – Noch weniger elegant soll es auch schon zu Verkäufen bestimmter ostdeutscher Grundstücke an erstens mittellose und zweitens hinreichend schwer auffindbare Ausländer gekommen sein[1].

235 § 4 Abs. 6 Satz 2 BBodSchG nimmt von dieser neuen Haftung immerhin denjenigen aus, der das Grundstück gutgläubig erworben hat und dabei schutzwürdig ist. Die Anknüpfung der Sanierungspflicht des Veräußerers an Kenntnis oder Kennenmüssen[2] begegnet auch hier wieder grundsätzlichen Bedenken[3]. Mag man in Dereliktionsfällen einen Zurechnungsgrund für den Fortbestand der Eigentümersanierungspflicht grds. noch erkennen, fehlt er jedenfalls in solchen Übertragungsfällen[4], in denen ein neuer Eigentümer an die Stelle des alten tritt[5]; auch wenn einzuräumen ist, dass der neue Eigentümer möglicherweise nur in geringerem Umfang haftet als sein Rechtsvorgänger. Erst recht i.V.m. dem Fehlen von Verjährungsregelungen (dazu unten Rz. 261) führt der Fortbestand der Haftung hier zu einer **„Ewigkeitshaftung"**[6] desjenigen, der irgendwann einmal Eigentümer eines belasteten Grundstücks war. Eine solche zunächst wohl einmal fiskalisch begründete Ewigkeitshaftung von Voreigentümern, die bloß Zustandsstörer waren, halten manche Stimmen in der Literatur für unvereinbar mit der Eigentumsgarantie des Art. 14 Abs. 1 GG[7].

236 Andererseits muss man sehen, dass diese „Ewigkeitshaftung" ihrerseits erheblichen Einschränkungen unterworfen ist (Erfordernis der „Bösgläubigkeit" bei Erwerb und Verkauf) und dass anders als früher aufgrund der ausdrücklichen Regelung des § 4 Abs. 3 BBodSchG die Sanierungspflicht des Eigentümers nicht nur latent oder über die umstrittene Figur der materiellen Polizeipflicht zu konstruieren, sondern unmittelbar gesetzlich angeordnet ist; insofern handelt es sich auch gar nicht um einen Fall der „bloß verlängerten" Zustandsverantwortlichkeit. Vielmehr wird – jedenfalls für die Zeit nach Inkrafttreten des BBodSchG – an ein Verhalten angeknüpft, nämlich an das Unterlassen der Sanierung der Altlast[8]. Dem Unterschied gegenüber der Haftung aufgrund der Kontamination selbst[9] ist u.E. durch **Beschränkung auf den Wert** der Immobilie nach Sanierung (oben Rz. 202 ff.), zumindest aber im Rahmen von **Verhältnismäßigkeitsüberlegungen** Rechnung zu tragen. Dabei ist eine Einschränkung auf solche Bodenbelastungen zu erwägen, die auch während der

---

1 Zu diesen Fällen *Sparwasser/Geißler*, DVBl 1995, 1317, 1322 Fn. 46 m.w.N.
2 Zu diesem Kriterium *Dombert*, in: Landmann/Rohmer, Umweltrecht, Bd. II, BBodSchG, § 4 Rz. 45 m.w.N.
3 *Sparwasser/Geißler*, DVBl 1995, 1317, 1319 f.; *Kahl*, Die Verwaltung 33 (2000), 29, 69; *Bickel*, BBodSchG, § 4 Rz. 62.
4 Zur Problematik des maßgeblichen Zeitpunkts des „Übertragens" *Schlemminger/Friedrich*, NJW 2002, 2133.
5 Zu diesem Zusammenhang *Kahl*, Die Verwaltung 33 (2000), 29, 54.
6 *Würtenberger/Heckmann/Riggert*, Polizeirecht, 5. Aufl. 2002, Rz. 460; ebenso krit. *Kahl*, Die Verwaltung 33 (2000), 29, 39, 69 f.
7 *Würtenberger/Heckmann*, Polizeirecht, Rz. 460; *Kahl*, Die Verwaltung 33 (2000), 29, 74; *Dombert*, NJW 2001, 927; s.a. *Giesberts/Hilf*, in: Giesberts/Reinhardt, Beck'scher Online-Kommentar Umweltrecht, § 4 BBodSchG Rz. 38 m.w.N.; *Tollmann*, ZUR 2008, 512, 513 ff. m.w.N.
8 Dazu *Drews/Wacke/Vogel/Martens*, Gefahrenabwehr, S. 328; *Breuer*, DVBl 1994, 890, 900; in diese Richtung auch *Tollmann*, ZUR 2008, 512, 514.
9 Krit. zurecht VGH Mannheim, VBlBW 1995, 486; s. aber auch die Hauptsacheentscheidung UPR 1998, 397 f.

Zeit der Eigentümerstellung entstanden sind[1], womit dann wieder an die Sachherrschaft angeknüpft wäre, oder gar auf die Fälle, in denen der Eigentümer auch Nutzungsvorteile gezogen hat[2].

Maßgeblich für den Stichtag für die Eigentumsübertragung (1.3.1999) ist wohl die Eintragung ins Grundbuch (nicht: Auflassungserklärung), weil erst mit der Eintragung der Eigentumsübergang abgeschlossen wird[3].

Für den Fall der Kettenveräußerung spricht jedenfalls der Wortlaut allein („der frühere Eigentümer") nicht schon für die Beschränkung auf den letzten Voreigentümer; Korrekturen können allenfalls im Rahmen der Verhältnismäßigkeitsprüfung erfolgen[4].

### 5. Derelinquent

Einzelne spektakuläre Fälle führten dazu, auch eine Haftung des sein Grundstück „aufgebenden" Eigentümers (**Derelinquent**) einzuführen[5], obwohl dies dogmatisch bisher kaum zu verorten war. Ein Eigentumsverlust kann zwar auch auf Übertragungsakten wie Verkauf, Schenkung und Einbringung in eine Gesellschaft beruhen[6]; § 4 Abs. 3 Satz 4 Halbs. 2 BBodSchG gilt aber nur für **Dereliktionsfälle** nach § 928 BGB, weil es sonst des § 4 Abs. 6 BBodSchG nicht bedürfte[7]. Die Regelung ist im Grundsatz zu begrüßen. Sie ist aber mit Rücksicht auf das **Rückwirkungsverbot einzuschränken** auf Fälle der Aufgabe erst nach dem 1.3.1999, also dem Zeitpunkt des Inkrafttretens des Gesetzes.

Zwar wird zur Dereliktion der Gefahrenquelle durch den Eigentümer die Ansicht vertreten, diese sei grds. unzulässig oder sittenwidrig[8] und befreie ihn nicht von der Haftung[9], was zur Folge hätte, dass insoweit ein Rückwirkungsfall gar nicht vorläge. Das Dereliktionsverbot bzw. – wohl richtiger – die Weiterhaftung nach Eigentumsaufgabe gab es nach zutreffender Auffassung ohne ausdrückliche gesetzliche Anordnung (vgl. z.B. Art. 8 Abs. 3 BayPolG) aber wohl nicht[10]. Dementsprechend liegt vorbehaltlich – ihrerseits gültiger[11] – landesrechtlicher Regelungen in der Tat ein Rückwirkungsfall vor. Deshalb sind auch frühere landesgesetzliche Rege-

---

1 *Breuer*, DVBl 1994, 890, 900.
2 Dazu VGH Mannheim v. 4.8.1995 – 10 S 828/95, NVwZ 1996, 1036 (Eilverfahren).
3 *Dombert*, in: Landmann/Rohmer, Umweltrecht, Bd. II, BBodSchG, § 4 Rz. 45 m.w.N.
4 Für eine nur anteilige Verantwortung *Müggenborg*, NVwZ 2000, 50.
5 Näher *Erbguth/Stollmann*, DVBl 2001, 601, 605 ff.
6 Darauf verweist *Bickel*, BBodSchG, § 4 Rz. 77.
7 *Sanden/Schoeneck*, BBodSchG, § 4 Rz. 45; *Kahl*, Die Verwaltung 33 (2000), 29, 53.
8 VGH Mannheim v. 20.1.1998 – 10 S 233/97, UPR 1998, 397 (Hauptsacheverfahren); krit. dazu *Bickel*, BBodSchG, § 4 Rz. 48.
9 So wird in der Literatur das Ende der Zustandsstörerhaftung mit Eigentumsaufgabe vielfach abgelehnt, vgl. *Denninger*, in: Lisken/Denninger, Handbuch des Polizeirechts, E Rz. 100, mit der Begründung, dass eine andere Lösung „sehr bald zu ökologisch unerträglichen Zuständen führen" müsste, was wohl kaum ausreicht und zugleich damit entkräftet wird, dass in solchen Fällen in der Regel eine Handlungsverantwortlichkeit begründet sein wird; wie hier *Würtenberger/Heckmann*, Polizeirecht, Rz. 458, 436. s.a. Ziff. 45 der Beschlüsse des 60. DJT, NJW 1994, 3077: Danach sollte der Eigentümer zumindest dann, wenn es ihm wirtschaftlich nicht möglich oder zumutbar ist, die Kosten einer Altlastensanierung zu tragen, das Recht haben, die Übernahme des Grundstücks durch die Körperschaft, der die Ordnungsbehörde angehört, zu verlangen.
10 Ebenso VGH Mannheim v. 4.8.1995 – 10 S 828/95, VBlBW 1995, 486 = NVwZ 1996, 1036, 1037; *Würtenberger/Heckmann*, Polizeirecht, Rz. 436.
11 Auch hier stellt sich die Rückwirkungs- und darüber hinaus die Kompetenzfrage, insbesondere bei landesrechtlichen Regelungen zur Dereliktion.

lungen mitzubedenken, die die Fortdauer der Haftung des Alteigentümers anordnen[1].

### 6. Gesellschaftsrechtlich Verpflichteter

241 Nach § 4 Abs. 3 Satz 4 Halbs. 1 BBodSchG ist auch derjenige sanierungspflichtig, der **aus handels- oder gesellschaftsrechtlichem Grund für eine juristische Person einzustehen hat**, der ein sanierungsbedürftiges Grundstück gehört[2]. Dies betrifft vor allem die Tatbestände der §§ 25–28 HGB[3] und solche Fälle, in denen die Rechtsprechung einen Durchgriff der Gesellschaftsgläubiger unmittelbar auf die Gesellschafter zulässt oder bei einem Missbrauch der Beherrschungsmöglichkeiten innerhalb eines Konzerns einer gesellschaftsrechtlichen Haftungsbeschränkung die rechtliche Wirkung versagt. Die Regelung ist „ordnungsrechtliches Neuland"[4], wirft aufgrund zahlreicher dogmatischer Streitfragen zur Durchgriffshaftung sicher erhebliche Vollzugsprobleme auf[5] und erzeugt dementsprechend auch wieder umfassenden Bedarf nach anwaltlicher Beratung.

**Beispiel:**

242 Innerhalb eines Konzerns wird bei der Tochtergesellschaft die Altlast entdeckt. Dann haftet zunächst auch nur diese. Ausnahmsweise findet aber ein Durchgriff auf die Muttergesellschaft statt, wenn der Tochtergesellschaft durch einen „**existenzvernichtenden Eingriff**" Gesellschaftsvermögen entzogen worden ist[6].

243 Als **weitere Fallgruppen** für eine gesellschaftsrechtliche Einstandspflicht werden genannt: Qualifizierte Unterkapitalisierung sowie Sphären- und Vermögensvermischung von Gesellschafter- und Gesellschaftsvermögen. Die früher als Anwendungsfall von § 4 Abs. 3 Satz 4 Halbs. 1 BBodSchG genannte Rechtsfigur der „qualifiziert faktischen Konzernabhängigkeit" wurde dagegen zwischenzeitlich vom BGH ausdrücklich aufgegeben[7].

---

1 § 21 Abs. 1 Nr. 5 und 6 Hbg. AbfAlG; § 20 Abs. 1 Nr. 5 Th AbfAG und krit. dazu *Papier*, JZ 1994, 810, 817; § 12 I Nr. 6 H AltlG und krit. *Papier*, DVBl 1996, 125; ausführlich *Bickel*, BBodSchG, § 4 Rz. 61 ff.; *Giesberts/Hilf*, in: Giesberts/Reinhardt, Beck'scher Online-Kommentar Umweltrecht, § 4 BBodSchG Rz. 52.
2 Dazu *Tiedemann*, NVwZ 2008, 257; *Wrede*, Durchgriffs- und Konzernhaftung nach dem Bundes-Bodenschutzgesetz, 2004.
3 Näher *Giesberts/Hilf*, in: Giesberts/Reinhardt, Beck'scher Online-Kommentar Umweltrecht, Stand 1.4.2011, § 4 BBodSchG Rz. 44.
4 *Kobes*, NVwZ 1998, 786, 790.
5 *Tiedemann*, NVwZ 2008, 257; *Oyda*, RNotZ 2008, 245, 253 ff.; *Kahl*, Die Verwaltung 33 (2000), 29, 49 f. m.w.N.; zur konzernrechtlichen Haftung s. auch *Spieth/Wolfers*, NVwZ 1999, 355, 357 f.; *Becker*, DVBl 1999, 134, 137 ff.; *Schmitz/Rode/Bank*, DB 1999, 417; *Fleischer/Empt*, ZIP 2000, 905; *Giesberts*, DB 2000, 505; *Erbguth/Stollmann*, DVBl 2001, 601, 604 f.; *Müggenborg*, NVwZ 2001, 1114, 1117; *Dombert*, in: Landmann/Rohmer, Umweltrecht, Bd. II, BBodSchG, § 4 Rz. 39 ff.
6 Vgl. VGH Mannheim v. 18.12.2007 – 10 S 2351/06, ZUR 2008, 325 (in Anschluss an BGH v. 13.12.2004 – II ZR 206/02, NJW-RR 2005, 335); kritisch *Tiedemann*, NVwZ 2008, 257, 259: Seit der Entscheidung v. 16.7.2007 (NJW 2007, 2689) habe der BGH die Haftung wegen existenzvernichtenden Eingriffs auf eine neue dogmatische Grundlage gestellt. Die Haftung sei nunmehr noch als Innenhaftung gegenüber der Gesellschaft ausgestaltet. Damit fehle es an einem unmittelbaren Einstehenmüssen der GmbH-Gesellschafter gegenüber den Gesellschaftsgläubigern (Außenhaftung), was § 4 Abs. 3 Satz 4 BBodSchG jedoch voraussetze. A.A. dagegen *Oyda*, RNotZ 2008, 245, 258.
7 Zu Vorstehendem *Oyda*, RNotZ 2008, 245, 256 ff. m.w.N.; *Giesberts/Hilf*, in: Giesberts/Reinhardt, Beck'scher Online-Kommentar Umweltrecht, § 4 BBodSchG Rz. 45 ff.; *Horn*, BBodSchG Onlinekommentar, § 4 Rz. 9.

Die Haftung nach § 4 Abs. 3 Satz 4 BBodSchG beschränkt sich nach dem ausdrücklichen Wortlaut auf für **juristische Personen** Einstandsverpflichtete. Bei einer Personengesellschaft (OHG, KG etc.), die Verursacherin einer Altlast ist, scheidet die Inanspruchnahme der Gesellschafter über § 4 Abs. 3 Satz 4 BBodSchG damit aus[1]. 244

**7. Behördenperspektive: Auswahl unter mehreren Verantwortlichen**

Gibt es mehrere Sanierungsverantwortliche, so steht der zuständigen Behörde ein **Auswahlermessen** zu[2]. Fraglich ist, ob dem BBodSchG eine ermessensleitende **Reihenfolge der Inanspruchnahme** zu entnehmen ist. Eine Rangfolge kommt weder im Wortlaut des § 4 Abs. 3 BBodSchG noch des § 10 Abs. 1 BBodSchG zum Ausdruck, und dass eine bestimmte Reihenfolge bewusst gewählt worden sei, ist nicht ersichtlich[3]. Nach der Gesetzesbegründung soll die in § 4 Abs. 3 BBodSchG festgelegte Reihenfolge der Verantwortlichen im Regelfall auch die Rangfolge der Verpflichtung bestimmen[4]. Andererseits wird in der amtlichen Begründung zugleich auf den Vorrang der Effektivität der Störungsbeseitigung nach den Grundsätzen der Störerauswahl des allgemeinen Polizei- und Ordnungsrechts verwiesen[5]. Diese gehen aber gerade von der Gleichrangigkeit der Verantwortlichen aus. So ist schon die Begründung des Gesetzes nicht eindeutig[6]. Zur unmittelbaren Gefahrenbeseitigung wird die Behörde daher – weiterhin – denjenigen Verantwortlichen heranziehen, dessen Auswahl der schnellen und wirksamen Gefahrenbeseitigung (**Grundsatz der effektiven Gefahrenabwehr**) am besten dient[7]. Dies ist in der Regel der leicht greifbare Eigentümer, u.U. aber auch einer von mehreren Verursachern[8]. 245

**Beispiel:**

Fest steht, dass ein bestimmtes Grundstück umgehend zu sanieren ist, nachdem die Behörde bereits teure Gutachten über Sanierungsbedarf und -art eingeholt hat. Sie überlegt nun, gegen wen sie ihre Verfügung – erstens auf Vornahme der sofort erforderlichen Handlungen, zweitens auf Kostenersatz für ihre bisherigen Aufwendungen – richten soll: In Betracht kommen der derzeitige Grundstückseigentümer, der solvent ist, ein früherer Betriebsinhaber, der mit Sicherheit die Verschmutzungen verursacht, aber auch kein Vermögen mehr hat, sowie ein heute noch zahlungskräftiger Inhaber. 246

Auf der Primärebene der Gefahrenbeseitigung wird die Behörde daher unter Effizienzgesichtspunkten in der Regel zunächst den Eigentümer heranziehen, wobei sie die grundrechtlich gebotene Haftungsbegrenzung des Zustandsstörers (dazu oben Rz. 202 ff.) beachten und hierzu auch entsprechende Sachverhaltsermittlun- 247

---

1 *Giesberts/Hilf*, in: Giesberts/Reinhardt, Beck'scher Online-Kommentar Umweltrecht, § 4 BBodSchG Rz. 41.
2 *Vierhaus*, NJW 1998, 1262, 1266; Überblick über die (meist untergerichtliche) Rechtsprechung bei *Troidl*, NVwZ 2010, 154, 157; zu den vertraglichen Altlastenregelungen zwischen mehreren Sanierungsverantwortlichen *Knopp*, NJW 2000, 905 ff.
3 *Vierhaus*, NJW 1998, 1262, 1266, Fn. 47; *Würtenberger/Heckmann*, Polizeirecht, Rz. 507; *Schlette*, VerwArch 91 (2000), 41, 43.
4 Begründung zum Regierungsentwurf, BT-Drs. 13/6701, S. 35; dem folgend OVG Bln.-Bbg. v. 8.11.2007, UPR 2008, 154.
5 Begründung zum Regierungsentwurf, BT-Drs. 13/6701, S. 35.
6 *Schink*, DÖV 1999, 797, 801.
7 Vgl. VGH München v. 17.2.2005 – 22 ZB 04.3472; VGH Kassel v. 3.3.1992 – 14 TH 2158/91, NVwZ 1992, 1101, 1102 f.; *Drews/Wacke/Vogel/Martens*, Gefahrenabwehr, S. 304 f. m.w.N.; *Giesberts/Hilf*, in: Giesberts/Reinhardt, Beck'scher Online-Kommentar Umweltrecht, § 4 BBodSchG Rz. 54; *Dombert*, in: Landmann/Rohmer, Umweltrecht, Bd. II, BBodSchG, § 4 Rz. 15 ff.
8 VGH München v. 13.10.2004 – 22 CS 04.2489; VGH Mannheim v. 19.10.1993 – 10 S 2045/91, NVwZ-RR 1994, 565, 568: Gleichrangigkeit von Handlungs- und Zustandsstörer. Selbst die alleinige Heranziehung desjenigen Verursachers, der den geringeren Verursachungsbeitrag geleistet hat, zur gesamten Sanierung sei grds. nicht zu beanstanden.

gen anstellen muss[1]. Nur wenn eine lupenreine Beweiskette[2] zum Verursacher führt, nimmt die Behörde vorrangig diesen in Anspruch, und auch dies nur unter der Voraussetzung, dass eine ausreichende Liquidität gewährleistet ist, wie beispielsweise, wenn es sich bei dem Handlungsstörer um eine Gebietskörperschaft handelt[3].

248 Im Rahmen der Adressatenauswahl können auch Sanierungsanordnungen gegenüber **mehreren Verantwortlichen** ergehen, die jeweils für die gesamte Sanierung verantwortlich sind, aber auch jeweils für bestimmte Abschnitte. Einzelheiten einschließlich der Kooperationspflicht sind in einen Sanierungsplan nach §§ 13, 14 BBodSchG aufzunehmen. Die verschiedenen Verantwortlichen müssen sich dann gegenseitig entsprechend § 12 BBodSchG unterrichten.

249 Das für das Auswahlermessen bei der Gefahrenabwehr maßgebende Prinzip der effektiven Gefahrenabwehr war auch für die Kostentragung einer Gefahrenbeseitigungsverfügung von entscheidender Bedeutung: War eine Person als Störer ausgemacht, so konnten gegen sie die Kosten (z.B. im Wege der Ersatzvornahme) vollstreckt werden. Diese Rechtslage (vor Inkrafttreten des BBodSchG) war von besonderer Brisanz, da dem so zur Kostentragung herangezogenen Störer keine Rückgriffsansprüche[4] gegen weitere Personen zustanden, die zwar die materiellrechtlichen Voraussetzungen der Störerhaftung erfüllten[5], von der Behörde aber nicht in Anspruch genommen worden waren. Soweit es aber um bloße **Kostenverteilung** oder vergleichbare, nicht eilbedürftige Maßnahmen geht, kommt dem Gedanken der Gleichbehandlung und dem daraus abgeleiteten **Prinzip der Lastengerechtigkeit** größere Bedeutung zu. Es wird daher hier oft allein ermessensfehlerfrei sein, statt des Eigentümers den Verursacher in Anspruch zu nehmen[6]. Die Verantwortung für die Gefahrenabwehr einerseits und für die Kostentragung andererseits können damit auseinanderfallen. Aufgrund des nun in § 24 Abs. 2 BBodSchG geregelten Rückgriffsanspruchs (unten Rz. 265 ff.) hat die Frage für die Fälle zureichender Liquidität des Verursachers aber an Schärfe verloren.

250 Ein Teil der landesrechtlichen Regelungen[7] beschränkte sich darauf, im Zusammenhang mit der Auswahl unter mehreren Pflichtigen ausdrücklich das Verhältnis-

---

1 *Troidl*, NVwZ 2010, 154, 159.
2 Zur Anwendung von Beweiserleichterungsregelungen im Prozess vgl. *Horn*, BBodSchG Onlinekommentar, § 4 Rz. 2 m.w.N.
3 Dazu VGH München v. 10.6.2010 – 22 ZB 09.1928, NVwZ-RR 2010, 760.
4 Das Öffentliche Recht normierte keine derartigen Rückgriffsansprüche, vgl. *Kloepfer/Thull*, DVBl 1989, 1121, 1122 f.; a.A. *Giesberts*, Die gerechte Lastenverteilung unter mehreren Störern, 1990, der eine analoge Anwendung des Entschädigungsanspruchs des Nichtstörers auf den beschiedenen Störer (vgl. § 45 MEPolG) vorschlägt. Nach h.M. (BGH v. 12.3.1992 – III ZR 128/91, BGHZ 117, 303; *Schoch*, JuS 1995, 504, 510 m.w.N.) besteht ein solcher Entschädigungsanspruch aber nur dann, wenn ein Anscheinsstörer oder Verursacher eines Gefahrverdachts für einen Gefahrerforschungseingriff in Anspruch genommen wird, der Verdacht sich dann aber als unbegründet erweist. Ein zivilrechtlicher Anspruch (§ 426 BGB) wurde zwar von der Literatur (*Kloepfer/Thull*, DVBl 1989, 1125 ff.) häufig bejaht, vom BGH (v. 11.6.1981 – III ZR 39/80, NJW 1981, 2457) jedoch abgelehnt.
5 Jedoch ist ein störerinterner Ausgleich (aus §§ 677 ff. BGB) möglich, wenn mehrere Störer beschieden werden, *Garbe*, DÖV 1998, 632 (unter Berufung auf BGH v. 18.9.1986 – III ZR 227/84, BGHZ 98, 235) – eine jedoch eher selten vorkommende Konstellation, die insbes. dann Probleme aufwirft, wenn gefordert wird, sämtliche Störer heranzuziehen, da dann wohl ein Ermessensnichtgebrauch vorliegt.
6 *Giesberts*, Die gerechte Lastenverteilung unter mehreren Störern, 1990; *Jochum*, NVwZ 2003, 526; *Tiedemann*, NVwZ 2003, 1477.
7 Vgl. zum Ausgleich zwischen mehreren Sanierungsverantwortlichen nach Landesabfallrecht in Hessen, Thüringen und Rheinland-Pfalz *Herbert*, NVwZ 1994, 1061.

mäßigkeitsgebot anzusprechen, zum Teil gibt es aber auch ausdrückliche Vorrangbestimmungen. Hier wird das BBodSchG trotz seines Schweigens Sperrwirkung[1] gegenüber abweichendem Landesrecht entfalten, dieses also entsprechende Bestimmungen streichen müssen. Im Ergebnis wird sich damit aber kaum etwas verändern.

## VIII. Wie lassen sich Sanierungspflichten abwehren?

### 1. Dereliktion, Veräußerung

Gab es früher verschiedentlich Fälle, in denen sich ein Eigentümer seiner Sanierungsverantwortlichkeit durch Eigentumsaufgabe (**Dereliktion**) zu entziehen versuchte, ist ihm dieser Weg jedenfalls seit Einführung von § 4 Abs. 3 Satz 4 Halbs. 2 BBodSchG eindeutig versperrt (näher Rz. 239 f.), worauf der beratende Rechtsanwalt hinweisen sollte. 251

Auch durch eine (aktuelle) **Veräußerung** des Grundstücks wird der Eigentümer, der Kenntnis von einer schädlichen Bodenveränderung oder Altlast hat, nach § 4 Abs. 6 Satz 2 BBodSchG nur dann von seiner Sanierungsverantwortlichkeit befreit, wenn er bei Erwerb des Grundstücks darauf vertraut hat, dass schädliche Bodenveränderungen oder Altlasten nicht vorhanden sind, und sein Vertrauen schutzwürdig ist (näher oben Rz. 233 ff.). Hatte der Eigentümer dagegen bei Erwerb des Grundstücks Kenntnis von schädlichen Bodenveränderungen oder Altlasten, wird er sich auch durch eine Weiterveräußerung einer Inanspruchnahme nicht entziehen können. 252

### 2. Störerauswahl

Soll der eigene Mandant von der Behörde in Anspruch genommen werden, liegt der Handlungsbedarf für den Rechtsanwalt v.a. darin, auf einen vorrangig in Anspruch zu nehmenden **anderen Störer zu verweisen**. Zwar hat die Störerauswahl (oben Rz. 245 ff.) mit Einführung eines Gesamtschuldnerausgleichs in § 24 Abs. 2 BBodSchG (unten Rz. 265 ff.) etwas an Brisanz verloren. Allein der beim Verursacher erfahrungsgemäß nicht seltene Insolvenzfall legt es aber nahe, alles zu tun, um die Sanierungsverantwortung vom eigenen Mandanten ab- und auf einen anderen soweit als möglich überzuwälzen. 253

### 3. Verstoß gegen das Rückwirkungsverbot

Die Frage einer unzulässigen Rückwirkung des BBodSchG wird insbesondere relevant bei Inanspruchnahme eines Gesamtrechtsnachfolgers nach § 4 Abs. 3 BBodSchG, der vor Inkrafttreten des BBodSchG (1.3.1999) in die Rechte und Pflichten seines Rechtsvorgängers eingerückt ist. Das BVerwG hat die früher äußerst umstrittene Frage inzwischen geklärt und einen Verstoß gegen das Rückwirkungsverbot verneint (oben Rz. 219 ff.). 254

Noch nicht abschließend geklärt ist dagegen, ob eine Dereliktion vor dem 1.3.1999 den früheren Eigentümer aus der Haftung „entlassen" hat, weil eine Inanspruchnahme auf der Grundlage von § 4 Abs. 3 Satz 4 Halbs. 2 BBodSchG wegen Verstoßes gegen das Rückwirkungsverbot ausscheidet (oben Rz. 239 f.). 255

---

[1] Dazu *Ewer*, in: Landmann/Rohmer, Umweltrecht, Bd. II, BBodSchG, Vorb. Rz. 190 f. m.w.N.

## 4. Legalisierungswirkung von Genehmigungen

256 Die positive, etwa durch eine gewerberechtliche Genehmigung oder durch eine bergrechtliche Betriebsplanzulassung[1] begründete verwaltungsrechtliche Befugnis schließt die Haftung des Verursachers grds. so weit aus, wie diese Zulassung reicht (und dynamische Betreiber- oder Grundpflichten nicht **entgegenstehen**). Durch die Erteilung der Genehmigung übernehme die Behörde das Risiko einer Schadensverursachung und entlaste dadurch den Anlagenbetreiber[2]. Damit ist sogar der Fall denkbar, dass die fehlende Berücksichtigung eines Umweltschadens zur Rechtswidrigkeit einer Zulassungsentscheidung führt, diese aber – weil bestandskräftig – dem Sanierungsverlangen entgegengehalten werden kann. Ist eine Legalisierungswirkung zu bejahen, kann sich hierauf nicht nur der Handlungs-, sondern auch der Zustandsverantwortliche für die in Ausübung der Genehmigung entstandene Verunreinigung berufen, weil die Risikoübernahme nur einheitlich für alle Betroffenen gelten kann[3]. Tatsächlich ist eine solche behördliche Risikoübernahme fernliegend und durch nichts veranlasst: Die Genehmigung wird aufgrund gesetzlicher Vorschriften erteilt, weil die Behörde dazu verpflichtet ist oder zumindest zum fehlerfreien Ermessensgebrauch, und die Behörde hat von der Ausnutzung der Genehmigung auch keinen Vorteil. Richtigerweise beruht der Gedanke auf dem Grundsatz der Einheit der Rechtsordnung. Hinsichtlich dieser handlungs- und erfolgsbezogenen sog. „**Legalisierungswirkung**" behördlicher (z.B. gewerbe-, immissions- oder wasserrechtlicher) Eröffnungskontrollen ist eine differenzierende Betrachtungsweise geboten und manches streitig[4]; einschlägige Entscheidungen verneinen in aller Regel eine Legalisierungswirkung[5].

257 Dies gilt schon für die Tragweite der jeweils in Betracht kommenden Gestattung, also z.B. für die (im Allgemeinen wohl zu verneinende) Frage, ob eine frühere, nach den §§ 16 ff. GewO erteilte Gewerbeanlagengenehmigung auch den Vorgang der Ablagerung von umweltgefährdenden Produktionsrückständen umfasst. Grundsätzlich kann die Legalisierungswirkung nicht über den Inhalt einer Anlagengenehmigung, d.h. über den Regelungs- bzw. Bescheidungsgegenstand hinausreichen; natürlich kann u.U. aber gerade die Frage nach dem Gegenstand und dem Umfang der Genehmigung zu unterschiedlichen Antworten führen. Entscheidend dürfte darauf abzustellen sein, ob die Genehmigung die sanierungsbedürftigen Zustände nach ihrem Gegenstand und nach ihrer Wirkung abschließend und auch für die Zukunft insgesamt öffentlich-rechtlich, insbesondere polizeirechtlich abschließend beurtei-

---

1 Im konkreten Fall eine Legalisierungswirkung ablehnend VGH Mannheim v. 1.4.2008 – 10 S 1388/06, NuR 2008, 718. S. auch *Landel/Versteyl*, ZUR 2006, 475.
2 *Oerder*, NVwZ 1992, 1032, 1035.
3 *Kniesel*, BB 1997, 2009, 2012; *Ziehm*, Die Störerverantwortlichkeit für Boden- und Wasserverunreinigungen. Ein Beitrag zur Haftung für sogenannte Altlasten, 1989, S. 55 ff.
4 Dazu *Fluck*, VerwArch 79 (1988), 406; *Staupe*, DVBl 1988, 606, 609 f.; *Peine*, JZ 1990, 202; *Brandt*, Altlastenrecht, 1993, S. 138 ff. m.w.N.; aus der Rspr.: OVG Koblenz v. 7.5.1991 – 1 A 10297/89, NVwZ 1992, 499; VGH München v. 26.7.1991 – 22 CS 90400, NVwZ 1992, 905; VGH Mannheim v. 4.3.1996 – 10 S 2687/95, NVwZ-RR 1996, 387, 389. S.a. *Hermes*, in: Becker/Schwarze (Hrsg.), Wandlung der Handlungsformen im öffentlichen Recht, S. 187 ff.; *Sach*, Genehmigung als Schutzschild?, S. 116 ff. und 167 ff.; *Roesler*, Die Legalisierungswirkung gewerbe- und immissionsschutzrechtlicher Genehmigungen vor dem Hintergrund der Altlastenproblematik, 1993. Vgl. allgemein zur Legalisierungswirkung einer immissionsschutzrechtlichen Genehmigung BVerwG v. 2.12.1977 – IV C 75.75, BVerwGE 55, 118 (121); v. 5.10.1990 – 7 C 55/89, 7 C 56.89, BVerwGE 85, 368.
5 Vgl. die kurze Rechtsprechungsübersicht bei *Dombert*, in: Landmann/Rohmer, Umweltrecht, Bd. II, BBodSchG, § 4 Rz. 51 f. sowie aus jüngerer Zeit VGH Mannheim v. 1.4.2008 – 10 S 1388/06, NuR 2008, 718; v. 18.12.2007 – 10 S 2351/06, ZUR 2008, 325.

len und zulassen wollte[1]. Eine behördliche Gestattung kann daher auch nicht von der polizeirechtlichen Verantwortlichkeit für solche Gefahren freistellen, die im Zeitpunkt der Gestattung objektiv noch gar nicht vorhersehbar waren[2].

Eine Grenze findet eine etwa anzuerkennende Legalisierungswirkung auch an den **dynamischen Umweltgrundpflichten**, z.B. in § 5 BImSchG und in §§ 5, 6 WHG. Sinn dieser Pflichten ist es ja gerade, das Ausmaß der Umweltbeeinträchtigungen nicht auf einem Stand einzufrieren, der gerade dem des Zeitpunkts der Genehmigung entsprach, sondern diese Pflichten auf der Höhe der Zeit, auf dem Stand der Technik usw. zu erhalten. Damit wäre unvereinbar, Bodenkontaminationen aus dem Bereich der Sanierungsverantwortlichkeit auszunehmen, zu deren Vermeidung der Pflichtige aufgrund seiner dynamischen Betreiberpflichten gerade gehalten ist. 258

Der Gedanke der Legalisierungswirkung stand auch Pate für § 4 Abs. 5 Satz 2 BBodSchG: Die strenge Pflicht des § 4 Abs. 5 BBodSchG zur Beseitigung neuer Bodenbelastungen gilt nicht für denjenigen, der aufgrund der Erfüllung der geltenden gesetzlichen Anforderungen in schutzwürdiger Weise darauf vertraut hat, dass Bodenbeeinträchtigungen nicht entstehen werden[3]. 259

Die vorbeschriebene „Entpflichtung aufgrund Behördenhandelns" gilt demgegenüber nicht für eine bloße **behördliche Duldung**[4]; auch diese kann allerdings Bedeutung haben, etwa für die Beurteilung der **Verhältnismäßigkeit** des späteren polizeirechtlichen Eingriffs. 260

### 5. Verjährung

Größere Aufmerksamkeit genießt in den letzten Jahren auch die Frage der Verjährung der Sanierungsverantwortlichkeit[5] mit der Folge, dass die Sanierung dann der öffentlichen Hand obliegt. Teilweise wird vertreten, die Gefahrenbeseitigung sei nur eine Vorstufe des der Verjährung unterliegenden Kostenerstattungsanspruchs und eine Ungleichbehandlung beider Ansprüche folglich nicht zulässig[6]. Ein Teil der Literatur plädierte daher für die entsprechende Anwendung des § 195 BGB a.F.[7]. Nach der zutreffenden Rechtsprechung unterliegen Sanierungsansprüche aber deshalb nicht der Verjährung, weil es sich nicht um vermögensrechtliche Ansprüche handelt, sondern um **Handlungspflichten**, für die § 195 BGB a.F. nicht gilt[8]. Aus der ausdrücklichen Verjährungsregelung des § 24 Abs. 2 Satz 3-5 BBodSchG wird nun im Umkehrschluss gefolgert, dass der Gesetzgeber eine Verjährung auch der 261

---

1 Dazu *Sanden/Schoeneck*, BBodSchG, § 10 Rz. 10f. m.w.N.
2 *Kloepfer*, Umweltrecht, § 12 Rz. 157ff.; differenzierend *Schrader*, Altlastensanierung, S. 186ff.; aus der Rspr. VGH München v. 26.7.1991 – 22 CS 90400, NVwZ 1992, 905.
3 *Kobes*, NVwZ 1998, 786, 789.
4 VGH Mannheim v. 4.3.1996 – 10 S 2687/95, NVwZ-RR 1996, 387, 389; *Kloepfer*, Umweltrecht, 3. Aufl. 2004, § 12 Rz. 163; zur Duldung auch *Sparwasser/Engel/Voßkuhle*, Umweltrecht, § 2 Rz. 202ff.
5 Dazu *Hullmann/Zorn*, NVwZ 2010, 1267, 1268ff.; *Trurnit*, NVwZ 2001, 1126ff.; s.a. *Martensen*, NVwZ 1997, 442.
6 *Gärtner*, UPR 1997, 452, 453; *Ossenbühl*, NVwZ 1995, 547, 549.
7 *Ossenbühl*, Zur Haftung des Gesamtrechtsnachfolgers für Altlasten, 1995, S. 74ff.; *Ossenbühl*, NVwZ 1995, 547, 548f. – Auch noch nach Inkrafttreten des BBodSchG *Kahl*, Die Verwaltung 33 (2000), 29, 39 m.w.N.
8 VGH Mannheim v. 1.4.2008 – 10 S 1388/06, NuR 2008, 718; v. 18.12.2007 – 10 S 2351/06, ZUR 2008, 325; v. 3.9.2002 – 10 S 957/02, NVwZ-RR 2003, 103; v. 4.3.1996 – 10 S 2687/95, NVwZ-RR 1996, 387; OVG Münster v. 30.5.1996 – 20 A 2640/94, NVwZ 1997, 507, 511; VGH München v. 22.3.2001 – 22 ZS 01 738, NVwZ 2001, 821; *Hullmann/Zorn*, NVwZ 2010, 1267, 1268.

Handlungsstörerhaftung nicht vorsieht, und eine zeitliche Haftungsbegrenzung daher jetzt nur noch rechtspolitisch, aber nicht weniger dringlich gefordert sei[1]. Dabei kann man durchaus bezweifeln, ob der Gesetzgeber die Verjährungsfrage abschließend regeln wollte und eine Lücke daher jetzt nicht mehr vorliegt[2]. Wohl nur in Extremfällen kommt eine **zeitliche** Einschränkung der Inanspruchnahme unter dem Gesichtspunkt der Verhältnismäßigkeit in Betracht[3].

**6. Verwirkung**

262 Ordnungsrechtliche Eingriffsbefugnisse können nach überzeugender Rechtsprechung auch nicht **verwirkt** werden[4]. Denn polizeiliche Eingriffsbefugnisse stellen kein subjektives Recht dar, das durch Nichtausübung – auch über einen längeren Zeitpunkt hinweg – „geschmälert" werden kann[5].

**7. Freistellungsklauseln**

263 Wegen der investitionshemmenden Wirkung der Störerhaftung für Altlasten schuf der Gesetzgeber sog. **Altlasten-Freistellungsklauseln**[6] für das Beitrittsgebiet, und zwar erstmals durch Art. 1 § 4 Abs. 3 und Art. 4 § 3 des Umweltrahmengesetzes der bisherigen DDR vom 29.6.1990[7]. Der Einigungsvertrag[8] bewahrte diese Klauseln in leicht modifizierter Form. Durch Art. 12 Hemmnisbeseitigungsgesetz[9] waren dann seit dem 29.3.1991 Eigentümer und Besitzer von Anlagen und Grundstücken, die gewerblichen Zwecken dienen oder im Rahmen wirtschaftlicher Unternehmungen Verwendung finden, freistellungsberechtigt. Die Freistellung befreite von der Verantwortlichkeit von Schäden, die vor dem 1.7.1990 verursacht wurden. Anträge konnten innerhalb Jahresfrist gestellt werden[10]. Die neuen Länder machten jedoch nur zurückhaltend von dieser Freistellungsmöglichkeit des Störers Gebrauch.

**8. Weitere Einschränkungen der Sanierungspflicht – insbesondere Verhältnismäßigkeit**

264 Weiter eingeschränkt wird die Sanierungspflicht durch den Vorbehalt der Zumutbarkeit in § 4 Abs. 3 Satz 3 BBodSchG, der eine Ausprägung des **Verhältnismäßigkeitsgrundsatzes** darstellt. Ausgeschlossen ist bei Unzumutbarkeit der Sanierungsmaßnahmen aber nicht die Zulässigkeit einer Sanierungsmaßnahme, sondern nur eine

---

1 *Würtenberger/Heckmann*, Polizeirecht, Rz. 472; kritisch dagegen *Pieroth/Schlink/Kniesel*, Polizei- und Ordnungsrecht, § 9 Rz. 67.
2 So für eine Analogie zu den zivilrechtlichen Vorschriften für die Zeit vor dem BBodSchG *Würtenberger/Heckmann*, Polizeirecht, Rz. 656.
3 Dazu *Hullmann/Zorn*, NVwZ 2010, 1267, 1269 ff.; *Gärtner*, UPR 1997, 452 f. sowie *Ewers*, Zeitliche Grenzen der polizeilichen Störerhaftung dargestellt am Beispiel der Haftung für Altlasten, 2004.
4 *Hullmann/Zorn*, NVwZ 2010, 1267, 1269.
5 BVerwG v. 28.2.2008 – 7 B 12.08, NVwZ 2008, 684; VGH Mannheim v. 1.4.2008 – 10 S 1388/06, NuR 2008, 718; offen gelassen noch von VGH Mannheim v. 18.12.2007 – 10 S 2351/06, ZUR 2008, 325; differenzierend *Ossenbühl*, NVwZ 1995, 547; a.A. dagegen *Landel/Versteyl*, ZUR 2006, 475, 478; *Schmidt/Kahl*, Umweltrecht, § 8 Rz. 47.
6 Weiterführend *Rehbinder*, DVBl 1991, 421; *Müggenborg*, NVwZ 1992, 845.
7 GBl. I, 649.
8 Art. 8, 9 Anlage II Kapitel XII Abschn. III Nr. 1 Buchst. B des Einigungsvertrages v. 31.8.1990 (BGBl. II 1990, 889) i.V.m. Art. 1 des Zustimmungsgesetzes v. 23.9.1990 (BGBl. II 1990, 885).
9 BGBl. I 1991, 766.
10 Falls diese Frist versäumt wurde, ist unter bestimmten Voraussetzungen eine nachträgliche Antragstellung auf Altlastenfreistellung nach Landesrecht möglich (vgl. § 8 Sächs ABG).

behördliche Anordnung gegenüber einer bestimmten Person auf deren Kosten[1]. In Fällen, in denen eine Altlast infolge einer (möglicherweise jahrelangen) wirtschaftlichen Nutzung eines Grundstücks verursacht wurde, ist die Unverhältnismäßigkeit einer Sanierungsmaßnahme jedoch nur in Sonderfällen vorstellbar[2]. – Schließlich ist an die Möglichkeiten eines **Freistellungsanspruchs** aufgrund Amtshaftung zu denken. – All dies ist Gegenstand der Aufklärung und Beratung durch den Anwalt.

## IX. Rückgriffsmöglichkeiten bei behördlicher Inanspruchnahme und Schadensersatzansprüche gegen den Verursacher

### 1. Rückgriff nach § 24 Abs. 2 BBodSchG

Nachdem dies bereits seit Langem rechtspolitisch gefordert wurde[3] und manche Landesgesetze[4] dies bereits zu einem früheren Zeitpunkt vorsahen, bestimmt auch § 24 Abs. 2 Satz 1 BBodSchG jetzt ausdrücklich einen **Ausgleichsanspruch** mehrerer Verpflichteter untereinander[5], womit kompetenzrechtliche Bedenken, wie sie gegen entsprechende Landesgesetze erhoben wurden, ausgeräumt sind.

265

Das Fehlen ausdrücklicher, für das Innenverhältnis zwischen mehreren Störern maßgeblicher öffentlich-rechtlicher Ausgleichsregelungen sowie die Rechtsprechung, der zufolge in den hier in Rede stehenden Fällen die bürgerlich-rechtlichen Ausgleichsregelungen beim Bestehen einer Gesamtschuld (§ 426 BGB) weder unmittelbar noch analog anwendbar sind, führten vor der gesetzlichen Regelung in § 24 Abs. 2 BBodSchG zu dem befremdlichen Ergebnis, dass der auf die Zahlung der Sanierungskosten in Anspruch genommene Zustandsstörer nach der Rechtsprechung **keinen Rückgriffsanspruch** gegen einen Verursacher, der in Anspruch genommene Verhaltensstörer **keinen Rückgriffsanspruch** gegen einen **Mitverursacher** hatte (außer im Falle vertraglicher oder deliktischer bzw. quasideliktischer Anspruchsgrundlagen)[6].

266

---

1 So zutreffend *Herrmann*, in: Koch (Hrsg.), Umweltrecht, § 8 Rz. 45.
2 Ablehnend etwa VGH Mannheim v. 1.4.2008 – 10 S 1388/06, NuR 2008, 718.
3 So durch die Abteilung Umweltrecht des DJT auf ihrer Tagung 1994, NJW 1994, 1076, 1078.
4 § 10 Abs. 3 Satz 3 BW BodSchG, § 12 Abs. 2 Satz 4 HAltlG, § 25 Rh.-Pf. LAbfWAG, § 10 Abs. 5 Satz 2 SächsEGAB, § 20 Abs. 1 Satz 4, 5 Th AbfAG, und insgesamt dazu *Herbert*, NVwZ 1994, 1061. Da es sich hier wohl um einen zivilrechtlichen Ausgleichsanspruch handelt, war die Gesetzgebungskompetenz des Landesgesetzgebers nicht unproblematisch, vgl. Art. 72 Abs. 1, 74 Abs. 1 Nr. 1 GG. Vgl. dazu *Oerder*, NVwZ 1992, 1031, 1038; *Körner/Vierhaus*, LKV 1996, 345, 349 f.
5 Dieser Ausgleichsanspruch bewegt die Literatur – bis Juni 2011 sind mehr als 80 (!) Aufsätze dazu erschienen. Lesenswert ist der Ansatz von *S. Bender*, Ökonomische Analyse der öffentlich-rechtlichen Störerhaftung, Diss. 2003, die aufgrund der Affinität der Störerhaftung mit der Gefährdungshaftung auf die (Betriebs-)Gefahr zur Bestimmung des für das Innenverhältnis maßgebenden „Verursachungs"-Anteils abstellt.
6 Vgl. BGH v. 11.6.1981 – III ZR 39/80, NJW 1981, 2457, 2458; v. 18.9.1986 – III ZR 227/84, BGHZ 98, 235 = BB 1986, 2289, 2291; v. 8.3.1990 – III ZR 81/88, BGHZ 110, 313; im Ergebnis ebenso *Papier*, Altlasten und polizeiliche Störerhaftung, 1985, S. 73 f.; *Boujong*, UPR 1987, 81, 85; *Schwachheim*, NVwZ 1988, 225 m.w.N. Der BGH stellt aus diesem Grunde auch nach neuer Rechtslage auf die **analoge Anwendung von § 24 Abs. 2 BBodSchG** auf Fälle ab, in denen eine Inanspruchnahme des Störers nach Maßgabe des BBodSchG nur deswegen ausscheidet, weil gem. § 3 Abs. 1 Nr. 11 BBodSchG die Vorschriften des **BImSchG** vorrangig sind, vgl. BGH v. 18.2.2010 – III ZR 295/09, BGHZ 184, 288. Die Ablehnung einer ungewollten Regelungslücke ist mit Blick auf die frühere Rechtsprechung des BGH konsequent, nach der gesetzliche Ausgleichsansprüche zwischen mehreren Störern nicht auf eine analoge Anwendung von § 426 BGB gestützt werden konnten, die Einführung eines Ausgleichsanspruchs in § 24 Abs. 2 BBodSchG damit für einen abgegrenzten Regelungsbereich „Neuland" darstellte.

Auch wurden Aufwendungs- und Ersatzansprüche aus Geschäftsführung ohne Auftrag nach §§ 677 ff. BGB verneint, weil ein von der Behörde herangezogener Störer ebenso wie derjenige, dessen Inanspruchnahme von der Behörde ins Auge gefasst wird, kein Geschäft des nicht herangezogenen Mitstörers geführt habe[1]. Ebenso wurden bereicherungsrechtliche Ausgleichsansprüche nach §§ 812 ff. BGB abgelehnt[2].

267 Kraft **ausdrücklicher Verweisung in § 24 Abs. 2 Satz 2 Halbs. 2 BBodSchG** gilt jetzt der bürgerlich-rechtliche[3] Ausgleichsanspruch nach § 426 Abs. 2 Satz 1 BGB[4]. Die Gesamtschuldner sind nach dem Grad der Gefahren- oder Schadensverursachung zum Ausgleich verpflichtet, § 24 Abs. 2 Satz 2 Halbs. 1 BBodSchG, wobei der Umfang des zu leistenden Ausgleichs davon abhängt, inwieweit die Gefahr oder der Schaden vorwiegend von dem einen oder anderen verursacht worden ist. Insbesondere kann danach der Zustandsstörer beim Handlungsstörer Rückgriff nehmen[5]. Aus § 24 Abs. 2 Satz 2 BBodSchG ergibt sich aber nicht, dass Ausgleichsansprüche gegen Zustandsstörer ganz ausgeschlossen sind[6]. Dies gilt namentlich dann, wenn ein Handlungsstörer nicht vorhanden ist oder sich nicht mehr ermitteln lässt und ein Zustandsstörer bei dem anderen Zustandsstörer (z.B. dem früheren Eigentümer) Rückgriff nehmen will[7]. Das Bestehen von Ausgleichsanspruch und -pflicht ist **nicht von der vorherigen behördlichen Inanspruchnahme** der einen oder anderen Seite abhängig. Dies gilt jedenfalls dann, wenn seitens der Behörde der Erlass einer Verfügung beabsichtigt war[8].

268 **Vertragliche Vereinbarungen gehen** der gesetzlichen Bestimmung **vor**, § 24 Abs. 2 Satz 2 Halbs. 1 BBodSchG[9]. Eine solche abweichende Vereinbarung kann auch kon-

---

1 BGH v. 11.6.1981 – III ZR 39/80, NJW 1981, 2457, 2458; bestätigt in BGH v. 18.2.2010 – III ZR 295/09, BGHZ 184, 288.
2 BGH v. 11.6.1981 – III ZR 39/80, NJW 1981, 2457, 2458; v. 18.9.1986 – III ZR 227/84, BGHZ 98, 235 = NJW 1987, 2289, 2291; v. 18.2.2010 – III ZR 295/09, BGHZ 184, 288. Zur Kritik *Koch*, Bodensanierung nach dem Verursacherprinzip, 1985, S. 69 f. (99 ff.); *Seibert*, DVBl 1992, 673; für eine analoge Anwendung des § 426 BGB aber *Breuer*, DVBl 1994, 890, 900.
3 Dies ist streitig, kann aber letztlich dahinstehen, da für Streitigkeiten über den Ausgleich jedenfalls der Rechtsweg vor den ordentlichen Gerichten eröffnet ist (§ 24 Abs. 2 Satz 6 BBodSchG), vgl. zum Streitstand *Schlette*, VerwArch. 91 (2000), 41, 50.
4 Näher *Schlette*, VerwArch. 91 (2000), 1; s.a. LG Hamburg, ZMR 2001, 196; *Frenz*, DB 2000, 2461.
5 Wohl nie umgekehrt, *Vierhaus*, NJW 1998, 1262, 1267; *Pützenbacher*, NJW 1999, 1137, 1140.
6 Dazu *Fluck/Kirsch*, UPR 2001, 253; dagegen *Sandner*, NJW 2001, 2045, 2048 f., der einen Anspruch des Handlungsstörers gegen den Zustandsstörer für ausgeschlossen hält. Für eine – fragliche – **analoge Anwendung** von § 24 Abs. 2 BBodSchG zugunsten des Nichtstörers, der sich (versehentlich) für sanierungsverpflichtet gehalten hat, *Beckhaus*, ZUR 2010, 418, 420.
7 Dazu *Schwertner/Libert*, ZfBR 2010, 123 m.w.N.; *Hilf*, in: Giesberts/Reinhardt, Beck'scher Online-Kommentar Umweltrecht, § 24 BBodSchG Rz. 24.
8 BGH v. 1.10.2008 – XII ZR 52/07, NVwZ 2009, 734. Dazu *Landel/Mohr*, UPR 2009, 130; *Landel/Mohr*, ZMR 2009, 588. A.A. noch *Knoche*, NVwZ 1999, 1198. Offen gelassen hat der BGH, ob ein Ausgleichsanspruch auch schon dann gegeben ist, wenn ein Störer ohne Veranlassung seitens der Behörde aus eigenem Antrieb eine Sanierung durchführt, *Schwertner/Libert*, ZfBR 2010, 123, 124; *Hilf*, in: Giesberts/Reinhardt, Beck'scher Online-Kommentar Umweltrecht, § 24 BBodSchG Rz. 25 ff. Schon vor Erlass einer Verfügung kommt eine **Feststellungsklage des Grundstückseigentümers** gegen den Handlungsstörer in Betracht, wenn aufgrund einer angestrebten Bebauungsplanänderung der Gemeinde, die zu einer Nutzungsänderung führt, ein Sanierungsbedürfnis mit großer Wahrscheinlichkeit entsteht, vgl. OLG Schleswig v. 20.12.2007 – 5 U 98/04 sowie *Horn*, BBodSchG Onlinekommentar, § 24 Rz. 4.
9 Dazu *Knopp*, NJW 2000, 905.

kludent im **Abschluss eines Mietvertrages** liegen, nach dem (entsprechend den gesetzlichen Bestimmungen) der Vermieter für die Erhaltung der Mietsache in vertragsgemäßem Zustand verantwortlich ist, wenn der Mieter das Mietobjekt (z.B. eine Tankstelle) ausschließlich vertragsgemäß nutzt und es durch diese Nutzung zu einer schädlichen Bodenveränderung kommt[1]. Es ist jedoch stets genau zu prüfen, worauf sich die mietvertraglichen Pflichten beziehen. Eine von § 24 Abs. 2 BBodSchG abweichende Vereinbarung liegt beispielsweise nicht vor, wenn der Eigentümer ein **unbebautes Grundstück vermietet** und der Mieter die zum Betrieb einer **Tankstelle** erforderlichen Einrichtungen selbst herstellt. In einem solchen Fall hat der Mieter die Tankstelle so zu betreiben, dass dem Vermieter durch schädliche Bodenveränderungen kein Schaden entsteht[2].

Auch **Gewährleistungsausschlüsse** in einem Grundstückskaufvertrag können eine abweichende Vereinbarung i.S.d. § 24 Abs. 2 Satz 2 Halbs. 1 BBodSchG darstellen. Vertragliche Gewährleistungsansprüche umfassen den öffentlich-rechtlichen Ausgleichsanspruch nach § 24 Abs. 2 BBodSchG jedoch nicht ohne Weiteres. Dies gilt zunächst dann, wenn ein Grundstückskaufvertrag **vor Inkrafttreten** des BBodSchG (am 1.3.1999) geschlossen wurde und die Vertragsparteien aus diesem Grunde die Regelung des § 24 Abs. 2 BBodSchG nicht in ihre Willensbildung aufgenommen haben können[3]. Aber auch bei später geschlossenen Kaufverträgen ist zu beachten, dass Gewährleistungsausschlüsse (Freizeichnungsklauseln) als Ausnahme vom dispositiven Recht **grds. eng auszulegen** sind und daher einen Rückgriffsanspruch nach § 24 Abs. 2 BBodSchG im Regelfall nicht erfassen[4]. Etwas anderes kann aber dann gelten, wenn sich aus den Umständen ergibt, dass die Parteien auch einen Anspruch aus § 24 Abs. 2 BBodSchG ausschließen wollten. Ein Anhaltspunkt hierfür kann sich daraus ergeben, dass der Verkäufer dem Käufer wegen des Risikos einer Altlast einen deutlichen Preisnachlass gewährt hat, der seiner Höhe nach auch durch die zu erwartenden Sanierungskosten beeinflusst wurde[5] (vgl. auch Rz. 291 ff., 294). Zu beachten ist weiter, dass Haftungsausschlüsse nur **zwischen den Vertragsparteien** wirken[6]. Sie hindern den Grundstückseigentümer, der ein belastetes Grundstück unter Haftungsausschluss erworben hat, regelmäßig nicht daran, bei anderen Sanierungspflichtigen Rückgriff zu nehmen, etwa einem vom Verkäufer personenverschiedenen Verursacher.

269

Die Einführung des Gesamtschuldnerausgleichs bedeutet **keine Ausdehnung** der Haftung[7]. Die Neuerung beschränkt sich auf das Verhältnis der Pflichtigen untereinander und erweitert nicht die Zugriffsmöglichkeit der Behörde gegen Pflichtige[8]. Bei einem komplexen Schaden mit mehreren Verursachern kann daher der Verursacher nach Beseitigung seines (abtrennbaren) Schadensbeitrags die Sanierung been-

270

---

1 BGH v. 10.7.2002 – XII ZR 107/99, NJW 2002, 3234; v. 28.7.2004 – XII ZR 163/03, NJW-RR 2004, 1596. S. auch *Hilf*, in: Giesberts/Reinhardt, Beck'scher Online-Kommentar Umweltrecht, § 24 BBodSchG Rz. 33 ff.
2 BGH v. 1.10.2008 – XII ZR 52/07, NVwZ 2009, 734; zustimmend *Hellriegel/Schmitt*, NJW 2009, 1118, 1119; kritisch *Landel/Mohr*, UPR 2009, 130, 131; *Landel/Mohr*, ZMR 2009, 588.
3 BGH v. 2.4.2004 – V ZR 267/03, NVwZ 2004, 1267; LG Bielefeld v. 21.5.2010 – 8 O 465/07, NWVBl. 2010, 367.
4 BGH v. 2.4.2004 – V ZR 267/03, NVwZ 2004, 1267; zustimmend *Schwertner/Libert*, ZfBR 2010, 123, 126; *Wagner*, JZ 2005, 150, 151.
5 BGH v. 2.4.2004 – V ZR 267/03, NVwZ 2004, 1267.
6 *Hilf*, in: Giesberts/Reinhardt, Beck'scher Online-Kommentar Umweltrecht, § 24 BBodSchG Rz. 35 ff.
7 *Bickel*, BBodSchG, § 4 Rz. 23; eine solche Ausdehnung zu Unrecht bejahend *Gerhold*, altlasten-spektrum 1998, 107; *Spieth*, altlasten-spektrum 1998, 75.
8 Ebenso *Bickel*, BBodSchG, § 24 Rz. 8.

den und den fremden Restschaden seinem Schicksal überlassen[1]. Er ist nicht etwa für den Gesamtschaden verantwortlich und auf einen Rückgriff beschränkt. § 24 Abs. 2 BBodSchG regelt also nicht, wann „mehrere" verpflichtet sind, sondern setzt das Bestehen dieser Pflichten voraus. Nur kann sich natürlich nicht ein Störer durch die Berufung auf einen anderen Störer entlasten.

**Beispiel:**

271 Auf einem Grundstück wurde erst eine Tankstelle, später eine Chemische Reinigung betrieben. CKW- und Mineralölverunreinigungen können nicht getrennt saniert werden. Hier sind „mehrere" Verursacher zur Sanierung verpflichtet. Jeder kann insgesamt herangezogen werden. Ist aber in diesem Beispiel der Mineralölschaden behoben, der CKW-Schaden jedoch nicht, so ist jetzt nur noch der für den CKW-Schaden Verantwortliche verpflichtet.

Ebenso sind „mehrere" Verursacher zur Sanierung verpflichtet, wenn sich die Schadensanteile nicht mit Sicherheit voneinander abgrenzen lassen, so bei mehreren einander nachfolgenden Inhabern des gleichen Betriebs, wenn feststeht, dass in jeder Phase ein für sich zur Sanierung verpflichtender Schadensbeitrag geleistet wurde.

272 Will der Zustandsstörer beim Verursacher einer Altlast Rückgriff nehmen, trifft er häufig auf Beweisschwierigkeiten. Hier hat jedoch der BGH eine analoge Anwendung der Vorschriften über **Beweiserleichterungen**[2] nach §§ 6, 7 UmwHG zugelassen[3].

273 Der Ausgleichsanspruch **verjährt** nach drei Jahren, § 24 Abs. 2 Satz 3 BBodSchG. Die Frist beginnt nach der Beitreibung der Kosten, wenn eine Behörde Maßnahmen selbst ausführt. Sonst beginnt sie, wenn der Verpflichtete die ihm aufgegebenen Maßnahmen beendet hat[4] und wenn er von der Person des Ersatzpflichtigen Kenntnis erlangt. Spätestens verjährt der Ausgleichsanspruch aber 30 Jahre nach der Beendigung der Maßnahmen, § 24 Abs. 2 Satz 5 BBodSchG.

274 § 24 Abs. 2 Satz 6 BBodSchG ordnet jetzt ausdrücklich den **Rechtsweg zu den ordentlichen Gerichten** an.

275 Äußerst umstritten war vor Änderung des BBodSchG im Jahr 2004 das **Verhältnis der kurzen mietrechtlichen Verjährung** nach § 548 BGB (sechs Monate ab Rückgabe (!) des Grundstücks) zur Dreijahresfrist des § 24 Abs. 2 Satz 3 BBodSchG. Die Frage stellte sich beispielsweise dann, wenn ein Vermieter bei dem die Bodenverunreinigung verursachenden Mieter nach dem Ende der Mietzeit Rückgriff nehmen wollte[5]. Um diesen Streit zu beenden, hat der Gesetzgeber zum 15.12.2004 **§ 24 Abs. 2 Satz 3 Halbs. 2 BBodSchG** eingefügt, der nunmehr bestimmt, dass die kürzeren schuldrechtlichen Verjährungsfristen keine Anwendung finden[6].

---

1 *Bickel*, BBodSchG, § 4 Rz. 20.
2 Zu den Beweislastfragen ausführlich *Heßler/Janssen*, NuR 2004, 719.
3 BGH v. 2.4.2004 – V ZR 267/03, NVwZ 2004, 1267; *Hilf*, in: Giesberts/Reinhardt, Beck'scher Online-Kommentar Umweltrecht, § 24 BBodSchG Rz. 38 ff.; weiterführend *Wagner*, JZ 2005, 150, 151.
4 Hierfür kommt es auf den vollständigen Abschluss aller Maßnahmen an, da für die Altlastensanierung ein zeitlich gestrecktes Maßnahmenbündel charakteristisch ist, vgl. LG Bielefeld v. 21.5.2010 – 8 O 465/07; *Horn*, BBodSchG Onlinekommentar, § 24 Rz. 9; weiterführend *Vierhaus*, NWVBl. 2009, 419, 423.
5 Kurze Verjährung nach § 548 BGB wurde noch angenommen von LG Hamburg v. 7.11.2000 – 316 O 154/00, NZM 2001, 339; LG Frankenthal v. 27.2.2002 – 5 O 208/01, NJW-RR 2002, 1090; ablehnend dagegen u.a. *Hünnekens/Plogmann*, NVwZ 2003, 1216.
6 Weiterführend zur Verjährung des Ausgleichsanspruchs nach § 24 Abs. 2 BBodSchG *Vierhaus*, NWVBl. 2009, 419.

Auch für **Altfälle** hat der BGH zwischenzeitlich für Klarheit gesorgt: Der Ausgleichsanspruch **unterliegt nicht der kurzen Verjährung nach § 548 BGB**[1]. Bemerkenswert ist, dass der BGH trotz Vorliegens eines „Altfalles", der vor Einfügung von § 24 Abs. 2 Satz 3 Halbs. 2 BBodSchG zum 15.12.2004 spielte, die „**Rückwirkungsproblematik**" nicht erörtert[2]. Dies ist nur damit zu erklären, dass der BGH davon ausgeht, dass § 24 Abs. 2 Satz 3 Halbs. 2 BBodSchG lediglich die bereits zuvor bestehende Rechtslage kodifizierte. Die Begründung für die Ablehnung der kurzen mietrechtlichen Verjährung auch bei Altfällen überzeugt in der Sache: Anders als bei § 548 BGB geht es bei dem bodenschutzrechtlichen Ausgleichsanspruch nicht um eine schnelle Klärung, ob der Mieter das Mietobjekt verschlechtert hat und dafür Schadensersatz leisten muss. § 24 Abs. 2 BBodSchG knüpft nicht an eine Schädigung durch den Mieter an, sondern alleine an öffentlich-rechtliche Tatbestandsvoraussetzungen – nämlich die Existenz mehrerer Störer. Zudem würde der Ausgleichsanspruch nach § 24 Abs. 2 BBodSchG in einem seiner Hauptanwendungsbereiche, dem Ausgleich nach vertraglicher Überlassung eines Grundstücks an einen anderen Nutzer, bei Anwendung der kurzen Verjährung des § 548 BGB (sechs Monate nach Rückgabe des Grundstücks) in den meisten Fällen ins Leere gehen. Denn häufig entwickeln sich Altlasten schleichend. Sie sind nach Beendigung des Mietverhältnisses für den Vermieter nicht ohne Weiteres erkennbar. Ausgleichsansprüche könnten bei Anwendung der kurzen sechsmonatigen Verjährungsfrist bereits lange verjährt sein, bevor der Berechtigte von ihnen überhaupt Kenntnis erlangt hat[3]. Die Entscheidung dürfte auf **sonstige kurze vertragliche Verjährungsregelungen** entsprechend anzuwenden sein[4].

276

Auch im Zusammenhang mit dem Rückgriffsanspruch wird immer wieder die **Rückwirkungsproblematik** thematisiert. Nach Auffassung des BGH[5] stehe der Inanspruchnahme des **Gesamtrechtsnachfolgers des Verursachers** einer Altlast nach dem BBodSchG nicht entgegen, dass die Gesamtrechtsnachfolge vor Inkrafttreten des BBodSchG eingetreten ist. Zwar liege hier ein Fall der sog. echten Rückwirkung vor, diese sei – so der BGH – jedoch zulässig. Ein schützenswertes Vertrauen des Rechtsnachfolgers, nicht zur Beseitigung der Altlasten in Anspruch genommen werden zu können, sei nicht gegeben, **jedenfalls nicht mehr seit Mitte der 1980er Jahre**. Auch mit der **Anwendung speziell von § 24 Abs. 2 BBodSchG** sei keine unzulässige Rückwirkung verbunden, da der Verursacher auch schon vor Inkrafttreten des BBodSchG mit einer Inanspruchnahme aus Geschäftsführung ohne Auftrag, auf polizeirechtlicher Grundlage sowie in einigen Bundesländern nach den Vorschriften der landesrechtlichen Bodenschutzgesetzt habe rechnen müssen[6]. Ob der BGH an dieser Rechtsprechung festhält, nachdem das **BVerwG** mit Urteil vom 16.3.2005 entschieden hat, dass mit der Inanspruchnahme des Rechtsnachfolgers **keine Rückwirkung** verbunden ist (oben Rz. 219ff.), bleibt abzuwarten[7]. Bislang hat der BGH seine Rechtsprechung noch nicht ausdrücklich aufgegeben.

277

---

1 BGH v. 1.10.2008 – XII ZR 52/07, NVwZ 2009, 734. Dazu *Landel/Mohr*, UPR 2009, 130; *Vierhaus*, NWVBl. 2009, 419, 421; *Hellriegel/Schmitt*, NJW 2009, 1118.
2 Darauf weist auch *Vierhaus*, NWVBl. 2009, 419, 422 hin.
3 Zu Vorstehendem BGH v. 1.10.2008 – XII ZR 52/07, NVwZ 2009, 734 sowie *Vierhaus*, NWVBl. 2009, 419, 421.
4 So im Erg. auch *Schwertner/Libert*, ZfBR 2010, 123, 125.
5 BGH v. 2.4.2004 – V ZR 267/03, NVwZ 2004, 1267; dazu *Wagner*, JZ 2005, 150; *Hilf*, in: Giesberts/Reinhardt, Beck'scher Online-Kommentar Umweltrecht, § 24 BBodSchG Rz. 15.
6 BGH v. 2.4.2004 – V ZR 267/03, NVwZ 2004, 1267.
7 Für eine Anpassung an die Rspr. des BVerwG *Hünnekens/Arnold*, NJW 2006, 3388, 3390; weiterführend *Palme*, NVwZ 2006, 1130, 1132 f.

## 2. Verschuldenshaftung

278 Schadensersatzansprüche können sich aus **vertraglichen** und **gesetzlichen Schuldverhältnissen** ergeben, so aus Kauf, Miete und Pacht einerseits, aus Gesamtschuld, Geschäftsführung ohne Auftrag, unerlaubter Handlung und Bereicherungsrecht andererseits. Auf die in den letzten Jahren viel diskutierten Ansprüche aus Amtspflichtverletzung bei der Bauleitplanung wird unten (Rz. 313 ff.) im Zusammenhang mit der Abwägungs- und der Kennzeichnungspflicht eingegangen.

279 – In Betracht kommen insbesondere **Gewährleistungsansprüche** des Erwerbers gegen den Verkäufer auf Minderung, Rücktritt und Schadensersatz statt oder neben der Leistung (§§ 437, 440, 441, 323, 280 BGB)[1] und Verschulden bei Vertragsschluss (§§ 311 Abs. 2, 280 BGB)[2]. Daneben ist die Anfechtung nach § 123 BGB wegen **arglistiger Täuschung** möglich[3]. Eine Anfechtung wegen Irrtums über eine verkehrswesentliche Eigenschaft der Sache nach § 119 Abs. 2 BGB ist jedoch nach Übergabe des Besitzes an den Käufer ausgeschlossen, da ab diesem Zeitpunkt die Gewährleistungsansprüche vorrangig sind[4]. Keine Anwendung finden in der Regel die Grundsätze des Wegfalls der Geschäftsgrundlage (§ 313 BGB), die im Anwendungsbereich der Sachmängelhaftung ausgeschlossen sind[5]. In Grundstückskaufverträgen aus der Zeit vor 1998 ist der Begriff der „Altlast" im Zweifel so auszulegen, wie ihn seit 1999 das BBodSchG definiert[6].

280 – Im Falle von **Vermietung** oder **Verpachtung** kommen Gewährleistungs- und Schadensersatzansprüche des Mieters oder Pächters nach §§ 536 ff. BGB in Betracht und umgekehrt Ansprüche von Vermietern oder Verpächtern nach §§ 280, 281 i.V.m. 546[7] und 581 BGB, aber auch aus positiver Vertragsverletzung (kurze Verjährung: sechs Monate nach Rückgabe, § 548 Abs. 1 BGB) sowie ein Recht auf außerordentliche Kündigung aus § 543 BGB.

281 – Schließlich ist auf **Schadensersatzansprüche** wegen unerlaubter Handlung aus §§ 823 Abs. 1 und Abs. 2 und 826 BGB zu verweisen, nämlich wegen Eigentumsverletzung, wegen Verletzung einer Verkehrssicherungspflicht, womöglich aufgrund eines Betrugs wegen vorsätzlicher sittenwidriger Schädigung und schließlich wegen Verletzung eines Schutzgesetzes: Beispielsweise abfall-, gefahrschutz-, immissionsschutz- und wasserrechtlicher Normen, Strafgesetze wie § 324 StGB (Gewässerverunreinigung), § 324a StGB (Bodenverunreinigung), § 326 StGB (umweltgefährdende Abfallbeseitigung) und § 327 StGB (unerlaubtes Betreiben von Anlagen).

## 3. Gefährdungshaftung

282 Hinzu kommt der **Gefährdungshaftungstatbestand** des § 89 WHG, der die Verletzung eines Rechts oder Rechtsguts oder den Verstoß gegen ein Schutzgesetz und selbst Verschulden nicht voraussetzt[8].

---

1 Dazu *Müggenborg*, NJW 2005, 2810.
2 Palandt/*Weidenkaff*, § 434 Rz. 62 ff.; vgl. zur Rechtslage vor der Schuldrechtsmodernisierung *Schwartmann* DStR 2000, 205; *Garbe-Emden*, VA 2000, 57; *Becker*, DVBl 2000, 595; DNotI-Report 1999, 85; vgl. z.B. BGH v. 19.3.1992 – III ZR 16/90, BGHZ 117, 363; v. 3.3.1995 – V ZR 43/94, NJW 1995, 1549; v. 1.10.1999 – V ZR 218/98, NJW 1999, 3777 (jeweils zu arglistigem Verschweigen und Offenbarungspflichten).
3 Vgl. Palandt/*Weidenkaff*, § 437 Rz. 54; Palandt/*Ellenberger*, § 123 Rz. 29.
4 *Müggenborg*, NJW 2005, 2810, 2816.
5 Dazu *Knoche*, NJW 1995, 1985.
6 OLG Karlsruhe v. 3.3.2003 – 1 U 67/02, OLGR 2003, 281.
7 BGH v. 18.2.2010 – III ZR 295/09, BGHZ 184, 288.
8 Vgl. dazu *Czychowski/Reinhardt*, WHG, § 89 Rz. 8.

– Nach § 89 Abs. 1 WHG haftet, wer Stoffe in ein Gewässer einbringt, einleitet oder in sonstiger Weise auf ein Gewässer einwirkt und dadurch die Wassereigenschaft nachteilig verändert, für die Schäden, die daraus einem anderen entstehen. Dies gilt ebenso im Falle eines Unterlassens, wenn eine zweckbestimmte gewässerbezogene, also planvolle, der objektiven Finalität eines positiven Tuns entsprechende Untätigkeit vorliegt.  283

– Nach § 89 Abs. 2 WHG haftet der Betreiber einer Anlage, aus der wassergefährdende Stoffe in ein Gewässer gelangen, für den dadurch verursachten Schaden[1]. Da aber das Grundwasser nicht zum Grundeigentum gehört, kann Anspruchsberechtigter im Falle eines Grundwasserschadens grds. auch nur ein öffentlich-rechtlich legitimierter Grundwasserbenutzer sein, beispielsweise ein entsprechend berechtigter Einleiter oder Anlagenbetreiber  284

– Vom Anwalt unbedingt zu beachten ist, dass die Ansprüche nach § 89 Abs. 1 und 2 WHG analog § 852 BGB[2] in drei Jahren ab dem Zeitpunkt verjähren, in dem der Geschädigte von dem Schaden und der Person des Ersatzpflichtigen Kenntnis erlangt hat, spätestens jedoch 30 Jahre nach dem Schadensereignis[3].  285

Neben den für die altlastenbedingte Gefährdungshaftung sicherlich zentralen Ansprüchen aus § 89 Abs. 1 und 2 WHG ist ferner noch auf die Anspruchspositionen aus §§ 1 und 2 HaftpflG, 114 BBergG sowie 25 ff. AtG, v.a. aber auf die zivilrechtliche Haftung für Altlasten nach dem UmweltHG[4] hinzuweisen[5].  286

### 4. Sonstige Ausgleichsansprüche

In Betracht zu ziehen ist in den Altlastenfällen schließlich auch der gegenüber dem Unterlassungs- und Beseitigungsanspruch aus § 1004 Abs. 1 Satz 1 subsidiäre Ausgleichsanspruch aus § 906 Abs. 2 Satz 2 BGB. Aus § 14 Satz 2 BImSchG kann ein Ausgleichsanspruch ebenfalls erwachsen.  287

### 5. Sonstige zivilrechtliche Möglichkeiten[6]

Ein durch Altlasten betroffener Privater kann sich gegen den Störer mit Hilfe des Unterlassungs- und Beseitigungsanspruchs aus § 1004 Abs. 1 Satz 1 BGB zur Wehr setzen (**actio negatoria**). Dass sich die kontaminierenden Substanzen in den Altlastenfällen mit dem Boden unlösbar vermischen, lässt den Beseitigungsanspruch keineswegs scheitern. Denn der Beseitigungsanspruch kann auch auf Entfernung des Erdreichs und dessen Entsorgung gehen. In diesen Konstellationen darf der Anwalt freilich nicht die privatrechtsgestaltende Wirkung einer etwaigen immissionsschutzrechtlichen Genehmigung aus den Augen verlieren (§ 14 Satz 1 Halbs. 1 BImSchG). Wird zur Wiederherstellung des ursprünglichen Zustands ein Bodenaustausch erforderlich, können dessen Kosten leicht den Wert des Grundstücks ohne die Verseuchung um ein Vielfaches überschreiten. In einem solchen Falle stellt sich die Frage, ob der vom Eigentümer auf Beseitigung in Anspruch ge-  288

---

1 Vgl. z.B. BGH v. 18.9.1986 – III ZR 227/84, BGHZ 98, 235.
2 So BGH v. 10.5.2000 – XII ZR 149/98, BGHZ 98, 235, 237.
3 *Czychowski/Reinhardt*, WHG, § 89 Rz. 59 ff.
4 Dazu *Enders*, Die zivilrechtliche Verantwortlichkeit für Altlasten und Abfälle, 1999, S. 372 ff.
5 Zum Ganzen ausführlich *Fehn*, Öffentlich-rechtliche Verantwortlichkeit und zivilrechtliche Haftung für Altlasten, 1998, S. 79 ff.
6 Dazu grundlegend *Enders*, Die zivilrechtliche Verantwortlichkeit für Altlasten und Abfälle, 1999; ferner *Fehn*, Öffentlich-rechtliche Verantwortlichkeit und zivilrechtliche Haftung für Altlasten, 1998.

nommene Verursacher die Beseitigung wegen Unverhältnismäßigkeit nach § 275 Abs. 2 verweigern oder nach § 251 Abs. 2 Satz 1 BGB Entschädigung in Geld leisten kann[1]. Bei der anzustellenden Abwägung ist zu berücksichtigen, dass sich das Interesse des Eigentümers nicht auf den Grundstückswert beschränkt. Vielmehr müssen mögliche Ansprüche Dritter, insbesondere der Bodenschutzbehörde, gegen den Eigentümer einbezogen werden, jedenfalls solange der Verursacher den Eigentümer nicht von einer Inanspruchnahme freigestellt hat[2]. Daran ändert auch die Tatsache nichts, dass der Ersatzanspruch der Behörde gegen den Eigentümer als bloßen Zustandsstörer beschränkt ist[3].

289 Abwehransprüche können sich in den Altlastenfällen ferner auch aus Besitzrecht ergeben (vgl. § 861 BGB). Wer nicht in seinem Eigentum, aber in einem anderen absoluten Recht betroffen ist, kann den an §§ 1004, 823 BGB angelehnten quasi-negatorischen Anspruch geltend machen.

## X. Was müssen Verkäufer bzw. Erwerber eines Grundstücks beachten?

### 1. Verkäufersicht

#### a) Dokumentation fehlender Kenntnis von Altlasten

290 Sind zum Zeitpunkt des Verkaufs eines Grundstücks **keine Altlasten bekannt**, kann es sich anbieten, dies in geeigneter Form **im Kaufvertrag zu dokumentieren**[4]. Denn die Ewigkeitshaftung des früheren Eigentümers nach § 4 Abs. 6 BBodSchG knüpft an subjektive Voraussetzungen an: Derjenige, der beim Erwerb des Grundstücks selbst darauf vertraut hat, dass schädliche Bodenveränderungen oder Altlasten nicht vorhanden sind, dessen Vertrauen schutzwürdig ist und der bei Veräußerung immer noch weder positive Kenntnis noch fahrlässige Unkenntnis von Altlasten hat, wird aus der Haftung als früherer Eigentümer entlassen. Um zumindest den Einwand der Kenntnis oder fahrlässigen Unkenntnis zum Zeitpunkt der Weiterveräußerung ausräumen zu können, ist aus Verkäufersicht zu erwägen, Auskünfte aus dem Altlastenregister oder sonstige Auskünfte einzuholen und das (negative) Ergebnis im Vertrag zu dokumentieren. Dabei muss der Anwalt beachten, dass allzu gründliche Nachforschungen auch dazu führen können, dass bislang unbekannte Altlasten „auftauchen" und der Verkäufer dadurch die „Enthaftung" nach § 4 Abs. 6 BBodSchG „verliert"[5].

#### b) Haftungsausschluss

291 Häufig wird der Grundstücksverkäufer jegliche Haftung für bekannte oder auch unbekannte Altlasten im Kaufvertrag ausschließen wollen.

292 Altlasten oder schädliche Bodenveränderungen können einen **Sachmangel** darstellen. Ein Sachmangel i.S.d. § 434 Abs. 1 Satz 1 BGB liegt dann vor, wenn die Sache bei Gefahrübergang nicht die vereinbarte Beschaffenheit hat. Weiß der Verkäufer um das Bestehen von Bodenkontaminationen, wird er möglicherweise das Grundstück ausdrücklich **als Altlastengrundstück** unter möglichst exakter Beschreibung der Bodenbeschaffenheit und unter Offenlegung eventuell vorhandener Bodengutachten zu veräußern versuchen – freilich um den Preis eines entsprechend niedrige-

---

1 Dazu BGH v. 21.5.2010 – V ZR 244/09, ZUR 2010, 488.
2 BGH v. 21.5.2010 – V ZR 244/09, ZUR 2010, 488.
3 BVerfGE 102, 1, 20 ff.
4 Näher *Oyda*, RNotZ 2008, 245, 280.
5 *Oyda*, RNotZ 2008, 245, 280.

ns Kaufpreises. Durch eine solche Beschaffenheitsvereinbarung ist es möglich, für bekannte Altlasten oder schädliche Bodenveränderungen die Mangeleigenschaft des Grundstücks auszuschließen[1].

Aber nicht immer sind alle Altlasten oder schädliche Bodenveränderungen bekannt. Aus diesem Grunde wird in der Praxis regelmäßig ein **Gewährleistungsausschluss** vereinbart[2]. Dies ist grds. zulässig[3]. Gewährleistungsausschlüsse sind jedoch unwirksam, wenn der Verkäufer den Mangel **arglistig verschwiegen** hat, § 444 BGB. Arglist setzt positive Kenntnis vom Mangel voraus, fahrlässige Unkenntnis genügt nicht. Hat der Verkäufer positive Kenntnis vom Vorliegen einer Altlast, muss er, da dies für den Vertragspartner erkennbar von Bedeutung ist, den Käufer auch ungefragt hierauf hinweisen[4]. 293

Gewährleistungsausschlüsse sind nach der Rechtsprechung des BGH als Freizeichnungsklauseln **grundsätzlich eng auszulegen**. Ein Ausschluss der (kaufrechtlichen) Gewährleistung umfasst aus diesem Grunde Rückgriffsansprüche nach § 24 Abs. 2 BBodSchG im Regelfall nicht[5]. Zu einem anderen Ergebnis mag man im Einzelfall im Wege der Auslegung dann gelangen, wenn sich aus den Umständen ergibt, dass ein besonders niedriger Kaufpreis gerade im Hinblick auf bekannte Altlasten vereinbart wurde und der Verkäufer aus diesem Grund von jeglicher Haftung befreit werden sollte. Verlassen sollte man sich hierauf jedoch nicht. Daher ist dem Anwalt zu raten, darauf zu achten, dass neben Gewährleistungsansprüchen auch **Rückgriffsansprüche nach § 24 Abs. 2 BBodSchG ausdrücklich ausgeschlossen werden**[6]. In diesem Zusammenhang sollte auch der vertragliche „Altlastenbegriff" möglichst genau definiert werden[7]. 294

Zu beachten ist weiter, dass Haftungsausschlüsse **nur inter partes** wirken. Über § 24 Abs. 2 BBodSchG ist ein Rückgriff jedoch auch durch einen Nicht-Vertragspartner, insbesondere durch einen späteren Erwerber in einer **Veräußerungskette** möglich[8]. Der Verkäufer, der mit dem Ersterwerber einen vollumfänglichen Haftungsausschluss vereinbart hat, kann späteren Erwerbern in der Veräußerungskette diesen also nicht entgegenhalten. Aus diesem Grunde ist stets anzuraten, zusätzlich einen umfassenden **Freistellungsanspruch** des Verkäufers gegen den Käufer für den Fall einer späteren Inanspruchnahme des Verkäufers durch die Behörde oder einen Dritten in den Vertrag aufzunehmen[9]. Dies sollte auch für den Verkäufer gelten, der nicht Verursacher einer Altlast (sondern bloßer Zustandsstörer ist), denn nach gegenwärtigem Stand der Rechtsprechung ist ein Rückgriff nach § 24 Abs. 2 BBodSchG auch gegen den bloßen Zustandsstörer nicht ausgeschlossen[10] (oben Rz. 267). 295

Im Zusammenhang mit dem Rückgriffsanspruch nach § 24 Abs. 2 BBodSchG können, je nach Sachlage, auch folgende Bereiche einer vertraglichen Regelung zugeführt werden: Abreden zu Beweiserleichterungen, Vereinbarung bestimmter Haftungsquoten, Abtretung möglicher Ersatzansprüchen gegen Dritte, Vereinbarungen 296

---
1 Dazu *Müggenborg*, NJW 2005, 2810.
2 Ausführlich zum folgendem *Oyda*, RNotZ 2008, 245.
3 Zu Grenzen, insbesondere bei Bauträgerverträgen, *Oyda*, RNotZ 2008, 245, 274.
4 Näher *Oyda*, RNotZ 2008, 245, 273; *Müggenborg*, NJW 2005, 2810, 2814 m.w.N.
5 BGH v. 2.4.2004 – V ZR 267/03, NVwZ 2004, 1267. Dazu *Wagner*, JZ 2005, 150.
6 So auch *Oyda*, RNotZ 2008, 245, 275.
7 Ausführlich *Oyda*, RNotZ 2008, 245, 277f.; *Schwertner/Libert*, ZfBR 2010, 123, 124.
8 Exemplarisch ist hier der Fall des BGH v. 2.4.2004 – V ZR 267/03, NVwZ 2004, 1267; weiterführend *Oyda*, RNotZ 2008, 245, 284.
9 *Wagner*, JZ 2005, 150, 153; *Hellriegel/Schmitt*, NJW 2009, 1118, 1120f. (mit Formulierungsvorschlag); *Schwertner/Libert*, ZfBR 2010, 123, 126ff.
10 So auch *Oyda*, RNotZ 2008, 245, 268f.

über den Zeitpunkt des Eingreifens eines Haftungsausschlusses, Regelungen zur Verjährung[1].

#### c) Übernahme der Sanierung durch den Käufer

297 Soll der **Käufer** eines Altlastengrundstücks – unter entsprechender Herabsetzung des Kaufpreises – die Sanierung einer (bekannten) Altlast übernehmen, so schließt dies eine behördliche Inanspruchnahme des Verkäufers als Handlungsstörer oder als früherer Eigentümer nicht aus. Für diesen Fall sind entsprechende **Freistellungsabreden** zu treffen[2]. In der Praxis stoßen solche Freistellungsverpflichtungen auf die Schwierigkeit, den Umfang der erforderlichen Sanierungsaufwendungen und damit die Reichweite der Freistellung zu regeln. Zudem muss der Anwalt des Verkäufers prüfen, ob der Freistellungsanspruch für den Fall der Zahlungsunfähigkeit des Käufers abgesichert werden kann, etwa durch ein Grundpfandrecht oder durch Erfüllungsbürgschaft[3].

#### d) Übernahme der Sanierung durch den Verkäufer

298 Je nach Sachlage verpflichtet sich auch der Verkäufer gegenüber dem Käufer, ein altlastenbelastetes Grundstück in saniertem Zustand zu übertragen. Für den Fall, dass die Behörde eine Sanierungsverfügung gleichwohl gegenüber dem Käufer erlässt, empfiehlt es sich, eine Vereinbarung über die **Beteiligung** des Verkäufers an einem möglichen **Verwaltungs- oder Gerichtsverfahren** aufzunehmen. Denn der Käufer hat bei interner Übernahme der Sanierungsverantwortung durch den Verkäufer möglicherweise kein eigenes (wirtschaftliches) Interesse daran, sich gegen eine behördliche Verfügung zu wehren, selbst wenn diese angreifbar sein sollte[4].

### 2. Käufersicht

#### a) Sachverhaltsaufklärung

299 Gewährleistungsrechte des Käufers wegen bestehender Altlasten oder schädlicher Bodenveränderungen können gem. § 442 Abs. 1 BGB ausgeschlossen sein, wenn dem Käufer der Mangel infolge **grober Fahrlässigkeit** unbekannt geblieben ist. In einem solchen Fall kann der Käufer Gewährleistungsrechte nur geltend machen, wenn der Verkäufer den Mangel arglistig verschwiegen oder eine Garantie für die Beschaffenheit des Grundstücks übernommen hat, § 442 Abs. 1 Satz 2 BGB. Für die Annahme grober Fahrlässigkeit wird eine unterlassene Einsichtnahme in das **Altlastenkataster** zwar wohl kaum genügen. Eine Einsicht in das Altlastenkataster ist gleichwohl zur Vermeidung „böser Überraschungen" stets anzuraten. Dagegen wird grobe Fahrlässigkeit anzunehmen sein, wenn Mängel bei einer Grundstücksbesichtigung erkannt worden wären, diese aber unterblieben ist[5]. Von einer **Grundstücksbesichtigung** sollte daher nie abgesehen werden.

300 In Fällen, in denen die Sanierung ganz oder teilweise von der Behörde durchgeführt wurde und der Verkehrswert des Grundstücks hierdurch gestiegen ist, kann eine **Ausgleichspflicht als öffentliche Last** auf dem Grundstück ruhen (§ 25 BBodSchG,

---

1 Zu alledem *Oyda*, RNotZ 2008, 245, 284 ff.; *Hilf*, in: Giesberts/Reinhardt, Beck'scher Online-Kommentar Umweltrecht, § 24 BBodSchG Rz. 29.1.
2 *Oyda*, RNotZ 2008, 245, 283 f. mit Formulierungsvorschlag.
3 Auf die beschränkte Tauglichkeit solcher Sicherungsmittel unter wirtschaftlichen Gesichtspunkten weist allerdings *Oyda*, RNotZ 2008, 245, 283 zu Recht hin.
4 Näher *Oyda*, RNotZ 2008, 245, 279.
5 *Müggenborg*, NJW 2005, 2810, 2814.

dazu oben Rz. 183 ff.). Deren Eintragung im Grundbuch ist für die Entstehung der Ausgleichspflicht jedoch nicht konstitutiv. Deswegen empfiehlt es sich, neben der unerlässlichen **Grundbucheinsicht** bei der **zuständigen Behörde eine schriftliche Auskunft dazu einzuholen**, ob noch eine Wertausgleichspflicht nach dem BBodSchG besteht[1].

Auch Nachforschungen des Käufers können im Kaufvertrag dokumentiert werden, um ein schutzwürdiges Vertrauen in die Altlastenfreiheit beim Erwerb i.S.d. § 4 Abs. 6 BBodSchG zu dokumentieren, damit dieses Vertrauen nach späterer Weiterveräußerung des Grundstücks im Falle einer Inanspruchnahme als früherer Eigentümer nachgewiesen werden kann[2]. 301

### b) Rückgriffsmöglichkeiten

Im Falle „unerwartet" auftretender Altlasten stellt sich für den Käufer zunächst die Frage, welche vertraglichen und außervertraglichen Ansprüche ihm gegenüber dem Verkäufer zustehen (oben Rz. 265 ff.) – sofern diese nicht wirksam ausgeschlossen wurden (oben Rz. 291 ff.). 302

Von besonderer Bedeutung ist für den Käufer der Rückgriffsanspruch nach § 24 Abs. 2 BBodSchG für die Kosten einer Sanierung. Nach der Rechtsprechung des BGH sollte der Käufer **eine Sanierung nie ohne enge Abstimmung** mit der Bodenschutzbehörde durchführen[3]. Das Vorliegen einer vorangegangenen Sanierungsverfügung ist zwar nicht Voraussetzung dafür, dass der Sanierungsverpflichtete später Rückgriff nehmen kann. Offen gelassen hat der BGH jedoch die Frage, ob ein Ausgleichsanspruch auch schon dann gegeben ist, wenn ein Störer ohne Veranlassung seitens der Behörde aus eigenem Antrieb eine Sanierung durchführt[4]. 303

### c) Übernahme der Sanierung durch den Verkäufer

Übernimmt der Verkäufer vertraglich die Sanierung bereits bekannter Altlasten, so sind aus Käufersicht zur Risikobegrenzung insbesondere **Rücktrittsrechte** sowie eine **Freistellung** für den Fall seiner behördlichen Inanspruchnahme vorzusehen[5], wobei auch hier ein Freistellungsanspruch entsprechend zu sichern ist. 304

## XI. Altlasten aus Sicht der Gemeinde

### 1. Altlasten in der Bauleitplanung

Altlasten können die Planung beschäftigen, und zwar sowohl in Form der Fachplanung als auch im Wege der Bauleitplanung (Flächennutzungsplan, Bebauungsplan)[6]. Im unbeplanten Innenbereich nach § 34 BauGB ist sogar eine Planungspflicht nach § 1 Abs. 3 BauGB zu erwägen, wenn die städtebauliche Entwicklung und Ordnung unter besonderer Berücksichtigung der allgemeinen Anforderungen an gesunde Wohn- und Arbeitsverhältnisse und die Sicherheit der Wohn- und Arbeitsbevölkerung (§ 1 Abs. 6 Nr. 1 BauGB) dies erfordern und in diesem Zusammenhang die er- 305

---

1 *Oyda*, RNotZ 2008, 245, 270 f.
2 *Oyda*, RNotZ 2008, 245, 288.
3 Dazu auch *Schwertner/Libert*, ZfBR 2010, 123, 124 f.
4 BGH v. 1.10.2008 – XII ZR 52/07, NVwZ 2009, 734.
5 *Oyda*, RNotZ 2008, 245, 281 ff.; zu Freistellungsverpflichtungen insbes. S. 282 ff.; zu möglichen Regressansprüchen des Veräußerers gegen den Verursacher vgl. *Beckhaus*, ZUR 2010, 418.
6 Vgl. *Steiner*, FS Weyreuther, 1993, S. 137 ff.; zum Bodenschutz in der Bauleitplanung *Kratzenberg*, UPR 1997, 177, 181; *Koch/Schütte*, DVBl 1997, 1415; *Schink*, DVBl 2000, 221; *Louis/Wolf*, NuR 2002, 61.

forderliche Bodensanierung gesichert wird. Ansonsten geht eine bodenschutzrechtliche Nutzungsuntersagung der bauplanungsrechtlichen Bebaubarkeit nach § 34 BauGB vor.

306 Jede Art der Planung ist durch die damit verbundene **planerische Gestaltungsfreiheit** gekennzeichnet, die ihre Grenzen an den Anforderungen des Abwägungsgebots findet. Für die Bauleitplanung bestimmt § 1 Abs. 6 Nr. 1 BauGB, dass die allgemeinen Anforderungen an gesunde Wohn- und Arbeitsverhältnisse und die Sicherheit der Wohn- und Arbeitsbevölkerung zu berücksichtigen sind. § 1 Abs. 6 Nr. 7 BauGB verweist auf die Belange des Umweltschutzes. Auch wo diese Schutzgüter nicht besonders aufgeführt sind, handelt es sich jedenfalls um öffentliche oder private Belange, die in die Abwägung einzustellen sind.

307 Dazu ist zunächst das Abwägungsmaterial zu sammeln, indem ermittelt wird, welche privaten und öffentlichen Belange nach Lage der Dinge von der Planung berührt werden und deshalb in die Abwägung einzustellen sind. Eine der allgemein zugänglichen Erkenntnisquellen ist das entsprechende Altlastenkataster bzw. das Verdachtsflächenverzeichnis (vgl. oben Rz. 71 ff.). Weiter ist in jedem Fall eine historische Erkundung i.S. einer Aufklärung zumindest der wichtigsten früheren Nutzungen geboten. Schließlich ergeben sich oft auch Hinweise aus der Beteiligung anderer Träger öffentlicher Belange sowie der Öffentlichkeit (Bürgerbeteiligung).

308 Welcher **Untersuchungsaufwand** dann zur Klärung eines bestehenden Altlastenverdachts zu unternehmen ist, hängt von den Gegebenheiten des Einzelfalls (dazu oben Rz. 126 ff., 138 ff.), also der Schutzbedürftigkeit der beabsichtigten Nutzung, dem Ausmaß der Gefährlichkeit der vermuteten Kontamination und der Verbindlichkeit der Planung ab und ist unter Berücksichtigung des Grundsatzes der Verhältnismäßigkeit zu entscheiden. Insofern sind beim Flächennutzungsplan geringere Anforderungen als bei einem Bebauungsplan zu stellen. Aus dem Bebauungsplan wird geschlossen, dass eine Bebauung der überplanten Grundstücke keine Gesundheitsgefahren für die Wohnbevölkerung hervorrufen kann[1]. Wenn eine Bodenbelastung positiv bekannt ist, kann für Flächen eine Nutzung nur insoweit ausgewiesen werden, wie von den Böden dieser Flächen keine Gefahr für diese Nutzung und von der Nutzung keine Gefahr für die Böden (einschließlich des Wasserhaushalts) ausgeht[2]. Die Bauleitplanung setzt also eine **gefahrenfreie Nutzbarkeit** der Grundstücke voraus, was bedeutet, dass bei Inkrafttreten des Bebauungsplans sichergestellt sein muss, dass die Verwirklichung der festgesetzten Nutzung ohne Schaden möglich ist[3].

309 Wenn das Abwägungsmaterial vollständig zusammengestellt ist, müssen die ermittelten Belange zutreffend gewichtet werden. Dabei ist auch darüber zu befinden, ob wirklich eine umfassende Sanierung erforderlich ist oder dem Schutz der betroffenen Belange nicht auch beispielsweise durch Nutzungsbeschränkungen Rechnung getragen werden kann. Das Gebot der **Konfliktbewältigung**[4] verlangt aber, dass der Bebauungsplan die Lösung durch ihn aufgeworfener Konflikte nicht nachfolgenden Planungs- oder Genehmigungsverfahren überlässt, sondern – grds. – selbst erbringt[5].

---

1 BGH v. 25.2.1993 – III ZR 47/92, UPR 1993, 214; v. 6.7.1989 – III ZR 251/87, BGHZ 108, 224.
2 *Steiner*, FS Weyreuther, 1993, S. 137, 139.
3 *Steiner*, FS Weyreuther, 1993, S. 140; BGH v. 6.7.1989 – III ZR 251/87, BGHZ 108, 224.
4 Überblick bei *Krautzberger*, in: Battis/Krautzberger/Löhr, BauGB, § 1 Rz. 115.
5 S. aber OVG Münster v. 5.12.1996 – 7a D 23/95. NE, LSK 1997, 290347: „Der durch die Ausweisung von Wohnbauflächen in einem mit Schwermetallen kontaminierten Bereich aufgeworfene Konflikt zwischen Wohnnutzung und Schutz der Bevölkerung vor Gesundheitsgefahren muss nicht stets innerhalb der Bauleitplanung mit planerischen Mitteln selbst bewältigt werden, sondern kann dem nachfolgenden Baugenehmigungsverfahren überlassen werden."

## XI. Altlasten aus Sicht der Gemeinde

**Beispiel:**

Schwermetallbelasteter Boden muss nicht zwingend abgetragen werden, wenn und soweit 310
die darin enthaltenen Schwermetalle immobil sind und eine Auswaschung in das Grundwasser nicht droht. Hier mag eine Bodenabdeckung ausreichen; dabei genügt aber nicht der Schutz bloß öffentlicher Spielplätze, sondern es muss auch ausgeschlossen werden, dass Kinder in privaten Hausgärten oder auf Kinderspielplätzen gefährdet werden[1] (zu den Haftungsrisiken unten Rz. 313 ff.).

Aufgabe des Anwalts auf Seiten des Planungsträgers ist es, für eine ordnungs- 311
gemäße Abwägung – und ihre Dokumentation in den Verfahrensakten[2] – Sorge zu tragen. U.U. empfiehlt sich schlicht die Aussetzung der Planung, bis Sanierungsverfahren und -aufwand abzusehen sind[3]. Auf Seiten eines Bürgers/Unternehmens kann es Aufgabe des Anwalts sein, seine Mandanten nach bestehendem Altlastenverdacht zu befragen und dafür zu sorgen, dass solcher Verdacht auch vorgetragen wird. Umgekehrt kann der Anwalt auch damit betraut werden, für die Herausnahme eines nicht oder nicht mehr berechtigten Altlastenvermerks zu sorgen, um die Verkehrsfähigkeit eines Grundstücks zu erhalten oder wiederherzustellen. Erhält die Behörde gar keine Kenntnis vom Altlastenverdacht, kann damit auch der sonst gegebene Abwägungsfehler entfallen. Wie gesagt, bedeutet dies nicht immer die Aufklärung jeglichen Altlastenverdachts. Für einen betroffenen Bürger richtet sich der zweckmäßige Vortrag natürlich nach dem jeweiligen, oft ganz verschiedenen Interesse.

### 2. Kennzeichnungspflichten

Ist eine Altlast **positiv festgestellt**, sollen entsprechende Flächen nach § 5 Abs. 3 312
Nr. 3 BauGB im Flächennutzungsplan **gekennzeichnet werden**, wenn die Flächen für die bauliche Nutzung vorgesehen und ihre Böden erheblich mit umweltgefährdenden Stoffen belastet sind. Dasselbe gilt für alle entsprechend belasteten Flächen im Bebauungsplan – hier richtigerweise ohne Eingrenzung auf Bauflächen, § 9 Abs. 5 Nr. 3 BauGB[4]. Diese Kennzeichnungspflicht beschäftigt den Anwalt auch in Haftungszusammenhängen, die unten Rz. 313 ff. dargestellt werden. Nicht zuletzt stellt sich für die planende Gemeinde die Frage, wer für die der Entscheidung über eine Altlastenkennzeichnung im Bebauungsplan vorausgehenden notwendigen Untersuchungen aufzukommen hat.

**Beispiel:**

Ein an der Grundstücksentwicklung und an der Aufstellung des Bebauungsplans interessierter Eigentümer oder Investor übernimmt die Untersuchungskosten regelmäßig im Rahmen eines Städtebaulichen Vertrags. Kommt eine solche Kostenübernahme aber nicht in Betracht und besteht die zuständige Bodenschutzbehörde als TöB trotzdem auf einer Untersuchung, ohne selbst tätig zu werden, und sei es mit Aufklärungsverfügungen entsprechend Rz. 105 ff., bleibt für die Gemeinde oft nur, auf eigene Kosten aufzuklären. Dies ist umso misslicher, als sie diese Kosten – anders als die „eigentlich" zuständige Bodenschutzbehörde es könnte – nachher kaum noch abwälzen kann.

---

1 OVG Münster v. 14.5.1993 – 7a D 84/92.NE, BauR 1993, 691.
2 Zu einem Gegenbeispiel vgl. VGH Mannheim v. 7.5.1999 – 3 S 1265/98, ESVGH 49, 266 ff.
3 Vgl. VGH Mannheim v. 7.5.1999 – 3 S 1265/98, BWGZ 2000, 139.
4 Unter Amtshaftungsgesichtspunkten ist die Gemeinde jedoch nicht zu einer nachträglichen Kennzeichnung im bestehenden Bebauungsplan verpflichtet, wenn sie zuvor keine Kenntnis von den im überplanten Gebiet vorhandenen Altlasten hatte oder haben musste, so OLG Oldenburg v. 26.9.2003 – 6 U 67/03, NJW 2004, 1395.

### 3. Schadensersatzrisiken (Amtshaftung)

313 In einer Reihe von Fällen hatte sich die Zivilgerichtsbarkeit mit Amtshaftungsansprüchen aus der gemeindlichen **Überplanung von Altlasten** zu befassen[1].

314 Die Bestimmung der Amtspflicht knüpft an die im BauGB ausdrücklich verankerte Pflicht der Gemeinde an, in der Bauleitplanung u.a. den allgemeinen Anforderungen an gesunde Wohn- und Arbeitsverhältnisse und der Sicherheit der Wohn- und Arbeitsbevölkerung Rechnung zu tragen, § 1 Abs. 6 Nr. 1 BauGB. Diese Verpflichtung dient nicht nur dem Schutz der Allgemeinheit, sondern nach ständiger Rechtsprechung auch einem abgegrenzten Kreis schützenswerter Dritter[2]. Begründet wird dies mit der besonderen Bedeutung der **Rechtsgüter Leben und Gesundheit**. Zum geschützten Personenkreis gehören daher neben Grundstückseigentümern, die in dem Altlastengebiet wohnen, auch Bauträgergesellschaften, die den späteren Bewohnern dafür haften, dass ihnen aus der Beschaffenheit von Grund und Boden keine Gefahren für Leben und Gesundheit drohen, Gewerbetreibende, die ihren Arbeitnehmern für die Abwehr von Gesundheitsgefahren verantwortlich sind, sowie Nacherwerber, Mieter und Pächter[3].

315 Ein Schutz reiner Vermögensinteressen wird aber gerade nicht gewährt, weil es insoweit an der unmittelbaren Beziehung zwischen Gesundheitsgefährdung und Schaden fehlt[4]. Dies lässt sich auf die kurze Formel bringen: ohne Gesundheitsgefahr kein Schadensersatz!

316 Zwischen dem geltend gemachten Schaden und der Amtspflicht muss eine **unmittelbare Beziehung** bestehen[5]. Deshalb geht auch leer aus, wer sein Grundstück bei Erlass des Bebauungsplans bereits bebaut hatte, oder wessen Vertrauen nicht schutzwürdig ist, weil er bereits positive Kenntnis von der Schadstoffbelastung hatte.

317 Wenn eine Gemeinde einen Bebauungsplan beschließt, sollen in ihm Flächen, deren Böden erheblich mit umweltgefährdenden Stoffen belastet sind, gekennzeichnet werden, § 9 Abs. 5 Nr. 3 BauGB (Verpflichtung im Regelfall[6]). Ob die bloße Verletzung dieser **Kennzeichnungs„pflicht"** – unter den sonst gleichen Voraussetzungen – einen Amtshaftungsanspruch auslösen kann, ist wohl zu verneinen, während umgekehrt eine unzutreffende Kennzeichnung eine Amtspflichtverletzung bedeuten kann[7]. Entsprechendes gilt dann auch für den Flächennutzungsplan.

### 4. Vertragliche Lösungen

318 Besonders hinzuweisen ist auch auf die Möglichkeiten des **Vorhaben- und Erschließungsplans** sowie auf die Gestaltungsmöglichkeiten in einem **städtebaulichen Vertrag**[8]. Insbesondere kann es ein Eigentümer übernehmen, die zu überplanenden Flä-

---

1 Vgl. Palandt/*Thomas*, § 839 BGB Rz. 104; aus der Literatur *Kühn*, Die Amtshaftung der Gemeinden wegen der Überplanung von Altlasten, 1997; *Ossenbühl*, Staatshaftungsrecht, 5. Aufl. 1998, S. 65, insb. Fn. 340.
2 Erneut bestätigt durch BGH v. 29.7.1999 – III ZR 234/97, NJW 2000, 427 (zu Baugrundrisiken) sowie OLG Frankfurt v. 17.12.2001 – 1 U 133/98, OLGR 2002, 110.
3 Dazu *Raeschke-Kessler*, NJW 1993, 2276f. m.w.N. aus der Rspr.
4 BGH v. 21.12.1989 – III ZR 118/88, BGHZ 109, 380, 390; v. 17.12.1992 – III ZR 114/91, BGHZ 121, 65, 229.
5 BGH v. 21.12.1989 – III ZR 118/88, BGHZ 109, 380; v. 21.2.1991 – III ZR 245/89, BGHZ 113, 367; v. 17.12.1992 – III ZR 114/91, BGHZ 121, 65.
6 Brügelmann/*Gierke*, BauGB, § 9 Rz. 619 m.w.N.
7 So wohl auch Brügelmann/*Gierke*, BauGB, § 9 Rz. 630 bzw. 628; vgl. auch BGH v. 21.2.1991 – III ZR 245/89, BGHZ 113, 367.
8 Dazu aus praktischer Sicht *Burmeister*, Praxishandbuch Städtebauliche Verträge.

chen zu sanieren, womit erst die Voraussetzungen für eine fehlerfreie Abwägung zugunsten der Bebauung geschaffen werden (dazu näher §§ 11 Abs. 1 und 12 Abs. 1 BauGB).

## XII. Straf-, steuer- und insolvenzrechtliche Bezüge

### 1. Strafrechtliche Verantwortung

Im Zusammenhang mit Altlasten droht eine Strafbarkeit nach § 326 StGB wegen **umweltgefährdender Abfallbeseitigung** durch den Grundstückseigentümer oder den Abfallbesitzer und aus § 324 StGB wegen **Gewässerverunreinigung**. Da die genannten Bestimmungen des Umweltstrafrechts erst am 1.7.1980 in Kraft traten und eine rückwirkende Bestrafung entsprechender Handlungen nicht möglich ist (nullum crimen sine lege), kommen auch nur Handlungen nach diesem Stichtag in Betracht.

319

Schließlich ist auf den sogar erst seit 1.11.1994 geltenden Tatbestand des § 324a StGB – **Bodenverunreinigung** – hinzuweisen, der durch das ungesicherte Liegenlassen von Altlasten verwirklicht werden kann[1]. Neben der vorsätzlichen Begehung (bei Kenntnis) gibt es auch die Möglichkeit der **fahrlässigen** Begehungsform. Der Tatbestand kann auch durch **Unterlassen** erfüllt werden. Eines solchen Unterlassungsdelikts macht sich schuldig, wer es trotz Rechtspflicht zum Handeln unterlässt, den Eintritt des tatbestandlichen Erfolgs zu verhindern. Handlungspflichten ergeben sich jetzt kraft ausdrücklicher Bestimmung aus § 4 Abs. 1–3 BBodSchG, wobei allerdings die verwaltungsrechtlichen Pflichten nicht unbesehen zur Begründung einer strafrechtlichen Garantenpflicht übernommen werden können[2]. Außerdem und schon bisher ist der Grundstückseigentümer rechtlich verpflichtet, sein Eigentum zu sichern, damit sich nicht die typischerweise von dieser Sache ausgehende Gefahr an strafrechtlich geschützten Rechtsgütern verwirklicht. Wenn das Grundstück mit der Altlast einer **juristischen Person** oder einer Personengesellschaft (OHG, KG) gehört, so sind die Organwalter bzw. die Geschäftsführer Garanten kraft Übernahme. Sie können dann die genannten Straftatbestände verwirklichen, indem sie das ihnen Zumutbare zur Sanierung oder Absicherung der Altlast nicht tun. Die Tathandlung muss **unter Verletzung einer verwaltungsrechtlichen Pflicht** erfolgen, wozu ein Verstoß gegen die allgemeine Vorsorge- und Gefahrabwehrpflicht nach § 4 Abs. 1 BBodSchG, § 7 Satz 1 BBodSchG oder die allgemeine, nicht durch Verwaltungsakt konkretisierte Betreiberpflicht nach §§ 5, 22 BImSchG nicht genügen soll[3]. Die bloße **behördliche Duldung** einer Altlast hat jedenfalls keine rechtfertigende Wirkung, bleibt also für die Strafbarkeit des Handlungsverpflichteten ohne Bedeutung.

320

Nach § 13 Abs. 1 BBodSchG „soll" die zuständige **Behörde** Sanierungsuntersuchungen veranlassen und einen Sanierungsplan verlangen, wenn von Altlasten „im besonderen Maß" schädliche Bodenveränderungen ausgehen, § 13 Abs. 1 BBodSchG. Wohl nur in ganz besonders schwerwiegenden Fällen kann daraus wohl eine verwaltungsrechtliche Pflicht i.S. einer Garantenstellung abgeleitet werden, die dann auch zur Strafbarkeit des untätig bleibenden Beamten nach § 324a StGB führt[4]. Dagegen wird eine Strafbarkeit für ein **Handeln** aufgrund der genannten Bestimmungen nur ausnahmsweise in Betracht kommen. Für Bodenverände-

321

---

1 *Werner*, BWGZ 1998, 847.
2 *Heine*, in: Schönke/Schröder, StGB, § 324a Rz. 7 m.w.N.
3 *Heine*, in: Schönke/Schröder, StGB, § 324a Rz. 14.
4 Zur Strafbarkeit von Amtsträgern (durch Unterlassen) für Umweltschädigungen Dritter s. *Cramer/Heine*, in: Schönke/Schröder, StGB, vor §§ 324ff. Rz. 29ff., 39ff.

rungen, die nach dem 1.3.1999 eintreten, ist das **Entschließungsermessen** der Behörden aber dahingehend eingeschränkt, dass neue Bodenbelastungen zu beseitigen sind, wenn dies verhältnismäßig ist, § 4 Abs. 5 BBodSchG. Hieraus kann sich dann auch eine strafrechtliche Verantwortung ergeben.

322 Für die **Bußgeldvorschriften** ist auf § 26 BBodSchG zu verweisen.

## 2. Steuerrecht

323 Kosten der Altlastensanierung können die Ertragsteuern senken, indem sie im Fall privat vermieteten Bodeneigentums als **Werbungskosten** gem. § 9 EStG und im Fall gewerblicher Nutzung eines Grundstücks als **Betriebsausgaben** nach § 4 Abs. 4 EStG Anerkennung finden. Bei den Aufwendungen zur Schadensbeseitigung handelt es sich um sofort abzugsfähige Werbungskosten oder Betriebsausgaben, soweit sie nicht eine über den Ausgleich etwa eingetretener Wertminderungen hinausgehende Werterhöhung des Grundstücks bewirken, sondern durch dessen Nutzung veranlasst sind[1]. Nachträgliche Werbungskosten sind geltend zu machen, wenn die Sanierungskosten erst nach der Zeit der Einnahmeerzielung zu Auszahlungen führen. Wertminderungen führen zu Teilwertabschreibungen nach § 6 Abs. 1 Nr. 2 EStG, wenn das Grundstück zum steuerlichen Betriebsvermögen des Eigentümers oder Nutzers zählt und es sich um eine dauernde Wertminderung handelt. Für Grundstücke im Privatvermögen besteht diese Möglichkeit im Allgemeinen nicht.

324 Zeichnet sich ab, dass wegen des heute schon kontaminierten Grundstücks künftig Aufwendungen erforderlich werden, kann für Gewerbebetriebe und andere bilanzierende Eigentümer die Pflicht bestehen, in ihrer Handels- und Steuerbilanz **Rückstellungen** für künftige Sanierungsaufwendungen vorzunehmen (vgl. § 249 Abs. 1 HGB). Rückstellungen für Altlasten können nach der Rechtsprechung des BFH dann gebildet werden, wenn eine hinreichende Wahrscheinlichkeit der Inanspruchnahme des Grundstückseigentümers für eine Altlastensanierung vorliegt. Die hinreichende Konkretisierung einer öffentlich-rechtlichen Verpflichtung liegt dann vor, wenn sich ein inhaltlich bestimmtes Handeln innerhalb eines bestimmten Zeitraums unmittelbar durch Gesetz oder Verwaltungsakt ergibt und an die Verletzung der Verpflichtung Sanktionen geknüpft sind. Die allgemeine Verpflichtung zur Altlastensanierung nach dem BBodSchG reicht daher nicht für eine Rückstellungsbildung aus[2]. Ist eine Rückstellungsbildung nicht zulässig, kommt eine Teilwertabschreibung nach § 6 Abs. 1 Nr. 2 Satz 2 EStG in Betracht. Anderes gilt allenfalls für die neuen Pflichten zu Vorsorgeaufwendungen nach § 4 Abs. 5 BBodSchG und für die nach Eigentumsübergang (ab dem 1.3.1999) fortwirkende Haftung nach § 4 Abs. 6 BBodSchG.

Wird ein Grundstück erworben, das bereits kontaminiert ist, muss für die steuerliche Behandlung der Sanierungsaufwendungen danach unterschieden werden, ob der Käufer bei Erwerb des Grundstücks bereits von der Kontamination Kenntnis hatte und ob er zur Beseitigung verpflichtet ist. Hatte der Käufer keine Kenntnis, liegen regelmäßig sofort abzugsfähige Betriebsausgaben bzw. Werbungskosten vor. Die Kenntnis der Belastung wirkt sich in der Regel auf den Kaufpreis des Grundstückes aus, die Sanierungsaufwendungen können daher entweder sofort abzugsfähige Betriebsausgaben/Werbungskosten sein, oder es liegen anschaffungsnahe Aufwendungen vor, die zu Herstellungskosten führen. Die Erfüllung einer Verpflichtung führt regelmäßig zu Anschaffungs- und Herstellungskosten.

---

1 Aufwendungen für ein Schadstoffgutachten, das der Feststellung der durch einen Mieter verursachten Verunreinigungen dient, sind Werbungskosten bei den Einkünften aus Vermietung und Verpachtung, BFH v. 17.7.2007 – IX R 2/05.
2 BMF, Schreiben v. 11.5.2010 – IV C 6 - S 2137/07/1004.

Für den Anwalt empfiehlt sich, den Mandanten darauf hinzuweisen, dass die **Möglichkeit steuerlicher Berücksichtigung** besteht, ggf. sogar die Pflicht zur Bildung entsprechender Rückstellungen[1]. In der Regel wird der Steuerberater nähere Hinweise dazu erbitten, mit welcher Wahrscheinlichkeit und in welchem Umfang die Inanspruchnahme des Mandanten zu erwarten ist. Hier bieten sich vielfältige Gestaltungsmöglichkeiten, die zwischen dem für die Steuerberatung Verantwortlichen einerseits und dem die Sanierung betreuenden Anwalt andererseits abgestimmt werden müssen[2].[3]

325

### 3. Insolvenzverfahren

Von praktisch großer Bedeutung ist die Behandlung von Altlasten im Insolvenzverfahren. Hier stellt sich eine Reihe zusätzlicher schwieriger Fragen im praktisch nicht seltenen Fall, dass über das Vermögen des Sanierungspflichtigen das Insolvenzverfahren eröffnet wird[4].

326

Mit der Eröffnung des Insolvenzverfahrens geht das Verfügungs- und Verwaltungsrecht des sanierungspflichtigen Insolvenzschuldners über sein Vermögen auf den Insolvenzverwalter über (§ 80 Abs. 1 InsO). Dieser ist im Rahmen seines Amtes unmittelbarer Fremdbesitzer.

327

Soweit sich Ordnungspflichten auf den aktuellen Zustand der Masse oder ein Verhalten des **Insolvenzverwalters** beziehen, kann dieser **selbst** als Inhaber der tatsächlichen Gewalt – nicht dagegen als Gesamtrechtsnachfolger des Verursachers[5] – in Anspruch genommen werden[6]. An den Insolvenzverwalter gerichtete Ordnungsverfügungen sind in diesem Falle ebenso wie darauf beruhende Kosten der Verwaltungsvollstreckung nicht als einfache Insolvenzforderung (§§ 38, 87, 174 ff. InsO), sondern als **Masseverbindlichkeit** zu behandeln (§§ 53, 55 Abs. 1 Nr. 1 InsO)[7]. Entsprechendes gilt für auf dieser Grundlage entstehende Kosten der Verwaltungsvollstreckung. Die Kosten aus einer erst nach Verfahrenseröffnung erfolgten Vollstreckung sollen ebenfalls als Masseverbindlichkeit einzuordnen sein[8]. Fraglich ist die Qualifizierung als Insolvenzforderung oder Masseverbindlichkeit aber insbesondere dann, wenn die Vollstreckung zwar schon vor der Eröffnung durchgeführt wurde, der Verwalter jedoch selbst hätte in Anspruch genommen werden können. Anders verhält es sich dagegen, wenn die Verantwortlichkeit des Insolvenzverwalters alleine an die Verantwortlichkeit des Insolvenzschuldners **anknüpft**. In diesem Fall sind die Kosten für Sanierungs- oder Sicherungsmaßnahmen nicht als Masseverbindlichkeiten anzusehen, sondern lediglich **als einfache Insolvenzforderungen** (Befriedigung mit einer Quote)[9]. Die zuständige Behörde wird in diesem Fall aber prüfen, ob ein Neuerlass einer Verfügung an den Insolvenzverwalter als Zustandsstörer in Betracht kommt.

328

---

1 Dazu BFH v. 19.10.1993 – VIII R 14/92, BFHE 172, 456 = BStBl. II 1993, 891.
2 Dazu *Borggräfe*, Bilanzierung, JbFfSt, 1996/1997, 609 ff.
3 Für die Aktualisierung dieses Kapitels danken wir herzlich Herrn WP *Dr. Matthias Hecht*, Freiburg.
4 Vgl. allgemein *Matthes/Henke*, SächsVBl. 2011, 73; *Eichhorn*, Altlasten im Konkurs; *Ritgen*, GewArch 1998, 393; s.a. *Bickel*, BBodSchG, § 4 R. 71 f. m.w.N.; ausführlich *Kothe*, Altlastenrecht in den neuen Bundesländern, Rz. 316 ff.
5 VG Ansbach v. 19.1.2004 – AN 9 S 03.02166; dazu *Troidl*, NVwZ 2010, 154, 159.
6 BVerwG v. 22.10.1998 – 7 C 38.97, BVerwGE 107, 299; v. 10.2.1999 – 11 C 9.97, NVwZ 1999, 653; v. 20.1.1984 – 4 C 37.80, NJW 1984, 2427; *Kübler/Prütting/Lüke*, InsO, Stand 2/2000, § 80 Rz. 52 ff.
7 BVerwG v. 22.10.1998 – 7 C 38.97, BVerwGE 107, 299; v. 10.2.1999 – 11 C 9.97, NVwZ 1999, 653.
8 SächsOVG v. 16.8.1994 – 1 S 173/94, ZIP 1995, 852.
9 *Matthes/Henke*, SächsVBl. 2011, 73, 76.

329 Die streitige Frage, ob sich der Insolvenzverwalter durch eine **Freigabe** von Grundstücken der Ordnungspflicht entziehen kann, wurde vom BVerwG zwischenzeitlich entschieden[1]: Bis zur Freigabe kann der Insolvenzverwalter für die Sanierung einer Altlast herangezogen werden. Mit der Freigabe endet allerdings die bodenschutzrechtliche Pflichtigkeit des Insolvenzverwalters als **Zustandsverantwortlicher**. Dies gilt jedoch nicht, wenn der Insolvenzverwalter nicht nur als Zustandsverantwortlicher, sondern parallel auch aus anderen Gründen in Anspruch genommen werden kann[2].

330 Nach einer Freigabe fällt die Verfügungsgewalt über das Grundstück wieder an die **Gesellschaft**, über deren Vermögen das Insolvenzverfahren durchgeführt wird, **zurück**. Diese haftet dann – trotz ihrer Vermögenslosigkeit im Übrigen – mit dem Grundstück für die Sanierung[3].

## XIII. Ausblick

331 Die Begrenztheit der Mittel der öffentlichen Hand führt zur Notwendigkeit von Einsparungen. Dies schlägt sich sowohl in der personellen Ausstattung der zuständigen Behörden als auch im Umfang der für Sanierungsmaßnahmen zur Verfügung stehenden öffentlichen Gelder nieder. Man hat auch erkannt, dass Gelder anderswo im Umweltschutz oft noch sinnvoller eingesetzt werden können als gerade für eine Altlastensanierung „auf Null".

332 Die Zeiten, als Altlastenrecht für den Rechtsanwender Neuland war und entsprechend dringlichen Bedarf an anwaltlicher Beratung – und nicht nur auf Seiten der „Störer" – ausgelöst hat, sind vorüber. Auch das BBodSchG lässt aber noch genug offene Fragen und wirft eine ganze Reihe neuer auf: Die wichtigsten neuen und alten **Streitfragen** kreisen um Einzelheiten der **Opfergrenze** sowie Einzelheiten zum **Rückwirkungsverbot** (auch wenn diese in wichtigen Punkten zwischenzeitlich einer Klärung zugeführt wurde) und die Frage der **abschließenden** Wirkung **bundesrechtlicher** Regelungen gegenüber verbleibendem Landesrecht. Der **Verursacherbegriff** ist weiter entsprechend dem Polizeirecht zu bestimmen, und damit bleiben auch die alten Fragen offen. Dies wird von den rechtsanwendenden Körperschaften bedauert, von den Autoren des Gesetzes aber verteidigt, und zwar u.a. damit, dass schon kompetenzrechtliche Bedenken dagegen bestünden, polizeirechtliche und damit der Landeskompetenz unterliegende Fragen nun doch bundesgesetzlich zu regeln. Ob bei einer – unterstellt – eindeutig zu bejahenden Bundeskompetenz so viel Rücksicht auf gleichzeitig bestehende Kompetenzen in Parallelbereichen genommen werden muss, mag man mit guten Gründen bezweifeln. Der Rechtsvereinheitlichung und damit der Rechtsklarheit jedenfalls dient diese Rücksichtnahme nicht.

333 Die Klärung des wesentlichen Handlungsbedarfs, zumal nach der Wiedervereinigung Deutschlands, der Abschluss der wichtigsten Sanierungsmaßnahmen, die immer knapperen öffentlichen Mittel und die inzwischen erfolgte Klärung jedenfalls einer Vielzahl zunächst schwieriger offener Rechtsfragen führen insgesamt dazu, dass es um das Altlastenrecht als Betätigungsfeld des Anwalts etwas ruhiger gewor-

---

1 BVerwG v. 23.9.2004 – 7 C 22.03, NuR 2005, 34 sowie v. 22.7.2004 – 7 C 17.03, ZIP 2004, 1766; dazu *Riese/Karsten*, NuR 2005, 234; *Segner*, NZI 2005, 54; *Drasdo*, ZfIR 2005, 31; vgl. auch VG Ansbach v. 25.6.2008 – 9 K 07/02310; zur früheren Rspr. vgl. BVerwG v. 10.2.1999 – 11 C 9.97, NVwZ 1999, 653; v. 20.1.1984 – 4 C 37.80, NJW 1984, 2427; OVG LSA v. 12.4.1994 – 2 M 31/93, ZIP 1994, 1130; *Kübler/Prütting/Lüke*, InsO, § 80 Rz. 57 ff., 68 ff.
2 *Matthes/Henke*, SächsVBl. 2011, 73, 78.
3 Dazu auch *Kurz/Schwarz*, NVwZ 2007, 1380, 1381.

### XIII. Ausblick

den ist. Dies vermag nach der Hausse des Altlastenrechts Ende der 80er Jahre auch nicht zu überraschen. Auch das Umweltrecht ist Moden unterworfen. Aber auch wenn der Umgang mit Altlastenrechtsfragen vielfach Routine geworden ist, besteht für den Anwalt vielleicht umso mehr Anlass, sich damit zu befassen und auf dem Laufenden zu halten, auch wenn er nicht Umweltrechtsspezialist ist, sobald er sich mit **Bau- und Immobilienrecht** befasst.

# Teil 4
# Kommunalabgabenrecht

| | Rz. |
|---|---|
| **I. Grundlagen** | |
| 1. Bedeutung in der anwaltlichen Praxis | 1 |
| 2. Vorgehensweise in der Beratung | 4 |
|   a) Abgabenschuldner als Mandant | 5 |
|     aa) Beitrags- und Widerspruchsbescheid | 7 |
|     bb) Akteneinsicht | 8 |
|     cc) Vorläufiges Rechtsschutzverfahren | 9 |
|     dd) Fälligkeit der Forderung, Zinsen | 10 |
|   b) Gemeinde als Mandant | |
|     aa) Einsicht in Akten der Verwaltung | 12 |
|     bb) Heilbarkeit von Fehlern | 14 |
|     cc) Aufklärung des Sachverhalts | 15 |
| 3. Gesetzliche Grundlagen | 16 |
|   a) Erschließungsbeitragsrecht | |
|     aa) Überblick | 17 |
|     bb) Neufassung: BauGB | 18 |
|   b) KAG der Länder | 20 |
| 4. Grundbegriffe und Arten der Kommunalabgaben | |
|   a) Geltungsbereich der KAG | 26 |
|   b) Arten der Kommunalabgaben | |
|     aa) Steuern | 27 |
|     bb) Gebühren und Beiträge | 28 |
|     cc) Hausanschlusskosten | 29 |
| 5. Satzung als Rechtsgrundlage | |
|   a) Satzungszwang | 30 |
|   b) Rechtsetzungsverfahren | 32 |
|   c) Satzungsmuster | 35 |
|   d) Fehlerhafte Abgabensatzungen | 36 |
| 6. Vereinbarungen über Abgaben | |
|   a) Allgemeines | 38 |
|   b) Ablösungsvereinbarung | 40 |
| 7. Rechtsschutzfragen | 42 |
|   a) Kosten im isolierten Widerspruchsverfahren | 43 |
|   b) Klageverfahren | |
|     aa) Anfechtungsklage | 46 |
|     bb) Umfang der gerichtlichen Kontrolle | 47 |
|     cc) Erledigung der Hauptsache | 53 |
|   c) Aussetzungsverfahren | 54 |
|     aa) § 80 Abs. 6 VwGO | 55 |
|     bb) Maßstab der gerichtlichen Überprüfung | 57 |
|     cc) Streitwert | 61 |
| **II. Erschließungsbeitragsrecht** | |
| 1. Formelle Anforderungen an die Rechtmäßigkeit eines Beitragsbescheides | 62 |
|   a) Bestimmtheit | 64 |
|     aa) Adressat | 65 |
|     bb) Erschließungsanlage | 67 |
|     cc) Grundstück | 68 |
|   b) Bekanntgabe | |
|     aa) Wirksamkeitsvoraussetzungen | 69 |
|     bb) Mehrheit von Schuldnern | 72 |
| 2. Materielle Rechtmäßigkeit eines Erschließungsbeitragsbescheides | 77 |
| Beispielsfall 1 | 77 |
|   a) Beitragsfähige Erschließungsanlage | |
|     aa) Abschließende Aufzählung | 78 |
|     bb) „Bereits hergestellte" und „vorhandene" Erschließungsanlagen | 79 |
|     cc) Neue Bundesländer | 81 |
|     dd) Öffentliche, zum Anbau bestimmte Straßen, Wege und Plätze | |
|       (1) Begriff | 84 |
|       (2) Selbständigkeit der Erschließungsanlage | 85 |
|       (3) Bestimmung zum Anbau | 87 |
|     ee) Öffentliche, unbefahrbare Verkehrsanlagen | |
|       (1) Wohnwege | 91 |
|       (2) Definition Fuß- und Radwege | 92 |
|       (3) Übergangsvorschrift | 95 |
|   b) Grundsätze zur Erschließungseinheit | 96 |
|     aa) Voraussetzungen | 97 |
|     bb) Zusammenfassungsentscheidung | 101 |
|   c) Hinweise zur Lösung des Beispielsfalls 1 | 102 |
| **III. Sonstige kommunale Abgaben** | |
| 1. Anschlussbeitragsrecht | 103 |
| Beispielsfall 2 | 103 |
|   a) Rechtsprobleme des Anschlussbeitragsrechts | |
|     aa) Beiträge und Benutzungsgebühren | 104 |
|     bb) Herstellung einer öffentlichen Einrichtung | 108 |
|     cc) Beitragssatz und Beitragskalkulation | |
|       (1) Allgemeines | 113 |
|       (2) Ermittlung | 117 |
|       (3) Globalberechnung | 120 |
|   b) Hinweise zur Lösung des Beispielsfalls 2 | 121 |

|  | Rz. |  | Rz. |
|---|---|---|---|
| 2. Benutzungsgebühren | 122 | e) Rechnungsperiode | 149 |
| Beispielsfall 3 | 122 | f) Gebührenmaßstab | 153 |
| a) Allgemeines | 123 | aa) Äquivalenzprinzip und |  |
| b) Erhebungspflicht? | 126 | Gleichheitssatz | 154 |
| c) Kalkulation der Benutzungsgebühren |  | bb) Staffelung | 157 |
|  |  | g) Hinweise zur Lösung des Beispielsfalls 3 | 158 |
| aa) Kostendeckungsprinzip | 127 |  |  |
| bb) Gebührenbedarfsrechnung | 130 | **IV. Muster** |  |
| (1) Ermessensentscheidung | 131 | 1. Widerspruch gegen Erschließungsbeitragsbescheid | 159 |
| (2) Ergebnisrechtsprechung | 133 | 2. Antrag an Gemeinde auf Aussetzung der Vollziehung gem. § 80 Abs. 4 VwGO | 160 |
| d) Betriebswirtschaftliches Gebührenprinzip |  | 3. Antrag gem. § 80 Abs. 5 VwGO | 161 |
| aa) Allgemeines | 135 | 4. Anfechtungsklage gegen Abwasserbeitragsbescheid | 162 |
| bb) Ansatzfähige Kosten | 138 |  |  |

**Literatur:**

*Allesch*, Zur Zulässigkeit öffentlich-rechtlicher Verträge im Kommunalabgabenrecht, DÖV 1988, 103; *Battis/Krautzberger/Löhr*, Baugesetzbuch: BauGB, 11. Aufl. 2009 (zit. *Autor* in: B/K/L § ... Rz. ...); *Borchmann*, Interessenkollision im Gemeinderecht, NVwZ 1982, 17; *Brüning*, Elementare Mängel der Gebührenkalkulation kommunaler Einrichtungen, KStZ 1990, 21; *Buhl*, Die Rechtsprechung des Bundesverwaltungsgerichts und des Verwaltungsgerichtshofs Baden-Württemberg zum Erschließungs- und Erschließungsbeitragsrecht, VBlBW 1987, 212; *David*, Abgabenrecht, Rechtsprechung des Bundesverwaltungsgerichts, Bd. 1, 1988; *Driehaus*, Erschließungs- und Ausbaubeiträge, 8. Aufl. 2007 (zit. *Driehaus*); *Driehaus* (Hrsg.), Kommunalabgabenrecht, Loseblattausgabe (zit. *Driehaus* Kommunalabgabenrecht); *Ernst/Zinkahn/Bielenberg/Krautzberger*, Baugesetzbuch, Loseblatt, Stand 2011, zitiert *Autor* in E/Z/B/K, § ... Rz. ...; Entscheidungssammlung zum Kommunalrecht Baden-Württemberg, zitiert *Autor/Hrsg.*, EKBW Fundstelle; *Faiß*, Das Kommunalabgabenrecht in Baden-Württemberg, Loseblattsammlung, 2010; *Gern*, Der Verzicht auf Kommunalabgaben, KStZ 1985, 81; *Gössel*, Arbeitsmappe Abwasserbeseitigung und Wasserversorgungsbeitrag nach dem KAG Baden-Württemberg; *Heun*, Die Zulässigkeit öffentlich-rechtlicher Verträge im Bereich der Kommunalabgaben, DÖV 1989, 1053; *Hoppenberg* (Hrsg.), Handbuch des Öffentlichen Baurechts, Loseblatt, Stand Januar 2011 (zit. Autor, in: Hoppenberg/de Witt) (Hrsg.); *Hübschmann/Hepp/Spitaler*, Kommentar zur Abgabenordnung und Finanzgerichtsordnung, Loseblattausgabe; *Günther/Günther*, Amtshaftungsansprüche auf Kostenerstattung im abgabenrechtlichen Vorverfahren, KStZ 1991, 204; *Kirchhoff*, Die Kalkulation Kommunaler Gebühren, 1997; *Kogelin*, Verträge im kommunalen Abgabenbeitrag, KStZ 1985, 228; *Lenzen*, Die Abhängigkeit des Säumniszuschlags vom endgültigen Abgabenbeitrag, BayVBl. 1986, 427; *Neumann*, Sichere Abrechnung von Erschließungsbeiträgen nach neuester Rechtsprechung, Loseblattausgabe; *Peters/Hürholz*, Entscheidungssammlung zum Erschließungsbeitragsrecht (EzE), Loseblattausgabe; *Petersen*, Zustellung und Bekanntgabe von Beitragsbescheiden an Personenmehrheiten, KStZ 1988, 41; *Quaas*, Erschließungsbeitragsrecht, 1985; *Quaas*, Kommunales Abgabenrecht, 1997; *Quaas*, Prüfliste zur Feststellung der Rechtmäßigkeit eines Erschließungsbeitragsbescheides, KStZ 1987, 207; Quaas, Rechtliche Vorgaben der Abfallgebühr, KStZ 1999, 141; *Quaas*, Rechtsprobleme der Abwassergebühr, KStZ 2000, 181; *Redeker*, § 123 Abs. 2 VwGO, DVBl 1991, 972; *Reif*, Arbeitsmappe Erschließungsbeitrag nach dem BauGB, Loseblattausgabe; *Richards/Steinfort*, Erschließung in der Kommunalen Praxis, 1994; *Schlabach*, Der Schuldner im kommunalen Beitragsrecht, VBlBW 1985, 281; *Schmidt/Bogner/Steenbock*, Handbuch des Erschließungsrechts, 5. Aufl. 1981; *Scholz/Sammet/Gössel*, Recht und Praxis der Globalberechnung in Baden-Württemberg, 1988; *Seeger/Gössel*, Kommunalabgabengesetz Baden-Württemberg, Loseblattausgabe; *Tipke/Kruse* (Hrsg.), Abgabenordnung, Finanzgerichtsordnung, Kommentar zur AO und FGO, Loseblattausgabe; Vetter, Wasserversorgungs- und Abwasserbeseitigungsbeiträge in der Rechtsprechung des Verwaltungsgerichtshofs Baden-Württemberg, VBlBW 1998, 5; *Wandtke*, Hamburger Grundeigentum, 1987; *Ziegler*, Ausfertigung und Heilung von Ausfertigungsmängeln bei Bebauungsplänen, NVwZ 1990, 533.

# I. Grundlagen

## 1. Bedeutung in der anwaltlichen Praxis

Das Kommunalabgabenrecht, insbesondere das Erschließungsbeitragsrecht, gehört zu den wichtigen, wenn auch ungeliebten Materien des besonderen Verwaltungsrechts. Nur selten begibt sich selbst der im öffentlichen Recht spezialisierte Rechtsanwalt in das Dickicht der §§ 123 ff. BauGB; noch weniger treibt es ihn in die Untiefen des landesrechtlich geregelten kommunalen Beitrags- und Gebührenrechts. Die Scheu legt sich zumeist erst dann, wenn einige Abgabenfälle mit Erfolg durchgestanden sind.

Der Grund dürfte darin liegen, dass sich jedenfalls für den Anfänger das Abgabenrecht als ein höchst kompliziertes und aus verwirrend vielen Einzelheiten bestehendes Rechtsgebiet darstellt. Dazu handelt es sich hier um einen ausgesprochenen rechtsprechungsintensiven und damit stets Wandlungen und „Überraschungen" unterworfenen Bereich, was zur zusätzlichen Verunsicherung beiträgt. Es ist deshalb nicht verwunderlich, dass es bisher nicht viele Anwälte gibt, die sich auf das Kommunalabgabenrecht spezialisiert haben.

Andererseits ist deutlich zu erkennen, dass die Bedeutung des Beitragsrechts für die anwaltliche Berufspraxis ständig zunimmt. Dies wird bestätigt durch die 1987 vorgelegte Untersuchung der PROGNOS AG zur Inanspruchnahme anwaltlicher Leistungen, wonach bei Erschließungskosten ein „hoher Beratungsbedarf" vermutet wird[1]. Der wirtschaftliche Grund hierfür ist leicht zu identifizieren: In Zeiten knapper öffentlicher Haushaltsmittel steigt das ohnehin große Interesse der Kommunen daran, die Bürger an ihren Kosten zu beteiligen, nochmals an. So ist etwa die erstmalige Herstellung sowie ein späterer Ausbau von öffentlichen Erschließungseinrichtungen und Anlagen von Kommunen nur aus deren Steuereinnahmen vielfach nicht mehr finanzierbar[2]. Auch Maßnahmen des Gesetzgebers, wie etwa die Reduzierung des Gemeindeanteils in Höhe von 10 % des Erschließungsaufwandes gem. § 129 Abs. 1 Satz 3 BauGB durch den Landesgesetzgeber auf nur noch 5 % (vgl. § 23 Abs. 1, 2 KAG BW) fördern nicht unbedingt die Akzeptanz der zu Erschließungsbeiträgen herangezogenen Bürger, die deshalb vermehrt anwaltlichen Rat suchen.

## 2. Vorgehensweise in der Beratung

Die Anforderungen an die Beratung sind unterschiedlich, je nachdem, ob der Anwalt den Abgabenschuldner (a.) oder die Gemeinde (b.) berät:

### a) Abgabenschuldner als Mandant

Der „klassische" Mandant ist über die Höhe der Abgabenforderung verärgert und scheut noch mehr die **Kosten eines Prozesses**, für die regelmäßig keine Rechtsschutzversicherung aufkommt. Es handelt sich daher meistens um nicht nur rechtlich, sondern auch nach der Mandatsstruktur schwierige Fälle, weshalb die detaillierte und rechtzeitige Aufklärung über die Erfolgsaussichten und die Kosten eines Rechtsstreits zu den zwingenden Sorgfaltspflichten anwaltlicher Rechtsberatung gehört.

Schon aus Kostengründen sollte daher versucht werden, ein **Musterverfahren** zu führen, insbesondere in gleichgelagerten Fällen (z.B. einheitliches Abrechnungsgebiet). Eine entsprechende Absprache sollte mit der Gemeinde noch im laufenden

---
1 AnwBl. 1987 – Sonderheft, S. 34.
2 Vgl. *Driehaus*, § 1 Rz. 1.

Widerspruchsverfahren getroffen werden, nicht erst in der Klage und schon gar nicht während der Dauer der Klagefrist nach Zustellung des Widerspruchsbescheides[1]. Sofern, was in der anwaltlichen Beratungspraxis häufig vorkommt, gleich eine Vielzahl Betroffener sich durch denselben Anwalt vertreten lassen, sind vor Mandatsübernahme **Kollisionsprobleme** zu prüfen. So sind Fälle denkbar, in denen einzelne Beitragsschuldner nicht hätten herangezogen werden dürfen, weil ihre Grundstücke bspw. durch eine Erschließungsmaßnahme nicht erschlossen wurden oder aber zumindest eine Privilegierung im Hinblick auf die Kosten, etwa bei einem Eck- oder Hinterliegergrundstück, übersehen wurde. Weil der Erschließungsaufwand in diesen Fällen gleichbleibt, führt das Ausscheiden eines einzelnen oder mehrerer Beitragsschuldner zu einer Erhöhung der Beitragsschuld der anderen Betroffenen. In derartigen Fällen scheidet daher die Vertretung von Mandanten mit unterschiedlichen Interessen in der Regel aus.

**Folgende zusätzliche Hinweise sind angebracht:**

### aa) Beitrags- und Widerspruchsbescheid

7   Der Anwalt wird sich zunächst den Beitrags-, ggf. Widerspruchsbescheid einschließlich der Zustellungsnachweise vorlegen lassen. Bei einer Mehrheit von Beitragspflichtigen sollten wegen der Rechtsprobleme im Zusammenhang mit der Bekanntgabe solcher Bescheide sämtliche Ausfertigungen überreicht werden. Ferner sind die dem Bescheid zugrundeliegende Beitragssatzung und nach Möglichkeit auch der Bebauungsplan (vgl. § 125 BauGB) anzufordern. Stellen sich Fragen des Erschlossenseins (§§ 131, 133 BauGB), sollte der Mandant Baugenehmigung und Planheft für sein Grundstück vorlegen.

### bb) Akteneinsicht

8   Der Anwalt wird durch Akteneinsicht die Veranlagungsakten der Gemeinde studieren. Erscheint dies (etwa im Hinblick auf die vermeintlichen Erfolgsaussichten oder das Honorar) zu aufwändig, sollte die Gemeinde zumindest aufgefordert werden, Kopien über bestimmte Berechnungsunterlagen und erforderliche Beschlüsse vorzulegen. Dazu gehören im Erschließungsbeitragsrecht die Aufstellung des **Erschließungsaufwandes** und die vom Gemeinderat getroffenen Entscheidungen über das **Abrechnungsgebiet** (§ 130 Abs. 2 BauGB), ggf. **Kostenspaltung** (§ 127 Abs. 3 BauGB) und **Widmung** der Erschließungsanlagen. Für das Recht der leistungsgebundenen Einrichtungen sollte im Bereich des **Entwässerungsbeitrags** der **Kanalisationsplan** sowie die für die Festsetzung des Beitrags- bzw. Gebührensatzes vorhandenen **Kalkulationsgrundlagen** und Gemeinderatsbeschlüsse (Aufstellung der Beitrags- und Gebührenkalkulationen, Beschluss des Gemeinderates über die Globalberechnung, s. unten Rz. 113 ff., 120, 130 ff.) angefordert werden.

### cc) Vorläufiges Rechtsschutzverfahren

9   Sehr bald nach der Kontaktaufnahme mit dem Mandanten muss entschieden werden, ob lediglich Widerspruch und Klage oder – nach vergeblicher Antragstellung gem. § 80 Abs. 6 Satz 1 VwGO – das gerichtliche Aussetzungsverfahren nach § 80 Abs. 5 VwGO betrieben werden soll. Das Kostenrisiko für das **vorläufige Rechtsschutzverfahren** ist wegen des regelmäßig auf 25 v.H. der umstrittenen Abgabe festzusetzenden Streitwertes (s. unten Rz. 61) überschaubar. Andererseits

---

1 Vgl. *Quaas*, KStZ 1987, 207 (209) bei Fn. 24; zu Einzelheiten des Rechtsschutzes s.u. Rz. 42 ff.

## I. Grundlagen

lassen die Eilentscheidungen der Verwaltungsgerichte wichtige Rückschlüsse auf die Erfolgsaussichten der Anfechtungsklage zu.

#### dd) Fälligkeit der Forderung, Zinsen

Fast immer wird der Anwalt gefragt, ob die Beitragsforderung trotz Widerspruchseinlegung bezahlt werden soll. Da Beiträge – wie alle öffentlichen Abgaben – sofort vollziehbar sind (§ 80 Abs. 2 Nr. 1 VwGO), ist dies – schon im Hinblick auf die sonst fällig werdenden Säumniszuschläge – regelmäßig zu empfehlen. Erfolgt die Zahlung unter Vorbehalt, besteht dennoch ein Rechtsschutzbedürfnis für einen etwaigen Antrag nach § 80 Abs. 5 VwGO[1]. 10

Allerdings ist es – insbesondere in kleineren Gemeinden – nicht selten, dass aus kommunalpolitischen oder sonstigen Gründen mit der Betreibung des Beitrags bis zur rechtskräftigen Entscheidung über den Widerspruch bzw. die Klage zugewartet wird[2]. Dies entbindet den Anwalt indessen nicht von der Pflicht, den Mandanten über die Möglichkeiten und das **Kostenrisiko** sowie die Folgen einer zwangsweisen Beitreibung des Beitrags voll aufzuklären. 11

### b) Gemeinde als Mandant

#### aa) Einsicht in Akten der Verwaltung

Bei der Beratung von Kommungen kommt es vor allem darauf an, die Akten der Verwaltung gründlich zu studieren und ggf. mit Hilfe einer Prüfliste auf evtl. Fehler durchzuprüfen[3]. 12

Das besondere Augenmerk richtet sich auch hier auf die **Beitrags-** und **Gebührensatzung**, deren rechtsförmliches und inhaltliches Zustandekommen, die Kalkulationsunterlagen sowie die sonstigen von der Gemeinde gefassten Beschlüsse im Verlauf der Veranlagung. 13

#### bb) Heilbarkeit von Fehlern

Da im Beitragsrecht (von Ausnahmen abgesehen) fast alle Fehler „heilbar" sind, ist eine rechtzeitige, umfassende Erforschung des Sachverhalts und Aufklärung des Mandanten über die rechtlichen Risiken der Veranlagung das oberste Gebot der Beratung. Diese Unterrichtung muss kontinuierlich den Erfordernissen der Rechtsprechung angepasst werden. Es ist kein Extremfall, dass im Verlauf eines drei bis fünfjährigen Beitragsprozesses (das Revisionsverfahren eingeschlossen) die Satzung bis zu viermal geändert wird. Die Hinweise und Empfehlungen der kommunalen Spitzenverbände (Städtetag, Gemeindetag) in den Fachzeitschriften sind zu berücksichtigen. 14

#### cc) Aufklärung des Sachverhalts

Für das Erschließungsbeitragsrecht sollten folgende **Fragen** zur Aufklärung des Sachverhalts vor dem Rechtsgespräch mit der Gemeinde erörtert werden[4]: 15

---

1 *Finkelnburg/Jank*, Vorläufiger Rechtsschutz im Verwaltungsstreitverfahren, 5. Aufl. 2007, Rz. 964.
2 Vgl. *Lenzen*, BayVBl. 1986, 427.
3 Solche Prüflisten finden sich bei *Quaas*, KStZ 1987, 207 ff.; *Neumann*, 16/5.2; *Wandtke*, Hamburger Grundeigentum 1987, 1 (14 ff.).
4 Vgl. *Wandtke*, Hamburger Grundeigentum 1987, 1 (14).

- Dauer der Bauzeit bis zur Abnahme der Bauarbeiten;
- Datum der letzten Unternehmerrechnung;
- Bekanntmachung des Abschlusses der Bauarbeiten;
- Begrenzung der Erschließungsanlagen, des Abschnitts oder der Erschließungseinheit;
- Zufahrt und/oder Zugangsmöglichkeiten der Anlage für die anliegenden Grundstücke;
- Welche Bebauungspläne bestehen?;
- Abweichungen der Bauausführung gegenüber dem Bebauungsplan; Widmung;
- Vorlage der Kostenzusammenstellung einschließlich der Zuwendungen Dritter;
- Kostenzusammenstellung des Erschließungsaufwands;
- Vorausleistungen der Beitragspflichtigen (Vorausleistung, Grundstücksabtretung etc.);
- Beschlüsse des Gemeinderats einschließlich ihrer Bekanntmachung, soweit sie die Herstellung, Verteilung und Abrechnung der Erschließungsanlagen, ggf. auf der Grundlage des § 125 Abs. 2 BauGB, betreffen.

### 3. Gesetzliche Grundlagen

16   Das Erschließungsbeitragsrecht ist **Bundesrecht**, soweit der Vorrang der §§ 127 ff. BauGB greift (a.). Allerdings unterliegt seit der Grundgesetzänderung vom 15.11.1994 (BGBl. I, 3146) das Erschließungsbeitragsrecht der ausschließlichen Gesetzgebungskompetenz der Länder (Art. 74 Nr. 18 GG) und ist insoweit von der nach wie vor bestehenden konkurrierenden Gesetzgebungskompetenz des Bundes für das Erschließungsrecht getrennt. Indessen gilt nach Art. 125a Abs. 1 Satz 1 GG das vom Bund erlassene Erschließungsbeitragsrecht (§§ 127 ff. BauGB) als Bundesrecht fort, soweit es nicht durch Landesrecht ersetzt wird[1]. Im Übrigen ist das Kommunalabgabenrecht **Landesrecht** (2.).

#### a) Erschließungsbeitragsrecht

##### aa) Überblick

17   Die Bestimmungen der §§ 123 bis 135 BauGB unterteilen sich zunächst in zwei Abschnitte: die allgemeinen Vorschriften über die Erschließung (§§ 123 bis 126 BauGB) und die besonderen Regelungen für den Erschließungsbeitrag (§§ 127 bis 135 BauGB). In der Praxis kommt es häufig zu Überschneidungen, so dass man beide Abschnitte im Zusammenhang lesen muss.

##### bb) Neufassung: BauGB

18   In der ab 1.1.1998 geltenden Fassung der §§ 123 ff. BauGB hat das Recht der Erschließung des Erschließungsbeitrags keine grundlegenden, systemverändernden Neuerungen erfahren. Hervorzuheben ist lediglich der Wegfall des Zustimmungserfordernisses nach § 125 Abs. 2 BauGB a.F.

19   In den **neuen Bundesländern** gilt die Überleitungsvorschrift des § 242 Abs. 9 BauGB.

---

1 *Driehaus*, § 1 Rz. 9 ff.; vgl. z.B. das sog. Grünanlagengesetz in Bayern v. 27.12.1996 gem. Art. 5a BayKAG.

## b) KAG der Länder

Rechtsgrundlage für die Erhebung von Kommunalabgaben sind in den nachfolgenden **Flächenstaaten** die Kommunalabgabengesetze (KAG): 20

| Bayern: | BayKAG i.d.F. der Bekanntmachung v. 4.4.1993 (GVBl., 264) |
|---|---|
| Baden-Württemberg: | KAG BW v. 17.3.2005, GBL, 206 |
| Brandenburg: | BraKAG v. 31.3.2004, GVBL I, 174 |
| Hessen: | HKAG v. 31.10.1991 (GVBl. I, 333) i.d.F. v. 17.12.1998 (GVBl. I, 562) |
| Mecklenburg-Vorpommern: | KAG MV v. 12.5.2005 (GVBl. MV, 146) |
| Niedersachsen: | NKAG v. 23.1.2007 (GVBl., 41) |
| Nordrhein-Westfalen: | KAG NW v. 21.10.1969 (GVBl., 712), (GVBl. I, 718) |
| Rheinland-Pfalz: | KAG Rh.-Pf. v. 20.6.1995 (GVBl., 175), (GVBl., 413) |
| Saarland: | SKAG v. 29.5.1998 (GVBl., 691) |
| Sachsen: | SächsKAG v. 26.8.2004 (GVBl., 418) |
| Sachsen-Anhalt: | KAG LSA v. 13.12.1996 (GVBl., 405) |
| Schleswig-Holstein: | KAG Schl.-Holst. v. 10.1.2005 (GVBl., 27) |
| Thüringen: | ThürKAG v. 19.9.2000 (GVBl., 301) |

In den **Stadtstaaten** gibt es begrifflich keine Kommunalabgaben. Soweit dort Beiträge und Gebühren erhoben werden, sind die jeweils geltenden Spezialvorschriften heranzuziehen. So sind Ermächtigungsgrundlagen für den Straßenbaubeitrag in **Bremen** § 17 des Bremischen Gebühren- und Beitragsgesetzes vom 16.7.1979 (GVBl., 279), in **Hamburg** § 51 des Hamburgischen Wegegesetzes in der Fassung vom 22.1.1974 (GVBl., 41) und in **Berlin** § 4 des Gesetzes über Gebühren und Beiträge vom 22.5.1957 (GVBl., 516). 21

Das Bedürfnis für die überwiegend in den 70er Jahren erlassenen Kommunalabgabengesetze[1] entstand insbesondere auf Grund der Notwendigkeit zur Vereinheitlichung des zuvor in den einzelnen Bundesländern oftmals zersplittert geltenden Landesrechts. So löste z.B. in Niedersachsen das am 1.4.1973 in Kraft getretene NKAG das bis dahin regional nebeneinander geltende Preußische, Braunschweigische, Oldenburgische und Schaumburg-Lippische Abgabenrecht ab. In Baden-Württemberg gehörten die maßgeblichen Rechtsgrundlagen bis zum In-Kraft-Treten des KAG am 1.4.1964 zehn verschiedenen Rechtskreisen an[2]. Ähnliches galt für andere Bundesländer[3]. 22

Zwischenzeitlich haben sämtliche **neuen Bundesländer** Kommunalabgabengesetze erlassen. Dabei sind das BraKAG und das KAG MV fast vollständig dem KAG NW angeglichen worden, während die anderen neuen Bundesländer z.T. erhebliche Abweichungen vorsehen. In sämtlichen neuen Bundesländern können Kommunalabgaben nur auf Grund einer Satzung erhoben werden. Im Land Sachsen, das als 23

---

[1] S.a. die dazu erlassenen Verwaltungsvorschriften, abgedruckt bei *Driehaus*, Kommunalabgabenrecht, Teil II.
[2] Vgl. im Einzelnen *Faiß*, vor § 1 KAG, I.1–5.
[3] Vgl. für Nordrhein-Westfalen *Driehaus*, in: Driehaus, Kommunalabgabenrecht, § 1 Rz. 1 ff.

letztes der neuen Bundesländer ein KAG erlassen hat, galt vor dessen In-Kraft-Treten (1.9.1993 – vgl. § 40 SächsKAG) das Sächsische Vorschaltgesetz zur Erhebung von Abgaben und Umlagen vom 15.12.1990 (GVBl., 18).

24 Welche Abgaben in den einzelnen Bundesländern nach dem KAG erhoben werden können, haben die Länder unterschiedlich geregelt. Die Hauptbedeutung der Kommunalabgabengesetze für die Gemeinden und Gemeindeverbände liegt auch heute noch in den Regelungen der sog. **Entgeltabgaben,** also der Beiträge und Gebühren. Beiträge und Gebühren nehmen als „klassische Abgaben" in den kommunalen Haushalten einen beachtlichen Rang ein: mit einem Aufkommen von über 40 Mrd. Euro im Jahr 1988 betrugen sie fast 1/4 aller gemeindlichen Einnahmen. Beiträge und Benutzungsgebühren als Instrumente der Finanzierung öffentlicher Einrichtungen der Gemeinden sind zunehmend bedeutender durch die steigende Zahl der öffentlichen Einrichtungen, deren steigende Kosten und den Zwang für die Gemeinden, ihre Einnahmenmöglichkeiten auszuschöpfen[1]. Bei den **leitungsgebundenen Einrichtungen** der Wasserversorgung und der Abwasserbeseitigung wurden bislang Beiträge und Benutzungsgebühren nach den KAG der Länder meist nebeneinander im **Mischfinanzierungssystem** erhoben. Insoweit sollen die Benutzungsgebühren im Wesentlichen die Kosten der öffentlichen Einrichtungen im betriebswirtschaftlichen Sinne (Unterhaltungskosten, Personalkosten, Verwaltungsaufwand) decken, während die Beitragserhebung zur Abdeckung der Investitionsaufwendungen kommunaler Anlagen dient.

25 Darüber hinaus ersetzen die KAG die zahlreichen und unübersichtlich gewordenen Verfahrensvorschriften durch ein im Wesentlichen einheitliches **Verfahrensrecht,** indem im Interesse der Rechtseinheit und Verwaltungsvereinfachung auf die für die Bundes- und Länderfinanzbehörden geltenden bundesrechtlichen Verfahrensvorschriften der Abgabenordnung 1977 (AO) verwiesen wird (z.B. § 3 KAG BW, § 12 KAG NW, § 11 NKAG).

**4. Grundbegriffe und Arten der Kommunalabgaben**

**a) Geltungsbereich der KAG**

26 Der Geltungsbereich der KAG wird in den Ländern einheitlich auf alle Kommunalabgaben erstreckt, soweit nicht Bundes- oder Landesgesetze etwas anderes bestimmen (vgl. § 1 KAG BW)[2]. Kommunalabgaben in diesem Sinne sind ihrer Höhe nach bestimmte Geldleistungen, die von den Gemeinden den Abgabepflichtigen einseitig zur Deckung des Finanzbedarfs ihrer kommunalen Körperschaft auferlegt werden[3]. Die KAG gehen insoweit regelmäßig – wie der jeweilige Klammerzusatz in § 1 zeigt – von dem finanzwissenschaftlichen Abgabenbegriff aus, der Steuern, Gebühren und Beiträge umfasst, sie legen damit die „klassische" Definition des Kommunalabgabenbegriffs dem Gesetz zu Grunde[4].

---

1 Vgl. *Seeger,* Beiträge und/oder Benutzungsgebühren?, BWVPr. 1990, 169.
2 Die KAG gehen von einem materiellen Gesetzesbegriff aus und entsprechen damit § 4 AO.
3 *Faiß,* § 1 KAG Rz. 5.
4 *Faiß,* § 1 KAG Rz. 6; § 1 Abs. 2 ThürKAG, § 1 KAG MV, § 1 Abs. 1 SKAG und § 1 Abs. 1 KAG Schl.-Holst. erstrecken die Erhebungsermächtigung zusätzlich auf „sonstige Abgaben". Praktische Auswirkungen dürfte diese Unterscheidung des Gesetzestextes im Ergebnis nicht haben, vgl. *Driehaus,* in: Driehaus, Kommunalabgabenrecht, § 1 Rz. 37; § 1 Abs. 2 SächsKAG zählt dagegen nicht Verwaltungsgebühren zu den Kommunalabgaben. Eine Besonderheit ist auch, dass das Gesetz die abgabenrechtlichen Nebenleistungen ausdrücklich als Kommunalabgaben bezeichnet.

## I. Grundlagen

### b) Arten der Kommunalabgaben

#### aa) Steuern

Steuern sind nach der Legaldefinition des § 3 AO Geldleistungen, die nicht eine Gegenleistung für eine besondere Leistung darstellen und von einem öffentlich-rechtlichen Gemeinwesen zur Erzielung von Einnahmen allen auferlegt werden, bei denen der Tatbestand zutrifft, an den das Gesetz die Leistungspflicht knüpft; die Erzielung von Einnahmen kann Nebenzweck sein.

Steuern sind im Gegensatz zu Gebühren und Beiträgen weder leistungs- noch vorteilsbezogen. Die Beschränkung des Steuerbegriffs auf die Gewinnung von Einnahmen schließt nicht aus, dass die Steuer auch einen steuerlichen Nebenzweck erstreben kann (z.B. bei der Hundesteuer die Eindämmung der Hundehaltung). Dies ist zulässig[1].

#### bb) Gebühren und Beiträge

Gebühren und Beiträge sind in der AO nicht definiert. Aus der Betonung der fehlenden Gegenleistung bei der Steuer in § 3 AO kann jedoch geschlossen werden, dass bei Gebühren und Beiträgen die Gegenleistung das bestimmte Merkmal ist. Gebühren und Beiträge sind deshalb **Entgeltabgaben,** die dem Vorteilsausgleich dienen und in diesem Sinne eine „Vorzugslast" (vgl. § 1 RAO) darstellen[2].

**Gebühren** sind nach der in § 4 Abs. 2 KAG NW enthaltenen Definition „Geldleistungen, die als Gegenleistung für eine besondere Leistung – Amtshandlung oder sonstige Tätigkeit – der Verwaltung (Verwaltungsgebühren) oder für die Inanspruchnahme öffentlicher Einrichtungen und Anlagen (Benutzungsgebühren) erhoben werden."

**Beiträge** sind dazu bestimmt, diejenigen an den Kosten der öffentlichen Einrichtungen zu beteiligen, denen durch die Einrichtung besondere Vorteile gewährt werden[3]. Nach den insoweit grds. übereinstimmenden Vorschriften der KAG werden sie u.a. für die Herstellung öffentlicher Einrichtungen von den Grundstückseigentümern als Gegenleistung dafür erhoben, dass ihnen durch die Möglichkeit der Inanspruchnahme der Einrichtungen wirtschaftliche Vorteile geboten werden[4].

#### cc) Hausanschlusskosten

Nicht zu den Steuern, Gebühren und Beiträgen – und damit nicht zu den Abgaben im engeren Sinne – gehört der in den einzelnen Bundesländern unterschiedlich geregelte **Kostenersatz** für **Haus- und Grundstücksanschlüsse**[5]. In seiner rechtlichen Qualität kommt der Erstattungsanspruch dem Beitrag jedoch nahe, weil auch der Kostenersatz für Haus- und Grundstücksanschlüsse als Gegenleistung für die von der Gemeinde durch die Erstellung der Anschlussleitung erbrachte Leistung anzusehen ist. Im Hinblick auf die Anschlussleitungen weichen die landesrechtlichen

---

1 Vgl. BVerfG v. 17.1.1952 – 1 BvL 4/54, BVerfGE 6, 55 (81); v. 3.9.2009 – 1 BvR 2384/08; st. Rspr.
2 Vgl. *Driehaus*, in: Driehaus, Kommunalabgabenrecht, § 8 Rz. 14.
3 So für den kommunalen Beitrag BVerwGE 9, 297 (299). Einen einheitlichen, bundesverfassungsrechtlich vorgegebenen Begriff des Beitrags gibt es nicht, vgl. BVerwG, Verw-Rechtsprechung 29, 354.
4 Vgl. § 8 Abs. 2 KAG NW; § 20 Abs. 1 KAG BW; Art. 5 Abs. 1 BayKAG; § 11 Abs. 1 HKAG; § 6 Abs. 1 NKAG; § 8 Abs. 2 SKAG; § 8 Abs. 1 KAG Schl.-Holst.; § 8 Abs. 3 BraKAG; § 8 Abs. 5 KAG MV; § 30 Abs. 2 SächsKAG; § 6 Abs. 2 KAG LSA; § 7 Abs. 1 ThürKAG; s. aber auch § 5 Abs. 3 KAG Rh.-Pf.
5 Vgl. z.B. § 10 KAG NW; § 42 KAG BW; § 8 NKAG; § 5 HKAG; Art. 9.

Bestimmungen teilweise voneinander ab: während etwa § 10 KAG NW und § 42 KAG BW einen Ersatzanspruch für Haus- und Grundstücksanschlüsse zulassen, können nach Art. 9 BayKAG die Gemeinden durch Satzung nur Ersatzansprüche für Grundstücksanschlüsse begründen, soweit sich diese nicht im öffentlichen Straßengrund befinden. Regelmäßig lassen die KAG zu, dass der im öffentlichen Verkehrsraum liegende Teil der Anschlussleitung zu der öffentlichen Einrichtung gehört und über Beiträge/Gebühren finanziert wird. Ist dies der Fall, können Aufwendungen für die Herstellung der Grundstücksanschlussleitung nur über Beiträge gedeckt werden. Ein Kostenerstattungsanspruch kann daneben nicht geltend gemacht werden[1].

### 5. Satzung als Rechtsgrundlage

#### a) Satzungszwang

30 Sämtliche KAG der Länder schreiben den Erlass einer **Satzung** als Rechtsgrundlage für die Abgabenerhebung zwingend vor. Für den Erlass der Erschließungsbeitragssatzung ergibt sich dies aus § 132 BauGB. Im Übrigen folgt der Satzungszwang aus dem Grundsatz der Gesetzmäßigkeit der Verwaltung (Art. 20 Abs. 3 GG), wonach alle Eingriffe der Verwaltungsbehörden in die Rechts- und Freiheitssphäre natürlicher und juristischer Personen einer gesetzlichen Ermächtigung bedürfen. Das Rechtsstaatsprinzip verlangt darüber hinaus, dass die wesentlichen Merkmale der Abgabe durch eine Rechtsnorm (Satzung) so bestimmt werden, dass erkennbar und vorhersehbar ist, was von dem Abgabepflichtigen gefordert werden kann[2].

31 Dem Erlass einer Abgabensatzung kommt deshalb regelmäßig eine **Doppelfunktion** zu: Zum einen stellt die Satzung – nach dem sog. Vorbehalt des Gesetzes – die erforderliche Eingriffsgrundlage dar. Darüber hinaus zählt eine (wirksame) Satzung zu den Voraussetzungen, von deren Erfüllung das Entstehen einer bestimmten Abgabepflicht abhängig ist. Ohne den Erlass einer (wirksamen) Satzung kann deshalb eine Abgabeschuld nicht verjähren[3].

#### b) Rechtsetzungsverfahren

32 Das Zustandekommen der Abgabesatzung richtet sich nach dem landesrechtlich geregelten Orts- und Landesrecht. Die Voraussetzungen der §§ 214 bis 216 BauGB gelten für Erschließungsbeitragssatzungen nicht, da sich § 132 BauGB nur mit dem (Mindest-)Inhalt der Satzung, nicht aber – ebensowenig wie andere bundesrechtliche Bestimmungen – mit dem Rechtssetzungsverfahren befasst.

33 Die Erschließungsbeitragssatzung wird vom **Gemeinderat** erlassen. An der Beratung und Beschlussfassung dürfen befangene Gemeinderäte nicht teilnehmen. Auch die Frage der **Befangenheit** und deren Rechtsfolgen bestimmen sich ausschließlich nach Landesrecht. Ein Befangenheitsgrund ist nicht schon dann gegeben, wenn das Gemeinderatsmitglied als Grundstückseigentümer potentiell der Beitragspflicht unterliegt[4]. Dies soll selbst dann gelten, wenn das Gemeinderatsmitglied zuvor gegen einen Beitragsbescheid Widerspruch erhoben hat und darüber noch nicht rechtskräftig im Zeitpunkt der Beschlussfassung entschieden worden ist[5]. Eine Befangenheit

---

1 OVG Schleswig v. 24.2.1999 – 2 L 140/97, NVwZ-RR 2000, 247.
2 Vgl. BVerfG v. 3.2.1959 – 2 BvL 10/56, BVerfGE 9, 137; *Faiß*, § 2 KAG Rz. 1.
3 *Driehaus*, in: Driehaus, Kommunalabgabenrecht, § 2 Rz. 5.
4 Vgl. VGH BW v. 1.9.1977 – II 827/76, KStZ 1978, 55 = ESVGH 28, 62; OVG Münster v. 24.7.1980 – 3 A 1664/79, KStZ 1981, 14 = BauR 1981, 466.
5 HessVGH v. 10.3.1981 – II OE 12/80, NVwZ 1982, 44; zu Recht krit. *Borchmann*, NVwZ 1982, 17.

## I. Grundlagen

wurde dagegen angenommen bei der Mitwirkung eines Ratsmitgliedes an einem Beschluss über die Bildung eines Abschnitts oder die Zusammenfassung mehrerer Anlagen zur gemeinsamen Aufwandsermittlung, wenn er Eigentümer eines Grundstücks ist, das in dem so gebildeten Abrechnungsgebiet liegt[1].

Die **Genehmigungsbedürftigkeit** der Beitragssatzung ist in den einzelnen Bundesländern unterschiedlich geregelt[2]. Dem Satzungsbeschluss und einer etwaigen Genehmigung nachzufolgen hat die **Ausfertigung** der Satzung[3]. Die Ausfertigung hat die Aufgabe, mit öffentlich-rechtlicher Wirkung zu bezeugen, dass der Inhalt der Satzung mit dem Willen des Gemeinderats übereinstimmt und die für die Rechtswirksamkeit maßgebenden Umstände beachtet sind. Authentizität des Norminhalts und Legalität des Verfahrens sollen von einer zuständigen Person bestätigt werden[4]. Zur Ausfertigung ist die Unterschrift des Organwalters notwendig, bloßes Abzeichnen genügt nicht[5]. Zuständig ist in der Regel der Bürgermeister oder eine durch Hauptsatzung bestimmte andere Person. Die Zulässigkeit der Heilung von etwaigen Ausfertigungsmängeln richtet sich wiederum nach Landesrecht[6]. Die Ausfertigung darf erst erfolgen, wenn eine etwa erforderliche Genehmigung der Rechtsaufsichtsbehörde erteilt worden ist und muss vor der Bekanntmachung liegen. Wird diese zeitliche Reihenfolge nicht eingehalten, so ist die Satzung unwirksam[7]. Die Beitragssatzung ist in der Veröffentlichungsform **bekanntzumachen,** die die jeweils geltende Hauptsatzung der Gemeinde vorschreibt. Auch insoweit ist das jeweilige Landes- bzw. Ortsrecht maßgeblich.

### c) Satzungsmuster

Die KAG der Länder legen lediglich den Mindestinhalt fest, der in den Abgabensatzungen zu regeln ist. Es sind dies der Kreis der Abgabenschuldner, der Abgabentatbestand, der Abgabemaßstab und der Abgabensatz sowie der Zeitpunkt der Fälligkeit der Abgabe. In der Praxis orientieren sich die Gemeinden häufig an den von den kommunalen Spitzenverbänden herausgegebenen Mustersatzungen[8].

### d) Fehlerhafte Abgabensatzungen

Abgabensatzungen können wegen formeller oder materieller Fehler rechtsunwirksam sein. Der Beachtlichkeit **formeller Fehler** sind durch das Gemeindeverfassungsrecht der Länder Grenzen gesetzt[9]. Leidet eine Abgabensatzung an einem **materiellen Fehler,** hängt es von der Art und Schwere des Fehlers ab, ob dieser die Nichtigkeit eines weiteren Teils der Satzung (Teilnichtigkeit) oder gar die Nichtigkeit

---

1 OVG Münster, KStZ 1973, 223.
2 Vgl. *Driehaus*, § 11 Rz. 9.
3 BVerwG v. 15.4.1988 – 4 N 4.87, NVwZ 1988, 916; VGH BW v. 2.9.2009 – 3 S 2290/07; v. 10.8.1984 – 5 S 3119/83, NVwZ 1985, 206, sämtl. zu Bebauungsplänen.
4 VGH BW v. 2.9.2009 – 3 S 2290/07; v. 10.8.1984 – 5 S 3119/83, NVwZ 1985, 206.
5 *Löhr*, in: B/K/L, § 10 Rz. 33a.
6 Vgl. BVerwG v. 24.5.1989 – 4 NB 10.89, BauR 1989, 692 (693) = NVwZ 1990, 258; s. auch *Ziegler*, NVwZ 1990, 533.
7 BayVGH v. 25.2.1993 – 23 B 90931, NVwZ 1994, 88.
8 Vgl. *Ernst*, in: E/Z/B/K, § 132 Rz. 37 sowie *Neumann*, 18/2; vgl. ferner für Nordrhein-Westfalen die Mustersatzung des Innenministeriums über die Erhebung von Abwasserbeiträgen, RdErl. v. 20.9.1972 (MBL, 1701 ff.) und dazu *Dietzel*, in: Driehaus, Kommunalabgabenrecht, § 8 Rz. 545 ff.; weitere Satzungsmuster bei *Faiß*, Db. 2 Ziff. 71–79.
9 Vgl. z.B. das in § 4 Abs. 6 GO NW geregelte Verfahren des Ausschlusses der Rüge einer Verletzung von Verfahrens- und Formvorschriften nach Ablauf eines Jahres seit Bekanntmachung der Satzung sowie die entsprechenden Bestimmungen in den übrigen Gemeindeordnungen der Länder.

der gesamten Satzung zur Folge hat. Ist z.B. ein einzelner Bestandteil der Verteilungsregelung einer Erschließungsbeitragssatzung unwirksam, hat dies die Nichtigkeit der Verteilungsregelung insgesamt zur Folge, nicht aber notwendig die Ungültigkeit der Beitragssatzung[1]. Ist z.B. lediglich das Merkmal der endgültigen Herstellung der Beleuchtung fehlerhaft, kann die Gemeinde die restlichen Straßenbaukosten abrechnen[2]. Die wohl häufigsten Fehlerquellen im Erschließungsbeitragsrecht finden sich bei der Regelung des **Verteilungsmaßstabes** (Aufwandsverteilung in unbeplanten Gebieten, Artzuschlag und Eckgrundstücksermäßigung)[3]. Für den Bereich der Kommunalabgaben sind besonders fehleranfällig die Regelungen des **Abgabemaßstabs**, insbesondere des Beitragsmaßstabs für Straßenbaumaßnahmen und die Kalkulationsgrundlagen für den Beitrags- und Gebührensatz einer Entwässerungs- (s. unten Rz. 113.) und Wasserversorgungsanlage(s. unten Rz. 120).

37 Ein Abgabebescheid, der auf Grund einer ungültigen Satzung oder eines darauf gestützten Satzungsteils ergangen ist, ist rechtswidrig. Eine gültige Satzung ist Entstehungsvoraussetzung für die Abgabenforderung (s. oben Rz. 31). Um die Folge der Rechtswidrigkeit des Bescheides (und damit ggf. einer Prozessniederlage) zu entgehen, wird eine Gemeinde bei erkannter Nichtigkeit der Satzung die Mängel beseitigen und eine dem Gesetz genügende Satzung erlassen. Gelingt ihr dies, „heilt" eine solche Satzung den Mangel der Rechtswidrigkeit des Bescheides, und zwar – da eine gültige Satzung Entstehungsvoraussetzung der Abgabenpflicht ist – mit Wirkung ex nunc. Einer **Rückwirkungsanordnung** bedarf es regelmäßig nicht[4]. Für das Erschließungsbeitragsrecht ist ausnahmsweise eine rückwirkende Inkraftsetzung der Beitragssatzung geboten, wenn zwischen der Bekanntgabe (bzw. Zustellung) des Beitragsbescheides mit der Folge der gesetzlich entstandenen Beitragspflicht ein Eigentumswechsel in der Person des Beitragsschuldners stattgefunden hat[5]. Darüber hinaus sind einem rückwirkenden Inkraftsetzen der Abgabensatzung bundesverfassungsrechtliche Grenzen auf Grund des Grundsatzes des Vertrauensschutzes gezogen. So darf eine rückwirkende Satzungsänderung nicht zu einem höheren Beitrag führen, wenn die Beitragspflicht einmal entstanden ist[6]. Darüber hinaus haben einzelne KAG Einschränkungen der rückwirkenden Inkraftsetzung von Abgabesatzungen im Hinblick auf den Zeitraum der zulässigen Rückwirkung und die Höhe der Abgabepflicht (sog. Schlechterstellungsverbot) ausdrücklich normiert[7].

---

1 BVerwG v. 27.11.1981 – 8 B 189.81, DVBl 1982, 546.
2 BVerwG v. 28.11.1974 – IV C 45.74, DVBl 1976, 942.
3 S. dazu *Driehaus*, § 18 Rz. 76ff.
4 BVerwG v. 2.11.1973 – IV C 55.70, DVBl 1974, 294; v. 25.11.1981 – 8 C 14/81, BVerwGE 64, 218, unter Aufgabe der früheren Rechtsprechung; a.A. – für einen Entwässerungsbeitrag – BayVGH v. 8.5.1992 – 23 B 90.1777, BayVBl. 1992, 592 = NVwZ-RR 1993, 100; s.a. *Gern*, NVwZ 1994, 1171; *Quaas*, Kommunales Abgabenrecht, Rz. 21ff.; *Driehaus*, § 11 Rz. 70ff.
5 Vgl. *Driehaus*, § 11 Rz. 71; s.a. zum Entwässerungsbeitrag VGH BW v. 14.12.1989 – 2 S 2905/87, BWVPr 1990, 162.
6 BVerwG v. 7.4.1989 – 8 C 83.87, DVBl 1989, 678, im Anschluss an BVerwG v. 15.4.1983 – 8 C 170.81, BVerwGE 67, 129 (131ff.); auch im Recht der Benutzungsgebühren kann auf Grund rechtzeitiger ortsüblicher Bekanntmachung oder zur Beseitigung einer als nichtig erkannten Satzungsbestimmung – etwa auf Grund fehlerhafter Gebührenkalkulation – eine rückwirkende Inkraftsetzung der Satzung zulässig sein. Soll die Rückwirkung dazu dienen, eine nichtige Satzung zu ersetzen, darf die Gesamtheit der Gebührenpflichtigen hierdurch nicht ungünstiger gestellt werden, als nach der ersetzten Satzung – vgl. *Lichtenfeld* in Driehaus, Kommunalabgabenrecht, § 6 Rz. 723f.
7 Vgl. § 2 Abs. 3 NKAG, § 3 HKAG, § 2 Abs. 3 KAG Schl.-Holst. und § 2 Abs. 2 KAG Rh.-Pf. sowie *Driehaus*, in: Driehaus, Kommunalabgabenrecht, § 2 Rz. 40ff.

## 6. Vereinbarungen über Abgaben

### a) Allgemeines

Rechtsstreitigkeiten werden häufig durch Vergleich erledigt. Dieser durch § 106 VwGO für das Verwaltungsstreitverfahren eröffneten Möglichkeit sind im außergerichtlichen Tätigkeitsbereich des Anwalts auf dem Gebiet des Abgabenrechts Grenzen gesetzt. Der Verfassungsgrundsatz der Gesetzmäßigkeit der Verwaltung schließt grds. Vereinbarungen über die Abgaben aus, soweit solche nicht im Gesetz selbst zugelassen sind[1]. Im Erschließungs- und KAG-Beitragsrecht korrespondiert darüber hinaus der gesetzlichen Verpflichtung zur Erhebung von Beiträgen das Verbot, Investitionskosten für beitragsfähige Maßnahmen durch vertragliche Vereinbarungen auf Grundstückseigentümer abzuwälzen oder gar von deren Beteiligung an einer Aufwandsfinanzierung völlig abzusehen[2]. Insbesondere ist also ein vollständiger oder teilweiser Beitragsverzicht unzulässig. Ob eine entsprechende Vereinbarung zwischen Gemeinde und Beitragsschuldner nicht lediglich rechtswidrig, sondern überdies **nichtig** ist, hängt von der Form ab, in der die Gemeinde gehandelt hat. So bedürfen rechtsgeschäftliche Erklärungen der Gemeinde der Form eines einseitigen (Zusage) oder zweiseitigen (Vertrag) Beitragsverzichts nach den einschlägigen Bestimmungen der Gemeindeordnung i.d.R. der Schriftform (vgl. z.B. § 54 Abs. 1 GO BW.). Fehlt es daran, ist die entsprechende Erklärung schon wegen Formverstoßes nichtig[3]. 38

Außergerichtliche **Vergleichsverträge** sind gleichwohl nicht grds. ausgeschlossen, sondern nach Maßgabe des entsprechend anwendbaren § 55 VwVfG zulässig[4]. Insoweit muss „eine bei verständiger Würdigung des Sachverhalts oder der Rechtslage bestehenden Ungewissheit durch gegenseitiges Nachgeben beseitigt werden". Die Ungewissheit und das Nachgeben müssen sich also auf ein und denselben Punkt beziehen. Daran fehlt es, wenn sich aus Anlass einer Rechtsungewissheit oder zu deren Überbrückung die Beteiligten Leistungen versprechen, deren – ihnen bekannte oder unbekannte – Gesetzwidrigkeit mit der beizulegenden Ungewissheit nichts zu tun hat[5]. 39

### b) Ablösungsvereinbarung

Hauptanwendungsfall der gesetzlich zugelassenen Abgabenvereinbarung sind Ablösungsverträge. Die Ablösung einer Abgabe bedeutet die endgültige Tilgung der 40

---

1 Vgl. für Steuervereinbarungen BVerwG, KStZ 1963, 226; für Ablösungsverträge über Erschließungsbeiträge nach BBauG v. 27.1.1982 – 8 C 79/81, KStZ 1982, 129; für Gebühren und KAG-Beiträge, BVerwGE 48, 166; BVerwGE 49, 125; s. ferner *Allesch*, DÖV 1988, 103; *Driehaus*, in: Driehaus, Kommunalabgabenrecht, § 1 Rz. 57 f.; *Faiß*, § 2 KAG Rz. 13; *Gern*, KStZ 1985, 81; *Heun*, DÖV 1989, 1053; *Kogelin* KStZ 1985, 228.
2 *Driehaus*, § 10 Rz. 1 ff.
3 Vgl. VGH BW v. 3.9.1987 – 2 S 8/87 in Seeger/Fusslin/Vogel, EKBW, GemO § 54 E 4; nach OVG Lüneburg v. 11.6.1986 – 9 A 5/82, KStZ 1986, 93, ist dagegen ein Beitragsverzicht nicht als Verpflichtungserklärung sondern als Verfügung mit der Folge anzusehen, dass die entsprechende Bestimmung des § 50 Abs. 2 GO Schl.-Holst. nicht anwendbar ist; s. dazu *Driehaus*, in: Driehaus, Kommunalabgabenrecht, § 8 Rz. 23; ist ein (rechtswidriger) Beitragsverzicht nicht nichtig, kann er von der Gemeinde grundsätzlich nur unter den Voraussetzungen des § 120 AO zurückgenommen werden – vgl. OVG Lüneburg v. 11.6.1985 – 9 A 5/82, KStZ 1986, 93.
4 Vgl. OVG Münster v. 18.5.1987 – 3 A 804/84, KStZ 1988, 15; *Driehaus*, § 26 Rz. 4.
5 Vgl. BVerwGE 49, 359; VGH BW v. 11.4.1986 – 2 S 2061/85, VBlBW 1987, 141 (145); nach OVG Münster v. 27.3.1986 – 3 A 2776/84, NVwZ 1986, 779 = KStZ 1988, 15, sind solche Vergleichsverträge auch ohne Beachtung der Schriftform wirksam.

Abgabenschuld vor deren Entstehung (vgl. § 133 Abs. 3 Satz 5 BauGB[1]). § 133 Abs. 3 Satz 5 BauGB erlaubt die Ablösung von Erschließungsbeiträgen nur, wenn die Gemeinde zuvor „Bestimmungen" über die Ablösung getroffen hat. Zum **Mindestinhalt** solcher nicht notwendig in einer Satzung festzulegenden Bestimmungen gehören Regelungen der Art, der Ermittlung und der Verteilung des mutmaßlichen Erschließungsaufwands[2]. Die Ablösevereinbarung selbst muss in inhaltlicher Übereinstimmung mit den Ablösebestimmungen unter Offenlegung der auf ihrer Grundlage ermittelten Ablösebeträge abgeschlossen worden sein[3]. Bei einem gleichzeitig geschlossenen Grundstückskauf- und Ablösungsvertrag ist dem Erfordernis der Offenlegung genügt, wenn die Gemeinde den Ablösungsbetrag dem Grundstückskäufer vor Abschluss des Vertrages mitgeteilt hat[4].

41 Entsprechende Grundsätze gelten für die Ablösung von KAG-Beiträgen[5]. Ob auch die Ablösung von Gebühren ohne eine sie rechtfertigende gesetzliche Grundlage möglich ist, erscheint zweifelhaft[6]. Rückforderungsansprüche des Abgabeschuldners können sich nach den Grundsätzen des öffentlich-rechtlichen Erstattungsanspruchs oder den Grundsätzen des Wegfalls der Geschäftsgrundlage ergeben[7].

### 7. Rechtsschutzfragen

42 Rechtsschutz gegenüber Kommunalabgabebescheiden findet vor den Verwaltungsbehörden und -gerichten statt. Die nachfolgenden Ausführungen beschränken sich auf einige praktische Hinweise vornehmlich im Zusammenhang mit der Anfechtung von Beitrags- und Gebührenbescheiden.

#### a) Kosten im isolierten Widerspruchsverfahren

43 Hilft die Gemeinde dem Widerspruch ab oder ist der Widerspruch vor der Widerspruchsbehörde erfolgreich, müssen der Abhilfebescheid und der Widerspruchsbescheid eine Entscheidung darüber enthalten, wen die Kostenpflicht dem Grunde nach und wen sie mit welchem Umfang trifft (sog. Kostenlastenentscheidung – vgl. §§ 72, 73 Abs. 3 VwGO).

44 Damit ist jedoch lediglich bestimmt, dass eine Kostenlastentscheidung zu ergehen hat und wer dafür zuständig ist. Inhaltlich richtet sich die Kostenerstattung nach dem jeweils einschlägigen Verwaltungsverfahrens- und Verwaltungskostenrecht.

---

1 Zu Einzelheiten im Erschließungsbeitragsrecht s. *Driehaus*, § 22; im KAG-Beitragsrecht: *Driehaus*, in: Driehaus, Kommunalabgabenrecht § 1 Rz. 61 ff.; da es sich bei der Ablösung um ein allgemein geltendes beitragsrechtliches Rechtsinstitut handelt, können Ablösungsverträge auch in solchen Ländern abgeschlossen werden, die nicht – wie Niedersachsen und Baden-Württemberg – ausdrückliche gesetzliche Ermächtigungen vorsehen – vgl. OVG Münster, KStZ 1989, 186; VGH München v. 24.10.1986 – 23 B 84 A.2812, BayVBl. 1987, 335; *Driehaus*, in: Driehaus, Kommunalabgabenrecht, § 8 Rz. 152.
2 BVerwG v. 27.1.1982 – 8 C 24.81, DVBl 1982, 550; *Driehaus*, in: Berliner Kommentar, § 133 Rz. 71.
3 BVerwG v. 1.12.1989 – 8 C 44.88, DVBl 1990, 436 (439); *Driehaus*, in: Driehaus, Kommunalabgabenrecht, § 8 Rz. 157.
4 BVerwG v. 1.12.1989 – 8 C 44.88, DVBl 1990, 436 (439).
5 Vgl. *Driehaus*, in: Driehaus, Kommunalabgabenrecht, § 8 Rz. 152.
6 Das OVG Münster hat einen „Verzicht" der Gemeinde auf die Erhebung von Kanalanschlussgebühren insoweit für rechtmäßig erklärt, als dem Entwässerungshaushalt eine äquivalente Leistung durch Baumaßnahmen erbracht wurde, die eine zusätzlich Belastung der übrigen Abgabepflichtigen ausschloss – vgl. KStZ 1977, 33.
7 Vgl. OVG Münster v. 6.12.1990 – 3 A 855/89, NVwZ 1991, 1096; *Driehaus*, § 22 Rz. 22 ff.; *Reif*, BWGZ 1988, 796 (800).

## I. Grundlagen

Entsprechendes gilt für die Kostenfestsetzungsentscheidung (Entscheidung über den konkreten Betrag der zu erstattenden Aufwendungen)[1].

Unter welchen Voraussetzungen die Aufwendungen des Widerspruchsführers – in der Praxis geht es vor allem um die Kosten des beauftragten Rechtsanwalts – zu erstatten sind, ergibt sich nicht aus der Abgabenordnung, nachdem § 80a AO mit Rücksicht auf die Nichtigkeit des Staatshaftungsgesetzes mit Wirkung vom 1.1.1982 gestrichen wurde[2]. Eine Erstattung von Rechtsanwaltskosten im isolierten Widerspruchsverfahren kommt deshalb allein über die jeweilige landesrechtliche Vorschrift des § 80 LVwVfG in Betracht, sofern diese anwendbar ist. In Baden-Württemberg, Bayern, Niedersachsen, Mecklenburg-Vorpommern, Sachsen, Sachsen-Anhalt und Schleswig-Holstein ist dies der Fall, in den übrigen Ländern fehlt eine gesetzliche Verpflichtung zur Kostenerstattung. Ein solcher Ausschluss des Anspruchs auf Erstattung der Kosten eines erfolgreichen kommunalabgabenrechtlichen Vorverfahrens begegnet keinen verfassungsrechtlichen Bedenken[3]. Der verwaltungsverfahrensgesetzliche Ausschluss der Kostenerstattung steht der Geltendmachung von Rechtsanwaltskosten über einen Amtshaftungsanspruch nach § 839 BGB i.V.m. Art. 34 GG bei schuldhaften Bearbeitungsfehlern durch die abgabenerhebende Behörde nicht entgegen[4].

45

### b) Klageverfahren

#### aa) Anfechtungsklage

Die Anfechtungsklage (§ 42 Abs. 1 VwGO) ist die in Abgabenstreitigkeiten regelmäßig in Betracht kommende Klageart, da sie auf die (teilweise) Beseitigung (Aufhebung oder Änderung) des belastenden Abgabenbescheides gerichtet ist. Die Anfechtungsklage ist auch gegen einen (z.B. wegen Unbestimmtheit) nichtigen Verwaltungsakt[5] oder einen Nicht-Verwaltungsakt zulässig, der z.B. nicht wirksam bekanntgegeben wurde und deshalb noch nicht existent ist, gleichwohl aber bereits einen Rechtsschein verursacht[6]. Die Anfechtungsklage führt ggf. auch zu einer (inzidenten) Normenkontrolle, etwa zur Überprüfung der dem Abgabenanspruch zu Grunde gelegten Abgabesatzung. Sie muss zur Fristwahrung innerhalb eines Monats nach Zustellung des Widerspruchsbescheides erhoben sein (§ 74 Abs. 1 Satz 1 VwGO). In den Fällen des § 75 VwGO ist sie als sog. Untätigkeitsklage zulässig, ohne dass es eines Vorverfahrens bedarf.

46

#### bb) Umfang der gerichtlichen Kontrolle

Der Umfang der gerichtlichen Überprüfung wird bei der Anfechtungsklage zunächst durch § 113 Abs. 1 Satz 1 VwGO und durch den Antrag des Klägers bestimmt. Wird nur eine teilweise Aufhebung der Bescheide beantragt und erweist sich dieser Antrag als begründet, hat die Klage in vollem Umfang Erfolg[7].

47

---

1 Vgl. *Kopp*, VwGO, 16. Aufl. 2009, § 73 Rz. 15 ff.
2 Vgl. Art. 5 des Steuerbereinigungsgesetzes 1986, BGBl. I.1985, 2436.
3 BVerwG v. 27.9.1989 – 8 C 88.88, BayVBl. 1990, 89.
4 Vgl. dazu *Günther/Günther*, KStZ 1991, 204.
5 BVerwG v. 18.6.1962 – V C 22.61, DVBl 1962, 835; BFH v. 26.6.1985 – IV R 62/83, NVwZ 1987, 359; *Kopp/Schenke*, VwGO, 16. Aufl. 2009, § 42 Rz. 3.
6 BFH v. 26.3.1985 – VIII R 225/83, NVwZ 1986, 156 (157); *Kopp/Schenke*, VwGO, 16. Aufl. 2009, § 42 Rz. 3.
7 BVerwG v. 27.1.1982 – 8 C 12.81, DVBl 1982, 548.

48 Begehrt der Kläger die Änderung eines Verwaltungsaktes, der eine Geldleistung festsetzt (z.B. eines Beitrags- oder Gebührenbescheides), kann das Gericht den Betrag in anderer Höhe festsetzen (§ 113 Abs. 2 Satz 1 VwGO). Erfordert die Ermittlung des festzusetzenden Betrages einen nicht unerheblichen Aufwand, kann das Gericht die Änderung des Verwaltungsaktes durch Angabe der zu Unrecht berücksichtigten oder nicht berücksichtigten tatsächlichen und rechtlichen Verhältnisse so bestimmen, dass die Behörde den Betrag auf Grund der Entscheidung errechnen kann. Die Behörde teilt dem Beteiligten das Ergebnis der Neuberechnung unverzüglich formlos mit; nach Rechtskraft der Entscheidung ist der Verwaltungsakt mit dem geänderten Inhalt bekannt zu geben (§ 113 Abs. 2 Satz 2 bis 4 VwGO).

49 § 113 Abs. 2 VwGO setzt für seine Anwendung zunächst voraus, dass die Ermittlung des festzusetzenden (richtigen) Betrages einen nicht unerheblichen Aufwand erfordert. Davon kann – nach der Rechtsprechung des BVerwG – jedenfalls bei Erschließungsbeiträgen regelmäßig nicht ausgegangen werden, weil sich in diesem Rechtsgebiet die richtige Höhe des Beitrags durchweg ohne weiteres aus dem Zahlenwerk in den dem Gericht vorliegenden Akten errechnen lässt oder vom Gericht unter Inanspruchnahme der Gemeinde ermittelt werden kann[1].

50 Auf welche Sach- und Rechtslage es bei der Beurteilung der Rechtmäßigkeit des angefochtenen Verwaltungsakts ankommt, beantwortet nicht § 113 Abs. 1 Satz 1 VwGO, sondern das jeweils einschlägige materielle Recht[2]. Für das Erschließungsbeitragsrecht hat das BVerwG entschieden, dass ein Beitragsbescheid insoweit nicht der gerichtlichen Aufhebung unterliegt, als er sich im Zeitpunkt der abschließenden mündlichen Verhandlung der letzten Tatsacheninstanz als rechtmäßig erweist[3]. Dies erlaubt, ursprünglich rechtswidrige Bescheide auch noch im Laufe des gerichtlichen Verfahrens zu **heilen**[4].

51 Von der nachträglichen Heilung eines ursprünglich rechtswidrigen Abgabebescheides zu unterscheiden ist die völlige oder zumindest teilweise Aufrechterhaltung eines fehlerhaft begründeten Bescheides dadurch, dass eine andere (richtige) Begründung nachgeschoben wird. Dieses Nachschieben kann entweder durch die Gemeinde oder das Gericht erfolgen[5]. § 113 Abs. 1 Satz 1 VwGO lässt also grds. eine Auswechselung der Begründung mit der Folge zu, dass der Bescheid nicht als rechtswidrig im Sinne dieser Vorschrift aufzuheben ist. Kommt ein Gericht zu dem Ergebnis, ein Heranziehungsbescheid sei zu Unrecht auf das Straßenbaubeitragsrecht gestützt, ist es gem. § 113 Abs. 1 Satz 1 VwGO verpflichtet zu prüfen, ob und ggf. in welchem Umfang der Bescheid mit Blick auf das Erschließungsbeitragsrecht aufrechterhalten werden kann. Bei einer solchen Konstellation bedarf es keiner (richterlichen) Umdeutung, so dass die Aufrechterhaltung des Bescheides nicht davon abhängt, ob die Voraussetzungen für eine Umdeutung erfüllt sind[6]. Andererseits ist aber das Nachschieben einer Begründung nur insoweit zulässig, als der Bescheid nicht in seinem Wesen geändert wird; sonst läge eine – unzulässige – Umdeutung vor. Die richterliche Berücksichtigung anderer Rechtfertigungsgründe als schlichte Rechtsanwendung gem. § 113 Abs. 1 Satz 1 VwGO ist deshalb von der (richterlichen) Umdeutung eines Bescheides zu unterscheiden: Bei der Umdeutung

---

1 BVerwG v. 18.1.1991 – 8 C 14.89, NVwZ 1992, 492 (494f.); krit. zu Recht *Redeker*, DVBl 1991, 972.
2 BVerwG v. 27.4.1990 – 8 C 87.88, NJW 1991, 2584; v. 10.10.1989 – 9 B 268/89, NVwZ 1990, 653; *Kopp/Schenke*, VwGO, 16. Aufl. 2009, § 113 Rz. 25 m.w.N.
3 BVerwG v. 26.8.1983 – 8 C 140.81, NVwZ 1984, 648; krit. u.a. *Kopp/Schenke*, VwGO, 16. Aufl. 2009, § 113 Rz. 47.
4 Siehe u.a. *Driehaus*, § 19 Rz. 22ff.
5 BVerwG v. 27.1.1982 – 8 C R.81, NVwZ 1982, 620.
6 BVerwG v. 19.8.1988 – 8 C 29.87, DVBl 1988, 1161.

## I. Grundlagen

wird der Tenor (Spruch) eines rechtswidrigen Verwaltungsaktes derart geändert, dass der Verwaltungsakt in dieser abgeänderten Form als rechtmäßiger Verwaltungsakt fortbesteht; bei der richterlichen Berücksichtigung anderer Gründe bleibt dagegen – ebenso wie beim verwaltungsbehördlichen Nachschieben von Gründen – die Regelung als solche unangetastet[1].

Berechnungsfehler der Gemeinde, wozu z.B. die fehlerhafte Verteilung des Erschließungsaufwandes zählt[2], können daher im Prozess ebenso wie sonstige nachträglich eintretende Tatsachen oder Rechtsänderungen grds. berücksichtigt werden. Dabei können Fehler auch kompensiert werden. Ist z.B. bei einem Erschließungsbeitrag der Aufwand hinsichtlich der Herstellungsarbeiten zu hoch, sind jedoch andererseits Grunderwerbskosten nicht oder nicht in vollem Umfang berücksichtigt worden, können sich diese Fehler ganz oder teilweise aufheben. Auch kann z.B. die fehlende Einbeziehung eines erschlossenen Grundstücks dadurch ausgeglichen werden, dass ein anderes Grundstück aus der Verteilung ausscheidet. Führt deshalb die Neuberechnung des Beitrags zu einem identischen oder höheren Beitrag, ist der Bescheid in voller Höhe rechtmäßig. Führt dagegen die Neuberechnung zu einem geringen Beitrag, ist der Bescheid nur hinsichtlich des überschießenden Betrages als teilweise rechtswidrig aufzuheben[3].

### cc) Erledigung der Hauptsache

Wird der angefochtene, rechtswidrige Abgabenbescheid durch nachträglich im Prozess eintretende Tatschen oder Rechtsänderungen „geheilt" und der Bescheid dadurch rechtmäßig, kann der Kläger die sich aus § 154 Abs. 1 VwGO ergebende Prozesskostenlast nur dadurch abwenden, dass er die Hauptsache für erledigt erklärt[4]. Schließt sich die beklagte Gemeinde der Erledigungserklärung an, sind ihr gem. § 161 Abs. 2 VwGO nach billigem Ermessen die gesamten Verfahrenskosten aufzuerlegen[5]. Widerspricht die Beklagte der Erledigungserklärung und beharrt auf ihrem Abweisungsantrag, wird das Gericht dem in der Erledigungserklärung des Klägers zugleich liegenden Feststellungsantrag stattgeben und die Hauptsache für erledigt erklären. Auch in diesem Fall hat die Beklagte die (dann erhöhten) Kosten zu tragen. Denn der Rechtsstreit ist tatsächlich in der Hauptsache erledigt[6]. Dies gilt unabhängig davon, ob die Heilung mit Wirkung ex nunc oder ex tunc (s. dazu oben Rz. 37) erfolgt ist oder der Kläger mit seiner Klage überhaupt den Mangel gerügt hat, der im gerichtlichen Verfahren nachträglich geheilt worden ist[7]. Die Zulässigkeit einer Erledigungserklärung hängt nämlich nicht davon ab, ob durch ein nachträgliches Ereignis sämtliche gegen einen Beitragsbescheid vorgebrachten Rügen ausgeräumt wurden[8]. Dazu nötigt eine an der Garantie des effektiven Rechtsschutzes nach Art. 19 Abs. 4 GG ausgerichtete, interessengerechte Auslegung des Begriffs „Erledigung" des Rechtsstreits in den Fällen der Anfechtungsklage[9].

---

1 Vgl. im Einzelnen zur Zulässigkeit der Aufrechterhaltung eines fehlerhaft begründeten Beitragsbescheides *Fischer*, in: Hoppenberg, Rz. 450ff. m.w.N.
2 BVerwG v. 27.1.1982 – 8 C 12.81, DVBl 1982, 548.
3 *Fischer*, in: Hoppenberg (Hrsg.), Rz. 453.
4 BVerwG v. 22.1.1993 – 8 C 40.91, NVwZ 1993, 979.
5 VGH BW v. 23.7.1992 – 2 S 2301/91, VBlBW 1993, 18; VGH Kassel v. 29.3.1993 – 5 UE 512/92, NVwZ-RR 1994, 125 (126).
6 BVerwG v. 22.1.1993 – 8 C 40.91, NVwZ 1993, 979.
7 OVG Lüneburg v. 3.8.1988 – 9 A 203–205/86, NVwZ-RR 1989, 447; VGH Kassel v. 29.3.1993 – 5 UE 512/92, NVwZ-RR 1994, 125 (126f.); VGH Mannheim v. 11.2.1988 – 2 S 657/86, NVwZ-RR 1989, 445 (446).
8 So wohl auch BVerwG v. 22.1.1993 – 8 C 40.91, NVwZ 1993, 979; a.A. BayVGH v. 4.10.1985 – 23 B 84 A.28, NVwZ 1986, 1032.
9 VGH Mannheim v. 11.2.1988 – 2 S 657/86, NVwZ-RR 1989, 445 (446).

## c) Aussetzungsverfahren

54 Eine besondere Bedeutung kommt in Kommunalabgabensachen dem **vorläufigen Rechtsschutz** (§ 80 Abs. 5 VwGO) zu. Von dieser Möglichkeit wird schon deshalb häufig Gebrauch gemacht, weil Kommunalabgaben sofort vollziehbar sind und daher die Einlegung von Widerspruch und Klage nicht zur Hinausschiebung der Zahlungspflicht führt (§ 80 Abs. 2 Nr. 1 VwGO). Hierfür bedarf es – da die Behörde regelmäßig die Bescheide nicht aussetzt – einer Entscheidung des Verwaltungsgerichts.

### aa) § 80 Abs. 6 VwGO

55 Voraussetzung für die Zulässigkeit eines Antrags an das Verwaltungsgericht nach § 80 Abs. 5 VwGO, die aufschiebende Wirkung des Widerspruchs oder der Anfechtungsklage gegen einen Abgabenbescheid anzuordnen, ist seit dem 4. VwGO-Änderungsgesetz vom 17.12.1990[1], dass die Widerspruchsbehörde bzw. Ausgangsbehörde einen **Antrag auf Aussetzung der Vollziehung** ganz oder zum Teil abgelehnt hat. Dies gilt nur dann nicht, wenn die Behörde über den Antrag ohne Mitteilung eines zureichenden Grundes in angemessener Frist sachlich nicht entschieden hat oder eine Vollstreckung droht (§ 80 Abs. 6 Satz 2 VwGO).

56 Dieses – in der Praxis höchst umständliche, regelmäßig überflüssige und nur entscheidungsverzögernde – Verfahren soll die Verwaltungsgerichte entlasten und den Vorrang der verwaltungsinternen Kontrolle stärken. Bei dem Erfordernis der Ablehnung der Aussetzung durch die Behörde – wie auch bei den in Satz 2 normierten Voraussetzungen – handelt es sich deshalb um Zugangsvoraussetzungen, die im Zeitpunkt der Antragstellung bei dem Gericht gegeben sein müssen, die also nicht im Verlauf des gerichtlichen Verfahrens „geheilt" werden können[2]. Die Ablehnung des bei der Behörde zu stellenden Aussetzungsantrages kann deshalb auch nicht dadurch nachgeholt werden, dass sich die Behörde bei dem Verwaltungsgericht sachlich auf den Antrag einlässt[3].

### bb) Maßstab der gerichtlichen Überprüfung

57 Auf Antrag kann das Verwaltungsgericht nach § 80 Abs. 5 VwGO die aufschiebende Wirkung des Widerspruchs oder der Anfechtungsklage gegen einen Abgabenbescheid anordnen. Dies ist auch dann zulässig, wenn der Antragsteller den Beitrag oder die Gebührenforderung bezahlt und den Antrag auf vorläufigen Rechtsschutz möglicherweise erst mehrere Monate nach Klagerhebung gestellt hat. Dies nimmt ihm nicht das für einen Antrag nach § 80 VwGO erforderliche Rechtsschutzbedürfnis[4].

58 Im Übrigen ist bei der gerichtlichen Prüfung eines Antrags auf Anordnung der aufschiebenden Wirkung der gleiche Prüfungsmaßstab anzuwenden wie der bei der Aussetzung der Vollziehung durch die Widerspruchsbehörde bzw. Ausgangsbehörde, ob also insbesondere ernstliche Zweifel an der Rechtmäßigkeit des Abgabenbescheides bestehen[5].

---

1 VwGO-Änderungsgesetz v. 17.12.1990, BGBl. I, 2809.
2 VGH Mannheim v. 28.2.2011 – 2 S 107/11, VBlBW 2011, 238; OVG Koblenz v. 29.4.1992 – 12 B 10465/92, KStZ 1992, 220; OVG Hamburg v. 25.2.1993 – Bs VI 6/93, KStZ 1993, 232; *Gern*, NVwZ 1994, 1171; Bedenken hiergegen hat aber der BayVGH v. 9.6.2008 – 8 CS 08.1117, KStZ 2009, 51.
3 OVG Koblenz v. 29.4.1992 – 12 B 10465/92, KStZ 1992, 200; OVG Hamburg v. 25.2.1993 – Bs VI 6/93, KStZ 1993, 232.
4 VG Freiburg v. 11.9.1987 – 5 K 144/84; *Kopp/Schenke*, VwGO, 16. Aufl. 2009, § 80 Rz. 136 m.w.N.
5 S.o. bei Rz. 9, i.E. *Kopp/Schenke*, VwGO, 16. Aufl. 2009, § 80 Rz. 152 ff.

## I. Grundlagen

Allerdings kann es in Abgabenstreitigkeiten nicht Aufgabe des summarischen Verfahrens nach § 80 Abs. 5 VwGO sein, die Grundlagen einer gesetzmäßigen Veranlagung durch umfassende Ermittlungen erstmals zu klären. Dementsprechend ordnet der VGH Baden-Württemberg – selbst wenn bei Vorliegen einer gesetzwidrigen Zusammenfassungsentscheidung nach § 130 Abs. 2 Satz 3 BauGB keine ernstlichen Zweifel an der Entstehung der Beitragspflicht für die betreffende Einzelanlage bestehen – die aufschiebende Wirkung eines Rechtsmittels gegen den Beitragsbescheid in vollem Umfang an, wenn sich nach Aktenlage nicht ermitteln lässt, in welcher Höhe die Beitragsforderung bei fehlerfreier Abrechnung des Erschließungsaufwands im Einzelnen entstanden ist. Der VGH sieht sich bei einer solchen Sachlage regelmäßig auch außer Stande, nach sachlichen Gesichtspunkten aus dem Gesamtbetrag der Beitragsforderung einen vollziehbaren Teilbetrag auszusondern[1]. Ernstliche Zweifel an der Rechtmäßigkeit des Abgabenbescheides können sich im Eilverfahren auch aus sich aufdrängenden **Satzungsmängeln** der zugrundeliegenden kommunalen Abgabensatzung ergeben. Die Zweifel an der Wirksamkeit der Satzung müssen jedoch so offensichtlich und eindeutig sein, dass im Hauptsacheverfahren keine andere rechtliche Beurteilung nicht zu erwarten ist. Eine Klärung offener Fragen zur Gültigkeit der jeweiligen Abgabensatzung kann nicht Aufgabe des Eilverfahrens sein. Entsprechend ist in einem Eilverfahren eine abgabenrechtliche Gebührenkalkulation regelmäßig nicht näher zu überprüfen[2]. 59

Im Aussetzungsverfahren beschränken sich die Gerichte daher regelmäßig darauf, nach der Aktenlage und unter Berücksichtigung der Einwendungen des Antragstellers und des Ergebnisses einer rasch durchzuführenden Aufklärung der sich aufdrängenden Zweifelsfragen zu entscheiden[3]. 60

### cc) Streitwert

Der Streitwert richtet sich im **Klagverfahren** nach dem Umfang der Anfechtung des Beitragsbescheids. Klagen mehrere Beitragspflichtige, deren Grundstücke sich innerhalb des Abrechnungsgebietes befinden, und hat das Gericht die Verfahren zur gemeinsamen Verhandlung und der Entscheidung verbunden (§ 93 VwGO), ist für die Streitwertfestsetzung eine Zusammenrechnung der Beitragssumme im Umfang der jeweiligen Anfechtung geboten. Daraus errechnen sich dann die gesetzlichen Gebühren. Nach der Rechtsprechung des OVG Hamburg liegt gebührenrechtlich nur eine Angelegenheit vor, wenn der Rechtsanwalt zu einem gleichgerichteten einheitlichen Vorgehen gegen alle Abgabenbescheide von Anliegern einer Straße beauftragt worden ist[4]. Anders ist es, wenn der Rechtsanwalt von jedem Anlieger zu einem Vorgehen in jeder Sache (wenn auch mit weitgehend gleichen Einwendungen) mit dem Ziel beauftragt wird, getrennte Verfahren einzuleiten. Bei getrennt erhobenen und nicht zusammengefassten Gerichtsverfahren ist jede Sache getrennt nach deren Streitwert abzurechnen[5]. Im **Aussetzungsverfahren** beträgt der Streit- 61

---

1 VGH BW v. 5.2.1986 – 2 S 2909/85, n.v.; s.a. Buhl, VBlBW 1987, 221; Wandtke, Hamburger Grundeigentum 1987, 1 (11).
2 Thür. OVG v. 23.4.1998 – 4 EO 6/97, DVBl 1998, 1240 (nur LS).
3 OVG Hamburg v. 29.11.1982 – Bs VI 23/82, KStZ 1983, 78.
4 OVG Hamburg v. 9.7.1984 – Bs VI 21/84, NVwZ 1985, 353; vgl. im Übrigen zur Frage des Tätigwerdens in „derselben Angelegenheit" (§ 7 Abs. 2 BRAGO) OVG Münster v. 18.5.1992, KStZ 1992, 214; s. dazu auch VGH Kassel v. 22.3.1994 – 5 TM 1120/93, NVwZ-RR 1995, 181.
5 Wandtke, Hamburger Grundeigentum 1987, 1 (10), unter Hinweis auf OVG Hamburg v. 17.7.1986 – OVG Bs VI 64/86, n.v.

wert nach überwiegender Auffassung der Verwaltungsgerichte 25 v.H. der umstrittenen Abgabe[1].

## II. Erschließungsbeitragsrecht

### 1. Formelle Anforderungen an die Rechtmäßigkeit eines Beitragsbescheides

62 Die bei der Beitragsfestsetzung und -heranziehung zu beachtenden formellen Voraussetzungen bestimmen sich im Wesentlichen nach den landesrechtlichen Vorschriften der KAG, die ihrerseits auf die Vorschriften der AO verweisen. Die Verwaltungsverfahrensgesetze der Länder sind nicht anwendbar[2].

63 Aus der Vielzahl der hier auftauchenden Probleme (eine Fundgrube für den Anwalt!) soll auf einige, die Praxis immer wieder beschäftigenden Fragen nach der inhaltlichen Bestimmtheit (a) und der Bekanntgabe (b) des Beitragsbescheides eingegangen werden.

#### a) Bestimmtheit

64 Der Beitragsbescheid muss inhaltlich **hinreichend bestimmt** sein (§ 119 Abs. 1 AO). Dieser Grundsatz wird oft nicht ausreichend beachtet. Er verlangt, dass aus dem Bescheid eindeutig hervorgeht, wer in welchem Umfang als Beitragsschuldner herangezogen werden soll und für welches Grundstück und für welche Erschließungsmaßnahme der Beitrag gefordert wird[3]. Im Einzelnen ist nach der – nicht immer einheitlichen – Rechtsprechung zu verlangen:

#### aa) Adressat

65 Der Bescheid muss zunächst den Adressaten eindeutig erkennen lassen. Bezeichnungsmängel bei der Person des Beitragsschuldners führen grds. zur Nichtigkeit[4]. Die Bestimmung der Person des Beitragsschuldners kann durch die Anschrift geschehen. Ein (zusammengefasster) Beitragsbescheid, der an mehrere Beitragsschuldner gerichtet ist, muss jeden der Beitragsschuldner ausreichend bezeichnen. Ist dies bzgl. eines Teils der Schuldner nicht geschehen, ist der Bescheid nur hinsichtlich dieser Schuld nichtig. Der nicht von der Nichtigkeit betroffene Teil des zusammengefassten Abgabenbescheides bleibt als Einzelbescheid bestehen[5]. Voraussetzung ist selbstverständlich, dass der im Beitragsbescheid angegebene Bei-

---

1 VGH BW v. 28.7.2011 – 2 S 107/11, VBlBW 2011, 238; OVG Koblenz v. 14.8.1991 – 6 E 110270/91, NVwZ-RR 1992, 110; nach BayVGH v. 22.9.1989 – 4 C 88.1470, BayVBl. 1990, 189 ist indessen der Streitwert i.H.v. 1/3 des entsprechenden Hauptsachestreitwertes festzusetzen; vgl. Ziff. 1.5 Streitwertkatalog für die Verwaltungsgerichtsbarkeit in der Fassung Juli 2004.
2 Vgl. z.B. § 2 Abs. 2 Nr. 1 VwVfG NW; *Löhr*, in: B/K/L, § 134 Rz. 11.
3 OVG Lüneburg v. 21.3.1978 – IX OVG B 45/77, KStZ 1978, 195 f.; VGH Kassel v. 9.7.1999 – 5 TZ 4571/98; *Driehaus*, § 24 Rz. 28 f.; vgl. allgemein zum Inhalt eines Abgabenbescheides *Thiem*, Allgemeines Kommunales Abgabenrecht, S. 205 ff.
4 Ein Bescheid, der den Abgabenschuldner nicht (hinreichend) erkennen lässt, kann wegen inhaltlicher Unbestimmtheit nicht befolgt und vollstreckt werden. Er ist deshalb nichtig; st. Rspr. des VGH BW v. 23.5.1985 – 2 S 336/84, NVwZ 1986, 139 = VBlBW 1986, 145; v. 23.3.2006 – 2 S 2842/04, BWGZ 2006, 516.
5 VGH BW v. 23.5.1985 – 2 S 336/84, NVwZ 1986, 139; BayVGH v. 10.1.1994 – 23 CS 93.2897, NVwZ-RR 1994, 690; s.a. *Schlabach*, VBlBW 1985, 281 und *Petersen*, KStZ 1988, 41 (46 f.).

tragsschuldner **rechtlich existiert**. Dies ist bei einem an einen Verstorbenen[1] an eine Wohnungseigentümergemeinschaft[2] oder eine Erbengemeinschaft[3] adressierten Beitragsbescheid nicht der Fall. Nach der neueren Rechtsprechung zur Rechtsfähigkeit der Gesellschaft bürgerlichen Rechts (GbR) spricht im Unterschied zur früheren Rechtsprechung mehr dafür als dagegen, dass die GbR als Grundstückseigentümer Beitragsschuldner iS von § 134 Abs. 1 BauGB ist[4]. Die Heilung solcher Mängel kommt nicht in Betracht, da die nachträgliche Auswechselung des Adressaten eines Beitragsbescheides unstatthaft ist[5].

Nicht selten tauchen Zweifelsfragen auf, wenn die Gemeinde den Bescheid an eine **Firma** adressiert. Die Gemeinde verwendet eine unrichtige Firmenbezeichnung („Firma Wohnbau" anstatt „Firma Wohnbau GmbH & Co. KG") oder eine handelsrechtlich nicht existente Bezeichnung („Wohnbau & Partner"). Hier ist § 17 HGB zu beachten: Die Firma eines Kaufmannes ist der Name, unter dem er im Handel seine Geschäfte betreibt und die Unterschrift abgibt. Für die Frage des richtigen Adressaten und der erforderlichen Bestimmtheit des Bescheides kommt es daher darauf an, ob der Name des Kaufmanns (nicht der Firma) hinreichend zum Ausdruck kommt. Die Identität der Person (auch der juristischen Person) mit dem Firmeninhaber muss deutlich werden. Wird ein Verwaltungsakt an eine Firma gerichtet, ist Adressat der mit der Firma zufälligerweise bezeichnete Firmeninhaber. Die Anforderungen an die Bestimmtheit sind hier nicht zu überspannen. Wird an die Anschrift des Betriebes zugestellt, ist dies in der Regel ausreichend, wenn der Firmeninhaber, den es angeht, weiß, dass er als Adressat des Verwaltungaktes angesprochen ist[6].

Bei einem nicht eindeutig bestimmten Beitragsschuldner darf auch der Inhalt des Beitragsbescheides und der Umstand herangezogen werden, dass der Steuerschuldner nur der Eigentümer bzw. Erbbauberechtigte sein kann[7].

### bb) Erschließungsanlage

Aus dem Beitragsbescheid muss sich ferner ergeben, für welche **Erschließungsanlage** die Leistung gefordert wird. Die beitragspflichtige Erschließungsanlage muss deshalb im Bescheid eindeutig bezeichnet werden. Dies gilt auch, wenn mehrere Erschließungsanlagen zu gemeinsamer Aufwandsermittlung zusammengefasst wurden (§ 130 Abs. 2 Satz 3 BauGB). Das Bestimmtheitsgebot verlangt daher die hinreichend präzise Bezeichnung sämtlicher Erschließungsanlagen[8].

---

1 OVG Münster v. 30.6.1977 – III A 1779/75, KStZ 1978, 18.
2 HessVGH v. 11.3.1985 – 5 OE 26/83, KStZ 1986, 196, s.a. BVerwG v. 25.2.1994 – 8 C 2.92, KStZ 1995, 73 und BayVGH v. 17.6.1993 – 23 B 91.1350, KStZ 1995, 38.
3 BayVGH v. 19.7.1976 – 219 VI 74, BayVBl. 1976, 756; v. 15.9.1983 – 23 B 80 A.861, NJW 1984, 626.
4 OVG Bln.-Bbg. v. 23.3.2006 – 9 S 76.05; anders noch VG Köln v. 21.9.1989 – 7 K 4260/88, KStZ 1990, 57, str.
5 OVG Münster v. 30.6.1977 – III A 1779/75, KStZ 1978, 18; *Driehaus*, § 24 Rz. 25.
6 *v. Burski*, VBlBW 1982, 286 f., m.w.N. zur Rechtsprechung des VGH BW.
7 VGH BW v. 22.9.1989 – 2 S 1925/89, n.v.
8 Vgl. OVG Koblenz v. 8.3.1988 – 12 B 142/87, NVwZ-RR 1988, 46; OVG Saarlouis v. 11.5. 1984 – 3 W 1781/83, KStZ 1985, 115; BayVGH, KStZ 1987, 77; a.A. die st. Rspr. des VGH BW u.a. v. 19.5.1988 – 2 S 1027/87, n.v., wonach es sich bei der fehlenden Angabe der zusammengefassten Straßen lediglich um einen Verstoß gegen die Begründungspflicht handele, der nach § 126 AO geheilt werden könne und gem. § 127 AO nicht zur Bescheidsaufhebung führe, sofern der Bescheid im Übrigen rechtmäßig sei; ebenso *Driehaus*, § 24 Rz. 34.

### cc) Grundstück

**68** Zu der erforderlichen Bestimmtheit des Beitragsbescheides gehört schließlich die korrekte Bezeichnung des veranlagten Grundstücks[1]. Gegenstand der Beitragspflicht ist regelmäßig das einzelne Buchgrundstück. Die Beitragsschuld entsteht für dieses Grundstück in einer ganz bestimmten Höhe. Grundsätzlich muss deshalb für jedes einzelne Buchgrundstück ein selbständiger Erschließungsbeitragsbescheid erlassen werden[2]. Es ist daher unzulässig, für mehrere zusammenhängende Buchgrundstücke desselben Eigentümers in einem einzigen Bescheid einen Gesamterschließungsbeitrag festzusetzen, sofern nicht der Ausnahmefall der wirtschaftlichen Einheit mehrerer Buchgrundstücke vorliegt. Ein diesbezüglicher Bestimmtheitsmangel ist jedoch nachträglich heilbar[3].

Dies gilt auch für **gewerbliche Grundstücke**[4]. Ein Beitragsbescheid, der einen festgesetzten Betrag für mehrere Buchgrundstücke sowie eine Auflistung der Flächengrößen der einzelnen Grundstücke enthält, genügt indessen regelmäßig nicht den Bestimmtheitsanforderungen[5].

### b) Bekanntgabe

#### aa) Wirksamkeitsvoraussetzungen

**69** Die in § 134 Abs. 1 BauGB geforderte Bekanntgabe des Erschließungsbeitragsbescheides hat nicht nur materiellrechtliche Bedeutung im Hinblick auf die persönliche Beitragspflicht. Die Bekanntgabe des Beitragsbescheides ist auch verfahrensrechtliche Voraussetzung für dessen Wirksamkeit. Ein nicht (wirksam) bekanntgegebener Erschließungsbeitragsbescheid ist nicht nichtig, aber unwirksam und erreicht deshalb die mit ihm beabsichtigte Regelung nicht[6]. Ein fehlerhaft bekanntgegebener Beitragsbescheid kann durch eine nochmalige fehlerfreie Bekanntgabe Wirksamkeit erlangen[7], sofern dies innerhalb der Festsetzungsfrist erfolgt. Eine rückwirkende Heilung des Zustellungsmangels nach Ablauf der Festsetzungsfrist scheitert an dem Erlöschen der Beitragsforderung.

**70** Die **Durchführung der Bekanntgabe** richtet sich nach § 122 AO. Eine bestimmte Form ist gesetzlich nicht vorgeschrieben. Soweit nicht im Einzelfall oder kraft Beitragssatzung eine förmliche Zustellung bestimmt ist[8], erfolgt die Bekanntgabe regelmäßig durch Aushändigung des Bescheides durch die Gemeindeboten oder dessen Übermittlung durch die Post. Im letzteren Fall kommt der Vorschrift des § 122 Abs. 2 AO besondere Bedeutung zu, wonach der Beitragsbescheid mit dem dritten Tage nach der Aufgabe zur Post als bekanntgegeben gilt (Zugangsfunktion), außer

---

1 VGH BW v. 24.9.1987 – 2 S 1930/86, n.v.; v. 6.11.1986 – 2 S 517/85, n.v.; *Driehaus*, § 24 Rz. 34.
2 OVG Münster v. 27.2.1989 – 3 A 645/85, NVwZ 1989, 1087.
3 OVG Münster v. 15.3.1989 – 3 A 2807/88, NVwZ 1989, 1086; OVG Lüneburg v. 6.9.1989 – 9 M 47/89, NVwZ 1990, 590.
4 OVG Münster v. 17.10.1991 – 3 A 308/88, KStZ 1992, 198.
5 OVG Münster v. 29.7.1994 – 3 B 935/93, NVwZ-RR 1995, 108 = NWVBl. 1995, 21; s.a. *Driehaus*, § 24 Rz. 23.
6 BVerwG v. 21.11.1986 – 8 C 127/84, KStZ 1987, 73; VGH BW v. 16.2.1989 – 2 S 2865/88, n.v.; v. 29.3.1990 – 2 S 68.88, n.v. Insoweit kann mit der Klage nicht die Feststellung der Nichtigkeit des Verwaltungsaktes (2. Alt. des § 43 Abs. 1 VwGO), sondern die Feststellung des Nichtbestehens eines Rechtsverhältnisses (1. Alt. des § 43 Abs. 1 VwGO) erstrebt werden; VGH BW v. 29.3.1990 – 2 S 68/88, n.v.
7 So für die nachträgliche Zustellung VGH BW v. 30.2.1988 – 2 S 1858/86, n.v.; v. 16.2.1989 – 2 S 2865/88, n.v.
8 Vgl. *Petersen*, KStZ 1988, 41 (46).

## II. Erschließungsbeitragsrecht

wenn er nicht oder zu einem späteren Zeitpunkt zugegangen ist. Diese verwaltungspraktikable Regelung hat für die Gemeinde den nicht geringen Nachteil, dass sie im Zweifel den Zugang des Bescheides und den Zeitpunkt nachzuweisen hat[1].

Bei **juristischen Personen** oder **nicht rechtskräftigen Personenvereinigungen** scheitert die Bekanntgabe nicht notwendig daran, dass der Beitragsbescheid nicht die natürliche Person benennt, die handlungsbefugt ist. Wer als Organ bzw. Funktionsträger für sie handlungsfähig ist, ergibt sich aus dem Gesetz. Die juristische Person bzw. nicht rechtsfähige Personenvereinigung muss sich selbst intern so organisieren, dass der Handlungsbefugte als Bekanntgabeempfänger das bekanntzugebende Schriftstück erhält[2]. Die Adressierung und Bekanntgabe an den Testamentsvollstrecker einer ungeteilten Erbengemeinschaft ist nicht ausreichend. Der Rechtsprechung des BFH zu § 2213 BGB i.V.m. § 45 Abs. 2 AO 1977 kann für das Erschließungsbeitragsrecht nicht gefolgt werden[3]. 71

### bb) Mehrheit von Schuldnern

Bei einer **Personenmehrheit** auf Schuldnerseite kann die Gemeinde entweder nur einen Gesamtschuldner zum vollen Beitrag heranziehen. In diesem Fall ist nur diesem Schuldner gegenüber der Bescheid bekanntzugeben. Die Gemeinde kann aber auch – wie in der Praxis die Regel – gem. § 155 Abs. 3 AO einen **einheitlichen** (zusammengefassten) **Beitragsbescheid** erlassen, in dem mehrere an sich getrennt zu erlassende inhaltsgleiche Bescheide äußerlich zu einem Bescheid verbunden werden[4]. Da die Zusammenfassung mehrerer Beitragsbescheide die rechtliche Selbständigkeit der jeweiligen Beitragsschuldner unberührt lässt, muss auch ein zusammengefasster Bescheid **jeden Gesamtschuldner aufführen** (bei Ehegatten also mit Vor- und Zuname). 72

Der Bescheid ist darüber hinaus grds. jedem Gesamtschuldner gesondert durch eine Mehrfertigung bekanntzugeben, um ihm gegenüber Wirksamkeit zu erlangen[5]. Die Notwendigkeit, allen Gesamtschuldnern je eine Ausfertigung des zusammengefassten Bescheides bekannt zu geben, kann entfallen, wenn er an **Ehegatten** oder Ehegatten mit ihren Kindern gerichtet ist. Bei diesem Personenkreis reicht es gem. § 122 Abs. 7 Satz 1 AO für die Bekanntgabe an alle Beteiligten aus, wenn ihnen eine Ausfertigung unter ihrer gemeinsamen Anschrift übermittelt wird. 73

Von dieser Möglichkeit der **vereinfachten Bekanntgabe** können die Gemeinden dann Gebrauch machen, wenn das Landesrecht die entsprechende Anwendung des § 122 AO in seiner jeweils geltenden Fassung vorsieht. Die erleichternde Vorschrift des § 122 Abs. 7 Satz 1 AO setzt ferner voraus, dass die Ehegatten eine gemeinsame Anschrift haben. Anderenfalls ist Einzelbekanntgabe erforderlich. Außerdem ist die Bestimmung nach ihrem Wortlaut nicht bei einer im Einzelfall oder kraft Beitragssatzung angeordneten förmlichen Zustellung des Beitragsbescheides anwendbar[6]. 74

---

1 *Driehaus*, § 24 Rz. 42; vgl. allgemein zur Bekanntgabe von schriftlichen Verwaltungsakten in der Finanzverwaltung: Schr. des BMF v. 14.8.1986, NVwZ 1987, 874 ff.
2 VGH BW v. 22.9.1989 – 2 S 1925/89, n.v.
3 HessVGH v. 5.12.1990 – 5 UE 3061/87, NVwZ-RR 1992, 322 (323).
4 *Driehaus*, § 24 Rz. 22.
5 Vgl. im Einzelnen FG Hamburg v. 22.2.1983 – VI 102/79, NVwZ 1984, 270 m.w.N.; *Driehaus*, § 24 Rz. 31; *Preißer*, NVwZ 1987, 867; *Schlabach*, VBlBW 1985, 281; *Petersen*, KStZ 1988, 41.
6 Str.; vgl. *Reif*, Arbeitsmappe, Ziff. 6.6.2.5.

75 Die fehlende Übergabe jeweils einer Ausfertigung an jeden der Beitragspflichtigen kann im Fall der vorgeschriebenen oder angeordneten Zustellung des Beitragsbescheides nicht dadurch geheilt werden, dass einer der Beitragspflichtigen die Ausfertigung des Bescheides erhält und sämtliche Abgabeschuldner – ohne den Zustellungsfehler zu rügen – Widerspruch gegen den Bescheid eingelegt haben[1]. Eine **Heilung** der fehlerhaften Zustellung ist nach Auffassung des VGH Baden-Württemberg jedoch dadurch möglich, dass der Bescheid nochmals in jeweils einer Ausfertigung an die Beitragspflichtigen zugestellt wird. Eines erneuten Widerspruchsverfahrens und der Einbeziehung des neuen Bescheides in einen anhängigen Verwaltungsrechtsstreit bedarf es danach nicht[2]. Ein solcher Heilungsversuch setzt jedoch für seine Wirksamkeit voraus, dass lediglich jeweils eine Ausfertigung erneut und wirksam jedem der Gesamtschuldner zugestellt wurde. Die Gemeinde muss sich also darauf beschränken, lediglich den Formmangel der Zustellung des (zusammengefassten) Bescheides zu beheben und nicht zwei oder mehrere neue Beitragsbescheide zu erlassen, durch die der zusammengefasste Bescheid ersetzt wird[3]. Im Übrigen soll die unheilbar mangelhafte Zustellung eines (zusammengefassten) Bescheides an Eheleute in nur einer Ausfertigung nicht zur Folge haben, dass der Bescheid unwirksam oder nichtig ist, wenn feststehe, dass er den Eheleuten zugegangen sei[4].

76 Bei **Wohnungs- und Teileigentümern** ist ein zusammengefasster Bescheid mangels Gesamtschuldnerschaft (§ 134 Abs. 1 Satz 3 BauGB) unzulässig. Jedem einzelnen der als Alleinschuldner heranzuziehenden Sondereigentümer ist deshalb eine eigene Ausfertigung des Erschließungsbeitragsbescheides bekanntzugeben. Eine Bekanntgabe an den Verwalter ist unzureichend[5].

## 2. Materielle Rechtmäßigkeit eines Erschließungsbeitragsbescheides

77 **Beispielsfall 1:**

In Ihrer Kanzlei erscheint Herr A., Narzissenweg 23 in L. Er überreicht Ihnen einen Beitragsbescheid vom 15.10.2011 und legt ebenfalls einen „Übersichtsplan" über das Baugebiet „Im Hainsterbach" vor. Nach Durchsicht der Akten stellen Sie fest, dass sämtliche mit Blumennamen bezeichneten, befahrbaren Wohnstraßen 1 bis 8, sowie der östlich sich befindende Fußweg entlang dem Hainsterbach und die westlich entlang der Bahnlinie verlaufende Straße, die bei der Kreuzung zum Nelkenweg endet, abgerechnet wurden. Der Bebauungsplan sieht jeweils unmittelbar östlich an diese Straße angrenzend bis zum ersten Hausgrundstück öffentliche Park- bzw. Grünflächen vor.

In den Akten befindet sich ferner die Fotokopie eines Gemeinderatsbeschlusses der Gemeinde L. vom 22.10.2009 mit folgendem Wortlaut: „Die Gemeinde beschließt die Fertigstellung der Erschließungsanlagen im Baugebiet „Im Hainsterbach". Sie umfassen die Haupterschließungsstraße mit Verdohlung, die Wohnstraßen 1–8, den Weg entlang des Hainsterbaches, Parkplätze und Grünanlagen. Die Erschließungsanlagen wurden nach den Festsetzungen des Bebauungsplans für den öffentlichen Verkehr angelegt und gelten als gewidmet".

Ist der Bescheid vom 15.10.2011 rechtmäßig?

---

1 Str.; s. OVG Berlin v. 12.6.1985 – 2 B 129/83, NVwZ 1986, 136; BayVGH v. 2.5.1986 – 23 B 85 A.2116, BayVBl. 1986, 654; a.A. VGH BW v. 4.11.1985 – 14 S 1095/85, BWVPr 1986, 31; HessVGH v. 11.3.1985 – V OE 5/82, n.v.
2 VGH BW v. 30.3.1988 – 2 S 1858/86, n.v.
3 Vgl. VGH BW v. 15.12.1989 – 2 S 3237/87, n.v.; v. 29.3.1990 – 2 S 68/88, n.v.
4 VGH BW v. 20.12.1990 – 14 S 1923/88, NVwZ-RR 1992, 396.
5 *Driehaus*, § 24 Rz. 45.

## II. Erschließungsbeitragsrecht

### a) Beitragsfähige Erschließungsanlage

#### aa) Abschließende Aufzählung

Der zweite Abschnitt des Sechsten Teils des BauGB enthält Regelungen zur Deckung der Kosten, die der Gemeinde durch die Erfüllung ihrer Erschließungslast gem. § 123 Abs. 1 BauGB entstanden sind. Der Erschließungsbeitrag wird allerdings nicht für die Kosten „der Erschließung", sondern nur für die Kosten der in § 127 Abs. 2 BauGB genannten Erschließungsanlagen erhoben. 78

Dies sind
– Anbaustraßen, Wege und Plätze (Nr. 1);
– nicht befahrbare Verkehrsanlagen (Nr. 2);
– Sammelstraßen (Nr. 3);
– selbständige Parkflächen (Nr. 4);
– selbständige Grünanlagen mit Ausnahme von Kinderspielplätzen (Nr. 4);
– Immissionsschutzanlagen (Nr. 5).

Die Aufzählung ist **abschließend**. Eine Erweiterung oder Einschränkung ist weder durch Landesrecht noch durch Ortsrecht möglich. Nicht zu den beitragsfähigen Erschließungsanlagen gehören die Anlagen zur Ableitung von Abwasser sowie zur Versorgung von Elektrizität, Gas, Wärme und Wasser (§ 127 Abs. 4 BauGB). Auch private Straßen können keine Erschließungsanlagen i.S.v. § 127 Abs. 2 Nr. 1 BauGB sein. Das Gesetz verlangt ausdrücklich das Erfordernis der Öffentlichkeit der genannten Erschließungsanlagen[1].

#### bb) „Bereits hergestellte" und „vorhandene" Erschließungsanlagen

Nicht vom Anwendungsbereich der §§ 127 ff. BauGB erfasst sind „bereits hergestellte" (§ 133 Abs. 4 BBauG) und „vorhandene" (§ 242 Abs. 1 BauGB) Erschließungsanlagen. Die erschließungsbeitragsrechtlichen Vorschriften regeln lediglich Baumaßnahmen, die zur **erstmaligen endgültigen Herstellung** von beitragsfähigen Erschließungsanlagen führen (§ 128 Abs. 1 Nr. 2 BauGB). Ob eine Straße in diesem Sinn „fertiggestellt" oder „vorhanden" ist, bestimmt sich nach dem bis zum In-Kraft-Treten des BBauG geltenden Anliegerbeitragsrecht in den einzelnen Bundesländern. Hier hat sich eine nahezu unübersehbare Fülle von Kasuistik entwickelt, die sich insbesondere um den Begriff der „historischen Straße" i.S.d. § 12 PrFlG rankt[2]. 79

Darauf kann hier im Einzelnen nicht eingegangen werden. Allgemein versteht die Rechtsprechung unter „vorhanden" eine Erschließungsanlage, die entsprechend den Vorschriften des alten Rechts oder, soweit solche Vorschriften fehlen, mit Willen der Gemeinde bis zum 29.6.1961 (In-Kraft-Treten des BBauG) tatsächlich hergestellt wurden[3]. Eingeschlossen in diesen Begriff ist die „vorhandene" Straße i.S.d. preußischen Anliegerbeitragsrechts[4] und die „historische" Straße (§ 12 PrFlG), die erschließungsbeitragsfrei ist[5]. Lässt sich nicht mehr feststellen, ob eine Straße i.d.S. 80

---
1 Private Straßen können aber Erschließungsanlagen i.S.d. § 123 Abs. 2 BauGB sein, vgl. *Driehaus*, § 5 Rz. 4 ff.
2 S. zu den „vorhandenen" und „historischen" Straßen ausführlich *Driehaus*, § 2 Rz. 25 ff.; *Schmid*, KStZ 1983, 157; *Arndt*, KStZ 1984, 107 (110 f.); *Buhl*, VBlBW 1984, 269 (270 ff.); *Quaas*, B Rz. 477 ff.
3 BVerwG, DÖV 1968, 145; VGH BW, BWVBl. 1971, 42; *Löhr*, in: B/K/L, § 128 Rz. 27.
4 S. dazu *Driehaus*, § 2 Rz. 30 ff. m.w.N. zur Rechtsprechung.
5 S. dazu *Buhl*, VBlBW 1984, 269 (270 ff.); *Driehaus*, § 2 Rz. 36.

als vorhanden oder zu einem früheren Zeitpunkt endgültig hergestellt anzusehen ist, trägt die Gemeinde die Feststellungslast[1]. Lässt sich nicht aufklären, ob eine nach altem Recht **funktionstüchtige** Straße überhaupt vorhanden war, trägt der Anlieger die Feststellungslast[2].

### cc) Neue Bundesländer

81   In den **neuen Bundesländern** gilt die durch das BauROG übernommene Vorschrift des § 242 Abs. 9 BauGB: Danach können für dort bereits fertig gestellte Erschließungsanlagen keine Beiträge erhoben werden. Etwas anderes gilt für die im Bau befindlichen Anlagen. Damit wird für die bereits hergestellten Erschließungsanlagen auf die im ursprünglichen Bundesgebiet geltende Vorschrift des § 242 Abs. 1 BauGB verwiesen. Die Überleitungsvorschrift des Satzes 2 ist von erheblicher Bedeutung für die im Ausbau befindlichen Gemeindestraßen, die schon vor dem Stichtag (3.10.1990) als funktionstüchtige Verkehrsanlage bestanden haben.

Für die Beitragsfreiheit einer Anbaustraße ist nicht die technische Einrichtung und Nutzung einer bestimmten Fläche als Verkehrsanlage ausreichend. Die Gemeinde kann daher auch vor dem 3.10.1990 z.B. im Außenbereich verlaufende Gemeindeverbindungsstraßen oder Feldwege zu beitragspflichtigen Erschließungsanlagen i.S.d. § 127 Abs. 2 Nr. 1 BauGB nach Ausbau erklären. Soweit unaufklärbar ist, ob vor dem Beitritt überhaupt eine funktionstüchtige, für die Erschließung der anliegenden Grundstücke geeignete Verkehrsanlage vorhanden war, trifft – wie bei § 242 Abs. 1 BauGB – die materielle Beweislast nicht die Gemeinde, sondern die Anlieger[3].

82   Bemerkenswert ist, dass die Überleitungsvorschrift des § 246a Abs. 1 Satz 1 Nr. 11, Satz 2 BauGB auch die Erhebung von Erschließungsbeiträgen auf **Teile** von Erschließungsanlagen verbietet. Es geht dabei nicht um Teillängen, sondern um abspaltbare Anlagenteile i.S.v. § 127 Abs. 3 BauGB. Der Ausschluss der Beitragserhebung für bereits hergestellte Teile von Erschließungsanlagen hat nur dann Bedeutung, wenn noch nicht sämtliche nach dem seinerzeit maßgeblichen Bauprogramm vorgesehenen Teileinrichtungen vor dem Wirksamwerden des Beitritts in ihrer ganzen Länge einem technischen Ausbauprogramm oder den örtlichen Ausbaugepflogenheiten entsprechend fertiggestellt waren. Soweit eine Teileinrichtung einer Erschließungsanlage i.S.d. § 242 Abs. 9 BauGB bereits hergestellt ist, kann sie im Wege der Erhebung von Straßenausbaubeiträgen abgerechnet werden, wenn sie nach dem 3.10.1990 ausgebaut wurde[4].

83   Bei der **Prüfung**, ob und inwieweit für vorhandene Erschließungsanlagen Beitragsfreiheit besteht, ist wie folgt vorzugehen[5]:

(1) Zunächst ist zu überprüfen, ob ein technisches Ausbauprogramm vorliegt, das für eine bestimmte Erschließungsanlage konzipiert wurde. Ist dies der Fall und entspricht die tatsächliche Herstellung diesem Ausbauprogramm, besteht Beitragsfreiheit. Wurde dagegen die Erschließungsanlage abweichend oder nicht entsprechend dem technischen Ausbauprogramm hergestellt, finden die Vorschriften des Erschließungsbeitragsrechts für Maßnahmen der erstmaligen Herstellung Anwen-

---

1 BVerwG v. 26.1.1979 – 4 C 52.76, DStZ 1979, 190; VGH BW v. 4.8.1987 – 2 S 72/85, Fundst. 1987, 587; v. 27.2.1992 – 2 S 37/90, Fundst. 1992, 442 (443).
2 BVerwG v. 26.1.1979 – 4 C 52.76, DStZ 1979, 190; *Reif*, Arbeitsmappe, Ziff. 3.1.1.6.
3 Zur Abgrenzung der Erschließungsbeiträge von den Straßenausbaubeiträgen und zur Auslegung des § 242 Abs. 9 BauGB s. *Becker* in LKV 1999, 489 ff.
4 OVG MV v. 3.6.1996 – 6 M 20/95, DVBl 1997, 501; *Becker*, in: LKV 1999, 489 ff.
5 OVG MV v. 3.6.1996 – 6 M 20/95, DVBl 1997, 501 ff.; *Birk/Kurz*, SLK 1991, 75 (78); *Driehaus*, § 2 Rz. 37.

dung. Wurden z.B. bis zum 3.10.1990 zwar Fahrbahn und Gehweg hergestellt, nicht aber die Straßenentwässerung, so müssen für die spätere Herstellung der Entwässerung Erschließungsbeiträge erhoben werden.

(2) Liegt kein technisches Ausbauprogramm vor, muss in einem zweiten Schritt geprüft werden, ob die Erschließungsanlage oder Teile der Erschließungsanlage bis zum 3.10.1990 einen Ausbauzustand erfahren haben, der nach den örtlichen Ausbaugepflogenheiten als fertiggestellt anzusehen war. Entsprechendes gilt für Teileinrichtungen.

### dd) Öffentliche, zum Anbau bestimme Straßen, Wege und Plätze

#### (1) Begriff

Die nachstehend als **Anbaustraßen** bezeichneten Anlagen sind in der Praxis die wichtigste Gruppe der beitragsfähigen Erschließungsanlagen. Der Begriff „Straße" – wie der Begriff der Erschließungsanlage – ist mit Ausnahme von Baden-Württemberg, Bayern und Berlin, ein eigenständiger (bundesrechtlicher) Begriff des Erschließungsbeitragsrechts, nicht des Erschließungs- oder Planungsrechts[1]. Im Gegensatz zum planungsrechtlichen Begriff der Verkehrsfläche (§ 9 Abs. 1 Nr. 11 BauGB) und dem der Erschließungsanlagen in § 123 Abs. 2 und 4 BauGB stellt der beitragsrechtliche Begriffsinhalt auf eine „natürliche Betrachtung" ab. Maßgeblich ist das durch die natürliche Betrachtungsweise geprägte Erscheinungsbild, nicht etwa nur eine „auf dem Papier stehende" planerische Ausweisung. Ob demzufolge etwa Böschungen beitragsrechtlich zu einer Anbaustraße gehören, richtet sich nicht nach dem Bebauungsplan oder dem landesrechtlichen Straßenrecht, sondern ausschließlich danach, was aus der Sicht eines objektiven Beobachters vor Ort an Fläche für die Straße in Anspruch genommen wird[2]. Beitragsfähig sind deshalb die Verkehrsanlagen jeweils in ihrem tatsächlich angelegten Umfang[3]. Allein das Erschließungsbeitragsrecht entscheidet auch, ob es sich bei einem Straßenzug um eine einzelne Straße oder um zwei Straßen oder um einen unselbständigen Straßenbestandteil handelt oder ob bestimmte Teileinrichtungen zu den Teileinrichtungen einer Verkehrsanlage gehören. Maßgebend ist das durch die tatsächlichen Gegebenheiten (z.B. Straßenführung, Straßenbreite, Straßenlänge, Straßenausstattung usw.) geprägte Erscheinungsbild, d.h. der Gesamteindruck, den die jeweiligen tatsächlichen Verhältnisse einem unbefangenen Beobachter vermitteln[4]. Für die Qualifizierung eines Straßenzugs als eine einzelne (selbständige) Straße i.S.v. § 127 Abs. 2 Nr. 1 BauGB kommt es auf eine einheitliche Straßenbezeichnung nicht an, weshalb zwei Teilstrecken, trotz unterschiedlichen Straßennamens nach ihrem durch die tatsächlichen Verhältnisse geprägten Erscheinungsbild eine Erschließungsanlage darstellen können[5]. 84

#### (2) Selbständigkeit der Erschließungsanlage

Das äußere Erscheinungsbild ist grds. maßgebend auch zur Abgrenzung einer selbständigen von einer unselbständigen Verkehrsanlage, die Bestandteil einer anderen ist. Dabei kommt es auf die Ausdehnung der jeweiligen Verkehrsanlage (Länge, Breite), die Beschaffenheit ihres Ausbaus, die Zahl der durch sie erschlossenen Grundstücke und das Maß der sich daraus ergebenden Abhängigkeit von der Haupt- 85

---

1 BVerwG v. 15.2.1991 – 8 C 56.89, NVwZ 1991, 1094; *Driehaus*, § 12 Rz. 10.
2 BVerwG v. 21.9.1979 – IV C 55.76, KStZ 1980, 110.
3 *Löhr*, in: B/K/L, § 127 Rz. 10.
4 BVerwG v. 7.6.1996 – 8 C 30.94, DVBl 1996, 1325.
5 BVerwG v. 22.4.1994 – 8 C 18.92, NVwZ-RR 1994, 539; v. 29.10.1993 – 8 C 53.91, NVwZ 1994, 909; v. 7.6.1996 – 8 C 30.94, DVBl 1996, 1325.

straße, in die die Stichstraße einmündet, an[1]. Vor diesem Hintergrund ist davon auszugehen, dass eine befahrbare, etwa 100m lange und nicht verzweigte Sackgasse, die eine in ihrer Ausdehnung angemessene Zahl von Grundstücken erschließt und mit der Anbaustraße hergestellt worden ist, in die sie einmündet, regelmäßig erschließungsbeitragsrechtlich selbständig ist[2]. Die neuere Rechtsprechung stellt heraus, bei dieser Abgrenzung gehe es in der Sache um eine Differenzierung zwischen (schon) selbständigen Anbaustraßen und unselbständigen Zufahrten als Anhängseln derselben. Eine Zufahrt ende typischerweise ohne Weiterfahrmöglichkeit, besitze nur eine bestimmte Tiefe und verlaufe ebenso typischerweise gerade. Im Grundsatz entferne sich daher eine Sackgasse dann zu weit von einer typischen Zufahrt, wenn sie entweder länger als 100m sei oder vor Erreichen dieser Länge (mehr oder weniger) rechtwinklig abknicke oder sich verzweige[3]. Knickt deshalb eine Stichstraße nach z.B. 20 m im rechten Winkel ab und läuft dann noch über eine mehr oder weniger lange Strecke, handelt es sich um eine selbständige Erschließungsanlage[4].

86 Allerdings kann es aus rechtlichen Gründen Ausnahmen von dieser „natürlichen Betrachtungsweise" geben: so sind unabhängig von ihrer Ausdehnung selbständige Erschließungsanlagen i.S.d. § 127 Abs. 2 Nr. 1 BauGB nachträglich angelegte Stichstraßen[5], Verlängerungsstrecken von vorhandenen (§ 242 Abs. 1 BauGB) oder im (ehemaligen) Außenbereich befindliche Straßen[6] sowie Verbindungsstraßen zwischen zwei Erschließungsanlagen.

**(3) Bestimmung zum Anbau**

87 Erschließungsbeitragsfähig ist eine öffentliche Straße nur dann, wenn und soweit sie zum Anbau bestimmt ist. Dabei ist der Begriff des Anbaus nicht mit der baulichen Anlage i.S.d. § 29 BauGB identisch. Entscheidend kommt es darauf an, ob an einer Straße zumindest überwiegend solche Nutzungen ausgeübt werden dürfen, die auf das Vorhandensein einer Straße angewiesen sind, weil die zweckmäßige und wirtschaftliche Ausübung der Nutzung erst durch die Benutzung der Straße ermöglicht wird[7].

88 Damit ist ein Zusammenhang mit dem Begriff des „Erschlossenseins" i.S.d. § 131 Abs. 1 Satz 1 BauGB hergestellt, nur die Blickrichtung ist anders: § 127 Abs. 2 Nr. 1 BauGB schaut auf die Straße und deren Funktion für die Anlieger, § 131 Abs. 1 BauGB blickt hingegen auf das einzelne Grundstück und von dort auf dessen Beziehung zur Erschließungsanlage[8].

89 Die Frage der (allgemeinen) Beitragsfähigkeit einer Erschließungsanlage ist daher nicht zu verwechseln mit der Verteilungsfähigkeit der für sie aufgewendeten Kosten auf die angrenzenden Grundstücke. Schon auf der ersten Stufe (§ 127 Abs. 2 Nr. 1 BauGB) ist zu entscheiden, ob die Straße den anliegenden Grundstücken

---

1 BVerwG v. 2.7.1982 – 8 C 28.81, 8 C 30.81, 8 C 33.81, NVwZ 1983, 153 f.; v. 25.10.1985 – 8 C 106.83, NVwZ 1985, 753; v. 23.6.1995 – 8 C 33.94, NVwZ-RR 1995, 695.
2 BVerwG v. 9.11.1984 – 8 C 77.83, NVwZ 1985, 346.
3 BVerwG v. 23.6.1995 – 8 C 30.93, NVwZ-RR 1996, 223; v. 23.6.1995 – 8 C 33.94, NVwZ-RR 1995, 695; OVG NW v. 1.1.2011 – 9 A 2634/09 – KStZ 2011, 79; *Schmidt*, NVwZ 1996, 754.
4 BVerwG v. 23.6.1995 – 8 C 30/93, ZfBR 1996, 45; *Driehaus*, § 12 Rz. 15; krit. *Reif*, Arbeitsmappe, Ziff. 2.2.6.
5 BVerwG v. 9.11.1984 – 8 C 77.83, NVwZ 1985, 346; v. 18.5.1990 – 8 C 80.88, NVwZ 1991, 77.
6 BVerwG v. 27.9.1982 – 8 C 145.81, DVBl 1983, 135.
7 *Löhr*, in: B/K/L, § 127 Rz. 17.
8 BVerwG v. 3.6.1983 – 8 C 70.82, NVwZ 1984, 170.

## II. Erschließungsbeitragsrecht

eine ausreichende **Zufahrt** vermittelt. Die durch Abs. 2 Nr. 1 vorausgesetzte Bebaubarkeit der anliegenden Grundstücke verlangt eine hinreichende verkehrsmäßige Erschließung. Eine solche Zufahrt im straßenrechtlichen Sinne setzt grds. voraus, dass die Grundstücke für Kraftfahrzeuge, besonders auch solche der Polizei, der Feuerwehr, des Rettungsdienstes und der Ver- und Entsorgung erreichbar sind[1]. Die Verkehrslage, die aus tatsächlichen (z.b. mangels ausreichender Breite) oder aus rechtlichen (z.b. mangels entsprechenden Widmungsumfangs) Gründen nicht geeignet ist, eine solche **Heranfahrmöglichkeit** zu eröffnen, erfüllt nicht das Merkmal „zum Anbau bestimmt"[2]. An diesen Voraussetzungen fehlt es bei Fußgänger-, Fahrrad- und sonstigen unbefahrbaren Wohnwegen, nicht dagegen bei Fußgängerzonen oder verkehrsberuhigten Wohnstraßen, in denen ein – wenn auch zeitlich oder sachlich beschränkter – Fahrverkehr zugelassen ist[3].

Geht eine zum Anbau bestimmte Teilstrecke einer öffentlichen Verkehrsanlage in eine beidseitig nicht zum Anbau bestimmte Teilstrecke über, verliert diese Straße von da an ihre Qualität als beitragsfähige Anbaustraße, wenn die beidseitig nicht zum Anbau bestimmte Teilstrecke – erstens – den Eindruck einer gewissen erschließungsrechtlichen Selbständigkeit vermittelt und – zweitens – im Verhältnis zu der Verkehrsanlage insgesamt nicht von lediglich untergeordneter Bedeutung ist. Eine beidseitig nicht zum Anbau bestimmte Teilstrecke einer bei natürlicher Betrachtungsweise einheitlichen Straße vermittelt den Eindruck einer gewissen erschließungsrechtlichen Selbständigkeit, wenn sie mehr als 100 m lang ist, und sie ist im Verhältnis zu der Verkehrsanlage insgesamt nicht von lediglich untergeordneter Bedeutung, wenn ihre Ausdehnung jedenfalls ein 1/5 der Ausdehnung der gesamten Verkehrsanlage ausmacht[4]. 90

#### ee) Öffentliche, unbefahrbare Verkehrsanlagen

#### (1) Wohnwege

Erklärtes Ziel der später aufgenommenen, nicht befahrbaren Verkehrsanlagen i.S.v. § 127 Abs. 2 Nr. 2 BauGB war die Korrektur der Rechtsprechung des BVerwG aus den Jahren 1983 bis 1986[5], der zufolge **Wohnwege** grds. nicht als Anbaustraße i.S.d. § 127 Abs. 2 Nr. 1 BBauG in Betracht kamen. Die Gemeinden sollten in die Lage versetzt werden, für öffentliche, nicht befahrbare Wohnwege, die einen Zugang zum Baugrundstück ermöglichen, „wie bisher" Erschließungsbeiträge zu erheben[6]. Einer Initiative des Bundesrates ist die beispielhafte Aufzählung „z.B. Fußwege, Wohnwege" zu verdanken, um nicht nur die Abrechnung von Wohnwegen, sondern auch von sonstigen, nicht befahrbaren Wegen zu ermöglichen[7]. 91

#### (2) Definition Fuß- und Radwege

Das BVerwG hat den bundesrechtlichen Begriff des unbefahrbaren Wohnwegs i.S.d. § 127 Abs. 2 Nr. 2 BauGB wie folgt definiert: Danach ist ein unbefahrbarer Wohn- 92

---

1 BVerwG v. 26.9.1983 – 8 C 86.81, NVwZ 1984, 172; v. 30.8.1985 – 4 C 48.81, NVwZ 1986, 38.
2 *Driehaus*, § 12 Rz. 31 ff.
3 BVerwG v. 3.6.1983 – 8 C 70.82, NVwZ 1984, 170; *Löhr*, in: *B/K/L*, § 127 Rz. 14.
4 BVerwG v. 6.12.1996 – 8 C 32.95, DVBl 1997, 499; s. dazu auch *Driehaus*, § 12 Rz. 31 ff.
5 BVerwG v. 2.7.1982 – 8 C 28.81, 8 C 30.81, 8 C 33.81, BVerwGE 66, 69; v. 3.6.1983 – 8 C 70.82, BVerwGE 67, 216; v. 26.9.1983 – 8 C 86.81, BVerwGE 68, 41; v. 30.11.1984 – 8 C 63/83, 8 C 73/83, KStZ 1985, 107; v. 18.4.1986 – 8 C 51/85, 8 C 52/85, NVwZ 1986, 1023.
6 Amtl. Begr. zu Art. 1 Nr. 90a, BT-Drs. 10/4630.
7 Stellungnahme des Bundesrats, BR-Drs. 10/5027.

weg eine beitragsfähige Erschließungsanlage, wenn und soweit nach Maßgabe des einschlägigen Bauordnungsrechts Wohngebäude an ihm errichtet werden dürfen[1]. Für die Auslegung des (bundesrechtlichen) Begriffs „Wohnweg" sind also die **bauordnungsrechtlichen Vorschriften der Länder** heranzuziehen (vgl. z.B. § 4 Abs. 1 LBO Baden-Württemberg). So sind in **Nordrhein-Westfalen** die über 50 m hinausgehenden Strecken nicht befahrbarer Wege nicht als Wohnwege anzusehen, weil nach § 4 Abs. 1 BauO NRW Gebäude geringer Höhe an unbefahrbaren Wohnwegen nur zuzulassen sind, wenn diese nicht länger als 50 m sind[2]. Ein Wohnweg i.S.d. § 127 Abs. 2 Nr. 2 BauGB endet mithin in Nordrhein-Westfalen im Abstand von 50m, gerechnet von der Grenze der Anbaustraße, von der der Wohnweg abzweigt. Nach Baden-Württembergischem Landesrecht[3] sowie nach Bayerischem Landesrecht[4] ist eine Länge von 80 m maßgebend.

93   Im Übrigen ist der für eine Beitragserhebung zu Gunsten eines Wohnweges erforderliche Sondervorteil bei solchen Grundstücken zu verneinen, die nicht nur an den Wohnweg, sondern außerdem an eine Anbaustraße grenzen und von dieser hinreichend verkehrsmäßig erschlossen werden[5].

94   Unklar ist, was mit den weiter für beitragsfähig erklärten sonstigen Wegen, insbesondere **Fuß- und Radwegen** normativ gemeint ist. Um Geh- und Radwege an Anbaustraßen kann es sich nicht handeln. Diese sind Bestandteil jener Erschließungsanlagen. Soweit öffentliche Verbindungswege mit Fußgänger- und/oder Raddurchgangsverkehr (also Bequemlichkeits- oder Abkürzungswege) gemeint sein sollen, dürfte deren Beitragsfähigkeit mangels hinreichend bestimmbaren Sondervorteils für die angrenzenden Wohngrundstücke regelmäßig ausscheiden[6].

### (3) Übergangsvorschrift

95   Um den Gemeinden Einnahmeausfälle in Folge des überraschenden Urteils des BVerwG aus dem Jahre 1983 zu ersparen, hat der Gesetzgeber § 127 Abs. 2 Nr. 2 BauGB in § 242 Abs. 4 BauGB rückwirkend auch bei bereits vor In-Kraft-Treten des BauGB endgültig hergestellten Anlagen für anwendbar erklärt. Das Bundesverwaltungsgericht hat die Verfassungsmäßigkeit dieser Bestimmung grds. bestätigt[7].

### b) Grundsätze zur Erschließungseinheit

96   Nach § 130 Abs. 2 Satz 3 BauGB kann die Gemeinde mehrere Erschließungsanlagen für die Ermittlung des Erschließungsaufwands rechnerisch zu einer Erschließungseinheit zusammenfassen. Dadurch entsteht nicht eine neue Erschließungsanlage[8]. Begrifflich handelt es sich auch nicht – wovon die Praxis zunächst ausging – um eine Ermächtigung zur Entwicklung ganzer Siedlungssysteme, bei denen schmale und breite Straßen sowie Wege miteinander verbunden waren und in ihrer

---

1 BVerwG v. 10.12.1993 – 8 C 58.91, ZfBR 1994, 89; v. 10.12.1993 – 8 C 66.91, BWGZ 1994, 122; v. 10.12.1993 – 8 C 59.91, BWGZ 1994, 124.
2 OVG Münster v. 5.7.1991 – 3 A 422/91, DVBl 1992, 379; bestätigt durch BVerwG v. 10.12.1993 – 8 C 58.91, ZfBR 1994, 89.
3 Vgl. dazu *Reif*, BWGZ 1994, 125.
4 *Peters*, ZKV 1969, 5.
5 VGH BW v. 10.12.1993 – 8 C 58/91, VBlBW 1994, 496; im Anschluss an BVerwG v. 8.5.1994 – 2 S 399/94, BWGZ 1994, 122 (123).
6 So für den „innerstädtischen Treppenweg" OVG Saarlouis v. 25.10.1990 – 1 R 98/87, NVwZ-RR 1991, 423; s.a. *Driehaus*, § 12 Rz. 69.
7 BVerwG v. 1.3.1996 – 8 C 76.94, NVwZ 1996, 1051; 70f.
8 *Quaas*, NJW 1994, 827.

Gesamtheit die einzelnen Grundstücke erschlossen[1]. Vielmehr bilden mehrere Einzelanlagen zur Erschließung der Grundstücke nur dann eine Einheit, wenn sie ein System darstellen, das hinreichend deutlich abgrenzbar und durch einen Funktionszusammenhang zwischen den einzelnen Anlagen gekennzeichnet ist, der diese mehr als es für das Verhältnis von Erschließungsanlagen untereinander üblicherweise zutrifft, zueinander in Beziehung setzt und insofern voneinander abhängig macht[2].

### aa) Voraussetzungen

Die Anforderungen an das Vorliegen einer Erschließungseinheit sind in der Rechtsprechung – insbesondere bezüglich des geforderten Funktionszusammenhangs – so verschärft worden, dass es Erschließungseinheiten nur noch in wenigen **Ausnahmefällen** gibt. Im Ergebnis liegen diese Voraussetzungen regelmäßig nur vor bei einer Hauptstraße mit einer davon abzweigenden (selbständigen) Stichstraße, die in einer Wendeanlage endet sowie bei einer Hauptstraße und einer Ringstraße, die von der Hauptstraße abzweigt und unter ringförmigem Verlauf wieder in sie einmündet[3]. 97

Das BVerwG begründet seine – mit der Absicht des Gesetzgebers kaum vereinbare – Auffassung wie folgt: die Erschließungseinheit verfolge den Zweck, in den Fällen, in denen die Herstellung von zwei selbständigen Erschließungsanlagen unterschiedlich hohe Aufwendungen verursache, die Grundstücke an den Kosten der Herstellung der aufwendigeren Anlage zu beteiligen, auch wenn sie nicht durch diese i.S.d. § 131 Abs. 1 BauGB erschlossen würden. Dieser Ausgleich der Beitragsbelastung sei mit dem Grundsatz der Vorteilsgerechtigkeit nur vereinbar, wenn die gegenüber der Einzelabrechnung höher belasteten Grundstücke auch von der mit geringeren Kosten hergestellten Anlage einen besonderen Vorteil hätten. Daraus folge für den erforderlichen Funktionszusammenhang, dass die zusammengefassten Anlagen in einer Beziehung zueinander stehen müssen, dass die eine (preiswertere) Anlage ihre Funktion nur im Zusammenwirken mit der anderen (aufwendigeren) Anlage erfüllen könne[4]. Ein solcher **gesteigerter Funktionszusammenhang** der zu einer Erschließungseinheit zusammengefassten Erschließungsanlagen liege nur vor, wenn ausschließlich eine Anlage einer anderen Anlage die Anbindung an das übrige Straßennetz der Gemeinde vermittele[5]. Mehrere selbständige Sackgassen, die jeweils von der gleichen Hauptstraße abzweigen, bilden deshalb mangels funktioneller Abhängigkeit voneinander keine Erschließungseinheit[6]. Daran fehlt es auch bei einer Zusammenfassung einer Haupt- mit einer von dieser abzweigenden selbständigen Nebenstraße, wenn Letztere durch eine weitere Straße mit dem übrigen Verkehrsnetz der Gemeinde verbunden ist. 98

Verschiedene Arten von beitragsfähigen Erschließungsanlagen sind grds. nicht zusammenfassungsfähig (z.B. Wohnweg oder Grünanlage mit Anbaustraße). Gleiches gilt bei mehreren selbständigen Grünanlagen oder Parkflächen untereinander[7]. Dementsprechend darf ein **unbefahrbarer Wohnweg** nicht mit einer Anbaustraße, 99

---

1 Vgl. zur Entstehungsgeschichte des § 130 Abs. 2 Satz 2 BBauG ausführlich *Ernst*, in: E/Z/B/K, § 130 Rz. 17.
2 Grundlegend BVerwG v. 3.11.1972 – IV C 37.71, DVBl 1973, 501; s.a. BVerwG v. 9.12.1983 – 8 C 112.82, NVwZ 1984, 437; v. 11.10.1985 – 8 C 26.84, DVBl 1986, 347.
3 Vgl. BVerwG v. 10.6.2009 – 9 C 2.08, KStZ 2009, 168; *Richards/Steinfort*, S. 141; zu weiteren Beispielen s. *Reif*, Arbeitsmappe, Ziff. 4.2.3.1.
4 BVerwG v. 11.10.1985 – 8 C 26.84, NVwZ 1986, 130 (132).
5 BVerwG v. 22.5.1992 – 8 C 4.92, NVwZ 1993, 1202.
6 BVerwG v. 25.2.1994 – 8 C 14.92, NVwZ 1994, 913.
7 *Driehaus*, § 14 Rz. 44; a.A. bezüglich Grünanlagen und Sammelstraßen, sofern die jeweils erschlossenen Grundstückskreise übereinstimmen, *Löhr*, in: B/K/L, § 130 Rz. 33.

von der er abzweigt, zur gemeinsamen Aufwandsermittlung und -verteilung zusammengefasst werden. Zwar mag ein solcher Weg von Fall zu Fall in dem von § 130 Abs. 2 Satz 3 BauGB geforderten funktionellen Abhängigkeitsverhältnis zu der betreffenden Anbaustraße stehen. Da jedoch die einzig an einen unbefahrbaren Wohnweg angrenzenden Grundstücke nicht nur durch diese Anlage, sondern darüber hinaus auch durch die Anbaustraße i.S.d. § 131 Abs. 1 Satz 1 BauGB erschlossen werden, und demgemäß ohnehin an der Verteilung des umlagefähigen Erschließungsaufwands für die Anbaustraße zu beteiligen sind, ist kein Raum mehr dafür, erst durch eine Zusammenfassungsentscheidung eine Beteiligung der Anlieger des Wohnwegs an den in der Regel weitaus höheren Herstellungskosten der Anbaustraße zu begründen[1].

100 Die **deutliche Abgrenzung** des Systems der Erschließungsanlagen muss optisch sichtbar oder sonst deutlich erkennbar sein. Das tatsächliche Ende des Straßenbaus und das damit übereinstimmende Ende der Bebauung der Grundstücke kann nicht ausreichen, wenn ein Bebauungsplan die Weiterführung der Erschließungsanlage und eine weitere Baumöglichkeit vorsieht[2].

**bb) Zusammenfassungsentscheidung**

101 Da die Entscheidung über die gemeinsame Aufwandsermittlung mehrerer Erschließungsanlagen vor dem Entstehen der sachlichen Beitragspflicht für die einzelne Anlage wegen § 130 Abs. 2 Satz 1 BauGB ergehen muss, setzt die Rechtmäßigkeit einer solchen Entscheidung voraus, dass die im Zeitpunkt der Beschlussfassung ermittelbaren Daten die Prognose erlauben, die gemeinsame Abrechnung werde im Vergleich zu einer Einzel-Abrechnung für die durch die Hauptstraße erschlossenen Grundstücke nicht zu einer Mehrbelastung führen[3]. Daraus kann sich u.U. sogar die **Verpflichtung** zur Bildung einer Erschließungseinheit ergeben, etwa wenn die Anlieger einer mit geringem Aufwand hergestellten Stichstraße unverhältnismäßig niedrig gegenüber den durch die weit aufwändigere Hauptstraße erschlossenen Beitragspflichtigen mit Erschließungsbeiträgen belastet würden, zumal diese auch noch den Vorteil einer ruhigeren Wohnlage haben[4].

**c) Hinweise zur Lösung des Beispielsfalls 1**

102 Der Beitragsbescheid vom 15.10.2011 ist rechtswidrig. Der Beschluss des Gemeinderats vom 22.10.2009, mit dem nicht lediglich die Fertigstellung der Erschließungsanlagen im Baugebiet „Hainsterbach", sondern auch deren gemeinsame Abrechnung als Erschließungseinheit beschlossen wurde, ist von der Ermächtigungsgrundlage des § 130 Abs. 2 Satz 3 BauGB nicht gedeckt. Die gemeinsame Abrechnung unterschiedlicher Arten von Erschließungsanlagen, insbesondere die Zusammenfassung der Haupterschließungsstraße entlang der Bahnlinie und der Wohnstraßen 1–8 sowie des Fußweges entlang dem Hainsterbach ist unzulässig, da die jeweiligen Erschießungsanlagen einen unterschiedlichen Kreis von Grundstücken erschließen (s. oben Rz. 96).

---

1 BVerwG v. 10.12.1993 – 8 C 58.91, ZfBR 1994, 89; v. 10.12.1993 – 8 C 66.91, BWGZ 1994, 122; *Driehaus*, § 14 Rz. 44; *Löhr*, in: B/K/L, § 130 Rz. 34; a.A. OVG Lüneburg v. 26.6.1989 – 9 M 30/89, NVwZ-RR 1990, 217; *Schmaltz*, DVBl 1987, 207.
2 BVerwG v. 3.10.1975 – IV C 78.73, DÖV 1976, 97; die Begrenzung durch rechtliche Gesichtspunkte ist – anders als bei der Abschnittsbildung – für die Erschließungseinheit gesetzlich nicht vorgesehen; a.A. (über den Weg der Abschnittsbildung) *Löhr*, in: B/K/L, § 130 Rz. 30.
3 BVerwG v. 22.5.1992 – 8 C 4.92, NVwZ 1993, 1202.
4 BVerwG v. 10.6.2009 – 9 C 2.09, KStZ 2009, 168.

Bezüglich der Beitragsfähigkeit der abgerechneten Erschließungsanlagen ist festzustellen: Bei der Haupterschließungsstraße entlang der Bahnlinie handelt es sich um eine Sammelstraße i.S.d. § 127 Abs. 2 Nr. 3 BauGB, da die Straße selbst nicht zum Anbau bestimmt, aber zur Erschließung des Baugebiets „Hainsterbach" notwendig ist. Die Kosten hierfür gehören zum beitragspflichtigen Erschließungsaufwand. Die von dieser Haupterschließungsstraße abzweigenden „Wohnstraßen" sind auf Grund ihrer Befahrbarkeit **keine** Erschließungsanlagen i.S.d. § 127 Abs. 2 Nr. 2 BauGB, sondern Anbaustraßen gem. § 127 Abs. 2 Nr. 1 BauGB. Diese sind selbst dann beitragsfähig, wenn ihre Ausdehnung im Einzelfall eine Länge von unter 100 m aufweist[1]. Die im Beschluss vom 22.10.2009 erwähnten Parkplätze und Grünanlagen sind – wie der Lageplan zeigt – keine selbständig abrechnungsfähigen Erschließungsanlagen i.S.d. § 127 Abs. 2 Nr. 4 BauGB. Die Gemeinde hat versehentlich die auf den Wohnstraßen anzulegenden öffentlichen Parkplätze und das Verkehrsgrün entlang der Haupterschließungsstraße als selbständige Erschließungsanlagen angesehen. Auch der entlang dem Hainsterbach verlaufende Fußweg ist nicht abrechnungsfähig, da er sich nicht hinreichend einem bestimmten Kreis von durch ihn erschlossenen Grundstücken zuordnen lässt[2].

## III. Sonstige kommunale Abgaben

### 1. Anschlussbeitragsrecht

**Beispielsfall 2:**

Mit Bescheid vom 28.1.2011 (s. Muster unten) veranlagte die Gemeinde L. die „Firma Alfred Müller Holzverarbeitung" zu einem Wasserversorgungsbeitrag i.H.v. Euro 14802,14. Eigentümerin des veranlagten Grundstücks Flst. 1461/30 ist die Firma Alfred Müller GmbH & Co. KG. Das Grundstück hat eine Größe von 7897 qm und befindet sich im Geltungsbereich des Bebauungsplans „Unteres Ried" der Gemeinde.

Zur Begründung ihrer Beitragsforderung beruft sich die Gemeinde auf die §§ 14 ff. ihrer Wasserversorgungssatzung vom 18.12.1989. Kurz vor Bekanntgabe des Bescheides, nämlich am 20.1.2011 hatte die Gemeinde L. ihre Beitragssatzung in den Bestimmungen über den Verteilungsmaßstab geändert und am 31.1.2011 öffentlich bekannt gemacht. Nunmehr waren – entgegen der früheren Regelung nach der Satzung vom 18.12.1989 – auch sog. Außenbereichsgrundstücke (§ 35 BBauG/BauGB) in die Verteilung des Herstellungsaufwands für die Wasserversorgungsanlagen einbezogen.

Die Firma Alfred Müller GmbH & Co. KG legte gegen den Beitragsbescheid vom 28.1.2011 rechtzeitig Widerspruch ein und beantragte – erfolglos – die Aussetzung der Vollziehung gem. § 80 Abs. 6 VwGO. Zur Begründung beruft sie sich auf die Verjährung des Beitrags, da ihr Grundstück bereits im Jahre 1981 an die Wasserversorgungsanlagen angeschlossen worden sei. Sodann stellte sie vor dem zuständigen Verwaltungsgericht den Antrag auf Aussetzung der Vollziehung des Beitragsbescheids gem. § 80 Abs. 5 VwGO. Wie wird das Verwaltungsgericht entscheiden?

Gemeinde Ludwigsdorf – Bürgermeisteramt

Anlage 1

An die Firma
Alfred Müller Holzverarbeitung
71124 Ludwigsdorf

---

1 Vgl. *Driehaus*, § 12 Rz. 8 ff.
2 Vgl. *Driehaus*, § 12 Rz. 69.

Wasserversorgungsbeitrag für das Grundstück Flst.-Nr. 1561/30

Sehr geehrte Damen und Herren,

Ihr Grundstück liegt im Geltungsbereich des Bebauungsplans „Unteres Ried" und hat eine Größe von 7 897 qm. Der Bebauungsplan sieht für Ihr Grundstück eine höchstzulässige Geschossflächenzahl (GFZ) von 1,6 vor. Das Grundstück wurde im Jahr 1981 an die öffentliche Wasserversorgung angeschlossen. Spätestens seit In-Kraft-Treten der Wasserversorgungssatzung (WVS) vom 18.12.1989 unterliegt es deshalb der Anschlussbeitragspflicht. Grundlage für die Beitragsberechnung waren folgende Faktoren:

| | |
|---|---:|
| Grundstücksfläche | 7 897 qm |
| GFZ (im Bebauungsplan festgesetzt) | 1,6 |
| ergibt eine zulässige Geschossfläche von | 12 635,20 qm |
| × Beitragssatz | 1,10 €/qm zul. GF |
| Wasserversorgungsbeitrag | 13 898,72 € |
| + 6,5 v.H. MwSt. | 903,42 € |
| Gesamtforderung | 14 802,14 € |

Die rechtlichen Voraussetzungen der §§ 14 ff. der Wasserversorgungssatzung vom 18.12.1989 sind erfüllt. Andere Bemessungsgrößen, wie z.B. die GFZ oder die tatsächlich überbaute Fläche des Grundstücks, sind nicht zulässig. Die höchst zulässige Geschossfläche ist durch den Bebauungsplan bindend vorgeschrieben.

Um Überweisung des angeforderten Betrages innerhalb eines Monats wird gebeten.

### a) Rechtsprobleme des Anschlussbeitragsrechts

#### aa) Beiträge und Benutzungsgebühren

104 Unter Anschlussbeiträgen sind Beiträge für die **leitungsgebundenen Einrichtungen** einer Gemeinde zu verstehen, an die Grundstücke angeschlossen werden können. Hierunter fallen insbesondere Anschlussbeiträge für die Abwasserbeseitigungsanlagen (auch als Abwasser- oder Entwässerungsbeiträge sowie Klärbeiträge bezeichnet) sowie Wasseranschluss-(Versorgungs-) Beiträge für die Wasserversorgungsanlagen einer Gemeinde (auch als Wasserversorgungsbeiträge bezeichnet). Zweck der Beitragserhebung ist die Finanzierung der Investitionsaufgaben, die für die erstmalige Herstellung bzw. Erweiterung der öffentlichen Anlagen angefallen sind oder noch entstehen werden. Im Gegensatz zum früheren Recht sind zur Deckung dieser Kosten nur noch Beiträge und nicht mehr Anschlussgebühren vorgesehen. Die KAG der Länder lassen allerdings auch die kumulative Erhebung von Beiträgen und Benutzungsgebühren für ein und dieselbe Einrichtung zu. Aufgabe der Benutzungsgebühren ist es, die nach betriebswirtschaftlichen Grundsätzen ansatzfähigen Kosten (Unterhaltungs-, Betriebs- und Verwaltungskosten) zu decken[1].

105 Den Gemeinden ist deshalb grds. ein **Auswahlermessen** dahin eingeräumt, dass sie frei entscheiden können, ob sie die Herstellungskosten öffentlicher Einrichtungen über das Beitrags- oder das Benutzungsgebührenaufkommen finanzieren wollen[2]. In Ausübung dieses Ermessens muss die Gemeinde wählen, ob die Investitionsaufwendungen sofort durch Anschlussbeiträge oder erst nachträglich durch kostendeckende Benutzungsgebühren erwirtschaftet werden. Die Ermessensentscheidung muss vor oder bei Beschlussfassung über den Abgabensatz getroffen sein[3].

---

1 Vgl. *Dietzel*, in: Driehaus, Kommunalabgabenrecht, § 8 Rz. 505.
2 BayVGH v. 27.1.2000 – 23 N 99/1741, BayVBl. 2000, 405.
3 Vgl. VGH BW v. 14.12.1989 – 2 S 2905/87, BWGZ 1990, 508.

III. Sonstige kommunale Abgaben　　　　　　　　　　　　　　　　　　Rz. 109　Teil **4**

Entschließt sich die Gemeinde durch Erlass einer Beitragssatzung zur Erhebung von **106** Anschlussbeiträgen, ist dem Finanzierungssystem Anschlussbeitrag dem Grunde nach die Deckung des Investitionsaufwandes zugewiesen. Das bedeutet, dass die Gemeinde selbst an ihr Ortsrecht gebunden ist mit der Folge, dass sich das Beitragserhebungsrecht zu einer allgemeinen **Beitragserhebungspflicht** verdichtet. Die Gemeinde ist nicht berechtigt, generell oder auch vorübergehend von der Erhebung von Beiträgen abzusehen[1].

Die Entscheidung für die Beitragsfinanzierung kann **Folgen** für die **Gebührenkalku- 107 lation** haben, wenn die öffentliche Einrichtung hinsichtlich der Investitionskosten sowohl durch Beiträge als auch Gebühren finanziert wird. So kann eine unzureichende Berücksichtigung der Beiträge bei der Kalkulation der Abwassergebühr zu einem Verstoß gegen den Gleichheitsgrundsatz führen. Er kann darin bestehen, dass sowohl für Anschlussnehmer, die bereits einen Abwasserbeitrag entrichtet haben, als auch für Anschlussnehmer, die noch keinen solchen Beitrag entrichtet haben, dieselbe Gebühr festgesetzt worden ist. Eine solche Vorgehensweise ist dann unschädlich, wenn dadurch nur ein kleiner Teil der Normadressaten betroffen ist und der Rechtsverstoß keine gebührenrechtlich erheblichen Auswirkungen auf die benachteiligte Gruppe hätte[2]. Die Zusammenfassung von zentraler und dezentraler Abwasserbeseitigung zu einer einheitlichen Einrichtung mit einer einheitlichen Gebühr ist im Grundsatz nicht unzulässig (einheitliche Gebühr für Kanalbenutzer, Grubenbesitzer und Kleinkläranlagebesitzer). Richtig ist zwar, dass die Benutzer, die für den Kanal Beiträge entrichtet haben, im Unterschied zu den übrigen Benutzern mit ihrer auf den Aufwand der Abwasseranlage bezogenen Leistung bereits Anteile am maßgeblichen Zinsaufwand mittelbar erbracht haben. Ein Ausgleich für diese Gebührenschuldner kann jedoch durch Gebührenermäßigung, gestaffelte Gebührensätze etc. geschaffen werden[3].

**bb) Herstellung einer öffentlichen Einrichtung**

Gegenstand der Maßnahme, die eine Anschlussbeitragspflicht auslösen kann, sind **108** öffentliche Einrichtungen, insbesondere also Kanalisation und die Wasserleitungen. Dabei wird der Beitrag nicht (wie beim Erschließungsbeitrag) zu den einzelnen Abschnitten der öffentlichen Einrichtung, sondern zum **Gesamtaufwand** der Einrichtung erhoben, die insgesamt eine Einheit darstellt (vgl. § 29 Abs. 1 KAG BW). Die öffentliche Einrichtung i.S.d. Anschlussbeitragsrechts ist das wirtschaftliche und organisatorisch einheitliche Unternehmen, für das die Gemeinde den in der Satzung festgelegten einheitlichen Abgabensatz erhebt[4].

Es kommt deshalb für die Frage, ob eine (**einheitliche**) **Anlage** vorliegt, nicht auf die **109** technische Ausgestaltung der Anlage an. Auch für technisch nicht miteinander verbundene Anlagen können einheitliche Beitragssätze erhoben werden[5]. Dies gilt auch bei einer öffentlichen Abwasserbeseitigung, die teilweise im **Mischsystem**,

---

1 Vgl. *Driehaus*, § 8 Rz. 16; *Dietzel*, in: Driehaus, Kommunalabgabenrecht, § 8 Rz. 506.
2 VG Freiburg v. 19.6.1997 – 3 K 1590/95, n.v.; s. auch *Quaas*, KStZ 2000, 181 (187).
3 OVG Münster v. 18.3.1996 – 9 A 384/93, NVwZ-RR 1997, 652; im Anschluss an DVBl 1981, 831; vgl. auch BVerwG v. 16.9.1981 – 8 C 48.81, NVwZ 1982, 622, zur Frage, ob die Gebührenerhebung nach einem einheitlichen Gebührensatz bei Nichterhebung von Beiträgen im Hinblick auf solche Gebührenpflichtigen den Gleichheitssatz verletzt, die Leistungen auf den Aufwand der Abwasseranlage erbracht haben; insoweit auch VGH Kassel v. 15.3.1991 – 8 TH 642/89, NVwZ 1992, 807.
4 *Dietzel*, in: Driehaus, Kommunalabgabenrecht, § 8 Rz. 515.
5 OVG Lüneburg v. 24.1.1990 – 9 L 92/89, NVwZ-RR 1990, 506; v. 24.5.1989 – 9 L 3/89, NVwZ-RR 1990, 507.

Sieben | 999

teilweise im **Trennsystem** betrieben wird[1]. Die Gemeinden sind aber nicht verpflichtet, funktional getrennte Einrichtungen beitragsmäßig zusammenzufassen[2]. Entschließt sich indessen eine Gemeinde im Rahmen ihres Organisationsermessen, mehrere getrennte Anlagen auch im rechtlichen Sinne vorzuhalten, bedarf es für jede dieser Anlagen eines Beitragssatzes in der Satzung auf Grund gesonderter Bedarfsberechnung[3].

110 Die **beitragspflichtigen Maßnahmen** sind in den KAG der Länder unterschiedlich geregelt. In Betracht kommen die (erstmalige) Herstellung, die Anschaffung und die Erweiterung der Anlagen. Die Abgrenzungsschwierigkeiten sind vielfach, insbesondere, wenn die Anlage grundlegend geändert oder erneuert wird. Nach einer weit verbreiteten Auffassung liegt eine wesentliche Veränderung der Anlage, die einer neuen Anlage gleichzusetzen ist, z.B. dann vor, wenn eine Gemeinde, die wegen Fehlens einer Kläranlage bisher eine Vorklärung verlangte, nunmehr eine Kläranlage baut, damit alle Grundstücksabwässer ohne Vorbehandlung auf dem Grundstück in die gemeindliche Anlage abgeleitet werden können.

111 Beitragsfähige öffentliche Einrichtungen sind u.a. die Anlagen der öffentlichen Wasserversorgung und die Kanalisation. Zur **Kanalisation** in diesem Sinne gehören alle Teileinrichtungen, die für die Erfüllung des Zwecks der Entwässerung bestimmt, also gewidmet und geeignet sind. Geeignet ist die Einrichtung, wenn sie auf Grund ihrer technischen Beschaffenheit in der Lage ist, das anfallende Wasser in unschädlicher Weise zu beseitigen. Das bedeutet aber nicht, dass die betreffenden Kanalrohre durch ein miteinander verbundenes System Anschluss zur Kläranlage haben müssen. Ein Regenwasserkanal ist auch dann zur unschädlichen Ableitung des anfallenden Wassers geeignet, wenn er nicht in einen Sammler, sondern außerhalb des Grundstücks in einen Sickerschacht einmündet. Es darf sich allerdings nicht um ein **Provisorium** handeln[4]. Ohne Netzanschluss muss sich also der Grundstückseigentümer an den Kosten für das gesamte Netz mit Kläranlagen beteiligen.

112 Nach der Rechtsprechung einiger Obergerichte sind kommunale Gebietskörperschaften grds. verpflichtet, vor der Vergabe solcher Aufträge eine **öffentliche Ausschreibung** vorzunehmen, die Maßnahmen zum Gegenstand haben, deren Kosten in Form von Beiträgen umgelegt werden. Auf einen Verstoß gegen das Ausschreibungsgebot kann sich der Beitragspflichtige jedenfalls dann berufen, wenn dadurch der Erforderlichkeitsgrundsatz verletzt wird[5].

**cc) Beitragssatz und Beitragskalkulation**

**(1) Allgemeines**

113 Der **Beitragssatz** gehört zu dem Mindestinhalt der Beitragssatzung. Seine Festsetzung setzt eine **Beitragskalkulation** voraus, da sich die Höhe des Beitragssatzes durch die Division der in der Kalkulation ermittelten und durch Beiträge zu finanzierenden Investitionskosten durch die für den Kalkulationszeitraum festzustellende Gesamtbeitragsfläche errechnet. Die Aufgabe der Beitragskalkulation besteht weiter darin, den Nachweis zu erbringen, dass durch die Erhebung der Beiträge keine Überdeckung eintritt und der Beitragssatz im Übrigen in einer dem Gesetz

---
1 VGH BW v. 27.11.1980 – II 3483/78.
2 VGH BW v. 7.2.1985 – 2 S 812/84, HessVGH v. 15.5.1997 – 5 N 1460/96, DVBl 1998, 62 (nur LS).
3 *Dietzel*, in: Driehaus, Kommunalabgabenrecht, § 8 Rz. 516.
4 VGH BW v. 12.1.1995 – 2 S 131/93, n.v.; s. auch *Vetter*, VBlBW 1998, 5.
5 OVG Rh.-Pf. v. 9.4.1997 – 6 A 12010/96, DVBl 1998, 62 (nur LS).

und der Verfassung (Gleichheitssatz, Vorteilsprinzip) entsprechenden Weise zustande gekommen ist[1].

Die Verantwortung dafür trägt der Rat der Gemeinde. Er muss eine von der Gemeindeverwaltung erstellte Kalkulation selbst billigen. Die inhaltlichen Anforderungen an den Nachweis sind in den Ländern unterschiedlich, je nachdem, welche Methode der Aufwandsermittlung die Gemeinde gewählt hat. Überwiegend wird verlangt, dass dem Gemeinderat bei Beschlussfassung über den Beitragssatz die Kalkulationsunterlagen vorgelegen haben[2] oder zumindest zugänglich gewesen sind[3]. Hat dem Rat bei der Bestimmung des Beitragssatzes keine Kalkulation zur Verfügung gestanden oder erweist sich diese als fehlerhaft, führt das nach dieser Auffassung zur Ungültigkeit des Beitragssatzes[4]. Die **Heilung** des fehlerhaft beschlossenen Beitragssatzes kann nicht dadurch erfolgen, dass die Gemeindeverwaltung ohne Einschaltung des Rates eine fehlerfreie Kalkulation – etwa im gerichtlichen Verfahren – „nachschiebt"[5]. Vielmehr muss der ordnungsgemäß kalkulierte Beitragssatz in Satzungsform beschlossen und bekannt gemacht werden[6].

114

Demgegenüber sind der **BayVGH** und auch das **OVG Münster** der Ansicht, dass die Gültigkeit der Abgabensatzung nicht davon abhänge, ob im Zeitpunkt ihres Erlasses eine Globalberechnung vorlag; es genüge vielmehr, dass eine solche, gleich ob vorher oder nachher durchgeführt, die gefundenen oder auch nur gegriffenen Abgabensätze rechtfertige. Die Globalberechnung sei nur Begründung und Motiv für den satzungsmäßig festgelegten Abgabensatz und deshalb kein Wirksamkeitserfordernis für die Satzung[7].

115

Allerdings darf dies nicht zu dem Missverständnis führen, dass die Globalberechnung zur Beurteilung des Kostenüberdeckungsverbotes aus der Sicht ex post unter Einfluss unvorhersehbarer Kostensteigerungen oder Beitragsausfällen vorgenommen werden dürfte. Dies widerspräche dem Grundsatz, dass das Kostenüberdeckungsverbot keine Veranschlagungsmaxime ist. Auch der BayVGH hat deshalb betont, dass bei einer erst z.B. im Gerichtsverfahren nachträglich aufgestellten Kalkulation den rechtlichen und tatsächlichen Vorgaben zur Zeit des Erlasses der beitragsrechtlichen Regelung genügt werden müsse[8].

116

### (2) Ermittlung

Die Ermittlung des beitragsfähigen Investitionsaufwandes öffentlicher Einrichtungen erfolgt in den einzelnen Ländern nach unterschiedlichen Methoden. Bei Ent-

117

---

1 Vgl. *Dietzel*, in: Driehaus, Kommunalabgabenrecht, § 8 Rz. 579; zur Rechtsprechung des VGH BW im Zusammenhang mit der von diesem Gericht verlangten Globalberechnung, s. ausführlich *Birk*, in: Driehaus, Kommunalabgabenrecht, § 8 Rz. 669 ff.
2 VGH BW seit dem Normenkontrollbeschluss v. 17.7.1984 – 2 S 1352/81, VBlBW 1985, 190.
3 OVG Lüneburg v. 14.3.1989, NdsRpfl 1989, 186; s. auch *Klausing*, in: Driehaus, Kommunalabgabenrecht, § 8 Rz. 1045.
4 VGH BW v. 18.7.1985 – 2 S 1254/84, VBlBW 1986, 68; OVG Lüneburg v. 24.5.1989 – 9 L 2/89, n.v.
5 OVG Lüneburg v. 24.5.1989 – 9 L 2/89, n.v.; a.A. noch VGH BW v. 17.10.1978 – II 2724/78, n.v.
6 OVG Lüneburg v. 24.5.1989 – 9 L 1/89, NdsRpfl 1990, 15; s. auch *Klausing*, in: Driehaus, Kommunalabgabenrecht, § 8 Rz. 1046.
7 OVG Münster v. 2.6.1995 – 15 A 3123/93, NWVBl. 1996, 9; OVG Münster v. 18.5.1992 – 2 A 2024/89, NVwZ-RR 1993, 48; ebenso OVG Rh.-Pf. v. 30.10.1997, DVBl 1998, 62 (nur LS).
8 Vgl. *Friedl/Wiethe-Körprich*, in: Driehaus, Kommunalabgabenrecht, § 8 Rz. 732 ff. m.w.N. zur Rspr.

wässerungsanlagen stehen sich zwei Grundkonzeptionen gegenüber: Nach dem vor allem in **Süddeutschland** praktizierten System der **Globalberechnung**[1] geht man von einem bestimmten Kanalnetz einschließlich Kläranlagen aus und legt die für die Vergangenheit ermittelten und für die Zukunft geschätzten Herstellungskosten auf die gesamten angeschlossenen und anschlussfähigen Grundstücke um. Nach dem **norddeutschen System** ist vorherrschend die sog. **Veranschlagung** des durchschnittlichen Aufwands: Hier wird der durchschnittliche Aufwand für die gesamte Anlage nach einer bestimmten Rechnungsperiode (regelmäßig nach einem mittelfristigen Zeitraum von bis zu fünf Jahren) geschätzt[2]. Für das Land Niedersachsen hat das OVG Lüneburg die Anforderungen an die Kalkulation eines Abwasserbeitrags wie folgt präzisiert[3]: Die Ermittlung könne im Sinne einer Globalkalkulation vom Aufwand der gesamten Einrichtung ausgehen. Als Alternative könne aber die Rechnungsperiodenkalkulation durchgeführt werden, bei welcher die Kalkulation die Ermittlung des Aufwands einer zeitlich abgegrenzten Rechnungsperiode (also die Ermittlung der Maßstabseinheiten der gesamten in der Rechnungsperiode an die Anlage angeschlossenen oder anschließbaren Grundstücke) voraussetze. Unzulässig sei allerdings eine sog. Baugebietskalkulation, bei der stellvertretend für die Gesamtanlage Beiträge nach den Kosten eines oder mehrerer Baugebiete kalkuliert würden. Auch der **Freistaat Sachsen** folgt dem Prinzip der Globalberechnung als Grundsystem der Beitragskalkulation (§§ 17 und 18 SächsKAG). Im Mittelpunkt der Kostenseite stehen dabei nicht die bisherigen und zukünftigen Investitionskosten der erstmaligen Herstellung, sondern die angemessene Ausstattung der öffentlichen Einrichtung mit dem notwendigen **Betriebskapital**. Das Betriebskapital orientiert sich am Wiederbeschaffungszeitwert insgesamt maximal erforderlicher Anlagen für die öffentliche Einrichtung, muss aber nicht von vornherein die zwingend notwendige Gesamtinvestition umfassen. Eine weitere Besonderheit der sächs. Regelung besteht darin, dass eine notwendig werdende Erhöhung der Investitionskosten bei Vorliegen bestimmter Voraussetzungen die Gemeinde in die Lage versetzt, nach Erhebung eines erstmaligen Beitrags rechtmäßig weitere Beiträge von allen Grundstückseigentümern einzufordern. Insoweit durchbricht das SächsKAG nicht das System der Einmaligkeit der Beitragserhebung. Es verdeutlicht vielmehr, dass der einzelne Grundstückseigentümer einen Anteil an einer endgültig ausgebauten öffentlichen Einrichtung tragen soll[4].

118 Die Anforderungen an die Beitragskalkulation von Entwässerungsanlagen sind in tatsächlicher und rechtlicher Hinsicht außerordentlich kompliziert. Schwierigkeiten bereitete vor allem die bundesgesetzlich vorgeschriebene Absetzung des sog. **Straßenentwässerungsanteils** (vgl. § 128 Abs. 1 Nr. 2 BauGB) von den Herstellungskosten. Hier hatte die Rechtsprechung des BVerwG zunächst zu einer erheblichen Rechtsunsicherheit geführt[5]: Danach muss die Gemeinde eine „**Entwässerungssystementscheidung**" treffen, um dann zu einer Aufstellung der Kosten des „ausgewählten" Entwässerungssystems zu gelangen. Dessen Kosten werden eine bundesrechtlich relevante Kostenmasse für den Entwässerungsbeitrag aufgeteilt. Dabei werden in einem ersten Schritt **drei verschiedene Kostenmassen** ermittelt, nämlich Kosten für Bestandteile der Entwässerung, die (1.) ausschließlich der Straßenent-

---

1 Vgl. dazu u.a. *Vetter*, VBlBW 1998, 5 (8 f.).
2 Vgl. § 6 Abs. 3 Satz 4 NKAG, § 8 Abs. 4 Satz 4 SKAG, § 8 Abs. 4 Satz 3 KAG NW und § 8 Abs. 3 Satz 4 KAG Schl.-Holst.
3 OVG Lüneburg v. 11.6.1991 – 9 L 186/89, NVwZ-RR 1992, 503; s. dazu *Gern*, NVwZ 1994, 1168.
4 Vgl. zu Einzelheiten *Birk*, in: Driehaus, Kommunalabgabenrecht, § 8 Rz. 1081 ff.; zum System der Beitragskalkulation OVG Bautzen v. 25.2.1998 – 2 S 39/98, SächsVBl. 1998, 141; v. 21.10.1999 – 2 S 551/99, n.v.
5 Vgl. BVerwG v. 9.12.1983 – 8 C 112.82, DVBl 1984, 194; v. 27.6.1985 – 8 C 124.83, NVwZ 1986, 221; *Driehaus*, BWGZ 1986, 390; *Scholz*, VBlBW 1987, 41; *Reif*, BWGZ 1987, 493.

wässerung (z.B. Straßenrinnen, Straßensinkkästen), die (2.) ausschließlich der Grundstücksentwässerung (Grundstücksanschlussleitungen) und die (3.) sowohl der Straßen- als auch der Grundstücksentwässerung (z.B. Hauptkanal) dienen. Bezüglich dieser letzten Gruppe von Kosten muss eine Aufteilung auf den durch den Erschließungsbeitrag einerseits und durch Kanalanschlussbeiträge andererseits zu deckenden Aufwand erfolgen. Insoweit muss wiederum zwischen dem Trenn- und dem Mischsystem unterschieden werden: Bei einem **Trennsystem** gilt als Grundsatz, dass die Kosten der beiden Zwecken dienenden Regenwasserkanalisation in aller Regel je zur Hälfte der Straßenentwässerung und der Grundstücksentwässerung zugeordnet werden dürfen. Bei einer – in der Praxis überwiegend anzutreffenden – **Mischkanalisation,** die sowohl der Straßenentwässerung als auch der Grundstücksentwässerung hinsichtlich des Schmutzwassers dient, gestaltet sich die Kostenzuordnung schwieriger[1].

Dabei braucht der zu ermittelnde Kostenanteil für die Straßenentwässerung nicht unter Einbeziehung der Mischwasserkanäle in allen Erschließungsgebieten errechnet zu werden, in denen durch Kanalbaumaßnahmen ein Aufwand entsteht. Die Schätzung kann in der Weise erfolgen, dass durch eine Vergleichsberechnung der Straßenentwässerungskostenanteil nur für einige für das Gemeindegebiet repräsentative Straßenzüge errechnet und der errechnete Prozentsatz auf den Gesamtaufwand der Anlage angewendet wird, welche als Grundlage für die Ermittlung des Beitragssatzes dient. 119

### (3) Globalberechnung

Die für die Festsetzung des Kanalbeitragssatzes nach dem süddeutschen System vorzunehmende Beitragskalkulation verlangt eine sog. **Globalabrechnung**[2]. Das Muster einer solchen Beitragskalkulation[3] könnte beispielhaft wie folgt aussehen: 120

| | | | |
|---|---|---|---|
| I. | **Kostenseite** | | |
| 1. | Bisherige Herstellungskosten laut Sachbüchern nominal | | 6 000 000,– € |
| 2. | Künftige Kosten | | |
| | Gebiet A | 1 120 000,– € | |
| | Gebiet B | 590 000,– € | |
| | Gebiet C | 1 860 000,– € | |
| | Gebiet D | 992 000,– € | |
| | (pro Jahr 2.5 v.H. Kostensteigerung angenommen) | | |
| | | 4 462 000,– € | |
| 3. | Zwischensumme | | 10 562 000,– € |
| 4. | Abzüglich Straßenentwässerungsanteil (25 v.H.) (§ 10 Abs. 2 Satz 2 KAG) | | 2 640 500,– € |

---

1 Vgl. zu Einzelheiten *Dietzel*, in: Driehaus, Kommunalabgabenrecht, § 8 Rz. 597 ff.
2 Die Gobalabrechnung als Rechtsbegriff taucht erstmals im Urteil des VGH BW v. 2.7.1975 – II 881/72, BWGZ 1978, 245 auf und beherrscht seitdem das Beitragsrecht in Baden-Württemberg; grundlegend der NK-Beschluss v. 17.7.1984 – 2 S 135/81, BWV Pr. 1584, 289.
3 Das Muster einer Kalkulation des Kanalanschlussbeitrags nach der Methode der Veranschlagung des öffentlichen Aufwands (§ 8 Abs. 4 Satz 3 KAG NW) ist abgedr. bei *Dietzel*, in: Driehaus, Kommunalabgabenrecht, § 8 Rz. 609.

| | | |
|---|---|---|
| 5. Abzüglich Zuschüsse | | |
| a) Vergangenheit | 1 000 000,- € | |
| b) Zukunft | | 1 000 000,- € |
| 6. Zwischensumme | | 6 921 000,- € |
| 7. abzüglich öffentliches Interesse 10 v.H. | | 692 150,- € |
| 8. Zwischensumme | | 6 229 350,- € |
| 9. Abzüglich Gebührenanteil 5 v.H. | | 311 467,50 € |
| 10. Beitragsfähiger Gesamtaufwand | | 5 917 882,50 € |

**II. Flächenseite**

| | |
|---|---|
| 1. Bisher bebaute Flächen | |
| a) Bebauungspläne | 300 000 qm NF |
| b) § 34 BauGB | 220 000 qm NF |
| c) § 35 BauGB | 30 000 qm NF |
| | 550 000 qm NF |
| 2. Bebaubare Fläche bzw. in Zukunft bebaubare Flächen | |
| a) Bebauungspläne | 120 000 qm NF |
| b) § 34 BauGB | 80 000 qm NF |
| c) insgesamt | 200 000 qm NF |
| 3. Summe | 750 000 qm NF |

**III. Berechnung des höchstzulässigen Beitragssatzes**

$$\frac{\text{Beitragsfähiger Gesamtaufwand}}{\text{Gesamtfläche}} \quad \frac{5\,917\,882{,}50\ \text{€}}{750\,000\ \text{qm NF}} = 7{,}89051\ \text{€/qm NF}$$

**IV. Vorschlag für Satzung 7,90 € pro qm Nutzungsfläche**

### b) Hinweise zur Lösung des Beispielsfalls 2

121 Das Verwaltungsgericht Freiburg hat den Antrag der Firma Alfred Müller GmbH & Co. KG zurückgewiesen.

Aus den Gründen:

„Der Antrag auf vorläufigen Rechtsschutz gem. § 80 Abs. 5 VwGO hat keinen Erfolg. Es spricht mehr dafür als dagegen, dass der Beitragsbescheid (...) inhaltlich **hinreichend bestimmt** ist (§ 119 Abs. 1 AO i.V.m. § 3 Abs. 1 Nr. 3b KAG). Entgegen der Ansicht der Antragstellerin dürfte sie als Abgabeschuldner hinreichend bezeichnet sein. Der Bescheid (...) ist gerichtet an ‚Firma Alfred Müller Holzverarbeitung'. Richtig ist zwar, dass Eigentümerin des veranlagten Grundstücks Flst. 1461/30 nach dem der Kammer vorliegenden Grundbuchauszug die ‚Firma Müller Holzverarbeitung GmbH & Co. KG' ist und dass Steuerbescheide grds. den Namen desjenigen enthalten müssen, an den sie sich richten, wobei bei Kaufleuten die Angabe der Firma genügt (vgl. *Hübschmann/Hepp/Spitaler*, AO § 123 Rz. 11a; *Tipke/Kruse*, AO, § 122 Rz. 2). Entscheidend ist jedoch stets, ob der Steuerschuldner sich durch die Namensangaben sicher identifizieren lässt (vgl. *Tipke/Kruse*, a.a.O., § 157 Rz. 5). Ob diesem Erfordernis bereits durch die Bezeichnung des Abgabepflichtigen im Beitragsbescheid mit ‚Firma Alfred Müller Holzverarbeitung' genügt ist, kann die Kammer offen lassen, denn zur Auslegung eines Beitragsbescheides wegen eines nicht eindeutig

III. Sonstige kommunale Abgaben        Rz. 121    Teil **4**

bestimmten Beitragsschuldners darf auch der Inhalt des Beitragsbescheides herangezogen werden (vgl. BFH, Urt. v. 17.7.1986, BB 1986, 2058; VGH Baden-Württemberg, Beschl. v. 22.12.1986 – 2 S 2749/86). Da es sich vorliegend um einen Beitragsbescheid handelt, bei dem Steuerschuldner nur der Eigentümer bzw. Erbbauberechtigte sein kann, ergibt die Auslegung des Bescheids zwanglos, dass die ‚Firma Alfred Müller Holzverarbeitung' die Beitragsschuldnerin ist, die Eigentümerin des veranlagten Grundstücks Flst. 1461/30 Unteres Ried, Gemarkung der Antragsgegnerin ist.

Der **Bescheid** dürfte auch **ordnungsgemäß bekannt gegeben** sein. Die Bekanntgabe dürfte nicht daran scheitern, dass der Beitragsbescheid nicht die natürliche Person benennt, die für eine juristische Person oder eine nicht rechtsfähige Personenvereinigung handlungsbefugt ist (vgl. *Klein/Orlopp*, AO, 4. Aufl., § 122 Anm. 2b). Wer als Organ bzw. Funktionsträger für sie handlungsfähig ist, ergibt sich aus dem Gesetz. Die juristische Person bzw. nicht rechtsfähige Personenvereinigung muss sich selbst intern so organisieren, dass der Handlungsbefugte als Bekanntgabeempfänger das bekanntzugebende Schriftstück erhält (*Tipke/Kruse*, a.a.O., § 133 Rz. 18).

Mit Recht veranlagt die Antragsgegnerin die Antragstellerin in dem Bescheid (...) zu einem Wasserversorgungsbeitrag i.H.v. Euro 14 802,14. Die Rechtsgrundlage dafür bilden die Vorschriften der Satzung der Antragsgegnerin über den Abschluss an die öffentliche Wasserversorgungsanlage und die Versorgung der Grundstücke mit Wasser – WVS – vom 20.1.2011, die am 31.1.2011 öffentlich bekannt gemacht worden und nach ihrem § 51 Abs. 2 am Tage danach in Kraft getreten ist. Obgleich der Beitragsbescheid schon vorher, nämlich am 28.1.2009 erlassen worden ist, ist diese Satzung auf das Beitragsschuldverhältnis anzuwenden, weil ihr Vorläufer, die Satzung vom 18.12.1989 – wie noch im Einzelnen auszuführen sein wird – mangels rechtsgültiger Regelung des Beitragsmaßstabs eine Beitragspflicht der Antragstellerin nicht entstehen lassen konnte. Einer ausdrücklichen Rückwirkungsanordnung in der Satzung vom 20.1.2011 bedurfte es nicht (vgl. VGH Mannheim, VBlBW 85, 428 [429] und ESVGH 37/29, 30 im Anschluss an BVerwGE 64, 218 = DVBl 82, 544 = Buchholz 406, 11 Nr. 35 zu § 135). Gegen die Rechtsgültigkeit der Satzung vom 20.1.1989 sind – soweit sie die Beitragspflicht der Eigentümer erschlossener Grundstücke regelt –, keine Bedenken ersichtlich. Insoweit äußert auch die Antragstellerin keine Zweifel. Insbesondere liegt dem Beitragssatz nach § 31 auch eine **Globalberechnung** zu Grunde, die regelmäßig erforderlich ist, um den Beitragssatz auf seine Vereinbarkeit mit dem Kostendeckungsgrundsatz zu überprüfen (vgl. zuletzt VGH Baden-Württemberg, Urt. v. 19.5.1988 – 2 S 3310/86, BWGZ 89, 35).

Entgegen der Ansicht der Antragstellerin ist der Abgabenanspruch **nicht verwirkt**. Hierbei reicht es nicht aus, dass das Grundstück der Antragstellerin bereits im Jahre 1981 angeschlossen war und somit einer Beitragspflicht unterliegen konnte. Nur durch Ablauf eines längeren Zeitraums, in dem es dem Gläubiger möglich war, den Beitrag durch Veranlagung geltend zu machen, verwirkt er den Abgabenanspruch noch nicht. Denn die Probleme, die der reine Zeitablauf zwischen Entstehen und Fortsetzen (sowie zwischen Fälligkeit und Erhebung) einer Abgabe mit sich bringt, löst das Gesetz in § 3 Abs. 1 Nr. 4c und 5a i.V.m. §§ 169ff. und 228ff. AO, die eine abschließende Regelung enthalten. Verwirkt ist vielmehr ein Beitragsanspruch erst dann, wenn zu der Untätigkeit des Gläubigers während einer beträchtlichen Zeitspanne besondere Umstände hinzutreten, die die verspätete Veranlagung als treuwidrig empfinden lassen, weil der Abgabeschuldner darauf vertrauen durfte, nicht mehr herangezogen zu werden. Ein solches Vertrauen wiederum ist nur schutzwürdig, wenn der Schuldner es auf adäquate Weise betätigt und etwas ins Werk gesetzt hat, das er im Bewusstsein seiner Abgabenpflicht unterlassen hätte (vgl. zum Erschließungsbeitragsrecht BVerwG, VBlBW 1988, 335 [337] und VGH Mannheim VBlBW 1983, 173 [174], VGH Baden-Württemberg, Urt. v. 30.5.1985 – 2 S 251/83 und *Dohle*, VBlBW 1986, 128 [135]). Die Antragsgegnerin hat aber in der Zeit zwischen 1982 und 1987 außer dem Schweigen nach einer Besprechung im Januar 1982 durch keine Handlung oder Nachricht die Annahme der Antragstellerin hervorgerufen, die Angelegenheit sei erledigt.

Zu Unrecht beruft sich die Antragstellerin gegenüber dem Beitragsanspruch auf **Verjährung**. Kommunalabgaben wie der Wasserversorgungsbeitrag unterliegen gem. § 3 Abs. 1 Nr. 4b KAG i.V.m. § 169 AO der Festsetzungsverjährung. Nach § 3 Abs. 1 Nr. 4b KAG i.V.m. § 169 AO ist die Festsetzung einer Kommunalabgabe nicht mehr zulässig, wenn die Festsetzungsfrist abgelaufen ist; diese beträgt nach § 169 Abs. 2 Nr. 2 AO vier Jahre und beginnt nach § 170 Abs. 1 AO mit Ablauf des Kalenderjahres, in dem die Abgabe entstanden ist. Diese Voraussetzungen für den Ablauf der Festsetzungsfrist waren bei Erlass des Wasserversorgungsbescheides am 28.1.2011 nicht erfüllt. Hierfür müsste nämlich die Beitragspflicht der Antragstellerin spätestens im Laufe des Jahres 2006 beginnen, um vier Jahre danach am 31.12.2010 zu enden. Die Beitragspflicht der Antragstellerin ist jedoch nicht vor dem 31.12.2006 entstanden. Voraussetzung hierfür wäre nämlich, dass zu dieser Zeit eine Beitragssatzung vorhanden gewesen wäre, die unter anderem eine rechtsgültige Regelung des **Beitragsmaßstabes** enthielte (vgl. VGH Mannheim, ESVGH 37/29, 35). Dieser Anforderung wurde die Satzung vom 18.12.1989 nicht gerecht, weil sie die der Beitragspflicht unterliegenden **Außenbereichsgrundstücke** (§ 35 BBauGB/BauGB) nicht in den Verteilungsmaßstab einbezogen hat. Damit sind nicht – wie erforderlich – sämtliche im Gemeindegebiet der Antragsgegnerin in Betracht kommenden Beitragsfälle vollständig geregelt worden (vgl. VGH Baden-Württemberg, VBlBW 82, 335; Urt. v. 30.8.1984 – 2 S 1409/83). Eine vollständige Verteilungsregelung hätte einen Verteilungsmaßstab auch für Grundstücke im Außenbereich erfordert. Dies war notwendig, weil Außenbereichsgrundstücke nach § 15 Abs. 1 der Satzung der Antragsgegnerin vom 18.12.1989 Gegenstand einer Beitragspflicht sein können. Diese Vorschrift unterwirft ein baulich oder gewerblich nicht nutzbares Grundstück der Beitragspflicht, wenn es an die öffentlichen Abwasseranlagen tatsächlich angeschlossen ist. Es gibt damit auch Anschlussfälle im Außenbereich, was im Übrigen auch von der Antragsgegnerin nicht bestritten wird. Da eine Außenbereichsregelung erstmals in der Satzung vom 20.1.2011 enthalten ist, bildet diese Satzung allein die Rechtsgrundlage für den im Bescheid vom 28.10.2011 festgesetzten Beitrag. Dass an diesem Tag die Festsetzungsfrist für den erst mit In-Kraft-Treten der Satzung vom 20.1.2011 entstandenen Wasserversorgungsbeitrag noch nicht abgelaufen sein konnte, versteht sich von selbst.

Unabhängig davon, dass zur Zeit der maßgebenden Veranlagung die Festsetzungsfrist nicht abgelaufen war, könnte sich die Antragstellerin jedoch im Rahmen des Verfahrens über vorläufigen Rechtsschutz noch auf die Zahlungs- oder Erhebungsverjährung gem. § 3 Abs. 1 Nr. 5b KAG i.V.m. § 228 AO berufen. Denn ohne Rücksicht auf die Rechtmäßigkeit des Beitragsbescheides würde dessen Vollzug jedenfalls eine Härte i.S.v. § 80 Abs. 4 Satz 3 VwGO bedeuten, wenn zu der Zeit der Entscheidung des Gerichts die **Zahlungsverjährung** eingetreten wäre. Das ist indessen nicht der Fall. Nach §§ 228f. AO beträgt die Zahlungsverjährungsfrist fünf Jahre und beginnt mit Ablauf des Kalenderjahres, in dem der Anspruch erstmals fällig geworden ist, jedoch nicht vor Ablauf des Kalenderjahres, in dem die Festsetzung der Abgabe wirksam geworden ist. Die Frist ist aber bis heute nicht verstrichen, weil sie erst mit Ablauf des Jahres 2011 begonnen haben kann."

## 2. Benutzungsgebühren

**Beispielsfall 3:**

Die Klägerin wendet sich gegen die Heranziehung zu einem Starkverschmutzzuschlag. Sie betreibt in der beklagten Stadt eine Wirk- und Strickwarenfabrik, deren bei der Textilveredelung anfallende Betriebsabwasser in das öffentliche Kanalnetz der Beklagten eingeleitet und der Verbandskläranlage zur Reinigung zugeführt werden. Die angeschlossenen Grundstücke werden im sog. Mischsystem entwässert.

Auf Grund der Abwassersatzung der Beklagten vom 16.11.1992 – AbwS 1992, die in § 29 erhöhte Entwässerungsgebühren für sog. Starkverschmutzer vorsieht, stellte die Beklagte mit Bescheid vom 15.8.2010 den mittleren Verschmutzungsgrad der betrieblichen Abwasser der Klägerin im Bereich der absetzbaren Stoffe mit Null mg/l und im Bereich der abbaubaren Stoffe mit 1,00 mg/lcsb (chemischer Sauerstoffbedarf) fest. Auf der Grundlage dieses und eines weiteren Feststellungsbescheides setzte die Beklagte mit Bescheid vom 6.3.2010 den Starkverschmutzerzuschlag für das Rechnungsjahr 2009 auf Euro 34 488,27 fest. Die gegen sämtliche Bescheide eingelegten Widersprüche wies die Beklagte mit Bescheid vom 18.12.2010 zurück. Hat die am 18.1.2011 erhobene Klage Erfolg?

## a) Allgemeines

Die **Benutzungsgebühr** ist nach den jeweiligen Bestimmungen der KAG das öffentlich-rechtliche Entgelt für die Benutzung einer kommunalen Einrichtung. Sie unterscheidet sich dadurch von der **Verwaltungsgebühr,** die eine geldliche Gegenleistung für eine besondere Leistung – Amtshandlung oder sonstige Tätigkeit – der Verwaltung ist[1].

123

Die Erhebung der Benutzungsgebühr steht grds. im Ermessen der Gemeinde, soweit nicht gesetzlich etwas anderes bestimmt ist (vgl. z.B. § 5 Abs. 1 Satz 1 NKAG, wonach die Gemeinden prinzipiell verpflichtet sind, für die Inanspruchnahme öffentlicher Einrichtungen Benutzungsgebühren zu erheben, ähnlich § 6 Abs. 1 KAG Schl.-Holst.). Im Übrigen ist es den Gemeinden im Rahmen ihrer Organisationsgewalt freigestellt, das **Benutzungsverhältnis** und somit auch das Benutzungsentgelt **öffentlich-rechtlich** oder **privatrechtlich** zu regeln[2]. Ob ein Benutzungsverhältnis öffentlich-rechtlich oder privatrechtlich geregelt ist, beurteilt sich, falls keine eindeutigen Regelungen getroffen wurden, nach dem Gesamtzusammenhang und den Umständen des Einzelfalls. Im Zweifel gilt die widerlegbare Vermutung, dass ein öffentlich-rechtliches Benutzungsverhältnis gegeben ist, da in der Regel angenommen werden kann, dass sich ein Träger öffentlicher Aufgaben öffentlich-rechtlicher Formen und Mittel bedient[3]. Betreibt eine Gemeinde eine Einrichtung als öffentliche Einrichtung mit öffentlich-rechtlichem Benutzungsverhältnis, ist das von ihr geforderte Benutzungsentgelt eine Benutzungsgebühr, deren Rechtmäßigkeit das Vorliegen einer entsprechenden Gebührensatzung voraussetzt[4]. Fehlt es an einer entsprechenden Gebührensatzung, kann die Gemeinde in einem solchen Fall wegen des Satzungsvorbehalts von dem Benutzer kein Benutzungsentgelt in analoger Anwendung des § 812 Abs. 1 Satz 1 BGB oder auf der Grundlage des öffentlich-rechtlichen Erstattungsanspruchs fordern[5].

124

Grundsätzlich berechtigt nur die **tatsächliche Benutzung** der öffentlichen Einrichtungen, nicht schon – wie beim Beitrag – die bloße Möglichkeit der Inanspruchnahme zur Gebührenerhebung. Erst die tatsächliche Benutzung begründet das der Benutzungsgebühr eigentümliche Austauschverhältnis, in dem sich Leistung und Gegenleistung gegenüberstehen. Dabei liegt im Falle eines durch die Satzung angeordneten **Anschluss- und Benutzungszwangs** eine gebührenpflichtige Benutzung erst dann vor, wenn jemand die Einrichtung tatsächlich nutzt oder auf Grund öffentlich-rechtlicher Vorschriften es hinnehmen muss, dass die Einrichtung, ohne von ihm beauftragt zu sein, an seiner Stelle und in seinem Interesse tätig wird[6]. Die gebührenrechtlich begründete Notwendigkeit der tatsächlich erfolgten Inanspruchnahme schließt nicht die Inanspruchnahme sog. „**Vorhalteleistungen**" (i.d.R. mit der Folge der Erhebung einer **Grundgebühr**) oder die durch Satzung begründete **Fiktion der Inanspruchnahme** aus. Davon wird etwa im Bereich der Abfallentsorgung Gebrauch gemacht[7]. Andererseits ist Voraussetzung der Inanspruch-

125

---

1 Ausführlich dazu *Lichtenfeld*, in: Driehaus, Kommunalabgabenrecht, § 4 Rz. 31.
2 Vgl. *Dahmen*, KStZ 1988, 107; *Lichtenfeld*, in: Driehaus, Kommunalabgabenrecht, § 4 Rz. 50; VGH BW v. 7.7.1975 – I 884/74, ESVGH 25, 203; *Scholz*, BWGZ 1989, 239 (240).
3 BGH v. 24.10.1974 – VII ZR 80/73, NJW 1975, 106; VGH BW v. 7.7.1975 – I 884/74, ESVGH 25, 203.
4 VGH BW v. 9.1.1996 – 2 S 2757/95, VBlBW 1996, 220 – Obdachlosenunterkunft.
5 VGH BW v. 9.1.1996 – 2 S 2757/95, VBlBW 1996, 220; a.A. BayVGH v. 14.8.1990 – 21 B 90.00335, BayVBl. 1991, 114.
6 Vgl. VGH BW v. 2.9.1988 – 2 S 1702/88, n.v.; weitere Nachweise bei *Scholz*, BWGZ 1989, 239 (240); *Dahmen*, in: Driehaus, Kommunalabgabenrecht, § 4 Rz. 180.
7 *Schulte/Wiesemann*, in: Driehaus, Kommunalabgabenrecht, § 6 Rz. 311 ff.

nahme stets, dass diese tatsächlich möglich ist, die Einrichtung also technisch für ihren Zweck geeignet ist[1].

**b) Erhebungspflicht?**

126 Gläubiger der Benutzungsgebühr ist die Gemeinde oder der Landkreis, der die öffentliche Einrichtung unterhält. Einige KAG verpflichten Landkreise und Gemeinden, Benutzungsgebühren zu erheben (z.B. § 5 Abs. 1 Satz 1 KAG LSA). Durch andere Vorschriften (z.B. § 11 Abs. 1 Satz 1 KAG BW) werden die Gemeinden und Landkreise lediglich ermächtigt, Benutzungsgebühren zu erheben. Deren Verpflichtung ergibt sich aber in der Regel aus den haushaltsrechtlichen Grundsätzen der Einnahmebeschaffung bzw. Ertragserwirtschaftung bei wirtschaftlichen Unternehmen.

**c) Kalkulation der Benutzungsgebühren**

**aa) Kostendeckungsprinzip**

127 Nach den insoweit übereinstimmenden Regelungen der KAG der Länder ist Maßstab für die Rechtmäßigkeit der Festsetzung der Benutzungsgebühr das **Kostendeckungsprinzip** in den beiden **Alternativen** des **Kostenüberschreitungsverbots** und des **Kostendeckungsgebots** (vgl. u.a. § 6 Abs. 1 Satz 3 KAG NW). Das gesamte Gebührenaufkommen soll danach die nach betriebswirtschaftlichen Grundsätzen ansatzfähigen Kosten für die Einrichtung decken (**Gebührenobergrenze**). Das Kostendeckungsprinzip – welches im Übrigen kein Wesensmerkmal der Gebühr ist, sondern nur dann zu beachten ist, soweit das Gesetz dies ausdrücklich vorschreibt[2] – ist in beiden Varianten lediglich eine „**Veranschlagungsmaxime**", die nur Anforderungen an die Zielsetzung der Gebührenerhebung stellt. Die Festsetzung der Gebührenobergrenze auf der Grundlage der Gebührenbedarfsberechnung, die Veranschlagung und die Tarifgestaltung müssen von dem Ziel getragen sein, das Gebührenaufkommen möglichst auf die voraussichtlichen Kosten zu beschränken[3]. Das Kostendeckungsprinzip verlangt danach keine Gebührenbemessung nach Maßgabe der durch die einzelne Inanspruchnahme verursachten Kosten, sondern verbietet lediglich, die Gebühren so zu kalkulieren, dass das veranschlagte Gebührenaufkommen die voraussichtlichen Kosten der Einrichtung in ihrer Gesamtheit übersteigt[4]. Es wirkt daher nicht individualisierend, sondern generalisierend. Der einzelne Gebührenschuldner ist durch das Prinzip nicht davor geschützt, mehr an Gebühren zahlen zu müssen, als auf ihn Kosten entfallen[5].

128 Unter welchen Voraussetzungen eine Verletzung des Kostendeckungsprinzips mit der Folge der Nichtigkeit des Gebührensatzes anzunehmen ist, wird in der Rechtsprechung uneinheitlich beurteilt. Nach einer Meinung führt eine Verletzung des Kostendeckungsprinzips nur dann zur Ungültigkeit der Festsetzung der Gebührensätze, wenn es sich um eine „gröbliche Verletzung" handelt[6]. Allein der Umstand,

---

1 Vgl. *Lichtenfeld*, in: Driehaus, Kommunalabgabenrecht, § 4 Rz. 48.
2 BVerwG v. 19.9.1983 – 8 B 117/82, KStZ 1984, 11; weitere Nachweise bei *Brüning*, in: Driehaus, Kommunalabgabenrecht, § 6 Rz. 22 ff.
3 VGH BW v. 27.10.1983 – 2 S 199/80, VBlBW 1984, 346; BayVGH v. 3.3.1993 – 4 B 92.1878, NVwZ-RR 1994, 290; *Scholz*, BWGZ 1989, 239.
4 VGH BW v. 31.8.1993 – 2 S 3000/90, NVwZ 1994, 194.
5 VGH Kassel v. 28.9.1976 – V N 3/75, NJW 1977, 452; *Brüning*, in: Driehaus, Kommunalabgabenrecht, § 6 Rz. 26.
6 U.a. BVerwGE 2, 246; BVerwGE 13, 214; BayVGH v. 3.3.1993 – 4 B 92.1878, NVwZ-RR 1994, 290.

dass entgegen der Veranschlagung in einem Haushaltsjahr Gebührenüberschüsse entstehen, begründe, da sie durch eine unvorhersehbar gewesene Entwicklung beeinflusst gewesen sein können, noch keine Verletzung des Kostendeckungsprinzips[1]. Andere dagegen lassen auch eine geringfügige Überschreitung der Gebührenobergrenze für die Ungültigkeit des Gebührensatzes genügen[2], während wiederum das OVG Münster eine Kostenüberschreitung von ca. 3 v.H. akzeptiert[3]. § 2 Abs. 2 Satz 1 KAG BW bestimmt nunmehr, dass Mängel bei der Beschlussfassung über Abgabensätze unbeachtlich sind, wenn sie nur zu einer geringfügigen Kostenüberdeckung führen.

Der Kostendeckungsgrundsatz wird durch die Erhebung einer **lenkenden Gebühr** dem Grunde nach nicht schon dann verletzt, wenn die durch diese Gebühr prognostizierten Mehreinnahmen zur Entlastung in anderen Kostenbereichen derselben Einrichtung innerhalb einer Rechnungsperiode verwendet werden. Maßgeblich für die Bestimmung, welcher Lenkungszweck einer Abfallgebühr zu Grunde gelegt ist, ist ausschließlich die Willensbekundung des zuständigen Satzungsorgans und nicht die der Verwaltung. Ist der Lenkungszweck zulässiger Sachgrund für eine Gebührenerhebung, muss er wie die Gebühr dem Äquivalenzprinzip entsprechen, die Lenkung muss dementsprechend auch erforderlich und geeignet zur Verwirklichung des angestrebten Zwecks sein[4]. 129

**bb) Gebührenbedarfsrechnung**

Die unterschiedlichen Auffassungen in der Rechtsprechung zur Frage der Nichtigkeit des Gebührensatzes als Folge einer Verletzung des Kostendeckungsprinzips lassen sich zum Teil auf ein unterschiedliches Verständnis hinsichtlich der Anforderungen an die Gebührenkalkulation zur Bestimmung der Gebührenobergrenze zurückführen. Voraussetzung einer ordnungsgemäßen Veranschlagung des Gebührenaufkommens und der Feststellung der Gebührenobergrenze ist zunächst die Kenntnis der jeweiligen Kosten. Aufgabe der Kostenrechnung ist es, die bei der Leistungserstellung und -verwendung anfallenden Kosten zu erfassen, zu verteilen und zuzurechnen. Verfahren, Form und Inhalt dieser **Gebührenbedarfsberechnung** als der eigentlichen „Kalkulation des Gebührensatzes" sind gesetzlich nicht festgelegt. Dementsprechend fallen die daran zu stellenden Anforderungen und der Maßstab der gerichtlichen Überprüfung in der Rechtsprechung unterschiedlich aus: 130

**(1) Ermessensentscheidung**

Nach – vor der KAG-Novelle 2005 vertretener – Auffassung des **VGH Mannheim**[5] muss über die Höhe des Gebührensatzes der **Gemeinderat** bzw. der Kreistag als zuständiges **Rechtsetzungsorgan** innerhalb der gesetzlichen Schranken nach **pflichtgemäßem Ermessen** beschließen. Voraussetzung für eine sachgerechte Ermessensbetätigung ist eine Gebührenkalkulation, aus der die kostendeckende Gebührensatzobergrenze hervorgeht. Die **Gebührensatzobergrenze** wird ermittelt, indem die gebührenfähigen Kosten der öffentlichen Einrichtung auf die möglichen Benutzer nach Maßgabe des Gebührensatzes auf der Grundlage des vorgesehenen Gebührenmaßstabes verteilt werden, wobei der voraussichtliche Umfang der Benutzung bzw. Leistung in der Regel geschätzt werden muss. Die Gebührensatzobergrenze 131

---

1 VGH Kassel v. 28.9.1976 – V N 3/75, NJW 1977, 452.
2 U.a. VGH BW v. 5.9.1990 – 2 S 964/90.
3 OVG Münster v. 5.8.1994 – 9 A 1248/92, NWVBl. 1994, 428.
4 VGH BW v. 24.10.1996 – 2 S 3284/95, BWGZ 1997, 539.
5 VGH Mannheim v. 27.2.1996 – 2 S 1407/94 u.a., NVwZ-RR 1996, 593; ausführlich *Schulte/Wiesemann*, in: Driehaus, Kommunalabgabenrecht, § 6 Rz. 115 ff.

ist danach das Ergebnis eines Rechenvorgangs, bei dem die voraussichtlichen gebührenfähigen Gesamtkosten durch die Summe der voraussichtlichen maßstabsbezogenen Benutzungs- bzw. Leistungseinheiten geteilt werden. Der Kommune ist bei der Ermittlung der in den Gebührensatz einzustellenden Kostenfaktoren überall dort ein Beurteilungsermessen einzuräumen, wo sich diese Kosten nicht rein rechnerisch, sondern im Wege von Schätzungen oder finanzpolitischen Bewertungen ermitteln lassen, wie dies beispielsweise bei der Ermittlung des „angemessenen" Zinssatzes für die Verzinsung des Anlagekapitals und des „angemessenen" Abschreibungssatzes für die Abschreibung der Fall ist. Die Ausübung dieses Ermessens steht wegen des untrennbaren Zusammenhangs mit der Entscheidung über die Höhe des Gebührensatzes allein dem Gemeinderat zu. Ist dem Satzungsgeber vor oder bei der Beschlussfassung über den Gebührensatz eine Gebührenkalkulation nicht zur Billigung unterbreitet worden oder ist die unterbreitete Gebührenkalkulation in einem, für die Gebührensatzhöhe wesentlichen Punkt mangelhaft, hat dies die Ungültigkeit des Gebührensatzes zur Folge, weil der Gemeinderat ohne eine ordnungsgemäße Gebührenkalkulation das ihm bei der Festsetzung des Gebührensatzes eingeräumte Ermessen nicht fehlerfrei ausüben konnte[1]. An dieser Rechtsprechung hielt der VGH Baden-Württemberg trotz z.T. erheblicher **Kritik**[2] fest. Die Überprüfung des Gebührensatzes auf mögliche Ermessensfehler sei systemkonform, da der Gemeinderat als Organ einer Selbstverwaltungskörperschaft auch dann, wenn er mit Erlass der Gebührensatzung normative Regelungen treffe, im System der staatlichen Gewaltenteilung dem Bereich der Verwaltung und nicht dem der Gesetzgebung zuzuordnen sei[3].

132 Nach dieser Rechtsprechung, der sich das **OVG Lüneburg** angeschlossen hat[4], ist eine Gebührenkalkulation fehlerhaft, wenn in sie Kosten eingestellt sind, die auf einer ermessensfehlerhaften Schätzung des Satzungsorgans beruhen oder in der nicht gebührenfähige Kosten enthalten sind. Unerheblich ist, ob dadurch eine – wenn auch nur geringfügige – Kostenüberschreitung eintritt. Angesichts der Neufassung des § 2 Abs. 2 Satz 1 KAG BW ist jedoch nicht damit zu rechnen, dass der VGH Mannheim uneingeschränkt an seinen bisherigen Rechtsprechung festhalten wird.

**(2) Ergebnisrechtsprechung**

133 Demgegenüber ist die neuere Rechtsprechung des **OVG Münster**[5] der Meinung, für die Gültigkeit des Gebührensatzes komme es nur darauf an, dass dieser im Ergebnis den Anforderungen der einschlägigen Gebührenvorschriften entspreche[6]. Der Gebührensatz muss demzufolge nicht (notwendig) auf einer vom Rat beschlossenen „stimmigen" Gebührenkalkulation beruhen. Überhöhte Kostenansätze können deshalb ggf. keine Auswirkungen auf die Gültigkeit des Gebührensatzes und der Satzung insgesamt haben, wenn sich im Rahmen einer umfassenden Prüfung herausstellt, dass zulässige Kostenansätze unterblieben oder zu niedrig bemessen worden sind. Das veranschlagte Gebührenaufkommen darf die voraussichtlichen Kos-

---

1 U.a. VGH Mannheim v. 27.2.1996 – 2 S 1407/94, NVwZ-RR 1996, 593.
2 Vgl. *Gern*, NVwZ 1995, 1145.
3 VGH BW v. 27.2.1996 – 2 S 1407/94, NVwZ-RR 1996, 593, unter Verweis auf BVerfG v. 22.11.1983 – 2 BvL 25/81, BVerfGE 65, 283 (289).
4 OVG Lüneburg v. 10.6.1991 – 9 L 186/89, KStZ 1992, 55.
5 OVG Münster v. 18.5.1992 – 2 A 2024/89, NVwZ-RR 1993, 48; v. 24.7.1995 – 9 A 2251/93, NWVBl. 1995, 470 m.w.N.
6 Vgl. zur Weiterentwicklung dieser „Ergebnisrechtsprechung" durch den 9. Senat des OVG Münster und die sich prozessual daraus ergebenden Folgen *Brüning* in Driehaus, Kommunalabgabenrecht, § 6 Rz. 119 ff.

ten der gebührenfähigen Einrichtung nur im Ergebnis nicht überschreiten. Es ist deshalb zulässig, den Gebührensatz mit einer nach Abschluss der Gebührenperiode aufgestellten Betriebsabrechnung zu rechtfertigen. Eine derartige – von der Willensbildung des Ortsgesetzgebers als gedeckt anzusehende – Gebührenkalkulation kann noch im verwaltungsgerichtlichen Verfahren nachgeschoben werden[1].

Nach Auffassung des **HessVGH**[2] ist das Vorliegen einer Gebührenbedarfsrechnung im Zeitpunkt der Beschlussfassung über die Höhe des Gebührensatzes keine normative Voraussetzung, von deren Erfüllung die Gültigkeit der Regelung über die Gebührenhöhe abhängt. Der hessische Gesetzgeber hat dem Berechnungsverfahren, welches zur Ermittlung der zulässigen Gebührenhöhe führt, keinen so überragenden Stellenwert beigemessen, dass allein das Fehlen einer ordnungsgemäßen Gebührenkalkulation im Zeitpunkt des Satzungserlasses – ohne Rücksicht auf ein gleichwohl richtiges Ergebnis – zur Unwirksamkeit des Gebührensatzes führen kann. 134

**d) Betriebswirtschaftliches Gebührenprinzip**

**aa) Allgemeines**

Der Bemessung der Gebührenobergrenze sind die nach **betriebswirtschaftlichen Grundsätzen** ermittelten Kosten zu Grunde zu legen. Einen bundesrechtlichen Kostenbegriff oder eine Norm, die den Begriff der Kosten im Gebührenrecht bundesrechtlich regelt, gibt es nicht[3]. Ebensowenig gibt es eine konkrete landesgesetzliche Definition zum Begriff der Kosten. Die KAG verweisen vielmehr auf die nach betriebswirtschaftlichen Grundsätzen ansatzfähigen Kosten und stellen im weiteren klar, welche Einzelpositionen (Verzinsung des Anlagekapitals, Abschreibungen etc.) dazu gehören. 135

Die Rechtsprechung wertet die Verweisung auf die nach betriebswirtschaftlichen Grundsätzen ansatzfähigen Kosten als einen unbestimmten Rechtsbegriff, der es ermöglichen soll, für die Kostenberechnung zwischen verschiedenen anerkannten betriebswirtschaftlichen Methoden zur Ermittlung der einzelnen Kostenarten und ihrer Berechnung zu wählen. Was betriebswirtschaftlichen Grundsätzen entspreche, liege solange in der Beurteilung des Gebührengläubigers, wie er sich auf anerkannte betriebswirtschaftliche Auffassungen über den Inhalt dieser Grundsätze stützen könne[4]. **Kosten** sind dabei, ausgehend vom betriebswirtschaftlichen Ansatz, der in Geld ausgedrückte Verbrauch (bewerteter Verzehr) von wirtschaftlichen Gütern (materiellen und immateriellen Werten) für geleistete Dienste (Leistungen) innerhalb einer bestimmten Rechnungsperiode, soweit sie für die betriebliche Leistungserstellung anfallen[5]. 136

Die Rechtsprechung folgt damit dem **wertmäßigen (kalkulatorischen) Kostenbegriff**, der auf den konkreten Nutzungswert für den Betrieb abstellt. Bei ihm steht bei der Abschreibung die Substanzerhaltung im Vordergrund; deshalb wird hier 137

---

1 Auf dieser Linie auch VGH München v. 3.3.1993 – 4 B 92.1878, NVwZ-RR 1994, 290; VGH Kassel v. 14.3.1984 – V OE 84/81, DVBl 1984, 1129; OVG Schleswig v. 4.10.1995 – 2 L 197/94, KStZ 1996, 215, unentschieden OVG Koblenz v. 1.12.1994 – 12 A 11692/92, KStZ 1996, 218; OVG Greifswald v. 15.3.1995 – 4 K 22/94, KStZ 1996, 114; *Hinsen*, KStZ 1990, 1.
2 HessVGH v. 16. 10.1997 – 5 UE 1593/94, DVBl 1998, 717.
3 BVerwG v. 19.9.1983 – 8 B 117.82, KStZ 1984, 11; vgl. auch *Kirchhoff*, Die Kalkulation Kommunaler Gebühren, 1997.
4 OVG Münster v. 3.8.1994 – 9 A 1248/92, NWVBl. 1994, 428; VGH BW v. 27.2.1996 – 2 S 1407/94, NVwZ-RR 1996, 593.
5 VGH BW v. 27.2.1996 – 2 S 1407/94, NVwZ-RR 1996, 593.

meist vom Zeitwert (bzw. Wiederbeschaffungswert) als Ausgangswert abgeschrieben. Ihm steht der pagatorische Kostenbegriff gegenüber, der sich aus den Geldbewegungen des betriebswirtschaftlichen Kreislaufs ableitet. Dies wirkt sich u.a. dahin aus, dass als Wertansatz für die Abschreibung der Anschaffungspreis oder die Herstellungskosten verwendet und die kalkulatorischen (Eigen-)Kapitalzinsen nicht als Kosten anerkannt werden[1].

**bb) Ansatzfähige Kosten**

138 Ob bestimmte Betriebskosten der steuerlichen Einrichtung im Einzelnen ansatzfähig sind, ist – unter Berücksichtigung der vorgenannten Grundsätze – der jeweiligen Gebührenvorschrift des KAG zu entnehmen[2]. Zu unterscheiden sind die Betriebskosten und die kalkulatorischen Kosten.

139 Zu den **Betriebskosten** gehören die Kosten für Betriebs-, Roh-, und Hilfsstoffe, Gehälter und Löhne einschließlich Lohnnebenkosten, Kosten für die laufende Unterhaltung der technischen Anlage und die Instandhaltung des beweglichen und unbeweglichen Betriebsvermögens. Zur Ermittlung der Betriebskosten wird von den Aufwendungen ausgegangen. Dabei werden solche Aufwendungen ausgeschieden, die nicht zum Betrieb gehören, die periodenfremd oder außerordentlich sind. Betriebsfremde Kosten im Bereich der Abfallbeseitigung sind zum Beispiel die Kosten der Entleerung von Straßenpapierkörben, weil dies Aufgabe des Trägers der Straßenbaulast ist[3]. Auszusondern sind weiter jene Kostenbestandteile, die für die Leistungserstellung des betreffenden Gebührenhaushalts sachfremden Charakter haben oder überflüssig sind[4]. Solche Kosten sind ebenfalls nicht betriebsbedingt und damit auch nicht gebührenfähig[5]. Insoweit ist die Berücksichtigung sog. **Wagniskosten** (kalkulatorische Wagniszuschläge) zweifelhaft[6]. Der Ansatz eines Gebührenausfallwagnisses wird als problematisch angesehen, weil die gebührenpflichtigen Benutzer einer Einrichtung Anspruch darauf haben, nur mit den Kosten der Einrichtung belastet zu werden, die sich gerade durch die Erbringung der gebührenpflichtigen Leistung ergeben[7]. Auch sog. **Leerkosten** auf Grund echter Überkapazität sind nicht gebührenfähig[8]. Bedenklich ist insoweit auch die Ansatzfähigkeit sog. **Leerkosten** auf Grund echter Überkapazität der Anlage[9]. Eine echte „Überkapazität" liegt aber nur unter den folgenden drei Voraussetzungen vor:

140 (1) Es muss eine sachlich schlechterdings unvertretbar hohe, „auf Vorrat geschaffene" Kapazität vorliegen, die angemessene Kapazitätsreserven zweifelsfrei überschreitet[10];

---

1 Vgl. zu diesen Begriffen *Zewehl*, DB 1989, 1345; *Brüning*, KStZ 1990, 21; KStZ 1994, 201; *Gawel*, VerwArch 1995, 69.
2 Vgl. instruktiv *Wiesemann*, Probleme der Verwaltungsgerichtsbarkeit in Nordrhein-Westfalen bei der Anwendung betriebswirtschaftlicher Grundsätze i.S.d. § 6 Abs. 2 Satz 1 KAG NW zur Ermittlung kommunaler Benutzungsgebühren in NWVBl. 1998, 138 ff.
3 OVG Münster v. 25.8.1994 – 2 M 59/94, GemHH 1994, 258.
4 OVG Bremen v. 17.5.1988 – 1 N 1/85, NVwZ-RR 1989, 101.
5 *Schulte/Wiesemann*, in: Driehaus, Kommunalabgabenrecht § 6 Rz. 59.
6 Vgl. im Einzelnen *Grünewald*, KStZ 1996, 170; *Grünewald*, Abfallprax. 1999, 200.
7 OVG Münster v. 18.8.1993 – 9 A 2239/91, NWVBl. 1994, 64 – Fehlensätze des Rettungsdienstes, und dazu krit. *Iwers*, LKV 1999, 485, sowie zur Rettungsdienstgebühr OVG Schleswig v. 4.11.1998 – 2 L 41/98, LKV 1999, 513.
8 OVG Schleswig v. 30.1.1995 – 2 L 128/94, DÖV 1995, 474.
9 S. dazu *Quaas*, KStZ 1999, 141 (149).
10 OVG Lüneburg v. 8.8.1990 – 9 L 182/89, NVwZ-RR 1991, 383 (verneint bei „Reserven" i.H.v. 20 v.H. der Gesamtkapazität).

III. Sonstige kommunale Abgaben                                        Rz. 145 Teil **4**

(2) Die Überkapazität muss auf einem eindeutigen, der Kommune zurechenbaren Planungsfehler beruhen[1]; 141

(3) Der Planungsfehler muss im maßgeblichen Planungszeitraum für die Kommune erkennbar gewesen sein[2]. 142

Ähnlichen Grundsätzen unterliegt die Ansatzfähigkeit von **Planungskosten** einer konkreten, später nicht verwirklichten Anlage. Auch hier überprüft die Rechtsprechung, ob eine sachgerechte Planungsentscheidung und eine sachgerechte Reaktion auf unvorhersehbare Änderungen der Rahmenbedingungen vorgelegen haben[3]. 143

Personalkosten, die sich aus einem prozentualen Anteil des **Gehalts des Landrats** und der Sitzungsgelder der Kreisräte zusammensetzen, sind nicht gebührenansatzfähig, auch wenn diese Organe sich in nicht unbedeutendem Maße mit der Abfallwirtschaft des Landkreises und den Grundlagen für einen Beschluss über die Abfallwirtschaftssatzung zu beschäftigen haben[4]. Ebensowenig sind **Rechtsberatungskosten**, die der Gemeinde durch gerichtliche und außergerichtliche Rechtsberatung anlässlich von Rechtsbehelfsverfahren einzelner Gebührenschuldner gegen Abwassergebührenbescheide entstehen, betriebsbedingt. Diese Kosten entstehen nicht zwangsläufig und generell bei der vollständigen Abwicklung des Gebührenschuldverhältnisses[5]. Aufwendungen zur langfristigen Sicherung der Müllverbrennungskapazität können dagegen der kommunalen Abfallentsorgung zuzurechnen sein[6]. 144

Der Einrichtungsträger kann sich zur Erfüllung seiner Aufgabe auch Dritter bedienen. Die Gebührenfinanzierung für die in Anspruch genommenen **Fremdleistungen** des Dritten erfolgt dann durch den Ansatz der Entgelte, welche der Einrichtungsträger für dessen Hilfe zu zahlen hat. Deshalb sind im Grundsatz auch Entgelte für die Inanspruchnahme von Fremdleistungen ansatzfähige Kosten[7]. Der Aufgabenträger darf aber nicht jeden von dem Fremdleister geforderten Preis unbesehen in seine Kostenkalkulation einstellen. Er muss vielmehr prüfen, ob der geforderte Preis und die sonstigen Kosten, die durch die Tätigkeit des Dritten entstehen, nach dem Gebührenrecht ansatzfähig sind. Es muss sich also um betriebsbedingte und betriebsnotwendige Kosten handeln. Die Gebührenfähigkeit der Kosten der Fremdleistungen unterliegt damit den gleichen gebührenrechtlichen Grenzen, wie dies für die Kosten des Aufgabenträgers selbst der Fall ist[8]. Streitig ist in diesem Zusammenhang, inwieweit eine **fehlerhafte Vergabe** dazu führt, dass an Dritte gezahlte private Entgelte für erbrachte Leistungen über die Gebühr nicht abgerechnet werden können. Nach herrschender Auffassung setzt eine Refinanzierung privater Fremdleistungsentgelte über Gebühren nicht zwingend voraus, dass die haushaltsrechtlichen Vorschriften über die Vergabe von Aufträgen der öffentlichen Hand durch Ausschreibung beachtet worden sind[9]. Ist eine Ausschreibung zu Unrecht 145

---

1 OVG Schleswig, KStZ 1996, 113; VG Aachen v. 18.12.1997 – 7 L 294/97, NWVBl. 1998, 157.
2 BVerwG v. 20.1.1998, Buchholz 401.9 Nr. 39.
3 VGH Mannheim v. 22.10.1998 – 2 S 399/97, VBlBW 1999, 219; zu – vergeblichen – Planungskosten s. auch OVG NW v. 24.11.1999 – 9 A 6065/96, NWVBl. 2000, 373; *Quaas*, KStZ 1999, 141 (148f.)
4 VGH Mannheim v. 27.2.1996 – 2 S 1407/94, NVwZ-RR 1996, 593.
5 VGH Mannheim v. 13.5.1997 – 2 S 3246/94, n.v.
6 OVG Bremen v. 19.11.1996 – 1 N 2/95, NVwZ-RR 1997, 657.
7 Vgl. dazu *Quaas*, KStZ 1999, 141 (147); *Grünewald*, Abfallprax. 1999, 195 (200ff.).
8 VGH BW v. 22.10.1998 – 2 S 399/97, VBlBW 1999, 219; OVG Münster v. 15.12.1994 – 9 A 2251/93, NWVBl. 1995, 173; v. 15.9.1999 – 9 A 2736/96, NWVBl. 2000, 211.
9 OVG Münster v. 15.12.1994 – 9 A 2251/93, NWVBl. 1995, 173 (175); a.A. früher OVG Koblenz v. 9.4.1997 – 6 A 12010/06, DVBl 1998, 62, und OVG Schleswig v. 24.6.1998 – 2 L 113/97, Abfallprax. 1999, 28.

unterblieben (also die Fremdleistung nicht zu einem „Wettbewerbspreis" vergeben worden), muss der Gebührengläubiger auf geeignete Weise nachweisen, dass das vereinbarte und in die Gebührenkalkulation eingestellte Fremdleistungsentgelt dem Erforderlichkeitsprinzip entspricht[1]. Dieser Nachweis ist geführt, wenn der Preis dem Preis-Prüfungsrecht entspricht (Verordnung PR Nr. 30/52 über die Preise bei öffentlichen Aufträgen vom 21.11.1953 mit den in der Anlage aufgeführten Leitsätzen für die Preisermittlung – LSP)[2].

146 Zu den in die Gebührenkalkulation einzubringenden **kalkulatorischen Kosten** gehören eine angemessene Verzinsung des Anlagekapitals und angemessene Abschreibungen. Die **Abschreibungen** dienen dazu, die tatsächliche Abnutzung von betriebsnotwendigen Anlagen durch den Gebrauch wertmäßig zu erfassen und sie als Kosten auf die einzelnen Jahre entsprechend der Nutzung aufzuteilen. In der betrieblichen Praxis streitig ist insbesondere die Heranziehung von **Wiederbeschaffungszeitwerten** für die kostenrechnerische Kalkulation. Im Grundsatz entspricht dies dem betriebswirtschaftlichen Kostenbegriff, der es ermöglichen soll, Investitionen anteilsmäßig über die Abschreibung auf mehrere Jahre zu verteilen und damit die mit der Leistungserbringung verbundenen Belastungen der Kommunen möglichst gleichmäßig und leistungsperiodengerecht auf die Gebührenschuldner umzulegen. Das OVG Münster lässt es daher in dem grundlegenden Urteil vom 5.8.1994[3] grds. zu, als Abschreibungsbasis den Wiederbeschaffungszeitwert anzusetzen. Dabei wird in Kauf genommen, dass bei dieser Methode möglicherweise Gewinne als betriebswirtschaftliche Kosten deklariert werden[4]. Dagegen kann die Verzinsung des aufgewandten Kapitals nur auf der Basis des Anschaffungs-Herstellungswerts erfolgen[5]. Baden-Württemberg und Bayern schreiben grds. die Abschreibung von den Anschaffungskosten vor (§ 14 Abs. 3 Nr. 1 KAG BW).

147 Soweit die Investitionsaufwendungen der Einrichtung oder Anlage bereits durch einmalige **Beiträge** finanziert sind, darf eine **Abschreibung** grds. nicht mehr erfolgen. Insoweit ist es jedenfalls nach dem KAG Rh.-Pf. bei der Kalkulation von Benutzungsgebühren ausgeschlossen, Abschreibungen auf den beitragsfinanzierten Teil des Anlagevermögens einzustellen, auch wenn zugleich eine Auflösung der dem Anlagevermögen zugeflossenen einmaligen Beiträge stattfindet[6]. Nach § 14 Abs. 3 KAG BW sind bei der Ermittlung der Abschreibungsbeträge nur solche Beiträge, Zuweisungen und Zuschüsse Dritter gebührenmindernd zu berücksichtigen, die bei der Gemeinde tatsächlich eingegangen sind[7]. Nur insoweit sind die Herstellungskosten von Dritten finanziert. Nicht abzusetzen sind deshalb ebensowenig gestundete Beiträge oder künftige Beitragsforderungen, die erst bei tatsächlichem Eingang die kalkulatorischen Kosten vermindern sowie Beitragsvorauszahlungen für noch nicht in Betrieb genommene Anlagen. Unbeachtlich ist ferner, ob eine Gemeinde ein höheres – und damit in stärkerem Umfang gebührenminderndes – Beitragsaufkommen hätte erzielen können[8]. Im Übrigen ist es unzulässig, **Verbandslasten** aus

---

1 OVG Lüneburg v. 22.1.1999 – 9 L 1803/97, KStZ 1999, 190; VGH Kassel v. 27.4.1999 – 5 N 3909/98, NVwZ-RR 2000, 243.
2 Vgl. auch *Wiesemann*, NWVBl. 1998, 257 sowie jetzt HessVGH v. 27.4.1999 – 5 N 3909/98, NVwZ-RR 2000, 243.
3 OVG Münster v. 5.8.1994 – 9 A 1248/92, NVwZ 1995, 1233; bestätigt durch Urt. des OVG Münster v. 1.9.1999 – 9 A 3342/98, NWVBl. 2000, 135.
4 Vgl. die Urteilsanmerkungen von *Colbe*, NWVBl. 1995, 161; *Mohl/Schick*, KStZ 1994, 226; *Brüning*, KStZ 1994, 201 ff.; *Gössl*, BWGZ 1995, 115.
5 OVG Münster v. 5.8.1994 – 9 A 1248/92, NVwZ 1995, 1233; dazu u.a. *Hörstel*, NVwZ 95, 1188.
6 OVG Koblenz v. 18.3.1999 – 12 A 11783/98, DÖV 1999, 920.
7 VGH BW v. 27.1.2000 – 2 S 1621/97, NVwZ-RR 2000, 710.
8 *Quaas*, KStZ 2000, 181 (187).

Vorjahren zu aktivieren und in Form von kalkulatorischen Abschreibungen und kalkulatorischen Zinsen in die Gebührenkalkulation des Folgejahres einzubeziehen[1].

Nach betriebswirtschaftlichen Grundsätzen nicht ansatzfähige Kosten sind solche, die das Maß des Erforderlichen überschreiten. Dies beruht auf der Überlegung, dass eine sparsame und wirtschaftliche Haushaltsführung (vgl. z.B. § 48 LKrO BW, § 77 Abs. 2 GemO BW) besonders dort geboten ist, wo das kommunale Handeln Gebührenpflichten auslöst. Der **Erforderlichkeitsgrundsatz** betrifft nicht nur die Angemessenheit der entstandenen Kosten (kostenbezogene Erforderlichkeit), sondern auch die Erforderlichkeit der gebührenfähigen öffentlichen Einrichtung schlechthin und die Art und Weise ihres Betriebs (einrichtungsbezogene Erforderlichkeit). Insbesondere wegen der korrespondierenden Abgabenbelastung verpflichtet das Gebot der Sparsamkeit die Ausgaben so niedrig wie möglich zu halten und auf den zur Erfüllung der Aufgaben unbedingt notwendigen Umfang zu beschränken[2].

### e) Rechnungsperiode

Ein weiteres wesentliches Merkmal des betriebswirtschaftlichen Kostenbegriffs ist die Begrenzung der Ansatzfähigkeit von Kosten in zeitlicher Hinsicht durch den Gesichtspunkt der **Rechnungsperiode**. Die Kalkulations- oder Rechnungsperiode ist zu unterscheiden vom **Veranlagungszeitraum** als der Zeitspanne, für welche die Gebühr satzungsgemäß erhoben wird[3]. Beide Zeiträume müssen nicht – und sind es im Regelfall auch nicht – identisch sein. Dass die Geltungsdauer einer Gebührenkalkulation begrenzt werden muss, ergibt sich bereits daraus, dass die ansatzfähigen Kosten, die Zahl der Maßstabseinheiten wie auch die sonstigen maßgeblichen Kriterien zuverlässigerweise nur für einen überschaubaren und damit relativ engen Zeitraum ermittelt werden können. Die Gebührenpflichtigen dürfen andererseits nur mit den Kosten belastet werden, die dem Wertverzehr von Leistungen und Gütern in der Leistungsperiode entsprechen, in der sie die Leistung der gebührenberechnenden Einrichtung in Anspruch nehmen[4]. Es darf demgemäß nicht auf den Zeitpunkt abgestellt werden, in dem die Kosten angefallen sind. Der Gesichtspunkt der **Periodengerechtigkeit** hindert also auch im Falle der Inanspruchnahme von Fremdleistungen den Gebührengläubiger daran, Kosten für noch nicht oder nicht mehr erbrachte Leistungen in die Gebührenbedarfsberechnung einzustellen[5].

Bei der Gebührenbemessung dürfen die Kosten grds. in einem mehrjährigen Zeitraum berücksichtigt werden, der nach den einzelnen Landesgesetzen bestimmt (vgl. § 14 Abs. 2 KAG BW: höchstens 5 Jahre) oder unbestimmt ist (vgl. § 6 Abs. 1 Satz 3 KAG NW). Kostenunterdeckungen können in diesem Zeitraum – je nach Landesrecht – ausgeglichen werden[6]. Auch bei einer mehrjährigen Gebührenkalkulation sind die Kalkulationsgrundlagen für jedes Haushaltsjahr getrennt zu ermitteln. Ziel dieser mehrjährigen Kalkulation ist es, die Höhe des Gebührensatzes möglichst über einen längeren Zeitraum hinweg unverändert belassen zu können. Deshalb folgt aus der Befugnis, bei der Gebührenbemessung die Kosten in einem mehrjährigen Zeitraum zu berücksichtigen (vgl. u.a. § 9 Abs. 2 Satz 3 KAG BW) das Recht, für den gesamten Kalkulationszeitraum einen konstanten Gebührensatz

---

1 OVG NW v. 18.7.1997 – 9 A 2933/95, KStZ 1998, 219.
2 VGH BW v. 22.10.1998 – 2 S 399/97, VBlBW 1999, 219; *Schulte/Wiesemann*, in: Driehaus, Kommunalabgabenrecht, § 6 Rz. 69 ff.
3 *Schulte/Wiesemann*, in: Driehaus, Kommunalabgabenrecht, § 6 Rz. 90 f.
4 OVG Münster v. 1.7.1997 – 9 A 3556/96, NWVBl. 1998, 118.
5 *Grünewald*, KStZ 1996, 170.
6 Vgl. § 14 Abs. 2 KAG BW; vgl. dazu *Gössl*, BWGZ 1996, 210.

in der Satzung festzulegen[1]. Soll während des mehrjährigen Kalkulationszeitraums eine volle Kostendeckung erreicht werden, ist ein durchschnittlicher Gebührensatz festzulegen, der – bei unterstellter jährlicher Kostensteigerung – zu Beginn des Kalkulationszeitraums zu Überschüssen führen wird, die sich mit den am Ende des Kalkulationszeitraums ergebenden Fehlbeträgen wieder ausgleichen, wie folgendes Beispiel einer dreijährigen Gebührenkalkulation zeigt:

| Haushaltsjahr | 2008 | 2009 | 2010 | Summen |
|---|---|---|---|---|
| Voraussichtliche Ausgaben | 100 000 € | 110 000 € | 115 000 € | 325 000 € |
| Maßstabseinheiten (ME) | 10 000 | 10 200 | 10 250 | 30 450 |
| Jährlicher Gebührensatz | 10,00 €/ME | 10,78 €/ME | 11,22 €/ME | Durchschnittlicher Gebührensatz für 3 Jahre: 10,67 €/ME |

151 Legt die Gemeinde den Gebührensatz bei 10,67 Euro/ME fest, werden sich die Gebühreneinnahmen im Kalkulationszeitraum wie folgt entwickeln:

| Haushaltsjahr | 2008 | 2009 | 2010 | Summen |
|---|---|---|---|---|
| Gebühren-Einnahmen | 106 700 € | 108 834 € | 109 367 € | 324 901 € |
| Kalkulierter Überschuss | +6 700 € | –1 166 € | –5 633 € | +/–0 € |

152 Eine Nachkalkulation von Gebührensätzen ist zulässig, allerdings nur insoweit, wenn sich die in der Vergangenheit festgesetzten Gebührensätze nachträglich als nichtig erweisen und die Gemeinde die Gebührensätze durch rückwirkenden Satzungserlass heilen möchte. Der Gebührensatz darf aber nicht rückwirkend **erhöht werden**[2].

**f) Gebührenmaßstab**

153 Häufiger Streitpunkt in Gebührenprozessen ist der von der Gemeinde in ihrer Gebührensatzung bestimmte Tarif (Gebührenmaßstab). Aufgabe der „richtigen" Bemessung der Benutzungsgebühr ist es, die nach dem Voranschlag zu deckenden Kosten unter Wahrung der Grenze der Äquivalenz in möglichst praktikabler und zugleich gerechter Weise auf die Benutzer der Einrichtung zu verteilen[3].

**aa) Äquivalenzprinzip und Gleichheitssatz**

154 Als Ausfluss des Grundsatzes der Verhältnismäßigkeit verlangt das **Äquivalenzprinzip**, dass zwischen der Gebühr und der von der Gemeinde erbrachten Leistungen kein Missverhältnis bestehen darf. Insoweit fordert es i.V.m. dem Gleichheitssatz, dass die Benutzungsgebühr im Allgemeinen nach dem Umfang der Benutzung bemessen wird, so dass bei etwa gleicher Inanspruchnahme der öffentlichen Einrichtung etwa gleich hohe Gebühren und bei unterschiedlicher Benutzung diesen Unterschieden in etwa angemessene Gebühren erhoben werden[4]. Eine Obergrenze für die Gebührenbemessung; eine Mindestgebühr schreibt es nicht vor.

---

1 VGH BW v. 27.1.2000 – 2 S 1621/97, NVwZ-RR 2000, 701; *Quaas*, KStZ 2000, 181 (187).
2 VGH BW v. 9.1.1996 – 2 S 2757/95, VBlBW 1996, 220; *Scholz*, BWGZ 1989, 239 (242); *Gössl*, BWGZ 1995, 118.
3 *Stolterfoht*, VBlBW 1981, 280 (283); zur Bemessung der Benutzungsgebühr s. i.Ü. *Dahmen*, in: Driehaus, Kommunalabgabenrecht, § 6 Rz. 197 ff.; *Scholz*, BWGZ 1989, 239 (248 ff.).
4 BVerwG v. 5.11.2001 – 9 B 50.1, NVwZ-RR 2002, 217; VGH Mannheim v. 1.2.2011 – 2 S 550/09, VBlBW 2011, 353; VGH BW, VBlBW 1988, 142.

III. Sonstige kommunale Abgaben                              Rz. 157 Teil **4**

Im Übrigen verstößt eine Gebührenbemessung erst dann gegen das Äquivalenzprinzip, wenn deren Anwendung zu einer gröblichen Störung des Ausgleichsverhältnisses zwischen der Gebühr und dem Wert der Leistung für den Empfänger führt[1]. 155

Unterhalb der durch den Grundsatz der Äquivalenz gezogenen Obergrenze ist das ortsgesetzgeberische Ermessen durch den **Gleichheitssatz** eingeschränkt. Dabei ist im Benutzungsgebührenrecht ebenso wie im sonstigen Abgabenrecht auf die **Typengerechtigkeit** abzustellen, die es dem Satzungsgeber gestattet, bei der Gestaltung gebührenrechtlicher Regelungen in der Weise zu verallgemeinern und zu pauschalieren, dass an Regelfälle eines Sachverhalts angeknüpft wird und dabei die Besonderheiten von Einzelfällen außer Betracht bleiben. Dieser Grundsatz vermag die Gleichbehandlung ungleicher Sachverhalte jedoch nur solange zu rechtfertigen, als nicht mehr als 10 v.H. der von der Regelung betroffenen Fälle dem „Typ" widersprechen[2]. Nach Auffassung des BVerwG schließt der Gleichheitssatz eine satzungsrechtliche Müllgebührenbemessung, die an die einzelnen Haushalte unabhängig von der Zahl der Haushaltsangehörigen oder der konkret zu entsorgenden Müllmenge anknüpft, jedenfalls dann nicht aus, wenn auf Grund besonderer örtlicher Verhältnisse die mengenbezogenen Abfallbeseitigungskosten, d.h. die durch die konkrete Benutzung verursachten Kosten, gegenüber den fixen Kosten völlig unerheblich sind[3]. 156

**bb) Staffelung**

Äquivalenzprinzip und Gleichheitssatz verlangen nicht, dass die Benutzungsgebühr allein nach dem Maß der durch die jeweilige Benutzung verursachten Kosten erhoben werden. Für die Bemessung **gestaffelter Benutzungsgebühren** kommen als sachgerechte Kriterien auch die durch die Benutzung verursachten Kosten (Prinzip der Kostenproportionalität)[4] sowie Art und Umfang der Benutzung (Prinzip der Leistungsproportionalität) in Betracht (vgl. § 14 Abs. 1 Satz 1, 2. HS KAG BW). Es steht grds. im Ermessen des Satzungsgebers, ob er sich für das Kriterium der Leistungsproportionalität oder das Kriterium der Kostenproportionalität oder für eine Verbindung beider Kriterien entscheidet[5]. Die Gemeinde ist nicht verpflichtet, etwa entsprechend den Abfallmengen progressiv gestaffelte Gebühren zu erheben, um Anreize zur Vermeidung von Abfall zu schaffen[6]. Auch die Berücksichtigung **sozialer Gesichtspunkte** (etwa eine Staffelung von Benutzungsgebühren nach dem Einkommen bzw. nach der finanziellen Leistungsfähigkeit des Gebührenschuldners) sind nicht grds., ggf. aber bei bestimmten Gebührenarten unzulässig[7]. Es ist mit Bundesrecht vereinbar, bei **Kindergartenentgelten** eine Staffelung nach Ein- 157

---

1 BVerwG v. 16.9.1981 – 8 C 48.81, DÖV 1982, 154; KStZ 1985, 129; *Scholz*, BWGZ 1989, 249.
2 BVerwG v. 1.8.1986 – 8 C 112.84, KStZ 1987, 11 = NVwZ 1987, 231; *Lichtenfeld*, in: Driehaus, Kommunalabgabenrecht, § 6 KAG Rz. 750.
3 BVerwG v. 21.10.1994 – 8 C 21.92, KStZ 1995, 54, mit Anm. *Schubel*; BayVBl. 1995, 279.
4 Der häufig synonym gebrauchte Begriff „Grundsatz der speziellen Entgeltlichkeit" ist demgegenüber sachlich wenig aussagekräftig; vgl. OLG Lüneburg v. 11.7.1989 – 9 L 39/89, NVwZ 1990, 91 (92 re. Sp.).
5 VGH BW, KStZ 1982, 213; v. 25.3.1982 – 2 S 1378/81.
6 BayVGH v. 9.11.1994 – 4 B 93.1541, BayVBl. 1995, 278.
7 BVerwG v. 13.4.1994 – 8 NB 4.93, NVwZ 1995, 173 – Kindertagesstättengebühren; s. ferner OVG Lüneburg v. 11.7.1989 – 9 L 39/89, NVwZ 1990, 91 (unter Abweichung von der früheren st. Rechtsprechung des 3. Senats, u.a. OVGE 35, 455; OVGE 37, 453); s. ferner OVG Münster v. 1.7.1988 – 8 A 2711/85, NVwZ-RR 1989, 276; VGH BW v. 30.11.1988 – 2 S 1140/87, NVwZ-RR 1989, 267; *Scholz*, BWGZ 1989, 239 (249); s. ferner *Lichtenfeld*, in: Driehaus, Kommunalabgabenrecht, § 6 Rz. 752.

kommen, Kinderzahl oder Familiengröße vorzunehmen[1]. Dabei sind die Gemeinden bei der Bestimmung des Einkommensbegriff weitgehend frei. Allerdings ist das zu berücksichtigende Einkommen in der Satzung konkret zu bestimmen.

Heftig umstritten ist die Frage, ob Auswärtige bei der Benutzung einer gemeindlichen Einrichtung mit einem **Auswärtigenzuschlag** belegt werden dürfen[2]. Die für den auswärtigen Benutzer eintretende Schlechterstellung müsste durch sachlich einleuchtende Gründe gerechtfertigt sein. Dafür ist nicht ausreichend, dass die „Auswärtigeneigenschaft" einen abweichenden Tatbestand darstellt, der von der Regel abweichende Rechtsfolgen zulässt[3]. Nach Auffassung des BVerwG[4] verstößt es nicht gegen den allgemeinen Gleichheitsgrundsatz, wenn in einer kommunalen Satzung für den Besuch einer Musikschule von Einheimischen eine um einen Zuschuss der Gemeinde abgesenkte Gebühr erhoben wird, während auswärtige Benutzer die nicht bezuschusste Gebühr bezahlen müssen. Art. 28. Abs. 2 GG gestattet jedenfalls bei Einrichtungen ohne Benutzungszwang die Gewährung eines solchen Zuschusses, wenn damit keine indirekte Subventionierung der einheimischen Benutzer durch die Auswärtigen bewirkt wird[5].

### g) Hinweise zur Lösung des Beispielsfalls 3

158 Die Anfechtungsklage der Klägerin gegen die Feststellungsbescheide vom 15.8.2010 und den Bescheid über den Starkverschmutzungszuschlag vom 6.3.2010 hat Erfolg. Die angefochtenen Bescheide sind rechtswidrig, weil sie der erforderlichen satzungsrechtlichen Grundlage entbehren. Im Einzelnen ist auszuführen (vgl. VGH Baden-Württemberg v. 31.8.1989 – 2 S 2805/87, VBlBW 1990, 103 ff.):

„Nach § 26 Abs. 1 AbwS 1992 wird die Abwassergebühr nach der Abwassermenge bemessen, die auf den an die öffentlichen Abwasseranlagen angeschlossenen Grundstücken entfällt. Nach Abs. 2 dieser Satzungsvorschrift gilt in dem jeweiligen Veranlagungszeitraum (§ 30 Abs. 2) als angefallene Abwassermenge (Nr. 1) bei öffentlicher Wasserversorgung der der Entgeltberechnung zugrundegelegte Wasserverbrauch: (Nr. 2) bei nichtöffentlicher Trink- und Brauchwasserversorgung der von Wasserzählern angezeigte Verbrauch: (Nr. 3) bei Einleitung auf Grund von § 8 Abs. 3 die eingeleitete Wassermenge. Nach § 27 Abs. 1 AbwS 1982 werden Wassermengen, die nachweislich nicht in die öffentlichen Abwasseranlagen eingeleitet wurden, auf Antrag des Gebührenschuldners bei der Bemessung der Abwassergebühr insoweit abgesetzt, als sie 60 cbm/Jahr übersteigen. Nach § 28 Abs. 1 AbwS 1992 beträgt die Abwassergebühr je Kubikmeter Abwasser 1,75 €. Nach Abs. 2 dieser Satzungsvorschrift ermäßigt sich für das Abwasser, das nicht in einem Klärwerk gereinigt wird, die Gebühr je Kubikmeter Abwasser auf 0,60 €. Für sog. Starkverschmutzer wird in § 29 AbwS 1992 folgende Regelung getroffen:

„(1) Wird in die öffentlichen Abwasseranlagen stark verschmutztes Abwasser eingeleitet, so erhöht sich der Gebührensatz (§ 28) entsprechend der stärkeren Verschmutzung. Die Verschmutzungswerte werden, soweit sie nicht durch Messungen ermittelt werden, nach den Verschmutzungsgraden (mittlere Verschmutzungswerte), die sich nach allgemeinen Erfahrungen bei gleichartigen Abwassereinleiten ergeben, durch die Stadt festgesetzt.

---

1 BVerfG v. 10.3.1998 – BvR 178/97, DVBl 1998, 699; dazu *Jestaedt*, Staffelgebühren und Steuerstaat, DVBl 2000, 1820; BVerwG v. 13.4.1994 – 8 NB 4.93, NVwZ 1995, 173 – Kindertagesstättengebühren; v. 15.3.1995 – 8 NB 1/95, NVwZ 1995, 790 – Kindergartenbenutzung; z. zur Staffelung des Elternbeitrags nach Einkommensgruppen oder Kinderzahl OVG Münster v. 13.6.1994 – 16 A 2645/93, NVwZ 1995, 191; v. 13.6.1994 – 16 A 847/94, NVwZ 1995, 196; *Urban*, NVwZ 1995, 143.
2 Bejahend u.a. VG Trier, KStZ 1979, 50; *Rüttgers*, KStZ 1979, 125.
3 So früher *Bauernfeind*, in: Driehaus, Kommunalabgabenrecht, § 1 Rz. 54; wie hier *Driehaus*, in: Driehaus, § 1 Rz. 53.
4 BVerwG v. 30.1.1997 – 8 NB 2.96, DVBl 1997, 1062.
5 A.A. VGH Mannheim v. 4.1.1996 – 2 S 2499/93, NVwZ 1997, 620.

(2) Bei Veranlagung nach mittleren Verschmutzungswerten erhöht sich die Abwassergebühr wie folgt:

1. Bei Abwasser mit einem Gehalt an absetzbaren Stoffen

   von 300 bis 600 mg/l  um 5 v.H.

   für jede mg/l um jeweils weitere  5 v.H.

   und ab 1200 mg/l  um 20 v.H.

2. Bei Abwasser mit einer Konzentration an chemisch oxidierbaren Stoffen, gemessen am chemischen Sauerstoffbedarf (CBS):

   von 400 bis 800 mg/l  um 15 v.H.

   für jede weiteren angefangenen 400 mg/l

   um jeweils weitere  15. v.H.

   und ab 600 mg/l  um 60 v.H.

   Die Zuschläge nach Nrn. 1 und 2 werden nebeneinander erhoben.

(3) Weist der Gebührenschuldner auf Grund eines von der Stadt zugelassenen Messprogramms durch Vorlage von Messwerten nach, dass das gewogene Mittel der Messergebnisse im vergangenen Veranlagungszeitraum von den nach Abs. 1 festgesetzten Verschmutzungswerten abweicht, ist der Gebührenberechnung das gewogene Mittel der Messwerte zu Grunde zu legen.

Nach der Rechtsprechung des erk. Senat hat der Gemeinderat als zuständiges Rechtssetzungsorgan über den Gebührensatz innerhalb der gesetzlichen Schranken nach pflichtgemäßem Ermessen zu beschließen. Voraussetzung für eine sachgerechte Ermessensausübung ist eine **Gebührenkalkulation**, aus der die kostendeckende Gebührensatzobergrenze hervorgeht. Sie wird ermittelt, indem die gebührenfähigen Kosten der öffentlichen Einrichtung auf die potentiellen Benutzer nach Maßgabe des in der Satzung vorgesehenen Gebührenmaßstabes verteilt werden, wobei der voraussichtliche Umfang der Benutzung bzw. Leistung in der Regel geschätzt werden muss. Die Gebührensatzobergrenze ist danach das Ergebnis eines Rechenvorgangs, bei dem die voraussichtlichen gebührenfähigen Gesamtkosten durch die Summe der voraussichtlichen maßstabsbezogenen Benutzungs- bzw. Leistungseinheiten geteilt werden. Da § 9 Abs. 2 KAG die Gemeinde nicht verpflichtet, vollständige Kostendeckung anzustreben, hat sich der Gemeinderat vor oder bei Beschlussfassung über den Gebührensatz im Wege einer Ermessensentscheidung darauf festzulegen, welche gebührenfähigen Kosten der öffentlichen Einrichtung in den Gebührensatz eingestellt werden sollen. Außerdem ist der Gemeinde bei der Ermittlung der in den Gebührensatz einzustellenden Kostenfaktoren überall dort ein Beurteilungsermessen eingeräumt, wo sich die Kosten nicht rein rechnerisch, sondern nur im Wege von Schätzungen oder finanzpolitischen Bewertungen ermitteln lassen, wie dies beispielsweise bei der Ermittlung des ‚angemessenen' Zinssatzes für die Verzinsung des Anlagekapitels und des ‚angemessenen' Abschreibungssatzes für die Abschreibung der Fall ist (§ 9 Abs. 3 Satz 1 KAG). Die Ausübung dieses Ermessens steht wegen des untrennbaren Zusammenhangs mit der Entscheidung über die Höhe des Gebührensatzes allein dem Gemeinderat als dem zuständigen Rechtssetzungsorgan zu. Da, wie bereits erwähnt, § 9 Abs. 2 KAG nicht zur vollständigen Kostendeckung verpflichtet, darf der zu beschließende Gebührensatz hinter der ermittelten kostendeckenden Gebührensatzobergrenze zurückbleiben. Insoweit ist das Ermessen des Gemeinderats im Wesentlichen nur durch die haushaltsrechtlichen Grundsätze der Einnahmebeschaffung (§ 78 Abs. 2 GO) eingeschränkt, die wegen des den Gemeinden hierbei eingeräumten **Beurteilungsspielraums** nur eine beschränkte gerichtliche Überprüfung ermöglichen (vgl. *Kunze/Bronner/Katz*, GO, § 78 Rz. 38). Ist dem Gemeinderat vor oder bei Beschlussfassung über den Gebührensatz eine Gebührenkalkulation nicht zur Billigung unterbreitet worden oder ist die unterbreitete Gebührenkalkulation in einem für die Gebührensatzhöhe wesentlichem Punkt mangelhaft, hat dies die Ungültigkeit des Gebührensatzes zur Folge, weil der Gemeinderat ohne eine ordnungsmäßige Gebührenkalkulation das ihm bei Festsetzung des Gebührensatzes eingeräumte Ermessen nicht fehlerfrei ausüben konnte (VGH Baden-Württemberg, Urt. v. 24.10.1988 – 2 S 1168/88 und v. 16.2.1989 – 2 S 2279/87).

Dem Gemeinderat der Beklagten ist zwar, wie den Sitzungsniederschriften vom 12.10. und 16.11.1992 zu entnehmen ist, mit dem Entwurf der Abwassersatzung eine Gebühren- und Starkverschmutzerzuschlagskalkulation vom 25.6.1992 zur Billigung unterbreitet worden. Die Kalkulation des allgemeinen Gebührensatzes ist jedoch allein schon deshalb fehlerhaft, weil in sie nicht sämtliche maßstabsbezogenen Benutzungs- bzw. Leistungseinheiten eingestellt wurden. Im Rahmen der Ermittlung des jährlichen Abwasseranfalls sind zwar die nach § 26 Abs. 2 AbwS 1992 als Gebührenmaßstab in Frage kommenden Frischwassermengen berücksichtigt, die nach der dem **Frischwassermaßstab** zugrundeliegenden Regelvermutung in die öffentliche Kanalisation eingeleitet werden. Die öffentliche Entwässerungseinrichtung der Beklagten beschränkt sich indessen nicht auf die Entsorgung der angeschlossenen Fremdgrundstücke, ihr wird auch nahezu das gesamte Straßenoberflächenwasser zugeführt, weil das Stadtgebiet der Beklagten mit Ausnahme des Gewerbegebiets ‚G' im sog. **Mischsystem** entwässert wird. Bei diesem wird nicht nur das Schmutzwasser, sondern auch das auf den angeschlossenen Grundstücken und den öffentlichen Verkehrsflächen anfallende Oberflächenwasser in die öffentliche Kanalisation eingeleitet und den Abwasserbehandlungsanlagen zugeführt. Auch wenn nach der Abwassersatzung der Beklagten das auf den angeschlossenen Grundstücken anfallende Oberflächenwasser bei der Gebührenbemessung unberücksichtigt bleibt, hätte dennoch in die Gebührenkalkulation die auf den **öffentlichen Verkehrsflächen** anfallenden und in die öffentliche Kanalisation eingeleiteten Regenwassermengen in einem angemessenen, d.h. vor allem maßstabsbezogenen Umfang eingestellt werden müssen (*wird ausgeführt ...*).

Unabhängig davon ist die Ermittlung der Verschmutzungswerte der in § 29 Abs. 1 Satz 2 AbwS 1982 getroffen Regelung mangels hinreichender Bestimmtheit ungültig. Auch für Abgabensatzungen gilt das **rechtsstaatliche Bestimmtheitsgebot**, wonach Ermächtigungen zur Vornahme belastender Verwaltungsakte nach Inhalt, Gegenstand und Ausmaß hinreichend bestimmt und begrenzt sein müssen, so dass die Eingriffe messbar und in gewissem Umfang für den Staatsbürger voraussehbar und berechenbar sind (vgl. BVerfG, Beschl. v. 12.11.1958, BVerfGE 8, 274ff. [325]; Beschl. v. 10.10.1961, BVerfGE 13, 153ff. [160]; BVerwG, Urt. v. 20.5.1955, BVerwGE 2, 114ff. [116]; *Driehaus*, Kommunalabgabenrecht, § 2 Rz. 69). Danach muss eine Abgabensatzung für alle in Betracht kommenden Anwendungsfälle insbesondere die Bemessung der Abgabe klar und berechenbar regeln und darf nicht eine wesentliche Maßstabsbestimmung der Entscheidung im Einzelfall überlassen (BVerwG, Urt. v. 28.11.1975 – IV C 45.74, BVerwGE 50, 2; Beschl. v. 27.11.1981 – 8 B 189.89, NVwZ 1982, 500 [501]; VGH Baden-Württemberg, NKB v. 7.9.1987 – 2 S 998/86). Der Grad der erforderlichen Bestimmtheit hängt wesentlich von der Differenziertheit der satzungsrechtlichen Regelung ab. Je differenzierter der abgabenbegründete Tatbestand in der Satzung ausgestaltet ist, umso höher sind die an die Bestimmtheit zu stellenden Anforderungen. Die Beklagte hat in § 29 Abs. 2 AbwS 1992 die **Starkverschmutzerzuschläge** nach dem Verschmutzungsgrad des Abwassers abgestuft und die einzelnen Stufen in verhältnismäßig kleinen Schritten trennscharf festgelegt, nämlich für den Gehalt an absetzbaren Stoffen in Schritten von je 300 mg/l bis zu einem Grenzwert von 120 mg/l und für die chemisch oxidierbaren Schmutzstoffe in Schritten von 400 mg/l CSB bis zu einem Grenzwert von 1 600 mg/l CSB. Diese differenzierte, trennscharfe Abstufung der Starkverschmutzungszuschläge bedingt naturgemäß erhöhte Anforderungen an die Ermittlung der jeweiligen Verschmutzungswerte und an deren Regelung in der Satzung. Sie muss entsprechend dem rechtsstaatlichen Bestimmtheitsgebot so ausgestaltet sein, dass im Regelfall keine Unsicherheiten darüber entstehen können, welcher Verschmutzungsstufe ein Starkverschmutzer jeweils zuzuordnen ist. Dieser Anforderung wird das in § 29 Abs. 2 Satz 2 AbwS 1992 geregelte Ermittlungsverfahren nicht gerecht. (*wird ausgeführt ...*).

Keinen durchgreifenden Bedenken begegnet das **Berechnungsmodell** als solches, nach dem die Beklagte die Starkverschmutzerzuschläge ermittelt hat. Nach der ständigen Rechtsprechung des erk. Senats dürfen Benutzungsgebühren im Einklang mit dem **Äquivalenzprinzip** und dem Gleichsatz kostenorientiert, nämlich nach den durch die Benutzung jeweils verursachten Kosten, leistungsorientiert, nämlich nach Art und Umfang der Benutzung, oder nach diesen beiden Kriterien bemessen werden (VGH Baden-Württemberg, Urt. v. 25.3.1982 – 2 S 1378/81 – KStG 1982, 212; Normenkontrollbeschluss v. 7.5.1984 – 2 S 2877/82, ESVGH 24, 274 [279]; Normenkontrollbeschluss v. 1.7.1987 – 2 S 3278/85, VBlBW 1988, 142). Für die Bemessung der Starkverschmutzerzuschläge gilt dies entsprechend. Bei einer ausschließlich leistungsorientierten Bemessung der Starkverschmutzungszuschläge wären die bei den Starkverschmutzern anfallenden Abwassermengen mit Hilfe eines Umrechnungsfaktors auf normal verschmutzte Abwassermengen hochzurechnen und dies als Benutzungseinheiten in die Gebührenkalkulation einzustellen. Dieses Berechnungsmodell beruht auf der Überlegung, dass ein Starkverschmutzer, dessen Abwasser beispielsweise einen doppelt so hohen Verschmutzungsgrad wie normal verschmutztes Abwasser aufweist, die öffentliche Entwässerungseinrichtung annähernd in demselben Maß in Anspruch nimmt wie ein Normalverschmutzer, der die doppelte Abwassermenge einleitet. Eine ausschließlich kostenorientierte Bemessung der Starkverschmutzerzuschläge hätte von der Überlegung auszugehen, die Einleiter normal verschmutzter Abwässer von den Mehraufwendungen zu entlasten, die durch die Beseitigung der in Sinne der Satzung starkverschmutzten Abwässer verursacht werden. Bei diesem Berechnungsmodell müssten zunächst die verschmutzungsabhängigen Kosten ausgesondert werden, die von allen Einleitern nach Maßgabe des allgemeinen Gebührenmaßstabes zu tragen sind. Die verschmutzungsabhängigen Kosten wären wiederum in zwei Kostenmassen zu teilen, nämlich einerseits in diejenigen Kosten, die durch die Reinigung normal verschmutzter Abwässer verursacht werden, und andererseits in diejenigen Kosten, die auf die Reinigung stark verschmutzter Abwässer ursächlich zurückzuführen sind. Nur die zuletzt genannte Kostenmasse wäre in die Kalkulation der Starkverschmutzerzuschläge einzustellen. Das von der Beklagten gewählte Berechnungsmodell ist durch eine Kombination leistungs- und kostenorientierter Kriterien gekennzeichnet, wie es der Gemeindetag in BWGZ 1983, 400ff. vorgestellt hat. Nach diesem Berechnungsmodell werden die stark verschmutzten Abwassermengen auf normal verschmutzte unter Ansatz eines kostenorientierten Umrechnungsfaktors hochgerechnet, der sich an dem prozentualen Anteil der verschmutzungsabhängigen Kosten an den gebührenfähigen Gesamtkosten der öffentlichen Entwässerungseinrichtung orientiert. Diesem Berechnungsmodell liegt die Erwägung zu Grunde, dass der Starkverschmutzer mit dem Zuschlag nur zu den verschmutzungsabhängigen Kosten entsprechend dem Verschmutzungsgrad der eingeleiteten Abwässer herangezogen werden soll. Nach welchem dieser Berechnungsmodelle der Starkverschmutzerzuschlag ermittelt werden soll, steht im pflichtgemäßen Ermessen des Satzungsgebers. Aus der von ihm zu billigenden Gebührenkalkulation muss deshalb hervorgehen, welches Berechnungsmodell der Starkverschmutzerzuschlagsregelung zugrunde liegt. Sowohl bei der Ermittlung der verschmutzungsabhängigen Kosten als auch bei der Festlegung des Umrechnungsfaktors, mit dem die stark verschmutzten Abwassermengen auf normal verschmutzte hochgerechnet werden, ist dem Satzungsgeber ein gerichtlich nur beschränkt überprüfbares Beurteilungsermessen eingeräumt, weil insoweit Schätzungen und bewertende Beurteilungen unvermeidlich sind."

## IV. Muster

### 1. Widerspruch gegen Erschließungsbeitragsbescheid

An die Stadt ... 159

Herrn Oberbürgermeister ...

Widerspruch gegen Erschließungsbeitragsbescheide für das
Grundstück Flurstück Nr. ..., X-Straße Nr. ...; Ihr Zeichen: ...

Sehr geehrter Herr Oberbürgermeister ...

wir zeigen an, dass uns Frau ... Vollmacht erteilt und mit der Wahrnehmung ihrer Interessen beauftragt hat. Eine auf uns lautende Vollmacht ist beigefügt. Namens und im Auftrag unserer Mandantin legen wir gegen den Erschließungsbeitragsbescheid vom ..., zugestellt am ..., Widerspruch ein und beantragen, den genannten Widerspruchsbescheid aufzuheben.

1. Eine Erschließungsbeitragspflicht konnte nicht entstehen, weil der Bebauungsplan ..., in dessen Gebiet das Grundstück unserer Mandantin liegt, unwirksam ist. Gemäß § 125 Abs. 1 BauGB setzt die Herstellung der Erschließungsanlagen i.S.d. § 127 Abs. 2 BauGB einen Bebauungsplan voraus. Liegt ein Bebauungsplan nicht vor, so dürfen die Anlagen nur gestellt werden, wenn sie den in § 1 Abs. 4 bis 7 bezeichneten Anforderungen entsprechen. Beide Vorraussetzungen sind vorliegend nicht erfüllt (...).

2. Bei der ... Straße handelt es sich zudem um eine vorhandene Erschließungsanlage i.S.v. § 242 Abs. 1 BauGB. Diese Vorschrift bestimmt, dass für vorhandene Erschließungsanlagen, für die eine Beitragspflicht auf Grund der bis zum In-Kraft-Treten des Bundesbaugesetzes geltenden Vorschriften nicht entstehen konnte, weil nach dem Baugesetzbuch kein Beitrag, insbesondere kein Erschließungsbeitrag, erhoben werden kann. Die ... Straße wurde schon Ende 1950-er Jahre in ihrem jetzigen Ausbauzustand endgültig hergestellt. Nach Angaben der Stadtverwaltung ist ein nach damaligem Recht für die Fertigstellung maßgeblicher Straßenbau-, Straßen- und Baufluchten oder Bebauungsplan nicht mehr auffindbar. Steht jedoch fest, dass vor In-Kraft-Treten des Bundesbaugesetzes eine funktionstüchtige Straße vorhanden war, ist aber offen, ob die Straße dem Inhalt nach dem seinerzeitigen Recht für ihre Fertigstellung maßgeblichen Planungsrechts entsprach, trägt die Gemeinde für den Fall der Unerweislichkeit des Planinhalts die Feststellungslast mit der Folge, dass die entsprechende Straße als bereits früher endgültig fertiggestellt anzusehen ist (vgl. BVerwG, Urt. v. 26.1.1979 – 4 C 52.76 – DÖV 1979, 602).

3. Selbst wenn man annehmen wollte, eine Erschließungsbeitragspflicht sei entstanden, ist der Bescheid gleichwohl aufzuheben, weil entgegen § ... EBS zu Gunsten des Widerspruchsführers eine Tiefenbegrenzung hätte berücksichtigt werden müssen.

**2. Antrag an Gemeinde auf Aussetzung der Vollziehung gem. § 80 Abs. 4 VwGO**

160 An die Stadt ...

Herrn Oberbürgermeister ...

Erschließungsbeitragsbescheid vom ... für das Grundstück
Flurstück Nr. ..., ... Straße.

Sehr geehrter Herr Oberbürgermeister,

wir nehmen Bezug auf den von uns eingelegten Widerspruch gegen Erschließungsbeitragsbescheid vom ..., zugestellt am ..., für das Grundstück Flurstück Nr. ..., ... Straße. Eine auf uns lautende Vollmacht liegt Ihnen schon vor. Namens und im Auftrag der Widerspruchsführerin beantragen wir gem. § 80 Abs. 4 VwGO die Aussetzung der Vollziehung.

1. Dem Antrag ist stattzugeben, weil ernstliche Zweifel an der Rechtmäßigkeit des angefochtenen Beitragsbescheides bestehen. Zur Begründung beziehen wir uns auf unseren Widerspruch vom ...

2. Die Vollziehung des Bescheides hätte für unsere Mandantin zudem eine unbillige, nicht durch überwiegende öffentliche Interessen gebotene Härte i.S.v. § 80 Abs. 4 Satz 3 VwGO zur Folge. Unsere Mandantin ist nicht in der Lage, den sich aus dem Erschließungsbeitragsbescheid ergebenden Betrag in Höhe von ... € zu begleichen, ohne das mit einem Einfamilienhaus bebaute Grundstück zu veräußern. Unsere Mandantin ist verwitwet und hat neben ihrer Witwenrente in Höhe von ... € monatlich keine weiteren Einkünfte sowie kein Vermögen. Eine unzumutbare Härte ist anzunehmen, wenn die Zahlung den Betroffenen einen nicht wieder gut zu machenden Schaden zufügt, der auch durch eine etwaige spätere Rückzahlung des Betrages nicht ausgeglichen werden kann, insbesondere wenn die Zahlung zur Existenzvernichtung führen kann (OVG Münster, NVwZ-RR 1994, 617 [618]). Die kurzfristige Veräußerung des Grundstücks entzöge der Widerspruchsführerin ihren einzigen nennenswerten Vermögensgegenstand und wäre auch durch eine etwaige spätere Rückzahlung des Erschließungsbeitrages nicht mehr auszugleichen.

3. Die Fälligkeit des Beitrages tritt gem. § 135 Abs. 1 BauGB einen Monat nach Bekanntgabe des Beitragsbescheides ein. Wir bitten deshalb darum, über den Antrag auf Aussetzung des Vollziehung bis spätestens zum ... zu entscheiden, danach werden wir unserer Mandantin empfehlen, einen Antrag auf Aussetzung der Vollziehung gem. § 80 Abs. 5 VwGO beim Verwaltungsgericht zu stellen.

## 3. Antrag gem. § 80 Abs. 5 VwGO

An das Verwaltungsgericht ...

**Antrag gem. § 80 Abs. 5 VwGO**

der Frau ... (Anschrift),

Antragstellerin

Prozessbevollmächtigte: ...

gegen

Stadt ..., vertreten durch den Oberbürgermeister ... (Anschrift),

Antragsgegnerin

wegen Erschließungsbeitrag.

Vorläufiger Streitwert: ... €

Wir zeigen an, dass uns die Antragstellerin Vollmacht erteilt und mit der Wahrnehmung ihrer Interessen beauftragt hat. Namens und im Auftrag der Antragstellerin beantragen wir,

die aufschiebende Wirkung des Widerspruchs der Antragstellerin vom ... gegen den Erschließungsbeitragsbescheid der Antragsgegnerin vom ... (Anlage 1) zugestellt am ..., anzuordnen.

A.
Zum Sachverhalt

Die Antragstellerin ist Eigentümerin des Grundstücks Flurstück Nr. ..., ... Straße. Mit Bescheid vom ..., zugestellt am ..., hat die Antragsgegnerin die Antragstellerin zu einem Erschließungsbeitrag in Höhe von ... € für die Herstellung der ... Straße herangezogen. Gegen diesen Bescheid haben die Prozessbevollmächtigten der Antragstellerin mit Schreiben vom ... (Anlage 2) Widerspruch eingelegt. Über den Widerspruch wurde noch nicht entschieden. Weiterhin haben die Prozessbevollmächtigten der Antragstellerin einen Antrag gem. § 80 Abs. 4 VwGO gestellt (Anlage 3), den die Antragsgegnerin mit Bescheid vom ... zurückgewiesen hat (Anlage 4).

B.
Zur Rechtslage

Die aufschiebende Wirkung des Widerspruchs der Antragstellerin ist anzuordnen, weil der angegriffene Beitragsbescheid sich bei summarischer Prüfung als rechtswidrig erweist und mit seiner Aufhebung im Rechtsbehelfsverfahren gerechnet werden kann. Zur Begründung verweisen wir zur Vermeidung von Wiederholungen auf den von uns begründeten Widerspruch.

Die Fälligkeit des Beitrags gem. § 135 Abs. 1 BauGB tritt schon in ... Tagen ein. Wir bitten deshalb darum die Antragsgegnerin aufzufordern, die Vollziehung des Bescheides bis zur Entscheidung des Verwaltungsgerichts über den Antrag auf Anordnung der aufschiebenden Wirkung des Widerspruchs gem. § 80 Abs. 5 VwGO auszusetzen.

## 4. Anfechtungsklage gegen Abwasserbeitragsbescheid

An das Verwaltungsgericht ...

**Klage**

des ... (Anschrift),

Kläger

Prozessbevollmächtigte: ...

gegen

Gemeinde ..., vertreten durch den Bürgermeister (Anschrift)

Beklagte

wegen Abwassergebühren.

Wir zeigen an, dass uns der Kläger Vollmacht erteilt und mit der Wahrnehmung seiner Interessen beauftragt hat. Namens und im Auftrag erheben wir Klage und werden beantragen, den Abwassergebührenbescheid der Beklagten vom ... (Anlage 1) in Gestalt des Widerspruchsbescheides des Landratsamts ... vom ... (Anlage 2), zugestellt am ... aufzuheben.

## A.
### Zum Sachverhalt

Der Kläger ist Eigentümer des Grundstücks Flurstück Nr. ..., ... Straße in .... Mit Abwasserbeitragsbescheid vom ... wurde er zu einem Abwasserbeitrag in Höhe von ... € herangezogen. Der hiergegen fristgerecht eingelegte Widerspruch bliebt erfolglos.

## B.
### Zur Rechtslage

Die zulässige, insbesondere fristgerecht innerhalb der Monatsfrist des § 74 Abs. 1 Satz 1 VwGO erhobene Klage ist begründet. Der angefochtene Abwassergebührenbescheid ist rechtswidrig und verletzt den Kläger in seinen Rechten.

1. Der angefochtene Bescheid ist schon wegen Ungültigkeit der Beitragssatzung unwirksam. Es fehlt an einem wirksamen Beschluss des Gemeinderats über den maßgeblichen Beitragssatz. Diesem haben die für die Ermittlung des Beitragssatzes erforderlichen Kalkulationsunterlagen weder vorgelegen noch sind diese vor der Beschlussfassung im Gemeinderat über die geänderte Beitragssatzung am ... zugänglich gewesen.

2. Die Beklagte unterhält die öffentliche Abwasserbeseitigung teilweise im Mischsystem, teilweise im Trennsystem, ohne die funktional getrennten Einrichtungen beitragsmäßig zusammenzufassen. Aufgrund dieser Entscheidung im Rahmen des Organisationsermessens, mehrere getrennte Anlagen im rechtlichen Sinne vorzuhalten, bedarf es für jede dieser Anlagen eines Beitragssatzes in der Satzung auf Grund gesonderter Bedarfsberechnung. Die in dem angegriffenen Bescheid zu unterliegende Satzung enthält jedoch nur einen einheitlichen Beitragssatz und ist somit keine wirksame Grundlage für den angegriffenen Bescheid.

# Teil 5
# Wirtschaftsverwaltungsrecht

## A. Gewerbe-, Handwerks- und Gaststättenrecht

| | Rz. | | Rz. |
|---|---|---|---|
| **I. Grundsatz der Gewerbefreiheit – Grundrechtsschutz im Gewerberecht** . . . . . . . . . . . . . . . | 1 | (8) Maßgeblicher Beurteilungszeitpunkt . . . . . | 83 |
| **II. Gewerberecht** | | (9) Vollziehung der Untersagungsverfügung . . . | 85 |
| 1. Rechtsvorschriften und Behördenzuständigkeiten | | (10) Wiederaufnahme des Gewerbes . . . . . . . . | 87 |
| a) Rechtsvorschriften . . . . . . . | 6 | f) Auskunft und Nachschau . . . | 92 |
| b) Behördenzuständigkeiten . . . | 8 | g) Gewerbezentralregister. . . . . | 93 |
| 2. Gewerbebegriff . . . . . . . . . . | 9 | 6. Reisegewerbe . . . . . . . . . . . | 96 |
| 3. Gewerbetreibende . . . . . . . . | 14 | a) Begriff des Reisegewerbes . . . | 97 |
| 4. Gewerbearten . . . . . . . . . . . | 16 | b) Reisegewerbekartenfreie Tätigkeiten. . . . . . . . . . . . | 102 |
| 5. Stehendes Gewerbe | | c) Verbotene Reisegewerbetätigkeiten . . . . . . . . . . . | 103 |
| a) Begriff des stehenden Gewerbes. . . . . . . . . . . . | 17 | d) Wanderlager . . . . . . . . . . | 104 |
| b) Pflicht zur Anzeige des Gewerbes . . . . . . . . . . . . | 20 | e) Gestattung und Untersagung reisegewerblicher Tätigkeiten . | 105 |
| c) Erlaubnispflichtige Gewerbearten . . . . . . . . . . . . . . . | 27 | 7. Messen, Ausstellungen, Märkte | |
| aa) Erlaubniserteilung – Versagungsgründe . . . . . | 30 | a) Begriffsbestimmungen – Festsetzung. . . . . . . . . . . | 108 |
| bb) Nebenbestimmungen . . . | 40 | b) Wirkung der Festsetzung . . . | 114 |
| cc) Rücknahme und Widerruf der Erlaubnis . . . . . . . | 43 | c) Recht zur Teilnahme an einer Veranstaltung . . . . . . . . | 116 |
| dd) Erlaubnisanfechtung durch Dritte. . . . . . . . | 48 | **III. Handwerksrecht** | |
| d) Überwachungsbedürftige Gewerbe . . . . . . . . . . . . | 49 | 1. Rechtsvorschriften und Behördenzuständigkeiten | |
| e) Gewerbeuntersagung | | a) Rechtsvorschriften . . . . . . . | 125 |
| aa) Fehlende Zulassung (§ 15 Abs. 2 GewO) . . . . | 50 | b) Behördenzuständigkeiten . . . | 131 |
| bb) Unzuverlässigkeit (§ 35 GewO). . . . . . . . . | 52 | 2. Begriff und Abgrenzung des Handwerksbetriebes | |
| (1) Anwendungsbereich des § 35 GewO . . . . . | 53 | a) Begriffsmerkmale . . . . . . . | 132 |
| | | b) Gewerbebetrieb . . . . . . . . | 134 |
| (2) Begriff der Unzuverlässigkeit . . . . . . . . | 56 | c) Handwerksfähige Tätigkeit . . | 136 |
| | | d) Handwerksmäßiger Betrieb . . | 138 |
| (3) Unzuverlässigkeit bei juristischen Personen und Personengesellschaften . . . . . . . . . | 59 | e) Nebenbetrieb . . . . . . . . . | 140 |
| | | f) Hilfsbetrieb . . . . . . . . . . | 143 |
| | | g) Handwerksähnlicher Betrieb . | 144 |
| | | 3. Eintragung in die Handwerksrolle – Voraussetzungen . . . | 145 |
| (4) Einbeziehung Dritter – Strohmannverhältnisse – Stellvertreter. . | 64 | a) Meisterprüfung oder gleichwertige Prüfung . . . . . . . . | 149 |
| (5) Rückgriff auf personenbezogene Daten . . . . . . . . . | 71 | b) Ausübungsberechtigung gem. § 7a HwO . . . . . . . . . . | 154 |
| | | c) Ausübungsberechtigung gem. § 7b HwO . . . . . . . . . . | 158 |
| (6) Verhältnismäßigkeit. . | 79 | d) Ausnahmebewilligung gem. § 8 HwO . . . . . . . . . . . | 162 |
| (7) Ausdehnung der Untersagung auf andere oder alle Gewerbe | 81 | e) Ausnahmebewilligung gem. § 9 HwO . . . . . . . . . . . | 168 |
| | | f) Eintragungsverfahren . . . . . | 172 |

| | Rz. |
|---|---|
| 4. Umfang der handwerklichen Tätigkeit | |
| a) Grundsatz | 176 |
| b) Arbeiten in fachlich zusammenhängenden oder wirtschaftlich ergänzenden Handwerken gem. § 5 HwO | 177 |
| 5. Überwachung, Untersagung, Löschung | |
| a) Überwachung | 180 |
| b) Untersagung | 181 |
| c) Löschung | 185 |
| 6. Handwerkliche Berufsbildung | 187 |
| 7. Handwerkskammern | 195 |
| **IV. Gaststättenrecht** | |
| 1. Rechtsvorschriften und Behördenzuständigkeiten | |
| a) Rechtsvorschriften | 209 |
| b) Behördenzuständigkeiten | 211 |
| 2. Anwendungsbereich des GastG | 212 |
| a) Uneingeschränkte Anwendung des GastG | 213 |
| b) Eingeschränkte Anwendung des GastG | 214 |
| c) Keine Anwendung des GastG | 217 |
| 3. Gaststättenerlaubnis | 218 |
| a) Gewerbsmäßiger Gaststättenbetrieb | 220 |
| b) Betriebsarten | 227 |
| c) Verhältnis der Gaststättenerlaubnis zu anderen Erlaubnissen und Genehmigungen | 232 |

| | Rz. |
|---|---|
| d) Erlaubnisinhalt | 236 |
| e) Versagungsgründe | 242 |
| aa) Unzuverlässigkeit | 244 |
| bb) Nichteignung der Räume | 247 |
| cc) Keine Barrierefreiheit in den Räumen | 249 |
| dd) Örtliche Lage | 250 |
| ee) Fehlender Unterrichtungsnachweis | 256 |
| f) Rücknahme und Widerruf | 257 |
| aa) Rücknahme | 258 |
| bb) Widerruf | 259 |
| (1) Zwingender Widerruf | 260 |
| (2) Fakultativer Widerruf | 264 |
| cc) Folge von Rücknahme und Widerruf | 265 |
| g) Vorläufige Gaststättenerlaubnis gem. § 11 GastG | 267 |
| h) Gaststättenerlaubnis aus besonderem Anlass gem. § 12 GastG | 272 |
| 4. Betriebszeit – Sperrzeit | 276 |
| a) Betriebszeit | 277 |
| b) Sperrzeit | 278 |
| aa) Verkürzung der Sperrzeit | 282 |
| bb) Verlängerung der Sperrzeit | 284 |
| cc) Überschreitung der Sperrzeit | 286 |
| **V. Gegenstandswert** | 289 |

**Literatur:**

**Gesamtdarstellungen:**

*Ennuschat*, Wirtschaftsverwaltungsrecht, 2011; *Frotscher/Kramer*, Wirtschaftsverfassungs- und Wirtschaftsverwaltungsrecht, 5. Aufl. 2008; *Kluth*, Wirtschaftsverwaltungsrecht, 2011; *Stober*, Allgemeines Wirtschaftsverwaltungsrecht, 17. Aufl. 2011; *Stober/Eisenmenger*, Besonderes Wirtschaftsverwaltungsrecht, 15. Aufl. 2011; *Ziekow*, Öffentliches Wirtschaftsrecht, 2. Aufl. 2010.

**Gewerberecht:**

Kommentarliteratur:

*Landmann/Rohmer*, Gewerbeordnung und ergänzende Vorschriften, Loseblatt; *Friauf*, Kommentar zur Gewerbeordnung, Loseblatt; *Pielow*, Gewerbeordnung, 2009; *Tettinger/Wank/Ennuschat*, Gewerbeordnung, 8. Aufl. 2011.

**Handwerksrecht (inklusive Aufsätze):**

Kommentarliteratur:

*Detterbeck*, Handwerksordnung, 4. Aufl. 2008; *Honig/Knörr*, Handwerksordnung, 4. Aufl. 2008.

Aktuelle Aufsätze:

*Erdmann*, Das System der Ausnahmetatbestände zur Meisterprüfung im Handwerksrecht, DVBl 2010, 353; *Honig*, Handwerksordnung – Quo vadis?, NVwZ 2003, 172; *Müller*, Die Novellierung der Handwerksordnung 2004, NVwZ 2004, 403; *Wiemers/Sonder*, Das Handwerksrecht zwischen Liberalisierung und Europäisierung, DÖV 2011, 104; *Zimmermann*,

Erosion ohne Gewinn: Die Handwerksrechtsreform und ihre Auswirkungen auf die Ausbildung, GewArch 2011, 63.

**Gaststättenrecht:**
Kommentarliteratur:
*Pöltl*, Gaststättenrecht, 5. Aufl. 2003; *Michel/Kienzle/Pauly*, Das Gaststättengesetz, 14. Aufl. 2003; *Metzner*, Gaststättengesetz, 6. Aufl. 2002.

## I. Grundsatz der Gewerbefreiheit – Grundrechtsschutz im Gewerberecht

Für das Gewerberecht unter Einschluss des Gewerbenebenrechts – dazu zählen u.a. das Gaststätten- und Handwerksrecht – sind der in § 1 Abs. 1 GewO festgeschriebene Grundsatz der Gewerbefreiheit sowie die in Art. 12 und 14 GG verankerten Grundrechte der Berufsfreiheit und Eigentumsgewährleistung von besonderer Bedeutung. 1

Diese Grundsätze sind zum einen vom Gesetzgeber zu beachten, zum anderen sind alle Entscheidungen und Maßnahmen der Exekutive an ihnen zu messen. Dies gilt insbesondere für die Prinzipien der Verhältnismäßigkeit und des Übermaßverbotes, die im Rahmen von Art. 12 GG in Gestalt der Dreistufentheorie eine spezifische Ausgestaltung gefunden haben[1]. 2

Auf der ersten Stufe ist zu beachten, dass behördliche Maßnahmen auf der Grundlage gewerberechtlicher Vorschriften nicht jeden beliebigen – an sich zu billigenden – Zweck verfolgen dürfen, sondern den Zielen der jeweiligen Ermächtigungsgrundlage entsprechen müssen. Das gaststättenrechtliche Erlaubnisverfahren ist kein Instrument, um bestimmte Moralvorstellungen durchzusetzen[2]. 3

Ähnliche Überlegungen wird der Anwalt anstellen müssen, wenn die einschlägige Ermächtigungsgrundlage der Behörde ein Ermessen einräumt, so dass Art. 12 Abs. 1, Art. 14 Abs. 1 GG und § 1 Abs. 1 GewO als spezielle gewerberechtliche Freiheitsgarantien in die Abwägung einzubeziehen sind. 4

Besondere Aufmerksamkeit wird der Anwalt regelmäßig auf die zweite Stufe der Verhältnismäßigkeitsprüfung zu legen haben, nach der zu prüfen ist, ob die behördliche Maßnahme erforderlich ist, um den erstrebten Zweck zu erreichen, oder ob ein milderes Mittel denkbar ist. Bei der Gewerbeuntersagung stellt sich daher regelmäßig die Frage, ob nicht bestimmte Auflagen oder nur eine Teiluntersagung als mildere Mittel in Betracht kommen, so dass alle schwerwiegenderen Eingriffe rechtswidrig sind. 5

---

[1] Vgl. näher *Jarass/Pieroth*, Grundgesetz – Kommentar, 10. Aufl. 2009, Art. 12 Rz. 80; *Czybulka*, Berufs- und Gewerbefreiheit: Ende oder Fortbildung der Stufentheorie, NVwZ 1991, 145; *Geisendörfer*, Berufs- und Gewerbefreiheit, ein Grundrecht für Unternehmer, GewArch 1995, 41.
[2] Vgl. BVerwG v. 16.9.1975 – 1 C 27.74, BVerwGE 49, 154 = GewArch 1975, 388; vgl. auch OVG Münster v. 15.7.1986 – 4 A 869/85, GewArch 1986, 390: Danach kann eine Gaststättenerlaubnis nicht allein deshalb verweigert werden, weil die Gaststätte von Mitgliedern der Bhagwan-Bewegung betrieben werden soll.

## II. Gewerberecht

### 1. Rechtsvorschriften und Behördenzuständigkeiten

**a) Rechtsvorschriften**

6 Die Gesetzgebungskompetenz für das Gewerberecht ist mit der Föderalismusreform[1] zum September 2006 auf die Länder übergegangen (Art. 74 Abs. 1 Nr. 11 GG). Bislang haben die Länder von dieser Kompetenz jedoch noch keinen Gebrauch gemacht.

7 Die Gewerbeordnung gilt derzeit in der Fassung der Bekanntmachung vom 22.2.1999[2]. In den letzten Jahren ergaben sich wesentliche Änderungen durch das Zweite[3] und Dritte[4] Mittelstandsentlastungsgesetz, das Finanzmarktrichtlinie-Umsetzungsgesetz[5], das Gesetz zur Umsetzung der Richtlinie 2005/36/EG des Europäischen Parlaments und des Rates über die Anerkennung von Berufsqualifikationen in der Gewerbeordnung[6] und das Dienstleistungsrichtlinie-Umsetzungsgesetz[7]. Zur GewO besteht eine Vielzahl von Verordnungen und Ausführungsvorschriften des Bundes und der Länder, die teilweise bei Landmann/Rohmer, Bd. II (Ergänzende Vorschriften) mit Kommentierung abgedruckt sind.

**b) Behördenzuständigkeiten**

8 Welche Behörde für die Ausführung der GewO und der nach der GewO ergangenen Rechtsverordnungen zuständig ist, richtet sich nach dem jeweiligen Landesrecht (§ 155 Abs. 2 GewO)[8].

### 2. Gewerbebegriff

9 Der Gewerbebegriff ist von zentraler Bedeutung, da nur bei Ausübung eines Gewerbes die Vorschriften der GewO und der sonstigen gewerberechtlichen Spezialgesetze Anwendung finden.

**Beispiel:**

Der ausschließliche Verkauf von Eigenprodukten an Endverbraucher stellt noch kein Gewerbe dar, sondern ist der Urproduktion zuzuordnen[9]. Dagegen wird der Betrieb eines Hofladens, in dem zwar überwiegend selbsterzeugte, aber auch andere landwirtschaftliche Produkte angeboten werden, nicht mehr als Urproduktion, sondern als Gewerbeausübung an-

---

1 Gesetz zur Änderung des Grundgesetzes v. 28.8.2006, BGBl. I, 2034; vgl. hierzu *Höfling/Rixen*, Die Landes-Gesetzgebungskompetenzen im Gewerberecht nach der Föderalismusreform, GewArch 2008, 1.
2 BGBl. I, 202.
3 Zweites Gesetz zum Abbau bürokratischer Hemmnisse insbesondere in der mittelständischen Wirtschaft v. 7.9.2007, BGBl. I, 2246.
4 Drittes Gesetz zum Abbau bürokratischer Hemmnisse insbesondere in der mittelständischen Wirtschaft v. 17.3.2009, BGBl. I, 550; vgl. dazu *Jahn*, Die Änderungen im Gewerberecht durch das Dritte Mittelstands-Entlastungsgesetz, GewArch 2009, 230.
5 Gesetz zur Umsetzung der Richtlinie über Märkte für Finanzinstrumente und der Durchführungsrichtlinie der Kommission v. 16.7.2007, BGBl. I, 1330.
6 V. 12.12.2008, BGBl. I, 2423.
7 Gesetz zur Umsetzung der Dienstleistungsrichtlinie im Gewerberecht und in weiteren Rechtsvorschriften v. 17.7.2009, BGBl. I, 2091.
8 Eine ausführliche Auflistung der landesrechtlichen Zuständigkeitsregelungen findet sich bei *Schönleiter*, in: Landmann/Rohmer, Bd. I, § 155 Rz. 16 ff., *Pielow*, § 155 Rz. 8 ff. und *Tettinger/Wank/Ennuschat*, § 155 Rz. 7.
9 Vgl. BayObLG v. 4.12.1979 – 3 Ob OWI 162/79, GewArch 1980, 65 (67).

gesehen[1]. Das gilt auch für die Herstellung von Fleisch- und Wurstwaren einschließlich Dosenwurst von selbst gezüchteten Tieren. Nur das Schlachten und Zerlegen der Tiere in Schweine- oder Rinderhälften gilt noch als Urproduktion[2].

Nach der allgemein anerkannten Definition[3] enthält der Gewerbebegriff folgende Positiv- bzw. Negativ-Merkmale, die die Gewerbsmäßigkeit bzw. die Gewerbefähigkeit der Tätigkeit betreffen:
- erlaubte Tätigkeit,
- Gewinnerzielungsabsicht,
- Dauerhaftigkeit,
- Selbständigkeit,
- keine Urproduktion,
- keine freiberufliche Tätigkeit,
- keine bloße Verwaltung eigenen Vermögens.

Darüber hinaus muss das Gesamtbild der zu beurteilenden Tätigkeit den allgemeinen Vorstellungen einer Gewerbeausübung entsprechen[4]. Bei bloßen Bagatelltätigkeiten finden die gewerberechtlichen Vorschriften keine Anwendung, sofern der Schutzzweck des Gewerberechts dadurch nicht beeinträchtigt wird[5].

Zur Frage, wann im Einzelfall die Tatbestandsvoraussetzungen des Gewerbebegriffs vorliegen, gibt es eine umfangreiche Kasuistik. Einen Überblick zur „Schnell-Orientierung" soll die folgende Übersicht vermitteln.

**Tätigkeit**

entgeltliche Vermittlung von Leihmüttern[6] (–)

Prostitution[7] (+)

Astrologie[8] (+)

Dirnenwohnheim[9] (+)

Swingerclub[10] (+)

Peep-Show[11] (–)

Kettenbriefaktion[12] (–)

---

1 VG Schleswig v. 9.7.1998 – 12 A 179/97, GewArch 1998, 474; dazu kritisch und differenzierend *Pauly/Brehm*, GewArch 2000, 50, 51 f.
2 VG Koblenz v. 12.10.2007 – 3 L 1621/07.
3 Vgl. BVerwG v. 26.1.1993 – 1 C 25.91, GewArch 1993, 197 = NVwZ 1993, 775 = DÖV 1993, 616; *Tettinger/Wank/Ennuschat*, § 1 Rz. 7 ff.
4 BVerwG v. 24.6.1976 – 1 C 56.74, GewArch 1976, 293 (294).
5 Zum Problem der Abgrenzung vgl. BVerwG v. 26.1.1993 – 1 C 25.91, GewArch 1993, 196; *Tettinger/Wank/Ennuschat*, § 1 Rz. 3 f.
6 VGH Kassel v. 23.10.1987 – 11 TH 3526/87, NJW 1988, 1281.
7 Nach dem Inkrafttreten des Prostitutionsgesetzes v. 20.12.2001 (BGBl. I, 3983) wird die Prostitution vielfach nicht mehr als sittenwidrig angesehen und deshalb als Gewerbe anerkannt, vgl. BVerwG v. 23.3.2009 – 8 B 2.09, NVwZ 2009, 209 (210); vgl. auch *Tettinger/Wank/Ennuschat*, § 1 Rz. 42 m.w.N. auch zur gegenteiligen Auffassung.
8 BVerwG v. 4.11.1965 – I C 6.63, GewArch 1966, 77.
9 BVerfG v. 26.2.1974 – I C 18/68, DÖV 1974, 675.
10 BVerfG v. 6.11.2002 – 6 C 16/02, NVwZ 2003, 603.
11 BVerwG v. 16.12.1981 – 1C 32.78, BVerwGE 64, 274 = NJW 1982, 664 = NVwZ 1982, 193; v. 11.2.1987 – 1 B 129.86, NVwZ 1987, 411; VGH Mannheim v. 11.11.1987 – 6 S 793/86, NVwZ 1988, 640 ff.
12 AG Charlottenburg v. 18.6.1988 – 91 AR 214/88, GewArch 1988, 348.

Glücksspiele gem. § 284 StGB[1] (–)
**Urproduktion**
Verkauf landwirtschaftlicher Erzeugnisse im Hofladen[2] (–)
Herstellung von Fleisch- und Wurstwaren von selbstgezüchteten Tieren[3] (–)
Schweinemast[4] (+)
**Gewinnerzielungsabsicht**
Erfüllung öffentlichrechtlicher Aufgaben in öffentl.-rechtl. Form[5] (–)
Erfüllung öffentlicher Aufgaben in privatrechtlicher Form[6] (–)
Gemeinnützige Vereine und Gesellschaften, Stiftungen, kirchliche Orden[7] (–)
Scientology-Center[8] (+)
GEMA[9] (–)
**freiberufliche Tätigkeit**
Unternehmensberater[10] (+)
Berufsbetreuer[11] (–)
Erbenermittler[12] (–)
Straßenmaler[13] (–)
Hausaufgabenbetreuung durch Lehrer[14] (+)
Yogaschule[15] (+)
**Dauerhaftigkeit**
saisonale Tätigkeit[16] (+)
**Verwaltung eigenen Vermögens**
Campingplatz[17] (+)

---

1 OVG Koblenz v. 24.10.1990 – 2 A 10034/90, GewArch 1991, 99 = NVwZ-RR 1991, 554.
2 OVG Schleswig v. 9.7.1998 – 12 A 179/97, NVwZ-RR 1999, 308.
3 VG Koblenz v. 12.10.2007 – 3 L 1621/07.
4 BVerwG v. 4.7.1980 – 4 C 101.77, NJW 1981, 139.
5 BGH v. 19.6.1986 – I ZR 54/84, GewArch 1987, 13 = MDR 1987, 114; VG Düsseldorf v. 14.4.1987 – 3 K 977/85, GewArch 1988, 17.
6 BGH v. 28.10.1971 – VII ZR 16/70, NJW 1972, 95.
7 *Kopp*, Wirtschaftliche Betätigung, Gewerberecht und Religionsausübung, GewArch 1987, 209 (215).
8 BVerwG v. 16.2.1995 – 1 B 205.93, NVwZ 1995, 473; OVG Hamburg v. 6.7.1993 – Bf VI 12/91, NVwZ 1994, 192 = GewArch 1994, 15; VG Düsseldorf v. 14.4.1987 – 3 K 977/85, GewArch 1988, 17; VG Hamburg v. 11.12.1990 – 17 VG 978/88, NVwZ 1991, 806.
9 BVerwG v. 2.9.1963 – I C 20.63, GewArch 1963, 281.
10 VG Freiburg v. 11.2.2009 – 1 K 464/08, GewArch 2009, 490; zustimmend *Haake*, Unternehmensberatung – ein Gewerbe?, GewArch 2010, 60.
11 BVerwG v. 11.3.2008 – 6 B 2.08, GewArch 2008, 301 = NJW 2008, 1974; VG Minden v. 4.3.2009 – 3 K 1618/08, BtPrax 2009, 202.
12 VG Münster v. 9.6.2010 – 9 K 2508/09.
13 OVG Münster v. 27.5.1986 – 4 A 2767/84, NVwZ 1988, 1147.
14 BVerwG v. 1.7.1987 – 1 C 25.85, BVerwGE 78, 6 (8 ff.).
15 OVG Münster v. 29.3.2001 – 4 A 4077/00, NVwZ-RR 2001, 737 = GewArch 2001, 293 = DÖV 2001, 829.
16 BVerwG v. 26.6.1964 – VII C 91.62, BVerwGE 19, 61.
17 BVerwG v. 24.6.1976 – I C 56.74, NJW 1977, 772.

Veräußerung von Grundstücken[1] (+/–)
Vermietung von Ferienwohnungen[2] (+)
Dauervermietung von Zimmern[3] (+)
Vermietung bei hotelmäßigem Angebot[4] (+)
Kauf von alten Wohngebäuden, Renovierung und anschließende Vermietung[5] (+)
**Selbständigkeit**
Fotomodell[6] (–)
Franchise-Nehmer[7] (+)

Keine Anwendung findet die GewO auf die in § 6 GewO genannten Tätigkeiten, auch wenn die oben genannten Merkmale des Gewerbebegriffs erfüllt sind. 13

### 3. Gewerbetreibende

Gewerbetreibende können nur natürliche oder juristische Personen sein[8], nicht dagegen Personengesellschaften[9] und sonstige nicht rechtsfähige Personenvereinigungen. Bei ihnen sind die Gewerbetreibenden vielmehr die einzelnen Gesellschafter[10] bzw. die einzelnen Mitglieder. 14

Eine Ausnahme normiert zum einen § 2 Abs. 1 Satz 2 GastG, wonach eine Gaststättenerlaubnis auch nichtrechtsfähigen Vereinen erteilt werden kann. Zum anderen können nach § 1 Abs. 1 HwO auch Personengesellschaften in die Handwerksrolle eingetragen werden. Schließlich kann das Reisegewerbe nach § 55 Abs. 1 GewO nicht durch juristische Personen, sondern nur in „eigener Person" ausgeübt werden. 15

### 4. Gewerbearten

Hat der Anwalt das Vorliegen einer gewerblichen Tätigkeit festgestellt, muss er für die weitere Prüfung klären, ob es sich um ein 16
– stehendes Gewerbe (§§ 14–52 GewO),
– Reisegewerbe (§§ 55–61a GewO) oder
– Messe-, Ausstellungs- und Marktgewerbe (§§ 64–71b GewO)

handelt. Diese Unterscheidung ist von Bedeutung, da sowohl die Voraussetzungen und Regeln zur Ausübung als auch die Ermächtigungsgrundlagen für Eingriffsmaß-

---

1 Schreiben des BMF an die Obersten Finanzbehörden der Länder v. 20.12.1990, GewArch 1991, 214.
2 BFH v. 28.6.1984 – IV R 150/82, GewArch 1985, 331; VG Schleswig v. 19.2.2002 – 12 A 291/01, NVwZ-RR 2002, 837 = GewArch 2002, 292.
3 BFH v. 28.6.1984 – IV R 150/82, GewArch 1985, 331.
4 BVerwG v. 8.10.1976 – VII C 46.74, DÖV 1977, 245.
5 VGH Mannheim v. 9.5.1995 – 14 S 2402/94, GewArch 1995, 339 = NVwZ-RR 1996, 22.
6 OLG Düsseldorf v. 18.9.1987 – 5 Ss 306/87–229/87 I, GewArch 1988, 39; OLG Karlsruhe v. 17.5.1979 – 3 Ss 5/79, GewArch 1979, 259.
7 Vgl. *Bader*, Zur Selbständigkeit des Franchise-Nehmers, NJW 1989, 78 m.w.N.
8 Nicht jedoch eine „Freiberufler-GmbH", vgl. dazu *Kanther*, Gewerbeuntersagung bei der Freiberufler-GmbH?, GewArch 2002, 362.
9 Das gilt trotz ihrer partiellen Rechtsfähigkeit auch für die BGB-Gesellschaft, vgl. OVG Lüneburg v. 31.7.2008 – 7 LA 53/08, GewArch 2009, 32 = NVwZ-RR 2009, 103.
10 VGH München v. 26.11.1991 – 22 B 90/440, NJW 1992, 1644; umstritten ist, ob nur Gesellschafter mit Geschäftsführungsbefugnis als Gewerbetreibende anzusehen sind oder alle Gesellschafter, vgl. dazu *Odenthal*, Gesellschafter von Personengesellschaften als Gewerbetreibende, GewArch 1991, 206.

nahmen der Verwaltung für die einzelnen Gewerbearten unterschiedlich ausgestaltet sind[1].

## 5. Stehendes Gewerbe

### a) Begriff des stehenden Gewerbes

17 Der Begriff des stehenden Gewerbes ist in der GewO nicht definiert, sondern wird nur negativ gegenüber dem Reisegewerbe und dem Messe-, Ausstellungs- und Marktgewerbe abgegrenzt.

18 Kennzeichnend für das stehende Gewerbe ist, dass es von einer gewerblichen Niederlassung aus betrieben wird. Nach der Definition des § 4 Abs. 3 GewO besteht eine Niederlassung, wenn eine selbständige gewerbsmäßige Tätigkeit auf unbestimmte Zeit und mittels einer festen Einrichtung von dieser aus tatsächlich ausgeübt wird. Dabei kann nicht nur ein Laden, Büroraum oder Handwerksbetrieb, sondern auch die private Wohnung eine gewerbliche Niederlassung darstellen[2]. Wird der Gewerbetreibende außerhalb der Räumlichkeiten seiner Niederlassung tätig, so ist dies trotzdem dem stehenden Gewerbe zuzurechnen, wenn er auf Bestellung durch einen Kunden tätig wird[3].

19 Sucht der Gewerbetreibende dagegen einen Kunden außerhalb seiner Niederlassung unaufgefordert auf[4] oder besteht die gewerbliche Tätigkeit im Verkauf aus einer Aufstellungsvitrine heraus[5], handelt es sich um Reisegewerbe.

### b) Pflicht zur Anzeige des Gewerbes

20 Jede Ausübung eines stehenden Gewerbes muss gem. § 14 GewO gegenüber der örtlichen Ordnungsbehörde angezeigt werden, und zwar auch dann, wenn das Gewerbe darüber hinaus z.B. nach §§ 30 ff. GewO zulassungspflichtig ist. In § 14 Abs. 4 ff. GewO ist die Art und Weise der Gewerbeanmeldung, -ummeldung und -abmeldung[6] sowie die Zulässigkeit der Weitergabe der damit erhobenen Daten an Dritte detailliert gesetzlich geregelt worden. Für Gewerbetreibende, die von einer Niederlassung in einem anderen Mitgliedstaat der Europäischen Union oder einem Staat des Europäischen Wirtschaftsraumes nur vorübergehend selbständig gewerbsmäßig tätig sind, gilt die Anzeigepflicht nach Maßgabe des § 4 Abs. 1 GewO nur eingeschränkt.

21 Erforderlich ist die Anzeige bei
- Betriebsbeginn, dazu zählen u.a. auch Wiedereröffnung, Teilhaberwechsel, Weiterführung durch überlebenden Ehegatten,
- Gründung einer Zweigniederlassung oder unselbständigen Zweigstelle[7],

---

1 Vgl. z.B. die §§ 35, 59 sowie 69a und 70a GewO als Ermächtigungsgrundlagen für die Gewerbeuntersagung oder die Anordnung von Auflagen.
2 BVerwG v. 27.10.1978 – 1 C 5.75, GewArch 1979, 96; BVerfG v. 9.3.2004 – 6 B 4/04, GewArch 2004, 482.
3 Z.B. der Außerhaus-Verkauf von Speisen und Getränken auf Bestellung.
4 VGH Mannheim v. 23.1.1995 – 14 S 3220/94, GewArch 1994, 159; vgl. dazu i.E. unten Rz. 96 ff.
5 OLG Celle v. 9.12.1987 – 13 U 70/87, GewArch 1988, 272.
6 Die Formulare stehen auf vielen kommunalen Internetseiten als pdf-Dateien zur Verfügung.
7 Vgl. dazu VG Köln v. 6.7.1967 – 1 K 294/67, GewArch 1968, 36; OLG Stuttgart v. 14.12.1970 – 3 Ss 609/70, GewArch 1971, 227; Pauly/Brehm, GewArch 2000, 50 (53 f.).

## II. Gewerberecht

- Betriebsverlegung, auch beim Wechsel der Niederlassung im selben Ort,
- Betriebswechsel, d.h. nicht branchenüblicher Änderung des Waren- oder Dienstleistungsangebots,
- Betriebsaufgabe, z.B. auch bei Ausscheiden nur eines Teilhabers und Fortführung durch den anderen,
- Einstellung des Betriebes aufgrund einer für sofort vollziehbar erklärten Untersagungsverfügung, auch wenn diese noch nicht bestandskräftig ist[1].

Die Anzeigepflicht ist nicht betriebs-, sondern personenbezogen. Sie trifft daher den Gewerbetreibenden selbst. Für Personengesellschaften bedeutet dies, dass jeder geschäftsführungsbefugte Gesellschafter seine Tätigkeit einzeln anzeigen muss[2]. Gleiches gilt für eine Gesellschaft bürgerlichen Rechts, unabhängig davon, ob ihre Rechtsfähigkeit anerkannt ist[3]. Bei einem nicht rechtsfähigen Verein gelten alle Vorstandsmitglieder als Gewerbetreibende. Dagegen ist eine juristische Person selbst anzeigepflichtig, ihr Vorstand oder Geschäftsführer handelt nur als ihr Vertreter[4]. 22

Die Anzeigepflicht entsteht mit dem Vorliegen des meldepflichtigen Tatbestandes. Da die Anzeige jedoch nicht zeitgleich mit diesem erfolgen kann, ist sie innerhalb einer angemessenen Frist unverzüglich nachzuholen. Nach § 14 Abs. 1 Satz 3 GewO kann die Abmeldung des Gewerbes von Amts wegen vorgenommen werden, wenn die Aufgabe des Betriebes eindeutig feststeht und die Abmeldung nicht innerhalb eines angemessenen Zeitraumes erfolgt. 23

Der Empfang der Gewerbeanzeige ist gem. § 15 Abs. 1 GewO innerhalb von drei Tagen von der zuständigen Behörde zu bestätigen. Diese Bescheinigung („Gewerbeschein") stellt mangels eines Regelungscharakters keinen Verwaltungsakt dar. Sie ersetzt nicht die nach der GewO oder sonstigen Vorschriften erforderlichen Erlaubnisse oder Unbedenklichkeitsbescheinigungen[5] und ist deshalb auch zu erteilen, wenn beispielsweise eine nach §§ 30 ff. GewO notwendige Personalkonzession nicht vorliegt oder die erforderliche Überprüfung der Zuverlässigkeit nach § 38 Abs. 1 GewO noch nicht abgeschlossen ist. Die Verweigerung der Ausstellung des Gewerbescheins wird dagegen als Verwaltungsakt angesehen, gegen den die Verpflichtungsklage statthaft ist[6]. 24

Das Unterlassen der rechtzeitigen Anmeldung kann gem. § 146 Abs. 2 Nr. 1 GewO als Ordnungswidrigkeit geahndet werden[7]. Eine Unterbindung der Gewerbeausübung wegen der fehlenden Anzeige ist dagegen auch bei einem zulassungspflichtigen Gewerbe nicht möglich, wie sich im Umkehrschluss aus § 15 Abs. 2 GewO ergibt[8]. 25

Weitere spezialgesetzlich geregelte Anzeigepflichten ergeben sich u.a. aus 26
- §§ 16 Abs. 2, 18 Abs. 1 HwO[9],

---

1 KG Berlin v. 18.8.1993 – 5 Ws (B) 242/93, GewArch 1994, 193 = NVwZ-RR 1994, 265.
2 VG Augsburg v. 19.5.2004 – Au 4 K 03.2250, GewArch 2004, 481; zur strittigen Frage, ob auch nicht zur Geschäftsführung befugte Gesellschafter der Anzeigepflicht unterliegen vgl. VGH München v. 26.11.1991 – 22 B 90/440, NJW 1992, 1644.
3 VGH München v. 5.8.2004 – 22 ZB 04.1853, GewArch 2004, 479.
4 Zur Anzeigepflicht bei den jeweiligen Gesellschaftstypen vgl. i.E. *Marcks*, in: *Landmann/Rohmer*, Bd. I, § 14 Rz. 54 ff.
5 *Tettinger/Wank/Ennuschat*, § 15 Rz. 1.
6 *Tettinger/Wank/Ennuschat*, § 15 Rz. 6.
7 Die Geldbuße beträgt gem. § 146 Abs. 2 Nr. 1, Abs. 3 GewO bis zu 1000 Euro.
8 Vgl. *Tettinger/Wank/Ennuschat*, § 14 Rz. 93.
9 Vgl. dazu *Dürr*, Vorrang Handwerksrolleneintragung vor Gewerbeanzeige, § 16 Abs. 1 HwO – §§ 14, 15 GewO, GewArch 2006, 107.

- §§ 4 Abs. 2, 10 Satz 3 GastG und den Gaststättenverordnungen der Länder,
- § 11 TierschutzG,
- § 7 HeimG,
- den auf §§ 30 bis 34e GewO beruhenden Rechtsverordnungen.

**c) Erlaubnispflichtige Gewerbearten**

27 Über die Anzeigepflicht in § 14 GewO hinaus hat der Gesetzgeber bestimmte, in §§ 30 bis 34e GewO abschließend aufgezählte Tätigkeiten einem Verbot mit Erlaubnisvorbehalt unterworfen:
- Privatkrankenanstalten, § 30 GewO,
- Schaustellungen von Personen, § 33a GewO,
- Tanzlustbarkeiten, § 33b GewO,
- Spielgeräte und andere Spiele mit Gewinnmöglichkeit, Spielhallen, §§ 33c ff. GewO[1],
- Pfandleihgewerbe, § 34 GewO[2],
- Bewachungsgewerbe, § 34a GewO[3],
- Versteigerergewerbe, § 34b GewO[4],
- Makler, Anlagenberater, Bauträger, Baubetreuer, § 34c GewO[5],
- Versicherungsvermittler, § 34d GewO[6],
- Versicherungsberater, § 34e GewO.

28 Internetauktionen fallen nicht unter den Begriff der Versteigerung des § 34b GewO[7]. Sie stellen jedoch die Ausübung eines Gewerbes i.S.d. § 1 Abs. 1 GewO dar und sind folglich anzeigepflichtig.

29 Neben dem in §§ 30 bis 34e GewO enthaltenen Erlaubnisvorbehalt ist die Erlaubnis- oder Genehmigungspflicht für einige Gewerbearten in speziellen Nebengesetzen normiert (z.B. GastG, HwO, BImSchG).

---

1 Vgl. auch SpielVO i.d.F. d. Bek. v. 27.1.2006, BGBl. I, 280; *Marcks*, in: *Landmann/Rohmer*, Bd. II Nr. 220; siehe dazu auch den Abschnitt „Spielhallenrecht".
2 Vgl. auch PfandleiherVO i.d.F. d. Bek. v. 1.6.1976, BGBl. I, 1334, zuletzt geändert durch Verordnung v. 14.11.2001, BGBl. I, 3073; *Marcks*, in: *Landmann/Rohmer*, Bd. II Nr. 230.
3 Vgl. auch BewachVO v. 10.7.2003, BGBl. I, 1378, zuletzt geändert durch Gesetz v. 21.6.2005, BGBl. I, 1818; *Marcks*, in: *Landmann/Rohmer*, Bd. II Nr. 240; dazu *Schönleiter*, Das neue Bewacherrecht, GewArch 2003, 1; *Brauser-Jung/Lange*, Das neue Bewachungsgewerberecht auf dem Prüfstand, GewArch 2003, 224; *Stober*, Zur Qualifizierung der privaten Sicherheitsdienste, GewArch 2002, 129.
4 Vgl. auch VerstVO i.d.F. d. Bek. v. 24.4.2003, BGBl. I, 547; *Marcks*, in: *Landmann/Rohmer*, Bd. II Nr. 260.
5 Vgl. auch Makler- und BauträgerVO i.d.F. d. Bek. v. 7.11.1990, BGBl. I, 2479, zuletzt geändert durch Gesetz v. 21.6.2005, BGBl. I, 1666; *Marcks*, in: *Landmann/Rohmer*, Bd. II Nr. 250.
6 Vgl. auch VersVermV i.d.F. d. Bek. v. 15.5.2007, BGBl. I, 733, zuletzt geändert durch VO v. 19.12.2008, BGBl. I, 2969; *Marcks*, in: *Landmann/Rohmer*, Bd. II Nr. 265; dazu i.E. Ruttloff, Gewerberechtliche Zulässigkeit der Honorarberatung durch Versicherungsmakler unter Berücksichtigung des neuen Versicherungsvermittlerrechts, GewArch 2009, 59; *Adjemian/Dening/Klopp/Kürn/Moraht/Neuhäuser*, Versicherungsvermittler: Erlaubnis und Registrierung nach § 34d GewO, GewArch 2009, 137 und 186.
7 KG Berlin v. 11.5.2001 – 5 U 9586/00, NJW 2001, 3272 = GewArch 2001, 378; *Bachmann/Mayerhöfer*, Internet-Auktionen im Lichte des § 34b GewO, GewArch 2000, 274; *Hösch*, Gewerberechtliche Einordnung von Internetauktionen, GewArch 2002, 257; *Klinger*, Die gewerberechtliche Beurteilung von sog. Internet-Auktionen, DVBl 2002, 810.

## aa) Erlaubniserteilung – Versagungsgründe

Bei der gewerberechtlichen Erlaubnis handelt es sich um eine gebundene Erlaubnis. 30
Die Behörde hat daher bei der Erteilung keinen Ermessenssspielraum, sondern muss
die Erlaubnis erteilen, wenn keiner der normierten Versagungsgründe vorliegt. Hat
die Behörde über einen Antrag auf Zulassung zum Versteigerergewerbe und Maklergewerbe nicht innerhalb von drei Monaten entschieden, gilt gem. § 6a GewO die
Erlaubnis als erteilt[1].

Die einzelnen Versagungsgründe sind unbestimmte Rechtsbegriffe, die gerichtlich 31
voll nachprüfbar sind. Sie können persönlicher oder sachlicher Art sein. Ein Versagungsgrund kann sich insbesondere aus der Unzuverlässigkeit (s. Rz. 52 ff.) des
Gewerbetreibenden ergeben. Die Erlaubnis für die Makler-, Anlagenberater-, Bauträger- und Baubetreuertätigkeit und für die Tätigkeit als Versicherungsvermittler
und Versicherungsberater ist ferner zu versagen, wenn der Antragsteller in ungeordneten Vermögensverhältnissen lebt. Für das Vorliegen ungeordneter Vermögensverhältnisse normiert das Gesetz eine widerlegbare Regelvermutung[2].

Für das Pfandleih- und Bewachungsgewerbe sowie für die Makler-, Bauträger- und 32
Baubetreuertätigkeit muss der Antragsteller die für den Gewerbebetrieb erforderlichen finanziellen Mittel oder Sicherheiten bzw. geordnete Vermögensverhältnisse
nachweisen.

Die Erlaubnisse für den Betrieb von Privatkrankenanstalten und Spielhallen sowie 33
für die Schaustellung von Personen sind nicht nur personen-, sondern zugleich auch
raumbezogen, so dass die jeweiligen räumlichen Verhältnisse und die örtliche Lage
des Betriebes ebenfalls Versagungsgründe sein können.

Aufgrund der Raumbezogenheit dieser Erlaubnisse gelten sie nur für die gewerb- 34
liche Tätigkeit des Antragstellers in den in der Erlaubnis genannten Räumlichkeiten. Eine neue Erlaubnis ist daher nicht nur beim Wechsel des Gewerbetreibenden,
sondern auch beim Wechsel oder erheblichen räumlichen Veränderungen der Betriebsstätte zu beantragen[3].

Der Nachweis besonderer Sachkunde ist bei den in der GewO aufgeführten Gewer- 35
bearten für die gewerbsmäßige Versteigerung von Grundstücken und grundstücksgleichen Rechten gem. § 34b Abs. 4 GewO, für die öffentliche Bestellung zum
Sachverständigen und für die Tätigkeit als Versicherungsvermittler und Versicherungsberater erforderlich.

Die Tätigkeit eines Sachverständigen wird durch § 36 GewO nicht der Erlaubnis- 36
pflicht unterworfen. Die Vorschrift regelt vielmehr nur die tatbestandlichen Voraussetzungen für die öffentliche Bestellung[4]. Bei der Frage, ob der Antragsteller
die fachliche oder persönliche Eignung besitzt, steht der Behörde im Gegensatz
zu den Erlaubnissen gem. §§ 30–34e GewO ein Beurteilungsspielraum zu[5]. Kein Ermessen hat die Behörde jedoch bei der Frage, ob für das jeweilige Sachgebiet ein wei-

---

1 Zur Genehmigungsfiktion vgl. *Bernhardt*, Fingierte Genehmigungen nach der Dienstleistungsrichtlinie – Möglichkeiten der Regelung und Einschränkung, GewArch 2009, 100.
2 Vgl. *Pielow*, § 34c Rz. 51, § 34d Rz. 60 ff.
3 *Tettinger/Wank/Ennuschat*, § 30 Rz. 27.
4 Vgl. dazu i.E. *Bleutge*, Die öffentliche Bestellung in der Rechtsprechung – eine Übersicht der letzten 17 Jahre –, GewArch 2008, 9.
5 Bei der Prüfung der Frage, ob der Bewerber die Sachkunde nachgewiesen hat, besteht der Beurteilungsspielraum dagegen nicht, BVerwG v. 26.6.1990 – 1 C 10.88, NVwZ 1991, 268.

terer Sachverständiger bestellt werden soll. Diese konkrete Bedürfnisprüfung ist vom BVerfG[1] als mit Art. 12 GG unvereinbar erklärt worden. Der Gesetzgeber hat daraufhin in § 36 Abs. 1 GewO klargestellt, dass ein Rechtsanspruch auf die Bestellung besteht, wenn die oben genannten persönlichen Voraussetzungen vorliegen und – bei abstrakter Prüfung – überhaupt Bedarf an der Bestellung von Sachverständigen in dem jeweiligen Sachgebiet besteht.

37   Die Streichung des Wortes „gewerbsmäßig" in § 36 Abs. 1 GewO führt dazu, dass nicht nur selbständige „gewerbsmäßig" tätige Personen als Sachverständige öffentlich bestellt werden können, sondern auch Angestellte.

38   Da der gewerberechtlichen Erlaubnis keine Konzentrationswirkung zukommt, benötigt der Gewerbetreibende die nach anderen, z.B. baurechtlichen Vorschriften erforderlichen Erlaubnisse, Genehmigungen etc. zusätzlich.

39   Das Erlaubnisverfahren richtet sich nach jeweils einschlägigen Rechtsverordnungen bzw. den entsprechenden Verwaltungsvorschriften der Bundesländer (teilweise abgedruckt bei *Landmann/Rohmer*, Bd. II).

**bb) Nebenbestimmungen**

40   Als gebundene Verwaltungsakte können die Erlaubnisse gem. §§ 30–34e GewO nur dann mit Nebenbestimmungen versehen werden, wenn diese zur Aufrechterhaltung der Voraussetzungen für die Erlaubniserteilung dienen oder wenn Nebenbestimmungen ausdrücklich gesetzlich zugelassen sind[2]. Erlaubnisse für die Schaustellung von Personen und für Spielhallen können außerdem befristet erteilt werden.

41   Es ist daher im Einzelfall immer zu prüfen, ob sich die Nebenbestimmung im Rahmen der Ermächtigung hält[3]. Daneben kann sich die Rechtswidrigkeit der Nebenbestimmung aus dem Gesichtspunkt nicht ausreichender Bestimmtheit ergeben[4].

42   Eine der Erlaubnis beigefügte Auflage kann grundsätzlich isoliert angefochten werden, weil es sich i.d.R. nicht um eine modifizierende Auflage handelt[5].

**cc) Rücknahme und Widerruf der Erlaubnis**

43   Rücknahme und Widerruf der gewerberechtlichen Erlaubnis richten sich mangels spezialgesetzlicher Regelungen nach §§ 48, 49 VwVfG. Für bestimmte Spiele mit Gewinnmöglichkeiten enthält § 33d Abs. 4 GewO besondere Widerrufstatbestände.

---

1  BVerfG v. 25.3.1992 – 1 BvR 298/86, NJW 1992, 2621 = GewArch 1992, 272 = DVBl 1992, 1154; dazu Anm. *Jahn*, Zur Bedürfnisprüfung im Sachverständigenwesen, JuS 1993, 643; anders noch BVerwG v. 3.2.1986 – 1 B 4.86, GewArch 1986, 127.
2  Ermächtigungen zum Erlass von Nebenbestimmungen sind in §§ 33a Abs. 1 Satz 3, 33c Abs. 1 Satz 3, 33d Abs. 1 Satz 2, 33i Abs. 1 Satz 2, 34 Abs. 1 Satz 2, 34a Abs. 1 Satz 2, 34b Abs. 3 Satz 2 und 34c Abs. 1 Satz 2 GewO enthalten.
3  So dürfen Nebenbestimmungen gem. § 33a Abs. 1 Satz 3 GewO nur zum Schutz der in dieser Vorschrift genannten Rechtsgüter vor solchen Gefahren erlassen werden, die sich unmittelbar aus der Schaustellung von Personen ergeben (VG München v. 28.2.1978 – M 7 XVI 78, GewArch 1978, 291). Zum möglichen Inhalt von Auflagen vgl. *Röschert*, Tanzvorführungen in Nachtlokalen (§ 33a GewO), GewArch 1976, 12ff. Zum Problem des Rechtsschutzes gegen Nebenbestimmungen vgl. *Pietzker*, Rechtsschutz gegen Nebenbestimmungen – unlösbar?, NVwZ 1995, 15ff.
4  VGH München v. 26.1.1978 – 7 VI 78, GewArch 1978, 159.
5  Vgl. BVerwG v. 12.3.1982 – 8 C 23.80, NJW 1982, 2269.

Als Widerrufstatbestand kommt vor allem § 49 Abs. 2 Nr. 3 VwVfG in Betracht, wenn sich nach der Erteilung einer Erlaubnis die Unzuverlässigkeit des Gewerbetreibenden herausstellt und ohne den Widerruf das öffentliche Interesse gefährdet wäre. War die Unzuverlässigkeit bereits vor der Erlaubniserteilung gegeben, ist eine Rücknahme gem. § 48 Abs. 2–4 VwVfG möglich. 44

Eine Ausnahme gilt gem. § 12 GewO für den Fall, dass für den Gewerbebetrieb die Durchführung eines Insolvenzverfahrens angeordnet ist. In diesem Fall kann eine Untersagung des Gewerbes wegen Unzuverlässigkeit nicht angeordnet werden, wenn sie ausschließlich mit den ungeordneten Vermögensverhältnissen des Gewerbetreibenden begründet wird. Es soll damit die Möglichkeit offen gehalten werden, den Betrieb zu sanieren[1]. 45

Der Widerruf oder die Rücknahme einer Erlaubnis hat im Fall der Unzuverlässigkeit des Gewerbetreibenden gegenüber der Untersagung gem. § 35 Abs. 8 GewO Vorrang, sofern diesbezügliche Spezialregelungen bestehen[2]. Diese ergeben sich z.B. im Reise- bzw. Marktgewerbe aus §§ 59, 70a GewO, im Bereich der erlaubnispflichtigen Gewerbe aus §§ 30–34e GewO, im Gaststättenrecht aus § 15 GastG. 46

◯ **Hinweis:** Im Einzelfall wird der Rechtsanwalt neben der Frage, ob überhaupt ein Widerrufs- oder Rücknahmetatbestand vorliegt, insbesondere prüfen müssen, ob die Aufhebung der Erlaubnis im jeweiligen Einzelfall verhältnismäßig ist, es keine anderen milderen Mittel gibt und ob die Behörde ihr Ermessen fehlerfrei ausgeübt hat[3].

Die Jahresfrist, innerhalb derer die Erlaubnis widerrufen bzw. zurückgenommen werden muss (§§ 48 Abs. 4, 49 Abs. 2 Satz 2 VwVfG), beginnt erst, wenn die Behörde die Rechtswidrigkeit des Verwaltungsaktes erkannt hat und ihr die für die Aufhebung erheblichen Tatsachen vollständig bekannt sind[4]. 47

**dd) Erlaubnisanfechtung durch Dritte**

Dritte können Erlaubnisse nach §§ 30–34e GewO anfechten, wenn die jeweilige Vorschrift drittschützende Wirkung hat. Dies trifft insbesondere für die Bewohner und Eigentümer von Nachbargrundstücken zu, soweit die Ausübung des Gewerbes für diese mit erheblichen Nachteilen verbunden ist[5]. 48

**d) Überwachungsbedürftige Gewerbe**

§ 38 GewO[6] normiert für bestimmte Tätigkeiten wie z.B. den Handel mit hochwertigen Gebrauchtwaren (Kraftfahrzeugen, Alt- und Edelmetallen, Unterhaltungselektronik, Computern etc.), Auskunfteien und Detekteien, Partnerschafts- und Ehevermittlungen und Reisebüros eine behördliche Überprüfung der Zuverlässigkeit nach Kenntnis von der Gewerbeausübung durch die Gewerbeanmeldung bzw. -ummeldung. Dazu hat der Gewerbetreibende unverzüglich ein Führungszeugnis nach § 30 Abs. 5 BZRG vorzulegen und eine Auskunft aus dem Gewerbezentral- 49

---

1 Vgl. dazu OVG Koblenz v. 3.11.2010 – 6 A 10676/10, GewArch 2011, 57.
2 Vgl. BVerwG v. 19.11.1993 – 3 L 91.92, GewArch 1994, 167 (168).
3 Zur Ermessensausübung und Ermessensreduzierung beim Widerruf einer Reisegewerbekarte vgl. OVG Saarlouis v. 3.7.2006 – 1 Q 7/06.
4 BVerwG v. 19.12.1984 – Gr.Sen. 1/84, Gr.Sen. 2/84, NJW 1985, 819.
5 Vgl. §§ 30 Abs. 1 Nr. 3, 33a Abs. 2 Nr. 3, 33c Abs. 1 Satz 3, 33d Abs. 1 Satz 2, 33i Abs. 1 Satz 2 GewO.
6 Vgl. hierzu *Hahn*, Die nach § 38 GewO überwachungsbedürftigen Gewerbe, GewArch 1999, 217.

register nach § 150 Abs. 5 GewO zu beantragen. Die Behörde kann erforderlichenfalls diese Auskünfte sowie weitere Auskünfte auf der Grundlage des § 38 Abs. 2 GewO selbst von Amts wegen einholen. Stellt die Behörde die Unzuverlässigkeit fest, hat sie das Gewerbe nach § 35 Abs. 1 GewO zu untersagen.

⊃ **Hinweis:** Die Erteilung des Gewerbescheins nach § 15 Abs. 1 GewO darf nicht von dem Abschluss der Überprüfung der Zuverlässigkeit abhängig gemacht werden[1].

### e) Gewerbeuntersagung

#### aa) Fehlende Zulassung (§ 15 Abs. 2 GewO)

50   Wird ein erlaubnispflichtiges Gewerbe ohne Zulassung betrieben, kann die Fortsetzung des Betriebes von der zuständigen Behörde gem. § 15 Abs. 2 GewO verhindert werden[2]. Diese Vorschrift ist sowohl anwendbar, wenn gar keine Erlaubnis beantragt worden ist, als auch, wenn diese z.B. infolge Rücknahme oder Widerrufs erloschen ist.

51   Es ist grundsätzlich zumutbar, mit der Ausübung eines erlaubnispflichtigen Gewerbes bis zur Erlangung der Erlaubnis zu warten. Die formell-illegale Aufnahme des Gewerbes rechtfertigt daher regelmäßig die Untersagung gem. § 15 Abs. 2 GewO unter Anordnung der sofortigen Vollziehung. Etwas anderes gilt unter Berücksichtigung des Grundsatzes der Verhältnismäßigkeit nur dann, wenn eindeutig erkennbar ist, dass die gewerbliche Betätigung materiell legal ist und der einstweiligen Duldung des formell-illegalen Betriebes weder vom Gewerbetreibenden zu vertretende Umstände noch sonstige Allgemeinwohlbelange entgegenstehen[3].

#### bb) Unzuverlässigkeit (§ 35 GewO)

52   Eines der wichtigsten und häufigsten Tätigkeitsfelder für den im Wirtschaftsverwaltungsrecht tätigen Anwalt ist die Gewerbeuntersagung nach § 35 GewO.

**Beispiel:**

Der Mandant M ist Inhaber eines Steinmetz- und Steinbildhauerbetriebes. Wegen des Konjunkturrückganges und der damit verbundenen schlechten Ertragslage ist er seinen Zahlungsverpflichtungen gegenüber dem Finanzamt nicht mehr nachgekommen. Nachdem sich ein Rückstand von mehreren Tausend Euro Gewerbe-, Einkommen- und Kirchensteuer angesammelt und das Finanzamt festgestellt hat, dass eine Vollstreckung erfolglos bleiben würde, unterrichtet es die zuständige Ordnungsbehörde mit der Anregung, eine Gewerbeuntersagung gegenüber M auszusprechen. Die Ordnungsbehörde erkundigt sich daraufhin bei der AOK als Sozialversicherungsträger, ob M die Sozialversicherungsbeiträge der bei ihm beschäftigten Arbeitnehmer ordnungsgemäß abgeführt hat. Da auch hier Rückstände von mehreren Tausend Euro bestehen, kündigt die Behörde M die Gewerbeuntersagung an und fordert ihn im Wege der Anhörung zu einer Stellungnahme auf.

---

1 Vgl. *Tettinger/Wank/Ennuschat*, § 38 Rz. 20.
2 Dazu i.E. *Odenthal*, Die Gewerbeuntersagung nach § 15 Abs. 2 GewO, GewArch 2001, 448.
3 VG Freiburg v. 2.9.2009 – 4 K 1455/09.

## (1) Anwendungsbereich des § 35 GewO

§ 35 GewO ist die generelle Vorschrift für die Untersagung eines stehenden Gewerbes wegen Unzuverlässigkeit[1]. 53

Nach § 35 Abs. 8 GewO ist diese Vorschrift nicht anzuwenden, soweit für einzelne Gewerbe besondere Untersagungs- oder Betriebsschließungsvorschriften bestehen, die auf die Unzuverlässigkeit des Gewerbetreibenden abstellen oder die Rücknahme bzw. den Widerruf einer Gewerbezulassung wegen Unzuverlässigkeit erlauben. Solche Spezialregelungen bestehen z.B. im Reise- bzw. Marktgewerbe (§§ 59, 70a GewO), im Bereich der erlaubnispflichtigen Gewerbe (§§ 30–34e GewO), im Gaststättenrecht (§ 15 GastG) sowie in weiteren Rechtsbereichen (z.B. §§ 20 Abs. 3, 25 BImSchG, § 22 PflanzenschutzG). 54

Die Handwerksordnung enthält in § 16 Abs. 3 HwO ebenfalls eine Ermächtigungsgrundlage für die Untersagung eines Handwerksbetriebes. Diese Untersagung setzt allerdings den selbständigen Betrieb eines Handwerks „entgegen den Vorschriften dieses Gesetzes" (also der HwO) voraus, so dass bei einer Unzuverlässigkeit, die sich nicht aus Verstößen gegen die HwO ergibt, § 35 GewO weiterhin anwendbar bleibt[2]. 55

## (2) Begriff der Unzuverlässigkeit

Unzuverlässig i.S.d. § 35 GewO ist der Gewerbetreibende, der nach dem Gesamtbild seines Verhaltens nicht die Gewähr dafür bietet, dass er das von ihm ausgeübte Gewerbe künftig ordnungsgemäß, d.h. entsprechend den gesetzlichen Vorschriften und unter Beachtung der guten Sitten ausüben wird. 56

Das Tatbestandsmerkmal der Unzuverlässigkeit ist ein unbestimmter Rechtsbegriff, der verwaltungsgerichtlich voll überprüfbar ist. Die Prüfung der Zuverlässigkeit setzt eine auf nachweisbaren Tatsachen beruhende Prognoseentscheidung der Behörde voraus. Die Prüfung der Zuverlässigkeit muss branchenbezogen und konkret im Hinblick auf die vom Gewerbetreibenden jeweils ausgeübte Tätigkeit vorgenommen werden. Notwendig ist ein innerer Zusammenhang zwischen den die Unzuverlässigkeit begründenden Tatsachen und der Führung des Gewerbebetriebes[3]. Da die Gewerbeuntersagung der Gefahrenabwehr dient, kommt es nicht darauf an, ob der Gewerbetreibende den Grund für die Annahme der Unzuverlässigkeit verschuldet hat[4]. Im Verwaltungsgerichtsverfahren trifft die Behörde die volle Darlegungslast für die Tatsachen, aus denen sich die Unzuverlässigkeit ergeben soll. 57

Häufig wird eine Gewerbeuntersagung in den folgenden Fallgruppen in Erwägung gezogen: 58

---

[1] Zur Vereinbarkeit des § 35 GewO mit Art. 6 EGV und Art. 3 Abs. 1 GG im Hinblick auf versteckte Inländerdiskriminierung vgl. BVerwG v. 11.5.1993 – 1 B 68.93, NVwZ 1994, 374. Zum Problemfeld vgl. auch *Leisner*, Unzuverlässigkeit im Gewerberecht (§ 35 Abs. 1 Satz 1 GewO), GewArch 2008, 225 mit Erwiderung *Heß*, Wird die Unzuverlässigkeit i.S.d. § 35 Abs. 1 Satz 1 GewO in der Rechtspraxis zu ausufernd angewandt?, GewArch 2009, 89.
[2] Vgl. VGH Mannheim v. 6.12.1972 – VI 695/71, GewArch 1973, 122; *Honig/Knörr*, § 16 HwO Rz. 26.
[3] BVerwG v. 27.6.1961 – 1 C 34.60, NJW 1961, 1834 = DVBl 1961, 731 = GewArch 1961, 166; dazu i.E. *Tettinger/Wank/Ennuschat*, § 35 Rz. 29; *Marcks*, in: *Landmann/Rohmer*, Bd. I, § 35 Rz. 29 ff.
[4] BVerwG v. 19.3.1970 – 1 C 6.69, BVerwGE 24, 38 = GewArch 1971, 200; v. 2.2.1982 – 1 C 146.80, BVerwGE 65, 1 = GewArch 1982, 233 = DVBl 1982, 694 = NVwZ 1982, 503.

- **Begehung von Straftaten und Ordnungswidrigkeiten**

  Hier liegt ein weites Argumentationsfeld für den Anwalt, weil es auf eine Gesamtwürdigung von Art und Umständen der Straftat, Persönlichkeitsentwicklung des Gewerbetreibenden, Gewerbebezogenheit der Tat, Zeitpunkt der letzten Tat[1] etc. ankommt. Zu beachten ist das Verwertungsverbot gem. § 51 BZRG. Auch noch nicht rechtskräftig abgeschlossene Strafverfahren können im Untersagungsverfahren Berücksichtigung finden[2]; eine rechtskräftige Verurteilung entfaltet Bindungswirkung unter den Maßgaben des § 35 Abs. 3 GewO.

  Wird ein Gewerbebetrieb von einem Ehepaar gemeinsam geführt, können erhebliche Straftaten des einen Ehegatten auch die Unzuverlässigkeit des anderen begründen, sofern dieser nicht in der Lage ist, weiteren Straftaten vorzubeugen[3].

- **Mangel wirtschaftlicher Leistungsfähigkeit**

  Er setzt voraus, dass keine Anzeichen für eine Besserung der wirtschaftlichen Situation gegeben sind, insbesondere ein erfolgversprechendes Sanierungskonzept fehlt[4].

  Gerechtfertigt ist nicht nur die Untersagung, ein Gewerbe selbst zu betreiben, sondern auch die Tätigkeit als Vertretungsberechtigter oder als mit der Leitung des Betriebes Beauftragter[5].

  Besondere Bedeutung bekommt die mangelnde wirtschaftliche Leistungsfähigkeit, wenn der Gewerbebetrieb (auch) die Verwaltung fremder Vermögenswerte zum Gegenstand hat oder an die Leistungsfähigkeit des Gewerbetreibenden aus anderen Gründen besondere Anforderungen zu stellen sind. Ist über das Vermögen des Gewerbetreibenden ein Insolvenzverfahren eröffnet und sind Sicherungsmaßnahmen gem. § 21 der Insolvenzordnung angeordnet, ist eine Untersagung des Gewerbes gem. § 12 GewO nicht zulässig. Dies gilt aber nicht, wenn das Gewerbeuntersagungsverfahren bereits vor Stellung des Insolvenzantrages eingeleitet worden ist[6].

- **Wettbewerbsverstöße**

  Wettbewerbsverstöße kommen nur ausnahmsweise als Unzuverlässigkeitsgründe in Betracht, wenn sie gleichzeitig Straftaten oder Ordnungswidrigkeiten darstellen.

- **Nichtabführung von Abgaben**

  Die Verletzung von Abgabenpflichten (Steuern oder Sozialabgaben) ist ein in der Praxis häufig vorkommender Untersagungsgrund[7]. Von Bedeutung sind die Höhe der Rückstände (sowohl die absolute Höhe als auch die relative Höhe im Verhältnis zur Gesamtbelastung), Dauer der Nichtabführung, Zahlungsverhalten (z.B. ständig schleppender Zahlungseingang), sonstige Umstände.

---

1 Dazu BVerwG v. 9.7.1993 – 1 B 105.93, NVwZ-RR 1994, 19.
2 Z.B. der Erlass mehrerer Haftbefehle zur Erzwingung einer eidesstattlichen Versicherung in kürzerer Zeit, VGH Mannheim v. 4.11.1993 – 14 S 2322/93, NVwZ-RR 1994, 78; vgl. auch VGH Kassel v. 28.9.1990 – 8 TH 2071/90, GewArch 1991, 28 (30).
3 OVG Hamburg v. 30.11.1993 – OVG Bf VI 17/92, GewArch 1994, 286.
4 BVerwG v. 11.11.1996 – 1 B 226.96, GewArch 1997, 68.
5 OVG Münster v. 29.10.1991 – 4 A 935/91, NVwZ-RR 1992, 475.
6 OVG Lüneburg v. 8.12.2008 – 7 ME144/08, GewArch 2009, 162; VGH München v. 5.5.2009 – 22 BV 07/2776, GewArch 2009, 311.
7 Dazu i.E. *Forkel*, § 35 I GewO: Zur Unzuverlässigkeit insbesondere wegen Steuerrückständen, GewArch 2004, 53.

### (3) Unzuverlässigkeit bei juristischen Personen und Personengesellschaften

Wird das Gewerbe in Form einer juristischen Person betrieben, ist dieser die Unzuverlässigkeit der Vertretungsberechtigten der Gesellschaft zuzurechnen[1]. Da Gewerbetreibender die juristische Person ist, muss die Gewerbeuntersagung grds. auch ihr gegenüber ausgesprochen werden. 59

Vor einer Untersagung des Gewerbes muss die Behörde prüfen, ob der Grund für die Unzuverlässigkeit der Gesellschaft durch einen Wechsel des gesetzlichen Vertreters behoben werden kann. 60

Seit der Einfügung des § 35 Abs. 7a GewO[2] besteht zusätzlich die Möglichkeit, auch dem angestellten Vertretungsberechtigten oder Betriebsleiter selbst die selbständige Gewerbeausübung für die Zukunft zu untersagen[3] und so zu verhindern, dass dieser das gleiche Gewerbe kurze Zeit später selbst anmeldet. Eine darüber hinausgehende Gewerbeuntersagung gegen den Vertretungsberechtigten ist dagegen nur nach § 35 Abs. 8 GewO möglich[4]. 61

Bei Personengesellschaften kommt es auf die Zuverlässigkeit der einzelnen Gesellschafter an[5]. Dabei kann die Unzuverlässigkeit eines Gesellschafters nicht ohne weiteres den anderen Gesellschaftern zugerechnet werden, solange nicht in allen Bereichen eine gemeinschaftliche Betriebsführung besteht. 62

Ist die Unzuverlässigkeit eines Gesellschafters festgestellt, muss auch hier die Behörde vor der Untersagung des Betriebes den anderen Gesellschaftern die Möglichkeit geben, den Betrieb alleine weiterzuführen, wenn hierdurch der Grund der Unzuverlässigkeit beseitigt werden kann. 63

### (4) Einbeziehung Dritter – Strohmannverhältnisse – Stellvertreter

Droht einem Gewerbetreibenden eine Untersagung oder ist sie bereits ausgesprochen, versucht er häufig, diese durch Einbeziehung Dritter zu verhindern oder zu unterlaufen. 64

**Beispiel:**

Mandant M fragt, ob es im Falle einer rechtskräftigen Gewerbeuntersagung zur Aufrechterhaltung seines Betriebes sinnvoll ist, dass seine Bekannte B den Betrieb eines Steinmetz- und Steinbildhauergewerbes an anderer Stelle anmeldet und er die Behörde davon unterrichtet, dass er selbst seinen Betrieb eingestellt habe. Vorgesehen ist natürlich, dass er den Betrieb weiterführt, die Verhandlungen mit Lieferanten führt etc. B soll nur gelegentlich kleinere Schreib- und Büroarbeiten ausführen.

---

1 Vgl. VGH Mannheim v. 25.2.1993 – 14 S 2577/92, GewArch 1994, 373; dazu i.E. *Heß*, GewArch 1994, 360; *Mutter*, Die gewerberechtliche Unzuverlässigkeit von Kapitalgesellschaften, DZWIR 1995, 523; bzgl. ausländischer Gesellschaften vgl. *Kaufmann*, Zur Einstellung des Gewerbebetriebes der nicht rechtsfähigen ausländischen juristischen Personen, GewArch 1997, 400.
2 Durch das 2. Gesetz zur Bekämpfung der Wirtschaftskriminalität v. 15.5.1986 (BGBl. I, 721).
3 Vgl. dazu i.E. *Heß*, GewArch 1994, 360; BVerwG v. 19.12.1995 – 1 C 3.93, BVerwGE 100, 188 = GewArch 1996, 241 = DVBl 1996, 808 = NVwZ 1997, 278; OVG Lüneburg v. 18.6.1997 – 7 L 6029/97, GewArch 1998, 30; OVG Münster v. 1.10.1997 – 4 A 771/97, GewArch 1998, 113.
4 Diese Klarstellung ist durch das 2. ÄndG v. 16.6.1998 (BGBl. I, 1291) in § 35 Abs. 8 GewO eingefügt worden, vgl. *Pauly/Brehm*, GewArch 2000, 50 (55 f.); *Marcks*, in: *Landmann/Rohmer*, Bd. I, § 35 Rz. 195.
5 OVG Lüneburg v. 8.12.2008 – 7 ME144/08, GewArch 2009, 162; VGH München v. 5.5.2009 – 22 BV 07/2776, GewArch 2009, 311.

65 Die Unzuverlässigkeit eines Gewerbetreibenden kann sich auch daraus ergeben, dass er einem Dritten, der die für die Ausübung des Betriebes erforderliche Zuverlässigkeit nicht besitzt, maßgeblichen Einfluss auf die Führung des Gewerbebetriebes einräumt[1].

66 Im Ergebnis wird von der Unzuverlässigkeit des Dritten auf die Unzuverlässigkeit des Gewerbetreibenden selbst geschlossen[2].

67 Ähnlich gelagert sind die sog. „Strohmannverhältnisse". Der Strohmann tritt nach außen als Inhaber des Gewerbebetriebes auf, gibt aber in Wahrheit nur den Namen für einen anderen Gewerbetreibenden her, der selbst infolge von Vorstrafen, Gewerbeuntersagungen oder bei Ausländern wegen des Verbots gewerblicher Tätigkeit in der Aufenthaltserlaubnis kein Gewerbe betreiben kann[3]. Allein die Gewerbeanzeige nach § 14 Abs. 1 GewO rechtfertigt jedoch noch nicht die Annahme eines sog. „Strohmannverhältnisses", solange der hinter dem Strohmann Stehende (noch) nicht unter dem Namen des „Strohmanns", sondern nur unter seinem Namen nach außen am Wirtschaftsleben teilnimmt[4].

68 Der Strohmann wird wegen des von ihm gesetzten Rechtsscheins so behandelt, als sei er selbst Gewerbetreibender, so dass aufgrund des kollusiven Zusammenwirkens von Strohmann und Hintermann Gewerbeuntersagungen gegen beide Personen ergehen können[5].

69 Um in besonderen Fällen eine Weiterführung des Betriebes trotz Gewerbeuntersagung zu ermöglichen, kann nach § 35 Abs. 2 GewO auf Antrag einem Stellvertreter i.S.d. § 45 GewO die Fortführung gestattet werden. Dabei handelt es sich nach h.M. um eine Ermessensentscheidung[6].

70 Der Antrag ist nicht vom Stellvertreter, sondern von dem Gewerbetreibenden zu stellen, der von der Untersagung betroffen ist. Maßgebliches Kriterium für eine Stellvertretererlaubnis ist zum einen die Zuverlässigkeit des Stellvertreters, zum anderen darf der Stellvertreter nicht nur als Strohmann vorgeschoben werden, um dem Gewerbetreibenden trotz der Untersagung eine Fortführung zu ermöglichen. Letzteres liegt dann nahe, wenn Angehörige oder Angestellte als Stellvertreter tätig werden sollen[7].

⊃ **Hinweis:** Der Anwalt muss bei einem Antrag nach § 35 Abs. 2 GewO daher besondere Mühe walten lassen, um potentielle Bedenken der Verwaltung zu beseitigen. In diesem Zusammenhang ist der Schutzzweck des § 35 GewO zu beachten. Diese Norm hat keinen Strafcharakter, sondern bezweckt allein den Schutz der Allgemeinheit vor unzuverlässigen Gewerbetreibenden. Diese Zielsetzung wird bei der Fortführung durch einen (echten) Stellvertreter nicht tangiert.

---

1 BVerwG v. 16.10.1959 – 7 C 63.59, BVerwGE 9, 222 = GewArch 1962, 154; VGH München v. 5.3.1980 – 22 Cs 2133/79, GewArch 1980, 334; VG Gießen v. 17.10.2002 – 8 G 2953/02, GewArch 2003, 35; zur Frage, wann jemand als mit der Leitung eines Betriebes beauftragt anzusehen ist, vgl. OLG Düsseldorf v. 7.10.1993 – 5 Ss (OWi) 299/93 – (OWi) 134/93 I, BB 1993, 2403 = GewArch 1984, 24.
2 *Marcks*, in: Landmann/Rohmer, Bd. I, § 35 Rz. 69.
3 BVerwG v. 2.2.1982 – 1 C 20.78 u. 1 C 14.78, GewArch 1982, 200 (299); VGH München v. 18.12.1986 – 22 B 84 A.2468, GewArch 1987, 130.
4 BVerwG v. 14.7.2003 – 6 C 10.03, NVwZ 2004, 103 = DVBl 2003, 482.
5 BVerwG v. 2.2.1982 – 1 C 3.81, BVerwGE 65, 12 = GewArch 1982, 334; VGH Mannheim v. 3.5.1994 – 14 S 754/94, GewArch 1995, 29.
6 *Marcks*, in: Landmann/Rohmer, Bd. I, § 35 Rz. 128 ff. m.w.N.
7 *Marcks*, in: Landmann/Rohmer, Bd. I, § 35 Rz. 126.

**(5) Rückgriff auf personenbezogene Daten**

Im Rahmen des Untersagungsverfahrens darf die Ordnungsbehörde nur auf die Informationen anderer Behörden zurückgreifen, wenn für die Weitergabe personenbezogener Daten z.B. durch das Finanzamt oder die AOK eine gesetzliche Grundlage vorhanden ist. Spezielle Ermächtigungsgrundlagen für die Übermittlung finden sich z.B. in §§ 14 Abs. 1 Satz 1, 13 Abs. 2 DatenschutzG NW. Unterliegen die Daten dem Steuer- oder Sozialgeheimnis, ist unter den Voraussetzungen des § 30 Abs. 4 Nr. 5 AO und § 35 SGB-AT i.V.m. §§ 67 ff. SGB X eine Übermittlung zulässig.

71

§ 30 Abs. 4 Nr. 5 AO nennt Regelbeispiele für das Vorliegen eines „zwingenden öffentlichen Interesses" als Voraussetzung für die Zulässigkeit einer Offenbarung. Ein solches Interesse besteht grds., wenn im Falle des Unterbleibens der Offenbarung „schwere Nachteile für das Allgemeinwohl" eintreten. Die Offenbarungsberechtigung wird allerdings auch bejaht, wenn im Einzelfall derartige schwere Nachteile nicht zu befürchten sind. Das BVerwG[1] stellt dabei auf das allgemeine öffentliche Interesse an der Ausschaltung unzuverlässiger Gewerbetreibender ab, das ohne die Datenübermittlung durch die Finanzämter nicht befriedigt werden könne.

72

Eine generelle Offenbarung steuerlicher Verhältnisse gegenüber den Gewerbebehörden ist den Finanzämtern jedoch nicht gestattet. Ihre Mitteilungsbefugnis ist auf die Tatsachen beschränkt, die für die Beurteilung der gewerberechtlichen Unzuverlässigkeit von Bedeutung sind[2]. Den Finanzbehörden obliegt insoweit eine Vorbeurteilung, für die die Höhe der Steuerrückstände sowie die Art der geschuldeten Steuern maßgeblich sind. Die Mitteilungen durch die Finanzämter haben sich dabei auf die Steuern zu beschränken, die mit der Gewerbeausübung in Zusammenhang stehen (z.B. Lohn-, Umsatz- und Gewerbesteuer)[3].

73

Unter ähnlichen Voraussetzungen ist auch die Weitergabe von Daten zulässig, die vom Sozialgeheimnis erfasst sind. Nach § 69 Abs. 1 Nr. 1 SGB X ist ihre Offenbarung zulässig, „soweit sie ... für die Erfüllung einer gesetzlichen Aufgabe nach diesem Gesetzbuch durch eine in § 35 des ersten Buches genannte Stelle" erforderlich ist. Da im Falle einer ungehinderten Gewerbeausübung die Gefahr weiterer Schäden für die Versichertengemeinschaft besteht, gehört auch die Anzeige bei der Gewerbebehörde durch einen Sozialversicherungsträger zu dessen gesetzlicher Aufgabe i.S.d. § 69 Abs. 1 Nr. 1 SGB X[4].

74

§ 11 GewO ermächtigt die zuständige Behörde, selbst personenbezogene Daten des Gewerbetreibenden und solcher Personen, auf die es für die Entscheidung ankommt, zu erheben, soweit die Daten zur Beurteilung der Zuverlässigkeit und der übrigen Berufszulassungs- und -ausübungskriterien bei der Durchführung gewerberechtlicher Vorschriften und Verfahren erforderlich sind[5]. Ohne die Einwil-

75

---

1 „Diese über den Einzelfall hinausgehende Wirkung einer Verpflichtung der Finanzbehörde zur Auskunftsverweigerung würde eine erhebliche Störung der wirtschaftlichen Ordnung darstellen.", vgl. BVerwG v. 2.2.1982 – 1 C 146.80, BVerwGE 65, 1 = GewArch 1982, 233 = NVwZ 1982, 503 = DVBl 1982, 694 (697); i.E. ebenso OVG Hamburg v. 8.7.1980, DVBl 1980, 887 (888).
2 BFH v. 29.7.2003 – VII R 39, 43/02, NVwZ 2004, 384 L = GewArch 2004, 155.
3 Erlass des BMF, GewArch 1988, 84; teilweise abweichend OVG Münster v. 2.9.1987 – 4 A 152/87, GewArch 1988, 87; kritisch zur Rspr. auch *Arndt*, Steuergeheimnis, steuerliche Unzuverlässigkeit und gewerberechtliches Untersagungsverfahren, GewArch 1988, 281.
4 H.M., vgl. z.B. *Marcks*, in: *Landmann/Rohmer*, Bd. I, § 35 Rz. 55.
5 Dazu i.E. *Schulze-Werner*, Zur Regelung der Verarbeitung personenbezogener Daten durch öffentliche Stellen in der Gewerbeordnung (§ 11, 11a GewO) GewArch 2008, 63.

ligung des Betroffenen können diese Daten allerdings gem. § 11 Abs. 2 GewO nur erhoben werden, wenn die von der Behörde zu treffende Entscheidung die Erhebung der Daten bei anderen Personen oder Stellen erforderlich macht, die Erhebung beim Betroffenen einen unverhältnismäßigen Aufwand erfordern würde und keine Anhaltspunkte für eine Beeinträchtigung überwiegend schutzwürdiger Interessen des Betroffenen vorliegen.

76 Ein Verstoß gegen die Geheimhaltungspflichten des Steuer- und/oder Sozialrechtes hat ein Verwertungsverbot der Auskünfte zur Folge[1]. Für die gerichtliche Überprüfung der Rechtmäßigkeit der Datenweitergabe durch die Finanzämter ist nach Ansicht des BFH[2] der Rechtsweg zu den Finanzgerichten eröffnet. Daneben kann die Rechtmäßigkeit inzident auch im Rahmen eines verwaltungsgerichtlichen Verfahrens, das sich gegen die Untersagung als solche richtet, überprüft werden.

**Beispiel:**

Gegenüber dem Finanzamt und der AOK ist es im Ausgangsfall (Rz. 52) angebracht, dass sich der Anwalt frühzeitig mit diesen Behörden in Verbindung setzt, um Stundungs- oder Ratenzahlungsvereinbarungen zu treffen. Gelingt der Abschluss derartiger Vereinbarungen, sehen die Gewerbeaufsichtsbehörden i.d.R. von der Durchsetzung einer Untersagungsverfügung ab und dulden die Weiterführung des Gewerbes. Der bloße Antrag auf Stundung der fälligen Steuern ist jedoch nicht ausreichend, vielmehr muss ein substantiiertes Sanierungskonzept vorgelegt werden[3].

77 Gemäß § 11a GewO führt die Industrie- und Handelskammer als zuständige Behörde für die Versicherungsvermittler und Versicherungsberater ein Vermittlerregister, um den Versicherungsnehmern und Versicherungsunternehmen die Überprüfung der Zulassung des Versicherungsvermittlers zu ermöglichen. Art und Umfang der zu speichernden Daten und der Auskunftsberechtigten werden in dieser Vorschrift detailliert geregelt.

78 Die Übermittlung gewerbe- und personenbezogener Daten innerhalb der Europäischen Union und des Europäischen Wirtschaftsraums regelt § 11b GewO.

### (6) Verhältnismäßigkeit

79 Die Gewerbeuntersagung muss gem. § 35 Abs. 1 Satz 1 GewO zum Schutz der Allgemeinheit oder der im Gewerbebetrieb Beschäftigten geboten, d.h. entsprechend dem Grundsatz der Verhältnismäßigkeit erforderlich, geeignet und verhältnismäßig im engeren Sinne sein. Ausgeschlossen ist eine Volluntersagung daher immer, wenn ein milderes Mittel zur Verfügung steht, das den von der Behörde verfolgten Zweck ebenso bewirken kann. In Betracht kommen Verwarnungen, Bußgelder, Auflagen, Teiluntersagungen und sonstige Beschränkungen[4]. Andererseits ist eine Untersagung nicht schon deshalb unverhältnismäßig, weil der Betroffene dadurch sozialhilfebedürftig wird[5].

80 Das Erfordernis der Verhältnismäßigkeit der behördlichen Maßnahme bietet dem Anwalt vielfältige Argumentationsansätze. Voraussetzung für eine erfolgreiche Tä-

---

1 Vgl. dazu BVerwG v. 2.2.1982 – 1 C 146.80, BVerwGE 65, 1 = GewArch 1982, 233 = NVwZ 1982, 503 = DVBl 1982, 694 (698); *App*, Auskünfte der Finanzämter an die Gewerbebehörden mit dem Ziel einer Gewerbeuntersagung, LKV 1993, 192; *Fischer/Schaaf*, Offenbarung steuerlicher Daten gegenüber Gewerbeuntersagungsbehörden, GewArch 1990, 337.
2 BFH, Urt. v. 4.2.1987 – 7 R 77/84, GewArch 1987, 335.
3 Vgl. VGH Kassel v. 26.11.1996 – 8 UE 2858/96, GewArch 1997, 151.
4 BVerwG v. 16.9.1975 – 1 C 44.74, GewArch 1975, 385 (387); *Pielow*, § 35 Rz. 36.
5 BVerwG v. 25.3.1991 – 1 B 10.91, NVwZ-RR 1991, 408 = GewArch 1991, 226.

tigkeit ist neben der Beherrschung der juristischen Grundlagen allerdings die genaue Kenntnis des Betriebes des Mandanten und der Betriebsabläufe, was durch einen Besuch vor Ort wesentlich erleichtert wird.

⊃ **Hinweis:** Problematisieren kann der Anwalt die Frage, ob von dem Gewerbetreibenden eine konkrete Gefährdung ausgeht; es ist allerdings weitgehend anerkannt, dass eine abstrakte Gefährdung zentraler Rechtsgüter ausreichend ist[1].

Ebenfalls anerkannt ist, dass entgegen dem Wortlaut der Vorschrift die Gefährdung beliebiger Rechtsgüter der Allgemeinheit die Erforderlichkeit einer Gewerbeuntersagung nicht begründen kann. Um dem Grundsatz der Verhältnismäßigkeit zu genügen, ist die Gefährdung besonders wichtiger Rechtsgüter notwendig[2].

**(7) Ausdehnung der Untersagung auf andere oder alle Gewerbe**

Gemäß § 35 Abs. 1 Satz 2 GewO muss die Gewerbeuntersagung nicht auf das zur Zeit ausgeübte Gewerbe beschränkt bleiben. Sie kann vielmehr auf andere oder sogar alle Gewerbe ausgedehnt werden, wenn die festgestellten Tatsachen die Annahme rechtfertigen, dass der Gewerbetreibende auch für diese Gewerbe unzuverlässig ist. Dabei ist die erweiterte Gewerbeuntersagung allerdings nur zulässig, wenn dem Betroffenen im selben Verfahren auch die Ausübung eines tatsächlich betriebenen Gewerbes untersagt wird[3].

In Betracht kommt eine gewerbeübergreifende Untersagung beim Vorliegen von Gesetzesverstößen, deren Tatbestand nicht für das ausgeübte Gewerbe spezifisch ist, sondern grundsätzlich in mehreren oder sogar allen Gewerbezweigen begangen werden kann, wie z.B. Unterschlagung von Geldern oder Betrug. Die übergreifende Untersagung kann auch dann ausgesprochen werden, wenn keine besonderen Umstände die Annahme rechtfertigen, dass der Gewerbetreibende in Zukunft ein anderes Gewerbe ausüben wird[4].

**(8) Maßgeblicher Beurteilungszeitpunkt**

Im Rahmen eines gerichtlichen Verfahrens kommt der Frage, auf welchen Zeitpunkt für die Beurteilung der Unzuverlässigkeit abzustellen ist, besondere Bedeutung zu, zumal die Mandantschaft häufig vorträgt, dass seit der – angesichts langer Verfahrensdauern – möglicherweise weit zurückliegenden Gewerbeuntersagungsverfügung der Betrieb ordnungsgemäß geführt worden sei.

**Beispiel:**

Im Ausgangsfall (Rz. 52) datieren die Verstöße des Mandanten aus dem Jahre 2004. Ende 2004 wird er zur Abgabe einer Stellungnahme aufgefordert. Gegen die Gewerbeuntersagung wird nach Abschluss des Widerspruchsverfahrens im September 2005 Klage erhoben, der Termin zur mündlichen Verhandlung ist für Dezember 2006 anberaumt worden. Inzwischen hat M aufgrund einer Erbschaft seine Schulden beim Finanzamt und bei der AOK begleichen können. Nach einer Spezialisierung und Umstrukturierung hat sich die wirtschaftliche Lage seines Betriebs wesentlich verbessert, so dass mehrere neue Arbeitsplätze geschaffen worden sind, die im Falle einer Bestätigung der Gewerbeuntersagung durch das Verwaltungsgericht in Gefahr gerieten.

---

1 *Tettinger/Wank/Ennuschat*, § 35 Rz. 120; VGH Kassel v. 7.10.1975 – 2 OE 29/75, GewArch 1976, 92.
2 *Marcks*, in: *Landmann/Rohmer*, Bd. I, § 35 Rz. 79.
3 Vgl. *Tettinger/Wank/Ennuschat*, § 35 Rz. 149.
4 BVerwG v. 2.2.1982 – 1 C 94.78, GewArch 1982, 298; VGH Kassel v. 30.6.1993 – 8 UE 2075/91, GewArch 1994, 23.

84 Entgegen der früher herrschenden Meinung ist nach der Neufassung des § 35 Abs. 6 GewO und der hierzu grundsätzlichen Entscheidung des BVerwG[1] für die Beurteilung der Unzuverlässigkeit auf den Zeitpunkt der letzten Behördenentscheidung abzustellen. Späteres Wohlverhalten berührt die Rechtmäßigkeit der Untersagungsverfügung nicht und kann dem Betroffenen auch nicht zugute gehalten werden. Er ist auf die Wiedergestattung nach § 35 Abs. 6 GewO angewiesen, die allerdings auch schon während des laufenden Untersagungsverfahrens beantragt werden kann (vgl. unten Rz. 87). Dagegen kann in negativer Hinsicht für den Betroffenen ein die Unzuverlässigkeit begründendes Verhalten nach der letzten Behördenentscheidung zur Rechtfertigung der Untersagungsverfügung herangezogen werden[2].

**(9) Vollziehung der Untersagungsverfügung**

85 Die Untersagungsverfügung nach § 35 Abs. 1 GewO ist aus sich heraus vollziehbar. § 35 Abs. 5 GewO a.F., der die zuständige Behörde ermächtigte, die Weiterführung eines untersagten Gewerbes durch Schließung des Betriebes zu verhindern, ist aus Gründen der Verwaltungsvereinfachung und Vorschriftenreduzierung aufgehoben worden. Hierdurch ist die in Literatur und Rechtsprechung strittige Frage, ob es sich bei § 35 Abs. 5 GewO a.F. um eine bundesrechtliche Vollzugsregelung oder nur um eine Ermächtigungsgrundlage zum Erlass eines Verwaltungsaktes materiellen gewerberechtlichen Inhaltes handelt, der die Durchsetzung der Gewerbeuntersagung ermöglicht, entschieden worden[3]. Die Durchsetzung einer Untersagungsverfügung erfolgt nunmehr ausschließlich nach Maßgabe der Verwaltungsvollstreckungsgesetze der Länder.

86 Für die Anordnung der sofortigen Vollziehung der Untersagungsverfügung ist ihre voraussichtliche Rechtmäßigkeit nicht ausreichend; es muss vielmehr die begründete Besorgnis bestehen, dass der unzuverlässige Gewerbetreibende einen der vielfältigen berechtigten Belange der Allgemeinheit weiterhin erheblich gefährdet[4]. Ein langes Ruhenlassen eines Widerspruchs- oder Klageverfahrens gegen eine Untersagungsverfügung durch die Gewerbebehörde indiziert, dass die materiellen Voraussetzungen für die Untersagungsverfügung nicht vorlagen[5].

**(10) Wiederaufnahme des Gewerbes**

87 Gemäß § 35 Abs. 6 Satz 1 GewO hat ein Gewerbetreibender einen Rechtsanspruch auf Gestattung der Wiederaufnahme seines Gewerbes, wenn Tatsachen die Annahme rechtfertigen, dass eine Unzuverlässigkeit i.S.d. Abs. 1 dieser Vorschrift nicht mehr vorliegt[6]. Entgegen dem Wortlaut handelt es sich dabei um eine gebundene und nicht um eine Ermessensentscheidung[7].

---

1 BVerwG v. 2.2.1982 – 1 C 146.80, BVerwGE 65, 1 = GewArch 1982, 233 = DVBl 1982, 694 = NVwZ 1982, 503; v. 14.5.1997 – 1 B 93.97, GewArch 1997, 478 = NVwZ-RR 1997, 621. Das BVerfG v. 14.3.1995 – 1 BvR 1639/91 hat diese Rechtsauffassung für verfassungskonform erklärt, GewArch 1995, 242 = NVwZ 1995, 1096. Vgl. auch *Mager*, Der maßgebliche Zeitpunkt für die Beurteilung der Rechtswidrigkeit einer Gewerbeuntersagung, NVwZ 1996, 134. Zur dogmatischen Herleitung, gegenteiligen Auffassungen der obergerichtlichen Rechtsprechung und Stimmen der Literatur vgl. i.E. *Marcks*, in: Landmann/Rohmer, Bd. I, § 35 Rz. 21 f.
2 BVerwG v. 23.11.1990 – 1 B 155.90, GewArch 1991, 110; OVG Lüneburg v. 15.9.1993 – 7 L 5832/92, GewArch 1994, 110; *Tettinger/Wank/Ennuschat*, § 35 Rz. 131 m.w.N.
3 Vgl. die Gesetzesbegründung, BT-Drs. 13/9109, 15; *Kempen*, NVwZ 1999, 360 (362).
4 VGH Kassel v. 17.2.1994 – 8 TH 311/94, NVwZ-RR 1994, 324 = GewArch 1994, 238.
5 Vgl. BVerwG v. 14.5.1997 – 1 B 93.97, GewArch 1997, 478 = NVwZ-RR 1997, 621.
6 Vgl. *Scheidler*, Die Wiedergestattung der Gewerbeausübung nach § 35 Abs. 6 GewO aus der Sicht eines Praktikers, GewArch 2007, 235.
7 VGH Kassel v. 28.5.1990 – 8 UE 878/89, NVwZ-RR 1991, 146; *Tettinger/Wank/Ennuschat*, § 35 Rz. 216; *Marcks*, in: Landmann/Rohmer, Bd. I, § 35 Rz. 163.

Die in § 35 Abs. 6 Satz 2 GewO enthaltene „Sperrfrist" erlaubt die Wiedergestattung grds. erst nach Ablauf eines Jahres nach Vollzug der Untersagungsverfügung. Eine Verkürzung dieser Frist aus „besonderen Gründen" ist z.B. möglich, wenn die Gefahr besteht, dass andernfalls Arbeitsplätze verloren gehen oder Gläubiger mit ihren Ansprüchen ausfallen.

88

In die Jahresfrist einzubeziehen ist der gesamte Zeitraum, in dem der Betrieb aufgrund der Untersagungsverfügung tatsächlich geschlossen war. Unerheblich ist, ob es sich um eine freiwillige oder eine zwangsweise Schließung (z.B. auf Grund der Anordnung des sofortigen Vollzugs) handelt. Der Zeitraum der Schließung muss auch nicht zusammenhängend sein, vielmehr sind z.B. eine Schließung aufgrund einer Anordnung nach § 80 Abs. 2 Nr. 4 VwGO und eine Schließung nach rechtskräftiger Klageabweisung zusammenzurechnen. Schließlich läuft die Sperrfrist auch bei einer Fortführung des Betriebes durch einen Stellvertreter i.S.d. § 35 Abs. 2 GewO[1].

89

Ob die Wiederaufnahme der Gewerbeausübung bereits beantragt werden kann, wenn die Untersagungsverfügung noch nicht unanfechtbar geworden ist, ist umstritten, muss jedoch im Rahmen einer grundrechtskonformen Auslegung von § 35 Abs. 6 Satz 1 GewO bejaht werden[2]. Andernfalls wäre der Betroffene im Interesse einer schnellen Wiedergestattung gezwungen, auf den Rechtsschutz gegen die Untersagung zu verzichten.

90

> **Hinweis:** Für den Anwalt ist es ratsam, sich nicht auf schriftliche Eingaben und Anträge bei der zuständigen Behörde zu beschränken, sondern frühzeitig das persönliche Gespräch mit dem zuständigen Sachbearbeiter bzw. Dezernenten zu suchen. Will man es nicht auf ein i.d.R. langwieriges Widerspruchs- oder Klageverfahren ankommen lassen, ist es sinnvoll, die Rechtsstandpunkte der Entscheidungsträger zu kennen, um den Mandanten entsprechend beraten zu können. Außerdem ist im Rahmen informellen Verwaltungshandelns die Bereitschaft auf Seiten der Verwaltung, die rechtlichen und tatsächlichen Argumente des Anwalts zu berücksichtigen, (häufig) wesentlich höher als im formellen Verwaltungsverfahren.

Im verwaltungsgerichtlichen Verfahren ist für die Beurteilung eines Antrags auf Wiedergestattung, anders als bei der Gewerbeuntersagung, der Zeitpunkt der letzten mündlichen Verhandlung maßgeblich[3].

91

### f) Auskunft und Nachschau

§ 29 GewO verpflichtet alle Gewerbetreibenden, die nach den §§ 30 ff. GewO einer besonderen Genehmigung bedürfen, sowie öffentlich bestellte Versteigerer nach § 34b Abs. 5 GewO und öffentlich bestellte Sachverständige nach § 36 GewO, Gewerbetreibende nach § 38 GewO und solche Personen, gegen die ein Untersagungsverfahren nach § 35 GewO oder § 59 GewO eröffnet wurde oder bei denen der Verdacht besteht, dass sie ein erlaubnispflichtiges, überwachungsbedürftiges oder untersagtes Gewerbe ausüben, den zuständigen Stellen auf Verlangen die für die Überwachung erforderlichen mündlichen und schriftlichen Auskünfte unentgelt-

92

---

1 Vgl. *Marcks*, in: Landmann/Rohmer, Bd. I, § 35 Rz. 175.
2 So *Tettinger/Wank/Ennuschat*, § 35 Rz. 213; *Dickersbach*, Die Gewerbeuntersagung wegen Unzuverlässigkeit, WiVerw 1982, 65 (69); *Horn*, Die Wiederaufnahme des Gewerbes nach Untersagung, GewArch 1983, 369 (378); a.A. VGH Kassel v. 18.3.1985 – 8 OE 136/83, NJW 1986, 83; *Marcks*, in: Landmann/Rohmer, Bd. I, § 35 Rz. 175.
3 VGH Kassel v. 28.5.1990 – 8 UE 878/89, NVwZ-RR 1991, 146; OVG Lüneburg v. 29.1.2008 – 7 PA 190/07, GewArch 2008, 360 = NVwZ-RR 2008, 464.

lich zu erteilen. Die Befugnisse zum Betreten der Geschäftsräume und der Beschlagnahmung von Unterlagen ist ebenso wie ein Auskunftsverweigerungsrecht in § 29 Abs. 2 und 3 GewO geregelt.

### g) Gewerbezentralregister

93 Bei der Erteilung gewerberechtlicher Erlaubnisse, Bewilligungen etc. überprüft die zuständige Behörde regelmäßig, ob gegen den Antragsteller Eintragungen im Gewerbezentralregister vorliegen (vgl. § 150a GewO). Jeder Gewerbetreibende hat deshalb ein großes Interesse, derartige Eintragungen zu verhindern.

94 Nach § 149 Abs. 2 Nr. 1 GewO sind in das Gewerbezentralregister die vollziehbaren Entscheidungen einer Verwaltungsbehörde einzutragen, durch die wegen Unzuverlässigkeit oder Ungeeignetheit ein Antrag auf Zulassung zu einem Gewerbe abgelehnt, eine erteilte Erlaubnis zurückgenommen oder widerrufen oder die Ausübung eines Gewerbes untersagt worden ist[1].

⊃ **Hinweis:** Stellt sich während eines Verwaltungs- oder Gerichtsverfahrens heraus, dass ein Antrag offensichtlich keine Aussicht auf Erfolg hat, ist mit dem Mandanten zu erwägen, den Antrag zurückzunehmen, um so eine Eintragung in das Gewerbezentralregister zu verhindern.

95 Eine Eintragung erfolgt außerdem nach § 149 Abs. 2 Nr. 3 lit. a und b GewO bei rechtskräftigen Bußgeldentscheidungen wegen Ordnungswidrigkeiten, die bei oder in Zusammenhang mit der Gewerbeausübung begangen worden sind, wenn die Geldbuße 200 Euro überschreitet.

⊃ **Hinweis:** Bei geringfügigeren Verstößen wird häufig ein Hinweis auf diese – nicht jedem Amtsrichter bekannten – Vorschriften dazu führen, dass Bußgelder unter der Schwelle von 200 Euro bleiben.

## 6. Reisegewerbe

96 Die Ausübung eines Reisegewerbes ist grds. von einer Erlaubnis in Form einer Reisegewerbekarte abhängig (§ 55 Abs. 2 GewO).

### a) Begriff des Reisegewerbes

97 Ein Reisegewerbe betreibt nach der Legaldefinition des § 55 Abs. 1 GewO, wer ohne vorhergehende Bestellung und außerhalb der gewerblichen Niederlassung[2] Waren feilbietet oder Bestellungen auf Waren aufsucht (vertreibt) oder ankauft, Leistungen anbietet oder Bestellungen auf Leistungen aufsucht oder unterhaltende Tätigkeiten als Schausteller oder nach Schaustellerart ausübt.

98 Das Aufsuchen von Warenbestellungen oder Bestellung von Leistungen bedeutet das Bemühen um feste Verträge über die Lieferung von Waren oder die Erbringung von Dienstleistungen[3]. Dabei ist unerheblich, ob der Reisegewerbetreibende unmittelbar mit dem Kunden einen Vertrag abschließt oder ob der Vertrag durch das Ausfüllen einer Bestellung für einen Dritten geschlossen wird[4].

---

1 Zu den Aufgaben des Gewerbezentralregisters i.E. vgl. *Wolff*, Die Aufgaben des Gewerbezentralregisters, GewArch 1999, 17.
2 Zu den Anforderungen an das Vorliegen einer gewerblichen Niederlassung vgl. OVG Lüneburg v. 31.7.2009 – 7 ME 73/09; VG Minden v. 25.3.2009 – 3 K 224/09.
3 Zum Anbieten von handwerklichen Dienstleistungen vgl. *Dürr*, Kuriosum Reisegewerbe im Handwerk, GewArch 2011, 8.
4 Vgl. *Pielow*, § 55 Rz. 17, 21.

Ein Reisegewerbe liegt nur vor, wenn der Gewerbetreibende ohne vorhergehende  99
Bestellung tätig wird. „Ohne vorherige Bestellung" bedeutet, dass der Gewerbetreibende unangemeldet zum Kunden und nicht der Kunde zu ihm kommt. Es darf keine vorherige Terminvereinbarung erfolgt sein oder ein entsprechender Kundenwunsch vorliegen[1].

Für die Durchführung sog. „Hauspartys" bedarf es einer Reisegewerbekarte, sofern  100
nach der Vorführung Bestellungen aufgenommen oder sogar Waren verkauft werden sollen[2].

Wird die Gewerbetätigkeit aus einem mobilen Verkaufswagen oder -stand heraus  101
ausgeübt, so ist ein Reisegewerbe zu bejahen, wenn der Standort der Verkaufsstätte in gewissen zeitlichen Abständen wechselt[3]. Wird hingegen immer derselbe Standort angefahren oder der Verkaufswagen für einen längeren Zeitraum an einer bestimmten Stelle aufgestellt, so kann es sich bereits um eine gewerbliche Niederlassung handeln[4]. Als „längerer Zeitraum" werden dabei bereits 6 Wochen angesehen[5].

### b) Reisegewerbekartenfreie Tätigkeiten

Wenn der Gewerbetreibende seine Kunden im Rahmen ihres Geschäftsbetriebes  102
aufsucht, benötigt er gem. § 55b Abs. 1 GewO generell keine Reisegewerbekarte. Darüber hinaus enthält § 55a Abs. 1 GewO einen Katalog der reisegewerbekartenfreien Tätigkeiten.

### c) Verbotene Reisegewerbetätigkeiten

§ 56 GewO enthält einen umfassenden Katalog von Tätigkeiten, die – auch im Bereich des reisegewerbekartenfreien Reisegewerbes – verboten sind. Diese Verbote  103
sind als Berufsausübungsregelungen durch hinreichende Gründe des Allgemeinwohls (Bedürfnisse des Verbraucherschutzes und der Kriminalitätsbekämpfung[6]) verfassungsrechtlich gerechtfertigt und zumutbar[7].

### d) Wanderlager

Unter dem Begriff „Wanderlager" sind Verkaufsveranstaltungen zu verstehen, bei  104
denen außerhalb der gewerblichen Niederlassung und außerhalb des Messe- und Marktverkehrs in einer Verkaufsstätte (z.B. in den Räumen einer Gaststätte) Waren oder Dienstleistungen vertrieben werden[8]. Aus Gründen des Verbraucherschutzes

---

1 Vgl. VGH Mannheim v. 23.1.1995 – 14 S 3220/94, GewArch 1995, 159; BGH v. 18.11.1982 – III ZR 61/81, MDR 1983, 291 = NJW 1983, 868.
2 So überzeugend *Müller*, Tupperpartys und andere Hauspartys aus der Sicht des Reisegewerberechts, GewArch 1999, 12; *Stober*, in: *Friauf*, § 55 Rz. 17a; *Tettinger/Wank/Ennuschat*, § 55 Rz. 21; a.A. VGH Mannheim v. 29.4.1997 – 14 S 1280/96, GewArch 1997, 333; *Tschentscher/Madl*, Reisegewerbekartenpflicht und sog. „Hausparties" als moderne Form des Direktvertriebs, GewArch 1996, 446.
3 VG Berlin v. 10.12.1986 – VG 4 A 250/85, GewArch 1987, 204.
4 OVG Münster v. 20.11.1987 – 13 A 2584/85, GewArch 1988, 169.
5 Vgl. *Lässig*, Gaststättenerlaubnispflicht für „fliegende Händler"?, GewArch 1987, 184 (185); *Stober*, in: *Friauf*, § 55 Rz. 10; mehrere Monate verlangt *Schönleitner*, in: Landmann/Rohmer, Bd. I, § 55 Rz. 20.
6 Vgl. OVG Lüneburg v. 13.8.2010 – 7 ME 60/10, GewArch 2010, 408 = NVwZ-RR 2010, 971 zum Verbot Edelmetalle anzubieten oder anzukaufen.
7 Vgl. *Tettinger/Wank/Ennuschat*, § 56 Rz. 3.
8 Vgl. BVerwG v. 12.1.1993 – 1 B 196.92, NVwZ-RR 1993, 548; OVG Lüneburg v. 20.6.1991 – 7 L 117/89, GewArch 1991, 431; Zur Umgehung des § 56a Abs. 2 GewO durch Anzeige einer festen Niederlassung gem. § 14 GewO vgl. OLG Hamm v. 26.11.1986 – 3 Ss OWi 1407/86, GewArch 1987, 97.

unterliegen diese Veranstaltungen einer vorherigen Anzeigepflicht und erweiterten Untersagungsmöglichkeiten gem. § 56a GewO. Das Werben für solche Veranstaltungen mit unentgeltlichen Zuwendungen, Preisausschreiben, Verlosungen und Ähnlichem ist verboten.

### e) Gestattung und Untersagung reisegewerblicher Tätigkeiten

105 Auf die Erteilung einer Reisegewerbekarte besteht grds. ein Rechtsanspruch. Sie ist jedoch gem. § 57 GewO zu versagen, wenn Tatsachen die Annahme rechtfertigen, dass der Antragsteller die für die beabsichtigte Tätigkeit erforderliche Zuverlässigkeit nicht besitzt. Typische Unzuverlässigkeitsgründe im Reisegewerberecht sind z.B. die Erschleichung des Zugangs zu Wohnungen oder unwahre Behauptungen über die angebotenen Waren. Für die Annahme der Unzuverlässigkeit müssen jedoch konkrete Tatsachen in der Person des Antragstellers vorliegen. Aus den gleichen Gründen kann eine Reisegewerbekarte auch widerrufen werden

106 Die Ausübung einer reisegewerbekartenfreien Tätigkeit kann gem. § 59 GewO i.V.m. § 57 GewO ebenfalls nur aus Gründen der Unzuverlässigkeit des Gewerbetreibenden untersagt werden. Ist dessen Unzuverlässigkeit festgestellt, liegt die Entscheidung über die Untersagung gem. § 59 GewO – anders als bei der Untersagung nach § 35 Abs. 1 GewO oder § 57 GewO – im pflichtgemäßen Ermessen der Behörde, die über Art und Umfang ihrer Maßnahme unter Berücksichtigung des Verhältnismäßigkeitsgrundsatzes entscheiden muss[1].

107 Die Veranstaltung eines Wanderlagers kann nach § 56a Abs. 3 GewO darüber hinaus dann untersagt werden, wenn die erforderliche Anzeige nicht rechtzeitig, vollständig oder wahrheitsgemäß erfolgte oder die öffentliche Ankündigung fehlerhaft war.

### 7. Messen, Ausstellungen, Märkte

#### a) Begriffsbestimmungen – Festsetzung

108 Die Veranstaltung von
- Messen (§ 64 GewO),
- Ausstellungen (§ 65 GewO),
- Großmärkten (§ 66 GewO),
- Wochenmärkten (§ 67 GewO),
- Spezial- und Jahrmärkten (§ 68 GewO)

bedarf grds. keiner besonderen gewerberechtlichen Erlaubnis. Auf Antrag des Veranstalters kann jedoch eine sog. Festsetzung der Veranstaltung gem. § 69 GewO erfolgen, so dass die Veranstaltung in den Genuss der „Marktprivilegien" kommt. Volksfeste können gem. § 60b Abs. 2 GewO durch eine Festsetzung begrenzt privilegiert werden[2]. Statt einer Festsetzung kann die Gemeinde die Durchführung von Märkten auch durch Vertrag an einen privaten Dritten übertragen[3].

109 Anders als z.B. Großmärkte oder Wochenmärkte können Spezial- und Jahrmärkte gem. § 69 GewO nur in „größeren Zeitabständen" durchgeführt werden. Dieser

---

1 VGH Mannheim v. 17.2.1994 – 14 S 42/94, GewArch 1994, 194 = NVwZ-RR 1994, 389 ff.; Pielow, § 59 Rz. 4.
2 Vgl. dazu VG Wiesbaden v. 1.3.1982 – 7/1 G 110/82, NVwZ 1982, 640; zur Diskussion um die Privatisierung von Messen etc. vgl. Gröpel, Privatisierung von Messen, Märkten und Volksfesten, GewArch 1995, 367.
3 Vgl. zur Durchführung eines Wochenmarktes OVG Potsdam v. 30.11.2010 – 1 S 107/10.

ist bereits gegeben, wenn zwischen den jeweiligen Veranstaltungen ein Abstand von etwa einem Monat liegt[1]. Dabei ist hinsichtlich des Zeitabstandes nicht auf den jeweiligen Veranstalter, sondern auf die Veranstaltung und – bei Spezialmärkten – auf die jeweils angebotene Warengattung abzustellen, da anderenfalls durch verschiedene Veranstalter jeweils im Monatsabstand organisierte Märkte faktisch zu einer unerwünschten Häufung führen würden[2].

Umstritten ist, ob Antik-, Trödel- und Flohmärkte als Jahrmarkt oder auch als Spezialmarkt festgesetzt werden können. Ein Trödel- oder Flohmarkt zeichnet sich dadurch aus, dass regelmäßig neben minderwertigen oder wertgeminderten Neuwaren vor allem Gebrauchtwaren, die nicht wegen ihres Alters als besonders wertvoll anzusehen sind, angeboten werden. Solche Märkte sind daher als Jahrmärkte festzusetzen[3], wogegen Antikmärkte eher als Spezialmärkte anzusehen sind[4]. Bedeutung hat diese Frage im Hinblick auf die Vergütungsregelung des § 71 GewO, wonach der Veranstalter von Jahrmärkten anders als der von Spezialmärkten kein Eintrittsgeld nehmen darf. 110

Bei einer gewerblichen und regelmäßig wiederkehrenden Veranstaltung von Flohmärkten ohne Festsetzung handelt es sich um Privatmärkte und nicht um Veranstaltungen i.S.d. §§ 64 ff. GewO. Diese Tätigkeit ist daher dem stehenden Gewerbe zuzuordnen[5]. 111

Die Festsetzung liegt nicht im behördlichen Ermessen, sondern muss erteilt werden, sofern kein Ablehnungsgrund gem. § 69a Abs. 1 GewO vorliegt[6]. Ein Auswahlermessen steht der Behörde in den Fällen konkurrierender Veranstaltungen zu[7]. Die Festsetzung ist ein Verwaltungsakt, und zwar auch dann, wenn sie zu Gunsten der Gemeinde selbst als Veranstalterin erteilt wird[8]. Die Festsetzung ersetzt aber nicht sonstige, z.B. bau-, verkehrs- oder straßenrechtliche Erlaubnisse und Genehmigungen. 112

Dagegen haben einzelne Marktkaufleute oder Schausteller gegenüber einer Gemeinde keinen Anspruch auf die Veranstaltung und Festsetzung eines Jahrmarktes oder eines Volksfestes[9]. 113

---

1 BVerwG v. 12.2.1991 – 1 C 4.89, GewArch 1991, 180 = MDR 1991, 1005 = NVwZ 1991, 1080; vgl. auch OVG Münster v. 3.6.1992 – 4 A 1305/91, NVwZ-RR 1993, 247; *Krafczyk*, Spezialmärkte „in größeren Zeitabständen", GewArch 1988, 261, 263.
2 BVerwG v. 12.2.1991 – 1 C 4.89, GewArch 1991, 180 = MDR 1991, 1005 = NVwZ 1991, 1080; VG Minden v. 26.9.1985 – 2 L 423/85, GewArch 1986, 60; OVG Koblenz v. 6.8.1987 – 12 A 1/87, GewArch 1987, 338; VG Hannover v. 17.8.1995 – 7 A 84/81/94, GewArch 1996, 25 (26); *Schönleitner*, in: Landmann/Rohmer, Bd. I, § 68 Rz. 3; a.A. *Krafczyk*, Spezialmärkte „in größeren Zeitabständen", GewArch 1988, 261, 263; *Wagner*, Zur Markt-Abgrenzung im Gewerberecht, WuR 1991, 61, 65.
3 OVG Hamburg v. 2.8.1988 – Bs VI 35/88, GewArch 1988, 380; OVG Weimar v. 10.5.1996 – 2 EO 326/96, DÖV 1996, 965; *Bardenz*, Rechtsfragen des Trödelmarktes, GewArch 1998, 53, 54; a.A. *Ebner*, Spezialmärkte, GewArch 1980, 156, 159.
4 Zu den Voraussetzungen für eine Festsetzung als Spezialmarkt vgl. i.E. VG Düsseldorf v. 18.8.1987 – 3 L 1289/87, GewArch 1988, 193; *Bardenz*, Rechtsfragen des Trödelmarktes, GewArch 1998, 53.
5 VGH Mannheim v. 30.8.1994 – 14 S 343/94, GewArch 1994, 473.
6 Vgl. dazu BVerwG v. 2.1.2006 – 6 B 55.05, GewArch 2006, 164.
7 VGH Kassel v. 12.8.2004 – 8 TG 3522/03, DVBl 2004, 1500 L = DÖV 2005, 210 = GewArch 2004, 483.
8 Vgl. VGH Kassel v. 3.1.2002 – 8 TG 2177/02, GewArch 2003, 426 = NVwZ-RR 2003, 345; dazu i.E. *Steinweg*, Verwaltungsaktcharakter einer zu Gunsten des eigenen Verwaltungsträgers vorgenommenen marktverkehrlichen Festsetzung nach § 69 I GewO, GewArch 2004, 101.
9 OVG Koblenz v. 11.12.1991 – 11 A 10948/91, NVwZ-RR 1993, 76.

## b) Wirkung der Festsetzung

114 Die Festsetzung hat u.a. folgende Wirkungen:
- keine Geltung der §§ 14–52 GewO (Stehendes Gewerbe) und §§ 55–61a GewO (Reisegewerbe)[1],
- beschränkte Anwendbarkeit des LadenSchlußG,
- Sonderregelungen in der Arbeitszeitordnung und im JugendarbeitsschutzG,
- beschränkte Anwendbarkeit des GastG,
- Sonderregelungen in den Feiertagsgesetzen der Länder.

115 Die Durchführung von nicht festgesetzten privaten Trödel- und Gebrauchtwagenmärkten an Sonn- bzw. Feiertagen ist nicht zulässig[2].

## c) Recht zur Teilnahme an einer Veranstaltung

116 Bei Märkten jeglicher Art taucht häufig die Frage auf, nach welchen Gesichtspunkten Anbieter vom Veranstalter abgewiesen werden können, wenn die Nachfrage den zur Verfügung stehenden Platz überschreitet[3].

**Beispiel:**
Die Gemeinde G veranstaltet jährlich ein Sommerfest, auf dem die Anbieter u.a. zubereitete Speisen anbieten. Dem Mandanten, der nicht in der Gemeinde G wohnt und als potentieller Anbieter in Betracht kommt, ist die Teilnahme mit der Begründung untersagt worden, dass die Nachfrage seitens der Anbieter die Kapazitäten bei weitem übersteige und man deshalb den bekannten und bewährten Anbietern den Vorzug gebe.

117 Handelt es sich um eine festgesetzte Veranstaltung, ist nach dem Grundsatz der Marktfreiheit gem. § 70 Abs. 1 GewO jedermann, der dem Teilnehmerkreis der festgesetzten Veranstaltung angehört, nach Maßgabe der für alle Veranstaltungsteilnehmer geltenden Bestimmungen zur Teilnahme berechtigt. Überschreitet die Nachfrage das vom Veranstalter zur Verfügung gestellte Angebot, reduziert sich dieser Rechtsanspruch zu einem Recht auf sachgemäßes Auswahlermessen gem. § 70 Abs. 3 GewO[4]. Ein Anspruch auf Erweiterung der bisherigen Kapazität eines Marktes ergibt sich aus § 70 Abs. 1 GewO nicht[5]. Sofern die Veranstaltung von der Gemeinde durchgeführt wird, müssen die Kriterien für die Auswahl vom Rat selbst festgelegt werden[6]. Bei der danach vorzunehmenden Auswahl der einzelnen Marktbeschicker steht dem Veranstalter dann allerdings ein weiter Ermessensspielraum zu[7]. Er ist dabei berechtigt, die Bewerbungen zunächst zu sammeln und erst später über die Zulas-

---

1 Aussteller und Anbieter müssen daher keine Anzeige gem. §§ 14, 55c GewO erstatten.
2 Vgl. BVerwG v. 15.3.1988 – 1 C 25.85, DVBl 1988, 584; OLG Düsseldorf v. 29.7.1988 – 5 Ss (OWi) 221/88–193/88, GewArch 1988, 393; OVG Hamburg v. 11.6.1990 – Bs VI 94/90, NVwZ 1991, 184.
3 Vgl. zu diesem Problem i.E. *Schalt*, Der Zulassungsanspruch des Schaustellers zu Volksfestveranstaltungen – Neuere Entwicklungen in der Rechtsprechung, GewArch 2002, 137; *Heitsch*, Der gewerberechtliche Zulassungsanspruch zu Volksfesten, GewArch 2004, 225; VG Gießen v. 19.2.2004 – 8 G 96/04, GewArch 2004, 164.
4 OVG Lüneburg v. 26.8.1981 – 9 A 65/81, NVwZ 1983, 49; *Lässig*, Die Vergabe von Standplätzen auf kommunalen Volksfesten, NVwZ 1983, 18.
5 VGH München v. 9.1.2003 – 22 ZB 02.2984, NVwZ-RR 2003, 837 = GewArch 2003, 120.
6 VGH Mannheim v. 27.8.1990 – 14 S 2400/88, NVwZ-RR 1992, 90; VG Oldenburg v. 1.7.2004 – 12 B 1203/04, NVwZ-RR 2005, 127 = GewArch 2004, 419; VGH München v. 31.3.2003 – 4 B 00.2823, NVwZ-RR 2003, 771 = DVBl 2004, 451 L = DÖV 2003, 819 = GewArch 2003, 340.
7 OVG Münster v. 10.7.1991 – 4 B 1635/91, NVwZ-RR 1992, 477 = GewArch 1991, 435; OVG Bremen v. 27.4.1993 – 1 BA 49/92, NVwZ-RR 1994, 24.

sung zu entscheiden, sofern ein angemessener Zeitraum zwischen Entscheidung und Markttermin gewährleistet ist[1].

Als sachgerechte Auswahlkriterien werden von der Rspr. u.a. anerkannt: 118
– zeitliche Reihenfolge der Anmeldungen,
– Losverfahren[2],
– rollierendes System mit turnusmäßiger Berücksichtigung,
– Unzuverlässigkeit des Bewerbers[3].

Problematisch sind hingegen die folgenden Gesichtspunkte:
– Attraktivität des Standes oder Geschäfts[4],
– Bevorzugung bekannter und bewährter Anbieter[5],
– Bevorzugung ortsansässiger Unternehmen[6].

Im Hinblick auf die Beurteilung der Attraktivität eines Geschäftes billigt die Rechtsprechung dem Veranstalter einen gerichtlich nur beschränkt überprüfbaren Beurteilungsspielraum zu, da es sich um ein Werturteil handelt[7]. 119

Das in der Praxis häufig angewandte Auswahlkriterium „bekannt und bewährt" wird zumindest dann als unzulässig angesehen, wenn es in seiner konsequenten Anwendung dazu führt, dass Neubewerber praktisch keine Teilnahmechance haben[8]. 120

Unter Rückgriff auf das Prinzip der Marktfreiheit und in Anlehnung an gemeinderechtliche Vorschriften wird diese Ansicht auch für festgesetzte Veranstaltungen vertreten, die von Privaten durchgeführt werden. 121

Ist eine Festsetzung des Marktes nach § 69 GewO nicht erfolgt, besteht ein Zugangsanspruch für Standbewerber und Besucher nur, wenn es sich bei der Veranstaltung um eine öffentliche Einrichtung i.S.d. Gemeindeordnung handelt, so dass der kommunalrechtliche Benutzungsanspruch (z.B. gem. § 8 Abs. 2 GO NW) Geltung hat. In diesem Falle gelten ähnliche Grundsätze wie bei festgesetzten Veranstaltungen[9]. 122

Für Streitigkeiten über die Zulassung zum Markt ist der Zivilrechtsweg gegeben, sofern der Markt von einem privaten Veranstalter betrieben wird. Handelt es sich dagegen beim Veranstalter um eine Gemeinde, so ist der Markt als öffentliche Einrichtung zu qualifizieren. Auch wenn das ‚Betriebsverhältnis' privatrechtlich aus- 123

---

1 VG Ansbach v. 9.10.1997 – AN 4 K 97.01181, GewArch 1998, 114; zum Rechtsschutz bei Nichtzulassung zu festgesetzten Märkten vgl. i.E. *Hösch*, Rechtsschutz gegen die Nichtzulassung zu festgesetzten Märkten, GewArch 1996, 402.
2 BVerwG v. 4.10.2005 – 6 B 63.05, GewArch 2006, 81.
3 OVG Hamburg v. 11.10.2006 – 1 B 386/06, NVwZ-RR 2007, 171.
4 Vgl. OVG Münster v. 13.7.2007 – 4 B 1001/07; OVG Koblenz v. 8.10.2008 – 6 B 11067/08, LKRZ 2008, 477.
5 Vgl. OVG Münster v. 12.11.1990 – 4 A 1731/89, NVwZ-RR 1991, 297; VGH Mannheim v. 30.4.1991 – 14 S 1277/89, NVwZ-RR 1992, 132.
6 Vgl. *Tettinger/Wank/Ennuschat*, § 70 Rz. 54 m.w.N.; VG Mainz v. 1.6.2004 – 6 K 254/04, GewArch 2004, 418.
7 Vgl. OVG Münster v. 12.11.1990 – 4 A 1151/89, NVwZ-RR 1991, 551; OVG Hamburg v. 26.10.1992 – Bs 6 81/92, NVwZ-RR 1993, 248; *Tettinger/Wank/Ennuschat*, § 70 Rz. 48 ff.
8 BVerwG v. 27.4.1984 – 1 C 24.82, GewArch 1984, 285; OVG Münster v. 12.11.1990 – 4 A 1731/89, GewArch 1991, 113 = NWVBl. 1991, 116 = NVwZ-RR 1991, 297; vgl. auch VGH Mannheim v. 30.4.1991 – 14 S 1277/89, NVwZ-RR 1992, 132.
9 *Tettinger/Wank/Ennuschat*, § 69 Rz. 3 ff.

gestaltet sein sollte, ist dennoch der Verwaltungsrechtsweg gegeben, weil die Frage der Zulassung das ‚Grundverhältnis' betrifft (Zweistufentheorie)[1]. Dabei ist zur Wahrung des Grundrechts auf effektiven Rechtsschutz aus Art. 19 Abs. 4 GG ein Antrag nach § 123 VwGO zulässig und stellt keine unzulässige Vorwegnahme der Hauptsache dar[2].

124 Einstweilen frei.

## III. Handwerksrecht

### 1. Rechtsvorschriften und Behördenzuständigkeiten

#### a) Rechtsvorschriften

125 Das Handwerksrecht war bis 1965 Teil der GewO und ist seitdem in der HwO[3] geregelt. Diese Trennung entspricht den unterschiedlichen Zielsetzungen von Gewerberecht (Gefahrenabwehr) und Handwerksrecht (Schutz und Förderung des Handwerks als wichtigen mittelständischen Gewerbezweiges). Die ratio legis kann in der Praxis für die Auslegung bzw. Anwendung von Vorschriften des Handwerksrechts von Bedeutung sein.

126 Die Gesetzgebungskompetenz für das Handwerksrecht ist mit der Föderalismusreform[4] zum September 2006 auf die Länder übergegangen (Art. 74 Abs. 1 Nr. 11 GG). Bislang haben die Länder von dieser Kompetenz jedoch noch keinen Gebrauch gemacht.

127 Die letzte grundlegende Reform des Handwerksrechts trat zum 1.1.2004 in Kraft[5]. Mit ihr wurde die Zahl der zulassungspflichtigen Handwerke von 94 auf 41 reduziert, das „Inhaberprinzip" (vgl. Rz. 149 ff.) aufgegeben und die Voraussetzungen, unter denen „erfahrene Gesellen" selbständig ein zulassungspflichtiges Handwerk ausüben dürfen, erleichtert (vgl. Rz. 158 ff.).

128 Trotz der unterschiedlichen Zielsetzungen von GewO und HwO ist die GewO als lex generalis immer dann anwendbar, wenn die HwO keine Spezialregelungen enthält.

129 Für den Handwerker, der sein Handwerk ohne gewerbliche Niederlassung i.S.d. § 42 Abs. 2 GewO betreibt („Reisehandwerker"), ist sogar ausschließlich die

---

1 VGH Kassel v. 29.11.1993 – 8 TG 2735/93, GewArch 1994, 287 = NVwZ-RR 1994, 650; vgl. dazu i.E. *Hilderscheid*, Erzwungene Doppelvergabe von Standflächen auf festgesetzten Veranstaltungen, GewArch 2007, 129; *Hilderscheid*, Passivlegitimation und Rechtsweg bei Klagen auf Zulassung zu festgesetzten Veranstaltungen, GewArch 2008, 54.
2 BVerfG v. 15.8.2002 – 1 BvR 1790/00, NJW 2002, 3692 = DVBl 2003, 257.
3 In der Fassung der Bekanntmachung v. 24.9.1998, BGBl. I, 3074, zuletzt geändert durch Art. 2 des Gesetzes v. 17.7.2009, BGBl. I, 2095.
4 Gesetz zur Änderung des Grundgesetzes v. 28.8.2006, BGBl. I, 2034; vgl. hierzu *Höfling/Rixen*, Die Landes-Gesetzgebungskompetenzen im Gewerberecht nach der Föderalismusreform, GewArch 2008, 1.
5 Gesetz zur Änderung der Handwerksordnung und zur Förderung von Kleinunternehmen v. 24.12.2003, BGBl. I, 2933 und Drittes Gesetz zur Änderung der Handwerksordnung und anderer handwerksrechtlicher Vorschriften v. 24.12.2003, BGBl. I, 2934. Vgl. hierzu *Schwannecke/Heck*, Die Handwerksordnungsnovelle 2004 – Die wichtigsten Änderungen –, GewArch 2004, 129; *Kormann/Hüpers*, Zweifelsfragen der HwO-Novelle 2004, GewArch 2004, 353 und 404; *Stober*, Anmerkungen zur Reform der Handwerksordnung, GewArch 2003, 393. Kritisch zu der Reform *Zimmermann*, Erosion ohne Gewinn: Die Handwerksrechtsreform und ihre Auswirkungen auf die Ausbildung, GewArch 2011, 63.

GewO anwendbar, weil die HwO die Ausübung eines stehenden Gewerbes voraussetzt (§ 1 Abs. 1 Satz 1 HwO)[1].

Verfahrensvorschriften zum Handwerksrecht finden sich in zahlreichen Rechtsverordnungen und Verwaltungsvorschriften des Bundes und der Länder. Die wichtigsten sind (abgedruckt bei *Detterbeck*, Handwerksordnung): 130
- VO über verwandte Handwerke v. 18.12.1968, BGBl. I, 1355, zuletzt geändert durch Art. 3 des Gesetzes v. 22.6.2004, BGBl. I, 1314,
- VO über die Anerkennung von Prüfungen bei der Eintragung in die Handwerksrolle und bei Ablegung der Meisterprüfung im Handwerk v. 2.7.2005, BGBl. I, 1935,
- VO über gemeinsame Anforderungen in der Meisterprüfung im Handwerk v. 18.7.2000, BGBl. I, 1078, zuletzt geändert durch VO v. 10.12.2009, BGBl. I, 3858,
- VO über die für Staatsangehörige eines Mitgliedstaates der Europäischen Union oder eines anderen Vertragsstaates des Abkommens über den Europäischen Wirtschaftsraum oder der Schweiz geltenden Voraussetzungen für die Ausübung eines zulassungspflichtigen Handwerks (EU/EWR-Handwerk-Verordnung) v. 20.12.2007, BGBl. I, 3075.

### b) Behördenzuständigkeiten

Die Vollziehung der handwerksrechtlichen Bestimmungen obliegt nur teilweise staatlichen Institutionen. Im Rahmen ihres Selbstverwaltungsrechts liegen wichtige Aufgaben bei den Innungen und besonders bei den Handwerkskammern. Die Handwerkskammern sind öffentlich-rechtliche Zwangskörperschaften, denen insbesondere die Führung der Handwerksrolle obliegt (vgl. § 91 HwO). 131

## 2. Begriff und Abgrenzung des Handwerksbetriebes

### a) Begriffsmerkmale

Von zentraler Bedeutung ist im Handwerksrecht regelmäßig die Frage, ob überhaupt ein Handwerksbetrieb vorliegt, weil damit eine Reihe praktisch bedeutsamer Konsequenzen verbunden ist (u.a. Eintragung in die Handwerksrolle, ggf. Meisterprüfung). 132

**Beispiel:**

Mandant K hatte eine mehrjährige Ausbildung an einer privaten Kunstfachschule absolviert. Seitdem ist er vornehmlich mit der Gestaltung von Lichtreklamen, Reklamewänden, Reklamen an Fassaden und Kraftfahrzeugen sowie an Schaustellergeschäften entsprechend den Wünschen der Kunden bzw. aufgrund eigener Entwürfe beschäftigt. Die zuständige Behörde hat K darauf hingewiesen, dass ohne eine Eintragung in die Handwerksrolle sein Betrieb geschlossen werde. Wenn er eine Ausnahmebewilligung beantrage, könne diese nur befristet gewährt werden. K müsse in jedem Fall die Meisterprüfung in den von ihm ausgeübten Tätigkeiten nachholen.

Einen Handwerksbetrieb i.S.d. § 1 HwO kennzeichnen folgende Merkmale: 133
- Gewerbebetrieb,
- stehendes Gewerbe,
- handwerksfähige Tätigkeit,
- handwerksmäßiger Betrieb,

---

1 Vgl. hierzu *Hüpers*, Reisegewerbe und handwerklicher Befähigungsnachweis, GewArch 2004, 230; OVG Münster v. 6.11.2003 – 4 A 511/02, GewArch 2004, 32 = NWVBl. 2004, 311 = DVBl 2004, 843.

– Ausübung von Tätigkeiten, die vollständig oder in wesentlichen Teilen in der Anlage A zur HwO aufgeführt sind.

**b) Gewerbebetrieb**

134 Ob ein Gewerbebetrieb vorliegt, richtet sich nach den allgemeinen Grundsätzen[1].

⊃ **Hinweis:** Im Ausgangsfall ist die Einordnung als Gewerbe wegen des künstlerischen Moments der Tätigkeit des K fraglich. Ist die gewerbliche Tätigkeit gegenüber der künstlerischen Tätigkeit von untergeordneter Natur, unterliegt K nicht den berufseinschränkenden Bestimmungen der HwO oder der GewO, da er dann kein Gewerbe und damit auch kein Handwerk ausübt. Letztendlich hängt diese Frage von den Umständen des Einzelfalls ab. Maßgebliche Gesichtspunkte können z.B. die Ausbildung des Betroffenen an einer Kunstakademie, Präsentation der Produkte in Ausstellungen und Kunstmessen, keine Serienfertigung, keine Beschäftigung von Hilfskräften sein[2].

135 In einem solchen Fall wird der Erfolg anwaltlicher Bemühungen u.a. davon abhängen, dass er frühzeitig auf die Willensbildung und Entscheidungsfindung der Behörde im Wege konsensualen Verwaltungshandelns Einfluss nimmt. Letztlich kommt es auf die Überzeugungskraft der vorgetragenen Argumente an, die natürlich durch die Bezugnahme einschlägiger – und auch tatsächlich vergleichbarer – gerichtlicher Entscheidungen noch verstärkt werden kann.

⊃ **Hinweis:** Sind derartige Entscheidungen bekannt, sollte sich der Anwalt nicht scheuen, diese der Behörde in Kopie zu übersenden.

**c) Handwerksfähige Tätigkeit**

136 Weitere Voraussetzung für das Vorliegen eines Handwerksbetriebes und damit für die Anwendbarkeit der HwO ist die Handwerksfähigkeit des Gewerbes. Nach dem Wortlaut der Neufassung des § 1 Abs. 2 HwO ist ein Gewerbebetrieb ein Handwerksbetrieb, wenn das Gewerbe handwerksmäßig betrieben wird und ein in der abschließenden Aufzählung der Anlage A zur HwO genanntes Gewerbe vollständig umfasst oder Tätigkeiten ausgeübt werden, die für das jeweilige Handwerk wesentlich sind (sog. wesentliche Tätigkeiten). „Wesentlich" sind nach der „Kernbereichstheorie" des BVerwG solche Tätigkeiten, die „nicht nur fachlich zu dem betreffenden Handwerk gehören, sondern gerade den Kernbereich dieses Handwerks ausmachen und ihm sein essentielles Gepräge verleihen"[3]. Für die Ermittlung dieses Kernbereichs eines Handwerks wird in der Praxis der Behörden und Handwerksorganisationen sowie in der Rechtsprechung darauf abgestellt, ob die Tätigkeit den Berufsbildern entspricht, wie sie gem. § 45 GewO in den einzelnen Meisterprüfungsverordnungen festgelegt sind[4].

---

1 S.o. Rz. 17 ff.; zum Merkmal der Selbständigkeit eines Handwerksbetriebes als stehendes Gewerbe i.S.d. § 1 HwO vgl. OLG Düsseldorf v. 24.1.1994 – 5 Ss 376/93, GewArch 1994, 246 und 380 = NVwZ-RR 1994, 580.
2 Vgl. VG Oldenburg v. 19.4.1990 – 2 A 29/89, GewArch 1990, 277.
3 Grundlegend BVerwG v. 23.6.1983 – 5 C 37.81, GewArch 1984, 96 zum Einbau von Normfenstern; v. 25.2.1992 – 1 C 27.89, GewArch 1992, 386 = NVwZ-RR 1992, 547 zur Montage industriell vorgefertigter Rollladen; OVG Lüneburg v. 11.3.2010 – 8 LB 9/08, GewArch 2010, 213 = NVwZ-RR 2010, 639 mit Anm. *Ratzke*, NVwZ-RR 2010, 642 zum Aufstellen von fertigen Grabmalen auf einem Friedhof.
4 Vgl. dazu den Beschluss des Bund-Länder-Ausschuss „Handwerksrecht" v. 17.12.1987, BAnz. Nr. 241, 16 = GewArch 1988, 59; BVerwG v. 21.12.1993 – 1 C 1.92, GewArch 1994, 199 mit Anm. *Jahn*, GewArch 1994, 312.

Von den so definierten Handwerksbetrieben abzugrenzen ist das Minderhandwerk oder Kleingewerbe, für dessen Ausübung nach objektiver Betrachtungsweise die Kenntnisse und Fähigkeiten des Vollhandwerks nicht erforderlich sind. Diese Tätigkeiten fallen deshalb nicht unter die HwO, sondern nur unter die GewO[1]. 137

**d) Handwerksmäßiger Betrieb**

Ist die Handwerksfähigkeit eines Gewerbes festgestellt, so muss es gem. § 1 Abs. 2 HwO auch handwerksmäßig betrieben werden. Dieses Merkmal beschreibt die Abgrenzung zum Industriebetrieb[2]. Maßgeblich hierfür ist der Gesamteindruck des Betriebes, wobei aufgrund der technischen, wirtschaftlichen und sozialen Entwicklungen eine dynamische Betrachtungsweise geboten ist[3]. Dieser „dynamische Handwerksbegriff" verbietet es, lediglich auf eine bestimmte Bezugsgröße, z.B. die Größe eines Unternehmens, die Zahl der Mitarbeiter oder die Höhe des Umsatzes abzustellen. 138

Für die Handwerksmäßigkeit eines Betriebes sprechen u.a.[4]: 139
– beschränkte, überschaubare Betriebsgröße,
– geringer Kapitalaufwand,
– persönliche Mitarbeit des Inhabers in der Produktion und nicht nur in der Geschäftsführung,
– Tätigkeit auf Bestellung, Spezialanfertigungen,
– geographisch beschränktes Absatzgebiet,
– überwiegend Handarbeit fachlich vorgebildeter Mitarbeiter bei maschineller Unterstützung,
– geringe Beschäftigtenzahl,
– geringe Arbeitsteilung.

◯ **Hinweis:** Da aufgrund des oben erwähnten „dynamischen Handwerksbegriffs" die Frage, ob eine handwerkliche Tätigkeit oder eine industrielle Fertigung vorliegt, nach den jeweiligen Gegebenheiten des Einzelfalls zu entscheiden ist, empfiehlt es sich für den Anwalt, sich unmittelbar vor Ort über die für die Abgrenzung wichtigen Tatsachen und Umstände wie z.B. Betriebsgröße, Produktionsweisen, Arbeitsabläufe etc. zu informieren, um gegenüber der Verwaltung oder dem Gericht überzeugend argumentieren zu können.

---

1 Vgl. *Honig/Knörr*, § 1 Rz. 61 ff. Beispiele: VGH München v. 21.7.1988 – 22 B 85 A.51, GewArch 1988, 331: Die Anbringung industriell vorgefertigter Rolladen ist eine wesentliche Tätigkeit des Rolladen- und Jalousiebauerhandwerks; BVerwG v. 15.12.1983 – 5 C 40.81, GewArch 1984, 98: Der Einbau vorgefertigter Normfenster und -türen kann ein Minderhandwerk sein, ebenso die Montage vorgefertigter Glasfassaden und fertiger Glasfenster, VG Stuttgart v. 15.9.1999 – 4 K 3717/99, GewArch 2000, 74; LG Karlsruhe v. 17.12.1997 – 101/97 KfH II, NVwZ-RR 1998, 751: Die Wartung und Reparatur von Hardwarekomponenten durch Computerhändler ist kein Vollhandwerk; OVG Lüneburg v. 30.9.2004 – 8 ME 77/04, NVwZ-RR 2005, 173: Das Lackieren von Fahrzeugen ist eine wesentliche Tätigkeit des Lackiererhandwerks.
2 Vgl. *Czybulka*, Zur Abgrenzung von Handwerk und Industrie, NVwZ 1990, 137; BVerwG v. 25.7.2002 – 6 B 37.02, GewArch 2003, 79; VGH Mannheim v. 16.12.2005 – 6 S 1601/05, GewArch 2006, 126.
3 BVerwG v. 25.7.2002 – 6 B 37.02, GewArch 2003, 79; v. 1.4.2004 – 6 B 5/04, GewArch 2004, 488.
4 Vgl. auch die Übersicht bei *Honig/Knörr*, § 1 Rz. 64 ff.

### e) Nebenbetrieb

140 In den Anwendungsbereich der HwO fällt auch der handwerkliche Nebenbetrieb i.S.d. § 3 Abs. 1 HwO[1], sofern es sich nicht um einen Hilfsbetrieb gem. § 3 Abs. 3 HwO handelt.

141 Voraussetzungen für die Annahme eines Nebenbetriebes sind:
- organisatorische Verbundenheit von Neben- und Hauptbetrieb,
- wirtschaftliche Unterordnung des Nebenbetriebes gegenüber dem Hauptbetrieb,
- fachliche Verbundenheit i.S.e. sinnvollen Ergänzung und Erweiterung des Hauptbetriebes aus der Sicht des Kunden[2],
- handwerksmäßige Leistungen für Dritte („Zugang zum Markt")[3].

**Beispiele:**

Ein Nebenbetrieb kann z.B. eine Kfz-Werkstatt im Verhältnis zu einer Tankstelle oder einem Gebrauchtwagenhandel darstellen[4], ferner ein Foto-Studio im Verhältnis zu einem Foto-Geschäft[5].

142 Nicht in den Anwendungsbereich der Handwerksordnung fallen dagegen die sog. unerheblichen Nebenbetriebe. Ihr Betreiben ist auch ohne Eintragung in die Handwerksrolle gestattet. Ein unerheblicher Nebenbetrieb liegt gem. § 3 Abs. 2 HwO vor, wenn die jährlich aufgewendete Arbeitszeit die entsprechenden Durchschnittswerte eines ohne Hilfskräfte in Vollzeit arbeitenden Betriebes („Ein-Mann-Betrieb") nicht übersteigt[6].

### f) Hilfsbetrieb

143 Von der Anwendung der HwO ausgenommen sind ferner die sog. Hilfsbetriebe gem. § 3 Abs. 3 Nr. 1 HwO. Sie sind dadurch gekennzeichnet, dass ihre Leistungen ausschließlich für den Hauptbetrieb bestimmt sind[7]. Sofern auch Leistungen an Dritte erbracht werden, muss es sich gem. § 3 Abs. 3 Nr. 2 HwO um untergeordnete oder völlig vom Hauptbetrieb abhängige Leistungen handeln.

### g) Handwerksähnlicher Betrieb

144 Für handwerksähnliche Betriebe i.S.d. § 18 Abs. 2 HwO ist zwar keine Eintragung in die Handwerksrolle erforderlich, es besteht jedoch eine Anzeigepflicht bei der zu-

---

1 Vgl. *Honig/Knörr*, Rechtsfragen um den handwerklichen Nebenbetrieb, GewArch 1989, 8; *Schwappach/Klinge*, Handwerkliche Voraussetzungen zur Annahme eines Nebenbetriebes i.S.v. §§ 2 und 3 HwO, GewArch 1987, 73.
2 Z.B. das Backen von Bauernbrot in einem Holzofen mit aus eigener Ernte stammendem Mehl, BayObLG v. 19.9.1994 – 3 ObOWi 62/94, GewArch 1994, 478.
3 Der Zugang zum Markt ist z.B. im Fall eines an eine Zahnarztpraxis angegliederten zahntechnischen Labors nicht gegeben, das ausschließlich für den eigenen Bedarf der Zahnarztpraxis produziert, BVerwG v. 11.5.1979 – 5 C 16.79, BVerwGE 58, 93 (98) = NJW 1980, 1349.
4 Vgl. BVerwG v. 19.8.1986 – 1 C 2.84, GewArch 1987, 25; BayObLG GewArch 1989, 333 = NVwZ 1989, 1199; a.A. VG Neustadt v. 17.5.1991 – 7 K 837/89, GewArch 1991, 350.
5 Vgl. VGH Mannheim v. 8.11.1988 – 14 S 1258/87, GewArch 1989, 193; BayObLG v. 21.7.1993 – 3 Ob OWi 35/93, NVwZ-RR 1993, 618. Vgl. auch Honig/Knörr, GewArch 1989, 8ff.
6 OVG Münster v. 13.9.1976 – 4 A 141/74, GewArch 1977, 196; BayObLG v. 6.8.1984 – 3 Ob OWi 43/84, GewArch 1984, 383; vgl. auch den Beschluss des Bund-Länder-Ausschusses „Handwerksrecht" v. 17.12.1987, GewArch 1988, 60.
7 So ist z.B. das in Fn. 3 erwähnte zahntechnische Labor mangels Zugang zum Markt ein Hilfsbetrieb.

ständigen Handwerkskammer. Außerdem sind die in § 20 HwO genannten Vorschriften der HwO anwendbar. Aus der nur teilweisen Anwendbarkeit der HwO ergibt sich, dass sich die Einordnung eines Betriebes als handwerklicher Betrieb oder Nebenbetrieb einerseits und handwerksähnlicher Betrieb andererseits ausschließt. Als handwerksähnliche Betriebe gelten daher ausschließlich die in der Anlage B zur HwO abschließend aufgeführten selbstständigen Gewerbebetriebe[1]. Die Voraussetzung des Vorliegens der „handwerksähnlichen Betriebsform" in § 18 Abs. 2 HwO dient der Abgrenzung zum Industriebetrieb, wobei die gleichen Kriterien wie bei der Beurteilung der Handwerksmäßigkeit (s. oben Rz. 138) gelten[2].

### 3. Eintragung in die Handwerksrolle – Voraussetzungen

Grundvoraussetzung für die selbständige Ausübung eines Handwerks ist nach § 1 Abs. 1 HwO, dass der Handwerker mit dem von ihm betriebenen Handwerk oder bei Ausübung mehrerer Handwerke mit diesen Handwerken in die von der jeweiligen Handwerkskammer gem. § 6 HwO zu führende Handwerksrolle eingetragen ist. Die Eintragung in die Handwerksrolle ist personenbezogen und nicht betriebsbezogen[3]. 145

Soll in einem anderen Kammerbezirk eine Zweigstelle des Handwerksbetriebes eröffnet werden, muss auch diese in die Handwerksrolle der zuständigen Handwerkskammer eingetragen werden, sofern ihr eine gewisse Eigenständigkeit zukommt. Diese Voraussetzung liegt vor, wenn die Zweigstelle für sich betrachtet einen Handwerksbetrieb i.S.d. § 1 Abs. 2 HwO darstellt[4]. 146

Durch die Novellierungen der HwO zum 1.1.1994, 1.4.1998 und 1.1.2004 ist versucht worden, die Grundlagen für eine Anpassung des Handwerks an die veränderten technischen, wirtschaftlichen und rechtlichen Rahmenbedingungen zu setzen. Wesentliches Ziel der Gesetzesänderung war daher, den Handwerkern eine leichtere Existenzgründung und mehr Flexibilität bei der Berufsausübung zu verschaffen und ihnen die Möglichkeit zu geben, dem Verbraucher mehr „Leistungen aus einer Hand" anzubieten[5]. Nach der Novellierung der HwO zum 1.1.2004 sind viele Handwerke nicht mehr zulassungspflichtig i.S.d. § 1 Abs. 1 HwO. Die Anlage A zur HwO enthält nur noch 41 Gewerbearten, die als zulassungspflichtige Handwerke betrieben werden können. Dagegen sind nun 53 Handwerke in der Anlage B enthalten, die zulassungsfrei ausgeübt werden können[6]. 147

Am großen Befähigungsnachweis wurde jedoch nachdrücklich festgehalten. An seiner Verfassungsmäßigkeit hat vor dem Hintergrund der notwendigen Liberalisierung des Dienstleistungsverkehrs und der damit eingetretenen notwendigen Öffnung des Marktes für Anbieter ohne Meistertitel aus dem Ausland auch das 148

---

1 Zur Abgrenzung zwischen einem Handwerksbetrieb und einem handwerksähnlichen Betrieb vgl. VGH Mannheim v. 22.4.1994 –14 S 271/94, GewArch 1994, 293. Zur Tätigkeit, die sich lediglich auf einen Teilbereich aus dem Berufsbild eines in der Anlage B Abschnitt 2 zur Handwerksordnung aufgeführten Gewerbes erstreckt, vgl. VGH Mannheim v. 29.11.2007 – 6 S 2421/05, GewArch 2008, 249.
2 Vgl. OLG Stuttgart v. 25.1.1991 – 2 U 230/90, GewArch 1991, 141.
3 VGH Mannheim v. 8.10.2001 – 14 S 1108/01, NVwZ-RR 2002, 113 = DÖV 2002, 170 = GewArch 2002, 81.
4 BVerwG v. 26.4.1994 – 1 C 17.92, GewArch 1994, 474.
5 Vgl. Czybulka, Die handwerksrechtlichen Änderungen des Gesetzes vom 20.12.1993, NVwZ 1994, 953; Geisendörfer, Berufs- und Gewerbefreiheit, ein Grundrecht für Unternehmer, GewArch 1995, 41; Kolb, Zweites Gesetz zur Änderung der Handwerksordnung und anderer handwerksrechtlicher Vorschriften, GewArch 1998, 217.
6 Vgl. dazu auch Wiemers/Sonder, Das Handwerksrecht zwischen Liberalisierung und Europäisierung, DÖV 2011, 104.

BVerfG[1] ernsthafte Zweifel geäußert. Begründet wird das Fortbestehen der Meisterpflicht vor allem mit dem Argument, dass bestimmte Berufe besondere technische Kenntnisse und Fähigkeiten erfordern und dass die Ausübung dieser Berufe ohne den Nachweis dieser Kenntnisse und Fähigkeiten Schäden und Gefahren für die Allgemeinheit mit sich bringen würde[2].

### a) Meisterprüfung oder gleichwertige Prüfung

149   Als Inhaber eines zulassungspflichtigen Handwerksbetriebes wird eine natürliche oder juristische Person oder eine Personengesellschaft in die Handwerksrolle eingetragen, wenn der Betriebsleiter die Voraussetzungen für die Eintragung in die Handwerksrolle mit dem zu betreibenden oder einem mit diesem verwandten Handwerk[3] erfüllt, also die Meisterprüfung bestanden hat. Nach der Novellierung der HwO zum 1.1.2004 ist es nicht mehr erforderlich, dass der Betriebsinhaber selbst die Meisterprüfung abgelegt hat (sog. Inhaberprinzip). Es reicht zur Führung eines Handwerksbetriebs vielmehr aus, wenn ein Betriebsleiter eingestellt wird, der die Meisterprüfung abgelegt hat. Damit ist es jetzt jedem unabhängig von seiner Ausbildung möglich, einen zulassungspflichtigen Handwerksbetrieb zu eröffnen, ohne hierfür eine juristische Person gründen zu müssen.

150   Nach § 7 Abs. 2 HwO ist es auch ausreichend, wenn der Antragsteller eine der Meisterprüfung gleichwertige Prüfung abgelegt hat[4]. In die Handwerksrolle können deshalb auch Ingenieure, Absolventen von technischen Hochschulen und von staatlichen oder staatlich anerkannten Fachschulen für Technik und für Gestaltung mit dem zulassungspflichtigen Handwerk eingetragen werden, dem der Studien- oder der Schulschwerpunkt ihrer Prüfung entspricht. Ein Nachweis einer praktischen Betätigung ist hier nicht erforderlich.

151   Gemäß § 7 Abs. 9 HwO werden auch gleichwertige Prüfungen von Vertriebenen, Spätaussiedlern und Angehörigen der ehemaligen DDR für die Eintragung in die Handwerksrolle anerkannt. Eine Anerkennung der Prüfung als Meisterprüfung mit der Berechtigung zum Führen dieser Bezeichnung ist damit allerdings nicht verbunden[5]. Wegen der Wiedervereinigung und der großen Anzahl osteuropäischer Aussiedler hat diese Vorschrift in den letzten Jahren erheblich an Bedeutung gewonnen.

152   Schließlich ist das BMWi durch § 7 Abs. 2a HwO ermächtigt worden, durch Rechtsverordnung mit Zustimmung des Bundesrates zu bestimmen, dass in die Handwerksrolle einzutragen ist, wer in einem anderen Mitgliedstaat der EU oder in ei-

---

1   BVerfG v. 5.12.2005 – 1 BvR 1730/02, GewArch 2006, 71; dazu *Leisner*, Der Meistertitel im Handwerk – (weiter) ein Zwang? – Europarechtliche und verfassungsrechtliche Probleme, GewArch 2006, 393; *Rieger*, Ist die Inländerdiskriminierung noch mit dem Grundgesetz vereinbar? DÖV 2006, 685; *Siekmann*, Zur Einschränkung der Berufswahlfreiheit durch den Meisterzwang, EWiR 2006, 339; *Dürr*, Verhältnismäßigkeit der Meisterpflicht im Handwerk, GewArch 2007, 18; *Kormann/Hüpers*, Inländerdiskriminierung durch Meisterpflicht, GewArch 2008, 273.
2   Vgl. *Honig/Knörr*, § 1 Rz. 8; dazu auch OVG Münster v. 26.2.2010 – 4 A 2008/05, GewArch 2010, 249 = DVBl 2010, 586, bestätigt durch BVerwG v. 31.8.2011 – 8 C 9.10.
3   Vgl. dazu die VO über verwandte Handwerke v. 18.12.1968, BGBl. I, 1355, zuletzt geändert durch Art. 3 des Gesetzes v. 22.6.2004, BGBl. I, 1314.
4   Die einer Meisterprüfung gleichwertigen Prüfungen sind abschließend in der VO über die Anerkennung von Prüfungen für die Eintragung in die Handwerksrolle v. 29.6.2005, BGBl. I, 1935 aufgezählt.
5   Zu den Voraussetzungen des § 7 Abs. 9 HwO vgl. i.E. VGH Mannheim, GewArch 1993, 76.

nem anderen Vertragsstaat des Abkommens über den EWR eine der Meisterprüfung gleichwertige Berechtigung zur Ausübung eines Handwerks erworben hat.

Wird der Handwerksbetrieb durch eine juristische Person oder von einer Personengesellschaft geführt, bestehen seit der Novellierung der HwO zum 1.1. 2004 keinerlei Besonderheiten mehr gegenüber einem Handwerksbetrieb, der durch eine natürliche Person geführt wird. Gemäß § 7 Abs. 1 HwO ist es erforderlich, dass der Betriebsleiter in dem betreffenden Handwerk die Meisterprüfung bestanden hat.

**b) Ausübungsberechtigung gem. § 7a HwO**

Durch die Handwerksordnungsnovelle 1994 wurde die Rechtsfigur der „Ausübungsberechtigung" in § 7a HwO neu geschaffen[1]. Danach kann jeder, der mit einem Handwerk gem. § 1 HwO in der Handwerksrolle eingetragen ist, selbst die Berechtigung zur Ausübung eines anderen Gewerbes der Anlage A oder einer wesentlichen Tätigkeit dieses Gewerbes erhalten, wenn er die dafür erforderlichen Kenntnisse und Fähigkeiten nachweist. Die Vorschriften des § 8 Abs. 2 bis 4 HwO bzgl. der Erteilung unter Auflagen und Bedingungen, der Befristung oder der Beschränkung auf einen wesentlichen Teil der Tätigkeiten des Handwerks gelten entsprechend. Aufgrund einer solchen personengebundenen Ausübungsberechtigung kann gem. § 7 Abs. 7 HwO ebenfalls eine Eintragung in die Handwerksrolle erfolgen.

Diese Regelung verfolgt das Ziel, dem bereits eingetragenen Handwerker zu ermöglichen, andere Handwerke umfassend oder in wesentlichen Tätigkeiten auszuüben und damit seinen Betrieb auf eine breitere Basis zu stellen. Dieses Ziel hätte zwar auch durch einen Rückgriff auf die Ausnahmebewilligung nach § 8 HwO erreicht werden können. Der Gesetzgeber wollte aber insbesondere hinsichtlich der nachzuweisenden Kenntnisse zwischen Antragstellern, die schon in der Handwerksrolle eingetragen sind und solchen, die erstmalig eine Eintragung begehren, unterscheiden.

Voraussetzung für die Erlangung dieser Berechtigung ist daher, dass bereits eine Eintragung in der Handwerksrolle vorliegt und das eingetragene Handwerk auch tatsächlich ausgeübt wird. Nachzuweisen sind dann im Rahmen des § 7a HwO nur die Kenntnisse und Fähigkeiten des „erweiterten" Handwerks, da das Vorhandensein der übrigen, insbesondere kaufmännischen, betriebswirtschaftlichen und rechtlichen Kenntnisse bereits aus dem Vorliegen einer Eintragung in der Handwerksrolle (aufgrund einer Meisterprüfung oder einer Ausnahmebewilligung nach §§ 8 oder 9 HwO) folgt. Als geeignete Nachweismöglichkeiten kommen in erster Linie Eignungstests in Form von Arbeitsproben und Fachgesprächen in Betracht[2].

Die Ausübungsberechtigung wird von der höheren Verwaltungsbehörde nach Anhörung der Handwerkskammer erteilt. Die für die Erteilung der Ausübungsberechtigung maßgeblichen Gesichtspunkte ergeben sich i.E. aus dem Antragsformular[3].

---

1 Zur Ausübungsberechtigung i.E. *Schwappach*, Handwerksordnung: Die neuen Bestimmungen der §§ 5, 7a und 7 Abs. 6 HwO, GewArch 1994, 308 (310); *Czybulka*, Die handwerksrechtlichen Änderungen des Gesetzes vom 20.12.1993, NVwZ 1994, 953.
2 OVG Lüneburg v. 3.9.2003 – 8 LA 88/02, NVwZ-RR 2004, 101.
3 Von einem Abdruck wurde abgesehen. Die Formulare stehen auf vielen Internetseiten der höheren Verwaltungsbehörden (in NW derzeit die Bezirksregierungen) als pdf-Dateien zur Verfügung.

c) Ausübungsberechtigung gem. § 7b HwO

158 § 7b HwO ist durch die Handwerksordnungsnovelle 2004 neu eingeführt worden. Unter bestimmten Voraussetzungen können nun Gesellen ohne Meisterprüfung zulassungspflichtige Handwerke ausüben[1]. Ausgenommen von dieser Regelung sind lediglich die Schornsteinfeger und die Gesundheitshandwerke. Die Ausübungsberechtigung wird auch gem. § 7b Abs. 2 HwO von der höheren Verwaltungsbehörde nach Anhörung der Handwerkskammer erteilt.

159 Die Ausübungsberechtigung nach § 7b HwO sollte eigentlich eine besondere Form der Ausnahmebewilligung darstellen. Anstelle einer Ausnahme ist § 7b HwO jedoch mehr zu einer alternativen Regel geworden, denn wer die Voraussetzungen erfüllt, hat einen Anspruch auf die gleichwertige Ausübungsberechtigung[2].

160 Erforderlich ist eine fachbezogene Gesellenprüfung sowie mindestens sechs Jahre Berufspraxis in dem betreffenden oder einem verwandten Handwerk. Diese berufliche Tätigkeit muss eine wesentliche Tätigkeit des Handwerks umfassen. Weiter ist erforderlich, dass vier Jahre der beruflichen Praxis in leitender Stellung[3] nachgewiesen werden. Auf den Zeitraum der sechsjährigen Berufstätigkeit sind die Ausbildungszeiten[4] nicht anzurechnen[5].

161 Die erforderlichen betriebswirtschaftlichen, kaufmännischen und rechtlichen Kenntnisse gelten gem. § 7b Abs. 1a HwO in der Regel als durch die Berufserfahrung nachgewiesen.

d) Ausnahmebewilligung gem. § 8 HwO

162 Gemäß § 7 Abs. 3 i.V.m. § 8 HwO kann eine Eintragung in die Handwerksrolle ohne Meisterprüfung vorgenommen werden, wenn der Antragsteller die notwendigen Kenntnisse und Fertigkeiten zur selbständigen Ausübung des von ihm betriebenen Handwerks nachweist und die Ablegung einer Meisterprüfung für ihn eine unzumutbare Härte bedeuten würde[6]. Durch die Einführung der Ausübungsberechtigungen nach §§ 7a und 7b HwO hat die Ausnahmebewilligung nach § 8 HwO allerdings erheblich an Bedeutung verloren[7].

163 Im Unterschied zur Ausübungsberechtigung nach § 7a HwO ist für die Erteilung einer Ausnahmebewilligung nicht erforderlich, dass die betreffende Person bereits in der Handwerksrolle eingetragen ist.

164 Die Voraussetzungen zur Erlangung einer Ausnahmebewilligung sind durch das Änderungsgesetz zur HwO vom 20.12.1993 in zweifacher Weise entscheidend vereinfacht worden, um handwerkliche Existenzgründungen zu erleichtern[8].

165 Zum einen hat der Gesetzgeber ausdrücklich festgeschrieben, dass bei der Prüfung der Befähigung des Antragstellers dessen bisherigen beruflichen Erfahrungen und

---

1 Vgl. *Zimmermann*, Die „Altgesellenregelung" nach § 7b HwO, GewArch 2008, 334.
2 *Honig/Knörr*, § 7b Rz. 2.
3 Zum Begriff vgl. VG Köln v. 15.12.2005 – 1 K 2947/05, GewArch 2006, 168.
4 Auch eine vollzeitschulische Ausbildung nach Landesrecht ist anzuerkennen, VG Gelsenkirchen v. 23.10.2007 – 9 K 3112/06, GewArch 2008, 81.
5 VGH München v. 31.1.2005 – 22 BV 04.2719, NVwZ-RR 2005, 624.
6 Hierzu *Heck*, Die Ausnahmebewilligung zur Ausübung eines Handwerks, GewArch 1995, 217.
7 Vgl. *Honig/Knörr*, § 8 Rz. 1.
8 Vgl. dazu den Beschluss Nr. 10 des Bund-Länder-Ausschusses „Handwerksrecht" v. 30.6.1994, GewArch 1994, 381.

Tätigkeiten zu berücksichtigen sind[1]. Zum anderen hat der Gesetzgeber in § 8 Abs. 1 Satz 2 HwO das Kriterium für das Vorliegen eines Ausnahmefalls geändert. Musste nach der früheren Gesetzeslage der Antragsteller nachweisen, dass er während seines gesamten bisherigen Berufslebens nicht die Möglichkeit hatte, sich der Meisterprüfung zu unterziehen[2], ist nunmehr ausschließlich darauf abzustellen, ob die Ablegung der Prüfung ab dem Zeitpunkt der Antragstellung eine unzumutbare Belastung bedeutet[3]. Versäumnisse aus früheren Jahren dürfen ihm somit nicht mehr vorgehalten werden. Die Ablegung der Meisterprüfung ist für den Antragsteller unzumutbar, wenn die mit ihr verbundene Belastung nach den Umständen des Einzelfalls deutlich höher als in der Vielzahl der Fälle ist[4].

Gesichtspunkte, aus denen sich die unzumutbare Belastung ergeben kann, sind u.a. das Alter des Antragstellers[5], seine gesamte wirtschaftliche und soziale Situation, seine familiären Verhältnisse und ggf. auch sein Gesundheitszustand. Keine besonderen Umstände, die eine Ausnahmebewilligung rechtfertigen, liegen regelmäßig in Unterhaltsverpflichtungen des Antragstellers gegenüber seiner Familie, da dies keine über den Normalfall hinausgehende besondere Belastung darstellt[6]. Des Weiteren stellt das mehrfache Nichtbestehen der Meisterprüfung keine unzumutbare Belastung dar[7]. Eine besondere Bedeutung kommt nach dem Beschluss Nr. 10 des Bund-Länder-Ausschusses „Handwerksrecht"[8] einer länger bestehenden Arbeitslosigkeit zu, da die erleichterten Voraussetzungen zur Erlangung der Ausnahmebewilligung vom Gesetzgeber insbesondere auch als Weg aus der Arbeitslosigkeit gedacht sind. Das Bundeswirtschaftsministerium erlässt in diesem Zusammenhang Auslegungs-Richtlinien, die für eine einheitliche und gesetzeskonforme Rechtsanwendung sorgen (zuletzt die sog. Leipziger Beschlüsse[9]).

166

Liegen die genannten Voraussetzungen i.S.d. geänderten Rechtslage vor, so hat der Antragsteller einen Rechtsanspruch auf Erteilung der Ausnahmebewilligung. Diese kann gem. § 8 Abs. 2 HwO unter Auflagen, Bedingungen oder befristet erteilt und auf einen wesentlichen Teil der nach der Anlage A zu einem Handwerk gehörenden Tätigkeiten beschränkt werden.

167

---

1 Zum Anforderungsprofil an „meistergleiche Kenntnisse" vgl. OVG Münster v. 8.2.2008 – 4 A 576/04, GewArch 2008, 310 mit Anm. *Beuter/Ratzke*, Zur Frage der Zulässigkeit des selbständigen Betreibens eines Handwerks durch einen Dachdeckergesellen, DVBl 2010, 919.
2 Zur alten Rechtslage vgl. noch VGH Mannheim v. 25.2.1993 – 14 S 2264/91, GewArch 1994, 69.
3 So auch OVG Lüneburg v. 18.7.1994 – 8 L 1286/94, GewArch 1995, 75.
4 BVerwG v. 29.8.2001 – 6 C 4.01, BVerwGE 115, 70 = NVwZ 2002, 341 = DÖV 2002, 166 = DVBl 2002, 201.
5 So stellt das Überschreiten der Altersgrenze von 48 bis 50 Jahren regelmäßig einen eigenständigen Grund zur Annahme eines Ausnahmefalls dar, sofern sich die Berufung auf das fortgeschrittene Lebensalter nicht aus besonderen Gründen als rechtsmissbräuchlich darstellt, vgl. OVG Münster v. 22.12.1995 – 23 A 3460/94, GewArch 1996, 287 = NWVBl. 1996, 263; OVG Lüneburg v. 18.7.1994 – 8 L 1286/94, GewArch 1995, 75.
6 Vgl. VG München v. 5.12.1989 – M 16 K 89.3901, GewArch 1990, 249; OVG Münster v. 29.10.1999 – 4 A 334/97, GewArch 2000, 75 mit krit. Anm. *Siebert*; differenzierend BVerfG v. 4.4.1990 – 1 BvR 185/89, GewArch 1991, 137; zum Begriff der unzumutbaren Belastung s.a. VGH Kassel v. 31.10.1989 – 11 UE 501/87, GewArch 1990, 173; VG Neustadt v. 5.9.1994 – 7 L 2240/94, GewArch 1996, 112.
7 VG Stuttgart v. 6.12.2002 – 4 K 2426/02, GewArch 2004, 35; OVG Frankfurt/O. v. 29.1.1999 – 3 B 173/98, GewArch 1999, 165.
8 Beschluss Nr. 10 des Bund-Länder-Ausschusses „Handwerksrecht" v. 30.6.1994, GewArch 1994, 381.
9 Leipziger Beschlüsse v. 21.11.2000, GewArch 2001, 123; hierzu *Dürr*, Gedanken zu den „Leipziger Beschlüssen" zu § 8 HwO, GewArch 2002, 451; zur Rechtsnatur solcher Beschlüsse vgl. VGH München v. 16.7.2002 – 22 ZB 02.1318, GewArch 2002, 431.

### e) Ausnahmebewilligung gem. § 9 HwO

168 Auf der Grundlage des § 9 Abs. 1 HwO regelt die EU/EWR-Handwerk-Verordnung[1] die Voraussetzungen, unter denen Angehörige der EU-Mitgliedstaaten in die Handwerksrolle eingetragen werden können. Dies ist die Anerkennung der im Heimatstaat abgelegten Prüfungen oder langjähriger Berufstätigkeit. Darüber hinaus kann ein Anpassungslehrgang oder eine Eignungsprüfung verlangt werden. Die Erlaubnis zum Führen eines Meistertitels ist mit der Erteilung der Ausnahmebewilligung nach § 9 HwO allerdings nicht verbunden[2].

169 Ebenso wie bei § 8 HwO ist grundsätzliche Voraussetzung, dass der EU-Angehörige nachweist, die notwendigen Kenntnisse und Fertigkeiten für das zu betreibende Handwerk entsprechend der EU/EWR HwV zu besitzen und in einem anderen EU-Mitgliedstaat tätig gewesen zu sein[3]. Gemäß § 3 Abs. 2 Nr. 1 EU/EWR HwV ist jedoch der Anspruch auf Erteilung einer Ausnahmegenehmigung nach § 9 HwO auf 10 Jahre nach Beendigung der selbständigen Tätigkeit im anderen EU-Mitgliedstaat befristet. Liegt die selbständige Tätigkeit in dem anderen Land schon länger zurück, ist die Ausnahmegenehmigung zwingend zu versagen[4]. Allein mangelnde Sprachkenntnisse stellen weder einen Ausnahmefall nach § 8 HwO noch nach § 9 HwO dar[5]. Die EU/EWR HwV ist sowohl mit dem Grundgesetz[6] als auch mit Gemeinschaftsrecht[7] vereinbar.

170 Gem. § 9 Abs. 2 HwO ist einem Staatsangehörigen der Mitgliedstaaten der Europäischen Union oder eines anderen Vertragsstaates des Abkommens über den Europäischen Wirtschaftsraums, der im Inland keine gewerbliche Niederlassung unterhält, der selbständige Betrieb eines zulassungspflichtigen Handwerks als stehendes Gewerbe nur gestattet, wenn die zuständige Behörde durch eine Bescheinigung anerkannt hat, dass der Gewerbetreibende die Voraussetzungen des § 9 Abs. 1 HwO erfüllt. Dieser Absatz ist im Zuge der Novellierung der HwO zum 1.1.2004 eingeführt worden. Er ist die Konsequenz einer Entscheidung des Europäischen Gerichtshofs[8], wonach die Anwendung der HwO bei grenzüberschreitenden Dienstleistungen auf Betriebe der europäischen Partnerstaaten diskriminierend und damit unzulässig ist, da der notwenige Verwaltungsaufwand abschrecken könnte. Die Anzeige- und Handwerksrollenpflicht musste damit für solche Betriebe entfallen.

---

1 VO über die für Staatsangehörige eines Mitgliedstaates der Europäischen Union oder eines anderen Vertragsstaates des Abkommens über den Europäischen Wirtschaftsraum oder der Schweiz geltenden Voraussetzungen für die Ausübung eines zulassungspflichtigen Handwerks (EU/EWR-Handwerk-Verordnung) v. 20.12.2007, BGBl. I, 3075, abgedruckt z.B. bei *Honig/Knörr*, Anh. 2.
2 Zur Umsetzung des EU-Rechts im deutschen Handwerksrecht vgl. i.E. *Czybulka*, GewArch 1994, 89 = NVwZ 1994, 955. Zur Zulässigkeit handwerklicher Tätigkeit von Österreichern in Bayern vgl. Schreiben des Bayer. StMWV v. 16.6.1994, GewArch 1994, 426.
3 VG Stuttgart v. 29.11.1991 – 4 K 301/91, GewArch 1992, 425.
4 OVG Bremen v. 12.6.1992 – 1 BA 3/92, GewArch 1993, 26.
5 VG Saarlouis v. 17.10.1990 – 1 K 10/90, GewArch 1992, 64.
6 BVerwG v. 22.1.1970 – 1 B 65.69, GewArch 1970, 129; VG Stuttgart v. 29.11.1991 – 4 K 301/91, GewArch 1992, 426; OVG Lüneburg v. 30.6.2003 – 8 ME 81/03, GewArch 2003, 487 = NVwZ-RR 2004, 27.
7 OVG Münster v. 16.9.1987 – 4 A 63/87, GewArch 1988, 98; vgl. noch VGH Kassel v. 31.10.1989 – 11 UE 501/87, NVwZ-RR 1990, 468.
8 EuGH v. 3.10.2000 – Rs. C-58/98, EuGHE I 2000, 7917 = GewArch 2000, 476 = NVwZ 2001, 182; vgl. dazu *Diefenbach*, Das Urteil des EuGH v. 3.10.2000 und die Registrierung von Handwerkern, GewArch 2001, 305; *Meyer*, Überlegungen zu den Auswirkungen des Urteils des EuGH v. 3.10.2000 – Rs. C-58/98 – auf das deutsche Handwerksrecht, GewArch 2001, 265.

Im Übrigen hat der EuGH[1] entschieden, dass das Festhalten an dem Erfordernis einer Meisterprüfung für Inländer bei gleichzeitiger Freistellung von einer solchen Prüfung für EU-Ausländer keine umgekehrte Diskriminierung darstellt, da es sich um einen rein internen Sachverhalt des jeweiligen Mitgliedstaates handelt[2]. 171

### f) Eintragungsverfahren

Die Eintragung in die Handwerksrolle erfolgt durch die Handwerkskammer in einem zweistufigen Verfahren[3]. 172

Maßgeblich ist die auf der ersten Stufe erfolgende Mitteilung durch die Handwerkskammer an den Gewerbetreibenden und die zuständige Industrie- und Handelskammer, dass eine Eintragung beabsichtigt ist (§ 11 HwO). Diese Mitteilung enthält eine verbindliche Entscheidung über die Eintragung und ist deshalb ein Verwaltungsakt, der vom Betroffenen und der IHK im Verwaltungsrechtsweg angefochten werden kann (§ 12 HwO)[4]. Ist die Mitteilung über die Eintragung bestandskräftig geworden, sind Rechtsmittel gegen die Eintragung selbst nicht mehr möglich. 173

Erst nach erfolgter Eintragung darf der Betrieb des Handwerks aufgenommen werden. Der Betriebsbeginn ist der Gewerbebehörde gem. § 14 GewO unter Vorlage der Handwerkskarte (§§ 10 Abs. 2, 16 HwO) anzuzeigen[5]. 174

Die Eintragung in die Handwerksrolle kann nicht im Wege der einstweiligen Anordnung gem. § 123 VwGO durchgesetzt werden, weil dies eine – nur in besonders gelagerten Fällen zulässige – Vorwegnahme der Hauptsache bedeuten würde[6]. 175

### 4. Umfang der handwerklichen Tätigkeit

#### a) Grundsatz

Aus dem Wortlaut des § 1 Abs. 1 HwO ergibt sich, dass der Umfang der Ausübungsbefugnis eines Handwerksbetriebes grds. auf das Handwerk bzw. die Handwerke beschränkt ist, mit dem er in der Handwerksrolle eingetragen ist. Dieser Umfang ergibt sich aus den gem. § 45 Nr. 1 HwO erlassenen Rechtsverordnungen, in denen die Tätigkeiten, Kenntnisse und Fertigkeiten und damit die Berufsbilder der einzelnen Handwerke festgelegt sind. 176

#### b) Arbeiten in fachlich zusammenhängenden oder wirtschaftlich ergänzenden Handwerken gem. § 5 HwO

Durch die Novellierung der HwO vom 20.12.1993 ist die Befugnis eines Handwerkers nach § 5 HwO, Arbeiten in anderen Handwerken auszuführen, wenn sie mit seinem Handwerk in fachlichem oder technischem Zusammenhang stehen, auch auf solche Handwerke ausgedehnt worden, die das eingetragene und ausgeübte wirtschaftlich ergänzen. Der Gesetzgeber wollte hierdurch der Tatsache Rechnung tragen, dass Auftraggeber mehr und mehr „Arbeiten aus einer Hand" verlangen. 177

---

1 EuGH v. 16.2.1995 – Rs. C-29/94, EuZW 1995, 185.
2 Vgl. BVerwG v. 27.5.1998 – 1 B 51.98, GewArch 1998, 470; VGH München v. 12.7.2001 – 22 ZBB 01.1604, GewArch 2001, 422.
3 Vgl. hierzu *Wehr*, Die Rechtsnatur von Eintragungs- und Löschungsmitteilung, BayVBl. 2000, 197.
4 BVerwG v. 17.2.1961 – 7 C 174.59, NJW 1961, 844.
5 OLG Düsseldorf v. 26.2.1990 – 5 Ss (OWi) 43/90-(OWi) 23/90 I, 1 Ws (OWi) 144/90, 1 Ws (OWi) 174/90, GewArch 1990, 282.
6 OVG Koblenz v. 21.10.1987 – 12 B 109/87, GewArch 1988, 21.

178 Nach wie vor kann von der Möglichkeit des § 5 HwO nur derjenige Gebrauch machen, der bereits mit einem Handwerk in der Handwerksrolle eingetragen ist und dieses auch tatsächlich betreibt. Ferner dürfen die in § 5 HwO genannten Tätigkeiten nur dann vorgenommen werden, wenn ein Auftrag im eingetragenen Handwerk vorliegt. Aus dem Wort „ergänzen" ergibt sich, dass es sich bei den Arbeiten in den „anderen Handwerken" nur um nachgeordnete Tätigkeiten handeln darf[1]; an der „auftragsspezifischen Akzessorietät" wird ausdrücklich festgehalten. Auch eine isolierte Werbung soll nicht möglich sein.

**Beispiele:**

So ist es einem Elektroinstallateur erlaubt, beim Austausch schadhafter Kabel auch die notwendigen Putzarbeiten auszuführen. Ein Gas- und Wasserinstallateur wird bei Reparaturen an den Leitungen auch die dabei beschädigten Fliesen ersetzen dürfen.

Dagegen wird ein Zimmermann, der einen Dachstuhl errichtet, auch zukünftig das Dach lediglich mit Holzschindeln, nicht dagegen mit Ton- oder Betondachstein eindecken dürfen.

179 In der Beschränkung der nach- oder untergeordneten Tätigkeit liegt der Unterschied zur Ausübungsberechtigung nach § 7a HwO, die ihren Inhaber zur Eintragung in die Handwerksrolle und damit zur isolierten Ausübung des „anderen" Handwerks berechtigt.

⊃ **Hinweis:** Das vom Gesetzgeber nicht geklärte Verhältnis zwischen Haupt- und Nebenauftrag sowie die nicht näher definierte Differenzierung zwischen „anbieten" und „werben" eröffnen dem Anwalt erhebliche Argumentationsmöglichkeiten, wenn ein Mandant wegen Überschreitung des nach § 5 HwO zulässigen Tätigkeitsrahmens zur Rechenschaft gezogen werden soll.

### 5. Überwachung, Untersagung, Löschung

#### a) Überwachung

180 Gemäß § 17 HwO sind die Handwerkskammern für die Überwachung der in die Handwerksrolle eingetragenen und einzutragenden Gewerbetreibenden zuständig. Zu diesem Zweck sind die Beauftragten der Handwerkskammer z.B. berechtigt, die Betriebsräume zu betreten sowie Prüfungen und Besichtigungen vorzunehmen[2]. Der Gewerbetreibende hat der Handwerkskammer die in § 17 Abs. 1 HwO i.E. genannten Auskünfte zu erteilen. Er ist aber nicht zur aktiven Mitwirkung durch Vorlage aller Geschäftsunterlagen, wie z.B. Rechnungen oder Lohnkonten verpflichtet[3]. Das Auskunftsverlangen der Handwerkskammer ist ein Verwaltungsakt, der angefochten werden kann[4].

#### b) Untersagung

181 Wird ein Handwerksbetrieb entgegen den Vorschriften der HwO betrieben, „kann" die Fortsetzung gem. § 16 Abs. 3 HwO untersagt werden. Im Falle der fehlenden Eintragung in die Handwerksrolle und der fehlenden Eintragungsfähigkeit dürfte

---

1 Zum Begriff „wirtschaftlich ergänzen" vgl. i.E. *Schwappach*, Handwerksordnung: Die neuen Bestimmungen der §§ 5, 7a und 7 Abs. 6 HwO, GewArch 1994, 308 sowie OLG Düsseldorf v. 8.2.1994 – 20 U 46/93, GewArch 1994, 340.
2 Vgl. BVerfG v. 15.3.2007 – 1 BvR 2138/05, GewArch 2007, 206; dazu *Wolff*, Das Betretungsrecht der Handwerkskammern gem. § 17 HwO, GewArch 2007, 231; *Schmitz*, Das Betretungs- und Besichtigungsrecht der Handwerkskammern gem. § 17 Abs. 2 HwO, GewArch 2009, 237; *Fehn*, Verfassungskonforme Auslegung des § 17 Abs. 2 HwO, Kriminalstatistik 2009, 173.
3 OVG Lüneburg v. 17.8.1995 – 8 M 2926/95, GewArch 1996, 75.
4 VG Darmstadt v. 18.9.2009 – 9 K 62/08, GewArch 2010, 409 = DVBl 2010, 918.

das Ermessen der Behörde allerdings auf „Null" geschrumpft sein[1]. Bei bloßer formeller Illegalität wäre eine Betriebsuntersagung dagegen unverhältnismäßig[2].

⊃ **Hinweis:** Beruht die Betriebsuntersagung auf der fehlenden Meisterprüfung, wird ein Betriebsschließungsverfahren regelmäßig nicht eingeleitet, wenn ein Antrag auf Ausnahmebewilligung gestellt worden ist und dieser Aussicht auf Erfolg hat[3].

Die Betriebsuntersagung fällt in die Zuständigkeit der Ordnungsbehörden. Gemäß § 16 Abs. 3 Satz 2 HwO ist eine Untersagung jedoch nur dann zulässig, wenn zuvor die Handwerkskammer und die Industrie- und Handelskammer angehört wurden und diese eine gemeinsame Erklärung dahingehend abgegeben haben, dass sie die Voraussetzungen für eine Untersagung als gegeben ansehen[4]. Können sich Handwerkskammer und Industrie- und Handelskammer nicht über eine gemeinsame Erklärung verständigen, entscheidet gem. § 16 Abs. 4 HwO eine von dem Deutschen Industrie- und Handelskammertag und dem Deutschen Handwerkskammertag (Trägerorganisationen) gemeinsam für die Dauer von jeweils vier Jahren gebildete Schlichtungskommission. Gemäß § 16 Abs. 7 HwO besteht für die zuständige Behörde, sofern sie die Erklärung der Kammern oder die Entscheidung der Kommission für rechtswidrig hält, die Möglichkeit, unmittelbar die Entscheidung der obersten Landesbehörde herbeizuführen. Darüber hinaus kann die zuständige Behörde bei Gefahr im Verzug die Fortsetzung des Betriebes gem. § 16 Abs. 8 HwO auch ohne Einhaltung des Verfahrens vorläufig untersagen. Das vorgeschriebene Verfahren ist dann jedoch schnellstmöglich nachzuholen. 182

Der Betroffene kann den zulassungs- oder nicht zulassungspflichtigen Charakter seines Unternehmens mittels einer Feststellungsklage klären lassen. Die Klage ist gegen die Handwerkskammer zu richten. Die Handwerkskammer selbst kann jedoch nicht im Wege der Feststellungsklage eine gerichtliche Entscheidung herbeiführen[5]. 183

Da § 16 Abs. 3 HwO nur auf die Nichtbeachtung der Vorschriften der HwO abstellt, ist daneben § 35 GewO anwendbar (vgl. § 35 Abs. 8 GewO)[6]. 184

## c) Löschung

Die Eintragung in die Handwerksrolle kann gem. § 13 HwO gelöscht werden, wenn die Voraussetzungen für die Eintragung weggefallen sind[7]. Dabei ist die Mitteilung über die beabsichtigte Löschung gem. § 13 Abs. 3 HwO ebenso wie die Mitteilung über die Eintragung ein Verwaltungsakt[8]. Sofern diese Löschungsmitteilung unanfechtbar geworden ist, kann auch die nachfolgende Löschung nicht mehr mit dem Argument angegriffen werden, die Löschungsankündigung sei rechtswidrig. 185

Der Vollzug der Löschung gilt allerdings nicht als Vollstreckungsmaßnahme i.S.d. § 187 Abs. 3 VwGO, so dass Rechtsbehelfen aufschiebende Wirkung zukommt[9]. 186

---

1 Vgl. VG Oldenburg v. 28.2.1978 – I A 824/75, GewArch 1978, 226; VGH Kassel v. 20.2.1990 – 11 UE 2161/85, GewArch 1990, 412.
2 Zur Höhe eines Bußgeldes vgl. OLG Köln v. 4.2.1994 – Ss 9/94 (B) – 12 B, GewArch 1994, 247.
3 Vgl. BMWi GewArch 1979, 310.
4 Ohne die Anhörung leidet die Untersagungsverfügung an einem unheilbaren Mangel, VG Arnsberg v. 1.8.2007 – 1 L 568/07, GewArch 2007, 426.
5 Vgl. hierzu *Honig/Knörr*, § 16 Rz. 32.
6 VGH München v. 26.8.1975 – 85 VI 75, GewArch 1976, 91.
7 Ist z.B. eine unbefristete Ausnahmebewilligung erteilt worden, muss diese gem. §§ 48, 49 VwVfG aufgehoben worden sein.
8 VGH München v. 30.10.1975 – 119 VI 74, GewArch 1976, 122.
9 VGH Mannheim v. 6.9.1991 – 14 S 1681/91, GewArch 1992, 66 = NVwZ-RR 1992, 473.

## 6. Handwerkliche Berufsbildung

187 Auf der Grundlage des § 25 HwO sind durch Rechtsverordnung die Ausbildungsordnungen für die jeweiligen Handwerke erlassen worden. Die von den Handwerkskammern im Rahmen ihrer Selbstverwaltung gem. § 38 HwO erlassenen Prüfungsordnungen werden durch die §§ 3 bis 18 des Berufsbildungsgesetzes ergänzt.

188 Auszubildende einstellen darf nur, wer hierzu gem. §§ 21 ff. HwO persönlich und fachlich geeignet ist. Die Überwachung obliegt gem. § 23 Abs. 1 HwO den Handwerkskammern.

189 Die §§ 31 ff. HwO regeln die Gesellenprüfung, mit der gem. § 32 HwO festzustellen ist, ob der Prüfling die erforderlichen Fähigkeiten, d.h. die notwendigen praktischen und theoretischen Kenntnisse besitzt und mit dem ihm im Berufsschulunterricht vermittelten, für die Berufsausbildung wesentlichen Lehrstoff vertraut ist[1].

190 Gemäß § 49 HwO wird zur Meisterprüfung zugelassen, wer die Gesellenprüfung in dem Handwerk, in dem die Meisterprüfung abgelegt werden soll, bestanden hat (§ 49 Abs. 1 HwO) oder eine andere Gesellenprüfung abgelegt hat und in dem Handwerk, in dem die Meisterprüfung abgelegt werden soll, eine mehrjährige Berufserfahrung nachweisen kann (§ 49 Abs. 2 HwO). Für die Zeit der Berufstätigkeit dürfen nicht mehr als drei Jahre gefordert werden. Bis zur Novellierung der HwO zum 1.1.2004 wurde eine Gesellenprüfung und in der Regel drei bis fünf Jahre Berufserfahrung für die Zulassung zur Meisterprüfung gefordert. Insoweit sind die Zulassungsvoraussetzungen erheblich gelockert worden.

191 Hat der Prüfling bereits in einem anderen Handwerk die Meisterprüfung abgelegt, kann er gem. § 46 Abs. 3 HwO von Prüfungsteilen befreit werden, damit überflüssige Doppelprüfungen vermieden werden. Diese Vorschrift ist verfassungskonform (Grundrecht auf freie Berufswahl gem. Art. 12 Abs. 1 GG) entsprechend anzuwenden, wenn der Prüfling noch keine vollständige Meisterprüfung in einem anderen Handwerk abgelegt hat.

**Beispiel:**

Der Prüfling hatte zunächst Teile der Meisterprüfung im Landmaschinentechniker-Handwerk abgelegt und setzte danach die Prüfung im Kraftfahrzeugmechaniker-Handwerk fort. Identische Prüfungsteile aus der Landmaschinentechniker-Prüfung gelten auch für die Kraftfahrzeugmechaniker-Prüfung[2].

192 Entscheidungen im Zusammenhang mit der Prüfung (Zulassung, Nichtzulassung) sind anfechtbare Verwaltungsakte, soweit sie in Rechte des Betroffenen eingreifen. Prüfungsbewertungen selbst sind wegen des Beurteilungsspielraumes nur beschränkt überprüfbar[3].

---

1 Zu den formellen Voraussetzungen der Feststellung des Nichtbestehens einer Gesellenprüfung vgl. OVG Koblenz v. 24.6.1992 – 11 A 10189/92, GewArch 1992, 428. Zu den Voraussetzungen für eine vorzeitige Zulassung zur Gesellenprüfung vgl. VGH München v. 31.5.1996 – 22 CE 96.1723, GewArch 1996, 422. Vgl. auch VG Meiningen v. 4.2.1998 – 8 K 214/96, Me, GewArch 1998, 206.
2 VG Schleswig v. 15.3.1991 – 12 A 268/89, GewArch 1991, 390.
3 Zu den Anforderungen an die Bewertung von Meisterprüfungen vgl. VGH Mannheim v. 14.10.1988 – 14 S 1583/87, GewArch 1989, 137; VGH Mannheim v. 16.1.1990 – 9 S 3071/88, GewArch 1990, 134; VGH München v. 6.8.1990 – 22 B 89.2424, GewArch 1990, 417; VG Berlin v. 10.7.1991 – 4 A 177.88, GewArch 1991, 436. Zur Anfechtbarkeit von Gesellenprüfungen vgl. auch OVG Bautzen v. 28.11.1996 – 4 L 32/95, GewArch 1997, 158.

Ein spezifisches Problem kann sich bei der Neubewertung des praktischen Teils der Meisterprüfung – also des Meisterstücks – im Rahmen eines Widerspruchs- oder Klageverfahrens ergeben. Diese ist nur möglich, wenn das Meisterstück zum Zeitpunkt der Entscheidung rechtlich noch nicht „verloren" gegangen ist. 193

**Beispiel:**

Die Neubewertung eines Doppelbettes nach zweijähriger Benutzung ist mangels Identität des ursprünglich gefertigten mit dem zum Zeitpunkt der Entscheidung vorhandenen abgelehnt worden[1].

Im Übrigen gelten für die Überprüfung von handwerksrechtlichen Prüfungsentscheidungen die allgemein für Prüfungsentscheidungen geltenden Grundsätze[2]. 194

**7. Handwerkskammern**

Die Handwerkskammern sind Körperschaften des öffentlichen Rechts, die von den obersten Landesbehörden zur Vertretung der Interessen des Handwerks errichtet werden. Gem. § 90 Abs. 2 HwO gehören ihr sämtliche Inhaber eines Betriebs eines Handwerks und eines handwerksähnlichen Gewerbes des jeweiligen Kammerbezirkes sowie deren Gesellen und Lehrlinge als Pflichtmitglieder an[3]. 195

Die Aufgaben der Handwerkskammern sind in § 91 HwO gesetzlich festgelegt. Zu den wichtigsten gehören: 196

– das Führen der Handwerksrolle,
– die Regelung und Überwachung der Berufsausbildung,
– die Regelung des Prüfungswesens für Gesellen und Meister,
– die technische und betriebswirtschaftliche Fortbildung,
– die Bestellung und Vereidigung von Sachverständigen.

Im Übrigen steht den Handwerkskammern im Rahmen der ihnen eingeräumten funktionalen Selbstverwaltung ein weiter, gerichtlich nur eingeschränkt überprüfbarer Freiraum zu, welche konkreten Tätigkeiten sie im Rahmen der ihnen in §§ 90, 91 HwO gesetzlich zugewiesenen Kompetenzen ausführen[4]. 197

Inhaber eines Betriebs eines Handwerks und eines handwerksähnlichen Gewerbes sind gem. § 113 HwO verpflichtet, für die Errichtung und die Tätigkeit der Handwerkskammern Beiträge zu leisten. Dabei ist unerheblich, ob es sich um natürliche oder juristische Personen handelt[5]. Für natürliche Personen, die zum ersten Mal ein Gewerbe angemeldet haben, gilt jedoch gem. § 113 Abs. 2 Satz 6 HwO für die ersten vier Jahre eine abgestufte Befreiung von den Beiträgen. Diese Befreiung ist durch die Novellierung der HwO zum 1.1.2004 neu eingeführt worden. Die Pflichtmitgliedschaft der selbständigen Handwerker in Handwerkskammern verstößt nicht gegen die Verfassung[6]. 198

---

1 VGH München v. 16.11.1990 – 22 B 90.2725, GewArch 1991, 142.
2 VGH Mannheim v. 12.10.1999 – 9 S 2867/97, DÖV 2000, 162 = GewArch 2000, 29 = DVBl 2000, 142 L; vgl. allg. BVerfG v. 17.4.1991 – 1 BvR 419/81, 1 BvR 213/83, NJW 1991, 2005 (2008); *Rozek*, Neubestimmung der Justitiabilität von Prüfungsentscheidungen, NVwZ 1992, 343. Dazu auch OVG Schleswig v. 14.10.1994 – 3 L 214/94, NVwZ-RR 1995, 393.
3 Zur Verfassungsmäßigkeit der Pflichtmitgliedschaft selbständiger Handwerker in Handwerkskammern vgl. BVerwG v. 17.12.1998 – 1 C 7.98, DVBl 1999, 1041.
4 VG Trier v. 1.9.2010 – 5 K 244/10.
5 OVG Hamburg v. 9.3.1993 – Bf VI 43/91, GewArch 1993, 485.
6 BVerwG v. 17.12.1998 – 1 C 7.98, BVerwGE 108, 169 = NJW 1999, 2292 = DVBl 1999, 1041 = GewArch 1999, 193.

199 Für die Höhe und die Modalitäten der Beitragsfestsetzung gelten folgende Grundsätze[1]:
- die Bemessungsgrundlage für den Beitrag zur Handwerkskammer muss nicht durch ein Gesetz bestimmt werden,
- eine am Gewerbesteuermeßbetrag ausgerichtete Beitragsbemessung ist rechtlich unbedenklich,
- der Beitragssatz kann sich auch nach der vom Mitglied gezahlten Lohnsumme bemessen. In diesem Fall muss aber die Satzung den Besonderheiten von Mischbetrieben Rechnung tragen[2],
- der Beitragssatz kann zwischen Kapitalgesellschaften und natürlichen Personen/ Personengesellschaften differenzieren[3],
- die Beitragsordnung und deren Änderungen brauchen nicht in einem amtlichen Verkündungsblatt, sondern sie müssen lediglich in einem durch die Satzung der Handwerkskammer bestimmten Organ veröffentlicht werden,
- die Genehmigung der Beitragsordnung braucht nicht bekanntgemacht zu werden,
- die Handwerkskammer darf sich den vom Finanzamt festgesetzten Gewerbesteuermeßbetrag mitteilen lassen, ohne dass dadurch das Recht auf informationelle Selbstbestimmung verletzt wird,
- die Beitragsfestsetzung darf im Rahmen des § 113 Abs. 2 HwO der Handwerkskammer übertragen werden[4].

200 Neben den allgemeinen Handwerkskammerbeiträgen können die Kammern auch Beiträge zur Finanzierung der überbetrieblichen Unterweisung von Lehrlingen erheben[5] und zwar ohne Rücksicht darauf, ob ein Betrieb Lehrlinge ausbilden will oder nicht[6].

201 Überschreitet ein öffentlich-rechtlicher Zwangsverband (hier eine IHK) die ihm gesetzlich zugewiesenen Aufgaben, besteht kein Beitragsverweigerungsrecht. In diesem Fall steht dem einzelnen Mitglied aber ein Unterlassungsanspruch gegen den Zwangsverband zu[7].

202–208 Einstweilen frei.

---

[1] Zur Bemessung der Handwerkskammerbeiträge: BVerwG v. 14.2.2002 – 6 B 73.01, GewArch 2002, 206 und 245; speziell für die Beitragsfestsetzung bei juristischen Personen vgl. OVG Hamburg v. 9.3.1993 – Bf VI 43/91, GewArch 1993, 485.
[2] BVerwG v. 3.9.1991 – 1 C 24.88, GewArch 1992, 28.
[3] VGH Mannheim v. 14.9.2001 – 14 S 2726/00, DÖV 2002, 174 L = GewArch 2002, 83; OVG Koblenz v. 20.9.2001 – 6 A 10069/01, GewArch 2002, 37.
[4] OVG Hamburg v. 23.11.1988 – Bf VII 65/86, NVwZ-RR 1989, 542; vgl. auch BVerwG v. 26.6.1990 – 1 C 45.87, NVwZ 1990, 1167 m. Anm. *Junge*, WUR 1991, 52.
[5] OVG Münster v. 26.3.1991 – 5 A 560/88, GewArch 1991, 303 = NVwZ-RR 1992, 177; GewArch 1994, 480; VGH Mannheim v. 11.6.1994 – 14 S 527/94, GewArch 1994, 484; BVerwG v. 17.12.1998 – 1 C 7.98, DVBl 1999, 1041; VG Frankfurt v. 25.4.2007 – 5 E 32/07, NVwZ-RR 207, 762.
[6] BVerwG v. 15.9.2005 – 6 B 46.05, GewArch 2006, 83; VG Freiburg v. 18.9.1991 – 6 K 501/90, GewArch 1992, 304; offengelassen in VGH Mannheim v. 2.12.1997 – 9 S 2706/97, GewArch 1998, 164; vgl. dazu auch *Kormann*, Lastenverteilung durch Abgabenerhebung für überbetriebliche Unterweisung durch Handwerksorganisationen, GewArch 1992, 81 ff.
[7] VG Koblenz v. 11.11.1991 – 3 K 2754/90. KO, GewArch 1992, 99.

## IV. Gaststättenrecht

### 1. Rechtsvorschriften und Behördenzuständigkeiten

#### a) Rechtsvorschriften

Die Gesetzgebungskompetenz für das Gaststättenrecht ist mit der Föderalismusreform[1] zum September 2006 auf die Länder übergegangen (Art. 74 Abs. 1 Nr. 11 GG). Bislang haben mit dem Erlass eigener Gaststättengesetze jedoch nur die Länder Baden-Württemberg[2], Brandenburg[3], Bremen[4] und Thüringen[5] davon Gebrauch gemacht, wobei der Umfang der Regelungen sehr unterschiedlich ist[6]. In diesen Ländern gilt das GastG[7] des Bundes ergänzend, in den übrigen Bundesländern unmittelbar fort. Darüber hinaus haben alle Bundesländer Durchführungsverordnungen sowie teilweise weitere Rechtsvorschriften (insb. Zuständigkeits-, Sperrzeit- und Gaststättenbauverordnungen) erlassen[8].

209

Die folgende Darstellung konzentriert sich auf das GastG des Bundes, weist aber auf wichtige Besonderheiten der Landes-Gaststättengesetze hin.

210

#### b) Behördenzuständigkeiten

Die für den Vollzug des GastG zuständigen Behörden haben die Bundesländer überwiegend in den jeweiligen Gaststättenverordnungen bestimmt (z.B. gem. §§ 1, 2 GastVO NW die örtlichen Ordnungsbehörden).

211

### 2. Anwendungsbereich des GastG

Aufgrund der differenzierten Regelungen des GastG ist bei der Übernahme eines gaststättenrechtlichen Mandates zunächst zu prüfen, ob und in welchem Umfang das GastG im konkreten Fall Anwendung findet.

212

**Beispiel:**

Insbesondere Mandanten, die Gaststättenleistungen nur im Rahmen einer anderen Gewerbetätigkeit anbieten, werden regelmäßig danach fragen, unter welchen Voraussetzungen sie keine Gaststättenerlaubnis benötigen oder von den Vorschriften des GastG insgesamt freigestellt sind.

So will z.B. der Betreiber eines Möbelhauses ein Restaurant einrichten.

---

1 Gesetz zur Änderung des Grundgesetzes v. 28.8.2006, BGBl. I, 2034; vgl. hierzu *Höfling/Rixen*, Die Landes-Gesetzgebungskompetenzen im Gewerberecht nach der Föderalismusreform, GewArch 2008, 1.
2 LGastG BW v. 10.11.2009, GBl. 2009, 628.
3 BbgGastG v. 2.10.2008, GVBl. I 2008, 218; hierzu *Dürr*, Grundlagen des Brandenburgischen Gaststättengesetzes, GewArch 2009, 286; *Lehmann*, Deregulierung des Gaststättenrechts in Brandenburg, GewArch 2009, 291.
4 BremGastG v. 24.2.2009, Brem. GBl. 2009, 45; hierzu *Dillenburger*, Das Bremische Gaststättengesetz, NordÖR 2009, 298.
5 ThürGastG v. 9.10.2008, GVBl. 2008, 367.
6 So erklärt das LGastG BW die Fortgeltung des GastG des Bundes als Landesrecht und ergänzt die Vorschriften lediglich um ein Verbot von den Alkoholmißbrauch fördernden Angeboten.
7 GastG v. 5.5.1970, BGBl. I, 465 i.d.F. der Bekanntmachung v. 20.11.1998, BGBl. I, 3418.
8 Abgedruckt u.a. bei *Metzner* und *Michel/Kienzle*; dort findet sich auch ein Musterentwurf einer Allgemeinen Verwaltungsvorschrift zum Gaststättengesetz.

### a) Uneingeschränkte Anwendung des GastG

213 Der Anwendungsbereich des GastG erstreckt sich auf
- das stehende Gaststättengewerbe gem. § 1 Abs. 1 GastG,
- das Reisegaststättengewerbe mit ortsfester Betriebsstätte gem. § 1 Abs. 2 GastG. Als ortsfest gelten auch an sich bewegliche Betriebsstätten, solange sie über einen gewissen Zeitraum an einem Ort genutzt werden[1]. Dagegen fallen sog. „fliegende Händler", die ihre Verkaufsstellen ständig wechseln, nicht unter § 1 Abs. 2 GastG und benötigen keine Gaststättenerlaubnis, sondern eine Reisegewerbekarte[2],
- den nicht gewerbsmäßigen Ausschank alkoholischer Getränke durch Vereine und Gesellschaften gem. § 23 Abs. 1 GastG, sofern dieser nicht in eigenen oder überlassenen Räumen erfolgt.

### b) Eingeschränkte Anwendung des GastG

214 Einschränkungen der Anwendung des GastG ergeben sich aus §§ 2 Abs. 2, 14, 23 Abs. 2, 25 Abs. 2 und 26 GastG.

215 Von praktischer Bedeutung sind § 2 Abs. 2 Nr. 1 und 3 GastG, wonach die Abgabe alkoholfreier Getränke und zubereiteter Speisen keiner Erlaubnis bedarf. Erlaubnisfrei ist darüber hinaus z.B. die Abgabe von Getränken und zubereiteten Speisen in Verbindung mit einem Beherbergungsbetrieb an Hausgäste.

216 Vereine und Gesellschaften, die in eigenen oder ihnen überlassenen Räumen alkoholische Getränke ausschenken, bedürfen zwar keiner Erlaubnis[3], es können jedoch z.B. Auflagen nach § 5 GastG erlassen werden.

### c) Keine Anwendung des GastG

217 Ausgeschlossen vom Anwendungsbereich des GastG sind
- Reisegaststätten, die auf Märkten, Volksfesten, Messen und Ausstellungen gem. §§ 60b, 64ff. GewO betrieben werden, soweit die Spezialvorschriften der §§ 60b Abs. 2, 68a Satz 1 GewO greifen;
- Kantinen für Betriebsangehörige, Betreuungseinrichtungen der im Inland stationierten ausländischen Streitkräfte sowie die Verabreichung von Speisen und Getränken in Luftfahrzeugen, Personenwaggons, Schiffen und Reisebussen anlässlich der Personenbeförderung.

### 3. Gaststättenerlaubnis

218 Eine Gaststättenerlaubnis benötigt gem. § 2 Abs. 1 GastG nur, wer eine Gaststätte gewerbsmäßig betreibt. § 14 GastG ermächtigt die Landesregierungen, durch Rechtsverordnung zu bestimmen, dass im Zusammenhang mit dem Verkauf von Wein oder Apfelwein für längstens einen Monat auch zubereitete Speisen angeboten werden können (sog. „Straußwirtschaft"). In Brandenburg (§ 2 BbgGastG) und

---

1 Z.B. Bierverkaufswagen an einer Großbaustelle, OLG Hamm v. 7.12.1961 – 2 Ss 1172/61, GewArch 1962, 56; Softeisautomaten vor Kaufhaus, VG Köln v. 19.8.1965 – 1 K 906/65, GewArch 1967, 59; Schank- und Speisewirtschaft in einem Werbe-Omnibus, VG Würzburg v. 8.10.1985 – W 6 S 85.1081, GewArch 1986, 96.
2 VG Berlin v. 10.12.1986 – 4 A 250.85, GewArch 1987, 204; dazu *Lässig*, Gaststättenerlaubnispflicht für fliegende Händler?, GewArch 1987, 184.
3 Vgl. BayObLG v. 29.9.1994 – 3 ObOWi 71/94, GewArch 1994, 485.

Thüringen (§ 2 ThürGastG) ist das Betreiben einer Gaststätte erlaubnisfrei und bedarf nur einer Anzeige.

Der Betrieb einer Gaststätte ohne die erforderliche Erlaubnis rechtfertigt regelmäßig den Erlass einer für sofort vollziehbar erklärten Betriebseinstellungsverfügung gem. § 31 GastG i.V.m. § 15 Abs. 2 GewO. Etwas anderes gilt nur dann, wenn für die Behörde offensichtlich und eindeutig erkennbar ist, dass eine beantragte Erlaubnis genehmigungsfähig ist und in Kürze erteilt wird oder wenn eine weitergehende materielle Prüfung wegen ansonsten drohender Existenzgefährdung geboten ist[1]. 219

### a) Gewerbsmäßiger Gaststättenbetrieb

Ob eine Gaststätte gewerbsmäßig betrieben wird, richtet sich nach den allgemeinen Tatbestandsmerkmalen der GewO, die gem. § 31 GastG ergänzend Anwendung findet[2]. Voraussetzung ist somit, dass die Gaststätte mit Gewinnerzielungsabsicht betrieben wird und dass sie jedermann oder einem bestimmten Personenkreis zugänglich ist. 220

Betreiber einer Gaststätte können gem. § 2 Abs. 1 Satz 2 GastG sowohl natürliche und juristische Personen als auch nichtrechtsfähige Vereine sein. Bei nichtrechtsfähigen Personengesellschaften sind nicht diese selbst, sondern nur die geschäftsführungsbefugten Gesellschafter Gewerbetreibende[3]. 221

> **Hinweis:** Bei Vereinen kann es im Einzelfall schwierig sein, ob die natürliche Person, die die Gaststätte leitet, oder der Verein als Gewerbetreibender anzusehen ist. Hier kommt es u.a. darauf an, wer das wirtschaftliche Risiko trägt und bei wem die Entscheidungskompetenzen in Sach- und Personalfragen liegen.

Bei Vereinen ist das Merkmal der Gewinnerzielungsabsicht problematisch, da der Verkauf von Speisen und Getränken auch dann als gewerbsmäßig gilt, wenn lediglich das Vereinsvermögen gemehrt werden soll oder wenn Speisen und Getränke zum Selbstkostenpreis abgegeben werden, die aber nicht unter den ortsüblichen Preisen liegen[4]. Die Gewerbsmäßigkeit entfällt auch dann nicht, wenn der Gewinn für einen gemeinnützigen Zweck erzielt werden soll[5]. 222

Das Vorliegen eines Gaststättenbetriebes setzt ferner voraus, dass er jedermann oder bestimmten Personenkreisen zugänglich ist. Das Merkmal „bestimmter Personenkreis" ist insbesondere bei Vereinen und Clubs gegeben, sofern ihr Mitgliederbestand nicht von vornherein auf eine kleine Zahl fester Mitglieder beschränkt ist[6]. Es besteht daher nicht die Möglichkeit, die Vorschriften des GastG durch Bildung von Vereinen, Ausgabe von Eintrittskarten etc. zu umgehen. Der Begriff des „bestimmten Personenkreises" i.S.d. genannten Norm ist gesetzlich nicht definiert. Gegenüber dem Begriff „jedermann" schränkt er nur den Kreis der in Betracht kommenden Personen auf diejenigen ein, bei denen die jeweiligen Gruppenmerkmale 223

---

1 Vgl. VGH Kassel v. 23.9.1996 – 14 TG 4192/95, GewArch 1997, 76 = NVwZ-RR 1997, 222.
2 Zum Gewerbebegriff vgl. oben Rz. 17 ff.
3 *Metzner*, § 2 Rz. 18.
4 VGH Kassel v. 1.11.1990 – 14 TH 2764/90, GewArch 1991, 72 = NVwZ 1991, 805; VGH Mannheim v. 24.9.1999 – 14 S 1197/99, GewArch 2000, 33.
5 OVG Münster v. 29.3.1976 – 14 B 249/76, GewArch 1976, 236; VGH Mannheim v. 24.11.1982 – 6 S 2258/81, GewArch 1983, 94; v. 24.9.1999 – 14 S 1197/99, GewArch 2000, 33.
6 OVG Münster v. 29.3.1976 – 14 B 249/76, GewArch 1976, 236; VGH Kassel v. 1.11.1990 – 14 TH 2764/90, GewArch 1991, 72; VG Stuttgart v. 12.1.2009 – 4 K 4570/08, GewArch 2009, 130 = NVwZ-RR 2009, 560.

vorliegen. Hierunter fallen z.B. Angehörige einer bestimmten Gesellschaftsschicht, eines Berufsstandes oder Mitglieder eines Vereins, z.B. eines „Raucherclubs"[1].

224 Hiervon abzugrenzen ist die Veranstaltung von privaten Feiern mit eingeladenen Gästen, bei der der Zugang auf einen namentlich bestimmten Personen beschränkt ist, so dass es keiner Gaststättenerlaubnis bedarf[2].

225 Die Zugänglichkeit eines Gaststättenbetriebes für jedermann oder einen bestimmten Personenkreis wird nicht dadurch ausgeschlossen, dass die Eingangstür nicht ständig geöffnet ist, sondern Einlass nur nach einer „Vorabprüfung" durch den Türsteher gewährt wird. Eine solche Verfahrensweise ist grds. zulässig, weil der Gastwirt keinem Kontrahierungszwang unterliegt. Eine Grenze bildet allerdings die schikanöse oder diskriminierende Zurückweisung[3].

226 Aufgrund seiner Selbständigkeit und des bei ihm liegenden Unternehmerrisikos ist der Pächter einer Gaststätte regelmäßig der Gewerbetreibende[4]. Dagegen ist der „Filialleiter" einer Trinkhalle kein selbständig Gewerbetreibender, sondern Stellvertreter i.S.d. § 9 GastG[5].

**b) Betriebsarten**

227 Ein Gaststättenbetrieb kann in der Form
– einer Schankwirtschaft (§ 1 Abs. 1 Nr. 1 GastG),
– einer Speisewirtschaft (§ 1 Abs. 1 Nr. 2 GastG),
– eines gemischten Betriebs

bestehen.

228 Die Erlaubnispflicht zur Führung eines Beherbergungsbetriebes ist durch Art. 8 des Gesetzes zur Umsetzung von Vorschlägen zur Umsetzung von Bürokratieabbau und Deregulierung aus den Regionen[6] entfallen.

229 Eine Schankwirtschaft oder eine Speisewirtschaft liegt vor, wenn Getränke oder zubereitete Speisen „zum Verzehr an Ort und Stelle" angeboten werden. Problematisch ist dieses Merkmal im Hinblick auf Getränkeautomaten, Trinkhallen oder Kioske, da hier die Kunden die Getränke oder Speisen in unmittelbarer Nähe der Verkaufsstelle verzehren. Ob in derartigen Fällen ein Gaststättenbetrieb vorliegt, hängt von den Umständen des Einzelfalls ab. Dafür spricht z.B. das Vorhandensein von Sitz- und Abstellgelegenheiten, Vorrichtungen zum Öffnen von Flaschen, Leergutautomaten. Liegen solche Umstände vor, ist es für die Erlaubnispflichtigkeit ausreichend, wenn der Gewerbetreibende diese kennt und einen Verzehr an Ort und Stelle in Kauf nimmt[7].

---

1 Vgl. z.B. VG Stuttgart v. 12.1.2009 – 4 K 4570/08, GewArch 2009, 130 = NVwZ-RR 2009, 560.
2 BayObLG v. 13.1.1993 – 3 ObOWi 111/92, NVwZ-RR 1993, 244 = DÖV 1993, 350.
3 Vgl. BayObLG v. 7.3.1983 – RReg 2 St 140/82, GewArch 1983, 238; VG Stuttgart v. 17.9.1975, GewArch 1976, 27.
4 VGH München v. 16.11.1972 – 116 VI 68, GewArch 1974, 29; vgl. auch OLG Stuttgart v. 27.7.1984 – 2 U 47/84, GewArch 1984, 387.
5 OLG Hamm v. 22.10.1974 – 2 Ss OWi 804/74, GewArch 1975, 133.
6 Gesetz zur Umsetzung von Vorschlägen zur Umsetzung von Bürokratieabbau und Deregulierung aus den Regionen v. 21.6.2005 (BGBl. I, 1666). Zu weitergehenden Überlegungen zur Deregulierung des Gaststättenrechts; vgl. *Böhme*, Ein neues Gaststättenrecht?, GewArch 2006, 185 und *Dübbers/Jo*, Die Deregulierung des Gaststättenrechts, NVwZ 2006, 301.
7 Vgl. *Metzner*, § 1 Rz. 49 ff. m.w.N. zu der umfangreichen Rspr.

IV. Gaststättenrecht

Zubereitete Speisen sind alle Esswaren, die nicht längere Zeit aufbewahrt werden 230
können; außerdem ist der Begriff des „Zubereitens" in einem weiten Sinn zu verstehen[1]. Bei Speisewirtschaften kann im Einzelfall strittig sein, ob die angebotenen Speisen „zubereitet" i.S.d. § 1 Abs. 1 Nr. 2 GastG sind. Zwar wird i.d.R. eine Gaststättenerlaubnis bereits deshalb erforderlich sein, weil in jedem Fall eine Schankwirtschaft gegeben ist. Dennoch ist die Frage der Speisewirtschaft relevant, weil die Gaststättenerlaubnis gem. § 3 Abs. 1 GastG nur für eine bestimmte Betriebsart erteilt wird.

Unter „gemischten Betrieben" versteht man solche Gewerbebetriebe, die sowohl 231
Gaststättenleistungen als auch andere Dienstleistungen oder Produkte anbieten[2]. Dabei richtet sich die Anwendbarkeit der Vorschriften des Gewerberechts bzw. des Gewerbenebenrechts nicht nach dem Schwerpunkt der gewerblichen Tätigkeit[3]. Es gelten vielmehr die speziellen Vorschriften der jeweils betriebenen Gewerbearten nebeneinander. Der Betreiber der Spielhalle benötigt daher neben den Erlaubnissen gem. § 33c ff. GewO noch eine Gaststättenerlaubnis.

### c) Verhältnis der Gaststättenerlaubnis zu anderen Erlaubnissen und Genehmigungen

Die Gaststättenerlaubnis hat grds. im Hinblick auf sonstige behördliche Erlaub- 232
nisse und Genehmigungen[4] keine Konzentrationswirkung. Eine Baugenehmigung, die auch im Falle einer Nutzungsänderung erforderlich ist, wird durch die Gaststättenerlaubnis nicht überflüssig[5].

Ist bereits eine Baugenehmigung erteilt, entfaltet diese im gaststättenrechtlichen 233
Erlaubnisverfahren Bindungswirkung, soweit es um Fragen geht, die in die „originäre Regelungskompetenz" der Bauaufsichtsbehörde fallen oder zu dieser den stärkeren Bezug haben[6]. So erstreckt sich die Bindungswirkung z.B. auf die entsprechende Nutzung der Räume als Diskothek, Bar, Hotel o. Ä., sie schließt aber nicht eine möglicherweise weitergehende Beschränkung der Betriebszeit aus[7].

Dagegen bewirkt die Gaststättenerlaubnis keine Bindungswirkung der Behörde im 234
Baugenehmigungsverfahren, da die Genehmigungsvoraussetzungen des § 4 Abs. 1 Satz 1 Nr. 3 GastG (örtliche Lage der Gaststätte)[8] nur Vorfragen im Rahmen der Gaststättenerlaubnis darstellen und an der Tatbestandswirkung der Regelung nicht teilhaben[9].

Schließlich kann die Baugenehmigungsbehörde, die die Vereinbarkeit des Vor- 235
habens mit den öffentlich-rechtlichen Vorschriften zu prüfen hat, die Baugenehmi-

---
1 OLG Celle v. 22.6.1984 – 2 Ss (OWi) 132/84, GewArch 1984, 297: Zubereitet sind auch Suppen, die aus heißem Wasser und Instantpulver hergestellt werden.
2 Z.B. Möbelhaus mit Restaurant.
3 Anders gem. § 5 BbgGastG in Brandenburg, wo auch das vom Notar angebotene Glas Sekt nach erfolgreichem Vertragschluß ohne Anzeige eines Gaststättenbetriebes zulässig ist, vgl. *Dürr*, Grundlagen des Brandenburgischen Gaststättengesetzes, GewArch 2009, 286 (287).
4 Hierbei kommen z.B. Erlaubnisse gem. §§ 33c ff. GewO für das Aufstellen von Spielgeräten oder Sondernutzungsgenehmigungen, wenn Tische und Stühle auf der Straße vor der Gaststätte aufgestellt werden sollen, in Betracht.
5 VGH Kassel v. 23.12.1988 – 4 TH 4362/88, NVwZ 1990, 583.
6 Vgl. BVerwG v. 17.10.1989 – 1 C 18.87, NVwZ 1990, 559.
7 Vgl. BVerwG v. 28.11.1991 – 1 B 152.91, NVwZ 1992, 569; OVG Bremen v. 21.4.1998 – OVG 1 N 7/97, GewArch 2000, 83.
8 S. dazu Rz. 350.
9 VGH Mannheim v. 27.4.1990 – 8 S 2906/89, NVwZ 1990, 1094.

gung ablehnen, wenn die Erteilung der Gaststättenerlaubnis offensichtlich ausgeschlossen ist („Vorprüfungskompetenz" der Baugenehmigungsbehörde)[1].

**d) Erlaubnisinhalt**

236 Die Gaststättenerlaubnis ist personen- und raumbezogen, so dass sowohl bei einem Wechsel des Betreibers als auch wesentlichen Änderungen des Betriebes die Erlaubnis neu beantragt werden muss.

> **Hinweis:** Bei Personengesellschaften bedarf ein neu eintretender Gesellschafter einer auf ihn lautenden Erlaubnis, während beim Austritt eines Gesellschafters die anderen Gesellschafter aufgrund der ihnen erteilten Erlaubnis die Gaststätte weiter betreiben dürfen.

237 Die Gaststättenerlaubnis bezieht sich nur auf eine bestimmte, in der Erlaubnisurkunde bezeichnete Betriebsart (§ 3 Abs. 1 GastG). Ist der Betrieb einer Gaststätte nicht von der erlaubten Betriebsart gedeckt, kann die zuständige Behörde den Betrieb gem. § 15 Abs. 2 GewO verhindern[2].

238 Der Gesetzgeber hat als Betriebsarten nur die in § 1 GastG genannten Grundtypen (Schankwirtschaft, Speisewirtschaft) festgelegt. Ihre Differenzierung i.E. hat er dagegen der Verwaltungspraxis und Rechtsprechung überlassen[3].

239 Welche Betriebsart vorliegt, richtet sich nach dem Gesamtgepräge und der Hauptleistung des jeweiligen Betriebes. Zu den besonderen Betriebsarten zählen z.B. Diskotheken[4], Bars, Nachtlokale, Imbissstuben und Tanzgaststätten[5].

> **Hinweis:** Die „normale" Schank- und Speisewirtschaft als Gaststätte ohne besondere Betriebseigentümlichkeit wird durch das Angebot unwesentlicher Nebenleistungen (z.B. musikalische Hintergrundunterhaltung der Gäste, gelegentliche Tanzveranstaltungen[6] und Familienfeiern oder andere Veranstaltungen) nicht zu einer besonderen Betriebsart. Etwas anderes gilt, wenn regelmäßig Tanzveranstaltungen als sog. Disco-Abende durchgeführt werden[7].

240 Die Erlaubnis kann im Rahmen des § 5 GastG mit Nebenbestimmungen versehen werden, z.B. mit der Auflage, kein Einweggeschirr zu verwenden[8] oder alkoholische Getränke nicht zu reduzierten Preisen anzubieten[9].

241 Die Gaststättenerlaubnis ist grds. unbefristet. Eine befristete Erlaubnis kann auf Antrag nach § 9 GastG erteilt werden. Neben der „Voll-Genehmigung" kennt das Gaststättengesetz noch die vorläufige nach § 11 GastG (vgl. Rz. 267 ff.) und die vorübergehende Gaststättenerlaubnis aus besonderem Anlass nach § 12 GastG (vgl. Rz. 272 ff.).

---

1 OVG Münster v. 20.5.1985 – 11 A 2364/83, DÖV 1986, 575; dazu auch *Grooterhorst*, NVwZ 1990, 539.
2 VGH Mannheim v. 22.4.1988 – 14 S 473/87, GewArch 1988, 385; BVerwG v. 22.7.1988 – 1 B 89.88, GewArch 1988, 387.
3 Vgl. *Metzner*, § 3 Rz. 9.
4 Vgl. hierzu *Aßfalg*, Gaststättenrechtliche Besonderheiten der Diskotheken, GewArch 1987, 199.
5 Zu weiteren Betriebsarten und ihren Abgrenzungen siehe *Metzner*, § 3 Rz. 29 ff.
6 Vgl. VG Köln v. 30.8.2010 – 1 K 3344/10.
7 Vgl. Kreisgericht Gera-Stadt v. 2.5.1991 – 1 D 26/91, GewArch 1992, 35.
8 Vgl. dazu VGH Mannheim v. 26.10.1993 – 14 S 2085/93, NVwZ 1994, 919 = GewArch 1994, 71.
9 OVG Koblenz v. 17.2.2011 – 6 B 10231/11, LKRZ 2011, 155.

## e) Versagungsgründe

Die Gaststättenerlaubnis ist eine gebundene Erlaubnis, die erteilt werden muss, wenn keiner der in § 4 Abs. 1 Satz 1 Nr. 1 bis 4 GastG abschließend aufgezählten Versagungsgründe vorliegt. Soweit allerdings innerhalb der Nr. 1 bis 3 der jeweilige Versagungsgrund präzisiert wird („insbesondere ..."), handelt es sich nur um eine beispielhafte Aufzählung. 242

Versagungsgründe sind die 243
– Unzuverlässigkeit des Antragstellers (§ 4 Abs. 1 Satz 1 Nr. 1 GastG),
– Nichteignung der Räume für den Betrieb eines Gaststättenbetriebes (§ 4 Abs. 1 Satz 1 Nr. 2 GastG),
– fehlende Barrierefreiheit in den Räumen (§ 4 Abs. 1 Satz 1 Nr. 2a GastG),
– örtliche Lage des Gaststättenbetriebes (§ 4 Abs. 1 Satz 1 Nr. 3 GastG),
– fehlende Bescheinigung einer IHK über lebensmittelrechtliche Kenntnisse (§ 4 Abs. 1 Satz 1 Nr. 4 GastG).

### aa) Unzuverlässigkeit

Der Begriff der Unzuverlässigkeit ist ein unbestimmter Rechtsbegriff, der der vollen verwaltungsgerichtlichen Kontrolle unterliegt. Auf die allgemeinen gewerberechtlichen Grundsätze zur Beurteilung der Unzuverlässigkeit wird verwiesen[1]. Ob eine Unzuverlässigkeit im Einzelfall vorliegt, muss unter Berücksichtigung der jeweiligen Betriebsart beurteilt werden[2]. Außerdem gilt der Grundsatz der Verhältnismäßigkeit, so dass geringfügige Verstöße (z.B. eine einmalige Überschreitung der Sperrzeit) eine Unzuverlässigkeit noch nicht begründen können[3]. Insbesondere das Tatbestandsmerkmal „der Unsittlichkeit Vorschub leisten" ist seit den Entscheidungen des VG Berlin[4] aus dem Jahre 2000 und dem Erlass des Prostitutionsgesetzes[5] einem erheblichen Wertewandel unterworfen[6] und deshalb z.B. nach dem BbgGastG auch kein Unzuverlässigkeitstatbestand mehr[7]. 244

Die Unzuverlässigkeit eines Strohmanns führt zur Unzuverlässigkeit des Betreibers des Gaststättenbetriebes, die Unzuverlässigkeit des Hintermanns als tatsächlich Gewerbetreibenden zur Unzuverlässigkeit des Strohmanns[8]. 245

---

1 Vgl. oben Rz. 56ff.
2 Vgl. BVerwG v. 19.3.1986 – 7 B 19.86, NJW 1986, 2779. Wegen der zahlreichen Einzelfallkasuistik muss auf die Fachzeitschriften verwiesen werden.
3 VGH München v. 22.1.1986 – 22 B 85 A.354, NJW 1986, 3221; bzgl. der Berücksichtigung eines noch nicht rechtskräftig abgeschlossenen Strafverfahrens für die Untersagungsverfügung vgl. VGH Kassel v. 14.6.1988 – 8 TG 1022/88, NVwZ 1988, 1149.
4 Zum Swinger-Club „Z" VG Berlin v. 17.1.2000 – VG 4 A 441/99, GewArch 2000, 125 und zum „Café Psst" VG Berlin v. 1.12.2000 – VG 35 A 570/99, GewArch 2001, 128; BVerwG v. 6.11.2002 – 6 C 16.02, NJW 2003, 2470 = NVwZ 2003, 603 = GewArch 2003, 122; *Hösch*, Café Pssst – Abschied von der Unsittlichkeit der Prostitution, GewArch 2001, 112; *Haferkorn*, Swingerclubs als aktuelle gaststättenrechtliche Problemstellung, GewArch 2002, 145.
5 Prostitutionsgesetz v. 20.12.2001, BGBl. I 2001, 3983.
6 Vgl. *Caspar*, Prostitution im Gaststättengewerbe? Zur Auslegung des Begriffs der Unsittlichkeit im Gaststättengesetz, NVwZ 2002, 1322; *Pöltl*, Die Sittenwidrigkeit der Prostitution im Gaststättenrecht nach In-Kraft-Treten des Prostitutionsgesetzes, VBlBW 2003, 181.
7 Vgl. *Dürr*, Grundlagen des Brandenburgischen Gaststättengesetzes, GewArch 2009, 286 (289).
8 Vgl. VG Meiningen v. 21.1.1998 – 8 E 1344/97. Me, GewArch 1998, 209.

246 Der Frage der Zuverlässigkeit eines Gastwirtes kann in keinem Falle nachbarschützende Wirkung zukommen. § 4 Abs. 1 Satz 1 Nr. 1 GastG dient allein dem öffentlichen Interesse[1].

### bb) Nichteignung der Räume

247 Die Nichteignung der Räume gem. § 4 Abs. 1 Satz 1 Nr. 2 GastG bezieht sich nur auf die räumlichen Verhältnisse innerhalb des Betriebes und dient dem Schutz der Gäste und der im Gewerbebetrieb Beschäftigten.

248 Die Anforderungen an die Räumlichkeiten werden durch die Gaststättenbauverordnungen der Länder konkretisiert. Ein besonders bei kleineren Imbissbetrieben auftretendes Problem ist das Vorhandensein von Toilettenanlagen[2].

### cc) Keine Barrierefreiheit in den Räumen

249 § 4 Abs. 1 Satz 1 Nr. 2a GastG dient der Gleichstellung behinderter Menschen. Eine Barrierefreiheit ist jedoch nur erforderlich, wenn die genutzten Räume in einem Gebäude liegen, für das nach dem 1.11.2002 eine Baugenehmigung erteilt wurde oder das, falls keine Baugenehmigung erforderlich war, nach dem 1.5.2002 fertig gestellt, wesentlich umgebaut oder erweitert wurde. Gemäß § 4 Abs. 1 Satz 2 GastG kann eine Erlaubnis jedoch auch erteilt werden, wenn eine Barrierefreiheit der Räume nicht möglich ist oder nur mit unzumutbaren Aufwendungen erreicht werden kann[3].

### dd) Örtliche Lage

250 § 4 Abs. 1 Satz 1 Nr. 3 GastG dient dem Schutz aller öffentlichen Interessen vor den Gefahren, Nachteilen und Belästigungen, die von einem Gaststättenbetrieb nach außen ausgehen. Auch wenn diese Vorschrift von ihrem Wortlaut her nur den Schutz öffentlicher Interessen bezweckt, wird diese Bestimmung dennoch als generell nachbarschützend angesehen[4].

251 Wesentliche Anhaltspunkte dafür, ob der geplante Gaststättenbetrieb dem öffentlichen Interesse widerspricht, liefern das Bauplanungs- und Bauordnungsrecht.

252 Im Geltungsbereich von Bebauungsplänen sind Gaststättenbetriebe entsprechend der abschließenden Regelung durch die BauNVO 1990 in folgenden Gebieten zulässig:
- Kleinsiedlungsgebiet,
- allgemeines Wohngebiet,
- besonderes Wohngebiet,
- Dorfgebiet,
- Mischgebiet.

253 In den folgenden Gebietstypen sind auch solche Gaststätten zulässig, die als Vergnügungsstätten zu qualifizieren sind, wie z.B. Spielhallen mit Getränkeausschank oder Gaststätten mit Tanzdarbietungen und Zurschaustellung von Personen[5]:

---

1 BVerwG v. 18.3.1998 – 1 B 33.98, GewArch 1998, 254.
2 Vgl. dazu VG Ansbach v. 4.10.1994 – AN 4 K 94.00753, GewArch 1994, 487.
3 *Pöltl*, GewArch 2003, 231.
4 Vgl. VGH Kassel v. 18.5.1990 – 8 TH 362/90, GewArch 1990, 330 = NVwZ 1991, 278; v. 8.10.1996 – 14 TG 3852/96, GewArch 1997, 162; OVG Koblenz v. 4.2.1998 – 11 A 11942/96, GewArch 1998, 209 = NVwZ-RR 1998, 556; dazu auch *Steinberg*, Öffentlichrechtlicher Nachbarschutz im Gaststättenrecht, DÖV 1991, 354.
5 Vgl. VGH Mannheim v. 21.6.1991 – 22 B 90.3208, GewArch 1992, 70.

- besonderes Wohngebiet (ausnahmsweise nicht kerngebietstypische Vergnügungsstätten),
- Dorfgebiet (ausnahmsweise nicht kerngebietstypische Vergnügungsstätten),
- Mischgebiet (nicht kerngebietstypische Vergnügungsstätten in den überwiegend gewerblich genutzten Teilen; ausnahmsweise in den übrigen Gebietsteilen),
- Kerngebiet,
- Gewerbegebiet (ausnahmsweise).

Nach der BauNVO 1990 sind Vergnügungsstätten nicht mehr als sonstige Gewerbebetriebe zulässig[1].

Für die Bemessung der von der Gaststätte ausgehenden und von der Nachbarschaft hinzunehmenden Lärmimmissionen gilt grds. die TA-Lärm, sofern es sich nicht um eine reine „Freiluftgaststätte" handelt (vgl. Nr. 1 Satz 2 lit. b TA-Lärm). Da jedoch der durch Menschen verursachte Lärm von einem Bündel von Faktoren abhängt, ist die TA-Lärm ungeeignet, die besondere Lästigkeit der Immissionen zu erfassen, die von der Nutzung einer Außenterrasse oder eines Biergartens in der Nähe von Wohnbebauung ausgehen, auch wenn es sich um einen gemischten Betrieb mit Innen- und Außengastronomie und nicht um eine reine „Freiluftgaststätte" handelt[2]. Ob es in diesen Fällen sachgerecht ist, die TA-Lärm in modifizierter Form z.B. auf der Grundlage der sog. „Freizeitlärmrichtlinie" des Landes Nordrhein-Westfalen[3] anzuwenden, läßt das OVG Münster offen[4] und stellt bei der Beurteilung der planungsrechtlichen Zulässigkeit der Außengastronomie auf das Gebot der Rücksichtnahme ab. 254

Der Gastwirt muss sich auch den Lärm zurechnen lassen, der von seinen Gästen außerhalb des Lokals verursacht wird, solange diese noch aufgrund ihrer Nähe zur Gaststätte als seine Gäste in Erscheinung treten[5]. 255

### ee) Fehlender Unterrichtungsnachweis

§ 4 Abs. 1 Satz 1 Nr. 4 GastG bezweckt den Schutz der Gäste vor gesundheitlichen Schädigungen und Irreführungen. Für eine vorläufige Erlaubnis (§ 11 GastG) wird ein Unterrichtungsnachweis nicht verlangt. Bei einer Gaststättenerlaubnis aus besonderem Anlass (§ 12 GastG) kann ebenfalls auf einen Unterrichtungsnachweis verzichtet werden. Einzelheiten über den Unterrichtungsnachweis beinhaltet eine Verwaltungsvorschrift des Bundesministers für Wirtschaft[6]. Nach den Gaststättengesetzen der Bundesländer Brandenburg, Bremen und Thüringen ist ein Unterrichtungsnachweis nicht mehr erforderlich, da dieser ca. vierstündige Lehrgang ohne abschließende Prüfung für den Verbraucherschutz ohnehin wenig effektiv ist[7]. 256

---

1 Z.B. Unzulässigkeit einer Diskothek im Industriegebiet, BVerwG v. 24.2.2000 – 4 C 23.98, GewA 2000, 388 = BauR 2000, 1306 = NVwZ 2000, 1054 = DVBl 2000, 1340 = ZfBR 2000, 423, m. Anm. *Gronemeyer*, IBR 2000, 392.
2 Vgl. OVG Münster v. 13.11.2009 – 7 A 146/08, BauR 2010, 585 = DVBl 2010, 259, bestätigt durch BVerwG v. 3.8.2010 – 4 B 9.10, BauR 2010, 2070 = ZfBR 2010, 696.
3 Runderlass des Ministeriums für Umwelt und Naturschutz, Landwirtschaft und Verbraucherschutz v. 23.10.2006 „Messung, Beurteilung und Vermeidung von Geräuschimmissionen bei Freizeitanlagen", MBl. NW 2006, 566.
4 V. 25.6.2008 – 10 A 2525/07.
5 Vgl. BVerwG v. 7.5.1996 – 1 C 10.95, GewArch 1996, 426 = NVwZ 1997, 276 = NJW 1997, 96; *Metzner*, § 4 Rz. 272.
6 In der Fassung der Bekanntmachung v. 24.2.1981, BAnz. 1981 Nr. 39, ber. Nr. 52.
7 Vgl. *Dürr*, Grundlagen des Brandenburgischen Gaststättengesetzes, GewArch 2009, 286 (290).

## f) Rücknahme und Widerruf

257 Widerruf und Rücknahme einer Gaststättenerlaubnis sind in § 15 GastG geregelt. Diese Vorschrift ist sowohl auf den Gewerbetreibenden selbst als auch nach Maßgabe des § 15 Abs. 4 GastG auf seinen Stellvertreter anwendbar.

### aa) Rücknahme

258 Eine Gaststättenerlaubnis muss gem. § 15 Abs. 1 GastG zurückgenommen werden, wenn sie rechtswidrig ist, weil bei ihrer Erteilung Versagungsgründe nach § 4 Abs. 1 Satz 1 Nr. 1 GastG vorlagen. Ein Ermessensspielraum ist der Behörde dabei nicht eingeräumt. Die Vorschrift ist nicht abschließend, sondern wird durch § 48 VwVfG ergänzt, wodurch die Versagungsgründe des § 4 Abs. 1 Satz 1 Nr. 2–4 GastG als Gründe für eine zwingende Rücknahme einbezogen werden.

### bb) Widerruf

259 Dagegen sind die Vorschriften über den Widerruf der Erlaubnis in § 15 Abs. 2 und 3 GastG abschließend, so dass § 49 VwVfG daneben keine Anwendung findet[1].

#### (1) Zwingender Widerruf

260 Bei Vorliegen der Widerrufsgründe nach § 15 Abs. 2 GastG steht der Behörde kein Ermessensspielraum zu. Es ist nicht erforderlich, dass die die Unzuverlässigkeit begründenden Tatsachen ausschließlich nach Erteilung der Erlaubnis eingetreten sind. Vielmehr können auch davor liegende Tatsachen berücksichtigt werden, „die in der Kette der Rechtsverletzung das Maß voll machen"[2]. Dabei reichen im Gaststättenrecht bereits unterhalb der Wahrscheinlichkeitsgrenze liegende ernsthafte Zweifel an der ordnungsgemäßen Gewerbeausübung zur Annahme der Unzuverlässigkeit aus.

> **Hinweis:** Einer der häufigsten Fälle in der Praxis ist der Widerruf der Erlaubnis gem. § 15 Abs. 2 GastG i.V.m. § 4 Abs. 1 Satz 1 Nr. 1 GastG wegen Unzuverlässigkeit, die erst nach Erteilung der Erlaubnis eintritt. Für den in einer solchen Angelegenheit tätigen Anwalt muss es primär das Ziel sein, durch Widerspruch und Klage die Fortführung des Betriebes während der Verfahren zu gewährleisten. Im Falle der Anordnung der sofortigen Vollziehung ist auch der einstweilige Rechtsschutz gem. § 80 Abs. 4 oder 5 VwGO zu erwirken.
>
> Es sollte jedoch versucht werden, bereits zu einem möglichst frühen Zeitpunkt mit der Verwaltung in Kontakt zu treten, da der Verhandlungsspielraum hier größer ist als in der reinen Rechtsprüfung durch das Gericht. Der Anwalt sollte daher bereits vor Erlass des Widerrufs z.B. im Rahmen der Anhörung nach § 28 VwVfG das Gespräch mit der Behörde suchen. Als Stichwort sei hier auf das „informelle Handeln" verwiesen; Agreements können helfen, verwaltungsverfahrens- und/oder prozeßrechtliche Hürden zu umgehen.

261 Für die Beurteilung der Rechtmäßigkeit des Widerrufs sind alle die Unzuverlässigkeit begründenden Tatsachen heranzuziehen, die der Behörde zum Zeitpunkt ihrer Entscheidung vorliegen[3]. Die Ausübung des Gaststättengewerbes steht gem. § 2

---

1 Vgl. VGH Mannheim v. 12.11.1986 – 14 S 2804/86, GewArch 1987, 132; BVerwG v. 13.12.1988 – 1 C 44.86, NVwZ 1989, 453; VGH Kassel v. 18.3.1992 – 14 UE 29/87, GewArch 1992, 344.
2 Vgl. VGH Mannheim v. 25.5.1985 – 14 S 148/84, GewArch 1985, 200; *Honig*, § 7 Rz. 7ff.
3 Vgl. *Aßfalg*, Zur Frage des maßgebenden Zeitpunktes für die gerichtliche Beurteilung der Rechtmäßigkeit des Widerrufs einer Gaststättenerlaubnis bzw. der Verhinderung der Fortsetzung eines Betriebes nach § 15 Abs. 2 GewO, GewArch 1988, 219 und 292.

Abs. 1 GastG unter einem gesetzlichen Erlaubnisvorbehalt. Der Widerruf einer erteilten Erlaubnis stellt das grundsätzliche Verbot der Ausübung des Gaststättengewerbes wieder her. Anders als im allgemeinen Gewerberecht mit seinem Grundsatz der Gewerbefreiheit ist daher im Gaststättenrecht das Verbot der gewerblichen Tätigkeit nicht die Folge des die Erlaubnis widerrufenden Verwaltungsaktes, sondern des Gesetzes.

Ein Wohlverhalten des Gastwirts während des Verwaltungsverfahrens bzw. des verwaltungsgerichtlichen Verfahrens bleibt daher grds. außer Betracht[1]. Im Hinblick auf eine Prognoseentscheidung über die zukünftige Zuverlässigkeit des Gastwirtes ist dieser Faktor dagegen von Bedeutung. Im Übrigen kann sich aus einem entsprechenden Wohlverhalten des Gastwirtes ein Anspruch auf Wiedererteilung der Gaststättenerlaubnis ergeben.

Ergeben sich nach Erteilung der Erlaubnis Tatsachen, die eine Versagung der Erlaubnis nach § 4 Abs. 1 Satz 1 Nr. 2 und 3 GastG gerechtfertigt hätte, ist ein Widerruf der Erlaubnis nicht möglich. Es besteht lediglich die Möglichkeit der nachträglichen Anordnung nach § 5 GastG. Fehlt der Unterrichtungsnachweis nach § 4 Abs. 1 Satz 1 Nr. 4 GastG, kann nach § 15 Abs. 3 Nr. 5–7 GastG eine Frist zur Vorlage des Nachweises gesetzt werden.

### (2) Fakultativer Widerruf

Bei Vorliegen der in § 15 Abs. 3 GastG aufgezählten Gründe ist der Widerruf der Erlaubnis in das Ermessen der Behörde gestellt, wobei die Behörde unter Berücksichtigung des Verhältnismäßigkeitsgrundsatzes prüfen muss, ob nicht weniger einschneidende Maßnahmen ebenso zum Ziel führen können.

### cc) Folge von Rücknahme und Widerruf

Mit der Rücknahme oder dem Widerruf erlöschen die Gaststättenerlaubnis und ihre Akzessorien, insbesondere die Stellvertretererlaubnis. Die der Gaststättenerlaubnis zugrunde liegende Realwirtschaftsberechtigung erlischt dagegen nicht, so dass der Betroffene diese gem. § 48 GewO auf eine andere Person übertragen kann. Der Erwerber darf die Gaststätte dann weiterführen, sofern er seinerseits eine gaststättenrechtliche Erlaubnis hat.

Mit Rücknahme und Widerruf der Erlaubnis kann die Behörde die sofortige Vollziehung, d.h. Schließung der Gaststätte anordnen, wenn dies im öffentlichen Interesse notwendig ist. Hierzu ist allerdings eine gesonderte Schließungsverfügung gem. § 31 GastG i.V.m. § 15 Abs. 2 GewO erforderlich[2].

### g) Vorläufige Gaststättenerlaubnis gem. § 11 GastG

Besondere praktische Bedeutung kommt der vorläufigen Gaststättenerlaubnis gem. § 11 GastG zu. Danach kann Personen, die einen erlaubnisbedürftigen Gaststättenbetrieb übernehmen wollen, bis zur Erteilung der endgültigen Gaststättenerlaubnis eine vorläufige Gaststättenerlaubnis in Form einer Erlaubnis auf Widerruf gewährt werden.

---

1 Vgl. z.B. VGH München v. 15.12.2010 – 22 ZB 10.2293; OVG Lüneburg v. 8.2.2011 – 7 LA 99/10.
2 VGH Mannheim v. 4.11.1993 – 14 S 2322/93, GewArch 1994, 30; VGH Kassel v. 13.10.1993 – 14 TH 84/93, GewArch 1994, 116.

268 Die Erteilung einer vorläufigen Gaststättenerlaubnis setzt eine noch bestehende Erlaubnis des bisherigen Gewerbetreibenden voraus. Außerdem muss der Antrag auf Erteilung einer endgültigen Erlaubnis bereits gestellt, nicht abgelehnt und noch nicht entscheidungsreif sein. Schließlich muss eine gewisse Wahrscheinlichkeit dafür sprechen, dass Versagungsgründe für eine endgültige Erlaubnis nicht bestehen[1].

269 Die Erteilung der vorläufigen Erlaubnis steht im Ermessen der zuständigen Behörde, das durch Art. 12 GG, den Zweck des Gaststättengesetzes und den Grundsatz der Verhältnismäßigkeit beschränkt ist[2].

270 Aus einer vorläufigen Gaststättenerlaubnis kann allerdings kein Anspruch auf eine endgültige Erlaubnis abgeleitet werden, so dass der übernehmende Gastwirt Investitionen auf eigenes Risiko tätigt[3].

271 Für Rücknahme und Widerruf einer vorläufigen Gaststättenerlaubnis gilt § 15 GastG.

**h) Gaststättenerlaubnis aus besonderem Anlass gem. § 12 GastG**

272 Eine Gaststättenerlaubnis kann gem. § 12 GastG auch aus besonderem Anlass unter erleichterten Voraussetzungen vorübergehend auf Widerruf erteilt werden. Ein besonderer Anlass liegt dann vor, wenn eine Gaststätte anlässlich eines zeitlich begrenzten Ereignisses betrieben werden soll (Schützenfeste, Vereinsfeiern, Tagungen, Abiturparty[4], Karnevalsveranstaltungen[5] etc.)[6]. Der besondere Anlass muss allerdings in einem eigenständigen, außerhalb der gastronomischen Gewerbeausübung liegenden Ereignis bestehen[7].

273 Materiellrechtlich sind auch im Rahmen des § 12 GastG die Versagungsgründe des § 4 GastG zu beachten[8]. Jedoch kann insbesondere auf die Mindestanforderungen an die Räume (§ 4 Abs. 1 Satz 1 Nr. 2 und 3 GastG) und auf den Unterrichtungsnachweis (§ 4 Abs. 1 Satz 1 Nr. 4 GastG) verzichtet werden, da die Erlaubnis nur vorübergehend ist und unter Widerrufsvorbehalt steht[9].

274 Eine Veranstaltung, bei der selbst die für seltene Störereignisse in der Freizeitlärm-Richtlinie festgelegten Immissionsrichtwerte voraussichtlich nicht eingehalten werden können, darf gem. § 12 Abs.1 GastG gestattet werden, wenn sie als sehr seltenes Ereignis wegen ihrer Herkömmlichkeit, ihrer Bedeutung für die örtliche Gemeinschaft oder ihrer sozialen Adäquanz den Nachbarn zumutbar ist[10].

---

1 VGH Mannheim v. 27.4.1990 – 14 S 2732/89, GewArch 1990, 419 = NVwZ-RR 1991, 64; VGH Kassel v. 28.5.1997 – 8 E 666/96 (1), GewArch 1997, 493.
2 VGH Mannheim v. 27.4.1990 – 14 S 2732/89, GewArch 1990, 419 = NVwZ-RR 1991, 64.
3 Vgl. VGH Mannheim v. 7.8.1986 – 14 S 1961/86, NVwZ 1987, 338.
4 OVG Lüneburg v. 29.11.2001 – 7 L 3295/00, NdsVBl. 2002, 104.
5 OVG Koblenz v. 13.2.2004 – 6 B 10279/04, GewArch 2004, 217 = NVwZ-RR 2004, 485.
6 Vgl. dazu i.E. *Stollenwerk*, Gestattung und Vereinsgastronomie, GewArch 1993, 316.
7 So stellt z.B. die bloße Veranstaltung einer „Zelt-Disko" keinen besonderen Anlass mit eigenständigem Charakter dar, vgl. BVerwG v. 4.7.1989 – 1 C 11.88, NVwZ 1990, 367.
8 Vgl. VGH München v. 27.4.1990 – 14 S 2732/89, GewArch 1990, 419.
9 OVG Koblenz v. 30.8.1982 – 2 B 60/82, GewArch 1982, 33.
10 Z.B. Live-Konzert anläßlich einer Kirmes, OVG Koblenz v. 24.9.2004 – 6 A 10949/04, GewArch 2004, 494 = NJW 2005, 772; Seefest, VG Gießen v. 2.7.2004 – 8 G 2673/04, GewArch 2004, 493 = NVwZ-RR 2005, 103; 1. Mai und Pfingsten, VG Halle v. 23.4.2010 – 4 A 6/10.

Auf die Erteilung der Gaststättenerlaubnis aus besonderem Anlass besteht kein Anspruch, der Antragsteller hat nur ein formell subjektives Recht auf fehlerfreie Ermessensausübung[1]. 275

**4. Betriebszeit – Sperrzeit**

Für die Öffnungszeiten von Gaststätten sind zum einen die Sperrzeitvorschriften (§ 18 GastG i.V.m. den entsprechenden landesrechtlichen Vorschriften) und zum anderen die Betriebszeitregelungen auf der Grundlage der §§ 3–5 GastG maßgeblich[2]. 276

**a) Betriebszeit**

Auf der Grundlage der §§ 3 ff. GastG kann die Betriebszeit eines Gaststättenbetriebes in der Erlaubnisurkunde festgelegt werden. Findet sich dort keine ausdrückliche Regelung, ist aus der angegebenen Betriebsart unter Berücksichtigung der Verkehrsauffassung die Betriebszeit zu ermitteln[3]. 277

**b) Sperrzeit**

§ 18 GastG gilt sowohl für die Schank- und Speisewirtschaft als auch für öffentliche Vergnügungsstätten, welche sonst nicht unter das Gaststättengesetz fallen. Öffentliche Vergnügungsstätten sind jedermann oder bestimmten Personengruppen zugängliche Orte mit dauernden oder wechselnden Einrichtungen oder Veranstaltungen, die der Unterhaltung dienen[4], sofern die Vergnügungsstätte gewerbsmäßig betrieben wird[5]. 278

Die Sperrzeiten für Gaststättenbetriebe werden von den Landesregierungen auf der Grundlage des § 18 GastG durch Rechtsverordnung festgelegt[6]. Diese müssen generellen Charakter haben. Stellen sie inhaltlich eine Allgemeinverfügung mit von vornherein bestimmtem Adressatenkreis dar, sind sie nichtig[7]. 279

In Nordrhein-Westfalen z.B. beginnt die allgemeine Sperrzeit für Schank- und Speisewirtschaften gem. § 4 Abs. 1 GastVO um 5 Uhr und endet um 6 Uhr. Von dieser Regel können gem. § 4 Abs. 2 GastVO allgemein durch ordnungsbehördliche Ver- 280

---

1 VG Ansbach v. 8.1.1987 – AN 4 K 86.00201, GewArch 1987, 131; BVerwG v. 20.3.1989 – 1 B 47.89, GewArch 1989, 240 = NVwZ-RR 1989, 539; OVG Lüneburg v. 15.1.1992 – 7 L 149/90, GewArch 1993, 29.
2 Zum Verhältnis von Sperrzeit- und Betriebszeitregelungen vgl. *Metzner*, § 18 Rz. 96 ff.
3 Für die Betriebsart Diskothek vgl. BVerwG v. 5.11.1985 – 1 C 14.84, NVwZ 1986, 296. Zur Betriebszeit von Biergärten in Bayern vgl. das „Biergarten-Urteil" des VGH München v. 20.4.1995 – 22 B 93.1948, GewArch 1995, 253 = NVwZ 1995, 1021 = BayVbl. 1995, 465; die daraufhin erlassenen „Biergärten-Nutzungszeit-VO" v. 27.6.1995, Bayer. GVBl. 1995, 311 = GewArch 1995, 329, ist vom BVerwG v. 28.1.1999 – 7 CN 1.97, GewArch 1999, 210 = NVwZ 1999, 651 = UPR 1999, 193 für nichtig erklärt worden. Daraufhin erging die neue „Bayerische Biergartenverordnung" v. 20.4.1999, Bayer. GVBl. 1999, 142 = GewArch 1999, 289; vgl. dazu *Jahn*, Die neue Bayerische Biergarten-Verordnung, GewArch 1999, 271.
4 VG Frankfurt v. 14.12.2001 – 7 E 3433/96 (V), GewArch 2003, 124; *Metzner*, § 18 Rz. 1 und 3.
5 VGH Mannheim v. 24.9.1999 – 14 S 1197/99, GewArch 2000, 33.
6 Zu den Rechtsproblemen im Zusammenhang mit der gaststättenrechtlichen Sperrzeit vgl. i.E. *Steinberg*, Rechtsprobleme der gaststättenrechtlichen Sperrzeit, GewArch 1991, 167.
7 VGH Mannheim v. 12.8.2004 – 6 S 1126/04, GewArch 2005, 154 = NVwZ-RR 2005, 243.

ordnungen oder gem. § 4 Abs. 3 GastVO durch Einzelfallregelung Ausnahmen bis hin zur völligen Aufhebung der Sperrzeit zugelassen werden. Die Entscheidung hierüber liegt im Ermessen der Verwaltung.

281 Voraussetzung für ein Abweichen von der generellen Sperrzeitregelung ist das Vorliegen eines öffentlichen Bedürfnisses oder besonderer örtlicher Verhältnisse. Die Verkürzung darf jedoch nicht zu schädlichen Umwelteinwirkungen i.S.d. Bundes-Immissionsschutzgesetzes führen. Insoweit entfaltet § 18 GastG drittschützende Wirkung[1].

**aa) Verkürzung der Sperrzeit**

282 Die Verkürzung der Sperrzeit, d.h. die Verlängerung der Öffnungszeiten, setzt voraus, dass ein Bedarf an Gaststättendienstleistungen nach Beginn der allgemeinen Sperrzeit vorliegt[2].

283 Liegt dieser durch Tatsachen belegte Bedarf vor, ist die Erteilung der Ausnahme von den Auswirkungen auf die Nachbarschaft bzw. vom bauplanungsrechtlichen Charakter des Gebietes, in dem sich der Betrieb befindet, abhängig[3]. Im Hinblick auf die Nachbarschaft sind insbesondere die Lärmbelästigungen zu berücksichtigen. Das Ausmaß der durch die verlängerten Öffnungszeiten bedingten Lärmeinwirkung und deren Zulässigkeit beurteilt sich nach der gem. § 48 BImSchG erlassenen TA-Lärm und dem Rücksichtnahmegebot[4]. Zu beachten ist, dass auch der von Fußgängern auf einer öffentlichen Straße oder der durch an- und abfahrende Gäste verursachte Lärm dem Betreiber einer Gaststätte zuzurechnen ist[5].

**bb) Verlängerung der Sperrzeit**

284 Sperrzeitverlängerungen kommen insbesondere zum Schutz von Nachbarn vor Geräuschemissionen, die von der Gaststätte ausgehen oder durch sie verstärkt werden, in Betracht[6].

285 Maßgeblicher Beurteilungszeitpunkt bei der Anfechtung einer Sperrzeitverlängerung ist der Zeitpunkt der gerichtlichen Entscheidung, soweit die tatbestandlichen Voraussetzungen für eine Verlängerung im Streit stehen. Für die Beurteilung der Rechtmäßigkeit der Ermessensentscheidung über die Verlängerung ist auf den Zeitpunkt der letzten verwaltungsbehördlichen Entscheidung abzustellen[7].

**cc) Überschreitung der Sperrzeit**

286 Die Überschreitung der jeweils für den Gaststättenbetrieb festgelegten Sperrzeit ist eine Ordnungswidrigkeit i.S.d. § 28 GastG.

---

1 VG Meiningen v. 27.9.2001 – 5 E 694/01. Me, GewArch 2002, 340 = NVwZ-RR 2002, 349.
2 Vgl. dazu VGH Mannheim v. 9.8.1991 – 14 S 2421/90, NVwZ-RR 1992, 358.
3 So kann z.B. für eine Diskothek in einem allgemeinen Wohngebiet keine Sperrzeitverkürzung gewährt werden, VGH Kassel v. 8.10.1989 – 8 UE 3318/88, GewArch 1990, 70 = NVwZ-RR 1990, 183; vgl. auch BVerwG v. 10.1.1990 – 1 B 161.89, GewArch 1990, 142; s. auch *Kienzle*, Betriebszeit und Sperrzeit bei Diskotheken, GewArch 1987, 258.
4 BVerwG v. 18.5.2009 – 8 B 13.09.
5 BVerwG v. 9.4.2003 – 6 B 12.03, GewArch 2003, 300; VGH Mannheim v. 27.6.2002 – 14 S 2736/01, GewArch 2003, 204 = NVwZ-RR 2003, 745; VG Düsseldorf v. 19.3.1998 – 18 L 5554/97, DWW 1998, 153.
6 Vgl. OVG Saarlouis v. 29.8.2006 – 1 R 21/06, NVwZ-RR 2007, 598; OVG Münster v. 28.5.2008 – 4 B 2090/07.
7 VGH Mannheim v. 14.1.1993 – 2 S 1040/91, NVwZ-RR 1994, 363.

Darüber hinaus kann die mehrfache Überschreitung der Sperrzeit die Unzuverlässigkeit des Gewerbetreibenden begründen. Der Gastwirt sollte deshalb darauf aufmerksam gemacht werden, dass Verstöße gegen Sperrzeitregelungen nicht nur zu entsprechenden Bußgeldverfahren, sondern auch zu Auflagen gem. § 5 GastG oder sogar zum Widerruf der Gaststättenerlaubnis führen können.

287

Der Gastwirt ist verpflichtet, alle ihm gebotenen Mittel einzusetzen, damit die Gäste spätestens nach einer ‚Schonfrist' von ca. 15 bis 20 Minuten nach Eintritt der Sperrzeit die Gastwirtschaft verlassen haben[1].

288

## V. Gegenstandswert

Die Verwaltungsgerichte differenzieren bei der Festsetzung des Streitwertes in gewerberechtlichen Verfahren nach dem Streitgegenstand und wenden nicht mehr den „Regelstreitwert" gem. § 52 Abs. 2 GKG an.

289

Bei einer Gewerbeuntersagung ist der Jahresbetrag des erzielten oder erwarteten Gewinns, mindestens jedoch 15 000 Euro anzusetzen, wobei unselbständige Schließungsanordnungen oder Zwangsgeldfestsetzungen für die Streitwertbemessung außer Betracht bleiben[2]. Hiervon ausgehend hat das OVG Münster[3] seine Streitwertbemessungspraxis für diese Fälle detailliert festgelegt. Bei Erteilung oder Widerruf der Erlaubnis ist als Streitwert der Jahresgewinn der letzten drei Jahre oder der dreifache erwartete Jahresgewinn anzunehmen[4]. Im Verfahren des vorläufigen Rechtschutzes ist der Streitwert regelmäßig um die Hälfte zu reduzieren[5]. Dabei wird der Streitwert des Hauptsacheverfahrens auch bei Verfahren des einstweiligen Rechtschutzes für gerechtfertigt gehalten[6].

290

Für Rechtsstreitigkeiten über die Pflicht zur Gewerbeanmeldung hat das VGH Mannheim[7] dagegen weiterhin den Regelstreitwert angenommen.

291

Bei einem Verfahren über die Zulassung eines Gewerbetreibenden zu einem eintägigen Markt beträgt der Streitwert wegen der relativ geringen Bedeutung nur 300 Euro[8].

292

---

1 OLG Düsseldorf v. 16.2.1987 – 5 Ss (OWi) 2/87 – 13/87 I, GewArch 1987, 309.
2 Vgl. Streitwertkatalog 2004, Ziff. 54.1.
3 OVG Münster v. 8.10.1993 – 4 B 2077/93, GewArch 1994, 20 = NVwZ-RR 1994, 182.
4 OVG Münster v. 1.10.2004 – 4 B 1637/04, GewArch 2005, 111.
5 Vgl. Streitwertkatalog 2004, Ziff. 1.5; VGH Mannheim v. 19.11.2004 – 6 S 2544/04, GewArch 2005, 77 = NVwZ-RR 2005, 366 L.
6 Vgl. VGH Mannheim v. 25.10.1999 – 14 S 2510/99, GewArch 2000, 84.
7 OVG Koblenz v. 12.1.1994 – 11 A 11508/93, GewArch 1994, 416.
8 Vgl. Streitwertkatalog 2004, Ziff. 54.5.

# B. Spielhallen- und Glücksspielrecht

|  | Rz. |
|---|---|
| I. Einleitung | 1 |
| II. Normative Grundlagen und Verwaltungsvorschriften | 5 |
| III. Baurecht | |
| 1. Erfordernis einer Baugenehmigung | 7 |
| a) Neuerrichtung | 8 |
| b) Nutzungsänderung | 9 |
| 2. Das Verhältnis von Baugenehmigung und gewerberechtlichen Genehmigungen | 14 |
| 3. Grundsätze der bauplanungsrechtlichen Zulässigkeit von Spielhallen | 18 |
| a) Merkmale einer kerngebietstypischen Spielhalle | 22 |
| b) Spielhallen in Wohngebieten | 30 |
| c) Spielhallen im MI-Gebiet | 39 |
| d) Spielhallen im GE-Gebiet/GI-Gebiet | 42 |
| e) Gebot der Rücksichtnahme | 45 |
| f) Besonderheiten bei Geltung der BauNVO 1977 | 50 |
| 4. Bestandsschutz | 53 |
| 5. Zulässigkeit von Spielhallen im nicht beplanten Innenbereich | 57 |
| 6. Gestaltungsmöglichkeiten durch einen Bebauungsplan | 60 |
| a) § 1 Abs. 4 BauNVO | 63 |
| b) § 1 Abs. 6 BauNVO | 64 |
| c) § 1 Abs. 5 und 9 BauNVO | 65 |
| d) Einfache Bebauungspläne | 70 |
| e) Ausschluss-Bebauungspläne gem. § 25c Abs. 3 Satz 2 BauNVO | 71 |
| f) Öffentlichkeitsbeteiligung, Normenkontrollklage, Incidenterprüfung | 73 |
| 7. Erhaltungssatzungen gem. § 172 Abs. 1 BauGB, Sanierungssatzungen gem. § 142 Abs. 3 BauGB | 78 |
| 8. Bauordnungsrecht | 81 |
| a) Stellplatzpflicht bei wesentlichen bzw. sonstigen Änderungen | 82 |
| b) Zahl der nachzuweisenden Stellplätze | 89 |
| c) Berechnung der für die Stellplatzpflicht maßgeblichen Spielhallenfläche | 92 |
| d) Stellplatzablösung | 94 |
| e) Beeinträchtigung der Nachbarschaft durch Stellplätze | 96 |
| IV. Gewerberecht, SpielV | 97 |
| 1. Landesrechtliche Regelungen | 99 |
| 2. Gewerberechtliche Erlaubnisse und Genehmigungen nach der GewO | 101 |
| 3. Erlaubnis nach § 33c GewO | 104 |
| a) Spielgeräte mit Gewinnmöglichkeit | 105 |
| b) Voraussetzungen und Inhalt der Erlaubnis | 108 |
| c) Geeignetheitsbestätigung nach § 33c Abs. 3 GewO | 111 |
| 4. Erlaubnis nach § 33d GewO | 115 |
| a) Andere Spiele mit Gewinnmöglichkeit | 116 |
| b) Voraussetzungen und Inhalt der Erlaubnis | 118 |
| c) Unbedenklichkeitsbescheinigung des Bundeskriminalamtes | 123 |
| 5. Spielhallenerlaubnis nach § 33i GewO | 127 |
| a) Raumbezogener Spielhallenbegriff | 130 |
| b) Art und Inhalt der Erlaubnis | 135 |
| 6. Versagungsgründe | 138 |
| a) Übermäßige Ausnutzung des Spielbetriebs | 140 |
| b) Sonstige Versagungsgründe | 141 |
| 7. Höchstzahl zulässiger Spielgeräte und Spiele | 143 |
| a) Spielhallen | 144 |
| b) Gastwirtschaften, Imbissstuben, Pensionen | 147 |
| c) Spielhallen mit Gaststättenleistungen | 149 |
| d) Andere Spiele i.S.d. § 33d GewO | 151 |
| 8. Zusätzliche Genehmigungsinhalte, Auflagen | 152 |
| a) Zulassungszeichen, Spielregeln und Gewinnplan | 153 |
| b) Warnhinweise | 155 |
| c) Aufstellregeln für Geld- und Warenspielgeräte | 156 |
| d) Aufsicht | 158 |
| e) Auflagen | 159 |
| 9. Antragsunterlagen | 163 |
| V. Gaststättenrecht | 165 |
| 1. Gaststättenerlaubnis | 168 |
| 2. Gaststätten mit Spielhallencharakter | 170 |
| 3. Gaststätten und Spielhallen als getrennte Betriebe | 171 |
| 4. Sperrzeiten | 172 |
| 5. Sonstige Anforderungen | 176 |
| VI. Abgabenrecht | |
| 1. Vergnügungssteuer | 179 |

|  | Rz. |  | Rz. |
|---|---|---|---|
| 2. Umsatzsteuer | 188 | 4. Rechtsprechung des EuGH und die Folgewirkungen | 202 |
| **VII. Glücksspielrecht** | 191 | 5. Weitere Entwicklung | 216 |
| 1. Glücksspielbegriff | 192 | | |
| 2. Gesetzgebungskompetenzen | 195 | **VIII. Prozessuales** | 220 |
| 3. Glücksspielstaatsvertrag | 198 | | |

**Literatur:**

*Bahr*, Glücks- und Gewinnspielrecht, 2007; *Brandenburg/Brunner*, Die Steuerung von Spielhallenansiedlungen, BauR 2010, 1851–1859; *Dederer*, Konsistente Glücksspielregulierung, EuZW 2010, 771–774; *Diegmann/Hoffmann/Ohlmann*, Praxishandbuch für das gesamte Spielrecht, 2008; *Dietlein/Hecker/Ruttig*, Glücksspielrecht, 2008; *Dohm*, Aktuelle Fragen des Glücksspielrechts, ZfWG 2010, 98–105 und 394–400; *Dickersbach*, Sperrzeit für Spielhallen und Öffnungszeiten für Spielbanken, GewArch 2006, 138–140; *Diesbach/Ahlhaus*, Verfassungs- und europarechtliche Vorgaben für die Neuordnung des Glücksspielrechts, ZUM 2011, 129–134; *Dietlein*, Die Gesetzgebungszuständigkeit der Länder für das Spielhallenwesen, ZfWG 2008, 12–19 und 77–83; *Dürr*, Änderungsbedarf der Spielverordnung, GewArch 2011, 99–105 und 142–151; *Ennuschat*, Aktuelle Probleme des Rechts der Glücksspiele, 2008; *Ennuschat*, Europäischer Gerichtshof kippt Glücksspielmonopol! Oder doch nicht?, GewArch 2010, 425–427; *Ennuschat/Klestil*, Der Glücksspielstaatsvertrag auf dem Prüfstand der Rechtsprechung, ZfWG 2010, 153–158; *Ennuschat/Brugger*, Gesetzgebungskompetenzen im Spielhallenrecht nach der Föderalismusreform, ZfWG 2006, 292–293; *Fremuth*, Anmerkung zur EuGH-Entscheidung vom 8.9.2010, NVwZ 2010, 1417–1419; *Friauf*, Kommentar zur Gewerbeordnung, Loseblattsammlung; *Glöckner/Towfigh*, Emanuel: Geschicktes Glücksspiel, JZ 2010, 1027–1035; *Grube*, Bemessungsgrundlage bei Umsätzen von Spielautomaten, jurisPR-SteuerR 36/2010; *Guckelberger*, Die verschiedenen, insbesondere baurechtlichen Instrumente zur Steuerung des Spielhallenangebots, GewArch 2011, 177–181; *Hahn*, Rechtsprechungsübersicht, Gesetzgebungsübersicht, Literaturübersicht, Neuregelungen zum gewerblichen Spielrecht, GewArch 2007, 89–97; *Hecker*, Der Glücksspielstaatsvertrag: Erfolgsmodell oder Auslaufmodell?, ZfWG 2010, 167–174; *Hilf/Ploeckl/Gindler*, Untersagung von Internetglücksspiel nach dem GlüStV, ZfWG 2010, 1–8; *Hüsken*, Die verwaltungsrechtliche Zulässigkeit von Gewinnspielen im Internet, GewArch 2010, 336–343; *Kaldewei*, Der Konzentrationsprozess des Spielhallenmarktes, BauR 2009, 1227–1233; *Keber*, Die Internet-Verbote des Glücksspielstaatsvertrages und das unionsrechtliche Kohärenzgebot, ZfWG 2011, 83–90; *Klöck/Klein*, Die Glücksspiel-Entscheidungen des EuGH und die Auswirkungen auf den Glücksspielstaatsvertrag, NVwZ 2011, 22–25; *Kraus*, Baurechtliche Steuerungsmöglichkeiten bei der Ansiedlung von Spielhallen, KommunalPraxis BY 2010, 376–380; *Krause*, Wie muss der deutsche Glücksspielstaatsvertrag reformiert werden, um den europarechtlichen Vorgaben zu genügen?, GewArch 2010, 428–432; *Krewer/Wagner*, Staatliches und gewerbliches Glücksspiel nach den Entscheidungen des EuGH vom September 2010, ZfWG 2011, 90–96; *Kuplich*, Die Vergnügungssteuer und Spielgeräte mit Gewinnmöglichkeiten, KommJur 2011, 85–92; *Landmann/Rohmer*, Kommentar zur Gewerbeordnung, Loseblattsammlung; *Lieber*, Genehmigung und planungsrechtliche Steuerung von Spielhallen, VBlBW 2011, 6–16; *Liesching*, Internetcafes als Spielhallen nach Gewerbe- und Jugendschutzrecht, NVwZ 2005, 898–900; *Liese*, Folgen der jüngsten Sportwettenjudikatur des EuGH für das deutsche gewerbliche Spielrecht, GewArch 2011, 199–202; *Mahne/Jouran*, Die erlaubte Werbung für Glücksspiele nach dem Glücksspielstaatsvertrag, NVwZ 2009, 1190–1196; *Nolte*, Stückzahlmaßstab bei der Spielautomatensteuer, jurisPR-BVerwG 19/2005 Anm 3; *Pagenkopf*, Glücksspielrechtliche Variationen, NVwZ 2011, 513–522; *Reeckmann*, Gewerbliches Automatenspiel am Scheideweg, ZfWG 2010, 229–235; *Schneider*, Das Recht der „Spielhallen" nach der Föderalismusreform, GewArch 2009, 265–275 und 343–350; *Schröer*, Mögliche Maßnahmen zur rechtlichen Begrenzung von Spielhallen, NZBau 2010, 743–745; *Streinz/Kruis*, Unionsrechtliche Vorgaben und mitgliedstaatliche Gestaltungsspielräume im Bereich des Glücksspielrechts, NJW 2010, 3745–3750; *Stüer*, Der Spielhallen-Boom: Planerische Steuerung von Vergnügungsstätten, ZfWG 2010, 386–394; *Tettinger/Wank/Ennuschat*, Gewerbeordnung, 8. Aufl. 2011; *Wiedmann*, Die Genehmigung von Spielhallen aus gewerberechtlicher Sicht, KommunalPraxis BY 2011, 2–8; *Wolff*, Die kommunale Spielgerätesteuer und ihr Bemessungsmaßstab, NVwZ 2005, 1241–1246.

## I. Einleitung

1 Beim „Spielhallenrecht" handelt es sich nicht um ein neu konzipiertes Rechtsgebiet, sondern um eine **Querschnittsmaterie** mit Berührungspunkten vor allem zum Bau- und Gewerberecht. Mit der **Föderalismusreform** hat das Spielhallenrecht ausdrücklich Erwähnung im Grundgesetz gefunden, da das Recht der Spielhallen nunmehr nach Art. 74 Abs. 1 Nr. 11 GG von der konkurrierenden Gesetzgebungszuständigkeit des Bundes für das Recht der Wirtschaft ausgenommen ist und damit das Spielhallenrecht in die alleinige Zuständigkeit der Länder fällt.

2 Das klassische Glücksspielrecht (d.h. Lotterien, Wetten und Spiele in Spielbanken) bildet zwar eine vom Spielhallenrecht getrennte Materie. Durch die Rechtsprechung des EuGH[1] und der nationalen Gerichte[2] bestehen aber inzwischen Abhängigkeiten. Insbesondere hält der EuGH **staatliche Monopole im Bereich der Lotterien und Sportwetten** u.a. nur dann für europarechtskonform, wenn in anderen Bereichen mit Suchtpotenzial gleichzeitig eine restriktive Politik verfolgt wird. Nicht zuletzt daraus resultieren Bestrebungen der Länder, die Zulässigkeit von Spielhallen und Geldautomatenspielen drastisch einzuschränken. Es kommt hinzu, dass in den vergangenen Jahren vor allem die Zahl der Spielhallen drastisch gestiegen ist, was zu einer **Renaissance der Spielhallenproblematik** geführt hat. Im Jahre 2009 ist mit Geldspielautomaten mit Gewinnmöglichkeit ein Umsatz von ca. 8,35 Mrd. Euro gemacht worden. Der Gesamtumsatz des Glücksspielsektors lag 2009 bei knapp 24 Mrd. Euro[3]. Nach Angaben der Forschungsstelle Glücksspielrecht der Universität Hohenheim ist sogar von jährlichen Umsätzen in Höhe von 30 Mrd. Euro auszugehen. Die Zahl der Geldspielgeräte in Spielhallen ist zwischen 2006 und 2010 um 47,52 % auf 124 487 gestiegen[4].

3 Mit der Spielhallenproblematik kann der Anwalt in mehreren Konstellationen konfrontiert werden; sei es, dass er den **Betreiber** einer schon bestehenden oder noch zu errichtenden Spielhalle, einen vermeintlich oder tatsächlich spielhallengeschädigten **Nachbarn** oder eine **Verwaltung**, die die ungeliebten Spielhallen zu reglementieren versucht, berät und vertritt.

4 Die Darstellung orientiert sich an der in der täglichen Praxis wohl häufigsten Konstellation, in der ein zukünftiger Spielhallenbetreiber um anwaltliche Hilfe nachsucht. Als Sachverhalt, der einen zwanglosen Gang durch das juristische „Spielhallenlabyrinth" ermöglicht, sei folgender Fall vorangestellt:

**Beispiel:**

Der Mandant betreibt im Innenstadtbereich eine Gaststätte. Zur Umsatzsteigerung möchte er einen Teil seiner Gaststätte in eine Spielhalle umgestalten, in dem er mehrere Geldspielgeräte aufstellen und außerdem ein sog. Zentro-Roulettspiel veranstalten will. Er möchte insbesondere darüber informiert werden, ob bzw. welche behördlichen Genehmigungen und Erlaubnisse für sein Vorhaben erforderlich sind, und ob er diese erhalten wird. Er erkundigt sich außerdem vorsorglich, welche Möglichkeiten die Stadt hat, um sein Vorhaben zu verhindern.

---

1 EuGH v. 8.9.2010 – Rs C-316/07 bis C-360/07, C 409/07 und C-410/07 sowie C-46/08, NVwZ 2010, 1409.
2 BVerwG v. 24.10.2010 – 8 C 13.09 bis 15/09, NVwZ 2011, 96.
3 Eine Zusammenstellung der wichtigsten Daten findet sich u.a. auf den Internetpräsenzen der Deutschen Hauptstelle für Suchtgefahren e.V. (www.dhs.de/datenfakten/gluecksspiel.html) sowie des Arbeitskreises gegen Spielsucht e.V. (www.ak-spielsucht.de/zahlen.html).
4 Die Untersuchung des Arbeitskreises Spielsucht basiert auf den Daten aus 1 557 Kommunen mit mehr als 10 000 Einwohnern.

## II. Normative Grundlagen und Verwaltungsvorschriften

Entsprechend der Typisierung des Spielhallenrechts als einer Querschnittsmaterie kommen insbesondere folgende **Gesetze nebst Verordnungen** zur Anwendung:
- BauGB, BauNVO, BauO
- GastG, GastVO, GaststättenBauVO, GastVwV[1]
- AO und KAG
- Glücksspielstaatsvertrag (GlüStV),[2]
- die Spielhallengesetze der Länder,[3]
- die GewO und untergesetzliche Regelungen.

Spezielle Vorschriften auf der Grundlage der GewO[4] sind:
- Verordnung über Spielgeräte und andere Spiele mit Gewinnmöglichkeit (Spielverordnung – SpielV)[5]
- Verordnung über das Verfahren bei der Erteilung von Unbedenklichkeitsbescheinigungen für die Veranstaltung anderer Spiele i.S.d. § 33d Abs. 1 der Gewerbeordnungen (UnbBeschErtV)
- Verwaltungsvorschrift zum Vollzug der SpielV – SpielVwV (Mustererlass des Bund-Länder-Ausschusses „Gewerberecht")[6].

## III. Baurecht

### 1. Erfordernis einer Baugenehmigung

Dass es beim Neubau einer Spielhalle einer Baugenehmigung bedarf, liegt auf der Hand. Die Notwendigkeit einer Baugenehmigung wird bei Nutzungsänderungen hingegen oft übersehen.

#### a) Neuerrichtung

Soll eine Spielhalle in einem neu zu errichtenden Gebäude betrieben werden, ist eine **Baugenehmigung** erforderlich. Die Baugenehmigung schließt die **Nutzungsgenehmigung** als Spielhalle ein, ohne dass dadurch die gewerberechtlichen Erlaubnisse und Genehmigungen ersetzt werden.

---

1 Seit der Föderalismusreform haben die Bundesländer die ausschließliche Gesetzgebungskompetenz für das Gaststättenrecht (Art. 74 Abs. 1 Nr. 11 GG). Das geltende Gaststättengesetz des Bundes behält seine Gültigkeit nur noch, soweit die Länder nicht eigene Gaststättengesetze erlassen haben.
2 Ein neuer GlüStV, der den aktuellen noch bis Ende 2011 geltenden Vertrag ablösen wird, ist derzeit in der Diskussion (vgl. Rz. 216 ff.).
3 Erste Spielhallengesetze auf der Grundlage des Art. 74 Abs. 1 Nr. 11 GG haben Bremen und Berlin beschlossen. In Hessen hat das Kabinett den Entwurf eines Spielhallengesetzes beschlossen (vgl. Rz. 99 f.).
4 Die Regelungen in und auf der Grundlage der GewO haben trotz der Länderkompetenz für das Spielhallenrecht nach wie vor Bedeutung. Zum einen ist nicht abschließend geklärt, welche Zuständigkeiten das Recht der Spielhallen umfasst (vgl. Rz. 197). Zum anderen gelten die gewerberechtlichen Vorschriften, solange die Länder von ihrer Zuständigkeit keinen Gebrauch gemacht haben.
5 Siehe dazu die Gesetzesmaterialien, BR-Drs. 655/05.
6 Die SpielVwV findet sich z.B. auf der Internetpräsenz des Bundesverbandes Automatenunternehmer (www.baberlin.de).

**b) Nutzungsänderung**

9 Im Falle der Nutzungsänderung eines bestehenden Gebäudes ist die Frage des Genehmigungserfordernisses im Einzelfall differenzierter zu beurteilen, doch ist in der Regel eine Baugenehmigung erforderlich.

10 Eine (genehmigungspflichtige) Nutzungsänderung liegt vor, wenn für die neue Nutzung **andere bzw. weitergehende öffentlich-rechtliche Vorschriften** maßgeblich sind oder maßgeblich sein können. In bauplanungsrechtlicher Hinsicht ist dies der Fall, wenn sich die neue Nutzung von der bisherigen unter Berücksichtigung einer gewissen Variationsbreite unterscheidet, und zugleich bodenrechtliche Belange, wie sie sich insbesondere aus § 1 Abs. 6 BauGB ergeben, betroffen sind.[1] Eine Nutzungsänderung ist auch dann anzunehmen, wenn alte und neue Nutzung zwar nach den gleichen Vorschriften zu beurteilen sind, aber die neue Nutzung nach diesen Vorschriften anders zu beurteilen ist als die frühere. In diesem Fall liegt eine genehmigungspflichtige Funktionsänderung vor[2].

11 Als Nutzungsänderungen werden demnach die Veränderung einer Gaststätte in einen Spielsalon,[3] die Umwandlung eines Ladengeschäftes in eine Spielhalle,[4] die Umwandlung eines Kinos in eine Spielhalle[5] sowie die Aufstellung von zusätzlichen Spielgeräten in einem Snooker-/Billardsalon[6] oder von zwei Wettterminals in einer Spielhalle[7] beurteilt. Umgekehrt ist die Umnutzung einer Spielhalle in eine kerngebietstypische Nachtbar baugenehmigungspflichtig[8].

12 Praktische Bedeutung hat die Frage, ob eine baurechtlich relevante Nutzungsänderung vorliegt oder nicht, auch im Falle einer **Veränderungssperre**. Da eine Veränderungssperre Nutzungsänderungen erfasst (§§ 14 Abs. 1 Nr. 1, 29 Abs. 1 BauGB), kommt es darauf an, ob die geplante Nutzung als Spielhalle als andere oder als Fortführung einer bisher ausgeübten Nutzung zu qualifizieren ist[9].

13 Keine Besonderheiten gelten schließlich bei den nicht seltenen Nutzungsänderungen in Bahnhöfen. Es handelt sich dabei nicht um eisenbahnbetriebsbezogene Maßnahmen i.S.d. Art. 18 AEG. Sie sind daher nicht planfeststellungspflichtig, sondern bedürfen einer Baugenehmigung[10].

**2. Das Verhältnis von Baugenehmigung und gewerberechtlichen Genehmigungen**

14 Nach „altem Recht" bildete die Baugenehmigung den Schlusspunkt des behördlichen Zulassungsverfahrens und konnte erst erteilt werden, wenn alle anderen für das jeweilige Vorhaben erforderlichen Genehmigungen, Zulassungen etc. vorlagen. Nachdem die meisten Länder der MBO gefolgt sind, hat sich die Schlusspunkttheorie erledigt, weil der **Prüfungsumfang** nicht mehr die Übereinstimmung des Vor-

---

1 BVerwG v. 18.5.1990 – 4 C 49.89, NVwZ 1991, 264; v. 18.11.2010 – 4 C 10/09, BauR 2011, 623.
2 BVerwG v. 9.9.2002 – 4 B 52.02, BauR 2003, 1021; *Löhr*, in: *Battis/Krautzberger/Löhr*, BauGB, 11. Aufl. 2009, § 29 Rz. 20.
3 VG München v. 8.2.2011 – M 1 K 10.5426.
4 VG Neustadt v. 12.8.2010 – 4 K 272/10. NW, ZfWG 2010, 438.
5 BVerwG v. 1.3.1989 – 4 B 24.89, NVwZ 1989, 666.
6 BVerwG v. 19.12.1994 – 4 B 260.94, Buchholz 406.11 § 29 BauGB Nr 54.
7 OVG Schleswig v. 18.1.2011 – 1 MB 29/10.
8 OVG Greifswald v. 14.7.2000 – 3 M 49/00, NordÖR 2000, 416.
9 BVerwG v. 1.3.1989 – 4 B 24.89, NVwZ 1989, 666.
10 VG Augsburg v. 28.10.2009 – Au 4 K 08.1163; VGH München v. 11.3.2009 – 15 BV 08.1306, NVwZ-RR 2009, 671.

habens mit allen öffentlich-rechtlichen Vorschriften, sondern nur noch mit dem Bauplanungsrecht und dem Bauordnungsrecht umfasst[1].

Etwas anderes gilt nur dann, wenn die Baugenehmigung eine Entscheidung nach anderen öffentlich-rechtlichen Vorschriften ersetzt bzw. eine solche Entscheidung wegen des Baugenehmigungsverfahrens entfällt. Für die bei Spielhallen relevanten gewerbe- und gaststättenrechtlichen Genehmigungen sowie die eventuell nach den neuen Spielhallengesetzen der Länder eingeführten zusätzlichen Genehmigungen trifft dies nicht zu. Wenn also andere öffentlich-rechtliche Vorschriften und damit auch die gewerberechtlichen/gaststättenrechtlichen Regelungen nicht mehr von der Baugenehmigungsbehörde geprüft werden, kann sie die Erteilung der Baugenehmigung nicht davon abhängig machen, dass diese Genehmigungen vorliegen. Damit wird das **Baugenehmigungsverfahren verkürzt und vereinfacht**. Zugleich ist damit für den Antragsteller ein **höheres Risiko** verbunden, weil es möglich ist, dass ihm zwar die Baugenehmigung erteilt wird, während andere, für sein Vorhaben erforderliche Genehmigungen versagt werden[2]. Steht von vornherein fest, dass ein baurechtlich zulässiges Vorhaben aus anderen Gründen nicht verwirklicht werden kann, weil z.B. ein notwendiger Antrag auf Erteilung einer sanierungsrechtlichen Genehmigung keine Aussicht auf Erfolg hätte, kann das Sachbescheidungsinteresse für die Baugenehmigung entfallen[3].

15

Es sind im Übrigen landesrechtliche Besonderheiten zu beachten[4]. In Berlin schließen nach § 61 Abs. 1 Nr. 3 BauOBln Gestattungsverfahren die Baugenehmigung ein, wenn es sich u.a. um Anlagen handelt, die nach Gewerberecht einer Genehmigung oder Erlaubnis bedürfen. Folglich bedarf es keines gesonderten Baugenehmigungsverfahrens, sondern nur eines Gestattungsverfahrens nach § 33i GewO[5].

16

Soweit in verschiedenen Genehmigungsverfahren deckungsgleiche Gesichtspunkte geprüft werden (z.B. Belästigungen gem. § 15 BauNVO und § 4 Abs. 1 Nr. 3 GastG), wurde der Baugenehmigung eine „**partielle Konzentrationswirkung**" zugebilligt, woran sich durch den eingeschränkten Prüfungsumfang nichts geändert hat. So steht mit einer bestandskräftigen Baugenehmigung für eine Gaststätte nicht nur die Vereinbarkeit mit § 15 BauNVO fest. Die Gaststättenerlaubnis[6] darf deshalb gem. § 4 Abs. 1 Nr. 3 GastG nur bei besonders atypischen Belästigungen versagt werden[7]. Soweit es also um Rechtsfragen geht, die in die originäre Zuständigkeit der Baugenehmigungsbehörde fallen, entfaltet die Baugenehmigung regelmäßig Bindungswirkung für das gewerberechtliche Genehmigungsverfahren[8]. Umgekehrt ist die Baugenehmigungsbehörde bei der baurechtlichen Beurteilung weder an die Gaststättenerlaubnis noch an die Spielhallenerlaubnis gebunden[9].

17

---

1 In diesem Rahmen kann nicht im Detail auf unterschiedliche Ausgestaltungen in den Landesbauordnungen und die Unterschiede der einzelnen Genehmigungsarten bzw. -verfahren eingegangen werden; vgl. dazu *Jäde*, ZfBR 2003, 221 und *Jäde*, NVwZ 2003, 668.
2 BGH v. 10.2.2011 – VII ZR 8/10, NJW 2011, 1442 (allgemein zur Haftung des Architekten bei Aufhebung einer zunächst erteilten Baugenehmigung aufgrund eines Nachbarwiderspruchs).
3 VG Würzburg v. 20.9.2001 – W 5 K 00.1416.
4 Z.B. in Brandenburg und NW, vgl. zum brandenburgischen „Sonderweg" *Ortloff*, NVwZ 2003, 1218.
5 VG Berlin v. 21.7.2010 – 19 K 251.09, LKV 2010, 569.
6 Soweit eine solche nach den landesrechtlichen Vorschriften noch erforderlich ist.
7 BVerwG v. 4.10.1988 – 1 C 72.86, NVwZ 1989, 258.
8 BVerwG v. 5.2.1996 – 1 B 18.96, GewArch 1996, 240.
9 OVG Bautzen v. 29.11.1993 – 1 S 175/93, LKV 1994, 336.

## 3. Grundsätze der bauplanungsrechtlichen Zulässigkeit von Spielhallen

18  Für die bauplanungsrechtliche Beurteilung kommt es zunächst darauf an, ob der Spielhallenstandort im Geltungsbereich eines **Bebauungsplans** oder im **nicht beplanten Innenbereich** liegt. Im ersten Fall ist entscheidend, welcher Baugebietstyp der BauNVO festgesetzt ist und ob in diesem Gebiet Spielhallen erlaubt sind. Die gleiche Prüfung ist vorzunehmen, wenn sich die Beurteilung nach § 34 Abs. 2 BauGB richtet, weil die maßgebliche Umgebungsbebauung einem Baugebietstyp der BauNVO entspricht. Ist hingegen der Zulässigkeitsprüfung § 34 Abs. 1 BauGB zugrunde zu legen, weil die vorhandene Bebauung keinem der Baugebiete der BauNVO zugeordnet werden kann, kommt es darauf an, ob sich eine Spielhalle in die Umgebungsbebauung einfügt.

19  Besteht ein Bebauungsplan, kann es erheblich sein, welche Fassung der BauNVO zur Anwendung kommt. Maßgeblich ist die **BauNVO**, die **im Zeitpunkt des Inkrafttretens des Bebauungsplans** galt. Soweit der Bebauungsplan auf Vorschriften der BauNVO Bezug nimmt, handelt es sich um eine statische Verweisung[1]. Stammt der Bebauungsplan aus dem Zeitraum nach 1990, kommt die heute noch maßgebliche BauNVO 1990 zur Anwendung. Die abweichende Sonderregelung für Vergnügungsstätten in § 25c Abs. 3 BauNVO 1990 gilt nicht mehr (vgl. Rz. 71 f.).

20  Die BauNVO 1990 hat für die planungsrechtliche Zulässigkeit von Spielhallen zumindest teilweise Klarheit gebracht. Die Zulässigkeit von Vergnügungsstätten und damit auch von Spielhallen ist durch die Novelle ausdrücklich abschließend geregelt worden. Die früher mögliche und übliche Interpretation, Spielhallen könnten auch als „sonstige Gewerbebetriebe" zulässig sein,[2] ist nicht mehr haltbar, so dass Spielhallen in den Baugebieten, für die die BauNVO Vergnügungsstätten nicht ausdrücklich erwähnt, unzulässig sind[3].

21  Daraus ergibt sich folgende Übersicht:

| Gebietstyp | zulässig/unzulässig |
|---|---|
| MK (Kerngebiet) | allgemein zulässig |
| MI (Mischgebiet) | allgemein zulässig, soweit das (Teil)gebiet überwiegend gewerblich geprägt ist, und die Spielhalle nicht kerngebietstypisch ist<br>ausnahmsweise zulässig, soweit das (Teil)gebiet durch die Wohnnutzung geprägt ist, und die Spielhalle nicht kerngebietstypisch ist |
| WB (besonderes Wohngebiet) | ausnahmsweise zulässig, soweit die Spielhalle nicht kerngebietstypisch ist |
| MD (Dorfgebiet) | ausnahmsweise zulässig, soweit die Spielhalle nicht kerngebietstypisch ist |
| GE (Gewerbegebiet) | ausnahmsweise zulässig (auch kerngebietstypische Spielhallen) |
| WS (Kleinsiedlungsgebiet) | unzulässig |
| WR (reines Wohngebiet) | unzulässig |
| WA (allgemeines Wohngebiet) | unzulässig |
| GI (Industriegebiet) | unzulässig |

---

1 VGH Mannheim v. 11.2.1993 – 5 S 2471/92, NVwZ-RR 1994, 74; OVG Münster v. 25.2.2003 – 7 B 2374/02, NVwZ-RR 2003, 818.
2 BVerwG v. 25.11.1983 – 4 C 64.79, NJW 1984, 1572; VGH Mannheim v. 27.6.1989 – 8 S 477/89, NVwZ 1990, 86.
3 BVerwG v. 9.10.1990 – 4 B 120/90, NVwZ 1991, 266.

### a) Merkmale einer kerngebietstypischen Spielhalle

Für den Anwalt stellt sich bei der Ansiedlung einer Spielhalle im MI-, WB- und MD- 22
Gebiet die Frage, wann eine Spielhalle (nicht) kerngebietstypisch ist. Nach der umfangreichen Rechtsprechung sind solche Spielhallen kerngebietstypisch, deren Einzugsbereich sich nicht auf die nähere Umgebung beschränkt, und die dementsprechend **für ein größeres und allgemeines Publikum erreichbar** sein sollen. Indizien dafür sind die Anzahl der aufgestellten Spielgeräte sowie die Größe der Nutzfläche. Je größer die Nutzfläche einer Spielhalle und die Zahl der aufgestellten Geräte sind, um so eher handelt es sich um eine kerngebietstypische Vergnügungsstätte[1]. Von Bedeutung können auch die Verbindung einer Spielhalle mit einer Gaststätte und die dadurch bewirkte größere Attraktivität der Spielhalle sein[2].

Einen ungefähren Anhaltspunkt für den Praktiker liefern nach wie vor die Leitsätze 23
des OVG Lüneburg:
- Spielhallen mit einer Nutzfläche bis etwa 100 qm können im Mischgebiet zulässig sein.
- Die nach der SpielV größtmöglichen Spielhallen mit zehn Geräten auf 150 qm Nutzfläche gehören typischerweise in Kerngebiete[3].

Der Schwellenwert von etwa **100 qm Nutzfläche**, von dem auch das BVerwG aus- 24
geht[4], stellt allerdings keine starre Grenze dar, sondern darf nur als **Anhaltswert** verstanden werden. Maßgeblich ist die auf der Einschätzung der tatsächlichen örtlichen Situation beruhende Beurteilung. So wird es bei einem hohen Anteil der Wohnbevölkerung in der näheren Umgebung nicht ausgeschlossen, dass Spielhallen mit 106 qm bzw. sogar mit 150 qm nicht als kerngebietstypisch anzusehen sind[5]. Hingegen ist bei der Lage einer Spielhalle an einer Durchgangsstraße keine Abweichung von der 100 qm-Grenze nach oben angezeigt[6].

Für die Bemessung der Nutzfläche ist § 3 Abs. 2 Satz 3 SpielV zu Grunde zu legen, 25
so dass Nebenräume außer Ansatz bleiben[7].

**Weitere Beispiele aus der Rechtsprechung:**
- Nicht kerngebietstypisch ist eine Spielhalle mit einer Nutzfläche von 54 qm und Spielmöglichkeiten für zwölf Personen sowie einer Bar für maximal 20 Besucher. Auch der übergemeindliche Einzugsbereich bzw. Kundenstamm sind für sich allein aber noch nicht ausreichend, um eine zentrale, kerngebietstypische Einrichtung anzunehmen; hinzukommen muss stets eine gewisse Größe[8].
- Nicht kerngebietstypisch und im Mischgebiet zulässig ist eine Spielhalle mit einer Nutzfläche von 65 qm[9].
- Eine Spielhalle mit einer Nutzfläche von 108,67 qm ist eine kerngebietstypische Vergnügungsstätte, die in einem faktischen Mischgebiet unzulässig ist[10].

---

1 Überblick bei *Fickert/Fieseler*, BauNVO, 11. Aufl. 2008, § 4a Rz. 23.4; *Ferner/Kröninger/Aschke*, BauGB mit BauNVO, § 4a BauNVO, 2. Aufl. 2008, Rz. 18 ff.
2 BVerwG v. 29.10.1992 – 4 B 103.92, NVwZ-RR 1993, 287.
3 OVG Lüneburg v. 11.9.1987 – 6 A 139/86, NVwZ 1988, 1141; VGH Mannheim v. 20.8.1991 – 5 S 2881/90, NVwZ-RR 1992, 465.
4 BVerwG v. 20.8.1992 – 4 C 57.89, NVwZ-RR 1993, 66.
5 VGH Mannheim v. 12.9.2002 – 8 S 1571/02, GewArch 2003, 214; VG Berlin v. 7.6.2004 – 13 A 51.00.
6 VG Gelsenkirchen v. 9.7.2008 – 10 K 2870/07.
7 VGH München v. 11.2.2009 – 2 ZB 08.3309.
8 BVerwG v. 21.2.1986 – 4 C 31.83, NVwZ 1986, 643.
9 OVG Münster v. 24.6.1987 – 11 A 1389/85, NVwZ 1987, 1093.
10 OVG Bautzen v. 9.4.2002 – 1 B 701/01, GewArch 2003, 213; ebenso VG Gera v. 6.6.2002 – 4 K 20/01 GE für eine Spielhalle mit 105 qm.

– Kerngebietstypisch ist eine Spielhalle mit einer Nutzfläche von 191 qm und 45 Spielgeräten[1].

26 Auch wenn die 100 qm-Grenze (anders als die 800 qm-Grenze für die Annahme eines großflächigen Einzelhandelsmarktes) nicht starr ist, empfiehlt es sich, beim Bauantrag auf „Nummer sicher" zu gehen und die für die Berechnung relevante Nutzfläche mit weniger als 100 qm anzusetzen. Bei einer größeren Fläche ist dringend angeraten, **hilfsweise** eine Genehmigung für eine Spielhalle unter Berücksichtigung der 100 qm-Schwelle zu beantragen. Nimmt man eine entsprechende Ergänzung oder Änderung erst im gerichtlichen Verfahren vor, handelt es sich regelmäßig um eine Klageänderung, die – wenn die Gegenseite nicht zustimmt – als nicht sachdienlich angesehen wird[2].

27 Besonderheiten gelten dann, wenn sich **in einem Gebäude mehrere Spielhallen** oder neben einer Spielhalle weitere Einrichtungen wie z.B. ein Billiardcafé befinden, die zu einer kerngebietstypischen Attraktivität der geplanten Vergnügungsstätte führen. Bei der Neugenehmigung einer Spielhalle im Erdgeschoss mit knapp 100 qm Nutzfläche und einem bereits bestehenden Billiardcafé im Untergeschoss mit ca. 180 qm Fläche ist eine kerngebietstypische Spielhalle bejaht worden, weil neben dem engen räumlichen Zusammenhang beide Einrichtungen über einen gemeinsamen Eingang sowie einheitlich genutzte Toilettenanlagen verfügten. Anders als in der Spielhalle, wo im Hinblick auf die Aufstellung möglichst vieler Geldspielautomaten kein Alkoholausschank erfolgen sollte, konnten im Billiardcafé alkoholische Getränke gekauft werden, was nach Auffassung des Gerichts zu einem ständigen Wechsel zwischen Billardcafé und Vergnügungsstätte führen würde, so dass aufgrund der räumlichen und funktionalen Gegebenheiten eine Einheit bestehen würde[3]. Umgekehrt sind zwei selbstständige Spielhallen bauplanungsrechtlich nicht schon deshalb als Einheit anzusehen, weil sie sich auf demselben Grundstück befinden[4].

28 Generell führen **gemeinsam genutzte Einrichtungen** wie z.B. Toiletten dazu, dass mehrere räumlich horizontal oder vertikal benachbarte Spielhallen baurechtlich einen Gesamtkomplex bilden[5]. Diese Betrachtungsweise entspricht dem im Gewerberecht entwickelten Ansatz, dass benachbarte Spielhallen dann als selbständig anzusehen sind, wenn die Betriebsfähigkeit keiner Vergnügungsstätte durch die Schließung der anderen beeinträchtigt wird[6].

29 Aktuell ist der Schwellenwert von 100 qm Nutzfläche durch den VGH Mannheim in Zweifel gezogen worden[7]. Da das Vorhaben des Klägers im konkreten Fall gegen § 15 BauNVO verstoßen hat, hat sich der VGH aber nicht endgültig festlegen müssen. Abgelehnt hat der VGH eine Korrektur des Schwellenwertes nach unten. Stattdessen hebt der VGH Mannheim darauf ab, dass durch das Verbot der Fun Games eine erhebliche **Veränderung der Spielhallen-Struktur** eingetreten ist, die sich auch auf deren baurechtlich relevantes Störpotential auswirkt. Insbesondere habe sich durch den Wegfall der Fun Games die Zahl der Besucher pro Spielhalle im Regelfall reduziert, so dass auch die Störungen der Wohnnutzung in der Umgebung dieser

---

1 VGH Kassel v. 19.9.1986 – 4 UE 2666/84, BauR 1987, 178.
2 Anders, d.h. für die Sachdienlichkeit einer Klageänderung und eher untypisch „klägerfreundlich" VGH München v. 17.12.1992 – 1 B 90.2100.
3 VG Augsburg v. 16.7.2008 – AU 4 K 07.808.
4 BVerwG v. 20.8.1992 – 4 B 57.89, Buchholz 11 Art 14 GG Nr 253; vgl. *Stühler*, BauR 2011, 54.
5 VG Berlin v. 7.6.2004 – 13 A 51.00.
6 BVerwG v. 9.10.1984 – 1 C 21.83, NVwZ 1985, 269.
7 VGH Mannheim v. 22.2.2011 – 3 S 445/09, VBlBW 2011, 235.

Spielhalle abgenommen hätten. Es liege daher nahe, für die Abgrenzung einer kerngebietstypischen zu einer mischgebietsverträglichen Spielhalle auf die Anzahl der in dem Vorhaben geplanten Besucherplätze abzustellen, und zwar unabhängig von den Regelungen der SpielV und unabhängig davon, ob es sich um Besucherplätze an Geldspielautomaten, an sonstigen Spielgeräten, an Bistrotischen oder an der Theke handelt. In dem konkreten Fall waren für die geplante Spielhalle neben acht Geldspielgeräten ein weiteres Unterhaltungsgerät und ein Billardtisch vorgesehen. Bei voller „Belegung" sei daher von elf Gästen und neun Plätzen an Bistrotischen und der Theke auszugehen. Bei 20 Besucherplätzen könne davon ausgegangen werden, dass keine städtebaulich bedenkliche Unruhe in ein Mischgebiet getragen würde[1]. Der allein relevante An-, Abfahrts- und Parksuchverkehr dürfte aufgrund seines relativ geringen Umfangs noch nicht zu gebietsunverträglichen Lärmimmissionen führen.

### b) Spielhallen in Wohngebieten

Soll die Spielhalle nicht im Kerngebiet bzw. in einem durch überwiegend gewerbliche Nutzung geprägten Mischgebiet errichtet werden, ist das Vorhaben regelmäßig bauplanungsrechtlich unzulässig. Dies gilt sowohl für eine nicht kerngebietstypische und erst recht für eine kerngebietstypische Spielhalle[2]. In **Wohngebieten** kommt eine Genehmigung daher nur als **Befreiung** gem. §§ 4a, 5, 6, 8 BauNVO i.V.m. § 31 Abs. 2 BauGB in Betracht. Eine **Ausnahme** nach § 31 Abs. 1 BauGB ist in Wohngebieten nur in den – in der Praxis aber selten anzutreffenden Fällen – denkbar, wenn ein Bebauungsplan ein besonderes Wohngebiet festsetzt (§ 4a Abs. 3 Nr. 2 BauNVO) oder der Bebauungsplan eine entsprechende Ausnahmeregelung beinhaltet. Ausnahme und Befreiung liegen im **Ermessen der Verwaltung**, die eine Genehmigung nur aus städtebaulichen Gesichtspunkten ablehnen kann[3]. Daher kommt es in einem Baugebiet, in dem sich auch eine Wohnbebauung befindet, darauf an, dass das geplante Vorhaben mit der Wohnbebauung vereinbar ist. Außerdem darf die Genehmigungsbehörde bei ihrer Ermessensentscheidung berücksichtigen, ob es weitere Spielhallen im Plangebiet gibt, ob mit der Zulassung zusätzlicher Spielhallen ein städtebaulich unerwünschter Trading-down-Effekt verbunden ist und ob die Stellplatzpflicht ohne Ablösung erfüllt werden kann[4]. Schließlich gesteht die Rechtsprechung der Gemeinde, die bei jeder Befreiung das Einvernehmen erteilen muss (§§ 36 Abs. 1 Satz 1, 31 Abs. 2 BauGB), einen Gestaltungsspielraum zu, innerhalb dessen sie ihre Zustimmung zu dem Vorhaben abhängig machen darf von den bauplanungsrechtlich relevanten Gesichtspunkten, die die für Erteilung der Befreiung zuständige Bauaufsichtsbehörde bei der Ermessensausübung berücksichtigen könnte[5].

In der Praxis kommt nur eine Befreiung nach **§ 31 Abs. 2 Nr. 2 BauGB** in Betracht. Dies setzt voraus, dass die Grundzüge der Planung nicht berührt werden und die Abweichung städtebaulich vertretbar ist. Weiter muss die Abweichung unter Würdigung nachbarlicher Interessen mit den öffentlichen Belangen vereinbar sein. Auch wenn der Gesetzgeber mit der BauROG-Novelle 1998 das Tatbestandsmerkmal des „Einzelfalls" mit der Absicht gestrichen hat, dass die nach der bisherigen Rechtsprechung[6] erforderliche **atypische Situation** nicht mehr vorliegen muss, darf die Befreiung nach der Rechtsprechung des BVerwG nach wie vor nicht als Vehikel

---

1 Nach *Stüer*, ZfWG 2010, 387, 388 sind erst mehr als 40 Besucherplätze ein Merkmal für eine kerngebietstypische Spielhalle.
2 VG Ansbach v. 21.3.2011 – AN 3 K 10.02536.
3 *Fickert/Fieseler*, BauNVO, Vorbem. §§ 2–9, 12–14, Rz. 6.6.
4 VGH Kassel v. 19.6.2008 – 3 A 825/08. Z, BauR 2009, 616.
5 VGH München v. 30.3.2009 – 1 B 05616, BauR 2009, 1414.
6 BVerwG v. 18.5.1990 – 4 C 49.89, NVwZ 1991, 264.

dafür herhalten, die von der Gemeinde getroffene planerische Regelung beiseite zu schieben. Insbesondere darf eine Befreiung zumindest für die wesentlichen Festsetzungen eines Bebauungsplans nicht aus Gründen erteilt werden, die sich in einer Vielzahl gleichgelagerter Fälle oder gar für alle von einer bestimmten Festsetzung betroffenen Grundstücke anführen ließen[1].

32  Ob die **Grundzüge der Planung** berührt werden, hängt von der jeweiligen Planungssituation ab. Maßgeblich ist die den Festsetzungen des Bebauungsplans zugrunde liegende und sich daraus ergebende planerische Konzeption. Regelmäßig scheiden Abweichungen aus, die den Gebietscharakter nach der Art oder dem Maß der baulichen Nutzung betreffen[2]. Die Rechtsprechung ist in diesem Punkt eher restriktiv, weil durch eine großzügige Befreiungspraxis die Zuständigkeit der Gemeinde für eine eventuelle Änderung des Bebauungsplans und das in den §§ 3 und 4 BauGB bestimmte Verfahren unter Beteiligung der Bürger und der Träger öffentlicher Belange umgangen würden[3].

33  Kann man diese Voraussetzung für die Erteilung einer Befreiung bejahen, ist die **städtebauliche Vertretbarkeit** als zweite Voraussetzung in der Regel weniger problematisch. Hier verwendet die Rechtsprechung die Faustformel, dass alles städtebaulich vertretbar ist, was auch das Ergebnis einer gem. § 1 BauGB zulässigen Planung sein kann[4].

34  In diesem Zusammenhang ist für die anwaltliche Praxis wichtig, dass nicht das planungsrechtlich irrelevante „soziale Unwerturteil" über Spielhallen für die Entscheidung der Verwaltung oder des Verwaltungsgerichts bestimmend sein darf, so dass die Diskussion auf die allein städtebaulichen Gesichtspunkte zurückgeführt werden muss[5]. Dass bisweilen auch Gerichte nicht davor gefeit sind, der nicht gewünschten Spielhalle den Garaus zu machen, zeigt das folgende Zitat: „Es kommt hinzu, dass die Schaufensterscheibe des vermeintlichen Stehausschanks in spielhallentypischer Weise vollständig „verklebt" ist. Die Beschriftung „Late-Night Cafe" sowie das Foto dreier Damen und zweier Herren zeigt nicht ein Gepräge, wie dies für einen Stehausschank typisch ist. Diese fünf Personen kehren ihre Gesichter nicht einander, sondern wenden diese in einem kasinoähnlichen Interieur einem dritten Gegenstand (Spiel?!) zu. Es ist typischerweise nicht das Bestreben von Stehausschänken mit dem oben beschriebenen „harmlosen", d.h. namentlich alkoholfreien Angebot, sondern von Spielhallen, die Identität der Kunden verheimlichen zu helfen."[6] Auch die Feststellungen des LG München in einem WEG-Verfahren, wonach der Betrieb einer Spielhalle jedenfalls an „sensiblen Standorten" (wie einem allgemeinen Wohngebiet mit Schule, Kindergarten, Kirche und Geschäften im näheren Umfeld) mit hoher Wahrscheinlichkeit zu einer intensiveren Kriminalitätsbelastung führt, erscheint zumindest fragwürdig[7].

35  Unabhängig davon ist die Durchsetzung einer Befreiung in einem Wohngebiet z.B. aufgrund der regelmäßig sehr langen Öffnungszeiten,[8] dem Besucherverkehr und damit verbundenen Verkehrslärm gerade in den ansonsten ruhigen Abend- und

---

1  BVerwG v. 5.3.1999 – 4 B 5.99, NVwZ 1999, 1110.
2  *Söfker*, in: Ernst/Zinkahn/Bielenberg/Krautzberger, BauGB, 100. Aufl. 2011, § 31 Rz. 35 f.
3  VG Ansbach v. 2.2.2011 – AN 9 K 10.01786.
4  VGH Mannheim v. 2.11.2006 – 8 S 361/06, BauR 2007, 1546.
5  OVG Lüneburg v. 28.6.1985 – 6 A 8/84, UPR 1986, 226.
6  OVG Lüneburg v. 30.3.2010 – 1 ME 54/10, NVwZ-RR 2010, 634.
7  LG München v. 4.4.2011 – 1 S 16861/09.
8  OVG Bremen v. 31.8.1987 – 1 B 66/87, BRS 47 Nr 206. Danach kann eine Beschränkung der Öffnungszeiten auf die allgemeinen Ladenöffnungszeiten zur Genehmigungsfähigkeit einer Spielhalle im MI-Gebiet führen.

Nachstunden bzw. an Wochenenden und Feiertagen problematisch. In diesem Zusammenhang kann es von Bedeutung sein, ob die Spielhalle die Einzige in einem größeren Einzugsbereich oder sogar im gesamten Stadtgebiet ist, weil dann ein besonders starker Besucherverkehr erwartet wird[1]. Im Einzelfall kann die optische Auffälligkeit einer Spielhalle durch ihre Werbung und ihre zentrale Lage in einem Wohngebiet maßgeblich sein[2]. Schließlich ist für relevant erachtet worden, ob die Spielhalle mehr auf ein sportliches Publikum ausgerichtet ist (Billardspiele und Automatenspiele im Gegensatz zu Glücks- oder Geldspielautomaten), da bei einem dominierenden Angebot von Geldspielautomaten insgesamt mit einem Publikum mit häufig störenden Verhaltensweisen zu rechnen sei[3]. Auch insoweit muss der für einen Spielhallenbetreiber tätige Anwalt darauf achten, dass nicht Vorurteile und Halbwahrheiten die Entscheidung der Behörde oder des Gerichts beeinflussen.

Anders kann der Störgrad einer Spielhalle beurteilt werden, wenn der **Spielbetrieb** einer **Schank- und Speisewirtschaft angeschlossen** ist und der Spielbetrieb nur von untergeordneter Bedeutung ist[4]. In der Rechtsprechung wird ferner darauf abgestellt, dass z.B. von Diskotheken mehr Störungen der Nachbarschaft ausgehen können als von Spielhallen, insbesondere, wenn es sich um Spielkasinos – also Spielhallen gehobenen Niveaus – handelt[5]. Es wird schließlich hervorgehoben, dass sich bei Spielhallen das Besucheraufkommen über den gesamten Tag verteilt, so dass Spitzenzeiten wie bei Diskotheken mit lärmintensiven An- und Abfahrverkehr nicht vorkommen. Spielhallenbesucher sind häufig Einzelpersonen, die sich regelmäßig nicht lärmend vor der Spielhalle aufhalten, zumal sich das Spielhallenpublikum keineswegs vorwiegend oder ausschließlich aus jugendlichen Besuchern zusammensetzt[6]. 36

Muss eine Genehmigung auf dem gerichtlichen Weg gegen den Widerstand der Standortgemeinde und der Genehmigungsbehörde geltend gemacht werden, muss frühzeitig mit dem Mandanten abgeklärt werden, ob sich ein solches Verfahren bei geringen **Erfolgsaussichten** und **langer Verfahrensdauer** lohnt und es sinnvoll ist, an einem solchen „schwierigen" Standort festzuhalten. Mandanten neigen häufig dazu, die Erfolgsaussichten an den Argumenten des ablehnenden Bescheids oder des Widerspruchsbescheids zu beurteilen. Sie übersehen dabei, dass das Gericht nicht die Richtigkeit der Ablehnungsgründe prüft, sondern der Klage nur stattgibt, wenn die gesetzlichen Voraussetzungen des jeweiligen Genehmigungstatbestandes vorliegen. Streitet man sich über die Erteilung einer Ausnahme oder einer Befreiung muss einkalkuliert werden, dass eine unzureichende Ermessensausübung im Gerichtsverfahren nachgebessert werden kann und ein Gerichtsverfahren in der Regel im günstigsten Fall mit einem **Bescheidungsurteil** endet, und Gemeinde bzw. Genehmigungsbehörde spätestens im zweiten Anlauf wissen, wie die Ablehnung „richtig" begründet werden muss. 37

Geht ein Nachbar gegen eine Genehmigung für eine Spielhalle vor, kommt zum einen die Berufung auf unmittelbare Beeinträchtigungen in Betracht, was vor allem 38

---

1 VGH Kassel v. 19.9.1986 – 4 UE 2666/84, BauR 1987, 178.
2 VG Ansbach v. 21.3.2011 – AN 3 K 10.02536.
3 OVG Münster v. 24.6.1987 – 11 A 1389/85, NVwZ 1987, 1093; BVerwG v. 21.2.1986 – 4 C 31.83, NVwZ 1986, 643.
4 OVG Lüneburg v. 5.7.1984 – 1 A 125/83, BRS 42, Nr 42.
5 VGH Mannheim v. 27.6.1989 – 8 S 477/89, NVwZ 1990, 86; OVG Lüneburg v. 28.6.1985 – 6 A 8/84, UPR 1986, 226.
6 Allgemein zur baurechtlichen Zulässigkeit und Steuerung Lieber, VBlBW 2011, 6; Brandenburg/Brunner, BauR 2010, 1851; Stüer, ZfWG 2010, 386; vgl. zu Spielhallen in Wohngebieten weiterhin OVG Hamburg v. 27.2.1989 – Bf II 35/88, BauR 1989, 707; OVG Lüneburg v. 28.6.1985 – 6 A 8/84, UPR 1986, 226.

Lärmimmissionen durch Kunden der Spielhalle und den Kfz-Verkehr betrifft[1]. Daneben haben auch Festsetzungen zur Art der baulichen Nutzung in Bebauungsplänen nachbarschützende Wirkung. Derselbe Nachbarschutz besteht im unbeplanten Innenbereich, wenn die Eigenart der näheren Umgebung einem der Baugebiete der Baunutzungsverordnung entspricht[2]. Der Nachbar hat dabei auf die Bewahrung der Gebietsart einen Schutzanspruch (**Gebietserhaltungsanspruch**). Dieser Abwehranspruch des Nachbarn wird grds. bereits durch die Zulassung eines mit der Gebietsart unvereinbaren Vorhabens ausgelöst – auch wenn das baugebietswidrige Vorhaben im jeweiligen Einzelfall noch nicht zu einer tatsächlich spürbaren und nachweisbaren Beeinträchtigung des Nachbarn führt. – weil hierdurch das nachbarliche Austauschverhältnis gestört und eine Verfremdung des Gebietes eingeleitet wird[3].

### c) Spielhallen im MI-Gebiet

39 In Mischgebieten sind Vergnügungsstätten und damit auch Spielhallen allgemein zulässig, sofern sie **nicht kerngebietstypisch** sind und der Standort sich in dem Teil des Mischgebiets befindet, der **überwiegend durch gewerbliche Nutzungen geprägt** ist. In den übrigen, also von der Wohnnutzung geprägten Teilen von Mischgebieten sind nicht kerngebietstypische Vergnügungsstätten ausnahmsweise zulässig.

40 Durch die gewerbliche Nutzung ist ein Mischgebiet dann geprägt, wenn die in dem betroffenen Gebietsteil vorhandene gewerbliche Nutzung gegenüber den dort befindlichen andersartigen Nutzungen – in erster Linie Wohnnutzungen – in einer Weise auffällig ist, dass sich dieser Gebietsteil in seiner Gesamtheit als zum größten Teil gewerblich genutzt darstellt. Wie bei der Bestimmung des Begriffs der näheren Umgebung in § 34 Abs. 1 Satz 1 BauGB reicht der maßgebliche Bereich so weit, wie sich die zur Genehmigung gestellte Vergnügungsstätte auswirken kann und wie die Umgebung ihrerseits den Charakter des Baugrundstücks, auf dem die Vergnügungsstätte betrieben werden soll, prägt oder doch beeinflusst[4]. Im Einzelfall kann sich der gewerbliche geprägte Gebietsteil auf das Grundstück beschränken, auf dem das Vorhaben realisiert werden soll, sofern dieses Grundstück z.B. aufgrund seiner Größe prägend ist[5]. Welche Nutzung überwiegt, und deshalb eine nicht kerngebietstypische Spielhalle allgemein oder nur ausnahmsweise zulässig ist, kann nicht schematisch nach rein mathematischen Kriterien, sondern nur durch eine Gesamtbetrachtung aller gebietsprägenden Faktoren ermittelt werden[6]. Ergibt eine „saldierende Gesamtbewertung", dass das betreffende Gebiet durch eine überwiegende gewerbliche Nutzung geprägt wird, ist eine kleinere, nicht kerngebietstypische Spielhalle zulässig[7].

---

1 VG Gelsenkirchen v. 7.6.2010 – 6 K 3008/08.
2 BVerwG v. 16.9.1993 – 4 C 28.91, NJW 1994, 1546.
3 BVerwG v. 9.10.1991 – 4 B 137.91, Buchholz 406.19 Nachbarschutz Nr. 104; VG München v. 22.3.2010 – M 8 K 09.1542 und v. 27.10.2008 – M 8 K 08.369 zur Klagebefugnis eines WEG-Sondereigentümers gegen die Nutzungsänderung eines Restaurants in ein Billard-Café (vgl. auch Rz. 49).
4 VG München v. 22.3.2010 – M 8 K 09.1542.
5 OVG Münster v. 16.6.1997 – 10 A 6264/96.
6 OVG Münster v. 21.6.1994 – 11 A 1113/91, BauR 1995, 367; OVG Lüneburg v. 11.6.1993 – 1 L 562/92, NVwZ-RR 1994, 486.
7 OVG Lüneburg v. 11.6.1993 – 1 L 562/92, NVwZ-RR 1994, 486; vgl. zu Spielhallen in MI-Gebieten noch OVG Münster v. 24.6.1987 – 11 A 1389/85, NVwZ 1987, 1093; OVG Lüneburg v. 11.9.1987 – 6 A 139/86, NVwZ 1988, 1141; VGH Mannheim v. 22.10.1986 – 8 S 2255/85, BRS 46, Nr 42.

Ansonsten spielen bei der Erteilung einer Ausnahme oder einer Befreiung ähnliche Gesichtspunkte wie in Wohngebieten eine Rolle (Öffnungszeiten „rund um die Uhr"; Zahl der Geldspielgeräte und damit die Attraktivität der Spielhalle; Umfang des Besucherverkehrs z.B. bei einer Lage an einer Durchgangsstraße; Auffälligkeit der Spielhalle durch Schaufenster; Trading-down-Effekt; Lage des Spielhallengrundstücks im Anschluss an ein Kern- oder Gewerbegebiet)[1]. 41

### d) Spielhallen im GE-Gebiet/GI-Gebiet

Nach der BauNVO 1990 können in einem GE-Gebiet Spielhallen **ausnahmsweise** angesiedelt werden, ohne dass eine Beschränkung auf kerngebietstypische Anlagen besteht (§ 8 Abs. 3 Nr. 3 BauNVO). Auch kerngebietstypische Spielhallen können daher in einem GE-Gebiet über eine Ausnahme zugelassen werden[2]. Aus städtebaulichen Gründen kann sich die Unzulässigkeit insbesondere kerngebietstypischer Spielhallen daraus ergeben, dass zentrale Dienstleistungsbetriebe der Unterhaltungsbranche, die sich an die Wohnbevölkerung eines größeren Einzugsbereichs wenden, konzentriert im Kerngebiet untergebracht werden sollen[3]. Diese Argumentation dürfte aber voraussetzen, dass die Spielhallen im Kerngebiet nicht durch Bebauungspläne eingeschränkt oder ausgeschlossen werden. In einem anderen Fall ist eine Spielhalle mit insgesamt 5 Einheiten und einer Gesamtfläche von knapp 650 qm in einem durch überregional tätige Gewerbebetriebe geprägten und an überregionale Verbindungsstraßen angeschlossenen Gewerbegebiet im Wegen einer Befreiung zugelassen worden, da dadurch die Grundzüge der Planung nicht berührt würden und ein **Trading-down-Effekt** bzw. ein **Umkippen des Gebietscharakters** in ein Vergnügungsviertel angesichts des Verhältnisses von Spielhallenfläche und Gesamtnutzfläche des Gewerbegebiets nicht zu erwarten sei[4]. Von einem Trading-down-Effekt wird gesprochen, wenn es auf Grund der Verdrängung des traditionellen Einzelhandels und eines Rückgangs der gewachsenen Angebots- und Nutzungsvielfalt durch Spielhallen zu einem Qualitätsverlust insbesondere von Einkaufsstraßen und -zonen kommt[5]. In einem GE-Gebiet ist dieser Effekt nur ausnahmsweise denkbar, wenn es sich z.B. um Gebiete mit Forschungseinrichtungen oder hochwertigen Gewerbebetrieben, etwa aus dem Bereich der Spitzentechnologie handelt[6]. Umgekehrt wurde entschieden, dass ein Spielstättencenter mit einer Gesamtspielfläche von ca. 517 qm aufgrund der beträchtlichen Ausstrahlungswirkung und der damit zu erwartenden hohen Frequentierung durch einen aus dem überregionalen Einzugsgebiet stammenden Kundenkreis einen Fremdkörper in dem Gewerbegebiet darstellt, der aufgrund seiner Dominanz die zukünftige Prägung des Gewerbegebiets bestimmen würde. Daher könne ein „Abkippen" des Gebiets im Sinne eines Trading-down-Effekts mit ernstzunehmender Wahrscheinlichkeit bewirkt werden[7]. 42

---

1 VG München v. 22.3.2010 – M 8 K 09.1542; VGH Mannheim v. 2.11.2006 – 8 S 1891/05, BauR 2007, 1373 und v. 22.2.2011 – 3 S 445/09, VBlBW 2011, 235.
2 VGH München v. 15.12.2010 – 2 B 09.2419.
3 VGH Mannheim v. 20.4.1988 – 3 S 716/88, BRS 48 Nr. 39; BVerwG v. 28.7.1988 – 4 B 119.88, NVwZ 1989, 50; zu Spielhallen in GE- und GI-Gebieten vgl. VGH Mannheim v. 27.6.1989 – 8 S 477/89, NVwZ 1990, 86.
4 VGH München v. 23.3.2011 – 2 B 11.59, KommunalPraxis BY 2011, 240; in diesem Fall lag dem Bebauungsplan noch die BauNVO 1968 zugrunde, die anders als die aktuelle BauNVO keine ausnahmsweise Zulässigkeit von Spielhallen in GE-Gebieten zulässt, weshalb hier nur eine Befreiung in Betracht kam.
5 Vgl. *Brandenburg/Brunner*, BauR 2011, 1851, 1857; *Kaldewei*, BauR 2009, 1227, 1228.
6 VGH München v. 15.12.2010 – 2 B 09.2419, KommunalPraxis BY 2011, 152 und v. 24.3.2011 – 2 B 11.59, KommunalPraxis BY 2011, 240.
7 VGH Mannheim v. 26.8.2009 – 3 S 1057/09, NVwZ-RR 2010, 45.

43 Diese Beispiele zeigen, dass es auf den Einzelfall und eine nicht einheitliche Beurteilung durch die Gerichte ankommt. Generell sind die Erfolgsaussichten, Spielhallen – auch größere kerngebietstypische – in GE-Gebieten durchzusetzen, deutlich höher als in Misch- oder gar in Wohngebieten.

44 Für GI-Gebiete kommt eine Genehmigung nur über eine Befreiung in Betracht, wobei die Voraussetzungen nach § 31 Abs. 2 BauGB im Regelfall nicht vorliegen dürften[1].

### e) Gebot der Rücksichtnahme

45 Im Einzelfall kann sich die fehlende Genehmigungsfähigkeit aus § 15 Abs. 1 BauNVO ergeben. Dabei können vor allem zwei Gesichtspunkte eine Rolle spielen[2].

46 Zum einen kann die Unzulässigkeit gem. § 15 Abs. 1 Satz 1 BauNVO darauf beruhen, dass die Spielhalle nach Anzahl, Lage, Umfang oder Zweckbestimmung der Eigenart des Baugebietes widerspricht. Konkret bedeutet dies, dass vor allem durch die **Häufung von Spielhallen** ein Baugebiet in ein Vergnügungsviertel umzukippen droht bzw. dadurch ein **Trading-down-Effekt**, d.h. ein Attraktivitätsverlust durch Niveauabsenkung einsetzt, was grds. für alle Baugebiet in Betracht kommen kann[3]. Insofern legt die Rechtsprechung einem allgemeinen städtebaulichen Erfahrungssatz zu Grunde, dass sich Vergnügungsstätten negativ auf ihre Umgebung auswirken können[4]. Im Einzelfall kann eine Spielhalle bereits dann unzulässig sein, wenn die Nutzung „Vergnügungsstätte" durch Anzahl und Umfang dieser Nutzungsart ein ihr – auch im Kerngebiet – qualitativ und quantitativ nicht zukommendes Gewicht erhält. Dies gilt z.B. für eine Spielhalle mit einer Nutzfläche von 790 qm im Kerngebiet einer mittelgroßen Kreisstadt[5]. Ferner dürfen die Spielhallen im Kerngebiet nicht zu einer völligen Verdrängung anderer Hauptnutzungsarten in diesem Gebiet führen[6]. Entscheidend sind die konkreten Umstände der städtebaulichen Konfliktlage, so dass allein die Zahl der Spielhallen keine abschließende Bewertung ermöglicht[7]. Dementsprechend liegt es auf der Hand, dass die Umwandlung einer Gaststätte in eine Spielhalle mit einer Nutzfläche von 100 qm bei vorhandenen Geschossflächen in einem Umfang von ca. 12 500 qm in einem Kerngebiet nicht zu einer Verdrängung anderer gewerblicher Nutzungen (Hotel- und Gaststättenbetriebe, Einzelhandel, Büro- und Praxisräume) führen kann[8]. Ein Kriterium für die Anwendung des § 15 Abs. 1 Satz 1 BauNVO kann die räumliche Nähe mehrerer Spielhallen in einem Gebiet darstellen, wenn durch die Massierung ein Spielhallenkomplex entsteht[9].

---

1 OVG Münster v. 27.4.2006 – 7 A 1620/05, GewArch 2006, 495 zur Unzulässigkeit einer Festhalle in einem GI-Gebiet und BVerwG v. 24.2.2000 – 4 C 23.98, NVwZ 2000, 1054 zur Unzulässigkeit von Diskotheken und kerngebietstypischen Vergnügungsstätten in GI-Gebieten.
2 VG Neustadt v. 12.8.2010 – 4 K 272/10. NW, ZfWG 2010, 438.
3 VGH München v. 4.7.2001 – 26 ZB 00.2242. Etwas anderes gilt im nicht beplanten Innenbereich gem. § 34 Abs. 1 BauGB, wenn sich das Vorhaben in die Umgebungsbebauung einfügt (vgl. Rz. 58).
4 BVerwG v. 4.9.2008 – 4 BN 9.08, BauR 2009, 76.
5 BVerwG v. 29.7.1991 – 4 B 40.91, NVwZ 1991, 1078.
6 OVG Münster v. 24.6.1987 – 11 A 1389/85, NVwZ 1987, 1093 (im konkreten Fall bei drei Spielhallen im Mischgebiet noch keine Prägung in Richtung auf ein Vergnügungsviertel); OVG Münster v. 18.2.1993 – 10 A 1590/88, GewArch 1995, 38.
7 BVerwG v. 4.9.2008 – 4 BN 9.08, BauR 2009, 76.
8 VG München v. 8.2.2011 – M 1 K 10.5426.
9 VG Augsburg v. 28.10.2009 – Au 4 K 08.1164.

Zum anderen kann sich die Unzulässigkeit aus § 15 Abs. 1 Satz 2 BauNVO wegen unzumutbarer **Störungen der benachbarten Wohnbebauung** ergeben, wobei es sich praktisch nur um Lärmbelästigungen durch an- und abfahrende Besucher oder durch Besucher, die sich vor der Spielhalle aufhalten, handeln kann. Dabei unterscheidet die Rechtsprechung teilweise zwischen Spielkasinos und Spielhallen, wobei die Spielkasinos vornehmlich von Personen mittleren Alters besucht würden, die sich gewöhnlich vom typischen Publikum einer Diskothek oder auch einer Spielhalle mit Spielautomaten unterscheiden würden. Bei Besuchern von Spielkasinos seien die Benutzung von Signal- und Mehrklanghupen, sowie sog. Kavalierstarts nicht üblich. Insofern kommt es also im Einzelfall vor allem darauf an, wie die Baubeschreibung aussieht und ob in der Vergnügungsstätte Geldspielautomaten aufgestellt werden sollen oder nur andere Spiele mit Gewinnmöglichkeit veranstaltet werden sollen[1]. 47

Wenn im Einzelfall Lärmbelästigungen der Nachbarn aufgrund der Lage der Eingänge oder von Stellplätzen denkbar sind, und sich die Nachbarn darauf berufen, empfiehlt sich die Vorlage eines **Lärmschutzgutachtens** auch dann, wenn es die Genehmigungsbehörde nicht verlangt. Ansonsten läuft der Betreiber Gefahr, dass ein Gericht der Klage eines Nachbarn und vor allem einem Eilantrag statt gibt, wenn und solange nicht objektiv erwiesen ist, dass von der geplanten Spielhalle bei bestimmungsgemäßer Nutzung keine Überschreitung der maßgeblichen Lärmgrenzwerte und damit keine für die Nachbarschaft unzumutbare Belästigung oder Störung i.S.d. § 15 Abs. 1 Satz 1 BauNVO zu erwarten sind. Das Argument des Betreibers, dass Spielhallenbesucher Einzelgänger seien, die sich nicht in Gruppen vor den Eingängen unterhalten würden, hat das Gericht in diesem Fall als spekulativ, wissenschaftlich nicht messbar und gerichtlich ebenso wenig verwertbar wie die Messungen, die der Kläger selbst mit einem von ihm beschafften Gerät durchgeführt hat, bewertet[2]. Hier ist es eine wichtige Aufgabe des Anwalts, rechtzeitig die möglichen Argumente der Nachbarn oder des Gerichts vorherzusehen und dem Mandanten zu raten, aussagekräftige Gutachten erstellen zu lassen. Insbesondere in Eilverfahren besteht ansonsten das Risiko, dass das Verwaltungsgericht im Rahmen der summarischen Prüfung von einer offenen Rechtslage ausgeht und bei der dann gebotenen Interessenabwägung zu Lasten der Spielhalle entscheidet, damit keine vollendeten Tatsachen geschaffen werden. 48

Ist für eine Spielhalle eine Genehmigung erteilt worden, die durch den Nachbarn angefochten wird, ist der **Gebietserhaltungsanspruch** aus der Sicht des Genehmigungsinhabers besonders „gefährlich", da jeder Eigentümer in dem Baugebiet diesen Anspruch durchsetzen kann, ohne dass es auf eine konkrete Betroffenheit ankommt[3]. Voraussetzung ist, dass die Spielhalle in einem durch Bebauungsplan festgesetzten Baugebiet oder in einem faktischen Baugebiet gem. § 34 Abs. 2 BauGB i.V.m. der jeweiligen Baugebietsregelung der BauNVO liegt, und ob sich die Grundstücke von Spielhalle und Nachbar im gleichen Baugebiet befinden. Ist dies der Fall und widerspricht die geplante Spielhalle der typischen Prägung des jeweiligen Gebiets gem. § 15 Abs. 1 Satz 1 BauNVO, hat der ebenfalls in dem Gebiet ansässige Nachbar einen Anspruch auf Aufrechterhaltung der Eigenart des Baugebiets, unabhängig davon, ob er durch die genehmigte Spielhalle konkret unzumutbar beeinträchtigt wird[4]. 49

---

1 Vgl. VGH Mannheim v. 27.6.1989 – 8 S 477/89, NVwZ 1990, 86.
2 VG Würzburg v. 13.11.2008 – W 5 K 08.927.
3 BVerwG v. 13.5.2002 – 4 B 86.01, NVwZ 2002, 1384.
4 VGH Mannheim v. 26.8.2009 – 3 S 1057/09, NVwZ-RR 2010, 45 (Unzulässigkeit eines Spielcenters mit vier Spielhallen in einem Gewerbegebiet).

### f) Besonderheiten bei Geltung der BauNVO 1977

50 Sofern die BauNVO 1977 Geltung hat, sind Spielhallen als Vergnügungsstätten in Kerngebieten (§ 7 Abs. 2 Nr. 2 BauNVO 1977) und ausnahmsweise in Besonderen Wohngebieten (§ 4a Abs. 3 Nr. 2 BauNVO 1977) zulässig.

51 Weiterhin fallen Vergnügungsstätten und damit Spielhallen bei Anwendbarkeit der BauNVO 1977 unter den Begriff der **"sonstigen Gewerbebetriebe"**[1]. Als sonstige Gewerbebetriebe sind Spielhallen z.B. in Mischgebieten zulässig, wenn es sich nicht um kerngebietstypische Vergnügungsstätten handelt und von ihnen keine wesentlichen Störungen für die Wohnruhe vor allem am Abend und in der Nacht ausgehen,[2] so dass auf die obigen Ausführungen verwiesen werden kann.

52 Die Kommunen können im Rahmen eines **Planänderungsverfahrens** die Anwendbarkeit der **aktuellen BauNVO** auf den Bebauungsplan beschließen[3]. Sie müssen weiter beachten, dass bei der Aufstellung eines neuen Bebauungsplans für ein Gebiet, für das bereits ein älterer Bebauungsplan besteht, dieser durch die Neuaufstellung nicht aufgehoben, sondern nur überlagert wird. Erweist sich der neue Bebauungsplan z.B. wegen eines Veröffentlichungsfehlers als unwirksam, gilt nach wie vor der alte Bebauungsplan. Will die Kommune dies von Anfang an vermeiden, muss sie bei der Neuaufstellung den alten Plan förmlich aufheben.

### 4. Bestandsschutz

53 Widerspricht die geplante Spielhalle den Festlegungen des Bebauungsplans, kann sich ihre Zulässigkeit ausnahmsweise unter dem Gesichtspunkt des (überwirkenden) Bestandsschutzes ergeben[4]. Ob diese Entscheidungen heute noch relevant sind, ist fraglich, nachdem das BVerwG entschieden hat, dass der eigentumsrechtliche Bestandsschutz auf die gesetzlich geregelten Fälle beschränkt ist[5].

54 Praxisrelevant kann die Frage nach der Wirksamkeit einer Baugenehmigung werden, wenn die **Nutzung längere Zeit nicht ausgeübt** wurde. Die in allen Bauordnungen anzutreffende Regelung, wonach die Baugenehmigung erlischt, wenn nicht innerhalb eines bestimmten Zeitraums mit der Ausführung des Vorhabens begonnen worden ist oder die Bauausführung längere Zeit unterbrochen worden ist, ist dafür weder direkt noch entsprechend anzuwenden. Maßgeblich ist die allgemeine Bestimmung des jeweiligen LVwVfG (in Hessen § 43 Abs. 2 HVwVfG), wonach ein Verwaltungsakt wirksam bleibt, solange und soweit er nicht zurückgenommen, widerrufen, anderweitig aufgehoben oder durch Zeitablauf oder auf andere Weise erledigt ist. Eine solche Erledigung kann nur dann gegeben sein, wenn die Beteiligten dem Verwaltungsakt übereinstimmend keinerlei tatsächliche oder rechtliche Bedeutung mehr beimessen oder der Begünstigte eindeutig und unmissverständlich

---

1 BVerwG v. 25.11.1983 – 4 C 64.79, NJW 1984, 1572.
2 BVerwG v. 25.11.1983 – 4 C 64.79, NJW 1984, 1572; OVG Münster v. 24.6.1987 – 11 A 1389/85, NVwZ 1987, 1093.
3 BVerwG v. 18.2.2004 – 4 BN 2.04.
4 OVG Hamburg v. 27.2.1989 – Bf II 35/88, BauR 1989, 707 für die Errichtung einer Spielhalle in einem allgemeinen Wohngebiet in einem Gebäude, in dem zunächst ein Kino und später eine Diskothek betrieben worden war; BVerwG v. 18.4.1996 – 4 C 17.94, NVwZ-RR 1997, 397 für die Umwandlung mehrerer Kleinstspielhallen in zwei größere Spielhallen bei Erweiterung der Nutzfläche um ca. 10 % und Beibehaltung der Zahl der Spielgeräte; v. 27.4.1993 – 1 C 9.92, NVwZ-RR 1993, 545 für Änderungen bei einem aus drei gewerberechtlich selbständigen Spielhallen bestehenden Komplex, der als eine betriebliche Einheit baurechtlich Bestandsschutz hat.
5 Vgl. BVerwG v. 12.3.1998 – 4 C 10.97, NVwZ 1998, 842 unter Aufgabe der bisherigen Rechtsprechung.

auf seine Rechte verzichtet hat, wobei dies nicht ausdrücklich erklärt werden muss. Die bloße Nichtweiterführung einer genehmigten Nutzung reicht allein nicht aus, um auf einen dauerhaften Verzichtswillen zu schließen. Anders kann dies nur dann liegen, wenn eine einmal genehmigte Nutzung auf Dauer aufgegeben oder durch eine funktional andere ersetzt wird[1].

Ebenfalls Ausfluss des Bestandsschutzes ist der Umstand, dass bei der Beurteilung nach § 34 Abs. 1 BauGB bereits eingestellte Nutzungen ihre städtebaulich prägende Wirkung solange behalten, wie nach der Verkehrsauffassung mit der Aufnahme einer gleichartigen Nutzung gerechnet werden kann[2]. Vom Bestandsschutz erfasst wird aber nur eine der früheren (genehmigten) Nutzung gleichartige Nutzung, also keine Nutzung, die außerhalb der Variationsbreite der bisherigen (genehmigten) Nutzungsart liegt. Dies bedeutet, dass sich der Antragsteller für eine neue Spielhalle nur auf eine früher vorhandene Spielhalle, nicht aber auf eine ehemalige Nutzung als Diskothek berufen kann[3]. 55

Kein Fall des Bestandsschutzes liegt vor, wenn eine Spielhalle langjährig ungenehmigt störungsfrei betrieben worden ist. Aus dem langjährigen Betreiben einer nicht genehmigten baurechtlichen Nutzung lässt sich weder unter dem Gesichtspunkt des Bestands- noch des Vertrauensschutzes ein Anspruch auf eine Baugenehmigung ableiten[4]. 56

### 5. Zulässigkeit von Spielhallen im nicht beplanten Innenbereich

Im nicht beplanten Innenbereich ist maßgeblich, ob die Eigenart der näheren Umgebung nach der vorhandenen Bebauung gem. § 34 Abs. 2 BauGB einem **Baugebiet der BauNVO** entspricht. Ist dies der Fall, und ist das Vorhaben nach der entsprechenden Vorschrift der BauNVO zulässig, ist das Merkmal des Einfügens hinsichtlich der Art der baulichen Nutzung nicht zu prüfen[5]. Handelt es sich also aufgrund der vorhandenen Bebauung um ein faktisches Gewerbe- oder Mischgebiet, ist die rechtliche Prüfung hinsichtlich der Zulässigkeit nach der Art der baulichen Nutzung nicht anders als in einem Gebiet mit einem Bebauungsplan. 57

Kann hingegen eine Gebietsfestlegung nach den Kategorien der BauNVO aufgrund der tatsächlichen Struktur des Baugebietes nicht vorgenommen werden, kommt es nach § 34 Abs. 1 BauGB darauf an, ob sich die Spielhalle in die nähere Umgebung **einfügt**. Dies ist regelmäßig dann der Fall, wenn bereits ähnliche Nutzungen vorhanden sind und die Umgebung (mit)prägen[6]. Darauf, ob die gegebene Situation verschlechtert, gestört, belastet oder in Bewegung gebracht wird, kommt es nur dann an, wenn das strittige Vorhaben den durch die Umgebung gesetzten Rahmen überschreitet. Insofern entspricht es der gesetzlichen Systematik, dass sich der Beurteilungsrahmen für künftige Vorhaben durch bauliche Veränderungen in der Umgebung verschieben kann. Daher spielt der Trading-down-Effekt auch erst dann eine Rolle, wenn es sich um ein rahmenüberschreitendes Vorhaben handelt, so dass § 15 BauNVO als Zulässigkeitsschranke bei Vorhaben, die sich in den Rahmen der vorhandenen Bebauung einfügen, nicht genehmigungsrelevant ist[7]. 58

---

1 VG Gießen v. 8.9.2009 – 1 L 1325/09. GI, NVwZ-RR 2010, 181.
2 BVerwG v. 19.9.1986 – 4 C 15.84, NVwZ 1987, 406; VG Aachen v. 5.12.2009 – 3 K 2318/08, BauR 2010, 660.
3 VG Augsburg v. 16.12.2004 – Au 8 K 04.172.
4 VGH München v. 13. 4.2000 – 2 ZB 00.722
5 BVerwG v. 25.11.1983 – 4 C 64.79, NJW 1984, 1572.
6 OVG Schleswig v. 24.11.1992 – 1 L 139/91, Gemeinde 1995, 216; allg. BVerwG v. 26.5.1978 – 4 C 9/77, NJW 1978, 2564 (Harmonieurteil).
7 VGH München v. 24.11.2010 – 9 B 10.363.

59 Sind weder Spielhallen noch sonstige Vergnügungsstätten vorhanden, kommt es darauf an, ob durch die geplante Spielhalle **bodenrechtlich relevante Spannungen** hervorgerufen werden können. Die Überschreitung des durch die Umgebungsbebauung vorgegebenen Rahmens führt allerdings meistens zur Unzulässigkeit des Vorhabens[1]. Insbesondere kann im Regelfall davon ausgegangen werden, dass mit der erstmaligen Zulassung einer Vergnügungsstätte die vorgegebene Situation negativ in Bewegung gebracht wird. Städtebauliche Spannungen entstehen bereits durch die negative Vorbildwirkung, weil nach der (erstmaligen) Zulassung einer Spielhalle die Genehmigung einer weiteren Vergnügungsstätte nicht mehr bzw. nur durch Überplanung verhindert werden kann. Dabei reicht es aus, wenn die Ansiedlung einer vergleichbaren Vergnügungsstätte in der näheren Umgebung möglich erscheint[2]. Diese theoretische Möglichkeit ist aber z.B. dann ausgeschlossen, wenn sich an den unbeplanten Innenbereich in der einen Richtung ein Bebauungsplangebiet anschließt und in der anderen Richtung eine mehrspurige Straße den Bebauungszusammenhang unterbricht.

### 6. Gestaltungsmöglichkeiten durch einen Bebauungsplan

60 Die Aufstellung eines Bebauungsplans bietet aus der Sicht der Gemeinde verschiedene Möglichkeiten, um **Spielhallen** gänzlich **auszuschließen** bzw. auf kleinere, d.h. nicht kerngebietstypische Spielhallen zu **beschränken**.

61 In dem Zeitraum zwischen Aufstellungsbeschluss und Rechtswirksamkeit eines Bebauungsplans geben die Instrumente der **Zurückstellung** und der **Veränderungssperre** die Möglichkeit, weitere Baugenehmigungen für Spielhallen nicht erteilen zu müssen. Es ist insbesondere möglich, einen Bau- bzw. einen Nutzungsänderungsantrag zum Anlass zu nehmen, einen Aufstellungsbeschluss zu fassen und auf dieser Grundlage den Antrag gem. § 15 BauGB zurückzustellen. Ein dagegen vom Antragsteller eingelegter Widerspruch hat aufschiebende Wirkung, so dass die Anordnung der sofortigen Vollziehung gem. § 80 Abs. 3 Satz 1 VwGO erforderlich ist[3]. Übersieht die Genehmigungsbehörde den Suspensiveffekt und bearbeitet den Bauantrag nicht, kann dies zu Amtshaftungsansprüchen führen, wenn sich im Nachhinein herausstellt, dass der Antrag genehmigungsfähig gewesen ist.

62 Wer gegen eine Zurückstellung oder eine Veränderungssperre vorgehen will, hat es in der Regel schwer. Für eine sicherungsfähige Planung i.S.d. § 14 Abs. 1 BauGB ist erforderlich (aber auch ausreichend), wenn die Planung einen Stand erreicht hat, der ein Mindestmaß dessen erkennen lässt, was Inhalt des zu erwartenden Bebauungsplans sein soll. In jedem Fall muss die Gemeinde für das betroffene Gebiet schon positive planerische Vorstellungen entwickelt haben. Eine reine Negativplanung, die sich darin erschöpft, einzelne Vorhaben auszuschließen, reicht nicht aus. Diesen Mindestanforderungen ist bereits genügt, wenn die Gemeinde im Zeitpunkt des Erlasses der Veränderungssperre bzw. der Zurückstellung des Baugesuchs einen bestimmten Baugebietstyp ins Auge gefasst hat. Im Übrigen muss sich wenigstens ansatzweise ersehen lassen, was Inhalt des zukünftigen Bebauungsplans sein soll und dass die beabsichtigte Planung überhaupt auf ein Ziel gerichtet ist, das im konkreten Fall mit den Mitteln der Bauleitplanung zulässigerweise erreicht werden kann. Ein detailliertes und abgewogenes Plankonzept ist nicht erforderlich, da der Sinn der Veränderungssperre es gerade ist, vorhandene planerische Ziele zu sichern und deren weitere Entwicklung zu ermöglichen[4].

---

1 BVerwG v. 15.12.1994 – 4 C 13.93, NVwZ 1995, 698.
2 VG Berlin v. 7.6.2004 – 13 A 51.00.
3 VG Gelsenkirchen v. 9.8.2004 – 10 L 1591/04.
4 VG Stuttgart v. 15.10.2009 – 6 K 2490/09, BauR 2010, 253–254.

### a) § 1 Abs. 4 BauNVO

Nach § 1 Abs. 4 BauNVO kann ein Baugebiet durch einen Bebauungsplan vertikal, d.h. in einzelne Teilbereiche untergliedert werden, in denen bestimmte Nutzungen, die in dem jeweiligen Baugebiet an sich zulässig wären, ausgeschlossen werden können. Diese Vorschrift erlaubt jedoch keinen generellen Ausschluss von Spielhallen aus einem gesamten Baugebiet, sondern nur eine **räumliche Verteilung**[1]. 63

### b) § 1 Abs. 6 BauNVO

Da Spielhallen in WB-, MD-, GE- und teilweise auch in MI-Gebieten nur ausnahmsweise zulässig sind, kommt ein **genereller Ausschluss** von ausnahmsweise zulässigen Spielhallen nach § 1 Abs. 6 BauNVO in Betracht. Dieser Ausschluss kann sich nur auf Vergnügungsstätten insgesamt und nicht isoliert auf Spielhallen beziehen[2]. 64

### c) § 1 Abs. 5 und 9 BauNVO

Ein aus der Sicht der Verwaltung effektives Mittel gegen die Ansiedlung von Spielhallen stellen § 1 Abs. 5 BauNVO und insbesondere § 1 Abs. 9 BauNVO dar. 65

Für § 1 Abs. 5 BauNVO ist entschieden, dass sich der Ausschluss nicht auf alle, in einer Nummer der Baugebietsvorschriften zusammengefassten Nutzungen erstrecken muss, so dass **der isolierte Ausschluss** von Vergnügungsstätten **möglich** ist (kein „Nummerndogma")[3]. 66

Ein noch weiter differenzierter **Ausschluss nur von Spielhallen** kann auf § 1 Abs. 9 BauNVO gestützt werden[4]. Der Grundsatz, dass die allgemeine Zweckbestimmung des Baugebiets gewahrt werden muss, bleibt auch bei einem Ausschluss von Spielhallen aus einem Kerngebiet gewahrt. Insbesondere wird dadurch der Gebietscharakter nicht in Frage gestellt, weil sich Kerngebiete in erster Linie durch Handelsbetriebe und zentrale Einrichtungen von Wirtschaft und Verwaltung, nicht aber durch Spielhallen auszeichnen[5]. Für die Rechtmäßigkeit eines solchen Ausschlusses ist weiterhin entscheidend, dass sich der Nutzungsausschluss auf städtebauliche Gründe wie die Verhinderung der Entstehung von Vergnügungsvierteln oder die Erhaltung der Attraktivität von Einkaufsbereichen in Innenstädten stützt und nicht lediglich das Ziel verfolgt, „die heile Welt" einer spielhallenfreien Gemeinde zu bewahren. Es dürfen mit den Instrumenten des Bauplanungsrechts nicht Zielsetzungen verfolgt werden, die Gegenstand des Gesetzes zum Schutz der Jugend in der Öffentlichkeit (JSchÖG) oder der GewO, nämlich der allgemeine Jugendschutz und die Bekämpfung der Spielleidenschaft, sind. Außerdem muss der Ausschluss mit Argumenten begründet werden, die auf die konkrete Plansituation abstellen[6]. Ein häufig angeführter Grund ist der Trading-Down-Effekt. Dieser zeichnet sich dadurch aus, dass durch Spielhallen die city-typischen Fachgeschäfte und sonstigen innerstädtischen Einrichtungen verdrängt werden[7]. Weiterhin kann bei Gewerbegebieten der Ausschluss von Spielhallen damit gerechtfertigt werden, im Plangebiet ausreichend Flächen für produzierende gewerbliche Unternehmen sicher zu stellen[8]. 67

---

1 *Fickert/Fieseler*, BauNVO, § 1 Rz. 83.
2 *Fickert/Fieseler*, BauNVO, § 1 Rz. 106.
3 BVerwG v. 25.2.1997 – 4 NB 30.96, NVwZ 1997, 896; *Söfker*, in: Ernst/Zinkahn/Bielenberg/Krautzberger, BauGB, § 1 BauNVO Rz. 65.
4 OVG Hamburg v. 12.12.2007 – 2 E 4/04.N, BRS 73 Nr 25.
5 OVG Bremen v. 1.12.1987 – 1 BA 38/87, BRS 47 Nr 49.
6 BVerwG v. 4.9.2008 – 4 BN 9.08, BauR 2009, 76.
7 BVerwG v. 15.12.1994 – 4 C 13.93, NVwZ 1995, 698.
8 VGH München v. 19.6.2006 – 26 ZB 04.524.

Wichtig ist, dass die Gemeinde den Ausschluss unter Zugrundelegung einer umfassenden Bestandsaufnahme der schon vorhandenen Spielhallen und der von ihnen verursachten Veränderungen sorgfältig begründet. Dazu gehört es auch, dass für die Differenzierung zwischen ausgeschlossenen und zugelassenen Nutzungsarten nachvollziehbare städtebauliche Gründe erkennbar sind[1]. Grundsätzlich geht die Rechtsprechung aber davon aus, dass es einer legitimen städtebaulichen Zielsetzung entspricht, wenn Spielhallen in einem Bebauungsplan mit der Begründung ausgeschlossen werden, sie seien geeignet, den bisherigen Charakter eines Stadtteilkerns mit seinem gehobenen und zentralen Versorgungsgebiet negativ zu beeinflussen[2]. Soweit in § 1 Abs. 9 BauNVO „besondere" städtebauliche Gründe vorausgesetzt werden, müssen sich diese nicht durch eine besondere Gewichtigkeit auszeichnen. Es müssen allerdings spezielle städtebauliche Gründe vorliegen, die die gegenüber der Regelung in § 1 Abs. 5 BauNVO noch feinere Ausdifferenzierung rechtfertigen[3].

68 Im Einzelnen wird auf folgende Entscheidungen verwiesen:
 – Ausschluss von Spielhallen im Kerngebiet[4]
 – Ausschluss von Spielhallen im Mischgebiet[5]
 – Ausschluss von Spielhallen im Gewerbegebiet[6].

69 In formeller Hinsicht ist u.a. zu prüfen, ob die textlichen Festsetzungen im Bebauungsplan ausreichend bestimmt sind. Dies ist z.B. beim Ausschluss von „Gewerbebetrieben des Spielhallensektors und artverwandten Vergnügungsstätten (z.B. Peep-Show)" nicht der Fall[7].

**d) Einfache Bebauungspläne**

70 Die Aufstellung eines Bebauungsplans zieht sich oft deshalb längere Zeit hin, weil es neben einem – in der Kommune möglicherweise im Wesentlichen unstreitigen Thema wie dem Ausschluss von Spielhallen – um vielfältige Problemlagen und Interessen geht. Damit trotz Einsatz der (zeitlich befristeten) Sicherungsinstrumentarien nicht vollendete Fakten geschaffen werden, besteht die Möglichkeit, einen einfachen Bebauungsplan gem. § 31 Abs. 3 BauGB aufzustellen. Mit einem solchen Bebauungsplan können – sofern die einschlägigen Voraussetzungen nach § 1 Abs. 9 BauNVO vorliegen – Spielhallen ausgeschlossen werden, ohne dass es außer der Festsetzung eines Baugebiets weiterer Festsetzungen bedarf[8].

**e) Ausschluss-Bebauungspläne gem. § 25c Abs. 3 Satz 2 BauNVO**

71 Eine zusätzliche Möglichkeit, die Ansiedlung von Spielhallen zu steuern, bot § 25c Abs. 3 BauNVO 1990. § 25c Abs. 3 Satz 1 BauNVO 1990 erklärte die BauNVO 1990 auch für Bebauungspläne anwendbar, die auf der Grundlage einer älteren Fassung der BauNVO erlassen worden waren. Nach § 25c Abs. 3 Satz 2 BauNVO 1990 war

---

1 VGH Mannheim v. 28.1.2005 – 8 S 2831/03; BVerwG v. 4.9.2008 – 4 BN 9.08, BauR 2009, 76.
2 BVerwG v. 5.1.1995 – 4 B 270.94.
3 OVG Münster v. 29.10.1997 – 11 A 2980/94, GewArch 1997, 385.
4 OVG Münster v. 2.3.2004 – 7 A 3622/03; VG Osnabrück v. 30.4.2004 – 2 A 2/03; OVG Münster v. 29.10.1997 – 11 A 2980/94, GewArch 1997, 385.
5 VGH Mannheim v. 2.11.2006 – 8 S 1891/05, BauR 2007, 1373.
6 VG Augsburg v. 9.4.2008 – Au 4 K 07.901; VGH München v. 4.7.2001 – 26 ZB 00.2242; VGH Mannheim v. 20.4.1988 – 3 S 716/88, BRS 48 Nr. 39.
7 OVG Münster v. 29.1.1997 – 11 A 2980/94, GewArch 1997, 385.
8 VGH Kassel v. 19.6.2008 – 3 A 825/08, BauR 2009, 616.

III. Baurecht

es den Gemeinden für den nicht beplanten Innenbereich möglich, sog. „Ausschluss-Bebauungspläne" zu beschließen, die Bestimmungen über die (Un)zulässigkeit von Vergnügungsstätten enthielten, ohne dabei ein Baugebiet festzusetzen.

Die Vorschrift in § 25c Abs. 3 Satz 2 BauNVO 1990 ist 1993 in das BauGB-MaßnG überführt, aber im Rahmen der BauGB-Novelle 1998 **nicht als Dauerrecht übernommen** worden. Grund für die Überführung in das BauGB-MaßnG war der Umstand, dass die Regelung in § 25c Abs. 3 BauNVO 1990 von der Ermächtigungsgrundlage für die BauNVO nicht gedeckt und daher nichtig war. Gleichwohl sind die auf die nichtige Vorschrift gestützten Bebauungspläne nicht zwangsläufig ebenfalls nichtig. Eine entsprechende Festsetzung nach § 25c Abs. 3 Satz 1 BauNVO 1990 kann dahin umgedeutet werden, dass ein Teil der allgemein zulässigen Nutzungen auf der Grundlage von § 1 Abs. 5 BauNVO ausgeschlossen werden soll[1].

72

**f) Öffentlichkeitsbeteiligung, Normenkontrollklage, Incidenterprüfung**

Spielt im Zusammenhang mit der bauplanungsrechtlichen Zulässigkeit von Spielhallen ein Bebauungsplan eine Rolle oder wird ein solcher aufgestellt, muss der Anwalt die **Öffentlichkeitsbeteiligung** sowie die **Fristen** für die Geltendmachung von möglichen formellen und materiellen Fehlern (§§ 214 f. BauGB) und die Einleitung von Normenkontrollverfahren (§ 47 Abs. 2 Satz 1 VwGO) im Auge haben. Außerdem müssen eventuelle Verstöße gegen kommunalrechtliche Vorschriften (z.B. die Beteiligung befangener Ratsmitglieder) innerhalb der nach Landesrecht maßgeblichen Fristen geltend gemacht werden. Häufig gilt eine Jahresfrist, die mit der Bekanntmachung der Bebauungsplansatzung beginnt.

73

Für die Öffentlichkeitsbeteiligung regelt § 3 Abs. 2 Satz 1 2. Halbs. BauGB, dass nicht oder nicht fristgerecht während der Auslegungsfrist abgegebene Stellungnahmen unberücksichtigt bleiben können, sofern die Gemeinde darauf in der Bekanntmachung für die öffentliche Auslegung hingewiesen hat. Ferner enthält § 47 Abs. 2a VwGO eine **Präklusionsvorschrift**, so dass ein Normenkontrollantrag unzulässig ist, wenn der Antragsteller nur Einwendungen geltend macht, die er im Rahmen der öffentlichen Auslegung (§ 3 Abs. 2 BauGB) oder im Rahmen der Beteiligung der betroffenen Öffentlichkeit (§ 13 Abs. 2 Nr. 2 BauGB und § 13a Abs. 2 Nr. 1 BauGB) nicht oder verspätet geltend gemacht hat, aber hätte geltend machen können, und wenn auf diese Rechtsfolge im Rahmen der Beteiligung hingewiesen worden ist. Die Präklusionswirkung erfasst auch solche Einwendungen, die sich der Gemeinde aufdrängen, ihr aus den Einwendungen anderer Bürger oder z.B. aus der vorgezogenen Bürgerbeteiligung bekannt waren. Allerdings verlangt § 47 Abs. 2a VwGO nur, dass überhaupt eine fristgerechte Stellungnahme abgegeben worden ist, so dass sich der Antragsteller im Normenkontrollverfahren auch auf neue Gesichtspunkte stützen kann, die nicht Gegenstand seiner Einwendung gewesen sind[2].

74

Man muss den Mandanten darauf hinweisen, dass er sich selber um die öffentliche Bekanntmachung der Auslegung oder auch des Satzungsbeschlusses kümmern muss, und die Gemeinden im Bauleitplanverfahren die betroffenen Eigentümer nicht direkt anschreiben und informieren müssen. Insbesondere für Grundstückseigentümer, die nicht in der Gemeinde wohnen, ist es angeraten, das jeweilige **Amtsblatt** zu abonnieren. Wer als **Mieter oder Pächter einer Spielhalle** betroffen ist, kann und muss sich ebenfalls im Rahmen der öffentlichen Auslegung betei-

75

---
1 BVerwG v. 14.12.1995 – 4 N 2.95, NVwZ-RR 1996, 429; OVG Hamburg v. 27.7.1998 – Bf II 33/93 N, ZfBR 1999, 174.
2 BVerwG v. 18.11.2010 – 4 CN 3.10, BauR 2011, 490.

ligen, da der Pächter als Inhaber eines eingerichteten und ausgeübten Gewerbebetriebs auch eine in der Abwägung zu berücksichtigende eigentumsrelevante Rechtsposition hat[1].

76 Für die Stellung eines **Normenkontrollantrags** gilt die Jahresfrist gem. § 47 Abs. 2 Satz 1 VwGO. Wichtig ist das Zusammenspiel mit §§ 214 f. BauGB. Danach müssen die Mängel eines Bebauungsplans, die nach § 214 BauGB überhaupt relevant sein können, innerhalb eines Jahres[2] seit Bekanntmachung der Satzung schriftlich gegenüber der Gemeinde unter Darlegung des die Verletzung begründenden Sachverhalts geltend gemacht worden sein. Es ist zwar grds. möglich, die Verletzung von Vorschriften im Sinne von § 215 Abs. 1 BauGB auch in einem an das Normenkontrollgericht gerichteten und von diesem an die Gemeinde weitergeleiteten Schriftsatz geltend zu machen. Um die Jahresfrist zu wahren, genügt es aber nicht, dass der Schriftsatz mit der Rüge innerhalb eines Jahres nach der Bekanntmachung des Bebauungsplans bei Gericht eingeht. Maßgebend ist der Zeitpunkt des Eingangs bei der Gemeinde[3].

77 Auch wenn kein Normenkontrollantrag erhoben wird, ist die Einhaltung der Jahresfrist gem. § 215 Abs. 1 BauGB wichtig, weil eine **Incidenter-Prüfung** nur dann und insoweit stattfindet, wie die Mängel rechtzeitig gegenüber der Gemeinde gerügt worden sind[4].

### 7. Erhaltungssatzungen gem. § 172 Abs. 1 BauGB, Sanierungssatzungen gem. § 142 Abs. 3 BauGB

78 Durch Satzungen gem. § 172 Abs. 1 Nr. 1 BauGB zur **Erhaltung der städtebaulichen Eigenart** eines Gebietes aufgrund seiner städtebaulichen Gestalt kann die Gemeinde neben der Baugenehmigung eine weitere „Genehmigungshürde" errichten und gleichzeitig spezifizieren, aus welchen der in § 172 Abs. 1 BauGB zugelassenen städtebaulichen Gründen die gemeindliche Genehmigung nach § 173 Abs. 1 BauGB versagt werden kann[5].

79 Ein weiteres Instrumentarium in förmlich festgelegten Sanierungsgebieten stellen **Sanierungssatzungen** gem. § 142 Abs. 3 BauGB dar. Dabei kann der Ausschluss von Spielhallen im Einzelfall z.B. in einem historischen Altstadtkern ein zulässiges Sanierungsziel darstellen[6].

80 In förmlich festgesetzten Sanierungsgebieten ersetzen die Sanierungssatzung bzw. die sanierungsrechtliche Genehmigung nach § 144 Abs. 1 BauGB die Veränderungssperre (vgl. § 14 Abs. 3 BauGB). Eine Sanierungssatzung bzw. die sich daraus ergebenden oder darauf fußenden Sanierungsziele sind jedoch nur zu berücksichtigen, wenn die Kommune das Sanierungsverfahren in ausreichender Weise weiter verfolgt und fördert, d.h. das Sanierungsziel eines Ausschlusses von Spielhallen durch einen Bebauungsplan umsetzt[7].

---

1 VGH Kassel v. 15.10.2004 – 3 N 127/03, RdL 2005, 91.
2 Die Frist ist durch die BauGB-Novelle 2007 auf ein Jahr verkürzt worden. Bei älteren Plänen sind die ursprünglich maßgeblichen Fristen bzw. die Übergangsbestimmungen zu beachten.
3 VGH Mannheim v. 15.7.2008 – 3 S 2772/06, NVwZ-RR 2009, 146; VGH München v. 30.1.2009 – 1 N 08.1119, BRS 74 Nr 39.
4 VG Minden v. 27.6.2003 – 1 K 1749/02.
5 Vgl. allg. BVerwG v. 3.7.1987 – 4 C 26.85, NVwZ 1988, 357.
6 VG Halle v. 27.6.2001 – 2 A 1920/98.
7 BVerwG v. 10.9.1990 – 4 B 126.90.

## 8. Bauordnungsrecht

Bauordnungsrechtliche Probleme mit erheblichen praktischen Folgen bei der Errichtung von Spielhallen können sich vor allem beim Nachweis der erforderlichen **Stellplätze** (vgl. § 51 BauO NRW, § 49 ThürBO) ergeben.

81

### a) Stellplatzpflicht bei wesentlichen bzw. sonstigen Änderungen

Die notwendigen Stellplätze müssen zum einen bei der Errichtung einer baulichen Anlage, zum anderen auch bei Nutzungsänderungen nachgewiesen oder abgelöst werden.

82

Bei **Nutzungsänderungen** ist das Landesrecht nicht einheitlich, wobei insbesondere NW eine Sonderstellung einnimmt. So regelt § 51 Abs. 2 BauO NRW, dass wesentliche Änderungen von baulichen Anlagen oder wesentliche Änderungen ihrer Benutzung der **Errichtung gleichstehen**. Folglich ist es bei einer Nutzungsänderung für die Anzahl der nachzuweisenden Stellplätze mitentscheidend, ob es sich um eine wesentliche oder eine sonstige (unwesentliche) Änderung handelt. Bei einer sonstigen Änderung wird ein ggf. bestehendes Stellplatzdefizit zugunsten des Betreibers fortgeschrieben. Umgekehrt wird bei wesentlichen Änderungen – wie bei der Neuerrichtung – die Stellplatzfrage für das Vorhaben neu aufgeworfen,[1] was sich aus folgendem Beispiel ergibt:

83

**Beispiel:**

In den Räumlichkeiten, in denen der Mandant eine Spielhalle betreiben möchte, befindet sich derzeit eine Gaststätte, für die aufgrund der fünfzehn Jahre alten Baugenehmigung fünf Stellplätze nachzuweisen sind. Bei Zugrundelegung der heutigen Stellplatzverordnung wären für die Gaststätte zehn und für die geplante Spielhalle zwölf Stellplätze nachzuweisen.

84

Handelt es sich um eine **sonstige Nutzungsänderung**, ist für die Erteilung der Baugenehmigung für die Spielhalle nur der Nachweis zwei weiterer Stellplätze erforderlich. Ist dagegen eine wesentliche Änderung gegeben, erfolgt eine komplette Neuberechnung, so dass insgesamt zwölf Stellplätze, also zusätzlich sieben, zu errichten oder ggf. abzulösen sind.

85

Zur Beurteilung der Frage, ob eine wesentliche oder eine sonstige Nutzungsänderung vorliegt, ist maßgeblich, ob der Umfang des durch die Änderung zu erwartenden Zu- und Abgangsverkehr einen erheblich größeren Stellplatzbedarf als die alte Nutzung auslöst[2]. Zu keinem wesentlich anderen Ergebnis kommt man, wenn man darauf abstellt, ob sich die neue Nutzung grundlegend von der bisherigen unterscheidet, was im Einzelfall unter Berücksichtigung der Verkehrsanschauung zu beurteilen ist[3]. Wesentliche Beurteilungskriterien sind die bauplaungsrechtliche Einordnung der beiden Vorhaben sowie die für das jeweilige Vorhaben maßgebliche Stellplatzberechnungsmethode. Dementsprechend ist z.B. die Nutzungsänderung einer Gaststätte in eine Spielhalle eine wesentliche Änderung der Benutzung der baulichen Anlage[4].

86

Darüber hinaus ist nicht nur die Änderung der Nutzungsart, sondern auch die relevante **Vergrößerung** einer bestehenden baulichen Anlage als wesentliche Änderung

87

---
1 OVG Münster v. 18.2.1993 – 10 A 1590/88, GewArch 1995, 38.
2 OVG Hamburg v. 29.2.1988 – Bf II 72/85, BRS 48 Nr 105. Nach der aktuellen HBauO kommt es bei jeder Form der Nutzungsänderung nur auf den zusätzlichen Bedarf an.
3 OVG Münster v. 1.9.1988 – 11 A 1158/87, NVwZ-RR 1989, 342.
4 OVG Münster v. 24.8.1989 – 7 A 2495/87, NVwZ 1990, 346.

zu verstehen[1]. Ein erhöhter Stellplatzbedarf ist ein gewichtiges Indiz für eine wesentliche Nutzungsänderung, aber keine notwendige Voraussetzung. Ein weiterer Anhaltspunkt sind bauliche Erweiterungsmaßnahmen, deren Fehlen aber ebenfalls nicht automatisch zur Annahme einer sonstigen Nutzungsänderung führt.

88 Anders stellt sich die Rechtslage in Thüringen und in den meisten anderen Ländern dar. Bei einer Änderung oder Nutzungsänderung ist nur der Mehrbedarf zu decken (vgl. § 49 Abs. 1 Satz 2 ThürBO). Bisher fehlende Stellplätze können nicht nachgefordert werden[2].

### b) Zahl der nachzuweisenden Stellplätze

89 Hinsichtlich der Zahl der nachzuweisenden Stellplätze fordern die Verwaltungsvorschriften zu § 49 ThürBO für Spiel- und Automatenhallen in Nr. 10.3 **einen Stellplatz je 20 qm Spielhallenfläche**, mindestens jedoch **drei** Stellplätze[3].

90 Die Verwaltungsvorschriften sind zwar ein wichtiger Anhaltspunkt, sie enthalten aber lediglich **Richtzahlen** für den Durchschnittsbedarf und stellen nur einen Anhalt für die Zahl der im Einzelfall erforderlichen Stellplätze dar. Die Behörden haben keinen Beurteilungsspielraum, so dass ihre Entscheidungen gerichtlich voll überprüfbar sind. Auch die Rechtsprechung bestimmt den Stellplatzbedarf von Spielhallen anhand der Nutzfläche. Danach wird ein Stellplatzbedarf von einem Stellplatz je 15–25 qm Spielhallenfläche für angemessen erachtet[4].

91 Die Stellplätze können auf dem Baugrundstück selber oder in zumutbarer Entfernung auf einem anderen Grundstück nachgewiesen werden. Bei einem Ladengeschäft wird eine Entfernung von nur 150 m als zumutbar angesehen, während bei einer Spielhalle 800 m als nicht ausreichend beurteilt wurden[5].

### c) Berechnung der für die Stellplatzpflicht maßgeblichen Spielhallenfläche

92 Im Rahmen der Stellplatzberechnung ist umstritten, wie die maßgebliche **Spielhallenfläche zu berechnen** ist. Die Spielhallenfläche ist nicht mit der Nutzfläche identisch, zu der neben dem eigentlichen Spielbereich auch alle Flächen gezählt werden, die von den Besuchern betreten werden können (sog. Nebenflächen).

93 Die Spielhallenfläche, die der Berechnung zugrunde gelegt wird, ist hingegen die sog. „**Netto-Nutzfläche**". Dazu zählen alle Räume, in denen Spielgeräte untergebracht sind sowie auch Flächen, die mittelbar dem Spielbetrieb dienen, wie z.B. die Fläche der Aufsichtskanzel. Unberücksichtigt bleiben Nebenräume wie Toiletten oder Flure[6].

### d) Stellplatzablösung

94 Kann der Spielhallenbetreiber die erforderlichen Stellplätze nicht nachweisen, kommt eine Ablösung (vgl. § 49 Abs. 2 ThürBO, § 51 Abs. 5 BauO NRW) in Be-

---

1 OVG Münster v. 18.2.1993 – 10 A 1590/88, GewArch 1995, 38 für die Verdoppelung der Nutzfläche einer bereits bestehen Spielhalle.
2 VG Regensburg v. 23.4.2009 – RO 7 K 08.1875.
3 Vgl. die Vollzugshinweise zur ThürBO vom 13.7.2004 (http://www.thueringen.de/de/tmbv/sw/baurecht/bauordnung/content.html).
4 VGH Mannheim v. 27.3.1985 – 3 S 2183/84, BRS 44, Nr 110 (ein Stellplatz je 25 qm Nutzfläche).
5 VGH Mannheim v. 27.3.1985 – 3 S 2183/84, BRS 44, Nr 110.
6 OVG Münster v. 18.2.1993 – 10 A 1590/88, GewArch 1995, 38.

tracht. Ob die Gemeinde ihr dafür erforderliches **Einverständnis** erteilt, liegt in ihrem pflichtgemäßen **Ermessen**. Die Gemeinde ist nicht gehindert, eine Stellplatzablösung abzulehnen, auch wenn das Vorhaben ansonsten baurechtlich zulässig ist[1].

Es ist außerdem grds. nicht ermessensfehlerhaft, wenn die Gemeinde die Stellplatzverpflichtung als Steuerungsinstrument einsetzt, um die Entwicklung einer bestimmten Nutzungsstruktur zu fördern, selbst wenn dies mit Mitteln des Bauplanungsrechts nicht durchsetzbar wäre[2]. 95

### e) Beeinträchtigung der Nachbarschaft durch Stellplätze

Der Nachweis der erforderlichen Stellplätze kann daran scheitern, dass die durch den An- und Abfahrverkehr bewirkte Geräusch- und Geruchsentwicklung die Nachbarn unzumutbar stört (vgl. § 51 Abs. 7 BauO NRW)[3]. Daher kann eine Spielhalle schon deshalb bauordnungsrechtlich unzulässig sein, wenn die dafür vorgesehenen rückwärtigen PKW-Stellplätze in einem bisher ungestörten Wohngartenbereich mit gepflegten und ruhigen Erholungsmöglichkeiten vor allem abends trotz einer innerstädtischen Lage zu unzumutbaren Belästigungen für betroffene Nachbarn führen[4]. 96

## IV. Gewerberecht, SpielV

Die gewerberechtliche Situation ist derzeit unübersichtlich, da die Bundesländer nach und nach von ihrer **Gesetzgebungskompetenz nach Art. 74 Abs. 1 Nr. 11 GG** Gebrauch machen und eigene **Spielhallengesetze** erlassen, die in ihrem Anwendungsbereich die Regelungen der GewO verdrängen. Inzwischen existieren Landesgesetze in Berlin und Bremen[5]. In Hessen hat die Landesregierung einen entsprechenden Gesetzentwurf verabschiedet. In den anderen Bundesländern gelten die Vorschriften der GewO gem. Art. 125a Abs. 1 GG noch in vollem Umfang. 97

Hinsichtlich Umfang und Reichweite der Gesetzgebungskompetenz besteht im Schrifttum überwiegend die Auffassung, dass die Zuständigkeit für Spielhallen nur die Spielhallenerlaubnis in § 33i GewO, nicht dagegen das gewerbliche Spielrecht der §§ 33c bis 33g GewO umfasst. Dies betrifft vornehmlich die personen- und ortsgebundenen Anforderungen für die Spielhallenerlaubnis[6]. Dementsprechend regelt § 9 SpielhG Bln., dass dieses Gesetz ausschließlich § 33i GewO sowie §§ 3 Abs. 2 und 3, 4 Satz 2 SpielV ersetzt und im Übrigen die GewO sowie die SpielV weiterhin Anwendung finden. 98

### 1. Landesrechtliche Regelungen

Das **Landesspielhallengesetz in Berlin** enthält eine **Erlaubnispflicht** für Spielhallen, die an die Stelle der Erlaubnis nach § 33i GewO tritt. Die Erteilung dieser Erlaubnis 99

---

1 OVG Münster v. 24.8.1989 – 7 A 2495/87, NVwZ 1990, 346.
2 BVerwG v. 27.9.1983 – 4 B 122.83, BRS 40, Nr. 146.
3 In Thüringen ist (wie auch in anderen Ländern) die Vorschrift gestrichen worden, weil die bestehenden bauplanungsrechtlichen und immissionsschutzrechtlichen Vorschriften als ausreichend angesehen werden.
4 OVG Lüneburg v. 23.9.1991 – 6 L 131/89, BauR 1992, 55; OVG Münster v. 11.8.1989 – 11 A 980/88, BRS 49 Nr. 141.
5 Gesetz zur Regelung des Rechts der Spielhallen im Land Berlin (Spielhallengesetz Berlin – SpielhG Bln.) v. 20.5.2011, GVBl 2011, 223; Bremisches Spielhallengesetz (BremSpielhG) v. 17.5.2011, GVBl 2011, 327.
6 *Dietlein*, in: Dietlein/Hecker/Ruttig, Art. 70ff. GG Rz. 13.

ist von einer Vielzahl von Voraussetzungen abhängig bzw. enthält diverse Auflagen und Einschränkungen:
- An jedem Spielhallenstandort ist nur eine Spielhalle zulässig. Der Abstand zwischen zwei Spielhallen soll mindestens 500 m betragen.
- Spielhallen sollen nicht in räumlicher Nähe von Einrichtungen zugelassen werden, die ihrer Art nach oder tatsächlich von Kindern und Jugendlichen aufgesucht werden.
- Von beiden v.g. Voraussetzungen darf die zuständige Behörde im Einzelfall abweichen.
- Zum Schutz der Gäste und Anwohner sind (nachträgliche) Auflagen zulässig.
- Die Erlaubnis ist u.a. zu versagen, wenn eine übermäßige Ausnutzung des Spieltriebs oder unzumutbare Beeinträchtigungen der Allgemeinheit, der Nachbarn oder einer im öffentlichen Interesse bestehenden Einrichtung zu befürchten ist.
- Einblicke in das Innere der Spielhalle sind unzulässig.
- Das äußere Erscheinungsbild darf nicht mit auffälliger Werbung gestaltet sein.
- Je 12 qm Grundfläche darf maximal ein Waren- oder Geldspielgerät aufgestellt werden. Die Gesamtzahl darf jedoch 8 Geräte nicht übersteigen. Die Geräte müssen in einem Abstand von mindestens 1 Meter und getrennt durch eine Sichtblende aufgestellt werden.
- In Gaststätten dürfen maximal 3 Waren- und Geldspielgeräte aufgestellt werden.
- Es ist maximal 1 anderes Spiel i.S.d. § 33d GewO zulässig.
- Geldausgabeautomaten u.a. dürfen in räumlicher Nähe zu einer Spielhalle nicht aufgestellt werden.
- Die Sperrzeit gilt von 3 Uhr bis 11 Uhr.
- Inhaber und jede Aufsichtsperson müssen über einen Sachkundenachweis verfügen.
- Damit Jugendliche unter 18 Jahren keinen Zugang zu Spielhallen haben, ist eine Eingangskontrolle mit Personaldokumenten o. Ä. durchzuführen.
- Die Spieler sind über die Suchtrisiken aufzuklären. Die Spieler sind zu verantwortungsbewusstem Spiel anzuhalten. Vom Spielverhalten auffällige Personen sind vom Spiel auszuschließen. Vom Spiel auszuschließen sind über einen Zeitraum von mindestens 1 Jahr auch solche Personen, die dies selber verlangt haben.
- Bestehende Genehmigungen nach § 33i GewO verlieren mit Ablauf des 31.7.2016 (also nach 5 Jahren und zwei Monaten) ihre Gültigkeit.
- Bei bestehenden Spielhallen muss die Zahl der Geräte und Spiele innerhalb von 24 Monaten den Vorschriften des SpielhG Bln. entsprechen.

100 Es ist abzuwarten, ob diese extrem restriktiven Regelungen mit zahlreichen unbestimmten Rechtsbegriffen und verfassungsrechtlich problematischen Inhalten vor den Gerichten Bestand haben werden. Dem davon betroffenen Spielhallenbetreiber ist angesichts der unklaren Rechtslage anzuraten, entsprechende Bescheide nicht bestandskräftig werden zu lassen. Zivilrechtlich wird sich die Frage ergeben, ob sich die Spieler bei Verstößen z.B. gegen das Gebot spielauffällige Spieler auszuschließen, darauf berufen und vom Spielhallenbetreiber das verlorene Geld als Schadensersatz gelten machen können[1].

---

1 Bei Spielbanken wird diese bei der Nichtbeachtung von Spielersperren bejaht (BGH v. 22.11.2007 – III ZR 9/07).

## 2. Gewerberechtliche Erlaubnisse und Genehmigungen nach der GewO

Für die Aufstellung von Geld- und Warenspielgeräten mit Gewinnmöglichkeit, das Veranstalten von sog. anderen Spielen mit Gewinnmöglichkeit und die Betreibung einer Spielhalle bzw. ähnlichen Unternehmen sind bundesrechtlich die folgenden **gewerberechtlichen Erlaubnisse** und **Genehmigungen erforderlich**, wobei § 33i GewO für die Spielhallenerlaubnis nur solange Geltung hat, wie es keine landesrechtlichen Regelungen gibt: 101

| Spielgeräte mit Gewinnmöglichkeit | Andere Spiele mit Gewinnmöglichkeit | Spielhallen |
|---|---|---|
| Erlaubnis gem. § 33c Abs. 1 GewO | Erlaubnis gem. § 33d GewO | Erlaubnis gem. § 33i GewO |
| Geeignetheitsbestätigung gem. § 33c Abs. 3 GewO | Unbedenklichkeitsbescheinigung des BKA gem. § 33d Abs. 2 GewO. | |

Eine Spielhallenerlaubnis ist auch erforderlich, wenn ausschließlich oder überwiegend Unterhaltungsspiele ohne Gewinnmöglichkeit veranstaltet werden sollen. Dementsprechend kann auch ein als Internetcafé bezeichneter Betrieb der Erlaubnispflicht nach § 33i GewO unterliegen und als eine erlaubnispflichtige Spielhalle zu bewerten sein, wenn die Gesamtumstände darauf schließen lassen, dass die Betriebsräume hauptsächlich dem Spielzweck gewidmet sind und die anderweitige Nutzung der Computer dahinter zurücktritt[1]. 102

Welche **Behörde** i.S.d. GewO **zuständig** ist, regelt sich nach den in den einzelnen Ländern erlassenen Zuständigkeitsregelungen. In NW liegt die Zuständigkeit bei der jeweiligen Ordnungsbehörde[2]. In Thüringen sind die kreisfreien Städte bzw. Landkreise zuständig[3]. 103

## 3. Erlaubnis nach § 33c GewO

Nach § 33c Abs. 1 GewO ist die gewerbsmäßige[4] Aufstellung von Spielgeräten mit Gewinnmöglichkeiten erlaubnispflichtig. 104

### a) Spielgeräte mit Gewinnmöglichkeit

Bei den Spielgeräten mit Gewinnmöglichkeit i.S. des § 33c GewO handelt es sich in erster Linie um die allgemein bekannten **Geldspielgeräte**, die nicht nur in Spielhallen, sondern häufig in Gaststätten und Imbissbetrieben anzutreffen sind. Seit der Streichung von Sonderbestimmungen durch das EisenbahnneuordnungsG[5] unterliegen auch Geldspielgeräte in Bahnhöfen und Bahnhofsgaststätten den §§ 33c ff. GewO. 105

Charakteristisch für diese Spiele ist, dass einerseits Gewinn und Verlust vom Zufall bzw. einer technischen Vorrichtung abhängen. Dabei ist unmaßgeblich, dass auch der Spieler den Ablauf beeinflussen kann („Stopptaste"), sofern das Spielergebnis 106

---

1 BVerwG v. 9.3.2005 – 6 C 11.04, NVwZ 2005, 961.
2 GewerberechtsVO v. 17.11.2009, GV. NW 2009, S. 626 (www.recht.nrw.de).
3 Thüringer ZuständigkeitsermächtigungsVO Gewerbe v. 9.1.1992, GVBl. 1992, 45 (www.landesrecht.thueringen.de).
4 VG Hannover v. 23.1.2008 – 11 A 4135/06 zu einem Einzelfall, bei dem die Aufstellung im Rahmen eines Vereins nicht gewerbsmäßig ist.
5 Gesetz v. 27.12.1993 (BGBl. I, 2378).

durch die technische Vorrichtung und damit durch den technisch gesteuerten Zufall bestimmt wird. Andererseits ist das Verlustrisiko begrenzt. Gleichwohl handelt es sich um (erlaubte) echte Glücksspiele[1].

107 Um Spielgeräte i.S.d. § 33c GewO handelt es sich auch, wenn **Sachpreise** zu gewinnen sind (sog. Warenspielgeräte), sofern für den Gewinn nicht die Geschicklichkeit des Durchschnittsspielers, sondern der Zufallsgenerator des Geräts verantwortlich ist[2]. Besteht – wie bei den **Fun Games** – der Gewinn in Wertmarken für weitere Spiele („Token"), wurde ursprünglich vertreten, dass dies keinen vermögenswerten Vorteil darstelle, so dass die Aufstellung von Unterhaltungsautomaten mit Weiterspielmarken keiner Erlaubnis gem. §§ 33c GewO bedurft hätte[3]. Dieser Auffassung hat sich die Rechtsprechung nicht angeschlossen[4]. Das Verbot der sog. Fun Games als Unterhaltungsautomaten ist ein wesentlicher Bestandteil der zum 1.1.2006 novellierten SpielV[5]. In § 6a SpielV ist eine umfangreiche Regelung enthalten, die versucht, sämtliche Varianten der Fun Games zu erfassen. Danach sind Weiterspielmarken, sonstige Gewinnberechtigungen, Chancenerhöhungen oder Geldgewinne unzulässig. Weiter darf der getätigte Einsatz nicht zurückgewährt werden. Ausgenommen sind maximal sechs Freispiele in einem unmittelbaren zeitlichen Zusammenhang mit dem entgeltlichen Spiel. Als nach § 9 Abs. 2 SpielV unzulässig werden auch Bonus- und Informationssysteme angesehen, bei denen ein vom Spielgerät unabhängiges Gerät die Spiele registriert und für jedes Spiel einen Bonuspunkt auf der Chipkarte des jeweiligen Spielers abspeichert. Die Bonuspunkte können beim Zahlen für Getränke oder in bar eingelöst werden[6]. Schließlich verstößt die Abgabe von Testcoupons für Freispiele an einem Geldspielgerät gegen § 9 Abs. 2 SpielV[7].

**b) Voraussetzungen und Inhalt der Erlaubnis**

108 Die Erlaubnis nach § 33c Abs. 1 GewO ist **personenbezogen** und hängt im Wesentlichen von der gewerberechtlichen Zuverlässigkeit des Antragstellers ab. Die Erlaubnis benötigt der **Aufsteller** von Spielgeräten. Maßgeblich ist, wer für die Spielgeräte das **unternehmerische Risiko** trägt. Eigentum oder Besitz an den Spielgeräten oder an den Aufstellungsräumen spielen keine Rolle. Werden Spielgeräte an den Betreiber einer Gaststätte vermietet, ist der Gaststätteninhaber Aufsteller der Spielgeräte. Anders ist die Situation zu beurteilen, wenn der Gaststätteninhaber einem Dritten gegen Entgelt die Zustimmung zum Aufstellen der Spielgeräte gibt, so dass der Dritte das unternehmerische Risiko trägt und als Aufsteller anzusehen ist[8].

109 Aufgrund ihrer Personenbezogenheit ist die **Erlaubnis** nur **einmal erforderlich** und muss nicht wiederholt beantragt werden, wenn der Betreffende an mehreren Orten Spielgeräte aufstellen will. Sie gilt im gesamten Bundesgebiet[9]. Unabhängig davon

---

1 Vgl. *Hahn* in Friauf, GewO, § 33c Rz. 5; *Tettinger/Wank/Ennuschat*, GewO, § 33c Rz. 8f.
2 Ausführlich zur Frage der möglichen Gewinne *Marcks*, in: Landmann/Rohmer, GewO, § 33c Rz. 6.
3 *Dahs/Dierlamm*, GewArch 1996, 272.
4 BVerwG v. 23.11.2005 – 6 C 8.05, NVwZ 2006, 600–603 (Fun Games, PEP-System) und 6 C 9.05, GewArch 2006, 158–163 (Fun Games und Bonus Dollar).
5 Vgl. die Begründung zum Entwurf der SpielV, BR-Drs. 655/05 sowie *Dietlein/Hüsken*, in: Dietlein/Hecker/Ruttig, § 33c GewO Rz. 5.
6 BVerwG v. 31.3.2010 – 8 C 12.09, NVwZ-RR 2010, 636.
7 VG Hannover v. 17.6.2009 – 11 A 4402/07, GewArch 2009, 360.
8 *Pauly/Brehm*, GewArch 2003, 57.
9 Vgl. *Tettinger/Wank/Ennuschat*, GewO, § 33c Rz. 17.

kann die jeweils örtliche Behörde Auflagen erlassen (vgl. § 33c Abs. 1 Satz 3 und Abs. 3 Satz 3 GewO).

Die Erlaubnis ist beschränkt und berechtigt nur zum Aufstellen von Spielgeräten mit Gewinnmöglichkeit, die über eine Bauartzulassung der Physikalisch-Technischen Bundesanstalt (PTB) verfügen. Die Einzelheiten regeln § 33e GewO und §§ 11 ff. SpielV. Neben der **Bauartzulassung**, für die der Inhaber der Zulassung einen Zulassungsschein erhält, bekommt er für jedes **Nachbaugerät** einen Zulassungsbeleg sowie ein Zulassungszeichen. Die Bauartzulassung wird auf der Homepage der PTB[1] bekannt gemacht. Für den Aufsteller ist wichtig, dass sein Gerät über ein Zulassungszeichen (§ 16 Abs. 5 SpielV) verfügt, da nur Spielgeräte mit Gewinnmöglichkeit aufgestellt werden dürfen, an denen das Zulassungszeichen deutlich sichtbar angebracht ist (§ 6 Abs. 1 SpielV). 110

#### c) Geeignetheitsbestätigung nach § 33c Abs. 3 GewO

Die Erlaubnis berechtigt nur zum Aufstellen von Spielgeräten an Orten, für die eine Geeignetheitsbestätigung nach § 33c Abs. 3 GewO erteilt worden ist. Jeder Geräteaufsteller bedarf also neben der personenbezogenen Erlaubnis nach § 33c Abs. 1 GewO zusätzlich einer **objektbezogenen** Geeignetheitsbestätigung. Welche Orte als geeignet zum Aufstellen von Geld- oder Warenspielgeräten anzusehen sind, ergibt sich aus der abschließenden Aufzählung in §§ 1, 2 SpielV[2]. Grundsätzlich kommen nur Gaststätten, Spielhallen sowie Wettannahmestellen der konzessionierten Buchmacher in Betracht. Bei Gaststätten dürfen die Gaststättenleistungen nicht nur als untergeordnete Nebenleistungen angeboten werden[3]. Eine zur Aufstellung nach § 1 Abs. 2 Nr. 2 SpielV ungeeignete Speiseeiswirtschaft wird deshalb durch das Aufwärmen von Snacks in einer Mikrowelle nicht zu einer Gaststätte[4]. 111

Der Umstand, dass Spielgeräte nur in Spielhallen und Wettannahmestellen sowie eingeschränkt in Gaststätten zulässig sind, beruht auf Erwägungen des **Jugendschutzes**. Als geeignete Aufstellorte kommen nur solche in Betracht, zu denen Kinder und Jugendliche keinen oder nur beschränkten Zugang haben. Für Tankstellen,[5] Raststätten oder Warenhausgaststätten kann eine Geeignetheitsbestätigung nach § 33c Abs. 3 GewO nicht erteilt werden. Daher sollen die Beschränkungen für die Aufstellung von Spielgeräten nicht dadurch umgangen werden können, dass durch die Nebenleistung eines Getränkeangebots „künstlich" eine Schankwirtschaft i.S.d. § 1 Abs. 1 Nr. 1 SpielV entsteht. 112

Trotz der Objektbezogenheit der Geeignetheitsbestätigung ist beim **Wechsel des Aufstellers** eine neue Bestätigung erforderlich[6]. 113

Die Erlaubnis nach § 33c GewO ersetzt nicht die Spielhallenerlaubnis nach § 33i GewO und umgekehrt. Beide Erlaubnisse müssen parallel eingeholt werden bzw. vorliegen[7]. 114

---

1 www.ptb.de/spielgeraete.
2 Vgl. *Odenthal*, GewArch 1988, 183 ff.; *Marcks*, in: Landmann/Rohmer, GewO, § 1 SpielV Rz. 2 f.; Probleme können insbesondere bei Mischformen auftauchen, z.B. bei Speiseeiswirtschaften, vgl. dazu BVerwG v. 29.6.1987 – 1 B 63.87, NVwZ 1987, 1081 und v. 25.11.1993 – 1 B 188.93, GewArch 1995, 113 (Bowling-Center) und VGH München v. 23.10.1996 – 22 B 96.1187, GewArch 1997, 65 (Anforderungen an einen Aufstellungsort in einer Schank- und Speisewirtschaft).
3 *Pauly/Brehm*, GewArch 2003, 57; BVerwG v. 18.3.1991 – 1 B 30.91, NVwZ 1991, 785.
4 VG Stuttgart v. 9.9.2010 – 4 K 2450/10, GewArch 2011, 38.
5 VG Kassel v. 26.2.2010 – 3 K 153/09. KS, GewArch 2010, 310.
6 *Hahn*, in: Friauf, GewO, § 33c Rz. 46.
7 OVG Bln.-Bbg. v. 21.12.2010 – OVG 1 S 224.10, ZfWG 2011, 130.

## 4. Erlaubnis nach § 33d GewO

115 Das gewerbsmäßige Veranstalten anderer Spiele (d.h. Geschicklichkeitsspiele) mit Gewinnmöglichkeit unterliegt der Erlaubnispflicht nach § 33d GewO.

### a) Andere Spiele mit Gewinnmöglichkeit

116 Eine **Erlaubnis nach § 33d GewO** benötigt der Veranstalter, der mit dem Aufsteller i.S.d. § 33c GewO identisch ist,[1] wenn er andere Spiele mit Gewinnmöglichkeit betreiben will. Dabei kann es sich um Geld- oder Warengewinne handeln. Nicht unter § 33d GewO fallen alle Spiele, die von § 33c GewO erfasst werden. Außerdem darf es sich nicht um Glücksspiele i.S.d. § 3 GlüStV bzw. §§ 284f. StGB[2] handeln, die nur in Spielbanken zulässig sind[3]. Folglich ist der Anwendungsbereich vor allem für **Geschicklichkeitsspiele** ohne technische Spieleinrichtungen eröffnet. Nach § 33g Nr. 1 GewO, § 5a SpielV sind andere Spiele mit Warengewinnen, die überwiegend der Unterhaltung dienen, erlaubnisfrei. Maßstab ist die Anlage zu § 5a SpielV. In Zweifelsfällen stellen das BKA oder das zuständige LKA die Erlaubnisfreiheit fest (§ 5a Satz 2 SpielV)[4].

117 Pokerspiele und Pokerturniere werden überwiegend nicht als Geschicklichkeitsspiele angesehen. Es handelt sich aber nur dann um Glücksspiele, wenn im Rahmen eines Spiels für den Erwerb einer Gewinnchance ein Entgelt verlangt wird und die Entscheidung über den Gewinn ganz oder überwiegend vom Zufall abhängt (§ 3 Abs. 1 Satz 1 GlüStV). Werden lediglich ein fester Unkostenbeitrag für die Teilnahme an dem Turnier verlangt, und sind Warenpreise im Wert von maximal 60 Euro zu gewinnen, handelt es sich zwar um ein zufallsabhängiges Spiel, nicht aber um ein Glücksspiel i.S.d. GlüStV bzw. des StGB. Als anderes Spiel mit Gewinnmöglichkeit bedürfen Pokerturniere dann der Erlaubnis nach § 33d GewO. Insofern beschränkt sich der Anwendungsbereich des § 33d GewO auch nicht ausschließlich auf Geschicklichkeitsspiele[5].

### b) Voraussetzungen und Inhalt der Erlaubnis

118 Genauso wie die Erlaubnis nach § 33c Abs. 1 GewO ist auch die Erlaubnis nach § 33d GewO personenbezogen und hängt damit auch von der Zuverlässigkeit des Veranstalters ab.

119 Die Erlaubnis kann sich jeweils nur auf ein **bestimmtes Spiel** beziehen, da sie nur erteilt wird, wenn der Antragsteller im Besitz einer Unbedenklichkeitsbescheinigung des Bundeskriminalamts (BKA) für dieses Spiel ist (§ 33d Abs. 2 GewO).

120 Andere Spiele mit Geldgewinnen dürfen nur in Spielhallen und ähnlichen Unternehmen (vor allem Spielkasinos) veranstaltet werden. Die Zahl der dort zulässigen anderen Spiele ist auf maximal drei beschränkt (§ 4 SpielV). Damit ist jedoch nicht ausgeschlossen, dass gleichzeitig **Speisen oder Getränke** ausgegeben werden, sofern es sich dabei um eine untergeordnete Betätigung handelt[6].

---

1 *Tettinger/Wank/Ennuschat*, GewO, § 33d Rz. 11.
2 Diese Glücksspielbegriffe beider Regelungen sind nach h.M. deckungsgleich, OVG Münster v. 10.6.2008 – 4 B 606/08, GewArch 2008, 407.
3 Zur Abgrenzung von Glücks- und Geschicklichkeitsspielen *Dietlein*, in: Dietlein/Hecker/Ruttig, § 3 GlüStV Rz. 4.
4 Zur Frage welche Vorschriften der SpielV mit Ausnahme des § 5a SpielV auf die erlaubnisfreien Spiele anwendbar sind (insbesondere die Höchstzahlbegrenzung gem. § 5 Satz 2 i.V.m. § 3 Abs. 1 SpielV) *Odenthal*, GewArch 1990, 165 ff.
5 OVG Koblenz v. 15.9.2009 – 6 A 10199/09, ZfWG 2009, 413; offengelassen OVG Münster v. 10.6.2008 – 4 B 606/08, GewArch 2008, 407, vgl. noch Rz. 124.
6 *Marcks*, in: Landmann/Rohmer, GewO, § 33d Rz. 18.

Andere Spiele mit Warengewinnen dürfen auf **Volksfesten, Schützenfesten, Jahrmärkten** etc. in einem unbeschränkten Umfang veranstaltet werden. Für Gaststätten und Beherbergungsbetriebe gilt eine Höchstzahl von drei Spielen. In Trinkhallen, Speiseeiswirtschaften und Milchstuben sowie Betrieben in Sporthallen, Badeanstalten oder sonstigen Einrichtungen, die vorwiegend von Kindern und Jugendlichen besucht werden, sind andere Spiele generell verboten (§ 5 SpielV i.V.m. § 1 Abs. 2 Nr. 2 und 3 SpielV).

121

Kinder und Jugendliche dürfen sich gem. § 6 Abs. 2 JugendschutzG nicht an anderen Spielen beteiligen. Bei bis zu zwei anderen Spielen muss dies durch eine ständige Aufsicht sicher gestellt werden. Bei drei anderen Spielen muss eine technische Einrichtung vorhanden sein, die dies gewährleistet.

122

### c) Unbedenklichkeitsbescheinigung des Bundeskriminalamtes

Die Erteilung einer Erlaubnis nach § 33d GewO hängt u.a. davon ab, dass der Veranstalter im Besitz einer Unbedenklichkeitsbescheinigung des Bundeskriminalamtes (BKA) ist. Das BKA hat dabei zunächst zu prüfen, ob es sich bei dem Spiel um ein grds. **erlaubnisfähiges Geschicklichkeitsspiel** oder um ein **Glücksspiel** handelt. Außerdem muss gewährleistet sein, dass der Spieler keine unangemessen hohen Verluste in kurzer Zeit erleiden kann (§ 18 SpielV)[1]. In diesem Zusammenhang ist die seit 1993 geänderte Regelung des § 33e Abs. 1 GewO zu beachten. Danach kann die Unbedenklichkeitsbescheinigung für andere Spiele versagt werden, wenn das Spiel durch Veränderung der Spieleinrichtung mit einfachen Mitteln als Glücksspiel gem. § 284 StGB veranstaltet werden kann, was vor allem zur Bekämpfung des illegalen Glücksspiels dient[2].

123

Auch wenn Pokerspiele oder Pokerturniere nicht als unerlaubtes Glücksspiel anzusehen sind, sondern „nur" einer Erlaubnis nach § 33d GewO bedürfen, kann die dafür erforderliche Unbedenklichkeitsbescheinigung versagt werden, weil das Pokerspiel ohne weiteres als unerlaubtes Glücksspiel durchgeführt werden kann. Wenn bei einem Pokerspiel Dutzende oder noch mehr Spiele gespielt werden, bevor der Gewinner feststeht, drängt die Geschicklichkeitskomponente den Glücksfaktor nicht unerheblich zurück. Poker kann aber auch als **Cash-Poker** gespielt werden, bei dem ein Spieler jederzeit ein- und wieder aussteigen kann, oder es wird nur ein Spiel gespielt. In diesem Fall handelt es sich um ein **Glücksspiel**, da der Spielerfolg eindeutig überwiegend vom Zufall abhängig ist. Bei Pokerturnieren lassen sich ohne besondere Schwierigkeiten (wenn sich die Spieler eines Tisches einig sind) und auch ohne Kenntnis des Veranstalters ausgewählte Spiele als derartige Cash-Games spielen[3].

124

Beim BKA hat der Antragsteller die in § 2 UnBeschErtV genannten **Unterlagen** einzureichen (u.a. Spielregeln, Spielbeschreibung, ggfs. eine betriebsfertige Spieleinrichtung).

125

Spiele, für die bereits eine Unbedenklichkeitsbescheinigung erteilt worden ist, werden im Gemeinsamen Amtsblatt und im Bundeskriminalblatt bekanntgemacht (§ 5 UnbBeschErtV).

126

---

1 So ist für das im Eingangsfall genannten Zentro-Roulette zunächst eine Unbedenklichkeitsbescheinigung erteilt worden (vgl. BVerwG v. 9.10.1984 – 1 C 20.82, NVwZ 1985, 829).
2 BVerwG v. 11.3.1997 – 1 C 26.96, NVwZ-RR 1997, 534; VGH Kassel v. 3.10.1995 – 8 TG 2939/94, GewArch 1995, 198; eine umfangreiche Übersicht, in der erlaubte Geschicklichkeitsspiele und unerlaubte Glücksspiele enthalten sind, enthält die Kommentierung von *Hahn*, in: Friauf, GewO, § 33d Rz. 12ff.
3 VG Hamburg v. 30.4.2008 – 6 E 4198/07, NVwZ-RR 2009, 63.

## 5. Spielhallenerlaubnis nach § 33i GewO

127 Der Betreiber einer **Spielhalle** bedarf einer Erlaubnis nach § 33i GewO. Gleiches gilt für spielhallenähnliche Unternehmen, z.B. für Spielkasinos, die nicht vorwiegend der Aufstellung von Spielgeräten, sondern der Veranstaltung von Spielen dienen.

128 Handelt es sich nicht um eine „reine" Spielhalle, sondern um eine **Mischform** wie ein Internetcafé, ein Billiardcafé, eine Gaststätte mit Spielgeräten oder eine Bowlingbahn mit Spielgeräten, kommt es für die Frage, ob ein **spielhallenähnliches Unternehmen** gegeben ist, auf den **Gesamteindruck** an. Maßgeblich ist, ob die Räumlichkeit das „typische Spielhallenfluidum" vermittelt[1] Dabei geht es nicht nur um die Frage, ob eine Genehmigung mehr oder weniger erforderlich ist, da für Spielhallen § 8 JSchÖG gilt, so dass Kindern und Jugendlichen der Aufenthalt in Spielhallen nicht gestattet ist.

129 Bei einem Internetcafé kann es sich auch dann um eine Spielhalle handeln, wenn dort an Computern gewerblich nur Unterhaltungsspiele ohne Gewinnmöglichkeit angeboten werden[2].

### a) Raumbezogener Spielhallenbegriff

130 Nach dem von der Rechtsprechung vertretenen raumbezogenen Spielhallenbegriff[3] genügt das **Vorhandensein eines** eigens für die Abhaltung von Spielen vorgesehenen **Raums**. Nicht erforderlich ist das Vorhandensein eines rechtlich selbständigen Betriebs[4]. Weiterhin ist eine bauliche Abgeschlossenheit nicht erforderlich, weshalb in einer baurechtlich als ein Vorhaben zu wertenden Vergnügungsstätte mehrere gewerberechtlich selbständige Spielhallen untergebracht sein können[5]. Darüber hinaus kann ein spielhallenähnliches Unternehmen vorliegen und damit nach § 33i GewO genehmigungspflichtig sein, wenn in einem Flughafengebäude in einem Terminal auf einer Fläche zwischen zwei Gaststätten durch die Zahl und die räumliche Konzentration von Spielgeräten die für eine Spielhalle charakteristische animierende Atmosphäre geschaffen wird. In diesem Fall ist nicht das Vorliegen eines durch bauliche Elemente abgegrenzten, überwiegend durch den Spielbetrieb geprägten Raums notwendig[6].

131 Spielhallen in aneinander grenzenden Räumen werden nur dann als verschiedene Spielhallen anerkannt, wenn eine **optische Sonderung der einzelnen Betriebsstätten** gegeben ist, und die Betriebsstätten **unabhängig voneinander** betrieben werden können[7]. Die räumliche Trennung muss so ausgeprägt sein, dass bei natürlicher Betrachtungsweise die Sonderung der einzelnen Betriebsstätte optisch in Erscheinung tritt. Für die Sonderung kommt der baulichen Geschlossenheit der Betriebsstätte unter Ausschluss einer unmittelbaren Sichtverbindung zwischen den für mehrere Betriebsstätten vorgesehenen Räumen und der Eingangssituation indizielle Bedeutung zu. Es darf zwischen den einzelnen Betriebsstätten keine räumliche Verbindung bestehen; es dürfen insbesondere keine Verbindungstüren vorhanden sein,

---

1 Vgl. *Buchholz*, GewArch 2000, 457 ff.; *Pöltl*, GewArch 2005, 353 (358).
2 BVerwG v. 9.3.2005 – 6 C 11.04, NVwZ 2005, 961; VG Gelsenkirchen v. 1.8.2002 – 5 K 1163/99, GewArch 2004, 260.
3 Vgl. die drei Spielhallenurteile des BVerwG v. 9.10.1984 – 1 C 20/82, 1 C 21/83, 1 C 11/83, NVwZ 1985, 829.
4 Vgl. *Tettinger/Wank/Ennuschat*, GewO, § 33i Rz. 6; *Marcks*, in: Landmann/Rohmer, GewO, § 33i Rz. 4f.
5 BVerwG v. 18.4.1996 – 4 C 17.94, NVwZ-RR 1997, 397.
6 VGH Mannheim v. 26.8.2003 – 14 S 444/03, NVwZ-RR 2004, 101.
7 *Marcks*, in: Landmann/Rohmer, GewO, § 33i Rz. 6; BVerwG v. 27.3.1990 – 1 C 47.88, NVwZ 1990, 760; v. 24.4.1990 – 1 C 54.88, NVwZ 1990, 1075.

die es dem Personal und den Gästen erlauben, ohne Weiteres von einer Betriebsstätte in die andere zu wechseln. Es dürfen bei nebeneinander liegenden Betriebsstätten auch keine Türöffnungen zu einem hinter sämtlichen Betriebsstätten entlang führenden Gang geben, der optisch wie eine Klammer wirkt. Eine räumliche Trennung kann zwar möglicherweise durch eine Geschäftspassage oder eine Verkehrsfläche bewirkt werden, aber nicht durch eine Passage im Gebäudeinnern, deren Eingänge mit Türen versehen sind und die keine andere Funktion als die des Zugangs zu einzelnen Spielräumen haben. Bedeutung für die Annahme einer räumlichen Verbindung hat zudem eine gleichförmige Aufmachung der einzelnen Spielräume, z.B. eine einheitliche Außenreklame, wobei diesem Gesichtspunkt ein geringeres, nicht allein den Ausschlag gebendes Gewicht zukommt[1].

Sollen Toiletten von zwei Spielhallen gemeinsam genutzt werden, wird dadurch eine **funktionale Einheit** gebildet[2]. Teilweise wird nur auf das räumliche Nebeneinander abgestellt, so dass es auf eine Verbindung oder einen Durchgang nicht ankommt. Maßgeblich sei, ob dem Besucher der Eindruck vermittelt werde, dass er sich in einem einzigen großen Spielbereich bewegt[3]. In der Praxis sind aber durchaus „großzügigere" Handhabungen durchsetzbar. Vorsicht ist bei baulichen Änderungen geboten. So führt der Einbau einer von jedermann nutzbaren Verbindungstür zwischen zwei ursprünglich selbständigen Spielhallen nicht nur zum Erlöschen der erteilten Genehmigungen. Vielmehr entsteht anstelle der bisherigen kleinen Spielhallen eine neue, größere Spielhalle, die einer neuen Genehmigung bedarf[4]. 132

Besondere praktische Bedeutung hatte der Spielhallenbegriff solange, wie in einer Spielhalle nur maximal drei Spielgeräte aufgestellt werden durften. Insoweit lag der Gedanke nahe, durch eine Unterteilung des Betriebes in mehrere Spielhallen eine optimale Zahl von Spielgeräten aufstellen zu dürfen. 133

Heute dürfen nach § 3 Abs. 2 SpielV **maximal zwölf Geldspielgeräte** bei einer Fläche von 144 qm betrieben werden, so dass es sich bei einer Fläche von mehr als 144 qm ggfs. lohnt, zwei Spielhallen einzurichten, die dann den vom BVerwG entwickelten Kriterien genügen müssen[5]. Außerdem können durch die Aufteilung in mehrere Spielhallen die Beschränkungen, die sich aus der Rechtsprechung zur kerngebietstypischen Spielhalle ergeben, ausgehebelt werden. 134

### b) Art und Inhalt der Erlaubnis

Bei der Erlaubnis zum Betrieb einer Spielhalle nach § 33i GewO handelt es sich um einen gebundenen Verwaltungsakt, der erteilt werden muss, sofern nicht ein Versagungsgrund gem. § 33i Abs. 2 GewO vorliegt. 135

Da die Erlaubnis nach § 33i GewO an die **Zuverlässigkeit der Person** und an die **Geeignetheit der Räume** anknüpft, ist sowohl bei einer Änderung in der Person des Betreibers als auch der als Spielhalle benutzten Räumlichkeiten eine neue Erlaubnis erforderlich. Jede Nutzungsänderung und jede Verkleinerung der genehmigten Räumlichkeiten (auch bei unveränderter Zahl der Spielgeräte) führt zum Erlöschen der Betriebserlaubnis, so dass zugleich ein Ordnungswidrigkeitstatbestand vorliegt, was wiederum für die gewerberechtliche Zuverlässigkeit des Betreibers relevant sein kann[6]. Eine einmal infolge der Änderung der räumlichen Situation erlo- 136

---

1 VGH München v. 20.12.2005 – 22 ZB 05.3030.
2 VG Berlin v. 7.6.2004 – 13 A 51.00.
3 VG Gera v. 6.6.2002 – 4 K 20/01 GE.
4 VG Hannover v. 10.11.1999 – 7 A 6582/97, GewArch 2000, 66.
5 *Marcks*, in: Landmann/Rohmer, GewO, § 33i Rz. 6; *Odenthal*, Automaten Recht 1986, 68.
6 OLG Düsseldorf v. 4.1.1999 – 2 Ss (OWi) 285/98 – (OWi) 145/98 II, GewArch 1999, 247.

schene Erlaubnis lebt durch eine spätere Wiederherstellung des ursprünglichen Zustands nicht wieder auf.[1] Hingegen führt die Nichtaufstellung von Spielgeräten in einzelnen Teilräumen nicht zu einer wesentlichen Änderung der für die Erlaubniserteilung maßgeblichen Räumlichkeiten einer Spielhalle, und lässt den Bestand der Genehmigung unberührt[2].

137 In die Spielhallenerlaubnis kann eine Festlegung über die zulässige Anzahl der höchstzulässigen Gewinnspielgeräte aufgenommen werden[3].

### 6. Versagungsgründe

138 Gemeinsame Voraussetzung für die Erlaubnisse nach §§ 33c Abs. 1 und 33i Abs. 1 GewO ist die Zuverlässigkeit des Antragstellers, wobei § 33c Abs. 2 Satz 2 GewO beispielhaft Fälle aufführt, in denen die Unzuverlässigkeit indiziert ist[4]. Unzuverlässig kann z.b. sein, wer das Einnisten und Verfestigen der Drogenszene in seiner Spielhalle duldet[5]. Vor dem Widerruf einer Spielhallenerlaubnis wegen Unzuverlässigkeit kann im Einzelfall eine Abmahnung geboten sein[6].

139 Zusätzliche betriebsbezogene Versagungsgründe enthalten § 33i Abs. 2 Nr. 2 und 3 GewO.

#### a) Übermäßige Ausnutzung des Spieltriebs

140 Für den Versagungsgrund der übermäßigen Ausnutzung des Spieltriebs darf nicht auf eine Gesamtbetrachtung unter Einschluss der umliegenden Spielhallen abgestellt werden,[7] so dass die von einem „Spielhallenkomplex" wegen des großen Angebots an attraktiven Spielen ausgehenden Gefahren keine Rolle spielen[8]. Allerdings sind Auflagen zulässig, wonach die Geldspielgeräte so aufgestellt werden müssen, dass ein Spieler gleichzeitig nicht mehr als zwei Geräte bedienen und optisch überwachen kann. Hierzu trifft die SpielV ausdrückliche Regelungen.

#### b) Sonstige Versagungsgründe

141 Die Versagungsgründe der **polizeilichen Anforderungen** an die Beschaffenheit und Lage der Räumlichkeiten, der schädlichen **Umwelteinwirkungen** sowie der unzumutbaren **Belästigungen** für die Allgemeinheit bzw. Nachbarschaft überschneiden sich teilweise mit bauplanungs- bzw. bauordnungsrechtlichen Gesichtspunkten. Nach Auffassung des OVG Münster[9] kann die Erlaubnis nach § 33i GewO versagt werden, wenn die Spielhalle wegen ihrer Lage den Festsetzungen eines Bebauungsplans widerspricht. Ansonsten müssen für den Versagungstatbestand konkrete Anhaltspunkte vorliegen[10]. Ein polizeiwidriger Zustand der Umgebung kann nur dann von Bedeutung sein, wenn seinetwegen auch die Räume, in denen die Spielhalle be-

---

1 OVG Bln.-Bbg. v. 16.11.2009 – OVG 1 S 137.09.
2 OVG Lüneburg v. 13.3.2009 – 7 LA 54/07, NVwZ-RR 2009, 678.
3 BVerwG v. 2.2.1996 – 1 B 16.96, GewArch 1997, 66.
4 Vgl. zu den persönlichen Versagungsgründen *Tettinger/Wank/Ennuschat*, GewO, § 33c Rz. 25 ff. und *Hahn*, in: Friauf, GewO, § 33c Rz. 23 ff.
5 VGH Kassel v. 11.5.1992 – 8 TH 2754/91.
6 BVerwG v. 6.9.1991 – 1 B 97.91, NVwZ-RR 1993, 139.
7 BVerwG v. 9.10.1984 – 1 C 11.83, NVwZ 1985, 268.
8 *Marcks*, in: Landmann/Rohmer, GewO, § 33i Rz. 29.
9 OVG Münster v. 1.7.1986 – 4 A 2727/84, GewArch 1987, 159.
10 Im o.g. Urteil des OVG Münster z.B. verneint für § 33i Abs. 2 Nr. 2 GewO bei einer möglichen Einbeziehung der Spielhalle in die örtliche Rauschgiftszene; allgemein zu den Versagungsgründen Wiedmann, KommunalPraxis BY 2011, 2.

trieben werden soll, nicht den polizeilichen Anforderungen entsprechen, d.h. das „kriminalitätsgeneigte Milieu" auf die Räume durchschlägt, die für die Spielhalle vorgesehen sind[1].

Die auf § 33i Abs. 2 Nr. 3 (letzte Variante) GewO gestützte Verweigerung einer Spielhallengenehmigung, weil sich die Spielhalle u.a. in räumlicher Nähe zu einer katholischen Kirche befand, hat das OVG Bremen[2] als offensichtlich rechtswidrig eingestuft. Insbesondere könnten allgemeine Einwände gegen Spielhallen nicht dazu führen, einen Betrieb als unzulässig auszusondern, solange das Gesetz Spielhallen allgemein zulasse. 142

### 7. Höchstzahl zulässiger Spielgeräte und Spiele

Die zulässige Höchstzahl von Spielgeräten richtet sich nach dem Aufstellungsort. Umstritten ist, ob neben der höchstzulässigen Zahl von Spielgeräten ein Reservegerät aufgestellt werden darf[3]. Dies gilt auch für die Frage, ob neben den zulässigen Spielgeräten zusätzlich Promotions- bzw. Aktionsspielgeräte aufgestellt werden dürfen, an denen zu Werbe- oder Testzwecken unentgeltlich gespielt werden kann[4]. 143

#### a) Spielhallen

In Spielhallen richtet sich die **Zahl** der zulässigen Spielgeräte **nach der Grundfläche**, wobei je volle (nicht je angefangene) 12 qm maximal ein Geld- oder Warenspielgerät aufgestellt werden darf, und die Gesamtzahl 12 Geräte nicht übersteigen darf (§ 3 Abs. 2 SpielV)[5]. 144

In **Kleinstspielhallen**, deren Grundfläche weniger als 12 qm beträgt, sind keine Geldspielgeräte, sondern nur Unterhaltungsautomaten ohne Gewinnmöglichkeit zugelassen. 145

Bereits aus dem Verordnungswortlaut ergibt sich, dass für die Berechnung der Grundfläche Nebenräume und -anlagen außer Betracht zu bleiben haben, wobei § 3 Abs. 2 Satz 2 SpielV nur eine beispielhafte Aufzählung von Nebenanlagen etc. enthält. Anrechenbar sind nur die tatsächlichen Spielbetrieb unmittelbar dienenden Flächen, so dass z.B. der Aufsichtsbereich bei der Berechnung der Nutzfläche unberücksichtigt bleibt[6]. Die für die Berechnung maßgebliche Grundfläche wird in dem Erlaubnisbescheid nach § 33i GewO bzw. in der Geeignetheitsbestätigung nach § 33c Abs. 3 GewO festgelegt. 146

#### b) Gastwirtschaften, Imbissstuben, Pensionen

In Gastwirtschaften, Imbissbetrieben, Pensionen etc. dürfen nur **maximal drei Geld- oder Warenspielgeräte** aufgestellt werden (§§ 1 Abs. 1, 3 Abs. 1 SpielV). Nicht jeder Betrieb, der über eine Gaststättenerlaubnis verfügt, ist als geeigneter Aufstellort anzusehen. Dies betrifft vor allem Betriebe, die Gaststättenleistungen nur als Nebenleistungen anbieten (Warenhausgaststätten, Tankstellen, Raststätten, Einzelhandelsgeschäfte)[7]. 147

---

1 BVerwG v. 7.1.2003 – 6 B 70.02, NVwZ 2003, 602.
2 OVG Bremen v. 1.12.1989 – 1 BA 91/89, NVwZ 1990, 780.
3 *Pinegger*, GewArch 2001, 24.
4 *Pfeifer/Fischer*, GewArch 2002, 232.
5 BVerwG v. 24.6.1988 – 1 B 77.88; zur Verfassungsmäßigkeit dieser Regelung BVerfG v. 27.3.1987 – 1 BvR 850.86, NVwZ 1987, 1067.
6 OVG Münster v. 21.6.1994 – 11 A 1113/91, BauR 1995, 367; *Dickersbach*, NvWZ 1986, 452.
7 VGH Mannheim v. 29.4.1997 – 14 S 1920/96, GewArch 1997, 294.

148 Gastwirtschaften sind auch die nach § 2 Abs. 2 GastG erlaubnisfreien Gaststätten. Hier wird sich aber häufig die Frage stellen, ob es sich um eine „echte" Gaststätte handelt. Werden in einem Einzelhandelsgeschäft alkoholfreie Getränke und belegte Brötchen angeboten, handelt es sich zwar um eine erlaubnisfreie Gaststätte. Gleichwohl ist diese aus Gründen des Jugendschutzes kein geeigneter Aufstellort für Spielgeräte[1].

### c) Spielhallen mit Gaststättenleistungen

149 **Maximal drei Geld- und Warenspielgeräte** dürfen in Spielhallen aufgestellt werden, in denen alkoholische Getränke ausgeschenkt werden (§ 3 Abs. 3 SpielV). Diese Vorschrift ist auch auf Gaststätten anwendbar, so dass es nicht möglich ist, durch Erwerb einer Spielhallenerlaubnis neben der Gaststättenkonzession die Beschränkungen des § 3 Abs. 1 SpielV zu umgehen[2].

150 Werden in einer Spielhalle Speisen und/oder nicht-alkoholische Getränke ausgeschenkt, so kommt es darauf an, ob der Spielhallen- oder der Gaststättencharakter im Vordergrund steht. Überwiegt der **Spielhallencharakter**, bestimmt sich die Zahl der zulässigen Spielgeräte nach § 3 Abs. 2 SpielV. Ansonsten gilt die Beschränkung des § 3 Abs. 1 SpielV auf höchstens drei Geld- oder Warenspielgeräte[3].

### d) Andere Spiele i.S.d. § 33d GewO

151 Andere Spiele i.S.d. § 33d GewO mit Gewinnmöglichkeit dürfen gem. § 4 SpielV nur in Spielhallen und ähnlichen Unternehmen (insbesondere „Spielkasinos") in einer Höchstzahl von drei Spielen veranstaltet werden. Daneben dürfen maximal 12 Geld- oder Warenspielgeräte nach Maßgabe des § 3 Abs. 2 SpielV aufgestellt werden.

### 8. Zusätzliche Genehmigungsinhalte, Auflagen

152 Für Geld- und Warenspielgeräte, aber auch für andere Spiele enthält die **SpielV** diverse **Besonderheiten**, die vom Aufsteller zu beachten sind.

### a) Zulassungszeichen, Spielregeln und Gewinnplan

153 Das Zulassungszeichen (§§ 15, 16 SpielV) ist **deutlich sichtbar** am Gerät anzubringen (§ 6 Abs. 1 Satz 1 SpielV).

154 Spielregeln und Gewinnplan müssen nicht mehr am Gerät angebracht werden, sind aber für den Spieler leicht **zugänglich bereit zu halten** (§ 6 Abs. 1 Satz 2 SpielV). Bei anderen Spielen müssen Spielregeln und Gewinnplan deutlich sichtbar angebracht werden. Die Unbedenklichkeitsbescheinigung muss zur Einsichtnahme bereitgehalten werden (§ 6 Abs. 2 SpielV).

### b) Warnhinweise

155 An Geldspielgeräten sind vom Hersteller deutlich sichtbare Warnhinweise anzubringen, die das übermäßige Spielen und den Jugendschutz zum Gegenstand haben.

---

1 *Pöltl*, GewArch 2005, 353.
2 Vgl. *Marcks*, in: Landmann/Rohmer, GewO, § 3 SpielV Rz. 10; zu den aus dem Nebeneinander von Spielhalle und Gaststätten auftretenden Problemen vgl. Rz. 170f.
3 BVerwG v. 4.10.1988 – 1 C 59.86, NVwZ 1989, 51.

Weiterhin ist auf Beratungsmöglichkeiten bei pathologischem Spielverhalten hinzuweisen. Schließlich muss der Aufsteller von Geldspielgeräten in Spielhallen Informationsmaterialien über die Risiken des übermäßigen Spielens **sichtbar auslegen** (§ 6 Abs. 4 SpielV)[1].

#### c) Aufstellregeln für Geld- und Warenspielgeräte

Geld- und Warenspielgeräte dürfen nur **einzeln** oder in **Zweiergruppen** aufgestellt werden. Dabei ist ein Mindestabstand von 1 Meter einzuhalten. Weiterhin müssen zwischen den Gruppen oder Einzelspielgeräten Blenden angebracht werden. Weitere Einzelheiten regelt § 3 Abs. 2 SpielV. Damit soll verhindert werden, dass ein einzelner Spieler gleichzeitig mehrere Geräte bespielt. Da es sich um eine **Sichtblende** handeln muss, ist eine Lochblende nicht geeignet, wenn dadurch der Blick auf Nachbargeräte nicht verhindert wird[2]. 156

Auf Sichtblenden kann dann verzichtet werden, wenn die Geräte einen Abstand von mindestens 3 Metern haben oder z.B. Rücken an Rücken stehen, so dass ein Spieler nicht mehrere Geräte gleichzeitig im Blick haben kann und damit auch ein **gleichzeitiges Bespielen** in der Praxis ausgeschlossen ist[3]. 157

#### d) Aufsicht

In Gastwirtschaften müssen aus Gründen des Jugendschutzes die Geld- und Warenspielgeräte unter ständiger Aufsicht stehen. Ausreichend ist es, wenn der Wirt oder das Bedienungspersonal die **Geräte im Blick** haben. Wird die Maximalzahl von drei Geräten aufgestellt, müssen alle drei Geräte über eine technische Einrichtung verfügen, die eine Benutzung durch Jugendliche unter 18 Jahren verhindert. 158

#### e) Auflagen

Die gewerberechtlichen Erlaubnisse können mit Nebenbestimmungen, insbesondere (auch nachträglichen) Auflagen versehen werden (§§ 33c Abs. 1 Satz 3 und Abs. 3 Satz 3, 33d Abs. 1 Satz 2, 33i Abs. 1 Satz 2 GewO). Mit der am 1.1.2006 in Kraft getretenen SpielV haben sich diverse Zweifelsfragen erledigt. 159

Auflagen können u.a. erlassen werden, um die Einhaltung der Jugendschutzbestimmungen zu gewährleisten. Sind Spielgeräte in Gaststätten aufgestellt, muss der Gaststätteninhaber die Spielautomaten so aufstellen, dass er jederzeit kontrollieren und ggfs. verhindern kann, dass Kinder und Jugendliche entgegen § 8 Abs. 2 JSchÖG an den Geräten betätigen (vgl. Nr. 1.2.2.3 SpielVwV). **Kindern und Jugendlichen** bis 18 Jahren darf die Anwesenheit in Spielhallen nicht gestattet werden (§ 8 Abs. 1 JSchÖG). Für die Einhaltung dieser Vorschrift hat der Betreiber einer Spielhalle durch geeignete Kontrollmaßnahmen Sorge zu tragen. Je nach den Umständen des Einzelfalls kann eine Spielhallenerlaubnis mit der Auflage verbunden werden, dass gleichzeitig zwei Aufsichtspersonen anwesend sein müssen[4]. 160

Befinden sich zwischen nebeneinanderliegenden Spielhallen Verbindungstüren kann beauflagt werden, dass diese stets verschlossen zu halten sind. Rechtsgrund- 161

---
1 Ein von der Automatenwirtschaft entwickelter Flyer ist über das Internet erhältlich (z.B. http://www.awi.de).
2 VG Frankfurt v. 7.8.2007 – 5 G 1621/07, ZfWG 2007, 394.
3 Vgl. BR-Drs. 655/05, 15.
4 BVerwG v. 2.7.1991 – 1 C 4.90, NVwZ-RR 1992, 470; OVG Münster v. 4.11.1994 – 4 A 1001/93; VG Stuttgart v. 14.9.2004 – 10 K 1340/04.

lage hierfür ist § 33i Abs. 1 Satz 2 GewO, um auf diese Weise die Sonderung der einzelnen Betriebsstätten durchzusetzen[1].

162 Auf der Grundlage des § 33i Abs. 1 Satz 2 GewO kann die Aufstellung von Geld- und Warenspielgeräten innerhalb von Spielhallen geregelt werden[2]. Hintergrund dafür ist der Umstand, dass eine Beziehung zwischen der Anordnung und der Anzahl von Geldspielgeräten einerseits und der Erhöhung des Spielanreizes andererseits besteht. Daher kann beauflagt werden, die Spielgeräte so anzuordnen oder voneinander abzutrennen, dass ein Spieler zur gleichen Zeit nicht mehr als zwei Geräte bedienen und überwachen kann, um die ausbeuterische Ausnutzung des Spieltriebs zu verhindern[3]. Wann eine räumliche Massierung von Spielgeräten zu einer extensiven Betätigung des Spieltriebs verlockt, hängt von den Umständen des Einzelfalls ab und kann nicht mathematisch durch eine Berechnung der für jedes Spielgerät zur Verfügung stehenden Fläche ermittelt werden. Insbesondere spielt der Flächenmaßstab des § 3 Abs. 2 SpielV dabei keine maßgebliche Rolle. Bei einer Spielhallenfläche von 75 qm und sechs oder sieben Spielgeräten liegt noch keine unzulässige Massierung vor[4]. Anders ist dies bei der Aufstellung von zehn Gewinnspielen auf nur ca. 30 qm[5]. Im Einzelfall kann es darüber hinaus auch zulässig sein, zur Vermeidung einer übermäßigen Ausnutzung des Spieltriebs eine verhältnismäßige Aufteilung der Gewinnspielgeräte auf die einzelnen Räume der Spielhalle anzuordnen, wobei ggfs. die Anbringung von Sichtblenden ausreicht[6]. Keine Rechtsgrundlage gibt es hingegen für die Auflage, dass innerhalb einer Spielhalle, die mehrere Räume aufweist, in jedem der Spielräume neben Geld- und Warenspielgeräten stets Unterhaltungsgeräte aufgestellt sein müssen[7]. Bei dieser Rechtsprechung ist zu beachten, dass § 3 Abs. 2 SpielV dazu jetzt ausdrückliche und spezielle Regelungen enthält, die entsprechende Auflagen im Regelfall überflüssig machen.

### 9. Antragsunterlagen

163 Für die Beantragung der gewerberechtlichen Erlaubnisse sind i.d.R. ein Führungszeugnis für Behörden (§ 30 Abs. 5 BundeszentralregisterG) sowie eine Auskunft aus dem Gewerbezentralregister (§ 150 Abs. 1 GewO) erforderlich, sofern nicht die persönlichen Verhältnisse des Antragstellers der Genehmigungsbehörde zweifelsfrei bekannt sind[8]. Für die Erlaubnis nach § 33i GewO sind ferner ein Grundrissplan und eine Nutzflächenberechnung der geplanten Spielhalle, für die Genehmigung nach § 33d GewO die Unbedenklichkeitsbescheinigung des BKA vorzulegen[9].

164 Die für die Erteilung der Unbedenklichkeitsbescheinigung erforderlichen Antragsunterlagen ergeben sich aus § 2 UnbBeschErtV.

## V. Gaststättenrecht

165 Durch das Gesetz zur Umsetzung von Vorschlägen zum Bürokratieabbau und Deregulierung aus den Regionen ist u.a. das GastG in wesentlichen Teilen geändert

---

1 VG Gießen v. 1.7.2010 – 8 L 1716/10.GI.
2 BVerwG v. 30.3.1993 – 1 C 16.91, NVwZ-RR 1993, 547; OVG Hamburg v. 1.7.1998 – Bf V 73/96, GewArch 1999, 160.
3 BVerwG v. 29.6.1994 – 1 B 52.94, GewArch 1995, 112.
4 BVerwG v. 23.1.1996 – 1 C 7.95, NVwZ-RR 1996, 436.
5 BVerwG v. 25.11.1993 – 1 B 188.93, GewArch 1995, 113; OVG Münster v. 11.11.1993 – 4 A 1750/93, GewArch 1994, 166; v. 15.7.1993 – 4 A 3853/92.
6 OVG Münster v. 5.6.1997 – 4 A 6681/95, GewArch 1998, 198.
7 OVG Hamburg v. 1.7.1998 – Bf V 73/96, GewArch 1999, 160.
8 Ziff. 1.2.1.1 SpielVwV; teilweise wird eine Auskunft aus dem Schuldnerverzeichnis verlangt. Die SpielVwV enthält Musterformulare.
9 Ziff. 2.2.1.2 und 3.2.2.1 SpielVwV.

V. Gaststättenrecht

worden. Das **novellierte GastG** ist zum 1.7.2005 in Kraft getreten[1]. Ein wesentlicher Punkt war die Beschränkung der Erlaubnispflicht auf Gaststätten mit Alkoholausschank.

Mit der Föderalismusreform ist das Gaststättenrecht **Ländersache** geworden. Allerdings gilt das GastG des Bundes, solange die Länder von ihrer Gesetzgebungskompetenz keinen Gebrauch gemacht haben. Als erstes Bundesland hat Brandenburg ein **Landesgaststättengesetz** erlassen[2]. Weitere Landesgesetze gibt es in Baden-Württemberg[3], Thüringen[4] und Bremen[5]. 166

Die Eckpunkte des BbgGastG (ähnlich wie in Thüringen) sehen wie folgt aus: 167
– Die bisherige Gaststättenerlaubnis entfällt, der Beginn des Gaststättenbetriebs muss lediglich vier Wochen vor dem Betriebsbeginn nach § 14 GewO angezeigt werden.
– Will der Gastwirt Alkohol ausschenken, ist eine vorherige Prüfung der Zuverlässigkeit des Antragstellers vorgesehen (Vorlage von Führungszeugnis, Auszug aus dem Gewerbezentralregister, steuerliche Unbedenklichkeitsbescheinigung). Werden diese Unterlagen nicht rechtzeitig vorgelegt, kann die örtliche Ordnungsbehörde dem Gastwirt den Ausschank alkoholischer Getränke untersagen.
– Ist der Gastwirt nicht zuverlässig, kann die örtliche Ordnungsbehörde den Gaststättenbetrieb nach § 35 GewO untersagen.
– „Anlassbezogene Gaststättenbetriebe" sind ebenfalls nur anzeigepflichtig.
– Die örtliche Ordnungsbehörde hat die Daten der Anzeigen der unteren Bauaufsichtsbehörde, der Lebensmittelüberwachungsbehörde sowie den Umweltbereich der kreisfreien Städte, amtsfreien Gemeinden und Ämter zu übermitteln.
– Die Gastwirte sind für die Beachtung der Rechtsvorschriften in den Bereichen Bau, Lebensmittelhygiene, Jugendschutz, Arbeitsschutz oder Immissionsschutz selber verantwortlich.

## 1. Gaststättenerlaubnis[6]

Sollen in einer **Spielhalle auch Getränke** ausgeschenkt oder zubereitete **Speisen** angeboten werden, ist gem. § 2 Abs. 1 GastG neben den baurechtlichen und gewerberechtlichen Genehmigungen grds. auch eine Gaststättenerlaubnis erforderlich. Der neue § 2 Abs. 2 GastG sieht u.a. **Ausnahmen** für Betriebe vor, die alkoholfreie Getränke, unentgeltliche Kostproben oder zubereitete Speisen an die Gäste abgeben. Im Umkehrschluss ist eine Gaststättengenehmigung also nur noch erforderlich, wenn alkoholische Getränke ausgeschenkt werden sollen. Auf die Betriebsart oder Größe kommt es hingegen nicht an, so dass selbst eine große, kerngebietstypische Spielhalle keine Gaststättengenehmigung benötigt, wenn auf den Ausschank von alkoholischen Getränken verzichtet wird. 168

Die Betriebe, die unter § 2 Abs. 2 GastG fallen, sind **gleichwohl** (erlaubnisfreie) **Gaststätten**, so dass die sonstigen Vorschriften des GastG zur Anwendung kommen. Folglich können Anordnungen nach § 5 Abs. 1 Nr. 1 bis 3 GastG zum Schutz 169

---

1 BGBl. I, 1666, 1669; einen Überblick liefert der Beitrag von *Pöltl*, GewArch 2005, 353.
2 BbgGastG v. 7.10.2008, GVBl. 2008, 218. Aktuell hat das Saarland ein Gaststättengesetz erlassen, das am 17.6.2011 in Kraft getreten ist.
3 LGastG BW v. 10.11.2009, GBl. 2009, 628.
4 ThürGastG v. 9.10.2008, GVBl. 2008, 367.
5 BremGastG v. 24.2.2009, GBl. 2009, 45.
6 Die folgenden Ausführungen basieren auf dem in den meisten Ländern (noch) geltenden GastG des Bundes.

der Gäste, Beschäftigten und Nachbarn erlassen werden. Genauso gelten die Sperrzeitvorschriften.

### 2. Gaststätten mit Spielhallencharakter

170 Für Gaststätten, in denen Spielgeräte aufgestellt sind, stellt sich die Frage, ob bzw. ab wann diese als Spielhallen zu qualifizieren sind, so dass dann **neben** der **Gaststättengenehmigung** noch eine **Spielhallenerlaubnis** gem. § 33i GewO erforderlich ist. Beabsichtigt der Inhaber einer Gaststätte, neben den drei nach § 3 Abs. 1 SpielV zulässigen Geldspielgeräten zusätzliche Unterhaltungsautomaten ohne Gewinnmöglichkeit aufzustellen, kann aus der Gaststätte eine Spielhalle entstehen[1]. Hierbei ist es entscheidend, ob die Gaststätte bereits den Charakter einer Spielhalle hat. Maßgebliche Kriterien sind u.a. Größe der Gaststätte und der Spielfläche sowie die Anzahl der Spielgeräte. Einen spielhallenähnlichen Betrieb hat z.B. das OVG Hamburg[2] bei einem mit neun Billardtischen und zwei Geldspielgeräten ausgestatteten Billard-Café bejaht (vgl. oben Rz. 128).

### 3. Gaststätten und Spielhallen als getrennte Betriebe

171 Ein weiteres Problem beim Nebeneinander von Gaststätte und Spielhalle ergibt sich aus der Frage, wann **zwei Betriebe** vorliegen, so dass für die Spielhalle nicht die Regelung in § 3 Abs. 1 SpielV Geltung hat, die die Zahl der Geld- und Warenspielgeräte in Gaststätten auf drei beschränkt. Nach einer (allerdings etwas älteren) Entscheidung des BVerwG kann der Nebenraum einer Gaststätte als eigenständiger Spielhallenbetrieb angesehen werden, wenn die Spielhalle vor allem Kunden von außerhalb der Gaststätte anzieht. Ein gemeinsamer Eingangsbereich wurde als unschädlich angesehen[3]. In der Praxis sind daher Konstellationen anzutreffen, bei denen eine Gaststätte unmittelbar an eine Spielhalle angrenzt, und die Gäste durch eine Verbindungstür zwischen Gaststätte und Spielhalle wechseln können.

### 4. Sperrzeiten

172 Die Länder haben durch den seit dem 1.7.2005 novellierten § 18 Abs. 1 Satz 2 GastG die Möglichkeit, eine Sperrzeit durch **Rechtsverordnung** der Landesregierung allgemein festzusetzen. Damit besteht zugleich die Möglichkeit, auf die Vorgabe von Sperrzeiten vollständig zu verzichten. Umgekehrt können die Länder speziell für Spielhallen Sperrzeiten festlegen[4]. Baden-Württemberg hat für Schank- und Speisewirtschaften sowie für öffentliche Vergnügungsstätten eine Sperrzeit zwischen 3 Uhr (von Samstag auf Sonntag um 5 Uhr) und 6 Uhr festgelegt. Für Spielhallen gibt es eine Sonderregelung. Hier beginnt die Sperrzeit um 0 Uhr[5]. In Thüringen gibt es für Gaststätten keine landesweiten generellen Sperrzeitregelungen, wohl aber für Spielhallen von 1 Uhr bis 6 Uhr.

173 Abweichend von den landesweiten Regelungen kann die zuständige Behörde im Einzelfall auf Antrag bei Vorliegen eines öffentlichen Bedürfnisses oder besonderer

---

1 *Marcks*, in: Landmann/Rohmer, GewO, § 33i Rz. 9; vgl. auch VGH Kassel v. 15.10.1986 – 3 TH 2544/86, NVwZ 1987, 428 zum Problem, dass durch die Verstärkung des Spielhallencharakters einer Gaststätte zugleich eine baurechtliche Nutzungsänderung vorliegt.
2 OVG Hamburg v. 17.10.1986 – Bs VI 103/86, GewArch 1987, 59.
3 BVerwG v. 14.12.1982 – 1 C 71.79, NVwZ 1983, 288; *Marcks*, in: Landmann/Rohmer, GewO, § 33i Rz. 7.
4 OVG Saarlouis v. 6.6.2005 – 3 Q 9/04 zur Zulässigkeit des § 19 GastVO-Saarland, wonach für Spielhallen Sperrzeiten zwischen 22 Uhr und 7 Uhr gelten.
5 Gaststättenverordnung v. 10.11.2009, GBl. 2009, 671.

örtlicher Verhältnisse die Sperrzeit allgemein verlängern, verkürzen oder aufheben. Genauso können die zuständigen Behörden im Einzelfall Sperrzeiten in Auflagen zur Gaststättengenehmigung festsetzen.

**Besondere örtliche Verhältnisse** liegen vor, wenn sich die Spielhalle in einem typischen Vergnügungsviertel befindet. Ein öffentliches Bedürfnis setzt weiter eine Bedarfslücke voraus. Diese liegt bei Spielhallen regelmäßig nicht vor, weil Spielhallen nicht typischerweise erst nach Beginn der allgemeinen Sperrzeit aufgesucht werden[1]. Insbesondere muss die Bedarfslücke aus der Sicht der Allgemeinheit – nicht aus der des an der Verkürzung interessierten Gewerbetreibenden – bestehen, die durch die erstrebte individuelle Verkürzung der allgemeinen Sperrzeit im öffentlichen Interesse zu schließen ist. Es müssen also hinreichende Gründe ein Abweichen von der Regel im Interesse der Allgemeinheit rechtfertigen. Dafür kommt es darauf an, ob im lokalen Einzugsbereich eine erhebliche Zahl von Interessenten ihr Bedürfnis nach dem Besuch von Spielhallen ohne die Verkürzung der Sperrzeit nicht befriedigen können, wobei die Wünsche einzelner, etwa der Stammgäste, kein öffentliches Bedürfnis an der Verkürzung der Sperrzeit begründen[2].

174

Noch auf der Grundlage des alten § 18 Abs. 1 Satz 2 GastG hatte das BVerwG entschieden, dass diese Vorschrift zum Erlass von Rechtsverordnungen zur Festsetzung einer Sperrzeit auch für Spielhallen ermächtigt, und Sperrzeiten für Spielhallen die Eindämmung der Betätigung des Spielbetriebs bezwecken dürfen[3]. Weiterhin zwingt allein die Wettbewerbssituation zwischen einer Spielhalle und einer Spielbank nicht dazu, die Sperrzeit für Spielhallen den nach dem Landesrecht bestehenden Öffnungszeiten für Spielbanken oder ihrer Automatensäle anzugleichen[4].

175

## 5. Sonstige Anforderungen

Hinsichtlich der baulichen Anforderungen ist für Spielhallen, wenn sie Getränke ausschenken und deshalb in den Anwendungsbereich des GastG fallen, insbesondere die **GastBauVO** des jeweiligen Landes von Bedeutung, soweit sie noch existent ist[5]. Diese regelt u.a. minutiös die Anzahl sowie die Anforderungen an Toiletten, Rettungswege, Feuerlösch-, Melde- und Alarmeinrichtungen. Gerade bei den allgemein nicht beliebten Spielhallen muss der Betreiber damit rechnen, dass ggfs. auch technische Bauvorschriften als Verhinderungsinstrument eingesetzt werden, so dass er bei der Standortentscheidung und der Planung diese Aspekte sorgfältig zu berücksichtigen hat.

176

Neben Gaststätten gehören Kultur- und Freizeiteinrichtungen in fast allen Bundesländern zu den von den landesrechtlichen **Nichtraucherschutzgesetzen** erfassten Einrichtungen. Legaldefiniert werden sie dabei meist als Einrichtungen, die der Bewahrung, Vermittlung, Aufführung und Ausstellung künstlerischer, unterhaltender, freizeitgestaltender oder historischer Inhalte oder Werke dienen, unabhängig von ihrer Trägerschaft. Dazu zählen auch Spielhallen[6]. Das Nichtraucherschutzgesetz in Baden-Württemberg gilt hingegen nur für Schulen, Kinder- Jugendeinrichtungen, Behörden, Krankenhäusern und Pflegeeinrichtungen sowie in Gaststätten. Das Gesetz in Bremen erfasst zwar Kultur- und Sporteinrichtungen, nicht aber generell Freizeiteinrichtungen Das Thüringer Nichtraucherschutzgesetz verwendet

177

---

1 OVG Magdeburg v. 28.5.2002 – 1 M 154/02, GewArch 2002, 342.
2 VG Ansbach v. 11.2.2011 – AN 4 K 10.01749.
3 BVerwG v. 15.12.1994 – 1 B 190.94, NVwZ 1995, 487.
4 BVerwG v. 23.7.2003 – 6 B 33.03, GewArch 2003, 433; OVG Saarlouis v. 6.6.2005 – 3 Q 9/04.
5 So ist die GastBauV in Bayern zum 31.12.2005 aufgehoben worden.
6 VGH München v. 10.2.2011 – 9 CE 10.3177, GewArch 2011, 258.

ebenfalls nicht den globalen Begriff der Freizeiteinrichtungen. Dafür werden Spielhallen und Spielkasinos explizit genannt und fallen damit ohne weiteres in den Anwendungsbereich des Gesetzes. Der Thüringer Verfassungsgerichtshof hat das uneingeschränkte Rauchverbot für Spielhallen und Spielkasinos für verfassungswidrig erklärt. Daraufhin sind in § 4 Abs. 5 ThürNRSchutzG Einschränkungen gemacht worden[1]. Danach gilt das Rauchverbot nicht in Spielkasinos und Spielhallen,
- die eine für die Aufstellung von Spielgeräten freigegebene Gesamtfläche von bis zu 75 qm haben,
- die einen abgetrennten Nebenraum haben,
- in denen zubereitete Speisen zum Verzehr an Ort und Stelle nicht verabreicht werden und
- die im Eingangsbereich deutlich erkennbar als Raucher-Spielkasino oder Raucher-Spielhalle gekennzeichnet sind.

178 Werden in einer Spielhalle kostenlos Getränke angeboten, unterfällt die Spielhalle als Gaststätte den entsprechenden Vorschriften des Landesnichtraucherschutzgesetzes. Dabei spielt es keine Rolle, ob es sich bei der Spielhalle um ein gaststättenrechtlich erlaubnispflichtiges oder erlaubnisfreies Gaststättengewerbe handelt[2].

## VI. Abgabenrecht

### 1. Vergnügungssteuer

179 Die Vergnügungssteuer dient nicht nur der Steuerung, d.h. der Beschränkung von Spielhallen und Spielgeräten bzw. der Bekämpfung der Spielsucht, sondern ist auch eine nicht unerhebliche Einnahmequelle. So hat die Stadt Mengen in Baden-Württemberg bei Geldspielgeräten mit 25 % des Umsatzes den höchsten Vergnügungssteuersatz[3]. Folglich sind im Bereich des Abgabenrechts im Zusammenhang mit der Erhebung der Vergnügungssteuer Gegenstand zahlreicher gerichtlicher Auseinandersetzungen. Die einschlägigen Entscheidungen haben die **Rechtmäßigkeit** der betreffenden Regelungen in den Vergnügungssteuergesetzen der Länder bzw. der Vergnügungssteuersatzungen der Gemeinden grds. **bestätigt** haben.

180 Insbesondere liegt kein Verstoß gegen **Art. 3 Abs. 1 GG** vor, weil Geldspielgeräte in Spielbanken nicht besteuert werden. Es steht dem Satzungsgeber außerdem frei, zur „Eindämmung der Spielhallenflut" Spielgeräte dort höher zu besteuern als solche in Gaststätten. Dazu ist er aber nicht verpflichtet. Ein unzulässiger Eingriff in die Berufsfreiheit gem. **Art. 12 Abs. 1 GG** liegt nicht vor, solange die Vergnügungssteuer nicht erdrosselnd wirkt, d.h. die betroffenen Berufsangehörigen in aller Regel und nicht nur in Ausnahmefällen wirtschaftlich nicht mehr in der Lage sind, den gewählten Beruf ganz oder teilweise zur Grundlage ihrer Lebensführung zu machen. Die Bekämpfung und Eindämmung der Spielsucht ist ein besonders wichtiges Gemeinwohlziel und damit zugleich ein zulässiges Lenkungsziel der Vergnügungs-

---
1 ThürVerfGH v. 5.12.2008 – 26/08 und 34/08, ThürVBl. 2009, 54; eine ähnliche Entscheidung ist in Sachsen ergangen, SächsVerfGH v. 20.11.2008 – Vf 63-IV-08.
2 OLG Celle v. 7.7.2009 – 322 SsBs 75/09, NdsRpfl 2009, 361.
3 Süddeutsche Zeitung vom 18.8.2010. Die Erhöhung von 20 % auf 25 % hat zumindest hinsichtlich des Lenkungszwecks durchschlagende Wirkung gehabt, weil (vorübergehend) alle sieben Spielhallen in Mengen geschlossen haben. Beim VG Sigmaringen ist eine Klage anhängig. Bayern hat als einziges Bundesland die Vergnügungssteuer durch das Gesetz zur Abschaffung kommunaler Bagatellsteuern vom 21.12.1979 (GVBl, 436) abgeschafft.

steuer. Schließlich liegt kein Verstoß gegen **Art. 105 Abs. 2a GG** vor, da es sich um eine Aufwandsteuer handelt, die die Leistungsfähigkeit des Spielers erfasst, der sich an dem Gerät vergnügt. Ebenso wenig liegt ein Verstoß gegen europäisches Gemeinschaftsrecht (Mehrwertsteuersystemrichtlinie 2006/112/EG bzw. Verbrauchsteuerrichtlinie 92/127EWG) vor[1].

Nicht unwichtig für die anwaltliche Praxis ist der Umstand, dass – wie generell im Kommunalabgabenrecht – eine als fehlerhaft erkannte und damit nichtige Vergnügungssteuersatzung rückwirkend geändert werden kann. Somit liegen z.B. die Voraussetzungen für eine **rückwirkende Heilung** vor, wenn die Satzung ursprünglich einen nicht mehr zulässigen Stückzahlmaßstab für die Steuerbemessung verwendete. Ein schutzwürdiges Vertrauen liegt auch nicht im Hinblick auf die Steuerhöhe vor, sofern mit der Änderung jedenfalls keine Schlechterstellung verbunden ist[2]. Wer sich auf Satzungsmängel beruft, muss also wissen, dass ein Obsiegen nicht zwangsläufig einen dauerhaften Erfolg darstellt und dies auch bei der Frage einkalkulieren, ob sich ein gerichtliches Vorgehen „lohnt". 181

Die **Bemessungsgrundlage** für die Erhebung der Spielautomatensteuer ist ein wesentlicher Streitpunkt der vergangenen Jahre. Das Bundesverwaltungsgericht hatte zunächst den bis dahin bei der Erhebung der Vergnügungssteuer für Spielgeräte üblichen Maßstab nach der Zahl der aufgestellten Geräte für Spielautomaten mit Gewinnmöglichkeit für unzulässig erklärt bzw. an dessen Anwendung Anforderungen gestellt, die eine rechtssichere Anwendung de facto ausschlossen. Dabei spielt eine wesentliche Rolle, dass seit dem 1.1.1997 sämtliche Geldspielgeräte aufgrund einer freiwilligen Selbstverpflichtung der Automatenaufstellerverbände über manipulationssichere Zählwerke verfügen, so dass seitdem eine zuverlässige Ermittlung der Einspielergebnisse möglich ist, was wiederum den Rückgriff auf den Ersatzmaßstab der Stückzahl verbietet[3]. Anders stellt sich die Situation bei den Spielautomaten ohne Gewinnmöglichkeit dar. Solange nicht feststeht, dass in dem betreffenden Gemeindegebiet nur Apparate mit manipulationssicherem Zählwerk aufgestellt sind und aller Voraussicht nach nur solche Apparate künftig aufgestellt werden, ist die Erhebung der Vergnügungssteuer nach dem Stückzahlmaßstab für diesen Typ von Spielautomaten weiterhin grds. zulässig[4]. 182

Bei der Frage, wie die Vergnügungssteuer zu bemessen ist, hat der Satzungsgeber im Übrigen einen erheblichen Spielraum. In verfassungsrechtlicher Hinsicht ist der Satzungsgeber dabei nicht gehalten, die zweckmäßigste, vernünftigste oder gerechteste Lösung zu wählen. Ihm steht vielmehr ein **weiter Gestaltungsspielraum** zu, der erst dann überschritten wird, wenn ein einleuchtender Grund für eine Ungleichbehandlung fehlt und die Steuererhebung daher willkürlich wäre. Vor diesem Hintergrund werden sowohl das Einspielergebnis als auch der Spieleinsatz als zulässige Berechnungsgrundlagen angesehen. 183

Stellt man auf den **Spieleinsatz** ab, so zählen dazu nicht nur die in den Spielautomaten eingeworfenen Bargeldbeträge, sondern auch Gewinne, die sich der Spieler nicht auszahlen lässt, obwohl er dies könnte, sondern zum Weiterspielen verwendet. Auf dieser Grundlage enthält die Vergnügungssteuersatzung der Stadt Leipzig einen Steuersatz von 7,5 %. Hilfsweise gilt für den Fall, dass der Spieleinsatz in der tat- 184

---
1 Aktuell OVG Münster v. 16.5.2011 – 14 A 899/11; v. 23.6.2010 – 14 A 597/09, DVBl 2010, 1255; BVerfG v. 3.9.2009 – 1 BvR 2384/08, NVwZ 2010, 313; v.4.2.2009 – 1 BvL 8/05, NVwZ 2009, 968; BVerwG v. 10.12.2009 – 9 C 12.08, NVwZ 2010, 784; v. 13.4.2005 – 10 C 5/04, NVwZ 2005, 1316.
2 BVerfG v. 3.9.2009 – 1 BvR 2384/08, NVwZ 2010, 313.
3 BVerwG v. 13.4.2005 – 10 C 5.04, NVwZ 2005, 1316.
4 BVerwG v. 14.12.2005 – 10 CN 1.05, NVwZ 2006, 461.

sächlichen Höhe nicht ermittelt werden kann, das Dreifache des Einspielergebnisses als Spieleinsatz. Das BVerwG hat dies als grds. zulässig angesehen, gleichwohl das Verfahren an die Vorinstanz zurückverwiesen, weil nicht abschließend geklärt worden war, ob in dem jeweiligen Spielgerät zunächst aufgebuchtes Geld auch dann in den Auslesestreifen der Spielgeräte als „Einwurf" oder „Einsatz" ausgewiesen wird, wenn der Spieler sich das Geld wieder auszahlen lässt, ohne gespielt zu haben, und ob bzw. wie sich ein solcher Geldwechselvorgang auf die Steuerbemessung der Vergnügungssteuersatzung auswirkt. Ferner ist noch festzustellen, ob die Erhebung der Vergnügungsteuer mit einem Steuersatz von 7,5 % auf den Spieleinsatz bzw. das Dreifache des Einspielergebnisses erdrosselnd wirkt. Ein solcher Verstoß liege nur vor, wenn die Steuerbelastung es für sich genommen unmöglich macht, im Gebiet der Stadt Leipzig den Beruf des Spielautomatenbetreibers ganz oder teilweise zur wirtschaftlichen Grundlage der Lebensführung zu machen. Insoweit ist ein durchschnittlicher Betreiber zum Maßstab zu nehmen[1].

185 Demgegenüber wird beim **Einspielergebnis** als Bemessungsgrundlage auf die Einsätze aller Spieler abzüglich der an die Spieler ausgeschütteten Gewinne abgestellt. Genau genommen handelt es sich um die elektronisch gezählten Bruttokasseneinnahmen, die sich aus der elektronisch gezählten Kasse zuzüglich Röhrenentnahme, abzüglich Röhrenauffüllung, Falschgeld, Prüftestgeld und Fehlgeld errechnen. Bei dieser Berechnungsmethode werden Steuersätze von 15 % unter dem Gesichtspunkt von Art. 12 Abs. 1 GG und der Problematik der erdrosselnden Wirkung als zulässig angesehen[2]. Darüber hinaus sind Steuersätze bis zu 20 % anzutreffen. Bei Vergleichen ist zu berücksichtigen ist, dass teilweise auf die Netto- und teilweise auf die Bruttoeinspielergebnisse abgestellt wird.

186 Im Hinblick auf die Lenkungsfunktion der Vergnügungssteuer ist es weiterhin zulässig, neben einer Pauschalsteuer als Auffangsteuer auch eine stückzahlbezogene, spieleinsatzunabhängige Mindeststeuer zu verwenden. [3]

187 Die Vergnügungssteuer darf auch für **reine Spiel- und Geschicklichkeitsgeräte** (z.B. Billiard-, Dart- und Kickergeräte) erhoben werden. Für diese Spielgeräte hat das BVerwG hingegen an der Möglichkeit des Stückzahlmaßstabs festgehalten. Begründet wurde dies mit dem Umstand, dass zunächst geklärt werden müsse, ob auch in diesem Segment Geräte mit manipulationssicheren Zählwerken flächendeckend aufgestellt seien[4].

### 2. Umsatzsteuer

188 Zur Erhebung der Umsatzsteuer hat der EuGH zunächst entschieden, dass **Bemessungsgrundlage** hierfür nicht der Umsatz, sondern der **Kasseninhalt** ist. Der Teil der in einen Geldspielautomaten eingeworfenen Spieleinsätze, der als Gewinn an die Spieler wieder ausgeschüttet wird, gehört damit nicht zur Bemessungsgrundlage[5].

189 In der Linneweber-Entscheidung hat der EuGH festgestellt, dass nach EG-Recht[6] die deutsche Praxis, wonach die Veranstaltung oder der Betrieb von Glücksspielen oder Glückspielgeräten in zugelassenen öffentlichen **Spielbanken** steuerfrei ist,

---

1 BVerwG v. 10.12.2009 – 9 C 12.08, NVwZ 2010, 784. In Mülheim/Ruhr beläuft sich der Steuersatz auf 10 % des Spielumsatzes.
2 VG Arnsberg v. 21.10.2010 – 5 K 3777/09. Auch bei einem Steuersatz von 18 % wird keine erdrosselnde Wirkung gesehen, OVG Bautzen v. 25.8.2009 – 5 B 307/09.
3 OVG Bautzen v. 25.8.2009 – 5 B 307/09.
4 BVerwG v. 14.12.2005 – 10 CN 1.05, NVwZ 2006, 461.
5 EuGH v. 5.5.1994 – Rs. C-38/93, EuZW 1994, 440.
6 Art. 13 Teil B lit. f der 6. EG-Richtlinie.

während diese Steuerbefreiung für die Ausübung der gleichen Tätigkeit durch Wirtschaftsteilnehmer, die nicht Spielbankbetreiber sind, nicht gilt, unzulässig ist[1]. Die dadurch eingetretene Besteuerungslücke hat der Gesetzgeber mit dem Gesetz zur Eindämmung missbräuchlicher Steuergestaltungen[2] dadurch geschlossen, dass die bislang umsatzsteuerfreien Umsätze der zugelassenen öffentlichen **Spielbanken** künftig ebenso wie die gewerblich betriebenen Glücksspiele und Spielgeräte **umsatzsteuerpflichtig** sind. Damit wird eine Besteuerungslücke geschlossen und zugleich die umsatzsteuerliche Gleichbehandlung öffentlicher Spielbanken und gewerblicher Glücksspielanbieter sichergestellt[3].

Zur Umsatzsteuerpflicht der (inzwischen unzulässigen) Fun-Games ist entschieden worden, dass diese Geräte nicht unter die Steuerbefreiung nach Art. 13 Teil B lit. f der 6. EG-Richtlinie fallen, weil es sich (umsatzsteuerrechtlich) nicht um ein Glücksspiel mit Geldeinsatz handelt[4]. 190

## VII. Glücksspielrecht

Nach den Entscheidungen des EuGH vom 8.9.2010, den Urteilen des BVerwG vom 24.11.2010 sowie einer Flut von weiteren Entscheidungen der Instanzgerichte[5] können hier nur einige grundlegende Ausführungen und Informationen zum aktuellen Stand der Rechtsprechung gegeben werden, deren „Halbwertzeit" vermutlich sehr gering ist, zumal die Länderparlamente zum 1.1.2012 einen neuen **Glücksspielstaatsvertrag** verabschieden müssen, sofern der alte nicht ersatzlos auslaufen soll. 191

### 1. Glücksspielbegriff

Das Glücksspielrecht umfasst die **erlaubten Glücksspiele**, die (noch) staatlichen Monopolen vorbehalten sind. Dies betrifft die diversen Lotterien, Sportwetten und Spielbanken. Damit regelt das Glücksspielrecht zugleich, welche Glücksspiele unzulässig sind, und damit einen vor allem im Internet expandierenden Markt, dessen Umsätze erheblich sind[6]. 192

Im Gegensatz zum Geschicklichkeitsspiel, bei dem die Entscheidung über Gewinn und Verlust des Spiels nach den Spielbedingungen wesentlich von den geistigen und körperlichen Fähigkeiten, den Kenntnissen, der Übung und der Aufmerksamkeit des Spielers abhängt, ist das Glücksspiel dadurch geprägt, dass der Erfolg allein oder überwiegend vom Zufall abhängt. Ein Glücksspiel liegt auch dann vor, wenn der Spielerfolg zwar nicht allein vom Zufall abhängt, dem Zufallselement aber ein deutliches Übergewicht gegenüber den vom Spieler zu beeinflussenden Umständen zukommt,[7] so dass z.B. Poker in seinen diversen Varianten als Glücksspiel anzusehen ist[8]. Ebenfalls ein Glücksspiel ist das Bundesliga-Manager-Spiel im Internet. Dabei stellt jeder Spielteilnehmer aus den Spielern der 1. Fußball-Bundesliga ein Team zusammen, für das an jedem Spieltag der Bundesliga Punkte vergeben wer- 193

---

1 EuGH v. 17.2.2005 – Rs. C-453/02, DVBl 2005, 567; nachfolgend BFH v. 12.5.2005 – V R 7/02, BB 2005, 2002.
2 BGBl. 2006, S. 1095.
3 *Birk*, in: Dietlein/Hecker/Ruttig, Steuerrechtliche Grundlagen, 2008 Rz. 27 ff.
4 Niedersächsisches FG v. 7.12.2005 – 5 K 182/04, DStRE 2006, 741.
5 Vgl. Rz. 2 und 202 ff.
6 Die Forschungsstelle Glücksspiel der Universität Hohenheim geht zum Beispiel bei Sportwetten von Umsätzen der privaten Anbieter in Wettbüros und im Internet aus, die zwischen 1,5 bis 3 Mrd. Euro liegen, während die staatlichen Anbieter im Jahr 2006 einen Umsatz von ungefähr 300 Millionen Euro verzeichneten.
7 Vgl. die Legaldefinition in § 3 GlüStV; BVerwG v. 28.3.2001 – 6 C 2.01.
8 OVG Lüneburg v. 10.8.2009 – 11 ME 67/09, NVwZ-RR 2010, 104.

den. Die Aufstellung seines Teams legt der Teilnehmer auf dem Internetportal des Veranstalters für jeden Spieltag selbst fest. Die vom Teilnehmer eingesetzten Bundesligaspieler werden einzeln nach vorher festgelegten Kriterien von einer Expertenjury bewertet. Zusätzliche Punkte erhalten die Spieler nach bestimmten, im Einzelnen festgelegten Spielereignissen (z.B. erzielte Tore, Gegentore, gewonnene Zweikämpfe, rote oder gelbe Karten). Gewinner des Hauptpreises ist, wer am Ende der Saison mit seinem Team die meisten Punkte erzielt hat[1].

194 Der Glücksspielbegriff des Glücksspielstaatsvertrages wird überwiegend mit dem des § 284 StGB als identisch angesehen[2]. Strittig ist dabei die Frage, ob das „Entgelt", das vom Spieler bei einem Glücksspiel i.S.d. § 3 GlüStV verlangt wird und der „Einsatz", den der Spieler erbringen muss, damit nach der strafrechtlichen Rechtsprechung ein Glücksspiel i.S.d. § 284 StGB vorliegt, identisch ist. Dabei kommt es letztlich auf die Ausgestaltung im Einzelfall an. So wird ein Eintrittsgeld für ein Pokerturnier, das lediglich die Unkosten der Veranstaltung deckt, und aus dem nicht die Sachgewinne finanziert werden, die stattdessen von Sponsoren stammen, teilweise nicht als Glücksspiel angesehen[3]. In etwas anderen Konstellationen sind „Teilnahmegebühren" für ein Pokerturnier in Höhe von 15 bis 30 Euro als Entgelt i.S.d. § 3 GlüStV beurteilt worden, wenn bei dem Turnier Spielberechtigungen für Folgeturniere gewonnen werden können, die Chancen auf wertmäßig hohe Gewinne bieten[4]. Weiterhin gebe es in § 3 Abs. 1 Satz 1 GlüStV **keine entgeltbezogene Bagatellgrenze** bzw. Erheblichkeitsschwelle, so dass auch geringe Beiträge von nur 0,50 Euro das Tatbestandsmerkmal der Entgeltlichkeit erfüllen[5].

**2. Gesetzgebungskompetenzen**

195 Während das Bundesrecht (basierend auf der **Gesetzgebungskompetenz des Bundes für das Strafrecht** gem. Art. 74 Nr. 1 GG) die Veranstaltung und Vermittlung von öffentlichen Glücksspielen ohne behördliche Erlaubnis verbietet und mit Strafe bedroht (vgl. §§ 284 Abs. 1 und 4, 27 und 9 Abs. 1 StGB), fällt die Genehmigung von Spielbanken, Lotterien und Wetten in die Gesetzgebungszuständigkeit der Länder. Diese beruht in erster Linie auf der ausschließlichen **Gesetzgebungskompetenz der Länder für das Sicherheits- und Ordnungsrecht** (Art. 70 Abs. 1 GG)[6].

196 Die Geldspielautomaten sind juristisch zwar ebenfalls echte Glücksspiele,[7] unterliegen aber gleichwohl den gewerberechtlichen Vorschriften. Dies ist historisch bedingt, weil die Spielautomaten als eher harmlose „Groschengräber" in den 60er und 70er Jahre entstanden sind, und die Vorschriften der Gewerbeordnung schwerpunktmäßig auf eine Regulierung erwerbswirtschaftlichen Tätigkeit und nicht wie das Glücksspielrecht auf eine Gefahrenabwehr abzielen[8].

---

1 VGH München v. 13.4.2010 – 10 CS 10.453, ZfWG 2010, 183.
2 OVG Münster v. 10.6.2008 – 4 B 606/08, GewArch 2008, 407; VGH Kassel v. 7.8.2008 – 8 B 522/08, NVwZ-RR 2009, 62; OVG Rh.-Pf. v. 21.10.2008 – 6 B 10778/08, ZfWG 2008, 396; OVG Bln.-Bbg. v. 20.4.2009 – OVG 1 S 203.08, ZfWG 2009, 190; a.A. OVG Lüneburg v. 10.8.2009 – 11 ME 67/09, NVwZ-RR 2010, 104.
3 OVG Münster v. 10.6.2008 – 4 B 606/08, GewArch 2008, 407; OVG Weimar v. 12.3.2010 – 3 EO 513/10, ZfWG 2010, 295.
4 OVG Lüneburg v. 10.8.2009 – 11 ME 67/09, NVwZ-RR 2010, 104.
5 VG Ansbach v. 15.6.2010 – AN 4 S 10.00573, ZfWG 2010, 369; VG München v. 9.2.2009 – M 22 S 09300, ZfWG 2009, 70.
6 OVG Lüneburg v. 4.3.2003 – 11 ME 420/02, GewArch 2003, 247; BVerwG v. 28.3.2001 – 6 C 2.01, NJW 2001, 2648.
7 *Dietlein/Hüsken*, in: Dietlein/Hecker/Ruttig, § 33c GewO, Rz. 1.
8 Zur Gesetzgebungskompetenz insgesamt *Dietlein*, in: Dietlein/Hecker/Ruttig, Art. 70ff. GG Rz. 3.

Mit der Föderalismusreform 2006 ist den Ländern die Gesetzgebungskompetenz für das **„Recht der Spielhallen"** übertragen worden (Art. 74 Abs. 1 Nr. 11 GG) worden. Bisher haben zwei Bundesländer (Bremen und Berlin) von der Möglichkeit eines Landesgesetzes Gebrauch gemacht, da zunächst davon ausgegangen wurde, dass die bestehenden gesetzlichen Instrumentarien ausreichen. Zudem ist nicht abschließend geklärt, wie weit die gesetzgeberischen Befugnisse der Länder im konkreten Fall reichen. Nach überwiegender Meinung umfasst das „Recht der Spielhallen" die konkrete Ausgestaltung des Spielhallenbetriebs, ohne jedoch die Regelungen einzuschließen, die sich mit den anderweitig geregelten Kriterien für Geldgewinnspielgeräte oder den baulichen Anforderungen an Spielhallen befassen[1]. 197

### 3. Glücksspielstaatsvertrag

Rechtsgrundlage für das Glücksspielrecht ist vor dem geschilderten Hintergrund in erster Linie der Glücksspielstaatsvertrag (GlüStV) der Bundesländer, der als Landesgesetz Geltung hat[2]. 198

Nach § 4 GlüStV dürfen öffentliche Glücksspiele nur mit Erlaubnis der jeweils zuständigen Landesbehörde veranstaltet oder vermittelt werden. Das Veranstalten und das Vermitteln ohne diese Erlaubnis sind als unerlaubtes Glücksspiel verboten. Ausdrücklich verbietet § 4 Abs. 4 GlüStV das Veranstalten und das Vermitteln Öffentlicher Glücksspiele im Internet. Gleichzeitig gebietet § 10 GlüStV den Ländern ein ausreichendes Glücksspielangebot sicherzustellen, um dadurch die in § 1 GlüStV genannten Zielstellung (Verhinderung von Glücksspiel- und Wettsucht, wirksame Suchtbekämpfung, Begrenzung des Glücksspielangebots, Verhinderung eines Ausweichens auf nicht erlaubte Glücksspiel) zu erreichen. Zu diesem Zweck können die Länder auf gesetzlicher Grundlage diese öffentliche Aufgabe selbst, durch juristische Personen des öffentlichen Rechts oder durch privatrechtliche Gesellschaften, an denen juristische Personen des öffentlichen Rechts unmittelbar oder mittelbar maßgeblich beteiligt sind, erfüllen (§ 10 Abs. 2 GlüStV). In den Ländern bestehen dementsprechend Glücksspielgesetze oder vergleichbare Regelungen[3]. 199

Für den Bereich der Pferdewetten gibt es als gewerberechtliche Vorschrift das Rennwett- und Lotteriegesetz, das daneben die Besteuerung von Lotterien, Ausspielungen und Oddset-Wetten regelt. 200

Damit besteht im Bereich des (erlaubten) Glücksspiels ein **staatliches Monopol**, das rechtlich schon lange umstritten ist. Der derzeit noch geltende Glücksspielstaatsvertrag hat seinen Hintergrund in der Rechtsprechung des BVerfG[4]. Danach ist ein staatliches Monopol für Sportwetten mit dem Grundrecht der Berufsfreiheit des Art. 12 GG nur vereinbar, wenn es konsequent am Ziel der Bekämpfung von Suchtgefahren ausgerichtet ist. Da die damalige Regelung diesen Anforderungen nicht entsprach, mussten die Länder eine Neuregelung schaffen, was mit dem am 1.1.2008 in Kraft getretenen Glücksspielstaatsvertrag erfolgt ist. Dieser hat eine Laufzeit bis Ende 2011. Seit dem Inkrafttreten haben sich die nationale Rechtsprechung und der EuGH mit dem Vertrag und seiner praktischen Umsetzung kritisch und mit unterschiedlichen Ergebnissen beschäftigt. Einige Gerichte haben von An- 201

---

1 *Kluth*, Die Gesetzgebungskompetenz für das Recht der Spielhallen nach der Neufassung der Art. 74 Abs. 1 Nr. 11 GG, Halle 2010; *Schneider*, GewArch 2009, 265.
2 In Thüringen z.B. das Thüringer Gesetz zu dem Glücksspielstaatsvertrag vom 18.12.2007, GVBl 2007, 243.
3 In Thüringen z.B. das Thüringer Glücksspielgesetz (ThürGlüG) v. 18.12.2007, GVBl 2007, 243.
4 BVerfG v. 28.3.2006 – 1 BvR 1054/01, NJW 2006, 1261.

fang an **Bedenken gegen die Wirksamkeit des GlüStV** geäußert und die fehlende Kohärenz bemängelt, wenn Weiterungen im gewerblichen Automatenspielbetrieb zugelassen würden, obwohl Automatenspiele das größte Spielsuchtgefährdungspotential aufweisen, oder ein Bereich der Sportwetten, wie etwa Pferderennen vom Geltungsbereich des Glücksspielstaatsvertrages ausgenommen werden[1]. Demgegenüber hat die überwiegende Ansicht hingegen weder verfassungsrechtliche noch gemeinschaftsrechtliche Bedenken gehabt[2].

### 4. Rechtsprechung des EuGH und die Folgewirkungen

202 Die Situation hat sich mit zwei Entscheidungen des EuGH[3] geändert. Nachdem der EuGH in seiner Pressemitteilung getitelt hatte, dass mit dem im Rahmen der Organisation von Sportwetten und Lotterien in Deutschland errichteten staatlichen Monopol das Ziel der Bekämpfung der mit Glücksspielen verbundenen Gefahren nicht in kohärenter und systematischer Weise verfolgt werde[4], war in den deutschen Medien bereits zu lesen, dass damit das staatliche Glücksspielmonopol gekippt sei. Eine derartig klare Aussage lässt sich den Urteilen aber nicht entnehmen[5].

203 Der EuGH hat zunächst seine bisherige Auffassung bestätigt, dass auf dem Gebiet exzessiver Wett- und Spielmöglichkeiten nationale Rechtsvorschriften gerechtfertigt sein können, die darauf abzielen, die Glücksspielsucht zu verhindern und zu bekämpfen. Auch wenn andere Staaten das Glücksspiel durch private Anbieter zulassen, muss dem einzelnen Mitgliedstaat ein ausreichendes Ermessen hinsichtlich des angestrebten Schutzniveaus zugebilligt werden, welches in Einklang mit seiner eigenen Werteordnung steht. Grenzen ergeben sich allerdings in der Beurteilung der Verhältnismäßigkeit[6]. So steht es der öffentlichen Hand frei, ein Monopol zu errichten, anstatt ein System zu entwickeln, in dem privaten Veranstaltern eine Erlaubnis ohne Ausschließlichkeitscharakter gewährt wird, wenn er einen hohen Schutz vor den Gefahren des Glücksspiels bezweckt. Allerdings müssen die zwingenden Gründe des Allgemeininteresses – namentlich den Verbraucherschutz, die Betrugsvorbeugung und die Vermeidung von Anreizen für den Bürger zu übermäßigen Ausgaben für die Spiele – geeignet sein, die **Wetttätigkeiten in kohärenter und systematischer Weise zu begrenzen**. Insoweit hat der EuGH sehr deutlich festgestellt, dass die deutschen Regelungen bzw. deren praktische Umsetzung im Bereich des Glücksspielrechts insgesamt unsystematisch und inkohärent seien. Begründet hat dies der EuGH zum einen mit den von staatlichen Monopolanbietern wie den Lottogesellschaften zur Gewinnmaximierung intensiv und flächendeckend in sämtlichen Medien betriebenen Werbekampagnen für eine Teilnahme an staatlichen Lotterien. Weiter würden die deutschen Behörden eine Politik betreiben, die eher zur Teilnahme an Glücksspielen ermuntere, weil sie Glücksspiele mit einem erheblich höheren Sucht- und Gefährdungspotential als Lotterien, wie z.B. Automaten- und Kasinospiele oder Pferdewetten, von dem staatlichen Monopol ausnehmen. Dabei darf jedoch nicht übersehen werden, dass der EuGH insoweit keine eigenen Feststellungen getroffen hat und in den Vorabentscheidungsverfahren auch

---

1 VG Schleswig v. 30.1.2008 – 12 A 102/06, ZfWG 2008, 69; VG Minden v. 28.2.2008 – 3 L 14/08; VG Arnsberg v. 15.10.2010 – 1 L 700/10, ZfWG 2010, 455.
2 OVG Münster v. 18.2.2009 – 4 B 298/08; v. 2.7.2010 – 4 B 581/10; OVG Bln.-Bbg. v. 26.10.2010 – 1 S 154.10, ZfWG 2010, 427; OVG Lüneburg v. 11.11.2010 – 11 MC 429/10, ZfWG 2010, 430.
3 EuGH v. 8.9.2010 – C-316/07 u.a. (Marcus Stoß) und C-46/08 (Carmen Media Group), NVwZ 2010, 1409.
4 Pressemitteilung 78/10 des EuGH.
5 *Klöck/Klein*, NVwZ 2011, 22.
6 EuGH v. 6.11.2003 – C-243/01 (Gambelli), NJW 2004, 139 und v. 6.3.2007 – C-338/04 (Placanica), NJW 2007, 1515.

nicht treffen musste, sondern die Bewertung des vorlegenden Gerichts zu Grunde gelangt hat[1]. Daher ist durch den EuGH gerade nicht verbindlich festgestellt worden, dass dem staatlichen Glücksspielmonopol in seiner konkreten Ausgestaltung wegen Unvereinbarkeit mit den betroffenen Grundfreiheiten der Anwendungsvorrang des Unionsrechts entgegensteht. Vielmehr hat der EuGH nur den Maßstab für die Geeignetheit des Eingriffs in die unionsrechtlichen Grundfreiheiten näher konkretisiert und verbindlich festgelegt. Die unter Berücksichtigung dieser Auslegungsgrundsätze erforderliche Prüfung der Regelungen und der Anwendungspraxis in anderen Glücksspielbereichen ist Angelegenheit der nationalen Verwaltungsgerichte[2].

Des Weiteren hat der EuGH das Verbot, **Glücksspiele im Internet** anzubieten und zu vermitteln (vgl. § 4 Abs. 4 GlüStV), als grds. geeignet angesehen, um übermäßige Ausgaben für das Spielen zu verhindern, die Spielsucht zu bekämpfen und die Jugend zu schützen, zumal durch den fehlenden unmittelbaren Kontakt zwischen Verbraucher und Anbieter und dem besonders leichten und ständigen Zugang zum Internet sowie der großen Menge und Häufigkeit des Glücksspielangebots im Internet größere Gefahren für den Schutz der Verbraucher, insbesondere für Jugendliche und Personen mit einer ausgeprägten Spielneigung, bestehen. 204

Schließlich hat der EuGH entschieden, dass ein Mitgliedstaat nicht Glücksspielerlaubnisse aus anderen Mitgliedstaaten (z.B. sog. „**Off-Shore-Lizenzen**" aus Gibraltar oder Malta) anerkennen muss. Angesichts der bestehenden nationalen Wertungsspielräume und in Ermangelung jeglicher Harmonisierung des betreffenden Gebiets auf Gemeinschaftsebene könne es beim gegenwärtigen Stand des Unionsrechts keine Verpflichtung zur gegenseitigen Anerkennung der von den verschiedenen Mitgliedstaaten erteilten Erlaubnisse geben. 205

Das BVerwG[3] hat im Anschluss an die EuGH-Entscheidungen vor allem die Zulässigkeit der Werbung für staatliche Glückspielmonopolangebote auf sachliche Informationen über die Möglichkeit zum legalen Wetten beschränkt. Eine Werbung mit dem Hinweis auf eine gemeinnützige Verwendung der Wetteinnahmen sei unzulässig. Das BVerwG hat ferner das **Kohärenzmodell des EuGH übernommen** und zugleich festgelegt, dass die Prüfung der Geeignetheit/Kohärenz sich nicht sektoral auf den von der Monopolregelung erfassten Sportwettenbereich beschränken, sondern auch das staatliche Verhalten im Bereich von Lotterien und anderen Glücksspielen mit vergleichbarem oder höherem Suchtpotenzial einbeziehen muss. Dies führt dazu, dass die Instanzgerichte nicht nur die rechtlichen Regelungen, sondern auch deren konkreten Anwendungsmodalitäten und wegen der Gesamtkohärenzbetrachtung eine umfassende Prüfung aller Glücksspielbereiche vornehmen müssen[4]. 206

Erhebliche praktische Bedeutung kommt der Auffassung des BVerwG für eine **Übergangszeit** zu, dass der **Erlaubnisvorbehalt** für die Vermittlung von Sportwetten nach § 4 Abs. 1 Satz 1 GlüStV unabhängig von der Wirksamkeit des staatlichen Sportwettenmonopols **besteht**[5] und die Belange des Jugendschutzes und des Schutzes vor den Suchtgefahren des Wettens auch den Ausschluss eines Anspruchs auf die Erlaubniserteilung nach § 4 Abs. 2 Satz 3 GlüStV rechtfertigen[6]. 207

---

1 OVG Münster v. 15.10.2010 – 4 B 733/10, ZfWG 2011, 47.
2 VGH München v. 18.4.2011 – 10 CS 11.709.
3 BVerwG v. 24.11.2010 – 8 C 13.09 u.a., NVwZ 2011, 549.
4 *Pagenkopf*, NVwZ 2011, 513.
5 Diese Interpretation des BVerwG-Urteils v. 24.11.2010 ist strittig; vgl. unten Rz. 212 sowie *Bache*, ZfWG 2011, 7 ff.; *Streinz/Kruis*, NJW 2010, 3745 ff.
6 BVerfG v. 20.3.2009 – 1 BvR 2410/08, NVwZ 2009, 1221.

208 Da also der EuGH und auch das BVerwG zahlreiche Fragen offen gelassen haben, sind die gerichtlichen Entscheidungen der Instanzgerichte vielfältig. Die Aussagekraft dieser Entscheidungen ist außerdem zeitlich beschränkt ist, weil der Glücksspielstaatsvertrag, der Ende 2011 ohnehin auslaufen würde, gerade wegen der Rechtsprechung des EuGH neu verhandelt wird. Bei den hier strittigen Untersagungsverfügungen und Schließungsanordnungen kommt es auf die Sach- und Rechtslage zum Zeitpunkt der gerichtlichen Entscheidung an,[1] so dass ab 2012 möglicherweise ein neuer GlüStV zu Grunde gelegt werden muss.

209 Der VGH München[2] geht davon aus, dass staatliche Sportwettenmonopol gem. § 10 Abs. 2 und 5 GlüStV jedenfalls mit Blick auf die derzeitige Praxis auf dem Sektor der gewerblichen Geldspielautomaten nicht den Anforderungen der Geeignetheit bzw. Kohärenz einer Beschränkung der unionsrechtlichen Dienstleistungs- und Niederlassungsfreiheit genügt. Davon sei aber **der in § 4 Abs. 1 GlüStV geregelte Erlaubnisvorbehalt nicht betroffen.** Abgesehen davon, dass der Antragsteller in diesem Verfahren für die von ihm betriebene Veranstaltung, Durchführung und Vermittlung von Sportwetten – wegen des staatlichen Sportwettenmonopols zwangsläufig – keine Erlaubnis hatte und seine Tätigkeit damit formell illegal ist, hat der VGH entscheidend darauf abgestellt, dass es derzeit noch offen sei, ob dem Betroffenen eine Erlaubnis zur Vermittlung von Sportwetten an einen privaten Sportwettenveranstalter erteilt werden könne. Daher überwiege weiterhin das öffentliche Interesse an der sofortigen Vollziehbarkeit der Verbotsverfügung.

210 Das OVG Münster[3] hatte zunächst noch die Auffassung vertreten, dass bei summarischer Prüfung unter europarechtlichen Gesichtspunkten keine durchgreifenden Bedenken gegen die Anwendung des Glücksspielstaatsvertrages und des nordrhein-westfälischen Ausführungsgesetzes bestehen[4]. Inzwischen geht das OVG Münster davon aus, dass die Frage, ob das staatliche Sportwettenmonopol in seiner gegenwärtigen Ausgestaltung die Dienstleistungs- und Niederlassungsfreiheit gem. Art. 56 und 49 des Vertrags über die Arbeitsweise der Europäischen Union – AEUV – verletzt, offen und erforderlichenfalls im Hauptsacheverfahren zu klären ist. Eine etwaige Europarechtswidrigkeit des staatlichen Sportwettenmonopols erfasse aber den Erlaubnisvorbehalt des § 4 Abs. 1 Satz 1 GlüStV nicht. Im Rahmen einer Interessenabwägung kommt das OVG Münster daher im Eilverfahren zum Ergebnis, dass die Ordnungsbehörden in Nordrhein-Westfalen weiterhin mittels Untersagungsverfügungen gegen private Sportwettenvermittler vorgehen können[5].

211 Das OVG Koblenz[6] hat im Rahme einer Fortsetzungsfeststellungsklage entschieden, dass am 30. Juni 2008 die verfassungsrechtlichen und unionsrechtlichen Voraussetzungen für eine Beibehaltung des Sportwettmonopols in Rheinland-Pfalz nicht erfüllt waren, so dass die Untersagung des Vermittelns von Sportwetten rechtswidrig war. Begründet wird dies damit, dass die organisatorischen und materiell-rechtlichen Vorgaben des BVerfG[7] und die sich aus § 10 Abs. 3 GlüStV ergebenden Anforderungen an die Begrenzung der Zahl der Annahmestellen für die staatliche Sportwette ODDSET nicht erfüllt waren. Außerdem war nicht sicher-

---

1 OVG Münster v. 15.11.2010 – 4 B 733/10, ZfWG 2011, 47.
2 VGH München v. 18.4.2011 – 10 CS 11.709.
3 OVG Münster v. 22.3.2011 – 4 B 48/11 ZfWG 2011, 204.
4 OVG Münster v. 15. 11.2010 – 4 B 733/10, ZfWG 2011, 47.
5 Ebenso im Ergebnis OVG Bln.-Bbg. v. 5.11.2010 – OVG 1 S 141.10, ZfWG 2011, 76; OVG Lüneburg v. 11.11.2010 – 11 MC 429/10, ZfWG 2010, 430; OVG Koblenz v. 8.12.2010 – 6 B 11013/10, ZfWG 2011, 58; OVG Bautzen v. 4.1.2011 – 3 B 507/09, ZfWG 2011, 133 und OVG Lüneburg v. 21.6.2011 – 11 LC 204/10, Pressemitteilung v. 22.6.2011.
6 OVG Koblenz v. 13.4.2011 – 6 A 11131/10.
7 BVerfG v. 28.3.2006, 1 BvR 1054/01, NJW 2006, 1261.

gestellt, dass sich die Werbung für die ODDSET-Sportwette in Rheinland-Pfalz im Rahmen des nach § 5 Abs. 1 und 2 GlüStV Zulässigen hielt. Dabei habe es sich um strukturelle Umsetzungsdefizite, nicht um vereinzelte Vollzugsmängel gehandelt.

Einige Verwaltungsgerichte halten diese Rechtsprechung für falsch und gehen nicht nur von einer nicht gerechtfertigten Beschränkung der unionsrechtlichen Dienstleistungsfreiheit und der grundrechtlichen Berufsfreiheit der privaten Sportwett-Vermittler aus. Allein die formelle Illegalität rechtfertige keine Untersagung, sofern nicht gegen andere Vorschriften des GlüStV wie z.B. das Verbot von Internet-Wetten gem. § 4 Abs. 4 GlüStV oder § 21 Abs. 2 Satz 3 GlüStV (Wetten während des laufenden Sportereignisses sowie über Telekommunikationsanlagen) verstoßen wird. Bis zu einer gesetzlichen Neuregelung komme damit nur eine **vorübergehende Duldung** des gegenwärtigen Zustandes unter ergänzender Anwendung der Gewerbeordnung in Betracht, und es bleibe – dem Bundesverwaltungsgericht folgend – allein dem Gesetzgeber überlassen, das von ihm angestrebte Regelungsmodell umzusetzen. Dies würde nach Auffassung des VG Berlin sogar dann gelten, wenn im Eilverfahren bei offenen Erfolgsaussichten eine Interessenabwägung vorzunehmen sei[1]. 212

Abweichend vom OVG Münster hat das VG Gelsenkirchen[2] betont, dass die Gemeinschaftsrechtswidrigkeit des (Glücksspiel- und) Sportwettmonopols auch zur **Unanwendbarkeit der Erlaubnispflicht aus § 4 GlüStV** führe. Diese Regelung knüpfe unmittelbar an die Monopolregelung mit der Folge an, dass private Anbieter ungeachtet sonstiger in ihrer Person liegender Eigenschaften oder Voraussetzungen von vornherein keine Erlaubnis erlangen können. Der Erlaubnisvorbehalt ziele damit gerade auf den Ausschluss privater Anbieter, wenn – wie dies bundesweit der Fall sei – auf Seiten der Länder von der Möglichkeit des Staatsmonopols gem. § 10 Abs. 2 GlüStV Gebrauch gemacht wurde. Dass allein die Genehmigungspflicht bzw. die formelle Rechtswidrigkeit die Untersagungsverfügung rechtfertigen kann, ergebe sich aus den Urteilen des BVerwG vom 24.11.2010. Da das BVerwG mehrere Verfahren an die Instanzgerichte zurückverwiesen hat, sei nicht allein die formelle Rechtswidrigkeit entscheidend, sondern es komme auch auf die materielle Rechtmäßigkeit an. 213

Die zuständigen Ordnungsbehörden müssen angesichts der unklaren Rechtslage abwägen, ob sie Untersagungsverfügungen angesichts der **hohen Prozessrisiken** und der zumindest denkbaren **Schadenersatzansprüche** durchsetzen wollen. In Betracht kommen insbesondere verschuldensunabhängige Ansprüche (z.B. § 39 OBG NW sowie der gemeinschaftsrechtliche Haftungsanspruch und in Thüringen das nach wie vor als Landesrecht fortgeltende Staatshaftungsgesetz der DDR). Der gemeinschaftsrechtliche Haftungsanspruch besteht dann, wenn die Rechtsnorm, gegen die verstoßen worden ist, den Zweck hat, dem Einzelnen ein Recht zu verleihen, der Verstoß „hinreichend qualifiziert" ist und zwischen dem Verstoß gegen die dem Staat obliegende Verpflichtung und dem Schaden ein mittelbarer Kausalzusammenhang besteht[3]. 214

Für das Verbot, Sportwetten und andere öffentliche Glücksspiele im Internet zu veranstalten, zu vermitteln oder hierfür zu werben hat das BVerwG inzwischen entschieden, dass § 4 Abs. 4 GlüStV weder gegen das Grundgesetz noch gegen europäisches Unionsrecht verstößt. Das Internet-Verbot sei mit dem unionsrechtlichen Kohärenz-Gebot vereinbar[4]. 215

---

1 VG Berlin v. 15.4.2011 – 35 L 177.11; VG Arnsberg v. 9.2.2011 – 1 K 2979/07; VG Minden v. 7.2.2011 – 1 K 2835/07, ZfWG 2011, 152.
2 VG Gelsenkirchen v. 6.4.2011 – 7 K 3095/09.
3 LG Mönchengladbach v. 4.12.2007 – 3 O 211/07, ZfWG 2008, 49.
4 BVerwG v. 1.6.2011 – 8 C 5.10, Pressemitteilung BVerwG 45/2011.

### 5. Weitere Entwicklung

216 Der aktuelle Entwurf des neuen Glücksspielstaatsvertrages[1] sieht u.a. vor, dass im Sinne einer Liberalisierung **wenige Lizenzen für private Veranstalter von Sportwetten** gegen Zahlung einer Konzessionsabgabe vergeben werden sollen (§§ 4a bis 4e GlüStV). Daneben erfasst der GlüStV auch Spielhallen sowie Gaststätten, soweit sie Geld- oder Warenspielgeräte mit Gewinnmöglichkeit bereithalten (§ 2 Abs. 2 und Abs. 3 GlüStV). Die Betreiber von **Spielhallen** müssen mit **sehr restriktiven Regelungen** rechnen (§§ 24 bis 26 GlüStV). Diese beinhalten Werbeverbote und der Festlegung einer Sperrzeit von mindestens drei Stunden sowie eine zusätzliche glücksspielrechtliche Erlaubnis nach dem GlüStV. Die Anzahl der in einer Gemeinde zu erteilenden Genehmigungen kann begrenzt werden. Die Erlaubnis ist zu versagen, wenn die Errichtung oder der Betrieb der Spielhalle den in § 1 GlüStV festgelegten Zielen zuwiderlaufen würde. Weiterhin ist zwischen Spielhallen ein Mindestabstand einzuhalten. Mehrere Spielhallen in einem baulichen Verbund, insbesondere ein einem Gebäude oder in einem Gebäudekomplex sind unzulässig. Um unzulässige Glücksspiele im Internet wirksam bekämpfen zu können, sind datenschutzrechtlich problematische Netzsperren vorgesehen.

217 Für **bestehende Spielhallen** sollen die Regelungen des GlüStV insoweit Geltung haben, als alle Erlaubnisse nach § 33i GewO, die nach dem 6.4.2011 erteilt worden sind, und mehrere Spielhallen in einem baulichen Verbund, einem gemeinsamen Gebäude oder Gebäudekomplex zulassen, nach Ablauf eines Jahres nach Inkrafttreten des Staatsvertrages unwirksam werden. Für alle weiteren bestehenden Spielhallen gilt, dass diese einen fünfjährigen Bestandsschutz genießen. Danach müssen sie den Bestimmungen des GlüStV entsprechen. Unabhängig davon ist die zusätzliche Erlaubnis nach dem GlüStV bereits bei jedem Wechsel des Betreibers der Spielhalle erforderlich (§ 29 Abs. 4 GlüStV).

218 Im Internet sind erste Rechtsgutachten verfügbar, die sich mit dem Entwurf des GlüStV kritisch auseinandersetzen[2]. Diverse Verbände haben bereits ihre Ablehnung und rechtliche Schritte angekündigt.

219 Einen anderen Weg geht derzeit als noch einziges Bundesland **Schleswig-Holstein**. Die dortigen Koalitionsfraktionen haben einen Entwurf vorgelegt, der einerseits am staatlichen Lotterie-Veranstaltungsmonopol festhält. Hingegen soll der Vertrieb privater Sportwettangebote (auch über das Internet) zugelassen werden. Er bedarf lediglich einer behördlichen Genehmigung. Der Vertrieb von Online-Casinospielen durch Private wird ebenfalls zugelassen. Veranstaltung und Vertrieb unterliegen einer Erlaubnispflicht, die an strenge Voraussetzungen zum Jugend- und Spielerschutz geknüpft wird. Der Vertrieb von Präsenz-Casinospielen richtet sich weiterhin nach den Regelungen des Landesspielbankengesetzes[3].

## VIII. Prozessuales

220 Von praktischer Bedeutung kann in prozessualer Hinsicht die Frage sein, ob eine **Auflage isoliert anfechtbar** ist. Baugenehmigungen oder gewerberechtliche Genehmigungen bzw. Erlaubnisse sind typischerweise Verwaltungsakte mit teils belastendem,

---

1 Da Sachsen-Anhalt derzeit den Vorsitz der Ministerpräsidentenkonferenz inne hat, finden sich der Entwurf des GlüStV sowie die dazu eingegangenen Stellungnahmen auf der Internetseite der Landesregierung Sachsen-Anhalt (www.sachsen-anhalt.de).
2 Gutachten von Prof. Dr. Grzeszick, Universität Heidelberg (www.netzpolitik.org) sowie von Prof. Dr. Hufen (Universität Mainz).
3 www.landtag.ltsh.de/infothek/wahl17/umdrucke/1800/umdruck-17-1804.pdf.

## VIII. Prozessuales

teils begünstigendem Inhalt. Die aufschiebende Wirkung eines gegen den belastenden Teil eingelegten Widerspruchs umfasst auch – aber eben nur dann – den begünstigenden Teil, d.h. die Genehmigung als solche, wenn beide Teile in einem untrennbaren Zusammenhang stehen, d.h. bei objektiver Betrachtung aus dem Bescheid oder den Umständen seines Erlasses für den Betroffenen erkennbar ist, dass der belastende Teil so wesentlich ist, dass die Begünstigung allein dem Zweck des Verwaltungsaktes offensichtlich widerspräche, wenn nicht auch die Belastung sofort wirksam würde[1]. In diesem Fall kann von der Genehmigung kein Gebrauch gemacht werden.

Dementsprechend ist grds. eine auf Aufhebung von belastenden Nebenbestimmungen gerichtete Anfechtungsklage nach §§ 42 Abs. 1, 44 VwGO statthaft, was insbesondere für Auflagen gilt, die einem begünstigenden Verwaltungsakt beigefügt sind. Ob diese Klage zur isolierten Aufhebung der Nebenbestimmung führt, hängt davon ab, ob der begünstigende Verwaltungsakt ohne die Nebenbestimmung sinnvoller- und rechtmäßiger weise bestehen bleiben kann. Dies ist eine Frage der Begründetheit und nicht der Zulässigkeit des Anfechtungsbegehrens, sofern nicht eine isolierte Aufhebbarkeit offenkundig von vornherein ausscheidet[2]. Letzteres ist bei einer modifizierenden Auflage der Fall. Eine modifizierende Auflage zeichnet sich gegenüber der echten Auflage dadurch aus, dass sie untrennbarer Teil der Hauptregelung des beantragten Verwaltungsaktes ist. Modifizierend ist sie deshalb, weil der Betroffene eine andere Regelung erhält, als er beantragt hat. Dagegen kann der Antragsteller kann nur im Wege einer Verpflichtungsklage, deren Gegenstand die beantragte Genehmigung ohne die strittige Einschränkung ist, vorgehen[3]. 221

Eine isolierte Anfechtbarkeit kann im Einzelfall bei einer dem Jugendschutz dienenden Auflage gegeben sein[4]. Isoliert anfechtbar sind Auflagen, die die Verteilung der Geldspielgeräte in verschiedenen Räumen einer Spielhalle regeln[5]. Das Gleiche gilt für die Auflage in einem sanierungsrechtlichen Bescheid, wonach im Erd- und Untergeschoss keine Vergnügungsstätten errichtet werden dürfen[6]. 222

Eine Besonderheit besteht bei Bescheiden, die auf der Grundlage des GlüStV ergangen sind. Nach § 9 Abs. 2 GlüStV haben Widerspruch und Klage gegen Anordnungen der Glücksspielaufsicht abweichend von § 80 Abs. 1 VwGO **keine aufschiebende Wirkung**. Wird ein Spiel mit der Begründung verboten, dass es sich um ein unerlaubtes Glücksspiel handelt, müssen also neben dem Widerspruch ein Antrag nach § 80 Abs. 4 VwGO und, wenn die Behörde dem Aussetzungsantrag nicht stattgibt, ein gerichtlicher Antrag nach § 80 Abs. 5 VwGO auf Anordnung der aufschiebenden Wirkung gestellt werden. 223

Der **Streitwertkatalog 2004 des BVerwG**[7] empfiehlt, bei Klagen auf Erteilung der Baugenehmigung für eine Spielhalle den Streitwert in Höhe von 600,00 Euro je qm Nutzfläche der Spielhalle (ohne Nebenräume) festzusetzen. Teilweise wird bei einer Umnutzung davon der Wert der bereits zuvor bestehenden Nutzung (z.B. Büronutzung mit 150 Euro/qm) abgezogen hat, so dass der Streitwert dann nur noch die verbleibende Differenz (450 Euro/qm) ausmacht[8]. 224

---

1 OVG Magdeburg v. 16.9.2009 – 2 M 89/09, NVwZ-RR 2010, 381.
2 BVerwG v. 22.11.2000 – 11 C 2.00, NVwZ 2001, 429.
3 VG Lüneburg v. 11.2.2010 – 2 A 348/08 für eine brandschutzrechtliche Regelung in einer Baugenehmigung, durch die entgegen dem Bauantrag die Verwendung bestimmter Baustoffe ausgeschlossen wird.
4 BVerwG v. 2.7.1991 – 1 C 4.90, NVwZ-RR 1992, 470.
5 BVerwG v. 17.7.1995 – 1 B 23.95, NVwZ-RR 1996, 20; a.A. OVG Münster v. 11.11.1993 – 4 A 480/93, GewArch 1994, 164.
6 VG Halle v. 27.6.2001 – 2 A 1920/98.
7 Ziffer 9.1.5. Der Streitwertkatalog ist auf der Homepage des BVerwG (www.bverwg.de) abrufbar.
8 VGH München v. 31.1.2011 – 9 C 10.1291.

225 Klagt ein Nachbar gegen eine Spielhalle, beträgt der Streitwert nach Ziffer 9.7.1 des Streitwertkatalogs regelmäßig 7500 Euro. Dieser Betrag kann sich aber bei einer größeren Spielhalle oder im Falle einer erheblichen Erweiterung verdoppeln[1].

226 Im Verfahren des vorläufigen Rechtsschutzes gegen eine Betriebseinstellungsverfügung hat das OVG Berlin-Brandenburg einen Streitwert von 15000 Euro angesetzt[2]. Bei einer Zwangsgeldfestsetzung mit gleichzeitiger Androhung eines weiteren Zwangsgeldes geht das OVG Münster unter Aufgabe seiner bisherigen Praxis den Streitwert auf ein Viertel des festgesetzten zuzüglich ein Achtel des angedrohten Betrages aus[3].

227 Wichtig ist aus anwaltlicher Sicht, dass sich der Streitwert gem. § 52 Abs. 1 GKG jeweils nach dem Interesse des Klägers bzw. Antragstellers richtet. Folglich ist der Streitwert bei einer Nachbarklage deutlich geringer als bei der Klage des Spielhallenbetreibers auf Erteilung einer Genehmigung.

---

[1] VGH München v. 17.2.2006 – 14 C 05.2208.
[2] OVG Bln.-Bbg. v. 21.12.2010 – OVG 1 S 224.10, ZfWG 2011, 130.
[3] OVG Münster v. 3.3.2011 – 4 B 1619/10.

# C. Personenbeförderungsrecht

|   | Rz. |
|---|---|
| I. Vorbemerkung | 1 |
| II. Rechtsvorschriften und Behördenzuständigkeiten |   |
| 1. Rechtsvorschriften | 5 |
| 2. Behördenzuständigkeiten |   |
| a) Genehmigungsbehörde | 7 |
| b) Genehmigungsbehörde, zuständige Behörde, Aufgabenträger | 8 |
| III. Begriff und Zielsetzung des Personennahverkehrs – § 8 PBefG | 9 |
| IV. Die Verkehrsarten des Personenbeförderungsrechts und ihre Genehmigungen | 17 |
| 1. Genehmigungspflicht und Inhalt der Genehmigung |   |
| a) Genehmigungspflicht | 18 |
| b) Inhalt der Genehmigung | 20 |
| c) Pflichten der zugelassenen Unternehmer | 21 |
| aa) Betriebspflicht | 22 |
| bb) Fahrpläne | 23 |
| cc) Beförderungspflicht | 24 |
| 2. Genehmigungsvoraussetzungen der einzelnen Verkehrsarten | 26 |
| a) Allgemeine Genehmigungsvoraussetzungen | 27 |
| b) Besondere Genehmigungsvoraussetzungen | 28 |
| aa) Linienverkehr | 29 |
| (1) Fernlinienverkehr | 30 |
| (2) Eigenwirtschaftliche Verkehrsleistungen im ÖPNV | 31 |
| (3) Gemeinwirtschaftliche Verkehrsleistungen im ÖPNV | 34 |
| (4) Besonderheiten bei der Genehmigung von Straßenbahnen | 37 |
| bb) Gelegenheitsverkehr |   |
| (1) Verkehr mit Taxen | 40 |
| (2) Verkehr mit Mietomnibussen und Mietwagen | 43 |

|   | Rz. |
|---|---|
| (3) Ausflugsfahrten und Ferienziel-Reisen | 45 |
| cc) Auslandsverkehr | 48 |
| dd) Andere Verkehrsarten | 51 |
| V. Genehmigungsverfahren |   |
| 1. Antrag | 54 |
| 2. Anhörungsverfahren | 57 |
| 3. Entscheidung über den Antrag | 60 |
| 4. Einstweilige Erlaubnis | 64 |
| VI. Übertragung der Genehmigung | 70 |
| VII. Widerruf und Erlöschen der Genehmigung |   |
| 1. Widerruf der Genehmigung | 73 |
| 2. Erlöschen der Genehmigung | 74 |
| VIII. Beförderungsentgelte | 75 |
| IX. Rechtsschutz |   |
| 1. Rechtmäßigkeitsüberprüfung einer Genehmigung | 79 |
| 2. Gerichtlicher Rechtsschutz | 80 |
| X. Die Vergabe von öffentlichen Dienstleistungsaufträgen | 85 |
| 1. Abgrenzung der Anwendungsbereiche von PBefG, VO (EG) 1370/2007 und Vergaberichtlinien |   |
| a) Systematische Abgrenzung der Regelungsbereiche | 86 |
| b) Begriffsbestimmungen | 89 |
| c) Zuordnung von Vertragsgestaltungen zu den Regelungsbereichen | 91 |
| 2. Verfahrensrechtliche Anforderungen an die Vergabe von öffentlichen Dienstleistungsaufträgen | 93 |
| a) Vergabearten der VO (EG) Nr. 1370/2007 | 94 |
| aa) Wettbewerbliches Vergabeverfahren | 96 |
| bb) Direkte Vergaben | 97 |
| b) Vergabearten der Vergaberichtlinien | 99 |

**Literatur:**

*Barth/Baumeister*, Umweltwirksame Gestaltung des öffentlichen Personennahverkehrs durch die kommunalen Aufgabenträger, ZUR 1997, 17 ff.; *Bauer*, Personenbeförderungsgesetz, Kommentar, Stand 2010; *Bidinger*, Personenbeförderungsrecht Loseblatt, Stand: November 2010; *Bidinger/Bidinger*, Personenbeförderungsrecht und BVerfG: Eine kritische Bestandsaufnahme, NVwZ 1992, 1138 ff.; *Dippel*, Entsorgung werthaltiger Abfallstoffe aus der kommunalen Sammlung über Kaufverträge, AbfallR 2005, 135 ff.; *Fey*, Zur Verordnung „Geringste Kosten" als Abschluß des Gesetzeswerkes zur Regionalisierung des ÖPNV-Marktes sowie zu anderen Fragen des novellierten PBefG, NZV 1996, 132 ff.; *Freitag/Schenk*, Vertragsgestaltung im MVV-Regionalbusverkehr vor dem Hintergrund des neuen Ordnungsrahmens im ÖPNV, Der Nahverkehr 7–8/2011, 7ff.; *Frers*, Die Konkurrentenklage im Gewerberecht, DÖV 1988, 670ff.; *Fromm*, Anmerkungen zum Beschluss des BVerfG vom 25.5.1976 – 2 BvL 1/75, DVBl 1977, 822f.; *Fromm*, Stadtbahnbau und öffentliches Recht, DVBl 1986, 121ff.; *Fromm*, Die Entwicklung des öffentlichen Verkehrsrechts, NVwZ 1986, 890ff.; *Fromm*, Zur Konkurrentenklage im Personenbeförderungs- und Güterkraftverkehrsrecht, WiVerw 1989, 26ff.; *Fromm*, Zur Neuordnung des Personenbeförderungsrechts, TranspR 1994, 425ff.; *Fromm/Fey/Sellmann/Zuck*, Personenbeförderungsrecht, Stand 2011; *Fromm/Sellmann*, Die Entwicklung des öffentlichen Verkehrsrechts, NVwZ 1994, 547ff.; *Heinze*, Wettbewerb um Buslinlengenehmigungen unter der VO (EG) 1370/2007, DVBl 2011, 534ff.; *Kaufmann/Lübbig/Prieß/Pünder*, Kommentar zur VO (EG) 1370/2007, Stand: 2010; *Losch/Wittig*, Gestaltungsmöglichkeiten und aktuelle Entwicklungen bei der Vergabe von Dienstleistungen im Bereich des Öffentlichen Personennahverkehrs, VergabeR 2011, 561ff.; *Polster*, Freie Fahrt für den Busfernverkehr, NVwZ 2011, 278ff.; *Reidt/Stickler/Glas*, Vergaberecht Kommentar, Stand: 2011, 3. Aufl.; *Rittner*, Wirtschaftsrecht, 2. Aufl. 1987; *Bader/Ronellenfitsch*, Beck'scher Online-Kommentar VwVfG, Stand Juli 2011; *Seibert*, Die Bindungswirkung von Verwaltungsakten, 1989; *Sellmann*, Das neue Personenbeförderungsrecht, NVwZ 1995, 1167ff.; *Winnes*, Öffentliche Auftragsvergabe im ÖPNV, VergabeR 2009, 712ff.; *Wittig*, Bisherige Höchstbetragsregelung contra Parametermethode, Der Nahverkehr 6/2011, 46ff.; *Wittig/Schimanek*, Sondervergaberecht für Verkehrsdienstleistungen, NZBau 2008, 222ff.; *Zuck*, Eigenwirtschaftliche und gemeinwirtschaftliche Verkehrsleistungen und geringste Kosten für die Allgemeinheit, DÖV 1994, 941ff.

## I. Vorbemerkung

1 Das geltende Personenbeförderungsrecht wird aktuell umfassend novelliert. Anlass für die Neuregelung ist die Verordnung (EG) Nr. 1370/2007 des Europäischen Parlaments und des Rates über öffentliche Personenverkehrsdienste auf Schiene und Straße[1]. Wenngleich Verordnungen gem. Art. 288 Abs. 2 AEUV unmittelbar in jedem Mitgliedstaat gelten, sind durch diesen neuen europarechtlichen Rahmen dennoch Anpassungen des nationalen Rechts notwendig geworden, um die Konformität des deutschen Rechts mit dem Gemeinschaftsrecht sicherzustellen. Das trifft insbesondere für die Abgrenzung der Genehmigungsverfahren für eigenwirtschaftliche Verkehrsleistungen von Genehmigungs- und Vergabeverfahren für Verkehrsdienste zu, die gemeinwirtschaftlichen Verpflichtungen unterliegen. Des Weiteren sind für einzelne Vorschriften der VO (EG) Nr. 1370/2007 nationale Ausführungsbestimmungen für erforderlich gehalten worden[2]. Anforderungen an wettbewerbliche Vergabeverfahren sind detaillierter gestaltet worden. Unabhängig von der Verordnung sieht der Gesetzgeber die Notwendigkeit, den Omnibuslinienverkehr zu liberalisieren.

Die nachfolgenden Erläuterungen basieren auf dem Gesetzentwurf der Bundesregierung vom 12.8.2011. Der Bundesrat hat hierzu mit Datum vom 23.9.2011 eine Stellungnahme abgegeben (Drucksache 462/11), die in diese Kommentierung nicht eingeflossen ist. Auch nachfolgende Änderungen im Rahmen des Gesetzgebungsverfahrens konnten nicht mehr berücksichtigt werden.

Schon vor dieser grundlegenden Novellierung unterlag das Personenbeförderungsrecht zahlreichen rechtlichen Änderungen. Das am 1.1.1996 in Kraft getretene neue Personenbeförderungsrecht wurde seinerzeit als „Reform an Haupt und Gliedern" bezeichnet[3]. Diese Einschätzung erscheint auch heute richtig. Die Neufas-

---

1 Verordnung (EG) Nr. 1370/2007 des Europäischen Parlaments und des Rates v. 23.10.2007 über öffentliche Personenverkehrsdienste auf Schiene und Straße und zur Aufhebung der Verordnungen (EWG) Nr. 1191/69 und (EWG) Nr. 1107/70 des Rates, ABl. L 315 v. 3.12. 2007, S. 1; im Folgenden kurz: VO (EG) Nr. 1370/2007.
2 Vgl. Entwurf eines Gesetzes zur Änderung personenbeförderungsrechtlicher Vorschriften der Bundesregierung, BR-Drs. 462/11 v. 12.8.2011, S. 1 (A. Problem und Ziel) sowie S. 19; *Fehling*, in: Kaufmann/Lübbig/Prieß/Pünder, VO (EG) 1370/2007, Einl. Rz. 93ff.
3 *Fromm*, TranspR 1994, 425.

## I. Vorbemerkung

sung des Personenbeförderungsgesetzes hatte die Konformität des deutschen Rechts mit dem Gemeinschaftsrecht erreicht, indem die damals geltende Verordnung (EWG) Nr. 1191/69 des Rates vom 26.6.1969[1] für die bedeutsamen gemeinwirtschaftlichen Verkehrleistungen einbezogen wurde. Sie hat weiter den Personennahverkehr als öffentliche Aufgabe gestärkt und die Eisenbahnstrukturreform[2] mit erheblichen Änderungen für das Personenbeförderungsrecht verwirklicht.

Seitdem hat es zu dem an „Haupt und Gliedern" reformierten Personenbeförderungsgesetz (PBefG)[3] verschiedene (kleinere) Änderungen durch den Gesetzgeber und die Klärung von Auslegungsfragen zu einigen der im Gesetz vielfach verwendeten unbestimmten Rechtsbegriffe[4] gegeben. Einen großen Beitrag zur Entwicklung des Rechtsgebietes hat die Rechtsprechung des EuGH geleistet, indem sie die Rahmenbedingungen für öffentliche Zuschüsse definiert hat[5]. Die neueste Änderung des PBefG besteht, wie bereits dargestellt, in der Novellierung des PBefG durch den Gesetzesentwurf der Bundesregierung vom 12.8.2011.

Das PBefG ist gleichwohl eine rechtlich schwierige Materie geblieben. Dazu tragen die verfassungsrechtlich und tatsächlich erforderlichen differenzierten Genehmigungsvoraussetzungen subjektiven und objektiven Inhalts bei, die wiederum nach Verkehrsträgern unterscheiden. Dafür sind ferner die finanziellen Gegebenheiten verantwortlich, die öffentliche Zuschüsse unverzichtbar machen, solange der Personennahverkehr als öffentliche Aufgabe verstanden wird. Öffentliche Zuschüsse wiederum rufen das primäre und sekundäre Gemeinschaftsrecht auf den Plan, welches Beachtung fordert. Zuletzt erklärt sich auch die Dichte verfahrens- und überwachungsrechtlicher Bestimmungen aus dem Verständnis des Personennahverkehrs als öffentliche Daseinsvorsorge. Vor allem durch die Neuregelungen von wettbewerblichen Anforderungen durch die VO (EG) Nr. 1370/2007 und das PBefG wird die Komplexität des Personenbeförderungsrechts zunehmen. Andererseits sind einige offene Fragen beantwortet worden, die in der Praxis immer wieder zu Unsicherheiten und zu gerichtlichen Verfahren Anlass gegeben haben. Die Neuregelungen des Personenbeförderungsrechts durch die VO (EG) Nr. 1370/2007 und die Novelle des PBefG sind zu begrüßen.

Im Zentrum der Novellierung des PBefG steht die neue Legaldefinition des Begriffs der eigenwirtschaftlichen Verkehrsleistungen (§ 8 Abs. 4 Satz 2 PBefG). Diese Verkehrsleistungen sind Gegenstand des PBefG, darauf beschränkt sich das Gesetz nun. Die Vergabe von Verkehrsleistungen, die gemeinwirtschaftlichen Verpflichtungen unterliegen, soll sich nicht mehr nach den Sonderbestimmungen des § 13a PBefG a.F. richten, sondern nach der VO (EG) Nr. 1370/2007 sowie den Vergaberichtlinien. Mit dem neuen PBefG und der VO (EG) Nr. 1370/2007 werden daher erhebliche systematische Änderungen im Personenbeförderungsrecht einhergehen.

---

1 Verordnung über das Vorgehen der Mitgliedstaaten bei mit dem Begriff des öffentlichen Dienstes verbundenen Verpflichtungen auf dem Gebiet des Eisenbahn-, Straßen- und Binnenschifffahrtsverkehrs, ABl. L 156 v. 28.6.1969, S. 1 i.d.F. der Verordnung (EWG) Nr. 1893/91 des Rates v. 20.6.1991, ABl. L 169 v. 29.6.1991, S. 1; im Folgenden kurz: VO (EWG) Nr. 1191/69.
2 Eisenbahnneuordnungsgesetz v. 27.12.1993, BGBl. I 1993, 2378 (2394).
3 Gesetz i.d.F. der Bekanntmachung v. 8.8.1990, BGBl. I, 1690, zuletzt geändert durch Art. 292 der Neunten ZuständigkeitsanpassungsVO v. 31.10.2006, BGBl. I 2407. Teile des Gesetzes sind schon seit 1994 in Kraft; in seiner Gesamtheit ist es seit dem 1.1.1996 gültig.
4 Kritisch äußerten sich zu der Vielzahl von neuen unbestimmten Rechtsbegriffen *Fromm/Sellmann*, NVwZ 1994, 547 (552) sowie *Fromm*, TranspR 1994, 425 ff.
5 EuGH v. 24.7.2003 – C-280/00, Slg. 2003 I-07747 (Altmark Trans).

## II. Rechtsvorschriften und Behördenzuständigkeiten

### 1. Rechtsvorschriften

5 Für den Bereich der Personenbeförderung gilt das PBefG mit den sich aus Anlage I Kap. XI Sachgebiet B Abschn. III Nr. 15 des Einigungsvertrages ergebenden Maßgaben auch in den neuen Bundesländern.

6 Dieses Gesetz wird durch eine Vielzahl von Verordnungen ergänzt. Zu den wichtigsten gehören die:
- Verordnung über den Betrieb von Kraftfahrunternehmen im Personenverkehr (BO Kraft)[1],
- Verordnung über den Bau und Betrieb der Straßenbahnen (BO Strab)[2],
- Verordnung über die Befreiung bestimmter Beförderungsfälle von den Vorschriften des Personenbeförderungsgesetzes (FreistellungsVO PBefG)[3],
- Berufszugangsverordnung für den Straßenpersonenverkehr (PBZugV)[4],
- Verordnung über die Allgemeinen Beförderungsbedingungen für den Straßenbahn- und Obusverkehr sowie den Linienverkehr mit Kraftfahrzeugen (BefBedV)[5],
- Kostenverordnung für Amtshandlungen im entgeltlichen oder geschäftsmäßigen Personenverkehr mit Kraftfahrzeugen (PBefGKostV)[6].

Darüber hinaus gelten im Personenbeförderungsrecht eine Reihe von EU-Verordnungen und -richtlinien[7], die, soweit sie nicht in nationales Recht umgesetzt sind, dieses überlagern. Das wichtigste europarechtliche Regelwerk für das Personenbeförderungsrecht ist die VO (EG) Nr. 1370/2007. Die Vorschriften der Verordnung haben für Verkehrsdienste mit gemeinwirtschaftlichen Verpflichtungen einen eigenständigen Anwendungsbereich neben dem novellierten PBefG. Sie gelten unmittelbar in jedem Mitgliedstaat (Art. 288 Abs. 2 AEUV).

### 2. Behördenzuständigkeiten

#### a) Genehmigungsbehörde

7 Gem. § 11 Abs. 1 PBefG wird die Genehmigungsbehörde von der Landesregierung bestimmt. Sachlich zuständig sind für den Linienverkehr in der Regel die Regierungspräsidien bzw. die Bezirksregierung. In einigen Bundesländern sind die Zuständigkeiten für den Linienverkehr auch auf die unteren Verwaltungsbehörden delegiert, die im Übrigen für den Taxi- und Mietwagenverkehr zuständig sind. Für den

---

[1] Verordnung über den Betrieb von Kraftfahrunternehmen im Personenverkehr v. 21.6.1975, BGBl. I 1573, zuletzt geändert durch Verordnung v. 8.11.2007, BGBl. I 2569.
[2] Verordnung über den Bau und Betrieb der Straßenbahnen v. 11.12.1987, BGBl. I 2648, zuletzt geändert durch Verordnung v. 8.11.2007, BGBl. I 2569.
[3] Verordnung über die Befreiung bestimmter Beförderungsfälle von den Vorschriften des Personenbeförderungsgesetzes v. 30.8.1962, BGBl. I 601, zuletzt geändert durch Verordnung v. 30.6.1989, BGBl. I 1273.
[4] Berufszugangsverordnung für den Straßenpersonenverkehr v. 15.6.2000, BGBl. I 851, zuletzt geändert durch Verordnung v. 8.11.2007, BGBl. I 2569.
[5] Verordnung über die Allgemeinen Beförderungsbedingungen für den Straßenbahn- und Obusverkehr sowie den Linienverkehr mit Kraftfahrzeugen v. 27.2.1970, BGBl. I 230, zuletzt geändert durch Verordnung v. 8.11.2007, BGBl. I 2569.
[6] Kostenverordnung für Amtshandlungen im entgeltlichen oder geschäftsmäßigen Personenverkehr mit Kraftfahrzeugen v. 15.8.2001, BGBl. I 2168, zuletzt geändert durch Verordnung v. 8.11.2007, BGBl. I 2569.
[7] Vgl. *Bauer*, Personenbeförderungsgesetz, Teil C.

Auslandsverkehr bestimmen sich die Zuständigkeiten nach § 52 Abs. 2 und 3 PBefG und § 53 Abs. 2 und 3 PBefG.

Die örtliche Zuständigkeit der Genehmigungsbehörde bestimmt sich nach § 11 Abs. 2–4 PBefG. Zuständig ist danach grds. die Behörde, in deren Bezirk der Unternehmer seinen Sitz hat. Für Linienverkehr, der bezirksübergreifend oder sogar länderübergreifend betrieben werden soll, ist die Genehmigungsbehörde zuständig, in deren Bezirk die Linie ihren Ausgangspunkt hat (§ 11 Abs. 3 Satz 1 PBefG). Der Ausgleich der Verkehrsinteressen der weiteren Bezirke, durch die der Linienverkehr verlaufen wird, wird durch das Einvernehmenserfordernis nach § 11 Abs. 3 Satz 3 PBefG sichergestellt. Bei fehlendem Einvernehmen entscheidet die von der Landesregierung bestimmte Behörde (§ 11 Abs. 3 Satz 4 PBefG). Eine erteilte Genehmigung an einen Bewerber für einen bezirksübergreifenden Linienverkehr ohne das erforderliche Einvernehmen der zu beteiligenden Behörden ist folglich rechtswidrig. Anderes kann nur gelten, wenn das Einvernehmen gem. § 11 Abs. 3 Satz 4 PBefG ersetzt worden ist[1].

**b) Genehmigungsbehörde, zuständige Behörde, Aufgabenträger**

Das Personenbeförderungsgesetz unterscheidet zwischen der „Genehmigungsbehörde" (§ 11 PBefG), der „zuständigen Behörde" (§ 8a Abs. 1 Satz 2 PBefG) und dem „Aufgabenträger" (§ 8 Abs. 3 PBefG). Die Genehmigungsbehörde ist für die Erteilung von Genehmigungen für eigenwirtschaftliche Verkehre zuständig, sie wird durch den Landesgesetzgeber bestimmt[2]. Die zuständige Behörde hat die Aufgabe, Personenverkehrsdienst mit gemeinwirtschaftlichen Verpflichtungen zu vergeben und zu genehmigen. Sie soll grds. mit dem Aufgabenträger identisch sein und wird ebenfalls durch das Landesrecht bestimmt[3]. Für den ÖPNV sind diese Behörden in der Regel auf kommunaler Ebene (Landkreise und kreisfreie Städte bzw. die von ihnen gebildeten Zusammenschlüsse) angesiedelt, für den Schienenpersonennahverkehr sind die zuständigen Behörden die Länder, Zweckverbünde oder Verkehrsverbünde. 8

## III. Begriff und Zielsetzung des Personennahverkehrs – § 8 PBefG

§ 8 PBefG ist eine der zentralen Vorschriften des PBefG[4]. Diese Regelung ist im Hinblick auf die derzeitige Novellierung umfassend geändert bzw. ergänzt worden. 9

Gem. § 8 Abs. 1 PBefG definiert sich öffentlicher Personennahverkehr als die allgemein zugängliche Beförderung von Personen mit Straßenbahnen, Obussen (d.h. Oberleitungsbussen, vgl. § 4 Abs. 3 PBefG) und Kraftfahrzeugen im Linienverkehr, die überwiegend dazu bestimmt sind, die Verkehrsnachfrage im Stadt-, Vorort- oder Regionalverkehr zu befriedigen. Das ist nach dem Gesetz im Zweifel der Fall, wenn in der Mehrzahl der Beförderungsfälle eines Verkehrsmittels die gesamte Reiseweite 50 km oder die gesamte Reisezeit eine Stunde nicht übersteigt (§ 8 Abs. 1 Satz 2 PBefG). Zu beachten ist, dass diese Eingrenzung keine starre Eingrenzung darstellt, sondern allenfalls als Anhaltspunkt für die Einordnung gesehen werden 10

---

1 Ausführlich hierzu siehe *Bauer*, Personenbeförderungsgesetz, § 11 Rz. 11.
2 Vgl. im Landesrecht NW die Verordnung über die zuständigen Behörden und über die Ermächtigungen zum Erlass von Rechtsverordnungen nach dem Personenbeförderungsgesetz v. 30.3.1990, GV. NW, 247.
3 Vgl. die von den jeweiligen Bundesländern erlassenen ÖPNV-Gesetze, z.B. § 3 des Gesetzes über den öffentlichen Personennahverkehr in Nordrhein-Westfalen (GV. NW 1995, 196, zuletzt geändert durch Gesetz v. 5.7.2011, GV. NW., 359).
4 So auch *Bauer*, Personenbeförderungsgesetz, § 8 Rz. 1.

muss, von dem in begründeten Fällen abgewichen werden kann[1]. Vom Personennahverkehr abzugrenzen ist der Personenfernverkehr. § 42a PBefG definiert den Personenfernverkehr negativ zum Personennahverkehr. Hiernach darf im Rahmen des Personenfernverkehrs keine Beförderung von Personen mit einer Reichweite unter 50 km zwischen zwei Haltestellen stattfinden. Diese Einschränkung dient dem Schutz des Personennahverkehrs[2].

11 Zum öffentlichen Personennahverkehr gehört gem. § 8 Abs. 2 PBefG darüber hinaus der Verkehr mit Taxen oder Mietwagen, soweit er die in § 8 Abs. 1 PBefG genannten Verkehrsarten ersetzt, ergänzt oder verdichtet. Dies wird im Wesentlichen für Ruftaxen, Anrufsammeltaxen, Linientaxen und Nachttaxen[3] gelten.

12 Abgesehen von der Beschränkung auf die dem PBefG unterliegenden Verkehrsarten stimmt diese Definition mit der des § 2 des ebenfalls seit dem 1.1.1996 geltenden Regionalisierungsgesetzes[4] überein[5].

Nach § 1 Abs. 1 dieses Regionalisierungsgesetzes ist die Sicherstellung der ausreichenden Bedienung der Bevölkerung mit Verkehrsdienstleistungen im öffentlichen Personennahverkehr ab dem 1.1. 1996 Aufgabe der öffentlichen Daseinsvorsorge, wobei die Bestimmung der Stellen, die diese Aufgabe wahrzunehmen haben, dem Landesrecht überlassen bleibt[6].

13 Die Genehmigungsbehörden haben mit den so definierten und durch Landesrecht bestimmten Aufgabenträgern, den Verkehrsunternehmern und den Verbundorganisationen, soweit diese Aufgaben für die Aufgabenträger oder Verkehrsunternehmen wahrnehmen, für die Organisation und Ausgestaltung des Nahverkehrs, insbesondere für die Herstellung von Verkehrskooperationen und für die Abstimmung von Fahrplänen und Beförderungsentgelten, zu sorgen (§ 8 Abs. 3 Satz 1 PBefG). Die Maßgabe für eine wirtschaftliche Verkehrsgestaltung nach § 8 Abs. 3 Satz 1 PBefG impliziert einen Wettbewerb um die Genehmigungen[7]. Dem tragen des Weiteren bei der Vergabe von öffentlichen Dienstleistungsaufträgen die vergaberechtlichen Regelungen der VO (EG) Nr. 1370/2007 und der Vergaberichtlinien Rechnung[8].

14 Zu berücksichtigen sind dabei die nach § 8 Abs. 3 Satz 2 PBefG von den Aufgabenträgern unter Mitwirkung der vorhandenen Verkehrsunternehmer zu beschließenden **Nahverkehrspläne**[9]. Diese Nahverkehrspläne bilden den Rahmen für die Organisation des ÖPNV, haben die vorhandenen Verkehrsstrukturen zu beachten und dürfen nicht zur Ungleichbehandlung von Unternehmern führen. Die konkrete Ausgestaltung und Durchführung einzelner Linienverkehre sowie Struktur und Höhe der Beförderungsentgelte bleiben dagegen den einzelnen Verkehrsunternehmern überlassen, die diese in erster Linie unter wirtschaftlichen Aspekten festlegen sollen. Dass den Nahverkehrsplänen trotzdem eine große Bedeutung zukommt, ergibt sich aus § 13 Abs. 2a PBefG, wonach die mangelnde Übereinstimmung mit

---

1 Vgl. *Bauer*, Personenbeförderungsgesetz, § 8 Rz. 5.
2 Vgl. Gesetzesentwurf der Bundesregierung v. 12.8.2011, zu § 42a S. 38.
3 Zu diesen Begriffen vgl. *Bidinger*, Personenbeförderungsrecht, Abschn. B, § 42 Anm. 8a ff.; kritisch zu § 8 Abs. 2 PBefG *Bauer*, Personenbeförderungsgesetz, § 8 Rz. 7 ff.
4 Vgl. Art. 4 des Eisenbahnneuordnungsgesetzes v. 27.12.1993, BGBl. I 1993, 2378 (2394).
5 Angelehnt ist die Definition an § 12 Abs. 2 Nr. 10 UStG und § 61 Abs. 1 SchwbG sowie an Art. 1 Abs. 2 der VO (EWG) Nr. 1191/69 des Rates v. 26.6.1969.
6 Von dieser Gesetzgebungskompetenz haben, soweit ersichtlich, bis auf Hamburg alle Länder Gebrauch gemacht, vgl. die Übersicht bei *Bidinger*, Personenbeförderungsrecht, A 020, XXIII.f. m.w.N.
7 Vgl. *Bauer*, Personenbeförderungsgesetz, § 8 Rz. 12.
8 Zu den vergaberechtlichen Regelungen siehe Rz. 85 bis 99.
9 Vgl. dazu i.E. *Barth/Baumeister*, ZUR 1997, 17 (18 ff.).

dem Nahverkehrsplan ein Versagungsgrund für die Erteilung einer beantragten Linienverkehrsgenehmigung darstellen kann[1].

Gem. § 8 Abs. 4 Satz 1 PBefG sind die Verkehrsleistungen im öffentlichen Personennahverkehr grds. **eigenwirtschaftlich** zu erbringen. Eigenwirtschaftlich sind Verkehrsleistungen, deren Aufwand gedeckt wird durch Beförderungserlöse, Ausgleichsleistungen auf der Grundlage von allgemeinen Vorschriften nach Art. 3 Abs. 2, 3 VO (EG) Nr. 1370/2007 sowie durch sonstige Unternehmenserträge im handelsrechtlichen Sinne, soweit diese keine Ausgleichsleistungen nach Art. 3 Abs. 1 VO (EG) Nr. 1370/2007 darstellen. Somit sind öffentliche Dienleistungsaufträge nicht als eigenwirtschaftlich zu qualifizieren. Gleiches gilt für ein Verkehrsunternehmen, das gegen Zahlungen oder andere finanzielle Vorteile einen defizitären Verkehr durchführt. Die gesetzlichen Ausgleichsregelungen nach dem PBefG sind jedoch nicht als wettbewerbsverzerrende Beihilfen anzusehen und führen folglich nicht zum Wegfall der Eigenwirtschaftlichkeit[2]. Für die Abgrenzung der eigen- und gemeinwirtschaftlichen Verkehrsleistungen ist die Wirtschaftlichkeit ohne Einbeziehung öffentlicher Zuschüsse zu beurteilen. Werden auf vertraglicher Grundlage oder durch Bewilligungsbescheid Zuschüsse zu defizitären Verkehrsleistungen erbracht, können diese als Erträge des Unternehmens im handelsrechtlichen Sinne angesehen werden, die in die Gewinn- und Verlustrechnung aufzunehmen sind. Der Begriff der betrieblichen Erträge aus § 275 Abs. 2 Nr. 4 HGB ist enger gefasst als der Begriff der Erträge im handelsrechtlichen Sinne, auf den § 8 Abs. 4 Satz 2 PBefG Bezug nimmt[3]. Werden Verkehrsleistungen – ungeachtet etwaiger öffentlicher Zuschüsse – eigenwirtschaftlich erbracht, kommt die VO (EG) Nr. 1370/2007 nicht zur Anwendung[4]. Das ist etwa der Fall bei Verkehrsleistungen, für die Ausgleichszahlungen nach § 45a PBefG gewährt werden, da solche Ausgleichszahlungen die Eigenwirtschaftlichkeit nicht aufheben.

Zur Rechtmäßigkeit entsprechender öffentlicher Zuschüsse aus der Sicht des Beihilferechts hat der EuGH in seinem Urteil in der Sache Altmark Trans[5] ausführlich Stellung genommen. Der EuGH erklärt es darin für vereinbar mit der zu dem damaligen Zeitpunkt noch geltenden VO (EWG) Nr. 1191/69, wenn der nationale Gesetzgeber deren Anwendbarkeit auf gemeinwirtschaftliche Verkehrsleistungen beschränkt. Stets müsse aber überprüft werden, ob die fraglichen öffentlichen Zuschüsse im Einklang mit den Vorschriften des damals geltenden EG-Vertrags (heute: AEUV) über staatliche Beihilfen stehen. Die Beachtung der VO (EWG) Nr. 1191/69 stelle dies für gemeinwirtschaftliche Leistungen sicher. Außerhalb ihrer Anwendbarkeit stellt der EuGH für Zuschüsse zu eigenwirtschaftlichen Leistungen vier Kriterien auf, die sämtlich erfüllt sein müssen, um einen Verstoß gegen das für Beihilfen geltende EU-Primärrecht zu vermeiden[6]:

1. Das begünstigte Unternehmen muss tatsächlich mit der Erfüllung gemeinwirtschaftlicher Verpflichtungen betraut sein, und diese Verpflichtungen müssen klar definiert sein.
2. Die Parameter, anhand derer der Ausgleich berechnet wird, sind zuvor objektiv und transparent aufzustellen, um zu verhindern, dass der Ausgleich einen wirt-

---

1 Zur Einhaltung der Nahverkehrspläne im Hinblick auf die Genehmigungserteilung bei konkurrierenden Anträgen siehe VG Koblenz v. 26.1.2006 – 6 K 835/05KO Rz. 29, juris.
2 Vgl. OVG Lüneburg v. 16.9.2004 – 7 LB 3545/01, NVwZ-RR 2005, 105, Rz. 46.
3 So BVerwG v. 6.4.2000 – 3 C 7.99, 3 C 6/99, DVBl 2000, 1617; s. dazu auch unter Rz. 32.
4 Zur damals geltenden VO (EWG) Nr. 1191/69 siehe BVerwG v. 19.10.2006 – 3 C 33.05, BVerwGE 127, 42.
5 EuGH v. 24.7.2003 – C-280/00 „Altmark Trans", Slg. 2003 I-07747.
6 EuGH v. 24.7.2003 – C-280/00 „Altmark Trans", Slg. 2003 I-07747, Tz. 89–93.

schaftlichen Vorteil mit sich bringt, der das Unternehmen, dem er gewährt wird, gegenüber konkurrierenden Unternehmen begünstigt[1].

3. Der Ausgleich darf nicht über das hinausgehen, was erforderlich ist, um die Kosten der Erfüllung der gemeinwirtschaftlichen Verpflichtungen unter Berücksichtigung der dabei erzielten Einnahmen und eines angemessenen Gewinns aus der Erfüllung dieser Verpflichtungen ganz oder teilweise zu decken (Verbot der Überkompensation).

4. Wenn die Wahl des Unternehmens, das mit der Erfüllung gemeinwirtschaftlicher Verpflichtungen betraut werden soll, im konkreten Fall nicht im Rahmen eines Verfahrens zur Vergabe öffentlicher Aufträge erfolgt, das die Auswahl desjenigen Bewerbers ermöglicht, der diese Dienste zu den geringsten Kosten für die Allgemeinheit erbringen kann, so ist die Höhe des erforderlichen Ausgleichs auf der Grundlage einer Analyse der Kosten zu bestimmen, die ein durchschnittliches, gut geführtes Unternehmen, das so angemessen mit Transportmitteln ausgestattet ist, dass es den gestellten gemeinwirtschaftlichen Anforderungen genügen kann, bei der Erfüllung der betreffenden Verpflichtungen hätte, wobei die dabei erzielten Einnahmen und ein angemessener Gewinn aus der Erfüllung dieser Verpflichtungen zu berücksichtigen sind (Maßstab der *Best Practice*).

Diese Grundsätze sind in die Anforderungen der VO (EG) Nr. 1370/2007 an obligatorische Inhalte öffentlicher Dienstleistungsaufträge und allgemeiner Vorschriften übernommen worden (Art. 4 und Anhang). Kann eine Verkehrsleistung nicht eigenwirtschaftlich erbracht werden, muss sie also „**gemeinwirtschaftlich**" auf der Grundlage eines öffentlichen Dienstleistungsauftrags erfolgen, gilt die VO (EG) Nr. 1370/2007 und gelten die Vergaberichtlinien[2]. Insbesondere besteht danach grds. eine **Ausschreibungspflicht**[3].

## IV. Die Verkehrsarten des Personenbeförderungsrechts und ihre Genehmigungen

17   Die Vorschriften des Personenbeförderungsgesetzes sind auf der Grundlage mehrerer Entscheidungen des BVerwG sorgfältig abgestuft. Aus dieser Abstufung ergeben sich die verschiedenen Verkehrsarten:
- Linienverkehr
    - Straßenbahnen (§§ 28 ff. PBefG),
    - Obussen (§ 41 PBefG),
    - Kraftfahrzeugen (§§ 42 ff. PBefG),
- Gelegenheitsverkehr
    - Taxen (§ 47 PBefG),
    - Ausflugsverkehr (§ 48 PBefG),
    - Mietomnibusse und Mietwagen (§ 49 PBefG),
- Auslandsverkehr (§§ 52, 53 PBefG).

---

1 Zu den möglichen Methoden der Berechnungen der Ausgleichsleistungen siehe *Wittig*, Der Nahverkehr 2011, 46 f.
2 Zu den Begriffen eigenwirtschaftliche und gemeinwirtschaftliche Verkehrsleistungen sowie ausreichende Verkehrsbedienung vgl. eingehend *Zuck*, DÖV 1994, 941 ff.; *Fey*, NZV 1996, 132 ff.
3 Zu den vergaberechtlichen Aspekten im Hinblick auf das Personenbeförderungsrecht siehe Rz. 85 bis 99.

## 1. Genehmigungspflicht und Inhalt der Genehmigung

### a) Genehmigungspflicht

Die **Genehmigungspflicht** für die entgeltliche oder geschäftsmäßige Beförderung von Personen ist das **Hauptinstrument** des Personenbeförderungsrechts. Sie erstreckt sich auf den Straßenbahnverkehr, den Verkehr mit Obussen, den Linienverkehr mit Kraftfahrzeugen und den Gelegenheitsverkehr mit Kraftfahrzeugen (§ 2 Abs. 1 PBefG). Nicht genehmigungspflichtig sind dagegen die privaten Fahrgemeinschaften.

Gem. § 2 Abs. 2 PBefG bedarf darüber hinaus auch jede Erweiterung oder wesentliche Änderung des Unternehmens (§ 2 Abs. 2 Nr. 1 PBefG), die Genehmigungsübertragung (§ 2 Abs. 2 Nr. 2 PBefG) und die Übertragung der Betriebsführung (§ 2 Abs. 2 Nr. 3 PBefG) der Genehmigung. Eine wesentliche Änderung des Unternehmens i.S.d. § 2 Abs. 2 Nr. 1 PBefG stellt beispielsweise die Verlegung der Telefonzentrale bei einem Taxiunternehmen dar[1]. Auch eine Übertragung einer Genehmigung einer Hauptniederlassung auf ihre Zweigstelle ist gem. § 2 Abs. 2 Nr. 2 PBefG genehmigungsbedürftig[2].

In der differenzierten Regelung der einzelnen Verkehrsarten durch das Personenbeförderungsgesetz findet das abgestufte System des Schutzes des Berufszugangs und der Berufsausübung durch Art. 12 GG seinen prägnanten Ausdruck. Den intensivsten Einschränkungen unterliegt die Personenbeförderung im Linienverkehr, wobei die Regelungen für Straßenbahnen und Obusse besonders weit gehen. Sie bedürfen außer einer Genehmigung noch einer Planfeststellung für die erforderlichen Anlagen[3].

Die spezifische Behandlung des Linienverkehrs hat ihre Rechtfertigung darin, dass große Teile der Bevölkerung auf das verlässliche und dauerhafte Funktionieren des Linienverkehrs angewiesen sind. Die verschiedenen Liniendienste müssen aufeinander abgestimmt werden, wenn sich eine sinnvolle Gesamtversorgung ergeben soll. Die besondere Situation des Linienverkehrs kommt auch darin zum Ausdruck, dass die weitaus meisten Unternehmen von der öffentlichen Hand getragen werden oder zumindest gemischt-wirtschaftlich verfasst sind.

Der Gelegenheitsverkehr mit Taxen wird dagegen großzügiger behandelt, während der Ausflugsverkehr und der Verkehr mit Mietwagen weitgehend frei ist.

### b) Inhalt der Genehmigung

Der Genehmigungsinhalt ist in seinem Umfang genau begrenzt. Die Genehmigung bezieht sich auf **bestimmte Fahrzeuge** bzw. einen bestimmten Fahrzeugtyp (§ 9 PBefG) und wird dem **Unternehmer**[4] (§ 3 PBefG) auf Zeit erteilt (§ 16 PBefG). Bei der Entscheidung über die **Geltungsdauer** der Genehmigung im Linienverkehr mit Kraftfahrzeugen sind nunmehr gem. § 16 Abs. 2 Satz 4 PBefG die Vorgaben des Nahverkehrsplanes i.S.v. § 8 Abs. 3 PBefG zu beachten, was ggf. zu einer deutlich kürzeren Genehmigungsdauer als die höchstens zulässigen 10 Jahre führen kann. Die Geltungsdauer der Genehmigung für den Straßenbahn- und Obusverkehr

---

1 VG Saarlouis v. 17.11.1998 –3 K 433/97, ZfS 1999, 223.
2 OVG Lüneburg v. 4.2.2000 – 7 M 334/00, Rz. 3, juris.
3 Vgl. BVerwG v. 8.10.1976 – VII C 24.73, NJW 1977, 2367 zum Anspruch der Anlieger oder sonst Betroffener auf Durchführung eines Planfeststellungsverfahrens.
4 Zum Begriff des Unternehmers vgl. BVerwG v. 27.3.1992 – 7 C 26.91, NVwZ 1992, 1198; OVG Magdeburg v. 7.4.1998 – A 1/4 S 221/97, LKV 1999, 31; OVG Lüneburg v. 28.4.1999 – 7 M 786/99, GewArch 2000, 337.

beträgt höchstens 15 Jahre. Zu beachten ist sowohl für die Genehmigungsdauer für Straßen- und Obusverkehr nach § 16 Abs. 1 PBefG als auch für den Linienverkehr mit Kraftfahrzeugen nach § 16 Abs. 2 PBefG, dass eine Verlängerungsmöglichkeit gem. den Regelungen der VO (EG) Nr. 1370/2007 besteht, wenn die dort genannten Voraussetzungen vorliegen (Art. 4 Abs. 3 Satz 2, Abs. 4 VO (EG) Nr. 1370/2007).

⊃ **Hinweis:** Zwar ist es nach Art. 4 Abs. 4 VO (EG) Nr. 1370/2007 grds. möglich, die Amortisation der erforderlichen Wirtschaftsgüter zu berücksichtigen. Allein der Hinweis auf die mögliche oder eingeleitete Aufstellung eines Nahverkehrsplanes wird dazu allerdings nicht ausreichen[1].

Bei den Sonderformen des Linienverkehrs, insbesondere im Berufs- und Schülerverkehr nach § 43 Nr. 1 und 2 PBefG, wird die Genehmigung regelmäßig für vier Jahre erteilt. Das ist insofern gerechtfertigt, als bei diesen Verkehrsformen mit einem schnelleren Wandel des öffentlichen Verkehrsbedürfnisses, vor allem im Verhältnis zum allgemeinen Linienverkehr, zu rechnen ist.

Die Begrenzung der Genehmigung auf Zeit ist im Übrigen keine Nebenbestimmung i.S.d. § 36 VwVfG, sondern eine Inhaltsbestimmung, die notwendiger Bestandteil der Erlaubnis ist. Die Bestimmung der Genehmigungsdauer steht im Ermessen der Genehmigungsbehörde.

Der Inhalt der Genehmigungsurkunde ergibt sich aus § 17 Abs. 1 PBefG.

### c) Pflichten der zugelassenen Unternehmer

21 Die zum Linienverkehr und zum Taxiverkehr zugelassenen Unternehmer haben bestimmte Pflichten einzuhalten. Die Betriebsgenehmigung gibt ihnen nicht nur die Möglichkeit, Personen zu befördern; sie müssen dies in dem genehmigten Umfang auch tun (Betriebspflicht, § 21 PBefG). Grundsätzlich ist das Ziel der Betriebspflicht die Sicherstellung eines regelmäßigen Betriebs aller Verkehrsarten und -formen, an deren Ausübung ein öffentliches Interesse besteht[2].

### aa) Betriebspflicht

22 Die für Taxen bestehende **Betriebspflicht** hat nach § 47 Abs. 1 PBefG zum Inhalt, dass der Unternehmer sein Fahrzeug an einer behördlich zugelassenen Stelle bereithält. „Bereithalten" bedeutet dabei mehr als das bloße Aufstellen des Fahrzeugs. Hinzukommen muss die für jedermann erkennbar ausgedrückte Bereitschaft, Aufträge zur gewerbsmäßigen Personenbeförderung jederzeit, das heißt, ohne Verzögerung sofort auszuführen[3]. Im Gegensatz dazu ist es den Mietwagenunternehmern untersagt, Mietwagen auf öffentlichen Straßen und Plätzen taxiähnlich bereitzustellen, dort Beförderungsaufträge anzunehmen und so die Vorteile des Taxigewerbes in Anspruch zu nehmen, ohne die strengen Zulassungsvoraussetzungen für Taxen zu erfüllen und der Tarifbindung zu unterliegen. Gem. § 49 Abs. 4 Satz 3 PBefG müssen deshalb Mietwagen nach jeder Fahrt an den Betriebssitz[4] zurückkehren. Das BVerfG[5] hat jedoch diese Bestimmung dahingehend ausgelegt, dass Miet-

---

1 Vgl. *Sellmann*, NVwZ 1995, 1167 (1170).
2 Vgl. *Bauer*, Personenbeförderungsgesetz, § 21 Rz. 4.
3 BVerwG v. 12.9.1980 – 7 C 92.78, GewArch 1981, 244; v. 8.10.1976 – VII C 54.73, GewArch 1977, 174.
4 Zu der Rückkehrpflicht siehe BayObLG v. 23.1.2004 – 3 ObOWi 3/04, GewArch 2004, 254; BGH v. 16.6.1993 – I ZR 140/91, NJW-RR 1993, 1322; OVG Münster v. 4.11.1985 – 13 B 1032/85, NVwZ 1986, 941.
5 BVerfG v. 14.11.1989 – 1 BvL 14/85, 1BvR 1276/84, NJW 1990, 1349 = DVBl 1990, 202 = DÖV 1990, 245.

### IV. Die Verkehrsarten des Personenbeförderungsrechts

wagen über Funk vermittelte Aufträge auch schon während der Rückfahrt zum Betriebssitz übernehmen und zu diesem Zweck die Rückfahrt abbrechen dürfen.

Auf eine Entbindung von der Betriebspflicht für den gesamten oder einen Teil des betriebenen Verkehrs besteht nach § 21 Abs. 4 PBefG ein Rechtsanspruch, wenn dem Unternehmer die Erfüllung der Betriebspflicht nicht mehr möglich ist oder unter Berücksichtigung seiner wirtschaftlichen Lage, einer ausreichenden Verzinsung und Tilgung des Anlagekapitals und der notwendigen technischen Entwicklung nicht mehr zugemutet werden kann[1]. Nach der Vermutungsregel gem. § 21 Abs. 4 Satz 2 PBefG gilt jedoch, dass bei Bestandteilen des Genehmigungsantrags, die vom Unternehmer gem. § 12 Abs. 1a PBefG verbindlich zugesichert wurden, die Betriebspflichtenerfüllung grds. zumutbar bleibt.

Der zuständigen Behörde wird gem. Art. 5 Abs. 5 VO (EG) Nr. 1370/2007 die Möglichkeit eröffnet, in solchen Situationen – bei eingetretener oder drohender Unterbrechung des Verkehrsdienstes – Notmaßnahmen zu ergreifen. Neben einer Direktvergabe kommt eine Ausweitung eines bestehenden öffentlichen Dienstleistungsauftrags oder eine Auflage zu einer bestehenden Genehmigung in Betracht, eine gemeinwirtschaftliche Verpflichtung zu erfüllen. Solche Notmaßnahmen dürfen längstens für die Dauer von zwei Jahren getroffen werden (§ 21 Abs. 4 Satz 4 PBefG, Art. 5 Abs. 5 VO (EG) Nr. 1370/2007). Damit die zuständige Behörde eine Notmaßnahme treffen kann, wird die Genehmigungsbehörde nun verpflichtet, jene über eine beabsichtigte Entbindung rechtzeitig zu informieren.

#### bb) Fahrpläne

Konkretisiert wird die Betriebspflicht durch die Bestimmungen des § 40 PBefG über **Fahrpläne**. Der Fahrplan muss die Führung der Linie, ihren Ausgangs- und Endpunkt und die Haltestellen und Fahrzeiten enthalten. Der Fahrplan ist Bestandteil der Genehmigung[2]. Durch den Fahrplan wird die erteilte Genehmigung konkret ausgestaltet[3].

Auf die Zustimmung zu Fahrplänen und Fahrplanänderungen besteht ein Rechtsanspruch. Neben den Versagungsgründen, die sich aus § 13 PBefG ergeben[4], ist § 40 Abs. 2a PBefG zu beachten. Hiernach kann die Zustimmung zu einer Fahrplanänderung grds. versagt werden, wenn dies einer verbindlichen Zusicherung nach § 12 Abs. 1a PBefG widerspricht.

Erst mit der Zustimmung der Genehmigungsbehörde nach § 40 Abs. 2 PBefG werden die Fahrpläne bzw. die Fahrplanänderungen wirksam. Auflagen zur Abstimmung mit Fahrplänen benachbarter Unternehmen, wie es § 8 Abs. 3 PBefG vorsieht, sind nur zulässig, soweit die Eigenwirtschaftlichkeit erhalten bleibt.

#### cc) Beförderungspflicht

Neben der Betriebspflicht obliegt dem Personenbeförderungsunternehmer eine **Beförderungspflicht**, die in § 22 PBefG näher umschrieben ist. Diese Regelung i.V.m. § 47 Abs. 4 PBefG ist abschließend, so dass die Festlegung eines Kontrahierungszwanges durch Verordnung (z.B. Düsseldorfer DroschkenVO) unwirksam ist[5]. Der Unternehmer ist danach zur Beförderung verpflichtet, wenn den geltenden Be-

---

1 Vgl. BVerfG v. 25.5.1976 – 2 BvL 1/75, DVBl 1977, 820 mit Anm. *Fromm*, DVBl 1977, 822 f.
2 VG Augsburg v. 24.6.2008 – Au 3 K 07.1310, Rz. 21, juris.
3 Vgl. *Bauer*, Personenbeförderungsgesetz, § 40 Rz. 3.
4 Vgl. *Bauer*, Personenbeförderungsgesetz, § 40 Rz. 10.
5 OLG Düsseldorf v. 28.9.1989 – 5 Ss (OWi) 316/89 – (OWi) 143/89 I, GewArch 1990, 39; OLG Düsseldorf v. 24.3.1993 – 5 Ss (OWi) 9/93 – (OWi) 53/93 I, GewArch 1993, 292.

förderungsbedingungen und den behördlichen Anordnungen entsprochen wird, die Beförderung mit den regelmäßigen Beförderungsmitteln möglich ist und die Beförderung nicht durch unabwendbare Umstände verhindert wird[1]. Insoweit besteht ein Kontrahierungszwang, der den Unternehmer zum Abschluss des (privatrechtlichen) Beförderungsvertrages verpflichtet. Der Beförderungsvertrag kommt somit bereits dann zustande, wenn der Fahrgast in das jeweilige Beförderungsmittel (z.B. Linienbus) einsteigt[2].

Der Kontrahierungszwang rechtfertigt sich daraus, dass der Fahrgast auf die Benutzung von Taxen in ähnlicher Weise angewiesen ist wie auf den Linienverkehr, insbesondere der Eisenbahnen, für die gem. § 10 Allgemeines Eisenbahngesetz ebenfalls aufgrund ihrer monopolartigen Stellung ein Kontrahierungszwang besteht[3].

Die Beförderungspflicht im Taxiverkehr umfasst grds. auch das Gepäck und die Tiere des Fahrgastes[4]. Der Taxifahrer darf die ihm angetragene, im Pflichtfahrbereich (§§ 47 Abs. 4, 51 Abs. 1 Satz 1 und 2 und Abs. 2 Satz 1 PBefG) liegende Fahrt nicht ablehnen, auch wenn sie ihm nicht lohnend erscheint.

**Beispiel:**

Fahrt vom Düsseldorfer Flughafen zu einem nahegelegenen Großparkplatz[5] bzw. einem auf dem Flughafengelände liegenden Parkplatz[6].

Dagegen besteht keine Beförderungspflicht gem. § 22 PBefG, wenn der Fahrgast nicht mit Bargeld, sondern mit einem Euroscheck bezahlen will. Bei der Verpflichtung zur Zahlung des Fahrpreises handelt es sich um eine Geldschuld, die grds. durch die Zahlung von Geld in inländischer Währung zu erfüllen ist. Eine Verpflichtung des Taxifahrers zur Annahme des Euroschecks besteht nicht[7].

25 Schließlich normiert § 39 Abs. 3 PBefG eine **Tarifpflicht**, wonach die festgestellten Beförderungsentgelte einheitlich und gleichmäßig (auch im Hinblick auf die Streckenlänge) anzuwenden sind.

## 2. Genehmigungsvoraussetzungen der einzelnen Verkehrsarten

26 Die Genehmigungsvoraussetzungen der Personenbeförderungsgenehmigungen sind in § 13 PBefG für alle Verkehrsarten sowohl für eigenwirtschaftlich oder gemeinwirtschaftlich zu erbringende Leistungen gemeinsam geregelt. Erfüllt der Antragsteller die in § 13 PBefG normierten subjektiven und objektiven Voraussetzungen und greift keiner der gesetzlich bestimmten Versagungsgründe ein, besteht ein Rechtsanspruch auf Erteilung der Genehmigung[8].

---

1 Vgl. zu den einzelnen Voraussetzungen der Beförderungspflicht *Bidinger*, Personenbeförderungsrecht, Abschn. B, § 22 Erl. 3.
2 Ausführlich hierzu siehe *Bauer*, Personenbeförderungsgesetz, § 22 Rz. 2f.
3 *Rittner*, Wirtschaftsrecht, § 31 Rz. 18.
4 OLG München v. 26.6.1985 – 3 Ob OWi 58/85, DÖV 1987, 155.
5 OLG Düsseldorf v. 28.9.1989 – 5 Ss (OWi) 316/89 – (OWi) 143/89 I, GewArch 1990, 39.
6 OLG Düsseldorf v. 24.3.1993 – 5 Ss (OWi) 9/93 – (OWi) 53/93 I, GewArch 1993, 292.
7 OLG Frankfurt v. 22.9.1986 – 2 Ws (B) 151/86, NJW 1987, 455.
8 Vgl. BVerwG v. 6.4.2000 – 3 C 6.99, DVBl 2000, 1614, Rz. 21; VGH Mannheim v. 27.11.2003 – 3 S 709/03, DVBl 2004, 843, Rz. 19.

IV. Die Verkehrsarten des Personenbeförderungsrechts    Rz. 28 Teil 5 C

### a) Allgemeine Genehmigungsvoraussetzungen

§ 13 Abs. 1 PBefG normiert die **subjektiven Zulassungsvoraussetzungen** Zuverlässigkeit[1], Sachkunde, finanzielle Leistungsfähigkeit des Betriebes[2] und Betriebssitz im Inland, die an jeden Beförderungsunternehmer unabhängig von der jeweils von ihm beantragten Verkehrsart gestellt werden. (*BerufszugangsVO PBefG*)    27

**Beispiel:**

Der Antrag des Taxiunternehmers T., die Taxigenehmigung nach Ablauf der Geltungsdauer zu verlängern, wurde unter Hinweis auf eine Trunkenheitsfahrt abgelehnt. Mit einem Antrag auf Erlass einer einstweiligen Anordnung begehrt er eine vorläufige erneute Genehmigung, bis über seinen Antrag auf Wiedererteilung entschieden ist. Der Antrag hat Erfolg. Ein Verkehrsunternehmer ist zwar nur dann zuverlässig, wenn er bei der Ausübung seines Gewerbes die Gewähr dafür bietet, dass die Allgemeinheit vor Schäden und Gefahren bewahrt bleibt. Eine einmalige Verurteilung wegen vorsätzlicher Trunkenheit am Steuer bei einer Privatfahrt mit dem eigenen Taxi nach Beendigung der Tätigkeit lässt jedoch noch nicht ohne weiteres den Schluss zu, dass der Unternehmer unzuverlässig sei. Anders verhält es sich aber, wenn der Taxiunternehmer bei der Ausübung seines Gewerbes alkoholisiert am Verkehr teilnimmt[3].

Eine Gesellschaft, die einen Linienverkehr mit Kraftomnibussen betreibt, ist unzuverlässig, wenn sie ausländische Fahrer in Deutschland ohne Arbeits- und Aufenthaltserlaubnis beschäftigt, obwohl die Fahrer nicht vom Erfordernis derartiger Erlaubnisse befreit sind[4].

Wird ein Subunternehmer mit der Erbringung von Verkehrsleistungen beauftragt, der die persönlichen Zulassungsvoraussetzungen des § 13 Abs. 1 PBefG nicht erfüllt, so ist dies unerheblich für die Erteilung einer Genehmigung an den Auftraggeber, selbst wenn dieser Verkehrsleistungen ausschließlich durch Subunternehmer erbringen lässt[5]. Jedoch ist zu beachten, dass eine für die Führung der Geschäfte bestellte Person (z.B. ein Subunternehmer) einer weiteren Genehmigung nach dem PBefG bedarf (§ 2 Abs. 1 Satz 1 Nr. 3 PBefG).

Zur Untersagung einer gewerblichen Tätigkeit im Anwendungsbereich des PBefG ist die zuständige Genehmigungsbehörde auf der Grundlage von §§ 54 und 54a PBefG nicht ermächtigt[6]. Eine solche richtet sich nach der Gewerbeordnung.

### b) Besondere Genehmigungsvoraussetzungen

Während der Ausflugsverkehr (§ 48 PBefG) und der Verkehr mit Mietwagen (§ 49 PBefG) keinen weiteren Zulassungsbeschränkungen unterliegen, gelten für den Linienverkehr mit Straßenbahnen, Obussen und Kraftfahrzeugen (dazu unter aa)), sowie mit gewissen Einschränkungen auch für den Gelegenheitsverkehr (dazu unter bb)) und den Auslandsverkehr (dazu unter cc)) neben den subjektiven auch **objektive Zulassungsvoraussetzungen**, die wegen ihrer starken Beeinträchtigung des Grundrechtes auf Berufsfreiheit nur unter engen Voraussetzungen zulässig sind[7].    28

---

1 Zur Beurteilung der Zuverlässigkeit siehe VG Saarlouis v. 19.8.2010 – 10 K 601/09, Rz. 32 ff., juris.
2 Siehe ausführlich hierzu OVG Münster v. 15.7.2011 – 13 B 644/11, Rz. 4, www.nrwe.de; v. 1.12.2010 – 13 B 1382/10, Rz. 4, www.nrwe.de; BVerwG v. 6.4.2000 – 3 C 6.99, DVBl 2000, 1614 ff., Rz. 34.
3 VGH Kassel v. 19.2.1982 – II TG 6/82, NJW 1982, 2459 unter Hinweis auf BVerwGE 36, 288.
4 VG Hannover v. 5.3.1999 – 7 B 493/99, GewArch 1999, 198.
5 VGH Mannheim v. 27.11.2003 – 3 S 709/03, DVBl 2004, 843, Rz. 30.
6 OVG Weimar v. 6.6.2002 – 2 EO 80/01, DÖV 2003, 87 = GewArch 2002, 478.
7 BVerfG v. 8.6.1960 – 1 BvL 53/55, E 11, 168; BVerwG v. 15.4.1988 – 7 C 94.86, NJW 1988, 3221.

**aa) Linienverkehr**

29 Beim Linienverkehr mit Straßenbahnen, Obussen und Kraftfahrzeugen – ebenso wie mit gewissen Einschränkungen auch im Taxiverkehr – dürfen **objektive Verkehrsinteressen** der Genehmigungserteilung nicht entgegenstehen.
– Die Genehmigung für den Linienverkehr erfordert gem. § 13 Abs. 2 Satz 1 Nr. 2 PBefG vor allem die Berücksichtigung und Wahrung des öffentlichen Verkehrsinteresses. § 13 Abs. 2 Satz 1 Nr. 2 PBefG normiert beispielhaft, wann von einer Beeinträchtigung der öffentlichen Verkehrsinteressen auszugehen ist (§ 13 Abs. 2 Satz 1 Nr. 2 lit. a–d PBefG). Dieser Katalog ist nicht abschließend. Die dort genannten, wesentlichen Kriterien zur Prüfung der öffentlichen Verkehrsinteressen müssen entsprechend ihres abgestuften Aufbaus geprüft werden. Somit ist zunächst zu prüfen, ob der beantragte Verkehr mit den vorhandenen Verkehrsdienstleistungen befriedigend abgedeckt werden kann oder ob eine Lücke bzw. ein Ergänzungsbedarf besteht (§ 13 Abs. 2 Satz 1 Nr. 2 lit. a PBefG)[1]. Bei einer befriedigenden Verkehrsbedienung ist die Genehmigung zu versagen. Ist dies nicht der Fall und ist davon auszugehen, dass der beantragte Verkehr eine wesentliche Verbesserung der Verkehrsbedienung darstellt (§ 13 Abs. 2 Satz 1 Nr. 2 lit. b PBefG) muss geprüft werden, ob die für die Bedienung dieses Verkehrs vorhandenen Unternehmen oder Eisenbahnen diese Verkehrsbedienung übernehmen wollen (§ 13 Abs. 2 Satz 1 Nr. 2 lit. c PBefG). Insofern besteht ein Vorrang der bereits zugelassenen Unternehmen. Dies gilt auch dann, wenn der vorhandene Unternehmer bisher nur Sonderlinienverkehr i.S.d. § 43 PBefG betrieben hat, der durch die Genehmigung eines regulären Linienverkehrs i.S.d. § 42 PBefG in seiner Existenz gefährdet würde.

Somit stellt sich im Hinblick auf den abgestuften Prüfungsaufbau die Frage, ob die vorhandenen Unternehmer die infolge der mangelnden Befriedigung des Verkehrsbedürfnisses bestehende Lücke oder die angebotene Verbesserung der Verkehrsbedienung durch Ausgestaltung zu schließen bereit sind, erst dann, wenn eine derartige Lücke im Verkehrsangebot festgestellt worden ist[2]. Die Versagungsgründe implizieren ein Parallelbedienungsverbot und sollen so einen existenzgefährdenden Wettbewerb bei einer Doppelbedienung verhindern[3]. Die Sicherung der bestehenden und funktionsfähigen Ausgestaltung der Verkehre soll gewährleistet werden, und die vorhandenen Strukturen sollen gestärkt werden.

Im Rahmen der Novellierung des Personenbeförderungsrechts wurde ein weiterer Versagungsgrund in § 13 Abs. 2 Satz 1 Nr. 2 lit. d PBefG neu eingefügt. Hiernach ist eine Genehmigung zu versagen, wenn der beantragte Verkehr einzelne ertragreiche Linien oder ein Teilnetz aus einem vorhandenen Verkehrsnetz oder aus einem im Nahverkehrsplan festgelegten Linienbündel herauslösen würde. Diese Linienbündel verbinden oftmals nachfragestarke mit nachfrageschwachen Linien. Durch diesen Versagungsgrund soll eine „Rosinenpickerei" vermieden werden. Unternehmer sollen daran gehindert werden, sich die ertragsreichen herauszusuchen und die weniger ertragsreichen Verkehre von der öffentlichen Hand finanzieren zu lassen[4]. In diesem Zusammenhang ist ferner zu beachten, dass eine rechtmäßige Bildung der Linienbündel im Rahmen des Nachverkehrsplans die Voraussetzung für eine Versagung der Genehmigung nach § 13 Abs. 2

---

1 Zu den Beurteilungsfaktoren einer befriedigenden Verkehrsbedienung siehe BVerwG v. 24.6.2010 – 3 C 14.09, NVwZ 2011, 115 ff., Rz. 18.
2 Vgl. VGH Kassel v. 15.10.2002 – 2 UE 2948/01, NZV 2003, 452, Rz. 51.
3 Vgl. *Bauer*, Personenbeförderungsgesetz, § 13 Rz. 30; zum Parallelgenehmigungsverbot siehe *Heinze*, DVBl 2011, 534.
4 Ähnlich Gesetzesentwurf der Bundesregierung v. 12.8.2011, zu § 13 S. 32.

Satz 1 Nr. 2 lit. d PBefG ist. Problematisch ist allerdings, dass der Nahverkehrsplan nicht unmittelbar gerichtlich überprüfbar ist[1].

**Beispiel:**

Ein Unternehmer, der auf einer Linie seit vielen Jahren ausschließlich Schülerverkehr als eine Sonderform des Linienverkehrs durchgeführt hat, kann bei der Ausweitung dieses Verkehres zu allgemeinem Linienverkehr einem anderen Bewerber gegenüber bevorzugt werden[2].

Damit findet eine echte Bedürfnisprüfung statt, die durch das umfassende Anhörungsverfahren nach § 14 PBefG abgesichert wird. Eine Verkehrsbedienung ist dann als befriedigend i.S.d. § 13 Abs. 2 Satz 1 Nr. 2 lit. a PBefG anzusehen, wenn sie nach Dichte, Zeitlage, Fahrpreis und Bequemlichkeit des Verkehrs allen berechtigten Wünschen der Verkehrsnutzer Rechnung trägt[3].
Sofern ein **Nahverkehrsplan** i.S.d. § 8 Abs. 3 PBefG besteht, muss der beantragte Verkehr mit diesem in Einklang stehen (§ 13 Abs. 2a PBefG).

– **Besitzstandsklausel:** Bei der Verlängerung von Genehmigungen sind die Interessen derjenigen Unternehmer, die ein öffentliches Verkehrsinteresse jahrelang in befriedigender Weise bedient haben, angemessen zu berücksichtigen (§ 13 Abs. 3 PBefG).

– Da die beihilferechtlichen und vergaberechtlichen Anforderungen an die Vergabe gemeinwirtschaftlicher Verkehrsleistungen durch Art. 4 und 5 der VO (EG) Nr. 1370/2007 festgelegt werden, wurde § 13a PBefG im Rahmen der Novellierung aufgehoben.

Im Weiteren unterscheiden die Genehmigungsvoraussetzungen für den Linienverkehr mit Kraftfahrzeugen zwischen dem Fernlinienverkehr und dem öffentlichen Personennahverkehr. Innerhalb des Personennahverkehrs wird weiter unterschieden zwischen Verkehrsleistungen, die eigenwirtschaftlich erbracht werden, und gemeinwirtschaftlichen Verkehrsleistungen.

**(1) Fernlinienverkehr**

Wie bereits dargelegt, soll der Fernlinienverkehr durch die Novellierung des PBefG liberalisiert werden[4]. Gem. § 13 Abs. 2 Satz 2 PBefG gelten die Versagungsgründe gem. § 13 Abs. 2 Satz 1 Nr. 2 PBefG nicht für Personenfernverkehr gem. § 42a Satz 1 PBefG. Somit muss ein Unternehmen, das eine personenbeförderungsrechtliche Genehmigung für den Fernlinienverkehr beantragt, neben den subjektiven Genehmigungsvoraussetzungen lediglich die objektive Genehmigungsvoraussetzung nach § 13 Abs. 2 Satz 1 Nr. 1 PBefG erfüllen. Sind diese Voraussetzungen erfüllt, besteht ein Rechtsanspruch auf Genehmigungserteilung. Es ist davon auszugehen, dass durch die Liberalisierung neben den Angeboten der Eisenbahn auf Fernlinienverkehrsstrecken zunehmend eine Parallelbedienung der Strecken durch den Fernbuslinienverkehr entstehen wird. Diese Entwicklungen bleiben jedoch abzuwarten.

---

1 Siehe hierzu *VDV/bdo*, Gemeinsame Stellungnahme des VDV und bdo zum Entwurf eines Gesetzes zur Änderung personenbeförderungsrechtlicher Vorschriften v. 31.1.2011, Stand: 11.3.2011, 5.
2 VGH Mannheim v. 20.5.1992 – 14 S 649/90, NVwZ-RR 1993, 291 (292).
3 VG Berlin v. 20.3.2002 – 11 A 165.01, NZV 2002, 341.
4 Schon vor der Novellierung des PBefG entwickelte die Rechtsprechung Ansätze für eine Liberalisierung des Buslinienfernverkehrs, BVerwG v. 24.6.2010 – 3 C 14.09, NVwZ 2011, 115; *Polster*, NVwZ 2011, 278 (279).

## (2) Eigenwirtschaftliche Verkehrsleistungen im ÖPNV

31 Gem. § 8 Abs. 4 PBefG sind Verkehrsleistungen im öffentlichen Personennahverkehr grds. eigenwirtschaftlich zu erbringen. Wie der beantragte Linienverkehr finanziert wird, prüft die Genehmigungsbehörde nicht[1]. Wenn es jedoch offenkundig und amtsbekannt ist, dass eine eigenwirtschaftliche Erbringung der Verkehrsdienstleistungen nicht möglich ist und der Antragsteller keine anderweitige Kostendeckung nachweisen kann, darf die Behörde die Liniengenehmigung nicht erteilen[2].

32 Eigenwirtschaftlich sind Verkehrsleistungen gem. § 8 Abs. 4 Satz 2 PBefG dann, wenn der Aufwand gedeckt wird durch Beförderungserlöse, Ausgleichsleistungen auf der Grundlage von allgemeinen Vorschriften nach Art. 3 Abs. 2, 3 VO (EG) Nr. 1370/2007 und durch sonstige Unternehmenserträge in handelsrechtlichen Sinne, soweit diese keine Ausgleichszahlungen für die Erfüllung gemeinwirtschaftlicher Verpflichtungen nach Art. 3 Abs. 1 VO (EG) Nr. 1370/2007 darstellen.

Die in § 8 Abs. 4 Satz 1 PBefG angesprochenen Ausgleichsleistungen beruhen auf Bereichsausnahmen, die für drei Fälle gesetzlich geregelt sind, um Höchsttarife für Ausbildungsverkehre und für Personen mit eingeschränkter Mobilität zu finanzieren[3]. Der Eigenwirtschaftlichkeit stehen sie ausnahmsweise nicht entgegen. Allerdings muss die Höhe dieser auf Bereichsausnahmen beruhenden Leistungen unter Beachtung der gemeinschaftsrechtlichen Vorgaben aus Art. 3 Abs. 2 und dem Anhang der VO (EG) Nr. 1370/2007 bemessen werden. Andernfalls sind sie beihilferechtlich relevant und unter Umständen notifizierungspflichtig[4]. Die Ausgleichsleistung darf den sog. finanziellen Nettoeffekt, der durch den auferlegten Höchsttarif entsteht, nicht überkompensieren.

⊃ **Hinweis:** Erhält der Unternehmer Fördermittel nach dem Gemeindeverkehrsfinanzierungsgesetz und sonstige Mittel der Investitionsförderung wie z.B. Mittelstandsförderungszuschüsse, berühren diese Subventionen die Eigenwirtschaftlichkeit nicht, da sie lediglich aufwandsmindernd wirken. Das gleiche gilt für Ausgleichszahlungen für gemeinwirtschaftliche Leistungen in der Schülerbeförderung und der Beförderung von Personen mit eingeschränkter Mobilität. Vertragliche Betriebskostenzuschüsse und sonstige Zahlungen der öffentlichen Hand auf vertraglicher Grundlage lassen dagegen die Eigenwirtschaftlichkeit ebenso entfallen wie Quersubventionierungen aus anderen eigenen Unternehmensbereichen z.B. der Wasser- und Energieversorgung bei Stadtwerken oder einem ebenfalls betriebenen Speditionsunternehmen[5].

33 Ist die Eigenwirtschaftlichkeit festgestellt, richtet sich die Erteilung der Genehmigung nach § 13 PBefG. Die Genehmigungsbehörde hat dabei allerdings einen möglicherweise nach § 8 Abs. 3 PBefG vom Aufgabenträger beschlossenen Nahverkehrsplan zu berücksichtigen. Dieser kann aufgrund geänderter Festsetzungen ebenso zu

---

1 OVG Lüneburg v. 16.9.2004 – 7 LB 3545/01, NVwZ-RR 2005, 105.
2 VGH Kassel v. 5.4.2011 – 2 A 1593/10, Rz. 60, juris; VG München v. 11.2.2010 – M 23 K 08.5960, Rz. 40 ff., juris.
3 Die Bereichsausnahmen ergeben sich aus § 8 Abs. 4 Satz 3 PBefG sowie § 6a Abs. 4 AEG für Ausbildungsverkehre und aus § 145 Abs. 3 Satz 2 SGB IX für Personen mit eingeschränkter Mobilität. Die beiden letztgenannten Vorschriften sind Gegenstand der Art. 2, 3 des Regierungsentwurfs vom 12.8.2011 für ein Gesetz zur Änderung personenbeförderungsrechtlicher Vorschriften, BR-Drs. 462/11.
4 Siehe dazu die Hinweise in dem Gesetzesentwurf der Bundesregierung v. 12.8.2011, S. 25.
5 OVG Koblenz v. 4.11.2005 – 7 B 11329/05, LKV 2006, 767; vgl. dazu i.E. Zuck, DÖV 1994, 941 (942 ff.).

einer Beschränkung des Ausgestaltungsrechts nach § 13 Abs. 2 Nr. 2 lit. c PBefG führen wie zu einem Wegfall des Besitzstandsschutzes nach § 13 Abs. 3 PBefG. Außerdem kann die Genehmigung unter Berufung auf den Nahverkehrsplan und § 16 Abs. 2 PBefG auch nur für einen kürzeren Zeitraum als die höchstens zulässigen zehn Jahre erteilt werden.

⊃ **Hinweis:** Zwar stellt die Möglichkeit einer kurzen Befristung keinen Verstoß gegen Art. 12 und Art. 14 GG dar. Ein Abweichen von der nach § 16 Abs. 2 PBefG üblichen 10-jährigen Geltungsdauer der Genehmigung wird der Genehmigungsbehörde jedoch nicht möglich sein, wenn die Buslinie bislang über Jahrzehnte unbeanstandet betrieben wurde.

Neu eingefügt wurde im Rahmen der Novellierung des Personenbeförderungsrechts § 13 Abs. 2b PBefG. Werden zeitgleich mehrere Anträge gestellt, die sich ganz oder zum Teil auf die gleiche oder eine im Wesentlichen gleiche Verkehrsleistung im öffentlichen Personennahverkehr beziehen, ist derjenige Unternehmer auszuwählen, der die beste Verkehrsleistung anbietet. Die Festlegungen des Nahverkehrsplans sind in diesem Zusammenhang zu berücksichtigen. Diese Regelung entspricht der bereits gängigen Verwaltungspraxis[1]. Somit sind keine grundlegenden Änderungen in Genehmigungsverfahren zu erwarten, wenn dieser Fall eintritt.

**(3) Gemeinwirtschaftliche Verkehrsleistungen im ÖPNV**

Den Begriff der gemeinwirtschaftlichen Verkehrsleistungen verwendet das PBefG nicht. Im verbreiteten Sprachgebrauch werden darunter im Sinne eines Gegenbegriffes zu eigenwirtschaftlichen Verkehrsleistungen solche Verkehrsdienste verstanden, deren Finanzierung erst durch Erlöse aus Zahlungen des Aufgabenträgers sicher gestellt wird. Rechtlich erschließt sich der Begriff erst aus der VO (EG) Nr. 1370/2007. In Art. 2 lit. i VO (EG) Nr. 1370/2007 ist die Rede von Personenverkehrsdiensten, die gemeinwirtschaftlichen Verpflichtungen unterliegen. Die rechtliche Grundlage hierfür liegt regelmäßig in einem öffentlichen Dienstleistungsauftrag[2], seltener in einer Auflage des Aufgabenträgers gegenüber dem Unternehmer. 34

Ob eine Verkehrsleistung im personenbeförderungsrechtlichen Sinne eigenwirtschaftlich oder gemeinschaftlich erbracht wird, steht nicht im Belieben des Unternehmers[3]. Dieser hat zwar ein Wahlrecht, ob eine Verkehrsleistung als eigen- oder gemeinwirtschaftlich erbracht und beantragt werden soll. Jedoch entscheidet die Genehmigungsbehörde nach Prüfung der tatsächlichen Gegebenheiten über die Einordnung.

Die Genehmigung einer gemeinwirtschaftlichen Verkehrsleistung richtet sich nach den allgemeinen Bestimmungen des § 13 PBefG. Die bereits dargestellten Versagungsgründe gelten hierfür gleichermaßen. Der Ausgestaltungsvorrang nach § 13 Abs. 2 Satz 1 Nr. 2 lit. c PBefG muss ebenfalls Anwendung finden. 35

Es ist allerdings davon auszugehen, dass § 13 Abs. 2b PBefG auf eigenwirtschaftliche Verkehrsleistungen bezogen ist und für gemeinwirtschaftliche Verkehrsleistungen keine Relevanz haben wird. Durch die Fristenregelungen für eigenwirtschaftliche Verkehre gem. § 12 PBefG dürfte es zu einer Konkurrenz zwischen

---
1 Vgl. Gesetzesentwurf der Bundesregierung v. 12.8.2011, zu § 13 S. 33; ähnlich VGH München v. 6.3.2008 – 11 B 04.2449, GewArch 2008, 307 ff., Rz. 46 ff.
2 Zur Abgrenzung der Anwendungsbereiche von VO (EG) Nr. 1370/2007 und den Vergaberichtlinien siehe noch im Folgenden unter Rz. 86–90; beide Regelungsbereiche erfassen öffentliche Dienstleistungsaufträge – allerdings mit einem jeweils eigenständigen Verständnis.
3 OVG Lüneburg v. 16.9.2004 – 7 LB 3545/01, NVwZ-RR 2005, 105; BVerwG v. 29.10.2009 – 3 C 1.09, NVwZ-RR 2010, 559 ff., Rz. 19.

eigenwirtschaftlichen und gemeinwirtschaftlichen Verkehren – wie sie in der Praxis und Rechtsprechung vor Novellierung des Personenbeförderungsrechts oftmals auftrat – nicht mehr kommen[1]. Die wettbewerblichen Anforderungen an die Vergabe öffentlicher Dienstleistungsaufträge ergeben sich aus Art. 5 VO (EG) Nr. 1370/2007[2]. Im Zusammenhang mit gemeinwirtschaftlichen Verkehrsleistungen ist jedoch stets der Vorrang der eigenwirtschaftlichen Verkehre gem. § 8 Abs. 4 Satz 1 PBefG zu beachten. Gemeinwirtschaftliche Verkehre kommen erst nachrangig in Betracht, wenn eine ausreichende Verkehrsbedienung eigenwirtschaftlich nicht möglich ist[3].

36  Liegen die Voraussetzungen des § 13 PBefG vor, ist die Genehmigung zu erteilen. Das trifft ohne Weiteres zu, wenn lediglich ein einziger Antrag gestellt wird. Richtet sich dieser auf eine gemeinwirtschaftliche Verkehrsleistung, wird die zuständige Behörde daraufhin ein Vergabeverfahren (entweder nach der VO (EG) Nr. 1370/2007 oder den Vergaberichtlinien) durchführen. Stellt der obsiegende Bieter, wenn dieser nicht personengleich mit dem ersten Antragsteller ist, nach Erteilung des Zuschlags einen eigenen Antrag auf Genehmigung der beauftragten Verkehrsleistung, darf die Genehmigungsbehörde den zuerst gestellten Antrag gem. § 13 Abs. 2b PBefG ablehnen. Die beste Verkehrsbedienung bietet der obsiegende Bieter, der zweite Antragsteller, an; dies hat das Vergabeverfahren gezeigt.

Falls mehrere konkurrierende Anträge auf Genehmigung eigenwirtschaftlicher Verkehrsleistungen gestellt werden, wird die Behörde selbst bewerten müssen, welcher Antragsteller die beste Verkehrsbedienung anbietet. Sie kann nicht auf das Ergebnis eines Vergabewettbewerbs zurückgreifen, weil weder die VO (EG) Nr. 1370/2007 noch die Vergaberichtlinien auf eigenwirtschaftliche Verkehre anwendbar sind[4].

**(4) Besonderheiten bei der Genehmigung von Straßenbahnen**

37  Das Genehmigungsverfahren für den Verkehr mit Straßenbahnen – dazu gehören nach der Legaldefinition des § 4 Abs. 1 PBefG auch Bahnen, die als Hoch- und Untergrundbahnen, Schwebebahnen oder ähnliche Bahnen besonderer Bauart angelegt sind oder angelegt werden, ausschließlich oder überwiegend der Beförderung von Personen im Orts- oder Nachbarschaftsbereich dienen und nicht Bergbahnen oder Seilbahnen sind – setzt gem. § 28 PBefG die vorherige Durchführung eines Planfeststellungsverfahrens voraus, das nach den Bestimmungen des Verwaltungsverfahrensgesetzes des jeweiligen Bundeslandes durchzuführen ist, sofern dieses entsprechende Regelungen enthält; ansonsten findet das VwVfG des Bundes Anwendung[5]. Sonderregelungen des PBefG gehen in jedem Fall vor.

38  Ein Vorverfahren ist bei Klagen gegen Planfeststellungsbeschlüsse und Plangenehmigungen nicht mehr erforderlich. Dies folgt aus der durch Art. 5 Nr. 7 des Planvereinfachungsgesetzes[6] eingeführten Verweisung in § 55 Satz 2 PBefG auf § 29 Abs. 6 Satz 1 PBefG.

39  Die Benutzung öffentlicher Straßen erfordert nach § 31 PBefG die Zustimmung des Trägers der Straßenbaulast[7]. Der Begriff der öffentlichen Straße ist in diesem Zu-

---

1 *BBG und Partner*, PBefG-Novelle: Neue interne Überlegungen aus dem Bundesministerium für Verkehr, Bau und Stadtentwicklung v. 19.7.2010, Rz. 7.
2 Näheres hierzu siehe Ausführungen Rz. 93–98.
3 Vgl. BVerwG v. 29.10.2009 – 3 C 1.09, NVwZ-RR 2010, 559, Rz. 18 ff.
4 Die Abgrenzung der Anwendungsbereiche der VO (EG) Nr. 1370/2007 und der Vergaberichtlinien gegenüber dem PBefG wird unter Rz. 86–92 dargestellt.
5 Vgl. *Fromm/Fey/Sellmann/Zuck*, § 28 Rz. 1.
6 Gesetz zur Vereinfachung der Planungsverfahren für Verkehrswege v. 17.12.1993, BGBl. I, 2123 (2134).
7 Vgl. BVerwG v. 28.9.1979 – 7 C 18.78, BVerwGE 58, 336.

sammenhang wegerechtlich und nicht straßenverkehrsrechtlich zu verstehen. Somit sind öffentliche Straßen lediglich diejenigen Straßen, die dem Gemeingebrauch zugänglich sind[1].

Sollen Straßenbahnbetriebsanlagen von einem anderen als dem Unternehmer, vor allem also einer Gemeinde, gebaut werden, kann die Genehmigung gem. § 3 Abs. 3 PBefG „aufgespalten" werden[2]. Die Genehmigung zum Bau und zur Linienführung nach § 9 Abs. 1 Nr. 1 PBefG wird dann „dem anderen" (der Gemeinde) erteilt, die Betriebsgenehmigung dagegen dem die Linie betreibenden „Unternehmer". Dabei sind nach § 12 Abs. 4 PBefG die beiden Genehmigungsverfahren zu verbinden.

**bb) Gelegenheitsverkehr**

**(1) Verkehr mit Taxen**

Gem. § 47 PBefG ist der Verkehr mit Taxen die Beförderung von Personen mit Personenkraftwagen, die der Unternehmer an behördlich zugelassenen Stellen bereithält. Bereitgehalten werden dürfen die Taxen nur in der Gemeinde, in der der Unternehmer seinen Betriebssitz hat (§ 47 Abs. 2 PBefG). Innerhalb „seiner" Gemeinde darf der Unternehmer Fahrgäste auch während einer (Leer-)fahrt aufnehmen. Fahrten von anderen Gemeinden aus darf er dagegen nur auf Bestellung durchführen.

Im Gegensatz zu den anderen Verkehrsarten werden bei Taxen – und auch Mietwagen – Zweck, Ziel und Ablauf der Verkehre nicht durch den Unternehmer, sondern durch den Fahrgast bestimmt.

Durch die Bestimmung des § 13 Abs. 4 PBefG, wonach die Genehmigung für den Taxenverkehr zu versagen ist, wenn die öffentlichen Verkehrsinteressen dadurch beeinträchtigt werden, dass durch die Ausübung des beantragten Verkehrs das örtliche Taxengewerbe in seiner Funktionsfähigkeit bedroht wird[3], ergibt sich zumindest indirekt eine Konzessionierung der Genehmigungen innerhalb eines Gemeindegebietes und damit eine objektive Berufszulassungsbeschränkung[4].

Bei der Prüfung dieser Frage muss die Genehmigungsbehörde für ihren Bezirk die Nachfrage nach Beförderungsaufträgen, die Taxendichte, die Entwicklung der Ertrags- und Kostenlage sowie die Anzahl und Ursachen der Geschäftsaufgaben berücksichtigen und so das öffentliche Verkehrsinteresse ermitteln. § 13 Abs. 4 PBefG dient jedoch nicht dem Schutz des bestehenden Taxengewerbes vor – möglicherweise einzelne Unternehmer ruinierender – Konkurrenz[5].

Soweit § 13 Abs. 4 PBefG auf die Funktionsfähigkeit abstellt, bedeutet dies nicht, dass die wirtschaftliche Lage der am Ort das Taxengewerbe betreibenden Unternehmen Maßstab für die Erteilung oder Versagung weiterer Taxengenehmigungen in der Weise sein darf, dass diesen ein den Kapitaldienst, die laufenden Kosten und einen angemessenen Unternehmergewinn abdeckendes Einkommen gewährleistet sein muss. Eine schwierige Ertrags- und Kostenlage ist kein Versagungsgrund für

---

1 Siehe hierzu *Bauer*, Personenbeförderungsgesetz, § 31 Rz. 2.
2 Vgl. dazu i.E. *Fromm*, Stadtbahnbau und öffentliches Recht, DVBl 1986, 121 (123).
3 VG Münster v. 7.3.1989 – 7 K 1868/87, NVwZ-RR 1990, 71; BVerwG v. 7.9.1989 – 7 C 44.88, 7C 45/88, GewArch 1990, 145 = NJW 1990, 1376.
4 Zum Problemfeld der Konzessionierung von Beförderungsgenehmigungen als objektive Berufszulassungsbeschränkung vgl. näher die Ausführungen zur Güterfernverkehrsgenehmigung im Beitrag von *Gronemeyer* Teil 5 Kap. D, Rz. 16 ff.
5 Vgl. BVerwG v. 7.9.1989 – 7 C 44.88, 7 C 45.88, GewArch 1990, 145 (147) = NJW 1990, 1376; v. 31.1.2008 – 3 B 77.07, Rz. 7; ausführlich hierzu siehe *Bauer*, Personenbeförderungsgesetz, § 13 Rz. 47 ff.

eine Genehmigung, sondern nur ein Indiz für die Beurteilung, ob das öffentliche Verkehrsinteresse durch Bedrohung des örtlichen Taxengewerbes in seiner Funktionsfähigkeit beeinträchtigt ist[1].

42 Bei der abwägenden Bewertung der öffentlichen Verkehrsinteressen hat die Genehmigungsbehörde einen gerichtlich nur eingeschränkt überprüfbaren Beurteilungsspielraum[2]. Liegen mehr Bewerbungen vor, als Taxenkonzessionen verteilt werden können, muss die Auswahl nach den Kriterien des § 13 Abs. 5 PBefG erfolgen[3].

**(2) Verkehr mit Mietomnibussen und Mietwagen**

43 Ein Verkehr mit Mietomnibussen und Mietwagen ist gem. § 49 PBefG die Beförderung von Personen in den genannten Fahrzeugen, die als Ganzes zur Beförderung angemietet werden und bei denen der Mieter Zweck, Ziel und Ablauf der gesamten Fahrt bestimmt.

44 Der wesentliche Unterschied zum Verkehr mit Taxen besteht darin, dass Fahrten mit Mietomnibussen und Mietwagen nicht durch Bereitstellen der Fahrzeuge auf öffentlichen Straßen und Plätzen angeboten werden.

§ 49 Abs. 4 PBefG regelt die Modalitäten der **Auftragsannahme** und der **Rückkehrpflicht** detailliert.

Nach einer Beförderungsfahrt muss das Fahrzeug wieder an seinen Betriebssitz zurückkehren, es sei denn, der Fahrer hat vor der Fahrt von seinem Betriebssitz oder der Wohnung oder während der Fahrt fernmündlich einen neuen Beförderungsauftrag erhalten. Die Rückkehrpflicht bezieht sich stets auf den in der Genehmigung genannten Betriebssitz[4].

Ein Mietwagenfahrer darf nur eine „ganz kurze Pause"[5] auf allgemein zugänglichen Parkplätzen einlegen. Auch die Einlegung einer Mittagspause soll außerhalb des Betriebssitzes unzulässig sein[6]. Das Warten eines Mietwagenfahrers auf einen vorbestellten Folgeauftrag aus der Funkzentrale, ohne nach Erledigung eines Beförderungsauftrags zum Betriebssitz zurückzukehren, stellt ebenfalls einen Verstoß gegen § 49 Abs. 4 Satz 3 PBefG dar[7]. Die faktische Folge, dass Mietwagen ständig im allgemeinen Stadtverkehr umherfahren, ist allerdings schon aus Gründen des Umweltschutzes fragwürdig.

Ziel dieser strengen Regelungen ist es, eine genaue Abgrenzung von Mietwagen und Taxen zum Schutz letzterer zu erreichen, da eine Bedrohung der Existenz des Taxenverkehrs die öffentlichen Verkehrsinteressen beeinträchtigen würde. Dieser Schutz des Taxengewerbes folgt vor allem daraus, dass Mietwagen – anders als Taxen – nicht der Tarifbindung und dem Kontrahierungszwang unterliegen. Die Rückkehrpflicht für Mietwagen soll deren Überwachung bezüglich der Einhaltung der gesetzlichen Vorschriften erleichtern bzw. ermöglichen[8].

---

1 BVerwG v. 15.4.1988 – 7 C 94.86, NJW 1988, 3221; OVG Berlin v. 28.3.2000 – 1 SN 15.99, GewArch 2000, 338.
2 BVerwG v. 28.7.1989 – 7 C 39.87, NJW 1989, 3233.
3 Vgl. dazu BVerwG v. 10.11.1980 – 7 B 153.80, GewArch 1981, 175; OVG Münster v. 9.5.1989 – 13 A 994/88, NWVBl. 1990, 21; VG Münster v. 7.3.1989 – 7 K 1868/87, NVwZ-RR 1990, 71.
4 BayObLG v. 23.1.2004 – 3 Ob OWi 3/04, NZV 2004, 315 = GewArch 2004, 254.
5 Vgl. BGH v. 14.12.1989 – I ZR 37/88, NJW 1990, 1366.
6 Vgl. *Bidinger*, Personenbeförderungsrecht, Abschn. B, § 49 Rz. 173 m.w.N.; *Bauer*, Personenbeförderungsgesetz, § 49 Rz. 27.
7 OLG Schleswig v. 25.5.1999 – 6 U 83/98, SchlHA 1999, 262.
8 Vgl. *Bauer*, Personenbeförderungsgesetz, § 49 Rz. 16.

## (3) Ausflugsfahrten und Ferienziel-Reisen

Ausflugsfahrten und Ferienziel-Reisen gem. § 48 PBefG unterscheiden sich von den Beförderungen mit Mietomnibussen und Mietwagen dadurch, dass Zweck, Ziel und Ablauf der Fahrt nicht von den Fahrgästen, sondern vom Veranstalter, der gleichzeitig der Unternehmer sein kann, aber nicht muss, bestimmt wird. 45

Bei Ausflugsfahrten muss die Fahrt zum Ausgangspunkt zurückführen. Bei Ferienreisen sind alle Reisenden zum gleichen Reiseziel zu bringen und von dort auch wieder zum Ausgangsort zurückzufahren. 46

**Beispiel:**

Als Ausflugsfahrten sind somit z.B. die Tagestouren in einen Freizeitpark o. ä. anzusehen, als Ferienziel-Reisen die Reiseangebote nach Italien oder Spanien.

Das vor der Novellierung des Personenbeförderungsrechts geltende Unterwegsbedienungsverbot gem. § 48 Abs. 3 PBefG a.F. ist aufgrund der Liberalisierung des Fernbuslinienverkehrs aufgehoben worden. Somit dürfen weitere Fahrgäste auch unterwegs aufgenommen werden.

Eine Betriebs- und Beförderungspflicht nach §§ 21 und 22 PBefG besteht nicht (§ 48 Abs. 4 PBefG). 47

### cc) Auslandsverkehr

Für die Beförderung von Personen im grenzüberschreitenden Verkehr gelten gem. § 52 Abs. 1 PBefG grds. die Regeln des PBefG. 48

Die gleichen Grundsätze gelten gem. § 53 PBefG auch für den Transit-Verkehr, der vorliegt, wenn das Gebiet der Bundesrepublik Deutschland nur durchfahren wird. Die Aufnahme von Fahrgästen ist dabei nicht erlaubt. 49

Zu beachten ist allerdings die VO (EG) Nr. 1073/2009[1]. Diese Verordnung gilt ab dem 4.12.2011 für grenzüberschreitende Personenbeförderungen mit Kraftomnibussen, die von einem Unternehmen mit Sitz in der EU gewerblich oder im Werkverkehr mit Fahrzeugen durchgeführt wird. Für den grenzüberschreitenden Personenverkehr ist eine Gemeinschaftslizenz nach Art. 4 Abs. 1 VO (EG) Nr. 1073/2009 erforderlich. Die Erteilung der Genehmigung wird an bestimmte Voraussetzungen geknüpft (Art. 3 VO (EG) Nr. 1073/2009). Ausgestellt werden die Gemeinschaftslizenzen durch die Behörde des Niederlassungsmitgliedstaats. 50

Die Verordnung gilt nur für Fahrzeuge, die in dem Mitgliedstaat, in dem das Unternehmen niedergelassen ist, zugelassen sind und deren Bauart und Ausstattung geeignet und dazu bestimmt sind, mehr als neun Personen einschließlich des Fahrers zu befördern.

### dd) Andere Verkehrsarten

Bei Beförderungen, die nicht alle Merkmale einer Verkehrsart oder Verkehrsform des PBefG erfüllen, ist zu prüfen, ob ein Genehmigungsverfahren nach § 2 Abs. 6 51

---

1 VO (EG) Nr. 1073/2009 des Europäischen Parlaments und des Rates v. 21.10.2009 über gemeinsame Regeln für den Zugang zum grenzüberschreitenden Personenkraftverkehrsmarkt und zur Änderung der Verordnung (EG) Nr. 561/2006, Abl. L 300 v. 14.11.2009, S. 88, im Folgenden kurz: VO (EG) Nr. 1073/2009.

PBefG in Betracht kommt[1]. Dieser Ausnahmetatbestand soll es den Behörden ermöglichen, nicht eindeutig zuzuordnende Beförderungsvarianten zu genehmigen.

**Beispiel:**

Kostenloser Zubringerverkehr zu einem SB-Markt; unentgeltlicher Zubringerverkehr von einem P+R-Platz in die Innenstadt an einem verkaufsoffenen Samstag; hauseigener Hol- und Bringdienst für Pflegebedürftige[2].

Dabei steht es aber im Ermessen der Behörde, ob von der Vorschrift überhaupt Gebrauch gemacht wird[3]. Auf Dauer angelegte Verkehre sind nach dieser Vorschrift jedenfalls nicht genehmigungsfähig.

52 Stehen neue Verkehrsarten oder Verkehrsmittel in Rede, kann die Genehmigungsbehörde nach der „Experimentierklausel" des § 2 Abs. 7 PBefG auf Antrag im Einzelfall Abweichungen von den Vorschriften des Gesetzes oder von auf Grund dieses Gesetzes erlassenen Vorschriften für die Dauer von höchstens vier Jahren genehmigen, soweit öffentliche Verkehrsinteressen nicht entgegenstehen.

**Beispiel:**

Anruf-Sammel-Taxi; Bürgerbusse.

53 Ist streitig, ob eine Personenbeförderung überhaupt dem Gesetz unterliegt und welcher Verkehrsart oder Verkehrsform sie zuzurechnen ist, ist von Amts wegen oder auf Antrag ein Feststellungsverfahren nach § 10 PBefG in die Wege zu leiten[4]. Ist eine Feststellung bestandskräftig geworden, entfaltet sie bindende Wirkung[5]. Die Bedeutung des Feststellungsverfahrens hält sich allerdings deswegen in Grenzen, weil es der Genehmigungsbehörde an einem Entscheidungsmonopol fehlt[6]. Außerdem sind auch Inzidentfeststellungen im Rahmen eines Antragsverfahrens möglich und nahezu die Regel[7].

## V. Genehmigungsverfahren

### 1. Antrag

54 Die formellen Voraussetzungen an den Genehmigungsantrag ergeben sich aus § 12 PBefG und sind für die einzelnen Verkehrsarten unterschiedlich[8].

Der Nachweis der Sicherheit und Leistungsfähigkeit des Betriebes sowie der Eignung und Zuverlässigkeit des Antragstellers kann durch die Vorlage von Prüfungsbescheinigungen, Nachweisen über die Abführung von Sozialversicherungsbeiträgen, Unbedenklichkeitsbescheinigungen des Finanzamtes und Eigenkapitalbescheinigungen[9] erbracht werden. Bei eingetragenen Firmen ist auch ein Handelsregisterauszug beizufügen. Auf die Beifügung der entsprechenden Unterlagen gem. § 12 Abs. 2 PBefG

---

1 OVG Lüneburg v. 21.2.1973 – VI OVG A 76/71, DÖV 1973 247; VG Hamburg v. 9.2.1973 – VII 1131/78, VRS 57, 233; VG Braunschweig v. 21.4.1988 – 1 A 145/87, NZV 1988, 119; VG Stuttgart v. 25.11.1988 – 10 K 2142/87, NZV 1989, 447.
2 VG Arnsberg v. 11.9.2003 – 7 K 5119/02, GewArch 2004, 252 = NWVBl. 2004, 113.
3 Vgl. OVG Lüneburg v. 21.2.1973 – VI OVG A 76/71, DÖV 1973, 247.
4 So im Sachverhalt zu BVerwG v. 8.9.1972 –VII C 6.71, BVerwGE 40, 331.
5 Vgl. *Seibert*, Die Bindungswirkung von Verwaltungsakten, 1989, 83 ff.
6 *Fromm*, NVwZ 1986, 890 (894).
7 Vgl. BayObLG v. 24.6.1982 – 3 Ob OWi 70/82, NVwZ 1983, 243; OLG Hamm v. 30.10.1980 – 4 U 195/80, VRS 60, 172.
8 Das dafür empfohlene Muster ist in VkBl. 1981, 299 wiedergegeben.
9 OVG Hamburg v. 8.8.2005 – 1 Bs 200/05, NVwZ-RR 2006, 358.

## V. Genehmigungsverfahren

kann eine Behörde jedoch verzichten, wenn langjährige Vormerklisten für die Erteilung von Taxikonzessionen vorliegen[1].

Ein Führungszeugnis muss nur auf Verlangen der Behörde beigebracht werden, wie überhaupt die Behörde durch § 12 Abs. 3 PBefG berechtigt ist, weitere Angaben und Unterlagen zu verlangen. 55

Wird ein Antrag nicht nur unwesentlich geändert, ist ein neues Verwaltungsverfahren erforderlich. 56

Bereits im Vorfeld eines Genehmigungsverfahrens und damit unabhängig von einer verwaltungsverfahrensrechtlichen Beteiligten-Stellung hat die Behörde einem potentiellen Beteiligten erforderliche Informationen zur Verfügung zu stellen, damit dieser die Frage sachgerecht prüfen und entscheiden kann, ob und in welchem Umfang er sich um eine Genehmigung bewirbt[2].

Des Weiteren können dem Antrag verbindliche Zusicherungen beigefügt werden (§ 12 Abs. 1a PBefG). So können bestimmte Standards des beantragten Verkehrs verbindlich zugesichert werden. Es soll dem Antragsteller die Möglichkeit eröffnet werden, sich so eine bessere Ausgangssituation im Genehmigungswettbewerb zu verschaffen. Diese verbindlichen Zusicherungen sind jedoch im Fall von Auftragserteilung für die gesamte Laufzeit der Genehmigung einzuhalten. Gegenstand einer verbindlichen Zusicherung können alle Standards des geplanten Verkehrs sein (z.B. Tarife, Fahrpläne, technische Spezifikationen der einzusetzenden Fahrzeuge)[3].

Zu beachten ist, dass für den Personenfernverkehr eine Erleichterung im Hinblick auf die Antragstellung normiert wurde. Gemäß § 12 Abs. 1 Satz 2 PBefG sind als Unterlagen lediglich eine Übersichtskarte, in der die beantragte Strecke mit Haltestellen eingezeichnet ist (nicht mehr aber die vorhandenen Linien) und ein Fahrplan beizubringen. Die zusätzlichen Angaben nach § 12 Abs. 1 Satz 1 Nr. 3 lit. a, d PBefG sind für einen Antrag für einen Personenfernverkehr nicht erforderlich.

⊃ **Hinweis:** Insbesondere bei Anträgen auf Erteilung einer Linienverkehrsgenehmigung kann es empfehlenswert sein, die geplante Strecke und ihre Haltepunkte in Augenschein zu nehmen, um bzgl. der Fragen des Verkehrsbedürfnisses, der Haltepunkte und der Fahrstrecke sachkundig argumentieren zu können.

### 2. Anhörungsverfahren

Von besonderer Bedeutung ist das in § 14 PBefG geregelte Anhörungsverfahren, von dem die Behörde gem. § 14 Abs. 3 PBefG nur absehen kann, wenn sie bereits aus eigener Kenntnis der Sachlage den Antrag ablehnen will oder die Durchführung eines Anhörungsverfahrens zur Sachverhaltsaufklärung in den Fällen des § 2 Abs. 2 PBefG nicht erforderlich ist. Bei Genehmigungen zum grenzüberschreitenden Gelegenheits- oder Transitverkehr ist gem. § 14 Abs. 5 PBefG keine Anhörung durchzuführen. Bei Anträgen auf Genehmigungserteilung für einen Personenfernverkehr sind gem. § 12 Abs. 1 Satz 1 Nr. 1 PBefG nur diejenigen Unternehmer zu hören, deren Rechte nach § 13 Abs. 2 PBefG berührt sein können. 57

Zu unterscheiden ist zwischen der Anhörung der in § 14 Abs. 1 Nr. 1 und 2 PBefG genannten Behörden, Stellen und Unternehmer sowie der gutachterlichen Anhörung der in § 14 Abs. 1 Nr. 3 und Abs. 2 PBefG genannten Fachverbände, Fachgewerkschaften, Gewerbeaufsichtsbehörden und der Industrie- und Handelskammer. 58

---

1 So nach summarischer Prüfung das OVG Münster v. 28.7.2003 – 13 B 29/03, NWVBl. 2003, 102.
2 BVerwG v. 2.7.2003 – 3 C 46.02, BVerwGE 118, 270 = NJW 2003, 2696.
3 Vgl. Gesetzesentwurf der Bundesregierung v. 12.8.2011, zu § 12 S. 31.

Diese Unterscheidung ist insofern von Bedeutung, als nach § 15 Abs. 1 PBefG die Entscheidung über den Genehmigungsantrag nur den erstgenannten Anzuhörenden zuzustellen ist.

Neu eingefügt wurde mit § 14 Abs. 1 Satz 2 PBefG die Verpflichtung der Behörde, Anhörungsverfahren erst nach Ablauf der Frist durchzuführen, die gem. § 12 Abs. 5 und 6 PBefG für die Antragstellung gilt. Dadurch sollen Konkurrenzanträge ausgeschlossen werden, die angehörte Unternehmer erst stellen, nachdem sie von den Inhalten der Wettbewerbsanträge Kenntnis erhalten haben[1].

59 Als gesetzliche Frist für die Stellungnahmen bestimmt § 14 Abs. 4 PBefG den Zeitraum von zwei Wochen nach Kenntnisnahme. Äußert sich der Anzuhörende innerhalb dieser Frist nicht, so verliert er sein Recht auf Berücksichtigung der Stellungnahme[2]. Die zuständige Behörde kann jedoch entscheiden, ob sie verspätete Stellungnahmen dennoch berücksichtigt oder nicht. Es besteht somit kein zwingender Ausschluss von nach Fristende eingegangenen Stellungnahmen[3]. Ein Verlust von Rechten für das gerichtliche Streitverfahren ist damit jedoch nicht verbunden, weil eine spezielle Vorschrift für eine materielle Präklusion nicht besteht.

### 3. Entscheidung über den Antrag

60 Über den Genehmigungsantrag ist gem. § 15 Abs. 1 PBefG innerhalb von drei Monaten nach Eingang bei der Genehmigungsbehörde zu entscheiden. Diese Frist kann maximal um weitere drei Monate verlängert werden. Nach Ablauf dieser Frist gilt die Genehmigung als erteilt, vorausgesetzt, der Antrag genügt den Voraussetzungen der §§ 12, 13 PBefG[4]. Bei einer Entscheidung über einen Antrag auf Genehmigungserteilung für einen Verkehr mit Straßenbahnen, Obussen oder Kraftfahrzeugen im Linienverkehr beginnt die Frist frühestens mit dem ersten Kalendertag nach Ablauf der Antragsfrist nach § 12 Abs. 5 oder 6 PBefG (§ 15 Abs. 1 Satz 6 PBefG). So soll sichergestellt werden, dass die Behörde die Möglichkeit hat, alle im Antragszeitraum eingehenden Anträge miteinander zu vergleichen und eine gebündelte Entscheidung zu treffen[5]. Durch diese Regelung ist der Meinungsstreit[6] hinsichtlich des Fristbeginns obsolet geworden.

Es ist jedoch zu beachten, dass diese neue Rechtslage dazu führen kann, dass die Fiktion der Genehmigungserteilung zu Gunsten mehrerer Antragsteller für Verkehrsleistungen auf Linien zum Tragen kommt, die (teilweise) deckungsgleich sind. Denn für alle Anträge beginnt die Frist nach § 12 Abs. 1 Satz 6 PBefG einen Kalendertag nach Ablauf der Antragsfrist. Wenn die Behörde nicht innerhalb der ihr gesetzlich eingeräumten drei Monate entscheidet, würde die Genehmigungsfiktion greifen, so dass allen Antragstellern die Genehmigung rechtmäßig erteilt worden wäre. Diese Fallkonstellation würde gegen das Parallelbedienungsverbot verstoßen und eine ordnungsgemäße Erfüllung der Verkehrsdienstleistung gefährden. Die Behörde müsste im Hinblick auf die Sicherstellung der ordnungsgemäßen Aufgabenerfüllung tätig werden. Denkbar ist dann, dass die Behörde sich für einen der durch die Genehmigungsfiktion begünstigten Antragsteller entscheidet. Die qua Fiktion entstandenen Genehmigungen der anderen Antragsteller müsste sie dann nach Maßgabe von § 49 VwVfG widerrufen, was zu Entschädigungen für diese Betroffenen führen würde. Zu beachten ist, dass eine fingierte Genehmigung nicht deren

---

1 Vgl. Gesetzesentwurf der Bundesregierung v. 12.8.2011, zu § 14 S. 33 f.
2 Vgl. *Bidinger*, Personenbeförderungsrecht, Abschn. B, § 14 Rz. 19.
3 VG Sigmaringen v. 28.9.2006 – 5 K 1315/06, Rz. 17, juris.
4 VG Berlin v. 25.10.2001 – 11 A 482.01, NZV 2002, 340.
5 Vgl. Gesetzesentwurf der Bundesregierung v. 12.8.2011, zu § 15 S. 34.
6 Siehe hierzu ausführlich *Bauer*, Personenbeförderungsgesetz, § 15 Rz. 5 ff.

## V. Genehmigungsverfahren

Rechtmäßigkeit fingiert[1]. Somit könnte die Behörde erwägen, dass diese weiteren fingierten Genehmigungen aufgrund des Verstoßes gegen das Parallelbedienungsverbot nicht rechtmäßig sind. In diesen Fällen könnte die Behörde die Genehmigungen gem. § 48 VwVfG zurücknehmen. Setzt man hingegen für den Eintritt der Fiktion (nur) voraus, dass der gestellte Antrag genehmigungsfähig ist, so würde die Fiktion der Genehmigungserteilung für alle vorliegenden Anträge in der gleichen juristischen Sekunde einen Verstoß gegen das Parallelbedienungsverbot herbeiführen. Somit wären die Anträge sämtlich als nicht genehmigungsfähig anzusehen und würde die Genehmigungsfiktion nach § 12 Abs. 1 Satz 5 PBefG in derartigen Fallkonstellationen insgesamt nicht eingreifen. Die ratio legis würde damit jedoch unterlaufen. Es bleibt abzuwarten, wie diese Regelung von der Verwaltung und den Gerichten ausgelegt wird, wenn der beschriebene Fall auftritt.

Die Entscheidung über den Antrag muss nach § 15 Abs. 1 PBefG schriftlich erfolgen und ist nach Maßgabe des § 39 VwVfG zu begründen. Dies gilt insbesondere auch hinsichtlich einer Entscheidung über die Geltungsdauer der Genehmigung, sofern sie weniger als zehn Jahre beträgt. 61

Die Genehmigungsurkunde wird dem Antragsteller gem. § 15 Abs. 2 PBefG erst ausgehändigt, wenn die Genehmigung unanfechtbar geworden ist. Dadurch wird der Rechtsschutz von nicht berücksichtigten Konkurrenten in das Verwaltungsvorverfahren verlagert[2]. Der Inhalt der Genehmigungsurkunde ergibt sich aus § 17 PBefG. Ferner wird die Genehmigungsbehörde durch den neu gefassten § 18 PBefG verpflichtet, am Ende eines Kalenderjahres ein Verzeichnis der von ihr erteilten Genehmigungen im Amtsblatt der EU bekannt zu machen. Dadurch soll die Transparenz gefördert und sollen Unternehmen über den Ablauf von Fristen für etwaige Anträge auf eigenwirtschaftliche Verkehrsleistungen in Kenntnis gesetzt werden[3]. 62

§ 15 Abs. 3 PBefG lässt Bedingungen und Auflagen zu. Im Linienverkehr spielt praktisch das **Zwischenbedienungsverbot** die größte Rolle. Es ist zur Aufteilung der Verkehrsbereiche verschiedener Verkehrsunternehmer zulässig und auch geboten, um Rechte vorhandener Unternehmer zu wahren[4]. Das BVerwG spricht in diesem Zusammenhang von einer „nur teilweisen Genehmigung"[5]. 63

Die Erteilung einer vorläufigen oder mit Widerrufsvorbehalt versehenen Genehmigung ist dagegen gem. § 15 Abs. 4 PBefG nicht zulässig.

### 4. Einstweilige Erlaubnis

Wird gegen die Entscheidung nach § 15 PBefG zugunsten des Antragstellers seitens eines vorhandenen Unternehmers, der mit seinen Einwendungen nicht durchgedrungen ist, Widerspruch eingelegt, scheidet ein verwaltungsgerichtliches Eilverfahren zum Zwecke der Erlangung der Genehmigung aus. Das ergibt sich aus § 15 Abs. 4 PBefG, der die Erteilung einer vorläufigen oder mit einem Vorbehalt des Widerrufs versehenen Genehmigung verbietet. 64

Der Antragsteller hat aber die Möglichkeit, einen Antrag auf Erteilung einer einstweiligen Erlaubnis nach § 20 PBefG zu stellen, um mit dem Betrieb der Linie wäh- 65

---

1 Siehe hierzu *Schemmer*, in: Bader/Ronellenfitsch (Hrsg.), Beck'scher OK VwVfG, § 40a Rz. 7.
2 Vgl. dazu i.E. *Fromm*, WiVerw 1989, 26 (28); *Bauer*, Personenbeförderungsgesetz, § 15 Rz. 14.
3 Vgl. Gesetzesentwurf der Bundesregierung v. 12.8.2011, zu § 18 S. 35.
4 Vgl. die Antwort des Parlamentarischen Staatssekretärs *Haar* v. 14.6.1973 auf die mündliche Frage des Abgeordneten Dr.-Ing. *Oettinger*, Stenographischer Bericht über die 42. Sitzung des Deutschen Bundestages am 14.6.1973, 2409.
5 BVerwG v. 28.7.1989 – 7 C 39.87, BVerwGE 82, 260 (266).

rend des möglicherweise langwierigen Rechtsstreites beginnen zu können. Ein solcher Antrag ist zweckmäßig mit einem Antrag auf Anordnung der sofortigen Vollziehung der einstweiligen Erlaubnis nach § 80 VwGO zu verbinden.

66 Die einstweilige Erlaubnis erlischt nach sechs Monaten, sofern sie nicht vorher widerrufen wird. Sie kann mehrfach hintereinander erteilt werden, begründet aber keinen Anspruch auf Erteilung einer endgültigen Genehmigung. Hiervon zu unterscheiden ist die Möglichkeit der Befristung der einstweiligen Erlaubnis auf bis zu zwei Jahre gem. § 20 Abs. 3 Satz 2 PBefG. Dies ist nur bei Notmaßnahmen zur Aufrechterhaltung eines Verkehrs nach Art. 5 Abs. 5 VO (EG) Nr. 1370/2007 möglich.

67 Die Genehmigungsbehörde hat bei einem Antrag auf Erteilung einer einstweiligen Erlaubnis die öffentlichen Verkehrsinteressen nur summarisch zu prüfen[1]. Ähnlich stellt sich die Prüfungstiefe des Verwaltungsgerichts im Verfahren des einstweiligen Rechtsschutzes über Anträge nach §§ 80, 80a VwGO dar.

Bei der Anordnung der sofortigen Vollziehung der einstweiligen Erlaubnis braucht ein besonderes öffentliches Vollzugsinteresse nicht dargestellt zu werden, weil dies schon in der Begründung der einstweiligen Erlaubnis enthalten sein muss und weil grundsätzlich gleichrangige Interessen der konkurrierenden Antragsteller vorliegen, die ein (zusätzliches) besonderes öffentliches Vollziehungsinteresse nicht beanspruchen[2].

68 Wird dem Antrag auf Erteilung einer einstweiligen Erlaubnis nicht stattgegeben, ist der Antrag auf Erlass einer einstweiligen Anordnung nach § 123 VwGO mit dem Ziel möglich, eine einstweilige Erlaubnis zu erhalten. Die Aussicht auf Erfolg darf jedoch nicht hoch veranschlagt werden.

69 In dem Fall, dass sich mehrere Unternehmer um eine vorläufige Erlaubnis nach § 20 PBefG bemühen, steht es im Ermessen der Genehmigungsbehörde, ob und wem sie die Erlaubnis erteilt[3]. Es ist nicht ersichtlich, dass § 13 Abs. 2b PBefG auf § 20 PBefG Anwendung finden muss.

Vorhandene Unternehmer können sich auch gegen die Erteilung einer einstweiligen Erlaubnis an einen Dritten mit Widerspruch und Klage wehren[4].

Angesichts des Umstandes, dass die Genehmigungsbehörde bei der Erteilung der einstweiligen Erlaubnis die Versagungsgründe des § 13 Abs. 2 Nr. 2 PBefG nur überschlägig prüft, sind jedoch auch insoweit die Erfolgsaussichten gering. Zwar beziehen sich die Versagungsgründe auf Umstände, deren Vorliegen die Genehmigungsbehörde darzulegen hat, falls sie eine Ablehnung der beantragten Genehmigung darauf stützen will. Jedoch wird es im Rahmen der summarischen Prüfung eines Verfahrens über die Erteilung einer einstweiligen Erlaubnis regelmäßig nicht gelingen, Anhaltspunkte für das Vorliegen solcher Gründe zu entkräften.

Die Erteilung der einstweiligen Erlaubnis nach § 20 PBefG ist nur für den Linienverkehr mit Kraftfahrzeugen vorgesehen.

## VI. Übertragung der Genehmigung

70 Die Übertragung einer Genehmigung oder der Betriebsführung ist gem. § 2 Abs. 2 Nr. 2 PBefG mit behördlicher Zustimmung möglich. Im Verkehr mit Taxen besteht

---

1 BVerwG v. 25.10.1968 – VII C 90.66, BVerwGE 30, 347.
2 BVerwG v. 1.10.2008 – 1 BvR 2466/08, juris; OVG Koblenz v. 4.8.1980 – 6 B 54/80.
3 VGH Mannheim v. 2.1.2007 – 3 S 2675/06, juris; VGH Mannheim v. 1.2.2006 – 3 S 2407/05, DÖV 2006, 484; OVG Münster v. 12.9.2008 – 13 B 929/08, www.nrwe.de.
4 BVerwG v. 25.10.1968 – VII C 90.66, BVerwGE 30, 347.

allerdings die Einschränkung, dass eine Genehmigung nur gleichzeitig mit dem ganzen Unternehmen oder wesentlichen, selbstständigen und abgrenzbaren Teilen übertragen werden kann (§ 2 Abs. 3 PBefG). Dagegen spielen die objektiven Genehmigungsvoraussetzungen für die Zustimmung zur Übertragung keine Rolle (§ 13 Abs. 7 PBefG).

Die Einschränkung der Übertragbarkeit von Genehmigungen im Taxigewerbe trägt der ständigen Rechtsprechung Rechnung, wonach der in der Praxis vielfach zu beobachtende Handel mit Verkehrsgenehmigungen im Wege des Verzichts unter der Bedingung, dass die Genehmigung an den von dem Verzichtenden genannten Erwerber erteilt werde, gegen Art. 12 Abs. 1 GG und Art. 3 Abs. 1 GG verstößt. Das BVerfG hat dementsprechend die rechtsgeschäftliche Übertragung einer Taxikonzession grds. als sittenwidrig bewertet. 71

Gleichzeitig hat es jedoch entgegen dem BGH festgestellt, dass ein Taxiunternehmen ein eingerichteter und ausgeübter Gewerbebetrieb sein kann, der dem Schutz der Eigentumsgarantie unterliegt. Demnach ist eine Genehmigungsübertragung auch bei Bestehen eines Bewerberüberhangs und ohne Beachtung der zeitlichen Reihenfolge der Genehmigungsanträge zulässig, wenn sich z.B. ein Altkonzessionär zur Ruhe setzen und seinen Taxibetrieb ganz oder teilweise veräußern will, um den Ertrag seines Berufslebens zu realisieren[1]. Voraussetzung ist allerdings, dass die Altgenehmigung zum Zeitpunkt der behördlichen Entscheidung noch Rechtswirkung entfaltet.

**Beispiel:**

Ein Altunternehmer war im Besitz einer einzigen befristeten Taxikonzession. Am Tag des Ablaufs der Genehmigung veräußerte der Altunternehmer seinen Betrieb mit der Konzession an einen anderen. Diesem wurde die Genehmigung der Übertragung der Konzession wegen des Ablaufs der Genehmigung vor Antragstellung versagt[2].

Verstirbt der Unternehmer, kann gem. § 19 PBefG der Erbe den Betrieb vorläufig weiterführen oder diese Befugnis auf einen Dritten übertragen. Die Weiterführungsberechtigung erlischt, wenn nicht innerhalb von drei Monaten nach Ablauf der Frist zur Erbausschlagung eine Genehmigung beantragt wird. Bei Unternehmen mit Betriebspflicht ist die Genehmigungsbehörde auch berechtigt, zur Wahrung der Kontinuität des Betriebes eine einstweilige Erlaubnis gem. § 20 PBefG an einen Dritten zu erteilen. 72

## VII. Widerruf und Erlöschen der Genehmigung

### 1. Widerruf der Genehmigung

Die Voraussetzungen für den **Widerruf** der Genehmigung sind in § 25 PBefG abschließend geregelt. 73

Der Widerruf hat zu erfolgen (**gebundene Entscheidung**), wenn nicht mehr alle Voraussetzungen des § 13 Abs. 1 Satz 1 Nr. 1–3 PBefG vorliegen oder wenn bei gemeinwirtschaftlichen Verkehren kein wirksamer öffentlicher Dienstleistungsauftrag mehr besteht (§ 25 Abs. 1 PBefG). Dadurch soll der Weg frei gemacht werden für einen neuen Betreiber. Eine vorherige (Ab-)Mahnung ist dabei nur in den in § 25 Abs. 1 Satz 2 PBefG genannten Fällen, nicht jedoch vor jedem Widerruf erforderlich[3].

---
1 Vgl. i.E. *Bidinger/Bidinger*, NVwZ 1992, 1138 (1140 m.w.N.); ausführlich siehe *Bauer*, Personenbeförderungsgesetz, § 2 Rz. 14 ff.
2 Vgl. OVG Lüneburg v. 16.11.1995 – 7 L 1713/95, GewArch 1996, 109.
3 BVerwG v. 27.9.1979 – 7 B 56.79, GewArch 1980, 141.

Der Widerruf kann erfolgen (**Ermessensentscheidung**), wenn die Voraussetzungen von § 13 Abs. 1 Nr. 4 PBefG (Betriebssitz oder Niederlassung im Inland) nicht mehr vorliegen oder der Unternehmer die ihm gesetzlich obliegenden arbeitsrechtlichen, sozialrechtlichen oder die sich aus seinem Unternehmen ergebenden steuerrechtlichen Verpflichtungen wiederholt nicht erfüllt oder in schwerwiegender Weise dagegen verstoßen hat (§ 25 Abs. 2 PBefG).

### 2. Erlöschen der Genehmigung

74 Genehmigungen für den Verkehr mit Straßenbahnen und Obussen sowie Linienverkehrs- und Taxenverkehrsgenehmigungen **erlöschen** gem. § 26 Abs. 1 PBefG, wenn der Betrieb nicht innerhalb einer von der Genehmigungsbehörde gesetzten Frist aufgenommen oder der Unternehmer von der Verpflichtung zur Aufrechterhaltung des gesamten ihm genehmigten Verkehrs entbunden wird.

Beim Taxenverkehr erlischt die Genehmigung nach § 26 Nr. 2 PBefG darüber hinaus, wenn der Unternehmer seinen Betriebssitz in eine andere Gemeinde verlagert, weil dies eine Umgehung des § 13 Abs. 4 PBefG darstellen würde. Dabei ist eine vollständige Verlagerung des Betriebssitzes nicht erforderlich. Die Verlagerung von mehr als der Hälfte der Fahrzeuge an den neuen Betriebsstandort wird bereits für ausreichend gehalten[1].

## VIII. Beförderungsentgelte

75 Das PBefG normiert für den allgemeinen Linienverkehr mit Straßenbahnen, Obussen und Kraftfahrzeugen (§§ 39, 40 sowie 41 Abs. 3 und 45 Abs. 3 PBefG) eine Tarif- und Fahrplanpflicht. Die Gestaltung der Tarife bleibt zwar dem Unternehmer überlassen, bedarf aber der Zustimmung der Genehmigungsbehörde. Die Beförderungsentgelte werden mit der Zustimmung allgemeinverbindlich und als Festpreise (§ 39 Abs. 2, 3 PBefG) festgesetzt.

76 Auf die Erteilung der Zustimmung zu den Beförderungstarifen besteht ein Rechtsanspruch, wenn die Entgelte gem. § 39 Abs. 2 Satz 1 PBefG unter Berücksichtigung der wirtschaftlichen Lage des Unternehmers, einer ausreichenden Verzinsung und Tilgung des Anlagenkapitals und der notwendigen technischen Entwicklung angemessen sind. Es ist zu beachten, dass die Zustimmung zu einer Änderung der Beförderungsentgelte in der Regel nicht erteilt wird, wenn diese einer verbindlichen Zusicherung nach § 12 Abs. 1a PBefG widerspricht (§ 39 Abs. 2 Satz 2 PBefG).

77 Eine Sonderregelung stellt § 45a PBefG dar, wonach dem Unternehmer im Verkehr mit Straßenbahnen, Obussen und Kraftfahrzeugen für die Beförderung von Personen mit Zeitfahrausweisen des Ausbildungsverkehrs ein Verlustausgleich für nicht kostendeckende Tarife zu zahlen ist. Die Fahrgeldausfälle für die gem. §§ 59 und 60 SchwbG kostenlos durchzuführende Beförderung von Schwerbehinderten erfolgt nach §§ 62–64 SchwbG.

78 Im Gelegenheitsverkehr herrscht grds. Tariffreiheit.
Lediglich für das Taxengewerbe ermächtigt § 51 PBefG die Landesregierungen, Beförderungsentgelte und -bedingungen für den Taxenverkehr zu bestimmen. Die Länder haben bundeseinheitlich von ihrer Delegationskompetenz aus § 51 Abs. 1 Satz 2 PBefG Gebrauch gemacht. Die Taxitarife werden danach von den Landkrei-

---

1 Vgl. VGH München v. 1.7.1996 – 7 L 1713/95, NVwZ-RR 1996, 651.

sen bzw. den kreisfreien Städten für ihren jeweiligen räumlichen Zuständigkeitsbereich als Festpreise festgesetzt[1].

## IX. Rechtsschutz

### 1. Rechtmäßigkeitsüberprüfung einer Genehmigung

Die rechtmäßige Erteilung einer Genehmigung nach § 13 PBefG hängt im Einzelnen von folgenden Voraussetzungen ab, bei deren Vorliegen ein Rechtsanspruch auf Erteilung der Genehmigung besteht:

- Die Genehmigung wurde von der gem. § 11 PBefG zuständigen Behörde erlassen.
- Das Verfahren wurde eingehalten. Zuerst muss die Anhörung gem. § 14 PBefG erfolgen. Die Entscheidung der Behörde über den Antrag muss schriftlich innerhalb einer Frist von drei Monaten, die einmal verlängert werden kann, erfolgen. Wird die Genehmigung nicht innerhalb der Frist versagt, gilt sie als erteilt (§ 15 Abs. 1 PBefG).
- Es muss sich um eine entgeltliche oder geschäftsmäßige Beförderung von Personen handeln. Der Begriff der Entgeltlichkeit ist extensiv zu verstehen (§ 1 Abs. 1 Satz 2 PBefG). Nicht erfasst wird jedoch die Personenbeförderung mit Kraftfahrzeugen, wenn das Entgelt die Betriebskosten nicht übersteigt, sowie Krankentransporte (§ 1 Abs. 2 PBefG). Geschäftsmäßigkeit liegt vor, wenn die Beförderung auf Dauer mit Wiederholungsabsicht erfolgt.
- Es darf keine Ausnahme nach § 2 Abs. 4 oder 5 PBefG oder nach der aufgrund von § 57 Abs. 1 Nr. 8 PBefG erlassenen Freistellungsverordnung zum PBefG vorliegen.
- Die subjektiven Voraussetzungen gem. § 13 Abs. 1 und 5 PBefG müssen vorliegen. Dazu gehören eine korrekte Betriebsführung und eine einwandfreie Fahrzeughaltung (Sicherheit des Betriebes), eine ausreichende finanzielle Grundlage (Leistungsfähigkeit), die persönlichen Voraussetzungen, um den betreffenden Betrieb ordnungsgemäß zu führen (Zuverlässigkeit), und die erforderliche Sachkunde (fachliche Eignung).
- Beim Linienverkehr mit Straßenbahnen, Obussen und Kraftfahrzeugen sowie mit gewissen Einschränkungen auch im Taxiverkehr dürfen objektive Verkehrsinteressen der Genehmigungserteilung nicht entgegenstehen.
- Besitzstandsklausel: Bei der Verlängerung von Genehmigungen sind die Interessen derjenigen Unternehmer, die ein öffentliches Verkehrsinteresse jahrelang in befriedigender Weise bedient haben, angemessen zu berücksichtigen (§ 13 Abs. 3 PBefG). Dies dürfte trotz der systematischen Stellung dieser Vorschrift auch für Taxen gelten.

### 2. Gerichtlicher Rechtsschutz

Die Entscheidung nach § 15 PBefG ist ein **Verwaltungsakt mit Doppelwirkung**. Der Gesetzgeber hat der Drittwirkung bei der Erteilung beförderungsrechtlicher Genehmigungen dadurch Rechnung getragen, dass er die Anhörung Betroffener vorsieht (§ 14 PBefG). § 15 Abs. 1 PBefG bildet hierzu insofern das Korrelat, als die Entscheidung über den Antrag den in § 14 Abs. 1 Nr. 1 und 2 PBefG genannten Einwendern zuzustellen ist.

---

1 BVerfG v. 17.5.1973 – 2 BvL 1/75, BVerfGE 42, 191. Zur Wirksamkeit einer Festpreisregelung für bestimmte Strecken s. VGH München v. 18.12.2000 – 11 N 98.3199, BayVBl. 2001, 313.

Hieraus kann jedoch nicht gefolgert werden, dass diesen Einwendern automatisch eine Widerspruchs- und Klagebefugnis zusteht. Sie müssen vielmehr eine Verletzung eigener subjektiv-öffentlicher Rechte geltend machen können. Dies ist häufig nicht der Fall, weil die möglicherweise verletzten und geltend gemachten Normen des PBefG häufig lediglich im öffentlichen Interesse erlassen sind und dem Dritten kein eigenes subjektives Recht einräumen.

**Beispiel:**

So können die Benutzer von Beförderungsmitteln nicht dadurch in eigenen Rechten verletzt sein, dass dem Unternehmer gem. § 39 PBefG die Zustimmung der Änderung von Beförderungsentgelten und -bedingungen erteilt worden ist[1].

81 Problematisch ist häufig die Frage, ob bereits zugelassene Unternehmer gegen neue Genehmigungen, die Konkurrenten erteilt werden, mit einer Klage vorgehen können[2]. Wird die Genehmigung unbeschränkt erteilt oder reichen die getroffenen Nebenbestimmungen aus der Sicht der Betroffenen nicht aus, ihre Rechte zu wahren, wird den Unternehmern, die im Einzugsgebiet des beantragten Verkehrs eine Eisenbahn des öffentlichen Verkehrs, einen Straßenbahn- oder Obusverkehr sowie allgemeinen Linienverkehr mit Kraftfahrzeugen i.S.d. § 42 PBefG betreiben, eine Klagebefugnis zugebilligt[3]. Hierbei handelt es sich um den typischen Fall einer Konkurrentenklage[4]. Dabei kann der Verkehrsunternehmer, der die Rechtswidrigkeit der dem Konkurrenten erteilten Genehmigung auf dessen fehlende Leistungsfähigkeit (§ 13 Abs. 1 Nr. 1 PBefG) und auf die fehlende Zuverlässigkeit (§ 13 Abs. 1 Nr. 2 PBefG) stützt, zur Begründung seiner Klagebefugnis nur eine Verletzung seines durch Art. 12 GG grundrechtlich geschützten Rechts auf Berufsfreiheit („Vorenthaltung des Wettbewerbs") geltend machen; § 13 Abs. 1 Nr. 1 und 2 PBefG selbst sind nicht drittschützend[5]. Dagegen vermittelt § 13 Abs. 2 Nr. 2 lit. a PBefG, wonach eine Linienverkehrsgenehmigung zu versagen ist, wenn der Verkehr mit den vorhandenen Verkehrsmitteln befriedigend bedient werden kann, Drittschutz[6]. Gleiches gilt für § 13 Abs. 3 PBefG[7]. Auf den Gelegenheitsverkehr ist diese Rechtsprechung nicht übertragbar.

Der auf Grund einer einstweiligen Erlaubnis zum Linienverkehr zugelassene Unternehmer hat dagegen keine Klagebefugnis gegen die einem anderen Unternehmer erteilte endgültige Genehmigung, da ihm nicht die Rechtsstellung eines sog. vorhandenen Unternehmers zukommt[8]. Etwas anderes gilt nur dann, wenn die einstweilige Erlaubnis nur deshalb erteilt worden ist, weil der Unternehmer selbst den seinen Genehmigungsantrag stattgebenden Bescheid nach § 15 PBefG wegen der beigefügten Auflagen angefochten hat. Der Genehmigungsbescheid ist dann im Übrigen unanfechtbar geworden[9] und steht der dem Konkurrenten erteilten Genehmigung möglicherweise entgegen.

Versagt die Genehmigungsbehörde die Genehmigung oder erteilt sie sie nur unter Einschränkungen hinsichtlich der Geltungsdauer oder mit Auflagen oder Bedingungen, wird der Antragsteller dadurch in seinen Rechten verletzt und kann den Verwaltungsrechtsweg beschreiten.

---

1 BVerwG v. 5.10.1979 – 7 B 203.79, VerwRspr 31 (1980), 874.
2 *Fromm*, WiVerw 1989, 26 ff.; *Frers*, DÖV 1988, 670 ff.
3 BVerwG v. 20.11.1959 – VII C 12.59, BVerwGE 9, 340; v. 25.10.1968 – VII C 90.66, BVerwGE 30, 347.
4 Vgl. dazu i.E. *Fromm*, WiVerw 1989, 26.
5 OVG Magdeburg v. 7.4.1998 – A 1/4 S 221/97, TranspR 1999, 27; VGH Mannheim v. 11.6.1992 – 14 S 2912/90, NVwZ-RR 1993, 445 = GewArch 1993, 215.
6 OVG Koblenz v. 29.2.2000 – 7 A 11343/99, ZfS 2000, 273.
7 VG Sigmaringen v. 28.09.2006 – 5 K 1315/06, Rz. 5, juris.
8 OVG Koblenz v. 29.2.2000 – 7 A 11343/99, ZfS 2000, 273.
9 BVerwG v. 6.12.1968 – VII C 73.67, BVerwGE 31, 133.

Dem bereits am Markt tätigen Taxiunternehmer wird keine Klagebefugnis für eine 82
Anfechtungsklage gegen die Genehmigung eines neuen Taxiunternehmers zugesprochen[1]. Er hat auch keinen Anspruch auf ein Einschreiten der Verkehrsbehörde
gegen eine unrechtmäßige Betätigung eines Konkurrenten.

**Beispiel:**

Ein Mietwagenunternehmer betätigt sich „taxiähnlich"[2].

Im Unterschied dazu wird dem abgelehnten Bewerber um eine Konzession das
Recht zugebilligt, dass über seinen Antrag und die damit verknüpften Anträge anderer Bewerber nur unter Beachtung des Willkürverbotes entschieden wird[3].

**Beispiel:**

Klagebefugt ist derjenige Bewerber für die Vergabe von Taxikonzessionen, dessen Rang auf
der Vormerkliste durch eine „vormerkungswidrige" Zuteilung einer Konzession an einen
Dritten nachteilig betroffen wird[4].

Materiellrechtlich lässt sich eine Konkurrentenklage nicht auf die Vorschriften 83
über die Genehmigung der Übertragung einer personenbeförderungsrechtlichen Genehmigung (§ 2 Abs. 2 PBefG) stützen, da bei einer Übertragung die objektiven Genehmigungsvoraussetzungen nach § 13 PBefG nicht überprüft werden[5].

Gegen die Abweisung eines Antrages auf Erteilung einer einstweiligen Erlaubnis ist 84
ein Antrag nach § 123 VwGO zulässig. Vorhandene Unternehmer können gegen die
Erteilung einer einstweiligen Erlaubnis an einen Dritten Widerspruch und Klage erheben (vgl. dazu i.E. Rz. 81 f.).

## X. Die Vergabe von öffentlichen Dienstleistungsaufträgen

Das novellierte PBefG beschränkt sich auf die Regelung des Genehmigungsverfah- 85
rens für eigenwirtschaftliche Verkehrsleistungen. Dazu bedarf es nicht notwendigerweise eines Vertragsschlusses zwischen Verkehrsunternehmen und Aufgabenträger. Allerdings sind in der Praxis ergänzende Vereinbarungen anzutreffen, wenn
der Aufgabenträger eine qualitative oder quantitative Ausweitung der Leistungen
des Verkehrsunternehmens wünscht – meist um den Nahverkehrsplan besser umzusetzen. Die bisher in § 13a PBefG geregelte Grundlage für öffentliche Dienstleistungsaufträge ist mit der Novellierung gestrichen worden, die Regelung der Vergabe
solcher Vereinbarungen bleibt der VO (EG) Nr. 1370/2007 und den Vergaberichtlinien überlassen. Unterschiedliche Begriffsbestimmungen und unterschiedliche
verfahrensrechtliche Anforderungen machen eine Abgrenzung dieser beiden Regelungsbereiche erforderlich[6]. Darauf aufbauend werden verfahrensrechtliche Anforderungen an die Vergabe öffentlicher Dienstleistungsaufträge in Grundzügen dargestellt.

---
1 OVG Münster v. 1.2.1980 – 13 A 1509/79, NJW 1980, 2323.
2 VGH München v. 10.4.1984 – Nr. 11 CE/CS 84 A.628, NJW 1985, 758.
3 BVerwG v. 2.9.1983 – 7 C 97.81, DVBl 1984, 91.
4 OVG Münster v. 11.6.1990 – 13 B 1283/90, GewArch 1991, 23.
5 VGH Mannheim v. 11.6.1992 – 14 S 2912/90, NVwZ-RR 1993, 445 = GewArch 1993, 215,
  bestätigt durch BVerwG v. 28.6.1993 – 7 B 143.92, DVBl 1994, 210.
6 Richtlinie 2004/18/EG über die Koordinierung der Verfahren zur Vergabe öffentlicher Bauaufträge, Lieferaufträge und Dienstleistungsaufträge, ABl. L 134 v. 30.4.2004, S. 114, im
  Folgenden kurz „VKR" genannt; Richtlinie 2004/17/EG zur Koordinierung der Zuschlagserteilung durch Auftraggeber im Bereich der Wasser-, Energie- und Verkehrsversorgung
  sowie der Postdienste, ABl. L 134 v. 30.4.2004, S. 1, im Folgenden kurz „SKR" genannt.

## 1. Abgrenzung der Anwendungsbereiche von PBefG, VO (EG) 1370/2007 und Vergaberichtlinien

### a) Systematische Abgrenzung der Regelungsbereiche

86 Soweit die Verkehrsbedienung durch eigenwirtschaftliche Verkehrsleistungen sichergestellt werden kann, wird lediglich ein Genehmigungsverfahren nach den Vorschriften des PBefG durchgeführt. Nur wenn kein Verkehrsunternehmen einen Antrag auf Genehmigung eigenwirtschaftlicher Verkehrsleistungen stellt oder soweit beantragte eigenwirtschaftliche Verkehrsleistungen dazu nicht ausreichen, sind Vereinbarungen zu treffen, die der VO (EG) Nr. 1370/2007 und den Vergaberichtlinien unterfallen. Diese Regelungsbereiche sind mithin gegenüber dem PBefG nachrangig anwendbar. Stets ist zunächst zu klären, ob eigenwirtschaftliche Verkehrsleistungen angeboten werden und ob sie ausreichen. Die neuen verfahrensrechtlichen Fristen für Anträge durch Verkehrsunternehmen und für Bekanntmachungen durch zuständige Behörden, die beabsichtigen, einen öffentlichen Dienstleistungsauftrag zu vergeben, sind ein geeignetes Vehikel, um diese Klärung herbei zu führen.

> **Hinweis:** Will ein Verkehrsunternehmen die Initiative ergreifen, um eine Verkehrsleistung zu erbringen, und ist es der Meinung, dass dies eigenwirtschaftlich gelingt, muss es spätestens zwölf Monate vor Beginn einen Antrag stellen; verspätete Anträge kann die Genehmigungsbehörde zulassen (sie muss es aber nicht). Dann ist die zuständige Behörde daran gehindert, einen konkurrierenden öffentlichen Dienstleistungsauftrag bekannt zu machen; es sei denn, die beantragte eigenwirtschaftliche Leistung erscheint ihr unzureichend.
>
> Will umgekehrt die zuständige Behörde die Initiative ergreifen, weil eine eigenwirtschaftliche Verkehrsleistung nicht beantragt wird, muss sie zu diesem Zweck die Vergabe eines öffentlichen Dienstleistungsauftrags veröffentlichen (§ 8a Abs. 2 PBefG i.V.m. Art. 7 Abs. 2 VO (EG) Nr. 1370/2007). Damit kann sie Verkehrsunternehmen veranlassen, „Farbe zu bekennen". Denn falls ein Verkehrsunternehmen meint, die zu vergebende Leistung eigenwirtschaftlich erbringen zu können, muss es spätestens drei Monate nach der Veröffentlichung einen Genehmigungsantrag stellen (§ 12 Abs. 6 PBefG).
>
> Mit der Veröffentlichung kann die Behörde des Weiteren gem. § 12 Abs. 7 PBefG den Zweck verfolgen zu klären, ob der Markt eine eigenwirtschaftliche Verkehrsbedienung ermöglicht, nachdem ein Verkehrsunternehmen die Initiative ergriffen und einen Antrag gestellt hat, der sich auf die Genehmigung eines öffentlichen Dienstleistungsauftrags richtet. Damit beansprucht das Unternehmen Ausgleichsleistungen (gemeint sind solche außerhalb der Bereichsausnahmen für Höchsttarife) und ist im Gegenzug bereit, gemeinwirtschaftliche Verpflichtungen zu erfüllen. Der zuständigen Behörde bleiben knapp drei Monate Zeit für eine Veröffentlichung der Vergabeabsicht, die sodann, wie dargestellt, den Wettbewerbern des Antragstellers drei Monate Zeit gibt, eine vorrangige eigenwirtschaftliche Verkehrsleistung zu beantragen.

87 Für das systematische Verhältnis der VO (EG) Nr. 1370/2007 zu den Vergaberichtlinien wird vertreten, dass erstere als „spezialgesetzliches Sonderregime" Vorrang beanspruche[1]. Darauf deute der Wortlaut des Art. 5 Abs. 1 VO (EG) Nr. 1370/2007 hin, ferner die speziellere Regelungsintention der Verordnung und der im Gemeinschaftsrecht anerkannte Rechtsgrundsatz, dass das später geschaffene Gesetz das ältere Recht verdränge („lex posterior derogat legi priori"). Diese Argumente sind beachtlich, allein der Hinweis auf den Wortlaut des Art. 5 Abs. 1 VO (EG) Nr. 1370/2007 überzeugt nicht. Danach werden (öffentliche) Dienstleistungsaufträge i.S.d. Vergaberichtlinien „jedoch" vom Anwendungsbereich der Verordnung ausgenom-

---

1 So *Kaufmann/Lübbig/Prieß/Pünder*, Kommentar zur VO (EG) 1370/2007, Art. 5 Rz. 20–23.

men. Ergibt die Prüfung einer beabsichtigten Vertragsgestaltung, dass es sich um einen (öffentlichen) Dienstleistungsauftrag i.S.d. Vergaberichtlinien handelt, kommt die Verordnung nicht zur Anwendung – sofern es sich nicht um eine Dienstleistungskonzession handelt. Art. 5 Abs. 1 VO (EG) Nr. 1370/2007 nimmt darauf als Rückausnahme Bezug und begründet so aus Sicht der Vergaberichtlinien eine zweite begriffliche Anknüpfung für die Anwendbarkeit der Verordnung, die neben den bereichsspezifisch definierten öffentlichen Dienstleistungsauftrag i.S.v. Art. 2 lit. i VO (EG) Nr. 1370/2007 tritt. Darauf stellt der Rat in der Begründung des Regelungsentwurfs ab: „Ist ein öffentlicher Dienstleistungsauftrag mit einem Risiko verbunden, so ist die Verordnung anwendbar, andernfalls gelten die Richtlinien über die Vergabe öffentlicher Aufträge"[1].

Die systematische Abgrenzung der Anwendungsbereiche findet daher über die Einordnung einer Vertragsgestaltung als öffentlicher Dienstleistungsauftrag i.S.d. Vergaberichtlinie oder als Dienstleistungskonzession statt. Diese Begriffsbestimmungen sind die entscheidende „Stellschraube".

Das führt in der Praxis zu folgendem **Prüfungsablauf**: 88

Schritt 1: Liegt eine eigenwirtschaftliche Verkehrsleistung vor? Dann findet in der Regel nur ein Genehmigungsverfahren nach Maßgabe des PBefG statt[2].

Schritt 2: Ist das nicht der Fall (weil kein darauf gerichteter Antrag gestellt wird), muss geprüft werden, ob die von der zuständigen Behörde beabsichtigte Vertragsgestaltung als (öffentlicher) Dienstleistungsauftrag i.S.d. Vergaberichtlinien einzuordnen ist – allerdings ohne dass sie eine Dienstleistungskonzession darstellt. Dann findet eine Vergabe unter Beachtung der Vergaberichtlinien und des deutschen Kartellvergaberechts (Vierter Teil des GWB i.V.m. SektVO oder VgV und VOL/A EG) statt.

Schritt 3: Ist auch das nicht der Fall (weil es sich um eine Dienstleistungskonzession handelt), findet die Vergabe nach Maßgabe der VO (EG) Nr. 1370/2007 statt; ergänzend sind für ein wettbewerbliches Verfahren i.S.d. Art. 5 Abs. 3 VO (EG) Nr. 1370/2007 die Regelungen des § 8b PBefG zu beachten.

**b) Begriffsbestimmungen**

Die Begriffsbestimmung der eigenwirtschaftlichen Verkehrsleistung in § 8 Abs. 4 89 PBefG beschreibt Merkmale der Finanzierung. Der öffentliche Dienstleistungsauftrag hingegen wird in Art. 2 lit. i der VO (EG) Nr. 1370/2007 mit Bezug auf die Inhalte der zu erbringenden Verkehrsdienste definiert; die Finanzierung wird nicht angesprochen. Danach handelt es sich um eine „Übereinkunft", den „Betreiber eines öffentlichen Dienstes mit der Verwaltung und Erbringung von öffentlichen Personenverkehrsdiensten zu betrauen, die gemeinwirtschaftlichen Verpflichtungen unterliegen". Diese sind in Art. 2 lit. e der VO (EG) Nr. 1370/2007 beschrieben als „von der zuständigen Behörde festgelegte oder bestimmte Anforderung im Hinblick auf die Sicherstellung von im allgemeinen Interesse liegenden öffentlichen Personenverkehrsdiensten, die der Betreiber unter Berücksichtigung seines eigenen wirtschaftlichen Interesses nicht oder nicht im gleichen Umfang oder nicht zu den gleichen Bedingungen ohne Gegenleistung übernommen hätte".

Daraus wird deutlich, dass die eigenwirtschaftliche Verkehrsleistung und der Personenverkehrsdienst mit gemeinwirtschaftlicher Verpflichtung Gegenbegriffe dar-

---
1 Begründung des Rates der Europäischen Union v. 11.12.2006, 13736/1/06 REV 1 ADD 1.
2 Ausnahmsweise kann eine Vereinbarung über ergänzende gemeinwirtschaftliche Verpflichtungen getroffen werden.

stellen. Denn regelmäßig erhält der Betreiber für die Erfüllung einer gemeinwirtschaftlichen Verpflichtung eine Ausgleichsleistung i.S.d. Art. 2 lit. g der VO (EG) Nr. 1370/2007. Dann kann der Personenverkehrsdienst nicht als eigenwirtschaftlich eingeordnet werden, weil er nicht allein aus den in § 8 Abs. 4 PBefG genannten Erlösen finanziert wird. Die Begriffsbestimmungen lassen damit ebenso wie die sachlichen Anwendungsbereiche des PBefG und der VO (EG) Nr. 1370/2007 eine klare Abgrenzung der beiden Regelungsbereiche zu.

90 Dieser Befund gilt nicht für die Unterscheidung des öffentlichen Dienstleistungsauftrags i.S.d. VO (EG) Nr. 1370/2007 einerseits und der Vergaberichtlinien andererseits. Der Wortlaut des Begriffes ist identisch – abgesehen davon, dass die SKR das Attribut „öffentlich" nicht kennt[1]. Indes beschränkt sich die Begriffsbestimmung der Vergaberichtlinien nicht auf die Beschreibung nur der Finanzierung oder nur der vertragsspezifischen Verkehrsleistung, wie das in § 8 Abs. 4 PBefG und Art. 2 lit. i VO (EG) Nr. 1370/2007 der Fall ist. Als (öffentliche) Dienstleistungsaufträge i.S.d. Vergaberichtlinien sind „schriftliche entgeltliche Verträge" über „die Erbringung von Dienstleistungen" zu verstehen, die „keine Bau- oder Lieferaufträge sind". Zur Konkretisierung der darunter fallenden Leistungen verweist die SKR auf die Anhänge XVIIA und XVIIB, die VKR auf den Anhang II. Personenverkehrsdienste (im Landverkehr) zählen dazu.

Als Entgelt kommt nicht nur eine direkte Zahlung des Auftraggebers an den beauftragten Unternehmer in Betracht. Der Begriff der Entgeltlichkeit des Vertrages ist weit zu verstehen; geldwerte Vorteile fallen ebenso darunter[2]. Dagegen kann die Einräumung des Rechts, die zu erbringende Verkehrsleistung gegenüber Dritten zu nutzen, um Erlöse zu erwirtschaften, in der Regel nicht als Entgelt nach dem Begriffsverständnis des (öffentlichen) Dienstleistungsauftrags verstanden werden. Solche Gestaltungen können **Dienstleistungskonzessionen** darstellen. Nach Art. 1 Abs. 3 lit. b SKR und Art. 1 Abs. 4 VKR sind dies Verträge, die von einem (öffentlichen) Dienstleistungsvertrag „nur insoweit" abweichen, „als die Gegenleistung für die Erbringung der Dienstleistungen ausschließlich in dem Recht zur Nutzung der Dienstleistung oder in diesem Recht zuzüglich der Zahlung eines Preises besteht". Die Einordnung einer Vertragsgestaltung als Dienstleistungskonzession schließt die Anwendbarkeit der Vergaberichtlinien aus; die Vergabe richtet sich nach der VO (EG) Nr. 1370/2007. Über diese Abgrenzung entscheidet das Gemeinschaftsrecht. Das deutsche Kartellvergaberecht des GWB trägt dazu nichts bei. Auf eine Regelung der Dienstleistungskonzession hat der Gesetzgeber im Rahmen der letzten Novellierung der vergaberechtlichen Bestimmungen (im Gegensatz zur Baukonzession) verzichtet[3].

Nach der Rechtsprechung des EuGH ist es das kennzeichnende Merkmal der Konzession, dass dem Auftragnehmer ein Gestaltungsspielraum eingeräumt wird und

---

1 Vgl. Art. 1 lit. d der Richtlinie 2004/17/EG (SKR), im Gegensatz zu Art. 1 Abs. 2 lit. d der Richtlinie 204/18/EG (VKR). Letztere verwendet wie die VO (EG) Nr. 1370/2007 den Begriff „öffentlicher Dienstleistungsauftrag". Der bundesdeutsche Gesetzgeber verwendet übergeordnet den Begriff des „öffentlichen Auftrags" in § 99 Abs. 1 GWB und differenziert verschiedene Auftragsarten – darunter in § 99 Abs. 4 GWB den Dienstleistungsauftrag – ohne die Verwendung des Attributs „öffentlich". Eine inhaltliche Bedeutung kann daraus nicht abgeleitet werden.
2 Allg. Auffassung, vgl. BGH v. 1.2.2005 – X ZB 27/04, VergabeR 2005, 328 ff. = AbfallR 2005, 91 anhand eines „Verkaufs" von Altpapier an ein Entsorgungsunternehmen; dazu die Besprechung von *Dippel*, AbfallR 2005, 135 ff.; ferner *Ganske*, in: *Reidt/Stickler/Glahs*, Vergaberecht Kommentar, § 99 GWB, Rz. 31.
3 Vgl. den Entwurf der Bundesregierung eines Gesetzes zur Modernisierung des Vergaberechts v. 13.8.2008, BT-Drs. 1610117, S. 12 (unten) der Begründung.

dass dieser ein nicht unwesentliches **Betriebsrisiko** trägt[1]. Darunter ist das Risiko eines Einnahmeausfalls zu verstehen, der als Folge von Abweichungen der tatsächlichen von der erwarteten Erlösentwicklung auftritt. Ein Kostenrisiko allein reicht für die Annahme eines die Konzession kennzeichnenden Betriebsrisikos nicht aus. Es entspricht der vertragstypischen Risikozuordnung jedes öffentlichen Auftrags, dass das Unternehmen dieses Risiko trägt[2]. Dass das Betriebsrisiko des Unternehmens in den gesetzlichen Rahmenbedingungen für Leistungen der sog. Daseinsvorsorge im Vergleich zu weniger regulierten Marktbereichen geringer ist, steht der Annahme einer Dienstleistungskonzession nicht entgegen. Es reicht dann aus, wenn der Konzessionär das verbleibende Risiko tragen muss[3]. Stets setzt die Einordnung einer Vertragsgestaltung als Konzession jedoch voraus, dass Zahlungen, die der öffentliche Aufgabenträger zusätzlich leistet, um die Erlöse aus der Nutzung der Leistungen gegenüber Dritten zu ergänzen, nicht dazu führen, dass kein nennenswertes Betriebsrisiko verbleibt. Ob das der Fall ist, muss in einer Gesamtbetrachtung aller relevanten Risikofaktoren ermittelt werden[4]. Dafür ist zu ermitteln und zu bewerten,

– ob die Verkehrsleistungen im Wettbewerb zu anderen Verkehrsträgern angeboten werden oder ob das Unternehmen die Nachfrage allein, mindestens weitgehend gesichert auf sich ziehen kann, weil es eine Monopolstellung innehat;
– ob die Verkehrsleistungen aus anderen Gründen (demographische Entwicklung der im Vertragsgebiet lebenden Personen) geringer als erwartet nachgefragt werden;
– ob Einnahmeausfälle drohen aufgrund unvorhergesehener Umstände (Naturkatastrophen, Attentate);
– ob Kostensteigerungen zu erwarten sind und ob diese durch vertragliche Abreden reduziert werden, indem Tariferhöhungen oder Leistungsreduzierungen zugelassen oder Zuschusszahlungen erhöht werden;
– ob eine Insolvenz von Vertragspartnern droht, deren Zahlungen für die Finanzierung von Bedeutung sind; oder
– ob das Unternehmen für Schäden haftet, die bei der Durchführung des Vertrages entstehen.

Vertragsgestaltungen, die dem Verkehrsunternehmen in der Gesamtschau dieser Kriterien ein wesentliches Betriebsrisiko zuweisen, sind der VO (EG) Nr. 1370/2007 vorbehalten. Ist das nicht der Fall, richtet sich die Vergabe nach den Richtlinien. Dem steht es nicht entgegen, wenn die Finanzierung der Verkehrsleistungen nicht ausschließlich durch den öffentlichen Auftraggeber, sondern daneben aus anderen Erlösen erfolgt. Ebenso wenig schließt ein geringes „Restbetriebsrisiko" aus anderen Gründen die Anwendbarkeit der Vergaberichtlinien aus.

---

1 EuGH, v. 18.7.2007 – Rs. C-382/05 „Kommission ./. Italien", Slg. 2007, I-06657; v. 13.10. 2005 – Rs. C-458/03 „Parking Brixen", Slg. 2005, I-08585; v. 11.6.2009 – Rs. C-300/07 „Oymanns GbR ./. AOK Rheinland/Hamburg", Slg. 2009, I-04779; v. 10.9.2009 – Rs. C-206/08 „WAVZ Gotha ./. Eurawasser", Slg. 2009, I-08377.
2 Vgl. *Kaufmann/Lübbig/Prieß/Pünder*, a.a.O., Art. 5 Rz. 50, 58; Ausnahmen, die auch dieses Risiko dem öffentlichen Auftraggeber zuweisen, sind Verträge, in denen ein Entgelt in Form eines Selbstkostenerstattungspreises gem. § 7 VO PR 30/53 i.V.m. den Leitsätzen über die Preisermittlung aufgrund von Selbstkosten vereinbart ist; für Personenverkehrsdienste, die auf Grundlage der Vergaberichtlinien vergeben werden, wird die Zulässigkeit dieses nachrangigen Preistyps kaum zu begründen sein. Eine Dienstleistungskonzession liegt dann nicht vor, sodass die VO (EG) Nr. 1370/2007 nicht anwendbar ist.
3 So der EuGH v. 10.9.2009 – Rs. C-206/08 „WAVZ Gotha ./. Eurawasser", Slg. 2009, I-08377 Rz. 72–80.
4 Siehe dazu BGH v. 8.2.2011 – X ZB 4/10, VergabeR 2011 452 ff., Rz. 42–46; ferner EuGH, v. 11.3.2011 – Rs. C-274/09 „Rettungsdienst Stadler", Slg. 2011, I-0000, Rz. 37–40.

Soweit danach die VO (EG) Nr. 1370/2007 maßgeblich ist, kommt es nicht darauf an, ob Schwellenwerte erreicht sind, die für die Anwendbarkeit der Vergaberichtlinien gelten, oder ob Ausnahmetatbestände der Vergaberichtlinien einschlägig sind.

### c) Zuordnung von Vertragsgestaltungen zu den Regelungsbereichen

91 **Bruttoverträge** sind nach Maßgabe der Vergaberichtlinien zu vergeben[1]. Sie sehen vor, dass die Fahrgeldeinnahmen dem Aufgabenträger zufließen und das Verkehrsunternehmen ein festes Entgelt für alle entstehenden Kosten der Leistungserbringung erhält. Bruttoverträge weisen dem Aufgabenträger das Einnahmerisiko zu. Regelmäßig sind zudem Klauseln zur Anpassung an Kosten verändernde Umstände geregelt, die ein nennenswertes Betriebsrisiko des Unternehmens ausschließen.

92 **Nettoverträge** hingegen belassen dem Verkehrsunternehmen die Fahrgeldeinnahmen, zusätzlich erhält es Ausgleichsleistungen für strukturelle Belastungen, die sich aus gesetzlichen Vorschriften oder aus vertraglich vereinbarten gemeinwirtschaftlichen Verpflichtungen ergeben. Das Verkehrsunternehmen muss sowohl eine Kosten- als auch eine Erlösprognose anstellen. Solche Gestaltungen begründen in der Praxis regelmäßig ein wesentliches Betriebsrisiko zu Lasten des Verkehrsunternehmens. Sie sind daher als Dienstleistungskonzessionen einzuordnen und unterfallen der VO (EG) Nr. 1370/2007. Die Vergaberichtlinien sind auf Nettoverträge aber ausnahmsweise anwendbar, wenn Ausgleichsleistungen einen deutlich überwiegenden Anteil an den Gesamterlösen erreichen, eine monopolartige Marktstellung existiert, notwendige Investitionen geregelt sind und ein etwaiger Rückgang der Fahrgeldeinnahmen durch Leistungsreduzierungen kompensiert werden darf. Dann trägt das Verkehrsunternehmen kein nennenswertes Betriebsrisiko, obwohl der Vertrag als Nettovertrag anzusehen ist[2].

⊃ **Hinweis:** Die Bezeichnung eines Vertrages als Brutto- oder Nettovertrag hat für die Einordnung und Anwendbarkeit der VO (EG) Nr. 1370/2007 oder der Vergaberichtlinien keine Bedeutung. Es handelt sich dabei um eine plakative Überschrift, nicht um eine rechtliche Kategorie[3]. Entscheidend ist die inhaltliche Bewertung nach dem Maßstab der genannten Kriterien.

### 2. Verfahrensrechtliche Anforderungen an die Vergabe von öffentlichen Dienstleistungsaufträgen

93 Die Vergabe von öffentlichen Dienstleistungsaufträgen hat verfahrensrechtlichen Anforderungen zu genügen, die sich einerseits aus der VO (EG) Nr. 1370/2007, andererseits aus den Vergaberichtlinien i.V.m. dem Vierten Teil des GWB ergeben. Die Zuordnung einer konkreten Vertragsgestaltung zu einem dieser Regelungsbereiche bestimmt darüber, welche Vergabearten zur Verfügung stehen und welche Anforderungen dafür zu beachten sind.

### a) Vergabearten der VO (EG) Nr. 1370/2007

94 Die VO (EG) Nr. 1370/2007 weicht von den Verfahrensvorschriften der Vergaberichtlinien in verschiedener Hinsicht ab. Es handelt sich um ein Sondervergaberecht. Das betrifft zunächst das Wahlrecht der zuständigen Behörde zu entscheiden, ob eine direkte Vergabe oder ein wettbewerbliches Verfahren stattfinden soll[4]. Aus

---

1 Ebenso *Kaufmann/Lübbig/Prieß/Pünder*, a.a.O., Art. 5 Rz. 58; *Winnes*, VergabeR 2009, 712 (714f.); *Wittig/Schimanek*, NZBau 2008, 222 (224).
2 So der BGH v. 8.2.2011 – X ZB 4/10, VergabeR 2011, 452, Rz. 41–46.
3 So zu Recht *Freitag/Schenk*, Der Nahverkehr 7–8/2011, 7 (9).
4 Beide Verfahrensarten erfordern einen vergleichbaren Aufwand, wie Erfahrungen zeigen; siehe *Freitag/Schenk*, Der Nahverkehr 7–8/2011, 7f.

## X. Die Vergabe von öffentlichen Dienstleistungsaufträgen   Rz. 96 Teil 5 C

Gründen der Rechtssicherheit sollte dem wettbewerblichen Verfahren der Vorzug gegeben werden[1]. Dann entfällt auch die für direkte Vergaben in Art. 6 Abs. 1 Satz 2 VO (EG) Nr. 1370/2007 geforderte konkrete Berechnung der beihilferechtlichen Erforderlichkeit gewährter Ausgleichsleistungen.

Art. 8 Abs. 2 VO (EG) Nr. 1370/2007 schreibt die Beachtung der Verfahrensvorschriften des Art. 5 VO (EG) Nr. 1370/2007 bis spätestens zum 3.12.2019 vor, verpflichtet die Mitgliedstaaten jedoch, schon während des Übergangszeitraums Maßnahmen zur schrittweisen Anwendung zu treffen. Die Bundesrepublik Deutschland will die Geltung des Art. 5 Abs. 2 bis 4 VO (EG) Nr. 1370/2007 bereits ab dem 1.1.2014 vorschreiben (§ 62 PBefG). Das gilt auch für die Konkretisierung der Vorschriften für wettbewerbliche Verfahren in § 8b PBefG. Allerdings müssen Vergaben, die vor diesem Zeitpunkt eingeleitet werden, ohnehin die Rechtsprechung des EuGH zur Vergabe von Konzessionen beachten[2]. Zuständige Behörden sollten deshalb die Anforderungen aus Art. 5 der Verordnung und ggf. § 8b PBefG ohne Einschränkungen schon vor dem 1.1.2014 erfüllen. 95

**aa) Wettbewerbliches Vergabeverfahren**

Das wettbewerbliche Vergabeverfahren steht nach Art. 5 Abs. 3 VO (EG) Nr. 1370/2007 allen Betreibern offen und verläuft fair, transparent und diskriminierungsfrei. Der Ablauf des Verfahrens ist einem Verhandlungsverfahren i.S.d. Vergaberichtlinien angelehnt. Den Auftakt stellt eine Vorinformation über die beabsichtigte Vergabe im Amtsblatt der EU dar, die spätestens ein Jahr vor der Einleitung des Verfahrens veröffentlicht werden muss (Art. 7 Abs. 2 VO (EG) Nr. 1370/2007). Die Anforderungen an die Bekanntmachung zur Einleitung des wettbewerblichen Verfahrens regelt ergänzend § 8b Abs. 2, 3 PBefG. Daraus sind hervorzuheben das Verbot sachfremder Eignungsnachweise, unangemessen kurzer Fristen und vergabefremder Zuschlagskriterien. Verhandlungen darf die zuständige Behörde nach Abgabe der Angebote führen, allerdings nur zu dem Zweck festzulegen, wie „der Besonderheit oder Komplexität der Anforderungen am besten Rechnung zu tragen ist" (Art. 5 Abs. 3 Satz 3 VO (EG) Nr. 1370/2007). Damit ist nicht nur die Erfüllung verkehrlicher Bedürfnisse, insbesondere gemeinwirtschaftlichen Verpflichtungen gegenüber dem Aufgabenträger, angesprochen, sondern auch die Wirtschaftlichkeit der Ausgleichsleistungen an das Verkehrsunternehmen[3]. 96

Art. 5 Abs. 7 VO (EG) Nr. 1370/2007 verpflichtet die Mitgliedstaaten zu einem effektiven Rechtsschutz zur Überprüfung geltend gemachter Verstöße gegen Verfahrensvorschriften der Verordnung. Der bundesdeutsche Gesetzgeber ordnet hierzu an, dass das Nachprüfungsverfahren der §§ 102 ff. GWB zur Verfügung steht (§ 8a Abs. 6 PBefG). Damit wird eine abdrängende Sonderzuweisung gem. § 40 Abs. 1 Satz 1 VwGO getroffen, die dem Rechtsschutz im Verfahren vor der Verwaltungsgerichtsbarkeit vorgeht[4]. Des Weiteren gilt gem. § 8b Abs. 7 PBefG die Pflicht zur

---

1 Erfolgreiche Nachprüfungsverfahren richten sich ganz überwiegend gegen direkte Vergaben; so zuletzt die Entscheidungen des BGH v. 8.2.2011 – X ZB 4/10, VergabeR 2011, 452 und des OLG Düsseldorf v. 2.3.2011 – VII-Verg 48/10, VergabeR 2011, 471.
2 Die daraus geltenden Anforderungen bleiben hinter den Regelungen des § 8b PBefG nicht zurück; der Bundesgesetzgeber wollte keine neuen Verpflichtungen schaffen; vgl. Gesetzesentwurf der Bundesregierung v. 12.8.2011, S. 29.
3 Zutreffend *Kaufmann/Lübbig/Prieß/Pünder*, a.a.O., Art. 5 Rz. 176.
4 Die gesetzliche Regelung zu Gunsten des Nachprüfungsverfahrens vor den Vergabekammern und -senaten war zuvor durch das OLG Düsseldorf bereits auf Grundlage einer analogen Anwendung des § 102 GWB auf Direktvergaben von öffentlichen Dienstleistungsaufträgen i.S.d. VO (EG) Nr. 1370/2007 begründet worden; vgl. Beschluss v. 2.3.2011 – VII-Verg 48/10, VergabeR 2011, 471 (474); ablehnend dazu *Losch/Wittig*, VergabeR 2011, 561 (563 f.).

Jahn | 1177

Mitteilung an unterlegene Bieter über die beabsichtigte Zuschlagserteilung und die Gründe der Nichtberücksichtigung ihres Angebots (§ 101a GWB). Übergeht die zuständige Behörde diese Mitteilung, kann im Nachprüfungsverfahren festgestellt werden, dass der Vertrag von Anfang an unwirksam ist (§ 101b GWB). Auch diese für die Sicherung des Rechtsschutzes zentrale Vorschrift ist nach der Novellierung des PBefG auf Vergaben nach Maßgabe der Verordnung anwendbar. In der Praxis häufig vernachlässigt wird die laufende Dokumentation der Vergabe, insbesondere der wesentlichen Entscheidungen. Dazu ist die zuständige Behörde nach § 8b Abs. 6 PBefG verpflichtet. Die Dokumentation dient der Transparenz des Verfahrens.

**bb) Direkte Vergaben**

97 Art. 5 VO (EG) Nr. 1370/2007 eröffnet die Möglichkeit, öffentliche Dienstleistungsaufträge ohne ein wettbewerbliches Verfahren direkt zu vergeben. Dazu kann sich die zuständige Behörde auf drei Tatbestände berufen, um diese Verfahrenswahl zu begründen: die In-house-Vergabe (Abs. 2), die Vergabe geringfügiger Dienste bzw. „Bagatellvergabe" (Abs. 4) und die Notvergabe (Abs. 5). Stets ist die direkte Vergabe zu begründen. Das gilt nicht nur für die Dokumentation des Verfahrens, sondern auch für Anfragen „jeder interessierten Partei" (Art. 7 Abs. 4 VO (EG) Nr. 1370/2007). Die Vergabeabsicht ist ein Jahr vorab zu veröffentlichen – mit Ausnahme der Notvergabe und der Vergabe besonders geringfügiger Dienste (Art. 7 Abs. 2 Unterabs. 2, 4 VO (EG) Nr. 1370/2007). Ferner sind die Anforderungen aus Art. 4 VO (EG) Nr. 1370/2007 an den Inhalt des öffentlichen Dienstleistungsauftrags zu beachten, und es steht das vergaberechtliche Nachprüfungsverfahren vor den Vergabekammern und -senaten zur Verfügung, um Rechtsverstöße zu prüfen (Art. 5 Abs. 7 VO (EG) Nr. 1370/2007 i.V.m. § 8b Abs. 6 PBefG).

98 Die Regelung der In-house-Vergabe in Art. 5 Abs. 2 VO (EG) Nr. 1370/2007 greift auf die sog. „Teckal-Rechtsprechung" des EuGH[1] zurück, allerdings mit bemerkenswerten Abweichungen, die den besonderen Verhältnissen der Erbringung von Personenverkehrsdiensten Rechnung tragen. Die Unterscheidung einer In-house-Vergabe „im engeren Sinne" an eine rechtlich unselbstständige Verwaltungseinheit (Regie- oder Eigenbetrieb) von der eigentlichen In-house-Vergabe „im weiteren Sinne" zählt dazu indes nicht. Nur letztere führt zu einem öffentlichen Dienstleistungsauftrag als Rechtsgeschäft mit zwei rechtsfähigen Vertragsparteien. Daran kann neben dem Aufgabenträger ein privatrechtlicher Rechtsträger (GmbH, AG) oder ein öffentlich-rechtlicher Rechtsträger (Anstalt öffentlichen Rechts, Zweckverband) als interner Betreiber i.S.v. Art. 2 lit. j VO (EG) Nr. 1370/2007 beteiligt sein.

Jedoch wird das „Kontrollkriterium" der Teckal-Rechtsprechung des EuGH weiter gefasst, um eine In-house-Vergabe an gemischtwirtschaftliche Unternehmen als interne Betreiber zu ermöglichen. Für den Anwendungsbereich der Vergaberichtlinien hat der EuGH klargestellt, dass jede Beteiligung privaten Kapitals dem Inhouse-Privileg entgegen stehe[2]. Art. 5 Abs. 2 lit. a VO (EG) Nr. 1370/2007 hält zwar daran

---

1 EuGH v. 18.11.1999 – C-107/98, „Teckal Srl", Slg. 1999, I-8121; v. 11.1.2005 – C-26/03, „Stadt Halle", Slg. 2005, I-1; v. 6.4.2006 – C-410/04, „ANAV", Slg. 2006, I-3303; v. 11.5.2006 – C-340/04, „Carbotermo", Slg. 2006, I-4166; v. 19.4.2007 – C-295/05, „Asemfo Tragsa", Slg. 2007, I-2999; v. 13.11.2008 – C-324/07, „Coditel Brabant", Slg. 2008, I-8457; v. 10.9.2009 – C-573/07, „Sea Srl", Slg. 2009, I-8127; von der deutschen Rechtsprechung übernommen durch BGH v. 3.7.2008 – I ZR 145/05, „Kommunalversicherer", BGHZ 177, 150 ff.

2 EuGH v. 11.1.2005 – Rs. C-26/03, „Stadt Halle und Rh.-Pf.L Lochau", Slg. 2005, I-1; entgegen dem Schlussantrag der Generalanwältin Stix-Hackl v. 23.9.2004, Slg. 2005, I-4, Rz. 70; die Abweichung geht zurück auf den Gemeinsamen Standpunkt des Verkehrsministerrates v. 11.12.2006, Nr. 2/2007, ABl. 2007, Nr. C 70E/14.

fest, dass sich „der tatsächliche Einfluss auf und die tatsächliche Kontrolle über strategische Entscheidungen und einzelne Managemententscheidungen" erstrecken muss. Jedoch ist es „nicht zwingend erforderlich", dass neben der zuständigen Behörde kein privates Kapital beteiligt ist. Dem beherrschenden Einfluss und der tatsächlichen Kontrolle durch die zuständige Behörde darf dies nicht entgegen stehen. Ob das der Fall ist, muss im Einzelfall nach dem Umfang der Beteiligung privaten Kapitals, der Ausgestaltung von Stimmrechten im Gesellschaftsvertrag bzw. der Satzung, vertraglichen Vereinbarungen und im Hinblick auf die Finanzierung des internen Betreibers beurteilt werden. Die Grenzlinien für zulässige Gestaltungen werden in der Praxis ausgelotet und durch vergaberechtliche Nachprüfungsverfahren mit der Zeit deutlicher hervortreten[1].

Als Gegengewicht zu der Lockerung des Kontrollkriteriums beschränkt Art. 5 Abs. 2 lit. b VO (EG) Nr. 1370/2007 das Wesentlichkeitskriterium der Teckal-Rechtsprechung des EuGH[2]. Nach dem Sondervergaberecht der Verordnung reicht es nicht aus, dass der interne Betreiber seine Tätigkeit „im Wesentlichen" für den Auftraggeber erbringt. Vielmehr wird gefordert, dass dieser seine „öffentlichen Personenverkehrsdienste innerhalb des Zuständigkeitsgebiets der zuständigen örtlichen Behörde" ausführt. Lediglich abgehende Teillinien und Teildienste in benachbarte Gebiete stehen der In-house-Vergabe nicht entgegen. Des Weiteren sind damit Verkehrsleistungen vereinbar, die der VO (EG) Nr. 1370/2007 nicht unterfallen, etwa weil sie ohne Ausgleichsleistungen durchgeführt werden oder sie allein den Vergaberichtlinien unterfallen.

Zu erwähnen ist in diesem Zusammenhang noch, dass die VO (EG) Nr. 1370/2007 Umgehungen der dargestellten Anforderungen an eine In-house-Vergabe durch verschiedene Regelungen unterbinden will. Dazu dient das Eigenerbringungsgebot aus Art. 5 Abs. 2 lit. e VO (EG) Nr. 1370/2007 ebenso wie die Einbeziehung „jede(r) anderen Einheit", auf die der interne Betreiber „einen auch nur geringfügigen Einfluss hat", in das Wesentlichkeitskriterium.

### b) Vergabearten der Vergaberichtlinien

Als öffentlicher Auftraggeber i.S.d. VKR hat die zuständige Behörde kein Wahlrecht zwischen verschiedenen Verfahrensarten. Vorrangig ist das offene Verfahren durchzuführen[3]. Ein nicht offenes Verfahren und ein Verhandlungsverfahren bedürfen der Begründung; die dafür zur Verfügung stehenden Tatbestände sind abschließend normiert und restriktiv auszulegen.

Öffentliche Auftraggeber i.S.d. SKR haben hingegen ein Wahlrecht, welches Verfahren zur Vergabe des Dienstleistungsauftrags durchgeführt wird, sofern mindestens ein Wettbewerbsaufruf ergeht. Darauf darf nur unter besonderen Umständen verzichtet werden[4].

Für weitere verfahrensrechtliche Bestimmungen der Vergaberichtlinien und ihrer Umsetzung in das deutsche (Kartell-)Vergaberecht sei auf die Fachliteratur verwiesen.

---

1 Zu ergänzenden Auslegungshinweisen vgl. *Kaufmann/Lübbig/Prieß/Pünder*, a.a.O., Art. 5, Rz. 111.
2 Ausgehend von EuGH v. 18.11.1999 – Rs. C-107/98 „Teckal", Slg. 1999, I-8121, Rz. 50; konkretisiert durch EuGH v. 11.5.2006 – Rs. C-340/04, „Carbotermo", Slg. 2006, I-4166, Rz. 58 ff. und v. 19.4.2007 – Rs. C-295/05 „Asemfo/Tragsa", Slg. 2007, I-2999, Rz. 62 f.
3 Art. 28 VKR, § 101 Abs. 7 Satz 1 GWB, § 4 Abs. 1 VgV, § 3 Abs. 1 VOL/A EG.
4 Art. 40 Abs. 2 SKR, § 102 Abs. 7 Satz 2 GWB, § 6 Abs. 1 SektVO.

# D. Güterkraftverkehrsrecht

|  | Rz. |  | Rz. |
|---|---|---|---|
| I. Vorbemerkung | 1 | c) Übertragung der Erlaubnis | 28 |
| II. Rechtsvorschriften und Behördenzuständigkeiten | | d) Rücknahme und Widerruf der Erlaubnis | 30 |
| 1. Rechtsvorschriften | 6 | e) Haftpflichtversicherung | 32 |
| 2. Behördenzuständigkeiten | 10 | 2. Werkverkehr | 33 |
| III. Die Verkehrsarten des Güterkraftverkehrsrechts und ihre Genehmigungen | 13 | 3. Güterfernverkehrsgenehmigungen aufgrund internationaler Abkommen | 40 |
| | | a) Die CEMT-Genehmigung | 41 |
| 1. Erlaubnispflichtiger Güterkraftverkehr | 15 | b) Die Gemeinschaftslizenz | 43 |
| a) Erlaubnisvoraussetzungen und Erteilung der Erlaubnis | 16 | IV. Tarife | 47 |
| b) Inhalt der Erlaubnis | 26 | V. Rechtsschutz | 49 |

**Literatur:**

*Ehlers*, Das Wirtschaftsverwaltungsrecht im europäischen Binnenmarkt, NVwZ 1990, 810; *Gronemeyer*, Die neue EU-Kabotage-Verordnung und ihre Auswirkungen auf das deutsche Güterkraftverkehrsrecht, EuZW 1994, 523; *Gronemeyer*, Das neue Güterkraftverkehrsrecht, TranspR 2000, 56; *Hein/Eichhoff/Pukall/Krien* (Hrsg.), Güterkraftverkehrsrecht, 4. Aufl. 2010; *Herber*, Pflichtversicherungen für den Spediteur – mit vielen Fragezeichen, TranspR 2004, 229; *Heuer*, Versicherungen des gewerblichen Straßengüterverkehrs, TranspR 2006, 22; *Jannott*, Die Reichweite der Dienstleistungsfreiheit im Güterkraftverkehr der EG: das Ende nationaler Verkehrsmarktordnungen, Baden-Baden 1991; *Klotz*, Die deutsche Marktordnung für den Güterkraftverkehr – gestern, heute, morgen, WiVerw 1989, 1; *Knorre*, Freistellung und Versicherungspflicht nach dem neuen GüKG, TranspR 1998, 400; *Knorre*, Der neue § 7a GüKG und seine Auswirkungen auf die Verkehrshaftungsversicherung, TranspR 2006, 228; *Koller*, Transportrecht, 7. Aufl., 2010; *Landmann/Rohmer* (Hrsg.), Gewerbeordnung und ergänzende Vorschriften: GewO, 58. Aufl. 2011; *Martell*, Das neue Güterkraftverkehrsgesetz – „Grundgesetz" des Straßengüterverkehrs, NJW 1999, 193; *Oppermann*, Staatliches Ordnungssystem im Güterkraftverkehr contra Liberalisierung?, Heidelberg 1990; *Quaas*, Rechtsfragen der Kontingentgenehmigung im Güterfernverkehr, DÖV 1982, 434; *Sellmann*, Die Entwicklung des öffentlichen Verkehrsrechts, NVwZ 2009, 149; *Trinkaus/Maiworm*, Überblick über neue Entscheidungen zum Güterkraftverkehrsrecht im Jahre 1994, NZV 1995, 389.

## I. Vorbemerkung

1 Das Güterkraftverkehrsrecht gehörte zu einem der am stärksten reglementierten Rechtsgebiete des Wirtschaftverwaltungsrechts. Es normierte nicht nur eine Unterscheidung zwischen Werkverkehr und gewerblichem Güterkraftverkehr, sondern differenzierte weiter u.a. zwischen Umzugsverkehr, Güternahverkehr und Güterfernverkehr. Die Erteilung einer Güterfernverkehrsgenehmigung war nicht nur von den subjektiven Zulassungsbedingungen „Zuverlässigkeit, fachliche Eignung und finanzielle Leistungsfähigkeit" abhängig, sondern unterlag darüber hinaus noch einer objektiven Berufszugangsbeschränkung.

2 Durch § 9 GüKG a.F. war der Bundesminister für Verkehr ermächtigt, Höchstzahlen für Kraftfahrzeuge im Güterfernverkehr festzusetzen und auf die Länder aufzuteilen. Auf dieser Grundlage wurde zuletzt die Gesamtzahl der Güterfernverkehrsgenehmigungen auf 54004 beschränkt. Gem. § 10 Abs. 1 GüKG a.F. durften Güterfernverkehrsgenehmigungen nur im Rahmen dieses Kontingentes erteilt werden.

## I. Vorbemerkung

Das BVerfG hatte diese objektive Berufszulassungsregelung i.S.d. Drei-Stufentheorie in seinem Beschluss vom 14.10.1975[1] für vereinbar mit Art. 12 GG erklärt und als schützenswertes, überragend wichtiges Gemeinschaftsgut die Erhaltung des Bestandes, der Funktionsfähigkeit und der Wirtschaftlichkeit der Deutschen Bundesbahn und die Erhaltung der Verkehrssicherheit angesehen. Die vorherrschende Literaturmeinung hatte sich dieser Auffassung angeschlossen[2]. 

Neben verfassungsrechtlichen Bedenken[3] sprach gegen die Aufrechterhaltung der Kontingentierung zum einen, dass mit Wirkung zum 1.1.1994 Art. 87e Abs. 3 GG die Führung der deutschen Eisenbahnen des Bundes als privat-rechtliche Wirtschaftsunternehmen vorschreibt. Als Konsequenz ist die staatliche Deutsche Bundesbahn in die Deutsche Bahn AG umgewandelt worden. Zum anderen konnte die Kontingentierung im Hinblick auf die Vollendung des gemeinsamen europäischen Binnenmarktes nicht mehr aufrechterhalten werden[4]. Seit dem Untätigkeitsurteil des EuGH[5] hat die Europäische Kommission die Deregulierung des europäischen Güterverkehrsmarktes zunehmend vorangetrieben. Eine der letzten, aber wohl auch größten Hürden auf dem Weg zu einer europäischen Verkehrsmarktordnung war der Erlass der „Kabotageverordnung" im Jahre 1993[6]. Nach dieser Verordnung kann ein gewerblicher Güterkraftverkehrsunternehmer aus einem EU-Mitgliedstaat auf der Grundlage einer Gemeinschaftslizenz innerhalb der anderen EU-Mitgliedstaaten Güterbeförderungen durchführen, ohne dort als Unternehmer ansässig zu sein. Die zunächst geltende Kontingentierung der Kabotagegenehmigungen ist zum 1.7.1998 weggefallen. 

Die Freigabe der Kabotage und die Tatsache, dass aufgrund des Diskriminierungsverbots (Art. 18 AEUV) und des Gebotes der Dienstleistungsfreiheit (Art. 56 ff., 90 ff. AEUV) Inländer wie Ausländer gleichermaßen zu allen Bereichen des Verkehrsmarktes zugelassen werden müssen, erforderten eine grundlegende Novellierung des GüKG[7]. 

---

1 BVerfG v. 14.10.1975 – 1 BvL 35/70, 1 BvR 307/71, 1 BvR 61/73, 1 BvR 255/73, 1 BvR 195/75, BVerfGE 40, 196, 218 ff. = BB 1975, 1544 = GewArch 1976, 14 = NJW 1976, 179.
2 Vgl. statt vieler *Quaas*, Rechtsfragen der Kontingentgenehmigung im Güterverkehr, DÖV 1982, 434, 436; *Jannott*, Die Reichweite der Dienstleistungsfreiheit im Güterverkehr der EG: das Ende nationaler Verkehrsmarktordnungen, Baden-Baden 1991, 30.
3 Dazu u.a. *Klotz*, Die deutsche Marktordnung für den Güterkraftverkehr – gestern, heute, morgen, WiVerw 1989, 1, 12; *Oppermann*, Staatliches Ordnungssystem im Güterkraftverkehr contra Liberalisierung?, Heidelberg 1990, 120.
4 Vgl. z.B. *Ehlers*, Das Wirtschaftsverwaltungsrecht im europäischen Binnenmarkt, NVwZ 1990, 810, 815.
5 EuGH v. 22.5.1985 – Rs. C-13/83, NJW 1985, 2080 = EuR 1985, 393 = TranspR 1986, 100; v. 7.11.1991 – Rs. C-17/90, TranspR 1992, 14 = EuZW 1992, 62 (mit Anm. v. *Huff*) aufgrund des Vorlagebeschl. des BVerwG v. 9.11.1989 – 7 C 3.88, EuZW 1990, 70 (mit Anm. v. *Moth*) = NVwZ 1990, 207.
6 Verordnung (EWG) Nr. 3118/93 v. 25.10.1993 zur Festlegung der Bedingungen für die Zulassung von Verkehrsunternehmern zum Güterverkehr innerhalb eines Mitgliedstaates, in dem sie nicht ansässig sind (ABl. EG Nr. L 279 v. 12.11.1993, S. 1), geändert durch Verordnung (EG) Nr. 3315/94 des Rates v. 22.12.1994 (ABl. EG Nr. L 350/9 v. 31.12.1994); vgl. dazu *Gronemeyer*, Die Entwicklung des EU-Kabotage-Rechts bis zur neuen Kabotage-Verordnung (EWG) Nr. 3118/93, TranspR 1994, 267; *Gronemeyer*, Die neue EU-Kabotage-Verordnung und ihre Auswirkungen auf das deutsche Güterkraftverkehrsrecht, EuZW 1994, 523.
7 Vgl. auch *Knauff*, Entwicklungstendenzen im deutschen Wirtschaftsverwaltungsrecht am Beispiel des Güterkraftverkehrsrechts, DVBl 2011, 727 ff.

## II. Rechtsvorschriften und Behördenzuständigkeiten

### 1. Rechtsvorschriften

6   Durch das Gesetz zur Reform des Güterkraftverkehrsrechts vom 22.6.1998[1] ist das GüKG vollkommen neu gefasst worden[2]. Auf der Grundlage des § 3 Abs. 6 GüKG wird das Gesetz durch die Berufszugangsverordnung für den Güterkraftverkehr[3] ergänzt:

7   Sämtliche zum alten GüKG geltenden Rechtsverordnungen sind aufgehoben worden. Die Beförderung von Gütern, die Gefahren für die öffentliche Sicherheit und insbesondere für Leben und Gesundheit von Menschen bergen, ist in dem Gesetz über die Beförderung gefährlicher Güter besonders geregelt[4].

8   Über die nationalen Bestimmungen hinaus gibt es für viele Bereiche des Güterkraftverkehrswesens Verordnungen und Richtlinien der Europäischen Gemeinschaft[5], die zumeist durch Verordnungen in nationales Recht umgesetzt sind. Fehlt eine solche Umsetzung, sind sie unmittelbar und vorrangig anzuwenden.

9   Das GüKG gilt grds. für jegliche Beförderung von Gütern. Die Ausnahmen der Anwendung des Gesetzes sind in § 2 GüKG abschließend normiert, so z.B. die Beförderung von Medikamenten und medizinischen Geräten zur Hilfeleistung in dringenden Notfällen oder die Beförderung von landwirtschaftlichen Gütern für eigene Zwecke[6]. Die früher geltende Freistellungsverordnung, die immerhin 28 Ausnahmeregelungen enthielt, ist im Gegenzug aufgehoben worden.

### 2. Behördenzuständigkeiten

10  Die für die Erteilung der Güterkraftverkehrserlaubnis zuständige Behörde wird gem. § 3 Abs. 7 GüKG von den Landesregierungen oder den von ihr ermächtigten Stellen bestimmt[7]. Örtlich zuständig ist die Behörde, in deren Zuständigkeitsbereich das Unternehmen des Antragstellers seinen Sitz hat.

11  Die wesentlichen Aufgaben der bundesweiten Verkehrsverwaltung sind dagegen dem Bundesamt für Güterverkehr (§§ 10 ff. GüKG) übertragen. Diese selbständige Bundesoberbehörde ist Nachfolgerin der bundesunmittelbaren Bundesanstalt für den Güterfernverkehr (vgl. §§ 53 ff. GüKG a.F.). Ihr obliegt u.a. die Überwachung der Einhaltung aller Verpflichtungen des GüKG und seiner untergesetzlichen Rechtsvorschriften durch alle am Beförderungsvertrag Beteiligten, der Bestimmungen über den Werkverkehr sowie zahlreicher technischer, arbeitsschutzrechtlicher und anderer Vorschriften, die in § 11 Abs. 2 Nr. 3 GüKG im Einzelnen benannt sind. Durch § 12 GüKG ist das Bundesamt zur Durchführung seiner Aufgaben mit weitgehenden polizeilichen Befugnissen ausgestattet. Das Bundesamt führt darüber hinaus Dateien über alle im Inland ansässigen Unternehmen, die gewerb-

---

1   Gesetz zur Reform des Güterkraftverkehr BGBl. I, 1485.
2   Vgl. *Gronemeyer*, Das neue Güterkraftverkehrsrecht, TranspR 2000, 56; *Martell*, Das neue Güterkraftverkehrsgesetz – „Grundgesetz" des Straßengüterverkehrs, NJW 1999, 193.
3   Berufszugangsverordnung für den Güterkraftverkehr v. 21.6.2000, BGBl. I, 918.
4   GefahrgutbeförderungsG v. 7.7.2009, BGBl. I, 1774, 3975 mit den dazu erlassenen Verordnungen.
5   Die meisten nationalen und internationalen Verordnungen, Richtlinien, Erlasse etc. sind abgedruckt bei *Hain/Eichhoff/Pukall/Krien*.
6   Vgl. dazu i.E. *Knorre*, Freistellung und Versicherungspflicht nach dem neuen GüKG, TranspR 1998, 400.
7   In NW z.B. die Kreisordnungsbehörden, vgl. Verordnung über die Bestimmung der zuständigen Behörden nach dem Güterkraftverkehrsrecht v. 30.6.1998, GVBl. NW, 470.

lichen Güterkraftverkehr (§ 15 GüKG) oder Werkverkehr (§ 15a GüKG) betreiben, und über abgeschlossene Bußgeldverfahren; der Inhalt dieser Dateien und die jeweiligen Berechtigungen der Datenweitergabe sind in § 16 GüKG geregelt.

Schließlich führt das Bundesamt gem. § 14 GüKG Marktbeobachtungen durch, die sich nicht auf den Straßengüterverkehr beschränken, sondern auch den Eisenbahn- und Binnenschiffsgüterverkehr umfassen. Hierdurch sollen Fehlentwicklungen auf dem Verkehrsmarkt frühzeitig erkannt werden. Das Bundesamt hat dem Bundesministerium für Verkehr seine Beobachtungen und Einschätzungen der zukünftigen Marktentwicklungen regelmäßig zu berichten, wobei die sich daraus ergebenden Konsequenzen jedoch nicht geregelt sind. 12

## III. Die Verkehrsarten des Güterkraftverkehrsrechts und ihre Genehmigungen

Das GüKG differenziert bzgl. des Straßengüterverkehrs innerhalb Deutschlands zwischen dem erlaubnispflichtigen gewerblichen Güterkraftverkehr und dem erlaubnisfreien Werkverkehr. Erlaubnispflichtiger gewerblicher Güterkraftverkehr ist die geschäftsmäßige oder entgeltliche Beförderung von Gütern für Andere mit Kraftfahrzeugen, die einschließlich eines evtl. Anhängers ein höheres zulässiges Gesamtgewicht als 3,5 Tonnen haben (§ 1 Abs. 1 GüKG). Der erlaubnisfreie Werkverkehr ist der Güterkraftverkehr für eigene Zwecke eines Unternehmens unter den in § 1 Abs. 2 und 3 GüKG normierten Voraussetzungen. Die frühere Unterscheidung in Güternahverkehr, Güterfernverkehr, Möbelverkehr und landwirtschaftliche Sonderverkehre ist entfallen. 13

Daneben enthält das Gesetz Regelungen zum zwischenstaatlichen Güterkraftverkehr aufgrund internationaler Abkommen. 14

### 1. Erlaubnispflichtiger Güterkraftverkehr

Gem. § 3 Abs. 1 GüKG ist der gewerbliche Güterkraftverkehr mit Fahrzeugen, deren zulässiges Gesamtgewicht einschließlich Anhänger 3,5 Tonnen überschreitet, erlaubnispflichtig. Beförderungen mit Fahrzeugen, deren zulässiges Gesamtgewicht unter 3,5 Tonnen bleibt, zählen somit nicht mehr zum Güterkraftverkehr und fallen damit auch nicht in den Anwendungsbereich des GüKG. Unerheblich ist dabei, ob die Beförderungen mit einem Pkw oder einem Lkw erfolgen. 15

#### a) Erlaubnisvoraussetzungen und Erteilung der Erlaubnis

Die Güterkraftverkehrserlaubnis ist personen- bzw. unternehmenbezogen. Als Unternehmer gelten bei Personengesellschaften die einzelnen Gesellschafter, bei juristischen Personen die Gesellschaft als solche. 16

Die Erteilung der Erlaubnis setzt gem. § 3 Abs. 2 GüKG voraus, dass die subjektiven Zulassungsvoraussetzungen 17
– persönliche Zuverlässigkeit des Unternehmers und der zur Geschäftsführung bestellten Personen,
– Sachkunde des Unternehmers und der zur Geschäftsführung bestellten Personen,
– finanzielle Leistungsfähigkeit des Betriebes

vorliegen.

18 Die Anforderungen an die Zulassungskriterien ergeben sich i.E. aus § 3 Abs. 3 GüKG und der Berufszugangsverordnung vom 21.6.2000[1].

19 Der Begriff der Zuverlässigkeit ist ein unbestimmter Rechtsbegriff, der gerichtlich in vollem Umfang überprüfbar ist. Bei der Prüfung der Zuverlässigkeit sind nachweisbare Tatsachen zugrunde zu legen, auf deren Basis dann eine Prognose über das zukünftige Verhalten des Gewerbetreibenden zu stellen ist. Dabei ist die Prüfung der Zuverlässigkeit branchenbezogen und konkret im Hinblick auf die vom Gewerbetreibenden jeweils ausgeübte oder beabsichtigte Tätigkeit vorzunehmen[2] (s. *Gronemeyer, S./Gronemeyer, N.*, Teil 5 Kap. A Rz. 56 ff.).

⊃ **Hinweis:** Allzu eng darf der Branchenbezug der Zuverlässigkeitsprüfung jedoch nicht gezogen werden. Z.B. kann ein Unternehmer, dessen Unzuverlässigkeit im Güterkraftverkehrsgewerbe feststeht, auch nicht zur Ausübung des Abfertigungsspediteurs bestellt werden[3].

20 Diesen grundsätzlichen Anforderungen entsprechend normiert § 1 Abs. 2 der Berufszugangsverordnung einen Katalog von Tatbeständen, bei deren Vorliegen von der Unzuverlässigkeit des Erlaubnisbewerbers im Hinblick auf das Güterkraftverkehrsgewerbe auszugehen ist. Hierzu gehören neben der rechtskräftigen Verurteilung wegen schwerer Verstöße gegen strafrechtliche Vorschriften schwere und wiederholte Verstöße gegen arbeits- und sozialrechtliche Vorschriften und gegen Vorschriften, die im Interesse der Verkehrs- und Betriebssicherheit erlassen wurden, Verstöße gegen das GüKG und die darauf beruhenden Rechtsvorschriften sowie gegen abgabenrechtliche Pflichten, die sich aus der unternehmerischen Tätigkeit ergeben etc.

21 Ausreichende finanzielle Leistungsfähigkeit liegt nach § 2 Berufszugangsverordnung vor, wenn der Unternehmer ein Eigenkapital von 9 000 Euro für das erste Fahrzeug und 5 000 Euro für jedes weitere Fahrzeug nachweist. Der Nachweis ist durch behördliche Unbedenklichkeitsbescheinigungen und Eigenkapitalbescheinigungen zu erbringen.

22 Seine fachliche Eignung muss der Erlaubnisbewerber durch eine Fachkundeprüfung vor der IHK oder durch gleichwertige Abschlussprüfungen, die in der Berufszugangsverordnung benannt sind, nachweisen. Die Sachgebiete, deren Kenntnisse zur Führung eines Güterkraftverkehrsunternehmens erforderlich sind, sind im Anhang I unter Ziff. I der Richtlinie 96/26/EG des Rates vom 29.4.1996[4] detailliert aufgelistet.

23 Liegen alle drei genannten Voraussetzungen vor, muss dem Bewerber die beantragte Erlaubnis erteilt werden. Der Güterkraftverkehr ist somit jetzt eine grds. erlaubte Tätigkeit, der lediglich eine gewerberechtliche Eingangskontrolle vorgeschaltet ist.

24 Zuständig für die Erteilung der Erlaubnis und für die Verwaltungskontrolle ist die durch die Landesregierung bestimmte Erlaubnisbehörde, in deren Bezirk der Unter-

---

1 Berufszugangsverordnung für den Güterkraftverkehr v. 21.6.2000, BGBl. I, 918.
2 St. Rspr., vgl. BVerwG v. 17.1.1972 – I C 33.68, GewArch 1972, 189 = NJW 1972, 784; *Marcks*, in: *Landmann/Rohmer* (Hrsg.), Gewerbeordnung, § 35 Rz. 29 ff.
3 Vgl. VG Augsburg v. 15.5.1992 – Au 3 K 91 A. 320, GewArch 1993, 328.
4 Richtlinie 96/26/EG des Rates v. 29.4.1996 über den Zugang zum Beruf des Güter- und Personenkraftverkehrsunternehmers im innerstaatlichen und grenzüberschreitenden Verkehr sowie über die gegenseitige Anerkennung der Diplome, Prüfungszeugnisse und sonstige Befähigungsnachweise für die Beförderung von Gütern und die Beförderung von Personen im Straßenverkehr und über die Maßnahmen zur Förderung der tatsächlichen Inanspruchnahme der Niederlassungsfreiheit der betreffenden Verkehrsunternehmer (ABl. EG Nr. L 124 S. 1), zuletzt geändert durch Richtlinie 2006/103/EG des Rates v. 20.11.2006 (ABl. EG Nr. L 363 S. 344).

nehmer seinen Sitz oder eine gerichtlich eingetragene Niederlassung hat (§ 3 Abs. 7 GüKG) (s.o. Rz. 10). Das Verfahren der Erlaubnisbeantragung und -erteilung ist i.E. in § 9 der Berufszugangsverordnung für den Güterkraftverkehr[1] geregelt.

Die erstmalige Erlaubnis wird zunächst für fünf Jahre erteilt. Nach Ablauf dieser Zeit wird sie unbefristet verlängert, sofern der Unternehmer die Berufszugangsvoraussetzungen nach wie vor erfüllt. 25

### b) Inhalt der Erlaubnis

Die Erlaubnis berechtigt zu jeglichem gewerblichen Güterkraftverkehr innerhalb Deutschlands sowie für den deutschen Streckenteil bei grenzüberschreitendem Güterkraftverkehr mit Staaten, die weder Mitglied der EU noch Vertragsstaat des Abkommens über den europäischen Wirtschaftsraum sind. Dieses ergibt sich im Umkehrschluss aus § 5 GüKG. Für den deutschen Streckenteil bei grenzüberschreitenden Beförderungen mit EU-Mitgliedstaaten ist dagegen eine EU-Gemeinschaftslizenz[2] erforderlich. 26

⊃ **Hinweis:** Da gem. § 5 GüKG die Gemeinschaftslizenz eine Erlaubnis nach § 3 GüKG ersetzt, ist einem Erlaubnisbewerber zu raten, sich sogleich um die „flexiblere" Gemeinschaftslizenz zu bemühen, da diese auch zu Transporten zwischen den EU-Mitgliedstaaten sowie zu Kabotagetransporten, d.h. zur innerstaatlichen Beförderung in einem Mitgliedstaat der Europäischen Union berechtigt, auch wenn der deutsche Unternehmer dort keinen Sitz hat (vgl. u. Rz. 43ff.).

Der Erlaubnisinhaber erhält auf Antrag Erlaubnisausfertigungen für alle ihm zur Verfügung stehenden Fahrzeuge, für die er die finanzielle Leistungsfähigkeit nachgewiesen hat (§ 3 Abs. 3a GüKG). Die Erlaubnis ist bei allen Beförderungen im Fahrzeug mitzuführen (§ 7 GüKG). Sie darf, um den Kontrollbehörden das Erkennen von Fälschungen zu ermöglichen, nicht in Folie eingeschweißt oder in ähnlicher Weise mit einer Schutzschicht überzogen werden. 27

### c) Übertragung der Erlaubnis

Die Güterkraftverkehrsgenehmigung wird auf das Unternehmen ausgestellt und ist nicht übertragbar (§ 10 Berufszugangsverordnung). 28

§ 8 GüKG gestattet jedoch die vorläufige Weiterführung der Güterkraftverkehrsgeschäfte im Falle des Todes des Unternehmers. Diese Befugnis erlischt nach den in § 8 Abs. 2 GüKG benannten Fristen, sofern nicht der Weiterführende innerhalb dieser Fristen selbst eine Erlaubnis beantragt. 29

### d) Rücknahme und Widerruf der Erlaubnis

Die Voraussetzungen der Rücknahme und des Widerrufs der Erlaubnis sind in § 3 Abs. 5 GüKG für den Fall geregelt, dass die Erlaubnisvoraussetzungen bei Erteilung der Erlaubnis nicht vorlagen oder nachträglich entfallen sind. Im Übrigen gelten die §§ 48 ff. VwVfG. 30

Für den Widerruf der Erlaubnis gilt wie im Gewerberecht allgemein, dass die zum Widerruf führenden Umstände, z.B. die Unzuverlässigkeit des Erlaubnisinhabers, 31

---

1 Berufszugangsverordnung für den Güterkraftverkehr v. 21.6.2000, BGBl. I, 918.
2 Auf der Grundlage der Verordnung (EG) Nr. 1072/2009 des Europäischen Parlaments und des Rates v. 21.10.2009 über gemeinsame Regeln für den Zugang zum Markt des grenzüberschreitenden Güterkraftverkehrs (ABl. EG Nr. L 300 v. 14.11.2009).

zum Zeitpunkt des Erlasses des Widerrufsbescheides vorliegen müssen. Späteres Wohlverhalten des Erlaubnisinhabers ist daher grds. unbeachtlich[1].

**e) Haftpflichtversicherung**

32 Durch das Erste Änderungsgesetz zum GüKG sind die Vorschriften über die abzuschließende Haftpflichtversicherung neu gefasst worden. Unternehmer sind jetzt nach § 7a Abs. 2 GüKG verpflichtet, eine Haftpflichtversicherung mit einer Mindestversicherungssumme von 600 000 Euro je Schadensereignis abzuschließen. Damit wird sichergestellt, dass auch Schäden an hochwertigen Gütern abgedeckt sind. Die Vereinbarung eines Selbstbehalts oder einer Jahreshöchstersatzleistung, die mindestens das Zweifache der Mindestversicherungssumme betragen muss, ist zulässig. § 7a Abs. 3 GüKG nennt darüber hinaus Ansprüche, die von der Versicherung ausgenommen werden können[2].

## 2. Werkverkehr

33 Werkverkehr ist die Beförderung von Gütern für eigene Zwecke (§ 1 Abs. 2 GüKG) und bildet damit ein Aliud zur Güterbeförderung für andere.

34 Der Werkverkehr bedarf grds. keiner Erlaubnis und es besteht keine Versicherungspflicht (§ 9 GüKG). Er ist aber nur unter den in § 1 Abs. 2 und 3 GüKG normierten Voraussetzungen zulässig. Danach müssen die beförderten Güter eigene Güter i.S.d. § 1 Abs. 2 Satz 1 Nr. 1 GüKG sein, und die Beförderung muss der Heranschaffung der Güter zum Unternehmen, der Fortschaffung vom Unternehmen oder ihrer Überführung innerhalb des Unternehmens dienen.

35 Die Beförderung von Gütern für ein anderes Unternehmen des gleichen Konzerns zählt dabei nicht zum Werkverkehr[3]. Die Überlegungen, den Konzernverkehr als Werkverkehr zuzulassen, sind nicht weiter verfolgt worden. Zum einen wurde argumentiert, dass damit das Ziel einer Harmonisierung der Wettbewerbsbedingungen im Güterkraftverkehr unterlaufen würde, wenn Unternehmen, die innerhalb eines Konzerns im Ergebnis ebenfalls gewerblichen Güterkraftverkehr betreiben würden, keine Berufszugangsvoraussetzungen erfüllen und nachweisen müssten. Zum anderen sei der Konzernverkehr als Werkverkehr kaum zu überwachen[4].

36 Die Unterscheidung zwischen Güterkraftverkehr und Werkverkehr darf nicht umgangen werden, indem Vertragspartner eine missbräuchliche Vertragsgestaltung wählen, so etwa eine Güterbeförderung dadurch als Werkverkehr deklarieren, dass sie den Transportunternehmer als Zwischenhändler auftreten lassen[5].

37 Der Gesetzgeber hat sich während der Geltungsdauer des alten GüKG wiederholt bemüht, den Begriff des Werkverkehrs eindeutig zu bestimmen und klar vom erlaubnispflichtigen Güterkraftverkehr abzugrenzen. Zuletzt wurde 1975 § 48a GüKG a.F.

---

1 Vgl. z.B. BVerwG v. 16.6.1987 – 1 B 93.86, GewArch 1987, 351; VG Ansbach v. 14.12.2001 – AN 10 S 01.01576.
2 Siehe hierzu: *Knorre*, Der neue § 7a GüKG und seine Auswirkungen auf die Verkehrshaftungsversicherung, TranspR 2006, 228; *Heuer*, Versicherungen des gewerblichen Straßengüterverkehrs, TranspR 2006, 22; *Herber*, Pflichtversicherungen für den Spediteur – mit vielen Fragezeichen, TranspR 2004, 229.
3 BVerwG v. 3.11.1976 – 7 C 9.75, GewArch 1977, 172.
4 Vgl. die Unterrichtung der Bundesregierung zur Effizienz des neuen güterkraftverkehrsrechtlichen Ordnungsrahmens, BT-Drs. 14/6906, 9.
5 BGH v. 20.10.1982 – I ZR 153/80, VRS 64 (1983), 349 = DB 1983, 2682; v. 3.7.1986 – I ZR 31/84, VRS 71 (1986), 416 = DB 1986, 2484.

eingefügt, um den Begriff der Wiederveräußerung i.S.d. § 48 GüKG a.F. zu definieren. Die zahlreiche Rechtsprechung[1] hierzu zeigt, dass dies nur unvollkommen gelungen ist.

Das LG Koblenz hat in seinem Beschluss vom 14.6.1991[2] Grundsätze zur Abgrenzung von Werkverkehr und gewerblichem Güterverkehr aufgezeigt: Danach muss für die Einschaltung eines Transportunternehmers als Zwischenhändler ein wirtschaftliches Bedürfnis bestehen, es muss eine eigene Handelstätigkeit entfaltet werden. Geht es den Vertragsparteien wirtschaftlich allein um die Güterbeförderung, liegt Werkverkehr nicht vor, auch wenn andere Anhaltspunkte dafür sprechen könnten. Die Handelstätigkeit, sofern sie vorliegt, ist dann eine lediglich künstlich herbeigeführte und sachlich entbehrliche Folge der Beförderung, um die allein es wirtschaftlich und damit auch rechtlich geht. Führen rein wirtschaftliche Erwägungen zur Einschaltung eines Transportunternehmens, kann von einer eigenen Handelstätigkeit deshalb nicht ausgegangen werden. 38

Sofern der Unternehmer im Werkverkehr einen Lastkraftwagen mit mehr als 3,5 Tonnen Nutzlast verwendet, muss er den Lastkraftwagen beim Bundesamt für Güterverkehr zur Aufnahme in die Werkverkehrsdatei (§ 15a GüKG) anmelden. 39

### 3. Güterfernverkehrsgenehmigungen aufgrund internationaler Abkommen

**Besondere Genehmigungsformen** für den grenzüberschreitenden Güterfernverkehr und die Durchführung von Transportdienstleistungen innerhalb anderer Mitgliedstaaten der Europäischen Union sind durch die EG-Verordnung über die Gemeinschaftslizenz und internationale Abkommen (CEMT-Genehmigung) eingeführt worden. 40

#### a) Die CEMT-Genehmigung

Durch die Resolution Nr. 26 der Europäischen Konferenz der Verkehrsminister (CEMT) über das Inkrafttreten eines multilateralen Kontingents im internationalen Straßengüterverkehr vom 14.6.1973[3] ist ein multilaterales Genehmigungskontingent[4] für den internationalen Straßengüterfernverkehr eingeführt worden. Die Genehmigungen berechtigen zur Durchführung von grenzüberschreitenden Transporten zwischen sämtlichen Mitgliedstaaten der CEMT und der erforderlichen Leerfahrten, nicht aber zu Transporten innerhalb eines Staates[5]. 41

Die **Erteilung** der Genehmigungen in Deutschland richtet sich nach der Verordnung über den grenzüberschreitenden Güterkraftverkehr und den Kabotageverkehr[6]. Vo- 42

---

1 Vgl. insbesondere die Kommentierung zu § 1 GüKG bei *Hein/Eichhoff/Pukall/Krien*.
2 LG Koblenz v. 14.6.1991 – 12 S 142/90, TranspR 1991, 283, 284 = EuZW 1991, 605; vgl. auch *Trinkaus/Maiworm*, Überblick über neue Entscheidungen zum Güterkraftverkehrsrecht im Jahre 1994, NZV 1995, 389, 391.
3 Resolution Nr. 26 der Europäischen Konferenz der Verkehrsminister über das Inkrafttreten eines multilateralen Kontingents im internationalen Straßengüterverkehr v. 14.6.1973, BGBl. 1974 II, 298, in der aktuellen Fassung abgedruckt bei *Hein/Eichhoff/Pukall/Krien*, J 120.
4 Die Gesamtzahl der Genehmigungen beträgt 5419, davon entfällt auf Deutschland mit 513 Genehmigungen der größte Länderanteil.
5 FG München v. 14.4.2005 – 14 K 1517/02, FGReport 2005, 67.
6 Verordnung über den grenzüberschreitenden Güterkraftverkehr und den Kabotageverkehr v. 22.12.1998, BGBl. I, 3976; vgl. auch Richtlinie für das Verfahren zur Erteilung der CEMT-Genehmigung v. 5.9.1988, VkBl. 1988, 676 in der Fassung der Bekanntmachung v. 29.9.1992, VkBl. 1992, 559, zuletzt geändert durch die Bekanntmachung v. 27.8.2009, VkBl. 2009, 635 ff.

raussetzung für die Erteilung einer CEMT-Genehmigung ist nach § 4 der Verordnung, dass der Antragsteller entweder Inhaber einer Güterkraftverkehrserlaubnis nach § 3 GüKG oder Inhaber einer Gemeinschaftslizenz i.S.d. § 5 GüKG ist und die Voraussetzungen für eine hinreichende Ausnutzung der Genehmigung erfüllt. Die Genehmigung gilt für ein Jahr und ist nicht übertragbar. Sie muss im Fahrzeug mitgeführt werden[1]. Die Vorschriften des GüKG bzgl. der Berufszugangsvoraussetzungen, der vorläufigen Weiterführung sowie der Rücknahme und des Widerrufs gelten entsprechend[2]. Zuständig für die Erteilung ist das Bundesamt für Güterverkehr.

**b) Die Gemeinschaftslizenz**

43  Der grenzüberschreitende Güterkraftverkehr innerhalb der Europäischen Union richtet sich nach der Verordnung (EG) Nr. 1072/209 des Europäischen Parlaments und des Rates vom 21.10.2009 über gemeinsame Regeln für den Zugang zum Markt des grenzüberschreitenden Güterkraftverkehrs[3]. Aufgrund des Abkommens über den Europäischen Wirtschaftsraum vom 2.5.1992[4] gilt sie prinzipiell auch in Island, Norwegen und Liechtenstein.

44  Die Gemeinschaftslizenz berechtigt zum einen zu Güterbeförderungen zwischen den Mitgliedstaaten der Europäischen Union oder in Drittländer und zur Durchführung von Kabotagetransporten, d.h. Beförderungen innerhalb eines Mitgliedstaates der Europäischen Union, in dem der Unternehmer keine Niederlassung hat. Dies gilt sowohl für deutsche Unternehmer im EU-Ausland als auch für Unternehmer aus den Mitgliedstaaten, die auf dieser Grundlage Transportdienstleistungen innerhalb Deutschlands durchführen können. Schließlich ersetzt die Gemeinschaftslizenz gem. § 5 GüKG eine Güterkraftverkehrserlaubnis nach § 3 GüKG (vgl. oben Rz. 26f.).

45  Voraussetzung für die Erteilung einer Gemeinschaftslizenz ist nach Art. 4 der Gemeinschaftslizenz-Verordnung, dass der Antragsteller seine Niederlassung in einem Mitgliedstaat („Niederlassungsmitgliedstaat") hat und in diesem Staat gem. den Rechtsvorschriften der Gemeinschaft und des Niederlassungsstaats über den Zugang zum Beruf des Verkehrsunternehmers zur Durchführung des grenzüberschreitenden Güterkraftverkehrs berechtigt ist[5]. Die Gemeinschaftslizenzen werden für einen verlängerbaren Zeitraum von höchstens zehn Jahren ausgestellt.

46  Die Erteilung der Lizenzen in Deutschland richtet sich nach § 1 der Verordnung über den grenzüberschreitenden Güterkraftverkehr und den Kabotageverkehr[6]. Diese sieht die entsprechende Anwendung der Vorschriften des GüKG über die Anforderungen an die Berufszulassung, Rücknahme und Widerruf der Erlaubnis etc. vor.

## IV. Tarife

47  Im Straßengüterverkehr ist die Tarifbindung durch das Tarifaufhebungsgesetz vom 13.8.1993[7] zum 1.1.1994 entfallen. Ausgelöst wurde die Tarifaufhebung durch die

---

1 Vgl. FG München v. 13.9.2007 – 14 K 4125/04.
2 Vgl. OVG Saarlouis v. 26.5.2009 – 1 A 15/09; OVG Bln.-Bbg. v. 2.9.2010 – 1 S 98.10.
3 ABl. EG Nr. L 300 v. 14.11.2009.
4 Abkommen über den Europäischen Wirtschaftsraum v. 2.5.1992, BGBl. II, 266 v. 16.4. 1993; zum Geltungsbereich der Gemeinschaftslizenz i.E. vgl. *Hein/Eichhoff/Pukall/ Krien*, T 215 S. 5f.
5 Vgl. VG Darmstadt v. 2.5.2007 – 5 E 1930/05, GewArch 2007, 391.
6 Verordnung über den grenzüberschreitenden Güterkraftverkehr und den Kabotageverkehr v. 22.12.1998, BGBl. I, 3976.
7 BGBl. I, 1489.

Zweifel an der Vereinbarkeit der Tarifpflicht mit dem Kartellverbot des damals geltenden Art. 81 Abs. 1 EGV[1] (heute Art. 101 AEUV). Der EuGH hatte zwar das bundesdeutsche Tarifsystem und das Verfahren zur Bildung der Tarife für vereinbar mit dem EGV erklärt[2]. Die Bundesregierung hielt aber an der Abschaffung des Tarifsystems aus Gründen der Liberalisierung des Verkehrsrechts trotz heftiger Proteste des Verkehrsgewerbes fest.

Für vor dem Inkrafttreten des Tarifaufhebungsgesetzes geschlossene Beförderungsverträge entfaltet dieses Gesetz jedoch keine Wirkung[3], so dass auch bei einer vereinbarten untertariflichen Frachtvergütung der Anspruch auf Zahlung der vollen Tarifvergütung besteht[4]. 48

## V. Rechtsschutz

Erfüllt der Erlaubnisbewerber die in § 3 Abs. 2 GüKG normierten Erlaubnisvoraussetzungen, hat er einen Anspruch auf Erteilung der Erlaubnis. Dieses Begehren kann mit der Verpflichtungsklage durchgesetzt werden. Dagegen lässt sich die Erteilung einer Erlaubnis wegen der Vorwegnahme der Hauptsache nicht mit einem Antrag auf Erlass einer einstweiligen Anordnung gem. § 123 VwGO durchsetzen. 49

Gegen die Rücknahme oder den Widerruf der Erlaubnis kann Widerspruch und Anfechtungsklage erhoben werden. Der Widerspruch hat grds. aufschiebende Wirkung; bei Anordnung der sofortigen Vollziehung kann gem. § 80 Abs. 5 VwGO ein Antrag auf Wiederherstellung der aufschiebenden Wirkung gestellt werden. 50

---

1 Diese Frage hatte das LG Koblenz mit Beschl. v. 14.6.1991 – 12 S 142/90, TranspR 1991, 283 = EuZW 1991, 605, dem EuGH zur Entscheidung vorgelegt; vgl. dazu i.E. *Herber*, TranspR 1992, 241.
2 EuGH v. 17.11.1993 – Rs. C-185/91, EuZW 1993, 769 = NJW 1994, 307; v. 1.10.1998 – Rs. C-38/97, WuW 1998, 1217.
3 Vgl. BGH v. 12.10.1995 – I ZR 118/94, NJW-RR 1996, 355 = BB 1996, 348 = TranspR 1996, 66; v. 5.6.1997 – I ZR 27/95, NJW-RR 1997, 1393 = MDR 1998, 168 = TranspR 1997, 420.
4 BGH v. 4.12.1997 – I ZR 266/95, NZV 1998, 201 = TranspR 1998, 402.

# Teil 6
# Recht des öffentlichen Dienstes

## A. Beamtenrecht

|   | Rz. |
|---|---|
| I. Rechtsquellen des Beamtenrechts | 1 |
| II. Die Arten von Beamtenverhältnissen sowie deren Begründung | 15 |
| III. Der „Betrieb" des Beamtenverhältnisses | |
|   1. Rechte des Beamten | 30 |
|   2. Pflichten des Beamten | 45 |
| IV. Personalauswahlverfahren im öffentlichen Dienst | |
|   1. Eignung, Befähigung und fachliche Leistung | 52 |
|   2. Dienstliche Beurteilungen | 54 |
|     a) Regel- und Anlassbeurteilungen | 55 |
|     b) Aktualität und Kompatibilität von Beurteilungen | 56 |
|     c) Praktische Relevanz von Beurteilungen | 61 |
|     d) Der Beurteilungsspielraum | 66 |
|     e) Rechtsschutz gegen dienstliche Beurteilungen | 69 |
|     f) Beurteilungsrichtlinien | 75 |
|     g) Quoten und Richtwertvorgaben | 77 |
|   3. Beförderungen und sonstige Auswahlentscheidungen | |
|     a) Beförderungen, Begriff | 84 |
|     b) Erprobung vor Beförderung | 86 |
|     c) Zusammentreffen von Beförderungs- und Versetzungsbewerbern | 87 |
|     d) Topfwirtschaft | 88 |
|     e) Leistungsprinzip; Haupt- und Hilfskriterien | 89 |
|     f) Relevanz älterer Beurteilungen | 92 |
|     g) Frauenförderung | 94 |
|     h) Anforderungsprofile | 97 |
|     i) Das Auswahlverfahren in der Übersicht | 102 |
|     j) Abbruch des Auswahlverfahrens | 105 |
|   4. Rechtsschutz im Auswahlverfahren („Konkurrentenklage") | |
|     a) Grundsatz: Kein Rechtsschutz gegen bereits erfolgte Beförderungen | 106 |
|     b) Nur ausnahmsweise Schadensersatz | 111 |

|   | Rz. |
|---|---|
|     c) Daher einstweiliger Rechtsschutz im Konkurrentenstreit erforderlich! | 114 |
|     d) Beurteilungsstreit im Eilverfahren? | 117 |
|     e) Benachrichtigungsgebot | 120 |
|     f) Zusätzlich Widerspruch gegen die Auswahlentscheidung nicht mehr erforderlich? | 124 |
|     g) Exkurs: Hinweise zum arbeitsgerichtlichen Konkurrentenstreit | 131 |
|   5. Sonstige Auswahlentscheidungen, Aufstieg und Laufbahnwechsel | 135 |
| V. Rückforderung überzahlter Bezüge | 139 |
| VI. Veränderungen im Beamtenverhältnis | |
|   1. Versetzung und Abordnung | 151 |
|   2. Umsetzungen und andere Aufgabenzuweisungen | 162 |
|   3. Aufstieg und Laufbahnwechsel | 165 |
| VII. Eintritt in den Ruhestand | |
|   1. Erreichen der Altersgrenze | 169 |
|   2. Dienstunfähigkeit | 172 |
|   3. Sonstige Gründe | 193 |
| VIII. Beendigung des Beamtenverhältnisses | 196 |
| IX. Die Versorgung des Beamten und seiner Hinterbliebenen | 206 |
|   1. Berechnungsgrundsätze | 207 |
|     a) Beamtenversorgung und Rente – Unterschiede | 208 |
|     b) Berechnung der Beamtenpension | 213 |
|     c) Ruhegehaltfähige Dienstbezüge, § 5 BeamtVG | 215 |
|     d) Ruhegehaltfähige Dienstzeiten, §§ 6–12b BeamtVG | 223 |
|     e) Mindestversorgung | 234 |
|     f) Höchstpension; Anpassungsfaktoren | 237 |
|     g) Die Alternativberechnung nach § 85 BeamtVG | 239 |
|     h) Der Versorgungsabschlag, § 14 Abs. 3 BeamtVG | 246 |
|     i) Zurechnungszeiten | 253 |

| | Rz. | | Rz. |
|---|---|---|---|
| j) Dienstunfallbedingte Dienstunfähigkeit | 256 | b) Ruhensberechnung bei Zusammentreffen von Pension und Rente | |
| 2. Hinterbliebenenversorgung | 259 | aa) Ansatz und Ausgangspunkt | 299 |
| a) Die anspruchsberechtigten Personen: Witwen und Witwer, Waisen und Halbwaisen | 260 | bb) Das Grundprinzip | 301 |
| b) Die Witwenversorgung | | cc) Betroffene Renten | 302 |
| aa) Voraussetzungen des Anspruchs | 265 | dd) Höchstbeträge | 307 |
| bb) Ausnahmen: Kein Witwengeld | 266 | ee) Mindestbelassung | 309 |
| cc) Höhe des Witwengeldes | 269 | c) Weitere Ruhensberechnungen | |
| dd) Zusammentreffen mit eigenen Einkünften der Witwe | 270 | aa) Zusammentreffen mehrerer Versorgungsbezüge | 310 |
| ee) Ende des Anspruchs | 274 | bb) Versorgung aus zwischen- oder überstaatlicher Verwendung | 315 |
| c) Das Waisengeld | 275 | | |
| d) Zusammentreffen mehrerer Ansprüche | 279 | X. Zum Verfahrensrecht | |
| 3. Ruhensberechnungen nach §§ 53 ff. BeamtVG | 280 | 1. Besonderheiten zum Widerspruch | 320 |
| a) Ruhensberechnung bei Erwerbseinkünften | | 2. Der Gegenstandswert in beamtenrechtlichen Streitverfahren | 324 |
| aa) Ansatz und Ausgangspunkt | 284 | 3. Örtliche Zuständigkeit des Verwaltungsgerichts | 332 |
| bb) Das Grundprinzip | 289 | 4. Vertretungszwang | 333 |
| cc) Betroffene Einkünfte | 291 | XI. Anhang – Checklisten, Muster und Formulare | 334 |
| dd) Höchstgrenzen | 296 | 1. Checkliste zum Stellenbesetzungsverfahren | 334 |
| ee) Mindestbelassung | 297 | 2. Checkliste dienstliche Beurteilungen | 335 |

**Literatur:**

**Kommentare:**

**Allgemein, BBG:**

*Auerbach*, Das neue Bundesbeamtengesetz, 2009; *Battis*, BBG, Kommentar, 4. Aufl. 2009; *Bieler*, Das gesamte öffentliche Dienstrecht, Loseblattausgabe; *Fürst u.a.*, Beamtenrecht des Bundes und der Länder, Gesamtkommentar öffentliches Dienstrecht (GKöD), Loseblattausgabe; *Lenders/Peters/Weber*, Das neue Dienstrecht des Bundes, 2009; *Plog/Wiedow*, Bundesbeamtengesetz mit Beamtenstatusgesetz, Beamtenversorgungsgesetz und Bundesbesoldungsgesetz, Loseblatt; *Schröder/Lemhöfer/Krafft*, Das Laufbahnrecht der Bundesbeamten, Loseblatt Stand 2011; *Schütz/Maiwald/Brockhaus*, Beamtenrecht des Bundes und der Länder, Kommentar mit Entscheidungssammlung, Loseblatt Stand 2011.

**Beamtenstatusgesetz:**

*Auerbach/Pietsch*, Beamtenstatusgesetz, 2008; *Baßlsperger*, Einführung in das neue Beamtenrecht, 2009; *Reich*, Beamtenstatusgesetz, 2009; *v. Roetteken/Rothländer*, Beamtenstatusgesetz, Kommentar, 2009.

**Besoldungsrecht:**

*Clemens/Millack/Engelking/Lautermann/Henkel*, Besoldungsrecht des Bundes und der Länder, Loseblattausgabe; *Schwegmann/Summer*, Bundesbesoldungsgesetz, Kommentar, Loseblatt.

**Beamtenversorgung:**

*Stegmüller/Schmalhofer/Bauer*, Beamtenversorgungsgesetze des Bundes und der Länder, Handkommentar mit Rechtsverordnungen und Verwaltungsvorschriften, Loseblatt; *Mar-*

*burger*, Die Versorgung der Beamten und Angestellten im öffentlichen Dienst, 2. Aufl. 2006.
**Personalvertretungsrecht:**
*Altvater/Baden/Kröll/Lemcke/Peiseler*, Bundespersonalvertretungsgesetz, Kommentar für die Praxis, 7. Aufl. 2011; *Fischer/Goeres/Gronimus*, Bundespersonalvertretungsgesetz, Loseblatt; *Ilbertz/Widmaier*, Bundespersonalvertretungsgesetz, 11. Aufl. 2008
*Lorenzen/Schmitt/Etzel/Gerhold/Albers/Schlatmann*, Bundespersonalvertretungsgesetz, Loseblatt; *Marburger*, Bundespersonalvertretungsgesetz, Leitfaden, 2005; *Richardi/Dörner/Weber*, Bundespersonalvertretungsgesetz, Kommentar, 3. Aufl. 2008
*sowie Kommentare zum jeweiligen Landesrecht*
**Lehr- und Handbücher:**
*Bieler*, Das gesamte öffentliche Dienstrecht, Loseblatt; *Bieler*, Die dienstliche Beurteilung, 4. Aufl. 2002; *Peine/Heinlein*, Beamtenrecht, 2. Aufl. 1999; *Mehlinger*, Grundlagen des Personalvertretungsrechts, 1996; *Monhemius*, Beamtenrecht, 1995; *Schnellenbach*, Beamtenrecht in der Praxis, 7. Aufl. 2011; *Schnellenbach*, Die dienstlichen Beurteilungen der Beamten und Richter, 2. Aufl. 1995, sowie 3. Aufl., Loseblatt (im Aufbau begriffen); *Wagner/Leppek*, Beamtenrecht, 10. Aufl. 2009; *Wiese*, Beamtenrecht, Handbuch des öffentlichen Dienstes, Bd. II Teil 1, 3. Aufl. 1999; *Wichmann/Langer*, Öffentliches Dienstrecht, 6. Aufl. 2007.

## I. Rechtsquellen des Beamtenrechts

Im Gefolge der Föderalismusreform I[1], die mit wesentlichen Auswirkungen gerade auch für das Beamtenrecht die Gesetzgebungskompetenzen von Bund und Ländern neu geordnet und mit dem gänzlichen Wegfall der Rahmengesetzgebungskompetenz des Bundes (vormals Art. 75 GG) die Klammerwirkungen des Beamtenrechtsrahmengesetzes (BRRG) entfallen gelassen hat, ist zum 12.2.2009 das Dienstrechtsneuordnungsgesetz[2] des Bundes, welches neben einer Neufassung des Bundesbeamtengesetzes (BBG)[3] weitgehende Änderungen zahlreicher weiterer beamtenrechtlicher Bestimmungen mit sich gebracht hat, sowie zum 1.4.2009 das nunmehr die Rahmenbedingungen des Beamtenrechts in den Ländern und Gemeinden statuierende Beamtenstatusgesetz (BeamtStG)[4] in Kraft getreten. Zeitgleich hat der Bund auch die Bundeslaufbahnverordnung (BLV) novelliert und zum 14.2.2009 in Kraft gesetzt[5]. Für die Länder ergibt sich ein entsprechend weitgehender Novellierungsbedarf, nachdem zum einen ein wesentlicher Teil der bisher in den Landesgesetzen enthaltenen, an die Vorgaben des BRRG angelehnten Regelungen insbesondere des Beamtenstatusrechts nunmehr bundeseinheitlich und zwingend durch das BeamtStG neu vorgegeben worden ist und damit aus den bisherigen Landesbeamtengesetzen herausgefallen ist, während umgekehrt die Länder für den Bereich ihrer jeweiligen Landes- und Kommunalbeamten die Gesetzgebungskompetenzen für das Besoldungs- und Versorgungsrecht hinzu gewonnen haben; entsprechend weitgehende Novellierungsaktivitäten sind daher in den Ländern zu verzeichnen[6]. Da dies durchweg auch mit einer Neunummerierung der neu gefassten Gesetze einher gegangen ist, sind für den Praktiker die meisten altbekannten „Hausnummern" der zentralen Bereiche des Beamtenrechts neu zu erlernen.

1

---
1 Gesetz zur Änderung des Grundgesetzes v. 28.8.2006, BGBl. I, 2034.
2 Gesetz zur Neuordnung und Modernisierung des Bundesdienstrechts (Dienstrechtsneuordnungsgesetz – DNeuG –) v. 5.2.2009, BGBl. I, 160.
3 Bundesbeamtengesetz v. 5.2.2009, Art. I des Gesetzes v. 5.2.2009, BGBl. I, 160.
4 Beamtenstatusgesetz v. 17.6.2008, BGBl. I, 1010.
5 Verordnung über die Laufbahnen der Bundesbeamtinnen und Bundesbeamten (Bundeslaufbahnverordnung – BLV) v. 12.2.2009, BGBl. I, 284.
6 Beispielsweise in NW in Form des Gesetzes zur Änderung dienstrechtlicher Vorschriften v. 21.4.2009, GVBl. S. 224, mit ebenfalls einer vollständigen Neufassung des LBG NW (Art. I.).

2 Gleichwohl sind unverändert die maßgebenden Rechtsquellen des Beamtenrechts vorrangig das **Bundesbeamtengesetz** (BBG) und die **Beamtengesetze der Länder**. Es ist aber durch die Föderalismusreform[1] die Klammerwirkung, die bisher das **Beamtenrechtsrahmengesetz** (BRRG) mit einerseits seinen vereinheitlichenden Vorgaben für die Gestaltung des Landesbeamtenrechts, andererseits insbesondere mit seinen unmittelbar in Bund und Ländern geltenden §§ 121–127 bewirkt hatte, entfallen. Mit der ersatzlosen Aufhebung des Art. 75 GG ist generell die Kompetenz des Bundes, rahmenrechtliche Vorgaben für die Ausgestaltung des Landesrechts zu statuieren, entfallen[2]; nunmehr gibt es für den Bund nur noch die ausschließliche und die konkurrierende Gesetzgebungskompetenz. Die erstere ist dem Bund für die Regelung der Rechtsverhältnisse seiner eigenen Beamten (nämlich der unmittelbaren Bundesbeamten einschließlich derer, die bei den privatisierten Nachfolgeunternehmen von Bahn und Post tätig sind, sowie der mittelbaren Bundesbeamten) vorbehalten. Eine konkurrierende Gesetzgebungskompetenz ist dem Bund eingeräumt worden für *„die Statusrechte und -pflichten der Beamten der Länder, Gemeinden und anderen Körperschaften des öffentlichen Rechts sowie der Richter in den Ländern mit Ausnahme der Laufbahnen, Besoldung und Versorgung"*[3]. Von dieser (neuen) Gesetzgebungskompetenz hat der Bund durch den Erlass des **Beamtenstatusgesetzes** (BeamtStG)[4] Gebrauch gemacht; dieses regelt mit verbindlichen Vorgaben die wesentlichen Grundfragen des Statusrechts *aller* Beamten und verdrängt insoweit etwaige Regelungsbefugnisse der Landesgesetzgeber[5], soweit diesen nicht ausdrücklich Regelungsbefugnisse vorbehalten wurden[6]. Dies aber im Hinblick auf die Einschränkungen des Art. 74 Abs. 1 Nr. 27 GG ohne die wesentlichen Teilbereiche „Laufbahnen, Besoldung und Versorgung"; diese Bereiche können die Länder nunmehr ohne Rücksicht auf den Bund (oder andere Länder) völlig eigenständig regeln. Die weiland durch Grundgesetzänderung[7] 1971 eigens geschaffene Einheitlichkeit zumindest der wichtigen Regelungskomplexe „Besoldung" und „Versorgung" ist damit aufgegeben (und, wenn man so will, auf dem Altar der Föderalismusreform geopfert) worden. Dadurch, dass die Gesetzgebungskompetenz des Bundes für Fragen der Besoldung und Versorgung der Landes- und Kommunalbeamten entfallen ist, wird künftig insbesondere im Bereich der Bezahlung der Beamten eine mehr und mehr divergierende Praxis zu besorgen sein, und zwar keineswegs nur in Fragen der Vergütungshöhe, sondern insbesondere auch in den strukturellen Fragen des Besoldungsgefüges und damit zwangsläufig durchschlagend auf die Versorgung der Ruhestandsbeamten.

3 Die Landesgesetze waren – nicht zuletzt dank der vereinheitlichenden Wirkung des BRRG und der gemeinsamen Klammer der „hergebrachten Grundsätze des Berufsbeamtentums" (Art. 33 Abs. 5 GG) – in ihren Kernbereichen einander relativ ähnlich; nahezu alle beamtenrechtlichen Kommentare enthalten Konkordanztabellen, die es gestatten, die jeweils parallelen Bestimmungen des Bundes- oder benach-

---

1 Gesetz zur Änderung des Grundgesetzes v. 28.8.2006, BGBl. I, 2034, in Kraft seit dem 1.9.2006.
2 Zum Übergangsrecht bis zu landesgesetzlichen Neuregelungen s. Art. 125a und 125b GG.
3 Art. 74 Abs. 1 Nr. 27 GG.
4 Beamtenstatusgesetz v. 17.6.2008, BGBl. I, 1010, in seinen wesentlichen Teilen in Kraft ab 1.4.2009.
5 Vgl. Art. 72 Abs. 1 GG: „Im Bereich der konkurrierenden Gesetzgebung haben die Länder die Befugnis zur Gesetzgebung, solange und soweit der Bund von seiner Gesetzgebungszuständigkeit nicht durch Gesetz Gebrauch gemacht hat".
6 In weiten Bereichen beschränkt sich das BeamtStG trotz seiner weitergehenden Regelungskompetenz auf allgemeine Vorgaben und überlässt es den Ländern, ergänzende, detaillierende, z.T. allerdings durchaus auch abweichende Normierungen vorzunehmen, wie z.B. in §§ 40 BeamtStG (Nebentätigkeit) oder 43 BeamtStG (Teilzeitbeschäftigung).
7 Art. 74a GG a.F., Grundlage des (bis dato einheitlichen) Bundesbesoldungsgesetzes (BBesG) und Beamtenversorgungsgesetzes (BeamtVG).

barten Landesrechts miteinander zu vergleichen, wie auch die wesentlichen Grundsätze der Rechtsprechung länderübergreifend zum Tragen gekommen waren. Bereits mit der „Dienstrechtsreform" 1997 begann insoweit jedoch mehr und mehr eine Auflösung der bisherigen Gemeinsamkeit, hatte doch bei einigen bis zuletzt umstritten gebliebenen Fragen die im Vermittlungsausschuss gefundene Kompromissfassung[1] die Übernahme oder Nichtübernahme bestimmter neu geschaffener Rechtsinstitute der ausdrücklichen Regelung durch das jeweilige Landesrecht vorbehalten, so dass hier der Beginn einer divergierenden Rechtspraxis zu verzeichnen war[2]. Dieser Trend hatte sich hernach zunächst im Bereich des Besoldungsrechts fortgesetzt, nachdem unter dem Diktat der leeren Kassen insbesondere auf Druck der Länder mit § 67 BBesG i.d.F. vom 10.9.2003[3] für die jährliche Sonderzuwendung („Weihnachtsgeld") eine Öffnungsklausel zu Gunsten jeweils abweichender Regelungen in Bund und Ländern geschaffen wurde, von der alsbald sowohl der Bund als auch mehrere Bundesländer Gebrauch gemacht hatten. Weitere Divergenzen ergaben sich, nachdem immer mehr Länder in Ausnutzung des Abweichungsvorbehalts des damaligen § 126 Abs. 4 BRRG auch für den Bereich ihres jeweiligen Beamtenrechts mehr und mehr das obligatorische Vorverfahren (Widerspruchsverfahren) vor etwaiger Klageerhebung abschafften[4]. Die Neuregelung der Gesetzgebungskompetenzen durch die Föderalismusreform und die damit einhergehende Verlagerung noch weitergehender beamtenrechtlicher Regelungszuständigkeiten für Landes- und Kommunalbeamte auf die Länder stellt einen vorläufigen Endpunkt dieser Entwicklung dar.

Bezeichnenderweise ist allerdings auch hierzu nochmals eine Verschärfung der Situation dadurch eingetreten, dass auf Grund der Beratungen des Innenausschusses die einen Fortbestand des vormaligen § 127 BRRG vorsehende Bestimmung des § 56 E-BeamtStG, der weiterhin die Revisibilität beamtenrechtlicher Landesbestimmungen sicherstellen sollte, aus dem Entwurf ersatzlos gestrichen wurde[5]. Mit dieser – durchaus verfehlten, weil auch rechtlich unzutreffenden, denn die Frage der Grundsätzlichkeit ist von derjenigen der Revisibilität sehr wohl zu unterscheiden – Einschätzung hat der Reformgesetzgeber unnötigerweise ein ernsthaftes Problem geschaffen[6], denn würde die Neuregelung dogmatisch ernst genommen, würde damit z.B. im Landesdisziplinarrecht für weite Bereiche die gerade erst bewusst ge-

---

1 Vgl. BR-Drs. 84/97 gegenüber dem voraufgegangenen Gesetzesbeschluss des Bundestages, BR-Drs. 499/96; die weiteren entscheidenden Materialien zur sog. Dienstrechtsreform finden sich in BT-Drs. 13/3994 (Gesetzesentwurf mit Begründung) und BT-Drs. 13/5057 (Ausschussbericht).
2 Vgl. etwa §§ 12a und 12b BRRG – Einführung von Beamtenverhältnissen auf Probe bzw. auf Zeit für die Übertragung von Ämtern mit leitender Funktion: „Durch Gesetz kann bestimmt werden ..."; der Bund hat die Regelungen für seinen Bereich umgesetzt (§ 24a BBG), die Länder verfahren unterschiedlich. Im BeamtStG nur als Option vorgesehen und nicht näher ausformuliert, daher in noch weiterem Maße freigegeben.
3 Fassung des BBVAnpG 2003/2004 v. 10.9.2003, BGBl. I S. 1798; mit derselben Regelung ist auch das bundeseinheitliche Urlaubsgeld (bisher § 68a BBesG i.V.m. dem UrlGG) entfallen. Hierzu i.E. *Meier*, ZBR 2004, 29 ff.
4 S. zum Beispiel die Neuregelung des § 179a LBG NW i.d.F. d. Artikels 3 des Bürokratieabbaugesetzes II vom 9.10.2007 (GV. NW. S. 393), in Kraft getreten am 1.11.2007.
5 Begründung: „Für eine Sonderregelung im Beamtenrecht zur Regelung der Revisionsgründe besteht außerhalb der Verwaltungsgerichtsordnung keine Notwendigkeit. Die Problematik divergierender Entscheidungen der Oberverwaltungsgerichte bei der Auslegung und Anwendung von Rechtsvorschriften ist kein spezielles Problem des Beamtenrechts, sondern wird mit dem Zulassungsgrund der grundsätzlichen Bedeutung der Rechtssache in § 132 Abs. 2 Nr. 1 VwGO aufgefangen." BT-Drs. 16/7508, 34.
6 Zu diesen Fragen s. etwa *Pflaum*, DVBl 2010, 951 ff. Das BVerwG geht derweil von einer Fortgeltung des § 127 BRRG im Hinblick auf die Ausklammerung des Kapitels II des BRRG in § 63 Abs. 3 Satz 2 BeamtStG aus, vgl. BVerwG v. 24.4.2010 – 2 C 77.08, NVwZ 2010, 1568.

schaffene Revisionsmöglichkeit zumindest wieder entfallen, soweit nicht im Einzelfall auf übergreifende Rechtsgrundsätze des Beamtenrechts (insbesondere z.B. die hergebrachten Grundsätze des Art. 33 Abs. 5 GG, die bundesrechtliche Qualität haben) abgestellt werden kann[1].

5 Die beschriebenen Folgen der Föderalismusreform und die inzwischen unternommenen Neuregelungen in Bund und Ländern haben damit für das Beamtenrecht weite Bereiche der rechtlichen Gemeinsamkeit entfallen lassen. Die vereinheitlichenden Vorgaben des BRRG sind entfallen, die erst 1971 eingeführte Vereinheitlichung des Besoldungs- und Versorgungsrechts ist aufgegeben, und das Laufbahnrecht ist noch weiter zur eigenständigen Regelung durch die Länder freigegeben. Dadurch haben sich die Klammerwirkungen deutlich reduziert. An deren Stelle ist – jedoch allein bezogen auf die Grundfragen des Statusrechts der Beamten – das einheitliche BeamtStG getreten, welches als Produkt der konkurrierenden Gesetzgebung des Bundes eine Sperrwirkung für die Landesgesetzgebung entfaltet, soweit dort Regelungen getroffen sind und kein Abweichungsvorbehalt eingeräumt wurde. Daneben besteht natürlich die Klammerwirkung der Vorgaben des Art. 33 GG fort, insbesondere des Leistungsprinzips (Art. 33 Abs. 2 GG) und der „hergebrachten Grundsätze des Berufsbeamtentums", Art. 33 Abs. 5 GG, die auch künftig das Beamtenrecht gleichermaßen in Bund und Ländern prägen werden. Aber dabei bewendet es dann auch schon. Praktisches Resultat ist nicht nur eine Vervielfältigung der Normen (künftig 17 verschiedene Besoldungs- und Versorgungsgesetze). Divergierende Entwicklungen im Besoldungs-, Versorgungs- und Laufbahnrecht lassen auch eine zunehmende Komplikation bei länderübergreifendem Dienstherrenwechsel erwarten, so dass bereits Bedenken hinsichtlich einer Bewerbungs- und Abwerbe-Konkurrenz aufkommen, von erheblichen Komplizierungen im Besoldungs- und insbesondere Versorgungsbereich in solchen Wechsel-Fällen ganz zu schweigen. Zur Vermeidung dessen ist indes allein an den Grundsatz bundes- und föderalismusfreundlichen Regelungsverhaltens und die dienstrechtspraktische Vernunft der Gesetzgeber zu appellieren, die Dinge nicht zu weit auseinanderdriften zu lassen, beispielsweise durch freiwillige landesübergreifende Abstimmungen, z.B. in Bund-Länder-Kommissionen.

6 Mit dem **Beamtenstatusgesetz** hat der Gesetzgeber, der Konzeption der Neuverteilung der Gesetzgebungskompetenzen folgend, das Ziel verfolgt[2], das Statusrecht der Beamten einheitlich für Bund und Länder gewissermaßen „vor die Klammer gezogen" hinsichtlich der wesentlichen Kernbereiche des Beamtenrechts wie z.B. bei der Begründung oder Beendigung des Beamtenverhältnisses oder für Pflichten und Rechte der Beamtinnen und Beamten erschöpfend zu regeln. Die für den Bund im BBG niedergelegten beamtenrechtlichen Grundstrukturen werden mit dem Beamtenstatusgesetz für die Beamten der Länder einschließlich der Kommunen entsprechend vorgegeben, um eine einheitliche Anwendung dieser Teile des Dienstrechts zu gewährleisten. Dagegen sind überall da, wo der Bund keine Regelung trifft, die Länder zur eigenständigen Gesetzgebung befugt, solange sie die Grundsätze des Art. 33 GG wahren.

7 Mit dem In-Kraft-Treten des BeamtStG am 1.4.2009 wurde zugleich der erste – rahmengesetzliche Vorgaben enthaltende – Teil des BRRG außer Kraft gesetzt (§ 63 Abs. 2 BeamtStG). Das bisherige Kapitel II des BRRG mit seinen Bestimmungen, die für den Bund und die Länder „einheitlich und unmittelbar" gegolten haben (§§ 121–133f BRRG), ist teilweise in die Neuregelungen des BeamtStG übernommen und dadurch mit der Verbindlichkeit der konkurrierenden Gesetzgebung (Sperrwirkung des Art. 72 Abs. 1 GG) weiterhin bindend vorgegeben. Gleichwohl hat der Bund diese Regelungen zunächst fortbestehen lassen[3], weil sie für seinen

---

1 Dies verkennt allerdings *Pflaum*, DVBl 2010, 951 ff.
2 Vgl. E-BeamtStG, BT-Drs. 16/4027, 20.
3 Vgl. E-BeamtStG, BT-Drs. 16/4027, 21.

## I. Rechtsquellen des Beamtenrechts    Rz. 10 Teil 6 A

eigenen Bereich noch benötigt würden, bis auch das Bundesbeamtenrecht (insb. das BBG) den Neuregelungen angepasst sei[1]; das DNeuG hat aber, obwohl diese Erwartung erfüllend, die weiteren Bestimmungen noch nicht aufgehoben[2].

Auch die zentrale grundgesetzliche Bestimmung des Beamtenrechts, Art. 33 Abs. 5 GG, hat durch die Föderalismusreform eine ergänzende Neufassung erhalten. Nunmehr heißt es, dass „das Recht des öffentlichen Dienstes unter Berücksichtigung der hergebrachten Grundsätze des Berufsbeamtentums zu regeln **und fortzuentwickeln**" ist. Die Ergänzung des bisherigen Textes um die genannte Fortentwicklungsklausel soll nach den Vorstellungen der Politik eine Modernisierung und Flexibilisierung des Beamtenrechts ermöglichen. Bereits aus dem Wortlaut der neugefassten Bestimmung ergibt sich aber, dass (allein) der öffentliche Dienst fortzuentwickeln ist, nicht aber die „hergebrachten Grundsätze des Berufsbeamtentums". Diese bleiben unverändert gültig und zu beachten; das BVerfG hat dies inzwischen eindrucksvoll in seiner Entscheidung vom 19.9.2007[3] zur Unzulässigkeit einer antragslosen (Zwangs-)Einstellungsteilzeit hervorgehoben. Danach hat sich an dem hier maßgeblichen Regelungsgehalt der Vorschrift durch die Neufassung nichts geändert: „Schon aus dem insoweit unveränderten Wortlaut der Bestimmung ergibt sich, dass der Gesetzgeber bei der Regelung des öffentlichen Dienstrechts weiterhin die hergebrachten Grundsätze des Berufsbeamtentums – also auch den Hauptberuflichkeits- und den Alimentationsgrundsatz – zu berücksichtigen hat. Fortzuentwickeln ist nach der eindeutigen Gesetzesfassung allein das Recht des öffentlichen Dienstes, nicht aber der hierfür geltende Maßstab, die hergebrachten Grundsätze des Berufsbeamtentums. (...) Änderungen, die mit den Grundstrukturen des von Art. 33 Abs. 5 GG geschützten Leitbilds des deutschen Berufsbeamtentums nicht in Einklang gebracht werden können, verstoßen auch weiterhin gegen die Vorgaben der Verfassung"[4]. 8

Für **Besoldungsfragen** ist im Bundesbereich alsdann das **Bundesbesoldungsgesetz** (BBesG) mit seinen Anhängen, den Bundesbesoldungsordnungen (BBesO) A und B sowie C (für Hochschullehrer; künftig: W) und R (für Richter) zu erwähnen; dieses galt bis zur Föderalismusreform auch für Landes- und Kommunalbeamte. Die jeweiligen Landesbesoldungsgesetze, die bisher nur Randfragen des länderspezifischen Besoldungswesens behandelten, werden durch die neue Kompetenzordnung zu eigenständigen Regelungswerken aufgewertet. Ob, wann und inwieweit die Länder hier von ihrer neuen Kompetenz umfassend Gebrauch machen, bleibt abzuwarten; bisher haben die Länder sich eher darauf beschränkt, die Besoldungstabellen eigenständig weiterzuentwickeln und allenfalls marginale Änderungen vorzunehmen. Bis zur Einführung eigener – abweichender – Bestimmungen bleibt das BBesG kraft der Übergangsbestimmung des Art. 125a Abs. 1 GG auch im Länderbereich maßgebend. 9

Ähnlich verhält es sich mit Fragestellungen der **Beamtenversorgung**, die bisher bundeseinheitlich im **Beamtenversorgungsgesetz** (BeamtVG) normiert ist; auch hier können die Länder jetzt eigene gesetzliche Regelungen schaffen[5]. Die der betrieblichen Altersversorgung entsprechende **Zusatzversorgung** ist demgegenüber auf Angestellte und Arbeiter des öffentlichen Dienstes beschränkt und daher für Beamte 10

---

1 Hierzu s. Entwurf eines Dienstrechtsneuordnungsgesetzes, BT-Drs. 16/7076.
2 Ausgenommen § 125 Abs. 2 BRRG, vgl. Art. 15 Nr. 14 DNeuG.
3 BVerfG v. 19.9.2007 – 2 BvF 3/02, NVwZ 2007, 1396 = DVBl 2007, 1359 = ZBR 2007, 381.
4 BVerfG v. 19.9.2007 – 2 BvF 3/02, NVwZ 2007, 1396 (Rz. 85, 90) unter Hinweis auf *Pechstein*, ZBR 2006, 285 f.; *Lecheler*, ZBR 2007, 18 ff. und *Höfling/Burkiczak*, DÖV 2007, 328 ff.
5 Z.B. in Form eines eigenen (eigenständigen) Gesetzes, wie in Hamburg: G. v. 26.1.2010, Hmb. GVBl. 23, 72, in Form nur einzelner abweichender Regelungen, z.B. Bremen: BremBeamtVG v. 23.10.2007, Brem. GBl. S. 480, oder in Form der Hinzufügung einiger „ergänzender Bestimmungen", z.B. im Thür. G. über ergänzende Bestimmungen zur Beamtenversorgung, G. v. 31.1.2007, GVBl. S. 1.

nicht einschlägig[1]. Sie ist im Ergebnis privatrechtlich geregelt; Bund und Länder haben gemeinsam die „**Versorgungsanstalt des Bundes und der Länder**" mit Sitz in Karlsruhe geschaffen, die kommunalen Arbeitgeber verfügen regional gegliedert über eigene Zusatzversorgungskassen. Deren internes Satzungsrecht (die Satzung wird in ihrer jeweiligen Fassung auf Anfrage jederzeit übermittelt) begründet privatrechtliche Versorgungsansprüche des Bediensteten und seiner Hinterbliebenen. Das Zusatzversorgungsrecht ist im Übrigen gerade grundlegend umgestaltet worden.

11 Verstöße gegen beamtenrechtliche Pflichten werden mit Disziplinarmaßnahmen geahndet; das materielle **Disziplinarrecht** findet sich generalklauselartig in den Beamtengesetzen, das gesamte Verfahrensrecht einschließlich des Rechts der zu verhängenden Maßnahmen im Bundesdisziplinargesetz (BDG)[2] und den entsprechenden Ländergesetzen.

12 Fragen der beruflichen Entwicklung, des Aufstiegs und der zulässigen Verwendung des Beamten behandeln die jeweiligen **Laufbahnverordnungen** des Bundes und der Länder (BLV, LVO); diesen wieder inhaltlich zugehörig sind die zahlreichen Bestimmungen über Ausbildungen und Prüfungen der einzelnen Beamtengruppen. Letztere sind i.d.R. Rechtsverordnungen; es gibt sie jedoch auch in Gesetzesform (z.B. das Lehrerausbildungsgesetz [LABG] NW).

13 Für die zahlreichen fallbezogenen Leistungen des Dienstherrn gibt es eine Vielzahl von Einzelbestimmungen jeder rechtlichen Normierungsebene vom Gesetz (z.B. **Bundesreisekostengesetz** [BRKG] und **Bundesumzugskostengesetz** [BUKG] nebst den entsprechenden Parallelbestimmungen der Länder) über Rechtsverordnungen (z.B. Verordnungen über **Erholungsurlaub, Sonderurlaub, Trennungsentschädigung, Mutterschutz, Beihilfen** u. dgl. mehr) bis hin zu bloß verwaltungsinternen Richtlinien, die lediglich eine gleichmäßige Ausübung des Ermessens gewährleisten sollen und nur kraft des Gleichbehandlungsgebotes ein gewisses Maß an Verbindlichkeit erlangen. Im Hinblick auf das Prinzip der strikten Gesetzesgebundenheit von Besoldung und Versorgung sind indes jedwede Leistungen an Beamte und Versorgungsempfänger nur dann statthaft, wenn diese „durch Gesetz" geregelt sind, §§ 2 Abs. 1 BBesG, § 3 Abs. 1 BeamtVG. Daher ist die notwendige gesetzliche Grundlage für die Gewährung von Zuwendungen in sämtlichen Bereichen des Beamtenrechts unerlässlich. Das Beamtenverhältnis ist nicht durch Vereinbarungen gestaltbar. Entgegenstehende Vereinbarungen sind unwirksam, §§ 2 Abs. 2 BBesG, § 3 Abs. 2 BeamtVG. Vertragliche Regelungen sind nur insofern statthaft, als dies im Einzelfall gesetzlich vorgesehen ist[3].

---

1 Es gibt auch keine Nachversicherung in der Zusatzversorgung bei Ausscheiden aus dem Beamtenverhältnis, s. OVG NW v. 18.8.2000 – 12 A 179/00, NWVBl. 2001, 237 = RiA 2001, 148. Hierzu auch BAG v. 20.3.2001 – 3 AZR 349/00, DVBl 2001, 1687 = RiA 2001, 291; 2002, 285.
2 Hierzu *Baden*, Teil 6 Kap. B. Für Altfälle gelten noch die vormaligen Regelungen der Bundesdisziplinarordnung (BDO) und der Disziplinarordnungen der Länder.
3 BVerwG v. 26.11.1992 – 2 C 42.91, RiA 1994, 39 (Unzulässigkeit einer nicht gesetzlich vorgesehenen Vereinbarung über die Rückzahlung von Schulungskosten), sowie v. 26.11.1992 – 2 C 11.92, NVwZ 1993, 1193. Die Rückforderung von Anwärterbezügen bei abgebrochener Ausbildung bzw. nicht abredegemäßem, vorzeitigen Ausscheiden aus dem Beamtenverhältnis erfolgt demgemäß nicht auf der Grundlage eines öff.-rechtl. Vertrages, sondern auf der Basis einer **Auflage**, von deren Einhaltung die Gewährung der Bezüge abhängig gemacht wird, vgl. BVerwG v. 10.2.2000 – 2 A 6.99, NVwZ-RR 2000, 520, sowie OVG Rh.-Pf. v. 10.12.1999 – 2 A 11594/99. OVG Rh.-Pf. v. 10.12.1999 – 2 A 11594/99, NVwZ-RR 2000, 522. Zur Nichtigkeit eines gesetzlich nicht vorgesehenen Versorgungsvertrages OVG Bremen, NordÖR 2003, 308 (s. *Battis*, NJW 2004, 1085 [1089]; BVerwG v. 7.4.2005 – 2 C 5.04, NVwZ 2005, 1188 = DVBl 2005, 1138 = RiA 2005, 297).

Die Praxis ist insbesondere im **Beihilfewesen** sehr unterschiedlich gewesen. In seiner Entscheidung vom 17.6.2004 hat das BVerwG[1] die Praxis des Bundes, Beihilferegelungen nur in Form von Verwaltungsvorschriften zu erlassen, als verfassungswidrig verworfen und unter dem Erfordernis des Gesetzesvorbehalt eine gesetzliche Grundlage gefordert. Diese ist jetzt mit § 80 BBG geschaffen worden, wobei die Einzelheiten nunmehr in enger Anlehnung an die alten BhV durch Rechtsverordnung[2] mit ebenso detaillierten Anlagen geregelt werden.

14

## II. Die Arten von Beamtenverhältnissen sowie deren Begründung

Beamtenverhältnisse sind öffentlich-rechtliche Dienst- und Treueverhältnisse (so § 3 Abs. 1 BeamtStG), deren Charakteristikum eine besonders enge und intensive Bindung des Beamten an den Dienstherrn ist. Der Beamte schuldet, wie es vormals hieß, „volle Hingabe an seinen Beruf" (§ 36 Satz 1 BRRG; in § 35 Satz 1 BeamtStG wird „voller persönlicher Einsatz" gefordert[3]) und ist nicht nur gehalten, Weisungen und Anordnungen seiner Vorgesetzten gewissenhaft zu erfüllen, sondern diese auch in deren Tätigkeit nach Kräften zu beraten und zu unterstützen (§ 35 Satz 1, 2 BeamtStG). Die **Treuepflicht** befähigt ihn im Besonderen, hoheitsrechtliche Aufgaben des Staates auszuüben; solche Aufgaben sind nach Maßgabe[4] des jeweiligen Landes- oder Bundesrechts regelmäßig allein Beamten zu übertragen (§ 3 Abs. 2 BeamtStG).

15

Umgekehrt schuldet der Dienstherr dem Beamten, umfassend für sein Wohl und das seiner Familie zu sorgen, diesen zu „**alimentieren**"[5]. Er kann sich von dem Beamten nur in den gesetzlich hierfür vorgesehenen Fällen – und unter Beachtung des dort jeweils vorgesehenen Verfahrens – lösen; der Beamte auf Lebenszeit ist **unkündbar** und kann allenfalls im Disziplinarwege seiner wohlerworbenen Rechtsposition enthoben werden.

---

1 Vgl. BVerwG v. 17.6.2004 – 2 C 50.02, BVerwGE 121, 103 = NVwZ 2005, 713 = DVBl 2004, 1420 = ZBR 2005, 42 = RiA 2005, 122; die vom Gericht eingeräumte Übergangsfrist zur Neuregelung ist mit BVerwG v. 26.6.2008 – 2 C 2.07, BVerwGE 131, 234 = DVBl 2008, 1442 bis zur Gesamtneuregelung des Dienstrechts „verlängert" worden. Der Bund hatte bisher mit Beihilfevorschriften im Range von Verwaltungsvorschriften ohne Rechtsnormcharakter gearbeitet, vgl. die Ermächtigung zum Erlass „allgemeiner Verwaltungsvorschriften" in § 200 BBG. Nordrhein-Westfalen dagegen hat eine auf § 88 LBG NW gegründete Rechtsverordnung – Beihilfenverordnung – geschaffen. Bayern bevorzugt (neben der Anwendung eigener Verwaltungsvorschriften) eine in Art. 11 Abs. 1 BayBesG – also einer Norm mit Gesetzescharakter – enthaltene Verweisung auf die Beihilfevorschriften des Bundes. Dennoch hat diese Verweisung nicht zur Folge, dass die Beihilfevorschriften damit den Rang eines Gesetzes erhalten; BayVerfGH v. 13.12.1995 – Vf 17-V-92, NVwZ 1997, 56. Für Bayern und ebenso den Parallelfall Niedersachsen, wo genauso mit einer Verweisung auf die BhV des Bundes gearbeitet wird, hat das BVerwG inzwischen ergänzend entschieden, dass auch diese Form nicht (mehr) den Anforderungen genüge, BVerwG v. 28.10.2004 – 2 C 34.03, DVBl 2005, 509, und v. 25.11.2004 – 2 C 24.03, NVwZ-RR 2005, 423 = ZBR 2005, 207. Ebenso BVerwG v. 28.5.2008 – 2 C 1.07, NVwZ 2008, 1380, für das Beihilferecht Rh.-Pf.
2 Für den Bund nunmehr die Verordnung über Beihilfe in Krankheits-, Pflege- und Geburtsfällen (Bundesbeihilfeverordnung – BBhV) v. 13.2.2009, BGBl. I, 326.
3 Die Neuformulierung soll besser dem modernen Sprachgebrauch angepasst sein, keineswegs aber die Intensität der Dienstleistungspflicht relativieren, vgl. E-BeamtStG, BT-Drs. 16/4027, 21.
4 Zur Befugnis eines jeden Dienstherrn, künftig selbst darüber zu entscheiden, welche Funktionsbereiche er von Beamten wahrnehmen lassen will, s. E-BeamtStG, BT-Drs. 16/4027, 22.
5 Hierzu etwa BVerwG v. 21.12.2000 – 2 C 40.99, ZBR 2001, 24; zur Frage nach Grenzen gesetzgeberischer Eingriffe in bestehende Besoldungsregelungen *Wolff*, ZRh.-Pf. 2003, 305 ff.

16 Unter Hinweis auf die (Voll-)Alimentation des Beamten als Korrelat der umfassenden Verpflichtung des Beamten, dem Dienstherrn seine gesamte Persönlichkeit, Arbeitskraft und Lebensleistung zur Verfügung zu stellen, haben BVerfG[1] und BVerwG[2] den fiskalisch begründeten Überlegungen einzelner Länder einen Riegel vorgeschoben, bei der Neueinstellung eines Beamten diesem aus arbeitsmarktpolitischen Gründen eine unausweichliche „Antrags"-Teilzeitbeschäftigung für die ersten Dienstjahre zu oktroyieren. Die jungen Beamten wurden, wenn sie denn überhaupt für den öffentlichen Dienst auserkoren wurden, vor die Alternative gestellt, entweder „freiwillig" sogleich einen Antrag auf Teilzeitbeschäftigung zu stellen, oder aber nicht übernommen zu werden. Diese Praxis verstößt nach Auffassung des BVerfG gegen hergebrachte Grundsätze des Berufsbeamtentums und insbesondere gegen das „grundrechtsähnliche Individualrecht"[3] des Alimentationsprinzips. Der Bewerber darf nach den neueren Regelungen selbstverständlich auch von Anbeginn seines Dienstes in Teilzeitbeschäftigung eingestellt werden – er muss aber stets die Alternative haben, die Vollzeitbeschäftigung zu wählen.

17 Zwangsläufige Konsequenz dieser engen Bindung ist dabei auf der anderen Seite ein strenges und teilweise formalisiertes **Auswahl-, Aufnahme- und Vorbereitungsverfahren**, bevor der Bedienstete diesen mit umfassenden persönlichen Sicherheiten ausgestatteten Status überhaupt erreicht. Zwar hat gem. Art. 33 Abs. 2 GG grds. jeder Deutsche[4] gleiche Zugangschancen zu öffentlichen Ämtern[5], dies jedoch unter strenger Beachtung von Eignung, Befähigung und fachlicher Leistung. Dabei ist das Kriterium der Eignung eher persönlichkeitsbezogen, dasjenige der Befähigung fragt mehr nach der Vorbildung, und die fachliche Leistung, die naturgemäß erst im „Betrieb" des Beamtenverhältnisses festgestellt werden kann, trennt in Fragen der leistungsmäßigen Bewährung die Spreu vom Weizen. Eignung, Befähigung und fachliche Leistung sind im Übrigen die alles beherrschenden Auswahlkriterien für die regelmäßig erstrebte Karriere (Leistungsgrundsatz, § 3 BLV).

18 Die Öffnung des Beamtenstatus für **Angehörige anderer Mitgliedsstaaten der EU** ist vom Grundsatz her zwischenzeitlich erfolgt. Die §§ 7 Abs. 1 BeamtStG bzw. § 7 Abs. 1 Nr. 1 BBG stellen Angehörige anderer EG-Staaten im Grundsatz den Deutschen gleich, so dass auch hier die Begründung eines Beamtenstatus statthaft ist. Allerdings dürfen in Ausnutzung des Vorbehaltes in Art. 39 Abs. 4 (früher Art. 48 Abs. 4) EGV bestimmte (hoheitliche) Aufgaben für Deutsche i.S.d. Art. 116 GG vorbehalten bleiben, § 7 Abs. 2 BeamtStG, § 7 Abs. 2 BBG[6].

---

1 BVerfG v. 19.9.2007 – 2 BvF 3/02, DVBl 2007, 1359 = ZBR 2007, 381 (unbeschadet der neuen „Fortentwicklungsklausel" des Art. 33 Abs. 5 GG n.F.).
2 BVerwG v. 2.3.2000 – 2 C 1.99, BVerwGE 110, 363 = NJW 2000, 2521 = DVBl 2000, 1136 = ZBR 2000, 209; krit. zur Methodik *Rieger*, NVwZ 2003, 17.
3 So BVerfGE 8, 1 (17) oder BVerfGE 99, 300 (314); s. auch BVerfG v. 19.9.2007 – 2 BvF 3/02, DVBl 2007, 1359 = ZBR 2007, 381.
4 Nur im Ausnahmefall – etwa zur Gewinnung eines ausländischen Hochschullehrers – können Personen Beamte werden, die nicht Deutsche i.S.d. Art. 116 GG sind, § 7 Abs. 3 BeamtStG, § 7 Abs. 3 BBG; hierzu vgl. etwa *Dolde*, DÖV 1973, 372; *Zuleeg*, DÖV 1973, 368.
5 Nach BVerwG v. 26.10.2000 – 2 C 31.99, DVBl 2001, 754 (L.) hat ein Angestellter indessen keinen Anspruch – nicht einmal einen solchen auf ermessensfehlerfreie Entscheidung –, den von ihm bekleideten Dienstposten in eine Beamtenstelle umzuwandeln und ihn in das Beamtenverhältnis zu übernehmen.
6 Zum Problem vgl. *Battis*, NJW 1992, 1208 (1209); *Summer*, ZBR 1993, 97; *Kathke*, ZBR 1994, 233; *Fischer*, RiA 1995, 105. Zu den EG-rechtlichen Anforderungen an die Freizügigkeit bei der Beschäftigung im öffentlichen Dienst vgl. EuGH v. 2.7.1996 – C-473/93, NJW 1996, 3199.

## II. Die Arten von Beamtenverhältnissen sowie deren Begründung    Rz. 21   Teil 6 A

Die Frage der Befähigung ist dabei stets auf die verschiedenen **Laufbahnen** bezogen   19
(§ 2 Abs. 3 BLV). Der Bewerber muss die für die jeweilige Laufbahn erforderliche Befähigung besitzen. Er erwirbt diese regelmäßig im Rahmen eines Vorbereitungsdienstes, zu dessen Abschluss er eine Laufbahnprüfung ablegt. Der Vorbereitungsdienst wird dabei zumeist, aber nicht zwingend im Rahmen eines **Beamtenverhältnisses auf Widerruf** (§ 4 Abs. 4 BeamtStG; § 6 Abs. 4 Nr. 1 BBG) verbracht. Nach Bestehen der Laufbahnprüfung bzw. Feststellung gleichwertiger Qualifikation leistet der Beamte in einem **Beamtenverhältnis auf Probe** die laufbahnrechtlich jeweils vorgesehene Probezeit ab (§ 11 Abs. 1 Nr. 2 BBG; § 4 Abs. 3 BeamtStG). Bewährt sich der Bewerber in der Probezeit nicht, kann er entlassen werden (§ 23 Abs. 3 Nr. 2 BeamtStG; § 34 Abs. 1 Nr. 2 BBG)[1], bei Leistungsmängeln ist er zu entlassen (§ 27 Abs. 6 BLV)[2].

Die Entscheidung über die Bewährung des Probebeamten – auch in gesundheit-   20
licher Hinsicht – ist **bis zum Ende der Probezeit** zu treffen. Geschieht dies nicht rechtzeitig, also spätestens *alsbald* nach Ende der Probezeit, laut BVerwG „unverzüglich, mithin ohne schuldhafte Verzögerung nach Ablauf der Probezeit", so kann der Dienstherr die Übernahme in das Beamtenverhältnis auf Lebenszeit nicht mehr versagen[3], woraus praktisch die Pflicht zur Übernahme trotz nicht hinreichender Bewährung oder bei nicht hinreichender gesundheitlicher Eignung[4], ja sogar bei disziplinarwürdigem Fehlverhalten[5] resultiert[6].

Einen neuen Typ des Probe-Beamtenverhältnisses hat die Dienstrechtsreform 1997   21
geschaffen. Nach § 12a Abs. 1 BRRG konnte durch Gesetz bestimmt werden, dass ein **Amt mit leitender Funktion**[7] zunächst im Rahmen eines Beamtenverhältnisses auf Probe übertragen werde. Im BeamtStG enthält sich der Gesetzgeber einer näheren Vorgabe der Einzelheiten und erwähnt die Möglichkeit eines solchen Probebeamtenverhältnisses lediglich beiläufig in § 4 Abs. 3b BeamtStG; die Einzelheiten der Umsetzung dieser Option bleiben danach dem Bund und den Ländern für ihre jeweiligen Bereiche überlassen. Der Bund hat für seinen Bereich von dieser Option Gebrauch gemacht (§ 24 BBG). Der Proband muss sich bereits in einem Beamtenverhältnis auf Lebenszeit befinden oder zumindest in ein solches berufen werden können. Für die Dauer der Probezeit ruht das Basis-Beamtenverhältnis. Nach Ablauf einer Probezeit von regelmäßig zwei Jahren (Verkürzungen auf bis zu einem Jahr sind zulässig, Verlängerungen dagegen nicht) *soll* dem Beamten im Falle der Bewährung das (höhere) Amt auf Dauer übertragen werden, § 24 Abs. 4 Satz 1 BBG.

---

1 Hierzu BVerwG v. 24.11.1983 – 2 C 27.82, BVerwGE 68, 197; v. 29.5.1990 – 2 C 35.88, BVerwGE 85, 177 (184) = NVwZ 1991, 170; v. 24.11.1983 – 2 C 28.82, DVBl 1984, 440; v. 24.11.1983 – 2 C 26.83, DVBl 1984, 441; OVG Rh.-Pf., DöD 1986, 227; zum vorl. Rechtsschutz vgl. OVG Rh.-Pf., DöD 1988, 145.
2 Kein Ermessen: BVerwGE 19, 344 (348, 349); OVG Rh.-Pf., DöD 1988, 145.
3 BVerwG v. 25.2.1993 – 2 C 27.90, NJW 1993, 2546 = NVwZ 1993, 1110 = RiA 1994, 24. Exemplarisch OVG Bln.-Bbg. v. 8.4.2010, 4 B 66.06, IöD 2010, 136.
4 BVerwG v. 25.2.1993 – 2 C 27.90, BVerwGE 92, 147; v. 1.10.2001 – 2 B 11.01, NVwZ-RR 2002, 130 = DVBl 2002, 212 (L.); OVG NW v. 7.9.2005 – 6 B 1254/05, RiA 2006, 178; z.B. zur Entlassung eines Probebeamten wegen Übergewichts VG Frankfurt/M. v. 2.2.2004 – 9 G 7433/03, NVwZ-RR 2004, 367; VG Saarlouis v. 15.12.2003 – 12 K 155/02, NVwZ-RR 2004, 369; Neurodermitis-Attacken unter Stress s. OVG NW v. 7.9.2005 – 6 B 1254/05, NVwZ-RR 2006, 630.
5 OVG Bremen v. 31.1.2001 – 2 A 326/99, NVwZ-RR 2002, 131.
6 Hierzu zusammenfassend *Bongartz/Rogmann*, RiA 1994, 9.
7 Damit waren kraft gesetzlicher Beschränkung allein Ämter der B-Besoldung mit leitender Funktion gemeint sowie Ämter als „Leiter von Behörden oder Teilen von Behörden", § 12a Abs. 6 BRRG a.F. Das BBG präzisiert für seinen Bereich weiter: Betroffen sind die Abteilungsleiter und Unterabteilungsleiter in Ministerien sowie im nachgeordneten Bereich die Behördenleiter mit B-Besoldung. Ausgenommen sind in beiden Fällen freilich Beamte in Ämtern, die mit richterlicher Unabhängigkeit ausgestattet sind.

Bewährt er sich dagegen nicht, so fällt er in seinen vorherigen Status zurück[1]. Das Probebeamtenverhältnis endet, insbesondere die Besoldung aus dem höher bewerteten Amt und das Recht, die entsprechende Amtsbezeichnung zu führen. Das Gesetz sprach hier bislang davon, dass der Beamte mit Zeitablauf aus dem Beamtenverhältnis auf Probe „entlassen" sei (§ 24a Abs. 4 BBG a.F.[2]) – eine Formulierung, die mit der Neufassung aufgegeben wurde. Jetzt heißt es nur, dass die Besoldung aus dem höheren Amt endet und weitere Ansprüche nicht bestehen, § 24 Abs. 4 Satz 3 BBG. In der Tat wäre es verfehlt, den hier vorliegenden Rechtsstatus mit dem eines Probe-Beamtenverhältnisses vorschnell gleichzusetzen. Immerhin fällt der Proband auch im Falle seiner Nicht-Bewährung „weich" auf das Polster seines ruhenden Lebenszeit-Beamtenverhältnisses zurück.

Problematisch ist, in welcher Form und mit welcher Bewertungs-Intensität die Feststellung getroffen werden muss, ob sich der Beamte bewährt habe oder nicht; weil die Rechtsfolgen der Nichtbewährung hier härter treffen als bei der „normalen" Probezeit – die immerhin verlängert werden kann, § 27 Abs. 5 BLV –, dürfte richtigerweise hier erst recht eine förmliche Bewährungs*beurteilung* oder zumindest eine Feststellung gleicher Bewertungsdichte zu fordern sein, so dass ein einseitiger und nicht weiter nachvollziehbarer Entscheid des Dienststellenleiters nicht ausreichen wird.

22   Alternativ zum vorbezeichneten Probe-Beamtenverhältnis für Ämter in leitender Funktion bot die Dienstrechtsreform 1997 mit ihrem § 12b BRRG a.F. die Schaffung entsprechender **Beamtenverhältnisse auf Zeit** an. Machte ein Land von dieser Option Gebrauch, so hatte es die Amtszeit des entsprechenden Amtes gesetzlich zu bestimmen; die Wiederberufung in eine weitere Amtszeit war statthaft, aber nur bis zu einer Höchstdauer von zehn Jahren zusammen. Nach Ende der ersten Amtszeit konnte, nach Ende der zweiten sollte der Beamte in ein entsprechendes Beamtenverhältnis auf Lebenszeit übernommen werden. – Auch hier konnten freilich nur Personen berufen werden, die bereits in einem Beamtenverhältnis auf Lebenszeit stehen oder zumindest die Voraussetzungen hierfür mitbringen. Die Rechtswirkungen des Zusammentreffens von ruhendem Beamtenverhältnis und dem darüber gestülpten Beamtenverhältnis auf Zeit waren von dem Land, das von der Option des § 12b BRRG a.F. Gebrauch machen mochte, gesetzlich zu regeln. Das BeamtStG enthält sich auch hier einer weiter konkretisierenden Vorgabe und erwähnt lediglich beiläufig die Option eines Zeit-Beamtenverhältnisses im Falle der Übertragung eines Amtes mit leitenden Funktionen (§ 4 Abs. 2b BeamtStG), die nähere Ausgestaltung den Ländern überlassend. Nachdem das BVerwG[3] indes grundsätzliche verfassungsrechtliche Bedenken gegen die Übertragung von Führungsaufgaben auf Zeit gem. § 25b LBG NW angemeldet und das BVerfG einen Verstoß gegen das Lebenszeitprinzip bejaht und die genannte Bestimmung als verfassungswidrig verworfen hat[4], dürfte das Ende dieser Rechtsfigur eingeleitet sein. Der Bund hat für seinen Bereich von der Möglichkeit des Beamtenverhältnisses auf Zeit für Führungsaufgaben ohnehin keinen Gebrauch gemacht.

23   Den idealtypischen Regelfall des Beamtenverhältnisses bildet sodann das **Beamtenverhältnis auf Lebenszeit**[5]. Diesen Status eines Beamten auf Lebenszeit konnte der ausgebildete und erprobte Bewerber nach altem Recht freilich erst nach Vollendung

---

1   Zu der Bewertung des Erfolges solcher Bewährungserprobung s. BVerwG v. 22.3.2007 – 2 C 10.06, NVwZ 2007, 1094.
2   Im BeamtStG, § 22 Abs. 5, heißt es treffender, dass das Probebeamtenverhältnis mit dem Ablauf der Probezeit „endet".
3   BVerwG v. 27.9.2007 – 2 C 21.06 u.a., ZBR 2008, 46.
4   BVerfG v. 28.5.2008 – 2 BvL 11/07, NVwZ 2008, 873. Hierzu auch *Grigoleit*, ZBR 2008, 296 ff., und *Hebeler*, ZBR 2008, 304 ff.
5   Ausdr. § 4 Abs. 1 Satz 2 BeamtStG.

## II. Die Arten von Beamtenverhältnissen sowie deren Begründung   Rz. 28   Teil **6 A**

des 27. Lebensjahres erwerben. § 10 BeamtStG und § 11 Abs. 1 BBG verzichten demgegenüber auf die Vorgabe eines Mindestalters.

Daneben kennt das Gesetz für besondere Fälle noch **Beamtenverhältnisse auf Zeit** (für die Wahrnehmung von Aufgaben begrenzter Dauer, etwa im Hochschulbereich oder bei kommunalen Wahlbeamten) und das Rechtsverhältnis eines **Ehrenbeamten**. Das neu konzipierte Beamtenverhältnis auf Zeit für die probeweise Übertragung von Führungsaufgaben wurde bereits behandelt. 24

Vor der erstmaligen Begründung eines Beamtenverhältnisses, nochmals aber vor der Übernahme in das Beamtenverhältnis auf Lebenszeit findet eine eingehende **Gesundheitsüberprüfung** statt. Der Beamte wird i.d.R. nicht übernommen, wenn nicht gewährleistet ist, dass er voraussichtlich ohne Einschränkungen dienstfähig sein wird; dies gilt besonders, wenn die angestrebte Laufbahn erhöhte Anforderungen an den Gesundheitszustand stellt (z.B. Polizeidienstfähigkeit o. Ä.). Darüber hinaus kann Beamter nur werden, wer in prognostischer Betrachtung die Gewähr dafür bietet, dass er **jederzeit für die freiheitlich-demokratische Grundordnung i.S.d. GG eintritt** (§ 7 Abs. 1 Nr. 2 BeamtStG; § 7 Abs. 1 Nr. 2 BBG)[1]. 25

Hat der Beamte bzw. Bewerber alle diese Hürden genommen, kann er in das Beamtenverhältnis auf Lebenszeit übernommen werden. Für die meisten Laufbahnen gelten jedoch andererseits **Alters-Höchstgrenzen**[2], jenseits derer die Begründung eines Beamtenverhältnisses nur noch ausnahmsweise und regelmäßig nur mit Zustimmung des Finanzministers möglich ist. 26

Die Statthaftigkeit solcher Altersgrenzen für den Eintritt in das Beamtenverhältnis ist unter dem Eindruck des Altersdiskriminierungsverbots (§ 10 AGG) erneut in die Diskussion gekommen. Unter dem zentralen Argument eines vom Gesetzgeber zulässigerweise angestrebten ausgewogenen Gleichgewichts von Lebensdienstzeit und Pensionslast hat die Rechtsprechung bisher jedoch an der Statthaftigkeit solcher Altersgrenzen festgehalten[3]. 27

Die Begründung eines jeden Beamtenverhältnisses („Einstellung", § 20 BBG, § 2 Abs. 1 BLV)[4], die Umwandlung in eine andere Art von Beamtenverhältnis (z.B. Er- 28

---

1 Grundsätzlich hierzu folgende Entscheidungen des BVerwG: DöD 1980, 84 = NJW 1985, 506 (zur Verfassungstreue von Bewerbern und zu deren prognostischer Beurteilung); BVerwG v. 28.11.1980 – 2 C 27/78, BVerwGE 61, 194 und v. 9.6.1991 – 2 C 10.80, ZBR 1982, 79 (zur Mitgliedschaft in einer Partei oder sonstigen Organisation mit der Verfassungsordnung widersprechenden Zielsetzungen); v. 27.11.1980 – 2 C 38.79, BVerwGE 61, 176 = DöD 1982, 24 (zum Umfang der verwaltungsgerichtlichen Kontrolle der Eignungsbeurteilung); v. 9.6.1981 – 2 C 24.80, NJW 1982, 784 (zur Gewähr der Verfassungstreue bei Aufnahme in den jur. Vorbereitungsdienst in ein Beamtenverhältnis auf Widerruf); v. 29.10.1982 – 2 B 78.81, DVBl 1983, 504 (zur Verwertung von Erkenntnissen der Staatsschutzbehörden); DöD 1983, 26 = DöD 1983, 27 (zur Weigerung bzw. nachträglichen Bereitschaft, Fragen zur Verfassungstreue zu beantworten).
2 Kritisch zu Altershöchstgrenzen im Laufbahnrecht *Buß/Schulte zu Sodingen*, DVBl 1998, 1315. Bei laufbahnrechtlich gestatteter Überschreitung der Höchstgrenzen wegen Kindererziehungszeiten kann sich der Beamte auf die Privilegierung nur dann berufen, wenn die Kindererziehung auch tatsächlich kausal für die verzögerte Einstellung gewesen ist, BVerwG v. 13.7.2000 – 2 C 21.99, DöD 2001, 112 = NWVBl. 2002, 143. Ähnlich OVG NW v. 7.11.2000 – 6 A 3593/00, NWVBl. 2001, 145.
3 Zuletzt noch BVerwG v. 20.2.2009 – 2 C 18.07 u.a., ZTR 2009, 391 = RiA 2009, 174; zuvor s. OVG NW v. 16.4.2008 – 6 A 793/06, DÖV 2008, 925; OVG Rh.-Pf. v. 10.8.2007 – 2 A 10294/07, NVwZ 2008, 105 = ZBR 2008, 357.
4 Auch die erneute Berufung in das Beamtenverhältnis nach Wiederherstellung der Dienstfähigkeit gem. § 46 Abs. 1 BBG, vgl. BVerwG ZBR 1981, 65. Hierzu *Schütz/Maiwald*, BeamtR, C § 42 Rz. 3.

nennung eines Probebeamten zum Beamten auf Lebenszeit) und die Verleihung eines anderen Amtes mit anderer Amtsbezeichnung und anderem Endgrundgehalt („**Beförderung**", § 22 BBG, §§ 2 Nr. 8 und 31 BLV bzw. in anderer Laufbahn (Aufstieg, § 16 BLV, oder allg. Laufbahnwechsel, § 6 BLV) erfolgen durch den formell streng normierten Akt der **Ernennung**, § 10 BBG bzw. § 8 BeamtStG. Diese Ernennung ist ein rechtsgestaltender, bedingungsfeindlicher Verwaltungsakt, der die Einwilligung des Betroffenen voraussetzt. Sie geschieht durch **Aushändigung einer Urkunde**[1], die (1) die Worte „unter Berufung in das Beamtenverhältnis" sowie (2) als bestimmenden Zusatz die Kennzeichnung der Art des Beamtenverhältnisses „auf Lebenszeit", „auf Probe", „auf Widerruf", „auf Zeit" mit Angabe der Zeitdauer bzw. „als Ehrenbeamter" enthalten muss, wenn und soweit es um die Begründung oder Umwandlung eines Beamtenverhältnisses geht, sowie (3) bei der Verleihung eines Amtes die verliehene Amtsbezeichnung (§ 5 Abs. 2 BRRG/§ 8 Abs. 2 BeamtStG; § 6 Abs. 2 BBG). Urkunden, die diesen formalen Anforderungen nicht genügen, vermögen eine Ernennung nicht zu bewirken (Nicht-Akt)[2]. Eine rückwirkende Ernennung ist nicht möglich; sie wirkt stets erst ab Aushändigung der Urkunde (§ 5 Abs. 4 BRRG/§ 8 Abs. 4 BeamtStG)[3]. In begrenztem Rahmen ist allenfalls ein Rückbezug bei der Besoldung statthaft (§§ 3 Abs. 2 BBesG, 49 Abs. 2 BHO)[4].

Nach bisherigem Recht bedurfte auch die Übertragung eines anderen Amtes mit anderem Endgrundgehalt, jedoch ohne anderweitige Amtsbezeichnung[5] (sog. beförderungsgleiche Maßnahme, § 12 Abs. 1 Satz 2 BLV a.F.) der förmlichen Ernennung; das ist mit der Neufassung des § 10 Abs. 1 Nr. 3 BBG nicht mehr der Fall. Nunmehr genügt die schriftliche Planstelleneinweisung ohne Urkundszwang[6]. Auch der Ernennungstatbestand der „Anstellung" (die erstmalige Verleihung eines Amtes (z.B. Ernennung zum Posthauptschaffner, zum Regierungsrat, zum Staatssekretär) ist mit der Neuordnung des Dienstrechts entfallen; das erste Amt wird nunmehr zugleich mit der Ernennung verliehen, § 10 Abs. 3 BBG, bzw. § 8 Abs. 3 BeamtStG, und stellt damit keinen gesonderten Akt mehr dar.

29 Das Gesetz enthält ausdrückliche Regelungen darüber, wann eine **Ernennung nichtig** ist (§ 11 BeamtStG; § 13 BBG) und wann sie **zurückgenommen**[7] werden muss – zwingend – (§ 12 Abs. 1 BeamtStG; § 14 Abs. 1 BBG) (bzw. **soll** § 12 Abs. 2 BeamtStG; § 14 Abs. 2 BBG). Diese Bestimmungen sind gegenüber denjenigen des VwVfG als – abschließende – leges speciales vorrangig, vgl. § 1 Abs. 1 a.E. VwVfG.

---

1 Zur Aushändigung der Urkunde vgl. OVG Saarland, RiA 1985, 238; zum hist. Hintergrund des Urkundsprinzips s. BVerwGE 26, 35 sowie *Summer*, PersV 1984, 223.
2 Keine Ernennung, wenn im Zeitpunkt der Aushändigung der Urkunde das zu verleihende Amt rechtlich nicht mehr existiert: BVerwG v. 9.6.1983 – 2 C 31.80, NVwZ 1984, 181. Keine wirksame Ernennung bei Hinzufügen der Worte „in Teilzeitbeschäftigung", OVG Bln.-Bbg. v. 24.3.2006 – 4 B 18.05, ZBR 2006, 253 mit Anm. *Summer*, ZBR 2006, 256 (durch die nachfolgende Revision BVerwG 2 C 12.06 erledigt [für wirkungslos erklärt]).
3 Zusammenfassend noch einmal BVerfG v. 10.10.2003 – 2 BvL 7/02, NVwZ-RR 2004, 82.
4 Daher geht etwa der Schadensersatzanspruch wegen verspäteter Beförderung stets nur auf fiktive Gleichstellung, also darauf, so behandelt zu werden, wie wenn die Beförderung früher vorgenommen worden wäre.
5 Z.B. die „Beförderung" eines „Ministerialrates A 16" zum „Ministerialrat B 3". Weiter zur Frage ernennungsähnlicher Verwaltungsakte im Beamtenrecht s. *Lindner*, NVwZ 2006, 543.
6 *Lebers/Peters/Weber*, Das neue Dienstrecht des Bundes, 2009, BBG Rz. 85.
7 Vgl. etwa BVerwG v. 11.6.1985 – 2 C 12.83, BVerwGE 71, 330 (Rücknahme wegen Fehlens der laufbahnrechtlichen Voraussetzungen); v. 31.1.1980 – 2 C 50.78, BVerwGE 59, 366 und v. 18.9.1985 – 2 C 30.84, DVBl 1986, 148 (Rücknahme wegen arglistiger Täuschung bzw. Unwürdigkeit); v. 24.10.1996 – 2 C 23.96, DVBl 1997, 374 (Rücknahme wegen arglistiger Täuschung: Stasi-Kontakte). OVG Rh.-Pf. v. 25.2.1994 – 13 A 11779/93, NVwZ-RR 1994, 595 (Rücknahme wegen Straftaten).

## III. Der „Betrieb" des Beamtenverhältnisses

### 1. Rechte des Beamten

Folge der besonders engen Bindung an den Dienstherrn und der umfassend verstandenen Treuepflicht ist die ebenso umfassende Verpflichtung des Dienstherrn, für das **persönliche und wirtschaftliche Wohlergehen** des Beamten, seiner Familie und schließlich seiner Hinterbliebenen zu sorgen.

Der Beamte hat zunächst Anspruch auf **Besoldung und Versorgung** (früher ausdrücklich in § 50 Abs. 1 BRRG bzw. §§ 83, 85 BBG a.F. geregelt, im BeamtStG und im BBG n.F. nicht mehr gesondert aufgeführt; die rechtlichen Grundlagen sind ohnehin in Form des BBesG/BeamtVG bzw. der entsprechenden Länderregelungen niedergelegt)[1], und zwar i.S. einer „amtsangemessenen Alimentation"[2]. Diese Alimentation, deren Höhe der Gesetzgeber zu bestimmen und regelmäßig der Entwicklung der allgemeinen wirtschaftlichen und finanziellen Verhältnisse anzupassen hat (§ 14 BBesG), ist vom Ansatz her so bemessen, dass der Beamte mit seiner Besoldung – zuzüglich etwaiger Beihilfeleistungen im Krankheitsfall – jeweils diejenigen Geldmittel bekommt, die er nach der Vorstellung des Gesetzgebers benötigt, um seinen und seiner Angehörigen Lebensunterhalt amtsgemäß zu bestreiten. Auf Vermögensbildung ist die Besoldung strukturell nicht angelegt: Vom Grundsatz her soll der Beamte hierfür alles ausgeben müssen, was er bekommt; eine Thesaurierung ist nicht eingerechnet. Daher wird auch nicht von dem Beamten erwartet und kann nicht erwartet werden, dass er eine eigene (zusätzliche) Altersversorgung aufbaut; er soll sich darauf verlassen dürfen, dass der Dienstherr ihm mit seiner Pension eine entsprechende, amtsgemäße Voll-Versorgung garantiert[3].

Die Besoldung ist wie die Versorgung streng gesetzesgebunden[4]; nicht gesetzlich vorgesehene Leistungen, die dem Beamten eine höhere als die gesetzliche Besoldung verschaffen sollen, sind unzulässig, entgegenstehende Vereinbarungen unwirksam (§ 2 Abs. 2 BBesG; § 3 Abs. 2 BeamtVG)[5]. Für die Höhe der Besoldung ist allein das jeweils verliehene Amt maßgeblich. Insoweit ist das Beamtenrecht dem **Leistungsprinzip** abhold: Wer mehr leistet, verdient keinen Cent mehr als derjenige, der eben kaum das Notwendige erledigt. Leistung zahlt sich nur in der Kar-

---

1 Nicht jedoch Zusatzversorgung, die „betriebliche Altersversorgung" des öffentlichen Dienstes; diese ist den Angestellten und Arbeitern vorbehalten. Bei Beendigung des Beamtenverhältnisses findet dort auch keine Nachversicherung statt, s. BVerfG v. 2.3.2000 – 2 BvR 1508/99, NVwZ 2000, 1036, und zwar auch nicht bei einem Ausscheiden aus einem Beamtenverhältnis auf Zeit, BVerfG v. 20.2.2008 – 2 BvR 1843/06, NVwZ-RR 2008, 506.

2 Dieses Prinzip gehört zu den hergebrachten Grundsätzen des Berufsbeamtentums i.S.d. Art. 33 Abs. 5 GG, vgl. BVerfGE 39, 196; 44, 249 (263). Hält der Beamte eine Besoldung für nicht (mehr) amtsangemessen, so kann er indessen nicht unmittelbar auf Zahlung einer höheren Besoldung klagen. Er kann lediglich einen Anspruch auf die seiner Ansicht nach verfassungsgemäße (höhere) Besoldung dergestalt vor den Verwaltungsgerichten geltend machen, dass diese die Verfassungsgemäßheit prüfen und im Falle der Zustimmung den Rechtsstreit nach Art. 100 GG dem BVerfG vorlegen; BVerwG v. 20.6.1996 – 2 C 7.95, DVBl 1997, 353.

3 Dies ist auch der materielle Grund dafür, dass die Beamtenversorgung strukturell höher ausfällt als eine vergleichbare Rente.

4 Dieser strikte Gesetzesvorbehalt für Besoldung und Versorgung ist „hergebrachter Grundsatz des Berufsbeamtentums" i.S.d. Art. 3 Abs. 4 GG und damit verfassungsrechtlich bindend.

5 Auch eine Vereinbarung, durch die sich ein Dienstherr von einem Angestellten eine monatliche Zahlung als Gegenleistung für die Zusage einer späteren Ernennung versprechen lässt, ist nichtig, BVerwG v. 20.3.2003 – 2 C 23.02, ZBR 2003, 315 = RiA 2004, 143.

riere (bes. bei Beförderung und Aufstieg) aus, die streng leistungsbezogen vonstatten geht (vgl. das Grundprinzip in § 3 BLV) – oder vonstatten gehen sollte[1].

33 Bereits das Dienstrechtsreformgesetz 1997 hat hier versucht, auch in der Besoldung leistungsorientierte Anknüpfungen zu schaffen, indem es im Besoldungsanstieg nach Dienstaltersstufen (§ 27 BBesG a.F.) nicht mehr allein nach Zeitablauf gehen sollte; die Novelle unternahm zaghafte Versuche, fortan auch Leistungselemente in den Stufenaufstieg zu integrieren. Diese Maßnahmen allein haben indes noch nicht den gewünschten Erfolg gezeitigt, so dass mit der Neuordnung des Dienstrechts 2009 von der stark lebensalterorientierten Abhängigkeit der Stufen vom Besoldungsdienstalter (§ 28 BBesG a.F.) endgültig Abschied genommen wurde[2]. Nunmehr sind die auch in ihrer Anzahl reduzierten Stufenzuordnung von „Erfahrungszeiten" i.S.d. § 27 Abs. 3 BBesG abhängig. Bereits mit der ersten Ernennung eines Beamten können „Erfahrungszeiten" nach § 28 Abs. 1 BBesG berücksichtigt werden; geschieht dies nicht beginnt der neue Beamte unabhängig von seinem Lebens- und Eintrittsalter mit der Stufe 1; der weitere, erfahrungsabhängige Anstieg in den Stufen erfolgt nach Regelzeiten von zwei, drei oder vier Jahren (§ 27 Abs. 3 BBesG), die aber leistungsabhängig auch beschleunigt oder verzögert werden können (§ 27 Abs. 5–8 BBesG).

34 Das andere Einfallstor verstärkten Leistungsdenkens in der Besoldung ist die bereits 1997 mit § 42a BBesG neu geschaffene Ermächtigung an den Verordnungsgeber, im Wege der Rechtsverordnung für Beamte der A-Besoldungsgruppen Leistungsprämien (Einmalzahlungen) und Leistungszulagen zur Abgeltung „besonders herausragender Leistungen" zu schaffen. Die Leistungszulagen dürfen jeweils 7 % des Anfangsgrundgehaltes der jeweiligen Besoldungsgruppe nicht übersteigen und nur an bis zu höchstens 15 % der Beamten einer Besoldungsgruppe – befristet und widerruflich – verliehen werden; sie sind nicht ruhegehaltfähig. Im Interesse einer Optimierung der Zusammenarbeit innerhalb von Dienststellen können die Leistungsbezahlungen auch für Teams und für Projekte vergeben werden. Die Entscheidung über die Bewilligung ist der zuständigen obersten Dienstbehörde vorbehalten, die aber delegieren kann. Einzelheiten regelt für den Bund die inzwischen erlassene Leistungsprämien- und Zulagenverordnung (LPZV)[3].

35 Es bleibt weiter abzuwarten, wie die Personalverantwortlichen der Dienststellen mit diesen Instrumentarien umgehen werden. Nach ersten Ansätzen ist es zunächst ruhiger darum geworden; offensichtlich haben die leeren Kassen der öffentlichen Dienstherren dazu beigetragen, dass kaum noch Mittel für die hier angesprochenen Leistungsanreize bereit gestellt wurden. Mit der Neuordnung des Dienstrechts 2009 hat der Gesetzgeber allerdings – Parallelregelungen des Tarifrechts folgend – ein verbindliches Vergabebudget festgeschrieben (§ 42a Abs. 4 BBesG)

---

1 Der Anspruch des Beamten auf strikte Beachtung des Leistungsprinzips ist im Verfahren des einstweiligen Rechtsschutzes durch den Erlass von Stellenbesetzungssperren zu sichern, wenn zu besorgen ist, dass eine Personalauswahlentscheidung unter Übergehung des leistungsbesseren Bewerbers zu Gunsten des leistungsschwächeren erfolgen könnte. Eine „Konkurrentenklage" (Anfechtungsklage gegen erfolgte Ernennung des Mitbewerbers) kommt aus Rechtsgründen nicht in Betracht, vgl. etwa BayVGH v. 11.1.1983 – 3 B 82 A.612, ZBR 1983, 123; HessVGH, DöD 1985, 258; VG Berlin, ZBR 1983, 103; Schnellenbach, BeamtR, Rz. 41, 74; Siegmund-Schultze, VerwArch. 1982, 137. Nach Ernennung des Konkurrenten bleiben Schadensersatzansprüche des rechtswidrig übergangenen Bewerbers.
2 Zur Begr. s. E-DNeuG, BT-Drs. 16/7076, 136ff.
3 Verordnung über die Gewährung von Prämien und Zulagen für besondere Leistungen – (Leistungsprämien- und -zulagenverordnung – LPZV) v. 1.7.1997, neugefasst durch Bek. v. 25.9.2002, BGBl. I, 3745 (inzw. mehrfach geändert).

III. Der „Betrieb" des Beamtenverhältnisses	Rz. 39 Teil 6 A

und damit die Ernsthaftigkeit seines Willens, von den Leistungsanreizen auch tatsächlich Gebrauch zu machen, dokumentiert.

In der Rechtsprechung finden sich bislang nur wenige Entscheidungen. Die selbstverständlich auch hier geltende Bindung an den Leistungsgrundsatz einerseits und das Gleichbehandlungsprinzip andererseits bei der Auswahl der geeigneten, prämien- oder zulagewürdigen Beamten dürfte allerdings die Vergabepraxis nicht einfacher machen, so dass eigentlich mit Streitigkeiten über die Korrektheit von Auswahlentscheidungen hätte gerechnet werden dürfen[1]. Das Grundprinzip, dass der Beamte im Rahmen seiner Besoldung nicht nach Leistung vergütet wird, gibt auch die Dienstrechtsreform nicht auf. Die aufgezeigten neuen Instrumente mögen daher erste, zaghafte Ansätze darstellen, leistungsbezogene Gesichtspunkte auch in die Besoldungsgestaltung einzubinden – einen Systemwandel bewirken sie nicht[2]. Vor Missbrauch durch Erscheinungsformen von Ämterpatronage und unzulässige politische Einflussnahme wird auch die Anwendung dieses neu geschaffenen Instrumentariums nicht gefeit sein. 36

Im Falle von Dienstreisen sowie bei Abordnung und Versetzung erhält der Beamte **Reisekostenerstattung** nach dem Bundesreisekostengesetz (BRKG) bzw. den entsprechenden Ländergesetzen und **Umsatzkostenerstattung** sowie bis zum Umzug Trennungsgeld nach dem Bundesumzugskostengesetz (BUKG) nebst zugehörigen Rechtsverordnungen, Landes- und Kommunalbeamte wiederum nach dem jeweils einschlägigen Landesrecht (vgl. §§ 81, 82 BBG). 37

Es versteht sich von selbst, dass zu den Rechten des Beamten auch solche Rechte wie das auf **Urlaub** (§ 89 BBG) oder das Recht auf Erteilung eines **Dienstzeugnisses** (§ 85 BBG) und vergleichbare Dinge zählen – insoweit ist das Beamtenverhältnis jedem Arbeitsverhältnis vergleichbar, wie auch i.d.R. die tarifrechtlichen Errungenschaften des öffentlichen Dienstrechts (betreffend Angestellte und Arbeiter) in geeigneter Form in die Sphäre des Beamtenrechts übernommen werden; schon fast in Tradition pflegen etwa die Lohn- und Gehaltsabschlüsse der Tarifparteien des öffentlichen Dienstes entsprechende Besoldungs- und Versorgungsänderungen nach sich zu ziehen, wenngleich in jüngerer Zeit häufiger zumindest zeitverzögert. 38

Die die Attraktivität des öffentlichen Dienstes im Allgemeinen und des Beamtenverhältnisses im Besonderen ausmachende Besonderheit ist jedoch – neben der sprichwörtlichen Sicherheit des Arbeitsplatzes – das umfassend verstandene Recht des Beamten auf Fürsorge und Schutz (§ 45 BeamtStG, § 78 BBG). Diese umfassende **Fürsorgepflicht des Dienstherrn**[3], die weit über entsprechende Sorgepflichten des (privaten) Arbeitgebers hinausgeht, ist Quelle und – generalklauselartig – rechtlicher Anknüpfungspunkt für eine Fülle von Sonderleistungen, Beihilfen und Ansprüche[4]. Sie ist verfassungsrechtlich nach Art. 33 Abs. 5 GG garantiert und hat 39

---

1 S. *Schnellenbach*, Rechtsschutz beim Einsatz der neuen leistungsbezogenen Besoldungsinstrumente, ZBR 1999, 53 ff.
2 Vgl. die ähnlich charakterisierenden, skeptischen Anmerkungen bei *Battis*, NJW 1997, 1033 (1034). Weiter z.B. *Lorse*, RiA 2000, 219 ff.; *Schwidden*, RiA 2001, 233 ff., sowie monographisch *Goertz*, Entgeltflexibilisierung im öffentlichen Dienst, 2001; *Göser/Schlatmann*, Leistungsbezahlung in der Besoldung, 1998.
3 S. auch *Schnellenbach*, Die Fürsorgepflicht des Dienstherrn in der Rechtsprechung des BVerfG, VerwArch. 2001, 2 ff.
4 Bis hin zum Anspruch auf Nichtraucherschutz im Großraumbüro: BVerwG v. 13.9.1984 – 2 C 33.88, NJW 1985, 876. Zum Anspruch auf Schadensersatz bei rechtswidrigen Maßnahmen des Dienstherrn (Betonung des Verschuldenserfordernisses) BVerwG v. 21.12. 2000 – 2 C 39.99, NVwZ 2001, 685 = DVBl 2001, 744. Die Fürsorgepflicht gebietet indessen nicht die Freistellung eines Beamten von der privaten Pflege-Pflichtversicherung, BVerfG v. 25.9.2001 – 2 BvR 2442/94, NVwZ 2002, 463.

zentrale Bedeutung für das Beamtenverhältnis[1]. Diese Fürsorgepflicht ist es auch, die heranzuziehen ist, wenn es gilt, im konkreten Einzelfall – tunlichst im Verwaltungsverfahren oder noch früher im Rahmen von Voraus-Verhandlungen – einen Anspruch zu begründen, dessen Erfüllung im Ermessen des Diensthernn liegt, oder wenn eine dienstliche Maßnahme angestrebt wird, auf die der Beamte „normalerweise" keinen Anspruch hätte:

40 So gibt es grds. keinen **Anspruch auf Beförderung**. Die Fürsorgepflicht gebietet jedoch, die berufliche Entwicklung des Beamten angemessen zu fördern[2]. Aus dieser Pflicht kann im Einzelfall – nämlich bei Schrumpfung des Auswahl- und Handlungsermessens auf Null – durchaus ein strikter Anspruch auf Beförderung[3], im Falle der Nichterfüllung ein Schadensersatzanspruch erwachsen. Ebenso gibt es grds. keinen Anspruch auf **Versetzung** oder **Umsetzung**. Gleichwohl sind Fälle denkbar, in denen es die Fürsorgepflicht gebietet, einem entsprechenden Ansinnen des Beamten zu entsprechen[4]. Auch hier ergibt sich ein strikter Rechtsanspruch bei Ermessensschrumpfung auf Null, ansonsten ein Anspruch auf fehlerfreie Ermessensausübung. Es liegt auf der Hand, dass derartige dem Klienten nützende Regelungen weniger im gerichtlichen Streitverfahren durchzusetzen sind als im Verhandlungswege bzw. im Verwaltungsverfahren, wo es gilt, auf die anstehende Ermessensbetätigung Einfluss zu nehmen.

41 Die beamtenrechtliche Fürsorgepflicht ist auch Ansatzpunkt für den Umgang mit etwaiger **Kritik am dienstlichen Verhalten** des Beamten, sei es durch den Dienstherrn selbst, sei es von außen kommend: Sie umfasst einerseits die Pflicht des Diensthernn, den Beamten bei seiner amtlichen Tätigkeit und in seiner Stellung als Beamten zu schützen. Dazu gehört es, den Beamten gegen unberechtigte Vorwürfe in Schutz zu nehmen[5]. Ebenso kann sich im Einzelfall ein Anspruch auf Übernahme von Rechtsverteidigungskosten ergeben, die dem Beamten erwachsen, wenn er im Zusammenhang mit dienstlichen Tätigkeiten in Rechtshändel verwickelt wird[6]. Andererseits verbietet sie dem Diensthernn, den Beamten durch Kritik an seiner Amtsführung gegenüber Dritten ohne rechtfertigenden sachlichen Grund bloßzustellen[7]. Das gilt sowohl für nachteilige Tatsachenbehauptungen als auch für missbilligende Werturteile[8]. Im Falle unzulässiger Kritik nach außen kann der Beamte als Erfüllung der noch möglichen Fürsorge beanspruchen, dass

---

1 BVerwGE 43, 154 (165); BVerwGE 83, 89 (98).
2 Vgl. etwa BVerwGE 19, 252; 49, 214; 49, 232. Detailliert *Günther*, ZBR 1979, 93. Ausnahmefall s. etwa OVG Bremen v. 18.9.2002 – 2 A 197/02, NVwZ-RR 2003, 578.
3 *Schnellenbach*, BeamtR, Rz. 65 f., will den „Beförderungsanspruch" nicht an der beamtenrechtlichen Fürsorgepflicht, sondern unmittelbar am Prinzip der Bestenauslese anknüpfen. Dies übersieht jedoch, dass der Fürsorge- und Schutzanspruch der im Gesetz vorgegebene, subjektive Rechte des Beamten begründende Anspruch ist. Wie hier etwa *Schütz*, BeamtR, § 85 LBG NW Rz. 8 m.w.N.
4 Vgl. etwa BVerwG, ZBR 1969, 47; BVerwG, Buchholz 232 § 26 BBG Nr. 11; BVerwG, Buchholz 232 § 79 BBG Nr. 44; Nds. OVG, ZBR 1959, 393; OVG Bremen, ZBR 1970, 264 (sämtl. zur Besichtigung des Gesundheitszustandes bei Versetzungs- und Umsetzungsentscheidungen); BVerwG, DöD 1965, 177; BVerwG, Buchholz 237.3 § 27 BG Bremen Nr. 1 (zum Anspruch auf Verwendung auf einem dem spezifischen Können des Beamten entsprechenden Arbeitsplatz).
5 Vgl. BVerfGE 43, 154 (165). S. auch z.B. Nds. OVG v. 13.2.2007 – 5 ME 62/07, NVwZ 2007, 963.
6 Der Bund hat hierzu Verwaltungsvorschriften erlassen; Einzelheiten bei *Schnellenbach*, Beamtenrecht in der Praxis, 5. Aufl., Rz. 403 m.w.N.
7 BVerwG v. 29.6.1995 – 2 C 10.93, BVerwGE 99, 56 = DVBl 1995, 1248 = NJW 1996, 210; OVG Rh.-Pf. v. 5.9.2000 – 2 A 10267/00, DVBl 2000, 1147 = RiA 2000, 305.
8 Vgl. BVerwG v. 29.6.1995 – 2 C 10.93, BVerwGE 99, 56 = DVBl 1995, 1248 = NJW 1996, 210; VGH Kassel v. 27.2.1974 – I OE 128/72, ZBR 1974, 261.

III. Der „Betrieb" des Beamtenverhältnisses                    Rz. 43   Teil **6 A**

der Dienstherr die Ansehensbeeinträchtigung für die Zukunft durch eine geeignete, nach Form und Adressatenkreis der beeinträchtigenden Äußerung entsprechende Erklärung ausräumt. Fürsorge- und amtspflichtwidrig ist, gegen einen Beamten bei Auftreten eines bloßen Verdachtes gleich Strafanzeige zu erstatten, ohne ihm zuvor die Gelegenheit zur Äußerung und ggfs. Ausräumung dieses Verdachtes zu geben[1]. Ein Denunziant, der einen Beamten zu Unrecht bezichtigt hat, ist auf Antrag zu benennen[2].

Die Fürsorgepflicht ist indessen nicht nur zur Begründung von Individualentscheidungen heranzuziehen, sie ist auch die tragende Rechtsgrundlage solcher Leistungen des Dienstherrn, die dieser gleichmäßig an alle in entsprechender Situation sich befindenden Beamten erbringt, etwa **Beihilfen** jeglicher Art. Die bekanntesten Beihilfen, nämlich diejenigen im Krankheitsfall[3], werden in einigen Bundesländern auf der Grundlage einer eigens erlassenen Rechtsverordnung geleistet, anderenorts, insb. beim Bund, ist Rechtsgrundlage eine bloße Verwaltungsanweisung, die lediglich die jeweils bearbeitenden Dienststellen bindet und subjektive Rechte des Einzelnen nur über den „Umweg" des Gleichbehandlungsgrundsatzes begründet[4]. Entsprechend verhält es sich bei den zahlreichen anderen Beihilfen und sonstigen Vergünstigungen, die lediglich auf der Grundlage von – ermessensbindenden – Erlassen, Richtlinien und Verwaltungsanweisungen[5] erbracht werden. Der einzelne Beamte hat in diesen Fällen lediglich einen Anspruch auf Gleichbehandlung[6]. Gegen zu eng bemessene Richtlinien kann im Einzelfall die Berufung auf die europarechtliche Freiheit des Dienstleistungsverkehrs helfen[7]. Allerdings ist das geltende System der Beihilfe in seinem Bestand nicht durch Art. 33 Abs. 5 GG abgesichert, kann also modifiziert werden – die beamtenrechtliche Fürsorgepflicht als solche zählt zu den hergebrachten Grundsätzen des Berufsbeamtentums, nicht aber das in ihrer Ausfüllung geschaffene Beihilfesystem selbst in seiner gegenwärtigen Gestalt[8].

42

Allerdings ist die Beihilferegelung nicht der Beliebigkeit anheim gegeben. Hat sich der Dienstherr dafür entschieden, die besonderen Belastungen eines Beamten im Krankheitsfall – partiell – durch im Einzelfall zu gewährende Beihilfen abzufangen, damit der amtsangemessene Lebensunterhalt nicht gefährdet wird, so muss er sich in der Ausgestaltung der näheren Einzelheiten konsequent an dieses „Programm" halten. Art, Ausmaß und etwaige Begrenzungen der Beihilfegewährung müssen

43

---
1 BGH v. 9.12.1999 – III ZR 194/98, DVBl 2000, 482 (483 f.) = NVwZ 2000, 1451.
2 BVerwG v. 27.2.2003 – 2 C 10.02, NJW 2003, 3217 = DöD 2003, 238 = ZBR 2004, 56 = NWVBl. 2003, 340.
3 Zur Frage einer verfassungsrechtlichen Verankerung dieses Beihilfeanspruchs s. BVerfGE 58, 68.
4 Der Dienstherr ist, wenn er eine Beihilferegelung schafft, freilich gehalten, das solcherart begründete „Programm" einzuhalten und seine Regelungen im Detail gewissermaßen „systemkonform" zu treffen; BVerwG v. 12.6.1985 – 6 C 24.84, BVerwGE 71, 342; BVerwG, DöD 1986, 110.
5 Derartige Richtlinien und Verwaltungsanweisungen erlässt für den Bundesbereich grds. der Bundesminister des Innern (§ 145 Abs. 2 BBG), in den Ländern der jeweilige Innenminister, teilweise im Benehmen mit dem Finanzminister (z.B. § 136 LBG NW) oder anderen Ressorts, soweit nichts anderes bestimmt ist.
6 Vgl. BVerwGE 44, 72.
7 Vgl. z.B. BVerwG v. 23.5.2002 – 2 C 35.00, BVerwGE 116, 269 = NVwZ 2002, 1508: Heilkuren im EU-Mitgliedstaat sind nicht von vorheriger amtsärztlicher Bestätigung abhängig. Ebenso EuGH v. 18.3.2004 – C-8/02, ZBR 2004, 315.
8 BVerfG v. 7.11.2002 – 2 BvR 1053/98, NVwZ 2003, 720; deshalb kann z.B. die Beihilfefähigkeit stationärer Wahlleistungen im Wege der Neuregelung generell ausgeschlossen werden. Ähnlich auch BVerwG v. 27.11.2003 – 2 C 37.02, NVwZ-RR 2004, 508 = DVBl 2004, 765, zur Frage der Einführung einer Beteiligung an den Aufwendungen für „freie Heilfürsorge".

sich daher in den Gesamtzusammenhang dieses Programms einfügen. Wird z.B. generell festgelegt, dass bei bestehender Krankheit notwendige Therapiemaßnahmen beihilfefähig sind, soweit die dafür anfallenden Aufwendungen der Höhe nach angemessen sind (in diesem Sinne etwa §§ 12 Abs. 1, 14 BBhV), so statuiert das gewählte „Programm" einen Rechtsanspruch auf Beihilfe, sobald diese Voraussetzungen bejaht werden können. Konkretisierende Verwaltungsvorschriften und Erlasse müssen sich daher darauf beschränken, etwa verbleibende Beurteilungsspielräume zu strukturieren und Ermessensbetätigungen zu lenken – sie dürfen aber nicht Ansprüche, die sich in konsequenter Anwendung des Programms ergeben, durch allein verwaltungsseitige Entscheidung ausschließen[1]. Vor dem Hintergrund dieser Rechtsprechung werden manche Verwaltungsvorschriften, die Leistungsansprüche für bestimmte Therapiemethoden generell und pauschal einzugrenzen versuchen, künftig kritischer betrachtet werden müssen.

44 Soweit Rechtsvorschriften über die Gewährung von Beihilfen bestehen, regeln diese allerdings grds. die Voraussetzungen der Leistungsgewährung abschließend[2]. Zwar können die die Fürsorgepflicht regelnden Generalklauseln in den Beamtengesetzen von Bund und Ländern auch unmittelbar und selbständig Rechtsgrundlage für Zahlungsansprüche des Beamten gegen seinen Dienstherrn sein. Die Fürsorgepflicht geht indessen grds. nicht über das hinaus, was dem Beamten durch abschließende, spezialgesetzliche Regelungen eingeräumt ist[3]. Eine gewisse Pauschalierung ist dabei zulässig[4], in dabei nicht erfassten Einzelfällen ein Rückgriff auf die „allgemeine" Fürsorgepflicht für den Regelfall ausgeschlossen. Lediglich dann, wenn es durch die Richtlinien in besonders gelagerten Ausnahmefällen bzw. in nicht berücksichtigten Fallkonstellationen zu einer unerträglichen Belastung der amtsangemessenen Lebensführung kommt, die Fürsorgepflicht mithin in ihrem Wesenskern beeinträchtigt ist, kann neben bestehenden generellen Regelungen der Rückgriff auf die Fürsorgepflicht selbst angängig sein. Wiederum ist offenbar, dass das Vorliegen eines solchen Ausnahmefalles vorrangig bereits im Verwaltungsverfahren vorzutragen ist, weil hier noch auf die Ermessensbetätigung Einfluss genommen werden kann und im Widerspruchsverfahren nicht allein die Rechtmäßigkeit, sondern auch die Zweckmäßigkeit der Ausgangsentscheidung zu überprüfen steht, §§ 126 Abs. 2 BBG, 54 Abs. 2 BeamtStG, 68 Abs. 1 VwGO.

**2. Pflichten des Beamten**

45 Die Beamtengesetze pflegen die Pflichten des Beamten[5] dem ersten Anschein nach wesentlich umfassender zu behandeln (§§ 33–42, 47 BeamtStG, §§ 60ff. BBG) und damit gegenüber den Rechten noch in den Vordergrund zu rücken. In der anwaltlichen Praxis stehen naheliegenderweise eher die Rechte, die geltend zu machen sind, im Vordergrund, während sich der Pflichtenkanon erst im Falle der Pflichtverletzung näheren Interesses erfreut. Abgesehen von Haftungsfolgen (§ 48 BeamtStG, § 75 BBG, jeweils zu betrachten im Lichte des zivilrechtlich-staatsrechtlichen Haftungssystems des Art. 34 GG, § 839 BGB) lösen Pflichtverstöße vorrangig diszip-

---

1 Zuletzt noch einmal BVerwG v. 30.10.2003 – 2 C 26.02, NJW 2004, 1339 = ZBR 2004, 172 („Viagra"), unter Hinweis auf frühere Rspr. des Senats, die offenbar noch nicht recht ernst genommen worden war.
2 BVerwG v. 18.6.1980 – 6 C 19.79, BVerwGE 60, 212 (214); v. 21.1.1982 – 2 C 46.81, BVerwGE 64, 333 (343).
3 BVerwG v. 21.12.2000 – 2 C 39.99, NVwZ 2001, 685 = DVBl 2001, 745; v. 21.12.2000 – 2 C 38.00, DVBl 2001, 734.
4 Vgl. etwa BVerwGE 25, 123 (125); BVerwG v. 24.3.1982 – 6 C 95.79, BVerwGE 65, 184 (188); v. 18.6.1980 – 6 C 19.79, BVerwGE 60, 312 = DÖV 1981, 101 = ZBR 1980, 349.
5 Allgemein hierzu vgl. etwa *Fleig*, RiA 1996, 226.

## III. Der „Betrieb" des Beamtenverhältnisses

linare Maßnahmen aus, die in einem besonderen Beitrag dieses Handbuchs dargestellt werden (s. *Baden* Teil 6 Kap. B Rz. 26 ff.). Bezeichnenderweise behandelt das Disziplinargesetz jedoch allein die zu verhängenden Maßnahmen und das Disziplinarverfahren, nicht jedoch das materielle Disziplinarrecht. Dieses ist allein dem Pflichtenkanon der Beamtengesetze selbst zu entnehmen.

Der Versuch, diesem **Pflichtenkanon** konkrete Handlungsanweisungen für den Einzelfall zu entnehmen, wird freilich häufig im Ansatz stecken bleiben. Zu generell und abstrakt bleiben die Beschreibungen der Beamtenpflichten; die Formulierungskunst hat offenkundig vor der Vielgestaltigkeit der denkbaren Sachverhalte kapituliert: Der Beamte hat sich seinem Beruf mit vollem Einsatz zu widmen und sein Amt uneigennützig nach bestem Gewissen zu verwalten; er hat sich so zu verhalten, wie dies die Achtung und das Vertrauen, das seinem Beruf entgegengebracht wird, erfordern (§ 34 BeamtStG, § 61 BBG). Er hat seine Vorgesetzten zu beraten und zu unterstützen, er hat deren Anordnungen und generelle Richtlinien zu befolgen (§ 35 BeamtStG, § 62 BBG); je nach Amt hat er angeordnete Dienstkleidung zu tragen (§ 74 BBG)[1]. Er hat sein Amt unparteiisch auszuüben und muss sich mit seinem gesamten Verhalten zur freiheitlich-demokratischen Grundordnung bekennen; bei politischer Betätigung hat er diejenige Mäßigung an den Tag zu legen, die seiner Stellung und seinem Amt frommt[2] (§ 33 Abs. 2 BeamtStG, § 60 Abs. 2 BBG). Diese und weitere generalklauselartigen Pflichten-Bilder bieten wenig Konkretes; wer für Sanktionen bei Pflichtverletzungen markante, subsumtionsfähige Tatbestände sucht, wie sie im Strafrecht gebräuchlich sind, wird diese im Beamtenrecht schmerzlich vermissen. Das BVerfG[3] hat derartig vage Tatbestandsbilder, die nicht mehr als eine Beziehung zwischen Berufspflicht und Berufsaufgabe zum Ausdruck bringen, jedoch für zulässig und hinreichend konkret erachtet, an die schuldhafte Verletzung dieser Pflichten Sanktionen zu knüpfen.

46

Recht betrachtet zwingt die Vagheit eines derartigen Pflichtenkataloges aber nicht erst im Disziplinarfall zu besonderer Vorsicht im Umgang mit entsprechenden Bestimmungen. Die abstrakte, teils sehr abgehobene Beschreibung der Beamtenpflichten soll immerhin bereits im Vorfeld der Sanktion das Verhalten und die dienstliche und persönliche Führung des Beamten bestimmen. Geschieht die **Konkretisierung** allein durch Weisungen des Vorgesetzten, so kann leicht ein schiefes Bild entste-

47

---

1 Die Gehorsamspflicht eines Beamten mit Dienstkleidung rechtfertigt es als hergebrachter Grundsatz des Berufsbeamtentums, dass der Dienstherr aus sachlichen Gründen auch Weisungen in Bezug auf das äußere Erscheinungsbild des Beamten erteilen kann: BVerwG v. 17.3.1994 – 2 B 33.94, Buchholz 237.7 § 58 LBG NW Nr. 1. Vgl. i.E. etwa BVerwG v. 4.7.2002 – 2 C 21.01, NJW 2002, 3344 = NVwZ 2003, 343 (L.) sowie BVerfG v. 24.9.2003 – 2 BvR 1436/02, ZBR 2004, 137 und BVerwG v. 24.6.2004 – 2 C 45.03, NJW 2004, 3581 = DVBl 2004, 1424 = ZBR 2004, 428 (Kopftuch bei islam. Lehrerin); BVerwG, DÖV 1990, 704 (kein Ohrschmuck für männliche Zollbeamte) – gebilligt durch BVerfG v. 10.1.1991, NJW 1991, 1477; andererseits aber: HessVGH v. 16.11.1995 – 1 TG 3238/95, RiA 1997, 36 = NJW 1996, 1164 (sog. Lagerfeld-Zopf bei einem Polizeibeamten nicht zu beanstanden); BVerwG v. 15.1.1999 – 2 C 11.98, NJW 1999, 1985 = DVBl 1999, 929 = RiA 2000, 259 (Zuständigkeit für Regelung von Haarlänge und Ohrschmuck bei männl. Polizeibeamten); OVG Rh.-Pf. v. 22.9.2003 – 2 B 11357/03, NJW 2003, 3793 (Haarlänge bei männl. Polizeibeamten). Eine neue Tendenz bringt BVerwG v. 2.3.2006 – 2 C 3.05, DVBl 2006, 1187 = RiA 2006, 270 = PersR 2006, 339: Keine wirksame Anordnung zur Haarlänge männl. Polizeibeamter wg. Verstoßes gegen Art. 2 Abs. 1 GG. Zum Beihilfeanspruch für Perücken auch bei männlichen Beamten dagegen BVerwG v. 31.1.2002 – 2 C 1.01, NJW 2002, 2045.
2 Vgl. etwa BVerwG, DÖV 1990, 703 (Tragen einer Anti-Atomkraft-Plakette).
3 BVerfG, PersV 1985, 35: Das Disziplinarrecht sei von jeher durch Generalklauseln geprägt, die die schuldhafte Verletzung von Beamtenpflichten mit Disziplinarstrafen ahnden.

hen, welches geeignet ist, Beamtenpflichten auch dort anzunehmen, wo nur das Wunschbild des Einzelnen solche sehen möchte. Die Konkretisierung hat daher stets in enger Rückkoppelung an objektivierbare, zumindest intersubjektiv kontrollierbare Kriterien, so etwa an die „hergebrachten Grundsätze des Berufsbeamtentums" (Art. 33 Abs. 5 GG), an die einschlägige Rechtsprechung und dergl. zu erfolgen.

48 Belangvoll ist dies weniger in Fällen, wenn es etwa um die Beurteilung der Frage geht, ob der Beamte stets zugleich gegen Beamtenpflichten – etwa die Pflicht zu achtungs- und verantwortungsvollem Verhalten (§ 34 Satz 3 BeamtStG, § 61 Abs. 1 Satz 2 BBG) – verstößt, wenn er außerdienstlich ein Kraftfahrzeug nach Alkoholgenuss bewegt[1] oder wenn er sein Gehaltskonto überzieht[2]. Hier lässt sich, i.d.R. fallgruppenabhängig, noch verhältnismäßig leicht ein Konsens finden. Kritisch sind Fragen z.B. der Abgrenzung der Pflicht zu politischer Mäßigung von der selbstverständlich auch dem Beamten zustehenden Meinungsfreiheit, des Verhältnisses zwischen Selbstverantwortung und Weisungsgebundenheit, des Einflusses von Verhaltensweisen der rein privaten Sphäre auf dienstliche Belange. Die stark subjektiv geprägte, womöglich noch politisch motivierte Auffassung eines „Dies gehört sich nicht für einen deutschen Beamten" ist ersichtlich ein wenig geeignetes Kriterium.

49 Für den Beamten selbst und seine Vorgesetzten ist hier einesteils ein Problem der Personal- und Menschenführung angesprochen. Doch dabei bewendet es nicht. Es liegt zugleich ein Problem der korrekten Rechtsanwendung vor, die gehalten ist, die abstrakten Pflichtenbilder der Beamtengesetze auf die jeweilige Situation herunterzukonkretisieren und dabei zugleich ein relativ gleichmäßiges **Anforderungsprofil**[3] beizubehalten. Hier ist bereits im Verwaltungsverfahren ein vielfältiges rechtliches Argumentationsfeld eröffnet; die Beschränkung der Interessenwahrnehmung auf die Verteidigung im Sanktionsfalle würde oft zu spät einsetzen. Die **Remonstrations- und Beschwerderechte** des einzelnen Beamten (§ 36 Abs. 2 BeamtStG[4], §§ 63 Abs. 2 und 125 BBG) vermögen bei alledem eine weitere verfahrensmäßige Sicherung zutreffender Rechtsanwendung zu gewährleisten.

50 Freilich kennt das Beamtenrecht auch sehr konkret angeführte Pflichten, etwa die Verpflichtung, einen **Diensteid** abzulegen, über dienstliche Angelegenheiten **Stillschweigen** zu bewahren, das Verbot, **Geschenke oder Belohnungen**[5] anzunehmen, das grundsätzliche Verbot, ohne besondere Erlaubnis **Nebentätigkeiten** auszuüben, und dgl. mehr.

---

1 Neu hierzu: BVerwG v. 30.8.2000 – 1 D 37.99, BVerwGE 112, 19 = NJW 2001, 1080 = DVBl 2001, 137: Die einmalige außerdienstliche Trunkenheitsfahrt i.S.d. § 316 StGB bedeutet bei einem Beamten, der dienstlich nicht mit dem Führen von Kraftfahrzeugen betraut ist, keine Dienstpflichtverletzung (Aufgabe der bish. Rechtsprechung). Im zeitnahen Wiederholungsfall wird aber eine (außerdienstliche) Dienstpflichtverletzung – hier Verletzung der Wohlverhaltenspflicht, § 54 Satz 3 BBG – angenommen, BVerwG v. 8.5.2001 – 1 D 20.00, NJW 2001, 3565 = DVBl 2001, 1703 (L.); hierzu s. ausdrücklich bestätigend auch BVerfG v. 5.6.2002 – 2 BvR 2257.96, NVwZ 2003, 73.
2 Hierzu etwa BVerwG v. 27.3.1979 – 1 D 3.78, BVerwGE 63, 201.
3 Zur Erforderlichkeit der Entwicklung eines Anforderungsprofils für eine korrekte Auswahlentscheidung VGH Kassel v. 26.10.1993 – 1 TG 1585/93, NVwZ-RR 1994, 601 = DVBl 1994, 593; v. 19.9.2000 – 1 TG 2902/00, NVwZ-RR 2001, 255 (L.); VG Frankfurt v. 11.11.1997 – 1 G 1587/97, NVwZ-RR 1999, 134 und OVG NW v. 14.12.1999 – 12 B 1304/99, RiA 2000, 298. Die Aufstellung eines solchen Anforderungsprofils ist Ausfluss des Organisationsermessens, OVG Rh.-Pf. v. 30.6.1997 – 2 B 11653/97, NVwZ-RR 1999, 49 f.
4 § 60 BRRG vormaliger Fassung findet im BeamtStG keine Entsprechung.
5 Zum Anspruch auf Herausgabe von Schmiergeldzahlungen s. BVerwG v. 31.1.2002 – 2 C 6.01, BVerwGE 115, 389; OVG NW v. 3.7.2002 – 1 B 1526/01, NWVBl. 2002, 471.

Die Verpflichtung zur Wahrung der Amtsverschwiegenheit im Besonderen bereitet 51
bisweilen in der anwaltlichen Bearbeitung eines beamtenrechtlichen Falles Schwierigkeiten – oder zumindest Sorgen auf Seiten des Mandanten, der Sanktionen befürchtet, wenn er innerdienstliche Vorgänge offenbart. Ohne die bisweilen detaillierte Darstellung innerdienstlicher Vorgänge lässt sich aber oft genug das Problem nicht demonstrieren oder belegen, dessentwegen der Beamte um anwaltliche Intervention ersucht. Hierzu hat bereits vor Jahren das Bundesdisziplinargericht klarstellend entschieden, dass sowohl im Disziplinarverfahren als auch „im beamtenrechtlichen Verfahren nach den §§ 126 BRRG, 172 BBG" – entspr. dem heutigen § 126 BBG/§ 54 BeamtStG –, also sowohl im Verfahren der beamtenrechtlichen Beschwerde als auch in jedwedem Rechtsbehelfs- und Rechtsmittelverfahren in beamtenrechtlichen Angelegenheiten Mitteilungen an die damit befassten Gerichte „im dienstlichen Verkehr" erfolgen und damit nicht von der Verpflichtung zur Amtsverschwiegenheit erfasst werden; die Gerichte werden insoweit als Teilbereich des Dienstbetriebes begriffen[1]. Folgerecht soll in diesem Umfang auch keine Genehmigungspflicht nach § 67 BBG bestehen. Ausgenommen sind lediglich die Fälle eines besonderen Schweigegebotes oder die Verletzung von Rechten Dritter. – Der Anwalt als Verteidiger oder Prozessbevollmächtigter profitiert nun seinerseits von dieser Freistellung: Der Grundsatz des rechtlichen Gehörs aus Art. 103 Abs. 1 GG eröffnet nach der zitierten Entscheidung des BDiG die Möglichkeit der Information dieses Personenkreises im gleichen Umfang, wenn und soweit, wie beim Anwalt selbstverständlich, dieser einer Schweigepflicht unterliegt. Für die ordnungsgemäße Bearbeitung beamtenrechtlicher Mandate ist damit eine gewichtige Problemschwelle beseitigt.

## IV. Personalauswahlverfahren im öffentlichen Dienst

### 1. Eignung, Befähigung und fachliche Leistung

**Eignung, Befähigung und fachliche Leistung** sind die allein maßgebenden Auswahl- 52
kriterien für den Zugang zu öffentlichen Ämtern (Art. 33 Abs. 2 GG). Dieser verfassungsrechtlichen Vorgabe folgend, ist das Beamtenrecht dahingehend strukturiert, dass Ernennungen (§ 8 BeamtStG/§ 10 BBG), ja darüber hinaus alle Personal-Auswahlentscheidungen (§ 9 BBG, §§ 3, 33, 36 BLV) streng an diesen Kriterien und damit am Leistungsprinzip zu orientieren sind[2]. Auswahlentscheidungen können demgemäß rechtmäßig nur auf solche Gesichtspunkte gestützt werden, die unmittelbar die genannten Kriterien betreffen. Anderen Gesichtspunkten darf demgegenüber nur dann und nur insoweit Bedeutung beigemessen werden, als der Vergleich mit Hilfe der unmittelbar leistungsbezogenen Kriterien keine Differenzierung mehr ermöglicht[3].

Was den Inhalt dieser Begriffe anlangt, so sind die missglückten, teilweise zirkulä- 53
ren Definitionen des alten § 1 BLV wenig hilfreich gewesen; die Neufassung der BLV 2009 unternimmt in § 2 Abs. 2–4 BLV eine verbesserte Neudefinition in Anlehnung an die in der Rechtsprechung angestellten Bemühungen, die genannten Auswahlkriterien praxistauglicher mit Leben zu erfüllen. Danach zielt der Begriff der **fachlichen Leistung** auf die Arbeitsergebnisse des Beamten bei der Wahrneh-

---

[1] Vgl. BDiG v. 3.12.1991 – IX BK 9/91, NJW 1992, 2107 = NVwZ 1993, 100.
[2] BVerwG v. 25.11.2004 – 2 C 17.03, BVerwGE 122, 237: „Art. 33 Abs. 2 GG enthält keine Einschränkungen, die den Geltungsbereich des Leistungsgrundsatzes relativieren. Belage, die nicht im Leistungsgrundsatz verankert sind, können bei der Besetzung öffentlicher Ämter nur dann Berücksichtigung finden, wenn ihnen Verfassungsrang zukommt."
[3] BVerwG v. 21.8.2003 – 2 C 14.02, BVerwGE 118, 370 = NJW 2004, 870 = DVBl 2004, 317 = ZBR 2004, 101 = RiA 2004, 37.

mung seiner dienstlichen Aufgabe ab und wirft die Frage nach der praktischen Arbeitsweise, dem Arbeitsverhalten und bei Vorgesetzen nach deren Führungsqualitäten auf. Die **Befähigung** nimmt auf die allgemein für die dienstliche Verwendung bedeutsamen Fähigkeiten, Kenntnisse und sonstige Eigenschaften wie Begabung, Allgemeinwissen, Lebenserfahrung und allgemeine Ausbildung Bezug, und die **Eignung** im engeren Sinne umfasst Persönlichkeit und charakterliche Eigenschaften[1].

### 2. Dienstliche Beurteilungen

54 Zur korrekten Einschätzung von **Eignung**[2], **Befähigung** und **fachlicher Leistung** wird der Beamte regelmäßig sowie im Bedarfsfalle vor relevanten Auswahl-Entscheidungen dienstlich beurteilt, § 21 BBG, §§ 48 ff. BLV. Diese Beurteilung erstreckt sich auf die o.g. Kriterien des § 2 Abs. 2–4 BLV und schließt mit einem Gesamturteil und einem Vorschlag für die weitere dienstliche Verwendung ab (§ 49 Abs. 2 u. 3 BLV). Wird dabei dem Beamten z.B. lediglich die Eignung für sein derzeitiges Amt attestiert, so kann dies konkludent die Feststellung beinhalten, dass sich der Beamte für eine Beförderung nicht eignet[3].

Die entsprechenden Länderregelungen sind eigenständig[4]; das BeamtStG enthält sich insoweit einer bindenden Vorgabe.

#### a) Regel- und Anlassbeurteilungen

55 Gem. § 48 Abs. 1 BLV ist der Beamte grds. mindestens alle drei Jahre – für die meisten Dienststellen gilt ein teilweise kürzerer Rhythmus von ein oder drei Jahren – zu beurteilen (**Regelbeurteilung**, s. auch § 21 BBG); die jeweiligen obersten Dienstbehörden können Ausnahmen hiervon zulassen. Steht eine die Verwendung des Beamten betreffende Entscheidung an, so erfordern es i.S.d. § 48 BLV die dienstlichen bzw. persönlichen Verhältnisse des Beamten, eine Beurteilung auch außerhalb dieses Rhythmus vorzunehmen (**Anlassbeurteilung**)[5]. In eine nachfolgende Regelbeurteilung ist diese anschließend jedoch wieder einzubeziehen[6]. Beamte über 50 werden regelmäßig nicht mehr beurteilt.

#### b) Aktualität und Kompatibilität von Beurteilungen

56 Um im Sinne eines Leistungsvergleiches aussagefähig zu sein, müssen die miteinander in Beziehung tretenden Beurteilungen naheliegenderweise eine Reihe von Anforderungen erfüllen. Sie müssen zum einen hinreichend **aktuell** sein, wenn sie tatsächlich einen Vergleich ermöglichen sollen. Ist eine Beurteilung noch druckfrisch, die andere dagegen fünf Jahre oder mehr alt, so können die dort jeweils bewerteten Leistungen nicht mehr miteinander in Beziehung gesetzt werden – das Leistungsbild des früher beurteilten Konkurrenten kann sich zwischenzeitlich verbessert, aber auch verschlechtert haben, er kann inzwischen völlig andere Aufgaben erfüllen u. dgl.

---

1 BVerwG v. 28.10.2004 – 2 C 23.03, BVerwGE 122, 147 = NVwZ 2005, 457 = DVBl 2005, 456 = ZBR 2005, 162, unter Bezugnahme auf BVerfG v. 20.4.2004 – 1 BvR 838/01 u.a., NJW 2004, 1935 = DVBl 2004, 882.
2 Zur Relevanz (auch) der Eignungsbeurteilung vgl. z.B. OVG NW v. 9.11.2001 – 1 B 1146/01, PersR 2002, 257 = NWVBl. 2002, 266 – Bestellung eines Beamten zum Leiter eines Rechnungsprüfungsamtes.
3 Etwa OVG Rh.-Pf., DöD 1986, 46.
4 Z.B. die Neufassung des § 93 LBG NW.
5 Eine anlasslose Anlassbeurteilung ist rechtswidrig, VG Gelsenkirchen v. 4.4.2006 – 12 K 2351/04, NWVBl. 2006, 385.
6 BVerwG v. 18.7.2001 – 2 C 41.00, DRiZ 2003, 49.

## IV. Personalauswahlverfahren im öffentlichen Dienst  Rz. 58 Teil **6 A**

mehr[1]. Die gerichtliche Praxis lässt daher in der Regel nur Beurteilungen für den Leistungsvergleich zu, die nicht älter als drei Jahre sind, sich also innerhalb des laufbahnrechtlich vorgesehenen Intervalls für Regelbeurteilungen (§ 22 Abs. 1 Satz 2 BLV) bewegen. Die Praxis ist regional sehr unterschiedlich[2]. Entscheidend ist aber, dass die Beurteilungen jedenfalls im Verhältnis der Bewerber untereinander nicht von erheblich unterschiedlicher Aktualität sein dürfen[3], sonst ist der hier mit zu beachtende Grundsatz der Chancengleichheit verletzt. Liegt eine solche hinreichend zeitnahe Beurteilung nicht vor, so muss eine Anlassbeurteilung oder (z.B. bei beurteilungsfreien älteren Beamten über 50 Jahre) eine beurteilungsersetzende Leistungsbewertung vorgenommen werden, um die Leistungsbewertungen kompatibel zu machen.

Die zentrale Bedeutung jeweils hinreichend aktueller dienstlicher Beurteilungen und die unterschiedliche Gewichtung von Beurteilungen mit gleichem Gesamturteil, die in unterschiedlichen statusrechtlichen Ämtern mit unterschiedlichem Anforderungsprofil erzielt wurden, hat in der bisherigen Rechtsprechung den Eindruck entstehen lassen, als verlören die jeweils zurückliegenden Beurteilungen – insbesondere nach zwischenzeitlicher Beförderung des Beamten – zunehmend an Relevanz, so dass teilweise sogar im Sinne einer Überholung des Sachverhaltes nach längerer Prozessdauer ein Wegfall des Rechtsschutzbedürfnisses argumentiert wurde. Dieser Annahme ist durch die Entscheidung des BVerwG vom 19.12.2002[4] der Boden entzogen. Hiernach bleiben – unabhängig von einer etwa anders lautenden Intention des Dienstherrn – frühere dienstliche Beurteilungen für künftige Verwendungs- und Auswahlentscheidungen von Belang, und zwar auch dann, wenn sie sich auf ein niedrigeres statusrechtliches Amt beziehen (wegen der weiteren Einzelheiten s. unten Rz. 92 f.). Aufgrund dieser Entscheidungen können Beurteilungen künftig zeitlich unbegrenzt einer gerichtlichen Überprüfung zugeführt werden, ohne eine Überholung des Sachverhalts befürchten zu müssen – andererseits profitiert der betroffene Beamte letztlich niemals von der Wohltat des Vergessens: Ein womöglich unberechtigt abqualifizierendes Urteil haftet ihm ungünstigenfalls ein (Beamten-)Leben lang an. Damit stellt sich die Frage nach der Notwendigkeit und Zweckmäßigkeit eines Vorgehens gegen eine als unberechtigt empfundene Negativ-Beurteilung gänzlich neu. Die inhaltlichen Erfolgsaussichten werden dadurch aber keineswegs besser. 57

Des Weiteren sind Beurteilungen nur dann kompatibel, wenn sie nach den **gleichen Maßstäben** und unter Anwendung der nämlichen Richtlinien aufgestellt worden sind. Wird das Beurteilungsverfahren oder der Bewertungsmaßstab/das Notensys- 58

---

1 Zur Aktualität von Beurteilungen vgl. BVerwG v. 30.6.2011 – 2 C 19.10, IÖD 2011, 220; ferner etwa Hmb. OVG v. 13.8.1991 – BS I 27/91, DöD 1991, 257; OVG Rh.-Pf. v. 23.8.1993 – 2 B 11694/93, NVwZ-RR 1994, 225; OVG NW v. 19.9.2001 – 1 B 704/01, NVwZ-RR 2002, 594 = DVBl 2002, 140 = NWVBl. 2002, 113.
2 Das OVG NW hält eine bis zu drei Jahre alte Beurteilung für hinreichend aktuell (OVG NW v. 19.9.2001 – 1 B 704/01, NWVBl. 2002, 113 = NVwZ-RR 2002, 594; Ausnahmen gelten nur dann, wenn innerhalb der Regelbeurteilungsperiode eine Beförderung oder eindeutig dokumentierte Leistungssteigerungen stattgefunden haben. Ebenso VGH BW v. 16.6.2003 – 4 S 905/03, NVwZ-RR 2004, 120. Das OVG Schl.-Holst. und der VGH Kassel verlangen mit nur einem Jahr „Aktualität" deutlich häufigere Leistungsbewertungen (OVG Schl.-Holst. v. 7.6.1999 – 3 M 18/99, NVwZ-RR 1999, 652; HessVGH v. 19.9.2000 – 1 TG 2902/00, NVwZ-RR 2001, 255 (L.) = DöD 2001, 95 = ZfPR 2000, 302. Das OVG Lüneburg stellt keine festen Maßstäbe auf und bewertet von Fall zu Fall (Nds. OVG v. 5.8.1999 – 2 M 2045/99, DöD 2000, 116.
3 OVG NW v. 19.9.2001 – 1 B 704/01, NWVBl. 2002, 113 = NVwZ-RR 2002, 594. S. auch Thür. OVG v. 24.9.2007 – 2 EO 581/06, NVwZ 2008, 469 L.
4 BVerwG v. 19.12.2002 – 2 C 31.01, NVwZ 2003, 1389 = ZBR 2003, 353 = DöD 2003, 200; v. 27.2.2003 – 2 C 16.02, NJW 2004, 308 (L.) = NVwZ 2003, 1397 = ZBR 2003, 420 = DöD 2003, 202.

tem geändert, so sind naturgemäß Beurteilungen unterschiedlicher Genese nicht miteinander vergleichbar[1]. Hierzu gehört auch das Erfordernis, dass die miteinander verglichenen Beurteilungsnoten in demselben Amt (im statusrechtlichen Sinne) erzielt wurden. Das „sehr gut" in einem niederen Amt ist hiernach nicht so viel wert wie die gleiche Note in einem höheren Amt[2]. Daher ist es auch üblich, das Beurteilungsniveau nach erfolgter Beförderung abzusenken, nachdem nunmehr die Leistungen an den Anforderungen eines höher bewerteten Amtes zu messen sind[3]. Des Weiteren ist es ein Ausfluss des Gleichbehandlungsgrundsatzes, dass bei Regelbeurteilungen gemeinsame Stichtage und gleiche Beurteilungszeiträume zugrunde gelegt werden müssen[4].

59 Eine Beurteilung muss nicht nur hinreichend aktuell und anhand gleicher Bewertungsmaßstäbe erstellt, sondern auch inhaltlich hinreichend aussagekräftig sein und Eignung, Befähigung und fachliche Leistung korrekt erfassen und dokumentieren. Hierfür ist nach der Rechtsprechung des BVerwG[5] insbesondere erforderlich, dass sie die dienstliche Tätigkeit im maßgebenden Beurteilungszeitraum vollständig erfasst, auf zuverlässige Erkenntnisquellen gestützt ist, das zu erwartende Leistungsvermögen in Bezug auf das angestrebte Amt auf der Grundlage der im innegehabten Amt erbrachten Leistungen hinreichend differenziert darstellen sowie auf gleichen Bewertungsmaßstäben beruhen. Der dienstlichen Beurteilung fehlt die erforderliche Aussagekraft und macht sie damit rechtswidrig, wenn sie auf einer nur partiell oder bruchstückhaft vorhandenen Kenntnis der für die Bewertungen erforderlichen Tatsachen beruht. Ist der für die Beurteilung Zuständige selbst nicht in der Lage, sich ein eigenes vollständiges Bild von den Leistungen des Bewerbers zu machen, ist er darauf angewiesen, sich die fehlenden Kenntnisse von anderen Personen zu beschaffen. Hierfür kommen vorrangig, aber nicht ausschließlich die früher für die Beurteilung zuständig Gewesenen sowie sonstige Personen in Betracht, die die Dienstausübung des Bewerbers aus eigener Anschauung kennen. In diesen Fällen müssen die Beurteilungsbeiträge dieser sachkundigen Personen bei der Ausübung des Beurteilungsspielraumes berücksichtigt werden. Der Beurteiler darf nicht davon absehen, Beurteilungsbeiträge einzuholen, weil er sich trotz fehlender eigener Anschauung zutraut, den Bewerber zutreffend einzuschätzen. Zwar ist er an

---

1 Vgl. z.B. BVerwG v. 26.8.1993 – 2 C 37.91, RiA 1995, 31. Zur Identität des zugrundegelegten Anforderungsprofils vgl. OVG NW v. 7.12.1994 – 12 A 1575/91, RiA 1996, 155.
2 Vgl. etwa OVG NW v. 16.4.2007 – 1 A 1789/06, RiA 2007, 271; OVG Schl.-Holst. v. 18.5.1994 – 3 M 17/94, NVwZ-RR 1995, 45; Nds. OVG v. 18.6.1993 – 5 M 1488/93, DVBl 1993, 959; BayVGH v. 4.2.2009, 3 CE 08.2852, RiA 2009, 183. Bei Beförderung innerhalb des Beurteilungszeitraums gilt der Maßstab des Amtes, das der Beamte am Beförderungsstichtag innehatte, BVerwG v. 26.8.1993 – 2 C 37.91, RiA 1995, 31. Es gibt aber i.d.R. keinen festen „Umrechnungsmaßstab", etwa im Sinne einer Notenstufe Differenz, OVG NW v. 24.11.2008 – 6 B 1415/08, ZBR 2009, 269.
3 OVG Rh.-Pf. v. 20.6.2000 – 10 B 11025/00, NJW-RR 2001, 281, und v. 12.9.2000 – 10 A 11056/00, NVwZ-RR 2001, 255; BayVGH v. 22.6.1999 – M 5 K 97.1717, DRiZ 2000, 61 f.; VGH BW v. 23.3.2004 – 4 S 1165/03, RiA 2005, 136.
4 BVerwG v. 18.7.2001 – 2 C 41.00, DöD 2002, 99: Abweichungen bedürfen eines zwingenden Grundes. Allein der Umstand, dass innerhalb des Beurteilungszeitraums auch eine Anlassbeurteilung erfolgte, genügt nicht. Defizite in der Gleichmäßigkeit von Beurteilungszeiträumen sind durch Hinzuziehung weiterer Erkenntnisquellen auszugleichen, OVG NW v. 16.12.2004 – 1 B 1576/04, ZBR 2006, 140 L. Für Anlassbeurteilungen sowie im Vergleich von Anlass- mit Regelbeurteilungen soll dies aber nicht gelten, OVG NW v. 26.1.2009 – 6 B 1594/08, ZBR 2009, 274.
5 Zusammenfassend s. BVerwG v. 4.11.2010, 2 C 16.09, NJW 2011, 695, unter Bezugnahme auf die Urteile v. 5.11.1998, 2 A 3.97, BVerwGE 107, 360; v. 21.3. 2007, 2 C 2.06, RiA 2007, 275, und v. 16.10.2008, 2 A 9.07, ZBR 2009, 782 = Buchholz 11 Art. 87a GG Nr. 6 Rz. 35 (insoweit nicht veröffentlicht in BVerwGE 132, 110). Eindrucksvoll auch OVG NW v. 24.1.2011 – 1 A 1810/08, ZBR 2011, 311 = RiA 2011, 127.

die Feststellungen und Bewertungen Dritter nicht gebunden, sondern kann zu abweichenden Erkenntnissen gelangen. Er übt seinen Beurteilungsspielraum jedoch nur dann rechtmäßig aus, wenn er die Beurteilungsbeiträge der genannten Auskunftspersonen in seine Überlegungen einbezieht. Abweichungen hiervon müssen nachvollziehbar begründet werden. Erst die Beachtung dieser Anforderungen stellt sicher, dass Werturteile auf einer tragfähigen Tatsachengrundlage beruhen und sich an den von Art. 33 Abs. 2 GG vorgegebenen Kriterien orientieren.

Beurteilungen sind rein **innerdienstliche Bewertungen**, keine „Zeugnisse" im arbeitsrechtlichen Sinne. Daher sind die im Arbeitsrecht entwickelten Grundsätze zum Wohlwollensgebot nicht übertragbar. Auch belastende, kritische Äußerungen und selbst einzelne unangemessene, saloppe oder gar missglückte Formulierungen muss der Beamte daher hinnehmen. Die Grenze ist erst erreicht, wenn die Beurteilung ehrenrührige Aussagen enthält[1]. 60

### c) Praktische Relevanz von Beurteilungen

Die Beurteilungsergebnisse sind dabei für die Karriere des Beamten von ganz entscheidender Bedeutung. Im praktischen Ergebnis entscheidet allein die **Beurteilungsnote** über die Beförderungs- und Aufstiegsaussichten. Gerade weil der Dienstherr gehalten ist, seine Auswahlentscheidungen nach dem Maßstab von Eignung, Befähigung und fachlicher Leistung vorzunehmen, wobei Eignung und fachliche Leistung den jeweiligen Beurteilungen entnommen werden, tritt der Beamte letztlich allein mit dem Punktwert seines letztmaßgeblichen Beurteilungsergebnisses in den Wettstreit der Bewerber um die nächste Beförderung. Ein Absinken der Beurteilungsnote wirft den Kandidaten oft um Jahre, u.U. sogar endgültig zurück, weil wegen des Leistungsgrundsatzes jedenfalls im Prinzip zunächst jeder Mitbewerber berücksichtigt werden muss, der über eine bessere Note verfügt. Eine allein oder vorwiegend auf den Eindrücken eines Vorstellungsgespräches beruhende Auswahlentscheidung entspricht nicht den Anforderungen[2]. Die Rechtsprechung kontrolliert die Einhaltung dieses Leistungsprinzips in aller Regel streng[3]: Unternimmt es der Dienstherr, unter Hervorkehrung etwa sozialer Gesichtspunkte den dienstälteren, aber weniger gut beurteilten Beamten vor dem leistungsbesseren Konkurrenten zu befördern, muss er im Rechtsstreit nach § 123 VwGO die Verhängung einer Stellenbesetzungssperre durch das Verwaltungsgericht befürchten[4]. 61

---

1 BVerwG v. 23.4.1998 – 2 C 16.97, BVerwGE 106, 318 (322); OVG Saarl. v. 3.12.2004 – 1 Q 71/04, RiA 2005, 155.
2 Vgl. OVG NW v. 27.6.1994 – 12 B 1084/94, NVwZ-RR 1995, 100; v. 9.11. 2001 – 1 B 1146/01; allgemein zur Relevanz von Auswahlgesprächen OVG NW v. 13.5.2004 – 1 B 300/04, NWVBl. 2005, 180, und v. 12.12.2005 – 6 B 1845/05, RiA 2006, 125 = NVwZ-RR 2006, 343; BayVGH v. 29.9.2005 – 3 CE 05.1705, NVwZ-RR 2006, 344 (nur bei annähernd gleicher Beurteilungslage subsidiär heranzuziehen); OVG Bremen v. 19.2.1999 – 2 B 11/99, ZBR 2001, 221; HessVGH v. 20.4.1993 – 1 TG 709/93, NVwZ-RR 1994, 350 = ZBR 1994, 82; Nds. OVG v. 21.2.2007 – 5 LA 171/06, NVwZ-RR 2007, 540, und v. 13.10.2006 – 5 ME 115/06, RiA 2007, 132. In der inhaltlichen Ausgestaltung von Auswahlgesprächen und den daran zu legenden Bewertungskriterien ist der Dienstherr indessen weitgehend frei, OVG NW v. 12.12.2005 – 6 A 1845/05, NVwZ-RR 2006, 343 = RiA 2006, 125. Zur Relevanz und Berücksichtigung von Assessment-Centern, OVG Berlin v. 8.12.2000 – 4 SN 60/00, NVwZ-RR 2001, 395, und Thür. OVG v. 31.3. 2003 – 2 EO 545/02, NVwZ-RR 2004, 52.
3 Ausnahmen vom Leistungsgrundsatz bedürfen einer gesetzlichen Grundlage: BVerfG v. 2.4.1996 – 2 BvR 169/93, NVwZ 1997, 54.
4 Auch die herannahende Altersgrenze für den begünstigten Kandidaten rechtfertigt nicht die Zurücksetzung des leistungsbesseren Konkurrenten: BVerwG v. 10.11.1993 – 2 ER 301.93, RiA 1994, 175.

62 Was die Umsetzung der Beurteilungsergebnisse in die **konkrete Personalpolitik** anbetrifft, so haben einzelne Behörden komplizierte Bewertungssysteme entwickelt und führen detaillierte **Beförderungsranglisten**. In diese fließen die Punktwerte der letzten, ggf. auch früherer Beurteilungen ebenso ein wie die seit der letzten Beförderung verstrichene Zeit, das Lebensalter und andere Gesichtspunkte. Unterschiedlich ist dabei die Strukturierung dieser Listen ebenso wie die Praxis der Handhabung:

63 Einzelne Dienststellen sind sehr strikt im sukzessiven „Abarbeiten" derartiger Listen, so dass jeder Kandidat aus seiner Rangstelle den voraussichtlichen Zeitpunkt seiner eigenen Beförderung ebenso ablesen kann wie feststellen, ob ggf. unter Verstoß gegen die in der Liste verkörperten Leistungsgesichtspunkte ein Konkurrent vorgezogen wird. In solchen Fällen sind etwaige Verstöße gegen den Leistungsgrundsatz bei Personalentscheidungen relativ leicht auszumachen, falls der Mandant in der Lage ist, Konkretes zu den Beurteilungsergebnissen seiner Konkurrenten zu erfahren und vorzubringen.

64 Andere Behörden benutzen diese Listen nur als Anhaltspunkt, um dann unter individueller Bewertung etwa von Eignungsfragen Einzelfallentscheidungen zu treffen. Solange diese anhand der Kriterien von Eignung und fachlicher Leistung plausibilisierbar bleiben, ist eine solche Praxis kaum anzugreifen. Freilich bleibt das Problem, dass die Beförderungsrangliste auch dann, wenn sie für die letzte Entscheidung unverbindlich bleibt, dadurch unmittelbare Relevanz erlangt, dass nur diejenigen Beamten in die engere Wahl kommen, die in entsprechender Rangposition liegen. Wer auf Grund falscher Beurteilung weit abgeschlagen im Feld liegt, hat auch bei dieser Praxis das Nachsehen.

65 Die Strenge des Erfordernisses, Auswahlentscheidungen unter strikter Berücksichtigung von Eignung und Leistung vorzunehmen, einerseits, und der dem Dienstvorgesetzten eingeräumte Beurteilungsspielraum, der praktisch kaum einmal einer inhaltlichen Kontrolle unterworfen wird, andererseits, verführt dazu, die von jedem Arbeitgeber gewünschte Personalpolitik in die Beurteilungsebene vorzuverlagern. „Geeignete" Gestaltung der jeweiligen Beurteilungen kann dabei zur kaum angreifbaren Grundlage derjenigen Auswahlentscheidung werden, die der Dienstherr wünscht. Dies führt in der Praxis zu einer deutlichen Zunahme der **Beurteilungsstreitigkeiten**. Erfolgreich lassen sich diese i.d.R. nur abschließen, wenn es gelingt, einen Verstoß gegen Verfahrensgarantien oder die Verkennung allgemein anerkannter Bewertungsmaßstäbe darzulegen; außerhalb dieser Aspekte ist gegen „Gefälligkeits-Beurteilungen" (und deren Gegenteil) wenig Kraut gewachsen. Allerdings ist festzustellen, dass die Gerichte in der Überprüfung dienstlicher Beurteilungen zunehmend kritischer vorgehen. Insbesondere die innere Plausibilität und Widerspruchsfreiheit der Gesamtnote im Hinblick auf die vorangegangenen Einzelbewertungen, insbesondere bei Absenkung der Gesamtnote durch den Zweit- oder Endbeurteiler gegenüber unverändert bleibenden Einzelbewertungen des Erstbeurteilers[1], aber auch die ordnungsgemäße Ausschöpfung gegebener Erkenntnismöglichkeiten durch den Beurteiler geraten mehr und mehr auf den Prüfstand. Hier lassen sich in sorgfältiger Arbeit am Sachverhalt und mit ein wenig Phantasie bisweilen weitere Ansatzpunkte für die gerichtliche Überprüfung finden. Ist dies aber nicht der Fall, bewendet es also hilflos bei der subjektiv empfundenen „Ungerechtigkeit"

---

1 „Gebot der Plausibilität und Widerspruchsfreiheit", OVG NW v. 29.8.2001 – 6 A 2967/00, NWVBl. 2002, 158 f.; v. 28.6.2006 – 6 B 618/06, RiA 2007, 76. Die (geringere) Wertigkeit des konkret innegehabten Dienstpostens trägt eine Abwertung der Beurteilungsnote jedenfalls nicht, Nds. OVG v. 18.5.2010, 5 ME 305/09, RiA 2010, 268.

einer erhaltenen Beurteilung, können Unmut und Dienst-Frust („innere Kündigung") des benachteiligten Bewerbers zurückbleiben – Anlass vielleicht auch für den im Personalwesen Verantwortlichen, insoweit peinlichste Korrektheit und Gleichbehandlung an den Tag zu legen, statt vermeintlich geschickt die Klaviatur des Dienstrechts zu spielen.

### d) Der Beurteilungsspielraum

Die Einschätzung von Eignung und fachlicher Leistung in den Beurteilungen ist bei alledem ein jeweils höchstpersönliches Werturteil des Beurteilers[1]. Dies ist in Fragen der gerichtlichen und außergerichtlichen Kontrolle von Belang: Dem Beurteiler wird ein – gerichtlich nicht überprüfbarer – **Beurteilungsspielraum** zugebilligt. Die Kontrolle beschränkt sich (wie etwa im Prüfungsrecht) auf die Fragen, ob der gesetzliche Rahmen und die darin anzuwendenden Begriffe verkannt, womöglich ein unrichtiger Sachverhalt zugrunde gelegt, allgemein gültige Wertmaßstäbe nicht beachtet oder sachfremde Erwägungen angestellt worden sind[2]. Vor allem aber unterliegt die Einhaltung etwa vorhandener besonderer oder allgemein gültiger Verfahrensvorschriften und -regeln der gerichtlichen Kontrolle. Wie im Prüfungsrecht hat die strikte Einhaltung der maßgeblichen Verfahrensregeln die Aufgabe, zumindest auf diesem Wege weitmöglichst das Zustandekommen eines materiell zutreffenden Ergebnisses zu gewährleisten.

66

Um ein solches Werturteil fehlerfrei abgeben zu können, muss der Beurteiler naturgemäß insbesondere unvoreingenommen und persönlich in der Lage sein, dem zu Beurteilenden objektiv und neutral gegenüber zu stehen[3]. Der „befangene" Beurteiler kann in diesem Sinne keine ordnungsgemäße Beurteilung abgeben; eine von einem solchen Beurteiler abgegebene Beurteilung ist rechtswidrig. Allerdings lässt sich der nach den jeweiligen Richtlinien zur Beurteilung aufgerufene Vorgesetzte nicht bereits wegen Besorgnis der Befangenheit ablehnen – es muss vielmehr die Voreingenommenheit zur Überzeugung des Gerichts[4] tatsächlich vorliegen[5]. Die Schwellen hierfür liegen hoch; aus der Beurteilung selbst oder aus dem Verhalten des Vorgesetzten muss der Schluss zu ziehen sein, dass dieser „nicht willens oder nicht in der Lage" ist, den Beamten sachlich und gerecht zu beurteilen[6]. Spannungen zwischen vorgesetztem Beurteilenden und Beurteiltem rechtfertigen nur im Ausnahmefall die Annahme, der Beurteilende sei bei der Erstellung der Beurteilung befangen gewesen[7]. Auch der Umstand, dass ein Vorgesetzter bereits an einer auf-

67

---

1 Die Bewertung durch einen *nicht zuständigen* Beurteiler macht die Beurteilung rechtswidrig, Nds. OVG v. 9.2.2000 – 2 M 4517/99, RiA 2000, 292.
2 Nach den Entscheidungen des BVerfG zur Kontrolldichte bei berufsbezogenen Prüfungen (BVerfGE 84, 34 = NJW 1991, 2005) ist lange Zeit erwogen worden, diese Grundsätze auf das beamtenrechtliche Beurteilungsverfahren zu übertragen (hierzu insb. abl. BVerwGE 97, 128 = NVwZ-RR 1995, 340). Das BVerfG hat nunmehr entschieden, dass eine solche Übertragung auch verfassungsrechtlich nicht geboten sei, BVerfG v. 29.5.2002 – 2 BvR 723/99, NVwZ 2002, 1368 = DVBl 2002, 1203.
3 Einen allgemeinen Grundsatz, dass an der Beurteilung nur Beamte mindestens derselben Besoldungsgruppe mitwirken dürfen, gibt es nach OVG NW v. 29.9.2005 – 1 A 4240/03, RiA 2006, 79, nicht; es kommt auf den Einzelfall an.
4 BVerwG v. 23.4.1998 – 2 C 16.97, NVwZ 1998, 1302 = DVBl 1998, 1076 = DöD 1998, 282, stellt auf die Sicht eines objektiven Dritten, nicht die Perspektive des beurteilten Beamten, ab.
5 BVerwG v. 24.6.1996 – 2 B 97.95.
6 BVerwG v. 12.3.1987 – 2 C 36.86, DVBl 1987, 1159 = Buchholz 232.1 § 40 Nr. 10; v. 17.3.1993 – 2 B 25.93, Buchholz 237.7 § 104 Nr. 6; v. 23.4.1998 – 2 C 16.97, NVwZ 1998, 1302 = DVBl 1998, 1076 = DöD 1998, 282; v. 29.4.1999 – 1 WB 55/98 u.a., ZBR 1999, 348.
7 BVerwG v. 23.1.1991 – 1 WB 70.88.

gehobenen Beurteilung mitgewirkt hatte, ist bei der Neufassung der Beurteilung nicht hinderlich, es sei denn, er hatte die Erstfassung der Beurteilung durch unzulässige Erwägungen beeinflusst[1]. Allerdings muss das Gericht auf ein Vorbringen des Beamten, mit dem dieser die Voreingenommenheit seines Beurteilers rügt, in Gewährung ausreichenden rechtlichen Gehörs eingehen[2]. Es hat allerdings den Anschein, als prüfe die jüngere Rechtsprechung auch in diesem Punkt zunehmend kritischer[3].

68 Obgleich nach alledem die Beurteilung des Beamten eine zentrale Rolle für Laufbahn und Karriere spielt, ist die **Einflussmöglichkeit** des Betroffenen **im Vorfeld der Entscheidung denkbar gering**. Eine vorherige Anhörung entsprechend § 28 VwVfG kommt nicht zum Zuge; die Beurteilung ist nicht Verwaltungsakt. Die Bewertung und Benotung findet im stillen Kämmerlein des zuständigen Vorgesetzten statt[4]. Gleiches gilt für die gesamte verwaltungsinterne Abwicklung und Abstimmung des Beurteilungsvorgangs, und abgesehen vom Inhalt möglicher, in einzelnen Behörden stattfindender „Personalführungsgespräche", in denen in regelmäßigen Abständen der Leistungsstand des Beamten im Vergleich seiner Kollegen besprochen wird, bleibt der Betroffene bis zur Eröffnung im unklaren über die zu erwartenden Ergebnisse. Nach Eröffnung bleibt ihm zwar die Möglichkeit der Gegenvorstellung, die mit zu den Personalakten genommen wird, doch diese ist und bleibt ein stumpfes Schwert und kann den Inhalt einer ungünstigen Beurteilung in der Praxis nicht neutralisieren, geschweige verbessern. Das Ausbleiben etwa vorgesehener Beurteilungs- und Personalgespräche machen im Übrigen die gleichwohl erstellte Beurteilung nicht rechtswidrig[5], auch nicht unter dem Aspekt, dass verabsäumt wurde, den Beamten rechtzeitig auf womöglich sich abzeichnende Leistungsverschlechterungen hinzuweisen; eine dahingehende Verpflichtung anerkennt die Rechtsprechung schon vom Ansatz her nicht[6].

### e) Rechtsschutz gegen dienstliche Beurteilungen

69 Selbstverständlich ist **nachträglicher Rechtsschutz** eröffnet. Die Beurteilung ist nach der Rechtsprechung des BVerwG zwar nicht Verwaltungsakt[7]. Rechtsschutz vor den Verwaltungsgerichten ist daher im Wege der „allgemeinen Leistungsklage" zu suchen. Nach § 126 Abs. 2 BBG/§ 54 Abs. 2 BeamtStG gilt für alle Verfahren von Beamten, Ruhestandsbeamten, ehemaligen Beamten und Hinterbliebenen von Be-

---

1 BVerwG v. 21.7.1992 – 1 WB 96.91.
2 BVerfG v. 6.8.2002 – 2 BvR 2357/00, ZBR 2003, 31.
3 Exemplarisch OVG NW v. 16.12.2003 – 1 B 2117/03, NVwZ-RR 2004, 236: Dem Beamten war von Seiten des Staatssekretärs nahegelegt worden, eine Bewerbung zurückzunehmen. Dem war der Beamte nicht nachgekommen. Die daraufhin ergangene Beurteilung durch den StS fiel prompt schlechter aus. Nach dem vom ASt. vorgetragenen Umständen „... liegt der Schluss nahe, dass die anstehende Anlassbeurteilung nur deswegen schlechter ausfallen sollte, um die unbotmäßige Aufrechterhaltung einer Bewerbung abzustrafen. Damit ist zugleich glaubhaft gemacht, dass der Staatssekretär den ASt. nicht mehr beurteilen durfte. Im fehlte insoweit die notwendige Distanz ..."
4 Zur Notwendigkeit der Unterrichtung und Anhörung der Schwerbehindertenvertretung nach § 95 Abs. 2 SGB IX vor der dienstlichen Beurteilung eines schwerbehinderten Beamten vgl. indessen VG Berlin v. 29.8.1991 – 7 A 53/89, NVwZ-RR 1993, 46f.
5 So ausdr. OVG NW v. 2.5.2003 – 6 A 2131/00, DöD 2003, 292 = NWVBl. 2003, 395 für nach den Richtlinien gebotene *Anhörungen* im Beurteilungsverfahren. Dort auch zur Unterscheidung von im Beurteilungsverfahren gebotenen Anhörungen und „Beurteilungsgesprächen".
6 BVerwG v. 17.4.1986 – 2 C 28.83, ZBR 1986, 330; v. 13.11.1997 – 2 A 1.97, DVBl 1998, 638.
7 BVerwG v. 13.11.1975, BVerwGE 49, 351 (357f.).

amten, die im Beamtenverhältnis ihren Grund finden, allerdings die Besonderheit, dass vor Klageerhebung ein Vorverfahren durchzuführen ist; durch Landesgesetz kann abgewichen werden[1]. Dieses Widerspruchsverfahren ist nicht nur in den Fällen vorgesehen, in denen die oberste Dienstbehörde den anzugreifenden Verwaltungsakt erlassen hat (Fall des § 68 Abs. 1 Nr. 1 VwGO), sondern **für alle Klagen einschließlich der Leistungs- und Feststellungsklagen.** Insbesondere die allgemeine Leistungsklage deckt im Beamtenrecht dabei den Bereich ab, in dem sich der Beamte gegen Maßnahmen wendet oder solche anstrebt, die nicht Verwaltungsakte darstellen. Somit kann – und muss! – im Beamtenrecht **auch gegen solche Maßnahmen Widerspruch** eingelegt werden, **die nicht Verwaltungsakt sind**, und damit insbesondere auch gegen dienstliche Beurteilungen. Es kann nicht genug betont werden, dass solche Widersprüche statthaft sind[2]. Sie sind indessen nicht fristgebunden; wer allzu lange wartet, kann aber nach der Rechtsprechung die Anfechtungsmöglichkeit verwirken. Die Praxis nimmt solches allerdings frühestens nach Ablauf einer Jahresfrist analog § 58 VwGO, regelmäßig auch noch wesentlich später, an[3].

70 Damit hat der Beamte alternativ zwei Möglichkeiten. Er kann zum einen diesen **Widerspruch** des § 126 Abs. 2 BBG/§ 54 Abs. 2 BeamtStG[4] erheben, zum anderen kann er den ausdrücklichen **Antrag stellen, die Beurteilung zu ändern**. Eine diesen Antrag ablehnende Entscheidung wird regelmäßig als Verwaltungsakt begriffen, gegen den Widerspruch (§ 68 VwGO)[5] und anschließende Klage gegeben sind[6]. Die Praxis ist bezüglich dieser beiden Rechtsschutzwege unterschiedlich; oft wird seitens der Behörden der Widerspruch gegen die Beurteilung in einen Abänderungsantrag umgedeutet. Es bleibt jedoch festzuhalten, dass beide Wege gleichrangig eröffnet sind[7]. Das gilt auch, wenn – wie in einigen Bundesländern – kein Widerspruch mehr gegeben ist: Dann kann auch unmittelbar geklagt werden[8].

71 Die nachfolgende **Beurteilungsklage** wird typischerweise mit dem **Antrag** geführt, die beklagte Dienststelle (unter Aufhebung etwa entgegenstehender Entscheidungen, insbesondere des Widerspruchsbescheides) zu verpflichten, die streitgegenständliche dienstliche Beurteilung aufzuheben bzw. in bestimmten, jeweils zu benennenden Details zu ändern; ebenso statthaft ist der (regelmäßig weitere) Antrag, die Dienststelle darüber hinaus zu verpflichten, den Kläger unter Beachtung der

---

1 So z.B. in NW, wo das Widerspruchsverfahren weitestgehend abgeschafft ist. Für Bundesbeamte gilt das obligatorische Widerspruchsverfahren allerdings gem. § 126 Abs. 2 BBG fort.
2 Zusammenfassend BVerwG v. 28.6.2001 – 2 C 48.00, BVerwGE 114, 350 = NVwZ 2002, 97 = DVBl 2002, 196 = DÖV 2001, 1042 sowie v. 18.7.2001 – 2 C 41.00, NVwZ-RR 2002, 201 (unter Bezugnahme auf ältere Rechtsprechung: BVerwG v. 26.6.1978 – 2 C 8.78, BVerwGE 60, 245 (251)). Ferner OVG Rh.-Pf. v. 18.2.2000 – 10 A 11245/99, RiA 2000, 200.
3 S. etwa OVG Saarl. v. 29.8.2006 – 1 Q 19/06, NVwZ 2007, 117. Bis zu drei Jahre: VGH BW v. 4.6.2009, 4 S 213/09, NVwZ-RR 2009, 967.
4 In den Ländern wegen des Abweichungsvorbehalts des § 54 Abs. 2 Satz 3 BeamtStG unterschiedlich.
5 Wiederum vorbehaltlich abweichenden Landesrechts, s.u. Rz. 320 ff.
6 Nach OVG Saarl., NVwZ-RR 1993, 45, entfällt freilich das Rechtsschutzbedürfnis für eine solche Klage, sobald der Beamte nach dem Beurteilungsstichtag befördert wurde, falls nach der ständigen Übung des Dienstherrn das weitere berufliche Fortkommen allein von der Bewährung in dem nun innegehabten, höheren Amt abhängt.
7 Zusammenfassend BVerwG v. 28.6.2001 – 2 C 48.00, BVerwGE 114, 350 = NVwZ 2002, 97 = DVBl 2002, 196 = DÖV 2001, 1042 sowie v. 18.7.2001 – 2 C 41.00, NVwZ-RR 2002, 201 (unter Bezugnahme auf ältere Rechtsprechung: BVerwG v. 26.6.1980 – 2 C 8/78, BVerwGE 60, 245 [251]). Ferner OVG Rh.-Pf. v. 18.2.2000 – 10 A 11245/99. OVG, RiA 2000, 200.
8 BVerwG v. 18.6.2009 – 2 B 64.08, ZBR 2009, 341.

Rechtsauffassung des Gerichts neu zu beurteilen. Die Klage wird allerdings wegen Wegfalls des Rechtsschutzbedürfnisses unzulässig, wenn der Beamte während der Laufzeit des Prozesses in den Ruhestand versetzt[1] oder entlassen[2] wird. In der Vergangenheit ist die Rechtsprechung auch dann von einem Wegfall des Rechtsschutzinteresses ausgegangen, wenn der Beamte nach Erstellen der streitbefangenen Beurteilung befördert wurde, weil bei jedweder weiteren Personalauswahlentscheidung auf eine danach zu erstellende neue, aktuellere Beurteilung abzuheben sein werde, die die Leistungen in Ansehung der höheren Anforderungen des höher bewerteten Amtes zu bewerten haben würde; die zurückliegende Beurteilung wurde für „verbraucht" angesehen. Diese Rechtsprechung hat durch die Entscheidungen des BVerwG[3] zur leistungsrelevanten Berücksichtigungsbedürftigkeit auch zurückliegender Beurteilungen (s. unten Rz. 92) ihre Grundlage verloren.

72 Eine andere Frage ist die nach den **Erfolgsaussichten**. Diese bleiben begrenzt, gerade weil den Dienstvorgesetzten erhebliche Beurteilungsspielräume eingeräumt sind. Daher beschränkt sich die Rechtmäßigkeitskontrolle der Verwaltungsgerichte[4] darauf, ob die Verwaltung gegen Rechts- und/oder Verwaltungsvorschriften oder -regeln verstoßen hat (z.B. gegen bestehende Beurteilungsrichtlinien, ferner natürlich auch, ob die Beurteilungsrichtlinien ihrerseits mit höherrangigem Recht zu vereinbaren sind[5,6]) den gesetzlichen Rahmen oder anzuwendende Begriffe (z.B. auch die vorgesehenen Beurteilungsnoten) verkannt hat, von einem unrichtigen Sachverhalt ausgegangen ist[7], allgemein gültige Wertmaßstäbe nicht beachtet hat; hierunter zählt insbesondere auch das Gleichbehandlungsgebot[8], oder sachfremde Erwägungen angestellt hat (zum voreingenommenen Beurteiler s. oben Rz. 67).

73 Zunehmend achtet die Rechtsprechung allerdings auf eine innere Plausibilität und Schlüssigkeit der Beurteilungen. Es darf zunächst an die oben (Rz. 59) bereits beschriebenen Anforderungen Bezug genommen werden, deren Beachtung im Beurteilungsverfahren überprüft wird. Aber auch im Detail kann sich eine Beurteilung als rechtswidrig erweisen, wenn die Anforderungen an Plausibilität und Schlüssigkeit nicht hinreichend beachtet werden. Es ist z.B. nicht angängig, zwischen den Einzelwertungen und der zusammenfassenden Gesamtbewertung eine unauflösbare Dis-

---

1 BVerwG v. 26.6.1980 – 2 C 13.79; ZBR 1981, 197 = DöD 1980, 224; v. 13.6.1985 – 2 C 6.83, ZBR 1985, 347 = DÖV 1985, 929 (L.).
2 BVerwG v. 28.8.1986 – 2 C 26.84, Buchholz 232.1 § 40 Nr. 9; v. 11.2.1982 – 2 C 33.79, ZBR 1983, 203 = RiA 1982, 153 = DöD 1982, 236; v. 26.6.1980 – 2 C 13.79, ZBR 1981, 197 = DöD 1980, 224.
3 BVerwG v. 19.12.2002 – 2 C 31.01, NVwZ 2003, 1389 = ZBR 2003, 353 = DöD 2003, 200; v. 27.2.2003 – 2 C 16.02, NJW 2004, 308 (L.) = NVwZ 2003, 1397 = ZBR 2003, 420 = DöD 2003, 202; s. auch OVG NW v. 3.2.2003 – 6 A 2664/02, PersV 2004, 317.
4 BVerwG v. 13.5.1965 – II C 146.62, BVerwGE 21, 127; v. 26.6.1980 – 2 C 8.78, BVerwGE 60, 245 = DVBl 1981, 497 = ZBR 1981, 195 = RiA 1981, 59; neuestens auch BVerfG v. 9.5.2002 – 2 BvR 723/99, NVwZ 2002, 1368.
5 BVerwG v. 26.8.1993 – 2 C 37.91, DVBl 1994, 112 = DöD 1994, 33 = ZBR 1994, 54; v. 19.12.2002 – 2 C 31.01, NVwZ 2003, 1398 = ZBR 2003, 359 = DöD 2003, 200.
6 Nach ArbG Bonn v. 18.3.2004 – 3 Ca 3190/03, PersR 2005, 334, sind dienstliche Beurteilungen (hier: im Angestelltenbereich) rechtswidrig, wenn die zugrundeliegenden Beurteilungsrichtlinien nicht ordnungsgemäß mitbestimmt wurden.
7 Zur Verpflichtung, den Beurteilungssachverhalt umfassend und „neutral" zu ermitteln, OVG NW v. 15.10.2003 – 1 A 2338/01, NVwZ-RR 2004, 874 (Besonderheiten der Richterbeurteilung).
8 Hat in einer Beurteilungskampagne eine große Zahl der Beurteiler den vorgegebenen Noten einen Aussagegehalt beigelegt, der von der Definition in der Beurteilungsrichtlinie abweicht, ist eine dienstliche Beurteilung, bei der sich der Beurteiler an die Notendefinition der Richtlinie gehalten hat, rechtswidrig, BVerwG v. 2.3.2000 – 2 C 7.99, NVwZ-RR 2000, 621 = RiA 2000, 283 = RiA 2000, 283 = DöD 2001, 38 = PersV 2001, 277.

krepanz auftreten zu lassen; eine solche Beurteilung ist rechtswidrig. Derartige Konstellationen können z.B. auftreten, wenn der höhere Vorgesetzte unter dem Gesichtspunkt der Maßstabswahrung eine Absenkung der Gesamtnote verfügt hat[1], die eine bessere Beurteilung rechtfertigenden Einzelnoten dagegen unverändert stehen bleiben. Für eine Korrektur der Einzelwerte hinwiederum muss dargetan werden können, dass der höhere Vorgesetzte insoweit über eigene oder zumindest mittelbare – zusätzliche – Erkenntnisquellen verfügt, was bisweilen schwierig darzustellen ist. Wird die Absenkung eines Gesamturteils mit einem Quervergleich in der Vergleichsgruppe begründet, muss der (Neu-)Bewertung auch tatsächlich eine vergleichende Betrachtung zugrunde liegen[2]. Rechtswidrig, weil auf unvollständiger Tatsachengrundlage beruhend, ist eine Beurteilung, bei der der Erstbeurteiler wegen mangelnder Sprachkenntnisse den Inhalt eines fremdsprachigen Beurteilungsbeitrags nicht vollständig erfasst hat[3]. Ebenso kann es an der inneren Plausibilität einer Beurteilung fehlen, wenn etwa der Endbeurteiler die Herabstufung einer Beurteilung auf den Umstand stützt, dass die Anforderungen an den Dienstposten (z.B. das Fehlen von Führungsaufgaben) regelmäßig eine bessere als durchschnittliche Beurteilung nicht zulassen, wenn andererseits das Kriterium „Mitarbeiterführung" gar nicht Gegenstand der Beurteilung ist – eine derartig begründete Beurteilung ist als „systemwidrig" verworfen worden[4]. Auf den substantiierten Einwand, dass notwendige Beurteilungsbeiträge fehlen oder nicht angemessen berücksichtigt worden seien, muss der Dienstherr eine ergänzende, plausibilisierende Stellungnahme beibringen[5].

Auch die Rechtsprechung des BVerfG[6] zur Kontrolle berufbezogener Prüfungsentscheidungen eröffnet keine neuen Überprüfungsmöglichkeiten bei beamtenrechtlichen Beurteilungen[7]. In Fragen des Inhalts, erst recht natürlich des Ergebnisses der Beurteilung nützt erfahrungsgemäß auch die nachträgliche Argumentation im Verwaltungsverfahren nicht viel, sobald es um mehr als Marginalien geht. Können keine Gesichtspunkte vorgetragen werden, die auch eine gerichtliche Überprüfung der Beurteilung ermöglichen, ist die Bereitschaft zur Änderung einer einmal erstellten Beurteilung nach allen Erfahrungen der Praxis gering. Ob diese Gesichtspunkte dann noch im Verwaltungsverfahren vorgetragen oder für ein Klageverfahren (allg. Leistungsklage bei Widerspruch nach § 126 Abs. 2 BBG/§ 54 Abs. 2 BeamtStG oder Verpflichtungsklage bei Abänderungsantrag und nachfolgendem Widerspruch) aufgespart werden, ist Fallfrage und vorrangig von taktischen Erwägungen abhängig zu machen. 74

---

1 Zu den Erkenntnisgrundlagen für eine solche Abweichung und den Begründungserfordernissen s. BVerwG v. 11.12.2008 – 2 A 7.07, NVwZ-RR 2009, 438 (L.).
2 OVG NW v. 24.1.2008 – 6 A 1430/07, ZBR 2008, 323 (L.).
3 OVG NW v. 13.12.2007 – 6 A 1414/05, ZBR 2009, 69 (L.).
4 Vgl. OVG NW v. 18.8.2008 – 6 A 395/06, DVBl 2009, 61.
5 OVG NW v. 13.12.2007 – 6 A 1414/05, ZBR 2009, 69 (L.).
6 BVerfG v. 17.4.1991 – 1 BvR 419/81, BVerfGE 84, 34 = NJW 1991, 2005; v. 17.4.1991 – 1 BvR 1529/84 u.a., BVerfGE 84, 59 = NJW 1991, 2008.
7 BVerwG v. 17.3.1993 – 2 B 25.93, DÖV 1993, 1051.

### f) Beurteilungsrichtlinien

75 Eine Reihe von Dienstherren hat für ihre Zuständigkeitsbereiche **Beurteilungsrichtlinien**[1], geschaffen[2]. Diese enthalten inhaltliche Vorgaben ebenso wie Verfahrensregelungen. Soweit diese existieren, sind sie einzuhalten; Abweichungen im Einzelfall sind unzulässig und verstoßen gegen das Gleichbehandlungsgebot[3]. Die Beurteilungsrichtlinien behandeln dabei insbesondere die Frage, wer die Beurteilung jeweils vorzunehmen hat, ob und inwieweit weitere Vorgesetzte des Beamten mitzuwirken, zu kontrollieren oder ggf. zu ergänzen oder abzuändern haben, ob ggf. der Dienststellenleiter die Beurteilung an sich ziehen und selbst vornehmen oder abändern darf, ob ein Überprüfungsverfahren durch die vorgesetzte Behörde[4] vorgesehen ist, in welchen zeitlichen Abständen und zu welchen Stichtagen Regelbeurteilungen vorgenommen werden und in welchen Fällen Anlassbeurteilungen erstellt werden können oder sollen, usw. Fehlt eine solche Regelung, so nimmt der unmittelbare Dienstvorgesetzte – der Leiter der Beschäftigungsbehörde – die Beurteilung vor[5], dieser ist, soweit er persönlich Eignung und Leistung des Bediensteten nicht aus eigener Anschauung kennt, gehalten, aber auch befugt, Erkundigungen und Stellungnahmen[6] von Vorgesetzten und Mitarbeitern einzuholen und ggf. sonstige Erkenntnisquellen[7] zu nutzen. Bei Vorgesetztenwechsel ist nach OVG Schleswig ein qualifizierter Beurteilungsbeitrag einzuholen, wenn dessen Stellungnahme im Beurteilungszeitraum ein volles Jahr und mehr abdecken kann[8]. Ein solcher muss inhaltlich die Informationen vermitteln können, die es dem Beurteiler erlauben, zutreffend diejenigen in der Beurteilung zu bewertenden Elemente von Eignung, Befähigung und fachlicher Leistung zu erfassen, über die keine er aus eigener Anschauung gewonnenen Erkenntnisse besitzt[9]. Ob und mit welchem Ge-

---

1 Beim Erlass solcher Richtlinien hat der Dienstherr große Gestaltungsfreiheit; freilich hat er diese dann gleichmäßig auf alle Betroffenen anzuwenden; BVerwG v. 30.4.1981 – 2 C 8.79, DVBl 1981, 1062; v. 2.3.2000 – 2 C 7.99, NVwZ-RR 2000, 621 = RiA 2000, 283 = DöD 2001, 38 = PersV 2001, 277. Dabei muss die gleichmäßige Anwendung der Beurteilungsmaßstäbe von vornherein sichergestellt sein, sonst ist ihre Anwendung rechtswidrig, Sächs. OVG v. 5.4.2005 – 3 B 277/03, NVwZ 2006, 222 = NJW 2006, 1344 L = ZBR 2006, 140 L.
2 Beurteilungsrichtlinien sind mitbestimmungspflichtig, vgl. § 76 Abs. 2 Nr. 3 BPersVG und die entspr. Bestimmungen der Länder. Dies sind allgemeine Regeln, die weitere Beurteilungskriterien schaffen und auch die Bewertungsmethode im Hinblick auf eine Objektivierung der Beurteilung zur Gewährleistung des Gleichheitssatzes im Einzelnen festlegen, BVerwG v. 11.12.1991 – 6 P 20.89, PersR 1992, 202 = PersV 1992, 379. Die Festlegung von Richtwerten soll nicht der Mitbestimmung unterliegen, BVerwG v. 13.11.1997 – 2 A 1.97, DVBl 1998, 638 (zweifelh.; a.A. HessVGH, ZBR 1990, 193). Fehler im Mitbestimmungsverfahren machen die Richtlinien rechtswidrig und können auf die auf ihrer Grundlage erstellten Beurteilungen durchschlagen.
3 Beurteilungsrichtlinien sind – wie alle Verwaltungsvorschriften – nicht nach ihrem Wortlaut, sondern nach Maßgabe der tatsächlichen Verwaltungspraxis auszulegen; OVG NW v. 28.10.1999 – 12 A 4187/97, NWVBl. 2000, 184 = RiA 2000, 295.
4 Hierzu etwa BVerwG, NVwZ 1987, 166; BayVGH v. 30.1.1986 – 3 B 83 A.2609, ZBR 1986, 121.
5 BVerwG, ZBR 1981, 341; s. auch *Schnellenbach*, BeamtR, Rz. 438, und *Schnellenbach*, Dienstl. Beurt., B 233 m.w.N.
6 Vgl. etwa BVerwG v. 2.4.1981 – 2 C 34.79, BVerwGE 62, 135; BayVGH v. 21.7.1982 – 3 B 81 A.2694, ZBR 1982, 375.
7 Z.B. Unterrichtsbesichtigungen bei Lehrern, ggf. unter Hinzuziehung von Fachberatern: BVerwG v. 17.4.1986 – 2 C 13.85, DVBl 1986, 1151; OVG NW v. 9.9.2002 – 6 B 1375/02, NVwZ-RR 2003, 216.
8 OVG Schl.-Holst., DöD 1996, 265.
9 BVerwG v. 5.11.1998 – 2 A 3.97, BVerwGE 107, 360 = DVBl 1999, 921 = NVwZ-RR 1999, 455.

wicht nach Vorgesetztenwechsel ein solcher Beurteilungsbeitrag des früheren Vorgesetzten zu berücksichtigen ist, steht nicht im Ermessen des Beurteilers; diese Entscheidung trifft er innerhalb seines eigenen Beurteilungsspielraums[1].

Der höhere Beurteiler (Zweit- oder Endbeurteiler) in einem mehrstufigen Beurteilungsverfahren darf von den Einschätzungen des oder der Vorbeurteiler abweichen; er ist es, der vorrangig dafür verantwortlich ist, dass innerhalb der Behörde einheitliche Bewertungsmaßstäbe angewendet werden. Er muss seine abweichende Auffassung aber nachvollziehbar begründen. Dafür genügt aber nicht der Hinweis, ein bestimmter, vom Beamten versehener Dienstposten, die vom Beamten verrichtete Tätigkeit oder das Fehlen von Führungsverantwortung rechtfertige schon für sich genommen keine überdurchschnittliche Beurteilung[2].

76

### g) Quoten und Richtwertvorgaben

Die zentrale Rolle, die eine gute, ja hervorragende Beurteilung für das weitere Fortkommen des Beamten spielt, hat in der Vergangenheit häufig zu einer förmlichen „**Inflation**" **von Bestnoten** geführt. In einem Ministerium, in dessen Beurteilungsrichtlinien die Note „befriedigend" durchschnittliche Leistungen kennzeichnen sollte, so dass „gut" bereits überdurchschnittliche Leistungen hätte bescheinigen müssen, ergab eine Beurteilungsstatistik nach Durchführen einer Regelbeurteilungsrunde, dass über 80 % der Beamten einzelner Besoldungsgruppen die Note „sehr gut" erreicht hatten[3]. Durch eine solche Praxis hatte nicht nur der i.S.d. Richtlinien zutreffend, weil in der Tat überdurchschnittlich, mit „gut" beurteilte Beamte das Nachsehen, indem er sich weit abgeschlagen am Ende der Leistungsskala wiederfand[4]. Das Beurteilungswesen selbst wurde durch diese Praxis ad absurdum geführt. Die Note „sehr gut" taugte als Differenzierungskriterium nicht mehr, so dass letztlich auch der wirklich „sehr gute" Beamte unter diesem System litt. Das BVerfG[5] hat vor diesem Hintergrund noch einmal hervorgehoben, dass es auf eine mit Art. 33 Abs. 2 GG nicht vereinbare Beurteilungspraxis hindeute, wenn z.B. eine große Anzahl von Bewerbern um eine Beförderungsstelle ausnahmslos mit der Spitzennote beurteilt sind; dem müssen dann die Fachgerichte kritisch nachgehen. Und unter dem Gesichtspunkt der Plausibilität geraten inzwischen Serien von aktuell erstellten Anlassbeurteilungen in die Kritik der Gerichte, wenn danach unerfindlicherweise alle beurteilten Auswahl-Kandidaten über die gleiche – gute – Beurteilungsnote verfügen[6].

77

Derartige Erfahrungen haben in der Folge den Wunsch gefördert, eine wirkliche Differenzierung auch in der Notenskala durch Einführung von Richtwertvorgaben zu ermöglichen. Neuere Richtlinien geben daher immer häufiger vor, dass nicht mehr als 5, 10 oder 15 % der beurteilten Beamten die Bestnote, weitere 15 bis 35 % die nächstbeste Note erhalten sollten, usw. In § 50 Abs. 2 der neuen BLV 2009 sind Quoten von 10 und 20 % für die beiden besten Noten als Soll vorgegeben gegenüber 15 und 35 % in § 41a BLV a.F. Die Statthaftigkeit derartiger Quotenvorgaben ist in der Folge heftig umstritten gewesen, pflegt sich doch die Qualifikation der Mitarbei-

78

---

1 BVerwG v. 5.11.1998 – 2 A 3.97, BVerwGE 107, 360 = DVBl 1999, 921 = NVwZ-RR 1999, 455; v. 29.4.1999 – 1 WB 55.98, DÖV 2000, 212 (L.).
2 OVG NW v. 18.8.2008 – 6 A 395/06, ZBR 2009, 133 = DVBl 2009, 61.
3 Hierzu vgl. z.B. OVG Rh.-Pf. v. 28.6.1996 – 10 A 13209/95, DVBl 1997, 385 (L.).
4 Zur dann gegebenen Rechtswidrigkeit der Beurteilung (wegen Anlegung nicht gleichmäßiger Bewertungsmaßstäbe!) s. instruktiv BVerwG v. 2.3.2000 – 2 C 7.99, NVwZ-RR 2000, 621 = RiA 2000, 283.
5 BVerfG v. 29.7.2003 – 2 BvR 311/03, NVwZ 2004, 95 = ZBR 2004, 45.
6 Hierzu z.B. VG Darmstadt v. 19.3.2007 – 1 G 285/07, NVwZ 2007, 1452.

ter einer Behörde nicht an prozentualen Quotenvorgaben zu orientieren, so dass es besonders in den Grenzbereichen zwischen den Noten zu Ungereimtheiten in der Bewertung kommen musste. Tatsächlich ist in aller Regel die Zahl der einer Beurteilung unterworfenen Bediensteten nicht so groß, dass im Sinne einer Gauß'schen Normalverteilung mit statistischer Gesetzmäßigkeit mit einer zwangsläufigen Notenverteilung gerechnet werden kann, wobei Grenzbereiche stets unscharf bleiben (müssen). Zwischenzeitlich ist die grundsätzliche Statthaftigkeit von Richtwertvorgaben allerdings in der Rechtsprechung anerkannt[1].

79 Richtwertvorgaben haben nach BVerwG[2] die Funktion, zum einen die Bewertungsvorstellungen des Dienstherrn zu konkretisieren und zum anderen auf der Seite der Betroffenen – also der Beurteiler wie der Beurteilten – diese Wertigkeitsvorgaben der Beurteilungsnoten zu verdeutlichen. Auf diese Weise sollen die Maßstäbe gesetzt und deren gleichmäßige Einhaltung sichergestellt werden. Das ist dem Dienstherrn gewiss unbenommen. Verfährt er aber in dieser Weise, ordnet er also an, dass eine vorgegebene Zahl von Beschäftigten einer Vergleichsgruppe mit der Bestnote und eine nächstfolgende, ebenso definierte Gruppe mit der zweitbesten Note versehen werden, usw., so ist das Ergebnis einer solchen Vorgehensweise indessen unweigerlich eine Reihung der Betroffenen in einer **relativen** Rangskala. „Absolute" Einordnungen lassen sich bei diesem Vorgehen nicht gewinnen, so dass der Vergleich der Beurteilungsergebnisse selbst bei idealem innerbehördlichen Vorgehen immer nur eine Zuordnung innerhalb der verglichenen Gruppen möglich macht. Jegliche Kompatibilität mit Beurteilungssystemen und -ergebnissen, die in anderen Vergleichsgruppen gewonnen wurden, scheidet damit aus, so dass der Wertungsvergleich gewillkürte Gleichsetzungen notwendig macht.

80 Tatsächlich ist die mit Richtwerten zwangsläufig verbundene Ranking-Orientierung aber auch innerhalb des Beurteilungssystems problembehaftet. Schwierigkeiten ergeben sich bereits bei der **Zusammenstellung der Vergleichsgruppen**. Da in der Ämterhierarchie die Anforderungen an das jeweilige Amt im statusrechtlichen Sinne unterschiedlich sind, müssen sich die Bewertungsmaßstäbe grds. hieran orientieren. In der Praxis findet sich demgegenüber, z.B. weil sonst die Vergleichsgruppen zu klein werden[3], zunehmend der Versuch eines Quervergleiches auf Funktionsebenen[4] (z.B. Referenten, BesGr A 13–15; Referatsleiter, BesGr A 15–B 3, o. dgl.). Nach der Rechtsprechung muss sich eine solche Vergleichsgruppenbildung auf Ausnahmefälle beschränken, in denen trotz unterschiedlicher Statusämter die Wahrnehmung gleichartiger Dienstaufgaben im Vordergrund steht und die Zusammenfassung auf Grund dringenden Bedürfnisses unverzichtbar erscheint; die Zusammenfassung von drei Besoldungsgruppen setzt dabei besonders stichhaltige

---

[1] BVerwG, inzw. st. Rspr., s. etwa BVerwG v. 13.11.1997 – 1 A 1.97, DVBl 1998, 638 = Buchholz 232.1 § 40 BLV Nr. 17; v. 3.7.2001 – 1 WB 17.01, NVwZ-RR 2001, 680 = Buchholz 236.11 § 1a SLV Nr. 16; v. 24.11.2006 – 2 C 34.04, BVerwGE 124, 356 (360f.) m.w.N.; v. 11.12.2008 – 2 A 7.07 u. 2 A 7.08, NVwZ-RR 2009, 438 (L.).
[2] BVerwG v. 26.6.1980 – 2 C 13.79, ZBR 1981, 197; v. 13.11.1997 – 2 A 1.97, DVBl 1998, 638.
[3] OVG NW v. 11.2.2004 – 1 A 3031/01, n.v., verlangt mindestens 30–35 zu beurteilende Beamte, um mit Richtwerten arbeiten zu können. BVerwG v. 24.11.2005 – 2 C 34.04, BVerwGE 124, 356 = NJW 2006, 1608 = NVwZ 2006, 465 = DVBl 2006, 641 = RiA 2006, 121 schließt 24 Beamte als zu kleine Gruppe aus.
[4] Diese Alternative ist in § 50 Abs. 2 BLV ausdrücklich vorgesehen. Zur Bildung einer Funktionsgruppe mit Beamten in unterschiedlichem Statusamt bei i.W. gleicher Tätigkeit (Sachbearbeiter) s. BVerwG v. 24.11.2005 – 2 C 34.04, BVerwGE 124, 356 = NJW 2006, 1608 = NVwZ 2006, 465 = DVBl 2006, 641 = RiA 2006, 121.

## IV. Personalauswahlverfahren im öffentlichen Dienst  Rz. 82 Teil 6 A

Ausnahmegründe voraus[1]. Die solcherart die Anforderungslevels der Ämter negierenden Quervergleiche dürften indessen systembedingt äußerst problematisch sein; sie gestatten im Grunde keine Berücksichtigung etwa des Umstandes, dass der Beamte (anders als z.B. der Angestellte des öffentlichen Dienstes) auch über längere Zeit hinweg mit der Verwaltung eines Amtes betraut werden kann, das eigentlich höher bewertet ist und dessen erfolgreiche Wahrnehmung den Stelleninhaber für anstehende Beförderungen prädestinieren sollte.

Des Weiteren ist die Aufstellung der Ranking-Listen selbst alles andere als unproblematisch. Sie setzte einen **Beurteiler** voraus, der insoweit auch bei größeren Gruppen von Beurteilten einen **idealen Überblick** über deren jeweiliges Eignungs-, Leistungs- und Befähigungsprofil haben müsste. Konsequenterweise wird in vielen neueren Beurteilungsrichtlinien die Beurteilungskompetenz einem in der Behördenhierarchie hoch angesiedelten Vorgesetzten überantwortet, oder zumindest kommt einem solchen die Eigenschaft eines „maßstabswahrenden" Zweitbeurteilers zu. Dieser wird aber auf Grund seines (durchaus nicht unerwünschten) „Abstandes" typischerweise die zu Beurteilenden gar nicht selbst genügend kennen. Das ist seiner Beurteilungskompetenz nicht hinderlich: Der Beurteiler muss die zu beurteilenden Beamten nicht selbst kennen[2]; es genügt, dass er sich die notwendigen Kenntnisse verschafft und sich u.a. auf Arbeitsplatzbeschreibungen, schriftliche Arbeiten des Beamten und vor allem auch auf Berichte von dritter Seite stützen kann. Insbesondere die unmittelbaren Vorgesetzten leisten dafür Informations- und Bewertungs-Zuarbeit, sei es als Berichterstatter, sei es förmlich als Erstbeurteiler[3]. Diese Informationen werden alsdann in sog. **Beurteilungskonferenzen** zusammengetragen und bewertet, so dass sich als deren Ergebnis das Ranking der Beurteilungskandidaten ergibt. Solche Konferenzen erachtet die Rechtsprechung für statthaft und sinnvoll: „Die Durchführung einer Beurteilungskonferenz kann in sachgerechter Weise gerade der Gewinnung einer möglichst breiten Anschauungs- und Beurteilungsgrundlage für die Einordnung der Eignung und Leistung der einzelnen Beamten in die Notenskala dienen", urteilt das BVerwG[4]. Nicht zu verkennen ist dabei aber, dass bei dieser Vorgehensweise über die Einstufung des Einzelnen in die Ranking-Liste überwiegend Personen zu beraten und zu befinden haben, die den Betroffenen eben nicht kennen und auch nichts an individuellen Informationen beizusteuern haben, sehr wohl aber eigene abweichende Interessen verfolgen dürften (nämlich diejenigen, den „eigenen" Kandidaten möglichst weit vorne zu platzieren). Rational ist ein solches Vorgehen nur idealtypisch.

Weicht der Zweit- oder Letztbeurteiler in der Beurteilungs-Gesamtnote von den Vorschlägen des unmittelbaren Vorgesetzten ab – was ihm nach dem o.g. System auf Grund besserer Erkenntnis unbenommen bleibt, denn es ist dann allein *seine*

---

1 OVG NW v. 20.11.2002 – 6 A 5568/00 und 6 A 5645/00, DöD 2003, 139; die Rechtsprechung war in der Vergangenheit noch großzügiger, OVG NW v. 11.1.2000 – 6 A 1316/97, DöD 2001, 157. Das BVerwG scheint allerdings die Gruppenbildung nach Statusamt oder Funktionsebene zumindest im System der „Topfwirtschaft" für gleichwertig zu erachten; entscheidend ist, dass die betrachtete Vergleichsgruppe hinreichend groß ist, BVerwG v. 24.11.2005 – 2 C 34.04, BVerwGE 124, 356 = NJW 2006, 1608 = NVwZ 2006, 465 = DVBl 2006, 641 = RiA 2006, 121.
2 BVerwG v. 2.4.1981 – 2 C 34.79, BVerwGE 62, 135 (139) = DVBl 1981, 1058 = DÖV 1982, 78 = ZBR 1981, 341; v. 7.6.1984 – 2 C 52.82, NJW 1985, 1095; v. 24.7.1989 – 2 B 35.89, NJW 1990, 849 = RiA 1990, 138; v. 16.5.1991 – 2 A 2.90, n.v.; v. 11.7.1994 – 2 B 69.94, n.v.
3 Instruktiv allerdings OVG NW v. 26.11.2007 – 6 B 1695/07, PersR 2008, 41: Verlangen die Beurteilungsrichtlinien, dass sich der Erstbeurteiler *aus eigener Anschauung* ein Urteil über den Beamten bilden kann, so genügen allein durch Dritte vermittelte Kenntnisse über den Beamten nicht.
4 BVerwG v. 26.6.1980 – 2 C 13.79, Buchholz 232 § 8 BBG Nr. 18; v. 27.10.1988 – 2 A 2.87, Buchholz 232.1 § 40 BLV Nr. 12; v. 16.5.1991 – 2 A 5.89, ZfPR 1992, 83 (L.).

Beurteilung –, so sollte man erwarten, dass er dann wenigstens eine nähere Begründung dafür abgibt, weshalb, auf Grund welcher Erkenntnisse[1] und in welchen Einzelbewertungen er von dem Vorschlag bzw. der Erstbeurteilungsnote abweichen möchte. Die meisten Richtlinien fordern denn auch eine solche **Abweichungsbegründung** ausdrücklich. In der Praxis zeigt sich dabei allerdings, dass hier regelmäßig nur eine eher undifferenzierte Begründung im Sinne eines stereotypischen Hinweises auf die Notwendigkeit einer „Maßstabswahrung" gegeben wird; wie diese Maßstabswahrung dann näher aussehen und wie ihre Objektivität gewährleistet werden soll, bleibt dunkel. Die Rechtsprechung indes toleriert solche Defizite: Die gebotene, den maßstabswahrenden Überlegungen zugrundeliegende Abstrahierung vom Einzelfall bewirkt möglicherweise formelhaft wirkende Darlegungen; konkret-individuelle Abweichungsbegründungen werden nicht gefordert, so dass zur Rechtswidrigkeit führende Begründungsdefizite darin nicht gesehen werden[2]. Gleichwohl muss seine Gesamtbewertung im Hinblick auf die zugrundeliegenden Einzelinformationen plausibel und schlüssig bleiben[3].

83 Immerhin hat der Gesetzgeber die Dienstrechtsreform 1997 zum Anlass genommen, eine **Rechtsgrundlage für Quotensysteme** zu schaffen: Die Bundeslaufbahnverordnung wurde um einen § 41a BLV a.F. – nunmehr § 50 Abs. 2 BLV 2009 – ergänzt, der vorsah, dass der Anteil der Beamten einer Besoldungsgruppe oder Funktionsebene, der die Bestnote erhalten kann, 15 %, für die zweitbeste Note 35 % (BLV 2009: 10 und 20 %) nicht überschreiten soll. In Fällen, in denen wegen zu geringer Fallzahlen derartige Richtwerte nicht gebildet werden können, sind die Beurteilungen „in geeigneter Weise entsprechend zu differenzieren". Nach der amtl. Begründung[4] hierzu können diese Quoten für Spitzennoten, die bewusst als bloße Soll-Vorgaben verstanden werden, unter-, aber auch „geringfügig überschritten" werden. *Unter*schreitungen werden insbesondere für den Fall empfohlen, dass schon bisher niedrigere Quoten angelegt wurden, aber auch bei stark differenzierten Notensystemen. – Festzuhalten bleibt damit jedenfalls, dass es auch weiterhin keine strikten Grenzwerte, die über „Wohl und Wehe" einer einzelnen Beurteilung entscheiden könnten, geben kann. Die Notendifferenzierung im „Grenzbereich" kann nur inhaltlich vorgenommen werden, nicht unter Berufung auf eine gewissermaßen übergestülpte Quote. Wie im Einzelnen die „entsprechende Differenzierung" bei kleineren Fallzahlen erfolgen soll, ist völlig offen. Der praktische Nutzeffekt der Neuregelung dürfte daher gering bleiben. Vgl. auch Rz. 78.

**3. Beförderungen und sonstige Auswahlentscheidungen**

**a) Beförderungen, Begriff**

84 Maßgebender Leistungsanreiz im Beamtenrecht ist weniger das Besoldungsgefüge, welches entsprechende Spielräume auch nach der Dienstrechtsreform kaum bietet,

---

1 Zur Notwendigkeit, sich solche Erkenntnisse zu verschaffen, s. BVerwG v. 17.12.2003 – 2 A 2.03, ZBR 2004, 328 L. Sehr weitgehend zu den Begründungserfordernissen – allerdings bezogen auf die Beurteilung im Bereich des Soldatenrechts – BVerwG v. 16.9.2004 – 1 WB 21.04, ZBR 2005, 255. Instruktiv VG Leipzig v. 19.9.2006 – 3 K 365/06, ZBR 2007, 138: Keine Abänderungsbefugnis ohne eigene Erkenntnisse!
2 Vgl. z.B. OVG NW v. 13.12.1999 – 6 A 3593/98, DöD 2000, 266; v. 13.2.2001 – 6 A 2966/00, NWVBl. 2002, 351. Strenger z.B. VG Wiesbaden v. 4.11.1999 – 8 E 1123/98, n.v.: unzulässige Feindifferenzierung nach Lebens- u. Dienstalter bei „maßstabswahrender" Absenkung. Allgemein zu den Begründungserfordernissen s. auch BVerwG v. 18.7.2000 – 1 WB 49.00, ZBR 2000, 430 (L.) = Buchholz 236.11 § 1a Nr. 18.
3 Plastisch z.B. BVerwG v. 17.12.2003 – 2 A 2.03, ZBR 2004, 328 L.
4 BT-Drs. 13/3994, 48. Hinweise zur Anwendung s. *Schnellenbach*, Richtwertvorgaben bei dienstlichen Beurteilungen, DöD 1999, 1 ff., sowie *Schnellenbach*, BeamtR, Rz. 461 f.

sondern vorrangig die Karriere. Innerhalb seiner Laufbahn steigt der Beamte durch Beförderungen auf. Die Beförderung ist dabei die Verleihung eines anderen Amtes mit anderem Endgrundgehalt (§ 2 Abs. 8 BLV); sie bedarf der Aushändigung einer neuen Ernennungsurkunde, wenn mit ihr eine neue Amtsbezeichnung verbunden ist. Die frühere ausdrückliche Gleichstellung der Fälle der Verleihung eines Amtes mit anderem Endgrundgehalt, aber ohne neue Amtsbezeichnung (vormals „beförderungsgleiche Maßnahme, § 12 Abs. 1 Satz 2 BLV a.F.[1]), ist entfallen. Diese sind nach der neuen Begriffsbestimmung des § 2 Abs. 8 BLV zwar „vollwertige" Beförderungen, erfordern aber keine neue Urkunde mehr, sondern lassen die schriftliche Einweisung in eine Planstelle des höheren Amtes genügen[2].

In der Karriere des Beamten dürfen einzelne **Ämter**, die regelmäßig zu durchlaufen sind, **nicht übersprungen** werden; Beförderungen finden im Übrigen **nicht** statt **während des ersten Jahres der Probezeit** sowie **vor Ablauf mindestens eines Jahres seit der letzten Beförderung**, § 22 Abs. 2 u. 3 BBG; bei Beförderungen, die mit der Wahrnehmung einer höherwertigen Funktion verbunden sind, muss überdies eine mindestens sechs Monate Erprobungszeit erfolgreich absolviert sein, § 22 Abs. 2 BBG, §§ 32 Nr. 2, 34 BLV. Überdies muss eine Beförderung, soll sie noch ruhegehaltserhöhend wirken können, **spätestens drei Jahre vor Eintritt des Ruhestandes** erfolgt sein (vgl. §§ 5, 14 BeamtVG). Die Praxis des Beamtenrechts geht schließlich dahin, eine Beförderung nicht vorzunehmen, solange ein **Disziplinarverfahren schwebt**[3]; würde dort eine schwerwiegende Disziplinarmaßnahme als Verweis oder Geldbuße verhängt, so könnte diese unter Eignungsgesichtspunkten beförderungshemmend sein (vgl. §§ 8 Abs. 4, 9 Abs. 3 BDG). Im Übrigen ist zunehmend zu beobachten, dass auch bei anstehenden einfachen Disziplinarmaßnahmen auf Sicht keine Beförderung vorgenommen wird, weil das zu ahndende Dienstvergehen zumindest vorübergehend die „Eignung" (§ 32 Nr. 1 BLV) des Beamten zweifelhaft erscheinen lasse, so dass eine Nach-Bewährung des Bewerbers abgewartet werden müsse.

### b) Erprobung vor Beförderung

Der Beförderung ist in den Fällen der Wahrnehmung einer höherwertigen Funktion die Erprobung des Beamten auf einem höherbewerteten Dienstposten – „**Beförderungsdienstposten**" – voranzustellen werden (§ 34 BLV). Hat der Beamte dort seine Eignung mindestens sechs Monate – höchstens (als Sollvorgabe) ein Jahr – unter Beweis gestellt[4], kann er befördert werden (§ 32 Nr. 2 BLV). Die Entscheidung, ob sich der Beamte auf dem höher bewerteten Dienstposten bewährt hat, wird vom BVerwG[5] als beurteilungsähnlicher „Akt wertender Erkenntnis des für die Beurteilung zuständigen Organs" verstanden, so dass eine gerichtliche Nachprüfung nur auf etwaige Verfahrensfehler bei der Beachtung der Beurteilungsrichtlinien sowie darauf vorgenommen werden kann, ob der Begriff der Eignung oder die gesetzlichen Grenzen der Beurteilungsermächtigung verkannt worden sind, der Beurteilung ein unrichtiger Sachverhalt zugrundegelegt wurde, allgemein gültige Bewertungsmaßstäbe nicht beachtet oder sachfremde Erwägungen angestellt worden sind. Stehen nach Bewährung besetzbare Planstellen noch nicht sofort in ausreichender

---

1 Z.B. die „Beförderung" vom Ministerialrat A 16 zum Ministerialrat B 3.
2 Gegenschluss aus § 2 Abs. 8 Satz 2 BLV; vgl. auch § 10 Abs. 1 Nr. 3 BBG.
3 Diese Praxis ist abgedeckt z.B. durch die st. Rspr. des BVerwG, z.B. BVerwG v. 13.5.1987 – 6 C 32.85, Buchholz 236.1 § 31 SG Nr. 21, und v. 3.9.1996 – 1 WB 20.96, Buchholz 236.1 § 10 SG Nr. 18; vgl. aktuell für den Bereich der Beamten etwa Thür. OVG v. 16.10.2007 – 2 EO 781/06, NVwZ 2008, 469 L; VG Frankfurt v. 2.10.2003 – 9 G 4156/03, n.v.
4 Erprobung bei freigestellten Personalratsmitgliedern nicht zwingend, BVerwG v. 21.9.2006 – 2 C 13.05, BVerwGE 126, 333 = NVwZ 2007, 344 = ZBR 2007, 311.
5 BVerwG v. 10.2.2000 – 2 A 10.98, DVBl 2000, 1146 (L.).

Zahl zur Verfügung, geraten auch die erfolgreichen Bewerber in eine Warteschleife. Innerhalb des Kreises dieses „bewährten" Beförderungsaspiranten muss dann bei längerem Warten ein erneutes Auswahlverfahren durchgeführt werden[1] Ein weiteres Instrument zur Erprobung eines Beamten vor seiner endgültigen Beförderung ist die durch die Dienstrechtsreform neu geschaffene Möglichkeit der Begründung eines (das bestehende Beamtenverhältnis gewissermaßen überlagernden) Beamtenverhältnisses auf Probe oder auf Zeit für Leitungsfunktionen, vormals §§ 12a, 12b BRRG, 24a BBG a.F. – nunmehr § 24 BBG (hierzu s. oben Rz. 21 ff.). Die Behörde hat sowohl bei der Beförderung selbst als auch bei der Vergabe entsprechender Beförderungsdienstposten mit Blick auf die jeweils erstellten dienstlichen Beurteilungen strikt nach Eignung und fachlicher Leistung auszuwählen und ist gehalten, in ihren Entscheidungen eine Reihenfolge zu beachten, die diese Kriterien berücksichtigt[2]. Daneben kann jedoch auch ohne vorherige Erprobung auf einem höherbewerteten Dienstposten befördert werden; in diesem Falle sind die fachlichen Leistungen für die Auswahl und Reihung vorrangig maßgebend (§ 9 BBG, §§ 32 Nr. 1, 33 BLV).

**c) Zusammentreffen von Beförderungs- und Versetzungsbewerbern**

87 In Stellenbesetzungen können im Einzelfall Beförderungsbewerber, also Bewerber, die sich von der Maßnahme eine Beförderung erhoffen, mit „Versetzungsbewerbern" konkurrieren, also solchen Bewerbern, die bereits über ein entsprechendes Amt verfügen und lediglich im Wege der Versetzung oder Umsetzung eine andere Aufgabe anstreben. Letztere haben sich naturgemäß in dem höheren Amt bereits anderweitig bewähren können, so dass sich die Frage stellt, ob ein solcher Versetzungsbewerber in der Auswahlentscheidung auf Grund der bereits gewonnenen Erfahrung in dem höheren Amt und der somit „gewichtigeren" Beurteilung mit einem **Amtsvorsprung** aufwarten kann. Wollte man ihm indessen einen solchen zugestehen, so könnte er stets jeden „Beförderungsbewerber" verdrängen. Zu Recht hat die Rechtsprechung daher für solche Fälle das Prinzip der Bestenauslese dahingehend eingeschränkt, dass der bereits im Beförderungsamt befindliche Versetzungsbewerber *gleichrangig* mit anderen Bewerbern konkurrieren muss und keinen gewissermaßen automatisch wirkenden Vorsprung für sich in Anspruch nehmen kann[3]. Andererseits ist der Versetzungsbewerber aber auch nicht gehindert, sich

---

1 BVerwG v. 11.2.2009 – 2 A 7.06, NVwZ 2009, 797.
2 OVG Saarl. v. 10.4.1989 – 1 W 7/89, NVwZ 1990, 687 ff. will gleichwohl bei der Vergabe eines höherwertigen Dienstpostens, die (noch) nicht mit einer Beförderung verbunden ist, keinen einstweiligen Rechtsschutz zu Gunsten des Konkurrenten bewilligen. Ebenso OVG Rh.-Pf. v. 4.5.1995 – 2 B 11102/95, NVwZ-RR 1996, 51, und Thür. OVG v. 5.2.1998 – 2 EO 594/96, DÖV 1998, 607. Wohl eher zutr. OVG NW v. 30.8.1985 – 1 B 319/85, NVwZ 1986, 773; VGH Kassel v. 27.3.1986 – 1 TG 678/86, NVwZ 1986, 766 f.; OVG Schl.-Holst. v. 18.5.1994 – 3 M 17/94, NVwZ-RR 1995, 45. Zur Konkurrenz um sog. Beförderungsdienstposten s. BVerwG v. 9.3.1989 – 2 C 4.87, DVBl 1989, 1150 = ZBR 1989, 281.
3 OVG NW v. 26.4.1991 – 6 B 744/91, NVwZ-RR 1992, 369; OVG Rh.-Pf. v. 23.5.1984 – 2 A 122/83, DöD 1985, 48, und v. 11.11.1992 – 2 B 12071/92. OVG; für eine günstigere Bewertung des Versetzungsbewerbers aber VGH Kassel v. 6.7.1989 – 1 TG 1870/89, ZBR 1990, 24. Zu weitgehend VGH München v. 26.2.1996 – 3 CE 96/64, NVwZ-RR 1997, 368, und OVG Rh.-Pf. v. 28.11.2001 – 10 B 11641/01, NVwZ-RR 2002, 364, wonach der Versetzungsbewerber keinen Anspruch auf Durchsetzung des Leistungsgrundsatzes haben soll, ähnlich bereits OVG Schl.-Holst. v. 18.5.1994 – 3 M 17/94, NVwZ-RR 1995, 45: Bei einer Stellenbesetzung durch Versetzung, Abordnung oder Umsetzung sollen die Auslesegrundsätze des Art. 33 Abs. 2 GG erst gar nicht gelten. Richtigerweise wäre allein zu fordern, dass sich der Versetzungsbewerber ohne „Amtsvorsprung" wie jeder andere Bewerber in den Leistungsvergleich einordnen muss, wenn die Ausschreibung bzw. das Auswahlverfahren gleichermaßen für Beförderungs- und Versetzungsbewerber eröffnet ist. Zutr. daher VGH BW v. 16.10.2007 – 4 S 2020/07, NVwZ-RR 2008, 550. Im Übrigen vgl. *Wittkowski*, NJW 1993, 817 (820 ff.) m.w.N.

auf ein entsprechendes Amt zu bewerben, wenn nicht die zu besetzende Stelle ausdrücklich nur für Beförderungsbewerber ausgeschrieben wurde[1]. Im Falle der Auswahlentscheidung gegenüber einem Versetzungsbewerber gilt für diesen allerdings der Grundsatz der Bestenauslese nicht; der Dienstherr kann dann in dem weiten Ermessensrahmen des § 28 BBG frei entscheiden[2]. Wenn jedoch offen ausgeschrieben wird und der Dienstherr sich damit entscheidet, Beförderungs- und Versetzungsbewerber gleich zu behandeln, muss er dies auch umsetzen[3]. Für den Rechtsschutz wichtig: Im Konkurrentenstreitverfahren kann es schwierig sein, einen Anordnungsgrund vorzutragen, wenn sich die Dienstpostenübertragung für den ausgewählten Bewerber als lediglich amtsgleiche Versetzung darstellt und kein wesentlicher Bewährungsvorsprung ergibt[4]; aus diesem Grunde steht regelmäßig die Schaffung „vollendeter Tatsachen" nicht zu befürchten, weil die Versetzung jederzeit auch rückgängig gemacht werden kann und eine statusändernde Beförderung gerade nicht zu besorgen ist[5].

### d) Topfwirtschaft

Nicht immer stellt sich die Beförderungsfrage aber im Zusammenhang mit einem konkreten Stellenbesetzungsverfahren, das regelmäßig mit einer Stellenausschreibung beginnt und in dem sich in Betracht kommende Bedienstete, die glauben, das Anforderungsprofil erfüllen zu können, bewerben. Zahlreiche Dienststellen haben höhere Planstellen nicht konkret mit jeweils höher bewerteten Dienstposten verknüpft. Dies ist regelmäßig dann der Fall, wenn auf einer Funktionsebene mehr Beschäftigte tätig sind als entsprechend bewertete Planstellen zur Verfügung stehen, oder dann, wenn Dienstposten „gebündelt" sind, also von Beamten verschiedener Besoldungsgruppen besetzt werden können. In diesem Fall erfolgt die „Vergabe" von Beförderungen unabhängig von einem konkreten Stellenbesetzungsverfahren; der zur Beförderung ausgewählte Beamte wechselt seinen Dienstposten nicht. Durch Ausscheiden oder Wechsel frei werdende Planstellen der höheren Besoldungsgruppe fallen nicht automatisch dem Stellennachfolger zu, sondern werden innerhalb der Funktionsebene anderweitig zugeteilt (sog. „Topfwirtschaft"). Gleichwohl hat die Vergabe der Beförderungsmöglichkeiten auch in diesem Falle nach den Auswahlkriterien Eignung, Befähigung und fachlicher Leistung zu erfolgen. Da sich der hiernach in Betracht kommende Beschäftigte im System der „Topfwirtschaft" prak-

88

---

1 Ist der Dienstposten für Versetzungs- wie Beförderungsbewerber gleichermaßen ausgeschrieben, kann der Dienstherr den eingeschlagenen Verfahrensmodus nicht einseitig ändern, indem er etwa nur noch Versetzungsbewerber in der Auswahl belässt, OVG NW v. 6.9.2005 – 6 A 1903/03, NVwZ-RR 2006, 340. Der Dienstherr trifft mit einer entsprechenden Ausschreibung eine Organisationsgrundentscheidung, an die er gebunden bleibt, BVerwG v. 25.11.2004 – 2 C 17.03, BVerwGE 122, 237 = NVwZ 2005, 702; mithin ist er gehalten, insgesamt nach Leistungsgesichtspunkten zu entscheiden: Sächs. OVG v. 24.11.2005 – 3 BS 259/05, ZBR 2006, 351.
2 Vgl. BVerwG v. 26.1.1994 – 6 P 21.92, NVwZ 1995, 91; OVG Rh.-Pf. v. 28.11.2001 – 10 B 11641/01, NVwZ-RR 2002, 364; OVG MV v. 23.7.2002 – 2 M 15/02, NVwZ-RR 2003, 577. Für den umgekehrten Fall (Rechtsschutzersuchen des zu Unrecht übergangenen Beförderungsbewerbers) ist Rechtsschutz aber sehr wohl eröffnet, OVG NW v. 6.9.2005 – 6 A 1903/03, NVwZ-RR 2006, 340.
3 BVerwG v. 25.4.2004 – 2 C 17.03, BVerwGE 122, 237; HessVGH v. 26.11.2008 – 1 B 1870/08, ZBR 2009, 267.
4 Vgl. den Fall VG Frankfurt/M. v. 13.2.2003 – 9 G 271/03, NVwZ-RR 2003, 375.
5 OVG NW v. 23.4.2004 – 1 B 42/04, NWVBl. 2004, 466, und v. 30.9.2009, 6 B 1046/09, NVwZ-RR 2010, 28. Zum vergleichbaren Fall der bloßen Dienstpostenkonkurrenz ohne jede Beförderungsoption s. auch OVG NW v. 8.5.2002 – 1 B 241/02, NVwZ-RR 2003, 50. Zum Ausnahmefall einer Dienstpostenbündelung (A 16/B 3) s. VG Köln v. 9.6.2004 – 15 L 844/04, n.v.

tisch nicht bewerben kann¹, ist der Dienstherr schon von sich aus gehalten, in seine Auswahlüberlegungen von Amts wegen alle Beamte einzubeziehen, die nach den laufbahnrechtlichen Voraussetzungen für eine Berücksichtigung in Betracht kommen².

### e) Leistungsprinzip; Haupt- und Hilfskriterien

89   Hier wird erkennbar, welche praktische Bedeutung die **Beurteilung** für die Karriereaussichten eines jeden Beamten hat. Dreh- und Angelpunkt der meisten Beförderungsstreitigkeiten ist damit das Ergebnis der jeweils letzten, in Ausnahmefällen auch früheren, Beurteilung im Verhältnis zu derjenigen des Konkurrenten. Dabei muss der Dienstherr bei allen in Betracht kommenden Bewerbern gleichermaßen aktuelle Beurteilungen zu Grunde legen³, um sich ein zutreffendes Leistungsbild zu verschaffen. Im Auswahlverfahren miteinander vergleichbar sind bei alledem nur Beurteilungen in demselben (statusrechtlichen) Amt. Liegen zwar aktuelle Beurteilungen aller Bewerber vor, sind diese aber in unterschiedlichen Ämtern ergangen, so muss neu beurteilt werden, weil allein die zeitliche Aktualität die Vergleichbarkeit der Beurteilungen nicht gewährleistet⁴. Da die Anforderungen in einem höheren statusrechtlichen Amt⁵ regelmäßig⁶ größer sind als in einem niedrigeren⁷, spricht das gleiche Gesamtergebnis, wenn es in einem höheren Amt erzielt wurde, für die bessere Qualifikation⁸. Ebenso darf erwartet werden, dass die maßgebende Beurteilung jeweils den vollen Beurteilungszeitraum zugrundelegt und sich nicht auf Teilzeiträume begrenzt⁹. Es darf auf die Ausführungen zur Beurteilung und den (leider sehr begrenzten) Rechtsschutz hiergegen verwiesen werden.

90   Das Leistungskriterium ist bei der Auswahl vorrangig zu berücksichtigen. Das ergibt sich aus **Art. 33 Abs. 2 GG** und ist als Vorgabe sinngleich in § 9 BBG und §§ 3,

---

1   Gleichwohl kann eine „Bewerbung" im Sinne einer Mitteilung, dass man einbezogen werden möchte, Sinn machen, und wenn nur unter dem Gesichtspunkt des § 839 Abs. 3 BGB im anschließenden Schadensersatzverfahren bei Nichtberücksichtigung, vgl. unten Rz. 111 m.w.N.
2   Vgl. OVG Rh.-Pf. v. 8.9.2000 – 2 B 11405/00, DÖV 2001, 41 = RiA 2001, 153; VGH Kassel v. 13.3.2003 – 1 TG 75/03, NVwZ-RR 2003, 664.
3   Hbg. OVG v. 13.8.1991 – BS I 27/91, DöD 1991, 257. Zur Identität des Beurteilungsstichtages und des Beurteilungszeitraums v. BVerwG v. 17.7.2001 – 2 C 41.00, DöD 2002, 99.
4   Vgl. etwa OVG NW v. 12.12.2002 – 6 A 2004/02, DöD 2003, 294.
5   Die Feststellung scheint bisweilen schwierig: So ist das Amt eines AG-Direktors R 2 mit Amtszulage lt. OVG Rh.-Pf. v. 20.6.2000 – 10 B 11025/00, NJW-RR 2001, 281 höher zu bewerten als das Amt eines OLG-Richters R 2.
6   Ausnahme: OVG NW v. 21.11.2005 – 1 B 1202/05, ZBR 2006, 200 = NWVBl. 2006, 189 (Zusammentreffen von Richter mit Beamtem, keine vergleichbare „Hierarchie").
7   Gängige Praxis ist daher, den Beamten nach Beförderung angesichts der nunmehr gesteigerten Anforderungen des höheren Amtes beurteilungsmäßig zurückfallen zu lassen, wenn nicht zusätzlich eine besondere Leistungssteigerung attestiert wird: Exemplarisch OVG Rh.-Pf. v. 12.9.2000 – 1 A 11056/00. DÖV, NVwZ-RR 2001, 255.
8   OVG NW v. 13.6.1991 – 6 B 1023/91, n.v.; VG Köln v. 28.3.1994 – 15 L 2317/93, n.v.; VGH Kassel v. 29.10.1996 – 1 TG 2729/96, n.v.; v. 18.6.1996 – 1 TG 1349/96, n.v., jew. in Anlehnung an BVerwG v. 2.4.1981 – 2 C 13.80, ZBR 1981, 315. Dieser Vorrang ist jedoch auch ausgleichbar, z.B. durch eine besondere Eignung des Mitbewerbers für das angestrebte Amt, OVG NW v. 26.10.2000 – 6 B 1281/00, RiA 2002, 303. Auch die „inhaltliche Ausschöpfung" der Einzelnoten innerhalb einer Beurteilung kann den Rangvorsprung der gleichen Beurteilungsnote in höherwertigen Amt überwinden, wenn nicht die Bewerber in einer Beförderungshierarchie zueinander stehen, OVG NW v. 21.11. 2005 – 1 B 1202/06, RiA 2006, 229 (Sonderfall; Verallgemeinerung zweifelh.).
9   VG Köln v. 17.6.2002 – 15 L 1184/02, n.v. Auch dann, wenn im (Regel-)Beurteilungszeitraum bereits eine Anlassbeurteilung erfolgte, muss die folgende Regelbeurteilung den gesamten Zeitraum abdecken, BVerwG v. 18.7.2001 – 2 C 41.00, DöD 2002, 99.

### IV. Personalauswahlverfahren im öffentlichen Dienst

33 BLV übernommen. Nach Art. 33 Abs. 2 GG hat jeder Deutsche nach seiner Eignung, Befähigung und fachlichen Leistung gleichen Zugang zu jedem öffentlichen Amt. Die Geltung dieses Grundsatzes ist durch die grundrechtsgleiche Bestimmung des Art. 33 Abs. 2 GG unbeschränkt und vorbehaltlos gewährleistet[1]. Die Vorschrift dient zum einen dem öffentlichen Interesse an einer bestmöglichen Besetzung von Stellen im öffentlichen Dienst, dessen fachliches Niveau und rechtliche Integrität gerade durch die ungeschmälerte Anwendung des Leistungsgrundsatzes gewährleistet werden sollen. Und zum anderen trägt Art. 33 Abs. 2 GG dem berechtigten Interesse der Beamten an einem beruflichen Fortkommen dadurch Rechnung, dass er grundrechtsgleiche Rechte auf ermessens- und beurteilungsfehlerfreie Einbeziehung in die Bewerberauswahl sowie auf entsprechend korrekte Durchführung des Auswahlverfahrens eröffnet[2]. Belange, die nicht im Leistungsgrundsatz verankert sind, können hiernach bei der Bewerberauswahl nur dann Beachtung finden, wenn ihnen außerhalb des Art. 33 Abs. 2 Verfassungsrang eingeräumt ist[3].

Art. 33 Abs. 2 gibt danach die für die Beförderungsauswahl entscheidenden Gesichtspunkt abschließend vor. Sie kann nur auf Gesichtspunkte gestützt werden, die unmittelbar Eignung, Befähigung und fachliche Leistung der Bewerber betreffen. Wenn im Auswahlverfahren festgestellt wird, dass zwei Bewerber nach der Gesamtnote leistungsmäßig gleich[4] zu erachten sind, gilt es alsdann, die maßgebende Beurteilung inhaltlich[5] differenzierend auszuwerten[6]; erst wenn sich dann immer noch keine Vorrangstellung eines der Bewerber ergibt, darf nach sog. Hilfskriterien entschieden werden[7]. **Nachrangige Hilfskriterien** können dabei z.B. Gesichtspunkte wie Lebens-, Dienst- oder Beförderungsdienstalter sein[8], des Weiteren die Dauer der Wahrnehmung einer höherwertigen Dienstaufgabe[9], aber auch andere, 91

---

1 BVerfG v. 2.4.1996 – 2 BvR 169/93, NVwZ 1997, 54; st. Rspr.
2 BVerfG v. 24.9.2002 – 2 BvR 857/02, NVwZ 2003, 200; BVerwG v. 25.8.1988 – 2 C 51.86, BVerwGE 80, 123, und v. 25.4.1996 – 2 C 21.95, BVerwGE 101, 112. Aktuell zusammenfassend s. noch einmal BVerwG v. 28.10.2004 – 2 C 23.03, BVerwGE 122, 147 = NVwZ 2005, 457 = DVBl 2005, 456 = ZBR 2005, 162.
3 BVerfG v. 2.4.1996 – 2 BvR 169/93, NVwZ 1997, 54; v. 5.9.2007 – 2 BvR 1855/07, NVwZ-RR 2008, 433.
4 Zur Frage der Binnendifferenzierung innerhalb einer Note s. grds. BVerwG v. 27.2.2003 – 2 C 16.02, NJW 2004, 308 (L.) = NVwZ 2003, 1397 = ZBR 2003, 420 = DöD 2003, 202; damit dürfte die bisherige Rechtsprechung (z.B. OVG Rh.-Pf. v. 6.7.1995 – 10 B 11538/95, NVwZ-RR 1996, 456) zu diesem Themenkreis zumindest teilweise überholt sein.
5 Eine rein arithmetische Gegenüberstellung genügt nicht („grundsätzlich rechtsfehlerhaft": Nds. OVG v. 9.5.2008 – 5 ME 50/08, DVBl 2008, 871 L.)
6 OVG NW v. 27.2.2004 – 6 B 2451/03, NVwZ-RR 2004, 626, im Anschluss an OVG NW v. 27.9.1996 – 6 B 2009/96, n.v. („qualitative Ausschärfung"); Nds. OVG v. 8.9.2006 – 2 ME 1137/06, RiA 2007, 125; HessVGH v. 9.3.2010, 1 A 286/09, ZBR 2011, 46. Zur Berücksichtigung der Benotung des Hauptmerkmals „Mitarbeiterführung" s. OVG NW v. 8.6.2005 – 6 B 542/05, NVwZ-RR 2006, 347. Zum Verhältnis dieser Auswertung der Einzelaussagen zu dem Kriterium der Beachtung auch zurückliegender Beurteilungen s. OVG Rh.-Pf. v. 17.9.2007 – 2 B 10807/07, ZBR 2008, 431 (L.) = DVBl 2007, 1580 (L.).
7 BVerwG v. 25.8.1988 – 2 C 51.86, BVerwGE 80, 123 = DVBl 1989, 199 = NJW 1989, 538 = DÖV 1989, 166.
8 Vgl. etwa BVerwG v. 14.5.1996 – 2 B 73.96, NVwZ-RR 1997, 41 (Dienstalter); OVG Schl.-Holst. v. 30.5.1996 – 3 M 36/96, ZBR 1996, 339 = DöD 1996, 168; VGH Kassel v. 19.4.1995 – 1 TG 2801/94, NVwZ-RR 1996, 49; v. 16.5.1995 – 1 TG 772/95, NVwZ-RR 1996, 279. „Standzeit" als alleiniges Kriterium ist jedoch unzulässig, OVG NW v. 22.6.2006 – 1 A 1732/04, ZBR 2007, 59. Im Übrigen zu den sonstigen Kriterien s. *Wittkowski*, NJW 1993, 817 (822 f.).
9 VGH Mannheim v. 7.5.2003 – 4 S 2224/01, ZBR 2004, 362 = NVwZ-RR 2004, 199.

nicht mehr leistungsbezogene Erwägungen der Personalplanung[1]. Ebenso kann der Dienstherr in der Feinauswahl auf in der Beurteilung niedergelegte Einzelmerkmale, die ihm im Hinblick auf das Anforderungsprofil des Dienstpostens besonders wichtig erscheinen, abstellen[2]. Mindestwartezeiten sind nur im Rahmen von Erprobungs- und Bewährungszeiten statthaft, stellen darüber hinaus jedoch kein taugliches Kriterium einer Beförderungsauswahl dar[3]. In der Auswahl und Rangfolge der Hilfskriterien ist der Dienstherr bis zur Grenze des Willkürverbotes frei[4]. Allerdings finden sich neuere Ansätze, die hier eine Limitierung bewirken. Nach OVG Münster soll der Dienstherr z.B. gehalten sein, eine einmal eingeschlagene Verwaltungspraxis hinsichtlich der Art und Reihenfolge der Hilfskriterien im Interesse einer Gleichbehandlung der Beamten grds. beizubehalten[5], solange nicht besondere sachliche Gründe vorliegen, hiervon abzuweichen; dies soll jedenfalls ein beliebiges Hin- und Herspringen zwischen den denkbaren Kriterien ausschließen.

### f) Relevanz älterer Beurteilungen

92   Kein Hilfskriterium im vorgenannten Sinne ist nach der Entscheidung des BVerwG vom 19.12.2002[6] die bisherige Leistungsentwicklung. Hatte die ältere Rechtsprechung der Instanzgerichte die Betrachtung zurückliegender Beurteilungen auf der Ebene der Hilfskriterien zugelassen[7], heißt es nunmehr in einer nicht zu unterschätzenden Aufwertung zurückliegender Beurteilungen: *„Von Rechts wegen bleiben frühere dienstliche Beurteilungen für künftige Verwendungs- und Auswahlentscheidungen von Belang. Das gilt auch dann, wenn frühere dienstliche Beurteilungen sich auf ein niedrigeres statusrechtliches Amt beziehen. Daran vermag der Dienstherr nichts zu ändern. Für Auswahlentscheidungen sind zwar in erster Linie aktuelle Beurteilungen maßgebend, die den gegenwärtigen Leistungsstand wiedergeben. Ältere dienstliche Beurteilungen können aber daneben als zusätzliche Erkenntnismittel berücksichtigt werden. Sie stellen keine Hilfskriterien für eine zu*

---

1 Vgl. z.B. OVG NW v. 5.4.2001 – 1 B 1877/00, NWVBl. 2001, 305: Kein Gebot, im Vergleich der Hilfskriterien untereinander das jeweils „leistungsnähere" zugrunde zu legen. Zum Hilfskriterium „möglicherweise letzte Beförderungschance" s. OVG NW v. 19.10.2001 – 1 B 581/01, DVBl 2002, 212 (L.). Häufigkeit des bisherigen Standortwechsels bei Soldaten: BVerwG v. 25.9.2002 – 1 WB 27.02, NVwZ 2003, 754 (L.) = NVwZ-RR 2003, 220.
2 Dies muss allerdings nachvollziehbar sein und darf nicht ohne Grund wesentliche Aspekte ausblenden, OVG NW v. 24.7.2003 – 1 B 581/03, NWVBl. 2005, 138.
3 BVerwG v. 28.10.2004 – 2 C 23.03, BVerwGE 122, 147 = NVwZ 2005, 457 = DVBl 2005, 456 = ZBR 2005, 162. Zur Problematik von Mindestwartezeiten s. auch BGH v. 5.12.2002 – III ZR 148/02, NVwZ 2003, 502 = DVBl 2003, 609; OVG Bremen v. 18.9.2002 – 2 A 197/02, NVwZ-RR 2003, 578. Im *Arbeitsrecht* des öff. Dienstes ist der Ausschluss von Bewerbungsverfahren im Hinblick auf eine Nichterfüllung von Mindestbeschäftigungszeiten unstatthaft, s. LAG Düsseldorf v. 25.2.2004 – 12 Sa 1750/03, n.v.
4 OVG NW v. 28.12.1999 – 6 B 2002/99, NWVBl. 4/2000 S. IV (L.).
5 OVG NW v. 19.10.2001 – 1 B 581/01, NWVBl. 2002, 236; v. 24.7.2006 – 6 B 807/06, PersR 2007, 26.
6 BVerwG v. 19.12.2002 – 2 C 31.01, NVwZ 2003, 1389 = ZBR 2003, 353 = DVBl 2003, 1545; v. 27.2.2003 – 2 C 36.02, NJW 2004, 308 (L.) = NVwZ 2003, 1397 = ZBR 2003, 420; v. 21.8.2003 – 2 C 14.02, BVerwGE 118, 370 = NJW 2004, 870. Siehe auch OVG NW v. 15.10.2003 – 1 A 2338/01, ZBR 2004, 182 (L.).
7 Nach OVG NW v. 17.12.1998 – 12 B 2041/98, DVBl 1999, 934 = NWVBl. 1999, 271, darf der Dienstherr auch auf ältere (inhaltlich vielleicht sogar schon überholte) Beurteilungen zurückgreifen, um daraus eine Leistungs*entwicklung* abzuleiten; ebenso OVG NW v. 14.8.2001 – 1 B 175/01, DVBl 2002, 140. S. auch OVG NW v. 28.7.1999 – 6 B 1144/99 (Leitsatz in: NWVBl. 11/1999 Bl. VI): Die günstigere Leistungsentwicklung bleibt Hilfskriterium und rechtfertigt nicht die Annahme einer höheren Qualifikation; deswegen kann sie sich nicht gegen andere Hilfskriterien wie z.B. Frauenförderung durchsetzen. S. auch VGH Kassel v. 5.7.1994 – 1 TG 1659/94, ZBR 1995, 109 oder OVG Saarl. v. 30.7.1998 – 1 W 3/98, NVwZ-RR 1999, 260; Nds. OVG v. 26.8.2003 – 5 ME 162/03, NVwZ-RR 2004, 197.

*treffende Auswahlentscheidung dar. Es handelt sich vielmehr um Erkenntnisse, die über Eignung, Befähigung und fachliche Leistung des Beurteilten Aufschluss geben und deswegen gegenüber Hilfskriterien vorrangig zu berücksichtigen sind. (...) Sie können vor allem bei einem Vergleich von Bewerbern bedeutsame Rückschlüsse und Prognosen über die künftige Bewährung in einem Beförderungsamt ermöglichen. Das kommt namentlich dann in Betracht, wenn frühere Beurteilungen positive oder negative Aussagen über Charaktereigenschaften, Kenntnisse, Fähigkeiten, Verwendungen und Leistungen sowie deren voraussichtliche weitere Entwicklung enthalten. Derartige Äußerungen (...) können vor allem bei gleichwertigen aktuellen Beurteilungen von Bewerbern den Ausschlag geben. Ihre zusätzliche Berücksichtigung bei der Auswahl ist deswegen mit Blick auf Art. 33 Abs. 2 GG geboten, wenn eine Stichentscheidung unter zwei oder mehr aktuell im Wesentlichen gleich beurteilten Beamten zu treffen ist."*

Der Gesetzgeber hat dies in der Neufassung des § 33 Abs. 1 Satz 2 BLV aufgegriffen und ausdrücklich normiert, dass in dem Auswahlverfahren bei Beförderungen frühere dienstliche Beurteilungen zusätzlich zu berücksichtigen und *vor* Hilfskriterien heranzuziehen sind.

Das bedeutet in Umsetzung dieser Vorgaben nicht, dass die zurückliegenden Beurteilungsergebnisse zwingend eine Besserstellung im Auswahlverfahren bewirken müssen. Es ist aber eine Prüfung vorzunehmen und begründungspflichtige Ermessensentscheidung zu treffen, deren Ausbleiben eine Auswahl, die allein nach Hilfskriterien erfolgt, rechtswidrig macht. Es geht um die Berücksichtigung *zusätzlicher* Erkenntnismittel, die Rückschlüsse und Prognosen für die künftige Bewährung eröffnen, indem sie insbesondere positive oder negative Entwicklungstendenzen offenbaren[1]. Nach OVG NW[2] gibt es für den Umgang mit zurückliegenden Beurteilungen keine allein richtige Antwort. Die Aussagekraft ist geringer bis gegen Null tendierend, wenn sie aus dem besonderen Blickwinkel einer Bedarfsbeurteilung oder unter der Geltung anderer Beurteilungsrichtlinien erstellt wurden; auch Besonderheiten des Anforderungsprofils können eine modifizierte Gewichtung zweckmäßig erscheinen lassen. Hier sind der Dienststelle Entscheidungs- und Beurteilungsspielräume belassen. Die – dann allerdings notwendig näher zu begründende – Auswahlentscheidung muss aber erkennen lassen, *dass* dieser Spielraum gesehen und ausgeschöpft wurde, und ob und inwieweit die Grundsätze der Bestenauslese und Willkürfreiheit beachtet wurden. 93

### g) Frauenförderung

Auf der Ebene der Hilfskriterien sind auch die verschiedenen „Frauenförderungskonzepte" anzusiedeln[3], deren rechtliche Statthaftigkeit trotz der Ergänzung des Art. 3 Abs. 2 GG nach wie vor stark umstritten ist. Eine Reihe von Gerichten hatte die Verfassungsgemäßheit der Regelung in Zweifel gezogen. Weitgehende Klärung brachte indessen die Rechtsprechung des Europäischen Gerichtshofes. Der EuGH hatte noch in seinem ersten Urteil vom 17.10.1995 die bremische Frauenförderung als einseitig auf Grund des Geschlechts bevorzugende Quotenregelung für gemeinschaftsrechtswidrig erachtet[4]. 94

---

1 Zum Verhältnis der Beachtung auch zurückliegender Beurteilungen zu einer Detailbetrachtung von Einzelaussagen der aktuellen Beurteilung s. OVG Rh.-Pf. v. 17.9.2007 – 2 B 10807/07, ZBR 2008, 431 (L.) = DVBl 2007, 1580 (L.).
2 OVG NW v. 17.12.2003 – 6 B 2172/03, ZBR 2004, 287 (L.); einen exemplarisch aussagekräftigen Einzelfall (Vergleich zurückliegender Beurteilungen mit unterschiedlichen Anforderungsniveaus) bietet z.B. OVG NW v. 26.7.2004 – 6 B 1228/04, NWVBl. 2004, 469.
3 Daher sind alle leistungsbezogenen Kriterien vorrangig; die Frauenförderung greift allein bei fortbestehendem Leistungsgleichstand, BVerwG v. 30.6.2011 – 2 C 19.10, IÖD 2011, 220 (Entsprechendes gilt übrigens auch für die Schwerbehindertenförderung).
4 EuGH v. 17.10.1995 – Rs. C-450/93, NJW 1995, 310.

95  Mit weiterem Urteil vom 11.11.1997 hat der EuGH[1] aber einschränkend die Regelung des damaligen § 25 Abs. 6 Satz 2 LBG NW (nunmehr § 20 Abs. 6 Satz 2 LBG NW) für gemeinschaftsrechtskonform gehalten mit der Maßgabe, dass der Dienstherr freilich gehalten sei, in jedem Einzelfalle bei Leistungsgleichheit der Bewerber auf der Ebene der Sekundärkriterien alle in der Person des jeweiligen Bewerbers liegenden Kriterien zu berücksichtigen[2], wobei der weiblichen Bewerbern grds. eingeräumte Vorrang bei gleicher Leistung bereits dann entfällt, wenn eines oder mehrere Kriterien zu Gunsten des männlichen Mitbewerbers überwiegen[3].

96  Die jüngere Rechtsprechung lässt die letztlich nach wie vor offene Frage der Verfassungsgemäßheit eher offen und arbeitet mit der Einhaltung oder Nichteinhaltung der Kriterien, die der EuGH in seiner Entscheidung vom 11.11.1997 aufgestellt hat[4]. Gleichwohl sind keineswegs alle Fragen gelöst: Nach VG Berlin[5] ergeben sich z.B. massive Bedenken gegen die Frauenförderung des § 8 Berl. GleichstellungsG im Hinblick darauf, dass § 7 BRRG – heute § 9 BeamtStG – strikt und ohne jede Einschränkung eine allein an Leistungsgesichtspunkten orientierte Auswahlentscheidung ohne Rücksicht auf das Geschlecht fordert.

Der Gesetzgeber (Bund) hat mit der Neuregelung der BLV 2009 die Beachtung der Anforderungen der §§ 8 u. 9 BGleiG normativ vorgegeben sowie den Berücksichtigungsrahmen des § 9 Satz 2 BBG entsprechend formuliert.

### h) Anforderungsprofile

97  Problematisch ist die Wahrung des für einen Dienstposten geltenden **Anforderungsprofils**[6]. Dem Ziel optimaler Aufgabenerfüllung zuträglich wäre, bei Stellenbesetzungen vorrangig dafür Sorge zu tragen, dass der best*geeignete*, nämlich der am besten den spezifischen Anforderungen des Dienstpostens Rechnung tragende Bewerber ausgewählt werde[7]. Dem kann aber widersprechen, dass nach dem Leistungsprinzip

---

1 EuGH v. 11.11.1997 – Rs. C-409/95, NJW 1997, 3429 = EuZW 1997, 756; weitergeführt in EuGH v. 28.3.2000 – Rs. C-158/97, NJW 2000, 1549 = DVBl 2000, 896 (zum hess. GleichberG), und v. 6.7.2000 – Rs. C-407/98, NJW 2000, 2653: Die Bevorzugung eines Bewerbers aus dem unterrepräsentierten Geschlecht bei gleichen oder fast gleichen „Verdiensten" ist bereits dann statthaft, wenn die Bewerbungen Gegenstand einer „objektiven Beurteilung" gewesen sind, bei denen „die persönliche Lage aller Bewerber berücksichtigt" wurde.
2 Instruktiv hierzu etwa *Hansmeyer/Kaltenborn*, NWVBl. 2001, 449 (Hausarbeitsfall mit Lösungsvorschlag).
3 Zur Umsetzung dieser Entscheidung s. *Schnellenbach*, NWVBl. 1998, 417; *Burmeister*, NWVBl. 1998, 419.
4 Vgl. zu Kriterien wie bessere Leistungsentwicklung, Anforderungsprofil, Unterrepräsentanz usw. z.B. OVG NW v. 29.5.1998 – 12 B 247/98, NWVBl. 1998, 400; v. 27.3.1998 – 6 B 431/98, NWVBl. 1998, 490; v. 22.2.1999 – 6 B 439/98, NVwZ-RR 2000, 176; OVG Saarl. v. 30.7.1998 – 1 W 3/98, NVwZ-RR 1999, 260; OVG Rh.-Pf. v. 29.6.1999 – 2 B 11189/99, DVBl 1999, 1445; VG Frankfurt/M. v. 11.11.1997 – 9 G 1587/97, NVwZ-RR 1999, 134. „Kinderreichtum" ist kein Kriterium, OVG NW v. 4.1.1999 – 6 B 1500/98, NJW 1999, 1203; ein um 5 Jahre höheres Dienstalter soll indessen schon den Ausschlag gegen die Frauenförderung geben können, OVG NW v. 4.2.2000 – 6 B 552/99, RiA 2002, 50; v. 24.7.2006 – 6 B 807/06, RiA 2007, 78 = PersR 2007, 26; anders VG Wiesbaden v. 10.5.2006 – 8 E 505/05, NVwZ 2007, 482 (Beförderungsdienstalter wg. mittelbar diskriminierender Wirkung beachtlich). Weiter exemplarisch zu den Abwägungsgesichtspunkten bei dem Ausgleich unterschiedlicher Hilfskriterien zu Lasten der Frauenförderung die zitierte Entsch. OVG NW v. 24.7.2006 – 6 B 807/06, RiA 2007, 78 = PersR 2007, 26.
5 VG Berlin v. 2.9.2005 – 7 A 41/05, NVwZ-RR 2006, 348.
6 Allgemein zu Anforderungsprofilen als Maßstabskriterien bei Beurteilungen, Zielvereinbarungen und im Personalauswahlverfahren s. *Lorse*, VerwArch. 2007, 262 ff.
7 Zur Statthaftigkeit eines Auswahlkriteriums „Vertrauen in politische Anschauungen und persönliche Loyalität" – insb. bei Führungskräften – s. *Bracher*, DVBl 2001, 19 ff.

IV. Personalauswahlverfahren im öffentlichen Dienst        Rz. 99   Teil **6 A**

der beste (nämlich der best*beurteilte*) Bewerber vorrangig ausgewählt werden muss, ggfs. sogar mit der Chance, sich gegen die Behörde im Stellenbesetzungsverfahren durchzusetzen, wenn anders entschieden wird. Dieses Dilemma hängt mit einem vormals unglücklichen Verständnis des beamtenrechtlichen Eignungsbegriffs (§ 1 Abs. 2 BLV a.F.) zusammen, der durch die Dominanz der vorwiegend leistungsabhängigen Beurteilungsnote als Auswahlkriterium das Eignungskriterium letztlich zur Bedeutungslosigkeit herabwürdigte[1]. Dennoch ließen sich immer wieder Entscheidungen ausmachen, die dem Kriterium der besseren Passung in ein vorzugebendes Anforderungsprofils[2] mutig den Vorrang auch vor Leistungskriterien einräumten[3].

Das BVerwG[4] hat in seiner Leitentscheidung zu dem Themenkomplex der Relevanz von Anforderungsprofilen Folgende Vorgaben formuliert: „*Durch die Bestimmung des Anforderungsprofils eines Dienstpostens legt der Dienstherr die Kriterien für die Auswahl der Bewerber fest. (...) Diese Dienstpostenbeschreibung bleibt für das Auswahlverfahren verbindlich[5]; sie bestimmt objektiv die Kriterien, die der Inhaber erfüllen muss. An ihnen sind die Eigenschaften und Fähigkeiten der Bewerber um einen Dienstposten zu bemessen, um eine optimale Besetzung zu gewährleisten. Im Auswahlverfahren ist der Dienstherr an dieses vom ihm entwickelte Anforderungsprofil gebunden, würde er doch anderenfalls in Widerspruch zu dem selbst gesteckten Ziel bestmöglicher Aufgabenwahrnehmung geraten. Ob der Dienstherr diese Auswahlkriterien beachtet hat, unterliegt in vollem Umfang gerichtlicher Kontrolle. Erst wenn mehrere Bewerber allen Anforderungsprofilen gerecht werden, sollen die – i.d.R. durch dienstlichen Beurteilungen ausgewiesenen – Abstufungen der Qualifikation Bedeutung erlangen. Unter diesen Voraussetzungen bleibt es dann der Einschätzung des Dienstherrn überlassen, welchen zur Eignung, Befähigung und fachlichen Leistung rechnenden Umständen er das größere Gewicht beimisst*". 98

Das Anforderungsprofil im Ausschreibungstext[6] begrenzt damit den in Betracht kommenden Bewerberkreis[7]. In weiterer Umsetzung der o.a. Entscheidung hat das OVG NW[8] ergänzend entschieden, dass ein einmal in der Stellenausschreibung 99

---

1 Krit. *Baden* in Festschrift Söllner, 2000, S. 87 ff. Neuere Tendenzen in der Rechtsprechung s. z.B. OVG NW v. 14.12.1999 – 12 B 1304/99, RiA 2000, 298.
2 Zu den Voraussetzungen, unter denen ein gestelltes Anforderungsprofil auch noch während des laufenden Stellenbesetzungsverfahrens geändert werden kann, s. OVG NW v. 14.12.1999 – 12 B 1304/99, RiA 2000, 298.
3 So z.B. VG München v. 20.3.1997 – M 12 E 97.607, NVwZ-RR 1998, 767; s. auch OVG Rh.-Pf. v. 15.7.1999 – 2 B 11403/99, PersR 1999, 417 (L.) („Lebensretterbonus"). Zur Erforderlichkeit der Entwicklung eines Anforderungsprofil für eine korrekte Auswahlentscheidung s. auch VGH Kassel v. 26.10.1993 – 1 TG 1585/93, NVwZ-RR 1994, 601 = DVBl 1994, 593, VG Frankfurt v. 11.11.1997 – 9 G 1587/97, NVwZ-RR 1999, 134, und OVG NW v. 14.12.1999 – 12 B 1304/99, RiA 2000, 298.
4 BVerwG v. 16.8.2001 – 2 A 3.00, BVerwGE 115, 58 = DÖV 2001, 1044 = DVBl 2002, 132.
5 Das BVerwG lässt hier den Vorbehalt einer Änderung des Anforderungsprofil zu: Wie der Dienstherr befugt ist, ein Besetzungsverfahren abzubrechen (BVerwG v. 25.4.1996 – 2 C 21.95, BVerwGE 101, 112), soll er auch befugt sein, den „Zuschnitt" eines Dienstpostens zu ändern und die Anforderungen an den Dienstposten zu ändern. Damit ist das Erfordernis des „Festhaltens" an einem einmal festgelegten Anforderungsprofil bereits stark relativiert.
6 Allgemein zur Ausschreibungspflicht s. *Rehak*, ZfPR 2004, 85. Das Bundesrecht fordert die Ausschreibung in § 8 Abs. 1 BBG mit der Maßgabe, dass Ausnahmen einer Regelung durch Rechtsverordnung bedürfen. Diese Detailregelungen finden sich in § 4 Abs. 2 und 3 BLV.
7 BayVGH v. 19.1.2000 – 3 CE 99.3309, DVBl 2000, 1140 f.
8 OVG NW v. 5.4.2002 – 1 B 1133/01, NVwZ 2003, 52; v. 14.5.2002 – 1 B 40/02, RiA 2003/45 = NWVBl. 2003, 14, ferner OVG NW v. 27.6.2003 – 1 B 442/03, NWVBl. 2004, 60 zur Auslegung eines Anforderungsprofils. S. auch VG Frankfurt/M. v. 6.9.2002 – 9 G 1524/02, PersV 2003, 307.

festgelegtes Anforderungsprofil für das laufende Auswahlverfahren unverändert bleiben muss; der Dienstherr kann also nicht einfach je nach Bewerberlage von einzelnen Erfordernissen abrücken oder andere Anforderungen nachschieben, um ein gewünschtes Auswahlergebnis erzielen zu können. Wollte er dies, so müsste er das Verfahren abbrechen und mit neuem Anforderungsprofil neu ausschreiben.

100 Im Ergebnis bedeutet dies, dass ein richtig gehandhabtes Anforderungsprofil, dessen Vorgabe allein dem Organisationsermessen des Dienstherrn anheim gegeben ist[1], sich gegenüber Beurteilungsergebnissen durchsetzen kann. *„Es liegt im Beurteilungsermessen des Dienstherrn, einer durch bestimmte Vorverwendungen erworbenen Eignung das größere Gewicht beizumessen gegenüber einer noch besseren Beurteilungsnote"*, formuliert z.B. das OVG Lüneburg[2]. Das bedeutet dann aber – konsequent zu Ende gedacht –, dass der Dienstherr durch die allein in sein Belieben gestellte, „geschickte" Vorgabe eines Anforderungsprofils, das realistisch nur ein potenzieller Bewerber (der Wunschkandidat) erfüllen kann, ein am Prinzip der Bestenauslese orientiertes Personalauswahlverfahren ad absurdum führen kann. Die Rechtsprechung wird aufgerufen sein, in solchen Fällen Manipulationen und Missbräuchen zu begegnen[3]; nach der bisherigen Praxis liegen die Schwellen hoch[4].

101 Die instanzgerichtliche Rechtsprechung macht indes deutlich, dass die strikten Vorgaben des BVerwG zur Einhaltung des einmal vorgegebenen Anforderungsprofils einschließlich der vollen gerichtlichen Kontrolle dessen nicht goûtieren, so dass das Pendel bereits wieder in die andere Richtung auszuschwingen scheint: Das OVG Koblenz[5] will einschränkend weiterhin zwischen allgemeinen, nur beschreibenden Angaben eines Anforderungsprofils und dessen speziellen, konstitutiven Angaben unterscheiden; es erscheine nicht angezeigt, jedes „Qualifikationserfordernis" gleich als rechtlich relevantes Anforderungsmerkmal zu verstehen[6].

---

1 OVG NW v. 1.10.2003 – 1 B 1037/03; v. 16.12.2003 – 1 B 2117/03, NVwZ-RR 2004, 236 = ZBR 2004, 277 = NWVBl. 2004, 258; OVG Rh.-Pf. v. 15.12.2002 – 10 B 11229/02, NVwZ-RR 2003, 762.
2 OVG Lüneburg v. 22.5.2000 – 5 M 2228/00, n.v. Ähnlich z.B. VG Koblenz v. 29.10.2001 – 6 L 2266/01. KO (n.v.): Der Dienstherr *kann* den Vorrang der Beurteilung entfallen lassen, wenn der zu vergebende Dienstposten spezielle Eignungsanforderungen stellt.
3 Hierzu z.B. VG Wiesbaden v. 30.1.2003 – 8 G 1624/02, NVwZ-RR 2003, 582: Ermessensfehlerhaftigkeit der Auswahlentscheidung, wenn das Anforderungsprofil sachwidrig auf eine bestimmte Person zugeschnitten wurde. OVG NW v. 16.12.2003 – 1 B 2117/03, NVwZ-RR 2004, 236: Die Bestimmung der Eignung potenzieller Bewerber mit Hilfe eines Anforderungsprofils darf nicht zur Umkehrung des Prinzips der Bestenauslese führen. Nach Abbruch eines beanstandeten Auswahlverfahrens kann der Dienstherr allerdings durch Einführung bzw. Präzisierung oder Modifikation eines Anforderungsprofils bei sachgerechtem Vorgehen seine Besetzungsvorstellungen durchsetzen, OVG NW v. 15.1.2003 – 1 B 2230/02, RiA 2004, 152. Zur notwendigen Sachgerechtheit eines Anforderungsprofils auch OVG NW v. 1.10.2003 – 1 B 1037/03, n.v., sowie OVG NW IÖD 2003, 100.
4 Vgl. z.B. Nds. OVG v. 17.2.2010, 5 ME 266/09, ZBR 2010, 270: Anforderungsprofile sind nur dann von Ermessensmissbrauch geprägt, wenn die Gründe hierfür nur vorgeschoben sind, um eine in Wahrheit allein oder maßgebend mit anderen Beweggründen beruhende Entscheidung zu rechtfertigen.
5 OVG Rh.-Pf. v. 15.10.2002 – 10 B 11229/03, NVwZ-RR 2003, 762.
6 Bei in Anforderungsprofilen enthaltenen „Qualifikationserfordernissen" handelt es sich hiernach regelmäßig um solche allgemein-beschreibenden Voraussetzungen, so dass sogleich nach der Rangfolge der aktuellen dienstlichen Beurteilung auszuwählen ist, OVG Koblenz v. 23.5.2007 – 10 B 10318/07, NVwZ-RR 2007, 620 = DVBl 2007, 1051. Zur Bewertung von „Vertrauenswürdigkeit und Loyalität" als Kriterien eines Anforderungsprofils s. OVG NW v. 6.9.2005 – 6 A 1903/03, NVwZ-RR 2006, 340 = RiA 2006, 179.

Nur die letztgenannten sollen daher eine vorrangige Berücksichtigung im Auswahlprozess erzwingen. Nach VGH München sind relative Kriterien, die nur „möglichst" erfüllt sein sollen, bloße Hilfskriterien[1]. Ebenso können relative, persönliche Befähigungsmerkmale („diplomatisches Geschick") nicht zum konstitutiven Merkmal eines Anforderungsprofils erhoben werden[2]; sie bedürfen der Gewichtung und Bewertung innerhalb des Bestenausleseverfahrens und können daher nicht schon im Vorfeld der Auswahl als potenzielle Ausschlusskriterien fungieren. Das OVG NW[3] unterscheidet zwischen konstitutiven und nicht konstitutiven Anforderungsprofilen; „konstitutiv" sind nur solche, deren Vorliegen zum einen zwingend vorgegeben und zum anderen anhand objektiv überprüfbarer Kriterien, also insbesondere ohne gebotene Rücksichtnahme auf Wertungsspielräume, eindeutig (also im Sinne einer klaren Ja/Nein-Entscheidung) festzustellen sind.

### i) Das Auswahlverfahren in der Übersicht

Die oben in Auszügen zitierten, neuen Entscheidungen des BVerwG zur vorrangigen Beachtlichkeit eines definierten Anforderungsprofils (s. oben Rz. 97 ff.) und zur Berücksichtigung zurückliegender Beurteilungen (s. oben Rz. 92 ff.) und die darauf fußenden ausdrücklichen Regelungen des § 33 Abs. 1 BLV haben den für eine rechtmäßige Auswahlentscheidung einzuschlagenden Weg des Vorgehens maßgeblich beeinflusst und verändert. Vereinfacht gesprochen ist an die Stelle eines Auswahlverfahrens, in dem vorrangig des Leistungsgrundsatz, insbesondere gekennzeichnet durch die überragende Relevanz der aktuellen Beurteilungs-Gesamtnote („altes Modell"), ein modifiziertes und differenziertes Modell getreten, das stattdessen durch die (vorrangige) Relevanz des Eignungskriteriums (Einpassen in ein Anforderungsprofil) im Sinne einer bestmöglichen Aufgabenwahrnehmung und optimalen Besetzung von Dienstposten und erst danach durch die Beachtlichkeit des Leistungsgrundsatzes gekennzeichnet ist. Die Vorgabe von Anforderungsprofilen ist bei alledem alleiniger Ausfluss der Organisationsgewalt und mithin weitestgehend einer individualrechtlichen Kontrolle entzogen. Erst unter den die Kriterien des Anforderungsprofils erfüllenden Beamten wird ein Leistungsvergleich vorgenommen, bei dem die aktuelle Beurteilung mit ihrer zusammenfassenden Gesamtnote ausschlaggebend ist. Daneben erlangen zurückliegende Beurteilungen weitergehende Bedeutung, und zwar sowohl unter Leistungs- wie unter (insbesondere prognostizierenden) Eignungsgesichtspunkten. Erst danach kommen etwaige Hilfskriterien zum Tragen, wobei zwischen bedingt „privilegierten" Hilfskriterien wie Frauenförderung oder Schwerbehinderung, die jedoch im Einzelfall mit besonderer Begründung überwindbar sind, und „einfachen" Hilfskriterien zu unterscheiden ist. Schematisch im Vergleich:

| „altes Modell" | „neues Modell" |
|---|---|
| 1. Stufe: Vergleich d. Beurteilungsnoten | 1. Stufe: bestmögliches Einpassen in ein vorgegebenes Anforderungsprofil (BVerwG v. 16.8.2001) |
|  | 2. Stufe: Vergleich der (aktuellen) Beurteilungs(end)noten |

---

1 BayVGH v. 7.10.2004 – 3 CE 04.2770, ZBR 2006, 137; ähnlich BayVGH v. 13.3.2008 – 3 CE 08.53, RiA 2008, 262, zu der Klausel „Bewerber mit fundierten (...) Kenntnissen werden bevorzugt".
2 OVG NW v. 23.6.2004 – 1 B 455/04, NWVBl. 2004, 463.
3 OVG NW v. 30.10.2009 – 1 B 1347/09, ZBR 2010, 202.

| „altes Modell" | „neues Modell" |
|---|---|
| | 3. Stufe: „qualitative Ausschärfung" der Beurteilung (OVG NW v. 27.2.2004) bzw. inhaltlich differenzierende Betrachtung der Einzelnoten und Notenkomplexe). |
| | 4. Stufe: Berücksichtigung zurückliegender Beurteilungen (insb. im Hinblick auf etwaige Tendenz-Aussagen) (BVerwG v. 19.12.2002 sowie § 33 Abs. 1 Satz 2 BLV) |
| 2. Stufe: (belieb.) Hilfskriterien (Sekundärkriterien) ggfs. vorrangige Berücksichtigung „privilegierter" Hilfskriterien wie Frauenförderung, Schutz der Schwerbehinderten, mit Abweichungsbefugnis | 5. Stufe: (belieb.) Hilfskriterien (Sekundärkriterien) ggfs. vorrangige Berücksichtigung „privilegierter" Hilfskriterien wie Frauenförderung (etwa gem. § 33 Abs. 1 Satz 3 BLV i.V.m. §§ 8, 9 BGleiG), Schutz der Schwerbehinderten (Regelm. Bestandteil von Integrationsvereinbarungen nach § 83 SGB IX), jew. mit Abweichungsbefugnis |
| 3.-x. Stufe: weitere Hilfskriterien in beliebiger Reihenfolge | 6.-x. Stufe: weitere Hilfskriterien in beliebiger Reihenfolge |

104  Die wesentlichen Auswahlerwägungen sind in einem Auswahlvermerk schriftlich zu fixieren[1]. Durch Akteneinsicht – zumindest gem. § 100 VwGO innerhalb des verwaltungsgerichtlichen Eilverfahrens – kann der unterlegene Bewerber hiervon Kenntnis nehmen; erst die Kenntnis dieser Erwägungen versetzt ihn in die Lage, sachgerecht beurteilen zu können, ob er gerichtlichen Eilrechtsschutz gegen die Auswahlentscheidung seines Dienstherrn in Anspruch nehmen bzw. ein bereits eingeleitetes Verfahren weiterführen möchte. Künftig wird insbesondere in Auswahl- und Stellenbesetzungsverfahren mehr und mehr zu überprüfen sein, ob diese Vorgaben eingehalten sind. Fehler und Defizite machen die getroffene Entscheidung im verwaltungsgerichtlichen (Eil-)Verfahren angreifbar.

**j) Abbruch des Auswahlverfahrens**

105  Ein einmal eingeleitetes Personalauswahlverfahren kann der Dienstherr kraft seines Organisationsrechts jederzeit aus sachlichen Gründen[2] abbrechen[3]. Rechte der im

---

1 BVerfG v. 9.7.2007 – 2 BvR 206/07, NVwZ 2007, 1178 = ZBR 2008, 169 m.w.N. Vgl. hierzu auch VGH BW v. 22.7.2008 – 4 S 3097/09, NVwZ-RR 2009, 216; OVG NW v. 26.11.2008 – 6 B 1416/08, ZBR 2009, 274 = RiA 2009, 139. In der praktischen Konsequenz schließt dies das Nachschieben von Ermessenserwägungen im einstweiligen Rechtsschutzverfahren aus.
2 Sachlicher Grund kann z.B. der Umstand sein, dass ein wieder dienstfähig gewordener Beamter zurückkehrt und aufgrund seines Anspruchs auf amtsgemäße Beschäftigung „untergebracht" werden muss, OVG Lüneburg v. 30.9.2010, 5 ME 169/10, Nds.Rh.-Pf.fl. 2010, 420 = DVBl 2010, 996 (L.), oder der Umstand, dass nach Durchführung des Auswahlverfahrens kein geeigneter Kandidat verblieben ist, OVG NW v. 31.5.2010, 6 B 448/10, IÖD 2010, 149. Kein sachlicher Grund ist allerdings z.B. der Umstand, dass die Dienststelle zuvor mit einer rechtswidrigen Auswahlentscheidung gescheitert ist, BayVGH v. 29.9.2005 – 3 CE 05.1705, NVwZ-RR 2006, 344. Nach OVG Lüneburg kommt ein Abbruch nach gerichtlicher Beanstandung eines vorangegangenen Auswahlverfahrens aber in Betracht, Beschl. v. 14.9.2006 – 5 ME 219/06, NVwZ-RR 2007, 404 = ZBR 2007, 348.
3 BVerwG v. 25.4.1996 – 2 C 21.95, BVerwGE 101, 112 = NVwZ 1997, 283; v. 22.7.1999 – 2 C 14.98, NVwZ-RR 2000, 172. Bestätigt durch BVerfG v. 19.12.2008 – 2 BvR 627/08, NVwZ-RR 2009, 344.

Verfahren befindlichen Auswahl-Kandidaten werden dadurch nicht verletzt[1]; ihm erwachsen insbesondere auch keine Schadensersatzansprüche wegen Nichtbeförderung[2]. Und es steht im freien Ermessen des Dienstherrn, ob er eine freie Stelle im Wege der Einstellung, Beförderung, Versetzung, Abordnung oder Umsetzung besetzen will – einschließlich der Befugnis, noch während eines etwa mit unbeschränkter Ausschreibung[3] begonnenen Auswahlverfahrens eine nachträgliche Beschränkung z.B. auf Beförderungsbewerber vorzunehmen[4]. Und umgekehrt: Kann der Dienstherr einen freigewordenen Dienstposten statt im Wege der Beförderungsauswahl durch schlichte Umsetzung besetzen, weil sich ein Bewerber bereits im Beförderungsamt befindet, so kann er frei von den sonst zu beachtenden Kriterien der Eignung, Befähigung und fachlichen Leistung schlicht nach organisatorischer Zweckmäßigkeit entscheiden[5].

### 4. Rechtsschutz im Auswahlverfahren („Konkurrentenklage"[6])

#### a) Grundsatz: Kein Rechtsschutz gegen bereits erfolgte Beförderungen

**Gegen die erfolgte Beförderung eines Konkurrenten** kann der Beamte i.d.R. nichts mehr unternehmen. Sobald dessen Ernennungsurkunde ausgehändigt ist, die statusrechtliche Maßnahme also vollzogen wurde, ist der übergangene Bewerber nicht mehr in der Lage, sich selbst in die erstrebte Position zu bringen. Da nach § 49 Abs. 1 BHO ein Amt nur im Zusammenhang mit einer besetzbaren Planstelle vergeben werden darf[7], eben diese aber im Augenblick der Ernennung des Mitbewerbers durch Aushändigung der Urkunde nicht mehr zur Verfügung steht, kann

106

---

1 BVerwG v. 25.4.1996 – 2 C 21.95, BVerwGE 101, 112 = NVwZ 1997, 283 = DVBl 1996, 1146 = DÖV 1996, 920. Ebenso BVerwG v. 22.7.1999 – 2 C 14.98, NVwZ-RR 2000, 172 = DVBl 2000, 485. Weiterhin OVG NW v. 26.4.1991 – 6 B 744/91, DVBl 1991, 1212; OVG Rh.-Pf. v. 19.12.1996 – 10 B 13120/96, DöD 1997, 173 = *Schütz/Maiwald*, ES/A II 1.4 Nr. 60. Frauenförderung (mit dem Ziel, einen weiteren Bewerberkreis zu evozieren) ist in diesem Sinne ein geeigneter sachlicher Grund für Abbruch und neues Verfahren, OVG Saarl. v. 29.5.2002 – 1 W 9/02, NVwZ-RR 2003, 48.
2 OVG Nds. v. 25.2.2010 – 5 LA 305/08, NVwZ-RR 2010, 532.
3 Zur Ausschreibungspflicht vgl. § 8 Abs. 1 BBG. In der Gestaltung seiner Ausschreibungen ist der Dienstherr grds. frei (vgl. § 8 Abs. 2 BBG); ggfs. sind personalvertretungsrechtliche Beteiligungsrechte zu beachten (etwa: § 75 Abs. 3 Nr. 14 BPersVG). Sind für Art und Weise der Ausschreibung Vorschriften ergangen, so macht ein Verstoß dagegen die Ausschreibung allerdings unwirksam, vgl. instruktiv für den Fall der Publikation im „falschen" Amtsblatt BGH v. 19.7.1999 – NotZ 4/99, NJW 1999, 3122. Nach VG Frankfurt v. 22.11.2001 – 9 G 3450/01, NVwZ 2002, 505 muss eine Ausschreibung grds. geschlechtsneutral erfolgen – ein Verstoß macht ggfs. nach nachfolgende Auswahlverfahren fehlerhaft.
4 Plastisch etwa OVG Schl.-Holst. v. 25.9.1998 – 3 M 35/98, DVBl 1999, 339 (L.).
5 OVG Rh.-Pf. v. 23.5.1984 – 2 A 122/83, DöD 1985, 48; diese Rspr. ist weiterhin maßgeblich: s. OVG Rh.-Pf. v. 28.11.2001 – 10 B 11641/01. OVG (n.v.); OVG LSA v. 29.1.1999 – B 3 S 412/98, DRiZ 2000, 57; Nds. OVG v. 25.1.2001 – 2 B 5703/00, IÖD 2001, 223f.
6 Zusammenfassend s. *Wernsmann*, DVBl 2005, 276ff.
7 Kein Anspruch auf Ausbringen einer Planstelle, s. BVerwG v. 31.5.1990 – 2 C 16.89, NVwZ 1991, 375 = DVBl 1990, 1235 = ZBR 1990, 347 = DÖV 1990, 1023. Ebenso kein subjektives Recht eines pot. Bewerbers im Falle einer Stellenhebung, OVG MV v. 7.11.2002 – 2 M 59/02, NVwZ-RR 2003, 580.

dem Begehren des übergangenen Bewerbers fortan nicht mehr entsprochen werden[1]; das Bewerbungsverfahren ist damit „erledigt"[2]. Die Ernennung folgt der Auswahlentscheidung, setzt diese rechtsverbindlich um und beendet das Auswahlverfahren. Die Bewerbungsverfahrensansprüche der unterlegenen Bewerber gehen durch die Ernennung unter, wenn diese das Auswahlverfahren endgültig abschließt[3]. Dies ist regelmäßig der Fall, weil die Ernennung nach dem **Grundsatz der Ämterstabilität** nicht mehr rückgängig gemacht werden kann, so dass das Amt unwiderruflich vergeben ist. Auch ein erneutes Auswahlverfahren könnte das Ergebnis nicht mehr korrigieren[4]. Die Erwägung, der Rechtsschutz suchende Konkurrent könne im Falle späterer Weg- oder Weiterversetzung des bevorzugten Bewerbers zu einem späteren Zeitpunkt, wenn nämlich die Stelle wieder verfügbar geworden sei, berücksichtigt werden, trägt nicht, weil die Rechtsprechung (wohl durchaus zutreffend) in diesem Falle eine neue Stellenbesetzung und nicht mehr eine Fortführung des „alten" Verfahrens annimmt[5].

107 Diese Grundsätze gelten jedoch nicht ausnahmslos. Zunächst hatte das BVerwG eine gewichtige Einschränkung dieser Grundsätze für den Fall vorgenommen, dass die Stellenbesetzung im Widerspruch gegen eine ergangene **einstweilige Sicherungsanordnung des Verwaltungsgerichts** erfolgte: Art. 33 Abs. 2 GG i.V.m. Art. 19 Abs. 4 GG und Art. 20 Abs. 3 GG verböten es dem Dienstherrn, entgegen einer einstweiligen Anordnung statusverändernde Maßnahmen zu treffen. Werde hiergegen verstoßen, so habe der nachteilig Betroffene in Anlehnung an die Grundsätze der §§ 162 Abs. 2, 135, 136 BGB einen Anspruch auf Wiederherstellung, dem nicht entgegengehalten werden könne, dass der Bewerbungsverfahrensanspruch mangels Besetzbarkeit einer verfügbaren Planstelle nicht mehr zu erfüllen sei. Erforderlichenfalls müsse Besoldung aus dem Haushalt bezahlt oder ggfs. eine benötigte weitere Planstelle[6] geschaffen werden[7].

---

1 Das BVerwG hatte in einem Urt. v. 13.9.2001 – 2 C 39.00, BVerwGE 115, 89 = RiA 2003, 33, unter verfassungsrechtlichen Gesichtspunkten Zweifel an der Richtigkeit dieser überkommenen Entscheidungspraxis angedeutet und damit erhebliche Irritationen ausgelöst, so dass über eine grundlegende Änderung der Rechtsprechung spekuliert wurde. Vor dem Hintergrund des Kammerbeschlusses des BVerfG v. 24.9.2002 – 2 BvR 857/02, DVBl 2002, 1633 f. = DöD 2003, 17 = PersV 2003, 147, sieht der Senat diese Bedenken aber nunmehr als ausgeräumt an – BVerwG v. 21.8.2003 – 2 C 14.02, BVerwGE 118, 370 = NJW 2004, 870 = ZBR 2004, 101 = RiA 2004, 37, – sodass es bei der genannten Darstellung verbleibt. Vgl. auch OVG NW v. 12.5.2003 – 1 A 1759/02, NVwZ-RR 2004, 436 = ZBR 2004, 178 = RiA 2003, 254.
2 Vgl. hierzu ausdrücklich BVerwG v. 25.8.1988 – 2 C 62.85, BVerwGE 80, 127; v. 9.3.1989 – 2 C 4.87, ZBR 1989, 281 = DVBl 1989, 1150.
3 BVerwG v. 4.11.2010. 2 C 16.09, NJW 2011, 695.
4 BVerwGE 80, 127 (129 f.) = NVwZ 1989, 158; hierzu s. bzgl. der danach gebotenen Folgenabwägung im Rahmen des Eilrechtsschutzes BVerfG v. 9.7.2002 – 2 BvQ 25/02, NVwZ 2002, 1367, sowie v. 29.7.2003 – 2 BvR 311/03, NVwZ 2004, 95 = ZBR 2004, 45.
5 BVerwG v. 9.3.1989 – 2 C 4.87, ZBR 1989, 281 = DVBl 1989, 1150; v. 30.6.1988 – 2 C 11.87, BVerwGE 80, 1.
6 BVerwG v. 21.8.2003 – 2 C 14.02, BVerwGE 118, 370 = NJW 2004, 870 = ZBR 2004, 101 = RiA 2004, 37. An diesen Grundsätzen hält das BVerwG nicht mehr fest, vgl. BVerwG v. 4.11.2010, 2 C 16.09, NJW 2011, 695. Aufgrund seiner Abhängigkeit von dem konkreten Auswahlverfahren sei dieser Anspruch nicht (weiter) darauf gerichtet, eine weitere Planstelle zu schaffen. Insbesondere gebe deren Bereitstellung für funktionsgebundene Ämter keinen Sinn, weil es dort an der Möglichkeit einer amtsangemessenen Beschäftigung fehle (vgl. *Schnellenbach*, ZBR 2004, 104 f.). Hinzu komme, dass auch das neue Amt richtigerweise nach den Vorgaben des Art. 33 Abs. 2 GG vergeben werden müsse.
7 Zum Anspruch auf Wiederfreimachen eines rechtswidrig und unter Verletzung des Benachrichtigungsverbotes besetzten Dienstpostens s. OVG NW v. 31.10.2005 – 1 B 1450/05, RiA 2006, 123 = NWVBl. 2006, 262.

IV. Personalauswahlverfahren im öffentlichen Dienst    Rz. 109   Teil **6 A**

Diese Rechtsprechung hat das BVerwG mit seiner grundlegenden Entscheidung vom 4.11.2010[1] einer Revision unterzogen. In Fortführung des Grundsatzes, dass das Gebot effektiven Rechtsschutzes eine dementsprechende verfassungskonforme Auslegung und Anwendung des materiellen und des Verfahrensrechts gebiete, wird nunmehr der ansonsten fortbestehende **Grundsatz der Ämterstabilität** ausnahmsweise **für den Fall eingeschränkt, dass der Dienstherr** den nach Art. 19 Abs. 4 Satz 1 GG, Art. 33 Abs. 2 GG gebotenen **Rechtsschutz verhindert**, indem er die Ernennung 108

(a) ohne vorherige Mitteilungen an die unterlegenen Bewerber,
(b) während eines noch laufenden gerichtlichen Verfahrens,
(c) entgegen einer dies untersagenden Entscheidung eines Verwaltungsgerichts oder des Bundesverfassungsgerichts oder
(d) vor Ablauf einer angemessenen Wartefrist für
 – den Antrag auf Erlass einer einstweiligen Anordnung,
 – die Beschwerde an das Oberverwaltungsgericht oder
 – die Anrufung des Bundesverfassungsgerichts vornimmt.

Liegt ein solcher Fall der Rechtsschutzvereitelung vor, kann der hierdurch in seinem Verfahrensrecht verletzte Beamte **die Ernennung** des erfolgreichen Bewerbers **anfechten**. Ergibt sich in seinem solchen Fall, dass die Ernennung auch inhaltlich gegen die Rechte des zu Unrecht übergangenen Bewerbers aus Art. 33 Abs. 2 GG verstößt – die materielle Prüfung der Auswahlentscheidung ist dem gem. im Rahmen des Anfechtungsprozesses nachzuholen –, so ist sie **mit Wirkung für die Zukunft aufzuheben**.

Damit hat das BVerwG seine Rechtsprechung zu den unterschiedlichen Fallkonstellationen vereinheitlicht und unter verfassungsrechtlicher Akzentuierung der Verfahrensrechte die Erfordernisse einer dem Grundsatz des effektiven Rechtsschutzes erneut herausgearbeitet: Zunächst muss der Dienstherr die **Auswahlentscheidung** vor der Ernennungden unterlegenen Bewerbern **mitteilen**[2]. Danach muss ereine **angemessene Zeit zuwarten**, damit die Unterlegenen das Verwaltungsgericht anrufen können. Das BVerwG billigt dazu die in der Praxis der Verwaltungsgerichte als angemessen herausgebildete **Wartezeit von zwei Wochen** ab Zugang der Mitteilung über die Ablehnung der Bewerbung. Beantragt ein Bewerber rechtzeitig den Erlass einer **einstweiligen Anordnung**, darf der Dienstherr die **Ernennung erst nach Abschluss des gerichtlichen Verfahrens** vornehmen[3]. Dazu gehört auch ein etwaiges Beschwerdeverfahren, so dass – ohne dass hierfür fortan noch eine gesonderte Anordnung des Gerichts erforderlich wäre – auch die Frist für die Einlegung der Beschwerde und im Falle deren Einlegung die Laufzeit des Beschwerdeverfahrens abgewartet werden muss. Aber selbst dann darf die Auswahlentscheidung noch nicht vollzogen werden: Hat der Dienstherr in der abschließenden Beschwerdeinstanz des einstweiligen Anordnungsverfahrens vor dem Oberverwaltungsgericht obsiegt, muss er **nochmals angemessene Zeit** mit der Ernennung **zuwarten**, um dem unterlegenen Bewerber Gelegenheit zu geben, zur Durchsetzung seines Bewerbungsverfahrensanspruchs nach Art. 33 Abs. 2 GG das **Bundesverfassungsgericht anzurufen**. Nach der Kammerrechtsprechung des Bundesverfassungsgerichts gewährleisten nämlich Art. 19 Abs. 4 Satz 1, Art. 33 Abs. 2 GG auch die Möglichkeit, eine einstweilige Anordnung nach § 32 BVerfGG zu erwirken oder Verfassungsbeschwerde zu erheben. Nimmt der Dienstherr dem unterlegenen Bewerber diese Möglichkeit, indem er den ausgewählten Bewerber nach der Entscheidung des Oberverwaltungs- 109

---
1 BVerwG v. 4.11.2010 – 2 C 16.09, NJW 2011, 695.
2 BVerwG v. 1.4.2004 – 2 C26.03, NVwZ 2004, 1257, und v. 11.2.2009 – 2 A 7.06, NVwZ 2009, 787.
3 BVerwG v. 21.8.2003 – 2 C 14.02, BVerwGE 118, 370.

gerichts vor Ablauf einer angemessenen Wartefrist ernennt, so verhindert er ebenfalls unzulässig die Gewährung wirkungsvollen Rechtsschutzes[1].

110 Außerhalb dieser Ausnahmekonstellation anerkennt die Rechtsprechung ein Anfechtungsrecht des Beamten gegen die Beförderung eines Konkurrenten (sog. **Konkurrentenklage**) demgegenüber weiterhin nicht[2].

### b) Nur ausnahmsweise Schadensersatz

111 Es bleibt in solchen Fällen, in denen nicht ausnahmsweise eine Beeinträchtigung der Effektivität des (Eil-)Rechtsschutzes geltend gemacht werden kann, lediglich die von den Erfolgsaussichten her regelmäßig fragwürdige Möglichkeit des **Schadensersatzanspruchs wegen Verletzung der Ansprüche aus Art. 33 Abs. 2 GG, aus Amtspflichtverletzung bzw. Fürsorgepflichtverletzung**[3]. Bei deren Realisierung scheitert der übergangene Kandidat regelmäßig, selbst wenn der einen Fehler in der Auswahlentscheidung dartun kann, spätestens am Kausalitätsnachweis[4] (wäre gerade er anstelle des begünstigten Kandidaten befördert worden?) oder am Verschulden, welches rechtliche Voraussetzung beider Schadensersatzansprüche ist[5]. Außerdem wendet das BVerwG zunehmend und verschärft den Rechtsgedanken des § 839 Abs. 3 BGB entsprechend an, versagt also einen Schadensersatz, wenn der sich übergangen fühlende Bewerber nicht durch Teilnahme an Bewerbungsverfahren auch bei ungünstiger Beurteilungslage[6] oder durch die Einleitung eines Konkurrentenstreitverfahrens[7] versucht

---

1 BVerfG v. 28.4.2005 – 1 BvR 2231/02, NJW-RR 2005, 998 f.; v. 9.7.2007 – 2 BvR 206/07, NVwZ 2007, 1178; v. 24.9.2007 – 2 BvR 1586/07, NVwZ 2008, 70 und v. 9.7.2009 – 2 BvR 706/09, NVwZ 2009, 1430.
2 Zu dieser Problematik vgl. *Schnellenbach*, NVwZ 1990, 637 f. m.w.N., sowie BVerfG v. 19.9.1989 – 2 BvR 1576/88, NJW 1990, 501 unter Bestätigung von BVerwG v. 25.8.1988 – 2 C 62.85, BVerwGE 80, 127. S. weiterhin BVerwG, ZBR 1990, 79 f., sowie *Günther*, NVwZ 1986, 697 ff. und *Bracher*, ZBR 1989, 139 ff.
3 Die neuere Rechtsprechung des BVerwG stützt diesen Anspruch unmittelbar auf Art. 33 Abs. 2 GG und eine Verletzung des daraus abgeleiteten Bewerbungsverfahrensanspruchs, s. BVerwG v. 25.2.2010 – 2 C 22.09, BVerwGE 136, 140 = ZBR 2011. 37; des Rückgriffs auf Fürsorgepflichten bedarf es hiernach nicht; BVerwG v. 25.8.1988 – 2 C 51.86, BVerwGE 80, 123, sowie v. 28.5.1998 – 2 C 29.97, BVerwGE 107, 29 = DVBl 1998, 1083 – hierzu s. auch *Wieland*, PersR 2000, 66 ff.
4 BVerwG v. 16.10.1991 – 2 B 115.91, NJW 1992, 927 = ZBR 1992, 106 = DöD 1992, 238; s. auch BVerwG v. 23.5.2003 – 2 C 29.01, ZBR 2003, 136 (kein Beförderungsanspruch für entsandte Beamte ohne Rücksicht auf die konkrete Bewerbungssituation); v. 31.3.2011 – 2 A 2.09, IÖD 2011, 170 (kein Schadensersatz nach zulässigem Abbruch des Auswahlverfahrens).
5 Zu Schadensersatzansprüchen aus Fürsorgepflichtverletzung wegen schuldhafter Nichtbeförderung unter Verletzung des Leistungsprinzips s. BVerwG v. 29.8.1996 – 2 C 23.95, BVerwGE 102, 33 ff. = NJW 1997, 1321: Verjährungsfrist von vier Jahren ab Fälligkeit entspr. § 197 BGB [– Fassung bis 2001 – Seit 1.1.2002 drei Jahre gem. § 195 BGB n.F.). Dies gilt nicht nur für Besoldungs- und Versorgungsansprüche, sondern auch für die an deren Stelle tretenden Schadensersatzansprüche: BVerwG v. 21.9.2000 – 2 C 5.99, DVBl 2001, 726. Zum Verschulden BVerwG v. 14.5.1996 – 2 B 73.96, NVwZ-RR 1997, 41. Weiter s. auch BVerwG v. 25.8.1988 – 2 C 51.86, NJW 1989, 538; v. 16.10.1991 – 2 B 115.91, NJW 1992, 927. Kein Verschulden bei Billigung der Auswahlentscheidung durch kollegial besetztes Gericht, z.B. OVG NW v. 5.6.2003 – 6 A 4750/01, ZBR 2004, 177 = NVwBl. 2003, 433; hinsichtlich eines Ausnahmefalls s. BVerwG v. 17.8.2005 – 2 C 37.04, BVerwGE 124, 99 = NVwZ 2006, 212 = DVBl 2006, 316 = ZBR 2006, 89 = RiA 2006, 77. Zusammenfassend auch *Leppin*, NVwZ 2007, 1241.
6 BVerwG v. 18.4.2002 – 2 C 19.01, NVwZ-RR 2002, 620 = DVBl 2002, 1641 = DÖV 2002, 865 = ZBR 2003, 137 = RiA 2003, 310 = DöD 2002, 250.
7 BVerwG v. 28.5.1998 – 2 C 29.97, BVerwGE 107, 29 (31 f.) = DVBl 1998, 1083, und v. 9.12.1999 – 2 C 38.98, DVBl 2000, 1128 = DÖV 2000, 602 = ZBR 2000, 208.

hat, den Schadenseintritt zu verhindern[1]. Nach OVG Koblenz soll er sogar gehalten sein, auf die Korrektur einer nach seiner Auffassung rechtswidrigen Beurteilung zu drängen, bevor diese zu seinen Lasten im Auswahlverfahren verwendet wird[2]. Das Hamb. OVG macht Schadensersatzansprüche wegen unterbliebener Beförderung davon abhängig, dass der Beamte zuvor einen Antrag gestellt hat, befördert zu werden[3]. Ein auf die Zuweisung der nächstfreiwerdenden Planstelle gerichteter **Folgenbeseitigungsanspruch** scheidet regelmäßig aus, weil dieser nur den Status vor dem rechtswidrigen Eingriff wiederherstellen kann, nicht aber geeignet ist, einen darüber hinausgehenden Rechtszustand herzustellen[4].

Wesentliche Erleichterungen schafft in diesem Zusammenhang eine Reihe von Entscheidungen zur **Darlegungs- und Beweislast**. Es beginnt mit einem Urteil des BGH vom 6.4.1995[5] im Amtshaftungsprozess: Im konkreten Fall hatte es der Dienstherr entgegen den nach der Rechtsprechung des BVerfG zwingenden Vorgaben verabsäumt, dem nicht ausgewählten Bewerber rechtzeitig die erforderliche Mitteilung zukommen zu lassen, so dass dieser keinen einstweiligen Rechtsschutz mehr in Anspruch nehmen konnte. Im nachfolgenden Schadensersatzprozess erachtete der BGH nicht nur das Unterlassen dieser Mitteilung als drittschützende Amtspflichtverletzung, sondern stellte zugleich fest, dass auf Grund der gegebenen Situation dem Betroffenen Beweiserleichterungen nach § 287 ZPO zugute kommen[6]: Gerade weil der Betroffene typischerweise nicht konkret darlegen kann, dass bei pflichtgemäßem Vorgehen seine Bewerbung bei der Auswahlentscheidung hätte Erfolg haben müssen, muss nunmehr der Dienstherr substantiiert darlegen, wie sich die Dinge bei korrektem Handeln entwickelt hätten, wobei er insbesondere die zugrundegelegten Auswahlkriterien offen legen muss. Damit erlangt der Beamte die Chance, alsdann durch Vortrag von Einzelheiten zu erwidern. Kann der Dienstherr hierbei seine zu Lasten des Betroffenen ausgefallene Auswahlentscheidung nicht hieb- und stichfest begründen, so bleibt seine Verteidigung unerheblich; damit wird ihm das Begründungs-Risiko der nachträglichen Überprüfung und damit letztlich eine Art Darlegungs- und Beweislast aufgebürdet.

Diese Rechtsgedanken hat nunmehr auch das BVerwG mit einer Entscheidung vom 21.8.2003 aufgegriffen und eine **Beweislastumkehr** zu Lasten des Dienstherrn angenommen, wenn dieser es verabsäumte, die Auswahlentscheidung auf fehlerfreie (Beurteilungs-)Grundlagen zu stützen: Ist dann in einem nachfolgenden Verfahren die gesicherte Vergleichsbasis nicht mehr rekonstruierbar, so trägt der Dienstherr die materielle Beweislast dafür, dass der nicht ernannte Bewerber auch bei einem fehlerfreien Auswahlverfahren ohne Erfolg geblieben wäre (Beweislastumkehr)[7]. Die Beschaffung und Erhaltung der für die Auswahlentscheidung erforderlichen Grund-

---

1 Das gilt allerdings nicht, wenn es der Dienstherr unterlassen hat, den Beamten zeitgerecht über die zu seinen Ungunsten ausgefallene Auswahlentscheidung zu unterrichten, BVerwG v. 1.4.2004 – 2 C 26.03, NVwZ 2004, 1257.
2 OVG Rh.-Pf., IÖD 2000, 186; ebenso jetzt OVG NW v. 10.6.2010 – 6 A 1932/09, IÖD 2010, 187.
3 Hamb. OVG v. 22.9.2009, 1 Bf 162.09, DVBl 2009, 1599 (L.).
4 BVerwG v. 21.12.2000 – 2 C 39.99, ZBR 2001, 34, sowie v. 18.4.2002 – 2 C 19.01, NVwZ-RR 2002, 620 = DVBl 2002, 1641 = DÖV 2002, 865 = ZBR 2003, 137 = RiA 2003, 310 = DöD 2002, 250.
5 BGH v. 6.4.1995 – III ZR 183/94, NJW 1995, 2344 (2345); Vorinstanz: OLG Celle v. 9.8.1994 – 16 U 93/93, NVwZ 1995, 413.
6 Der BGH knüpft dabei bewusst an Gedankengänge an, die er früher für den Nachvollzug des hypothetischen Ausganges von Wahl- oder Prüfungsverfahren aufgestellt hatte: BGH, LM § 839 [Fd] BGB Nr. 19 und BGH, NJW 1983, 2241.
7 BVerwG v. 21.8.2003 – 2 C 14.02, BVerwGE 118, 370 = NJW 2004, 870 = ZBR 2004, 101 = RiA 2004, 37, im Anschluss an BVerwG v. 23.11.1995 – 2 A 1.94, *Schütz/Maiwald*, BeamtR, ES/B III 8 Nr. 10.

lagen liegt hiernach ausschließlich im Verantwortungs- und Verfügungsbereich der Behörde; dieser Umstand der Zuweisung einer „Risikosphäre" der Dienststelle nimmt damit unmittelbar Einfluss auf die Verteilung der Beweislast[1], auch für den Fall der Nichtaufklärbarkeit der Beurteilung, ob er Beamte ohne den schuldhaften Verstoß gegen Art. 33 Abs. 2 GG befördert worden wäre[2]. Und dies gilt nach der genannten Entscheidung sowohl für die nachzuholende Auswahlentscheidung als auch für den etwaigen Schadenersatz wegen unterbliebener Beförderung.

Gleichwohl bleibt generell festzuhalten, dass die Chance der nachträglichen „Liquidation" des eintretenden Schadens eher gering bleibt.

### c) Daher einstweiliger Rechtsschutz im Konkurrentenstreit erforderlich!

114 Um so mehr gilt es somit, im Falle einer drohenden, den Grundsatz der vorrangigen Berücksichtigung von Eignung, Leistung und Befähigung vernachlässigenden Entscheidung des Dienstherrn im Wege des **einstweiligen Rechtsschutzes** nach § 123 VwGO den Vollzug der anstehenden Beförderung des schlechter beurteilten Konkurrenten zu verhindern[3]. Mit dem Vortrag, der Dienstherr stehe im Begriff den (notwendig beizuladenden[4]) Konkurrenten des Beamten zu befördern, obwohl der Mandant nach seinen Beurteilungsergebnissen der geeignetere, leistungsbessere und befähigtere Kandidat für diese Beförderung sei, lässt sich im verwaltungsgerichtlichen Eilverfahren eine sog. **Stellenbesetzungssperre** erreichen, die es dem Dienstherrn verbietet, die zur Besetzung vorgesehene Stelle zu vergeben, bevor über die Bewerbung des Mandanten unter Beachtung der Rechtsauffassung des Gerichts (insb. z.B. auf Grund neuer, aktueller Beurteilungen oder sonstiger Bewertungen) erneut und nunmehr ordnungsgemäß entschieden ist[5]. Prozesstaktisch muss bei alledem aber beachtet werden, dass der Dienstherr auch innerhalb des Eilverfahrens noch Argumente für die getroffene Auswahlentscheidung, insbesondere aktuelle Leistungs- und Eignungsvergleiche, nachreichen kann[6]. Während der Laufzeit des Eilverfahrens darf der Dienstherr vor Rechtskraft der dort ergehenden Entscheidung die beabsichtigte Beförderung bzw. Stellenbesetzung nicht vornehmen; dieses Verbot ist erforderlichenfalls durch Zwischenregelung des Gerichts festzuschreiben[7].

115 Im **Eilverfahren** genügt es, weil der Antragsteller nicht etwa die Übertragung des angestrebten Dienstpostens auf sich erstreben kann, sondern nur verhindern, dass dieser auf einen Mitbewerber übertragen wird, glaubhaft zu machen, dass das Auswahlverfahren und/oder die Auswahlkriterien fehlerhaft sind und er selbst im Falle einer ordnungsgemäß durchgeführten Auswahlentscheidung jedenfalls **nicht chan-**

---

1 BVerwG v. 21.8.2003 – 2 C 14.02, BVerwGE 118, 370 = NJW 2004, 870 = ZBR 2004, 101 = RiA 2004, 37, im Anschluss an BVerwG v. 20.1.2000 – 2 C 13.99, Buchholz 237.7 § 15 NWLBG Nr. 4 und ältere Rspr. anderer Senate.
2 BVerwG v. 17.8.2005 – 2 C 37.04, BVerwGE 124, 99 = NVwZ 2006, 212 = DVBl 2006, 316 = ZBR 2006, 89 = RiA 2006, 77. Das Gericht prüft in der Kausalitätsfrage aber von Amts wegen, welcher hypothetische Kausalverlauf bei rechtmäßigen Vergleichen eingetreten wäre, vollzieht also die hypothetische Auswahlsituation nach Aktenlage genau nach, vgl. BVerwG v. 11.2.2009 – 2 A 7.06, NVwZ 2009, 787.
3 Zur vergleichbaren Situation im Richterwahlrecht vgl. VG Schleswig v. 4.7.2001 – 11 B 10/01, NJW 2001, 3206 mit Anm. *Bertram*, NJW 2001, 3167, und OVG Schl.-Holst. v. 15.10.2001 – 3 M 34/01, DVBl 2002, 134, Zur Wertung dienstlicher Beurteilungen dabei OVG Schl.-Holst. v. 17.8.2001 – 3 M 22/01, NJW 2001, 3210. Ferner OVG Rh.-Pf. v. 20.6.2000 – 10 B 11025/00, NJW-RR 2001, 281.
4 Zum Problem der Beiladung im Eilverfahren s. *Günther*, ZBR 2006, 117.
5 So z.B. das OVG NW v. 4.9.2001 – 1 B 205/01, sowie v. 13.9.2001 – 6 B 1776/00, NWVBl. 2002, 111.
6 Vgl. z.B. OVG Schl.-Holst. v. 31.7.2000 – 3 M 16/00, NVwZ-RR 2002, 289.
7 OVG Saarl. v. 30.3.2006 – 1 W 19/06, NJW 2006, 3227 (L.) = NVwZ 2006, 596.

IV. Personalauswahlverfahren im öffentlichen Dienst    Rz. 116  Teil **6 A**

cenlos wäre[1]. Das BVerfG[2] hat hierzu unter dem Gebot effektiven Rechtsschutzes präzisiert: Es muss nicht glaubhaft gemacht werden, dass der Antragsteller eine realistische, nicht nur entfernte Möglichkeit habe, einem der ausgewählten Mitbewerber vorgezogen zu werden; es genügt, die Fehlerhaftigkeit der Auswahlentscheidung darzutun. OVG NW verlangt dafür aber immerhin die *Möglichkeit* einer Kausalität des Fehlers[3]. Einer der Hauptfälle in der anwaltlichen Praxis ist, dass keine zeitgerechten Beurteilungen oder sonstigen Leistungsbewertungen vorliegen, die einen **aktuellen Leistungsvergleich**[4] gestatten. Wann ein Leistungsvergleich hinreichend aktuell ist, wird von den Gerichten recht unterschiedlich gesehen[5]. Die grds. längstens alle drei Jahre vorgesehenen Regelbeurteilungen (§ 48 Abs. 1 BLV) werden nicht durchgängig termingerecht vorgenommen, und über 50 Jahre alte Beamte sind in der Praxis der einschlägigen Richtlinien ohnehin regelmäßig von Beurteilungen freigestellt. In solchen Fällen wird der Dienstherr gehalten sein, Anlassbeurteilungen[6] erstellen zu lassen oder zumindest sonst in anderer Weise einen aktuellen Leistungsvergleich vorzunehmen[7]. Vorrangig geeignetes Instrument ist dabei die Anlassbeurteilung. Ist eine solche im Einzelfall nicht möglich, so enthebt dies den Dienstherrn nicht von der Notwendigkeit, einen anderweitigen aktuellen Leistungsvergleich anzustellen. Dies kann auch im Rahmen eines Besetzungsberichts erfolgen; die Rechtsprechung verlangt dann aber, dass dieser „ähnlich aussagekräftig" sein muss wie eine Beurteilung[8]. Mit der Stellenbesetzungssperre kann in derartigen Fällen erreicht werden, dass zumindest vorerst keine vollendeten Tatsachen geschaffen werden. Wie dann die Beurteilung oder sonstige Leistungsbewertung ausfällt, kann freilich nicht vorausbestimmt werden, so dass durchaus auch beim Erfolg im Eilverfahren letztlich doch nichts erreicht werden kann; auf die oben bereits behandelte Problematik des Beurteilungswesens selbst darf verwiesen werden.

Nicht ganz unerwünschte Folge einer stattgebenden Entscheidung kann dabei Übrigens im Einzelfall sein, dass die vom Verwaltungsgericht zu verhängende Sperre auf längere Zeit die gesamte Beförderungspolitik der Behörde blockiert, vorrangig dann, wenn die höher bewerteten Dienstposten innerhalb der Behörde nach dem System der „Topfwirtschaft" vergeben werden, also nicht an bestimmte Verwendungen gebunden sind, sondern frei innerhalb der Behörde verwendet werden kön- 116

---

1 OVG NW v. 23.3.1985 – 6 B 2160/84; v. 30.8.1985 – 1 B 319/85, ZBR 1986, 54 ff. = NVwZ 1986, 773; OVG NW v. 5.6.1989 – 12 B 1024/89.
2 BVerfG v. 24.9.2002 – 2 BvR 857/02, DVBl 2002, 1633 f. = DöD 2003, 17. Instruktiv auch die Folgeentscheidung BVerfG v. 29.7.2003 – 2 BvR 311/03, NVwZ 2004, 95 = ZBR 2004, 45.
3 OVG NW v. 14.5.2002 – 1 B 40/02, RiA 2003, 45 = NWVBl. 2003, 14; ein solcher ist z.B. nicht gegeben, wenn der Antragsteller aus Rechtsgründen ohnehin nicht berücksichtigt werden könnte, OVG NW v. 24.5.2002 – 1 B 751/02, NWVBl. 2003, 13.
4 Dies setzt naturgemäß zunächst voraus, dass alle Erkenntnisquellen für den Leistungsvergleich ausgeschöpft werden, vgl. OVG Schl.-Holst. v. 20.1.1994 – 3 M 4/94, NVwZ-RR 1994, 527.
5 Sehr strenge Anforderungen stellen z.B. OVG Schl.-Holst. v. 7.6.1999 – 3 M 18/99, NVwZ-RR 1999, 652, und VGH Kassel v. 19.9.2000 – 1 TG 2902/00, NVwZ-RR 2001, 255 (L.). – (höchstens 1 Jahr alt); die meisten Gerichte orientieren sich an einem Dreijahreszeitraum, vgl. z.B. OVG NW v. 19.9.2001 – 1 B 704/01, NVwZ-RR 2002, 594 = DVBl 2002, 140 (L.), ggf. korrigiert um Besonderheiten wie erkennbare Änderung des Leistungsbildes oder Wechsel der erledigten Aufgabenbereiche.
6 Zum Verhältnis von Anlass- zu Regelbeurteilungen insb. bei „Massenbeförderungen" s. OVG Rh.-Pf. v. 14.2.1997 – 2 B 10068/97, NVwZ-RR 1998, 446.
7 OVG NW v. 6.1.1992 – 1 B 3423/91; HessVGH v. 10.10.1989, ZBR 1990, 185; OVG Rh.-Pf. v. 24.6.1991 – 2 B 10865/91; v. 23.8.1993 – 2 B 11964/93; Hbg. OVG v. 13.8.1991 – Bs I 27/91, DöD 1991, 257; s. auch *Martens*, Wettbewerb bei Beförderungen, ZBR 1992, 129 ff.; *Wittkowski*, NJW 1993, 817; sowie *Wittkowski*, NVwZ 1995, 345.
8 OVG NW v. 6.1.1992 – 1 B 3423/91; VG Köln v. 10.3.1994 – 15 L 2326/93; VG Köln v. 28.4.1994 – 15 L 196/94.

nen – eine Situation, die eine hervorragende Grundlage für Argumentationen im Verwaltungsverfahren bzw. außerhalb eines solchen im Vorfeld anderweitiger Personalentscheidungen abgeben kann.

### d) Beurteilungsstreit im Eilverfahren?

117 Oft sind die aktuelle, dienstliche Beurteilung und eine frisch getroffene, für den Beamten negativ ausgegangene Personalauswahlentscheidung zugleich im Streit. Der Beamte wehrt sich gegen seine Nicht-Berücksichtigung mit dem Einwand, er sei in der aktuellen letzten Beurteilung zu schlecht weggekommen, und ficht diese an. Gleichzeitig sucht er mit dem Antrag nach § 123 VwGO die Schaffung vollendeter Tatsachen zu verhindern. Dies wird ihm in aller Regel nur sehr schwer gelingen. Das Verwaltungsgericht wird im Eilverfahren die Frage der Rechtmäßigkeit der gleichzeitig angefochtenen dienstlichen Beurteilung in aller Regel nicht überprüfen, wenn diese nicht *offensichtlich* rechtswidrig erscheint[1]; dies ist – so durchgängig das Argument – in einem gesonderten Hauptsacheverfahren (Klage gegen die Beurteilung) zu prüfen. Das Ergebnis eines solchen Prozesses kommt aber für die beantragte einstweilige Anordnung regelmäßig zu spät.

118 Ein solches Ergebnis wäre mit dem Grundrecht auf *effektiven* Rechtsschutz indes nicht zu vereinbaren. Daher betont die **neuere Rechtsprechung**, dass der vor die Ernennung gezogene Rechtsschutz im einstweiligen Anordnungsverfahren nach § 123 VwGO den sich aus Art. 19 Abs. 4 Satz 1 GG ergebenden Anforderungen nur dann gerecht wird, wenn das Verfahren des vorläufigen Rechtsschutzes die Funktion des Hauptsacheverfahrens übernimmt. Das Verfahren darf nach Prüfungsmaßstab, -umfang und -tiefe nicht hinter einem Hauptsacheverfahren zurückbleiben. Dies bedeutet, dass sich die Verwaltungsgerichte nicht auf eine wie auch immer geartete summarische Prüfung beschränken dürfen. Vielmehr ist eine umfassende tatsächliche und rechtliche Überprüfung der Bewerberauswahl verfassungsrechtlich geboten[2]. Dabei dürfen die Anforderungen an einen Erfolg des unterlegenen Bewerbers nicht überspannt werden: Die Ernennung des ausgewählten Bewerbers muss bereits dann durch einstweilige Anordnung untersagt werden, wenn die Auswahl des Antragstellers bei rechtsfehlerfreier Auswahl jedenfalls möglich erscheint[3]. Im praktischen Ergebnis muss daher auch ein Angriff gegen die dem Auswahlverfahren zugrunde liegende Beurteilung „durchgeprüft" werden: Wird die Fehlerhaftigkeit des Auswahlverfahrens mit einem Mangel in der dem Antragsteller erteilten dienstlichen Beurteilung begründet, so kann *jeder Fehler in der zugrunde gelegten Beurteilung* den Erlass einer einstweiligen Anordnung rechtfertigen[4], wenn dieser *auch*

---

1 Exemplarisch VGH Mannheim v. 19.12.1997 – 4 S 2593/97, NVwZ-RR 2000, 37: Die Überprüfung von dienstlichen Beurteilungen in einem gerichtlichen Eilverfahren hat sich auf *offensichtliche Fehler* zu beschränken. S. aber nachfolgend.
2 So – zusammengefasst – BVerwG v. 4.11.2010 – 2 C 16.09, NJW 2011, 695.
3 BVerwG v. 4.11.2010 – 2 C 16.09, NJW 2011, 695, st. Rspr., vgl. BVerfG v. 19.9.1989 – 2 BvR 1576.88, NJW 1990, 501; v. 24.9.2002 – 2 BvR 857.02, NVwZ 2003, 200; v. 9.7.2007 – 2 BvR 206.07, NVwZ 2007, 1178 u. v. 2.10.2007 – 2 BvR 2457.04, NVwZ 2008, 194; BVerwG v. 17.8.2005 – 2 C37.04, BVerwGE 124, 99 (106f.).
4 Es ist nicht zu verlangen, dass bei korrekter Bewertung mit überwiegender Wahrscheinlichkeit eine solche Verbesserung des Beurteilungsergebnisses ergebe, die mindestens zu einem Gleichstand mit dem erfolgreichen Bewerber führen würde, OVG NW v. 13.9.2001 – 6 B 1776/00, NWVBl. 2002, 111. S. zu diesen Maßstäben auch OVG Rh.-Pf. v. 25.3.1997 – 2 B 10392/97, ZBR 1998, 59; v. 19.2.1997 – 2 B 10139/97. OVG, ZBR 1998, 60; v. 14.2.1997 – 2 B 10068/97. OVG, NVwZ-RR 1998, 446; HessVGH v. 25.2.1997 – 1 TG 4061/96, NVwZ-RR 1998, 446; v. 6.10.1994 – 1 TG 1319/94, IÖD 1995, 64; v. 20.4.1993 – 1 TG 709/93, NVwZ-RR 1994, 350; VGH BW v. 8.2.1996 – 4 S 47/96, IÖD 1996, 195, und v. 20.3.1995 – 4 S 4/95, ESVGH 45, 251; OVG LSA v. 19.12.1996 – B 3 S 193/96, ZBR 1997, 296; OVG Saarl. v. 1.7.1994 – 2 M 4622/93, OVGE 44, 414.

*nur potentiell für das Auswahlergebnis kausal* sein könne. Der Fehler kann dabei auch auf ganz anderem Gebiet liegen, etwa in der unterlassenen Beteiligung des Personalrates, der z.B. bei der Übertragung einer höher bewerteten Stelle mitzubestimmen hat[1]. Das korrespondiert mit der Erkenntnis, dass die grundrechtsgleiche Gewährleistung des Zugangs zu öffentlichen Ämtern eine dahin gehende Ausgestaltung des Beförderungsverfahrens erfordert, die eine Kompensation der weitgehend fehlenden gerichtlichen Kontrolle von auf einem Beurteilungsspielraum beruhenden Verwaltungsentscheidungen bewirkt[2].

Wird während des verwaltungsgerichtlichen Eilverfahrens eine neue Beurteilung erstellt und ist hiernach die Qualifikation des Antragstellers nicht besser bewertet als diejenige des vorgesehenen Mitbewerbers, so bedarf es keiner Sicherung des Anspruchs auf fehlerfreie Ermessensausübung mehr; der Antrag auf Verhängung einer Stellenbesetzungssperre verliert dadurch seine Grundlage[3]. Allerdings muss eine neue Beurteilung, die eine zunächst erfolgreich beanstandete ersetzen soll, besonders sorgfältig, nachvollziehbar und widerspruchsfrei begründet werden, will sich der Dienstherr, der das vorherige Gesamtergebnis aufrechterhalten will, nicht dem Vorwurf aussetzen, er habe sich von sachfremden Erwägungen leiten lassen[4]. Während des Auswahlverfahrens selbst darf nach OVG Lüneburg eine in das Verfahren einbezogene dienstliche Beurteilung nur zur Behebung objektiver Mängel geändert werden[5].

119

### e) Benachrichtigungsgebot

Das Gebot, effektiven Rechtsschutz zu gewährleisten, gebietet es nach der Entscheidung des BVerfG vom 19.9.1989[6], dem Unterlegenen so rechtzeitig Kenntnis vom Ausgang des Bewerbungsverfahrens zu geben, dass dieser noch ausreichend Zeit hat, zu entscheiden, ob er Rechtsschutz in Anspruch nehmen will, und die erforderlichen Maßnahmen zu ergreifen; diese Gelegenheit zu eröffnen, gebieten Art. 33 Abs. 2 i.V.m. 19 Abs. 4 GG[7]. Dasselbe gilt im Übrigen auch außerhalb eines förmlichen Ausschreibungs- und Bewerbungsverfahrens, wenn anderweitig innerhalb eines feststehenden Kreises objektiv vorhandener „Beförderungskandidaten", die der Dienstherr in die engeren Auswahlerwägungen einbezieht, eine Entscheidung getroffen wird: Auch dann sind die nicht berücksichtigt gebliebenen Kandidaten vom Ausgang des Auswahlverfahrens so rechtzeitig zu informieren, dass sie eine Entscheidung über die etwaige Inanspruchnahme einstweiligen Rechtsschutzes treffen können[8]. In der Vergangenheit wurde teilweise angenommen, dass diese Benachrichtigung („Negativmitteilung") den Charakter eines belastenden Verwaltungsaktes aufweise[9], weil die ablehnende Entscheidung für den jeweils betroffenen

120

---

1 VG Köln v. 21.1.2004 – 15 L 1851/03, n.v.; OVG NW v. 3.5.2004 – 1 B 333/04, RiA 2005, 50.
2 So ausdr. Sächs. OVG v. 11.4.2001 – 3 Bs 83/01, PersR 2001, 273 (L.).
3 OVG NW v. 19.1.1994 – 6 B 3307/93, RiA 1994, 153.
4 OVG NW v. 29.8.2001 – 6 A 2967/00, und v. 13.9.2001 – 6 B 1776/00, NWVBl. 2002, 111.
5 Nds. OVG v. 23.6.2008 – 5 ME 108/08, RiA 2009, 29.
6 BVerfG v. 19.9.1989 – 2 BvR 1576/88, NJW 1990, 501. Seither st. Rspr., vgl. etwa BVerwG v. 21.8.2003 – 2 C 14.02, BVerwGE 118, 370; v. 11.2.2009 – 2 A 7.06, NVwZ 2009, 787. Das gilt auch bei „Massenbeförderungen", BVerwG v. 1.4.2004 – 2 C 26.03, NVwZ 2004, 1257.
7 Das BVerfG nimmt hier auf seine Rechtsprechung zum Gebot der Effektivität von Rechtsschutz Bezug, BVerfGE 22, 49 (81f.) u. BVerfGE 61, 82 (110). Die Haltung des BVerwG ist in dessen Entscheidung v. 4.11.2010, 2 C 16.09, NJW 2011, 695, zusammengefasst. Zum Gesamtkomplex umfassend *Günther*, ZBR 1990, 284f.
8 OVG NW v. 7.7.2004 – 1 A 512/02, ZBR 2005, 65 (L.) = NVwZ-RR 2006, 348 (L.).
9 BVerwG v. 25.8.1988 – 2 C 62.85, BVerwGE 80, 127 = NVwZ 1989, 158; v. 9.3.1989 – 2 C 4.87, ZBR 1989, 281; *Schnellenbach*, Beamtenrecht i. d. Praxis. 6. Aufl. 2005, Rz. 76.

Beamten das Auswahlverfahren beende, mit der praktischen Folge, dass im Falle des Konkurrentenstreits hiergegen mit Widerspruch und Klage vorgegangen werden müsse[1], bereits um den Eintritt der Bestandskraft zu vermeiden. In diesem Falle wäre der Erlass einer einstweiligen Anordnung nicht mehr in Betracht gekommen[2]. In neueren Entscheidungen waren insoweit jedoch schon Zweifel an der Richtigkeit dieser Sichtweise aufgekommen[3]. Nicht die Mitteilung über die Erfolglosigkeit der Bewerbung stelle einen Verwaltungsakt dar, sondern allein die hiermit bekanntgegebene Auswahlentscheidung[4]. Diese Auffassung überzeugte jedoch, was die Ablehnung eines VA-Charakters anlangt, weniger, wird doch mit der „Negativmitteilung" eben diese Auswahlentscheidung bekanntgegeben (§ 41 VwVfG).

121 Das Urteil des BVerwG vom 4.11.2010[5] hat insoweit die Gelegenheit genommen, auch diese Sichtweise auf neue dogmatische Grundlagen zu stellen. Hiernach stellt (erst) die **Ernennung** eines ausgewählten Bewerbers einen **Verwaltungsakt mit Drittwirkung** dar, der nicht nur den Ausgewählten betrifft und diesem Rechte aus dem neu verliehenen Amt verschafft, sondern zugleich darauf gerichtet ist, **unmittelbare Rechtswirkungen für die jeweils unterlegenen Bewerber** zu entfalten, nämlich dahin gehend, dass zu deren Lasten das **Bewerbungsverfahren beendet** wird und der das Verfahren steuernde, durch Art. 33 Abs. 2 gewährleistete **„Bewerbungsverfahrensanspruch"** untergeht. Dies bedeutet aber, dass erst die die Auswahlentscheidung umsetzende Ernennung als Verwaltungsakt qualifiziert werden kann – und somit jedenfalls noch nicht die vorangehende, nach Art. 19 Abs. 4 GG gebotene „Negativmitteilung": Diese beinhaltet noch keine Regelung, sondern kündigt eine solche erst an. Die These, dass bereits diese als belastender Verwaltungsakt angesehen werden müsse und dementsprechend mit Widerspruch und Klage angegriffen werden könne, dürfte damit überholt sein.

122 Offen und im Detail strittig ist, inwieweit die Entscheidung hinsichtlich ihres die unterlegenen Bewerber belastenden Teils **zu begründen** ist; die vormalige Charakterisierung als Verwaltungsakt legte nach § 39 VwVfG eine Begründungspflicht nahe. Die Praxis hatte jedoch immer schon anders ausgesehen. Erweist sich nunmehr, dass die „Negativmitteilung" selbst noch keinen Verwaltungsakt darstellt, lässt sich ein Begründungsgebot nicht mehr aus § 39 VwVfG ableiten. In Ansehung der vom BVerfG postulierten Dokumentationspflicht hinsichtlich der maßgebenden Auswahlerwägungen meint das OVG NW, die Möglichkeit, diese im Wege der Akteneinsicht zur Kenntnis zu nehmen, genüge[6]. Auch andere Obergerichte vertreten, dass es genüge, wenn dem unterlegenen Bewerber auf Abfrage Auskünfte erteilt oder Einsicht in den Besetzungsbericht gewährt werde[7]. Jedenfalls verlangt das Gebot effektiven Rechtsschutzes aber, zumindest den Namen des ausgewählten Bewerbers anzugeben; nur wenn dieser bekannt ist, kann der Konkurrent zuverlässig abschätzen, ob die Einleitung eines Rechtsbehelfsverfahrens lohnen würde[8]. Im

---

1 Vgl. z.B. OVG NW v. 5.6.2003 – 6 A 4750/01, ZBR 2004, 177 = NWVBl. 2003, 433.
2 OVG NW v. 4.12.1992 – 6 B 406/92; VGH Kassel v. 17.1.1995 – 1 TG 1483/94, NVwZ-RR 1995, 535.
3 OVG NW v. 16.2.2010 – 1 B 1483/09, ZBR 2010, 315.
4 OVG NW v. 16.2.2010 – 1 B 1483/09, ZBR 2010, 315, im Anschluss an *Günther*, ZBR 1990, 284 ff.
5 BVerwG v. 4.11.2010 – 2 C 16.09, NJW 2011, 695; v. 25.8.1988 – 2 C 62.85, BVerwGE 80, 127 = NVwZ 1989, 158; v. 9.3.1989 – 2 C 4.87, ZBR 1989, 281.
6 OVG NW v. 16.2.2010 – 1 B 1483/09, ZBR 2010, 315.
7 So z.B. OVG Rh.-Pf. v. 18.9.2006 – 2 B 10840/06, NJW 2007, 458 (L.) = NVwZ 2007, 109.
8 VG Frankfurt/M. v. 17.7.1991 – III/1 G 838/91, NVwZ 1991, 1210. Zust. *Battis*, NJW 1992, 1208 (1214). Zur Akteneinsicht im Konkurrentenstreitverfahren s. VGH Kassel v. 7.10.1993 – 1 TJ 1705/93, NVwZ 1994, 398; OVG LSA v. 10.11.2010, 1 O 144/10, DöD 2011, 65.

Falle der Besetzung eines höherwertigen Dienstpostens ohne gleichzeitige Beförderung soll dies indessen nicht gelten, weil diese Maßnahme nur vorläufig sei und keine endgültigen Verhältnisse schaffe[1]. Vereinzelt werden auch inhaltliche Informationen[2] gefordert: Nach VG Gelsenkirchen[3] gilt es weiter, die Kriterien anzugeben, auf Grund derer dem ausgewählten Bewerber der Vorrang eingeräumt worden ist. Die Mitteilung muss also erkennen lassen, ob die Auswahl unter Qualifikationsgesichtspunkten getroffen wurde oder ob bei Annahme gleicher Qualifikation nach Hilfskriterien (die dann im Einzelnen zu benennen sind) entschieden wurde. Inwieweit in der Praxis die o.a. Neuorientierung der BVerwG-Entscheidung vom 4.11.2010 (Rz. 108, 121) hier eine Verschärfung der Begründungserfordernisse bewirkt, bleibt abzuwarten.

In der Entscheidung des BVerwG wird die vorbezeichnete Rechtswirkung dem Ernennungsakt beigemessen. Wie zu verfahren ist, wenn es zunächst nur um die **bloße Stellenbesetzung** und (noch) nicht um die Ernennung geht, beispielsweise wenn noch die Erprobung nach § 34 BLV anstehen soll, bleibt offen. Im Hinblick darauf, dass mit einer Stellenbesetzung im Ergebnis jedenfalls genauso die zu besetzende Planstelle (vgl. § 49 BHO) vergeben werden soll mit der Folge, dass damit zugleich das Auswahlverfahren seinen Abschluss findet, dürfte der vom BVerwG angesprochene Grundsatz nicht allein bei der Ernennung zum Tragen kommen, sondern auch bei sonstigen – verfahrensabschließenden – Stellenbesetzungsentscheidungen. Auch diesen dürfte damit der Rechtscharakter von Verwaltungsakten mit Drittwirkung beizumessen sein. 123

### f) Zusätzlich Widerspruch gegen die Auswahlentscheidung nicht mehr erforderlich?

Nach bisheriger Doktrin, die eine zu Lasten des Bewerbers ergehende Auswahlentscheidung bzw. deren Mitteilung als Verwaltungsakt[4] begriffen hat, bewendete es bei dem Antrag auf einstweiligen Rechtsschutz nicht: Es wurde im beamtenrechtlichen Konkurrentenstreit neben der Einleitung des Eilverfahrens weiterhin die Einlegung eines **Widerspruchs** bzw. die Erhebung einer **Klage gegen die Nichtberücksichtigung der eigenen Bewerbung** notwendig[5], weil sonst die den Antragsteller ablehnende Entscheidung bestandskräftig werden könnte. Das parallel einzuleitende **Hauptsacheverfahren** war daher trotz des Eilantrags unerlässlich. Folgt man demgegenüber der o.a. Rechtsmeinung des BVerwG, (erst) die Ernennung des ausgewählten Bewerbers sei der das Verfahren abschließende Verwaltungsakt (oben Rz. 108, 121), oder weitet man diesen Ansatz gar auf sonstige das Auswahlverfahren abschließenden Entscheidungen aus (oben Rz. 123), so liegt im Zeitpunkt der Einleitung des Eilverfahrens nach § 123 VwGO noch gar kein angreifbarer Verwaltungsakt vor mit der Folge, dass insoweit Widerspruch und Klage vom Ansatz her ausscheiden würden. Erfolgt aber die Ernennung (bzw. der Vollzug der Stellenbeset- 124

---

1 So VGH Kassel v. 27.11.1990 – 1 TG 2527/90, NVwZ 1992, 195 (zweifelhaft). Das Vorliegen eines Anordnungsgrundes für diesen Fall bezweifeln auch Thür. OVG v. 5.2.1998 – 2 EO 594/96, DÖV 1998, 607, und OVG Rh.-Pf. v. 4.5.1995 – 2 B 11102/95, NVwZ-RR 1996, 51. Das OVG NW verlangt eine ergänzende Glaubhaftmachung, dass bereits die Dienstpostenübertragung an den Konkurrenten für den Antragsteller mit wesentlichen Nachteilen verbunden ist, Beschl. v. 8.5.2002 – 1 B 241/02, NVwZ-RR 2003, 50.
2 Instruktiv zu Begründungspflichten bei Personalauswahlentscheidungen *Scheffer*, NVwZ 2007, 779, zu Sächs. OVG v. 17.8.2006 – 3 BS 138/06, NVwZ 2007, 847.
3 VG Gelsenkirchen v. 19.9.1995 – 1 L 2001/95, NVwZ-RR 1997, 109. S. auch OVG Schl.-Holst. v. 16.4.1993 – 3 M 15/93, NVwZ-RR 1994, 350.
4 Hierzu vornehmlich BVerwG v. 25.8.1988 – 2 C 62.85, BVerwGE 80, 127 = NVwZ 1989, 158 = ZBR 1989, 273 = DVBl 1989, 197 = DÖV 1989, 164 = RiA 1989, 159.
5 Vgl. z.B. OVG NW v. 5.6.2003 – 6 A 4750/01, ZBR 2004, 177 = NW VBl. 2003, 433.

zungsentscheidung), so geht damit zugleich der den Konkurrenten schützende Bewerbungsverfahrensanspruch unter, so dass Widerspruch und Klage vielleicht nunmehr statthaft, dann aber jedenfalls materiellrechtlich nicht mehr begründet wären. Nur in den Ausnahmefällen der Rechtsschutz-Vereitelung (oben Rz. 108), bei denen der genannte Anspruch ausnahmsweise nicht erlischt, könnte – und müsste dann – konsequenterweise Widerspruch eingelegt und/oder Klage erhoben werden.

125 Dieser Ansatz erscheint indes wenig praktikabel[1]. Nicht selten kommt es vor, dass im Eilverfahren der Abschluss eines Vergleiches angeboten oder vom Gericht angeregt wird, wonach dem Antragsteller zugesagt wird, eine (Beförderungs-)Planstelle freizuhalten, deren Verwendung von dem Ausgang des nachfolgenden Hauptsacheverfahrens abhängig gemacht wird. Im Eilverfahren kommt dann der Antragsteller kaum umhin, ein solches Angebot zu akzeptieren, denn er wird praktisch klaglos gestellt: Mehr als ein Freihalten und eine neue Auswahl kann er hier ohnehin nicht erreichen, und bei dahin gehender Zusage würde bei unbeirrtem Festhalten am Antrag sogar das Rechtsschutz-, zumindest aber das Eilbedürfnis entfallen, so dass u.U. das Verfahren gar unzulässig würde. Besagte Vorgehensweise impliziert aber, dass es ein nachfolgendes Hauptsacheverfahren (Widerspruch, Klage) auch wirklich gibt.

126 Wie auch immer die nach BVerwG von der nachfolgenden Ernennung (bzw. Stellenbesetzung) zu trennende Auswahlentscheidung dogmatisch bewertet werden mag – sie ist in jedem Falle die Grundlage des im Ergebnis unveränderten späteren Vollzugsaktes. Wird die Auswahlentscheidung durch die Mitteilung an die Mitbewerber offen gelegt, handelt es sich – auch wenn dies nach der neueren Doktrin keinen Verwaltungsakt darstellen soll – zumindest eine die Rechtsposition des erfolglosen Mitbewerbers berührende Maßnahme, gegen die entsprechender Rechtsschutz eröffnet sein muss – dies zwar nicht in Form eines Widerspruchs nach §§ 68ff. VwGO mit nachfolgender Anfechtungsklage, wohl aber in Form des Widerspruchs nach § 126 Abs. 2 BBG mit nachfolgender allgemeiner Leistungsklage. Dieser Rechtsschutz kann auch nicht subsidiär hinter die Anfechtung des Ernennungsaktes zurücktreten, denn in den „typischen" Fällen des Konkurrentenstreits würde ja nach wie vor der Grundsatz der Ämterstabilität zum Tragen kommen und den Erfolg einer nachfolgenden Anfechtung verhindern, ja ungünstigenfalls sogar die Zulässigkeit in Frage stellen, wenn das Ziel der Klage auf ein rechtlich unmögliches Ergebnis gerichtet ist. Die Option, ausnahmsweise den späteren Ernennungsakt unter Hintanstellung der Ämterstabilität anzufechten, hat das BVerwG ja nur für die Ausnahmefälle eröffnet, dass Art. 19 Abs. 4 GG i.V.m. Art. 33 Abs. 2 GG durch Verhindern effektiven Rechtsschutzes verletzt wurden. Daher müssen Widerspruch (§ 126 Abs. 2 BBG) und Klage auch bereits gegen die mitgeteilte Auswahlentscheidung – zumindest optional – neben der Einleitung des Eilverfahrens möglich bleiben; sie sind je nach Konstellation auch weiterhin zu empfehlen.

127 Nicht verschwiegen werden darf, dass v. Roetteken[2] aus der dogmatischen Neuausrichtung der BVerwG-Entscheidung vom 4.11.2010[3], wonach der Ernennungsakt einen Verwaltungsakt mit Doppelwirkung darstellen soll, völlig andere Schlüsse ziehen will. Danach stellt (auch bereits) die **Auswahlentscheidung** selbst einen **(weiteren) Verwaltungsakt mit Doppelwirkung** dar, der mit der Information an die erfolglos gebliebenen Mitbewerber bekannt gegeben wird. Nicht nur dass dies natürlich sogleich Begründungserfordernisse nach § 39 VwVfG auslöst (s. oben Rz. 122)

---

1 Kritisch auch Wieland/Seulen, DöD 2011, 69ff.
2 v. Roetteken, ZBR 2011, 73ff.
3 BVerwG v. 4.11.2010 – 2 C 16.09, NJW 2011, 695.

und richtigerweise eine entsprechende Rechtsbehelfsbelehrung erforderlich machen würde (§ 59 VwGO) – die Anfechtung der Auswahlentscheidung wird damit dem **Regime der §§ 80 Abs. 1, Abs. 5, 80a VwGO** unterstellt – mit der Folge, dass **einstweilige Anordnungen nach § 123 VwGO gar nicht mehr statthaft** sind (§ 123 Abs. 5 VwGO). Der von der Auswahlentscheidung benachrichtigte Mitbewerber müsste demnach zur Wahrung seiner Rechte – bei ordnungsgemäßer Rechtsbehelfsbelehrung binnen Monatsfrist – Widerspruch einlegen (bzw. in den Ländern, die den Widerspruch als Rechtsbehelf abgeschafft haben, sogleich Klage an das Verwaltungsgericht), der gem. § 80 Abs. 1 VwGO aufschiebende Wirkung entfaltete. Zum verwaltungsgerichtlichen Eilverfahren käme es nur im Falle der Anordnung des sofortigen Vollzugs der Auswahlentscheidung nach § 80 Abs. 2 Nr. 4, Abs. 3 oder nach § 80a Abs. 2 VwGO. Diese Rechtsauffassung würde für den Regelfall den einstweiligen Rechtsschutz unnötig machen, aber den gesamten beamtenrechtlichen Konkurrentenstreit in das Hauptsacheverfahren verlagern.

Die dogmatische Konstruktion v. *Roettekens* stellt zweifellos ein in sich geschlossenes, auch inhaltlich überzeugendes Modell des Umgangs mit dem (richtigerweise: keineswegs nur) beamtenrechtlichen Konkurrentenstreit dar. Man wird die Dinge durchaus so konstruieren können. Nur: Ein solches Ergebnis steht ersichtlich nicht im Einklang damit, was das BVerwG mit seiner Entscheidung – auch in Ansehung seiner dogmatischen Neuausrichtung – bezwecken wollte; an der Ansiedlung des beamtenrechtlichen Konkurrentenstreits im Eilverfahren nach § 123 VwGO wollte das BVerwG gewiss nicht rütteln. In der Konsequenz wäre die Konstruktion v. *Roettekens* auch gänzlich unpraktikabel, nicht zuletzt in Ansehung der immer noch zu langen Verfahrensdauer eines verwaltungsgerichtlichen Hauptsacheverfahrens. Die **Verlagerung des Konkurrentenstreits vom Eil- in das Hauptsacheverfahren** würde mutmaßlich zu einer beinahe die Funktionsfähigkeit des öffentlichen Dienstes gefährdenden **Dauerblockade einer Vielzahl von Stellenbesetzungsverfahren** führen; dies hat das BVerwG mit seiner dogmatischen Neuausrichtung gewiss nicht gewollt. 128

Nähere Betrachtung zeigt allerdings auch, dass die von v. *Roetteken* gezogenen Folgerungen zwar konsequent, aber nicht zwingend sind. Gewiss ist richtig, dass der nachfolgenden Ernennung bzw. Stellenbesetzung ein inhaltsgleicher Auswahlakt vorausgehen muss; das sieht auch das BVerwG nicht anders[1]. Wird im Interesse der Gewährung effektiven Rechtsschutzes diese Auswahlentscheidung bereits im Vorfeld ihres späteren Vollzuges an die erfolglos gebliebenen Mitbewerber kommuniziert, muss dies nicht zwangsläufig ebenfalls bereits ein entsprechender Verwaltungsakt (mit entsprechender Doppelwirkung) sein. **Mitgeteilt wird** vielmehr eine aufgrund der Auswahlentscheidung **künftig beabsichtigte Maßnahme**, nämlich die Ernennung des Ausgewählten bzw. die Besetzung des Dienstpostens mit diesem. Die Situation ist daher eher mit einer **Anhörung im Vorfeld des Vollzugs der Maßnahme** zu vergleichen, nur mit der Besonderheit, dass – insb. im Ernennungsfall – die Gefahr eintretender Ämterstabilität es nicht ausreichen lässt, eine bloße Stellungnahme abzugeben, sondern ein Dazwischengehen des Gerichts im Verfahren der einstweiligen Anordnung notwendig wird. 129

Aufgrund dieser völlig unterschiedlichen Sichtweisen in der rechtsdogmatischen Konstruktion wird die künftige Entwicklung des beamtenrechtlichen Konkurrentenstreits mit Spannung zu verfolgen sein. 130

---

1 BVerwG v. 4.11.2010 – 2 C 16.09, NJW 2011, 695, Rz. 25, 26.

## g) Exkurs: Hinweise zum arbeitsgerichtlichen Konkurrentenstreit

131 Kritisch wird die Rechtsweg-Frage, wenn um einen beförderungsgeeigneten Dienstposten **ein Angestellter und ein Beamter** miteinander konkurrieren[1]. Auch in diesem Falle ist – für beide Bewerber! – eine (durchaus inhaltlich beurteilungsentsprechende) Leistungsbewertung als Grundlage des anzustellenden Qualifikationsvergleichs erforderlich; wird eine solche nicht vorgenommen, so kann die Auswahlentscheidung nicht dem Leistungsgrundsatz genügen und ist ermessensfehlerhaft[2]. Die Rechtsprechung orientiert sich hierfür zunächst am vorgesehenen Rechtsstatus der zu besetzenden Stelle[3], auch wenn dafür z.B. noch Ernennungen vorzunehmen sind. Bei „offenen" Ausschreibungen, wo ein Dienstposten gleichermaßen durch Angestellte oder Beamte besetzt werden könnte, wird vorrangig darauf abzustellen sein, wie der Arbeitgeber vorgeht: Erfolgt die „Absagemitteilung" in VA-Form, wird auch der Arbeitnehmer an das Verwaltungsgericht zu gehen haben[4], anderenfalls mag der jeweilige Antragsteller im Arbeitnehmerstatus, der die Stellenbesetzung mit einem Beamten unterbunden wissen will, das Arbeitsgericht anrufen[5], ist Antragsteller dagegen ein Beamter, so wird er sich an die Verwaltungsgerichte zu wenden haben, auch wenn der Konkurrent Angestellter ist. Die näheren Einzelheiten sind noch weitgehend ungeklärt[6].

132 Die näheren Modalitäten des arbeitsrechtlichen Konkurrentenstreits sind inzwischen weitgehend geklärt; **die Rechtsprechung des BAG**[7] orientiert sich (richtigerweise) an den Grundsätzen, die die Verwaltungsgerichte für den beamtenrechtlichen Konkurrentenstreit entwickelt haben. Denn die tragenden Grundsätze des Vorgehens müssen bereits deswegen die gleichen sein, weil der Schutzbereich des Art. 33 Abs. 2 GG nicht zwischen Beamten und Angestellten differenziert. Der sich in einer Konkurrenzsituation zu Unrecht übergangene Arbeitnehmer hat einen Anspruch auf erneute Auswahl, wenn sich die ausgeschriebene Auswahlentscheidung als rechtsfehlerhaft erweist und die ausgeschriebene Beförderungsstelle noch nicht besetzt ist[8]. Nach Auffassung des BAG hat der öffentliche Arbeitgeber vor der Besetzung jeder Stelle zwingend ein Anforderungsprofil festzulegen[9], weil damit die Leistungskriterien für die Auswahl der Bewerber näher konkretisiert werden und allein dies eine sachgerechte Prognose ermöglicht, wer von den Bewerbern die zukünftigen Aufgaben am besten erfüllen wird. Der nach Art. 33 Abs. 2 GG gebotene Leistungs- und Befähigungsvergleich kann nämlich nur im Hinblick auf die Anforderungen der zu besetzenden Stelle vorgenommen werden. Dabei muss das Anforderungsprofil zur Gewährleistung hinreichenden Rechtsschutzes des unterlegenen Bewerbers im Hinblick auf Art. 19 Abs. 4 GG so dokumentiert sein, dass die Aus-

---

1 Hierzu zusammenfassend *Zimmerling*, ZTR 2000, 489 ff. und RiA 2002, 165 ff.; *Lansnicker/Schwirtzek*, NJW 2003, 2481. Zur Rspr. des BAG s. BAG v. 18.9.2001 – 9 AZR 410/00, BAGE 99, 67 = AP GG Art. 33 Abs. 2 Nr. 52 = NJW 2002, 1220, sowie v. 21.1.2003 – 9 AZR 72/02, ZBR 2004, 273 = PersR 2004, 241.
2 OVG NW v. 16.2.2006 – 6 B 2069/05, RiA 2006, 230.
3 Vgl. *Laubinger*, ZBR 2010, 289 ff. (291).
4 OVG NW v. 27.4.2010, 1 E 406/10, NVwZ-RR 2010, 587.
5 Vgl. z.B. OVG Rh.-Pf. v. 10.12.1997 – 2 E 12965/97, NVwZ-RR 1999, 51 f.
6 Näheres bei *Laubinger*, ZBR 2010, 289 ff. (291).
7 S. i.W. BAG v. 2.12.1997 – 9 AZR 445/96, BAGE 87, 165, sowie BAGE 87, 171; 112, 12; 114, 80; 124, 80; 126, 26; 130, 154.
8 BAG v. 2.12.1997 – 9 AZR 668/96, BAGE 87, 171 = AP GG Art. 33 Abs. 2 Nr. 41; v. 2.12.1997 – 9 AZR 445/96, BAGE 87, 165 = AP GG Art. 33 Abs. 2 Nr. 40.
9 BAG v. 18.9.2001 – 9 AZR 410/00, BAGE 99, 67 = AP GG Art. 33 Abs. 2 Nr. 52 = NJW 2002, 1220; v. 21.1.2003 – 9 AZR 72/02, ZBR 2004, 273 = PersR 2004, 241 (Übernahme von BVerwG v. 16.8.2001 – 2 A 3.00, BVerwGE 115, 58).

wahlentscheidung nach Art. 33 Abs. 2 GG überprüft werden kann[1]. Im Sinne dieser Dokumentationspflicht soll es allerdings genügen, das Anforderungsprofil erst unmittelbar vor der Auswahlentscheidung selbst festzulegen[2].

Unter den Bewerbern, die das Anforderungsprofil erfüllen, ist dann nach Eignungs- und Leistungskriterien zu entscheiden. Diese müssen sich aus dienstlichen Beurteilungen, Zeugnissen oder aktuellen Leistungsberichten ergeben. Die Art und Weise des anzustellenden Leistungsvergleichs bleibt dabei dem Arbeitgeber überlassen, so lange nicht gesetzliche Vorschriften ein bestimmtes Verfahren vorschreiben. Daher ist es nicht zwingend erforderlich, Beurteilungssysteme auch für Angestellte zu schaffen[3]. Notwendig ist allerdings im Interesse der Vergleichbarkeit der Leistungsbewertungen ein Mindestmaß an verfahrensrechtlichen Voraussetzungen, insbesondere in Form eines einheitlichen Bewertungsmaßstabes[4] und ein möglichst gemeinsamer Stichtag für die Bewertung; außerdem muss der Leistungsvergleich möglichst zeitnah zur Auswahlentscheidung erfolgen[5]. Dies alles und die wesentlichen Auswahlerwägungen hat der öffentliche Arbeitgeber dabei schriftlich niederzulegen, um einen späteren Nachvollzug und eine gerichtliche Kontrolle zu ermöglichen (Dokumentationsgebot)[6]. Die fehlende schriftliche Dokumentation begründet einen erheblichen, nicht heilbaren Verfahrensmangel[7]. 133

Allerdings ergeben sich **verfahrensrechtlich bedingte Unterschiede** in der Vorgehensweise: Es bedarf im bürgerlichen Rechtsstreit nicht der Aufhebung der zu Lasten des Konkurrenten ergangenen Ablehnungsentscheidung[8]; zu beantragen ist daher die Feststellung der Unwirksamkeit der getroffenen Auswahlentscheidung[9], wobei der Arbeitgeber im Hinblick auf seine Bindung an die Rechtsauffassung des Gerichts im erneuten Auswahlverfahren die vom Gericht festgestellten Auswahlfehler zu unterlassen hat[10]. Damit wird letztlich im Gewand der Feststellungsklage eine Art Neubescheidung i.S.d. § 113 Abs. 5 Satz 2 VwGO postuliert. 134

---

1 BAG v. 21.1.2003 – 9 AZR 72/02, ZBR 2004, 273 = PersR 2004, 241, unter Hinweis auf HessVGH v. 26.10.1993 – 1 TG 1585/93, ZBR 1994, 347; OVG Rh.-Pf. v. 14.3.1994 – 13 B 10166/94, DöD 1994, 294, und OVG Schl.-Holst. v. 2.12.1996 – 3 M 94/96, NVwZ-RR 1997, 373.
2 BAG v. 21.1.2003 – 9 AZR 72/02, ZBR 2004, 273 = PersR 2004, 241.
3 Dass Beurteilungen auch von Angestellten überhaupt statthaft sind, hat das BAG demgegenüber in st. Rspr. entschieden, vgl. BAG, DöD 1983, 210 (zur Regelbeurteilung von Angestellten) und BAG, BB 1979, 1401 (Beurt. als Bestandteil von Personalakten).
4 BVerwG v. 2.3.2000 – 2 C 7.99, NVwZ-RR 2000, 621 = DöD 2001, 38.
5 BAG v. 21.1.2003 – 9 AZR 72/02, ZBR 2004, 273 = PersR 2004, 241, unter Übernahme von BVerwG v. 18.7.2001 – 2 C 41.00, DRiZ 2003, 49.
6 Die Entscheidung des BAG hierzu v. 21.1.2003 – 9 AZR 72/02, BAGE 104, 295 = ZBR 2004, 273 = PersR 2004, 241 ist in der Folge vom BVerfG aufgegriffen worden (BVerfG v. 9.7.2007, 2 BvR 206/07, NVwZ 2007, 1178) und seither st. Rspr. der Verwaltungsgerichte, s. etwa OVG Rh.-Pf. v. 30.10.2002 – 2 B 11557/02, Schütz/Maiwald, BeamtR ES/A II 1.4 Nr. 95; BayVGH v. 21.1.2005, 3 CE 04.2899, BayVBl. 2006, 91; OVG NW v. 13.10.2009, 6 B 1232/09, RiA 2010, 90, und v. 18.8.2010, 6 B 868/10, IÖD 2010, 237 (zur Plausibilität einer „Beförderungsrangfolgeliste"); OVG LSA v. 20.1.2011, 1 M 159/10, IÖD 2011, 66 (zur Dokumentation der Erwägungen zum Funktionsvorbehalt aus Art. 33 Abs. 4 GG).
7 BAG v. 17.8.2010 – 9 AZR 347/09, NJW 2010, 3595.
8 BAG v. 2.12.1997 – 9 AZR 668/96, BAGE 87, 171 = AP GG Art. 33 Abs. 2 Nr. 41.
9 BAG v. 21.1.2003 – 9 AZR 72/02, ZBR 2004, 273 = PersR 2004, 241.
10 BAG v. 21.1.2003 – 9 AZR 72/02, ZBR 2004, 273 = PersR 2004, 241.

## 5. Sonstige Auswahlentscheidungen, Aufstieg und Laufbahnwechsel

135 Im Wege der regulären Beförderung stößt der Beamte früher oder später an die Grenzen seiner Laufbahn. Hat er das Spitzenamt der Laufbahn erreicht, so bedeutet dies grds. das Ende der Karriereleiter. In einzelnen Bereichen ist der Gesetzgeber dem daraus resultierenden „Beförderungs-Frust" dadurch begegnet, dass er eine zusätzliche Hervorhebung innerhalb des Spitzenamtes schuf[1].

136 Eine darüber hinausgehende Förderung der beruflichen Entwicklung erfährt nur diejenige – relativ kleine – Beamtengruppe, die **zum Aufstieg zugelassen** wird. Im Wege dieses Aufstiegs kann der Beamte die Grenzen seiner jeweiligen Laufbahn überwinden und in die nächsthöhere Laufbahn aufsteigen. Die jeweiligen Laufbahnverordnungen enthalten detaillierte Bestimmungen darüber, unter welchen Voraussetzungen und unter Beachtung welchen Verfahrens der Aufstieg stattfindet (für den Bundesbereich §§ 35 ff. BLV mit verschiedenen Aufstiegsverfahren). Generell lässt sich das Procedere dahin beschreiben, dass auf Vorschlag oder eigene Bewerbung ein Auswahlverfahren stattfindet, häufig vor einer von der Behörde unabhängigen Kommission, in dem die grundsätzliche Eignung des Kandidaten für den Aufstieg festgestellt und bescheinigt wird[2]. Daraufhin befindet der Dienstherr im Rahmen einer zugleich Bedürfnisgesichtspunkte beachtenden Auswahl-Ermessensentscheidung, welcher der erfolgreichen Bewerber zum Aufstieg zugelassen wird. Der insoweit ausgewählte Bewerber nimmt anschließend an einer mehrjährigen Ausbildung und Einweisung teil, die für den gehobenen und den höheren Dienst zumindest teilweise in der Form eines besonders eingerichteten Fachhochschul- bzw. wissenschaftlichen Studiums stattfindet. Nach Beendigung dieser Ausbildung ist eine (Laufbahn- bzw. entsprechende) Prüfung zu absolvieren[3]. Das Bestehen dieser Prüfung befähigt den Beamten zum Eintritt in die erreichte höhere Laufbahn; er kann danach in das Eingangsamt der höheren Laufbahn und ggf. von dort später in die nächstfolgenden Ämter dieser Laufbahn befördert werden.

137 Es versteht sich, dass sämtliche im Rahmen dieses Auswahl- und Aufstiegsverfahrens zu treffenden Entscheidungen wiederum strikt am **Maßstab von Eignung, Leistung und Befähigung** auszurichten sind[4]. Die insoweit oben gegebenen Hinweise hierzu gelten entsprechend[5].

138 Hierneben können Veränderungen des Beamtenverhältnisses auch durch **Laufbahnwechsel** stattfinden. Laufbahnwechsel sind außerhalb des Aufstiegs auch in „parallele" Laufbahnen möglich und zulässig; Voraussetzung ist, dass der Beamte jeweils die Befähigung für die neue Laufbahn besitzt (§ 42 Abs. 1 BLV). Ein solcher Laufbahnwechsel kann sich etwa als notwendig erweisen, wenn der Beamte die besondere Dienstfähigkeit seiner bisherigen Laufbahn verliert (etwa der Polizeibeamte, der aus gesundheitlichen Gründen polizeidienstunfähig wird und in die allgemeine Verwaltungslaufbahn überwechseln will) oder wenn der Beamte zusätzliche Qualifikationen erworben hat und diese im Rahmen seiner beruflichen Tätigkeit laufbahnadäquat verwenden möchte (zum Beispiel der Lehrer, der eine Zusatzausbildung zum Sonderschullehrer oder Gymnasiallehrer absolviert hat).

---

1 Etwa die Funktionszulagen gem. Fn. 3 u. 4 zu BesGr A 9 sowie Anlage IX BBesO (= Amtszulagen i.S.d. § 42 Abs. 1 u. 2 BBesG).
2 Zu den Maßstäben solcher Auswahlverfahren s. BVerwG, DöD 1983, 32. Zur Zulässigkeit einer psychologischen Eignungsuntersuchung BVerwG v. 11.2.1983 – 2 B 103.81, NJW 1983, 1922.
3 Zum Inhalt einer solchen Entscheidung des (Landes-)Personalausschusses s. OVG Rh.-Pf., DVBl 1987, 426.
4 Aus den detaillierenden Regelungen des § 36 BLV folgt nichts Abweichendes, denn die Auswahlgrundsätze des § 9 BBG gelten in jedem Falle vorgreiflich.
5 Hierzu s. BVerwG v. 22.9.1988 – 2 C 35.86, BVerwGE 80, 224 = NJW 1989, 1297.

## V. Rückforderung überzahlter Bezüge

Die Bezüge des Beamten scheinen ein so schwieriges Kapitel der praktischen Rechtsanwendung auszumachen, dass es immer wieder dazu kommt, dass im Einzelfall zu viel gezahlt wird. Die besoldungszahlenden Ämter und Dienststellen haben immer wieder mit dem – typischerweise streitträchtigen – Problem zu tun, Überzahlungen zurückzufordern. Wird bemerkt, dass der Beamte zu viel Geld erhält – oft ergibt sich dies im Zusammenhang mit Prüfungen des Rechnungshofes –, so bereitet es i.d.R. keine sonderlichen Probleme, die Überzahlungen mit sofortiger Wirkung zu stoppen; wird die Leistung auf der Grundlage eines rechtswidrigen, begünstigenden Verwaltungsaktes gewährt, so kann dieser gem. § 48 VwVfG für die Zukunft regelmäßig ohne jede Einschränkung zurückgenommen werden, anderenfalls wird die regelmäßige Leistung schlicht eingestellt.

139

Schwierigkeiten bereitet demgegenüber die Rückforderung rechtsgrundlos[1] erhaltener Leistungen[2]. Entsprechende Ansprüche, die der Dienstherr im Hinblick auf den Sonderstatus des Beamten gegenüber dem Beamten selbst wie auch gegenüber dem Ruheständler mittels Leistungsbescheids geltend machen kann[3], sind als – gesetzlich geregelte, § 12 Abs. 2 BBesG, § 52 Abs. 2 BeamtVG u.v.a. – **öffentlich-rechtliche Erstattungsansprüche** zu qualifizieren[4]. Sie sind damit verschuldensunabhängig und basieren auf Tatbestandsseite allein auf dem objektiven Vorliegen einer Überzahlung. Ohne Belang ist insbesondere, ob etwa die leistungsgewährende Dienststelle selbst schuldhaft die Überzahlung verursacht oder sonst (mit) zu verantworten hat.

140

Liegt eine solche objektive Überzahlung vor, so wird diese nach den Vorschriften des BGB über die Herausgabe einer **ungerechtfertigten Bereicherung** zurückgefordert[5]. Anerkanntermaßen erstreckt sich diese (in allen einschlägigen Vorschriften des Beamtenrechts gleich lautende) Verweisung auf die §§ 818–820 BGB, die den Umfang des Bereicherungsanspruchs regeln, nicht auf die Anspruchsvoraussetzungen der §§ 812 ff.[6]. Grundsätzlich kann sich damit der Beamte bei Vorliegen der entsprechenden Voraussetzungen auf einen Wegfall der Bereicherung berufen, § 818 Abs. 3 BGB[7].

141

---

1 Keine Rechtsgrundlosigkeit bei feststellendem Urteil des VG im Fortsetzungsfeststellungsverfahren, s. BVerwG v. 31.1.2002 – 2 C 7.01, DVBl 2002, 1219; daher kann im Einzelfall die Fortführung eines Rechtsstreits über die Rechtmäßigkeit einer statusbeendenden oder -verändernden Maßnahme sinnvoll und notwendig sein.
2 Zur Rückforderung von Versorgungsbezügen mittels Leistungsbescheid s. *Günther*, DöD 1991, 159; *Bethge-Detterbeck*, JuS 1991, 226; *Grundmann*, ZBR 1999, 154.
3 OVG NW v. 27.3.1995 – 1 A 2113/90, NWVBl. 1996, 69; BayVGH in *Schütz*, BeamtR, ES/C V 5 Nr. 11; zu den Voraussetzungen s. auch BVerwGE 21, 270; 24, 225; 28, 1 sowie BVerwG, DVBl 1984, 924; von den Hinterbliebenen kann nicht mittels Leistungsbescheids zurückgefordert werden, OVG NW, RiA 1985, 143; VGH BW in *Schütz*, BeamtR, ES/C V 5 Nr. 19.
4 Widerspruch und Klage haben aufschiebende Wirkung; zur Frage, ob gleichwohl (z.B. in Ansehung laufender Bezüge) aufgerechnet werden kann, s. neu BVerwG v. 20.11.2008 – 3 C 13.08, BVerwGE 132, 250.
5 Dies gilt auch, wenn nach besoldungskürzendem Disziplinarurteil fehlerhaft ausgezahlt worden ist, BVerwG v. 28.2.2002 – 2 C 2.01, NVwZ 2002, 854.
6 S. im Einzelnen *Schnellenbach*, BeamtR, Rz. 704 m.w.N. Auf § 814 BGB wird nicht verwiesen, BVerwG v. 28.2.2002 – 2 C 2.01, BVerwGE 116, 74 = NVwZ 2002, 854 = DVBl 2002, 1221 = DÖV 2002, 867 = ZBR 2003, 44 = DöD 2002, 171 = NWVBl. 2002, 424 = RiA 2003, 246.
7 Kein Bereicherungswegfall, wenn die zu Unrecht erhaltene Geldleistung für Anschaffungen oder zur Schuldentilgung verwendet wurde: BVerwG v. 28.1.1993 – 2 C 15.91, NVwZ-RR 1994, 32.

142 Was die Feststellung eines solchen **Bereicherungswegfalls** anlangt, so ist neben den entsprechend heranzuziehenden zivilrechtlichen Grundsätzen für die beamtenrechtliche Praxis von Wichtigkeit, dass die Verwaltungsvorschrift zu § 12 BBesG in Ziff. 12.1.12 tatsächliche **Vermutungen** aufstellt. Danach ist von einem Wegfall der Bereicherung i.d.R. auszugehen, wenn bei wiederkehrenden Leistungen 10 % aller für den Zeitraum der Überzahlung zustehenden Bezüge – höchstens jedoch monatlich 150,00 Euro – nicht überschritten werden. Bei einmaligen Zahlungen gilt eine entsprechende Grenze von 10 % des zustehenden Betrages, höchstens jedoch wiederum 150,00 Euro. Soweit diese Vermutungen eingreifen, bedarf es grds. keines eingehenden Vortrages zum Vorliegen der Voraussetzungen des § 818 Abs. 3 BGB. Ansonsten sind die Voraussetzungen eines Bereicherungswegfalls im Rahmen der vorgeschriebenen Anhörung nach § 28 VwVfG im Verwaltungsverfahren detailliert und belegt darzutun, soll auf die anstehende Entscheidung des Dienstherrn über die Geltendmachung des Rückforderungsanspruchs erfolgreich Einfluss genommen werden.

143 Die Berufung auf den Wegfall der Bereicherung kommt nicht zum Zuge, wenn der Beamte i.S.d. § 819 BGB verschärft haftet. **Diese verschärfte Haftung des § 819 BGB** ist gegenüber dem BGB jedoch modifiziert; sie tritt nicht erst bei positiver Kenntnis vom Mangel des rechtlichen Grundes[1] ein, sondern dieser wird dem Fall gleichgestellt, dass „der Mangel so offensichtlich war, dass ihn der Empfänger **hätte erkennen müssen**", § 12 Abs. 2 Satz 2 BBesG[2]. Genau hier beginnen in der Praxis die Probleme.

144 Auch wenn sich die Rechtsanwendung verbal stark an Formulierungen anlehnt, die der Charakterisierung der „groben Fahrlässigkeit" dienen – der Beamte hätte die zunächst unerkannt gebliebene Fehlerhaftigkeit der Abrechnung bzw. die Rechtsgrundlosigkeit der Leistung dann erkennen müssen, wenn er bei der ihm obliegenden Überprüfung die im Verkehr erforderliche Sorgfalt in ungewöhnlich hohem Maße außer Acht gelassen hat –, neigen doch die rückfordernden Dienststellen erfahrungsgemäß dazu, die **Anforderungen** an die Prüfungs- und Überwachungspflicht des Beamten **deutlich zu überspannen**. Die „Offensichtlichkeit des Mangels" i.S.d. § 12 Abs. 2 Satz 2 BBesG ist in der Praxis insbesondere weit von der „Offenkundigkeit" eines schwerwiegenden Fehlers eines Verwaltungsaktes entfernt, der gem. § 44 Abs. 1 VwVfG dessen Nichtigkeit zur Folge hat.

145 Die Anforderungen an eine **inhaltliche Überprüfung beispielsweise der Besoldungs- oder Versorgungsmitteilungen** sind hoch[3]. Von dem Beamten wird erwartet, dass er die Grundzüge des Besoldungswesens beherrscht und etwa die Richtigkeit der zugrundegelegten Besoldungsgruppe und Dienstaltersstufe, der richtigen Stufe des Familienzuschlags einschließlich der Frage, ob er dort den vollen „Verheiratetenzuschlag" zu Recht in Anspruch nehmen darf (vgl. § 40 Abs. 4 BBesG)[4], und vergleichbare Details zu beurteilen vermag[5]. Zumindest wird aber erwartet, dass der

---

1 Etwa im Falle der Zahlung unter Vorbehalt bei Bedingungseintritt, aber auch z.B. bei Nichteinhaltung einer Auflage, unter der die Gewährung von Bezügen gestanden hat, etwa im Falle von Ausbildungs- und Verbleib-Auflagen bei Anwärterbezügen, mit denen die Ausbildung finanziert werden soll. Zu deren Rückforderung s. z.B. BVerwG v. 10.2. 2000 – 2 A 6.99, NVwZ-RR 2000, 520, sowie OVG Rh.-Pf. v. 10.12.1999 – 2 A 11594/99. OVG, NVwZ-RR 2000, 522.
2 Diese Modifikation ist aus der Treuepflicht erwachsendes Korrelat der Alimentationspflicht des Dienstherrn, BVerwGE 32, 228 (230).
3 Vgl. etwa BVerwGE 32, 228 (231 f.); 40, 212 (218); BVerwG v. 25.11.1982 – 2 C 14.81, BVerwGE 66, 251.
4 Vgl. BVerwG, NVwZ-RR 1991, 246. Zur Frage, ob dieser auch Partnern einer eingetragenen Lebenspartnerschaft zusteht, s. BVerwG v. 29.10.2010, 2 C 10.09 u.a., NJW 2011, 1466.
5 Dabei kommt es freilich auf die individuellen Kenntnisse und Fähigkeiten an. BVerwGE 24, 148 (150 f.); 32, 228 (232); 40, 212 (217 ff.).

## V. Rückforderung überzahlter Bezüge

Beamte, durch irgendwelche Merkwürdigkeiten oder unverstandenen Angaben der jeweiligen Abrechnung sensibilisiert, beim Auftreten von Zweifeln die zuständige Dienststelle unterrichtet und sich dort erkundigt[1]. Fehlt es daran, so ist die Behörde in aller Regel – womöglich beflügelt durch Angst vor Auseinandersetzungen mit dem Rechnungshof oder gar vor Regressforderungen? – schnell mit der Feststellung bei der Hand, der Beamte habe „die im Verkehr erforderliche Sorgfalt gröblich missachtet" und nur deshalb den Mangel des rechtlichen Grundes der Zahlung nicht erkannt, folgerecht hafte er i.S.d. § 819 Abs. 1 BGB i.V.m. § 12 Abs. 2 Satz 2 BBesG verschärft und könne den Wegfall der Bereicherung nicht geltend machen.

Demgegenüber kann nicht eingehend genug betont werden, dass die „Offensichtlichkeit" des Mangels in jedem Einzelfall genau geprüft und das Ausmaß der pflichtgemäßen Anspannung der Prüfungssorgfalt fallbezogen ermittelt werden muss – eine häufig lohnende Aufgabe für den betreuenden Anwalt im Verwaltungsverfahren wie im nachfolgenden Prozess.

Sowohl der „Wegfall der Bereicherung" des § 818 Abs. 3 BGB als auch die Voraussetzungen der verschärften Haftung nach dem § 819 BGB, § 12 Abs. 2 Satz 2 BBesG stellen bei alledem **unbestimmte Rechtsbegriffe** dar, die im verwaltungsgerichtlichen Verfahren voll überprüft werden. Ermessens- oder gar Beurteilungsspielräume sind der Behörde insoweit nicht eingeräumt.

Ein weiterer Aspekt bedarf der Erwähnung. § 12 Abs. 2 Satz 3 BBesG bestimmt ebenso wie die jeweils vergleichbaren Rückforderungsnormen, dass mit Zustimmung der jeweils zuständigen Dienststelle **aus Billigkeitsgründen von der Rückforderung abgesehen** werden kann. Der jeweils handelnden Behörde ist damit ein Ermessen eingeräumt, mit welchem den Besonderheiten eines jeden Einzelfalles Rechnung getragen werden kann. Hier gilt es etwa die Ursachen der rechtsgrundlosen Leistung und ggf. des eingetretenen Bereicherungswegfalls zu würdigen, aber auch verschiedene Möglichkeiten der Rückabwicklung und die wirtschaftlichen und sozialen Auswirkungen einer Rückzahlung für den Betroffenen und seine Familie zu erwägen[2].

Nachdem der Behörde insoweit jedoch ein Ermessen ausdrücklich eingeräumt ist, handelt sie nur dann rechtmäßig, wenn sie dieses Ermessen auch tatsächlich betätigt und entsprechende Erwägungen anstellt. Dies muss in dem ergangenen Rückforderungsbescheid zum Ausdruck kommen, das Ergebnis muss begründet werden. An beidem fehlt es häufig. **Die fehlende oder unzulängliche Ermessensbetätigung** kann natürlich im Widerspruchsverfahren nachgeholt werden. Im Hinblick auf die Neuregelungen des Verwaltungsverfahrens- und Verwaltungsprozessrechts greift wegen der nunmehr geschaffenen Befugnis, Ermessenserwägungen auch im Prozess[3] noch mit heilender Wirkung nachzuschieben[4], die für die Vergangenheit richtige tak-

---

1 BVerwGE 24, 148 (151).
2 Vgl. hierzu BVerwGE 11, 283 (289); 13, 248 (253); 18, 72 (77); 30, 296 (301); zusammenfassend BVerwG in *Schütz*, BeamtR, ES/C V 5 Nr. 5. Aus der neueren Rspr. s. etwa BVerwG v. 21.9.1989 – 2 C 68.86, NVwZ 1990, 670f., und v. 8.10.1998 – 2 C 21.97, DVBl 1999, 322 = DöD 1999, 86 = RiA 2000, 25, sowie v. 21.10.1999 – 2 C 11.99, DÖV 2000, 192; v. 21.10.1999 – 2 C 27.98, DÖV 2000, 190. S. auch VGH Kassel v. 27.6.1990 – 1 UE 1378/87, NVwZ 1991, 94. Trotz Behördenfehlers kein Anlass, von der Rückforderung abzusehen, wenn bekannt, dass Bezüge zu Unrecht gezahlt werden: OVG Hamburg v. 9.5.2011, 1 Bf 103/10, DVBl 2011, 981 (L.) = IÖD 2011, 197.
3 Wird der Rückforderungsanspruch ausnahmsweise im Wege der Leistungsklage des Dienstherrn gegen den Beamten geltend gemacht, so muss die Ermessensentscheidung in dem Augenblick getroffen sein, wo der Sachantrag beim Tatsachengericht gestellt wird, BVerwG v. 21.10.1999 – 2 C 27.98, BVerwGE 109, 357 = DVBl 2000, 495 = DÖV 2000, 290.
4 S. § 114 Satz 2 VwGO in der Fassung des 6. VwGOÄndG v. 1.11.1996, BGBl. I, 1626.

tische Empfehlung nicht mehr, Mängel im Rahmen der Ermessensbetätigung nicht bereits im Widerspruchsverfahren vorzubringen. Es macht nur noch begrenzt Sinn, diesbezügliche Beanstandungen für den Prozess aufzuheben, auch wenn das BVerwG daran festhält, dass für die Bewertung der Rechtmäßigkeit der getroffenen Entscheidung auf die Sach- und Rechtslage im Zeitpunkt der letzten Verwaltungsentscheidung abzustellen ist[1].

150 Der Rückforderungsanspruch verjährte nach altem Zivilrecht erst nach 30 Jahren (§ 195 BGB a.F.)[2]; seit der Schuldrechtsreform gilt die Regelverjährung von drei Jahren (§ 195 BGB n.F.) ab Kenntnis (§ 199 Abs. 1 BGB)[3] mit der Maßgabe einer kenntnisunabhängigen Höchstfrist von zehn Jahren (§ 199 Abs. 4 BGB); im Übergangsrecht kommt für die Zeit nach dem 1.1.2002 Art. 229 § 6 Abs. 4 EGBGB zum Tragen.

## VI. Veränderungen im Beamtenverhältnis

### 1. Versetzung und Abordnung

151 Zu den oft weniger angenehmen Seiten des Beamtendaseins gehört, dass der Bedienstete bei Vorliegen eines dienstlichen Bedürfnisses[4] – auch gegen seinen Willen – versetzt oder vorübergehend abgeordnet werden kann[5] (§§ 13–15 BeamtStG[6], 27 u. 28 BBG). Der Beamte ist kraft seiner Laufbahnbefähigung grds. überall in dieser seiner Laufbahn verwendbar und im Hinblick auf seine umfassende Treuepflicht gehalten, entsprechenden Weisungen und Verfügungen nachzukommen[7]. Die Dienstrechtsreform 1997 hat die Mobilität des Beamten durch die Erweiterung der Versetzungs- und Abordnungsmöglichkeiten, besonders aber durch den Wegfall der aufschiebenden Wirkung von Rechtsbehelfen[8] nur noch gesteigert. Die Flexibilisierung des öffentlichen Dienstes gerät zu einem der obersten Ziele der Reformbewegung[9]. Die Neuordnung des Dienstrechts 2009 hat für den Bund erstmals gesetzliche Definitionen von Abordnung und Versetzung gebracht (§§ 27 Abs. 1, 28 Abs. 1 BBG).

152 Als **Versetzung** behandelt § 28 Abs. 1 BBG die auf Dauer angelegte Übertragung eines anderen Amtes bei einer anderen Dienststelle desselben oder eines anderen Dienstherrn. Diese Versetzungen werden nach der Rechtsprechung üblicherweise in **organisationsrechtliche Versetzungen** und statusberührende Versetzungen unterschieden. Bei der erstgenannten geht es um die dauerhafte Übertragung eines an-

---

1 BVerwG v. 8.10.1998 – 2 C 21.97, DVBl 1999, 322 = DöD 1999, 86 = RiA 2000, 25.
2 BVerwG v. 13.9.2001 – 2 A 9.00, RiA 2003, 96 = ZBR 2003, 43, im Anschluss an BVerwG v. 25.11.1982 – 2 C 14.81, BVerwGE 66, 251.
3 OVG Saarl. v. 27.4.2007 – 1 R 22/06; HessVGH v. 20.12.2007 – 1 UZ 1485/07, RiA 2008, 272.
4 Es besteht hier ein gerichtlich nur eingeschränkt überprüfbarer Beurteilungsspielraum: BVerwGE 26, 65 (76f.); BayVGH in *Schütz*, BeamtR, ES/A II 4.1 Nr. 1 u. Nr. 4.
5 Hier greift ein Handlungs- und Auswahlermessen ein; BVerwG, ZBR 1966, 280. Zur Differenzierung in ein zweistufiges Entscheidungsverfahren s. auch OVG Rh.-Pf., DöD 1984, 203.
6 Das BeamtStG beschränkt sich auf Vorgaben für den Fall einer länderübergreifenden Abordnung oder Versetzung, § 13 BeamtStG; was innerhalb des Landes geschieht, ist damit künftig allein Ländersache.
7 Selbst der Inhaber eines funktionsgebundenen Amtes (entschieden für den Kanzler einer Universität, der nach Differenzen und einem Disziplinarverfahren von einer Dienststelle versetzt wurde) kann gegen seinen Willen versetzt werden: BVerwG v. 2.9.1999 – 2 C 36.98, DVBl 2000, 493 = DÖV 2000, 200f.; ebenso VG Gelsenkirchen v. 30.4.2008 – 12 L 294/08, NWVBl. 2008, 437.
8 Vormals § 126 Abs. 3 Nr. 3 BRRG, nunmehr § 54 Abs. 4 BeamtStG bzw. § 126 Abs. 4 BBG.
9 Hierzu s. *Kutscha*, Die Flexibilisierung des Beamtenrechts, NVwZ 2002, 942ff. m.w.N.

## VI. Veränderungen im Beamtenverhältnis

deren Amtes im abstrakt-funktionellen Sinn; entscheidend für die Abgrenzung zur bloßen Umsetzung ist, dass das neue Amt bei einer **anderen Dienststelle** eingerichtet ist[1]. Der Begriff der Dienststelle wird dabei organisationsrechtlich verstanden, nämlich als organisatorisch verselbständige Verwaltungseinheit, die mit eigenen personellen und sächlichen Mitteln ausgestattet ist und einen örtlich und gegenständlich abgrenzbaren Aufgabenbereich versieht[2]. Bei der **statusberührenden Versetzung** wird ein anderes statusrechtliches Amt verliehen, entweder mit gleicher Amtsbezeichnung, aber anderer Besoldung[3], oder mit gleicher Besoldung in der gleichen Laufbahngruppe, aber anderer Amtsbezeichnung[4], oder mit gleicher Besoldung in einer anderen Laufbahn mit oder ohne andere Amtsbezeichnung[5]. Die Dauerhaftigkeit der Maßnahme grenzt sie von der Abordnung ab, die wie die Versetzung angesehen wird, aber nur vorübergehend.

153 Versetzungen sind einerseits auf Antrag, andererseits aber auch „aus dienstlichen Gründen" zulässig. Sie werden im Einvernehmen mit dem Leiter der aufnehmenden Dienststelle durch die abgebende Dienststelle verfügt, bei Versetzungen zu einem anderen Dienstherrn entsprechend im (schriftlichen) Einverständnis mit dem aufnehmenden Dienstherrn[6]. Sie sind zustimmungsfrei, also auch gegen den Willen des betroffenen Beamten zulässig, wenn das neue Amt mindestens mit demselben Endgrundgehalt verbunden ist wie das bisherige Amt und die Tätigkeit auf Grund der Vorbildung oder Berufsausbildung zumutbar ist, § 18 Abs. 2 BBG. Der mit dem Wechsel womöglich verbundene Wegfall einer bisherigen Stellenzulage (z.B. Polizeizulage) steht dabei der Annahme einer amtsgleichen Versetzung nicht entgegen. Ist die Versetzung erforderlich geworden, weil die bisherige Beschäftigungsbehörde aufgelöst oder wesentlich umgestaltet worden ist, und hiervon das Aufgabengebiet des Beamten dergestalt betroffen, dass eine weitere Verwendung in dem bisherigen Amt nicht mehr möglich ist, kann auch in ein Amt derselben oder einer anderen Laufbahn mit niedrigerem Endgrundgehalt versetzt werden (Zurückstufung), allerdings höchstens ein Amt derjenigen Besoldungsgruppe, die der Beamte zuletzt vor seiner aktuellen Verwendung inne hatte, § 28 Abs. 3 BBG.

154 Damit kann – was für die Praxis ja besonders wichtig ist – zustimmungsfrei aus dienstlichen Gründen *auch* in folgenden Fällen versetzt werden:
a) bei versetzungsbedingt anstehendem Wegfall einer Stellenzulage,
b) in ein Amt einer anderen Laufbahn mit Pflicht zur Umschulung,
c) in ein Amt mit geringerem Endgrundgehalt bei Organisationsänderungen
d) notfalls sogar zu einem anderen Dienstherrn.

Solange dies nach den Kriterien der Vorbildung oder Berufsausbildung zumutbar ist (§ 28 Abs. 2 BBG n.F.), werden erst die Fürsorgepflicht und der Grundsatz der Ver-

---

1 Beispiel: Versetzung von einer Oberbehörde ins Ministerium; Versetzung von einer Schule an eine andere. Dagegen bloße Umsetzung innerhalb einer Kreisverwaltung vom Katasteramt in das Sozialamt.
2 BVerwG v. 24.1.1991 – 2 C 16.88, BVerwGE 87, 310 (312f.) = NJW 1991, 2180.
3 Beispiel: Beförderung eines Ministerialrates A 16 zum Ministerialrat B 3.
4 Beispiel (nach BVerwG v. 29.4.1982 – 2 C 41.80, BVerwGE 65, 270): bisheriger Gerichtsvollzieher wechselt in die Funktion eines Justizinspektors im Justizverwaltungsdienst.
5 Beispiel: polizeidienstunfähig gewordener Hauptkommissar (BesGr. A 11) tritt nach entsprechender Qualifizierung als Regierungsamtmann in eine Behörde des allgemeinen Verwaltungsdienstes über. Parallel mit der Versetzung wird in diesem Fall der Laufbahnwechsel verfügt.
6 In diesem Falle ist das schriftlich zu erklärende Einverständnis des aufnehmenden Dienstherrn zwingende Wirksamkeitsvoraussetzung der Versetzung; eine Heilung ist ausgeschlossen: BVerwG v. 19.12.2002 – 2 C 1.02, NVwZ-RR 2003, 370 = DVBl 2003, 616 = ZBR 2003, 276.

hältnismäßigkeit der Handhabung dieser bereits 1997 neu geschaffenen Regelungen Grenzen setzen[1].

155 Nun gibt es Beamtengruppen, bei denen die örtliche Mobilität traditionell zum Berufsbild gehört (z.B. im diplomatischen Dienst, bei Soldaten und Bundeswehrbeamten, u.v.a.). In anderen Beamtengruppen ist der Ortswechsel dagegen eher die (unerwartete und folgerecht i.d.R. unerwünschte) Ausnahme. Gleichwohl besteht auch für diese Bediensteten im Grundsatz kein Zweifel, dass einem entsprechenden Ruf des Dienstherrn Folge zu leisten ist. Es liegt jedoch auf der Hand, dass eine dienstlich verfügte Versetzung insbesondere den sesshaft gewordenen Beamten und seine Familie empfindlich zu treffen vermag. Das mühsam erworbene und noch nicht bezahlte Eigenheim steht dem Ortwechsel ebenso entgegen wie der Schulbesuch der Kinder, die Berufstätigkeit des Ehepartners, das Vorhandensein vielfältiger sozialer Bindungen, u.v.a.

156 Der Dienstherr wird alle diese **persönlichen Auswirkungen** einer beabsichtigten Maßnahme sorgfältig zu bedenken und in seiner Auswahlentscheidung, welchen von mehreren in Betracht kommenden Beamten er versetzen oder abordnen will, berücksichtigen müssen. Dies gebietet bereits die Fürsorgepflicht, die im Einzelfall einen starken Verbündeten in Art. 6 GG – Schutz von Ehe und Familie – findet. Eine Versetzung, die eine Trennung der Familie zur Folge hätte, ist regelmäßig fürsorgepflichtwidrig. Darüber hinaus wird dem Beamten freilich schon eine erhebliche persönliche und wirtschaftliche Belastung zugemutet: Häuser und Wohnungen können verkauft oder vermietet werden, Umschulungen der Kinder werden zumindest zum Schuljahreswechsel hingenommen, ausgenommen vielleicht die Zeit unmittelbar vor dem Abitur, und die persönliche Einbindung in ein soziales Umfeld stellt erst recht keinen Hinderungsgrund dar, der dem dienstlich verfügten Ortswechsel entgegenstünde.

157 Nur **schwerwiegende persönliche Gründe und außergewöhnliche Härten** können im Einzelfall eine dienstlich notwendig werdende Versetzung definitiv verhindern; u.U. hilft auch die Berufung auf das **Verhältnismäßigkeitsgebot**, wenn verschiedene Möglichkeiten in Betracht kommen, das dienstliche Bedürfnis zu befriedigen. Im Verwaltungsverfahren gilt es dabei, die entscheidenden Gesichtspunkte zusammenzutragen, um auf die (Auswahl-)Ermessensentscheidung des Dienstherrn im Rahmen der Anhörung nach § 28 VwVfG sachgerecht Einfluss nehmen zu können.

158 Als **Abordnung** versteht § 27 Abs. 1 BBG in Abgrenzung zur Versetzung die bloß vorübergehende Übertragung einer dem bisherigen Amt entsprechenden Tätigkeit bei einer anderen Dienststelle. Sie ist damit ebenso zu verstehen wie die Versetzung, nur nicht auf Dauer. Auch hier ist der Wechsel der Dienststelle gefordert; wird eine andere Tätigkeit ohne Dienststellenwechsel übertragen bewendet es bei der Umsetzung. Anders als bei der Versetzung bleibt im Fall der Abordnung die Zugehörigkeit zur bisherigen Dienststelle aufrecht erhalten, wie § 27 Abs. 1 BBG nunmehr ausdrücklich hervorhebt[2]. Und klarstellend ist ergänzend hervorgehoben, dass eine Abordnung nicht nur ganz, sondern auch teilweise erfolgen kann, also mit lediglich einer Quote der Arbeitskraft[3]. Nicht selten sind auch die Fälle, in denen die bisherige Stammdienststelle Beschäftigte z.B. an das Auswärtige Amt „ausleiht", um von dort in einer internationalen oder Auslandsfunktion verwendet wer-

---

1 Vgl. *Battis*, NJW 1997, 1033 (1034); *Günther*, ZBR 1996, 299.
2 Insbesondere ändert die Abordnung auf Grund dieses Angebunden-Bleibens an die Stammdienststelle nicht den „dienstlichen Wohnsitz" des § 15 BBesG mit der Folge, dass im Rahmen des § 52 Nr. 4 VwGO das Verwaltungsgericht der Stammdienststelle zuständig bleibt.
3 Beispiel: Der Lehrer soll für ein Schuljahr mit einem Drittel seines Deputats an der Nachbarschule aushelfen.

## VI. Veränderungen im Beamtenverhältnis

den zu können; auch dies geschieht im Wege der Abordnung mit anschließender „Entsendung"[1].

Gem. § 27 Abs. 2 BBG/§ 14 BeamtStG ist die Abordnung ohne Zustimmung des Beamten bei Vorliegen eines dienstlichen Grundes nicht nur in eine der bisherigen Tätigkeit entsprechende Verwendung möglich, sondern auch in eine andere, wenn diese auf Grund von Vorbildung und Berufsausbildung zumutbar ist, ja sogar vorübergehend auch in eine unterwertigen Tätigkeit. Allerdings ändert sich, dem vorübergehenden Charakter der Abordnung entsprechend, hier nur die Tätigkeit, nicht das statusrechtliche Amt selbst, d.h. der Beamte wird nicht zurückgestuft, sondern bleibt auch bei unterwertiger Beschäftigung in seinem bisherigen Amt mit den daraus resultierenden Besoldungsbezügen. Die in Sonderfällen auf Grund entsprechenden Gesetzes amtsgleich mögliche zustimmungsfreie Abordnung zu einem anderen Dienstherrn (§ 14 Abs. 3 BeamtStG, 27 Abs. 3 BBG) ist von einem auf bis zu fünf Jahren ausgedehnt worden. 159

Widerspruch und Klage gegen Versetzungen und Abordnungen haben seit der Dienstrechtsreform ab 1.7.1997 keine aufschiebende Wirkung mehr, § 126 Abs. 3 Satz 3 BRRG a.F., nunmehr § 54 Abs. 4 BeamtStG/§ 126 Abs. 4 BBG. Rechtsschutz ist nach § 80 Abs. 5 VwGO gegeben[2], wobei der Antrag auf (erstmalige) Herstellung der aufschiebenden Wirkung von Widerspruch bzw. Klage zu stellen ist. Ergebnis wird allerdings sein, dass sich alle Auseinandersetzungen über Fragen der Versetzung oder Abordnung in den einstweiligen Rechtsschutz verlagern, wodurch das beamtenrechtliche Hauptsacheverfahren nur noch weiter entwertet und entsprechende Prozesse letztlich verlängert werden. 160

Versetzungen **auf Wunsch des Beamten** geraten dann zum Problem, wenn sich der Dienstherr nicht bereit findet, eine solche Versetzung vorzunehmen. Einen Rechtsanspruch hierauf kann der Einzelne nicht geltend machen. Wiederum hilft allein die Fürsorgepflicht. Diese kann eine Versetzung etwa zum Zwecke der Familienzusammenführung oder aus sonstigen dringenden persönlichen Gründen erforderlich machen. Stets hat eine eingehende Abwägung der persönlichen Wunschvorstellungen oder Notwendigkeiten mit den Erfordernissen des Dienstbetriebes vonstatten zu gehen. Je mehr der Beamte in seiner konkreten Dienststellung ersetzbar und austauschbar ist, umso weniger kann der Dienstherr sich einem nachhaltigen und begründeten Wunsch des Beamten verschließen. Versetzungen über Ländergrenzen hinweg wie auch generell Versetzungen und Abordnungen zu einem anderen Dienstherrn sind dabei allerdings von der Zustimmung des aufnehmenden Dienstherrn abhängig, §§ 14 Abs. 4, 15 Abs. 3 BeamtStG/§§ 27 Abs. 4, 28 Abs. 4 BBG[3]. 161

### 2. Umsetzungen und andere Aufgabenzuweisungen

Versetzungen und Abordnungen einerseits sind von Umsetzungen andererseits zu unterscheiden. Abordnung und Versetzung berühren jeweils die Amtsstellung selbst. Die Versetzung wird dabei als die **auf Dauer** angelegte Übertragung eines anderen Amtes im abstrakt-funktionellen Sinne verstanden, während die Abordnung stets **vorübergehenden** Charakter hat. Beide Maßnahmen sind Verwaltungsakte. 162

---

1 Hierzu s. die „Entsendungsrichtlinien", Richtlinien für die Entsendung von Bundesbediensteten in öffentliche zwischenstaatliche oder überstaatliche Organisationen (– EntsR –) v. 26. September 2005, GMBl. 2005 Nr. 53/54, S. 1073 – 1111 (auch über www.bmi.bund.de).
2 Zu den verfassungsrechtlichen Anforderungen an eine ordnungsgemäße Abwägung s. BVerfG v. 23.5.2005 – 2 BvR 583/05, RiA 2005, 286.
3 Diese Entscheidung liegt im pflichtgemäßen Ermessen des aufnehmenden Dienstherrn, vgl. BVerwGE 16, 214 (218); BVerwG v. 13.11.1986 – 2 C 33.84, DVBl 1987, 417.

Die Umsetzung ist demgegenüber die Zuweisung eines anderen Amtes im konkret-funktionellen Sinne, regelmäßig also die **Zuweisung eines anderen Aufgabenbereichs**. Sie hat nicht den Rechtscharakter eines Verwaltungsaktes[1], so dass der nach § 126 Abs. 2 BBG/§ 54 Abs. 2 BeamtStG gleichwohl zulässige Widerspruch[2] (erst recht; die aufschiebende Wirkung des Widerspruchs gegen Abordnung und Versetzung ist ja bereits durch § 126 Abs. 4 BBG/§ 54 Abs. 4 BeamtStG ausgeschlossen worden) keine aufschiebende Wirkung hat; vorläufiger Rechtsschutz wird insoweit nach § 123 VwGO gewährt[3]. Die gem. § 126 Abs. 1 BBG/§ 54 Abs. 1 BeamtStG im Hinblick auf Art. 19 Abs. 4 GG eröffnete Klagemöglichkeit ist die allgemeine Leistungsklage.

163 In der Sache ist der Rechtsschutz gegen Umsetzungen deutlich beschränkt. Dem Dienstherrn wird insoweit ein sehr weitgehendes **Organisationsermessen** eingeräumt. Deswegen ist der Beamte gegen Umsetzungen in erheblich geringerem Maße geschützt als gegen eine Versetzung[4]. Ein „dienstliches Bedürfnis" für die Vornahme einer Umsetzung ist nicht erforderlich; es genügt das Bestehen eines sachlichen Grundes[5]. Während dem Beamten ein Rechtsanspruch auf Übertragung eines „amtsangemessenen Aufgabenbereichs" des ihm zukommenden Amtes im abstrakt-funktionellen Sinne zusteht[6], billigt ihm die Rechtsprechung keinerlei Anspruch auf unveränderte und ungeschmälerte Ausübung des ihm übertragenen konkreten Amtes zu. Er muss vielmehr Änderungen seines dienstlichen Aufgabenbereiches nach Maßgabe seines Amtes im statusrechtlichen Sinne hinnehmen[7]. Insbesondere besteht kein rechtlicher Schutz gegen die Entbindung von Leitungsfunktionen, von besonders interessanten und verantwortungsvollen Aufgaben u. dgl. mehr, solange nicht in der neu zugewiesenen Funktion der Anspruch auf amtsangemessene Verwendung verletzt wird[8], und selbst dies soll interimsweise zumutbar sein[9]. Damit reduziert sich der materielle Rechtsschutz streng genommen auf eine Missbrauchskontrolle.

---

1 BVerwG v. 22.5.1980 – 2 C 30.78, BVerwGE 60, 144; v. 1.6.1995 – 2 C 20.94, NVwZ 1997, 72.
2 Dies gilt nicht in den Bundesländern, die das Widerspruchsverfahren abgeschafft haben; in diesen Fällen ist stattdessen sogleich die Klage an das Verwaltungsgericht geboten.
3 BVerwG v. 1.6.1995 – 2 C 20.94, BVerwGE 98, 334 = ZBR 1995, 374 = DöD 1996, 34; ebenso OVG NW v. 5.1.1994 – 6 B 2944/93, RiA 1995, 200.
4 BVerwG v. 25.6.1997 – 2 B 123.96.
5 Hbg. OVG v. 27.8.2004 – 1 Bs 271/04, NVwZ-RR 2005, 125.
6 Ein Beamter kann auch dann amtsangemessen beschäftigt sein, wenn auf seinem Dienstposten sowohl höher- wie auch unterwertige Tätigkeiten anfallen, OVG MV v. 21.12.2000 – 2 M 82/00, NVwZ-RR 2001, 457. Zur amts- bzw. laufbahngemäßen Beschäftigung einer Lehrkraft während der aufschiebenden Wirkung von Widerspruch und Klage gegen eine verfügte Entlassung s. OVG NW v. 7.6.2001 – 6 B 1577/00, NWVBl. 2002, 62 f.
7 BVerfGE 8, 332 (344 ff.); 43, 242 (282); 47, 327 (411); BVerfG v. 7.11.1979 – 2 BvR 513/74 u.a., NJW 1980, 1327; BVerwG v. 22.5.1980 – 2 C 30.78, BVerwGE 60, 144 ff. m.w.N.
8 Beispiel: Ein beamteter Oberarzt in einer Universitätsfrauenklinik wird von Operationen und geburtshilflichen Verrichtungen ohne Verletzung seines Anspruches auf amtsgemäße Beschäftigung nicht ausgeschlossen werden können, BVerwG v. 1.6.1995 – 2 C 20.94, NVwZ 1997, 72. Andererseits: Kein Anspruch auf Ermöglichen bestimmter Transplantationen (Leber und Dünndarm) bei Universitätsprofessor, Nds. OVG v. 10.9.2001 – 5 MA 2142/01, RiA 2002, 289. Umsetzung in einen anderen Aufgabenbereich während der Dauer eines strafrechtlichen Ermittlungsverfahrens: OVG Rh.-Pf. v. 19.7.2001 – 2 A 10076/01, RiA 2002, 306. Zum Anspruch auf amtsgemäße Beschäftigung während der aufschiebenden Wirkung eines Rechtsmittel im Entlassungsverfahren s. OVG NW v. 7.6.2001 – 6 B 1577/00, RiA 2003, 43. Zur Änderung der Geschäftsverteilung bei einem Beigeordneten s. OVG NW v. 18.12.2003 – 1 B 1750/03, NWVBl. 2004, 348.
9 Nds. OVG v. 13.10.2004 – 2 ME 1174/04, NVwZ-RR 2005, 124 = RiA 2005, 141 (Einzelfall einer Interessenabwägung im Eilverfahren).

Dennoch kann im Einzelfall der **Anspruch auf amtsgemäße Beschäftigung** eine Grenze für die Statthaftigkeit einer Umsetzung sein. Es gilt, dem Beamten einen Aufgabenbereich zu übertragen, der nach Inhalt, Bedeutung, Umfang und Verantwortung in seiner Wertigkeit dem jeweiligen statusrechtlichen Amt entspricht[1]. Auch wenn dabei eine weitgehende Gestaltungsfreiheit besteht[2], ist die Grenze des Zulässigen jedenfalls dann überschritten, wenn sich die Umsetzung als Manipulation zum Nachteil des Beamten und damit als Missbrauch dieser Gestaltungsfreiheit darstellt, weil der Dienstherr sich nicht von sachbezogenen organisatorischen Erwägungen leiten lässt, sondern solche lediglich vorschiebt, um den Beamten im Gegensatz zu seinem statusrechtlichen Amt auf einem Dienstposten zu verwenden, dem in Wirklichkeit gar nicht die dem statusrechtlichen Amt entsprechende Bedeutung beigemessen wird[3]. Keinesfalls statthaft ist eine Versetzung/Umsetzung eines Beamten in einen offenen Stellenpool ohne gleichzeitige Übertragung eines amtsgemäßen Funktionsamtes[4]. Nicht amtsgemäße, insbesondere unterwertige und damit rechtswidrige Beschäftigungen von Beamten finden sich bezeichnenderweise häufig bei den Nachfolgegesellschaften von Bahn und Post, die für ehemaliges (beamtetes) Führungspersonal bisweilen keine adäquate Tätigkeiten bereithalten mögen und versuchen, die Betroffenen mit sich endlos aneinanderreihenden, mehr oder weniger sinnhaltigen „Projektaufträgen" zu beschäftigen, oder gar den Versuch unternehmen, die nicht mehr benötigten Beamten in interne oder externe Personal-Service-Agenturen „abzuschieben", wo allenfalls auf individuelle Aufforderung Dienst im Zusammenhang mit eigens dafür akquirierten Aufgabenbereichen zu versehen ist[5]. Im Bereich der Post-Nachfolgeunternehmen gibt es allerdings eine Sonderregelung: Nach § 6 PostPersRG kann ein Beamter *vorübergehend*[6] unterwertig beschäftigt werden, wenn betriebliche Gründe solches erfordern. Anschließend müssen die Postnachfolgeunternehmen den Anspruch auf amtsangemessene Beschäftigung allerdings auf Anforderung von sich aus erfüllen, so dass es gegen Art. 33 Abs. 5 GG verstößt, den Beamten stattdessen darauf zu verweisen, sich auf freie Stellen zu bewerben[7].

164

---

1 BVerwG v. 1.6.1996 – 2 C 20.94, NVwZ 1997, 72; v. 3.3.2005 – 2 C 11.04, BVerwGE 123, 107 = NVwZ-RR 2005, 643 = DVBl 2005, 1136 = ZBR 2005, 344 (unzulässig: Übertragung der Aufgabe, Grobreinigungsarbeiten auszuführen, an Lokomotivführer).
2 BVerwG v. 28.11.1991 – 2 C 7.89, DöD 1992, 237.
3 BVerwG v. 24.1.1985 – 2 C 4.83, NVwZ 1985, 416.
4 BVerwG v. 18.9.2008 – 2 C 8.07, ZBR 2009, 96 = NVwZ-RR 2009, 211 (Berliner Stellenpool); v. 22.6.2006 – 2 C 26.05, DVBl 1006, 1593 = NVwZ 2007, 101 = ZBR 2006, 344 (Vivento).
5 Vgl. etwa HessVGH v. 20.12.1988 – 1 TG 4087/88, DöD 1990, 150; OVG Rh.-Pf. v. 14.3.1997 – 10 B 13183/96, NVwZ 1998, 538 (Betonung des erweiterten Organisationsermessens der Nachfolgegesellschaften). Exemplarisch für unzulässige Maßnahmen etwa VG Köln v. 7.11.2002 – 15 K 5588/99, PersR 2004, 39, für den Bereich Telekom: Entzug einer Fachbereichsleiterstellung ohne jedwede Neuübertragung einer anderweitigen Tätigkeit; interimsweise Beschäftigung mit Projektaufträgen, und VG Frankfurt v. 16.12.2003 – 9 G 4485/03, PersR 2004, 78 = PersV 2004, 299 (unzulässige „Versetzung" zu einer internen Personal-Service-Agentur PSA, jetzt Vivento); VG Aachen v. 7.9.2006 – 1 K 911/06; VGH Kassel v. 23.3.2004 – 1 TG 137/04, NVwZ-RR 2005, 124; OVG NW v. 27.10.2004 – 1 B 1329/04, ZBR 2005, 97; BVerwG v. 22.6.2006 – 2 C 1.06, NVwZ 2006, 1291; v. 22.6.2006 – 2 C 26.05, DVBl 1006, 1593 = NVwZ 2007, 101 = ZBR 2006, 344. Zu diesem Thema auch *Wieland*, PersR 2004, 11, *Britz*, PersV 2004, 384, und *Baden*, PersR 2004, 215, sowie *Lechtermann*, DVBl 2004, 1334, *Stehr*, RiA 2005, 66 und *Ronellenfitsch/Dorn*, VerwArch 2006, 520 ff. Für den Bereich der Bahn s. OVG Rh.-Pf. v. 14.9.2006 – 10 B 10611/06, DVBl 2006, 1597 = NVwZ 2007, 110 = ZBR 2007, 57.
6 „Vorübergehend" heißt für höchstens zwei Jahre, VG Köln v. 1.6.2006 – 15 K 1349/05, ZBR 2007, 173; ebenso VG Karlsruhe v. 24.2.2005 – 2 K 1548/04, n.v.
7 BVerwG v. 18.9.2008 – 2 C 126.07, NVwZ 2009, 187.

### 3. Aufstieg und Laufbahnwechsel

165 Im Wege der regulären Beförderung stößt der Beamte früher oder später an die Grenzen seiner Laufbahn. Hat er das Spitzenamt der Laufbahn erreicht, so bedeutet dies grds. das Ende der Karriereleiter. In einzelnen Bereichen ist der Gesetzgeber dem daraus resultierenden „Beförderungs-Frust" dadurch begegnet, dass er eine zusätzliche Hervorhebung innerhalb des Spitzenamtes schuf[1].

166 Eine darüber hinausgehende Förderung der beruflichen Entwicklung erfährt nur diejenige – relativ kleine – Beamtengruppe, die **zum Aufstieg zugelassen** wird. Im Wege dieses Aufstiegs kann der Beamte die Grenzen seiner jeweiligen Laufbahn überwinden und in die nächsthöhere Laufbahn aufsteigen. Die jeweiligen Laufbahnverordnungen enthalten detaillierte Bestimmungen darüber, unter welchen Voraussetzungen und unter Beachtung welchen Verfahrens der Aufstieg stattfindet (für den Bundesbereich z.B. §§ 35 ff. BLV mit verschiedenen Aufstiegsverfahren). Generell lässt sich das Procedere dahin beschreiben, dass auf Vorschlag oder eigene Bewerbung ein Auswahlverfahren stattfindet, häufig vor einer von der Behörde unabhängigen Kommission, in dem die grundsätzliche Eignung des Kandidaten für den Aufstieg festgestellt und bescheinigt wird[2]. Daraufhin befindet der Dienstherr im Rahmen einer zugleich Bedürfnisgesichtspunkte beachtenden Auswahl-Ermessensentscheidung, welcher der erfolgreichen Bewerber zum Aufstieg zugelassen wird. Der insoweit ausgewählte Bewerber nimmt anschließend an einer mehrjährigen Ausbildung und Einweisung teil, die für den gehobenen und den höheren Dienst zumindest teilweise in der Form eines besonders eingerichteten Fachhochschul- bzw. wissenschaftlichen Studiums stattfindet. Nach Beendigung dieser Ausbildung ist eine (Laufbahn- bzw. entsprechende) Prüfung zu absolvieren[3]. Das Bestehen dieser Prüfung befähigt den Beamten zum Eintritt in die erreichte höhere Laufbahn; er kann danach in das Eingangsamt der höheren Laufbahn und ggf. von dort später in die nächstfolgenden Ämter dieser Laufbahn befördert werden.

167 Es versteht sich, dass sämtliche im Rahmen dieses Auswahl- und Aufstiegsverfahrens zu treffenden Entscheidungen wiederum strikt am **Maßstab von Eignung, Leistung und Befähigung** auszurichten sind. Die insoweit oben (Rz. 52 ff., 89 ff.) gegebenen Hinweise hierzu gelten entsprechend[4].

168 Hierneben können Veränderungen des Beamtenverhältnisses auch durch **Laufbahnwechsel** stattfinden. Laufbahnwechsel sind außerhalb des Aufstiegs auch in „parallele" Laufbahnen möglich und zulässig; Voraussetzung ist, dass der Beamte jeweils die Befähigung für die neue Laufbahn besitzt (§ 42 Abs. 1 BLV). Ein solcher Laufbahnwechsel kann sich etwa als notwendig erweisen, wenn der Beamte die besondere Dienstfähigkeit seiner bisherigen Laufbahn verliert (etwa der Polizeibeamte, der aus gesundheitlichen Gründen polizeidienstunfähig wird und in die allgemeine Verwaltungslaufbahn überwechseln will) oder wenn der Beamte zusätzliche Qualifikationen erworben hat und diese im Rahmen seiner beruflichen Tätigkeit laufbahnadäquat verwenden möchte (zum Beispiel der Lehrer, der eine Zusatzausbildung zum Sonderschullehrer oder Gymnasiallehrer absolviert hat).

---

1 Etwa die Funktionszulagen gem. Fn. 3 u. 4 zu BesGr A 9 sowie Anlage IX BBesO (= Amtszulagen i.S.d. § 42 Abs. 1 u. 2 BBesG).
2 Zu den Maßstäben solcher Auswahlverfahren s. BVerwG, DöD 1983, 32. Zur Zulässigkeit einer psychologischen Eignungsuntersuchung BVerwG v. 11.2.1983 – 2 B 103.81, NJW 1983, 1922.
3 Zum Inhalt einer solchen Entscheidung des (Landes-)Personalausschusses s. OVG Rh.-Pf., DVBl 1987, 426.
4 Hierzu s. BVerwG v. 22.9.1988 – 2 C 35.86, BVerwGE 80, 224 = NJW 1989, 1297.

## VII. Eintritt in den Ruhestand

### 1. Erreichen der Altersgrenze

Mit Erreichen der Altersgrenze[1] tritt der Beamte in den gesetzlichen Ruhestand (§ 25 BeamtStG, § 51 Abs. 1 BBG). Die maßgebende Altersgrenze ist durch Gesetz zu bestimmen; die bisher regelmäßige Altersgrenze – der Zeitpunkt der Vollendung des 65. Lebensjahres – (§ 41 Abs. 1 Satz 1 BBG) wird im Zuge der Übernahme der Verschiebung der Rentenaltersgrenze auf das 67. Lebensjahr entsprechend mit Übergangsregelungen auf 67 Jahre angehoben[2]. Für einzelne Beamtengruppen sind andere Altersgrenzen festgesetzt, so etwa für Polizeibeamte (bisher durchgängig 60. Lebensjahr, inzwischen in Anpassungen begriffen[3]), Beamte der Feuerwehr (60./62. Lebensjahr[4], Fluglotsen (55. Lebensjahr)[5], Hochschullehrer[6] u.v.a. Besondere Altersgrenzen gelten im Übrigen auch für Soldaten und (Bundes-)Richter[7].   169

Auf Antrag kann der Beamte in der Mehrzahl der Beamtengruppen und Laufbahnen auch **vor dem Erreichen dieser gesetzlich bestimmten Altersgrenze** in den Ruhestand versetzt werden, und zwar im Regelfall frühestens zwei[8] Jahre vorher, Schwerbehinderte unter eingeschränkten Voraussetzungen noch früher (§ 52 BBG/ das BeamtStG trifft keine Vorgaben). Die verschiedenen Beamtengesetze des Bundes und der Länder sowie die jeweiligen Sonderregelungen regeln dies unterschiedlich. Dies allerdings in den meisten Fällen um den Preis eines Versorgungsabschlages gem. § 14 Abs. 3 BeamtVG. Überdies besteht die Möglichkeit, die Altersgrenze auf Antrag um bis zu drei Jahre hinauszuschieben (§ 53 BBG; auch hier trifft das BeamtStG keine Vorgaben).   170

Mit Eintritt des gesetzlichen Ruhestandes erhält der Beamte, so er mindestens fünf Jahre Dienst getan hat, seine wohlverdiente **Pension** (§ 50 BBG i.V.m. § 4 Abs. 1 Nr. 1 BeamtVG; das BeamtStG besagt in § 32 lediglich unkonkret, dass die Versetzung in den Ruhestand die Erfüllung einer versorgungsrechtlichen Wartezeit voraussetze, deren Bestimmung im Einzelnen den Ländern überlassen bleibt).   171

### 2. Dienstunfähigkeit

Der Lebenszeit-Beamte ist weiterhin in den Ruhestand zu versetzen, wenn er dienstunfähig wird. Die Dienstunfähigkeit war bis Ende 2001 definiert als die „durch kör-   172

---

1  Allgemein s. *Püttner*, Altersgrenzen im Beamtenrecht, DVBl 1997, 259. Es ist zulässig, etwa bei Lehrern den Übergang in den Ruhestand auf den Zeitpunkt des Schuljahreswechsels zu legen, BVerfG, DöD 1986, 86. Zur europarechtlichen Bewertung von Altersgrenzen s. EuGH v. 21.7.2011, Rs. C-159/09 u.a.
2  Das BeamtStG verhält sich zur Altersgrenze nicht und überlässt die Detaillierung den Ländern, vgl. die Begr. zu § 26 BeamtStG (vormalige Nummerierung), BT-Drs. 16/4027, 28.
3  S. § 5 BPolBG für den Bundesbereich: 62 Jahre. Auch die Länder beginnen, neue Altersgrenzen zu bestimmen, z.B. § 115 Abs. 1 LBG: 62 Jahre, § 208 bs. 1 Satz 4 LBG Rh.-Pf.: 63 Jahre. Zur verfassungsmäßigen Statthaftigkeit der Neuregelungen der Altersgrenzen s. BVerfG v. 23.5.2008 – 2 BvR 1081/07, NVwZ 2008, 1233 = ZBR 2008, 411 m.w.N.
4  60 Jahre z.B. § 117 Abs. 3 LBG NW; im Bund nunmehr 62 Jahre, § 51 Abs. 3 BBG.
5  § 2 BAFlSBAÜbnG (Gesetz zur Übernahme der Beamten und Arbeitnehmer der Bundesanstalt für Flugsicherung).
6  Zur Altersgrenze von Hochschullehrern vgl. BVerfG, DöD 1985, 30.
7  Vgl. § 45 SG für Soldaten, § 48 DRiG für (Bundes-)Richter.
8  Die Altersgrenze für die Antragspensionierung ist mit dem Dienstrechtsreformgesetz zum 1.7.1997 von bisher 62 auf 63 Jahre angehoben worden, §§ 26 Abs. 3 Nr. 2 BRRG, 42 Abs. 4 Satz 1 Nr. 2 BBG a.F. Das BeamtStG enthält sich einer Regelung über den Antragsruhestand, das Dienstrechtsneuordnungsgesetz hält an der allgemeinen Altersgrenze von 63 Jahren für den Antrag fest und ermöglicht – mit Übergangsrecht für Altfälle – Schwerbehinderten den Antragsruhestand ab 62 Jahren, vgl. § 52 Abs. 2, 3 BBG.

perliche Gebrechen oder eine Schwäche der körperlichen oder geistigen Kräfte begründete" dauernde Unfähigkeit, die Dienstpflichten zu erfüllen (§ 26 Abs. 1 BRRG, § 42 Abs. 1 BBG a.F.). Die Formulierung wurde in der Vorsorgungsreform 2001 als nicht mehr zeitgemäß empfunden; nunmehr heißt es schlichter, dass der Beamte *„wegen seines körperlichen Zustandes oder aus gesundheitlichen Gründen"* dauernd außer Stande sein muss, seinen Dienstpflichten nachzukommen (§ 26 Abs. 1 BeamtStG, § 44 Abs. 1 BBG). Eine inhaltliche Änderung ist mit dieser Neuformulierung der Dienstunfähigkeit nicht verbunden[1]. Sie ist von arbeits- und sozialrechtlichen Begriffen wie Arbeitsunfähigkeit, Berufsunfähigkeit und Erwerbsunfähigkeit sorgfältig zu unterscheiden und in einer einerseits medizinischen und einer andererseits rechtlichen Komponente zu beurteilen: Der Arzt bzw. Amtsarzt[2] hat sein Votum über den Gesundheitszustand des Beamten und die prognostische Beurteilung der Heilungsaussichten abzugeben, während der Dienstherr anschließend auf der Grundlage dessen der Beurteilung vorzunehmen hat, ob der Beamte im Hinblick darauf für (dauernd) außer Stande gehalten wird, die Dienstpflichten seines (konkreten) Amtes auszufüllen. Diese letztere Beurteilung ist eine rechtliche, nicht mehr in die Kompetenz des Arztes fallende Entscheidung, hinsichtlich derer freilich der Dienstherr einen gerichtlich nicht überprüfbaren Beurteilungsspielraum in Anspruch nehmen darf[3].

173   Abgestellt wird nicht auf den konkreten Dienstposten, sondern auf das von dem Beamten wahrgenommene „abstrakt-funktionelle Amt"[4]; dieses umfasst alle bei der jeweiligen Beschäftigungsbehörde eingerichteten Dienstposten, auf denen der Beamte amtsgemäß beschäftigt werden kann[5], so z.B. des Amt eines Regierungsrates bei einer Bezirksregierung, das Amt eines Sachbearbeiters im Versorgungsamt oder das Amt eines Lehrers an einer bestimmte Schule. Daher wird der Dienstherr im Einzelfall (dies kann z.B. bei krank machenden Arbeitsplatzkonflikten und bei Mobbing-Problemen relevant werden) gehalten sein, über eine Um- oder Versetzung des Beamten nachzudenken, um eine Pensionierung wegen Dienstunfähigkeit zu vermeiden. Ist ein Beamter aufgrund eines solchen Arbeitsplatzkonfliktes außerstande, seinen Dienst an seiner bisherigen Beschäftigungsbehörde weiter zu versehen, so ist er dienstunfähig, mag er auch an jedem anderen Arbeitsplatz (z.B. einer anderen Schule, wo der krank machende Konflikt nicht herrscht) seinen Dienst verrichten können. Gleichwohl kann er nicht ohne weiteres in den Ruhestand versetzt werden, weil der Dienstherr auch bei demnach anzunehmender Dienstunfähigkeit nach dem Grundsatz „Weiterverwendung vor Versorgung" gehalten ist, zunächst zu überprüfen, ob eine anderweitige Verwendung möglich ist, § 44 Abs. 1 Satz 3 BBG (zwingend) bzw. § 26 Abs. 1 Satz 3 BeamtStG (Soll-Vorschrift); hierzu unten Rz. 178.

174   Im Zuge der schrittweisen Einführung und Verschärfung des Grundsatzes „Verwendung vor Versorgung" sind unterschiedliche Maßnahmen verfügt worden, um der Überhand nehmenden Frühpensionierung von dienstunfähig gewordenen Beamten zu begegnen. Mit der Versorgungsreform 1998 hat der Gesetzgeber per 1.1.1999 –

---

1 So ausdr. die regierungsamtliche Begründung zum Gesetzentwurf, BT-Drs. 14/7064, 49. Ausführlich zum Begriff der Dienstunfähigkeit und seinen Abgrenzungen *Loebel*, RiA 2005, 58 ff.
2 Kein Anspruch auf Zuziehung einer Begleitperson bei amtsärztlicher Untersuchung: OVG Rh.-Pf. v. 30.9.1999 – 2 B 11735/99, NVwZ-RR 2000, 626 = RiA 2000, 150.
3 Maßgebend ist die prognostische Beurteilung im Zeitpunkt der letzten Verwaltungsentscheidung – also i.d.R. des Widerspruchsbescheides, vgl. BVerwG v. 16.10.1997 – 2 C 7.97, NWVBl. 1998, 185.
4 Prüfungsmaßstab für die Dienstunfähigkeit ist das abstrakt-funktionale Amt, BVerwG v. 28.6.1990 – 2 C 18.89, NVwZ 1991, 476 = ZBR 1990, 352; soeben neu BVerwG v. 23.9.2004 – 2 C 27.03, NVwZ 2005, 458 = ZBR 2009, 415.
5 Vgl. OVG NW v. 2.7.2009, 6 A 3712/06, ZBR 2010, 174.

zunächst probeweise – eine **begrenzte Dienstfähigkeit** eingeführt. Hierdurch sollte das bis dato von einem „Alles-oder-nichts-Prinzip" beherrschte Dienstunfähigkeitsrecht flexibler gestaltet werden. Im Rahmen der sog. „begrenzten Dienstfähigkeit" (§§ 26a BRRG, 42a BBG a.F., nunmehr § 27 BeamtStG für den Länderbereich und § 45 BBG) soll – inzwischen generell[1] – der eigentlich nicht mehr dienstfähige Beamte, der seine Dienstpflichten des bisher wahrgenommenen Amtes aber noch mindestens hälftig verrichten kann, nicht mehr in den Ruhestand versetzt werden. Er wird, soweit es seinen gesundheitlichen Möglichkeiten entspricht, in seinem bisherigen Amt weiterverwendet. In diesem Falle ist die Arbeitszeit des Beamten entsprechend zu reduzieren, falls keine Übertragung eines anderen Amts nach § 42 Abs. 3 BBG a.F. oder die Zuweisung einer geringer wertigen Tätigkeit in Betracht kommt. Die hierdurch faktisch eintretende Teilzeit-Tätigkeit wird besoldungsrechtlich privilegiert: Nach § 72a BBesG (neu) erhält der Beamte, falls dies günstiger ist, Besoldung in Höhe der fiktiven Ruhegehaltsbezüge; er kann also im günstigsten Falle 75 % Besoldung für 50 v.H. Dienst erhalten. Außerdem eröffnete § 72a Abs. 2 BBesG für den Bund und die einzelnen Länder die Möglichkeit, durch Rechtsverordnung die Bereitstellung eines (nicht ruhegehaltsfähigen) Zuschlags zu den Bezügen zu gewähren[2]. Die Ermächtigung, nunmehr in § 72a Abs. 2 BBesG n.F. kompetenzrechtlich auf den Bund begrenzt, ist auf Bundesebene erst 2008 in Form einer entsprechenden Verordnung umgesetzt worden[3]. Versorgungsrechtlich ist zu beachten, dass lässt die erzwungene Teilzeit die Versorgungsanwartschaft nur anteilig weiter anwachsen lässt (§ 6 Abs. 1 Satz 6 BeamtVG).

Im nächsten Schritt hat jetzt das Versorgungsänderungsgesetz 2001 durch Neuregelung in § 45 Abs. 3 BBG a.F. (jetzt § 46 Abs. 6 BBG) sowie entspr. § 29 Abs. 3 BRRG (jetzt § 29 Abs. 3 BeamtStG) eine Grundlage dafür geschaffen, bereits wegen Dienstunfähigkeit in den Ruhestand versetzte Beamte (auch gegen ihren Willen!) **zu reaktivieren**, wenn sie denn nur begrenzt dienstfähig sind, also ihre – früheren – Dienstpflichten mindestens halbschichtig wieder (oder: noch) versehen können. Dies wird häufig auf den Unwillen der Betroffenen stoßen, weil mit einer solchen Maßnahme nach bisherigem Recht nicht gerechnet werden musste (§ 45 BBG der Vorgängerfassung setzte die vollständige Wiederherstellung der Dienstfähigkeit voraus). Allerdings wird auch in diesen Fällen dank § 72a BBesG die besoldungsmäßige Sicherstellung der zuletzt maßgebenden wirtschaftlichen Grundlage zum Tragen kommen. Verabsäumt wurde freilich eine Anpassung des § 72a BBesG an die nunmehr neu geschaffene Reaktivierungsmöglichkeit bei begrenzter Dienstfähigkeit: Nach wie vor wird dort abgestellt auf diejenige Versorgung, die der Beamte „bei Versetzung in den Ruhestand erhalten würde" – statt auf diejenige, die er zuletzt erhalten hatte: Damit tritt (systemwidrig) eine Verschiebung des Beurteilungszeitpunktes ein.

175

---

1 Bis 31.12.2001 nur bei Beamten, die das 50. Lebensjahr vollendet hatten. Diese Beschränkung ist nunmehr mit Wirkung ab 1.1.2002 durch die Neufassung des § 42a Abs. 1 BBG durch das Versorgungsreformgesetz 2001 entfallen: Auch unter 50-jährige Beamte können nunmehr über die Figur der „begrenzten Dienstunfähigkeit" unter Reduktion der Arbeitszeit im Dienst belassen werden. Die weitere Änderung ist erst in den Ausschussberatungen hinzugefügt worden; vgl. hierzu BT-Drs. 14/7681, 75. Die Länderregelungen wurden sukzessive angepasst, vgl. etwa NW durch das 10. G. z. Änd. dienstrechtl. Vorschr., GVBl. 2003, 815ff.
2 Z.B. NW: VO v. 9.10.2007 – GV NW S. 407 – 5 % Zuschlag, mind. 220 Euro. Nach BayVGH v. 20.6.2007 – 3 BV 550.05, DVBl 2007, 1579 (L.) ist der Dienstherr gehalten, von dieser Möglichkeit auch tatsächlich Gebrauch zu machen.
3 Verordnung über die Gewährung eines Zuschlags zu den Dienstbezügen bei begrenzter Dienstfähigkeit (Begrenzte Dienstfähigkeit Zuschlagsverordnung – BDZV) v. 25.8.2008, BGBl., 1751. Volumen: 150 Euro plus 10 % der Ausfalldifferenz, § 2 BDZV.

176 Der Vermeidung einer Pensionierung wegen Dienstunfähigkeit dient letztlich auch die Wiedereingliederung eines länger erkrankt gewesenen Beamten nach dem „**Hamburger Modell**": Danach wird der Beschäftigte stufenweise mit wachsender Stundenzahl unter medizinischer Begleitung wieder an die vollzeitige Dienstverrichtung herangeführt. Hierfür gibt es beamtenrechtlich allerdings keine gesetzliche Grundlage[1]; gleichwohl ist das Instrumentarium, weil für sinnvoll erachtet, in der Praxis allgemein übernommen worden. Für den Bereich des Bundes gibt ein Erlass des BMI die „Spielregeln" vor[2]. Der an einer Wiedereingliederung teilnehmende Beamte bleibt krank geschrieben; seine Arbeitsaufnahme ist freiwillig. Deshalb darf er – z.B. wenn es die gesundheitliche Entwicklung noch nicht zulässt – ohne besondere rechtliche Regelung unter bloßer Anzeige dessen dem Dienst sanktionslos auch wieder fernbleiben.

177 Das Gesetz – § 44 Abs. 1 BBG/§ 26 Abs. 1 BeamtStG – unterscheidet die **nachgewiesene** und die **vermutete Dienstunfähigkeit**. Erstere ist gegeben, wenn Dienstunfähigkeit im o.a. Sinne auf der Grundlage entsprechender (amts-)ärztlicher Beurteilung festgestellt wurde. Bei deren Vorliegen ist der Beamte zwingend, allerdings mit den o.a. Einschränkungen bzgl. anderweitiger Verwendung – in den Ruhestand zu versetzen. Daneben *kann* (Ermessen!) auf das Vorliegen von Dienstunfähigkeit geschlossen werden, wenn der Beamte infolge Erkrankung innerhalb von sechs Monaten für mehr als drei Monate keinen Dienst versehen hat und keine Aussicht besteht, dass die volle Dienstfähigkeit innerhalb von sechs weiteren Monaten wieder hergestellt sein wird.

178 Die Pensionierung unterbleibt aber, wenn der Beamte **anderweitig verwendbar** ist, § 44 Abs. 1 Satz 3 BBG. Die Länderregelungen sind hier etwas flexibler, denn § 26 Abs. 1 Satz 3 BeamtStG bestimmt, dass von der Pensionierung bei anderweitiger Verwendbarkeit abgesehen werden *soll*. In jedem Falle wird der Dienstherr vor dem Hintergrund des Grundsatzes „Weiterverwendung vor Frühpensionierung" angesichts dieser präzisierenden Neuregelungen genauestens zu überprüfen haben, ob und unter welchen Rahmenbedingungen der Beamte noch verwendbar ist, sei es durch Umsetzung oder Versetzung, sei es durch Laufbahnwechsel, durch Umschulung, durch nur noch teilzeitig begrenzten Einsatz oder dergleichen mehr. Das BVerwG hat gerade im Zusammenhang mit der Annahme einer fehlenden anderweitigen Verwendbarkeit die verfassungsrechtlich gewährleisteten Beschäftigungsansprüche der Beamten noch einmal hervorgehoben, dass eine Pensionierung wegen angenommener Dienstunfähigkeit ohne Abprüfung dieser Alternativen rechtswidrig ist[3].

179 In jedem Fall ist der Beamte beim Vorliegen begründeter Zweifel an seiner Dienstfähigkeit gehalten, sich nach Weisung[4] der Behörde **ärztlich untersuchen**[5] und notfalls auch amtsärztlich beobachten zu lassen. Weigert er sich, so kann dies diszipli-

---

1 Für Arbeitnehmer s. §§ 74, 275 SGB V.
2 BMI v. 1.8.2005, D I 1 – 210 172/27.
3 BVerwG v. 26.3.2009 – 2 C 46.08 und 2 C 73.08, ArbuR 2009, 184 (L.). Zum Ausmaß dieser nunmehr gebotenen Alternativen-Prüfungen s. instruktiv OVG NW v. 2.7.2009, 6 A 3712/06, ZBR 2010, 174.
4 Offen, ob Verwaltungsakt: Bejahend etwa VGH BW v. 7.8.2008 – 4 S 1068/08, RiA 2009, 32; v. 3.2.2005 – 4 S 2398/04, NVwZ-RR 2006, 200; OVG Berlin v. 21.12.2001 – NVwZ-RR 2002, 762; OVG NW v. 26.8.2009 – 1 B 787/09, n.v. [nur scheinbar abw. OVG NW v. 13.8.2009 – 1 B 264/09; dort lag eine wiederholende Verfügung vor]; anders BVerwG v. 19.6.2000 – 1 DB 13.00, BVerwGE 111, 246 (Sonderfall); Sächs. OVG v. 17.11.2005 – 3 BS 164/05, NVwZ 2006, 715, u. v 22.6.2010, 2 B 182/10, NVwZ-RR 2010, 996 (L.); OVG Nds. v. 23.2.2010, 5 LB 20/09, DÖV 2010, 487.
5 Zu den Anforderungen an eine solche Weisung vgl. BVerwG v. 23.10.1980 – 2 A 7.78, DVBl 1981, 502; s. auch OVG Sachsen-Anhalt v. 26.6.2007 – 1 M 103/07, DVBl 2007, 1120 (L.) = NVwZ-RR 2008, 555 (L.). Zur Anordnung des Sofortvollzuges hierbei s. OVG NW v. 30.5.2007 – 1 B 717/07, NVwZ-RR 2007, 796 = IÖD 2007, 230 = DVBl 2007, 983 (L.).

narrechtliche Konsequenzen zeitigen[1]. Außerdem darf der Dienstherr das Vorliegen einer Dienstunfähigkeit unterstellen, wenn sich der Beamte ohne hinreichenden Grund weigert, sich der gebotenen Untersuchung bzw. einer vom Amtsarzt für notwendig erachteten Zusatzuntersuchung zu stellen[2]. Die entsprechende Anordnung[3] kann ergehen, wenn die Behörde Zweifel an der Dienstfähigkeit des Beamten hat. Solche Zweifel können z.B. aufkommen, wenn der Beamte über längere Zeit krankheitshalber seinen Dienst nicht mehr versehen hat, aber auch dann, wenn sich mutmaßliche Auswirkungen auf die Art der Dienstverrichtung zeigen, also gewisse Auffälligkeiten bemerkt werden. Es genügen objektivierbare Anhaltspunkte. Ob die daraus gezogenen Zweifel begründet sind, soll gerade erst die ärztliche Untersuchung ergeben, so dass der Betroffene sich nicht gegen die Untersuchung wehren kann, indem er die Berechtigung dieser Zweifel bestreitet. Für die Anordnung stationärer Beobachtungen und psychiatrischer Untersuchungen sollen indessen strengere Maßstäbe gelten: Eine solche Anordnung ist nur dann fürsorgepflichtgemäß, wenn *gewichtige Gründe* hierfür sprechen bzw. *deutliche Anhaltspunkte* für eine im geistigen, nervlichen oder seelischen Bereich begründete Dienstunfähigkeit des Beamten sprechen[4]. Nach VGH BW soll sogar eine aus der dienstlichen Treuepflicht abgeleitete Mitwirkungspflicht gebieten, zur Durchführung der amtsärztlichen Untersuchung den behandelnden Privatarzt von dessen Schweigepflicht zu entbinden[5].

Sowohl die „nachgewiesene" Dienstunfähigkeit des § 44 Abs. 1 Satz 1 BBG/§ 26 Abs. 1 Satz 1 BeamtStG wegen der erforderlichen medizinischen Feststellungen als auch die „vermutete" Dienstunfähigkeit des § 44 Abs. 1 Satz 2 BBG/§ 26 Abs. 1 Satz 2 BeamtStG erfordert wegen der ärztlichen Prognose (... „keine Aussicht, dass ... innerhalb weiterer sechs Monate wieder voll dienstfähig ...") regelmäßig eine ärztliche Begutachtung als Grundlage für die alsdann vom Dienstherrn vorzunehmende Beurteilung. Bisher war eine solche **fachmedizinische Begutachtung** allein dem Amtsarzt vorbehalten (§§ 43 Abs. 1, 44 Abs. 1, 45 Abs. 3 Satz 1 BBG a.F.); allenfalls ein Vertrauensarzt und nur in Ausnahmefällen ein Facharzt konnten an dessen Stelle treten. In Sonderbereichen (ehem. Post, Bahn etc.) ist demgegenüber schon in der Vergangenheit eine größere Flexibilität vorgesehen gewesen. Mit dem Versorgungsänderungsgesetz 2001 ist nunmehr auch für den Bundesbereich eine generelle Öffnung dahingehend erfolgt, dass die grundsätzliche Alleinzuständigkeit des Amtsarztes aufgehoben wurde. Nunmehr konnte nach dem neu geschaffenen § 46a Abs. 1 BBG a.F. – nunmehr § 48 BBG – in den entsprechenden Fällen ärztliche Untersuchung sowohl einem Amtsarzt als auch einem *„als Gutachter beauftragten Arzt"* übertragen werden[6]. Zur Reglementierung hat die jeweils oberste Dienst- 180

---

1 Zur Frage der Anwendung der Rechtsgrundsätze bei Beweisvereitelung – § 444 ZPO – s. OVG NW v. 21.2.2002 – 6 A 4385/01, NWVBl. 6/2002 S. V (L.).
2 BVerwG v. 19.6.2000, 1 DB 13.00, BVerwGE 111, 246; OVG NW v. 17.6.2010 – 6 A 2903/09, NVwZ-RR 2010, 694.
3 OVG Berlin v. 21.12.2001 – 4 S 5/01, NVwZ-RR 2002, 762: Verwaltungsakt. Offen gelassen in OVG NW v. 30.5.2007 – 1 B 717/07, NVwZ-RR 2007, 796 = IÖD 2007, 230 = DVBl 2007, 983 (L.).
4 Vgl. zu der stat. Beobachtung OVG Berlin v. 21.12.2001 – 4 S 5/01, NVwZ-RR 2002, 762, zu den psychiatr. Untersuchungen exempl. VG Düsseldorf v. 14.8.2001 – 2 K 1351/97, NVwZ 2002, 449, unter Hinweis auf eine st. (unveröff.) Rspr. des OVG NW; VGH BW v. 3.2.2005 – 4 S 2398/04, NVwZ-RR 2006, 200.
5 VGH BW v. 7.8.2008 – 4 S 1068/08, RiA 2009, 32.
6 Zum einen sollen weitere Fach-Kompetenzen anderer Ärzte genutzt werden, zum anderen verspricht sich der Gesetzgeber hiervon eine Beschleunigung der Verfahren, nachdem häufig genug der Amtsarzt ohnehin genötigt war, andere Mediziner hinzuzuziehen – vgl. BT-Drs. 14/7064, 49. Nach VG Arnsberg v. 18.6.2010 – 13 K 185/09, NW VBl. 2010, 441, soll die durchgängige Einschaltung von (Post-)Betriebsärzten im Pensionierungsverfahren im Hinblick auf deren nicht gewährleistete Unabhängigkeit und Neutralität rechtswidrig sein.

behörde zu bestimmen, „*welche Ärzte als Gutachter beauftragt werden können*"; diese Befugnis, die in Betracht kommenden Ärzte festzulegen, ist indessen wiederum delegierbar, § 48 Abs. 1 BBG.

181 Die **Feststellungen**[1] **des Amtsarztes** bzw. des an dessen Stelle tretenden Arztes/Gutachters haben im Übrigen Vorrang vor den Attesten und Bescheinigungen des behandelnden Arztes. Dennoch gibt es keine strikte Bindung des Dienstvorgesetzten an das Votum des Amtsarztes[2] – er kann sich bei geeigneter Argumentation also auch eines Besseren belehren lassen. Gleichwohl: Ergeben sich Meinungsverschiedenheiten hinsichtlich der Frage, ob der Beamte dienstfähig sei, so kommt es in der Bewertung vorrangig auf das Urteil des Amtsarztes bzw. Arztes i.S.d. § 48 Abs. 1 BBG an, der sich jedoch bei entgegenstehender Auffassung des privatärztlichen Attestes mit diesem inhaltlich auseinandersetzen und nachvollziehbar darlegen muss, weshalb er dem nicht folgen will[3]. Dies ist für die Beratung wichtig, weil der Beamte im Falle der Aufforderung, nunmehr den Dienst wieder aufzunehmen[4], bei Missachtung von dessen Votum Gefahr läuft, unter dem Gesichtspunkt des unentschuldigten Fernbleibens vom Dienst disziplinarisch verfolgt zu werden[5] und für die Zeit des Fernbleibens seine Dienstbezüge zu verlieren (§ 9 BBesG). Letzteres ist für den erkrankten Beamten nicht zuletzt deswegen besonders misslich, weil nur der Beamte mit Dienstbezügen beihilfeberechtigt ist[6].

182 Für einzelne Beamtengruppen greifen verschärfte Anforderungen an die Dienstfähigkeit; beispielhaft sei auf Polizei- und Feuerwehrbeamte verwiesen. Die besondere „**Polizeidienstfähigkeit**" z.B. fehlt bereits, wenn der Beamte „den besonderen gesundheitlichen Anforderungen für den Polizeivollzugsdienst" nicht mehr genügt und die Wiederherstellung der vollen Verwendungsfähigkeit innerhalb jeweils definierter Zeiträume nicht zu erwarten steht. Die seinerzeitige Änderung des § 101 Abs. 1 BRRG durch das Dienstrechtsreformgesetz eröffnete den Ländern hier indessen nunmehr weitere Spielräume: Kann der Beamte in Funktionen verwendet werden, die die besonderen gesundheitlichen Anforderungen auf Dauer nicht mehr uneingeschränkt verlangen, so liegt jetzt eine etwaige Dienstunfähigkeit der entsprechenden Verwendung nicht (mehr) entgegen[7]; der Betroffene kann ohne Laufbahnwechsel oder ungünstigenfalls Pensionierung weiter im Polizeidienst (z.B. in besonderen Formen des Innendienstes) verwendet werden[8]. Nach neuem Recht ist den Ländern die abweichende Regelung von besonderen Voraussetzungen der Dienstunfähigkeit ohnehin vorbehalten (§ 26 Abs. 1 Satz 4 BeamtStG).

---

1 Zur Frage der Schweigepflicht in diesem Zusammenhang s. *Scholz*, RiA 2006, 105. Zur Forderung des Dienstherrn, behandelnde Ärzte von der Schweigepflicht zu entbinden, s. Sächs. OVG v. 17.11.2005 – 3 BS 164/05, ZBR 2006, 174 = PersR 2006, 208; VGH BW v. 7.8.2008 – 4 S 1068/08, RiA 2009, 32.
2 OVG Bremen v. 7.3.2005 – 2 A 259/04, NVwZ-RR 2006, 412.
3 Näheres vgl. BVerwG v. 8.3.2001 – 1 DB 8.01. DVBl 2001, 1079 = DÖV 2001, 735 = RiA 2002, 138; VGH München v. 8.10.2001 – 16 DC 99.2212, NVwZ-RR 2002, 764.
4 Hierzu OVG Rh.-Pf. v. 19.8.2002 – 2 B 11124/02, DVBl 2002, 1647 = RiA 2003, 51 = NVwZ-RR 2003, 223: Kein Verwaltungsakt; Rechtsschutz nach § 123 VwGO.
5 Eindrucksvoll BVerwG v. 11.10.2006 – 1 D 10.05, ZBR 2007, 163.
6 Für den Bund: § 2 Abs. 2 BBhV.
7 Lt. BVerwG v. 3.3.2005 – 2 C 4.04, ZBR 2005, 308 = DVBl 2005, 1147 (L.), wird insoweit nicht die Annahme der (Polizei-)Dienstunfähigkeit selbst in Zweifel gezogen – es besteht nur die Möglichkeit, trotz dieser weiter im Dienst verbleiben zu können. Hierzu auch *Klaesberg*, PersR 2006, 411, m.w.N.
8 Die lediglich eingeschränkte Dienstfähigkeit steht einer Beförderung des Beamten nicht entgegen, vgl. OVG Rh.-Pf. v. 8.5.2002 – 2 A 11657/01, NVwZ-RR 2003, 134 = RiA 2002, 308.

## VII. Eintritt in den Ruhestand

Liegt Dienstunfähigkeit vor, so kann der Lebenszeit-Beamte seine Versetzung in den Ruhestand beantragen. Tut er dies nicht, kann der Dienstherr seine Pensionierung **auch gegen den Willen des Betroffenen** betreiben. Kommt der Dienstherr auf Grund der erhobenen medizinischen Befunde in Würdigung der Anforderungen, die das vom Beamten bisher versehene Amt verlangte, zu dem Ergebnis, dass der Beamte dienstunfähig sei oder mangels Wiederherstellungsprognose als dienstunfähig gelten könne, so hat er dies dem Beamten unter Angabe der Gründe mitzuteilen. Der Beamte kann dann binnen Monatsfrist Einwendungen erheben. Anschließend entscheidet der Dienstherr im Einvernehmen mit der obersten Dienstbehörde abschließend[1]. Der Beamte kann sich danach nur noch mit Widerspruch und Klage wehren, die allerdings aufschiebende Wirkung haben. Die Pensionierung ist im Übrigen nicht von der vorherigen Durchführung eines BEM-Verfahrens nach § 84 Abs. 2 SGB IX abhängig[2].

183

Es bringt gleichwohl in der Regel nichts, gegen eine beabsichtigte Pensionierung wegen Dienstunfähigkeit vorzugehen, wenn damit *nur* – etwa aus finanziellen Gründen – eine **zeitliche Verzögerung** angestrebt wird. Denn unabhängig von der aufschiebenden Wirkung von Widerspruch und Klage gilt nunmehr § 47 Abs. 4 Satz BBG, wonach mit dem Ende des Monats, in dem dem Beamten die Versetzung in den Ruhestand mitgeteilt worden ist, die das Ruhegehalt übersteigenden Dienstbezüge einbehalten werden[3]. Der einbehaltene Betrag wird nur dann nachgezahlt, wenn es im Ergebnis doch nicht zur Pensionierung kommt[4] – ansonsten verfällt er[5].

184

Auch **spätere Entwicklungen**, etwa eine Verbesserung des Gesundheitszustandes, bleiben unberücksichtigt: Maßgebend für die Beurteilung der Rechtmäßigkeit der Pensionierungsentscheidung ist der Zustand im Zeitpunkt der letzten Verwaltungsentscheidung, also i.d.R. des Widerspruchsbescheides. Wiedergenesung im Rechtsmittelverfahren kann nur über einen Antrag auf Reaktivierung Berücksichtigung finden[6].

185

Im Hinblick auf immer wieder vorkommende **Änderungen im Versorgungsrecht**, die häufig ab dem Stichtag des In-Kraft-Tretens eine Verschlechterung der Versorgungssituation zur Folge haben, regelmäßig aber nicht die schon im Ruhestand befindlichen Beamten betreffen (vgl. die Übergangsregelungen der §§ 69 ff. BeamtVG), kann es im Einzelfall wichtig sein, eine früher oder später ohnehin anstehende **Pensionierung zeitlich zu steuern**, z.B. durch den „richtigen" Zeitpunkt für den Antrag auf Versetzung in den Ruhestand. Neben einer genauen Kenntnis der anstehenden Änderungen einschließlich des vorgesehenen Übergangsrechts macht dies in der anwaltlichen Beratung regelmäßig alternative Probeberechnungen der zu erwartenden Versorgung erforderlich. Verzögert die Dienststelle bei rechtzeitig gestelltem, begründetem Antrag auf Versetzung in den Ruhestand dann die Pensionierung

186

---

1 Bei schwerbehinderten Beamten ist auch das Integrationsamt und die Schwerbehindertenvertretung zu beteiligen; wird dies verabsäumt, so ist eine Nachholung mit heilender Wirkung nicht mehr möglich, die Pensionierungsverfügung bleibt rechtswidrig. S. i.E. HessVGH, PersR 2000, 34 f.
2 OVG NW v. 21.5.2010, 6 A 816/09, ZBR 2011, 58.
3 Zur Frage einstweiligen Rechtsschutzes hiergegen (§ 123 VwGO, unter engsten Voraussetzungen denkbar) s. VGH Mannheim v. 8.2.2007 – 4 S 45/07, NVwZ-RR 2007, 542.
4 Nach bisherigem Recht § 44 Abs. 5 BBG vorm. F.; in diesem Punkt bewirkt die neue Rechtslage aber trotz Streichung des damaligen § 44 Abs. 5 BBG keine Änderung, vgl. die regierungsamtl. Begr. in BT-Drs. 14/4659, 53 f.
5 Dies auch dann, wenn sich das laufende Pensionierungsverfahren durch Überschreiten der Altersgrenze erledigt: In diesem Falle wird die Frage der vorherigen Dienstunfähigkeit weiter aufgeklärt; wird sie festgestellt, verfällt die einbehaltene Besoldung ebenso: BVerwG v. 16.10.1997 – 2 C 3.97, BVerwGE 105, 263.
6 Vgl. BVerwG v. 16.10.1997 – 2 C 9.97, BVerwGE 105, 267.

über den maßgebenden Stichtag hinaus, so können aus dem Gesichtspunkt der Fürsorgepflichtverletzung Schadensersatzansprüche erwachsen[1], wobei die Rechtsprechung aber auch hier inzwischen den Rechtsgedanken des § 839 Abs. 3 BGB anwendet[2].

187 Tritt zu einem späteren Zeitpunkt Dienstfähigkeit wieder ein, kann der Beamte durch entsprechende, erneute Ernennung wieder in ein aktives Beamtenverhältnis berufen werden[3]. Auf Betreiben des wieder genesenen, frühpensionierten Beamten selbst besteht ein **Anspruch auf Reaktivierung**[4]. Die frühere Begrenzung dieses Anspruchs auf fünf Jahre ab Ruhestand, § 45 Abs. 2 BBG a.F.[5], ist mit der Neufassung des § 46 Abs. 5 BBG für den Bereich des Bundes entfallen; für das Landesrecht überlässt es § 29 Abs. 1 BeamtStG den Ländern, eine zeitliche Grenze zu bestimmen[6]. Umgekehrt kann der Dienstherr nach § 46 Abs. 1 Satz 1 BBG diesen Schritt bereits dann ergreifen, wenn er seinem Frühpensionär innerhalb oder außerhalb seiner früheren Laufbahn ein Amt mit demselben Endgrundgehalt anbietet und zu erwarten steht, dass der Beamte den gesundheitlichen Anforderungen des neuen Amtes genügen wird. Dabei bleiben früher etwa zustehende Stellenzulagen explizit außer Betracht; deren Wegfall kann also einer Wiederberufung nicht entgegengehalten werden. Erfüllt der Beamte die Laufbahnbefähigung für die andere, neue Laufbahn nicht, so ist er verpflichtet, an entsprechenden Schulungs- und Ausbildungsmaßnahmen teilzunehmen, § 46 Abs. 3 BBG. Und noch einen Schritt weitergehend, kann der Beamte auch in ein *niedrigeres* Amt der bisherigen Laufbahngruppe reaktiviert werden, wenn eine andere Verwendung nicht möglich und dem Beamten die Wahrnehmung der angesonnenen neuen Tätigkeit unter Berücksichtigung seiner bisherigen zugemutet werden kann, § 46 Abs. 2 BBG. Die aufgeführten Neuregelungen des Dienstrechtsreformgesetzes[7], die in der Neuregelung 2009 weitergeführt wurden, sind dabei keineswegs unproblematisch, gilt es doch, weiterhin zugleich den verfassungsrechtlichen Vorgaben, insbesondere dem Anspruch auf eine dem statusrechtlichen Amt entsprechende Verwendung, Geltung zu verschaffen. Der Gesichtspunkt der Zumutbarkeit, der auch für den etwa angesonnenen Laufbahnwechsel Relevanz erfährt[8], dürfte daher letztlich eine stark begrenzende Funktion entwickeln. Die altersmäßige Begrenzung der Reaktivierung auf einseitiges Betreiben des Dienstherrn (gegen den Willen des Beamten nur bis 55, § 45 Abs. 1 Satz 4 BBG a.F.) ist im Bund mit der Neufassung 2009 gänzlich entfallen. Zur nun-

---

1 OVG Rh.-Pf. v. 21.1.2005 – 2 A 11800/04, RiA 2005, 258. Ähnlich für den Fall einer verspäteten Entscheidung über beantragten Erziehungsurlaub VG Stuttgart v. 5.5.2005, NVwZ-RR 2005, 835.
2 OVG NW v. 6.11.2008, 6 A 2186/05, RiA 2009, 137.
3 Neue Urkunde erforderlich, BVerwG, ZBR 1981, 65.
4 Kein „hergebrachter Grundsatz des Berufsbeamtentums", weil erst 1952 geschaffen: BVerwG v. 13.8.2008 – 2 C 41.07, NVwZ-RR 2009, 29 = ZBR 2009, 93 (dort auch zur [engen] Auslegung der allenfalls entgegenstehenden „zwingenden dienstlichen Gründe"). S. auch BVerwG v. 25.6.2009 – 2 C 68.08, ZBR 2010, 45, und OVG NW v. 30.7.2008 – 1 A 3762/06, ZBR 2009, 130.
5 Außerhalb eines solchen Anspruchs verneint BVerwG v. 26.10.2000 – 2 C 38.99, NVwZ 2001, 328 = DVBl 2001, 734 = DÖV 2001, 296 = ZBR 2001, 143 sogar einen Anspruch des Beamten auf fehlerfreie Ermessensentscheidung über einen etwa gleichwohl gestellten Reaktivierungsantrag; das Gesetz kennt einen solchen (weitergehenden) Anspruch nicht.
6 In NW gilt z.B. die Fünf-Jahres-Grenze fort: § 35 Satz 2 LBG NW. Die Grenze markiert eine Ausschlussfrist, OVG NW v. 30.6.2010 – 1 A 3293/08, ZBR 2011, 27.
7 Die Änderungen greifen auch in die Rechtsverhältnisse bereits nach altem Recht pensionierter Beamter ein, so dass die „Gefahr", wieder reaktiviert zu werden, auch denjenigen treffen kann, der nach altem Recht nicht mehr gegen seinen Willen hätte in den Dienst zurück gerufen werden können: BayVGH v. 21.1.1999 – 3 ZB 99.181, NVwZ-RR 2000, 37f.
8 Hierzu bereits die regierungsamtliche Begründung, BT-Drs. 13/3994, 33.

VII. Eintritt in den Ruhestand                                Rz. 191  Teil **6 A**

mehr weiter gegebenen Möglichkeit der Reaktivierung im Falle lediglich begrenzter Dienstfähigkeit i.S.d. § 45 BBG durch § 46 Abs. 6 BBG s. bereits oben Rz. 175.

Auf Verlangen des Dienstherrn muss sich der Beamte nach Weisung des Dienstherrn ggfs. auch (erneut) **ärztlich untersuchen** lassen, wenn beabsichtigt ist, eine Reaktivierung vorzunehmen, § 46 Abs. 7 Satz 1 BBG. Die Aufforderung, sich einer solchen Untersuchung zu stellen, ist nach der Rechtsprechung des BVerwG[1] *kein Verwaltungsakt*; Widerspruch und Klage haben daher keine aufschiebende Wirkung. Weigert sich der Beamte, sich dieser Untersuchung zu stellen, zu tun, so liegt darin entgegen verbreiteter Auffassung *kein Dienstvergehen*, das disziplinarisch geahndet werden kann: Da der Ruhestandsbeamte keinen Dienst mehr verrichtet, kann er keine *Dienst*pflichten mehr verletzen. Seine disziplinarisch ahndbaren Pflichten sind allein an § 77 Abs. 2 BBG zu messen; dort ist abschließend enumerativ aufgeführt, welche Fälle im Wege der fiktiven Gleichstellung als Dienstvergehen *gelten* (sog. Ruhestandsvergehen). Ein Verstoß gegen die Untersuchungspflicht nach § 46 Abs. 7 Satz 1 BBG ist dort nicht erwähnt.  188

Gleichwohl läuft **der sich weigernde Beamte** nachhaltige Risiken. Die Weigerung wird nämlich in Anwendung des in § 444 ZPO zum Ausdruck kommenden Rechtsgedankens als erhebliches Indiz für die Annahme der Wiederherstellung der Dienstfähigkeit gewertet, so dass auch ohne Untersuchung die Aufforderung an den Beamten ergehen kann, einer erneuten Berufung in das Beamtenverhältnis Folge zu leisten[2]. Einer solchen Aufforderung muss der Beamte dann nach § 46 Abs. 1 Satz 1 BBG Folge leisten. Eben *diese* Verpflichtung ist als „Ruhestandsvergehen" aber disziplinar ahndbar, § 77 Abs. 2 Nr. 4 BBG, was bis zur Aberkennung des Ruhegehalts führen kann. Und außerdem (also zusätzlich zur disziplinaren Ahndung) bewirkt die Nichtbefolgung einer solchen Aufforderung bereits vor einer etwaigen disziplinaren Verurteilung den Wegfall der Ruhestandsbezüge nach § 60 BeamtVG.  189

Der frühpensionierte Beamte kann die Reaktivierung nach Wiederherstellung seiner Dienstfähigkeit auch von sich aus **verlangen** (§ 29 BeamtStG/46 Abs. 5 BBG). Dem Antrag ist zu entsprechen, wenn nicht zwingende dienstliche Gründe[3] entgegenstehen. Nach Ablauf einer landesrechtlich zu bestimmenden Frist von nicht mehr als zehn Jahren ist dieser Rechtsanspruch des Bediensteten allerdings nicht mehr gegeben, § 29 Abs. 1 BeamtStG – hiernach liegt die Reaktivierung allenfalls im pflichtgemäßen Ermessen. Anders im Bund, wo der Reaktivierungsanspruch unbefristet besteht, § 46 Abs. 5 BBG.  190

Für **Probebeamte**, die dienstunfähig werden, ist die Versetzung in den Ruhestand aus fürsorgerischen Gründen für den Fall vorgesehen, dass die Dienstunfähigkeit infolge im Dienst oder zumindest anlässlich des Dienstes zugezogener Krankheit, Verwundung oder sonstigen Beschädigung eingetreten ist (§ 49 Abs. 1 BBG); ansonsten kann er durch besondere Ermessens-Entscheidung des Dienstherrn in den  191

---

1 BVerwG v. 19.6.2000 – 1 DB 13.00, BVerwGE 111, 246 (250, 252) = NVwZ 2001, 436 = DVBl 2001, 125 = ZBR 2000, 384. Nach OVG Rh.-Pf. v. 23.1.2003 – 2 B 11956/02, NVwZ-RR 2003, 374 (L.) handelt es sich um eine lediglich vorbereitende Maßnahme, die wg. § 44a VwGO nicht selbständig angreifbar ist.
2 So ausdr. BVerwG v. 19.6.2000 – 1 DB 13.00, BVerwGE 111, 246 (248 f.) = NVwZ 2001, 436 = DVBl 2001, 125 = ZBR 2000, 384 = DöD 2001, 33; v. 18.9.1997 – 2 C 33.96, NVwZ-RR 1998, 574 = ZBR 1998, 203; OVG NW v. 2.1.2003 – 6 B 2110/02, DöD 2003, 266 = NWVBl. 2004, 62 (auch zum einstw. Rechtsschutz gegen die darauf beruhende Aufforderung [abgelehnt]).
3 Zu den Anforderungen hieran eindrucksvoll BVerwG v. 13.8.2008 – 2 C 41.07, NVwZ-RR 2009, 29 = ZBR 2009, 93. S. auch OVG NW v. 30.7.2008 – 1 A 3762/06, ZBR 2009, 130.

Ruhestand versetzt werden (§ 49 Abs. 2 BBG)[1]. Wird er nicht in den Ruhestand versetzt, so wird er entlassen, § 34 Abs. 1 Nr. 3 BBG. Gem. § 15 BeamtVG kann ihm ein Unterhaltsbeitrag bewilligt werden.

192 Entlassen wird schließlich der Beamte, der die Mindestvoraussetzungen für den Erhalt von Ruhestandsbezügen (§ 4 Abs. 1 BeamtVG; nach altem Recht regelmäßig eine mindestens fünfjährige Dienstzeit, künftig vom jeweiligen Gesetzgeber zu bestimmen) nicht erfüllt (§ 32 Abs. 1 Nr. 2 BBG/§ 23 Abs. 1 Nr. 2, 3 BeamtStG). Auch solchen Beamten kann ein Unterhaltsbeitrag (§ 15 BeamtVG) bewilligt werden.

### 3. Sonstige Gründe

193 Bestimmte Beamte der höheren Dienstgrade („**Politische Beamte**") – enumerativ aufgeführt in § 54 BBG und den entsprechenden Bestimmungen der Ländergesetze – können in den **einstweiligen Ruhestand** versetzt werden[2]. Gleiches gilt darüber hinaus bei Lebenszeitbeamten, für die sich eine anderweitige Verwendung nicht ergibt, im Falle der Auflösung oder Umwandlung von Behörden; auch hier werden regelmäßig lediglich die obersten Dienstgrade betroffen sein (§ 55 BBG/§ 31 BeamtStG).

194 Aus dem einstweiligen Ruhestand kann der Beamte **erneut in ein Beamtenverhältnis auf Lebenszeit berufen** werden[3], dieses muss allerdings derselben oder einer gleichwertigen Laufbahn angehören und mit mindestens demselben Endgrundgehalt versehen sein wie das frühere Amt. Der Beamte ist verpflichtet, einem solchen Ruf Folge zu leisten. Das Landesrecht kennt hier freilich gewisse Einschränkungen, was den spätesten Zeitpunkt einer solchen Berufung anbetrifft.

195 Mit **Erreichen der Altersgrenze** verwandelt sich der einstweilige in den endgültigen Ruhestand (§ 58 Abs. 2 BBG/§ 30 Abs. 3 BeamtStG).

## VIII. Beendigung des Beamtenverhältnisses

196 Da das Beamtenverhältnis im Idealtyp „auf Lebenszeit" angelegt ist und eine besonders enge Bindung an den Dienstherrn zum Gegenstand hat, muss eine Beendigung dieses Rechtsverhältnisses gegen den Willen des Betroffenen die seltene Ausnahme bleiben. Entlassungen aus dem Beamtenverhältnis kommen daher stets nur in den gesetzlich vorgesehenen Fällen in Betracht.

197 Die Beamtengesetze kennen verschiedene **Entlassungstatbestände** in unterschiedlichen Stufungen.
– Ohne Zutun des Dienstherrn ist der Beamte bei Erfüllung bestimmter Tatbestandsmerkmale *kraft Gesetzes* entlassen (§ 31 BBG/§ 22 BeamtStG), so wenn er die deutsche Staatsbürgerschaft bzw. die Staatsangehörigkeit eines gleichgestellten EU-Mitgliedstaates ohne Ausnahmezulassung nach § 7 Abs. 3 BBG verliert oder wenn er, soweit nichts anderes gesetzlich bestimmt ist, ohne anderweitiges Einvernehmen in den Dienst eines anderen Dienstherrn tritt (§ 31 Abs. 1 Nr. 1 BBG/§ 22 Abs. 2 BeamtStG mit Abweichungsvorbehalt für landesrechtliche Regelungen, § 22 Abs. 3 BeamtStG).

---

1 Zum Umfang der dann anzustellenden Erwägungen vgl. BVerwG in *Schütz*, BeamtR, ES/A II 5.1 Nr. 44; BayVGH in *Schütz*, BeamtR, ES/A II 5.1 Nr. 15.
2 Vorhandene Beamte können deswegen nicht *gegen ihren Willen* in ein „politisches Amt" versetzt werden; sie würden sich damit der Gefahr aussetzen, von der Versetzung in den einstweiligen Ruhestand betroffen zu werden; vgl. OVG Rh.-Pf. v. 28.6.2002 – 10 B 10709/02, NVwZ-RR 2003, 133 = RiA 2002, 304.
3 Hierzu vgl. BVerwG v. 24.1.1985 – 2 C 4.83, NVwZ 1985, 416.

## VIII. Beendigung des Beamtenverhältnisses

– Durch behördlichen Akt – eine Entlassungsverfügung – *ist* der Beamte (zwingend) weiterhin zu entlassen, wenn er sich weigert, den gesetzlich vorgesehenen Diensteid bzw. das entsprechende Gelöbnis abzulegen, oder wenn er dienstunfähig wird und das Beamtenverhältnis nicht durch Eintritt in den Ruhestand endet[1], weil die versorgungsrechtliche Wartezeit nicht erfüllt ist § 32 Abs. 1 BBG/§ 23 Abs. 1 Nr. 3 BeamtStG).

– Schließlich *ist* der Beamte zu entlassen, wenn er seine Entlassung verlangt, was er jederzeit kann (§ 33 BBG/§ 23 Abs. 1 Nr. 4 BeamtStG). Der frühere weitere Entlassungstatbestand, wonach der Beamte zu entlassen war, wenn er ohne Zustimmung seines Dienstherrn seinen Wohnsitz oder ständigen Aufenthalt im Ausland nahm[2], findet sich im BeamtStG und in der Neufassung des BBG nicht mehr wieder.

– Fakultativ *kann* der Beamte schließlich dann entlassen werden, wenn er ein gem. § 7 Abs. 2 BBG Deutschen vorbehaltenes Amt bekleidet und dann die Eigenschaft des Art. 116 GG verliert, § 32 Abs. 2 BBG/§ 23 Abs. 2 BeamtStG.

Daneben tritt im Falle einer strafgerichtlichen Verurteilung[3] zu einer Freiheitsstrafe[4] von mehr als einem Jahr bzw. sechs Monaten bei Staatsschutzdelikten kraft Gesetzes ein Verlust der Beamtenrechte ein (§ 41 BBG/§ 24 BeamtStG).

Daneben gibt es – in unterschiedlicher Staffelung und Intensität – weitere Tatbestände, die die Entlassung des Beamten in ein mehr oder weniger gebundenes Ermessen des Dienstherrn stellen. Das **Beamtenverhältnis auf Widerruf** kann jederzeit beendet werden (§ 37 BBG/§ 23 Abs. 4 BeamtStG), besondere Gründe hierfür sind i.d.R. nicht einmal erforderlich[5]. Dem Beamten soll allerdings unabhängig von der Beendigung des Beamtenverhältnisses die Gelegenheit gegeben werden, den Vorbereitungsdienst zu beenden und die Prüfung abzulegen. Kraft der ausdrücklichen Regelung in § 37 Abs. 2 Satz 2 BBG ist der Widerrufsbeamte entlassen, wenn die Prüfung bestanden – oder endgültig nicht bestanden – ist, ferner aber auch schon beim endgültigen Nichtbestehen einer vorgeschriebenen Zwischenprüfung, denn damit steht fest, dass das Ziel der Ausbildung, die im Rahmen des Widerrufs-Beamtenverhältnisses absolviert werden soll, erreicht ist bzw. nicht mehr erreicht werden kann[6]. 198

**Beamte auf Probe** können entlassen werden, wenn sie eine Handlung begehen, die bei Lebenszeitbeamten eine Disziplinarmaßnahme mindestens in der Form einer Kürzung der Dienstbezüge zur Folge hätte[7] (§ 34 Abs. 1 Nr. 1 BBG/§ 23 Abs. 3 199

---

1 Auch in diesem Falle ist freilich das förmliche „Zwangspensionierungsverfahren" nach § 47 BBG durchzuführen, BVerwG v. 6.7.1967 – 2 C 101.63, Buchholz 232 § 44 Nr. 9; der Personalrat hat mitzuwirken, § 78 Abs. 1 Nr. 5 BPersVG; v. 9.12.1999 – 2 C 4.99, BVerwGE 110, 173 = NVwZ-RR 2000, 369 = ZBR 2000, 242 = PersR 2000, 210. Das Unterbleiben dieser Mitwirkung kann die Maßnahme rechtswidrig machen.
2 Vgl. OVG NW, DöD 1984, 255; OVG NW in *Schütz*, BeamtR, ES/A II 5.1 Nr. 24; ganz früher führte dies zur automatischen Entlassung, nach Gesetzesänderung war in diesen Fällen die Entlassung durch Verwaltungsakt vorgesehen.
3 Verurteilung im Strafbefehlsverfahren allerdings nicht ausreichend: BVerwG v. 8.6.2000 – 2 C 20.99, NJW 2000, 3297 = DVBl 2001, 125 = ZBR 2001, 107.
4 Unabhängig davon, ob die Strafe zur Bewährung ausgesetzt wird; BVerwG, DöD 1980, 223; OVG NW, RiA 1980, 197.
5 Zum Erfordernis, ggf. die Gleichstellungsbeauftragte zu beteiligen, vgl. OVG NW v. 3.9.2009, 6 A 3083/06, NW VBl. 2010, 183 = ZBR 2010, 92.
6 Die eingetretene Beendigung des Beamtenverhältnisses ist vom rechtlichen Bestand der Prüfungsentscheidung unabhängig, BVerwG v. 14.11.1985 – 2 C 35.84, BVerwGE 72, 207.
7 Folgeänderung aus dem BDG. Nach altem Recht wurde auf eine Disziplinarmaßnahme abgehoben, die „nur im förmlichen Disziplinarverfahren verhängt werden kann"; das waren Gehaltskürzung, Degradierung und Entfernung aus dem Dienst, vgl. §§ 5 Abs. 1, 29 Abs. 1 BDO a.F.

Nr. 1 BeamtStG); die Entlassung kann damit an die Stelle der weiteren Durchführung eines Disziplinarverfahrens treten[1]. Zur Klärung der Vorwürfe wird allerdings mindestens ein förmliches Verfahren mit entsprechenden Rechtsschutzgarantien durchgeführt werden müssen.

200 Ferner können Beamte auf Probe entlassen werden, wenn sie sich nicht bewähren (§ 34 Abs. 1 Nr. 2 BBG/§ 23 Abs. 3 Nr. 2 BeamtStG). Die Bewährung bezieht sich insoweit einerseits auf die fachliche Seite, andererseits aber auch auf die gesundheitliche und die charakterliche Eignung. Es ist gerade Sinn der Probezeit, vor der Lebenszeitanstellung ein Urteil darüber zu fällen, ob der Beamte sich für die Laufbahn und die darin gestellten Anforderungen dauerhaft eignen wird; ist dies nicht der Fall, soll das Beamtenverhältnis – im Grunde: im beiderseitigen Interesse so früh wie möglich – beendet werden. Für die Beurteilung dieser Bewährung steht dem Dienstherrn, wie bei allen derartigen Werturteilen, ein gerichtlich nicht überprüfbarer Beurteilungsspielraum zur Seite[2]. Bei gesundheitlichen Eignungszweifeln gilt, dass der Beamte darlegungspflichtig dafür ist, dass die Gefahr einer vorzeitigen Dienstunfähigkeit mit einem hohen Grad an Wahrscheinlichkeit ausgeschlossen werden kann[3]. Neu ist, dass § 34 Abs. 1 Satz 2 BBG/§ 23 Abs. 3 Satz 2 BeamtStG bei Nichtbewährung allein aus Gründen mangelnder gesundheitlicher Eignung vorrangig die Suche nach Möglichkeiten eines anderweitigen Einsatz postuliert (entspr. Anwendung des § 26 Abs. 2 BeamtStG, aus Gründen der Fürsorge[4]).

201 Schließlich kommt beim Probebeamten die Entlassung bei Auflösung oder bei wesentlicher Änderung des Aufbaus oder der Aufgaben der Behörde in Betracht, wenn keine andere Verwendung möglich ist (§ 31 Abs. 1 Nr. 4 BBG/§ 23 Abs. 3 Nr. 3 BeamtStG).

202 Wird der Beamte – außer auf eigenen Antrag – entlassen, erhält er ggf. für eine gewisse Zeit noch ein **Übergangsgeld** nach Maßgabe des § 47 BeamtVG.

203 Über die gesetzlich geregelten Entlassungstatbestände und den Verlust der Beamtenrechte nach strafgerichtlicher Verurteilung hinaus hat der Dienstherr **außerhalb**

---

1 Einschlägige disziplinargerichtliche Entscheidung ist nicht Voraussetzung; BVerwGE 62, 280; BVerwG v. 12.10.1989 – 2 C 22.87, BVerwGE 82, 356 = DVBl 1990, 254 = NVwZ 1990, 768 = ZBR 1990, 85. Das disziplinarrechtliche Maßnahmeverbot des § 14 BDO – nunmehr § 14 BDG – steht der Entlassung des Probebeamten nicht entgegen; BVerwG v. 22.6.1982 – 2 C 44.80, BVerwGE 66, 19; BVerwG, DöD 1983, 19. Einzelfälle: Entlassung wegen außerdienstlichem Diebstahl, BayVGH, ZBR 1986, 374; Unfallflucht eines Polizeibeamten, BayVGH in *Schütz*, BeamtR, ES/A II 5.1 Nr. 2; außerdienstl. Trunkenheitsfahrt eines Polizeibeamten, BayVGH in *Schütz*, BeamtR, ES/A II 5.1 Nr. 6; unangemessene herabsetzende Äußerungen eines Lehrers gegenüber Kollegen und Schülern (verneint), VGH BW, RiA 1988, 106. Wiegt das Dienstvergehen so schwer, dass bei einem Lebenszeitbeamten eine Entfernung aus dem Dienst in Betracht käme, kann das Handlungsermessen des Dienstherrn bis auf Null reduziert sein, so dass der Beamte entlassen werden muss, HessVGH in *Schütz*, BeamtR, ES/A II 5.1 Nr. 40.
2 BVerwG v. 29.5.1990 – 2 C 35.88, BVerwGE 85, 177 (180); v. 19.3.1998 – 2 C 5.97, BVerwGE 106, 263 = NVwZ 1999, 75 = DVBl 1998, 1074. Das eingeräumte (Handlungs-)Ermessen geht nicht so weit, einen Beamten, der sich nicht in der Probezeit bewährt hat, auf Dauer im Dienst zu belassen; OVG Rh.-Pf., DöD 1988, 145. Er ist zu entlassen, wenn seine Nicht-Bewährung endgültig feststeht (kein Ermessen: BVerwG, NVwZ 1991, 190). Auch die Entlassung eines Probebeamten wegen MfS-Zugehörigkeit – nämlich dann, wenn das Festhalten am Beamtenverhältnis unzumutbar geworden ist – ist nicht dem Ermessen des Dienstherrn anheim gegeben, sondern unterliegt der vollen gerichtlichen Kontrolle, BVerwG v. 3.12.1998 – 2 C 26.97, BVerwGE 108, 64 = NJW 1999, 2536 = DVBl 1999, 923.
3 Exemplarisch s. OVG Nds. v. 8.11.2010 – 5 ME 225/10, DöD 2011, 60 = RiA 2011, 29.
4 E-BeamtStG, BT-Drs. 16/4027, 28.

**des Disziplinarverfahrens**, welches als gravierendste Maßnahme die Entfernung aus dem Dienst kennt, keine Möglichkeit, sich von seinen Beamten zu trennen. Insbesondere der Lebenszeitbeamte erfährt dadurch eine kaum zu übertreffende Rechtssicherheit in seiner persönlichen Lebensstellung.

Besondere Probleme bereitet im Falle eines (erfolglosen) Rechtsmittels gegen die Entlassungsverfügung – und erst recht im Falle der Rücknahme einer Ernennung – die Frage der **Rückforderung von Dienstbezügen**. Denn mit dem Wirksamwerden der **Entlassung**, erst recht natürlich im Falle der **Rücknahme der Ernennung**, entfällt der Rechtsgrund für die gezahlte Besoldung, so dass sich dem Grunde nach trotz tatsächlich versehenen Dienstes Rückforderungsansprüche nach § 12 BBesG ergeben. Widerspruch und Klage gegen die Entlassung haben zwar aufschiebende Wirkung; der Beamte kann weiterhin Dienst leisten und hat Anspruch auf Weiterzahlung seiner Besoldung. Die aufschiebende Wirkung entfällt aber, und zwar zurückgreifend auf den Zeitpunkt der Zustellung der Entlassungsverfügung, im Falle der Erfolglosigkeit des Rechtsmittels. Dies bewirkt, dass rückwirkend der Rechtsgrund für den Empfang der gezahlten Besoldung entfällt. Tatsächlich ist aber typischerweise Dienst geleistet worden. (Im „Rücknahmefall" liegen die Verhältnisse letztlich genauso, nur von den zeitlichen Dimensionen noch extremer). 204

Theoretisch muss der Beamte damit die gesamte rechtsgrundlos erlangte Leistung zurückzahlen – obwohl er Dienst geleistet und die Besoldung für seinen und seiner Familie Unterhalt verbraucht hat! Eine „Umdeutung" des ohne rechtswirksam bestehendes Beamtenverhältnis verrichteten Dienstes in ein Arbeitsverhältnis[1] scheidet wegen der grds. anderen Struktur aus, und im Arbeitsrecht bekannte Figur des „faktischen Arbeitsverhältnisses" bei Unwirksamkeit des Vertrages lässt sich auf das Beamtenrecht nicht übertragen – ein „faktisches Beamtenverhältnis" als Rechtsgrund für das Behaltendürfen der gezahlten Besoldung gibt es nicht. Einziges anerkanntes Korrektiv in der aufgeworfenen Frage ist die im Ermessenswege zu treffende **Billigkeitsentscheidung nach § 12 Abs. 2 Satz 3 BBesG**. Hierzu hat nunmehr das BVerwG ausdrücklich klargestellt, dass im Rahmen dieser Billigkeitsentscheidung die Frage, ob tatsächlich Dienst geleistet worden ist, zentrale Bedeutung entfaltet[2]. 205

## IX. Die Versorgung des Beamten und seiner Hinterbliebenen

Die Rechtsgrundlage des Beamtenversorgungsrechts – das BeamtVG – gilt nur noch für Beamte des Bundes. Mit der Föderalismusreform ist die Gesetzgebungszuständigkeit für das Besoldungs- und Versorgungsrecht der Beamten für Landes- und Kommunalbeamte wieder auf die Länder übergangen. Das BeamtVG gilt indes auch dort gem. Art. 125a GG fort, bis die Länder eigene, neue oder andere Regelungen erlassen haben. Dies jedoch nur „eingefroren" in der Fassung, die zum 31.8.2006 gegolten hat, es sei denn die landesrechtliche Regelung verweise auf fortgeschriebene Fassungen des BeamtVG, denn seitherige Änderungen wären im Bezug auf die Länder nicht mehr von einer Regelungskompetenz des Bundes gedeckt. 206

### 1. Berechnungsgrundsätze

Ausdruck des besonderen Dienst- und Treueverhältnisses eines Beamten ist im Rahmen der hergebrachten Grundsätze des Berufsbeamtentums (Art. 33 Abs. 2 207

---
1 Es lebt auch nicht etwa ein zuvor bestandenes Arbeitsverhältnis wieder auf: BAG v. 24.4.1997 – 2 AZR 241/96, AP Nr. 2 zu § 611 BGB.
2 BVerwG v. 21.10.1999 – 2 C 11.99, BVerwGE 109, 365 = NVwZ 2000, 443 = DVBl 2000, 498 = DÖV 2000, 292 m.w.N.

GG) die lebenslange Alimentation[1] des Beamten und seiner Familie, nach seinem Ableben der hinterbliebenen Witwen und Waisen. Sobald der (Lebenszeit-)Beamte eine Mindest-Dienstzeit von fünf Jahren absolviert hat (§ 4 Abs. 1 Nr. 1 BeamtVG), hat der im Falle seines Eintritts in den Ruhestand für sich und seine Familie einen **Rechtsanspruch auf lebenslange Versorgung**. Dieser Anspruch ist verfassungsrechtlich abgesichert und strikt gesetzlich geregelt; „Vereinbarungen" sind im versorgungs- wie auch im besoldungsrechtlichen[2] Bereich nicht statthaft, § 3 BeamtVG: Zusicherungen, Vereinbarungen und Vergleiche, die dem Beamten eine höhere als die ihm gesetzlich zustehende Versorgung verschaffen sollen, sind kraft ausdrücklicher Gesetzesbestimmung zwingend unwirksam, § 3 Abs. 2 BeamtVG; umgekehrt kann der Beamte auf die ihm gesetzlich zustehenden Ansprüche nicht wirksam verzichten, § 3 Abs. 3 BeamtVG.

a) **Beamtenversorgung und Rente – Unterschiede**

208  Diese Versorgung unterscheidet sich in mehrfacher Hinsicht von einer Rente, wie sie in der gesetzlichen Rentenversicherung vorgesehen ist.

Sie bemisst sich *erstens* nach den Bezügen des **zuletzt wahrgenommenen Amtes**, vorausgesetzt dieses wurde mindestens drei Jahre lang bekleidet, anderenfalls nach den Bezügen des zuletzt vorher wahrgenommenen Amtes, § 5 Abs. 1 BeamtVG (Grundsatz der Versorgung aus dem letzten Amt). Das bedeutet, dass die berufslebenslange Entwicklung auf dem Weg dorthin unbeachtlich bleibt; wer im Beamtenverhältnis eine lange und erfolgreiche Karriere ablegt, profitiert in der Versorgung uneingeschränkt von dem Besoldungslevel, das er zum Ende seiner Dienstzeit erreicht hat. Die Rente ist demgegenüber beitragsabhängig gestaltet; ihre Höhe hängt von den berufslebenslang jeweils entrichteten Beiträgen – und diese wiederum von den jeweils erzielten Bezügen – ab, so dass sich die typischerweise niedrigeren Bezüge in den jungen Jahren durchaus betragsmindernd bemerkbar machen. Überdies wird bei besser Verdienenden, wenn nicht von der Möglichkeit einer freiwilligen Höherversicherung Gebrauch gemacht, nach Überschreiten der Beitragsbemessungsgrenze von den höheren Bezügen kein Beitrag mehr entrichtet, so dass auch keine hierauf bezogene Anwartschaft begründet wird.

209  Die Pension setzt *zweitens* jeweils in dem Augenblick ein, in dem das (aktive) Beamtenverhältnis durch **Eintritt in den Ruhestand** endet, gleichgültig wie alt der Beamte dann ist. Kommt es also zu einer vorzeitigen Pensionierung, sei es aus Gründen des vorgezogenen Antrags-Ruhestandes, sei es aus Gründen einer eintretenden Dienstunfähigkeit, sei es aus anderen Gründen, so setzt gleich und ohne zeitliche Verzögerung der Anspruch auf Versorgung ein. Rente gibt es demgegenüber erst dann, wenn die gesetzliche Altersgrenze erreicht ist, es sei denn, es liegen die (gegenüber der beamtenrechtlichen Dienstunfähigkeit wesentlich engeren) Voraussetzungen einer partiellen oder vollständigen Minderung der Erwerbsfähigkeit (früher: Berufs- u. Erwerbsunfähigkeit) vor. Und da der Beamte auf Grund seines lebenslangen Dienstverhältnisses nicht entlassen werden kann und, solange er sich im Dienst befindet, einen Anspruch auf amtsgemäße Beschäftigung hat, kann die gefürchtete Versorgungslücke einer „Alters-Arbeitslosigkeit", die bei Arbeitnehmern im fortgeschrittenen Alter ohne realistische Chance, wieder einen angemessenen Arbeitsplatz zu finden, immer häufiger eintritt, gar nicht erst entstehen.

210  *Drittens* ist die beamtenrechtliche Versorgung nach wie vor auch betragsmäßig deutlich günstiger als die vergleichbare Rente; sie belief sich traditionell auf **75 %**

---

1 Zusammenfassend zum Alimentationsgrundsatz s. auch *Wolff*, ZRP 2003, 305 ff.
2 Für das Besoldungsrecht s. § 2 BBesG.

der **ruhegehaltfähigen** (aktiven) **Dienstbezüge**[1]. Im Zuge der Übernahme der letzten Rentenreform auf das Beamtenrecht wurde bzw. wird[2] dieser Höchstsatz seit 2003 kontinuierlich schrittweise unter partieller Verrechnung gegen allfällige Besoldungs- und Versorgungsanpassungen[3] auf einen Ziel-Faktor von 71,75 % abgesenkt, liegt damit aber immer noch höher als die Höchstrente der gesetzlichen Rentenversicherung (zur Begründung dessen s. oben Rz. 31).

Als *vierten* Gesichtspunkt muss auf den Umstand abgehoben werden, dass die beamtenrechtliche Versorgung **beitragsfrei** gestaltet ist. Der Dienstherr trägt die gesamte Versorgungslast allein. Im Nebeneinander von Beamtenbesoldung und der Bezahlung von angestellten Beschäftigten ist stets die Besonderheit im Auge zu behalten, dass die Vergütung noch mit erheblichen Summen beitragsbelastet ist; ein direkter Betrags-Vergleich scheidet daher aus. Aktuell erscheint der Beamter dabei, weil auch der Arbeitgeberanteil der Rentenversicherungsbeiträge entfällt, vordergründig „billiger" – das „dicke Ende" mit den allein vom Dienstherrn aufzubringenden Kosten der Altersversorgung kommt erst später, was in der Vergangenheit kurzsichtiger Haushaltspolitik allzu lange entgangen ist und inzwischen zunehmend massive Probleme bereitet[4]. 211

Die in der Vergangenheit als ungerecht empfundenen und vom BVerfG für verfassungswidrig erachteten[5] Unterschiede in der **Besteuerung**, die sich an den in der Beamtenversorgung naturgemäß wesentlich höheren, aber durch einen hohen Versorgungsfreibetrag begünstigten Ertragsanteilen orientierte, sind mit dem Alterseinkünftegesetz vom 9.7.2004[6] mit weit laufenden Übergangsfristen[7] entfallen. 212

**b) Berechnung der Beamtenpension**

Das Grundprinzip der Berechnung von Beamtenpensionen ist einfach: Es wird aus der berücksichtigungsfähigen („ruhegehaltfähigen") Dienstzeit ein Prozentsatz gebildet, der auf den vom jeweils maßgebenden Amt abhängigen Betrag der ruhegehaltfähigen, aktiven Dienstbezüge angewendet wird, um den Pensionsbetrag zu erhalten. 213

$$\frac{\text{Prozentsatz}}{\text{ruhegehaltfähige Dienstzeit}} \times \frac{\text{Betrag}}{\text{ruhegehaltfähige Dienstbezüge}} = \text{Pension}$$

Dabei wird nach dem seit 1992 geltenden Berechnungsmodell von der Vorstellung ausgegangen, dass die Höchstpension von – jetzt nur noch – 71,75 % nach 40 Dienstjahren zu erreichen ist, woraus ein Betrag von (71,75 % : 40 J. =) 1,79375 % p.a.

---

1 § 14 Abs. 1 Satz 1 BeamtVG i. d. (nach wie vor maßgebenden) Übergangs-Fassung des vor dem 31.12.2002 geltenden Rechts, § 69c Abs. 2 BeamtVG.
2 Da die Zeitpunkte der Besoldungsanpassungen in Bund und Ländern unterschiedlich gewesen sind, gelten in den einzelnen Rechtsbereichen derzeit immer noch unterschiedliche Stufen des jeweils zu rechnenden Anpassungsfaktors.
3 S. § 69c Abs. 3 BeamtVG; erst ab der achten, auf den 1.1.2003 folgenden Besoldungsanpassung gilt dann der abgesenkte Prozentsatz des § 14 Abs. 1 Satz 1 BeamtVG jetziger Fassung. Welche Stufe erreicht ist kann im Einzelfall schwierig zu ermitteln sein, insbesondere nachdem die Länder seit dem Zuwachs eigener Regelungskompetenz im Besoldungsrecht unterschiedliche Anpassungen zu unterschiedlichen Zeitpunkten vorgenommen haben.
4 Vgl. die eindrucksvollen Daten des 3. Versorgungsberichts der BReg v. 25.5.2005.
5 S. BVerfG v. 6.3.2002 – 2 BvL 17/99, BVerfGE 105, 73.
6 Gesetz zur Neuordnung der einkommensteuerrechtlichen Behandlung von Altersvorsorgeaufwendungen und Altersbezügen, BGBl. 2004 I, 1427.
7 Anpassungen bis 2040.

resultiert[1] (vormals höchstens 75 %, so dass sich der Faktor p.a. auf (75 % : 40 J. =) 1,875 % p.a. stellte[2]). Dabei beläuft sich die Mindestpension, sobald die Fünf-Jahres-Frist des § 4 Abs. 1 Nr. 1 BeamtVG, auf 35 % (amtsabhängige Mindestpension, § 14 Abs. 4 Satz 1 BeamtVG). Das jeweilige rechnerische Ergebnis wird allerdings schließlich noch um den Korrekturfaktor des § 5 Abs. 1 Satz 1 (urspr. 0,9951, inzwischen 0,9905) gekürzt[3].

214 Der jeweils aktuell und tatsächlich maßgebende Ruhegehaltsbetrag ergibt sich in diesem Rechenmodell (zunächst einmal) als Produkt des Betrages, der dem Beamten an ruhegehaltfähigen Dienstbezügen zu zahlen wäre, befände er sich noch im aktiven Dienst, und dem Prozentsatz, der sich in Ansehung der erreichten ruhegehaltfähigen Dienstzeit ergibt.

**Beispiel:**

(vereinfacht[4]):

– Beamter, A 15 Endstufe, verh., ohne Kinder, Ruhestand nach 37,5 Dienstjahren:
– 37,5 Jahre × 1,79375 % = 67,27 %
– Grundgehalt (5507,95 Euro) + Familienzuschlag Stufe 1 (116,82 Euro) = 5624,77 Euro
– mal Korrekturfaktor gem. § 5 Abs. 1 Satz 1 a.E. BeamtVG 0,9905 = 5571,33 Euro
– also: rgf. Dienstbezüge 5571,33 Euro × Faktor aus rgf. Dienstzeit 67,27 % = Pension 3747,83 Euro

Das Beispiel eröffnet zugleich den Ansatz für Alternativberechnungen: Jedes volle Jahr, um das der Beamte entweder früher[5] oder später in Ruhestand tritt, bedeutet eine Änderung dieses Rechenmodells um 1,79375 % = 100,89 Euro pro Monat, und das lebenslang.

Betrachten wir nunmehr die maßgebenden Elemente dieses Berechnungsmodells näher.

### c) Ruhegehaltfähige Dienstbezüge, § 5 BeamtVG

215 Nicht alle Dienstbezüge, die der Beamte im aktiven Dienst erhalten hat, sind ruhegehaltfähig. Es muss also zunächst festgestellt werden, welche Bezüge-Bestandteile mitrechnen. Nach § 5 Abs. 1 BeamtVG sind dies
– das Grundgehalt, § 27 BBesG – und zwar bei der stufenabhängigen Besoldung der BesGr. A 2–16, R 1 u. 2 berechnet aus der im Zeitpunkt der Pensionierung aktuell maßgebenden Stufe,
– der Familienzuschlag der Stufe 1 (sog. Verheiratetenzuschlag), soweit zustehend, §§ 39 ff. BBesG,
– solche weiteren Dienstbezüge, die im Besoldungsrecht ausdrücklich als ruhegehaltfähig bezeichnet werden; dies sind im Wesentlichen die Amtszulagen

---

1 § 14 Abs. 1 Satz 1 BeamtVG akt. Fassung, vollwirksam nach Vorliegen der Voraussetzung des § 69e Abs. 4 BeamtVG.
2 § 14 Abs. 1 Satz 1 BeamtVG i.d.F. vor 2003, § 69e Abs. 2 BeamtVG.
3 Seit 1.7.2009; zu dessen Begr. s. BT-Drs. 16/7076 S. 155 m.w.N.
4 Berechnet auf der Basis der Besoldungstabelle Bund 2011 (gültig ab 1.8.2011), ohne Anpassungsfaktor (§ 69e Abs. 3 BeamtVG) – hierzu unten 9.1.6 –, ohne Versorgungsabschlag (§ 14 Abs. 3 BeamtVG) – hierzu unten 9.1.8 –, ohne Zurechnungszeit (§ 13 Abs. 1 BeamtVG) – hierzu unten 9.1.9 –, ohne Alternativberechnung zur Besitzstandswahrung (§ 85 BeamtVG) – hierzu unten 9.1.7.
5 Aber Vorsicht bei Eingreifen des Versorgungsabschlages, § 14 Abs. 3 BeamtVG; s.u. Rz. 246 ff.

des § 42 Abs. 1, 2 BBesG und diejenigen Stellenzulagen, die im Besoldungsrecht ausdrücklich als ruhegehaltfähig bezeichnet werden, § 42 Abs. 3, 4 BBesG,
– sowie bestimmte leistungsbezogenen Bestandteile der Dienstbezüge in der Professorenbesoldung, § 33 BBesG, die hier nicht näher betrachtet werden können.

Beim **Grundgehalt** wird auf das zuletzt wahrgenommene Amt abgestellt, soweit dieses mindestens zwei Jahre lang bekleidet wurde[1]; liegt die letzte Beförderung weniger als zwei Jahre zurück, ist das zuletzt vorher bekleidete Amt maßgebend, § 5 Abs. 3 BeamtVG. Abgestellt wird stets auf das *volle* Grundgehalt, also ohne Kürzung wegen etwaiger Teilzeit in der aktuellen letzten Dienstphase vor dem Eintritt in den Ruhestand, § 5 Abs. 1 Satz 2 BeamtVG. Und maßgebend ist bei den stufenabhängigen Grundgehältern der BesGr A (insgesamt) und R 1 u. 2 diejenige Stufe[2], in der sich der Beamte im Zeitpunkt der Pensionierung gerade befindet. Für Pensionierungen wegen Dienstunfähigkeit nach vorangegangenem Dienstunfall gelten stattdessen die weiter begünstigenden Regelungen des § 5 Abs. 2 BeamtVG.

216

Den **Familienzuschlag der Stufe 1** (sog. Verheiratetenzuschlag), der nach den Reformplänen der Bundesregierung künftig ersatzlos entfallen soll, erhält neben dem verheirateten auch der geschiedene Beamte, wenn er aus der Ehe zum Unterhalt verpflichtet ist, sowie der sonst alleinstehende Beamte, der andere Personen – z.B. Kinder oder pflegebedürftige Angehörige – aus gesetzlicher oder sittlicher Verpflichtung in seine Wohnung aufgenommen hat und diesen Unterhalt gewährt, solange bestimmte Voraussetzungen erfüllt bleiben, § 40 Abs. 2 BBesG. Ist der Ehegatte selbst auch im öffentlichen Dienst tätig, so steht der Zuschlag jedem nur zu ½ zu, § 40 Abs. 4 BBesG.

217

**Kinderzuschläge** – also die höheren Stufen des Familienzuschlages – rechnen bei der Ermittlung der ruhegehaltfähigen Dienstbezüge nicht mit, weil sie nicht an der prozentualen Kürzung des Ruhegehalts teilnehmen sollen; sie werden in voller Höhe dem ermittelten Ruhegehalt wieder zugeschlagen, solange die Anspruchsvoraussetzungen gegeben bleiben, § 50 Abs. 1 Satz 2 BeamtVG.

218

Insgesamt gilt für die Familienzuschläge, dass sie stets nur so lange in die Berechnung einfließen, wie die Voraussetzungen hierfür gegeben sind, § 41 BBesG; wird die Ehe ohne fortbestehende Unterhaltspflicht des Beamten geschieden, verstirbt der Ehepartner, oder fallen die Kinder berechnungstechnisch weg, weil sie nicht mehr kindergeldberechtigt sind, so ändert sich entsprechend auch das Ruhegehalt.

Die „sonstigen Dienstbezüge" des § 5 Abs. 1 BeamtVG können im Einzelfall hinsichtlich ihrer Ruhegehaltfähigkeit schwierig zu ermitteln sein. Bei echten **Amtszulagen** (§ 42 Abs. 1 BBesG) – gewissermaßen als „Zwischenstufen" zwischen zwei Besoldungsgruppen zu verstehen[3] – ist dies noch übersichtlich; sie sind stets ruhegehaltfähig, § 42 Abs. 2 BBesG. Bei den **Stellenzulagen** ist die Ruhegehaltfähigkeit bisweilen schwierig festzustellen und erfordert dann eine intensive Durchforstung

219

---

1 Bis zum In-Kraft-Treten (1.1.1999) des VersorgungsreformG v. 29.6.1998 (BGBl. I, 1666) zwei Jahre; die seinerzeitige Verlängerung der Frist von einem auf zwei Jahre wurde vom BVerfG für gerade noch tragbar erachtet, BVerfG v. 7.7.1982 – 2 BvL 14/78 u.a., NVwZ 1983, 217. Die Gesetzesänderung, mit der eine Verlängerung dieser Frist auf drei Jahre unternommen wurde, hat das BVerfG verworfen, so dass jetzt wieder die vormalige Zweijahresfrist maßgebend ist, BVerfG v. 20.3.2007 – 2 BvL 11/04, NVwZ 2007, 679. Die Neufassung des § 5 BeamtVG (2009) berücksichtigt dies wieder.
2 Die zeitliche Streckung der Stufenfolgen und die Reduktion der Zahl der Stufen von 14 auf 12 durch das Dienstrechtsreformgesetz v. 27.2.1997 (BGBl. I, 322) ist verfassungsgemäß, BVerfG v. 6.5.2004 – 2 BvL 16/02, NJW 2005, 2004 (L.) = NVwZ 2005, 677 = DVBl 2004, 1102 = ZBR 2004, 391.
3 Einschl. der (als Amtszulage ausgestalteten) Zulage zu BesGr A 9 („A 9 Z").

des Besoldungs- und des Beamtenversorgungsrechts einschließlich alt- und übergangsrechtlicher Bestimmungen. Das kann bisweilen wegen des recht undurchsichtigen Normengeflechts, insbesondere angesichts der Maßgeblichkeit von eigentlich bereits längst außer Kraft getretenen früheren Fassungen des Gesetzes, die in aktuellen Textsammlungen gar nicht mehr nachzulesen sind, recht kompliziert werden.

**Beispiel:**
So wird seit der Versorgungsreform 1998 z.B. die sog. Polizeizulage[1] ab dem 1.1.1999 nicht mehr unter den ruhegehaltfähigen Dienstbezügen geführt. Dies hängt mit dem ersatzlosen Wegfall der Nr. 3a der Allgemeinen Vorbemerkungen zu den BBesO A u. B zusammen, wo deren Ruhegehaltfähigkeit zuvor geregelt war. Für „Altfälle", in denen die erste Zahlung dieser Zulage vor dem 1.1.1999 erfolgte, gilt aber nach dem Übergangsrecht des § 81 Abs. 2 BBesG die vormalige Fassung des Gesetzes weiter, wonach der 10-jährige Bezug dieser Zulage deren Ruhegehaltfähigkeit begründete, vorausgesetzt, der Ruhestand beginnt vor dem 1.1.2008 bzw. bis BesGr. A 9 einschl. vor dem 1.1.2011.

220 Neben diesen Stellenzulagen sind schließlich auch noch **Ausgleichszulagen** nach § 13 BBesG ruhegehaltfähig, soweit sie an die Stelle von Zulagen getreten sind, die ihrerseits ruhegehaltfähig waren; es entspricht der Ausgleichsfunktion dieser Zulagen, dass sie an auch die besondere Eigenschaft „ruhegehaltfähig" zu kompensieren haben, solange sie laufen.

221 Alle Besoldungsbestandteile, die diesen genannten Kriterien unterfallen, rechnen demnach als ruhegehaltfähige Dienstbezüge bei der Pensionsberechnung mit, alle anderen Beträge bleiben unberücksichtigt.

222 Der nach Vorstehendem ermittelte Betrag wird alsdann seit DNeuG um den Faktor des § 5 Abs. 1 Satz 1, letzter Halbs. BeamtVG, (derzeit 0,9905[2]) gekürzt. Dieser Abzug soll den Umstand ausgleichen, dass der in die Tabelle eingearbeitete Teil der im Übrigen bis 2014 ausgesetzten Sonderzahlungan Pensionäre nur partiell weitergegeben werden soll (vgl. §§ 2 Abs. 1, 4 Abs. 1 u. 8 Abs. 2 BSZG)[3].

**d) Ruhegehaltfähige Dienstzeiten, §§ 6–12b BeamtVG**

223 Der auf den vorstehend ermittelten Geldbetrag in der Formel des § 14 Abs. 1 BeamtVG anzulegende Prozentsatz ergibt sich aus den zu berücksichtigen Dienstzeiten. Das Gesetz unterscheidet hierbei zwischen Zeiten, die zwingend berücksichtigt werden *müssen* (Muss-Bestimmungen), solchen, die regelmäßig berücksichtigt werden *sollen* (Soll-Bestimmungen), und Zeiten, die lediglich berücksichtigt werden *können*, deren Berücksichtigung also in das pflichtgemäße Ermessen des Dienstherrn gestellt sind (Kann-Bestimmungen). Auch bei den Soll- und Kann-Bestimmungen ist eine Entscheidung über deren Berücksichtigung allerdings von Amts wegen zu treffen; eines Antrags bedarf es nicht[4]. Für alle Dienstzeiten gemeinsam gilt allerdings, dass erst Dienstzeiten *ab der Vollendung des 17. Lebensjahres* überhaupt Beachtung finden.

224 **Muss-Bestimmungen**: Zwingend zu berücksichtigen sind zunächst alle **Beamtendienstzeiten**, gleichgültig wann und wo verbracht, § 6 BeamtVG. Auch ein zurückliegendes, im Beamtenverhältnis auf Widerruf absolviertes Ausbildungsverhältnis rechnet also mit, ebenso eine frühere Dienstzeit, selbst wenn bei einem anderen Dienst-

---

1 Zulage nach Nr. 9 der Allgemeinen Vorbemerkungen zu den BBesO A u. B i.V.m. Anlage IX BBesG.
2 Gem. Art. 4a Nr. 3 des G. v. 5.2.2009, BGBl. I S. 160.
3 Vgl. BT-Drs. 16, 7076 S. 155, BT-Drs. 16/850 S. 239 f.
4 Entgegen einer Vorgabe in Tz. 12.0.1 BeamtVG-VwV: Ein Antragserfordernis ist hier gesetzlich nicht vorgesehen (Abw. zu BVerwG v. 14.1.1980, 6 C 34.78, ZBR 1981, 65).

### IX. Die Versorgung des Beamten und seiner Hinterbliebenen  Rz. 229 Teil 6 A

herrn verbracht: Alle Beamtendienstzeiten werden zusammen gerechnet, bei Dienstherrenwechsel pflegten nach bisherigem Recht die Versorgungslasten in Absprache des alten mit dem neuen Dienstherrn intern aufgeteilt zu werden, § 107b BeamtVG. Die Nachfolgeregelung hierzu nach der föderalismusbedingten Diversifikation des Verfahrens sieht im Versorgungslasten-Staatsvertrag vom 16.12.2009/26.1.2010 zwischen Bund und Ländern einen vereinfachten, pauschalierenden Ausgleich vor.

Gleich gestellt werden Dienstzeiten, die in einem öffentlich-rechtlichen Dienstverhältnis als **Richter** (§ 6 Abs. 3 Nr. 1 BeamtVG) oder **Soldaten** (§ 8 BeamtVG) verbracht wurden, und auch die Zeiten von **Wehrdienst** (§ 9 Abs. 1 Nr. 1 BeamtVG) und **Zivildienst** (§ 78 Abs. 2 ZDG) sind bei der Ermittlung ruhegehaltfähiger Dienstzeiten stets mit zu zählen. 225

Gleichwohl bleiben von diesen statusrechtlichen Dienstzeiten grds. diejenigen Zeitabschnitte ausgeklammert, in denen der Beamte **ohne Dienstbezüge beurlaubt** gewesen ist, § 6 Abs. 1 Satz 1 Nr. 5 BeamtVG, z.B. wegen „Babypause". Allerdings gibt es auch hiervon wieder eine Ausnahme: Trotz Urlaubs ohne Dienstbezüge rechnen die Zeiten dann weiter mit, in denen der Dienstherr spätestens im Zeitpunkt der Beendigung desselben schriftlich zugestanden hat, dass er öffentlichen Belangen oder dienstlichen Interessen diene. Anwendungsfälle dieser Ausnahmeregelung sind insbesondere die „In-sich-Beurlaubungen", wie sie etwa bei Post und Telekom gebräuchlich geworden sind, und die „Entsendungsfälle", in denen der Beamte im durchaus nachhaltigen Interesse des Dienstgebers in Funktionen bei zwischen- oder überstaatlichen Einrichtungen (z.B. Europäische Union, UN, NATO o. dgl.) entsandt werden: Weil diese Beamten ihre (regelmäßig durchaus höheren) Bezüge von den dortigen Dienststellen erhalten, können sie aus dem latent fortbestehenden hiesigen Beamtenverhältnissen ohne Bezüge beurlaubt werden – gleichwohl soll das Anwachsen ihrer hiesigen Versorgungsanwartschaften darunter nicht leiden. Das wird mittels des in § 6 Abs. 1 Satz 1 Nr. 5 BeamtVG vorgesehenen „Gewährleistungsbescheides" bewerkstelligt. Der Umstand, dass derartige Beamte aus ihrer im Urlaub verbrachten Tätigkeit eigene, neue Versorgungsanwartschaften erlangen (z.B. eigene EU- oder NATO-Versorgung bzw. eine Rentenanwartschaft auf Grund versicherungspflichtiger Beschäftigung) wird erst im Nachhinein durch die Ruhensregelungen der §§ 55, 56 BeamtVG abgefangen. 226

**Teilzeitbeschäftigungen** im Beamtenverhältnis rechnen nur nach Maßgabe ihrer Teilzeitquote mit, § 6 Abs. 1 Satz 2 BeamtVG. Die **Altersteilzeit** allerdings schlägt abweichend hiervon mit 90 % ihrer nominalen Dauer zu Buche, § 6 Abs. 1 Satz 2, 2. Halbs. BeamtVG. 227

Andererseits kann sich die berücksichtigungsfähige Dienstzeit auch noch einmal *erhöhen*; verbringt ein bereits im Ruhestand befindlicher Beamter vollberufliche Tätigkeiten in einem Regierungsamt oder im Dienst einer zwischen- oder überstaatlichen Einrichtungen, so können sich hierdurch die berücksichtigungsfähigen Zeiten noch einmal erhöhen, § 7 BeamtVG. Und für Beamte, die in den Jahren von 1990 bis 1995 „Aufbauhilfe" in den neuen Bundesländern geleistet haben, rechnen die dort verbrachten Dienstjahre doppelt, § 3 Abs. 2 BeamtVÜV. 228

**Soll-Bestimmungen:** Hierneben *sollen* nach § 10 BeamtVG auch solche Dienstzeiten berücksichtigt werden, in denen der Beamte vor der Übernahme in das Beamtenverhältnis in einem privatrechtlichen Arbeitsverhältnis im Dienst eines öffentlich-rechtlichen Dienstherrn tätig war. Ein sehr häufiger und typischer Anwendungsfall dieser Regelung ist z.B. der Lehrer, der nach seinem Examen zunächst (z.B. mangels verfügbarer Planstellen) über einige Jahre in einem Angestelltenverhältnis tätig ist und erst anschließend verbeamtet wird. Voraussetzung für die Anwendung des § 10 BeamtVG ist allerdings, dass sich das Beamtenverhältnis nahtlos 229

Baden | 1285

(ohne zu vertretende Unterbrechung) angeschlossen hat, und dass die vorangehende Angestelltentätigkeit kausal für die spätere Ernennung wurde; ferner muss es sich um eine ansonsten regelmäßig von Beamten verrichtete, hauptberufliche[1] Tätigkeit gehandelt haben, zumindest aber um eine „für die Laufbahn des Beamten förderliche" Tätigkeit[2]. Die einschränkenden weiteren Tatbestandsmerkmale dieser Soll-Bestimmung können in ihrer exakten Subsumtion im Einzelfall recht schwierig sein.

230 **Kann-Bestimmungen:** Als bloße Ermessensoptionen können hierneben im Einzelfall als ruhegehaltfähig Zeiten angerechnet werden, die der spätere Beamte als Rechtsanwalt oder Notar, im Dienst einer öffentlich-rechtlichen Religionsgemeinschaft, im öffentlichen oder nicht öffentlichen Schuldienst, im Dienst einer Fraktion oder im Dienst kommunaler oder sozialversicherungsrechtlicher Spitzenverbände verbracht hat (§ 11 Abs. 1 BeamtVG), ferner wer vor seiner Verbeamtung in einem ausländischen öffentlichen Dienst gestanden hat, als Entwicklungshelfer tätig war, oder wer auf wissenschaftlichen, künstlerischem, technischen oder wirtschaftlichen Gebiet besondere Fachkenntnisse erworben hat, die die notwendige Voraussetzung für die Wahrnehmung seines Amtes bilden (§ 11 Abs. 2 BeamtVG); letztgenannte Klausel ermöglicht z.B. den „Einkauf" von Spitzenkräften anderer Herkunft, beispielsweise für eine Hochschullehrertätigkeit.

231 Wesentlich wichtiger unter den Kann-Vorschriften ist § 12 BeamtVG, der die **Berücksichtigung von Ausbildungszeiten** regelt. Danach können solche notwendigen Ausbildungszeiten berücksichtigt werden – und sie werden dies auch regelmäßig im Rahmen des Gleichbehandlungsgebotes bei der Ermessensbetätigung –, die über die allgemeine Schulbildung hinaus *vorgeschrieben* sind; setzt also z.B. der Eintritt in den höheren Dienst ein abgeschlossenes Studium voraus, so ist das Absolvieren desselben nebst Prüfungszeit notwendige und *vorgeschriebene* Voraussetzung für den Eintritt, so dass eine solche Zeit – seit 1998 aber nur noch bis zu einer Höchstdauer von drei Jahren[3], nunmehr für Versorgungsfälle nach dem 12.2.2009[4] weiter limitiert auf höchstens 1095 bzw. 855 Tage – anrechnungsfähig ist. Entsprechend, aber ohne zeitliche Höchstgrenze, werden für die jeweilige Laufbahn vorgeschriebene praktische Tätigkeiten berücksichtigt; dies können notwendige Praktika eben sein wie eine vorgeschriebene hauptberufliche anderweitige Berufserfahrung, wie z.B. für den Lehrer an berufsbildenden Schulen gefordert. Im Wege der Ermessensschrumpfung verdichtet sich die Kann-Regelung zu einem durchsetzbaren Anspruch, wenn die Ausbildungszeiten nicht anderweitig bei einer Versorgungsanwartschaft berücksichtigt wurden[5]. Eine Kürzung nach § 6 Abs. 1 Satz 4 BeamtVG wegen Teilzeitbeschäftigung findet nicht statt, weil dies eine europarechtswidrige Diskriminierung bedeutet[6].

232 Alle diese Zeiten können bzw. müssen für die Ermittlung der ruhegehaltfähigen Dienstzeit individuell gesichtet, geprüft und bewertet werden, was praktisch bedeutet, dass (spätestens im Pensionsfall) der gesamte Berufslebenslauf des Beamten auf den Prüfstand gerät; dies kann recht aufwendig und rechtlich wie tatsächlich schwierig sein. Genaue Überprüfung verlohnt jedoch immer, schlägt doch – wie oben dargestellt – jedes weitere berücksichtigungsfähige Jahr mit einer Erhöhung des individuell erreichten Prozentsatzes um 1,875 (künftig 1,79375) Prozentpunkte

---

1 Hierzu BVerwG v. 25.5.2005 – 2 C 20.04, NVwZ-RR 2005, 730 = ZBR 2006, 169 = RiA 2006, 40, und v. 14.3.2002, 2 C 4.01, NVwZ-RR 2002, 667: Auch unterhälftige Tätigkeit kann genügen, mind. aber 15 Wochenstunden.
2 Hierzu BVerwG v. 14.3.2002 – 2 C 4.01, RiA 2003, 189.
3 Vorher sowie im Übergangsrecht nach § 85 Abs. 1 BeamtVG bis zur Dauer der Regelstudienzeit plus übliche Dauer des Prüfungsverfahrens.
4 Übergangsrecht s. § 69f BeamtVG.
5 BVerwG v. 11.12.2008 – 2 C 9.08, ZBR 2009, 256 = RiA 2009, 143.
6 BVerwG v. 25.3.2010 – 2 C 72.08, BVerwGE 136, 165.

zu Buche. Und gerade weil hier eine Fülle von Sachverhaltselementen einerseits und andererseits Rechtsanwendungsproblemen und Ermessenserwägungen andererseits zu beobachten sind, wird in der praktischen Überprüfung (gegenüber den eher nur rechnerischen Elementen einer Versorgungsberechnung) der größte Bereich ergebnislenkender Einwendungen konstatiert werden müssen.

Sinn der Regelungen ist, den individuellen beruflichen Werdegängen späterer Beamter Rechnung zu tragen und „Lücken" im Werdegang zu schließen, um eine beamtenversorgungsrechtliche Mitberücksichtigung zu ermöglichen. Nicht geht es an dieser Stelle um die Vermeidung von Überversorgungen durch doppelte Berücksichtigung entsprechender Zeiten, z.B. bei der Rente *und* der Pension: Dies auszuschließen ist Anliegen der §§ 54ff. BeamtVG. Eine Ermessensentscheidung, die sich allein unter Berufung auf das Vermeiden von Überversorgungsgefahren gegen die Mitberücksichtigung als ruhegehaltfähige Dienstzeit ausspricht, erscheint fehlerhaft, weil von der Ermessensregelung nicht deren Sinn und Zweck entsprechend Gebrauch gemacht wird[1]. Insbesondere kann nicht über die Ermessensbetätigung bei den Soll- und Kann-Bestimmungen der §§ 10ff. BeamtVG die gesetzgeberische Entscheidung der §§ 54ff. BeamtVG korrigiert werden, was bei der Anrechnung von Einkünften im Versorgungsfall berücksichtigt werden kann und was nicht. 233

### e) Mindestversorgung

Wie erwähnt kann der Beamte, wenn denn ein Pensionierungsfall eintritt, Ruhegehalt bekommen, sobald er fünf Jahre Dienst abgeleistet hat, § 4 Abs. 1 Nr. 1 BeamtVG. Würde man auf dieser Basis mit der oben dargestellten Formel von Jahren mal Prozentsatz rechnen, so ergäbe sich bei Erreichen der genannten Grenze mit 5 × 1,79375 % = 8,968 % der ruhegehaltfähigen Dienstbezüge natürlich noch kein angemessener Lebensunterhalt. Daher sieht das Gesetz zunächst einmal eine deutlich darüber liegende Mindestversorgung von jedenfalls 35 % vor, § 14 Abs. 4 Satz 1 BeamtVG. Dieser Satz wird nach derzeitigem Berechnungsmodell erst überschritten, wenn 19,5 Jahre[2] an ruhegehaltfähiger Dienstzeit zusammen gekommen sind. 234

Da bei Zugrundelegen des Mindestprozentsatzes von 35 weiterhin auf das zuletzt bekleidete Amt und die daraus errechneten ruhegehaltfähigen Dienstbezüge abgestellt wird, spricht man in diesem Fall von der „amtsabhängigen Mindestpension". Alternativ berechnet sich amtsunabhängig eine weitere Mindestversorgung nach § 14 Abs. 4 Satz 2 BeamtVG: Wenn dies günstiger auskommt, erhält der Ruheständler zumindest aber eine Pension in Höhe von 65 % der aus der Endstufe der Besoldungsgruppe A 4 berechneten ruhegehaltfähigen Dienstbezüge. Nach derzeitiger Besoldungstabelle macht dies ohne Berücksichtigung eines etwaigen Familienzuschlages einen Betrag aus, der sich wie folgt berechnet: 235

| | | |
|---|---|---|
| Grundgehalt BesGr. A 4 (Endstufe)[3] | 2 100,29 Euro × 0,9905<br>= 2 080,34 × 65 % = | 1 352,22 Euro |
| zzgl. gem. § 14 Abs. 4 Satz 3 BeamtVG | | 30,68 Euro |
| Zusammen | | 1 382,90 Euro |

Weniger als diesen Betrag[4] erhält also niemand als Pension.

---

1 BVerwG v. 27.1.2011 – 2 C 4.10, NVwZ-RR 2011, 483 = DöD 2011, 185.
2 Berechnung: 35 % : 1,79375 % = 19,512 (Jahre); vormals bei 75 %-Versorgung: 35 % : 1,875 % = 18,666.
3 Tabelle West, gültig ab 01/2009. Eine ruhegehaltfähige „allgemeine Zulage" nach Nr. 27 der Vorb. zu den BesO A u. B gab es im einfachen Dienst nicht; mit den Tabellen 2009ff. ist sie, weil dort eingerechnet, insgesamt weggefallen.
4 Tabelle West; vorbehaltlich Versorgungsabschlag.

236 Rein praktisch wird sich indes bei Frühpensionierungsfällen häufig eine erhebliche Aufbesserungen des Ruhegehalts durch die Hinzurechnung fiktiver weiterer Dienstzeiten – der sog. Zurechnungszeit nach § 13 Abs. 1 BeamtVG – ergeben; hierzu weiter unten.

### f) Höchstpension; Anpassungsfaktoren

237 Traditionell belief sich die Höchstpension auf 75 % der ruhegehaltsfähigen Dienstbezüge. Künftig wird das Pensionsniveau – auch für bereits vorhandene Ruhegehaltsempfänger – infolge des Versorgungsänderungsgesetzes 2001 allerdings auf 71,75 % abgesenkt[1]. Dies sollte indes nicht durch Pensionskürzungen realisiert werden, sondern durch eine Minderung des jeweiligen Pensionsanstiegs im Zusammenhalt mit allfälligen allgemeinen Besoldungserhöhungen und den damit nach § 70 BeamtVG gekoppelten Versorgungsanpassungen[2]: Mit jeder auf den 1.1.2003 folgenden Anpassung soll insgesamt acht Mal ein kleiner Teil der Einsparungsdifferenz realisiert werden. Der Gesetzgeber hat es sich allerdings erspart, acht Mal das Gesetz zu ändern und jeweils den aktuell geltenden Höchst-Prozentsatz in § 14 Abs. 1 BeamtVG und allen zugehörigen Bestimmungen niederzulegen. Er hat stattdessen den erst künftig geltenden „neuen" Höchstsatz von 71,75 % gleich in § 14 Abs. 1 BeamtVG hereingeschrieben, dafür aber übergangsrechtlich in § 69e Abs. 2 Satz 1 BeamtVG vermerkt, dass zunächst einmal die alten Sätze weiter gelten. Es wurde also trotz der Neufassung des § 14 Abs. 1 BeamtVG weiter mit 75 % gerechnet, jedoch mit der Maßgabe, dass von der ersten bis zur siebten auf den 31.12.2002 folgenden allgemeinen Anpassung[3] der Versorgungsbezüge die sich nach dem alten Modell errechnenden Versorgungsbezüge mit einem gestaffelten „Anpassungsfaktor" gem. der Tabelle des § 69e Abs. 3 BeamtVG zu korrigieren sind.

**Beispiel (in Fortführung der obigen (Rz. 214) Berechnung):**

Nach alter Rechnung:

Ruhegehaltssatz (alt) 37,5 Jahre × 1,875 % = 70,31 %

| | | |
|---|---|---|
| xrgf. Dienstbezüge 5571,33 Euro | ermitteltes Ruhegehalt | 3917,20 Euro |
| × (angenommen) 7. Anpassungsfaktor 0,96208 = | maßgebendes Ruhegehalt | 3768,66 Euro |

238 Ab der achten Anpassung nach § 70 BeamtVG gilt dann der in § 14 Abs. 1 BeamtVG bereits festgeschriebene „neue" Höchstsatz. Da in Bund und Ländern seither zu völlig unterschiedlichen Zeitpunkten (linear) erhöht worden ist, kommen im Ergebnis

---

1 Die Verfassungsgemäßheit dieser Absenkung wird vom VG Frankfurt in einem Vorlagebeschluss an das BVerfG in Zweifel gezogen: VG Frankfurt v. 19.4.2004 – 9 E 6486/03 u. 9 E 4577/03, NVwZ-RR 2006, 208 (L.) = ZBR 2004, 398. Das BVerfG hat inzwischen allerdings in einem anderen Verfahren entschieden, dass es einen verfassungsrechtlich abgesicherten hergebrachten Grundsatz des Beamtenrechts (Art. 33 Abs. 5 GG), wonach der Höchstversorgungssatz mindestens 75 % betragen müsse, nicht gibt, BVerfG v. 27.9.2005 – 2 BvR 1387/02, NVwZ 2005, 1294 = DVBl 2005, 1441 = ZBR 2005, 378.
2 Laut BVerfG v. 27.9.2005 – 2 BvR 1387/02, NVwZ 2005, 1294 = DVBl 2005, 1441 = ZBR 2005, 378, ist die strikte Parallelität von Besoldungs- und Versorgungsanpassung nicht zwingend.
3 Beachtlich sind nur die allgemeinen Tabellen-Erhöhungen zum BBesG, so dass z.B. nach den Anpassungen 2003, 4/2004 und 8/2004 trotz mehrerer Besoldungsanpassungen in Form von Einmalzahlungen bis Ende 2007 weiterhin „erst" die 3. Stufe erreicht war (Faktor 0,98375). Dafür erfolgten dann 2008 die 4. und 5. Anpassung parallel, die Besoldungserhöhung 2009 hat die 6. Stufe eröffnet, die Erhöhung zum 1.1.2011 die 7. Stufe und die zum 1.8.2011 die 8. (jeweils BBesG [Bund]).

IX. Die Versorgung des Beamten und seiner Hinterbliebenen     Rz. 241   Teil **6 A**

immer noch unterschiedliche Anpassungsfaktoren zumTragen, soweit nicht (wie im Bund ab der Erhöhung zum 1.8.2011) inzwischen die „Endstufe" erreicht ist und unmittelbar mit § 14 Abs. 1 BeamtVG n.F. gerechnet werden kann.

Mit dem Wirksamwerden dieser 8. Erhöhung **ändert sich** durch die Umstellung des Prozentsatzes von bisher 1,875 auf 1,79375 p.a. **für alle Pensionsempfänger der für sie maßgebende Ruhegehaltssatz**; dieser wird gem. § 69e Abs. 4 BeamtVG um den Faktor 0,95667 gekürzt. Der neue Ruhegehaltssatz „gilt" gem. § 69e Abs. 4 Satz 2 BeamtVG als festgesetzt, d.h. das Gesetz selbständert mit der Fiktion eines Neufestsetzungsbescheides alle bis dahin festgestellten Ruhegehaltssätze: Dieser ist fortan zugrunde zu legen.

**Beispiel (Fortsetzung):**

bisheriger Ruhegehaltssatz 70,31 % × Faktor 0,95667 = neuer Ruhegehaltssatz 67,26 %[1]

Dafür entfällt natürlich der o.a. Anpassungsfaktor, so dass fortan zu rechnen wäre

rgf. Dienstbezüge 5 571,33 € × Ruhegehaltssatz 67,26 % = Ruhegehalt neu 3 747,27 €

**g) Die Alternativberechnung nach § 85 BeamtVG**

Zum 1.1.1992 hatte der Gesetzgeber das bis dahin geltende Versorgungsmodell durch das vorstehend beschriebene abgelöst. Jenes System war dadurch gekennzeichnet, dass die Höchstversorgung nicht erst nach 40, sondern bereits nach 35 Jahren ruhegehaltfähiger Dienstzeit erreicht werden konnte, zudem mit einem schnelleren Anstieg der Anwartschaften in den ersten Jahren. Somit konnten bei den damals bereits vorhandenen Beamten unter Umständen bereits in Prozentsätzen auszudrückende Versorgungsanwartschaften erreicht sein, die über denjenigen lagen, die sich bei durchgängiger Berechnung nach neuem Recht ergeben hätten. Aus verfassungsrechtlichen Gründen konnte der Gesetzgeber im Zuge seiner Reformbemühungen in diesen wohlerworbenen Besitzstand nicht eingreifen; der zum Stichtag 31.12.1991 bereits erreichte Prozentsatz musste in jedem Falle ungeschmälert erhalten bleiben, so dass Modifikationen des alten Berechnungsmodells nur in die Zukunft wirken konnten.   239

Daher ist für Beamte, die am 31.12.1991 bereits „vorhanden" waren, bei späterer Ermittlung des Ruhegehaltssatzes stets eine Alternativberechnung nach § 85 Abs. 1 BeamtVG durchzuführen. Es wird einmal der Ruhegehaltssatz bestimmt, der sich bei durchgängiger Anwendung des neuen Rechts ergeben würde (also „Jahre × 1,79375 % bzw. 1,875 %"), und es wird zum zweiten alternativ ermittelt, welcher Ruhegehaltssatz bei Zugrundelegen alten Rechts zum Stichtag 31.12.1991 bereits erreicht war. Dieser Wert wird alsdann für jedes nachfolgende Jahr bis zur Pensionierung noch um 1 % erhöht; maßgebend ist dann das günstigere Ergebnis.   240

Nach dem vormaligen Berechnungsmodell blieb, sobald die Mindestdienstzeit von fünf Jahren absolviert war, der Mindestruhegehaltssatz von 35 % zehn Jahre lang unverändert. Ab dem 11. bis zum 25. Dienstjahr stieg der Ruhegehaltssatz 15 Jahre lang um jährlich 2 % (= 30 %), schließlich in den nächsten zehn Dienstjahren um je 1 % (= 10 %), so dass nach 35 Jahren der Höchstsatz von (35 % + 30 % + 10 % =) 75 % erreicht war. Anders als jetzt wurden angefangene Jahre nicht dezimal auf zwei Nachkommastellen ausgerechnet, sondern auf- oder abgerundet (Grenze: 182/183 Tage), so dass sich stets volle Zahlenwerte ergaben.   241

---

[1] Gem. § 14 Abs. 1 Satz 2 u. 3 BeamtVG ist der Ruhegehaltssatz auf 2 Dezimalstellen zu rechnen und dabei zu runden. Das Rechenbeispiel belegt, dass sich zwischen der unmittelbaren Berechnung nach § 14 Abs. 1 und der Anpassungsrechnung nach § 69e Abs. 4 BeamtVG Rundungsverluste ergeben können (im Beispiel 67,27 gegen 67,26 %).

Baden | 1289

**Beispiel:**

Ein Beamter habe bis zum 31.12.1991 27 Jahre 215 Tage ruhegehaltfähige Dienstzeit absolviert.

Das ergibt:

| | |
|---|---:|
| für die ersten zehn Jahre | 35 % |
| für weitere 15 Jahre (15 × 2 % =) | 30 % |
| für (aufgerundet) weitere 3 Jahre (3 × 1 % =) | 3 % |
| erreichter Ruhegehaltssatz zum 31.12.1991: | 68 % |

242   In einem nächsten Schritt wird dann ermittelt, welcher Prozentwert für die Zeit nach dem 1.1.1992 noch hinzuzurechnen ist. Hier wird aber nicht mit den „üblichen" 1,79375 bzw. 1,875 % p.a. weiter gerechnet, sondern mit einem weit niedrigeren Prozentsatz. von nur 1 % p.a. Dies berücksichtigt die nach dem vormaligen Berechnungsmodell überproportional hoch bewerteten Anfangszeiten (10 Jahre = 35 %) und die weiterhin eingerechnete Vergünstigung des schnelleren und höheren Anstiegs des Prozentsatzes in den nachfolgenden, jüngeren Jahren des Beamtenlebens (2 % p.a. zwischen dem 11. und 25. Dienstjahr); deswegen kann nach Vorstellung des Gesetzgebers im Rahmen der Mischbewertung des § 85 BeamtVG für die Folgejahre ein deutlich niedrigerer Steigerungssatz angelegt werden.

243   Angenommen, der besagte Beamte wäre zum 31.3.1996 in den Ruhestand versetzt worden, so kämen hinzu

**(Fortsetzung des Beispiels:)**

| | |
|---|---:|
| ruhegehaltfähige Dienstzeit nach dem 1.1.1992: | 4 Jahre 92 Tage |
| dezimal umgerechnet (mit Rest 92 Tage : 365): | 4,25 Jahre |
| macht im Rahmen des § 85 Abs. 1 Satz 2 BeamtVG | 4,25 % |
| zzgl. bereits erreichter Ruhegehaltssatz zum 31.12.1991 | 68,00 % |
| Zusammen | 72,25 % |

Dem ist der Ruhegehaltssatz gegenüber zu stellen, der sich bei durchgängiger Berechnung nach neuem Recht ergeben würde.

| | |
|---|---:|
| ruhegehaltsfähige Dienstzeit insgesamt: | 31 Jahre 307 Tage |
| dezimal umgerechnet (307 : 365) | 31,84 Jahre |
| × 1,875 % = | 59,7 % |

Ergebnis: die Alternativberechnung gem. § 85 Abs. 1 BeamtVG ist günstiger: Es gilt der bessere Prozentsatz von 72,25 %.

Nach bisherigem Recht bereits nach § 85 BeamtVG festgestellte Ruhegehaltssätze reduzieren sich im Übrigen mit dem Wirksamwerden der 8. Besoldungserhöhung seit dem 1.1.2002 (s. oben Rz. 238) genauso wie alle anderen Ruhegehaltssätze um den Faktor 0,95667 gem. §§ 85 Abs. 11, 69e Abs. 4 BeamtVG. Damit würden sich die o.a. Werte wie folgt verändern:

**Beispiel:**

Der oben ermittelte Satz von 72,75 % reduziert sich (× Faktor 0,95667) auf 69,60 %; er bleibt damit natürlich weiterhin günstiger als der nach § 14 Abs. 1 BeamtVG n.F. zu ermittelnde Satz von (31,84 Jahre × 1,79375 =) 57,11 % bei Berechnung nach neuem Recht.

244   Zu beachten ist bei der Alternativberechnung aber, dass beim Abstellen auf die Rechtslage vor dem 31.12.1991 auch hinsichtlich einiger weiterer Rahmenbedin-

gungen dieses Rechenmodells auf das entsprechende vormalige Recht abgestellt werden muss. Insbesondere ist nach § 85 Abs. 1 Satz 3 (2. Halbs.) BeamtVG auch für die Zurechnungszeit (§ 13 Abs. 1 BeamtVG) auf die seinerzeitige Rechtslage abzustellen; das bedeutet, dass bei der Berechnung, wie unten in Abschnitt 9 dargestellt ist, nur ein Drittel der Differenzzeit zwischen Pensionierung und der Vollendung des 55. Lebensjahres anzusetzen ist. Umgekehrt stellten sich seinerzeit die berücksichtigungsfähigen Fach- und Hochschulausbildungszeiten günstiger dar, u.v.m.

Auch einige weitere Besonderheiten und Einschränkungen[1] im Rahmen des § 85 BeamtVG wollen beachtet sein, so dass sich die Anwendung im Detail doch noch um Einiges komplizierter als dargestellt entpuppt.

**h) Der Versorgungsabschlag, § 14 Abs. 3 BeamtVG**

Seit der Dienstrechtsreform zum 1.1.2001 hat der Gesetzgeber für Beamte, die vorzeitig aus dem Dienst ausscheiden, einen sog. Versorgungsabschlag eingeführt[2]. Die hiervon Betroffenen müssen einen Abzug von bis zu 10,8 % – bei Antragsruhestand gem. § 52 Abs. 3 BBG nach der Reform 2009 sogar bis zu 14,4 %[3] – des Ruhegehalts hinnehmen; dieser Abzug soll nicht nur den immer beliebter gewordenen vorzeitigen Ruhestand unattraktiver machen, sondern auch gewisse Vorteile ausgleichen, die sich in der Erwartung einer Dienstzeit bis zur regelmäßigen Altersgrenze in den ersten Jahren des Dienstes ansammeln, unter der Maßgabe eines vorzeitigen Ausscheidens aber nicht mehr in voller Höhe gerechtfertigt erscheinen.

Die maßgebenden Überlegungen dazu sind Folgende: Zwar hat der vorzeitig aus dem Dienst ausscheidende Beamte im Zeitpunkt seiner Pensionierung regelmäßig noch nicht den vollen Ruhegehaltssatz erreicht, sondern muss sich mit einem niedrigeren Prozentsatz zufrieden geben. Dieses Manko kompensiert aber aus mehreren Gründen noch nicht die „enttäuschte" Erwartung einer vollen Dienstzeit bis zur Altersgrenze. Zum ersten steigen die Grundgehälter der Beamten in den Stufenfolgen der A-Besoldung in den ersten Jahren schneller an als später[4], so dass durchaus im Interesse der in der Aufbau- und Familiengründungsphase befindlichen, jüngeren Beamten ein „Vorschuss" im Vertrauen auf weitere volle Diensttätigkeit gewährt wird, der bei vorzeitigem Ausscheiden nicht abgearbeitet werden kann. Und zum anderen gerät bei vorzeitigem Ausscheiden das mit Setzen von Altersgrenzen für die Verbeamtung einerseits und den Eintritt in den Ruhestand andererseits vorgestellte Verhältnis von Lebensarbeitszeit und späterer Pensionslaufzeit in ein Ungleichgewicht; der Beamte, der vorzeitig ausscheidet, steht dem Dienstgeber entsprechend weniger lange als Dienstkraft zur Verfügung, nimmt aber andererseits für sich und seine Familie länger Pensionsleistungen in Anspruch. Dadurch verschiebt sich das bei der Bemessung von Besoldung und Versorgung vorgestellte Verhältnis von Leistung und Gegenleistung unproportional zu Lasten des Dienstherrn; der Kompensation auch dieses Umstandes soll der Versorgungsabschlag dienen.

---

1 Insbesondere im Hinblick auf § 85 Abs. 1 Satz 3 (1. Halbs.) BeamtVG und § 85 Abs. 4 Satz 2 BeamtVG. Letztere Bestimmung ist wegen mittelbarer Diskriminierung bei teilzeitbeschäftigten Beamten/Beamtinnen nicht anzuwenden, BVerwG v. 25.5.2005 – 2 C 6.04, DöD 2006, 171 = *Schütz*, BeamtR, ES/C II 1.1 Nr. 13.
2 Dieser ist gem. BVerfG v. 27.7.2010, 2 BvR 616/09, IÖD 2010, 226, verfassungsgemäß.
3 Übergangsrecht: § 69h BeamtVG.
4 § 27 Abs. 2 BBesG i.d.F. bis 2/2009: Anstieg bis zur 5. Stufe im Zweijahresabstand, bis zur 9. Stufe alle drei Jahre und erst danach bis zur jeweiligen Endstufe alle vier Jahre. Nunmehr „Erfahrungsstufen" mit Anstiegen nach zwei, drei bzw. vier Jahren je nach Stufe, § 27 Abs. 3 BBesG n.F.

248 Der Versorgungsabschlag wird – lebenslang – von den errechneten „regulären" Ruhestandbezügen abgehalten; er beträgt für jedes Jahr 3,6 % der Pension, höchstens aber 10,8 % bzw. 14,4 %. Dabei wird taggenau gerechnet, also pro Monat 0,3 % bzw. pro Tag 0,09 % der Pension. Berücksichtigt wird
- beim Antragsruhestand des nicht schwerbehinderten Beamten nach § 52 Abs. 3 BBG die Zeit, um die der Beamte vor der für ihn geltenden Altersgrenze ausscheidet – es sei denn der Beamte ist über 65 und hat 45 Dienstjahre absolviert,
- beim Antragsruhestand des schwerbehinderten Beamten nach § 52 Abs. 1, 2 BBG die Zeit, um die der Beamte vor dem 65. Lebensjahr ausscheidet,
- beim Ruhestand wegen Dienstunfähigkeit, die nicht auf einem Dienstunfall beruht, die Zeit, um die der Beamte vor dem 65. Lebensjahr ausscheidet, es sei denn der Beamte ist über 63 und hat 40 Dienstjahre absolviert.

Die zuvor geltenden Grenzen von 65 bzw. 63 sind durch die Reform 2009 angehoben worden, so dass jetzt mehr Frühpensionäre betroffen sind; das Übergangsrecht bestimmt sich nach § 69h BeamtVG. Die Ausnahmen für „Langgediente" sind neu.

249 Keinen Versorgungsabschlag[1] erfahren Beamte, die zwar vorzeitig dienstunfähig werden, dies aber wegen eines Dienstunfalls. Ebenfalls ungeschoren bleiben beim Antragsruhestand nach § 52 Abs. 1 BBG dank übergangsrechtlicher Regelungen Beamte, die am 1.1.2001 schon Beamte waren, vor dem 16.11.1950 geboren sind und am 16.11.2000 bereits schwerbehindert waren, § 69d Abs. 5 BeamtVG.

250 In Fällen anderer niedrigerer Regel-Altergrenzen – z.B. bei Polizei und Feuerwehr (60) oder im Bereich der Soldaten (55 bzw. 58) usw. – tritt diese Grenze in dem vorbeschriebenen Schema an die Stelle des 65. Lebensjahres. In Fällen einer späteren Regel-Altersgrenze (z.B. für Bundesrichter: 68) wird von 67 zurückgerechnet.

251 Die Berechnung des Versorgungsabschlages geschieht wie folgt:

**Beispiel (Fortsetzung des Beispiels oben):**

Der Beamte, nicht schwerbehindert, entschließt sich, von der Möglichkeit des Antragsruhestandes nach § 52 Abs. 3 BBG Gebrauch zu machen; er scheidet mit 63 aus. Berechnung:
- maßgebende Pension 3747,27 Euro (s. oben)
- Altersgrenze 65[2], Ausscheiden mit 63, Differenz somit zwei volle Jahre
- Daher Versorgungsabschlag 2 × 3,6 % = 7,2 %
- 7,2 % von 3747,27 Euro = **269,80 Euro/Monat Abzug (!)**
- tats. ausbezahlt also nur 3477,47 Euro.

Angesichts dieser Abzüge – die lebenslang wirken und auch auf die Hinterbliebenenbezüge durchschlagen – wird sich der Beamte zu gegebener Zeit wohl überlegen, ob er bereit ist, gegen entsprechende Abkürzung der Dienstzeit Einkommensverluste der sich ergebenden Größenordnung hinzunehmen. Der vorzeitig dienstunfähig werdende und deshalb früher ausscheidende Beamte hat diese Wahl freilich nicht. Nur im Falle des Übergangsrechts profitiert dieser Beamte von den vormaligen Regelungen, wonach bei ihm nicht auf die Differenz zu 65, sondern „nur" die

---

1 Wegen des europarechtlichen Verbotes der unmittelbaren Diskriminierung von Teilzeitbeschäftigungen gilt der Versorgungsabschlag nicht bei Teilzeitbeschäftigten für Zeiten ab dem 15.7.1990, BVerwG v. 15.5.2005 – 2 C 14.04, NVwZ 2005, 1080, vor dem Hintergrund von EuGH v. 23.10.2003, Slg. I-2003, 12.575 = JuS 2004, 617 L.
2 Unterstellend, die Altersgrenze ist wegen Geburtsdatums vor dem 1.1.1947 nicht nach § 51 Abs. 2 hinausgeschoben.

bis 63 abgestellt wird, so dass er nur relativ für den Fall der Pensionierung zwischen dem 60. und dem 63. Lebensjahr begünstigt wird und im Falle der Pensionierung ab dem 63. Lebensjahr vom Versorgungsabschlag völlig freigestellt bleibt. Bei unmittelbarer Geltung der Neufassung des § 14 Abs. 3 BeamtVG würde demgegenüber auf das 65. Lebensjahr abgestellt und die Begünstigung allein auf die Dienstzeitverlängerung des § 51 Abs. 2 BBG durchschlagen.

Die Regelungen zum Versorgungsabschlag sind mehrfach Gegenstand gerichtlicher Überprüfung[1] gewesen; nach der Entscheidung des Bundesverfassungsgerichts[2] sind die Bestimmungen des § 14 Abs. 3 BeamtVG mit der Verfassung zu vereinbaren. Der Versorgungsabschlag ist auch dann gerechtfertigt, wenn der vorzeitig aus dem Dienst ausscheidende Beamte bereits die „kalkulatorische" Höchstdauer von 40 Dienstjahren, die normalerweise einen Anspruch auf die Höchstpension von 75 % bzw. künftig 71,75 % rechtfertigen würden, erreicht hat; auch dieser Beamte muss bei Ausscheiden vor dem 65. bzw. 63. Lebensjahr Kürzungen hinnehmen[3]. Nach den Neuregelungen des DNeuG findet allerdings kein Versorgungsabschlag mehr statt, wenn der Beamte mit mehr als 65 Lebensjahren im Falle des Antragsruhestandes eine Dienstzeit von zusammen über 45 Dienstjahren zurückgelegt hat, § 14 Abs. 3 Satz 5 BeamtVG n.F. 252

## i) Zurechnungszeiten

Beamte, die wegen eintretender Dienstunfähigkeit bereits in jüngeren Jahren versorgungsberechtigt aus dem Dienst ausscheiden müssen, werden auf der anderen Seite noch nicht Versorgungsanwartschaften gebildet haben, die i.S.d. Gebotes der lebenslangen Alimentation für den Beamten und seine Familie ausreichen könnten, einen angemessenen Mindeststandard zu gewährleisten. Allein der Umstand, dass das Beamtenversorgungsrecht nach Ablauf von fünf Jahren abgeleisteter Mindestdienstzeit (§ 4 Abs. 1 BeamtVG) einen Mindestsatz von 35 % der ruhegehaltfähigen Dienstbezüge garantiert, stellt für diesen Fall ebenso wenig eine hinreichende Absicherung dieses Risikofalles dar wie das oben erwähnte schnellere Hereinwachsen in die Dienstaltersstufen des Grundgehalts in den jüngeren Jahren nach § 27 Abs. 2 BBesG a.F. Strukturell nichts Anderes gilt nunmehr für die Erfahrungsstufen des § 27 Abs. 3 BBesG n.F. 253

Daher schafft § 13 Abs. 1 BeamtVG den solcherart betroffenen Beamten einen massiven Versorgungsbonus in Form der sog. Zurechnungszeit: Die Zeit zwischen dem Eintritt des Versorgungsfalles (Pensionierung wegen Dienstunfähigkeit) und dem Ablauf des Monats, in dem er das 60. Lebensjahr vollendet, wird der erdienten Dienstzeit zu zwei Dritteln zugerechnet – der Beamte also rechnerisch so behandelt, wie wenn er zwei Drittel dieser Differenz-Zeit länger unter Bildung entsprechender Anwartschaften gearbeitet hätte. Auch hier findet im Übrigen eine Kürzung nach § 6 Abs. 1 Satz 4 BeamtVG wegen Teilzeitbeschäftigung nicht statt, weil dies eine europarechtswidrige Diskriminierung bedeutet[4]. 254

**Beispiel:**

Beamter wird mit 45 Jahren dienstunfähig.
Differenz zur Vollendung des 60. Lebensjahres = 15 Jahre

---

1 BVerwG v. 19.2.2004 – 2 C 20.03, BVerwGE 120, 154 = NVwZ 2004, 1361 = DVBl 2004, 773 = ZBR 2004, 250.
2 BVerfG v. 20.6.2006 – 2 BvR 361/03, NVwZ 2006, 1280 = DVBl 2006, 1241 = ZBR 2006, 342; s. auch BVerfG v. 27.7.2010 – 2 BvR 616/09, IÖD 2010, 226.
3 BVerwG v. 25.1.2005 – 2 C 48.03, NVwZ 2005, 1082 = ZBR 2006, 166 = RiA 2005, 189.
4 BVerwG v. 25.3.2010 – 2 C 72.08, BVerwGE 136, 165.

2/3 hiervon = 10 Jahre 10 Jahre × 1,79375 % = 17,9375 %
Der regulär ermittelte Ruhegehaltssatz erhöht sich um knapp 18 %.

Das Beispiel macht deutlich, in welch starkem Maße die Zurechnungszeit dazu beiträgt, den Ruhegehaltssatz des dienstunfähigen Frühpensionärs in adäquate Größenordnungen zu katapultieren.

255 In der Anwendung dieses Grundsatzes im Einzelfall ist allerdings Vorsicht geboten. Es muss auf den jeweiligen Zeitpunkt des Wirksamwerdens der Pensionierung geachtet werden. Die Zurechnungszeit des § 13 Abs. 1 BeamtVG ist nämlich im Laufe der Entwicklung immer wieder modifiziert worden; abhängig davon, in welchem Zeitpunkt die Pensionierung wirksam wurde, variierte sowohl die begünstigte Zeitspanne mit einem zugrundegelegten Endzeitpunkt zwischen dem 55. und dem 60. Lebensjahr, als auch der Faktor mit Werten zwischen einem Drittel und zwei Dritteln. Es ist also unter Umständen auf das jeweilige Übergangsrecht und auf dem Umweg über dieses auf frühere Fassungen des Gesetzes[1] abzustellen. So ist § 13 Abs. 1 BeamtVG für Pensionierungen vor dem 1.1.1991 in der Fassung des damaligen Rechts (Zurechnung von nur einem Drittel der Differenz bis zum 55. Lebensjahr) anzuwenden, § 69a Abs. 1 BeamtVG. Gleiches gilt für die ggfs. anzustellende Alternativberechnung nach § 85 Abs. 1 BeamtVG. Andererseits sind für Pensionierungen zwischen dem 1.1.2001 und dem 31.12.2003 nach § 69d Abs. 3 Nr. 2 BeamtVG geänderte Faktoren zugrunde zu legen, für Pensionierungen vor dem 1.1.2001 frühere Gesetzesfassungen des § 13 Abs. 1 BeamtVG, wenn dies sich als günstiger erweist (§ 69d Abs. 1 BeamtVG), u. s. w. Es ist überhaupt das ständige Arbeiten mit Übergangsrecht und früheren Gesetzesfassungen, was das Beamtenversorgungsrecht zu kompliziert und unübersichtlich macht.

### j) Dienstunfallbedingte Dienstunfähigkeit

256 Wiederum anders berechnet sich das Ruhegehalt, wenn der Beamte infolge eines Dienstunfalls dienstunfähig wird. Der Umstand, dass der Beamte einen so gravierenden Dienstunfall erlitten hat, dass er über dessen Folgen dienstunfähig wird, löst in besonderem Maße Fürsorgepflichten des Dienstherrn aus.

257 Im Falle solcher dienstunfallbedingter Dienstunfähigkeit bestimmt sich der Ruhegehaltssatz nach § 36 BeamtVG. Der „reguläre" Ruhegehaltssatz wird um 20 % erhöht, nicht allerdings über den Höchstsatz von 75 % hinaus, und beträgt mindestens 66,66 %, § 36 Abs. 3 BeamtVG. Diese Sätze bleiben von der sonst geltenden Zurückführung auf eine Höchstpension von 71,75 % unberührt, wie sich aus § 69e Abs. 6 BeamtVG erschließt. Angesichts dieser „großzügigen" Anhebung des Prozentsatzes aus Gründen des Dienstunfalls bedarf es dann aber nicht mehr in vollem Umfange der zusätzlichen Aufbesserung des Prozentsatzes durch die Zurechnungszeit; von dieser profitiert der betroffene Beamte bei gleichzeitiger Anwendung des § 36 BeamtVG nur noch zu 1/2, § 13 Abs. 1 BeamtVG i.V.m. § 36 Abs. 2 BeamtVG.

258 Liegen gar die besonderen Voraussetzungen für die Gewährung eines erhöhten Ruhegehalts vor – besondere Lebensgefahr bei Ausübung einer Diensthandlung und

---

1 In der Praxis bereitet es regelmäßig erhebliche Probleme, diese früheren Textfassungen zu rekonstruieren, so dass eine Wanderung durch alte Bände des Bundesgesetzblattes oder zumindest die Konsultation von Großkommentaren, die die Textgeschichte aufbereitet haben, erforderlich ist, um den notwendigen Abgleich vorzunehmen; als geeignetes elektronisches Medium, das zurückliegende Fassungen beamtenrechtlicher Texte zuverlässig zu eruieren vermöchte, ist nach Kenntnis des Verfassers allein auf die – allerdings kostenpflichtige – Datenbank von -juris- zu verweisen.

IX. Die Versorgung des Beamten und seiner Hinterbliebenen   Rz. 262   Teil **6 A**

Eintritt eines Dienstunfalls in Realisierung solcher Gefahr, i.E. s. § 37 BeamtVG –, so gelten völlig unabhängig vom sonstigen Versorgungsrecht bei kausal hierauf zurückzuführender Dienstunfähigkeit weitere Vergünstigungen: Der Ruhegehaltssatz beträgt (fix) 80 % der ruhegehaltfähigen Dienstbezüge, und diese werden nicht aus der jeweiligen Stufe des zuletzt bekleideten Amtes, sondern aus der Endstufe des übernächsten[1] Amtes, mindestens A 6 im einfachen, A 9 im mittleren, A 12 im gehobenen und A 16 im höheren Dienst, berechnet.

### 2. Hinterbliebenenversorgung

Der dem Beamtenverhältnis eigene Grundsatz der lebenslangen Alimentation verlangt von dem Dienstherrn nicht allein Fürsorge für den Beamten selbst, sondern auch für dessen Familie und insbesondere nach seinem Ableben für die Hinterbliebenen. Daher setzt sich eine Beamtenversorgung nach dem Tod des Berechtigten, aber auch bei Tod des noch aktiven Beamten in der Form von Witwen- und Waisengeld bzw. in bestimmten Fällen in Form von Unterhaltsbeiträgen fort. Für die Lebensplanung des Beamten, insbesondere aber für dessen Altersvorsorge sind demgemäß nähere Kenntnisse des Versorgungssystems erforderlich. 259

#### a) Die anspruchsberechtigten Personen: Witwen und Witwer, Waisen und Halbwaisen

Anspruchsberechtigt für eine **Witwenversorgung** sind grds. nur die **in rechtsgültiger Ehe lebenden Partner** des Beamten. Abgestellt wird dabei auf den Zeitpunkt des Ablebens des Beamten; eine etwaige Scheidung oder Auflösung der Ehe steht daher einem Witwengeld (erst) dann entgegen, wenn die dies aussprechende Entscheidung im Zeitpunkt des Ablebens bereits rechtskräftig war. Allerdings bleibt die rechtskräftig geschiedene Witwe nicht unversorgt, denn ihr sind normalerweise[2] im Rahmen des Ehescheidungsverfahrens durch Entscheidung des Familiengerichts – unter gleichzeitiger Kürzung der Anwartschaften des Beamten nach § 57 BeamtVG – bereits anteilige Versorgungsanwartschaften im Rahmen des Versorgungsausgleichs nach § 1587b Abs. 2 oder Abs. 3 BGB übertragen. 260

Das Witwengeld bestimmt sich in Anlehnung an das Ruhegehalt, das der verstorbene Beamte zuletzt erhielt oder zu bekommen gehabt hätte; bei der Versorgung der Witwe eines im aktiven Dienst verstorbenen Beamten ist so zu verfahren, als sei der Beamte im Zeitpunkt seines Todes wegen Dienstunfähigkeit in den Ruhestand versetzt worden[3]. Es wird also nach den bereits oben erläuterten Regeln ermittelt, welches Ruhegehalt dieser Beamte ab dem Stichtag zu bekommen gehabt hätte, und auf dieser Basis das Witwengeld errechnet. 261

Demgegenüber sind in **eheähnlicher Gemeinschaft** lebende Partner ebenso wenig anspruchsberechtigt wie etwa gleichgeschlechtliche Partner, selbst wenn sie in einer **eingetragenen Partnerschaft** gelebt haben. 262

---

1 Erforderlichenfalls sogar laufbahnübergreifend zu ermitteln, also z.B. für einen Beamten der BesGr A 9 (m.D.) nach Endstufe A 11.
2 Wenn dies ausnahmsweise nicht möglich war und lediglich ein schuldrechtlicher Versorgungsausgleich nach § 1587f Abs. 2 BGB (lfd. Rentenzahlung des nunmehr verstorbenen Beamten an die frühere Ehefrau) stattfindet, erhält die dieses Anspruchs verlustig gehende geschiedene Witwe einen sog. Unterhaltsbeitrag nach § 22 Abs. 2 BeamtVG, wenn sie über 60 ist, wenn sie selbst erwerbsgemindert ist oder wenn und solange sie ein waisengeldberechtigtes Kind erzieht. Entsprechendes gilt für Unterhaltsansprüche aus vor 1977 (= Eherechtsreform) geschiedene Altehen.
3 BVerwG v. 19.2.2004 – 2 C 30.03, BVerwGE 120, 105 = NJW 2004, 3648 (L.) = NVwZ 2004, 1361 = ZBR 2004, 250 = RiA 2004, 231 = DÖV 2004, 883.

263 Das Gesetz spricht durchgängig nur von Witwen und unterstellt damit gewissermaßen, dass der verstorbene, versorgungsberechtigte Teil der Ehemann gewesen ist. § 28 BeamtVG stellt jedoch klar, dass beim Ableben einer vorsorgungsberechtigten Beamtin umgekehrt natürlich der überlebende **Witwer** in gleicher Weise anspruchsberechtigt ist.

264 Bei den **Waisen und Halbwaisen** wird auf ein familienrechtliches Kindschaftsverhältnis (§§ 1591 ff. BGB) zu dem verstorbenen Beamten abgestellt. Danach ist Mutter, wer das Kind geboren hat (§ 1591 BGB), und Vater, wer mit der Mutter im Zeitpunkt der Geburt verheiratet war[1], wer die Vaterschaft anerkannt hat oder wer durch gerichtliche Entscheidung als Vater des Kindes festgestellt wurde (§ 1592 BGB); die Ehelichkeit spielt also keine Rolle, so dass auch nichteheliche Abkömmlinge waisengeldberechtigt sein können. Auch angenommene (adoptierte) Kinder sind berechtigt, ausgenommen die Adoption erfolgte erst im Ruhestand und nach Vollendung des 65. Lebensjahres des Beamten, § 23 Abs. 2 BeamtVG; ein solches Kind kann ggfs. aber einen Unterhaltsbeitrag bekommen. Die Unterscheidung zwischen Waisen und Halbwaisen betrifft allein die Frage, ob der jeweils andere Elternteil noch lebt, und wirkt sich lediglich in der Höhe des Anspruchs aus.

### b) Die Witwenversorgung

#### aa) Voraussetzungen des Anspruchs

265 Verstirbt der Beamte, der selbst versorgungsberechtigt war oder gewesen wäre, so ist seine hinterbliebene Witwe grds. witwengeldberechtigt, § 19 Abs. 1 BeamtVG.

Versorgungsberechtigt ist in diesem Zusammenhang aber zunächst einmal nach Absolvieren einer Mindestdienstzeit von fünf Jahren nur der **Beamte auf Lebenszeit**, denn nur dieser wird (bei Erreichen der Altersgrenze bzw. im Falle vorzeitiger Dienstunfähigkeit) in den Ruhestand versetzt[2]. Beamte **auf Widerruf**, Beamte **auf Probe** und solche Beamte, die die Fünfjahresfrist des § 4 BeamtVG noch nicht absolviert haben, werden ohne Anspruch auf Ruhegehalt entlassen (§ 32 Abs. 1 Nr. 2 BBG bzw. § 23 Abs. 1 Nr. 2 BeamtStG). Nur ausnahmsweise wird der Probebeamte nicht entlassen, sondern (mit Ruhegehaltsanspruch) pensioniert, wenn eine „Dienstbeschädigung"[3] eingetreten ist, § 49 BBG, § 28 BeamtStG; dessen Witwe erhält folgerecht ebenfalls Witwengeld, § 19 Abs. 2 BeamtVG.

Durch die Anknüpfung des Witwengeldes an den (zumindest theoretischen) Ruhegehaltsanspruch des Verstorbenen bleiben demgemäß Witwen von Beamten, die zu Lebzeiten (noch) keinen Ruhegehaltsanspruch erworben hatten, unversorgt.

#### bb) Ausnahmen: Kein Witwengeld

266 Aber auch bei den grds. für den Witwengeldanspruch in Betracht kommenden Ehegatten wird in zwei Fällen **kein Witwengeld** gezahlt:
– **Kurze Ehedauer**: Zum einen ist die überlebende Witwe nicht witwengeldberechtigt, wenn die Ehe weniger als ein Jahr gedauert hat, § 19 Abs. 1 Nr. 1 BeamtVG; der Gesetzgeber möchte vermeiden, dass der sein Ende sehende Beamte noch kurz vor seinem Tod eine Ehe schließt, um dem Partner die Wohltat einer lebenslangen Versorgung aus staatlichen Mitteln zu verschaffen.

---

1 Ausgenommen der Fall der rechtskräftigen Ehelichkeitsanfechtung, § 1599 BGB.
2 Die Bestimmungen über die regulären „Pensionierungsfälle" der §§ 41 (Altersgrenze) und 42 BBG (Dienstunfähigkeit) sprechen allein von dem „Beamten auf Lebenszeit".
3 Hier vereinfacht; Einzelheiten s. § 49 BBG bzw. § 28 BeamtStG.

## IX. Die Versorgung des Beamten und seiner Hinterbliebenen   Rz. 268  Teil **6 A**

**Beispiel:**

Der alternde, bereits verwitwete und schwer erkrankte Beamte möchte seine langjährige nichteheliche Lebensgefährtin noch versorgt wissen und heiratet diese noch kurz vor seinem Tod, womöglich gar noch im Wege der „Nottrauung" im Krankenhaus.

Diesem Hintergrund der gesetzlichen Vorgabe entsprechend greift der Ausschlusstatbestand dann nicht, wenn ausnahmsweise die Annahme, dass nur eine „Versorgungsehe" zu Gunsten der Witwe begründet werden sollte, nach den besonderen Umständen des Falles nicht begründet erscheint.

**Beispiel:**

Die Witwe kann belegen, dass es in der Erwartung, die Ehe werde noch längere Zeit bestehen, bei der kurzfristigen Eheschließung nicht darum gegangen ist, ihr selbst eine Versorgung zu verschaffen, sondern darum, dem Beamten eine Pflege und Betreuung im Krankheitsfall zu sichern.

Die Gesetzesformulierung („... es sei denn ...") macht allerdings deutlich, dass dies ein Umstand ist, den die Witwe selbst darlegen und beweisen muss[1].

– **Alters- und Ruhestandsehe**: Witwengeld gibt es ferner dann nicht, wenn der Beamte bei Eheschließung schon über 65 und selbst im Ruhestand war, § 19 Abs. 1 Nr. 2 BeamtVG[2].   267

**Beispiel:**

Der noch rüstige, 85-jährige Ruhestandbeamte heiratet auf seine alten Tage noch eine attraktive Dame von lediglich 35 Jahren.

Auch hier steht im Mittelpunkt der gesetzgeberischen Erwägungen der Gesichtspunkt, der gewillkürten Schaffung künftiger Versorgungslasten einen Riegel vorzuschieben. Indes ist die Regelungstechnik eine andere; es wird nicht mit Regel und (von der Witwe darzulegender) Ausnahme operiert, sondern der Witwengeldanspruch von vornherein und ausnahmslos[3] ausgeschlossen. Allerdings kann auch diese Witwe unter der Herrschaft des Art. 6 GG und des aus Art. 33 Abs. 5 GG abzuleitenden Anspruches auf lebenslange Alimentation nicht gänzlich unversorgt bleiben:

Die unter den Ausschlusstatbestand des § 19 Abs. 1 Nr. 2 BeamtVG fallende Witwe erhält anstelle des Witwengeldes einen **Unterhaltsbeitrag** nach § 22 Abs. 1 BeamtVG *„bis zur Höhe des Witwengeldes"*. Der Unterschied zum Witwengeld besteht darin, dass zum einen kein strikter Rechtsanspruch begründet wird, indem hier „besondere Umstände des Falles" die teilweise oder gar vollständige Versagung rechtfertigen können, sowie darin, dass eigenes Erwerbs- und Erwerbsersatzein-   268

---

1 Zu den Darlegungslasten in diesem Falle s. etwa HessVGH v. 16.2.2007 – 1 UZ 1948/06, RiA 2007, 189 = IÖD 2007, 239; OVG Rh.-Pf. v. 17.12.2007 – 2 A 10800/07, ZBR 2008, 394 (L.) = DVBl 2008, 336 (L.).
2 Zur Vereinbarkeit dieses Grundsatzes mit Art. 3 u. 6 GG s. OVG Saarl. v. 14.8.2008 – 1 A 237/08, NVwZ-RR 2009, 124.
3 Selbst dann, wenn der Beamte seine frühere Ehefrau erneut heiratet: BVerwG v. 13.10. 1971 – VI C 57.66, BVerwGE 38, 346 (zum Unterhaltsbeitrag in einem solchen Fall s. HessVGH v. 5.3.2007 – 1 UZ 2909/06, NVwZ-RR 2007, 474). Nach OVG Saarl. v. 14.8.2008 – 1 A 237/08, NVwZ-RR 2009, 124 ist dieser Ausschluss mit höherrangigem Recht vereinbar.

kommen¹ „in angemessenem Umfang" anzurechnen sind. Das reguläre Witwengeld bildet also nur die Obergrenze des im Einzelfall zu bemessenden Anspruchs auf Zahlung eines Unterhaltsbeitrages, der individuell der jeweiligen Situation angepasst bereitgestellt wird. Damit wird eine Einzelfall-Entscheidung erforderlich². Naturgemäß bedarf es zur gleichmäßigen Bestimmung der Begrenzung- und Versagungsgründe einheitlicher und handhabbarer Kriterien; diese stellt die für die Praxis hier besonders wichtige Verwaltungsvorschrift³ zu § 22 BeamtVG zur Verfügung, ohne deren Konsultation eine verlässliche Auskunft über die im Einzelfall zu erwartenden Leistungen praktisch nicht möglich ist.

### cc) Höhe des Witwengeldes

269 Der **Höhe** nach beläuft sich das Witwengeld – regelmäßig noch – auf **60 %** derjenigen Bezüge, die der Beamte als Ruheständler zu bekommen hatte oder (falls er sich bei seinem Tod noch im aktiven Dienst befand) als fiktiv dienstunfähig gewordener Beamter zu bekommen gehabt hätte. Dieser höhere Prozentsatz gilt nach **Übergangsrecht** für vor dem 1.1.2002 geschlossene Ehen weiter, wenn ein Ehegatte – egal welcher – vor dem 2.1.1962 geboren wurde, § 69e Abs. 5 Satz 2 BeamtVG i.V.m. § 20 Abs. 1 BeamtVG vormaliger Fassung. Nur für später begründete Ehen und solche, in denen beide Ehegatten jünger als vor dem 2.1.2962 geboren sind, beläuft sich der Satz auf **55 %**.

**Beispielsrechnung (im Anschluss an das Beispiel aus Rz. 233):**

Nach Durchführung aller Berechnungen und Abzug des Versorgungsabschlages hatten wir für unseren Ruhestandsbeamten (BesGr A 15, 37,5 rgf. Dienstjahre, Antragsruhestand nach § 42 Abs. 4 Nr. 2 BBG mit 63) einen tatsächlich auszuzahlenden Pensionsanspruch von brutto 3 477,27 Euro ermittelt. Das ergibt:

Witwengeld bei 60 % = **2 086,36 Euro**(bei 55 % nur 1 912,50 Euro)

Bei **großem Altersunterschied** wird das Witwengeld allerdings unter Umständen gekürzt, § 20 Abs. 2 BeamtVG: War die Witwe mehr als 20 Jahre jünger als der Verstorbene, so wird das Witwengeld für jedes weitere Jahr um 5 % gekürzt, höchstens allerdings auf die Hälfte. Hat die Ehe dann aber mehr als fünf Jahre bestanden, so werden der Witwe wieder für jedes angefangene weitere Jahr der Ehe wieder 5 % „gutgeschrieben", bis das volle Witwengeld wieder erreicht ist.

---

1 Hierbei werden nicht die Begriffsbestimmungen des § 53 Abs. 7 Satz 3 BeamtVG zugrunde gelegt, so dass auch eigenes Renteneinkommen von der Anrechnung bedroht ist; BVerwG v. 21.10.1999 – 2 C 41.98, NVwZ-RR 2000, 308. Dem Umstand, dass es sich hierbei um Versorgungsleistungen aus eigenem Recht der Witwe handelt, ist nach Auffassung des BVerwG in ausreichendem Umfang dadurch Rechnung getragen, dass 30 % der jeweiligen Mindestwitwenversorgung monatlich anrechnungsfrei sind.
2 Der Unterhaltsbeitrag hat lediglich Auffüllungsfunktion. Er dient dem Ausgleich von Härten, die sich daraus ergeben, dass das Gesetz der nachgeheirateten Witwe eine volle Witwenversorgung versagt: vgl. BVerwGE 41, 207 (214). Instruktiv im Einzelfall z.B. VG Lüneburg v. 23.6.2004 – 1 A 159/04, http://www.dbovg.niedersachsen.de/Entscheidung.asp?Ind=0550020040001591+A.
3 Vgl. Ziff. 22.1.3.–22.1.8. der VwV zum BeamtVG v. 3.11.1980, GMBl. 1980, 742 – einer Verwaltungsvorschrift des BMI i.S.d. § 107 Abs. 1 BeamtVG; die VwV sind nicht fortgeschrieben und daher teilweise überholt (Schütz/Maiwald, BeamtR, § 107 BeamtVG Rz. 4), gleichwohl der Verwaltungspraxis durchweg weiter zugrunde gelegt. Die VwV sind durchweg bei den Kommentierungen zum BeamtVG mit abgedruckt.

IX. Die Versorgung des Beamten und seiner Hinterbliebenen   Rz. 272   Teil 6 A

**Beispiel:**

Der Beamte heiratet mit 62 eine flotte Dreißigerin. Er verstirbt mit 72.

Altersunterschied 32 Jahre – also Abzug ab dem
21. Jahr = 12 Jahre je 5 %

12 Jahre × 5 % = 60 %, also gilt die Höchst-Kürzung von 50 %

anschließende Ehedauer 10 Jahre; berücksichtigungsfähig
ab 6. Jahr also 5 Jahre

| | |
|---|---|
| 5 angef. Jahre × 5 % = | Hinzurechnung 25 % |
| verbleiben also | 75 % des Witwengeldes |
| bei einem Witwengeldsatz von 60 % des Ruhegehalts[1] | |
| also (75 % von 60 % =) | 45 % der rgf. Dienstbezüge |

**dd) Zusammentreffen mit eigenen Einkünften der Witwe**

Bezieht die Witwe noch eigenes Erwerbseinkommen oder Erwerbsersatzeinkommen[2] (z.B. Krankengeld) – § 53 Abs. 7 BeamtVG –, so verfügt sie nach der Vorstellung des Gesetzgebers in diesem Umfang über die für das Bestreiten ihres Unterhalts notwendigen Einkünfte; sie wird daher für weniger bedürftig angesehen. In diesen Fällen findet eine **Ruhensberechnung nach § 53 BeamtVG**[3] statt, so dass bei Überschreiten der dort in Abs. 2 Nr. 1 genannten Höchstsätze das eigentlich zustehende Witwengeld praktisch nicht ausgezahlt wird[4]. Allerdings verbleibt auch im Falle der Ruhensanrechnung wegen eigener Erwerbseinkünfte normalerweise immer noch eine **Mindestversorgung** i. H. v. 20 % des individuellen Versorgungsanspruchs, § 53 Abs. 5 BeamtVG, hier also 20 % des zustehenden Witwengeldes. 270

Eine Ausnahme davon gilt aber für Beschäftigte im öffentlichen Dienst: Der Gesetzgeber[5] hat den vorbezeichneten Mindestversorgungsanspruch des § 53 Abs. 5 BeamtVG mit Wirkung ab dem 1.1.2002 durch § 53 Abs. 5 Satz 2, 3 BeamtVG entfallen lassen, wenn die versorgungsberechtigte Witwe selbst ein Einkommen aus einer Verwendung im öffentlichen Dienst (sog. Verwendungseinkommen, § 53 Abs. 8 BeamtVG) aus mindestens derselben Besoldungsgruppe oder einer vergleichbaren Vergütungsgruppe erhält. Damit soll die für ungerechtfertigt erachtete Doppelalimentation vermieden werden[6]. Das BVerwG hat diesen Ausschluss für verfassungsgemäß erachtet[7]. 271

Eine strukturell vergleichbare[8] **Ruhensberechnung** findet **nach § 54 BeamtVG** statt, wenn die Witwe, z.B. weil sie selbst auch Beamtin war, aus dieser Tätigkeit **eigene** 272

---
1 S. o. Rz. 269: Übergangsrecht, weil Ehe vor dem 1.1.2002 geschlossen und ein Ehegatte vor dem 2.1.1962 geboren, § 69e Abs. 5 BeamtVG.
2 Hier hat bis zum In-Kraft-Treten des DNeuG gem. § 53 Abs. 7 Satz 3 BeamtVG ein ggü. oben Rz. 268 abweichender Begriff des Erwerbsersatzeinkommens gegolten, der – anders als in § 22 Abs. 1 Satz 2 BeamtVG – durch eine konkretisierende Verweisung auf § 18a Abs. 3 Satz 1 Nr. 1 SGB IV gekennzeichnet war; zu dieser Unterschiedlichkeit s. BVerwG v. 21.10.1999 – 2 C 41.98, NVwZ-RR 2000, 308. Der Klammerzusatz ist mit der Neuregelung des § 53 Abs. 7 Satz 3 BeamtVG entfallen.
3 Hierzu im Einzelnen unten Rz. 280 ff. („Ruhensberechnungen").
4 Die Regelung ist vom BVerfG für verfassungskonform erachtet worden, BVerfG v. 11.12.2007 – 2 BvR 797/04, DVBl 2008, 184. Zweifel hegen weiterhin *Bücking/Quambusch*, ZBR 2009, 244.
5 VersorgungsänderungsG 2001 v. 20.12.2001, BGBl. I, 3926.
6 BT-Drs. 14/7064, 40.
7 BVerwG v. 1.9.2005 – 1 C 15.04, BVerwGE 124, 178 = NVwZ 2006, 606 = DVBl 2006, 313 = ZBR 2006, 133.
8 Hier gibt es aber keine Mindestbelassung von 20 %; auf § 53 Abs. 5 BeamtVG wird nicht verwiesen, § 54 Abs. 5 BeamtVG.

**Versorgungsansprüche** erhält. Auch hier werden also die eigene Versorgung und das Witwengeld addiert, und bei Überschreiten von Höchstgrenzen werden die jeweils „früheren" Versorgungsbezüge anteilig zum Ruhen gebracht.

273 Erhält die Witwe dagegen aus eigener früherer Berufstätigkeit eine **Rente**, so ist sie weitaus besser daran; Renten aus eigener, vorangegangener Berufstätigkeit werden bei der dann stattfindenden **Ruhensberechnung nach § 55 BeamtVG** nicht berücksichtigt, § 55 Abs. 3 Nr. 2 BeamtVG.

### ee) Ende des Anspruchs

274 Der Witwengeldanspruch endet bei **Wiederverheiratung**, § 61 Abs. 1 Nr. 2 BeamtVG. In diesem Falle erhält die Witwe nur noch eine Abfindung in Höhe eines 24-Monats-Betrages, § 21 BeamtVG, sie verliert aber den Anspruch auf weitere laufende Alimentierung.

### c) Das Waisengeld

275 Waisengeld erhalten die Kinder des mit Ruhegehaltsanspruch[1] verstorbenen Beamten, und zwar als Halbwaisen in Höhe von 12 % des Ruhegehalts, als Vollwaisen in Höhe von 20 %, § 24 BeamtVG. Auch Halbwaisen bekommen allerdings den vollen Satz von 20 %, wenn die Mutter[2] ihrerseits weder selbst witwengeldberechtigt ist noch Unterhaltsbeitrag erhält.

276 Uneingeschränkt gilt dies aber nur für Waisen bis zum 18. Lebensjahr. Danach ist weitere Voraussetzung eines fortbestehenden Waisengeldanspruchs, dass die (steuerrechtlichen) Voraussetzungen für das Fortbestehen eines Kindergeldanspruchs gegeben sind, § 61 Abs. 2 BeamtVG. Das Kind muss sich also noch in der Ausbildung befinden[3], und es darf keine eigenen Einkünfte haben, die (nach derzeitigem Stand) 7 680,00 Euro im Jahr[4] übersteigen. Als Altersgrenze ist in § 61 Abs. 2 das 27. Lebensjahr genannt; solange das Gesetz hier nicht geändert wird[5], kann insoweit die – mit Übergangsbestimmungen – steuerrechtlich verfügte Rücknahme der Altersgrenze für die Kindergeldberechtigung auf das 25. Lebensjahr noch nicht auf die Berechtigung zum Waisengeldbezug durchschlagen.

277 Die obere Altersgrenze (27) schiebt sich hinaus, wenn Ausbildungsverzögerungen wegen Wehr- oder Zivildienstes oder Entwicklungshilfedienstes vorgelegen haben, § 61 Abs. 2 Satz 1 BeamtVG i.V.m. § 31 Abs. 5 EStG.

Jenseits dieser oberen Altersgrenze wird Waisengeld – letztlich unbegrenzt – nur bei behinderten Kindern weiter gezahlt, die außer Stande sind, sich selbst zu unterhalten[6].

---

1 Wie oben bereits bei den Witwen behandelt, Ziff. 2.1 Rz. 265.
2 Bei Tod des Vaters, sonst umgekehrt, § 28 BeamtVG.
3 Einzelheiten gem. den in Bezug genommenen Voraussetzungen des § 32 Abs. 4 Satz 1 Nr. 2 Buchst. a, b und d EStG: Berufsausbildung, Warte- und Übergangszeiten bis zu 4 Monate, Absolvieren eines freiw. sozialen oder ökologischen Jahres.
4 § 32 Abs. 4 Satz 2 EStG. Monatlich macht dies 640 Euro im Mittel aus – ein Betrag, der schon bei Auszubildendenvergütungen überschritten werden kann; Vorsicht ist insbesondere bei der Hinzurechnung eines etwaigen „Weihnachtsgeldes" geboten. Abgestellt wird allerdings auf die für den Unterhalt tatsächlich zur Verfügung stehenden Beträge, so dass anfallende Sozialversicherungsbeiträge oder Beiträge einer privaten Krankenversicherung abzusetzen sind, BVerfG v. 11.1.2005 – 2 BvR 167/02, BVerfGE 112, 164; dies weiter umsetzend BFH v. 16.11.2006 – III R 74/05 und v. 14.12.2006 – III R 24/06.
5 Auch im Zuge des DNeuG nicht geändert.
6 Wegen der weiteren Voraussetzungen dieses Sonderfalls s. im Einzelnen § 61 Abs. 2 Satz 2 u. 3 BeamtVG sowie § 32 Abs. 5 EStG.

Alle Waisengeldansprüche jenseits des 18. Lebensjahres sind im Übrigen antrags- 278
abhängig; sie werden also nicht „automatisch" gezahlt, sondern nur nach entsprechender Antragstellung, § 61 Abs. 1 Satz 1 BeamtVG.

**d) Zusammentreffen mehrerer Ansprüche**

Absolute Obergrenze aller in Betracht kommenden Ansprüche auf Hinterblie- 279
benenversorgung (Witwengeld, Waisengeld(er) und Unterhaltsbeiträge) ist aber jeweils das volle Ruhegehalt des verstorbenen Beamten. Der Dienstherr kann in
der Versorgung der Hinterbliebenen nicht mehr zahlen, als er zu Lebzeiten des Beamten hätte zahlen müssen, als es Hinterbliebene mit eigenen Ansprüchen noch
gar nicht gab. Daher werden, wenn die kumulierten Einzelansprüche das volle
Ruhegehalt übersteigen, diese jeweils anteilig gekürzt.

**Beispiel:**

Der Beamte hinterlässt Ehefrau (als Altfall mit 60 % Witwengeld berechtigt) und 4 waisen-
geldberechtigte Kinder: Es ergeben sich Einzelansprüche von 60 % für die Witwe und je
12 % für die Waisen, zusammen 108 %. Der Dienstherr muss aber höchstens 100 % bezahlen. Also reduzieren sich die Einzelansprüche anteilig:

Kürzungsfaktor 100 % : 108 % = 0,925926

| | |
|---|---:|
| Witwengeld 60 % × 0,925926 = (gerundet) | 55,55 % |
| Waisengeld je 12 % × 0,925926 = (gerundet) je | 11,11 %[1] |

**3. Ruhensberechnungen nach §§ 53 ff. BeamtVG**

In den ersten vorstehenden Kapiteln sind wir der Frage nachgegangen, wie sich der 280
Pensionsanspruch des Beamten bzw. die Hinterbliebenenversorgung berechnet. Die
Ansprüche sind danach abhängig von der Höhe der berücksichtigungsfähigen (ruhegehaltfähigen) Dienstbezüge, die sich danach bestimmen, was der Beamte erhielte,
wenn er noch im aktiven Dienst wäre, unter Vernachlässigung allerdings der Bezü-
gebestandteile, die nicht ruhegehaltfähig sind, und andererseits der berücksichtigungsfähigen (ruhegehaltfähigen) Dienstzeit, aus der sich nach dem Faktor der
§§ 14 Abs. 1, 69e Abs. 2, 3 BeamtVG pro Jahr der individuelle Ruhegehaltssatz errechnet. Witwen- und Waisenbezüge wiederum machen eine Quote dieses Betrages
aus.

Nun gibt es aber eine Reihe von Fällen, in denen der hiernach rechtlich zustehende 281
Betrag doch nicht – jedenfalls aber nicht vollständig – ausgezahlt wird, weil der Be-
zügeempfänger über andere laufende Geldmittel verfügt und deswegen bereits anderweitig versorgt ist. Die Pension tritt in diesen Fällen als subsidiär zurück; der
Versorgungsanspruch „ruht". Entfällt die alternative Leistung, lebt der Versorgungsanspruch allerdings wieder in voller Höhe auf.

Die Fälle, in denen es zum Ruhen des Versorgungsanspruches kommt, sind indes 282
recht unterschiedlich. Zum einen geht es um Fälle, in denen der Pensionär noch
Geld durch weitere berufliche Tätigkeit (hinzu) verdient, wenn er dies überhaupt
nur deswegen kann, weil er als Ruheständler von seinen Dienstpflichten freigestellt
ist; in diesen Fällen kommt es nach einem teilweise recht komplizierten zu hand-
habenden Berechnungsmodus zu einer Anrechnung von Erwerbseinkommen
(§ 53 BeamtVG, sogleich unter I). Daneben geht es um Fälle, in denen der Ruhegeld-

---

1 Im konkreten Einzelfall wird natürlich nicht über den Prozentsatz gerechnet, sondern
unmittelbar der Geldbetrag einteilig reduziert. Dann treten auch keine Rundungsverluste auf.

empfänger nicht allein seine Pension, sondern auf Grund anderweitiger Vordienstzeiten daneben eine Rente erhält; für diesen Fall klärt § 55 BeamtVG das Nebeneinander von Rente und Pension (hierzu sogleich unter II). Ähnlich – im Detail aber mit Besonderheiten – verhält es sich, wenn nicht Rente und Pension, sondern zwei unterschiedliche Pensionsansprüche aufeinander treffen; dies regelt § 54 BeamtVG. Und wieder andere Sonderprobleme stellen sich, wenn der Beamte während seiner Lebensarbeitzeit Teile im Dienste einer zwischen- oder überstaatlichen Einrichtung verbracht und aus dieser Zeit eigene Versorgungsansprüche, ggfs. aber auch der späteren Versorgung dienende Kapitalleistungen erhalten hat; diese Fälle behandelt § 56 BeamtVG. Mit diesen Sonderkonstellationen wollen wir uns in der gebotenen Kürze in Abschnitt III befassen.

283 Einen nicht zu vernachlässigenden, weil praktisch oft vorkommenden Sonderfall behandelt schließlich § 57 BeamtVG, der die Kürzung des gesetzlichen Ruhegehaltsanspruchs als Folge einer Ehescheidung regelt; hier werden durch familiengerichtliche Entscheidung Versorgungsanwartschaften an den geschiedenen Ehepartner übertragen, was im Pensionierungsfall naturgemäß zu einer entsprechenden Reduktion des Pensionsanspruchs führen muss. Diesen Fall behandelt der Beitrag nicht; er muss aber in einer Vermögens- und Versorgungsanalyse für den Ruhestand als wesentlicher Faktor naturgemäß mit eingestellt werden, um zu verwertbaren Aussagen zu gelangen. Daher sei der Punkt zumindest als Merkposten mit erwähnt.

a) **Ruhensberechnung bei Erwerbseinkünften**

aa) **Ansatz und Ausgangspunkt**

284 Der im aktiven Beamtenverhältnis befindliche Beamte muss sich seinem Dienst mit voller Hingabe widmen (§ 61 Abs. 1 Satz 1 BBG/§ 34 Satz 1 BeamtStG). Daher kann er nicht neben seinem Dienst beliebig anderweitigen – insbesondere entgeltlichen – Tätigkeiten nachgehen. Nachdem der Dienstherr nach den Grundsätzen des Berufsbeamtentums ohnehin für die volle, amtsgemäße Alimentation zu sorgen versprochen hat, sollte dies (so die Theorie) auch wirtschaftlich nicht notwendig sein. Daher bedarf der Beamte, wenn er neben seinem Dienst einer (weiteren) Tätigkeit nachgehen möchte, einer Nebentätigkeitsgenehmigung, § 99 BBG bzw. Landesrecht. Nur bestimmte, insbesondere dem Schutzbereich des Art. 5 GG unterfallende Nebentätigkeiten, vornehmlich solche im wissenschaftlichen und künstlerischen Bereich, sind genehmigungsfrei (§ 100 BBG), gleichwohl aber anzeigepflichtig und im Einzelfall zu untersagen, wenn dienstliche Belange hierdurch beeinträchtigt werden könnten. Wer dagegen vorzeitig aus dem Dienst scheidet, ist von diesen Beschränkungen unbelastet; es gibt schließlich keine Dienstpflichten mehr, mit denen eine etwaige anderweitige Berufstätigkeit kollidieren könnte[1]. Daher kann der Pensionär durch anderweitige Verwendung seiner Arbeitskraft grds. nach Belieben hinzuverdienen.

285 Dies betrifft nicht nur den im einstweiligen Ruhestand befindlichen politischen Beamten (§ 54 BBG), sondern auch den Antragsruheständler (§ 52 BBG), den Ruheständler aus einem Beamtenberuf mit vorzeitiger Altersgrenze (z.B. Polizei, Feuerwehr, Beamte der Flugsicherung, u.v.m., aber auch Soldaten, die versorgungsrechtlich ähnlich behandelt werden), und insbesondere Beamte, die wegen Dienstunfähigkeit vorzeitig aus dem Dienst scheiden. Dienstunfähig zu sein bedeutet aber keineswegs, für Verwendungen außerhalb des öffentlichen Dienstes auch „erwerbsunfähig" zu sein; „dienstunfähig" ist nämlich bereits, wer aus gesundheitlichen

---

[1] Ausgenommen Sonderfälle wie § 105 BBG, § 41 BeamtStG oder § 20 SG.

Gründen oder wegen seines körperlichen Zustandes nicht mehr in der Lage ist, seine Dienstpflichten[1] zu erfüllen.

Diese Personen sind zur Aufnahme einer anderweitigen Erwerbstätigkeit allerdings regelmäßig nur deswegen in der Lage, weil sie in ihrem Beamtenberuf nicht mehr arbeiten müssen – sonst hätten sie gar nicht die zeitlichen Freiräume und individuellen Kapazitäten hierfür, oder sie müssten sich in das Korsett des Nebentätigkeitsrechts pressen lassen. In dieser Situation wäre es, so die Vorstellung des Gesetzgebers, unangemessen, dem Pensionär volle Erwerbsmöglichkeiten zu eröffnen, versorgungsrechtlich aber so zu tun, als habe dies keine Bedeutung. Daher hat er aus Gründen des **Vorteilsausgleichs** in § 53 BeamtVG für (Früh-)Pensionäre ein System der Anrechnung etwa erzielten Erwerbseinkommens auf den Pensionsanspruch geschaffen, das den anrechnungsfreien Zuerwerb begrenzt und für die darüber hinaus gehenden Einkünfte in einer aufwendigen Höchstbetragsberechnung ein Ruhen des überschießenden Anteils des eigentlich zustehenden Ruhegehalts bewirkt[2]. 286

Über der sukzessive hinausgeschobenen Regelaltersgrenze liegende Beamte werden hiervon nicht betroffen; für diesen Personenkreis kommt die angesprochene Vorteilsausgleichung nicht zum Tragen, weil er ohnehin nicht mehr arbeiten müsste[3]. Für die „echten" Alterspensionäre gilt daher gem. § 53 Abs. 8 BeamtVG dieses Anrechnungssystem nicht, es sei denn, sie erzielen ihre Zusatzeinkünfte ausgerechnet aus einer Verwendung im öffentlichen Dienst. Diese Ausnahme erklärt sich daraus, dass der Beamte ja auch im Alter seine das amtsgemäße Auskommen sichernde Alimentation bekommt und diese nicht aus wiederum öffentlichen Kassen zusätzlich gesponsert werden soll[4]. 287

Für den Ruheständler, der noch nicht die Regelaltersgrenze überschritten hat, gilt indes das Anrechnungssystem des § 53 BeamtVG uneingeschränkt. Das war nicht immer so; vor 1999 galten strenge Anrechnungsregeln nur für Zusatzeinkünfte aus dem öffentlichen Dienst selbst, während andere allenfalls auf „nicht erdiente" Bestandteile des Ruhegehalts[5] angerechnet wurden. Für Altfälle wurde eine Günstigkeitsregelung mit einer sieben Jahre währenden Übergangsfrist eingeräumt[6], die indes inzwischen zum 31.12.2005 ausgelaufen ist. 288

### bb) Das Grundprinzip

Liegt ein anrechnungsträchtiger Fall der Kumulation von Ruhegehalt und Erwerbseinkommen vor, werden diese beiden Einkünfte addiert und alsdann das Ergebnis mit den aus § 53 Abs. 2 BeamtVG zu ermittelnden Höchstbeträgen verglichen. Wird diese überschritten, führt dies zur anteiligen Kürzung der Pension. 289

---

1 Bezogen auf das Amt im abstrakt-funktionellen Sinn, s. BVerwG v. 23.9.2004 – 2 C 27.03, NVwZ 2005, 458; OVG NW v. 17.9.2003 – 1 A 1069/01, ZBR 2005, 101.
2 Die Regelung ist lt. BVerfG v. 11.12.2007 – 2 BvR 797/04, DVBl 2008, 184 und BVerwG v. 18.9.1997 – 2 C 35.96, BVerwGE 105, 226, verfassungskonform.
3 Der Gesetzgeber geht davon aus, dass nach Erreichen der gesetzlichen Altersgrenze die vorgestellte Proportionalität von berufslebenslanger Dienstleistung und Versorgung erreicht ist, s. etwa BVerwG v. 25.1.2005 – 2 C 48.03, NVwZ 2005, 1082 = ZBR 2006, 167 = RiA 2005, 189.
4 Hierzu BVerwG v. 1.9.2005 – 2 C 15.04, BVerwGE 124, 178 = NVwZ 2006, 606 = DVBl 2006, 313 = ZBR 2006, 133.
5 Dies ist z.B. der Teil des Ruhegehalts, der sich aus der Aufbesserung des Prozentsatzes durch Zurechnungszeiten nach § 13 BeamtVG ergibt. Hierzu s. BVerwG v. 25.9.2003 – 2 C 51.02, DVBl 2004, 762.
6 S. § 69c Abs. 4 BeamtVG und § 69a Nr. 2 BeamtVG, jeweils i.V.m. §§ 53, 53a BeamtVG Fassung 1998.

**Beispiel:**

| | | |
|---|---:|---:|
| individueller Pensionsanspruch | 2 800,00 Euro | 2 800,00 Euro |
| Zusatzeinkünfte | 1 000,00 Euro | |
| zusammen also | 3 800,00 Euro | |
| Höchstgrenze (angenommen) | 3 500,00 Euro | |
| bedeutet: anzurechnen | 300,00 Euro | 300,00 Euro |
| Anrechnungsfrei 700,00 Euro, | | |
| Auszahlung Pension daher nur | | 2 500,00 Euro |

290 Es gibt demnach keine „Hinzuverdienstgrenze": Der Pensionär kann hinzu verdienen, wie viel er will. Wenn allerdings in der Kumulation die Höchstgrenzen überschritten werden, führt dies zur Reduktion des Auszahlungsanspruchs.

### cc) Betroffene Einkünfte

291 Die Anrechnung gilt für „Erwerbseinkommen" und Erwerbsersatzeinkommen, § 53 Abs. 1 BeamtVG. Was das ist, wird näher in § 53 Abs. 7 BeamtVG definiert. **Erwerbseinkommen** sind danach Einkünfte aus selbständiger Arbeit, aus nicht selbständiger Arbeit, aus Gewerbebetrieb sowie aus Land- und Forstwirtschaft. Obschon als eigenständige, beamtenrechtliche Begriffsbestimmung verstanden, ist damit die Anlehnung an die steuerrechtlichen Einkunftsbegriffe unverkennbar, und in der Tat wird in der Praxis auch tatsächlich das zugrunde gelegt, was sich aus dem Steuerbescheid bzw. der Steuererklärung ergibt[1]. In Anwendung des § 2 Abs. 2 EStG rechnet dabei bei den Einkunftsarten aus selbständiger Arbeit, aus „Gewerbebetrieb" und aus Land- und Forstwirtschaft lediglich **der Gewinn**, also der Überschuss der Einnahmen über die Kosten, ermittelt nach den für die jeweilige Einkunftsart maßgebenden (steuerrechtlichen) Regeln über die Gewinnermittlung. Dieser ist bekanntlich in Grenzen durchaus gestaltbar, so dass hierüber mittelbar auch der für die Höchstbetragsberechnung des § 53 Abs. 2 BeamtVG maßgebende Betrag durch steuerliche Gestaltung beeinflusst werden kann. Bei Einkünften aus nicht selbständiger Tätigkeit sind diese Möglichkeiten geringer, immerhin gilt aber auch hier gem. § 2 Abs. 2 EStG der Überschuss der Einnahmen über die Werbungskosten als maßgeblich, so dass im Rahmen des Veranlassens von Werbungskosten auch hier Einfluss auf das Zahlenwerk genommen werden kann.

292 Nicht in § 53 Abs. 7 BeamtVG erwähnt sind die weiteren steuerlichen Einkunftsarten, also insbesondere die Einkünfte aus Vermietung und Verpachtung und die Einkünfte aus Kapitalvermögen. Hier ergeben sich weitere Gestaltungsmöglichkeiten. Der Pensionär als Betreiber eines landwirtschaftlichen Nebenerwerbsbetriebs produziert demgemäß anrechenbares Erwerbseinkommen – verpachtet er denselben Betrieb an seine Ehefrau, so bleiben die Pachteinkünfte außer Betracht; der Gewinn, den dann die Ehefrau zieht, kann ohnehin nicht für eine Anrechnung herangezogen werden. Erwirtschaftet der Pensionär als Beteiligter einer Personengesellschaft einen Gewinn aus Gewerbebetrieb, so entstehen anrechenbare Einkünfte; betreibt er stattdessen eine GmbH, so handelt es sich bei deren Gewinnen, auch wenn sie von dem Gesellschafter entnommen werden, um nicht interessierende

---

[1] Klarzustellen bleibt allerdings, dass der Beamte nicht angehalten werden kann, seinen Steuerbescheid oder seine Steuererklärung vorzulegen, wenn er die erforderliche Meldung nach § 62 BeamtVG macht: Die pensionszahlenden Dienststellen haben keinen Zugriff auf die Steuerdaten selbst. Andere Nachweismöglichkeiten bleiben hierneben bestehen (z.B. durch Verträge, Kontounterlagen, Bescheinigungen des Steuerberaters o. dgl.).

Einkünfte aus Kapitalvermögen – lediglich das Gehalt, das der Ruheständler sich als (angestellter) Geschäftsführer zubilligt, macht wiederum Einkünfte aus nicht selbständiger Tätigkeit aus, die im Rahmen des § 53 Abs. 7 BeamtVG beachtlich werden; dieses ist aber Vereinbarungssache.

Unter **„Erwerbsersatzeinkommen"**, das dem o.a. Erwerbseinkommen gleich gestellt wird, versteht das Gesetz zunächst, aber nicht ausschließlich[1] Leistungen i.S.d. § 18a Abs. 3 Satz 1 Nr. 1 SGB IV, die auf Grund öffentlich-rechtlicher Vorschriften kurzfristig erbracht werden, um Erwerbseinkommen zu ersetzen – also Leistungen wie Krankengeld, Arbeitslosenhilfe o.Ä. 293

Nicht als Erwerbseinkommen gelten dabei im Übrigen steuerfreie Aufwendungsentschädigungen, Jubiläumszuwendungen, ein etwaiger Unfallausgleich nach § 35 BeamtVG und Einkünfte aus Tätigkeiten, die nach Art und Umfang Nebentätigkeiten i.S.d. § 100 Abs. 1 Nr. 2 BBG bzw. des entsprechenden Landesrechts (das sind schriftstellerische, wissenschaftliche, künstlerische und Vortragstätigkeiten) entsprechen. Außerdem bleiben Beträge unberücksichtigt, die im Rahmen der jeweiligen Einkunftsarten als Betriebsausgaben bzw. Werbungskosten anerkannt sind. 294

In Anwendung des Prinzips, dass die Ruhensregelung des § 53 BeamtVG Ausfluss des Gedankens eines Vorteilsausgleichs sein soll[2] – der Beamte kann seine anzurechnenden Einkünfte nur deswegen erzielen, weil er auf Grund des vorzeitigen Ruhestandes von seiner eigentlichen Dienstleistungspflicht freigestellt ist –, unternimmt es aktuelle Rechtsprechung, bei der Ermittlung der überhaupt beachtungspflichtigen Einkünfte verstärkt die Kausalitätsfrage auszuwerfen: Handelt es sich wirklich um Einkünfte, die nur deshalb erzielt werden können, weil der Beamte (vorzeitig) in den Ruhestand getreten ist, oder geht es um Einkünfte, die auch unabhängig von der Pensionierung erzielt werden könnten? Im letztgenannten Fall soll dann die Ruhensberechnung unterbleiben[3]. 295

**dd) Höchstgrenzen**

Entscheidend ist nun, welche Höchstgrenzen in welchem Fall maßgebend sind. § 53 Abs. 2 unterscheidet dabei drei Fälle: 296

---

1 Bis zum DNeuG enthielt § 53 Abs. 7 Satz 3 BeamtVG einen „klarstellenden" Klammerzusatz, der auf § 18a Abs. 3 SGB IV verwies. Im Zuge des DNeuG ist dieser Zusatz gestrichen worden, um deutlich zu machen, dass die dortige Aufzählung für den Anwendungsbereich des BeamtVG nicht abschließend sein soll, vgl. BT-Drs. 16/7076, 61 (161) (offenbar in Reaktion auf BVerwG v. 21.10.1999 – 2 C 41.98, NVwZ-RR 2000, 308.
2 BVerwG v. 27.1.2005 – 2 C 39.03, NVwZ 2005, 288; v. 17.12.2008 – 2 C 26.07, DVBl 2009, 600 (L.).
3 VGH München v. 31.7.2006 – 15 B 05.3302, ZBR 2007, 167, für den Fall lediglich steuerrechtlich bedingter „Einkünfte" (Auflösen einer Ansparabschreibung); OVG Münster v. 20.6.2007 – 21 A 2664/05, IöD 2007, 213 = ZBR 2007, 281 (L.) für den Fall von Erträgnissen aus einem Kommanditanteil. Entgegen VG Köln v. 11.7.2007 – 3 K 4758/06, abgelehnt für den Fall einer bloßen Fortsetzung von Einkünften, wie sie zuvor zulässigerweise bereits anrechnungsfrei auf Grund genehmigter Nebentätigkeiten erzielt werden konnten (Tätigkeit eines nunmehr pensionierten Richters als Vorsitzender von Einigungsstellen) BVerwG v. 23.7.2009 – 2 B 53.09, NVwZ-RR 2009, 814.

– Im Normalfall gilt bei Ruhestandbeamten und Witwen[1] der Gesamtbetrag der ruhegehaltsfähigen Dienstbezüge, wie er sich bei Zugrundelegen der Endstufe der maßgebenden Besoldungsgruppe errechnen würde[2], ggf. zuzüglich Kinderzuschläge in ungekürzter Höhe. Das ermöglicht – vereinfacht gesprochen – ein anrechnungsfreies Hinzuverdienen bis zur Höhe der „aktiven" Dienstbezüge: Faustformel: **Aufstocken bis 100 %**.

– Bei Beamten, die wegen **Dienstunfähigkeit** in den Ruhestand getreten sind, und bei schwerbehinderten Beamten, die **auf Antrag vorzeitig**, d.h. nach § 52 Abs. 1 oder 2 BBG[3], gilt stattdessen als Höchstgrenze ein Satz von 71,75 % – nach altem Recht 75 %[4] – der genauso aus der Endstufe der Besoldungsgruppe zu berechnenden ruhegehaltsfähigen Dienstbezüge, ggf. wiederum zuzüglich Kinderzuschläge in ungekürzter Höhe, zuzüglich eines Betrages von derzeit 400 Euro/Monat, dies aber zuzüglich weiterer 800 Euro im Jahr[5]. Dies ermöglicht, wiederum verein-

---

1 Wichtig: Bei der selbst noch im Berufsleben stehenden Witwe eines verstorbenen Beamten werden deren *eigene* Berufseinkünfte auf ein etwaiges Witwengeld angerechnet; ihr wird also zugemutet, sich vorrangig aus ihren eigenen Einkünften zu unterhalten, bevor subsidiär aufstockend ein Witwengeld hinzutritt. Berücksichtigt werden die Bruttoeinkünfte abzüglich Werbungskosten. Lt. BVerwG v. 19.2.2004 – 2 C 20.03, BVerwGE 120, 154 = NVwZ 2004, 1361 ist dies mit der Verfassung zu vereinbaren, soweit die Witwe dadurch nicht schlechter gestellt wird als ein vorzeitig in den Ruhestand eingetretener Beamter.
2 Die Pensionsberechnung selbst erfolgt auf der Basis der Stufe, in der sich der Beamte zurzeit seiner Pensionierung gerade befunden hat, ggf. also auch aus einer niedrigeren Stufe, vgl. § 5 Abs. 1 Nr. 1 BeamtVG. Die Berechnung des § 53 Abs. 2 BeamtVG ist demgegenüber eine andere, was u.U. eine höhere, anrechnungsfrei bleibende Differenz bewirkt.
3 Dank der ausdrücklichen Bezugnahme auf § 52 *Abs. 1 oder 2* BBG – und nicht auch *Abs. 3!* – gilt dies nicht für den „allgemeinen" Antragsruhestand ab 63; für den Schwerbehinderten, der von der Möglichkeit des Antragsruhestandes ab 60 bzw. 62 Gebrauch gemacht hat, bleibt es aber bei der ungünstigeren Anrechnungsbestimmung, auch wenn er das 63. Lebensjahr hinter sich hat und er demgemäß ungeachtet seiner Behinderung auch von der Regelung des vormaligen 42 Abs. 4 Nr. 2 (jetzt § 52 Abs. 3 BBG) Gebrauch machen könnte (so jedenfalls *Plog/Wiedow/Lemhöfer/Bayer*, BeamtVG, § 53 Rz. 17a); ein nachvollziehbarer Sinn ist in dieser Differenzierung kaum auszumachen, so dass sich die Frage nach der Verfassungsgemäßheit der Schlechterstellung aufdrängt. Hat der Schwerbehinderte im Zeitpunkt seines Antrags das 63. Lebensjahr vollendet, sollte er auf jeden Fall prüfen, ob er nach § 52 Abs. 3 und – trotz seiner Schwerbehinderung – nicht nach § 52 Abs. 1 oder 2 BBG vorgehen sollte, wenn er von Hinzuverdienstmöglichkeiten Gebrach machen möchte. Er nimmt damit aber andererseits die Schlechterstellung beim Versorgungsabschlag in Kauf, § 14 Abs. 3 BeamtVG!
4 VGH München v. 31.7.2006 – 15 B 05.3302, ZBR 2007, 167, für den Fall lediglich steuerrechtlich bedingter „Einkünfte" (Auflösen einer Ansparabschreibung); OVG Münster v. 20.6.2007 – 21 A 2664/05, IöD 2007, 213 = ZBR 2007, 281 (L.) für den Fall von Erträgnissen aus einem Kommanditanteil. Entgegen VG Köln v. 11.7.2007 – 3 K 4758/06, abgelehnt für den Fall einer bloßen Fortsetzung von Einkünften, wie sie zuvor zulässigerweise anrechnungsfrei aufgrund genehmigter Nebentätigkeiten erzielt werden konnten (Tätigkeit eines nunmehr pensionierten Richters als Vorsitzender von Einigungsstellen), BVerwG v. 23.7.2009 – 2 B 53.09.
5 Bis zum DNeuG war der Betrag zuletzt statisch auf 325 Euro festgeschrieben. Dieser Betrag war ursprünglich aus der rentenrechtlichen „Geringverdienergrenze" – einem Siebtel der Bezugsgröße des § 18 SGB IV – hervorgegangen. Während diese aber nachfolgend fortwährend weiter angehoben wurde, hatte der Gesetzgeber den Betrag in § 53 Abs. 2 Nr. 3 BeamtVG a.F. auf 325 Euro festgeschrieben; die Faustformel, wonach der Pensionär jedenfalls einen Geringverdienerjob zusätzlich anrechnungsfrei versehen könne, traf also nicht mehr. Mit den Änderungen des DNeuG ist der Betrag in Abweichung von der Regierungsvorlage durch den Innenausschuss auf 400 Euro/Monat zuzüglich weiterer 2 × 400 Euro p.a. neu festgelegt worden, vgl. BT-Drs. 16/10850, 118 (241).

facht gesprochen, ein anrechnungsfreies Hinzuverdienen bis zur höchstdenkbaren Pension plus 400 Euro/Monat:

Faustformel **Aufstocken bis 71,75 % (bislang 75 %) plus 400 Euro**

Von dieser wesentlich engeren Ausnahmeregelung nicht betroffen sind Beamte, deren Dienstunfähigkeit auf einem Dienstunfall beruht, sowie nicht-schwerbehinderte Antragsruheständler nach § 52 Abs. 3 BBG (Antrag ab 63 möglich); für diese gilt die allgemeine Höchstgrenze des § 53 Abs. 2 Nr. 1 BeamtVG. Auch nicht betroffen sind Hinterbliebene; sobald der unter § 53 Abs. 2 Nr. 3 BeamtVG fallende Beamte verstirbt, gilt für die Witwe wiederum die „freundlichere" Höchstgrenze des § 53 Abs. 2 Nr. 1 BeamtVG.

– Eine gesonderte Höchstgrenze gilt schließlich für Waisen: Sie liegt bei 40 % des Betrages, der normalerweise bei Ruheständlern und Witwen maßgebend ist.

### ee) Mindestbelassung

Gleich wie hoch das zur einer Pension hinzutretende Erwerkseinkommen ist und wie stark in Anwendung der Höchstgrenzenregelung des § 53 Abs. 2 BeamtVG in den Ruhegeldanspruch eingegriffen wird: In jedem Falle wird aber ein Mindestbetrag von 20 % des jeweiligen Versorgungsbezuges ausbezahlt, § 53 Abs. 5 BeamtVG. Eine „Kürzung auf Null" findet also nicht statt. 297

Doch keine Regel ohne Ausnahme: Bis auf Null gekürzt wird dann, wenn der Versorgungsempfänger selbst Erwerbseinkommen aus einer Tätigkeit im öffentlichen Dienst (sog. Verwendungseinkommen, § 53 Abs. 8 BeamtVG) erhält, das mindestens aus derselben Besoldungsgruppe oder einer vergleichbaren Vergütungsgruppe gezahlt wird. Für diesen Fall wird angenommen, dass dessen Dienstbezüge genügen, den Lebensunterhalt zu bestreiten, so dass eine „Doppelalimentation" aus öffentlichen Kassen nicht erforderlich sei. Diese Einschränkung ist nach Auffassung des BVerwG[1] mit der Verfassung zu vereinbaren. 298

### b) Ruhensberechnung bei Zusammentreffen von Pension und Rente

### aa) Ansatz und Ausgangspunkt

Einen ganz anderen Fall regelt § 55 BeamtVG. Hier geht es um eine Kumulation von Einkünften, die sich aus einem Zusammentreffen von Rente und Pension ergeben kann. Eine solche Situation kann insbesondere dann eintreten, wenn der Ruheständler nur einen Teil seines Berufslebens als Beamter verbracht hat, einen anderen aber in versicherungspflichtigen Beschäftigungsverhältnissen. Der etwa bereits erworbene Rentenanspruch – der regelmäßig nach 60 Beitragsmonaten entsteht – geht durch eine spätere Verbeamtung nicht unter, so dass im Ruhestandfall Rente und Pension gleichzeitig gezahlt wird. Da die Voraussetzungen für das Entstehen eines Versorgungsanspruches im Rentenrecht einerseits und im Beamtenrecht andererseits völlig unterschiedlich sind, können in der Kumulation beider Ansprüche entstehen, die zu höheren Zahlungen führen, als wenn der Pensionär zeitlebens ausschließlich Beamter gewesen wäre. Das ist nach der Vorstellung des Gesetzgebers nicht gewollt; eine durch die Zufälligkeiten des Lebenslaufes eintretende Besserstellung gegenüber dem reinen Nur-Beamten wird als zu vermeidender Sys- 299

---

1 BVerwG v. 1.9.2005 – 2 C 15.04, BVerwGE 124, 178 = NVwZ 2006, 606 = ZBR 2006, 133; BVerwG v. 21.9.2006 – 2 C 22.05, NVwZ-RR 2007, 145 = ZBR 2007, 304. Diese Annahme berücksichtigt freilich nicht, dass der Bedarf eines verwitweten Beamten gegenüber dem alleinstehenden, auf dessen Alimentation dessen eigene, aktive Dienstbezüge abgestellt sind, ein durchaus anderer sein kann, etwa was die Bedienung laufender, noch aus der Ehezeit herrührender Verpflichtungen anlangt.

tembruch in den Versorgungsmodellen empfunden, der in der eintretenden Kollision wiederum dadurch gelöst wird, dass beide Versorgungsbezüge addiert und bei Überschreiten bestimmter Höchstgrenzen die Beamtenversorgung als subsidiär zurücktritt.

300 „Überversorgungen" der beschriebenen Art können insbesondere dadurch eintreten, dass versicherungsrelevante Zeiten, die Rentenanwartschaften begründet haben, beamtenrechtlich noch einmal mit zählen, wie z.B. bei Zeiten nach Vordienstzeiten im privatrechtlichen Beschäftigungsverhältnis, § 10 BeamtVG, bei notwendigen, versicherungspflichtig vergüteten Praktika innerhalb des Ausbildungsganges, § 12 BeamtVG, oder aber bei versicherungspflichtigen Beschäftigungsverhältnissen im Rahmen einer In-sich-Beurlaubung mit Gewährleistungsbescheid nach § 6 Abs. 1 Satz 2 Nr. 5 BeamtVG. Aufgrund der Systemunterschiede zwischen Rente und Pension, insbesondere angesichts des Grundsatzes der Versorgung aus dem letzten Amt, der u.U. eine relativ hohe Pension beschert, können Überversorgungen aus der Kumulation von Rente und Pension auch dann entstehen, wenn es derartige Doppelberechnungen gar nicht gegeben hat.

### bb) Das Grundprinzip

301 Ziel der Ruhensberechnung nach § 55 BeamtVG ist jedenfalls in allen Fallkonstellationen, die Besserstellung des Doppelversorgten gegenüber der vergleichbar erzielbaren Höchstpension als Nur-Beamter abzubauen. Das hierfür angewendete Grundprinzip ist mit dem vorbeschriebenen identisch: Rente und Pension werden addiert, das Ergebnis mit einem vorgegebenen Höchstbetrag abgeglichen, und im Überschreitensfall wird der überschießende Pensionsbetrag zum Ruhen gebracht[1].

### cc) Betroffene Renten

302 Nun können natürlich nicht alle denkbaren Renten in dieses Modell der Höchstbetragsberechnung einbezogen werden. Da nur auf die gesetzliche Altersversorgung und vergleichbare Vorgänge abgezielt wird, bleiben naturgemäß privatrechtliche (Leib-)Renten unberührt; wer sein Familienwohnheim im Alter gegen Rentenzahlung verkauft, bleibt natürlich ungeschoren. Ebenso können keine Renten erfasst werden, die der spätere Rentenbezieher während seines Berufslebens durch eigene, zusätzliche Aufwendungen „erkauft", um dadurch im Alter eine höhere Gesamtversorgung zu erzielen; abgesehen davon, dass in diesem Falle in verfassungsrechtlich geschütztes Eigentum eingegriffen würde, ginge in einem solchen Falle natürlich auch jegliche Anreizfunktion für die immerhin aus guten Gründen gewünschte zusätzliche, private Altersvorsorge verloren.

303 Berücksichtigt werden daher nur die Renten, die § 55 Abs. 1 Satz 2 BeamtVG aufzählt. Dies sind Renten aus der gesetzlichen Rentenversicherung sowie vergleichbare Renten aus berufsständischen Versorgungswerken, Renten aus einer Zusatzversorgung des öffentlichen Dienstes[2], mit Einschränkungen auch Renten aus der gesetzlichen Unfallversicherung[3] und schließlich Renten aus einer etwa an die Stelle der gesetzlichen Rentenversicherung getretenen befreienden Lebensversicherung, wenn der Arbeitgeber hierzu die Hälfte oder mehr an Beiträgen beigesteuert hat.

304 Auch innerhalb dieser Renten kann der Versicherte aber freiwillig mehr für seine Altersversorgung tun, indem er sich höher oder nach Ende der Versicherungspflicht freiwillig weiter versichert. Wenn dieser zusätzliche Aufwand aus privaten Mitteln

---

1 Die Bestimmung ist laut BVerfG v. 16.3.2009, 2 BvR 1003/08, NVwZ-RR 2010, 118 verfassungsgemäß.
2 Z.B. eine VBL-Rente oder vergleichbare Bezüge als anderen Zusatzversorgungskassen.
3 Einzelheiten s. § 55 Abs. 1 Nr. 3 BeamtVG i.V.m. § 35 BeamtVG, § 31 Abs. 1–4 BVG.

betrieben wurde, kann auch der darauf zurückzuführende Mehrbetrag an Renten, der in der einheitlichen Rentenberechnung gar nicht gesondert in Erscheinung tritt, nicht durch eine Ruhensberechnung verloren gehen; daher muss hier innerhalb einer und derselben Rente nach Entgeltpunkten auseinander gerechnet werden.

Der Beamte kann, wenn die Voraussetzungen einer Rentenanrechnung vorliegen, dem auch nicht entgehen, indem er z.b. keinen Antrag stellt[1] oder gar auf die Rente verzichtet; in diesem Falle wird er so behandelt, wie wenn er die Rente tatsächlich bekäme – es wird fiktiv eine Rente abgezogen, die er gar nicht bekommt. Entsprechend wird verfahren, wenn zur Abgeltung von Leistungsansprüchen eine (Kapital-)Abfindung, eine Beitragserstattung oder eine sonstige Kapitalleistung in Anspruch genommen wurde; auch in diesem Falle wird (fiktiv) ermittelt, welche Rente sich ergeben hätte, wenn dies nicht geschehen wäre, und der ausmachende Betrag wie eine tatsächlich zustehende Rente abgesetzt[2]. Der Beamte kann einer solchen Fiktivanrechnung allerdings dadurch entgehen, dass er den Abfindungs- bzw. Erstattungsbetrag binnen drei Monaten nach Zufluss an den Dienstherrn abführt, § 55 Abs. 1 Satz 5 BeamtVG. 305

Nach § 55 Abs. 3 BeamtVG sind aber bestimmte Renten ausdrücklich von einer Anrechnung ausgenommen. Es sind dies zum einen bei dem Ruheständler selbst Renten aus einer früheren Beschäftigung oder Tätigkeit des Ehegatten (also z.B. dessen eigene Altersrente, genauso aber eine hierauf begründete Witwenrente), und bei Witwen und Waisen eine Rente aus deren eigener Beschäftigung oder Tätigkeit. Eine Witwenpension wird also nicht etwa in Ansehung einer eigenen Rente der Witwe gekürzt, so dass die beiden Versorgungen kumulieren können. 306

### dd) Höchstbeträge

Im Rahmen der Rentenanrechnung gem. § 55 BeamtVG kennt das Gesetz zwei unterschiedliche Höchstbeträge, nämlich einen für den Ruheständler selbst und einen für Witwen und Waisen. Für den Ruheständler wird ein Betrag zugrundegelegt, wie er sich (völlig unabhängig von dem tatsächlichen Werdegang) ergeben würde, wenn als ruhegehaltfähige Dienstzeit die gesamte Zeitspanne von der Vollendung des 17. Lebensjahres bis zum Versorgungsfall zugrunde gelegt wird, und bei den ruhegehaltfähigen Dienstbezügen ähnlich wie bei § 53 Abs. 2 BeamtVG die Besoldung aus der Endstufe der maßgebenden Besoldungsgruppe, § 55 Abs. 2 Nr. 1 BeamtVG. Der Beamte wird also für die Vergleichsberechnung mit leicht vereinfachender Pauschalierung so behandelt, wie wenn er zeitlebens[3] Beamter gewesen wäre. 307

Bei Witwen und Waisen gelten die Beträge als Höchstbeträge, die sich als Witwen- und Waisengeld ergeben würden, legte man für die maßgebende Pensionshöhe die- 308

---

1 Nachdem die Rentengewährung normalerweise antragsabhängig ist, entsteht hier eine problematische Haftungsfalle, wenn der Beamte bei Eintritt des Rentenfalls vergisst, einen solchen Antrag zu stellen, etwa weil er gar nicht mehr daran gedacht hat, dass aus Zeiten weit zurückliegender Berufstätigkeit noch Anwartschaften bestehen: Versorgungsrechtlich wird auch die gar nicht ausgezahlte Rente nach § 55 Abs. 1 Satz 3 BeamtVG angerechnet, so dass sich teils erhebliche Überzahlungen auftürmen können, die der Dienstgeber regelmäßig zurückverlangen wird (§ 52 BeamtVG), während der „vergessene" und erst verspätet nachgeholte Rentenantrag regelmäßig keine Nachzahlungen für die Vergangenheit zulässt.
2 Zur Berechnung vgl. etwa *Ruland*, ZBR 2008, 120 ff. Einzelheiten zum Berechnungsmodus sind trotz BVerwG v. 27.3.2008 – 2 C 30.06, BVerwGE 131, 29 – und der danach erfolgten Ergänzung des § 55 Abs. 1 um die Sätze 8 und 9 noch streitig. Zur Frage einer kalkulatorischen Obergrenze der Abzüge s. BVerwG v. 27.1.2011 – 2 C 25.09, DÖV 2011, 659 (L.) = DokBer B 2011, 197.
3 Beamtenversorgungsrechtlich berücksichtigt werden stets nur die Dienstzeiten nach der Vollendung des 17. Lebensjahres, vgl. z.B. § 6 Abs. 1 Satz 2 Nr. 1 BeamtVG.

jenige fiktive Pension zugrunde, die sich für den Beamten selbst nach vorstehender Berechnung ergäbe, § 55 Abs. 2 Nr. 2 BeamtVG.

### ee) Mindestbelassung

309 Anders als bei der Anrechnung von Einkünften gibt es bei der Rentenanrechnung keine Mindestbelassung. Eine § 53 Abs. 5 entsprechende Regelung ist in § 55 nicht enthalten. Je nach dem Verhältnis der Zahlen kann also eine Ruhensberechnung nach § 55 BeamtVG den Auszahlungsbetrag bis auf Null reduzieren.

### c) Weitere Ruhensberechnungen

#### aa) Zusammentreffen mehrerer Versorgungsbezüge

310 Nicht nur Pension und Rente können miteinander kumulieren, sondern auch mehrere, voneinander unabhängige Versorgungsbezüge aus unterschiedlichen Beamtenverhältnissen.

311 Dabei behandelt das Gesetz in der Sache mehrere unterschiedliche Kumulationsfälle. Zum einen geht es um mehrere, voneinander unabhängige Versorgungsansprüche, die der Ruheständler selbst erworben hat. Das ist gewiss eher ein Sonderfall, nachdem das Versorgungssystem des Beamtenrechts normalerweise davon ausgeht, dass alle Beamtendienstzeiten und alle sonst als ruhegehaltfähig zu berücksichtigenden Dienstzeiten zur Ermittlung einer einheitlichen Pension zusammengefasst werden. Einschlägige Fallkonstellationen können aber z.B. bei **kommunalen Wahlbeamten** oder anderen **Zeitbeamten** nach Beendigung von deren Amtszeit und daraus resultierender Pensionierung entstehen, wenn später ein anderes Beamtenverhältnis begründet wird, oder aber, weil § 54 Abs. 1 Nr. 1 BeamtVG eine „ähnliche Versorgung" gleich stellt, beim Zusammentreffen von Beamtenversorgung mit Abgeordneten- oder Ministerpensionen. Auch in diesen Fällen kann sich ergeben, dass die Addition beider Versorgungsleistungen zu höheren Beträgen führt, als sie sich ergäben, wenn die Pension einheitlich aus der gesamten, hier wieder individuell berücksichtigungsfähigen Dienstzeit und der Endstufe der maßgebenden Besoldungsgruppe ermittelt würde. Nach dem bereits bekannten Anrechnungsmodell tritt daher zur Begrenzung der Gesamt-Versorgung der früher erlangte Anspruch zurück, soweit in der Kumulation die Höchstgrenze des § 54 Abs. 2 Nr. 1 BeamtVG überschritten wird.

312 Alsdann geht es für **Witwen und Waisen** um den Fall des etwaigen Zusammentreffen mehrerer Witwen- oder Waisengelder bzw. Unterhaltsbeiträge. Auch hier tritt bei Überschreiten einer Höchstgrenze, die nach § 54 Abs. 2 Nr. 2 BeamtVG zu bestimmen ist, die jeweils frühere Versorgung subsidiär zurück. Bei solchem Zusammentreffen mehrerer Witwenversorgungen, die im Bezug auf die frühere Verwendung des Ehegatten gewährt werden – entsprechend bei Waisen im Bezug auf den verstorbenen Elternteil –, bestimmt sich diese Höchstgrenze nach der höchsterreichbaren Witwen- bzw. Waisenversorgung, wenn für den früheren Pensionierungsfall nach den Maßstäben des § 54 Abs. 2 Nr. 1 gerechnet wird (also mit den Berechnungskriterien der individuell gesamten ruhegehaltfähigen Dienstzeit und einem Besoldungsanspruch aus der Endstufe der maßgebenden Besoldungsgruppe).

313 Der praktisch wichtigste Fall betrifft das Zusammentreffen von Witwenversorgung mit etwaigen **eigenen Versorgungsansprüchen der Witwe**, wenn diese selbst z.B. auf Grund eines eigenen Beamtenverhältnisses versorgungsberechtigt ist (Fall des § 54 Abs. 4 BeamtVG) oder wird (Fall des § 54 Abs. 1 Nr. 3 BeamtVG). Hier ergibt sich eine Höchstgrenze, die nach § 54 Abs. 2 Nr. 3 BeamtVG zu bestimmen ist; (eigene)

IX. Die Versorgung des Beamten und seiner Hinterbliebenen          Rz. 317   Teil **6 A**

Pension plus Witwengeld dürfen in diesem Fall nicht höher kommen als 75 % (künftig 71,75 %) der ruhegehaltfähigen Dienstbezüge aus der Endstufe derjenigen Besoldungsgruppe, nach der sich das Witwengeld berechnet (also der für den verstorbenen Beamten maßgebenden Besoldungsgruppe). Allerdings darf die Gesamtversorgung nicht hinter dem Betrag zurückbleiben, der ohne den hinzutretenden neuen Versorgungsbezug bis dato zustand (§ 54 Abs. 1 Satz 2 BeamtVG), und es gilt auch (nur) für diesen letztgenannten Fall eine Mindestbelassung von 20 % des früheren Versorgungsbezuges.

Dieser letztgenannte Fall einer Ruhensberechnung bei Zusammentreffen von eigener Pension der Witwe mit einer aus dem früheren Beamtenverhältnis des verstorbenen Ehegatten herrührenden Witwenversorgung geht von der Vorstellung einer Gesamt-Alimentation des überlebenden Ehepartners aus, die aus öffentlichen Kassen lediglich einmal bereit gestellt werden muss. Ohne die eigene, frühere Berufstätigkeit der Witwe soll deren Versorgung bereits in Form des Witwengeldes sichergestellt sein, und ohne die den Witwengeldanspruch begründende Eheschließung ergäbe sich bei eigener Berufstätigkeit der Witwe deren amtsgemäße Versorgung (bereits) aus ihrem eigenen Pensionsanspruch. Treffen nun beide Versorgungen zusammen, so kann sich nach der Vorstellung des Gesetzgebers eine Doppel- bzw. Überversorgung ergeben, die es zu vermeiden gilt. Damit ist die selbst in einem Beamtenverhältnis berufstätig gewesene Witwe aber deutlich schlechter gestellt wie die in versicherungspflichtigen Beschäftigungsverhältnissen tätig gewesene Witwe, denn deren aus ihrer eigenen Tätigkeit resultierende Rente wird, wie wir gesehen haben, gerade nicht angerechnet (§ 55 Abs. 3 Nr. 2 BeamtVG). 314

**bb) Versorgung aus zwischen- oder überstaatlicher Verwendung**

Es entspricht durchaus dem Interesse des Dienstherrn, wenn seine Beamten zeitweilig bei zwischen- oder überstaatlichen Einrichtungen – häufig vorkommende Fälle betreffen Dienststellen der NATO oder Einrichtungen der EG/EU – verwendet werden. Praktisch erfolgt dies in der Regel durch Beurlaubung ohne Dienstbezüge, jedoch mit Gewährleistungsbescheid nach § 6 Abs. 1 Satz 2 Nr. 5 BeamtVG mit der Folge, dass entgegen dem Regelfall die Dienstzeit bei der späteren Versorgungsberechnung mitzuzählen ist. Der entsandte Beamte erhält für die Zeit seiner Verwendung seine (i.d.R. deutlich höheren) Dienstbezüge von der zwischen- oder überstaatlichen Einrichtung. Nach Beendigung der Verwendungszeit kehrt der Beamte wieder in den nationalen Dienst zurück. 315

Nun begründet aber auch die besagte Verwendung bei zwischen- oder überstaatlichen Einrichtungen dort **eigene Versorgungsanwartschaften**. Währt die Verwendung lange genug, so kann sich im Ruhestand ein laufender Versorgungsanspruch ergeben, der neben den Pensionsanspruch aus dem nationalen Beamtenverhältnis träte; für diesen Fall der „klassischen" Doppelversorgung – denn der nämliche Zeitraum wird ja auch bei der ruhegehaltfähigen Dienstzeit und somit bei der Ermittlung des Prozentsatzes bereits berücksichtigt – erfolgt gem. § 56 Abs. 1 eine Ruhensberechnung nach dem bereits bekannten Modell; für die Bestimmung der Höchstgrenzen wird auf § 54 Abs. 2 BeamtVG verwiesen. 316

Häufig reicht die Verwendungszeit für die Begründung eines laufenden Versorgungsanspruches jedoch nicht aus; in diesen Fällen erhält der Beamte zum Ende seiner Verwendung eine **Kapitalabfindung**. Diese kann – dem beitragsfrei gestalteten Versorgungsmodell des Beamtenrechts entsprechend – allein von Arbeitgeberseite finanziert sein; es gibt aber auch Modelle, in denen der Beschäftigte diese seine Versorgungsanwartschaft teilweise mit eigenen Beiträgen, die er aus seinen laufenden Bezügen entrichtet, „erkauft". Im Abfindungsfall bekommt er diese Beiträge verzinst mitsamt des hinzugerechneten „Arbeitgeberanteils" zurück. Der Kapital- 317

Baden | 1311

betrag ist seinem Sinn nach zweckbestimmt, soll er doch dem Aufbau einer Altersversorgung dienen; tatsächlich kann der Beamte den Betrag jedoch verwenden, wie er dies für richtig hält (Geldanlage, Erwerb einer Rentenanwartschaft, Immobilien- oder sonstiger Vermögenserwerb, usw.).

318 Versorgungsrechtlich stellt sich angesichts dieser Optionen die Frage, wie im Vergleich mit der selbstverständlichen Anrechnung laufender Versorgungszahlungen umgegangen werden soll. § 56 Abs. 3 BeamtVG bestimmt dazu, dass bei Abfindungsleistungen, Beitragserstattungen oder sonstigen Kapitalleistungen anlässlich des Ausscheidens aus dem Dienst der zwischen- oder überstaatlichen Einrichtung derjenige Rentenbetrag zum Gegenstand einer Höchstbetrags- und Ruhensberechnung gemacht wird, der sich „bei einer Verrentung des Kapitalbetrages" ergeben würde. Der Beamte kann dieser Rechtsfolge freilich entgehen, wenn er die empfangene Kapitalleistung plus Zinsen binnen Jahresfrist **an seinen Dienstherrn abführt**, § 56 Abs. 3 Satz 2 BeamtVG.

319 Kommt es, weil der Beamte eine eigenverantwortliche Verwendung des Kapitals vorzieht, nicht zur Ablieferung, erfolgt also eine **Ruhensberechnung auf der Basis fiktiv zu ermittelnder Rentenbeträge**. Wie die im Gesetz genannte „Verrentung des Kapitalbetrages" berechnet werden soll, ergibt sich aus den Formulierungen indes nicht her. Die bisherige Verwaltungspraxis verfuhr so, dass der empfangene Kapitalbetrag zunächst unter Zugrundelegung der Prozentsätze, um die in der Vergangenheit seit dem jeweiligen Zeitpunkt des Geldempfangs die Beamtenbesoldung angehoben worden war, fiktiv weiter verzinst wurde, um einen hochgerechneten Kapitalbetrag zum Zeitpunkt der Pensionierung zu erhalten; alsdann wurde ermittelt, welche Rente dieser Betrag nach statistischer Sterbetabelle und angenommener marktüblicher Verzinsung des jeweils verbleibenden Restkapitals ergäbe. Besagter Betrag wurde allerdings nach Maßgabe der Anlage 9 zu § 14 BewG – einer rein steuerrechtlich konzipierten Berechnungsformel – ermittelt, die weder auf die aktuellen Sterbetafeln noch die auf dem Kapitalmarkt tatsächlich gängigen Zinssätze zugrunde liegen. Dies führte zu tendenziell überhöhten Fiktivrenten, so dass die Ruhensberechnung stärker in die Versorgungsansprüche der betroffene Beamte eingreift. Diese Rechtsprechung hat das BVerwG inzwischen mit Urteil vom 27.3.2008 verworfen und für etwaige Zinsberechnungen eine klare gesetzliche Grundlage eingefordert[1]. Eben diese hat der Gesetzgeber inzwischen mit der ergänzten Neufassung der §§ 55, 56 BeamtVG mit dem DNeuG geschaffen (§ 55 Abs. 1 Satz 8 u. 9 n.F. unter erneuter Bezugnahme auf die Tabellenwerte in Anlage 9 zu § 14 BewG[2]). Die weitere Frage, ob auch ein aus eigenen Beitragsleistungen der Beamten fließender Teil der Abfindungssumme in die fiktive Rentenermittlung und damit die Ruhensberechnung einfließen dürfe, hat das BVerwG bei dieser Gelegenheit allerdings bejaht.

## X. Zum Verfahrensrecht

### 1. Besonderheiten zum Widerspruch

320 Im Bereich des Bundes uneingeschränkt gem. § 126 Abs. 2 BBG, im Bereich der Länder im Hinblick auf § 54 Abs. 2 BeamtStG mit dem dortigen landesrechtlichem Abweichungsvorbehalt nur eingeschränkt gilt für alle Verfahren von Beamten, Ruhestandsbeamten, ehemaligen Beamten und Hinterbliebenen von Beamten, die im Beamtenverhältnis ihren Grund finden, die Besonderheit, dass vor Klageerhebung

---

1 BVerwG v. 27.3.2008 – 2 C 30.06, NVwZ-RR 2008, 714 = ZBR 2009, 43.
2 Auch der geänderte Berechnungsmodus ist rechtlich zweifelhaft und Gegenstand neuer Streitverfahren, vgl. z.B. OVG Rh.-Pf. v. 15.4.2011 – 10 A 11444/10, IÖD 2011, 137 = DVBl 2011, 982 (L.).

## X. Zum Verfahrensrecht

ein **Vorverfahren** durchzuführen ist. Dieses Widerspruchsverfahren ist nicht nur auch in den Fällen vorgesehen, in denen die oberste Dienstbehörde den anzugreifenden Verwaltungsakt erlassen hat (Fall des § 68 Abs. 1 Nr. 1 VwGO), sondern **für alle Klagen einschließlich der Leistungs- und Feststellungsklagen.** Insbesondere die allgemeine Leistungsklage deckt im Beamtenrecht dabei den Bereich ab, in dem sich der Beamte gegen Maßnahmen wendet oder solche anstrebt, die nicht Verwaltungsakte darstellen. Somit kann – und muss! – im Beamtenrecht **auch gegen solche Maßnahmen Widerspruch** eingelegt werden, **die nicht Verwaltungsakt sind,** z.B. Beurteilungen, Umsetzungen, innerdienstliche Weisungen und dergl. mehr, ja sogar gegen „Handlungen" des Dienstherrn wie die bloße Besoldungszahlung[1], kurz: alle Amtshandlungen ohne VA-Charakter, ja sogar behördliches Unterlassen. Es kann nicht genug betont werden, dass solche Widersprüche statthaft sind[2]. Zahlreiche Verwaltungsstellen suchen in der Praxis, dem Beamten und seinem anwaltlichen Bevollmächtigten glaubhaft zu machen, gegen die angegriffene Maßnahme sei der Rechtsbehelf des Widerspruchs nicht gegeben; bisweilen werden Umdeutungsversuche vorgenommen, teils auch eine Bescheidung ausdrücklich abgelehnt. Richtig ist aber, dass in derartigen Fällen zwar nicht der Widerspruch des § 68 VwGO, wohl aber derjenige des § 126 Abs. 2 BBG/§ 54 Abs. 2 BeamtStG zulässig und geboten ist.

Für Schadensersatzklagen des Beamten gegen seinen Dienstherrn – gestützt etwa auf den Anspruch auf beamtenrechtliche Fürsorge – ist ebenfalls ein Vorverfahren durchzuführen. Nicht erforderlich ist aber ein diesem Vorverfahren (Widerspruchsverfahren) noch gesondert vorgeschaltetes, förmliches Antragsverfahren. Ausreichend ist ein hinreichend konkretisiertes Begehren, das es dem Dienstherrn ermögliche, sich mit der Forderung des Beamten zu befassen und verwaltungsintern zu prüfen, bevor es zur gerichtlichen Auseinandersetzung kommt. Daher kann die Schadensersatzforderung z.B. auch bereits mit einem Widerspruch gegen die Nichtberücksichtigung in einem Auswahlverfahren verbunden werden[3]. 321

Freilich gilt nur dann, wenn im Beamtenrecht ein Widerspruch gegen einen Verwaltungsakt erhoben wird (sog. Anfechtungswiderspruch), die aufschiebende Wirkung des § 80 Abs. 1 VwGO (ausgenommen Versetzung und Abordnung, § 126 Abs. 4 BBG/§ 54 Abs. 4 BeamtStG). Nur in diesen Fällen kann folgerecht der Dienstherr die sofortige Vollziehung anordnen (§ 80 Abs. 2 Nr. 4 VwGO, Abs. 3), und nur in diesen Fällen findet der Rechtsschutz hiergegen im Eilverfahren nach § 80 Abs. 5 VwGO statt. Außerhalb dieses Bereiches hat der Widerspruch des § 126 Abs. 2 BBG/§ 54 Abs. 2 BeamtStG keine aufschiebende Wirkung; einstweiliger Rechtsschutz ist nur über § 123 VwGO zu erlangen. 322

Bereits die Vorgaben des § 126 Abs. 3 BRRG galten indes nur, wenn nicht „ein Gesetz" Anderes vorsah. In Ausnutzung dieses Vorbehalts haben einzelne Bundesländer – z.B. das Land NW für seine (Landes- und Kommunal-)Beamten mit einem neu geschaffenen § 179a LBG NW, nunmehr § 104 Abs. 1 LBG NW n.F. für jedwede Maßnahme, die nach dem 1.11.2007 getroffen wurde – das Widerspruchsverfahren abgeschafft[4], ausgenommen Fragen der Leistungsbewertung im Rahmen berufsbezogener Fragen sowie besoldungs-, versorgungs-, beihilfe-, heilfürsorge- sowie rei- 323

---
1 BVerwG v. 28.6.2001 – 2 C 48.00, DÖV 2001, 1042.
2 Zusammenfassend BVerwG v. 28.6.2001 – 2 C 48.00, BVerwGE 114, 350 = NVwZ 2002, 97 = DVBl 2002, 196 = DÖV 2001, 1042 sowie v. 18.7.2001 – 2 C 41.00, NVwZ-RR 2002, 201 (unter Bezugnahme auf ältere Rechtsprechung: BVerwG v. 26.6.1978 – 2 C 8.78, BVerwGE 60, 245 [251]). Ferner OVG Rh.-Pf. v. 18.2.2000 – 10 A 11245/99, RiA 2000, 200.
3 OVG NW v. 4.6.2004 – 6 A 309/02, NWVBl. 2004, 471, unter Bezugnahme auf BVerwG v. 28.6.2001 – 2 C 48.00, BVerwGE 114, 350 = NVwZ 2002, 97.
4 Zunächst i.d.F. des II. Bürokratieabbaugesetzes v. 9.10.2007, GV NW S. 393, inzwischen in die Neufassung des LBG 2009 übernommen, GVBl. S. 224.

sekosten-, trennungsentschädigungs- und umzugskostenrechtliche Angelegenheiten. Von diesen besonders streit- und überprüfungsträchtigen Angelegenheiten abgesehen bedeutet dies, dass bereits unmittelbar durch die beamtenrechtliche Entscheidung selbst der Weg zum Verwaltungsgericht eröffnet ist. Im Recht des § 54 Abs. 2 Satz 3 BeamtStG ist ebenfalls ein Abweichungsvorbehalt für landesrechtliche Bestimmungen vorgesehen.

**2. Der Gegenstandswert in beamtenrechtlichen Streitverfahren**

324 Die Streitwertpraxis in beamtenrechtlichen Verfahren ist sehr unterschiedlich. In der Vielzahl der Fälle scheint die Verführung groß, mangels anderweitiger Anhaltspunkte den **Regelstreitwert** des § 52 Abs. 2 GKG zugrunde zu legen, in Verfahren des einstweiligen Rechtsschutzes die Hälfte[1]. Besonders verbreitet ist diese Sichtweise in Angelegenheiten wie Versetzung, Abordnung, Umsetzung, dienstliche Beurteilung und dergl. mehr, obwohl auf der Hand liegt, dass dies Vorgänge von unterschiedlicher Beurteilung für den betroffenen Beamten sein können. Die dienstliche Beurteilung z.B. wird ja in der Regel nicht um ihrer selbst willen angegriffen, sondern weil sie die maßgebende, ja oft genug allein entscheidende Vorfrage für das berufliche Weiterkommen, insbesondere die anstehende Beförderung oder gar den Aufstieg, darstellt. Ebenso geht es bei der Zulassung zum Aufstieg oder gar der noch voraufgehenden Frage der Teilnahme am Auswahlverfahren – Themenkomplexe, die in der Rechtsprechung ebenfalls mit dem Regelstreitwert belegt werden – genauso letztlich um die damit verbundene Karrierefrage und (zumindest) die nächstfolgende Beförderung, auch wenn zuvor noch eine Reihe von Zwischenschritten zu überwinden sind.

325 Erst recht die in einigen Bundesländern verbreitete Praxis, das zentrale Instrument des Rechtsschutzes im beamtenrechtlichen Konkurrentenstreit, die **Stellenbesetzungssperre**, mit dem halben Regelstreitwert zu belegen, erscheint völlig unangemessen. Mit dem Argument, die allein streitgegenständliche Frage des Verfahrens sei damit aber noch nicht die anstehende Beförderung selbst, sondern allenfalls eine Vorfrage hierzu, lässt es die Rechtsprechung bei der Zugrundelegung des Regelstreitwertes bewenden[2]. Im Grunde ist diese Behandlung im Rahmen des dem Gericht eingeräumten Ermessens eher phantasielos und der Bedeutung der Streitigkeiten aus der Sicht des jeweiligen Rechtsmittelführers nicht angemessen. Immerhin sieht auch § 52 Abs. 1, 2 GKG keineswegs die undifferenzierte Zugrundelegung eines Regelstreitwertes vor, sondern räumt dem Gericht unter Berücksichtigung der für den Kläger ersichtlichen Bedeutung der Sache ein Ermessen ein. Zumindest müsste aber dem Umstand Rechnung getragen werden, dass in Konkurrentenstreitigkeiten das Verfahren des vorläufigen Rechtsschutzes die Funktion des Hauptsacheverfahrens übernimmt[3], so dass mindestens der hälftige Abschlag für die Vorläufigkeit der Eilentscheidung unterbleiben sollte[4]. Solange hier aber keine durchgreifende Änderung der Streitwertpraxis erfolgt, ist für das anwaltliche Mandat letztlich nur die Honorarvereinbarung zu empfehlen.

In anderen Bundesländern gilt demgegenüber eine völlig andere Streitwertpraxis, nämlich mit einer Orientierung an einer Quote des „Beförderungsstreitwertes"

---

1 Bei Vorwegnahme der Hauptsache ungekürzt, vgl. etwa OVG NW v. 19.12.2008 – 6 E 984/08, NVwZ-RR 2009, 407.
2 Ständige Praxis etwa in NW, Baden-Württemberg und Bayern (VGH München v. 21.7.1999 – 3 C 98.3288, NVwZ-RR 2000, 332); ebenso OVG Bln.-Bbg. v. 29.8.2005 – 4 S 32.05, ZBR 2006, 176.
3 So zutr. BVerwG v. 4.11.2010, 2 C 16.09, NJW 2011, 695.
4 So z.B. konsequent das Sächs. OVG v. 5.6.2009, 2 B 282/09, ZBR 2010, 278, und v. 11.11.2010, 2 B 126/10, IÖD 2011, 53.

X. Zum Verfahrensrecht                                         Rz. 326   Teil 6 A

des § 52 Abs. 5 Satz 2 GKG (6,5 Monate × Endgrundgehalt des angestrebten Amtes zzgl. ruhegehaltsfähige Zulagen); zumeist werden Beträge in der Größenordnung von ½ dieses Wertes angesetzt, z.T. auch 3/8 dieses Wertes[1]. Hier setzt sogar eine Entscheidung des OVG Niedersachsen einen neuen Akzent, indem bei einem Begehren, mehrere Beförderungsstellenbewerber zu „blockieren", eine entsprechende Vervielfältigung des hälftigen Beförderungsstreitwertes erfolgt[2].

Anders erweist sich die Praxis in **beamtenrechtlichen Statusfragen**, also bei der Begründung und der Beendigung eines Beamtenverhältnisses, bei der Versetzung in den Ruhestand wegen Dienstunfähigkeit oder aus anderen Gründen, und dgl. mehr. Für diesen Bereich ist mit Wirkung ab 1.7.1994 durch die Neufassung des seinerzeitigen § 13 GKG – Hinzufügen eines Absatz 4 – (jetzt § 52 Abs. 5 GKG) eine entscheidende Änderung eingetreten. Mit der erklärten Absicht, die völlig uneinheitliche Streitwertpraxis der Oberverwaltungsgerichte zu harmonisieren, hat der Gesetzgeber für bestimmte Standardkonstellationen gesetzliche Gegenstandswerte eingeführt, die vorrangig zu beachten sind. Streitigkeiten um die Begründung, die Umwandlung, das Bestehen oder Nichtbestehen oder die Beendigung eines Beamtenverhältnisses auf Lebenszeit werden danach mit dem Einjahresbetrag, der gesetzlich als der 13-fache Monatsbetrag definiert ist[3], des Endgrundgehaltes der angestrebten bzw. erreichten Besoldungsgruppe zuzüglich ruhegehaltfähiger Zulagen und etwaiger Amtszulagen[4] (§ 42 Abs. 1, 2 BBesG) bewertet. Für Probe- und Widerrufsbeamte gilt die Hälfte des Betrags[5], für Anwärter die Hälfte des 13-fachen Anwärtergrundbetrages zuzüglich Anwärtersonderzuschlag. Geht der Streit um die Verleihung eines anderen Amtes[6] (i. d. R also bei Beförderungen) oder (nur) den Zeitpunkt der Versetzung in den Ruhestand, soll die Hälfte des Betrags anzusetzen sein,

326

---

1 So z.B. die Praxis in Hessen (s. etwa VGH Kassel v. 9.12.1997 – 1 TZ 3086/97, RiA 1999, 208: Im Eilverfahren gelten grds. 3/8 des „Beförderungsstreitwertes" des § 52 Abs. 5 Satz 2 GKG, VGH Kassel v. 20.12.2004 – 1 TE 3124/04, NVwZ-RR 2005, 366; v. 12.10. 2005 – 1 TE 2154/05, ZBR 2006, 205. In besonders aufwendigen Verfahren aber auch bis zum vollen Beförderungsstreitwert: VG Wiesbaden v. 29.4.1999 – 8 G 252/98; VGH Kassel v. 17.9.1999 – 1 TZ 1599/99, beide n.v., in einem „Massenverfahren" mit über 30 Beigeladenen. Dagegen z.B. ¼ des Beförderungsstreitwertes im Eilverfahren, wenn es „nur" um die Übertragung „zur Bewährung" geht, VG Frankfurt/M. v. 8.9.2000 – 9 G 2669/00, n.v.). Ähnlich legt die Streitwertrechtsprechung in Niedersachsen (OVG Nds. v. 9.1.2009 – 5 OA 477/08, ZBR 2009, 281), Hamburg und teilw. in Rheinl.-Pfalz, OVG Koblenz v. 16.7.2003 – 10 B 11091/03, n.v.; v. 28.11.2007 – 2 E 11099/07, NVwZ-RR 2008, 216 (L.); s.a. VG Koblenz v. 29.10.2001 – 6 L 2266/01. KO, beide n.v.) ½ des Beförderungsstreitwertes (= ¼ des Gesamt-Statusstreitwerts) zugrunde. Auch im Saarland wird 1/4 des vollen Statusstreitwertes (und damit rechnerisch ½ des Beförderungsstreitwertes) angenommen, z.B. OVG Saarl. v. 10.12.2001 – 1 Y 15/01, NVwZ-RR 2003, 247; VG Saarbrücken v. 21.1.1997 – 12 F 94/96, ebenso in Thüringen: Thür. OVG, 2 EO 545/02.
2 OVG Lüneburg v. 16.5.2007 – 5 ME 167/07, NVwZ-RR 2007, 637; ähnlich OVG Koblenz v. 28.11.2007 – 2 E 11099/07, n.v. Anders aber, wenn keine Beförderungskonkurrenz, sondern lediglich eine „Dienstpostenkonkurrenz" in Rede steht; dann soll von ½ des Regelwertes ausgegangen werden, OVG Lüneburg v. 16.5.2007 – 5 ME 143/07, NVwZ-RR 2007, 829.
3 § 52 Abs. 5 GKG; daher blieben die Kürzungen der Sonderzuwendung und bleibt deren zwischenzeitliche Einrechnung in die neugefassten Tabellen (BBesO 2009) auf die Streitwertbemessung vorerst ohne Einfluss.
4 BVerwG v. 26.9.2002 – 2 B 23.02, ZBR 2003, 215.
5 Kein Abschlag, wenn (wie regelmäßig, weil Ermessensentscheidungen anstehen) lediglich ein Bescheidungsantrag gestellt wird, OVG NW v. 10.1.2006 – 6 E 1530/05, NVwZ-RR 2007, 430.
6 Es kommt allerdings schon auf die besoldungsmäßige Konsequenz an: Daher keine Streitwertbemessung nach § 13 Abs. 4 Satz 2 GKG a.F. (= § 52 Abs. 5 Satz 2 GKG n.F.) bei Wechsel vom Richter am OLG (= R 2) zum Vors. Richter am LG (= R 2), OVG MV v. 23.7.2002 – 2 M 15/02, NVwZ-RR 2003, 577.

Baden | 1315

der für den Gesamtstatus gilt. Das BVerwG legt § 52 Abs. 5 GKG auch der Streitwertbemessung von Schadensersatzklagen wegen unterlassener bzw. verspäteter Beförderung zugrunde[1]. Auch die Verlängerung einer Probezeit soll mit dem Gegenstandswert für Statusverfahren eines Probebeamten zu belegen sein[2].
Für den Streit um die **erfolgreiche Bewährung in einer Probezeit** nach § 4 Abs. 3 Nr. 2 BeamtStG, § 4 Abs. 3 Nr. 2 BBG n.F. (Erprobung in leitenden Funktionen) gilt nach OVG Magdeburg der volle Statusstreitwert (13 Monate × Endgrundgehalt), im Eilverfahren die Hälfte[3].

327 Neu in der Systematik des Streitwertrechts ist die Anwendung dieser am Status des Beamten orientierten Werte auf Verfahren, die die **Verleihung eines anderen Amtes** betreffen oder den **Zeitpunkt einer Versetzung in den Ruhestand**. In diesen Fällen soll nunmehr ebenfalls die Hälfte des vorbezeichneten Regelwertes gelten. Das gilt auch für den Fall der Verleihung einer Amtszulage[4] (also z.B. bei der Einweisung in das „Spitzenamt" des mittleren Dienstes, A 9 BBesO plus Zulage). In der Vergangenheit wurde bei derartigen Streitigkeiten ein Gegenstandswert zugrunde gelegt, der sich an den Differenzbezügen orientierte, also im Falle der Beförderung der Zwei-[5] oder Dreijahresbetrag der Differenz der Bezüge des gegenwärtigen zum angestrebten Amt, im Falle der (vorzeitigen) Pensionierung der Ein-[6] oder teilweise auch Dreijahresbetrag der Differenz zwischen den aktiven Dienstbezügen und dem zu erwartenden Ruhegehalt. Nunmehr werden kraft der gesetzlichen Vorgabe des § 52 Abs. 5 GKG auch in diesen Fällen unbeschadet aller Unterschiedlichkeit der Begehren pauschalierte Streitwerte in der Höhe der Hälfte des jeweiligen Status-Wertes zugrunde gelegt. Hierdurch ist – je nachdem, welche Streitwertpraxis im jeweiligen OVG-Bezirk bislang vorherrschte – teilweise eine drastische Reduzierung, teilweise aber auch eine Erhöhung der Streitwerte eingetreten.

328 Ungeregelt geblieben ist in § 52 Abs. 5 GKG der sog. „**Teilstatus**"; hierunter versteht das BVerwG diejenigen Fälle, in denen es außerhalb des Gesamtstatus (i.S.v. von Begründung, Umwandlung und Beendigung, Bestehen oder Nichtbestehen des Beamtenstatus) um die statusabhängigen Faktoren der Bemessung laufender Bezüge geht: Genannt werden etwa Fälle des Unfallausgleiches, § 35 BeamtVG, des erhöhten Unfallruhegehaltes, § 37 BeamtVG, und vergleichbare Ansprüche auf erhöhte Besoldung und Versorgung, weiterhin Ansprüche auf Zulagen, aber auch die Fälle der Ermittlung von Anrechnungsbeträgen oder Streitigkeiten um die Ruhegehaltfähigkeit von Vordienstzeiten[7], um Berechnungsmodalitäten, wenn keine rechnerischen Differenzen im Raum stehen und allein die abstrakte Rechtsfrage zu klären ist[8], um Fälle des Übergangs von Teilzeit- auf Vollzeitbeschäftigung und umgekehrt[9], oder um die Feststellung des Verlustes der Dienstbezüge nach § 9 BBesG, wenn keine betragsmäßig fixierte Summe im Raum steht[10]. In allen diesen Fällen

---

1 BVerwG v. 26.9.2002 – 2 B 23.02, NVwZ-RR 2003, 246; v. 14.5.1996 – 2 B 73.96, NVwZ-RR 1997, 41; BayVGH v. 29.6.2005 – 15 C 05.369; Nds. OVG v. 23.7.2007 – 5 OA 221/07, NVwZ-RR 2007, 858; OVG NW v. 26.1.2011, 6 E 349/10, IÖD 2011, 72. Befindet sich der Beamte bereits im Ruhestand, so wird auf entsprechend das 6,5-fache Ruhegehalt abgestellt, OVG NW v. 29.3.2003 – 1 A 1371/02, n.v. Bei der Amtshaftung legt der BGH nach § 9 ZPO den 3-fachen Betrag der Brutto-Differenz-Besoldung, ggfs. minus 20 % Feststellungsabschlag, zugrunde, BGH v. 30.4.2008 – III ZR 202/07, NVwZ-RR 2008, 742.
2 OVG Greifswald v. 15.5.2002 – 2 O 51/02, NVwZ-RR 2002, 901.
3 OVG LSA v. 30.1.2004 – 3 M 541/03, n.v.
4 BVerwG v. 26.9.2002 – 2 B 23.02, ZBR 2003, 215.
5 So z.B. BVerwG v. 29.4.1992 – 2 B 68.92, DÖV 1993, 33.
6 So etwa BVerwG v. 26.5.1992 – 2 B 13.92, DÖV 1993, 34.
7 BVerwG v. 7.4.2005 – 2 KSt 1.05, n.v.
8 OVG NW v. 11.8.2006 – 21 A 1981/06, ZBR 2007, 172.
9 BVerwG v. 7.10.2009, 2 C 48.07, ZBR 2010, 313.
10 OVG NW v. 6.10.2005 – 1 B 1550/05, ZBR 2006, 261.

### X. Zum Verfahrensrecht

will das BVerwG den **zweifachen Jahresbetrag**[1] des streitigen Teils zugrunde legen, konkret also die strittige Zwei-Jahres-Differenz zwischen dem Teilstatus, den der Beamte inne hat, zu dem Teilstatus, den er erstrebt[2]. Rückstände werden entgegen § 42 Abs. 5 GKG nicht hinzugerechnet[3].

Hierbei geht das BVerwG allein von § 52 Abs. 1 GKG aus; soweit keine betragsmäßig bezifferten Geldleistungen im Streit stehen, also gewissermaßen „nur" das dahinter stehende Prinzip bzw. die rechtlichen Eckwerte, die bei der Bemessung der Besoldung oder Versorgung zugrunde gelegt werden sollen, wendet das Gericht bewusst *nicht* § 42 Abs. 3 GKG an[4].

Es liegt auf der Hand, dass sich bei dieser Streitwertbemessung (Zwei-Jahres-Differenz) deutlich niedrigere Gegenstandswerte ergeben als bei einem Vorgehen nach § 42 Abs. 3, 5 GKG (Drei-Jahres-Differenz plus Rückstände bis Klageerhebung). Ob sich hiernach weiterhin empfiehlt, von einer Bezifferung Abstand zu nehmen, mag unter Berücksichtigung des ggfs. erheblichen Aufwandes hierfür jeder selbst abwägen; zumindest wird damit ein weiterer Bereich aufgetan, in dem über Honorarvereinbarungen nachzudenken ist.

Nicht unter diesen Begriff des „Teilstatus" fallen die **Pensionierungsfälle**; diese sind in § 52 Abs. 2 Satz 2 GKG separat geregelt. Der Gegenstandswert bemisst sich nach dem halben Wert des Gesamtstatus (6,5 Monate × Endgrundgehalt plus ruhegehaltfähige Zulagen); dies jedoch nur, wenn lediglich der *Zeitpunkt* des Eintritts in den Ruhestand im Streit ist. Geht es aber nicht nur um den Zeitpunkt der Pensionierung, sondern um die Zurruhesetzung eines Beamten selbst, wie z.B. in Fällen der Pensionierung wegen Dienstunfähigkeit oder der Versetzung in den einstweiligen Ruhestand, so kommt nach geänderter Rechtsprechung des BVerwG der volle Statusstreitwert (13 × Endgrundgehalt) zum Tragen[5]. Insoweit unterscheidet § 52 Abs. 5 Satz 2 GKG allerdings nicht zwischen Pensionierungen auf Antrag und Zwangspensionierungsverfahren. Von daher dürfte einer bisweilen angetroffenen Streitwertpraxis[6] der Boden entzogen sein, bei Pensionierungen auf Antrag nur den Regelstreitwert zugrunde zu legen, weil hier der klagende Beamte nicht an einer Aufrechterhaltung des bisherigen finanziellen Zustandes interessiert sein könne, sondern selbst den Ruhestand mit niedrigeren Bezügen anstrebe. Dem ist ohnehin entgegenzuhalten, dass bei der Pensionierung die finanzielle Seite nur die zwangsläufige Folge, aber sicherlich nicht der angestrebte oder tunlichst zu vermeidende Effekt der Maßnahme ist; diese muss sicherlich vorrangig in ihrer statusbezogenen Bedeutung gewürdigt werden. Bei **Ruhensberechnungen** geht das BVerwG[7] von dem Gesamtruhensbetrag der angegriffenen Bescheide ohne Einrechnung erst künftig fällig werdender Beträge aus.

329

Wichtig ist weiterhin die Regelung des § 52 Abs. 6 GKG, wonach beim Zusammentreffen eines Verfahrens nach Abs. 5 mit einem daraus abgeleiteten vermögens-

330

---

1 Nach inzwischen angepasster Rspr. wird angesichts des überwiegenden Wegfalls der Sonderzuwendung entgegen der gesetzlichen Vorgabe aus § 52 Abs. 5 GKG nur noch der 24-fache Monatsbetrag zugrundegelegt, BVerwG v. 21.9.2006 – 2 C 22.05, NVwZ-RR 2007, 145 = ZBR 2007, 304; OVG NW v. 5.3.2007 – 21 E 1431/06, NVwZ-RR 2007, 429.
2 BVerwG v. 13.9.1999 – 2 B 53.99, NVwZ-RR 2000, 188 = NWVBl. 2000, 176, im Anschluss an BVerwG v. 15.1.1999 – 2 B 9.98; v. 11.3.1999 – 2 C 18.98.
3 OVG NW v. 11.8.2006 – 21 A 1981/06, ZBR 2007, 172.
4 BVerwG v. 13.9.1999 – 2 B 53.99, NVwZ-RR 2000, 188 = NWVBl. 2000, 176; v. 28.5.1998 – 2 C 28.97 = Buchholz 239.1 § 49 Nr. 5 = DVBl 1998, 1082; v. 7.4.2005 – 2 KSt 1.05, n.v.
5 BVerwG v. 30.7.2009, 2 B 30.09, NVwZ-RR 2009, 823 = ZBR 2010, 41 (unter Änderung der Rechtsprechung; § 52 Abs. 5 Satz 2 GKG wird als eng auszulegende Ausnahmeregelung verstanden).
6 Z.B. OVG NW v. 10.2.1995 – 6 E 226/95 unter Bezugnahme auf eine ständige Streitwertpraxis des Senates v. 11.6.1987 – 6 A 480/85, und v. 23.2.1989 – 6 A 1254/86, alle n.v.
7 BVerwG v. 11.8.2011 – 2 KSt 2.11, – juris –, s. auch BVerwG v. 27.8.2009, 2 C 25.08, ZBR 2010, 254.

rechtlichen Anspruch keine Zusammenrechnung der Streitwerte stattfindet, sondern allein der höhere der beiden Beträge gilt. Der Grundgedanke des § 42 Abs. 3, 5 GKG findet also keine Anwendung.

331 Zur Erleichterung sei nachstehend für den Alltagsgebrauch eine Streitwerttabelle für die gängigsten Fälle (Bundesbeamte) abgedruckt[1]; besondere ruhegehaltfähige Zulagen sind hierbei indessen nicht berücksichtigt – sie müssten im Einzelfalle hinzugerechnet werden.

| Streitwerte im Beamtenrecht | | | |
|---|---|---|---|
| **Tabelle Bund 2011 (II)**. | | | gültig ab 1.8.2011 |
| | Endgrundgehalt | ½ Jahr (× 6,5) | 1 Jahr (× 13) |
| A 2 | 1 941,16 € | 12 617,54 € | 25 235,08 € |
| A 3 | 2 023,86 € | 13 155,09 € | 26 310,18 € |
| A 4 | 2 106,59 € | 13 692,84 € | 27 385,67 € |
| A 5 | 2 182,15 € | 14 183,98 € | 28 367,95 € |
| A 6 | 2 298,56 € | 14 940,64 € | 29 881,28 € |
| A 7 | 2 497,67 € | 16 234,86 € | 32 469,71 € |
| A 8 | 2 719,26 € | 17 675,19 € | 35 350,38 € |
| A 9 | 2 937,78 € | 19 095,57 € | 38 191,14 € |
| A 9 + Z (256,93 €) | 3 194,71 € | 20 765,62 € | 41 531,23 € |
| A 10 | 3 292,12 € | 21 398,78 € | 42 797,56 € |
| A 11 | 3 670,95 € | 23 861,18 € | 47 722,35 € |
| A 12 | 4 042,64 € | 26 277,16 € | 52 554,32 € |
| A 13 | 4 484,78 € | 29 151,07 € | 58 302,14 € |
| A 14 | 4 877,92 € | 31 706,48 € | 63 412,96 € |
| A 15 | 5 507,95 € | 35 801,68 € | 71 603,35 € |
| A 16 | 6 135,95 € | 39 883,68 € | 79 767,35 € |
| B 1 | 5 507,95 € | 35 801,68 € | 71 603,35 € |
| B 2 | 6 398,38 € | 41 589,47 € | 83 178,94 € |
| B 3 | 6 775,17 € | 44 038,61 € | 88 077,21 € |
| B 4 | 7 169,32 € | 46 600,58 € | 93 201,16 € |
| B 5 | 7 621,69 € | 49 540,99 € | 99 081,97 € |
| B 6 | 8 051,58 € | 52 335,27 € | 104 670,54 € |
| B 7 | 8 466,15 € | 55 029,98 € | 110 059,95 € |
| B 8 | 8 900,13 € | 57 850,85 € | 115 701,69 € |
| B 9 | 9 438,27 € | 61 348,76 € | 122 697,51 € |
| B 10 | 11 109,85 € | 72 214,03 € | 144 428,05 € |
| B 11 | 11 541,79 € | 75 021,64 € | 150 043,27 € |

---

1 Die jeweils aktuellen Besoldungstabellen für Bund und Länder finden sich im Internet, z.B. unter http://www.beamtenkapital.de/beamtenbesoldung/

## X. Zum Verfahrensrecht

| Streitwerte im Beamtenrecht | | | |
|---|---|---|---|
| **Tabelle Bund 2011 (II).** | | | gültig ab 1.8.2011 |
| | Endgrundgehalt | ½ Jahr (× 6,5) | 1 Jahr (× 13) |
| W 1 | 3 833,31 € | 24 916,52 € | 49 833,03 € |
| W 2 | 4 371,44 € | 28 414,36 € | 56 828,72 € |
| W 3 | 5 296,58 € | 34 427,77 € | 68 855,54 € |
| R 1 | 5 650,91 € | 36 730,92 € | 73 461,83 € |
| R 2 | 6 160,46 € | 40 042,99 € | 80 085,98 € |
| R 3 | 6 775,17 € | 44 038,61 € | 88 077,21 € |
| R 4 | 7 169,32 € | 46 600,58 € | 93 201,16 € |
| R 5 | 7 621,69 € | 49 540,99 € | 99 081,97 € |
| R 6 | 8 051,58 € | 52 335,27 € | 104 670,54 € |
| R 7 | 8 466,15 € | 55 029,98 € | 110 059,95 € |
| R 8 | 8 900,13 € | 57 850,85 € | 115 701,69 € |
| R 9 | 9 438,27 € | 61 348,76 € | 122 697,51 € |
| R 10 | 11 587,75 € | 75 320,38 € | 150 640,75 € |

### 3. Örtliche Zuständigkeit des Verwaltungsgerichts

Eine weitere Besonderheit, auf die zu achten aus taktischen Gründen auch bereits für das Verwaltungsverfahren verlohnt, sind die Regelungen des § 52 Nr. 4 VwGO über die örtliche Zuständigkeit der Verwaltungsgerichte in beamtenrechtlichen Streitigkeiten. Diese – als spezielle Sonderregelungen vorgehenden und damit im Ergebnis abschließenden – Zuständigkeitsregelungen orientieren sich daran, wo der Beamte seinen **„dienstlichen Wohnsitz"** hat; es kommt also entgegen den sonst maßgebenden Grundgedanken des Zuständigkeitsrechts nicht auf den Sitz der (regelmäßig beklagten) Behörde oder Verwaltung an, sondern darauf, wo der Beamte üblicherweise seinen Dienst verrichtet. Legal definiert taucht der Begriff des „dienstlichen Wohnsitzes" nur an eher versteckter Stelle auf, nämlich in § 15 BBesG, wo es mit einigen Sonderregelungen im Detail heißt, dies sei „der Ort, an dem die Behörde *oder ständige Dienststelle* ihren Sitz hat". Dienstlicher Wohnsitz des Soldaten ist sein Standort. Der Beamte soll damit unabhängig vom (Haupt-)Sitz der Verwaltung, der er angehört, dort klagen können, wo er regelmäßig seinen Dienst verrichtet.

**Beispiel:**

Regierungsdirektor R., tätig in der Außenstelle Bonn des Bundesministeriums für Wirtschaft (Sitz: Berlin) möchte gegen seine dienstliche Beurteilung angehen. Abgestellt wird auf den tatsächlichen Dienstort Bonn (sog. „Bonn-Referat" des Ministeriums). Zuständig ist das Verwaltungsgericht Köln.

Die **Abordnung** eines Beamten verändert dabei seinen „dienstlichen Wohnsitz" nicht; er bleibt an seine Stammdienststelle angebunden.

**Beispiel:**

R. wird an das Bundeskanzleramt abgeordnet. Die Zuständigkeit des VG Köln ändert sich nicht. Würde R. anschließend dorthin versetzt, wäre nunmehr das VG Berlin zuständig.

Hat der Beamte keinen „dienstlichen Wohnsitz" im Geltungsbereich des für ihn maßgebenden Beamtengesetzes, ist der persönliche Wohnsitz entscheidend; erst dann, wenn auch ein solcher nicht besteht, wird auf den (Haupt-)Sitz der Verwaltung, der er angehört, abgestellt.

**Beispiel:**

R. hat Karriere gemacht und ist nach Versetzung an das Auswärtige Amt nunmehr von diesem als Wirtschaftsattaché an die Deutsche Botschaft in Peking versetzt worden: Nunmehr ist (allein) der Behördensitz maßgebend – zuständig ist das VG Berlin. Wäre R. weiterhin Angehöriger des Wirtschaftsministeriums mit Stammdienststelle in Bonn und er lediglich zur Dienstleistung an das Auswärtige Amt abgeordnet, so könnte dieses nicht nach Peking versetzen, sondern nur nach den Entsendungsrichtlinien entsenden. Die Anbindung an die Stammdienststelle bliebe erhalten: Zuständig bleibt das VG Köln.

Entscheidend ist (wegen des Grundsatzes der perpetuatio fori) der **Zeitpunkt der Klageerhebung.**

Für Bewerber, die erst Beamte werden wollen, gilt § 52 Nr. 4 VwGO noch nicht; diese Bewerber haben noch keinen „dienstlichen Wohnsitz", so dass insoweit hinsichtlich der Zuständigkeit auf die allgemeinenRegeln abzustellen ist.

**4. Vertretungszwang**

333   Die Neuregelungen der 6. VwGO-Novelle haben uns mit Wirkung ab 1.1.1997 eine Ausweitung des Anwaltszwangs beschert. Während die 1. Instanz nach wie vor keinen Vertretungszwang kennt, ist nunmehr bereits für die zweite Instanz eine grundsätzlicher **Vertretungszwang** eingeführt, § 67 Abs. 1 VwGO. Dieser gilt im Eilverfahren[1] wie im Hauptsacheprozess und umfasst auch bereits die nunmehr nach Einführung der Zulassungsberufung (§§ 124, 124a VwGO) erforderlichen Anträge auf Zulassung der Berufung. Er gilt für alle Beteiligten, soweit sie einen Antrag stellen, faktisch also stets für den Rechtsmittelführer, für alle weiteren Verfahrensbeteiligten nur bedingt.

Der Vertretungszwang ist indessen, was die Anwaltschaft anlangt, in zweifacher Hinsicht „durchlöchert". Erstens: Wie schon bislang im Revisionsverfahren können sich juristische Personen des öffentlichen Rechts und Behörden durch Beamte oder Angestellte mit Befähigung zum Richteramt bzw. Diplomjuristen des höheren Dienstes vertreten lassen (**Behördenprivileg**). Und zweitens: Gerade für das Beamtenrecht gilt ein dem arbeitsgerichtlichen Verfahren entlehntes **weiteres Privileg für die Vertreter von Gewerkschaften**: Im Berufungsrechtszug kann sich der Beamte auch von Gewerkschaftssekretären vertreten lassen, § 67 Abs. 1 Satz 6 VwGO.

## XI. Anhang – Checklisten, Muster und Formulare

(nach *Schnellenbach*[2], ergänzt)

Die nachfolgenden Zusammenstellungen sind lediglich beispielhafte Zusammenstellungen häufig relevanter Fragestellungen und erheben keinen Anspruch auf Vollständigkeit.

---

1 Auch dann, wenn mit der Beschwerdeschrift noch kein Antrag gestellt wird: OVG NW v. 26.7.2004 – 6 B 1228/04, NWVBl. 2004, 469.
2 Seminarskript, unveröff.

XI. Anhang – Checklisten, Muster und Formulare    Rz. 334 Teil **6 A**

## 1. Checkliste zum Stellenbesetzungsverfahren

**Verfahrensfehler:** 334
- Stellenausschreibung
  - Ausschreibung erfolgt? Ausschreibung erforderlich? Ausschreibungspflicht verletzt?
  - Neuausschreibung unstatthaft?
  - Fristversäumnis? (i.d.R. sind keine *Ausschluss*fristen gesetzt)
- Mitbestimmung[1]/Mitwirkung[2]
  - Mitbestimmung bei Absehen von Stellenausschreibung?
  - Mitbestimmung bei Beförderung/Höhergruppierung/Übertragung einer höher zu bewertenden Tätigkeit nicht oder nicht ordnungsgemäß erfolgt? (z.B. fehlerhafte Annahme einer eingetretenen Billigungsfiktion)
- Beteiligung von Gleichstellungsbeauftragter/Schwerbehindertenvertretung?
- Verwertung belastender Erkenntnisse ohne vorherige Stellungnahme des Betroffenen?
- Verfahren vor einer Auswahlkommission[3]
  - Vorrang dienstlicher Beurteilungen gewahrt? (keine Auswahlentscheidung nur auf der Basis der Eindrücke von Vorstellungsgesprächen möglich)
  - Besetzung der Kommission bedenklich? (z.B. keine entscheidungsbefugte Teilnahme eines PR-Mitgliedes; die Auswahl muss in der Hand der Dienststelle bleiben)
- Anhörung des Betroffenen bei Berücksichtigung von belastendem Material[4]
- Wahrung der Chancengleichheit[5]
  - z.B. Vergleichbarkeit der Beurteilungsgrundlagen (etwa gleich aktuelle Beurteilungen?)
  - z.B. gewillkürte Auswahl bei der Einladung zum Vorstellungsgespräch?
- Mitteilungspflicht
  - Mitteilung unterblieben?
  - Begründung unzureichend?
- materiellrechtliche Fehler
- Anforderungsprofil
  - Sachgerechtes Anforderungsprofil vorgegeben?
  - Missbrauch durch unsachgemäßes Anforderungsprofil?
  - Werden alle relevanten Vorgaben des gestellten Anforderungsprofils erfüllt?
  - Nachträgliche Änderung des Anforderungsprofils? Gewillkürte Abweichung hiervon?

---

1 Vgl. BVerwG, NVwZ 1990, 974.
2 Nach OVG NW v. 3.11.2010, 6 B 1249/10, IÖD 2011, 69, kann sich der Betroffene auf Defizite in der Unterrichtung des Personalrates bzw. der Gleichstellungsbeauftragten nicht berufen, wenn diese selbst nicht solche beanstanden.
3 Hierzu OVG Bremen, DöD 1999, 238; OVG Münster, NVwZ-RR 1995, 100; OVG Schleswig, PersR 1999, 402; *Schnellenbach*, ZfPR 2000, 54 ff. (59).
4 *Schnellenbach*, BeamtenR i. d. Praxis, 6. Aufl., Rz. 441 ff.
5 S. *Schnellenbach*, Münchener Anwaltshandbuch VerwR, 2. Aufl., § 5 Rz. 106.

- dienstliche Beurteilung des Beamten (bloße Möglichkeit der Kausalität eines Fehlers ausreichend[1]
    - Verfahrensmängel beim Zustandekommen?
    - Verstoß gegen Beurteilungsrichtlinien und Bewertungsstandards?
    - inhaltliche Plausibilität der Einzelbewertungen zum Gesamturteil?
    - Aktualität der Beurteilung?
    - Vollständigkeit der Beurteilung (ges. Zeitraum abgedeckt?)[2]
    - Aussagen in der Beurteilung im Bezug auf Anforderungsprofil?
- dienstliche Beurteilung des erfolgreichen Mitbewerbers[3]
    - wie oben, insb. aber
    - Aktualität der Beurteilung?
    - „im Wesentlichen gleich" geeignet?
- Chancengleichheit: i.W. gleich alte Beurteilung?
- Vor Hilfskriterienauswahl bei gleicher Beurteilungslage:
    - Anlass für Binnendifferenzierung gegeben?
    - Beurteilungsvorsprung des Mandanten?
    - Relevanz zurückliegender überhaupt Beurteilungen erkannt?
    - Aussagefähigkeit früherer Beurteilungen für Eignungs-Prognose?
    - ausr. Begründung der Berücksichtigung oder Nichtberücksichtigung?
- Hilfskriterienauswahl
    - statthaftes Hilfskriterium gewählt?
    - bevorrechtigende Hilfskriterien missachtet (Frauenförderung, wenn Unterrepräsentation; Schwerbehinderteneigenschaft)
    - zu Unrecht für bevorrechtigt erachtetes Hilfskriterium verwendet?
    - bereits „verbrauchtes" Hilfskriterium erneut verwendet?
    - nicht gerechtfertigte Durchbrechung einer Verwaltungspraxis im Einzelfall?

## 2. Checkliste dienstliche Beurteilungen

335 
- Beurteilungsverbote (Folge: Pflicht zur ersatzlosen Aufhebung)
    - Amtsausnahme
    - Altersausnahme/kein Antrag
    - Fehlen oder Wegfall des Anlasses bei Anlassbeurteilung
- Zuständigkeitsmängel (Folge: Neuerstellung durch den im Beurteilungszeitpunkt zuständig gewesenen Beurteiler)
    - richtiger/richtige Beurteiler gem. Beurteilungsrichtlinien? (insb. bei Beteiligung mehrerer Beurteiler; ausreichender Unterstellungszeitraum?)
    - Konkurrenzsituation zwischen Beurteiler und Beurteiltem?[4]

---

1 BVerwG, ZBR 2002, 427; OVG Münster, NW VBl. 2003, 13.
2 Vgl. etwa Sächs. OVG v. 11.11.2010 – 2 B 126/10, IÖD 2011, 53.
3 Vgl. VGH München, ZBR 1995, 204; OVG Lüneburg, NVwZ 1996, 501.
4 Hierzu VGH München, ZBR 1991, 275; OVG Münster, RiA 1997, 45; auch BVerwG, ZfPR 1997, 122.

- bei Gremiumsbesprechungen:
  - Personen- und Sachkunde der Teilnehmer? Entscheidungskompetenz des verantwortlichen Beurteilers gewahrt?[1]
- Voreingenommenheit des Beurteilers (Folge: Neuerstellung durch den nächstberufenen Beurteiler)
  - Perspektive eines obj. Dritten, nicht des betroffenen Beamten[2]
  - Hohe Anforderungen: Nicht Besorgnis der Befangenheit, sondern obj. gegebene Befangenheit – aus der Beurteilung selbst oder dem Verhalten des Beurteilers muss der Schluss gezogen werden können, dass dieser nicht willens oder nicht in der Lage sei, sachlich und gerecht zu beurteilen[3].
- Anhörungsmängel:
  - Normalerweise kein Einfluss auf die Rechtmäßigkeit der Beurteilung!
  - Ausnahme, wenn die Richtlinien ein Beurteilungsgespräch vor Vornahme der Beurteilung vorsehen, um den Eindruck des Beurteilers mit der Selbsteinschätzung des Beamten abzugleichen; bei dessen Ausbleiben wird eine relevante Informationsquelle übergangen, so dass die Beurteilung rechtswidrig werden kann[4].
  - Keine Auswirkung dagegen bei Ausbleiben vorgesehener Personalführungsgespräche.
  - Keine Auswirkung bei Ausbleiben sonstiger „Beurteilungsgespräche" vor Erstellen der Beurteilung.
- Bekanntgabe- und Besprechungsmängel
  - können nicht zur Rechtswidrigkeit der – schon fertigen – Beurteilung führen.
  - Dennoch kann Art und Weise der Besprechung ggf. verwertbare Hinweise auf Voreingenommenheit geben.
- Defizite in der Plausibilisierung können bei späterer Nachholung ggf. kostenrechtliche Auswirkungen haben (§§ 80 Abs. 1, 2, 45 Abs. 1 Nr. 2 VwVfG, § 155 Abs. 4 VwGO)[5].
- Verkennen des gesetzlichen Rahmens (Folge: Aufhebung und Neuerstellung)
  - insb. Gebot der gleichmäßigen Anwendung erlassener Beurteilungsrichtlinien[6].
  - i.W. gleiche Beurteilungszeiträume und Beurteilungsstichtage geboten[7].
  - keine rein arithmetische Ermittlung des Gesamturteils aus den Einzelbewertungen statthaft[8].
  - Falsche oder unvollständige tatsächliche Bewertungsgrundlagen (Folge: Aufhebung und Neuerstellung)
  - Der Beurteilung liegen nur Teilzeiträume der vorgesehenen Beurteilungsperiode zugrunde[9].

---

1 Hierzu z.B. OVG Münster, NVwZ-RR 2001, 592 u. NW VBl. 2002, 351.
2 BVerwG, NVwZ 1998, 1302.
3 BVerwG, DVBl 1987, 1159; BVerwG, NVwZ 1998, 1302 und ZBR 1999, 348; s. aber auch BVerfG, ZBR 2003, 32.
4 OVG Münster, DöD 2000, 61.
5 S. BVerwGE 60, 245 (251 f.).
6 BVerwG, ZBR 1981, 315; BVerwG, NVwZ 1982, 101; BVerwG, NVwZ-RR 2000, 621.
7 BVerwG, DöD 2002, 99.
8 BVerwGE 97, 128 = NVwZ-RR 1995, 340.
9 Z.B. VG Köln v. 17.6.2002 – 15 K 1184/02. n.v.

- Beurteiler zieht aus einzelnen Ereignissen wertende Schlussfolgerungen:
  - Sind diese falsch, wird die Beurteilung rechtswidrig
  - Sind sie in wesentlicher Hinsicht unvollständig, ebenso.
  - Beweislast: Dienstherr
- Beurteiler stützt sich auf eine Vielzahl von Beobachtungen und Eindrücken, die er lediglich exemplarisch anführt:
  - Dienstherr muss im Streitfall die Wertungen durch Anführen von Tatsachen und (Teil-)Werturteile „plausibel und nachvollziehbar" machen.
  - Beweis- und Plausibilisierungslast: Dienstherr[1]
- Plausibilisierung von Werturteilen
  - Angabe von Tatsachengrundlagen nicht erforderlich! Es genügt die Angabe von Werturteilen – *wenn* Tatsachen mit verwertet wurden, s. oben.
  - bei den (bloßen) Werturteilen weitgehende Einschätzungsprärogative des Beurteilers
- Abweichungsbegründung bei Beurteilung durch den höheren Vorgesetzten richtet sich danach, was bei dem jeweiligen Beurteilungsmodell überhaupt statthaft und möglich ist[2]. Sie ist in besonderem Maße dem Gebot der Plausibilisierung verpflichtet[3].
- Nichtbeachten allgemeingültiger Bewertungsmaßstäbe
  - [wie im Prüfungsrecht]
  - insb. gleichmäßige Anwendung der Beurteilungsmaßstäbe
    - Ergebnisstatistiken bereichsweise vergleichen!
    - Richtwertvorgaben gleichmäßig eingehalten?
  - Sachfremde Erwägungen[4]
- Tätigkeiten in Personal- oder Berufsvertretungen dürfen nicht – positiv wie negativ, auch nicht unter dem Aspekt „soziales Verhalten" – in die Beurteilung einfließen[5].

---

1 Grundlegend hierzu BVerwGE 60, 245 (249 f.).
2 OVG Münster, DöD 2000, 266 u. NWVBl. 2002, 351; *Willems*, NW VBl. 2001, 121 (129); *Schnellenbach*, ZBR 2003, 1 ff.
3 Hierzu neu BVerwG v. 11.12.2008 – 2 A 7.07, DÖV 2009, 503 (L.).
4 Vgl. z.B. OVG Münster, RiA 2002, 92.
5 VGH München, BayVBl. 2000, 436; VGH Kassel, NVwZ 2002, 876.

# B. Disziplinarrecht

| | Rz. | | Rz. |
|---|---|---|---|
| I. Einführung | 1 | 5. Aussetzung des Disziplinarverfahrens wegen eines parallelen Strafverfahrens | 153 |
| II. Das neue Bundesdisziplinargesetz, sein Zweck und sein Anwendungsbereich | 7 | 6. Bindungswirkungen von Straf- und sonstigen Urteilen | 158 |
| III. Dienstvergehen, Disziplinar- und Regelmaßnahmen | | 7. Verteidigung im Disziplinarverfahren | 165 |
| 1. Dienstvergehen | 26 | 8. Beschleunigung | 172 |
| 2. Disziplinarmaßnahmen | 44 | VII. Die Disziplinarentscheidung des Dienstvorgesetzten | 174 |
| 3. Übliche Maßnahmen und Regelmaßnahmen | 67 | 1. Einstellung des Verfahrens | 177 |
| IV. Dienstvorgesetzte und Disziplinargerichte | | 2. Die Disziplinarverfügung | 185 |
| 1. Dienstvorgesetzte | 84 | 3. Erheben der Disziplinarklage | 192 |
| 2. Disziplinargerichtsbarkeit | 90 | VIII. Vorläufige Anordnungen der Dienstvorgesetzten | 199 |
| V. Allgemeine Verfahrensvorschriften | | 1. Vorläufige Dienstenthebung | 200 |
| 1. Das anzuwendende Verfahrensrecht | 96 | 2. Einbehaltung von Dienstbezügen | 202 |
| 2. Verfolgbarkeit des Beamten | 105 | 3. Rechtsschutz gegen die vorläufigen Maßnahmen des § 38 BDG | 206 |
| 3. Verfolgbarkeit des Dienstvergehens | | IX. Zum gerichtlichen Disziplinarverfahren | |
| a) Maßnahmeverbote wegen Zeitablaufs | 109 | 1. Gerichtsaufbau und Verfahrensgrundsätze | 210 |
| b) Maßnahmeverbot wegen straf- oder bußgeldrechtlicher Ahndung | 121 | 2. Die Disziplinarklage | 214 |
| VI. Das behördliche Disziplinarverfahren | | 3. Andere disziplinargerichtliche Klagen | 231 |
| 1. Die Einleitung des Disziplinarverfahrens | 129 | 4. Anwaltszwang in der zweiten und dritten Instanz | 233 |
| 2. Anhörung des Beamten | 137 | 5. Gegenvorstellungen und Wiederaufnahme | 234 |
| 3. Ermittlungen | 140 | X. Kosten des Disziplinarverfahrens und Gebühren des anwaltlichen Bevollmächtigten | 235 |
| 4. Beweiserhebungen | 145 | XI. Vollstreckung, Tilgung und Begnadigung | 249 |

Literatur:

Zum Bundesdisziplinargesetz:
Gesetzgebungsmaterialien zum BDG:
Regierungsvorlage, Stellungnahme des Bundesrates, Gegenäußerung der Bundesregierung: BT-Drs. 14/4659 (im Folgenden zit. als RegE); Ausschussbericht des Innenausschusses: BT-Drs. 14/5529; Änderungen des BDG durch das DNeuG: BT-Drs. 16/2253 i.V.m. 16/10850.
Aus der Entstehungsgeschichte:
*Müller-Eising*, ZBR 1999, 145; *Schwandt*, DöD 1998, 221; *Weiß*, ZBR 2000, 21.
Erste Gesamtdarstellungen:
*Baden*, Neue Besen kehren besser, PersR 2001, 501; *Ebert*, Das neue Disziplinarrecht, Leitfaden für den öffentlichen Dienst, 2002; *Lemhöfer*, Das neue Disziplinarrecht des Bundes, RiA 2002, 53; *Müller-Eising*, Paradigmenwechsel im deutschen Disziplinarrecht, NJW 2001, 3587; *Schwandt*, Das neue Bundesdisziplinargesetz, RiA 2001, 157; ebenso DöD 2000,

80; *Urban*, Die Neuordnung des Bundesdisziplinarrechts, NVwZ 2001, 1335; *Weiß*, Das neue Bundesdisziplinargesetz, ZBR 2002, 17; *Weiß*, Das neue Disziplinarneuordnungsgesetz 2001, PersV 2002, 2; *Weiß*, Fortentwicklungen des Disziplinarrechts, PersV 2004, 444.

**Kommentare:**
*Gansen*, Disziplinarrecht in Bund und Ländern, Loseblatt, 2002 ff.; *Schütz/Schmiemann*, Disziplinarrecht des Bundes und der Länder, Loseblatt Stand 2005; *Hummel/Köhler/Ratz*, BDG – Bundesdisziplinargesetz und materielles Disziplinarrecht, 4. Aufl. 2009; *Bauschke/ Weber*, Bundesdisziplinargesetz, 2004; *Ebert*, Das aktuelle Disziplinarrecht, 3. Aufl. 2008.

**Handbücher:**
*Claussen/Benneke/Schwandt*, Das Disziplinarverfahren, 6. Aufl. 2009.

**Zur (alten) Bundesdisziplinarordnung:**
*Claussen/Janzen*, BDO-Handkommentar unter Berücksichtigung des materiellen Disziplinarrechts, 8., neubearbeitete und ergänzte Aufl. 1996 (zit. *Claussen/Janzen*, 8. Aufl.); *Köhler/Ratz*, BDO und materielles Disziplinarrecht, Kommentar für die Praxis, 2. Aufl. 1994.

**Allgemeine, übergreifende Darstellungen:**
*Claussen/Janzen*, Bundesdisziplinarrecht, Rechtsprechung zum materiellen Disziplinarrecht, 9. Aufl., neu bearb. v. Czapski, 2001 (zit. *Claussen/Janzen*, 9. Aufl.); *Claussen/ Czapski*, Alkoholmissbrauch im öffentlichen Dienst, Gefahren und ihre Abwehr – Leitfaden mit Rechtsprechungssammlung 1992; *Claussen/Ostendorf*, Korruption im öffentlichen Dienst. 2. Aufl. 2002; *Honsa*, Alkohol- und Drogenmissbrauch im öffentlichen Dienst, 2. Aufl. 2006; *Honsa/Paasch*, Mobbing und sexuelle Belästigung im öffentlichen Dienst, 2004; *Fiebig/Junker*, Korruption und Untreue im öffentlichen Dienst, 2. Aufl. 2004; *Schwandt*, Alkoholismus, RiA 2002, 3; *Weiß*, Disziplinarrecht bei den privaten Bahn- und Postunternehmen, ZBR 1996, 225.

**Fundstellen der Rechtsprechung:**
- BDHE 1–7 (1955–1966)
- BVerwGE (ab 1967) Bd. 33, 45, 46, 53, 63, 73, 76, 83, 86, 93, 103, 113. Die Serie der dem Disziplinarrecht vorbehaltenen Bände der amtlichen Sammlung endet mit diesem Band 113 [Entscheidungen bis August 1999]; ab BVerwGE 111 werden die disziplinarrechtlich relevanten Entscheidungen des BVerwG innerhalb der „normalen" Bandfolge der amtlichen Sammlung abgedruckt.
- Die Entscheidungssammlungen BDH und BVerwG enthalten neben den Entscheidungen der Disziplinarsenate (Berlin/Leipzig) auch die der Wehrdisziplinar-(WD)-Senate (München).
- Dokumentarische Berichte aus dem Bundesverwaltungsgericht, Ausgabe B – öffentlicher Dienst und Disziplinarrecht; eine ebenfalls amtliche, zweimal monatlich erscheinende Veröffentlichung mit Entscheidungen des Disziplinar- und Wehrdisziplinarsenate, in der Vergangenheit auch einzelne Entscheidungen des BDiG.
- Im Übrigen findet sich einschlägige Rechtsprechung vornehmlich in NJW, NVwZ, NVwZ-RR, ZBR, RiA, DöD, DVBl und DÖV, in denen auch gelegentlich Aufsatzbeiträge zum Disziplinarrecht veröffentlicht werden.
- *Buchholz*, Sammel- und Nachschlagewerk der Rechtsprechung des BVerwG, [nur Entscheidungen ab 1990] –
- Die Sammlung *Buchholz* enthält die frühere Rechtsprechung der Disziplinar- und Wehrdisziplinarsenate des Gerichtes bis einschl. 1989 *nicht*. Das ergibt sich daraus, dass (bis 1967, s.o.) diese Senate in BDH „etabliert" waren. 1992 erschien aber im C. Heymanns Verlag ein zusammenfassender Sonderband „Bundesdisziplinarordnung 1953 bis 1989. *Buchholz- Sammel- und Nachschlagewerk der Rechtsprechung des Bundesverwaltungsgerichts, Ergänzungsband*". Dieser enthält die bedeutsam gebliebenen, vor dem 1.1.1990 ergangenen Entscheidungen des Bundesverwaltungsgerichts zum Disziplinarrecht des Bundes, die für die Zeit ab Januar 1990 in die Loseblatt-Sammlung Buchholz aufgenommen werden.

## I. Einführung

Gemäß § 77 Abs. 1 BBG sowie den entsprechenden Bestimmungen der Landesbeamtengesetze begehen Beamte und Beamtinnen ein „**Dienstvergehen**", wenn sie schuldhaft gegen die ihnen obliegenden Pflichten verstoßen. Die Verfolgung eines solchen Pflichtenverstoßes erfolgt gem. § 77 Abs. 3 BBG nach dem Bundesdisziplinargesetz (BDG) bzw. in den Ländern nach den jeweiligen Landesdisziplinargesetzen. Diese sehen eine Ahndung von Dienstvergehen durch Verhängen der dort im Einzelnen geregelten **Disziplinarmaßnahmen** vor, die vom einfachen Verweis über Geldbuße und Besoldungskürzung bis hin zur Degradierung (Zurückstufung in ein niedrigeres Amt) und zur Entfernung aus dem Dienst reichen; im Übrigen statuieren die Disziplinargesetze im Wesentlichen **Verfahrensregelungen**. Das **materielle Disziplinarrecht**, also die Frage, wann eine Pflichtverletzung vorliegt, erschließt sich aus dem geschriebenen und ungeschriebenen Pflichtenkanon, wie er den Beamtengesetzen selbst und den dahinterstehenden allgemeinen Grundsätzen des Beamtenrechts zu entnehmen ist. Dieser Teil des Disziplinarrechts einschließlich der Frage, wie welcher Pflichtenverstoß zu ahnden ist, lässt sich aus dem BDG und den entsprechenden landesrechtlichen Bestimmungen nicht entnehmen; dies ist nach wie vor im Wesentlichen **Richterrecht**.

Das Disziplinarrecht stellt damit eine spezifische Modalität der Ahndung von Pflichtstößen dar, die mit den Besonderheiten des öffentlich-rechtlichen Dienst- und Treueverhältnisses, wie es ein Beamtenverhältnis darstellt, in unlösbarem Zusammenhang steht. Verstößt ein Arbeitnehmer gegen seine Pflichten, so wird dies – je nach Gewicht – Rügen, Abmahnungen und letztlich eine Kündigung zur Folge haben. Der Arbeitgeber kann sich also letztlich von einem Mitarbeiter, der gegen seine Pflichten verstoßen hat, durch einseitige Willenserklärung trennen. Das ist im Beamtenrecht, welches eine im Grundsatz lebenslange Bindung der Beamten an ihren Dienstherrn kennzeichnet, anders: Hier soll sich der Dienstgeber gerade nicht ohne weiteres einseitig von seinen Beamten lossagen können, auch nicht im Falle etwaiger Pflichtverletzungen. Daher liegt es nahe, hierfür ein **eigenständiges**, insbesondere auch **mit besonderen Rechtsschutzgarantien ausgestattetes Sanktionssystem** zu schaffen, welches den strukturellen Besonderheiten des Beamtenverhältnisses Rechnung trägt.

Das geltende Disziplinarrecht versteht sich daher vor dem Hintergrund dieser Besonderheiten. Der grob fehlende Beamte soll gewiss ebenso wie ein grob fehlender Arbeitnehmer letztlich aus dem Dienst entfernt werden können, aber eben nur in Fällen besonders gravierender Pflichtverletzungen und – hier wirkt sich die grds. lebenslange Bestandsgarantie aus – nicht durch einseitiges Vorgehen des Dienstherrn, sondern allein durch statusbeendende **gerichtliche Entscheidung**. Ebenso darf die statusändernde Maßnahme der Zurückstufung nur durch eine dies aussprechende Gestaltungsentscheidung des Disziplinargerichts erfolgen. Die übrigen, minder gewichtigen Disziplinarmaßnahmen darf demgegenüber der Dienstherr selbst verhängen, allerdings in einem genau geregelten, förmlichen Verfahren und mit der Möglichkeit der anschließenden disziplinargerichtlichen Überprüfung.

In gewissem Sinne ebenfalls den Besonderheiten des grds. auf Lebenszeit angelegten Dienst- und Treueverhältnisses geschuldet ist der Umstand, dass disziplinarrechtlich nicht nur unmittelbar dienstbezogenes Fehlverhalten Anknüpfungspunkt disziplinarer Ahndungen sein kann, sondern **auch außerdienstliches Fehlverhalten**. Dies gewiss nicht (mehr) in dem Sinne einer aus früheren Zeiten kolportierten Annahme, dass der Beamte „immer im Dienst" sei, wohl aber unter Berücksichtigung der allgemeinen beamtenrechtlichen Pflichten aus §§ 60, 61 BBG, wonach der Beamte „innerhalb *und außerhalb* des Dienstes" der Achtung und dem Vertrauen gerecht werden muss, die sein Beruf erfordert (§ 61 Abs. 1 Satz 3 BBG), und er sich

„durch sein gesamtes Verhalten" zur freiheitlich-demokratischen Grundordnung bekennen und für deren Erhaltung eintreten muss. Vor diesem Hintergrund kann – je nach Situation – auch außerdienstliches Fehlverhalten Anknüpfungspunkt eines Disziplinarverfahrens sein. § 77 Abs. 1 Satz 2 BBG schränkt dies allerdings auf den Fall ein, dass dieses außerdienstliche Fehlverhalten „nach den Umständen des Einzelfalles in besonderem Maße geeignet" sein muss, „das Vertrauen in einer für ihr Amt oder das Ansehen des Beamtentums bedeutsamen Weise zu beeinträchtigen". Nicht jedes außerdienstliche Verhalten soll hiernach unter dienstrechtlicher Überwachung stattfinden, wohl aber dann, wenn entweder die **konkrete Amtsstellung des Betroffenen** oder aber das **Ansehen des Beamtentums** insgesamt beeinträchtigt werden könnten. Letzteres ist bei Ersttätern jedenfalls dann der Fall, wenn das Verhalten zugleich den Tatbestand einer „schwerwiegenden Straftat" erfüllt[1]; eine solche ist nach der Rechtsprechung des BVerwG dann anzunehmen, wenn die Tat für sich genommen – also losgelöst von den Gegebenheiten des Einzelfalls – mit einer Höchststrafe von mindestens zwei Jahren Freiheitsentzug bedroht ist[2].

5  Weitere Besonderheit des beamtenrechtlichen Dienst- und Treueverhältnisses ist, dass das Disziplinarrecht auch den **Ruheständler** erfasst. Während mit der Beendigung des Beschäftigungsverhältnisses eines Arbeitnehmers die rechtliche Verbindung zum bisherigen Arbeitgeber im Wesentlichen beendet ist, verbleibt der Pensionär in einer Pflichtenbindung zu seinem Dienstherrn. Dienstpflichtverletzungen, die noch während des aktiven Dienstes begangen worden sind, können auch nach dem Eintritt in den Ruhestand weiter verfolgt werden, wenn auch gem. § 5 Abs. 2 BDG gegen den Pensionär nur noch die Maßnahmen der (temporären) Kürzung des Ruhegehalts und der – einer Entfernung aus dem Dienst entsprechenden – Aberkennung des Ruhegehalts verhängt werden können. Dienstpflichtverletzungen innerhalb des Ruhestandes gibt es nicht, weil der Ruheständler keine Dienstpflichten mehr hat. Daher muss insoweit § 77 Abs. 2 BBG bestimmte Pflichtverletzungen, die in der dortigen Enumerativaufzählung gelistet sind, als Dienstvergehen fingieren („... gilt als Dienstvergehen ..."), um sie disziplinarrechtlich ahnden zu können.

6  Ziel disziplinarer Maßnahmen ist nicht die gewissermaßen rückwärts gewandte Ahndung von Dienstvergehen oder die Sanktionierung von Pflichtverletzungen im dienstlichen oder außerdienstlichen Bereich. Dem Disziplinarrecht geht es – bezogen auf den betroffenen Beamten – in erster Linie um eine **in die Zukunft gerichtete „Pflichtenmahnung"**: Der Beamte soll angehalten werden, sich fortan wieder vollauf der ordnungsgemäßen Wahrnehmung seiner Dienstpflichten zu widmen. Daher ist eine Disziplinarmaßnahme umso weniger bzw. in umso geringerem Maße erforderlich, je mehr bereits anderweitige Folgen der Dienstpflichtverletzung wie z.B. eine parallele straf- oder ordnungswidrigkeitenrechtliche Ahndung oder sonstige Folgen der Tat (etwa die erfolgte Entbindung von einer bevorzugten Tätigkeit, („Straf-")Versetzung o. dergl.) die Funktion einer derartigen Pflichtenmahnung übernommen haben (vgl. etwa die Regelungen in § 14 Abs. 1 BDG). Erst bei gravierenden Pflichtverletzungen, die das für den Fortbestand des Dienst- und Treueverhältnisses erforderliche Vertrauen des Dienstherrn in die Ordnungsgemäßheit der (künftigen) Dienstverrichtung entfallen lassen (vgl. die Zumessungsregelung in § 13 Abs. 2 BDG), rückt der Disziplinarzweck der **Läuterungsfunktion** des Disziplinarrechts für das Beamtenrecht in den Vordergrund; ältere Kommentierungen for-

---
1 BVerwG v. 8.3.2005 – 1 D 15.04, Buchholz 232 § 77 BBG Nr. 24. Einzelheiten hierzu s. unten Rz. 31.
2 BVerwG v. 19.8.2010 – 2 C 13.10, NVwZ 2011, 299; hierzu auch *Pflaum*, NVwZ 2011, 280 ff.

mulierten dies – gewiss unangemessen, aber treffend-deutlich – im Sinne einer „Reinigungsfunktion" des Disziplinarrechts, welches dafür Sorge tragen soll, den Beamtenstand von ungeeigneten und aufgrund ihres Fehlverhaltens nicht mehr tragbaren „Elementen" zu säubern. Schließlich darf bei jedweder Maßnahme, aber auch bereits im Zusammenhang mit der „abschreckenden" Wirkung der bloßen Einleitung und Durchführung eines Disziplinarverfahrens, nicht der Gesichtspunkt einer **Generalprävention** für Andere aus dem Blick verloren werden.

## II. Das neue Bundesdisziplinargesetz, sein Zweck und sein Anwendungsbereich

Anerkanntermaßen gehört das Beamten-Disziplinarrecht als solches zu den hergebrachten Grundsätzen des Berufsbeamtentums i.S.d. Art. 33 Abs. 5 GG und findet damit eine verfassungsrechtliche Rückabsicherung. Mit Wirkung ab 1.1.2002 ist als Bestandteil des Gesetzes zur Neuordnung des Bundesdisziplinarrechts (BDiszNOG)[1] vom 9.7.2001 das Bundesdisziplinargesetz (BDG) in Kraft getreten. Dieses löst die bis dahin geltende Bundesdisziplinarordnung BDO i.d.F. der Bek. vom 20.7.1967[2] ab.

Das BDG enthält als Teil des Beamtenrechts das Recht für die Disziplinierung von Beamten im Bundesdienst, vor allem das Verfahrensrecht. Das Gesetz entstammt ursprünglich der „Reichsdienststrafordnung" vom 26.1.1937. Nach deren Bundesfassung und nach dem Gesetz vom 12.11.1951 wurden zur Verdeutlichung der Unterscheidung vom bürgerlichen Strafrecht im Gesetz vom 28.11.1952 aus den „Dienststrafen" die „Disziplinarstrafen" und aus den „Dienststrafgerichten" die „Disziplinargerichte" mit dem Bundesdisziplinarhof (BDH) als oberste Instanz; das Gesetz erhielt damals die Bezeichnung „**Bundesdisziplinarordnung** (BDO)". Der nächste Schritt in die Richtung eines eigenständigen Disziplinarrechts wurde mit dem Gesetz vom 20.7.1967 und der Neubekanntmachung der BDO vom selben Tag gegangen: Aus den „Disziplinarstrafen" wurden die „Disziplinarmaßnahmen", aus dem „Beschuldigten" und „Bestraften" der „Beamte". Nur das – materiellrechtliche – „Dienst*vergehen*" nach dem BBG behielt diese dem Strafrecht entlehnte Bezeichnung; Berufungsgericht wurde der Disziplinarsenat beim BVerwG.

Es blieb indessen bei der weitgehenden Orientierung des gesamten Disziplinarverfahrensrechts an den Strukturen des Strafprozessrechts. Dies änderte sich erst mit der nunmehrigen Einführung des BDG. Dessen erklärtes Ziel ist es, das Disziplinarrecht von der als nicht mehr zeitgemäß empfundenen Bindung an das Strafprozessrecht zu lösen und eine enge Anlehnung an das Verwaltungsverfahrens- und das Verwaltungsprozessrecht an deren Stelle treten zu lassen[3] (nunmehr § 3 BDG). Die eigenständige (Bundes-)Disziplinargerichtsbarkeit wurde aufgelöst, und sämtliche disziplinargerichtlichen Verfahren sind nunmehr den VG und OVG überantwortet[4]. Das BVerwG ist nicht länger systemfremd zweitinstanzlich als Berufungsgericht zuständig, sondern, wie dies dem Gerichtsaufbau der Verwaltungsgerichtsbarkeit entspricht, drittinstanzlich als Revisionsgericht. Die der Anklagebehörde entsprechende Institution des Bundesdisziplinaranwalts ist ersatzlos entfallen.

---

1 BGBl. I 2001, 1510 ff.
2 In den Kommentaren von *Claussen/Janzen* (bis 8. Aufl.) und *Hummel/Köhler/Mayer* sind am Beginn der Kommentierung zur BDO auch die Änderungen seit 1968 vermerkt.
3 Regierungsamtliche Begründung des Gesetzentwurf, BT-Drs. 14/4659 (im Folgenden: RegE), S. 33.
4 Die Befugnis hierfür ist seit jeher in § 187 Abs. 1 VwGO angelegt; s. hierzu BVerfG v. 22.7.1970 – BVerfGE 29, 123 und – zuletzt – *Schmidt*, VerwArch 2001, 444 (447 f.).

10 Für die stark geänderten Bestimmungen über die **Verjährung** bisherigen Rechts gegenüber den Verwertungsverboten des neuen Rechts sollen grds. ab 1.1.2002 geänderten Bestimmungen des BDG gelten, nicht allerdings dann, wenn die Frist und ihre Berechnung nach dem alten Recht für den Beamten günstiger ist, § 85 Abs. 10 BDG. Hier ist übergangsrechtlich also eine Parallelbetrachtung beider Regelungen anzustellen und dann die günstigere anzuwenden. Nachdem die Fristen durchgängig länger und die Unterbrechungsmöglichkeiten mehr geworden sind, wird praktisch in der Regel das alte Recht zum Tragen kommen.

11 Eine Art **Günstigkeitsprinzip** legt die Rechtsprechung auch in anderen Fragestellungen zugrunde. So soll nach BVerwG die materiellrechtliche Besserstellung, die § 14 BDG gegenüber der Altfassung des § 14 BDO schafft (Limitierung der Disziplinarbefugnisse nach abgeschlossenem Straf- oder Ordnungswidrigkeitenverfahren), auch auf Altfälle zu übertragen sein, selbst wenn dort nach den Übergangsbestimmungen des § 85 BDG altes Recht weiter anzuwenden ist[1]. Ebenso wirken sich die Reduktion der Höchstdauer, bis zu der die Dienstbezüge bzw. das Ruhegehalt gekürzt werden dürfen (altes Recht: bis fünf Jahre, nunmehr nur noch bis drei Jahre, § 8 Abs. 1 Satz 1 BDG), und die Möglichkeit der richterlichen Abkürzung des Beförderungsverbotes (§ 8 Abs. 4 BDG) materiell zugunsten des Beamten aus; auch hier verlangt das BVerwG die Beachtung des Günstigkeitsprinzips[2].

12 Das gleichzeitig geänderte **Wehrdisziplinarrecht**[3] hat diesen Systemwechsel indessen nicht mitgemacht. Die zentralen Änderungen des BDG sind dort nicht entsprechend übernommen worden, so dass sich ein gegenüber dem bisherigen Rechtszustand deutlich größer gewordener Unterschied in den Grundstrukturen des Disziplinar(verfahrens-)rechts ergibt. Insbesondere bleibt es dort bei der Zuständigkeit der eigenständigen Truppendienstgerichte für die erste und der Wehrdienstsenate des BVerwG für die zweite Instanz. Die bisher zumindest teilweise ähnlichen Systembereiche des Beamten-Disziplinarrechts und des Wehrdisziplinarrechts haben sich damit stark voneinander entfernt, so dass künftig Vergleiche schwieriger werden.

13 Der **Zweck des Disziplinarrechts nach dem BDG** besteht in einer **Ordnungs- und Läuterungsfunktion** für den Bereich des Beamtenrechts. Gegenüber etwaigen Störungen des Beamtenverhältnisses durch gravierende Dienstpflichtverletzungen wird für die Erhaltung der Sauberkeit, der Leistungsfähigkeit und des Ansehens des Berufsbeamtentums und damit für die Erhaltung einer gesetzmäßigen Verwaltung gesorgt. Umgekehrt erwächst aus dem Disziplinarrecht eine **Schutzfunktion** zugunsten des Beamten; dieser kann nur dann, wenn der Nachweis eines Dienstvergehens in einem geordneten Verfahren erfolgt, mit einer Disziplinarmaßnahme nach § 5 BDG belegt und im Extremfalle durch gerichtliche Entscheidung aus dem Dienst entfernt werden. Insbesondere zeigen sich die Schutzfunktion wie die Ordnungsfunktion des Disziplinarrechts in der Beschränkung der Möglichkeiten, ein Beamtenverhältnis auf Lebenszeit zu beenden: Allein bei Verhängung der „Höchstmaßnahme" der Entfernung aus dem Beamtenverhältnis bzw. der dem gleichstehende Aberkennung des Ruhegehalts bei dem bereits pensionierten Beamten durch unabhängige Gerichte in einem justizförmlichen Verfahren kann sich der Dienstherr eines Beamten auf Lebenszeit entledigen, wenn nicht ausnahmsweise

---

1 BVerwG v. 17.3.2004 – 1 D 23.03, BVerwGE 120, 218 = NVwZ 2005, 96; v. 23.2.2005, 1 D 13.04, BVerwGE 123, 75 = NVwZ-RR 2006, 53 = ZBR 2005, 252 = RiA 2006, 280.
2 BVerwG v. 23.2.2005 – 1 D 1.04, NVwZ 2006, 47 = ZBR 2005, 315; v. 8.9.2004 – NVwZ-RR 2006, 45 = ZBR 2005, 92; v. 20.9.2006 – 1 D 8.05.
3 2. WehrDiszNOG v. 16.8.2001, BGBl. I 2001, 2092 ff., darin insbesondere Erlass einer neuen Wehrdisziplinarordnung (WDO), die ebenfalls zum 1.1.2002 in Kraft getreten ist. Hierzu s. *Bachmann*, NVwZ 2002, 694, sowie *Bachmann*, NZWehrR 2001, 178; *Vogelgesang*, ZBR 2003, 158 und 198.

## II. Das neue Bundesdisziplinargesetz

sogar gesetzliche Beendigungsgründe[1] greifen. Keine andere Form der gewillkürten Beendigung eines Beamtenverhältnisses ist dem Dienstherrn verblieben; eine „Kündigung" gibt es nicht.

Wegen dieser Ordnungsfunktion hat eine weitergehende Liberalisierung des Disziplinarrechts dort ihre Grenzen[2], wo es um die Funktionsfähigkeit der öffentlichen Verwaltung geht, die zuverlässige und vertrauenswürdige Beamte erfordert[3]. Nicht ohne Grund hat die ältere Rspr. im Falle der Entfernung aus dem Beamtenverhältnis, der Aberkennung des Ruhegehalts, aber auch in Fällen der Zurückstufung oder des Beförderungsverbotes (im militärischen Bereich) von „reinigenden" Disziplinarmaßnahmen gesprochen, wie auch das Gesetz selbst in § 18 Abs. 1 BDG ein sog. Selbstreinigungsverfahren vorsieht, mit dem sich der Beamte selbst durch Antrag auf Einleitung eines Disziplinarverfahrens gegen sich selbst von dem Verdacht eines Dienstvergehens entlasten kann. Der neuere Sprachgebrauch versucht freilich, von den an moralische Vorstellungen anknüpfenden Formulierungen Abstand zu nehmen; stattdessen wird bei der Entfernung aus dem Beamtenverhältnis mit dem Gesichtspunkt eines gänzlichen Wegfalls der notwendigen Vertrauensgrundlage operiert – in der Sache hat sich an der geschilderten Sichtweise („Reinhaltung" des öffentlichen Dienstes) indessen nichts geändert.

14

Diese Zwecke kennzeichnen auch den Wesensunterschied zwischen Disziplinarrecht und Strafrecht sowie zwischen Disziplinarmaßnahme und Kriminalstrafe. Die Disziplinarmaßnahmen dienen der in die Zukunft gerichteten Pflichtenmahnung des Beamten und ggf. der Reinigung des Beamtentums, aber nach h.M. – im Gegensatz zur Strafe – nie der rückwärts orientierten Vergeltung oder der Sühne. Wegen dieses Unterschieds ist auch Art. 103 Abs. 3 GG durch die Kumulierung von Kriminalstrafe und Disziplinarmaßnahme für dieselbe Tat nicht verletzt; es handelt sich um ein aliud[4].

15

Nach vormaligem Recht (§ 3 BDO) stand die Frage, *ob* wegen eines Dienstvergehens nach diesem Gesetz *einzuschreiten* sei, im pflichtgemäßen Ermessen des Dienstherrn. Das hierin zum Ausdruck kommende **Opportunitätsprinzip** hat mit dem In-Kraft-Treten des BDG dem ersten Anschein nach entgegen den im Regierungsentwurf angeführten Gründen eine gewichtige Änderung erfahren. Das Prinzip als solches ist zwar im neuen Recht in Form des § 13 Abs. 1 BDG erhalten geblieben, wonach die Entscheidung über das Ob und Wie der zu verhängenden Maßnahme dem pflichtgemäßen Ermessen des Dienstherrn unterliegt. Andererseits jedoch macht § 17 Abs. 1 BDG, der das **Legalitätsprinzip** verkörpert, die *Einleitung* eines *Disziplinarverfahrens* bei Vorliegen hinreichender tatsächlicher Anhaltspunkte für das Vorliegen eines Dienstvergehens zwingend[5]. Die Ermessensfrage des § 13 Abs. 1 BDG stellt sich dann erst nach durchgeführtem Verfahren, also *nach* vollständiger Ermittlung des Sachverhalts. Von der Einleitung des Verfahrens kann der Dienstherr nach jetzigem Recht nur in den Fällen der §§ 14 und 15 BDG absehen, also in den Fällen einer entgegenstehenden, bindenden strafgerichtlichen oder ordnungswidrigkeitenrechtlichen Entscheidung oder nach Eintritt eines Maßnahmeverbotes durch Zeitablauf. In diesen Fällen wird gem. § 17 Abs. 2 BDG allerdings von der Einleitung des Diszip-

16

---

1 Das Disziplinarverfahren wird **eingestellt**, wenn der Beamte oder Soldat im Strafverfahren zu einer Freiheitsstrafe von mehr als einem Jahr verurteilt wird, was die gesetzliche Beendigung des Beamten- bzw. Soldatenverhältnisses zur Folge hat, vgl. BVerwG v. 23.2.1988 – 2 WD 48.86, BVerwGE 83, 379; v. 6.4.1993 – 2 WD 10.93, BVerwGE 93, 363.
2 Auch das BDG hält daher am Legalitätsprinzip fest (§ 17); hierzu RegE S. 39.
3 BVerwG, DokBer. 1992, 303.
4 Grundlegend s. BVerfG, NJW 1967, 1651 und NJW 1967, 1655. Einzelheiten bei *Claussen/Janzen*, 8. Aufl., Einl. A Rz. 4–5d. Im disziplinarrechtlichen Sprachgebrauch sollten deshalb der strafrechtlichen Terminologie entspringende Formulierungen wie „Täter", „Abschreckung Dritter" oder „Generalprävention" vermieden werden.
5 RegE S. 39 (zu § 17d. Entw.).

linarverfahrens ohne weitergehende Sachverhaltsermittlung[1] abgesehen, so dass es hierfür genügt, lediglich größenordnungsmäßig einzuschätzen, welche Disziplinarmaßnahme denn allenfalls in Betracht käme, wenn denn das Verfahren durchgeführt würde; solches lässt sich letztlich nur in einer fiktiven Würdigung des Anfangsverdachts beurteilen. In allen anderen Fallkonstellationen muss dagegen praktisch das Verfahren der Sachverhaltsermittlung so weit durchgeführt werden, bis eine disziplinare Bewertung des Geschehens vorgenommen werden kann. Das klingt gegenüber dem bisherigen § 3 BDO nach einem gewichtigen Systemwechsel. Im Regierungsentwurf heißt es demgegenüber, es habe lediglich eine „neue systematische Einordnung" des Opportunitätsprinzips gegeben, die deutlich machen solle, dass sich das dem Diensthern eingeräumte Ermessen lediglich auf die Frage der Maßregelung beziehe und nicht auf die Frage, *ob* ein Disziplinarverfahren überhaupt erst eingeleitet werde; insoweit gelte – wie bisher[2] – das Legalitätsprinzip[3].

17 Tatsächlich liegt eine solch gewichtige Umgestaltung nur vom Ansatz her, nicht aber im Bezug auf die praktischen Auswirkungen vor. Denn auch unter der Herrschaft des § 3 BDO sind die Maßstäbe kaum anders verstanden worden. Fehlerfreie Ermessensausübung nach § 3 BDO bedeutete eben zugleich, dass über die Frage des Einschreitens erst nach hinreichender Klärung des Sachverhaltes entschieden werden konnte. Im Falle hinreichenden Verdachts war auch nach altem Recht (§ 26 Abs. 1 BDO) die Einleitung eines Vorermittlungsverfahrens zwangsläufig[4]. Nur waren seinerzeit die Möglichkeiten der informellen Sachverhaltsermittlung – notfalls auch vor Einleitung des Vorermittlungsverfahrens im Rahmen sog. Verwaltungsermittlungen – weitergehend eröffnet. In den §§ 13 Abs. 1, 17 Abs. 1 BDG dagegen sind für das jetzige Recht die Grenzen zwischen den Bereichen von Legalitätsprinzip und Opportunitätsprinzip klar gesteckt. Gleichwohl ist vom Ansatz her ein Systemwechsel unverkennbar.

18 Der persönliche **Geltungsbereich des BDG** umfasst nach § 1 die Beamten und Ruhestandsbeamten, die dem BBG unterliegen[5]. Dabei greift das BDG bei **Probe- und Widerrufsbeamten** nur eingeschränkt: Gegen sie können nur Verweis und Geldbuße verhängt werden, § 5 Abs. 3 BDG, während gravierendere Dienstpflichtverletzungen nach Durchführung eines disziplinarähnlichen Untersuchungsverfahrens (nunmehr geregelt in § 34 Abs. 3 Satz 2 BBG durch Verweis auf die entsprechend anzuwendenden §§ 21–29 BDG[6]) zur Entlassung führen können. Alternativ wird in aller Regel in Betracht kommen, eine beamtenrechtliche Entscheidung auf der

---

1 So ausdr. BT-Drs. 16/2253 S. 13.
2 Zum bisherigen Recht etwa *Claussen/Janzen*, 8. Aufl., § 3 Rz. 1, 2a.
3 RegE S. 37 (zu § 13d. Entw.).
4 Vgl. *Claussen/Janzen*, 8. Aufl., § 26 Rz. 6a m.w.N.
5 Das BDG gilt natürlich auch nach der Privatisierung von Post und Bahn für die dort verbleibenden Beamten weiter. Vgl. etwa BVerwG v. 20.8.1996 – 2 D 80.95, BVerwGE 103, 375 für Alkoholvergehen eines Beamten der Telekom. Hierzu b. krit. *Spoo*, PersR 1997, 399f. Urkundenfälschung und Unterschlagung durch einen an eine Tochtergesellschaft beurlaubten Beamten der Telekom mögen zwar im Hinblick darauf nur *außerdienstliche* Pflichtverletzungen darstellen, können aber gleichwohl zur Entfernung (hier: Aberkennung des Ruhegehalts) führen: BVerwG v. 7.6.2000 – 1 D 4.99, NVwZ 2001, 810. Zur Ahndung wiederholter, außerdienstl. Trunkenheitsfahrten von Telekom-Beamten s. BVerfG v. 5.6.2002 – 2 BvR 2257/96, NVwZ 2003, 73. Zusammenfassend zum Disziplinarrecht bei den privaten Bahn- und Postunternehmen s. auch *Weiß*, ZBR 1996, 225 ff.
6 Mit Wegfall des bisherigen § 126 BDO ist das Untersuchungsverfahren bei Probe- und Widerrufsbeamten formell aus dem Anwendungsbereich des BDG herausgenommen; es wird nunmehr ein eigenständiges Verfahren nach § 31 Abs. 4 Satz 2 BBG durchgeführt, das lediglich partiell den Bestimmungen des BDG unterfällt (§§ 21–29 BDG). Abweichend von der für Bundesbeamte geltenden Regelung enthält § 23 Abs. 3 BeamtStG den Verweis auf eine ergänzende Heranziehung des jeweiligen Disziplinarverfahrensrechts nicht.

Ebene der (Nicht-)Bewährung zu treffen (§ 23 Abs. 3 Nr. 2 BeamtStG, § 34 Abs. 1 Nr. 2 BBG).

Da das Disziplinarrecht stets das Vorhandensein eines Beamten (oder Ruhestandsbeamten) erfordert, kann jedes Disziplinarverfahren durch Beendigung des Beamtenverhältnisses, insbesondere im Wege der **Entlassung auf eigenen Antrag**, beendet werden; um den Preis des Entlassungsantrages kann der verfolgte Beamte also jederzeit einem gegen ihn betriebenen Verfahren die Grundlage entziehen. Diese Option kann interessant werden, wenn in gravierenden Fällen ohnehin mit der Entfernung aus dem Beamtenverhältnis gerechnet werden muss; der Betroffene kann dann zumindest den Zeitpunkt beeinflussen und – soweit dies noch relevant ist – den „Makel" einer Disziplinarentfernung vermeiden. 19

Gegen **Ruhestandsbeamte** können nur die gewichtigeren Maßnahmen verhängt werden, nämlich die an die Stelle der Entfernung aus dem Beamtenverhältnis tretende Aberkennung des Ruhegehalts oder die an die Stelle der Kürzung der Dienstbezüge tretende Kürzung desselben, § 5 Abs. 2 BDG. Eine Zurückstufung (Degradierung) findet nicht mehr statt, und auch die minderen Maßnahmen des Verweises und der Geldbuße können gegen den Ruheständler nicht mehr verhängt werden. Dies bedeutet praktisch, dass Dienstpflichtverletzungen, die noch aus dem voraufgegangenen aktiven Dienst herrühren, wie auch als Dienstvergehen geltende Handlungen i.S.d. § 77 Abs. 2 BBG[1], die nicht so gravierend sind, dass sie eine der genannten Maßnahmen rechtfertigen könnten, beim Ruhestandsbeamten ungeahndet bleiben. Entsprechende Verfahren werden also entweder erst gar nicht eingeleitet, oder wenn sie doch eingeleitet bzw. nach Pensionierung fortgeführt werden, um zunächst den Sachverhalt zu ermitteln (§§ 17 ff. BDG), damit beurteilt werden kann, ob eine der beiden verbliebenen Maßnahmen in Betracht kommt, werden sie eingestellt[2], sobald sich abzeichnet, dass eine etwa zu verhängende Maßnahme bei einem aktiven Beamten nur zu einer der milderen Maßnahmen führen dürfte[3]. Gravierende Dienstvergehen, die noch nicht die Schwere des § 13 Abs. 2 Satz 2 BDG erreichen und damit zu einer Aberkennung des Ruhegehalts führen würden, sondern beim aktiven Beamten eine Zurückstufung zur Folge hätten, können bei dem Ruheständler nur mit einer temporären Kürzung des Ruhegehalts geahndet werden. Bei solchen Maßnahmen, die gegen einen zwischenzeitlich in den Ruhestand versetzten Beamten nicht mehr verhängt werden können – z.B. Zurückstufung –, mag sich daher bei gleichzeitigem Betreiben des Pensionierungsverfahrens der Weg in das Rechtsmittel empfehlen, weil nach Beginn des Ruhestandes die vormals verhängte Maßnahme nicht mehr statthaft ist und im Übrigen ein Verbot der *reformatio in peius* zum Tragen kommt[4]. 20

In den **Ländern** gelten entsprechend für deren Beamte und die Beamten der Gemeinden und Gemeindeverbände die Disziplinargesetze des jeweiligen Bundeslandes. 21

---

1 Den Ruheständler treffen keine unmittelbaren „Dienstpflichten" mehr, die er aus dem Ruhestand heraus verletzen könnte; daher ist § 77 Abs. 2 BBG erforderlich, der bestimmte Verhaltensweisen des Ruheständlers durch die gesetzgebungstechnische Figur der Fiktion („… gilt als Dienstvergehen …") einer Dienstpflichtverletzung gleichstellt.

2 Es dürfte eine Einstellung nach § 32 Abs. 1 Nr. 4 BDG vorzunehmen sein („… Disziplinarmaßnahme aus sonstigen Gründen unzulässig …"). Die ausdrückliche Regelung des § 64 Abs. 1 Nr. 6 BDO ist in dieser Form nicht in das BDG übernommen.

3 Der Bundesrat hatte im Gesetzgebungsverfahren die Möglichkeit einer Flucht des degradierungsgefährdeten Beamten in den Ruhestand beklagt und zur Vermeidung dieser Konsequenz eine Änderung zu § 11 BDG dahingehend vorgeschlagen, dass auch eine unbefristete Kürzung des Ruhegehalts möglich gemacht werden sollte; dies hätte wirtschaftlich den Folgen einer (bei Ruhestandbeamten ja nicht zulässigen) Zurückstufung entsprochen. Die Länderkammer hat sich in diesem Punkt aber nicht durchsetzen können. Vgl. BT-Drs. 14/4659 S. 59 (Nr. 3) und S. 64.

4 Beispiel: BVerwG v. 20.9.2006 – 1 D 8.05.

Nachdem hinsichtlich der „Systemumstellung" von der mehr strafprozessrechtsorientierten BDO auf das mehr an VwGO und VwVfG angelehnte Verfahren nach BDG zunächst die Gesetzgebung in Rheinland-Pfalz eine Vorreiterrolle übernommen hatte, haben die Länder sukzessive das BDG zum Vorbild genommen und ihre alten Disziplinarordnungen durch neue Landesdisziplinargesetze ersetzt; dieser Reform- und Angleichungsprozess ist inzwischen abgeschlossen. Insbesondere die generelle Übertragung der Disziplinargerichtsbarkeit auf die VG und die dann rechtsvereinheitlichende Institution einer einheitlichen Revisionsinstanz dient nach der Konzeption des BDG als Grundlage der Wiederherstellung der Einheitlichkeit des Disziplinarrechts in Bund und Ländern[1]. Die Zeitpunkte des jeweiligen In-Kraft-Tretens der Landesdisziplinargesetze weichen allerdings deutlich voneinander ab. Übergangsrechtlich ist durchweg geregelt, dass – wie auch in 85 BDG zu ersehen – Verfahren nach altem Recht weitergeführt wurden, die zum Stichtag das Stadium des förmlichen Disziplinarverfahrens bereits erreicht hatten, während anhängige Verfahren, die sich noch in der Phase der Vorermittlungen befanden, sogleich nach neuem Recht fortgeführt wurden, wie nach dem Stichtag neu eingeleitete Verfahren ohnehin.

22  Für **Soldaten** und **Ruhestandssoldaten** gilt die Wehrdisziplinarordnung (WDO)[2]. Die WDO wies in der Vergangenheit eine Reihe sachgleicher Verfahrensregelungen wie in der vormaligen BDO auf; diese Ähnlichkeit ist seit dem In-Kraft-Treten des BDG deutlich reduziert. Über Dienstvergehen bei Zivildienstleistenden fanden sich die Regelungen im Zivildienst-Gesetz (§§ 58 ff. ZDG); nach dessen § 66 kann gegen Disziplinarverfügungen nach Durchlaufen eines Beschwerdeverfahrens die Entscheidung des VG angerufen werden. Dienstleistende im Freiwilligendienst (§ 2 BFDG) unterliegen aufgrund ihrer Freiwilligkeit keiner disziplinarischen Verfolgung.

23  Für **Richter** gelten die besonderen Bestimmungen des Richterrechts. Sie unterliegen in Bund und Ländern nicht mehr dem Disziplinarrecht der Beamten, seit das DRiG i.d.F. der Bek. vom 19.4.1972 und die Richter-Gesetze der Länder den Auftrag des Art. 98 Abs. 1 und 3 GG erfüllt haben. Dabei gilt für Richter im Bundesdienst allerdings, soweit das Richterrecht keine eigenen Regelungen aufgestellt hat, nach § 63 DRiG ergänzend das BDG sinngemäß.

24  Der **sachliche** Geltungsbereich umfasst nach § 2 BDG die während des Beamtenverhältnisses begangenen Dienstvergehen eines Beamten (§ 77 Abs. 1 BBG) und die im Ruhestand begangenen, nach § 77 Abs. 2 BBG als Dienstvergehen *geltenden*[3] Handlungen. Der Begriff des Dienstvergehens ist Teil des materiellen Disziplinarrechts, wobei die Dienstpflichten besonders in den §§ 60 ff. BBG i.V.m. dessen § 77 geregelt sind; für die Verfolgung ihrer Verletzung wird auf das BDG verwiesen, § 77 Abs. 3 BBG. Für Landes- und Kommunalbeamte gelten die entsprechenden Normen der §§ 33 ff. i.V.m. § 47 BeamtStG, ohne dass sich hier inhaltlich nennenswerte Unterschiede ergäben.

25  Bei den Soldaten und Ruhestandssoldaten ist im Wesentlichen auf die materiellen Regelungen des SG abzustellen.

### III. Dienstvergehen, Disziplinar- und Regelmaßnahmen

#### 1. Dienstvergehen

26  Ein Dienstvergehen – Grundlage jeder Disziplinarverfolgung nach §§ 2, 17 ff. BDG – ist nach § 77 Abs. 1 Satz 1 BBG bzw. § 47 Abs. 1 Satz 1 BeamtStG gegeben, wenn

---

1 Vgl. RegE S. 34.
2 WDO i.d.F. des 2. WDiszNOG v. 16.8.2001, BGBl. I 2001, 2092 ff.; früher: Urfassung v. 15.3.1957, BGBl. I 1957, 189, danach neu Bek. i.d.F. v. 4.9.1972, BGBl. I 1972, 1665.
3 S. oben Rz. 20 Fn. 1.

### III. Dienstvergehen, Disziplinar- und Regelmaßnahmen

der Beamte schuldhaft seine Pflichten verletzt, womit die objektiven und subjektiven Erfordernisse genannt sind. Die erforderliche Rechtswidrigkeit ist dann fast ausnahmslos gegeben. Die Dienstpflichtverletzung[1] kann auch im Unterlassen gebotener Handlungen bestehen[2].

Die zahlreichen Dienstpflichten, die nicht, wie im Strafrecht, abschließend aufgezählt sind, sind zunächst den Beamtengesetzen zu entnehmen[3]. Die Normen hierfür bestehen weithin aus generalklauselartigen Begriffen. Der Versuch, diesem Pflichtenkanon konkrete Handlungsanweisungen für den Einzelfall zu entnehmen, wird freilich häufig im Ansatz stecken bleiben. Zu generell und abstrakt bleiben die Beschreibungen der Beamtenpflichten; die Formulierungskunst hat offenkundig vor der Vielgestaltigkeit der denkbaren Sachverhalte kapituliert: Der Beamte hat sich seinem Beruf mit voller Hingabe zu widmen und sein Amt uneigennützig nach bestem Gewissen zu verwalten; er hat sich so zu verhalten, wie es die Achtung und das Vertrauen, das seinem Beruf entgegengebracht wird, erfordern (§ 33 Satz 3 BeamtStG, § 61 Abs. 1 Satz 3BBG). Er hat seine Vorgesetzten zu beraten und zu unterstützen, er hat deren Anordnungen und generelle Richtlinien zu befolgen (§ 35 BeamtStG, § 62BBG)[4]; je nach Amt hat er angeordnete Dienstkleidung zu tragen (§ 74 BBG)[5]. 27

Er hat sein Amt unparteiisch auszuüben und muss sich mit seinem gesamten Verhalten zur freiheitlich-demokratischen Grundordnung bekennen; bei politischer Betätigung hat er diejenige Mäßigung an den Tag zu legen, die seiner Stellung und seinem Amt frommt[6] (§ 33 BeamtStG, § 60 BBG). Alle diese und weitere generalklauselartigen Pflichten-Bilder bieten wenig Konkretes; wer für Sanktionen bei Pflichtverletzungen markante, subsumtionsfähige Tatbestände sucht, wie sie im 28

---

1 Zu den Dienstpflichten eines „zugewiesenen" Beamten s. BVerwG v. 7.9.2004 – 1 D 20.03, ZBR 2005, 209.
2 Eine mildere Sanktion allein unter dem Gesichtspunkt des Unterlassens kommt nur dann in Betracht, wenn die gebotene Handlung dem Beamten in außergewöhnlicher Weise mehr abverlangt als den „normalen Einsatz rechtstreuen Willens" – BVerwG v. 26.9.2001 – 1 D 32.00, NVwZ-RR 2002, 285.
3 Hierzu und im Besonderen zu § 60 Abs. 1 Satz 3 und § 77 Abs. 1 BBG vgl. den Beitrag „Beamtenrecht" Teil 6 Kap. A., Rz. 45 ff.
4 Das verwirkte Disziplinarmaß ist stark einzelfallabhängig, vgl. z.B. „Beförderungsverbot" bei einem vorgesetzten Soldaten, der unter Übergehung einschlägiger Vorschriften Befehle über die Beschaffung von Material erteilt hatte (BVerwG v. 21.7.1994 – 1 WD 6.94, BVerwGE 103, 145 = NVwZ-RR 1995, 150); „Entfernung" für einen Offizier, der nach befehlswidriger Aufnahme eines zivilen Passagiers Schäden an einem Hubschrauber verursacht hatte, die erkennbar die Flugsicherheit gefährden konnten, und der dennoch den Flug fortsetzte (BVerwG v. 6.7.1994 – 2 WD 43.93, BVerwGE 103, 138 = NVwZ-RR 1995, 151).
5 Die Gehorsampflicht eines Beamten mit Dienstkleidung rechtfertigt es als hergebrachter Grundsatz des Berufsbeamtentums, dass der Dienstherr aus sachlichen Gründen auch Weisungen im Bezug auf das äußere Erscheinungsbild des Beamten erteilen kann: BVerwG v. 17.3.1994 – 2 B 33.94, Buchholz 237.7 § 58 LBG NW Nr. 1. Vgl. im Einzelnen etwa BVerwG v. 25.1.1990 – 2 C 45.87, DÖV 1990, 704 (kein Ohrschmuck für männliche Zollbeamte) – gebilligt durch BVerfG v. 10.1.1991 – 2 BvR 550/90, NJW 1991, 1477. Andererseits aber BVerwG v. 15.1.1999 – 2 C 11.98, NJW 1999, 1985: zu lange Haartracht und Ohrschmuck bei männl. Polizeibeamten; HessVGH v. 16.11.1995 – 1 TG 3238/95, RiA 1997, 36 = NJW 1996, 1164, sog. Lagerfeld-Zopf bei einem Polizeibeamten nicht zu beanstanden; Siegelring mit SS-Runen: BVerwG v. 17.5.2001 – 1 DB 15.01, DVBl 2001, 1683.
6 Vgl. etwa BVerwG v. 25.1.1990 – 2 C 50.88, DÖV 1990, 703, Tragen einer Anti-Atomkraft-Plakette; OVG Rh.-Pf. v. 4.12.1998 – 2 A 11514/98, NVwZ-RR 1999, 648, „Flucht in die Öffentlichkeit" als Loyalitätsverletzung, anders jedoch bei Äußerung als Interessenvertreter (Gewerkschaft).

Strafrecht gebräuchlich sind, wird diese im Beamtenrecht schmerzlich vermissen. Das BVerfG[1] hat derartig vage Tatbestandsbilder, die nicht mehr als eine Beziehung zwischen Berufspflicht und Berufsaufgabe zum Ausdruck bringen, jedoch für zulässig und hinreichend konkret erachtet, an die schuldhafte Verletzung dieser Pflichten Sanktionen zu knüpfen. Darin liegt ein besonderes Merkmal des materiellen Disziplinarrechts, das nicht vermeidbar ist und verfassungsrechtlich dem Grundsatz des Art. 103 Abs. 2 GG „nulla poena sine lege" genügt[2]. Die Konkretisierung erfolgt – letztlich – durch den Disziplinarrichter, woraus sich die Bedeutung des Richterrechts für das Disziplinarrecht[3] ergibt.

29 Die Unterscheidung bei den Dienstpflichten zwischen **innerdienstlichen** und **außerdienstlichen** Pflichten[4] macht das Gesetz, weil der Beamte nicht, wie es früher hieß, bezüglich seines Verhaltens „immer im Dienst" ist. Gleichwohl hält z.B. das BVerfG ausdrücklich an der Auffassung fest, dass „Gesetzestreue eines Beamten nach wie vor für eine wesentliche Grundlage des Berufsbeamtentums anzusehen" sei; deshalb ist die disziplinarrechtliche Ahndung auch außerdienstlicher Gesetzesverstöße verfassungsrechtlich nicht zu beanstanden[5]. Eine formale Zuordnung gibt es dabei nicht; die zeitliche (Dienstzeit) oder örtliche (Dienstraum) Verbindung mit dem Dienst ist unerheblich; entscheidend ist der sachliche Zusammenhang mit den dienstlichen Aufgaben, die materielle Dienstbezogenheit des Verhaltens, wozu kausaler und funktioneller Zusammenhang mit dem bekleidetet Amt gehört, z.B. Verleumdung des Vorgesetzten am Stammtisch ist außerdienstlich, Gleiches mit dem Diensttelefon innerdienstlich[6].

30 Das **Gewicht eines Dienstvergehens** ergibt sich aus der Sache und den Einzelumständen. Es ist unabhängig vom Vorliegen eines Straftatbestands, wie auch die strafrechtliche Subsumtion keine wesentliche Rolle spielt, während allerdings die Qualifizierung als Verbrechen, Vergehen oder bloße Ordnungswidrigkeit das Gewicht mitbestimmt. **Innerdienstliche Straftaten** werden aber wegen ihrer unmittelbaren Dienstbezogenheit immer Dienstvergehen sein, während dies bei Straftaten außerhalb des Dienstes nicht allein wegen ihrer Strafbarkeit ohne weiteres der Fall ist[7]. Entscheidend ist neben dem objektiven Gewicht des Dienstvergehens, in welchem Maße der Beamte das Vertrauen des Dienstherrn oder der Allgemeinheit be-

---

1 BVerfG v. 17.9.1984 – 2 BvR 1032/84, PersV 1985, 35: Das Disziplinarrecht sei von je her durch Generalklauseln geprägt, die die schuldhafte Verletzung von Beamtenpflichten mit Disziplinarstrafen ahnden.
2 BVerfG, BVerfGE 26, 186, 203 f., allerdings auch BVerfG v. 14.7.1987 – 1 BvR 537/81, 1 BvR 195/87, BVerfGE 76, 171, 187, 189; BVerwGE 33, 327; s. auch BGHSt 18, 77 = NJW 1963, 167.
3 Vgl. *Claussen/Janzen*, 9. Aufl., S. V ff.: Die von *Czapski* vorgelegte umfassende Übersicht über die Rspr. behält daher auch unter der Herrschaft des geänderten Disziplinarrechts seine zentrale Bedeutung.
4 Zur Abgrenzung s. BVerwG v. 25.8.2009, 1D 1.08, NVwZ 2010, 713 sowie unten Rz. 31, 33.
5 BVerfG v. 5.6.2002 – 2 BvR 2257/96, NVwZ 2003, 73.
6 Vgl. BVerwG v. 21.10.1986 – 1 D 56.86, BVerwGE 83, 237; v. 1.2.1989 – 1 D 2.86, BVerwGE 86, 99 und zahlreiche Beispiele zur Verdeutlichung der Unterscheidung bei *Claussen/Janzen*, 8. Aufl., Einl. C 59a– 67.
7 Hierzu: BVerwG v. 30.8.2000 – 1 D 37.99, BVerwGE 112, 19 = NJW 2001,1080 = DVBl 2001, 137: Die einmalige außerdienstliche Trunkenheitsfahrt i.S.d. § 316 StGB bedeutet bei einem Beamten, der dienstlich nicht mit dem Führen von Kraftfahrzeugen betraut ist, keine Dienstpflichtverletzung (Aufgabe der bish. Rspr.). Im zeitnahen Wiederholungsfall wird aber doch eine (außerdienstliche) Dienstpflichtverletzung – hier Verletzung der Wohlverhaltenspflicht, § 54 Satz 3 BBG – angenommen, BVerwG v. 8.5.2001 – 1 D 20.00, NJW 2001, 3565 = DVBl 2001, 1703 (LS); hierzu s. ausdrücklich bestätigend auch BVerfG v. 5.6.2002 – 2 BvR 2257/96, NVwZ 2003, 73.

### III. Dienstvergehen, Disziplinar- und Regelmaßnahmen  Rz. 32  Teil 6 B

einträchtigt hat, § 13 Abs. 1 Satz 3 BDG. Im innerdienstlichen Bereich ist hierbei die Verletzung einer Kernpflicht des Amtes besonders belastend: Ein erhebliches **Versagen im Kernbereich der Pflichten** seines Amtes führt regelmäßig[1] zum endgültigen Verlust dieses Vertrauens und hat dann nach § 13 Abs. 2 BDG zwingend die Entfernung als Höchstmaßnahme zur Folge. Ob eine Verletzung von Kernpflichten gegeben ist, muss nach einem objektiven Maßstab – unabhängig von der Einschätzung der Vorgesetzten – beurteilt werden; wird eine solche Pflichtverletzung angenommen, so helfen allerdings auch individuelle Milderungsgründe nicht vor der Verhängung der Höchstmaßnahme[2].

**Außerdienstlich** liegt eine disziplinarrechtlich relevante, **qualifizierte Pflichtverletzung** vor, wenn diese nach der Amtsstellung des Betroffenen einen **Bezug zu** dessen **dienstlichen Pflichten**[3] hat, sowie unabhängig davon bei **Wiederholungstaten**[4] und bei „**schwerwiegenden Straftaten**"[5]; letztere sind anzunehmen, wenn das Verhalten zugleich einen Straftatbestand erfüllt, für den eine Höchststrafe von mindestens zwei Jahren Freiheitsentzug angedroht ist[6]. 31

**Bagatellverfehlungen**, die formal zwar Pflichtverstöße sind, aber Achtung und Vertrauen nicht beeinträchtigen, bloße Unkorrektheiten und vergleichbare Verstöße sind demgegenüber disziplinar irrelevant. Hier fehlt das nötige „Minimum an Gewicht und Evidenz"[7], um den Vorwurf eines Dienstvergehens zu erheben[8]. 32

**Beispiele:**

Einmalige zeitlich ganz geringfügige Verspätung im Dienst; verspätete Vornahme gebotener Eintragungen in ein Fahrtenbuch[9], bei Straßenverkehrsdelikten auch bei Durchschnittsverschulden[10].

Dem entsprechend wird die Abgrenzung zwischen Dienstvergehen und Bagatellverfehlungen danach vorgenommen, ob der zu betrachtende Vorgang geeignet ist, eine *Beeinträchtigung des berufserforderlichen Ansehens oder Vertrauens* auszulösen[11].

Daher kann die wiederholte und nachhaltige Verspätung oder die permanent-obstruktive Nichtführung des nämlichen Fahrtenbuchs sehr wohl die Schwelle zum Dienstvergehen überschreiten.

Bei Annahme einer Bagatellverfehlung kann mangels Dienstvergehens im Rechtssinne trotz § 17 Abs. 1 BDG von der Einleitung eines Disziplinarverfahrens abgesehen werden. Dies indessen zu beurteilen muss zunächst einmal der Sachverhalt geklärt sein, so dass sich u.U. dennoch die Frage stellt, ob auch hier zunächst einmal das Verfahren eingeleitet werden muss. Die durch die Novelle bedingte Konzentration der Sachverhaltsermittlung auf das behördliche Disziplinarverfahren bewirkt auf diese Weise im praktischen Ergebnis eine Einschränkung der Handlungsflexibilität. Denn bei Vorliegen zureichender tatsächlicher Anhaltspunkte für die Annahme eines Dienstvergehens *muss*[12], solange nicht feststeht, dass *kein Dienst-*

---

1 Relativierend VGH BW v. 9.3.2006, 16 S 4/06, NVwZ-RR 2006, 709.
2 BVerwG v. 6.5.2003 – 2 WD 29.02, NVwZ-RR 2004, 46 = ZBR 2004, 432 (LS).
3 BVerwG v. 30.8.2000 – 1 D 37.99, BVerwGE 112, 19 = DVBl 2001, 137.
4 BVerwG v. 8.5.2001 – 1 D 20.00, BVerwGE 114, 212 = NJW 2001, 3565.
5 BVerwG v. 8.3.2005 – 1 D 15.04, Buchholz 232 § 77 BBG Nr. 24.
6 BVerwG v. 19.8.2010 – 2 C 13.10, NVwZ 2011, 299; hierzu s. auch *Pflaum*, NVwZ 2011, 280 ff.
7 S. BVerfG v. 22.5.1975 – 2 BvL 13/73, NJW 1975, 1641 (1643).
8 Vgl. *Claussen/Janzen*, 8. Aufl., Einl. B 4a, m.w.N.
9 Vgl. die Nachweise bei *Claussen/Janzen*, 8. Aufl., Einl. B Rz. 4 b.
10 BDH v. 31.12.1965 – II DV 1/65, NJW 1966, 688.
11 *Claussen/Janzen*, 8. Aufl., Einl. B Rz. 4b.
12 Vgl. die ausdrücklichen Hinweise im RegE S. 37 (zu § 13 d. Entw.).

*vergehen*, sondern eine bloße Bagatellverfehlung vorliegt, das Verfahren eingeleitet werden. Ein Absehen von der Notwendigkeit disziplinarrechtlicher Ermittlungen allein wegen „Geringfügigkeit" gibt es nicht. Dies ist insbesondere im Grenzbereich zwischen Verweis und unterdisziplinarischer Missbilligung (§ 6 Satz 2 BDG) von Bedeutung und wird die praktische Handhabung des neuen Rechts nachhaltig erschweren[1].

33 ⊃ **Hinweis:** Für die Praxis bedeutet dies, dass im unteren Grenzbereich der disziplinaren Ahndung anwaltlich mehrfach interveniert werden kann und sollte:
 – Liegt überhaupt ein relevantes Dienstvergehen vor oder eine bloße **Bagatellverfehlung**? Durch frühzeitigen Beitrag zur präzisierenden Aufklärung des Sachverhalts noch vor Verfahrenseinleitung kann in geeigneten Fällen dem Dienstvorgesetzten die Beurteilung der Gewichtigkeit erleichtert werden, mit der Folge, dass günstigenfalls von vornherein auf ein behördliches Disziplinarverfahren verzichtet wird; schließlich hat das Verfahren bereits für sich genommen eine u.U. stigmatisierende Wirkung.
 – Geht es um *außerdienstlich* begangene Pflichtverletzungen, wird nach den in der Rechtsprechung herausgebildeten Kriterien gleichfalls zunächst herausgearbeitet werden müssen, ob darin überhaupt eine disziplinar relevante Dienstpflichtverletzung gesehen werden kann. Die Kriterien sind (vgl. oben Rz. 31):
   – Besteht ein innerer Bezug zu Dienstpflichten des konkret wahrgenommenen Amtes?
   – Wenn nein: Erstmaliger Verstoß oder Wiederholungstat?
   – Strafrechtlich relevant (nur bei Strafandrohung von über zwei Jahren Freiheitsentzug als Höchststrafe)?
 – Im Hinblick auf § 17 Abs. 2 BDG ist des Weiteren eine Vorab-Überprüfung erforderlich, ob denn in Ansehung der **§ 14 (Disziplinarmaßnahmen nach Straf- oder Bußgeldverfahren)** oder **§ 15 BDG (Disziplinarmaßnahme nach Ablauf von mehr als zwei Jahren)** überhaupt eine Disziplinarmaßnahme in Betracht kommen kann. Dies führt dazu, dass in diesen Fällen– *ohne weitere Sachverhaltsaufklärung*(!) – zunächst einmal eine hypothetische Einschätzung der in Betracht kommen Disziplinarmaßnahmen erfolgen muss[2]. Steht eine solche nicht zu erwarten, wird unbeschadet des ansonsten geltenden Legalitätsprinzips ein **Verfahren** erst gar **nicht eingeleitet**. Auch dies ist somit ein Ansatzpunkt für den anwaltlichen Vertreter des Beamten, bereits im Vorfeld der Einleitung des Disziplinarverfahrens zu intervenieren.
 – Gelingt es nicht, bereits mit diesen Gesichtspunkten die Einleitung des Verfahrens zu verhindern, bleibt der Umstand wichtig, dass der Dienstvorgesetzte auch bei Bejahung eines Dienstvergehens dennoch wegen Geringfügigkeit gem. § 13 Abs. 1 Satz 1 BDG von einer Disziplinarverfolgung absehen und das Verfahren gem. § 32 Abs. 1 Nr. 2 BDG einstellen kann. Stehen nach der Sachverhaltsermittlung die Ergebnisse fest, kann wegen des Freiraums des § 13 BDG durch einen Appell an die dann anstehende Ermessensausübung – ggf. auch beim höheren Dienstvorgesetzten – für den Beamten darauf hingewirkt werden[3], das Verfahren nach § 32 Abs. 1 Nr. 2 BDG ein-

---

1 Daher beinhaltet entgegen der beschönigenden Angabe in den Gründen des Regierungsentwurfs der Wegfall des bisherigen § 3 BDO und die Neuregelung der §§ 13 Abs. 1, 17 Abs. 1 BDG über die geänderte „systematische Einordnung" des Opportunitätsprinzips hinaus eine durchaus einschneidende Änderung der Grundsätze des Modells, mag dies im Ergebnis auch selten praktisch relevant werden.
2 So ausdr. BT-Drs. 16/2253 S. 13.
3 Vgl. *Wattler*, Z für Tarifrecht 1989, 335 ff., allerdings zum alten Rechtszustand nach § 3 BDO.

### III. Dienstvergehen, Disziplinar- und Regelmaßnahmen    Rz. 36    Teil 6 B

zustellen. Das Ermessen des Vorgesetzten wird dabei auch durch eine generelle Verwaltungsanordnung der Dienstbehörde nicht beseitigt[1]. In der gerichtlichen Anfechtung einer Disziplinarverfügung steht dieses Ermessen im Übrigen – abweichend von der sonst üblichen Ermessensprüfung nach § 114 VwGO – auch dem Disziplinargericht zu, wie sich aus § 60 Abs. 3 BDG ergibt[2].

In diesen Fällen bleibt es dem Dienstvorgesetzten im Übrigen unbenommen, die Dinge gänzlich auf sich beruhen zu lassen oder eine unterdisziplinarische Missbilligung (§ 6 Satz 2 BDG) auszusprechen.

Das zum Dienstvergehen nötige **Verschulden** setzt **Schuldfähigkeit** voraus, weshalb unter den Voraussetzungen des § 20 StGB ein Dienstvergehen entfällt; dies gilt („in dubio pro reo") auch, wenn die Schuldunfähigkeit nicht mit Sicherheit auszuschließen ist. Dagegen hat die verminderte Schuldfähigkeit nach § 21 StGB nicht dieselbe Bedeutung wie im Strafrecht, führt insbesondere nicht regelmäßig zu einer minder schweren Disziplinarmaßnahme; sie kann sogar bei gegebener Labilität ein erhöhtes „Erziehungsbedürfnis" aufzeigen. Insoweit kann das disziplinare Gewicht eines einzelnen Dienstvergehens auch davon abhängen, inwieweit der Beamte bereits zuvor straf- oder disziplinarrechtlich in Erscheinung getreten ist[3]. Ist der Beamte untragbar geworden, ist er auch bei verminderter Schuldfähigkeit aus dem Dienst zu entfernen; das gilt insbesondere bei der Verletzung elementarer und leicht einsehbarer Pflichten, wie z.B. bei Zugriff auf dienstlich anvertrautes Gut oder Geld, weil dann Zuverlässigkeit und Vertrauenswürdigkeit fehlt und die Wiederholungsgefahr meist besonders groß ist[4]. Belassen im Dienst ist dann nur in Ausnahmefällen möglich, z.B. wenn Schuldfähigkeit nur noch an der Grenze zur Schuldunfähigkeit gegeben ist[5]. 34

Die Schuldform, nämlich **Vorsatz oder Fahrlässigkeit**, ist kein disziplinarrechtliches Tatbestandsmerkmal, gewinnt aber natürlich für das Disziplinarmaß Bedeutung. Der Umstand, dass eine Tat im **Versuch**sstadium steckengeblieben ist, hat disziplinarrechtlich keine Bedeutung; sie wird wie eine vollendete Dienstpflichtverletzung, jedoch unter Beachtung der besonderen Umstände des Einzelfalls, geahndet[6]. **Anstifter** oder **Gehilfen** werden grds. wie **Täter** behandelt, eine Differenzierung nach Begehungsformen findet also nicht statt, so dass sich eine mindere Beteiligung allenfalls im Disziplinarmaß niederschlägt[7]. 35

Am Verschulden fehlt es häufig, wenn Gegenstand des Disziplinarverfahrens der Vorwurf ist, der Beamte habe seine dienstlichen Pflichten vernachlässigt und z.B. in erheblichem Umfang Rückstände auflaufen lassen. Häufig ist das Entstehen von Rückständen und Zeitverzögerungen aber nicht auf schuldhafte Untätigkeit oder „Faulheit" des Beamten, sondern auf äußere Rahmenbedingungen (z.B. überhöhte Arbeitsmengen, Personalengpässe, mangelnde Schulung und Unterweisung, fehlende arbeitgeberseitige Vorgaben, anderweitige oder mangelnde Prioritätenset- 36

---

1 So für die Einleitungsbehörde BVerwG v. 9.12.1986 – 1 D 80.86, BVerwGE 83, 268.
2 Die ausdrückliche Regelung war notwendig, weil das Zubilligen einer eigenen Ermessensentscheidung an das Gericht nach § 114 VwGO ansonsten gerade nicht vorgesehen ist; vgl. RegE S. 49.
3 OVG Saarland v. 20.8.2001 – 6 R 1/01, ZBR 2003, 283, Entf. bei nachhaltiger Schädigung des Ansehens auch bei relativ geringfügigem Einzelverstoß.
4 BVerwG v. 17.3.1967 – II D 5.67, BVerwGE 33, 9 (11); BVerwG, DokBer. 1992, 303 und *Claussen/Janzen*, 8. Aufl., Einl. D 21b).
5 Vgl. *Hummel/Köhler/Mayer*, A I 35.
6 BVerwG v. 25.8.1993 – 1 D 33.92, NVwZ-RR 1994, 219; v. 7.12.1993 – 1 D 32.92, BVerwGE 103, 54 = NVwZ-RR 1994, 451.
7 Vgl. BVerwG v. 27.6.1995 – 2 WD 3.95, BVerwGE 103, 246.

zung, Defizite in der Arbeitsplatzausstattung, o. dergl.) zurückzuführen; dies alles wird dem Betroffenen kaum angelastet werden können. Mit schöner Klarheit hat insoweit das OVG NW[1] bereits vor Jahren darauf hingewiesen, dass insoweit dem Beamten nur dann ein disziplinarer Vorwurf gemacht werden kann, wenn sich das Arbeitsverhalten durch „ausgesprochene Widersetzlichkeit oder bewusste Gleichgültigkeit gegenüber den dienstlichen Anforderungen" auszeichne; in allen anderen Fällen gebricht es (mindestens) am Verschulden.

37 Eine Maßnahme ist nach dem Gewicht „*des* Dienstvergehens" zu bemessen, § 13 Abs. 1 BDG; dies ist wegen des Grundsatzes der **Einheit des Dienstvergehens** (§ 77 Abs. 1 Satz 1 BBG) wichtig: Er bedeutet – mit erheblichen verfahrensrechtlichen Folgen –, dass auch mehrere Pflichtverletzungen lediglich *ein* Dienstvergehen darstellen. Liegen dem Dienstvorgesetzten oder der Einleitungsbehörde Vorgänge über mehrere Pflichtverletzungen eines Beamten vor, und sind diese entscheidungsreif, so **muss** darüber grds. auch gleichzeitig entschieden werden[2]. Dabei kann auch nur *eine* Disziplinarmaßnahme mit der das Verfahren abschließenden Entscheidung verhängt werden[3], wenn nicht überhaupt eine Einstellung des Verfahrens erfolgt oder eine etwaige Disziplinarklage abgewiesen[4] wird. Nur die Gründe geben dann Aufschluss, welche der angeschuldigten Verstöße als bewiesen erachtet und geahndet oder z.B. gem. §§ 14, 15 BDG nicht geahndet wurden.

38 Hintergrund dieses Postulats der Einheitlichkeit des Dienstvergehens ist zum einen der Zweck der disziplinaren Ahndung von Dienstpflichtverletzungen, wo es nicht um die Sanktion zurückliegenden (Fehl-)Verhaltens geht, sondern um eine in die Zukunft orientierte Pflichtenmahnung nach den Bemessungsmaßstäben des § 13 BDG bzw. die für die Entfernung aus dem Dienst maßgebliche (Gesamt-)Beurteilung, ob der Beamte durch ein schweres Dienstvergehen endgültig das Vertrauen des Dienstherrn oder der Allgemeinheit verloren hat. In beiden Beurteilungen kommt es auf eine **übergreifende Gesamtwürdigung der Dienstpflichtverletzungen** einerseits **und des Persönlichkeitsbildes des Beamten** in allen seinen Facetten andererseits an, so dass sich die reduzierte Betrachtung allein eines (willkürlich oder durch zeitliche Zufälligkeiten gebildeten) Ausschnitts verbietet. Hinzu kommt, dass das Verfahren selbst auch für das Gericht ebenso wie für die Prozessbeteiligten handhabbar bleiben muss, insbesondere auch unter zeitlichen Gesichtspunkten sowie in Beachtung des Beschleunigungsgebotes. Auch die strikten Regelungen über die Einleitung und die etwaige nachträgliche Ausdehnung des Verfahrens (§§ 17, 19 BDG sowie §§ 52, 53 BDG) haben dabei die Funktion, im Interesse des betroffenen Beamten verlässlich zu dokumentieren, was Gegenstand des Verfahrens sein soll und was nicht, weil dieser hierauf natürlich seine Rechtsverteidigung einrichten können muss.

39 Wie § 19 BDG erfüllt insbesondere auch § 53 BDG in diesem Konfliktfeld die Aufgabe, einen sachgerechten Ausgleich zwischen den divergierenden Interessen zu definieren. Der Gesichtspunkt der Einheit des Dienstvergehens verlangt eine möglichst umfassende Berücksichtigung auch etwa später hinzutretender Erkenntnisse über weitere, insbesondere auch neue Dienstpflichtverletzungen, um zu einer zutreffenden und umfassenden Gesamtwürdigung gelangen zu können. Ständige

---

1 OVG NW v. 13.2.1984 – 2 W 13/82, DöD 1984, 173. Zu bloßen Nachlässigkeiten s. auch VG Saarlouis v. 18.2.2011 – 4 K 708/10, IÖD 2011, 71.
2 BVerwG v. 4.8.1978 – 1 D 7.80, BVerwGE 63, 123 = ZBR 1979, 24 = DöD 1979, 26; v. 9.6.1983 – 1 D 44.83, BVerwGE 76, 90 = ZBR 1983, 243 = DöD 1983, 219; v. 11.2.2000 – 1 DB 20.99, NVwZ-RR 2000, 449 = DÖV 2000, 177.
3 BDH, BDHE 3, 285.
4 § 60 Abs. 2 Nr. 2 BDG; dies entspricht dem früheren „Freispruch" des § 76 Abs. 1 und 2 BDO.

### III. Dienstvergehen, Disziplinar- und Regelmaßnahmen

Nachträge machen indes das Verfahren unübersichtlich und schwerer handhabbar, und es droht ein Aus-dem-Rahmen-Laufen des Prozesses insbesondere in zeitlicher Hinsicht. Außerdem dient natürlich die durch die Einleitungsverfügung sowie späterhin die Disziplinarklageschrift definierte Umgrenzung des Verfahrens- und Prozessstoffs der Rechtssicherheit und spielt für die Verteidigung des betroffenen Beamten eine erhebliche Rolle: Dass „neue Handlungen", wie § 53 Abs. 1 BDG vorschreibt, nur durch Erheben einer Nachtragsdisziplinarklage in das Verfahren einbezogen werden können, schützt auch den Beamten dafür, sich permanent mit neuen Vorwürfen gleich welcher Tragweite und welcher Berechtigung auseinandersetzen zu müssen, statt sich auf den eigentlichen Prozessstoff konzentrieren zu können.

Der althergebrachte Grundsatz der Einheit des Dienstvergehens hat vor dem Hintergrund dieser gesetzlichen Neuregelungen der §§ 13, 19, 52 ff. BDG in der Rechtsprechung des BVerwG[1] eine gewichtige Relativierung erfahren: 40

Nach seiner bisherigen Rechtsprechung[2] gebot der Grundsatz der Einheit des Dienstvergehens nicht nur, das durch mehrere Verfehlungen zutage getretene Fehlverhalten eines Beamten einheitlich zu würdigen; die Notwendigkeit der einheitlichen Betrachtung aller einem Beamten zur Last gelegten Pflichtverletzungen schloss es vielmehr grds. aus, für jede einzelne Verfehlung gesondert eine Disziplinarmaßnahme zu bestimmen. Nach dieser bisherigen Rechtsprechung war es in der Regel nicht zulässig, mehrere Verfehlungen in verschiedenen Verfahren zu ahnden. Der Einheitsgrundsatz wurde unmittelbar aus § 77 Abs. 1 Satz 1 BBG abgeleitet, wo es heißt, dass der Beamte „*ein Dienstvergehen*" (Singular) begehe, wenn er schuldhaft „*die ihm obliegenden Pflichten verletzt*" (Plural) verletze. Hieraus wurde gefolgert, dass „*das durch mehrere Verfehlungen zutage getretene Fehlverhalten eines Beamten einheitlich zu würden*" sei. Nur in Ausnahmefällen hatte das BVerwG eine Durchbrechung dieses Einheitsgrundsatzes und damit eine gesonderte Verfolgung von Pflichtverletzungen eines Beamten zugelassen[3].

Nunmehr habe indes der Bundesgesetzgeber die **verfahrensrechtlichen Möglichkeiten** gegenüber der grds. weiterhin einheitlichen Würdigung einer Mehrzahl von Pflichtverletzungen durch die Aufnahme von Ausnahmetatbeständen in den §§ 19 Abs. 2 und 53, 56 BDG **erstmals kodifiziert** und damit die in der Rechtsprechung entwickelten Grundsätze ausdrücklich im Sinne einer weiteren **Einschränkung des Einheitsgrundsatzes** modifiziert. § 53 BDG enthalte für das Disziplinarklageverfahren nicht nur Bestimmungen über eine verfahrensmäßige Einbeziehung weiterer Vorwürfe gegen den Beamten, sondern regele auch die Voraussetzungen für ein Absehen hiervon; ferner werde geregelt, was geschehen soll, wenn die Nachtragsdisziplinarklage unterbleibt. 41

Vor diesem Hintergrund lasse sich aus § 77 Abs. 1 Satz 1 BBG ein verfahrensrechtlich zwingendes Gebot der gleichzeitigen Entscheidung über mehrere Pflichtverstöße nicht mehr herleiten. Der in der Rechtsprechung hieraus entwickelte **Grundsatz der Einheitlichkeit des Dienstvergehens** sei insoweit **den unterschiedlichen Verfahrensweisen anzupassen**, wie sie § 53 BDG nunmehr vorsehe bzw. ermögliche. Danach habe zwar der Dienstherr dem Gericht die konkreten Anhaltspunkte mitzuteilen, die den Verdacht eines (weiteren) Dienstvergehens rechtfertigen (§ 53 Abs. 2 Satz 1 BDG), jedoch nur, wenn er dies für *angezeigt* halte. Das deute auf ein erweitertes Ermessen hin. Das Gericht habe sodann grds. das Verfahren auszusetzen und eine Frist zu bestimmen, bis zu der die Nachtragsdisziplinarklage erhoben wer- 42

---

1 BVerwG v. 14.2.2007, 1 D 12.05, BVerwGE 128, 125 ff. = DVBl 2007, 769.
2 BVerwG v. 4.9.1978, BVerwGE 63, 123, 124 f.; v. 9.6.1983 – 1 D 44.83, BVerwGE 76, 90, 91 f.; v. 11.2.2000 – 1 DB 20.99, BVerwGE 111, 54, 56.
3 BVerwG v. 11.2.2000 – 1 DB 20.99, BVerwGE 111, 54, 56 f. m.w.N.

den „kann" (§ 53 Abs. 2 Satz 2 BDG), könne hiervon jedoch durch Beschluss absehen, „wenn die neuen Handlungen für die Art und Höhe der zu erwartenden Disziplinarmaßnahme voraussichtlich nicht ins Gewicht fallen oder ihre Einbeziehung das Disziplinarverfahren erheblich verzögern würde" (§ 53 Abs. 3 Satz 1 Halbs. 1 BDG). Bis zur Zustellung der Ladung zur mündlichen Verhandlung etc. könne zwar weiterhin auch im anhängigen fortgesetzten Verfahren immer noch eine Nachtragsdisziplinarklage erhoben werden; nach § 53 Abs. 3 Satz 3 BDG könnten die neuen Handlungen aber auch – falls es nicht zu einer Nachtragsdisziplinarklage komme – Gegenstand eines neuen Disziplinarverfahrens sein. Das Gesetz lasse also zu, dass es bei einem Beamten anstelle einer gleichzeitigen Gesamtwürdigung seiner Verfehlungen zu einer Würdigung in aufeinanderfolgenden Disziplinarverfahren komme, und nicht nur dies: Eine Würdigung in aufeinanderfolgenden Verfahren erfolge vielmehr auch dann, wenn die Voraussetzungen des § 53 Abs. 3 Satz 1 BDG nicht vorliegen. Denn selbst dann, wenn das Gericht eine Frist bestimmt hat, bis zu der die Nachtragsdisziplinarklage erhoben werden kann, dies aber weder fristgemäß noch – bei Fortsetzung des Verfahrens – nachträglich geschieht, das Gericht also nur über die bereits anhängigen Vorwürfe, nicht hingegen gleichzeitig über die neuen Handlungen entscheiden kann, könnten letztere auch Gegenstand eines neuen Disziplinarverfahrens sein (§ 53 Abs. 4 Halbs. 2 BDG i.V.m. § 53 Abs. 3 Satz 3 BDG).

43 Aus dieser geänderten Gesetzeslage folgt, dass dem Grundsatz der Einheit des Dienstvergehens letztlich nur noch durch Richterspruch materiellrechtlich Geltung verschafft werden muss. Der Entscheidung im letzten von mehreren aufeinander folgenden Verfahren hat bei der Bestimmung der angemessenen Disziplinarmaßnahme eine **einheitliche Würdigung des gesamten Dienstvergehens** vorauszugehen. Erweist sich z.B. die in Erwägung gezogene Maßnahme im letzten Verfahren wegen der im ersten Verfahren bereits ausgesprochenen als zur zusätzlichen Einwirkung unnötig oder in der Gesamtschau aller Maßnahmen unangemessen, muss sie auf das für alle Verstöße in ihrer Gesamtheit angemessene Maß zurückgeführt werden. Der Beamte darf im Ergebnis jedenfalls materiellrechtlich nicht schlechter gestellt werden als er im Falle einer gleichzeitigen und einheitlichen Ahndung des Dienstvergehens stünde.

## 2. Disziplinarmaßnahmen

44 Den Katalog der im Disziplinarrecht vorgesehenen Disziplinarmaßnahmen enthält § 5 BDG; nur die dort genannten sind als Disziplinarmaßnahmen zulässig. Rein beamtenrechtliche Maßnahmen, z.B. Versetzung, haben disziplinarrechtlich keine Bedeutung. Ansonsten stehen grds. für eine Maßregelung alternativ alle Maßnahmen zur Verfügung. Bei Ruhestandsbeamten und bei Beamten auf Probe oder auf Widerruf sind die Einschränkungen nach § 5 Abs. 2 und 3 BDG zu beachten: Der Ruheständler kann nur mit einer Kürzung oder einer Aberkennung seines Ruhegehalts gemaßregelt werden, andere Maßnahmen scheiden aus[1]. Bei Beamten auf Widerruf und auf Probe gibt es nur Verweis und Geldbuße – Verstöße, die eine intensivere Ahnung erforderlich machen würden, bewirken die Entlassung. – Hinsichtlich der Bemessung der jeweils in Betracht kommenden Maßnahmen ergibt sich die Auswahl aus der in aufsteigender Folge nach Gewichtigkeit gegliederten Einstufung, die in dieser Reihung die Schwere des Dienstvergehens zum Ausdruck bringt[2]. Dabei gilt der Grundsatz der stufenweisen Steigerung von Disziplinarmaßnahmen, weil vom erzieherischen Standpunkt aus erst beim Versagen leichterer Maßnahmen eine schwerere sinnvoll ist. Freilich bedeutet dies weder, dass bei einer

---

1 Das bedeutet aber nicht, dass eine noch während der aktiven Dienstzeit bestands- oder rechtskräftig verhängte Maßnahme nicht nach der Pensionierung noch vollzogen werden könnte: OVG NW v. 17.10.2000 – 12d A 700/98.O, RiA 2001, 201.
2 Vgl. BVerwG v. 14.3.1968 – II D 38.67, BVerwGE 33, 72 (74).

zweiten Disziplinarentscheidung wegen „Rückfall" die nächstschwerere Maßnahme verhängt werden muss, noch kann der Beamte darauf vertrauen, i. S. einer „Abmahnung" durch einfachere Maßnahmen gewarnt zu werden, bevor schwerere Maßnahmen verhängt werden. Es kann z.B. im ersteren Fall die Vortat so lange zurückliegen, dass aus einer längeren Unauffälligkeit durchaus noch auf eine Erziehbarkeit des Beamten geschlossen werden muss oder bei fehlendem dienstlichen Bezug die Erziehung dem Strafrichter gem. § 14 BDG überlassen werden kann[1], wobei ohnehin die Verwertungsverbote des § 49 Abs. 1 BZRG und § 16 Abs. 1 BDG zu berücksichtigen sind[2]. Andererseits ist stets die der Schwere der Dienstpflichtverletzung angemessene Maßnahme zu ergreifen, auch wenn damit im Einzelfall sogleich in die Kategorie der gewichtigeren Maßnahmen gegriffen werden muss. Deshalb kann schon bei einem ersten, aber schweren Dienstvergehen nicht eine der leichteren Maßnahmen in Betracht kommen. Entscheidend ist im Einzelfall das **Gesamtpersönlichkeitsbild** des Beamten[3].

Weil nur die Maßnahmen des § 5 BDG zulässig sind, bestimmt § 6 Satz 2 BDG ausdrücklich, dass **missbilligende Äußerungen des Vorgesetzten** (Zurechtweisungen, Ermahnungen oder Rügen) keine Disziplinarmaßnahmen sind, wenn sie nicht als **Verweis** bezeichnet werden (zur Abgrenzung s. auch oben Rz. 32 f.). Die früher nach § 124 BDO gegeben gewesene Möglichkeit, auch eine solche Missbilligung in entsprechender Anwendung des § 31 BDO gerichtlich überprüfen zu lassen, ist in das Rechtsmittelsystem des BDG nicht übernommen worden. Ob dies zur Folge hat, dass im Zuge der Eingliederung des Disziplinarverfahrensrechts in das Verwaltungsverfahrensrecht nunmehr Widerspruch und Klage (§§ 41, 52 Abs. 2 BDG) möglich sind, lässt das Gesetz unbeantwortet. 45

Nun die einzelnen Disziplinarmaßnahmen und ihre Folgen:

**a)** Der **Verweis** nach § 6 Satz 1 BDG ist die mildeste Disziplinarmaßnahme, er enthält lediglich einen schriftlichen Tadel. Er setzt aber die Feststellung einer die Bagatellgrenze überschreitenden Pflichtverletzung voraus und erfolgt nur, wenn nicht von einer Disziplinarmaßnahme nach § 13 BDO überhaupt abgesehen wird. Die Bezeichnung als Verweis ist ausdrücklich geboten. 46

Der Verweis – dies ergibt sich im Umkehrschluss aus § 8 Abs. 4 Satz 1 BDG[4] – bewirkt kein Beförderungshindernis. Er darf nicht mehr verhängt werden, wenn seit der Vollendung des Dienstvergehens mehr als zwei Jahre vergangen sind (Maßnahmeverbot, § 15 Abs. 1 BDG), soweit nicht dieser Zeitablauf durch die Einleitung des Disziplinarverfahrens bzw. vergleichbare Maßnahmen unterbrochen wurde (§ 15 Abs. 4 BDG). Für die Tilgung der Maßnahme in der Personalakte und das damit einhergehende Verwertungsverbot bestimmt § 16 Abs. 3 i.V.m. Abs. 1 BDG eine zweijährige Frist.

**b)** Die **Geldbuße**[5] nach § 7 BDG ist bereits eine schwerer wiegende Maßnahme, wie ihre Obergrenze, grds. die einmonatigen Dienstbezüge[6], zeigt. Für Beamte, die we- 47

---
1 BVerwG, DokBer. 1975, 189.
2 Vgl. BVerwG v. 3.12.1973 – I D 62.73, NJW 1974, 286; *Hummel/Köhler/Mayer*, A IV 80.
3 Vgl. *Claussen/Janzen*, 8. Aufl., Einl. D 10b; *Hummel/Köhler/Mayer*, A IV 106.
4 Früher ausdr. geregelt in § 8 BDO. Der RegE begnügt sich mit dem Verweis auf einen Umkehrschluss aus § 8 BDG, s. S. 35 (zu § 7 d. Entw.).
5 Über die in der Praxis weithin übliche, aber nicht richtige Abgrenzung zwischen Geldbuße und Gehaltskürzung zugunsten der ersteren s. *Claussen/Janzen*, 8. Aufl., Einl. D 2g, h.
6 Die für das alte Recht geltende, aufgrund § 131 Abs. 2 BDO ergangene VO v. 20.11.1967, BGBl. I 1967, 1158, nach der hierbei Grundgehalt, Ortszuschlag (jetzt Familienzuschlag), Amtszulagen, Stellenzulagen und Ausgleichszulagen sowie Unterhaltszuschüsse, aber nicht Kindergeld und Ministerialzulage, zu berücksichtigen waren, ist mit dem In-Kraft-Treten des BDG zum 1.1.2002 aufgehoben worden, Art. 27 Abs. 2 Nr. 4 BDiszNOG.

der Dienst- noch Anwärterbezüge erhalten, setzt § 7 Satz 2 BDG eine Grenze bei 500,00 Euro.

Auch die Geldbuße – dies ergibt sich wiederum im Umkehrschluss aus § 8 Abs. 4 Satz 1 BDG[1] – bewirkt kein Beförderungshindernis. Die Geldbuße darf nicht mehr verhängt werden, wenn seit der Vollendung des Dienstvergehens mehr als *drei* Jahre vergangen sind (Maßnahmeverbot, § 15 Abs. 2 BDG), soweit nicht dieser Zeitablauf durch die Einleitung des Disziplinarverfahrens bzw. vergleichbare Maßnahmen unterbrochen wurde (§ 15 Abs. 4 BDG). Für die Tilgung der Maßnahme in der Personalakte und das damit einhergehende Verwertungsverbot bestimmt § 16 Abs. 3 i.V.m. Abs. 1 BDG bei der Geldbuße ebenfalls eine *drei*jährige Frist.

48 c) Eine **Kürzung der Dienstbezüge** nach § 8 BDG – früher unzutreffend[2] „Gehaltskürzung"– kann nach neuem Recht in Abweichung vom bisherigen § 9 BDO[3] durch den Dienstvorgesetzten im Wege der Disziplinarverfügung verhängt werden, § 33 Abs. 1 BDG. Die Kürzung der Dienstbezüge ist auf nunmehr höchstens ein Fünftel der Dienstbezüge auf höchstens *drei* Jahre beschränkt[4]. Dabei kommt die volle Disziplinargewalt bis zum Höchstmaß der Kürzung der jeweils obersten Dienstbehörde zu; der unmittelbar nächstfolgende Dienstvorgesetzte hat die Disziplinargewalt bis höchstens ein Fünftel der Dienstbezüge auf höchstens *zwei* Jahre. Alle übrigen Dienstvorgesetzten sind – vorbehaltlich einer Delegation nach § 33 Abs. 5 BDG – zu Kürzungen nicht befugt (§ 33 Abs. 3 BDG). Bei Beamten auf Probe oder auf Widerruf sind die Kürzungen nicht zulässig, § 5 Abs. 3 BDG.

Der Rahmen der Kürzung ist nicht mehr so weit gespannt wie bisher, jedoch soll nach den nunmehrigen Vorstellungen des Gesetzgebers der verbliebene Rahmen in jeder Hinsicht ausreichen, Dienstvergehen mittlerer und schwerer Art angemessen zu sanktionieren[5].

49 Die Kürzung der Dienstbezüge erstreckt sich auf alle Ämter, die der Beamte bei Eintritt der Unanfechtbarkeit inne hat. Sie kann auch gegen einen zeitweise ohne Bezüge beurlaubten Beamten verhängt werden; der Vollzug der Maßnahme ist dann bis zum Ende der Beurlaubung gehemmt, § 8 Abs. 3 BDG. Ansonsten wirkt die Kürzung ab dem Kalendermonat, der auf den Eintritt der Unanfechtbarkeit der Disziplinarverfügung folgt. Die Kürzungsentscheidung bewirkt einen partiellen Wegfall des Besoldungsanspruches kraft Gesetzes, macht also keinen Vollzugsakt erforderlich.

50 Die bisherige disziplinargerichtliche Praxis hat innerhalb des seinerzeit möglichen Rahmens im Großteil der Fälle Kürzungen weit **unterhalb des Höchstrahmens** verhängt. Eine Verminderung um 1/30 oder 1/20 waren weithin das Übliche und eine Laufzeit von über einem Jahr verhältnismäßig selten. Die Erledigung erfolgte überwiegend im Wege des (vormaligen) Disziplinargerichtsbescheids[6]. In der Nähe der zeitlichen Obergrenze bewegten sich die Entscheidungen nur dann, wenn es um

---

1 Früher ausdr. geregelt in § 8 BDO. Der RegE begnügt sich mit dem Verweis auf einen Umkehrschluss aus § 8 BDG, s. S. 35 (zu § 7 d. Entw.).
2 Der Beamte bezieht kein Gehalt, sondern Besoldung bzw. Dienstbezüge, vgl. § 1 BBesG.
3 Nach altem Recht konnte die „Gehaltskürzung" nur vom Disziplinargericht ausgesprochen werden.
4 Nach altem Recht: Höchstens 1/5 auf höchstens *fünf* Jahre, § 9 Abs. 1 BDO. Damit konnte die Maßnahme aber im Einzelfall gravierender wirken als die nächstfolgende Maßnahme, die „Degradierung", so dass die Reihung nach Gewichtigkeit in Mitleidenschaft geriet. Vgl. *Finger*, ZBR 1973, 144, sowie *Weiß*, Disziplinarrecht, GKÖD, Band II, § 9 Rz. 8. Diese Kritik hat der Gesetzgeber aufgegriffen, vgl. RegE S. 35. Das BVerwG wendet auch in Altfällen, die noch nach BDO abzuwickeln sind, aufgrund des Günstigkeitsprinzips die milderen Maßnahmen des BDG an, vgl. BVerwG v. 23.2.2005 – 1 D 1.04, NVwZ 2006, 47.
5 RegE S. 35.
6 Heute: Entscheidung durch Beschluss nach § 59 BDG.

### III. Dienstvergehen, Disziplinar- und Regelmaßnahmen　　Rz. 53　Teil **6 B**

Degradierung oder gar um Dienstentfernung ging, aber schließlich davon unter Berücksichtigung aller Umstände, insbesondere der gesamten Persönlichkeit des Beamten abgesehen wurde oder wenn eine Degradierung aus statusrechtlichen Gründen nicht möglich war. Den Kürzungsbruchteil bemaß die Rspr. bei durchschnittlichen wirtschaftlichen Verhältnissen mit 1/20[1]. Diese starre Richtlinie für Beamte aller Laufbahnen hat das BVerwG nunmehr aufgegeben und wie folgt differenziert: Als „Regel-Quote" bei Beamten des einfachen Dienstes soll hiernach 1/25, bei Beamten des mittleren Dienstes 1/20 und bei Beamten des gehobenen Dienstes sowie bis BesGr. A 16 auch des höheren Dienstes 1/10 betragen[2]. Es bleibt abzuwarten, wie die Maßnahmebemessung durch die Dienstvorgesetzten, die mit der Überantwortung dieses Teils der Disziplinargewalt erheblich an Spielraum für die zu treffenden Entscheidungen hinzugewonnen haben, im Wege von Disziplinarverfügungen gehandhabt werden wird.

Nach § 8 Abs. 4 Satz 1 BDG darf der Beamte während der Dauer der Kürzung seiner Dienstbezüge nicht befördert werden. Die Maßnahme darf nicht mehr verhängt werden, wenn seit der Vollendung des Dienstvergehens mehr als drei Jahre vergangen sind (Maßnahmeverbot, § 15 Abs. 2 BDG), soweit nicht dieser Zeitablauf durch die Einleitung des Disziplinarverfahrens bzw. vergleichbare Maßnahmen unterbrochen wurde (§ 15 Abs. 4 BDG). Für die Tilgung der Maßnahme in der Personalakte und das damit einhergehende Verwertungsverbot bestimmt § 16 Abs. 3 i.V.m. Abs. 1 BDG eine dreijährige Frist. 51

**d)** Bei **Ruhestandsbeamten** gilt § 8 BDG für die **Kürzung des Ruhegehalts** entsprechend, §§ 5 Abs. 2, 11 BDG. Eine bei Beginn des Ruhestands etwa noch laufende Kürzung wird zur Ruhegehaltskürzung, § 8 Abs. 2 Satz 2, 3 BDG. Sterbegeld sowie Witwen- und Waisengeld werden nicht gekürzt, §§ 11 Satz 2, 8 Abs. 2 Satz 4 BDG. Auch hier gilt die dreijährige Frist für das Verwertungsverbot und die Tilgung. 52

**e)** Die **Zurückstufung** (früher: **Dienstgradherabsetzung**) nach § 9 BDG ist die nur durch Urteil der Disziplinargerichte mögliche schwerste Disziplinarmaßnahme gegen einen weiter im Dienst belassenen Beamten. Sie ist nur möglich gegen einen sich nicht mehr im Eingangsamt befindlichen Beamten; das neue Amt mit dem geringeren Endgrundgehalt muss „derselben Laufbahn" angehören. Die Maßnahme ist besonders bedeutsam, wenn der Beamte z.B. in der bisherigen Vorgesetzten-Stellung nicht mehr tragbar ist[3]. Sie hat besonders erkennbar Erziehungsfunktion und ist von Gewicht wegen ihrer Außenwirkung, durch die sie zwangsläufig bekannt wird (der Beamte fällt in eine niedrigere Amtsbezeichnung zurück!). Gerade auch deshalb ist es dankbares Ziel der Verteidigung durch Herausarbeitung aller Einzelumstände des Falles, diese Maßnahme zugunsten einer bloßen Gehaltskürzung zu vermeiden. Verfassungsmäßige Bedenken gegen die Maßnahme bestehen nicht[4]. 53

---

1　S. BVerwG, DokBer. 1990, 217 (220). So hatte BVerwG, DokBer. 1989, 21 (27f.) eine Laufzeit von fünf Jahren und einen Kürzungsbruchteil von 1/15 bei wirtschaftlich guten Verhältnissen des Beamten gewählt, um bei dieser Maßnahme die erzieherische Wirkung stärkstens zur Geltung zu bringen. BVerwG v. 6.12.1988 – 1 D 23.88, DokBer. 1989, 79, hat mit 4-jähriger Kürzung der Dienstbezüge um 1/20 bei Verfehlungen ohne dienstlichen Bezug diese Kürzung für nötig gehalten, um dem Beamten zum Ausdruck zu bringen, dass er sich „hart an den Rand seiner weiteren Tragbarkeit im Beförderungsamt, ja im Beamtenverhältnis überhaupt" gebracht hat und ein weiteres Dienstvergehen mit einigem Gewicht die Entfernung aus dem Dienst zur Folge hätte. S. auch BVerwG, DokBer. 1993, 91.
2　BVerwG v. 21.3.2001 – 1 D 29.00, BVerwGE 114, 88 = DVBl 2001, 1212 = DÖV 2001, 822 f. = NVwZ-RR 2001, 768.
3　Zur Anwendung dieses Grundsatzes bei sexueller Belästigung am Arbeitsplatz s. BVerwG v. 29.7.2010 – 2 A 4.09.
4　BDH, BDHE 7, 109; BVerwG v. 23.1.1973 – 1 D 25.72, BVerwGE 46, 64.

54 Die Zurückstufung ist nicht nur um **einen** Dienstgrad möglich, sondern „in ein Amt ... mit geringerem Endgrundgehalt", aber nur in ein **Amt derselben Laufbahngruppe**. Es kann also, wenn auch kaum vorkommen, ein Oberamtsrat (A 13g. D.) zum Oberinspektor (A 10) degradiert werden. Maßgebend ist dabei die Laufbahngruppe, in der sich der Beamte im Urteilszeitpunkt befindet, so dass ein Aufstiegsbeamter nicht in ein Amt seiner früheren Laufbahn degradiert werden kann. Eine Degradierung unter das Eingangsamt der Laufbahn ist nicht statthaft[1].

55 Die **Wirkung** der Zurückstufung besteht in dem Verlust der bisherigen Dienstbezüge, der Amtsbezeichnung und der zugehörigen Ehrenämter und Nebentätigkeiten (§ 9 Abs. 1 BDG). Mit der ab Urteilsrechtskraft wirksamen Zurückstufung ist ein Beförderungsverbot für fünf Jahre verbunden; dieses kann vom VG aber verkürzt werden, wenn dies im Hinblick auf eine überlange Dauer des Disziplinarverfahrens angezeigt erscheint (§ 9 Abs. 3 BDG). Erstmals nach dem BDG gilt auch für die Zurückstufung ein Maßnahmeverbot durch Zeitablauf, aber erst nach sieben Jahren ab Vollendung des Dienstvergehens (§ 15 Abs. 3 BDG), wobei auch diese Frist durch die Einleitung des Disziplinarverfahrens und vergleichbare Maßnahmen unterbrochen wird, § 15 Abs. 4 BDG. Eine „Verjährung" dürfte daher nur selten in Betracht kommen. Eine Tilgung der Maßnahme im Personalakt erfolgt ebenfalls erst nach sieben Jahren, § 16 Abs. 3, Abs. 1 BDG, wobei allerdings Rubrum und Tenor der gerichtlichen Entscheidung aus Dokumentationsgründen[2] in der Akte verbleiben.

56 **f) Entfernung aus dem Beamtenverhältnis** und **Aberkennung des Ruhegehalts** (§§ 10, 12 BDG) sind die einzige Möglichkeiten, aus disziplinaren Gründen ein Beamtenverhältnis auf Lebenszeit oder Zeit gegen den Willen des Beamten zu beendigen. Dies setzt voraus, dass der Beamte wegen der begangenen Dienstvergehen nicht mehr tragbar ist. Für diesen Fall endet die Ermessensfreiheit des § 13 Abs. 1 BDG; das Opportunitätsprinzip gilt nicht: Hat der Beamte durch ein schweres Dienstvergehen das Vertrauen des Dienstherrn oder der Allgemeinheit endgültig verloren, so *ist* er (zwingend!) aus dem Dienst zu entfernen[3]. Die Rspr. unterscheidet insoweit zwischen der subjektiven und objektiven Tragbarkeit des Beamten: Hat der Dienstherr zutreffenderweise das Vertrauen in die loyale Pflichterfüllung des Beamten vollständig verloren, so ist der Beamte ebenso untragbar, wie wenn der Dienstherr ihm dieses Vertrauen nach wie vor entgegenzubringen bereit ist, aber das Disziplinargericht aufgrund seiner Einschätzungskompetenz einen „objektiven" Vertrauensverlust konstatieren zu müssen glaubt. In der Regel wird dies bei einem schweren Versagen des Beamten im Kernbereich seiner jeweiligen Pflichten angenommen. Die Maßregelung ist bei endgültigem Vertrauensverlust und daraus folgender Unzumutbarkeit einer Weiterverwendung des Beamten verfassungsrechtlich nicht zu beanstanden[4].

57 Die Folge der Entfernung ist der gänzliche **Verlust aller Dienst- und Versorgungsbezüge**[5] und der Amtsbezeichnung, die auch nicht mit Zusätzen wie „a.D." geführt

---

1 Wichtig etwa für den Fall der zwischenzeitlichen Anhebung des Eingangsamtes, vgl. etwa BVerwG v. 24.2.1999 – 1 D 31.98, n.v. (statt Degradierung höchstzulässige Gehaltskürzung verhängt).
2 S. BT-Drs. 16/2253 S. 13, übernommen im Rahmen des DNeuG, BT-Drs. 16/10850 S. 246.
3 Gleichwohl fordert das BVerwG auch hier eine „umfassende Würdigung des Persönlichkeitsbildes", um einen endgültigen Vertrauensverlust feststellen zu können, BVerwG v. 20.10.2005, 2 C 12.04 – DVBl 2006, 651 L = RiA 2006, 132.
4 BVerfG v. 9.8.2006, 2 BvR 1003/05, DVBl 2006, 1372.
5 Zur verfassungsrechtlichen Statthaftigkeit dieser Rechtsfolgen BVerfG v. 22.11.2001 – 2 BvR 2138/00, NVwZ 2002, 467 m.w.N. S. auch BVerwG v. 27.2.2002 – 2 WD 18.01, NVwZ 2003, 352.

III. Dienstvergehen, Disziplinar- und Regelmaßnahmen   Rz. 61 Teil **6 B**

werden darf. Dies gilt für alle Ämter und Nebenämter. Gewisse Pflichten aber verbleiben, so z.B. die Amtsverschwiegenheit und das Verbot der Geschenkannahme, §§ 61, 70 BBG[1]. Ein Maßnahmeverbot infolge Zeitablaufs gibt es hier nicht, § 15 BDG. Neu ist, dass die Entfernung nunmehr der Neubegründung eines Beamtenverhältnisses zwingend entgegensteht[2]. Der Entlassene *soll* nach § 10 Abs. 6 BDG auch nicht in einem anderen Beschäftigungsverhältnis verwendet werden; auch im Gnadenverfahren ist dies i.d.R. kaum einmal erreichbar. Mit der Entfernung erwirbt der Betroffene aber den Anspruch auf Nachversicherung, wenn dafür die versicherungsrechtlichen Voraussetzungen vorliegen (§ 8 Abs. 2 SGB VI).

An die Stelle der Entfernung aus dem Beamtenverhältnis tritt **beim Ruhestandsbeamten** die **Aberkennung des Ruhegehalts** (§ 12 BDG), falls gegen ihn, wenn er noch im Dienst wäre, die Entfernung gerechtfertigt wäre (§ 13 Abs. 2 Satz 2 BDG). Den früher bestehenden Streit, ob dies die einzige Voraussetzung für die Aberkennung sei[3], oder nur Mindestvoraussetzung, der Eintritt in den Ruhestand aber zu einer milderen Disziplinarbeurteilung führen könne[4], hat der Gesetzgeber durch die auch hier geltende Regelung des § 13 Abs. 2 BDG entschieden: Dem Ruheständler *wird* (ebenso zwingend!) das Ruhegehalt aberkannt, wenn er als aktiver Beamter aus dem Beamtenverhältnis hätte entfernt werden müssen[5]. Dies gilt auch bei entsprechend gravierenden Vergehen im Ruhestand i.S.d. § 77 Abs. 2 BBG. 58

Auch bei Aberkennung des Ruhegehalts kommt Nachversicherung in Betracht, § 8 Abs. 2 SGB VI. Wird ein Urteil auf Entfernung erst nach Beginn des Ruhestandes rechtskräftig, bewirkt es nach § 10 Abs. 2 Satz 2 BDG die Aberkennung des Ruhegehalts. 59

Die Entfernung aus dem Beamtenverhältnis oder die Aberkennung des Ruhegehalts kann **auch bei außerdienstlichen Verfehlungen** in Betracht kommen, wenn diese disziplinarrechtlich besonders schwer wiegen[6]. Nach der jüngeren Rechtsprechung des BVerfG[7] wird dies aber nur ausnahmsweise gelten können und insbesondere auf Fälle zu begrenzen sein, in denen das außergerichtliche Dienstvergehen zugleich eine strafbare Handlung erheblichen Gewichts[8] darstellt. 60

Der nach früherem Recht einer ausdrücklichen Entscheidung des Gerichts vorbehaltene **Unterhaltsbeitrag** nach § 77 BDO, der im Falle der Entfernung aus dem Dienst bzw. der Aberkennung des Ruhegehalts mit höchstens 75 v.H. des Ruhegehalts auf bestimmte Zeit bewilligt werden konnte, wenn der Beamte solcher Unterstützung bedürftig und ihrer nicht unwürdig war, ist in der Neuregelung für den Normalfall gesetzlich festgelegt worden. Nunmehr erhält der aus dem Beamtenverhältnis entfernte Beamte „automatisch"[9] – wenn im Urteil nichts anderes geregelt 61

---

1 Verstöße sind aber disziplinar nicht mehr sanktionierbar, weil ein Beamtenverhältnis nicht mehr besteht. Wenn nicht im Einzelfalle außerdem straf- oder zivilrechtliche Sanktionen eingreifen, läuft das Verbot also praktisch leer.
2 Diese Verschärfung haben aufgrund einer Empfehlung des Bundesrates (BT-Drs. 14/4659 S. 59) die Ausschussberatungen in den Gesetzentwurf eingefügt, vgl. BT-Drs. 14/5529 S. 11, 62.
3 So BVerwG v. 29.8.1978 – 1 D 98.77, BVerwGE 63, 120 (262).
4 So *Claussen/Janzen*, 8. Aufl., § 12 Rz. 3 und *Hummel/Köhler/Mayer*, A IV 84.
5 Vgl. ausdr. RegE S. 37.
6 So z.B. bei außerdienstlichen Betrugshandlungen, etwa Versicherungsbetrügereien durch Fingieren von Kfz-Unfällen, BVerwG, DokBer. 1992, 249; Veruntreuungen eines zum Nachlasspfleger bestellten Beamten, BVerwG v. 26.2.1992 – 1 D 33.91, DokBer. 1992, 259; Meineid, BVerwG v. 16.10.2002 – 2 WD 23.01, BVerwGE 117, 117 = NVwZ-RR 2003, 364.
7 BVerfG v. 8.12.2004, 2 BvR 52.02, NJW 2005, 1344, und vom 14.6.2000, 2 BvR 993/94, DVBl 2001, 118 = ZBR 2001, 208.
8 Das sind nach der Rspr. des BVerwG Straftaten, die mit Freiheitsstrafe bis zu mindestens zwei Jahren bedroht sind, BVerwG v. 19.8.2010, 2 C 13.10, NVwZ 2011, 299.
9 Kritisch hierzu *Müller-Eising*, NJW 2001, 3587 (3592): „Unterhaltsbeitrag nach dem Gießkannenprinzip."

ist – gem. § 10 Abs. 3 BDG auf die Dauer von sechs Monaten einen Unterhaltsbeitrag in Höhe von 50 % der zuletzt zustehenden Dienstbezüge (ohne etw. Kürzung gem. § 38 BDG). Die bisherige Berechnung des Unterhaltsbeitrages nach dem fiktiven Ruhegehalt wurde aufgegeben[1]. Der Ruhestandbeamte erhält entsprechend auf die Dauer von sechs Monaten einen Unterhaltsbeitrag i.H.v. 70 % der zuletzt zustehenden – ungekürzten – Versorgung, § 12 Abs. 2 BDG. Die jeweilige Zeitgrenze ergibt sich aus dem Zweck des Unterhaltsbeitrags, den notdürftigen Unterhalt bis zum Übergang in einen zivilen Beruf zu sichern oder bei Erwerbsunfähigkeit vor Not zu schützen.

Hinsichtlich der Modalitäten der Abwicklung ist im Übrigen Ergänzendes in § 79 BDG geregelt.

62 Einer gerichtlichen Entscheidung bedarf demgegenüber jede **Abweichung** von diesem Regel-Modell: Wenn der Beamte oder Ruheständler dieses Unterhaltsbeitrages erkennbar nicht würdig oder nicht bedürftig ist[2], kann das Gericht ihn in seiner Entscheidung ganz oder teilweise ausschließen, § 10 Abs. 3 Satz 2 BDG. Außerdem kann das Gericht den Unterhaltsbeitrag in seiner Entscheidung auch für länger als sechs Monate bewilligen, wenn dies notwendig ist, um eine unbillige Härte zu vermeiden, § 10 Abs. 3 Satz 3 BDG; Letzteres hat der Beamte glaubhaft zu machen.

63 Bei **fortbestehender Bedürftigkeit** konnte in der Vergangenheit der vom Gericht bewilligte Unterhaltsbeitrag auf Antrag des Verurteilten auch – wiederum jeweils befristet und durch gesonderte Entscheidung des BDiG – weiter bewilligt werden, § 110 Abs. 2 BDO. Unklar ist nach Wegfall des bisherigen § 110 BDO, wie mit den Fällen einer *nachträglichen* Verlängerung des Unterhaltsbeitrages auf Antrag des Betroffenen zu verfahren ist, könnte doch § 10 Abs. 3 Satz 3 BDG den Eindruck erwecken, als könne das VG nur „in der Entscheidung" – also im Rahmen des Disziplinarurteils selbst – eine längere Befristung verfügen, so dass das Nachbewilligungsverfahren ausschiede[3]. Den Gesetzgebungsmaterialien[4] ist indessen nicht zu entnehmen, dass eine nachträgliche Weiterbewilligung des Unterhaltsbeitrages in Härtefällen ausgeschlossen werden sollte. Im Gegenteil wird an der Begründung festgehalten, der Unterhaltsbeitrag diene dem Ziel, „... dem Verurteilten den Übergang in einen

---

1 Mit dem Abstellen auf die „aktiven" Dienstbezüge entfällt die Notwendigkeit einer – durchaus aufwändigen – fiktiven Ruhegehaltsberechnung. Außerdem wollte der Gesetzgeber den Aufwand einer gesonderten Bedarfsermittlung, in der der Verurteilte seine gesamte wirtschaftliche Situation offen zulegen hatte, vermeiden; vgl. RegE S. 36.
2 Zu den Voraussetzungen einer Unwürdigkeit s. BVerwG v. 21.9.2004 – 2 WD 11.04, ZBR 2005, 211. Beispiele aus der „alten" Rspr.: BDH, BDHE 5, 125. Kein Unterhaltsbeitrag z.B., wenn der aus dem Dienst entfernte Soldat sich wegen Aufnahme eines privatrechtlichen Beschäftigungsverhältnisses besser steht als zuvor mit seinen Dienstbezügen: BVerwG v. 3.6.1993 – 2 WD 12.93, NVwZ-RR 1994, 103. Unwürdigkeit bei falschen Angaben über erzielte Einkünfte: BVerwG v. 26.1.1994 – 1 DB 3.94, NVwZ-RR 1994, 452. Unwürdigkeit ist ferner anzunehmen, wenn feststeht, dass sich der Beamte „vom Dienstherrn dauerhaft gelöst" hat, was z.B. einer massiven Verweigerungshaltung im Verfahren entnommen werden kann, BVerwG v. 25.1.2007, 2 A 3.05, NVwZ 2007, 960. Notfalls auch rückwirkender Entzug des Unterhaltsbeitrages bei Wegfall der Bedürftigkeit: BVerwG v. 22.8.2001 – 1 DB 19.01, DÖV 2002, 123.
3 *Schwandt*, RiA 2001, 157 (160), folgert hieraus, dass das Antragsverfahren auf Weiterbewilligung nicht mehr vorgesehen und daher auch nicht mehr möglich sei, was den Betroffenen und seine Familie der Sozialhilfe anheimfallen lasse. Ebenso *Müller-Eising*, NJW 2001, 3587 (3592); *Gansen*, Disziplinarrecht, § 10 BDG Rz. 18.
4 Vgl. insoweit RegE S. 36/37, 52; die Ausschüsse haben keine Änderungen vorgenommen und behandeln diesen Punkt daher nicht. Auch die Gegenäußerung des Bundesrates (in BT-Drs. 14/4659, S. 59 ff.) greift den Punkt nicht auf. *Schwandt* (a.a.O.) wundert sich daher, dass der Bundesrat nicht angesichts der von ihm angenommenen Überwälzung des Problems auf die Sozialhilfe nicht interveniert habe.

### III. Dienstvergehen, Disziplinar- und Regelmaßnahmen      Rz. 66 Teil 6 B

zweiten Beruf zu erleichtern oder ihn bei Erwerbsunfähigkeit vor wirtschaftlicher Not zu schützen". An diesem Ziel soll „uneingeschränkt festgehalten, das Verfahren jedoch vereinfacht werden"[1]. Ob die Praxis daraus eine fortbestehende Befugnis des Gerichts, bei nachträglich auftretendem Bedarf oder wider ursprünglichem Erwarten länger bestehender Notlage in einem gesonderten Antragsverfahren entsprechend zu entscheiden, ableiten oder der Gesetzgeber diesen Punkt nachbessern wird, darf mit Spannung erwartet werden[2]. Ein nicht zu unterschätzendes Indiz für den Fortbestand der Möglichkeit der auch nachträglichen Bewilligung/Verlängerung des Unterhaltsbeitrags ist dabei gewiss in dem Umstand zu sehen, dass die anlässlich des BDiszNOG neu geschaffene Bestimmung des ehemaligen § 109 Abs. 6 BRAGO immerhin für den anwaltlichen Bevollmächtigten eine eigene Gebühr für die Vertretung in dem Verfahren auf „Abänderung oder Neubewilligung des Unterhaltsbeitrages" vorsah, was bei Annahme eines gänzlichen Wegfalls dieser Möglichkeit keinen Sinn ergäbe. Das OVG NW hat indes für den Anwendungsbereich des Bundesrechts die Möglichkeit einer Weiterbewilligung im Hinblick auf die geänderte Neufassung des § 10 Abs. 3 BDG inzwischen abgelehnt[3].

Der zitierten Zweckbestimmung entsprechend dient der Unterhaltsbeitrag im Übrigen grds. nur der **Interims-Versorgung**, bis andere Einnahmen fließen oder soziale Systeme greifen. In den neuen Regelungen des BDG wird daher ausdrücklich vorgesehen, dass der Unterhaltsbeitrag an verurteilte Ruheständler von vornherein auf die Zeit bis zur Gewährung einer Rente aufgrund Nachversicherung limitiert ist (§ 12 Abs. 2 BDG); der Unterhaltsbeitrag an verurteilte Beamte steht unter der gesetzlichen Vorbehalt der Rückforderung, wenn aufgrund Nachversicherung eine Rente gewährt werden sollte (§ 79 Abs. 3 BDG), und im Übrigen werden etwaige Erwerbs- oder Erwerbsersatzeinkommen i.S.d. § 18a Abs. 2, 3 SGB IV angerechnet, § 79 Abs. 4 BDG.    64

Die bisherige Bestimmung des § 11a BDO mit dem Inhalt einer begrenzten „**Kronzeugenregelung**" insbesondere im Korruptionsbereich durch die Möglichkeit, in weitergehendem Maße eine (unbefristete) monatliche Unterhaltsleistung trotz unvermeidlicher Entfernung aus dem Dienst bereitzustellen, ist modifiziert in § 81 BDG übernommen worden.    65

Die **Nachversicherung** nach Entfernung aus dem Dienst bzw. Aberkennung des Ruhegehalts gem. § 8 Abs. 2 SGB VI kann naturgemäß nur die Begründung einer (Alters-)Rente oder Rentenanwartschaft zur Folge haben. Nur ausnahmsweise, nämlich wenn die wesentlich engeren Voraussetzungen hierfür vorliegen, mag auch eine Berufs- oder Erwerbsunfähigkeitsrente (§§ 43, 44 SGB VI) in Betracht kommen. Mit einer etwa gegebenen Dienstunfähigkeit, die womöglich zur (Früh-)Pensionierung des Beamten geführt hat, hat dies von den Voraussetzungen her nichts zu tun: Wer beamtenrechtlich dienstunfähig ist, ist noch lange nicht erwerbsunfähig i.S.d. Rentenrechts. Aus dieser Diskrepanz können sich im Einzelfall empfindliche Lücken in der sozialen Absicherung ergeben, die insbesondere den betroffenen älteren Beamten nach Auslaufen eines bewilligten Unterhaltsbeitrages bis in die Sozialhilfe („Hartz IV") zurückwerfen können, wenn nicht interimsweise die Aufnahme einer bezahlten Beschäftigung gelingt. Eine Nachversicherung bei den Einrichtungen der Zusatzversorgung gibt es nicht[4].    66

---

1 RegE S. 36.
2 Für übergangsrechtliche Fälle jedenfalls hat das BVerwG bereits entschieden, dass in Anwendung des § 85 BDG Neubewilligungen von Unterhaltsbeiträgen auch nach dem In-Kraft-Treten des BDG nach altem Recht möglich sind, wenn die Erstbewilligung nach § 77 BDO a.F. erfolgte: BVerwG v. 15.1.2002 – 1 DB 34.01, DVBl 2002, 789 (LS) = NVwZ 2002, 449 (LS).
3 OVG NW v. 23.4.2007 – 21d A 571/07. BDG, NVwZ-RR 2007, 791.
4 BAG v. 20.3.2001 – 3 AZR 349/00, DVBl 2001, 1687 = RiA 2001, 291; s. auch OVG NW v. 18.8.2000 – 12 A 179/00, RiA 2001, 148 = NWVBl. 2001, 237.

### 3. Übliche Maßnahmen und Regelmaßnahmen

67 Die sog. Regelmaßnahmen sind von der Rspr. zur Ahndung häufig wiederkehrender Dienstvergehen herausgebildet worden. Das gilt für einmal für die Gruppe solcher Verfehlungen, die grds. Dienstentfernung verlangen, daneben aber auch für die anderen Maßnahmen, die jedenfalls ein förmliches Verfahren erfordern, und schließlich auch für solche, die grds. Verweis oder Geldbuße verlangen. Es handelt sich bei diesen Grundsätzen aber nicht um Rechtssätze, sondern nur um Orientierungshilfen, allenfalls Ausgangspunkt der Maßnahmenwahl, ohne an der schon nach § 13 BDG gebotenen Einzelfallgerechtigkeit etwas zu ändern[1].

68 **Verweis oder Geldbuße** sind nach Verwaltungspraxis und Gerichtsentscheidungen die Regel besonders bei: Dienstverrichtung unter Alkoholeinfluss, unerlaubtem kurzem Fernbleiben vom Dienst (vgl. aber auch Rz. 32), wiederholt verzögertem Dienstantritt, Verletzung der Wahrheitspflicht, u.a.

69 Eine schwerere Maßnahme, also mindestens eine **Kürzung der Dienstbezüge**, erfordern z.B. grds. Eigentumsdelikte, soweit sie nicht zur Dienstentfernung führen müssen; ferner Alkoholgenuss im Dienst für Beamte, die Verantwortung für die Verkehrssicherheit tragen, Wiederholungstaten, Tätlichkeiten des Vorgesetzten, u.a., aber auch sonstige leichtere Pflichtverletzungen im Kernbereich des jeweiligen Pflichtenkreises (z.B. verzögerte Postzustellung bei Briefträger[2]).

70 **Zurückstufung** kommt besonders in Betracht, wenn der Beamte im bekleideten Amt seiner Laufbahn untragbar geworden ist, etwa wegen schwerer Verfehlungen als Vorgesetzter gegen Untergebene[3], bei erschwerten Fällen des Diebstahls (§§ 245 ff. StGB)[4], bei Betrug von erheblichem Gewicht[5], oder wenn nach Verhängung einer weniger schweren Disziplinarmaßnahme eine erneute Verfehlung eine besondere Erziehungsmaßnahme geboten erscheinen lässt. Auch die Abschreckung anderer kann und darf eine Rolle spielen.

---

1 Das wird auch beim BVerwG, von dem die Regelmaßnahmen stammen, immer wieder deutlich, so etwa wenn es von der Regel der Entfernung zur Rückstufung als Auffangtatbestand kommt; so auch *Claussen/Janzen*, 8. Aufl., Einl. D 3c-8f und in der umfangreichen Rechtsprechungsübersicht der neuen Auflage, *Claussen/Janzen*, 9. Aufl., insg., sowie *Wattler*, ZTR 1989, 341 und *Ostler*, Festgabe, S. 460; über Milderungsgründe sehr eindrucksvoll BVerwG, DokBer. 1993, 245.
2 VG Trier v. 25.9.2003 – 4 K 440/03, DVBl 2003, A 430.
3 Auch in schweren Fällen innerdienstlicher sexueller Belästigung am Arbeitsplatz, BVerwG v. 12.11.1997 – 1 D 90.95, NJW 1998, 1656 = DÖV 1998, 340; v. 12.11.1998 – 2 WD 12.98, BVerwGE 113, 279. Hier kann aber die Maßnahme auch bis zur Entfernung gehen (BVerwG, a.a.O.), wie z.B. im Falle eines leitenden Gemeindebeamten im Hinblick auf dessen besondere Vorgesetztenstellung geschehen: OVG Nds. v. 13.7.2000 – 1 NDH L 5/99. Indessen ist gerade hier die Bewertungsspanne groß: Keine Maßnahme bei einmaligem „Busengrapschen", BVerwG v. 16.3.2004 – 1 D 15.03, NVwZ-RR 2004, 867 = ZBR 2005, 53. – Entfernung bei einem Soldaten, der Zivilbediensteten heimlich „Ectasy"-Drogen in den Kaffee gegeben hatte: BVerwG v. 10.12.1997 – 2 WD 1.97, BVerwGE 113, 169 = NJW 1998, 1730.
4 Kann aber auch zur Dienstenthebung führen: vgl. BVerwG v. 12.7.1995 – 1 D 58.94, NVwZ-RR 1996, 453, auch bei außerdienstl. Tat, BVerwG v. 22.5.1996 – 1 D 41.95, NVwZ-RR 1997, 635.
5 Beantragung von nicht zustehenden finanziellen Leistungen mit falschen Angaben durch Offizier, BVerwG v. 8.7.1998 – 2 WD 42.97, BVerwGE 113, 235 = NJW 1999, 192. Kann aber auch zur Entfernung führen: Bei innerdienstlichem Betrug und einem Gesamtschaden zu Lasten des Dienstherrn in der Größenordnung von über 5 000,00 Euro kann schon die Entfernung aus dem Dienst gerechtfertigt sein, BVerwG v. 4.5.2006 – 1 D 13.05; s. auch OVG Rh.-Pf. v. 8.1.2001 – 3 A 11835/00, RiA 2001, 255, Reisekostenbetrug in 67 Fällen mit insg. knapp 35 000 DM Schadenshöhe; BGH v. 9.6.2004 - RiSt(R) 1/02 NJW 2004, 2910 (Beihilfebetrug eines Richters).

III. Dienstvergehen, Disziplinar- und Regelmaßnahmen   Rz. 71   Teil **6 B**

Die **Entfernung aus dem Beamtenverhältnis** ist Regelmaßnahme bei Bestechung[1], 71
Vorteilsannahme[2], Sittlichkeitsverbrechen an Kindern[3], Meineid[4], mehrmonatigem schuldhaft-unerlaubtem Fernbleiben vom Dienst[5], vor allem aber, wenn der Beamte sich bei Ausübung des Dienstes an seinem Gewahrsam unterliegenden Eigentum vergreift; hierher zählen z.B. Amtsunterschlagung, Briefberaubung, Diebstahl sowie Hehlerei an Beförderungsgut[6], Gebührenüberhebung und Unterschlagung des überhobenen Betrags[7]. Ähnlich gewertet werden auch andere Vermögensdelikte zu Lasten des Dienstherrn (z.B. Untreue in Tateinheit mit

---

1 BVerwG v. 23.5.1967 – 1 D 2.67, BVerwGE 33, 18. Entfernung eines Polizeibeamten nach strafrechtl. Verurteilung wg. Bestechlichkeit und mehrfacher Verletzung von Dienstgeheimnissen: OVG NW v. 25.8.1999 – 6d A 1552/98.O, NWVBl. 1/2000 Bl. VI (nur LS). Hinzu kommt, dass der Beamte empfangene Schmiergelder – soweit sie nicht bereits im Strafverfahren für verfallen erklärt werden – an seinen Dienstherrn herausgeben muss, BVerwG v. 31.1.2002 – 2 C 6.01, NJW 2002, 1968 = DVBl 2002, 1218.
2 BVerwG v. 23.11.2006 – 1 D 1.06, ZBR 2007, 94 = RiA 2007, 82: Entfernung aus dem Dienst als Richtschnur der Maßnahmebemessung jedenfalls bei „erheblichen" Geldzuwendungen; es genügt, dass der Anschein der Käuflichkeit dienstlicher Verrichtungen hervorgerufen wird. Absehen von der Höchstmaßnahme nur bei „mildernden Umständen von erheblichem Gewicht".
3 BVerwG v. 27.9.1978 – 2 WD 43.78, BVerwGE 63, 141; nur ausnahmsweise zu mildern: BVerwG v. 19.6.1996 – 2 WD 3.96, NVwZ 1997, 579; außerdienstlich: BVerwG v. 17.1.1995 – 2 WD 30.94, NVwZ-RR 1995, 451. S. auch BVerfG v. 22.11.2001 – 2 BvR 2138/00, NVwZ 2002, 467, Aberkennung des Ruhegehalts bei Lehrer angesichts sex. Missbrauchs von Kindern in 13 Fällen); abw. allerdings in einem minderschweren Fall VGH BW v. 9.3.2006 – 16 S 4/06, NVwZ-RR 2006, 709. Nach BVerwG v. 6.7.2000 – 2 WD 9.00, BVerwGE 111, 291 führt z.B. auch die Beschaffung, Bevorratung und Weitergabe von Kinderpornografie aus dem Internet aus generalpräventiven Gründen grds. zur Entfernung und nur in minder schweren Fällen zur Degradierung. OVG NW v. 11.12.2001 – 15d A 429/01.O, DVBl 2002, 791 zum außerdienstlichen Missbrauch von Kindern durch einen Sozialarbeiter des Jugendamts.
4 BVerwG v. 16.10.2002 – 2 WD 23.01, NVwZ-RR 2003, 364.
5 BVerwG v. 12.12.1979 – 1 D 108.78, BVerwGE 63, 315; die ältere Rspr. ist hier von einem Richtwert von vier Monaten ausgegangen, während in neueren Entscheidungen bereits ein ununterbrochenes Fehlen von *zwei* Monaten für ausreichend erachtet wurde, auf Entfernung aus dem Dienst zu erkennen, BVerwG v. 10.10.1990 – 1 D 1.90; v. 7.11.1990 – 1 D 33/90; vgl. die Rechtsprechungsübersicht in BVerwG v. 22.4.1991 – 1 D 62.90, BVerwGE 93, 78 ff.; zuletzt BVerwG v. 12.6.1997, 1 D 10.95, n.v., und v. 10.6.1998, 1 D 39.96, Buchholz 235 § 80 BDO Nr. 1. Entfernung nach bereits sieben Wochen: BVerwG v. 22.4.1991 – 1 D 62.90, BVerwGE 93, 78; v. 23.2.2005, 1 D 1.04, NVwZ 2006, 47 = ZBR 2005, 315 bezeichnet dies als „Grenzbereich" zur Degradierung). Zum schuldhaften Fernbleiben vom Dienst infolge Strafverbüßung vgl. BVerwG v. 7.6.1994 – 1 D 35.93, NVwZ-RR 1995, 96 = ZBR 1994, 383; im Falle des Widerrufs bereits bewilligten Urlaubs s. BVerwG v. 8.2.1996 – 1 DB 27.95, NVwZ-RR 1996, 585 = ZBR 1996, 157. Auch im Beamter, der wegen Krankheit über längere Zeit hinweg keinen Dienst verrichtet, dabei aber ohne Nebentätigkeitsgenehmigung einen eigenen Gewerbebetrieb aufbaut und damit seine Gesunderhaltungspflicht verletzt, kann – je nach den Umständen des Einzelfalles – aus dem Dienst entfernt werden, BVerwG v. 1.6.1999 – 1 D 49.97, NJW 2000, 1585; ähnlich OVG Rh.-Pf. v. 4.3.2005, 3 A 1224/04, NVwZ-RR 2006, 270. Sonderfall, wenn der Dienstherr auf die Dienstleistung des Beamten vorübergehend verzichtet: BVerwG v. 12.4.2000 – 1 D 12.99, NVwZ-RR 2001, 317 = RiA 2001, 186. Leistet der Beamte einer verfügten Umsetzung auf einen anderen Dienstposten nicht Folge, so kann auch darin (bezogen auf den übertragenen Dienstposten) ein unentschuldigtes Fernbleiben vom Dienst liegen, OVG NW v. 11.4.2002, 6d A 4741/01.O, sowie OVG NW v. 24.8.2005, 21d A 73/04.O, n.v.
6 BVerwG, DokBer. 1990, 208; BVerwG, DokBer. 1992, 245; BVerwG v. 22.7.1992 – 1 D 61.91, DokBer. 1992, 278; v. 8.5.1990 – 1 D 46.89, BVerwGE 86, 273; v. 23.10.1996 – 1 D 55.96, BVerwGE 113, 8 = DVBl 1997, 639 = DÖV 1997, 252.
7 BVerwG, DokBer. 1990, 207.

Urkundenfälschung[1]). Außerdem werden mit der Entfernung regelmäßig schwere Verstöße des Beamten im Kernbereich seiner speziellen Dienstpflichten geahndet, wie z.B. die Steuerhinterziehung eines Finanzbeamten[2], der Kindesmissbrauch bei Lehrern[3], die Vollstreckungsvereitelung bei einem Rechtspfleger zur Vermeidung einer Vollstreckung gegen sich selbst[4] oder die Strafvereitelung im Amt bei einem Polizisten oder Staatsanwalt. Auch im Falle der Kumulation unterschiedlichster Dienstpflichtverletzungen kann die Stufe der Entfernung erreicht werden[5].

72 Bei dem Zugriff auf amtlich anvertraute Geldmittel oder das Eigentum des Dienstherrn wurden in jahrelanger harter Rspr. nur **drei klassische Milderungsgründe** gegenüber der sonst regelmäßig gebotenen Entfernung aus dem Beamtenverhältnis mit dem Ergebnis der Belassung im Dienst anerkannt, nämlich

– unverschuldete, unausweichliche wirtschaftliche Notlage[6],
– ferner einmalige persönlichkeitsfremde Gelegenheitstat,
– schließlich psychische Ausnahmesituation (Zwangslage)[7].

73 Erst BVerwGE 86, 1 hat als entscheidenden **4. Milderungsgrund** die freiwillige Offenbarung bzw. die Wiedergutmachung vor Entdeckung der Tat anerkannt. Die genannte Rspr. besagt aufgrund der inzwischen erfolgten Erweiterungen in BVerwGE 86, 283:

„*Die freiwillige, auch nicht durch Furcht vor Entdeckung bestimmte, vollständige und vorbehaltlose Offenbarung des durch den privaten Verbrauch dienstlich anvertrauten Geldes dem Dienstherrn zugefügten materiellen Schadens vor Entdeckung der Tat durch den Dienstherrn oder der Kenntnisnahme des Beamten hiervon lässt die ausnahmsweise Fortsetzung des Beamtenverhältnisses dann zu, wenn der Täter kein zusätzliches Unrecht mit dem Ziel der Ermöglichung oder der Verschleierung der Tat begangen hat, bei der Untreuehandlung aus seiner Sicht mit der Fähigkeit zu alsbaldigem Schadensausgleich rechnen konnte, das anvertraute Geld seiner Vorstellung nach nur kurzfristig eigenen Zwecken zugeführt werden sollte, sowie dienstlich und außerdienstlich unbescholten ist*"[8].

---

1 BVerwG v. 27.2.2002 – 2 WD 18.01, NVwZ 2003, 352.
2 Zur Frage der Selbstanzeige nach § 371 AO als möglicher Milderungsgrund s. OVG NW v. 4.5.2000 – 12d A 4145/99, NVwZ-RR 2001, 775 = NW VBl. 2001, 475 f. = RiA 2001, 300 sowie v. 5.4.2001 – 15d A 878/00.O, RiA 2002, 43, und v. 12.11.2001 – 15d A 5014/99.O, DVBl 2002, 791 (LS) = NVwZ-RR 2002, 291 (LS). Nur Zurückstufung bei Selbstanzeige: OVG Rh.-Pf. v. 15.4.2005 – 3 A 12188/04, RiA 2005, 206. Ein strafgerichtlicher Freispruch wegen strafbefreiender Selbstanzeige nach § 371 AO hindert die Einleitung und Durchführung eines Disziplinarverfahrens nicht, BVerwG v. 6.6.2000 – 1 D 66.98, NJW 2001, 1151 (LS). Steuerhinterziehung eines Polizeibeamten durch unzutr. Angabe von Fahrten zwischen Wohn- und Dienstort an zahlr. Krankheitstagen: OVG Koblenz v. 21.1.2002 – 3 A 11578/01, ZBR 2003, 143 (mit weiteren Dienstpflichtverletzungen: Entf.).
3 OVG Nds v. 12.1.2010 – 20 LD 13/07, DVBl 2010, 314 (L.).
4 OVG Nds. v. 14.7.2005 – 1 NDH L 1/04, NVwZ-RR 2006, 265.
5 Im Beispielsfall: Polizeibeamter mit Nichtanzeige von Nebentätigkeiten, strafrechtlicher Verurteilung wegen Vorenthaltens von Arbeitsentgelt und unterlassener Konkursanmeldung, Haftbefehle und Vorführung zur Leistung der eidesstattlichen Versicherung, s. OVG NW v. 27.10.1999 – 6d A 3135/98.O, RiA 2001, 194.
6 BVerwG, DokBer. 1992, 49 als Beispiel.
7 Zur schockartig ausgelösten psychischen Ausnahmesituation s. BVerwG v. 9.5.2001 – 1 D 22.00, NVwZ-RR 2001, 772 = DVBl 2001, 1682: Milderung kann schon dann zugebilligt werden, wenn nicht zu widerlegen ist, dass das Fehlverhalten auf einem seelischen Schock beruht; es muss sich nicht um eine „schocktypische" Verfehlung handeln (Änderung der bish. Rspr.).
8 BVerwG v. 9.5.1990 – 1 D 81.89 – BVerwGE 86, 283 = NVwZ 1990, 1082 = DVBl 1990, 877 = DÖV 1990, 931 = DöD 1991, 63.

### III. Dienstvergehen, Disziplinar- und Regelmaßnahmen   Rz. 76 Teil 6 B

Das Erfordernis der **Möglichkeit alsbaldigen Schadensausgleiches** hat das BVerwG 74
inzwischen allerdings wieder fallen gelassen[1]. Über die weitere Tragbarkeit entscheidet auch hier stets die Würdigung der Gesamtpersönlichkeit, die bei Wiedergutmachungsabsicht eine andere ist als die des Täters, der seine Behörde endgültig schädigen will, so dass die Vertrauenswürdigkeit nicht völlig zerstört sein wird. Dieser Milderungsgrund der Wiedergutmachung des Schadens wird nicht dadurch ausgeschlossen, dass der Beamte, der zunächst nicht unter dem Druck konkreter Entdeckungsgefahr die Schadenswiedergutmachung zu einem bestimmten nahen Zeitpunkt dem Geschädigten angekündigt und zeitgerecht in die Wege geleitet hat, kurz vor der tatsächlichen Ausführung Umstände erfährt, die nunmehr auf eine konkrete Entdeckungsgefahr schließen lassen[2]. Nicht erforderlich ist die Offenbarung gerade gegenüber dem jeweiligen Vorgesetzen[3].

Dagegen kann der Beamte von dem besagten Milderungsgrund nicht mehr profitieren, wenn die Tat als solche bereits entdeckt ist und er weiß, dass Ermittlungen eingeleitet sind, auch wenn er selbst noch nicht überführt ist: Gesteht er dann die Tat, so nützt ihm dies i.S.d. 4. Milderungsgrundes nichts mehr[4]. Der Milderungsgrund kommt auch dann nicht zum Tragen, wenn weitere Verfehlungen hinzutreten[5] oder die Offenbarung nicht „von Einsicht und Reue bestimmt", sondern – entschieden: im Wiederholungsfalle – und in ausweglosen Situation allein aus Angst vor Entdeckung und strafrechtlicher Verfolgung erfolgte[6]. Wohl aber steht der Freiwilligkeit der Wiedergutmachung nicht entgegen, dass der Beamte bereits auf ein Fehlverhalten angesprochen worden ist, wenn er dabei nicht die Vorstellung hatte, weitere einschlägige Pflichtwidrigkeiten könnten auch noch aufgedeckt werden[7]. 75

Diese Rechtsprechungsgrundsätze gelten auch für den mittelbaren Zugriff auf amtlich anvertrautes Geld, wenn das Vergehen also in der Beihilfe zur Straftat eines Dritten besteht, die diesem z.B. durch Übergabe eines Schlüssels ermöglicht wird, dann, wenn der bisher tadelfreie Beamte seinen Umkehrwillen durch entsprechend objektivierbares Verhalten deutlich macht, wozu erforderlich ist, dass er durch eigenes Handeln die Rechtsgefährdung oder die Verletzung wieder rückgängig macht oder bei Misserfolg insbesondere durch Offenbarung gegenüber dem Dienstherrn den Angriff auf das Rechtsgut zu verhindern sucht[8]. 76

---

1 BVerwG v. 6.9.1994 – 1 D 18.94, BVerwGE 103, 164 = NVwZ 1995, 603 = DVBl 1995, 616 = ZBR 1995, 73 = DÖV 1995, 286 = DöD 1995, 164.
2 BVerwG v. 5.2.1991 – 1 D 34.90, BVerwGE 93, 38 (ein Nachnahmebetrag von fast 5000 DM war unterschlagen, der Nachnahmeberechtigte war aber durch den Beamten von der Rückzahlung verständigt worden, bevor der Berechtigte einen Nachforschungsantrag beim Amt gestellt hatte).
3 BverwG v. 21.9.1993 – 1 D 39.92, BVerwGE 103, 1 = NVwZ-RR 1994, 218.
4 BVerwG v. 5.10.1994 – 1 D 31.94, BVerwGE 103, 177 = NVwZ-RR 1995, 287, in Abgrenzung zu BVerwG v. 6.9.1994 – 1 D 18.94, BVerwGE 103, 164.
5 BVerwG v. 16.3.1994 – 1 D 17.93, BVerwGE 103, 93.
6 BVerwG v. 9.3.1995 – 2 WD 1.95, BVerwGE 103, 217 = NVwZ 1996, 402.
7 BVerwG v. 7.2.2001 – 1 D 69.99, NVwZ-RR 2001, 774 (LS).
8 Vgl. zu diesem neuen Milderungsgrund auch BVerwG v. 8.3.1988 – 1 D 69.87, NVwZ 1989, 467, ferner BVerwG, DokBer. 1991, 217 = NVwZ-RR 1991, 377. Über Manipulationen beim Postbeamten beim Verkauf von Briefmarken vgl. BVerwG v. 20.2.1990 – 1 D 22.89, NVwZ-RR 1990, 492, aber auch BVerwG v. 22.1.1991 – 1 D 22.90, BVerwGE 93, 22 = DokBer. 1991, 165. Vgl. aus Anlass der neuen Rspr. *Weiß*, Der Wiedergutmachungsgedanke beim Zugriff auf amtliche Gelder in der neueren Disziplinarrechtsprechung – eine kritische Bestandsaufnahme –, Die Personalvertretung 1988, 474; ferner *Ostler*, Ein guter Schritt zu noch mehr disziplinarer Gerechtigkeit, NVwZ 1989, 436. *Claussen* hat übrigens diese Forderung längst gegenüber der Rspr. vertreten; seine Kritik s. Einl. D 4 h; s. auch *Ostler*, Festgabe, S. 460 f. und *Sträter*, ZBR 1992, 289.

77 Ein **5. Milderungsgrund** gegen das Absehen von der Dienstentfernung kann auch die Geringfügigkeit des veruntreuten Betrags sein, der zur Zeit in Orientierung an § 248a StGB bei etwa 50 Euro liegt[1], liegt, wenn durch das Dienstvergehen keine weiteren öffentlichen oder privaten Interessen verletzt sind. Darunter können auch – innerhalb der Geringfügigkeit des Gesamtumfangs – mehrere Zugriffsakte innerhalb eines eng begrenzten Zeitraums von wenigen Tagen fallen[2].

78 Diese vormals limitierten Milderungsgründe sieht das BVerwG in Ansehung der gesetzlichen Neuregelungen zur Bemessung von Disziplinarmaßnahmen in seiner neueren Rechtsprechung nicht mehr als bindende Begrenzung an. Sie stellen jetzt **keinen abschließenden Kanon** der bei den hier in Rede stehenden Dienstvergehen berücksichtigungsfähigen Entlastungsgründe **mehr** dar. Nach dem Urteil vom 20.10.2005[3] gelten nämlich die Bemessungsvorgaben des § 13 Abs. 1 Satz 2 bis 4 BDG auch für die Fallgruppe der Zugriffsdelikte, d.h. für die Veruntreuung dienstlich anvertrauter Gelder und Güter. Aufgrund der Schwere dieser Dienstvergehen ist hier zwar immer noch grds. die Entfernung aus dem Beamtenverhältnis Richtschnur für die Maßnahmebestimmung, wenn die veruntreuten Beträge oder Werte insgesamt die Schwelle der Geringwertigkeit deutlich übersteigen. Diese Indizwirkung entfällt jedoch, wenn sich im Einzelfall aufgrund des Persönlichkeitsbildes des Beamten Entlastungsgründe von solchem Gewicht ergeben, dass die **prognostische Gesamtwürdigung** den Schluss rechtfertigt, der Beamte habe das Vertrauensverhältnis noch nicht vollends zerstört.

79 In erster Linie kommen danach gewiss weiterhin die besagten „klassischen" Milderungsgründe als Entlastungsgesichtspunkte in Betracht, denn sie erfassen typisierend Beweggründe oder Verhaltensweisen des Beamten, die Anlass für eine noch positive Persönlichkeitsprognose geben können. Zum einen tragen sie existenziellen wirtschaftlichen Notlagen sowie körperlichen oder psychischen Ausnahmesituationen Rechnung, in denen ein an normalen Maßstäben orientiertes Verhalten nicht mehr erwartet und daher nicht mehr vorausgesetzt werden kann. Zum anderen erfassen sie ein tätiges Abrücken von der Tat, insbesondere durch die freiwillige Wiedergutmachung des Schadens oder die Offenbarung des Fehlverhaltens jeweils vor drohender Entdeckung.

80 Unter Geltung der Bemessungsvorgaben der §§ 13 Abs. 1 Satz 2 bis 4 BDG ist es der genannten Rechtsprechung[4] zufolge aber nicht mehr möglich, diese Milderungsgründe als abschließenden Kanon der bei Zugriffsdelikten allein beachtlichen Entlastungsgründe anzusehen. Vielmehr gelten auch hier die dargestellten Anforderun-

---

1 So BVerwG v. 11.6.2002 – 1 D 31.01, BVerwGE 116, 308 = NVwZ 2003, 108.
2 Dazu BVerwG v. 22.1.1991 – 1 D 22.90, BVerwGE 93, 314 = DokBer. 1993, 119 = NJW 1994, 210 und BVerwG, DokBer. 1993, 137. Dabei waren innerhalb vier Tagen dreimal von einem Paketzusteller unter Beseitigung der Paketkarten insgesamt 39,50 DM nach Entdeckung zurückbezahlte Beträge unterschlagen worden. Im zweiten Fall hat der Zugbegleiter die Stämme von Blanko-Fahrkarten gefälscht, wobei ein Sachverhalt aufgedeckt und ein zweiter zugestanden wurde. Dabei wird wegen der Bedeutung der Geringfügigkeit auf die strafrechtliche Regelung der Vermögenskleinkriminalität i.V.m. der Aufhebung von §§ 350, 351 StGB hingewiesen und als Beispiel der eine Milderung ausschließender Verletzung wichtiger Schutzgüter ausgeführt, dass etwa zur Erlangung der geringwertigen Beträge Sendungen geöffnet werden. Die Geringfügigkeit hat übrigens schon früher, aber unter dem Gesichtspunkt fehlender Bereicherungsabsicht eine Rolle gespielt; s. BVerwG, DokBer. 1982, 189 und DokBer. 191, 208.
3 BVerwG v. 20.10.2005 – 2 C 12.04, BVerwGE 124, 252 = RiA 2006, 132. Vgl. auch *Vogelgesang*, in: Öffentliches Dienstrecht im Wandel, Festschrift für Walther Fürst, 2002, S. 369 ff. (380 f.), und *Hummel/Köhler/Ratz*, BDG, A. IV.2 Rz. 77.
4 BVerwG v. 20.10.2005 – 2 C 12.04, BVerwGE 124, 252 = RiA 2006, 132; ferner s. BVerwG v. 3.5.2007 – 2 C 30.05, NVwZ 2007, 1196; und v. 3.5.2007 – 2 C 9.06, NVwZ-RR 2007, 695.

gen an die **prognostische Gesamtwürdigung**. Demnach dürfen entlastende Gesichtspunkte nicht deshalb unberücksichtigt bleiben, weil sie für das Vorliegen eines solchen Milderungsgrundes ohne Bedeutung sind oder nicht ausreichen, um dessen Voraussetzungen im Zusammenwirken mit anderen Umständen zu erfüllen. Die Milderungsgründe bieten in Ansehung der Kriterien-Öffnung gewissermaßen nur noch Vergleichsmaßstäbe für die Bewertung, welches Gewicht entlastenden Gesichtspunkten in der Summe zukommen muss, um eine Fortsetzung des Beamtenverhältnisses in Betracht ziehen zu können. Generell gilt, dass deren Gewicht umso größer sein muss, je schwerer das Zugriffsdelikt aufgrund der Höhe des Schadens, der Anzahl und Häufigkeit der Zugriffshandlungen, der Begehung von „Begleitdelikten" und anderer belastender Gesichtspunkte im Einzelfall wiegt.

Praktisch bedeutet dies, dass sich die Würdigung nicht auf die Verneinung „anerkannter Milderungsgründe" beschränken darf. Es ist danach nicht (mehr) möglich, einen endgültigen Verlust des Vertrauens des Dienstherrn oder der Allgemeinheit anzunehmen, ohne zuvor eine umfassende Prognoseentscheidung unter Berücksichtigung aller wesentlichen Umstände des Einzelfalls zu treffen. Das ist insbesondere „zur Vermeidung von Schematisierung"[1] der Beurteilung geboten: Auch dann, wenn sich der Beamte bei der Ausübung seiner dienstlichen Tätigkeit an Vermögenswerten, die seinem Gewahrsam unterliegen, vergriffen hat, mag zwar ein solches Dienstvergehen regelmäßig geeignet sein, das Vertrauensverhältnis zu zerstören[2], so dass in derartigen Fällen die Entfernung aus dem Beamtenverhältnis grds. Ausgangspunkt der Bestimmung der angemessenen Disziplinarmaßnahme ist. Die von der Schwere des Dienstvergehens ausgehende Indizwirkung entfällt aber, wenn gewichtige und im Einzelfall durchgreifende Entlastungsgründe festgestellt werden. Dann hat das Dienstvergehen keinen endgültigen Vertrauensverlust zur Folge, so dass eine mildere Maßnahme zu verhängen ist. Weil die Persönlichkeit entscheidend ist, können übrigens besondere Umstände des Einzelfalls, insbesondere das Zusammentreffen mehrerer Milderungsgründe, auch dazu führen, dass nicht zwingend auf Dienstgradherabsetzung zu erkennen ist; die Degradierung ist damit nicht der gewissermaßen automatisch zu Tragen kommende „Auffangtatbestand", wenn die Höchstmaßnahme ausscheidet[3]. 81

Die o.a. Grundsätze zur Beurteilung von Zugriffen auf amtlich anvertraute oder zugängliche Vermögenswerte gelten nicht uneingeschränkt für die Zueignung von Vermögenswerten sozialer Einrichtungen (z.B. Selbsthilfe-Einrichtungen der Beamten), nämlich dann und insoweit nicht, als die Einrichtung Aufgaben wahrnimmt, die dem privaten, gesellschaftlichen Bereich zuzuordnen sind. In diesen Fällen kommen die Grundsätze für außerdienstliche Vergehen[4] zur Anwendung[5]. Dies allein „rettet" den Beamten aber keineswegs; bei entsprechend gravierenden, insb. wiederholten außerdienstlichen Vermögensdelikten kann es gleichwohl zur Entfernung kommen[6]. Sie gelten ferner nicht für innerdienstliche Kassenverfehlungen 82

---

1 So ausdr. BVerwG v. 20.10.2005 – 2 C 12.04, BVerwGE 124, 252 = RiA 2006, 132.
2 Vgl. BVerfG v. 19.2.2003 – 2 BvR 1413/01, NVwZ 2003, 1504 m.w.N.
3 BVerwG v. 25.2.1992 – 1 D 37.91, NVwZ-RR 1993, 42 = DokBer. 1992, 163. Weiter auch BVerwG v. 22.11.1993 – 1 D 57.92, NVwZ-RR 1994, 216.
4 Z.B. lediglich Degradierung bei fortgesetztem außerdienstlichem Diebstahl eines Soldaten in Vorgesetztenstellung: BVerwG v. 6.7.1993 – 2 WD 22.93, NVwZ-RR 1994, 103; s. auch VG Meiningen v. 15.1.2003 – 6 D 60011/00, NVwZ-RR 2003, 444. Zum Eingreifen von Milderungsgründen bei Diebstahl vgl. auch BVerwG v. 12.7.1995 – 1 D 58.94, NVwZ-RR 1996, 453.
5 BVerwG v. 26.2.1992 – 1 D 29.91, NVwZ-RR 1993, 41 = DokBer. 1992, 12 (Verhalten beim DB-Sozialwerk).
6 OVG NW v. 17.8.1999 – 6d A 910/98.O, RiA 2000, 146f.: Polizeibeamter mit zwölf außerdienstlichen Betrugsfällen, wenngleich unter Ausnutzung seiner dienstlichen Stellung.

ohne die Absicht der persönlichen Bereicherung[1], auch nicht im Falle der Entnahme von Geldbeträgen aus der Kasse gegen Hingabe von nicht gedeckten Auszahlscheinen[2]. Allein der Umstand jedoch, dass die Dienstbehörde einem bekanntermaßen alkoholabhängigen Beamten keine Hilfsmaßnahmen angeboten hat, rettet im Falle des eigennützigen Zugriffs auf amtlich anvertraute Gelder nicht von der Verhängung der Höchstmaßnahme[3].

83 Überhaupt gilt, dass die Gerichte eine Maßnahme mildernde Wirkung verminderter Schuldfähigkeit (etwa wegen Alkohol, Spielsucht o. Ä.) ablehnen, wenn der Beamte gegen elementare und leicht einsehbare Pflichten verstoßen hat[4]. Allein die (krankhafte) Alkoholabhängigkeit eines Beamten beinhaltet kein Dienstvergehen; verweigert aber ein rückfällig gewordener alkoholkranker Beamter die amtsärztlich für geboten erachtete und dienstliche angeordnete Therapie, so kann ihm im Falle der dadurch eintretenden Dienstunfähigkeit das Ruhegehalt aberkannt werden[5].

## IV. Dienstvorgesetzte und Disziplinargerichte

### 1. Dienstvorgesetzte

84 Die Rechte und Pflichten nach dem Bundesdisziplinargesetz werden durchgängig dem **„Dienstvorgesetzten"** beigemessen (z.B. in den §§ 17 Abs. 1, 33 Abs. 2 BDG u.v.a.). Das BDG enthält hierfür keine eigene Begriffsbestimmung; es gelten also die Begriffsbestimmungen des Beamtenrechts, wie sie ihren Niederschlag in § 3 Abs. 2 BBG gefunden haben. Danach ist „Dienstvorgesetzter", wer *für die beamtenrechtlichen Entscheidungen über die persönlichen Angelegenheiten der ihm nachgeordneten Beamten zuständig ist*. Wer innerhalb des hierarchischen Behördenaufbau dies jeweils ist, bestimmt sich nach dem jeweiligen Behördenaufbau.

Nach der Hierarchiestufe sind dabei zu unterscheiden:
– Der (*unmittelbare*) Dienstvorgesetzte, der immer dann angesprochen ist, wenn sich im Gesetz kein anderweitiger Zusatz findet; dieser muss z.B. bei Vorliegen zureichender Anhaltspunkte das Disziplinarverfahren gem. § 17 Abs. 1 BDG einleiten;
– sodann der *höhere* Dienstvorgesetzte; ihm ist z.B. die Befugnis zuerkannt, ein Disziplinarverfahren erforderlichenfalls an sich zu ziehen (§ 21 Abs. 1 Satz 3 BDG), und
– schließlich die *oberste Dienstbehörde*, der z.B. die Entscheidung über Widersprüche nach § 42 BDG oder die Verhängung des Höchstmaßes einer Kürzung der Dienstbezüge vorbehalten bleibt.
– Ist im Einzelfall kein Dienstvorgesetzter vorhanden, so ist gem. § 3 Abs. 2 Satz 3 Halbs. 2 BBG die oberste Dienstbehörde zuständig.
– § 33 Abs. 3 Nr. 2 BDG kennt schließlich noch den „der obersten Dienstbehörde unmittelbar nachgeordneten Dienstvorgesetzten", dem die zweithöchste Disziplinargewalt bei der Verhängung von Besoldungskürzungen vorbehalten bleibt; diese Position kann der des „höheren Dienstvorgesetzten" entsprechen, muss es aber nicht.

---

1 BVerwG v. 16.6.1992 – 1 D 11.91, NVwZ-RR, 1993, 253.
2 BVerwG v. 6.2.2001 – 1 D 67.99, NVwZ-RR 2001, 771: Degradierung.
3 Vgl. BVerwG v. 23.10.1996 – 1 D 55.96, BVerwGE 113, 8 = DVBl 1997, 639 = DÖV 1997, 252.
4 BVerwG v. 7.11.1989 – 1 D 65.88, DokBer. 1990, 79 (81 f.); v. 20.3.1991 – 1 D 46.90, DokBer. 1992, 303; OVG NW v. 20.7.1992 – 6d A 1108/91.O, n.v.; v. 30.9.1998 – 12d A 1519/97.O, n.v.; v. 17.8.1999 – 6d A 910/98.O, RiA 2000, 146 f.
5 OVG Rh.-Pf. v. 30.8.2000 – 3 A 10529/00. OVG, RiA 2001, 253.

### IV. Dienstvorgesetzte und Disziplinargerichte

– Schließlich sind einzelne Befugnisse auch verwaltungsintern delegierbar, wie etwa im Falle des § 33 Abs. 5 BDG.
– Wenn es um die Einleitung des Disziplinarverfahrens geht, ist es der besagte Dienstvorgesetzte, der hierfür nach § 17 Abs. 1 BDG zuständig ist.

Nicht zu verwechseln mit dem Dienstvorgesetzten ist der (Fach-)Vorgesetzte; dieser kann (nur) dienstliche Anordnungen erteilen (§ 3 Abs. 2 Satz 2 BBG); außerdem ist er für die Dienstaufsicht zuständig. Er gehört aber nicht zu den Dienstvorgesetzten.

**Ruhestandsbeamte** haben keinen Dienstvorgesetzten. Daher musste das BDG näher festlegen, wer bei diesen die Disziplinarbefugnisse wahrzunehmen hat. § 84 BDG bestimmt insoweit, dass für Ruhestandsbeamte diejenige oberste Dienstbehörde zuständig ist, die zum Zeitpunkt des Eintritts des Ruhestands für den Beamten oberste Dienstbehörde war; deren Befugnisse sind indes durch allgemeine Anordnungen, die im Bundesgesetzblatt zu veröffentlichen sind, delegierbar. 85

Für den weiteren Fortgang des eingeleiteten Disziplinarverfahrens regelt das BDG teils in bloßen Ansätzen, teils aber auch recht detailliert, was jeweils zu geschehen hat. Hierbei fällt nun auf, dass das BDG nur in passiver Form davon spricht, dass „die erforderlichen Ermittlungen durchzuführen sind", nicht aber regelt, *wer* denn dies zu übernehmen hat. Anders als im förmlichen Disziplinarverfahren bisherigen Rechts hat das BDG auf die Institution eines unabhängigen Untersuchungsführers, § 56 Abs. 2 u. 3 BDO, verzichtet. Diese Institution stamme, so die Begründung, aus einer Zeit, „als die heute selbstverständlichen rechtsstaatlichen Garantien vor allem des gerichtlichen Disziplinarverfahrens noch keineswegs gewährleistet waren"[1]; unter geänderten, insbesondere durch rechtsstaatliche Garantien gewährleisteten Verhältnissen soll hierauf verzichtet werden können. Damit bleibt indessen völlig offen, wer die zur Aufklärung des Sachverhaltes erforderlichen Ermittlungen durchführen soll. Originär mag das dem zur Einleitung des Verfahrens berufenen „Dienstvorgesetzten", § 17 Abs. 1 BDG, obliegen; dieser wird eine solche Aufgabe aber kaum persönlich übernehmen (können). Praktisch wird daher weiterhin ein *„Ermittlungsführer"* zu bestellen sein, der die Ermittlungen – tunlichst in eigener Person – durchführt und koordiniert. 86

In Abweichung vom bisherigen Recht (§ 56 Abs. 3 BDO) kann sich ein solcher Ermittlungsführer allerdings nicht mehr auf eine Weisungsunabhängigkeit berufen; es entfällt weiterhin die nicht unwesentliche Verfahrensgarantie, dass zum Untersuchungsführer bisherigen Rechts (im Gegensatz zum Vorermittlungsführer) nur Beamte mit Befähigung zum Richteramt, also Volljuristen, bestellt werden konnten. Künftig ist – auf den Punkt gebracht – der Behörde bzw. dem „Dienstvorgesetzten" des § 17 Abs. 1 BDG völlig frei gestellt, wie und durch wen er die notwendigen Erhebungen vornehmen lässt. Denkbar ist damit z.B. auch das Zusammentreffen einer Vielzahl von Personen, die mit der Durchführung von Erhebungen befasst werden, so dass eine Zerfaserung der Ermittlungen und Ermittlungsansätze zu besorgen ist, während die möglicherweise lenkende, koordinierende und zusammenfassende Person innerdienstlich im Dunkeln bleibt. Der Beamte wird daher, wenn nicht sinnvollerweise wie bisher ein Bediensteter namentlich mit den Untersuchungen beauftragt wird, auf Schwierigkeiten treffen, einen Ansprechpartner zu finden. Insoweit dürfte sich der Verzicht auf die Figur eines Untersuchungsführers, sei dieser nun weisungsabhängig oder nicht, eher nachteilig auswirken und ungünstigenfalls den Rechtsschutz beeinträchtigen[2]. 87

---

1 RegE S. 33.
2 Kritisch auch *Urban*, NVwZ 2001, 1335 (1337).

88 Mit dem Bundesdisziplinargesetz entfallen ist weiterhin als zuständige Behörde der Bundesdisziplinaranwalt (BDiA) in Frankfurt/M. Diese Institution, die – nur im Bund – erst seit 1952 bestand, wurde zum 31.12.2003 aufgelöst. Diejenigen Aufgaben und Funktionen, die bislang dem BDiA oblagen, sind entfallen bzw. auf den „Dienstvorgesetzten" übergegangen, der nunmehr alleine für die Einleitung und Durchführung notwendiger Disziplinarverfahren bis hin, falls notwendig, zur Erhebung der Disziplinarklage[1] verantwortlich ist. Seine zentrale Kompetenz, aus gewissermaßen übergeordneter Perspektive dafür Sorge zu tragen, dass Dienstvergehen auch tatsächlich disziplinar verfolgt und geahndet werden, ist den Dienstvorgesetzten mit der Maßgabe anvertraut worden, dass jeweils der höhere Dienstvorgesetzte und die oberste Dienstbehörde die Ermittlungen an sich ziehen können, § 31 Abs. 1 Satz 3 BDG. War schließlich der BDiA nach altem Recht im förmlichen Verfahren neben dem Beamten regelmäßig der einzige zur Rechtsmitteleinlegung Berechtigte, nicht dagegen die Einleitungsbehörde[2], so ist in dem nunmehr geltenden verwaltungsgerichtlichen Verfahren sowohl bei Disziplinarklagen (§ 52 Abs. 1 BDG) als auch bei allen übrigen Klagen (§ 52 Abs. 2 BDG) die Dienststelle bzw. deren Rechtsträger[3] Partei und damit Beteiligter i.S.d. § 63 VwGO. Damit stehen ihr auch unmittelbar alle prozessualen Rechte zu.

89 Die „Beratungsfunktion", die dem BdiA auch im Interesse der Wahrung der Rechtseinheit weiterhin oblag, ist nunmehr einer „Service"-Stelle[4] übertragen, die nach den Vorstellungen der Ausschüsse[5] von den Gerichten über eingegangene Disziplinarklagen und ergangene Entscheidungen unverzüglich unterrichtet werden soll, um stets einen aktuellen Überblick zu haben und „Abweichungen von der Einheitlichkeit der Rechtspraxis oder gerichtsbezirksübergreifende Zusammenhänge erkennen" zu können.

**2. Disziplinargerichtsbarkeit**

90 Mit der Anlehnung des Disziplinarverfahrensrechts an das Verwaltungsverfahrens- und Verwaltungsprozessrecht ist eine Übertragung der Zuständigkeiten an die VG einher gegangen. War früher für das Disziplinarrecht der Bundesbeamten erstinstanzlich das – bundesweit agierende – Bundesdisziplinargericht mit Sitz in Frankfurt zuständig (§ 42 BDO), so werden Disziplinarverfahren nunmehr bei den VG geführt, § 45 BDG, bei denen eigene Disziplinarkammern eingerichtet sind. Die Länder können hierbei die Zuständigkeiten – wie bisher bereits für die Landes- und Kommunalbeamten – auf bestimmte VG konzentrieren. Das Bundesdisziplinargericht hingegen ist zum 31.12.2003 aufgelöst worden (§ 85 Abs. 7 BDG)[6].

91 War früher zweit- und letztinstanzlich das BVerwG für Berufungen gegen Urteile des BDiG zuständig (§§ 55, 80 ff. BDO), das damit systemwidrig für das Disziplinarrecht die Funktion einer zweiten Tatsacheninstanz wahrzunehmen hatte, statt sich

---

1 Diese obliegt nach § 34 Abs. 2 BDG der jeweiligen obersten Dienstbehörde, die diese Befugnis allerdings durch veröffentlichungsbedürftige Anordnung ganz oder teilweise auf andere, nachgeordnete Dienstvorgesetzte übertragen kann.
2 BVerwG v. 13.8.1979 – 1 DB 18.79, BVerwGE 63, 258.
3 Abhängig vom Bestehen landesrechtlicher Regelungen i.S.d. § 61 Nr. 3 VwGO, die ggf. Behörden eine Beteiligungsfähigkeit zuerkennen.
4 RegE S. 34
5 AusschBer., BT-Drs. 14/5529 S. 62.
6 Die Zahl der auf die VG übergehenden Verfahren ist nicht allzu groß gewesen: Berichtet werden Rückgänge der Eingangszahlen von 806 noch in 1996 auf 633 in 2000, vgl. BVerwG v. 11.7.2001 – 1 DB 20.01, NJW 2001, 3493 f.; wird der Wegfall der Zuständigkeit für Kürzungen der Dienstbezüge hinzugenommen, dürfte die Zahl der *gerichtlichen* Disziplinarverfahren im Bereich der Bundesbeamten nicht allzu hoch ausfallen.

IV. Dienstvorgesetzte und Disziplinargerichte   Rz. 94   Teil 6 B

seiner Zweckbestimmung gem. vorrangig mit Fragen der Einheitlichkeit der Rechtsanwendung zu befassen, so sind seither die OVG bzw. Verwaltungsgerichtshöfe als Ländergerichte für Berufungen in Disziplinarsachen auch gegen Bundesbeamte zuständig; dort sind entsprechend eigene Disziplinarsenate eingerichtet (§§ 45 Satz 2, 64–66 BDG). Nur noch in einigen wenigen Altfällen (Abgrenzung nach § 85 Abs. 1, 3 BDG) ist für Berufungen der Disziplinarsenat des BVerwG zuständig geblieben[1].

Weitere Konsequenz der Anlehnung an das Verwaltungsprozessrecht ist dann aber, dass gegen Disziplinarentscheidungen der OVG/VGH eine Revision an das BVerwG möglich wird (§§ 69 ff. BDG); hierdurch wird gegenüber dem bisherigen Rechtszustand für Disziplinarverfahren eine dritte Instanz gebildet. Freilich ist der Zugang in die dritte Instanz – gem. § 69 BDG, § 132 Abs. 2 VwGO von einer Revisionszulassung abhängig, die bei Vorliegen der Zulassungsvoraussetzungen (im Wesentlichen grundsätzliche Bedeutung der Rechtssache oder Divergenz gegenüber einer anderweitigen Entscheidung[2] sowie ggf. ein zu rügender Verfahrensmangel, § 132 Abs. 2 VwGO) vom OVG ausgesprochen werden kann oder im Wege der Nichtzulassungsbeschwerde vom BVerwG selbst auszusprechen ist. Dem BVerwG wird damit auch für das Disziplinarrecht wieder die einem obersten Bundesgericht eigene Kompetenz zugewiesen, in Grundsatzfragen für eine Einheitlichkeit der Rechtsanwendung auch im Disziplinarrecht Sorge zu tragen[3], und zwar im Hinblick auf § 127 Nr. 2 BRRG[4] auch in Angelegenheiten der Landes- und Kommunalbeamten[5]. 92

Die nunmehr auch für Bundesbeamte zuständig gewordenen VG haben verfahrensrechtlich natürlich vorrangig die besonderen Bestimmungen der §§ 45 ff. BDG anzuwenden. Hilfsweise und ergänzend gilt die VwGO, § 3 BDG. 93

Grundsätzlich entscheiden die VG und OVG bei der Verhandlung von Disziplinarsachen in einer Besetzung der Kammern und Senate mit drei Berufsrichtern und zwei Beamtenbeisitzern, §§ 46 Abs. 1, 51 Abs. 1 BDG. Gegenüber der bisherigen Besetzung des Bundesdisziplinargerichts mit einem Vorsitzenden und zwei Beamtenbeisitzern (§ 50 Abs. 2 BDO) ergibt sich insofern ein deutlicher personeller Mehraufwand[6]. Allerdings können die Länder die Kammer- und Senatsbesetzung gem. § 46 Abs. 4 BDG auch abweichend regeln[7]. Bei alledem ist in Disziplinarkla- 94

---

1 Aktenzeichen 1 D …/Jahreszahl; die „echten" Revisionen nach neuem Recht werden wie alle beamtenrechtlichen Revisionen unter 2 C …/Jahreszahl geführt.
2 Auch zwischen OVG's, solange keine Grundsatzentscheidung des BVerwG vorliegt, § 127 Nr. 1 BRRG (insoweit fortgeltend gem. § 63 Abs. 3 Satz 2 BeamtStG, BVerwG v. 24.4.2010, 2 C 77.08, NVwZ 2010, 1568).
3 RegE S. 33, 51. Auch fiskalische Erwägungen werden dabei angestellt: Der atypische Einsatz des BVerwG als zweite Tatsacheninstanz ist dem Gesetzgeber zu teuer (a.a.O., S. 33).
4 Insoweit fortgeltend gem. § 63 Abs. 3 Satz 2 BeamtStG, vgl. BVerwG v. 24.4.2010, 2 C 77.08, NVwZ 2010, 1568.
5 Das kann naturgemäß nicht das BDG regeln, das nur für Bundesbeamte gilt. Es ist aber die naheliegende Konsequenz für den Fall der inzwischen größtenteils erfolgten Reformen auch der Landesdisziplinarordnungen bei entsprechender Anlehnung an das Verfahrensrecht des VwVfG und der VwGO.
6 Es bleibt der künftigen Neugestaltung der jeweiligen Landesrechte vorbehalten, inwieweit auch dort – wohl konsequenterweise – auch eine Anpassung an die übliche verwaltungsgerichtliche Kammerbesetzung erfolgt (bisher z.B. in NW: 1 Vorsitzender, 1 weiterer Berufsrichter, 1 Beamtenbeisitzer, vgl. § 47 Abs. 1 DO NW, ebenso in der Neufassung § 47 Abs. 1 LDG NW).
7 Ist eine solche abweichende Regelung im jeweiligen Bundesland bereits für landesrechtliche Disziplinarverfahren getroffen, so soll dies auch für die neu hinzukommenden Bundes-Disziplinarsachen gelten; eine Einheitlichkeit der Spruchkörperbesetzung für landes- und bundesrechtliche Verfahren ist angestrebt, vgl. RegE S. 47, sowie *Urban*, NVwZ 2001, 1335 (1340).

95 Weiterhin sind die Verhandlungen nunmehr öffentlich[1]. Eine § 73 BDO entsprechende Regelung ist in das BDG nicht übernommen worden, so dass gem. § 60 Abs. 1 BDG, §§ 101, 173 VwGO, § 169 GVG der Grundsatz der Öffentlichkeit der mündlichen Verhandlung Platz greift. Für Beweisaufnahmen, die künftig dem VG als Ausfluss des Grundsatzes der Unmittelbarkeit der Beweiserhebung obliegen, dürfte indes diese Öffentlichkeit wieder relativiert werden, nachdem die Beweisaufnahmen nach VwGO dem Grundsatz der bloßen *Parteiöffentlichkeit* folgen, § 97 VwGO bzw. § 98 VwGO i.V.m. § 357 Abs. 1 ZPO.

gesachen (§ 52 Abs. 1 BDG) die Kammerbesetzung zwingend; in anderen als Disziplinarklagesachen dagegen ist auch die Einzelrichter-Entscheidung nicht ausgeschlossen, § 46 Abs. 2 BDG i.V.m. § 6 VwGO.

## V. Allgemeine Verfahrensvorschriften

### 1. Das anzuwendende Verfahrensrecht

96 Zentrales Anliegen der gesetzlichen Neuregelungen des BDG war die Loslösung des Disziplinarverfahrensrechts von der bislang vorherrschenden Ausrichtung an den Bestimmungen der Strafprozessordnung und die Hinwendung zu den Regelungen und Strukturen des Verwaltungsverfahrens- und Verwaltungsprozessrechts (d.h. konkret also i.W. dem VwVfG und der VwGO). Die Bundesdisziplinarordnung und – ihr folgend – die Disziplinargesetze und -ordnungen der Länder waren durch eine enge Anlehnung an die verfahrensrechtlichen Strukturen und Grundsätze der StPO gekennzeichnet. Der Gesetzgeber hat dies für nicht mehr zeitgemäß erachtet[2] und offensichtlich in der Anlehnung des Disziplinarverfahrensrechts an die StPO einen der Hauptgründe dafür gesehen, dass die Verfahren regelmäßig unnötig lange Zeit in Anspruch nehmen, bevor es zu abschließenden Entscheidungen kommen konnte[3].

97 In der Neuregelung des § 3 BDG findet sich demgemäß neben zahlreichen Einzelregelungen, die den Regelungsstrukturen des VwVfG und der VwGO entspringen, nunmehr der Generalverweis auf eine erforderlichenfalls ergänzende Anwendung von VwVfG und VwGO. Hierneben ist das gesamte Disziplinar(verfahrens-)recht neu gestaltet und von der Mehrzahl der Anlehnungen an das Strafprozessrecht befreit worden. Verblieben ist im Grunde nur noch eine Anknüpfung an die Zeugnis- und Aussageverweigerungsrechte der StPO für Zeugen und Sachverständige (§ 25 Abs. 2 BDG) und ein Verweis auf einzelne Bestimmungen der StPO wie zur Art und Weise der gebotenen Protokollierungen von Anhörungen und Beweiserhebungen (§ 28 BDG, § 168a StPO).

98 Die nunmehr anzuwendenden Vorschriften sind **primär** diejenigen des **BDG**, welches aber keine volle Verfahrensordnung enthält. Ergänzend ist auf das VwVfG und die VwGO abzustellen. Des Rückgriffs auf § 39 VwVfG für die Annahme eines Begründungszwangs in disziplinarrechtlichen Entscheidungen[4] bedarf es nicht mehr; das Begründungserfordernis ist für die wichtigsten Entscheidungen jetzt aus dem BDG selbst abzulesen (z.B. §§ 32 Abs. 3, 33 Abs. 6 BDG). Soweit dies im

---

1 *Schwandt*, RiA 2001, 157 (158). Abweichend z.T. das Landesrecht, z.B. § 58 LDG NW.
2 RegE S. 1, 33, 42 u. ö.; kritisch *Müller-Eising*, NJW 2001, 3587 (3588).
3 RegE S. 1. Daran ist gewiss richtig, dass die Anlehnung des Verfahrens an die StPO das Verfahren teils aufwändiger als nötig gemacht hat; die beklagten Verzögerungen dürften indessen andere Gründe haben, die auch mit der Neugestaltung des Disziplinarrechts nicht ausgeräumt sind.
4 BVerwG v. 13.8.1979 – 1 DB 14.79, BVerwGE 63, 256; vgl. auch DokBer. 1979, 277.

## V. Allgemeine Verfahrensvorschriften Rz. 102 Teil 6 B

BDG nicht ausdrücklich angesprochen wird (z.B. bei Entscheidungen nach §§ 38 ff. BDG), dürften aber nunmehr unmittelbar die Erfordernisse des § 39 VwVfG maßgeblich sein, denn nachdem das Disziplinarverfahrensrecht den Grundsätzen des Verwaltungsverfahrensrechts statt denjenigen der StPO unterstellt worden ist, dürfte kein Zweifel mehr daran bestehen, dass die einschlägigen, den Beamten belastenden Entscheidungen auch etwa über die vorläufige Dienstenthebung und die partielle Einbehaltung von Dienstbezügen Verwaltungsakte sind, wenn auch hierfür ein besonderer Rechtsschutz eröffnet ist (§ 63 BDG), der die allgemeinen Regelungen der §§ 68 ff. VwGO verdrängt.

Für die vorgeschriebenen förmlichen **Zustellungen** enthält das BDG keine eigenständige Regelung mehr (früher §§ 23, 23a, 78 Abs. 3 BDO); es gilt im behördlichen wie gem. § 56 Abs. 2 VwGO auch im gerichtlichen Verfahren das Zustellungsrecht des VwZG. Dieses kennt im Wesentlichen die Zustellung durch die Post mit Zustellungsurkunde – in diesem Falle gilt gem. § 3 Abs. 3 VwZG das Zustellungsrecht der ZPO entsprechend, so dass auch Ersatzzustellung zulässig[1] ist –, sodann die Zustellung durch die Post mittels eingeschriebenen Briefes – hierbei gilt die Sendung widerleglich als am dritten Tage nach Aufgabe als zugestellt, § 4 VwZG – und die Zustellung durch die Behörde selbst gegen Empfangsbekenntnis, § 5 VwZG. Ist ein Bevollmächtigter bestellt, so soll die Zustellung an diesen vorgenommen werden; hat der Bevollmächtigte eine schriftliche Vollmacht vorgelegt, so muss die Zustellung an diesen erfolgen, § 8 VwZG. Die bisher geltenden Regelungen über die Zustellung entweder an den Beamten unter gleichzeitiger Benachrichtigung des Verteidigers oder an den Verteidiger unter gleichzeitiger Benachrichtigung des Beamten (§ 23a BDO) und die Sonderregelung über die Zustellung des disziplinargerichtlichen Urteils unmittelbar an den Beamten, auch wenn ein Verteidiger bestellt ist (§ 78 Abs. 3 BDO), entfallen. 99

Ausdrücklich vorgeschrieben sind (förmliche) Zustellungen im BDG für die Einstellungsverfügung (§ 31 Abs. 3 BDG), die Disziplinarverfügung (§ 32 Abs. 7 BDG), den Widerspruchsbescheid (§§ 41, 3 BDG i.V.m. § 73 Abs. 3 VwGO), die Disziplinarklage und ggf. die zugehörige Nachtragsklage (§ 54 BDG) und natürlich nach Verwaltungsprozessrecht die gerichtlichen Entscheidungen (§ 3 BDG i.V.m. § 116 VwGO) sowie Ladungen und fristsetzende Verfügungen, § 56 VwGO. Soweit eine Zustellung nicht ausdrücklich vorgesehen ist, dürfte nach § 3 BDG i.V.m. § 41 VwVfG die Bekanntgabe eines VA bzw. außerhalb von VA gem. §§ 10, 14 VwVfG die formlose Übermittlung ausreichend sein[2]. 100

**Fristen**: Im Zuge der Unterstellung des Disziplinarverfahrensrechts unter die Bestimmungen des VwVfG und der VwGO sind auch die eigenständigen Regelungen der BDO darüber entfallen, dass bei allen anfechtbaren Entscheidungen die Anfechtungsfristen nur zu laufen beginnen, wenn damit eine zutreffende Rechtsmittelbelehrung verbunden ist (bisher § 24 BDO). Nach jetzt geltendem Recht folgt dies unmittelbar aus § 58 VwGO. 101

Für die Berechnung der Fristen im behördlichen Verfahren gelten § 31 VwVfG und kraft Weiterverweisung die §§ 187–193 BGB; im gerichtlichen Verfahren ist auf § 57 VwGO und die §§ 222, 224 Abs. 2, 3, 225 und 226 ZPO abzustellen, wobei wiederum § 222 ZPO auf die BGB-Fristen weiter verweist. Die Fristen beginnen, wie üblich, mit dem Tag der wirksamen Zustellung der Entscheidung. Mit der einheitlichen Anwendung des Verwaltungsverfahrens- und Verwaltungsprozessrechts gel- 102

---

1 Zum bisherigen Recht: BVerwG, DokBer. 1992, 203. Zur Zustellung durch die Deutsche Post AG s. OVG Bautzen v. 14.5.2001 – D 6 B 375/00, NVwZ-RR 2002, 478.
2 In beiden Fällen bleiben etwaige Vorschriften über Zustellungen unberührt: §§ 14 Abs. 3 S. 3 und 41 Abs. 5 VwVfG.

Baden | 1361

ten im Disziplinarverfahrensrecht damit durchgängig bei ordnungsgemäßer Rechtsmittelbelehrung die Monatsfristen der §§ 70, 74, 124, 133 Abs. 2 VwGO bzw. der §§ 40 Abs. 2, 64 Abs. 1, 69 BDG. Zwei-Monats-Fristen[1] gelten für die etwaige Anbringung von Beweisanträgen (§ 58 Abs. 2 BDG), für etwaige Beanstandungen hinsichtlich der Disziplinarklageschrift (§ 55 Abs. 1 BDG), für die Berufungsbegründung bzw. die Begründung eines Antrags auf Berufungszulassung (§§ 124a Abs. 3, 124b Abs. 1 Satz 2 VwGO[2]) und für die Begründung einer Nichtzulassungsbeschwerde im Revisionsverfahren (§ 69 BDG, § 133 Abs. 3 VwGO). Falls im Einzelfall einmal ein Verfahren des einstweiligen Rechtsschutzes in Betracht kommt, gelten im Rechtsmittelfall die Zwei-Wochen-Fristen des § 147 VwGO. Gesetzliche Rechtsmittel- und Rechtsmittelbegründungsfristen sind zwingend und nicht verlängerbar, alle anderen behördlich oder gerichtlich gesetzten Fristen sind disponibel.

103 Bei unverschuldeter Fristversäumnis ist **Wiedereinsetzung in den vorigen Stand** nunmehr nach § 32 VwVfG bzw. – im gerichtlichen Verfahren – nach § 60 VwGO zu gewähren. Mit der Abwendung von den Strukturen der StPO entfällt damit im neuen Recht allerdings das Privileg, wonach ein Alleinverschulden des Verteidigers dem Beamten nicht zuzurechnen war. Nunmehr ist dem Beamten das Verschulden eines Vertreters zuzurechnen, § 32 Abs. 1 Satz 2 VwVfG. Die Wiedereinsetzung verlangt grds. einen Antrag binnen zwei Wochen nach Wegfall des Hindernisses; gleichzeitig ist die versäumte Handlung nachzuholen. Erfolgt die Nachholung binnen dieser zwei Wochen, ist ausnahmsweise der förmliche Antrag entbehrlich. Nach Ablauf eines Jahres ist die Wiedereinsetzung grds. ausgeschlossen, wenn nicht höhere Gewalt entgegenstand.

104 Das **rechtliche Gehör** ist Grundrecht auch im Verwaltungs- und damit auch im Disziplinarverfahren. In den §§ 20, 24 Abs. 4, 29 BDG für das Untersuchungsverfahren, in § 40 BDG mit der Einräumung eines Widerspruchsrechts sowie für das gerichtliche Verfahren in den §§ 54, 55, 59, 60, 66 BDG sind Inhalt und Form des gebotenen rechtlichen Gehörs näher geregelt, ohne dass damit der Anwendungsbereich des übergeordneten Grundsatzes aus Art. 103 Abs. 1 GG eingeschränkt wird. Bei alledem muss es sich jeweils um eine unter disziplinarrechtlichen Gesichtspunkten erfolgende Anhörung handeln, also die Anhörung im Disziplinarverfahren erfolgen; eine Anhörung im Verfahren nach § 9 BBesG (Verlust der Besoldung bei unentschuldigtem Fernbleiben vom Dienst)[3] ersetzt deshalb die disziplinarrechtliche Anhörung nicht[4]. Insgesamt ist schließlich der verfassungsrechtlich begründete Anspruch auf ein *faires* Verfahren[5] zu beachten.

### 2. Verfolgbarkeit des Beamten

105 Es muss zur Einleitung und Durchführung eines Disziplinarverfahrens eine Verfolgbarkeit des Beamten gegeben sein. Zunächst einmal muss der Betroffene ein Be-

---

1 Achtung: Einzelne Landesrechte sehen hier lediglich eine Monatsfrist vor, etwa §§ 54 Abs. 2 und 57 Abs. 2 LDG NW.
2 I.d.F. der 7. Novelle (ab 1.1.2002).
3 Die BDO kannte für den Fall des § 9 BBesG ein eigenes gerichtliches Überprüfungsverfahren bei dem Disziplinargericht durchführen, § 121 BDO. Mit der Überantwortung des Disziplinarverfahrensrechts an die VG entfällt die Notwendigkeit eines solchen herausgehobenen Verfahrens; nunmehr ist bereits unter der allgemein-beamtenrechtlichen Zuständigkeit der VG (§ 126 Abs. 1 BBG) der Rechtsweg zum VG eröffnet. Das Verfahren wird indes nicht länger als disziplinarrechtliches verstanden; § 121 BDO ist daher ersatzlos entfallen.
4 BVerwG v. 26.8.2010 – 2 B 43.10, unter Hinweis auf BVerfG v. 8.10.2009 – 2 BvR 547/08, NJW 2010, 925.
5 Hierzu BVerfG v. 14.6.2000 – 2 BvR 993/94, DVBl 2001, 118.

amter i.S. der §§ 1, 2 sein. Endet das Beamtenverhältnis – z.B. aufgrund strafgerichtlichen Urteils, § 24 BeamtStG, § 41 BBG, durch Entlassung, auch auf eigenen Antrag (§ 23 Abs. 1 Nr. 4 BeamtStG, § 33 BBG), aufgrund Rücknahme der Ernennung, § 12 BeamtStG, § 14 BBG, aber auch durch Tod), so entfällt damit zugleich die Verfolgbarkeit eines vorangegangenen Dienstvergehens. Das Verfahren wird dann eingestellt, § 32 Abs. 2 BDG. Durch den jederzeit möglichen Entlassungsantrag kann der Betroffene damit unter entsprechender anwaltlicher Beratung das gegen ihn betriebene Verfahren jederzeit zum Abbruch bringen, allerdings um den Preis von Rechtsfolgen, die denjenigen der Entfernung aus dem Beamtenverhältnis entsprechen (Verlust aller Ansprüche aus dem Beamtenverhältnis, Nachversicherung nach § 8 SGB VI). Da der eigene Entlassungsantrag auch für einen etwaigen Anspruch auf Übergangsgeld nach § 47 BeamtVG hinderlich ist, muss dieser Weg indessen stets gegen den „Zeitgewinn" des durchgeführten Disziplinarverfahrens und den dort regelmäßig auf jedenfalls ein halbes Jahr bemessenen Unterhaltsbeitrages abgewogen werden. Für den noch relativ jungen Beamten, der in ein Verfahren verwickelt ist, das voraussichtlich mit der Entfernung endet, ist dieser Weg indessen nach Aufbau alternativer Berufschancen interessant, weil er damit innerhalb der Grenzen der üblichen Verfahrensdauer den Zeitpunkt des Wechsels seiner beruflichen Perspektiven einseitig bestimmen kann.

Zur Frage und zur Wirkung von Immunität und Indemnität der Abgeordneten s. Urteil des BVerwG[1].

**Handlungsunfähigkeit oder Abwesenheit** des Beamten stehen dem Verfahren nicht entgegen; Einleitung oder Fortsetzung des Verfahrens bedarf dann aber ggf. einer **Betreuer- bzw. Pflegerbestellung**. Die dies bisher näher regelnde Bestimmung des § 19 BDO ist jedoch im Zuge der Neugestaltung des Disziplinarrechts entfallen. Daher dürfte nunmehr wie folgt zu differenzieren sein: 106

Im Verwaltungsprozessrecht ist die Grenze der Beteiligungsfähigkeit erst auf der Ebene der **Prozessfähigkeit** erreicht, die ihrerseits an die **Geschäftsfähigkeit** des bürgerlichen Rechts geknüpft ist. Liegt hiernach Prozessunfähigkeit vor, so hilft nur noch der Weg über die § 62 Abs. 4 VwGO, §§ 53, 57 ZPO.

Eine etwaige „**Verhandlungsunfähigkeit**" spielt nach Wegfall des § 19 Abs. 1 BDO und Ausklammern der Verfahrensregelungen der StPO (hier insbesondere die §§ 231 a ff. StPO) keine Rolle mehr. Auch das Recht, zu belastenden Beweismitteln Stellung zu nehmen, wird in der Regel durch den Prozesspfleger ausgeübt werden können. Eine Ausnahme gilt jedoch, wenn es jedoch um den Nachweis von Tatsachen geht, zu denen sich nur der Beamte selbst aufgrund seiner höchstpersönlichen Wahrnehmung des angeschuldigten Geschehens äußern kann: Dann wird sich sein Mitwirkungsrecht durch den bestellten Prozesspfleger vielfach nicht verwirklichen lassen, so dass der Grundsatz des fairen Verfahrens im Regelfall zu einem verfassungsrechtlich geforderten Maßnahmeverbot führen wird[2].

Im Verwaltungsverfahren kommt es stattdessen auf die (verfahrensrechtliche) **Handlungsfähigkeit** an; nach § 16 Abs. 1 Nr. 4 VwVfG fehlt diese, wenn der Verfahrensbeteiligte „infolge einer psychischen Krankheit oder körperlichen, geistigen oder seelischen Behinderung nicht in der Lage ist, in dem Verwaltungsverfahren selbst tätig zu werden" – ist dieser Fall gegeben, bedarf es einer Vertreterbestellung durch das Vormundschaftsgericht.

Bei der **Abwesenheit** ist entsprechend zu unterscheiden: 107

Im gerichtlichen Verfahren gilt: Nach § 102 Abs. 2 VwGO ist das Erscheinen einer Prozesspartei in der mündlichen Verhandlung nicht zwingende Voraussetzung für

---
1 BVerwG v. 23.4.1985 – 2 WD 42.84, BVerwGE 83, 1 ff. (8, 15).
2 BVerwG v. 24.9.2009 – 2 C 80.08, BVerwGE 135, 24 = NVwZ 2010, 719.

das Ergehen eines Urteils. Die VwGO kennt zwar kein Versäumnisurteil, aber wenn in der Ladung zuvor darauf hingewiesen wurde, kann auch in Abwesenheit verhandelt und entschieden werden. Damit verlagert sich das Problem einer etwaigen Abwesenheit des Beamten auf Fragen der wirksamen Zustellung von Disziplinarverfügung, Disziplinarklage und Ladung; kann eine wirksame Zustellung auch als Ersatzzustellung nicht durchgeführt werden, so bleibt bei unbekanntem Aufenthalt des Beamten immer noch die öffentliche Zustellung des § 15 VwZG i.V.m. § 56 Abs. 2 VwGO.

Im vorangehenden behördlichen Disziplinarverfahren wird bei einem abwesendem Verfahrensbeteiligten nach § 16 Abs. 1 Nr. 2 VwVfG vorgegangen und vom Vormundschaftsgericht ein Abwesenheitspfleger bestellt werden müssen.

108 Ein unter Verstoß gegen die vorbenannten Grundsätze ohne bestellten Betreuer bzw. Pfleger eingeleitetes Verfahren ist nicht wirksam eingeleitet und wird gem. § 32 Abs. 1 Nr. 4 BDG einzustellen sein, weil der Mangel durch nachträgliche Betreuer- bzw. Pflegerbestellung nicht heilbar ist. Der Einstellungsbeschluss kann dem Beamten wirksam zugestellt werden. Ein prozessunfähig (gewordener) Beamter bleibt aber für ein Rechtsmittel prozessfähig, mit dem er eine ihn belastende Entscheidung beseitigen will[1]. Der gerichtlich bestellte Betreuer bzw. Pfleger ist gesetzlicher Vertreter des Beamten. Prozesshandlungen können mit der eben erwähnten Ausnahme nur durch und gegen ihn eingeleitet werden; durch seine Anhörung ist dem Beamten das rechtliche Gehör gewährt[2].

### 3. Verfolgbarkeit des Dienstvergehens

#### a) Maßnahmeverbote wegen Zeitablaufs

109 Es darf bezüglich des Dienstvergehens – noch – **kein „Disziplinarmaßnahmeverbot wegen Zeitablaufs"** nach § 15 BDG eingetreten sein. Hinter dieser neuen Wortschöpfung des BDG verbirgt sich die **Verfolgungsverjährung** alten Rechts nach § 4 BDO. Nach Auffassung des Gesetzgebers[3] ist der im Strafrecht passende Begriff der Verfolgungsverjährung für das Disziplinarrecht nicht geeignet, insbesondere weil hier der Zeitablauf nicht am verwirklichten Tatbestand, sondern an hypothetischen Disziplinarmaßnahmen anknüpft, die als solche nicht verjähren können. Dennoch soll das Element des Zeitablaufs verfahrensrechtliche Berücksichtigung finden können. Nach Verstreichen einer gewissen Zeit seit Vollendung des Dienstvergehens soll eine Maßnahme nicht mehr verhängt werden dürfen. Dies macht zugleich deutlich, dass lediglich die Maßnahme verboten ist, nicht aber die Verfolgung: Der Einleitung und Durchführung eines Disziplinarverfahrens steht § 15 BDG nicht entgegen, weil zu Beginn desselben eben noch völlig ungewiss ist, welche Maßnahme denn im Ergebnis nach vollständiger Aufklärung des Sachverhalts zu verhängen wäre. Hiervon hängt aber ab, welche Maßnahmeverbotsfrist überhaupt zur Anwendung kommt. Sobald dies aber hinlänglich feststeht, wird ein laufendes Verfahren bei Eintreten eines Maßnahmeverbots abgebrochen und nach § 32 Abs. 1 Nr. 3 BDG eingestellt werden müssen.

110 § 15 BDG kennt nun Verbotsfristen von zwei, drei und sieben Jahren. Ist seit der Vollendung des Dienstvergehens eine Frist von zwei Jahren verstrichen, darf ein Verweis nicht mehr ausgesprochen werden, § 15 Abs. 1 BDG. Nach drei Jahren fallen Geldbuße und Kürzung der Dienstbezüge/des Ruhegehalts als Sanktionsmöglichkeiten weg, § 15 Abs. 2 BDG. Und gem. § 15 Abs. 3 BDG darf nach sieben Jah-

---

1 BVerwG, DokBer. 1989, 196 und DokBer. 1992, 97.
2 BVerwG, DokBer. 1992, 333.
3 RegE S. 38.

### V. Allgemeine Verfahrensvorschriften

ren auch eine Zurückstufung nicht mehr vorgenommen werden. Für die disziplinaren Höchstmaßnahmen der Entfernung aus dem Beamtenverhältnis und die Aberkennung des Ruhegehalts gibt es (wie bisher) keine Verbotsfristen; diese können den fehlsamen Beamten also unbegrenzt ereilen.

Für den Fristbeginn ist das – modifizierte – Dogma der Einheit des Dienstvergehens (s. oben Rz. 37 ff.) von großer Bedeutung; erst mit seinem zeitlich letzten Akt beginnt die Frist[1]. In der Verteidigung des Beamten wird daher nicht allein auf die möglichst günstige Sachentscheidung, sondern auch auf diesen Fristenlauf und die ihn beeinflussenden Faktoren zu achten sein. Allerdings dürfte nach dem geänderten Recht des § 15 BDG die Zahl der Fälle, in denen wegen Zeitablaufs ein Maßnahmeverbot eintritt, im Verhältnis zum früheren Recht erheblich geringer werden. Denn zu beachten sind allerdings diverse – teils auch neu geschaffene bzw. erheblich veränderte – Hemmungs- und Unterbrechungstatbestände. Für den Begriff „Hemmung" gilt § 209 BGB n.F.[2]; Unterbrechung wird i.S.d. § 217 BGB a.F. verstanden. 111

Die Fristen werden zunächst bei einem wegen desselben Sachverhalts eingeleiteten **Straf- oder Bußgeldverfahren** nach § 15 Abs. 5 Satz 2 gehemmt. Gem. § 22 Abs. 1 BDG nämlich wird bei gleichzeitig eingeleitetem Strafverfahren jedenfalls ab Anklageerhebung das Disziplinarverfahren ausgesetzt; vorrangig ist dieses zu betreiben, zumal dort regelmäßig die besseren Möglichkeiten einer Sachaufklärung bestehen. Auch bei strafrechtlichen Ermittlungsverfahren vor Anklageerhebung und bei anderen gesetzlich geordneten Verfahren kann nach § 22 Abs. 3 BDG ausgesetzt werden, wenn dort über eine Frage entschieden wird, die für das Disziplinarverfahren von wesentlicher Bedeutung ist; nach den Materialien will der Gesetzgeber hier insb. Bußgeldverfahren und verwaltungsgerichtliche Verfahren über einen Verlust der Besoldung nach § 9 BBesG wegen schuldhaften Fernbleibens vom Dienst ansprechen. In allen diesen Verfahren geht Zeit ins Land, in denen das Disziplinarverfahren nicht gefördert wird. Dann soll diese Zeit aber bei der Fristberechnung nach § 15 BDG nicht mitrechnen. 112

Bei alledem ist „Einleitung eines Strafverfahrens" kein originärer Ausdruck der StPO, meint aber einen Zeitpunkt, der zur Fristberechnung fest bestimmbar sein muss. Nach BVerwG[3] ist i.S.d. Norm ein Strafverfahren „eingeleitet", sobald die Polizei, Staatsanwaltschaft, einer ihrer Hilfsbeamten, der Strafrichter oder das Finanzamt erstmalig unzweideutig zeitlich fixierbar eine Maßnahme trifft, die erkennbar auf strafrechtliche Ermittlungen abzielt; so z.B. schon die erste polizeiliche Vernehmung. Zur zeitlichen Fixierung muss die Maßnahme mindestens durch Aktenvermerk sichtbar geworden sein. 113

Weiterhin werden die Fristläufe des § 15 Abs. 1–3 BDG für die Dauer eines etwaigen Widerspruchsverfahrens (§ 41 BDG), für die Dauer des gerichtlichen Disziplinarverfahrens (§§ 52 ff. BDG), für die Dauer einer (sonstigen) Aussetzung des Verfahrens nach § 22 BDG und für die Dauer der Mitwirkung des Personalrates gehemmt, § 15 Abs. 5 Satz 1 BDG. Nach § 78 Abs. 1 Nr. 3 BPersVG hat der Personalrat nämlich bei der beabsichtigten Erhebung der Disziplinarklage ein Mitwirkungsrecht; für die Dauer dieses Mitwirkungsverfahrens findet ebenfalls kein Fristlauf statt. Bei der Ermittlung der jeweils maßgebenden Fristabläufe ist also eine Vielzahl von Faktoren zu beachten, die im Einzelfall die glatten Jahresfristen erheblich modifizieren. 114

---

1 § 15 BDG spricht von der „Vollendung eines Dienstvergehens".
2 BVerwG v. 18.4.1968 – II D 43.67, BVerwGE 33, 145 (zu § 202 BGB a.F.).
3 BVerwG v. 18.4.1968 – II D 43.67, BVerwGE 33, 145 f.

115 Hierneben zu beachten sind gleich mehrere und wiederholte **Unterbrechungstatbestände**. § 15 Abs. 4 BDG sieht Unterbrechungen (i.S.d. § 217 BGB a.F., also mit der Folge des jeweiligen Neubeginns des gesamten Fristlaufs) vor in den Fällen
- der Einleitung oder Ausdehnung des Disziplinarverfahrens (§§ 17, 19 BDG),
- der Erhebung der Disziplinarklage (§ 52 Abs. 1 BDG) und
- der Erhebung einer Nachtrags-Disziplinarklage (§ 53 BDG)

vor. Gleichgestellt sind die Anordnung oder Ausdehnung von Ermittlungen gegen Beamte auf Widerruf oder auf Probe gem. §§ 34 Abs. 3 Satz 2, 37 Abs. 1 BBG.

116 Die Neuregelungen des § 15 BDG bringen damit sowohl in der Länge des Fristlaufs als auch im Berechnungsmodus zu Lasten des Beamten eine Reihe von merklichen Verschärfungen mit sich. Aus diesem Grunde ist auf längere Sicht auch die Regelung des Übergangsrechts belangvoll. § 85 Abs. 10 BDG hat sich hier für eine Meistbegünstigungsregel entschieden: Grds. gilt ab In-Kraft-Treten des BDG das neue Recht, es sei denn, für die Frist und ihre Berechnung ist das alte Recht (§ 4 BDO) für den Beamten günstiger.

117 Parallel zu den Fristregelungen für den Eintritt eines Maßnahmeverbotes infolge Zeitablaufs hat das BDG in § 16 die **Tilgung** neu gestaltet. Nach zwei Jahren darf ein erteilter Verweis, nach drei Jahren eine verhängte Geldbuße, eine Kürzung der Dienstbezüge oder des Ruhegehalts und nach sieben Jahren eine erfolgte Zurückstufung nicht mehr bei Personalentscheidungen berücksichtigt werden, und zwar weder im Zusammenhang mit einer etwaigen neuerlichen Disziplinarverfolgung noch bei sonstigen Maßnahmen (Verwendungsentscheidungen, Beförderungen, sonstige Auswahlentscheidungen). Es tritt nach § 16 Abs. 1 BDG ein **Verwertungsverbot** ein[1]. Sobald dieses Verwertungsverbot greift, sind die Vorgänge dann aber auch aus der Personalakte zu tilgen, § 16 Abs. 3 BDG. Konkret: Sie werden, wenn der Beamte nicht nach Belehrung auf Aufbewahrung besteht (§ 16 Abs. 3 Satz 2 BDG), aus der Akte entfernt und vernichtet.

118 Das Verwertungsverbot nach sieben Jahren im Falle der Rückstufung bedeutet indessen nicht, dass damit die Degradierung selbst gegenstandslos wird; mitnichten wird der zurückgestufte Beamte mit Fristablauf automatisch und ohne erneute Beförderung wieder in sein früheres Amt zurückkatapultiert, nur weil er mit Eintritt des Verwertungsverbotes nach sieben Jahren als von der Disziplinarmaßnahme nicht betroffen gelte. *Lemhöfer*[2], der diese Frage thematisiert hat, übersieht bei seinem pragmatischen Lösungsvorschlag allerdings den Fortbestand der eingetretenen Gestaltungswirkung der rechtskräftig verhängten Maßnahme. Der Gesetzgeber hat sich des Problems im Rahmen des DNeuG dahingehend angenommen, dass unbeschadet der Tilgung jedenfalls Rubrum und Entscheidungsformel des die Zurückstufung aussprechenden Urteils in der Akte verbleiben[3].

119 Klarstellend erstmals geregelt ist, was zu geschehen hat, wenn ein Disziplinarverfahren durchgeführt wurde, aber nicht zur Verhängung einer Maßnahme geführt hat. Schließlich kann es nicht angehen, dass nach verhängter Maßnahme nach angemessener Frist eine Tilgung des Vorganges aus der Personalakte erfolgt, im Falle der Nichterweislichkeit eines Dienstvergehens der gesamte Vorgang dagegen berufslebenslang in der Personalakte liegen bleibt. Gem. § 16 Abs. 4 BDG sind solche Vorgänge entsprechend zu tilgen, d.h. aus der Personalakte zu entfernen und zu vernichten. Die Frist hierfür beträgt drei Monate im Falle einer Einstellung des Verfah-

---

1 Zur Anwendung des günstigeren Rechts auch in Altfällen s. BVerwG v. 23.2.2005 – 1 D 13.04, ZBR 2005, 252.
2 *Lemhöfer*, RiA 2002, 53 (55).
3 § 16 Abs. 3 Satz 2, 3 BDG; hierzu BT-Drs. 16/2253 S. 13.

rens nach § 32 Abs. 1 BDG (Nichterweislichkeit eines Dienstvergehens), bei allen anderen Einstellungen zwei Jahre ab Unanfechtbarkeit der Verfügung. Wird erst gar kein Disziplinarverfahren eingeleitet, das dann eingestellt werden könnte, so beginnt die Tilgungsfrist mit dem Tag, an dem der für die Einleitung zuständige Dienstvorgesetzte hinreichende Kenntnis von den Tatsachen erlangte, die auf ein Dienstvergehen hätten hindeuten können.

Offen bleibt damit nur noch die Frage der personalaktenmäßigen Behandlung einer unterdisziplinären Missbilligung nach § 6 Satz 2 BDG; auch für diese wäre es unangemessen, sie berufslebenslang in der Akte zu belassen. Für diesen Fall verweist § 16 Abs. 5 BDG auf die Bestimmungen des Personalaktenrechts, § 90e Abs. 1 Satz 1 Nr. 2 BBG; damit ist klargestellt, dass solche Missbilligungen auf Antrag des Beamten nach drei Jahren aus der Akte getilgt werden müssen. 120

### b) Maßnahmeverbot wegen straf- oder bußgeldrechtlicher Ahndung

§ 14 BDG als Nachfolgeregelung des bisherigen § 14 BDO befasst sich mit dem Verhältnis zwischen straf- und bußgeldrechtlicher Ahndung eines Vorganges und der anschließenden disziplinarrechtlichen Würdigung. § 14 BDG bestimmt, dass einzelne Maßnahmen nicht zu verhängen sind, wenn zuvor bereits eine strafgerichtliche oder ordnungswidrigkeitenrechtliche Sanktionierung desselben Verhaltens erfolgte und dort unanfechtbar eine Strafe, eine Geldbuße oder eine sonstige Ordnungsmaßnahme verhängt[1] wurde. Gleichgestellt werden dabei – neu in dem BDG gegenüber einer offenen Streitfrage zu § 14 BDO[2] – die Fälle, in denen eine Einstellung nach § 153a StPO erfolgte und nach Erfüllung der dabei gegebenen Auflagen und Weisungen eine weitere Ahndung ausgeschlossen ist. 121

In diesen Fällen gilt:
– Verweis, Geldbuße und Kürzung des Ruhegehalts sind ausgeschlossen.
– Eine Kürzung der Dienstbezüge ist nur dann statthaft, „wenn dies zusätzlich erforderlich ist, im den Beamten zur weiteren Pflichterfüllung anzuhalten"[3].
– Für die Höchstmaßnahmen der Entfernung aus dem Beamtenverhältnis bzw. die Aberkennung des Ruhegehalts sowie für die Zurückstufung gilt keine Beschränkung.

Gegenüber § 14 BDO beinhaltet dies folgende Änderungen[4]: Das **absolute Doppelahndungsverbot**, das bisher nur für den Verweis galt, ist auf die Geldbuße und die Kürzung des Ruhegehalts ausgedehnt worden. Bei dem **relativen Doppelahndungsverbot** bei Kürzung der Dienstbezüge und Degradierung, von dem nur abgewichen werden kann, wenn ein Bedürfnis nach einer zusätzlichen Pflichtenmahnung besteht, ist auf das bisher geltende, zusätzliche Erfordernis verzichtet worden, dass die ergänzende disziplinare Ahndung „auch zur Wahrung des Ansehens des Beamtentums erforderlich" sei; es genügt also das Bedürfnis nach zusätzlicher Pflichten-

---

1 Nicht notwendig ist, dass vollstreckt wurde (Bewährung!).
2 RegE S. 38; zum bisherigen Recht (und damit überholt): BVerwG v. 24.11.1976 – 1 D 27.76, BVerwGE 53, 211; v. 9.12.1986 – D 80.86, BVerwGE 83, 268; v. 11.12.1990 – 1 D 13.90, BVerwGE 86, 379 = NJW 1991, 2583; ferner BVerwG, DokBer. 1992, 220 und DokBer. 1993, 23.
3 Art. 12b Nr. 3 DNeuG hat den Einbezug auch der Zurückstufung in diese einschränkende Voraussetzung entfallen lassen, vgl. BT-Drs. 16/10850 S. 246 i.V.m. BT-Drs. 16/2253.
4 Die materiellrechtliche Besserstellung, die § 14 BDG gegenüber der Altfassung des § 14 BDO schafft, ist auf Altfälle zu übertragen, selbst wenn dort nach den Übergangsbestimmungen des § 85 BDG weiter altes Recht anzuwenden ist, BVerwG v. 17.3.2004 – 1 D 23.03, NVwZ 2005, 96; v. 23.2.2005 – 1 D 13.04, ZBR 2005, 252.

mahnung[1]. Für die reinigenden Höchstmaßnahmen gibt § 14 BDG – wie bisher – keine Sperre.

122 Für die Anwendung des § 14 BDG muss **Sachverhaltsidentität**[2] gegeben sein. Auch wenn der disziplinare Vorwurf weiter geht als der strafrechtliche Sachverhalt – sog. **disziplinarer Überhang**– ist solche Identität dann noch gegeben (und damit eine nochmalige disziplinare Ahnung den Beschränkungen des § 14 BDG unterworfen), wenn bei der strafrechtlichen Würdigung auch die dienstrechtlichen Belange berücksichtigt wurden, wenn also z.B. bei der fahrlässigen Tötung im Falle eines Bahnunfalls die Rechtswidrigkeit des Handelns gerade aus Bahnbetriebsvorschriften entnommen wurde. Gegenbeispiel: Keine Identität besteht, wenn ein Berufskraftfahrer wegen eines Verkehrsdelikts bei einer privaten Fahrt nach dem Dienst verurteilt wird, diese aber mit dem Dienstwagen und nach vorangegangenem Alkoholgenuss im Dienst beging[3].

123 Die Rspr. sucht hier klarstellend eine Abgrenzung wie folgt: Für die Annahme der geforderten Sachverhaltsidentität wird allein auf den historischen Geschehensablauf (Tathergang) abgestellt, nicht auf die Frage einer etwa besonderen Würdigung dieses Geschehens unter disziplinarrechtlichen Gesichtspunkten. Damit liegt ein „identischer Sachverhalt" vor, wenn der gesamte historische Geschehensablauf, der Gegenstand des Disziplinarverfahrens ist und sich als einheitliches Dienstvergehen darstellt, bereits in vollem Umfang von der strafgerichtlichen Entscheidung erfasst wurde[4]. Es geht also nicht an, einen Teil-Sachverhalt, der womöglich von der strafgerichtlichen Bewertung und Sanktionierung nicht erfasst wurde, unter disziplinaren Aspekten gesondert zu erfassen; dies würde dem Sinn und Zweck des § 14 BDG als Schutzvorschrift zugunsten des Beamten widersprechen. Die Bestimmung will nämlich sicherstellen, dass bei Dienstvergehen von geringem bis mittlerem Gewicht neben einer Kriminalstrafe oder Ordnungsmaßnahme nur noch ausnahmsweise eine Disziplinarmaßnahme verhängt werden kann[5].

124 Danach kommt es wegen eines „disziplinaren Überhangs" nur dann noch ausnahmsweise zu einer zusätzlichen Disziplinarmaßnahme als ergänzende Pflichtenmahnung, wenn die Verfehlung zu der *konkreten* Befürchtung Anlass gibt, der Beamte werde trotz der verhängten straf- oder ordnungsrechtlichen Sanktion auch in Zukunft gegen seine Beamtenpflichten verstoßen[6].

125 Wenn das Dienstvergehen sich aus mehreren Pflichtverletzungen zusammensetzt, von denen mindestens eine nicht unter die Voraussetzungen des § 14 BDG fällt, dann ist die Vorschrift – insoweit – unanwendbar. § 14 BDG bleibt aber anzuwenden, wenn die in Betracht kommende Verfehlung in keinem inneren und äußeren Zusammenhang zu den übrigen das Dienstvergehen bildenden Pflichtverletzungen

---

1 Abweichend vom bisherigen Recht: BVerwG v. 17.1.1968 – II D 30.67, BVerwGE 33, 53 (57): Zwar wegen Vorbelastung Pflichtenmahnungsbedürfnis, aber keine Beeinträchtigung des Ansehens des Beamtentums bei außerdienstlicher Steuerhinterziehung durch Nichtverzollung. Ähnlich BVerwG v. 9.12.1982 – 1 D 42.82, BVerwGE 76, 43 = NJW 1983, 1440. Nach der Neufassung in § 14 BDG käme nunmehr eine Disziplinarmaßnahme sehr wohl zum Tragen!
2 Entscheidend ist der historische Geschehensablauf, BVerwG v. 20.2.2001 – 1 D 7.00, NJW 2001, 3353 = DÖV 2001, 734 = DVBl 2001 1415 (LS).
3 S. BVerwG v. 19.6.1969 – II D 8.69, BVerwGE 33, 314, aber BVerwG v. 26.6.1974 – II W D 49.73, BVerwGE 46, 274.
4 BVerwG v. 20.2.2001 – 1 D 7.00, BVerwGE 114, 50 (53), im Anschluss an BVerwG v. 26.6.1985 – 1 D 49.84, ZBR 1986, 62.
5 BVerwG v. 20.2.2001, unter Berufung auf BVerwG v. 24.4.1991 – 1 D 48.90, n.v.
6 BVerwG v. 20.2.2001 – 1 D 7.00, BVerwGE 114, 50 (55f.).

## V. Allgemeine Verfahrensvorschriften     Rz. 127   Teil 6 B

steht, also verselbständigt werden kann[1]. Dann ist auch die Verfolgbarkeit der Tat für jede Verfehlung gesondert zu prüfen. Ferner ist § 14 BDG anzuwenden, wenn sich der strafrechtlich nicht geahndete Teil als ein bedeutungsloser nachgeordneter Annex darstellt[2].

Das Erfordernis zusätzlicher Pflichtenmahnung lässt sich nicht auf durch allgemeine Merkmale bestimmte Umstände (etwa Zugehörigkeit des Täters zu einer bestimmten Personengruppe, Erfüllung sonstiger abstrakt gekennzeichneter Merkmale wie Versagen im Dienst) stützen und auch nicht allein darauf, dass der Täter im Dienst wiederholt auf die Folgen von Pflichtverletzungen konkret hingewiesen wurde[3]. Nach der jüngeren Rspr. des BVerwG ist nach erfolgter strafgerichtlicher Ahndung eine **zusätzliche Pflichtenmahnung** im Wege des Disziplinarrechts **nur ausnahmsweise** zulässig, wenn die Verfehlung zu der *konkreten* Befürchtung Anlass gibt, der Beamte werde trotz der bereits verhängten straf- oder ordnungswidrigkeitenrechtlichen Sanktion auch in Zukunft gegen seine Beamtenpflichten verstoßen[4]. Ob die Pflichtenmahnung bei **Wiederholungsgefahr**[5] geboten ist, hängt von der persönlichkeitsbezogenen zukunftsorientierten Prognose ab. Nach vier bis fünf Jahren Unbescholtenheit kann diese bei einschlägiger Vortat nicht mehr bejaht werden. Auch eine unangemessene Verfahrensverzögerung kann das Pflichtenmahnungsbedürfnis beseitigen[6]. Das Bedürfnis muss für den dienstlichen Bereich bestehen *und* muss durch konkrete Tatsachen zu belegen sein. Es genügt deshalb weder die Zugehörigkeit des Beamten zu einer bestimmten Personengruppe (Lokführer, Berufskraftfahrer) noch auch die durch dienstliche Tätigkeit und Erfahrung geprägte Sensibilisierung des Beamten[7]. Ein Strafkenntnis ist hinzunehmen, so wie es ist; eine Maßregelung darf auch unter dem Gesichtspunkt einer zusätzlichen Pflichtenmahnung nicht deshalb erfolgen, weil der Beamte beim Strafrichter „zu gut weggekommen" ist. Bei Doppelmaßregelung ist für die Bemessung der Disziplinarmaßnahme die Tatsache der vorangegangenen Strafe oder Ordnungsmaßnahme angemessen zu berücksichtigen[8].     126

Umgekehrt wird das Bedürfnis nach zusätzlicher Pflichtenmahnung stets für gegeben erachtet, wenn eigentlich eine Zurückstufung erfolgen müsste, dies aber aus     127

---

1 BVerwG v. 11.12.1990 – 1 D 13.90, BVerwGE 73, 166: Das ist nicht der Fall bei einem durch Alkohol bedingten Verkehrsunfall und durch Alkohol bedingtem vorsätzlichem Fernbleiben vom Dienst; ferner BVerwG v. 10.12.1991 – 1 D 26.91, ZBR 1992, 281 = NVwZ-RR 1992, 571. – Die gegen einen Beamten verhängte Disziplinarverfügung wegen Alkoholmissbrauchs mit dienstlichen Auswirkungen hindert nicht den (späteren) Vorwurf, durch übermäßigen Alkoholkonsum dauernde Dienstunfähigkeit herbeigeführt zu haben. OVG NW v. 28.10.1998 – 12d 534/98.O, NWVBl. 1999, 310.
2 BVerwG v. 18.4.1985 – 1 D 156.84, BVerwGE 76, 371 (Verletzung der innerdienstlichen Meldepflicht über die strafrechtlich geahndete Unfallflucht). Zur Anwendung des § 14 BDO (a.F.) nach bereits erfolgter Ahndung mit Ordnungsstrafe der ehem. DDR s. BVerwG v. 22.4.1997 – 1 D 24.96, ZBR 1998, 45 = DtZ 1997, 296.
3 So in Änderung seiner Rspr. BVerwG v. 9.12.1982 – 1 D 42.82, BVerwGE 76, 43, und seither ständig.
4 BVerwG v. 20.2.2001 – 1 D 7.00, BVerwGE 114, 50ff. = NJW 2001, 3353 (3354) = DÖV 2001, 734 = DVBl 2001, 1415 (LS).
5 Hierzu BVerwG v. 23.2.2005, 1 D 13.04, BVerwGE 123, 75 = NVwZ-RR 2006, 53.
6 *Hummel/Köhler/Mayer*, § 14 Rz. 26.
7 So unter Aufgabe seiner bisher vertretenen sog. Sensibilisierungstheorie BayVGH, BayVBl. 1993, 83, für die erstmalige außerdienstliche Trunkenheitsfahrt eines Polizeivollzugsbeamten, der mit der Bearbeitung von Verkehrsunfällen befasst war; die eingehende Begründung aufgrund eines Gutachtens geht dahin, dass die dienstliche Tätigkeit durchaus auch Abstumpfung begründen kann und andere Umstände, im besonderen das eigene Erleben, viel prägender sind. I. S. dieser jetzt überholten Rspr. des BayVGH noch *Claussen/Janzen*, 8. Aufl., § 14 Rz. 5f.
8 S. dazu BVerfG v. 29.10.1969 – 2 BvR 545/68, BVerfGE 27, 180 = NJW 1970, 507.

laufbahnrechtlichen Gründen nicht möglich ist[1], etwa weil sich der Beamte noch im Eingangsamt seiner Laufbahn befindet. In diesem Fall kommt es auf eine Wiederholungsgefahr nicht an. Ob sich diese Rechtsprechung, die bei einem Beamten im aktiven Dienst entwickelt worden ist, auf Ruheständler übertragen lässt, bei denen eine Zurückstufung wegen § 5 Abs. 2 BDG ausscheidet, muss indes für zweifelhaft erachtet werden, weil dort der Gesichtspunkt der Pflichtenmahnung für künftiges dienstliches Verhalten keine Rolle mehr spielen kann[2].

128 Selbstverständlich scheidet aufgrund der Bindungswirkungen des strafgerichtlichen Urteils eine disziplinare Ahndung eines Verhaltens auch dann aus, wenn der Beamte dort oder im Bußgeldverfahren rechtskräftig freigesprochen ist, § 14 Abs. 2 BDG, es sei denn, das Verhalten stellt ein Dienstvergehen dar, ohne den Tatbestand einer Straf- oder Bußgeldvorschrift zu erfüllen. Die Regelung entspricht dem bisherigen § 17 Abs. 5 BDO, ist aber durch die Neuregelung in einen treffenderen systematischen Zusammenhang mit den Maßnahmeverboten gebracht worden.

## VI. Das behördliche Disziplinarverfahren

### 1. Die Einleitung des Disziplinarverfahrens

129 Liegen *zureichende tatsächliche Anhaltspunkte* vor, *die die Annahme eines Dienstvergehens rechtfertigen*, so *muss* der Dienstvorgesetzte ein Disziplinarverfahren einleiten – Legalitätsprinzip! –, § 17 Abs. 1 BDG. § 26 BDO stellte sprachlich schlichter auf das Bekanntwerden von „Tatsachen" ab. Die Neuformulierung soll keine inhaltliche Änderung zur Folge haben, aber deutlich machen, dass ein hinlänglich *konkreter* Anfangsverdacht bestehen muss und bloße Vermutungen nicht ausreichen[3]. Um bis zu dieser Ebene der Konkretheit vorzudringen, sind – wie bisher – „Verwaltungsermittlungen" zulässig[4].

130 Die Fassung des ursprünglichen Gesetzentwurfs („... hat einzuleiten") ist in den Ausschussberatungen dahingehend präzisiert worden, dass ausdrücklich eine entsprechende *Dienstpflicht* des Vorgesetzten statuiert wurde[5]. Gleichzeitig wurden der höhere Dienstvorgesetzte und die oberste Dienstbehörde weitergehend in die Pflicht genommen, im Rahmen der *Aufsicht* dafür Sorge zu tragen, dass der jeweilige Dienstvorgesetzte dieser Verpflichtung auch tatsächlich nachkommt; sie können das Disziplinarverfahren jederzeit an sich ziehen. Gewiss ist diese verschärfende Änderung aus dem Bemühen erwachsen, den Wegfall des Bundesdisziplinaranwalts als derjenigen Institution zu kompensieren, die nach altem Recht für die Beachtung des Legalitätsprinzips Sorge tragen sollte und daher das Recht hatte, in gravierenden Fällen die Einleitung eines förmlichen Disziplinarverfahrens zu fordern (§ 39 BDO)[6].

131 Trotz zureichender Anhaltspunkte wird ein Disziplinarverfahren nur in zwei Fällen *nicht* eingeleitet, nämlich dann, wenn erkennbar ein Maßnahmeverbot nach § 15 BDG (Zeitablauf, „Verjährung") oder ein solches nach § 14 BDG (Doppelahnungsverbot) zum Tragen kommen würde, § 17 Abs. 2 BDG; hierzu die vorstehenden Ausführungen Rz. 95 ff.; 106 ff. Unterbleibt die Einleitung eines Disziplinarverfah-

---

1 BVerwG v. 19.8.2010 – 2 C 13.10, NVwZ 2011, 299.
2 Insoweit in BVerwG v. 10.1.2007 – 1 D 15.05, ZBR 2009, 160, unentschieden.
3 RegE S. 39.
4 RegE S. 39.
5 BT-Drs. 14/5529 S. 14. Eine Begründung für die verschärfende Formulierung fehlt indessen (a.a.O., S. 62).
6 Daher kritisch hierzu *Müller-Eising*, NJW 2001, 3587 f.

rens im Hinblick auf § 17 Abs. 2 BDG i.V.m. § 14 oder § 15 BDG, so sind die Gründe hierfür aktenkundig zu machen und dem Beamten bekannt zu geben. Ein Absehen von der Verfahrenseinleitung wegen Geringfügigkeit ist nicht vorgesehen (s. oben Rz. 32).

Ob die Voraussetzungen der §§ 14, 15 BDG vorliegen, ist allerdings nur in den seltensten Fällen von vornherein absehbar. Für § 15 BDG müsste feststehen, welche Maßnahme im Ergebnis angezeigt sein würde, und auch für § 14 BDG stellte sich letztlich dieselbe Frage. Dies lässt sich aber nur dann zuverlässig beurteilen, wenn zuvor der Sachverhalt geklärt ist. Eben diese Klärung soll aber erst das Disziplinarverfahren bewirken, über dessen Einleitung zu befinden ist. Deswegen wird regelmäßig auch dann, wenn Gründe der §§ 14, 15 BDG in Betracht kommen, das Verfahren selbst einzuleiten sein, auch auf die Gefahr, es womöglich in der Folge gem. § 32 Abs. 1 Nr. 3 BDG wieder einstellen zu müssen[1]. 132

Ist hiernach ein Disziplinarverfahren einzuleiten, so muss dies nach § 17 Abs. 1 Satz 3 BDG *aktenkundig* gemacht werden. Die Einleitung ist damit nicht ohne weiteres zwangsläufig als eine dem Beamten zuzustellende „Einleitungsverfügung" zu begreifen, auch wenn in der Praxis regelmäßig eine solche ergehen wird. Denn die „Einleitung" muss keineswegs schon mit einer Unterrichtung des Beamten einhergehen; der Betroffene ist nach § 20 Abs. 1 BDG zwar über die erfolgte Einleitung unverzüglich zu informieren, aber erst dann, wenn es möglich ist, ohne die Aufklärung des Sachverhalts zu gefährden. Somit kann die Einleitung im Einzelfall auch erheblich früher liegen als die dann gebotene Unterrichtung. Für die Verjährungsunterbrechung, aber auch für eine etwaige Fristsetzung nach § 62 BDG ist aber bereits auf die „Einleitung" abzustellen, § 15 Abs. 4 BDG. Daher muss die „Einleitung" unabhängig von der Benachrichtigung des betroffenen Beamten gesehen werden. 133

Gleichwohl muss der Einleitungsvermerk formell wie inhaltlich eindeutig sein, denn er definiert den Gegenstand der Untersuchung; i.V.m. der – ggf. zeitlich abgesetzten – Unterrichtung des Beamten nach § 20 BDG umreißt er abschließend und verbindlich, was dem Beamten vorgeworfen wird. Eine Ausdehnung auf weitere Sachverhalte ist nur unter den Kriterien des § 19 Abs. 1 BDG oder unter Wahrung des modifizierten Grundsatzes der Einheit des Dienstvergehens durch Einleitung eines gesonderten, neuen Disziplinarverfahrens statthaft. Insoweit dient die Bestimmung auch dem Schutz des Beamten[2]. 134

Wie nach bisherigem Recht kennt auch das BDG neben der Verfahrenseinleitung durch den Dienstvorgesetzten die Einleitung auf Antrag des Beamten, § 18 BDG. Jeder Beamte kann die Einleitung eines **Verfahrens gegen sich selbst** beantragen, um sich von dem Verdacht eines Dienstvergehens zu reinigen. Der Beamte wird diesen Schritt indessen typischerweise nur dann gehen, wenn er zumindest subjektiv davon überzeugt ist, *keine* Dienstpflichtverletzung begangen zu haben. Er wird den Antrag also stellen in der sicheren Erwartung, dass er sogleich abgelehnt werde, denn diese Ablehnung dokumentiert zugleich zu seiner Entlastung, dass der Dienstherr keinerlei Verdacht gegen ihn hege. Gem. § 18 Abs. 2 BDG darf der Antrag nämlich nur dann abgelehnt werden, wenn *keine zureichenden Anhaltspunkte* für den Verdacht eines Dienstvergehens vorliegen. Alternativ – bei ungeklärter Sachlage und Beweisabhängigkeit des Ergebnisses – muss sorgfältig abgewogen werden: Wird das Verfahren auf Antrag des Beamten eingeleitet, weil die erforderliche Offenkundigkeit für eine Entscheidung nach § 18 Abs. 2 BDG nicht vorliegt, so ist das Ergebnis offen. Erweist sich die Unschuld des Beamten und das Nichtzutreffen der im Raume stehenden Verdachtsmerkmale, so kommt es erwartungsgemäß zur Einstellung des Verfahrens, richtigerweise nach § 32 Abs. 1 Nr. 1 BDG; die Kosten 135

---
1 RegE S. 39.
2 BVerwG v. 18.11.2008, 2 B 63.08, NVwZ 2009, 399.

des Verfahrens trägt der Dienstherr (§ 37 Abs. 2, 4 BDG). Kommt es aber zu dem sicherlich anfangs unerwarteten Ergebnis, dass doch ein Dienstvergehen vorliege, so wird hierfür regelmäßig auch eine Sanktion – dies dann natürlich auch mit der Kostenfolge des § 37 Abs. 1, Abs. 4 Satz 3 BDG – zu verhängen sein. Der Umstand, dass sich der Beamte mit seinem Antrag gewissermaßen selbst „gestellt" hat, kann dann nur bei der Maßnahmebemessung berücksichtigt werden.

136 Während des behördlichen Disziplinarverfahrens kann dieses im Übrigen, wenn sich entsprechende Anhaltspunkte ergeben, jederzeit auf neue Handlungen ausgedehnt werden, die den Verdacht eines Dienstvergehens rechtfertigen. Diese **Ausdehnung** ist wie die ursprüngliche Einleitung aktenkundig zu machen, § 19 Abs. 1 BDG. Umgekehrt kann jederzeit bis zum Ergehen einer abschließenden Entscheidung im behördlichen Disziplinarverfahren – dann einschließlich eines etwaigen Widerspruchsverfahrens – eine **Beschränkung** der Untersuchung hinsichtlich solcher Handlungen und Verhaltensweisen des Beamten verfügt werden, die hinsichtlich Art und Höhe der zu erwartenden Disziplinarmaßnahme nicht ins Gewicht fallen, § 19 Abs. 2 BDG. Eine solche Beschränkung, die wiederum aktenkundig gemacht werden muss, ist im Ergebnis endgültig, wenn nicht die Voraussetzungen der Beschränkung nachträglich entfallen und deswegen diese Vorgänge wieder einbezogen werden; endet das Verfahren im Übrigen mit Einstellung oder Abweisung der Disziplinarklage, so kann nicht nachträglich auf einen ausgeschiedenen Teilkomplex wieder zurückgegriffen werden.

**2. Anhörung des Beamten**

137 Wie dargelegt, geht die Einleitung des Disziplinarverfahrens nach § 17 Abs. 1 BDG keineswegs zwangsläufig damit einher, dass der betroffene Beamte hiervon auch weiß. § 20 Abs. 1 Satz 1 BDG macht es daher unabhängig von der Einleitung dem Dienstvorgesetzten zur Pflicht, den Beamten *unverzüglich* (ohne schuldhaftes Zögern, vgl. § 121 Abs. 1 BGB) über die Einleitung zu unterrichten, sobald dies möglich ist, ohne die Aufklärung des Sachverhaltes zu gefährden. In der Beurteilung, wann dies der Fall ist, wird die Grenze nicht erst bei Annahme einer Verdunkelungsgefahr i.S.d. § 112 Abs. 2 Nr. 3 StPO gesehen werden können; andererseits reichen entfernt liegende Möglichkeiten der Gefährdung nicht aus, den Beamten weiter über die Anhängigkeit eines Disziplinarverfahrens im Unklaren zu lassen[1] – dies gebieten bereits der Grundsatz des rechtlichen Gehörs und das Gebot eines fairen Verfahrens.

138 Mit der Unterrichtung ist der Beamte darüber aufzuklären, welches Dienstvergehen ihm zur Last gelegt werde. Er muss darauf hingewiesen werden, dass es ihm freistehe, mündlich, schriftlich oder überhaupt nicht zur Sache auszusagen, und dass es ihm freistehe, sich jederzeit eines Bevollmächtigten oder Beistandes zu bedienen. Diese Belehrung ist zwingend; wird hiergegen verstoßen, so darf die Aussage des Beamten nicht zu seinem Nachteil verwendet werden, § 20 Abs. 3 BDG[2]. Der Beamte kann sich einlassen, er muss dies aber nicht. Er muss zu Anhörungen nicht einmal erscheinen. Er benötigt für seine etwaige Aussage keiner Aussagegenehmigung

---

1 Vgl. *Claussen/Janzen*, 8. Aufl., § 26 BDO Rz. 16.
2 Diese Regelung ist neu gegenüber der BDO: Das Verwertungsverbot ist ganz bewusst eingeführt worden, vgl. RegE S. 40. Zum bisherigen Recht s. BGH v. 9.4.1997 – 3 StR 2/97, NJW 1997, 2893, unter Hinweis auf BGH v. 27.2.1992 – 5 StR 190/91, BGHSt 38, 214; v. 12.10.1993 – 1 StR 475/93, BGHSt 39, 349; v. 12.1.1996 – 5 StR 756/94, BGHSt 42, 15 (22 f.): Hiernach muss der Beamte nach den Grundsätzen des Strafverfahrensrechts über seine Aussagefreiheit und die Unverwertbarkeit einer Einlassung bei unterbliebener Belehrung jedenfalls dann unterrichtet werden, wenn der disziplinarrechtliche Vorwurf zugleich ein mit Strafe bedrohtes Verhalten darstellt und es um die künftige Verwertung seiner Einlassung im Strafprozess geht.

VI. Das behördliche Disziplinarverfahren    Rz. 141 Teil 6 B

nach §§ 61 f. BBG. Wenn er aber aussagt, besteht Wahrheitspflicht, deren Verletzung als Disziplinarvergehen angesehen wird[1].

Im Interesse einer Beschleunigung des Verfahrens sieht § 20 Abs. 2 BDG für die dem Beamten einzuräumende Möglichkeit der Stellungnahme **Fristen** vor: Eine etwaige schriftliche Einlassung ist binnen **Monatsfrist** gefordert; will sich der Beamte mündlich äußern, so muss er dies innerhalb von **zwei Wochen** mitteilen; in diesem Falle muss die Anhörung dann innerhalb von **drei Wochen** ab Eingang der Mitteilung stattfinden. Die Fristen sind auf rechtzeitigen Antrag zu verlängern und der angesetzte Anhörungstermin zu verlegen, wenn der Beamte aus zwingenden Gründen gehindert ist, sie einzuhalten; er ist dann erneut zu einem Anhörungstermin zu laden. Sämtliche Fristsetzungen und Ladungen sind *zuzustellen* (s. oben Rz. 99). Unbeschadet dieser Fristen kann sich der Beamte allerdings im Disziplinarverfahren jederzeit äußern; dies gebieten bereits die Grundsätze des rechtlichen Gehörs und des fairen Verfahrens.

139

### 3. Ermittlungen

Wesentliche Funktion des behördlichen Disziplinarverfahrens ist, den entscheidungsrelevanten Sachverhalt zu ermitteln. Dazu gehört natürlich in erster Linie, den Tatherhang aufzuklären, also den objektiven Sachverhalt dessen, was geschehen ist oder pflichtwidrig unterlassen wurde und woran sich der Vorwurf einer Dienstpflichtverletzung anknüpfen könnte. Doch dabei bewendet es keineswegs. Zu ermitteln sind nach § 21 Abs. 1 BDG *alle belastenden und entlastenden Umstände* sowie weiterhin all' das, was für die *Bemessung einer Disziplinarmaßnahme* bedeutsam ist. Dies ist umfassend zu verstehen. Kommt es z.B. nach Durchführung des behördlichen Disziplinarverfahrens wegen der Schwere der erhobenen Vorwürfe zur Erhebung der Disziplinarklage, so ist aus § 52 Abs. 1 BDG abzulesen, was dort vorgetragen werden muss – dies alles muss damit zwangsläufig Gegenstand der vorangegangenen Ermittlungen sein:
– der persönliche und berufliche Werdegang des Beamten
– die Tatsachen, in denen ein Dienstvergehen gesehen wird, sowie
– die Tatsachen, die „für die Entscheidung bedeutsam sind".

140

Das BDG regelt nicht, *wie* diese Ermittlungen durchzuführen sind, und auch nicht, *wer* dies zu tun hat. Der grundlegende Systemwechsel von einem strafrechtsähnlichen Ermittlungsverfahren in Anlehnung an die StPO hin zum Verfahrensrecht des VwVfG bewirkt in diesem Punkt erheblich mehr Gestaltungsfreiheiten. Nach Regierungsentwurf sollen die „Ermittlungen", soweit nicht einzelne Bestimmungen des BDG konkrete Regelungen treffen wie etwa für die Beweisaufnahme, §§ 24–29 BDG, nach den „allgemeinen Regeln des Verwaltungshandelns" durchgeführt werden[2]. Dabei ist zunächst an die Grundregel des VwVfG zu denken, wonach Verwaltungsverfahren „einfach und zweckmäßig" durchgeführt werden sollen (§ 10 Satz 2 VwVfG) und auf eine Bindung an bestimmte Formen verzichtet wird, soweit nicht Rechtsvorschriften bestimmte Formalien erzwingen (§ 10 Satz 1 VwVfG). Dies eröffnet deutliche Handlungsspielräume, insbesondere hinsichtlich aller derjenigen zu ermittelnden Umstände, die einer Beweisaufnahme nicht bedürfen[3], beispiels-

141

---

1 BVerwG v. 27.4.1973 – 1 D 15.72, BVerwGE 46, 116. Für das gerichtliche Verfahren nicht zweifelsfrei.
2 RegE S. 41.
3 Nur die „erforderlichen" Beweise sind zu erheben, § 24 Abs. 1 BDG. Beweisbedürftig sind nur diejenigen (nicht offenkundigen) Tatsachen, die für die Beurteilung des Dienstvergehens und die letztlich zu treffende Entscheidung einschließlich der Bemessung einer etwaigen Maßnahme *erheblich* – i.S. von noch nicht bewiesen – sind (*Claussen/Janzen*, 8. Aufl., § 58 BDO Rz. 2 b).

Baden | 1373

weise weil sie bereits bewiesen sind. Denn nur für die Beweiserhebung selbst gelten die besonderen (auch: Form-)Vorschriften der §§ 24 ff. BDG. Die notwendigen Angaben zum persönlichen und beruflichen Werdegang des Beamten z.b. werden hiernach unproblematisch der Personalakte und ggfs. ergänzenden Angaben des Beamten entnommen werden können, ohne hierüber eine förmliche Beweiserhebung vorzunehmen. Ebenso können z.b. bei dem Vorwurf, Falschabrechnungen von Reisekosten vorgenommen zu haben, die Abrechnungsbelege als Augenscheinsobjekte beigezogen werden, ohne dass dies gleich eine Beweisaufnahme darstellen müsste.

142 Diese Freiheit in der Gestaltung des Verfahrens betrifft auch die personelle Komponente: Im Vergleich zur BDO fällt auf, dass das BDG nur in passiver Form davon spricht, dass „die erforderlichen Ermittlungen durchzuführen sind", nicht aber regelt, *wer* denn dies zu übernehmen hat. Das BDG hat gegenüber dem förmlichen Disziplinarverfahren bisherigen Rechts insbesondere auf die Institution eines unabhängigen Untersuchungsführers, § 56 Abs. 2 u. 3 BDO, verzichtet. Diese Institution stamme, so die Begründung, aus einer Zeit, „als die heute selbstverständlichen rechtsstaatlichen Garantien vor allem des gerichtlichen Disziplinarverfahrens noch keineswegs gewährleistet waren"[1]; unter geänderten, insbesondere durch rechtsstaatliche Garantien gewährleisteten Verhältnissen soll hierauf verzichtet werden können. Damit bleibt indessen zunächst einmal offen, *wer* die zur Aufklärung des Sachverhalts erforderlichen Ermittlungen durchführen soll. Originär obliegt dies dem zur Einleitung des Verfahrens berufenen „Dienstvorgesetzten", § 17 Abs. 1 BDG, der eine solche Aufgabe aber kaum persönlich übernehmen kann und wird. Praktisch wird daher weiterhin ein Ermittlungsführer zu bestellen sein, der die Ermittlungen – tunlichst in eigener Person – durchführt und koordiniert.

143 Die Neuregelung soll – so der Regierungsentwurf – „den Dienstvorgesetzten eine flexible, der beschleunigten Durchführung der Disziplinarverfahren dienliche Handhabung" ermöglichen[2]. Eine einzelfallbezogene Auswahl geeigneter Ermittlungs-Personen ist hiermit ebenso eröffnet wie die Einrichtung fester Dienstposten, deren Inhaber sämtliche in ihren Geschäftsbereich fallenden Ermittlungen zu übernehmen haben. Auch die Erteilung des Ermittlungsauftrages an mehrere Mitarbeiter, insb. in Großverfahren, soll möglich sein. Und schließlich wurde an die privatisierten Unternehmen (Bahn, Post, Telekom usw.) gedacht: Die Neuregelung soll es auch ermöglichen, die Unternehmen selbst mit den notwenigen Ermittlungen zu betrauen, ohne dass es (wie bei Post und Telekom gegeben) auf deren eigene Dienstherrenfähigkeit und übertragene Disziplinarbefugnisse ankäme.

144 Ein solcher „Ermittlungsführer" neuen Rechts – gleich wie die organisatorische Einbildung vorgenommen wird – könnte sich allerdings auf die bisherige Weisungsunabhängigkeit des Untersuchungsführers (§ 56 Abs. 3 BDO) nicht mehr berufen; es entfällt weiterhin die nicht unwesentliche Verfahrensgarantie, dass zum Untersuchungsführer bisherigen Rechts (im Gegensatz zum Vorermittlungsführer) nur Beamte mit Befähigung zum Richteramt, also Volljuristen, bestellt werden konnten[3]. Künftig ist – auf den Punkt gebracht – der Behörde bzw. dem „Dienstvorgesetzten" des § 17 Abs. 1 BDG völlig frei gestellt, wie und durch wen er die notwendigen Erhebungen vornehmen lässt. Damit ist ungünstigenfalls eine Zerfaserung der Ermittlungen und Ermittlungsansätze zu besorgen, während die möglicherweise lenkende, koordinierende und zusammenfassende Person innerdienstlich im Dunkeln bleibt. Der Beamte wird daher, wenn nicht sinnvollerweise wie bisher konkret und namentlich ein einzelner Bediensteter mit den Untersuchungen beauftragt oder ein eigenständiger Dienstposten eines „ständigen" Ermittlungsführers geschaffen

---

1 RegE S. 33.
2 RegE S. 41.
3 Daher kritisch hierzu *Müller-Eising*, NJW 2001, 3587 (3589).

## VI. Das behördliche Disziplinarverfahren

wird, ggf. auf Schwierigkeiten treffen, einen Ansprechpartner zu finden. Insoweit dürfte sich der Verzicht auf die Figur eines Untersuchungsführers, sei dieser nun weisungsabhängig oder nicht, eher nachteilig auswirken und ungünstigenfalls den Rechtsschutz beeinträchtigen[1]. Ganz praktische Folge dessen ist, dass der Beamte im Rahmen seines Schlussgehörs (§ 30 BDG) häufig einen Ermittlungsbericht („wesentliches Ergebnis der Ermittlungen" i.S.d. vormaligen Terminologie der BDO) erhält, der vom Ermittlungsführer bereits mit dem hernach entscheidenden Dienstvorgesetzten abgestimmt ist.

### 4. Beweiserhebungen

Die Beweiserhebung hat sich auf alle (noch) beweisbedürftigen Tatsachen zu erstrecken, die für die Beurteilung des Disziplinarvergehens und für die in Betracht kommende Disziplinarmaßnahme, von Bedeutung sein können. Das hierfür geltende Beweisrecht ist in der BDO nur marginal ausgeprägt gewesen (§§ 21 f., 58 ff. BDO) und folgte im Wesentlichen kraft der Generalverweisung des § 25 BDO dem Beweisrecht der StPO. Die Neuregelungen des BDG sind hier wesentlich detaillierter. Im Ergebnis wird ein eigenständiges Beweisrecht gebildet, das Elemente der StPO einerseits und des Verwaltungsverfahrensrechts andererseits miteinander vereinigt. Gesetzessystematisch sind vorrangig die Bestimmungen des BDG selbst zu beachten; fehlt es dort an Detailregelungen, ist hierneben auf VwVfG und VwGO zurückzugreifen (§ 3 BDG). StPO-Bestimmungen kommen nur (noch) dort zur Anwendung, wo im Einzelfall hierauf explizit Bezug genommen wurde (z.B. § 25 Abs. 1 BDG für Zeugnisverweigerungsrechte, § 27 BDO für Durchsuchungen und Beschlagnahmen, § 28 BDG, § 168a StPO für das Protokoll).

145

Explizit als Beweismittel nennt § 24 Abs. 1 BDG

146

– (schriftliche) dienstliche Auskünfte,
– Zeugen,
– Sachverständige,
– Urkunden und Akten sowie die
– Einnahme des Augenscheins.

Diese Aufzählung ist indes nicht abschließend gemeint. Allerdings ist die in der BDO geregelt gewesene einzige Zwangsmaßnahme gegen den Beamten, die Untersuchung über seinen Geisteszustand durch Aufnahme und Untersuchung in einem psychiatrischen Krankenhaus auch gegen den Willen des Beamten (§ 60 BDO), nicht in das BDG übernommen worden.

Es besteht Zeugnispflicht, § 25 Abs. 1 Satz 1 BDG: Zeugen müssen im behördlichen Disziplinarverfahren auf entsprechende Ladung hin erscheinen und aussagen, soweit sie sich nicht auf ein Zeugnis- oder Aussageverweigerungsrecht berufen können. Entsprechend sind Sachverständige zur Erstattung eines Gutachtens verpflichtet. Im Übrigen gelten für den **Zeugen- und Sachverständigenbeweis** die Bestimmungen des § 65 VwVfG[2], allerdings mit der Maßgabe, dass beim Zeugenbeweis nicht die zivilprozessrechtlichen Regelungen über die näheren Einzelheiten der Pflicht zur Aussage, also i.W. über Zeugnis-, Aussage- und Auskunftsverweigerungsrechte, über die Besonderheiten bei der Vernehmung von Angehörigen des öffentlichen Dienstes (z.B. Erfordernis einer Aussagegenehmigung) sowie beim Sachverständigenbeweis über die Pflicht, ein Gutachten zu erstatten, sowie über die Ablehnung eines Sachverständigen maßgeblich sind, sondern diejenigen der StPO

147

---
1 Kritisch hierzu auch *Urban*, NVwZ 2001, 1335 (1337).
2 Vgl. RegE S. 42.

(§ 25 Abs. 1 Satz 2, Abs. 2 BDG); damit wird auf die §§ 49–57, 70, 72, 74–77 StPO verwiesen. Eidliche Vernehmungen, die bisher der Untersuchungsführer vornehmen durfte, wenn dies zur Sicherung des Beweises erforderlich erschien (§ 58 Satz 1 BDO) scheiden nach BDG aus. Nachdem durch den Wegfall des Untersuchungsführers nicht mehr sichergestellt ist, dass die Ermittlungen durch einen Volljuristen geführt werden, bleibt nur der Weg über § 65 Abs. 3 VwVfG (Antrag der Behörde an das zuständige Gericht, eine eidliche Vernehmung vorzunehmen). Auch die Zwangsrechte der §§ 51, 77 StPO zur Durchsetzung der Zeugnis- und Gutachtenspflicht sind nach § 25 Abs. 2 BDG dem zuständigen Gericht vorbehalten, das im Bedarfsfalle angegangen werden muss; das entsprechende Ersuchen ist dem Dienstvorgesetzten, seinem allgemeinen Vertreter oder einem beauftragten Beschäftigten, der die Befähigung zum Richteramt haben muss, vorbehalten. Der Gesetzgeber hat hier bewusst entschieden, dass die Gesamtheit der weitergehenden Befugnisse des früheren Untersuchungsführers „dem Dienstvorgesetzten bzw. dem Ermittlungsführer nicht ohne weiteres eingeräumt werden können und eingeräumt werden sollen"[1].

148 An den Vernehmungen von Zeugen und Sachverständigen sowie der Einnahme des Augenscheins darf der Beamte teilnehmen; es besteht Parteiöffentlichkeit. Er ist befugt, sachdienliche Fragen zu stellen, § 24 Abs. 4 Satz 1 BDG. Dieses Recht auf Beweisteilhabe kann auch nicht dadurch umgangen werden, dass Belastungszeugen bereits vor der förmlichen Einleitung des Disziplinarverfahrens gehört werden: In diesem Falle ist die Beweisaufnahme zu wiederholen[2]. Entsprechend ist dem Beamten ein schriftliches Gutachten zugänglich zu machen, § 24 Abs. 4 Satz 3 BDG. Die entsprechenden Befugnisse sind seinem Beistand oder Bevollmächtigten (§ 20 Abs. 1 Satz 3 BDG)[3] zuzugestehen. Dies ist zwingender Ausfluss der §§ 3 BDG, 14 VwVfG. Das entspricht der im bisherigen Untersuchungsverfahren geltenden Regelung des § 40 Abs. 1 BDO und beseitigt die bisweilen störende Beschränkung der Verteidigungsrechte im Vorermittlungsverfahren, wo erst ab der abschließenden Anhörung des Beamten ein Anwesenheitsrecht des Verteidigers bei Anhörungen des Beamten, noch nicht einmal ausdrücklich auch bei etwa nachfolgenden weiteren Beweiserhebungen gewährleistet (§ 26 Abs. 4 Satz 4 BDO) und der Anwalt auf eine positive Ermessensentscheidung des Vorermittlungsführers angewiesen war.

149 Von der Teilnahme an Beweiserhebungen kann der Beamte nur ausgeschlossen werden, wenn dies „aus wichtigen Gründen, insbesondere mit Rücksicht auf den Zweck der Ermittlungen oder zum Schutz der Rechte Dritter" erforderlich ist, § 24 Abs. 4 Satz 2 BDG; das schriftliche Gutachten kann ihm aus „zwingenden Gründen" vorenthalten werden, § 24 Abs. 4 Satz 3 BDG. Dabei ist stets zu beachten, dass ein in der Person des Beamten liegender Grund zur Ausschließung keineswegs auch den Verteidiger ausschließen muss; solches erforderte insbesondere dann, wenn ein Rechtsanwalt zum Bevollmächtigten bestellt ist, im Hinblick auf dessen Funktion als unabhängiges Organ der Rechtspflege (§ 1 BRAO) eine eigenständige und weitergehende Begründung.

150 **Urkunden und Akten** können auch zu Beweiszwecken in recht weitgehendem Umfang beigezogen werden. Für behördliche Sachakten wird dies unbegrenzt gelten. Darüber hinaus hat der Beamte selbst auf Verlangen **Schriftstücke, Zeichnungen, bildliche Darstellungen und Aufzeichnungen**, soweit sie einen dienstlichen Bezug haben, für das Disziplinarverfahren zur Verfügung zu stellen, § 26 BDG. Im Weige-

---

1 RegE S. 42.
2 BVerwG v. 27.1.2011 – 2 A 5.09, DokBer B 2011, 169 = DÖV 2011, 655 (L.).
3 VwGO und VwVfG kennen keine „Verteidiger", sondern sprechen von „Bevollmächtigten und Beiständen". Daher ändert sich die Terminologie (RegE S. 40).

## VI. Das behördliche Disziplinarverfahren

rungsfalle entscheidet das Gericht, das die Herausgabe anordnen und durch Zwangsgelder durchsetzen kann. Die Antragsbefugnis hierfür ist wiederum dem Dienstvorgesetzten, seinem allgemeinen Vertreter oder einem beauftragten Beschäftigten, der die Befähigung zum Richteramt haben muss, vorbehalten. **Personalakten** und andere **Behördenunterlagen mit personenbezogenen Daten** können auch gegen den Willen des betroffenen Beamten[1] beigezogen werden, ja sogar entsprechende Unterlagen über dritte Personen[2], wenn und soweit die Durchführung des Disziplinarverfahrens dies erfordert und überwiegende Belange des Beamten, anderer Betroffener oder der ersuchten Stellen nicht entgegenstehen, § 29 Abs. 1 BDG. Unter den gleichen Einschränkungen sollen auch Mitteilungen über Disziplinarverfahren, über Tatsachen aus diesen Disziplinarverfahren und über Entscheidungen der Disziplinarorgane sowie Aktenübersendungen dienststellenintern und -übergreifend statthaft sein, wenn und soweit dies für das Disziplinarverfahren selbst, aber auch darüber hinaus für Entscheidungen über die künftige Übertragung von Aufgaben oder Ämtern erforderlich ist, schließlich sogar – tatbestandlich völlig unbestimmt –"im Einzelfall aus besonderen dienstlichen Gründen". Für Informationen, die wegen Eintritt eines Verwertungsverbots nach § 16 Abs. 1 BDG nicht mehr berücksichtigt werden dürfen und gem. § 16 Abs. 3 BDG der Vernichtung unterfallen, wird dies freilich nicht (mehr) gelten.

**Beschlagnahmen und Durchsuchungen** sind im Disziplinarverfahren nur auf Beschluss des VG möglich, wenn der Beamte des ihm zur Last gelegten Dienstvergehens dringend verdächtig ist und dies zu der Bedeutung der Sache und der zu erwartenden Disziplinarmaßnahme nicht außer Verhältnis steht, § 27 Abs. 1 BDG[3]. Auch hier ist die Antragsbefugnis dem Dienstvorgesetzten, seinem allgemeinen Vertreter oder einem beauftragten Beschäftigten, der die Befähigung zum Richteramt haben muss, vorbehalten. Mit der Durchführung sind die nach der StPO dazu berufenen Behörden – konkret also regelmäßig die Polizei – zu betrauen. – Die Regelung geht auf eine Anregung des Bundesrates zurück, der einer Verlagerung von Beweismitteln aus dem dienstlichen in den privaten Bereich sowie der Dienstverrichtung im privaten Umfeld (Telearbeitsplätze, Lehrer) begegnen sowie insbesondere einer effektiveren Korruptionsbekämpfung das Wort reden wollte[4].

151

Über Anhörungen des Beamten und Beweiserhebungen ist nach § 28 BDG ein **Protokoll** aufzunehmen; lediglich bei der Einholung von schriftlichen dienstlichen Auskünften und der Beiziehung von Urkunden und Akten genügt ein Aktenvermerk hierüber. Soweit Protokolle zu führen sind, gilt § 168a StPO: Gegenüber der viel umständlicheren Regelung des § 57 BDO, die stets die Hinzuziehung eines Schriftführers erforderte, kann damit künftig auch mittels „vorläufiger Aufzeich-

152

---

1 Diese Regelung hat der Gesetzgeber im Hinblick auf die Implikationen des Grundrechts auf informationelle Selbstbestimmung für erforderlich erachtet; er meint, die möglichen Konfliktfälle „in Abwägung der widerstreitenden Interessen umfassend geregelt" zu haben, vgl. RegE S. 43.
2 Im Gesetzeswortlaut „andere Betroffene" – wer immer in diesen Personenkreis gehören soll; es erscheint fraglich, ob dieser Passus im Hinblick auf seine gänzliche Unbestimmtheit den verfassungsrechtlichen Anforderungen genügen kann, die das Grundrecht auf informationelle Selbstbestimmung stellt.
3 Nach BVerfG v. 21.6.2006 – 2 BvR 1780/04, NVwZ 2006, 1282, ist dies regelmäßig nur dann der Fall, wenn eine Zurückstufung, oder die Entfernung aus dem Dienst zu erwarten steht, keinesfalls aber dann, wenn es „nur" um einen etwaigen Verweis oder eine Geldbuße gehen kann. Hierzu auch z.B. OVG Rh.-Pf. v. 4.10.2002 – 3 B 11273/02, NVwZ-RR 2003, 294 = RiA 2003, 47; VGH BW v. 16.3.2009 – DB 16 S 57/09.
4 BT-Drs. 14/4659 S. 60; die Gegenäußerung der BReg. (BT-Drs. 14/4659 S. 64) und ihr folgend die Ausschüsse (BT-Drs. 14/5529 S. 18, 62) haben dies als zutreffend aufgegriffen, aber die Zuständigkeit der VG statt der Amtsgerichte postuliert.

nungen" gearbeitet werden, die nicht nur in Kurzschrift, sondern vor allem mit einem Tonaufnahmegerät angefertigt werden dürfen. In diesem Falle muss das Protokoll nicht länger gleich in der Sitzung geschrieben, ausgedruckt, durch- oder vorgelesen und unterschrieben werden (so weiterhin § 168a Abs. 3 Satz 1–3 StPO für den Fall der unmittelbaren Aufnahme), sondern es ist bei vorläufiger Aufzeichnung auch angängig, die Tonaufzeichnung vorzuspielen, um sie in gehörter Form genehmigen zu lassen (§ 168a Abs. 3 Satz 4 u. 5 StPO), und es ist weiter möglich, auf dieses Vorspielen zu verzichten und das bloße Diktat zu genehmigen (§ 168a Abs. 3 Satz 6 StPO). Mit dieser Neuregelung wird eine in der Praxis wirklich stark hinderliche Formalie des bisherigen Rechts den technischen Möglichkeiten angepasst[1], wie dies in der Mehrzahl der Verfahrensordnungen bereits erfolgreich umgesetzt worden ist.

### 5. Aussetzung des Disziplinarverfahrens wegen eines parallelen Strafverfahrens

153   Ist das Verfahren gem. § 17 Abs. 1 BDG ordnungsgemäß eingeleitet, so kann es gleichwohl passieren, dass zunächst einmal alle weiteren Aktivitäten, insbesondere die gebotenen Ermittlungen des Sachverhalts, zurückgestellt werden. Wegen der regelmäßig besseren und weitergehenden Ermittlungsmöglichkeiten, aber auch wegen der vom Strafurteil ausgehenden Bindungswirkungen (§§ 14 Abs. 2, 21 Abs. 2 und 23 BDG) genießt nämlich beim Zusammentreffen eines Disziplinarverfahrens mit einem Strafverfahren das Letztere Vorrang. Nach § 22 Abs. 1 BDG wird daher das Disziplinarverfahren ausgesetzt, wenn wegen desselben Sachverhalts im Strafverfahren „die öffentliche Klage erhoben" wurde[2]. Darunter versteht die Strafprozessordnung die Einreichung der Anklageschrift bei Gericht, § 170 Abs. 1 StPO. Die zuständige Disziplinarbehörde erfährt davon durch die Strafverfolgungsbehörden gem. der „Anordnung über Mitteilungen in Strafsachen" (MiStra), jetzt in der bundeseinheitlichen Neufassung vom 19.5.2008.

154   Die Tatsache, dass ein Strafverfahren eingeleitet wurde, steht indes nicht der Notwendigkeit entgegen, erforderlichenfalls dennoch *auch* das Disziplinarverfahren einzuleiten; § 17 Abs. 1 BDG in seiner Neufassung zwingt hierzu[3], auch wenn ggf. zugleich dessen Aussetzung zu verfügen ist. Mit der Einleitung dokumentiert der Dienstvorgesetzte jedenfalls seine Absicht, ein in dem untersuchten Verhalten möglicherweise zugleich liegendes Dienstvergehen verfolgen zu wollen, und es wird des Weiteren (nunmehr neu) eine verjährungsunterbrechende Maßnahme ergriffen (§ 15 Abs. 4 BDG).

155   Wird Anklage erhoben, so ist die Aussetzung des Disziplinarverfahrens grds. zwingend („*... wird ausgesetzt ...*"). Hierneben *kann* gem. § 22 Abs. 3 BDG entsprechend verfahren werden, wenn ein anderes Verfahren eingeleitet wird, in dem in gesetzlicher geordneter Weise über eine Frage entschieden wird, die für das Disziplinarverfahren von Belang ist. Diese Alternative erfasst zum einen die staatsanwaltschaftliche Ermittlung im Vorfeld einer späteren Anklage, daneben aber auch (gerichtliche) Bußgeldverfahren und verwaltungsgerichtliche Verfahren nach § 9

---

1 Es ist bezeichnend, dass das Regierungsentwurf die enorme Erleichterung, die hier Platz greift, gar nicht anspricht; § 168a StPO sei schließlich auch bisher über § 25 BDO bereits anwendbar gewesen. Das ist richtig, verkennt aber die Vorgabe des § 57 BDO (zwingendes Erfordernis der Hinzuziehung eines Schriftführers) und die damit verbundene durchgängige Verwaltungspraxis, eben keine vorläufigen Aufzeichnungen zu pflegen.
2 Für das disziplinar*gerichtliche* Verfahren gilt unmittelbar § 94 VwGO, vgl. RegE S. 41. Damit sind dem VG erheblich weitere Spielräume eröffnet als im behördlichen Disziplinarverfahren.
3 Der Gesetzgeber hat hier bewusst die „missverständliche Regelung des bisherigen § 17 Abs. 1 Satz 1 BDO" korrigieren wollen, vgl. RegE S. 41.

BBesG im Zusammenhang mit unentschuldigtem Fernbleiben vom Dienst[1]. In diesen Fällen steht es im Ermessen des Dienstvorgesetzten, ob er aussetzen soll oder nicht. Neben den vor allem im strafrechtlichen Ermittlungsverfahren typischerweise besseren und weitergehenden Aufklärungsmöglichkeiten wird dabei die mit der Norm verbundene weitere Zweckbestimmung zu beachten sein: Mit der Aussetzung soll zugleich vermieden werden, dass womöglich unterschiedliche Entscheidungen ergehen, und außerdem dient die Regelung dem Schutz des Beamten, dem die Zumutung erspart bleiben soll, sich gleichzeitig in verschiedenen Verfahren verteidigen zu müssen[2].

Auf der anderen Seite bewirkt die Aussetzung des Disziplinarverfahrens bisweilen eine erhebliche Verzögerung, die mit dem Beschleunigungsgebot (§ 4 BDG) kollidieren kann und ungünstigenfalls die weitere Abwicklung gänzlich blockiert, wenn das Strafverfahren, dessen Ausgang abgewartet werden soll, etwa wegen Verhandlungsunfähigkeit des Beamten in Stillstand gerät. Daher hat der Gesetzgeber – teils neu, teils den bisherigen § 17 Abs. 3 BDO verschärfend – vorgesehen, dass die Aussetzung in zwei Fällen unterbleibt, nämlich einmal, wenn keine begründeten Zweifel am Sachverhalt bestehen, und zum anderen, wenn im Strafverfahren aus Gründen nicht verhandelt werden kann, die in der Person des Beamten liegen (§ 22 Abs. 1 Satz 2 BDG). Diese Erwägungen schlagen naturgemäß erst recht auf die Kann-Aussetzung des § 22 Abs. 3 BDG durch, bei der indessen auch weitere Ermessenserwägungen angestellt werden können. Jedenfalls endet die Aussetzung, wenn im Laufe des abgewarteten Verfahrens die o.a. Voraussetzungen nachträglich eintreten, spätestens aber im Augenblick des rechtskräftigen Abschlusses des Strafverfahrens; das Disziplinarverfahren ist dann unverzüglich fortzusetzen, § 22 Abs. 2 BDG. Nach dieser Regelung kommt eine Fortsetzung des ausgesetzten Disziplinarverfahrens aber nicht zwangsläufig erst dann in Betracht, wenn das Strafverfahren beendet ist, sondern ggf. auch schon früher, nämlich sobald die Ermittlungen dort so weit gediehen sind, dass der Sachverhalt feststeht und keine „begründeten Zweifel" daran mehr bestehen. Im Rahmen der Fortsetzung des Disziplinarverfahrens werden alsdann die Erkenntnisse des Straf- bzw. sonstigen Verfahrens beigezogen. Die Disziplinarbehörden und -gerichte sind befugt, Strafakten einschließlich der ergangenen Strafurteile im Wege der Amtshilfe (§ 4 VwVfG) beizuziehen; das Recht des Beamten auf „informationelle Selbstbestimmung" steht dem nicht entgegen[3].

156

Verjährungsrechtlich ist aus der Aussetzung des Disziplinarverfahrens kein Honig zu saugen: Zum einen hat schon seine bloße Einleitung verjährungsunterbrechende Wirkung (§ 15 Abs. 4 BDG), und zum anderen ist der weitere Fristenlauf für die Dauer der Aussetzung gehemmt (§ 15 Abs. 5 BDG).

157

## 6. Bindungswirkungen von Straf- und sonstigen Urteilen

Der vorstehend bereits angesprochene Vorrang des Strafverfahrens findet disziplinarrechtlich seinen Niederschlag in den §§ 23 Abs. 1 und 57 Abs. 1 BDG – Bestimmungen, deren praktische Konsequenz für den anwaltlichen Vertreter des Beamten kaum zu überschätzen ist: Disziplinarbehörden und Disziplinargerichte sind bei Sachverhaltsidentität an die **tatsächlichen Feststellungen** eines rechtskräftigen Urteils im Straf- oder Bußgeldverfahren gebunden. Gleiches gilt für die tatsächlichen Feststellungen des VG in einem etwaigen Verfahren nach § 9 BBesG hinsichtlich des darin behandelten unentschuldigten Fernbleibens vom Dienst. Grund für diese strikte Bindung an anderweitig getroffene Feststellungen ist zum einen das Bemühen, im Interesse von Rechtssicherheit und Vertrauensschutz einander widerspre-

158

---
1 RegE S. 41.
2 RegE S. 41.
3 BVerwG v. 11.12.1996 – 1 D 56.95, BVerwGE 113, 44.

chende Entscheidungen zu verhindern; außerdem sollen im Interesse einer Beschleunigung des Disziplinarverfahrens erneute Aufklärungen eines bereits für geklärt erachteten Sachverhalts vermieden werden[1]. Daher sind Beweiserhebungen über die schon bindend festgestellten Tatsachen unzulässig. Strafakten und -urteile dürfen im Wege der Amtshilfe beigezogen werden[2]. Das bedeutet aber umgekehrt, dass **nicht ausreichende und nicht zutreffende Feststellungen**, die in einem strafgerichtlichen, einem ordnungswidrigkeitenrechtlichen oder einem verwaltungsgerichtlichen Verfahren nach § 9 BBesG der dortigen Entscheidung zugrunde gelegt wurden, **praktisch nicht mehr korrigierbar** sind. Sie werden ungefiltert und letztlich ungeprüft übernommen und der disziplinarrechtlichen Entscheidung zugrunde gelegt. Dies belegt, welche Verantwortung dem Strafverteidiger in dem vorangehenden Straf- oder Bußgeldverfahren im Hinblick auf etwa nachfolgende Disziplinarverfahren zukommt, und sollte vorschnellen, in der Sache aber unzutreffenden Teil-Geständnissen im Interesse eines vermeintlich günstigen „Deals" im Strafverfahren ebenso entgegenstehen wie der Hinnahme unzutreffender Feststellungen im Hinblick darauf, im Strafverfahren einigermaßen glimpflich „davongekommen" zu sein – die Konsequenzen im nachfolgenden Disziplinarverfahren können verheerend sein.

159 Die Bindungsregelungen sind gegenüber dem früheren § 18 BDO noch schärfer gefasst worden. Konnte bislang das Disziplinargericht bei Zweifeln an der Richtigkeit der Feststellungen deren nochmalige Überprüfung beschließen (sog. „Lösungsbeschluss", § 18 Abs. 1 Satz 2 BDO)[3], so existiert eine vergleichbare Lösungsbefugnis im behördlichen Disziplinarverfahren überhaupt nicht, und für das gerichtliche Disziplinarverfahren ist die ohnehin nur selten praktisch gewordene Lösungsbefugnis dahingehend eingeschränkt worden, dass das Gericht die erneute Prüfung solcher Feststellungen beschließen muss, die *offenkundig unrichtig* sind, § 57 Abs. 1 Satz 2 BDG. Das Aufzeigen der bloße Möglichkeit, dass das Geschehen auch anders gewesen sein könnte, reicht für einen Lösungsbeschluss nicht aus[4]. Ein Lösungsbeschluss kommt damit nur dann in Frage, wenn das Disziplinargericht sonst gezwungen wäre, auf der Grundlage offensichtlich unrichtiger oder inzwischen als unzutreffend erkannter Feststellungen zu entscheiden, wenn etwa Feststellungen in Widerspruch zu Denkgesetzen oder allgemeinen Erfahrungssätzen stehen oder in einem ausschlaggebenden Punkt unter offenkundiger Verletzung wesentlicher Verfahrensvorschriften zustande gekommen sind. Ein Lösungsbeschluss kommt auch dann in Betracht, wenn neue Beweismittel – etwa neue Sachverständigengutachten – vorgelegt werden, die dem Strafgericht nicht zur Verfügung standen und nach denen die strafgerichtlichen Feststellungen offenbar unrichtig sind oder jedenfalls auf erhebliche Zweifel stoßen[5]. Es ist klar, dass dieses Offenkundigkeits-Erfordernis den ohnehin schmalen Bereich nachmaliger Korrekturmöglichkeiten weitestgehend einschränkt. Nach der regierungsamtlichen Begründung sollte mit dieser präziseren Fassung der Lösungsbefugnisse des Disziplinargerichts dem betroffenen Beamten anscheinend etwas Gutes getan werden, da er hierdurch im Hinblick auf vorangegangene Entscheidungen „die notwendige Rechtssicherheit" bekomme[6]. Daran wird es gewiss nicht fehlen: Sicher ist, dass in der praktischen

---

1 Vgl. RegE S. 41 f.
2 BVerwG v. 11.12.1996 – 1 D 56.95, BVerwGE 113, 44 = NVwZ-RR 1997, 631.
3 Hierzu BVerwG v. 22.7.1980 – 1 D 65.79, BVerwGE 73, 31; v. 7.10.1986 – 1 D 46.86, BVerwGE 83, 228 (230); v. 12.4.1989 – 1 D 120.87, BVerwGE 86, 151; ferner BVerwG, DokBer. 1993, 161 und 177. Zur Lösung bei Verfahrensfehlern des Strafgerichts BVerwG v. 29.11.2000 – 1 D 13.99, BVerwGE 112, 243.
4 Vgl. Nds. OVG v. 14.7.2005 – 1 NDH L 104, NVwZ-RR 2006, 265.
5 Vgl. BVerwG v. 29.11.2000 – 1 D 13.99, BVerwGE 112, 243; VGH BW v. 24.6.2010, DB 16 S 3391/08.
6 RegE S. 49.

## VI. Das behördliche Disziplinarverfahren

Konsequenz so gut wie keine Möglichkeiten mehr bestehen, fehlerhafte Sachverhaltsfeststellungen des strafgerichtlichen Verfahrens zu korrigieren.

Die Bindung besteht aber nur für die Feststellungen zum äußeren und inneren Tatbestand der Straftat und nur, soweit diese den Urteilsspruch tragen[1]. Keine bindenden Feststellungen ergeben sich – trotz § 410 Abs. 3 StPO – im Strafbefehlsverfahren, weil dort „die für eine Tatbestandswirkung notwendige Darlegung des Sachverhalts fehlt"[2]. Dies entspricht der klärenden Rspr. des BVerwG[3]. Auch keine Bindungswirkung schafft § 23 Abs. 1 BDG für Feststellungen in einem berufsgerichtlichen Urteil. 160

In anderen Verfahren gewonnenen Erkenntnissen – dazu zählen besonders Erkenntnisse aus einem staatsanwaltschaftlichen und kriminalpolizeilichen Ermittlungsverfahren – kommt eine so weitgehende Bindungswirkung nicht zu. Gleichwohl *können* auch diese tatsächlichen Feststellungen **ohne nochmalige Prüfung** der Entscheidung im Disziplinarverfahren zugrunde gelegt werden, wenn sie in einem „gesetzlich geordneten Verfahren"[4] getroffen wurden, § 23 Abs. 2 BDG; freilich unter Beachtung der Pflicht zur Wahrheitserforschung[5]. Entsprechendes gilt im disziplinargerichtlichen Verfahren, § 57 Abs. 2 BDG. 161

Diese Befugnis, die insoweit unverändert aus dem bisherigen Recht übernommen wurde (§ 21 Abs. 1 Satz 2 BDO), erleichtert die praktische Durchführung eines Disziplinarverfahrens erheblich, ist aber für den betroffenen Beamten u.U. mit sehr weitgehenden Konsequenzen verbunden. Im Falle eines vorgeschalteten strafrechtlichen Ermittlungsverfahrens ergibt sich nämlich durch den Grundsatz, dass der Ermittlungsführer die dort bereits gehörten Zeugen nicht erneut vernehmen muss und die Protokolle richterlicher oder staatsanwaltschaftlicher, ja sogar bloß kriminalpolizeilicher – denn die Kriminalbeamten sind Hilfsorgane der StA, § 152 GVG, – Zeugenvernehmungen verwerten darf[6], eine weit über die Bindungswirkungen des rechtskräftigen Strafurteils gem. § 23 BDG hinausgehende Vor-Prägung der disziplinarrechtlichen Untersuchungsergebnisse, selbst wenn die strafrechtliche Verurteilung (und damit die Bindung nach § 23 BDG) erfolgreich vermieden wird. Für den Betroffenen ist diese Beweiserleichterung verständlicherweise nicht ungefährlich. Dies impliziert die Notwendigkeit besonderen Augenmerks bereits des Strafverteidigers; Fehlinterpretationen oder unschlüssige Aussagen sind u.U. später nur schwer korrigierbar. Und der Disziplinarverteidiger wird erforderlichenfalls auf nochmalige Vernehmung im behördlichen und ggfs. auch im gerichtlichen Disziplinarverfahren[7] drängen müssen, wenn sich Ansatzpunkte für den Vorhalt widersprüchlicher Angaben oder sonstige Unplausibilitäten ergeben. 162

*Eine* positive Auswirkung hat der Vorrang des Strafverfahrens und die Bindung an dort ergangene Entscheidungen aber gleichwohl: Nach § 14 Abs. 2 BDG schafft der 163

---

1 Über Bindung bei Einstellung nach § 153a StPO in der Berufungsinstanz, nachdem die Feststellungen des Ersturteils zum Schuldspruch unangreifbar geworden sind, s. BVerwG v. 7.10.1986 – 1 D 46.86, BVerwGE 83, 228; v. 24.11.1999 – 1 D 68.98, BVerwGE 111, 43 = NVwZ-RR 2000, 364.
2 RegE S. 42.
3 BVerwG v. 18.12.1987 – 1 DB 27.87, BVerwGE 83, 376 = NJW 1988, 1340. Auch zur Beendigung eines Beamtenverhältnisses kraft Gesetzes kommt es aus eben diesem Grunde nicht, wenn eine einjährige Freiheitsstrafe lediglich im Wege des Strafbefehls verhängt wurde, BVerwG v. 8.6.2000 – 2 C 20.99, NJW 2000, 3297 = DVBl 2001, 125.
4 Darüber vgl. *Claussen/Janzen*, 8. Aufl., § 17 Rz. 5 und § 18 Rz. 16.
5 BVerwG v. 5.8.1986 – 1 D 176.85, BVerwGE 83, 221.
6 Hierzu vgl. OVG NW v. 9.3.1999 – 12d A 5643/98, NJW 1999, 2132 f. = NVwZ 1999, 1252, LS.
7 Hierzu und zu dem Gebot der unmittelbaren Beweiserhebung im gerichtlichen Disziplinarverfahren s. unten Rz. 217 ff.

gerichtliche **Freispruch** wegen einer Straftat oder Ordnungswidrigkeit ein Prozesshindernis für jedes Disziplinarverfahren bezüglich derselben Tatsachen. Das gilt aber, jedenfalls grds., nicht für die Einstellung des Strafverfahrens, desgleichen nicht für einen Beschluss, der die Eröffnung des Hauptverfahrens ablehnt; auch nicht für Entscheidungen, bei denen nach Feststellung einer Straftat dennoch eine Kriminalstrafe nicht verhängt wird. Gleichwohl können in einem solchen Fall die Erkenntnisse, die aus dem durchgeführten Verfahren gewonnen wurden, ggfs. über §§ 23 Abs. 2 oder 57 Abs. 2 BDG Eingang in das Disziplinarverfahren finden.

164 Eine Ahndung nach Freispruch ist nur dann noch möglich, wenn der abschließend behandelte Sachverhalt, ohne den Tatbestand einer Straf- oder Bußgeldvorschrift zu erfüllen, aus anderen Gründen gleichwohl ein Dienstvergehen beinhaltet. Man spricht hier von **disziplinarem Überhang**, wie er schon oben in Rz. 122 erschienen ist. Beispiele: Alkoholgenuss im Dienst bei Freispruch von Trunkenheit am Steuer; unvorschriftsmäßige Buchführung bei Freispruch von Amtsunterschlagung[1]. Ein solcher Überhang ist aber im Disziplinarverfahren deutlich als Disziplinarvergehen herauszustellen. Die Identität der Sachverhaltselemente des Strafverfahrens und des in Frage stehenden Disziplinarverfahrens – ohne disziplinarrechtlichen Überhang – wird besonders deutlich, wenn die Bejahung einer (gesonderten) disziplinarrechtlichen Pflichtverletzung dazu führen würde, dass der Beamte gerichtlich nicht hätte freigesprochen werden dürfen[2].

### 7. Verteidigung im Disziplinarverfahren

165 Das Disziplinarverfahren alten Rechts kannte, teilweise angelehnt an die Bestimmungen der StPO, eigene Regelungen über die Verteidigung, § 40 BDO sowie im Einzelnen noch §§ 23a, 26, 60, 71, 72, 74, 87, 100 u. v. m. BDO. Eine solche Bestimmung ist im BDG nicht mehr enthalten. Die Entkoppelung von den Strukturen der StPO lässt einen „Verteidiger" i.e.S. nicht mehr zu. VwGO und VwVfG kennen keine „Verteidiger", sondern sprechen von „Bevollmächtigten und Beiständen". Daher ändert sich die Terminologie[3]. Das bedeutet natürlich keineswegs, dass sich der Beamte nach BDG in der Sache keiner „Verteidigung" mehr bedienen könnte. Bereits in § 20 Abs. 1 BDO ist zu Beginn der behördlichen Ermittlungen vorgesehen, dass der Beamte mit der Eröffnung des Vorwurfs darüber aufzuklären ist, dass er sich „jederzeit eines Bevollmächtigten oder Beistandes (...) bedienen" könne.

166 Im *gerichtlichen Verfahren* ist es selbstverständlich, dass jedermann Bevollmächtigte hinzuziehen kann, § 67 Abs. 2 VwGO. Allen Verfahrensbeteiligten steht das Recht der Akteneinsicht zu, § 100 VwGO, was insbesondere hinsichtlich der vom VG beigezogenen Verwaltungsvorgänge (§ 99 VwGO) von Bedeutung ist; bevollmächtigten Rechtsanwälten kommt dabei das Privileg zugute, dass ihnen die Akten nach Ermessen des Vorsitzenden auch zur Mitnahme in die Kanzlei übergeben werden können.

---

1 Über Verneinung eines solchen Überhangs s. BVerwG v. 9.5.1990 – 1 D 54.89, BVerwGE 86, 279.
2 BVerwG v. 9.5.1990 – 1 D 54.89, BVerwGE 86, 279: Ist ein Beamter mit der Begründung vom Vorwurf fahrlässiger Tötung strafgerichtlich freigesprochen, weil bestimmte ihm zur Last gelegte Verhaltensweisen keine Sorgfaltspflichtverletzung darstellen, so steht dieser Freispruch einer Disziplinarverfolgung wegen dieses Verhaltens unter dem Gesichtspunkt, der Beamte habe hierdurch seine beamtenrechtliche Sorgfaltspflicht verletzt, entgegen. S. auch BDH, BDHE 5, 49 (54).
3 RegE S. 40.

## VI. Das behördliche Disziplinarverfahren

Wird das *behördliche Verfahren* in § 3 BDG (ergänzend) den Bestimmungen des VwVfG unterstellt, so gilt auch hier über § 14 VwVfG umfassend, dass sich jeder Verfahrensbeteiligte durch einen Bevollmächtigten vertreten lassen kann, wobei „die Vollmacht zu allen das Verwaltungsverfahren betreffenden Verfahrenshandlungen (ermächtigt), sofern sich aus ihrem Inhalt nicht etwas anderes ergibt. Der Bevollmächtigte hat auf Verlangen seine Vollmacht schriftlich nachzuweisen."

Weiter gilt kraft der Verweisung aus § 3 BDG, was § 14 Abs. 3, 4 VwVfG regeln: Ist für das Verfahren ein Bevollmächtigter bestellt, so *soll* sich die Behörde an ihn wenden. Sie kann sich an den Beteiligten selbst wenden, soweit er zur Mitwirkung verpflichtet ist. Wendet sich die Behörde an den Beteiligten, so soll der Bevollmächtigte verständigt werden. Vorschriften über die Zustellung an Bevollmächtigte bleiben unberührt. – Ein Beteiligter kann zu Verhandlungen und Besprechungen mit einem Beistand erscheinen. Das von dem Beistand Vorgetragene gilt als von dem Beteiligten vorgebracht, soweit dieser nicht unverzüglich widerspricht.

Auch im Verwaltungsverfahren steht den Beteiligten – und damit auch deren Bevollmächtigten – das Recht der Akteneinsicht in die Behördenakten nach § 29 VwVfG zu. Allerdings soll hier die Akteneinsicht bei der Behörde erfolgen; Ausnahmen stehen im Ermessen der Dienststelle.

Die Verfahrens- und Beteiligungsrechte der Verteidigung ergeben sich also unmittelbar aus dem ergänzend heranzuziehendem VwVfG. Entfallen sind dagegen die ausdrücklichen Bestimmungen der BDO, ab jeweils welchem Verfahrensstadium dem Verteidiger die Anwesenheit bei Anhörungen und Beweisaufnahmen gestattet werden *muss*: Im Vorermittlungsverfahren ab dem Zeitpunkt der abschließenden Anhörung, im Untersuchungsverfahren insgesamt (§§ 26 Abs. 4 Satz 4, 40 Abs. 1 Satz 3 BDO). Daraus wurde in gängiger Praxis abgeleitet, dass der Verteidiger vor der abschließenden Anhörung im Vorermittlungsverfahren keinen Rechtsanspruch auf Benachrichtigung und Teilnahme habe (sondern nur kraft Ermessensentscheidung des Vorermittlungsführers). Nunmehr gilt, wie oben dargelegt, dass im behördlichen Verfahren dem Beamten gem. § 24 Abs. 4 BDG grds. die Gelegenheit zu geben ist, an der Vernehmung von Zeugen und Sachverständigen sowie der Einnahme des Augenscheins teilzunehmen und dabei sachdienliche Fragen zu stellen. Des Weiteren ist ihm ein schriftlich eingeholtes Gutachten zugänglich zu machen, soweit nicht zwingende Gründe dem entgegenstehen. An allen diesen Beteiligungsrechten des betroffenen Beamten kann nun aber der bestellte Bevollmächtigte und Beistand i.S.d. § 14 VwVfG teilhaben bzw. diese Rechte *für* den Beamten wahrnehmen; die Einschaltung eines Anwalts (im Hinblick auf dessen Rolle als „unabhängiges Organ der Rechtspflege", § 1 BRAO) kann dabei im Einzelfall auch in der Person des Beamten selbst liegende Hinderungs- und Ausschließungsgründe überwinden helfen. – Für die Anhörung des Beamten selbst, die nicht § 24 BDG unterfällt, gilt bereits der oben zitierte § 14 Abs. 4 VwVfG, wonach sich jeder Beteiligte bei Verhandlungen und Besprechungen eines Beistands bedienen kann.

Im Ergebnis kann damit festgestellt werden, dass die „Umstellung" des Disziplinarrechts auf das Regelungssystem der VwGO und des VwVfG die Rechtsstellung des Beamten und seines Bevollmächtigten gegenüber dem an die StPO angelehnten System eher verbessert hat[1].

### 8. Beschleunigung

Eine der wesentlichen Begründungen für die Reform des Disziplinarrechts ist die Klage über eine zu lange Dauer von Disziplinarverfahren gewesen[2]. Der Beschleu-

---
1 Zweifelnd *Urban*, NVwZ 2001, 1335 (1336) und *Weiß*, ZBR 2000, 21 (30).
2 RegE S. 1.

nigungsgrundsatz, der bisher nur im § 66 BDO für das förmliche Verfahren normiert war und dort eine eigene Möglichkeit der Anrufung des Disziplinargerichts in Verzögerungsfällen vorsah, wenn innerhalb von sechs Monaten nach Einleitung des Verfahrens noch keine Einstellung oder Anschuldigung vorlag, ist nunmehr erstmalig als das gesamte Disziplinarrecht beherrschender Grundsatz des objektiven Disziplinarrechts in § 4 BDG normiert worden[1]. Das Beschleunigungsgebot ist dabei zugleich Ausdruck der Fürsorgepflicht für den Beamten im Hinblick auf die Belastungen, die ein solches Verfahren meistens mit sich bringt[2]. Der die Verfahrensdauer betreffende § 6 Abs. 1 MRK ist allerdings unanwendbar[3].

173 Wird der Grundsatz der Beschleunigung nicht beachtet, so hat der Beamte bei verzögerlicher Handhabung die Möglichkeit, das VG als Disziplinargericht nach § 62 BDG anzurufen. Ist nämlich ein behördliches Disziplinarverfahren nicht innerhalb von **sechs Monaten** seit der Einleitung abgeschlossen worden, sei es durch Einstellung (§ 32 BDG), durch Disziplinarverfügung (§ 33 BDG) oder durch Erhebung der Disziplinarklage nach § 52 Abs. 1 BDG, so kann bei Gericht die **Setzung einer Frist** beantragt werden, innerhalb derer dann das Verfahren abgeschlossen werden muss. Das Gericht überprüft in einem solchen Falle, ob für den Nicht-Abschluss des Verfahrens innerhalb dieser 6-Monats-Frist (die freilich für die Dauer einer Aussetzung nach § 22 BDG gehemmt ist) ein zureichender Grund vorliegt. Liegt ein zureichender Grund vor, lehnt das Gericht den Antrag auf Fristsetzung ab. Anderenfalls wird eine – auf Antrag der Behörde allerdings verlängerbare – Frist gesetzt, innerhalb derer nunmehr ein Abschluss des behördlichen Disziplinarverfahrens herbeigeführt werden muss. Ist das Verfahren bei Ablauf dieser Frist noch immer nicht beendet, so wird es – dies ist neu im BDG: zwingend![4] – durch Beschluss des Gerichts eingestellt. Ein solcher Beschluss steht einem rechtskräftigen Urteil gleich und jeder weiteren Ahndung entgegen. Damit wird der Dienstherr angehalten, die gerichtlich gesetzte Frist in jedem Falle einzuhalten, will er nicht den Verlust der Disziplinierungsmöglichkeiten in Kauf nehmen.

## VII. Die Disziplinarentscheidung des Dienstvorgesetzten

174 Nach Abschluss der Ermittlungen steht eine Entscheidung des Dienstvorgesetzten an, wie nunmehr mit den Ergebnissen des behördlichen Disziplinarverfahrens umzugehen ist. Drei Möglichkeiten sind ihm eingeräumt:
- Er kann das Disziplinarverfahren nach § 32 BDG einstellen.
- Er kann das Verfahren mit einer gegen den Beamten zu verhängenden Disziplinarverfügung abschließen und eine der ihm zur Disposition stehenden leichteren Disziplinarmaßnahmen (bis zur Kürzung der Dienstbezüge/des Ruhegehalts) verhängen, § 33 BDG.
- Oder er kann mit dem Ziel, auf eine Zurückstufung des Beamten, die Entfernung aus dem Beamtenverhältnis oder die Aberkennung des Ruhegehalts erkennen zu lassen, gegen den Beamten Disziplinarklage an das VG erheben, §§ 34, 52 Abs. 1 BDG.

---

1 RegE S. 35.
2 Über Folgen bei längerer Dauer des Disziplinarverfahrens, bei vermeidbaren Verzögerungen und offenkundiger Verschleppung s. BVerfGE 46, 17 ff. (29) = NJW 1978, 152; ferner DokBer. 1989, 306 und DokBer. 1992, 38 ff. sowie DokBer. 1993, 105 (110), aber ohne Bedeutung bei Dienstentlassung. Wegen überlanger Dauer des strafprozessualen Zwischenverfahrens s. NJW 1993, 1725.
3 BVerwG v. 9.5.1973 – I D 8.73, BVerwGE 46, 122; v. 15.3.1982 – 1 DB 2.82, NJW 1983, 531; v. 19.9.1989 – I D 69.88, NVwZ 1990, 373.
4 RegE S. 50.

## VII. Die Disziplinarentscheidung des Dienstvorgesetzten

Grundlage dieser Entscheidung sind die Ergebnisse des durchgeführten Ermittlungsverfahrens. Daraus folgt, dass alle maßgebenden Informationen beisammen sein müssen, die erforderlich sind, um diese Entscheidung des Dienstvorgesetzten treffen zu können. Neben der **Feststellung des objektiven und des subjektiven Sachverhalts** mitsamt allen belastenden und entlastenden Gesichtspunkten (§ 21 Abs. 1 Satz 2 BDG) sind dies in erster Linie die **Informationen, die für die Bemessung der** etwa in Betracht kommenden **Maßnahme erforderlich sind**. Aber dabei bewendet es noch nicht: Da eine der Einstellung z.b. auch in Betracht kommt, wenn bei erwiesenem Dienstvergehen eine *Maßnahme nichtangezeigt* erscheint (§ 32 Abs. 1 Nr. 2 BDG – Opportunitätsprinzip), müssen auch die Informationen vorliegen, die erforderlich sind, um *diese* Ermessensentscheidung treffen zu können. Um ggf. über eine Einstellung nach § 32 Abs. 1 Nr. 3 oder 4 BDG (Maßnahmeverbot oder sonstige Unzulässigkeit einer disziplinarischen Ahndung) befinden zu können, müssen sodann die wesentlichen Daten zum Verfahrensablauf festgehalten sein. Und weil schließlich die Disziplinarbefugnisse nach der Hierarchie der zuständigen Dienstvorgesetzten gestaffelt sind (s. § 33 Abs. 3 BDG) und ohnehin die höheren Disziplinarinstanzen das Verfahren jederzeit an sich ziehen können (§ 17 Abs. 1 Satz 2 BDG), müssen die Informationen schließlich so vollständig aufbereitet sein, dass auch der höhere Dienstvorgesetzte bzw. die oberste Dienstbehörde, die den betroffenen Beamten anders als der unmittelbare Vorgesetzte typischerweise gar nicht näher, geschweige denn persönlich kennen, auf der Grundlage der Ermittlungsergebnisse abschließend entscheiden können.

175

Allein wegen dieser Fülle der erforderlichen Informationen ist daher i.d.R. ein schriftlicher **Ermittlungsbericht** geboten. Vorgeschrieben ist dies aber – anders als nach BDO, die zum Abschluss des Vorermittlungsverfahrens ein dem Beamten bekannt zu gebendes „wesentliches Ergebnis der Vorermittlungen" (§ 26 Abs. 4 Satz 1 BDO) bzw. zum Abschluss der Untersuchung einen „zusammenfassenden Bericht" des Untersuchungsführers (§ 63 Abs. 2 BDO) kannte – nicht. Freilich ist dem Beamten nach Abschluss der Ermittlungen die Gelegenheit einzuräumen, sich abschließend zu äußern (§ 30 BDG). Dies setzt voraus, dass dem Beamten das Ermittlungsergebnis zunächst einmal eröffnet wird – sonst kann er sich nicht sachgemäß äußern. In der regierungsamtlichen Begründung heißt es hierzu, die Anhörung bedinge die Mitteilung der Ermittlungsergebnisse, was nach den allgemeinen Regeln des Verwaltungsverfahrensrechts selbstverständlich sei und deshalb im Gesetz nicht noch einmal eigens erwähnt werden müsse[1]. Gleichwohl zwingt dies, da die Modalitäten der Bekanntgabe nicht vorgeschrieben sind, von Rechts wegen nicht unbedingt zur Abfassung und Aushändigung eines schriftlichen Ermittlungsberichts, gewiss aber unter Praktikabilitätsgesichtspunkten. Im Ergebnis wird daraus eher eine Verbesserung der Position des betroffenen Beamten abzuleiten sein, der nach bisherigem Recht den zusammenfassenden Bericht des Untersuchungsführers gerade nicht zu lesen bekam.

176

### 1. Einstellung des Verfahrens

Das Disziplinarverfahren wird nach § 32 Abs. 1 Nr. 1 BDG zunächst dann eingestellt, wenn nach dem Ergebnis der Ermittlungen ein **Dienstvergehen nicht erwiesen** ist. Genauso kommt es zur Einstellung des Verfahrens, wenn das Nichtvorliegen eines Dienstvergehens zwingend aus der Bindungswirkung eines freisprechenden strafgerichtlichen oder ordnungswidrigkeitenrechtlichen Urteils folgt (§ 14 Abs. 2 BDG). Dann darf zwar – vorbehaltlich der Annahme eines Dienstvergehens außerhalb des Tatbestandes der behandelten Straf- oder Bußgeldvorschrift, hinsichtlich derer der Freispruch erfolgte – keine Maßnahme ausgesprochen werden,

177

---

1 RegE S. 43 (zu § 29 d. Entw.).

so dass zunächst ein Einstellungsfall nach § 32 Abs. 1 Nr. 3 BDG nahe liegend erscheint. Tatsächlich bewirkt aber die Bindung des Disziplinarverfahrens an die tatsächlichen Feststellungen des freisprechenden Urteils, dass richtigerweise schon das angenommene Dienstvergehen als nicht erwiesen angesehen werden muss.

178 Alsdann wird das Disziplinarverfahren eingestellt, wenn zwar nach dem Ergebnis der Ermittlungen ein Dienstvergehen festgestellt wurde, eine Maßnahme jedoch in Anwendung des Opportunitätsprinzips „nicht angezeigt" erscheint, § 32 Abs. 1 Nr. 2 BDG. Dies wird in erster Linie die leichteren Fälle im Grenzbereich zu Bagatellverfehlungen (die schon kein Dienstvergehen sind, s.o. Rz. 32) betreffen, aber auch andere Vorgänge, in denen das Bedürfnis nach einer disziplinaren Pflichtenmahnung nicht gegeben erscheint. Dies einzuschätzen wird eine Würdigung des gesamten dienstlichen und außerdienstlichen Verhaltens geboten sein, wobei der Dienstvorgesetzte in der Tat recht weitgehende Entscheidungsspielräume hat. Erweist sich nach der Persönlichkeit des Beamten ein disziplinares Einschreiten als nicht geboten, etwa weil keine Wiederholungsgefahr besteht, weil es sich um eine einmalige, persönlichkeitsfremde Entgleisung handelt, oder weil andere dienstliche Maßnahmen wie etwa eine Versetzung, Umsetzung oder Ermahnung, ein vorangegangenes Strafverfahren oder aber die bloße Erfahrung des belastenden Disziplinarverfahrens selbst ihn schon hinreichend gewarnt haben, so wird ggf. in Anwendung des dem Dienstvorgesetzten eingeräumten Ermessens von einer Maßnahme abgesehen werden können[1]. Die Verteidigung wird hier ein wichtiges Argumentations- und Betätigungsfeld finden.

**Beispiele für die Einstellung:**

179 Außerdienstliche Trunkenheitsfahrt eines Berufskraftfahrers mit Verlust der Fahrerlaubnis bei Ersttat[2]; so auch wenn zwei Trunkenheitsfahrten (ohne Disziplinarvorbelastung) gemeinsam bestraft werden. Aber: Berufskraftfahrer fährt betrunken einen Bus im Dienst mit Unfallschäden; zusätzliche Gehaltskürzung trotz Ersttat best. Keine Einstellung auch bei außerdienstlicher Trunkenheitsfahrt mit Umständen bes. Ansehensschädigung, z.B. Unfallflucht oder Rückfalltat[3] oder im Wiederholungsfall[4]. Einstellung, wenn der strafrechtlich als Unterschlagung abgeurteilte Sachverhalt disziplinär nur als pflichtwidriges Verdachterwecken[5] bewertet wird (nur andere Würdigung des nämlichen Sachverhalts)[6]. Anders aber wieder der Fall nach BVerwGE[7], bei dem das Dienstvergehen als solches kriminell nicht mitbestraft war. Möglich aber eine im Einzelnen abtrennbare Pflichtverletzung, wenn der kriminell nicht mitbestrafte Teil des Dienstvergehens sich lediglich als unselbständiger Annex zum mitbestraften Teil charakterisieren lässt[8].

180 Drittens wird das Disziplinarverfahren eingestellt, wenn eine Disziplinarmaßnahme wegen § 14 BDG oder § 15 BDG nicht ausgesprochen werden darf. Ange-

---

1 Vgl. etwa *Claussen/Janzen* 8. Aufl., § 3 BDO Rz. 3a.
2 BVerwG v. 9.12.1982 – 1 D 42.82, BVerwGE 76, 43.
3 BVerwG v. 16.1.1979 – 1 D 17.78, BVerwGE 63, 184 sowie BVerwG, DokBer. 1989, 192 und DokBer. 1990, 139. Es kommt aber auf die Umstände des Einzelfalls an (verneint für Trunkenheitsfahrt ohne Fahrerlaubnis bei nicht dienstlich mit dem Führen von Kfz betrautem Beamten trotz Vorbelastung durch Unfallflucht: BVerwG v. 29.8.2001 – 1 D 49.00, DÖV 2002, 121).
4 Hierzu BVerfG v. 5.6.2002 – 2 BvR 2257/96, NVwZ 2003, 73.
5 Hierzu s. allerdings die neue Rspr. des BVerwG v. 4.4.2001 – 1 D 19.00, NJW 2001, 3645, wonach allein das „Verdachterwecken" wegen der verfassungsrechtlichen Unschuldsvermutung nicht als Dienstvergehen betrachtet werden kann.
6 BVerwG v. 23.2.1968 – II D 32.67, BVerwGE 33, 69.
7 BVerwG v. 19.6.1969 – II D 8.69, BVerwGE 33, 314.
8 BVerwG v. 18.4.1985 – 1 D 156.84, BVerwGE 76, 371 (Verletzung der innerdienstlichen Meldepflicht über die strafrechtlich geahndete Unfallflucht). Zur Anwendung des § 14 BDO (entspr. heute § 14 BDG) nach bereits erfolgter Ahndung mit Ordnungsstrafe der ehem. DDR s. BVerwG v. 22.4.1997 – 1 D 24.96, ZBR 1998, 45 = DtZ 1997, 296.

## VII. Die Disziplinarentscheidung des Dienstvorgesetzten   Rz. 184   Teil 6 B

sprochen sind also einerseits die Fälle, in denen bereits unanfechtbar eine straf- oder ordnungswidrigkeitenrechtliche Ahndung oder eine Einstellung des Ermittlungsverfahrens nach § 153a StPO erfolgte und hieraus nach Maßgabe des § 14 Abs. 1 BDG ein Maßnahmeverbot erwachsen ist, weiter die Fälle des bindenden Freispruchs nach § 14 Abs. 2 BDG, und schließlich die Fälle der Verfolgungs-„Verjährung" nach § 15 BDG wegen Zeitablaufs.

Viertens wird das Disziplinarverfahren nach § 32 Abs. 1 Nr. 4 BDG eingestellt, wenn das Disziplinarverfahren oder eine Disziplinarmaßnahme „aus sonstigen Gründen" unzulässig sind. Unter diesen Tatbestand fallen alle nicht anderweitig näher geregelten Hinderungsgründe einer disziplinarrechtlichen Ahndung. Denkbar ist etwa die Einstellung des Verfahrens bei nicht ordnungsgemäßer Einleitung (mangelnde Zustellung, Einleitung durch unzuständige Behörde, Mängel beim rechtlichen Gehör, überlange Verfahrensdauer, usw. – vgl. § 64 Abs. 1 Nr. 1 BDO). Ebenfalls wird darunter die Einstellung fallen, wenn wegen Eintritts des Beamten in den Ruhestand die eigentlich in Betracht kommende Maßnahme nicht mehr verhängt werden kann[1]. 181

Da Disziplinarmaßnahmen nur gegen *Beamte* und Ruhestandbeamte verhängt werden können (§ 1 BDG), endet die disziplinare Verfolgbarkeit eines Dienstvergehens bei Beendigung dieses Status. Aus diesem Grunde ist das Verfahren weiterhin einzustellen, wenn der Beamte stirbt (§ 32 Abs. 1 Nr. 1 BDG; die Verfolgung wird also nicht etwa gegen seine Hinterbliebenen fortgesetzt), wenn das Verfahren durch Entlassung, Verlust der Beamtenrechte oder Entfernung endet (§ 32 Abs. 2 Nr. 2 BDG) sowie weiterhin beim Ruheständler, wenn das Versorgungsverhältnis in Folge einer gerichtlichen Entscheidung nach § 59 Abs. 1 BeamtVG endet (§ 32 Abs. 2 Nr. 3 BDG). Von taktischer Relevanz ist diese Einstellungsmöglichkeit bei „aussichtslosem" Verfahren dadurch, dass der Beamte jederzeit – und damit natürlich auch während eines anhängigen Disziplinarverfahrens – seine Entlassung beantragen kann (§ 23 Abs. 1 Nr. 4 BeamtStG, § 33 Abs. 1 BBG); im Falle eines solchen Schritts hat er bei geschickter Handhabung zumindest den genauen *Zeitpunkt* der Entlassung in der Hand und kann ein mit negativem Ergebnis drohendes Verfahren zu einem für ihn günstig erscheinenden Zeitpunkt einseitig zum Abbruch bringen. 182

In jedem Falle – dies ist partiell neu – ist die Einstellungsverfügung zu begründen. Sie muss dem Beamten zugestellt werden, was mittelbar die Schriftlichkeit erzwingt. 183

**Zuständig für die Einstellung** des Verfahrens gem. § 32 BDG ist der „Dienstvorgesetzte", der auch die Einleitung des Verfahrens zu verfügen hatte (§ 17 BDG); da die höheren Dienstvorgesetzten und die oberste Dienstbehörde die Einleitung und Durchführung des Disziplinarverfahrens jederzeit an sich ziehen können (§ 17 Abs. 1 Satz 2 BDG), ergibt sich aus dieser Kompetenz zwangsläufig auch die Zuständigkeit, das Verfahren anstelle des unmittelbaren Dienstvorgesetzten einzustellen. – Nach altem Recht konnte im Übrigen ab Gerichtshängigkeit nur das Gericht eine Einstellung des Verfahrens beschließen; die Anschuldigung entwickelte, einmal erhoben, ein behördlicherseits nicht mehr beeinflussbares Eigenleben. Demgegenüber kann nunmehr die Disziplinarklage auch *zurückgenommen* werden (§ 61 Abs. 1 BDG), was letztlich auf eine nachträgliche Einstellung hinausläuft. Die Rücknahme der Disziplinarklage hat nämlich ein Verwertungsverbot zur Folge: Hernach können die ihr zugrunde liegenden Handlungen nicht mehr Gegenstand eines Disziplinarverfahrens sein. Das macht eine Einstellung nach § 32 Abs. 1 Nr. 4 BDG erforderlich. 184

---
1 Vgl. etwa VGH BW v. 20.9.2005, DL 17 S 21/04, NVwZ-RR 2006, 266.

## 2. Die Disziplinarverfügung

185 Haben die Ermittlungen im behördlichen Verfahren ergeben, dass ein Dienstvergehen vorliegt, welches eine disziplinare Ahnung erforderlich macht, so ergeht im Falle der Disziplinarmaßnahmen des Verweises, der Geldbuße oder (neu) der Kürzung der Dienstbezüge bzw. des Ruhegehalts eine **Disziplinarverfügung**. Die genannten sind diejenigen Maßnahmen, die der Dienstvorgesetzte verhängen kann; alle noch weiter gehenden Maßnahmen (Zurückstufung, Entfernung aus dem Beamtenverhältnis und Aberkennung des Ruhegehalts) bleiben der disziplinargerichtlichen Entscheidung vorbehalten. Dabei sind die Kürzungstatbestände mit dem BDG neu in den Kompetenzbereich des Dienstvorgesetzten aufgenommen worden, um diesem die Ahnungsmöglichkeit auch in den mittleren und schweren Dienstvergehen zu überantworten; die Aufgabenstellung des Disziplinargerichts soll auf die schwersten Fälle reduziert werden[1].

186 Dabei sind **zuständig** für die Verweise und die Geldbußen[2] *jeder Dienstvorgesetzte* (§ 33 Abs. 2 BDG); die Kürzung der Dienstbezüge kann indessen nur die oberste Dienstbehörde im vollen Umfange (höchstens 1/5 auf längstens drei Jahre) ausschöpfen, die übrigen Kürzungen darf der der obersten Dienstbehörde unmittelbar nachgeordnete, nächstniedrigere Dienstvorgesetzte verhängen, dessen Aktionsspielraum auf höchstens 1/5 der Dienstbezüge auf zwei Jahre (§ 33 Abs. 3 BDG) begrenzt bleibt. Andere Dienstvorgesetzte sind zu Kürzungen nicht befugt. Für die Kürzung eines Ruhegehalts gilt § 33 Abs. 4 i.V.m. § 84 BDG. – Die jeweils höchsten Disziplinarbefugnisse der obersten Dienstbehörde, also diejenigen des § 33 Abs. 3 Nr. 1 BDG, und sämtliche Disziplinarbefugnisse des § 84 BDG (für Ruhestandsbeamte) dürfen allerdings durch allgemeine Anordnung, die im Bundesgesetzblatt zu veröffentlichen ist, ganz oder teilweise auf andere Dienstvorgesetzte delegiert werden, §§ 33 Abs. 5, 84 Satz 2 BDG. Nach dem Gesetzeswortlaut besteht eine solche Delegationsbefugnis für die Fälle des § 33 Abs. 3 Nr. 2 BDG nicht – was unsinnige Folgen haben kann, nämlich dahingehend, dass die delegierte Höchstkompetenz in der Behördenhierarchie niedriger angesiedelt wird als die nachrangige Kompetenz des § 33 Abs. 3 Nr. 2 BDG. Sinnvollerweise wird man im Delegationsfalle die Befugnisse des § 33 Abs. 3 Nr. 2 BDG ebenfalls herunterdelegieren, und zwar auf mindestens die gleiche Stufe, wenn nicht noch eine Stufe niedriger. Im Wege der systematischen und teleologischen Auslegung wird eine solche Befugnis sachgerecht begründet werden müssen.

187 Der Staffelung der Disziplinarbefugnisse entspricht, dass der Dienstvorgesetzte das Verfahren abzugeben hat, wenn er nach dem Ergebnis der Anhörungen und Ermittlungen seine Disziplinarbefugnisse für nicht ausreichend erachtet; er muss in diesem Falle die Entscheidung des höheren Dienstvorgesetzten bzw. der obersten Dienstbehörde herbeiführen, § 31 Satz 1 BDG, s. auch § 35 Abs. 1 Satz 2 BDG. Umgekehrt können diese den Fall zurückgeben, wenn sie die Befugnisse des jeweils niedrigeren Dienstvorgesetzten für ausreichend erachten, § 31 Satz 2 BDG bzw. § 35 Abs. 1 Satz 3 BDG; damit wird naturgemäß zugleich der Rahmen für die zu verhängende Maßnahme eingegrenzt.

---

1 RegE S. 33, 35, 43. Die Formulierungen sind nicht konsistent: Das Disziplinargericht soll die „wirklich schweren Fälle" (S. 33) bzw. die „tatsächlich schwerwiegenden Fälle" (S. 43) behandeln, wohingegen der behördlichen Ahndung Dienstvergehen „im Bereich mittlerer bis schwerer Art" (S. 35) unterfallen sollen.
2 Dies hatte der RegE noch anders vorgesehen; erst die Ausschussfassung hat auf Anregung des Bundesrates die Befugnis, Geldbußen zu verhängen, uneingeschränkt jedem Dienstvorgesetzten zuerkannt, vgl. RegE S. 12 und 43, Äußerung des Bundesrates BT-Drs. 14/4659 S. 60, AusschBer. BT-Drs. 14/5529 S. 20, 62 f.

Die Disziplinarverfügung dürfte dogmatisch als **VA** anzusehen sein; sie enthält alle 188
Wesensmerkmale der Begriffsbestimmung des § 35 Satz 1 VwVfG. Letztlich
kommt es in der praktischen Anwendung darauf aber nicht einmal an, denn dass
die Disziplinarverfügung mittels Widerspruchs anzugreifen ist regelt § 41 BDG ausdrücklich[1]. Für Form und Frist des Widerspruchs gilt gem. § 41 Abs. 2 BDG, § 70
VwGO entsprechend, d.h. er ist binnen Monatsfrist schriftlich oder zur Niederschrift zu erheben. Er kann sowohl bei dem Dienstvorgesetzten, der die Disziplinarverfügung erlassen hat, als auch bei demjenigen, der über den Widerspruch nach
§ 42 BDG zu entscheiden hat, fristwahrend eingelegt werden.

Der Widerspruch bewirkt Aufschub, § 80 Abs. 1 VwGO[2], wenn nicht ausnahms- 189
weise (was aber kaum begründbar erscheint[3]) der sofortige Vollzug angeordnet wird,
§ 80 Abs. 2 Nr. 4 VwGO[4]. Entgegen § 126 Abs. 2 BBG und damit eher der Grundstruktur des § 68 Abs. 1 Satz 2 Nr. 2 VwGO entsprechend entfällt allerdings das
Widerspruchsverfahren, wenn die Disziplinarverfügung bereits durch die oberste
Dienstbehörde erlassen wurde, § 41 Abs. 1 Satz 2 BDG; in diesem Falle ist die unmittelbare Klage an das VG (§ 52 Abs. 2 BDG) eröffnet. Kraft der ausdrücklichen
Regelung des § 42 Abs. 2 Satz 1 BDG gilt im Disziplinarrecht ein Verbot der *reformatio in peius*[5].

§ 33 Abs. 6 BDG regelt ausdrücklich, dass die Disziplinarverfügung **zu begründen** 190
und **zuzustellen** ist. Zustellung bedeutet dabei im Hinblick auf die § 3 BDG, § 41
Abs. 5 VwVfG, dass das Zustellungsrecht des VwZG Anwendung findet, d.h. neben
der förmlichen Zustellung mit Postzustellungsurkunde werden insbesondere auch
die Aushändigung gegen Empfangsbekenntnis (§ 5 VwZG), die Zustellung mittels
eingeschriebenen Briefes (§ 4 VwZG) und die Ersatzzustellung (§ 12 VwZG) statthaft sein. Bei bestelltem Bevollmächtigten soll, nach Vorlage einer schriftlichen
Vollmacht *muss* an diesen zugestellt werden, § 8 Abs. 1 VwZG. Damit entfällt
die dem Strafprozessrecht entlehnte „Doppel-Zustellung" an den Beamten einerseits unter gleichzeitiger Benachrichtigung seines Verteidigers andererseits (§§ 23a
BDO, 78 Abs. 3 BDO) oder umgekehrt. Es wird künftig also immer nur noch eine
Zustellung geben, und zwar richtigerweise an den bevollmächtigten Anwalt, soweit
dieser eine schriftliche Vollmacht vorgelegt hat (§ 8 Abs. 1 Satz 2 VwZG). – Im Hinblick auf den gem. § 3 BDG für ebenfalls anwendbar erklärten § 58 VwGO wird die
Disziplinarverfügung mit einer ordnungsgemäßen **Rechtsmittelbelehrung** zu versehen sein, widrigenfalls eine Anfechtung binnen Jahresfrist möglich ist.

Wird die Disziplinarverfügung nicht fristgerecht durch den betroffenen Beamten 191
mittels Widerspruchs oder Klage angegriffen, so erwächst die Entscheidung über
die verhängte Maßnahme in **Bestandskraft**. Die Maßnahme wird dann kraft Gesetzes wirken (Verweis, Kürzung) bzw. vollstreckbar (Geldbuße). Damit ist zugleich
auch das Disziplinarverfahren beendet. Allerdings gehen die Ahndungs- und Über-
prüfungsbefugnisse der Dienstvorgesetzten etwas weiter: Jede Disziplinarverfügung, aber auch jede Einstellung eines Disziplinarverfahrens wird nach § 35

---

1 In den Ländern, die das Widerspruchsverfahren allgemein abgeschafft haben, hat man
 konsequenterweise auch die landesdisziplinarrechtlichen Bestimmungen über den Widerspruch aufgehoben, wie z.B. in NW durch das G. zur Änderung des LDG v. 27.10.2009
 – GVBl. NW S. 530 zum 1.1.2010 (Art. 3 LDGÄndG).
2 Vgl. RegE S. 46 (zu § 40 d. Entw.).
3 Skeptisch auch *Urban*, NVwZ 2001, 1335 (1340).
4 Immerhin die abstrakte Möglichkeit einer Anordnung des Sofortvollzuges spricht freilich
 der RegE an (S. 46).
5 Vgl. *Urban*, NVwZ 2001, 1335 (1339), der allerdings mit Recht darauf hinweist, dass dieses Verbot durch die Befugnis der obersten Dienstbehörde, bis spätestens drei Monate
 nach Zustellung des Widerspruchsbescheids die Maßnahme nach Art und Höhe ver-
 schärfen bzw. Disziplinarklage erheben kann (§ 43 BDG), deutlich relativiert wird.

Abs. 1 Satz 1 BDG an den höheren Dienstvorgesetzten vorgelegt; dieser kann und wird ggfs. weiter berichten, wenn er seine Disziplinarbefugnisse für nicht ausreichend erachtet. Alsdann können die höheren Dienstvorgesetzten **binnen drei Monaten** in einem zunächst eingestellten Disziplinarverfahren eine Disziplinarverfügung erlassen oder gar Disziplinarklage erheben; genauso können sie eine ergangene Disziplinarverfügung aufheben und in der Sache neu entscheiden oder Disziplinarklage erheben, § 35 Abs. 2 und 3 BDG. Der Beamte ist in einer für ihn vermeintlich günstigen Entscheidung also erst nach drei Monaten ab Zustellung wirklich sicher[1]. Und nicht einmal dies: Kommt es wegen desselben Sachverhalts anderweitig zu einem rechtskräftig werdenden Urteil mit abweichenden Tatsachenfeststellungen, so kann auch ohne Rücksicht auf diese Dreimonatsfrist die ergangene Einstellung oder Disziplinarverfügung behördlicherseits aufgehoben werden, um neu über den nunmehr gegebenen Sachverhalt zu befinden.

### 3. Erheben der Disziplinarklage

192 Als dritte und letzte Entscheidungsmöglichkeit des Dienstvorgesetzten nach Abschluss des behördlichen Disziplinarverfahrens steht ihm die Möglichkeit zu Gebote, gegen den Beamten mit dem Ziel der Zurückstufung, der Entfernung aus dem Beamtenverhältnis oder der Aberkennung des Ruhegehalts **Disziplinarklage** an das nunmehr zuständige VG – Disziplinarkammer – zu erheben, § 34 BDG. Die drei höchsten Disziplinarmaßnahmen sind der richterlichen Entscheidung vorbehalten. Kommen diese Maßnahmen allerdings nach dem Ermittlungsergebnis in Betracht, so *ist* diese Klage zu erheben; die Dienstvorgesetzten haben dann keinen weiteren Entscheidungsspielraum. Weil ohnehin die Entscheidung über die dann zu verhängende Maßnahme durch das Gericht getroffen wird, bedurfte es für die Erhebung der Disziplinarklage keiner begrenzenden Zuständigkeitsregelung; die Disziplinarklage kann und muss daher auch durch den unmittelbaren Dienstvorgesetzten erhoben werden, wenn die Voraussetzungen vorliegen. Da der höhere Dienstvorgesetzte und die oberste Dienstbehörde aber jede abweichende Entscheidung, also die Einstellung wie die Disziplinarverfügung, gem. § 35 Abs. 1 BDG vorgelegt bekommen und das Verfahren gem. § 17 Abs. 1 BDG jederzeit an sich ziehen können, ist auf diese Weise organisationsrechtlich sichergestellt, dass der unmittelbare Vorgesetzte in seinem Umgang mit dem Disziplinarverfahren durchgängig kontrolliert bleibt. Damit wird dem Wegfall des Bundesdisziplinaranwalts Rechnung getragen, der nach dem Modell der BDO für die Beachtung des Disziplinarrechts Sorge zu tragen hatte, u.a. durch die Befugnis, in den gravierenderen Fällen die Einleitung des förmlichen Verfahrens zu erzwingen (§ 39 Satz 1 BDO), durch seine Zuständigkeit bei der Fertigung der Anschuldigungsschrift (§ 65 BDO) und durch die Teilnahme am disziplinargerichtlichen Verfahren (§§ 67 ff. BDO).

193 Die Disziplinarklage ist als **eigene Klageart** des verwaltungsgerichtlichen Verfahrens **neu geschaffen** worden[2]. Sie ist in den §§ 52 Abs. 1, 53 ff. BDG näher geregelt und unterscheidet sich von den sonstigen disziplinargerichtlichen Klagen (§ 52 Abs. 2 BDG), wie sie etwa bei gerichtlicher Anfechtung einer Disziplinarverfügung oder in sonstigen Fällen in Betracht kommen. Abgesehen von den besonderen Verfahrensregelungen der §§ 54–61 BDG entscheidet die Kammer für Disziplinarsachen des VG über die Disziplinarklage stets in Kammerbesetzung; der Einzelrichter ist ausgeschlossen, § 46 Abs. 2 Satz 2 BDG. In Disziplinarklagen ist eine Berufungsmöglichkeit in jedem Falle gegeben, § 64 Abs. 1 BDG; die VwGO-Bestimmungen über die Zulassungsbedürftigkeit von Berufungen (§§ 124 ff. VwGO) gelten dort nicht.

---

1 Dies ist allerdings eine „echte" Ausschlussfrist, vgl. VG Berlin v. 17.6.2008, 80 Dn 30.06.
2 RegE S. 43/44.

## VII. Die Disziplinarentscheidung des Dienstvorgesetzten

Den näheren Inhalt der Disziplinarklage beschreibt § 52 Abs. 1 Satz 2 BDG. Gegenüber der knappen Fassung des § 65 BDO, wonach die Anschuldigungsschrift „die Tatsachen, in denen ein Dienstvergehen erblickt wird, und die Beweismittel geordnet darstellen" sollte, bestimmt § 52 Abs. 1 BDG viel präziser, was verlangt wird: Die Klageschrift muss sich zu dem bisherigen persönlichen und beruflichen Werdegang des Beamten erklären, den bisherigen Gang des Disziplinarverfahrens wiedergeben und nicht nur die Tatsachen, in denen ein Dienstvergehen erblickt wird, sondern darüber hinaus auch alle „anderen Tatsachen, und Beweismittel, die für die Entscheidung von Bedeutung sind", geordnet darstellen. Dies sind etwa Gesichtspunkte, die bei der Bemessung einer Disziplinarmaßnahme eine Rolle spielen könnten. Aber es sind auch weitere Aspekte denkbar. So wird z.B. in den Fällen des § 14 Abs. 1 Nr. 2[1] oder Abs. 2 BDG der disziplinare Überhang deutlich herauszustellen sein.

194

Mit § 52 Abs. 1 BDG werden indes nicht allein die formellen Anforderungen an eine ordnungsgemäße Disziplinarklage beschrieben, es wird auch der Umfang der Anschuldigung bestimmt. Der Inhalt der Disziplinarklage **begrenzt** nämlich, ähnlich wie die bisherige Anschuldigungsschrift des § 65 BDO und wie der Eröffnungsbeschluss eines Strafgerichts, **den Umfang des Prozessstoffes**. Dies ist letztlich aus § 53 Abs. 1 BDG abzulesen, wonach neue Handlungen, die nicht Gegenstand der Disziplinarklage gewesen sind, nur im Wege der Nachtragsdisziplinarklage in das Verfahren einbezogen werden können. Das Gericht ist an diese Anschuldigungspunkte gebunden (§ 60 Abs. 2 Satz 1 BDG)[2], und der Beamte und sein anwaltlicher Vertreter brauchen sich deshalb nur auf diese einzustellen.

195

Behördlicherseits limitiert die Disziplinarklage auch die statthaften Beweiserhebungen. Nachdem das BDG aus rechtsstaatlichen Gründen ausdrücklich von dem System der mittelbaren Beweiserhebung durch unbesehene Übernahme der Beweisergebnisse des förmlichen Untersuchungsverfahrens Abstand genommen[3] und eine eigene, unmittelbare Beweiserhebung durch die Disziplinarkammer vorsieht (§ 58 Abs. 1 BDG), kommt es auf die dort gegebene Beweislage naturgemäß entscheidend an. In erster Linie gilt für das Disziplinargericht der Grundsatz der Amtsermittlung, §§ 3 BDG, 86 Abs. 1 VwGO, so dass die Kammer an das Vorbringen der Beteiligten und deren Beweisanträge nicht gebunden ist. Gleichwohl wird das Gericht nicht jeder potentiellen Beweismöglichkeit nachgehen, sondern auf etwaige (ergänzende) Beweisanträge der Beteiligten reagieren. Hierzu bestimmt nun § 58 Abs. 2 BDG, dass der Dienstherr **Beweisanträge nur in der Klageschrift** stellen kann. Gegenüber dem Beamten, der nach Zustellung zwei Monate Zeit hat, etwaige Beweisanträge zu stellen, ist dem Dienstherrn unter entsprechender Präklusion[4] diese Möglichkeit, Beweisanträge noch während des Verfahrens „nachzuschieben", nicht eingeräumt.

196

---

1 Nach BVerwG v. 23.2.2005 – 1 D 13.04, BVerwGE 123, 75 = NVwZ-RR 2006, 53 = ZBR 2005, 252 = RiA 2006, 280 ist nach Verurteilung in einem sachgleichen Strafverfahren eine disziplinarrechtliche Zurückstufung nur angängig, wenn konkrete Anhaltspunkte für eine Wiederholungsgefahr gegeben sind.

2 Zum alten Recht (§ 75 Abs. 1 BDO): Einschließlich des daraus abgeleiteten Vorwurfs eines Dienstvergehens; s. BVerwG, DokBer. 1991, 245: Anschuldigung unbefugter Brieföffnung, die den Verdacht des versuchten Diebstahls erregt habe, lässt keine Urteilsfeststellung dahin zu, dass die Brieföffnung in Beraubungsabsicht bezüglich des Inhalts erfolgt sei.

3 Die Abkehr vom bisherigen „Mittelbarkeitsprinzip" der Beweisaufnahme (§ 68 BDO) hat der Gesetzgeber indes im Hinblick auf den Wegfall des unabhängigen Untersuchungsführers, aber auch unabhängig davon auch „unter rechtsstaatlichen Gesichtspunkten" für geboten erachtet, vgl. RegE S. 49.

4 RegE S. 49.

197 Leidet die Disziplinarklage unter wesentlichen Mängeln, die der Beamte innerhalb zweier Monate nach Zustellung rügen (§ 55 Abs. 2 BDG), die aber auch das Gericht von Amts wegen beanstanden kann[1] (§ 55 Abs. 3 BDG), so kann die Kammer dem Dienstherrn zur Behebung eine Frist setzen. Erfolgt eine Behebung nicht, so stellt das Gericht das Disziplinarverfahren im Beschlusswege ein, § 55 Abs. 3 BDG.

198 Auf Antrag des Beamten kommt ein **Mitwirkungsrecht des Personalrats** zum Tragen, § 78 Abs. 1 Nr. 3 BPersVG[2]. Eine bei Verfahrenseinleitung fehlerhaft unterlassene Mitwirkung des Personalrats ist allerdings nach h.M. nachholbar, die Einleitungsverfügung also nicht unwirksam[3]. Wohl aber liegt in diesem Fall ein Verfahrensmangel i.S.d. § 55 BDG vor[4], so dass eine fristgerechte Rüge vonnöten ist. Die Mitwirkung steht übrigens keineswegs nur auf dem Papier, zumal der Personalrat bei sachlicher Zurückweisung seiner Einwendungen nach § 72 Abs. 4 BPersVG die Stufenvertretung anrufen kann, die in Verhandlungen mit der obersten Dienstbehörde deren abschließende Entscheidung herbeiführt. Wegen Beteiligung die **Schwerbehindertenvertretung** s. § 95 SGB IX. Die Nichtanhörung des Integrationsamtes – früher Hauptfürsorgestelle – (§ 102 SGB IX) steht der Durchführung des Disziplinarverfahrens allerdings nicht entgegen[5]. Je nach inhaltlichem Kontext kann auch eine Beteiligung der Gleichstellungsbeauftragten nach § 19 BGleiG in Betracht zu ziehen sein.

### VIII. Vorläufige Anordnungen der Dienstvorgesetzten

199 Die für die Erhebung der Disziplinarklage zuständige Behörde kann von der Einleitung des Disziplinarverfahrens an – sogleich oder später – unter bestimmten Voraussetzungen den Beamten vorläufig des Dienstes entheben und gleichzeitig damit oder auch später anordnen, dass ein Teil der Dienstbezüge einbehalten wird. Die Bestimmungen der §§ 91, 92 BDO sind insoweit mit teilweise deutlichen Veränderungen in das Recht des BDG übernommen worden: §§ 38–40 BDG.

#### 1. Vorläufige Dienstenthebung

200 Gegenüber § 91 BDO sind die zulässigen Fälle der vorläufigen Dienstenthebung wesentlich eingeschränkt und konkretisiert worden. Konnte nach bisherigem Recht ab der Einleitung des förmlichen Disziplinarverfahrens grds. jederzeit suspendiert werden, so ist dies künftig nur noch in zwei explizit aufgeführten Fällen möglich[6]. *Zum einen* kann der Dienstherr nach Einleitung des Disziplinarverfahrens den unter dem Verdacht eines schwersten Disziplinarvergehens stehenden Beamten gem. § 38 Abs. 1 Satz 1 BDG vorläufig des Dienstes entheben, wenn im Disziplinarver-

---

1 Z.B. bei Verstößen gegen den Grundsatz des rechtlichen Gehörs: Bereits nach bisherigem Recht (§ 67 Abs. 4 BDO) hatte das Gericht das Verfahren bis zur Nachholung auszusetzen, wenn in der Anschuldigung Tatsachen verwendet wurden, zu denen sich der Beamte noch nicht zu äußern vermochte. Ebenso z.B. bei Zweifeln des Gerichts an umfassender Aufklärung des Sachverhalts, BVerwG, DokBer. 1991, 280, bei unzureichender Konkretisierung des Dienstvergehens (BVerwG v. 8.3.1985 – 1 DB 16.85, BVerwGE 76, 347; v. 25.5.1988 – 1 DB 9.88, BVerwGE 86, 27 sowie *Claussen/Janzen*, 8. Aufl., § 65 Rz. 9 ff.), oder bei formellen Mängeln (z.B. fehlende oder mangelhafte Zustellungen o. dergl.).
2 Einzelheiten s. bei *Altvater*, PersR 2001, 491 ff.
3 BVerwG v. 22.3.1989 – 1 DB 30.88, BVerwGE 86, 140 = NVwZ 1989, 1071. VG Meiningen v. 3.3.2005 – 6 D 60003/04Me, ZBR 2006, 354 (L.).
4 OVG NW v. 19.1.2005, 22d A 1433/03. BDG, NVwZ-RR 2006, 268.
5 BVerwG, DokBer. 1992, 147.
6 Es handelt sich nach der Gesetzesbegründung um einen „schwerwiegenden Eingriff" in die Rechte des betroffenen Beamten; deshalb ist eine „hinreichend bestimmte gesetzliche Regelung" für notwendig erachtet worden: RegE S. 45.

VIII. Vorläufige Anordnungen der Dienstvorgesetzten   Rz. 202   Teil **6 B**

fahren **voraussichtlich auf eine Entfernung aus dem Beamtenverhältnis bzw. Aberkennung des Ruhegehalts erkannt** werden wird[1]. Gleichgestellt sind diejenigen Fälle, in denen bei einem Probe- oder Widerrufsbeamten voraussichtlich eine Entlassung nach § 5 Abs. 3 Satz 2 BDG i.V.m. den §§ 34 Abs. 1 Nr. 1, 37 BBG zu erwarten steht. Dieses Erfordernis (prospektive Erwartung der Höchstmaßnahme) war bisher allein Voraussetzung für die teilweise Einbehaltung der Dienstbezüge, § 92 Abs. 1 BDO; nunmehr ist die genannte tatbestandliche Voraussetzung einschränkend auch bereits für die Suspendierung maßgeblich. Zum anderen und unabhängig hiervon kann die vorläufige Dienstenthebung aber auch dann erfolgen, wenn das **Verbleiben des Beamten im Dienst entweder den Dienstbetrieb oder die Ermittlungen wesentlich beeinträchtigen würde**, vorausgesetzt, die Suspendierung steht nicht außer Verhältnis zu der Bedeutung der Sache und der zu erwartenden Disziplinarmaßnahme, § 38 Abs. 1 Satz 2 BDG. Für diesen weitergehenden Suspendierungsfall hat der Gesetzgeber also ausdrücklich die Beachtung des Verhältnismäßigkeitsprinzips[2] als eigenständiges Tatbestandsmerkmal zur Voraussetzung gemacht.

Die Behörde entscheidet nach pflichtgemäßem Ermessen[3] und nach Gewährung rechtlichen Gehörs; die Verfügung ist zuzustellen – das folgt mittelbar aus § 39 Abs. 1 BDG. Die Dienstenthebung kann jederzeit aufgehoben werden, § 38 Abs. 4 BDG. Dabei wird das Festhalten an der Suspendierung regelmäßig neu zu prüfen sein, insbesondere bei langen Verfahren, bei Vorliegen neuer und weitergehender Erkenntnisse im Disziplinarverfahren, im Zusammenhang mit der Entscheidung des Dienstherrn zum Abschluss des behördlichen Verfahrens und nach einem Urteil – insbesondere natürlich einer Abweisung der Disziplinarklage – im 1. Rechtszug. Dem Beamten ist die Dienstausübung ab Zustellung der Anordnung (§ 39 Abs. 1 BDG) verboten, er ist aber auch von der Pflicht zur Dienstleistung befreit. Unbeschadet dessen wird er – ggf. mit gekürzten Beträgen, s.o. – weiter alimentiert; hieraus wird abgeleitet, dass auch der suspendierte Beamte keine weitergehende Nebentätigkeit ausüben darf, wie sie dem aktiven Beamten gestattet ist. Tut der dies ohne Genehmigung dennoch, so setzt er sich wiederum disziplinarer Ahndung aus[4]. – Außerhalb des Disziplinarrechts ist ein vorläufiges und auf höchstens drei Monate befristetes Verbot der Führung der Dienstgeschäfte unter den Voraussetzungen des § 66 BBG möglich.   201

## 2. Einbehaltung von Dienstbezügen

Gleichzeitig mit der Maßnahme nach § 38 Abs. 1 Satz 1 BDG oder auch später kann die für die Erhebung der Disziplinarklage zuständige Behörde nach § 38 Abs. 2 und 3 BDG die Einbehaltung eines Teils der Dienstbezüge anordnen, höchstens je-   202

---

1 Die Rspr. zu § 92 Abs. 1 BDO verlangte hierfür wegen der weit reichenden Konsequenzen für die betroffenen Beamten eine „überwiegende Wahrscheinlichkeit", hierzu BVerwG v. 6.11.1991 – 1 DB 15.91, BVerwGE 93, 179 ff. = DokBer. 1992, 65 (67) = NVwZ-RR 1992, 640. Das Erfordernis wird auf § 38 Abs. 1 S. 1 BDG übertragen werden können.
2 Dies wurde in der Rspr. freilich auch bisher schon zur Voraussetzung gemacht: Kommt eine Entfernung aus dem Dienst erkennbar nicht in Betracht, wird eine Suspendierung *nur bei besonders rechtfertigenden Gründen* erfolgen können: BVerwG v. 16.5.1994 – 1 DB 7.94, BVerwGE 103, 117 = NVwZ-RR 1994, 594.
3 An die Ermessenserwägungen und ihre Darstellung sind nach BVerwG v. 21.9.2000 – 1 DB 7.00, BVerwGE 114, 50 = DVBl 2001, 141 = DÖV 2001, 699 (LS) dann keine übermäßigen Anforderungen zu stellen, wenn die Höchstmaßnahme mit überwiegender Wahrscheinlichkeit in Betracht kommt, wohl aber dann, wenn die Entfernung nicht zu erwarten ist oder besondere Umstände des Falles vorliegen, die eine weitergehende Interessenabwägung erforderlich machen.
4 OVG NW v. 26.11.2003 – 22d A 1534/01, NVwZ-RR 2004, 594: Entfernung aus dem Dienst bei langandauernder, ungenehmigter Nebentätigkeit unter Verschweigen der dort erzielten Einkünfte.

Baden | 1393

doch die Hälfte davon, bei Ruhestandsbeamten höchstens 30 % des Ruhegehalts[1]. Die vorläufige Einbehaltung von Dienstbezügen ist aber weiterhin nur in dem Fall der überwiegenden Wahrscheinlichkeit[2], dass auf Entfernung oder Ruhegehaltsaberkennung erkannt werden wird, statthaft[3]. Für diese Beurteilung genügt indessen eine summarische Prüfung, ohne dass der Ausgang des Verfahrens damit präjudiziert wird[4]. Dabei werden hier die Regelmaßnahmen von gewisser Bedeutung (Rz. 58 ff.) sein; es kommt aber auf die überwiegende Wahrscheinlichkeit der Dienstentfernung im konkreten Fall an. Bei Dienstvergehen, die nach der Rspr. die Entfernung als Regelmaßnahme nach sich ziehen, sind etwaige Milderungsgründe im Eilrechtsschutz nur dann zu berücksichtigen, wenn sie offensichtlich vorliegen[5].

203 Innerhalb des möglichen Kürzungsrahmens ist zu beachten, dass auch der mit dem Vorwurf eines Dienstvergehens konfrontierte Beamte bzw. Ruhestandsbeamte seinen Alimentationsanspruch zunächst einmal behält. Er muss zwar Einschnitte in seine bisherige Lebensführung hinnehmen, jedoch darf vor der endgültigen Entfernung aus dem Beamtenverhältnis bzw. Aberkennung des Ruhegehalts der Kern der Alimentationspflicht nicht verletzt werden[6]. Es ist daher auf die wirtschaftlichen Verhältnisse des Beamten und seiner Familie abzustellen und ihm deshalb z.B. nicht die Möglichkeit von Schuldentilgung zu nehmen[7]. Der Gesetzgeber hat die Höchst-Kürzungsbeträge (50 % beim aktiven und 30 % beim Ruhestandsbeamten) bewusst den entsprechenden Regelungen über den Unterhaltsbeitrag angeglichen[8] – ohne dass damit aber gewissermaßen schon eine Vorgabe für den „Regelfall" verbunden sein kann. Auch hier ist bei Änderung der Verhältnisse – auch die vermeidbare Verzögerung des Verfahrens kann hier von Bedeutung sein – eine Überprüfung und ggf. Änderung der Anordnung veranlasst (s. Rz. 201). Über die Zustellung der Anordnung und den Beginn ihrer Wirksamkeit s. § 39 Abs. 1 BDG. Die Maßnahme endigt mit dem rechtskräftigen Abschluss des Disziplinarverfahrens, § 39 Abs. 4 BDG.

204 Die einbehaltenen Dienstbezüge verfallen nach § 40 Abs. 1 BDG, wenn der Beamte im Wege des disziplinargerichtlichen Urteils rechtskräftig aus dem Dienst entfernt bzw. dem Pensionär das Ruhegehalt aberkannt worden ist (Nr. 1). Gleichgestellt sind der Fall der Beendigung des Beamtenverhältnisses kraft strafgerichtlicher Entscheidung (Nr. 2), die Fälle der Nrn. 3 u. 4 sowie die Entlassung eines Probe- oder Widerrufsbeamten nach § 5 Abs. 3 Satz 2 BDG i.V.m. §§ 34 Abs. 1 Satz 1 Nr. 1 bzw. 37 Abs. 1 Satz 1 BBG. In allen anderen Fällen, also insbesondere dann, wenn schlussendlich nur eine mildere Maßnahme als zunächst angenommen verhängt

---

1 Die Bestimmung des Ausmaßes der Einbehaltung ist (notwendige) Ermessensentscheidung der anordnenden Behörde. Dieses Ermessen wird rechtsfehlerhaft verletzt, wenn ohne nähere Prüfung unbesehen von der höchstzulässigen Kürzung Gebrauch gemacht wird; BVerwG v. 6.2.1995 – 1 D 44.94, BVerwGE 103, 208 = NVwZ-RR 1995, 450. Zur Beachtung des Verhältnismäßigkeitsgrundsatzes – auch hinsichtlich der Dauer der Einbehaltung – vgl. BVerwG v. 6.4.1994 – 2 WDB 6.94, BVerwGE 103, 222. Kein Einfluss auf die Höhe dieser Einbehaltung bei Aufrechnung mit Forderungen des Dienstherrn; s. BVerwG v. 28.10.1982 – 1 DB 27.82, BVerwGE 76, 22 und DokBer. 1992, 25.
2 Hierzu BVerwG v. 6.11.1991 – 1 DB 15.91, BVerwGE 93, 179 ff. = DokBer. 1992, 65 (67) = NVwZ-RR 1992, 640.
3 Die Regelung in den Ländern kann gerade auch dazu eine andere sein; so besagt in Bayern seit der Neufassung BayDO v. 15.3.1985 Art. 81: „Die Einbehaltung darf nur in besonderen Fällen die Hälfte des Gehalts überschreiten." Außerdem ist dort diese Maßnahme auch bei zu erwartender Degradierung zulässig.
4 BVerwG, DokBer. 1990, 84.
5 OVG Rheinland-Pfalz v. 11.7.2001 – 3 B 10956/01, NVwZ-RR 2001, 774 = RiA 2001, 308, im Anschluss an BVerwG, DokBer. B 1993, 207.
6 RegE S. 45.
7 BVerwG v. 4.8.1982 – 1 DB 14.82, BVerwGE 76, 16.
8 RegE S. 45.

wird, sind die einbehaltenen Bezüge nachzuzahlen[1]; ggf. muss sich der Beamte dabei aber zwischenzeitlich erzielte Nebeneinkünfte anrechnen lassen (§ 40 Abs. 2 BDG).

Mit den Ergänzungen des DNeuG ist die Möglichkeit des vorläufigen Einbehalts von Dienstbezügen auch auf den Betrieb eines Entlassungsverfahrens bei Probe- oder Widerrufsbeamten nach den §§ 34 Abs. 1 Satz 1 Nr. 1 bzw. § 37 Abs. 1 Satz 1 BBG ausgedehnt worden, § 38 Abs. 2 Satz 2 BDG[2].

### 3. Rechtsschutz gegen die vorläufigen Maßnahmen des § 38 BDG

Für die vorläufigen Maßnahmen des § 38 BDG sieht die gesetzliche Neuregelung als eigenständige Rechtsschutzmöglichkeit einen **Antrag auf Aussetzung** derselben vor, § 63 Abs. 1 BDG. Diesem ist zu entsprechen, wenn „ernstliche Zweifel" an deren Rechtmäßigkeit bestehen, § 63 Abs. 2 BDG. Nach der regierungsamtlichen Begründung wird mit dieser Vorgabe zum Ausdruck gebracht, dass lediglich eine summarische gerichtliche Überprüfung der Maßnahme vorgesehen und das darauf gerichtete Verfahren des § 63 BDG als vorläufiges Rechtsschutzverfahren ausgestaltet ist[3]. Das wird auch in der näheren Ausgestaltung des Verfahrens deutlich (§§ 63 Abs. 3, 67 Abs. 3 BDG): Das Gericht entscheidet durch Beschluss (siehe § 63 Abs. 3 BDG). Auf diesen ist § 80 Abs. 7 VwGO entsprechend anzuwenden, d.h. das Gericht kann die Entscheidung jederzeit ändern oder aufheben, und die Beteiligten können jederzeit eine Änderung oder Aufhebung wegen veränderter oder im ursprünglichen Verfahren ohne Verschulden nicht geltend gemachter Umstände beantragen. Der Antrag ist regelmäßig an die Disziplinarkammer des VG zu stellen; ist das gerichtliche Disziplinarverfahren bereits bei dem OVG anhängig, wird auch der Aussetzungsantrag dort zu stellen sein, § 63 Abs. 1 Satz 2 BDG.

Ist der Antrag vom VG in erster Instanz beschieden worden, besteht ein Instanzenzug (Beschwerde) zum OVG. Die Beschwerde ist binnen zwei Wochen einzulegen, § 67 Abs. 1 BDG i.V.m. § 147 Abs. 1 VwGO, und binnen eines Monats zu begründen, § 67 Abs. 3 BDG i.V.m. § 146 Abs. 4 VwGO, jeweils rechnend ab der Zustellung der erstinstanzlichen Entscheidung. In Fällen der unmittelbaren Zuständigkeit des OVG (§ 63 Abs. 1 Satz 2 BDG) scheidet die Beschwerde naheliegenderweise aus[4]. Eine dritte Instanz ist nicht vorgesehen.

Die Eröffnung eines eigenständigen, an das verwaltungsgerichtliche Eilverfahren angelehnten Rechtsmittelzugs gegen die vorläufigen Maßnahmen des § 38 BDG wird als lex specialis die ansonsten angesichts § 3 BDG immerhin zu diskutierende Möglichkeit eines Vorgehens mit Widerspruch und Klage ausschließen, so dass sich im Ergebnis auch nicht ernsthaft die Frage stellt, ob bei solcher Vorgehensweise eine aufschiebende Wirkung i.S.d. § 80 Abs. 1 VwGO[5] in Betracht kommen kann.

---

1 Vgl. auch OVG NW v. 8.10.2002 – 15d A 3266/02, NVwZ-RR 2003, 222: Nachzahlung nach gerichtlicher Aufhebung der Einbehaltungsverfügung.
2 Hierzu BT-Drs. 16/2253 S. 13.
3 RegE S. 50. Kein Rechtsschutzbedürfnis für Überprüfung der vorläufigen Dienstenthebung nach Eintritt in den Ruhestand: BVerwG v. 6.6.1996 – 1 DB 4.96, NVwZ-RR 1997, 180.
4 Rechtsgedanke des § 152 Abs. 1 VwGO.
5 S. RegE S. 45 (zu § 38 d. Entw.) und S. 46 (zu § 40 d. Entw.). Die Unklarheit, ob und für welche Verfahren § 80 Abs. 1 VwGO (aufschiebende Wirkung) gelten solle, hat der Bundesrat zum Anlass genommen, eine Klarstellung vorzuschlagen (BT-Drs. 14/4659 S. 60); die BReg hat hier aber keinen weiteren Klärungsbedarf gesehen (BT-Drs. 14/4659 S. 65). Die Ausschussberatungen haben die jetzigen §§ 39 Abs. 1, 41 BDG unverändert gelassen, sich mit der Problematik also auch nicht näher befasst (AusschBer., S. 22, 24).

Das Gesetz bestimmt in § 39 Abs. 1 BDG lediglich, dass die vorläufige Dienstenthebung mit der Zustellung, die vorläufige Einbehaltung von Bezügen mit dem nächstfolgenden Fälligkeitstag „wirksam *und vollziehbar*" sein sollen. Selbst wenn die vorläufige Maßnahme sich in Ansehung der Dogmatik der VwGO und des VwVfG als eine Art „disziplinarrechtlicher Verwaltungsakt" ansehen ließe, dürfte sich mit einiger Wahrscheinlichkeit aus dem eigenständigen Rechtsschutzverfahren des § 63 BDG abzuleiten lassen, dass Widerspruch und Klage ausscheiden[1], jedenfalls aber *keinen Aufschub* bewirken. Auch wenn dies nicht ausdrücklich im Gesetz zum Ausdruck gebracht wird, dürfte die genannte Formulierung dahin zu verstehen sein, dass es sich i.S.d. § 80 Abs. 2 Nr. 3 VwGO um einen „anderen durch Bundesgesetz ... vorgeschriebenen" Fall des Wegfalls der aufschiebenden Wirkung handelt[2]. Das vorgesehene, gesonderte Rechtsschutzverfahren der §§ 63, 67 Abs. 3 BDG tritt insoweit an die Stelle des anderenfalls sicherlich eingreifenden § 80 Abs. 5 VwGO.

209 Gewissermaßen **mittelbaren Rechtsschutz** bietet die erst in den Ausschussberatungen beigefügte Bestimmung des § 38 Abs. 4 BDG, wonach die für die Erhebung der Disziplinarklage zuständige Behörde jederzeit sowohl die vorläufige Dienstenthebung als auch die Einbehaltung ganz oder teilweise aufheben kann. Der anwaltliche Bevollmächtigte wird also neben den förmlichen Rechtsbehelfen auch über die Möglichkeit eines **Antrages oder einer Anregung, nach § 38 Abs. 4 BDG zu verfahren**, Einfluss auf den Fortgang der vorläufigen Maßnahmen nehmen. Wird daraufhin die Einbehaltungsanordnung aufgehoben, wird auch über den Zeitpunkt des Wirksamwerdens (ab Beginn der Einbehaltung oder ab einem anderen Zeitpunkt) zu entscheiden sein[3], wobei auch die rückwirkende Aufhebung möglich ist[4].

## IX. Zum gerichtlichen Disziplinarverfahren

### 1. Gerichtsaufbau und Verfahrensgrundsätze

210 Mit den gesetzlichen Neuregelungen des BDG bzw. der jeweiligen Landesdisziplinargesetze ist die Gerichtszuständigkeit in Disziplinarsachen insgesamt an die Verwaltungsgerichte der Länder übergegangen. Das Bundesdisziplinargericht wurde zum 31.12.2003 aufgelöst (§ 85 Abs. 7 BDG). Bei den Verwaltungsgerichten sind jeweils Kammern für Bundesdisziplinarsachen und für Landesdisziplinarsachen eingerichtet, bei dem OVG bzw. VGH entsprechende Senate. Die Länder sind allerdings im Rahmen ihrer Zuständigkeit, den Gerichtsaufbau zu bestimmen, befugt, die Zuständigkeiten zu konzentrieren und erstinstanzlich einzelne Verwaltungsgerichte zu bestimmen, die dann jeweils mehrere Gerichtsbezirke abdecken[5].

211 Weitere Konsequenz der Anlehnung des Disziplinarrechts an das Verwaltungsprozessrecht ist dann aber richtigerweise, dass gegen Disziplinarentscheidungen der OVG/VGH eine Revision an das BVerwG möglich wird (§§ 69 ff. BDG); hierdurch

---

1 Meine erste, noch anders lautende Auffassung in PersR 2001, 501 (506) dürfte sich bei näherem Betrachten nicht aufrecht erhalten lassen.
2 RegE S. 45: Klarstellung, dass „die Anordnungen mit ihrer Wirksamkeit zugleich vollziehbar sind". Für die Annahme einer mit der Anordnung des Sofortvollzuges vergleichbare *Verwaltungsentscheidung sui generis*, die nicht mit Widerspruch und Klage anzufechten sei, s. auch *Urban*, NVwZ 2001, 1335 (1338).
3 BVerwG v. 18.2.1985 – 1 DB 14.85, BVerwGE 76, 333 (344).
4 BVerwG v. 18.8.1969 – II DB 5.69, BVerwGE 33, 332 (334 f.).
5 Vgl. für den Bund § 45 Abs. 1 Satz 3 BDG. Von dieser Möglichkeit ist durchgängig Gebrauch gemacht worden; so werden z.B. erstinstanzliche Disziplinarsachen in Nordrhein-Westfalen ausschließlich vor den VG Düsseldorf und Münster verhandelt, in Rheinland-Pfalz allein in Trier.

## IX. Zum gerichtlichen Disziplinarverfahren

wird gegenüber dem bisherigen Rechtszustand für Disziplinarverfahren eine dritte Instanz gebildet. Freilich ist der Zugang in die dritte Instanz gem. § 69 BDG, § 132 Abs. 2 VwGO von einer Revisionszulassung abhängig, die bei Vorliegen der Zulassungsvoraussetzungen (im Wesentlichen grundsätzliche Bedeutung der Rechtssache oder Divergenz gegenüber einer anderweitigen Entscheidung[1] sowie ggf. ein zu rügender Verfahrensmangel, § 132 Abs. 2 VwGO) vom OVG ausgesprochen werden kann oder im Wege der Nichtzulassungsbeschwerde vom BVerwG selbst auszusprechen ist. Dem BVerwG wird damit auch für das Disziplinarrecht wieder die einem obersten Bundesgericht eigene Kompetenz zugewiesen, in Grundsatzfragen für eine Einheitlichkeit der Rechtsanwendung auch im Disziplinarrecht Sorge zu tragen[2], und zwar im Hinblick auf § 127 Nr. 2 BRRG auch in Angelegenheiten der Landes- und Kommunalbeamten[3].

Die Verhandlung der Disziplinarsachen vor den VG und OVG hat im Übrigen zur Folge, dass grds. auch die dort übliche Besetzung der Kammern und Senate mit drei Berufsrichtern und zwei ehrenamtlichen Richtern – im Disziplinarverfahren wiederum Beamtenbeisitzern, §§ 46, 47 BDG – zum Tragen kommt. Gegenüber der bisherigen Besetzung des Bundesdisziplinargerichts mit einem Vorsitzenden und zwei Beamtenbeisitzern (§ 50 Abs. 2 BDO a.F.) ergibt sich im Bundesrecht vom Ansatz her insofern neben der Umkehr der Stimmenverhältnisse von Berufs- zu Laienrichtern ein deutlicher personeller Mehraufwand[4]. Die Länder sind indes durch § 46 Abs. 4 BDG berechtigt, die Kammer- bzw. Senatsbesetzung auch in Bundesdisziplinarsachen abweichend zu bestimmen[5]. Der Einzelrichter ist in Disziplinarklagesachen ausgeschlossen; in allen anderen disziplinargerichtlichen Verfahren kann aber die Entscheidung in Anlehnung an § 6 VwGO auch auf den Einzelrichter übertragen werden, § 46 Abs. 2 BDG.

212

Bei der zu treffenden Entscheidung und der Bemessung der im gerichtlichen Verfahren zu verhängenden Disziplinarmaßnahme ergibt sich durch § 60 Abs. 2 und 3 BDG – wesensfremd gegenüber den allgemeinen Regelungen zur Ermessensprüfung gem. § 114 VwGO – eine Besonderheit: Dem Gericht wird mit der Formulierung, es habe *„auf die erforderliche Maßnahme zu erkennen"*, die **Befugnis zur eigenständiger Ausübung des Maßnahmeermessens** zuerkannt. Es wird nicht unter Wahrung der üblichen Grenzen einer Ermessensüberprüfung eine Entscheidung der Behörde überprüft, sondern das Gericht entscheidet selbst mit eigener Ermessensentscheidung, ob eine Disziplinarmaßnahme angezeigt ist und welche Maßnahme in welcher Höhe verhängt wird. Die Ermessenskompetenz geht mit der Einleitung des gerichtlichen Disziplinarverfahrens vollständig auf das Gericht über. Dabei ist das Gericht nicht einmal durch die Anträge gebunden, sondern kann – anders als im Falle des § 88 VwGO – eigenständig über das darin zum Ausdruck gebrachte Begehren des Klägers hinausgehen. Dass das Gericht im Falle der Disziplinarklage nur von dem Sachverhalt ausgehen darf, der ordnungsgemäß durch Klage oder ggf. Nachtragsdisziplinarklage zum Gegenstand des Verfahrens gemacht worden ist,

213

---

[1] Auch zwischen OVG's, solange keine Grundsatzentscheidung des BVerwG vorliegt, § 127 Nr. 1 BRRG (insoweit fortgeltend im Hinblick auf die Ausklammerung des Kapitels II des BRRG in § 63 Abs. 3 Satz 2 BeamtStG, vgl. BVerwG v. 24.4.2010 – 2 C 77.08, NVwZ 2010, 1568).

[2] RegE S. 33, 51. Auch fiskalische Erwägungen werden dabei angestellt: Der atypische Einsatz des BVerwG als zweite Tatsacheninstanz ist dem Gesetzgeber zu teuer (a.a.O., S. 33).

[3] Das kann naturgemäß nicht das BDG regeln, das nur für Bundesbeamte gilt. Es ist aber die nahe liegende Konsequenz für den Fall der intendierten Reform auch der Landesdisziplinarordnungen bei entsprechender Anlehnung an das Verfahrensrecht des VwVfG und der VwGO.

[4] Kritisch *Müller-Eising*, NJW 2001, 3587 (3590).

[5] Z.B. in NW: erstinstanzlich 2 Berufsrichter, 1 Beamtenbeisitzer, § 47 Abs. 1 LDG, zweitinstanzlich 3 Berufsrichter, 2 Beamtenbeisitzer, § 51 Abs. 2 LDG NW.

versteht sich im Interesse des Betroffenen, der sonst seine Verteidigungsrechte nicht angemessen ausüben könnte, angesichts der Stringenz des Disziplinarverfahrens von selbst, ist aber als Grenze der Amtsermittlung und des Maßnahmeermessens noch einmal ausdrücklich hervorgehoben.

## 2. Die Disziplinarklage

214 Das gerichtliche Disziplinarverfahren beginnt, soweit es um das Vorgehen der Dienstvorgesetzten geht, mit der **Erhebung der Disziplinarklage**, § 52 Abs. 1 BDG. Es handelt sich im neuen Recht des BDG um ein kontradiktorisch angelegtes Verfahren, in dem sich der Dienstherr als Kläger und der Beamte als Beklagter in einem Parteiprozess gegenüberstehen[1]. Der Dienstherr erhebt Klage gegen den Beamten mit dem Ziel, dass das Gericht eine bestimmte Maßnahme, die die Disziplinarbefugnis der Dienstvorgesetzten übersteigt, verhängen möge. Den geänderten Regelungen des BDG zu den vorgesehenen Disziplinarmaßnahmen entsprechend ist insoweit die Anrufung des Disziplinargerichts allerdings nur noch dann erforderlich, wenn eine der gewichtigeren Maßnahmen, also **Zurückstufung** und **Entfernung** bezüglich des aktiven Beamten bzw. Aberkennung des Ruhegehalts beim Ruhestandsbeamten zu erwarten sind. Der gesamte Bereich der **Kürzung der Dienstbezüge** bzw. **des Ruhegehalts** ist aus der Zuständigkeit der Disziplinargerichte herausgenommen und den Dienstvorgesetzten überantwortet worden.

215 Die Klage ist nicht fristgebunden[2], muss aber schriftlich erhoben werden. In ihr sind der persönliche und berufliche Werdegang des Beamten, der bisherige Gang des Verfahrens und die Tatsachen, in denen ein Dienstvergehen gesehen wird, des Weiteren aber auch alle übrigen Tatsachen und Beweismittel, die „für die Entscheidung bedeutsam sind", geordnet darzustellen; zu den Letzteren werden etwa relevante Gesichtspunkte für die Bemessung der möglicherweise zu verhängenden Disziplinarmaßnahme[3] gehören. Alle diese Informationen müssen für die Disziplinarklage also bereits vorliegen, daher ist Voraussetzung, dass der Sachverhalt zum Ende des behördlichen Verfahrens hinreichend geklärt sein muss[4]. Die Klage wird dem Beamten zugestellt, § 54 BDG. Binnen zweier Monate kann der beklagte Beamte Mängel des behördlichen Disziplinarverfahrens oder der Disziplinarklage rügen; bei Fristversäumung kann das Gericht diese Umstände ggf. unberücksichtigt lassen, § 55 BDG.

216 Die Anforderungen der Rechtsprechung an die Darstellungen einer Disziplinarklageschrift sind hoch. Sie muss die Handlungen des Beamten, aus denen eine Dienstpflichtverletzung abgeleitet werden soll, aus sich heraus verständlich darstellen. Das erfordert eine genaue Darstellung des Geschehensablaufes sowie des Ortes und der Zeit der Handlungen[5]. Fehlt es daran, so leidet die Klageschrift an einem wesentlichen Mangel i.S.d. § 55 BDG/LDG. Grund hierfür ist, wie bereits der Rechtsprechung zum vormaligen Disziplinarrecht entnommen werden kann, dass die präzise Angabe der Disziplinarvorwürfe dem Beamten eine sachgerechte Verteidigung ermöglichen soll[6], und außerdem soll es das Disziplinargericht in die Lage versetzen, sich mit konkret festliegenden Vorwürfen zu befassen[7]. Die Einleitung

---

1 Entsprechende Strukturen kennt bisher z.B. das Disziplinarrecht des Landes Rheinland-Pfalz, das für die Reform auch Vorbildcharakter hatte, vgl. *Urban*, NVwZ 2001, 1335. Kritisch zu dieser Neuorientierung *Müller-Eising*, NJW 2001, 3587 (3590).
2 RegE S. 44, 48.
3 So ausdr. RegE S. 48.
4 RegE S. 44.
5 BVerwG v. 25.1.2007 – 2 A 3/05, NVwZ-2007, 960.
6 BVerwG v. 23.11.2006 – 1 D 1.06, ZBR 2007, 94 = RiA 2007, 82.
7 BVerwG v. 23.11.2006 – 1 D 1.06, ZBR 2007, 94 = RiA 2007, 82.

IX. Zum gerichtlichen Disziplinarverfahren  Rz. 218 Teil 6 B

und Durchführung disziplinarrechtlicher Ermittlungen ist auch nach neuem Recht Sache der Behörden (§§ 17 Abs. 1, 19 Abs. 1, 53 Abs. 2 BDG), so dass nicht das Gericht von sich aus auf die Suche nach möglichen Anknüpfungspunkten für einen disziplinaren Vorwurf gehen muss; ihm ist unbeschadet des Gebotes, den Sachverhalt nunmehr selbst von Amts wegen aufzuklären und die notwendigen Beweise selbst zu erheben (§ 58 Abs. 1 BDG), von Klägerseite vorzutragen, welche Tatsachen den Vorwurf eines Dienstvergehens belegen sollen (§ 52 Abs. 1 Satz 2 BDG: „... muss ... die Tatsachen, in denen ein Dienstvergehen gesehen wird, ... geordnet darstellen"). Damit wird durch die präzise Angabe des Tatgeschehens der Prozessstoff definiert, zugleich aber auch beschränkt[1].

Neu ist, dass das Gericht in dem Disziplinarklageverfahren die erforderlichen **Beweise** nach den Bestimmungen der VwGO **(selbst) zu erheben** hat, § 58 Abs. 1 BDG. Der Wegfall des förmlichen Untersuchungsverfahrens lässt die zentrale „Vorarbeit" des unabhängigen, mit Befähigung zum Richteramt und weitreichenden Kompetenzen ausgestatteten Untersuchungsführers, der faktisch so etwas wie ein Ermittlungsrichter war, entfallen. Diese nunmehr unmittelbar erfolgende[2] Beweisaufnahme ist unabhängig von dem vorgelegten Ermittlungsergebnis des behördlichen Verfahrens; das Gericht erforscht den Sachverhalt, wie dies das Prinzip der VwGO ist, „von Amts wegen" (§ 86 Abs. 1 VwGO). Allerdings ist im Interesse einer Beschleunigung des Verfahrens das Recht zur Stellung von Beweisanträgen zeitlich begrenzt worden: Beweisanträge des Dienstherrn müssen bereits in der Disziplinarklage enthalten sein, solche des Beamten sind binnen zweier Monate ab Zustellung anzubringen; bei Nichtbeachtung können sie als verspätet von Seiten des Gerichts abgelehnt werden (§ 58 Abs. 2 BDG)[3]. Hierdurch erfährt die Behörde allerdings bereits deshalb keinen unzumutbaren Beweisnachteil, weil sie bei ordnungsgemäß durchgeführtem behördlichen Disziplinarverfahren ohnehin eine Sachverhaltsermittlung unter Erhebung aller notwendigen Beweise hätte vornehmen können und müssen (§ 24 Abs. 1 BDG); ohne (abschließend) geklärten Sachverhalt könnte schließlich auch keine tragfähige Abschlussentscheidung i.S.d. §§ 33–35 BDG getroffen werden, so dass sich ein nicht hinlänglich ausermittelter Sachverhalt sogar als wesentlicher Mangel des behördlichen Disziplinarverfahrens i.S.d. 55 BDG darstellen kann. Die **Präklusions**regelungen des § 58 Abs. 2 BDG entbinden das Gericht jedoch nicht der Notwendigkeit einer Beweisaufnahme nach § 58 Abs. 1 BDG, wenn sich diese nach den Umständen aufdrängt. Dies ist Folge des Amtsermittlungsgrundsatzes.

217

Der hiernach im gerichtlichen Disziplinarverfahren neu geltende **Grundsatz der unmittelbaren Beweiserhebung** ist durch eine Grundsatzentscheidung des BVerwG[4] konkretisiert worden. Danach verbietet er, eine bestrittene, beweisbedürftige Tatsache statt im Wege des Zeugenbeweises durch Verlesen von Vernehmungsprotokollen des behördlichen Disziplinarverfahrens oder anderer gesetzlich geordneter Verfahren festzustellen. Das Gericht hat im Rahmen des auch im Disziplinarverfahren geltenden Grundsatzes der Amtsermittlung selbst diejenigen Tatsachen festzustellen, die für den Nachweis des Dienstvergehens und die Bemessung der Diszi-

218

---
1 Vgl. *Hummel/Köhler/Mayer*, BDG (4.), § 52 Rz. 8.
2 Das bisher geltende Prinzip der mittelbaren Beweisaufnahme durch den vorgeschalteten Untersuchungsführer hat der Gesetzgeber ausdrücklich unter rechtsstaatlichen Gesichtspunkten aufgeben wollen, vgl. RegE S. 49. Skeptisch zu der Frage, ob sich hierdurch in der Praxis viel ändern werde, *Lemhöfer*, RiA 2002, 53 (54).
3 Nach *Müller-Eising*, NJW 2001, 3587 (3590) widerspricht diese Präklusion in gewissem Sinne dem Grundsatz der Amtsermittlung.
4 BVerwG v. 4.9.2008 – 2 B 61.07, NVwZ 2009, 597 = ZBR 2009, 95, im Anschluss an BVerwG v. 14.6.2005 – 2 B 108.04, NVwZ 2005, 1199 = DöD 2006, 134; v. 8.2.2007 – 2 B 9.07, und v. 19.12.2007 – 2 B 34.07.

plinarmaßnahme von Bedeutung sind[1]. Entsprechend § 86 Abs. 1 VwGO folgt daraus die Verpflichtung, diejenigen Maßnahmen zur Sachaufklärung zu ergreifen, die sich nach Lage der Dinge aufdrängen[2]. Von Zeugen hat es sich in der mündlichen Verhandlung selbst einen unmittelbaren persönlichen Eindruck zu verschaffen[3]. Dies gilt gem. § 65 Abs. 1 Satz 1 BDG auch für die Berufungsinstanz[4].

219 Mit diesen Grundsätzen hat das BVerwG in Teilen der Instanzgerichtsbarkeit trotz der mit § 58 Abs. 1 BDG erfolgten Neuregelung anzutreffenden Bestrebungen eine Absage erteilt, über eine extensive Anwendung des § 57 Abs. 2 BDG letztlich doch am Modell der mittelbaren Beweiserhebung festzuhalten. Da Vernehmungsprotokolle des behördlichen Disziplinarverfahrens selbstredend auch in einem „gesetzlich geordneten Verfahren" gewonnen wurden, könnte man auf die Idee kommen, im Rahmen des dem Gericht eingeräumten Ermessens („... sind nicht bindend, *können* aber ... zugrunde gelegt werden") könne die eigene Beweiserhebung erspart werden, um doch wieder auf „tatsächliche Feststellungen" aus dem vorangegangenen Verfahren – oder im Falle vorangegangener strafrechtlicher Ermittlungen gar auf Vernehmungsprotokolle der Polizei oder Staatsanwaltschaft, die ja auch in einem „gesetzlich geordneten Verfahren" zustande gekommen sind[5] – zurück zu greifen, und dies gem. der ausdrücklichen Bestimmung in § 57 Abs. 2 BDG „ohne erneute Prüfung". Bei solcher Vorgehensweise wäre indes, wie das BVerwG unzweideutig festgestellt hat, der vom Gesetzgeber angeordnete Grundsatz der Unmittelbarkeit wieder in sein Gegenteil verkehrt und die mittelbare Beweisaufnahme „durch die Hintertür" wieder zum maßgebenden Verfahrensprinzip stilisiert worden.

220 Andererseits erfordert der genannte Grundsatz nicht, dass das Verwaltungsgericht mit der gesamten Sachverhaltsfeststellung, die dem gerichtlichen Verfahren zugrunde liegen soll, neu beginnt, wie weiland im Verhältnis zwischen dem Vorermittlungs- und dem förmlichen Untersuchungsverfahren. Wie in jedem gerichtlichen Verfahren erfolgt eine Beweisaufnahme nur dann, wenn es für die zu treffende Entscheidung erforderlich ist, einen (nach wie vor) bestrittenen Sachverhalt, der überdies entscheidungserheblich ist, aufzuklären. Bei unstrittigem bzw. (womöglich aufgrund des vorangegangenen behördlichen Verfahrens) unstrittig gewordenem Sachverhalt bedarf es keiner Beweisaufnahme mehr. Daher formuliert das BVerwG[6] in Ansehung des § 57 Abs. 2 BDG, diese Vorschrift rechtfertige es (nur) dann, von einer gerichtlichen Beweisaufnahme abzusehen, wenn die anderweitig festgestellten Tatsachen im gerichtlichen Disziplinarverfahren **nicht mehr bestritten** werden. Dieser eingeschränkte Bedeutungsgehalt des § 57 Abs. 2 BDG wird durch das im Wortlaut angelegte Regel-Ausnahme-Verhältnis und den systematischen Zusammenhang mit dem nachfolgenden § 58 Abs. 1 BDG vorgegeben[7].

---

1 Vgl. BT-Drs. 14/4659 S. 49. Aus der Rspr. des BVerwG s. Urt. v. 15.12.2005 – 2 A 4.04, NVwZ-RR 2006, 485, v. 4.9.2008 – 2 B 61.07, NVwZ 2009, 597 = ZBR 2009, 95; v. 16.2.2010 – 2 B 62.09.
2 Vgl. dazu BVerwG v. 14.6.2005 – 2 B 108.04, NVwZ 2005, 1199 = DöD 2006, 134.
3 BVerwG v. 3.5.2007 – 2 C 30.05, NVwZ 2007, 1196 = RiA 2008, 84; v. 4.9.2008 – 2 B 61.07, NVwZ 2009, 597 = ZBR 2009, 95.
4 BVerwG v. 14.6.2005 – 2 B 108.04, NVwZ 2005,1199 = DöD 2006, 134; v. 8.2.2007 – 2 B 9.07.
5 Exemplarisch (noch zur „mittelbaren Beweisaufnahme" des vormaligen Rechts gem. § 21 Abs. 1 Satz 2 BDO) BVerwG v. 15.3.2006 – 1 D 3.05, Buchholz 235 § 21 BDO Nr. 2.
6 BVerwG v. 4.9.2008 – 2 B 61.07, NVwZ 2009, 597 = ZBR 2009, 95.
7 Das BVerwG verweist hierzu ergänzend auf seine zurückliegenden Entscheidungen bereits zu § 18 Abs. 2 BDO: v. 5.8.1986 – 1 D 176.85, BVerwGE 83, 221, und v. 16.6.1992 – 1 D 11.91, BVerwGE 93, 225 (259), obwohl diese noch von der Regelung der lediglich mittelbaren Beweiserhebung ausgehen mussten und die Neufassung noch gar nicht betreffen können.

Umgekehrt bedeutet dies, dass bei noch im gerichtlichen Verfahren **bestrittenen, aber entscheidungserheblichen** Tatsachen eine **Beweiserhebung durch das Gericht unumgänglich** ist; hier kann die Bezugnahme auf anderweitig getroffene Feststellungen nicht genügen. Für den betroffenen Beamten und seinen Verteidiger bedeutet dies wiederum, dass genau herauszuarbeiten ist, welche der Disziplinarklage bzw. der angefochtenen Disziplinarverfügung zugrunde liegenden Tatsachen (weiterhin) bestritten werden sollen; hiernach „unnötige" Beweiserhebungen können je nach Sach- und Interessenlage kontraproduktiv sein, indem sie das weitere Verfahren verzögern und verteuern.

221

Eine nochmalige oder weitergehende Beweisaufnahme ist nicht erforderlich, wenn und soweit das Gericht aufgrund der **Bindungswirkungen des § 57 Abs. 1 BDG** an einen strafgerichtlich bzw. einen im Ordnungswidrigkeitenverfahren oder einem Verfahren nach § 9 BBesG bereits ermittelten Sachverhalt gebunden ist, solange kein Anlass für eine erneute Prüfung offenkundig unzutreffender Tatsachen gegeben ist. Da diese Bindung aber stets nur für die „tatsächlichen Feststellungen" des vorbefassten Gerichts besteht, schließt § 57 Abs. 1 BDG nicht aus, dass ergänzende Ermittlungen und erforderlichenfalls auch Beweisaufnahmen hinsichtlich der weiteren Voraussetzungen einer disziplinargerichtlichen Entscheidung stattfinden, etwa im Zusammenhang mit den nach § 52 Abs. 2 BDG wesentlichen Kriterien einer Maßnahmebemessung nach § 13 BDG.

222

Ein in der Praxis wichtiger Fall, in dem der vorgeworfene Sachverhalt unstrittig wird und demgemäß keiner Beweisaufnahme mehr bedarf, kann der des **Geständnisses** sein. Die der Beibringungsmaxime des Zivilprozesses verpflichtete Bestimmung des § 288 ZPO, wonach zugestandene Tatsachen keines Beweises mehr bedürfen, gilt im disziplinargerichtlichen Verfahren aufgrund des dort maßgebenden Amtsermittlungsgrundsatzes jedoch nicht[1]; dies würde den Prozessparteien die alleinige Disposition über den der Entscheidung zugrunde zu legenden Streitstoff einräumen, was dem Verwaltungsprozess fremd ist. Geständnisse sind im übrigen weder Willenserklärungen noch rechtsgeschäftsähnliche Handlungen, so dass sich auch eine Anwendung der Grundsätze der §§ 104 ff. BGB verbietet. Ein Geständnis geht vielmehr von einer Tatsachenbehauptung aus und versichert aus der Sicht des Gestehenden deren Richtigkeit. Es gehört damit als wesentlicher Bestandteil zu dem Gesamtergebnis des verwaltungsgerichtlichen Verfahrens i.S.d. § 108 Abs. 1 Satz 1 VwGO, welches der zu treffenden Entscheidung zugrunde zu legen ist. Es bindet das Gericht nicht, sondern unterliegt der freien Beweiswürdigung[2]. Das Gericht kann dem Geständnis folgen, muss es aber nicht, wenn sich begründete Zweifel an dessen Richtigkeit ergeben. Entsprechend ist auch der Widerruf eines früheren Geständnisses nicht etwa von vornherein unbeachtlich, sondern vom Gericht innerhalb der ihm gegebenen Befugnisse eigenständig zu prüfen. Daher kann sich trotz eines Geständnisses durchaus im Einzelfall die Notwendigkeit einer Beweisaufnahme ergeben.

223

**Schweigt** der Beamte sich zu den Vorwürfen aus, so kann daraus allerdings nicht auf ein Eingeständnis der vorgeworfenen Geschehnisse geschlossen werden; weder im behördlichen noch im gerichtlichen Disziplinarverfahren ist der Beamte gehalten, sich einzulassen. Insbesondere ist – obwohl kontradiktorisch ausgestaltet – im Disziplinarklageverfahren keine obligatorische Erwiderung des betroffenen Beamten vorgesehen. Daher kann aus seinem Schweigen nicht auf das Vorliegen eines unstrittigen – und damit keiner Beweiserhebung mehr bedürfenden – Sachverhalts

224

---
1 BVerwG v. 12.11.1971 – IV C 26.69, JZ 1972, 119; für disziplinargerichtliche Verfahren s. BVerwG v. 8.11.1988 – 1 D 4.88.
2 BVerwG v. 3.5.2007 – 2 C 30.05, NVwZ 2007, 1196 = RiA 2008, 84.

ausgegangen werden[1]. In Anwendung des Amtsermittlungsgrundsatzes werden in einem solchen Falle nur absolut klare oder aber ausdrücklich zugestandene Feststellungen ohne Weiteres zu verwerten sein, während ansonsten die Beweisaufnahme durch das Gericht unvermeidlich ist[2].

225 Will das Gericht seiner Entscheidung ein in einem *anderen* Verfahren bereits eingeholtes Gutachten zugrunde legen, muss dieses nach den Regeln des Sachverständigenbeweises gem. §§ 402 ff. ZPO in das Verfahren eingeführt werden[3]. Hierfür ist zumindest die rechtzeitige Mitteilung an die Verfahrensbeteiligten erforderlich, dass es die Beweisfrage aufgrund des anderweitig erstellten Gutachtens beantworten will. Denn nur durch eine solche Mitteilung werden die Verfahrensbeteiligten in die Lage versetzt, ihre prozessualen Rechte und damit ihren Anspruch auf rechtliches Gehör wahrzunehmen, nämlich gem. § 411 Abs. 4 Satz 1 ZPO ihre Einwendungen gegen das Gutachten sowie darauf bezogene Anträge und Ergänzungsfragen vorzubringen und gem. §§ 402, 397 ZPO die Anhörung des Gutachters in der mündlichen Verhandlung zu beantragen. Das Gericht wird in der Regel verpflichtet sein, einem darauf gerichteten Beweisantrag stattzugeben[4].

226 Nicht erforderlich ist – wie im Prozessrecht allgemein – eine Beweisaufnahme, wenn es für die Entscheidung auf die zu beweisenden Tatsachen nicht ankommt[5].

227 Die Disziplinarklage kann – abweichend von der Anschuldigung des bisherigen Rechts, die, einmal erhoben, ein nicht mehr beeinflussbares Eigenleben entwickelte – auch *zurückgenommen* werden (§ 61 Abs. 1 BDG); dies hat dann aber ein Verwertungsverbot zur Folge, d.h., dass hernach die ihr zugrunde liegenden Handlungen nicht mehr Gegenstand eines Disziplinarverfahrens sein können. Es ist dann weder eine Disziplinarverfügung noch die erneute Einleitung und Durchführung eines Verfahrens möglich.

228 Das Gericht kann – allerdings nur mit Zustimmung der Beteiligten – **durch Beschluss** eine der niederen Disziplinarmaßnahmen verhängen, aber auch die Disziplinarklage abweisen. Damit wird eine Verfahrensoption aufgegriffen, die das bisherige Recht in Form des Disziplinargerichtsbescheids (§ 70a BDO) kannte. Ein solcher nach § 59 BDG ergangener Beschluss steht einem rechtskräftigen Urteil gleich. In allen anderen Fällen entscheidet das Disziplinargericht aufgrund mündlicher Verhandlung, die (anders als nach dem bisherigen Recht) öffentlich ist (§ 101 VwGO, §§ 169 ff. GVG); das **Urteil** kann eine Disziplinarmaßnahme i.S.d. § 5 BDG, die dem Gericht erforderlich erscheint, verhängen, oder aber die Klage abweisen; Letzteres entspricht dem bisherigen „Freispruch" des § 76 Abs. 2 BDG. Abweichend von § 114 VwGO ist nunmehr für das Disziplinarrecht klargestellt, dass das Gericht bei der Überprüfung einer angefochtenen Disziplinarverfügung aufgerufen ist, eine **eigene Ermessensentscheidung** zu treffen[6]; das Gericht prüft nicht nur die Rechtmäßigkeit, sondern auch die Zweckmäßigkeit der behördlichen Entscheidung, § 60 Abs. 3 BDG. Eine Beendigung des Verfahrens durch Vergleich ist, da dem Disziplinarrecht wesensfremd, ausgeschlossen (Nichtanwendung des § 106 VwGO gem. § 60 Abs. 1 Satz 2 BDG)[7].

229 Gegen das auf Disziplinarklage ergangene Urteil des VG ist sowohl für den Beamten als auch für den Dienstherrn uneingeschränkt die Berufung an das OVG bzw. den

---

1 Vgl. *Hummel/Köhler/Mayer*, BDG, § 58 Rz. 3.
2 Ebenso *Hummel/Köhler/Mayer*, BDG, § 58 Rz. 3.
3 BVerfG v. 30.11.1993, 2 BvR 594/93, BayVBl. 1994, 143.
4 BVerwG v. 29.5.2009 – 3 B 3.09, NJW 2009, 2614 m.w.N.
5 So für die Anhörung bloßer Leumundszeugen etwa BVerfG v. 18.1.2008 – 2 BvR 313/07, NVwZ 2008, 669.
6 Vgl. *Urban*, NVwZ 2001, 1335 (1340).
7 RegE S. 49.

IX. Zum gerichtlichen Disziplinarverfahren     Rz. 233   Teil **6 B**

Verwaltungsgerichtshof möglich, § 64 Abs. 1 BDG. Die Bestimmungen der VwGO über die Zulassungsbedürftigkeit einer Berufung (§§ 124, 124a VwGO) gelten bei der Disziplinarklage nicht. Die Berufung ist binnen Monatsfrist einzulegen und zu begründen; allerdings kann die Begründungsfrist (nicht dagegen die Einlegungsfrist!) auf rechtzeitigen Antrag vom Vorsitzenden des Disziplinarsenats verlängert werden. Das Verfahren entspricht dem der ersten Instanz, allerdings kann das OVG dort erhobene Beweise ohne erneute Beweisaufnahme seiner Entscheidung zugrunde legen, § 65 Abs. 3 BDG.

Die Revision an das BVerwG dagegen ist zulassungsabhängig, § 69 BDG i.V.m. 230 §§ 132 ff. VwGO, also nur bei Grundsätzlichkeit der Rechtssache, Divergenz oder geltend gemachtem Verfahrensfehler eröffnet.

**3. Andere disziplinargerichtliche Klagen**

Das BDG unterscheidet im disziplinargerichtlichen Verfahren die vorstehend be- 231 handelte Disziplinarklage grundlegend von allen anderen Klagen[1]. Alle anderen disziplinargerichtlichen Klagen, wozu insbesondere diejenigen gegen eine Disziplinarverfügung gehören, unterliegen den verfahrensrechtlichen Regelungen der VwGO. Sie erfordern grds., d.h. wenn sie sich nicht gegen eine Verfügung der obersten Dienstbehörde richten, § 41 Abs. 1 Satz 2 BDG, ein zunächst durchgeführtes Vorverfahren (Widerspruchsverfahren)[2], für welches Formen und Fristen der VwGO (§§ 68 ff.) gelten, § 41 Abs. 2 BDG. Nach ergangenem Widerspruchsbescheid ist binnen Monatsfrist (§ 74 VwGO) Klage zu erheben; eine Untätigkeitsklage ist statthaft (§ 52 Abs. 2 BDG, § 75 VwGO). Für die Klage ist Schriftform vorgeschrieben, doch kann eine solche Klage auch zu Protokoll der Geschäftsstelle erhoben werden (§ 52 Abs. 2 BDG, § 81 VwGO). Im Falle einer solchen disziplinargerichtlichen Klage kann auch der Einzelrichter gem. § 6 VwGO entscheiden, § 46 Abs. 2 BDG.

Auch hier ist die Berufung möglich; gegen Disziplinarverfügungen ist damit erst- 232 mals ein Instanzenzug eröffnet (anders als bei der Beschwerde nach § 31 BDO)[3]. Anders als bei der Disziplinarklage greifen hier indessen die Filter des Berufungszulassungsverfahrens (§§ 124, 124a VwGO), d.h. die Berufung ist nur statthaft, wenn sie zugelassen wird, § 64 Abs. 2 BDG. Grds. ist also, wenn nicht bereits das Verwaltungsgericht die Zulassung nach § 124 Abs. 2 Nr. 3 oder 4 VwGO ausgesprochen hat, zunächst ein frist- und formgebundener Antrag auf Zulassung der Berufung erforderlich, der einen der gesetzlichen Zulassungsgründe des § 124 Abs. 2 VwGO geltend macht. – Für die dritte Instanz, die auch hier vom Grundsatz her gegeben ist, gelten gegenüber der Disziplinarklage und gegenüber dem allgemeinen Revisionsrecht der VwGO keine Besonderheiten (§ 69 BDG, §§ 132 ff. VwGO, § 127 BRRG[4]).

**4. Anwaltszwang in der zweiten und dritten Instanz**

Nicht näher eingegangen wird im BDG auf die Frage des Vertretungszwangs in der 233 Berufungs- und Revisionsinstanz: Nach § 67 VwGO muss sich vor dem BVerwG

---

1 Zu dieser Unterscheidung und der damit begründeten Notwendigkeit, die „Disziplinarklage" als neues, eigenständiges Rechtsinstitut zu schaffen, s. RegE S. 48.
2 In den Ländern teilweise auch für das Disziplinarverfahren abgeschafft, etwa in NW durch das G. zur Änderung des LDG v. 27.10.2009 – GVBl. NW S. 530.
3 Zur Begründung vgl. RegE S. 50. Kritisch zu der gleichwohl vorgesehenen Notwendigkeit einer vorherigen Zulassung der Berufung z.B. *Schwandt*, RiA 2001, 157 (164).
4 Fortgeltend gem. § 63 Abs. 3 Satz 2 BeamtStG, vgl. BVerwG v. 24.4.2010 – 2 C 77.08, NVwZ 2010, 1568.

und dem OVG bzw. Verwaltungsgerichtshof jeder Beteiligte, der einen Antrag stellt, durch einen Rechtsanwalt oder einen Rechtslehrer einer deutschen Hochschule vertreten lassen. Bei Behörden genügt auch Beamter oder Angestellter mit Befähigung zum Richteramt. Auf Beamtenseite sind vor dem OVG als Prozessbevollmächtigte auch Mitglieder und Angestellte von Gewerkschaften zugelassen, sofern sie kraft Satzung oder Vollmacht zur Vertretung befugt sind. Mit der Überstellung der disziplinargerichtlichen Verfahren – also sowohl der Disziplinarklagen als auch der übrigen Gerichtsverfahren – in den Regelungsbereich der VwGO dürfte auch dieser „Vertretungszwang" in die Disziplinarverfahren Eingang gefunden haben[1]. Zwar nimmt § 65 BDG für die Berufungsverfahren grds. auf die „Bestimmungen über das Disziplinarverfahren vor dem Verwaltungsgericht" (§§ 52–63 BDG) Bezug, wo es einen solchen Vertretungszwang nicht gibt. § 67 VwGO ist aber nicht in den Bestimmungen über das *erstinstanzliche Verfahren* vor dem VG (§§ 81 ff. VwGO) enthalten, sondern in einem Abschnitt über „Allgemeine Verfahrensvorschriften" und damit gewiss über § 3 BDG mit einbezogen. Der Beamte wird daher nicht umhin kommen, im Berufungsverfahren einen Anwalt oder Gewerkschaftssekretär mit seiner Vertretung zu beauftragen.

**5. Gegenvorstellungen und Wiederaufnahme**

234 **Gegenvorstellungen** sind im disziplinargerichtlichen Verfahren weiterhin statthaft, wenn das Gericht seine Entscheidung selbst ändern darf[2]. Eine **Wiederaufnahme des Verfahrens** ist nach §§ 71 ff. BDG vorgesehen. Sie führt ggf. zu Entschädigungen nach § 76 BDG.

## X. Kosten des Disziplinarverfahrens und Gebühren des anwaltlichen Bevollmächtigten

235 Die vom Gesetz nunmehr vorgegebene Gliederung in ein behördliches und ein gerichtliches Disziplinarverfahren hat bewirkt, dass nunmehr auch die Frage der Kosten jeweils separat geregelt ist. Für das behördliche Disziplinarverfahren gilt § 37 BDG, für das gerichtliche die §§ 77 und 78 BDG. Für beide Verfahrensabschnitte werden nunmehr aber die Kosten des Verfahrens einerseits und die Frage der Erstattungsfähigkeit notwendiger Auslagen andererseits einheitlich behandelt; damit ist die dem alten Recht eigentümliche Trennung der Regelungen für Verfahrenskosten (§ 113 BDO) von der Frage der Erstattungsfähigkeit notwendiger Auslagen (§ 115 BDO), die der bisherigen Orientierung an strafprozessualen Vorgaben entspricht[3], überwunden[4].

236 Vom Grundsatz her wird auf die im Verwaltungsrecht übliche Kostenverteilung abgehoben, die sich am Maß des Obsiegens und Unterliegens orientiert: Wird im Disziplinarverfahren eine Maßnahme verhängt, so trägt der Beamte grds. auch die Kosten. Im behördlichen Verfahren ist hier indes mit dem Einräumen einer Ermessensregelung („... können auferlegt werden ...") ein Ansatz für fallbezogen-differenzierte Regelungen eröffnet. Wird das Verfahren umgekehrt zugunsten des Beamten eingestellt, so muss die Behörde die Kosten tragen und dessen Auslagen – insbesondere angefallene Anwaltskosten – ersetzen. Resultiert nach einem Verfahren mit größerem Vorwurfsbereich eine Maßnahme nur zu einem geringeren Restanteil, können die Kosten gequotelt werden. Sonderregelungen finden sich für den Fall,

---

1 Hiervon geht offenbar auch der RegE aus (s. S. 40 in den Erl. zu § 20).
2 BVerwG v. 8.1.1991 – 2 WDB 5.90, BVerwGE 93, 9 = NVwZ-RR 1991, 260.
3 Vgl. § 464 Abs. 1 gegenüber § 464 Abs. 2 StPO.
4 Vgl. RegE S. 44.

## X. Kosten des Disziplinarverfahrens

dass keine Maßnahme erfolgt, sehr wohl aber das Vorliegen eines Dienstvergehens attestiert wird: In diesem Falle trägt der Beamte sie Kosten gleichwohl (§ 37 Abs. 2 Satz 2, § 77 Abs. 2 BDG). Kommt es zum gerichtlichen Verfahren, wird die behördliche Kostenregelung obsolet, indem die dort angefallenen Kosten dank § 77 Abs. 4 BDG nach dem Ergebnis der gerichtlichen Kostenentscheidung zu verteilen sind.

Mit dem Übergang aus der vormaligen BDO in das neu geregelte Disziplinarverfahren des BDG war zunächst auch der Grundsatz der völligen Gebührenfreiheit aller Disziplinarverfahren[1] übernommen worden. Dies ist jedoch mit dem DNeuG[2] aufgegeben; das BDG hat nunmehr einen eigenen **Gerichtskosten**-Katalog in Form einer Anlage zu § 78 BDG erhalten, welches ergebnisbezogen differenzierte Gebührentatbestände aufweist. 237

a) Im **behördlichen Verfahren**, das gebührenfrei durchgeführt wird, *können* die entstandenen **Auslagen** (z.B. Zeugen- und Sachverständigenentschädigungen, aber auch der Behörde entstandene Ermittlungskosten[3] usw.) dem gemaßregelten Beamten auferlegt werden (§ 37 Abs. 1 Satz 2 BDG), aber auch dem Beamten, gegen den letztlich keine Maßnahme verhängt wird, wenn ein Dienstvergehen dennoch festgestellt wurde und die Einstellung aus anderen Gründen erfolgte (§ 37 Abs. 2 Satz 2 BDG). Ist der Beamte im Zuge der Ermittlungen von Teilen der gegen ihn erhobenen Vorwürfe freigestellt worden, oder haben Ermittlungen auch zu dem Beamten günstigen Feststellungen geführt, so können ihm die Auslagen nur „in verhältnismäßigem Umfang" auferlegt werden – d.h., es wird letztlich entweder eine Quote gebildet, oder es werden bestimmte Ermittlungskosten ausgegliedert, § 37 Abs. 1 Satz 2 BDG. 238

§ 37 Abs. 1 BDG enthält insoweit eine Kann-Vorschrift, eröffnet also dem Dienstvorgesetzten ein **Entscheidungsermessen**. Dieses muss dann aber auch betätigt werden, d.h. der Dienstvorgesetzte muss erkennen, dass er einen Entscheidungsspielraum hat, und er muss diesen dann mit seiner Entscheidung pflichtgemäß ausfüllen sowie eine Begründung hierfür liefern; Letzteres folgt schon aus § 3 BDG i.V.m. § 39 Abs. 1 Satz 3 VwVfG. Fehlt dies, wird die Kostenentscheidung rechtsfehlerhaft sein[4]. 239

b) Demgegenüber ist die Entscheidung über die Kostentragungspflicht im **gerichtlichen Disziplinarverfahren** zwingend. Dabei gelten hinsichtlich der Kostentragungspflicht der Verfahrensbeteiligten die Bestimmungen der VwGO, also insbesondere 240
– § 154 Abs. 1 VwGO: Der unterliegende Teil trägt die Kosten des Verfahrens.
– § 154 Abs. 2 VwGO: Die Kosten des erfolglosen Rechtsmittels trägt der Rechtsmittelführer.
– § 155 Abs. 1 VwGO: Bei anteiligem Obsiegen und Unterliegen werden die Kosten gegeneinander aufgehoben oder anteilig geteilt.

---

1 Als Grund hierfür wurde das beamtenrechtliche besondere Dienst- und Treueverhältnis angeführt, das es nicht sachgerecht erscheinen lasse, Beamte für ausschließlich im öffentlichen Interesse veranlasste Disziplinarverfahren zusätzlich zu Sanktionen wie Geldbußen und Kürzungen der Dienstbezüge auch noch mit (Verfahrens-) Gebühren zu belasten, vgl. den damaligen RegE S. 52.
2 S. BT-Drs. 16/10850 S. 246 i.V.m. BT-Drs. 16/2253 S. 14.
3 Nicht Detektivkosten: VG Trier v. 25.10.2002 – 3 K 1192/01, NVwZ-RR 2003, 447.
4 Im behördlichen Disziplinarverfahren wird die Kostenentscheidung im Bedarfsfalle auch isoliert anfechtbar sein (Widerspruch nach § 41 BDG, ggf. späterhin Klage nach § 52 Abs. 2 BDG); das Verbot der isolierten Anfechtung einer Kostenentscheidung gilt im Hinblick auf § 77 Abs. 4 BDG i.V.m. § 158 Abs. 1 VwGO nur für das gerichtliche Verfahren.

- § 155 Abs. 2 VwGO: Wer eine Klage, einen Antrag oder ein Rechtsmittel zurücknimmt, trägt dessen Kosten.
- § 155 Abs. 5 VwGO: Kosten, die durch Verschulden eines Beteiligten entstanden sind, können diesem auferlegt werden.
- § 161 Abs. 1 VwGO: Eine Kostenentscheidung ist für das Gericht stets obligatorisch.
- § 161 Abs. 2 VwGO: Bei Erledigung der Hauptsache entscheidet das Gericht über die Verteilung der Kosten nach billigem Ermessen unter Berücksichtigung des bisherigen Sach- und Streitstandes.
- § 162 Abs. 2 VwGO: Gerichtskosten (Gebühren und Auslagen zusammen) und die zur zweckentsprechenden Rechtsverfolgung oder Rechtsverteidigung notwendigen Aufwendungen der Beteiligten werden unter dem zusammenfassenden „Kosten"-Begriff gleich behandelt. Dabei sind die gesetzlichen Gebühren und Auslagen eines Anwalts stets erstattungsfähig, § 77 Abs. 1 BDG i.V.m. § 162 Abs. 2 VwGO.
- § 158 Abs. 1 VwGO: Es gibt keine isolierte Anfechtung der Kostenentscheidung.

241 Neu ist die Sonderregelung des § 77 Abs. 3 BDG, wonach gerichtliche Verfahren über den Antrag auf gerichtliche Fristsetzung eine eigene Kostenentscheidung erfordern; diese bleibt also nicht länger der disziplinarrechtlichen Schlussentscheidung vorbehalten.

242 Für das bisherige Recht hatte das BVerwG entschieden, dass es **Prozesskostenhilfe** im Disziplinarverfahren nicht gebe[1]. Nachdem nunmehr eine Abkehr von den strafprozessualen Strukturen (auch) im Kostenrecht geboten ist, dürfte sich die Frage, ob über § 166 VwGO nunmehr auch die Bestimmungen der ZPO über die Prozesskostenhilfe anzuwenden sind, neu stellen[2]. In neueren Entscheidungen[3] hat das BVerwG die Prozesskostenhilfe jeweils unter dem Gesichtspunkt mangelnder Erfolgsaussichten abgelehnt, also als materiellen Gründen und damit unter stillschweigender Annahme der grundsätzlichen Möglichkeit, PKH zu bewilligen.

243 Was die **Kosten der (anwaltlichen) Vertretung** und die sonstigen notwendigen Aufwendungen des Beamten anlangt, so folgt der Erstattungsanspruch im gerichtlichen Disziplinarverfahren der Kostenentscheidung selbst: Diese werden, wie in jedem gerichtlichen Verfahren mit Kostenerstattung und Kostenausgleichung üblich, den insgesamt entstandenen Kosten zugerechnet und nach der Kostengrundentscheidung insgesamt oder anteilig verteilt; dies folgt aus § 78 Abs. 1BDG i.V.m. 162 Abs. 1 VwGO. Kosten der Vertretung im behördlichen Verfahren können über § 77 Abs. 4 BDG zusammen mit der gerichtlichen Kostenentscheidung abgewickelt werden[4].

244 Im behördlichen Disziplinarverfahren folgt dem gegenüber die Erstattungsfähigkeit der für die Rechtsverteidigung notwendigen Aufwendungen des Beamten der Entscheidung des Dienstvorgesetzten darüber, wer die Auslagen zu tragen hat: *Soweit*

---

1 BverwG v. 26.5.1997 – 1 D 44.97, BVerwGE 113, 92 = DVBl 1997, 1006. Zuletzt noch für Altverfahren BVerwG v. 6.10.2009 – 1 D 1/09.
2 Vgl. stattgebend etwa VGH München v. 16.7.2010 – 16b DS 10.1120; Thür.OVG v. 17.2.2010 – 8 DO 200/09, IÖD 2010, 129; abw. für Sachsen aufgrund dortiger Rechtslage s. Sächs.OVG v. 11.3.2010 – D 6 D 190/09.
3 Z.B. BVerwG v. 21.6.2007 – 2 B 28.07, Buchholz 235.1 § 58 BDG Nr. 3, und v. 28.6.2005 – 2 B 29.05, Buchholz 235.2 LDG Nr. 2.
4 Unklar bleibt, ob damit der Weg über die gesonderte Entscheidung des Gerichts über die Notwendigkeit der Hinzuziehung eines Bevollmächtigten – §§ 78 Abs. 1 BDG, 162 Abs. 2 Satz 2 VwGO – obsolet wird.

## X. Kosten des Disziplinarverfahrens

der Dienstherr die Auslagen trägt, muss er auch die notwendigen Rechtsverteidigungskosten des Beamten übernehmen, § 37 Abs. 4 Satz 1 BDG. Hierzu zählen auch die Gebühren und Auslagen eines Bevollmächtigten oder Beistands, § 37 Abs. 4 Satz 2 BDG. Kommt es also zur Einstellung des Verfahrens (außerhalb des § 37 Abs. 2 Satz 2 BDG), oder werden im Falle der Verhängung einer Disziplinarmaßnahme die Auslagen dem Beamten wegen §§ 37 Abs. 1 Satz 2 oder 37 Abs. 2 Satz 2 BDG nur anteilig auferlegt, so trägt der Dienstherr um Umfang des Anteils der nicht übergewälzten Auslagen umgekehrt auch die Kosten für die notwendige Rechtsverteidigung des Beamten. Hier ist kein besonderes „Anwaltsprivileg" vorgesehen, indem allgemein von den Gebühren und Auslagen des „Bevollmächtigten oder Beistands" (§ 14 VwVfG) gesprochen wird; da andere Bevollmächtigte und Beistände außer den Vertretern der Anwaltschaft aber kaum über eine Gebührenordnung verfügen werden, nach der diese und die entstandenen Auslagen berechnet werden könnten, wird im Ergebnis wiederum der anwaltliche Bevollmächtigte gemeint und betroffen sein, dessen Honorare somit in § 37 Abs. 4 Satz 2 BDG als erstattungsfähig genannt werden.

Die zu erstattenden **Gebühren des anwaltlichen Bevollmächtigten** ergeben sich aus Ziff. 6200 ff. des Vergütungsverzeichnisses (VV) zum RVG. Das Rechtsanwaltsvergütungsgesetz (RVG) hat das Gebührenrecht für Disziplinarverfahren gegenüber der Vorgängerregelung des § 109 BRAGO grundlegend umgestaltet. Wie im Strafrecht gibt es jetzt eine Grundgebühr, die für die erstmalige Einarbeitung in den Rechtsfall geschuldet wird, unabhängig von der Frage, in welchem Verfahrensabschnitt sie erfolgt (6200 VV), alsdann für jeden Verfahrensabschnitt (außergerichtliches Verfahren, erster, zweiter und dritter Rechtszug) jeweils eine Verfahrensgebühr (6202, 6203, 6207 und 6211 VV). Und schließlich entstehen pro Termin gesondert Terminsgebühren, diese allerdings nicht in unterschiedlicher Höhe für die Hauptverhandlung selbst und für jeden etwaigen Folgetermin, sondern in gleicher Höhe. Neu ist dabei die gesonderte Terminsgebühr für jeden Anhörungstermin und jeden Beweistermin auch bereits im außergerichtlichen Verfahren (6201 VV). Anders als im Strafverfahren (Ziff. 4102 VV RVG) entsteht diese außergerichtliche Terminsgebühr auch tatsächlich für jeden Termin gesondert und nicht wie dort für jeweils drei Beweis- oder Anhörungstermine nur einmal. Diese Neuregelung ist sachgerecht und für Disziplinarverteidiger deswegen von besonderer Bedeutung, weil die erste Sachverhaltsermittlung typischerweise gerade außergerichtlich im behördlichen Disziplinarverfahren stattfindet und dort ein Hauptteil der Arbeit geleistet werden muss. – Alle Vergütungen der Ziff. 6200 ff. VV RVG sind dabei Rahmengebühren[1], so dass für die Bestimmung der „richtigen" Gebühr innerhalb der jeweils eröffneten Rahmen ergänzend § 14 RVG zum Tragen kommen wird. 245

Die besonderen Gebühren für das Disziplinarverfahren erfallen naturgemäß erst ab der (förmlichen) Einleitung desselben. Häufig wird dem Beamten jedoch bereits im Vorfeld der Verfahrenseinleitung die Gelegenheit zur Stellungnahme zu etwa im Raum stehenden Vorwürfen gegeben, beispielsweise um überhaupt beurteilen zu können, ob ein Verfahren nach § 17 BDG tatsächlich eingeleitet werden muss. Der Anwalt, der in dieser Phase des Verfahrens tätig wird und mit dem Auftraggeber eine Stellungnahme erarbeitet, um nach Möglichkeit schon die Einleitung zu vermeiden, wird sein Honorar nach Ziff. 2300 ff. VV RVG für eine (sonstige) außergerichtliche Vertretung des Beamten abrechnen. Dass hierfür nicht die Ziff. 6200 ff. VV RVG gelten können, erschließt sich mittelbar, auch wenn diese Bestimmung nicht unmittelbar passt, aus Vorbem. 6.2 Abs. 2 VV RVG, wo Tätigkeiten außerhalb des Disziplinarverfahrens dem Teil 2 des Vergütungsverzeichnisses zugewiesen 246

---

1 Auch das Verfahren nach § 63 BDG gestattet keine streitwertabhängige Berechnung, BVerwG v. 11.11.2009 – 2 AV 4.09, NVwZ-RR 2010, 166.

sind. Die Frage einer etwaigen (Teil-)Anrechnung dieser Gebühren auf die nachfolgend entstehenden Gebühren der Ziff. 6200ff. VV RVG für den Fall, dass die Abwendung des Verfahrens nicht gelingt, ist unklar; eine eigene Anrechnungsbestimmung enthält das RVG nicht.

247 Die Erfahrungen mit der bisherigen Regelungen des § 109 BRAGO haben gezeigt, dass insgesamt die **Rahmensätze** in Relation zum Aufwand einer Disziplinarverteidigung durchweg **viel zu gering bemessen** gewesen sind, jedenfalls dann, wenn mit umfangreichen Terminen für Beweisaufnahmen gerechnet werden musste, wie sie typischerweise auch bereits im behördlichen Disziplinarverfahren anfallen. Allein der Umstand, dass die Beweisaufnahme wegen Aufgabe des Prinzips der mittelbaren Beweiserhebung im gerichtlichen Disziplinarverfahren wiederholt werden muss (§ 58 BDG), lässt den entsprechenden Aufwand bereits im behördlichen Verfahren weder entfallen noch geringer werden. Der Aufwand einer sachgerechten Verteidigung steckt in den behördlichen Beweisaufnahmeterminen vorher, die erst gem. Ziff. 6201 VV RVG nach jetzt geltendem Recht eine eigenständige Vergütung auslösen. Selbst bei Ausschöpfen der Höchstgebühren bleiben aber auch die Vergütungssätze des RVG – realistisch betrachtet – vielfach noch hinter einem wirklich kostendeckenden Rahmen zurück. Aus allen diesen Gründen wird im Disziplinarrecht weiterhin mit aufwandsorientierten **Honorarvereinbarungen** gearbeitet werden müssen, die die gesetzlichen Gebühren auch gut einmal gar um ein Mehrfaches überschreiten, sei es durch die Vereinbarung von Stundensätzen, sei es durch – ggf. abschnittsweise neu zu vereinbarende – Pauschalhonorare. Solche Vereinbarungshonorare werden indessen auch nach Einstellung oder Abweisung der Disziplinarklage in keinem Falle erstattet, auch nicht unter dem Gesichtspunkt der Fürsorgepflichtverletzung[1]; sie verbleiben endgültig bei dem betroffenen Mandanten.

248 **Rechtsschutzversicherungen** decken innerhalb der gesetzlichen Gebühren die Kosten eines Disziplinarverfahrens ab, solange und soweit keine Vorsatztaten zu ahnden sind. Die Mehrkosten einer Honorarvereinbarung können indessen auch über die Rechtsschutzversicherung nicht realisiert werden.

## XI. Vollstreckung, Tilgung und Begnadigung

249 Enthielt die BDO in § 117 noch eingehende Regelungen über die **Vollstreckung** von Disziplinarmaßnahmen, so fehlt eine entsprechende Regelung im BDG völlig. Eine Begründung hierfür gibt der RegE nicht. Allein mit dem „Systemwechsel" weg von der Anlehnung des Disziplinarrechts an die StPO hin zum VwVfG und zur VwGO hat dies gewiss nichts zu tun, wenngleich die Abkehr von den strafrechtlichen Strukturelementen einen Verzicht auf die „Vollstreckung" nahe legen könnte. Indessen werden auch belastende Verwaltungsmaßnahmen im Einzelfall vollstreckt. Es gelten dann die Bestimmungen des Verwaltungsvollstreckungsgesetzes (VwVG), auf die nunmehr auch im Disziplinarrecht zurückgegriffen werden muss.

250 Die gestaltenden Disziplinarmaßnahmen wie Verweis am unteren Ende der Skala und Zurückstufung sowie Entfernung aus dem Dienst bzw. Aberkennung des Ruhegehalts werden ihre Wirkung mit Eintritt der Bestandskraft bzw. Rechtskraft entfalten; insoweit bedarf es eines Vollzugsaktes nicht mehr. Auch die Kürzungen von Dienstbezügen und Ruhegehalt wirken indessen kraft der gestaltenden Wirkung ihrer Anordnung: Ab Eintritt der Bestandskraft bzw. Rechtskraft entfällt im Umfang der Kürzung der Rechtsanspruch auf Besoldung und Versorgung[2], so dass die jeweils

---
1 HessVGH v. 9.11.1995 – 1 KE 100/92, AnwBl. 1997, 286f.
2 Hierzu s. BVerwG v. 28.2.2002 – 2 C 2.01, DVBl 2002, 1221 = RiA 2003, 246.

## XI. Vollstreckung, Tilgung und Begnadigung   Rz. 252   Teil 6 B

für die Abwicklung des Zahlungsverkehrs zuständigen Dienststellen die Kürzungsmaßnahme schlicht durch Nicht-Zahlung der weggefallenen Bezüge „vollziehen", genauso wie im Falle der rechtskräftigen Rückstufung die Ansprüche auf Besoldung und Versorgung aus dem bisherigen höheren Amt entfallen und die Vergütung nur noch aus dem niedrigeren gezahlt werden kann. Auch hier scheidet also praktisch ein eigenständiger Vollstreckungsakt aus. Was es bei diesen Maßnahmen hinsichtlich des maßgebenden Zeitpunktes zu regeln gibt, findet sich in § 8 Abs. 2 und 3 BDG sowie § 9 Abs. 2 BDG, bedarf also keiner eigenen Vollstreckungsregelung. Bleibt die Geldbuße, die als eigenständige, durch die bestandskräftig werdende Disziplinarverfügung als Geldforderung des Bundes bzw. des jeweiligen Dienstherrn gegen den Beamten begründet wird. Diese kann unproblematisch nach den Bestimmungen der §§ 1 ff. VwVG vollstreckt werden, wenn sie nicht freiwillig entrichtet wird. Gleiches gilt für etwaige Kostenforderungen (Auslagen gem. §§ 37 Abs. 1 und 2 BDG, Kosten gem. § 78 BDG). Praktisch wird es jedoch in aller Regel auch insoweit nicht zu Vollstreckungsmaßnahmen nach VwVG kommen, weil der Dienstherr von der Möglichkeit der Aufrechnung gegen die laufenden Dienst- und Versorgungsbezüge Gebrauch machen kann und wird. Im Wege der Ermessensentscheidung unter Berücksichtigung des fortgeltenden Alimentationsprinzips ist in solchen Fällen allenfalls zu klären, ob die Summe auf einmal oder in angemessenen und zumutbaren monatlichen Teilbeträgen einbehalten wird. Die Nicht-Übernahme des bisherigen § 117 BDO in das Rechtssystem des BDG bewirkt also im Ergebnis keinerlei Änderung.

Die bisher in einer eigenen Bestimmung enthaltene Regelung über die Tilgung **der** 251 **Eintragung** von Disziplinarmaßnahmen **in den Personalakten** – bisher § 119 BDO – findet sich im BDG in § 16 Abs. 3–5; die Bestimmungen sind in einen unmittelbaren Zusammenhang mit den Verwertungsverboten des § 16 Abs. 1 und 2 BDG gebracht worden; Tilgung einerseits und Verwertungsverbot andererseits sind miteinander verzahnt. Es darf auf die Erläuterungen oben Rz. 117 verwiesen werden.

Eine **Begnadigung** steht nach § 81 BDG dem Bundespräsidenten zu, der dieses 252 Recht delegieren kann und abgesehen von den Fällen der Dienstentfernung auf die obersten Dienstbehörden delegiert hat. Umfang und Ausübung sind weiterhin durch Anordnung des Bundespräsidenten i.d.F. vom 3.11.1970[1] geregelt. Die Begnadigung ist ein vollständiger oder teilweiser Verzicht auf die Vollstreckung rechtskräftig verhängter Disziplinarmaßnahmen im Einzelfall; Niederschlagung anhängiger Verfahren ist nicht möglich. Begnadigung ist aber auch noch möglich, wenn der Vollzug der verhängten Maßnahme schon beendigt ist. Der Gnadenerweis wirkt ex nunc, § 43 Satz 2 BBG. Er kann auf einzelne Urteilsfolgen beschränkt werden, so etwa auf den Verlust der Amtsbezeichnung, bei Dienstgradherabsetzung oder Gehaltskürzung auf die Folge der Beförderungssperre. Die Beseitigung einer Disziplinarmaßnahme hat die Tilgung nur zur Folge, wenn sich die Begnadigung darauf erstreckt. Ein – immerhin denkbarer – Gnadenerweis nach Entfernung aus dem Dienst dahin gehend, dass (ausnahmsweise) die Weiterführung im Angestelltenverhältnis in Betracht gezogen wird, scheitert in der Praxis regelmäßig, nach dem Recht des BDG im Hinblick auf § 10 Abs. 6, 2. Halbs., wonach im Falle der Entfernung auch kein anderweitiges Beschäftigungsverhältnis begründet werden *soll*. Eine Anfechtung des Hoheitsaktes der Begnadigung ist ebenso wie dessen Ablehnung, jedenfalls nach h.M., weder im Verwaltungsstreitverfahren noch mit Verfassungsbeschwerde möglich[2].

---

1 BGBl. I 1970, 1513.
2 Grundlegend BVerfG v. 23.4.1969 – 2 BvR 552/63, BVerfGE 25, 352 (361 ff.) = NJW 1969, 1895; zuletzt noch BVerfG v. 3.7.2001 – 2 BvR 1039/01, NJW 2001, 3771.

# Teil 7
# Ausländerrecht*

## A. Allgemeines Ausländerrecht

| | Rz. | | Rz. |
|---|---|---|---|
| **I. Einführung** | 1 | (7) Eigenständiges Aufenthaltsrecht der ausländischen Kinder von Deutschen | 43 |
| 1. Rechtsvorschriften | 3 | | |
| a) Allgemeine ausländerrechtliche Normen | 4 | | |
| b) Unionsrecht | 5 | (8) Sonstige Angehörige, § 36 AufenthG | 44 |
| c) Weitere Sonderregelungen aufgrund internationaler oder bilateraler Verträge | 6 | bb) Recht auf Wiederkehr, § 37 AufenthG | 46 |
| d) Nationales Flüchtlings-, Schutzgewähr- und Statuserlangungsrecht | 7 | cc) Aufenthaltstitel für ehemalige Deutsche, § 38 AufenthG | 48 |
| e) Arbeitserlaubnis- und sozialrechtliche Sondernormen | 8 | dd) Aufenthalt zum Zwecke der Ausbildung, §§ 16, 17 AufenthG | 50 |
| f) Verwaltungsvorschriften und Dienstanweisungen | 9 | ee) Aufenthaltstitel zum Zwecke der Forschung | 51 |
| 2. Der Beginn der anwaltlichen Tätigkeit | 10 | ff) Aufenthaltstitel zum Zwecke der Beschäftigung | 52 |
| **II. Das Aufenthaltsgesetz** | | gg) Aufenthaltstitel zum Zwecke der selbständigen Erwerbstätigkeit | 56 |
| 1. Das allgemeine Erteilungsverfahren | | | |
| a) Aufenthaltstitel und Einreise | 13 | hh) Aufenthaltstitel aus humanitären Gründen | 58 |
| b) Erteilungsansprüche | 21 | f) Die Niederlassungserlaubnis | |
| c) Ermessensentscheidungen | 23 | aa) Die Niederlassungserlaubnis gem. § 9 AufenthG | 63 |
| d) Die allgemeinen Erteilungsvoraussetzungen und die Ausschlussgründe | 26 | bb) Spezielle Niederlassungserlaubnisse | 65 |
| e) Einzelne wichtige Aufenthaltszwecke | 28 | g) Die Erlaubnis zum Daueraufenthalt/EU: §§ 9a ff. AufenthG | 66 |
| aa) Aufenthalt/Nachzug von Familienangehörigen | 29 | h) Das Visum, § 6 AufenthG | 67 |
| (1) Ehegattennachzug, § 30 AufenthG | 33 | aa) Einheitliches Visum („Schengen-Visum") | 68 |
| (2) Ausländische Ehegatten oder minderjährige Kinder von Deutschen, § 28 AufenthG | 34 | bb) Nationales Visum, § 6 Abs. 3 AufenthG | 69 |
| (3) Eigenständiges Aufenthaltsrecht von Ehegatten, § 31 AufenthG | 36 | cc) Ausnahmen vom Visumzwang | |
| (4) Lebenspartnerschaften | 37 | (1) Besuche | 71 |
| (5) Aufenthaltsrecht der Kinder, §§ 32, 33, 34 AufenthG | 38 | (2) Weitere Befreiungen | 72 |
| | | 2. Verlängerung der Aufenthaltstitel | 74 |
| | | 3. Beendigung des Aufenthaltes | 80 |
| | | a) Ausweisung | 81 |
| (6) Eigenständiges unbefristetes Aufenthaltsrecht der Kinder, § 35 AufenthG | 42 | b) Erlöschen des Aufenthaltstitels | 89 |
| | | c) Ausreisepflicht | 100 |

---

* Dieser Beitrag baut auf der Darstellung von Herrn *Heinrich Freckmann*, Rechtsanwalt, Hannover und Herrn *Khasayar Zand*, Rechtsanwalt, Hannover aus der Vorauflage auf.

| | Rz. |
|---|---|
| d) Durchsetzen der Ausreisepflicht | |
| aa) Abschiebung | 107 |
| bb) Abschiebungshindernisse, § 60 AufenthG | 114 |
| (1) Das Abschiebungsverbot des § 60 Abs. 1 AufenthG | 117 |
| (2) Abschiebungsverbote des § 60 Abs. 2, 3, 5 und 7 AufenthG | 119 |
| (a) Drohende Folter, § 60 Abs. 2 AufenthG | 121 |
| (b) Drohende Todesstrafe, § 60 Abs. 3 AufenthG | 124 |
| (c) Einschränkungen des § 60 Abs. 4 AufenthG | 125 |
| (d) Bewaffneter Konflikt, § 60 Abs. 7 Satz 1 AufenthG | 126 |
| (e) Unzulässigkeit der Abschiebung wegen drohender Menschenrechtsverletzungen, § 60 Abs. 5 AufenthG | 127 |
| (f) Gefahren für Leib, Leben oder Freiheit, § 60 Abs. 7 Satz 1 AufenthG | 128 |
| (3) Duldung nach § 60a AufenthG | 130 |
| (4) Abschiebehaft nach § 62 AufenthG | 140 |
| 4. Verfahrensrechtliche Besonderheiten und Hinweise im allgemeinen Ausländerrecht | |
| a) Behördenzuständigkeiten | 144 |
| b) Handlungsfähigkeit Minderjähriger | 145 |

| | Rz. |
|---|---|
| c) Mitwirkung des Ausländers | 146 |
| d) Beschränkung von Rechtsmitteln | 150 |
| e) Fälle ohne Suspensiveffekt des Rechtsmittels | 151 |
| III. Ausländerrechtliche Sondernormen | 153 |
| 1. Recht der Europäischen Union | 154 |
| 2. Assoziation EU – Türkei | 161 |
| 3. Freundschafts- und Niederlassungsverträge | 165 |
| 4. Rechtsstellung heimatloser Ausländer | 166 |
| 5. Rechtsstellung der Staatenlosen | 167 |
| 6. Rechtsstellung der Flüchtlinge | 168 |
| IV. Besonderheiten im Arbeitserlaubnis- und Sozialrecht | |
| 1. Arbeitserlaubnis für Ausländer | 172 |
| 2. Grundsicherung für Arbeitssuchende | 176 |
| 3. Sozialhilfe für Ausländer | 178 |
| 4. Kindergeld für Ausländer | 181 |
| 5. Elterngeld für Ausländer | 185 |
| 6. Berufsausbildungsförderung für Ausländer | 186 |
| V. Feststellung und Erwerb der deutschen Staatsangehörigkeit | |
| 1. Staatsangehörigkeitsfeststellung | 187 |
| 2. Erwerb der deutschen Staatsangehörigkeit | 190 |
| a) Geburt | 191 |
| b) Einbürgerung | 193 |
| aa) Anspruchseinbürgerung gem. §§ 10, 11, 12 StAG | 194 |
| bb) Ermessenseinbürgerung | 202 |
| cc) Ehegatten und Lebenspartner Deutscher, § 9 StAG | 205 |
| c) Verlust der deutschen Staatsangehörigkeit | 208 |

**Literatur:**

*Fritz/Vormeier*, Gemeinschaftskommentar zum Aufenthaltsgesetz, Loseblatt; *Fritz/Vormeier*, Gemeinschaftskommentar zum Asylverfahrensgesetz, Loseblatt; *Fritz/Vormeier*, Gemeinschaftskommentar zum Staatsangehörigkeitsrecht, Loseblatt; *Grabitz/Hilf/Nettesheim*, Das Recht der Europäischen Union, Kommentar, Loseblatt, Stand Mai 2011; *Hailbronner*, Ausländerrecht, Kommentar, Loseblatt; *Hailbronner/Renner/Maaßen*, Staatsangehörigkeitsrecht, Kommentar, 5. Auflage 2010; *Hofmann/Hoffmann*, Ausländerrecht, Handkommentar, 1. Auflage 2008; *Huber*, Aufenthaltsgesetz mit Freizügigkeitsgesetz/EU, ARB 1/80 und Qualifikationsrichtlinie, Kommentar, 2010; *Kloesel/Christ/Häußer*, Deutsches Aufenthalts- und Ausländerrecht, Kommentar und Vorschriftensammlung, Loseblatt, Stand Juni 2010; *Renner*, Ausländerrecht, Kommentar, 9. Aufl. 2011; *Marx*, AsylVfG, Kommentar zum Asylverfahrensgesetz, 7. Auflage 2009; *Schiedermair/Wollenschläger*, Handbuch des Ausländerrechts der Bundesrepublik Deutschland, Loseblatt, Stand September 2011.

**Zeitschriften:**

Asylmagazin, Zeitschrift für Flüchtlings- und Migrationsrecht (mit www.asyl.net); Informationsbrief Ausländerrecht; Zeitschrift für Ausländerrecht und Ausländerpolitik – ZAR.

## I. Einführung

Nach § 2 Abs. 1 AufenthG ist jeder ein Ausländer, der nicht die deutsche Staatsangehörigkeit besitzt oder Deutscher i.S.d. Art. 116 Abs. 1 GG ist. Damit ist im juristischen Sinn auch derjenige Bewohner der Bundesrepublik Deutschland ein Ausländer, der bereits seit langem mitsamt seiner Familie seinen Lebensmittelpunkt in Deutschland hat, ohne Deutscher zu sein. Es leben über 7 Millionen Nichtdeutsche im Bundesgebiet. Darunter sind zahlreiche Angehörige der EU und türkische Staatsangehörige, die sich auf die Bestimmungen der Assoziation zwischen der EU und der Türkei berufen können. Der weitüberwiegende Teil sind Menschen, die zum Arbeiten in das Bundesgebiet geholt wurden bzw. deren Familienangehörige. Die fortschreitende Integration der EU, aber auch Krisen in der Heimat, wirtschaftliche Nöte oder der Wunsch, sich in dem Industriestaat Deutschland anzusiedeln, haben zu einer fortdauernden Einwanderung in das Bundesgebiet geführt. Dies wird dadurch begünstigt, dass die Deutschen selbst seit langem zu wenig Geburten verzeichnen und somit seit Bestehen der Bundesrepublik das Wirtschaftswachstum und die soziale Sicherung der Bürger einschließlich der Vorsorge im Alter nur durch einen dauerhaften und erhebliche Zugang von Menschen von außerhalb abgesichert werden konnte. Diese Notwendigkeit wird sich auch nicht in den nächsten Jahrzehnten ändern. Nach dem bisher geltenden politischen Willen ist gleichwohl die Sesshaftmachung neu hinzukommender Ausländer mit Ausnahme von EU-Staatsangehörigen im Bundesgebiet nicht durchgehend erwünscht (s. § 1 Abs. 1 Satz 1 AufenthG – Primärer Gesetzeszweck). Mit dem am 1.1.2005 in Kraft getretenen Zuwanderungsgesetz wird zwar der Rahmen vergrößert, innerhalb dessen Zuwanderung ermöglicht und gestaltet werden kann. Gleichwohl besteht weiterhin das einschränkende Gebot, die Aufnahme- und Integrationsfähigkeit sowie die wirtschaftlichen und arbeitsmarktpolitischen Interessen der Bundesrepublik Deutschland zu berücksichtigen (s. § 1 Abs. 1 Satz 2 AufenthG). Nach wie vor kollidiert in der Praxis die politisch gewünschte Begrenzung des Zuzugs von Nicht-EU-Ausländern häufig mit den persönlichen Interessen der Betroffenen und führt zu einer Vielzahl von Rechtsstreiten. Verwaltungsstreitverfahren von Ausländern unter Einschluss der Asylverfahren machen einen beachtlichen Teil der Verfahren vor den deutschen Verwaltungsgerichten aus. Ausländern fehlen nicht nur Bürgerrechte, sie stehen auch unter ausländerrechtlichen Sondernormen, die in einer Vielzahl von Gesetzen und Verordnungen aufzufinden sind.

Damit ist Ausländerrecht die Summe des Sonderrechtes für Menschen ohne deutsche Staatsangehörigkeit. Es regelt die Einreise, den Aufenthalt und die Niederlassung, die Erwerbstätigkeit und die soziale Sicherung, das Steuerrecht und die staatliche Schutzgewähr gegenüber im Heimatland oder im bisherigen Aufenthaltsland drohenden Gefahren. Ein Teil des Letzteren ist das Asylrecht, das unter einem gesonderten Kapitel (*Bethäuser*, Teil 7 Kap. B. in diesem Werk) behandelt wird; viele andere Teilgebiete der Schutzgewähr sind jedoch nicht unter das klassische Asylrecht zu subsumieren.

### 1. Rechtsvorschriften

In den Bereichen Ausländer- und Asylrecht ist seit vielen Jahren eine erhebliche Hektik des Gesetzgebers festzustellen, die den Widerstreit zwischen den politischen Bewertungen und Erforderlichkeitsprognosen widerspiegelt. So wurde das zum 1.1.2005 in Kraft getretene Aufenthaltsgesetz bereits mehrfach geändert. Auch das Asylverfahrensgesetz befindet sich seit Jahren in einem fortwährenden Umgestaltungsprozess. Seit einigen Jahren werden unionsrechtliche Vorschriften, darunter auch jene, die die Assoziation zwischen der EU und der Türkei betreffen, immer prägender und machen Anpassungen des deutschen Rechts, und zwar nicht nur der Gesetze, sondern auch in der Judikatur erforderlich.

Unter diesen Umständen ist eine Darstellung der Rechtsquellen häufig schon bei Drucklegung überholt. Da ferner in den verschiedenen Vorschriften und Verträgen oftmals Regelungen enthalten sind, die für die Lösung von Einzelfällen Bedeutung haben können, kann die nachstehende Darstellung auch keinen Anspruch auf Vollständigkeit und letzte Aktualität erfüllen. Empfohlen wird deshalb eine Internetrecherche – z.B. www.gesetze-im-internet.de oder www.asyl.net < Arbeitshilfen < Gesetzestexte. Mittlerweile haben der EuGH und die Bundesgerichte homepages, auf denen aktuelle Entscheidungen abgerufen werden können.

**a) Allgemeine ausländerrechtliche Normen**
4
- Grundgesetz für die Bundesrepublik Deutschland
- Aufenthaltsgesetz (AufenthG)
- Aufenthaltsverordnung (AufenthV)
- Gesetz über das Ausländerregister (AZR-Gesetz)
- Gesetz über die allgemeine Freizügigkeit von Unionsbürgern (FreizügG/EU)
- Gesetz über die internationale Rechtshilfe in Strafsachen (IRG)

**b) Unionsrecht**
5
- Charta der Grundrechte der Europäischen Union (**GR-Charta**)
- Konsolidierte Fassung des Vertrags über die Europäische Union (**EUV**)
- Konsolidierte Fassung des Vertrags über die Arbeitsweise der Europäischen Union (**AEUV**)
- Richtlinie 2004/38/EG des Europäischen Parlaments und des Rates vom 29.4.2004 über das Recht der Unionsbürger und ihrer Familienangehörigen, sich im Hoheitsgebiet der Mitgliedsstaaten frei zu bewegen und aufzuhalten, zur Änderung der Verordnung (EWG) Nr. 1612/68 und zur Aufhebung weiterer Richtlinien, (**Unionsbürgerrichtlinie**)
- Richtlinie 2003/86/EG des Rates vom 22.9.2003 betreffend das Recht auf Familienzusammenführung, (**Familiennachzugsrichtlinie**)
- Richtlinie 2003/109/EG des Rates vom 25.11.2003 betreffend die Rechtsstellung der langfristig aufenthaltsberechtigten Drittstaatsangehörigen (**Daueraufenthaltsrichtlinie**)
- Richtlinie 2004/81/EG vom 29.4.2004 über die Erteilung von Aufenthaltstiteln für Drittstaatsangehörige, die Opfer des Menschenhandels sind oder denen Beihilfe zur illegalen Einwanderung geleistet wurde und die mit den zuständigen Behörden kooperieren (**Opferschutzrichtlinie**)
- Richtlinie 2003/110/EG des Rates vom 25.11.2003 über die Unterstützung bei der Durchbeförderung im Rahmen von Rückführungsmaßnahmen auf dem Luftweg (**Durchbeförderungsrichtlinie**)
- Richtlinie 2004/114/EG des Rates vom 13.12.2004 über die Bedingungen für die Zulassung von Drittstaatsangehörigen zwecks Absolvierung eines Studiums oder Teilnahme an einem Schüleraustausch, einer unbezahlten Ausbildungsmaßnahme oder einem Freiwilligendienst (**Studentenrichtlinie**)
- Richtlinie 2005/71/EG des Rates vom 12.10.2005 über ein besonderes Zulassungsverfahren für Drittstaatsangehörige zum Zwecke der wissenschaftlichen Forschung (**Forschungsrichtlinie**)
- Verordnung (EG) Nr. 539/2001 vom 15.3.2001 zur Aufstellung der Liste der Drittländer, deren Staatsangehörige beim Überschreiten der Außengrenzen im Besitz eines Visums sein müssen, sowie der Liste der Länder, deren Staatsangehörige von dieser Visumspflicht befreit sind (**Visa-VO**)

I. Einführung

– Verordnung (EG) Nr. 810/2009 des Europäischen Parlaments und des Rates vom 13.7.2009 über einen Visa-Kodex der Gemeinschaft (**Visa-Kodex**)
– Schengener Grenzkodex (VO 562/2006/EG vom 15.3.2006)
– Richtlinie 2008/115/EG des Europäischen Parlaments und des Rates vom 16.12.2008 über gemeinsame Normen und Verfahren in den Mitgliedsstaaten zur Rückführung illegal aufhältiger Drittstaatsangehöriger (**Rückführungsrichtlinie**)
– Verordnung (EG) Nr. 343/2003 des Rates vom 18.2.2003 zur Festlegung der Kriterien und Verfahren zur Bestimmung des Mitgliedsstaats, der für die Prüfung eines von einem Drittstaatsangehörigen in einem Mitgliedsstaat gestellten Asylantrags zuständig ist („**Dublin II**")
– Richtlinie 2004/83/EG des Rates vom 29.4.2004 über Mindestnormen für Anerkennung und den Status von Drittstaatsangehörigen oder Staatenlosen als Flüchtlinge oder als Personen, die anderweitig internationalen Schutz benötigen, und über den Inhalt des zu gewährenden Schutzes, (**Qualifikationsrichtlinie**)
– Richtlinie des Rates vom 1.12.2005 über Mindestnormen für Verfahren in den Mitgliedstaaten zur Zuerkennung und Aberkennung der Flüchtlingseigenschaft (**Asyl-Verfahrensrichtlinie**)
– Richtlinie 2003/9/EG des Rates vom 27.1.2003 zur Festlegung von Mindestnormen für die Aufnahme von Asylbewerbern in den Mitgliedstaaten, (**Richtlinie Aufnahmebedingungen**)
– Beschluss Nr. 1/80 des Assoziationsrats EWG – Türkei über die Entwicklung der Assoziation (**ARB 1/80**)

**c) Weitere Sonderregelungen aufgrund internationaler oder bilateraler Verträge**
– Europäische Konvention zum Schutze der Menschenrechte und Grundfreiheiten (**EMRK**) vom 4.11.1950 (BGBl. II 1952, 685, 953)
– Europäisches Niederlassungsabkommen (**ENA**) vom 13.12.1955 mit Protokoll (BGBl. II 1959, 997)
– Europäisches Fürsorgeabkommen (**EFA**) vom 11.12.1953 mit Protokoll (BGBl. II 1956, 563)
– Vorläufiges Europäisches Abkommen über soziale Sicherheit unter Ausschluss der Systeme für den Fall des Alters, der Invalidität und zugunsten der Hinterbliebenen vom 11.12.1953 – BGBl. II 1956, 507 (**VEA**)
– Abkommen über die Rechtsstellung der Flüchtlinge – Genfer Flüchtlingskonvention (**GFK**) vom 28.7.1951 (BGBl. II 1953, 559)
– Übereinkommen über die Rechtsstellung von Staatenlosen (**StlÜbk**) vom 28.9.1954 (BGBl. II 1976, 473)

**d) Nationales Flüchtlings-, Schutzgewähr- und Statuserlangungsrecht**
– Grundgesetz für die Bundesrepublik Deutschland (**GG**)
– Aufenthaltsgesetz (**AufenthG**)
– Asylverfahrensgesetz (**AsylVfG**)
– Gesetz über die Angelegenheiten der Vertriebenen und Flüchtlinge (Bundesvertriebenengesetz – **BVFG**)
– Staatsangehörigkeitsgesetz (**StAG**)

### e) Arbeitserlaubnis- und sozialrechtliche Sondernormen

8
- Verordnung über die Zulassung von neueinreisende Ausländern zur Ausübung einer Beschäftigung (**BeschV**)
- Verordnung über das Verfahren und die Zulassung von im Inland lebenden Ausländern zur Ausübung einer Beschäftigung (Beschäftigungsverfahrensverordnung – **BeschVerfV**)
- Bundeskindergeldgesetz (**BKGG**)
- Einkommensteuergesetz (**EStG**)
- Gesetz zum Elterngeld und zur Elternzeit (Bundeselterngeld- und Elternzeitgesetz- **BEEG**)
- Sozialgesetzbuch 2. Buch (**SGB II**), 3. Buch (**SGB III**), 8. Buch (**SGB VIII**), 10. Buch (**SGB X**) und 12. Buch (**SGB XII**)
- Bundesausbildungsförderungsgesetz (**BAföG**)
- Asylbewerberleistungsgesetz (**AsylbLG**)

### f) Verwaltungsvorschriften und Dienstanweisungen

9 Von erheblicher praktischer Bedeutung sind die allgemeinen Verwaltungsvorschriften zum AufenthG und zum Freizügigkeitsgesetz EU. Daneben gibt es weiterhin eine erhebliche Anzahl von Erlassen und Richtlinien der einzelnen Bundesländer. Viele Behörden haben Dienstanweisungen (z.B. das Bundesamt für Migration und Flüchtlinge, die Bundesagentur für Arbeit).

## 2. Der Beginn der anwaltlichen Tätigkeit

10 In der Regel beginnt die Arbeit des Rechtsanwaltes damit, dass ein Ausländer ihn aufsucht, der entweder gar keinen Aufenthaltstitel besitzt oder Probleme bei der Verlängerung oder der Änderung hat. Nicht selten erreichen den Anwalt auch „Notrufe", bei denen die Abwendung einer unmittelbaren Aufenthaltsbeendigung im Vordergrund steht. Manchmal denken die Betroffenen oder ihre Angehörigen so weit vorausschauend, dass sie den Anwalt schon z.B. vor der Einreise konsultieren, um seine Hilfe bei der Beantragung des richtigen Visums zu erbitten, das wiederum für die spätere Gewährung oder Verlängerung des Aufenthaltstitels von entscheidender Bedeutung ist.

Bei den Gesprächen mit den Mandanten ergeben sich häufig Verständigungsschwierigkeiten. Zum einen sind sie in den unterschiedlichen Sprachen begründet; es empfiehlt sich, von den Mandanten zu verlangen, dass diese ggf. eigene Sprachmittler mitbringen. Zum anderen aber beruhen diese Schwierigkeiten auf oftmals anderen Denkgewohnheiten und Erfahrungen im Umgang mit Behörden. Flüchtlinge können verletzende (traumatisierende) Erlebnisse im Herkunftsstaat und auf der Flucht gehabt haben, über die sie nicht oder nur mit großen Schwierigkeiten sprechen können.

11 Gleichwohl muss der Anwalt zu Beginn seiner Tätigkeit sich zuerst eine Vorstellung darüber verschaffen, aus welchem Grund und ggf. für welche Dauer der Mandant einen Aufenthalt im Bundesgebiet benötigt. Von zentraler Bedeutung ist eine vernünftige Einschätzung des Risikos einer ungewollten Aufenthaltsbeendigung.

Da der Mandant nur selten die rechtlichen Zusammenhänge begreift, sollte der Anwalt sobald als möglich Einsicht in die Verwaltungsvorgänge nehmen oder sich in Notfällen wenigstens telefonisch kundig machen. Bei der Problembewertung kann z.B. bedeutsam sein, an welchem Tag jeweils eine Verlängerung des Aufenthaltstitels erfolgte, welche Notiz über den Grund der Verlängerung oder Nichtverlängerung vorliegt, ob eine Anfrage beantwortet ist usw.

Erst anschließend ist der Anwalt i.d.R. in der Lage, einigermaßen gesicherte Fest- 12
stellungen zu treffen, ob die Durchführung eines Verfahrens Aussicht auf Erfolg
hat, ob nur nach den Regeln des allgemeinen Aufenthaltsrechts zu verfahren ist
oder ob Sondernormen eingreifen, wie z.B. das Recht für EU-Staatsangehörige
oder für türkische Staatsangehörige, das auch Rechtsansprüche für deren Familienangehörige beinhaltet.

Es sollen daher im Folgenden zuerst die Grundfragen des allgemeinen Aufenthaltsrechts besprochen werden. Anschließend folgt die Behandlung der verschiedenen
aufenthaltsrechtlichen Sonderrechte, gefolgt von den ausländerspezifischen Problemen im Arbeitserlaubnis- und Sozialrecht. Beendet wird die Darstellung mit knappen Hinweisen zum Staatsangehörigkeitsrecht.

## II. Das Aufenthaltsgesetz

### 1. Das allgemeine Erteilungsverfahren

#### a) Aufenthaltstitel und Einreise

Für die erlaubte Einreise und für den erlaubten und rechtmäßigen Aufenthalt eines 13
Ausländers im Bundesgebiet bedürfen grds. **Ausländer** eines Aufenthaltstitels (§ 4
Abs. 1 AufenthG). Dabei handelt es sich um das **Visum**, die **Aufenthaltserlaubnis**,
die **Niederlassungserlaubnis** und die **Erlaubnis zum Daueraufenthalt-EG**. Der jeweilig erforderliche Aufenthaltstitel wird nach Zweck und Dauer des Aufenthaltes
bestimmt. Für verschiedene Gruppen von Ausländern ist die Einreise und/oder der
Aufenthalt bereits kraft Gesetzes erlaubt. In manchen Fällen kann der Aufenthaltstitel auch erst nach der Einreise beantragt werden.

Die strikte Trennung der Aufenthaltstitel nach Aufenthaltszwecken, die im Aufenthaltstitel eingetragen wird, ergibt gerade bei der zeitlichen Befristung der Aufenthaltserlaubnis einen besonderen Sinn, weil sie zum Beginn des Aufenthalts erteilt wird und damit jedenfalls den anfänglichen Zweck festlegt. Die mit der Erteilung verbundenen Rechte sind nicht einheitlich, sondern dem jeweiligen Zweck
entsprechend unterschiedlich gestaltet.

Zum Visumsverfahren siehe Rz. 67 ff..

⊃ **Hinweis:**
Verfahren bei Aufenthaltserlaubnis und Niederlassungserlaubnis
– Antragstellung bei der für den Wohnsitz zuständigen Ausländerbehörde;
– Gegen Versagung der Aufenthaltserlaubnis Klage: Verpflichtungswider-
  spruch/-klage (Widerspruch in einigen Bundesländern abgeschafft); kein Sus-
  pensiveffekt (§ 84 Abs. 1 AufenthG);
– Einstweiliger Rechtsschutz gem. § 80 Abs. 5 VwGO in den Fällen des § 81
  Abs. 3 und Abs. 4 AufenthG, sonst nach § 123 VwGO)

Keine Anwendung findet gem. § 1 Abs. 2 das AufenthG auf Personen, die nicht der 14
deutschen Gerichtsbarkeit unterstehen, also insbesondere **Mitglieder des diplomatischen und konsularischen Personals** sowie der **NATO Stationierungsstreitkräfte**.

Für **EU-Staatsangehörige** gilt vorrangig das Unionsrecht, im Wesentlichen die 15
Richtlinie 2004/38/EG (**Unionsbürgerrichtlinie**) umgesetzt im **FreizügG/EU**. Das
Aufenthaltsgesetz gilt für diesen Personenkreis nur insoweit, als dies in § 11 Frei-
zügG/EU ausdrücklich (also abschließend) geregelt worden ist. Die hierunter fallenden Personen benötigen daher keinen Aufenthaltstitel nach dem AufenthG (§ 2
Abs. 4 FreizügG/EU). Ihr Aufenthalt ist kraft Gesetzes rechtmäßig. Bei Vorliegen
der gesetzlichen Voraussetzungen erhalten sie gem. § 5 Abs. 1 FreizügG/EU eine

Bescheinigung („**Freizügigkeitsbescheinigung**"), Familienangehörige aus Drittstaaten gem. § 5 Abs. 2 FreizügG/EU eine **Aufenthaltskarte**. Kurzaufenthalte bis zu drei Monaten unterliegen grds. keinen Beschränkungen. **Familienangehörigen aus Drittstaaten** wird von der deutschen Praxis – nach hier vertretener Auffassung entgegen der Rechtsprechung des EuGH – ein Visum abverlangt (§ 2 Abs. 4 Satz 2 FreizügG/EU).

16  Der Aufenthalt **türkischer Staatsangehörige**, die sich auf den **Assoziationsrats-Beschluss 1/80** berufen können, halten sich kraft dieses Beschlusses erlaubt im Bundesgebiet auf. Das Aufenthaltsrecht ist allerdings gem. § 4 Abs. 5 AufenthG durch den Besitz einer Aufenthaltserlaubnis nachzuweisen, die auf Antrag ausgestellt wird.

17  Für **Asylbewerber** gilt das spezielle Aufenthaltsrecht des **Asylverfahrensgesetzes**. Gem. § 55 AsylVfG ist – bei Vorliegen der entsprechenden Voraussetzungen – der Aufenthalt für die Dauer der Durchführung des Asylverfahrens kraft Gesetzes gestattet. Hierüber wird eine Bescheinigung erteilt (**Aufenthaltsgestattung**). Besondere Vorsicht ist bei einer Einreise aus einem Mitgliedstaat der Europäischen Union oder aus einem „sicheren Drittstaat" geboten. Hier bestehen Sonderregelungen, die zu überraschenden Abschiebungen dorthin zurück führen können.

18  Weitere Ausnahmen vom Erfordernis eines Aufenthaltstitels sind in der **Aufenthaltsverordnung** aufgezählt, z.B.
    – in §§ 15–17 AufenthV: Vorrang der unionsrechtlichen Regelungen
    – in §§ 23 ff. AufenthV: Befreiungen für, Flugzeug- und Schiffsbesatzungen und Passagiere, Angehörige des Personals von Botschaften und Konsulaten,
    – in §§ 39 ff. AufenthV Einholung des Aufenthaltstitels im Bundesgebiet (insbesondere § 41 AufenthV für Angehörige bestimmter Staaten).

19  Jeder Aufenthaltstitel – bei der Niederlassungserlaubnis (§ 9 Abs. 1 Satz 2 AufenthG) und der Erlaubnis zum Daueraufenthalt EG (§ 9a AufenthG) ist hierfür eine ausdrückliche gesetzliche Grundlage erforderlich – kann mit **Bedingungen oder Auflagen** (§ 12 Abs. 2 AufenthG) versehen werden. Ferner wird er – mit Ausnahme der Niederlassungserlaubnis und der Erlaubnis zum Daueraufenthalt-EG – befristet erteilt (§§ 6 Abs. 2, 7 Abs. 1 Satz 1 AufenthG). **Nachträgliche Befristungen** sind möglich.

Die zeitliche Befristung des Visums und der Aufenthaltserlaubnis ist keine Auflage i.S.v. §§ 12 Abs. 2 AufenthG, 36 VwVfG, sondern ergibt sich als vom Gesetz gewollter „automatischer" Rechtscharakter.

Die Bedingung, dass z.B. mit Beendigung der Ausbildung oder des Arbeitsverhältnisses der Aufenthaltstitel erlischt, oder die modifizierende Auflage, die in derartig engem Verhältnis zum erteilten Aufenthaltstitel steht, dass davon auszugehen ist, dass der Titel ohne diese Auflage nicht erteilt würde, sind bei Ersterteilung wie auch bei Verlängerung einzig im Wege des Verpflichtungswiderspruches und der Verpflichtungsklage anfechtbar; ein Suspensiveffekt besteht nicht (§ 84 Abs. 1 AufenthG). In den Fällen des § 81 Abs. 3 und Abs. 4 AufenthG ist vorläufiger Rechtsschutz gem. § 80 Abs. 5 VwGO, sonst gem. § 123 VwGO geltend zu machen.

Sonstige selbständige Auflagen i.S.d. § 36 Abs. 3 Nr. 4 VwVfG sind gesondert anfechtbar; einstweiliger Rechtsschutz richtet sich nach § 80 Abs. 5 VwGO.

20  Unter bestimmten Umständen gilt der Aufenthalt schon infolge der Antragstellung (§ 81 Abs. 3 Satz 1 und Abs. 4 AufenthG) als erlaubt; den Nachweis erbringt bis zur Entscheidung die Fiktionsbescheinigung nach § 81 Abs. 5 AufenthG.

## II. Das Aufenthaltsgesetz

### b) Erteilungsansprüche

Unter bestimmten gesetzlich geregelten Voraussetzungen besteht ein **Anspruch auf** 21
**Erteilung oder Verlängerung** des Aufenthaltstitels. Derartige Ansprüche sind z.B.
geregelt in
- § 9 Abs. 2 AufenthG – Niederlassungserlaubnis
- § 20 AufenthG – Aufenthaltserlaubnis zur Forschung
- § 25 Abs. 1 AufenthG – Aufenthaltserlaubnis für Asylberechtigte
- § 25 Abs. 2 AufenthG – Aufenthaltserlaubnis für Flüchtlinge
- § 28 Abs. 1 AufenthG – Familiennachzug zu Deutschen
- § 30 Abs. 1 AufenthG – Ehegattennachzug zu Ausländern
- § 32 Abs. 1 AufenthG – Kindernachzug zu Ausländern
- § 38 Abs. 1 AufenthG – Aufenthaltstitel für ehemalige Deutsche

Das Gesetz formuliert in diesen Fällen „ist zu verlängern" oder „ist zu erteilen" sowie „wird erteilt" und „wird verlängert". Bei Vorliegen der jeweilig erforderlichen Voraussetzungen hat daher die Ausländerbehörde in diesen Fällen **kein Ermessen** bei ihrer Entscheidung.

Auch bei Erteilungsansprüchen ist jedoch stets zu prüfen, inwieweit die **allgemei-** 22
**nen Erteilungsvoraussetzungen** vorliegen müssen. Die allgemeinen und die für die
Fallkonstellation speziellen **Ausschlussgründe** müssen ebenfalls geprüft werden.

### c) Ermessensentscheidungen

Wenn kein Anspruch auf Erteilung oder Verlängerung einer Aufenthaltserlaubnis 23
besteht, kann die Ausländerbehörde gleichwohl eine Aufenthaltserlaubnis nach **Ermessen** erteilen oder verlängern. Hierzu existieren eine Reihe spezieller Ermessenstatbestände im AufenthG, z.B.
- § 6 Abs. 3 AufenthG – Nationales Visum
- §§ 16, 17 AufenthG – Studium, Sprachkurse, Schulbesuch, sonstige Ausbildung
- § 18 ff. AufenthG – Beschäftigung
- § 21 AufenthG – selbständige Erwerbstätigkeit
- §§ 22 ff. AufenthG – humanitäre Aufenthalte
- §§ 30 ff. AufenthG – Familiennachzug

Das Gesetz formuliert in diesen Fällen: „kann erteilt werden" oder „kann verlängert werden". Anspruch auf **ermessensfehlerfreie Entscheidung** entsteht erst, wenn die Voraussetzungen des jeweiligen speziellen Ermessenstatbestandes erfüllt sind.

Der allgemeine Ermessenstatbestand (**§ 7 Abs. 1 Satz 3 AufenthG**) ist keine Gene- 24
ralklausel zur Schließung von Anspruchslücken in der Zuwanderung; vielmehr
muss die Aufenthaltserlaubnis zu einem nicht im AufenthG ausdrücklich geregelten Zweck beabsichtigt werden (z.B. Zuzug zu einem Verlobten zum Zweck der Eheschließung; zur Krankheitsbehandlung). Dann erst ist der Weg zur Ermessensentscheidung eröffnet.

Auch bei den Ermessensentscheidungen ist stets zu prüfen, inwieweit die allgemei- 25
nen Erteilungsvoraussetzungen vorliegen müssen. Die allgemeinen und die für die
Fallkonstellation speziellen Ausschlussgründe müssen ebenfalls geprüft werden.

d) **Die allgemeinen Erteilungsvoraussetzungen und die Ausschlussgründe**

26 Die allgemeinen Erteilungsvoraussetzungen, deren Fehlen in der Regel zur Ablehnung der Erteilung oder der Verlängerung des Aufenthaltstitels auch bei Vorliegen eines speziellen Anspruchs führen können, aber nicht müssen (s. § 5 Abs. 2 Satz 2 und Abs. 3 AufenthG), sind gem. § 5 AufenthG:

- **Einreise mit richtigem Visum**:
  Z.B. bei Einreise mit Besuchervisum und anschließend gewünschtem Aufenthalt zur Familienzusammenführung wird die Aufenthaltserlaubnis zur Herstellung der Familieneinheit versagt (s. § 5 Abs. 2 Satz 1 AufenthG). Allerdings ist bei Eheschließung mit Deutschen oder Asylberechtigten und bei Geburt eines Kindes im Bundesgebiet der Konflikt mit Art. 6 GG durch die Regelung in § 39 AufenthV, § 5 Abs. 2 AufenthG dadurch entschärft worden, dass zur Herstellung der ehelichen Lebensgemeinschaft und zur Familienzusammenführung die Aufenthaltserlaubnis nach der Einreise erstmals erteilt werden kann, wenn der Ausländer sich rechtmäßig (z.b. als Tourist), geduldet oder als Asylbewerber gem. § 55 Abs. 1 AsylVfG gestattet im Bundesgebiet aufhält, wenn er nach der Einreise durch Eheschließung oder Kindsgeburt einen Erteilungsanspruch erworben hat oder die Erteilungsvoraussetzungen nach der Einreise eingetreten sind. Nach **§ 39 Nr. 3 AufenthV** können hierneben **Inhaber eines Schengenvisums** und **sichtvermerkfreie Drittstaatler** im Falle eines Anspruchs auf Erteilung eines Aufenthaltstitels diesen im Lande einholen (Vgl. § 5 Abs. 2 Satz 1 Nr. 1 AufenthG).

- **Für die Erteilung maßgebliche Angaben im Visumantrag waren richtig** (§ 5 Abs. 2 Nr. 2 AufenthG);

- **Pass oder Passersatz liegen vor** (§§ 3 Abs. 1, 5 Abs. 1 Nr. 4 AufenthG);

- **Geklärte Identität oder Staatsangehörigkeit** des Ausländers (§ 5 Abs. 1 Nr. 1a AufenthG)

- **Kein Vorliegen eines Ausweisungsgrundes** (§ 5 Abs. 1 Nr. 2 AufenthG). Allein die Erfüllung eines solchen Tatbestandes führt i.d.R. zur Versagung der Erteilung oder Verlängerung eines Aufenthaltstitels; es bedarf nicht einer tatsächlich ergangenen Ausweisungsverfügung mit entsprechender Ermessenserwägung gem. §§ 54, 55 AufenthG.

- **Sicherung des Lebensunterhaltes** (§ 5 Abs. 1 Nr. 1 AufenthG i.V.m. § 2 Abs. 3 AufenthG). Die Inanspruchnahme öffentlicher Mittel soll grds. vermieden werden. Es kommt nicht nur auf die gegenwärtigen Verhältnisse an, die Sicherung muss aber auch von gewisser Dauer erscheinen. Dabei ist die Zukunftsprognose von entscheidender Bedeutung.

  Nach der Rspr. des BVerwG[1] wird dabei in den Fällen, die keinen unionsrechtlich geregelten Sachverhalt[2] betreffen, unter Berücksichtigung der in § 11b SGB II genannten Positionen ein fiktives Einkommen eingesetzt: vom tatsächlichen Nettoeinkommen sind der Freibetrag bei Erwerbstätigkeit i.H.v. 100 Euro sowie 20 % des Einkommens von 100 Euro bis 1000 Euro und 10 % des Einkommens von 1000 Euro bis 1200 Euro bzw. bei einem Kind 1500 Euro abzuziehen.

  Die Sicherung des Lebensunterhaltes umfasst auch den **Krankenversicherungsschutz** (§ 2 Abs. 3 AufenthG). Ferner ist hierbei zu berücksichtigen, dass gesetzliche oder vertragliche Unterhaltsleistungen (z.B. an Familienangehörige) gesichert sind. Dagegen gehören zu den verfügbaren Eigenmitteln Unterhaltsleistungen und sonstige Zahlungen auch dann, wenn sie nicht auf gesetzlicher Grundlage beruhen. Sie müssen aber hinreichend sicher sein. **Unschädlich** sind

---

1 BVerwG v. 16.11.2010 – 1 C 21.09; noch anders zuvor BVerwG v. 26.8.2008 – 1 C 32.07.
2 EuGH v. 4.3.2010 – C-578/08 – Chakroun; Familienzusammenführungsrichtlinie!

## II. Das Aufenthaltsgesetz

ebenfalls auf Beitragsleistungen beruhende öffentliche Mittel wie Arbeitslosengeld I und Rentenversicherungsleistungen, ferner Kindergeld, Kinderzuschlag, Leistungen der Ausbildungsförderung nach dem SGB III, dem BAföG; **schädlich** dagegen sind Sozialhilfe- und Arbeitslosengeld II-Leistungen.
– Nur bei Ermessensentscheidungen gilt die allgemeine Regelerteilungsvoraussetzung des § 5 Abs. 1 Nr. 3 AufenthG. **Beeinträchtigung oder Gefährdung der Interessen der Bundesrepublik Deutschland.** Hierunter sind alle wirtschaftlichen, gesellschaftlichen, arbeitsmarktpolitischen oder sonstigen staatlichen oder öffentlichen Interessen zu verstehen, die durch den Aufenthalt des Ausländers tangiert sind; ähnlich wie der Begriff „Belange der Bundesrepublik Deutschland" nach § 2 Abs. 1 des AuslG 1965. Es geht hierbei nicht nur um Interessen des Bundes, sondern auch der Länder und Kommunen. Ausreichend ist bereits eine Gefährdung. Die öffentlichen Interessen können formelhaft mit den Grundzielen des AufenthG umschrieben werden[1] (s. § 1 Abs. 1 AufenthG).

Bei den allgemeinen Erteilungsvoraussetzungen handelt es sich um „**Regelerteilungsvoraussetzungen**". Über die in § 5 Abs. 3 AufenthG genannten Fälle hinaus können sie in **atypischen** Ausnahmefällen außer Betracht bleiben.

**Ausschlussgründe,** die auch bei Bestehen eines Erteilungsanspruchs greifen können, sind:
– Frühere Abschiebung, Zurückschiebung oder Ausweisung des Ausländers (§ 11 Abs. 1 Satz 1 und Satz 2 AufenthG),
– Ausweisungsgründe nach § 54 Nr. 5 und Nr. 5a AufenthG – Ausweisung wegen Terrorismusverdachts (§ 5 Abs. 4 Satz 1 AufenthG);
– erfolgloses Asylverfahren (§ 10 Abs. 3 AufenthG).

⊃ **Hinweis:** Bereits **vor einer Visumserteilung** muss daher erst die nachträgliche Befristung der Wirkung der Ausweisung, Abschiebung oder Zurückschiebung erwirkt werden. **Zeitliche Befristung** der Versagungstatbestände erfolgt auf Antrag (§ 11 Abs. 1 Satz 2 AufenthG), zur Frist siehe § 11 Abs. 1 Satz 4 ff. AufenthG.

### e) Einzelne wichtige Aufenthaltszwecke

Besonders hingewiesen sei auf folgende einzelne Aufenthaltszwecke mit Praxishäufigkeit:

#### aa) Aufenthalt/Nachzug von Familienangehörigen

Der erlaubte Aufenthalt von Familienangehörigen (Ehegatten und Kinder) ist geregelt in § 27 AufenthG. (allgemein), § 28 AufenthG (Nachzug zu Deutschen), §§ 29–35 AufenthG (Nachzug zu Ausländern). § 27 Abs. 1 AufenthG normiert die Grundvoraussetzungen für jeden Familiennachzug, der dem Schutzbereich des Art. 6 GG unterfällt, während § 36 Abs. 1 AufenthG den Zuzug der Eltern zu einem asylberechtigten minderjährigen Kind regelt und § 36 Abs. 2 AufenthG eine Härtefallklausel enthält.

Unter **Ehe** wird einzig die bürgerlich-rechtliche Einehe verstanden, nicht die eheähnliche Lebensgemeinschaft. Zwar unterfällt die Mehrehe nicht dem Schutz des Art. 6 GG, sie ist aber aufenthaltsrechtlich geschützt, da sie eine Familie darstellt. Nur soweit es die Eheschließungsfreiheit angeht, ist das **Verlöbnis** geschützt. Bei ernsthafter Eheschließungsabsicht und entsprechenden Vorbereitungen genügt da-

---
1 *Dienelt*, in: Renner, Ausländerrecht, § 5 AufenthG Rz. 44.

her die Genehmigung zum kurzfristigen Aufenthalt zwecks Eheschließung. Dies ist grds. nicht der Fall, wenn einer der Verlobten noch nicht geschieden ist.

31 Familie ist **nicht** die in vielen anderen Ländern noch übliche Großfamilie, wohl aber dem Grunde nach die Gemeinschaft von Eltern und Kindern ohne Rücksicht darauf, ob diese schon volljährig und aus dem Haushalt ausgeschieden sind. Kinder i.S.d. Art. 6 GG sind minderjährige wie volljährige, eheliche und nichteheliche, Adoptiv-, Stief- und Pflegekinder.

Im Bereich des **FreizügG/EU** ist die Altersgrenze für „Kinder" auf **21 Jahre** festgelegt, auch Verwandte in **aufsteigender Linie** sind als Familienangehörige erfasst, sofern ihnen Unterhalt gewährt wird (§ 3 Abs. 2 FreizügG/EU).

32 Gemäß § 27 Abs. 2 AufenthG findet Familiennachzug auch zur Herstellung und Wahrung einer **lebenspartnerschaftlichen Gemeinschaft** im Bundesgebiet statt.

**(1) Ehegattennachzug, § 30 AufenthG**

33 Für Ausländer besteht ein **Anspruch** auf Ehegattennachzug, wenn
- beide Ehegatten das 18. Lebensjahr vollendet haben
- der (nachziehende) Ehegatte sich zumindest auf einfache Art in der deutschen Sprache verständigen kann
- der hier lebende Ausländer einen der in § 30 Abs. 1 Satz 1 Nr. 3 AufenthG genannten Titel unter den jeweiligen dortigen weiteren Voraussetzungen besitzt
- der Lebensunterhalt gesichert ist (§ 5 Abs. 1 AufenthG, siehe auch § 27 Abs. 3 AufenthG)
- die Identität geklärt ist
- kein Ausweisungsgrund vorliegt
- die Passpflicht erfüllt ist
- ausreichender Wohnraum zur Verfügung steht.

Bei der Prüfung der Sicherung des Lebensunterhalts dürfen wegen der Familienzusammenführungsrichtlinie die Pauschalen des § 11b Abs. 3 SGB II nicht vom Nettoeinkommen abgezogen werden[1].

Das Gesetz sieht eine **Fülle von Ausnahme- und sonstigen Spezialregelungen** vor. Für Unionsbürger gelten die Sondervorschriften des FreizügG/EU, wobei stets darauf geachtet werden muss, ob dessen Vorschriften mit der Unionsbürgerrichtlinie übereinstimmen. Bei **türkischen Staatsangehörigen** wird diskutiert, ob sie sich auf die Stand-still Regelungen der Assoziation EU/Türkei berufen können. Für manche Staatsangehörige gelten Ausnahmen vom Spracherfordernis.

Verfahren: siehe Rz. 13, 70.

**(2) Ausländische Ehegatten oder minderjährige Kinder von Deutschen, § 28 AufenthG**

34 Wichtigste Voraussetzung ist, dass das deutsche Familienmitglied seinen gewöhnlichen Aufenthalt im Bundesgebiet hat bzw. haben wird und die familiäre Lebensgemeinschaft besteht bzw. im Bundesgebiet hergestellt werden soll. Nach Maßgabe des § 28 Abs. 1 AufenthG darf der Aufenthalt in diesen Fällen nicht vom Vorhan-

---

[1] BVerwG v. 16.11.2010 – 1 C 21.09; noch anders zuvor BVerwG v. 26.8.2008 – 1 C 32.07 wird dabei in den Fällen, die keinen unionsrechtlich geregelten Sachverhalt (EuGH v. 4.3.2010 – C-578/08 – Chakroun; Familienzusammenführungsrichtlinie!)

## II. Das Aufenthaltsgesetz

densein ausreichenden Wohnraumes oder Einkommens abhängig gemacht werden. Beim Ehegattennachzug kann die Sicherung des Lebensunterhalts in atypischen Fällen verlangt werden (§ 28 Abs. 1 Satz 3 AufenthG); in diesen Fällen – nicht aber beim Kindernachzug bzw. Nachzug zum Kind gem. § 28 Abs. 1 Satz 1 Nr. 3 AufenthG – ist auch der Sprachnachweis erforderlich.

Gemäß § 28 Abs. 2 AufenthG ist dem Ehegatten eines Deutschen bzw. Elternteil eines deutschen Kindes eine **Niederlassungserlaubnis** in der Regel zu erteilen, wenn die familiäre Lebensgemeinschaft fortbesteht, der Ausländer drei Jahre im Besitz einer Aufenthaltserlaubnis gem. § 28 Abs. 1 AufenthG ist und sich auf einfache Art in der deutschen Sprache verständigen kann. Die sonstigen allgemeinen Erteilungsvoraussetzungen – einschließlich der Sicherung des Lebensunterhalts müssen vorliegen. Mit der Erteilung der Niederlassungserlaubnis entfällt die Bindung an den Aufenthaltszweck der ehelichen Lebensgemeinschaft; die Niederlassungserlaubnis ist ein eigenständiges Aufenthaltsrecht. 35

Verfahren: siehe Rz. 13, 70.

### (3) Eigenständiges Aufenthaltsrecht von Ehegatten, § 31 AufenthG

Das eigenständige Aufenthaltsrecht steht dem Ehegatten bei Aufhebung der ehelichen Lebensgemeinschaft für zunächst ein weiteres Jahr zu, 36
– bei Tod des Ausländers während des Bestandes der ehelichen Lebensgemeinschaft im Bundesgebiet, **oder** bei dreijähriger rechtmäßiger Dauer der ehelichen Lebensgemeinschaft im Bundesgebiet,
– sofern der Ausländer bis dahin eine Aufenthalts- oder Niederlassungserlaubnis hatte.
– Zur Vermeidung einer **besonderen Härte** ist vom dreijährigen rechtmäßigen Bestand der ehelichen Lebensgemeinschaft im Bundesgebiet abzusehen und der weitere Aufenthalt zu ermöglichen, sofern die Verlängerung nicht ausgeschlossen ist. Die besondere Härte liegt insbesondere vor, wenn
– dem Ehegatten wegen der aus der Auflösung der Ehe erwachsenen Rückkehrverpflichtung eine **erhebliche Beeinträchtigung seiner schutzwürdigen Interessen** droht, **oder**
– ihm aus denselben Gründen ein weiteres Festhalten an der ehelichen Lebensgemeinschaft **unzumutbar** ist, wobei hierzu auch das **Wohl eines in familiärer Gemeinschaft wohnenden Kindes** zählt (s. § 31 Abs. 2 AufenthG).

**Leistungsbezug** nach SGB II und XII kann zur Missbrauchsvermeidung zur Versagung der Verlängerung führen, wenn der Ehegatte aus einem von ihm zu vertretenden Grund auf den Bezug angewiesen ist (s. § 31 Abs. 2 Satz 3 AufenthG).

Ein eigenständiges Aufenthaltsrecht entsteht auch, wenn der Ehegatte eine Niederlassungserlaubnis (nach § 9 AufenthG) erhält.

### (4) Lebenspartnerschaften

Bei gleichgeschlechtlichen **Lebenspartnerschaften** (§ 1 LPartG) gelten die Voraussetzungen nach den §§ 9 Abs. 3, 27 Abs. 1a und 3, 28 bis 31 sowie 51 Abs. 2 AufenthG in entsprechender Anwendung (s. § 27 Abs. 2 AufenthG). 37

### (5) Aufenthaltsrecht der Kinder, §§ 32, 33, 34 AufenthG

**Minderjährigen ledigen Kindern** eines Ausländers ist die Aufenthaltserlaubnis zu erteilen, wenn 38

- beide Eltern oder der allein personenberechtigte Elternteil eine Aufenthaltserlaubnis, Niederlassungserlaubnis oder Erlaubnis zum Daueraufenthalt-EG besitzen und das Kind seinen Lebensmittelpunkt zusammen mit seinen Eltern bzw. zusammen mit dem allein personensorgeberechtigten Elternteil nach Deutschland verlegt;
- ausreichender Wohnraum vorhanden ist (§ 29 Abs. 1 Nr. 2 AufenthG);
- der Lebensunterhalt gesichert ist (§ 5 Abs. 1 Nr. 1 AufenthG, ehe auch § 27 Abs. 3 AufenthG).

Bei **Kindern zwischen 16 und 18 Jahren** wird zusätzlich verlangt, dass das Kind die deutsche Sprache beherrscht oder es gewährleistet erscheint, dass das Kind sich aufgrund seiner bisherigen Ausbildung und Lebensverhältnisse in die deutschen Lebensverhältnisse einfügen wird, **Integrationsfähigkeit** (§ 32 Abs. 2 AufenthG).

Bei **Kindern unter 16 Jahren** wird nicht verlangt, dass die Verlegung des Lebensmittelpunkts zusammen mit den Eltern bzw. des allein personensorgeberechtigten Elternteils erfolgt.

§ 32 Abs. 4 AufenthG enthält eine **Härtefallregelung**.

Gerade die Voraussetzung, dass der in Deutschland lebende Elternteil allein personensorgeberechtigt sein muss, führt dazu, dass nach der Praxis **viele Kinder geschiedener bzw. getrennt lebender Eltern** nicht zu dem in Deutschland lebenden Elternteil nachziehen können, wenn das Familienrecht des Herkunftsstaates keine Übertragung der Personensorge auf einen Elternteil kennt.

39 Für **Kinder von Asylberechtigten oder Flüchtlingen** (§§ 60 Abs. 1 AufenthG, 3 AsylVfG) gelten besondere Vorschriften. Es besteht ein Nachzugsanspruch. Wenn der Antrag auf Erteilung eines Aufenthaltstitels innerhalb von drei Monaten ab Bestandskraft der Schutzgewährung an den in Deutschland lebenden Elternteil gestellt wird, dürfen Sicherung des Lebensunterhalts und ausreichender Wohnraum nicht verlangt werden (§ 29 Abs. 2 AufenthG). Zur Fristwahrung kann der Antrag auch von dem in Deutschland lebenden Elternteil gestellt werden; er ist aber an die zuständige **Auslandsvertretung** der Bundesrepublik zu richten). Nach der Einreise nach Deutschland kann gem. § 26 AsylVfG Familienasyl bzw. Familienflüchtlingsschutz beantragt werden.

40 Bei **Geburt des Kindes im Bundesgebiet** ist ihm von Amts wegen gem. § 33 AufenthG abweichend von §§ 5, 29 Abs. 1 Nr. 2 AufenthG eine Aufenthaltserlaubnis zu erteilen, wenn beide Eltern eine Aufenthaltserlaubnis, Niederlassungserlaubnis oder Erlaubnis zum Daueraufenthalt-EG besitzen. Besitzt nur ein Elternteil einen der oben genannten Titel, trifft die Ausländerbehörde von Amts wegen eine Ermessensentscheidung. Gleiches gilt bei **Verlängerungen** (§ 34 Abs. 1 AufenthG).

41 Nach **Eintritt der Volljährigkeit** wird die erteilte Aufenthalts- oder Niederlassungserlaubnis zu einem selbständigen Aufenthaltsrecht (§ 34 Abs. 2 AufenthG). **Niederlassungserlaubnisse** werden nach Maßgabe des § 35 AufenthG erteilt.

Verfahren: siehe Rz. 13, 70.

**(6) Eigenständiges unbefristetes Aufenthaltsrecht der Kinder, § 35 AufenthG**

42 Einem minderjährigen Kind ist abweichend von § 9 Abs. 2 AufenthG eine Niederlassungserlaubnis zu erteilen, wenn es zum Zeitpunkt der Vollendung seines 16. Lebensjahres seit fünf Jahren eine Aufenthaltserlaubnis besitzt.

Einem gerade Volljährigen ist die Niederlassungserlaubnis zu erteilen, wenn
- er seit fünf Jahren eine Aufenthaltserlaubnis besitzt,

## II. Das Aufenthaltsgesetz — Rz. 45 Teil 7 A

- er über ausreichende Kenntnisse der deutschen Sprache verfügt,
- sein Lebensunterhalt gesichert ist oder er in einer zu einem anerkannten schulischen oder beruflichen Bildungsabschluss oder einem Hochschulabschluss führenden Ausbildung ist.

Der Erteilungsanspruch besteht dann nicht, wenn
- ein auf dem persönlichen Verhalten des Ausländers beruhender Ausweisungsgrund vorliegt,
- er in den letzten drei Jahren wegen einer vorsätzlichen Straftat zu einer Jugendstrafe von mindestens sechs Monaten oder zu einer Freiheitsstrafe von mindestens drei Monaten oder zu einer Geldstrafe von mindestens 90 Tagessätzen verurteilt worden oder wenn die Verhängung einer Jugendstrafe zur Bewährung ausgesetzt ist,
- sein Lebensunterhalt nicht ohne Inanspruchnahme von Leistungen nach dem Zweiten oder Zwölften Buch Sozialgesetzbuch oder Jugendhilfe nach dem Achten Buch Sozialgesetzbuch gesichert ist, es sei denn, er befindet sich in einer Ausbildung, die zu einem anerkannten schulischen oder beruflichen Abschluss führt.

Die Aufenthaltserlaubnis wird in der Regel verlängert, wenn die Verurteilungen zur Bewährung ausgesetzt sind (s. § 35 Abs. 3 Satz 3 AufenthG).

Von den Voraussetzungen des § 35 Abs. 1 Satz 2 Nr. 2 und 3, Abs. 3 Satz 1 Nr. 3 AufenthG ist abzusehen, wenn sie Folge einer Erkrankung oder Behinderung sind (s. § 35 Abs. 4 AufenthG).

### (7) Eigenständiges Aufenthaltsrecht der ausländischen Kinder von Deutschen

43 Gemäß § 28 Abs. 3 AufenthG finden für ausländische Ehegatten und Kinder von deutschen Staatsangehörigen die unter §§ 35 AufenthG erläuterten Grundsätze entsprechende Anwendung mit der Maßgabe, dass an die Stelle des Aufenthaltstitels des Ausländers **der gewöhnliche Aufenthalt des Deutschen im Bundesgebiet** tritt.

### (8) Sonstige Angehörige, § 36 AufenthG

44 **Eltern minderjähriger Asylberechtigter oder Flüchtlinge** haben gem. § 36 Abs.1 AufenthG einen Anspruch auf Aufenthaltserlaubnis, wenn sich kein sorgeberechtigter Elternteil im Bundesgebiet aufhält. Die Sicherung des Lebensunterhalts und ausreichender Wohnraum dürfen nicht verlangt werden.

45 **Sonstige Angehörige** können nach § 36 Abs. 2 AufenthG zur Vermeidung einer **außergewöhnlichen Härte** eine Aufenthaltserlaubnis erhalten. Eine außergewöhnliche Härte ist dann anzunehmen, wenn die Ablehnung der Aufenthaltserlaubnis im Einzelfall zu Härten führt, die unter Berücksichtigung des Schutzgebotes des Art. 6 Abs. 1, Abs. 2 GG im Vergleich zu den vom Gesetz in §§ 28–35 AufenthG gestatteten und den nicht erlaubten Fällen der Familienzusammenführung als außergewöhnlich zu bezeichnen ist. Die Versagung darf nicht vertretbar erscheinen. Die Erteilung der Aufenthaltserlaubnis erfolgt dann **nach Ermessen**. Die **Härte** kann sowohl bei den in Deutschland Lebenden als auch bei dem Zuziehenden bestehen.
- **Verlängert** werden kann die Aufenthaltserlaubnis beim Fortbestehen der außergewöhnlichen Härtesituation, und zwar unter Berücksichtigung der **zwischenzeitlichen Aufenthaltsdauer**.

**bb) Recht auf Wiederkehr, § 37 AufenthG**

46 Ausländer, die als Minderjährige mehr als acht Jahre rechtmäßig im Bundesgebiet waren und mindestens sechs Jahre eine Schule hier besuchten, haben Anspruch auf Erteilung einer Aufenthaltserlaubnis, wenn sie den Antrag spätestens fünf Jahre nach der Ausreise stellen, im Alter zwischen 15 und 21 Jahren sind und ihr Lebensunterhalt aus eigener Erwerbstätigkeit oder durch eine Unterhaltsverpflichtung gesichert ist. Die Erteilung der Aufenthaltserlaubnis kann aus den in § 37 Abs. 3 AufenthG genannten Gründen im Ermessenswege versagt werden. Sind einzelne Voraussetzungen nicht vollständig erfüllt, kann in einer Gesamtschau gleichwohl eine Aufenthaltserlaubnis erteilt werden, wenn andere Voraussetzungen „übererfüllt" sind.

Dem **Verlängerungsanspruch** steht nicht entgegen, dass der Unterhalt nicht mehr gesichert ist (§ 37 Abs. 4 AufenthG).

47 Ausländer, die von einem Träger im Bundesgebiet Rente beziehen und mindestens acht Jahre vor ihrer Ausreise rechtmäßig im Bundesgebiet waren, besitzen einen Regelanspruch auf Erteilung einer Aufenthaltserlaubnis (§ 37 Abs. 5 AufenthG).

Verfahren: siehe Rz. 70.

**cc) Aufenthaltstitel für ehemalige Deutsche, § 38 AufenthG**

48 Einem ehemaligen Deutschen mit Lebensmittelpunkt im Bundesgebiet **ist**
– eine Niederlassungserlaubnis zu erteilen, wenn er bei Verlust der deutschen Staatsangehörigkeit seit fünf Jahren als Deutscher im Bundesgebiet lebte,
– eine Aufenthaltserlaubnis zu erteilen, wenn er zum Verlustzeitpunkt seit drei Jahren als Deutscher im Bundesgebiet lebte,

sofern der Antrag innerhalb von sechs Monaten nach Kenntnisnahme vom Verlust der Deutschen Staatsangehörigkeit gestellt wird.

Die Aufenthaltserlaubnis **kann** einem im Ausland wohnenden ehemaligen Deutschen erteilt werden, wenn er hinreichend deutsch sprechen kann.

49 **Entsprechende Anwendung** findet diese Regelung auf Ausländer, die bislang aus von ihnen nicht zu vertretenden Gründen von deutschen Stellen irrig als deutsche Staatsangehörige behandelt worden sind (§ 38 Abs. 5 AufenthG). Unter bestimmten Umständen kann nach der Rspr. des BVerwG § 38 AufenthG zur Regelung des weiteren Aufenthalts analog angewendet werden, wenn die Einbürgerung gem. § 35 StAG zurückgenommen worden ist[1].

**dd) Aufenthalt zum Zwecke der Ausbildung, §§ 16, 17 AufenthG**

50 Als **in der Praxis wichtigste** Erteilungsnorm ist **§ 16 AufenthG**, wonach einem Ausländer zum Zwecke der Studienbewerbung und des Studiums an einer staatlichen oder staatlich anerkannten Hochschule oder vergleichbaren Ausbildungseinrichtung einschließlich der Vorbereitungsmaßnamen zum Studium eine Aufenthaltserlaubnis erteilt werden kann. Studienvorbereitende Maßnahmen dürfen nicht länger als **zwei Jahre** belegt werden. Fachwechsel unterliegen ausländerrechtlichen Beschränkungen. Nach der Verwaltungspraxis darf eine Gesamtstudienzeit von zehn Jahren nicht überschritten werden.

Die Erteilung einer **Niederlassungserlaubnis** zu diesem Zwecke ist **ausgeschlossen** (s. § 16 Abs. 2 Satz 2 AufenthG). Die Aufenthaltserlaubnis nach § 16 AufenthG

---
1 BVerwG v. 19.4.2011 – 1 C 2.10.

umfasst eine **Beschäftigungserlaubnis** für insgesamt 90 ganze oder 180 halbe Arbeitstage und für studentische Nebentätigkeit (§ 16 Abs. 3 AufenthG). Bei **türkischen Studierenden** kann eine derartige Beschäftigung durchaus in den Bereich des **Assoziationsratsbeschlusses 1/80** führen; dabei entsteht ein eigenständiges Aufenthaltsrecht zur Fortführung dieser Beschäftigung.

Nach erfolgreichem Studienabschluss kann die Aufenthaltserlaubnis für **ein weiteres Jahr** zur Suche eines angemessenen Arbeitsplatzes **verlängert** werden (s. § 16 Abs. 4 AufenthG).

**Betriebliche Aus- und Weiterbildung** kann zur Erteilung einer Aufenthaltserlaubnis führen, sofern die **Zustimmung** der Bundesagentur für Arbeit vorliegt oder die Zustimmung durch Rechtsverordnung nach § 42 AufenthG oder zwischenstaatliche Vereinbarung nicht erforderlich ist (§ 17 AufenthG).

Die **allgemeinen Erteilungsvoraussetzungen** (§ 5 AufenthG) müssen bei der Aufenthaltserlaubnis gem. **§§ 16, 17 AufenthG** vorliegen, Ausschlussgründe (§§ 10f. AufenthG) dürfen nicht gegeben sein.

Verfahren: siehe Rz. 13, 70.

### ee) Aufenthaltstitel zum Zwecke der Forschung

Unter den Voraussetzungen des § 20 AufenthG besteht Anspruch auf eine Aufenthaltserlaubnis zu Forschungszwecken. 51

### ff) Aufenthaltstitel zum Zwecke der Beschäftigung

Zur **Aufnahme** für eine bestimmte **Beschäftigung (§ 18 AufenthG)** kann eine Aufenthaltserlaubnis bei **Zustimmung der Bundesarbeitsagentur** und Vorliegen eines konkreten Arbeitsplatzangebots (§ 18 Abs. 5 AufenthG) erteilt werden. Der Antrag ist bei der Ausländerbehörde zu stellen, diese beteiligt die Bundesagentur für Arbeit nach Maßgabe der §§ 39 ff. AufenthG. Zu beachten sind die **Beschäftigungsverfahrensverordnung** und die **Beschäftigungsverordnung**. 52

Bei einigen Aufenthaltstiteln ist das Recht auf Beschäftigung bereits **gesetzlich** festgelegt, z.B. in
- § 23 Abs. 2 AufenthG – Aufnahme bei besonders gelagerten politischen Interessen
- § 25 Abs. 1 und 2 AufenthG – Aufenthaltserlaubnis für Asylberechtigte und Flüchtlinge
- § 28 Abs. 5 AufenthG – Familiennachzug zu Deutschen

**Unionsbürger** und ihre Familienangehörige unterliegen den Einschränkungen des § 18 AufenthG nicht. Sie genießen – mit Ausnahme der Staatsangehörigen von Rumänien und Bulgarien – die Arbeitnehmerfreizügigkeit (§ 2 Abs. 2 Nr. 1 FreizügG/EU). Auch für **türkische Arbeitnehmer** gelten besondere Bestimmungen, vor allem die Regelungen des Assoziationsratsbeschlusses 1/80.

Unter den in **§ 18a AufenthG** geregelten Voraussetzungen können auch **Geduldete** eine Aufenthaltserlaubnis zum Zweck der Beschäftigung erhalten. 53

Eine **Niederlassungserlaubnis (§ 19 AufenthG)** kann **Hochqualifizierten** (Legaldefinition in § 19 Abs. 2 AufenthG) erteilt werden, wenn, 54
- die Zustimmung der Bundesarbeitsagentur erteilt wurde oder sie wegen einer Rechtsverordnung nach § 42 AufenthG oder zwischenstaatlicher Vereinbarung nicht notwendig ist;
- die Integrationsfähigkeit des Ausländers gewährleistet ist;

- der Lebensunterhalt des Ausländers gesichert ist;
- ein besonderer Fall vorliegt, der bei einer besonders langen Vakanz der Stelle, dem Fehlen von Ersatzpersonal oder beim Angewiesensein auf die Besetzung der Stelle stets gegeben ist[1].

55 Im beim Vorliegen der Erfordernisse auszuübenden **Ermessen** der Erteilungsbehörde sind einerseits der Ausnahmecharakter des § 19 AufenthG, die Arbeitsmarktsituation und bestehende Angebote von Vorberechtigten und andererseits das gestiegene öffentliche Interesse an ausländischen Hochqualifizierten zu beachten.
Visumsverfahren, siehe Rz. 13, 70; vorheriger Kontakt mit der Bundesagentur für Arbeit schwierig, aber ratsam.

**gg) Aufenthaltstitel zum Zwecke der selbständigen Erwerbstätigkeit**

56 **Selbständige Tätigkeit (§ 21 AufenthG)** kann zur Erteilung führen, wenn
- ein übergeordnetes wirtschaftliches Interesse oder ein besonderes regionales Bedürfnis für sie besteht,
- die Tätigkeit positive Auswirkungen auf die Wirtschaft erwarten lässt,
- die Finanzierung der Umsetzung entweder durch Eigenkapital oder durch bereits erteilte Kreditzusagen gesichert ist.

Die ersten zwei Voraussetzungen sind in der Regel als erfüllt anzusehen, wenn der Ausländer mindestens **250 000 Euro** investiert und **fünf Arbeitsplätze** schafft (§ 21 Abs. 1 Satz 2 AufenthG).

Ansonsten werden die Voraussetzungen unter Beteiligung der Gewerbebehörden, Berufsvertretungen, fachkundigen Körperschaften und der den Beruf zulassenden Behörden am Ort der geplanten Investition positiv festgestellt, wobei die in § 21 Abs. 1 Satz 3 AufenthG ausdrücklich genannten Grundsätze bei der Feststellung strickt zu beachten sind.

Bei **Ausländern über 45 Jahren** kommt das Erfordernis einer angemessenen Altersversorgung hinzu.

Auf **drei Jahre** ist diese Aufenthaltserlaubnis befristet (§ 21 Abs. 4 Satz 1 AufenthG).

Verfahren siehe Rz. 13, 70; vorheriger Kontakt mit den zu beteiligenden Behörden ratsam.

57 Eine **Niederlassungserlaubnis** kann nach dieser Vorschrift abweichend von § 9 Abs. 2 AufenthG **bereits nach drei Jahren** erteilt werden, wenn
- die geplante selbständige Tätigkeit erfolgreich verwirklicht ist, und
- der Lebensunterhalt des Ausländers und seiner Familie gesichert ist.

**hh) Aufenthaltstitel aus humanitären Gründen**

58 **Asylberechtigte** erhalten nach Maßgabe des § 25 Abs. 1 AufenthG eine Aufenthaltserlaubnis. Der Lebensunterhalt muss nicht gesichert sein, ausreichender Wohnraum ist nicht erforderlich. Die Passpflicht wird erfüllt durch den Besitz des Internationalen Reiseausweises, den die deutschen Behörden gem. Art. 28 Genfer Flüchtlingskonvention erteilen.

---

1 *Röseler*, in: Renner, Ausländerrecht, § 19 AufenthG, Rz. 12.

Nach drei Jahren Besitz der Aufenthaltserlaubnis gem. § 25 Abs. 1 AufenthG besteht ein Anspruch auf Erteilung einer Niederlassungserlaubnis, wenn das Bundesamt für Migration und Flüchtlinge gem. § 73 Abs. 2a AsylVfG mitgeteilt hat, dass die Voraussetzungen für den Widerruf oder die Rücknahme der Asylberechtigung nicht vorliegen (§ 26 Abs. 3 AufenthG). Sicherung des Lebensunterhalts, Wohnraum und Vorliegen eines Nationalpasses sind – wie bei der Erteilung der Aufenthaltserlaubnis – nicht erforderlich.

Ähnliches gilt für Ausländer, denen die **Flüchtlingseigenschaft** (§§ 60 Abs. 1 AufenthG, 3 AsylVfG) zuerkannt wurde. 59

Ausländern, bei denen die Abschiebungsverbote des § 60 Abs. 2, 3 oder 7 Satz 2 AufenthG festgestellt wurden, muss nach Maßgabe des § 25 Abs. 3 AufenthG und der Art. 15 ff. und 24 Abs. 2 QRL eine einjährige Aufenthaltserlaubnis erteilt werden. Wurde ein nationales Abschiebungsverbot gem. § 60 Abs. 5 oder Abs. 7 Satz 1 AufenthG festgestellt, soll eine Aufenthaltserlaubnis nach den Voraussetzungen des § 25 Abs. 3 AufenthG erteilt werden. 60

**Weitere Rechtsgrundlagen** für die Erteilung einer Aufenthaltserlaubnis aus humanitären Gründen finden sich in § 25 Abs. 4, 4a und 5 AufenthG, sowie in §§ 22, 23, 23a und 24 AufenthG. Von großer praktischer Bedeutung sind auch die Altfallregelungen der §§ 104a und 25a AufenthG. 61

Inhaber von Aufenthaltserlaubnissen aus völkerrechtlichen, humanitären Gründen oder politischen Gründen können eine Niederlassungserlaubnis gem. § 26 Abs. 4 AufenthG erhalten, wenn sie 62
– sieben Jahre im Besitz einer Aufenthaltserlaubnis gem. Abschnitt 5 ist (hierzu zählen auch die Aufenthaltszeiten zur Durchführung des Asylverfahrens (s. § 26 Abs. 4 Satz 3 AufenthG). Bei Altfällen können unter bestimmten Umständen Duldungszeiten und Zeiten der alten Aufenthaltsbefugnis mitgerechnet werden (s. § 102 Abs. 2 AufenthG);
– die sonstigen Voraussetzungen des § 9 Abs. 2 Satz 1 Nr. 2 bis Nr. 9 AufenthG erfüllen (§ 9 Abs. 2 Satz 2 bis Satz 6 AufenthG finden entsprechende Anwendung).

### f) Die Niederlassungserlaubnis

#### aa) Die Niederlassungserlaubnis gem. § 9 AufenthG

Eine sehr starke ausländerrechtliche Stellung verleiht die **Niederlassungserlaubnis (§ 9 AufenthG)**. Sie kann – außer durch Widerruf oder Rücknahme – nur noch durch die Ausweisung beseitigt werden. Dabei ist aber der besondere Schutz des § 56 AufenthG zu beachten. Die Niederlassungserlaubnis ist frei von zeitlichen und räumlichen Beschränkungen und kann – mit ganz wenigen, ausdrücklich gesetzlich geregelten Ausnahmen – nicht mit Bedingungen und Auflagen versehen werden. 63

Gemäß § 9 Abs. 2 AufenthG müssen folgende **Voraussetzungen** für den Erhalt vorliegen: 64
– Besitz der Aufenthaltserlaubnis seit fünf Jahren
– Sicherung des Lebensunterhaltes
– 60 Monatsbeiträge zur gesetzlichen Rentenversicherung oder vergleichbare Leistungen: bei Ehegatten genügt, wenn einer die Voraussetzungen erfüllt (§ 9 Abs. 3 Satz 1 AufenthG). Die Voraussetzung fällt weg, wenn der Ausländer sich in Ausbildung mit anerkanntem Abschluss befindet (§ 9 Abs. 3 Satz 2 AufenthG)

- keine entgegenstehenden Gründe der öffentlichen Sicherheit oder Ordnung
- erlaubte Beschäftigung, sofern Arbeitnehmer, und sonstige Erlaubnisse für ausgeübte selbständige Erwerbstätigkeit
- ausreichende Kenntnisse der deutschen Sprache
- Grundkenntnisse der Rechts- und Gesellschaftsordnung und der Lebensverhältnisse im Bundesgebiet und
- ausreichender Wohnraum für sich und seine mit ihm in häuslicher Gemeinschaft lebenden Familienangehörigen (§ 2 Abs. 4 AufenthG).

Ausnahmen sind in bestimmten Konstellationen möglich. Sprachkenntnisse und Grundkenntnisse der Rechts- und Gesellschaftsordnung sowie der Lebensverhältnisse können durch den erfolgreichen Abschluss eines Integrationskurses (§ 43 AufenthG) nachgewiesen werden.

**bb) Spezielle Niederlassungserlaubnisse**

65 **Abweichend von § 9 AufenthG** kann bzw. muss eine Niederlassungserlaubnis erteilt werden
- für Hochqualifizierte, § 19 AufenthG (Rz. 54)
- für selbständig Tätige, § 21 Abs. 4 AufenthG (Rz. 57)
- zur Wahrung besonders gelagerter politischer Interessen der Bundesrepublik Deutschland, § 23 Abs. 2 AufenthG
- für Asylberechtigte und Flüchtlinge, § 26 Abs. 3 AufenthG (Rz. 58)
- für Inhaber einer Aufenthaltserlaubnis aus völkerrechtlichen, humanitären oder politischen Gründen, § 26 Abs. 4 AufenthG (Rz. 62)
- für Ehegatten eines Deutschen, § 28 Abs. 2 AufenthG (Rz. 35)
- für Jugendliche, § 35 Abs. 1 AufenthG (Rz. 42)
- für ehemalige Deutsche, § 38 Abs. 1 Nr. 1 AufenthG (Rz. 48).

**g) Die Erlaubnis zum Daueraufenthalt/EU: §§ 9a ff. AufenthG**

66 Auf der Basis der Daueraufenthaltsrichtlinie besteht gem. §§ 9a ff. AufenthG für Drittstaatsangehörige ein **Anspruch** auf Erteilung der Erlaubnis zum Daueraufenthalt-EG. Die Voraussetzungen hierfür (§ 9a Abs. 2 AufenthG) sind nicht vollständig deckungsgleich mit denen der Niederlassungserlaubnis. Im Einzelnen:
- seit fünf Jahren Aufenthalt im Bundesgebiet mit Aufenthaltstitel
- Sicherung des Lebensunterhaltes des Ausländers und derjenigen seiner Angehörigen, denen er Unterhalt zu leisten hat, durch feste und regelmäßige Einkünfte
- ausreichende Kenntnisse der deutschen Sprache
- Grundkenntnisse der Rechts- und Gesellschaftsordnung und der Lebensverhältnisse im Bundesgebiet
- keine entgegenstehenden Gründe der öffentlichen Sicherheit oder Ordnung
- ausreichender Wohnraum für sich und seine mit ihm in häuslicher Gemeinschaft lebenden Familienangehörigen.

In §§ 9b und 9c AufenthG sind besondere Regelungen zur **Berechnung der Aufenthaltszeit** und zur **Feststellung** der **Sicherung des Lebensunterhalts** getroffen.

Die mit der Erlaubnis zum Daueraufenthalt-EG verbundenen Rechte sind weitreichender als bei der Niederlassungserlaubnis.

## h) Das Visum, § 6 AufenthG

Das AufenthG sieht jede **Einreise** als **mit einem Aufenthalt verbunden** an und behandelt beides als **Einheit** (§ 4 AufenthG). Es wird das Vorliegen eines Aufenthaltstitels verlangt, der in der Regel vor der Einreise bei der im Heimatstaat zuständigen deutschen Konsularvertretung einzuholen ist. Wendet sich der Ausländer an die Konsularvertretung in einem Drittstaat, so beteiligt diese wiederum die Vertretung in dessen Heimatstaat. Diese als Sichtvermerk im Pass eingetragene Genehmigung ist das Visum.

Das Visumsverfahren ist unionsrechtlich bestimmt, wie sich auch aus dem Wortlaut des § 6 Abs. 1 und 2 AufenthG ergibt. Seit 5.4. 2010 gilt der **Visa-Kodex** (Verordnung (EG) Nr. 810/2009 des Europäischen Parlaments und des Rates vom 13.7.2009 über einen Visakodex der Gemeinschaft. Dessen Vorschriften binden auch die Behörden und Gerichte der Bundesrepublik Deutschland. Das Bundesministerium des Innern hat hierzu **Anwendungshinweise** (z.B. in www.asyl.net < Erlasse und Verwaltungsvorschriften < Bundesministerium des Inneren abrufbar) herausgegeben, um die Zeit bis zur Anpassung der nationalen Vorschriften zu überbrücken. Zu unterscheiden sind das „**Einheitliche Visum**" auf der Basis des jeweiligen Schengen-Besitzstandes, das im Sprachgebrauch weiterhin als „**Schengen-Visum**" bezeichnet wird, das Flughafentransitvisum und das nationale Visum des § 6 Abs. 3 AufenthG.

Wegen der Einzelheiten des Verfahrens empfiehlt sich der Blick auf die Homepage des Auswärtigen Amtes und der einzelnen Auslandsvertretungen.

### aa) Einheitliches Visum („Schengen-Visum")

Das **Schengen-Visum** wird mit Gültigkeit für das **Staatsgebiet aller oder einzelner Schengenvertragsstaaten** zur Durchreise oder Aufenthalte bis zu drei Monaten erteilt. Die Visumserteilung setzt voraus, dass eine Gefahr für die nationale Sicherheit oder die öffentliche Ordnung ausgeschlossen werden kann und beim Antragsteller **Rückkehrbereitschaft** besteht. Für Letzteres können Arbeitsplatz, Grundeigentum und starke familiäre Bindungen Indizien sein. Eine **Verlängerung** des Visums kommt nur bis zu sechs Monaten und lediglich aus humanitären Gründen (z.B. krankenbedingte Reiseunfähigkeit) in Betracht.

Bei **Ablehnung** des Schengen-Visums kann gegen die Entscheidung **Remonstration** unter Darlegung der Reisegründe, der finanziellen Sicherheit und der Umstände der Rückkehrbereitschaft bei der ablehnenden Botschaft erhoben werden. Die Aussichten einer Klage müssen als in aller Regel sehr gering bezeichnet werden.

### bb) Nationales Visum, § 6 Abs. 3 AufenthG

Bereits bei der Beantragung des nationalen Visums ist der **Zweck des** beabsichtigten **Aufenthaltes** im Bundesgebiet anzugeben (z.B. Familienzusammenführung, Ausbildung, Besuch, Geschäftstätigkeit). Da das nationale Visum i.d.R. nur für eine Geltungsdauer von bis zu drei Monaten erteilt wird, ist bei längerem Aufenthalt im Bundesgebiet eine Umwandlung in eine Aufenthalts- bzw. Niederlassungserlaubnis erforderlich. Diese ist nur möglich, wenn der Aufenthaltszweck und die Aufenthaltsdauer bereits durch das gewährte Nationalvisum genehmigt war (§ 5 Abs. 2 AufenthG).

Die Konsularvertretungen verlangen die Antragstellung auf dem vorgeschriebenen **Formblatt**[1]; ein formloser Antrag reicht nicht aus. Zur Antragstellung muss der Ausländer persönlich erscheinen.

---

1 Abrufbar auf der *Homepage des Auswärtigen Amtes* bzw. *der Deutschen Botschaften*.

70 Bei beabsichtigter **Aufenthaltsdauer von mehr als drei Monaten** oder bei beabsichtigter Erwerbstätigkeit im Bundesgebiet bedarf die Auslandsvertretung zur Erteilung des Visums der Zustimmung der zuständigen Ausländerbehörde des Ortes, wo der Ausländer im Bundesgebiet zu wohnen wünscht (§ 31 AufenthV). Diese wird von Amts wegen eingeholt. In dringenden Fällen und im Falle eines Anspruches auf die Erteilung eines Aufenthaltstitels kann auch eine **Vorabzustimmung** der Ausländerbehörde eingeholt werden (§ 31 Abs. 3 AufenthV).

Dieses Zustimmungsverfahren bleibt gleichwohl ein behördeninternes Verfahren. Weder Zustimmung noch Verweigerung der Zustimmung der Ausländerbehörden stellen mangels Außenwirkung einen Verwaltungsakt dar und sind somit nicht selbständig anfechtbar.

⊃ **Hinweis:**

Verfahrensweise

– Antragstellung i.d.R. bei der deutschen Auslandsvertretung;
– Ggf. zuständige Ausländerbehörde um Erstellung der Vorabzustimmung ersuchen bzw. informell auf das Zustimmungsverfahren durch Intervention bei der Ausländerbehörde einwirken.

Rechtsmittel

– Kein Widerspruchsverfahren, da Botschaften oberste Bundesbehörden sind, aber Remonstration möglich;
– Verpflichtungsklage, ggf. als Untätigkeitsklage;
– Zuständiges Gericht in jedem Falle VG Berlin gem. Behördensitz (AA).

### cc) Ausnahmen vom Visumzwang

#### (1) Besuche

71 Für Besuchsaufenthalte bis zur Dauer von drei Monaten benötigen Angehörige aus Staaten, die im Anhang II der **Visums-VO Nr. 539/2001** (Aktualisierungen beachten!) aufgeführt sind, kein Visum. Das Visum kann nur unter engen Voraussetzungen verlängert werden (§ 40 Satz 2 AufenthV).

Durch jegliche **Aufnahme von Erwerbstätigkeit** im Rahmen eines Besuchsaufenthaltes, gleich ob selbständig oder unselbständig, wird der **Aufenthalt illegal**. Unter Erwerbstätigkeit wird jede auf Gewinnerzielung gerichtete Tätigkeit verstanden, ohne Rücksicht auf Dauer und Höhe des Gewinns. Ausgenommen sind einzelne Tätigkeiten im Bundesgebiet, deren betrieblicher oder sonstiger Schwerpunkt im Ausland liegt.

#### (2) Weitere Befreiungen

72 Ebenfalls **befreit vom Visumzwang** sind auch Angehörige von Island, Liechtenstein und Norwegen (vgl. Erwägungsgrund 6 der Visa-VO). Staatsangehörige aus **EU-Staaten** benötigen einzig einen Pass, Passersatz oder Kinderausweis. Sie haben ein **Einreiserecht kraft Unionsrechts**, bei ihren Familienangehörigen aus Drittstaaten wird – nach hiesiger Auffassung unionsrechtswidrig[1] – ein Visum verlangt.

Hochumstritten ist, unter welchen Voraussetzungen **türkische Staatsangehörige** visumsfrei[2] einreisen dürfen.

---

1 Urteile des EuGH v. 25.7.2002 – 459/99 – MRAX und v. 25.7.2008 – C-127/08 – Metock.
2 hierzu im Einzelnen: *Dienelt/Röseler*, in: Renner, Ausländerrecht, § 4 AufenthG Rz. 187 ff.

## II. Das Aufenthaltsgesetz

Kein Visum benötigen ferner **Flüchtlinge oder Staatenlose** mit einem Ausweis eines Staates der Positivliste – Anlage A zu § 16 AufenthV –, solange der Pass eine Rückkehrberechtigung enthält, für Besuchszwecke.

**Asylsuchende** bedürfen keines Aufenthaltstitels i.S.d. § 4 AufenthG. Ihr Aufenthalt ist kraft Gesetz gestattet. Sie können jedoch **zurückgeschoben** werden, wenn sie – aus einem **EU-Mitgliedstaat** oder aus **sicherem Drittstaat** kommend – in Grenznähe aufgegriffen werden (§ 18 AsylVfG). Das AsylVfG sieht auch vor, dass das Bundesamt für Migration die Abschiebung in den zuständigen EU-Mitgliedstaat (Dublin II) oder den sicheren Drittstaat anordnet (§ 34a AsylVfG).

**Nach der Einreise** können Staatsangehörige der EFTA-Staaten Israel, Japan, Süd-Korea und der USA den Aufenthaltstitel einholen (§ 41 AufenthV).

**Beförderungsunternehmen** sind nach § 63 AufenthG zur Kontrolle der Beachtung der Visumspflicht verpflichtet. Bei Verstößen müssen sie die Rückbeförderung durchführen (§ 64 AufenthG). 73

### 2. Verlängerung der Aufenthaltstitel

§ 8 Abs. 1 AufenthG stellt fest, dass rechtlich zwischen der Neuerteilung eines Aufenthaltstitels und dessen Verlängerung kein Unterschied besteht. Es gelten demnach die gleichen Vorschriften wie für den Erstantrag. Allerdings sieht das Gesetz in bestimmten Fällen bei der Verlängerung Erleichterungen vor, während in anderen Fällen eine Verlängerung ausdrücklich ausgeschlossen wird (z.B. §§ 8 Abs. 2, 26 Abs. 2 AufenthG). 74

Selbst bei **Vorliegen eines Rechtsanspruchs** kann die ordnungsgemäße Teilnahme am Integrationskurs – § 44a Abs. 1 Satz 1 Nr. 1 AufenthG – Voraussetzung für die Verlängerung der Aufenthaltserlaubnis sein (§ 8 Abs. 3 AufenthG).

Daneben können **zwischenstaatliche Vereinbarungen** eine Verlängerung der Aufenthaltstitel unter erleichterten Voraussetzungen ermöglichen. Soweit ein Rechtsanspruch auf die Erteilung eines Aufenthaltstitels besteht, besteht dieser auch auf dessen Verlängerung.

Gemäß § 8 Abs. 2 AufenthG kann die Aufenthaltserlaubnis in der Regel nicht verlängert werden, wenn die zuständige Behörde dies bei einem seiner Zweckbestimmung nach nur vorübergehenden Aufenthalt bei der Erteilung oder der zuletzt erfolgten Verlängerung der Aufenthaltserlaubnis ausgeschlossen hat. 75

Der **Antrag** auf Verlängerung muss **rechtzeitig**, also spätestens am letzten Tag der Gültigkeit der Erlaubnis, gestellt werden, da andernfalls eine Lücke in der Folge der Aufenthaltstitel entsteht. Erst mit dem rechtzeitigen Verlängerungsantrag entsteht die **gesetzliche Erlaubnisfiktion** des § 81 Abs. 4 AufenthG: Die Fiktion vermittelt einen rechtmäßigen Aufenthalt; der bisherige Aufenthaltstitel gilt als fortbestehend. Verlangt allerdings das Gesetz das Vorliegen eines Aufenthaltstitels, ist der Ausländer von dessen Vergünstigungen ausgeschlossen. 76

Wird der Verlängerungsantrag **verspätet** gestellt, so gilt gem. § 81 Abs. 3 Satz 2 AufenthG die Abschiebung ab Antragstellung als ausgesetzt (Duldungsfiktion).

Ferner tritt keine Erlaubnisfiktion durch Stellung eines weiteren Antrages nach Ablehnung des vorherigen ein, gleich aus welchem Grund (§ 81 Abs. 3 Satz 1 AufenthG i.V.m. § 81 Abs. 3 Satz 2 AufenthG). 77

**Ausgeschlossen** ist die Erlaubnisfiktion nach **Ausweisung**, da diese auch einen bestehenden Aufenthaltstitel erlöschen lässt (§ 51 Abs. 1 Nr. 5 AufenthG) und somit zur Ausreisepflicht führt (§ 50 Abs. 1 AufenthG), oder bei sonst **bestehender Aus-** 78 reisepflicht. Andererseits braucht die Ausweisung noch nicht rechtskräftig und die Ausreisepflicht nicht vollziehbar zu sein; auch beseitigt die aufschiebende Wirkung eines Rechtsbehelfs nicht die Wirksamkeit der Ausweisung oder eines anderen aufenthaltsbeendenden Verwaltungsaktes (§ 84 Abs. 2 Satz 1 AufenthG).

79 Gemäß § 84 Abs. 2 Satz 2 AufenthG gilt der Aufenthaltstitel **für Zwecke der Aufnahme oder Ausübung einer Erwerbstätigkeit** als fortbestehend, solange die Frist zur Erhebung des Widerspruchs oder der Klage noch nicht abgelaufen ist, während eines gerichtlichen Verfahrens über einen zulässigen Antrag auf Anordnung oder Wiederherstellung der aufschiebenden Wirkung oder solange ein Rechtsbehelf aufschiebende Wirkung hat.

> **Hinweis:**
> Verfahren
> – Antragstellung bei der für den Wohnsitz zuständigen Ausländerbehörde;
> – Rechtsmittel: Verpflichtungswiderspruch/-klage, in einigen Bundesländern ist das Widerspruchsverfahren abgeschafft; kein Suspensiveffekt (§ 84 Abs. 1 AufenthG). Daher einstweiliger Rechtsschutz gem. § 80 Abs. 5 VwGO in den Fällen der § 81 Abs. 3 und Abs. 4 AufenthG, sonst nach § 123 VwGO.

### 3. Beendigung des Aufenthaltes

80 Grundlage jeder Beendigung eines Aufenthalts muss eine vollziehbare Ausreisepflicht sein. Nur dann kann eine Abschiebung, Zurückschiebung oder Zurückweisung erfolgen.

#### a) Ausweisung

81 **Durch die Ausweisung erlischt der Aufenthaltstitel** (§ 51 Abs. 1 Nr. 5 AufenthG), und es entsteht die Ausreisepflicht (§ 50 Abs. 1 AufenthG). Die Ausweisung bewirkt daneben ein Einreise- und Aufenthaltsverbot sowie das Verbot der Erteilung eines neuen Aufenthaltstitels, solange die Ausweisung gültig ist (§ 11 AufenthG). Da es sich bei der Ausweisung um eine **Rückführungsentscheidung** handelt, soll die Sperrfrist grds. fünf Jahre nicht überschreiten (Art. 11 Rückführungsrichtlinie).

Für die Ausweisungsentscheidung ist der **Zeitpunkt** der letzten mündlichen Verhandlung in der Tatsacheninstanz erheblich, nicht der letzten Behördenentscheidung.

Besonderheiten gelten für **Unionsbürger** und ihre **Familienangehörigen** sowie für **türkische Staatsangehörige**, die sich auf die Assoziation EU – Türkei berufen können.

82 **§ 55 Abs. 1 AufenthG** als Grundnorm sieht bei dem Ausweisungstatbestand „Beeinträchtigung der öffentlichen Sicherheit und Ordnung oder sonstige erhebliche Interessen der Bundesrepublik Deutschland" eine **Ermessensentscheidung** vor. Zwingende Ermessensrichtlinien wie Aufenthaltsdauer, schutzwürdige Bindungen, Folgen für Familienangehörige und besondere Gründe für die Aussetzung der Abschiebung gem. § 60a Abs. 2 AufenthG zu Gunsten des Ausländers werden in § 55 Abs. 3 AufenthG aufgezählt. § 55 Abs. 2 AufenthG nennt exemplarisch einzelne Ausweisungstatbestände des § 55 Abs. 1 AufenthG, ohne den Ermessensspielraum zu tangieren. Erst bei Verwirklichung der Ausweisungstatbestände der §§ 53, 54 AufenthG wird das **Ermessen** in der Weise **eingeschränkt**, dass eine Ausweisung erfolgen muss (§ 53 AufenthG) oder in der Regel zu erfolgen hat (§ 54 AufenthG). In § 56 AufenthG ist für bestimmte Personengruppen ein **besonderer Ausweisungsschutz** geregelt.

## II. Das Aufenthaltsgesetz

Der Begriff der **öffentlichen Sicherheit und Ordnung sowie sonstige erhebliche Interessen der Bundesrepublik Deutschland** des § 55 Abs. 1 AufenthG ist i.S.d. Polizei- und Ordnungsrechts zu verstehen, wobei die öffentliche Sicherheit nicht nur auf die Bundesrepublik Deutschland bezogen ist (§ 55 Abs. 2 Nr. 1 AufenthG). Insoweit zählt § 55 Abs. 2 AufenthG einzig Beispiele für Verletzungstatbestände auf, ohne einen abschließenden Katalog zu bilden. Andererseits kann nicht z.B. eine geringfügige Straftat oder jedes Zuwiderhandeln gegen die allgemeine Anschauung weiter Bevölkerungskreise als Verletzung der öffentlichen Sicherheit und Ordnung aufgefasst werden.

Die öffentliche Sicherheit und Ordnung ist durch den weiteren Aufenthalt des Ausländers nur beeinträchtigt, wenn dessen Verbleib in der Bundesrepublik Deutschland zu Beeinträchtigungen dieser Rechtsgüter führt. Allerdings kann aus in der Vergangenheit erfolgten Beeinträchtigungen oder Gefährdungen auf Beeinträchtigungen in der Zukunft geschlossen werden; es genügt insoweit aber nur eine mit an Sicherheit grenzende Wahrscheinlichkeit. Hierfür reicht jedoch die allgemeine Gefährdung nicht aus. Ebenso ist i.d.R. die Ausweisung nur aus **spezialpräventiven Zwecken** zulässig. Einzig wenn diese geeignet und erforderlich ist, bei konsequenter Ausweisungspraxis eine abschreckende Wirkung auch auf andere Ausländer zu erzielen und so die öffentliche Sicherheit und Ordnung vor weiteren Beeinträchtigungen zu schützen, ist die Ausweisung aus generalpräventiven Gründen zulässig[1]. Anerkannt sind insoweit **generalpräventive Ausweisungen** z.B. bei Terrorverdacht (Führerschaft, Mitgliedschaft und Unterstützung), illegalem Rauschgifthandel, Raub, Körperverletzung mit Todesfolge, illegalem Waffenbesitz, Waffenhandel, Trunkenheit am Steuer, Verkehrsunfallflucht, Fahren ohne Fahrerlaubnis.

Anders als die beispielhaft aufgeführten Ausweisungstatbestände des § 55 AufenthG führt § 53 AufenthG abschließend die **Ausweisungstatbestände** auf, wegen deren „besonderer Gefährlichkeit" die Ausweisung zu erfolgen hat.

§ 53 Nr. 1 AufenthG knüpft einzig an das im Urteil verhängte Strafmaß von mindestens drei Jahren (ggf. auch durch Bildung einer Gesamtstrafe) oder von mindestens drei Jahren bei Zusammenzählung auch mehrerer Einzelstrafen, die innerhalb von fünf Jahren verhängt sind oder Anordnung von Sicherungsverwahrung bei der letzten Strafe an. Maßgeblich ist jedoch einzig eine Strafe bzw. der Teil einer Gesamtstrafe, die auf eine vorsätzliche Tat entfällt. Gleiches gilt bei Jugendstrafen.

Nach § 53 Nr. 2 AufenthG gilt dies auch bei der Verhängung von zweijähriger Jugendstrafe oder Freiheitsstrafe, die nicht zur Bewährung ausgesetzt sind, wegen
- einer vorsätzlichen Straftat nach dem Betäubungsmittelgesetz;
- eines Landfriedenbruches unter den Voraussetzungen des § 125a Satz 2 StGB
- eines Landfriedenbruchs im Rahmen einer verbotenen öffentlichen Versammlung oder Aufzugs nach § 125 StGB;

§ 53 Nr. 3 AufenthG sieht ebenfalls die zwingende Ausweisung bei Verhängung einer nicht zur Bewährung ausgesetzten Freiheitsstrafe wegen Einschleusens von Ausländern nach §§ 96, 97 AufenthG vor.

In diesen Fällen sieht § 53 AufenthG die **zwingende Ausweisung** vor, es sei denn, der Ausländer gehört zum begünstigten Personenkreis gem. § 56 Abs. 1 AufenthG; dann ist nur in der Regel auszuweisen (§ 56 Abs. 1 Satz 4 AufenthG).

Als allgemeine Fälle der **Regelausweisung** nennt § 54 AufenthG:
- Die Verurteilung zur Freiheitsstrafe oder zur Jugendstrafe von mindestens zwei Jahren wegen mindestens einer **Vorsatzstraftat**; sie muss rechtskräftig verhängt und darf nicht zur Bewährung ausgesetzt sein. Wird die Vollstreckung eines

---
1 BVerwG, BVerwGE 42, 133.

Strafrestes nachträglich zur Bewährung ausgesetzt, ist gleichwohl der Fall des § 54 Nr. 1 AufenthG gegeben; nur ausnahmsweise könnte von der Regel abgewichen werden, wenn ein atypischer Fall vorliegt und über die Ausweisung erst nach Teilverbüßung entschieden wird.

– Ohne Rücksicht auf erfolgte Bestrafung führen in der Regel **Rauschgiftmitteldelikte** (nicht betroffen sind einzig der Erwerb und die sonstige Beschaffung für den Eigenverbrauch – bei „harten Drogen" aber: § 55 Abs. 1 Nr. 4 AufenthG), **Einschleusungstaten** nach §§ 96, 97 AufenthG sowie **Gewalttätigkeitstaten** gegen Personen und Sachen im Rahmen von verbotenen oder aufgelösten Versammlungen und Aufzügen, die mit vereinten Kräften begangen sind, zur Ausweisung.

Bei den begünstigten Personen gem. § 56 Abs. 2 AufenthG ist in diesen Fällen statt der Regelausweisung einzig eine Ermessensausweisung gem. den Grundsätzen der §§ 55 ff. AufenthG möglich (§ 56 Abs. 2 Satz 1 AufenthG).

86 Nur wenn ein Sachverhalt so erheblich von der gesetzlich vorausgesetzten **Normsituation abweicht**, dass die Ausweisung ungerecht und unverhältnismäßig erscheint, darf von der Regelausweisung abgesehen werden. Zu würdigen sind der Werdegang des Ausländers und die Umstände der begangenen Straftat. Es können spezial- und generalpräventive Überlegungen angestellt werden.

**Der in § 56 AufenthG aufgeführte Personenkreis**, der besonderen Ausweisungsschutz genießt, ist **abschließend**. Auch diese Personen genießen keinen absoluten Ausweisungsschutz.

87 **Begünstigte Personen** des § 56 Abs. 1 AufenthG **können** nur aus schwerwiegenden Gründen der öffentlichen Sicherheit und Ordnung **ausgewiesen werden**. Hierfür ist nicht ausreichend der Hinweis darauf, dass die vom Gesetz in §§ 53, 54, 55 AufenthG genannten Ausweisungsgründe bedeutsam sind, es kommt vielmehr darauf an, dass die Sicherheit und Ordnung gem. § 56 Abs. 1 Satz 2 AufenthG **schwerwiegend beeinträchtigt** ist. Zwar kann besonders in den Fällen der §§ 53, 54 AufenthG schon wegen der Schwere der Straftat eine schwerwiegende Beeinträchtigung für die Vergangenheit vorliegen, für die Ausweisung kommt es aber auf eine individuelle Gefahrprognose für die Zukunft an. Nur wenn eine erhebliche zukünftige Gefährdung zu erwarten ist, liegen schwerwiegende Gründe gem. § 56 Abs. 1 Satz 2 AufenthG vor.

88 Eine **Abschiebungsbegünstigung** sieht § 56 Abs. 2 AufenthG vor im Falle von **Minderjährigen**, die im Bundesgebiet geboren oder aufgewachsen sind, eine Aufenthalts- oder Niederlassungserlaubnis besitzen und deren Eltern oder sorgeberechtigtes Elternteil sich rechtmäßig im Bundesgebiet aufhalten. Die Vorschrift dient dem Schutz des Art. 6 Abs. 1, 2 GG. Sie müssen also ihre Kindheit und Jugend zumindest überwiegend im Bundesgebiet verbracht haben und hier geprägt sein. **Heranwachsende**, die im Bundesgebiet geboren oder aufgewachsen sind und eine Niederlassungserlaubnis besitzen, genießen ebenfalls Ausweisungsbegünstigung nach § 56 Abs. 2 AufenthG. Eine **Ausweisung** ist somit erst möglich **nach rechtskräftiger Verurteilung**. Es liegt hier im Ermessen der Ausländerbehörde, sie hat aber erst dann eine Ermessensentscheidungsbefugnis, wenn die Voraussetzungen der §§ 53, 54 AufenthG vorliegen; bei Jugendlichen kann nur im Falle des § 53 AufenthG nach Ermessen entschieden werden.

⊃ Hinweis:

Verfahren
– Anfechtungswiderspruch/-klage (jedenfalls soweit ursprünglich noch Aufenthaltsgenehmigung bestand; nach Ablauf der ursprünglichen Genehmi-

## II. Das Aufenthaltsgesetz

gung muss Verlängerungsantrag hinzukommen und damit das Rechtsmittel auf Verpflichtung erweitert werden).
– Suspensiveffekt (arg. § 84 Abs. 1 AufenthG).
– Daher einstweiliger Rechtsschutz gem. § 80 Abs. 5 VwGO.

**b) Erlöschen des Aufenthaltstitels**

Nach § 51 Abs. 1 AufenthG erlischt der Aufenthaltstitel in einer Reihe von Fällen kraft Gesetzes sowie durch Widerruf (§ 52 AufenthG) oder durch Ausweisung (§§ 53 ff. AufenthG). Hierbei ist die Aufzählung **nicht abschließend**, da als weiterer Erlöschungsgrund die **Rücknahme** gem. § 48 VwVfG in Betracht kommt, z.B. nach Erschleichen des Aufenthaltstitels durch falsche Angaben oder Urkunden. 89

a) Die **Ausweisung** bewirkt ab dem **Zeitpunkt des Vorliegens** der ausländerrechtlichen Verfügung das Erlöschen des Aufenthaltstitels. Maßgeblich ist also noch nicht das Vorliegen eines Ausweisungstatbestandes. Ebenso wenig wird aber Bestandskraft der Ausweisungsverfügung oder deren Vollziehbarkeit (§ 84 Abs. 2 Satz 1 AufenthG) vorausgesetzt. Anders liegt es einzig bei der Ausweisung eines Asylbewerbers, wenn die Ausweisung bedingt ausgesprochen wurde (§ 56 Abs. 4 AufenthG). Hier entfaltet sie ihre Wirkung erst mit unanfechtbarem Abschluss des Asylverfahrens ohne Asylanerkennung. Eine trotz Asylablehnung erfolgte Feststellung eines Abschiebehindernisses nach § 60 Abs. 1 AufenthG reicht daher aus, den Eintritt der aufschiebenden Bedingung zu verhindern. 90

b) Den häufigsten Erlöschensfall des § 51 Abs. 1 AufenthG dürfte der **Ablauf der Gültigkeitsdauer** der Aufenthaltstitel darstellen. Nur wenn vor Ablauf die Verlängerung beantragt wurde, greift der vorläufige Fortbestand des Aufenthaltstitels nach § 81 Abs. 4 AufenthG kraft Gesetzes. 91

c) Nach § 51 Abs. 1 Nr. 6 AufenthG erlischt der Aufenthaltstitel durch **Ausreise** aus dem Bundesgebiet, wenn diese auf einem ihrer Natur nach **nicht nur vorübergehenden Grund** beruht. Insoweit muss zunächst von den Vorstellungen und Absichten des Ausländers bei seiner Ausreise über die Dauer seiner Abwesenheit und die Endgültigkeit seiner Absichten ausgegangen werden. Liegt dem Ausreisegrund nicht von vornherein nach objektiver Betrachtungsweise eine gewisse zeitliche Begrenzung zu Grunde, wird davon ausgegangen, dass der Auslandsaufenthalt auf unabsehbare Zeit angelegt ist. Zu bewerten sind hierbei sämtliche Umstände des Einzelfalles wie Dauer, Zweck, Bindungen an die Bundesrepublik Deutschland oder den Ausreisestaat. Anzeichen für eine auf Dauer beabsichtigte Ausreise sind Aufgabe von Wohnung und Arbeitsplatz, polizeiliche Abmeldung, Mitnahme des Hausrates usw. 92

Je länger der **Auslandsaufenthalt** dauert, desto mehr spricht für einen nicht nur vorübergehenden Grund. Entgegen dem ursprünglichen Plan kann sich die Verlassensabsicht auch erst während des Auslandsaufenthaltes herausstellen. § 51 Abs. 1 Nr. 6 AufenthG kennt insoweit keine zeitliche Grenze; hiernach kann der Aufenthaltstitel schon am Tage des Verlassens erlöschen. 93

Eine durchgehende **Abwesenheit von mehr als sechs Monaten** aus dem Bundesgebiet führt allerdings zu einem Erlöschen des Aufenthaltstitels (§ 51 Abs. 1 Nr. 7 AufenthG), es sei denn, diese Frist wird durch die Wehrdienstableistung im Heimatland überschritten und der Ausländer kommt spätestens drei Monate nach Beendigung der Wehrdienstzeit in das Bundesgebiet zurück (§ 51 Abs. 3 AufenthG). Ergibt sich daher, dass der Aufenthalt entgegen der ursprünglichen Planung über diese Frist hinaus dauern wird, sollte der Ausländer zur Vermeidung von Nach- 94 teilen eine längere Frist bei der Ausländerbehörde beantragen. Diese Fristverlängerung ist Inhabern einer Niederlassungserlaubnis in der Regel zu gewähren (§ 51 Abs. 4 AufenthG). Es erlischt die Niederlassungserlaubnis nicht, wenn der Ausländer sich zuvor mindestens 15 Jahre erlaubt im Bundesgebiet aufhielt und ausreichend Rente o. Ä. bezieht oder mit einem Deutschen in ehelicher Lebensgemeinschaft lebt (§ 51 Abs. 2 AufenthG). Der **rechtliche Fortbestand der Niederlassungserlaubnis** kann in den Fällen des § 51 Abs. 2 AufenthG bescheinigt werden (§ 51 Abs. 2 Satz 3 AufenthG).

95 Die **Erlöschensregeln** der Nr. 6 und 7 des § 51 Abs. 1 AufenthG **gelten nicht für Visa** mit Geltungsdauer für mehr als drei Monate oder mit Wirkung für mehrere Ein- und Ausreisen; dies würde dem Sinn der Erteilung zuwiderlaufen.

⊃ **Hinweis:** evtl. erforderliche Klageart: Feststellungsklage.

96 d) Der **Widerruf** (§ 52 AufenthG) eines rechtmäßigen Aufenthaltstitels – nationales Visum gem. § 6 Abs. 3 AufenthG, der Aufenthaltserlaubnis gem. § 7 AufenthG, der Niederlassungserlaubnis oder der Erlaubnis zum Daueraufenthalt-EG – führt zu dessen Erlöschen mit Wirkung für die Zukunft. Er bedarf der Schriftform (§ 77 Abs. 1 Satz 2 AufenthG). Widerspruch und Klage haben außer in den in § 84 Abs. 1 Nr. 4 und 6 AufenthG genannten Fällen aufschiebende Wirkung.

97 **Die – abschließend – aufgeführten Widerrufsgründe** für einen rechtmäßig erteilten Aufenthaltstitel sind gem. § 52 Abs. 1 Nr. 1–5 AufenthG.

- **Fehlender (gültiger) Pass oder Passersatz.** Ungültigkeit liegt nicht nur bei Geltungsablauf vor, sondern auch bei Unverwendbarkeit wegen Fälschung, sonstiger Inhaltsänderung oder Beschädigung. Ungültigkeit ist dagegen noch nicht gegeben bei Namensänderung durch Eheschließung.

- Unmaßgeblich ist der Grund des Nichtbesitzes; es kommt nicht darauf an, ob der Ausländer dies selbst verschuldet hat, ob der Pass ihm entwendet wurde oder ob die Heimatbehörden ihn haben. Ein mangelndes Verschulden des Ausländers am Passverlust ist jedoch bei der erforderlichen Ermessensentscheidung zu berücksichtigen. Da es letztlich auf die Wiederbeschaffung ankommt, sind auch die zumutbaren Bemühungen des Ausländers um Erhalt eines notfalls neuen Passes zu berücksichtigen (s. auch § 5 Abs. 2 AufenthV).

- Da die **Staatsangehörigkeit** eine wesentliche Grundlage bei Erteilung des Aufenthaltstitels ist, löst deren **Änderung** oder **Verlust** während der Gültigkeitsdauer ebenfalls die Widerrufsmöglichkeit aus. Es ist hierbei unerheblich, ob sich die Erteilungschancen durch die Änderung verbessern oder verschlechtern. Beim Erwerb der deutschen Staatsangehörigkeit allerdings entfällt die Anwendbarkeit des AufenthG gänzlich, auch wenn eine andere Staatsangehörigkeit fortbesteht.

- Allgemein zulässig ist der **Widerruf vor der Einreise.** Allerdings dürfte eine Entscheidung ermessensfehlerhaft sein, wenn sie nicht erkennen lässt, dass erst nachträglich Gründe bekannt geworden sind, welche, wären sie bei Erteilung bekannt gewesen, zu einer Ablehnung geführt hätten.

- Auch beim **Verlust des Rechtsstatus als Flüchtling** gem. § 60 Abs. 1 AufenthG oder als Asylberechtigter gem. Art. 16a Abs. 1 GG ist der Widerruf nicht zwingend. Es kommt nicht auf die Verlustgründe an (s. §§ 72, 73 AsylVfG); diese können sowohl in einem Widerruf, einem Erlöschen oder einer Antragsrücknahme nach rechtmäßiger Zuerkennung liegen. Bei der erforderlichen Ermessensentscheidung sind aber diese Verlustgründe zu berücksichtigen wie auch die bisherige Aufenthaltsdauer, die erbrachten Integrationsleistungen und die eventuell weiter ungesicherte Lage des Ausländers für den Fall der Rückkehr in das Heimatland.

## II. Das Aufenthaltsgesetz

– Ebenfalls mit einer Ermessensentscheidung kann die Aufenthaltserlaubnis gem. § 25 Abs. 3 AufenthG widerrufen werden, wenn die Ausländerbehörde feststellt, dass die Voraussetzungen des § 60 Abs. 2, 3, 5 oder 7 AufenthG (**Abschiebungsverbote**) nicht oder nicht mehr vorliegen oder der Ausländer einen der Ausschlussgründe des § 25 Abs. 3 Satz 2 lit. a–d AufenthG erfüllt. Hat allerdings das Bundesamt für Migration und Flüchtlinge das Vorliegen der Abschiebungsverbote festgestellt, muss die Ausländerbehörde die **Bindungswirkung des § 42 AsylVfG** respektieren.

§ 52 Abs. 1 Satz 2 AufenthG stellt fest, dass der **Widerruf auch gegenüber den Familienangehörigen** des Flüchtlings erfolgen kann, die nicht einen eigenständigen Anspruch auf einen Aufenthaltstitel besitzen (s. auch § 73 Abs. 1 Satz 2 AsylVfG), soweit sie noch in familiärer Gemeinschaft mit dem Flüchtling wohnen. Bei den Familienangehörigen sind aber gesondert im Rahmen der Ermessensabwägung auch dann, wenn kein eigener Anspruch auf einen Aufenthaltstitel besteht, die Aufenthaltsdauer, die erbrachten Integrationsleistungen, die berufliche Einfügung usw. zu berücksichtigen.

§ 52 AufenthG enthält in seinen weiteren Absätzen je nach betroffenem Aufenthaltstitel **weitere spezielle Widerrufsgründe**.

⊃ **Hinweis:**
Verfahren
– Anfechtungswiderspruch/-klage;
– Suspensiveffekt außer in denjenigen Fällen des § 51 Abs. 1 Nr. 4 AufenthG, in denen die Asylberechtigung bzw. Flüchtlingseigenschaft wegen § 60 Abs. 8 Satz 1 AufenthG oder § 3 Abs. 2 AsylVfG widerrufen wurde (§ 84 Abs. 2 Satz 1 AufenthG);
– Einstweiliger Rechtsschutz gem. § 80 Abs. 5 VwGO.

### c) Ausreisepflicht

Nach § 50 Abs. 1 AufenthG ist jeder Ausländer ausreisepflichtig, der sich **ohne** den erforderlichen **Aufenthaltstitel** im Bundesgebiet aufhält. Bei illegaler Einreise beginnt die Ausreisepflicht bereits bei Betreten des Bundesgebietes, ansonsten bei Erlöschen des Aufenthaltstitels, ohne dass ein Verlängerungsantrag mit den Folgen des § 81 Abs. 4 AufenthG gestellt ist. Sie entsteht auch beim Fortfall der Befreiung vom Erfordernis des Aufenthaltstitels (s. §§ 15 bis 26 AufenthV).

Zum besonderen Nachweis der Erfüllung der Ausreisepflicht dient die **Grenzübertrittsbescheinigung**, die der Ausländer bei Verlassen des Bundesgebietes an der Grenzkontrolle oder im Zielstaat der Ausreise bei der deutschen Auslandsvertretung abgibt.

Wer aus anderen Gründen keines Aufenthaltstitels bedarf, ist nicht ausreisepflichtig (z.B. EU-Staatsangehörige – §§ 2 Abs. 2, 4, 5 Abs. 1 FreizügG/EU; türkische Staatsangehörige gem. ARB 1/80, heimatlose Ausländer – § 12 HAG, Asylbewerber mit Aufenthaltsgestattung – § 55 AsylVfG).

Die **Ausreisepflicht** tritt **mit Bekanntgabe**, also schon vor Unanfechtbarkeit des **Verwaltungsaktes** ein, wenn sie durch ihn ausgelöst wird. Beruht sie auf **Gesetz** (z.B. § 51 Abs. 1 Nr. 6, 7 AufenthG), tritt sie mit **Verwirklichung des Tatbestandes** ein (s. § 84 Abs. 2 Satz 1 AufenthG).

**Von Gesetzes wegen** ist die **Ausreisepflicht vollziehbar** (§ 58 Abs. 2 AufenthG) in den Fällen
– der unerlaubten Einreise (§ 58 Abs. 2 Nr. 1 AufenthG);

- des fehlenden Antrages auf erstmalige Erteilung oder auf Verlängerung des Aufenthaltstitels nach Ablauf der Geltungsdauer des alten Titels, wenn der Aufenthalt nicht nach § 81 Abs. 3 AufenthG als erlaubt oder der Aufenthaltstitel nach § 81 Abs. 4 AufenthG als fortbestehend gilt (§ 58 Abs. 2 Nr. 2 AufenthG).
- einer Rückführungsentscheidung eines anderen Mitgliedsstaates der EU unter den in § 58 Abs. 2 Nr. 3 AufenthG genannten Umständen

wenn eine **Ausreisefrist** nicht gewährt oder diese abgelaufen ist.

Ansonsten tritt die Vollziehbarkeit erst ein mit der Vollziehbarkeit des die Ausreisepflicht auslösenden Verwaltungsaktes.

103 Von der Ausreisepflicht ist **zu unterscheiden die Verlassenspflicht.** § 50 Abs. 2 AufenthG sieht vor, dass im Falle ihrer Vollziehbarkeit eine Ausreisefrist gesetzt werden kann. Wird keine Ausreisefrist gesetzt, muss die Ausreise unverzüglich erfolgen.

Aufgrund dieser Umstände befindet sich der Ausländer seit Entstehen der Ausreisepflicht zwar unrechtmäßig im Bundesgebiet und verwirklicht so den Straftatbestand des § 95 Abs. 1 Nr. 2 AufenthG, falls er keine Duldung nach § 60a AufenthG erhält. Die Abschiebung gem. § 58 Abs. 1 AufenthG ist aber nur und erst zulässig, wenn die Ausreise nicht freiwillig erfolgt oder aber wegen der öffentlichen Sicherheit und Ordnung oder nach § 58 Abs. 3 AufenthG der Überwachung bedarf.

104 **Erfüllt** wird die Ausreisepflicht bereits mit **Verlassen des Bundesgebietes;** es kommt also nicht darauf an, ob der Ausländer in seinen Heimatstaat zurückkehrt. Die **Einreise in einen anderen EU-Staat** genügt aber nur, wenn ihm dort Einreise und Aufenthalt erlaubt sind (§ 50 Abs. 4 AufenthG); andernfalls bleibt die Ausreisepflicht bestehen, sie kann also im Falle der Wiedereinreise noch durch Abschiebung vollzogen werden.

105 Liegt der Ausreisepflicht eine **Ausweisung** zugrunde, bleibt diese auch nach Erledigung der Ausreisepflicht bestehen, wenn sie nicht befristet ist; es greift dann das **Einreiseverbot** des § 11 Abs. 1 AufenthG ein. Der wird an der Grenze zurückgewiesen (§ 15 Abs. 1 AufenthG), wenn er trotz bestehender Sperre einreisen will.

106 Um die Ausreise sicherzustellen, sollen **Pass oder Passersatz in Verwahrung genommen** werden (§ 50 Abs. 6 AufenthG). Diese Soll-Vorschrift wird begründet mit wiederholten Fällen der Vernichtung oder des Verschwindens des Passes vor der Abschiebung. Da der Ausländer ohne dieses Ausweispapier seiner gesetzlichen Pass- und Ausweispflicht nicht nachzukommen vermag, dürfte gleichwohl das Vorliegen konkreter Anhaltspunkte für den Verdacht zu verlangen sein, der Ausländer wolle den Pass unbrauchbar machen. Andernfalls ist das persönliche Interesse des Ausländers am Behalten seines Passes höher zu bewerten, den er insbesondere auch zur Vorbereitung seiner Ausreise benötigt.

⊃ **Hinweis:**

Verfahren
- Feststellungsbegehren bei der für den Wohnsitz zuständigen Ausländerbehörde;
- Klage: Feststellungsklage;
- einstweiliger Rechtsschutz gem. § 123 VwGO.

#### d) Durchsetzen der Ausreisepflicht

#### aa) Abschiebung

107 Nach § 58 Abs. 1 AufenthG ist der Ausländer abzuschieben, wenn
- die Ausreisepflicht vollziehbar ist, eine Ausreisefrist nicht gewährt wurde oder diese abgelaufen ist und

## II. Das Aufenthaltsgesetz

– die freiwillige Ausreise nicht gesichert ist; es bedarf daher **erheblicher Verdachtsmomente**, dass der Ausländer bis zum Fristende nicht ausreisen will; oder
– die Ausreise aus Gründen der öffentlichen Sicherheit und Ordnung überwachungsbedürftig erscheint. Die **Überwachungsbedürftigkeit** ist besonders in den Fällen des § 58 Abs. 3 AufenthG gegeben; durch ihre gesetzliche Anordnung ist die Ausländerbehörde zum Vollzug gezwungen und nicht in der Lage, eine neuerliche Ausreisepflicht zuzulassen.

Die **Überwachungsbedürftigkeit** liegt von Gesetzes wegen (s. § 58 Abs. 3 AufenthG) immer vor, 108
– wenn die Ausreisepflicht eintritt, während sich der Ausländer aufgrund richterlicher Anordnung in **Haft oder Gewahrsam** befindet, gleich aus welchem Grund.
– Das Gesetz schreibt die Überwachungsbedürftigkeit ferner nach Ablauf der Ausreisefrist vor; der Ausländer sollte sich daher rechtzeitig um Fristverlängerung bemühen, wenn er aus wichtigem Grund an der rechtzeitigen freiwilligen Ausreise gehindert ist.
– Sie entsteht auch bei **Mittel- oder Passlosigkeit**, da der Ausländer dann nicht im Stande ist, der Ausreisepflicht nachzukommen. Falls die Abschiebungskosten nicht vom Ausländer selbst eingezogen werden können (§ 66 Abs. 1, 5 AufenthG), haften ggf. Dritte hierfür (§ 66 Abs. 2–4 AufenthG). Die Ausländerbehörde muss allerdings für die Passbeschaffung bis zur Abschiebung bei dessen Fehlen Sorge tragen.
– Gegenüber der Ausländerbehörde gemachte **unrichtige Angaben** zum Zwecke der Täuschung oder Verweigerung der Angaben dürften trotz des allgemeinen Wortlautes im Gesetz nur zu einer Abschiebepflicht führen, wenn sie in einem Zusammenhang mit der Aufenthaltsbeendigung und Ausreisepflicht stehen.
– Ebenso muss die Absicht, nicht freiwillig ausreisen zu wollen, nach außen erkennbar geworden sein, wobei konkrete Anzeichen aber ausreichen dürften. Setzt der Ausländer daher Zeichen, wodurch seine Anwesenheit im Bundesgebiet über das Fristende hinaus erforderlich wird, z.B. durch Eingehung eines Arbeitsverhältnisses, bestätigt er dadurch die Vermutung **der Verlassensunwilligkeit**. Nicht dagegen begründen eingelegte Rechtsmittel gegen die Ausreisepflicht den Verdacht.

Die Abschiebung ist gem. § 59 Abs. 1 AufenthG unter Bestimmung einer angemessenen Ausreisefrist zwischen sieben und 30 Tagen **anzudrohen**. Ausnahmsweise kann eine kürzere Frist gesetzt werden oder von einer Fristsetzung abgesehen werden, die Frist kann aber auch verlängert werden. Auch von der Abschiebungsandrohung kann unter bestimmten Umständen abgesehen werden. Weitere Ausnahmeregelungen enthält § 59 Abs. 7 AufenthG. 109

Der Zielstaat soll benannt werden und der Hinweis erfolgen, dass die Abschiebung auch in einen anderen Staat möglich ist (§ 59 Abs. 2 AufenthG). § 59 Abs. 3 AufenthG stellt fest, dass dieser Androhung das Vorliegen von Abschiebungshindernissen gem. § 60 Abs. 2, 3, 5 und 7 AufenthG nicht entgegensteht, aber der Staat zu benennen ist, in den er nicht abgeschoben werden darf. Die Angabe ist zur Feststellbarkeit der Abschiebungshindernisse gem. § 60 AufenthG erforderlich. 110

**Diese Soll-Vorschriften sind grds. zwingend**, aber nachholbar, wenn z.B. bei Erlass der Ausreisepflichtverfügung die gesamten Grundlagen der Abschiebung noch nicht geklärt waren oder weil die Ausländerbehörde selbst eine ursprüngliche Abschiebungsverfügung aufgrund eines Rechtsschutzverfahrens wieder aufgehoben hatte. 111

Die **Abschiebungsandrohung** darf nur erlassen werden, wenn die Abschiebung selbst auch zulässig ist; es bedarf also vorher des gleichen Prüfungsumfanges wie bei der Abschiebung selbst; auch die sonstigen Formerfordernisse entsprechen denen der Abschiebung.

112 Wenn **Duldungsgründe** gem. § 60a AufenthG gegeben sind, sollten diese zumindest zusammen mit der Abschiebungsandrohung bereits angekündigt werden, da dann ein Verfahren um die Aussetzung der Abschiebung vermieden werden kann. Auch bei Erteilung der Duldung bleibt aber die Abschiebungsandrohung wirksam, da die Duldung **kein Titel** zum erlaubten Aufenthalt i.S.d. Gesetzes ist und die Ausreisepflicht fortbesteht; nach Ablauf der Duldung kann daher ohne neuerliche Fristsetzung und Abschiebungsandrohung die Abschiebung durchgeführt werden (§ 60a Abs. 5 Satz 3 AufenthG).

113 Die **Abschiebungsandrohung wird nicht gegenstandslos** durch Ablauf der Ausreisepflicht, sondern erst durch Verlassen der Bundesrepublik in einen Nicht-EU-Staat, es sei denn, ihm ist die Einreise in EU-Staaten erlaubt (s. § 50 Abs. 4 AufenthG). Einzig wenn der Ausländer trotz freiwilliger Ausreise das Rechtsmittelverfahren gegen die Abschiebungsandrohung aus dem Ausland fortsetzt, wird sie nicht gegenstandslos; im Falle seiner Rückkehr könnte die Ausländerbehörde weiter hieraus vollziehen.

⊃ **Hinweis:**
Verfahren
– Anfechtungswiderspruch/-klage: kein Suspensiveffekt, wenn Sofortvollzug angeordnet oder landesrechtlich vorgeschrieben ist (§ 80 Abs. 2 VwGO; § 12 BW VwVg, § 12 HessAGVwGO, § 8 NW AGVwGO, Art. 38 Abs. 4 BayVwZVG);
– Einstweiliger Rechtsschutz gem. § 80 Abs. 5 VwGO in den Fällen der § 81 Abs. 3 Abs. 2 AufenthG, sonst nach § 123 VwGO.

**bb) Abschiebungshindernisse, § 60 AufenthG**

114 Die Entscheidung über das Vorliegen der Voraussetzungen von Abschiebungsverboten nach § 60 AufenthG ist zwischen dem **Bundesamt für Migration und Flüchtlinge (BAMF)** und den jeweils zuständigen **Ausländerbehörden** geteilt. Die Vorgaben der Genfer Flüchtlingskonvention und der Qualifikationsrichtlinie müssen dabei stets strikt eingehalten werden.

115 **Zuständigkeiten des BAMF**:
– Die Asylanerkennung nach Art.16a GG sowie die Zuerkennung der Flüchtlingseigenschaft nach §§ 60 Abs. 1 AufenthG, 3 AsylVfG ist eine **ausschließliche Kernkompetenz** des **BAMF** (vgl. § 60 Abs. 1 Satz 5 AufenthG – bei Berufung des Ausländers auf derartige Gefahren). Die Anerkennung der Asylberechtigung und die Zuerkennung der Flüchtlingseigenschaft durch das BAMF ist nach § 4 AsylVfG sowohl für die Ausländerbehörden als auch für andere Behörden **verbindlich**. Die Bindungswirkung erfasst nicht die **Auslieferungsverfahren** und die **Abschiebungsverfahren nach § 58a AufenthG** (§ 4 Satz 2 AsylVfG). Bindungswirkung entfalten **auch die ablehnenden Entscheidungen**.
– Die ausschließliche Entscheidungskompetenz des BAMF erstreckt sich **im Laufe eines Asylverfahrens** auch auf die Bescheidung der **zielstaatsbezogenen Abschiebungsverbote** nach § 60 Abs. 2, 3,5, 7 und Abs. 8 AufenthG (vgl. §§ 13, 14 AsylVfG). Die Entscheidungen des BAMF entfalten gem. § 42 AsylVfG Bindungswirkung.
– **Bei Zuständigkeit des BAMF** sind daher Anträge auf Feststellung von Abschiebeverboten nach § 60 AufenthG i.d.R. **persönlich** durch die Antragsteller bei der für

ihren Aufenthaltsort zuständigen Außenstelle des BAMF zu stellen. Ausnahmen finden sich ausschließlich in § 14 Abs. 2 AsylVfG.
– Bei **Folgeentscheidungen**, z.b. Abänderung, Widerruf oder Wiederaufnahme, bleibt die Zuständigkeit der für das Erstverfahren zuständigen Außenstelle des BAMF weiter bestehen. Auch bei Folgeeinträgen gilt das persönliche Erscheinungsgebot (s. § 71 Abs. 2 Satz 1 AsylVfG). Schriftliche Antragstellung ist ausschließlich unter den Voraussetzungen des § 71 Abs. 2 Satz 2 und Satz 3 AsylVfG möglich. Anträge auf Wiederaufgreifen des Verfahrens zur Feststellung eines Abschiebungsverbots gem. § 60 Abs. 2, 3, 5 und 7 AufenthG können schriftlich an das BAMF gerichtet werden.

**Zuständigkeiten der Ausländerbehörden:** 116
– Die Ausländerbehörden haben über die Abschiebehindernisse des § 60 Abs. 2 bis Abs. 7 AufenthG nur zu entscheiden, wenn kein Asylantrag gestellt wird bzw. in der Vergangenheit gestellt war.
– Die Ausländerbehörden entscheiden hierneben in alleiniger Zuständigkeit über **inlandsbezogene Hindernisse**;
– Sie entscheiden ferner in eigener Zuständigkeit über die im Vollstreckungsverfahren eventuell bestehenden Hindernisse und Duldungstatbestände, sofern sie über inlandsbezogenen Hindernisse bereits im Grund-VA entschieden haben.

**(1) Das Abschiebungsverbot des § 60 Abs. 1 AufenthG**

Einer Abschiebung steht das Abschiebungsverbot des **§ 60 Abs. 1 AufenthG** entgegen, wenn im Verfolgerland eine schwere Menschenrechtsverletzung in Anknüpfung an die Rasse, Religion, Staatsangehörigkeit, Zugehörigkeit zu einer bestimmten sozialen Gruppe oder die politische Überzeugung droht. Auch eine Abschiebung in ein Drittland, aus dem heraus die Weiterschiebung in das Verfolgerland wahrscheinlich ist, darf nicht erfolgen. Die Gefahr kann ausgehen von: 117
– dem Staat,
– Parteien oder Organisationen, die den Staat oder wesentliche Teile des Staates beherrschen, oder
– nichtstaatlichen Akteuren, sofern der Staat oder die diesen beherrschenden Parteien oder Organisationen **einschließlich internationaler Organisationen erwiesenermaßen** nicht in Lage und nicht willens sind, Schutz vor Verfolgung zu gewähren, unabhängig vom Vorhandensein eines funktionierenden Staates.

Liegen die **Voraussetzungen des § 60 Abs. 1 AufenthG** vor, weil das BAMF die Anerkennung als Asylberechtigter oder die Feststellung des Abschiebungsverbotes gem. § 60 Abs. 1 AufenthG ausgesprochen hat und dieser Bescheid zum Zeitpunkt der Entscheidung noch bestandskräftig ist, **darf eine Abschiebung** in den Verfolgerstaat durch die Ausländerbehörde **nicht durchgeführt** werden. Daneben dürfen auch sonstige im Bundesgebiet anerkannte Flüchtlinge oder in Drittstaaten nach den Grundsätzen der GFK anerkannte Flüchtlinge aus der Bundesrepublik nicht in den Verfolgerstaat abgeschoben werden. Nur unter den engen Voraussetzungen des § 60 Abs. 8 und 9 AufenthG, wenn nämlich die Wiederholungsgefahr hinsichtlich einer besonders schweren Straftat zu besorgen ist, darf die Abschiebung auch in den Verfolgerstaat möglich sein. Dabei ist aber stets das absolute Abschiebungsverbot des Art. 3 EMRK – Verbot der Folter oder unmenschlicher oder erniedrigender Behandlung oder Bestrafung – zu beachten. 118

**(2) Abschiebungsverbote des § 60 Abs. 2, 3, 5 und 7 AufenthG**

119 Bei Vorliegen der Ausreisepflicht ist gem. § 59 Abs. 3 AufenthG die Abschiebung unter Fristsetzung anzudrohen und **der Staat zu bezeichnen, in den die Abschiebung nicht erfolgen darf.** Es sind also ggf. auch der oder die Drittstaaten in der Verfügung zu nennen, aus denen die Gefahr der Überstellung in den Heimatstaat droht. § 60 Abs. 2, 3, 5 und 7 AufenthG enthalten einen Katalog von Abschiebungsverboten, teils obligatorischer, teils fakultativer Natur, einige mit Dauerwirkung, andere nur vorübergehend. Nach der Rspr. des Bundesverwaltungsgerichts sind die **unionsrechtlichen Abschiebungsverbote** des § 60 Abs. 2, 3 und 7 Satz 2 AufenthG vorrangig vor den **nationalen Abschiebungsverboten** des § 60 Abs. 5 und 7 Satz 1 AufenthG zu prüfen.

120 Hat das BAMF bereits ein entsprechendes Abschiebungsverbot festgestellt, ist die Ausländerbehörde hieran gebunden und darf nicht abschieben. Hat das BAMF das Vorliegen von Abschiebungsverboten verneint, ist die Ausländerbehörde hieran ebenfalls gebunden. Der Ausländer kann versuchen, eine Änderung der Entscheidung des BAMF im Wege eines Wiederaufgreifensantrages zu erreichen.

Liegt keine Entscheidung des BAMF vor, hat die **Ausländerbehörde** vor jeder von ihr durchzuführenden Abschiebung die **Verbote** gem. § 60 Abs. 2 3, 5 und 7 AufenthG selbst zu **überprüfen.**

**(a) Drohende Folter, § 60 Abs. 2 AufenthG**

121 Da Folter „an sich" nach der Rechtsprechung des BVerwG für sich allein noch nicht zur Anerkennung als Asylberechtigter bzw. zur Zuerkennung der Flüchtlingseigenschaft ausreicht, sondern nur bei feststellbarem Interesse des Verfolgerstaates, den Betroffenen gerade in Anknüpfung an ein asylrechtlich oder flüchtlingsrechtlich relevantes Merkmal derart zu behandeln, ist das in § 60 Abs. 2 AufenthG geregelte **verbindliche und uneingeschränkte Abschiebungsverbot** bei drohender Foltergefahr strikt zu beachten. Nach Art. 1 der UN-Folterkonvention, die nach ihrer Ratifizierung am 1.6.1990 auch innerstaatliches Recht der Bundesrepublik ist, wird unter Folter eine Behandlung verstanden, die jemandem vorsätzlich schwere Schmerzen oder Leiden körperlicher oder geistig-seelischer Art zugefügt, um von ihm oder einem Dritten eine Aussage oder ein Geständnis zu erzwingen, ihn oder einen Dritten zu bestrafen, einzuschüchtern oder mit der Absicht der Diskriminierung zu verfolgen.

122 Nicht ausreichend für die individuelle Anwendbarkeit der Vorschrift ist eine allgemein bestehende Praxis des Staates, in bestimmten Situationen zu foltern. Andererseits hat die Ausländerbehörde gem. Art. 3 Abs. 2 UN-Folterkonvention alle einschlägigen Umstände zu beachten, also auch die Tatsache, wenn in einem bestimmten Staat es ständig zu erheblichen Verletzungen der Menschenrechte kommt. Gehört daher die Folter nahezu zur „Tagesordnung", so ist sie auch im konkreten Fall hinreichend wahrscheinlich[1]. Trotz des Wortlautes des Gesetzes, wonach die Folter durch eine konkrete Gefahr drohen muss, dürfen angesichts der Bedeutung des gefährdeten Rechtsgutes die **Anforderungen nicht allzu streng sein.**

123 § 60 Abs. 2 AufenthG schützt auch vor der konkreten Gefahr, im Zielstaat unmenschlicher oder erniedrigender Behandlung oder Strafe unterworfen zu werden. Die Vorschrift geht auf **Art. 15b QRL** zurück und unterliegt der **Judikatur des EuGH.**

---

1 BVerwG, EZAR 201 Nr. 19.

## II. Das Aufenthaltsgesetz

### (b) Drohende Todesstrafe, § 60 Abs. 3 AufenthG

Auch die Todesstrafe bildet für sich allein noch keinen ausreichenden Grund zur Asylanerkennung, bzw. zur Zuerkennung der Flüchtlingseigenschaft. Sie führt aber gem. § 60 Abs. 3 AufenthG zu einem **verbindlichen Abschiebungsverbot**. Der Ausländer darf in seinen Heimatstaat bereits dann nicht abgeschoben werden, wenn er wegen einer Straftat gesucht wird und dort die Verhängung oder Vollstreckung der Todesstrafe droht. **Es bedarf also nicht einer bereits ausgesprochenen Todesstrafe.**

124

Die Verweisung auf die Vorschriften über die Auslieferung dürfte sich besonders auf § 8 IRG beziehen, wonach auch bei drohender oder ausgesprochener Todesstrafe eine **Abschiebung zulässig** ist, wenn der Heimatstaat die **Nichtverhängung** oder **Nichtvollstreckung der Todesstrafe** zusichert. Allerdings darf derartigen Zusicherungen keineswegs blind vertraut werden.

Die Vorschrift geht auf **Art. 15a QRL** zurück und unterliegt der **Judikatur des EuGH**.

### (c) Einschränkungen des § 60 Abs. 4 AufenthG

Liegt aber ein förmliches Auslieferungsersuchen oder ein mit der Ankündigung eines Auslieferungsersuchens verbundenen Festnahmeersuchen eines anderen Staates vor, darf der betroffene Ausländer bis zur Entscheidung über die Auslieferung **nur mit Zustimmung** der für die Auslieferung zuständigen Behörde in den ersuchenden Staat abgeschoben werden (vgl. § 74 IRG).

125

### (d) Bewaffneter Konflikt, § 60 Abs. 7 Satz 1 AufenthG

Von einer Abschiebung ist abzusehen, wenn der Ausländer im Zielstaat der Abschiebung als Angehöriger der Zivilbevölkerung einer erheblichen individuellen Gefahr für Leib und Leben im Rahmen eines internationalen oder innerstaatlichen Konflikts ausgesetzt ist. Entgegen dem Wortlaut des § 60 Abs. 7 Satz 3 AufenthG sind nach der Rspr. des Bundesverwaltungsgerichts auch Gefahren nicht ausgeschlossen, denen die Bevölkerung oder die Bevölkerungsgruppe, der der Ausländer angehört, allgemein ausgesetzt ist.

126

Die Vorschrift geht auf **Art. 15c QRL** zurück und unterliegt der **Judikatur des EuGH**.

### (e) Unzulässigkeit der Abschiebung wegen drohender Menschenrechtsverletzungen, § 60 Abs. 5 AufenthG

Die Vorschrift gehört zur Gruppe der **nationalen Abschiebungsverbote**, die erst nach den unionsrechtlichen Abschiebungsverboten der Absätze 2 und 3 des § 60 AufenthG zu prüfen sind. Sie weist ausdrücklich auf die ohnehin verbindlichen Abschiebungsschutzregeln der EMRK hin. Gem. Art. 3 EMRK ist die Abschiebung unzulässig, wenn den Ausländer im Zielstaat Folter oder eine andere grausame, unmenschliche oder erniedrigende Behandlung oder Strafe erwartet. Auch dieses Verbot ist für die Ausländerbehörde zwingend. Nach der Rechtsprechung des BVerwG muss eine derartige Gefährdung von einem Staat ausgehen.

127

Um hierzu Feststellungen treffen zu können, benötigt die Behörde über die Angaben des Ausländers hinaus (hierzu s. § 60 Abs. 6 AufenthG) **Kenntnis der allgemeinen Verhältnisse des Zielstaates** unter Einschluss des dortigen Strafrechts, Strafprozessrechts und der Vollstreckungspraxis.

**(f) Gefahren für Leib, Leben oder Freiheit, § 60 Abs. 7 Satz 1 AufenthG**

128 Ein **fakultatives Abschiebungshindernis** stellt § 60 Abs. 7 Satz 1 AufenthG dar, wenn dem Ausländer erhebliche Gefahren für Leib, Leben oder Freiheit – unabhängig von welcher Seite – drohen. Auch hierbei handelt es sich um ein nationales Abschiebungsverbot, bei dem aber vorrangig die unionsrechtlichen Abschiebungsverbote der Absätze 2 und 3 des § 60 AufenthG zu prüfen sind.

Hier kommen als Gründe insbesondere Krieg, Bürgerkrieg, Naturkatastrophen und fehlende im Einzelfall erforderliche medizinische Behandlung oder sonstige unerlässliche Betreuung in Betracht. Damit ist diese Vorschrift der größten Gruppe der im Bundesgebiet vorläufigen Schutz suchenden Ausländer eine erhebliche Hilfe, denn ein nur auf diesen Gründen beruhender Asylantrag wäre u.U. offensichtlich unbegründet (§ 30 Abs. 2 AsylVfG) und führt einzig zu einer schnellen Ablehnung. Vielfach werten Ausländerbehörden einen entsprechenden Antrag auf Abschiebungsschutz nach § 60 Abs. 7 Satz 1 AufenthG als Asylantrag und reichen den Antrag weiter an das BAMF zur Entscheidung; **der Rechtsanwalt** sollte in solchen Fällen ausdrücklich klarstellen, dass **kein Asylantrag** vorliegt, einer solchen Abgabe widersprechen und auf einer Entscheidung der Ausländerbehörde bestehen.

129 § 60 Abs. 7 Satz 3 AufenthG stellt jedoch fest, dass diese Gefahren, wenn sie allgemein der Bevölkerung oder einer Bevölkerungsgruppe drohen, bei einer **Entscheidung der obersten Landesbehörde** über einen **generellen vorläufigen Abschiebungsschutz** nach § 60a Abs. 1 Satz 1 AufenthG berücksichtigt werden. Aus dieser Formulierung folgert zumeist die Verwaltung und die bisher bekannt gewordene überwiegende Rechtsprechung, dass bei Nichtvorliegen eines generellen Abschiebestopps durch die oberste Landesbehörde die Ausländerbehörde im Einzelfall nicht mehr entscheiden könne trotz Vorliegen der aufgeführten Gefährdungsgründe. Die **Sperre** für das Ermessen der Ausländerbehörden soll **nur dann** nicht greifen, wenn der Ausländer mangels einer Regelung nach § 60a Abs. 1 Satz 1 AufenthG **sehenden Auges dem sicheren Tod** oder **schwersten Verletzungen** ausgeliefert würde[1].

Diese Auffassung ist unseres Erachtens in Anbetracht der hochwertigen geschützten Rechtsgüter, die nicht zuletzt auch in dem Grundrechtskatalog für jedermann geschützt sind, nicht haltbar. Gerade weil bis zum Erlass entsprechender Regelungen der obersten Landesbehörden immer eine gewisse Zeitspanne vergeht seit Vorliegen der allgemeinen Gefährdung, muss daher die Ausländerbehörde gerade bei Nichtbestehen eines allgemeinen Abschiebungsstopps eine eigenständige Prüfung vornehmen.

**(3) Duldung nach § 60a AufenthG**

130 Da die Duldung unter dem alten Ausländergesetz häufig genutzt wurde, um einen humanitär begründeten Aufenthalt auf unbestimmte Zeit, wenn auch ohne Rechtssicherheit, einzuräumen, sollte sie durch das Aufenthaltsgesetz in § 60a AufenthG auf ihre ursprüngliche Funktion – nämlich die vorübergehende Aussetzung der Abschiebung – zurückgeführt werden. Dieses Ziel ist jedoch weit verfehlt worden. Die Duldung ist **kein Aufenthaltstitel** i.S.d. § 4 AufenthG und auch nicht geeignet, einen rechtmäßigen Aufenthalt zu begründen. Sie setzt voraus die Vollziehbarkeit der Ausreiseverpflichtung und der Abschiebung bei fehlender freiwilliger Ausreise, die einzig vorübergehend nicht vollzogen werden kann.

131 Nach § 60a Abs. 1 Satz 1 AufenthG kann die oberste Landesbehörde aus völkerrechtlichen oder humanitären Gründen oder zur Wahrung der politischen Interessen der Bundesrepublik Deutschland anordnen, dass die Abschiebung von Auslän-

---

1 Vgl. BVerwGE 99, 321 (324); VGH BW, EZAR 043 Nr. 12 und 16.

dern aus bestimmten Staaten oder von in sonstiger Weise bestimmten Ausländergruppen allgemein oder in bestimmten Staaten für längstens sechs Monate ausgesetzt wird („**Abschiebestopp**"). Für die Aussetzung der Abschiebung über die **Obergrenze** der sechs Monate hinaus kommt nur noch die Erteilung einer **Aufenthaltserlaubnis aus humanitären Gründen** nach § 23 Abs. 1 AufenthG in Betracht. Hierzu ist das Einvernehmen mit dem Bundesministerium des Inneren erforderlich, das in der politischen Praxis nur erteilt wird, wenn die Innenbehörden aller Bundesländer zustimmen.

Es besteht ein **Rechtsanspruch auf Erteilung** der Duldung gem. § 60a Abs. 2 AufenthG, solange die Abschiebung aus rechtlichen oder tatsächlichen Gründen unmöglich ist und keine Aufenthaltserlaubnis erteilt werden kann. Die rechtliche Unmöglichkeit ergibt sich einerseits aus den **zielstaatsbezogenen Abschiebungsverboten** der §§ 60 Abs. 1 AufenthG und 60 Abs. 2, 3, 5 und 7 AufenthG, andererseits aus den sog. **inlandsbezogenen Vollstreckungshindernissen**. Letztere liegen vor, wenn etwa familiäre Bindungen im Bundesgebiet bestehen oder die Durchführung der Abschiebung selbst zu schweren Gesundheitsbeeinträchtigungen führen würde. 132

Gemäß § 60a Abs. 2 Satz 3 AufenthG kann – nach erneuter Gesetzesänderung – auch wieder eine Duldung im **Ermessenswege** erteilt werden, wenn dringende humanitäre oder persönliche Gründe oder erhebliche öffentliche Interessen eine vorübergehende weitere Anwesenheit erforderlich machen. 133

Weitere Duldungsgründe finden sich in § 60a Abs. 2a und 2b AufenthG im Zusammenhang mit einer gescheiterten Zurückschiebung oder Abschiebung sowie für Eltern eines minderjährigen Ausländers, dem eine Aufenthaltserlaubnis gem. § 25a AufenthG erteilt wird. 134

Mit **Wegfall der Duldungsgründe** ist die Duldung zu widerrufen und die Abschiebung unverzüglich durchzuführen (§ 60a Abs. 5 AufenthG). Dies ist in der Praxis äußerst selten. Vielmehr wird in diesen Fällen der Ablauf der Gültigkeit abgewartet und dann vollstreckt. Die Ankündigungspflicht des § 60a Abs. 5 Satz 4 AufenthG bezieht sich nur auf Fälle, in denen die Duldung widerrufen wurde, nicht aber auf Abschiebungen, die nach Ablauf der Gültigkeit der Duldung erfolgen. 135

Die **Dauer der Duldung** kann auch durch eine **auflösende Bedingung** begrenzt werden, indem ein Ereignis bestimmt wird, mit dessen Eintreten der Aussetzungsgrund entfällt. 136

Der **Aufenthalt des Ausländers** ist auf das Gebiet des jeweiligen Bundeslandes beschränkt. Eine Ausreise aus der Bundesrepublik nur im Besitz der Duldung führt dazu, dass an der Grenze die Wiedereinreise verweigert wird, da die Duldung mit der Ausreise aus dem Bundesgebiet unwiderruflich erlischt (Vgl. § 60a Abs. 5 Satz 1 AufenthG); aus unionsrechtlichen Vorschriften (z.B. Dublin-II) kann sich jedoch eine Wiederaufnahmeverpflichtung ergeben. 137

Einen **Sollanspruch auf Erteilung einer Aufenthaltserlaubnis nach § 25 Abs. 5 AufenthG** hat der geduldete Ausländer, 138
– bei einer Duldungsdauer von über 18 Monaten; und
– sofern die Ausreise aus rechtlichen und tatsächlichen Gründen unmöglich ist;
– mit dem Wegfall der Ausreisehindernisse in absehbarer Zeit nicht zu rechnen ist
– und die speziellen Ausschlussgründe des § 25 Abs. 5 AufenthG nicht vorliegen.

Bedacht zu nehmen ist hierbei auch auf die allg. Voraussetzungen des § 5 AufenthG, von denen gem. § 5 Abs. 3 Satz 2 AufenthG nach Ermessen abgesehen werden kann.

139 **Wiederkehrende Beispielsfälle** für eine Duldung in der Praxis sind
- unverschuldete Passlosigkeit;
- unverschuldetes Unvermögen des Ausländers zur Beschaffung von Ausreisedokumenten trotz erheblicher vorheriger Versuche;
- rechtliche Unmöglichkeit der Ausreise, etwa wegen fortbestehender Asylberechtigung bei gleichzeitiger Ausreisepflicht aus Ausweisung wegen Straftaten.

⊃ **Hinweis:**
Verfahren
- Antragstellung bei der für den Wohnsitz zuständigen Ausländerbehörde;
- Klage: Verpflichtungsklage; kein Widerspruch (§ 83 Abs. 2 AufenthG); kein Suspensiveffekt bei Anordnung des Sofortvollzuges oder nach Landesrecht (s.o.);
- Einstweiliger Rechtsschutz gem. § 80 Abs. 5 VwGO in den Fällen der vorzeitigen Beendigung der Duldung, sonst nach § 123 VwGO.

**(4) Abschiebehaft nach § 62 AufenthG**

140 Abschiebehaft nach § 62 AufenthG ist unter peinlichster Beachtung der Verhältnismäßigkeit (§ 62 Abs. 1 AufenthG) zur **Vorbereitung** und zur **Sicherung der Abschiebung** möglich. Sie stellt keine Strafmaßnahme dar und bedarf daher zu ihrer Begründung keines Verschuldens des Ausländers. Der durch das **FamFG** mit der Entscheidung über die Rechtsbeschwerde betraute **BGH** hat in einer sich stets weiter entfaltenden Judikatur **strenge Maßstäbe** an die Zulässigkeit der Abschiebehaft angelegt. Das gilt auch in verfahrensrechtlicher Hinsicht, insbesondere ist das **Beschleunigungsgebot** peinlich genau zu beachten. Auf der Basis der **Rückführungsrichtlinie** sind in § 62a AufenthG Regelungen zum Vollzug der Abschiebungshaft getroffen. Gemäß § 62a Abs. 1 AufenthG erfolgt die Inhaftierung grds. in **speziellen Hafteinrichtungen**, bei ausnahmsweiser Unterbringung in gewöhnlichen Haftanstalten muss eine sorgfältige Trennung von gewöhnlichen Strafgefangenen erfolgen[1].

141 Nur wenn eine Ausweisung beabsichtigt, aber noch nicht ausgesprochen ist, ist die **Vorbereitungshaft** gem. § 62 Abs. 2 AufenthG statthaft, nicht aber zur Abschiebungssicherung nach anderen aufenthaltsbeendenden Maßnahmen wie z.B. Nichtverlängerung des Aufenthaltstitels. Die Vorbereitungshaft soll **sechs Wochen** nicht überschreiten.

142 Die **Sicherungshaft** gem. § 62 Abs. 3 Nr. 1–5 AufenthG ist in folgenden Fällen anzuordnen:
- der Ausländer auf Grund einer unerlaubten Einreise vollziehbar ausreisepflichtig ist,
- eine Abschiebungsanordnung nach § 58a AufenthG ergangen ist, diese aber nicht unmittelbar vollzogen werden kann,
- die Ausreisefrist abgelaufen ist und der Ausländer seinen Aufenthaltsort gewechselt hat, ohne der Ausländerbehörde eine Anschrift anzugeben, unter der er erreichbar ist,
- er aus von ihm zu vertretenden Gründen zu einem für die Abschiebung angekündigten Termin nicht an dem von der Ausländerbehörde angegebenen Ort angetroffen wurde,
- er sich in sonstiger Weise der Abschiebung entzogen hat oder

---

1 Vgl. Art. 15 ff. RückfRiLi.

## II. Das Aufenthaltsgesetz

– der begründete Verdacht besteht, dass er sich der Abschiebung entziehen will.

Sie **setzt voraus** die Vollziehbarkeit – nicht die Bestandskraft – der Ausreisepflicht und den begründeten, auf konkrete Momente gestützten Verdacht der Abschiebungsentziehung. Dieser begründete Verdacht kann sich aus den Erklärungen des Ausländers oder dessen Verhalten ergeben. Es kommt dabei nicht auf den Wahrscheinlichkeitsgrad der Realisierbarkeit an. Nicht ausreichend ist die Verweigerung der freiwilligen Ausreise.

Daneben muss die Abschiebung auch innerhalb der nächsten drei Monate möglich sein. Gem. § 62 Abs. 4 AufenthG ist die Sicherungshaft i.d.R. **begrenzt auf insgesamt höchstens sechs Monate** und darf nur aus besonderen, nicht von Beginn an schon vorhersehbaren Gründen **um längstens weitere zweimal sechs Monate verlängert** werden, wenn durch das Verhalten des Ausländers selbst die Abschiebung verhindert wird, z.B. durch die Weigerung, bei der Passbeschaffung mitzuwirken. Die Dauer einer vorherigen Vorbereitungshaft wird stets auf die Dauer der Sicherungshaft angerechnet. 143

⊃ **Hinweis:** Zuständiges Gericht ist das örtlich zuständige AG als Gericht der freiwilligen Gerichtsbarkeit (§§ 1, 2, 416 FamFG). Gegen die Entscheidung des Amtsgerichts ist die Beschwerde an das Landgericht zulässig (§§ 58 ff. FamFG) gegen dessen Entscheidung die Rechtsbeschwerde zum BGH (§§ 70 ff. FamFG).

### 4. Verfahrensrechtliche Besonderheiten und Hinweise im allgemeinen Ausländerrecht

#### a) Behördenzuständigkeiten

Die jeweils zuständige Behörde ergibt sich aus § 71 AufenthG. Hiernach ist für aufenthalts- und passrechtliche Maßnahmen die Ausländerbehörde zuständig. Gem. §§ 3 Abs. 3 lit. a, 4 VwVfG richtet sich die **örtliche Zuständigkeit** im Wesentlichen nach dem gewöhnlichen **Wohnsitz des Ausländers**. 144

Für die **Visumerteilung** sind die deutschen diplomatischen konsularischen Vertretungen des Landes zuständig, dessen Staatsangehörigkeit der Ausländer besitzt (§ 71 Abs. 2 AufenthG). Für den Antrag gem. § 29 Abs. 2 Satz 3 AufenthG (beabsichtigte Familienzusammenführung zu Asylberechtigten bzw. Flüchtlingen) ist ebenfalls die deutsche Auslandsvertretung zuständig.

#### b) Handlungsfähigkeit Minderjähriger

Das Ausländerrecht sieht gem. § 80 AufenthG (wie auch § 12 AsylVfG) vor, dass grds. Ausländer **ab vollendetem 16. Lebensjahr zur Vornahme von Verfahrenshandlungen handlungsfähig sind, also selbständig Anträge stellen, aber auch Bescheide entgegennehmen können**. 145

Andererseits können Minderjährige trotz fehlender Handlungsfähigkeit (also unter 16 Jahren) zurückgewiesen und zurückgeschoben werden (§ 80 Abs. 2 AufenthG). Dies ist problematisch im Falle von Jugendlichen, von denen kein sorgeberechtigter Elternteil im Bundesgebiet verfügbar ist und bei denen keine wirksame Bevollmächtigung einer dritten Person vorliegt. Der Jugendliche ist nicht in der Lage, sich gegen aufenthaltsbeendende Maßnahmen zur Wehr zu setzen, sei es durch eigene Anträge, sei es durch Bevollmächtigung eines Anwaltes. In dieser Lage ist der **unbegleitete Minderjährige** gem. **§ 42 Abs. 1 Nr. 3 SGB VIII vom Jugendamt in Obhut zu nehmen**. Es sollte dann schleunigst ein Eilantrag an das Vormundschaftsgericht gestellt werden mit Vorschlag eines Vormundes, am besten unter Beteiligung des zuständigen Jugendamtes und unter Verweisung auf das Haager Minderjährigenschutzabkommen, um baldmöglichst einen handlungsfähigen Vormund mit dem Wirkungskreis der Vertretung zumindest in ausländerrechtlichen Verfahren zu erhalten.

### c) Mitwirkung des Ausländers

146 § 82 AufenthG modifiziert den im allgemeinen Verwaltungsrecht üblichen **Amtsermittlungsgrundsatz**. Dem Ausländer wird allgemein eine besondere **Darlegungs- und Nachweispflicht** auferlegt. Allerdings dürfte nach Sinn und Zweck der Vorschrift nur dann diese Pflicht tatsächlich eingreifen, wenn der Ausländer selbst einen Antrag stellt und damit ein Verfahren eröffnet oder wenn die Behörde von sich aus, z.B. im Rahmen einer Anhörung, sich an den Ausländer wendet.

Der Ausländer hat alle für ihn günstigen Umstände und dazu geeignete Nachweismittel der Behörde unverzüglich, also ohne schuldhaftes Zögern, mitzuteilen/vorzulegen. Nur offenkundige oder bekannte Tatsachen (also der bisherige Akteninhalt der Verwaltungsakte) sind ausgenommen. Das persönliche Erscheinen sowohl bei deutschen Behörden als auch bei der Vertretung des Heimatstaates kann angeordnet werden (§ 82 Abs. 4 AufenthG).

147 Dem Ausländer kann eine **Frist** gesetzt werden, in der er den Mitwirkungspflichten nachzukommen hat. Mit einem verspäteten Vorbringen oder Nachkommen von Nachweisen kann er ausgeschlossen werden, wenn er zur Mitwirkung unter ordnungsgemäßer Fristsetzung und Belehrung über die Säumnisfolgen aufgefordert war. Bei Fehlen dieser Belehrung darf verspätetes Vorbringen nicht unberücksichtigt bleiben. Diese Befugnis zur **Präklusion** hat nur die Ausländerbehörde. Diese Präklusion ist nicht zwingend, sondern unterliegt dem Ermessen der Ausländerbehörde.

Soweit ein Widerspruchsverfahren möglich ist (§ 83 AufenthG), können dort zuvor ausgeschlossenes Vorbringen und Beweismittel nachgereicht werden; auch neuerliche Fristsetzung durch die Widerspruchsbehörde ist möglich.

148 **Die Präklusion reicht nicht in das gerichtliche Verfahren hinein**; eine erstmalige Geltendmachung vor Gericht ist daher möglich.

**Eingeschränkt** ist ferner in § 59 Abs. 4 AufenthG das **Vorbringen von Abschiebungshindernissen**. Sie sind ausgeschlossen, wenn sie auf Umständen beruhen, die vor Eintritt der Unanfechtbarkeit der Abschiebungsandrohung entstanden sind; sie können nach pflichtgemäßem Ermessen unberücksichtigt bleiben, wenn sie später entstanden sind. Hiernach ist maßgeblich für den obligatorischen Ausschluss das Entstehen der abschiebungshindernden Umstände, nicht aber deren erstmalige Kenntnis durch den Ausländer.

149 Zwar sieht § 59 Abs. 4 Satz 2 AufenthG die Möglichkeit vor, der Ausländer könne im **Klagewege oder** im einstweiligen **Rechtsschutzverfahren** die nach § 59 Abs. 4 Satz 1 AufenthG ausgeschlossenen Umstände weiterhin geltend machen, doch dies kann schnell täuschen: Ist nämlich die Abschiebungsandrohung bereits unanfechtbar, in das Vorliegen von Abschiebungshindernissen verneint wurde, kann das Gericht die vorher eingetretenen Tatsachen nicht mehr berücksichtigen. Wegen der nachträglich bekannt gewordenen Tatsachen muss stattdessen ein Antrag auf Wiederaufgreifen des Verfahrens an die Ausländerbehörde gestellt werden, ggf. daneben ein Eilantrag gem. § 123 VwGO an das Verwaltungsgericht, wenn die Ausländerbehörde nicht zusichert, dass bis zur Entscheidung über diesen Antrag von Abschiebungsmaßnahmen abgesehen wird, wie auch dann, wenn der Antrag selbst abgelehnt werden sollte.

### d) Beschränkung von Rechtsmitteln

§ 83 Abs. 1 AufenthG erklärt die Versagung eines Visums oder Passersatzes **an der Grenze** für **unanfechtbar** und verweist den Ausländer auf die Antragstellung bei der für ihn zuständigen Auslandsvertretung. Diese Vorschrift steht im Widerspruch zu Art. 19 Abs. 4 GG. Derartige Versagungen sind ablehnende Verwaltungsakte i.S.d. § 35 VwVfG; ihre Anfechtbarkeit kann nicht wirksam ausgeschlossen werden. Demnach ist § 83 Abs. 1 AufenthG wegen **Verstoßes gegen Art. 19 Abs. 4 GG** nichtig und angreifbar mit Widerspruch und Verpflichtungsklage. Vorläufiger Rechtsschutz ist nach § 123 VwGO geltend zu machen[1]. 150

Gegen die Versagung der Duldung ist gem. § 83 Abs. 2 AufenthG der **Widerspruch ausgeschlossen**. Es ist also unmittelbar die Verpflichtungsklage zulässig.

### e) Fälle ohne Suspensiveffekt des Rechtsmittels

Widerspruch und Klage gegen die Ablehnung eines Antrages auf Erteilung oder Verlängerung des Aufenthaltstitels haben **keine aufschiebende Wirkung** (§ 84 Abs. 1 AufenthG). In anderen Fällen, sei es nach dem AufenthG (z.B. räumliche Beschränkung, Untersagung der Arbeitsaufnahme, Anweisung usw.), sei es nach anderen Gesetzen (z.B. aufenthaltsbeendende Maßnahmen gegen Unionsbürger), bleibt der allgemeine Suspensiveffekt des Rechtsmittels gem. § 80 Abs. 1 VwGO unberührt, solange nicht Sofortvollzug angeordnet ist (§ 80 Abs. 3 VwGO). 151

Allerdings ist **nach Landesrecht unterschiedlich** der **Sofortvollzug** in verschiedenen Bereichen der Verwaltungsvollstreckung angeordnet; hiervon betroffen sind alle Verwaltungsakte der Vollstreckung, Abschiebungsandrohung (§ 59 AufenthG) und Duldung (§ 60a AufenthG).

Die Gewährung der aufschiebenden Wirkung kann gem. § 80 Abs. 4 VwGO **bei der Ausländer- oder Widerspruchsbehörde beantragt** werden; es empfiehlt sich aber, kurzfristig um Klarheit darüber nachzusuchen, ob bis zur Entscheidung über diesen Antrag von aufenthaltsbeendenden Maßnahmen abgesehen wird.

Daneben kann **auf Antrag** das zuständige **Verwaltungsgericht** die aufschiebende Wirkung ganz oder teilweise gem. § 80 Abs. 5 Satz 1 VwGO **anordnen oder wiederherstellen**. Es **überprüft** hierbei im summarischen Verfahren, ob ein besonderes öffentliches Vollzugsinteresse besteht. Ergibt diese Prüfung, dass der angegriffene Bescheid offensichtlich rechtmäßig ist, wird grds. das öffentliche Interesse am Sofortvollzug bestätigt; umgekehrt wird bei offensichtlich rechtswidrigem Bescheid das Vollzugsinteresse verneint. In Zweifelsfällen werden öffentliches und privates Interesse gegeneinander abgewogen. Wird mit der Ablehnung eines Antrags nicht in eine durch die Fiktionswirkung bestimmte Rechtsposition eingegriffen, richtet sich der einstweilige Rechtsschutz nach **§ 123 VwGO**. 152

## III. Ausländerrechtliche Sondernormen

Neben dem Aufenthaltsgesetz besteht eine Vielzahl von Sonderregelungen, die den allgemeinen Regelungen des Aufenthaltsgesetzes vorgehen. Letzteres greift nur ein, wenn trotz des jeweiligen Sonderstatuts des Ausländers für den zu bewertenden Sonderfall in dem Spezialrecht keine gesonderten Regelungen enthalten sind. 153

---

1 *Dienelt*, in: Renner, Ausländerrecht § 83 AufenthG Rz. 2–4.

## 1. Recht der Europäischen Union

154 Aus der **Charta der Grundrechte der Europäischen Union**, des **Vertrages über die Europäische Union (EUV)** und **des Vertrages über die Arbeitsweise der Europäischen Union (AEUV)** und des sich darauf beziehenden **sekundären EU-Rechts**, namentlich der **Unionsbürgerrichtlinie**, ergeben sich **gesonderte Regelungen** bezüglich der Freizügigkeit, der Niederlassungsfreiheit und der Nichtdiskriminierung von **Angehörigen der Mitgliedsstaaten** sowie ihrer – auch drittstaatsangehörigen – **Familienangehörigen** für die Einreise und den Aufenthalt im Bundesgebiet; für Bulgarien und Rumänien besteht die vollständige Arbeitnehmerfreizügigkeit noch nicht.

Das EU-Recht hat Vorrang vor dem innerstaatlichen Recht der Bundesrepublik. Es bedarf hierzu nicht stets der Umsetzung in innerstaatliches Recht. Es darf also kein Bundesgesetz angewandt werden, das unvereinbar mit den Freizügigkeitsvorschriften der EU ist. Jeder durch die EU-Vorschriften Begünstigte kann sich vor deutschen Behörden und Gerichten auf die ihn begünstigenden Regelungen der Union beziehen, soweit sie nicht ausdrücklich einer gesonderten Umsetzung in innerstaatliches Recht bedürfen.

155 Das **FreizügG/EU** soll in der Bundesrepublik die Inhalte der EU-Richtlinien und Verordnungen zum Teil zusammengefasst und interpretiert werden. Es ist stets erforderlich, sich auch direkt mit dem Unionsrecht einschließlich der Verordnungen der EU und der dazu ergangenen Rechtsprechung des Gerichtshofes der Europäischen Gemeinschaften auseinanderzusetzen, die **eigenständige Anspruchsgrundlagen** enthalten. Durch die Urteile des EuGH vom 8.3.2011 – C-34/09 (**Ruiz Zambrano**) und vom 5.5.2011 – C-434/09 (**McCarthy**) ist um die ausländerrechtlichen Implikationen der in Art. 20 und 21 AEUV geregelten Unionsbürgerschaft eine lebhafte Diskussion in Gang gekommen[1], die namentlich auch die Debatte um die Inländerdiskriminierung neu belebt hat.

156 Die Freizügigkeit der Unionsbürger und ihrer Familienangehörigen, auch wenn Letztere nicht Staatsangehörige der Mitgliedsländer sind, regelt die **Richtlinie 2004/38/EG** des Europäischen Parlaments und des Rates vom 29.4.2004 über das Recht der Unionsbürger und ihrer Familienangehörigen, sich im Hoheitsgebiet der Mitgliedstaaten frei zu bewegen und aufzuhalten, zur Änderung der Verordnung (EWG) Nr. 1612/68 und zur Aufhebung weiterer Richtlinien, (**Unionsbürgerrichtlinie**).

157 Staatsangehörige der **neuen EU-Mitgliedsstaaten Rumänien und Bulgarien**, die erst zum 1.1.2007 der EU beigetreten sind, sind zum großen Teil wegen der gemeinschaftsrechtlich verankerten **Übergangsregelungen** nicht im gleichen Maße freizügigkeitsberechtigt.

158 In der groben Zusammenfassung ergeben sich hieraus **folgende Rechtspositionen**:
- Jeder **freizügigkeitsberechtigte Staatsangehörige eines Mitgliedsstaates** (Legaldefinition in § 2 Abs. 2 FreizügG/EU) kann ungeachtet seines Wohnortes in jedem anderen Mitgliedsstaat eine unselbständige oder eine selbständige **Tätigkeit aufnehmen** und ausüben zu den gleichen Bedingungen, wie Angehörige des Staates selbst. Sie bedürfen hierzu – mit Ausnahme der bulgarischen und der rumänischen Staatsangehörigen – keiner gesonderten Arbeitserlaubnis. Das gilt auch für die Angehörigen der Staaten, die am 1.5.2004 der EU beigetreten sind; insoweit ist der entgegenstehende Wortlaut des § 284 SGB III unbeachtlich. Hierbei ist nicht maßgeblich, ob das durch die Tätigkeit erzielte Einkommen für den eigenen Lebensunterhalt oder den der Familienangehörigen ausreicht;

---

[1] BVerwG v. 22.6.2011 – 1 C 11.10.

er und seine Familienangehörigen haben insoweit Anspruch auf ergänzende Sozialleistungen wie jeder Inländer.
- Auch der Aufenthalt zur **Arbeitssuche** ist kraft Unionsrechts erlaubt.
- Unionsbürger, ihre Ehegatten oder Lebenspartner und ihre unterhaltsberechtigten Kinder, die sich seit **fünf Jahren ständig rechtmäßig** im Bundesgebiet aufhalten, haben **unabhängig** vom weiteren Vorliegen der Freizügigkeitsvoraussetzungen das **Recht** auf Einreise und Aufenthalt; bei **Kindern unter 16** Jahren nur beim rechtmäßigen Aufenthalt eines Erziehungsberechtigten (§ 2 Abs. 5 FreizügG/EU).
- Gemäß § 4 FreizügG/EU haben auch **nicht erwerbstätige Unionsbürger**, ihre Familienangehörigen und ihre Lebenspartner, die den Unionsbürger begleiten oder ihm nachziehen, ein Aufenthaltsrecht, wenn sie über ausreichenden Krankenversicherungsschutz und ausreichende Existenzmittel verfügen. Hält sich der Unionsbürger als Student im Bundesgebiet auf, haben dieses Recht nur sein Ehegatte, Lebenspartner und seine Kinder, denen Unterhalt gewährt wird.
- Gemäß § 2 Abs. 5 FreizügG/EU ist für einen Aufenthalt von Unionsbürgern von bis zu **drei Monaten** nur der Besitz eines gültigen Personalausweises oder Reisepasses ausreichend. Familienangehörige, die nicht Unionsbürger sind, haben das gleiche Recht, wenn sie im Besitz eines anerkannten oder sonst zugelassenen Passes oder Passersatzes sind und sie den Unionsbürger begleiten oder ihm nachziehen. Weitere Voraussetzungen bestehen für einen derartigen dreimonatigen Aufenthalt nicht.
- Mit gültigem Personalausweis oder Reisepass ist Angehörigen der Mitgliedsstaaten die **Einreise** unabhängig vom beabsichtigten Zweck des Aufenthalts **visumsfrei** zu gestatten (s. § 2 Abs. 4 FreizügG/EU), um eine Erwerbstätigkeit zu suchen, aufzunehmen oder auszuüben. Bei Ausübung einer Tätigkeit steht ihnen das **Aufenthaltsrecht kraft Unionsrechts** zu (s. § 2 FreizügG/EU), zu dessen Nachweis „eine Bescheinigung über das Aufenthaltsrecht" zu erteilen ist (s. § 5 Abs. 1 FreizügG/EU). Als Nachweis dürfen einzig verlangt werden der Personalausweis oder Reisepass sowie Tätigkeitsnachweis.
- Die gleichen Rechte wie der freizügigkeitsberechtigte EU-Staatsangehörige mit Tätigkeit in einem Mitgliedsstaat haben dessen **Familienangehörige**; auch ihnen muss die Aufnahme jeder Erwerbstätigkeit zu den gleichen Bedingungen wie einem Inländer ermöglicht werden wie auch die Wohnsitznahme und der Aufenthalt. Sind die Familienangehörigen selbst nicht Angehörige von Mitgliedsstaaten, wird in der Praxis bei ihrer Einreise ein Visum verlangt, sofern dies eine Rechtsvorschrift verlangt (§ 2 Abs. 4 Satz 2 FreizügG/EU). Es besteht jedoch ein Anspruch auf Visumserteilung und anschließender Erteilung der Aufenthaltserlaubnis-EU von Amts wegen (s. § 5 Abs. 2 FreizügG/EU) bei Vorlage des Passes, des Nachweises des Verwandtschaftsverhältnisses und des Nachweises der Unterhaltsgewährung von Unterhalt und der familiären Lebensgemeinschaft mit dem EU-Ausländer[1].

Zu den **Familienangehörigen nach EU-Recht** (Legaldefinition in § 3 FreizügG/EU) gehören Ehegatten sowie Verwandte in absteigender Linie unter **21 Jahren**, denen Unterhalt gewährt wird, sowie Verwandte und die Verwandten des Ehegatten in aufsteigender Linie, denen der EU-Erwerbstätige Unterhalt gewährt. Der Zugang sonstiger, nicht unter diesen Familienbegriff fallender Familienangehöriger, ist zu begünstigen, wenn ihnen Unterhalt gewährt wird oder sie im Herkunftsland in häuslicher Gemeinschaft leben.

159

---

1 Urteile des EuGH v. 25.7.2002 – 459/99 – MRAX und v. 25.7.2008 – C-127/08 – Metock.

Diese EU-Freizügigkeitsregeln zu Gunsten der Familienangehörigen, die nicht selbst EU-Staatsangehörige sind, gelten nach herkömmlicher Auffassung nur für Angehörige mit Staatsangehörigkeit eines EU-Drittstaates. Begünstigt sind also in der Bundesrepublik insoweit nicht ausländische Familienangehörige von Deutschen, für die einzig die Regelungen des innerdeutschen Rechts gelten, sondern nur die Familienangehörigen der übrigen EU-Staatsangehörigen. Diese herrschende Auffassung ist allerdings hochumstritten. Für die Praxis ist bedeutsam, dass deutsche Staatsangehörige, die von ihrem Freizügigkeitsrecht Gebrauch machen, dieses Recht bei ihrer **Rückkehr in die Bundesrepublik Deutschland** gewissermaßen mitnehmen und sich dann auf es berufen können[1].

Bedacht zu nehmen ist bei **Scheidung** oder Aufhebung der Ehe auf die **Drei-Jahres-Ausschlussfrist ab Entstehung des Rechts** nach § 3 Abs. 5 FreizügG/EU für drittstaatsangehörige Familienangehörige des Freizügigkeitsberechtigten. Ein Getrenntleben der Eheleute vernichtet die aufenthaltsrechtliche Grundlage nicht.

160 Völlig eigenständige Regeln gelten für die **Beendigung des Aufenthalts** von Unionsbürgern und ihren – auch drittstaatsangehörigen – Familienangehörigen. Insbesondere kann eine Ausweisung nur aufgrund einer aktuellen Gefährdungsprognose und von individuellen Ermessenserwägungen erfolgen[2].

### 2. Assoziation EU – Türkei

161 Türkische Staatsangehörige und ihre Familienangehörigen können sich auf die besonderen Regelungen der Assoziation zwischen der EU und der Türkei berufen. Zwar ist die im Assoziationsabkommen vom 12.9.1963 vorgesehene Herstellung der Freizügigkeit bisher nicht verwirklicht worden. Gleichwohl bestehen eine Vielzahl von Vergünstigungen, die sich unter anderem aus dem Diskriminierungsverbot, der stand-still Regelung sowie dem Assoziationsratsbeschluss (ARB) Nr. 1/80 ergeben. Hierzu gibt es eine Fülle von Judikatur, die beachtet werden muss, namentlich des EuGH.

162 Gemäß Art. 6 und 7 ARB 1/80 bestehen **Erleichterungen zum Zugang zum Arbeitsmarkt** für bereits im Bundesgebiet ordnungsgemäß beschäftigte türkische Arbeitnehmer und ihre Familienangehörigen. Diese Rechtspositionen entstehen kraft Gesetzes. Das Bestehen des Rechts wird gem. § 4 Abs. 5 AufenthG bescheinigt. Diese Bescheinigung der Aufenthaltserlaubnis ist deklaratorisch und nicht konstitutiv.

Nach Art. 6 ARB 1/80 hat der **türkische Arbeitnehmer**, der dem regulären Arbeitsmarkt eines Mitgliedstaats angehört, in diesem Mitgliedstaat
- nach einem Jahr ordnungsgemäßer Beschäftigung Anspruch auf Erneuerung seiner Arbeitserlaubnis bei dem gleichen Arbeitgeber, wenn er über einen Arbeitsplatz verfügt,
- nach drei Jahren ordnungsgemäßer Beschäftigung – vorbehaltlich des den Arbeitnehmern aus den Mitgliedstaaten der Gemeinschaft einzuräumenden Vorrangs – das Recht, sich für den gleichen Beruf bei einem Arbeitgeber seiner Wahl auf ein unter normalen Bedingungen unterbreitetes und bei den Arbeitsämtern dieses Mitgliedstaates eingetragenes anderes Stellenangebot zu bewerben,
- nach vier Jahren ordnungsgemäßer Beschäftigung freien Zugang zu jeder von ihm gewählten Beschäftigung im Lohn- oder Gehaltsverhältnis.

Allerdings setzt eine ordnungsgemäße Beschäftigung ein gesichertes Aufenthaltsrecht voraus.

---

1 „Rückkehrerfälle" siehe BVerwG v. 22.6.2011 – 1 C 11.10, Rz. 9.
2 BVerwG v. 3.8.2008 – 1 C 30.02.

III. Ausländerrechtliche Sondernormen                                   Rz. 166   Teil 7 A

Art. 7 ARB 1/80 trifft folgende Regelungen: Die **Familienangehörigen** eines dem regulären Arbeitsmarkt eines Mitgliedstaates angehörenden türkischen Arbeitnehmers, die die Genehmigung erhalten haben, zu ihm zu ziehen,
– haben vorbehaltlich des den Arbeitnehmern aus den Mitgliedstaaten der Gemeinschaft einzuräumenden Vorrangs das Recht, sich auf jedes Stellenangebot zu bewerben, wenn sie dort seit mindestens drei Jahren ihren ordnungsgemäßen Wohnsitz haben;
– haben freien Zugang zu jeder von ihnen gewählten Beschäftigung im Lohn- oder Gehaltsverhältnis, wenn sie dort seit mindestens fünf Jahren ihren ordnungsgemäßen Wohnsitz haben.

Die Kinder türkischer Arbeitnehmer, die im Aufnahmeland eine **Berufsausbildung** abgeschlossen haben, können sich unabhängig von der Dauer ihres Aufenthalts in dem betreffenden Mitgliedstaat dort auf jedes Stellengebot bewerben, sofern ein Elternteil in dem betreffenden Mitgliedstaat seit mindestens drei Jahren ordnungsgemäß beschäftigt **war**.

Besondere Regelungen gelten auch für die **Beendigung des Aufenthalts**, insbesondere die Ausweisung. Wie bei Unionsbürgern kann eine Ausweisung nur aufgrund einer aktuellen Gefährdungsprognose und von individuellen Ermessenserwägungen erfolgen[1]. 163

Eine Einreise zur Arbeitsaufnahme oder zur Familienzusammenführung ist nicht visumsfrei. Allerdings müssen die verschiedenen stand-still Klauseln beachtet werden.[2] Besonders strittig ist hier die Visumsfreiheit für Dienstleistungsempfänger. 164

### 3. Freundschafts- und Niederlassungsverträge

In einer Reihe von zwischenstaatlichen Verträgen hat sich die **Bundesrepublik Deutschland** bzw. das Deutsche Reich mit fortgeltender Wirkung für die Bundesrepublik **verpflichtet, die Angehörigen des Vertragsstaates besonders wohlwollend oder** nicht weniger günstig als die Angehörigen des meistbegünstigten Staates in Dingen des Aufenthaltes, der Niederlassung usw. **zu behandeln** (z.B.: Handels- und Schifffahrtsvertrag Dt. Reich und Japan; Freundschaftsvertrag und Niederlassungsabkommen Dt. Reich und Kaiserreich Persien). 165

Da diese Verträge sämtlich unter dem Vorbehalt der Beachtung der nationalen Rechtsordnung stehen, ist aus ihnen jedoch kein Anspruch auf Einreise und anschließenden Aufenthalt ableitbar. Etwas anderes ergibt sich aber, wenn dem Staatsangehörigen eines dieser begünstigten Staaten der Aufenthalt im Bundesgebiet aus nicht nur vorübergehenden Gründen erlaubt ist; in derartigen Fällen müssten gewisse Beschränkungen, wie z.B. die des Verbots der Aufnahme einer selbständigen Tätigkeit, an den Festlegungen dieser bilateralen Verträge gemessen werden.

### 4. Rechtsstellung heimatloser Ausländer

Heimatlose Ausländer i.S.d. HAG sind fremde Staatsangehörige oder Staatenlose, die, ohne Deutsche i.S.d. Art. 116 GG zu sein, am 30.6.1950 ihren Aufenthalt im Bundesgebiet oder Westberlin hatten und nachweisen, unter Obhut der Organisa- 166

---
1 BVerwG v. 3.8.2008 – 1 C 29.02; *Dienelt/Röseler*, in: Renner, Ausländerrecht, § 4 AufenthG Rz. 177 ff.
2 Hierzu im Einzelnen: *Dienelt/Röseler*, in: Renner, Ausländerrecht, § 4 AufenthG Rz. 187 ff.

tion der UN zur Betreuung verschleppter Personen und Flüchtlinge zu stehen, sowie deren Nachkommen mit Wohnsitz im Bundesgebiet (§ 1 HAG). Dies sind im Wesentlichen Personen oder ihre Abkömmlinge, die in der Zeit des 2. Weltkrieges als Zwangsarbeiter nach Deutschland geholt wurden und nach Kriegsende hier verblieben.

Sie sind von dem **Erfordernis eines Aufenthaltstitels freigestellt** und stehen in den meisten Rechten **den deutschen Staatsbürgern gleich**; ihren ausländischen Familienangehörigen wird der Aufenthalt gewährt entsprechend dem der ausländischen Staatsangehörigen Deutscher.

Dieser Rechtsstellung geht einzig der verlustig, der seinen gewöhnlichen Aufenthalt aus dem Geltungsbereich des GG herausverlegt; er erhält dann aber diese Rechtsstellung zurück, wenn er binnen zwei Jahren zurückkehrt.

Gemäß § 1 AsylVfG unterliegen heimatlose Ausländer nicht den Regelungen des AsylVfG[1].

### 5. Rechtsstellung der Staatenlosen

167 Die Bundesrepublik Deutschland ist Vertragspartei des Übereinkommens über die Rechtsstellung von Staatenlosen vom 28.9.1954 (BGBl. II 1976, 473, **Staatenlosenabkommen** – StlÜbk). Staatenlos i.S. dieses Abkommens ist eine Person, die kein Staat der Welt aufgrund seines Rechts als seinen Staatsangehörigen ansieht. Zum Nachweis der Staatenlosigkeit bedarf es daher vorweg i.d.R. eines Negativattestes des oder der Staaten, die aufgrund der Herkunft des Ausländers als Heimatstaaten und als Staaten des letzten gewöhnlichen Aufenthaltes in Frage kommen.

Liegt die Staatenlosigkeit des Ausländers vor und hält er sich im Bundesgebiet auf, so findet das Staatenlosenabkommen ganz oder teilweise auf ihn Anwendung, es sei denn, einer der Ausschlussgründe des Art. 1 Abs. 2 StlÜbk greift ein.

In seinen begünstigenden Regelungen unterscheidet das Abkommen zwischen den Staatenlosen, die sich **schlicht** in dem Aufenthaltsland befinden, und denen, die sich **rechtmäßig** in dem Lande aufhalten. Dies sind im Bundesgebiet nach ergangener Rechtsprechung des BVerwG Staatenlose, die einen Aufenthaltstitel gem. § 4 Abs. 1 AufenthG besitzen.

Jedem Staatenlosen werden nach dem Staatenlosenabkommen z.B. die Rechte aus Art. 3, 4, 12, 13, 14, 16, 17 Abs. 2, 22, 27, 28 Satz 2, 31 Abs. 2 und 3, 32 StlÜbk gewährt. Hat der Staatenlose dagegen seinen rechtmäßigen Aufenthalt im Bundesgebiet, besitzt er also einen Aufenthaltstitel, so stehen ihm darüber hinaus die Rechte z.B. zu aus Art. 15, 17 Abs. 1 I, 18, 19, 21, 23, 24, 26, 28 Satz 1, 31 Abs. 1 StlÜbk.

In der Vergangenheit kam Staatenlosigkeit in Betracht bei Personen insbesondere aus dem **Libanon** und dem **Gaza-Streifen** sowie aus einigen anderen arabischen Ländern vor, wie z.B. bei **Kurden**, die seit dem Niedergang des osmanischen Reiches staatenlos blieben, oder **Palästinensern**, deren Staatenlosigkeit nach Bildung des Staates Israel vorlag. Die Auflösung der **UdSSR** sowie der ehemaligen Bundesrepublik **Jugoslawiens** hat in größerem Umfang neue Gruppen von Staatenlosen entstehen, lassen. In der Praxis wird die Anwendung des Übereinkommens allerdings sehr häufig mit der Annahme der Behörden umgangen, die Staatsangehörigkeit des Ausländers sei „**ungeklärt**".

Auch Staatenlose können sich auf das **Asylrecht**, ihre **Flüchtlingseigenschaft** oder **Abschiebungsverbote** berufen, wenn sie das Land ihres gewöhnlichen Aufenthalts

---

1 Zu weiteren Einzelheiten siehe *Bergmann*, in: Renner, Ausländerrecht, § 1 AsylVfG Rz. 18 ff.

III. Ausländerrechtliche Sondernormen                               Rz. 171  Teil 7 A

aus den entsprechenden Gründen verlassen mussten und dort hin nicht wieder zurückkehren können.

### 6. Rechtsstellung der Flüchtlinge

Die Bundesrepublik Deutschland ist Vertragspartei der **Genfer Flüchtlingskonvention (GFK)**. Den besonderen Schutz der GFK genießen nur die Personen, die entweder 168
- Flüchtlinge sind, bzw. deren Nachkommen aufgrund der Flüchtlingsvereinbarungen aus Völkerbundszeiten (insbesondere resultierend aus den staatlichen Neuordnungen in Osteuropa und im arabischen Bereich) gem. Art. 1 A I GFK (statutäre Flüchtlinge), oder
- aus begründeter Furcht vor Verfolgung wegen ihrer Rasse, Religion, Nationalität, Volkszugehörigkeit oder politischen Überzeugung sich außerhalb des Landes ihrer Staatsangehörigkeit (bzw. als Staatenlose außerhalb des Landes ihres gewöhnlichen Aufenthaltes) befinden und deswegen den Schutz ihres Landes nicht in Anspruch nehmen können oder wollen (Art. 1 A II GFK),

es sei denn, einer der **Ausschlussgründe** des Art. 1 C.–F. GFK greift. Ähnlich wie bei dem Staatenlosenabkommen **unterscheidet** auch die GFK zwischen den Rechten, die jedem Flüchtling im Aufenthaltsland zustehen, und den Rechten jener Flüchtlinge, deren Aufenthalt rechtmäßig ist.

Von besonderer Bedeutung sind hierbei für jeden Flüchtling das **Verbot der Ausweisung und Zurückschiebung** in den Verfolgerstaat gem. Art. 33 GFK („**non-refoulement**"), sowie die **Strafausschließungsklausel** des Art. 31 Abs. 1 GFK für den Fall der illegalen Einreise und des illegalen Aufenthaltes unter der Voraussetzung, dass der Flüchtling – unmittelbar aus dem Verfolgungsland kommend – sich unverzüglich, also ohne schuldhaftes Zögern, bei den Behörden meldet und seine Fluchtgründe darlegt. Diese Strafausschließungsklausel umfasst nach hier vertretener, aber nicht herrschender Auffassung dem Grundgedanken der Vorschrift nach auch das Gebrauchmachen von falschen Ausweispapieren, soweit nur durch sie die illegale Einreise zum Zwecke der Schutzfindung ermöglicht wird, soweit auch dies unverzüglich offengelegt wird. 169

In der Bundesrepublik ist die GFK in nationales Recht transformiert Die Flüchtlingseigenschaft wird unter den Voraussetzungen des **§ 60 Abs. 1 und 8 AufenthG i.V.m. § 3 AsylVfG** zuerkannt. Auf europäischer Ebene setzt die vorrangige Qualifikationsrichtlinie dabei die Regeln für die Auslegung der GFK. Das Verfahren ist durch das **Asylverfahrensgesetz** geregelt, das seinerseits nach den vorrangigen Vorschriften des Europäischen Rechts (Verfahrensrichtlinie, Richtlinie zu den Aufnahmebedingungen) anzuwenden ist. 170

Eine Besonderheit der deutschen Rechtstradition ist die Tatsache, dass das Asylrecht in der Verfassung geregelt ist, heute in Art. 16a GG, früher in Art. 16 Abs. 2 Satz 2 GG). Der **Schutzbereich** des Art. 1 GFK ist dabei **nicht deckungsgleich mit** dem des Art. 16a GG (im Einzelnen hierzu siehe *Bethäuser*, Teil 7 Kap. B.).

Zu den aufenthaltsrechtlichen Regelungen siehe Rz. 58 ff., vgl. auch Rz. 105. Zur Strafbarkeit der illegalen Einreise siehe § 95 Abs. 5 AufenthG. 171

Münch | 1457

## IV. Besonderheiten im Arbeitserlaubnis- und Sozialrecht

### 1. Arbeitserlaubnis für Ausländer

172 Gemäß § 4 Abs. 2 AufenthG berechtigt ein Aufenthaltstitel zur Ausübung einer Erwerbstätigkeit, sofern es nach dem AufenthG bestimmt ist oder der Aufenthaltstitel die Ausübung der Erwerbstätigkeit ausdrücklich erlaubt. Jeder Aufenthaltstitel muss erkennen lassen, ob die Ausübung einer Erwerbstätigkeit erlaubt ist. Einem Ausländer, der keine Aufenthaltserlaubnis mit Beschäftigungserlaubnis besitzt, kann die Ausübung einer Beschäftigung nur erlaubt werden, wenn die Bundesagentur für Arbeit zugestimmt hat oder durch Rechtsverordnung bestimmt ist, dass die Ausübung der Beschäftigung ohne Zustimmung der Bundesagentur für Arbeit zulässig ist.

Der Ausländer, der nicht durch EU-Normen (einschließlich ARB 1/80, vgl. Rz. 161), das HAG oder das Aufenthaltsgesetz begünstigt ist, darf im Bundesgebiet **nicht als Arbeitnehmer tätig** werden, **es sei denn**, die Ausländerbehörde hat ihm eine generelle oder eine für diese Tätigkeit **gültige Arbeitserlaubnis** erteilt (§ 4 Abs. 3 AufenthG). Unter diesen Voraussetzungen dürfen allerdings auch Ausländer erwerbstätig sein, die ihren Aufenthalt nicht ausdrücklich zur Arbeitsaufnahme gem. §§ 18 ff. AufenthG erhalten haben. Auch **Geduldete** (§ 18a AufenthG, §§ 10 f. BeschVerfV) und **Asylbewerber** (§ 61 AsylVfG) können unter bestimmten Umständen eine Arbeitserlaubnis erhalten.

173 Die weiteren Voraussetzungen zur Aufnahme einer Beschäftigung ergeben sich im Einzelnen aus der **Beschäftigungsverordnung** und der **Beschäftigungsverfahrensverordnung**, für die selbständige Erwerbstätigkeit aus § 21 AufenthG. Es besteht ein Antragserfordernis mit Ausnahme der Fälle, in denen die Tätigkeit kraft Gesetz erlaubt ist.

Die Erlaubnis zur Erwerbstätigkeit wird auf dem Titel, bzw. der Aufenthaltsgestattungsbescheinigung oder der Duldung vermerkt. Dort finden sich ggfs. auch die Hinweise auf ein Verbot bzw. eine Einschränkung der Erwerbstätigkeit.

174 Verstöße gegen das Beschäftigungsverbot führen für **Unternehmen** zu empfindlichen Geldbußen (§ 404 SGB III, § 95 Abs. 1a AufenthG). Der Verstoß gegen eine die Erwerbstätigkeit einschränkende **Auflage** ist gem. § 95 Abs. 3 Nr. 1 oder 2 AufenthG ordnungswidrig, bei Asylbewerbern gilt § 85 Abs. 1 Nr. 3 AsylVfG (Straftat). Für Inhaber eines Schengenvisums gilt § 95 Abs. 1a AufenthG (Straftat).

175 Mit dem 2. Richtlinienumsetzungsgesetz wurden umfängliche Regelungen zu den Rechtsfolgen bei illegaler Beschäftigung in das AufenthG aufgenommen (§§ 98 a ff. AufenthG).

U.a. ist der Arbeitgeber verpflichtet, dem Ausländer, den er ohne die nach § 284 Abs. 1 SGB III erforderliche Genehmigung oder ohne die nach § 4 Abs. 3 AufenthG erforderliche Berechtigung zur Erwerbstätigkeit beschäftigt hat, die vereinbarte Vergütung zu zahlen. Für die Vergütung wird vermutet, dass der Arbeitgeber den Ausländer drei Monate beschäftigt hat.

### 2. Grundsicherung für Arbeitssuchende

176 Nach den Vorschriften des SGB II können grds. auch Ausländer Grundsicherung für Arbeitsuchende erhalten. Allerdings ist der Personenkreis gem. § 7 Abs. 1 Satz 2 SGB II beschränkt. Nach dem Gesetzeswortlaut sollen nämlich ausgenommen sein:
– Ausländerinnen und Ausländer, die weder in der Bundesrepublik Deutschland Arbeitnehmerinnen, Arbeitnehmer oder Selbständige noch aufgrund des § 2 Abs. 3 FreizügG/EU freizügigkeitsberechtigt sind, und ihre Familienangehörigen für die ersten drei Monate ihres Aufenthalts,

- Ausländerinnen und Ausländer, deren Aufenthaltsrecht sich allein aus dem Zweck der Arbeitsuche ergibt, und ihre Familienangehörigen,
- Leistungsberechtigte nach § 1 AsylbLG.

Die Ausnahme des ersten Spiegelstrichs gilt nicht für Ausländerinnen und Ausländer, die sich mit einem humanitären Aufenthaltstitel (Kapitel 2 Abschnitt 5 des AufenthG) in der Bundesrepublik Deutschland aufhalten.

Auslegung und Praxis des § 7 Abs. 1 Satz 2 SGB II sind besonders für Unionsbürger sehr umstritten. Nach Meinung des Bundessozialgerichts verstößt die Regelung jedenfalls gegen das Europäische Fürsorgeabkommen; nach hier vertretener Auffassung liegt – über die Angehörigen der Vertragspartner des Europäischen Fürsorgeabkommens hinaus – ein Verstoß gegen Unionsrecht vor [1].

### 3. Sozialhilfe für Ausländer

Ein Ausländer, der sich tatsächlich im Bundesgebiet aufhält, hat Anspruch auf Hilfe zum Lebensunterhalt, Krankenhilfe, Mutterschaftshilfe und Pflegehilfe (**§ 23 SGB XII**).

Ausgeschlossen von der Sozialhilfe sind gem. § 23 Abs. 2 SGB XII Leistungsberechtigte nach § 1 **AsylbLG**. Es handelt sich hierbei um Ausländer, die sich tatsächlich im Bundesgebiet aufhalten und die
- eine Aufenthaltsgestattung nach dem AsylVfG besitzen,
- über einen Flughafen einreisen wollen und denen die Einreise nicht oder noch nicht gestattet ist,
- wegen des Krieges in ihrem Heimatland eine Aufenthaltserlaubnis nach § 23 Abs. 1 AufenthG oder § 24 AufenthG oder die eine Aufenthaltserlaubnis nach § 25 Abs. 4 Satz 1, Abs. 4a, Abs. 4b oder Abs. 5 AufenthG besitzen,
- eine Duldung nach § 60a AufenthG besitzen,
- vollziehbar ausreisepflichtig sind, auch wenn eine Abschiebungsandrohung noch nicht oder nicht mehr vollziehbar ist,
- Ehegatten, Lebenspartner oder minderjährige Kinder der in § 1 Abs. 1 Nr. 1 bis 5 AsylbLG genannten Personen sind, ohne dass sie selbst die dort genannten Voraussetzungen erfüllen, oder
- einen Folgeantrag nach § 71 AsylVfG oder einen Zweitantrag nach § 71a AsylVfG stellen.

Gemäß § 3 AsylVfG sind die **Leistungssätze** erheblich – nach hier vertretener Auffassung **verfassungswidrig**[2] – **niedriger** als die des SGB XII. Gemäß § 1a AsylbLG können diese Sätze in bestimmten Fällen noch gekürzt werden. Leistungen **analog SGB XII** erhalten die vom AsylbLG erfassten Personen erst dann, wenn sie über eine Dauer von insgesamt 48 Monaten Leistungen nach § 3 AsylbLG erhalten haben und die Dauer des Aufenthalts nicht rechtsmissbräuchlich selbst beeinflusst haben. **Krankenhilfe** wird nur reduziert gewährt (§ 4 AsylbLG).

Der Anspruch auf Hilfe nach dem SGB ist ferner **ausgeschlossen**, wenn der Ausländer sich in das Bundesgebiet begeben hat, um Sozialhilfe zu erlangen (§ 23 Abs. 3 Satz 1 SGB XII). Dies kann jedoch i.d.R. nicht bei dem Ausländer angenommen

---

1 BSG v. 19.10.2010 – B 14 AS 23/10 R; LSG Hessen v. 14.7.2011 – L 7 AS 107/11 B-ER; beide in www.asyl.net<Rechtsgebiete<Sozialrecht; dort eine Fülle von weiteren Gerichtentscheidungen, auch zum einstweiligen Rechtsschutz.
2 LSG NW v. 26.7.2010 – L 20 AY 13/09, Vorlage an das Bundesverfassungsgericht.

werden, der erstrangig zur Schutzfindung eingereist ist, auch wenn er wusste oder hätte wissen müssen, dass er keine ausreichenden Mittel und Möglichkeiten hätte, ohne Hilfen zu überleben.

Grundsätzlich zu beachten ist, dass unabhängig von Leistungsberechtigung und Bedürftigkeit die Inanspruchnahme von Mitteln nach dem SGB II, X, XII jedoch ausländerrechtlich einen **Regelversagungsgrund** bei der Erteilung oder Verlängerung des Aufenthaltstitels darstellt (s. § 5 Abs. 1 Nr. 1 AufenthG).

### 4. Kindergeld für Ausländer

181  Gemäß § 1 Abs. 3 BKGG erhält ein **nicht freizügigkeitsberechtigter Ausländer** Kindergeld nur, wenn er
- eine Niederlassungserlaubnis besitzt,
- eine Aufenthaltserlaubnis besitzt, die zur Ausübung einer Erwerbstätigkeit berechtigt oder berechtigt hat, es sei denn, die Aufenthaltserlaubnis wurde
  - nach § 16 AufenthG oder § 17 AufenthG erteilt,
  - nach § 18 Abs. 2 AufenthG erteilt und die Zustimmung der Bundesagentur für Arbeit darf nach der Beschäftigungsverordnung nur für einen bestimmten Höchstzeitraum erteilt werden,
  - nach § 23 Abs. 1 AufenthG wegen eines Krieges in seinem Heimatland oder nach den §§ 23a, 24, 25 Abs. 3–5 AufenthG erteilt
- oder eine der oben genannten Aufenthaltserlaubnisse besitzt und
  - sich seit mindestens drei Jahren rechtmäßig, gestattet oder geduldet im Bundesgebiet aufhält und
  - im Bundesgebiet berechtigt erwerbstätig ist, laufende Geldleistungen nach dem Dritten Buch Sozialgesetzbuch bezieht oder Elternzeit in Anspruch nimmt.

Die Vorschrift des § 62 EStG ist gleichlautend.

**Freizügigkeitsberechtigte** Unionsbürger und ihre – auch drittstaatsangehörigen – Familienangehörigen haben wie deutsche Staatsangehörige einen Anspruch auf Kindergeld.

182  Angehörige der Vertragsstaaten des Vorläufigen Europäischen Abkommens über soziale Sicherheit unter Ausschluss der Systeme für den Fall des Alters, der Invalidität und zugunsten der Hinterbliebenen vom 11.12.1953 – BGBl. II 1956, 507 (**VEA**), die seit wenigstens sechs Monaten in Deutschland wohnen, haben nach dem VEA wie deutsche Staatsangehörige einen Anspruch auf Kindergeld unter den Voraussetzungen des § 62 Abs. 1 EStG[1]. Dies gilt insbesondere für **türkische Staatsangehörige**, selbst wenn sie lediglich **geduldet** sind oder ihr Aufenthalt nur **gestattet** (Asylbewerber) ist.

183  Unter den Voraussetzungen, nach denen Kindergeld gewährt wird, besteht auch die Möglichkeit, gem. § 6a BKGG **Kinderzuschlag** zu erhalten.

184  Der Bezug vom Kindergeld und Kinderzuschlag ist gem. § 2 Abs. 3 AufenthG ausländerrechtlich **unschädlich**.

---

1 BFH v. 17.6.2010 – III R 42/09.

## 5. Elterngeld für Ausländer

Auch das BEEG geht von dem gewöhnlichen Aufenthalt im Bundesgebiet aus, schränkt diesen Anspruch für Ausländer jedoch wie das BKGG und das EStG ein, wobei auch die Inhaber einer Aufenthaltserlaubnis gem. § 104a AufenthG vom Bezug von Elterngeld ausgeschlossen sein sollen. Der BFH hält diese Einschränkungen für verfassungswidrig[1]. **Freizügigkeitsberechtigte** Unionsbürger und ihre – auch drittstaatsangehörigen – Familienangehörigen haben wie deutsche Staatsangehörige einen Anspruch auf Elterngeld.

185

## 6. Berufsausbildungsförderung für Ausländer

Der Kreis der Leistungsberechtigten wird in § 8 BAföG beschrieben. Besonders hervorzuheben ist, dass gem. § 8 Abs. 2a BAföG unter bestimmten Umständen auch **Geduldete** einen Leistungsanspruch haben können.

186

Die Inanspruchnahme von BAföG-Leistungen ist **ausländerrechtlich unschädlich** i.S.d. § 2 Abs. 3 AufenthG.

# V. Feststellung und Erwerb der deutschen Staatsangehörigkeit

## 1. Staatsangehörigkeitsfeststellung

Ist die deutsche Staatsangehörigkeit einer Person zweifelhaft, so kann auf Antrag gem. § 30 Abs. 1 StAG das Bestehen oder Nichtbestehen der deutschen Staatsangehörigkeit mit Bindungswirkung festgestellt werden. Zuständig ist die örtlich zuständige Einbürgerungsbehörde. Bei Vorliegen eines öffentlichen Interesses kann die Feststellung auch von Amts wegen erfolgen.

187

Wird das Bestehen der deutschen Staatsangehörigkeit auf Antrag festgestellt, stellt die Behörde einen Staatsangehörigkeitsausweis aus; stellt sie das Nichtbestehen der deutschen Staatsangehörigkeit fest, erteilt sie eine Bescheinigung über das Nichtbestehen aus (Negativattest). Dies ergibt sich aus § 30 Abs. 3 StAG.

188

Als Rechtsmittel sind der Widerspruch – so in dem betreffenden Bundesland nicht abgeschafft – und die Klage gegeben.

189

## 2. Erwerb der deutschen Staatsangehörigkeit

Gemäß § 3 Abs. 1 StAG wird die Staatsangehörigkeit erworben
- durch Geburt (§ 4 StAG),
- durch Erklärung nach § 5 StAG (Erklärungsrecht für vor dem 1.7.1993 geborene Kinder),
- durch Annahme als Kind (§ 6 StAG),
- durch Ausstellung der Bescheinigung gem. § 15 Abs. 1 oder 2 des Bundesvertriebenengesetzes (§ 7 StAG),
- durch Überleitung als Deutscher ohne deutsche Staatsangehörigkeit i.S.d. Artikels 116 Abs. 1 des Grundgesetzes (§ 40a StAG),
- für einen Ausländer durch Einbürgerung (§§ 8 bis 16, 40b und 40c StAG).

190

Die Staatsangehörigkeit erwirbt auch, wer seit zwölf Jahren von deutschen Stellen als deutscher Staatsangehöriger behandelt worden ist und dies nicht zu vertreten hat (§ 3 Abs. 2 StAG).

---
1 BFH v. 30.9.2010 – B 10 EG 9/09 R.

## a) Geburt

191 Im Bundesgebiet geborene Kinder erwerben die deutsche Staatsangehörigkeit durch Geburt, wenn ein Elternteil deutsch ist (§ 4 Abs. 1 StAG). Weitere Staatsangehörigkeiten richten sich nach dem Recht des Heimatlandes des ausländischen Elternteils.

192 Gemäß § 4 Abs. 3 StAG erwirbt ein **Kind ausländischer Eltern** durch die Geburt im Inland die deutsche Staatsangehörigkeit, wenn ein Elternteil
- seit acht Jahren rechtmäßig seinen gewöhnlichen Aufenthalt im Inland hat und
- ein unbefristetes Aufenthaltsrecht oder als Staatsangehöriger der Schweiz oder dessen Familienangehöriger eine Aufenthaltserlaubnis auf Grund des Abkommens vom 21.6.1999 zwischen der Europäischen Gemeinschaft und ihren Mitgliedstaaten einerseits und der Schweizerischen Eidgenossenschaft andererseits über die Freizügigkeit (BGBl. 2001 II S. 810) besitzt.

Nach der – politisch sehr umstrittenen – **Optionslösung des § 29 StAG** muss das Kind allerdings nach Erreichen der Volljährigkeit entscheiden und den deutschen Behörden gegenüber erklären, ob es die deutsche Staatsangehörigkeit beibehalten möchte. In diesem Fall muss es sich von der ausländischen Staatsangehörigkeit bis zur Vollendung des 23. Lebensjahres getrennt haben.

## b) Einbürgerung

193 Der **Einbürgerungsantrag** wird auf einem **Formblatt** gestellt (allerdings kein Wirksamkeitserfordernis, aber ratsam) und mit den jeweils erforderlichen Dokumenten im Original oder in beglaubigter Form eingereicht. Regelmäßig werden benötigt die eigene Geburtsurkunde, ggf. Heiratsurkunde/n; Geburts-, Heirats- und ggf. Sterbeurkunden beider Eltern; Nachweise über die gesamte Schul- und Berufsausbildung; lückenloser Nachweis über die Beschäftigungszeiten der letzten zehn Jahre im Bundesgebiet; Nachweis über Renten- und Krankenversicherung; Zwischenzeugnis des derzeitigen Arbeitgebers und Entgeltsbescheinigung (bei Selbständigen: Nachweis über das steuerpflichtige Einkommen der letzten drei Jahre); Nachweis über Erlangung ausreichender deutschen Sprachkenntnisse; Nachweis über das Bestehen des Einbürgerungstests, Meldebescheinigung.

### aa) Anspruchseinbürgerung gem. §§ 10, 11, 12 StAG

194 Gemäß § 10 StAG besteht ein Einbürgerungsanspruch, wenn der Ausländer
- auf einem rechtmäßigen gewöhnlichen Aufenthalt von 8 Jahren zurück blicken kann
- sich zur freiheitlich demokratischen Grundordnung bekennt und eine Erklärung abgibt, dass er verfassungsfeindlichen Ziele nicht unterstützt bzw. sich von ihnen abgewandt hat
- über einen der in § 10 Abs. 1 Satz 1 Nr. 2 StAG genannten Aufenthaltstitel verfügt
- seinen Lebensunterhalt und den seiner Familie über Lebensunterhalt ohne Inanspruchnahme von Leistungen nach dem II. oder XII. Sozialgesetzbuch bestreiten kann oder die Inanspruchnahme nicht zu vertreten hat.
- seine bisherige Staatsangehörigkeit aufgibt oder verliert
- nicht wesentlich straffällig geworden ist
- über ausreichende Kenntnisse der deutschen Sprache und
- über Kenntnisse der Rechts- und Gesellschaftsordnung der Lebensverhältnisse in Deutschland verfügt

## V. Feststellung und Erwerb der deutschen Staatsangehörigkeit

und – als ungeschriebenes Tatbestandsmerkmal – die **Identität** des Einbürgerungsbewerbers ausreichend geklärt ist[1].

Bei der Bestimmung der Voraufenthaltszeit müssen sämtliche Aufenthaltsabschnitte sorgfältig bewertet werden. Für Zeiten vor dem 1.1.2005 ist § 101 AufenthG zu beachten.

So ist z.B. der Aufenthalt während der Durchführung eines **Asylverfahrens** nur dann anrechenbar, wenn das Asylverfahren auch zum Erfolg, d.h. zur Anerkennung als Asylberechtigter oder zu Zuerkennung der Flüchtlingseigenschaft geführt hat. **Duldungszeiten** sind in aller Regel nicht berücksichtigungsfähig. Besonderes Augenmerk ist bei türkischen Staatsangehörigen darauf zu nehmen, dass der Aufenthalt unter bestimmten Voraussetzungen kraft Unionsrecht erlaubt ist (vgl. Rz. 162).

Hat der Einbürgerungsbewerber die Inanspruchnahme von Leistungen nach SGB II oder SGB XII nicht zu vertreten, wird eingebürgert. Hierbei wird die Situation jugendlicher Bewerber, die sich in einer Schul- oder Berufsausbildung befinden, berücksichtigt.

Gemäß § 12 Abs. 1 StAG erfolgt die Anspruchseinbürgerung ausnahmsweise (Mehrstaatigkeit wird als „Übel" betrachtet) unter **Hinnahme der Mehrstaatigkeit** erfolgen, wenn
– der Heimatstaat die Entlassung nicht vorsieht,
– sie regelmäßig verweigert,
– der ausländische Staat die Ausbürgerung aus vom Bewerber nicht zu vertretenden Gründen versagt, von unzumutbaren Voraussetzungen abhängig macht oder über den vollständigen und formgerechten Antrag des Bewerbers nicht in angemessener Zeit entschieden hat,
– der Einbürgerung älterer Personen ausschließlich das Hindernis der entstehenden Mehrstaatigkeit entgegensteht, die Entlassung auf unverhältnismäßige Schwierigkeiten stößt und die Versagung der Einbürgerung eine besondere Härte darstellen würde,
– durch Aufgabe der ausländischen Staatsangehörigkeit erhebliche Nachteile insbesondere wirtschaftlicher oder vermögensrechtlicher Art entstehen würden,
– der Ausländer im Besitz eines Reiseausweises nach der GFK ist (Asylberechtigte und Flüchtlinge),
– der ausländische Staat die Entlassung von der Ableistung von Wehrdienst abhängig macht und der Ausländer seine Schulausbildung überwiegend im Bundesgebiet durchgeführt hat.

Gegebenenfalls muss der Einbürgerungsbewerber seine Entlassungsbemühungen nachweisen.

Immer unter Hinnahme von Mehrstaatigkeit erfolgt die Einbürgerung von Angehörigen eines Mitgliedsstaats der **EU** und der **Schweiz** (§ 12 Abs. 2 StAG).

Dem Grunde nach stehen die erleichterten Einbürgerungsmöglichkeiten der § 10 StAG nur dem Ausländer zu, der nicht wegen einer **Straftat** verurteilt worden ist (§ 10 Abs. 1 Nr. 5 StAG). Es bleiben aber **gem. § 12a StAG** Verurteilungen außer Betracht, die 90 Tagessätze oder eine nach Ablauf der Bewährungszeit erlassene Freiheitsstrafe zur Bewährung von drei Monaten nicht überschreiten. Hierbei werden mehrere Strafen werden zusammengezählt. Ebenso bleiben außer Betracht Verhängung von Erziehungsmaßregeln oder Zuchtmitteln nach dem JGG. Bei Maßregeln

---

[1] BVerwG v. 1.9.2011 – 5 C 27.10.

der Besserung und Sicherung nach § 61 Nr. 5 oder 6 StGB wird im Einzelfall entschieden.

199 Ausreichende Kenntnisse der deutschen Sprache werden i.d.R. mit dem bestandenen **Deutsch-Test für Zuwanderer**, Gesamtniveau B 1, Kenntnisse der Rechts- und Gesellschaftsordnung und Lebensverhältnisse in der Bundesrepublik Deutschland mit dem bestandenen **Einbürgerungstest** nachgewiesen. Die erfolgreiche Teilnahme an einem **Integrationskurs** weist ebenfalls die erforderlichen Kenntnisse nach und führt sogar zu einer Verkürzung der Wartezeit auf sieben Jahre. Ausnahmen regelt § 10 Abs. 6 StAG.

200 **Ausgeschlossen** ist die Einbürgerung gem. § 11 StAG, wenn tatsächliche Anhaltspunkte für verfassungsfeindliche Bestrebungen bestehen oder ein Ausweisungsgrund nach § 54 Nr. 5 oder 5a AufenthG vorliegt.

201 § 10 Abs. 2 StAG eröffnet **Ehegatten und Kindern** eine Einbürgerungsmöglichkeit auch bei kürzeren Wartezeiten als die in § 10 StAG genannten acht Jahre, wenn die Einbürgerung mit ihrem Ehegatten bzw. Vater erfolgt, der in seiner Person alle Voraussetzungen des § 10 StAG erfüllt („**Miteinbürgerung**").

**bb) Ermessenseinbürgerung**

202 Nach **§ 8 StAG** kann eine Einbürgerung nach **Ermessen** erfolgen. Zentrales Element der Ermessensabwägung ist das **öffentliche Interesse**. Allerdings hat der Einbürgerungsbewerber einen **Anspruch auf fehlerfreie Ermessensausübung**, namentlich auf Beachtung des Gleichheitsgrundsatzes.

Das Ermessen ist erst dann eröffnet, wenn die **Tatbestandsmerkmale** des § 8 StAG erfüllt sind:
- Geschäftsfähigkeit nach Maßgabe des § 80 Abs. 1 AufenthG oder gesetzliche Vertretung;
- keine Verurteilung zu einer Strafe wegen einer rechtswidrigen Tat und keine Anordnung einer Maßregel der Besserung und Sicherung auf Grund von Schuldunfähigkeit;
- eigene Wohnung oder ein Unterkommen
- Unterhalt für sich und seine Angehörigen. Grundsätzlich wird vorausgesetzt, dass der **Unterhalt** für sich und seine Angehörigen **aus eigenen Mitteln** aufgebracht wird. Bei Verheirateten ist ausreichend, wenn die Ehepartner gemeinsam in der Lage zur Unterhaltssicherung sind; befindet sich der Einbürgerungsbewerber noch in der Ausbildung, reichen hinreichend gesicherte Unterhaltsansprüche für die Dauer der Ausbildung gegen Privatpersonen aus, wenn zu erwarten ist, dass nach Beendigung der Ausbildung der Unterhalt von dem Bewerber selbst gesichert ist.

203 Die **Einbürgerungsbehörden** haben ein **weites Ermessen**. Die Ermessensgesichtspunkte orientieren sich im Wesentlichen an den in § 10 StAG genannten Voraussetzungen; bestimmte Aufenthaltszeiten und ausreichende Kenntnisse der deutschen Sprache können verlangt werden. Mehrstaatigkeit wird auch bei der Ermessenseinbürgerung als „Übel" betrachtet, kann aber – ähnlich wie bei § 12 StAG – unter bestimmten Voraussetzungen hingenommen werden. Im Einzelnen sind zahlreiche Fallkonstellationen zu unterscheiden. Die Länder haben meist eigene Erlasse, ferner gibt es Anwendungshinweise des Bundesministeriums des Innern.

204 Die **Ausschlussgründe** des § 11 StAG gelten auch für die Ermessenseinbürgerung.

#### cc) Ehegatten und Lebenspartner Deutscher, § 9 StAG

Nach § 9 StAG sollen ausländische Ehegatten und Lebenspartner von Deutschen eingebürgert werden, wenn die Tatbestandsvoraussetzungen des § 8 StAG gegeben sind, die Aufgabe oder der Verlust der bisherigen Staatsangehörigkeit, die Gewähr für die Einordnung in die deutschen Lebensverhältnisse und Sprachkenntnisse werden jedoch verlangt. Als Aufenthaltsdauer bei einem deutsch-verheirateten Einbürgerungsbewerber wird daher nach drei Jahren Aufenthalt im Bundesgebiet, davon zwei Jahren Ehezeit, eine ausreichende Einordnungsdauer angenommen.

Unter den genannten Voraussetzungen kann der ausländische Ehegatte auch noch
– dem Tode des deutschen Ehepartners; oder
– der Rechtskraft eines die Ehe auflösenden Urteils, sofern dem Einbürgerungsbewerber die Sorge für die Person eines aus der Ehe stammenden Kindes zusteht, das die deutsche Staatsangehörigkeit bereits besitzt,

eingebürgert werden, wenn der Einbürgerungsantrag innerhalb eines Jahres nach den Tod des Ehegatten bzw. der Rechtskraft des Scheidungsurteils gestellt wird (§ 9 Abs. 2 StAG).

Die **Ausschlussgründe** des § 11 StAG gelten auch für die Einbürgerung gem. § 9 StAG.

– Bei Vorliegen der genannten Voraussetzungen besteht ein Anspruch auf Einbürgerung. Lediglich in **atypischen Ausnahmefällen** darf die Behörde die Einbürgerung in Ausübung ihres Restermessens verweigern. Ein derartiger Ausnahmefall wird z.B. dann angenommen, wenn die Ehe nicht zur Führung einer ehelichen Lebensgemeinschaft, sondern um ausländerrechtliche und einbürgerungsrechtliche Vorteile zu erlangen.

### c) Verlust der deutschen Staatsangehörigkeit

Die Staatsangehörigkeit geht gem. § 17 StAG verloren
– durch Entlassung (§§ 18–24 StAG),
– durch den Erwerb einer ausländischen Staatsangehörigkeit (§ 25 StAG),
– durch Verzicht (§ 26 StAG),
– durch Annahme als Kind durch einen Ausländer (§ 27 StAG),
– durch Eintritt in die Streitkräfte oder einen vergleichbaren bewaffneten Verband eines ausländischen Staates (§ 28 StAG),
– durch Erklärung (§ 29 StAG) oder
– durch Rücknahme eines rechtswidrigen Verwaltungsaktes (§ 35 StAG).

Besonderer Aufmerksamkeit bedürfen dabei jene, die ihre Staatsangehörigkeit von einer Person ableiten, die ihre deutsche Staatsangehörigkeit verliert. Gemäß § 17 Abs. 2 StAG berührt der Verlust durch Rücknahme eines rechtswidrigen Verwaltungsakts nicht die kraft Gesetzes erworbene deutsche Staatsangehörigkeit Dritter, sofern diese das fünfte Lebensjahr vollendet haben; Hauptanwendungsfall dürfte die **Geburt eines Kindes** nach Erwerb der später zurückgenommenen Einbürgerung sein.

# B. Asylrecht

| | Rz. |
|---|---|
| **I. Allgemeine Bestimmungen** | |
| 1. Personaler Geltungsbereich | 1 |
| 2. Zuständigkeit des Bundesamtes für Migration und Flüchtlinge | |
|    a) Aufgaben des Bundesamtes | 2 |
|    b) Handlungsalternativen des Bundesamtes | 3 |
|       aa) Ablehnende Entscheidung des Bundesamtes | 4 |
|       bb) Bejahende Entscheidung des Bundesamtes | 5 |
| 3. Hoher Flüchtlingskommissar der Vereinten Nationen, § 9 AsylVfG | 6 |
| 4. Zustellungsvorschriften, § 10 AsylVfG | |
|    a) Formelle Mitwirkungspflicht des Asylbewerbers | 7 |
|    b) Belehrung des Asylbewerbers | 8 |
|    c) Regelung des § 10 Abs. 4 AsylVfG (Zustellung in sog. Erstaufnahmeeinrichtungen) | 16 |
|    d) Zustellung in sog. Gemeinschaftsunterkünften (GU) nach § 53 AsylVfG | 17 |
|    e) Öffentliche Zustellung nach § 10 Abs. 1 Nr. 1 VwZG | 18 |
| 5. Ausschluss des Widerspruchsverfahrens, § 11 AsylVfG | 20 |
| 6. Handlungsfähigkeit Minderjähriger, § 12 AsylVfG | 21 |
| 7. Vorübergehende Aussetzung von Entscheidungen, § 11a AsylVfG | 22 |
| 8. Aufenthaltsgewährung zum vorübergehenden Schutz, § 24 AufenthG | 23 |
| 9. Aufnahme aus dem Ausland, § 22 AufenthG | 24 |
| **II. Zugang zum Asylverfahren** | |
| 1. Asylbegehren an der Grenze, § 18 AsylVfG | 25 |
|    a) Kein inhaltliches Prüfungsrecht der Grenzbehörden | 26 |
|    b) Einreiseverweigerung durch Grenzbehörden | 28 |
|    c) Rechtsprechung des BVerfG | 30 |
|    d) Zurückschiebung des Ausländers | 32 |
|    e) Dublin II Verordnung | 33 |
| 2. Asylantrag bei Einreise auf dem Luftweg, § 18a AsylVfG | |
|    a) Grundsätzliches zum Flughafenverfahren | 34 |
|    b) Einreise aus einem sicheren Drittstaat | 35 |
|    c) Gelegenheit zur Stellung eines Asylantrages | 36 |
|    d) Einreisegestattung nach § 18a Abs. 6 AsylVfG | 38 |
|    e) Einreiseverweigerung nach § 18a Abs. 3 AsylVfG | 40 |
|    f) Rechtsprechung des BVerfG | 41 |
|    g) Vollziehung der Einreiseverweigerung | 42 |
|    h) Folgeantrag im Flughafenverfahren | 43 |
|    i) Maximale Dauer der Unterbringung auf dem Flughafen | 44 |
| 3. Asylnachsuchen bei der Ausländerbehörde oder bei der Polizei, § 19 AsylVfG | 45 |
| 4. Verweis auf das Folgeverfahren bei Verstoß gegen die Mitwirkungspflicht nach Stellung eines ersten Asylgesuchs | 47 |
| **III. Verfahren beim Bundesamt** | |
| 1. Asylantragstellung, § 14 AsylVfG | 48 |
| 2. Familieneinheit, § 14a AsylVfG | 49 |
| 3. Definition des Asylantrages, § 13 AsylVfG | 53 |
| 4. Aufenthaltsgestattung, § 55 AsylVfG | 56 |
| 5. Wohnsitznahme in einer Aufnahmeeinrichtung, § 47 AsylVfG | 59 |
| 6. Pflichten des Bundesamtes, § 24 AsylVfG | 60 |
| 7. Mitwirkungspflichten des Asylbewerbers während des Verfahrens, §§ 15 und 25 AsylVfG | 61 |
|    a) Mitwirkung bei Aufklärung des Sachverhalts | 62 |
|    b) Anhörung vor dem Bundesamt | 64 |
|    c) Konsequenz der Verletzung der Mitwirkungspflicht | 65 |
|    d) Mitwirkungspflichten im Abschiebungshaftverfahren | 66 |
| 8. Folgeantrag nach § 71 AsylVfG | |
|    a) Grundsätzliches | 67 |
|    b) Stellung eines Folgeantrages, § 71 Abs. 2 AsylVfG | 69 |
|    c) Folgeantrag als Abschiebungshindernis | 70 |
|    d) Entscheidung des Bundesamtes | |
|       aa) Voraussetzungen des § 51 Abs. 1–3 VwVfG gegeben | 71 |
|       bb) Voraussetzungen des § 51 Abs. 1–3 VwVfG nicht gegeben | 72 |
|       cc) Rechtsschutz | 74 |
|       dd) Entscheidung des Verwaltungsgerichts | 77 |
|       ee) Durchentscheiden in der Hauptsache | 79 |

## B. Asylrecht

|  | Rz. |
|---|---|
| ff) Folgeschutzgesuch | 80 |
| gg) Verhältnis zur Abschiebungshaft | 81 |
| 9. Unterbringung und Verteilung, §§ 44–54 AsylVfG | 82 |
| **IV. Entscheidung des Bundesamtes über einen Asylantrag** | **83** |
| 1. Asylantrag ist begründet | 84 |
| 2. Asylantrag ist (einfach) unbegründet | |
| a) Entscheidung über Art. 16a Abs. 1 GG und § 60 Abs. 1 AufenthG | 86 |
| b) Entscheidung über Abschiebungsverbote nach § 60 Abs. 2 bis Abs. 7 AufenthG | 87 |
| c) Abschiebungsandrohung nach § 59 AufenthG | 88 |
| 3. Asylantrag ist offensichtlich unbegründet, § 30 AsylVfG | |
| a) Kriterien für Ablehnung als offensichtlich unbegründet | 91 |
| b) Asylbewerber aus einem sicheren Herkunftsstaat | |
| aa) Regelung in Art. 16a Abs. 3 GG, § 29a AsylVfG | 94 |
| bb) Asylantrag offensichtlich unbegründet | 95 |
| cc) Rechtsprechung des BVerfG | 96 |
| c) Eilentscheidung des Verwaltungsgerichts | 98 |
| d) Aussetzung der Abschiebung durch das Verwaltungsgericht | 99 |
| e) Inhaltliche Anforderungen an Entscheidung des Verwaltungsgerichts | 102 |
| f) Teilweise Aussetzung der Abschiebung durch das Verwaltungsgericht | 106 |
| 4. Asylantrag ist unbeachtlich nach § 28 AsylVfG oder unzulässig nach § 27a AsylVfG | |
| a) Asylantrag ist unbeachtlich – Offensichtliche Sicherheit in einem sonstigen Drittstaat | 109 |
| b) Asylantrag ist unzulässig – Dublin II Verordnung | 111 |
| 5. Entscheidung des Bundesamtes bei Einreise aus sicherem Drittstaat | 113 |
| a) Grundsätzliche Regelung | 114 |
| aa) Abschiebungsanordnung | 115 |
| bb) Rechtsschutzmöglichkeit | 116 |
| b) Reichweite des Art. 16a Abs. 2 GG | 117 |
| c) Regelungskonzept des Art. 16a Abs. 2 GG | 118 |
| d) Einreise aus irgendeinem sicheren Drittstaat | 121 |

|  | Rz. |
|---|---|
| 6. Entscheidung des Bundesamtes bei anderweitiger Sicherheit vor Verfolgung gem. § 27 AsylVfG | 125 |
| a) Widerlegbare Vermutungsregel in § 27 AsylVfG | 126 |
| b) Asylanerkennungsausschlussgrund | 127 |
| c) Inhaltliche Anforderungen | 128 |
| 7. Dublin II Verordnung, Art. 16a Abs. 5 GG und Zweitantrag nach § 71a AsylVfG | |
| a) Dublin II Verordnung | 130 |
| b) Regelung in Art. 16a Abs. 5 GG | 131 |
| c) Zweitantrag nach § 71a AsylVfG | 132 |
| d) Unzulässiger Asylantrag nach § 27a AsylVfG | 135 |
| 8. Fiktion der Rücknahme des Asylantrags bzw. der Asylklage bei Nichtbetreiben des Asylverfahrens, § 33 AsylVfG | 136 |
| a) Voraussetzungen für Betreibensaufforderung | 137 |
| aa) Förmliche Zustellung | 140 |
| bb) Verbindung der Aufforderung zur Stellungnahme nach § 25 Abs. 5 AsylVfG mit einer Betreibensaufforderung | 141 |
| b) Substanziierte Erwiderung | 142 |
| c) Rechtsschutz | 143 |
| 9. Entscheidung des Bundesamtes über Abschiebungsverbote nach § 60 Abs. 2 bis Abs. 7 AufenthG | 145 |
| a) Die einzelnen Abschiebungsverbote | |
| aa) § 60 Abs. 2 AufenthG | 146 |
| bb) § 60 Abs. 3 AufenthG | 147 |
| cc) § 60 Abs. 5 AufenthG | 148 |
| dd) § 60 Abs. 7 Satz 1 AufenthG und § 60 Abs. 7 Satz 2 AufenthG | 149 |
| ee) § 60 Abs. 7 Satz 1 AufenthG und § 60a Abs. 2 AufenthG | 154 |
| b) Bindung der Ausländerbehörde nach § 42 AsylVfG | 159 |
| c) Anspruch auf Wiederaufgreifen des Verfahrens | 160 |
| d) Abschiebung | 161 |
| e) Duldung, § 60a AufenthG | 162 |
| f) Abschiebungsandrohung, § 59 AufenthG | 164 |
| g) Ausreiseaufforderung | 167 |
| 10. Entscheidung des Bundesamtes über Familienasyl und Familienflüchtlingsschutz nach § 26 AsylVfG | 168 |

| | Rz. | | Rz. |
|---|---|---|---|
| a) Familienasyl bzw. Familienflüchtlingsschutz für den Ehegatten | 169 | a) Ablehnung des Asylantrags als (einfach) unbegründet | 178 |
| b) Familienasyl bzw. Familienflüchtlingsschutz für minderjährige, ledige Kinder | 170 | b) Ablehnung des Asylantrags als offensichtlich unbegründet oder unbeachtlich | 179 |
| 11. Erlöschen der Anerkennung als Asylberechtigter oder der Feststellung der Voraussetzungen des § 60 Abs. 1 AufenthG | 173 | c) Besetzung des Gerichts | 180 |
| | | d) Örtliche Zuständigkeit | 181 |
| | | e) Entscheidung des Gerichts | 182 |
| | | f) Zulassung der Berufung | 183 |
| 12. Widerruf und Rücknahme nach § 73 AsylVfG | 174 | g) Gerichtskosten und Gegenstandswert | 184 |
| V. Gerichtliches Verfahren | | 2. Ausschluss der Beschwerde nach § 80 AsylVfG | 185 |
| 1. Klageverfahren vor dem Verwaltungsgericht | | | |

**Literatur:**

**Aufsätze und Kommentare:**

von *Arnauld*, Konventionsrechtliche Grenzen der EU-Asylpolitik – Neujustierungen durch das Urteil des EGMR im Fall M.S.S. /. Belgien und Griechenland, EuGRZ 2011, 238; *Bank*, Die Beendigung der Flüchtlingseigenschaft nach der „Wegfall-der-Umstände" Klausel, NVwZ 2011, 401; *Bank*, Das Elgafaji-Urteil des EuGH und seine Bedeutung für den Schutz von Personen, die vor bewaffneten Konflikten fliehen, NVwZ 2009, 695; *Barwig/Brinkmann/Huber/Lörcher/Schumacher*, Asyl nach der Änderung des Grundgesetzes, 1. Aufl. 1994; *Bell*, Zu Negativentscheidung und Ermessen bei Asylwiderruf, ZAR 2008, 350; *Bethäuser*, Die Rechtsprechung des BVerwG in den Jahren 1989 und 1990 zur Frage der anderweitigen Sicherheit vor politischer Verfolgung, DÖV 1991, 20; *Bethäuser*, Zum Verhältnis zwischen § 54 und § 53 Abs. 4 und § 53 Abs. 6 Satz 1 AuslG sowie zur Klage auf einen generellen Abschiebungsstopp, ZAR 1996, 12; *Bank/Kalkmann*, Die UNHCR-Studie zur Umsetzung der Qualifikationsrichtlinie, Asylmagazin 1–2/2008, 14; *Böhmer*, Die Entscheidungen des BVerfG zum geltenden Asylrecht, JuS 1997, 23; *Christ*, Gelten die Menschenrechte nicht mehr für Menschen aus sog. Bürgerkriegsgebieten?, InfAuslR 1996, 377; *Dahm*, Beweisanträge im Asylprozess, ZAR 2002, 227; *Dolk*, Bedeutung der Grundsatzentscheidung des EGMR vom 21.1.2011 – Dublin-Verfahren – für Deutschland, Asylmagazin 5/2011, 148; *Dolk*, Das Dublin-Verfahren in Deutschland, Beilage zum Asylmagazin 1–2/2008, 16; *Eckertz-Höfer*, Neuere Entwicklungen in Gesetzgebung und Rechtsprechung zum Schutz des Privatlebens, ZAR 2008, 41; *Fritz/Vormeier*, Gemeinschaftskommentar zum Asylverfahrensgesetz, Loseblattwerk; *Fritz/Vormeier*, Gemeinschaftskommentar zum Aufenthaltsgesetz, Loseblattwerk; *Frowein/Zimmermann*, Die Asylrechtsreform des Jahres 1993 und das BVerfG, JZ 1996, 753; *Funke-Kaiser*, Europarecht im deutschen Verwaltungsprozess: Asyl- und Flüchtlingsrecht, VBlBW 2002, 409 und 457; *Funke-Kaiser*, Der Prognosemaßstab des Art. 15c Qualifikationsrichtlinie und die allgemeine Gefahr, InfAuslR 2008, 90; *Geiger*, Sonderprozessrecht in Asylstreitigkeiten, BayVBl. 2003, 673; *Gerson*, Drittstaatenklausel und Familienasyl, InfAuslR 1997, 253; *Göbel-Zimmermann/Masuch*, Das Asylrecht im Spiegel der Entscheidungen des BVerfG, InfAuslR 1996, 404; *Gregarek/Stollmann*, Die neuere Rechtsprechung zur Zustellung im Verwaltungsrecht, BayVBl. 1997, 486; *Hailbronner*, Ausländerrecht, Loseblattwerk; *Hailbronner*, Das Asylrecht nach den Entscheidungen des BVerfG, NVwZ 1996, 625; *Hailbronner*, Die Qualifikationsrichtlinie und ihre Umsetzung im deutschen Ausländerrecht, ZAR 2008, 209 und ZAR 2008, 265; *Hailbronner*, Art. 3 EMRK – ein neues europäisches Konzept der Schutzgewährung?, DÖV 1999, 617; *Hailbronner/Thiery*, Schengen II und Dublin – Der zuständige Asylstaat in Europa, ZAR 1997, 55; *Hänlein*, Prozessuale Probleme der Verfassungsbeschwerde, AnwBl. 1995, 57 und 1995, 116; *Henkel*, Das neue Asylrecht, NJW 1993, 2705; *Hoffmann*, Familieneinheitliche Ablehnungen – zu den Auswirkungen von § 14a AsylVfG, Asylmagazin 1–2/2006, 5; *Hoffmann/Kohler*, Zum „Wiederaufgreifen" von Verfahren, Asylmagazin 7–8/2000, 20; *Hoppe*, Aktuelle Rechtsprechung zum Asyl- und Flüchtlingsrecht, ZAR 2010, 164; *Hoppe*, Aktuelle Rechtsprechung zum Asyl- und Flüchtlingsrecht, ZAR 2011, 214; *Hruschka*, Die Dublin II Verordnung, Beilage zum Asylmagazin 1–2/2008, 1; *Hruschka/Lindner*, Der internationale Schutz nach Art. 15b und c Qualifikationsrichtlinie im Lichte der Maßstäbe von Art. 3 EMRK und § 60(7) AufenthG, NVwZ 2007, 645; *Hruschka/Löhr*, Das Konventionsmerkmal „Zugehörigkeit zu einer bestimmten sozialen Gruppe" und seine Anwendung in Deutschland, NVwZ 2009, 205; *Hruschka/Löhr*, Der Prognosemaßstab für die Prüfung der Flüchtlingseigenschaft nach der Qualifikationsrichtlinie, ZAR 2007, 180; *Huber*, Das Gesetz zur Umsetzung aufenthalts- und asylrechtlicher Richtlinien der Europäischen Union, NVwZ 2007, 977; *Huber*, Das Asylrecht nach der Grundgesetzänderung, NVwZ 1993, 736; *Huber*, Das Schengener Durchführungsübereinkommen und seine Auswirkungen auf das Ausländer- und Asylrecht, NVwZ 1996, 1069; *Huber*, Das Dubliner Übereinkommen, NVwZ 1998, 150; *Huber*, Die Änderungen des Ausländer- und Asylrechts durch das Terrorismusbekämpfungsgesetz, NVwZ 2002, 787; *Kalkmann*, Die wichtigsten flüchtlingsrechtlichen Neuerungen im Zuwanderungsgesetz, Asylmagazin 9/2007, 4; *Jobs*, Verfassungsrechtliche Anforderungen an verwaltungsgerichtliche Asylentscheidungen ZAR 2002, 219; *Kälin*, Das Urteil des Deutschen BVerfG vom 14.5.1996 über die Drittstaatenregelung, Asyl 1996, 73; *Kälin*, Nichtstaatliche Verfolgung und staatliche Schutzunfähigkeit, Asyl 2001, 3; *Kloesel/Christ/Häußer*, Deutsches Ausländerrecht, Losblattwerk; *Kiefer*, Anspruch auf Familienasyl trotz anderweitiger Sicherheit vor Verfolgung, ZAR 2006, 384; *Klug*, Flüchtlingsrechtliche Relevanz der „nichtstaatlichen" Verfolgung in Bürgerkriegen – die Rechtsprechung des BVerwG im Vergleich zur Praxis anderer europäischer Staaten, NVwZ-Beilage 2001, 65; *König*, Der Streit um die Anwendbarkeit des § 80 AsylVfG, NVwZ 2000, 268; *Kraft*, Neuere Rechtsprechung des BVerwG zum Ausländer- und Asylrecht, ZAR 2009, 41; *Lang*, Dublin II in der Praxis, Beilage zum Asylmagazin 1–2/2008, 22; *Lehmann*, Das Konzept der inl. Fluchtalternative in der deutschen Rechtsprechung und deren Verhältnis zu Art. 8 der Qualifikationsrichtlinie, NVwZ 2007, 508; *Lehmann*, Mitwirkungspflicht und Ermittlungstiefe; was können die Tatsachengerichte dem Flüchtling abverlangen, was verlangt das BVerfG den Tatsachengerichten ab? ZAR 2011, 21; *Löper*, Das Dubliner Übereinkommen über die Zuständigkeit für Asylverfahren, ZAR 2000, 16; *Lübbe-Wolff*, Das Asylgrundrecht nach den Entscheidungen des BVerfG vom 14.5.1996, DVBl 1996, 825; *Maaßen/de Wyl*, Folgerungen aus dem Asylurteil des BVerfG vom 14.5.1996 zur Drittstaatenregelung, ZAR 1996, 258; *Markard*, Subsidiärer Schutz gegen allgemeine Kriegsgefahren, NVwZ 2008, 1206; *Marx*, Die Verdeutschung der EU-Richtlinien zum Aufenthalts- und Asylrecht, InfAuslR 2007, 413; *Marx*, Die Drittstaatenregelung des Art. 16a (2) GG nach dem Urteil des BVerfG vom 14.5.1996, InfAuslR 1997, 208; *Marx*, Die Genfer Flüchtlingskonvention wird fünfzig: Hat sie ausgedient?, AnwBl. 2001, 480; *Marx*, Menschenrechtlicher Abschiebungsschutz, InfAuslR 2000, 313; *Mohr*, Die Fortsetzung einer Grundrechtsdemontage, NJ 1996, 402; *Müller*, Asylklage bei einer Weiterflucht in einen Schengen-Staat, NVwZ 1997, 1084; *Müller*, Subsidiärer Schutz, Asylmagazin 5/2008, 4; *Müller*, Nachfluchtgründe und die Hürde des § 28 Abs. 2 AsylVfG, Asylmagazin 1–2/2011, 8; *Pfaff*, Das humanitäre Völkervertragsrecht, AnwBl. 2000, 490; *Reermann*, Verhinderung illegaler Einreise und Verantwortlichkeit für Asylbewerber und schutzbegehrende Drittstaatsangehörige nach dem Abkommen von Dublin, ZfSH/SGB 1998, 323; *Renner*, Asylverfahrensrichtlinie, ZAR 2004, 305; *Renner*, Der Asylkompromiss und seine Folgen, NVwZ 1994, 452; *Renner*, Asyl- und Ausländerrechtsreform 1993, ZAR 1993, 118; *Renner*, Asylrecht in Deutschland nach der Grundgesetzänderung, NJ 1994, 241; *Renner*, Ausländerrecht, 8. Aufl. 2005; *Renner*, Was ist vom deutschen Asylrecht geblieben?, ZAR 1996, 103; *Rennert*, Der Streitgegenstand im Asylprozess, DVBl 2001, 161; *Rennert*, Fragen der Verfassungsmäßigkeit des neuen Asylverfahrensrechts, DVBl 1994, 717; *Roeser*, Die Rechtsprechung des BVerfG zum Grundrecht auf Asyl und zum Ausländerrecht in den Jahren 2005 und 2006, EuGRZ 2007, 397; *Roeser/Hänlein*, Das Abänderungsverfahren nach § 80 Abs. 7 VwGO und der Grundsatz der Subsidiarität der Verfassungsbeschwerde, NVwZ 1995, 1082; *Rozek*, Abschied von der Verfassungsbeschwerde auf Raten? – Der 2. Senat des BVerfG, die Verfassungsbeschwerde und der individuelle Grundrechtsschutz, DVBl 1997, 517; *Scheder*, Einreise aus einem sicheren Drittstaat, NVwZ 1996, 557; *Schelter/Maaßen*, Das deutsche Asylrecht nach den Entscheidungen von Karlsruhe, ZRP 1996, 408; *Schenk*, Asylrecht und Asylverfahrensrecht, 1. Aufl. 1993; *Schenk*, Das neue Asylrecht – Zum Stand der Rechtsprechung in Schwerpunktbereichen, SächsVBl. 1995, 86; *Schenk*, Die Entwicklung des Asylrechts in der 50-jährigen Rechtsprechung des BVerfG, NVwZ 2002, 801; *Schulz*, Die Verwendung von Sachverständigengutachten als Urkunden und das Fragerecht der Beteiligten im Verwaltungsprozess, NVwZ 2000, 1367; *Senge* in Erbs/Kohlhaas, Strafrechtliche Nebengesetze, Losblattwerk; *Sperlich*, Ausländerrecht in der aktuellen Rechtsprechung des Bundesverfassungsgerichts ZAR 2002, 180; *Stumpe*, Behandlung des Antrags auf Einholung von weiteren Sachverständigengutachten und amtlichen Auskünften, VBlBW 1995, 172; *Tausch*, Die Umsetzung der europäischen Asylpolitik im deutschen Recht: Bilanz und Ausblick, NVwZ-Beilage 2002, 81; *Tomuschat*, Asylrecht in der Schieflage, EuGRZ 1996, 381; *Treiber*, Flüchtlingstraumatisierung im Schnittfeld zwischen Justiz und Medizin, ZAR 2002, 282; *Wittkopp*, Die Entscheidung des EuGH zum Erlöschen der Flüchtlingseigenschaft, ZAR 2010, 170; *Wolff*, Die Asylrechtsänderung in der verfassungsgerichtlichen Prüfung, DÖV 1996, 819; *Wolff*, Glaubwürdigkeitsbeurteilung bei traumatisierten Flüchtlingen, Asylmagazin 7–8/2002, 11; *Wolff*, Die Bedeutung der posttraumatischen Belastungsstörung für Aufenthalt und Rückkehr von Flüchtlingen, Asylmagazin 6/2002, 10; *Wollenschläger/Weickhardt/Renner*, EZAR-NF, Entscheidungssammlung zum Zuwanderungs-, Asyl- und Freizügigkeitsrecht; *Wollenschläger/Herler*, Das Asylrecht auf dem Prüfstand des BVerfG, JA 1997, 591; *Zühlcke*, Abschiebung ohne Ankündigung, ZAR 2007, 361.

**Zeitschriften:**
ANA-ZAR, Anwaltsnachrichten Ausländer- und Asylrecht; Asyl, Schweizerische Zeitschrift für Asylrecht und -praxis; Asylmagazin, Informationsverbund Asyl e.V.; AuAS, Schnelldienst Ausländer- und Asylrecht; InfAuslR, Informationsbrief Ausländerrecht; ZAR, Zeitschrift für Ausländerrecht und Asylpolitik

## I. Allgemeine Bestimmungen

### 1. Personaler Geltungsbereich

1   Das AsylVfG gilt für Ausländer, die in der Bundesrepublik Deutschland entweder Schutz vor politischer Verfolgung nach Art. 16a Abs. 1 GG oder Schutz vor Verfolgung nach dem Abkommen über die Rechtsstellung der Flüchtlinge (Genfer Flüchtlingskonvention) gem. § 60 Abs. 1 AufenthG beantragen.

### 2. Zuständigkeit des Bundesamtes für Migration und Flüchtlinge

#### a) Aufgaben des Bundesamtes

2   Das Bundesamt für Migration und Flüchtlinge in 90461 Nürnberg, Frankenstr. 210, entscheidet gem. §§ 31, 24 Abs. 2 AsylVfG über **das sog. große Asyl** des Art. 16a Abs. 1 GG und über **das kleine Asyl** gem. § 60 Abs. 1 AufenthG und ist nach Maßgabe des AsylVfG auch für ausländerrechtliche Maßnahmen und Entscheidungen, insbesondere für die Entscheidung über Abschiebungsverbote nach § 60 Abs. 2 bis Abs. 7 AufenthG, zuständig (§ 5 Abs. 1 AsylVfG).

#### b) Handlungsalternativen des Bundesamtes

3   Im Einzelnen hat das Bundesamt folgende Handlungsalternativen: Es kann dem **Asylantrag stattgeben**, ihn als (einfach) **unbegründet**, als **unbeachtlich**, als **offensichtlich unbegründet**, als **unzulässig** nach § 27a AsylVfG oder gem. § 26a AsylVfG i.V.m. § 31 Abs. 4 AsylVfG (Feststellung, dass dem Ausländer aufgrund seiner Einreise aus einem sicheren Drittstaat kein Asylrecht zusteht) **ablehnen.**

##### aa) Ablehnende Entscheidung des Bundesamtes

4   Wird der Ausländer nicht als Asylberechtigter anerkannt, wird ihm die Flüchtlingseigenschaft nicht zuerkannt und besitzt er keinen Aufenthaltstitel, erlässt das Bundesamt auch eine mit der Entscheidung über den Asylantrag verbundene **Abschie-**

I. Allgemeine Bestimmungen  Rz. 10 Teil **7 B**

bungsandrohung gem. § 34 AsylVfG, §§ 59, 60 Abs. 10 AufenthG. Die dem Ausländer in diesem Zusammenhang zu setzende **Ausreisefrist** ist unterschiedlich lang; wird der Asylantrag nur als (einfach) unbegründet abgelehnt, beträgt sie einen Monat (§ 38 Abs. 1 AsylVfG), ist der Asylantrag unbeachtlich oder offensichtlich unbegründet, wird lediglich eine Ausreisefrist von einer Woche eingeräumt (§ 36 Abs. 1 AsylVfG).

### bb) Bejahende Entscheidung des Bundesamtes

Wird der Asylbewerber anerkannt (großes oder kleines Asyl), **kann** gem. § 31 Abs. 3 Satz 2 AsylVfG von der Feststellung des Vorliegens von Abschiebungsverboten nach § 60 Abs. 2 bis Abs. 7 AufenthG abgesehen werden. Dies gilt auch, wenn der Asylantrag nach § 29 AsylVfG unbeachtlich ist.  5

Von den Feststellungen zu § 60 Abs. 2 bis Abs. 7 AufenthG **soll** abgesehen werden, wenn ein Ausländer nach § 26 AsylVfG – Familienasyl und Familienflüchtlingsschutz – als Asylberechtigter anerkannt oder wenn ihm die Flüchtlingseigenschaft zuerkannt wird.

### 3. Hoher Flüchtlingskommissar der Vereinten Nationen, § 9 AsylVfG

Nach § 9 Abs. 1 AsylVfG kann sich der Asylbewerber in jeder Situation seines Verfahrens an den Hohen Flüchtlingskommissar der Vereinten Nationen, Wallstr. 9–13, 10179 Berlin, wenden.  6

### 4. Zustellungsvorschriften, § 10 AsylVfG

#### a) Formelle Mitwirkungspflicht des Asylbewerbers

Während der Dauer des Asylverfahrens hat der **Ausländer** nach § 10 Abs. 1 AsylVfG dafür zu sorgen, dass ihn Mitteilungen des Bundesamtes, der Ausländerbehörde und der Gerichte **stets erreichen** können; insbesondere hat er den genannten Stellen jeden Wechsel seiner Anschrift unverzüglich anzuzeigen. Zustellungen und formlose Mitteilungen muss der Ausländer nach § 10 Abs. 2 AsylVfG unter der letzten Anschrift, die der jeweiligen Stelle auf Grund seines Asylantrages oder seiner Mitteilung bekannt ist, gegen sich gelten lassen.  7

#### b) Belehrung des Asylbewerbers

Auf all dies ist der Ausländer gem. § 10 Abs. 7 AsylVfG bei der Antragstellung **schriftlich und gegen Empfangsbestätigung** hinzuweisen.  8

Ursprünglich hat hier der Asylbewerber ein Formblatt mit dem vollständigen Wortlaut des § 10 Abs. 1, Abs. 2 AsylVfG ausgehändigt erhalten; erfolgte dann der Wechsel des Aufenthaltsorts – wie regelmäßig – auf behördliche Veranlassung und versäumte es der Asylbewerber, die Adressenänderung dem Bundesamt mitzuteilen, konnte ihn die Ladung zur Anhörung beim Bundesamt nach § 25 AsylVfG nicht erreichen und sein Asylverfahren wurde gem. § 33 AsylVfG wegen Nichtbetreiben des Verfahrens eingestellt (der Asylantrag gilt als zurückgenommen).  9

Fraglich war freilich stets, ob der Asylbewerber die ihm obliegenden Mitwirkungspflichten tatsächlich verletzt hat. Nach Auffassung des BVerfG[1] ist gegen die in  10

---

1 BVerfG-Kammer v. 10.3.1994 – 2 BvR 2371/93, InfAuslR 1994, 324 = DVBl 1994, 631 = NVwZ-Beilage 1994, 25; BVerfG-Kammer, AuAS 1994, 212; im Anschluss hieran VG Wiesbaden, InfAuslR 1995, 87; ebenso bereits VG Neustadt, InfAuslR 1993, 282; BVerfG-Kammer, BayVBl. 1996, 727; BVerfG-Kammer, InfAuslR 1997, 87.

§ 10 Abs. 1 AsylVfG normierte Verpflichtung des Asylbewerbers zur Angabe jeder Anschriftenänderung und deren Sanktionierung durch eine Zustellungsfiktion in § 10 Abs. 2 AsylVfG von Verfassungs wegen im Grundsatz nichts einzuwenden; die Regelung erweise sich als sachgerecht, geeignet und zumutbar. Allerdings sei der Nachteil, den der Asylbewerber infolge der Zustellungsfiktion erleiden kann, nur dann verfassungsrechtlich unbedenklich, wenn der Betroffene auf die gesetzliche Regelung hingewiesen wird. Dieser letztlich in dem alle staatlichen Organe verpflichtenden Gebot eines fairen Verfahrens wurzelnden rechtsstaatlichen Anforderung habe der Gesetzgeber mit der Vorschrift des § 10 Abs. 7 AsylVfG entsprochen.

11 Der Hinweis müsse freilich den Besonderheiten des Adressatenkreises Rechnung tragen. Es sei zu berücksichtigen, dass der Asylbewerber sich in einer ihm fremden Umgebung befindet, mit dem Ablauf des deutschen Asylverfahrens nicht vertraut und in aller Regel der deutschen Sprache nicht mächtig ist. Es ist demnach erforderlich, dass dem Asylbewerber durch eine erläuternde Belehrung mit der gebotenen Deutlichkeit vor Augen geführt wird, welche Obliegenheiten ihn im Einzelnen treffen und welche Folgen bei deren Nichtbeachtung entstehen können.

12 Der **Hinweis** kann sich deshalb zum einen nicht auf die Vorschriften des § 10 AsylVfG beschränken, sondern muss sich auf die hieraus folgenden **Konsequenzen** sowohl im behördlichen Verfahren als auch für die fristgerechte Erlangung gerichtlichen Rechtsschutzes erstrecken. Zum anderen reicht eine bloße Wiedergabe des Gesetzeswortlautes vor dem Hintergrund des Verständnishorizonts des Asylbewerbers nicht aus. Vielmehr bedarf es einer **verständlichen Umschreibung des Inhalts** der gesetzlichen Bestimmungen. Diesem Gebot wird in aller Regel schon durch die in der ganz überwiegenden Anzahl der Fälle erforderliche Übersetzung der Vorschriften in eine dem Asylbewerber geläufige Sprache genügt werden. Insoweit reicht es aus, dem Asylbewerber, sofern er des Lesens kundig ist, die erforderlichen Hinweise in schriftlicher Form zugänglich zu machen.

13 Des Weiteren darf bei der Bestimmung der gebotenen inhaltlichen Ausgestaltung des Hinweises nicht ohne Weiteres vorausgesetzt werden, dass der Asylbewerber mit dem deutschen Behördenaufbau in Asylsachen vertraut ist. Insbesondere zu Beginn des Aufenthalts in Deutschland wird es sich dem Asylbewerber nicht aufdrängen, dass er es in Gestalt der Ausländerbehörde und des Bundesamtes mit zwei getrennten Behörden zu tun hat. Deshalb bedarf es eines ausdrücklichen Hinweises, dass die Mitwirkungspflichten auch bei einem behördlich verfügten Umzug gelten[1].

14 ⊃ **Hinweis:** Wird gegen die Anforderungen des BVerfG in der Ausgestaltung des Hinweises gem. § 10 Abs. 7 AsylVfG verstoßen, dann ist der jeweilige Bescheid weder tatsächlich noch fiktiv zugestellt.

15 § 10 AsylVfG schließt die Anwendung des § 5 Abs. 1 Satz 3 VwZG nicht aus, d.h. das Datum der Zustellung muss auf dem Bescheid vermerkt sein[2].

### c) Regelung des § 10 Abs. 4 AsylVfG (Zustellung in sog. Erstaufnahmeeinrichtungen)

16 Nach § 10 Abs. 4 AsylVfG obliegt es den **Aufnahmeeinrichtungen**, Zustellungen und formlose Mitteilungen an die Asylbewerber vorzunehmen, die verpflichtet sind, in einer solchen Unterkunft zu wohnen. Es ist dann Aufgabe des Ausländers,

---

1 Siehe in diesem Zusammenhang auch BVerfG-Kammer v. 21.3.1994 – 2 BvR 211/94, NVwZ-Beilage 1994, 27, bei einem Wohnsitzwechsel aus rein privater Initiative; v. 8.7.1996 – 2 BvR 96/95, AuAS 1996, 196 = DVBl 1996, 1252 = NVwZ-Beilage 1996, 81.
2 VG Frankfurt, AuAS 1998, 240.

## I. Allgemeine Bestimmungen

sicherzustellen, dass ihm die ihn betreffende Post während der durch Aushang festgelegten Postausgabe- und Postverteilungszeiten ausgehändigt werden kann. Zustellungen und Mitteilungen, die dem Betroffenen nicht persönlich ausgehändigt worden sind, gelten mit dem dritten Tag nach der Übergabe an die Aufnahmeeinrichtung als bewirkt (§ 10 Abs. 4 Satz 4 Halbs. 2 AsylVfG).

§ 10 Abs. 4 Satz 4 Halbs. 2 AsylVfG verlangt nach einer Entscheidung des BVerfG[1] keine Information des Asylbewerbers über Postausgabe- und Postverteilungszeiten der Aufnahmeeinrichtung in dessen Sprache; gem. einem Beschluss des OVG Magdeburg[2] soll sogar jeder Tag – nicht nur ein Werktag – für die Zustellungsfiktion maßgeblich sein.

Das VG Oldenburg[3] hat entschieden, die Zustellungsfiktion nach § 10 Abs. 4 Satz 4 AsylVfG setze u.a. voraus, dass der Ausländer über die Zustellungsvorschriften des § 10 AsylVfG schriftlich und gegen Empfangsbekenntnis in einer ihm geläufigen Sprache belehrt wurde.

Nach § 10 Abs. 5 AsylVfG bleiben die Vorschriften über die Ersatzzustellung unberührt.

### d) Zustellung in sog. Gemeinschaftsunterkünften (GU) nach § 53 AsylVfG

Zum 1.7.2002 ist das Recht der Zustellung durch die Post mittels Zustellungsurkunde entscheidend geändert worden. Ein Postbediensteter, der an einen in einer GU wohnenden Asylbewerber zustellen will, muss diesen zunächst in seinem Zimmer aufsuchen; ist er nicht anwesend und ist in dem Zimmer auch keine Ersatzzustellung nach § 178 Abs. 1 Nr. 1 ZPO oder durch Einlegen in den Briefkasten nach § 180 ZPO möglich, kann der Weg der **Ersatzzustellung** in der GU nach § 178 Abs. 1 Nr. 3 ZPO an den Leiter oder dessen Vertreter beschritten werden[4]. § 10 Abs. 4 AsylVfG steht dem nicht entgegen, denn diese Norm ist lex specialis für Erstaufnahmeeinrichtungen nach § 44 AsylVfG, gilt aber nicht für Gemeinschaftsunterkünfte nach § 53 AsylVfG[5]. Nicht die GU als solche ist nämlich die Wohnung des Asylbewerbers, sondern nur sein Zimmer[6]. Somit ist zuerst der Versuch einer persönlichen Übergabe zu machen, bevor die Ersatzzustellung vorgenommen wird.

Die Ersatzzustellung an den Leiter einer GU ist nach Auffassung des VGH München auch dann wirksam, wenn dieser nicht selbst in der Unterkunft wohnt[7]. Eine Ersatzzustellung durch Niederlegung gem. § 181 ZPO darf nur noch erfolgen, wenn die Ersatzzustellung nach § 178 Abs. 1 Nr. 3 ZPO oder nach § 180 ZPO nicht möglich ist.

Die Mitteilung über die Zustellung durch Niederlegung gem. § 3 Abs. 2 VwZG, § 181 ZPO kann nach einer Entscheidung des VG Leipzig[8] dadurch erfolgen, dass

---

1 BVerfG-Kammer v. 8.2.2002 – 2 BvR 1809/01, DVBl 2002, 696 = NVwZ-Beilage 2002, 57.
2 OVG Magdeburg v. 13.9.2001 – 1 L 313/01, NVwZ-Beilage 2002, 59.
3 VG Oldenburg, Asylmagazin 3/2011, 86.
4 LG München I, InfAuslR 2005, 160; VG Dresden, AuAS 2003, 275; VG Hamburg v. 13.2.2001 – 10 VG A 12/99, Der Einzelentscheider Brief 1/2005; VGH München, InfAuslR 1999, 532 = AuAS 2000, 17 = NVwZ-Beilage 2000, 56; a.A. VGH Mannheim, AuAS 2006, 215, wonach es genügt, wenn der Asylbewerber lediglich in allgemein zugänglichen Teilen der GU nicht angetroffen wird.
5 VGH München, InfAuslR 1999, 532 = AuAS 2000, 17 = NVwZ-Beilage 2000, 56; VG Dresden, AuAS 2003, 275.
6 VG München, AuAS 2007, 105 = InfAuslR 2007, 263.
7 VGH München, BayVBl. 1997, 411 = AuAS 1997, 179; zur Unwirksamkeit einer Zustellung durch Niederlegungsbenachrichtigung im Gemeinschaftsbriefkasten siehe auch LG Neuruppin, NJW 1997, 2337.
8 VG Leipzig, SächsVBl. 1996, 122.

sie in den Hausbriefkasten der jeweiligen GU, in der der Asylbewerber wohnt, eingelegt wird. Eine ordnungsgemäße Ersatzzustellung liegt allerdings nicht vor, wenn lediglich ein Benachrichtigungszettel über die Niederlegung eines Schriftstücks in den gemeinschaftlichen Briefkasten einer GU geworfen wird, ohne dass zuvor der Versuch der persönlichen Zustellung gemacht wurde[1]. Auf der schriftlichen Mitteilung über die Niederlegung muss zwingend der Ort der Niederlegung vermerkt sein[2].

### e) Öffentliche Zustellung nach § 10 Abs. 1 Nr. 1 VwZG

18  Ist der Aufenthaltsort eines Empfängers unbekannt, kann grds. nach § 10 Abs. 1 Nr. 1 VwZG öffentlich zugestellt werden. Es sollen aber vor einer öffentlichen Zustellung weitere Nachforschungen angestellt werden, soweit der Verwaltungsaufwand im Verhältnis zur Bedeutung der Sache und zu den Erfolgsaussichten einer Nachforschung steht.

Freilich ist der Aufenthaltsort eines Zustellungsempfängers nicht schon dann unbekannt, wenn er der Behörde unbekannt ist; vielmehr sind gründliche und sachdienliche Bemühungen um Aufklärung erforderlich[3].

19  § 10 Abs. 2, Abs. 5 AsylVfG stehen einer Anordnung der öffentlichen Zustellung im Asylgerichtsverfahren nicht entgegen[4].

⊃ **Hinweis:** Nach der Rechtsprechung[5] scheidet die öffentliche Zustellung von Bescheiden des Bundesamtes regelmäßig aus, solange der Aufenthaltsort des Asylbewerbers durch Anfrage bei der zuständigen Ausländerbehörde ohne weiteres ermittelt werden kann.

### 5. Ausschluss des Widerspruchsverfahrens, § 11 AsylVfG

20  Ein Widerspruch findet gem. § 11 AsylVfG gegen Maßnahmen und Entscheidungen nach dem AsylVfG nicht statt.

### 6. Handlungsfähigkeit Minderjähriger, § 12 AsylVfG

21  Nach § 12 Abs. 1 AsylVfG ist auch ein Asylbewerber, der erst das 16. Lebensjahr vollendet hat, zur Vornahme von Verfahrenshandlungen nach dem AsylVfG fähig.

Nach der Rücknahme des Vorbehalts zur UN-Kinderrechtskonvention muss für über 16-jährige unbegleitete Minderjährige ein Ergänzungspfleger bestellt werden[6].

### 7. Vorübergehende Aussetzung von Entscheidungen, § 11a AsylVfG

22  Nach § 11a AsylVfG kann das Bundesministerium des Innern Entscheidungen des Bundesamtes zu bestimmten Herkunftsländern für die Dauer von sechs Monaten vorübergehend aussetzen, wenn die Beurteilung der asyl- und abschiebungsrelevanten Lage besonderer Aufklärung bedarf. Die Aussetzung kann verlängert werden.

---

1 VG Frankfurt, NVwZ-Beilage 1999, 31; grds. zur Zustellung in einem Asylbewerberheim siehe auch VG Gelsenkirchen, AuAS 2001, 237.
2 VG Stuttgart, InfAuslR 2001, 140.
3 OVG Hamburg, InfAuslR 2001, 136 = NVwZ-RR 2001, 270.
4 OVG Magdeburg v. 29.10.1996 – A 4 S 27/96, NVwZ-Beilage 1997, 43; OVG Weimar v. 14.12.2000 – 3 KO 1242/97, DVBl 2001, 1012.
5 VG Köln, InfAuslR 1994, 296; VG Meiningen, NVwZ-RR 1994, 59.
6 AG Gießen, InfAuslR 2010, 457.

## 8. Aufenthaltsgewährung zum vorübergehenden Schutz, § 24 AufenthG

Die Aufenthaltsgewährung zum vorübergehenden Schutz hat die nicht in die Verwaltungspraxis umgesetzte Regelung des § 32a AuslG (vorübergehender Schutz für Kriegs- und Bürgerkriegsflüchtlinge) abgelöst. 23

## 9. Aufnahme aus dem Ausland, § 22 AufenthG

Die Aufnahme aus dem Ausland aus völkerrechtlichen oder dringenden humanitären Gründen hat die Regelung für Kontingentflüchtlinge nach dem früheren HUMHAG (Gesetz über Maßnahmen für im Rahmen humanitärer Hilfsaktionen aufgenommene Flüchtlinge) abgelöst. 24

## II. Zugang zum Asylverfahren

### 1. Asylbegehren an der Grenze, § 18 AsylVfG

Sucht ein Ausländer gem. § 13 Abs. 3 AsylVfG bei der Grenzbehörde um Asyl nach, dann ist er gem. § 18 Abs. 1 AsylVfG unverzüglich an die **zuständige Aufnahmeeinrichtung** zur Meldung weiterzuleiten (§§ 22, 46 AsylVfG). Dem Ausländer wird also aufgegeben, sich auf direktem Weg und unverzüglich zu einer bestimmten Aufnahmeeinrichtung zu begeben. 25

#### a) Kein inhaltliches Prüfungsrecht der Grenzbehörden

Hierbei kommt den Grenzbehörden kein Prüfungsrecht oder gar eine Prüfungspflicht zu, ob Asylgründe bestehen; die Grenzbehörde hat nicht darüber zu befinden, ob ein Asylnachsuchen unschlüssig, unglaubwürdig oder sonst unbegründet ist[1]. 26

Bei der Bewertung der Angaben eines Asylbewerbers gegenüber der Grenzbehörde müssen deren gesetzlich beschränkte Aufgaben und Kompetenzen berücksichtigt werden; die Grenzbehörden sind zur Entgegennahme von Asylanträgen im formellen Sinn und deren Begründung nicht berufen[2].

Die Tatsache, dass sich ein Ausländer nicht im zeitlichen Zusammenhang mit seiner Einreise, sondern erst später als Asylsuchender zu erkennen gibt, rechtfertigt ohne Berücksichtigung weiterer Umstände des Einzelfalls keine Zweifel an dem von ihm behaupteten Verfolgungsschicksal[3].

Der Asylsuchende benötigt **zur Einreise** auch **keinen Sichtvermerk**, seine Einreise darf nicht als illegal gewertet werden[4]; die Zurückweisungs- bzw. Zurückschiebungsvorschriften der §§ 15, 57 AufenthG gelten insoweit nicht. 27

#### b) Einreiseverweigerung durch Grenzbehörden

Dem Ausländer ist allerdings die Einreise zu verweigern, wenn er **aus einem sicheren Drittstaat** gem. § 26a AsylVfG einreist (§ 18 Abs. 2 Nr. 1 AsylVfG), wenn Anhaltspunkte dafür vorliegen, dass ein **anderer Staat** aufgrund von Rechtsvorschriften der Europäischen Gemeinschaft oder eines völkerrechtlichen Vertrages für die 28

---
1 BVerfG-Kammer v. 25.8.1992 – 2 BvR 1433/92, NVwZ 1992, 973 = InfAuslR 1992, 324; VG Ansbach, InfAuslR 1990, 71; VG Ansbach v. 7.11.1989 – AN 14 E 89.38813, NVwZ 1990, 191.
2 VGH Kassel, InfAuslR 1994, 245.
3 BVerfG-Kammer v. 27.4.2004 – 2 BvR 2020/99, InfAuslR 2004, 406 = BayVBl. 2004, 594 = DVBl 2004, 1101.
4 BVerwG, NJW 1978, 507; BVerwG, NVwZ 1982, 251.

Durchführung des Asylverfahrens **zuständig** ist und ein Auf- oder Wiederaufnahmeverfahren eingeleitet wird (§ 18 Abs. 2 Nr. 2 AsylVfG) oder wenn er eine **Gefahr für die Allgemeinheit** gem. § 18 Abs. 2 Nr. 3 AsylVfG darstellt.

29 Von maßgeblicher Bedeutung in der Praxis ist § 18 Abs. 2 Nr. 1 AsylVfG. Danach ist es an der Landesgrenze – 95 % aller Flüchtlinge kommen auf dem Landweg nach Deutschland – unmöglich, einen Asylantrag zu stellen; die Einreiseverweigerung ist zwingend vorgeschrieben, da Deutschland nur von sicheren Drittstaaten i.S.d. § 26a AsylVfG umgeben ist und Art. 16a Abs. 2 GG jeden aus einem sicheren Drittstaat, d.h. aus einem Mitgliedstaat der Europäischen Gemeinschaft oder aus Norwegen oder der Schweiz einreisenden Ausländer vom Asylrecht gem. Art. 16a Abs. 1 GG ausnimmt.

### c) Rechtsprechung des BVerfG

30 Nach einer Entscheidung des BVerfG[1] sollte es näherer Prüfung bedürfen, ob Art. 16a Abs. 2 GG im Falle tatsächlich festgestellter fehlender Schutzbereitschaft des Drittstaates – im konkreten Fall waren irakische Flüchtlinge nicht unmittelbar aus dem Verfolgerstaat, sondern über ein weiteres Land, nämlich die Türkei, nach Griechenland als gem. Art. 16a Abs. 2 GG sicheren Drittstaat eingereist und hatten dann in der Bundesrepublik die Gefahr der sog. Kettenabschiebung in den Irak als Verfolgerland substanziiert behauptet – im Hinblick auf Art. 16a Abs. 1 GG eingeschränkt auszulegen ist.

31 In der Hauptsacheentscheidung hat das BVerfG[2] dann aber festgestellt, dass der Ausländer, der in den Drittstaat zurückgewiesen oder zurückverbracht werden soll, den Schutz der Bundesrepublik vor politischer Verfolgung oder sonstigen schwerwiegenden Beeinträchtigungen in seinem Herkunftsstaat grds. nicht mit der Begründung einfordern kann, für ihn bestehe in dem betreffenden Drittstaat keine Sicherheit, weil dort in seinem Einzelfall – trotz sog. normativer Vergewisserung in Art. 16a Abs. 2 GG – die Verpflichtungen aus der Genfer Flüchtlingskonvention und der Europäischen Menschenrechtskonvention nicht erfüllt würden. Eine Sicherstellung der Anwendung der GFK sei nach Meinung des BVerfG lediglich dann nicht gegeben, wenn in dem Drittstaat eine Gruppe von Personen von vornherein nicht als Flüchtlinge in Betracht gezogen wird.

### d) Zurückschiebung des Ausländers

32 Der Ausländer ist nach § 18 Abs. 3 AsylVfG zurückzuschieben, wenn er von der Grenzbehörde im grenznahen Raum, d.h. im Zollgrenzbezirk, in unmittelbarem zeitlichen Zusammenhang mit einer unerlaubten Einreise angetroffen wird und die Voraussetzungen des § 18 Abs. 2 AsylVfG vorliegen[3].

### e) Dublin II Verordnung

33 Von der Einreiseverweigerung oder Zurückschiebung ist nach § 18 Abs. 4 AsylVfG im Falle der Einreise aus einem sicheren Drittstaat abzusehen, wenn Deutschland gem. den in der Dublin II Verordnung (Verordnung EG Nr. 343/2003 des Rates zur Festlegung der Kriterien und Verfahren zur Bestimmung des Mitgliedsstaates, der für die Prüfung eines von einem Drittstaatsangehörigen in einem Mitgliedstaat ge-

---

1 BVerfG-Kammer v. 13.9.1993 – 2 BvR 1938/93, NVwZ-Beilage 1993, 11 = AuAS 1993, 235 = DVBl 1994, 44 = InfAuslR 1993, 388.
2 BVerfG v. 14.5.1996 – 2 BvR 1938, 2315/93, NVwZ 1996, 700 = DVBl 1996, 753.
3 Zur Abgrenzung zwischen § 18 Abs. 2 AsylVfG und § 18 Abs. 3 AsylVfG bei Schiffspassagieren vgl. VG Bremen, NVwZ-Beilage 1996, 23.

stellten Asylantrags zuständig ist) – näher hierzu siehe Rz. 111–112 sowie 130–135 – festgelegten Verpflichtungen für die Durchführung eines Asylverfahrens zuständig ist oder wenn das Bundesministerium des Innern es aus völkerrechtlichen oder humanitären Gründen oder zur Wahrung politischer Interessen der Bundesrepublik Deutschland angeordnet hat. Damit hat der jeweilige Asylbewerber, der an der Grenze um Asyl nachsucht, einen – in der Rechtspraxis freilich wenig hilfreichen – Anspruch auf fehlerfreie Ermessensentscheidung gem. § 18 Abs. 4 AsylVfG[1].

Nach einer grundlegenden Entscheidung des BGH vom 14.10.2010[2] ist ein von der Grenzbehörde protokolliertes Asylgesuch nach Art. 4 Abs. 2 Satz 1 Dublin II Verordnung als eine weitere Form für die Stellung eines förmlichen Asylantrags bei der zuständigen Behörde anzusehen. Mit dem Eingang der Niederschrift bei dem zuständigen Bundesamt – ggf. der Zentrale des Bundesamtes in Nürnberg – erwirbt der aus einem Mitgliedstaat der EU oder einem anderen sicheren Drittstaat eingereiste Ausländer die Aufenthaltsgestattung nach § 55 Abs. 1 Satz 3 AsylVfG.

## 2. Asylantrag bei Einreise auf dem Luftweg § 18a AsylVfG

### a) Grundsätzliches zum Flughafenverfahren

Das in § 18a AsylVfG geregelte Verfahren bei der Einreise auf dem Luftweg (sog. Flughafenverfahren) hat zum Ziel, die Entscheidung über ein Asylbegehren vor der Einreise nach Deutschland zu treffen. Betroffen sind zum einen die Ausländer, die aus einem sicheren Herkunftsstaat gem. § 29a AsylVfG stammen (maßgeblich ist die Staatsangehörigkeit bzw. bei Staatenlosen der rechtlich gesicherte Aufenthalt in einem sicheren Herkunftsland) und zum anderen die Asylbewerber, die über keinen gültigen Pass oder Passersatz verfügen. Weitere Voraussetzung ist, dass die Unterbringung auf dem Flughafengelände während der Dauer des Verfahrens – maximal 19 Tage – möglich oder lediglich wegen einer erforderlichen stationären Krankenhausbehandlung nicht möglich ist. Derzeit ist die grundsätzliche Möglichkeit der Unterbringung auf den Flughäfen Frankfurt/Main, München/Erding, Düsseldorf, Hamburg und Berlin-Schönefeld gegeben.

34

### b) Einreise aus einem sicheren Drittstaat

Da in § 18a Abs. 1 Satz 6 AsylVfG bestimmt ist, dass § 18 Abs. 2 AsylVfG unberührt bleibt, ist Ausländern, die aus einem sicheren Drittstaat nach § 26a AsylVfG einreisen oder bei denen Anhaltspunkte dafür vorliegen, dass ein anderer Staat aufgrund von Rechtsvorschriften der Europäischen Gemeinschaft oder eines völkerrechtlichen Vertrages für die Durchführung des Asylverfahrens zuständig ist, bereits die **Einreise zu verweigern**; diese Personen können sich also nicht auf die in § 18a AsylVfG normierten Verfahrensrechte berufen.

35

### c) Gelegenheit zur Stellung eines Asylantrages

Treffen die in § 18 Abs. 2 AsylVfG genannten Voraussetzungen nicht zu, ist dem asylsuchenden Ausländer seitens der Grenzbehörde unverzüglich Gelegenheit zur Stellung des Asylantrags bei der Außenstelle des Bundesamtes zu geben, die der Grenzkontrollstelle zugeordnet ist; die **persönliche Anhörung** des Ausländers durch das Bundesamt soll ebenfalls unverzüglich stattfinden. Erst danach – so ausdrücklich der Wortlaut des § 18a Abs. 1 Satz 5 AsylVfG – ist dem Ausländer unverzüglich Gelegenheit zu geben, mit einem **Rechtsbeistand** seiner Wahl Verbindung aufzunehmen.

36

---

1 Huber, Das Asylrecht nach der Grundgesetzänderung, NVwZ 1993, 740.
2 BGH, AuAS 2011, 8 = NVwZ 2011, 574.

37 Das BVerfG[1] hat ausgeführt, es sei verfassungsrechtlich nicht geboten, dem Antragsteller schon vor der Anhörung beim Bundesamt Gelegenheit zu geben, mit einem Rechtsbeistand seiner Wahl Verbindung aufzunehmen; der Gesetzgeber lege besonderes Gewicht darauf, dass der Antragsteller **unbeeinflusst durch Dritte** seine Fluchtgründe darstellt. Während des gesamten Verfahrens auf dem Flughafengelände befindet sich der Ausländer zwar auf deutschem Hoheitsgebiet, ist aber rechtlich gesehen noch nicht eingereist, da die Grenzübergangsstelle nicht passiert wurde. Durch Erlass des Bundesministers des Innern vom 24.11.1992[2] wurde der gesamte Flughafen Frankfurt/Main als Grenzübergangsstelle zugelassen. Verbringt eine mit der polizeilichen Kontrolle des grenzüberschreitenden Verkehrs beauftragte Behörde einen Asylsuchenden vom Flughafengelände in eine Klinik und lässt ihn damit zu einem bestimmten vorübergehenden Zweck passieren, liegt dann keine Einreise gem. § 13 Abs. 2 Satz 2 AufenthG vor, solange der oben bezeichneten Behörde eine Kontrolle des Aufenthalts des Ausländers möglich bleibt. Im Rahmen des Flughafenverfahrens sind der Art. 104 GG beherrschende Grundsatz des geringstmöglichen Eingriffs in die Freiheit der Person und das darin enthaltene Beschleunigungs- und Unverzüglichkeitsgebot zu beachten. Deshalb darf die **14-Tage-Frist** des § 18a Abs. 6 Nr. 3 AsylVfG, innerhalb der das Verwaltungsgericht nach Möglichkeit über einen Antrag auf Gewährung einstweiligen Rechtsschutzes entscheiden soll, nicht als pauschale gesetzliche Befugnis zur Beschränkung der Freiheit einer Person für die Dauer dieser Frist missverstanden werden[3].

### d) Einreisegestattung nach § 18a Abs. 6 AsylVfG

38 Dem Ausländer ist die Einreise zu gestatten, wenn das Bundesamt positiv oder lediglich (einfach) unbegründet über das Asylbegehren entschieden hat, wenn es der Grenzbehörde mitteilt, nicht kurzfristig entscheiden zu können, nicht innerhalb von zwei Tagen nach Stellung des Asylantrags über diesen entschieden hat oder auch, wenn das Verwaltungsgericht nicht innerhalb von 14 Tagen über einen Antrag auf Gewährung vorläufigen Rechtsschutzes – nachdem der Asylantrag durch das Bundesamt als offensichtlich unbegründet abgelehnt worden ist – entschieden hat.

39 Die für das Bundesamt vorgesehene 2 Tage Frist des § 18a Abs. 6 Nr. 2 AsylVfG wird wegen des Beschleunigungsgebots auch dann nicht verlängert, wenn das Fristende auf einen Samstag fällt[4].

Ist das Asylverfahren rechtskräftig negativ abgeschlossen, kann aber der Ausländer nicht innerhalb angemessener Frist – angemessen sollte im Regelfall die für die Sicherungshaft vorgesehene 2 Wochen Frist des § 62 Abs. 2 Satz 2 AufenthG sein – in sein Herkunftsland zurückgeschafft werden, ist ihm nach einer Entscheidung des VG Frankfurt[5] entgegen § 18a Abs. 3 Satz 1 AsylVfG die Einreise zu gestatten, wenn er freiwillig nicht ausreisen kann, weil kein aufnahmebereiter Staat vorhanden ist.

---

1 BVerfG v. 14.5.1996 – 2 BvR 1516/93, NVwZ 1996, 678 = DVBl 1996, 739.
2 Bundesanzeiger Nr. 243 a.
3 VG Frankfurt, NVwZ-RR 1994, 468 = InfAuslR 1994, 431.
4 VG Frankfurt (15. Kammer), AuAS 2001, 46; a.A. VG Frankfurt (9. Kammer), AuAS 2001, 118.
5 VG Frankfurt v. 20.9.1995 – 3 G 50476/95.A, NVwZ-Beilage 1996, 22; vgl. auch VG Frankfurt v. 12.8.1996 – 5 G 50448/96. A (2), AuAS 1996, 199 = NVwZ-Beilage 1996, 76 = InfAuslR 1996, 367, wonach dann, wenn die vom VG im Flughafenverfahren nach § 18a AsylVfG für zulässig erklärte Einreiseverweigerung nicht binnen kürzest möglicher Frist (19 Tage) durch den Bundesgrenzschutz vollzogen wird, dem Ausländer im Hinblick auf Art. 104 GG und Art. 5 Abs. 1 EMRK die Einreise zu gestatten ist; ebenso VG Frankfurt, AuAS 2000, 118 – die Rechtsfolge des § 18a Abs. 5 Satz 2 AsylVfG wird hierdurch allerdings nicht ausgelöst.

## e) Einreiseverweigerung nach § 18a Abs. 3 AsylVfG

Lehnt das Bundesamt den Asylantrag als offensichtlich unbegründet ab, droht es 40
dem Ausländer nach den §§ 34, 36 Abs. 1 AsylVfG vorsorglich für den Fall der Einreise die Abschiebung an (§ 18a Abs. 2 AsylVfG). Die Grenzbehörde verweigert dem Ausländer die Einreise und stellt ihm diese Entscheidung zusammen mit der Entscheidung des Bundesamtes zu (§ 18a Abs. 3 AsylVfG). Die Rechtsbehelfsbelehrung muss den Hinweis enthalten, dass ein Antrag auf Gewährung vorläufigen Rechtsschutzes innerhalb von drei Tagen nach der Zustellung der beiden Entscheidungen beim Verwaltungsgericht zu stellen ist und dies auch bei der Grenzbehörde erfolgen kann (§ 18a Abs. 4 AsylVfG). Der Antrag auf Gewährung vorläufigen Rechtsschutzes richtet sich auf die Gewährung der Einreise und für den Fall der Einreise gegen die Abschiebungsandrohung (§ 18a Abs. 5 AsylVfG). Im Fall der rechtzeitigen Antragstellung darf die Einreiseverweigerung nicht vor der gerichtlichen Entscheidung vollzogen werden (§ 18a Abs. 4 Satz 7 AsylVfG). Die örtliche Zuständigkeit des Gerichts richtet sich nach der Organisation der Grenzbehörden. Gibt das Gericht dem Eilantrag – die Entscheidung soll im schriftlichen Verfahren ergehen (§ 36 Abs. 3 AsylVfG) – statt, so gilt die Gestattung der Einreise zugleich als Aussetzung der Abschiebung (§ 18a Abs. 5 Satz 2 AsylVfG). Neben dem Eilantrag ist Klage zu erheben; die Frist beträgt insoweit zwei Wochen, da ein Fall des § 36 Abs. 3 Satz 1 AsylVfG (Frist: eine Woche) – der Eilantrag ist ja innerhalb von drei Tagen zu stellen – nicht gegeben ist (§ 74 Abs. 1 AsylVfG).

Auch wenn das Bundesamt den Asylantrag als offensichtlich unbegründet ablehnt, darf die Grenzbehörde bei Vorliegen eines verfassungsunmittelbaren Zurückweisungshindernisses nach Art. 2 Abs. 1 GG i.V.m. Art. 1 Abs. 1 GG die Einreise nicht verweigern. Dies ist dann der Fall, wenn die Gewissheit besteht, dass für den Ausländer im Falle einer Zurückweisung in den Zielstaat eine erhebliche konkrete Gefahr für Leib, Leben oder Freiheit besteht[1].

## f) Rechtsprechung des BVerfG

Das BVerfG hat in dem grds. angelegten Urteil vom 14.5.1996[2] entschieden, dass die 41
Unterbringung auf dem Flughafengelände **weder** eine **Freiheitsentziehung** noch eine **Freiheitsbeschränkung** darstellt. Dem Ausländer ist allerdings die Einreise zu gestatten, wenn sich die Unechtheit des Passes nicht kurzfristig feststellen lässt. Der Ausländer hat **Anspruch auf kostenlose asylrechtskundige Beratung** – durch jede dafür geeignete, von den Entscheidungsträgern unabhängige, im Flughafenbereich verfügbare Person oder Stelle –, um die Erfolgsaussichten einer etwaigen Beschreitung des Rechtswegs beurteilen zu können. Das Verwaltungsgericht muss dem Asylsuchenden auf Verlangen für die Begründung seines innerhalb von drei Tagen zu stellenden Antrags eine Nachfrist von weiteren vier Tagen geben. Anknüpfungspunkt der gerichtlichen Prüfung gem. § 18a Abs. 4 AsylVfG ist der sofortige Vollzug der Einreiseverweigerung und die diesem zugrunde liegende Beurteilung des Asylantrags als offensichtlich unbegründet. Die Vollziehung aufenthaltsbeendender Maßnahmen – hierunter fallen auch Maßnahmen, die an der Einreise im Rechtssinn und der Aufenthaltsbegründung hindern sollen – wird nach Art. 16a Abs. 4 Satz 1 GG durch das Verwaltungsgericht nur ausgesetzt, wenn ernstliche Zweifel an der Rechtmäßigkeit der Maßnahme bestehen; nach der Entscheidung des BVerfG müssen erhebliche Gründe dafür sprechen, dass die Maßnahme einer rechtlichen Prüfung wahrscheinlich nicht standhält.

---

[1] VG Frankfurt v. 3.4.1998 – 5 G 50235/98. A (3), AuAS 1998, 117 = NVwZ-Beilage 1998, 103 = InfAuslR 1998, 369.
[2] BVerfG v. 14.5.1996 – 2 BvR 1516/93, NVwZ 1996, 678 = DVBl 1996, 739.

### g) Vollziehung der Einreiseverweigerung

42  Nach § 18a Abs. 4 Satz 7 AsylVfG i.V.m. § 36 Abs. 3 Satz 9 AsylVfG ist die gerichtliche Entscheidung ergangen, sobald die **unterschriebene Entscheidungsformel** der Geschäftsstelle der Kammer des Verwaltungsgerichts vorliegt; im Falle der Ablehnung des Antrags kann die Einreiseverweigerung dann vollzogen werden. Das Verwaltungsgericht hat seinen Beschluss allerdings nach § 122 Abs. 2 Satz 2 VwGO noch nachträglich zu begründen.

Nach Auffassung des BVerfG wird eine einstweilige Anordnung nach § 32 BVerfGG in solchen Fällen kaum in Betracht kommen. In einer abweichenden Meinung haben sich die Richter Limbach, Böckenförde und Sommer gegen die Feststellung, dass eine Verfassungsbeschwerde grds. keinen Schutz gegen die Schaffung vollendeter Tatsachen vor Abschluss des Verfassungsbeschwerdeverfahrens bietet, gewendet; dies verstößt gegen das Gewaltenteilungsprinzip und den Grundsatz der Verfassungsorgantreue. Hierdurch verlieren die Grundrechte jeden praktischen Sinn. Dient eine Verfassungsbeschwerde auch dem individuellen Schutz der einzelnen Grundrechte, folgt hieraus unmittelbar der Grundsatz ihrer Effektivität.

### h) Folgeantrag im Flughafenverfahren

43  Wird bei der Grenzbehörde ein Folgeantrag gem. § 71 AsylVfG gestellt, so gilt das Flughafenverfahren gem. § 18a AsylVfG auch hier, modifiziert lediglich durch den im Folgeantragsverfahren zunächst veränderten Prüfungsgegenstand. Die Grenzbehörde hat zu prüfen, ob ein Asylantrag i.S.d. § 13 Abs. 1 AsylVfG vorliegt und ob die Voraussetzungen für eine Einreiseverweigerung nach § 18 Abs. 2 AsylVfG oder § 18 Abs. 3 AsylVfG gegeben sind. Eine Vorprüfungskompetenz für die Voraussetzungen des § 71 Abs. 1 AsylVfG i.V.m. § 51 VwVfG kommt der Grenzbehörde nicht zu. Das VG Ansbach[1] hat deshalb den entsprechenden Erlass des Bundesministeriums des Innern vom 6.7.1994[2] als rechtswidrig beanstandet. Lehnt das Bundesamt bei einem Folgeantragsteller die Durchführung eines weiteren Asylverfahrens ab, dann ist ihm gem. § 18a Abs. 3 AsylVfG analog die Einreise zu verweigern[3].

Das VG Frankfurt hat mit Beschluss vom 9.2.2006[4] bezüglich eines Asylfolgeantrags bei der Einreisekontrolle an einem Flughafen ausgeführt, dass der Asylbewerber erst dann ein Recht auf Einreise erwirbt, wenn das Bundesamt im Rahmen seiner Zulässigkeitsprüfung zu dem Ergebnis gelangt, dass ein weiteres Asylverfahren durchzuführen ist. Bis zur Entscheidung des Bundesamtes ist die Grenzbehörde – vorbehaltlich der Ausnahmen, die in § 18 Abs. 2 AsylVfG geregelt sind – gehindert, eine Zurückweisung gem. § 15 AufenthG oder eine Zurückschiebung gem. § 57 AufenthG zu vollziehen. Sofern das Bundesamt den Asylfolgeantrag nicht als offensichtlich unbegründet ablehnt, sondern stattdessen die Durchführung eines weiteren Asylverfahrens verweigert, bestimmt sich das weitere Vorgehen der Grenzbehörde nach § 15 AufenthG. Die besonderen verfahrensrechtlichen Garantien des § 18a Abs. 4 und Abs. 6 Nr. 3 AsylVfG gelten nach Auffassung des VG Frankfurt dann nicht.

### i) Maximale Dauer der Unterbringung auf dem Flughafen

44  Die Unterbringung eines Asylbewerbers auf dem Flughafengelände war gem. § 18 AsylVfG spätestens nach Ablauf von **19 Tagen** – Berechnung: 3 + 2 + 14 Tage – durch Gestattung der Einreise oder durch den Vollzug der Zurückweisung zu beenden.

---

1 VG Ansbach, InfAuslR 1995, 426; ebenso VG München, InfAuslR 1996, 161.
2 BMI, InfAuslR 1995, 384.
3 VG Frankfurt, NVwZ-RR 1994, 293.
4 VG Frankfurt, InfAuslR 2006, 294 = NVwZ-RR 2006, 425 = AuAS 2006, 117.

Eine Verlängerung der Unterbringungsdauer für den Fall der erfolglosen Zurückweisung sah das Gesetz nicht vor. Ohne richterliche Anordnung der Freiheitsentziehung durfte gegen den Willen des betroffenen Ausländers eine Unterbringung auf dem Gelände des Flughafens nicht erfolgen[1].

Dieser Auffassung war auch das OLG München[2]. Danach stellte das Festhalten eines nicht einreiseberechtigten Ausländers im Transitbereich eines Flughafens nach abgeschlossenem Flughafenverfahren eine rechtswidrige Freiheitsentziehung dar.

Allerdings hat der Gesetzgeber auf diese positive Entwicklung in der Rechtsprechung unverzüglich mit dem Gesetz zur Umsetzung aufenthalts- und asylrechtlicher Richtlinien der Europäischen Union vom 19.8.2007 reagiert und § 15 AufenthG entsprechend ergänzt. Nach § 15 Abs. 6 AufenthG soll ein Ausländer zur Sicherung der Zurückweisung auf richterliche Anordnung in Haft (Zurückweisungshaft) genommen werden, wenn eine Zurückweisungsentscheidung ergangen ist und diese nicht unmittelbar vollzogen werden kann. Die Fristberechnung der Zurückweisungshaft regelt sich nach § 62 Abs. 3 AufenthG, kann also bis zu sechs Monaten angeordnet und um höchstens zwölf Monate verlängert werden.

Ist der Ausländer auf dem Luftweg in das Bundesgebiet gelangt und zurückgewiesen worden, ist er in den Transitbereich eines Flughafens oder in eine Unterkunft zu verbringen, von wo aus seine Abreise aus dem Bundesgebiet möglich ist, wenn Zurückweisungshaft nicht beantragt wird (§ 15 Abs. 6 AufenthG). Der dortige Aufenthalt des Ausländers bedarf allerdings erst spätestens 30 Tage nach Ankunft am Flughafen der richterlichen Anordnung zur Sicherung der Abreise, wobei § 15 Abs. 5 AufenthG entsprechend anzuwenden ist.

### 3. Asylnachsuchen bei der Ausländerbehörde oder bei der Polizei, § 19 AsylVfG

Sucht ein Ausländer bei einer Ausländerbehörde oder bei der Polizei eines Landes um Asyl nach, dann ist er in den Fällen des § 14 Abs. 1 AsylVfG unverzüglich an die zuständige Aufnahmeeinrichtung zur Meldung weiterzuleiten (§ 19 Abs. 1 AsylVfG). Ist der Ausländer aus einem sicheren Drittstaat i.S.d. § 26a AsylVfG unerlaubt eingereist, dann kann er ohne vorherige Weiterleitung nach Maßgabe des § 57 Abs. 1 AufenthG dorthin zurückgeschoben werden. Die Ausländerbehörde ordnet die Zurückschiebung – erst – an, sobald feststeht, dass sie durchgeführt werden kann; Rechtsmittel sind dann schon aus Zeitgründen aussichtslos. Zuständig für die Zurückschiebung sind die mit der polizeilichen Kontrolle des grenzüberschreitenden Verkehrs beauftragten Behörden (§ 71 Abs. 3 Satz 1 AufenthG) und die Polizeien der Länder (§ 71 Abs. 5 AufenthG). Die Kompetenz der Ausländerbehörde zur Zurückschiebung endet erst, wenn der Ausländer einen Asylantrag bei der zuständigen Außenstelle des Bundesamtes hat stellen können und eine Aufenthaltsgestattung gem. § 55 Abs. 1 AsylVfG erhalten hat.

Ein Asylantrag i.S.v. § 13 AsylVfG, der noch nicht nach § 14 AsylVfG beim Bundesamt gestellt ist und der somit ein bloßes Asylgesuch darstellt, hindert nach einer Entscheidung des BVerwG die Ausländerbehörde nicht, die Ausreisepflicht eines Ausländers durchzusetzen und steht einer Prüfung von Abschiebungsverboten nach § 60 AufenthG durch die Ausländerbehörde nicht grds. entgegen, da die Zuständigkeit für die Feststellung von Abschiebungsverboten nach § 60 AufenthG dem Bundesamt erst mit der Stellung des Asylantrages im engeren Sinne zuwächst[3].

---

1 OLG Frankfurt v. 5.11.1996 – 20 W 352/96, NVwZ-Beilage 1997, 16 = AuAS 1996, 274.
2 OLG München, InfAuslR 2006, 139 = AuAS 2006, 43.
3 BVerwG v. 3.12.1997 – 1 B 219.97, NVwZ-RR 1998, 264 = InfAuslR 1998, 191 = AuAS 1998, 91 = DVBl 1998, 286; a.A. VGH Kassel v. 21.7.1997 – 7 TG 3873/96, NVwZ-Beilage 1998, 72.

Die Ausländerbehörde ist somit zuständig, das Vorliegen von Abschiebungsverboten nach § 60 AufenthG zu prüfen, sofern kein Asylantrag gem. § 14 AsylVfG gestellt ist[1].

Das BVerwG[2] hat entschieden, dass nach § 13 Abs. 1 AsylVfG derjenige Schutzsuchende, der sich materiell auf Asylgründe beruft, zwingend auf das Asylverfahren und damit das Bundesamt für Migration und Flüchtlinge zu verweisen ist. Ein **Wahlrecht** des Ausländers zwischen asylrechtlichem und ausländerrechtlichem Schutz vor Verfolgung im Heimatland **besteht nicht**.

46 ⮕ **Hinweis:** Einstweiliger Rechtsschutz gegen die Verweigerung der Einreise aus einem sicheren Drittstaat ist nach der Entscheidung des BVerfG[3] vom 14.5.1996 nicht möglich, da aufenthaltsbeendende Maßnahmen gem. Art. 16a Abs. 2 Satz 3 GG auch Maßnahmen sind, die den Ausländer an der Einreise im Rechtssinne und der Aufenthaltsbegründung hindern sollen und § 34a Abs. 2 AsylVfG damit anwendbar ist[4], wonach die Abschiebung in den sicheren Drittstaat nicht nach § 80 Abs. 5 VwGO oder § 123 VwGO ausgesetzt werden darf.

**4. Verweis auf das Folgeverfahren bei Verstoß gegen die Mitwirkungspflicht nach Stellung eines ersten Asylgesuchs**

47 Ein Asylsuchender, der sich bei einer Grenzbehörde, Ausländerbehörde oder Polizei meldet, wird an die nächstgelegene Aufnahmeeinrichtung weitergeleitet. Kommt der Asylbewerber seiner Verpflichtung, der Weiterleitung Folge zu leisten, vorsätzlich oder grob fahrlässig nicht rechtzeitig nach, dann wird ein **verspätet gestellter Asylantrag** gem. § 20 Abs. 2 Satz 1 AsylVfG **als Folgeantrag** betrachtet, der den Regelungen des § 71 AsylVfG unterliegt. Allerdings muss der Asylbewerber von der weiterleitenden Behörde auf diese Rechtsfolge schriftlich und gegen Empfangsbestätigung hingewiesen worden sein. Die gleichen Regelungen gelten, wenn der Asylbewerber gegen die in § 22 Abs. 3 Satz 2 AsylVfG oder § 23 Abs. 2 AsylVfG normierten Mitwirkungspflichten vorsätzlich oder grob fahrlässig verstößt.

## III. Verfahren beim Bundesamt

### 1. Asylantragstellung, § 14 AsylVfG

48 Grundsätzlich ist der Asylantrag – die Definition des Asylantrages ist in § 13 AsylVfG enthalten – bei der Außenstelle des Bundesamtes zu stellen, die der für die Aufnahme des Ausländers zuständigen Aufnahmeeinrichtung zugeordnet ist (§ 14 Abs. 1 AsylVfG); nur in Ausnahmefällen, die in § 14 Abs. 2 AsylVfG näher aufgeführt sind, ist der Asylantrag zentral beim Bundesamt in Nürnberg zu stellen.

Befindet sich der Ausländer in Haft, steht die Asylantragstellung der Anordnung oder Aufrechterhaltung von Abschiebungshaft nicht entgegen § 14 Abs. 3 Satz 1 AsylVfG. Dem Ausländer ist allerdings unverzüglich Gelegenheit zu geben, mit einem Rechtsbeistand seiner Wahl Verbindung aufzunehmen. Die Abschiebungshaft endet nach § 14 Abs. 3 Satz 3 AsylVfG mit der Zustellung der Entscheidung des

---

1 VG Sigmaringen, NVwZ-Beilage 1999, 5 = VBlBW 1999, 15.
2 BVerwG v. 3.3.2006 – 1 B 126.05, DVBl 2006, 850 = NVwZ 2006, 830 = InfAuslR 2006, 347 = AuAS 2006, 199 = BayVBl. 2006, 542.
3 BVerfG v. 14.5.1996 – 2 BvR 1938, 2315/93, NVwZ 1996, 700 = DVBl 1996, 753.
4 Ebenso VGH München v. 28.10.1993 – 24 CE 93.31582, 93.31631, 93.31632, DVBl 1994, 61 = InfAuslR 1994, 72 = AuAS 1994, 33 = NVwZ-Beilage 1994, 4 = BayVBl. 1994, 145, mit ablehnender Anmerkung *Bethäuser*, InfAuslR 1994, 207.

Bundesamtes, spätestens vier Wochen nach Eingang des Asylantrags beim Bundesamt, es sei denn, es wurde auf Grund von Rechtsvorschriften der Europäischen Gemeinschaft oder eines völkerrechtlichen Vertrages über die Zuständigkeit für die Durchführung von Asylverfahren ein Auf- oder Wiederaufnahmeersuchen an einen anderen Staat gerichtet oder der Asylantrag wurde als unbeachtlich oder offensichtlich unbegründet abgelehnt.

Nach einer Entscheidung des OLG München vom 30.1.2008[1] soll § 14 Abs. 3 AsylVfG auch für Fälle der Zurückschiebung gelten; dies folgt nach Meinung des OLG München aus § 57 Abs. 3 AufenthG, wonach für die Zurückschiebungshaft die Regeln über die Abschiebungshaft nach § 62 AufenthG entsprechend anwendbar sind – diese wiederum finden in § 14 AsylVfG ihre weitere Ausgestaltung.

## 2. Familieneinheit, § 14a AsylVfG

Ein Asylantrag gilt mit der Asylantragsstellung nach § 14 AsylVfG auch für jedes Kind des Ausländers als gestellt, das ledig ist, das 16. Lebensjahr noch nicht vollendet hat und sich zu diesem Zeitpunkt im Bundesgebiet aufhält, ohne im Besitz eines Aufenthaltstitels zu sein, wenn es zuvor noch keinen Asylantrag gestellt hatte. Reist ein **lediges, unter 16 Jahre altes Kind** des Ausländers nach dessen Asylantragstellung ins Bundesgebiet ein **oder** wird es **hier geboren**, dann ist dies nach § 14a Abs. 2 AsylVfG dem Bundesamt unverzüglich anzuzeigen, wenn ein Elternteil eine Aufenthaltsgestattung besitzt oder sich nach Abschluss seines Asylverfahrens ohne Aufenthaltstitel oder mit einer Aufenthaltserlaubnis nach § 25 Abs. 5 Satz 1 AufenthG im Bundesgebiet aufhält. Mit Zugang der Anzeige beim Bundesamt gilt ein Asylantrag für das Kind als gestellt. § 14a Abs. 2 AsylVfG beinhaltet also die Fiktion eines Asylantrages. Allerdings kann nach § 14a Abs. 3 AsylVfG der Vertreter des Kindes auf die Durchführung eines Asylverfahrens für das Kind verzichten, indem er erklärt, dem Kind drohe keine politische Verfolgung. In der Rechtsprechung war umstritten, ob § 14a Abs. 2 AsylVfG auch für Kinder gilt, die vor dem 1.1.2005 – d.h. dem Inkrafttreten dieser Norm – in der Bundesrepublik Deutschland geboren wurden oder eingereist sind. Nunmehr hat das BVerwG diese Frage mit Urteil vom 21.11.2006[2] dahingehend entschieden, dass § 14a Abs. 2 AsylVfG mangels einer entgegenstehenden Übergangsregelung auch für sog. Altfälle gilt.

49

Auch die Frage, ob ein solcher fiktiver Asylantrag als offensichtlich unbegründet abgelehnt werden kann, hat das BVerwG in dem genannten Urteil entschieden. Es hält zwar eine Ablehnung als offensichtlich unbegründet gem. § 30 Abs. 3 Satz 7 AsylVfG für unzulässig, nicht jedoch – anders als etwa das OVG Berlin[3] und mit der überwiegenden Rechtsprechung der Instanzgerichte[4] – die Ablehnung als offensichtlich unbegründet aus anderen Gründen i.S.v. § 30 Abs. 3 AsylVfG. Dies hat dann nach § 10 Abs. 3 Satz 2 AufenthG das Verbot der Erteilung eines Aufenthaltstitels vor einer Ausreise des Kindes zur Folge. Am 1.7.2011 ist freilich § 25a AufenthG in Kraft getreten, der eine neue Aufenthaltserlaubnis für Jugendliche und Heranwachsende regelt. Nach § 25a Abs. 1 Satz 4 AufenthG kann nunmehr eine Aufenthaltserlaubnis abweichend von § 10 Abs. 3 Satz 2 AufenthG erteilt werden, wenn die Asylablehnung nach § 30 Abs. 3 AsylVfG einen fiktiven Asylantrag nach § 14a AsylVfG betrifft.

50

---
1 OLG München, AuAS 2008, 89.
2 BVerwG v. 21.11.2006 – 1 C 10.06, ZAR 2007, 196 = ZAR 2007, 287 = DVBl 2007, 446 = AuAS 2007, 80 = NVwZ 2007, 465 = InfAuslR 2007, 213.
3 OVG Bln.-Bbg., AuAS 2006, 114.
4 VGH Mannheim, InfAuslR 2006, 429 = AuAS 2006, 240; OVG Münster, ZAR 2006, 418; OVG Lüneburg, ZAR 2006, 374; OVG Koblenz, AuAS 2006, 153; VG Gießen, InfAuslR 2005, 494 = AuAS 2006, 10; VG München, AuAS 2005, 238.

51 Durch das Gesetz zur Umsetzung aufenthalts- und asylrechtlicher Richtlinien der europäischen Union vom 19.8.2007 wurde die Regelung über die fiktive Stellung eines Asylantrags ledigen, unter 16 Jahren alten Kindes eines Ausländers gem. § 14a Abs. 4 AsylVfG auch auf die Fälle erstreckt, in denen der Asylantrag des Ausländers vor dem 1.1.2005 gestellt wurde, das Kind sich zu diesem Zeitpunkt im Bundesgebiet aufgehalten hat, später eingereist ist oder in der Bundesrepublik Deutschland geboren wurde.

52 Wird auf die Durchführung eines Asylverfahrens nach § 14a Abs. 3 AsylVfG verzichtet, beträgt die Ausreisefrist nach § 38 Abs. 1 AsylVfG einen Monat[1], die Klage gegen die Abschiebungsandrohung hat gem. §§ 75, 38 Abs. 1 AsylVfG aufschiebende Wirkung. § 38 Abs. 2 AsylVfG – mit der Konsequenz einer Ausreisefrist von nur einer Woche – ist nicht (auch nicht analog) anwendbar, denn ein Verzicht auf die Durchführung eines Asylverfahrens ist keine Rücknahme eines Asylantrages.

Setzt allerdings das Bundesamt nach dem Verzicht auf die Durchführung eines Asylverfahrens in Verkennung der Rechtslage eine kürzere Ausreisefrist und wird diese im gerichtlichen Verfahren aufgehoben, bedarf es einer erneuten Fristsetzung durch das Bundesamt[2]. Bei Einstellung des Verfahrens nach Verzicht gem. § 14a Abs. 3 AsylVfG ist das Bundesamt zum Erlass der Abschiebungsandrohung berechtigt[3].

### 3. Definition des Asylantrages, § 13 AsylVfG

53 Nach § 13 AsylVfG liegt ein Asylantrag vor, wenn sich dem schriftlich, mündlich oder auf andere Weise – etwa durch Zeichen – geäußerten **Willen** des Ausländers entnehmen lässt, dass er **Schutz vor politischer Verfolgung** sucht – sog. **großes Asyl** gem. Art. 16a Abs. 1 GG – oder dass er **Schutz vor Abschiebung** oder einer sonstigen **Rückführung** in einen Staat begehrt, in dem ihm die in § 60 Abs. 1 AufenthG bezeichneten Gefahren drohen – sog. **kleines Asyl**. Mit jedem Asylantrag werden diese beiden Feststellungen begehrt, es sei denn, der Ausländer würde die Anerkennung als Asylberechtigter – sog. großes Asyl – ausdrücklich ablehnen.

Ein auf die Gewährung von Abschiebungsschutz aus den in § 60 Abs. 2–7 AufenthG bezeichneten Gründen beschränktes Begehren stellt kein Asylgesuch i.S.d. § 13 AsylVfG dar.

54 Ein Asylberechtigter genießt im Bundesgebiet gem. § 2 AsylVfG die Rechtsstellung nach dem Abkommen über die Rechtsstellung der **Flüchtlinge** (Genfer Flüchtlingskonvention) und ihm wird nach unanfechtbarer Anerkennung eine zur Ausübung einer Erwerbstätigkeit berechtigende Aufenthaltserlaubnis § 25 Abs. 1 AufenthG erteilt; hat das Bundesamt oder ein Verwaltungsgericht bei einem Asylbewerber unanfechtbar festgestellt, dass die Voraussetzungen des § 60 Abs. 1 AufenthG vorliegen, ist er gem. § 3 AsylVfG Flüchtling i.S.d. Genfer Flüchtlingskonvention und erhält ebenfalls eine zur Ausübung einer Erwerbstätigkeit berechtigende Aufenthaltserlaubnis nach § 25 Abs. 2 AufenthG.

55 § 13 Abs. 3 AsylVfG normiert für den Fall des Fehlens der erforderlichen Einreisepapiere die Verpflichtung, bereits an der Grenze um Asyl nachzusuchen bzw. sich im Falle der unerlaubten Einreise unverzüglich bei einer Aufnahmeeinrichtung zu melden oder bei der Ausländerbehörde oder Polizei um Asyl nachzusuchen. Das Asylnachsuchen ist somit ein Minus zum Asylantrag.

---

1 VG Düsseldorf, ZAR 2006, 291; VG Düsseldorf, InfAuslR 2006, 163 = NVwZ-RR 2006, 290; OVG Lüneburg, InfAuslR 2010, 44; ebenso nunmehr BVerwG v. 17.8.2010, InfAuslR 2010, 464 = NVwZ-RR 2010, 938.
2 BVerwG v. 17.8.2010, InfAuslR 2010, 464 = NVwZ-RR 2010, 938.
3 BVerwG v. 17.12.2009, InfAuslR 2010, 263 = NVwZ-RR 2010, 454.

III. Verfahren beim Bundesamt　　　　　　　　　　　Rz. 59　Teil 7 B

**4. Aufenthaltsgestattung, § 55 AsylVfG**

Die Aufenthaltsgestattung entsteht mit der **Anbringung des Asylgesuchs** nach § 13 Abs. 1 AsylVfG, nicht erst mit der Stellung eines Asylantrages nach § 14 AsylVfG[1]. Die Bescheinigung über die Aufenthaltsgestattung ist dem Ausländer innerhalb von drei Tagen nach der Asylantragstellung auszustellen § 63 Abs. 1 AsylVfG. Während der Dauer des Asylverfahrens ist dem Asylbewerber der Aufenthalt im Bundesgebiet nach § 55 AsylVfG gestattet; er erhält hierzu eine Aufenthaltsgestattung. 56

Umstritten ist, was gilt, wenn ein Folgeantrag gem. § 71 AsylVfG gestellt wurde und die Entscheidung des Bundesamtes, ein weiteres Asylverfahren durchzuführen, noch nicht getroffen wurde. 57

Teilweise wurde in der Rechtsprechung die Auffassung vertreten, auch die Stellung eines Asylfolgeantrages führe zur Gestattung des Aufenthalts mit der Folge des Wegfalls einer bereits bestehenden Ausreiseverpflichtung und der Rechtswidrigkeit einer bereits ergangenen Abschiebungsandrohung[2].

Nach der überwiegenden Gegenmeinung enthält das AsylVfG für den Aufenthaltsstatus eines Folgeantragstellers bis zu der Entscheidung des Bundesamtes, ein weiteres Asylverfahren durchzuführen, keine Regelung[3].

Der Folgeantragsteller, dem gegenüber das Bundesamt die Durchführung eines weiteren Asylverfahrens abgelehnt hat, hat Anspruch auf Erteilung einer Duldung nach § 60a AufenthG, sofern die Abschiebung aus tatsächlichen oder rechtlichen Gründen unmöglich ist. Mit einer bloßen Grenzübertrittsbescheinigung – zumal diese ohnehin im AufenthG keine rechtliche Grundlage hat – muss er sich jedenfalls dann nicht abfinden, wenn das Verwaltungsgericht einem Antrag auf einstweiligen Rechtsschutz stattgegeben hat[4]. 58

**5. Wohnsitznahme in einer Aufnahmeeinrichtung, § 47 AsylVfG**

Nach § 47 AsylVfG sind Asylbewerber dann, wenn sie ihren Asylantrag bei einer Außenstelle des Bundesamtes gem. § 14 Abs. 1 AsylVfG zu stellen haben, verpflichtet, **bis zu sechs Wochen**, längstens aber bis zu drei Monate in der für ihre Aufnahme zuständigen **Aufnahmeeinrichtung** zu **wohnen**. Besteht diese Verpflichtung nicht oder nicht mehr, sollen sie in der Regel in einer Gemeinschaftsunterkunft untergebracht werden (§ 53 AsylVfG). Da hierbei sowohl das öffentliche Interesse als auch Belange des Ausländers zu berücksichtigen sind, können gewichtige Gründe dargetan werden, die eine Ausnahme von der eben dargestellten Regel rechtfertigen. Nach Auffassung des VG Hannover[5] zählt hierzu freilich nicht eine ungünstige Wohnlage in Bezug auf einen Arbeitsplatz. 59

Das VG Arnsberg[6] vertritt die Meinung, die Benennung der zuständigen Aufnahmeeinrichtung gem. § 46 Abs. 2 Satz 1 AsylVfG durch die zentrale Ausländerbehörde bzw. Verteilungsstelle sei kein Verwaltungsakt, da damit keine rechtlichen Beziehungen zu dem jeweiligen Asylbewerber begründet würden.

---

1 OVG Berlin-Brandenburg, AuAS 2007, 153.
2 VG Hamburg, AuAS 1994, 22; offen gelassen VGH Mannheim, InfAuslR 1993, 200 = VBlBW 1993, 443.
3 VG Oldenburg, InfAuslR 1993, 203; VG Freiburg v. 14.12.1993 – A 3 K 14890/93, NVwZ-Beilage 1994, 15; OLG Karlsruhe v. 13.4.1993 – 11 WX 24/93, NVwZ 1993, 811.
4 VG Bremen v. 4.4.1996 – 7 V-As 37/96, NVwZ-Beilage 1996, 56.
5 VG Hannover, AuAS 1995, 262.
6 VG Arnsberg, InfAuslR 1996, 37.

### 6. Pflichten des Bundesamtes, § 24 AsylVfG

60 Nach § 24 AsylVfG klärt das Bundesamt den Sachverhalt und erhebt die erforderlichen Beweise. Es **unterrichtet** den Ausländer nach der Asylantragstellung **über den Ablauf** des Verfahrens und über seine Rechte und Pflichten im Verfahren, insbesondere auch über Fristen und die Folgen einer Fristversäumnis. Das Bundesamt hat den Ausländer **persönlich anzuhören**. Hiervon kann zu Lasten des Asylbewerbers nur abgesehen werden, wenn das Bundesamt den Ausländer als asylberechtigt anerkennen will oder wenn er nach seinen Angaben aus einem sicheren Drittstaat i.S.d. § 26a AsylVfG eingereist ist. Nach der Stellung eines Asylantrages – die Definition ist in § 13 AsylVfG enthalten – obliegt dem Bundesamt auch die Entscheidung, ob Abschiebungsverbote nach § 60 Abs. 2 bis Abs. 7 AufenthG vorliegen (§ 24 Abs. 2 AsylVfG).

Der wesentliche Inhalt der Angaben des Asylbewerbers ist in die **Niederschrift** über die persönliche Anhörung aufzunehmen (§ 25 Abs. 7 AsylVfG)[1]. Dem Ausländer ist eine Kopie der Niederschrift auszuhändigen oder mit der Entscheidung des Bundesamtes zuzustellen.

Zu Recht hat das VG Frankfurt/Oder[2] bei einer verfahrensrechtlichen Trennung zwischen Anhörung und Entscheidung erhebliche rechtliche Bedenken, da die Entscheidung des Bundesamtes ganz wesentlich auf einer Glaubwürdigkeitsprüfung beruht und nicht nachvollziehbar ist, wie dies funktionieren soll, wenn Anhörer und Entscheider verschiedene Personen sind.

Ergeht eine Entscheidung über den Asylantrag nicht innerhalb von sechs Monaten, hat das Bundesamt dem Ausländer – allerdings nur auf Antrag – mitzuteilen, wann voraussichtlich über seinen Asylantrag entschieden wird (§ 24 Abs. 4 AsylVfG).

### 7. Mitwirkungspflichten des Asylbewerbers während des Verfahrens, §§ 15 und 25 AsylVfG

61 In § 15 AsylVfG sind die allgemeinen Mitwirkungspflichten des Asylbewerbers im Rahmen des Asylverfahrens geregelt. Ergänzend sind in § 25 AsylVfG weitere Mitwirkungspflichten normiert.

#### a) Mitwirkung bei Aufklärung des Sachverhalts

62 Der Ausländer ist persönlich verpflichtet, bei der Aufklärung des Sachverhalts mitzuwirken. Insbesondere ist er verpflichtet, die erforderlichen Angaben zu machen (§ 15 Abs. 2 Nr. 1 AsylVfG, § 25 AsylVfG), er hat gesetzlichen oder behördlichen Anordnungen Folge zu leisten (§ 15 Abs. 2 Nr. 3 AsylVfG), seinen Pass und alle erforderlichen Urkunden zu überlassen (§ 15 Abs. 2 Nr. 4 und Nr. 5 AsylVfG), die vorgeschriebenen erkennungsdienstlichen Maßnahmen zu dulden (§ 15 Abs. 2 Nr. 7 AsylVfG) und schließlich im Falle des Nichtbesitzes eines gültigen Passes an der Beschaffung eines Identitätspapiers mitzuwirken (§ 15 Abs. 2 Nr. 6 AsylVfG)[3].

Die Mitwirkungspflicht des Asylbewerbers bei der Passbeschaffung gem. § 15 Abs. 2 Nr. 6 AsylVfG ist nach einer Entscheidung des VGH Baden-Württemberg einschränkend dahin auszulegen, dass die Ausländerbehörde von einem Asylbewerber so lange nicht verlangen kann, sich wegen eines Identitätspapiers an eine Aus-

---

1 OVG Bautzen v. 30.1.2001 – A 4 B 489/00, NVwZ-Beilage 2001, 103.
2 VG Frankfurt/Oder, AuAS 2000, 126.
3 OVG Koblenz, AuAS 2007, 43.

## III. Verfahren beim Bundesamt

landsvertretung seines Heimatstaates zu wenden, als seine Aufenthaltsgestattung nicht erloschen ist[1].

Diese zuletzt genannte Verpflichtung ist nämlich unzumutbar, wenn hierdurch der Asylbewerber oder Angehörige im Heimatland in Gefahr geraten können. Die Mitwirkung bei der Beschaffung eines Identitätspapiers kann somit erst nach dem negativen Abschluss des Asylverfahrens gefordert werden. Solange die Aufenthaltsgestattung gem. § 55 AsylVfG nicht erloschen ist, gilt die Vorwirkung des Art. 16a Abs. 1 GG und der Asylbewerber darf nicht aufgefordert werden, bei den Behörden seines Heimatstaates und damit potentiellen Verfolgerstaates vorzusprechen[2].

63

§ 15 Abs. 2 AsylVfG gibt nach einer Entscheidung des VG Sigmaringen[3] der Behörde selbst die Möglichkeit, die zur Passbeschaffung erforderlichen Maßnahmen in die Wege zu leiten.

Die Anordnung, persönlich bei der Auslandsvertretung des Heimatstaates zum Zwecke der Beantragung von Heimreisedokumenten vorzusprechen, ist im Übrigen nur dann eine geeignete Maßnahme, wenn hierdurch die Unmöglichkeit der Abschiebung entweder beseitigt werden kann oder ein Schritt in diese Richtung erzielt wird[4].

So kennt das Ausländer- und Asylrecht keine abstrakte Passbeschaffungspflicht, sondern nur konkret zumutbare **Mitwirkungspflichten zur Passerlangung**[5]. Deshalb ist die Anordnung des persönlichen Erscheinens bei einer Auslandsvertretung lediglich zur „Vorsprache zwecks Passbeschaffung" unverhältnismäßig und rechtswidrig, wenn nicht zuvor dem Ausländer aufgegeben wurde, die erforderlichen Mitwirkungspflichten (schriftlicher Antrag auf Ausstellung eines Passes und Vorlage geeigneter Unterlagen) vorzunehmen[6].

Eine auf § 82 Abs. 4 AufenthG gestützte Anordnung des persönlichen Erscheinens vor der Auslandsvertretung zur Durchsetzung einer Passverfügung ist nach einer Entscheidung des VG Stuttgart[7] auch dann nicht kraft Gesetzes vollziehbar, wenn sie sich gegen einen unanfechtbar abgelehnten Asylbewerber richtet, denn es handelt sich nicht um eine Entscheidung nach dem AsylVfG mit der Rechtsfolge des § 75 AsylVfG.

Dem AufenthG, insbesondere § 82 AufenthG, lässt sich nach Auffassung des VG Freiburg[8] keine Rechtsgrundlage für eine Pflicht zur Mitwirkung bei der Passbeschaffung entnehmen. Anders sehen dies allerdings der VGH München[9] und das VG Neustadt[10], die lediglich festhalten, dass § 15 AsylVfG seitens der Ausländerbehörde nur bis zum Abschluss des Asylverfahrens anwendbar ist und sich Anordnungen zu ausweisrechtlichen Pflichten nach Abschluss des Asylverfahrens

---

1 VGH Mannheim, AuAS 1999, 8 = InfAuslR 1999, 287; vgl. auch VG Chemnitz, NVwZ-Beilage 2000, 44 und VGH Mannheim v. 27.12.2000 – 11 S 1592/00, NVwZ-Beilage 2001, 87.
2 VGH Mannheim, AuAS 1995, 116; ebenso VG Greifswald v. 9.10.2001, Asylmagazin 12/2001, 49.
3 VG Sigmaringen, AuAS 1996, 59.
4 VGH Kassel, AuAS 2000, 247.
5 OVG Münster, NVwZ-RR 2004, 689 = DÖV 2004, 666.
6 VGH Kassel, InfAuslR 2004, 259 = NVwZ-RR 2004, 690; siehe auch OVG Münster, NVwZ-RR 2004, 786.
7 VG Stuttgart, AuAS 2002, 82; siehe auch VG Wiesbaden, AuAS 2004, 273; a.A. VGH Kassel, InfAuslR 2004, 259 = NVwZ-RR 2004, 690.
8 VG Freiburg, AuAS 2000, 156.4.
9 VGH München v. 11.7.2000 – 10 B 99.3200, NVwZ-Beilage 2001, 4 = BayVBl. 2001, 369.
10 VG Neustadt, InfAuslR 2003, 116; siehe auch VG Chemnitz, InfAuslR 2000, 146.

nach allgemeinem Ausländerrecht, d.h. §§ 48 Abs. 1 und Abs. 3 AufenthG sowie § 82 Abs. 4 AufenthG richten.

Nach einer Entscheidung des VGH Kassel[1] ist der Flüchtling bei Glaubwürdigkeitszweifeln auch im Berufungsverfahren mündlich anzuhören und seine Glaubwürdigkeit vor Gericht zu überprüfen.

#### b) Anhörung vor dem Bundesamt

64 In der mündlichen Anhörung vor dem Bundesamt gem. §§ 25 Abs. 1, 15 Abs. 2 Nr. 1 AsylVfG muss der Asylbewerber diejenigen Tatsachen und **Gründe schlüssig vortragen**, die aus seiner Sicht die Gefahr begründen, in seinem Heimatland politischer Verfolgung ausgesetzt zu sein. Er muss unter Angabe genauer Einzelheiten einen in sich **stimmigen Sachverhalt** schildern, aus dem sich – als wahr unterstellt – ergibt, dass ihm bei verständiger Würdigung politische Verfolgung mit beachtlicher Wahrscheinlichkeit droht, sodass ihm nicht zuzumuten ist, in das Heimatland zurückzukehren[2]. Weiterhin hat er die Tatsachen und Umstände zu benennen, die der Abschiebung in seinen Heimatstaat bzw. der Abschiebung in einen bestimmten Staat entgegenstehen (§ 25 Abs. 2 AsylVfG). Ein verspätetes Vorbringen des Ausländers kann gem. § 25 Abs. 3 AsylVfG unberücksichtigt bleiben; diese Präklusionswirkung ist allerdings – jedenfalls rechtlich, wenn auch nicht tatsächlich (Stichwort: gesteigertes Vorbringen im verwaltungsgerichtlichen Verfahren) – auf das Verfahren vor dem Bundesamt beschränkt.

Absurd ist aber z.B. die ablehnende Entscheidung des Bundesamtes, wonach eine vietnamesische Asylantragstellerin unter anderem deshalb nicht glaubwürdig sei, weil sie in der Anhörung nicht sagen konnte, wann der Generalsekretär der Kommunistischen Partei Vietnams zum letzten Mal Deutschland besucht hat[3].

#### c) Konsequenz der Verletzung der Mitwirkungspflicht

65 Verletzt ein Asylbewerber die ihm nach den §§ 13 Abs. 3 Satz 2, 15 Abs. 2 Nr. 3 bis 5 AsylVfG oder § 25 Abs. 1 AsylVfG obliegenden Mitwirkungspflichten gröblich, dann ist ein **unbegründeter Asylantrag** gem. § 30 Abs. 3 Nr. 5 AsylVfG **als offensichtlich unbegründet abzulehnen**.

Die Nichtbefolgung der Vorlage- und Mitwirkungspflichten des Asylbewerbers nach § 15 Abs. 2 und 3 AsylVfG führt also grds. nicht zum Verlust des Asylanspruchs. Die erforderlichen Angaben über den Reiseweg in die Bundesrepublik Deutschland können, wie sich aus § 25 Abs. 1 AsylVfG ergibt, auf andere Weise als durch Vorlage von Urkunden erbracht werden. Auch in einem etwaigen Gerichtsverfahren ist entscheidend, dass sich das Verwaltungsgericht nach der stets gebotenen Sachverhaltsaufklärung die für seine Entscheidung erforderliche Überzeugungsgewissheit nach § 108 Abs. 1 Satz 1 VwGO verschafft hat[4].

#### d) Mitwirkungspflichten im Abschiebungshaftverfahren

66 Ist der Asylbewerber zwar im Asylverfahren über seine Mitwirkungspflichten nach § 15 AsylVfG belehrt worden, wurde er jedoch – nach Anordnung der Abschiebungshaft – nicht über seine Stellung im Abschiebungshaftverfahren aufgeklärt

---

1 VGH Kassel, NVwZ-RR 2011, 125.
2 BVerwG, InfAuslR 1984, 129; BVerwGE 74, 226 = InfAuslR 1986, 265.
3 VG Meiningen v. 2.7.2004 – 2 E 20273/04, Asylmagazin 11/2004, 38.
4 OVG Magdeburg v. 20.8.1996 – A 4 S 81/96, NVwZ-Beilage 1996, 85 = InfAuslR 1996, 420.

und über seine diesbezüglichen Mitwirkungspflichten belehrt, dann stellt die Weigerung, bei der Beschaffung von Rückreisepapieren mitzuwirken, keine Verhinderung der Abschiebung gem. § 62 Abs. 3 Satz 2 AufenthG dar[1].

### 8. Folgeantrag nach § 71 AsylVfG

#### a) Grundsätzliches

Stellt ein Ausländer nach Rücknahme oder unanfechtbarer Ablehnung eines früheren Asylantrages erneut einen Asylantrag, so ist dies ein Folgeantrag gem. § 71 AsylVfG. Das Bundesamt führt ein **weiteres Asylverfahren** nur durch, wenn die Voraussetzungen des § 51 Abs. 1–3 VwVfG vorliegen. Dies ist dann der Fall, wenn sich entweder die Sach- oder Rechtslage nachträglich zugunsten des Betroffenen geändert hat, neue Beweismittel vorliegen, die eine dem Betroffenen günstigere Entscheidung herbeigeführt haben würden oder wenn Wiederaufnahmegründe entsprechend § 580 ZPO gegeben sind. Wird eine nachträgliche **Änderung der Sach- oder Rechtslage** behauptet, muss der Folgeantragsteller bereits bei der Stellung des Antrags eine schlüssige, substantiierte und bezogen auf seine individuelle Situation glaubhafte Sachverhaltsschilderung liefern, d.h. konkrete Tatsachen vortragen.

Aus dem Vortrag muss die – nicht nur theoretische – Möglichkeit einer für den Folgeantragsteller positiven Entscheidung folgen; es ist aber nicht erforderlich, dass bereits der materielle Anspruch selbst festgestellt wird[2].

Stützt ein Ausländer seinen Asylfolgeantrag auf sog. selbst geschaffene exilpolitische Nachfluchtaktivitäten, ist der Regelausschlussgrund des § 28 Abs. 2 AsylVfG zu beachten; zur Widerlegung dieser Regelvermutung muss der Ausländer nach ständiger Rechtsprechung des BVerwG[3] gute Gründe dafür anführen, warum er nach einem erfolglosen Asylverfahren erstmals exilpolitisch aktiv geworden ist oder seine bisherigen Aktivitäten ausgeweitet hat.

Wird der Folgeantrag entgegen § 71 Abs. 3 Satz 1 AsylVfG **nicht begründet**, ist er **offensichtlich unschlüssig** – mit der Konsequenz des § 71 Abs. 5 Satz 2 Alt. 1 AsylVfG, d.h. die Abschiebung darf durch die zuständige Ausländerbehörde vollzogen werden, ohne dass eine Mitteilung des Bundesamtes, wonach die Voraussetzungen des § 51 Abs. 1–3 VwVfG nicht gegeben, vorliegen müsste. Es genügt also nicht, erwartete Beweismittel anzukündigen oder mitzuteilen, man werde Näheres bei der Anhörung vortragen. Der Sachvortrag darf auch nicht nach jeder vertretbaren Betrachtungsweise ungeeignet sein, zur Asylberechtigung zu verhelfen. Nicht von Bedeutung ist allerdings, ob der neue Vortrag im Hinblick auf das glaubhafte persönliche Schicksal des Antragstellers sowie unter Berücksichtigung der allg. Verhältnisse im behaupteten Verfolgerland tatsächlich zutrifft, die Verfolgungsfurcht begründet erscheinen lässt und die Annahme einer asylrechtlich relevanten pol. Verfolgung rechtfertigt[4]. Zu einem schlüssigen Sachvortrag gehört freilich auch die Darstellung, warum die genannten Umstände geeignet sind, eine günstigere Entscheidung herbeizuführen. Weiters ist darzulegen, warum der Vor-

---

1 OLG Frankfurt v. 5.7.1995 – 20 W 279/95, NVwZ-Beilage 1996, 7 = FGPrax 1995, 208.
2 VGH Mannheim, AuAS 2000, 152; siehe hierzu ausführlich VG Lüneburg, NVwZ-RR 2004, 217, wonach die aufschiebende Wirkung einer Klage wegen des mehrstufigen Wiederaufnahmeverfahrens dann anzuordnen ist, wenn ihr Erfolg wie Misserfolg gleichermaßen wahrscheinlich ist.
3 BVerwG v. 18.12.2008 – 10 C 27.07, AuAS 2009, 118 = InfAuslR 2009, 260 = DVBl 2009, 595 = NVwZ 2009, 730 = ZAR 2009, 276 mit Anm. *Pfaff*; v. 24.9.2009 – 10 C 25/08, AuAS 2010, 55 = NVwZ 2010, 383.
4 BVerfG-Kammer v. 11.5.1993 – 2 BvR 2245/92, InfAuslR 1993, 304 = DVBl 1994, 38 mit ablehnender Anmerkung *Rennert*; zu den Voraussetzungen eines Asylfolgeantrags VG Lüneburg, InfAuslR 2000, 47.

trag nicht schon früher gebracht wurde, d.h. wieso der Betroffene ohne grobes Verschulden außerstande war, den Grund für das Wiederaufgreifen in dem früheren Verfahren geltend zu machen (§ 51 Abs. 2 VwVfG) und dass die Dreimonatsfrist des § 51 Abs. 3 VwVfG eingehalten wurde. Sind mehrere Einzelsachverhalte gegeben, die zu unterschiedlichen Zeiten bekannt wurden, so sollte der Zeitpunkt für die Berechnung der Dreimonatsfrist maßgeblich sein, ab dem der Antragsteller bei objektiver Betrachtung von einer entscheidungserheblichen Veränderung der Lage im Heimatstaat ausgehen durfte[1].

Nach einer Entscheidung des BVerwG[2] beginnt die Dreimonatsfrist frühestens nach Rücknahme oder unanfechtbarer Ablehnung des früheren Asylantrags.

Das Bundesamt oder auch das Verwaltungsgericht haben bei der Entscheidung über einen Folgeantrag Änderungen der politischen Verhältnisse im Heimatland des Asylbewerbers zu berücksichtigen, die erst im Laufe des behördlichen oder gerichtlichen Verfahrens stattgefunden haben. Der Asylbewerber muss sich hierauf nicht innerhalb der Dreimonatsfrist des § 51 Abs. 3 VwVfG gegenüber dem Verwaltungsgericht berufen, wenn es sich um Umstände handelt, von denen das Verwaltungsgericht aufgrund seiner täglichen Befassung mit Asylverfahren ohnehin von Amts wegen Kenntnis erlangt[3].

Hat sich ein Ausländer nach dem Abschluss eines Asylverfahrens im Ausland aufgehalten, so hat er einen Asylfolgeantrag, mit dem er den Eintritt neuer Umstände während des Auslandsaufenthalts geltend macht, binnen drei Monaten nach der Wiedereinreise zu stellen; die Frist kann nicht schon mit der Kenntnis der neuen Umstände beginnen, weil es rechtlich unmöglich ist, einen Asylantrag vom Ausland aus zu stellen[4].

Erfährt ein Ausländer von einem Wiederaufgreifensgrund gem. § 51 Abs. 1 VwVfG, während sein Asylverfahren bereits vom Verwaltungsgericht negativ entschieden wurde, ein Berufungszulassungsantrag aber noch anhängig ist, so beginnt die Frist des § 51 Abs. 3 VwVfG erst mit der rechtskräftigen Ablehnung des Berufungszulassungsantrages zu laufen, weil der Asylbewerber den Wiederaufgreifensgrund nicht in rechtlich relevanter Weise beim Oberverwaltungsgericht/Verwaltungsgerichtshof geltend machen und ihm die Rücknahme seines Berufungszulassungsantrages bei gleichzeitiger Stellung eines Folgeantrages nicht zugemutet werden kann[5].

Nach einer Entscheidung des OVG Lüneburg[6] wird bei einem Folgeantragsteller, der sich auf die Anerkennung eines Familienmitglieds als Asylberechtigter beruft, die Dreimonatsfrist vom Datum der Zustellung des das Familienmitglied betreffenden Anerkennungsbescheids an berechnet.

Eine Änderung der Rechtsprechung des BVerfG etwa zum Bedeutungsinhalt des Asylrechts kann eine Änderung der Rechtslage darstellen[7].

Stellt ein Ausländer, dessen **Status als politischer Flüchtling** gem. § 72 AsylVfG erloschen ist, einen erneuten **Asylantrag**, ist dieser in verfahrensrechtlicher Hinsicht wie ein Erstantrag und nicht etwa wie ein Folgeantrag zu behandeln[8].

---

1 Mezger, VBlBW 1995, 308; siehe hierzu auch BVerwG v. 11.12.1989 – 9 B 320.89, NVwZ 1990, 359; zur Fristberechnung im Einzelnen auch OVG Münster, InfAuslR 2009, 43.
2 BVerwG v. 25.11.2008 – 10 C 25.07, InfAuslR 2009, 171 = AuAS 2009, 94 = ZAR 2009, 233 mit Anm. *Pfersich*.
3 VG Gießen v. 13.2.1997 – 2 E 30226/96.A, NVwZ-Beilage 1997, 69.
4 OVG Greifswald, AuAS 1997, 223 = NVwZ-RR 1998, 140.
5 VG Gießen v. 12.12.1997 – 2 E 32824/95, NVwZ-Beilage 1998, 62.
6 OVG Lüneburg v. 4.6.1996 – 12 L 833/96, NVwZ-Beilage 1996, 59.
7 BVerfG-Kammer v. 8.10.1990 – 2 BvR 643/90, InfAuslR 1991, 20 = NVwZ 1991, 258 = NJW 1991, 1168.
8 VG Gießen, AuAS 2003, 190; OVG Münster, InfAuslR 1990, 217.

III. Verfahren beim Bundesamt

### b) Stellung eines Folgeantrages, § 71 Abs. 2 AsylVfG

Der Ausländer hat den Folgeantrag persönlich bei der Außenstelle des Bundesamtes zu stellen, die der Aufnahmeeinrichtung zugeordnet ist, in der er während des früheren Asylverfahrens zu wohnen verpflichtet war. In eng begrenzten Ausnahmefällen – § 71 Abs. 2 Sätze 2 und 3 AsylVfG – ist der Folgeantrag schriftlich bei der Zentrale des Bundesamtes in Nürnberg zu stellen. 69

Von der Anhörung des Folgeantragstellers nach § 71 Abs. 3 Satz 3 AsylVfG darf das Bundesamt jedenfalls dann nicht absehen, wenn der Ausländer vollkommen neue Verfolgungsgründe geltend macht[1].

Hat das Bundesamt das **Vorbringen** in einem Asylfolgeantrag überhaupt **nicht zur Kenntnis genommen**, liegt hierin ein **Verstoß gegen die Mindeststandards** eines fairen rechtstaatlichen Verwaltungsverfahrens und es besteht nach vereinzelt gebliebener Auffassung des VG Darmstadt[2] und des VG Gießen[3] ein Rechtschutzbedürfnis für eine isolierte Anfechtungsklage gegen den die Durchführung eines weiteren Asylverfahrens ablehnenden Bescheid.

### c) Folgeantrag als Abschiebungshindernis

Der Asylfolgeantrag hindert die Ausländerbehörde, aufgrund einer zuvor ergangenen ausländerrechtlichen Abschiebungsandrohung abzuschieben, bevor das Bundesamt gem. § 71 Abs. 4 AsylVfG i.V.m. §§ 34, 35 oder 36 AsylVfG eine Abschiebungsandrohung erlassen hat[4] oder dem Ausländeramt gem. § 71 Abs. 5 Satz 2 AsylVfG mitgeteilt hat, dass die Voraussetzungen des § 51 Abs. 1–3 VwVfG nicht vorliegen. Eine solche Negativmitteilung ist nur entbehrlich, wenn in einen sicheren Drittstaat abgeschoben werden soll oder wenn der Asylantrag offensichtlich unschlüssig – s.o. Rz. 68 – ist; nur dann ist auch die Ausländerbehörde zuständig und insbesondere nicht zur Weiterleitung eines Asylfolgeantrags an das Bundesamt verpflichtet[5]. 70

### d) Entscheidung des Bundesamtes

#### aa) Voraussetzungen des § 51 Abs. 1–3 VwVfG gegeben

Liegen nach Auffassung des Bundesamtes die Voraussetzungen des § 51 Abs. 1–3 VwVfG vor, dann führt es ein **weiteres Asylverfahren** durch und der Ausländer erhält – wieder – eine **Aufenthaltsgestattung**. 71

Legt ein Asylbewerber im Folgeantragsverfahren fristgerecht neue Dokumente vor, die ihm zuvor nicht zugänglich waren, so kann die Durchführung eines weiteren Asylverfahrens nur dann abgelehnt werden, wenn ein Dokument ganz offensichtlich gefälscht ist. Bei bloßen Zweifeln an der Echtheit ist dieses im Rahmen des erneuten Asylverfahrens zu prüfen[6].

#### bb) Voraussetzungen des § 51 Abs. 1–3 VwVfG nicht gegeben

Ist das Bundesamt der Auffassung, dass die Voraussetzungen des § 51 Abs. 1–3 VwVfG nicht vorliegen, geht es entweder nach §§ 34, 35 oder 36 AsylVfG vor und erlässt eine **Abschiebungsandrohung**, verbunden mit einer Ausreisefrist von ei- 72

---

1 VG Frankfurt v. 29.8.2002 – 5 G 3055/02. A (3), AuAS 2002, 214 = InfAuslR 2003, 119 = NVwZ-Beilage 2003, 24; VG Stuttgart, AuAS 2003, 22.
2 VG Darmstadt v. 28.5.2003 – 8 E 752/03, AuAS 2003, 214 = NVwZ-Beilage 2003, 110.
3 VG Gießen, AuAS 2005, 9.
4 VGH Mannheim, InfAuslR 1993, 200.
5 VG Düsseldorf, AuAS 1996, 34.
6 VG Meiningen, AuAS 1997, 262.

ner Woche, oder es teilt der Ausländerbehörde gem. § 71 Abs. 5 Satz 2 AsylVfG mit, dass die Voraussetzungen des § 51 Abs. 1–3 VwVfG nicht vorliegen. Diese **Negativmitteilung** des Bundesamtes stellt keinen Verwaltungsakt dar, sondern ist eine rein verwaltungsinterne Bekanntgabe einer Entscheidung im Behördenverkehr[1]. Sie hat keine regelnde Wirkung, sondern enthält nur die tatsächliche Mitteilung, dass die Abschiebung wieder vollzogen werden darf[2]. Das Bundesamt erlässt also keine erneute Abschiebungsandrohung; vielmehr gilt die bereits angeordnete Abschiebungsandrohung fort.

Der Negativmitteilung bedarf es dann nicht, wenn der Folgeantrag offensichtlich unschlüssig – s.o. Rz. 68 – ist oder der Ausländer in einen sicheren Drittstaat abgeschoben werden soll. Das VG Freiburg[3] hat entschieden, offensichtliche **Unschlüssigkeit** i.S.d. § 71 Abs. 5 Satz 2 AsylVfG sei eine qualifizierte Form der Unbegründetheit und nur dann gegeben, wenn die Ausländerbehörde beim ersten Zusehen ohne Anhörung, Prüfung oder Aktenkenntnis, Glaubwürdigkeitserwägungen und ohne Kenntnis der Rechtsprechung und Erkenntnisse zum Herkunftsland feststellen kann, dass schon die Behauptung fehlt, eine politische Verfolgung liege vor und es gebe neue Umstände oder Beweise dafür. Dies ist nur dann der Fall, wenn das Vorbringen in sich selbst unauflösbar widersprüchlich ist, wenn die schlichte Wiederholung des Erstantragsvorbringens vorliegt oder wenn bloßes Vorbringen i.S.d. § 30 Abs. 2 oder Abs. 5 AsylVfG gegeben ist.

Wird der Folgeantrag gestellt, nachdem eine frühere Abschiebungsandrohung oder - anordnung vollziehbar wurde, bedarf es zum Vollzug der Abschiebung dann, wenn die Voraussetzungen des § 51 Abs. 1–3 VwfVG nicht vorliegen, keiner erneuten Fristsetzung und Abschiebungsandrohung oder - anordnung (§ 71 Abs. 5 Satz 1 AsylVfG).

Die **Klagefrist** beträgt gem. § 74 Abs. 1 Satz 1 Halbs. 1 AsylVfG zwei Wochen, weil ein Antrag nach § 123 VwGO – nicht nach § 80 Abs. 5 VwGO innerhalb einer Woche gem. § 36 Abs. 3 Satz 1 AsylVfG – auf Verpflichtung der Bundesrepublik Deutschland zu stellen ist, es zu unterlassen, der Ausländerbehörde Mitteilung nach § 71 Abs. 5 Satz 2 AsylVfG zu machen[4].

73 Einige Gerichte sind der Auffassung, in jedem Fall – also gleich, ob die Voraussetzungen des § 51 Abs. 1–3 VwfVG bejaht werden oder nicht – habe die **Ausländerbehörde** über **Abschiebungsverbote** nach § 60 Abs. 2 bis Abs. 7 AufenthG **zu befinden**[5].

Diese Auffassung ist **abzulehnen**. Auch ein Folgeantrag ist ein Asylantrag i.S.v. §§ 13 Abs. 1, 24 Abs. 2 AsylVfG. Das Bundesamt ist zur Entscheidung über das Vorliegen von Abschiebungsverboten nach § 60 Abs. 2 bis Abs. 7 AufenthG auch bei solchen Folgeanträgen zuständig, die nach § 71 Abs. 1 AsylVfG nicht zur Durchführung eines weiteren Asylverfahrens führen[6]. Das BVerwG[7] hat dies bestätigt; da-

---

1 *Bell/v. Nieding*, ZAR 1995, 124; VG Freiburg v. 7.12.1993 – A 1 K 13897/93, NVwZ 1995, 197 = VBlBW 1994, 160 = InfAuslR 1994, 166; VG Frankfurt, AuAS 1996, 142; OVG Bautzen v. 11.12.2001– 3 BS 222/01, NVwZ-Beilage 2002, 77 – vor einer solchen Mitteilung ist eine Abschiebung ausgeschlossen.
2 VG Sigmaringen v. 30.10.1995 – A 7 K 10777/95, NVwZ-Beilage 1996, 30.
3 VG Freiburg, InfAuslR 1998, 37.
4 VG München v. 22.8.1997 – M 1 K 97.51923, n.v.
5 VGH München, BayVBl. 1995, 696; OVG Schleswig, InfAuslR 1993, 279; VG Darmstadt v. 21.10.1994 – 5 G 33408/94. A (3), NVwZ-Beilage 1995, 31.
6 OVG Münster v. 24.2.1997 – 25 A 3389/95.A, NVwZ-Beilage 1997, 77; VG Gießen v. 12.12.1997 – 2 E 32824/95, NVwZ-Beilage 1998, 62; VG Sigmaringen, NVwZ-Beilage 1999, 5.
7 BVerwG v. 23.11.1999 – 9 C 3.99, NVwZ 2000, 941; v. 21.3.2000 – 9 C 41.99, AuAS 2000, 156.10 = NVwZ 2000, 940 = InfAuslR 2000, 410 = BayVBl. 2001, 120.

### III. Verfahren beim Bundesamt

nach ist auch dann, wenn ein Asylfolgeantrag die Voraussetzungen für ein Wiederaufgreifen des Asylverfahrens nicht erfüllt (sog. unerheblicher Folgeantrag), das Bundesamt für die Prüfung von Abschiebungsverboten nach § 60 Abs. 2 bis Abs. 7 AufenthG zuständig. Hat das Bundesamt im ersten Asylverfahren unanfechtbar Abschiebungsverbote nach § 60 Abs. 2 bis Abs. 7 AufenthG verneint, kann es im Asylfolgeverfahren allerdings nur unter den Voraussetzungen für ein Wiederaufgreifen des Verfahrens gem. § 51 Abs. 1–3 VwVfG oder § 51 Abs. 5 VwVfG eine erneute Entscheidung zu § 60 Abs. 2 bis Abs. 7 AufenthG treffen[1]. In einer Dienstanweisung EE des Bundesamtes wurde dies ausdrücklich klargestellt: Nach § 51 Abs. 5 VwVfG i.V.m. § 48 Abs. 1 VwVfG bzw. § 49 Abs. 1 VwVfG ist ein Wiederaufgreifen des § 60 Abs. 2 bis Abs. 7 AufenthG-Verfahrens nach Ermessen möglich, auch wenn ein Wiederaufgreifensantrag nach § 51 Abs. 2 oder Abs. 3 VwVfG unzulässig ist[2]. Das gilt auch, wenn nach Unanfechtbarkeit entstandene Abschiebungsverbote geltend gemacht werden.

Nach Auffassung des OVG Koblenz hat das Bundesamt Abschiebungsverbote nach § 60 Abs. 2 bis Abs. 7 AufenthG stets insofern mit zu berücksichtigen, als es gem. § 59 Abs. 3 Satz 2 AufenthG in der Abschiebungsandrohung den Zielstaat, in den der Ausländer nicht abgeschoben werden darf, bezeichnet[3].

#### cc) Rechtsschutz

Hat das Bundesamt über einen Folgeantrag gem. § 71 Abs. 5 AsylVfG negativ entschieden, dann wird in der Rechtsprechung teilweise die Auffassung vertreten, es sei ein Antrag nach § 123 VwGO nur gegen die die Abschiebung durchführende Ausländerbehörde zu richten[4]. Es wird argumentiert, da für die Durchführung aufenthaltsbeendender Maßnahmen – insbesondere die Abschiebung – die jeweilige Ausländerbehörde zuständig ist, sei Rechtsschutz grds. auch gegenüber dem Rechtsträger dieser Behörde zu suchen. 74

Richtig dürfte sein, einen **Antrag nach § 123 VwGO gegen die Bundesrepublik Deutschland**, vertreten durch das Bundesamt, zu richten[5] und **zugleich** einen Antrag nach § 123 VwGO **gegen die** die Abschiebung durchführende **Ausländerbehörde**, weil nur dort die vorübergehende Aussetzung der Abschiebung nach § 60a AufenthG geltend gemacht werden kann[6]. Gegen die Bundesrepublik Deutschland ist deshalb ein Antrag nach § 123 VwGO und kein Antrag nach § 80 Abs. 5 VwGO zu richten, weil die Negativmitteilung nach § 71 Abs. 5 Satz 2 AsylVfG keinen Verwaltungsakt darstellt. Der Antrag zielt auf die einstweilige Verpflichtung des Bundesamtes, der Ausländerbehörde mitzuteilen, dass die Abschiebung bis zur rechts- 75

---

1 BVerwG v. 21.3.2000 – 9 C 41.99, AuAS 2000, 156.10 = NVwZ 2000, 940 = InfAuslR 2000, 410 = BayVBl. 2001, 120.
2 *Henning*, Der Einzelentscheider-Brief 1999, Heft 8, S. 4; siehe hierzu auch OVG Münster, AuAS 2001, 140 und VG Neustadt v. 24.11.2000 – 8 K 1937/00, NVwZ-Beilage 2001, 45; OVG Magdeburg, AuAS 2010, 226.
3 OVG Koblenz, NVwZ-Beilage 1999, 45 = AuAS 1999, 150 = InfAuslR 1999, 293.
4 VG Freiburg, NVwZ-Beilage 1995, 354 = VBlBW 1995, 211; VG Stuttgart, VBlBW 1995, 251; VG Frankfurt, AuAS 1996, 142; VGH München v. 13.5.1998 – 10 AE 98.1371, n.v. – es sei systemgerecht, einen Antrag auf einstweilige Anordnung gegen die Behörde zu stellen, die im Vollzug tätig wird; VG Freiburg, InfAuslR 1998, 37.
5 VG Freiburg, VBlBW 1995, 211; VG Sigmaringen v. 30.10.1995 – A 7 K 10777/95, NVwZ-Beilage 1996, 30; ebenso OVG Hamburg, AuAS 2001, 10 und VGH Mannheim v. 13.9.2000 – 11 S 988/00, AuAS 2000, 238 = NVwZ-Beilage, 2001, 8 = VBlBW 2001, 151 – jeweils auch für den Fall, dass das Bundesamt von einer erneuten Abschiebungsandrohung abgesehen hat; VG Wiesbaden, AuAS 2002, 178; OVG Magdeburg, AuAS 2011, 114.
6 Ebenso *Schütze*, VBlBW 1995, 346 (349); VG Frankfurt, InfAuslR 1995, 190 = AuAS 1995, 190; VG Kassel v. 6.1.1995 – 5 G 5325/94. A (3), NVwZ-Beilage 1995, 30.

kräftigen Entscheidung über das weitere Asylverfahren nicht vollzogen werden darf[1].

Gegen die Ausländerbehörde kann ein einstweiliger Rechtsschutzantrag nach § 123 VwGO nur auf die Sicherung eines Abänderungsverfahrens, gestützt auf einen beim Bundesamt zu stellenden Wiederaufnahmeantrag i.S.v. § 51 Abs. 1 VwVfG, gerichtet sein[2].

76 Das BVerfG (1. Kammer des 2. Senats) hat entschieden, mit der aus Art. 19 Abs. 4 GG folgenden Garantie effektiven Rechtsschutzes sei es nicht zu vereinbaren, wenn die fachgerichtliche Auslegung der anzuwendenden einfachgesetzlichen Vorschriften dazu führt, dass es in Asylfolgeverfahren, in denen gem. § 71 Abs. 5 AsylVfG keine erneute Abschiebungsandrohung ergeht, überhaupt keinen Eilrechtsschutz gibt[3].

⊃ **Hinweis:** Folgende Anträge sind zu stellen:
– Der Bescheid des Bundesamtes für Migration und Flüchtlinge vom ..., Az. ..., zugestellt am ..., wird aufgehoben.
– Das Bundesamt wird verpflichtet, die Mitteilung nach § 71 Abs. 5 Satz 2 AsylVfG gegenüber der Ausländerbehörde zurückzunehmen bzw. vorläufig zu unterlassen bzw. der Ausländerbehörde wird untersagt, bis zur Entscheidung des Verwaltungsgerichts in der Hauptsache gegen den Antragsteller aufenthaltsbeendende Maßnahmen zu ergreifen.
– Das Bundesamt wird verpflichtet, der Ausländerbehörde mitzuteilen, dass in Bezug auf den Folgeantrag des Antragstellers die Voraussetzungen des § 51 Abs. 1–3 VwVfG vorliegen.
– Dem Freistaat Bayern bzw. der Landeshauptstadt München wird einstweilen untersagt, gegen den Antragsteller vor rechtskräftigem Abschluss des Folgeantragsverfahrens aufenthaltsbeendende Maßnahmen zu ergreifen.

**dd) Entscheidung des Verwaltungsgerichts**

77 Das Verwaltungsgericht darf den **Eilantrag** nur **ablehnen**, wenn mit der erforderlichen Richtigkeitsgewissheit feststeht, dass entweder die Voraussetzungen des § 51 VwVfG nicht vorliegen oder dass – im Falle des Durchentscheidens in der Sache – ein Asylanspruch eindeutig nicht besteht[4].

Hat das Verwaltungsgericht dem Antrag auf vorläufigen Abschiebungsschutz **stattgegeben**, steht dem Folgeantragsteller zumindest eine Duldung zu[5].

Die dem Ausländer gesetzte **Ausreisefrist** endet dann in analoger Anwendung des § 37 Abs. 2 AsylVfG **einen Monat** nach dem unanfechtbaren Abschluss des Asyl-

---

1 Vgl. auch VG Darmstadt v. 21.10.1994 – 5 G 33408/94. A (3), NVwZ-Beilage 1995, 31; v. 21.5.1997 – 5 G 30437/97. A (3), NVwZ-Beilage 1997, 64; VG München v. 5.6.1997 – M 21 E 97.60308, n.v.; OVG Weimar v. 16.7.1999 – 3 EO 510/99, DVBl 2000, 434 = NVwZ-Beilage 2000, 38; OVG Münster, AuAS 2000, 107; a.A. VG Freiburg v. 14.12.1993 – A 3 K 14890/93, NVwZ-Beilage 1994, 15 (Antrag nach § 80 Abs. 5 VwGO).
2 OVG Bautzen v. 19.6.2001 – 3 BS 336/00, NVwZ-Beilage 2002, 93; VG Stuttgart v. 12.6.2003 – A 4 K 11624/03, AuAS 2003, 263 = InfAuslR 2003, 359 = NVwZ-Beilage 2003, 112; a.A. § 80 Abs. 5 VwGO-Antrag – VG Karlsruhe, InfAuslR 2003, 406.
3 BVerfG-Kammer v. 16.3.1999 – 2 BvR 2131/95, BayVBl. 1999, 497 = NVwZ-Beilage 1999, 49 = DVBl 1999, 1204 = InfAuslR 1999, 256.
4 BVerfG-Kammer v. 4.10.1994 – 2 BvR 2838/93, NVwZ-Beilage 1995, 2; v. 5.10.1994 – 2 BvR 2333/93, NVwZ-Beilage 1995, 3 = InfAuslR 1995, 19; v. 8.3.1995 – 2 BvR 2148/94, DVBl 1995, 846 = InfAuslR 1995, 342; VG Freiburg v. 7.12.1993 – A 1 K 13897/93, InfAuslR 1994, 166 = NVwZ 1995, 197 = VBlBW 1994, 160.
5 VG Bremen v. 4.4.1996 – 7 V-As 37/96, NVwZ-Beilage 1996, 56.

verfahrens[1]. Nach anderer Auffassung des VGH Mannheim[2] ist lediglich die in der Abschiebungsandrohung des Bundesamtes gem. § 36 Abs. 1 AsylVfG bestimmte Frist von einer Woche, nicht auch die Abschiebungsandrohung insgesamt aufzuheben; § 37 Abs. 2 AsylVfG sei nicht entsprechend anwendbar.

Es ist nicht ersichtlich, dass durch die weitgehende Neuregelung des Asylrechts im Jahre 1993 bestimmten Mindestanforderungen inhaltlicher und verfahrensrechtlicher Art, die auch der Sicherung des von Art. 16a Abs. 1 GG grds. gebotenen vorläufigen Bleiberechts des Asylbewerbers dienen, die Grundlage entzogen werden sollte. Zu diesen Mindestanforderungen zählen insbesondere, dass auf das individuelle Vorbringen des Asylbewerbers eingegangen wird und dabei die fachgerichtliche Beurteilung anhand der gegebenen Begründung nachvollziehbar ist und auf einer verlässlichen Grundlage beruht. Bestehen somit ernstliche Zweifel i.S.d. § 36 Abs. 4 Satz 1 AsylVfG an der Rechtmäßigkeit der Entscheidung des Bundesamtes, dann ist dem Eilantrag stattzugeben[3]. 78

**ee) Durchentscheiden in der Hauptsache**

Sind nach Auffassung des Verwaltungsgerichts die Voraussetzungen für ein Wiederaufgreifen des Verfahrens erfüllt, darf das Gericht nach einem Urteil des BVerwG die Sache nicht zur Entscheidung an das Bundesamt zurückverweisen, sondern muss hierüber selbst entscheiden, d.h. „durchentscheiden"[4]. 79

Das Verwaltungsgericht hat über alle Wiederaufgreifensgründe zu befinden, die im Zeitpunkt seiner Entscheidung geltend gemacht werden[5].

**ff) Folgeschutzgesuch**

Macht der Ausländer lediglich Abschiebungsverbote gem. § 60 Abs. 2 bis Abs. 7 AufenthG geltend, ohne einen Asylfolgeantrag zu stellen, handelt es sich um ein sog. Folgeschutzgesuch[6] und mithin keinen Asylfolgeantrag[7]. 80

Das **Wiederaufgreifen** des Verfahrens bestimmt sich dann unmittelbar **nach § 51 VwVfG**, da sich § 71 AsylVfG auf die Regelung der erneuten Prüfung der Voraussetzungen des § 60 Abs. 1 AufenthG und der Anerkennung als Asylberechtigter beschränkt[8]. Umstritten war, ob für ein Folgeschutzgesuch das Bundesamt[9] oder die Ausländerbehörde[10] sachlich zuständig ist.

Mit dem VGH Kassel[11] ist davon auszugehen, dass es sich beim Folgeschutzgesuch um eine asylrechtliche Streitigkeit handelt, die in die alleinige Entscheidungskompetenz des Bundesamtes fällt.

---

1 VG Düsseldorf, AuAS 2000, 118; ebenso BVerwG, InfAuslR 2001, 357 = AuAS 2001, 177.
2 VGH Mannheim, AuAS 2000, 176.
3 VGH Mannheim, VBlBW 1997, 111.
4 BVerwG v. 10.2.1998 – 9 C 28.97, NVwZ 1998, 861 = DVBl 1998, 725 = AuAS 1998, 149 = BayVBl. 1998, 600 = InfAuslR 1998, 367.
5 OVG Münster v. 25.2.1997 – 25 A 720/97.A, AuAS 1997, 166 = NVwZ-Beilage 1997, 68.
6 *Rennert*, VBlBW 1993, 90.
7 OVG Hamburg, AuAS 2011, 117.
8 VG Berlin v. 14.5.1996 – 33 X 488/95, NVwZ-Beilage 1996, 70; BVerwG, DVBl 2001, 1531.
9 VG Berlin v. 14.5.1996 – 33 X 488/95, NVwZ-Beilage 1996, 70; VG Freiburg v. 22.7.1996 – A 2 K 11532/96, AuAS 1996, 237 = NVwZ-Beilage 1996, 88; VG Ansbach, InfAuslR 1996, 374; OVG Münster, AuAS 2004, 155; OVG Lüneburg, AuAS 2005, 58; BVerwG v. 21.3.2000 – 9 C 41.99, NVwZ 2000, 940.
10 VGH München, BayVBl. 1995, 696; VG Würzburg, InfAuslR 1995, 346; OVG Schleswig, InfAuslR 1993, 279.
11 VGH Kassel, AuAS 2007, 33 = InfAuslR 2007, 130.

### gg) Verhältnis zur Abschiebungshaft

81 Der Anordnung der Abschiebungshaft steht der Folgeantrag nicht entgegen, es sei denn, das Bundesamt bestimmt, ein weiteres Asylverfahren durchzuführen. Andererseits stellt § 71 Abs. 8 AsylVfG keine von § 62 AufenthG abweichende eigenständige Regelung der Voraussetzungen für die Sicherungshaft des Folgeantragstellers dar; die Abschiebungshaft darf somit nach § 62 Abs. 3 Satz 1 AufenthG grds. nur für längstens sechs Monate angeordnet werden[1].

### 9. Unterbringung und Verteilung, §§ 44–54 AsylVfG

82 In den §§ 44–54 AsylVfG ist die **Unterbringung** der Asylbewerber in Aufnahmeeinrichtungen und Gemeinschaftsunterkünften sowie die landesinterne bzw. länderübergreifende Verteilung geregelt.

Gegen einen **Zuweisungsbescheid** in eine Gemeinschaftsunterkunft nach § 53 AsylVfG hat eine Anfechtungsklage nur dann Erfolg, wenn diese Unterkunft grds. zur Unterbringung von Menschen ungeeignet ist; werden einzelne, behebbare Missstände gerügt, ist eine Leistungsklage zu erheben[2].

Die Berücksichtigung gesundheitlicher Gründe hat auch bei der landesinternen **Verteilung** mit regelmäßiger Reduzierung des behördlichen Ermessens zu erfolgen, auch wenn „sonstige humanitäre Gründe von vergleichbarem Gewicht" nur in § 51 Abs. 1 AsylVfG (länderübergreifende Verteilung), nicht auch in § 50 Abs. 4 Satz 5 AsylVfG (landesinterne Verteilung) genannt sind[3].

Der **Wohnsitzwechsel** eines abgelehnten Asylbewerbers in ein anderes Bundesland setzt wegen der gem. § 56 Abs. 3 AsylVfG fortdauernden räumlichen Beschränkung seiner erloschenen Aufenthaltsgestattung eine länderübergreifende Umverteilung gem. § 51 AsylVfG voraus[4]. Die Klage eines abgelehnten Asylbewerbers auf Aufhebung oder Änderung der Wohnsitzauflage ist keine asylverfahrensrechtliche Streitigkeit[5].

## IV. Entscheidung des Bundesamtes über einen Asylantrag

83 Entscheidet das Bundesamt über einen Asylantrag, dann hat es diese Entscheidung **schriftlich** zu begründen, mit einer **Rechtsbehelfsbelehrung** zu versehen und den Beteiligten **zuzustellen** (§ 31 AsylVfG). Wurde für das Verfahren kein Bevollmächtigter bestellt, ist eine **Übersetzung** der Entscheidungsformel und der Rechtsbehelfsbelehrung beizufügen. Asylberechtigte und Ausländer, denen die Flüchtlingseigenschaft nach § 60 Abs. 1 AufenthG zuerkannt wird oder bei denen das Bundesamt ein Abschiebungsverbot nach § 60 Abs. 2 bis Abs. 7 AufenthG festgestellt hat, sind zusätzlich über die sich hieraus ergebenden Rechte und Pflichten zu unterrichten.

Es ist ausdrücklich festzustellen, ob die Voraussetzungen des § 60 Abs. 1 AufenthG vorliegen und ob der Ausländer als Asylberechtigter anerkannt wird, es sei denn, der Asylantrag war auf die Feststellung der Voraussetzungen des § 60 Abs. 1 AufenthG beschränkt (vgl. § 31 Abs. 2 AsylVfG).

---

1 BayObLG, AuAS 1994, 14 = InfAuslR 1994, 53; vgl. auch BVerfG-Kammer, AuAS 1996, 42.
2 VG Freiburg v. 19.6.1996 – A 2 K 10233/96, AuAS 1996, 213 = DVBl 1996, 1278 = NVwZ-Beilage 1997, 15 = InfAuslR 1997, 226 = VBlBW 1997, 112.
3 VG Lüneburg, InfAuslR 1998, 43; zum Anspruch auf Umverteilung vgl. VG Leipzig, NVwZ-RR 2000, 323.
4 VGH Kassel, AuAS 2006, 257.
5 VGH Mannheim, AuAS 2008, 22.

## 1. Asylantrag ist begründet

Nach Art. 16a Abs. 1 GG genießen politisch Verfolgte Asylrecht (sog. Großes Asyl). Politische Verfolgung ist dabei grds. nur vom Staat ausgehende oder zumindest ihm zuzurechnende Verfolgung. Eine Verfolgung ist dann politisch motiviert, wenn sie dem Einzelnen in Anknüpfung an seine politische Überzeugung, seine religiöse Grundentscheidung oder an für ihn unverfügbare Merkmale, die sein Anderssein prägen, gezielt Rechtsverletzungen zufügt, die ihn ihrer Intensität nach aus der übergreifenden Friedensordnung der staatlichen Einheit ausgrenzen. Eine begründete Furcht vor politischer Verfolgung im Heimatstaat ist zu bejahen, wenn dem Asylsuchenden bei verständiger Würdigung der gesamten Umstände seines Falles politische Verfolgung mit beachtlicher Wahrscheinlichkeit droht. Wurde der Asylbewerber bereits einmal politisch verfolgt oder drohte ihm bei der Ausreise politische Verfolgung mit beachtlicher Wahrscheinlichkeit, muss eine Wiederholung mit hinreichender Sicherheit ausgeschlossen werden können. Allerdings kann sich nach Art. 16a Abs. 2 Satz 1 GG auf Art. 16a Abs. 1 GG nicht berufen, wer aus einem Mitgliedstaat der EG oder aus einem anderen Drittstaat einreist, in dem die Anwendung der Genfer Flüchtlingskonvention (GFK) und der EMRK sichergestellt ist. Die Staaten außerhalb der EG, auf die diese Voraussetzungen zutreffen, werden durch Gesetz bestimmt; derzeit sind dies Norwegen und die Schweiz (Anlage I zu § 26a AsylVfG).

In § 60 Abs. 1 AufenthG ist bestimmt, dass ein Ausländer in Anwendung der GfK nicht in einen Staat abgeschoben werden darf, in dem sein Leben oder seine Freiheit wegen seiner Person, Religion, Staatsangehörigkeit, seiner Zugehörigkeit zu einer bestimmten sozialen Gruppe – eine diesbezügliche Verfolgung kann auch gegeben sein, wenn die Bedrohung des Lebens, der körperlichen Unversehrtheit oder der Freiheit alleine an das Geschlecht anknüpft – oder wegen seiner politischen Überzeugung bedroht ist. Hierbei kann die Verfolgung vom Staat, Parteien oder Organisationen, die den Staat oder wesentliche Teile des Staatsgebietes beherrschen, oder unter bestimmten Voraussetzungen auch von nichtstaatlichen Akteuren ausgehen (sog. Kleines Asyl).

Durch die Richtlinie 2004/83/EG – sog. Qualifikationsrichtlinie (QRL) – hat sich der Prüfungsmaßstab bezüglich der Zuerkennung von Flüchtlingsschutz geändert. Im Rahmen der zu prüfenden Verfolgungswahrscheinlichkeit ist nach Art. 4 Abs. 3 QRL eine individuelle Prüfung durchzuführen. Hat der Flüchtling sein Heimatland vorverfolgt verlassen, kommt ihm nach Art. 4 Abs. 4 QRL eine Beweiserleichterung in Form einer widerlegbaren Vermutungsregel zugute, außerdem kann eine Vorverfolgung nach einer Entscheidung des BVerwG[1] nicht mehr alleine wegen einer zum Zeitpunkt der Ausreise bestehenden Fluchtalternative in einem anderen Teil des Herkunftslandes verneint werden. Der herabgestufte Wahrscheinlichkeitsmaßstab der hinreichenden Sicherheit hat bei der Prüfung der Flüchtlingsanerkennung und auch des subsidiären Schutzes nach der Entscheidung des BVerwG vom 27.4.2010[2] keine Bedeutung mehr.

Ein nicht vorverfolgt ausgereister Flüchtling muss allerdings nach Art. 2 lit. c QRL begründete Furcht vor Verfolgung geltend machen können; dies entspricht dem Maßstab der beachtlichen Wahrscheinlichkeit[3].

---

1 BVerwG v. 19.1.2009 – 10 C 52.07, AuAS 2009, 115 = NVwZ 2009, 982 und v. 27.4.2010 – 10 C 5.09, InfAuslR 2010, 410 = NVwZ 2011, 51 = ZAR 2011, 62 mit Anm. *Walter*; siehe zur QRL auch BVerwG v. 26.2.2009 – 10 C 50.07, ZAR 2009, 319 mit Anm. *Pfersich* = AuAS 2009, 175 = DVBl 2009, 845; v. 5.3.2009 – 10 C 51.07, InfAuslR 2009, 363 = NVwZ 2009, 1167 = ZAR 2009, 352 mit Anm. *Pfersich*.
2 BVerwG v. 27.4.2010 – 10 C 5.09, InfAuslR 2010, 410 = NVwZ 2011, 51 = ZAR 2011, 62.
3 VGH Kassel, NVwZ-RR 2008, 828 = AuAS 2008, 95.

Das Bundesamt kann dem Antrag nach Art. 16a Abs. 1 GG und dem Antrag nach § 60 Abs. 1 AufenthG stattgeben, nur den Antrag nach § 60 Abs. 1 AufenthG – weil der Asylantrag hierauf beschränkt war – positiv verbescheiden oder den Antrag nach Art. 16a Abs. 1 GG ablehnen, dem Antrag nach § 60 Abs. 1 AufenthG aber stattgeben.

**2. Asylantrag ist (einfach) unbegründet**

**a) Entscheidung über Art. 16a Abs. 1 GG und § 60 Abs. 1 AufenthG**

86 Lehnt das Bundesamt einen Asylantrag als (einfach) unbegründet ab, dann entscheidet es entweder sowohl über Art. 16a Abs. 1 GG als auch § 60 Abs. 1 AufenthG negativ oder lehnt nur Antrag nach § 60 Abs. 1 AufenthG ab, wenn nämlich der Asylantrag hierauf beschränkt war.

**b) Entscheidung über Abschiebungsverbote nach § 60 Abs. 2 bis Abs. 7 AufenthG**

87 Weiter hat das Bundesamt festzustellen, ob Abschiebungsverbote nach § 60 Abs. 2 bis Abs. 7 AufenthG vorliegen (§ 31 Abs. 3 AsylVfG). Diese Verpflichtung des Bundesamtes folgt bereits aus § 24 Abs. 2 AsylVfG, wonach dem Bundesamt nach Stellung eines Asylantrages auch die Entscheidung obliegt, ob Abschiebungsverbote nach § 60 Abs. 2 bis Abs. 7 AufenthG gegeben sind. Von der Entscheidung über Abschiebungsverbote kann das Bundesamt absehen, wenn der Ausländer als Asylberechtigter anerkannt oder ihm die Flüchtlingseigenschaft zuerkannt wird.

**c) Abschiebungsandrohung nach § 59 AufenthG**

88 Wird der Ausländer nicht als Asylberechtigter anerkannt und wird ihm die Flüchtlingseigenschaft nicht zuerkannt, dann erlässt das Bundesamt nach §§ 59 und 60 Abs. 10 AufenthG ohne erforderliche vorherige Anhörung des Ausländers auch eine Abschiebungsandrohung; diese soll mit der Entscheidung über den Asylantrag verbunden werden (§ 34 AsylVfG). In § 59 Abs. 3 Satz 1 AufenthG ist ausdrücklich bestimmt, dass das Vorliegen von Abschiebungsverboten dem Erlass der Abschiebungsandrohung nicht entgegensteht. So hat dies auch das BVerwG mit Urteil vom 5.2.2004[1] entschieden. Die zu setzende Ausreisefrist beträgt nach § 38 Abs. 1 AsylVfG einen Monat und endet im Falle der Klageerhebung einen Monat nach dem unanfechtbaren Abschluss des Asylverfahrens.

Mit Urteil vom 11.9.2007[2] hat nun allerdings das BVerwG darauf hingewiesen, dass nach dem Inkrafttreten des Gesetzes zur Umsetzung aufenthalts- und asylrechtlicher Richtlinien der Europäischen Union vom 19.8.2007 das Bundesamt bei Asylbewerbern auch für die ausländerrechtliche Ermessensentscheidung, ob nach § 60 Abs. 7 Satz 1 AufenthG bei Vorliegen der gesetzlichen Voraussetzungen der Norm von der Abschiebung abgesehen werden soll, zuständig ist und dass deshalb dann, wenn das Verwaltungsgericht das Bundesamt zur Feststellung eines Abschiebungsverbots nach § 60 Abs. 7 Satz 1 AufenthG hinsichtlich eines bestimmten Staates verpflichtet, die Bezeichnung des betreffenden Staates als Zielstaat in der Abschiebungsandrohung rechtswidrig ist[3].

---

1 BVerwG v. 5.2.2004 – 1 C 7.03, AuAS 2004, 139 = InfAuslR 2004, 323 = NVwZ-RR 2004, 534 = DVBl 2004, 715.
2 BVerwG v. 11.9.2007 – 10 C 8.07, NVwZ 2008, 330 = InfAuslR 2008, 142 = AuAS 2008, 16 = ZAR 2008, 107.
3 Ebenso OVG Greifswald v. 10.1.2007, InfAuslR 2008, 234, wenn die Flüchtlingseigenschaft nach § 60 Abs. 1 AufenthG zuerkannt wird.

## IV. Entscheidung des Bundesamtes über einen Asylantrag

Die vorsorgliche Abschiebungsandrohung abgelehnter Asylbewerber für den Fall der erneuten unerlaubten Einreise ist im AufenthG nicht vorgesehen und deshalb unzulässig[1].

Gibt es in einem Land **keine Staatsgewalt** oder staatsähnliche Organisation – derzeit wird dies in der Rechtsprechung etwa für Somalia angenommen –, dann darf dorthin auch keine Abschiebung angedroht werden, weil ein Zielstaat i.S.v. § 59 Abs. 2 AufenthG nicht existiert[2].

Eine Änderung oder Ergänzung der Zielstaatsbestimmung in der Abschiebungsandrohung darf durch das Bundesamt nur vorgenommen werden, wenn der Ausländer zuvor angehört wurde[3].

Die Klage gegen die nachträgliche Zielstaatsbestimmung in der Abschiebungsandrohung hat nach § 75 Satz 1 AsylVfG i.V.m. § 38 Abs. 1 AsylVfG aufschiebende Wirkung, wenn im ursprünglichen Bescheid der Asylantrag nicht als offensichtlich unbegründet abgelehnt wurde[4].

Eine Abschiebungsandrohung ist rechtswidrig, wenn in ihr der Staat nicht bezeichnet ist, in den der Ausländer abgeschoben werden soll, ohne dass Gründe vorliegen, die eine Bezeichnung ausnahmsweise entbehrlich machen[5].

Die bloße Bezeichnung „Palästina" als Zielstaat einer Abschiebung widerspricht der Regelung des § 59 AufenthG, soll aber nach Auffassung des VGH Kassel[6] den Ausländer nicht in eigenen Rechten verletzen. Ebenso widerspricht die Bezeichnung „Israel (Westbank)" als Zielstaat einer Abschiebung staatenloser Palästinenser, die aus Ramallah (Westjordanland = Westbank) stammen, den Vorgaben des § 59 AufenthG[7].

⊃ **Hinweis:** Die Klagefrist beträgt zwei Wochen (§ 74 Abs. 1 AsylVfG); das Widerspruchsverfahren ist gem. § 11 AsylVfG generell ausgeschlossen. Die Klage gegen die Entscheidung des Bundesamtes hat nach § 75 AsylVfG aufschiebende Wirkung; d.h. ein Eilverfahren nach § 80 Abs. 5 VwGO ist nicht geboten. Allerdings hat der Kläger die zur Begründung dienenden Tatsachen und Beweismittel binnen einer Frist von einem Monat nach Zustellung der Entscheidung des Bundesamtes anzugeben – § 87b Abs. 3 VwGO gilt entsprechend. Das Vorbringen neuer Tatsachen und Beweismittel bleibt unberührt (§ 74 Abs. 2 Satz 4 AsylVfG).

### 3. Asylantrag ist offensichtlich unbegründet, § 30 AsylVfG

#### a) Kriterien für Ablehnung als offensichtlich unbegründet

Das Bundesamt hat die Möglichkeit, einen Asylantrag als offensichtlich unbegründet abzulehnen. Nach § 30 Abs. 1 AsylVfG ist ein Asylantrag offensichtlich unbegründet, wenn die Voraussetzungen für eine Anerkennung als Asylberechtigter und die Voraussetzungen des § 60 Abs. 1 AufenthG offensichtlich nicht vorliegen. Nach § 30 Abs. 2 AsylVfG ist ein Asylantrag insbesondere – eine beispielhafte,

---

1 BVerwG v. 30.8.2005 – 1 C 29.04, DVBl 2006, 58 = NVwZ 2006, 96 = ZAR 2005, 377 = AuAS 2005, 260 = DÖV 2006, 121.
2 VG Wiesbaden, AuAS 1996, 148.
3 VG Karlsruhe, AuAS 2006, 190 = InfAuslR 2006, 434; vgl. auch VG Freiburg, NVwZ-RR 2004, 693.
4 VG Bremen, InfAuslR 2008, 279; vgl. auch VG Stuttgart, AuAS 2006, 23.
5 VGH Mannheim, VBlBW 1996, 436; VGH Mannheim, NVwZ-RR 2008, 62 = Asylmagazin 11/2007, 22.
6 VGH Kassel, NVwZ-RR 2004, 535.
7 OVG Lüneburg, NVwZ-RR 2004, 788.

nicht abschließende Aufzählung – dann offensichtlich unbegründet, wenn nach den Umständen des Einzelfalls offensichtlich ist, dass sich der Ausländer nur aus wirtschaftlichen Gründen oder um einer allgemeinen Notsituation oder einer kriegerischen Auseinandersetzung zu entgehen, im Bundesgebiet aufhält. Letzteres ist gerade deshalb so prekär, weil die korrespondierende Norm des § 24 AufenthG – Aufenthaltsgewährung zum vorübergehenden Schutz – in der Praxis bislang keine Rolle spielt.

92 § 30 Abs. 3 AsylVfG, wonach unter bestimmten Voraussetzungen ein **unbegründeter Asylantrag** als **offensichtlich unbegründet** abzulehnen ist, enthält keine originären Ablehnungsgründe. Eine Regelverletzung – etwa der Verstoß gegen bestimmte Mitwirkungspflichten – rechtfertigt damit alleine nicht die Evidenzablehnung; vorausgesetzt ist immer, dass sich der Asylantrag – sozusagen in einer Art Vorprüfung – als unbegründet darstellt.

Nach der Rechtsprechung des BVerfG kann ein Asylantrag nur dann als offensichtlich unbegründet angesehen werden, wenn nach vollständiger Erforschung des Sachverhalts im maßgeblichen Zeitpunkt der Entscheidung **vernünftigerweise kein Zweifel** an der Richtigkeit der tatsächlichen Feststellungen besteht und sich bei einem solchen Sachverhalt die Ablehnung des Antrags – nach dem Stand von Rechtsprechung und Lehre – geradezu aufdrängt[1].

Die Ablehnung eines Asylantrags als offensichtlich unbegründet aufgrund von Glaubwürdigkeitsmängeln erfordert nach einer Entscheidung des VG Aachen[2] vom Gericht eine erhöhte Sensibilität im Hinblick auf die Zuverlässigkeit von Übersetzungen durch das Bundesamt im Anhörungsprotokoll.

Auch wenn Anhörung und Entscheidung verfahrensrechtlich getrennt sind, führt dies nach Auffassung des VG Frankfurt[3] nicht ohne weitere Umstände zur Rechtswidrigkeit der Ablehnung des Asylantrages als offensichtlich unbegründet.

Versäumt ein Asylbewerber einen Anhörungstermin wegen Irrtums über den Tag der Anhörung und hat er deutlich zu erkennen gegeben, persönlich mündlich angehört zu werden, ist die Ablehnung des Asylantrages als offensichtlich unbegründet wegen Verletzung seiner Mitwirkungspflichten rechtswidrig[4].

93 ⊃ **Hinweis:** Auch bei einem Asylantrag, der als offensichtlich unbegründet abzulehnen ist, können Abschiebungsverbote nach § 60 Abs. 2 bis Abs. 7 AufenthG gegeben sein. In der Abschiebungsandrohung ist dann nach § 34 Abs. 1 AsylVfG i.V.m. § 59 Abs. 3 Satz 2 AufenthG festzuhalten, dass die Abschiebung nicht in den Staat erfolgen darf, bezüglich dessen das Abschiebungsverbot besteht.

### b) Asylbewerber aus einem sicheren Herkunftsstaat

#### aa) Regelung in Art. 16a Abs. 3 GG, § 29a AsylVfG

94 Nach Art. 16a Abs. 3 GG können durch Gesetz Staaten bestimmt werden, bei denen aufgrund der Rechtslage, der Rechtsanwendung und der allgemeinen politi-

---

1 Zur Ablehnung einer Asylklage als offensichtlich unbegründet nach Entstehen einer neuen politischen Lage im Herkunftsland siehe BVerfG-Kammer, NVwZ-Beilage 2000, 145; BVerfG-Kammer, BayVBl. 2004, 143; BVerfG-Kammer, InfAuslR 2008, 232: die schlichte Behauptung, die Klage sei offensichtlich unbegründet, genügt nicht; BVerfG-Kammer, NVwZ-RR 2008, 507.
2 VG Aachen, AuAS 1996, 212 = InfAuslR 1996, 422.
3 VG Frankfurt v. 12.3.2001 – 9 G 699/01.AO (2), NVwZ-Beilage 2001 I, 95 = AuAS 2001, 155.
4 VG Frankfurt, InfAuslR 2011, 44 = AuAS 2011, 22.

schen Verhältnisse gewährleistet erscheint, dass dort weder politische Verfolgung noch unmenschliche oder erniedrigende Bestrafung oder Behandlung stattfindet. Es wird vermutet, dass ein Ausländer aus einem solchen Staat nicht verfolgt wird, solange er nicht Tatsachen vorträgt, die die Annahme begründen, dass er entgegen dieser Vermutung politisch verfolgt wird. Als solche sichere Herkunftsstaaten wurden in Anlage II zu § 29a AsylVfG zunächst bestimmt:
– Bulgarien,
– Gambia,
– Ghana,
– Polen,
– Rumänien,
– Senegal,
– Slowakische Republik,
– Tschechische Republik
– und Ungarn.

Nachdem in Gambia im Juli 1994 ein Militärputsch stattgefunden hat und die Verfassung außer Kraft gesetzt wurde, wurde **Gambia** am 6.10.1994 per Rechtsverordnung gem. § 29a Abs. 3 AsylVfG, bestätigt durch Gesetz zur Änderung des AsylVfG[1], von dieser Liste gestrichen. Zwischenzeitlich wurde auch **Senegal** per Rechtsverordnung mit Wirkung vom 4.4.1996[2] aus der Anlage II zu § 29a AsylVfG herausgenommen. Seit 3.10.1996 gilt **Senegal** aber wieder als sicheres Herkunftsland. Derzeit sind in der Anlage II nur noch **Ghana** und der **Senegal** aufgeführt.

**bb) Asylantrag offensichtlich unbegründet**

Nach § 29a Abs. 1 AsylVfG ist der Asylantrag eines Ausländers aus einem sicheren Herkunftsstaat als offensichtlich unbegründet abzulehnen, es sei denn, die von dem Ausländer angegebenen Tatsachen oder Beweismittel begründen die Annahme, dass ihm abweichend von der allgemeinen Lage im Herkunftsstaat politische Verfolgung droht. Sichere Herkunftsstaaten sind nach § 29a Abs. 2 AsylVfG die Mitgliedsstaaten der EU und die in der Anlage II bezeichneten Staaten, also Ghana und der Senegal. Somit besteht für den Ausländer – anders als bei der Festlegung der sicheren Drittstaaten gem. § 26a AsylVfG – die Möglichkeit, die vermutete Verfolgungssicherheit zu widerlegen. Die Vermutung der Verfolgungssicherheit ist darüber hinaus beschränkt auf die Gefahr politischer Verfolgung und erfasst somit asylirrelevante Menschenrechtsverletzungen nicht. An die Substantiierung des Vorbringens des Asylbewerbers sind allerdings erhöhte Anforderungen gestellt, will er erfolgreich die Vermutung der Verfolgungssicherheit entkräften.

**cc) Rechtsprechung des BVerfG**

Das BVerfG[3] hat in einem einstweiligen Rechtsschutzverfahren entschieden, zwar lasse sich im Eilverfahren nicht abschließend klären, welche inhaltlichen und verfahrensrechtlichen Anforderungen im Hinblick auf die grundrechtliche Gewährleistung in Art. 16a Abs. 3 Satz 2 i.V.m. Art. 16a Abs. 1 GG an die Prüfung eines Vorbringens zu stellen sind, mit dem ein aus einem sicheren Herkunftsstaat stammender Ausländer die Vermutung allgemeiner Verfolgungsfreiheit widerlegen will. Unmittelbar aus der Verfassung ergebe sich aber, dass der Ausländer die Möglich-

---
1 BGBl. I 1995, 430 (Gesetz vom 8.4.1995).
2 BGBl. I 1996, 551.
3 BVerfG-Kammer, InfAuslR 1993, 309.

keit haben muss, die Vermutung, er werde nicht verfolgt, für sich zu entkräften. Die Prüfung darf sich nicht darin erschöpfen, konkreten Behauptungen des Asylbewerbers allein mit dem Hinweis auf die allgemeine Lage im Herkunftsstaat des Ausländers, die keine Anhaltspunkte für eine politische Verfolgung biete, zu begegnen. Das Vorbringen des Ausländers, welches **konkrete Behauptungen** zu einem individuellen Verfolgungsschicksal enthält, muss zur Kenntnis genommen und **im Einzelnen gewürdigt** werden[1]. Kann ein Asylsuchender schlüssig eine Verfolgungsgefahr darlegen, gilt die Vermutung der Verfolgungsfreiheit als widerlegt. Es bestehen dann ernstliche Zweifel an der Rechtmäßigkeit der Maßnahme gem. Art. 16a Abs. 4 GG und das Verwaltungsgericht hat die Vollziehung aufenthaltsbeendender Maßnahmen auszusetzen.

97 In dem grds. angelegten Urteil vom 14.5.1996[2] hat das BVerfG festgehalten, eine unmenschliche oder erniedrigende Bestrafung oder Behandlung sei nicht Inhalt der Vermutung in Art. 16a Abs. 3 Satz 2 GG und deshalb bleibe die Verpflichtung, bei der Entscheidung über den Asylantrag das Vorliegen von sonstigen Abschiebungsverboten zu prüfen, unberührt. Zur Ausräumung der Vermutung in Art. 16a Abs. 3 Satz 2 GG ist nur ein Vorbringen zugelassen, das die Furcht vor politischer Verfolgung auf ein individuelles Verfolgungsschicksal gründet; auch, wenn dieses seine Wurzel in allgemeinen Verhältnissen hat. Der Vortrag selbst muss schlüssig, substanziiert und glaubhaft sein. Die Berufung auf eine drohende – nicht politisch motivierte – unmenschliche oder erniedrigende Behandlung oder Bestrafung kann allenfalls im Zusammenhang mit weiterem erheblichen Vortrag unterstützend als Indiz dafür herangezogen werden, dass auch politische Verfolgung droht.

**c) Eilentscheidung des Verwaltungsgerichts**

98 Das Verfahren bei einem Asylantrag, den das Bundesamt als offensichtlich unbegründet abgelehnt hat, richtet sich – ebenso wie im Falle einer Entscheidung als unbeachtlich nach § 29 AsylVfG – nach den §§ 36, 37 AsylVfG. Die dem Ausländer zu setzende **Ausreisefrist** beträgt **eine Woche**. Ein Antrag nach § 80 Abs. 5 VwGO – gerichtet auf Aussetzung der Abschiebungsandrohung nach § 34 AsylVfG bzw. § 35 AsylVfG – ist ebenso wie die Klage gegen die ablehnende Asylentscheidung des Bundesamtes nach § 74 Abs. 1 Alt. 2 AsylVfG innerhalb einer Woche nach Bekanntgabe zu stellen. Hierauf ist der Ausländer nach § 36 Abs. 3 Satz 2 AsylVfG hinzuweisen. Das Verwaltungsgericht soll im schriftlichen Verfahren über den Eilantrag entscheiden; eine mündliche Verhandlung, in der zugleich über die Klage verhandelt wird, ist unzulässig. Die Entscheidung des Verwaltungsgerichts soll grds. innerhalb einer Woche ergehen. Bei rechtzeitiger Antragstellung innerhalb einer Woche ist die Abschiebung vor der gerichtlichen Eilentscheidung – gegen die es nach § 80 AsylVfG kein Rechtsmittel gibt – nicht zulässig (§ 36 Abs. 3 Satz 8 AsylVfG). Die Entscheidung des Verwaltungsgerichts ist nach § 36 Abs. 3 Satz 9 AsylVfG ergangen, wenn die vollständig unterschriebene Entscheidungsformel der Geschäftsstelle der Kammer vorliegt. Die Abschiebung ist also bereits zulässig, bevor dem Ausländer die Eilentscheidung des Verwaltungsgerichts überhaupt bekannt wurde. Zur Wirksamkeit der Entscheidung ist allerdings die ordnungsgemäße Bekanntgabe der Eilentscheidung an die Beteiligten erforderlich. Nach einem Beschluss des BVerfG[3] kann eine Verfassungsbeschwerde gegen eine negative Eilentscheidung bereits erhoben werden, wenn nur die Entscheidungsformel, nicht aber auch die Begründung vorliegt.

---

1 Bestätigt in BVerfG-Kammer, AuAS 1994, 70; BVerfG-Kammer, BayVBl. 1995, 561 = AuAS 1995, 114.
2 BVerfG v. 14.5.1996 – 2 BvR 1507, 1508/93, NVwZ 1996, 691 = DVBl 1996, 729.
3 BVerfG v. 20.4.1993 – 2 BvR 14/93, BVerfGE 88, 185 = NVwZ 1993, 767.

### d) Aussetzung der Abschiebung durch das Verwaltungsgericht

Nach § 36 Abs. 4 AsylVfG, der einfach-rechtlichen Umsetzung des Art. 16a Abs. 4 GG, darf das Verwaltungsgericht die Aussetzung der Abschiebung nur anordnen, wenn **ernstliche Zweifel** an der Rechtmäßigkeit des angegriffenen Verwaltungsakts bestehen. Nach dem Regelungszusammenhang bedeutet dies, dass es auf ernstliche Zweifel an der Rechtmäßigkeit des **Offensichtlichkeitsurteils des Bundesamtes** ankommt[1]; ernstliche Bedenken gegen die Evidenz der Asylablehnung genügen also. Tatsachen und Beweismittel, die von den Beteiligten nicht angegeben wurden, bleiben unberücksichtigt, es sei denn, sie sind gerichtsbekannt oder offenkundig. Nach zutreffender Auffassung des VG Lüneburg[2] bestehen ernstliche Zweifel i.S.v. § 80 Abs. 4 Satz 3 VwGO an einer Offensichtlichkeitsentscheidung des Bundesamtes, wenn die Aussichtslosigkeit der Klage nicht schon klar auf der Hand liegt. Stützt das Bundesamt seine ablehnende Entscheidung als offensichtlich unbegründet auf § 30 Abs. 3 AsylVfG, dann beschränkt sich die gerichtliche Prüfungskompetenz im Eilverfahren auf die Frage, ob das Bundesamt die tatbestandlichen Voraussetzungen des § 30 Abs. 3 AsylVfG zu Recht angenommen hat[3].

99

Bestehen ernstliche Zweifel an der Rechtmäßigkeit der **Abschiebungsandrohung** – etwa weil die Abschiebungsandrohung lediglich lautet: „in seinen Herkunftsstaat" und der Zielstaat also entgegen der Sollanforderung in § 34 Abs. 1 AsylVfG, § 59 Abs. 2 AufenthG nicht bezeichnet wurde – ist ebenfalls die Aussetzung der Abschiebung anzuordnen[4]. Ist die Staatsangehörigkeit ungeklärt, muss das Bundesamt prüfen, ob überhaupt ein Zielstaat in die Abschiebungsandrohung aufgenommen werden soll und hat dies bejahendenfalls zu begründen[5].

100

Die Abschiebungsandrohung in einen bestimmten Zielstaat – hier Syrien – darf nach einer Entscheidung des BVerwG[6] ausnahmsweise dann ohne Prüfung von Abschiebungsverboten nach § 60 Abs. 2 bis Abs. 7 AufenthG aufgehoben werden, wenn bereits auf Grund der Entscheidung über den Asylantrag zweifelsfrei feststeht, dass eine Abschiebung und auch eine freiwillige Ausreise in den Zielstaat auf unabsehbare Zeit ausgeschlossen ist.

In dem Verfahren nach § 36 Abs. 4 AsylVfG ist es nach Auffassung des BVerfG[7] von Verfassungs wegen geboten, dass sich das Verwaltungsgericht nicht mit einer bloßen Prognose zur Richtigkeit der Feststellungen des Bundesamtes begnügt, sondern die Frage der Offensichtlichkeit, soll sie bejaht werden, erschöpfend, wenngleich mit Verbindlichkeit nur für das Eilverfahren, klärt und insoweit über eine lediglich summarische Prüfung hinausgeht. Hieran hat das BVerfG[8] festgehalten und ausgeführt, das Verwaltungsgericht müsse überprüfen, ob das Bundesamt aufgrund einer umfassenden Würdigung der ihm vorgetragenen oder sonst erkennbaren maßgeblichen Umstände unter Ausschöpfung aller ihm vorliegenden oder zugänglichen Erkenntnismittel entschieden und in der Entscheidung klar zu erkennen gegeben hat, weshalb der Antrag nicht als schlicht unbegründet, sondern als offensichtlich

101

---
1 BVerfG-Kammer v. 2.12.1993 – 2 BvR 1475/93, InfAuslR 1994, 109 = NVwZ-Beilage 1994, 11.
2 VG Lüneburg v. 28.4.2003 – 1 B 20/03, NVwZ 2004, 126.
3 VG Frankfurt, NVwZ-Beilage 1999, 60 = AuAS 1999, 58 = InfAuslR 1999, 481; VG Darmstadt, NVwZ-Beilage 2000, 47.
4 VG Karlsruhe v. 16.1.1996 – A 3 K 10021/96, n.v.; VG Aachen v. 11.1.1996 – 7 L 2069/95, n.v.
5 VG Stuttgart, AuAS 1996, 55.
6 BVerwG v. 10.7.2003 – 1 C 21.02, NVwZ 2004, 352 = AuAS 2004, 93.
7 BVerfG, BVerfGE 67, 43 = DVBl 1984, 673 = InfAuslR 1984, 215.
8 BVerfG-Kammer, InfAuslR 1994, 159.

unbegründet abgelehnt worden ist. Nach der Rechtsprechung des BVerfG[1] ist nicht ersichtlich, dass durch die Neuregelung des Asylgrundrechts im Jahr 1993 bestimmten Mindestanforderungen inhaltlicher und verfahrensrechtlicher Art, die der Sicherung des auch von Art. 16a Abs. 1 GG grds. gebotenen vorläufigen Bleiberechts des Asylbewerbers dienen, die Grundlage entzogen werden sollte. Dies gelte gerade auch im Hinblick auf besondere Darlegungspflichten, die die Gewähr für die Richtigkeit der Entscheidung verstärken sollen.

### e) Inhaltliche Anforderungen an Entscheidung des Verwaltungsgerichts

102  Nach der Rechtsprechung des BVerfG setzt eine Abweisung der Asylklage als offensichtlich unbegründet – mit der Folge des Ausschlusses weiterer gerichtlicher Nachprüfung – voraus, dass im maßgeblichen Zeitpunkt der Entscheidung an der Richtigkeit der tatsächlichen Feststellungen des Gerichts vernünftigerweise keine Zweifel bestehen können und dass sich bei einem solchen Sachverhalt nach allgemein anerkannter Rechtsauffassung – nach dem Stand von Rechtsprechung und Lehre – die Abweisung der Klage dem Verwaltungsgericht geradezu aufdrängt.

103  Im Falle der Geltendmachung einer kollektiven Verfolgungssituation setzt die Abweisung der Asylklage als offensichtlich unbegründet in aller Regel voraus, dass eine **gefestigte** obergerichtliche **Rechtsprechung** vorliegt. Dies schließt nicht aus, dass auch bei Sachverhalten, bei denen von einer anerkannten Rechtsauffassung nicht gesprochen werden kann, die Unbegründetheit der Asylklage offensichtlich sein kann; dazu wird es aber einer eindeutigen und widerspruchsfreien Auskunftslage sachverständiger Stellen bedürfen.

104  Vergleichbare Anforderungen gelten, wenn Sachverhalte zu beurteilen sind, die die allgemeinen Verhältnisse im Herkunftsland oder sonst eine Vielzahl ähnlicher oder vergleichbarer Sachverhalte betreffen; hierfür kommt auch die Beurteilung exilpolitischer Aktivitäten und ihrer Folgen in Betracht.

105  Bei individuell konkretisierten Beeinträchtigungen kann eine Abweisung der Klage als offensichtlich unbegründet dann in Frage kommen, wenn etwa die behauptete Verfolgungsgefahr auf nachweislich **gefälschten oder widersprüchlichen Beweismitteln** beruht oder sich das **Vorbringen** insgesamt als **unglaubwürdig** erweist[2]. Die vom Verwaltungsgericht verwerteten Auskünfte und Stellungnahmen sowie die berücksichtigte Rechtsprechung können nur dann als noch hinreichend aktuell zugrunde gelegt werden, wenn keine Anhaltspunkte dafür vorliegen, dass mittlerweile relevante Änderungen eingetreten sind, die Anlass geben, aktuellere Sachverhaltsfeststellungen zu treffen und ggf. eine ständige Rechtsprechung zu überdenken[3].

### f) Teilweise Aussetzung der Abschiebung durch das Verwaltungsgericht

106  Hat das Verwaltungsgericht – lediglich – ernstliche Zweifel an der Rechtmäßigkeit der Entscheidung des Bundesamtes zum Nichtvorliegen von Abschiebungsverboten nach § 60 Abs. 2 bis Abs. 7 AufenthG, dann hat es die aufschiebende Wirkung der Klage insoweit anzuordnen, als die Abschiebung in den betreffenden Zielstaat angedroht wurde; die Abschiebungsandrohung ist wegen Verstoß gegen § 59 Abs. 3 Satz 2 AufenthG teilweise rechtswidrig.

---

1 BVerfG-Kammer, AuAS 1994, 148.
2 BVerfG-Kammer v. 9.8.1994 – 2 BvR 2831/93, DVBl 1994, 1405; v. 3.9.1996 – 2 BvR 2353/95, BayVBl. 1997, 15 = NVwZ-Beilage 1997, 9.
3 BVerfG-Kammer v. 18.6.1993 – 2 BvR 231/93, NVwZ 1994, 62.

⊃ **Hinweis:** Gibt das Verwaltungsgericht dem Eilantrag nach § 80 Abs. 5 VwGO statt, dann endet die Ausreisefrist gem. § 37 Abs. 2 AsylVfG einen Monat nach dem unanfechtbaren Abschluss des Asylverfahrens.

107

Wurde ein Asylantrag als offensichtlich unbegründet nach § 30 Abs. 3 AsylVfG abgelehnt, darf gem. § 10 Abs. 3 Satz 2 AufenthG vor der Ausreise des Ausländers kein Aufenthaltstitel erteilt werden. Nach einer Entscheidung des BVerwG erfasst diese sog. Titelerteilungssperre des am 1.1.2005 in Kraft getretenen § 10 Abs. 3 Satz 2 AufenthG freilich nicht Fälle, in denen die Ablehnung des Asylantrages als offensichtlich unbegründet bereits vor diesem Zeitpunkt bestandskräftig geworden ist[1].

108

### 4. Asylantrag ist unbeachtlich nach § 28 AsylVfG oder unzulässig nach § 27a AsylVfG

#### a) Asylantrag ist unbeachtlich – Offensichtliche Sicherheit in einem sonstigen Drittstaat

Das Bundesamt lehnt einen Asylantrag nach § 29 AsylVfG als unbeachtlich ab, wenn offensichtlich ist, dass der Ausländer bereits in einem sonstigen Drittstaat i.S.d. § 27 AsylVfG vor politischer Verfolgung sicher war und die Rückführung in diesen Staat oder in einen anderen Staat, in dem er vor politischer Verfolgung sicher ist, möglich ist. Das Bundesamt hat dann auch gem. § 31 Abs. 3 AsylVfG festzustellen, ob Abschiebungsverbote nach § 60 Abs. 2 bis Abs. 7 AufenthG vorliegen. Selbst eine positive Feststellung schließt aber – wie § 59 Abs. 3 Satz 1 AufenthG zeigt – den Erlass einer Abschiebungsandrohung nicht aus. In der Abschiebungsandrohung ist der Staat zu bezeichnen, in den der Ausländer wegen § 60 Abs. 2 bis Abs. 7 AufenthG nicht abgeschoben werden darf (§ 59 Abs. 3 Satz 2 AufenthG).

109

Nunmehr hat das BVerwG mit Urteil vom 11.9.2007[2] darauf hingewiesen, dass nach dem Inkrafttreten des Gesetzes zur Umsetzung aufenthalts- und asylrechtlicher Richtlinien der Europäischen Union vom 19.8.2007 das Bundesamt bei Asylbewerbern auch für die ausländerrechtliche Ermessensentscheidung, ob nach § 60 Abs. 7 Satz 1 AufenthG bei Vorliegen der gesetzlichen Voraussetzungen der Norm von der Abschiebung abgesehen werden soll, zuständig ist und dass deshalb dann, wenn das Verwaltungsgericht das Bundesamt zur Feststellung eines Abschiebungsverbots nach § 60 Abs. 7 Satz 1 AufenthG hinsichtlich eines bestimmten Staates verpflichtet, die Bezeichnung des betreffenden Staates als Zielstaat in der Abschiebungsandrohung rechtswidrig ist.

⊃ **Hinweis:** Das gerichtliche Verfahren richtet sich nach den §§ 36, 37 Abs. 1 AsylVfG. Entspricht das Verwaltungsgericht dem Eilantrag nach § 80 Abs. 5 VwGO, werden die Entscheidung des Bundesamtes über die Unbeachtlichkeit des Asylantrags und die Abschiebungsandrohung unwirksam und das Bundesamt hat das Asylverfahren fortzuführen. Gleiches gilt – ohne positive Eilentscheidung des Verwaltungsgerichts –, wenn die Rückführung nicht innerhalb von drei Monaten möglich ist (§ 29 Abs. 2 AsylVfG).

110

#### b) Asylantrag ist unzulässig – Dublin II Verordnung

Nach § 29 Abs. 3 AsylVfG a.F. war ein Asylantrag ferner unbeachtlich, wenn auf Grund eines völkerrechtlichen Vertrages ein anderer Vertragsstaat, der ein sicherer Drittstaat i.S.v. § 26a AsylVfG ist, für die Durchführung eines Asylverfahrens zu-

111

---
1 BVerwG v. 25.8.2009 – 1 C 30.08, AuAS 2010, 45 = NVwZ 2010, 386.
2 BVerwG v. 11.9.2007 – 10 C 8.07, NVwZ 2008, 330 = InfAuslR 2008, 142 = AuAS 2008, 16.

ständig ist oder die Zuständigkeit übernimmt. § 29 Abs. 3 AsylVfG a.F. wurde auf Grund des Schengener Durchführungsübereinkommens und des dieses ersetzenden Dubliner Übereinkommens in das AsylVfG aufgenommen. Das Dubliner Übereinkommen wiederum wurde durch die VO (EG) 343/2003 vom 18.2.2003 – sog. Dublin II Verordnung – abgelöst (Art. 24 Abs. 1 Dublin II VO).

Am 25.2.2003 wurde diese VO im Amtsblatt der Europäischen Union veröffentlicht und gilt für Asylanträge, die seit dem 1.9.2003 gestellt werden. Die Dublin II Verordnung ist zwar kein völkerrechtlicher Vertrag, sondern europäisches Gemeinschaftsrecht gem. Art. 63 Abs. 1 Nr. 1 lit. a EGV. Die ganz überwiegende Rechtsprechung hat dennoch § 29 Abs. 3 AsylVfG a.F. entsprechend auf diese gemeinschaftsrechtlichen Zuständigkeitsregelungen angewendet. Dies bedeutete in der Praxis, dass das Bundesamt nach § 29 Abs. 3 Satz 2 AsylVfG a.F., § 26a Abs. 1 AsylVfG und § 34a Abs. 1 AsylVfG die Abschiebung in den anderen Vertragsstaat anordnen konnte und nicht zwingend eine Abschiebungsandrohung nach § 29 Abs. 3 Satz 1 AsylVfG a.F., § 35 Satz 2 AsylVfG a.F. erlassen musste[1].

Zu Recht war freilich das VG Gießen[2] anderer Auffassung; danach machte es die fehlende Anpassung des AsylVfG an die Dublin II Verordnung aus Gründen des effektivem Rechtsschutzes erforderlich, gegen die Abschiebungsanordnung vorläufigem Rechtsschutz nach § 80 Abs. 5 VwGO § 36 AsylVfG im Hinblick auf die Ermöglichung einer freiwilligen Ausreise zu gewähren. Das VG Darmstadt[3] war zutreffend der Meinung, der Erlass einer Abschiebungsanordnung ohne die Möglichkeit der freiwilligen Ausreise in den zuständigen Mitgliedstaat verstoße gegen § 35 Satz 2 AsylVfG a.F. und Art. 19 Abs. 2 Satz 2 Dublin II Verordnung, wonach die Frist für die Durchführung der Überstellung in der dem Antragsteller mitzuteilenden und zu begründenden Entscheidung anzugeben ist.

112 Grundsätzlich beruht die Dublin II Verordnung auf der nicht zutreffenden Unterstellung, ein Flüchtling habe in allen Mitgliedsstaaten der EU vergleichbare Aufnahmebedingungen und über Asylanträge werde nach vergleichbaren Verfahrensgrundsätzen mit vergleichbaren Erfolgschancen entschieden. Art. 15 der Dublin II Verordnung enthält eine humanitäre Klausel; danach kann **jeder Mitgliedsstaat** aus humanitären Gründen, die sich insbesondere aus dem familiären oder kulturellen Kontext ergeben, **Familienmitglieder zusammenführen**, auch wenn er dafür nach den Kriterien dieser Verordnung nicht zuständig ist. Bezeichnend ist, dass von dieser Möglichkeit seitens der Bundesrepublik Deutschland 2007 lediglich zehnmal Gebrauch gemacht wurde[4].

Nunmehr wurde durch das Gesetz zur Umsetzung aufenthalts- und asylrechtlicher Richtlinien der Europäischen Union vom 19.8.2007 § 27a AsylVfG eingefügt. Danach ist ein Asylantrag unzulässig, wenn ein anderer Staat auf Grund von Rechtsvorschriften der europäischen Gemeinschaft – hier der VO (EG) Nr. 343/2003 (Dublin II Verordnung) – oder eines völkerrechtlichen Vertrages für die Durchführung des Asylantrages zuständig ist. § 29 Abs. 3 AsylVfG und § 35 Satz 2 AsylVfG wurden gestrichen. Wird der Asylantrag als unzulässig abgelehnt, dann ist nach § 31 Abs. 6 AsylVfG dem Ausländer in der Entscheidung des Bundesamtes mitzuteilen, welcher andere Staat für die Durchführung des Asylverfahrens zuständig ist. Das Bundesamt ordnet die Abschiebung in den anderen Vertragsstaat nach § 34a Abs. 1 AsylVfG an, sobald feststeht, dass sie durchgeführt werden kann. Die Ablehnung des Asylantrags als unzulässig ist dem Ausländer zusammen mit der Abschiebungs-

---

1 VGH Kassel, InfAuslR 2007, 37 = ZAR 2007, 28 = AuAS 2006, 272; VG Freiburg, AuAS 2007, 91; VG Bremen, AuAS 2007, 93.
2 VG Gießen, InfAuslR 2006, 250 = NVwZ-RR 2006, 427 = AuAS 2006, 67.
3 VG Darmstadt, InfAuslR 2005, 495.
4 Asylmagazin 1–2/2008, 2.

### IV. Entscheidung des Bundesamtes über einen Asylantrag

anordnung nach § 34a AsylVfG selbst zuzustellen; dem Bevollmächtigten soll – lediglich – ein Abdruck der Entscheidung zugeleitet werden (§ 31 Abs. 1, Sätze 4 und 6 AsylVfG). Nach § 34a Abs. 2 AsylVfG darf die Abschiebung weder nach § 80 VwGO noch nach § 123 VwGO ausgesetzt werden. Lediglich die Möglichkeit, die Entscheidung des Bundesamtes mit einer Klage anzufechten, bleibt; dies ergibt sich mittelbar auch aus § 31 Abs. 1 Satz 4 AsylVfG und § 34a Abs. 2 AsylVfG[1].

Somit besteht für den Ausländer keine Möglichkeit mehr, freiwillig (Argument: Art. 7 DV zur Dublin II Verordnung) in den zuständigen Staat auszureisen. Weil jeglicher Eilrechtsschutz ausgeschlossen ist, ist dem Ausländer auf den ersten Blick auch die Möglichkeit versperrt, inlandsbezogene Abschiebungshindernisse oder etwaige subjektiv öffentliche Rechte aus der Dublin II Verordnung geltend zu machen. In der untergerichtlichen Rechtsprechung wird aber dem Bundesamt zu Recht die Verpflichtung auferlegt, vor Erlass einer Abschiebungsanordnung zu prüfen, ob inlandsbezogene Abschiebungshindernisse vorliegen[2]. Eine ganz andere Frage ist freilich, ob ein solcher Anspruch rein faktisch vor dem Vollzug der Rücküberstellung an den anderen Staat noch gerichtlich geltend gemacht werden kann.

Ist die Bundesrepublik Deutschland auf Grund der Dublin II Verordnung für die Durchführung des Asylverfahrens zuständig, dann ist nach § 26a Abs. 1 Satz 3 Nr. 2 AsylVfG kein Raum für die Anwendung der Regelung des § 26a AsylVfG bezüglich sicherer Drittstaaten.

Das BVerfG hat mit dem Beschluss vom 10.12.2007[3] auf einen interessanten Aspekt im Zusammenhang mit der Anordnung von Abschiebungshaft hingewiesen. Danach ist die rechtliche Bedeutung eines in einem EU-Staat gestellten Asylantrags bei der Rücküberstellung des Ausländers in die Bundesrepublik Deutschland nach der Dublin II Verordnung ungeklärt, so dass ein solcher Asylantrag der Anordnung von Abschiebungshaft in der Bundesrepublik Deutschland entgegenstehen könnte; Argument könnte Art.16 Abs. 1 lit. b Dublin II Verordnung sein.

Im Jahr 2009 haben zunächst eine Vielzahl von Verwaltungsgerichten und dann auch das BVerfG einstweiligen Rechtsschutz im Rücküberstellungsverfahren nach Griechenland mit dem Argument der drohenden Verletzung von Kernanforderungen des europäischen Flüchtlingsrechts gewährt. Bemerkenswert ist auch das Urteil des schweizerischen Bundesverwaltungsgerichts vom 2.2.2010[4] zur Notwendigkeit, in Verfahren betreffend die Überstellung von Asylsuchenden in einen anderen Dublin-Staat – hier: Griechenland – effektiven Rechtsschutz, gestützt auf Art. 13 EMRK, zu gewähren.

Das VG Frankfurt hat mit Beschluss vom 6.2.2009[5] entschieden, dass § 34a Abs. 2 AsylVfG, wonach der Vollzug einer Abschiebungsanordnung nicht nach § 80 Abs. 5 VwGO oder § 123 VwGO ausgesetzt werden darf, im Rahmen des Art. 19 Dublin II VO nicht anwendbar ist, weil es gemeinschaftsrechtlich nicht zulässig ist, von einer Verordnung der EG vorgesehene Rechtsbehelfe durch Rückgriff auf nationales Recht ihrer verfahrensrechtlichen Wirkung zu berauben. Statthafter Rechtsbehelf ist nach Auffassung des VG Frankfurt ein Antrag nach § 80 Abs. 5 VwGO.

---
1 VG Wiesbaden, AuAS 2008, 57.
2 VG Düsseldorf, Asylmagazin 12/2007, 26 = ANA-ZAR 1/2008, 6; VG Frankfurt, Asylmagazin 3/2008, 22.
3 BVerfG-Kammer v. 10.12.2007 – 2 BvR 1033/06, NVwZ 2008, 304 = InfAuslR 2008, 133; siehe nunmehr zustimmend OLG Celle v. 6.2.2008, InfAuslR 2008, 225.
4 SchweizBVGer v. 2.2.2010 – E-5841/09, NVwZ 2010, 662.
5 VG Frankfurt, InfAuslR 2009, 176 = AuAS 2009, 104; vgl. auch VG Gießen v. 22.4.2009, AuAS 2009, 129; OVG Münster v. 7.10.2009 – 8 B 1433/09.A, AuAS 2009, 273 = NVwZ 2009, 1571; VG Oldenburg v. 9.11.2009 – 3 B 2837/09, NVwZ 2010, 200; OVG Lüneburg v. 19.11.2009, InfAuslR 2010, 83; VG Düsseldorf v. 14.12.2009, AuAS 2010, 54; und auch bereits VG Karlsruhe v. 23.6.2008, AuAS 2008, 165.

Erstmals mit Beschluss vom 8.9.2009[1] und dann in einer Vielzahl weiterer Eilentscheidungen hat das BVerfG Rücküberstellungen nach Griechenland ausgesetzt und judiziert, es bestehe keine gemeinschaftsrechtliche Pflicht zum Ausschluss des vorläufigen Rechtsschutzes bei Überstellungen nach der Dublin II Verordnung. Vielmehr sehe das Gemeinschaftsrecht die Möglichkeit der Gewährung vorläufigen fachgerichtlichen Rechtsschutzes gegen Überstellungen an den zuständigen Mitgliedsstaat nach Art. 19 Abs. 2 Satz 4 Dublin II VO und Art. 20 Abs. 1 lit. e Satz 4 Dublin II VO selbst vor[2].

In einer Hauptsacheentscheidung hat das VG Frankfurt mit Urteil vom 8.7.2009[3] entschieden, dass Drittstaatsangehörige, die in der Bundesrepublik Deutschland einen Asylantrag stellen, für dessen Prüfung nach der Dublin II Verordnung ein anderer Mitgliedsstaat der EG zuständig ist, einen subjektiv öffentlichen Anspruch auf ermessensfehlerfreie Entscheidung über den Selbsteintritt der Bundesrepublik Deutschland nach Art. 3 Abs. 2 Dublin II Verordnung haben, wobei Zweck die Gewährleistung eines richtlinienkonformen Asylverfahrens dann ist, wenn dem Ausländer – wie derzeit in Griechenland – in dem zuständigen Mitgliedsstaat ein solches Verfahren nicht zugänglich ist.

Das Bundesministerium des Innern hat mit Schreiben vom 13.1.2011 das Bundesamt für Migration und Flüchtlinge angewiesen, Asylsuchende nicht mehr nach Griechenland zu überstellen, sondern die Asylverfahren in der Bundesrepublik durchzuführen; diese Maßnahmen wurden bis 12.1.2012 befristet.

Zwischenzeitlich hat der EGMR – ebenfalls zu Griechenland – mit Urteil vom 21.1.2011[4] entschieden, dass ein Verstoß gegen die EMRK jedenfalls dann vorliegt, wenn eine substanzielle Verletzung von Konventionsrechten gerügt und einstweiliger Rechtsschutz versagt wird.

Nunmehr stellen sich die gleichen Fragen auch bei Rücküberstellungen insbesondere nach Italien, Malta, Polen, Ungarn und in die Tschechische Republik. Die Verwaltungsgerichte[5] nehmen zur europarechtskonformen Auslegung des § 34a Abs. 2 AsylVfG nunmehr zusätzlich auch Art. 13 Abs. 1 der seit 25.12.2010 unmittelbar anwendbaren Rückführungsrichtlinie in den Blick, welche einen wirksamen Rechtsbehelf fordert.

In einer ganz aktuellen Entscheidung vom 14.6.2011 hat das VG Regensburg[6] zu Recht ausgeführt, dass die vom Bundesamt praktizierte Verwaltungsübung, durch

---

1 BVerfG v. 8.9.2009 – 2 BvQ 56/09, InfAuslR 2009, 472 = AuAS 2009, 248 = NVwZ 2009, 1281; v. 8.11.2009 – 2 BvQ 56/09, DVBl 2009, 1304; v. 8.12.2009 – 2 BvR 2780/09, InfAuslR 2010, 82.
2 Hieran anschließend VG Freiburg v. 24.1.2011, InfAuslR 2011, 215 (mit Anm. *Münch*); VG Gießen, 16.3.2011, AuAS 2011, 92 und VG Wiesbaden, 12.4.2011, Az. 7 L 303/11, jeweils zu Italien.
3 VG Frankfurt, NVwZ 2009, 1176 = ZAR 2009, 392 = InfAuslR 2009, 406 = AuAS 2009, 189; der in dieser Sache als Berufungsgericht angerufene VGH Kassel hat bezüglich der Frage des Selbsteintritts eines Staates nach Art. 3 Abs. 2 Satz 1 Dublin II Verordnung mit Beschluss vom 22.12.2010, AuAS 2011, 35 = ZAR 2011, 150 ein Vorabentscheidungsersuchen an den EuGH gerichtet; einen Rechtsanspruch auf ermessensfehlerfreie Entscheidung über das Selbsteintrittsrecht bejaht auch VG Düsseldorf v. 8.12.2009, InfAuslR 2010, 85; zur Möglichkeit, dass die Anhörung des Asylbewerbers nach § 25 AsylVfG die Voraussetzungen des Selbsteintritts erfüllt vgl. VGH München v. 3.3.2010. Az. 15 ZB 10.30005; siehe auch VG Hamburg v. 11.4.2011, Asylmagazin 5/2011 S. 164 zur Frage, ob ein Selbsteintritt darin zu sehen ist, dass das Bundesamt nach der Anhörung keinerlei Maßnahmen zur Vorbereitung eines Aufnahme- oder Wiederaufnahmeersuchens trifft.
4 EGMR, NVwZ 2011, 413 (M.S.S.) = InfAuslR 2011, 221; siehe hierzu den Kommentar von *Postmann*, Asyl Heft 3/2011, 28.
5 VG Weimar v. 26.1.2011, Asylmagazin 3/2011, 84; VG Gera v. 23.2.2011, Az. 4 E 20033/11.
6 VG Regensburg v. 14.6.2011, RN 7 E 11.30189.

IV. Entscheidung des Bundesamtes über einen Asylantrag

Erlass von gleichförmigen Kurzbescheiden – die im Übrigen noch nicht einmal eine besondere Schutzbedürftigkeit eines Antragstellers als möglichen humanitären Grund in Betracht ziehen – die Prüfung vollständig auf die Verwaltungsgerichte zu verlagern, diametral dem Grundsatz der Gewaltenteilung und damit dem Rechtsstaatsprinzip entgegensteht.

Die Praxis des Bundesamtes, einen Bescheid nach § 27a AsylVfG nicht im unmittelbaren zeitlichen Zusammenhang mit seinem Erlass, sondern durch die für die Abschiebung zuständige Ausländerbehörde regelmäßig erst am Tag der Rücküberstellung in den zuständigen Dublin-Staat an den Ausländer zuzustellen, verstößt gegen das Gebot effektiven Rechtsschutzes nach Art. 19 Abs. 4 GG und ist auch mit der Zustellungsvorschrift des § 31 Abs. 1 Sätze 4 und 5 AsylVfG nicht in Einklang zu bringen. Deshalb hat das VG Hannover zu Recht die Aussetzung einer Dublin-Überstellung bis zum Ablauf von drei Werktagen nach förmlicher Zustellung des Dublin-Bescheids gemäß § 123 VwGO angeordnet[1].

Beschränkt ein Ausländer seinen Asylantrag im Dublin-Verfahren von vorneherein oder nachträglich auf subsidiären Schutz, kann eine Überstellung in einen anderen Dublin-Staat – in dem ebenfalls nicht um internationalen Schutz nachgesucht wurde – auf der Grundlage der Dublin II VO nicht mehr erfolgen; der Grund ist, dass die Dublin II VO nicht für Personen gilt, die subsidiären Schutz beantragen oder genießen[2].

Wurde der Ausländer in dem in Rede stehenden Dublin-Staat als Flüchtling anerkannt, ist § 27a AsylVfG nicht mehr einschlägig, vielmehr hat das Bundesamt nach § 29 AsylVfG vorzugehen und gegebenenfalls nach § 29 Abs. 2 AsylVfG das Asylverfahren fortzuführen[3].

### 5. Entscheidung des Bundesamtes bei Einreise aus sicherem Drittstaat

Kernstück des 1993 grundlegend geänderten Asylrechts ist das Konzept sicherer Drittstaaten, das in Art. 16a Abs. 2 GG und den §§ 26a, 34a AsylVfG geregelt ist. Nach Art. 16a Abs. 2 GG sind sämtliche Mitgliedstaaten der Europäischen Union sichere Drittstaaten. Die Staaten außerhalb der Europäischen Union, in denen nach Auffassung des Gesetzgebers die Anwendung des Abkommens über die Rechtsstellung der Flüchtlinge (GFK) und der Konvention zum Schutze der Menschenrechte und Grundfreiheiten (EMRK) sichergestellt ist, sind in § 26a Abs. 2 AsylVfG i.V.m. Anlage I genannt; dies ist nur noch Norwegen, nachdem alle anderen ursprünglich genannten Staaten zwischenzeitlich Mitgliedstaaten der EU geworden sind bzw. – wie die Schweiz – sich der Dublin II Verordnung angeschlossen haben.

113

#### a) Grundsätzliche Regelung

**Asylsuchende**, die **aus einem sicheren Drittstaat** eingereist sind, können sich nicht auf Art. 16a Abs. 1 GG berufen und werden **nicht als Asylberechtigte** anerkannt. An der Grenze ist ihnen nach § 18 Abs. 2 Nr. 1 AsylVfG die Einreise zu verweigern. Sind sie bereits unerlaubt eingereist, dann kann sie die Ausländerbehörde ohne vorherige Weiterleitung an eine Aufnahmeeinrichtung nach Maßgabe des § 57 Abs. 1 AufenthG in den sicheren Drittstaat zurückschieben, wobei die Zurückschiebung – erst – angeordnet wird, sobald feststeht, dass sie durchgeführt werden kann (§ 19 Abs. 3 AsylVfG). Diese Möglichkeit endet, wenn seitens des Ausländers ein Asyl-

114

---
1 VG Hannover v. 12.5.2011 – 1 B 1818/11, Asylmagazin 7-8/2011, 260.
2 VG Augsburg v. 23.3.2010 – Au 6 K 10.30006, Asylmagazin 2010, 163; VG München v. 9.9.2010 – M 2 K 09.50582; VG Frankfurt v. 6.7.2011 – 7 L 1604/11, AuAS 2011, 189 = InfAuslR 2011, 366.
3 VG Würzburg v. 2.9.2011 – W 4 S 11.30151.

antrag bei einer Außenstelle des Bundesamtes gestellt wird, denn damit erwirbt der Ausländer nach § 55 Abs. 1 Satz 3 AsylVfG die Aufenthaltsgestattung. Allerdings lehnt auch in diesem Fall das Bundesamt den Asylantrag ohne inhaltliche Prüfung nach § 26a AsylVfG ab und stellt nach § 31 Abs. 4 AsylVfG lediglich fest, dass dem Ausländer aufgrund seiner Einreise aus einem sicheren Drittstaat kein Asylrecht zusteht.

### aa) Abschiebungsanordnung

115 Die Abschiebung in den sicheren Drittstaat wird durch das Bundesamt nach § 34a Abs. 1 AsylVfG erst angeordnet, sobald feststeht, dass sie durchgeführt werden kann; einer vorherigen Androhung und Fristsetzung bedarf es nicht (§ 34a Abs. 1 Satz 3 AsylVfG). Dies gilt auch, wenn der Asylantrag auf die Feststellung der Voraussetzungen des § 60 Abs. 1 AufenthG beschränkt war oder vor der Entscheidung des Bundesamtes zurückgenommen wurde. Die Entscheidung über den Asylantrag nach § 26a AsylVfG ist dem Ausländer zusammen mit der Abschiebungsanordnung nach § 34a AsylVfG in jedem Fall selbst zuzustellen, dem **Bevollmächtigten soll** lediglich ein Abdruck der Entscheidung zugeleitet werden (§ 31 Abs. 1 Satz 4 und 6 AsylVfG). Das Bundesamt darf dann, wenn der Ausländer nach seinen Angaben aus einem sicheren Drittstaat eingereist ist, auch von der persönlichen Anhörung absehen (§ 24 Abs. 1 Satz 4 AsylVfG).

Nach einer Entscheidung des OVG Münster[1] bleibt das Bundesamt für den Erlass einer Abschiebungsanordnung nach § 34a AsylVfG zuständig, wenn erstmals das Verwaltungsgericht die Ablehnung des Asylantrags auf § 26a AsylVfG gestützt hat. Erweist sich im Anschluss an eine bestandskräftige Ablehnung des Asylantrags nach § 26a AsylVfG die Durchführung der Abschiebung in einen sicheren Drittstaat auf der Grundlage einer Abschiebungsanordnung nach § 34a AsylVfG als undurchführbar, dann ist allein das Bundesamt für den Erlass einer Abschiebungsandrohung nach § 34 AsylVfG zuständig.

Bei Erlass einer Abschiebungsanordnung nach § 34a Abs. 1 AsylVfG hat – ausnahmsweise und auch wegen des in Art. 3 Abs. 2 Dublin II Verordnung enthaltenen Selbsteintrittsrechts – das Bundesamt (und nicht die jeweilige Ausländerbehörde) auch inlandsbezogene Abschiebungshindernisse zu prüfen[2].

Der Ausschluss des einstweiligen Rechtsschutzes nach § 34a Abs. 2 AsylVfG setzt freilich in jedem Fall voraus, dass die Einreise aus einem sicheren Drittstaat i.S.d. Art. 16a Abs. 2 GG erfolgt ist und nicht unmittelbar aus dem Herkunftsstaat, der weder sicher Drittstaat noch sonstiger Drittstaat ist[3]. Das VG Frankfurt weist in dieser Entscheidung vom 11.3.2011 darauf hin, dass seit Inkrafttreten des Vertrages von Lissabon am 1.12.2009 im Übrigen auch die in Art. 18 der Charta der Grundrechte der EU enthaltene Garantie eines wirksamen Rechtsbehelfs im Anwendungsbereich der Dublin II Verordnung zu beachten ist.

### bb) Rechtsschutzmöglichkeit

116 Gemäß § 34a Abs. 2 AsylVfG darf die Abschiebung in den sicheren Drittstaat oder in einen für die Durchführung des Asylverfahrens zuständigen Staat nicht nach § 80 Abs. 5 VwGO oder § 123 VwGO durch ein Verwaltungsgericht ausgesetzt werden.

---

1 OVG Münster v. 25.9.2000 – 18 B 1783/99, DVBl 2001, 232 = AuAS 2000, 256 = NVwZ-Beilage 2001, 32.
2 OVG Hamburg v. 3.12.2010 – 4 Bs 223/10, NVwZ 2011, 512; VGH Mannheim v. 31.5.2011 – A 11 S 1523/11, InfAuslR 2011, 310 = AuAS 2011, 154 = AuAS 2011, 187.
3 VG Frankfurt v. 11.3.2011, AuAS 2011, 94 = InfAuslR 2011, 263 = NVwZ 2011, 764 (zu Polen).

### IV. Entscheidung des Bundesamtes über einen Asylantrag

Nach der grundlegenden Entscheidung des BVerfG[1] werden auch Einreiseverweigerung, Zurückweisung und Zurückschiebung von § 34a Abs. 2 AsylVfG erfasst, da unter den Begriff der aufenthaltsbeendenden Maßnahmen auch die Maßnahmen fallen, die an einer Einreise im Rechtssinne und einer Aufenthaltsbegründung hindern sollen[2]. Somit dürfte auch nicht die Aufhebung der Vollziehung der Abschiebung und die Gestattung der Wiedereinreise gem. § 80 Abs. 5 Satz 3 VwGO als positive gerichtliche Eilentscheidung im Rahmen des § 34a AsylVfG in Betracht kommen[3].

Nach der Entscheidung des BVerfG vom 14.5.1996 ist § 34a Abs. 2 AsylVfG lediglich in folgenden Fällen nicht einschlägig:

– der **Reiseweg** des Ausländers über einen sicheren Drittstaat ist ernstlich **zweifelhaft** oder
– der Ausländer wendet sich gegen die Modalitäten des Vollzugs der Aufenthaltsbeendigung und **beruft sich auf Duldungsgründe** nach § 55 AuslG (jetzt: § 60a AufenthG) oder
– der Ausländer soll in seinen **Herkunftsstaat abgeschoben** werden oder
– der Ausländer legt individuelle, konkrete **Gefährdungstatbestände** im Drittstaat dar, die nicht vom Konzept der normativen Vergewisserung umfasst sind[4].

§ 34a Abs. 2 AsylVfG erfasst auch nicht eine Entscheidung der Ausländerbehörde über das Vorliegen inlandsbezogener Vollstreckungshindernisse[5].

Gegen den Bescheid des Bundesamtes gem. §§ 26a, 34a AsylVfG kann in der Hauptsache innerhalb von **zwei Wochen** Klage erhoben werden, die jedoch keine aufschiebende Wirkung hat (§§ 74 Abs. 1, 75 AsylVfG).

#### b) Reichweite des Art. 16a Abs. 2 GG

In § 31 Abs. 4 AsylVfG ist bestimmt, dass dann, wenn der Asylantrag nur nach § 26a AsylVfG abgelehnt wird, lediglich festzustellen ist, dass dem Ausländer aufgrund seiner Einreise aus einem sicheren Drittstaat kein Asylrecht zusteht. Damit ist auf die verfassungsrechtliche Regelung Bezug genommen, wonach Art. 16a Abs. 2 Satz 1 GG die Berufung auf Art. 16a Abs. 1 GG ausschließt. Nach dem oben genannten Urteil des BVerfG kommen entsprechend der inhaltlichen Reichweite des Art. 16a Abs. 2 GG auch die materiellen Rechtspositionen, auf die sich ein Ausländer sonst gegen die Abschiebung stützen kann (§ 60 Abs. 1 bis Abs. 7 AufenthG) nicht in Betracht, soweit es sich nicht um ganz spezielle, konkrete Gefährdungen im Drittstaat handelt, die vom normativen Vergewisserungskonzept des Art. 16a Abs. 2 GG nicht mitumfasst sind. Die gegen den Vollzug einer Abschiebungsanordnung gerichteten humanitären und persönlichen Gründe, die zur Erteilung einer Duldung nach § 60a AufenthG führen können, werden jedoch nicht berührt.

Zu Recht hat deshalb das VG Würzburg[6] inlandsbezogene Abschiebungshindernisse nach § 60a Abs. 2 AufenthG im Rahmen einer Anfechtungsklage, erhoben gegen eine nach § 34a Abs. 2 AsylVfG erlassene Abschiebungsanordnung, geprüft.

---
1 BVerfG v. 14.5.1996 – 2 BvR 1938, 2315/93, NVwZ 1996, 700 = DVBl 1996, 753.
2 Ebenso bereits VGH München v. 28.10.1993 – 24 CE 93.31582, 93.31631, 93.31632, NVwZ-Beilage 1994, 4 = DVBl 1994, 61 = InfAuslR 1994, 72 mit ablehnender Anmerkung *Bethäuser*, InfAuslR 1994, 207 und *Huber*, NVwZ 1994, 138.
3 A.A. Huber, NVwZ 1993, 741 und OVG Münster v. 17.6.1996 – 13 B 410.96.A, AuAS 1996, 233 = InfAuslR 1996, 365 = DVBl 1996, 1278 = NVwZ-Beilage 1996, 92.
4 Siehe hierzu OVG Münster v. 17.6.1996 – 13 B 410.96.A, AuAS 1996, 233 = InfAuslR 1996, 365 = DVBl 1996, 1278 = NVwZ-Beilage 1996, 92.
5 VG Frankfurt v. 1.8.2002 – 5 G 2082/02. A (3), AuAS 2002, 201 = NVwZ-Beilage 2002, 108.
6 VG Würzburg, Asylmagazin 11/2007, 25; ebenso VG Magdeburg, Asylmagazin 6/2008, 32.

## c) Regelungskonzept des Art. 16a Abs. 2 GG

118 Durch die Neuregelung in Art. 16a Abs. 2 GG i.V.m. § 26a AsylVfG steht nicht mehr die Schutzbedürftigkeit, sondern alleine der Reiseweg und das gewählte Transportmittel im Vordergrund; es ist nicht mehr konkret-individuell zu prüfen, ob der betreffende Ausländer in dem in Rede stehenden Drittland vor Verfolgung sicher war, sondern es kommt nur noch abstrakt-generell darauf an, aus welchem Land er wie einreist. Andererseits ist festzuhalten, dass der anderweitige Verfolgungsschutz nicht die Verfolgteneigenschaft und das Schutzbedürfnis vor einer Rückkehr in den Verfolgerstaat beseitigt.

119 Der Verfassungsgesetzgeber hat mit der Neuregelung des Art. 16a Abs. 2 GG zwar dem Grundsatz nach an der Garantie des Individualgrundrechts auf Asyl festgehalten, dessen **Schutzumfang** jedoch **marginalisiert**. Als politisch Verfolgter ist derjenige anzusehen, der in seinem Herkunftsland aufgrund seiner Rasse, Ethnie, Religion, Nationalität, seiner Zugehörigkeit zu einer bestimmten sozialen Gruppe oder wegen seiner politischen Überzeugung verfolgt worden war und/oder entsprechende Maßnahmen für den Fall seiner Rückkehr zu befürchten hat, wobei die Verfolgung mit einer **Gefährdung** für **Leib und Leben** oder mit einer **Beschränkung der persönlichen Freiheit** einherging oder -geht.

120 ⊃ **Hinweis:** Ein politisch Verfolgter, der auf dem Landweg eingereist ist, hat nur dann die Chance einer inhaltlichen Entscheidung über sein Asylbegehren, wenn er sich zum Fluchtweg völlig ausschweigt, denn nur so ist dem Bundesamt die Möglichkeit genommen, gem. §§ 26a, 31 und 34a AsylVfG zu entscheiden. Der sichere Drittstaat, in welchen der Ausländer abzuschieben wäre, kann dann nämlich nicht festgestellt werden.

## d) Einreise aus irgendeinem sicheren Drittstaat

121 Nach der Rechtsprechung des BVerwG[1] ist entscheidend für die Asylversagung gem. Art. 16a Abs. 2 GG, § 26a AsylVfG der **Nachweis** der **Einreise aus einem sicheren Drittstaat**; der Nachweis, aus welchem sicheren Drittstaat der Ausländer eingereist ist, ist nicht erforderlich. Demgegenüber setzte nach Auffassung des VGH Kassel[2] die Anwendung der Drittstaatenklausel die Feststellung eines konkreten, sicheren Durchreisestaates voraus; nach Wortlaut, Sinn und Zweck sowie der Entstehungsgeschichte sollte die Drittstaatenregelung nicht schon dann eingreifen, wenn feststeht, dass der Asylbewerber aus irgendeinem der in Betracht kommenden Anrainerstaaten Deutschlands eingereist ist. Auch wenn die Rückführbarkeit des Asylbewerbers in einen konkreten Drittstaat nicht Voraussetzung für die Anwendung des § 26a AsylVfG ist, ist doch in § 31 Abs. 1 Satz 4 AsylVfG vorgesehen, dass die Entscheidung des Bundesamtes, wonach der Asylantrag nach § 26a AsylVfG abgelehnt wird, zusammen mit der Abschiebungsanordnung nach § 34a AsylVfG zuzustellen ist; im Falle der Abschiebungsanordnung aber muss der konkrete Drittstaat bekannt sein, da das Bundesamt die Abschiebung in einen bestimmten, sicheren Drittstaat anordnet.

122 Das BVerfG hat diesen Streit im Urteil vom 14.5.1996[3] dahingehend entschieden, dass Art. 16a Abs. 2 GG immer dann anwendbar ist, wenn feststeht, dass der Ausländer nur über irgendeinen sicheren Drittstaat eingereist sein kann; diese Auslegung folge weder aus dem Wortlaut noch aus der Entstehungsgeschichte des

---

1 BVerwG v. 7.11.1995 – 9 C 73.95, NVwZ 1996, 197.
2 VGH Kassel, NVwZ-Beilage 1996, 11; ebenso VGH Kassel, AuAS 1997, 47; aufgegeben in VGH Kassel, AuAS 1997, 160.
3 BVerfG v. 14.5.1996 – 2 BvR 1938, 2315/93, NVwZ 1996, 700 = DVBl 1996, 753.

Art. 16a Abs. 2 Satz 1 GG, sondern aus seinem Ziel. Der sichere Drittstaat muss auch nicht die letzte Station vor der Einreise in die Bundesrepublik sein; es genügt, wenn der Ausländer während seiner Reise irgendwann in einem sicheren Drittstaat war. Hierbei wird aber § 26a Abs. 1 Satz 3 Nr. 2 AsylVfG übersehen, wonach der Ausschluss des Art. 16a Abs. 1 GG u.a. dann nicht gilt, wenn die Bundesrepublik Deutschland aufgrund eines völkerrechtlichen Vertrages mit dem sicheren Drittstaat für die Durchführung eines Asylverfahrens zuständig ist.

Ohne Kenntnis des sicheren Drittstaats, aus dem der Ausländer eingereist ist, kann nämlich gar nicht beurteilt werden, ob § 26a Abs. 1 Satz 1 AsylVfG gilt oder nicht.

Nach Auffassung des VGH München ist die Einreise auf dem **Luftweg** oder auf dem Seeweg über einen deutschen Flug- oder Seehafen ungeschriebenes Tatbestandsmerkmal des Art. 16a Abs. 1 GG, welche als Vorgang außerhalb des Heimatstaates vom Asylbewerber nicht nur glaubhaft zu machen, sondern zu beweisen ist[1].

Wer auf dem Landweg – etwa versteckt **auf einem Lkw** – nach Deutschland eingereist ist, wird nicht als Asylberechtigter anerkannt, wobei es nicht darauf ankommt, ob die Ladefläche verschlossen ist und der Lkw ohne Zwischenhalt fährt[2]. 123

Die Drittstaatenregelung ist nach einer Entscheidung des VGH Kassel[3] sogar auf den Fall anwendbar, dass der Asylbewerber das Flugzeug während eines kurzen, gar nicht vorgesehenen Zwischenstopps auf dem Flughafen eines sicheren Drittstaats nicht verlässt, obwohl er hierzu die Möglichkeit gehabt hätte.

Das Fehlen von Flugunterlagen als Beweisanzeichen steht andererseits der Überzeugungsbildung des Verwaltungsgerichts von der Einreise eines Asylbewerbers ohne Kontakt zu einem Drittstaat nicht entgegen[4].

Ist der sichere **Drittstaat**, aus welchem der Ausländer eingereist ist, **nicht bekannt**, scheidet eine Ablehnung des Asylantrags nach § 26a AsylVfG aus; über §§ 60 Abs. 1 und und § 60 Abs. 2 bis Abs. 7 AufenthG ist nach Maßgabe der § 31 Abs. 2 und 3 AsylVfG zu befinden[5]. 124

Nach einer Entscheidung des OVG Münster[6] kommt es für die Anwendbarkeit der Drittstaatenregelung auf die konkrete Reise des Asylbewerbers in die Bundesrepublik Deutschland an. Ein etwaiger Aufenthalt in einem sicheren Drittstaat im Rahmen eines früheren, gescheiterten Ausreiseversuchs ist unerheblich, wenn der Ausländer danach – entweder freiwillig oder zwangsweise – in sein Heimatland zurückgekehrt ist.

– Die Prüfung des sog. kleinen Asyls nach § 60 Abs. 1 AufenthG und von Abschiebungsverboten nach § 60 Abs. 2 bis Abs. 7 AufenthG ist nicht entbehrlich, wenn dem Ausländer wegen der Einreise aus einem sicheren Drittstaat zwar die Beru-

---

1 VGH München, InfAuslR 1998, 82 = AuAS 1998, 22; VGH München, InfAuslR 1998, 248 = BayVBl. 1998, 370 = AuAS 1998, 164; ebenso OVG Münster v. 13.1.1998 – 25 A 5687/97.A, NVwZ-Beilage 1998, 86; OVG Koblenz, AuAS 1998, 23; VGH Mannheim, AuAS 1997, 261; grundlegend zu den Darlegungsanforderungen OVG Bautzen, AuAS 2002, 42.
2 BVerwG v. 2.9.1997 – 9 C 5.97, DVBl 1998, 273 = AuAS 1998, 67 = NVwZ 1999, 313; OVG Münster v. 13.12.1996 – 25 A 6103/96.A, DÖV 1997, 514 = AuAS 1997, 39 = DVBl 1997, 919 = NVwZ 1997, 1143; VGH Mannheim, VBlBW 1996, 476 = InfAuslR 1997, 92;
3 VGH Kassel v. 6.11.2000 – 10 UZ 4042/98.A, AuAS 2001, 104 und 139 = NVwZ-Beilage 2001, 70.
4 VG Schleswig, InfAuslR 2001, 197.
5 OVG Münster v. 30.9.1996 – 25 A 790/96.A, NVwZ 1997, 1141; v. 13.12.1996 – 25 A 6103/96.A, DÖV 1997, 514 = AuAS 1997, 39 = DVBl 1997, 919 = NVwZ 1997, 1143.
6 OVG Münster, AuAS 2006, 32 = InfAuslR 2006, 153; vgl. auch VG Regensburg, AuAS 2004, 213 = NVwZ-RR 2004, 692.

fung auf Art. 16a Abs. 2 GG verwehrt ist, er aber in einen Staat abgeschoben werden soll, der nicht sicherer Drittstaat ist[1].

### 6. Entscheidung des Bundesamtes bei anderweitiger Sicherheit vor Verfolgung gem. § 27 AsylVfG

125 Nach § 27 AsylVfG wird ein Ausländer, der bereits in einem sonstigen Drittstaat, d.h. einem Drittstaat, der nicht Drittland i.S.d. Art. 16a Abs. 2 Satz 1 GG i.V.m. § 26a AsylVfG ist, vor politischer Verfolgung sicher war, nicht als Asylberechtigter anerkannt. Durch die Neuregelung in Art. 16a Abs. 2 GG i.V.m. § 26a AsylVfG spielt § 27 AsylVfG allerdings nur noch eine marginale Rolle und hat viel von seiner früheren Relevanz verloren.

#### a) Widerlegbare Vermutungsregel in § 27 AsylVfG

126 § 27 Abs. 2 AsylVfG enthält ebenso wie § 27 Abs. 3 AsylVfG eine Vermutungsregel, die freilich widerlegbar ist. Ist der Ausländer im Besitz eines von einem sicheren Drittstaat i.S.d. § 26a AsylVfG oder eines sonstigen Drittstaats ausgestellten Reiseausweises nach der GFK, wird vermutet, dass er bereits in diesem Staat vor politischer Verfolgung sicher war (§ 27 Abs. 2 AsylVfG). Dies wird nach § 27 Abs. 3 Satz 1 AsylVfG auch vermutet, wenn er sich in einem sonstigen Drittstaat, in dem ihm keine politische Verfolgung droht, vor der Einreise in die Bundesrepublik Deutschland länger als drei Monate aufgehalten hat[2]. Das gilt allerdings nicht, wenn der Ausländer glaubhaft macht, dass eine sog. Kettenabschiebung in einen Staat, in dem ihm politische Verfolgung droht, nicht mit hinreichender Sicherheit auszuschließen war (§ 27 Abs. 3 Satz 2 AsylVfG).

#### b) Asylanerkennungsausschlussgrund

127 Die anderweitige Verfolgungssicherheit ist kein negatives Tatbestandsmerkmal des Verfolgungsbegriffs – etwa mit der Konsequenz, dass bei Zuflucht in einem Drittstaat die Verfolgung enden würde –, sondern ein bloßer Asylanerkennungsausschlussgrund, der nicht die Eigenschaft des Asylbewerbers als politisch Verfolgter tangiert. Die materielle Nachweislast für die anderweitige Verfolgungssicherheit fällt somit der Behördenseite zu, da jede Partei die Beweislast für die ihr günstige Norm trägt; verbleibende Unklarheiten hindern das Eingreifen des § 27 AsylVfG[3].

#### c) Inhaltliche Anforderungen

128 Die Flucht eines politischen Verfolgten kann nicht nach den Maßstäben eines normalen Reisenden beurteilt werden; sie kann durch verschiedene Länder führen, und ein Flüchtling braucht Zeit, um sich über seine Möglichkeiten für die Zukunft zu unterrichten. Der Fluchtweg ist häufig bestimmt durch das Fehlen von Ausweis- und Durchreisepapieren und der notwendigsten Mittel zum Lebensunterhalt sowie durch subjektive Befürchtungen des Flüchtlings über sein weiteres Schicksal[4]. Deshalb genügt es, wenn zwischen dem **Verlassen des Verfolgerstaates**, dem Aufenthalt

---

1 BVerfG-Kammer v. 30.7.1996 – 2 BvR 394/95, BayVBl. 1997, 82 = AuAS 1996, 243 = NVwZ-Beilage 1997, 10; siehe zu dieser Problematik auch OVG Weimar, AuAS 1997, 8.
2 BVerwGE 79, 347 = NVwZ 1988, 1136 = InfAuslR 1988, 297; VGH München, AuAS 1997, 104.
3 *Bethäuser*, DÖV 1991, 20; a.A. BVerwG, BVerwGE 79, 347 = NVwZ 1988, 1136 = InfAuslR 1988, 297; BVerwG, InfAuslR 1990, 99.
4 BVerwG, Buchholz 402.22 Art. 1 GK Nr. 7; BVerwGE 79, 347 = NVwZ 1988, 1136 = InfAuslR 1988, 297.

IV. Entscheidung des Bundesamtes über einen Asylantrag

in Durchreiseländern und der **Ankunft in der Bundesrepublik** nach objektiver Zweckrichtung und in zeitlicher Hinsicht ein **Zusammenhang** besteht, der Aufenthalt im Drittstaat keinen stationären Charakter angenommen hat und somit noch nicht von einer Fluchtbeendigung gesprochen werden kann. Der Fluchtvorgang ist also stets insgesamt daraufhin zu untersuchen, ob das Drittland nur als Zwischenstation auf einem weiterführenden Fluchtweg gedient hat. Die Frage, unter welchen Voraussetzungen die **Flucht** des politisch Verfolgten in einen sicheren Drittstaat als **beendet** anzusehen ist, richtet sich nicht nach den subjektiven Vorstellungen des Flüchtlings, sondern **nach objektiven Maßstäben**[1]. Im Übrigen hat als Flüchtling noch keinen Aufenthalt gefunden, der ausreicht, ihm den aus der Sicht des Asylrechts erforderlichen Verfolgungsschutz zu vermitteln, wer im Aufnahmestaat infolge der unter Umständen unvermeidlichen Art der Unterbringung dem Tod durch Hunger oder Seuche ausgesetzt ist oder wer nichts anderes zu erwarten hat als ein Dahinvegetieren am Rande des Existenzminimums auf nicht absehbare Zeit. Der Aufenthalt im slumähnlichen Flüchtlingslagern stellt also keine anderweitige Sicherheit gem. § 27 Abs. 1 AsylVfG dar. Die freiwillige Aufgabe anderweitigen Schutzes steht nach der Rechtsprechung des BVerwG[2] dem Fortbestand dieses Schutzes gleich; es kommt somit grds. nicht darauf an, ob der Ausländer in das in Rede stehende Drittland zurückkehren könnte.

⊃ Hinweis: Die Regelungen nach § 60 Abs. 1 bis Abs. 7 AufenthG bleiben anwendbar[3], auch wenn nach § 27 AsylVfG die Anerkennung als Asylberechtigter ausgeschlossen ist. 129

### 7. Dublin II Verordnung, Art. 16a Abs. 5 GG und Zweitantrag nach § 71a AsylVfG

#### a) Dublin II Verordnung

Am 1.9.1997 war für die Europäische Union das Dubliner Übereinkommen[4] in Kraft getreten und hat die im Wesentlichen ähnlichen asylrechtlichen Bestimmungen des Schengener Durchführungsübereinkommen (Schengen II Übereinkommen)[5] ersetzt. Das Dubliner Übereinkommen wiederum wurde durch die Verordnung (EG) 343/2003 des Rates vom 18.2.2003 – sog. Dublin II Verordnung abgelöst –, die auf alle ab dem 1.9.2003 gestellten Asylanträge unmittelbar anwendbar ist[6]. Die Dublin II Verordnung gilt für **alle Mitgliedsstaaten** der EU sowie für Island und Norwegen; ab dem 1.11.2008 auch für die Schweiz. An den jeweiligen Außengrenzen unterliegen alle Personen zumindest einer Überprüfung der Identität anhand der gültigen Grenzübertrittspapiere. Die Dublin II Verordnung enthält insbesondere auch Kriterien für die Bestimmung des für einen Asylantrag zuständigen Staates. Rücknahmepflichtig ist grds. der Staat, über dessen Außengrenzen ein Asylbewerber in das Gebiet der Dublin II Verordnung eingereist ist. Umstritten ist, ob die Dublin II Verordnung einen einklagbaren Anspruch auf Durchführung eines Asylverfahrens beinhaltet[7]. Das VG Düsseldorf[8] ist zu Recht der Auffassung, dass spätestens 130

---
1 VGH München, BayVBl. 1997, 663.
2 BVerwGE 75, 161 = NVwZ 1987, 423 = InfAuslR 1987, 126; BVerwGE 77, 150 = NVwZ 1987, 812 = InfAuslR 1987, 223.
3 VGH München, BayVBl. 1997, 52.
4 BGBl. II 1997, 1452.
5 BGBl. II 1993, 1010 und BGBl. II 1994, 631.
6 ABl. L 50/1 v. 25.2.2003.
7 Verneinend noch VG Gießen v. 25.1.1996 – 5 G 33380/95. A (2), NVwZ-Beilage 1996, 27 (Schengen II Übereinkommen).
8 VG Düsseldorf, Asylmagazin 12/2007, 26 = ANA-ZAR 1/2008, 6; vgl. auch VG Münster, Asylmagazin 6/2008, 30.

nach Ablauf der Überstellungsfristen im Dublin-Verfahren ein solcher Anspruch auf Durchführung des Asylverfahrens in der Bundesrepublik Deutschland besteht.

Konsequenz der Dublin II Verordnung ist, dass die Drittstaatenregelung des § 26a AsylVfG zum einen uneingeschränkt nur noch gegenüber Norwegen und der Schweiz gilt und zum anderen in Fällen von Familienasyl und Familienflüchtlingsschutz keine Anwendung mehr findet[1].

**b) Regelung in Art. 16a Abs. 5 GG**

131 Grundlage für die teilweise Harmonisierung jedenfalls des formellen Asylrechts in Europa ist Art. 16a Abs. 5 GG. Damit wird von der Einhaltung der anderen Asylregelungen einschließlich der Grundnorm des Art. 16a Abs. 1 GG dispensiert. Immerhin konstatierte das BVerfG in der grundlegenden Entscheidung vom 14.5.1996[2], dass eine **Harmonisierung** des Ausländer- und Flüchtlingsrechts zwischen den Staaten der Europäischen Gemeinschaft derzeit noch **in den Anfängen** steht; auch mehr als 10 Jahre später hat sich hieran nichts Grundlegendes geändert. Bei nüchterner Betrachtung war dies freilich auch nicht zu erwarten.

**c) Zweitantrag nach § 71a AsylVfG**

132 Hat ein Ausländer in einem sicheren Drittstaat gem. § 26a AsylVfG, für den Rechtsvorschriften der Europäischen Gemeinschaft über die Zuständigkeit für die Durchführung von Asylverfahren gelten – etwa die Dublin II Verordnung – oder mit dem darüber ein völkerrechtlicher Vertrag geschlossen wurde, ein erfolgloses Asylverfahren betrieben und stellt er in der Bundesrepublik Deutschland einen Zweitantrag nach § 71a AsylVfG, dann ist ein weiteres Asylverfahren nur durchzuführen, wenn die Bundesrepublik Deutschland für die Durchführung des Asylverfahrens zuständig ist und wenn die Voraussetzungen des § 51 Abs. 1–3 VwVfG vorliegen. Der Zweitantrag wird somit im Ergebnis weitgehend wie ein Folgeantrag behandelt; während der Dauer des Verfahrens gilt der Aufenthalt des Antragstellers als geduldet (§ 71a Abs. 3 Satz 1 AsylVfG). Die Unzuständigkeit der Bundesrepublik für die Durchführung eines weiteren Asylverfahrens kann sich insbesondere aus Art. 20 Dublin II Verordnung i.V.m. Art. 16 Dublin II Verordnung ergeben; danach liegt die Zuständigkeit für die Bearbeitung eines erneuten Asylantrags bei der Vertragspartei, die das frühere Asylbegehren abschließend behandelt hat, wenn der Asylbewerber das Hoheitsgebiet der Vertragsstaaten der Dublin II Verordnung verlassen hat[3].

133 Umstritten ist, ob die Dublin II Verordnung ein subjektives Recht eines Asylbewerbers auf ermessensfehlerfreie Entscheidung des Bundesamtes hinsichtlich der Durchführung des Asylverfahrens in Deutschland begründet[4]. Offen ist ebenso, ob Art. 6 Abs. 1 GG bei Familienangehörigen eines anerkannten Asylberechtigten als Grund des nationalen Rechts gem. Art. 3 Abs. 2 Dublin II Verordnung (sog. Selbsteintrittsrecht) eine Verpflichtung des Bundesamtes zur Durchführung eines Asylverfahrens in Deutschland begründen kann.

134 Die Anerkennung eines Ausländers als Asylberechtigter, der aus einem Drittstaat der Dublin II Verordnung einreist, ist dann nicht ausgeschlossen, wenn das an den

---

1 VG Wiesbaden, AuAS 1998, 57.
2 BVerfG v. 14.5.1996 – 2 BvR 1938, 2315/93, NVwZ 1996, 700 = DVBl 1996, 753.
3 VG Arnsberg v. 7.9.1995 – 13 L 1332/95.A, NVwZ-Beilage 1996, 3 = InfAuslR 1996, 40 = NWVBl. 1996, 76 (Schengen II-Übereinkommen).
4 Ablehnend VG Gießen v. 25.1.1996 – 5 G 33380/95. A (2), NVwZ-Beilage 1996, 27 = AuAS 1996, 70 und VG Schwerin, AuAS 1996, 227 (Schengen II-Übereinkommen).

Drittstaat zu richtende Ersuchen auf Übernahme nicht oder nicht rechtzeitig gestellt wurde[1]. Dies ist aus Art. 16a Abs. 5 GG i.V.m. § 26a Abs. 1 Satz 3 Nr. 2 AsylVfG und Art. 17 Abs. 1 der Dublin II Verordnung zu schließen.

Verlässt ein Ausländer, der in Deutschland um Asyl nachgesucht hat, kurzfristig das Bundesgebiet in einen der Vertragsstaaten der Dublin II Verordnung, so hat dies nicht zur Folge, dass er sich nicht mehr auf Art. 16a Abs. 2 GG berufen kann[2].

In Griechenland ist eine beträchtliche Anzahl Asylsuchender ernsten Schwierigkeiten ausgesetzt, Zugang zu einem fairen und effizienten Asylverfahren zu erhalten. Der UNHCR rät daher den Regierungen, bis auf Weiteres von Überstellungen von Asylsuchenden nach der Dublin II Verordnung abzusehen[3]. Bereits seit Anfang 2008 werden nach einem Erlass des Bundesministeriums des Inneren vom 30.1.2008 keine unbegleiteten Minderjährigen nach Griechenland rücküberstellt, sondern es wird das Selbsteintrittsrecht nach Art. 3 Abs. 2 Dublin II Verordnung ausgeübt. Das VG Gießen hat mit Beschluss vom 25.4.2008[4] mit einer einstweiligen Anordnung die Abschiebung eines Asylsuchenden nach Griechenland richtigerweise gestoppt, da er dort einer Gefährdungssituation ausgesetzt wäre, die vom Konzept der sog. normativen Vergewisserung i.S.d. Rechtsprechung des BVerfG nicht erfasst wird. Nach einer Entscheidung des österreichischen Unabhängigen Bundesasylsenats (UBAS) vom 9.3.2006[5] muss Österreich von seinem Selbsteintrittsrecht nach Art. 3 Abs. 2 Dublin II Verordnung Gebrauch machen, weil die reale Gefahr besteht, dass ein afghanischer Flüchtling von Griechenland im Wege der Kettenabschiebung letztlich nach Afghanistan verbracht wird.

#### d) Unzulässiger Asylantrag nach § 27a AsylVfG

Ist aufgrund der Dublin II Verordnung oder aufgrund eines völkerrechtlichen Vertrages ein anderer Staat für die Durchführung des Asylverfahrens zuständig – etwa weil der Ausländer ohne entsprechende Grenzübertrittspapiere über die Außengrenzen dieses Drittstaats eingereist ist –, dann ist ein in der Bundesrepublik gestellter Asylantrag nach § 27a AsylVfG unzulässig.

### 8. Fiktion der Rücknahme des Asylantrags bzw. der Asylklage bei Nichtbetreiben des Asylverfahrens nach § 33 AsylVfG

In § 33 AsylVfG ist geregelt, dass der Asylantrag als zurückgenommen gilt, wenn der Ausländer das Verfahren trotz Aufforderung des Bundesamtes länger als einen Monat nicht betreibt. In der Aufforderung ist der Ausländer auf die eintretende Folge hinzuweisen.

⊃ **Hinweis:** § 81 AsylVfG enthält eine entsprechende Regelung für das gerichtliche Verfahren – hier gilt die Klage als zurückgenommen –, deshalb werden beide Vorschriften gemeinsam behandelt.

---

1 VG Berlin v. 19.7.1995 – 33 X 4/95, NVwZ-Beilage 1995, 85 (Schengen II-Übereinkommen).
2 OVG Weimar v. 30.10.1996 – 3 KO 335/96, DÖV 1997, 170 = AuAS 1997, 47 = NVwZ-Beilage 1997, 44 (Schengen II Übereinkommen).
3 Positionspapier des UNHCR vom 15.4.2008.
4 VG Gießen, AuAS 2008, 132 = Asylmagazin 5/2008, 11; vom Ansatz her ebenso VG Frankfurt v. 11.1.2008, NVwZ-RR 2008, 354.
5 UBAS v. 9.3.2006 – 263 603/0-X/47/05.

### a) Voraussetzungen für Betreibensaufforderung

137 Für eine Betreibensaufforderung müssen sachlich begründete Anhaltspunkte hinsichtlich des **Wegfalls des Rechtsschutzinteresses** des Asylbewerbers bestehen[1]. Solche Zweifel können etwa beim Bundesamt daraus folgen, dass der Asylbewerber seinen Mitwirkungspflichten nicht nachkommt[2].

138 Ein Anlass für eine Betreibensaufforderung und damit die Voraussetzung für § 33 AsylVfG liegt jedoch nicht vor, wenn das Bundesamt eine Betreibensaufforderung an die letzte vom Asylbewerber mitgeteilte Anschrift sendet, obwohl die zuständige Landesbehörde das Bundesamt zuvor von der Zuweisung des Asylbewerbers an einen anderen Ort informiert hat[3].

Der Erlass einer Betreibensaufforderung ist ebenfalls nicht gerechtfertigt, wenn ein Asylbewerber Kontakt zu seinem Prozessbevollmächtigten hält und damit auch für Mitteilungen des Gerichts erreichbar ist[4].

139 Auch im Rahmen des § 81 AsylVfG ist ein Verhalten des Asylbewerbers erforderlich, das als **Ausdruck des Desinteresses** an der Weiterverfolgung des Rechtsschutzbegehrens gewertet werden muss und das deshalb die Annahme des Wegfalls des schutzwürdigen Interesses an einer Sachentscheidung rechtfertigt[5]. Die Tatsache, dass das Verwaltungsgericht einen PKH-Antrag mangels hinreichender Erfolgsaussicht abgelehnt hat, ist kein entsprechender Anlass. Gleiches gilt, wenn ein Asylbewerber seine Verfolgungsfurcht allein auf das illegale Verlassen seines Heimatlandes und die Asylantragstellung in Deutschland stützt, ohne ein darüber hinausgehendes individuelles Verfolgungsschicksal zu schildern.

Mit der Betreibensaufforderung kann nur das verlangt werden, wozu der Asylbewerber im Rahmen seiner Mitwirkungspflicht gehalten gewesen und was er bislang schuldig geblieben ist[6].

Die nicht näher konkretisierte Aufforderung seitens des Verwaltungsgerichts, die Klage im Hinblick auf eine negative Entscheidung im Eilverfahren ergänzend zu begründen, löst die Rücknahmefiktion nach § 81 AsylVfG nicht aus[7].

### aa) Förmliche Zustellung

140 Wegen der gravierenden Wirkung – der Asylantrag gilt unmittelbar kraft Gesetzes als zurückgenommen – ist sowohl für die Betreibensaufforderung nach § 81 AsylVfG[8] als auch für diejenige nach § 33 AsylVfG eine förmliche Zustellung erforderlich[9].

---

1 BVerfG-Kammer v. 19.5.1993 – 2 BvR 1972/92, NVwZ 1994, 62; OVG Weimar v. 14.11.1995 – 3 ZO 429/95, NVwZ 1996, 1139; nach der Rechtsprechung des BVerwG v. 5.7.2000 – 8 B 119.00, DVBl 2001, 307 = BVerwG, BayVBl. 2001, 633, setzt die fiktive Klagerücknahme nach § 92 Abs. 2 Satz 1 VwGO – wie die vergleichbare asylverfahrensrechtliche Regelung – voraus, dass im Zeitpunkt der Betreibensaufforderung sachlich begründete Anhaltspunkte für einen Wegfall des Rechtsschutzinteresses bestehen.
2 BVerwG, NVwZ-RR 1991, 443; VG Neustadt v. 21.9.1993 – 2 L 3329/93, InfAuslR 1994, 205 = NVwZ 1994, 89; VG Trier, InfAuslR 1993, 241.
3 VG Arnsberg, AuAS 1994, 143.
4 OVG Münster, AuAS 1999, 94.
5 VGH Kassel, InfAuslR 1994, 291; InfAuslR 1995, 78 = AuAS 1995, 22; v. 1.3.1996 – 13 UZ 4039/95, AuAS 1996, 138 = NVwZ-Beilage 1996, 75; OVG Weimar, DÖV 1999, 121; VGH München, BayVBl. 1998, 247; OVG Koblenz v. 23.1.1998 – 10 A 11564/97. OVG, NVwZ-Beilage 1998, 60 = AuAS 1998, 58; OVG Münster, AuAS 2006, 250; OVG Münster, AuAS 2005, 151.
6 VGH Kassel, InfAuslR 1996, 362 = AuAS 1996, 261.
7 BVerwG v. 18.9.2002 – 1 B 103.02, AuAS 2003, 43 = InfAuslR 2003, 77 = NVwZ-Beilage 2003, 17 = BayVBl. 2003, 310.
8 BVerwG, InfAuslR 1986, 21 = DVBl 1985, 960.
9 VG Minden, AuAS 1994, 251; a.A. OVG Münster, AuAS 1995, 203.

### bb) Verbindung der Aufforderung zur Stellungnahme nach § 25 Abs. 5 AsylVfG mit einer Betreibensaufforderung

Wegen § 25 Abs. 5 Satz 4 AsylVfG, wonach § 33 AsylVfG unberührt bleibt, ist umstritten, ob das Bundesamt dann, wenn der Asylbewerber zwar einen schriftlichen Asylantrag eingereicht, bei der persönlichen Anhörung vor dem Bundesamt gem. §§ 25, 15 Abs. 2 Nr. 1 AsylVfG jedoch unentschuldigt nicht erschienen ist, eine Aufforderung zur Stellungnahme gem. § 25 Abs. 5 Satz 2 AsylVfG mit einer Betreibensaufforderung nach § 33 AsylVfG verbinden kann. Dies wird vom VG Münster[1] bejaht, vom VG Gelsenkirchen[2] verneint; danach kommt nur eine Entscheidung des Bundesamtes nach Aktenlage gem. § 25 Abs. 5 Satz 3 AsylVfG in Betracht.  141

### b) Substanziierte Erwiderung

Der Asylbewerber muss sich – erreicht ihn eine Betreibensaufforderung – substanziiert äußern, dass und warum das Rechtsschutzbedürfnis trotz der Zweifel an seinem Fortbestehen, aus denen sich die Betreibensaufforderung ergeben hat, nicht entfallen ist[3]. Ein allgemein gehaltener, textbausteinartiger Schriftsatz ohne Bezug zum individuellen Verfolgungsschicksal des Ausländers stellt – wenn zur Schilderung des individuellen Verfolgungsschicksals aufgefordert wurde – kein ausreichendes Betreiben des Verfahrens dar[4].  142

Die allgemeine Erklärung, das Verfahren werde weiterbetrieben, ist ebenfalls unzureichend, wenn die Betreibensaufforderung auf eine konkrete Verfahrenshandlung gerichtet war[5]. Ist ein Asylbewerber untergetaucht, darf das Verwaltungsgericht dies nach Auffassung etwa des OVG Koblenz[6] zum Anlass nehmen, zum Betreiben des Verfahrens durch den Nachweis der ladungsfähigen Anschrift und des tatsächlichen Aufenthaltsorts aufzufordern.

Nach § 33 Abs. 2 AsylVfG gilt ein Asylantrag auch dann als zurückgenommen, wenn der **Ausländer** während des Asylverfahrens in seinen **Heimatstaat gereist** ist; dies gilt auch für Asylfolgeantragsverfahren[7].

### c) Rechtsschutz

Sind die Kriterien des § 81 AsylVfG erfüllt, hat das Verwaltungsgericht das Verfahren **zwingend einzustellen**; eine Verlängerung der sog. uneigentlichen gesetzlichen Monatsfrist ist nicht möglich[8]. Es bleibt dem Asylbewerber dann nur die Möglichkeit, einen Antrag auf Fortsetzung des Verfahrens zu stellen.  143

Die Zulassung einer außerordentlichen Beschwerde kommt nach Auffassung des OVG Greifswald[9] nur dann in Betracht, wenn sie die einzige Möglichkeit bieten würde, eine offensichtlich rechtswidrige, mit den Grundgedanken des Prozessrechts oder den Grundrechten nicht zu vereinbarende Entscheidung aufzuheben.

Hat das Bundesamt das Verfahren eingestellt, kann diese Entscheidung mit einer **Anfechtungsklage** angegriffen werden; § 37 Abs. 1 AsylVfG – mit der Konsequenz der Unwirksamkeit des Einstellungsbescheids nach Erfolg des Aussetzungsantrags  144

---

1 VG Münster, AuAS 1994, 191.
2 VG Gelsenkirchen, AuAS 1993, 262.
3 BVerwG, NVwZ 1987, 605; BVerfG, 1. Kammer des 2. Senats, v. 19.5.1993 – 2 BvR 1972/92, NVwZ 1994, 62.
4 VG Gießen, AuAS 1996, 36.
5 VGH München, BayVBl. 2001, 21; vgl. auch OVG Greifswald, NVwZ-RR 2005, 596.
6 OVG Koblenz, NVwZ-Beilage 2000, 107.
7 VG Darmstadt, NVwZ-Beilage 1999, 88.
8 VG Gießen, AuAS 1994, 93.
9 OVG Greifswald v. 5.10.2000 – 2 L 118/00, DVBl 2001, 232 = NVwZ 2001, 211.

gem. § 80 Abs. 5 VwGO – ist nicht analog anwendbar[1]. Das Bundesamt hat bei Erfolg der Anfechtungsklage die verweigerte inhaltliche Prüfung des Asylbegehrens nachzuholen; das Verwaltungsgericht ist grds. nicht verpflichtet, die Spruchreife herbeizuführen[2].

### 9. Entscheidung des Bundesamtes über Abschiebungsverbote nach § 60 Abs. 2 bis Abs. 7 AufenthG

145 Nach Stellung eines Asylantrages obliegt dem Bundesamt nach § 24 Abs. 2 AsylVfG auch die Entscheidung, ob Abschiebungsverbote nach § 60 Abs. 2 bis Abs. 7 AufenthG vorliegen. Das Verwaltungsgericht hat nicht die Möglichkeit, selbst und unmittelbar Abschiebungsverbote festzustellen[3]; es kann das Bundesamt lediglich zu einer entsprechenden Feststellung verpflichten.

Das BVerwG hat sich mit Urteil vom 24.6.2008[4] erstmals grundlegend zum Verhältnis der dem subsidiären Schutzkonzept der Qualifikationsrichtlinie zuzuordnenden Abschiebungsverbote und den sonstigen nationalen Abschiebungsverboten geäußert und entschieden, dass seit Inkrafttreten des Richtlinienumsetzungsgesetzes vom 19.8.2007 der Antrag auf Verpflichtung zur Feststellung eines Abschiebungsverbots nach § 60 Abs. 2 bis Abs. 7 AufenthG im Asylprozess sachdienlich dahin auszulegen ist, dass in erster Linie die Feststellung eines sog. europarechtlichen Abschiebungsverbots nach § 60 Abs. 2, 3 oder 7 Satz 2 AufenthG und hilfsweise die Feststellung eines Abschiebungsverbots nach § 60 Abs. 5 oder 7 Satz 1 AufenhG begehrt wird. Diese Rechtsauffassung hat das BVerwG mit Urteil vom 29.6.2010[5] bekräftigt und fortgeführt.

#### a) Die einzelnen Abschiebungsverbote

#### aa) § 60 Abs. 2 AufenthG

146 Nach § 60 Abs. 2 AufenthG darf ein Ausländer nicht in einen Staat abgeschoben werden, in dem für ihn die konkrete Gefahr besteht, der Folter oder unmenschlicher oder erniedrigender Behandlung oder Bestrafung unterworfen zu werden. Dies gilt nach § 60 Abs. 11 AufenthG auch dann, wenn die Gefahr von nichtstaatlichen Akteuren ausgeht und kein ausreichender staatlicher oder quasistaatlicher Schutz zur Verfügung steht. Weiters ist nach § 60 Abs. 11 AufenthG i.V.m. Art. 4 Abs. 4 QRL zu unterscheiden, ob der Ausländer der Gefahr im Herkunftsland bereits ausgesetzt war bzw. ihm entsprechende Misshandlungen unmittelbar bevorstanden oder ob er ohne eine derartige Bedrohung ausgereist ist.

#### bb) § 60 Abs. 3 AufenthG

147 Nach § 60 Abs. 3 AufenthG darf ein Ausländer nicht in einen Staat abgeschoben werden, wenn dieser Staat ihn wegen einer Straftat sucht und die Gefahr der Verhängung oder der Vollstreckung der Todesstrafe besteht.

---

1 BVerwG v. 7.3.1995 – 9 C 264.94, NVwZ 1996, 80 = DVBl 1995, 857 = AuAS 1995, 201; vgl. auch OVG Münster v. 18.11.1994 – 21 A 3732/94.A, DVBl 1995, 578; VG Freiburg v. 8.9.1993 – A 2 K 11965/93, NVwZ 1994, 403.
2 BVerwG v. 7.3.1995 – 9 C 264.94, NVwZ 1996, 80 = DVBl 1995, 857 = AuAS 1995, 201; VGH München, NVwZ-RR 1994, 695 = BayVBl. 1994, 723; OVG Schleswig, AuAS 1994, 118.
3 OVG Münster v. 16.10.1995 – 22 A 5963/95.A, AuAS 1996, 81 = DVBl 1996, 632 = NVwZ-RR 1996, 421.
4 BVerwG v. 24.6.2008 – 10 C 43.07, AuAS 2008, 245 = InfAuslR 2008, 474 = NVwZ 2008, 1241 = ZAR 2009, 35 mit Anm. *Pfaff*.
5 BVerwG, InfAuslR 2010, 458 = ZAR 2011, 146 mit Anm. *Pfersich* = AuAS 2010, 249.

### cc) § 60 Abs. 5 AufenthG

Nach § 60 Abs. 5 AufenthG darf ein Ausländer nicht abgeschoben werden, soweit sich aus der Anwendung der Europäischen Menschenrechtskonvention ergibt, dass die Abschiebung unzulässig ist.

148

Die Gewährung von Abschiebungsschutz nach § 60 Abs. 5 AufenthG i.V.m. Art. 3 EMRK setzt die **Gefahr einer unmenschlichen oder erniedrigenden Behandlung** durch den Staat oder eine staatsähnliche Organisation voraus[1]. Besteht in Teilen des Landes eine staatliche oder staatsähnliche Herrschaftsstruktur, kommt die Gewährung von Abschiebungsschutz nach Meinung des BVerwG nur in Betracht, wenn gerade dem schutzbegehrenden Ausländer individuell die konkrete Gefahr einer solchen Behandlung durch die Machthaber droht[2].

Nach Auffassung des BVerwG verweist § 60 Abs. 5 AufenthG auf die EMRK auch lediglich insoweit, als sich aus ihr Abschiebungshindernisse ergeben, die in Gefahren begründet liegen, welche dem Ausländer im Zielstaat der Abschiebung drohen („zielstaatsbezogene" Abschiebungshindernisse). Hindernisse, die einer Vollstreckung der Ausreisepflicht entgegenstehen, weil andernfalls ein geschütztes Rechtsgut im Bundesgebiet verletzt würde („inlandsbezogene" Vollstreckungshindernisse) – etwa: die Achtung des Familienlebens nach Art. 8 EMRK – sind danach von den für den Vollzug der Abschiebung zuständigen Ausländerbehörden zu berücksichtigen[3].

Nach einer Entscheidung des VGH Mannheim[4] erfasst § 60 Abs. 5 AufenthG jedoch auch nicht-zielstaatsbezogene Abschiebungshindernisse, die sich aus der Anwendung des Art. 8 EMRK ergeben; hierüber muss das Bundesamt nach Stellung eines Asylantrages entscheiden. Der VGH Mannheim weicht unter Berufung auf die Rechtsprechung des EGMR[5] ausdrücklich von der Rechtsprechung des BVerwG ab und hält die Abschiebung in ein akut umkämpftes Bürgerkriegsgebiet, in welchem dem Betroffenen mit hoher Wahrscheinlichkeit der Tod oder schwerste Körperverletzungen dro-

---

1 BVerwG v. 17.10.1995 – 9 C 9.95, NVwZ 1996, 199 (Afghanistan); v. 17.10.1995 – 9 C 15.95, NVwZ 1996, 476 (Afghanistan); v. 18.4.1996 – 9 C 77/95, NVwZ-Beilage 1996, 58 (Afghanistan); v. 4.6.1996 – 9 C 134.95, NVwZ-Beilage 1996, 89 = InfAuslR 1996, 289 (Afghanistan); bestätigt in BVerwG, InfAuslR 1997, 379 (Somalia) und BVerwG v. 15.4.1997 – 9 C 38.96, InfAuslR 1997, 341 = DÖV 1997, 783 = NVwZ 1997, 1127 = AuAS 1997, 242 = DVBl 1997, 1384 (Somalia), bestätigt in BVerwG v. 2.9.1997 – 9 C 40.96, DVBl 1998, 271 = NVwZ 1999, 311 (Somalia).

2 BVerwG v. 18.4.1996 – 9 C 77.95, NVwZ-Beilage 1996, 58 = DÖV 1997, 840; a.A. VG Sigmaringen, InfAuslR 1996, 290, wonach Art. 3 EMRK kein geplantes, vorsätzliches, auf eine bestimmte Person gerichtetes Handeln voraussetzt und im Falle eines Bürgerkriegs oder eines bewaffneten Konflikts nicht offensichtlich ausgeschlossen ist.

3 BVerfG-Kammer v. 16.4.2002 – 2 BvR 553/02, NVwZ-Beilage 2002 I, 91; BVerwG v. 11.11.1997 – 9 C 13.96, BayVBl. 1998, 442 = InfAuslR 1998, 121 = DVBl 1998, 283 = AuAS 1998, 77 = NVwZ 1998, 526; bestätigt in BVerwG v. 25.11.1997 – 9 C 58.96, NVwZ 1998, 524 = InfAuslR 1998, 189 = AuAS 1998, 62 = DVBl 1998, 284 = BayVBl. 1998, 444; siehe auch OVG Greifswald v. 26.1.1998 – 3 M 111/97, NVwZ-Beilage 1998, 82; dezidiert gegen die Rechtsprechung des BVerwG: VG München v. 6.3.2001 – M 21 K 98.51167, Asylmagazin 5–6/2001, 51; OVG Lüneburg v. 27.2.2003 – 2 L 3332/00, NVwZ-Beilage 2003, 61 = AuAS 2003, 153 = DVBl 2003, 1284 (Trennung eines Minderjährigen von seinem Vormund); zur Glaubhaftmachung durch ärztliche Atteste siehe VGH Mannheim v. 10.7.2003 – 11 S 2622/02, NVwZ-Beilage 2003 I, 98 = InfAuslR 2003, 423 = VBlBW 2003, 482.

4 VGH Mannheim v. 15.5.1996 – A 13 S 1431/94, DVBl 1996, 1267 = VBlBW 1996, 390 = InfAuslR 1996, 264 = NVwZ-Beilage 1997, 18; VGH Mannheim, InfAuslR 1997, 124 = VBlBW 1997, 273.

5 EGMR, NJW 1990, 2183 (Soering), EGMR, NJW 1991, 3079 (Crus Varas), EGMR v. 30.10.1991 – 45/1990/236/302–306, NVwZ 1992, 869 (Vilvarajah).

hen – hier: Somalia –, für einen Verstoß gegen Art. 3 EMRK, welcher als Menschenrechtsverletzung dem die Abschiebung anordnenden Staat zuzurechnen ist[1].

Der VGH München meint demgegenüber einschränkend, für die Feststellung eines Abschiebungsverbots nach § 60 Abs. 5 AufenthG i.V.m. Art. 8 EMRK durch das Bundesamt sei kein Raum, wenn einem nahen Familienangehörigen Flüchtlingsschutz nach § 60 Abs. 1 AufenthG zusteht[2].

Die Verpflichtung zur Feststellung von Abschiebungsverboten nach § 60 Abs. 2, 3 und 5 AufenthG kann nicht kumulativ begehrt werden[3].

Das Verpflichtungsbegehren auf Feststellung von Abschiebungsverboten nach § 60 Abs. 2 bis Abs. 7 AufenthG ist nach einem Urteil des BVerwG[4] dahingehend auszulegen, dass eine Feststellung nur hinsichtlich des Staates/der Staaten begehrt wird, für die eine negative Feststellung nach § 60 Abs. 2 bis Abs. 7 AufenthG getroffen wurde oder die in der Abschiebungsandrohung als Zielstaat bezeichnet sind.

**dd) § 60 Abs. 7 Satz 1 AufenthG und § 60 Abs. 7 Satz 2 AufenthG**

149 Von der Abschiebung eines Ausländers in einen anderen Staat **soll abgesehen werden**, wenn dort für ihn eine erhebliche konkrete Gefahr für Leib, Leben oder Freiheit besteht (§ 60 Abs. 7 Satz 1 AufenthG). Von der Abschiebung eines Ausländers in einen anderen Staat **ist abzusehen**, wenn er dort als Angehöriger der Zivilbevölkerung einer erheblichen individuellen Gefahr für Leib oder Leben im Rahmen eines internationalen oder innerstaatlichen bewaffneten Konflikts ausgesetzt ist (§ 60 Abs. 7 Satz 2 AufenthG).

Die Gewährung des Abschiebungsschutzes nach § 60 Abs. 7 Satz 1 oder Satz 2 AufenthG setzt das **Bestehen von individuellen Gefahren** voraus. Beruft sich ein Ausländer lediglich auf Gefahren, denen die Bevölkerung oder die Bevölkerungsgruppe, der der Ausländer angehört, allgemein ausgesetzt ist (§ 60 Abs. 7 S. 3 AufenthG) – etwa die typischen Bürgerkriegsgefahren –, die nicht nur ihm persönlich drohen, wird Abschiebungsschutz ausschließlich durch eine generelle Regelung der obersten Landesbehörde nach § 60a Abs. 1 Satz 1 AufenthG gewährt[5]. Einen Anspruch auf eine Ermessensbetätigung der obersten Landesbehörde hat der Ausländer nicht.

150 Konkrete und Individuelle Gefährdungen des Ausländers, die sich aus einer allgemeinen Gefahr i.S.d. § 60 Abs. 7 Satz 3 AufenthG ergeben, können nach der Rechtsprechung des BVerwG[6] nicht als Abschiebungsverbot unmittelbar nach § 60 Abs. 7 Satz 1 AufenthG berücksichtigt werden, auch wenn sie durch Umstände in der Person oder in den Lebensverhältnissen des Ausländers begründet

---

1 VGH Mannheim v. 5.6.1996 – A 13 S 828/96, NVwZ-Beilage 1996, 90 = VBlBW 1996, 477; ähnlich VG Frankfurt v. 24.7.1997 – 9 E 30433/97.A, NVwZ-Beilage 1998, 19, danach richtet sich das nach § 60 Abs. 5 AufenthG zu beachtende Verbot unmenschlicher Behandlung an die Konventionsstaaten. Bei einer Abschiebung kommt es daher darauf an, ob diese Maßnahme des Konventionsstaates die entsprechende Gefährdung eines Ausländers in seinem Heimatland erst wirklich herbeiführt. Unerheblich ist insoweit, ob im Heimatland die drohende unmenschliche Behandlung vom Staat zu verantworten ist, sofern die Gefahr nur real ist und wesentliche Nachteile drohen.
2 VGH München v. 29.7.1996 – 24 BA 95.36844, NVwZ-Beilage 1997, 17 = InfAuslR 1997, 330.
3 BVerwG, BayVBl. 2001, 571.
4 BVerwG v. 4.12.2001 – 1 C 11.01, InfAuslR 2002, 284 = AuAS 2002, 130 = DVBl 2002, 838 = NVwZ 2002, 855.
5 BVerwG v. 17.10.1995 – 9 C 9.95, NVwZ 1996, 199 = AuAS 1996, 32 = InfAuslR 1996, 254 (mit Anm. *Heinhold*); v. 29.3.1996 – 9 C 116.95, InfAuslR 1996, 289 = DVBl 1996, 1257.
6 BVerwG v. 8.12.1998 – 9 C 4.98, NVwZ 1999, 666 = AuAS 1999, 76 = InfAuslR 1999, 266 = DVBl 1999, 549 = DÖV 1999, 607.

### IV. Entscheidung des Bundesamtes über einen Asylantrag

oder verstärkt werden, aber nur typische Auswirkungen der allgemeinen Gefahrenlage sind.

Nach der Rechtsprechung des BVerwG[1] ist die Sperrwirkung des § 60 Abs. 7 Satz 3 AufenthG nicht nur zu beachten, wenn Abschiebungsverbote nach § 60 Abs. 2, 3, 5 und Abs. 7 Satz 1 AufenthG oder ein Abschiebungsstopp-Erlass nach § 60a AufenthG besteht, sondern auch dann, wenn eine andere ausländerrechtliche Erlasslage oder eine aus individuellen Gründen erteilte Duldung dem betroffenen Ausländer einen vergleichbaren wirksamen Schutz vor Abschiebung vermitteln. Der bloße Anspruch auf eine Duldung begründet diesen Nachrang allerdings nicht.

Nur dann, wenn dem einzelnen Ausländer nach § 60 AufenthG kein Abschiebungsschutz zusteht, er aber gleichwohl nicht abgeschoben werden darf, weil die Grundrechte aus Art. 1 Abs. 1, Art. 2 Abs. 2 Satz 1 GG die Gewährung von Abschiebungsschutz wegen einer **extremen Gefahrenlage** (der Ausländer ist gleichsam sehenden Auges dem sicheren Tod oder schwersten Verletzungen ausgeliefert) unabhängig von einer Ermessensentscheidung nach den §§ 60 Abs. 7 Satz 2, 60a AufenthG gebieten, ist § 60 Abs. 7 Satz 3 AufenthG verfassungskonform einschränkend dahin auszulegen, dass eine Entscheidung nach § 60 Abs. 7 Satz 1 AufenthG nicht ausgeschlossen ist. Das Bundesamt kann verfahrensrechtlich allerdings nicht dazu verpflichtet werden, zugunsten eines Asylbewerbers festzustellen, dass die Voraussetzungen für eine Ermessensentscheidung nach den §§ 60 Abs. 7 Satz 3, 60a AufenthG gegeben sind.

151

Allgemeine Gefahren können also einen Anspruch des einzelnen Ausländers auf Abschiebungsschutz nach § 60 Abs. 7 Satz 1 AufenthG nur bei hochgradiger Gefahr für Leib oder Leben begründen[2]. Eine solche extreme allgemeine Gefahrenlage, bei der die Sperrwirkung des § 60 Abs. 7 Satz 3 AufenthG ausnahmsweise nicht gilt, setzt aber nach der Rechtsprechung des BVerwG wenigstens nicht voraus, dass im Falle der Abschiebung der Tod oder schwerste Verletzungen sofort, gewissermaßen noch am Tag der Ankunft im Abschiebezielstaat, eintreten[3].

Ist die Abschiebung in den Zielstaat aus tatsächlichen Gründen nur auf einem bestimmten Weg möglich und sind dabei sichere Landesteile nicht ohne extreme Gefahren erreichbar, so ist auch bei nicht landesweiter extremer Gefahrenlage Abschiebungsschutz nach § 60 Abs. 7 Satz 1 AufenthG zu gewähren[4].

Mit Urteil vom 29.6.2010 hat das BVerwG zu einer unzureichenden Versorgungslage (hier: in Afghanistan) entschieden, dass diese grundsätzlich nicht geeignet ist, um ein Abschiebungsverbot nach § 60 Abs. 7 Satz 1 AufenthG anzunehmen[5]. Nach Meinung des BVerwG handelt es sich insoweit um eine bloß allgemeine Gefahr, der bezüglich der Annahme eines Abschiebungsverbots die Sperrwirkung des § 60 Abs. 7 Satz 3 AufentG entgegensteht.

Grundlegend zu den Voraussetzungen eines Anspruchs auf subsidiären Schutz nach Art. 15 lit. c der Richtlinie 2004/83/EG (sog. Qualifikationsrichtlinie – QRL –) hat sich der EuGH mit Urteil vom 17.2.2009[6] geäußert. Danach setzt das Vorliegen ei-

---

1 BVerwG v. 12.7.2001 – 1 C 2.01, DVBl 2001, 1531 = NVwZ 2001, 1420 = InfAuslR 2002, 48 = AuAS 2002, 33 = BayVBl. 2002, 219; 12.7.2001 – 1 C 5.01, DVBl 2001, 1772 = InfAuslR 2002, 52 = NVwZ 2002, 101 = BayVBl. 2002, 217; hierauf Bezug nehmend VGH Mannheim, InfAuslR 2002, 102.
2 BVerwG v. 29.3.1996 – 9 C 116.95, NVwZ-Beilage 1996, 57; VG Schleswig, InfAuslR 1996, 283; VGH Kassel v. 26.11.2009, AuAS 2010, 58 = NVwZ-RR 2010, 331 (bejaht für Afghanistan bei fehlendem sozialen Netzwerk).
3 BVerwG v. 26.1.1999 – 9 B 617.98, NVwZ 1999, 668 = InfAuslR 1999, 265 = AuAS 1999, 53.
4 BVerwG v. 2.9.1997 – 9 C 40.96, DVBl 1998, 271 = NVwZ 1999, 311.
5 BVerwG v. 29.6.2010 – 10 C 10.09, NVwZ 2011, 48.
6 EuGH, AuAS 2009, 86 = NVwZ 2009, 705 = InfAuslR 2009, 138.

ner ernsthaften individuellen Bedrohung des Lebens oder der Unversehrtheit der Person, die die Gewährung des subsidiären Schutzes beantragt, nicht voraus, dass sie beweist, dass sie aufgrund von ihrer persönlichen Situation innewohnenden Umständen spezifisch betroffen ist. Ausnahmsweise kann eine solche Bedrohung als gegeben angesehen werden, wenn der den bestehenden bewaffneten Konflikt kennzeichnende Grad willkürlicher Gewalt ein so hohes Niveau erreicht, dass stichhaltige Gründe für die Annahme bestehen, dass eine Zivilperson bei der Rückkehr in das betreffende Land oder die Region allein durch ihre Anwesenheit tatsächlich Gefahr liefe, einer solchen Bedrohung ausgesetzt zu sein.

Das BVerwG hat – diese Rechtsprechung des EuGH aufgreifend – mit Urteil vom 14.7.2009[1] entschieden, dass sich eine erhebliche individuelle Gefahr für Leib oder Leben i.S.v. § 60 Abs. 7 Satz 2 AufenthG, die zugleich die Voraussetzungen des Art. 15 lit. c QRL erfüllt, auch aus einer allgemeinen Gefahr für eine Vielzahl von Zivilpersonen im Rahmen eines bewaffneten Konflikts ergeben kann, wenn sich die Gefahr in der Person des Ausländers verdichtet. Besteht allerdings ein bewaffneter Konflikt mit einem solchen Gefahrengrad nicht landesweit, kommt eine individuelle Bedrohung in der Regel nur in Betracht, wenn sich der Konflikt auf die Herkunftsregion des Ausländers erstreckt, in die er typischerweise zurückkehrt. Diese Rechtsprechung zum Abschiebungsschutz bei einem innerstaatlichen bewaffneten Konflikt hat das BVerwG dann mit Urteil vom 27.4.2010[2] fortgeführt und entschieden, dass ein solcher Konflikt – hier Afghanistan betreffend – nicht zwingend einen so hohen Organisationsgrad und eine solche Kontrolle der Konfliktparteien über einen Teil des Staatsgebiets voraussetzt, wie sie für die Erfüllung der Verpflichtungen nach der Genfer Konvention von 1949 erforderlich sind. Allerdings sei für das Eingreifen der Beweiserleichterung nach Art. 4 Abs. 4 QRL erforderlich, dass ein innerer Zusammenhang zwischen dem vor der Ausreise erlittenen oder unmittelbar drohenden ernsthaften Schaden und dem befürchteten künftigen Schaden besteht.

152 Über das Vorliegen eines Abschiebungsverbotes nach § 60 Abs. 7 Satz 1 AufenthG entscheiden die **Verwaltungsgerichte** inzident **im Verpflichtungsrechtsstreit**, nicht durch Festellungsausspruch. Das Verwaltungsgericht darf also nicht selbst die Feststellung treffen, dass § 60 Abs. 7 Satz 1 AufenthG gegeben ist, sondern muss das Bundesamt hierzu verpflichten[3].

Umstritten ist, wie in den Fällen des § 60 Abs. 7 Satz 1 AufenthG **einstweiliger Rechtsschutz** zu erlangen ist. Nach Auffassung des VG Karlsruhe, des VG Saarlouis und der 6. Kammer des VG Gießen[4] ist ein Antrag nach § 123 VwGO gegen das Bundesamt mit dem Ziel zu stellen, das Bundesamt zur vorläufigen Feststellung der Voraussetzungen des § 60 Abs. 7 Satz 1 AufenthG zu verpflichten. Anderer Auffassung ist die 9. Kammer des VG Gießen[5]; danach kann vorläufiger Rechtsschutz nur im Wege des § 80 Abs. 5 VwGO erlangt werden.

---

1 BVerwG, NVwZ 2010, 196 = AuAS 2010, 31; vgl. auch VGH Mannheim, NVwZ 2008, 447, wonach Art. 15 lit. c QRL im Kern der bisherigen Rechtslage nach § 60 Abs. 7 AufenthG entspricht; a.A. VGH Kassel, NVwZ-RR 2008, 828, wonach § 60 Abs. 7 Satz 2 AufenthG den Wortlaut des Art. 15 lit. c QRL nicht ordnungsgemäß wiedergibt, weil das Tatbestandsmerkmal „in Folge willkürlicher Gewalt" nicht mit aufgenommen wurde.
2 BVerwG v. 27.4.2010 – 10 C 4.09, NVwZ 2011, 56 = InfAuslR 2010, 404 = ZAR 2010, 359 mit Anm. *Pfersich*; kritisch zu der engen Präzisierung des Tatbestandsmerkmals der individuellen Gefahr durch willkürliche Gewalt VG Gießen, 26.8.2010, Az. 2 K 1754/10.
3 BVerwG v. 29.3.1996 – 9 C 116.95, NVwZ-Beilage 1996, 57; OVG Weimar, DÖV 1999, 609.
4 VG Karlsruhe, InfAuslR 2002, 215; VG Saarlouis, InfAuslR 2002, 272; VG Gießen, AuAS 2003, 34.
5 VG Gießen, AuAS 2002, 94.

§ 60 Abs. 5 AufenthG enthält keine § 60 Abs. 7 Satz 3 AufenthG entsprechende Einschränkung; deshalb steht der Anwendung des § 60 Abs. 5 AufenthG nicht entgegen, wenn sich die Notwendigkeit des Abschiebungsschutzes aus einer Gefährdungssituation ergibt, in der sich eine Vielzahl von Personen befindet[1].

Auch eine Klage auf Feststellung eines Abschiebungsverbots nach § 60 Abs. 7 Satz 1 AufenthG kann grds. als offensichtlich unbegründet abgewiesen werden. Dies setzt jedoch voraus, dass im maßgeblichen Zeitpunkt der Entscheidung des Verwaltungsgerichts vernünftigerweise keine Zweifel an der Richtigkeit der tatsächlichen Feststellungen des Gerichts bestehen und sich die Abweisung der Klage bei einem solchen Sachverhalt nach allgemein anerkannter Rechtsauffassung geradezu aufdrängt[2].

153

In der Fachliteratur wird die mangelhafte und unvollständige Umsetzung der sog. Qualifikationsrichtlinie[3] durch das Gesetz zur Umsetzung aufenthalts- und asylrechtlicher Richtlinien der EU vom 19.8.2007 moniert[4]. Da die Qualifikationsrichtlinie in der Bundesrepublik Deutschland seit 11.10.2006 unmittelbar anwendbar ist, wird auf Art. 15 lit. c Qualifikationsrichtlinie in der Rechtsprechung insbesondere im Rahmen einer Entscheidung nach § 60 Abs. 7 AufenthG zurückgegriffen. Nach einer Entscheidung des VG Stuttgart[5] ist dem subsidiären Schutz nach Art. 15c Qualifikationsrichtlinie eine dem § 60 Abs. 7 AufenthG vergleichbare Differenzierung zwischen allgemeinen Gefahren und solchen nicht allgemeiner Art fremd. Der 2. Senat des VGH Mannheim[6] ist dem freilich nicht gefolgt; nach seiner Auffassung entspricht die Regelung über die Gewährung subsidiären Schutzes nach Art. 15 lit. c QRL im Kern der bisherigen Rechtslage nach § 60 Abs. 7 AufenthG. Nach Meinung des 8. Senats VGH Kassel[7] ist der Anwendungsbereich des subsidiären Schutzes unmittelbar aus Art. 15c Qualifikationsrichtlinie auf solche ernsthafte Schäden begrenzt, die in einem unmittelbaren Zusammenhang zu bewaffneten Konflikten und kriegsgleichen Zuständen ab einer bestimmten Größenordnung hinsichtlich Intensität und Dauer stehen, wie etwa landesweiten Bürgerkriegsauseinandersetzungen und Guerillakämpfen, während die mit solchen Konflikten allgemein für die Bevölkerung mittelbar verbundenen nachteiligen Konsequenzen, wie etwa eine schlechte Sicherheits- und Versorgungslage jedenfalls hinsichtlich ihrer nachträglichen Auswirkungen nicht darunter fallen.

Anders aber nunmehr der 3. Senat des VGH Kassel[8], wonach die Qualifikationsrichtlinie zu maßgeblichen Änderungen der Prüfungsmaßstäbe hinsichtlich der Zuerkennung von Flüchtlingsschutz führt und insbesondere § 60 Abs. 7 Satz 2 AufenthG den Wortlaut des Art. 15. lit. c Qualifikationsrichtlinie nicht ordnungsgemäß wiedergibt, da er das Tatbestandsmerkmal „infolge willkürlicher Gewalt" nicht mit aufnimmt. Im Übrigen findet die Auschlussklausel des § 60 Abs. 7 Satz 3 AufenthG auf Konstellationen nach § 60 Abs. 7 Satz 2 AufenthG keine Anwendung.

Nach einer Entscheidung des BVerwG[9] ist die Feststellung eines ausländerrechtlichen Abschiebungsschutzes nach § 60 Abs. 7 Satz 1 AufenthG hinsichtlich der

---

1 BVerwG, InfAuslR 1997, 284; bestätigt durch BVerwG, NVwZ-RR 1997, 740.
2 BVerfG-Kammer v. 20.12.2006 – 2 BvR 2063/06, NVwZ 2007, 1046; ebenso BVerfG-Kammer v. 27.9.2007 – 2 BvR 1613/07, NVwZ 2008, 418.
3 Richtlinie 2004/83/EG vom 29.4.2004.
4 *Bank/Kalkmann*, Asylmagazin 1–2/2008, 14; *Funke-Kaiser*, InfAuslR 2008, 90; *Marx*, InfAuslR 2007, 413.
5 VG Stuttgart, InfAuslR 2007, 321.
6 VGH Mannheim v. 8.8.2007 – A 2 S 229/07, DÖV 2008, 165 = NVwZ 2008, 447.
7 VGH Kassel, NVwZ-RR 2008, 58.
8 VGH Kassel v. 21.2.2008, AuAS 2008, 95 = InfAuslR 2008, 271 = NVwZ-RR 2008, 828.
9 BVerwG v. 2.8.2007 – 10 C 13.07 – 1 C 17.06, DVBl 2007, 1568 = AuAS 2008, 8.

Herkunftsstaates – anders als beim asylrechtlichen Abschiebungsschutz nach § 60 Abs. 1 AufenthG – nicht dadurch ausgeschlossen, dass der Asylbewerber Schutz in einem anderen Staat finden kann, dessen Staatsangehörigkeit er ebenfalls besitzt.

Der Asylbewerber hat einen Anspruch darauf, das das Bundesamt im Falle der Ablehnung der Asyl- und Flüchtlingsanerkennung eine Feststellung über das Vorliegen eines Abschiebungsverbots nach § 60 Abs. 7 S. 1 AufenthG trifft.

**ee) § 60 Abs. 7 Satz 1 AufenthG und § 60a Abs. 2 AufenthG**

154 Besonders problematisch ist die Abgrenzung zwischen § 60 Abs. 7 Satz 1 AufenthG und § 60a Abs. 2 AufenthG.

Das Bundesamt ist für die Entscheidung über ein Abschiebungshindernis nach § 60 Abs. 7 Satz 1 AufenthG auch dann allein zuständig, wenn die Ausländerbehörde in der Abschiebungsandrohung einen Zielstaat bezeichnet, hinsichtlich dessen das Bundesamt Abschiebungsverbote noch nicht geprüft hat[1].

Bei der Prognose, ob dem Ausländer bei Rückkehr in den Heimatstaat eine erhebliche, konkrete Gefahr i.S.v. § 60 Abs. 7 Satz 1 AufenthG wegen **Verschlimmerung einer individuellen Erkrankung** droht, sind alle zielstaatsbezogenen Umstände zu berücksichtigen[2].

Auch eine sog. posttraumatische Belastungsstörung kann ein Abschiebungsverbot nach § 60 Abs. 7 Satz 1 AufenthG bewirken. Zwar stellt eine **posttraumatische Belastungsstörung** nicht per se bereits ein Abschiebungsverbot dar[3]; allerdings liegt die Annahme nahe, dass hierdurch bedingt eine erhebliche, konkrete Gefahr für Leib oder Leben im Herkunftsstaat besteht. Zu beachten ist, dass wegen der Schwierigkeit, die das Trauma auslösenden Ereignisse zeitlich geordnet und widerspruchsfrei darzulegen, die Schlüssigkeitsanforderungen an den Sachvortrag des Asylbewerbers deutlich herabgesetzt sind[4].

Der 13. Senat des OVG Münster hatte im Rahmen der Prüfung der Voraussetzungen des § 60 Abs. 7 Satz 1 AufenthG existenzielle Gesundheitsgefahren gefordert und zudem das Erfordernis der Einholung eines Sachverständigengutachtens bei Vorlage von ärztlichen Privatgutachten in Frage gestellt. Die Entscheidung vom 16.12.2004[5] wurde in einer ausländerrechtlichen Fachzeitschrift als „die Entgleisung" referiert[6]. Das BVerwG hat diese Rechtsprechung des OVG Münster deutlich beanstandet und unter Hinweis auf *Haenel/Wenk-Ansohn*, Begutachtung psychisch reaktiver Traumafolgen in aufenthaltsrechtlichen Verfahren, 2004, grundlegende Ausführungen zur Notwendigkeit der **Einholung eines medizinischen Sachverständigengutach-**

---

1 OVG Münster, AuAS 2009, 213; vgl. auch OVG Münster, AuAS 2008, 233.
2 BVerwG v. 17.10.2006 – 1 C 18.05, NVwZ 2007, 712 = AuAS 2007, 30 = ZAR 2007, 102 = DVBl 2007, 254; vgl. auch VG Stuttgart v. 24.10.2008, NVwZ-RR 2009, 401 und VG Stuttgart v. 3.11.2008, InfAuslR 2009, 175 = NVwZ-RR 2009, 353, wobei die 11. Kammer des VG Stuttgart zutreffend gegen die Entscheidung des BVerwG vom 17.12.2006 argumentiert, bei Vorliegen eines Abschiebungsverbots nach § 60 Abs. 7 Satz 1 AufenthG sei – im Falle eines Folgeschutzgesuchs – das dem Bundesamt eingeräumte Ermessen auf Wiederaufgreifen des Verfahrens im Hinblick auf die Feststellung dieses Abschiebungsverbots wegen der Sollvorschrift des § 60 Abs. 7 Satz 1 AufenthG auf Null reduziert.
3 OVG Münster (18. Senat), InfAuslR 2004, 438 = AuAS 2005, 31 = NVwZ-RR 2005, 359. Vgl. aber OVG Lüneburg, NVwZ-RR 2008, 280: § 60 Abs. 7 AufenthG wegen der Gefahr der Retraumatisierung bei einer Rückkehr in das Heimatland.
4 OVG Weimar, NVwZ-RR 2004, 455; VG Ansbach, AuAS 2004, 262; VG Stuttgart, AuAS 2008, 71 = NVwZ-RR 2008, 495.
5 OVG Münster v. 16.12.2004 – 13 A 4512/03; vgl. auch OVG Münster v. 30.8.2005 – 13 A 2745/04.
6 ANA-ZAR 2005, 19.

### IV. Entscheidung des Bundesamtes über einen Asylantrag

**tens** gemacht[1]. Danach können die tatbestandlichen Voraussetzungen für ein Abschiebungsverbot nach § 60 Abs. 7 Satz 1 AufenthG erfüllt sein, wenn sich die Krankheit eines ausreisepflichtigen Ausländers in seinem Heimatstaat verschlimmert, weil die Behandlungsmöglichkeiten dort faktisch unzureichend sind. Die befürchtete Verschlimmerung der gesundheitlichen Beeinträchtigungen als Folge fehlender Behandlungsmöglichkeiten im Zielland der Abschiebung muss zu einer erheblichen Gesundheitsgefahr führen, also eine Gesundheitsbeeinträchtigung von besonderer Intensität erwarten lassen. Dies wäre der Fall, wenn sich der Gesundheitszustand wesentlich oder sogar lebensbedrohlich verschlechtern würde. Für medizinische Fachfragen wie insbesondere genaue Diagnose von Art und Schwere der Erkrankung sowie Therapiemöglichkeiten einschließlich Einschätzung des Krankheitsverlaufs bzw. der gesundheitlichen Folgen je nach Behandlung gibt es keine eigene, nicht durch entsprechende medizinische Sachverständigengutachten vermittelte Sachkunde des Richters[2].

Der 13. Senat des OVG Münster hat diese Kritik des BVerwG jedenfalls formal akzeptiert und in der Entscheidung vom 20.9.2006[3] die angeblich nur verkürzend gebrauchte Bezeichnung „existentielle Gesundheitsgefahr" wegen Missverständlichkeit und Verwechslung mit den die Sperrwirkung des § 60 Abs. 7 Satz 3 AufenthG aufhebenden Gefahren aufgegeben[4].

In der Entscheidung vom 11.9.2007[5] hat das BVerwG erneut grundlegende Ausführung zur Substanziierung eines Sachverständigenbeweisantrags bei Geltendmachung einer posttraumatischen Belastungsstörung gemacht. Danach ist regelmäßig die Vorlage eines gewissen Mindestanforderungen genügendes fachärztliches Attest geboten, aus dem sich nachvollziehbar ergeben muss, auf welcher Grundlage der Arzt zu seiner Diagnose gelangt ist und wie sich die Krankheit im konkreten Fall darstellt.

155

Legt ein Asylbewerber dem Gericht ein fachärztliches Gutachten zur Glaubhaftigkeit seines Vortrags vor, ist es zwingend geboten, sich mit den entsprechenden Ausführungen im Gutachten inhaltlich auseinanderzusetzen[6].

Bei weit verbreiteten Krankheiten wie z.B. **Aids** kann allerdings eine allgemeine Gefahr gem. § 60 Abs. 7 Satz 3 AufenthG gegeben sein, die eine ausländerpolitische Leitentscheidung nach § 60a AufenthG erfordert. Abschiebungsschutz kann dann nur in verfassungskonformer Anwendung von § 60 Abs. 7 Satz 1 AufenthG i.V.m. Art. 1 Abs. 1, Art. 2 Abs. 2 Satz 1 GG gewährt werden, wenn für den Ausländer im Zielstaat – entweder auf Grund allgemeiner Verhältnisse oder auf Grund von Besonderheiten im Einzelfall – landesweit eine extrem zugespitzte Gefahr (der Ausländer ist gleichsam sehenden Auges dem sicheren Tod oder schwersten Verletzungen ausgeliefert) gegeben ist[7].

---

1 BVerwG v. 24.5.2006 – 1 B 118.05, NVwZ 2007, 345 = InfAuslR 2006, 485; vgl. auch BVerwG v. 28.3.2006 – 1 B 91.05, NVwZ 2007, 346.
2 Ähnlich OVG Münster (8. Senat), AuAS 2005, 93 = NVwZ-RR 2005, 507 und OVG Münster (21. Senat), AuAS 2005, 80 = NVwZ-RR 2005, 358.
3 OVG Münster, InfAuslR 2006, 487.
4 Vgl. auch die weiteren Entscheidungen des 13. Senats des OVG Münster v. 30.10.2006, AuAS 2007, 20 und v. 27.7.2007, InfAuslR 2007, 408.
5 BVerwG v. 11.9.2007 – 10 C 8.07, NVwZ 2008, 330 = InfAuslR 2008, 142 = AuAS 2008, 16 = ZAR 2008, 107; sehr ausführlich zur Substanziierungspflicht bei posttraumatischer Belastungsstörung und zum Inhalt der vorzulegenden ärztlichen Bescheinigung vgl. auch VGH Kassel, NVwZ-RR 2008, 135: an die Entscheidung des BVerwG vom 11.9.2007 anknüpfend der 8. Senat des OVG Münster v. 19.12.2008, AuAS 2009, 82 = InfAuslR 2009, 173; VG Stuttgart, InfAuslR 2008, 323 = NVwZ-RR 2008, 495.
6 BVerfG-Kammer v. 27.9.2007 – 2 BvR 1613/07, NVwZ 2008, 418.
7 BVerwG v. 17.10.2006 – 1 C 18.05, NVwZ 2007, 712.

Der Gefahrenmaßstab ist mithin bei direkter und bei verfassungskonformer Anwendung des § 60 Abs. 7 Satz 1 AufenthG wesentlich verschieden.

156 Konkrete Gefahren für Leib und Leben wegen unzureichender medizinischer Versorgung im Herkunftsstaat stellen nach der Rechtsprechung des BVerfG ein **rechtliches Abschiebungsverbot** nach § 60 Abs. 7 Satz 1 AufenthG und nicht nur ein tatsächliches Abschiebungsverbot nach § 60a Abs. 2 AufenthG dar[1].

Anders sehen dies das OVG Lüneburg[2] und der VGH Mannheim[3]. Danach fallen Gefahren, die ihre Ursache in der Konstitution des Ausländers haben, unter § 60a Abs. 2 AufenthG und sind der Ausländerbehörde zugewiesen; § 60 Abs. 7 Satz 1 AufenthG soll danach nur solche konkrete Gefahren, die dem Ausländer ausschließlich wegen der besonderen Gegebenheiten im Zielstaat, d.h. also gerade „dort", drohen, betreffen. Nur in extrem zugespitzten Ausnahmefällen kann eine Abschiebung nach Auffassung des VGH Mannheim im Falle einer Krankheit eine Behandlung i.S.v. Art. 3 EMRK darstellen und daher nach § 60 Abs. 5 AufenthG einer Abschiebung entgegenstehen[4].

157 Bestehen im Zielland der Abschiebung schwere Gesundheitsgefahren für den Ausländer durch ein **unterentwickeltes Gesundheitssystem**, dann ist ein Abschiebungsverbot nach § 60 Abs. 7 Satz 1 AufenthG auszusprechen[5].

Auch die Gefahr, dass sich die Krankheit eines ausreisepflichtigen Ausländers in seinem Heimatstaat verschlimmert, weil die Behandlungsmöglichkeiten dort unzureichend sind, kann ein Abschiebungsverbot nach § 60 Abs. 7 Satz 1 AufenthG darstellen[6].

Ein Abschiebungsverbot nach § 60 Abs. 7 Satz 1 AufenthG kann sich im Einzelfall auch daraus ergeben, dass der Ausländer eine an sich im Zielstaat verfügbare medizinische Behandlung aus finanziellen Gründen[7] oder tatsächlich (etwa fehlende Einsichtsfähigkeit in die Notwendigkeit der Behandlung) nicht erlangen kann[8].

158 Wird durch die Ausländerbehörde die **Finanzierung erforderlicher Medikamente** zugesichert bzw. werden diese mitgegeben, stellt sich die Frage, für welchen Über-

---

1 BVerfG-Kammer v. 26.7.1996 – 2 BvR 521.96, DVBl 1996, 1190 (mit ablehnender Anmerkung von *Schnellenbach*) = AuAS 1996, 209 = NVwZ-Beilage 1996, 74 = InfAuslR 1996, 342.
2 OVG Lüneburg, AuAS 1997, 101.
3 VGH Mannheim, AuAS 1997, 182 = InfAuslR 1997, 399.
4 VGH Mannheim, AuAS 1997, 182 = InfAuslR 1997, 399, unter Bezugnahme auf EGMR, InfAuslR 1997, 279 (Ahmed).
5 BVerwG, InfAuslR 1998, 125.
6 BVerwG v. 25.11.1997 – 9 C 58.96, NVwZ 1998, 524 = InfAuslR 1998, 189 = AuAS 1998, 62 = DVBl 1998, 284 = BayVBl. 1998, 444; siehe auch OVG Hamburg, InfAuslR 1997, 460; OVG Koblenz v. 3.4.1998 – 10 A 10902/97, NVwZ-Beilage 1998, 85; VG Neustadt, InfAuslR 1997, 404; OVG Münster, AuAS 1999, 100; VG Frankfurt v. 22.6.2001 – 15 E 4901/99. A(1), NVwZ-Beilage 2002 I, 29 – fast völlige Auswegslosigkeit bestimmter betroffener Gruppen psychisch kranker Menschen in der Türkei, adäquate Behandlungsmethoden in Anspruch nehmen zu können; zur Behandlung einer psychischen Erkrankung in der Türkei siehe auch OVG Münster, InfAuslR 2005, 281 = NVwZ-RR 2005, 509; VGH Mannheim v. 6.2.2008 – 11 S 2439/07, NVwZ 2009, 63 = AuAS 2008, 162 zur Aufklärungspflicht der Ausländerbehörde bei Hinweisen auf Reiseunfähigkeit des Ausländers.
7 OVG Koblenz v. 15.7.2003 – 10 A 10168/03, NVwZ-Beilage 2004 I, 11; VG Braunschweig, NVwZ-RR 2004, 300; VG Darmstadt, AuAS 2003, 271 = NVwZ-RR 2004, 218; VGH Kassel, AuAS 2004, 20; vgl. auch OVG Hamburg, InfAuslR 2007, 382 bezüglich der inzidenten Prüfung des § 60 Abs. 7 Satz 1 AufenthG im Rahmen eines Aufenthaltserlaubnisverfahrens nach § 25 Abs. 5 Satz 1 AufenthG; zur fehlenden medikamentösen Versorgung im Kosovo siehe VG Braunschweig, InfAuslR 2010, 129.
8 BVerwG v. 29.10.2002 – 1 C 1.02, AuAS 2003, 106 = DVBl 2003, 463.

gangszeitraum dies geschehen muss, damit ein Abschiebungsverbot nach § 60 Abs. 7 Satz 1 AufenthG entfällt. Im Fall der direkten Anwendung des § 60 Abs. 7 Satz 1 AufenthG ist dies dann gegeben, wenn mit hinreichender Sicherheit erwartet werden kann, dass danach dem Ausländer die erforderliche weitere Behandlung im Zielstaat zur Verfügung steht[1]. Diese Prognose hängt von den jeweiligen Umständen des Einzelfalls ab und lässt sich nicht allgemein beantworten[2].

Im Fall der verfassungskonformen Anwendung von § 60 Abs. 7 Satz 1 AufenthG liegt nach Auffassung des VGH München[3] die extreme Gefahr auch dann – noch – vor, wenn zwischen dem Tag der Abschiebung und dem Eintreten der Gefahr sechs Monate liegen. Nicht selten wird aber seitens der Ausländerbehörden und auch einiger Verwaltungsgerichte argumentiert, der Ausländer sei nicht sehenden Auges dem sicheren Tod oder schwersten Verletzungen ausgeliefert, wenn die Medikamentenmitgabe für sechs Monate gewährleistet sei.

Krankheitsbedingte Gefahren, die sich allein als Folge der Abschiebung und nicht wegen der spezifischen Verhältnisse im Zielstaat der Abschiebung ergeben können, sind von der Ausländerbehörde im Vollstreckungsverfahren zu prüfen[4].

Somit ist eine etwaige Suizidgefahr, aber auch eine – vorläufige – Reiseunfähigkeit als inlandsbezogenes Vollstreckungshindernis von der zuständigen Ausländerbehörde zu prüfen[5].

Bei der Prüfung von Abschiebungsverboten nach § 60 Abs. 2 bis Abs. 7 AufenthG für ein Kind darf nicht – da wirklichkeitsfremd – unterstellt werden, dass das Kind zusammen mit seinen Abschiebungsschutz genießenden Eltern in den Heimatstaat zurückkehrt[6].

Führt die Abschiebung mit beachtlicher Wahrscheinlichkeit bei dem Ausländer zu einer weiteren Verfestigung einer posttraumatischen Belastungsstörung, dann kann ein Duldungsgrund nach § 60a Abs. 2 AufenthG i.V.m. Art. 2 Abs. 2 Satz 1 GG in Form eines inlandsbezogenen Vollstreckungshindernisses gegeben sein[7].

Ist rechtskräftig entschieden, dass § 60 Abs. 2 AufenthG vorliegt, kommt ein Anspruch auf Feststellung der Voraussetzungen des § 60 Abs. 7 Satz 1 AufenthG nicht in Betracht[8].

---

1 OVG Münster v. 22.1.2007 – 18 E 274/06, InfAuslR 2007, 174 = AuAS 2007, 100 = NVwZ 2007, 611; nach zutreffender Auffassung des VG Stuttgart, AuAS 2008, 71 lässt sich die Gefahr eine Retraumatisierung nicht durch eine mögliche medikamentöse Behandlung im Zielstaat der Abschiebung verhindern.
2 Ebenso VGH Kassel v. 23.2.2006 – 7 UZ 269/06.A, NVwZ 2006, 1203.
3 VGH München, AuAS 2007, 118.
4 BVerwG v. 21.9.1999 – 9 C 8.99, NVwZ 2000, 206 = AuAS 2000, 14 = BayVBl. 2000, 250 = DÖV 2000, 298; ebenso BVerwG, FamRZ 2000, 482 und BVerwG, FamRZ 2000, 480 = AuAS 2000, 60 = InfAuslR 2000, 93 = NVwZ-Beilage 2000, 25 = DVBl 2000, 419 für trennungsbedingte mittelbare Gefahren im Abschiebezielstaat.
5 BVerfG-Kammer, InfAuslR 2002, 415; vgl. auch VG Chemnitz, AuAS 2002, 198; nach OVG Münster, NVwZ-RR 2008, 284, muss die Ausländerbehörde konkret darlegen, welche Maßnahme sie zur Verhinderung einer wesentlichen Verschlechterung des Gesundheitszustandes eines abzuschiebenden Ausländers treffen wird; OVG Saarlouis, NVwZ-RR 2011, 38; VGH Mannheim v. 6.2.2008 – 11 S 2439/07, NVwZ 2009, 63 = AuAS 2008, 162.
6 BVerwG v. 27.7.2000 – 9 C 9.00, InfAuslR 2001, 52 = NVwZ-Beilage 2000, 146 = DVBl 2001, 211 = AuAS 2001, 45; ebenso OVG Lüneburg, InfAuslR 2001, 94.
7 VGH Mannheim v. 7.5.2001 – 11 S 389/01, NVwZ-Beilage 2001 I, 107 = AuAS 2001, 174 = InfAuslR 2001, 384 = VBlBW 2002, 32; VG Hamburg, InfAuslR 2001, 387.
8 BVerwG, AuAS 1998, 224.

### b) Bindung der Ausländerbehörde nach § 42 AsylVfG

159 Die **Ausländerbehörde** ist nach § 42 Satz 1 AsylVfG an die Entscheidung des Bundesamtes oder des Verwaltungsgerichts über das Vorliegen eines Abschiebungsverbots nach § 60 Abs. 2 bis Abs. 7 AufenthG **gebunden**.

Auch die Entscheidung des Bundesamtes, dass keine Abschiebungsverbote nach § 60 Abs. 2 bis Abs. 7 AufenthG vorliegen, ist für die Ausländerbehörde nach § 42 Satz 1 AufenthG bindend; bei erneuter Geltendmachung von Abschiebungsverboten verbleibt die Entscheidungskompetenz beim Bundesamt[1].

Nach § 72 Abs. 2 AufenthG entscheidet die Ausländerbehörde über das Vorliegen eines zielstaatsbezogenen Abschiebungsverbots nach § 60 Abs. 2 bis Abs. 7 AufenthG nur nach vorheriger Beteiligung des Bundesamtes. Dies dient dem Zweck, dass die Sachkunde des Bundesamtes hinsichtlich der Verhältnisse in dem fraglichen Zielstaat mit berücksichtigt wird[2].

### c) Anspruch auf Wiederaufgreifen des Verfahrens

160 Die Ausländerbehörde ist zwar bei ihrer Entscheidung über einen Duldungsantrag eines Ausländers, der wegen einer Erkrankung Gefahr für Leib und Leben in seinem Heimatstaat befürchtet, auch dann an die Feststellung des Bundesamtes über das Nichtvorliegen von Abschiebungsverboten gem. § 60 Abs. 2 bis Abs. 7 AufenthG gebunden, wenn eine solche Gefahr mangels Vortrages gar nicht geprüft wurde. Das Bundesamt darf aber das Verfahren wegen der Feststellung von Abschiebungsverboten gem. § 60 Abs. 2 bis Abs. 7 AufenthG außerhalb des Rahmens des § 51 Abs. 1–3 VwVfG nach § 51 Abs. 5 VwVfG i.V.m. § 48 Abs. 1 VwVfG nach Ermessen wiederaufgreifen. Die auf § 51 Abs. 1–3 VwVfG beschränkte Verweisung des § 71 AsylVfG steht dem nicht entgegen, denn sie bezieht sich lediglich auf erneute Asylanträge i.S.d. § 13 Abs. 1 AsylVfG und nicht auch auf erneute Anträge, ein Abschiebungsverbot nach § 60 Abs. 2 bis Abs. 7 AufenthG festzustellen[3]. Das BVerfG vertritt ebenfalls die Auffassung, wonach § 51 Abs. 5 VwVfG einen Anspruch auf fehlerfreies Ermessen bezüglich des Wiederaufgreifens des Verfahrens, ggf. sogar mit Reduktion auf null, gibt[4].

Liegen die Voraussetzungen des § 48 Abs. 1 Satz 1 VwVfG oder § 49 Abs. 1 VwVfG vor und ist das Ermessen des Bundesamtes auf null reduziert, hat der Ausländer einen **Anspruch auf Aufhebung** eines negativen Bescheids gem. § 60 Abs. 2 bis Abs. 7 AufenthG und auf Verpflichtung zu einer entsprechenden Feststellung eines zielstaatsbezogenen Abschiebungsverbots[5].

---

[1] OVG Hamburg, AuAS 1998, 139 = NVwZ-RR 1998, 456.
[2] OVG Hamburg, AuAS 2007, 200 = NVwZ-RR 2008, 62.
[3] BVerwG v. 7.9.1999 – 1 C 6.99, NVwZ 2000, 204 = AuAS 2000, 38 = InfAuslR 2000, 16 = DVBl 2000, 417; OVG Koblenz, NVwZ-Beilage 1999, 45; VG Berlin v. 14.5.1996 – 33 X 488/95, NVwZ-Beilage 1996, 70; VGH Mannheim, NVwZ-RR 2000, 261 = AuAS 2000, 144; OVG Münster, AuAS 1999, 100; § 51 Abs. 5 VwVfG ist auch im Asylfolgeantragsverfahren anwendbar – VG Augsburg v. 25.2.1999 – Au 7 K 98.30453/Au 7 K 98.31120, NVwZ-Beilage 2000 I, 7.
[4] BVerfG-Kammer v. 21.6.2000 – 2 BvR 1989/97, NVwZ 2000, 907 = DVBl 2000, 1279 = AuAS 2000, 197; vgl. auch VGH Mannheim v. 1.3.2001 – 13 S 1577/00, NVwZ-Beilage 2002 I, 11.
[5] VG Wiesbaden, InfAuslR 2002, 275; ausführlich, aber überzogen zu den Anforderungen an die ärztliche Begutachtung einer posttraumatischen Belastungsstörung VG München, NVwZ-RR 2002, 230 – vom Ansatz her ganz anders VG Ansbach v. 17.3.2000 – AN 17 K 98.31944 unter Bezugnahme auf *Wenk-Ansohn*, Psychische Folterfolgen und deren Begutachtung.

Nach einer Entscheidung des BVerwG vom 20.10.2004[1] ist bei einer Entscheidung über das Wiederaufgreifen des Verfahrens zur Feststellung der tatbestandlichen Vorausetzungen eines Abschiebungsverbots nach – jetzt – § 60 Abs. 7 Satz 1 AufenthG i.V.m. §§ 51 Abs. 5, 48, 49 VwVfG das Ermessen zu Gunsten des Ausländers regelmäßig auf null reduziert, wenn er im Zielstaat der drohenden Abschiebung einer extremen individuellen Gefahr ausgesetzt wäre. Die Verwaltungsgerichte sind auch in solchen Verfahren gehalten, die Sache zu Lasten oder zu Gunsten des Ausländers soweit wie möglich spruchreif zu machen, bevor sie das Bundesamt zu einer Neubescheidung verpflichten.

### d) Abschiebung

Die Abschiebung fällt nicht mehr in die **Kompetenz** des Bundesamtes, sondern der **Ausländerbehörde** (sog. Schnittstellenproblematik). Zudem ist die Abschiebung kein rein tatsächlicher Vollzugsakt, bei dem der Ausländerbehörde keine rechtliche Entscheidungskompetenz mehr zukäme. Vielmehr muss die Ausländerbehörde in Zweifelsfällen die Vollziehbarkeit der Abschiebungsandrohung klären und ausländerrechtliche Abschiebungsverbote und Duldungsgründe prüfen, die beim Erlass der Abschiebungsandrohung durch das Bundesamt nicht zu erörtern waren[2]. In Betracht kommen insoweit die Abschiebungsverbote der §§ 60 Abs. 2 bis Abs. 7 AufenthG, § 60a Abs. 1 AufenthG, soweit über die Feststellung des Bundesamtes gem. § 31 Abs. 3 AsylVfG hinaus noch ein Ermessen der Ausländerbehörde besteht, sowie die Duldungsgründe des § 60a Abs. 2 AufenthG[3].

161

Nach Auffassung des OVG Hamburg[4] ist für Abschiebungsverbote, die der Sache nach einen politischen Charakter aufweisen, nach § 13 AsylVfG ausschließlich das Bundesamt zuständig. Anderer Auffassung sind das OVG Schleswig[5] und der VGH Mannheim[6], wonach die Ausländerbehörde neu vorgebrachte Verfolgungsgründe im Rahmen des § 60 Abs. 2 bis Abs. 7 AufenthG auch dann prüfen muss, wenn sich der Ausländer insoweit auf politische Verfolgung beruft.

### e) Duldung, § 60a AufenthG

Die Erteilung einer Duldung nach § 60a Abs. 2 AufenthG setzt das **Vorliegen eines Duldungsgrundes** – die Abschiebung ist aus tatsächlichen oder rechtlichen Gründen unmöglich – voraus. Die weiteren, für die Durchführung einer Abschiebungsmaßnahme erforderlichen Voraussetzungen – Abschiebungsgrund, vollziehbare Abschiebungsandrohung – müssen jedoch nicht vorliegen. Ist die Abschiebung aus rechtlichen oder tatsächlichen Gründen unmöglich und wird keine Aufenthaltserlaubnis erteilt, muss dem Ausländer eine Duldung erteilt und eine entsprechende Bescheinigung ausgestellt werden (§ 60a Abs. 2 und Abs. 4 AufenthG)[7]. Dieser behördlichen Pflicht zur Duldungserteilung entspricht ein subjektives Recht des Ausländers, welches mit der Verpflichtungsklage und einem Antrag auf Erlass einer einstweiligen Anordnung durchgesetzt werden kann.

162

---

1 BVerwG v. 20.10.2004 – 1 C 15.03, NVwZ 2005, 462 = InfAuslR 2005, 120 = BayVBl. 2005, 414 = DVBl 2005, 317.
2 Vgl. § 59 Abs. 3 Satz 1 AufenthG.
3 Vgl. hierzu VGH München v. 9.5.1994 – 24 CE 93.32801, n.v.
4 OVG Hamburg v. 17.10.1995 – Bs V 27/95, DVBl 1996, 628; ebenso OVG Hamburg, NVwZ-RR 1995, 419.
5 OVG Schleswig, InfAuslR 1993, 18, unter Berufung auf BVerfG-Kammer v. 3.4.1992 – 2 BvR 1837/91, InfAuslR 1993, 176 = NVwZ 1992, 660.
6 VGH Mannheim, VBlBW 1994, 454; ebenso VGH München, InfAuslR 1996, 80.
7 VGH Mannheim v. 3.11.1995 – 13 S 2185/95, NVwZ-RR 1996, 356 = DVBl 1996, 209.

Für die Erteilung einer Duldung nach § 60a Abs. 2 AufenthG wegen Unmöglichkeit der Abschiebung aus tatsächlichen Gründen kommt es nach einer grundsätzlichen Entscheidung des BVerwG[1] nicht darauf an, ob der Ausländer freiwillig ausreisen könnte, denn § 60a Abs. 2 AufenthG stellt nach seinem Wortlaut nur darauf ab, ob die **Abschiebung** des Ausländers unmöglich ist.

163 Der sich aus § 60a Abs. 2 AufenthG ergebende Anspruch kann nur dadurch erfüllt werden, dass gem. § 60a Abs. 4 AufenthG eine schriftliche Bescheinigung ausgestellt wird; eine stillschweigende Aussetzung der Abschiebung kennt das AufenthG nicht. Auch ein als **Grenzübertrittsbescheinigung** bezeichnetes Papier wird diesen Anforderungen nicht gerecht[2].

Die auf Erteilung einer Duldung oder Aufenthaltserlaubnis gerichtete Klage eines Ausländers nach erfolglosem Asylverfahren begründet nach einer grundlegenden Entscheidung des BVerwG[3] gem. § 78 Abs. 2 Satz 1 i.V.m. § 78 Abs. 1 Satz 1 AsylVfG grds. keine Streitigkeit nach dem AsylVfG. Dies bedeutet insbesondere, dass § 80 AsylVfG – Ausschluss der Beschwerde – einem Antrag auf Zulassung der Beschwerde gegen eine Entscheidung des Verwaltungsgerichts im einstweiligen Rechtsschutzverfahren nicht entgegensteht.

Im Übrigen ermöglicht § 60a Abs. 2 Satz 3 AufenthG die Erteilung einer Duldung, wenn der vorübergehende Aufenthalt zwar aus dringenden humanitären oder persönlichen Gründen erforderlich ist, der Aufenthaltszweck sich jedoch nicht zu einem rechtlichen Abschiebungshindernis nach § 60a Abs. 2 Satz 1 AufenthG verdichtet hat. Daher kann Abschiebungsschutz nach § 60a Abs. 2 Satz 3 AufenthG auch unterhalb der durch Verfassungsrecht gebotenen Schwelle gewährt werden[4].

### f) Abschiebungsandrohung, § 59 AufenthG

164 Rechtsgrundlage einer Abschiebungsandrohung ist § 34 Abs. 1 AsylVfG i.V.m. §§ 59, 60 Abs. 10 AufenthG.

Die Abschiebungsandrohung muss nach § 59 AufenthG einen **konkreten Zielstaat** bezeichnen, sonst ist sie rechtswidrig[5].

Die Klage gegen eine Abschiebungsandrohung, die das Bundesamt nach gerichtlicher Aufhebung seiner positiven Entscheidung zu § 60 Abs. 1 AufenthG erlassen

---

1 BVerwG v. 25.9.1997 – 1 C 3.97, InfAuslR 1998, 12 = BayVBl. 1998, 217 = AuAS 1998, 17 = NVwZ 1998, 297 = DVBl 1998, 278 = DÖV 1998, 247.
2 VG Sigmaringen, InfAuslR 1997, 271; VG Ansbach, InfAuslR 1998, 252.
3 BVerwG v. 25.9.1997 – 1 C 6.97, AuAS 1998, 29 = InfAuslR 1998, 15 = BayVBl. 1998, 120 = NVwZ 1998, 299 = DÖV 1998, 389 = DVBl 1998, 234; ebenso OVG Münster, NVwZ-RR 1999, 402; VGH Mannheim v. 6.12.1999 – 13 S 514/99, NVwZ 2000, 589; VGH Mannheim v. 14.8.1998 – 9 S 1552/98, DVBl 1999, 180 = VBlBW 1999, 33 = NVwZ 1999, 792 (auch dann, wenn das Duldungsbegehren allein oder neben anderen Gründen auf Abschiebungsverbote nach § 60 Abs. 2 bis Abs. 7 AufenthG gestützt wird); VGH Mannheim v. 2.12.1997 – A 14 S 3104/97, NVwZ-Beilage 1998, 25 = AuAS 1998, 31 = InfAuslR 1998, 193 (es sei denn, der ehemalige Asylbewerber beruft sich allein auf Abschiebungsverbote nach § 60 Abs. 2 bis Abs. 7 AufenthG); OVG Frankfurt/Oder v. 17.3.1998 – 4 B 28/98, NVwZ-Beilage 1998, 75 = AuAS 1998, 137; OVG Weimar, DÖV 1998, 518; a.A. VGH Mannheim v. 26.1.1998 – A 12 S 3522/97, AuAS 1998, 80 = AuAS 1998, 180; VGH Kassel v. 11.12.1997 – 12 TG 4190/97, NVwZ-Beilage 1998, 46; v. 20.1.1998 – 13 TZ 3765/97, NVwZ-Beilage 1998, 45 = DÖV 1998, 391 = DVBl 1998, 287; OVG Hamburg v. 5.3.1998 – Bs IV 177/97, NVwZ-Beilage 1998, 96; OVG Koblenz v. 29.4.1998 – 10 B 10 656/98, AuAS 1998, 153 = NVwZ-Beilage 1998, 87.
4 VGH Mannheim v. 13.9.2007 – 11 S 1964/07, NVwZ 2008, 233 = VBl BW 2008, 33.
5 VGH Mannheim v. 18.6.1996 – 13 S 1281/95, NVwZ 1997, 514 = VBlBW 1996, 436; VGH Mannheim, AuAS 2008, 248 = InfAuslR 2008, 420 zur Abschiebung in die Republik Kosovo.

hat, hat gem. § 75 AsylVfG aufschiebende Wirkung[1]; eine analoge Anwendung des § 39 Abs. 1 AsylVfG kommt nicht in Betracht[2].

Die Abschiebungsandrohung war nach zutreffender Auffassung des 1. Senats des BVerwG über den Wortlaut des § 59 Abs. 3 Satz 2 AufenthG hinaus auch rechtswidrig, wenn in ihr trotz eines zwingenden Abschiebungsverbots nach § 60 Abs. 7 Satz 1 AufenthG die Abschiebung in einen bestimmten Staat angedroht wurde[3]. Der früher für Asylrecht zuständige 9. Senat des BVerwG sah dies anders[4]; diese Rechtsprechung ist jedoch zwischenzeitlich überholt. Nach einem Urteil des BVerwG vom 11.9.2007[5] ist das **Bundesamt** nach dem Inkrafttreten des Gesetzes zur Umsetzung aufenthalts- und asylrechtlicher Richtlinien der EU vom 19.8.2007 auch für die **ausländerrechtliche Ermessensentscheidung zuständig**, ob nach § 60 Abs. 7 Satz 1 AufenthG bei Vorliegen der gesetzlichen Voraussetzungen der Norm von der Abschiebung abgesehen werden soll. Hieraus ergibt sich nach Auffassung des BVerwG zwangsläufig, dass der Ausländer in den betreffenden Staat, auf den sich die Feststellung bezieht, nicht abgeschoben werden darf. Verpflichtet das Verwaltungsgericht somit das Bundesamt zur Feststellung eines Abschiebungsverbots nach § 60 Abs. 7 Satz 1 AufenthG hinsichtlich eines bestimmten Staates, so ist die Bezeichnung des betreffenden Staates als Zielstaat in der Abschiebungsandrohung nach § 59 Abs. 3 Satz 2 AufenthG rechtswidrig.

Im Falle der verschleierten oder unbekannten Staatsangehörigkeit von Asylbewerbern kann das Bundesamt ausnahmsweise eine Abschiebung in den „Herkunftsstaat" androhen, ohne gegen die Sollvorschrift des § 59 Abs. 2 AufenthG zu verstoßen; hierbei ist der Ausländerbehörde allerdings eine Auswahl an Zielstaaten vorzugeben, wobei geprüft sein muss, ob insoweit Abschiebungsverbote bestehen[6].

Das Bundesamt darf jedoch nicht feststellen, dass hinsichtlich des noch unbekannten Herkunftsstaats kein Abschiebungsverbot nach § 60 Abs. 7 Satz 1 AufenthG vorliegt[7].

Nimmt das Bundesamt in seinem ablehnenden Bescheid eine andere Staatsangehörigkeit des Asylbewerbers an, als dieser behauptet, sind in der verwaltungsgerichtlichen Prüfung der Verfolgungsgefahr auch die Staaten eingeschlossen, hinsichtlich derer der Ausländer beim Bundesamt Schutz vor Verfolgung begehrt hatte[8]. Wird lediglich die Abschiebung in den „Herkunftsstaat" angeordnet, ohne dass dies konkretisiert wird, liegt keine inhaltliche Entscheidung zu den Abschiebungsverboten nach § 60 Abs. 2 bis Abs. 7 AufenthG und damit auch keine rechtsverbindliche Abschiebungsandrohung nach § 59 AufenthG vor. Nach Auffassung des VG München[9] wird hierdurch die Aufenthaltsgestattung nicht tangiert, d.h., insbesondere § 67 Abs. 1 Nr. 4 und Nr. 6 AsylVfG – Erlöschen der Aufenthaltsgestattung – sind nicht einschlägig.

165

---

1 VG Neustadt, InfAuslR 2001, 203; a.A. VG Mainz v. 1.6.2001 – 6 L 503/01, NVwZ-Beilage 2001 I, 116 – es liegt kein Fall des § 38 Abs. 1 AsylVfG und § 73 AsylVfG vor.
2 So aber VG Ansbach, InfAuslR 1998, 254.
3 BVerwG v. 19.11.1996 – 1 C 6.95, NVwZ 1997, 685 = DVBl 1997, 902 = InfAuslR 1997, 193 = JZ 1997, 508 = AuAS 1997, 50; ebenso VGH Mannheim, AuAS 1997, 172 = VBlBW 1997, 314.
4 BVerwG v. 29.3.1996 – 9 C 116/95, n.v.; v. 15.4.1997 – 9 C 19.96, n.v.
5 BVerwG v. 11.9.2007 – 10 C 8.07, AuAS 2008, 16 = NVwZ 2008, 330 = InfAuslR 2008, 142.
6 VG Leipzig v. 16.7.1997 – A 6 K 31295/96, InfAuslR 1998, 92 = NVwZ-Beilage 1998, 14; VG Karlsruhe, InfAuslR 1998, 91; OVG Magdeburg, AuAS 2000, 16.
7 OVG Hamburg, AuAS 2003, 32.
8 OVG Hamburg v. 11.10.2001 – 2 Bs 4/00.A, NVwZ-Beilage 2002 I, 53 = InfAuslR 2002, 268.
9 VG München v. 11.3.2002 – M 21 K 00.51063.

Das BVerwG[1] hat entschieden, dass die Androhung der Abschiebung in den noch ungeklärten „Herkunftsstaat" **keine ordnungsgemäße Zielstaatsbezeichnung** i.S.v. § 59 Abs. 2 AufenthG enthält, sondern nur einen unverbindlichen Hinweis. Allerdings darf in einem solchen Fall von der Angabe eines Zielstaats abgesehen werden. Wird der Herkunftsstaat später geklärt, muss dieser dem Ausländer so rechtzeitig vor der Abschiebung mitgeteilt werden, dass er gerichtlichen Rechtsschutz in Anspruch nehmen kann.

Die Bezeichnung des Zielstaates in der Abschiebungsandrohung setzt nach einer Entscheidung des OVG Münster nicht voraus, dass die Ausländerbehörde die Bereitschaft oder Verpflichtung dieses Staates zur Übernahme des Ausländers festgestellt hat[2].

Eine Abschiebungsandrohung ist wegen Verstoßes gegen das Willkürverbot rechtswidrig, wenn die Abschiebung in einen **Staat** angedroht wird, zu dem der Ausländer **keine Bindungen** aufgrund seiner Staatsangehörigkeit oder aufgrund eines längeren Aufenthalts besitzt und mit dem er auch nicht anderweitig verbunden ist[3].

Der bloße Hinweis nach § 59 Abs. 2 AufenthG in einer Abschiebungsandrohung, der Ausländer könne auch in einen **anderen aufnahmebereiten Staat** als den ausdrücklich genannten Zielstaat abgeschoben werden, lässt die Abschiebung in einen anderen als den genannten Zielstaat nicht zu[4].

Die Abschiebung darf nach der Rechtsprechung des BVerwG[5] auch dann in den Zielstaat insgesamt angedroht werden, wenn der Ausländer dort nur in bestimmten Gebieten – etwa dem Nordirak – sicher ist, er kann allerdings von der Ausländerbehörde die Bekanntgabe des beabsichtigten Abschiebewegs verlangen und ggf. einstweiligen Rechtsschutz in Anspruch nehmen. Eine Einschränkung der Abschiebungsandrohung auf **Teilgebiete des Zielstaates** lässt § 59 Abs. 2 AufenthG nicht zu[6].

166 Das Bundesamt bleibt dann für den Erlass einer – erneuten – Abschiebungsandrohung zuständig, wenn die mit dem Asylbescheid verbundene Abschiebungsandrohung aufgehoben worden ist[7], nicht jedoch im Anschluss an ein Widerrufsverfahren nach § 73 Abs. 3 AsylVfG[8]. Allerdings wird der Ausländer unverzüglich nach dem Erlöschen der Duldung ohne erneute Androhung und Fristsetzung abgeschoben, es sei denn, die Aussetzung der Abschiebung wird erneuert (§ 60a Abs. 5 Satz 3 AufenthG). Nur dann, wenn die Abschiebung länger als ein Jahr ausgesetzt war, ist die durch Widerruf der Duldung vorgesehene Abschiebung mindestens einen Monat vorher anzukündigen (§ 60a Abs. 5 Satz 4 AufenthG). In der Fachliteratur wird dieser Verzicht auf die vorherige Androhung von Zwangsmitteln unter verfassungsrechtlichen Aspekten zu Recht ausgesprochen kritisch gesehen[9].

---

1 BVerwG v. 25.7.2000 – 9 C 42.99, NJW 2000, 3798 = InfAuslR 2001, 46 = DVBl 2001, 209 = AuAS 2001, 3.
2 OVG Münster, AuAS 1998, 160; a.A. VG Ansbach v. 5.4.1999 – AN 12 K 94.49667, Asylmagazin 7–8/1999, 37, mit dem zutreffenden Hinweis, eine Behörde könne nur ein Verhalten verlangen, welches der Adressat auch erfüllen kann.
3 VG Gelsenkirchen, InfAuslR 2002, 217.
4 VGH Mannheim, AuAS 1998, 4 = NVwZ-RR 1998, 202; OVG Magdeburg, AuAS 2008, 260 = InfAuslR 2009, 40.
5 BVerwG v. 16.11.1999 – 9 C 4.99, AuAS 2000, 27 = NVwZ 2000, 331 = DVBl 2000, 424 = InfAuslR 2000, 122 (Irak).
6 VGH Mannheim v. 26.5.2000 – A 14 S 709/00, Asylmagazin 9/2000, 51.
7 OVG Münster, InfAuslR 2000, 138 = AuAS 2000, 35 = NVwZ-Beilage 2000, 18; VG Karlsruhe, NVwZ-Beilage 2000, 21.
8 VGH München v. 18.8.1999 – 22 B 98.31741, InfAuslR 2000, 36 = AuAS 1999, 225 = NVwZ-Beilage 1999 I, 114.
9 *Eckertz-Höfer*, Neuere Entwicklungen in Gesetzgebung und Rechtsprechung zum Schutz des Privatlebens, ZAR 2008, 41, 43 und *Zühlcke*, Abschiebung ohne Ankündigung, ZAR 2007, 361.

Hat das Bundesamt einen Asylfolgeantrag als unerheblich abgelehnt und hat der Antrag des Ausländers nach § 80 Abs. 5 VwGO gegen die Abschiebungsandrohung Erfolg, endet die ursprünglich auf eine Woche festgesetzte Ausreisefrist gem. § 37 Abs. 2 AsylVfG analog einen Monat nach dem unanfechtbaren Abschluss des Asylfolgeverfahrens. Hatte der Antrag nach § 80 Abs. 5 VwGO keinen Erfolg, bleibt es auch dann bei der Festsetzung der einwöchigen Ausreisefrist, wenn das Verwaltungsgericht im Hauptsacheverfahren die Voraussetzungen für ein weiteres Asylverfahren für gegeben und den Asylfolgeantrag für lediglich einfach unbegründet hält. Die Abschiebung ist dem Ausländer nach § 60a Abs. 5 Satz 4 AufenthG mindestens einen Monat vorher anzukündigen[1].

### g) Ausreiseaufforderung

Die Ausreiseaufforderung ist kein anfechtbarer Verwaltungsakt; von ihr ist weder in § 34 AsylVfG noch in den in Bezug genommenen Vorschriften des AufenthG die Rede[2].   167

## 10. Entscheidung des Bundesamtes über Familienasyl und Familienflüchtlingsschutz nach § 26 AsylVfG

Ist ein Ehegatte bzw. ein Elternteil als Asylberechtigter unanfechtbar bzw. zumindest gleichzeitig[3] anerkannt oder wurde für den Ehegatten bzw. ein Elternteil unanfechtbar bzw. zumindest gleichzeitig das Vorliegen der Voraussetzungen nach § 60 Abs. 1 AufenthG festgestellt (§ 26 Abs. 1, Abs. 4 und Abs. 2 AsylVfG), dann kann der andere **Ehegatte** bzw. ein **minderjähriges lediges Kind** ebenfalls als Asylberechtigter im Weg des sog. **Familienasyls** anerkannt werden bzw. Flüchtlingsschutz erhalten. Die Person erhält ein uneingeschränktes Recht, das in seinem weiteren Bestand nicht von dem Recht abhängt, von dem es sich ableitet[4]. Dies gilt als einfachgesetzliche Begünstigung der Kleinfamilie gem. Art. 6 Abs. 1 GG sogar dann, wenn feststeht, dass der andere Ehegatte bzw. das Kind nicht politisch verfolgt wird[5]. Nach einer Entscheidung des OVG Münster kann auch von einer nach § 26 AsylVfG anerkannten Person Familienasyl abgeleitet werden, wenn sie über eigene Asylgründe i.S.v. Art. 16a Abs. 1 GG verfügt[6].   168

Kommt Asyl bei einem Familienmitglied ernsthaft in Betracht, ist das Verfahren des bzw. der Familienangehörigen auszusetzen[7].

Wer aus einem sicheren Drittstaat nach Deutschland einreist, kann – vorbehaltlich der gesetzlich vorgesehenen Ausnahmen wie insbesondere der Einreise mit Sichtvermerk gem. § 26a Abs. 1 Satz 3 AsylVfG – auch nicht als Familienasylberechtigter anerkannt werden[8]. Die Konsequenz des § 26a Abs. 1 Satz 3 AsylVfG ist aber, dass die Drittstaatenklausel der Familienasylanerkennung auch bei einer Einreise auf dem Landweg nicht entgegensteht[9].

---

1 BVerwG v. 3.4.2001 – 9 C 22.00, DÖV 2001, 865 = NVwZ-Beilage 2001 I, 113 = DVBl 2001, 1522.
2 VGH München, BayVBl. 1997, 182.
3 Vgl. BVerwG, DVBl 1992, 841.
4 BVerwG v. 25.6.1991 – 9 C 48.91, NVwZ 1992, 269 = InfAuslR 1991, 313.
5 BVerwG, DVBl 1992, 841.
6 OVG Münster v. 28.10.1997 – 25 A 5510/95.A, NVwZ-Beilage 1998, 70.
7 VG Würzburg, AuAS 1998, 199.
8 BVerwG v. 6.5.1997 – 9 C 56.96, DVBl 1997, 1389 = AuAS 1997, 240 = DÖV 1997, 922 = InfAuslR 1997, 422 = NVwZ 1998, 1190.
9 BVerfG-Kammer v. 8.6.2000 – 2 BvR 2279/98, DVBl 2000, 1202 = InfAuslR 2000, 364 = NVwZ-Beilage 2000, 97 = BayVBl. 2000, 689 = AuAS 2001, 7; siehe hierzu auch VG Arnsberg, InfAuslR 2001, 245; VG Wiesbaden, AuAS 1998, 57.

Der Zuerkennung von Familienasyl steht der Umstand eines vorausgegangenen, mehr als dreimonatigen Aufenthalts in einem sonstigen Drittstaat gem. § 27 AsylVfG nicht entgegen[1].

Die Regelungen über das Familienasyl und Familienflüchtlingsschutz sind auf Familienangehörige von im Ausland als asylberechtigt anerkannten Ausländern nicht entsprechend anwendbar[2].

Die Gewährung von Familienasyl oder Familienflüchtlingsschutz ist nicht gem. § 26 Abs. 1 Nr. 4 AsylVfG (Widerruf bzw. Rücknahme der Anerkennung als Asylberechtigter) dadurch ausgeschlossen, dass der Stammberechtigte kurzfristig in sein Heimatland zurückgekehrt ist, um seine Familie in die Bundesrepublik zu holen[3].

Das Bundesamt soll nach § 31 Abs. 5 AsylVfG bei der Anerkennung eines Asylberechtigten nach § 26 AsylVfG von den Feststellungen zu §§ 60 Abs. 2 bis Abs. 7 AufenthG und der Zuerkennung der Flüchtlingseigenschaft nach § 60 Abs. 1 AsylVfG absehen. Dies bedeutet nach einem Urteil des BVerwG, dass in aller Regel – wenn nicht besondere Gründe eine Ausnahme fordern – Feststellungen nach § 60 Abs. 1 AufenthG zu unterlassen sind, und zwar sowohl Sachverhaltsfeststellungen in den Gründen als auch ein entsprechender Ausspruch im Tenor des Bescheids[4].

### a) Familienasyl bzw. Familienflüchtlingsschutz für den Ehegatten

169 Der Ehegatte eines Asylberechtigten wird als Asylberechtigter anerkannt bzw. es werden die Voraussetzungen des § 60 Abs. 1 AufenthG festgestellt, wenn die **Ehe** schon in dem Staat **bestanden hat**, in dem der Asylberechtigte politisch verfolgt wird, der Ehegatte den **Asylantrag** vor oder gleichzeitig mit dem Asylberechtigten oder unverzüglich[5] nach der Einreise gestellt hat und die Anerkennung des Asylberechtigten nicht zu widerrufen[6] oder zurückzunehmen ist. § 26 Abs. 1 AsylVfG erfordert damit nach einer Entscheidung des BVerwG[7], dass die eheliche Lebensgemeinschaft bereits im Verfolgerland bestanden hat. Die Ehe kann allerdings zwischenzeitlich geschieden worden sein; es genügt, wenn sie spätestens zum Zeitpunkt der gerichtlichen Entscheidung wieder besteht[8].

Bei der Frage, ob ein Asylsuchender seinen Asylantrag **unverzüglich** nach der Einreise gestellt hat, kommt es nach einer Entscheidung des VGH Kassel darauf an, ob er das getan hat, was man billigerweise von ihm verlangen kann. Unverzüglich heißt nicht nur möglichst schnell, sonder auch sachgemäß[9].

Der Umstand, dass die Ehe im Verfolgerland durch eine **Ferntrauung** geschlossen wurde, schließt nicht aus, dass die Ehe i.S.d. § 26 Abs. 1 Nr. 2 AsylVfG „bestanden" hat[10]. Eine nur nach religiösem Ritus mit Eheschließungswillen eingegangene

---

1 VG Frankfurt, AuAS 2000, 71.
2 VGH Kassel, AuAS 1999, 115.
3 VG Göttingen, InfAuslR 2000, 37.
4 BVerwG v. 28.4.1998 – 9 C 1.97, AuAS 1998, 238 = InfAuslR 1998, 407 = NVwZ 1998, 1085 = DVBl 1998, 1020.
5 Hierzu VG Augsburg, InfAuslR 2001, 102.
6 Nach Auffassung des OVG Lüneburg v. 1.3.2001 – 8 L S 1117/99, DVBl 2001, 672, muss der Widerruf der Anerkennung als Asylberechtigter nicht bereits erfolgt oder ein Widerrufsverfahren eingeleitet sein; ebenso OVG Koblenz, NVwZ-RR 2001, 341 und VGH München, InfAuslR 2002, 261, wenn es um Familienasyl für minderjährige Kinder geht.
7 BVerwG v. 15.12.1992 – 9 C 61.91, NVwZ 1993, 792.
8 VGH München v. 17.8.1993 – 11 BZ 89.30545, DVBl 1994, 69; VG Berlin, AuAS 1996, 188.
9 VGH Kassel, InfAuslR 2003, 402 = AuAS 2003, 237.
10 VG Wiesbaden v. 12.9.1994 – 3/2 E 7282/93, NVwZ-Beilage 1995, 14.

Verbindung, die der Heimatstaat nicht anerkennt, ist keine Ehe i.S.d. § 26 Abs. 1 Nr. 2 AsylVfG[1].

**b) Familienasyl bzw. Familienflüchtlingsschutz für minderjährige, ledige Kinder**

Die eben genannten Kriterien gelten für die im Zeitpunkt ihrer Asylantragstellung minderjährigen, ledigen Kinder[2] eines Asylberechtigten entsprechend. Für die **im Bundesgebiet** nach der Anerkennung des Asylberechtigten **geborenen Kinder** kann der Asylantrag nunmehr bis zum Eintritt der Volljährigkeit gestellt werden; dies folgt aus der Streichung des § 26 Abs. 2 Satz 2 AsylVfG a.F.

Nach Auffassung des VGH Kassel[3] muss das Kind in der Heimat mit dem Asylberechtigten in familiärer Lebensgemeinschaft gelebt haben; dem Wortlaut des § 26 Abs. 2 AsylVfG ist dies freilich nicht zu entnehmen.

170

In der Rechtsprechung war der Fall, wenn ein Kind nach der Antragstellung, aber vor der Anerkennung eines Asylberechtigten geboren wurde, hinsichtlich des Fristbeginns völlig umstritten. Das BVerwG hat die Rechtsfrage schließlich wie folgt entschieden: Ein Kind hat nur dann Anspruch auf Familienasyl, wenn der Antrag unverzüglich – d.h. in der Regel innerhalb von zwei Wochen – nach der Geburt gestellt wurde[4]. Nunmehr aber gilt: der Antrag für im Bundesgebiet geborene Kinder kann bis zum Eintritt der Volljährigkeit gestellt werden.

171

Familienasyl können auch Kinder nach einer Entscheidung des BVerwG erst erhalten, wenn der **„stammberechtigte"** **Elternteil** unanfechtbar als Asylberechtigter anerkannt wurde[5].

172

Das Erlöschen des Status des „stammberechtigten" Elternteils als anerkannter Asylberechtigter durch den Erwerb der deutschen Staatsangehörigkeit bewirkt, dass der rechtliche Bezugspunkt für die Gewährung von Familienasyl nach § 26 AsylVfG nachträglich wegfällt[6]. Nach einer Entscheidung des VG Sigmaringen[7] kann die Beendigung des Familienasyls allein auf eine Beendigung des Status des Stammberechtigten gestützt werden und nicht auf die Änderung der politischen Verhältnisse im Herkunftsland.

Nach einer Entscheidung des BVerwG vom 17.12.2002[8] ist dem Kind eines Asylberechtigten, das als Minderjähriger im zeitlichen Zusammenhang mit seiner Einreise oder mit der Antragstellung des Stammberechtigten einen Asylantrag gestellt hat, Familienasyl nach § 26 Abs. 2 AsylVfG auch dann zu gewähren, wenn es wegen der Dauer des Verfahrens zur Anerkennung des Stammberechtigten einen etwaigen Folgeantrag erst nach Eintritt der Volljährigkeit stellen konnte.

---

1 BVerwG v. 22.2.2005 – 1 C 17.03, InfAuslR 2005, 397 = DÖV 2005, 827 = NVwZ 2005, 1191.
2 Analog bei volljährigem, aber prozess- und beteiligungsunfähigem Kind: VG Ansbach, AuAS 2002, 46; zum maßgeblichen Zeitpunkt für die Minderjährigkeit beim Familienasyl siehe VG Gießen, InfAuslR 2002, 274; nach Auffassung des VGH Mannheim, AuAS 2002, 224 = InfAuslR 2002, 502 muss das Kind nicht die Staatsangehörigkeit des als asylberechtigt anerkannten Elternteils besitzen.
3 VGH Kassel v. 29.7.2002 – 9 UZ 454/02.A, AuAS 2003, 7 = NVwZ-Beilage 2003 I, 21.
4 BVerwG v. 13.5.1997 – 9 C 35.96, NVwZ 1997, 1137 = DÖV 1997, 921 = DVBl 1997, 1390 = AuAS 1997, 221.
5 BVerwG v. 29.9.1998 – 9 C 31.97, NVwZ 1999, 196 = DVBl 1999, 175 = AuAS 1999, 19 = InfAuslR 1999, 141 = DÖV 1999, 341.
6 VG Berlin, InfAuslR 2002, 327.
7 VG Sigmaringen, InfAuslR 2006, 496.
8 BVerwG v. 17.12.2002 – 1 C 10.02, InfAuslR 2003, 215 = NVwZ 2003, 873 = DÖV 2003, 552 = DVBl 2003, 725 = AuAS 2003, 113 = BayVBl. 2003, 572.

Die Verwaltungsgerichte sind im Familienasylverfahren nach § 26 Abs. 2 AsylVfG weder verpflichtet noch berechtigt, Gründe für den Widerruf der Asylanerkennung des Stammberechtigten nach § 73 Abs. 1 AsylVfG zu prüfen, solange der Leiter des Bundesamtes ein Widerrufsverfahren nicht eingeleitet und den betroffenen Stammberechtigten hierzu nicht angehört hat[1].

Wird der erste Asylantrag zurückgenommen, ist der Zeitpunkt des Folgeantrags der maßgebliche Zeitpunkt, zu dem ein Familienasyl begehrendes Kind nach § 26 Abs. 2 AsylVfG minderjährig sein muss[2].

Ist für den Stammberechtigten die gesetzliche Vermutung nach § 29a AsylVfG – sicherer Herkunftsstaat – widerlegt, ist nach § 26 AsylVfG Familienasyl zu gewähren, ohne dass das aus demselben Herkunftsstaat stammende Kind auch für seine Person die Vermutung widerlegen muss[3].

➲ **Hinweis:** Wird ein Ausländer nach § 26 AsylVfG als Asylberechtigter anerkannt bzw. werden die Voraussetzungen des § 60 Abs. 1 AufenthG festgestellt, soll nach § 31 Abs. 5 AsylVfG von den Feststellungen zu § 60 Abs. 2 bis Abs. 7 AufenthG abgesehen werden.

### 11. Erlöschen der Anerkennung als Asylberechtigter oder der Feststellung der Voraussetzungen des § 60 Abs. 1 AufenthG

173 Unterstellt sich der Ausländer gem. § 72 Abs. 1 Nr. 1 AsylVfG freiwillig durch **Annahme** oder **Erneuerung eines Nationalpasses** oder durch sonstige Handlungen erneut dem Schutz des Staates, dessen Staatsangehörigkeit er besitzt, hat dies die Wirkung, dass die Anerkennung als Asylberechtigter und/oder die Feststellung, dass die Voraussetzungen des § 60 Abs. 1 AufenthG vorliegen, erlöschen. Zugleich führt dies allerdings nicht auch zum Erlöschen der Feststellung, dass ein Abschiebungsverbot nach § 60 Abs. 2 bis Abs. 7 AufenthG vorliegt[4]. Die einmalige Benutzung des Nationalpasses zur Einreise in einen Drittstaat stellt im Übrigen ebenso wenig wie wiederholte Reisen eines Asylbewerbers in seine Heimat eine sonstige Handlung i.S.d. § 72 Abs. 1 Nr. 1 AsylVfG dar[5].

Nach § 72 Abs. 2 AsylVfG hat der Ausländer einen Anerkennungsbescheid und einen Reiseausweis dann unverzüglich bei der Ausländerbehörde abzugeben.

Durch eine freiwillige Ausreise in das Heimatland erlischt die Feststellung eines Abschiebungsverbots nach § 60 Abs. 2 bis Abs. 7 AufenthG nicht[6].

### 12. Widerruf und Rücknahme nach § 73 AsylVfG

174 Die Anerkennung als Asylberechtigter und/oder die Feststellung, dass die Voraussetzungen des § 60 Abs. 1 AufenthG vorliegen, sind gem. § 73 Abs. 1 Satz 1 AsylVfG unverzüglich zu **widerrufen**, wenn die Voraussetzungen für sie nicht mehr vorliegen, d.h. wenn sich die **Verhältnisse im Heimatstaat** nachträglich derart **geändert** haben, dass **jedenfalls** im Zeitpunkt des Widerrufs die Gefahr politischer

---

1 BVerwG v. 9.5.2006 – 1 C 8.05, BayVBl. 2006, 704 = InfAuslR 2006, 390 = DVBl 2006, 1193 = AuAS 2006, 210 = NVwZ 2006, 1180 = DÖV 2006, 872 = ZAR 2006, 325.
2 BVerwG v. 13.8.1996 – 9 C 92.95, DVBl 1997, 185 = InfAuslR 1996, 420 = NVwZ 1997, 688.
3 OVG Hamburg, NVwZ-Beilage 1999, 107.
4 VGH Mannheim, AuAS 1999, 213 = NVwZ-Beilage 1999, 108 = InfAuslR 1999, 534.
5 OVG Hamburg v. 10.11.2000 – 1 Bf 223/98, NVwZ-Beilage 2001 I, 110; VG Gießen v. 4.4.2002 – 7 E 1811/98, AuAS 2002, 237 = NVwZ-Beilage 2002 I, 125.
6 VG Kassel, InfAuslR 2010, 129.

Verfolgung nicht mehr besteht[1]. Eine **Änderung der Erkenntnislage** oder deren **abweichende Würdigung** genügt **nicht**[2].

Nach § 73 Abs. 1 Satz 1 AsylVfG ist die Asyl- und Flüchtlingsanerkennung insbesondere zu widerrufen, wenn sich die zum Zeitpunkt der Anerkennung maßgeblichen Verhältnisse nachträglich erheblich und nicht nur vorübergehend so verändert haben, dass bei einer Rückkehr des Ausländers in seinen Herkunftsstaat eine Wiederholung der für die Flucht maßgeblichen Verfolgungsmaßnahmen auf absehbare Zeit mit hinreichender Sicherheit ausgeschlossen ist und nicht aus anderen Gründen erneut Verfolgung droht[3].

Nach Auffassung des BVerwG entspricht diese Norm ihrem Inhalt nach Art. 1 C Nr. 5 Satz 1 der Genfer Flüchtlingskonvention. § 73 Abs. 1 Satz 3 AsylVfG, wonach ein Widerruf dann nicht in Betracht kommt, wenn sich der Ausländer auf zwingende, auf früheren Verfolgungen beruhende Gründe berufen kann, um die Rückehr in den Staat abzulehnen, dessen Staatsangehörigkeit er besitzt oder in dem er als Staatenloser seinen gewöhnlichen Aufenthalt hatte, enthält eine einzelfallbezogene Ausnahme von der Beendigung der Flüchtlingseigenschaft, die unabhängig vom Vorliegen der Voraussetzungen von § 73 Abs. 1 Satz 1 AsylVfG gilt. Ob dem Ausländer wegen allgemeiner Gefahren im Herkunftsstaat eine Rückkehr unzumutbar ist, ist nach Auffassung des BVerwG beim Widerruf der Asyl- und Flüchtlingsanerkennung nach § 73 Abs. 1 AsylVfG nicht zu prüfen, sondern im Rahmen der allgemeinen ausländerrechtlichen Vorschriften des AufenthG zu berücksichtigen[4].

Das BVerwG hat es im Beschluss vom 25.11.2008[5] offengelassen, ob auch allein eine Änderung der Rechtslage den Widerruf einer ursprünglich rechtmäßigen Anerkennung als Asylberechtigter oder Flüchtling nach § 73 Abs. 1 Satz 1 AsylVfG rechtfertigt.

Der Widerruf einer Asyl- oder Flüchtlingsanerkennung steht nach einem weiteren Urteil des BVerwG vom 25.11.2008[6] erst dann nach § 73 Abs. 2a Satz 4 AsylVfG im Ermessen des Bundesamtes, wenn dieses zuvor nach § 73 Abs. 2a AsylVfG die Widerrufsvoraussetzungen sachlich geprüft und verneint hat. Eine vorher durchgeführte Prüfung nach der alten Rechtslage – vor dem 1.1.2005 – reicht hierfür nicht aus.

Mit Urteil vom 18.9.2001[7] hat das BVerwG entschieden, dass die **Rechtskraftwirkung** eines Urteils nach § 121 VwGO endet, wenn nach dem für das rechtskräftige Urteil maßgeblichen Zeitpunkt neue, für die Streitentscheidung erhebliche Tatsachen eingetreten sind, die sich so wesentlich von den damals gegebenen Umständen unterscheiden, dass auch unter Berücksichtigung des Zwecks der Rechtskraft eine erneute Sachentscheidung gerechtfertigt ist. Nicht jede nachträgliche Änderung der Verhältnisse lässt also die Rechtskraftwirkung eines Urteils entfallen[8].

175

---
1 BVerwG, AuAS 1997, 240 = NVwZ-RR 1997, 741; VGH Mannheim, VBlBW 1997, 151= AuAS 1998, 36.
2 BVerwG, InfAuslR 2000, 468; BVerwG v. 19.9.2000 – 9 C 12.00, InfAuslR 2001, 53 = AuAS 2001, 18 = DVBl 2001, 216 = BayVBl. 2001, 278 = NVwZ 2001, 335.
3 BVerwG v. 1.11.2005 – 1 C 21.04, InfAuslR 2006, 244 = NVwZ 2006, 707 = BayVBl. 2006, 409 = AuAS 2006, 92.
4 BVerwG v. 1.11.2005 – 1 C 21.04, InfAuslR 2006, 244 = NVwZ 2006, 707 = BayVBl 2006, 409 = AuAS 2006, 92.
5 BVerwG v. 25.11.2008 – 10 C 46.07, NVwZ 2009, 592.
6 BVerwG v. 25.11.2008 – 10 C 53.07, NVwZ 2009, 328 = BayVBl. 2009, 377.
7 BVerwG v. 18.9.2001 – 1 C 7.01, DVBl 2002, 343 = NVwZ 2002, 345 = BayVBl. 2002, 217 = DÖV 2002, 301 = InfAuslR 2002, 207.
8 Vgl. auch VG Ansbach, AuAS 2007, 141 und VG Darmstadt v. 2.4.2003 – 2 E 42/00. A(2), NVwZ-Beilage 2003 I, 93.

Die **Unverzüglichkeit des Widerrufs** dient allein dem öffentlichen Interesse an der alsbaldigen Beseitigung einer dem Ausländer nicht mehr zustehenden Rechtsposition. Anders sehen dies mit guten Gründen das VG Stuttgart[1] und das VG Frankfurt[2]. Danach verletzt ein nicht i.S.d. § 73 Abs. 1 Satz 1 AsylVfG unverzüglich erfolgter Widerruf der Asylberechtigung oder der Feststellung der Vorraussetzungen des § 60 Abs. 1 AufenthG den betreffenden Ausländer in seiner allgemeinen Handlungsfreiheit nach Art. 2 Abs. 1 GG. Dieses Grundrecht gewährt dem Asyl- oder Flüchtlingsschutzberechtigten als Adressat eines ihn belastenden Widerrufs einen Anspruch auf objektive Fehlerfreiheit dieses Hoheitsaktes.

Bezugspunkt für die Frage der Nachträglichkeit ist nicht der Zeitpunkt des Ergehens des Anerkennungsbescheids, sondern der des rechtskräftig gewordenen Verpflichtungsurteils[3].

Einige Verwaltungsgerichte prüfen die Zumutbarkeit der Rückkehr in den Heimatstaat gesondert und greifen insoweit auf Art. 1 C Nr. 5 der Genfer Flüchtlingskonvention (Wegfall der sog. Umstände-Klausel) und die Qualifikationsrichtlinie 2004/83/EG zurück. Danach muss die Veränderung der Umstände im Heimatstaat erheblich und nicht nur vorübergehend sein[4].

Nach einer Entscheidung des VG Frankfurt[5] entspricht es der humanitären Intention der Genfer Flüchtlingskonvention, selbst bei grundlegender, aber noch nicht hinreichend stabiler Veränderung der Verhältnisse im Herkunftsland einen einmal gewährten Flüchtlingsstatus nicht zu entziehen.

Mit Beschluss vom 7.2.2008[6] hatte das BVerwG eine Vorabentscheidung des EuGH zu folgenden Fragen eingeholt:

„1. Ist Art. 11 Abs. 1 Buchstabe e) der Richtlinie 2004/83/EG des Rates vom 29.4.2004 dahin auszulegen, dass – abgesehen von Art. 1 C Nr. 5 Satz 2 des Abkommens über die Rechtsstellung der Flüchtlinge vom 28.7.1951 (Genfer Flüchtlingskonvention) – die

Flüchtlingseigenschaft bereits dann erlischt, wenn die begründete Furcht des Flüchtlings vor Verfolgung i.S.d. Art. 2 Buchstabe c) der Richtlinie, aufgrund derer die Anerkennung erfolgte, entfallen ist und er auch nicht aus anderen Gründen Furcht vor Verfolgung i.S.d. Art. 2 Buchstabe c) der Richtlinie haben muss?

2. Für den Fall, dass Frage 1 zu verneinen ist: Setzt das Erlöschen der Flüchtlingseigenschaft nach Art. 11 Abs. 1 Buchstabe e) der Richtlinie darüber hinaus voraus, dass in dem Land, dessen Staatsangehörigkeit der Flüchtling besitzt,

a) ein Schutz bietender Akteur i.S.d. Art. 7 Abs. 1 der Richtlinie vorhanden ist und reicht es hierbei aus, dass die Schutzgewährung nur mit Hilfe multinationaler Truppen möglich ist,

b) dem Flüchtling kein ernsthafter Schaden i.S.d. Art. 15 der Richtlinie droht, der zur Zuerkennung subsidiären Schutzes nach Art. 18 der Richtlinie führt, und/oder

---

1 VG Stuttgart v. 7.1.2003 – A 5 K11226/01, InfAuslR 2003, 261 = AuAS 2003, 82 = NVwZ-Beilage 2003 I, 78.
2 VG Frankfurt, InfAuslR 2000, 469.
3 BVerwG v. 8.5.2003 – 1 C 15.02, AuAS 2004, 56 = DÖV 2003, 997 = BayVBl. 2004, 184 = DVBl 2003, 1280; a.A. VG Frankfurt v. 20.3.2003 – 2 E 5268/00, AuAS 2003, 142 = NVwZ-Beilage 2003 I, 109.
4 VG München, AuAS 2005, 236; VG Köln, AuAS 2005, 167; VG Karlsruhe v. 10.3.2005 – A 2 K 12193/03, NVwZ 2005, 725; VG Schleswig, InfAuslR 2005, 441 = AuAS 2005, 201; OVG Schleswig, NVwZ-RR 2005, 283; VGH Kassel, InfAuslR 2003, 400; VG Köln v. 12.10.2007, Asylmagazin 12/2007, 27.
5 VG Frankfurt, AuAS 2002, 117 = InfAuslR 2002, 371.
6 BVerwG v. 7.2.2008 – 10 C 33.07, InfAuslR 2008, 183 = ZAR 2008, 192 mit Anm. *Pfersich/Bell* = AuAS 2008, 118 = DVBl 2008, 1255.

## IV. Entscheidung des Bundesamtes über einen Asylantrag

c) die Sicherheitslage stabil ist und die allgemeinen Lebensbedingungen das Existenzminimum gewährleisten?

3. Sind in einer Situation, in der die bisherigen Umstände, aufgrund derer der Betreffende als Flüchtling anerkannt worden ist, entfallen sind, neue andersartige verfolgungsbegründende Umstände

a) an dem Wahrscheinlichkeitsmaßstab zu messen, der für die Anerkennung von Flüchtlingen gilt, oder findet zugunsten des Betreffenden ein anderer Maßstab Anwendung,

b) unter Berücksichtigung der Beweiserleichterung des Art. 4 Abs. 4 der Richtlinie zu beurteilen?"

Der EuGH hat nunmehr mit Urteil vom 2.3.2010[1] über diese Vorlagefragen entschieden und sich grundlegend zum Erlöschen der Flüchtlingseigenschaft und damit zur Auslegung von Art. 11 Abs. 1 lit. e der Qualifikationsrichtlinie geäußert. Das BVerwG hat diese Rechtsprechung des EuGH mit Urteil vom 10.2.2011[2] umgesetzt und ausgeführt, dass die Zuerkennung der Flüchtlingseigenschaft nach § 73 Abs. 1 Satz 1 und 2 AsylVfG i.V.m. Art. 11 Abs. 1 lit. e QRL dann zu widerrufen ist, wenn in Anbetracht einer erheblichen und nicht nur vorübergehenden Veränderung der Umstände im Herkunftsland diejenigen Umstände, aufgrund derer der Betroffene begründete Furcht vor Verfolgung aus einem der in Art. 2 lit. c QRL genannten Gründe hatte, weggefallen sind und er auch nicht aus anderen Gründen Furcht vor Verfolgung haben muss.

Mit Urteilen vom 24.2.2011[3] hat das BVerwG an diese Entscheidung anknüpfend festgehalten, dass sich der in der Erlöschensvorschrift der QRL angesprochene Schutz des Landes nur auf den Schutz vor Verfolgung i.S.d. Richtlinie bezieht und unerheblich ist, ob im Herkunftsland sonstige Gefahren drohen. Die Beendigung der Flüchtlingseigenschaft ist damit grds. das Spiegelbild der Anerkennung, sie entfällt dann – wie das BVerwG in der Entscheidung vom 1.6.2011[4] judiziert hat –, wenn sich die politischen Verhältnisse im Herkunftsland maßgeblich verändert haben, was das Bundesamt nachzuweisen hat. Weiters hat das BVerwG in dieser Entscheidung ausgeführt, es reiche aus, dass sich die Lage im Herkunftsland im Vergleich zum Zeitpunkt der Anerkennung erheblich geändert hat und infolgedessen keine beachtliche Wahrscheinlichkeit einer Verfolgung mehr besteht.

Der Widerruf einer Asylanerkennung oder eines Flüchtlingsschutzes setzt voraus, dass die Gefahr einer politischen Verfolgung nachträglich weggefallen ist. Eine von Anfang an bestehende Verfolgungsfreiheit reicht insoweit ebenso wenig aus wie die Neubewertung der unverändert gebliebenen tatsächlichen Verhältnisse in einem Verfolgungsstaat aufgrund neuer Erkenntnismittel[5]. § 73 Abs. 1 AsylVfG ermöglicht nicht die Korrektur bestandskräftig gewordener Entscheidungen, deren Unrichtigkeit sich im Nachhinein herausstellt[6]. Ein Rückgriff auf die allgemeinen Regelungen über die Rücknahme rechtswidriger Verwaltungsakte in § 48 Abs. 1 VwVfG kommt nicht in Betracht[7]. Diese Auffassung vertritt auch das OVG Koblenz; die Vorschriften der §§ 72 ff. AsylVfG enthalten abschließende Regeln für

---

1 EuGH v. 2.3.2010 – C-175, 176, 178, 179/08, NVwZ 2010, 505 = AuAS 2010, 150 = InfAuslR 2010, 188.
2 BVerwG, AuAS 2011, 107.
3 BVerwG v. 24.2.2011 – 10 C 3.10 u.a., NVwZ 2011, 944 = AuAS 2011, 107.
4 BVerwG v. 1.6.2011 – 10 C 10.10.
5 OVG Magdeburg v. 26.1.2000 – A 1 S 174/99, DVBl 2000, 1549; ebenso VG Hamburg v. 11.8.1998 – 10 VG A 1966/97, NVwZ-Beilage 1998, 123 = AuAS 1998, 262; VG Gelsenkirchen, InfAuslR 2000, 39.
6 VG Gießen, InfAuslR 2000, 29; VG Magdeburg, InfAuslR 2000, 40.
7 VG Hannover, InfAuslR 2000, 43; ebenso VG Gießen, NVwZ-Beilage 2000, 29.

die Aufhebung bestandskräftiger Verwaltungsakte[1]. Somit gilt auch die einjährige Ausschlussfrist der §§ 48 Abs. 4, 49 Abs. 2 Satz 2 VwVfG nicht[2].

Die Zumutbarkeit der Rückkehr in den Staat, dessen Staatsangehörigkeit der Ausländer besitzt, setzt voraus, dass ein Staat existiert, dessen Schutz der Asylberechtigte bzw. Flüchtling wieder in Anspruch nehmen kann[3].

Das Bundesamt ist berechtigt, beim Widerruf der Asylanerkennung bzw. des Flüchtlingsschutzes auch erstmals eine Entscheidung zu treffen, ob Abschiebungsverbote nach § 60 Abs. 2 bis Abs. 7 AufenthG gegeben sind[4].

Die Entscheidung, wonach ein Abschiebungsverbot nach § 60 Abs. 2 bis Abs. 7 AufenthG vorliegt, ist nach § 73 Abs. 3 AsylVfG zu widerrufen, wenn die Voraussetzungen nicht mehr vorliegen und zurückzunehmen, wenn sie fehlerhaft ist. Nach einer Entscheidung des VGH Kassel[5] ist das Bundesamt in entsprechender Anwendung von § 73 Abs. 3 AsylVfG auch für die Abänderung einer Entscheidung zuständig, in der das Verwaltungsgericht aufgrund inzidenter Feststellung eines Abschiebungsverbots eine Abschiebungsandrohung aufgehoben hat.

Im gerichtlichen Verfahren ist der anerkannte Asylberechtigte bzw. Flüchtling gehalten, die Gründe darzulegen, die gegen den Widerruf seiner Anerkennung sprechen, auch wenn die Mitwirkungsobliegenheiten des § 15 AsylVfG im Widerrufsverfahren keine Anwendung finden[6].

176 Nach § 73 Abs. 2a Satz 1 AsylVfG hat die **Prüfung**, ob die Voraussetzungen für einen Widerruf oder eine Rücknahme vorliegen, spätestens **nach Ablauf von drei Jahren** nach Unanfechtbarkeit der Entscheidung zu erfolgen. In der Rechtssprechung war umstritten, ob die Norm auch in Verfahren anwendbar ist, in denen die Aufhebung eines vom Bundesamt vor dem 1.1.2005, d.h. dem Inkrafttreten des Zuwanderungsgesetzes, erlassenen Anerkennungsbescheids verlangt wird. Das BVerwG hat diese Frage nunmehr mit Urteil vom 20.3.2007[7] entschieden. Danach findet § 73 Abs. 2a AsylVfG auf einen **nach dem 1.1.2005** ausgesprochenen Widerruf einer vor diesem Zeitpunkt unanfechtbar gewordenen Anerkennung (Altanerkennung) mit der Maßgabe Anwendung, dass die darin vorgesehene neue Dreijahresfrist, nach deren Ablauf das Bundesamt spätestens erstmals die Widerrufsvoraussetzungen prüfen muss, erst zum 1.1.2005 an zu laufen beginnt. Eine – dann – Ermessensentscheidung über den Widerruf nach § 73 Abs. 2a Satz 4 AsylVfG kommt auch bei derartigen Altanerkennungen erst in Betracht, wenn das Bundesamt in einem vorangegangenen Verfahren die Widerrufsvoraussetzungen sachlich geprüft und verneint hat.

Zuvor hatte das BVerwG bereits mit Urteil vom 1.11.2005[8] entschieden, dass § 73 Abs. 2a AsylVfG auf **vor dem 1.1.2005** ergangenen Widerrufsentscheidungen nicht anwendbar ist.

---

1 OVG Koblenz, AuAS 2000, 82 = InfAuslR 2000, 468; OVG Koblenz v. 29.3.2000 – 7 A 10030/00, AuAS 2000, 138 = NVwZ-Beilage 2001 I, 9.
2 OVG Koblenz, AuAS 2000, 82 = InfAuslR 2000, 468; ebenso OVG Münster v. 18.4.2002 – 8 A 1405/02.A, AuAS 2002, 141 = NVwZ-Beilage 2002 I, 93; VGH Mannheim v. 12.8.2003 – A 6 S 820/03, NVwZ-Beilage 2003 I, 101 = InfAuslR 2003, 455 = AuAS 2003, 274 = VBlBW 2004, 36; VG Gießen, AuAS 2004, 70.
3 VG Frankfurt, AuAS 2000, 10.
4 BVerwG v. 20.4.1999 – 9 C 29.98, BayVBl. 1999, 735 = NVwZ-Beilage 1999, 113 = InfAuslR 1999, 373 = AuAS 1999, 177.
5 VGH Kassel, InfAuslR 2008, 147 = AuAS 2008, 192.
6 VG Frankfurt, AuAS 1997, 95.
7 BVerwG v. 20.3.2007 – 1 C 21.06, AuAS 2007, 164 = NVwZ 2007, 1089 = BayVBl. 2007, 632.
8 BVerwG v. 1.11.2005 – 1 C 21.04, InfAuslR 2006, 244 = NVwZ 2006, 707 = BayVBl. 2006, 409 = AuAS 2006, 92.

## IV. Entscheidung des Bundesamtes über einen Asylantrag

Mit Urteil vom 12.6.2007[1] hat das BVerwG dann weiterführend judiziert, dass im Falle des Widerrufs einer Anerkennung als Asylberechtigter oder Flüchtling nach § 73 Abs. 1 AsylVfG die Jahresfrist gem. §§ 49 Abs. 2 Satz 2, 48 Abs. 4 VwVfG jedenfalls dann keine Anwendung findet, wenn die Anerkennung innerhalb der Dreijahresfrist des § 73 Abs. 2a AsylVfG widerrufen wird. Das BVerwG lies offen, ob dies auch für Widerrufsentscheidungen nach Ablauf der Dreijahresfrist gilt.

Nach einer Entscheidung des VG München[2] ist der dem Bundesamt zuzubilligende angemessene Prüfungszeitraum im Hinblick auf die Dreijahresfrist des § 73 Abs. 7 AsylVfG jedenfalls nicht mehr als neun Monate. Dies bedeutet, dass eine nicht fristgerechte Entscheidung des Bundesamtes einer negativen Entscheidung gleichzustellen ist.

Ein Widerruf ist auch dann möglich, wenn die Anerkennung von Anfang an rechtswidrig war[3].

Ein Widerruf hat hingegen nicht zu erfolgen, wenn zwar die Voraussetzungen für die Anerkennung aufgrund eigener Verfolgung nachträglich weggefallen sind, der Ausländer aber unverändert als „familienasylberechtigt" anzuerkennen ist[4].

Ist ein Widerrufsbescheid ergangen, dann liegt nach Auffassung der Rechtsprechung trotz der aufschiebenden Wirkung eine hiergegen gerichteten Klage ein hinreichender Grund vor, um das Verfahren einer auf Einbürgerung gerichteten Klage gem. § 75 S. 3 VwGO auszusetzen[5].

Die Asylanerkennung bzw. die Feststellung, dass die Voraussetzungen des § 60 Abs. 1 AufenthG vorliegen, ist nach § 73 Abs. 2 AsylVfG **zurückzunehmen**, wenn die Anerkennung zu Unrecht erfolgt ist; d.h. wenn sie aufgrund unrichtiger Angaben oder infolge Verschweigens wesentlicher Tatsachen erteilt wurde und der Ausländer auch aus anderen Gründen nicht anerkannt werden könnte. 177

§ 73 Abs. 2 AsylVfG regelt die Rücknahme nicht abschließend, sondern lässt Raum für eine ergänzende Anwendung des § 48 VwVfG[6]; etwa wenn ursprünglich die Verhältnisse im Verfolgerstaat falsch eingeschätzt wurden. Allerdings ist dann eine den individuellen Gegebenheiten Rechnung tragende Ermessensentscheidung zu treffen.

Nach einer Entscheidung des VG Gießen[7] ist ein Rücknahmebescheid nach § 73 Abs. 2 AsylVfG nicht möglich, wenn die Asylanerkennung aufgrund eines rechtskräftigen Urteils erfolgt ist und sich die dem Urteil zugrunde liegende Sach- und Rechtslage nicht verändert hat.

Das Bundesamt kann eine Asylanerkennung also nur aufheben, sofern nicht die Rechtskraft eines Verpflichtungsurteils entgegensteht. Hat das Bundesamt eine

---

1 BVerwG v. 12.6.2007 – 10 C 24.07, InfAuslR 2007, 401 = AuAS 2007, 225 = NVwZ 2007, 1330; ebenso OVG Münster, AuAS 2011, 32.
2 VG München, AuAS 2010, 213; a.A. VG Gießen, AuAS 2011, 58 für den Fall des Widerrufs der Feststellung eines bloßen Abschiebungsverbots.
3 BVerwG v. 19.9.2000 – 9 C 12.00, InfAuslR 2001, 53 = NVwZ 2001, 335; BVerwG v. 25.8.2004 – 1 C 22.03, BayVBl. 2005, 56 = NVwZ 2005, 89 = DÖV 2005, 77 = AuAS 2005, 5.
4 OVG Lüneburg, NVwZ-RR 2005, 570 = AuAS 2005, 44.
5 VGH München, AuAS 2004, 105; VGH Kassel, AuAS 2004, 257 = NVwZ-RR 2005, 139.
6 BVerwG, InfAuslR 2000, 468; BVerwG, InfAuslR 2001, 53; VGH Kassel v. 10.12.2002 – 10 UE 2497/02, DVBl 2003, 1284 = NVwZ-Beilage 2003 I, 74.
7 VG Gießen v. 16.4.1998 – 5 E 30945/97. A (1), AuAS 1998, 166 = NVwZ-Beilage 1998, 101; ebenso VGH Mannheim, AuAS 2001, 9 = VBlBW 2001, 284 und VG Freiburg v. 6.12.2000 – A 1 K 10020/97, NVwZ-Beilage 2001 I, 104 = AuAS 2001, 190: weder Widerruf noch Rücknahme möglich, auch wenn sich die Unwahrheit der im gerichtlichen Verfahren gemachten Angaben herausstellt.

Asylanerkennung zu Unrecht zurückgenommen, hat das Verwaltungsgericht – falls sich die maßgebliche Sach- oder Rechtslage nach der Anerkennung verändert hat – zu prüfen, ob sich der Aufhebungsbescheid als Widerruf der Asylanerkennung aufrechterhalten lässt[1].

Ist die Asylanerkennung bzw. Zuerkennung der Flüchtlingseigenschaft unanfechtbar widerrufen oder zurückgenommen, hat der Ausländer einen Anerkennungsbescheid und einen Reiseausweis unverzüglich bei der Ausländerbehörde abzugeben (§ 73 Abs. 6 AsylVfG i.V.m. § 72 Abs. 2 AsylVfG).

Während eines laufenden Widerrufsverfahrens hat die Ausländerbehörde eine Ermessensentscheidung zu treffen, ob dem Ausländer eine Aufenthaltserlaubnis erteilt bzw. verlängert wird, da ein atypischer Ausnahmefall und somit nicht der Regelfall des § 25 Abs. 3 AufenthG gegeben ist[2].

Wird ein Asylberechtigter eingebürgert, verliert er seinen asylrechtlichen Status. Danach kommt zwar die Gewährung von Familienasyl nach § 26 AsylVfG an Angehörige nicht mehr in Betracht[3], wurde aber bereits Familienasyl gewährt, ist der Widerruf des Familienasyls wegen Art. 34 Abs. 1 der Genfer Flüchtlingskonvention keine zwingende Folge der Einbürgerung des Stammberechtigten[4].

## V. Gerichtliches Verfahren

### 1. Klageverfahren vor dem Verwaltungsgericht

#### a) Ablehnung des Asylantrags als (einfach) unbegründet

178 Lehnt das Bundesamt einen Asylantrag als (einfach) unbegründet ab, beträgt die **Klagefrist** nach § 74 Abs. 1 AsylVfG **zwei Wochen**.

Ein **Widerspruchsverfahren** ist nach § 11 AsylVfG generell **ausgeschlossen**.

Die zur Begründung dienenden Tatsachen und Beweismittel hat der Kläger binnen einer Frist von einem Monat nach Zustellung der Entscheidung des Bundesamtes anzugeben, wobei § 87b Abs. 3 VwGO entsprechend gilt, verspätetes Vorbringen also zurückgewiesen werden kann (§ 74 Abs. 2 AsylVfG).

In allen Streitigkeiten nach dem AsylVfG ist nach § 77 Abs. 1 Satz 1 AsylVfG auf die Sach- und Rechtslage im Zeitpunkt der letzten mündlichen Verhandlung bzw. im Beschlussverfahren auf die Sach- und Rechtslage im Zeitpunkt der Entscheidung abzustellen.

Nach einer Entscheidung des VG Schleswig vom 23.6.2010[5] hat die Klage, die sich gegen eine isolierte Abschiebungsandrohung richtet, aufschiebende Wirkung.

#### b) Ablehnung des Asylantrags als offensichtlich unbegründet oder unbeachtlich

179 Ergeht die Ablehnung des Asylantrages als offensichtlich unbegründet oder unbeachtlich, ist **innerhalb einer Woche Klage** zu erheben und in dieser Frist auch ein Antrag gem. § 80 Abs. 5 VwGO, gerichtet auf die **Anordnung der aufschiebenden**

---

1 BVerwG v. 24.11.1998 – 9 C 53.97, BayVBl. 1999, 376 = DVBl 1999, 544 = NVwZ 1999, 302 = InfAuslR 1999, 143 = AuAS 1999, 79.
2 BVerwG, InfAuslR 2006, 122; a.A. VG Dresden, AuAS 2005, 46 = ZAR 2005, 30 = InfAuslR 2005, 38 = InfAuslR 2005, 87 (die Verlängerung der Aufenthaltserlaubnis darf erst dann abgelehnt werden, wenn unanfechtbar asylrechtlich widerrufen wurde).
3 OVG Münster, InfAuslR 2009, 366 = AuAS 2008, 201 = DÖV 2008, 965.
4 VG Stuttgart, InfAuslR 2010, 470.
5 VG Schleswig, InfAuslR 2010, 366.

**Wirkung** der Klage gegen die Abschiebungsandrohung, zu stellen (§ 74 Abs. 1 AsylVfG). Die Klage hat nämlich – außer in den Fällen des Widerrufs und der Rücknahme einer Asylanerkennung nach § 73 AsylVfG – nur in den Fällen des § 38 Abs. 1 AsylVfG, also wenn das Bundesamt den Asylantrag als (einfach) unbegründet ablehnt, aufschiebende Wirkung (§ 75 Satz 1 AsylVfG).

⊃ **Hinweis:** Folgende Anträge sind zu stellen:
- Der Bescheid des Bundesamtes für Migration und Flüchtlinge vom ..., Az. ..., zugestellt am ... wird aufgehoben.
- Das Bundesamt wird verpflichtet, den Kläger als Asylberechtigten anzuerkennen.
- Das Bundesamt wird verpflichtet festzustellen, dass die Voraussetzungen des § 60 Abs. 1 AufenthG vorliegen.
- Das Bundesamt wird verpflichtet festzustellen, dass ein europarechtliches Abschiebungsverbot nach § 60 Abs. 2, 3 oder 7 Satz 2 AufenthG vorliegt.
- Hilfsweise: Das Bundesamt wird verpflichtet festzustellen, dass ein nationales Abschiebungsverbot nach § 60 Abs. 5 oder 7 Satz 1 AufenthG vorliegt.

Zugleich wird nach § 80 Abs. 5 VwGO beantragt, die aufschiebende Wirkung der Klage gegen den Bescheid des Bundesamtes hinsichtlich der Abschiebungsandrohung anzuordnen.

Das Verwaltungsgericht hat in seinem Urteil nicht selbst festzustellen, dass ein Abschiebungsverbot nach § 60 Abs. 1 AufenthG oder § 60 Abs. 2 bis Abs. 7 AufenthG besteht, sondern hat das Bundesamt zum Erlass eines entsprechenden feststellenden Verwaltungsakts zu verpflichten; richtige Klageart ist demnach die **Verpflichtungsklage**[1].

### c) Besetzung des Gerichts

In Verfahren des vorläufigen Rechtsschutzes entscheidet grds. **ein Mitglied der Kammer** des Verwaltungsgerichts als Einzelrichter (§ 76 Abs. 4 Satz 1 AsylVfG); in den ersten sechs Monaten nach seiner Ernennung darf ein Proberichter nicht Einzelrichter sein (§ 76 Abs. 5 AsylVfG).

Ansonsten soll die Kammer in der Regel den Rechtsstreit einem ihrer Mitglieder als Einzelrichter zur Entscheidung übertragen (§ 76 Abs. 1 AsylVfG), sofern die Sache keine besonderen Schwierigkeiten tatsächlicher oder rechtlicher Art aufweist und auch keine grundsätzliche Bedeutung hat. Zwei Richter auf Probe oder Richter kraft Auftrags oder abgeordnete Richter nach § 29 Satz 1 DRiG dürfen bei einer gerichtlichen Entscheidung nur dann ausnahmsweise mitwirken, wenn hierfür eine sachliche Notwendigkeit besteht[2].

### d) Örtliche Zuständigkeit

Die örtliche gerichtliche Zuständigkeit richtet sich nach § 52 Nr. 2 Satz 3 VwGO. Danach ist in Streitigkeiten nach dem AsylVfG und wegen Verwaltungsakten der Ausländerbehörde gegen Asylbewerber das Verwaltungsgericht örtlich zuständig, in dessen Bezirk der Asylantragsteller mit Zustimmung der zuständigen Ausländerbehörde entweder seinen **Wohnsitz** oder in Ermangelung dessen seinen **Aufenthalt** hat bzw. seinen letzten Wohnsitz oder Aufenthalt hatte.

---

1 OVG Weimar, AuAS 1996, 236; s. auch BVerwG v. 29.3.1996 – 9 C 116.95, DVBl 1996, 1257 = InfAuslR 1996, 289.
2 BVerwG, BayVBl. 1997, 25.

### e) Entscheidung des Gerichts

182 Lehnt das Verwaltungsgericht die Klage als offensichtlich **unzulässig** oder **offensichtlich unbegründet** ab, ist diese Entscheidung **unanfechtbar und sofort rechtskräftig** (§ 78 Abs. 1 Satz 1 AsylVfG).

Entscheidet das Verwaltungsgericht mittels **Gerichtsbescheid** nach § 84 VwGO, kann hiergegen entweder binnen zwei Wochen **Antrag auf mündliche Verhandlung** oder Antrag auf Zulassung der **Berufung** gestellt werden (§ 78 Abs. 7 AsylVfG, § 84 Abs. 2 VwGO).

Wird die Klage – nur – als (einfach) **unbegründet** abgelehnt, besteht die Möglichkeit, binnen einer Frist von **einem Monat** nach Zustellung des Urteils die Zulassung der **Berufung zu** beantragen, wobei der Antrag beim Verwaltungsgericht zu stellen ist (§ 78 Abs. 4 AsylVfG). Lässt das Oberverwaltungsgericht/der Verwaltungsgerichtshof die Berufung zu, wird das Antragsverfahren als Berufungsverfahren fortgesetzt; der Einlegung einer Berufung bedarf es dann nicht (§ 78 Abs. 5 AsylVfG). Der Beschluss des Oberverwaltungsgerichts/Verwaltungsgerichtshofs muss nicht begründet werden.

Im Asylprozess ist die **Verpflichtungsklage** die statthafte Klageart; § 113 Abs. 3 VwGO ist auf Verpflichtungsklagen nicht anwendbar, es erfolgt also auch bei gravierenden Aufklärungsmängeln keine Zurückverweisung an das Bundesamt[1].

Hat das Bundesamt den Asylantrag als offensichtlich unbegründet, das Verwaltungsgericht jedoch lediglich als (einfach) unbegründet abgelehnt, dann hat das Verwaltungsgericht die im

Ablehnungsbescheid des Bundesamtes erfolgte Festsetzung einer einwöchigen Ausreisefrist gem. § 36 Abs. 1 AsylVfG aufzuheben; es gilt die Monatsfrist des § 37 Abs. 2 AsylVfG analog[2].

### f) Zulassung der Berufung

183 Die Berufung ist nach § 78 Abs. 3 AsylVfG nur zuzulassen, wenn die Rechtssache **grundsätzliche Bedeutung** hat[3], wenn das Urteil von einer Entscheidung des Oberverwaltungsgerichts/Verwaltungsgerichtshofs, des Bundesverwaltungsgerichts oder des Bundesverfassungsgerichts **abweicht** und auf dieser Abweichung beruht[4] oder wenn ein in § 138 VwGO bezeichneter **Verfahrensmangel** geltend gemacht wird und vorliegt. Ist die Berufung zugelassen, kann ihr auch zu Lasten des Ausländers gem. § 130a VwGO durch Beschluss ohne mündliche Verhandlung stattgegeben werden[5].

---

1 BVerwG v. 6.7.1998 – 9 C 45.97, AuAS 1998, 248 = NVwZ 1999, 65 = BayVBl. 1999, 122.
2 VGH Mannheim, AuAS 1998, 144; vgl. auch VG Ansbach v. 14.1.1998 – AN 17 K 97.34343, NVwZ-Beilage 1998, 76, wonach § 39 Abs. 1 Satz 2 AsylVfG analog gilt, wenn nach positiver Feststellung der Voraussetzungen des § 60 Abs. 1 AufenthG oder § 60 Abs. 2 bis Abs. 7 AufenthG diese Feststellung später unanfechtbar aufgehoben und keine Abschiebungsandrohung erlassen wurde.
3 Vgl. hierzu BVerfG v. 7.11.1994 – 2 BvR 2079/93, DVBl 1995, 35; v. 7.11.1994 – 2 BvR 1375/94, DVBl 1995, 36.
4 Vgl. BVerfG v. 7.11.1994 – 2 BvR 1375/94, DVBl 1995, 36.
5 VGH München v. 14.4.1997 – 25 B 97.30067, AuAS 1997, 161 = DVBl 1997, 913 = NVwZ 1997, 692; OVG Lüneburg v. 14.3.1997 – 12 L 1594/96, DVBl 1997, 667; siehe auch BVerfG-Kammer v. 23.6.2000 – 1 BvR 830/00, NVwZ 2000, 1163 = DVBl 2000, 1458; v. 8.3.2001 – 1 BvR 1653/99, NVwZ 2001, 552.; zu einer Situation, in der eine Entscheidung im vereinfachten Berufungsverfahren ohne mündliche Verhandlung ausscheidet, siehe BVerwG v. 9.12.2010 – 10 C 13.09, DVBl 2011, 366 = NVwZ 2011, 629.

V. Gerichtliches Verfahren          Rz. 186   Teil 7 **B**

**g) Gerichtskosten und Gegenstandswert**

Gem. § 83b AsylVfG werden in Streitigkeiten nach dem AsylVfG **keine Gerichtskosten** erhoben. 184

Der **Gegenstandswert** beträgt in Klageverfahren, die die Asylanerkennung einschließlich der Feststellung der Voraussetzungen des § 60 Abs. 1 AufenthG und die Feststellung von Abschiebungsverboten nach § 60 Abs. 2 bis Abs. 7 AufenthG betreffen, **3 000 Euro**, in sonstigen Klageverfahren **1 500 Euro** (§ 30 RVG)

Seit 1.1.2005 beträgt nach der Rechtsprechung des BVerwG der Gegenstandswert auch einer Klage auf Feststellung – lediglich – der Voraussetzung des § 60 Abs. 1 AufenthG **3 000 Euro**[1].

Ist lediglich ein Schutzbegehren nach § 60 Abs. 2 bis Abs. 7 AufenthG Gegenstand der Klage, beträgt der Gegenstandswert nach § 30 Satz 1 RVG **1 500 Euro**[2].

Der Regelstreitwert gem. § 30 RVG gilt nach einem Beschluss des BVerwG[3] für alle Stadien des asylrechtlichen Verfahrens.

Das VG Düsseldorf[4] ist der Auffassung, dass sich im Falle des Obsiegens gem. § 60 Abs. 1 AufenthG das Unterliegen bezüglich Art. 16a Abs. 1 GG bei der Kostentragungspflicht nicht auswirkt.

**1 500 Euro** macht der **Gegenstandswert** aus, wenn es in einem **einstweiligen Rechtsschutzverfahren** um aufenthaltsbeendende Maßnahmen nach dem AsylVfG geht; im Übrigen beträgt der Gegenstandswert in vorläufigen Rechtsschutzverfahren die Hälfte des Wertes der Hauptsache (§ 30 RVG).

Wenn **mehrere Personen** an demselben Verfahren beteiligt sind – etwa der Ehegatte oder Kinder –, erhöht sich der Gegenstandswert für jede weitere Person in Klageverfahren um 900 Euro und in Verfahren des vorläufigen Rechtsschutzes um 600 Euro (§ 30 RVG).

**2. Ausschluss der Beschwerde nach § 80 AsylVfG**

In § 80 AsylVfG ist geregelt, dass Entscheidungen in Rechtsstreitigkeiten nach dem AsylVfG – vorbehaltlich des § 133 Abs. 1 VwGO – nicht mit der Beschwerde angefochten werden können[5]. 185

Grundsätzlich ist mit dem BVerfG[6] davon auszugehen, dass Vorschriften, die Rechtsmittel einschränken oder ausschließen, nur auf die im Gesetz eindeutig geregelten Fälle Anwendung finden können und einer erweiterten Auslegung nicht zugänglich sind.

§ 80 AsylVfG erfasst sämtliche selbständigen und unselbständigen Nebenverfahren wie z.B. Kostenangelegenheiten[7].

In der Rechtsprechung wird völlig kontrovers entschieden, ob der Streit zwischen einem abgelehnten Asylbewerber und der Ausländerbehörde über die Durchführung der Abschiebung bzw. die Aussetzung der Abschiebung (Duldung), der mit le- 186

---

1 BVerwG v. 21.12.2006 – 1 C 29.03, NVwZ 2007, 469 = AuAS 2007, 83 = AuAS 2007, 94; ebenso nunmehr OVG Münster, NVwZ-RR 2009, 904 = AuAS 2009, 238; s.a. VG Stuttgart, NVwZ-RR 2007, 640.
2 VGH München v. 10.3.2008, AuAS 2008, 100 = NVwZ-RR 2008, 740 = BayVBl. 2008, 637; VG Chemnitz, AGS 2008, 570.
3 BVerwG, InfAuslR 2008, 322.
4 VG Düsseldorf, AuAS 2009, 239.
5 Zu einer etwaigen außerordentlichen Beschwerde siehe OVG Greifswald, AuAS 2001, 94.
6 BVerfGE 78, 88 = NVwZ 1988, 718.
7 OVG Münster, NVwZ-RR 1996, 128.

diglich ausländerrechtlich und nicht asylrechtlich relevanten Argumenten (etwa Reiseunfähigkeit oder Eheschließung) geführt wird, ebenfalls § 80 AsylVfG unterfällt und ob somit im einstweiligen Rechtschutzverfahren die Beschwerde gegen eine Entscheidung des Verwaltungsgerichts ausgeschlossen ist[1].

Sinnvoll wäre folgende Differenzierung:

Eine asylverfahrensrechtliche Streitigkeit ist gegeben, wenn die angefochtene oder begehrte Maßnahme bzw. Entscheidung ihre rechtliche Grundlage im AsylVfG findet; dies beurteilt sich nach dem Sinnzusammenhang der maßgeblichen Bestimmungen[2].

Eine ausländerrechtliche Streitigkeit liegt vor, wenn – auch nach erfolglosem Asylverfahren – die Erteilung einer Duldung wegen eines inlandsbezogenen Vollstreckungshindernisses begehrt wird[3].

---

1 Keine Streitigkeit nach dem AsylVfG: BVerwG v. 25.9.1997 – 1 C 6.97, AuAS 1998, 29 = InfAuslR 1998, 15 = BayVBl. 1998, 120 = NVwZ 1998, 299 = DÖV 1998, 389 = DVBl 1998, 234; ebenso OVG Münster, NVwZ-RR 1999, 402; VGH Mannheim v. 6.12.1999 – 13 S 514/99, NVwZ 2000, 589; v. 14.8.1998 – 9 S 1552/98, DVBl 1999, 180 = VBlBW 1999, 33 = NVwZ 1999, 792 (auch dann, wenn das Duldungsbegehren allein oder neben anderen Gründen auf Abschiebungsverbote nach § 60 Abs. 2 bis Abs. 7 AufenthG gestützt wird); VGH Mannheim v. 2.12.1997 – A 14 S 3104/97, NVwZ-Beilage 1998, 25 = AuAS 1998, 41 = InfAuslR 1998, 193 (es sei denn, der ehemalige Asylbewerber beruft sich allein auf Abschiebungsverbote nach § 60 Abs. 2 bis Abs. 7 AufenthG); OVG Frankfurt/Oder v. 17.3.1998 – 4 B 28/98, NVwZ-Beilage 1998, 75 = AuAS 1998, 137; OVG Weimar, DÖV 1998, 518; a.A. (Streitigkeit nach dem AsylVfG): VGH Mannheim v. 26.1.1998 – A 12 S 3522/97, AuAS 1998, 80 = AuAS 1998, 180; VGH Kassel v. 11.12.1997 – 12 TG 4190/97, NVwZ-Beilage 1998, 46; VGH Kassel v. 20.1.1998 – 13 TZ 3765/97, NVwZ-Beilage 1998, 45 = DÖV 1998, 391 = DVBl 1998, 287; OVG Hamburg v. 5.3.1998 – Bs IV 177/97, NVwZ-Beilage 1998, 96; OVG Koblenz v. 29.4.1998 – 10 B 10 656/98, AuAS 1998, 153 = NVwZ-Beilage 1998, 87; OVG Lüneburg v. 23.5.2000 – 12 M 1819/00, DVBl 2000, 1545.
2 BVerwG v. 31.3.1992 – 9 C 155.90, NVwZ 1993, 276; v. 25.9.1997 – 1 C 6.97, NVwZ 1998, 299; OVG Münster, AuAS 2004, 261 = NVwZ-RR 2005, 138.
3 OVG Lüneburg v. 12.11.2003 – 8 ME 189/03, AuAS 2004, 34 = NVwZ-Beilage 2004 I, 23.

# Teil 8
# Schul- und Hochschulrecht

|  | Rz. |
|---|---|
| **I. Vorbemerkung** | 1 |
| **II. Schulrecht** | |
| 1. Besonderheiten des Verwaltungsverfahrens im Schulrecht | |
| a) Grundsätzliche Anwendbarkeit der Verwaltungsverfahrensgesetze der einzelnen Bundesländer | 4 |
| b) Rechtsträger/Vertretung | 8 |
| c) Anhörung | 11 |
| d) Akteneinsicht/Protokollierung | 16 |
| e) Kostenerstattung | 24 |
| f) Streitwert | 26 |
| 2. Aufnahme des Schulverhältnisses (Anmeldeverfahren) | |
| a) Schulpflicht | 27 |
| b) Aufnahme in die Grundschule | 31 |
| c) Aufnahme in weiterführende Schulen | 35 |
| d) Aufnahme bzw. Zuweisung zu Sonderschulen (Förderschulen) | 41 |
| 3. Zeitweise, teilweise oder generelle Befreiung vom Schulunterricht | |
| a) Antrag | 44 |
| b) Rechtsbehelfe | 45 |
| 4. Beendigung des Schulverhältnisses | |
| a) Regelmäßige Beendigung | 46 |
| b) Vorzeitige (zwangsweise) Beendigung | 47 |
| c) Rechtsbehelfe | 48 |
| 5. Schulorganisation | 49 |
| a) Gestaltungsfreiheit des Staats | 50 |
| b) Schulorganisationsakte | 51 |
| c) Rechtsbehelfe | 52 |
| 6. Inhaltliche Ausgestaltung der Schule | |
| a) Gestaltungsfreiheit des Staats | 53 |
| b) Anhörungs- und Informationsrecht | 54 |
| 7. Ordnungsmaßnahmen | 55 |
| a) Grundzüge des Verfahrens | 56 |
| b) Strafverfahren bzw. Ordnungswidrigkeitsverfahren | 57 |
| c) Rechtsbehelfe | 58 |
| d) Privatschulbereich | 60 |
| 8. Leistungsbewertung, Versetzungen und Prüfungen | 61 |
| a) Einzelnoten im laufenden Schulunterricht | 63 |
| b) Einzelnoten in Zeugnissen | 64 |
| c) Zwischenzeugnisse | 65 |
| d) Versetzungszeugnisse/Abschlusszeugnisse | 66 |
| e) Abiturzulassung | 71 |
| f) Abiturprüfung | 72 |
| g) Privatschulbereich | 75 |
| **III. Hochschulrecht (einschließlich Prüfungsrecht)** | |
| 1. Besonderheiten des Verwaltungsverfahrens im Hochschulrecht | |
| a) Grundsätzliche Anwendbarkeit der Verwaltungsverfahrensgesetze der einzelnen Bundesländer | 76 |
| b) Gesetzliche Vertretung, Vollmacht | 83 |
| c) Anhörung | 87 |
| d) Akteneinsicht | 91 |
| e) Kostenerstattung und Streitwert | 94 |
| 2. Zulassung zum Studium | 96 |
| a) Zulassungsverfahren/Immatrikulation | 97 |
| b) Besondere Zulassungsverfahren: Verteilungsverfahren/Auswahlverfahren | 102 |
| c) Rechtsbehelfe | 105 |
| 3. Beendigung der Zugehörigkeit von Studierenden zur Hochschule | 107 |
| a) Einzelfälle der Exmatrikulation | 108 |
| b) Rechtsbehelfe | 110 |
| 4. Mitgliedschaftsrechte und Mitwirkung innerhalb der Hochschule | |
| a) Stellung der Studentenschaft | 111 |
| b) Wahlverfahren zu Hochschulgremien/Studentenparlament | 114 |
| c) Mitwirkung in Hochschulgremien | 115 |
| d) Verhaltensregelungen für Hochschulmitglieder | 116 |
| 5. Berufungsverfahren | 117 |
| 6. Leistungsbewertung | |
| a) Prüfungsverfahren | 122 |
| aa) Vor- oder Zwischenprüfung | 124 |
| bb) Abschlussprüfung/Examen | 126 |
| cc) Promotion | 127 |
| dd) Habilitation | 128 |
| ee) Rechtsbehelfe | 129 |
| b) Nachträgliche Aufhebung einer begünstigenden Prüfungsentscheidung | 135 |

| | Rz. | | Rz. |
|---|---|---|---|
| c) Anerkennung von an Hochschulen außerhalb der Bundesrepublik Deutschland erbrachten Studien- und Prüfungsleistungen | 136 | d) Genehmigungsverfahren zum Führen ausländischer akademischer Grade | 137 |

**Literatur:**

**Schulrecht:**

*Bader,* Zur Verfassungsmäßigkeit des obligatorischen Ethikunterrichts, NVwZ 1998, 256; *Beaucamp,* Inwieweit müssen Schulrechtsformen auf Grundrechte von Schülern, Eltern oder Privatschulträgern Rücksicht nehmen?, LKV 2006, 291; *Bumke,* Die Ganztagsschule, NVwZ 2005, 519; *Czermak,* Zur Ethik-Entscheidung des Bundesverwaltungsgerichts vom 17.6.1998, DÖV 1999, 725; *de Wall,* Das Grundrecht auf Religionsunterricht, NVwZ 1997, 465; *Fechner,* Islamischer Religionsunterricht an öffentlichen Schulen, NVwZ 1999, 735; *Finkelnburg/Domberg/Külpmann,* Vorläufiger Rechtsschutz im Verwaltungsstreitverfahren, 5. Aufl. 2008, § 62 (Schulrecht); *Heimann,* Inhaltliche Grenzen islamischen Religionsunterrichts, LKV 2002, 935; *Hobe,* Gibt es ein Grundrecht auf begabtengerechte Einschulung?, DÖV 1996, 190; *Jach,* Privatschulfreiheit am Scheideweg – Vielfalt oder institutionelle Erstarrung?, DÖV 1990, 506; *Jach,* Die Zulässigkeit von Landeskinderklauseln im Privatschulrecht, DÖV 1995, 925; *Ladeur,* Elternrecht, kulturstaatliches Vielfaltsgebot und gesetzliche Regelung der Schulschließung, DÖV 1990, 945; *Mückl,* Verfassungswidriger Ethikunterricht?, VBlBW, 1998, 86; *Müller,* Abschaffung der Fachaufsicht im Schulbereich als Gebot der Zeit?, DVBl 2006, 878; *Niehues/Rux,* Schul- und Prüfungsrecht, Band 1 Schulrecht, 4. Aufl. 2006; *Pieroth,* Die staatliche Ersatzschulfinanzierung und der Schulhausbau, DÖV 1992, 593; *Renck,* Religionsfreiheit und das Bildungsziel der Ehrfurcht vor Gott, NJW 1989, 2442; *Renck,* Bekenntnisunterricht und Ethikunterricht, NVwZ 1999, 713; *Rux* in Achterberg/Püttner/Würtenberger (Hrsg.), Besonderes Verwaltungsrecht – Band 1, Schulrecht, 2. Aufl. 2000, § 14; *Rux,* Positive und negative Bekenntnisfreiheit in der Schule, Der Staat 1996, 523; *Rux,* Kleiderordnung, Gesetzesvorbehalt und Gemeinschaftsschule, ZAR 2004, 14; *Sendler,* Die neue Rechtsprechung des Bundesverfassungsgerichts zu den Anforderungen an die verwaltungsgerichtliche Kontrolle, DVBl 1994, 1089; *Vogel,* Ersatz- und Ergänzungsschule, DÖV 1992, 505; *Wegge,* Mitwirkungsrechte bei der Bestellung von Schulleitern, VBlBW 1993, 168; *Zilkens,* Datenschutz in der Schule, NWVBl. 2006, 241.

**Hochschulrecht/Prüfungsrecht:**

*Beaucamp/Seifert,* Wann lohnt sich die Anfechtung einer Prüfungsentscheidung?, NVwZ 2008, 261; *Beaucamp/Seifert,* Rechtsschutz von Kandidatinnen und Kandidaten in Promotions-, Habilitations- und Berufungsverfahren, WissR 2011, 24; *Birnbaum,* Die Rügepflicht des Prüflings, NVwZ 2006, 286; *Birnbaum,* Rechtliche Anforderungen an das Antwort-Wahl-Verfahren, LKV 2004, 533; *Brehm,* Nachbesserung der Bewertungsbegründung durch den Prüfer und Pflichten eines Anwalts, NVwZ 2001, 880; *Eschen,* Die Bewertung von Prüfungsleistungen durch Stichentscheid, JuS 2005, 684; *Finkelnburg/Dombert/Külpmann,* Vorläufiger Rechtsschutz im Verwaltungsstreitverfahren, 5. Aufl. 2008, § 63 (Prüfungsrecht); *Hansalek,* Die neuen Kompetenzen des Bundes im Hochschulrecht, NVwZ 2006, 668; *Haug* (Hrsg.), Das Hochschulrecht in Baden-Württemberg, 2. Aufl. 2009; *Kingreen,* Zur Zulässigkeit der reformatio in peius im Prüfungsrecht, DÖV 2003, 1; *Knauff,* Videoüberwachung von Klausuren in Hochschul- und Staatsprüfungen, NWVBl. 2006, 449; *Linke,* Täuschungsversuch durch Kontaktaufnahme des Prüflings mit einem Prüfer im Widerspruchsverfahren, NJW 2007, 2825; *Linke,* „Präklusion" im Prüfungsprozess? Zur Verpflichtung des Rechtsbehelfsführers, Einwendungen gegen den Prüfungsbescheid bereits im Vorverfahren geltend zu machen, NVwZ 2006, 1382; *Michaelis,* Kontrolldichte im Prüfungsrecht, VBlBW 1997, 441; *Niehues,* Stärkere gerichtliche Kontrolle von Prüfungsentscheidungen, NJW 1991, 3001; *Niehues/Fischer,* Prüfungsrecht, 5. Aufl. 2010; *Pastor,* Das Mittelwertverfahren und die Bewertung von Prüfungsleistungen, LKV 2004, 66; *Quapp,* Aktuelle Entwicklungen im Hochschulprüfungsrecht, DVBl 2011, 665; *Rozek,* Neubewertung einer fehlerhaft bewerteten Prüfungsarbeit im Prüfungsrechtsstreit, NVwZ 1992, 33; *Steike,* Akteneinsicht bei Prüfungsanfechtung, NVwZ 2001, 868; *Szuka,* Zulassung zur Ersten Juristischen Staatsprüfung mit Bachelor of Laws-Abschluss?, NVwZ 2008, 970; *Thieme*, Deutsches Hochschulrecht, 3. Aufl. 2004; *Zimmerling/Brehm*, Prüfungsrecht, 3. Aufl. 2007; *Zimmerling/Brehm*, Vorläufiger Rechtsschutz im Prüfungsrecht, DVBl 2001, 27 und NVwZ 2004, 651; *Zimmerling/Brehm*, Die aktuelle Rechtsprechung zu den juristischen Prüfungen, NVwZ 2009, 358; *Zimmerling/Brehm*, Rechtsstaatliche Aspekte des Kapazitätsprozesses, DÖV 2009, 239; *Zimmerling/Brehm*, Die Entwicklung des Hochschulzulassungsrechts seit 1996, NVwZ 2008, 1303; *Zimmerling/Brehm*, Der Prüfungsprozess, 2004.

## I. Vorbemerkung

Schulrecht und Hochschulrecht sind **Domänen der Länder**, folglich der Ländergesetzgebung und der Landesverwaltungen[1]. Formelles und materielles Recht sind entsprechend unterschiedlich und zudem unübersichtlich. 1

Dies gilt insbesondere für das Schulrecht. Das war Anlass für den Kultusminister des Landes Nordrhein-Westfalen, ab 1984 jährlich als Beilage zum Gemeinsamen Amtsblatt eine bereinigte amtliche Schulrechtssammlung mit dem Titel „Bereinigte Amtliche Sammlung der Schulvorschriften des Landes Nordrhein-Westfalen" (BASS) herauszugeben, in welcher sämtliche fortgeltenden Rechts- und Verwaltungsvorschriften, systematisch gegliedert, enthalten sind. Die BASS vermittelt einen Überblick über das gesamte Schulrecht des Landes Nordrhein-Westfalen. Auch in anderen Bundesländern finden sich derartige Sammlungen, die teilweise elektronisch frei verfügbar sind[2].

Alle Bereiche der Schule und der Hochschule sind heute „verrechtlicht". Nicht zuletzt das BVerfG hat gerade im Schulrecht – in Abkehr von der Lehre vom „besonderen Gewaltverhältnis" – den Grundsatz vom Vorbehalt des Gesetzes durchgesetzt, wonach die wesentlichen Entscheidungen im Schulbereich zumindest im Grundsatz vom Gesetzgeber selbst zu treffen sind und nicht der Schulverwaltung überlassen bleiben dürfen[3]. 2

Trotz der Unterschiedlichkeit der länderrechtlichen Regelungen ist die Tätigkeit des Anwalts im schul- und hochschulrechtlichen Verfahren jedoch im Prinzip in allen Ländern gleich, was eine einheitliche Darstellung zulässt. 3

## II. Schulrecht

### 1. Besonderheiten des Verwaltungsverfahrens im Schulrecht

#### a) Grundsätzliche Anwendbarkeit der Verwaltungsverfahrensgesetze der einzelnen Bundesländer

Für Verwaltungsverfahren im Schulbereich gelten grds. die Vorschriften der Verwaltungsverfahrensgesetze der einzelnen Bundesländer. Schule ist – zumindest im Wesentlichen – Ländersache. 4

---

1 Vgl. *Ennuschat/Ulrich*, Neuverteilung der Kompetenzen von Bund und Ländern im Schul- und Hochschulbereich nach der Föderalismusreform, VBlBW 2007, 121.
2 Vgl. etwa für Berlin: Übersicht über die wichtigsten Rechtsvorschriften, *www.berlin.de/ sen/bildung/rechtsvorschriften* (Stand: 15.7.2011); Schulrecht Hamburg, *http:// www.schulrecht.hamburg.de/jportal/portal/t/1f26/bs/18/page/sammlung.psml/action/ controls.sammlung.ChangeNavigation;jsessionid=C2252A41A50EC6C3208D5DED492 9011D.jpd4?nid=root* (Stand: 15.7.2011); Schleswig-Holstein: Schulrecht von A-Z, *http:// www.schleswig-holstein.de/Bildung/DE/Service/Schulrecht/schulrecht_node.html* (Stand: 15.7.2011).
3 Vgl. u.a. BVerfG v. 20.10.1981 – 1 BvR 640/80, BVerfGE 58, 257 (268 ff.); zu der Frage, welche Maßnahmen im Schulbereich Verwaltungsakte sind, s. *U. Stelkens* in Stelkens/ Bonk/Sachs, VwVfG, § 35 Rz. 202 f.

5   Nicht dem Verwaltungsverfahrensgesetz unterworfen ist der **Privatschulbereich**, dessen Beschulungsverhältnisse privatrechtlich ausgestaltet sind[1].

6   Im Bereich der **Leistungsbewertungen und Prüfungen** gilt gem. § 2 Abs. 3 Nr. 2 VwVfG[2] das VwVfG nur eingeschränkt[3]. Einzelne Länder haben im jeweiligen Landesverwaltungsverfahrensgesetz differenzierende Regelungen getroffen[4]. Soweit das Prüfungsverfahren durch Prüfungsordnungen in Form eines Gesetzes oder einer Rechtsverordnung geregelt ist, werden entgegenstehende Bestimmungen des VwVfG verdrängt[5].

7   Eine Vielzahl von Vorgängen im Schulbereich betrifft das Erziehungs- und Ausbildungswesen, ist den **inneren Schulangelegenheiten** zugeordnet, nicht auf den Erlass eines Verwaltungsaktes gerichtet und unterliegt somit gem. § 9 VwVfG nicht dem Begriff des Verwaltungsverfahrens i.S.d. VwVfG. Für derartige Vorgänge gelten unterschiedlich gestaltete Verfahrensvorschriften des Schulrechts. Dabei ist im Einzelnen zu beachten, ob die Verfahrensvorschriften auch im Interesse der Schüler und Eltern erlassen sind, z.B. um hierdurch Informations- und Mitwirkungsrechte zu begründen[6]. Verfahrensvorschriften im Schulrecht sind häufig nur in Form von Verwaltungsvorschriften (Richtlinien, Erlasse) gefasst[7].

### b) Rechtsträger/Vertretung

8   Der Schüler steht in einem gesetzlich geordneten **öffentlich-rechtlichen Rechtsverhältnis**, ist also nicht bloßes „Objekt". In der Wahrnehmung seiner Rechte wird er bei Minderjährigkeit gesetzlich vertreten durch die Erziehungsberechtigten, also im Normalfall durch seine Eltern, § 1629 BGB[8]. Die Vertretung muss notwendig durch beide Eltern gemeinsam erfolgen[9]. Sind sich die Eltern z.B. über die zu besuchende Schulform uneinig, so kann gem. § 1628 BGB auf Antrag einem Elternteil durch Gerichtsbeschluss die Entscheidungskompetenz übertragen werden[10].

Obliegt die Erziehung (elterliche Sorge) nach den bürgerlich-rechtlichen Vorschriften dagegen nur einem Elternteil, so ist nur dieser vertretungsbefugt (klagebefugt), s. etwa § 1671 BGB.

---

1   Vgl. *Niehues/Rux*, Schulrecht, Rz. 1174.
2   Soweit nicht anders vermerkt, wird mit dieser Abkürzung auf die Vorschriften des Verwaltungsverfahrensgesetzes des Bundes Bezug genommen.
3   S. *Schmitz*, in: Stelkens/Bonk/Sachs, VwVfG, § 2 Rz. 123 ff.
4   § 2 Abs. 3 Nr. 2 u. Abs. 4 VwVfG BW; Art. 2 Abs. 3 Nr. 2 VwVfG Bay.; § 2 Abs. 1–3 VwVfG Berlin; § 2 Abs. 3 Nr. 2 VwVfG Bbg.; § 2 Abs. 3 Nr. 3 VwVfG Bremen; § 2 Abs. 3 Nr. 2 VwVfG Hamburg; § 2 Abs. 3 Nr. 3 VwVfG Hess.; § 2 Abs. 2 Nr. 3 VwVfG MV; § 2 Abs. 3 Nr. 3 VwVfG Nds.; § 2 Abs. 3 Nr. 3 VwVfG NW; § 1 Abs. 4 Nr. 2 VwVfG Rh.-Pf.; § 2 Abs. 3 Nr. 3 VwVfG Saarl.; § 2 Abs. 1 VwVfG Sachs.; § 2 Abs. 3 Nr. 3 VwVfG LSA; § 336 Abs. 1 Nr. 2 und Abs. 5 Nr. 4 LVwV Schl.-Holst.; § 2 Abs. 3 Nr. 3 VwVfG Thür.
5   § 1 Abs. 1 VwVfG; vgl. auch VGH Kassel v. 28.9.1988 – 6 TG 4081/87, NVwZ 1989, 890 (891).
6   Vgl. BVerfG v. 13.11.1979 – 1 BvR 1022/78, BVerfGE 52, 380 (389 f.).
7   Vgl. auch *Niehues/Rux*, Schulrecht, Rz. 11.
8   OVG Koblenz v. 4.5.2005 – 2 B 10439/05, NVwZ-RR 2005, 722, 273: Den Eltern kann die direkte Kontaktaufnahme mit den Lehrkräften ihres Kindes untersagt werden, wenn dies zur Aufrechterhaltung eines ordnungsgemäßen Schulbetriebs erforderlich ist.
9   Zur Einverständniserklärung eines Elternteils zu dem vom anderen Elternteil angestrengten Rechtsstreit OVG Lüneburg v. 29.6.1981 – 13 B 27/81, NVwZ 1982, 321.
10  Bzgl. der Grenzen der Gerichtsentscheidung vgl. BVerfG v. 4.12.2002 – 1 BvR 1870/02, NJW 2003, 1031.

Daneben oder auch an Stelle des Kindes können die Erziehungsberechtigten eigenständig – aus eigenem Recht – vorgehen, sofern ihr **Elternrecht/Erziehungsrecht** (Art. 6 Abs. 2 GG) durch die strittige Maßnahme beeinträchtigt wird, was nur gilt, solange das Kind noch minderjährig ist. 9

Ein Elternteil ist jedoch für sich allein nicht klagebefugt; das auf Art. 6 Abs. 2 GG beruhende Elternrecht ist unteilbar und kann deshalb nur gemeinsam und einvernehmlich ausgeübt werden[1]. Leiten die Erziehungsberechtigten – noch bei Minderjährigkeit des Kindes – aus eigenem Recht ein Verfahren ein und wird das Kind nachträglich volljährig, so entfällt die Rechtsposition der Eltern; das nunmehr volljährige Kind kann kraft gesetzlichen Parteiwechsels das Verfahren selbst fortführen[2]. Auch die Eltern volljähriger Kinder können über schwerwiegende schulische Vorkommnisse unterrichtet werden, um das Risiko von Selbst- und Fremdgefährdungen zu verringern[3].

Bei Auftreten gegenüber der Schule besteht i.d.R. eine Vermutung dafür, dass ein Elternteil nach Absprache und in Übereinstimmung mit dem anderen Elternteil auftritt[4].

Der Schüler bzw. die Erziehungsberechtigten können sich grds. durch einen **Bevollmächtigten**, z.B. einen Rechtsanwalt, vertreten lassen, § 14 Abs. 1 Satz 1 VwVfG, allerdings nicht bei rein innerschulischen Verfahrensschritten wie z.B. Ordnungsmaßnahmeverfahren, § 53 SchulG NW, § 2 Abs. 3 Nr. 3 VwVfG NW. Der Bevollmächtigte hat auf Verlangen seine Vollmacht schriftlich nachzuweisen, § 14 Abs. 1 Satz 3 VwVfG. 10

### c) Anhörung

Dem Schüler und den Erziehungsberechtigten stehen neben einem eingeschränkten Anhörungsrecht gem. § 28 Abs. 1 VwVfG ein umfassendes Auskunfts- und Informationsrecht zu. 11

Der Schüler hat, gestützt auf Art. 2 Abs. 1 GG, einen **Auskunfts- und Informationsanspruch** gegenüber der Schule und seinen Lehrern. Er hat ein Recht darauf zu erfahren, wie seine Leistungen bewertet worden sind und wie seine Eignung für ein weiteres Fortkommen eingeschätzt wird[5]. 12

Er hat das Recht auf Information über alle ihn betreffenden wesentlichen Angelegenheiten[6]. Gestützt auf Art. 6 Abs. 2 GG steht den Erziehungsberechtigten daneben eigenständig ein umfassender Auskunfts- und Informationsanspruch gegenüber der Schule und den Lehrern zu[7].

Länderrechtlich im Einzelnen unterschiedlich geregelt besteht eine **Benachrichtigungspflicht** der Schule, sofern eine anstehende Versetzung wegen unzureichender Leistungen gefährdet ist[8]. Der Schule obliegt es schon auf Grund ihrer Fürsor- 13

---

1 Vgl. auch §§ 1626, 1627 BGB.
2 BVerwG v. 10.7.1964 – VII C 124.63, NJW 1965, 707.
3 VerfGH Rh.-Pf. v. 22.6.2004 – VGH B 2/04, NJW 2005, 410.
4 *Niehues/Rux*, Schulrecht, Rz. 1203 u. 79 Fn. 96: Es genügt, wenn rechtsgeschäftliche Erklärungen gegenüber der Schule gegenüber dem Kind einem Elternteil gegenüber abgegeben werden (§ 1629 BGB).
5 *Ossenbühl*, Rechtliche Grundfragen der Erteilung von Schulzeugnissen, S. 23.
6 S. § 44 SchulG NW.
7 Vgl. dazu im Einzelnen *Niehues/Rux*, Schulrecht, Rz. 494 ff.; zur Unterrichtspflicht der Schule in Bayern gegenüber den Eltern volljähriger Schüler s. VerfGH Bay. v. 30.9.2004 – Vf.13-VII-02, FamRZ 2005, 1091 ff.
8 Vgl. z.B. § 50 Abs. 4 SchulG NW; zu den Rechtsfolgen der Verletzung von Hinweis- und Beratungspflichten im Schulrecht OVG Lüneburg v. 9.7.2007, NVwZ-RR 2007, 766.

gepflicht, dem Schüler Hilfestellungen zu geben und Hinweise zu erteilen, wenn er ohne sie unter den konkreten Umständen des Einzelfalls Gefahr läuft, das Bildungs- und Erziehungsziel nicht zu erreichen oder ihm sonst ein Rechtsverlust droht[1].

14 Bei **Leistungsbewertungen** ist gem. § 2 Abs. 3 Nr. 2 VwVfG[2] kraft Gesetzes eine Anhörung ausgeschlossen. Der Lehrer muss den Schüler demnach über eine vorgesehene Leistungsbewertung nicht informieren und anhören. Anlässlich der Versetzungskonferenzen und Prüfungsverfahren scheidet eine Anhörung aus; dies gilt erst recht für eine Teilnahme an der Beratung der Prüfer oder eine Bekanntgabe von Notizen, die der Prüfer in Vorbereitung für seine Entscheidungsfindung gefertigt hat[3].

15 Ein Anhörungsrecht ist ausdrücklich festgeschrieben in den Verfahrensgrundsätzen zum Erlass von **Ordnungsmaßnahmen**. Gem. § 53 Abs. 8 SchulG NW z.B. ist dem Schüler und zusätzlich seinen Erziehungsberechtigten vor einer Entscheidung über Ordnungsmaßnahmen Gelegenheit zur Stellungnahme vor dem Gremium, welches zur Entscheidungsfindung berufen ist, zu geben. Gem. § 90 Abs. 7 SchulG BW genügt vor der Entscheidung, dass der Schüler nachsitzen muss, dessen Anhörung. Im Übrigen gibt der Schulleiter dem Schüler, bei Minderjährigkeit auch den Erziehungsberechtigten, Gelegenheit zur Anhörung; Schüler und Erziehungsberechtigte können einen Beistand hinzuziehen.

### d) Akteneinsicht/Protokollierung

16 Gem. § 29 VwVfG hat die Behörde den Beteiligten Einsicht in die das Verfahren betreffenden Akten zu gestatten, und zwar nach Maßgabe der im Gesetz im Einzelnen vorgegebenen Einschränkungen. Diese Bestimmung gilt grds. auch im Verhältnis zwischen dem Schüler bzw. den Erziehungsberechtigten und der Schule bzw. den Schulaufsichtsbehörden.

17 Das Akteneinsichtsrecht bezieht sich nur auf **die den einzelnen Schüler betreffenden Aktenvorgänge** (z.B. Schülerstammblatt). Daher dürfte es ausgeschlossen sein, auf eine Einsichtnahme in die Notizen im Merkbuch eines Lehrers zu bestehen, da dort i.d.R. Notizen zu allen unterrichteten Schülern geführt werden. Abgesehen davon, dass bereits fraglich ist, ob es sich um Akten i.S.d. VwVfG handelt, ist auch zu berücksichtigen, dass die Lehrkräfte durch die Auswahl derjenigen Informationen, die sie für dokumentationswürdig halten, und durch die Art und Weise dieser Dokumentation auch einiges über sich selbst preisgeben, da sie ihre Erziehungsaufgabe nur wahrnehmen können, wenn sie eine persönliche Beziehung zu den ihnen anvertrauten Schülern herstellen können. Da sie sich somit ihrerseits auf das Grundrecht auf informationelle Selbstbestimmung berufen können, müssen sie ihre persönlichen Aufzeichnungen grds. nicht herausgeben[4].

18 Das Akteneinsichtsrecht bezieht sich auch auf Verfahren zur Leistungsbewertung, zur Versetzung und zur Prüfungsablegung, § 2 Abs. 3 Nr. 2 VwVfG. Akteneinsicht setzt **vorhandene Akten** voraus. Ob und wie diese zu erstellen und zu führen sind, ist höchst unterschiedlich geregelt.

19 In **Zeugnis- und Versetzungskonferenzen** werden üblicherweise Protokolle gefertigt, die in Bezug auf den einzelnen Schüler nur wenige Ausführungen beinhalten.

---

1 OVG Münster v. 8.3.2006 – 19 A 4789/05, NVwZ-RR 2006, 546.
2 Vgl. wegen der unterschiedlichen Ländergesetzgebung Fn. 4 zu Rz. 6.
3 BVerwG v. 10.7.1964 – VII C 124.63, NJW 1965, 707.
4 *Niehues/Rux*, Schulrecht, Rz. 496.

Für **Prüfungsverfahren** beinhalten Prüfungsordnungen zumeist Protokollierungsvorschriften; so sind z.B. gem. § 42 APO-GOSt[1] über die Abiturprüfung Niederschriften anzufertigen. In die Niederschrift sind auch die die Entscheidung tragenden Gründe aufzunehmen; die Niederschrift über die Einzelprüfung muss die Aufgaben, Vorbereitung und Verlauf, Teilergebnisse und Gesamtergebnis erkennen lassen. Das Abstimmungsergebnis ist festzuhalten[2]. 20

Generell sollen Protokolle zumindest den Ablauf des Verfahrens darstellen und beinhalten durchweg **keine Wortprotokollierung**; weder bundesrechtlich noch verfassungsrechtlich ist es geboten, die Fragen und Antworten in einer mündlichen Prüfung zu protokollieren[3]. Das Ergebnis der Prüfungsberatung ist festzuhalten, dagegen nicht zwingend die Vorbereitung und der Hergang der Beratung[4]. Dem Normgeber obliegt es, den Nachteil einer völlig fehlenden oder jedenfalls nur unzulänglichen Dokumentation sowohl der Prüfungsaufgabe als auch der Prüfungsleistung durch sonstige verfahrensmäßige Vorkehrungen auszugleichen, insbesondere den Prüflingen entsprechende Beweise zu ermöglichen[5]. 21

Das Akteneinsichtsrecht bezieht sich nicht auf Entwürfe zu Entscheidungen oder auf Arbeiten zu ihrer unmittelbaren Vorbereitung, solange das Verwaltungsverfahren noch nicht abgeschlossen ist, § 29 Abs. 1 Satz 2 VwVfG. Ein Einsichtsrecht in die Prüfungsvermerke, die die abschließende Entscheidung erst noch vorbereiten sollen, ist demnach nicht gegeben. Nach Abschluss des Prüfungsverfahrens erstreckt sich das Akteneinsichtsrecht auf die gesamte Prüfungsakte. 22

Prüfungsprotokolle können im Bedarfsfall **Beweiszwecken** dienen; der Beweis der Unrichtigkeit der im Prüfungsprotokoll bezeugten Vorgänge ist zulässig[6]. 23

### e) Kostenerstattung

Gem. § 80 Abs. 1 Satz 1 VwVfG sind bei erfolgreichem Widerspruch gegen einen Verwaltungsakt dem **Widerspruchsführer** die zur zweckentsprechenden Rechtsverfolgung oder Rechtsverteidigung notwendigen Aufwendungen zu erstatten. 24

Dies gilt auch bei Anfechtung von Prüfungsentscheidungen (vgl. § 2 Abs. 3 Nr. 2 VwVfG).

Die Kosten eines **Rechtsanwalts** oder eines sonstigen Bevollmächtigten im Vorverfahren sind gem. § 80 Abs. 2 VwVfG bei Erfolg des Widerspruchs erstattungsfähig, wenn die Zuziehung eines Bevollmächtigten notwendig war. Die Entscheidung über die Notwendigkeit ist in der Kostenentscheidung zu treffen, § 80 Abs. 3 Satz 2 VwVfG. I.d.R. ist die Notwendigkeit der Zuziehung eines Rechtsanwalts zu bejahen. 25

### f) Streitwert

Die im Verwaltungsverfahren nach Nr. 2300 VV zum RVG anfallende anwaltliche Geschäftsgebühr errechnet sich im Regelfall aus einem Streitwert von 5 000 Euro 26

---

1 BASS 13–32 Nr. 3.1.
2 Zur Protokollierung einer mündlichen Abiturprüfung vgl. auch OVG Saarlouis v. 19.1.2007 – 3 Y 17/06, NVwZ-RR 2007, 250.
3 BVerwG v. 7.5.1971 – 7 C 51.70, BVerwGE 38, 105; v. 1.10.1971 – 7 C 5.71, BVerwGE 38, 322, 324; v. 23.12.1993 – 6 B 19.93, Buchholz 421.0 Nr. 326; v. 31.3.1994 – 6 B 65.93, DVBl 1994, 641.
4 Vgl. auch BVerwG v. 10.7.1964 – VII C 124.63, NJW 1965, 707.
5 BVerwG v. 31.3.1994 – 6 B 65.93, DVBl 1994, 641, 642.
6 Ausführlich zum Prüfungsprotokoll *Niehues/Rux*, Prüfungsrecht, Rz. 455 ff.

(Auffangwert, vgl. § 52 Abs. 2 GKG). Verfahren aus dem Schulbereich gelten als nichtvermögensrechtliche Angelegenheiten. Im Streitwertkatalog für die Verwaltungsgerichtsbarkeit[1] sind sämtliche Verfahren der Schüler im Schulrecht, selbst der Streit um die Reifeprüfung, mit dem Auffangwert von 5000 Euro aufgeführt. In Verfahren des vorläufigen Rechtsschutzes beträgt der Streitwert in der Regel 2500 Euro (vgl. Vorbemerkungen Nr. 1.5 Streitwertkatalog). Bei diesem Streitwert können Verfahren – vor allem in der Beschwerde – allerdings nicht kostendeckend betrieben werden, zumal die Eilverfahren die Entscheidung in der Hauptsache weitgehend vorweg nehmen werden.

## 2. Aufnahme des Schulverhältnisses (Anmeldeverfahren)

### a) Schulpflicht

27 Es besteht bundesweit – auch für ausländische Kinder[2] – eine mindestens zwölfjährige allgemeine Schulpflicht, beginnend i.d.R. mit dem sechsten Lebensjahr, im Einzelnen ländergesetzlich geregelt[3].

Die Schulpflicht umfasst den Besuch der Primarstufe, der Sekundarstufe I und der Berufsschule, alternativ der Sekundarstufe II. Schulpflichtige sind zum regelmäßigen Besuch des Unterrichts und sonstiger verbindlicher Schulveranstaltungen verpflichtet[4]. Darüber hinaus wird eine Teilnahmepflicht am Schulunterricht auch von nicht mehr schulpflichtigen Schülern bejaht, da der Unterricht als Gemeinschaftsveranstaltung bei unregelmäßiger Teilnahme gefährdet sein kann[5].

28 Die Anmeldung des Kindes zum Besuch einer Grundschule[6] bzw. einer weiterführenden Schule geschieht demgemäß in Vollzug der bestehenden allgemeinen Schulpflicht. Den Erziehungsberechtigten wird dabei aber – unter Beachtung ihres Rechts, die Schullaufbahn ihres Kindes zu bestimmen – die Möglichkeit eingeräumt, die **Schulart** (Gemeinschafts-, Bekenntnis- und Weltanschauungsschule[7]) und die **Schulform** (Hauptschule, Realschule, Gymnasium, Gesamtschule), somit die konkrete Schule auszuwählen. Der Anmeldung zur Schule folgt die Aufnahme.

29 Schulpflichtige Kinder, die die für den Schulbesuch erforderliche Reife noch nicht besitzen, können – nach Begutachtung und Anhörung der Erziehungsberechtigten – **zurückgestellt** werden. Legen Erziehungsberechtigte von sich aus darauf Wert, so ist eine entsprechende Antragstellung unter Vorlage von Attesten geboten.

30 Wird der Schulpflicht teilweise oder gar nicht entsprochen, so kann hoheitlich die **zwangsweise Zuführung** zur Schule mit den Mitteln des Verwaltungszwangs

---

1 DVBl 2004, 1525 ff.
2 Diesen kann der Besuch einer ausländischen Schule nur in begründetem Ausnahmefall, wie etwa der absehbaren Rückkehr in das Heimatland, erlaubt werden (OVG Koblenz v. 30.9.2004 – 2 B 11530/04, NVwZ-RR 2005, 116).
3 Vgl. z.B. Art. 8 Abs. 2 LV NW i.V.m. §§ 34 Abs. 3, 37, 38 SchulG NW; vgl. im Übrigen Abkommen der Länder der Bundesrepublik zur Vereinheitlichung auf dem Gebiet des Schulwesens („Hamburger Abkommen"), i.d.F. v. 14.10.1971, § 2.
4 Zur Beurlaubung vom Besuch der Schule wegen Urlaubsreise VGH Mannheim v. 25.2.2005 – 9 S 2735/04, NVwZ-RR 2005, 721 (722).
5 Vgl. auch *Niehues/Rux*, Schulrecht, Rz. 157 ff. u. 219: An die Stelle der Schulpflicht tritt die in der Entscheidung für eine Ausbildung begründete freiwillige Verpflichtung, am Unterricht teilzunehmen.
6 Zur Einschulung von frühbegabten Kindern BVerwG v. 21.9.1993 – 6 B 53.93, NVwZ-RR 1994, 91; VGH Mannheim v. 11.8.1992 – 9 S 1801/92, NVwZ-RR 1993, 29 (30).
7 Zur Abgrenzung vgl. BVerwG v. 19.2.1992 – 6 C 5.91, NVwZ 1992, 1192, und v. 19.2.1992 – 6 C 3.91, NVwZ 1992, 1187.

II. Schulrecht                                                    Rz. 33  Teil 8

(Zwangsgeld, unmittelbarer Zwang)[1] durchgesetzt und im Wege des Ordnungswidrigkeitsverfahrens vorgegangen werden (vgl. z.B. § 41 Abs. 4 SchulG NW)[2]. Zuständig für diese Zwangsmaßnahmen sind die Polizeibehörden, denen hierfür teilweise ausdrücklich das Recht zugestanden wird, Wohnungen und Geschäftsräume zu betreten[3]. Vor der zwangsweisen Zuführung sind zunächst die Erziehungsberechtigten schriftlich unter Hinweis auf die Möglichkeit einer zwangsweisen Vorführung aufzufordern, ihr Kind in der Schule vorzustellen[4].

**b) Aufnahme in die Grundschule**

Das schulpflichtig gewordene Kind ist von den Erziehungsberechtigten zur Schule anzumelden. Sog. hochbegabte Kinder können auf Antrag der Eltern auch schon vor Einsetzen der Schulpflicht in die Schule aufgenommen werden, wenn sie schulfähig sind (vgl. § 35 Abs. 2 SchulG NW)[5].  31

Voraussetzung für die Berücksichtigung der Anmeldung und Aufnahme des Kindes in die Grundschule ist, dass es die für den Schulbesuch **erforderliche Reife** hat[6]. Ist dies zu verneinen, kommt neben der Zurückstellung[7] evtl. eine Aufnahme in eine Sonderschule/Förderschule in Betracht.

Die Anmeldung (und Aufnahme) erfolgt i.d.R. an einer **öffentlichen Grundschule**; die Schulart bestimmen die Erziehungsberechtigten. Unter erschwerten Bedingungen sind gem. Art. 7 Abs. 5 GG auch **private Volksschulen**, also auch private Grundschulen zulässig, und zwar als Ersatz für öffentliche Schulen (Ersatzschulen). Die Anmeldung dort zur Erfüllung der Schulpflicht kann nicht verwehrt werden, da die Schulpflicht auch an einer privaten Ersatzschule erfüllt werden kann[8].  32

Bei Grundschulen gleicher Art, z.B. mehreren Gemeinschaftsgrundschulen in einer Gemeinde, können – auf gesetzlicher Grundlage – **Schulbezirke** gebildet werden (so z.B. zwingend nach § 84 Abs. 1 SchulG NW), die die Wahlfreiheit der Erziehungsberechtigten einschränken oder ausschließen[9]. In der Praxis wird teilweise versucht,  33

---

1 Bis hin zur Ersatzzwangshaft, OVG Bremen v. 28.1.2004 – 1 S 21/04, NVwZ-RR 2004, 658.
2 Auch Eltern der Glaubensgemeinschaft der Siebenten-Tags-Adventisten haben keinen Rechtsanspruch auf generelle Befreiung ihrer Kinder von der allgemeinen Schulpflicht; bei Verstoß gegen die Schulpflicht kann ihnen das Recht zur Regelung der schulischen Angelegenheiten ihrer Kinder entzogen werden, so OLG Brandenburg v. 14.7.2005 – 9 UF 68/05, NJW 2006, 235 (236f.); entsprechend OLG Hamm v. 25.8.2005 – 6 WF 297/05, NJW 2006, 237 (238f.); OVG Hamburg v. 27.9.2004 – 1 Bf 25/04, NVwZ-RR 2005, 183: Keine Befreiung von der Schulpflicht wegen Unterrichtung durch die Eltern nach dem Unterrichtsmaterial einer freien christlichen Fernschule.
3 *Niehues/Rux*, Schulrecht, Rz. 331; zum Ausüben von unmittelbaren Zwang zur zwangsweisen Zuführung eines Schülers vgl. VG Düsseldorf v. 9.11.2010 – 18 K 3176/10, NVwZ-RR 2011, 236 (237).
4 OVG Hamburg v. 9.5.2006 – 1 So 74/06, NVwZ-RR 2006, 614.
5 Soweit ländergesetzlich ein Mindestalter für eine vorzeitige Einschulung vorgegeben ist, verletzt dies nicht Grundrechte des hochbegabten Kindes oder seiner Eltern, BVerwG v. 21.9.1993 – 6 B 53.93, NVwZ-RR 1994, 91.
6 OVG Lüneburg v. 13.1.2004 – 13 ME 411/03, NVwZ-RR 2004, 259 (260): Neben festgestellter Hochbegabung erfordert die Schulreife auch die körperliche, geistige und soziale Reife; OVG Münster v. 10.8.2006 – 19 B 1513/06, NVwZ-RR 2007, 30f.: Bei der Prüfung und Feststellung der Schulfähigkeit steht dem Schulleiter ein gerichtlich nur eingeschränkt überprüfbarer Beurteilungsspielraum zu.
7 Vgl. zur (verfassungsrechtlichen) Zulässigkeit der Zurückstellung VerfGH Bay. v. 11.3.2008 – Vf.5-VII-07, NVwZ-RR 2008, 618.
8 *Niehues/Rux*, Schulrecht, Rz. 241.
9 VGH Kassel v. 21.8.2009 – 7 B 2407/09, NVwZ-RR 2009, 958: Die (hessische) Sprengelpflicht ist verfassungsgemäß; zur Änderung der Schulbezirke infolge der Aufhebung einer Grundschule OVG Lüneburg v. 17.6.2011 – 2 MN 31/11, NdsVBl. 2011, 276.

diese „Sprengelpflicht" durch Umzug/Ummeldung zu umgehen. Die Sprengelpflicht wird als zulässig angesehen, wenn gewährleistet ist, dass in Ausnahmefällen (etwa bei einer besonderen Profilbildung der Schulen) von ihr abgewichen werden kann[1].

34 Zu empfehlen ist grds. eine frühzeitige bzw. rechtzeitige Anmeldung. Bei Eintritt der Schulpflichtigkeit werden heute zumeist die Erziehungsberechtigten – in Vollzug der Durchsetzung der Schulpflicht – persönlich seitens der Schulverwaltungen angeschrieben. **Anmeldefristen** (z.B. 14 Tage im Februar) werden auch öffentlich bekanntgemacht. Fristversäumnis hindert nicht, die Anmeldung kurzfristig nachzuholen.

### c) Aufnahme in weiterführende Schulen

35 Nach erfolgreichem Durchlaufen der Grundschule ist der Schüler zu einer weiterführenden Schule anzumelden. Innerhalb des bestehenden Schulsystems haben die Erziehungsberechtigten das vorgreifliche Bestimmungsrecht, den Schüler an einer weiterführenden Schule der eigenen Wahl seine Schullaufbahn fortsetzen zu lassen. Das **Auswahlrecht** der Erziehungsberechtigten muss prinzipiell dadurch gewährleistet sein, dass das Schulsystem entsprechende Wahlmöglichkeiten offen hält, was aber praktisch nicht so weit geht, dass einzelne Erziehungsberechtigte etwa die Erweiterung der bestehenden Schulangebote verlangen und durchsetzen können[2].

36 Der Schüler muss für die vorgesehene Schulform (Hauptschule, Realschule, Gymnasium oder Gesamtschule) geeignet sein. Die **Eignungsvoraussetzungen** bedürfen der gesetzlichen Regelung. Fallen die Empfehlungen der Grundschule und der Wille der Erziehungsberechtigten auseinander, sehen die Länderregelungen unterschiedliche Verfahrensweisen vor (teils Vorrang des Elternwillens, teils besondere Aufnahmeprüfung)[3]. Auch bei einer verbindlichen Empfehlung wird teilweise die Möglichkeit eröffnet, probeweise zum Unterricht der Schule anzutreten, die von der Empfehlung nicht erfasst wird[4].

37 Gegen eine **Grundschulempfehlung**, die die Zulassung zu der gewünschten Schulart verwehrt, kann gerichtlicher (Eil-)Rechtsschutz in Anspruch genommen werden. Die Überprüfungsmöglichkeit ist allerdings begrenzt. Die Grundschulempfehlung kann nur darauf überprüft werden, ob Verfahrensfehler oder Verstöße gegen anzuwendendes Recht vorliegen, ob die Lehrer von einem unrichtigen Sachverhalt ausgegangen sind, gegen allgemeine Bewertungsgrundsätze verstoßen haben, sich von sachfremden Erwägungen haben leiten lassen oder sonst willkürlich gehandelt haben[5]. Sieht die Aufnahmeverordnung ein gestuftes Verfahren vor (Grundschulempfehlung, Gemeinsame Bildungsempfehlung, Aufnahmeprüfung), beschränkt sich der Rechtsschutz allein auf die Aufnahmeprüfung[6].

38 Anmeldung und Aufnahme erfolgen entsprechend dem Willen der Erziehungsberechtigten an einer öffentlichen oder privaten weiterführenden Schule. Die Errichtung und der Besuch privater (Ergänzungs-)Schulen ist durch Art. 7 Abs. 3 GG gewährleistet und im Verhältnis zur privaten Grundschule erleichtert (vgl.

---

1 Vgl. *Niehues/Rux*, Schulrecht, Rz. 610 ff. m.w.N.
2 Vgl. *Niehues/Rux*, Schulrecht, Rz. 576 ff., 780; VerfG Bbg. v. 25.2.1999 – VfGBbG 41/98, NVwZ 2001, 912: Das Recht auf Bildung bezieht sich auf das vorhandene Bildungsangebot und vermittelt keinen Anspruch auf die Schaffung neuer bzw. die Erweiterung vorhandener Kapazitäten.
3 Zur Schullaufbahnempfehlung am Ende der Orientierungsstufe vgl. OVG Koblenz v. 28.9.1992 – 2 B 11813/92, NVwZ-RR 1993, 143 f.
4 Vgl. z.B. Art. 44 Abs. 1 BayEUG.
5 OVG Münster v. 24.8.2007 – 19 B 689/07, NVwZ-RR 2008, 109 (110); vgl. auch VG Saarlouis v. 17.3.2008 – 1 L 169/08, NVwZ-RR 2008, 791.
6 VGH Mannheim v. 8.12.1989 – 9 S 2707/89, VBlBW 1990, 312 (313 f.).

Art. 7 Abs. 4 GG). Die Aufnahme in eine private Schule erfolgt durch Abschluss eines privatrechtlichen Beschulungsvertrags.

Die fehlende **Kapazität** der Schule kann dem Aufnahmebegehren entgegenstehen. 39
Eine Zugangsbeschränkung ist – in Anlehnung an die Rechtsprechung des BVerfG
zum „Numerus clausus" – aber nur dann zulässig, wenn jede weitere Aufnahme zu
unerträglichen Zuständen führen würde[1]. Die Aufnahmekapazität ist jedenfalls so
lange nicht erschöpft, wie die Zahl der Schüler einer Klasse den für diese Klasse
maßgeblichen Klassenteiler nicht erreicht[2]. Die Vergabe noch freier Plätze ist an
sachgerechten Kriterien[3] auszurichten, die verwaltungsgerichtlich voll überprüfbar
sind. Ein bloßes Losverfahren ist zulässig[4]. Ob ein Vorzug von Geschwisterkindern
bei der Aufnahme möglich ist, wird unterschiedlich beurteilt[5]. Die Bundesländer
können den Zugang zu öffentlichen Schulen ausschließlich auf Landeskinder beschränken[6].

Die Wahl einer öffentlichen weiterführenden Schule kann durch **Schuleinzugs-** 40
**bereiche** – auf gesetzlicher Grundlage (vgl. § 84 Abs. 1 Satz 2 SchulG NW) – eingeschränkt werden, was jedoch zumindest im Gymnasialbereich relativ selten anzutreffen ist. Immer gewährleistet bleiben muss aber, dass eine Schule außerhalb des
Schuleinzugsbereichs oder eine private Ersatzschule besucht werden kann[7].

#### d) Aufnahme bzw. Zuweisung zu Sonderschulen (Förderschulen)

Schulpflichtige, die am Unterricht einer Normalschule nicht teilnehmen können 41
oder durch ihn nicht hinreichend gefördert werden (Prognoseentscheidung mit Beurteilungsspielraum), sind zum Besuch einer ihrer Behinderung entsprechenden
Sonderschule verpflichtet[8]. Besteht Anlass zu der Annahme, dass der Schulpflicht
im allgemeinen Schulwesen nicht entsprochen werden kann, so ist eine **ärztliche**
**Begutachtung** einzuholen und die Erziehungsberechtigten sind zu hören.

---

1 Zum Umgang mit Kapazitätsengpässen vgl. *Niehues/Rux*, Schulrecht, Rz. 622 ff.; OVG
Bremen v. 22.10.1992 – 1 B 86/92, NVwZ-RR 1993, 144; OVG Lüneburg v. 8.10.2003 –
13 ME 342/03, NVwZ-RR 2004, 258: Die Kapazitätsgrenze für die Aufnahme in ein Gymnasium ist auszurichten u.a. am Erlass über die Klassenbildung (Klassenstärke) und Berücksichtigung der Interessen der Mitschüler; zum Anspruch auf Aufnahme in einem bestimmte Schule vgl. auch VG Hannover v. 6.8.2008 – 6 B 3368/08, NVwZ-RR 2009, 205
(206 ff.).
2 VGH Mannheim v. 10.9.2009 – 9 S 1950/09, NVwZ-RR 2010, 106 (107); vgl. auch OVG
Hamburg v. 29.8.2005 – 1 Bs 258/05, NVwZ-RR 2006, 401 f.
3 Z.B. auch über ein leistungsorientiertes Auswahlverfahren, so VG Potsdam v. 23.7.2004 –
12 L 652/04, LKV 2005, 279, zu Aufnahme in Leistungsprofilklassen; anders VGH Mannheim v. 10.9.2009 – 9 S 1950/09, NVwZ-RR 2010, 106: Eine an der Eignung des Schülers
(etwa Eingangsnote) ausgerichtete Auswahlentscheidung ist unzulässig; vgl. zur Auswahlentscheidung auch OVG Bautzen v. 15.12.2009 – 2 B 4998/09, NVwZ-RR 2010, 478.
4 *Niehues/Rux*, Schulrecht, Rz. 627; vgl. auch VG Braunschweig v. 12.12.2006 – 6 B
321/06, NVwZ-RR 2007, 324 (325).
5 Eher dafür VGH Mannheim v. 10.9.2009 – 9 S 1950/09, NVwZ-RR 2010, 106 (108); Verstoß gegen spezielles Landesrecht VG Hamburg v. 24.7.2008 – 15 E 1874/08, NVwZ-RR
2009, 208.
6 OVG Koblenz v. 26.6.2008 – 2 B 10613/08, NVwZ 2008, 1251 (1252); zur Finanzierung
von Privatschulen orientiert an einer Landeskinderregelung BVerfG v. 23.11.2004 –
1 BvL 6/99, NVwZ 2005, 923.
7 Zu den Ausnahmen von der „Sprengelpflicht" vgl. *Niehues/Rux*, Schulrecht, Rz. 613 ff.;
OVG Magdeburg v. 30.7.2010 – 3 M 361/10, NVwZ-RR 2011, 20 (21).
8 Zur Zuweisung an eine Förderschule nach Inkrafttreten des Übereinkommens der Vereinten Nationen über die Rechte von Menschen mit Behinderungen s. VGH Kassel v.
12.11.2009 – 7 B 2763/09, NVwZ-RR 2010, 602.

42 Liegen die Voraussetzungen einer Sonderschulpflichtigkeit[1] vor und melden die Erziehungsberechtigten trotzdem ihr Kind nicht an einer entsprechenden Schule an, so erfolgt hoheitlich eine **Zuweisung** des Schülers an die Sonderschule in Form eines belastenden Verwaltungsaktes (Verwaltungsakt mit Dauerwirkung)[2]. Widerspruch und Anfechtungsklage haben aufschiebende Wirkung (§ 80 Abs. 1 VwGO); ohne Anordnung der sofortigen Vollziehung nach § 80 Abs. 2 Nr. 4 VwGO (bei Mitschüler oder Lehrer gefährdendem oder den Unterricht grob störendem Verhalten) ist gebotener Schulzwang in Form des Verwaltungsvollzugs nicht zulässig. Hat das Rechtsschutzbegehren Erfolg, erfüllt der Schüler seine Schulpflicht weiter im normalen Schulsystem, ohne dass es einer ausdrücklichen Rückummeldung bedarf.

43 Der Schüler hat einen Anspruch auf Rückkehr in die Regelschule, wenn kein sonderpädagogischer Förderbedarf mehr besteht. Er ist mit einem Antrag, ggf. mit Widerspruch und Verpflichtungsklage, geltend zu machen[3].

### 3. Zeitweise, teilweise oder generelle Befreiung vom Schulunterricht

#### a) Antrag

44 Befreiungen vom Schulunterricht bedürfen der vorherigen Antragstellung, sei es die vollständige Freistellung von der generellen Teilnahmepflicht am Religionsunterricht (Art. 7 Abs. 2 GG)[4], die zeitweise Befreiung vom Unterricht im Einzelfall aus wichtigem Grund[5] oder die teilweise Befreiung vom Schulbesuch, z.B. samstags wegen religiöser Überzeugung (Pflicht zur Heiligung des Sabbats) oder die begrenzte zeitweise Freistellung vom Sportunterricht[6]. Ein Anspruch darauf, seine Kinder zu Hause zu unterrichten („Homeschooling"), existiert nicht[7], auch dann nicht, wenn

---

1 Zu den durch Art. 3 Abs. 3 Satz 2 GG bedingten erhöhten Voraussetzungen für eine zwangsweise Überweisung in eine Sonderschule vgl. BVerfG v. 30.7.1996 – 1 BvR 1308/96, DVBl 1996, 1369.
2 So VGH Mannheim v. 11.12.1990 – 9 S 850/89, NVwZ-RR 1991, 479 (480); folglich ist bei der Entscheidung im Rechtsmittelverfahren auf die Sachlage im Zeitpunkt der Entscheidung abzustellen.
3 Wegen weiterer Einzelheiten OVG Münster v. 9.5.2003 – 19 B 407/03, NVwZ-RR 2004, 107.
4 Zur Pflicht zur Teilnahme am Ethikunterricht im Land Berlin BVerfG v. 15.3.2007 – 1 BvR 2780/06, NVwZ 2008, 72.
5 Zur Unterrichtsbefreiung wegen Teilnahme an einer Demonstration gegen den Golfkrieg s. VG Hannover v. 24.01.1991 – 6 B 823/91, NJW 1991, 1000; dazu kritisch *Theuersbacher*, Die Entwicklung des Schulrechts in den Jahren 1991 und 1992, NVwZ 1993, 631 (634). VGH Mannheim v. 25.2.2005 – 9 S 2735/04, NVwZ-RR 2005, 721 (722): Keine zweiwöchige Befreiung/Beurlaubung wegen Urlaubsreise mit den Eltern nach Neuseeland im Zusammenhang mit den Weihnachtsferien.
6 Zur Befreiung vom koedukativen Schwimmunterricht aus religiösen Gründen OVG Münster v. 12.7.1991 – 19 A 1706/90, NVwZ 1992, 77; ebenso BVerwG v. 25.8.1993 – 6 C 8.91, NVwZ 1994, 578, sowie jüngst erneut OVG Münster v. 20.5.2009 – 19 B 1362/08, NVwZ-RR 2009, 923; zur Teilnahme an einer Präventionsveranstaltung, die Kinder für etwaigen sexuellen Missbrauch sensibilisieren soll, BVerfG v. 21.7.2009 – 1 BvR 1358/09, NJW 2009, 3151; OVG Lüneburg v. 26.4.1991 – 13 M 7618/91, NVwZ 1992, 79 zum Schulsport; VG Hamburg v. 14.4.2005 – 11 E 1044/05, NVwZ-RR 2006, 121: Pflicht zur Teilnahme am koedukativ erteilten Schwimmunterricht für ein neunjähriges islamisches Mädchen; ebenso VG Düsseldorf v. 30.5.2005 – 18 K 74/05, NWVBl. 2006, 68, betreffend islamischen Schüler der Klasse 5.
7 VGH München v. 2.8.2007 – 7 ZB 07987, NVwZ-RR 2007, 763; v. 12.4.2010 – 7 ZB 09.2369, NVwZ-RR 2010, 606.

## II. Schulrecht

der Unterricht staatlich beaufsichtigt wird[1]. Ausnahmen können aber zugelassen werden[2].

Es obliegt dem Antragsteller, die Befreiungsvoraussetzungen darzutun und ggf. zu belegen[3].

### b) Rechtsbehelfe

Bei negativer Bescheidung ist der Widerspruch mit nachfolgender Verpflichtungsklage zulässig; vorläufiger Rechtsschutz wird über § 123 VwGO gewährt. Solange die Befreiung nicht genehmigt oder vorläufiger Rechtsschutz nicht eingeräumt ist, stellt sich das eigenmächtige Fernbleiben vom Unterricht als Verstoß gegen die Schulpflicht dar und kann entsprechend geahndet werden.

45

## 4. Beendigung des Schulverhältnisses

### a) Regelmäßige Beendigung

Hat der Schüler den Bildungsgang erfolgreich durchlaufen und ist die Schulpflicht erfüllt, so endet das Schulverhältnis (s. § 47 Abs. 1 Nr. 1 SchulG NW).

46

Verfahrensrechtlich gewichtiger ist die vorzeitige bzw. zwangsweise Beendigung des Schulverhältnisses.

### b) Vorzeitige (zwangsweise) Beendigung

Das Schulverhältnis endet vorzeitig bzw. zwangsweise, wenn der Schüler

47

– eine vorgeschriebene Probezeit (z.B. Erprobungsstufe in Klasse 5 und 6 des Gymnasiums) endgültig nicht besteht,
– nicht mehr zur nochmaligen Wiederholung der Klasse bzw. Jahrgangsstufe berechtigt ist,
– bei Anordnung des Ruhens der Schulpflicht (fehlende Beschulungsfähigkeit) die Schule nicht mehr besuchen kann,
– vom Schulbesuch dauernd ausgeschlossen wird (z.B. wegen Gefährdung der Gesundheit anderer Schüler),
– in Form einer Ordnungsmaßnahme von der Schule entlassen wird,
– in Form einer Ordnungsmaßnahme von allen Schulen verwiesen wird[4].

### c) Rechtsbehelfe

Sowohl leistungsbedingte als auch persönlich bedingte Entlassungen aus der Schule stellen den Schüler belastende Verwaltungsakte dar. Widerspruch und evtl. nachfolgende Anfechtungsklage haben aufschiebende Wirkung, § 80 Abs. 1 VwGO. Gegen die Anordnung der sofortigen Vollziehung ist vorläufiger Rechtsschutz nach § 80 Abs. 5 VwGO zu gewähren[5].

48

---

1 BVerwG v. 15.10.2009 – 6 B 27.09, NVwZ 2010, 525.
2 VGH Mannheim v. 18.6.2002 – 9 S 2441/01, NVwZ-RR 2003, 561.
3 Hierzu sehr anschaulich VG Aachen v. 16.1.2002 – 9 L 1313/01, NJW 2002, 3191, betreffend einer islamischen Schülerin der Klasse 10 auf Befreiung von einer mehrtägigen Klassenfahrt aus religiösen Gründen.
4 Zur Kündigung im Privatschulbereich OLG Schleswig v. 24.8.2009 – 3 U 86/09, NVwZ-RR 2010, 396.
5 Zum einstweiligen Rechtsschutz im Schulrecht *Finkelnburg/Dombert/Külpmann*, Vorläufiger Rechtsschutz im Verwaltungsstreitverfahren, Rz. 1392 ff.

Bei leistungsbedingten Entlassungen wird ein besonderes öffentliches Vollziehungsinteresse grds. gegeben sein, da es Mitschüler und Lehrer unzumutbar belastet, wenn ein von den Leistungen her eindeutig nicht geeigneter Schüler bis zur Entscheidung der Hauptsache weiterhin am Unterricht teilnehmen darf[1].

Dagegen ist es bei Entlassungen in Form von Ordnungsmaßnahmen schwieriger, das besondere öffentliche Vollziehungsinteresse, auf den Einzelfall abgestellt unter besonderer Beachtung des Grundsatzes der Verhältnismäßigkeit, darzutun[2].

### 5. Schulorganisation

49  Das Schulwesen ist gegliedert nach **Schulstufen** (Primarstufe, Sekundarstufe I und Sekundarstufe II), nach **Schularten** (Gemeinschaftsschule, Bekenntnisschule, Weltanschauungsschule) und nach **Schulformen** (Hauptschule, Realschule, Gymnasium, Gesamtschule).

#### a) Gestaltungsfreiheit des Staats

50  Art. 7 Abs. 1 GG gibt dem Staat die Befugnis zur Organisation des Schulwesens. Hierzu besitzen die Länder eine weitgehend eigenständige Gestaltungsfreiheit (Planungsermessen) bei der Festlegung der Schulorganisation[3].

#### b) Schulorganisationsakte

51  Die konkrete Gestaltung der Schulorganisation erfolgt durch Schulorganisationsakte, bspw. die Errichtung, Änderung oder Auflösung einer Schule, die Teilung einer Schule in mehrere selbständige Schulen oder die Zusammenlegung selbständiger Schulen zu einer Schule (vgl. z.B. § 81 Abs. 2 SchulG NW). Schulorganisationsakte werden – bei strittiger rechtsdogmatischer Einordnung[4] – zumeist als (adressatloser) Verwaltungsakt[5] eingestuft. Sie sind insoweit anfechtbar durch Betroffene, deren Rechte durch Schulorganisationsakte beeinträchtigt sind oder sein können.

#### c) Rechtsbehelfe

52  Dem Widerspruch gegen Schulorganisationsakte kommt – wie der evtl. nachfolgenden Anfechtungsklage – grds. die aufschiebende Wirkung des § 80 Abs. 1 VwGO zu, wenn es sich um Verwaltungsakte handelt.

---

1 *Finkelnburg/Dombert/Külpmann*, Vorläufiger Rechtsschutz im Verwaltungsstreitverfahren, Rz. 1406 m.w.N.
2 Vgl. *Finkelnburg/Dombert/Külpmann*, Vorläufiger Rechtsschutz im Verwaltungsstreitverfahren, Rz. 1409.
3 Vgl. *Niehues/Rux*, Schulrecht, Rz. 754ff., *Theuersbacher*, Die Entwicklung des Schulrechts in den Jahren 1991 und 1992, NVwZ 1993, 631.
4 Vgl. *Niehues/Rux*, Schulrecht, Rz. 1187.
5 Als Verwaltungsakt gelten: Schließung – auch jahrgangsweise – einer Schule, BVerwG v. 31.1.1964 – VII C 65.62, BVerwGE 18, 40; jahrgangsweise Umwandlung eines Gymnasiums in eine Gesamtschule, OVG Hamburg v. 7.9.1979 – IVG Bs IV 10/79, NJW 1980, 2146; Änderung einer Schulbezirkseinteilung, BVerwG v. 5.9.1978 – 7 B 180.78, NJW 1979, 176; *Kein* Verwaltungsakt hingegen: Auflösung lediglich einer Klasse, OVG Lüneburg v. 6.11.1980 – 13 OVG B 28/80, DVBl 1981, 54, VGH München v. 7.12.1992 – 7 CE 92.3287, NVwZ-RR 1993, 355; Genehmigung oder Beendigung eines Schulversuchs, BVerwG v. 17.12.1975 – VII B 51.75, NJW 1976, 864; Einführung der Fünf-Tage-Woche, BVerwG v. 15.11.1974 – VII C 12.74, NJW 1975, 1182.

Vielfach wird nach § 80 Abs. 2 Nr. 4 VwGO die **sofortige Vollziehung** der Schulorganisationsmaßnahme angeordnet mit der Folge für die Betroffenen, nach § 80 Abs. 5 VwGO die Wiederherstellung der aufschiebenden Wirkung der Rechtsmittel beantragen zu können bzw. zu müssen. Dem vorläufigen Rechtsschutzverfahren kommt zentrale Bedeutung zu, das eigentliche Hauptsacheverfahren wird nämlich durchweg i.S.d. endgültigen Entscheidung im Aussetzungsverfahren letztlich vorzeitig beendet.

Da verfügte Schulorganisationsmaßnahmen tendenziell keinen vorläufigen Vollzugsaufschub vertragen, kommt der summarischen Prüfung der Rechtmäßigkeit der Maßnahme im Aussetzungsverfahren erhöhte Bedeutung – i.S.d. Vorwegnahme der Hauptsachenentscheidung – zu. Die Rechtsprechung neigt dazu, schulorganisatorische Maßnahmen möglichst zu halten, vom Schulträger angestellte Planungen und Prognosen nicht anzutasten, häufig die Frage der offenkundigen Rechtmäßigkeit bzw. Rechtswidrigkeit unentschieden zu lassen, um dann im Rahmen der Interessenabwägung dem öffentlichen Interesse am Sofortvollzug der Maßnahme den Vorrang einzuräumen[1].

### 6. Inhaltliche Ausgestaltung der Schule

#### a) Gestaltungsfreiheit des Staats

Bei der inneren Ausgestaltung des Schulalltags steht dem Staat Gestaltungsfreiheit zu, die der Dritteinwirkung weitgehend entzogen ist[2].

53

Dies gilt insbesondere für die pädagogische, erzieherische und inhaltliche Ausformung des Schulunterrichts[3], aber auch für formale Rahmenvorgaben wie Klassenbildung[4], Raumzuteilung und Pausengestaltung. Allerdings bedarf die inhaltliche Gestaltung des Unterrichts in den Grundzügen der gesetzgeberischen Grundentscheidung, also der Festlegung der Bildungs- und Erziehungsziele und der Gegenstände und Ziele des Schulunterrichts[5].

#### b) Anhörungs- und Informationsrecht

Den Betroffenen, also den Schülern und Eltern, steht im Wesentlichen nur ein Recht auf Anhörung und Information zu. Nur bei extremer Fallgestaltung kommt ein **Untersagungsbegehren** (mit nachfolgender Unterlassungsklage und vorläufigem Rechtschutzbegehren über § 123 VwGO) mit der Zielsetzung in Betracht, mit ge-

54

---

1 S. i.d.S. OVG Münster v. 23.12.1991 – 19 B 3089/91, NVwZ-RR 1992, 374.
2 Vgl. Fallauflistung bei *Theuersbacher*, Die Entwicklung des Schulrechts in den Jahren 1991 und 1992, NVwZ 1993, 631 (632 f.).
3 BVerwG v. 8.4.1993 – 6 B 72.92, NVwZ-RR 1993, 355: Kein einklagbarer Anspruch auf bestimmte Stundenplangestaltung; BVerwG v. 8.5.2008 – 6 B 64.07, NVwZ 2009, 56: Den Schulen sind auf dem Gebiet der Sexualerziehung die Gebote der Zurückhaltung und der Toleranz auferlegt.
4 Zur Zusammenlegung von Parallelklassen VGH München v. 7.12.1992 – 7 CE 92.3287, NVwZ-RR 1993, 355; OVG Hamburg v. 27.7.2004 – 1 Bs 306/04, NVwZ-RR 2005, 40 f.; zur jahrgangsübergreifenden Klassenbildung in der Grundschule VGH München v. 30.8.2006 – 7 CE 06.2068, NVwZ-RR 2007, 231.
5 BVerwG v. 13.1.1982 – 7 C 95.80, NJW 1982, 1410; OVG Münster v. 6.2.2009 – 19 B 524/08, NVwZ-RR 2009, 561: Kein Anspruch auf Erweiterung muttersprachlichen Unterrichts. Vgl. auch OVG Bremen v. 7.9.2007 – 1 B 2442/07, NVwZ-RR 2008, 111: Ganztagsschule in verpflichtender Form kann nur auf Grund einer eindeutigen gesetzlichen Regelung eingerichtet werden. Zur (nicht bestehenden) Verpflichtung, einem Schüler ein islamisch rituelles Gebet in der Schule zu ermöglichen, s. OVG Bln.-Bbg. v. 27.5.2010 – 3 B 29/09, NVwZ 2010, 1310.

richtlicher einstweiliger Anordnung eine bestimmte Unterrichtserteilung zunächst einmal zu stoppen[1].

## 7. Ordnungsmaßnahmen

55 (Förmliche) Ordnungsmaßnahmen dienen der Gewährleistung einer geordneten Unterrichts- und Erziehungsarbeit der Schule. Sie können – soweit erzieherische Einwirkungen nicht mehr greifen – angewandt werden bei **Pflichtverletzungen** durch Schüler, insbesondere bei Störung des Unterrichts oder sonstiger Schulveranstaltungen, bei Verletzung der Teilnahmepflicht oder bei Verstößen gegen schulische Anordnungen. Das schließt die schulische Ahndung außerschulischen Verhaltens grds. aus, es sei denn, dass sich schulisches und außerschulisches Verhalten überlagern und außerschulisches Verhalten störend in den Schulbetrieb hineinwirkt und die Erfüllung des Erziehungs- und Bildungsauftrags der Schule behindert[2].

### a) Grundzüge des Verfahrens

56 Sowohl die Ordnungsmaßnahmen selbst als auch das Verfahren, in welchem sie erlassen werden können, bedürfen der gesetzlichen Grundlage. Der Gesetzgeber hat den **Maßnahmenkatalog** und die **Verfahrensgrundsätze** vorzugeben (vgl. z.B. § 53 SchulG NW). Die Verfahrensregelungen dienen der Gewährleistung eines rechtsstaatlichen Verfahrens. Es ist festzulegen, wer bzw. welches Gremium das Verfahren betreibt und welche Ordnungsmaßnahmen verhängen kann. Vor einer Entscheidung ist dem Schüler und ggf. seinen Erziehungsberechtigten Gelegenheit zur Äußerung zu geben. Kollektivmaßnahmen sind grds. nicht zulässig. Beim Erlass einer Ordnungsmaßnahme ist der **Grundsatz der Verhältnismäßigkeit** zu berücksichtigen. Die Entlassung eines Schülers von der Schule setzt im Regelfall die vorherige Androhung der Entlassung voraus, auch wenn dies nicht ausdrücklich bestimmt ist[3]. Auch darf der Ausschluss aus der Schule bspw. angesichts der mit dem Abbruch des Schulverhältnisses verbundenen Wirkungen nur auf Grund von schwerwiegenden, anders nicht zu behebenden Störungen des Schulfriedens verfügt werden; bei einem einmaligen Eigentumsdelikt dürften diese Voraussetzungen in der Regel (noch) nicht vorliegen[4]. Es können nur solche Ordnungsmaßnahmen erlassen werden, die im Maßnahmenkatalog ausdrücklich aufgeführt sind. Die Ordnungsmaßnahme als Verwaltungsakt ist schriftlich abzufassen und zu begründen, anschließend zu eröffnen. Es gelten allgemeine Beweisregeln[5]. Die Ordnungsmaßnahme ist an der generellen Zielsetzung der Erziehung der Schüler auszurichten. Ordnungsmaßnahmen als Sühne- oder Vergeltungsstrafen sind unzulässig[6].

---

1 Z.B. ohne gesetzgeberische Vorgabe Einführung eines Fahrunterrichts zur Erlangung von Führerscheinerlaubnissen i.R.d. allgemeinen Pflichtunterrichtes.
2 *Niehues/Rux*, Schulrecht, Rz. 359.
3 OVG Münster v. 6.6.2006 – 19 B 742/06. NVwZ-RR 2006, 615.
4 VGH Mannheim v. 10.8.2009 – 9 S 1624/09, NVwZ-RR 2010, 62 (63); zur Ankündigung eines Amoklaufs im Internet OVG Lüneburg v. 26.1.2010, NVwZ-RR 2010, 394.
5 VGH Mannheim v. 23.6.2009 – 9 S 938/09, NVwZ-RR 2009, 764: Grundsätzlich ist es Aufgabe der Schulverwaltung, die Voraussetzungen der in Anspruch genommenen Eingriffsermächtigung – und damit das dem Schüler zur Last gelegte Fehlverhalten – zu belegen (Anordnung eines Unterrichtsausschlusses).
6 *Niehues/Rux*, Schulrecht, Rz. 383.

## II. Schulrecht

**Beispiele für ergriffene Ordnungsmaßnahmen (die nicht alle Bestand hatten):**
- Unterrichtsausschluss wegen Androhung von Gewalt gegenüber Mitschüler[1]
- Unterrichtsausschluss wegen Gewaltexzesses[2]
- Unterrichtsausschluss wegen Beteiligung an Schlägerei auf dem Heimweg, die auf dem Schulgelände begonnen hat[3]
- Unterrichtsausschluss wegen Internet-Eintragungen zum Schulbetrieb in der Freizeit[4]
- Überweisung in eine Parallelklasse wegen körperlicher Misshandlung einer Mitschülerin in der Grundschule[5]
- Androhung der Entlassung wegen Veröffentlichung einer Internetseite, auf der eine Lehrerin in schamloser Weise herabgewürdigt wird[6]
- Schulausschluss wegen versuchten Einbruchsdiebstahls in die Schule[7]
- Schulausschluss wegen heimlichen Beobachtens von Mitschülerinnen unter der Dusche[8]
- Schulausschluss wegen Kundgabe besonderer Missachtung gegenüber einem Mitschüler[9]
- Schulausschluss wegen Einstellens eines Lehrerbilds in ein Internet-Forum[10]
- Schulausschluss wegen Angriffs einer Lehrerin[11]
- Überweisung an eine andere Schule wegen Anlage eines Userprofils unter dem Namen einer Lehrerin[12]
- Überweisung an eine andere Schule wegen wiederholten und zahlreichen Anbringens von Graffitis mit sexistischen Motiven[13]
- Überweisung an eine andere Schule wegen Besitzes und Konsums von Alkohol und Drogen[14]

### b) Strafverfahren bzw. Ordnungswidrigkeitsverfahren

Ordnungsmaßnahmen kommen, Disziplinarmaßnahmen im Beamtenrecht vergleichbar, neben strafrechtlicher bzw. ordnungswidrigkeitsrechtlicher Ahndung gesondert zur Anwendung. Läuft gleichzeitig ein Straf- bzw. Ordnungswidrigkeitsverfahren, so bietet es sich – wie im Disziplinarrecht – an, das schulinterne und auf den Erlass einer Ordnungsmaßnahme gerichtete Verfahren vorläufig auszusetzen. 57

### c) Rechtsbehelfe

Förmliche Ordnungsmaßnahmen sind als Verwaltungsakte[15] mit Widerspruch und evtl. nachfolgender Anfechtungsklage angreifbar. Die Rechtsmittel haben aufschiebende Wirkung. Wird z.B. im Weg einer förmlichen Ordnungsmaßnahme die Entlassung des Schülers von der Schule verfügt und mit sofortiger Vollziehung versehen, so ist hiergegen der Antrag auf Wiederherstellung der aufschiebenden Wir- 58

---

1 VGH Mannheim v. 23.1.2004 – 9 S 95/05, NJW 2004, 1058 (1059).
2 VG Hannover v. 11.4.2004 – 6 B 947/02, NVwZ-RR 2004, 851.
3 VG Hannover v. 30.6.2004 – 6 B 3071/04, NVwZ-RR 2004, 852.
4 VGH Mannheim v. 12.5.2011 – 9 S 1056/11, NVwZ-RR 2011, 647.
5 VG Braunschweig v. 28.5.2009 – 6 B 93/09, NVwZ-RR 2009, 765.
6 VG Düsseldorf v. 27.2.2008 – 18 K 2667/07, NVwZ-RR 2008, 619.
7 VGH Mannheim v. 8.12.2006 – 9 S 2590/06, NVwZ-RR 2007, 251.
8 VG Karlsruhe v. 27.2.2008 – 5 K 112/08, NVwZ-RR 2008, 788.
9 VGH Mannheim v. 28.7.2009 – 9 S 1077/09, NVwZ-RR 2009, 924.
10 VG Sigmaringen v. 5.1.2006 – 9 K 8/06, NVwZ-RR 2006, 616.
11 VGH Mannheim v. 22.10.2003 – 9 S 277/03, NJW 2004, 89.
12 VG Hannover v. 30.5.2007 – 6 A 3372/06, NVwZ-RR 2008, 35.
13 OVG Lüneburg v. 25.4.2007 – 2 ME 382/07, NVwZ-RR 2007, 529.
14 VG Osnabrück v. 9.5.2005 – 1 B 26/05, NVwZ-RR 2006, 124.
15 Vgl. *U. Stelkens* in Stelkens/Bonk/Sachs, VwVfG, § 35 Rz. 203.

kung des Rechtsmittels gem. § 80 Abs. 5 VwGO gegeben[1]. Ein Antrag auf Anordnung der aufschiebenden Wirkung muss gestellt werden, wenn der Sofortvollzug bereits gesetzlich angeordnet wurde (vgl. z.B. § 90 Abs. 3 Satz 4 SchulG BW).

59 Die Überprüfung der Ordnungsmaßnahme im Rechtsmittelverfahren erfasst sowohl das Verfahren als auch die Maßnahme als solche. Die Rechtsbehelfe sind erfahrungsgemäß relativ erfolgreich, zumal es immer wieder zu relevanten Verfahrensverstößen kommt[2].

### d) Privatschulbereich

60 Besonderheiten gelten für den Bereich der Privatschulen. Diese sind zur Verhängung schulischer Ordnungsmaßnahmen nicht Kraft staatlicher Hoheitsbefugnisse berechtigt; entsprechende Befugnisse lassen sich im Privatschulbereich lediglich aus dem Schulvertrag herleiten. Von der Privatschule verhängte Ordnungsmaßnahmen sind privatrechtlicher Natur und können demgemäß nur vor der ordentlichen Gerichtsbarkeit zur Überprüfung gebracht werden[3].

### 8. Leistungsbewertung, Versetzungen und Prüfungen

61 **Leistungen** der Schüler werden in vielfältiger Weise erbracht, sei es in Form mündlicher, schriftlicher oder praktischer Leistungsnachweise, die einer **Benotung** zugeführt werden. Benotungen erfolgen offen (z.B. Benotung unter einer schriftlichen Klassenarbeit) oder verdeckt (Notizen im Lehrernotizbuch über mündliche Unterrichtsbeiträge). Die Benotungen dienen einerseits der Verdeutlichung des Leistungsstands, zum anderen der Absicherung von Entscheidungen über die Schullaufbahn und deren Abschluss. Benotungen, Versetzungs- und Prüfungsentscheidungen bedürfen einer Gesetzesgrundlage. Soweit nicht anderweitig ausdrücklich geregelt, besteht keine Pflicht, die erteilte Note (schriftlich) zu begründen[4]; selbstverständlich muss sie aber begründbar sein.

62 In formeller Hinsicht ist zu berücksichtigen, dass dem Schüler bei Vorliegen bestimmter Voraussetzungen ein sog. **Nachteilsausgleich**, etwa in Form einer Verlängerung der Bearbeitungszeit zu gewähren ist[5].

### a) Einzelnoten im laufenden Schulunterricht

63 Benotungen einzelner Klassenarbeiten, Testarbeiten, mündlicher Mitarbeit und praktischer Leistungsnachweise werden als **unselbständige Einzelbewertungen** eingestuft[6], als Zwischenentscheidung für eine endgültige Notengebung gewertet[7] und

---

1 Z.B. Überweisung eines Schülers während des laufenden Schuljahrs durch für sofort vollziehbar erklärte Ordnungsmaßnahme in eine Parallelklasse, s. OVG Koblenz v. 4.3.1993 – 2 B 10416/93, NVwZ-RR 1993, 480.
2 Zur Kontrolldichte vgl. *Niehues/Rux*, Schulrecht, Rz. 1209 ff.
3 Vgl. OVG Münster v. 23.7.1997 – 19 E 169/97, NJW 1998, 1579 (1580).
4 § 39 VwVfG ist gem. § 2 Abs. 3 Nr. 2 VwVfG nicht anzuwenden, vgl. Fn. 5; OVG Münster v. 23.10.1986 – 22 A 918/85, OVGE 39, 36 (41). Gem. § 2 Abs. 3 Satz 2 VwVfG LSA genügt mündliche Begründung. Bei berufsbezogenen Prüfungen besteht dagegen eine Pflicht zur schriftlichen Begründung, s. BVerwG v. 24.2.1993 – 6 C 35.92, NVwZ 1993, 681 (683).
5 Zum Nachteilsausgleich bei Legasthenie vgl. z.B. VGH Kassel v. 17.11.2010 – 7 A 2970/09, NVwZ-RR 2011, 235; OVG Lüneburg v. 10.7.2008 – 2 ME 309/08, NVwZ-RR 2009, 68. Zur Berücksichtigung von Legasthenie bei Leistungsbewertung im Abitur s. VGH Kassel v. 5.2.2010 – 7 A 2406/09, NVwZ-RR 2010, 767.
6 Vgl. bereits OVG Münster v. 17.4.1967 – V A 976/65, NJW 1967, 1772 (1774).
7 Vgl. dazu auch *U. Stelkens* in Stelkens/Bonk/Sachs, VwVfG, § 35 Rz. 204 f.

## II. Schulrecht

sind i.d.R. nicht gesondert angreifbar[1]. Ihre Überprüfung kann also nicht zum Gegenstand eines eigenständigen Rechtsmittelverfahrens gemacht werden. Informell kommt lediglich eine Beschwerde in Betracht, über die ggf. die Schulaufsichtsbehörde befindet.

### b) Einzelnoten in Zeugnissen

Auch die Einzelnote im Zeugnis gilt i.d.R. als unselbständige Bewertung und ist mangels Außenwirkung nicht gesondert angreifbar[2]. Allerdings kann mit dem Rechtsbehelf gegen eine abschließende Entscheidung (z.B. Nichtversetzung) auch ein Mangel bei der Festsetzung einer für das Abschlussergebnis wesentlichen Zeugniseinzelnote geltend gemacht und zur Überprüfung gestellt werden. 64

Ausnahmsweise ist ein separates Verfahren ausschließlich bezogen auf eine Einzelnote in bestimmten Fächern oder Ausbildungsabschnitten dann zulässig, wenn der Betroffene geltend machen kann, dass er gerade durch diese Note in seinen Rechten (z.B. hinsichtlich seiner Position bei der Verteilung von Studienplätzen oder bei der Auswahl der Ausbildungsstätte) verletzt wird[3].

### c) Zwischenzeugnisse

Zwischenzeugnisse dienen i.d.R. der Dokumentation des zwischenzeitlichen Leistungsstands, beinhalten aber keine abschließende Entscheidung; ihnen fehlt daher ein Regelungsgehalt. Mit förmlichen Rechtsbehelfen sind sie nicht angreifbar. 65

### d) Versetzungszeugnisse/Abschlusszeugnisse

Versetzungs- und Abschlusszeugnisse beinhalten abschließende Entscheidungen, werden weitgehend als Verwaltungsakt angesehen[4], vermitteln Berechtigungen (Versetzung, Schulabschluss) und haben demgemäß unmittelbare Rechtswirkung nach außen. Somit sind sie – soweit eine Beschwer vorliegt – mit Widerspruch und nachfolgender Verpflichtungsklage (Bescheidungsklage) angreifbar. Bei Nichtversetzung kommt bei überwiegend wahrscheinlichem Versetzungsanspruch in Betracht, dem Schüler auf einstweiligen Anordnungsantrag hin die (vorläufige) Teilnahme am Unterricht der nächsthöheren Klasse zu ermöglichen[5]. Dafür ist glaubhaft zu machen, dass gegen die Rechtmäßigkeit der getroffenen negativen Zulassungsentscheidung ernsthafte Bedenken bestehen und dass die über die Zulassung entscheidende Stelle bei erneuter Befassung mit überwiegender Wahrscheinlichkeit eine positive Zulassungsentscheidung treffen wird[6]. 66

---

1 Die Gewichtung der Einzelleistungen obliegt dem Bewertungsspielraum der Lehrkräfte, VGH Kassel v. 9.12.2009 – 7 B 2837/09, NVwZ-RR 2010, 318 (319).
2 BVerwG v. 25.4.1983 – 7 B 179.82, DÖV 1983, 819; vgl. auch *U. Stelkens* in Stelkens/Bonk/Sachs, VwVfG, § 35 Rz. 205.
3 Vom OVG Münster v. 22.1.2001 – 19 A 1901/00, NVwZ-RR 2001, 384, bejaht für Note, die der Zuerkennung des Schulabschlusses zwar ohne Relevanz, aber im Abschlusszeugnis „gesondert" aufzuführen war. Zur Möglichkeit, die Bewertung des Sozialverhaltens im Abschlusszeugnis anzugreifen, s. VG Braunschweig v. 18.2.2004 – 6 A 106/03, NVwZ-RR 2004, 576.
4 *U. Stelkens* in Stelkens/Bonk/Sachs, VwVfG, § 35 Rz. 203 f.
5 VG Darmstadt v. 11.9.1998 – 7 G 191/98 (3), NVwZ-RR 1999, 380; vgl. auch *Finkelnburg/Dombert/Külpmann*, Vorläufiger Rechtsschutz im Verwaltungsstreitverfahren, Rz. 1398 ff.; VGH Mannheim v. 14.12.2009 – 9 S 2480/09, NVwZ-RR 2010, 269: Ein Anordnungsgrund für das Begehren, vorläufig am Unterricht der nächsthöheren Klasse teilnehmen zu dürfen, besteht nach Ablauf der in der Versetzungsverordnung vorgesehenen Probezeit für eine Aufnahme auf Probe nicht mehr. Zur Nichtversetzung eines Schülers in die dritte Klasse der Grundschule VG Braunschweig v. 19.9.2008 – 6 B 198/08, NVwZ-RR 2009, 69 (LS).
6 VGH Kassel v. 24.10.2007 – 7 TG 2131/07, NVwZ-RR 2008, 537.

67 Versetzungszeugnisse sind i.d.R. gekoppelt mit dem Konferenzbeschluss über die **Versetzung bzw. Nichtversetzung**. Darin liegt ein separater Verwaltungsakt, der eigenständig anfechtbar ist, ohne dass zwingend die im Zeugnis ausgeworfenen Einzelnoten ganz oder teilweise mit angefochten werden müssen.

Dies wird z.B. relevant bei unterlassener **Vorwarnung**, s. z.B. § 50 Abs. 4 SchulG NW. Länderrechtlich unterschiedliche Regelungen sehen vor, wann und wie versetzungsgefährdende Leistungen den Eltern mitzuteilen sind. Unterbleibt diese Vorwarnung oder erfolgt sie verspätet, so ist die auf mangelhafte Leistungen in dem an sich abzumahnenden Fach gestützte Nichtversetzung (bei minderjährigen Schülern) in Nordrhein-Westfalen rechtswidrig, da die Minderleistung nicht berücksichtigt werden darf (§ 50 Abs. 4 Satz 4 SchulG NW).

68 Anlässlich von Abschlusszeugnissen – nicht beim Abiturzeugnis – ist zugleich über **Qualifikationsvermerke** zu entscheiden, z.B. mit Abschluss der Sekundarstufe I über die sog. Fachoberschulreife oder über die Berechtigung zum Besuch der gymnasialen Oberstufe. Fehlt eine Entscheidung hierüber, so kann sie beantragt werden und ist nachzuholen. Ist die Entscheidung negativ, so kann dieser Teil des Abschlusszeugnisses separat angegriffen und im Weg des Verpflichtungsbegehrens eingefordert werden.

69 Wendet sich der Schüler bei insgesamt erfolgreichem Abschlusszeugnis lediglich gegen die **Notengebung in einzelnen Fächern** mit der Vorgabe, die ungünstige Bewertung könne nachteilig für seine spätere Ausbildung sein, so erfolgt dies im Weg eines allgemeinen Leistungsbegehrens, letztlich in Form einer Leistungsklage, die keines förmlichen Vorverfahrens bedarf.

70 Im Fall der Nichtversetzung sehen länderrechtliche Regelungen unter bestimmten Voraussetzungen die Einräumung der Möglichkeit der **Nachprüfung** vor mit dem Ziel, bei erfolgreicher Nachprüfung nachträglich doch noch versetzt zu werden[1]. Entsprechendes gilt für den nachträglichen Erwerb eines Schulabschlusses oder einer Qualifikationsberechtigung. Wird mit der Nichtversetzung die Nachprüfung – trotz Vorliegens der Voraussetzungen zur Einräumung – nicht gewährt, so ist sie zu beantragen; vorläufiger Rechtsschutz nach § 123 VwGO kann geboten sein.

### e) Abiturzulassung

71 Die heutigen Regelungen zur Abiturprüfung sehen teilweise ausdrücklich eine Entscheidung darüber vor, ob der Schüler zur Abiturprüfung zugelassen wird. Die **Zulassungsvoraussetzungen** sind z.B. in Nordrhein-Westfalen in § 30 Abs. 2 APO-GOSt abschließend festgelegt[2]. Die Entscheidung über die Zulassung bzw. Nichtzulassung ist bekannt zu machen. Bei Nichtzulassung zur Abiturprüfung ist der Schüler schriftlich zu bescheiden. Gegen die Bescheidung ist der Widerspruch mit evtl. nachfolgender Verpflichtungsklage (Bescheidungsklage) zulässig. Vorläufiger gerichtlicher Rechtsschutz ist über § 123 VwGO anzustrengen.

### f) Abiturprüfung

72 Durch die Abiturprüfung wird festgestellt, ob der Schüler das Ziel des Bildungsgangs erreicht hat. Mit dem Bestehen dieser staatlichen Abschlussprüfung wird dem Schüler die **allgemeine Hochschulreife** zuerkannt. Das Abiturzeugnis beinhal-

---

1 Vgl. z.B. Art. 53 Abs. 6 BayEUG.
2 APO-GOSt v. 5.10.1998, zul. geänd. durch VO v. 5.11.2008; vgl. z.B. für Hessen § 23 der Verordnung über die Bildungsgänge und die Abiturprüfung in der gymnasialen Oberstufe und dem beruflichen Gymnasium (VOGO/BG) – gültig bis zur Abiturprüfung 2011 v. 19.9.1998 i.d.F. v. 19.9.2007.

tet die Leistungsergebnisse, eine Berechnung der Gesamtqualifikation und eine Durchschnittsnote.

Ist die **Abiturprüfung bestanden**, so kann sich der Schüler insgesamt oder separat gegen Einzelnoten und die Gesamtpunktzahl wenden, und zwar mit Widerspruch und evtl. nachfolgender Klage. Bezüglich der Einzelnote gilt dies nur dann, wenn ihr Verwaltungsaktcharakter zukommt[1]; andernfalls kommt nur ein allgemeines Leistungsbegehren in Betracht. 73

Wird die **Abiturprüfung nicht bestanden**, so ist die Entscheidung mit Widerspruch und evtl. nachfolgender Klage (zumeist Bescheidungsklage) angreifbar[2]. Im Weg des vorläufigen Rechtsschutzes kann in Ausnahmefällen die vorläufige Erteilung eines Abiturzeugnisses in Betracht kommen[3]. 74

Bei anfänglichem Nichtbestehen, jedoch Bestehen der Wiederholungsprüfung kann der Schüler die erste negative Entscheidung (weiterhin) angreifen[4]. Bei Aufhebung der ersten nicht bestandenen Prüfung gilt die Wiederholungsprüfung als erster Anlauf[5].

### g) Privatschulbereich

Obwohl das Rechtsverhältnis zwischen dem Schüler und dem Träger einer Privatschule grundsätzlich privatrechtlich ausgestaltet ist, können Versetzungs- und Prüfungsentscheidungen, Abschlusszeugnisse und daraus resultierende Berechtigungen **staatlich anerkannter Ersatzschulen** vor den Verwaltungsgerichten angefochten werden, soweit die Ersatzschulen öffentliche Aufgaben wahrnehmen und bei der Erfüllung des allgemeinen Bildungsanspruchs mitwirken[6]. Die Rechtsmittel sind aber unverändert gegen die Privatschule selbst zu richten. 75

Abschlussprüfungen staatlich nicht anerkannter (sondern nur genehmigter) Privatschulen sind dagegen allenfalls vor den ordentlichen Gerichten anfechtbar[7].

## III. Hochschulrecht (einschließlich Prüfungsrecht)

### 1. Besonderheiten des Verwaltungsverfahrens im Hochschulrecht

#### a) Grundsätzliche Anwendbarkeit der Verwaltungsverfahrensgesetze der einzelnen Bundesländer

Für Verwaltungsverfahren im Hochschulbereich gelten grundsätzlich die Vorschriften der Verwaltungsverfahrensgesetze der einzelnen Länder. Hochschule ist – fast ausschließlich – Ländersache, § 1 HRG. 76

Soweit durch Rechtsvorschrift angeordnet, gelten die Bestimmungen über das **förmliche Verwaltungsverfahren**, § 63 Abs. 1 VwVfG. Dies gilt z.B. für den Bereich der Ordnungsmaßnahmen[8]. Einzelheiten des Verfahrens bei Ordnungsmaßnahmen 77

---

1 So bei Einzelnoten in Fächern, die für das Numerus clausus-Verfahren relevant sind, vgl. bereits VGH Kassel v. 26.11.1973 – VI OE 108/73, ESVGH 25, 170/171= DVBl 1974, 469.
2 Zum Umfang gerichtlicher Überprüfung von Prüfungsaufgaben z.B. BVerwG v. 9.8.1996 – 6 C 3.95, DVBl 1996, 1381 (1382).
3 So VGH München v. 19.8.2004 – 7 CE 04.2058, NVwZ-RR 2005, 254.
4 *Niehues/Fischer*, Prüfungsrecht, Rz. 779.
5 BVerwG v. 12.4.1991 – 7 C 36.90, NVwZ 1992, 56 f.
6 Vgl. *Niehues/Rux*, Schulrecht, Rz. 1175.
7 *Niehues/Fischer*, Prüfungsrecht, Rz. 808; BVerwG v. 24.3.1974 – VII C 3.73, BVerwGE 45, 117.
8 Sachs, in: Stelkens/Bonk/Sachs, VwVfG, § 63 Rz. 45.

sind in den jeweiligen Länderhochschulgesetzen geregelt, wobei teilweise die Vorschriften über das förmliche Verwaltungsverfahren der §§ 63 bis 71 VwVfG in Bezug genommen werden, vgl. z.B. § 16 Abs. 3 Satz 2 HG Berlin.

Soweit Verfahren nach den Vorschriften über das förmliche Verwaltungsverfahren abgewickelt werden und zum Erlass eines Verwaltungsakts führen, entfällt die Nachprüfung in einem Vorverfahren i.S.d. §§ 68 ff. VwGO[1]. Es ist also unmittelbar der Klageweg zur Verwaltungsgerichtsbarkeit eröffnet. Auch in den Hochschulgesetzen der Länder wird das Vorverfahren teilweise ausgeschlossen (vgl. z.B. § 63 Abs. 1 LHG BW)

78 Ansonsten gelten im Hochschulbereich außerhalb des nicht förmlichen Verfahrens i.S.d. § 63 Abs. 1 VwVfG, also im **normalen Verwaltungsverfahren** (beachte § 9 VwVfG), Einschränkungen in der Anwendbarkeit des VwVfG, und zwar ländergesetzlich unterschiedlich geregelt.

79 Im Bereich der Leistungs-, Eignungs- und ähnlicher **Prüfungen** von Personen gelten gem. § 2 Abs. 3 Nr. 2 VwVfG lediglich die §§ 3a bis 13, 20 bis 27, 29 bis 38, 40 bis 52, 79, 80 und 96 VwVfG. Es bestehen danach keine Vertretungsbefugnis i.S.v. §§ 14 ff. VwVfG, kein Anhörungsrecht gem. § 28 VwVfG und kein Begründungszwang für Entscheidungen gem. § 39 VwVfG. Die Länder haben in ihren Verwaltungsverfahrensgesetzen vergleichbare Regelungen getroffen[2]. Weniger einschränkend ist Art. 2 Abs. 3 Nr. 2 VwVfG Bay., wonach das VwVfG grundsätzlich gilt, soweit nicht Besonderheiten des Prüfungsverfahrens entgegenstehen.

Neben die Bestimmungen des VwVfG treten spezielle Verfahrensvorschriften, geregelt in **Studien- und/oder Prüfungsordnungen**. Im Hinblick auf den Erlass dieser Ordnungen beinhalten das HRG und die einzelnen Hochschulgesetze der Länder Rahmenregelungen, deren Umsetzung in einzelne Studien- und Prüfungsordnungen der jeweiligen Hochschule vorbehalten bzw. aufgegeben ist. Im konkreten Einzelfall ist demnach auf die jeweilige Studien- bzw. Prüfungsordnung der einzelnen Hochschule zurückzugreifen und anhand der dort im Einzelnen getroffenen Regelungen unter Beachtung des VwVfG und der Ermächtigungsnormen im HRG und dem jeweiligen Landeshochschulgesetz das Verwaltungsverfahren zu handhaben bzw. zu überprüfen.

80 In den meisten Verwaltungsverfahrensgesetzen der Länder ist die Anwendung des Gesetzes für den Bereich der **Berufungsverfahren** von Professoren und teils der Besetzungsverfahren für Stellen sonstiger wissenschaftlicher Mitarbeiter noch stärker eingeschränkt oder sogar ausgeschlossen. Dabei geht es im Wesentlichen um die Frage, inwieweit die §§ 28, 29 und 39 VwVfG Anwendung finden sollen oder nicht[3].

81 Eine Vielzahl von **Verwaltungsvorgängen** im Hochschulbereich ist nicht auf den Erlass eines Verwaltungsakts gerichtet, unterliegt somit gem. § 9 VwVfG nicht dem

---

1 Vgl. § 70 VwVfG.
2 Vgl. im Einzelnen § 2 Abs. 3 Nr. 2 VwVfG BW; § 2 Abs. 3 Nr. 2 VwVfG Berlin; § 2 Abs. 3 Nr. 2 VwVfG Bbg.; § 2 Abs. 3 Nr. 2 u. 4 VwVfG Bremen; § 2 Abs. 3 Nr. 2 u. 3 VwVfG Hamburg; § 2 Abs. 3 Nr. 2 VwVfG Hessen; § 2 Abs. 2 Nr. 2–3 VwVfG MV; § 2 Abs. 3 Nr. 2 VwVfG Nds.; § 2 Abs. 3 Nr. 2 u. 3 VwVfG NW; § 2 Abs. 3 Nr. 2 VwVfG Rh.-Pf.; § 2 Abs. 3 Satz 1 Nr. 2 u. Satz 2 VwVfG Saarl.; § 2 Abs. 1 VwVfG Sachs.; § 2 Abs. Satz 1 Nr. 2 VwVfG LSA; § 336 Abs. 1 Nr. 1 u. Abs. 5 Nr. 1–3 LVwG Schl.-Holst.; § 2 Abs. 3 Nr. 2 VwVfG Thür.
3 Vgl. im Einzelnen § 2 Abs. 4 Satz 2 VwVfG BW; Art. 104 Abs. 1 HSchG Bay.; § 2 Abs. 3 Nr. 2 VwVfG Bbg.; § 2 Abs. 3 Nr. 4 VwVfG Bremen; § 2 Abs. 3 Nr. 3 VwVfG Hamburg; § 2 Abs. 2 Nr. 6 VwVfG Hess.; § 2 Abs. 2 Nr. 4 VwVfG MV; § 2 Abs. 3 Nr. 4 VwVfG Nds.; § 2 Abs. 3 Nr. 2 VwVfG NW; § 2 Abs. 3 Satz 1 Nr. 2 u. Satz 2 VwVfG Saarl.; § 2 Abs. 2 VwVfG Sachs.; § 2 Abs. 3 Satz 1 Nr. 2 u. Satz 2 VwVfG LSA; § 336 Abs. 5 Nr. 2 LVwG Schl.-Holst.; § 2 Abs. 2 Nr. 6 VwVfG Thür.

Begriff des Verwaltungsverfahrens und damit auch nicht dem VwVfG. Für derartige Verwaltungsvorgänge gelten unterschiedlich gestaltete Verwaltungsverfahrensvorschriften des Hochschulrechts, vgl. z.B. § 15 HG NW, wo allgemeine Verfahrensgrundsätze festgelegt sind.

Das Verwaltungsverfahren im Hochschulbereich ist im Übrigen geprägt von dem Umstand, dass die Hochschulen das **Recht der Selbstverwaltung** (im Rahmen der Gesetze) haben und auf der Basis einer autonomen Grundordnung tätig werden, § 58 HRG. 82

### b) Gesetzliche Vertretung, Vollmacht

Soweit der Studierende bei Aufnahme seines Studiums noch nicht das 18. Lebensjahr vollendet hat, gelten die allgemeinen gesetzlichen Vertretungsregelungen, also im Normalfall die Vertretung des **minderjährigen Studierenden** durch die Eltern, § 1629 BGB. 83

Ist der (angehende) Studierende minderjährig, so können die **Erziehungsberechtigten eigenständig** – aus eigenem Recht – vorgehen, sofern ihr Elternrecht (Art. 6 Abs. 2 GG) durch eine strittige Maßnahme beeinträchtigt wird, vgl. dazu ergänzend oben unter II.1.b). 84

Der Studierende bzw. im Fall der Minderjährigkeit auch die Erziehungsberechtigten können sich durch einen **Bevollmächtigten**, z.B. einen Rechtsanwalt, vertreten lassen, § 14 Abs. 1 Satz 1 VwVfG. Der Bevollmächtigte hat auf Verlangen seine Vollmacht schriftlich nachzuweisen, § 14 Abs. 1 Satz 3 VwVfG. 85

Soweit **Leistungen bzw. Leistungsnachweise** zu erbringen sind, scheidet jedwede Vertretung aus. 86

### c) Anhörung

Allen Mitgliedern der Hochschule ist grundsätzlich vor Erlass eines in ihre Rechte eingreifenden Verwaltungsakts Gelegenheit zur Anhörung zu geben, § 28 VwVfG. 87

Durch § 14 HRG ist vorgegeben, dass die Hochschule Studienbewerber und Studierende über die Studienmöglichkeiten und über Inhalt, Aufbau und Anforderungen eines Studiums zu unterrichten und zu beraten hat. Studierende haben einen Anspruch darauf, in ihrem Studium durch eine **studienbegleitende fachliche Beratung** unterstützt zu werden[1]. 88

Bei **Leistungsbewertungen** ist gem. § 2 Abs. 3 Nr. 2 VwVfG kraft Gesetzes eine Anhörung ausgeschlossen. 89

In **Ordnungsverfahren** ist das Anhörungsrecht des Betroffenen besonders ausgestaltet. Ihm ist Gelegenheit zu geben, sich vor der Entscheidung über eine Ordnungsmaßnahme zu äußern, Beweiserhebungen beizuwohnen und hierbei sachdienliche Fragen zu stellen, § 66 VwVfG. 90

### d) Akteneinsicht

Gem. § 29 VwVfG hat die Behörde den Beteiligten Einsicht in die das Verfahren betreffenden Akten zu gestatten, und zwar nach Maßgabe der im Gesetz im Einzelnen vorgegebenen Einschränkungen. Diese Bestimmung gilt grundsätzlich auch im Verhältnis der einzelnen Mitglieder der Hochschule zur Hochschule bzw. zu deren Organen. 91

---

1 Aber keine Beratungspflicht der Hochschule für die Studienplatzbewerbung/Zulassungsantrag selbst, s. OVG Lüneburg v. 11.11.2009 – 2 NB 312/09, NVwZ-RR 2010, 230 (zum niedersächsischen Landesrecht).

92 Das Akteneinsichtsrecht bezieht sich auch auf **Leistungsbewertungen** und **Prüfungsentscheidungen**, § 2 Abs. 3 Nr. 2 VwVfG.

93 Einzelheiten über den Umfang und die Form der Durchführung der Akteneinsicht bei Prüfungsentscheidungen sind zumeist in den **Prüfungsordnungen** geregelt.

### e) Kostenerstattung und Streitwert

94 Kostenerstattungen bei erfolgreichem Widerspruchsverfahren erfolgen im Rahmen des § 80 Abs. 1 Satz 1 VwVfG[1].

95 Die im Verwaltungsverfahren nach Nr. 2300 VV zum RVG anfallende anwaltliche Geschäftsgebühr errechnet sich im Regelfall aus einem Streitwert von 5000 Euro (Auffangwert, vgl. § 52 Abs. 2 GKG). Differenzierungen bei der Streitwertfestsetzung – entsprechend der Gewichtigkeit der Maßnahme – empfiehlt der Streitwertkatalog für die Verwaltungsgerichtsbarkeit[2] in den dort aufgelisteten Positionen zum Hochschulrecht (Nr. 18) und zum Prüfungsrecht (Nr. 36), z.B. für eine Diplomprüfung einen Streitwert von 15000 Euro.

### 2. Zulassung zum Studium

96 Das Zulassungsverfahren ist verfassungsrechtlich vorgeprägt durch die Art. 5 Abs. 3 GG und 12 Abs. 1 GG, also von dem Recht (Grundrecht mit Anspruchscharakter) auf freie Wahl der Ausbildungsstätte, der Freiheit von Kunst, Wissenschaft, Forschung und Lehre, konkretisiert in § 4 Abs. 4 HRG in Form der Freiheit des Studiums.

### a) Zulassungsverfahren/Immatrikulation

97 Bei erfolgreichem Abschluss einer auf das Studium vorbereitenden Schulausbildung (**Hochschulreife**) besteht grundsätzlich die Berechtigung zur Aufnahme eines frei gewählten Hochschulstudiums, § 27 Abs. 1 HRG. Der Nachweis der Qualifikation erfolgt durch Vorlage eines Zeugnisses, welches die Hochschulreife belegt, § 27 Abs. 2 HRG[3].

98 Zur Durchsetzung des Zulassungsanspruchs bedarf es zwingend der Stellung eines **Zulassungsantrags**, der das verwaltungsbehördliche Zulassungsverfahren einleitet, § 22 Satz 2 Nr. 2 VwVfG.

Bei Bewerbung um einen Studienplatz, der durch die **Stiftung für Hochschulzulassung** (SfH)[4] vergeben wird[5], bedarf es einer Antragstellung bei der SfH unter Einhaltung zwingender Formvorschriften und Fristen; ansonsten ist der Zulassungsantrag

---

1 Zu der Kostenerstattung im Gerichtsverfahren vgl. z.B. OVG Berlin-Brandenburg v. 1.2.2006 – 1 K 72/05, NVwZ 2006, 713; OVG Hamburg v. 12.6.2007 – 3 So 173/05, NVwZ-RR 2007, 825; OVG Hamburg v. 9.5.2007 – 3 Nc 19/07, NVwZ-RR 2007, 766 (767); vgl. auch VGH Mannheim v. 2.8.2006 – 9 S 76/06, NVwZ 2006, 1300; v. 3.12.2008 – 9 S 1256/08, DVBl 2009, 267 (LS): Keine Erstattung von Anwaltskosten bei offensichtlich nutzloser anwaltlicher Vertretung; vgl. auch *Brehm*, NVwZ 2006, 640.
2 DVBl 2004, 1525.
3 Zur Eignungsfeststellung für einen Bachelorstudiengang VGH München v. 22.12.2009 – 7 CE 09.2466, NVwZ-RR 2010, 355.
4 Die SfH hat seit dem 1.5.2010 die Aufgaben der Zentralstelle für die Vergabe von Studienplätzen (ZVS) übernommen; die Vergabe der Studienplätze durch die Stiftung begegnet keinen rechtlichen Bedenken, OVG Münster v. 21.12.2010 – 13 B 1557/10, NVwZ-RR 2011, 408.
5 Medizin, Pharmazie, Tiermedizin (nur Wintersemester), Zahnmedizin, vgl. auch §§ 31 ff. HRG. Seitens der SfH werden (nur) die Studienplätze der in das zentrale Vergabeverfahren einbezogenen Studiengänge vergeben.

– formlos – an die gewünschte Hochschule zu richten, und zwar auch bei zulassungsbeschränkten Studiengängen, für welche die Vergabe von Studienplätzen seitens der SfH nur *innerhalb* der festgesetzten Zulassungszahlen erfolgt, sofern der Antragsteller auf zusätzliche Studienplätze, die außerhalb der Zulassungszahlen liegen, setzt („Kapazitätsklage"). Außerhalb der festgesetzten Zulassungszahlen bei zulassungsbeschränkten Studiengängen bleibt die Hochschule für die Studienplatzvergabe allein zuständig. Geplant ist allerdings, dass in einem „dialogorientierten Serviceverfahren" die SfH auch die Verteilung der Studienplätze für örtlich zulassungsbeschränkte Fächer im Namen der Hochschulen übernehmen soll. Die Antragstellung unmittelbar bei der Hochschule bei zulassungsbeschränkten Studiengängen setzt nicht voraus, dass sich der Antragsteller zuvor oder gleichzeitig auch bei der SfH um einen Studienplatz bemüht[1], ggf. bestehende Bewerbungsfristen sind aber einzuhalten[2].

Unabhängig davon kann die Einschreibung vorläufig oder endgültig versagt werden, sofern – trotz bestehender Qualifikation – **Zugangshindernisse** in der Person des Studienbewerbers liegen, § 27 Abs. 1 Satz 3 HRG, z.B. fehlende Zulassung des Studienbewerbers in einem zulassungsbeschränkten Studiengang, vorangegangenes endgültiges Nichtbestehen einer Prüfung im nun erneut gewählten Studiengang, ansteckende Erkrankungen, Versäumnis der für die Einschreibung vorgeschriebenen Formen und Fristen, fehlender Nachweis über die Zahlung der zu entrichtenden Gebühren oder Beiträge, vgl. im Einzelnen z.B. § 50 HG NW. 99

Für **ausländische Studienbewerber** gelten besondere Zulassungsregelungen, § 27 Abs. 1 Satz 2 HRG und z.B. § 49 Abs. 9 Satz 1 HG NW[3]. 100

Die Umsetzung der Zulassung zum Studium erfolgt durch Einschreibung (**Immatrikulation**), wodurch der/die Studierende Mitglied der Hochschule wird. Einzelheiten des Einschreibungsverfahrens werden in der Einschreibungs- oder Immatrikulationsordnung geregelt. Die Einschreibung ist nach Ablauf eines jeden Semesters in Form der Rückmeldung innerhalb vorgeschriebener Fristen zu wiederholen, andernfalls droht die Exmatrikulation. 101

**b) Besondere Zulassungsverfahren: Verteilungsverfahren/Auswahlverfahren**

Die Auslastung – und Überforderung – der Kapazitäten der Hochschulen führt in den Studiengängen, in denen die Zahl der Bewerber die Zahl der Studienplätze überschreitet (Mangelfächer), zu besonderen Zulassungsverfahren, die über die von den Ländern errichtete SfH in Dortmund gesteuert werden. Dabei wird unter Ausschöpfung der vorhandenen Ausbildungskapazitäten jeder Hochschule für die entsprechenden Studiengänge eine Höchstzahl (Zulassungszahl) von neu aufzunehmenden Studierenden zugeordnet, §§ 29, 30 HRG. 102

Soweit und sobald ein Studiengang dem Verfahren der SfH unterliegt (§ 31 Abs. 1 HRG), erfolgt ein reines **Verteilungsverfahren** durch die SfH, sofern die Gesamtzahl der an allen Hochschulen zur Verfügung stehenden Studienplätze zur Zulassung aller Bewerber ausreicht. Im Rahmen dieses Verfahrens sind möglichst die Ortswünsche der Bewerber zu berücksichtigen, § 31 Abs. 2 HRG. 103

---

1 Vgl. OVG Greifswald v. 4.2.1993 – 2 N 11/93, LKV 1994, 225.
2 Vgl. OVG Lüneburg v. 24.11.2005 – 2 NB 462/05, NVwZ-RR 2006, 258; v. 22.12 2005 – 2 NB 466/05, NVwZ-RR 2006, 330; vgl. auch OVG Münster v. 16.3.2010 – 13 C 122/10, NVwZ-RR 2010, 438 (LS).
3 Zur Anerkennung einer ausländischen Hochschulzugangsberechtigung VG Düsseldorf v. 21.10.2008 – 18 L 1414/08, NVwZ-RR 2009, 334; vgl. auch VGH München v. 14.8.2008 – 7 CE 08.10592, NVwZ-RR 2009, 110, zu sog. Bildungsausländern im Studienplatzvergabeverfahren.

104 Reicht in einem der SfH unterstellten Zulassungsverfahren zu einem bestimmten Studiengang die Gesamtzahl der Studienplätze nicht aus, um alle Bewerber zuzulassen, so findet unter den Bewerbern ein **Auswahlverfahren** statt, § 31 Abs. 3 HRG, wobei die Maßstäbe der Auswahl gesetzlich durch §§ 32 bis 35 HRG vorgegeben sind.

### c) Rechtsbehelfe

105 Wird ein Studienbewerber nicht zugelassen, sei es wegen fehlender Qualifikation, in der Person des Studienbewerbers liegender Zugangshindernisse oder aus Gründen fehlender Ausbildungskapazität, so ist gegen die ablehnende Entscheidung der Hochschule ggf. der Widerspruch nebst evtl. nachfolgender Verpflichtungsklage oder nur die Klage gegeben. Die Klage ist bei dem für die Hochschule örtlich zuständigen Verwaltungsgericht anhängig zu machen.

Bei ablehnender Bescheidung durch die SfH ist – ohne Widerspruchsverfahren – sofort der Klageweg eröffnet[1]; zuständig ist das VG Gelsenkirchen. Dieses überprüft sowohl die Anwendung der einschlägigen Zulassungsnormen durch die SfH als auch die Kapazitätsermittlung anhand der Kapazitätsverordnungen.

106 Vorläufiger Rechtsschutz ist über § 123 VwGO zu betreiben. Er ist vor allem dann aussichtsreich und gegen die einzelne Hochschule zu richten, wenn die Ablehnung mit fehlender Ausbildungskapazität begründet wird und glaubhaft gemacht werden kann, dass restliche Ausbildungskapazitäten der vom Antragsteller angestrebten Hochschule in das Verteilungs- bzw. Auswahlverfahren nicht einbezogen worden sind[2]. Zuständig ist das Verwaltungsgericht, in dessen Bereich die Hochschule ihren Sitz hat. Die Verwaltungsgerichte bejahen i.d.R. die Eilbedürftigkeit der Antragstellung im Hinblick auf den Zeitaufwand, der bei einer abschließenden Klärung im Hauptsacheverfahren anfallen würde[3].

### 3. Beendigung der Zugehörigkeit von Studierenden zur Hochschule

107 Eine „rahmengesetzliche" Vorgabe für die **Exmatrikulation** nach HRG fehlt heute (ursprünglich § 28 HRG a.F.). Die Landeshochschulgesetze beinhalten Einzelregelungen unterschiedlicher Ausformung, nachfolgend exemplarisch dargestellt gem. § 51 HG NW.

### a) Einzelfälle der Exmatrikulation

108 Der Studierende *ist* zu exmatrikulieren, wenn
– er dies beantragt,

---

1 Vgl. Art. 11 Abs. 5 Staatsvertrag über die Errichtung einer gemeinsamen Einrichtung für Hochschulzulassung vom 5.6.2008.
2 Zu Regelungen bei Bewerberkonkurrenz BVerwG v.14.12.1990 – 7 C 48.89, NVwZ-RR 1991, 362; lesenswert OVG Greifswald v. 4.2.1993 – 2 N 11/93, LKV 1994, 225; OVG Hamburg v. 17.10.2002 – 3 Nc 19/02, NVwZ-RR 2004, 34: Verteilung freier Studienplätze durch das Gericht nach Quoten; vgl. auch VGH Mannheim v. 12.6.2009 – NC 9 S 1329/09, NVwZ-RR 2009, 884, sowie zur Vergabe von Studienplätzen außerhalb der festgesetzten Kapazität: BVerwG v. 23.3.2011 – 6 CN 3.10, NVwZ 2011, 1135; s. auch jüngst *Müller*, Alea iacta est? Über den Kampf gegen das Glücksspiel im Hochschulzulassungsrecht, NVwZ 2010, 1529 sowie *Müller*, Rien ne va plus? Zurück auf „Los" oder hin zum „gleichsam ungefragten" Studienplatz, NVwZ 2011, 1113.
3 Zur Antragstellung erst nach Vorlesungsbeginn OVG Greifswald v. 29.1.1993 – 2 N 10/93, NVwZ-RR 1994, 334; OVG Hamburg v. 24.6.1991 – Bs III 193/91, NVwZ-RR 1992, 22; OVG Hamburg v. 6.1.1997 – Bs III157/96, DÖV 1997, 692 (693); VGH Mannheim v. 11.8.2003 – NC 9 S 28/03, NVwZ-RR 2004, 37.

III. Hochschulrecht (einschließlich Prüfungsrecht)   Rz. 111 Teil **8**

– er die Einschreibung durch Zwang, arglistige Täuschung oder Bestechung herbeigeführt hat,
– der Bescheid über die Zuweisung eines Studienplatzes während des Vergabeverfahrens von der für die Zuweisung zuständigen Stelle zurückgenommen worden ist,
– er eine nach der Prüfungsordnung vorgeschriebene Prüfung endgültig nicht bestanden hat oder zur Prüfung endgültig nicht mehr zugelassen werden kann.

Der Studierende *kann* exmatrikuliert werden, wenn z.B.
– nachträglich Einschreibungshindernisse bekannt werden bzw. auftreten,
– er das Studium nicht aufnimmt bzw. sich nicht zurückmeldet[1],
– er zu entrichtende Gebühren oder Beiträge nicht zahlt[2].

Der Widerruf der Einschreibung, also die Exmatrikulation, wegen Gewaltanwendung[3] als Ermessensentscheidung ist heute verfahrensmäßig unterschiedlich geregelt. Durch § 28 HRG a.F. war – rahmenrechtlich – bundesweit vorgegeben, dass derartige Widerrufsentscheidungen in einem förmlichen Verfahren zu ergehen hatten. Die Ausgestaltung dieses Verfahrens war den Landesgesetzgebern überlassen. § 16 Abs. 2 Nr. 4, 3 HG Berlin und § 67 Abs. 3 Satz 3 HG Thür. verweisen auf das **förmliche Verfahren gem. §§ 63 bis 71 VwVfG**. Teilweise ist auch vorgesehen, die Einzelheiten des Verfahrens durch Satzung der jeweiligen Hochschule zu regeln, so § 63 Abs. 2 HG BW und § 13 Abs. 7 HG Bbg.

109

### b) Rechtsbehelfe

Bei der Exmatrikulation handelt es sich um einen belastenden und anfechtbaren Verwaltungsakt.

110

Soweit nichts anderes bestimmt ist, ist gegen die Entscheidung einer Exmatrikulation zunächst der Rechtsbehelf des **Widerspruchs** nach §§ 68 ff. VwGO gegeben. Widerspruch und evtl. nachfolgende Klage haben aufschiebende Wirkung, § 80 Abs. 1 VwGO.

In Einzelfällen, z.B. bei gefährlicher Erkrankung oder bei festgestellter Gewaltanwendung gegen Hochschuleinrichtungen oder Hochschulmitglieder, dürfte die **sofortige Vollziehungsanordnung** nach § 80 Abs. 2 Nr. 4 VwGO geboten und auch mit besonderem öffentlichen Interesse an der sofortigen Vollziehbarkeit der Entscheidung begründbar sein.

Während der aufschiebenden Wirkung der Rechtsmittel erlangte Studien- bzw. Prüfungsleistungen kommen **nicht** etwa nachträglich dadurch in Fortfall, dass letztlich bestandskräftig die Exmatrikulation bestätigt wird. Die Exmatrikulation betrifft lediglich das Mitgliedschaftsverhältnis zur Hochschule, nicht die Studien- und Prüfungsleistungen.

### 4. Mitgliedschaftsrechte und Mitwirkung innerhalb der Hochschule

### a) Stellung der Studentenschaft

Jeder eingeschriebene Studierende ist Mitglied seiner Hochschule (§ 36 Abs. 1 HRG) und kann als solches agieren. Der Bundesgesetzgeber hat es gem. § 41 Abs. 1

111

---
1 Vgl. dazu OVG Lüneburg v. 11.5.2005 – 2 LB 6/03, NVwZ-RR 2006, 37 (38 ff.).
2 Vgl. dazu z.B. VG Göttingen v. 29.3.2004 – 4 B 21/04, NVwZ-RR 2005, 118.
3 VGH München v. 23.6.2003 – 7 CE 03.1294, NVwZ-RR 2004, 185 (186), zum Verhältnis des Ordnungsrechts zum Hausrecht (langjähriges Hausverbot).

HRG darüber hinaus ausdrücklich den Ländern überlassen, eine **verfasste "Studentenschaft"** mit bestimmten Kompetenzen, Selbstverwaltung und Beitragsbefugnissen bei Zwangsmitgliedschaft aller Studierenden einzuführen. Soweit aufgrund landesgesetzlicher Regelung die „Studentenschaft" besteht, ist sie rechtsfähige Gliedkörperschaft der Hochschule. Durch Satzung der Studentenschaft werden Wahl und Aufgaben ihrer Organe, wie Studentenparlament und allgemeiner Studentenausschuss (AStA), festgelegt[1].

112 Die Studentenschaft steht unter der **Rechtsaufsicht** der Hochschulleitung und der zuständigen Landesbehörde. Beanstanden bzw. untersagen diese rechtswidrige Beschlüsse oder Maßnahmen der Studentenschaft, kommt hiergegen eingelegten Widersprüchen aufschiebende Wirkung zu; bei sofortiger Vollziehungsanordnung ist Rechtsschutz nach § 80 Abs. 5 VwGO gegeben.

113 Umstritten ist vor allem, ob der Studentenschaft ein **allgemein-politisches Mandat** zusteht, was von der Rechtsprechung unter Hinweis auf die Zwangsmitgliedschaft im Weg des Unterlassungsbegehrens verneint wird[2]. Umstritten ist auch, ob ein Studierender auf unzulässige allgemeinpolitische Meinungskundgaben von Studentenschaftsorganen mit der Beitragsverweigerung reagieren kann[3].

**b) Wahlverfahren zu Hochschulgremien/Studentenparlament**

114 Zentrale Kollegialorgane und das jeweilige Studentenparlament der Hochschule sind in ihrer Zusammensetzung durch allgemeine, unmittelbare, freie, gleiche und geheime Wahlen zu besetzen. Die einzelnen Hochschulgesetze beinhalten zum Wahlverfahren nur grundsätzliche Regelungen; Einzelheiten des Verfahrens sind in Wahlordnungen zu regeln. In diese sind auch Verfahrensregelungen zur Wahlprüfung aufzunehmen. Auf fristgerecht eingelegten und mit Anfechtungsgründen versehenen Einspruch gegen die Gültigkeit der Wahl findet ein Wahlprüfungsverfahren statt, welches nach den Verfahrensgrundsätzen des formellen Wahlprüfungsrechts durchzuführen ist[4]. Wird dem Einspruch gegen die Wahl nicht stattgegeben, so kann die Wahlanfechtung – ohne weiteres Vorverfahren – vor der Verwaltungsgerichtsbarkeit weiter verfolgt werden. Vorläufiger Rechtsschutz ist weitgehend ausgeschlossen.

**c) Mitwirkung in Hochschulgremien**

115 Die Mitwirkung an der Selbstverwaltung der Hochschule ist Recht und Pflicht aller ihrer Mitglieder, § 37 Abs. 1 HRG. Das Nähere ist im Landesrecht geregelt.

**d) Verhaltensregelungen für Hochschulmitglieder**

116 Alle Hochschulmitglieder haben sich so zu verhalten, dass die Hochschulen und ihre Organe ihre Aufgaben erfüllen können und niemand gehindert wird, seine Rechte und Pflichten an den Hochschulen wahrzunehmen. § 2 Abs. 4 HG NW

---

1 Zur (gescheiterten) Absetzung eines AStA-Vorsitzenden vgl. VG Koblenz v. 8.7.2010 – 7 L 758/10, NVwZ-RR 2010, 848.
2 BVerwG v. 13.12.1979 – 7 C 58.78, NJW 1980, 2595 (2597); das Unterlassungsbegehren des einzelnen Studenten ist auch im Weg vorläufigen Rechtsschutzes sicherbar, OVG Münster v. 6.9.1994 – 25 B 1507/94, NVwZ-RR 1995, 278; OVG Berlin v. 15.1.1994 – 8 S 133/03, NVwZ-RR 2004, 348 (349f.): Kein allgemeinpolitisches Mandat für Studentenschaften; VGH Kassel v. 19.7.2004 – 8 TG 107/04, NVwZ-RR 2005, 114 (115): Studentenschaften unterliegen dem Mäßigungsgebot; vgl. auch VGH Kassel v. 18.9.2007 – 8 TG 2841/06, NVwZ-RR 2008, 467.
3 Verneinend BVerwG v. 13.12.1979 – 7 C 65.78, BVerwGE 59, 242 (245ff.).
4 Vgl. zur Wahlprüfung und -anfechtung *Thieme*, Deutsches Hochschulrecht, Rz. 993.

gibt vor, dass Einzelheiten von der Hochschule in der Grundordnung zu regeln sind. Verletzen Mitglieder der Hochschule diese Pflicht, so richten sich die zu treffenden Maßnahmen nach Landesrecht. Das Nähere regelt die Hochschule durch eine Ordnung. Ergehen Maßnahmen, so sind diese schriftlich zu begründen und mit einer Rechtsmittelbelehrung zu versehen.

## 5. Berufungsverfahren

Die Stellen der Hochschullehrer sind öffentlich auszuschreiben, § 45 HRG. 117
Innerhalb bestimmter Fristen ist ein **Berufungsvorschlag** zu erarbeiten und zu unterbreiten, der dann Grundlage für die das Berufungsverfahren abschließende **Berufungsentscheidung** ist[1].

Beim Berufungsverfahren handelt es sich um ein **abgestuftes Verfahren** zwischen 118 vorschlagsberechtigter Hochschule und berufungsberechtigtem Minister (in Baden-Württemberg, Hessen, Nordrhein-Westfalen und im Saarland sind die Zuständigkeiten nunmehr insgesamt auf die Hochschulen verlagert, nämlich dahingehend, dass dem Fachbereich/der Fakultät das Vorschlagsrecht zusteht und die Berufungsentscheidung durch den Rektor/das Präsidium getroffen wird – teils in Einvernehmen mit dem Minister). Der vor dem Hintergrund des Art. 5 Abs. 3 Satz 1 GG vorgelegte Berufungsvorschlag der Hochschule hat ein hohes Eigengewicht, über das sich der Minister grundsätzlich nicht hinwegsetzen kann. Der Hochschule steht eine verfassungsrechtlich geschützte Beurteilungskompetenz hinsichtlich der Qualifikation der Bewerber für eine Hochschullehrerstelle zu[2]. Die Nichtaufnahme eines Bewerbers in einen Berufungsvorschlag ist kein Verwaltungsakt. Lehnt der Minister den vorgeschlagenen Erstplatzierten des Berufungsvorschlages ab, so gilt dies gegenüber der Hochschule und vor allem gegenüber dem Erstplatzierten als Verwaltungsakt[3]. Weicht der Minister bei der Auswahl- und Berufungsentscheidung von dem Berufungsvorschlag der Hochschule ab, so können übergangene Bewerber hiergegen Widerspruch einlegen und über einen gerichtlichen Antrag auf einstweilige Anordnung gem. § 123 VwGO erreichen, dass dem Minister untersagt wird, die Stelle mit dem ausgewählten Bewerber zu besetzen, bevor über die Bewerbung des Rechtsmittelführers unanfechtbar entschieden ist. Die Berufung selbst ist ein – in Bezug auf den Berufenen – mitwirkungsbedürftiger Verwaltungsakt, da mit der Berufung i.d.R. die Begründung eines Beamtenverhältnisses auf Lebenszeit, bei Bundesbeamten zunächst auf Zeit (vgl. § 132 Abs. 1 BBG), verbunden ist.

Im Zuge des Berufungsverfahrens wurde und wird in vielen Fällen mit den Hochschullehrern eine sog. **Ausstattungsvereinbarung** getroffen. Es handelt sich dabei um eine öffentlich-rechtliche Vereinbarung, in der die Zurverfügungstellung von sachlichen, personellen und finanziellen Mitteln für einen bestimmten Zeitraum geregelt wird. In jüngerer Zeit steht der Bestand vor allem der älteren Ausstattungszusagen im Fokus der Rechtsprechung[4]. In diesem Zusammenhang wird auch die

---

1 Vgl. aber OVG Münster v. 11.9.2006 – 6 B 1739/06, NVwZ-RR 2007, 178 (179): Die Übertragung einer Vertretungsprofessur setzt weder eine öffentliche Ausschreibung noch ein Auswahlverfahren voraus, das mit einem hochschulrechtlichen Berufungsverfahren vergleichbar ist; zur sog. Juniorprofessur vgl. BVerfG v. 27.7.2004 – 2 BvF 2/02, NJW 2004, 2803; zu deren Verlängerung OVG Magdeburg v. 19.3.2008 – 3 L 18/07, NVwZ-RR 2009, 169.
2 Vgl. BVerwG v. 9.5.1985 – 2 C 16.83, DVBl 1985, 1233 (1236).
3 OVG Lüneburg v. 11.8.1982 – 2 A 181/76, NJW 1984, 1639.
4 Vgl. z.B. BVerwG v. 17.8.2009 – 6 B 9/09, NVwZ 2009, 1569; OVG Bautzen v. 21.1.2010 – 2 A 156/09, NVwZ-RR 2010, 522; VGH Mannheim v. 21.10.2008 – 9 S 1507/06, VBlBW 2008, 69; vgl. auch OVG Münster v. 10.6.2010 – 15 B 2574/06, NVwZ-RR 2010, 844; *Herrmann*, Verwaltungsgerichtlicher Rechtsschutz bei Berufungsvereinbarungen, LKV 2011, 49.

Frage nach einer Mindestausstattung/Grundausstattung der Professuren aufgeworfen[1].

120 In Berufungsverfahren gelten die Bestimmungen der Verwaltungsverfahrensgesetze der Länder nur eingeschränkt, vgl. oben unter Nr. 1a). Bzgl. der **Akteneinsicht** regelt z.B. § 38 Abs. 5 HG NW ausdrücklich, dass der Bewerber kein Recht auf Einsicht in die Akten des Berufungsverfahrens hat, soweit diese (Dritt-)Gutachten über die fachliche Eignung der Bewerber enthalten oder wiedergeben[2].

121 Nach der Berufung ist der beamtete Professor zur Dienstleistung an seiner Hochschule verpflichtet. Ist keiner der nach Maßgabe ihrer Lehrverpflichtungen und unter Berücksichtigung ihres Dienstverhältnisses in Betracht kommenden Professoren bereit, eine Lehrveranstaltung zu übernehmen, ist der Dekan des Fachbereichs befugt, zur Aufrechterhaltung eines geordneten Studienbetriebs einen Professor anzuweisen, eine bestimmte Lehrveranstaltung durchzuführen[3].

### 6. Leistungsbewertung

#### a) Prüfungsverfahren

122 Das Studium wird i.d.R. durch eine **Hochschulprüfung** abgeschlossen, wobei in Studiengängen mit einer Regelstudienzeit von mindestens vier Jahren zusätzlich eine **Zwischenprüfung** zu absolvieren ist. Durch die **Promotion** wird eine über das allgemeine Studienziel hinausgehende Befähigung zu selbständiger wissenschaftlicher Arbeit nachgewiesen. Durch die **Habilitation** wird die Befähigung nachgewiesen, ein wissenschaftliches Fach in Forschung und Lehre selbständig vertreten zu können.

Verfahrensmäßige Vorgaben enthalten die §§ 15 ff. HRG. Einzelheiten werden geregelt in Studienordnungen, Prüfungsordnungen, Promotionsordnungen und Habilitationsordnungen[4].

Verfahrensmängel im Prüfungsverfahren, die Einfluss auf das Prüfungsergebnis haben können, führen zur Rechtswidrigkeit der Prüfungsentscheidung[5].

Die Ausgestaltung des Prüfungsverfahrens muss dem Grundsatz der Chancengleichheit i.S. Art. 3 GG entsprechen. Erhebliche Lärmstörungen während schriftlicher Prüfungsarbeiten können die Chancengleichheit verletzen und zur Einräumung eines gebotenen Ausgleichs in der Form einer Schreibverlängerung führen[6], ggf. auf Antrag hin zur Aufhebung einer negativen Prüfungsentscheidung. Der Grundsatz der Chancengleichheit und Fairness im Prüfungsrecht gebietet aber keine Differenzierung der Prüfungsbedingungen nach den jeweiligen Sprachkenntnissen nicht deutschsprachiger Prüflinge[7].

---

1 Vgl. dazu etwa *Thieme*, Deutsches Hochschulrecht, Rz. 711; VGH Mannheim v. 29.1.1982 – 9 S 549/80, DVBl 1982, 454.
2 So ausdrücklich auch § 2 Abs. 3 Nr. 4 VwVfG Bremen, § 2 Abs. 3 Nr. 4 VwVfG Nds. Das Vertrauen der Gutachter in die vertrauliche Behandlung der Berufungsgutachten – auch soweit neben fachlichen auch pädagogische und persönliche Eignungsausführungen darin enthalten sind – ist zu schützen.
3 VG Darmstadt v. 3.8.2004 – 1 G 1647/04, NVwZ-RR 2005, 117; *Waldeyer*, Verfassungsrechtliche Grenzen der fachlichen Veränderung der dienstlichen Aufgaben eines Professors, NVwZ 2008, 266.
4 VGH München v. 8.9.2010 – 7 ZB 10505, NVwZ-RR 2011, 19: Eine Regelung, wonach eine Prüfung nur im nächsten oder übernächsten Termin zur Notenverbesserung wiederholt werden kann, ist mit höherrangigem Recht vereinbar.
5 OVG Münster v. 17.7.1991 – 22 A 1533/89, NVwZ-RR 1992, 246 (247).
6 BVerwG v. 11.8.1993 – 6 C 2.93, NVwZ 1994, 486 (487).
7 OVG Lüneburg v. 17.9.2007 – 2 PA 593/07, NVwZ-RR 2008, 323.

Berufsbezogene Prüfungsentscheidungen sind zu begründen, um einen effektiven Rechtsschutz i.S.v. Art. 19 Abs. 4 GG, zu gewährleisten. 123

Die Bewertungen von **schriftlichen Prüfungsleistungen** sind grundsätzlich zu begründen, und zwar in schriftlicher Form[1]. Die Begründung der Bewertung **mündlicher Prüfungsleistungen** kann nach Form, Zeitpunkt, Umfang und Inhalt auf unterschiedliche Weise geschehen. Der konkrete Inhalt des Anspruchs des Prüflings, dass die Prüfer ihre Bewertung seiner mündlichen Prüfungsleistungen begründen, hängt davon ab, wie er ihn spezifiziert, insbesondere sein Verlangen nach mündlicher oder schriftlicher Angabe der Gründe rechtzeitig und sachlich vertretbar darlegt. Anders als bei der Bewertung von schriftlichen Prüfungsarbeiten müssen die Prüfer ihre Gründe nicht in jedem Fall, sondern nur dann schriftlich darlegen, wenn der Prüfling dies verlangt und zu diesem Zeitpunkt eine schriftliche Zusammenfassung der Gründe unter zumutbaren Bedingungen noch möglich ist[2].

**aa) Vor- oder Zwischenprüfung**

In Studiengängen mit einer Regelstudienzeit von mindestens vier Jahren, die mit 124 einer Hochschulprüfung abgeschlossen werden, findet eine Zwischenprüfung statt, § 15 Abs. 1 HRG. Generelle Verfahrensregelungen beinhalten die §§ 15, 16 HRG. In den Landeshochschulgesetzen sind die Vorgaben aus dem Bologna-Prozess, also vor allem die Aufspaltung in **Bachelor- und Masterabschluss** bereits erfolgt[3] – eine Zwischenprüfung existiert dann grundsätzlich nicht mehr, vgl. z.B. § 61 HG NW, § 29 HG BW. Streitfälle hängen oftmals mit dem Zugang zum Masterstudium nach dem abgeschlossenen Bachelorstudium zusammen[4].

Konkrete Einzelheiten zum Prüfungsverfahren ergeben sich aus den jeweiligen Prüfungsordnungen, die von den Hochschulen als Satzung zu erlassen sind, wobei die Landesgesetzgeber Rahmenvorgaben gemacht haben. Die Prüfungsordnungen müssen u.a. Regelungen beinhalten für 125
– Fristen für die Meldung zu den Prüfungen,
– Voraussetzungen für die Zulassung zur Prüfung,
– Voraussetzungen für die Wiederholung von Prüfungsleistungen,
– Einzelheiten des eigentlichen Prüfungsverfahrens,
– Einsichtnahme in die Prüfungsakten nach abgeschlossener Prüfung oder Teilprüfung.

**bb) Abschlussprüfung/Examen**

Hierzu gelten sinngemäß die Ausführungen zu aa). Gem. § 18 Abs. 1 HRG kann die 126 Hochschule aufgrund erfolgreicher Ablegung der Hochschulprüfung, mit welcher ein berufsqualifizierender Abschluss erworben wird, einen Diplomgrad verleihen.

Im Übrigen ist es dem Landesrecht gem. § 18 HRG überlassen, welche Hochschulgrade unter welchen Voraussetzungen verliehen werden. Der Diplomgrad wurde weitgehend abgeschafft und durch den Bachelor- und Masterabschluss ersetzt.

---

1 BVerwG v. 9.12.1992 – 6 C 3.92, DVBl 1993, 503 (504); OVG Münster v. 17.9.1993 – 22 A 1931/91, DVBl 1994, 644 (646). Zur Begründungspflicht des Zweitkorrektors OVG Münster v. 25.4.1997 – 22 A 4028/94, NWVBl. 1997, 434.
2 BVerwG v. 6.9.1995 – 6 C 18.93, NJW 1996, 2670 (2672); v. 16.4.1997 – 6 C 9.95, NJW 1998, 323 (326).
3 Vgl. dazu auch BVerfG v. 7.8.2007 – 1 BvR 2667/05, NVwZ-RR 2008, 33.
4 Vgl. dazu z.B. OVG Bremen v. 6.8.2010 – 2 B 133/10, NVwZ-RR 2010, 923; v. 19.5.2010 – 2 B 370/09, NVwZ-RR 2010, 684.

### cc) Promotion

**127** Zur Promotion beinhaltet das HRG keine eigenständige Regelung; der Bundesgesetzgeber setzt nur – mittelbar – den erfolgreichen Abschluss eines Promotionsverfahrens beim wissenschaftlichen Personal voraus, §§ 44 Nr. 3, 47 Satz 1 Nr. 3 HRG.

Das Landesrecht sieht die Promotion als Bestätigung der Befähigung zu selbständiger wissenschaftlicher Arbeit vor, z.B. § 67 HG NW. Das Landesrecht regelt – als Rahmen – Voraussetzungen der Zulassung zum Promotionsverfahren und des Verfahrens selbst; verfahrensmäßige Einzelheiten müssen sich aus der jeweiligen Promotionsordnung ergeben[1].

Die Promotion ist ihrer Rechtsnatur nach eine Hochschulprüfung in Form einer Zusatzqualifikation und stellt keinen berufsqualifizierenden Studienabschluss dar[2].

Es besteht ein Zulassungsanspruch zur Promotion über Art. 5 Abs. 3 GG, wenn die in der jeweiligen Promotionsordnung festgelegten Zulassungsvoraussetzungen erfüllt sind[3].

### dd) Habilitation

**128** Auch die Habilitation ist im HRG nicht geregelt, sondern nur – mittelbar und fakultativ – vorausgesetzt, § 44 Nr. 4 lit. a HRG.

Für die Habilitation, den Nachweis der Befähigung, ein wissenschaftliches Fach in Forschung und Lehre selbständig vertreten zu können, gelten die Ausführungen zu cc) entsprechend. Einzelheiten des Verfahrens sind in der jeweiligen Habilitationsordnung zu regeln. Auch bei der Habilitation handelt es sich um eine Prüfungsentscheidung[4].

### ee) Rechtsbehelfe

**129** Wird ein Kandidat zur Prüfung **nicht zugelassen**, so ist diese als Verwaltungsakt zu qualifizierende Entscheidung mit Widerspruch und evtl. nachfolgender Klage angreifbar.

Wird dem Kandidaten im Weg des einstweiligen Rechtsschutzes über § 123 VwGO unter dem Vorbehalt der Hauptsachenentscheidung die Teilnahme an der Prüfung eröffnet, so lässt sich aus der – positiven oder negativen – Bewertung der nachfolgenden Prüfungsleistung weder etwas für noch etwas gegen die Rechtmäßigkeit des Ausschließungsbescheids herleiten[5].

Obsiegt der Kandidat im Hauptsacheverfahren im Streit um die Zulassung zur Prüfung, so erwächst die vorläufig absolvierte Prüfung in volle Gültigkeit; hingegen

---

[1] Zur Entziehung des Doktorgrades vgl. VGH Mannheim v. 13.10.2008 – 9 S 494/08, NVwZ-RR 2009, 285.
[2] Zur rechtlichen Bedeutung der akademischen Grade *Thieme*, Deutsches Hochschulrecht, Rz. 435 ff.
[3] Vgl. *Thieme*, Deutsches Hochschulrecht, Rz. 424; BVerwG v. 26.8.1966 – VII C 113.65, NJW 1967, 72.
[4] BVerwG v. 16.3.1994 – 6 C 1/93, NVwZ 1994, 1209 (1210): „Berufsbezogene Prüfung" mit Entscheidung auf der Basis fachwissenschaftlicher Gutachten; bei Ablehnung Begründungserfordernis und umfassendes Akteneinsichtsrecht; vgl. auch OVG Hamburg v. 5.9.2008 – 3 BF 241/04, NVwZ-RR 2009, 162: Kein Anspruch auf Erweiterung der Leistungen im Habilitationsverfahren.
[5] BVerwG v. 22.1.1981 – 7 B 156.80, Buchholz 421.0 Prüfungswesen Nr. 139; vgl. auch BVerwG v. 15.12.1993 – 6 C 20.92, NJW 1994, 1601.

## III. Hochschulrecht (einschließlich Prüfungsrecht)

entfällt die ihm vorläufig eingeräumte Rechtsposition – und auch die daraufhin inzwischen erfolgreich abgelegte Prüfung –, wenn er in der Hauptsache unterliegt. Lässt sich die Rechtslage im Eilverfahren nicht ausreichend klären, kommt auch eine Zulassung auf der Grundlage einer Interessenabwägung in Betracht[1].

Durch zwei Beschlüsse des BVerfG v. 17. 4.1991[2] ist ein neuer informeller Rechtsbehelf (formloses Vorverfahren/**vorgeschaltetes Verwaltungskontrollverfahren**, auch formuliert als Anspruch des Prüflings auf ein „Überdenken" der Bewertung seiner Leistungen) begründet worden. Es muss dem Prüfling die Gelegenheit gegeben werden, Einwände/Gegenvorstellungen gegen anstehende bzw. getroffene Prüfungsentscheidungen im Rahmen eines Verwaltungsverfahrens rechtzeitig und wirksam vorzubringen, woraufhin die Entscheidungen – anders als im Klageverfahren – voll zu überprüfen sind. Der gerichtliche Rechtsschutz besteht daneben unverändert. Es ist Sache des Prüflings, abzuwägen und darüber zu befinden, ob er zunächst das verwaltungsinterne Kontrollverfahren abgeschlossen haben will oder zugleich oder auch vorrangig eine gerichtliche Entscheidung anstrebt[3]. Der Prüfling kann jederzeit auf die Durchführung eines solchen Kontrollverfahrens verzichten[4]. 130

Wird eine Prüfung **nicht bestanden** bzw. im Promotions- oder Habilitationsverfahren die geforderte Befähigung nicht nachgewiesen, so stellt die Entscheidung einen belastenden Verwaltungsakt dar, der mit Widerspruch und evtl. nachfolgender Klage angegriffen werden kann. Bei erteilter Rechtsmittelbelehrung ist die Monatsfrist, andernfalls die Jahresfrist nach § 58 Abs. 2 VwGO einzuhalten. Die Wahrung der Rechtsmittelfrist ist auch dann nötig, wenn sich die Information über die Gründe für die Bewertung verzögert und Anhaltspunkte für eine sachgerechte Begründung des Rechtsmittels (noch) fehlen[5]. 131

Vorläufiger Rechtsschutz ist über § 123 VwGO zu gewähren.

Ist die Prüfung in einzelne selbständige Teile **aufteilbar**, so kann die Bewertung dieser einzelnen selbständigen Teile gesondert angegriffen werden; im Rechtsmittelverfahren kann die Aufhebung der einzelnen Bewertung mit der Folge der Neubewertung der zugrundeliegenden Einzelleistung und der darauf beruhenden Gesamtleistung erreicht werden[6]. Umgekehrt kann ein Mangel bei der Festsetzung einer für das Prüfungsergebnis wesentlichen Einzelnote auch noch nachträglich im Zusammenhang mit der Anfechtung der abschließenden Prüfungsentscheidung geltend gemacht werden[7]. 132

Wird allein eine Verbesserung des bereits erreichten Prüfungsergebnisses bei bestandener Prüfung begehrt (**prüfungsrechtliche Verbesserungsklage**), so ist mit einem Verpflichtungsantrag auf Neubescheidung vorzugehen[8]. 133

Unterzieht sich der Prüfling einer **Wiederholungsprüfung**, so verwirkt er dadurch nicht sein Recht auf Anfechtung der vorangegangenen negativen Prüfungsentscheidung. Bei Bestehen der Wiederholungsprüfung entfällt auch nicht das Rechtsschutzinteresse zur Fortführung der (Anfechtungs-)Klage gegen die Erstentschei- 134

---

1 BVerfG v. 25.7.1996 – 1 BvR 638/96, NVwZ 1997, 479 (480).
2 BVerfG v. 17.4.1991 – 1 BvR 419/81 u. 213/83, NJW 1991, 2005; v. 17.4 1991 – 1 BvR 1529/84 u. 138/87, NJW 1991, 2008; vgl. dazu *Niehues*, NJW 1991, 3001.
3 Vgl. BVerwG v. 30.1.1995 – 6 C 1.92, NVwZ 1995, 788 (789); ausführlich zum „Überdenkensverfahren" *Niehues/Fischer*, Prüfungsrecht, Rz. 786 ff., vgl. auch VGH Mannheim v. 22.10.2004 – 9 S 1976/04, NVwZ-RR 2005, 331.
4 Vgl. OVG Münster v. 18.9.1991 – 22 A 1239/89, NVwZ 1992, 397 (398).
5 BVerwG v. 7.9.1976 – VII B 104.76, NJW 1977, 262.
6 BVerwG v. 25.7.1979 – VII CB 68.79, Buchholz 421.0 Prüfungswesen Nr. 118.
7 BVerwG v. 22.10.1981 – 2 C 35.79, Buchholz 421.0 Prüfungswesen Nr. 155.
8 OVG Münster v. 16.7.1992 – 22 A 2549/91, NVwZ 1993, 95.

dung[1]. Wird auf die Klage die erste Prüfungsentscheidung aufgehoben, so gilt die Wiederholungsprüfung als Erstprüfung.

Bei einer Neubewertung muss der Prüfer die Prüfungsleistungen persönlich unmittelbar zur Kenntnis nehmen und eine selbständige, eigenverantwortliche Entscheidung über das Bestehen der jeweiligen Prüfung treffen. Dazu bedarf es einer Begutachtung der erstellten Prüfungsleistung, nicht nur der Betrachtung von Fotos der (abhanden gekommenen) Prüfungsarbeit[2]. Die Neubewertung einer Prüfung praktischer Kenntnisse und Fertigkeiten kann mangels verlässlicher Entscheidungsgrundlage wegen Zeitablaufs ausscheiden[3].

**b) Nachträgliche Aufhebung einer begünstigenden Prüfungsentscheidung**

135 Erweist sich eine den Prüfling begünstigende Prüfungsentscheidung nachträglich als objektiv falsch (z.B. Vortäuschung der Leistung, Rechenfehler bei mathematisierter Leistungsbewertung), so kann sie unter den Voraussetzungen des § 48 VwVfG (gem. § 2 Abs. 3 Nr. 2 VwVfG anwendbar) zurückgenommen werden. Rechtsmittel gegen die Rücknahmeverfügung haben gem. § 80 Abs. 1 VwGO aufschiebende Wirkung.

**c) Anerkennung von an Hochschulen außerhalb der Bundesrepublik Deutschland erbrachten Studien- und Prüfungsleistungen**

136 § 20 HRG sieht vor, dass Studien- und Prüfungsleistungen, die an Hochschulen außerhalb des Geltungsbereichs des HRG erbracht worden sind, anerkannt werden, wenn ihre Gleichwertigkeit festgestellt ist. Einzelheiten sind länderrechtlich bzw. in den jeweiligen Prüfungsordnungen zu regeln, vgl. z.B. § 63 Abs. 2 HG NW betreffend Anrechnung von in anderen Studiengängen oder an anderen Hochschulen erbrachter Studienzeiten, Studien- und Prüfungsleistungen. Für ein Anerkennungsverfahren bedarf es in jedem Einzelfall einer entsprechenden Antragstellung[4].

**d) Genehmigungsverfahren zum Führen ausländischer akademischer Grade**

137 Die Führung eines an einer ausländischen Hochschule erworbenen akademischen Grades wird durch Landesrecht geregelt. In Abkehr von der früheren Genehmigungspflicht dürfen an einer ausländischen Hochschule erworbene akademische Grade in der verliehenen Form bzw. mit Angabe der verleihenden Instituion geführt werden, vgl. z.B. § 69 Abs. 2 HG NW.

Inhaber von Doktorgraden einer Hochschule eines Mitgliedstaates der Europäischen Union können anstelle der im Herkunftsland verliehenen Bezeichnung die in Deutschland gebräuchliche Bezeichnung „Dr." ohne fachlichen Zusatz und ohne Herkunftsbezeichnung führen, § 1 Verordnung über die Führung ausländischer Doktorgrade NW v. 9.12.2005 (GVBl. NW S. 752).

Die Führung des akademischen Grades bedarf entsprechend der Neuregelung keiner vorherigen Genehmigung/Zulassung mehr. Die staatliche Überwachung ist auf eine nachgehende Kontrolle und Überprüfung zurückgenommen worden; nur auf Verlangen der zuständigen Behörden hat derjenige, der einen Grad führt, die Berechtigung hierzu urkundlich nachzuweisen (vgl. § 69 Abs. 7 Satz 2 HG NW).

---

1 BVerwG v. 9.11.2005 - 4 B 49.05, DVBl 2006, 578.
2 OVG Bautzen v. 10.12.2009 - 4 A 204/08, NVwZ-RR 2010, 525.
3 VGH Mannheim v. 21.9.2005 - 9 S 473/05, NVwZ-RR 2006, 255.
4 Zur Anerkennung von Hochschuldiplomen: EuGH v. 5.4.2011 - C-424/09, NVwZ-RR 2011, 477.

# Stichwortverzeichnis

Fett gedruckte Ziffern und Buchstaben verweisen auf den Teil,
magere Ziffern auf die Randziffern des Teils.

**Abfallbeseitigung**
– strafrechtliche Verantwortung **3 E** 319
**Abfallbeseitigungsanlage**
– Bodenschutzrecht **3 E** 34 ff.
**Abfälle**
– Altablagerung **3 E** 2
– Immissionsschutz **3 A** 56
**Abfallentsorgung**
– Gewässerbenutzung **3 C** 109, 112
**Abfallentsorgungsanlagen**
– Abfallvermeidungs- und Entsorgungspflicht **3 B** 165 ff.
– Abgrenzung zur Altlast **3 B** 230
– Altanlagen **3 B** 175
– Anlagenbegriff **3 B** 150
– Anlagenzwang **3 B** 141 ff.
– anwaltliche Beratung **3 B** 40, 69, 85, 162
– Auslastung **3 B** 82 ff.
– Ausweisung im Wirtschaftsplan **3 B** 131
– Bauleitplanung **3 B** 173
– Behandlung, Lagerung von Abfällen **3 B** 63
– Behördenkontakt **3 B** 160 f.
– Beratung der Standortgemeinde **3 B** 210 f.
– Bestandsschutz, passiver **3 B** 218 ff.
– Betreiberpflichten **3 B** 68 f.
– Bürgerinitiativen **3 B** 215
– Drittschutz **3 B** 217
– Eigenbeseitigung **3 B** 79
– Einzelfallausnahme vom Anlagenzwang **3 B** 142 ff.
– Energieverwendung **3 B** 169
– Errichtung/Betrieb **3 B** 152
– Gefahrenabwehr- und Vorsorgepflicht **3 B** 165
– Genehmigungsverfahren, einfaches **3 B** 160
– Genehmigungsverfahren, förmliches **3 B** 158 ff.
– Immissionsschutz **3 B** 172
– KrW-/AbfallG, anlagenbezogene Vorschriften **3 B** 174
– KrW-/AbfallG, stoffbezogene Anforderungen **3 B** 168
– Lagerung/Ablagerung **3 B** 151
– Mitbenutzungsrecht **3 B** 81
– Nachbarrechtsschutz **3 B** 213 f.
– nachträgliche Anordnung **3 B** 219 ff.
– Planfeststellung **1 D** 18
– Sicherheitsleistung **3 A** 126

– stillgelegte Anlagen **3 B** 224 ff.
– Überwachung **3 B** 69, 216
– Umweltverträglichkeitsprüfung (UVP) **3 B** 160
– Untersagung des Betriebs **3 B** 222 ff.
– Verwertung/Beseitigung **3 B** 151
– Verwertungs-/Beseitigungsverfahren **3 B** 46
– wesentliche Änderung **3 B** 153
– Zulassung **3 B** 148 ff., 210 ff.
**Abfallrahmenrichtlinie**
– Komitologieverfahren **3 B** 33c
**Abfallrecht**
– s. a. Abfallverwertung, Abfallentsorgungsanlagen
– Abfall und Nebenprodukt, Abgrenzung **3 B** 2
– Abfallbegriff **3 B** 2, 16, 18 ff.
– Abfallbesitzer **3 B** 45
– Abfälle zur Verwertung/Beseitigung **3 B** 38
– Abfallende **3 B** 34
– Abfallentsorgung **3 B** 46; **3 C** 109, 112
– Abfallerzeuger **3 B** 44
– Abfallhierarchie fünfstufig **3 B** 2
– Abfalltrennung **3 B** 238
– Abfallvermeidung **3 B** 50 f.
– Abfallverwertung **3 B** 3, 52 ff.
– Abfallwirtschaftsplan **3 B** 131
– Abgrenzung zum Bodenschutzrecht **3 E** 37
– allgemeine Überwachung **3 B** 112 f.
– Andienungspflichten, landesrechtliche **3 B** 87 ff.
– Anlagenzwang **3 B** 141 ff.
– Anschluss- und Benutzungszwang **3 B** 87 ff., 233 ff.
– anwaltliche Beratung **3 B** 5, 17, 40, 55, 66, 79, 86, 100 ff., 123
– Arbeitspapiere zur Stoffabgrenzung **3 B** 26
– Aufgabe der Sachherrschaft **3 B** 20 ff.
– Aufgabenbereich, Überschreitung **3 B** 97 ff.
– Ausfuhrverbot **3 B** 123
– Ausschreibung, Drittbeauftragung **3 B** 103
– Baseler Übereinkommen, Verbringung gefährlicher Abfälle **3 B** 9
– Bauwerke **3 B** 18
– Beispiele für Abfall **3 B** 24

1583

**[Abfallrecht]**
- Beispiele für Nebenprodukt **3 B** 24
- Beseitigung **3 B** 3, 20 ff., 63 ff.
- Beseitigung, Allgemeinwohl **3 B** 64
- Beseitigung, Stand der Technik **3 B** 65
- Beseitigung, Vorbereitungsmaßnahmen **3 B** 63
- Besitzdiener **3 B** 45
- Bioabfall, Klärschlamm **3 B** 67
- Boden **3 B** 18
- Bodenschutzrecht **3 E** 34 ff.
- bundesrechtliche Regelungen **3 B** 11
- Dauer der Abfalleigenschaft **3 B** 34
- Deponie, s. a. dort **3 B** 48, 176 ff.
- Deponie, Zulassung vor 1972 **3 B** 1
- Deponieverordnung **3 B** 65
- Drittbeauftragung **3 B** 101 ff.
- EG-AbfallverbringungsVO **3 B** 122 ff.
- EG-Richtlinien **3 B** 6 ff.
- Eigenbeseitigung **3 B** 79
- Einsatz von Erz, Rohöl, Kohlenstaub **3 B** 23
- Einsatz von Schrott, Altöl, Altreifen **3 B** 23
- ElektroG **3 B** 51
- energetische Verwertung **3 B** 41
- Entledigen-müssen **3 B** 30 ff.
- Entledigung **3 B** 19 ff.
- Entledigungswille **3 B** 24 ff.
- Entsorgung **3 B** 40, 131 ff.
- Entsorgungsmöglichkeiten **3 B** 237
- Entsorgungsträger, Landesrecht **3 B** 75
- Entsorgungszuständigkeit **3 B** 94 ff.
- Entwicklung **3 B** 1 ff.
- Erfüllungsgehilfe **3 B** 96
- Erst-/Zweiterzeuger **3 B** 44
- europarechtliche Regelungen **3 B** 6 ff., 10
- Gebühren **3 B** 243 ff.
- Gefahrenpotential **3 B** 32
- gefährliche Abfälle **3 B** 47, 88
- gemeinnützige Sammlung **3 B** 87 ff.
- GewerbeabfallVO **3 B** 70 ff.
- gewerbliche Sammlung **3 B** 91
- gewerbliche Siedlungsabfälle **3 B** 72 ff.
- gezielte Herstellung **3 B** 21 f.
- grenzüberschreitende Abfallverbringung **3 B** 121 ff.
- grüne, gelbe Liste **3 B** 123 ff.
- Hausmüll **3 B** 75
- Herkunftsbereiche und Überlassungspflichten **3 B** 78 ff., 86
- Hol-/Bringsystem **3 B** 239 ff.
- Inertabfälle **3 B** 48
- kommunale Gemeinschaftsarbeit **3 B** 104
- KrWG **3 B** 1
- landesrechtliche Regelungen **3 B** 14, 26
- landesrechtliche Sonderregelungen **3 B** 87 ff.
- lenkende Gebühr **4** 129
- Maßnahmen **3 B** 49
- Mitverbrennung von Abfall **3 B** 171
- Nachweisverfahren **3 B** 119 ff.
- Nebenprodukt oder Abfall **3 B** 42 f.
- neue EU-Mitgliedsstaaten **3 B** 129
- neue Zweckbestimmung **3 B** 27
- Notifizierungsverfahren **3 B** 127 ff.
- Nutzung oder Verwertung **3 B** 20 ff.
- öffentliche Aufträge **3 B** 103
- öffentlich-rechtliche Entsorgungsträger, Pflichtenumfang **3 B** 94 ff.
- öffentlich-rechtliche Entsorgungsträger, Pflichtenverlagerung **3 B** 96
- öffentlich-rechtliche Entsorgungsträger, Zuständigkeitsüberschreitung **3 B** 97 ff.
- Pflichten der Anlagenbetreiber **3 B** 68 f.
- Pflichtenhierarchie **3 B** 49
- Planungsanforderungen **3 B** 134 ff.
- Planungspflicht der Länder **3 B** 131
- PPP-Modell **3 B** 104
- Rechtsschutz **3 B** 246 f.
- Rechtsschutz gegen Abfallwirtschaftsplan **3 B** 138 ff.
- Rechtsverordnungen **3 B** 12
- Regelungsebenen **3 B** 6
- Registerverfahren **3 B** 118
- Rücknahme-/Rückgabepflicht **3 B** 87 ff.
- Sammelbehälter **3 B** 241 f.
- Satzungen **3 B** 15
- Satzungsgestaltung bei öffentlicher Entsorgung **3 B** 231 ff.
- Selbstverwertungsmöglichkeit **3 B** 76
- Sonderabfallentsorgungsgesellschaften **3 B** 88
- Sperrmüll **3 B** 75
- Stoffe als Abfälle **3 B** 16 ff.
- Stoffstromüberwachung **3 B** 111 ff.
- Störstoffe **3 B** 71
- technischer Vorgang, Entledigung **3 B** 23
- Überlassungspflichten **3 B** 74 ff.
- überörtliche Gesamtplanung **3 B** 135
- umweltunschädlich **3 B** 33
- unbewegliche Sachen **3 B** 18
- Vertragsverletzungsverfahren **3 B** 7
- Verwaltungsakt zu Auskunfts-/Mitwirkungspflichten **3 B** 116
- Verwendungszweck **3 B** 28
- Verwertung, s. a. Abfallverwertung
- Verwertungsquote **3 B** 71
- Verwertungstreppe **3 B** 49
- Verwertungsverfahren **3 B** 35
- Verwertungszentrum **3 B** 174
- Vorabentscheidungsverfahren **3 B** 7
- vorbereitende Maßnahmen **3 B** 53
- Wertstofftonne **3 B** 108 ff.
- Zuführen zur Verwertung **3 B** 19 ff.
- Zwangsabfall **3 B** 30 ff.

**Abfalltrennung**
- gewerbliche Siedlungsabfälle **3 B** 70

**AbfallverbringungsG** 3 B 130
**AbfallverbringungsVO** 3 B 122
**Abfallverwertung**
– Abgrenzung zur Beseitigung 3 B 38 ff.
– anwaltliche Beratung 3 B 59, 62
– Auslastung der Anlagen 3 B 3
– Definition 3 B 38
– energetische Verwertung 3 B 61
– Gleichrang der Maßnahmen 3 B 60
– hochwertige 3 B 54
– ordnungsgemäß, schadlos 3 B 56
– technische Möglichkeit 3 B 58
– Überwachung 3 B 112
– Verbringungseinwandsmöglichkeiten 3 B 125
– Vorrang vor Beseitigung 3 B 54
– wirtschaftliche Zumutbarkeit 3 B 57
**AbfallverzeichnisVO**
– gefährliche Abfälle 3 B 47
**Abfallwirtschaftsplan**
– anwaltliche Beratung 3 B 133
– Planungspflichten 3 B 131 ff.
**Abgaben**
– Umlegungsverfahren 2 C 26
**Abgabenordnung**
– Verwaltungsverfahren 1 A 5
**Abgabenrecht**
– s. Kommunalabgabenrecht
**Abiturprüfung**
– allgemeine Hochschulreife 8 72
– Niederschriften 8 20
– Privatschule 8 75
– Rechtsschutz 8 73 f.
– Rechtsweg 8 71
– Zulassung 8 71
**Ablehnungsgründe**
– Umweltinformationsanspruch 1 B 48 ff.
**Ablösungsvereinbarung**
– Kommunalabgaben 4 40 f.
**Abordnung**
– Beamtenrecht 6 A 152, 158
**Abschiebehaft**
– Rückführungsrichtlinie 7 A 140
– Sicherungshaft 7 A 142 f.
– Zweck 7 A 141
**Abschiebestopp** 7 A 131
**Abschiebung**
– s. a. Abschiebungsandrohung
– absolutes Verbot 7 A 118
– Benennung des Zielstaates 7 A 110
– Hindernisse, s. Abschiebungshindernisse
– sicherer Drittstaat 7 B 46
– Überwachungsbedürftigkeit 7 A 108
– Vollzug der Ausreisepflicht 7 A 107
– Zielstaat 7 A 119
**Abschiebungsandrohung**
– ablehnende Entscheidung Bundesamt 7 B 4

– Aussetzung durch Verwaltungsgericht 7 B 99
– Bundesamtsverfahren, Asylrecht 7 B 115
– Duldungsgründe 7 A 112
– ernsthafte Zweifel 7 B 100
– gegenstandslos 7 A 113
– konkreter Zielstaat 7 B 164 ff.
– Präklusionsmöglichkeit bei Mitwirkung 7 A 148
– Prüfung der Abschiebung 7 A 111
– Rechtsschutz 7 A 148; 7 B 116
**Abschiebungshaft**
– Asylfolgeantrag 7 B 81
– Asylrecht 7 B 48
– Ende 7 B 48
**Abschiebungshindernisse**
– Abschiebungsverbote 7 A 117 ff.
– Antrag auf Wiederaufgreifen 7 A 148
– Ausländerbehörden 7 A 114
– Bundesamt für Migration und Flüchtlinge 7 A 114 ff.
– fakultative 7 A 128
– präkludierte 7 A 148
**Abschiebungsverbot**
– Aids 7 B 155
– drohende Menschenrechtsverletzungen 7 A 128
– drohende Todesstrafe 7 A 124
– Einschränkung 7 A 125
– extreme Gefahren 7 B 151
– Folter 7 A 121 ff.
– Gefahr für Leib und Leben 7 A 128
– individuelle Gefahren 7 B 149 ff.
– innerstaatlicher Konflikt 7 A 126
– Medikamentenfinanzierung 7 B 158
– Staatenloser 7 A 167
– Todesstrafe 7 B 147
– unmenschliche Behandlung 7 B 148
– Verschlimmerung einer Erkrankung 7 B 154
– verwaltungsgerichtliche Entscheidung 7 B 152 f.
**Abschlussprüfung**
– Privatschule 8 75
**Abschlusszeugnis**
– Qualifikationsvermerk 8 68
**Abschreibung**
– Benutzungsgebühr 4 146 f.
**Abstandsflächen**
– Baugenehmigung 2 A 46
**Abwägung**
– Bauleitplanung 2 B 108 ff.
**Abwägungsmängel**
– Planfeststellungsbeschluss 3 D 171 ff.
**Abwasser**
– baurechtliche Genehmigung 3 C 219
– Begriff 3 C 391 ff.
– Beseitigung, Anschlussbeitrag 4 104
– Einleiten von Stoffen 3 C 222
– Erschließungsbeitragsbescheid 4 65 f.

**[Abwasser]**
– Gebührenberechnung **4** 158
– geschlossener Reinigungskreislauf **3 C** 397
– Grauwasser **3 C** 397
– Kleinkläranlage **3 C** 398
– Niederschlagswasser **3 C** 401 ff.
– Selbstüberwachung bei Direkt-/Indirekteinleitung **3 C** 486 ff.
– Sickerwasser aus Deponien **3 C** 400
– Veränderung **3 C** 395
– Wassergebrauch **3 C** 394
**Abwasseranlagen**
– s. a. Abwasserbehandlungsanlagen
– allgemein anerkannte Regeln der Technik **3 C** 468 f.
– allgemeine Anforderungen **3 C** 464 ff.
– Anpassungspflicht vorhandener Anlagen **3 C** 470
– Aufbewahrungspflicht von Aufzeichnungen der Selbstüberwachung **3 C** 490
– Baugenehmigungserfordernis **3 C** 482
– Begriff **3 C** 466
– Genehmigung sonstiger Anlagen **3 C** 479 ff.
– Grundstücksentwässerungsanlage **3 C** 493
– Haftung bei Austreten von Stoffen **3 C** 546 ff.
– höhere Gewalt **3 C** 552
– Schadensersatzpflicht **3 C** 548 ff.
– Selbstüberwachung **3 C** 489 ff.
**Abwasserbehandlungsanlagen**
– Genehmigungspflicht **3 C** 471 ff.
– Größen **3 C** 474 ff.
– Inhalts-/Nebenbestimmungen **3 C** 478
– private Abwehransprüche **3 C** 478
– UVP-Pflicht **3 C** 473
– vorzeitiger Beginn **3 C** 478
**Abwasserbeseitigung**
– Abwasserbegriff **3 C** 391 ff.
– Abweichungen von der Pflicht durch Landesrecht **3 C** 428 ff.
– Anforderungen an Abwasseranlagen **3 C** 464 ff.
– Anforderungen an die Gewässereigenschaften **3 C** 444
– Anforderungen an Indirekteinleitungen **3 C** 455 ff.
– Anschluss-/Benutzungszwang **3 C** 288, 411, 427
– bauordnungsrechtliche Anforderungen **3 C** 419
– Befreiung vom Anschluss-/Benutzungszwang **3 C** 427
– Begriff **3 C** 405 ff.
– Berlin **3 C** 424
– Bremen **3 C** 424
– Daseinsvorsorge **3 C** 411
– dezentrale Lösungen **3 C** 415
– Direkteinleitung **3 C** 434 ff.
– durch Dritte **3 C** 431
– Durchführung **3 C** 426
– Erlaubnis für vorhandene Einleitungen **3 C** 442
– Genehmigung von Indirekteinleitungen **3 C** 448 ff.
– Genehmigungsvoraussetzungen für Indirekteinleitung **3 C** 451 ff.
– Indirekteinleitung **3 C** 446 ff.
– Kleinkläranlage **3 C** 408
– Kompaktanlagen **3 C** 414
– Landesrecht **3 C** 422 ff.
– neue Bundesländer **3 C** 413
– Niederschlagswasser **3 C** 416 ff.
– öffentliche Abwasseranlagen **3 C** 449
– ordnungsgemäß und schadlos **3 C** 409 ff.
– private Abwasseranlagen **3 C** 459 ff.
– Sicherung der Gewässerqualität **3 C** 441
– Stand der Technik **3 C** 439
**Abwasserbeseitigungsplan**
– wasserrechtliche Genehmigung **3 C** 168
**Abwasserbeseitigungsanlagen**
– Anschlussbeitrag **4** 104
**Abwasserentsorgung**
– Haftung bei Gewässerveränderungen **3 C** 541 ff.
**Abwasserrecht**
– Anfechtung des Bescheides, Muster **4** 162
**Abwasserverordnung 3 C** 439 f.
**Abweichungsentscheidung**
– Gebiet „Natura 2000" **3 D** 111 ff.
**Abweichungsgesetzgebung**
– Naturschutz **3 D** 2
**Adressat**
– Akteneinsicht **1 A** 41
– Erschließungsbeitragsbescheid, Abwasserrecht **4** 65 f.
**Agrarsubventionen**
– Umweltinformation **1 B** 88
**Aids**
– kein Abschiebungsverbot **7 B** 155
**Akademischer Grad**
– ausländischer, Führen **8** 137
**Akte, beigezogene**
– Informationsanspruch, IFG **1 B** 195
**Akten**
– Umweltinformationsanspruch **1 B** 44 ff.
**Akteneinsicht**
– Adressat **1 A** 41
– allgemein, VwVfG **1 A** 34 ff.; **1 B** 333
– auch bei Mitwirkung anderer Behörden **1 A** 59
– Baunachbarstreit **2 A** 129
– Beamtenbeförderung **6 A** 104
– Berufungsverfahren, Hochschullehrer **8** 120
– Beschränkung **1 A** 40
– Disziplinarverfahren **6 B** 169

**[Akteneinsicht]**
- Genehmigungsverfahren, BImSchG **3 A** 73 ff.
- Hochschulverfahrensrecht **8** 91 ff.
- Immissionsschutz **3 A** 91
- Informationsanspruch, IFG **1 B** 234 ff.
- Kommunalabgaben **4** 8
- Leistungsbewertung, Schule **8** 92
- Planfeststellung **1 D** 60
- Rügepräklusion **1 A** 56
- Satzungsrecht **1 A** 54
- Schule **8** 16 ff.
- Umweltinformationsanspruch **1 B** 113 ff.
- Verweigerung **1 A** 42, 56

**Alimentation**
- Beamte **6 A** 15

**Alkohol**
- Disziplinarrecht **6 B** 68 f., 82 f.
- Trunkenheitsfahrt und Disziplinarverfahren **6 B** 179

**Allgemeinwohl**
- Abfallüberwachung **3 B** 112

**Allokationsplan 3 A** 209

**Altanlagen**
- Abfallentsorgung **3 B** 175
- Emissionshandel **3 A** 208

**Altersdiskriminierungsverbot**
- Beamtenrecht **6 A** 27

**Altersgrenze**
- Ruhestandsbeginn **6 A** 169 ff.

**Altersteilzeit**
- ruhegehaltsfähige Dienstzeiten **6 A** 227

**Altersvorsorge, privat**
- Beamtenversorgung **6 A** 302

**Altkleider**
- Entsorgungszuständigkeit **3 B** 92
- gemeinnützige Sammlung **3 B** 89 ff.

**Altlasten**
- s. a. Bodenschutzrecht
- Abfallentsorgungsanlagen **3 B** 230
- Baugenehmigung **2 A** 89
- Grundstück im Umlegungsverfahren **2 C** 70
- pauschalierte Anfragen **1 B** 103 f.
- Planfeststellung **1 D** 214

**Altlastenatlas, Altlastenkataster**
- Einsicht bei Grundstückskauf **3 E** 299
- Fallgruppen, A, B, E **3 E** 79 ff.
- historische Erhebung **3 E** 77 f.
- Informationsbeschaffung **3 E** 71 ff.
- Stammdatenblätter **3 E** 72 f.
- Standort **3 E** 74
- Verdachtsflächen **3 E** 72

**Altmark Trans**
- Wettbewerbsrecht, ÖPNV **5 C** 16

**Altpapier**
- Abfallende **3 B** 37

**Altreifen**
- Abfallrecht **3 B** 29

**Amtliche Information 1 B** 170 ff.

**Amtsarzt**
- fachmedizinische Begutachtung **6 A** 179 f.

**Amtsermittlung**
- Bodenschutzrecht **3 E** 94
- Sachverhaltsaufklärung **1 A** 15

**Amtsgeheimnis**
- Ablehnung Auskunftsanspruch **1 B** 279, 297
- Informationsanspruch **1 B** 4

**Amtshaftung**
- anwaltliche Beratung **1 A** 102
- Europäisches Verwaltungsverfahren **1 C** 65 f.

**Amtshaftungsanspruch**
- Altlasten **3 E** 313 ff.
- Altlasten und Baugenehmigung **3 E** 100
- verletzte Betreuungspflicht **1 A** 22

**Amtspflichtverletzung**
- Beförderungsauswahlentscheidung **6 A** 111
- Falschauskunft bei Baugesuch **2 A** 122
- Fristenüberschreitung, Baugenehmigungsverfahren **2 A** 120
- rechtswidrige Erteilung der Baugenehmigung **2 A** 121
- Versagung des gemeindlichen Einvernehmens, rechtswidrig **2 A** 104
- Verzögerung eines Baugesuchs **2 A** 119

**Amtssprache**
- Europäisches Verwaltungsverfahren **1 C** 52

**Amtsträger**
- Bekanntgabe persönlicher Daten **1 B** 213

**Änderung des Unternehmens**
- Personenbeförderungsrecht **5 C** 18 f.

**Änderungsgenehmigungsverfahren**
- Antragsunterlagen **3 A** 172 f.
- Immissionsschutz **3 A** 169 ff.
- UVP-pflichtige Änderungen **3 A** 173

**Anfechtung**
- Ernennung des erfolgreichen Bewerbers **6 A** 108 ff.

**Anfechtungsklage**
- Bekanntgabe der Vorarbeiten bei Planfeststellung **1 D** 224
- Kommunalabgaben **4** 46
- modifizierende Auflage **2 A** 86 ff.
- Nebenbestimmung, Baugenehmigung **2 A** 85
- Ordnungsmaßnahmen gegen Schüler **8** 58
- Planfeststellungsbeschluss **1 D** 227 ff.
- Rücknahme einer Baugenehmigung **2 A** 93
- Zurückstellung des Baugesuch **2 A** 108

**Anforderungsprofil**
- Beamtenbeförderung **6 A** 97 ff., 102 ff.

1587

**Anfragen**
– Umweltinformationsanspruch **1 B** 103f.
**Angestellter**
– Konkurrentenstreit mit Beamten **6 A** 131ff.
**Anhörung**
– Bauleitplanung **2 B** 135
– Baunachbarstreit **2 A** 128
– bei sofortiger Vollziehbarkeit **1 A** 88
– Beurteilung eines Beamten **6 A** 68
– Disziplinarverfahren **6 B** 97, 137ff.
– Durchführung bei Planfeststellung **1 D** 57f.
– fehlende im Widerspruchsverfahren **1 A** 127
– Gemeinde bei Baugenehmigung **2 A** 73
– Hochschulverfahrensrecht **8** 87ff.
– Nachbar, Baugenehmigung **2 A** 97
– Umlegungsrecht **2 C** 34
– Zusagen bei Planfeststellung **1 D** 59
**Anhörungsfehler 1 A** 33
**Anhörungspflicht 1 A** 29ff.
**Anhörungsrecht**
– Verwaltungsverfahren **1 A** 28
**Anhörungsverbot 1 A** 32
**Anlage**
– Abwasserbeseitigung **3 C** 391ff.
– altlastenrechtlicher Begriff **3 E** 47
– bauliche Anlage, Begriff **2 A** 6
– Beseitigung verfallender baulicher Anlagen **2 A** 95
– BImSchG, Begriff **3 A** 20f.
– Entschädigung im Umlegungsrecht **2 C** 89f.
– Erschließungsbeitrag **4** 78ff., 96
– Erschließungsbeitragsbescheid **4** 67
– gemeinsame Anlage, Immissionsschutz **3 A** 29
– Genehmigungsvoraussetzungen **3 A** 32ff.
– Immissionsschutz, s. a. Immissionsschutz, Genehmigungsverfahren **3 A** 10
– Mitverbrennung von Abfall **3 B** 171
– nicht genehmigungsfähig **3 A** 39
– Umweltinformation **1 B** 36
– Umweltverträglichkeit mehrerer ~ **3 A** 52
– UVP-pflichtige Anlagen **3 A** 43ff.
– Widmung/Entwidmung bei Planfeststellung **1 D** 220f.
– Zuordnung **3 A** 24ff.
**Anlagenbetreiber**
– Berücksichtigung bei Abfallplanung **3 B** 137
**Anlagensicherheit**
– Umweltinformation **1 B** 17
**Anmeldeverfahren**
– Grundschule **8** 34
– Schule **8** 27ff.

**Anschluss-/Benutzungszwang**
– Abfallrecht **3 B** 233ff.; **4** 125
– Abwasserbeseitigung **3 C** 411
– Adressat im Wasserrecht **3 C** 288
– Ausgestaltung von Versorgungsverhältnissen **3 C** 318ff.
– Befreiung im Wasserrecht **3 C** 305ff.
– Befreiungsantrag im Wasserrecht **3 C** 315f.
– Befreiungsermessen im Wasserrecht **3 C** 317
– Begründung bei Wasserversorgungspflicht **3 C** 290ff.
– Entsorgungsinfrastruktur **3 B** 87
– gefährliche Abfälle **3 B** 88
– gesetzliche Wasserversorgungspflicht **3 C** 290ff.
– Gewässerbenutzung **3 C** 167
– Grünabfall, Selbstkompostierer **3 B** 233ff.
– rechtliche Wirkung im Wasserrecht **3 C** 300ff.
– Rechtsweg bei Streitigkeiten im Wasserrecht **3 C** 321
– Teilnutzung im Wasserecht **3 C** 310ff.
– Unzumutbarkeit im Wasserrecht **3 C** 308f.
– Wasserversorgungspflicht bei Satzung **3 C** 294ff.
**Anschlussbeitragsrecht**
– Abwasser **4** 104
– Anfechtungsklage gegen Abwasserbeitragsbescheid, Muster **4** 162
– ansatzfähige Kosten **4** 104
– Beitrag, Benutzungsgebühr **4** 104ff.
– Beitragserhebungspflicht **4** 106
– Beitragssatz/-kalkulation **4** 113ff.
– Bekanntgabe des Bescheids **4** 121
– Benutzungsgebühr, s. a. dort **4** 122ff.
– Bestimmtheit des Bescheides **4** 121
– Entwässerungsanlage **4** 117ff.
– Ermittlung des Beitrages **4** 117ff.
– Gebührenkalkulation **4** 107
– Globalberechnung **4** 120ff.
– Herstellung einer öffentlichen Einrichtung **4** 108ff.
– Kanalisation **4** 111
– Kommunalabgaben **4** 103ff.
– leistungsgebundene Einrichtung **4** 104ff.
– Misch-/Trennsystem **4** 109
– Wasserversorgungsbeitrag **4** 103ff.
**Anspruchseinbürgerung**
– s. deutsche Staatsangehörigkeit
– s. Einbürgerung
**Anstiftung**
– Dienstvergehen **6 B** 35
**Antennenanlage**
– bauliche Anlage **2 A** 6f.
– Veränderungssperre **2 A** 106

**Antidumpingverfahren**
– europäisches Verwaltungsverfahren, s. EU-Antidumpingverfahren
**Antrag**
– Ablehnung bei Umweltinformation **1 B** 109 f.
– Informationsanspruch, IFG **1 B** 222 ff.
– Informationsanspruch, VIG **1 B** 298 ff.
– Stattgabe bei Umweltinformation **1 B** 106 ff.
– Umweltinformationsanspruch **1 B** 49, 100 ff.
**Anwalt**
– s. verwaltungsrechtliches Mandat
**Anwaltszwang**
– Disziplinarrecht, Berufungs-/Revisionsinstanz **6 B** 233
**Anwendbarkeit, unmittelbare**
– Unionsrechtsvorschrift **1 C** 97 ff.
**Anwendungsvorrang**
– Unionsrecht **1 C** 100 ff.
**Anzeigeverfahren**
– Anlagenänderung **3 A** 165 f.
**Äquivalenzgebot**
– indirekter Vollzug **1 C** 90
**Äquivalenzprinzip**
– Benutzungsgebühr, Abwasserrecht **4** 154
**Arbeits-/Sozialrecht, Ausländer**
– Arbeitserlaubnis **7 A** 172 ff.
– Berufsausbildungsförderung **7 A** 186
– Beschäftigungsverbot **7 A** 174
– Beschäftigungsverordnung **7 A** 173
– Elterngeld **7 A** 185
– Grundsicherung für Arbeitssuchende **7 A** 176 f.
– illegale Beschäftigung **7 A** 175
– Kindergeld **7 A** 181 ff.
– Krankenhilfe **7 A** 179
– Leistungssätze **7 A** 179
– Sozialhilfe **7 A** 178 ff.
**Arbeitsmarkt**
– erleichterter Zugang für Familienangehörige, Ausländerrecht **7 A** 162 ff.
**Arbeitspapiere**
– Abfallrecht **3 B** 26
**Arbeitsplatzbeschreibung**
– Beurteilung eines Beamten **6 A** 81
**Artenschutz**
– Ausgleichsmaßnahmen **1 D** 168
– behördliche Ausnahmen **1 D** 169 ff.
– Eingriffe/Vorhaben **1 D** 165 ff.
– Einsichtsrecht in Unterlagen **3 D** 163
– Fauna-Flora-Habitat-Richtlinie **1 D** 157
– Fortpflanzungs-/Ruhestätten **1 D** 162
– Planfeststellung **1 D** 156 ff.
– Störungsverbote **1 D** 161
– Vogelschutzrichtlinie **1 D** 158
– Zugriffsverbote **1 D** 159 ff.
**Artenschutz, besonderer**
– Ausnahmen **3 D** 138 f.

– Ermittlungs-/Bewertungsmethoden **3 D** 137
– Schutz von Lebensstätten **3 D** 132
– Schutz von Pflanzenarten **3 D** 133
– Störungsverbot **3 D** 131
– Tötungsverbot **3 D** 130
– zulässige Eingriffe **3 D** 134
**Assoziationsrats-Beschluss**
– türkische Staatsangehörige **7 A** 161 ff.
**Asylablehnung**
– ernsthafte Zweifel an Bundesamtsentscheidung **7 B** 100
**Asylanerkennung**
– Rücknahme **7 B** 177
**Asylanerkennungsausschlussgrund** **7 B** 127
**Asylantrag**
– Abschiebungsandrohung, s. a. dort **7 B** 88
– Asylnachsuchen **7 B** 55
– Aufenthaltsgestattung **7 B** 56 ff.
– Beschleunigungsgebot **7 B** 37
– Bundesamt für Migration und Flüchtlinge **7 B** 3
– Definition **7 B** 48, 53 ff.
– Einreise aus sicherem Drittstaat **7 B** 35
– Familieneinheit **7 B** 49
– Familienzusammenführung **7 B** 112
– fiktiver Antrag **7 B** 50 f.
– Flughafenverfahren **7 B** 34
– Folgeantrag **7 B** 37
– Gelegenheit zur Stellungnahme **7 B** 36
– Gesuch **7 B** 45
– Grenze **7 B** 26
– kleines Asyl **7 B** 53
– Luftweg **7 B** 34 ff.
– offensichtlich unbegründeter Antrag **7 B** 179
– Rechtsbeistand **7 B** 36
– Unverzüglichkeitsgebot **7 B** 37
– verspätet gestellt **7 B** 47
– Verstoß gegen Mitwirkungspflicht **7 B** 47
– Verzicht auf Verfahren **7 B** 52
**Asylantrag, unzulässiger**
– Dublin II Verordnung **7 B** 111 ff.
– Zuständigkeit eines anderen Staates **7 B** 112
**Asylbewerber**
– Abschiebungsverbote **7 B** 146 ff.
– Anschriftenänderung **7 B** 10
– Anspruch auf fehlerfreie Ermessensausübung **7 B** 33
– Asylbegehren an der Grenze **7 B** 25
– Asylnachsuchen **7 B** 45
– Aufenthaltsgewährung zum vorübergehenden Schutz **7 B** 23
– Aufnahme aus dem Ausland **7 B** 23
– Belehrung **7 B** 8
– Dublin II Verordnung **7 B** 33
– Einreise/Sichtvermerk **7 B** 26

[Asylbewerber]
- Einreisegestattung 7 B 38 f.
- Einreiseverweigerung 7 B 28 f., 40
- Ersatzzustellung 7 B 17
- Flüchtlingsgründe 7 B 37
- Glaubwürdigkeit 7 B 63
- Minderjähriger 7 B 21
- Mitwirkungspflicht 7 B 7, 61 ff.
- öffentliche Zustellung 7 B 18
- Passbeschaffung 7 B 62 f.
- Rechtsprechung des BVerfG 7 B 30 f.
- Sachverhaltsaufklärung 7 B 62
- sicherer Herkunftsstaat 7 B 94
- Status als politischer Flüchtling 7 B 68
- Todesstrafe 7 B 147
- Übersetzung 7 B 12
- Unterbringung 7 B 82
- Verteilung 7 B 82
- Verweildauer auf dem Flughafen 7 B 44
- Widerruf/Rücknahme 7 B 174 ff.
- Wohnsitzaufnahme in einer Aufnahme-einrichtung 7 B 59 ff.
- Wohnsitzwechsel 7 B 82
- Zurückschiebung 7 B 32, 45
- Zuweisungsbescheid 7 B 82

**Asylfolgeantrag**
- Ablehnung des Eilantrages 7 B 77
- Abschiebeandrohung 7 B 72
- Abschiebeverbote 7 B 73
- Abschiebungshaft 7 B 81
- Änderung der Sach-/Rechtslage 7 B 67
- Asylzweitantrag 7 B 132 ff.
- Aufenthaltsgestattung 7 B 57, 71
- Bundesamtskonpetenz 7 B 80
- Folgeantrag als Abschiebungshindernis 7 B 70
- Folgeschutzgesuch 7 B 80
- Grundsätzliches 7 B 67 ff.
- Hauptsacheentscheidung 7 B 79
- ohne Begründung 7 B 68
- Rechtsschutz 7 B 74 ff.
- Status als politischer Flüchtling 7 B 68
- unerheblicher Folgeantrag 7 B 73
- unschlüssig 7 B 68, 72
- verwaltungsgerichtliche Entscheidung 7 B 77
- weiteres Verfahren 7 B 71
- Wiederaufgreifensgründe 7 B 68

**Asylgesuch**
- s. Asylantrag

**Asylklage**
- Ablehnung 7 B 102
- bei unbeachtlichem/unzulässigem Asylantrag 7 B 109 ff.
- gefälschte/widersprüchliche Beweise 7 B 105
- kollektive Verfolgungssituation 7 B 103
- teilweise Aussetzung der Abschiebung 7 B 106 ff.

**Asylklageverfahren**
- Berufung 7 B 183
- Beschwerdeausschluss 7 B 185 f.
- Besetzung des Gerichts 7 B 180
- Entscheidung des Gerichts 7 B 182
- Gerichtskosten/Gegenstandswert 7 B 184
- örtliche Zuständigkeit 7 B 181
- Verwaltungsgericht 7 B 178 ff.

**Asylnachsuchen**
- Ausländerbehörde 7 B 45

**Asylrecht**
- Abschiebungshindernisse, s. dort
- Abschiebungsverbote, s. a. dort 7 B 145 ff.
- allgemeine Bestimmungen 7 B 1 ff.
- Allgemeines 7 B 1 ff.
- Änderung der Verhältnisse im Heimatstaat 7 B 174
- Annahme/Erneuerung Nationalpass 7 B 173
- Ausländer 7 A 2
- Ausreisefrist 7 B 4
- Ausschluss des Widerspruchsverfahrens 7 B 20
- besondere Zustellung 7 B 16
- Erlöschen der Flüchtlingseigenschaft 7 B 174 ff.
- Flüchtlingskommissar 7 B 6
- großes/kleines Asyl 7 B 2
- Rechtsprechung des BVerfG 7 B 41
- Schutzbereich Art. 1 GFK 7 A 168 ff.
- Staatenloser 7 A 167
- vorübergehende Aussetzung 7 B 22
- Zustellung 7 B 7 ff.

**Asylverfahren**
- Dublin II Verordnung 7 B 130

**Asylzweitantrag**
- Zuständigkeiten 7 B 132 ff.

**Atmosphäre**
- Umweltinformationsanspruch 1 B 25

**Aufenthaltsbeendigung**
- Ausreisepflicht 7 A 80 ff.
- Ausweisung 7 A 81
- Ermessen 7 A 82
- EU-Bürger 7 A 160
- türkischer Staatsangehöriger 7 A 163

**Aufenthaltsgesetz**
- gleichgeschlechtliche Lebensgemeinschaften 7 A 37
- lebenspartnerschaftliche Gemeinschaft 7 A 32
- primärer Zweck 7 A 1
- Verweildauer auf dem Flughafen 7 B 44

**Aufenthaltsgestattung**
- Asylfolgeantrag 7 B 57
- Bundesamtsverfahren, Asylrecht 7 B 71
- Entstehung 7 B 56 ff.

**Aufenthaltskarte**
- Ausländerrecht 7 A 15

**Aufenthaltsrecht**
- eigenständiges 7 A 36

**Aufenthaltstitel**
- s. a. Daueraufenthaltsgenehmigung
- s. a. Visum
- Ablauf als Erlöschensgrund 7 A 91
- allgemeine Erteilungsgrundsätze 7 A 22, 26
- Allgemeines 7 A 13 ff.
- Arbeitserlaubnis 7 A 171
- Aufenthaltsrecht der Kinder 7 A 38 ff.
- Ausbildungszweck 7 A 50
- Auslandsaufenthalt als Erlöschensgrund 7 A 93 ff.
- Ausnahmen 7 A 18
- Ausreisepflicht 7 A 100 ff.
- Ausschlussgründe 7 A 27
- Beantragung der Verlängerung 7 A 91
- Bedingung 7 A 19
- Beschäftigungszweck 7 A 52 ff.
- deutsche Rentenempfänger 7 A 47
- ehemalige Deutsche 7 A 48 f.
- eigenständiges Aufenthaltsrecht ausländischer Kinder 7 A 43
- einstweiliger Rechtsschutz 7 A 13
- Eintritt der Volljährigkeit 7 A 41
- Erlaubnisfiktion 7 A 76 ff.
- Erlöschen 7 A 81, 89 ff.
- Ermessensausübung 7 A 55
- Ermessensentscheidungen 7 A 23 ff.
- Erwerbstätigkeit 7 A 79
- fehlender Verlängerungsantrag 7 A 102
- Fiktionsbescheinigung 7 A 20
- Forschungszweck 7 A 51
- Freistellung für heimatlose Ausländer 7 A 166
- Geduldete 7 A 53
- gesetzliche Erteilungsansprüche 7 A 21
- gesetzliche Grundlagen 7 A 19
- gleichgeschlechtliche Lebensgemeinschaften 7 A 37
- humanitäre Gründe 7 A 58 ff.
- Interessen der BRD 7 A 26
- lebenspartnerschaftliche Gemeinschaft 7 A 32
- nachträgliche Befristungen 7 A 19
- Recht auf Wiederkehr 7 A 46 f.
- Rechtsschutz gegen Auflage 7 A 19
- Regelversagungsgrund Sozialhilfe 7 A 180
- selbständige Tätigkeit 7 A 56 f.
- Sicherung des Lebensunterhalts 7 A 26
- sonstige Angehörige 7 A 44 f.
- spezielle Widerrufsgründe 7 A 99
- Staatenloser 7 A 166
- türkischer Staatsangehöriger 7 A 16
- unbefristetes Aufenthaltsrecht der Kinder 7 A 42
- Verfahren bei Aufenthalts-/Niederlassungserlaubnis 7 A 13
- Verlängerung 7 A 74 ff.
- Verlängerungsantrag 7 A 76
- Verlöbnis 7 A 37
- Visa 7 A 95
- Widerruf als Erlöschensgrund 7 A 96
- Widerruf gegenüber Familie 7 A 98
- Widerrufsgründe 7 A 97
- Zweckbestimmung 7 A 13

**Aufenthaltszweck**
- Aufenthalt/Nachzug von Familienangehörigen 7 A 29 ff.
- einzelne/wichtige 7 A 28

**Aufhebungsbeschluss der Enteignung**
- Rechtsschutz 2 D 134

**Aufklärung**
- Altlasten 3 E 101 ff.

**Auflage**
- Baugenehmigung 2 A 85
- Genehmigungsbescheid, BImSchG 3 A 123
- Nichterfüllung, BImSchG 3 A 142 ff.

**Auflage, modifizierende**
- Baugenehmigung 2 A 86 ff.

**Aufnahmeeinrichtung**
- Fristen, Asylrecht 7 B 59

**Aufrechnungsmöglichkeit**
- EU-Finanzhilfeprogramme 1 C 24

**Aufschiebende Wirkung**
- Antrag auf Wiederherstellung 1 A 89; 7 A 151
- Antrag im Baunachbarstreit 2 A 137 ff.
- Aufenthaltsgestaltung 7 A 17
- Ausführungsanordnung 2 D 128
- Ausländerbehörde 7 A 150
- aussichtsloses Rechtsmittel 1 A 92
- Baugenehmigung, Rechtsmittel der Gemeinde 2 A 112
- Beamtenrecht 6 A 322
- Besitzeinweisung im Umlegungsrecht 2 C 111
- Einreise aus sicherem Drittstaat/EU 7 A 17
- Enteignung 2 D 128
- keine bei vorzeitiger Besitzeinweisung 2 D 121
- Klage gegen Versetzung/Abordnung 6 A 160
- Kosten 1 A 86
- Nachbarwiderspruch, Baugenehmigung 2 A 111 f.
- Leistungsgesetz 7 A 176 ff.
- nicht bei Aufenthaltstitel 7 A 151 ff.
- öffentliche Aufgaben 1 A 86
- Planfeststellungsbeschluss 2 D 121
- Polizeimaßnahmen 1 A 86
- Rechtsschutz gegen vorzeitige Pensionierung 6 A 184
- Umlegungsbeschluss 2 C 30
- Umlegungsrecht 2 C 97

1591

[Aufschiebende Wirkung]
- vorläufige Disziplinarmaßnahme 6 B 206
- Widerspruch gegen Disziplinarverfügung 6 B 189

**Aufsichtsbehörde**
- Informationsanspruch, IFG 1 B 185 ff.
- Umweltinformationsanspruch 1 B 144

**Aufstellungsverfahren**
- Emissionshandel 3 A 210

**Aufstieg**
- s. a. Beförderung eines Beamten 6 A 136 f.

**Aufwendungen**
- Enteignungsverfahren 2 D 139

**Augenschein**
- Disziplinarverfahren 6 B 146 ff.

**Ausbildungszeiten**
- ruhegehaltsfähige Dienstzeiten 6 A 231

**Ausflugsfahrten**
- Definition 5 C 46

**Ausforschung**
- Abfallentsorgungsunternehmen 3 B 69
- Umweltinformationsanspruch 1 B 102 ff.

**Ausführungsanordnung**
- Aufhebung des Enteignungsbeschlusses 2 D 131
- aufschiebende Wirkung, Enteignung 2 D 128
- Begründetheit, Enteignung 2 D 127
- VA-Qualität bei Enteignung 2 D 126
- Voraussetzungen Enteignungsbeschluss 2 D 124
- Zeitpunkt nach Unanfechtbarkeit des Beschlusses 2 D 125
- Zustellung/Mitteilung 2 D 125

**Ausfuhrverbot**
- Abfallrecht 3 B 123

**Ausgleichsanspruch**
- mehrere Sanierungsverpflichtete 3 E 265 ff.
- Planfeststellung 1 D 190

**Ausgleichsfläche**
- Grünflächen 2 C 76
- Umlegungsverfahren 2 C 69
- Wertmaßstab 2 C 74

**Ausgleichsleistung**
- Fälligkeit im Umlegungsrecht 2 C 102

**Ausgleichsmaßnahmen**
- Artenschutz 1 D 168

**Ausgrabungen**
- Bodenschutzrecht 3 E 62 f.

**Auskunft**
- Abfallrecht 3 B 115
- Informationsanspruch, IFG 1 B 234 ff.
- Umweltinformationsanspruch 1 B 116

**Auskunftsverweigerungsrecht**
- Abfallrecht 3 B 115

**Auslagen**
- Umlegungsverfahren 2 C 26
- Umweltinformationsanspruch 1 B 127, 132

**Ausland**
- Aufnahme aus dem Ausland 7 B 23

**Ausländer**
- Begriff 7 A 1
- heimatlos 7 A 166
- Studienbewerber 8 100

**Ausländerbehörde**
- Abschiebung 7 B 161
- Antrag auf Wiederaufgreifen 7 A 149
- Antrag auf Wiederherstellung der aufschiebenden Wirkung 7 A 151 f.
- Ausreiseaufforderung 7 B 167
- Bundesamt für Migration und Flüchtlinge 7 B 13
- Duldung 7 B 161
- Präklusionsmöglichkeit bei Mitwirkung 7 A 147
- Prüfung von Abschiebungsverboten 7 B 46
- Wiederaufgreifen 7 B 160
- Zuständigkeiten 7 A 116

**Ausländerrecht**
- allgemeine Vorschriften 7 A 4
- Asylrecht 7 A 2
- Aufenthaltstitel 7 A 13 ff.
- Bafög 7 A 186
- Behördenzuständigkeit 7 A 144
- Darlegung-/Mitwirkungspflicht 7 A 146
- deutsche Staatsangehörigkeit 7 A 187 ff.
- diplomatisches/konsularisches Personal 7 A 14
- Ehe 7 A 30
- Familie 7 A 31
- Freundschafts-/Niederlassungsverträge 7 A 165
- Gesetzesänderungen 7 A 3
- Handlungsfähigkeit Minderjähriger 7 A 145
- Inländerdiskriminierung 7 A 155
- Nato Stationierungsstreitkräfte 7 A 14
- Option bei der Staatsangehörigkeit 7 A 192
- Rechtsmittel ohne Suspensiveffekt 7 A 151 f.
- Rechtsstellung der Staatenlosen 7 A 167
- Rechtsstellung heimatloser Ausländer 7 A 166
- Regelungsinhalt 7 A 2
- Sondernormen Arbeits-/Sozialrecht 7 A 8
- Sondernormen, sonstige 7 A 153 ff.
- Sonderregelungen 7 A 6
- türkischer Staatsangehöriger 7 A 161 ff.
- Verlust der deutschen Staatsangehörigkeit 7 A 208 f.
- Verwaltungsvorschriften 7 A 9

**[Ausländerrecht]**
– weitere nationale Vorschriften **7 A** 7
– wichtige EU-Normen **7 A** 5
**Auslegung von Unterlagen**
– Anlagengenehmigungsverfahren **3 A** 63 ff.
– EU-verwaltungsrechtliches Mandat **1 C** 72
– Planentwurf und Begründung **2 B** 144
– Planfeststellung **1 D** 23 ff.
– Unionsrechtsvorschrift **1 C** 108 ff.
**Ausnahmebewilligungen**
– Eintrag in der Handwerksrolle **5 A** 162 ff.
– Kenntnisse und Fähigkeiten aus EU-Staat **5 A** 168 ff.
**Ausreise**
– Erlöschen des Aufenthaltstitels **7 A** 92
**Ausreiseaufforderung 7 B** 167
**Ausreisefrist 7 B** 4, 77
**Ausreisepflicht**
– Asylgesuch **7 B** 45
– Aufenthaltstitel **7 A** 100 ff.
– aus BRD **7 A** 104
– Ausweisung **7 A** 105
– Bekanntgabe **7 A** 101
– Durchsetzen **7 A** 107 ff.
– in anderen EU-Staat **7 A** 104
– Pass/Passersatzverwahrung **7 A** 106
– sofort **7 A** 102
– Verlassenspflicht **7 A** 103
**Aussagegenehmigung**
– Disziplinarrecht **6 B** 147
**Aussageverweigerungsrecht**
– Disziplinarverfahren **6 B** 97
**Ausschlussfrist**
– Widerruf der Genehmigung, BImSchG **3 A** 150
**Ausschlussgründe**
– Umweltinformationsanspruch **1 B** 48 ff.
**Ausschreibung**
– Beamtenbeförderung **6 A** 99
– Drittbeauftragung, Abfallrecht **3 B** 103
– Errichtung beitragsfähiger Einrichtungen **4** 112
**Außenbereich**
– behördeninterne Mitwirkungsakte **2 A** 36
– Darstellungen im B-Plan **2 B** 205
– Kommunalabgabenrecht **4** 121
– planungsrechtliche Zulässigkeit **2 A** 43
– raumbedeutende Vorhaben **2 B** 205
– Satzung **2 B** 231
– Zurückstellung des Baugesuch **2 A** 109
**Außerdienstliches Fehlverhalten**
– s.a. Disziplinarrecht **6 B** 4
**Aussetzung der Vollziehung**
– Gebührenforderung, Abfallrecht **3 B** 247
**Aussetzungsverfahren**
– Kommunalabgaben **4** 54 ff.
– Musterformulierungen **4** 160
– Satzungsmängel **4** 59
– Streitwert **4** 61
**Ausübungsberechtigung**
– Antragsformular **5 A** 157
– Ausnahmebewilligungen **5 A** 162 ff.
– Berufserfahrung **5 A** 160 f.
– erweitertes Handwerk **5 A** 156
– Handwerksrolle **5 A** 154 ff.
– höhere Verwaltungsbehörde **5 A** 157
– ohne Meisterprüfung **5 A** 158 ff.
– Schornsteinfeger **5 A** 159
**Auswärtigenzuschlag 4** 157
**Ausweisung**
– Abschiebungsbegünstigung **7 A** 88
– Abweichen von Normsituation **7 A** 86
– Aufenthaltsbeendigung **7 A** 81
– besondere Gefährlichkeit **7 A** 84
– Einschleusungstaten **7 A** 85
– Erlöschen des Aufenthaltstitels **7 A** 90
– Freiheitsstrafe **7 A** 84 f.
– Gewalttätigkeitsdelikte **7 A** 85
– Interessen der BRD **7 A** 83
– öffentliche Sicherheit und Ordnung **7 A** 83
– Rauschgiftmitteldelikte **7 A** 85
– Regel~ **7 A** 85
– Vorbereitungshaft **7 A** 140
– zum Aufenthalt begünstigte Personen **7 A** 87

**Baden-Württemberg**
– Abstandsvorschriften, Baurecht **2 A** 46
– Altlastenbearbeitung **3 E** 76
– Änderung baulicher Anlagen **2 A** 21
– Anzeigepflichten bei Altlasten **3 E** 87 ff.
– Bauantragsunterlagen **2 A** 63
– Baugenehmigung und Altlasten **2 A** 89
– Baulast **2 A** 52
– Bauleitplanung **2 B** 12
– Bauordnungsrecht **2 A** 1
– Bauvorbescheid **2 A** 56
– Gebühren, Baugenehmigung **2 A** 80
– Geltungsdauer, Baugenehmigung **2 A** 81
– Geltungsdauer, Bauvorbescheid **2 A** 59
– Kommunalabgaben **4** 20
– Nachbarbeteiligung, Baugenehmigung **2 A** 97
– Normenkontrolle gegen Abfallwirtschaftsplan **3 B** 139
– Nutzungsänderung, Genehmigung **2 A** 27
– Präklusion im Baunachbarstreit **2 A** 125
– Stellplatz, Ablösung **2 A** 55
– Stellplatzpflicht **2 A** 47
– Umweltinformation **1 B** 1
– Verfahrensbeschleunigung, Baugenehmigung **2 A** 74
– Verfahrensgang, Baugenehmigung **2 A** 73 ff.

1593

**[Baden-Württemberg]**
- Wohnbauvorhaben, Kenntnisgabeverfahren **2 A** 16

**Bafög**
- Ausländerrecht **7 A** 186

**Bagatellverfehlung**
- Abgrenzung zum Dienstvergehen **6 B** 31 ff.
- Einstellung des Disziplinarverfahrens **6 B** 178

**Ballungsgebiet**
- Wohnbauvorhaben **2 A** 11

**BAMF**
- Abschiebungshindernisse **7 A** 114 ff.

**Baseler Übereinkommen**
- Verbringung gefährlicher Abfälle **3 B** 9

**Batterien, Akkumulatoren**
- Rücknahme-/Rückgabepflicht **3 B** 89
- VO über Rücknahme und Entsorgung **3 B** 12

**Bauabfall 3 B** 70

**Bauaufsicht**
- Mitwirkung anderer Behörden **1 A** 57

**Bauaufsichtsbehörde**
- Bauantragsablehnung **2 A** 18
- Zurückstellung des Baugesuch **2 A** 108

**Bauausführung**
- Planfeststellung und Beeinträchtigung während der ~ **1 D** 214 f.
- Unterbrechung **5 B** 54

**Baueinstellungsverfügung 2 A** 24

**Bauflächen 2 B** 204

**BauGB**
- Bauleitplanung **2 B** 4
- Drittschutz **1 A** 104
- Öffentlichkeitsbeteiligung bei Spielhallen **5 B** 74
- Verfahrensfehlerausschluss **1 A** 125
- verfahrensrechtliche Bestimmungen zur Baugenehmigung **2 A** 3
- Zuordnungsfestsetzungen **3 D** 202

**Baugebiete**
- Arten **2 B** 48
- Einzelhandel, großflächig **2 B** 52
- Festsetzung **2 B** 50
- Flächennutzungsplan **2 B** 204
- Gliederung **2 B** 51
- Hafengebiet **2 B** 52
- Naturschutz, Gemeindeermittlungspflicht **3 D** 194
- Nutzungsspektrum **2 B** 52
- Sondergebiet **2 B** 52
- Zweckbestimmung **2 B** 49

**Baugebot**
- Umlegungsrecht **2 C** 93

**Baugenehmigung**
- Abgrenzung Auflage und modifizierende Auflage **2 A** 87
- Abgrenzung Neubau und Instandsetzung **2 A** 23
- Ablehnung der Baugenehmigung **2 A** 114 f.
- Abstandsvorschriften **2 A** 46
- Abweichung **2 A** 50, 69 f., 79
- allgemeines Verwaltungsverfahrensrecht **2 A** 2
- Altlasten **2 A** 89
- Änderung baulicher Anlagen **2 A** 21 f.
- Anhörung der Gemeinde **2 A** 73
- Anregungen der Behörde **2 A** 66
- Antrag auf Erteilung **2 A** 61 ff.
- Antrag, Vollständigkeit und Eindeutigkeit **2 A** 66
- Antragsberechtigung **2 A** 65
- Arten von Nebenbestimmungen **2 A** 85
- Auflagen **2 A** 85
- Ausnahmen **2 A** 50, 69 f., 79
- Außenbereichsvorhaben **2 A** 43
- Bauantragsunterlagen **2 A** 63 ff.
- Bauaufsichtsbehörde, Prüfungsumfang **2 A** 69
- Bauherr **2 A** 64
- Baulast **2 A** 52 ff.
- Baulast und Duldung von Immissionen **2 A** 53
- bauliche Anlage, Begriff **2 A** 6
- BauNVO **2 A** 40
- Bauvorbescheid, s. dort
- Bedingungen **2 A** 85
- Befreiung **2 A** 50, 69 f., 79
- Befreiung, nachträglich **2 A** 70
- behördeninterne Mitwirkungsakte **2 A** 36
- Beratungs-/Hinweispflichten der Behörde **2 A** 73
- Berücksichtigung der Geschossfläche **2 A** 24
- Beseitigung verfallender Anlagen **2 A** 95
- Denkmalschutz **2 A** 37
- Eigentumsübertragung **2 A** 83
- Einvernehmen mit der Gemeinde **2 A** 36
- Einzelhandelsbetrieb **2 A** 90, 106
- Entschädigungsansprüche **2 A** 123
- Entscheidungsfrist **2 A** 74
- Erforderlichkeit einer Genehmigung **2 A** 5 ff.
- Erlöschen **2 A** 81
- Errichtung/Abbruch einer baulichen Anlage **2 A** 5
- Erschließung, ausreichend **2 A** 48
- falsche Baugrundstückgröße **2 A** 67
- fehlende Bekanntmachung **2 A** 78
- Feststellungsklage über Genehmigungspflicht **2 A** 25
- fiktive Baugenehmigung **2 A** 77
- Fristen für Genehmigung **2 A** 20
- Gebühren **2 A** 80
- Geltungsdauer **2 A** 81 ff.
- gemeindliches Einvernehmen, Fiktion **2 A** 103

**[Baugenehmigung]**
- gemeindliches Einvernehmen, Verweigerung **2 A** 102 ff.
- Genehmigungserteilung **2 A** 78 ff.
- Genehmigungsfähigkeit **2 A** 39
- Genehmigungsfiktion **2 A** 20, 74
- genehmigungsfreie Anlagen **2 A** 7
- Genehmigungshindernisse **2 A** 96 ff.
- Genehmigungshindernisse, Überwindung materieller **2 A** 49 ff.
- geringfügige Änderungen **2 A** 88
- im Zusammenhang bebauter Ortsteil **2 A** 42
- Inhalt des Antrags **2 A** 61 ff.
- Instandsetzungs-/Unterhaltungsarbeiten **2 A** 23 ff.
- Klärungsauftrag **2 A** 4
- Kontaktaufnahme mit der Genehmigungsbehörde **2 A** 75
- Konzentrationswirkung **2 A** 32 ff.
- Landesbauordnungen **2 A** 1
- materielle bauordnungsrechtliche Beurteilung **2 A** 45 ff.
- Mitwirkungsrechte anderer Behörden **2 A** 73
- modifizierende Auflage **2 A** 86 ff.
- modifizierende Baugenehmigung **2 A** 88
- Musterbauordnung **2 A** 1
- Nachbarrecht, s. dort
- nachträgliche Aufhebung **2 A** 93 f.
- Nachtragsgenehmigung **2 A** 92
- Nebenbestimmungen, Zulässigkeit **2 A** 84
- Nutzungsänderung, Genehmigung **2 A** 26 ff.
- Nutzungsunterbrechung **2 A** 82
- öffentliche Sicherheit und Ordnung **2 A** 89
- partielle Konzentrationswirkung **5 B** 17
- Planänderung **2 A** 51
- Planfeststellungsverfahren **2 A** 32 ff.
- planungsrechtliche Beurteilung **2 A** 40 ff.
- protokollierter Gerichtsvergleich **2 A** 78
- Prüfungsumfang der Baubehörde **2 A** 38
- Prüfungsumfang, Landesbaurecht **2 A** 18
- qualifizierter B-Plan **2 A** 40
- Rechtsmittel der Gemeinde und aufschiebende Wirkung **2 A** 112
- Schadensersatz bei Falschauskunft **2 A** 122
- Schadensersatz bei rechtswidriger Ablehnung **2 A** 118
- Schadensersatz bei rechtswidriger Erteilung **2 A** 121
- Schadensersatz bei Verzögerung **2 A** 119
- Schlusspunkttheorie **2 A** 38
- Schriftform **2 A** 78 ff.
- Schwarzbau **2 A** 80
- sofortige Vollziehbarkeit bei Nachbarwiderspruch **2 A** 111 f.
- spezialgesetzliche Genehmigung **2 A** 32 ff.
- Spielhallenrecht **5 B** 7 ff.
- Stellplatzpflicht **2 A** 47
- Stellplatzpflicht, Ablösung **2 A** 55
- Tätigkeiten vor Antragstellung **2 A** 4 ff.
- Teilbaugenehmigung **2 A** 91
- Untätigkeitsklage **2 A** 76
- unterschiedliche Anträge **2 A** 71
- Verwaltungsakt mit Doppelwirkung **1 A** 74
- Veränderungssperre **2 A** 106 ff.
- vereinfachtes Genehmigungsverfahren **2 A** 18 ff.
- vereinfachtes Genehmigungsverfahren und Rücknahme **2 A** 94
- Verfahrensbeschleunigung **2 A** 74
- Verfahrensdauer, überlang **2 A** 75 ff.
- Verfahrensfristen **2 A** 73
- Verfahrensgang **2 A** 73 ff.
- verfahrensrechtliche Bestimmungen im BauGB **2 A** 3
- Vertrauensschutz **2 A** 121
- Vollgeschoss **2 A** 3
- Vorhaben- und Erschließungsplan **2 A** 44
- Weiterleitung des Bauantrags an Genehmigungsbehörde **2 A** 73
- wiederholter Bauantrag **2 A** 72
- Wirksamkeit bei Nichtnutzung **5 B** 54
- Wohnbauvorhaben, s.a. dort **2 A** 8 ff.
- Wohnwege **2 A** 48
- Zuordnung des Grundstücks **2 A** 40 f.
- Zurückstellung **2 A** 108

**Baulandgericht**
- Beweisaufnahme von Amts wegen **2 D** 146
- Kammer für Baulandsachen **2 D** 145
- Verfahren **2 D** 141 ff.
- Würdigung nicht vorgebrachter Tatsachen **2 D** 146
- ZPO **2 D** 142

**Baulandprozess**
- Berufung/Beschwerde **2 D** 149
- Gegenstand **2 D** 143
- kein Versäumnisurteil **2 D** 148
- Urteil **2 D** 147

**Baulandsachen**
- Gerichtsverfassung **2 C** 119
- Inzidentkontrolle **2 C** 63 f.
- Kostenentscheidung **2 C** 120
- Prozessordnung **2 C** 119
- Streitwert **2 C** 121
- Tenorierungsmöglichkeiten **2 C** 120
- Umlegungsverfahren **2 C** 118 ff.
- Vorkaufsrecht, Umlegung **2 C** 49

**Baulandumlegung**
- freiwillige ~ **2 C** 24

1595

**Baulast**
– Bauordnungsrecht, Zufahrt **2 A** 53
**Bauleitplanung (B-Plan)**
– s. a. B-Plan
– s. a. vereinfachtes B-Planverfahren
– abwägungserhebliche Belange **2 B** 76 ff.
– Altlastenberücksichtigung **3 E** 305 ff.
– Änderung des Planentwurfs **2 B** 173
– Anhörung **2 B** 135
– Ansprechpartner **2 B** 120
– Antragsbefugnis, Normenkontrollverfahren **2 B** 247
– Art der baulichen Nutzung **2 B** 48 ff.
– Aufgabe **2 B** 29 ff.
– Aufstellung des Flächennutzungsplanes **2 B** 201 ff.
– Ausfertigung **2 B** 182
– Ausgleich von Belangen **2 B** 88
– Ausnahmen/Befreiung von Biotopschutz **3 D** 188 ff.
– Ausschlussfrist für Mängel **2 B** 110 ff.
– Außenbereich **2 B** 205
– Außervollzugsetzungen, einstweilige Anordnung **2 B** 252
– Ausweis von Überschwemmungsgebieten **3 C** 625
– Baugebiet **2 B** 48 ff.
– Baugebietsgrenzen **2 B** 52
– Baulinien **2 B** 55
– Baumschutzregelungen **3 D** 195 f.
– Baunutzungsverordnung **2 B** 7
– Bedeutung **2 B** 1 ff., 41
– befangene Ratsmitglieder **2 B** 166 ff.
– Befreiung von Landschaftsschutzgebietsverordnung **3 D** 179 f.
– Begründung **2 B** 59 ff.
– Beitrittsbeschluss des Rates **2 B** 179
– Bekanntmachung des Verfahrensgebietes **2 B** 145
– Beratung über Planentwurf **2 B** 160 ff.
– beschleunigtes B-Planverfahren **2 B** 191 ff.
– Beschlussfassung über Planentwurf **2 B** 165 ff.
– besonderer Artenschutz **3 D** 193 f.
– beteiligte Behörden **2 B** 123
– Bewältigung von Immissionskonflikten **2 B** 93
– Bewertung **2 B** 87
– Bodenschutzrecht **3 E** 40, 85
– B-Plan, vorhabenbezogen, s. a. dort **2 B** 40
– Bundesrecht **2 B** 3 ff.
– Darstellungsweise der Festsetzungen **2 B** 43
– Dritte **2 B** 121
– Eigenverantwortung der Gemeinden **2 B** 31
– Einflussnahme auf die Planung **2 B** 95
– einstweilige Anordnung **2 B** 252
– Einzelhandelsausschluss **2 B** 63
– ergänzendes Verfahren **2 B** 188 f.
– Ergänzung des Planentwurfs **2 B** 173
– Ermittlungstiefe **2 B** 82 ff.
– erneuter Satzungsbeschluss **2 B** 189
– erste Beteiligungsphase **2 B** 131 ff.
– europäisches Netz „Natura 2000" **3 D** 101 f.
– Ewigkeitsmängel **2 B** 111
– fachrechtliche Bewertungsvorgaben **2 B** 87
– fehlerhafter B-Plan, Inkraftsetzen **2 B** 188 f.
– Fehlerkontrolle **2 B** 102 ff.
– Fertigstellung von Planentwurf und Begründung **2 B** 137 ff.
– Festsetzungen **2 B** 41
– Flächennutzungsplan **2 B** 29
– Flächenpool **3 D** 203
– Folgekostenvertrag **2 B** 99
– Form der Bekanntmachung **2 B** 147
– förmliche Behördenbeteiligung **2 B** 155
– förmliche Öffentlichkeitsbeteiligung **2 B** 142 ff.
– Formulierung der Anregungen **2 B** 153
– Fristen für Mängelgeltendmachung **2 B** 110 ff.
– Gebiet „Natura 2000" **3 D** 190 ff.
– Gebietsunverträglichkeit **2 B** 153
– gefahrfreie Nutzung, Altlasten **3 E** 308
– Gestaltungsspielraum **2 B** 65
– Gewichtung von Belangen **2 B** 88
– Gliederung von Baugebieten **2 B** 51
– Grenzen der Bebauung **2 B** 55
– grenzüberschreitende Beteiligung **2 B** 158
– Hinweispflicht der Bekanntmachung **2 B** 145
– informelle Vorstufen der Planung **2 B** 126
– Ingangsetzen der Rügefrist **2 B** 115
– Inhalt **2 B** 43 ff.
– Inkrafttreten des B-Plans **2 B** 185
– Innenentwicklung **2 B** 40, 193 ff.
– Integrationsarten von Landschaftsschutz **3 D** 224 ff.
– Interessenlage des Mandanten **2 B** 70 ff.
– Interessenwahrnehmung **2 B** 62 ff.
– interkommunales Abstimmungsgebot **2 B** 157
– Inzidentkontrolle **2 B** 186 f.
– kein Vorrang der Flächenplanung **3 D** 199 ff.
– Kennzeichnung von Altlasten **3 E** 98 ff.
– kommunalrechtliches Mitwirkungsverbot **2 B** 169
– Konfliktbewältigung **2 B** 91
– Konfliktbewältigung, Altlasten **3 E** 309
– Landesrecht **2 A** 3; **2 B** 10 ff.
– Landesrecht, Schranken **2 B** 100

**[Bauleitplanung (B-Plan)]**
- Landschaftsschutzgebiete 3 D 178 ff.
- Mängel im Abwägungsvorgang 2 B 108
- Mängel im Auslegungsverfahren 2 B 154
- Maß der baulichen Nutzung 2 B 53
- Monitoring 2 B 185
- Nachverdichtung 2 B 193 ff.
- Natur- und Landschaftsschutz 2 B 56 ff.
- Natur- und Landschaftsschutz, Folgenermittlungs-/-bewältigungsprogramm 2 B 90
- Naturschutz, europäischer 3 D 190 ff.
- Naturschutzberücksichtigung bei Aufstellung 3 D 199 ff.
- Naturschutzgesetz 2 B 6
- naturschutzrechtliche Anforderungen 3 D 175 ff.
- naturschutzrechtliche Eingriffsregelungen 3 D 197 ff.
- Naturschutzverbände 3 D 232 ff.
- Nebenbestimmungen 2 B 179
- Neuvornahme der fehlerhaften Verfahrenshandlung 2 B 189
- Normenkontrollverfahren 2 B 241 ff.
- Normenkontrollverfahren und Inzidentkontrolle 2 B 186 f.
- Nutzung elektronischer Medien im Beteiligungsverfahren 2 B 156
- Nutzungsspektrum von Baugebieten 2 B 52
- öffentliche Belange 2 B 78 ff.
- Öffentlichkeit 2 B 122
- Öffentlichkeitsbeteiligung bei Spielhallen 5 B 73 ff.
- Ökokonto 3 D 203
- Planaufstellungsbeschluss 2 B 127 ff.
- Planaufstellungsverfahren, Schema 2 B 130
- Planentwurf 2 B 61
- planerische Gestaltungsfreiheit, Altlasten 3 E 306
- Planrechtfertigung 2 B 63
- Planung in die Befreiungslage 3 D 182
- Planungsentwurfprüfung 2 B 72 ff.
- Planungshindernisse 2 B 95
- Planungsinitiative 2 B 209 ff.
- Planungsstufen 2 B 34 ff.
- Planungsträger 2 B 118 f.
- Planungswünsche 2 B 66 ff.
- Planungsziele des Mandanten 2 B 70 ff.
- Planzeichen 2 B 45
- PlanzeichenVO 2 B 8
- politischer Gestaltungsakt 2 B 63
- Primärintegragiton 3 D 225
- private Belange 2 B 76 ff.
- Prognosen 2 B 86
- qualifizierter B-Plan 2 B 47
- räumliche Teilunwirksamkeit 2 B 245
- RaumordnungsG 2 B 9
- Rechtsaufsicht 2 B 124
- rechtsaufsichtliche Kontrolle 2 B 176 ff.
- Rechtskontrolle 2 B 186 f.
- Rechtsquellen 2 B 2 ff.
- Rechtssetzung 2 B 28
- Regelungsgehalt 2 B 46 ff.
- Regelungszusammenhang 2 B 73
- Repowering 2 B 205
- rückwirkende Inkraftsetzung 2 B 188 f.
- Rügebedürftigkeit 2 B 114
- sachliche Teilbarkeit 2 B 245
- Sachverständiger für Umweltschutz 3 D 194
- Satzung 2 B 37
- Satzungen – Entwicklungssatzung, Abrundungssatzung, Außenbereichssatzung 2 B 227 ff.
- Schlussbekanntmachung 2 B 104, 180
- Schriftform der Stellungnahme 2 B 151
- Schriftform für Mängelanzeige 2 B 112
- Schwermetallbelastung 3 E 310
- Scoping 2 B 141
- Sekundärintegration 3 D 226
- Sicherung des Planes 2 B 235
- Sicherung zentraler Versorgungsbereiche 2 B 199 f.
- Sondergebiet 2 B 52
- städtebauliche Rechtfertigung 2 B 59 ff.
- städtebaulicher Vertrag 2 B 95 ff.
- Standortanforderung 2 B 71
- Stellungnahmen der Öffentlichkeit 2 B 125
- Stellungnahmen/Anregungen zum Planentwurf 2 B 151
- Teilung des B-Plan 2 B 179
- Träger der Planung 2 B 29 ff.
- Träger öffentlicher Belange 2 B 123
- überbaubare Grundstücksflächen 2 B 55
- Überplanung von Altlasten 3 E 313 ff.
- Übertragung von Ermittlungsarbeit 2 B 101
- Umweltauswirkungen 2 B 137
- Umweltbericht 2 B 59 ff., 137 ff.; 3 D 229 ff.
- umweltpolitische Ziele 2 B 78
- Umweltverträglichkeit 2 B 5
- Unbeachtlichkeitsklausel 2 B 102 ff.
- unbestimmte Festsetzung 2 B 111
- unerhebliche B-Plan-Entwurfsänderungen 2 B 179
- Untersuchungsaufwand, Altlasten 3 E 308
- Veränderungssperre 2 B 232 ff.
- Verband 2 B 32
- vereinfachtes B-Planverfahren 2 B 134, 190 ff.
- vereinfachtes B-Planverfahren, Verfahrensschema 2 B 192
- Verfahren der frühzeitigen Unterrichtung 2 B 132 ff.
- Verfahrensbeteiligte 2 B 118 ff.

**[Bauleitplanung (B-Plan)]**
- Verfahrensgehilfen **2 B** 121
- Verkündung **2 B** 183 ff.
- Verstöße gegen materielle Vorschriften des BauGB **2 B** 107
- Verstöße, Landesrecht **2 B** 116
- Vollgeschoss **2 A** 3
- Vorbereitung der förmlichen Beteiligung **2 B** 137
- Vorhaben- und Erschließungsplan, Altlasten **3 E** 318
- vorhabenbezogen, s. a. B-Plan, vorhabenbezogen **2 B** 212 ff.
- Vorratsplanung **2 B** 63
- Wahrunterstellung **2 B** 85
- Wohnbauvorhaben, s. a. dort **2 A** 8
- zeichnerische Formulierung **2 B** 44
- zulässige Festsetzungen **2 B** 46 ff.
- Zuordnungsfestsetzungen **3 D** 202
- Zurückstellung von Baugesuchen **2 B** 240
- zusammenfassende Erklärung **2 B** 181
- Zuständigkeiten **2 B** 118 ff.
- Zweckbestimmung der Baugebiete **2 B** 49 ff.
- Zweckmäßigkeit **2 B** 67
- Zwischenstadium **2 B** 137

**BaunutzungsVO**
- Bauleitplanung **2 B** 7

**Bauordnungsrecht**
- Gewässeraufsicht **3 C** 628
- Spielhallengenehmigung **5 B** 81 ff.

**Baurecht**
- genehmigungsbedürftige Anlagen **3 C** 218 ff.

**Bauvorbescheid**
- Antrag, Schriftform **2 A** 61
- Anwendungsbereich **2 A** 56
- Bauantrag, wesentliche Änderungen **2 A** 60
- Bindungswirkung **2 A** 58
- Erschließung, ausreichend **2 A** 57
- Erteilungsantrag **2 A** 56 ff.
- Geltungsdauer **2 A** 59
- Nachbarrecht **2 A** 58
- Nutzungsart **2 A** 57
- Rechtsnatur **2 A** 56
- Stellplatz **2 A** 57
- Umlegungsrecht **2 C** 45
- Zweifel über Genehmigungsfähigkeit **2 A** 56

**Bauvorhaben**
- verwaltungsrechtliches Mandat **1 A** 137

**Bauwerke**
- Abfallrecht **3 B** 18

**Bauwesen**
- Erschütterungen, DIN 4150 **1 D** 194

**Bayern**
- Abstandsvorschriften, Baurecht **2 A** 46
- Bauleitplanung **2 B** 13

- Bauordnungsrecht **2 A** 1
- Gebühren, Baugenehmigung **2 A** 80
- Kommunalabgaben **4** 20
- Nachbarbeteiligung, Baugenehmigung **2 A** 97
- Normenkontrolle gegen Abfallwirtschaftsplan **3 B** 139
- Umweltinformation **1 B** 1
- Wohnbauvorhaben, vereinfachtes Genehmigungsverfahren **2 A** 18

**Beamtenrecht**
- Abordnung **6 A** 152, 158
- Alimentation **6 A** 15
- Alters-Höchstgrenze **6 A** 26 ff.
- Anforderungsprofil **6 A** 49
- Anspruch auf amtsgemäße Beschäftigung **6 A** 164
- Arbeitsplatzkonflikt **6 A** 173
- Arten von Beamtenverhältnissen **6 A** 15 ff.
- auf Lebenszeit/Zeit **6 A** 22 f.
- Aufstieg **6 A** 165 ff.
- äußeres Erscheinungsbild **6 B** 28 Fn. 5
- Auswahlentscheidung bei Versetzung **6 A** 155 ff.
- Auswahlverfahren **6 A** 17
- Beendigung des Beamtenverhältnisses **6 A** 196 ff.
- Befähigung **6 A** 19
- Befähigung/Eignung **6 A** 52 ff.
- Beförderung **6 A** 40, 84 ff.
- Beförderung, s. Beförderung eines Beamten u. Beförderungspflicht
- Beförderungs-/Aufstiegschancen **6 A** 61
- Beförderungsrangliste **6 A** 62 ff.
- begrenzte Dienstfähigkeit **6 A** 174
- Behördenprivileg **6 A** 333
- Beihilfen **6 A** 42 ff.
- Beihilfewesen **6 A** 14
- Benachrichtigungsgebot, unterlegener Bewerber **6 A** 120
- Berufsbeamtentum und Disziplinarrecht **6 B** 7
- Beschäftigung bei Nachfolgegesellschaften **6 A** 164
- Beschwerderechte **6 A** 49
- Besoldung **6 A** 9
- Besoldung s.a. Besoldung, Beamte
- Besoldungsanspruch **6 A** 31
- Beurteilungsmängel und Auswahlverfahren **6 A** 117 ff.
- Beurteilungsrichtlinien **6 A** 75 f.
- Beurteilungsstatistik **6 A** 77
- Beurteilungsstreitigkeiten **6 A** 65
- Bewerbungsverfahren, Darlegungs- und Beweislast **6 A** 112 ff.
- Bundesrecht **6 A** 1 ff.
- Bundeswehr **6 A** 155
- Diensteid **6 A** 50

**[Beamtenrecht]**
- dienstliche Beurteilung, s. a. Beurteilung eines Beamten  **6 A** 54 ff.
- dienstlicher Wohnsitz  **6 A** 332
- dienstliches Verhalten  **6 A** 41
- DienstrechtsreformG 1997  **6 A** 33
- Dienstunfähigkeit, s. a. dort  **6 A** 172 ff.
- Dienstzeugnis  **6 A** 38
- Disziplinarrecht, s. a. dort  **6 A** 11, 45; **6 B** 1 ff.
- Disziplinarverfahren s. a. Disziplinarverfahren u. Disziplinarverfügung  **6 A** 203
- Drittschutz  **1 A** 104
- Ehrenbeamter  **6 A** 24
- einstweiliger Rechtsschutz  **6 A** 322
- einstweiliger Rechtsschutz, Prüfungsmaßstab  **6 A** 118
- Entlassung  **6 A** 192
- Entlassungstatbestände  **6 A** 197
- Ernennung  **6 A** 28 f.
- Ernennung, Begründung  **6 A** 122
- Ernennung, VA mit Doppelwirkung  **6 A** 127
- Ernennung, VA mit Drittwirkung  **6 A** 121
- EU-Staaten Angehörige  **6 A** 18
- fachliche Leistung  **6 A** 52 ff.
- Fortentwicklung  **6 A** 8
- freiheitlich-demokratische Grundordnung  **6 B** 4
- Fürsorgepflicht  **6 A** 39 ff., 161
- Gegenstandswert des Streitverfahrens  **6 A** 323 ff.
- Geschenke/Belohnungen  **6 A** 50
- Gesundheitsprüfung  **6 A** 25
- Konkurrentenklage, s. a. dort  **6 A** 106 ff.
- Konkurrentenstreit Angestellter/Beamter  **6 A** 131 ff.
- Konkurrentenstreit, bloße Stellenbesetzung  **6 A** 123
- Landesrecht  **6 A** 2 ff.
- Laufbahn  **6 A** 19
- Laufbahnwechsel  **6 A** 168
- Leistungen, fallbezogen  **6 A** 13
- Leistungsprinzip  **6 A** 32 ff.
- mehrstufiges Beurteilungsverfahren  **6 A** 76
- Mobilität des Beamten  **6 A** 152
- Nebentätigkeit  **6 A** 50, 284
- örtliche Zuständigkeit des VG  **6 A** 332 ff.
- Pensionierung, Streitwert  **6 A** 329
- Personalauswahl  **6 A** 52 ff.
- Personalführungsgespräche  **6 A** 68
- Pflichten des Beamten  **6 A** 45 ff.
- politische Mäßigung, Meinungsfreiheit  **6 A** 48
- Probebeamter, s. a. dort  **6 A** 19 ff., 191
- Probezeit bei Amt mit leitender Funktion  **6 A** 21
- Probezeit, Bewährung  **6 A** 326
- Reaktivierung von Beamten  **6 A** 185, 187
- Rechte des Beamten  **6 A** 30 ff.
- rechtsgrundlos erhaltene Leistungen  **6 A** 140 f.
- Rechtsquellen  **6 A** 1 ff.
- Rechtsschutz gegen dienstliche Beurteilung  **6 A** 69 ff.
- Rechtsschutz gegen Pensionierung wegen Dienstunfähigkeit  **6 A** 183 f.
- Rechtsschutz gegen Umsetzung  **6 A** 163
- Reisekosten-/Umsatzkostenerstattung  **6 A** 37
- Rückforderung rechtgrundloser Leistungen  **6 A** 140 ff.
- Rückforderung überzahlter Bezüge  **6 A** 139 ff.
- Rückforderung und Entreicherung  **6 A** 142 ff.
- Rückforderung von Dienstbezügen  **6 A** 204 f.
- Rücknahme/Nichtigkeit der Ernennung  **6 A** 29
- Ruhestand, s. a. dort  **6 A** 169 ff.
- Schadensersatz  **6 A** 321
- Schadensersatzansprüche bei Konkurrentenbeförderung  **6 A** 111 ff.
- Statusfragen  **6 A** 326
- Stellenbesetzung, Checkliste  **6 A** 334
- strafrechtliche Verurteilung  **6 A** 197
- Streitwerttabelle  **6 A** 331
- Teilstatus, Streitwert  **6 A** 328
- Teilzeitbeschäftigung  **6 A** 16
- Treuepflicht  **6 A** 15
- Übergangsgeld bei Entlassung  **6 A** 202
- Umsetzung  **6 A** 105, 162
- Um-/Versetzung  **6 A** 173
- Urlaub  **6 A** 38
- Verfügung s. Disziplinarverfügung
- Verjährung rückzufordernder Bezüge  **6 A** 150
- Verlust der Staatsangehörigkeit  **6 A** 197
- Verschwiegenheit  **6 A** 50 f.
- Versetzung  **6 A** 151 ff.
- Ver-/Umsetzung  **6 A** 40
- Versetzung in den Ruhestand  **6 A** 327
- Versetzungs-/Beförderungsbewerber  **6 A** 87
- Versetzungswunsch  **6 A** 161
- Versorgung  **6 A** 10, s. a. Beamtenversorgung und Hinterbliebenenversorgung
- VersorgungsänderungsG 2001  **6 A** 175
- Versorgungsanspruch  **6 A** 31
- Versorgungsrecht, s. a. dort  **6 A** 186
- Versorgungsreform 1998  **6 A** 174
- Vertretung durch Gewerkschaftssekretär  **6 A** 333
- Vertretungszwang  **6 A** 333
- Widerrufsbeamter, s. a. dort  **6 A** 19 ff., 198

**[Beamtenrecht]**
- Widerspruch vor Klageerhebung 6 A 320 ff.
- Wiedereingliederung 6 A 176
- Zurückstufung 6 A 153

**BeamtenrechtsrahmenG** 6 A 2
**BeamtenstatusG** 6 A 2 ff.
**Beamtenversorgung**
- Addition mit Rente 6 A 301
- Alternativberechnung, § 85 BeamtVG 6 A 239 ff.
- Altersteilzeit 6 A 227
- Amts-/Stellenzulagen 6 A 219
- Anpassungsfaktoren 6 A 237 ff.
- anrechenbare Arbeitsverhältnisse 6 A 229
- anrechenbare Einkünfte 6 A 291 f.
- anrechenbare Renten 6 A 303
- Ausbildungszeiten 6 A 231
- Ausgleichszulagen 6 A 220
- Beitragsfreiheit 6 A 211
- Berechnungsbeispiele 6 A 237 ff.
- Berechnungsformel 6 A 213 ff.
- Berechnungsgrundsätze 6 A 207
- Besteuerung 6 A 212
- Beurlaubung 6 A 226
- Dienstunfall 6 A 249
- dienstunfallbedingte Dienstunfähigkeit 6 A 256 ff.
- Einkünfte aus Vermietung/Verpachtung 6 A 292
- Erwerbsersatzeinkommen 6 A 293
- Familienzuschlag 6 A 217
- Frühpensionäre 6 A 253 ff.
- Hinterbliebene, s. Hinterbliebenenversorgung
- Hinzuverdienstgrenze 6 A 290
- Höchstbeträge der Rentenanrechnung 6 A 307
- Höchstgrenzen, Einkünfte 6 A 296
- Höchstpension 6 A 237 ff.
- Kapitalabfindung 6 A 317
- Kinderzuschläge 6 A 218
- mehrere Versorgungsbezüge 6 A 310 ff.
- Mindestbelassung 6 A 297 f., 309
- Mindestversorgung 6 A 234 ff.
- Nebentätigkeit 6 A 294
- Polizeizulage und Ruhegehalt 6 A 219
- private Altersvorsorge 6 A 302
- Rechtsgrundlage 6 A 206
- ruhegehaltsfähige Dienstbezüge 6 A 215 ff.
- ruhegehaltsfähige Dienstzeiten 6 A 223 ff.
- Ruhensberechnung 6 A 280 ff.
- Teilzeitbeschäftigung 6 A 227
- Überversorgung 6 A 300
- und Erwerbseinkünfte 6 A 282, 284 ff.
- und Rente 6 A 282, 299 ff.
- Unterschiede zur Rente 6 A 208 ff.
- Versorgungsabschlag 6 A 246 ff.
- Versorgungsabschlag, Berechnungsbeispiel 6 A 251
- vorgezogener Ruhestand 6 A 209
- Vorteilsausgleich 6 A 286 ff.
- vorzeitiges Ausscheiden 6 A 246 ff.
- Zielfaktor 71,75 % 6 A 210
- Zurechnungszeiten 6 A 253 ff.
- zwischen-/überstaatliche Verwendung 6 A 315 ff.

**Bedingung**
- Baugenehmigung 2 A 85
- Genehmigungsbescheid, BImSchG 3 A 123

**Bedürftigkeit**
- Disziplinarmaßnahme 6 B 63

**Befangenheit**
- Kommunalabgaben 4 33
- Ratsmitglieder, Beschlussfassung zum Planentwurf 2 B 166 ff.
- Umlegungsausschuss 2 C 32

**Befangenheitsantrag**
- Genehmigungsverfahren, BImSchG 3 A 107

**Befangenheitsrüge**
- Rechtsfolgen 1 A 14
- Verwaltungsverfahren 1 A 12 ff.

**Beförderung eines Beamten**
- Abbruch des Auswahlverfahrens 6 A 105
- Akteneinsicht 6 A 104
- Amtsvorsprung 6 A 87
- Anforderungsprofil 6 A 97 ff.
- Aufstieg 6 A 136 f., 165 ff.
- Ausschreibung 6 A 99
- Auswahl nach Art. 33 Abs. 2 GG 6 A 90 ff.
- Auswahlverfahren, Übersicht 6 A 102 ff.
- Auswahlvermerk 6 A 104
- Beförderungs-/Versetzungsbewerber 6 A 87
- Beförderungsbegriff 6 A 84
- Beförderungsdienstposten 6 A 86
- Beurteilung 6 A 89
- bisherige Leistungsentwicklung, BVerwG 6 A 92
- BVerwG zum Anforderungsprofil 6 A 89
- Dienstalter 6 A 91
- diplomatisches Geschick 6 A 101
- Disziplinarverfahren 6 A 85
- Eilverfahren, Konkurrentenstreit 6 A 104
- Erprobung 6 A 86
- Folgenbeseitigungsanspruch 6 A 111
- Frauenförderung 6 A 92 ff.
- Geldbuße, Disziplinarmaßnahme 6 B 47
- Grundsatz der Ämterstabilität 6 A 106 ff.
- Hilfskriterien, tabellarischer Überblick 6 A 103
- Konkurrentenstreit 6 A 87

**[Beförderung eines Beamten]**
- Konkurrentenstreit, Leistungsvergleich **6 A** 115
- Kürzung der Dienstbezüge **6 B** 51
- Laufbahnwechsel **6 A** 138
- Leistungsprinzip **6 A** 89 ff.
- Mitteilung an unterlegene Bewerber **6 A** 108 ff.
- nachrangige Hilfskriterien **6 A** 91
- neue Ernennungsurkunde **6 A** 84
- Probezeit **6 A** 85
- Relevanz älterer Beurteilungen **6 A** 92
- Schadensersatz **6 A** 111 ff.
- Stellenbesetzungssperre **6 A** 114 ff.
- Topfwirtschaft **6 A** 88
- Umsetzung **6 A** 105
- VA mit Drittwirkung **6 A** 121
- Verweis **6 B** 46
- vor Ablauf einer Wartefrist **6 A** 108 ff.
- vor Eintritt des Ruhestandes **6 A** 85
- Zeitraum **6 A** 85

**Beförderungspflicht**
- Kontrahierungszwang **5 C** 24

**Befreiungsantrag**
- im Wasserversorgungsrecht **3 C** 315 f.

**Befristung**
- Gewässerbenutzungserlaubnis **3 C** 175 ff.

**Begleitplan**
- Einsichtsrecht **3 D** 154
- Gebiet „Natura 2000" **3 D** 162
- landschaftspflegerischer ~ **3 D** 152 ff.

**Begnadigung**
- Disziplinarrecht **6 B** 252

**Begutachtung, ärztliche**
- Förderschule **8** 41

**Behörden**
- Abfallüberwachung **3 B** 113
- Abfallwirtschaftsbehörde **3 B** 114
- Auskunft nach VIG **1 B** 254 ff.
- Beteiligung beim Immissionsschutz **3 A** 98
- Beteiligung im Immissionsrecht **3 A** 89 ff.
- Definition **1 A** 3
- Immissionsschutzbehörde **3 B** 114
- Planfeststellung **1 D** 47
- Umweltinformationspflicht **1 B** 16

**Behörden, ausländische**
- Beteiligung im Immissionsrecht **3 A** 92

**Behördenbeteiligung**
- Auslegung, Bauleitplanung **2 B** 155

**Behördeninterna**
- Umweltinformation **1 B** 70

**Behördenprivileg 6 A** 333
**Behördentätigkeit 1 A** 10

**Beihilfe**
- Beamte **6 A** 14
- Beamtenrecht **6 A** 42 ff.
- Europäisches Verwaltungsverfahren **1 C** 127 f.

**Beihilfenrecht, europäisches**
- Beteiligung Dritter **1 C** 41 f.
- Durchführungsverbot **1 C** 18
- Nebenbestimmungen bei Beendigung **1 C** 53 f.
- Prüfverfahren **1 C** 19 ff.
- Vereinbarungen **1 C** 50

**Beistand 1 A** 46

**Beitrag**
- Anschlussbeitragsrecht, Abwasser **4** 104 ff.
- Ermittlung, Abwasserrecht **4** 117 ff.
- Heilung eines fehlerhaften Beitragssatzes **4** 114
- Kommunalabgaben **4** 28
- Satzung **4** 113

**Beitragspflicht**
- Umlegungsverfahren **2 C** 50

**Beitrittsgebiet**
- Altlasten-Freistellungsklauseln **3 E** 263
- Deponien **3 B** 221
- Entschädigungsansprüche, Baugenehmigungsverfahren **2 A** 123

**Bekanntgabe**
- Abgabenbescheid **4** 121
- Erschließungsbeitragsbescheid **4** 69 ff.

**Bekanntmachung**
- Anfechtung im Umlegungsrecht **2 C** 96
- Antrag, BImSchG **3 A** 64
- B-Plan **2 B** 183 ff.
- Planaufstellungsbeschluss **2 B** 129
- Planentwurf und Begründung **2 B** 142 ff.
- Satzung, Kommunalabgaben **4** 34
- Umlegungsbeschluss **2 C** 14
- Umlegungsplan **2 C** 53
- Umlegungsrecht **2 C** 94 ff.
- Verzicht bei Änderungsgenehmigungsverfahren **3 A** 170
- Wiederholung im Bauleitverfahren **2 B** 189

**Belastungsanzeige**
- EU-Finanzhilfeprogramme **1 C** 23

**Belehrung**
- Disziplinarverfahren **6 B** 138

**Beliehene**
- Auskunftsverpflichtung **1 B** 167

**Beliehene Private**
- Verwaltungsverfahren **1 A** 3

**Benachrichtigungsgebot**
- Konkurrentenklage **6 A** 120

**Benchmark-Prinzip 3 A** 212

**Benutzungsgebühr, Wasserrecht**
- Abschreibung **4** 146 f.
- ansatzfähige Kosten **4** 138 ff.
- Anschlussbeitragsrecht **4** 104 ff.
- Äquivalenzprinzip **4** 154, 158
- Auswärtigenzuschlag **4** 157
- Bedarfsrechnung **4** 130 ff.

**[Benutzungsgebühr, Wasserrecht]**
– Beispiel für Gebührenkalkulation 4 150 ff.
– Beispielsfall 4 122
– Benutzungsverhältnis 4 124
– Berechnung der Abwassergebühr 4 158
– Betriebskosten 4 139
– betriebswirtschaftliche Grundsätze 4 135 ff.
– Ergebnisrechtsprechung 4 133 f.
– Erhebungspflicht 4 126
– Ermessen 4 124
– Ermessensfehler 4 132
– Fremdleistungen 4 145
– Gebührenmaßstab 4 153 ff.
– Gemeinderat/Kreistag 4 131
– Gleichheitssatz 4 156
– Kalkulation 4 127 ff., 158
– Kostendeckungsprinzip 4 127 ff.
– lenkende Gebühr 4 129
– Musterformulierungen 4 159 ff.
– Nachkalkulation 4 152
– Obergrenze 4 131
– Rechnungsperiode 4 149 ff.
– Rechtsberatungskosten 4 144
– Satzung 4 125
– soziale Gesichtspunkte 4 157
– Staffelung 4 157
– tatsächliche Nutzung 4 125
– Verschmutzungszuschlag 4 158
– Verwaltungsgebühr 4 123
**Berechnungsfehler**
– Kommunalabgaben 4 52
**Bergaufsicht**
– Immissionsschutz 3 A 50
**Bergbehörde**
– wasserrechtliche Erlaubnis 3 C 201 ff.
– Zuständigkeit 3 C 203 ff.
**Bergrecht**
– Abfallbegriff 3 B 43
– Bodenschutzrecht 3 E 39
– VO über den Versatz von Abfällen unter Tage 3 B 12
**Berlin**
– Bauleitplanung 2 B 14, 33
– Bauordnungsrecht 2 A 1
– Informationsfreiheit 1 B 2
– Kommunalabgaben 4 21
– Umweltinformation 1 B 1
– Wohnbauvorhaben im unbeplanten Innenbereich 2 A 12
**Berufszugangsbeschränkung**
– Güterfernverkehrsgenehmigung 5 D 1
**Berufszugangsverordnung**
– Güterkraftverkehrsrecht 5 D 18 ff.
**Berufung**
– Baulandprozess 2 D 148
– Zuständigkeit in Disziplinarsachen 6 B 91

**Berufungsverfahren**
– Hochschullehrer, abgestuftes Verfahren 8 118
**Beschäftigungsverbot**
– Geldbußen 7 A 174
**Beschlagnahme**
– Disziplinarrecht 6 B 151
**Beschleunigtes B-Planverfahren 2 B** 193 ff.
**Beschleunigungsgebot**
– Disziplinarverfahren 6 B 38
**Beschwerde**
– Baulandprozess 2 D 148
– summarisches Verfahren 1 A 103
**Beschwerdefrist**
– Verwaltungsverfahren 1 A 103
**Besitzdiener**
– Abfallrecht 3 B 45
**Besitzeinweisung**
– Streitwert 2 C 121
– Umlegungsrecht 2 C 15
– Verfahren 2 C 111 s.a. dort
– Verwaltungsakt 2 C 111
– vorzeitige ~ im Umlegungsrecht s. dort
**Besitzeinweisung, vorzeitige**
– Abwägung der Belange 2 D 111
– Antragsbefugnis 2 D 108
– Antragsberechtigung 2 D 117
– Antragserfordernis 2 D 117
– Beschlussinhalt 2 D 113 f.
– Besitzrecht, zweckgebundenes 2 D 115
– Einzelner 2 D 110
– Enteignungsverfahren 2 D 107 ff.
– Entschädigung 2 D 119
– Entschädigung bei Wegfall 2 D 116
– Entscheidung über Enteignungsantrag 2 D 120
– Nebenverfahren 2 D 117
– Rechtsfolgen 2 D 115
– Sicherheitsleistung 2 D 113
– Umlegungsrecht 2 C 108 ff.
– Verwaltungsakt 2 D 121
– Voraussetzungen 2 D 109 ff.
– Zweck 2 D 107 ff.
**Besitzeinweisungsbeschluss**
– Belehrung 2 D 114
– Inhalt 2 D 113 ff.
– rechtswidrig 2 D 118
– Sicherheitsleistung 2 D 113
**Besitzeinweisungsverfahren**
– Kosten 2 D 138
**Besitzrecht**
– Abwehransprüche, Altlasten 3 E 289
**Besitzschutz**
– Bekanntmachung bei Umlegung 2 C 101
**Besoldung, Beamte**
– BBesG, BBesO A,B, C 6 A 9
– Erfahrungszeiten 6 A 33
– Leistungszulagen 6 A 34 ff.
– Reisekostenerstattung 6 A 37

**Best Practice**
– Öffentliche Zuschüsse **5 C** 16
**Bestandsgarantie**
– Disziplinarrecht **6 B** 3
**Bestandskraft**
– Disziplinarverfügung **6 B** 191
– Europäisches Verwaltungsverfahren **1 C** 58, 126
– Planfeststellungsbeschluss **1 D** 14 f.
**Bestandsschutz**
– Abfallentsorgungsanlagen **3 B** 218 ff.
– Genehmigungsbescheid, BImSchG **3 A** 135
– Immissionsrecht **3 A** 181 ff.
– instandgesetzte Anlage **2 A** 24
– Naturschutz **3 D** 81 ff.
– Spielhalle **5 B** 53 ff.
**Bestimmtheitserfordernis**
– Antrag auf Umweltinformation **1 B** 101
**Beteiligte**
– Bauleitplanung **2 B** 118 ff.
– Disziplinarrecht **6 B** 88
– Enteignungsverfahren **2 D** 53 ff.
– Verwaltungsverfahren **1 A** 24 ff.
**Betreiber**
– Zuverlässigkeit, Deponien **3 B** 196 f.
**Betreuungspflicht**
– Verwaltungsverfahren **1 A** 20 ff.
**Betriebe**
– Umweltinformation **1 B** 36
**Betriebsaufgabe/-einstellung**
– Gewerbeanzeige **5 A** 21
**Betriebsgeheimnis**
– s. Geschäftsgeheimnis
**Betriebskosten**
– Benutzungsgebühr **4** 139
**Betriebspflicht**
– Entbindung **5 C** 22
– Personenbeförderungsrecht **5 C** 22
**Betriebssitz**
– Personenbeförderungsrecht **5 C** 22
**Betriebsstätte**
– Anlage, BImSchG **3 A** 20
– Kraftwerk **3 A** 25
**Betriebsuntersagung**
– Zuständigkeiten **5 A** 182
**Betriebsverlegung/-wechsel**
– Gewerbeanzeige **5 A** 21
**Betriebszeit**
– Gaststätte **5 A** 277
**Betrug**
– Disziplinarrecht **6 B** 70 f.
**Beurlaubung**
– ruhegehaltsfähige Dienstzeiten **6 A** 226
**Beurteilung des Beamten**
– Abweichungsbegründung **6 A** 82
– Aktualität und Kompatibilität **6 A** 56 ff.
– allgemeine Leistungsklage **6 A** 69
– Beurteilungskompetenz **6 A** 81
– Bewertungsmaßstab **6 A** 58 f.

– Bewertungs-Zuarbeit **6 A** 81
– BVerwG zu Richtwertvorgaben **6 A** 79
– Checkliste **6 A** 335
– dienstliche ~ **6 A** 54 ff.
– Einflussmöglichkeiten **6 A** 68
– Erfolgsaussichten einer Beurteilungsklage **6 A** 72
– Informationsbeschaffung **6 A** 81
– inhaltliche Kontrollmöglichkeiten **6 A** 65 ff.
– innerdienstliche Bewertung **6 A** 60
– Klageantrag **6 A** 71
– Konferenzen **6 A** 81
– mehrstufiges Verfahren **6 A** 76
– Personalpolitik **6 A** 62
– Plausibilität/Schlüssigkeit **6 A** 73
– praktische Relevanz **6 A** 61
– Quoten-/Richtwertvorgaben **6 A** 77 ff.
– Rechtsgrundlage für Quotensysteme **6 A** 83
– Rechtsprechung des BVerfG **6 A** 74
– Rechtsschutz **6 A** 69 ff.
– Regel-/Anlassbeurteilung **6 A** 55
– Richtlinien **6 A** 75 f.
– Spielraum **6 A** 66 ff.
– Statistik, Inflation von Bestnoten **6 A** 77
– Widerspruch/-sverfahren **6 A** 69 f.
– zeitliche Begrenzung **6 A** 57
– Zusammenstellung von Vergleichsgruppen **6 A** 80
– Zweit-/Letztbeurteiler **6 A** 82
**Beurteilungsermächtigung**
– Fallgruppen **1 A** 119
– Verwaltungsverantwortung bei gebundenen Entscheidungen **1 A** 118
**Bevollmächtigung**
– Anfechtung von Prüfungsentscheidungen **8** 25
– Beistände **1 A** 43 ff.
– Schüler/Schule **8** 10
– schulische Ordungsmaßnahmen **8** 15
– Zurückweisung **1 A** 47
**Beweiserhebung**
– Disziplinarklage **6 B** 217 ff.
– Disziplinarverfahren **6 B** 97, 141, 145 ff.
**Beweislast**
– Ausländerrecht **7 A** 145
**Beweiszweck**
– Protokoll in Prüfungsangelegenheiten **8** 23
**Bewertungsmaßstab**
– Beurteilung eines Beamten **6 A** 58 f.
**Bezirksregierung**
– Linienverkehr **5 C** 7
**BGH**
– Revision nach BauGB **2 D** 149
**Biergarten**
– Lärmimissionen **5 A** 254
**Bildungsziel**
– Schule **8** 13

**Binnenwasserstraßen**
- Unterhaltung 3 C 582

**Bioabfall**
- Abfallverwertung 3 B 67
- Bodenschutzrecht 3 E 34 ff.

**Biosphärenreservate**
- Naturschutz 3 D 67 ff.

**Biotop**
- Umweltverträglichkeitsprüfung, FFH 3 D 117

**Biotopschutz**
- absolut, flächenbezogen 3 D 141 ff.
- Ausnahmen/Befreiung 3 D 144
- Ausnahmen/Befreiungen im B-Planverfahren 3 D 188 ff.

**Biotopverbund/-vernetzung**
- Naturschutz 3 D 86 ff.

**BNatSchG** 3 D 3 ff.

**Boden**
- Abfallrecht 3 B 18
- Umweltinformation 1 B 27

**Bodenrahmenrichtlinie**
- EU-Recht zum Bodenschutz 3 E 15

**Bodenschutzrecht (Altlasten)**
- s. a. BundesbodenschutzG
- s. a. Sanierungsverfahren
- Abfallrecht 3 B 230; 3 E 34 ff.
- Abgrenzung zum Abfallrecht 3 E 37
- Abwehransprüche 3 E 251 ff.
- Abwehrpflicht 3 E 54
- Altablagerung 3 E 2
- Altlasten im Baugenehmigungsverfahren 3 E 98 ff.
- Altlasten, Begriffsbestimmung 3 E 45
- Altlasten, Fallgruppen A, B, E 3 E 79 f.
- Altlastenatlas, s. a. dort 3 E 71 ff.
- Altstandort 3 E 2
- Amtsermittlung 3 E 93 ff.
- Anlagenbegriff 3 E 47
- Anschlusssanierung 3 E 123 f., 179 ff., 182
- anwaltliche Perspektive 3 E 3 f.
- anwaltliche Tätigkeit bei Störerauswahl 3 E 253
- anwaltliche Tätigkeit bei Verursachermehrheit 3 E 245 ff.
- Anzeigepflichten, Landesrecht 3 E 87 ff.
- Arbeitsgemeinschaft Bodenschutz 3 E 7
- Auf-/Einbringen von Materialien 3 E 62 f.
- Auffüllung 3 E 62 f.
- Aufklärungskosten 3 E 95, 107, 312
- Aufklärungspflicht der Behörde 3 E 104
- Aufklärungspflichtiger 3 E 105 f.
- Aufklärungsverfügung 3 E 93 f., 101 ff.
- Ausgleichspflicht als öffentliche Last 3 E 300
- Ausgrabungen 3 E 62 f.
- Auskunftpflichten 3 E 90
- Auswahlermessen bei Gefahrenabwehr 3 E 245 ff.
- Bauleitplanung 3 E 305 ff.
- Baurecht 3 E 40
- Bebauungsplan 3 E 85
- Begriffsbestimmung 3 E 42 ff.
- Bergrecht 3 E 39
- Besitzaufgabe 3 E 251
- Besitzrechtsansprüche 3 E 289
- Beweiserleichterungen beim Rückgriff 3 E 272
- Boden 3 E 43
- Bundes-BodenschutzG 3 E 13, 29 ff.
- Bundesrecht 3 E 18 ff.
- Bußgeldvorschriften 3 E 322
- BVerfG-Grundsatzentscheidung zur Eigentümerhaftung 3 E 204 ff.
- BVerwG-Rechtsnachfolgerhaftung 3 E 277
- Deponie 3 E 34
- Dereliktion 3 E 251
- Duldungsverfügung 3 E 122
- Eigentumsaufgabe, Derelinquent 3 E 235, 239 ff.
- Eigentumsübertragung 3 E 235
- Einschränkung der Sanierungspflicht 3 E 264
- Einzelrechtsnachfolge 3 E 231
- Entsiegelungspflicht 3 E 61
- Entsorgung des Erdreichs 3 E 288
- Entstehung von Altlasten 3 E 6
- Erdaushub 3 E 62 f.
- Erfassung von Altlasten 3 E 7
- Erstattungsanspruch 3 E 95
- EU-Recht, Richtlinien 3 E 15 ff.
- Ewigkeitshaftung 3 E 235 ff.
- Freistellungsklauseln 3 E 263
- Funktionsnachfolge 3 E 232
- Gefährdungshaftung 3 E 282 ff.
- Gefahrenabwehr 3 E 48 ff.
- Gefahrerforschungseingriff 3 E 105
- Gemeindeaufgaben 3 E 305 ff.
- gesamtschuldnerische Haftung 3 E 267
- gesellschaftsrechtliche Einstandspflichten 3 E 243
- Gewährleistungsanspruch des Erwerbers 3 E 278
- Grenze behördlicher Genehmigungen 3 E 258 ff.
- Grundbuch 3 E 84
- Grundsätze/Pflichten 3 E 51 f.
- Grundstückskaufvertrag, Freistellungsanspruch 3 E 295
- Grundstückskaufvertrag, Gewährleistungsausschluss 3 E 269, 293 ff.
- Grundwasser 3 E 43
- Haftung des früheren Eigentümers 3 E 233 ff.
- Haftung nach BBergG 3 E 286
- Haftung nach HaftpflG 3 E 286

**[Bodenschutzrecht (Altlasten)]**
- Haftungsausschluss im Grundstückskaufvertrag **3 E** 291
- Haftungsbegrenzung für Grundeigentümer **3 E** 212
- historische Entwicklung **3 E** 10 ff.
- Immissionsschutzrecht **3 E** 40
- Information aus Verwaltungsakten **3 E** 86
- Informationsanspruch **3 E** 71 ff.
- Informationspflicht gegenüber Behörden **3 E** 87 ff.
- Informationspflicht gegenüber Privaten **3 E** 91 f.
- Innenverhältnis, mehrere Störer **3 E** 266
- Insolvenzverfahren **3 E** 326 ff.
- juristische Person, Verantwortlichkeit **3 E** 241 ff.
- Käufersicht **3 E** 299 ff.
- Kennzeichnung im B-Plan **3 E** 97
- Kennzeichnungspflichten **3 E** 312
- Konfliktbewältigung bei Bauleitplanung **3 E** 309
- Landwirtschaft **3 E** 50, 69 f.
- langfristiger Schutz **3 E** 50
- Legalisierungswirkung behördlicher Genehmigungen **3 E** 256 f.
- Nachsanierung **3 E** 123 f., 179 ff., 182
- neue Kontamination **3 E** 123
- Opfergrenze **3 E** 332
- Pflichten des Grundstücksverkäufers **3 E** 290
- pflichtiger Personenkreis **3 E** 90
- Polizeirecht **3 E** 23
- Prinzip der Lastengerechtigkeit **3 E** 249
- Rechte betroffener Privater **3 E** 288 ff.
- Rechtsnachfolgerhaftung **3 E** 217 ff.
- Rechtsnachfolgerhaftung und Rückwirkung **3 E** 277
- Rechtsquellen **3 E** 14 ff.
- Rechtsweg für Ausgleichsanspruch **3 E** 274
- Rekultivierung **3 E** 35, 180 f.
- Rückgriffsmöglichkeit des Käufers **3 E** 302 f.
- Rückgriffsmöglichkeit des Sanierungsverpflichteten **3 E** 265 ff.
- Rückwirkung und Ausgleichsanspruch **3 E** 276
- Rückwirkungsverbot **3 E** 219
- Sanierungskosten **3 E** 8 f.
- Sanierungspflicht **3 E** 56 ff.
- Sanierungsplan **3 E** 111
- Sanierungsübernahme durch Käufer **3 E** 297
- Sanierungsübernahme durch Verkäufer **3 E** 298
- Sanierungsuntersuchung **3 E** 111
- Sanierungsverfahren, s. a. dort **3 E** 125 ff.
- Sanierungsverfügung **3 E** 108 ff.
- Sanierungszeitpunkt **3 E** 213 ff.
- Schadensanspruch aufgrund von Sanierungspflichten **3 E** 265 ff.
- Schadensersatzrisiken **3 E** 313
- schädliche Bodenveränderung **3 E** 44 ff.
- Schwermetallbelastung **3 E** 310
- städtebaulicher Vertrag **3 E** 318
- Steuerrecht, Aufwendungen zur Schadensbeseitigung **3 E** 323 ff.
- Störerauswahl **3 E** 245 ff.
- Strafrecht **3 E** 319 ff.
- Überblick **3 E** 1 ff.
- Überplanung von Altlasten **3 E** 313 ff.
- Uferlinie **3 E** 43
- UmweltinformationsG **3 E** 83
- UmweltschadensG **3 E** 24
- Unterlassungs-/Beseitigungsanspruch **3 E** 287 ff.
- Verantwortlichkeit des Handlungsstörers **3 E** 223
- Veräußerung **3 E** 251
- Veräußerungskette **3 E** 295
- Verdacht/Kenntnis von Altlasten **3 E** 87 ff.
- Verhaltenspflicht **3 E** 53 f.
- Verjährung, Ausgleich bei Altfällen **3 E** 276
- Verjährung der Sanierungsverantwortlichkeit **3 E** 261
- Verjährung des Ausgleichsanspruchs **3 E** 273
- Vermeidungspflicht **3 E** 53
- Verschuldenshaftung **3 E** 278 ff.
- Verstoß gegen das Rückwirkungsverbot **3 E** 254 f.
- vertragliche Vereinbarung zur Altlastenhaftung **3 E** 268
- Verursacherbegriff **3 E** 332
- Verwirkung der ordnungsrechtlichen Eingriffbefugnis **3 E** 262
- Völkerrecht **3 E** 14
- Vorhaben- und Erschließungsplan **3 E** 318
- Vorsorgepflicht **3 E** 64 ff.
- Vorsorgepflicht/-maßnahmen **3 E** 48 ff.
- Wasserrecht **3 E** 38
- wirtschaftliche Bedeutung **3 E** 5
- zivilrechtliche Haftung **3 E** 286

**Bodenveränderungen**
- pauschalierte Anfragen **1 B** 103 f.

**Bootssteg**
- Gewässerbenutzung **3 C** 108

**B-Plan**
- s. a. Bauleitplanung
- Änderung und Umlegungsrecht **2 C** 112 ff.
- Begründung **3 D** 236 ff.
- Enteignung **2 D** 11
- Gestaltungsmöglichkeiten **5 B** 60 ff.
- Incidenter-Prüfung **5 B** 77

[B-Plan]
- Kennzeichnung von Altlasten **3 E** 97
- Normenkontrollantrag **2 D** 35, 76 f.
- Öffentlichkeitsbeteiligung bei Spielhallen **5 B** 73
- Spielhalle **5 B** 18 ff.
- Überlagerung **5 B** 52 ff.
- Überprüfung **2 D** 61
- Umlegungsplan **2 C** 63
- Umlegungsrecht **2 C** 43, 65
- Umweltprüfung **3 D** 236 ff.
- Vorwegnahme der Umlegungsentscheidung **2 C** 105

**B-Plan, qualifizierter**
- Vorgaben **2 B** 47

**B-Plan, vorhabenbezogen**
- anwendbare Vorschriften **2 B** 212
- Aufstellungsverfahren **2 B** 220
- Bauleitplanung **2 B** 40
- Durchführungsvertrag **2 B** 215 ff.
- Erschließungsplan **2 B** 212
- Fristablauf **2 B** 226
- Nutzungsfestsetzung **2 B** 217

**Brandenburg**
- Bauleitplanung **2 B** 15
- Bauordnungsrecht **2 A** 1
- Informationsfreiheit **1 B** 2
- Kommunalabgaben **4** 20
- Konzentrationswirkung, Baugenehmigung **2 A** 37
- Normenkontrolle gegen Abfallwirtschaftsplan **3 B** 139
- Umweltinformation **1 B** 1

**Brandschutz**
- Baugenehmigung **2 A** 46

**Bremen**
- Bauleitplanung **2 B** 16
- Bauordnungsrecht **2 A** 1
- Informationsfreiheit **1 B** 2
- Kommunalabgaben **4** 21
- Normenkontrolle gegen Abfallwirtschaftsplan **3 B** 139
- Umweltinformation **1 B** 1

**Brunnen**
- Wasserversorgung **3 C** 275

**Brutto-/Nettoverträge**
- Personenbeförderungsgenehmigung **5 C** 91 f.

**Bund/Länder**
- Arbeitsgemeinschaft Bodenschutz **3 E** 7

**Bundesamt für Güterverkehr**
- Befugnisse **5 D** 11
- Daten **5 D** 11
- Martkbeobachtungen **5 D** 12

**Bundesamt für Migration und Flüchtlinge**
- ablehnende Entscheidung **7 B** 4
- Allgemeines **7 B** 2 ff.
- Aufgaben **7 B** 2
- Ausländerbehörde **7 B** 13
- Aussetzungsmöglichkeit des BMI **7 B** 22

- bejahende Entscheidung **7 B** 5
- Beschleunigungsgebot **7 B** 39
- Einreiseverweigerung **7 B** 40
- Handlungsalternativen **7 B** 3

**Bundesamtsverfahren, Asylrecht**
- s. a. Asylfolgeverfahren
- Abschiebung in anderen Vertragsstaat **7 B** 112
- Abschiebung in sicheren Drittstaat **7 B** 115
- Abschiebungsandrohung **7 B** 88, 115, 166
- Abschiebungshaftverfahren **7 B** 66
- anderweitige Sicherheit **7 B** 125 ff.
- Anhörung **7 B** 60, 64
- Antragsrücknahmefiktion **7 B** 136 ff.
- Antragstellung **7 B** 48
- Anzeigepflicht Minderjähriger **7 B** 49
- Asylfolgeantrag **7 B** 69
- Ausreisefrist bei offensichtlich unbegründetem Antrag **7 B** 98
- begründeter Antrag **7 B** 84 f.
- Betreibensaufforderung **7 B** 137 ff.
- Dublin II Verordnung **7 B** 111 ff., 133
- Einreise aus irgendeinem sicheren Drittstaat **7 B** 121 ff.
- Ende der Abschiebungshaft **7 B** 48
- Entscheidung über Abschiebeverbote **7 B** 87
- Entscheidungen **7 B** 83 ff.
- Entscheidungsbindung der Ausländerbehörde **7 B** 159
- Entscheidungsfrist **7 B** 60
- Familienasyl **7 B** 168 ff.
- gerichtliche Anordnung der Fortführung **7 B** 110
- Griechenland **7 B** 134
- Grundrecht auf Asyl **7 B** 117 ff.
- Klagefrist gegen Entscheidungen des Bundesamtes **7 B** 90
- Mitwirkungspflichtverletzung **7 B** 65
- Nichtbetreiben des Verfahrens/Klage **7 B** 136 ff.
- offensichtlich unbegründeter Antrag **7 B** 91 ff.
- Qualifikationsrichtlinie **7 B** 85
- Rechtsschutz bei Nichtbetreibensbeendigung **7 B** 143 f.
- Rechtsschutz bei offensichtlich unbegründetem Antrag **7 B** 98
- Sachverhaltsaufklärung **7 B** 60
- Schnittstellenproblematik **7 B** 161
- sicherer Herkunftsstaat **7 B** 94
- Übersetzung **7 B** 83
- unbegründeter Antrag **7 B** 86 ff.
- Wegfall des Rechtsschutzinteresses **7 B** 137
- Zielstaatsbestimmung **7 B** 89
- Zuständigkeit eines anderen Staates **7 B** 135

**[Bundesamtsverfahren, Asylrecht]**
– Zustellung der Betreibensaufforderung 7 B 140
– Zweitantrag 7 B 132 ff.
**Bundesbahn**
– abschnittsweise Planung 1 D 89
– Planfeststellung 1 D 18
**Bundesbehörde**
– Informationspflicht, IFG 1 B 165 ff.
**BundesbodenschutzG**
– Abfallrecht 3 E 34
– Anwendungsbereich 3 E 33 ff.
– Integrationsmodell 3 E 30
– Regelungssystematik 3 E 29 ff.
– Verordnung 3 E 31
**BundesdisziplinarG**
– s. Disziplinarrecht 6 B 7
**BundesdisziplinarO**
– s.a. Disziplinarrecht 6 B 8
**Bundesgericht**
– Umweltinformation 1 B 18
**Bundesinteressen**
– Informationsanspruch, IFG 1 B 196 f.
**Bundeskanzler**
– Informationspflicht, IFG 1 B 166
– Umweltinformationspflicht 1 B 16
**BundeslaufbahnVO**
– Beurteilung eines Beamten 6 A 83
**Bundespräsident**
– Begnadigung, Disziplinarrecht 6 B 252
**Bundesrat**
– Auskunftsverpflichtung 1 B 166
**Bundesrecht**
– BodenschutzG 3 E 18 f.
– einstweilige Anordnung 1 A 95
– Disziplinarrecht 6 B 1 ff.
– Erschließungsbeitragsrecht 4 16
– Genehmigung von Straßenbahnen 5 C 37
– Immissionsschutz 3 A 5
– Schulpflicht 8 27
– Umweltinformationsanspruch 1 B 10
**Bundesregierung**
– Umweltinformationspflicht 1 B 16
**Bundeswasserstraße**
– Ausbau 3 C 575
– Gewässeranlagen 3 C 557
– Gewässerausbau 3 C 574 ff.
– Träger der Unterhaltungslast 3 C 587
– Unterhaltung 3 C 580 f.
**Bundeswehr**
– Umweltinformation 1 B 55
**Bundeswehrbeamte**
– Versetzung 6 A 155
**Bundeswehreinsatz**
– Umweltinformation 1 B 55
**Bürgerinitiative**
– Deponie 3 B 179
– Immissionsschutz 3 A 17
– Rechtsschutz, Abfallentsorgungsanlage 3 B 215

– Umweltinformationsanspruch 1 B 13
**Bürgerrechte**
– Ausländer 7 A 1
– Rechtsstreitigkeiten 7 A 1
**Bußgeldbescheid**
– fehlende Baugenehmigung 2 A 24
**Bußgeldverfahren**
– und Disziplinarverfahren 6 B 112 f., 211 ff.

**Cap and trade-System** 3 A 198
**CEF-Maßnahmen** 1 D 168

**Daseinsvorsorge**
– Abwasserbeseitigung 3 C 411
– Ausgestaltung von Wasserversorgungsverhältnissen 3 C 318 ff.
– Wasserversorgung 3 C 271 ff.
**Dateien**
– Umweltinformation 1 B 72 f.
– Umweltinformationsanspruch 1 B 44 ff., 115
**Daten**
– Umweltinformation 1 B 43
**Daten, personenbezogene**
– Informationsanspruch, IFG 1 B 208 ff.
**Datenbanken**
– EU 1 C 4
**Datenschutz**
– Planfeststellung 1 D 29 ff.
**Daueraufenthaltsrichtlinie** 7 A 66
**Dauerhaftigkeit**
– Gewerbe 5 A 11
**Dekontamination**
– Sanierungsverfahren 3 E 156 ff.
**Denkmal**
– Nichtbeteiligung der Denkmalbehörde 2 B 114
**Denkmalschutz**
– Baugenehmigung 2 A 37
**Deponien**
– Abfallwirtschaftsplan 3 B 136, 180, 200
– Abwägungsgebot 3 B 202 ff.
– altlastverdächtig 3 B 230
– Anlagenbedarf 3 B 163
– anwaltliche Beratung 3 B 179
– Auslastung 3 B 83 f.
– Beitrittsgebiet 3 B 221
– Beratung des Vorhabenträgers 3 B 207 ff.
– Bodenschutzrecht 3 E 34
– Bürgerinitiativen 3 B 179
– Definition 3 B 48
– Duldungspflicht 3 B 184
– Gefahrenabwehr und Vorsorgepflicht 3 B 195
– Genehmigungsvoraussetzungen 3 B 193 ff.
– KrW-/AbfallG, Zulassungsvoraussetzungen 3 B 194 ff.
– nachteilige Wirkungen 3 B 199

**[Deponien]**
- nachträgliche Auflagen 3 B 219 f.
- Planfeststellungsverfahren 3 B 185 ff.
- Plangenehmigung 3 B 189 ff.
- Rekultivierung 3 B 205, 225 ff.
- schädliche Bodenveränderung 3 B 230
- Sicherheitsleistung 3 B 187, 205
- Standort, alternativ 3 B 163
- Standortsuchverfahren 3 B 178 ff.
- Stilllegung/-sverfahren 3 B 205, 224 ff.
- Umweltverträglichkeitsprüfung 3 B 185 ff.
- Untersagung des Betriebs 3 B 223 ff.
- VO zur Abfallbeseitigung 3 B 65
- vorzeitiger Beginn 3 B 206
- wesentliche Änderung 3 B 156
- Zulassung 3 B 176 ff.
- Zulassung, vor 1972 3 B 1
- Zuverlässigkeit des Betreibers 3 B 196 f.

**Deregulierung**
- europäischer Güterverkehrsmarkt 5 D 4

**Dereliktion**
- Abwehr von Sanierungspflichten 3 E 251
- Haftung bei Altlasten 3 E 239 ff.

**Deutsche Staatsangehörigkeit**
- s. a. Einbürgerung 7 A 187 ff.
- Abhängigkeit, Verlust 7 A 208 f.
- Ausschlussgründe 7 A 200, 204, 206
- Anspruchseinbürgerung 7 A 194 ff.
- Duldungszeiten 7 A 195
- Einbürgerung 7 A 193 ff.
- Erlangung 7 A 190 ff.
- Ermessen, atypische Ausnahmefälle 7 A 207
- Ermessenseinbürgerung 7 A 202 ff.
- Geburt 7 A 191 f., 209
- Mehrstaatigkeit 7 A 197
- Optionslösung 7 A 192
- Verlust 7 A 208 f.

**Deutsches Rotes Kreuz**
- Entsorgungszuständigkeit 3 B 92

**Dichtigkeitsprüfung**
- Grundstücksentwässerungsanlage 3 C 493

**Dienstalter**
- Beamtenbeförderung 6 A 91

**Dienstaufsichtsbeschwerde**
- Verwaltungsverfahren 1 A 65

**Diensteid**
- Beamte 6 A 50

**Dienstgradherabsetzung**
- s. Zurückstufung

**Dienstleistungskonzession**
- Personenbeförderungsgenehmigung 5 C 90

**Dienstleistungsrichtlinie**
- Anwendbarkeit, unmittelbare 1 A 58
- mittelbares Unionsverfahrensrecht 1 C 85 f.

**Dienstunfähigkeit**
- anderweitige Verwendbarkeit 6 A 178
- ärztliche Untersuchung 6 A 179
- begrenzte Dienstfähigkeit 6 A 174
- Definition 6 A 172
- Mobbing 6 A 173
- nachgewiesen/vermutet 6 A 177
- Polizeibeamte 6 A 182, 191
- Reaktivierung von Beamten 6 A 175, 187
- Ruhestand 6 A 172
- Um-/Versetzung 6 A 173
- Verbesserung des Gesundheitszustandes 6 A 185
- Versorgungsreform 1998 6 A 174
- Verwendung vor Versorgung 6 A 174

**Dienstunfall**
- Beamtenversorgung 6 A 249, 256 ff.

**Dienstvergehen**
- s. a. Disziplinarrecht
- Anstiftung/Beihilfe 6 B 35
- Bagatellverfehlung 6 B 31
- Definition 6 B 1
- Dienstpflichten 6 B 27 ff.
- Einheit des Dienstvergehens 6 B 37 ff.
- Einheit des Dienstvergehens, Einschränkungen 6 B 41
- Gewichtung 6 B 30
- nicht nachweisbar 6 B 177
- Nichterweislichkeit 6 B 119
- OVG NRW Voraussetzungen 6 B 36
- Rückstände/Zeitverzögerungen 6 B 36
- schuldhafte Pflichtverletzung 6 B 26 ff.
- spätere Erkenntnisse 6 B 39
- Straßenverkehrsdelikte 6 B 32
- Verschulden, Schuldfähigkeit 6 B 34
- Versuch 6 B 35

**Dienstvorgesetzter**
- Disziplinargewalt 6 B 50
- Einbehaltung von Dienstbezügen 6 B 202 ff.
- Einleitung des Disziplinarverfahrens 6 B 129 ff.
- Ermittlungsführung 6 B 86 ff.
- Fachvorgesetzter 6 B 84
- Hierarchiestufen 6 B 84
- oberste Dienstbehörde 6 B 84
- Ruhestandsbeamter 6 B 85
- vorläufige Anordnung 6 B 199 ff.
- vorläufige Dienstenthebung 6 B 200 f.
- Zuständigkeit bei Verweis/Geldbuße 6 B 186

**Dienstzeiten**
- Beamtenversorgung 6 A 223 ff.

**Dienstzeugnis**
- Beamte 6 A 38

**Dinglich Berechtigter**
- Einwendungen bei Planfeststellung 1 D 35 ff.

**Dioxine**
- Bewertung der Altlasten 3 E 129

**Diplomatischer Dienst**
– Versetzung **6 A** 155
**Direkteinleitung**
– Abwasserbeseitigung **3 C** 434 ff.
– Indirekteinleitung **3 C** 454
**Disziplinarklage**
– s. Disziplinarverfahren, gerichtliches
**Disziplinarmaßnahme**
– s. Disziplinarrecht
**Disziplinarrecht**
– s. a. Disziplinarverfahren, Disziplinarverfügung
– Ablösung BundesdisziplinarO **6 B** 8
– Ahndung von Pflichtverstößen **6 B** 2
– Anrechnung von Nebeneinkünften **6 B** 204
– Antrag/Anregung nach § 38 Abs. 4 BDG **6 B** 209
– Ausnahmesituation, Zwangslage **6 B** 72
– Aussagegenehmigung **6 B** 147
– außerdienstliche Pflichten **6 B** 29, 31
– außerdienstliches Fehlverhalten **6 B** 4, 60, 82
– Bagatellverfehlung **6 B** 31
– BDG, Anwendungsbereich und Zweck **6 B** 7 ff.
– BDG, persönlicher Geltungsbereich **6 B** 18
– BDG, sachlicher Geltungsbereich **6 B** 24
– BDG und Bundesdisziplinaranwalt **6 B** 88
– Beamter auf Probe, auf Widerruf **6 B** 44
– Bedürftigkeit **6 B** 63
– Begnadigung **6 B** 252
– Berufsbeamtentum **6 B** 7
– Berufungszuständigkeit **6 B** 91
– Bestandsgarantie **6 B** 3
– Bundesbeamte **6 B** 93
– Bundesrecht **6 A** 11; **6 B** 1 ff.
– Degradierung **6 B** 50
– Dienstentfernung **6 B** 50
– Dienstkleidung **6 B** 27
– dienstliche Pflichten **6 B** 29
– dienstliches Fehlverhalten **6 B** 4
– Dienstvergehen **6 B** 1, 26 ff.
– Dienstvorgesetzter, s. a. dort **6 B** 84 ff.
– Dienstvorgesetzter, vorläufige Anordnungen **6 B** 199 ff.
– Disziplinarbefugnisse **6 B** 187
– Disziplinargerichtsbarkeit **6 B** 90 ff.
– Disziplinarklage **6 B** 192 ff.
– Disziplinarmaßnahme **6 B** 44 ff.
– Disziplinarmaßnahme, stufenweise Steigerung **6 B** 44
– Disziplinarmaßnahmen und Abschreckung **6 B** 70
– Disziplinarverfahren, s. a. dort **6 B** 96 ff.
– eigenständige Gerichtsbarkeit, Auflösung **6 B** 9

– Einbehaltung von Dienstbezügen **6 B** 202 ff.
– Einstellung **6 B** 16 Fn. 1
– Entfernung aus dem Beamtenverhältnis **6 B** 56
– Entfernung aus dem Beamtenverhältnis, Verfehlensbeispiele **6 B** 71
– Entlastung **6 B** 81
– Ermessensausübung **6 B** 17
– Geldbuße **6 B** 47
– Geldbuße, Verfehlensbeispiele **6 B** 68
– Gelegenheitstat **6 B** 72
– Generalprävention **6 B** 6
– Geringfügigkeit **6 B** 77
– Gesamtwürdigung **6 B** 80
– Günstigkeitsprinzip **6 B** 11
– Höchstmaßnahme **6 B** 13
– innerdienstliche Straftat **6 B** 30
– Interims-Versorgung des Unterhaltsbeitrags **6 B** 64
– Kronzeugenregelung **6 B** 65
– Kürzung der Dienstbezüge **6 B** 47
– Kürzung der Dienstbezüge, Maßnahmeverbot **6 B** 51
– Kürzung der Dienstbezüge, Verfehlensbeispiele **6 B** 69
– Landesrecht **6 A** 11; **6 B** 1, 21
– Läuterungsfunktion **6 B** 6
– Legalitätsprinzip **6 B** 16, 129
– Liberalisierung **6 B** 14
– Milderungsgründe **6 B** 72
– Missbilligung und Personalakte **6 B** 120
– Nachtragsdisziplinarklage **6 B** 39, 213
– Nachversicherung **6 B** 66
– Notlage **6 B** 72
– Offenbarung und Wiedergutmachung **6 B** 73
– Opportunitätsprinzip **6 B** 16
– Ordnungs- und Läuterungsfunktion **6 B** 13
– Personalakte, Tilgung **6 B** 117
– Persönlichkeitsbild des Beamten **6 B** 44
– Pflichten des Beamten **6 A** 45
– Pflichtenmahnung **6 B** 6
– Probebeamter **6 B** 18
– Rechtsschutz gegen vorläufige Disziplinarmaßnahmen **6 B** 206 ff.
– Regelmaßnahmen **6 B** 67 ff.
– Revisionszuständigkeit **6 B** 92
– Richter **6 B** 23
– Rückfall **6 B** 44
– Rückstände/Zeitverzögerungen **6 B** 36
– Ruhegehaltsaberkennung **6 B** 56
– Ruhestandsbeamte **6 B** 5, 20, 44
– Ruhestandsbeamte, Kürzung des Ruhegehalts **6 B** 52
– Sachverhaltsermittlung **6 B** 16, 86
– Sanktionssystem, eigenständig **6 B** 2
– Schutzfunktion **6 B** 13
– Soldaten, Ruhestandssoldaten **6 B** 22

[Disziplinarrecht]
- Sterbegeld 6 B 52
- Strafprozessstrukturen, Loslösung 6 B 9
- Tilgung der Disziplinarmaßnahme 6 B 251
- Unterhaltsbeitrag 6 B 61
- Unterschiede zum Strafrecht 6 B 15
- Verfahrensbeendigung 6 B 19
- Verfahrensrecht 6 B 8
- Verjährung 6 B 10
- verminderte Schuldfähigkeit 6 B 83
- Vermögensdelikte 6 B 69 ff., 82
- Vermögenswerte sozialer Einrichtungen 6 B 82
- Verwaltungsakt, Disziplinarmaßnahme 6 B 98
- Verwaltungsverfahren/Verwaltungsgerichtsbarkeit 6 B 9
- Verweis 6 B 45 ff.
- Verweis, Verfehlungsbeispiele 6 B 68
- Verwertungsverbot 6 B 117
- Vollstreckung 6 B 249 ff.
- WehrdisziplinarO 6 B 22
- Wehrdisziplinarrecht und BDG 6 B 12
- Weigerung einer ärztlichen Begutachtung 6 A 179
- Widerrufsbeamter 6 B 18
- Witwen-/Waisengeld 6 B 52
- Ziel 6 B 6
- Zurechtweisung 6 B 45
- Zurückstufung, s. a. dort 6 B 53
- Zurückstufung, Verfehlensbeispiel 6 B 70
- Zusatzversorgung 6 B 66

**Disziplinarverfahren**
- Abwesenheit 6 B 106 ff.
- Akteneinsicht 6 B 169
- Anhörung 6 B 97
- Anhörung des Beamten 6 B 137 ff.
- Aufklärung des Beamten 6 B 138
- Augenscheinsinnahme 6 B 146 ff.
- Ausdehnung 6 B 136
- Aussetzung und Verjährung 6 B 157
- Aussetzung wegen Strafverfahrens 6 B 153 ff.
- Bagatellverfehlung 6 B 178
- Beamtenverhältnis 6 B 105
- Begründung der Einstellungsverfügung 6 B 183
- Beiziehung von Strafakten/-urteilen 6 B 158
- Beiziehung von Unterlagen 6 B 150
- Belehrung 6 B 138
- Beschlagnahme 6 B 151
- Beschleunigungsgebot 6 B 38, 172 f.
- Betreuer/Pfleger 6 B 106 ff.
- Beweisaufnahmen 6 B 140 f.
- Beweiserhebung 6 B 97, 145 ff.
- Beweismittel nach BDG 6 B 146 ff.
- Bindungswirkung von Straf- und sonstigen Urteilen 6 B 158 ff.
- Bußgeldverfahren, Zusammentreffen 6 B 155
- disziplinarer Überhang 6 B 122, 164
- Disziplinarverfügung, s. a. dort 6 B 174, 185 ff.
- Doppelahndungsverbot 6 B 121
- Durchsuchung 6 B 151
- Einlassung/Stellungnahme des Beamten 6 B 138 f.
- Einleitung 6 B 129 ff.
- Einstellung 6 B 174, 177 ff.
- Einstellungsbeispiele 6 B 179
- Einstellungszuständigkeit 6 B 184
- Entlassung auf eigenen Antrag 6 B 19
- Entlassungsantrag des Beamten 6 B 182
- Entscheidung des Dienstvorgesetzten 6 B 174 ff.
- Ermittlungsbericht 6 B 176
- Ermittlungsführer, BDG - BDO Vergleich 6 B 142 ff.
- Freispruch im Straf-/Bußgeldverfahren 6 B 128, 163 f.
- Fristen 6 B 101 ff.
- gleichzeitiges Straf-/Bußgeldverfahren 6 B 112 f.
- Handlungs-/Prozessfähigkeit 6 B 106
- Hemmung 6 B 112 ff.
- Hinderungsgründe 6 B 181
- Kosten, Kostenerstattung 6 B 234 ff.
- Maßnahmeverbot 6 B 109 ff.
- Protokoll 6 B 151
- rechtliches Gehör 6 B 104
- Rechtsschutzversicherung 6 B 248
- Ruhestandsbeginn 6 B 181
- Sachverhaltsermittlung 6 B 140 ff.
- Sachverständiger 6 B 146 ff.
- StPO-Bestimmungen, anwendbare 6 B 145
- straf-/bußgeldrechtliche Ahndung 6 B 121 ff.
- Strafbefehlsverfahren, Bindungswirkung 6 B 160
- Teilnahme des Beamten an Beweiserhebungen 6 B 149
- Tod des Beamten 6 B 182
- Trunkenheitsfahrt 6 B 179
- und Bußgeldverfahren, Zusammentreffen 6 B 155
- und verwaltungsgerichtliches Verfahren, Zusammentreffen 6 B 155
- Unterbrechung 6 B 115 ff.
- Unterschlagung 6 B 179
- Urkunden/Akten 6 B 146 ff.
- Urteilsfeststellungen 6 B 158
- Verdunkelungsgefahr 6 B 137
- Verfahren gegen sich selbst 6 B 135
- Verfahrensbeschleunigung 6 B 139
- Verfahrensdauer 6 B 172 f.

**[Disziplinarverfahren]**
- Verfolgbarkeit des Beamten **6 B** 105 ff.
- Verfolgbarkeit des Dienstvergehens **6 B** 109 ff.
- Verfolgbarkeit, Ende **6 B** 182
- Verteidigung **6 B** 165 ff.
- Verurteilung im Strafverfahren **6 B** 16 Fn. 1
- VwVfG und VwGO **6 B** 96
- Werdegang des Beamten **6 B** 140 f.
- Widerspruchsverfahren **6 B** 114
- Wiedereinsetzung in den vorigen Stand **6 B** 103
- Wiederholungsgefahr **6 B** 126
- Zeitablauf **6 B** 109 ff.
- Zeugen/Zeugenpflicht **6 B** 146 ff.
- Zeugnis-/Aussageverweigerungsrecht **6 B** 97
- zusätzliche Pflichtenmahnung **6 B** 126 f.
- Zustellungen **6 B** 99 f.

**Disziplinarverfahren, gerichtliches**
- Akteneinsicht **6 B** 166
- Amtsermittlung **6 B** 196
- Anschuldigungsschrift **6 B** 194
- Anwaltsgebühren **6 B** 243 ff.
- Anwaltszwang in der 2./3. Instanz **6 B** 233
- Beweisaufnahmen **6 B** 95
- Beweiserhebung **6 B** 196, 217 ff.
- Bindungswirkung, § 57 BDG **6 B** 222
- disziplinargerichtliche Klagen, andere **6 B** 231 f.
- Disziplinarklage **6 B** 214 ff.
- Einlassung/Schweigen **6 B** 224
- Erhebung durch Dienstvorgesetzten **6 B** 192
- Ermessensprüfung **6 B** 213
- Fristen **6 B** 215
- Gegenvorstellung **6 B** 234
- gerichtliche Besetzung **6 B** 193
- Gerichtsaufbau **6 B** 210
- Gerichtsentscheidung für höchste Disziplinarmaßnahmen **6 B** 192 ff.
- Geständnis, Bindungswirkung **6 B** 223
- Honorarvereinbarung **6 B** 247
- Kammerbesetzung **6 B** 94
- Klagerücknahme **6 B** 227
- Klageschrift **6 B** 215 f.
- Kosten, Kostenerstattung **6 B** 234, 240 ff.
- Lösungsbeschluss **6 B** 159
- Mängel **6 B** 197
- Mitwirkungsrechte des Personalrats **6 B** 198
- Neuschaffung eigener Klageart **6 B** 193
- öffentlich **6 B** 95
- Präklusion **6 B** 217
- Prozesskostenhilfe **6 B** 242
- Rechtsmittel **6 B** 229 f.
- Rechtsschutzversicherung **6 B** 248
- Schwerbehindertenvertretung **6 B** 198

- Umfang des Prozessstoffes **6 B** 195
- Verfahrensgrundsätze **6 B** 210 ff.
- Verteidigung **6 B** 166
- VG-Zuständigkeit **6 B** 90
- Wiederaufnahme des Verfahrens **6 B** 234

**Disziplinarverfügung**
- Aufhebung **6 B** 191
- Begründung **6 B** 190
- Bestandskraft **6 B** 191
- Rechtsmittelbelehrung **6 B** 190
- Verwaltungsakt **6 B** 188
- Widerspruch **6 B** 188 f.
- Zuständigkeit **6 B** 186
- Zustellung **6 B** 190

**Dokumentenzugangsrecht**
- Durchführung **1 C** 15
- Einschränkungen **1 C** 14
- Europäisches Verwaltungsverfahren **1 C** 11 ff.

**Doppelahndungsverbot**
- Disziplinarrecht **6 B** 121

**Drei-Stufen-Theorie**
- objektive Berufszugangsbeschränkung **5 D** 3

**Drittbeauftragung**
- Abfallrecht **3 B** 96

**Dritter, Dritte**
- Änderung einer Genehmigung, BImSchG **3 A** 168
- Bauleitplanung **2 B** 121
- Deponien **3 B** 198
- Einwendungen, BImSchG **3 A** 76 ff.
- Enteignung im Fachplanungsrecht **1 D** 206 ff.
- Informationsanspruch **1 B** 7 f.
- Präklusion, BImSchG **3 A** 85
- Rechtsberatung beim Schutz privater Belange **1 B** 214
- Rechtsschutz bei Informationsanspruch **1 B** 245 f.
- Rechtsschutz bei Informationsanspruch, VIG **1 B** 313
- Rechtsschutz gegen Zugang zu Umweltinformation **1 B** 148 ff.
- Rechtsverletzung durch Planfeststellung **1 D** 72
- Teilgenehmigung, BImSchG **3 A** 157
- Umweltinformationsanspruch **1 B** 95 ff.

**Drittrechte**
- öffentlich-rechtlicher Vertrag **1 A** 142

**Drittschutz**
- vorzeitige Gewässerbenutzung **3 C** 268 ff.

**Drittstaat, sicherer**
- Abschiebung **7 B** 46
- Abschiebungsandrohung **7 B** 115
- Asylberechtigung **7 B** 114
- Dublin II Verordnung **7 B** 130
- Durchgangsstaat **7 B** 128
- Durchreise **7 B** 122

1611

[Drittstaat, sicherer]
- Einreise auf dem Luftweg **7 B** 35
- Einreiseverweigerung **7 B** 28 f.
- Lkw-Transport **7 B** 123
- Reisepass nach GFK **7 B** 126
- unbekannt **7 B** 124
- Verfolgung **7 B** 127 f.
- Vermutungsregel **7 B** 126

**Drittstaatenangehörige**
- Visum **7 A** 15

**Drittwirkung**
- Beamtenrecht **1 A** 104
- Beeinträchtigung rechtlich geschützter Interessen **1 A** 104
- Bestandskraft **1 A** 106
- Hinzuziehung **1 A** 105
- Konkurrentenstreitigkeiten **1 A** 104
- Kosten **1 A** 107
- Personenbeförderungsgenehmigung **5 C** 80
- Schadensersatz des Begünstigten **1 A** 107
- VA **1 A** 86, 99 ff., 104 ff.
- Verwaltungsrechtliches Mandat **1 A** 133
- Verwirkung der Widerspruchsfrist **1 A** 106
- Wirtschaftsverwaltungsrecht **1 A** 104
- zeitliche Verzögerung **1 A** 108

**Duales System Deutschland**
- Abfallrecht **3 B** 108

**Dublin II Verordnung**
- Asylbewerber **7 B** 33
- Drittstaat, sicherer **7 B** 130
- Durchführung Asylverfahren **7 B** 130
- Norwegen **7 B** 113
- Schweiz **7 B** 113
- unzulässiger Antrag **7 B** 111
- Zugang zum Asylverfahren **7 B** 30

**Duldung**
- Dauer, auflösende Bedingung **7 A** 136
- Einordnung **7 A** 130
- Erlöschen mit Ausreise **7 A** 137
- Ermessen **7 A** 133
- kein Aufenthaltstitel **7 A** 130
- längere Dauer **7 A** 138
- Praxisbeispiele **7 A** 139
- Rechtsanspruch auf Erteilung **7 A** 132
- Sollanspruch **7 A** 138
- Vorliegen eines Grundes **7 B** 162 f.
- Wegfall der Gründe **7 A** 135
- weitere Gründe **7 A** 134

**Duldungsverfügung**
- Bodenschutzrecht **3 E** 122

**Duldungsversagung**
- Verpflichtungsklage **7 A** 149

**Durchgangsenteignung 2 D** 16

**Durchsuchung**
- Disziplinarverfahren **6 B** 151

**Effektivitätsgebot**
- Grenze des Unionsrechts **1 C** 124
- indirekter Vollzug **1 C** 91

effet utile **1 C** 72
**EG-AbfallverbringungsVO 3 B** 6, 10
**Ehedauer**
- Hinterbliebenenversorgung **6 A** 266

**Ehegatte**
- Einbürgerung **7 A** 205 ff.
- Erschließungsbeitrag **4** 73

**Ehegattennachzug**
- Anspruch **7 A** 33 ff.
- eigenständiges Aufenthaltsrecht **7 A** 36
- Niederlassungserlaubnis **7 A** 35
- Sicherung des Lebensunterhalts **7 A** 34
- Sprachnachweis **7 A** 34

**Ehrenamt**
- Zurückstufung, Disziplinarmaßnahme **6 B** 55

**Ehrenbeamter 6 A** 24
**Eigenbeseitigung**
- Abfallrecht **3 B** 79

**Eigengesellschaft**
- Auskunftsverpflichtung **1 B** 168

**Eigenkontrollverordnung**
- Selbstüberwachung bei Direkt-/Indirekteinleitung **3 C** 486 ff.

**Eigentum**
- an Gewässern **3 C** 48 ff.
- Einschränkung durch WHG **3 C** 59 ff.
- Entschädigung bei Festsetzung Wasserschutzgebiet **3 C** 381 ff.
- Gewässerbenutzung **3 C** 220
- Verhältnismäßigkeitsprüfung bei Wasserversorgungspflicht **3 C** 301 f.
- Wasserschutzgebietsverordnungen **3 C** 371

**Eigentümer**
- Einwendungen bei Planfeststellung **1 D** 35 ff.
- Grundstücksentwässerungsanlage **3 C** 493
- Haftung des Zustandsstörers **3 C** 639
- Ufergrundstücke **3 C** 598

**Eigentumsgarantie 2 D** 6 ff.
**Eigentumsschranke**
- Anschluss-/Benutzungszwang **3 C** 286 f.

**Eigenwasserversorgungsanlage**
- Befreiung vom Anschluss-/Benutzungszwang **3 C** 312 ff.
- Trinkwasserqualität **3 C** 329

**Eigenwirtschaftlichkeit**
- Gemeinwirtschaftlichkeit **5 C** 34
- ÖPNV **5 C** 31 ff.

**Eignung**
- s. Beamtenrecht

**Einbürgerung**
- Antrag **7 A** 193 ff.
- Ausschlussgründe **7 A** 200, 204
- Deutsch-Test **7 A** 199
- Ehegatte/Lebenspartner **7 A** 205 ff.
- Ermessensausübung **7 A** 202 ff.
- Integrationskurs **7 A** 199

**[Einbürgerung]**
- Miteinbürgerung **7 A** 201
- Straftat **7 A** 198
- verfassungsfeindliche Gesinnung **7 A** 200

**Einbürgerungsbehörde**
- Ermessenseinbürgerung **7 A** 202 ff.

**Einbürgerungstest 7 A** 199

**Eingetragene Partnerschaft**
- Hinterbliebenenversorgung **6 A** 262

**Einigungsvertrag**
- Altlasten-Freistellungsklauseln **3 E** 263
- Umlegungsrecht **2 C** 21

**Einkapseln**
- Sanierungsverfahren **3 E** 150

**Einlassung**
- Disziplinarverfahren **6 B** 138 f.

**Einreiseverbot**
- bei Ausweisung **7 A** 105

**Einreiseverweigerung**
- ablehnende Entscheidung **7 B** 43
- Gefahr **7 B** 28
- Grenzbehörden **7 B** 28 f.
- Vollzug **7 B** 42

**Einrichtung**
- Anschlussbeitragsrecht **4** 104 ff.

**Einstellung**
- Disziplinarverfahren **6 B** 174, 177 ff.

**Einstweilige Anordnung**
- Bauleitplanung **2 B** 252
- einstweilige Verfügung **1 A** 98
- keine Vorwegnahme **1 A** 96
- Sicherungszweck **1 A** 96
- Spezialgesetze **1 A** 95
- Übernahme ZPO-Vorschriften **1 A** 94
- Umweltinformationsanspruch **1 B** 144

**Einstweiliger Rechtsschutz**
- Ablehnung der Baugenehmigung **2 A** 115
- Abordnung eines Beamten **6 A** 160
- Abschiebung **7 B** 46
- Aufenthaltstitel **7 A** 13
- Baunachbarstreit **2 A** 140, 145 f.
- Beamtenrecht **6 A** 322
- Beurteilungsstreit **6 A** 117 ff.
- Konkurrentenklage **6 A** 114 ff.
- Konkurrentenstreit, Beamtenbeförderung **6 A** 104
- neuere Rechtsprechung beim Konkurrentenstreit **6 A** 118
- Stellenbesetzungssperre **6 A** 114
- Umweltinformationsanspruch **1 B** 139
- Versetzung eines Beamten **6 A** 160
- vorläufige Disziplinarmaßnahme **6 B** 208

**Einvernehmen**
- Rechtsschutz **3 C** 200
- Wasserbehörde /Planfeststellung **3 C** 197
- Wasserbehörde /Planfeststellung durch Bundesbehörde **3 C** 198 ff.

**Einwendungen**
- Gemeinde, Planfeststellung **1 D** 45 f.
- Immissionsschutz **3 A** 76 ff.
- Muster, BImSchG **3 A** 88
- Privater, Planfeststellung **1 D** 35 ff.

**Einwilligung**
- Informationsanspruch, IFG **1 B** 208 ff.

**Einwurfsgrundstück**
- Sollanspruch **2 C** 77 f., 84
- Streitwert im Umlegungsverfahren **2 C** 121

**Einzelfallanordnung**
- gewässeraufsichtsrechtliche **3 C** 82

**Einzelhandel**
- Baugebiet **2 B** 52
- Baugenehmigung **2 A** 90
- Bauleitplanung **2 B** 81
- Nutzungsänderung, Genehmigung **2 A** 27
- Sicherung der Versorgungsbereiche durch B-Plan **2 B** 199 f.
- Veränderungssperre **2 A** 106
- Verkaufsoberflächengrenzen **2 B** 111

**Einzelrechtsnachfolge**
- Altlasten und Haftung **3 E** 231

**Eisenbahn**
- Fernlinienverkehr **5 C** 30

**Elektrische Felder**
- Planfeststellung **1 D** 204

**Elektro-/ElektronikgeräteG**
- Abfallvermeidung **3 B** 51

**Eltern**
- Anmeldung an weiterführender Schule **8** 38
- Auskunfts-/Informationsrecht **8** 11 f.
- Bevollmächtigung **8** 10
- Rechtsschutz gegen Grundschulempfehlung **8** 37
- Schullaufbahn **8** 28
- Wahlrecht für weiterführende Schulen **8** 35

**E-Mail**
- Umweltinformation **1 B** 70
- Widerspruch **1 A** 72

**Emissionen**
- Ablehnung des Umweltinformationsanspruchs **1 B** 67, 94
- Grenzwerte **3 B** 170 f.
- Handel **3 A** 3
- pauschalierte Anfragen **1 B** 103 f.
- Umweltinformation **1 B** 31 f.

**Emissionshandel**
- Anlagenbezogenheit **3 A** 207
- Anlagenteile, Nebeneinrichtungen **3 A** 200
- Anpassung der Rechtsgrundlage **3 A** 217 f.
- anteilige Kürzungsregelung **3 A** 212
- Antrag **3 A** 204
- Antragszeitpunkt **3 A** 215

1613

**[Emissionshandel]**
- Anwendungsbereich 3 A 200
- Aufstellungsverfahren 3 A 210
- Berechtigung 3 A 198
- Form der Zuteilungsentscheidung 3 A 216
- Fortentwicklung 3 A 216 f.
- Genehmigung 3 A 202 ff.
- Gesamtzahl der Berechtigungen 3 A 209
- Inhalt der Zuteilungsentscheidung 3 A 216
- Klimaschutz 3 A 198
- materielle Voraussetzungen 3 A 205
- Rechtsgrundlage 3 A 198 ff.
- Umweltgutachten 3 A 214
- Versteigerung der Berechtigung 3 A 217
- zuständige Behörde 3 A 203
- Zuteilung der Berechtigung 3 A 211 ff.

**Emmott'sche Fristenhemmung** 1 C 119

**EMRK**
- unmenschliche/erniedrigende Behandlung 7 A 118

**Energie**
- Umweltinformation 1 B 30

**Energieanlagen**
- Planfeststellung 1 D 18

**Energieeffizienz**
- Immissionsschutz 3 A 56

**Energieerzeugung**
- Abfallverwertung 3 B 41, 61
- gewerbliche Siedlungsabfälle 3 B 71

**Energieverwendung**
- Abfallentsorgung 3 B 169

**Energiewirtschaft**
- Emissionshandel 3 A 212

**Enteignende Vorwirkung**
- Planfeststellung 1 D 206 ff.

**Enteignung**
- Anliegergebrauch 2 D 8
- Ausführungsanordnung 2 D 92
- ausgleichspflichtige Inhaltsbestimmungen 2 D 9
- Begriff 2 D 10
- Beitritt der ehemaligen DDR 2 D 4
- B-Plan 2 D 11
- BVerfG zum Umlegungsrecht 2 C 12
- Eigentum, geschütztes 2 D 6 ff.
- Einführung 2 D 1 ff.
- enteignender Eingriff 2 D 12
- enteignungsgleicher Eingriff 2 D 12
- Entschädigung 2 D 24 ff.
- Entschädigung im Umlegungsrecht 2 C 84 f.
- Entschädigungshöhe 2 D 25 ff.
- Form 2 D 89
- Form der Teilenteignung 2 D 92
- Legal-/Administrativ~ 2 D 12
- materieller Inhalt 2 D 97 f.
- öffentlicher Nutzen 2 D 15
- Planfeststellung 1 D 27 ff., 206 ff., 210 f.
- Planfeststellung, enteignende Vorwirkung 1 D 206 ff.
- Rechtsweg 2 D 82
- Rechtswirkung 2 D 91
- Teilenteignung 2 D 92 f.
- transitorische 2 D 16
- Umlegungsrecht 2 C 9 ff.
- Unbilligkeit einer Geldentschädigung 2 D 28
- Verhältnismäßigkeit 2 D 17
- Verhältnismäßigkeitsgrundsatz 1 D 209
- Versagung 2 D 78 f.
- Verwaltungsakt 2 D 82
- Vollenteignung 2 D 20
- Vorauszahlung 2 D 92
- Vorbelastung des Grundstücks 1 D 191
- zugunsten Privater 2 D 16
- Zulässigkeit 2 D 14 ff.
- Zwangsvollstreckung 2 D 140
- Zweck 2 D 15

**Enteignungsbehörde**
- Anträge 2 D 95
- Aufhebung des Enteignungsbeschlusses 2 D 134
- Beschluss 2 D 94
- Bezirksregierung/Regierungspräsidium 2 D 43
- Einigung 2 D 83 ff.
- Einigung, s. Enteignungseinigung
- genehmigungspflichtige Vorgänge 2 D 76 ff.
- Vorabentscheidung über Rechtsänderungen 2 D 96

**Enteignungsbeschluss**
- Aufhebung 2 D 132
- Aufhebungsbeschluss 2 D 133
- Ausführungsanordnung, s. dort
- Fristverlängerung 2 D 103
- Rückenteignungsanspruch 2 D 102
- Verfahren 2 D 99 ff.
- Verwendungsfrist 2 D 101 ff.
- Voraussetzungen 2 D 124
- Zahlung vor Aufhebungsantrag 2 D 132

**Enteignungseinigung**
- Ausführungsanordnung 2 D 84
- Gesetzeskonformität 2 D 85 ff.
- Inhalt 2 D 85 ff.
- Rechtsnatur 2 D 84

**Enteignungsentschädigung**
- Feststellungsverfahren 2 D 88
- Nachtragsbeschluss 2 D 99

**Enteignungsentschädigungshöhe**
- Zivilgerichtsbarkeit 2 D 141 ff.

**Enteignungsgleicher Eingriff**
- Fehler im Baugenehmigungsverfahren 2 A 123

**Enteignungsverfahren**
- Ablehnung der Besitzanweisung 2 D 118
- Ablehnung des Beweissicherungsantrages 2 D 118

[Enteignungsverfahren]
- Allgemeines Eisenbahngesetz **2 D** 37
- Antrag **2 D** 44 ff.
- Anträge, aussichtslose **2 D** 47
- Antragsbefugnis bei Entschädigung durch andere Rechte **2 D** 105
- Antragsbefugnis/Beispiele **2 D** 46 f.
- Antragsform/-inhalt **2 D** 48
- Antragszurückweisung **2 D** 49
- Aufhebung des Enteignungsbeschlusses **2 D** 132 ff.
- Aufwendungen **2 D** 139
- BauGB **2 D** 40
- Behörde **2 D** 41
- Bekanntmachung, ortsüblich **2 D** 65 ff.
- belastender Verwaltungsakt **2 D** 75
- Beschleunigung **2 D** 107 ff.
- Beschluss **2 D** 122 ff.
- Besitzeinweisung, vorzeitige **2 D** 107 ff.
- Besitzeinweisungsbeschluss **2 D** 113 f.
- Beteiligte **2 D** 53 ff.
- Beteiligung durch Anmeldung **2 D** 56 f.
- Beurkundung **2 D** 87
- Bundesfernstraßengesetz **2 D** 37
- Bundesrecht **2 D** 37
- Bundeswasserstraßengesetz **2 D** 37
- ehrenamtliche Beisitzer **2 D** 42
- Eigentümer Ersatzland **2 D** 55
- Eigentumserwerb, lastenfrei **2 D** 97
- Einleitung **2 D** 64 ff.
- Energiewirtschaftsgesetz **2 D** 37
- Enteignungsbeschluss **2 D** 99 ff.
- Entschädigung durch Gewährung anderer Rechte **2 D** 104 ff.
- Entscheidung der Enteignungsbehörde **2 D** 94 ff.
- Entscheidung über vorzeitige Besitzeinweisung **2 D** 108
- Erwerbsbemühung seitens der Gemeinde **2 D** 70
- fehlerhafte Festsetzung **2 D** 98
- Folgen der Genehmigungspflicht **2 D** 80 ff.
- freihändiger Erwerb **2 D** 70
- Gang der mündlichen Verhandlung **2 D** 73 f.
- Gegenstand **2 D** 29 ff.
- Gemeindebeteiligung **2 D** 44
- Gesetzgebungsvorbehalt **2 D** 3
- Grundbuchamt **2 D** 71 f.
- Hinterlegung der Ausgleichszahlung **2 D** 129
- Kosten **2 D** 135 ff.
- Ladenentschädigung **2 D** 28
- Landesrecht **2 D** 38 f.
- Mitteilung über Einleitung des Enteignungsverfahrens **2 D** 71
- Nebenberechtigte **2 D** 129
- Nebenbestimmungen **2 D** 79
- öffentlich-rechtlicher Vertrag **2 D** 84 f.
- Personenbeförderungsgesetz **2 D** 37
- Rechtsgrundlagen **2 D** 36 ff.
- Rechtsschutz **2 D** 50 ff., 62 f., 75, 126 ff.
- RVG **2 D** 137
- Teilenteignung **2 D** 93
- Teilungsversagung **2 D** 78
- Termin zur mündlichen Verhandlung **2 D** 64 ff.
- Überprüfung von B-Plänen **2 D** 61
- Untätigkeitsklage **2 D** 51
- Unterzeichnungsfrist **2 D** 90
- Verfahrensbeschleunigung **2 D** 59 f.
- Verteilungsverfahren **2 D** 130
- Verwaltungsakt und Antrag an Baulandgerichte **2 D** 141
- Verzögerung des Eigentumswechsels **2 D** 131
- vollstreckbare Titel **2 D** 140
- Voraussetzungen für vorzeitige Besitzeinweisung **2 D** 109 ff.
- Vorbereitung der mündlichen Verhandlung **2 D** 58 ff.
- vorzeitige Einleitung **2 D** 70
- wesentliche Erschwerung **2 D** 78
- zustellungspflichtige Ladung **2 D** 67 ff.
- Zwangsvollstreckung **2 D** 71 f.

**Enteignungswirkung**
- Naturschutz **3 D** 148

**Entfernung aus dem Beamtenverhältnis**
- s. Disziplinarrecht
- Disziplinarklage, s.a. Disziplinarverfahren, gerichtliches **6 B** 192 ff.

**Entgeltabgaben**
- Kommunalabgaben **4** 24

**Entlassung**
- Disziplinarverfahren **6 B** 182

**Entlassung des Beamten**
- Beurteilungsklage **6 A** 71

**Entledigung, Abfallrecht**
- Nebenprodukt oder Abfall **3 B** 23
- Tatbestände **3 B** 22 ff.
- technischer Vorgang **3 B** 23
- Verkehrsanschauung **3 B** 23

**Entschädigung**
- Abweisung des Enteignungsantrages **2 D** 81
- Anlagen, Anpflanzungen im Umlegungsrecht **2 C** 89 f.
- Baugenehmigung **2 A** 123
- bei Enteignung **2 D** 24 ff.
- Besitzeinweisung, vorzeitige **2 D** 116
- Disziplinarrecht **6 B** 234
- Gewässerbenutzung **3 C** 157

**Entschädigungsanspruch**
- Umlegungsrecht **2 C** 45
- unionsrechtlicher **1 C** 147
- Widerruf der Genehmigung, BImSchG **3 A** 149

**Entscheidung, gebundene**
– Personenbeförderungsgenehmigung 5 C 73
**Entscheidungsfrist**
– Informationsanspruch, VIG 1 B 301 f.
**Entscheidungsprozess, Behörde**
– Informationsanspruch, IFG 1 B 200 ff.
**Entsiegelungspflicht** 3 E 61
**Entsorgung**
– s. Abfallrecht
**Entsorgungsfachbetriebe-VO** 3 B 12
**Entsorgungsträger**
– gemischt-wirtschaftliches Unternehmen 3 B 107
– öffentlich-rechtlicher 3 B 94 ff.
– Pflichtenumfang 3 B 94 ff.
**Entwässerung**
– Nachweis bei Bauantrag 2 A 63
**Entwässerungsanlage**
– Beitragsermittlung 4 117 ff.
– Kostenmasse 4 118
**Entwicklung, städtebauliche**
– Satzungen im Bauleitverfahren 2 B 230
**Entwidmung**
– s. a. Widmung 1 D 220 f.
**Entwurf**
– Informationsanspruch 1 B 176
– Informationsanspruch IFG 1 B 200 ff.
**Erdaushub**
– Bodenschutzrecht 3 E 62 f.
**Erfahrungszeiten**
– Beamtenbesoldung 6 A 33
**Erfüllungsgehilfe**
– Entsorgungsverpflichteter 3 B 96
**Erlaubnispflicht**
– Gaststättenbetrieb 5 A 228 ff.
**Erlaubniswiderruf**
– Güterkraftverkehrsrecht 5 D 30 f.
**Erledigung der Hauptsache**
– Kommunalabgaben 4 53
**Ermessen**
– Disziplinarrecht 6 B 17
– Planfeststellungsverfahren 1 D 12
– Stellplatzablösung 5 B 94 f.
– Verwaltungsverfahren 1 A 16
**Ermessenseinbürgerung**
– Ausschlussgründe 7 A 200, 204, 206
– öffentliches Interesse 7 A 202 ff.
**Ermessensentscheidungen**
– Asylrecht 7 B 5
– Ausübung 1 A 116
– Ergänzung 1 A 111
– Ermessensreduzierung auf Null 1 A 123
– Gleichbehandlungsgrundsatz 1 A 117
– Personenbeförderungsgenehmigung 5 C 69, 73
– Selbstbindung 1 A 117
– Überprüfung der Sachverhaltsfeststellungen 1 A 110, 114 ff.
– Verfahrensfehler 1 A 122

**Ermessensüberprüfung**
– Umweltinformationsanspruch 1 B 49 f.
**Ermittlungsverfahren**
– Umweltinformationsanspruch 1 B 62
**Ernennung**
– Beamtenrecht 6 A 28 f.
**Erneuerbare Energien**
– Gewässerbenutzung 3 C 111
**Erörterungstermin**
– Genehmigungsverfahren, BImSchG 3 A 99 ff.
– Öffentlichkeit, BImSchG 3 A 105
– Verlegung, BImSchG 3 A 111
**Ersatzland**
– Gestellung im Umlegungsrecht 2 C 87
– Umlegungsrecht 2 C 46
**Ersatzzustellung**
– Adressat 7 B 17
– Gemeinschaftsunterkunft 7 B 17
**Erschließung**
– Baugenehmigung 2 A 48
– Bauvorbescheid 2 A 57
**Erschließungsbeitrag**
– s. a. Kommunalabgabenrecht
– Adressat 4 65 f.
– Anlagenabgrenzung 4 100
– Antrag auf aufschiebende Wirkung, Muster 4 161
– Antrag auf Aussetzung der Vollziehung 4 160
– anwaltliche Beratung 4 1 ff.
– Aufklärung des Sachverhalts 4 15
– beitragsfähige Anlage 4 78 f., 102
– Bekanntgabe des Bescheides 4 69 ff.
– Bestimmtheit des Bescheides 4 64 ff.
– Bestimmung zum Anbau 4 87 ff.
– Bundesrecht 4 16
– Checkliste 4 15
– Ehegatten 4 73
– Erschließungsanlage 4 67
– Erschließungseinheit 4 96
– Firmenbezeichnung 4 66
– formelle Anforderung 4 62 f.
– Funktionszusammenhang 4 99
– Fuß-/Radweg 4 92 ff.
– gemeinsame Abrechnung 4 102
– Grundstück 4 68
– Heilung von Fehlern 4 50
– Heilung von Zustellungsfehlern 4 75
– hergestellte/vorhandene Anlage 4 79 f.
– juristische Person 4 71
– Mehrheit von Schuldnern 4 72 ff.
– Musterwiderspruch gegen ~sbescheid 4 159
– nach BauGB 4 17 ff.
– neue Bundesländer 4 19 ff., 81 ff.
– Rechtmäßigkeit des Bescheides 4 77 ff.
– Satzung 4 32 ff.
– Selbständigkeit der Anlage 4 85
– Straßen 4 84 ff.

**[Erschließungsbeitrag]**
- Teilstrecke **4** 90
- Übergangsvorschrift **4** 95
- Umlegungsrecht **2 C** 90
- unbefahrbare Verkehrsanlage **4** 91 ff.
- Wege, Plätze **4** 84 ff.
- Wohnungs-/Teileigentum **4** 76
- Zufahrt **4** 89
- Zusammenfassungsentscheidung **4** 101

**Erschließungsplan**
- Baugenehmigung **2 A** 44
- vorhabenbezogener B-Plan **2 B** 212 ff.

**Erschließungsvorteil**
- Umlegungsrecht **2 C** 80

**Erschütterungen**
- Planfeststellung **1 D** 185 ff.

**Erstattungsanspruch, öffentlich-rechtlich**
- rechtsgrundlos erhaltene Leistungen **6 A** 140 f.

**Erstaufnahmeeinrichtungen 7 B** 16

**Erwerbseinkünfte**
- neben Beamtenversorgung **6 A** 284 ff.

**Erz**
- Abfallrecht **3 B** 23

**Erziehungsaufgabe**
- Lehrer **8** 17

**EU-Antidumpingverfahren**
- Ermittlungsbefugnisse **1 C** 28
- Kontrollbesuche **1 C** 28
- Rechtswirkungen **1 C** 46 f.
- Vereinbarungen **1 C** 50

**EU-Bürger**
- Freizügigkeit **7 A** 15, 154

**EU-Eigenverwaltung**
- direkter Vollzug **1 C** 5 f.

**EU/EWR-Handwerk-Verordnung**
- Ausnahmebewilligungen § 9 HwO **5 A** 168 ff.

**EU-Fördermittel 1 C** 22 ff.

**EU-Gemeinschaftslizenz**
- Güterkraftverkehrsrecht **5 D** 26

**EuGH**
- Abfallrecht **3 B** 39
- Abfallrückführung **3 B** 122
- Abschiebung in Staat mit Konflikten **7 A** 126
- Abschiebungsverbote **7 A** 121 ff.
- drohende Todesstrafe **7 A** 124
- Frauenförderung/Quotenregelung **6 A** 94 ff.
- Glücksspielrecht **5 B** 202 ff.
- Kriterien für Zuschüsse **5 C** 16
- Lotteriemonopol **5 B** 2
- Naturschutzverbandsklage **3 D** 291
- Rechtsprechung zum Abfallrecht **3 B** 6
- unmenschliche/erniedrigende Behandlung **7 A** 123
- Verwerfungsmonopol **1 C** 103

**EU-Kartellverfahren**
- Auskunftsverlangen **1 C** 26
- Ermittlungsbefugnisse **1 C** 25
- Nachprüfungen **1 C** 27
- Vereinbarungen **1 C** 50

**EU-Mitgliedsstaaten**
- Abfallverbringung **3 B** 129
- Beamtenstatus **6 A** 18

**EU-Recht**
- Abfallrecht **3 B** 10
- AbfallverbringungsVO **3 B** 122 ff.
- Aufenthaltsbeendigung **7 A** 160
- Bodenschutzrecht **3 E** 15 ff.
- EUV/AEUV **7 A** 154
- Familienangehörige **7 A** 159
- Freizügigkeitsgesetz-EU **7 A** 155
- Genfer Flüchtlingskonvention (GFK) **7 A** 168 ff.
- Grundrechtscharta EU **7 A** 154
- Sondernormen Ausländerbezug **7 A** 153 ff.
- Unionsbürgerrichtlinie **7 A** 15, 154

**EU-Richtlinie**
- Abfallrecht **3 B** 10
- Ausländerrecht **7 A** 5
- Dienstleistungs- **1 C** 78
- Immissionsschutz **3 A** 2 ff.
- Umweltinformation **1 B** 9

**Europäische Kommission**
- Deregulierung des europäischen Güterverkehrsmarktes **5 D** 4
- Liste der Schutzgebiete **3 D** 97 f.

**Europäische Menschenrechtskonvention**
- Grundrechte aus allgemeinen Rechtsgrundsätzen **1 C** 137

**Europäisches Amtsblatt 1 C** 3

**Europäisches Verwaltungsverfahren**
- AEUV **1 C** 2
- Akteneinsichtsrecht **1 C** 37
- Amtshaftung **1 C** 65 f.
- Amtssprache **1 C** 52
- Anhörung **1 C** 38 f.
- Anordnung der sofortigen Vollziehbarkeit **1 C** 120
- Anwendungsbereich **1 C** 1 ff.
- Aufhebung von begünstigenden Verwaltungsakten **1 C** 126
- Aufhebung von belastenden Verwaltungsakten **1 C** 129 ff.
- Auflagen **1 C** 54
- Begründungspflicht bei Beendigung **1 C** 51, 122
- Beihilfenrecht **1 C** 17 ff., 127 f.
- Bekanntgabe **1 C** 55, 121
- Beschlüsse **1 C** 44 f.
- Beschlussverfahren der Kommission **1 C** 34
- Bestandskraft **1 C** 126
- Beteiligungsrechte **1 C** 35 ff.
- Beteiligungsrechte Dritter **1 C** 40 ff.
- Beurteilungs-/Ermessensspielraum **1 C** 123 f.

1617

**[Europäisches Verwaltungsverfahren]**
- Beweislast **1 C** 29 ff.
- Beweisverwertungsverbot **1 C** 31
- Bindung an Grundfreiheiten **1 C** 140 f.
- direkter Vollzug **1 C** 1
- Entschädigungsanspruch **1 C** 147
- Europäische Menschenrechtskonvention **1 C** 137
- Folgenbeseitigungsanspruch **1 C** 146
- Fördermittel **1 C** 22 ff.
- förmliches Auskunftsverlangen **1 C** 56
- gemischter Vollzug **1 C** 1, 152 ff.
- Grundfreiheiten **1 C** 139
- Grundrechtscharta **1 C** 135 ff.
- Grundsatz der Zusammenarbeit **1 C** 130
- Gültigkeit allgemeiner Grundsätze **1 C** 6
- Gültigkeitsvermutung **1 C** 57
- Handlungsformen der Organe **1 C** 43 ff.
- hinkende Verordnungen **1 C** 47
- Indirekter Vollzug **1 C** 1, 67 ff., 134
- innerstaatliche Durchführungsvorschriften **1 C** 138
- Kartellrechtsverstoß **1 C** 41
- kein einheitlicher Ablauf **1 C** 16
- Komitologieverfahren **1 C** 33
- Kommissionsbeschwerde **1 C** 71, 148 ff.
- Nichtigkeit von Verwaltungsakten **1 C** 125
- Prinzip der begrenzten Organkompetenz **1 C** 7
- Prinzip der Subsidiarität **1 C** 8
- Recht auf Dokumentenzugang **1 C** 11 ff.
- Recht auf gute Verwaltung **1 C** 9 f.
- rechtliches Gehör **1 C** 35 f.
- Rechtsmittelbelehrung **1 C** 56
- Rechtsmittelfristen **1 C** 58
- Rechtsschutz **1 C** 62 ff.
- Richtlinien **1 C** 48
- Sachverhaltsaufklärung **1 C** 29
- Sekundärrecht **1 C** 53
- Staatshaftungsanspruch **1 C** 141 ff.
- subjektive Rechte **1 C** 139
- Transformationsakt **1 C** 46
- unionswidrige Leistungen **1 C** 127
- Vereinbarungen **1 C** 50
- Verfahrens-/Formfehler **1 C** 133 ff.
- Verordnungen **1 C** 46 f.
- Verträge **1 C** 49
- verwaltungsrechtliches Mandat **1 C** 69 ff.
- Vollstreckung **1 C** 61
- Widerruf, Rücknahme **1 C** 59 f.
- Willensbildung **1 C** 32 ff.
- Wirksamkeitsvoraussetzungen **1 C** 51 ff.
- Zuständigkeiten **1 C** 7
- Zustellung **1 C** 55
- Zwangsmittel **1 C** 54

**EuroparechtsanpassungsG**
- EAG-Bau **2 C** 5

**EU-verwaltungsrechtliches Mandat**
- Besonderheiten **1 C** 69 ff.
- Haftung **1 C** 74

**E-VwAS**
- Gewässerschäden **3 C** 539
- wassergefährdende Stoffe **3 C** 520

**Exmatrikulation 8** 107 ff.

**Fachplanung**
- s. Planfeststellung

**Fachverbände/-gewerkschaften**
- Personenbeförderungsgenehmigung **5 C** 58

**Fahrplan**
- Teil der Betriebsgenehmigung **5 C** 23

**Fahrplanänderung**
- Zustimmung **5 C** 23

**Fahrzeuge**
- Entsorgung des Erdreichs **3 B** 12

**Faires Verfahren**
- Planfeststellung **1 D** 61
- Umweltinformationsanspruch **1 B** 61

**Falschauskunft**
- Baugenehmigung **2 A** 122

**Familienangehörige**
- Ausländerrecht **7 A** 159

**Familienasyl**
- Allgemeines **7 B** 168 ff.
- Ehegatte **7 B** 169
- Kind **7 B** 168
- neugeborene Kinder **7 B** 170
- stammberechtigtes Elternteil **7 B** 172

**Familienflüchtlingsschutz**
- s. Familienasyl

**Familienzusammenführungsrichtlinie 7 A** 33

**Familienzuschlag**
- ruhegehaltsfähige Dienstbezüge **6 A** 215, 217

**Fauna-Flora-Habitat-Gebiete**
- BVerwG-Rechtsprechung **3 D** 124 ff.
- europäisches Netz „Natura 2000" **3 D** 96 ff.
- potentielle Gebiete **3 D** 119

**Fauna-Flora-Habitat-Richtlinie**
- Artenschutz **1 D** 157
- Schutzgebiete **1 D** 113 ff.
- Sicherung der Artenvielfalt **1 D** 112
- Umsetzung in Deutschland **1 D** 132 ff.
- Unterschutzstellung **1 D** 116
- Verschlechterungs-/Störverbot **1 D** 117
- Verträglichkeitsprüfung **1 D** 118 ff.
- Vogelschutzgebiete **3 D** 121 ff.

**Fehlverhalten eines Beamten**
- s. Disziplinarrecht

**Fernlinienverkehr**
- Eisenbahn **5 C** 30

**Fernziel-Reisen**
- Definition **5 C** 46

**Feuerwehrbeamte**
– Altersgrenze **6 A** 169
**Finanzhilfeprogramme**
– EU-Verwaltung **1 C** 22 ff.
**Firma**
– Adressat eines Erschließungsbeitragsbescheids **4** 66
**Fläche, bebaubare**
– Maß der baulichen Nutzung **2 B** 53
**Flächen**
– Wiedernutzbarmachung **2 B** 193 ff.
**Flächennutzungsplan**
– Abfallwirtschaftsplan **3 B** 136
– Abrundungssatzung **2 B** 229
– Aufstellung **2 B** 201 ff.
– Außenbereich **2 B** 205
– Außenwirkung **2 B** 36
– Bauleitplanung **2 B** 29
– bauliche Nutzung **2 B** 205
– Bodennutzungskonzept **2 B** 35
– Kennzeichnung von Altlasten **3 E** 312
– Normenkontrollverfahren **2 B** 242
– rechtsaufsichtliche Genehmigung **2 B** 208
– und Bauleitplanung **2 B** 34 ff.
– Verfahrensfehler bei Aufstellung **1 A** 125
– Vorrangflächen **2 B** 205
**Flächenumlegung 2 C** 72 ff.
– prozentuale Begrenzung **2 C** 81
**Flohmarkt**
– Reisegewerbe **5 A** 110
– unzulässig **5 A** 115
**Flüchtling**
– begründete Furcht vor Verfolgung **7 B** 85
– Qualifikationsrichtlinie **7 B** 85
– Rechtsstellung **7 A** 168 ff.
– Widerruf, Rücknahme **7 B** 174 ff.
**Flüchtlingseigenschaft**
– Aufenthaltstitel **7 A** 59
– Ausweisungs-/Zurückschiebungsverbot **7 A** 169
– Begriff **7 A** 168
– Staatenloser **7 A** 167
– Strafausschließungsklausel **7 A** 169
– Strafbarkeit illegaler Einreise **7 A** 171
**Flughafen**
– Planfeststellung **1 D** 18
– Verweildauer des Asylbewerbers **7 B** 44
**Flughafenverfahren**
– Folgeantrag **7 B** 43
**Fluglotsen**
– Altersgrenze **6 A** 169
**Flurangabe**
– Umlegungsrecht **2 C** 35
**Flurbereinigung**
– Landesentwicklung **2 C** 6
– Übertragung von Umlegungsaufgaben **2 C** 18
– Umlegung **2 C** 33

**Folgekostenvertrag**
– Bauleitplanung **2 B** 99
**Folgenbeseitigungsanspruch**
– unionsrechtlicher **1 C** 146
**Folgeschutzgesuch**
– s. Asylfolgeantrag
– Bundesamtskompetenz **7 B** 80
**Folter**
– Begriff **7 A** 121
**Folterverbot**
– EMRK **7 A** 118
**Fördermittel**
– Eigenwirtschaftlichkeit im ÖPNV **5 C** 32
**Förderschulen**
– Aufnahme **8** 41
– Prognoseentscheidung **8** 41
– Rückkehr in Regelschule **8** 43
– Zuweisung **8** 42
**Frauenförderung**
– Beamtenbeförderung **6 A** 94 ff., 102
**Freiberufliche Tätigkeit**
– Gewerbe **5 A** 11
**Freistellungsklausel**
– Altlasten **3 E** 263
**Freizeiteinrichtung**
– Umlegungsrecht **2 C** 91
**Freizeitlärmrichtlinie**
– Veranstaltung **5 A** 274
**Freizügigkeit**
– 3-Jahres-Ausschlussfrist bei Scheidung **7 A** 159
– deutsche Staatsangehörige **7 A** 159
– EU-Bürger **7 A** 15
– Unionsbürgerrechtslinie **7 A** 154 ff.
**Freizügigkeitsbescheinigung**
– Ausländerrecht **7 A** 15
**Freizügigkeitseinschränkungen**
– Rumänien/Bulgarien **7 A** 157
**Frist**
– Disziplinarverfahren **6 B** 101 ff.
– Umweltinformation **1 B** 105
**Fun-Games**
– Umsatzsteuer **5 B** 190
**Funktionsnachfolge**
– Altlasten und Haftung **3 E** 231
**Funktionszusammenhang**
– Erschließungsbeitrag **4** 99
**Fuß-/Radweg**
– Erschließungsbeitrag **4** 92 ff.
**Futtermittel**
– Auskunftsanspruch **1 B** 254 ff.

**Gammelfleisch**
– Umweltinformation **1 B** 42
**Gartenabfälle**
– Selbstverwertungsmöglichkeit **3 B** 76
**Gase**
– Sanierungsverfahren **3 E** 163

1619

**GastG**
– Anwendungsbereich **5 A** 212 ff.
**Gaststätte**
– Höchstzahl Spielgeräte **5 B** 147
**Gaststättenbetrieb**
– Abgrenzung private Feier **5 A** 224
– Betriebsarten **5 A** 227
– Biergarten **5 A** 254
– Einlassbegrenzung **5 A** 225
– Erlaubnispflicht **5 A** 228
– gemischter Betrieb **5 A** 231
– Gewerbebetrieb **5 A** 226
– gewerbsmäßiger Betrieb **5 A** 220
– Gewinnerzielungsabsicht **5 A** 220
– Lärmimissionen **5 A** 254
– Pächter **5 A** 226
– Raucherclub **5 A** 223
– Spielhalle **5 A** 231
– Vereine **5 A** 221 f.
– Voraussetzungen **5 A** 218 ff.
– Zubereitung von Speisen **5 A** 230
– Zugangsmöglichkeit **5 A** 223
– Zulässigkeitsgebiete **5 A** 250 ff.
– Zurechnung von Lärm **5 A** 255
**Gaststättenerlaubnis**
– Abgrenzung Spielhalle **5 B** 168 ff.
– auf Widerruf **5 A** 272
– aus besonderem Anlass **5 A** 272
– Betriebszeit **5 A** 277
– Dauer **5 A** 241
– fakultativer Widerruf **5 A** 264
– fehlender Unterrichtungsnachweis **5 A** 256
– Gesamteindruck **5 A** 239
– inhaltliche Ausgestaltung **5 A** 236 ff.
– keine Konzentrationswirkung **5 A** 232
– mangelnde Barrierefreiheit **5 A** 249
– mit Nebenbestimmungen **5 A** 240
– örtliche Lage **5 A** 250 f.
– Rechtsfolgen von Rücknahme/Widerruf **5 A** 265 f.
– Rücknahme **5 A** 257 f.
– sofortige Schließung **5 A** 266
– Sperrzeit **5 A** 278 ff.
– Strohmann **5 A** 245
– Überschreiten der Sperrzeit **5 A** 244
– ungeeignete Räume **5 A** 247 f.
– Unzuverlässigkeit **5 A** 244 ff.
– Verhältnis zu anderen Genehmigungen **5 A** 232 ff.
– Versagungsgründe **5 A** 242 ff.
– vorläufige **5 A** 267
– zwingender Widerruf **5 A** 260 ff.
**Gaststättenrecht**
– Änderungen des GastG **5 B** 165 ff.
– Anwendbarkeit des GastG **5 A** 213
– Behördenzuständigkeit **5 A** 211
– eingeschränkte Anwendbarkeit des GastG **5 A** 214 ff.
– Erlaubnis **5 A** 218 ff.

– Gaststättenerlaubnis **5 B** 168 ff.
– keine Anwendbarkeit des GastG **5 A** 217
– Nichtraucherschutzgesetz **5 B** 177
– Rechtsvorschriften **5 A** 209
– Sperrzeit **5 B** 172 ff.
– Wirtschaftsverwaltungsrecht **5 A** 209 ff.
**Gastwirt**
– Schonfrist **5 A** 288
**Gebäude**
– Erschütterungen **1 D** 194 f.
**Gebiet „Natura 2000"**
– Bauleitplanverfahren **3 D** 190 ff.
**Gebietskörperschaft**
– Beteiligung beim Immissionsschutz **3 A** 98
– Umweltinformationsanspruch **1 B** 13
**Gebietsschutz**
– allgemeiner **3 D** 21 f.
– behördliche Entscheidung **3 D** 27
– Eingriff in Natur/Landschaft **3 D** 23 ff.
– Landwirtschaftsklausel **3 D** 25
– Positiv-/Negativlisten **3 D** 24
– Wiederaufnahme der Bodennutzung **3 D** 26
**Gebühren**
– Abfallrecht **3 B** 243 ff.
– Baugenehmigung **2 A** 80
– Bedarfsrechnung **4** 130 ff.
– Kommunalabgaben **4** 28
– Maßstab bei Benutzungsgebühr **4** 153 ff.
– Umlegungsrecht **2 C** 103
– Umweltinformationsanspruch **1 B** 127, 130
**Gefährdungshaftung**
– Altlastensanierung **3 E** 282 ff.
– Entsorgungsverpflichteter, Abfallrecht **3 B** 96
**Gefahrenabwehr**
– Abfallentsorgungsanlagen **3 B** 165
– Effektivität bei Altlasten **3 E** 249
– Gewässerbenutzung **3 C** 145
**Gefahrenanordnung**
– Immissionsschutz **3 A** 189, 197
**Gefahrenstoffe**
– Umweltinformation **1 B** 17
**Gefahrerforschungseingriff 3 E** 105
**Gefährliche Abfälle**
– Definition **3 B** 111
– Nachweisverfahren **3 B** 119 ff.
– Überlassungspflichten **3 B** 87 ff.
**Gegenvorstellung**
– Disziplinarverfahren **6 B** 234
– Wiederaufgreifen des Verwaltungsverfahrens **1 A** 66
**GE/GI-Gebiet**
– Spielhallengenehmigung **5 B** 42 ff.
**Geheimhaltungsinteressen**
– Akteneinsicht **1 A** 39
**Geheimnisschutz**
– Informationsanspruch, IFG **1 B** 193 f.

**Gehilfe**
– Dienstvergehen **6 B** 35
**Geistiges Eigentum**
– Ablehnung Auskunftsanspruch **1 B** 285
– Schutz nach IFG **1 B** 215
– Umweltinformationsanspruch **1 B** 83 ff.
**Gelbe Tonne 3 B** 108
**Geldausgleich**
– Umlegungsrecht **2 C** 72 ff., 84
**Geldbuße**
– Disziplinarmaßnahme **6 B** 47
– Grenze **6 B** 47
– Verfehlensbeispiele **6 B** 68
**Gelegenheitstat**
– Disziplinarmaßnahme **6 B** 72
**Gelegenheitsverkehr**
– Bestimmung durch Fahrgast **5 C** 40 ff.
– Tariffreiheit **5 C** 78
**Gemeindebedarfsfläche**
– Bauleitplanung **2 B** 79
**Gemeinden**
– Auswahl unter Bodenordnungsformen **2 C** 10 f.
– Beratung im Kommunalabgabenrecht **4** 12 ff.
– Beteiligung beim Immissionsschutz **3 A** 98
– Eigenverantwortung bei Bauleitplanung **2 B** 31
– Einwendungen bei Planfeststellung **1 D** 45 f.
– Entsorgungsträger, Abfallrecht **3 B** 94
– Ermessen im Umlegungsrecht **2 C** 19
– freiwillige Baulandumlegung **2 C** 24
– Konzessionierung der Genehmigungen für Personenbeförderung **5 C** 41
– Kosten des Umlegungsverfahrens **2 C** 22
– Mitwirkungslast, Planfeststellung **1 D** 46
– Umlegungsstelle **2 C** 18
– wirtschaftliche Unternehmungen **3 B** 97 ff.
**Gemeindeordnung**
– Verfahrensfehlerausschluss **1 A** 125
**Gemeinderat**
– Benutzungsgebühr **4** 131
– Beratung/Beschlussfassung über B-Plan-Entwurf **2 B** 160 ff.
– Erschließungsbeitragssatzung **4** 33
– unerhebliche B-Plan-Entwurfsänderungen **2 B** 179
**Gemeindliches Einvernehmen**
– Baugenehmigung **2 A** 102 ff.
**Gemeinnützigkeit**
– Enteignung durch Planfeststellung **1 D** 210 f.
**Gemeinschaftsanlagen**
– Umlegungsrecht **2 C** 91
**Gemeinschaftsarbeit**
– kommunale, Abfallrecht **3 B** 104

**Gemeinschaftsunterkünfte**
– Asylbewerber **7 B** 17
**Gemeinwirtschaftliche Verkehrsleistungen**
– ÖPNV **5 C** 34 ff.
– Vorrang der eigenwirtschaftlichen Betriebe **5 C** 36
**Gemischter Vollzug**
– horizontale/vertikale Zusammenarbeit **1 C** 153
**Genehmigung**
– Anlagen, s. Immissionsschutz
**Genehmigung, wasserrechtliche**
– Änderungen **3 C** 224 ff.
– Erneuerungsmaßnahmen **3 C** 231
– vorzeitige Gewässerbenutzung **3 C** 232 ff.
– Wasserbehörde /Planfeststellung durch Bundesbehörde **3 C** 198 ff.
**Genehmigungsbescheid**
– Entschädigungsanspruch bei Widerruf **3 A** 149
– Erlöschen, BImSchG **3 A** 139
– Ermessen beim Widerruf, BImSchG **3 A** 148
– fehlender Fortbetrieb, BImSchG **3 A** 139
– grenzüberschreitende Auswirkungen **3 A** 132
– Inhalt, BImSchG **3 A** 120 ff.
– Rücknahme/Widerruf, BImSchG **3 A** 140 ff.
**Genehmigungsfähigkeit**
– Ermittlung, BImSchG **3 A** 31 ff.
**Genehmigungsvorbehalt**
– Reichweite im Immissionsschutz **3 A** 22 ff.
**Generalprävention**
– Disziplinarrecht **6 B** 6
**Genfer Flüchtlingskonvention**
– Rechtsstellung der Flüchtlinge **7 A** 168 ff.; **7 B** 54
– Rechtsprechung BVerfG **7 B** 31
**Gentechnik**
– Auskunftsanspruch **1 B** 337
**Gerichtskontrolle**
– Ablehnung des Umweltinformationsanspruchs **1 B** 49 f.
**Gerichtsverfahren, laufendes**
– Informationsanspruch, IFG **1 B** 188
– Umweltinformationsanspruch **1 B** 59 ff.
**Geringfügigkeit**
– Disziplinarmaßnahme **6 B** 77
**Gesamtschuldner**
– Ausgleich bei Altlasten **3 E** 267
– Beweiserleichterungen für Zustandsstörer **3 E** 272
– keine Haftungsausdehnung **3 E** 270
– Rechtsweg für Altlastenausgleichsanspruch **3 E** 274

**Geschäft der laufenden Verwaltung**
- Ausübung des Vorkaufsrechts **2 C** 48

**Geschäftsgeheimnis**
- Ablehnung Auskunftsanspruch
  **1 B** 286 ff.
- Ablehnung des Umweltinformationsanspruches **1 B** 85 ff.
- freiwillig erfolgte Mitteilungen **1 B** 99
- Immissionsschutz **3 A** 56
- Rechtsberatung **1 B** 90
- Schutz nach IFG **1 B** 216
- Umweltinformation **1 B** 77

**Geschenke**
- Beamte **6 A** 50

**Geschicklichkeitsspiel**
- Abgrenzung Glücksspiel **5 B** 193

**Geschmacksmusterrecht**
- Informationsanspruch **1 B** 83 f.

**Gesellenprüfung 5 A** 189 ff.

**Gestaltungsfreiheit des Staates**
- Schulorganisation **8** 53 f.

**Geständnis**
- Disziplinarverfahren **6 B** 223

**Gesundheit**
- Umweltinformation **1 B** 40 ff.

**Gesundheitsgefahren**
- Planfeststellung **1 D** 205

**Gesundheitsprüfung**
- Beamte **6 A** 25

**Gesundheitsschutz**
- Befreiung vom Benutzungszwang im Wasserrecht **3 C** 314
- Trinkwasserqualität **3 C** 333 ff.

**Gewässer**
- Begriff **3 C** 348
- wassergefährdende Stoffe **3 C** 517

**Gewässer, oberirdische**
- s. a. Gewässerbenutzung
- Abfallentsorgung **3 C** 109
- Anlieger/Eigentümer **3 C** 145
- Bojen **3 C** 108
- Bootssteg **3 C** 108
- Entnahme von festen Stoffen **3 C** 102 ff.
- Land-/Forstwirtschaft **3 C** 387
- Schnee/Eisstücke **3 C** 107, 110
- Stapellauf **3 C** 108

**Gewässeranlagen**
- Anzeigepflichten **3 C** 556
- in/an Gewässern **3 C** 553 ff.
- nachteilige Veränderung der Wasserbeschaffenheit **3 C** 555
- Zulassungspflicht **3 C** 556

**Gewässeraufsicht**
- anlassbezogene Überprüfungen **3 C** 630
- Anordnungsadressat **3 C** 638
- einzelne Maßnahmen **3 C** 633 ff.
- Ermessen **3 C** 633 ff.
- Ermessensreduzierung auf Null **3 C** 636
- Gewässerschutzbeauftragter **3 C** 632
- Grundrechtseinschränkung **3 C** 632

- Haftung des Zustandsstörers **3 C** 639
- nachbarrechtliche Streitigkeiten **3 C** 637
- nicht zugelassene Maßnahmen **3 C** 635
- Pflichten/Zuständigkeiten **3 C** 626 ff.
- Überprüfungszeitraum **3 C** 629
- Überwachungsgegenstand **3 C** 627 ff.
- Überwachungsmaßnahmen **3 C** 632 ff.

**Gewässerausbau**
- allgemeines Verfahren **3 C** 567 ff.
- Anforderungen **3 C** 565 f.
- auf Zeit **3 C** 563
- Ausbau/Neubau **3 C** 574 ff.
- Ausgleich von Beeinträchtigungen **3 C** 566
- Begriff **3 C** 558
- bei Planfeststellung **3 C** 570
- Beseitigung eines Gewässers **3 C** 560
- Bundeswasserstraße **3 C** 574 ff.
- Deich-/Dammbauten **3 C** 562
- Herstellung eines Gewässers **3 C** 559
- Teilzulassung **3 C** 571
- UVP-Pflicht **3 C** 568
- vorzeitiger Beginn **3 C** 572
- wesentliche Umgestaltung **3 C** 561

**Gewässerbenutzung**
- Ableiten/Entnehmen von Wasser **3 C** 93 ff.
- Abwasser **3 C** 116
- andere Zulassungsentscheidungen **3 C** 186 ff.
- Änderung einer Erlaubnis/Bewilligung **3 C** 224 ff.
- Anschluss-/Benutzungszwang **3 C** 167 f.
- Antrag auf vorzeitige ~ **3 C** 232 ff.
- Aufstauen/Absenken **3 C** 97 ff.
- Begriff **3 C** 89 ff.
- bergrechtlicher Betriebsplan **3 C** 201 ff.
- Bewilligung **3 C** 158 ff.
- Bewilligungsausnahmen **3 C** 145 ff.
- Bewilligungseinwendungen **3 C** 163
- dauerhaft **3 C** 139
- echte **3 C** 92 ff.
- Eigentum **3 C** 220
- Einbringen/Einleiten von Stoffen **3 C** 106 ff.
- Einleiten von Stoffen **3 C** 112 ff.
- Einvernehmen Planfeststellungs- und Wasserbehörde **3 C** 193 ff.
- einzelne Maßnahmen **3 C** 141
- Entnahme von festen Stoffen **3 C** 102 ff.
- Entschädigung **3 C** 157
- Erlaubnis **3 C** 154 ff.
- Erlaubnis mit Inhaltsbestimmung **3 C** 169 ff.
- Erlaubnis mit Nebenbestimmung **3 C** 174 ff.
- Erlaubnisbefristung **3 C** 175 ff.
- Erlaubnis/Bewilligung **3 C** 142 ff.
- Erlaubnis-/Erteilungsverfahren **3 C** 180 ff.

**[Gewässerbenutzung]**
- Ermessen der Wasserbehörde 3 C 168
- feste Stoffe 3 C 109
- Feuerwehrübung 3 C 145
- Fischaufzucht 3 C 225
- gehobene Erlaubnis 3 C 157
- Gemeingebrauch 3 C 145
- genehmigungsbedürftige Anlagen
  3 C 218 ff.
- Gesundheitsschutz 3 C 167
- Haftung bei Veränderungen 3 C 541 ff.
- Immissionsschutzrecht 3 C 207 ff.
- Kläranlage 3 C 167
- kommunales Wasserwerk 3 C 161
- Kühlwasser 3 C 111, 161
- Küstengewässer 3 C 145
- landesrechtliche Besonderheiten bei Gewässerbenutzung 3 C 184
- Landeswassergesetz 3 C 146
- nachteilige Veränderung der Wasserbeschaffenheit 3 C 134 ff.
- nicht unerhebliches Ausmaß 3 C 140
- nicht zugelassene Maßnahmen 3 C 635
- öffentlich-rechtliche Schutzvorschriften
  3 C 167 f.
- ohne Baugenehmigung 3 C 221
- Planfeststellungsverfahren 3 C 187 ff.
- schädliche Veränderungen 3 C 165 f.
- Umweltverträglichkeitsprüfung
  3 C 180 ff.
- unechte 3 C 91
- Verbot mit Befreiungsvorbehalt 3 C 86 ff.
- Wasserschutzgebiet 3 C 382
- Zutagefördern 3 C 205
- Zuwasserlassen von Bootskörpern
  3 C 108

**Gewässerbenutzung, vorzeitige**
- Antrag des Unternehmens 3 C 241 ff.
- berechtigtes Interesse 3 C 250
- Drittschutz 3 C 268 ff.
- Erlaubnis-/Bewilligungsverfahren
  3 C 236 ff.
- Inhalts-/Nebenbestimmungen 3 C 266 f.
- kein Vertrauensschutz 3 C 264
- neue Sachlage 3 C 262
- öffentliches Interesse 3 C 249
- Prognose der Wasserbehörde 3 C 244 ff.
- Prognoseentscheidung 3 C 269
- Renaturierung eines Gewässers 3 C 257
- Schadensersatz 3 C 252 ff.
- Uferbepflanzung 3 C 257
- Widerruf 3 C 259 ff.
- Wiederherstellung des früheren Zustandes 3 C 257 f.

**Gewässerbenutzungszulassungen**
3 C 153 ff.

**Gewässerschutz**
- Erleichterungen bei wassergefährdenden Stoffen 3 C 523 ff.

**Gewässerunterhaltung**
- Beeinträchtigung Dritter 3 C 610
- Binnenwasserstraßen 3 C 582
- Bundeswasserstraßenrecht 3 C 580 ff.
- Duldungspflichten 3 C 593 ff.
- Einsatz von chemischen Mitteln 3 C 608
- erlaubnispflichtige Maßnahmen 3 C 608
- gegenwärtige Gefahr 3 C 594
- genehmigungsfreie Maßnahmen 3 C 583
- Grundsatz der Verhältnismäßigkeit
  3 C 596
- Hindernisverursacher 3 C 589
- Höhe des Erstattungsanspruchs 3 C 592
- Landesrecht 3 C 585 f.
- öffentliche Aufgabe 3 C 609
- pflichtwidriges Unterlassen 3 C 611
- Rechtsweg 3 C 591 f.
- Schadensersatz bei Duldungspflichten
  3 C 599 ff.
- Seewasserstraßen 3 C 582
- Ufergrundstücke 3 C 598
- Umfang 3 C 579
- Unterhaltungskosten 3 C 591
- Unterhaltungslast 3 C 587 ff.
- Unterlassungspflichten 3 C 597
- Wasserbehörde 3 C 590
- wasserwirtschaftliche Belange 3 C 584
- Zulassen von Maßnahmen 3 C 606 ff.
- Zweck/Rechtsnatur 3 C 578

**Gewässerverunreinigung**
- anwaltliche Beratung 3 E 285
- Gefährdungshaftung 3 E 283
- Sanierung 3 E 138, 141
- strafrechtliche Verantwortung 3 E 319

**Gewerbe, stehendes**
- Abgrenzung zum Reisegewerbe 5 A 19
- Anzeigepflicht 5 A 20 ff.
- Anzeigepflicht, spezialgesetzliche
  5 A 26
- Begriff 5 A 17 ff.
- Betriebsaufgabe/-einstellung 5 A 21
- Betriebsbeginn 5 A 21
- Betriebsverlegung/-wechsel 5 A 21
- Empfangsbestätigungsfrist der Anzeige
  5 A 24
- Erlaubniserteilung 5 A 30 ff.
- erlaubnispflichtige Gewerbearten
  5 A 27 f.
- Erlaubnisvorbehalt, spezialgesetzlich
  5 A 29
- Gründung einer Zweigniederlassung
  5 A 21
- Unterlassen rechtzeitiger Anzeige
  5 A 25
- Unzuverlässigkeit 5 A 52 ff.
- Versagungsgründe 5 A 30 ff.

**GewerbeabfallVO**
- Abfalltrennung 3 B 70
- abfallwirtschaftliche Bedeutung
  3 B 70 ff.

**[GewerbeabfallVO]**
- grenzüberschreitende Abfallverbringung 3 B 73
- Pflichtrestmülltonne 3 B 72
- Vorbehandlungsanlagen 3 B 71

**Gewerbeanmeldung**
- Streitwert 5 A 291

**Gewerbeaufsichtsbehörde**
- Personenbeförderungsgenehmigung 5 C 58

**Gewerbebegriff** 5 A 9 ff.

**Gewerbebetrieb**
- Einkünfte und Beamtenversorgung 6 A 292

**Gewerbebetrieb, sonstiger**
- Spielhalle 5 B 51

**Gewerbeerlaubnis**
- Anfechtung durch Dritte 5 A 48
- Angestellte 5 A 37
- besondere Sachkunde 5 A 35 f.
- finanzielle Mittel 5 A 32
- gebundene Entscheidung 5 A 30 ff.
- Insolvenz 5 A 45
- Jahresfrist bei Widerruf/Zurücknahme 5 A 47
- Nebenbestimmungen 5 A 40 ff.
- räumliche Verhältnisse 5 A 33 f.
- Rechtsvorschriften 5 A 39
- Rücknahme/Widerruf der Erlaubnis 5 A 43 ff.
- Überwachung 5 A 49
- Unzuverlässigkeit 5 A 44
- zusätzliche Genehmigungen 5 A 38

**Gewerbefreiheit**
- Grundrechtsschutz 5 A 1 ff.

**Gewerbegebiet**
- Ausweisung ohne Erschließung 2 B 91
- Erweiterung 2 B 95

**Gewerberecht**
- Arten 5 A 16 ff.
- auch Gewerbenebenrecht 5 A 1
- Bagatelltätigkeit 5 A 11
- Beispiele 5 A 12
- Definition 5 A 10
- Dreistufentheorie 5 A 2 ff.
- Einschränkungen 5 A 2 ff.
- Erlaubnis, Übersicht 5 B 101
- Gewerbetreibender 5 A 14 f.
- Handwerksrecht 5 A 125
- Ländersache 5 A 6 ff.
- Rechtsvorschriften 5 A 6 ff.
- Streitwert 5 A 289 ff.
- Zuständigkeiten 5 A 8

**Gewerbeuntersagung**
- Ausdehnung auf andere Gewerbe 5 A 81 f.
- Auskunfts-/Informationsrecht 5 A 92
- Beurteilungszeitpunkt 5 A 83
- fehlende Zulassung 5 A 50 f.
- Offenbarung Sozialdaten 5 A 74
- Offenbarung steuerlicher Verhältnisse 5 A 73
- öffentliches Interesse 5 A 72
- personenbezogene Daten 5 A 71 ff.
- Streitwert 5 A 290
- Unzuverlässigkeit 5 A 52 ff.
- Verhältnismäßigkeit 5 A 5, 79 ff.
- Vollzug 5 A 85 f.
- Wiederaufnahme 5 A 87 ff.

**Gewerbezentralregister** 5 A 93 ff.

**Gewinnerzielungsabsicht**
- Gewerbe 5 A 11

**Glascontainer** 3 B 242

**Gleichbehandlungsgrundsatz**
- Ermessensentscheidungen 1 A 117

**Gleichstellung behinderter Menschen**
- Barrierefreiheit in Gaststätten 5 A 249

**Globalberechnung**
- Beitragssatz, Anschlussbeitrag 4 114 ff., 120 ff.

**Glücksspiel**
- Abgrenzung Spielhallenrecht 5 B 2
- Begriff 5 B 192 ff.
- Geldspielgeräte 5 B 106

**Glücksspielrecht**
- Erlaubnis durch Landesbehörde 5 B 199
- EuGH-Rechtsprechung 5 B 202 ff.
- Geldspielautomaten 5 B 196
- Gesetzgebungskompetenzen 5 B 195 ff.
- Glücksspielstaatsvertrag 5 B 198 ff.
- Konzessionsabgabe 5 B 216 ff.
- Off-Shore-Lizenzen 5 B 205
- Pferdewetten 5 B 200
- private Veranstalter 5 B 216 ff.
- Schadensersatzanprüche privater Betreiber 5 B 214
- Schleswig-Holstein 5 B 219
- staatliches Monopol 5 B 201
- verwaltungsgerichtliche Rechtsprechung 5 B 209 ff.
- Wirtschaftsverwaltungsrecht 5 B 191 ff.

**GlüStV**
- Internetgutachten 5 B 218
- Landesrecht 5 B 198
- öffentliche Glücksspiele 5 B 199
- Regelungsinhalt 5 B 198 ff.
- staatliches Monopol 5 B 201

**Gnadenerweis**
- Disziplinarrecht 6 B 252

**Grandfathering-Prinzip** 3 A 212

**Grenzbehörden**
- Asylbegehren an der Grenze 7 B 25 ff.

**Grenzregelung** 2 C 8

**Grenzüberschreitung**
- Abfallrecht 3 B 122 ff.
- Abfallverbringung 3 B 73
- Bekanntmachungstext, BImSchG 3 A 65

**Großes Asyl 7 B** 84
**Grünabfall**
– Anschluss- und Benutzungszwang
  **3 B** 234
**Grundbuch**
– Information für Bodenschutz **3 E** 84
**Grundeigentum**
– s. a. Eigentum; Grundstück
– Abwehr von Sanierungspflichten
  **3 E** 251 f.
– Abwehrpflicht, Bodenschutzrecht **3 E** 55
– Altlastenhaftung des früheren Eigentümers **3 E** 233 ff.
– Anforderungen im Umlegungsrecht
  **2 C** 67 ff.
– Anhörung im Umlegungsrecht **2 C** 34
– außerhalb des Umlegungsgebietes
  **2 C** 86 ff.
– bebautes ~, im Umlegungsrecht **2 C** 71
– BVerfG-Grundsatzentscheidung zur Zustandshaftung bei Sanierung **3 E** 204 ff.
– Deponie, Duldungspflicht **3 B** 184
– Einwurfsgrundstück **2 C** 77 f.
– freiwillige Umlegung **2 C** 7
– Gewährleistungsausschluss, Altlasten
  **3 E** 269
– Nutzbarkeit im Umlegungsrecht **2 C** 78
– planungsbedingte Wertsteigerung **2 C** 79
– Rechtsschutz, Abfallentsorgungsanlage
  **3 B** 213 f.
– Sanierung **3 E** 201 ff.
– Tauschverfahren, s. a. Umlegungsrecht
  **2 C** 1
– Übertragung und Baugenehmigung
  **2 A** 83
– Umlegungsmasse **2 C** 16
– Wertermittlung, Umlegungsrecht
  **2 C** 72 ff.
– Wertsteigerung durch Sanierung
  **3 E** 183 ff.
**Grunderwerbsplan 1 D** 28
**Grunderwerbsteuer**
– Umlegungsrecht **2 C** 27, 103
**Grundpfandrechte**
– Umlegungsrecht **2 C** 91
**Grundrechte**
– Charta mit Ausländerbezug **7 A** 154
– Eigentumsgarantie **2 D** 6 ff.
– Europäische Menschenrechtskonvention **1 C** 137
**Grundsatz der Zusammenarbeit**
– Europäisches Verwaltungsverfahren
  **1 C** 130
**Grundschule**
– Anmeldefrist **8** 34
– Aufnahme **8** 31 ff.
– Schulbezirke **8** 33
– Sprengelpflicht **8** 33
– Wahlrecht **8** 33
– Zurückstellung **8** 31

**Grundstück**
– s. a. Grundeigentum
– Anlage, BImSchG **3 A** 20
– Erschließungsbeitragsbescheid **4** 68
– Wertminderung durch Planfeststellung
  **1 D** 212
**Grundstück, nicht erschlossen**
– Wasserversorgungspflicht **3 C** 282
**Grundstückseigentümer**
– Befreiung vom Anschluss-/Benutzungszwang **3 C** 307
– Einschränkung durch WHG **3 C** 59 ff.
**Grundstücksentwässerungsanlage**
– Selbstüberwachung **3 C** 493
**Grundstückskaufvertrag**
– arglistige Täuschung bei Altlasten
  **3 E** 279
– Dokumentation fehlender Kenntnis von Altlasten **3 E** 290
– Einsicht in Altlastenkataster **3 E** 299
– Fahrlässigkeit des Käufers und Altlasten
  **3 E** 299
– Freistellungsanspruch, Altlasten **3 E** 295
– Gewährleistungsanspruch bei Altlasten
  **3 E** 279, 293 ff.
– Haftungsausschluss für Altlasten
  **3 E** 291
– Sanierungsübernahme durch Käufer
  **3 E** 297
– Sanierungsübernahme durch Verkäufer
  **3 E** 298
– Schadensersatz bei Altlasten **3 E** 281
– Verträge vor 1998 **3 E** 279
**Grundwasser**
– Ableiten/Entnehmen von Wasser
  **3 C** 125
– Absenken/Aufstauen **3 C** 127
– Anlagen **3 C** 126 ff.
– Baugrube **3 C** 131
– Begriff **3 C** 27
– bergrechtlicher Betriebsplan **3 C** 205
– Bodenschutzrecht **3 E** 43, 142
– Einbringen von Stoffen **3 C** 117 ff.
– Einleiten von Stoffen **3 C** 112
– Entnahme **3 C** 122
– Flughafenbau **3 C** 196
– Land-/Forstwirtschaft **3 C** 387
– Prüfwerte **3 E** 136
– Raumordnungsplan, Schutz **3 C** 168
– Umleiten **3 C** 127
– Umweltinformationsanspruch **1 B** 26
– Zutagefördern **3 C** 123
– Zutageleiten **3 C** 124
**Grüne Liste**
– Abfallverbringung **3 B** 123 ff.
**Grünfläche**
– Ausgleichsflächen **2 C** 76
**GüKG**
– Anwendungsbereich **5 D** 7 ff.
– Ausnahmen der Anwendung **5 D** 9

1625

**[GüKG]**
– Neufassung **5 D** 6 ff.
**Günstigkeitsprinzip**
– Disziplinarrecht **6 B** 11
**Gutachten**
– Informationsanspruch, IFG **1 B** 206
– Umweltinformationsanspruch **1 B** 103 f.
**Gutachter**
– überwiegendes Informationsinteresse, IFG **1 B** 212
**Güterkraftverkehrsrecht**
– Allgemeines **5 D** 1 ff.
– Behördenzuständigkeiten **5 D** 10 ff.
– Berufszugangsverordnung **5 D** 18 ff.
– Bundesamt für Güterverkehr **5 D** 11
– CEMT-Genehmigung **5 D** 41 f.
– Erlaubnis auf Zeit **5 D** 25
– Erlaubnisbehörde **5 D** 24
– Erlaubnisinhalt **5 D** 26 f.
– Erlaubnismitführungspflicht **5 D** 27
– Erlaubnispflicht **5 D** 15 ff.
– EU-Gemeinschaftslizenz **5 D** 26
– fachliche Eignung des Erlaubnisbewerbers **5 D** 22
– finanzielle Leistungsfähigkeit des Unternehmers **5 D** 21
– Gemeinschaftslizenz **5 D** 43 ff.
– Genehmigungen **5 D** 2
– Haftpflichtversicherung **5 D** 32
– internationale Abkommen **5 D** 40 ff.
– objektive Berufszugangsbeschränkung **5 D** 1
– Rechtsschutz **5 D** 49 f.
– Reform **5 D** 6 ff.
– Rücknahme/Widerruf der Erlaubnis **5 D** 30 f.
– Straßengüter-/Werksgüterverkehr **5 D** 13
– Tarifaufhebung **5 D** 47 f.
– Übertragung der Erlaubnis **5 D** 28 f.
– Voraussetzungen für Erlaubnis **5 D** 16 ff.
– Werksverkehr **5 D** 33
– Zuverlässigkeit **5 D** 19
– zwischenstaatlicher Güterkraftverkehr **5 D** 14

**Haare**
– Beamter, Disziplinarrecht **6 B** 28 Fn. 5
**Habilitation 8** 122
**Habitat-Schutz**
– s. Fauna-Flora-Habitat-Gebiete,
   s. Fauna-Flora-Habitat-Richtlinie
**Hafengebiet**
– Sondergebiet, B-Plan **2 B** 52
**Haftpflichtversicherung**
– Güterkraftverkehrsrecht **5 D** 32
**Haftungsbegrenzung**
– Sanierung **3 E** 202
**Hamburg**
– Bauleitplanung **2 B** 17, 33

– Bauordnungsrecht **2 A** 1
– Informationsfreiheit **1 B** 2
– Kommunalabgaben **4** 21
– Planaufstellungsbeschluss **2 B** 127 ff.
– Umweltinformation **1 B** 1
**Hamburger Modell**
– Wiedereingliederung **6 A** 176
**Handlungsfreiheit**
– Anschluss-/Benutzungszwang **3 C** 286 f.
**Handwerksbetrieb**
– Begriff **5 A** 132 f.
– Betriebsleiter **5 A** 153
– Gewerbebetrieb **5 A** 134 f.
– handwerksähnlicher Betrieb **5 A** 144
– handwerksfähige Tätigkeit **5 A** 136 f.
– handwerksmäßiger Betrieb **5 A** 138 f.
– Hilfsbetrieb **5 A** 143
– Meistertitel **5 A** 149 ff.
– Nebenbetrieb **5 A** 140 ff.
**Handwerkskammer**
– anfechtbare Prüfungen **5 A** 192
– Anhörung bei Untersagung **5 A** 182
– Aufgaben **5 A** 196
– Beiträge **5 A** 198
– Beitragsfestsetzung **5 A** 199 ff.
– Betriebsbeginn **5 A** 174
– Definition **5 A** 195 ff.
– Eintragslöschung aus Handwerksrolle **5 A** 185
– Eintragung in Handwerksrolle **5 A** 172 ff.
– funktionale Selbstverwaltung **5 A** 197
– Gesellenprüfung **5 A** 189 ff.
– Handwerkskarte **5 A** 174
– Prüfungsordnungen **5 A** 187
– Überschreitung von Aufgaben **5 A** 201
– Überwachung **5 A** 180
– Untersagungsermessen **5 A** 181
– Vermeidung von Doppelprüfungen **5 A** 191
**Handwerksmäßigkeit**
– Betriebsgröße **5 A** 139
**Handwerksrecht**
– Allgemeines **5 A** 125 ff.
– Behördenzuständigkeit **5 A** 131
– Ländersache **5 A** 126
– Rechtsverordnungen **5 A** 130
– Reform **5 A** 127
– Reisehandwerker **5 A** 129
**Handwerksrolle**
– ausländischer Meistertitel **5 A** 148
– Ausnahmebewilligungen **5 A** 162 ff.
– Ausnahmebewilligungen § 9 HwO **5 A** 168 ff.
– Ausübungsberechtigung **5 A** 154 ff.
– Eintragungsverfahren **5 A** 172 ff.
– Eintragungsvoraussetzungen **5 A** 145 ff.
– EU/EWR-Meisterprüfung **5 A** 152
– Inhaberprinzip **5 A** 149
– Löschungsvoraussetzungen **5 A** 185
– Umfang der Tätigkeit **5 A** 176 ff.

**[Handwerksrolle]**
- Vollzug der Löschung **5 A** 186
- Zulassungsfreiheit **5 A** 147
- Zweigstelle **5 A** 146

**Hauptsacheerledigung**
- Kostenentscheidung **1 A** 82

**Hausanschlusskosten**
- Kommunalabgaben **4** 29

**Hausmüll**
- Entsorgungsmöglichkeiten **3 B** 237
- Entsorgungsträger **3 B** 75
- Entsorgungsunternehmen **3 B** 107

**Hausparty**
- Reisegewerbekarte **5 A** 100

**Heilquellen**
- wasserrechtliche Genehmigung **3 C** 168
- Wasserversorgung **3 C** 40 ff.

**Heilung**
- Verfahrens-/Formfehlern **1 A** 126 ff.

**Herkunftsstaat, sicherer**
- Rechtsprechung des BVerfG **7 B** 96 f.

**Hessen**
- Bauleitplanung **2 B** 18
- Bauordnungsrecht **2 A** 1
- Kommunalabgaben **4** 20
- Konzentrationswirkung, Baugenehmigung **2 A** 37
- Normenkontrolle gegen Abfallwirtschaftsplan **3 B** 139
- Umweltinformation **1 B** 1

**Hinterbliebenenversorgung**
- Altersunterschied, großer **6 A** 269
- anspruchsberechtigte Personen **6 A** 260 ff.
- Anspruchsvoraussetzungen **6 A** 265 ff.
- eheähnliche Gemeinschaft **6 A** 262
- eigene Einkünfte der Witwe **6 A** 270 ff.
- Höchstbeträge der Rentenanrechnung **6 A** 307
- Höhe des Witwengeldes **6 A** 269 ff.
- kurze Ehedauer **6 A** 266
- mehrere Ansprüche **6 A** 279
- mehrere Witwen-/Waisengelder **6 A** 312
- Mindestversorgung **6 A** 270 ff.
- Obergrenze **6 A** 279
- Ruhestandsehe **6 A** 267
- und eigene Versorgungsansprüche **6 A** 313 f.
- Unterhaltsbeitrag **6 A** 268
- Waisen/Halbwaisen **6 A** 264
- Waisengeld **6 A** 275 ff.
- Widerrufs-/Probebeamter **6 A** 265
- Wiederverheiratung **6 A** 274
- Witwenversorgung **6 A** 260 f., 265 ff.

**Hochschule**
- Grundsatz vom Vorbehalt des Gesetzes **8** 2
- Hochschulgremien/Studentenparlament **8** 111
- Kapazitätsklage **8** 98
- Mitwirkung in Hochschulgremien **8** 115
- Rechtsaufsicht der Studentenschaft **8** 112
- Studentenparlament **8** 114
- Studienbewerber **8** 88
- Verhaltensregeln für Hochschulmitglieder **8** 116

**Hochschullehrer**
- Altersgrenze **6 A** 169
- Ausstattungsvereinbarung **8** 119
- Hochschulverfahrensrecht **8** 80
- Stellenausschreibung **8** 117 ff.

**Hochschulrecht 8** 76 ff.

**Hochschulreife**
- Prüfung **8** 72
- Zulassung zum Studium **8** 97

**Hochschulverfahrensrecht**
- Abschlussprüfung/Examen **8** 126
- Akteneinsicht **8** 91 ff.
- Akteneinsicht, Berufungsverfahren **8** 120
- Anerkennung von Prüfungsleistungen **8** 136
- Anhörung **8** 87
- Anwendbarkeit der Verfahrensgesetze **8** 76
- Aufhebung einer Prüfungsentscheidung **8** 135
- ausländische Studienbewerber **8** 100
- ausländischer akademischer Grad **8** 137
- Auswahlverfahren nach HRG **8** 104
- Bachelor-/Masterabschluss **8** 124 f.
- Berufung von Professoren **8** 80
- Berufungsvorschlagsfrist **8** 117
- besondere Fälle der Exmatrikulation **8** 109
- Exmatrikulation **8** 107 ff.
- förmliches Verwaltungsverfahren **8** 77
- Habilitation **8** 122, 128
- Hochschullehrer, abgestuftes Verfahren **8** 118
- Kosten **8** 94 f.
- Leistungsbewertung **8** 122 ff.
- Mangelfächer **8** 102
- Promotion **8** 122, 127
- prüfungsrechtliche Verbesserungsklage **8** 133
- Recht der Selbstverwaltung **8** 82
- Rechtsbehelf bei Ablehnung **8** 105 f.
- Rechtsbehelf bei Exmatrikulation **8** 110 ff.
- Rechtsbehelfe bei Prüfungen **8** 129 ff.
- Stellenausschreibung der Hochschullehrer **8** 117 ff.
- Studien-/Prüfungsordnungen **8** 79
- Vertretung Minderjähriger **8** 83 ff.
- Verwaltungsvorgänge **8** 81
- Wahlanfechtung Studentenparlament **8** 114
- Wiederholungsprüfung **8** 134

**[Hochschulverfahrensrecht]**
- Zentrale Vergabestelle Dortmund 8 102 ff.
- Zugangshindernisse 8 99
- Zulassung/Immatrikulation 8 97 ff.
- Zwischenprüfung 8 122

**Hochwasser**
- Begriff 3 C 612

**Hochwasserentlastung**
- Überschwemmungsgebiet 3 C 622

**Hochwasserschutz**
- Ausbau/Neubau Bundeswasserstraße 3 C 577
- Begriff/Bewertung von Risiken 3 C 612 ff.
- Festsetzung von Überschwemmungsgebieten 3 C 619 ff.
- Risikogebiete 3 C 613
- Risikokarten 3 C 615
- Risikomanagementpläne 3 C 616
- Sorgfaltspflicht 3 C 76 ff.
- Überprüfungszeitraum 3 C 617

**Homeschooling**
- Befreiung vom Unterricht 8 44

**Honorarvereinbarung**
- Disziplinarverfahren 6 B 247

**Hühnerhaltung**
- wesentliche Änderung 3 A 168

**HwO**
- lex specialis 5 A 128
- Zusammenführung von Handwerken 5 A 177

**IHK**
- Vermittlerregister 5 A 77

**Immatrikulation** 8 101

**Immissionen**
- s. a. Lärmschutz
- Bodenschutzrecht 3 E 40
- Konfliktbewältigung bei Bauleitplanung 2 B 93
- Planfeststellung 1 D 173 ff.
- Zumutbarkeit 1 D 192

**Immissionsschutz**
- Allgemeines 3 A 1 ff.
- Abfallbeseitigung 3 B 40
- Abfallverwertung 3 B 56
- allgemeines Verwaltungsverfahrensrecht 3 A 9
- Änderung genehmigter Anlagen 3 A 165 ff.
- Änderungsgenehmigung 3 A 35
- Anlagenbegriff 3 A 20 f.
- anlagenbezogene Abfallvermeidung 3 B 50
- anwaltliche Beratungskonstellationen 3 A 15 ff.
- Anzeigeverfahren 3 A 165 f.
- Baulast 2 A 53
- Bauplanungsrecht 3 A 36
- Beratung durch Behörde 3 A 41
- Bergaufsicht 3 A 50
- besondere Verfahrensarten 3 A 151 ff.
- Betrieb der Anlage 3 A 30
- Bundesrecht 3 A 5
- Emissionsgenehmigung 3 A 217
- Erforderlichkeit einer Genehmigung 3 A 19 ff.
- Ermittlung der Genehmigungsfähigkeit 3 A 31 ff.
- Errichtung der Anlage 3 A 30
- Feststellung der Zulassungsart 3 A 40
- Gefahrenanordnung 3 A 189
- gemeinsame Anlage 3 A 29
- Genehmigungsantrag 3 A 41
- Genehmigungsverfahren, Deponie 3 B 163
- Genehmigungsvoraussetzungen 3 A 32 ff.
- Gewässerbenutzung 3 C 207 ff.
- Inhalt nachträglicher Anordnungen 3 A 191 ff.
- Kompensationsanordnung 3 A 190
- Koordinationspflicht mit Wasserbehörde 3 C 214 ff.
- Landesrecht 3 A 6
- Landeswassergesetz 3 C 217
- Nachbarbeteiligung, Baugenehmigung 2 A 97
- nachträgliche Anordnungen 3 A 181 ff.
- Naturschutz 3 A 37
- nicht genehmigungsfähige Anlagen 3 A 39
- Nutzungsänderung bei Wohnbauvorhaben 2 A 28
- Pflichten des Abfallentsorgungsanlagenbetreibers 3 B 68 f.
- Pflichtverletzung 3 A 183 ff.
- Rechtsquellen 3 A 1 ff.
- Rechtsverordnungen 3 A 10 f.
- Reichweite des Genehmigungsvorbehalts 3 A 22 ff.
- Scoping-Termin 3 A 44 ff.
- stillgelegte Entsorgungsanlagen 3 B 229
- Teilgenehmigung 3 A 40
- Treibhausgas 3 A 8
- Umweltverträglichkeit, UVPG 3 A 7
- Unionsrecht 3 A 2 ff.
- Unterrichtung der Behörde 3 A 42
- UVP-pflichtige Anlagen 3 A 43 ff.
- Veränderung der Umgebung 3 A 185
- Verbesserungsgenehmigung 3 A 35
- Verfahren nachträglicher Anordnungen 3 A 195 ff.
- Verhältnismäßigkeit nachträglicher Anordnungen 3 A 186 f.
- Verwaltungsvorschriften 3 A 12 ff.
- VO für Verbrennungsanlagen 3 B 170
- Vollgenehmigung 3 A 40
- Vorbescheid 3 A 40

**[Immissionsschutz]**
- Vorbescheidsverfahren **3 A** 158 ff.
- Vorsorgeanordnungen **3 A** 188
- vorzeitiger Beginn **3 A** 176 ff.
- Wasserrecht **3 A** 37 f.
- Zuordnung der Anlage **3 A** 24 ff.

**Immissionsschutz, Genehmigungsverfahren**
- Abfallplan **3 A** 56
- Absehen von Öffentlichkeitsbeteiligung **3 A** 170 ff.
- Akteneinsicht **3 A** 91
- Änderung der Situation/Rechtslage **3 A** 142 ff.
- Änderungen **3 A** 71
- Änderungsverfahren, s. a. Änderungsgenehmigungsverfahren **3 A** 169 ff.
- Angaben zur Anlage **3 A** 56
- Antrag **3 A** 54
- Antrag auf Vorbescheid **3 A** 159
- Antragsablehnung **3 A** 136
- Antragsauslegung **3 A** 63 ff.
- Auflagen, Beispiel **3 A** 123
- Auflagenvorbehalt **3 A** 125
- ausländische Behörden **3 A** 92
- Auslegung der Unterlagen **3 A** 63 ff.
- Auslegungsfrist **3 A** 67
- Auslegungsumfang **3 A** 69
- Ausschlussfrist für Widerruf **3 A** 150
- Baugenehmigung **3 A** 180
- Bedingung, Beispiele **3 A** 123
- Beendigung **3 A** 137
- Befangenheitsantrag **3 A** 107
- Begrenzung der Erörterung **3 A** 102
- Behördenbeteiligung **3 A** 89 ff.
- Bekanntmachung der Genehmigung **3 A** 130 ff.
- beschränkter Bestandsschutz **3 A** 135
- Beteiligung von Gemeinden **3 A** 98
- Beteiligung von Umweltschutzvereinigungen **3 A** 95 ff.
- Betroffenen-Einwendung **3 A** 77
- Einsichtsgewährung **3 A** 70
- Einwendungen **3 A** 109
- Einwendungen Dritter **3 A** 76 ff.
- Einwendungsausschluss **3 A** 84 ff.
- Einwendungsbefugnis **3 A** 80
- Einwendungsfrist **3 A** 83
- Einwendungsmuster **3 A** 88
- Emissionsgenehmigung **3 A** 208
- Energieeffizienz **3 A** 56
- Entscheidung der Behörde **3 A** 118 ff.
- Ergänzung von Unterlagen **3 A** 61
- Erlöschen der Genehmigung **3 A** 138 ff.
- erneute Auslegung **3 A** 71
- Erörterungstermin **3 A** 99 ff.
- Erteilung der Genehmigung **3 A** 119 ff.
- Feststellung der UVP-Pflicht **3 A** 51 ff.
- Form der Einwendung **3 A** 81
- Gebietskörperschaft **3 A** 98
- Geschäftsgeheimnis **3 A** 56
- grenzüberschreitende Auswirkungen **3 A** 65
- Heilung von Verfahrensmängeln **3 A** 116
- Informationspflicht der Behörde **3 A** 87
- Inhalt der Genehmigung **3 A** 120 ff.
- Inhalt des Vorbescheides **3 A** 161
- Jedermann-Einwendung **3 A** 78 f.
- keine Öffentlichkeitsbeteiligung **3 A** 113
- Kraft-Wärme-Kopplungsanlagen **3 A** 57
- Kurzbeschreibung **3 A** 56
- Landesrecht **3 A** 49 f.
- landschaftspflegerischer Begleitplan **3 A** 56
- Mängel vor Sachentscheidung **3 A** 115 ff.
- Massenverfahren **3 A** 82
- mehrere Zulassungsverfahren **3 A** 93 f.
- Mindestinhalt der Bekanntmachung **3 A** 64
- Mitteilungsfiktion **3 A** 168
- modifizierende Auflage, Beispiel **3 A** 123
- Nachteile für das Gemeinwohl **3 A** 142 ff.
- Natur-/Landschaftsschutz **3 A** 56
- Nebenbestimmungen **3 A** 123
- Neuerrichtung/Änderung **3 A** 168
- Nichterfüllung von Auflagen **3 A** 142 ff.
- Niederschrift über Erörterungstermin **3 A** 110
- öffentliche Bekanntmachung **3 A** 63
- Öffentlichkeit des Erörterungstermins **3 A** 105
- Präklusion der Einwendung **3 A** 84 ff.
- Prüfungsfrist **3 A** 59 ff.
- Rahmengenehmigung **3 A** 122
- Recht auf Akteneinsicht **3 A** 73 ff.
- rechtliches Gehör **3 A** 101
- Rechtsbehelf **3 A** 84
- Rechtsbehelfsbelehrung **3 A** 129
- Rechtsschutz bei Nebenbestimmung **3 A** 124
- Rechtsverordnung **3 A** 10
- Rücknahme der Genehmigung **3 A** 140 ff.
- Sachaufklärung **3 A** 101
- Sammeleinwendung **3 A** 77
- Schutzmaßnahmen **3 A** 56
- Sicherheitsanalyse **3 A** 69
- spätere Unterlagen **3 A** 75
- Standortvorbescheid **3 A** 163
- Teilgenehmigungsverfahren **3 A** 151 ff.
- Teilnehmer des Erörterungstermins **3 A** 104
- Teil-/Vollgenehmigung **3 A** 156 f.
- Treibhausgas **3 A** 58
- Überlassung von Unterlagen **3 A** 70
- Umwelterklärung **3 A** 57
- Umweltverträglichkeits-Untersuchung **3 A** 56

**[Immissionsschutz, Genehmigungsverfahren]**
- Unterbrechung des Erörterungstermins **3 A** 111
- Unterlagen **3 A** 55 ff.
- Unterrichtung durch Behörde **3 A** 62
- UVP-pflichtige Änderungen **3 A** 173
- UVP-pflichtige Anlagen **3 A** 72
- vereinfachtes Verfahren **3 A** 112 ff., 133
- Verfahrensdauer **3 A** 118
- Verfahrensfehler **3 A** 85
- Verfahrenskoordination **3 A** 93 f.
- Verfahrensmängel **3 A** 115 ff.
- Verlegung des Erörterungstermins **3 A** 111
- Vollständigkeitsprüfung **3 A** 59 ff.
- Vorbereitung des Erörterungstermins **3 A** 105
- Vorbescheidsverfahren **3 A** 158 ff.
- vorzeitiger Beginn **3 A** 176 ff.
- wesentliche Änderung **3 A** 168
- Widerruf der Genehmigung **3 A** 140 ff.
- Widerrufsvorbehalt **3 A** 125, 142 ff.
- Wirkungen der Genehmigung **3 A** 134 ff.
- Zulassungsentscheidung bei vorzeitigem Beginn **3 A** 179
- zuständige Behörde **3 A** 49 f.

**In-camera-Verfahren 1 B** 142 ff., 149, 314

**Indirekteinleitungen**
- Abwasserbeseitigung **3 C** 446 ff.

**Indirekter Vollzug**
- Antrags- und Mitwirkungsrechte **1 C** 117
- Eigenverantwortlichkeit **1 C** 87 f.
- Einwendungspräklusion **1 C** 92
- Europäische Dienstleistungsrichtlinie **1 C** 78
- Europäisches Verwaltungsverfahren **1 C** 67 ff.
- EU-Vorgaben **1 C** 78
- Fristen **1 C** 118
- Grundsatz der loyalen Zusammenarbeit **1 C** 77
- hohe Wirksamkeitsanforderungen **1 C** 93
- institutionelle Autonomie **1 C** 77
- mittelbarer/unmittelbarer mitgliedstaatlicher Vollzug **1 C** 75 ff.
- Organisationsautonomie **1 C** 77
- Subsidiaritätsprinzip **1 C** 80
- Verfahrensautonomie **1 C** 79 ff.
- Verfahrensregelungen **1 C** 81
- Verhältnis zur Kommission **1 C** 87 f.
- Verwaltungsakt **1 C** 82
- Verwaltungsorganisation **1 C** 76
- Verwaltungsvertrag **1 C** 83
- Verwaltungsvorschriften **1 C** 83

**Industrie- und Handelskammer**
- Personenbeförderungsgenehmigung **5 C** 58

**Industrieabfälle**
- Überlassungspflichten **3 B** 78 ff.

**Industrieanlagen**
- Emissionshandel **3 A** 212

**Industriegebiet**
- Nutzungsänderung, Genehmigung **2 A** 27

**Inertabfälle**
- mineralische Abfälle **3 B** 48

**Informationelle Selbstbestimmung**
- Lehrer **8** 17

**Informationsanspruch**
- Akteneinsicht, BImSchG **3 A** 74
- Allgemeines **1 B** 1 ff.
- Amtsgeheimnis **1 B** 4
- anwaltliche Praxis **1 B** 7 f.
- Informationsfreiheitsgesetz, s. Informationsanspruch, IFG
- Konkurrenzen **1 B** 124 ff.
- Praxisbedeutung **1 B** 4 ff.
- Umweltbereich **1 B** 9 ff.
- Umweltbereich, s. a. Umweltinformation, Umweltinformationsanspruch **1 B** 1 ff.
- Verbraucher; s.a. Informationsanspruch VIG **1 B** 3 ff.
- Verwaltungstransparenz **1 B** 5

**Informationsanspruch, Ablehnung nach IFG**
- absolute Gründe **1 B** 178
- allgemein zugängliche Quelle **1 B** 220 f.
- Aufsichtsaufgaben **1 B** 185 ff.
- beigezogene Akten **1 B** 195
- Beratung von Behörden **1 B** 190 f.
- Beweiserhebung **1 B** 206
- Bundesinteressen **1 B** 196 f.
- Daten mitwirkender Amtsträger **1 B** 213
- Erfolgsvereitelung **1 B** 202 f.
- exekutive Eigenverantwortung **1 B** 205
- Finanzbehörden **1 B** 185
- Gefährdung der öffentlichen Sicherheit **1 B** 189
- Geheimnisschutz **1 B** 193 f.
- gerichtliche Überprüfbarkeit **1 B** 179 ff.
- Gutachten, Stellungnahmen **1 B** 206
- Gutachter/Sachverständige **1 B** 212
- internationale Beziehungen **1 B** 181 f.
- internationale Verhandlungen **1 B** 190 f.
- laufendes Gerichtsverfahren **1 B** 188
- Nachrichtendienst/ähnliche Stellen **1 B** 199
- personenbezogene Daten **1 B** 208 ff.
- querulatorischer Antrag **1 B** 221
- Rechtsschutz betroffener Dritter **1 B** 245 ff.
- Rechtsschutz des Antragstellers **1 B** 242 ff.
- Rechtsschutz gegen Kostenentscheidung **1 B** 247
- Regelfall-Ablehnung **1 B** 204

**[Informationsanspruch, Ablehnung nach IFG]**
– relative Gründe 1 B 178
– Schutz besonderer öffentlicher Belange 1 B 180 ff.
– Schutz des behördlichen Entscheidungsprozesses 1 B 200 ff.
– Schutz geistigen Eigentums 1 B 215
– Schutz von Geschäftsgeheimnis 1 B 216
– Sicherheitsbelange 1 B 183 f.
– unverhältnismäßiger Verwaltungsaufwand 1 B 218
– Verfahrensabschluss 1 B 207
– vertrauliche Information 1 B 198
– Zugangsausschluss 1 B 211
**Informationsanspruch, Ablehnung nach VIG**
– allgemein zugängliche Quelle 1 B 296
– Dienstgeheimnis 1 B 279
– fiskalische Interessen 1 B 278
– Geheimhaltungspflichten 1 B 297
– Geschäftsgeheimnis 1 B 286 ff.
– Meldungs-/Unterrichtungspflichten 1 B 290
– Missbrauch 1 B 295
– privatrechtliche Beauftragung für Dritte 1 B 280
– Rechtsschutz bei Zugangsablehnung 1 B 309
– Rechtsschutz betroffener Dritter 1 B 313
– Rechtsschutz gegen Sachentscheidung 1 B 308 ff.
– Schutz geistigen Eigentums 1 B 285
– Schutz öffentlicher Belange 1 B 275
– Schutz privater Belange 1 B 282 ff.
– Schutz sonstiger Belange 1 B 291 ff.
– Verwaltungsverfahren 1 B 277
– Vorbemerkungen 1 B 273 f.
– zeitliche Grenze 1 B 281
**Informationsanspruch, IFG**
– Ablehnung, s. Informationsanspruch, Ablehnung nach IFG
– Akteneinsicht, Planfeststellung 1 D 60
– amtliche Information 1 B 170 ff.
– Anspruchsberechtigung 1 B 162 ff.
– Antrag 1 B 222 ff.
– Art/Form des Zugangs 1 B 234 ff.
– Begründung 1 B 225
– Entscheidungsfrist 1 B 229 f.
– Entwurf/Notiz 1 B 176
– Frist für Zugangsgewährung 1 B 229 f.
– gesetzliche Vorgaben 1 B 159 ff.
– informationspflichtige Stelle 1 B 165 ff.
– Konkurrenzen 1 B 236
– Kosten 1 B 237 ff.
– Massenverfahren 1 B 228
– Rechtsschutz gegen Sachentscheidung 1 B 241 ff.
– Umweltinformationsanspruch 1 B 124 f.
– Verfahren 1 B 222 ff.

– Weiterleitung 1 B 227
– Zugang 1 B 173
– Zugangsvoraussetzung 1 B 164
**Informationsanspruch, sonstiger**
– Akteneinsicht 1 B 333
– Einsicht ins Wasserbuch 1 B 335
– Gentechnik 1 B 337
– individuelle Ansprüche 1 B 334 ff.
– Naturschutz 1 B 336
– Planverfahren 1 B 339
– REACH-Verordnung 1 B 341
– Register 1 B 339
– Umweltbereich 1 B 338
**Informationsanspruch, VIG**
– aktive Verbreitung durch Behörde 1 B 304
– Anspruchsberechtigung 1 B 252
– Antrag 1 B 298 ff.
– Art/Form des Zugangs 1 B 303
– Ausgangsstoffe 1 B 270
– Begriff der Verbraucherinformation 1 B 259 ff.
– Behörde 1 B 254 ff.
– Entscheidungsfrist 1 B 301 f.
– Gefahr durch Erzeugnis 1 B 262
– Informationsmedien 1 B 259
– informationspflichtige Stelle 1 B 253 ff.
– Kennzeichnung/Herkunft von Erzeugnissen 1 B 263
– Konkurrenzen 1 B 305
– Kosten 1 B 306
– Manifestation der Information 1 B 259
– private informationspflichtige Stellen 1 B 258
– Produktionsprozess 1 B 270
– Rechtsschutz gegen Kostenentscheidung 1 B 317
– Schutz-/Überwachungsmaßnahmen 1 B 271 f.
– Verfahren 1 B 298 ff.
– Verstöße gegen LFGB 1 B 261
– Zweck/Bedeutung 1 B 248 ff.
**Informationsanspruch, VIG-Novellierung**
– Ablehnungsgründe 1 B 321 f.
– Erweiterung des Anwendungsbereichs 1 B 319
– Kostentragung 1 B 331
– Pflicht zur Richtigstellung 1 B 330
– Rechtsschutz 1 B 329
– Verfahren 1 B 326 ff.
**Informationsbegriff** 1 B 171 ff.
**Informationsfreiheit**
– Bundesrecht 1 B 2
– Landesrecht 1 B 2
**Informationspflicht**
– Einleitung des Disziplinarverfahrens 6 B 134
**Informationszugang**
– Umweltbereich 1 B 118 ff.

**Infrastrukturplanungsbeschleunigungs G**
1 D 232
**Inhalts-/Nebenbestimmungen**
– vorzeitige Gewässerbenutzung 3 C 266 f.
**Innenbereich, unbeplant**
– Umlegungsrecht 2 C 43
– Umlegungsverfahren 2 C 66
– vereinfachtes B-Planverfahren 2 B 191
– vorzeitige Besitzeinweisung 2 C 108
**Innenentwicklung**
– beschleunigtes B-Planverfahren
2 B 193 ff.
**Insolvenz**
– Altlasten 3 E 326 ff.
**Insolvenzverwalter**
– Sanierungspflicht 3 E 201
**Instandsetzung**
– Wohnbauvorhaben, Genehmigung
2 A 23 ff.
**Integrationsfähigkeit**
– Ausländer 7 A 1
– Einbürgerung 7 A 193 f., 199
**Internetauktionen**
– anzeigepflichtiges Gewerbe 5 A 28
**Internetcafé**
– Spielhallencharakter 5 B 129
**Inzidentkontrolle**
– B-Plan 2 B 186 f.

**Jahrmarkt**
– Reisegewerbe 5 A 109
**JGS-Verordnung**
– wassergefährdende Stoffe 3 C 527
**Jugendamt**
– Ausländerrecht 7 A 145
**Jugendschutz**
– Spiele 5 B 122
– Spielhallenrecht 5 B 112
– Sportwetten 5 B 207
**Juristische Person**
– Abfallbesitzer 3 B 45
– Abfallerzeuger 3 B 44
– Betriebsgeheimnis 1 B 86
– Erschließungsbeitragsbescheid 4 71
– Umweltinformationsanspruch 1 B 13, 79
– Verantwortlichkeit bei Altlasten
3 E 198 f., 241 ff.

**Kabotagetransport** 5 D 5, 44
**Kabotageverordnung**
– Wegfall 5 D 5
**Kalkulation**
– Anschlussbeitrag 4 113 ff.
– Benutzungsgebühr 4 127 ff.
– Zeitraum bei Benutzungsgebühr 4 150 ff.
**Kanalisation**
– Anschlussbeitragsrecht 4 111

**Kapitalabfindung**
– überstaatliche Verwendung des Beamten
6 A 317
**Kartellverbot**
– Güterkraftverkehrsrecht 5 D 47
**Kartellverfahren**
– europäisches Verwaltungsverfahren,
s. EU-Kartellverfahren
**Kerngebiet**
– Festsetzung 2 B 51
**Kerntechnik**
– Umweltinformation 1 B 17
**Kettenabschiebung** 7 B 30
**Kindergarten**
– Benutzungsgebühr 4 157
**Kindergeld**
– Ausländerrecht 7 A 181 ff.
**Kinderzuschlag**
– ruhegehaltsfähige Dienstbezüge 6 A 218
**Kiosk**
– bauliche Anlage 2 A 6
**Klagebefugnis**
– Planfeststellungsbeschluss 1 D 234
**Klagerücknahme**
– Disziplinarrecht 6 B 227
**Kläranlage**
– Gewässerbenutzung 3 C 167
**Klärschlamm**
– Abfallrecht 3 B 12
– Abfallverwertung 3 B 67
– Bodenschutzrecht 3 E 34 ff.
**Klärwerk**
– s. Abwasseranlagen
**Kleine Gewässer**
– Wasserversorgung 3 C 34 ff.
**Kleines Asyl** 7 B 53, 84
**Kleinkläranlage**
– Abwasser 3 C 398
– Abwasserbeseitigung 3 C 408
– Anschluss-/Benutzungszwang 3 C 414
– Baurecht/wasserrechtliche Erlaubnis
3 C 219
– Einleiten von Stoffen 3 C 222
– Selbstüberwachung 3 C 492
**Klimaschutz**
– s. a. Emissionshandel 3 A 198 ff.
**Kohärenzsicherung**
– Verträglichkeitsprüfung, FFH 1 D 123 ff.
**Kohlendioxid**
– Emissionshandel 3 A 200
**Komitologieverfahren** 3 B 37
**Kommission**
– kein Weisungsrecht bei indirektem Vollzug 1 C 88
**Kommissionsbeschwerde** 1 C 148 ff.
**Kommunalabgabenrecht**
– s. a. Anschlussbeitragsrecht
– s. a. Erschließungsbeitrag
– Abgabenschuldner als Mandant 4 5 ff.
– Ablösungsvereinbarung 4 40 f.

**[Kommunalabgabenrecht]**
- Akteneinsicht **4** 8
- Anfechtungsklage **4** 46
- Antrag auf Aussetzung der Vollziehung **4** 55 f.
- anwaltliche Beratung **4** 1 ff.
- Aufklärung des Sachverhalts **4** 15
- Aussetzungsverfahren **4** 54 ff.
- Bedeutung **4** 1 ff.
- Befangenheit **4** 33
- Beitragsmaßstab **4** 121
- Bekanntmachung der Satzung **4** 34
- Berechnungsfehler **4** 52
- einheitliches Verfahrensrecht **4** 25
- Einsicht in die Akten der Verwaltung **4** 12 ff.
- Entgeltabgaben **4** 24
- Erledigung der Hauptsache **4** 53
- Fälligkeit der Forderung **4** 10 f.
- fehlerhafte Satzung **4** 36 ff.
- Gebühren/Beiträge **4** 28
- Geltungsbereich **4** 26
- Gemeinde als Mandant **4** 12 ff.
- gerichtliche Kontrolle **4** 47 ff.
- gesetzliche Grundlagen **4** 16
- Hausanschlusskosten **4** 29
- Heilung von Fehlern **4** 14, 50
- Kosten, Widerspruchsverfahren **4** 43 ff.
- Landesvorschriften **4** 20
- Musterverfahren **4** 6
- Rechtsetzungsverfahren **4** 32 ff.
- Rechtsschutz **4** 42 ff.
- Rechtsschutzversicherung **4** 5
- Rückwirkungsanordnung **4** 37
- Satzungsmuster **4** 35
- Satzungsrecht **4** 30 ff.
- sonstige Abgaben **4** 103 ff.
- Stadtstaaten **4** 21
- Steuern **4** 27
- Streitwert **4** 61
- Vereinbarung über Abgaben **4** 38 ff.
- vorläufiger Rechtsschutz **4** 9
- Zinsen **4** 10 f.

**Kommunalbeamte**
- Disziplinargerichtsbarkeit **6 B** 90

**Kommunen**
- s. Gemeinden

**Kompensationsanordnung**
- Immissionsschutz **3 A** 190

**Kompostierung**
- Selbstverwertungsmöglichkeit **3 B** 76

**Konflikt**
- Bauleitplanung **2 B** 91

**Konkurrentenklage**
- Eilverfahren **6 A** 104
- Personenbeförderungsgenehmigung **5 C** 81
- Streitwert **6 A** 325

**Konkurrentenstreit**
- Angestellter/Beamter **6 A** 131 ff.
- arbeits-/verwaltungsrechtliche Unterschiede **6 A** 134
- BAG-Rechtsprechung **6 A** 132 ff.
- Beförderungs-/Versetzungsbewerber **6 A** 87
- Benachrichtigungsgebot **6 A** 120
- bloße Stellenbesetzung **6 A** 123
- einstweilige Sicherungsanordnung des VG **6 A** 107
- einstweiliger Rechtsschutz **6 A** 114 ff.
- Ernennung, VA mit Doppelwirkung **6 A** 127
- Ernennungsmitteilung an unterlegene Bewerber **6 A** 108 ff.
- gegen erfolgte Beförderung **6 A** 106
- Rechtsschutz im Auswahlverfahren **6 A** 106 ff.
- Rechtsschutzvereitelung **6 A** 108 ff.
- Widerspruch und Klage **6 A** 124

**Kontrahierungszwang**
- Personenbeförderungsrecht **5 C** 24

**Kontrolle**
- Abfallrecht **3 B** 111 ff.

**Konzentrationswirkung**
- Immissionsschutzrecht/wasserrechtliche Erlaubnis **3 C** 208 ff.
- Wohnbauvorhaben **2 A** 32 ff.

**Konzern**
- Altlast bei Tochtergesellschaft **3 E** 242

**Konzessionsabgabe**
- private Veranstalter **5 B** 216 ff.

**Körperschall 1 D** 198 ff.

**Kosten**
- Anfechtung von Prüfungsentscheidungen **8** 24
- aufschiebende Wirkung **1 A** 86, 90
- Auskunftsanspruch, VIG **1 B** 306
- Baulandsachen **2 C** 120
- Baunachbarstreit **2 A** 136
- bei Ablehnung des Enteignungsantrages **2 D** 135
- Benutzungsgebühr **4** 135 ff.
- Besitzeinweisungsverfahren **2 D** 138
- Drittwirkung **1 A** 107
- Einsparung im Umlegungsrecht **2 C** 80
- Enteignungsverfahren **2 D** 136
- Hochschulverfahrensrecht **8** 94 f.
- Informationsanspruch, IFG **1 B** 237 ff.
- Stattgabe des Enteignungsantrages **2 D** 135
- Umlegungsverfahren **2 C** 22
- Umweltinformationsanspruch **1 B** 127 ff.
- Widerspruchsverfahren, Kommunalabgaben **4** 43 ff.

**Kostendeckung**
- Benutzungsgebühr **4** 127 ff.

**Kostenentscheidung**
- bei Erledigung in der Hauptsache **1 A** 82
- Rechtsschutz nach IFG **1 B** 247

**[Kostenentscheidung]**
- Rechtsschutz nach VIG **1 B** 317
- Rechtsschutz, UIG **1 B** 154 f.

**Kostenerstattung**
- Dritter bei VA mit Doppelwirkung **1 A** 82
- Notwendigkeit der Hinzuziehung eines RA **1 A** 83
- Widerspruchsverfahren **1 A** 81 ff.

**Kostenlastenentscheidung**
- Widerspruchsverfahren **1 A** 83

**Kosten-Nutzen-Analyse**
- Umweltinformationsanspruch **1 B** 39

**Kostensteigerung**
- Anschlussbeitragsrecht **4** 116

**Kraftfahrzeuge**
- Entsorgungspflicht **3 B** 94

**Kraft-Wärme-Kopplungsanlagen 3 A** 57

**Kraftwerk**
- Kühlwasser **3 C** 161

**Krankenhaus**
- Abfallbeseitigung **3 B** 78 ff.

**Kreise**
- Entsorgungsträger, Abfallrecht **3 B** 94

**Kreislaufwirtschafts- und Abfallgesetz**
- s. Abfallrecht, s. Abfallverwertung, s. Deponien

**Kronzeugenregelung**
- Disziplinarmaßnahme **6 B** 65

**Kühlwasser**
- Gewässerbenutzung **3 C** 161

**Kunststoffe**
- Verwertung **3 B** 108

**Kürzung der Dienstbezüge**
- s. Disziplinarrecht

**Küstengewässer**
- feste Stoffe **3 C** 109
- Gewässerbenutzung **3 C** 145

**Küstenlinie 3 C** 24 ff.

**Ladung**
- zum Enteignungsverfahren **2 D** 67 ff.

**Lageplan**
- Bauantragsunterlagen **2 A** 63

**Länder**
- Erfassung von Altlasten **3 E** 7

**LandesabfallG 3 B** 14

**Landesbauordnung**
- Abwasser von Anlagen **3 C** 223
- bauliche Anlage **2 A** 7
- wasserrechtliche Erlaubnis **3 C** 218 ff.

**Landesenteignungsgesetze 2 D** 79
**Landesnaturschutzgesetze 3 D** 5 f.

**Landesrecht**
- Abfallrecht **3 B** 14, 26
- Abwasserbeseitigung **3 C** 413, 422 ff.
- Aufgaben/Zusammensetzung der Umlegungsausschüsse **2 C** 21
- aufschiebende Wirkung **1 A** 86
- Bauleitplanung **2 A** 3

- Beamtenrecht **6 A** 2 ff.
- Bodenschutz/Altlastenvorschriften **3 E** 20, 25 ff.
- Bürgerbeauftragter **1 A** 68
- Disziplinargerichtsbarkeit **6 B** 90
- Disziplinarrecht **6 B** 1, 21
- Gewässerunterhaltung **3 C** 585 ff.
- Heilung von Verfahrensfehlern **1 A** 126
- Immissionsschutz **3 A** 6
- Kostenentscheidung **1 A** 82
- Löschwasserversorgung **3 C** 284
- Mitwirkung in Hochschulgremien **8** 115
- PBefG **5 C** 7
- PBefG, Aufgabenträger **5 C** 8
- Prüfungsbereich **8** 6
- Schranken bei Bauleitplanung **2 B** 100
- Schul-/Hochschulrecht **8** 1 ff.
- Selbstüberwachung bei Direkt-/Indirekteinleitung **3 C** 486 ff.
- Sofortvollzug im Ausländerrecht **7 A** 151 f.
- Sonderregelungen im Abfallrecht **3 B** 87 ff.
- Taxentarife **5 C** 78
- Überschwemmungsgebiet **3 C** 621 ff.
- Umweltinformationsanspruch **1 B** 11
- Verstöße bei Bauleitplanung **2 B** 116
- VO - Ausnahme vom abfallrechtlichen Anlagenzwang **3 B** 146
- Wasserschutzgebiet **3 C** 366 f.
- Wasserversorgungspflicht **3 C** 290 ff.
- Widerspruch gegen Disziplinarverfügung **6 B** 188
- Widerspruchsverfahren **1 A** 70

**Landeswassergesetz**
- Gewässerbenutzung **3 C** 146
- immissionsschutzrechtliche Vorhaben **3 C** 217

**Land-/Forstwirtschaft**
- Billigkeitsausgleich bei Wasserschutzgebiet **3 C** 385 ff.
- wassergefährdende Stoffe **3 C** 387

**Landschaftsplanung**
- Ausweichgesetzgebung **3 D** 20
- Bauleitplanverfahren **3 D** 224
- bundesrechtliche Regelung **3 D** 20
- Fachplanung **3 D** 156
- Sachverständiger **3 D** 156 f.

**Landschaftsschutzgebietsverordnung**
- B-Plan **3 D** 178 ff.
- funktionslos **3 D** 183

**Landschaftsschutzgesetze**
- mitlaufende Landschaftsplanung **3 D** 224
- parallel laufende Landschaftsplanung **3 D** 224
- vorlaufende Landschaftsplanung **3 D** 224

**Landwirtschaft**
- Abfallbegriff **3 B** 43
- Bodenschutzrecht **3 E** 50, 69 f.

[Landwirtschaft]
- Einkünfte und Beamtenversorgung 6 A 292
- Erleichterungen bei wassergefährdenden Stoffen 3 C 523 ff.

Lärm
- Baunachbarstreit 2 A 140
- Immissionen im Gaststättenbetrieb 5 A 254
- Umweltinformation 1 B 30

Lärmgutachten
- Akteneinsicht, B-plan 1 A 54

Lärmschutz
- Anspruch nach BImSchG 1 D 178
- Bauleitplanung 2 B 94
- Immissionsgrenzwerte 1 D 176
- Magnetschwebebahn 1 D 176
- Maßnahmen 1 D 179 ff.
- Planfeststellung 1 D 174 ff.
- Schutzziel 1 D 183
- Verhältnismäßigkeit 1 D 182
- Vorbelastung 1 D 177

Lastengerechtigkeit
- Haftung für Altlasten 3 E 249

Laufbahn
- Wechsel, Beamtenbeförderung 6 A 138, 168
- Zurückstufung 6 B 53

Lebensmittel
- Auskunftsanspruch 1 B 254 ff.
- Herkunft 1 B 265
- Kennzeichnung 1 B 264
- Umweltinformation 1 B 41 f.

Lebenspartner
- Einbürgerung 7 A 205 ff.

Lebenspartnerschaft
- Aufenthaltsgesetz 7 A 32

Leerkosten
- Benutzungsgebühr 4 139

Legalitätsprinzip
- Disziplinarrecht, zwingende Verfahrenseinleitung 6 B 16

Lehrer
- Disziplinarmaßnahme 6 B 71
- Dokumentation 8 17
- informationelle Selbstbestimmung 8 17

Leistung des Beamten
- s. Beamtenrecht

Leistungsbewertungen, Schüler
- Abschlusszeugnis/Versetzungs- 8 66
- Akteneinsicht 8 18, 92
- Anhörungsausschluss 8 14, 89
- Einzelnoten in Zeugnissen 8 64
- Konferenzbeschluss 8 67
- Nachteilsausgleich 8 62
- offen/verdeckt 8 61
- Ordnungsmaßname 8 15
- unselbständige Einzelbewertungen 8 63
- Vorwarnung 8 67
- Zwischenzeugnis 8 65

Leistungsklage
- einstweilige Anordnung 1 A 94
- gegen einzelne Leistungsbewertungen 8 69
- Rechtsschutz gegen dienstliche Beurteilung 6 A 69

Leistungsnachweis
- keine Vertretung 8 86

Leistungsprinzip
- Beamtenbesoldung 6 A 32 ff.

Leistungszulagen
- Besoldung 6 A 34 ff.

Liberalisierung
- Grenzen im Disziplinarrecht 6 B 14

Liegenschaftskataster
- Bauleitplanung 2 B 44
- Umlegungsverfahren 2 C 54 ff.

Linienbestimmung
- Planfeststellung 1 D 226

Linienverkehr
- Betriebsgenehmigung 5 C 21
- Regierungspräsidium/Bezirksregierung 5 C 7
- Zwischenbedienungsverbot 5 C 63

Luft
- Umweltinformationsanspruch 1 B 25

Luftverkehr
- Emissionshandel 3 A 217

Luftverunreinigung
- Bauleitplanung 2 B 78

Magnetische Felder
- Planfeststellung 1 D 204

Magnetschwebebahn
- Lärmschutz 1 D 176

Markenrecht
- Informationsanspruch 1 B 83 f.

Marktfreiheit 5 A 117

Marktstrategien
- Umweltinformation 1 B 88

Maschine
- Anlage, BImSchG 3 A 20

Massenverfahren
- Einwendungen, BImSchG 3 A 82

Mäßigung
- Beamte 6 A 46 ff.

Mecklenburg-Vorpommern
- Bauleitplanung 2 B 19
- Bauordnungsrecht 2 A 1
- Kommunalabgaben 4 20
- Normenkontrolle gegen Abfallwirtschaftsplan 3 B 139

Medien
- Umweltinformation 1 B 43

Mehrstaatigkeit
- deutsche Staatsangehörigkeit 7 A 196
- EU/Schweiz 7 A 197

Meinungsfreiheit
- Beamtenrecht 6 A 48

**Meisterprüfung**
- Ausübungsberechtigung auch ohne ~ 5 A 158 ff.
- Eintrag in die Handwerksrolle 5 A 149 ff.
- gleichwertige Prüfung 5 A 150

**Meldepflichten**
- Ablehnung Auskunftsanspruch 1 B 290

**Menschenrechtsverletzungen**
- Abschiebungsverbot 7 A 127

**Metalle**
- Verwertung 3 B 108

**Mieter**
- Einwendungen bei Planfeststellung 1 D 35

**Mietwagen**
- Abgrenzung Taxi 5 C 43 f.
- Betriebssitz 5 C 44

**Mietwagenunternehmen**
- taxiähnlich 5 C 82

**Milderungsgründe**
- s. Disziplinarrecht

**Militärfläche**
- Umweltinformation 1 B 55

**Militärische Altlasten** 3 E 2, 46

**Minderjähriger**
- Ausländerrecht 7 A 145
- Bundesamtsverfahren, Asylrecht 7 B 49
- Schüler/Schule 8 8
- Vertretung in Schulangelegenheiten 8 8
- Zurückstellung 8 29

**Mindestversorgung**
- Beamtenwitwe/-witwer 6 A 270 ff.

**Mineralölverunreinigung**
- Sanierungsverpflichtung 3 E 271

**Mischgebiet**
- Spielhalle 5 B 39 ff.
- Vergnügungsstätten 5 B 39

**Missbrauch**
- Ablehnung Auskunftsanspruch 1 B 295
- Ablehnung des Umweltinformationsanspruchs 1 B 69

**Miteigentum**
- Umlegungsrecht 2 C 86 ff.

**Miteinbürgerung**
- Kinder/Ehegatte 7 A 201

**Mittelbarer Besitz**
- Abfallrecht 3 B 45

**Mittelbares Unionsrecht**
- Indirekter Vollzug 1 C 75
- Zuständigkeiten 1 C 76

**Mittelbares Unionsverfahrensrecht**
- Optionsmodell 1 C 86
- Vollzug, nationales Verwaltungsverfahrensrecht 1 C 84 ff.

**Mitwirkungspflichten**
- Abfallrecht 3 B 115

**Mitwirkungsverbot**
- Beschlussfassung, Planentwurf 2 B 169 ff.

**Mobbing**
- Dienstunfähigkeit 6 A 173

**Modernisierung**
- Umlegungsrecht 2 C 93

**Monitoring**
- Überwachung des B-Plans 2 B 185

**Mülldeponie**
- Abwasser 3 C 400
- Planfeststellung 1 D 18

**Müllschleusen** 3 B 246

**Müllverbrennungsanlage**
- Abfallwirtschaftsplan 3 B 136
- neue Abfallstoffe 3 B 154

**Muster**
- Anfechtungsklage, Abwasserbeitragsbescheid 4 162
- Antrag auf Aussetzung der Vollziehung 4 160
- Antrag gem. § 80 Abs. 5 VwGO 4 161
- Widerspruch gegen Erschließungsbeitragsbescheid 4 159

**Musterbauordnung**
- Abstandsvorschriften 2 A 46
- Gestaltungshilfe 2 A 1 ff.
- Grundstückseignung für bauliche Anlagen 2 A 89

**Mutterschutz**
- Beamte 6 A 13

**Nachbar**
- Spielhalle 5 B 38

**Nachbarrecht**
- Abgrenzung Nachbar und Angrenzer 2 A 98
- Akteneinsicht 2 A 129
- Anhörung 2 A 97, 128
- Antrag auf Anordnung der aufschiebenden Wirkung 2 A 137 ff.
- bei Planabweichungen 2 A 147
- Benachrichtigungsverfahren 2 A 125 ff.
- Beteiligung nach Verwaltungsverfahrensrecht 2 A 98
- Bindungswirkung des Bauvorbescheids 2 A 58
- Einwendungen gegen Baugenehmigung 2 A 97 ff.
- Einwendungsfolgen 2 A 99 ff.
- freigestellte/anzeigepflichtige Wohnbauvorhaben 2 A 113, 142
- Gefälligkeitsplanung 2 A 131
- Herstellung des Suspensiveffekts 2 A 137 ff.
- Inzidentkontrolle des B-Plan 2 A 131
- Ortsbesichtigung, kein qualifizierter B-Plan 2 A 132
- privatrechtliche Rechtspositionen 2 A 126
- Rechtsschutz in der Hauptsache 2 A 144
- rechtswidriges Verhalten des Bauherrn 2 A 151

**[Nachbarrecht]**
– Rücknahme des Widerspruchs und Vereinbarung mit Bauherrn **2 A** 136
– Schadensersatzpflicht des Nachbarn **2 A** 146
– Sperrgrundstück **2 A** 130
– Streitwert **2 A** 136
– tatsächliche Beeinträchtigung **2 A** 135
– Umfang der Einwendungen **2 A** 126
– unterbliebene Beteiligung **2 A** 129
– vereinfachtes Genehmigungsverfahren **2 A** 149 f.
– Verletzung nachbarschützender Vorschriften **2 A** 133
– vorläufiger Rechtsschutz **2 A** 140, 145 f.
– Widerspruch und aufschiebende Wirkung **2 A** 111 f.
– Zeitpunkt der Widerspruchseinlegung **2 A** 130
– Zeitpunkt/Grenzen für Einwendungen **2 A** 125
– zivilrechtlicher Nachbarschutz **2 A** 148
**Nachbarschaftsschutz**
– Schallimmissionen **1 D** 173 ff.
**Nachbarstaaten**
– grenzüberschreitende Beteiligung, Bauleitplanung **2 B** 158
**Nachprüfung 8** 70
**Nachrichtendienst**
– Informationsanspruch, IFG **1 B** 199
**Nachtragsgenehmigung**
– Baurecht **2 A** 92
**Nachverdichtung 2 B** 193 ff.
**Nachversicherung**
– Disziplinarmaßnahme, Entfernung aus dem Dienst **6 B** 66
**Nachweisverfahren**
– Abfallentsorgung **3 B** 119 ff.
– gefährliche Abfälle **3 B** 120
**Nahverkehrspläne**
– Bedürfnisprüfung **5 C** 29
– Geltungsdauer der Erlaubnis **5 C** 20
– Genehmigungsbehörde **5 C** 33
– Personennahverkehr **5 C** 14
**Nationalparke/Naturmonumente**
– Naturschutz **3 D** 63 ff.
**Natura 2000 1 D** 113, 120 ff., 129 ff.
**Naturdenkmale**
– Naturschutz **3 D** 73 f.
**Naturparke**
– Naturschutz **3 D** 71 f.
**Naturschutz**
– Abwägung bei Eingriff **3 D** 43 ff.
– allgemeiner Artenschutz **3 D** 89 f.
– allgemeiner Gebietsschutz **3 D** 21 ff.
– Anlagenbestandsschutz **3 D** 81 ff.
– Ausgestaltung **3 D** 12 ff.
– Ausgleichsmaßnahmen **3 D** 32 ff.
– Auskunftsanspruch **1 B** 336
– Bedeutung **3 D** 1

– Befreiung von Landschaftsschutzgebietsverordnung **3 D** 179
– Behördenzuständigkeit **3 D** 51 ff.
– besonderer Gebiets-/Objektschutz **3 D** 57 ff.
– Beteiligung der Naturschutzbehörde **3 D** 52 f.
– Biotopverbund/-vernetzung **3 D** 86 ff.
– BNatSchG **3 D** 3 ff.
– echte Abwägung **3 D** 45
– Eingriffsregelung **3 D** 21 ff.
– Eingriffsregelung/Stufenmodell **3 D** 28 ff.
– einstweilige Sicherstellung **3 D** 80
– Einwendungen **3 D** 147 ff.
– enteignende Wirkung **3 D** 148
– Ersatzflächen **3 D** 152
– Ersatzmaßnahmen **3 D** 38 ff.
– Ersatzzahlung **3 D** 48 f.
– europäische Regelungen **3 D** 7
– europäischer Artenschutz, s. Naturschutz, europäischer
– gebundene Entscheidung **3 D** 47
– Genehmigung von Anlagen **3 A** 36
– gesetzliche Grundlagen **3 D** 2
– Katalog der Schutzgebiete **3 D** 57
– Kommissionsschutzliste **3 D** 97 f.
– Kompensation von Eingriffen **3 D** 32 ff.
– Kompensationsbevorratung **3 D** 41
– Länderkompetenzen **3 D** 42
– Landesnaturschutzgesetze **3 D** 5 f.
– landschaftspflegerischer Begleitplan **3 D** 152 ff.
– Landschaftsplanung **3 D** 17 ff.
– Leitfaden zur Handhabung der Eingriffsregelung **3 D** 49
– materielle Präklusion **3 D** 149
– Minimierungsgebot **3 D** 30
– naturschutzrechtliche Eingriffsregelungen **3 D** 197 ff.
– Partizipationserzwingungsklage **3 D** 279
– Planfeststellung **1 D** 48 ff.
– Sicherheitsleistung für Kompensation **3 D** 40
– Straf-/Bußgeld **3 D** 292 ff.
– Umweltrechtsbehelfsgesetz **1 D** 49 f.
– Umweltverträglichkeitsprüfung **3 D** 56
– Unterschutzstellungsverfahren **3 D** 78 f.
– Verbands-/Vereinsbeteiligung im Verwaltungsverfahren **3 D** 271 ff.
– Verbandsklage **3 D** 281 ff.
– vermeidbare Beeinträchtigung **3 D** 29
– Ziele **3 D** 15 f.
– Ziele/Einfluss **3 D** 11
**Naturschutz, europäischer**
– s. a. Artenschutz, besonderer
– s. a. Fauna-Flora-Habitat-Richtlinie
– s. a. Umweltverträglichkeitsprüfung
– Bauleitplanverfahren **3 D** 190 ff.
– besonderer Artenschutz **3 D** 128 ff.

[Naturschutz, europäischer]
- europäisches Netz „Natura 2000"
  **3 D** 93 ff.
- Fauna-Flora-Habitat-Gebiete **3 D** 96 ff.
- Schutzgebietsauswahl **3 D** 94 ff.
- Schutzregime **3 D** 99 ff.
- Überblick **3 D** 91 f.
- Verträglichkeitsprüfung **3 D** 103 ff.
- Vogelschutzgebiet **3 D** 94 f.
- Zugriffsverbote **3 D** 130 ff.

**Naturschutzgebiete**
- s. Schutzgebiete

**Naturschutzverband**
- Anhörungsverfahren, Planfeststellung **1 D** 56
- Deponien, Planfeststellung **3 B** 186
- Mitwirkungsrecht, Planfeststellung **1 D** 48 ff.
- Präklusion bei Planfeststellung **1 D** 55 f.

**Naturschutzvereine**
- Anerkennung **3 D** 272 ff.

**Natur- und Landschaftsschutz**
- Abwägungsgebot bei Bauleitplanung **2 B** 90
- Artenschutz, s. a. dort **1 D** 156 ff.
- Ausgleichsmaßnahmen **1 D** 206
- Bauleitplanung **2 B** 6, 81
- bauliche Nutzung **2 B** 56 ff.
- Deponie **3 B** 186
- Enteignung **1 D** 206
- Fauna-Flora-Habitat-Richtlinie, s. a. dort **1 D** 112 ff.
- Immissionsschutz **3 A** 56
- Planfeststellung **1 D** 62 ff., 97 ff.
- Planungsstillstand **1 D** 145
- Schutzgebiet „Natura 2000" **1 D** 113 ff.
- Vogelschutzrichtlinie, s. a. dort **1 D** 103 ff.
- Vorlage nationaler Gebietsliste **1 D** 130 ff.

**Nebenberechtigte**
- Entschädigung **2 D** 129

**Nebenbestimmungen**
- Baugenehmigung **2 A** 84 ff.
- Landesenteignungsgesetze **2 D** 79
- Verwaltungsakt **1 A** 95

**Nebenbetrieb**
- Handwerk **5 A** 140 ff.

**Nebeneinkünfte**
- Anrechnung bei Disziplinarmaßnahme **6 B** 204

**Nebeneinrichtung**
- vereinfachtes Genehmigungsverfahren **3 A** 112 ff.

**Nebenprodukt**
- Abfallrecht **3 B** 22 ff., 42 f.
- Beispiele, Abfallrecht **3 B** 25

**Nebentätigkeit**
- Beamte, Erlaubnis **6 A** 50
- Beamtenrecht **6 A** 284

**Nichtbeteiligter**
- Akteneinsicht **1 A** 38

**Nichtversetzung**
- Nachprüfungen **8** 70

**Niederlassungserlaubnis**
- Aufenthaltstitel **7 A** 35
- Daueraufenthalt/EU **7 A** 66
- hochqualifizierte **7 A** 54, 65
- nach AufenthaltsG **7 A** 63 ff.
- selbständige Tätigkeit **7 A** 57
- spezielle **7 A** 65
- Visum **7 A** 67 ff.
- Voraussetzungen **7 A** 64

**Niedersachsen**
- Bauleitplanung **2 B** 20
- Bauordnungsrecht **2 A** 1
- Befreiungen, Baugenehmigung **2 A** 79
- Geltungsdauer, Baugenehmigung **2 A** 81
- Kommunalabgaben **4** 20
- Normenkontrolle gegen Abfallwirtschaftsplan **3 B** 139
- Nutzungsänderung, Genehmigung **2 A** 27
- Umweltinformation **1 B** 1

**Niederschlagswasser**
- Abgrenzung zum Grundwasser **3 C** 30
- bebaute/befestigte Fläche **3 C** 403
- Begriff **3 C** 401
- Einleiten **3 C** 112
- Entsorgung **3 C** 416 ff.
- nicht Einleiten **3 C** 115
- unbefestigte Fläche **3 C** 404
- Wasserschutzgebiet **3 C** 418

**non liquet**
- Europäisches Verwaltungsverfahren **1 C** 29

**Nordrhein-Westfalen**
- Abfallwirtschaftsplan **3 B** 136
- Abstandsvorschriften, Baurecht **2 A** 46
- Änderung baulicher Anlagen **2 A** 21
- Baugenehmigung und Altlasten **2 A** 89
- Bauleitplanung **2 B** 21
- bauliche Anlage **2 A** 7
- Bauordnungsrecht **2 A** 1
- Bauvorbescheid **2 A** 56
- Behörde, Abfallentsorgungsanlagen **3 B** 160 f.
- Fristüberschreitung bei Baugenehmigungsantrag **2 A** 20
- Fuß-/Radweg, Erschließungsbeitrag **4** 92
- Geltungsdauer, Baugenehmigung **2 A** 81
- Geltungsdauer, Bauvorbescheid **2 A** 59
- Informationsfreiheit **1 B** 2
- Kommunalabgaben **4** 20
- Nachbarbeteiligung, Baugenehmigung **2 A** 97
- Nutzungsänderung, Genehmigung **2 A** 27
- Stellplatz, Ablösung **2 A** 55
- Stellplatzpflicht **2 A** 47

**[Nordrhein-Westfalen]**
– Umweltinformation **1 B** 1
– Verfahrensbeschleunigung, Baugenehmigung **2 A** 74
– Verfahrensgang, Baugenehmigung **2 A** 73 ff.
– Widerspruchsverfahren, Beamtenrecht **6 A** 323
– Wohnbauvorhaben, Freistellungsverfahren **2 A** 17

**Normalschule**
– Förderschule **8** 41

**Normenkontrollverfahren**
– Abfallwirtschaftsplan **3 B** 138 ff.
– Antrag auf Festsetzung Wasserschutzgebiet **3 C** 376 f.
– Antrag bei Mängel im B-Plan **5 B** 76
– Antragsbefugnis/-frist, Bauleitplanung **2 B** 247
– B-Plan **2 B** 186 f.
– Flächennutzungsplan **2 B** 205, 242
– Gegenstand, Bauleitplanung **2 B** 241 ff.
– kommunale Satzung **1 A** 55
– Präklusion, Bauleitplanung **2 B** 249
– räumliche Teilunwirksamkeit, B-Plan **2 B** 245
– rechtsbeachtliche Fehler des B-Plan **2 B** 244
– Satzung im Abfallrecht **3 B** 246
– Veränderungssperre **2 A** 110

**Notengebung**
– allgemeine Leistungsklage **8** 69

**Notifizierungsverfahren**
– Abfallverbringung **3 B** 127 ff.

**Notiz**
– Informationsanspruch **1 B** 176

**Notlage**
– Disziplinarmaßnahme **6 B** 72

**Nutzungsänderung**
– Bauvorbescheid **2 A** 26 ff.
– Gewässerbenutzung **3 C** 226 ff.
– wesentliche/sonstige **5 B** 86 ff.

**Nutzungsausmaß**
– Gewässerbenutzung **3 C** 229 f.

**Nutzungsbeschränkungen**
– Überschwemmungsgebiet **3 C** 625

**Oberflächenabdichtung**
– Deponie **3 B** 220

**Offenbarung**
– Disziplinarrecht **6 B** 73

**Öffentliche Bekanntmachung**
– Genehmigungsbescheid, BImSchG **3 A** 130 ff.
– Umlegungsbeschluss **2 C** 35

**Öffentliche Belange**
– Ablehnung des Informationsanspruchs **1 B** 275
– Umweltinformation **1 B** 52

**Öffentliche Daseinsvorsorge**
– Personennahverkehr **5 C** 3

**Öffentliche Sicherheit**
– Informationsanspruch, IFG **1 B** 189

**Öffentliche Straße**
– Definition **5 C** 39

**Öffentliche Verkehrsinteressen**
– Taxengenehmigungsversagung **5 C** 41

**Öffentliche Zuschüsse**
– Ausgleichsparameter **5 C** 16
– Erfüllung gemeinwirtschaftlicher Verpflichtungen **5 C** 16
– Maßstab der Best Practice **5 C** 16
– Personenbeförderungsrecht **5 C** 3
– Verbot der Überkompensation **5 C** 16

**Öffentlicher Dienst**
– s. Beamtenrecht

**Öffentliches Interesse**
– Ablehnung des Umweltinformationsanspruchs **1 B** 64 ff., 74
– Bekanntgabe der Umweltinformation **1 B** 92 f.

**Öffentlichkeit**
– Bauleitplanung **2 B** 122
– Beteiligung bei Planfeststellung **1 D** 68
– Entwicklungsstadium der Bauleitplanung **2 B** 131
– förmliche Beteiligung, Bauleitplanung **2 B** 142 ff.
– Stellungnahmen zum Planentwurf **2 B** 125 ff.

**Öffentlich-rechtlicher Vertrag**
– Ablösungsvereinbarung, Stellplatz **2 A** 55
– Drittwirkung **1 A** 142
– Fernwirkung **1 A** 143
– Sanierungsvertrag **3 E** 174 ff.
– verwaltungsrechtliches Mandat **1 A** 138 ff.

**Öl**
– Abfallrecht **3 B** 23

**ÖPNV**
– auch Taxen/Mietwagen **5 C** 11
– Ausschreibungspflicht **5 C** 16
– Beförderungsentgelt **5 C** 14
– Definition **5 C** 9
– Eigenwirtschaftlichkeit **5 C** 31 ff.
– gemeinwirtschaftlich **5 C** 34 ff.
– Organisationsrahmen **5 C** 14
– Reichweite **5 C** 9
– Zuständigkeiten **5 C** 8

**Opportunitätsprinzip**
– Disziplinarrecht **6 B** 16

**Ordnungsmaßnahmen**
– Beispiele **8** 56
– Grundsatz der Verhältnismäßigkeit **8** 56
– laut Schulgesetz **8** 56
– Pflichtverletzung des Schülers **8** 55
– Privatschule **8** 60
– Rechtsbehelf des Schülers **8** 58

**[Ordnungsmaßnahmen]**
- Schüler/Schule **8** 15
- Strafverfahren **8** 57

**Ordnungsverfügung**
- Bauaufsichtsrecht, Widerspruchsverfahren **1 A** 78

**Ordnungswidrigkeit**
- gewerberechtliche Unzuverlässigkeit **5 A** 58

**Organisationsrecht**
- Personalauswahlverfahren **6 A** 105
- Umsetzung eines Beamten **6 A** 163

**Pächter**
- Gaststättenbetrieb **5 A** 226

**Parkplatz**
- Bauleitplanung **2 B** 81

**Passbeschaffungspflicht**
- Mitwirkungspflicht **7 B** 62 f.

**Passersatz**
- Versagung an der Grenze **7 A** 150

**Patentrecht**
- Informationsanspruch **1 B** 83 f.

**PBefG**
- Berufszugangs-/-ausübungseinschränkungen **5 C** 19
- eigenwirtschaftliche Verkehrsleistungen **5 C** 4
- Ergänzungsverordnungen **5 C** 6
- gesetzliche Ausgleichsregelungen **5 C** 15
- Tarifpflicht **5 C** 25

**Pension eines Beamten**
- s. Ruhestand **6 A** 171

**Personalakte**
- Ausdehnung/Beschränkung des Disziplinarverfahrens **6 B** 136
- Beiziehung im Disziplinarverfahren **6 B** 150
- Einleitung/Einstellung des Disziplinarverfahrens **6 B** 133
- Missbilligung **6 B** 120
- Tilgung von Disziplinarmaßnahmen **6 B** 118 ff., 251

**Personalgespräche**
- Beurteilung eines Beamten **6 A** 68

**Personalkosten**
- Umweltinformationsanspruch **1 B** 130

**Personalpolitik**
- Beamtenrecht **6 A** 62

**Personalrat**
- Mitwirkungsrechte bei Disziplinarklage **6 B** 198

**Personenbeförderungsgenehmigung**
- Abgrenzung der Regelbereiche **5 C** 86 ff.
- Abweichung vom Antrag **5 C** 56
- allgemeine Genehmigungsvoraussetzungen **5 C** 26 f.
- Anfechtungsklage des Konzessionsinhabers **5 C** 82
- Anhörung/gutachterliche Anhörung **5 C** 58
- Anhörungsverfahren **5 C** 57 ff.
- Antrag **5 C** 54 ff.
- Ausbildungsverkehr, Vergünstigungen **5 C** 77
- Beförderungsentgelt **5 C** 75 ff.
- Befristung **5 C** 33
- besondere Genehmigungsvoraussetzungen **5 C** 28
- Betriebsrisiko **5 C** 90
- Brutto-/Nettoverträge **5 C** 91 f.
- Dienstleistungskonzession **5 C** 90
- direkte Vergaben **5 C** 97 f.
- eigenwirtschaftliche Verkehrsleistungen **5 C** 88 f.
- Einschränkungen der Übertragbarkeit **5 C** 71
- einstweilige Erlaubnis **5 C** 64 ff.
- Entscheidung über Antrag **5 C** 60 ff.
- Erlöschen **5 C** 74
- Ermessen **5 C** 69
- Frist bei Anhörung **5 C** 58
- Frist für einstweilige Erlaubnis **5 C** 66
- Frist für Entscheidung **5 C** 60
- Frist für Stellungnahmen **5 C** 59
- Führungszeugnis **5 C** 55
- Geltungsdauer der Erlaubnis **5 C** 62
- Genehmigungsfiktion **5 C** 60
- Genehmigungsübertragung **5 C** 70 ff.
- Genehmigungsurkunde **5 C** 62
- gerichtlicher Rechtsschutz **5 C** 80
- Grundrechtskollision **5 C** 33
- Inhalt **5 C** 20
- In-house-Vergabe **5 C** 97 f.
- Konkurrentenklage **5 C** 81
- Konkurrentenklage eingeschränkt **5 C** 83
- mehrfache einstweilige Erlaubnis **5 C** 66
- öffentliche Dienstleistungsaufgaben **5 C** 85 ff.
- Rechtmäßigkeitsüberprüfung **5 C** 79
- Rechtsmittel bei Drittwirkung **5 C** 84
- schriftliche Begründung **5 C** 61
- Straßenbahnen **5 C** 37 ff.
- summarische Prüfung **5 C** 67
- Tarif-/Fahrplanpflicht **5 C** 75
- Teckal-Rechtsprechung **5 C** 98
- VA mit Drittwirkung, s. a. dort **5 C** 80
- verbindliche Zusicherung **5 C** 56
- Vergabearten **5 C** 93
- Vergabearten der VO (EU) Nr. 1370/2007 **5 C** 94 f., 99
- Vergaberichtlinien **5 C** 86 ff.
- wettbewerbliches Vergabeverfahren **5 C** 96
- Widerruf **5 C** 73
- Zuordnung über Vertragsgestaltung **5 C** 91 ff.
- Zwischenbedienungsverbot **5 C** 63

**Personenbeförderungsrecht**
- andere Verkehrsarten 5 C 51
- Änderung des Unternehmens 5 C 18 f.
- Anruf-Sammel-Taxi 5 C 53
- Antrag mehrerer Unternehmer 5 C 33
- Auflagen zum Fahrplan 5 C 23
- Ausflugsfahrten/Fernziel-Reisen 5 C 45 f.
- Auslandsverkehr 5 C 48 ff.
- Barzahlungsgebot 5 C 24
- Beförderungspflicht 5 C 24
- bereithalten 5 C 40
- Berufszugangsverordnung 5 C 27
- Besitzstandsklausel 5 C 29
- Betriebspflicht 5 C 22
- Düsseldorfer DroschkenVO 5 C 24
- EU-Verordnungen/-richtlinien 5 C 6
- Experimentierklausel 5 C 53
- Fahrplanänderung 5 C 23
- Fernlinienverkehr 5 C 30
- Gebiet der ehemaligen DDR 5 C 5
- Genehmigungsbehörde/zuständige Behörde 5 C 8
- Genehmigungsdauer 5 C 20
- Genehmigungsinhalt 5 C 20
- Genehmigungspflicht 5 C 18 f.
- Gesetzesentwurf der Bundesregierung 5 C 1
- Legaldefinition 5 C 4
- Linienbündel 5 C 29
- Linienverkehr 5 C 29
- Mietomnibusse/-wagen 5 C 43 ff.
- Novellierung 5 C 1
- nur auf Dauer angelegt 5 C 52
- objektive Berufszulassungsvoraussetzungen 5 C 28
- öffentliche Zuschüsse 5 C 3
- ÖPNV-Definition 5 C 9
- örtliche Zuständigkeit 5 C 7
- Pflichten der Unternehmer 5 C 21
- Sicherstellung eines regelmäßigen Betriebs aller Verkehrsarten 5 C 21
- Tarifpflicht 5 C 25
- Taxi-/Mietwagenverkehr 5 C 7
- untere Verwaltungsbehörde 5 C 7
- Verkehrsarten 5 C 17
- Versagungsgrund einzelner Linien 5 C 29
- Vormerklisten für Taxikonzessionen 5 C 54
- Wirtschaftsverwaltungsrecht 5 C 1 ff.

**Personenbezogene Daten**
- Ablehnung des Umweltinformationsanspruchs 1 B 78 ff.

**Personengesellschaften**
- Gewerbeausschluss 5 A 14 f.
- Umweltinformationsanspruch 1 B 79

**Personennahverkehr**
- eigenwirtschaftliche Verkehrsleistungen 5 C 15

- gemeinwirtschaftlich 5 C 16
- Genehmigungsbehörde/zuständige Behörde 5 C 13
- Linienverkehr 5 C 14
- Nahverkehrspläne 5 C 14
- öffentliche Daseinsvorsorge 5 C 3
- Personenfernverkehr 5 C 10
- Verkehrsleistungen/gemeinwirtschaftliche ~ 5 C 29

**Petition**
- Bürgerbeauftragter 1 A 68
- Empfehlungen 1 A 68
- Verwaltungsverfahren 1 A 65, 68

**Pflanzen**
- Umweltinformation 1 B 28

**Pflanzgebot**
- Umlegungsrecht 2 C 93

**Pflanzungen**
- Entschädigung im Umlegungsrecht 2 C 89 f.

**Pflichtbeiträge**
- Handwerkskammer 5 A 198

**Pflichtverletzung**
- Immissionsschutz 3 A 183 ff.

**Pflichtverstoß eines Beamten**
- s. Disziplinarrecht

**Photovoltaikanlagen**
- bauliche Anlage 2 A 6

**Planabweichung**
- Nachbarrechte 2 A 147

**Planaufstellungsbeschluss** 2 B 127 ff.

**Planaufstellungsverfahren** 2 B 130

**Planentwurf, B-Plan**
- Änderung/Ergänzung 2 B 173
- Bauleitplanung, s. a. dort 2 B 61
- Beratung 2 B 160 ff.
- Beschlussfassung 2 B 165 ff.
- rechtsaufsichtliche Kontrolle 2 B 176 ff.

**Planfeststellungsbeschluss**
- ausgewiesene Schutzgebiete 3 D 165 ff.
- behebbare Abwägungsmängel 3 D 171 ff.
- Biotopvorschriften 3 D 167
- Eingriff in Natur/Landschaft 3 D 151 ff.
- ergänzendes Verfahren bei Abwägungsmängeln 3 D 171 ff.
- Ersatzflächen 3 D 152
- Gebiet „Natura 2000" 3 D 159 ff.
- Konzentrationswirkung 3 D 164
- Landschaftsschutzgebietsverordnung/B-Plan 3 D 176 ff.
- Landschaftsschutzziele 3 D 168 f.
- naturschutzrechtliche Abwägung 3 D 173
- Rechtswidrigkeit 3 D 170 ff.
- VerwG/Abwägungsmängel 3 D 173
- Ziele des Naturschutzes 3 D 168 f.

**Planfeststellungsverfahren**
- Akteneinsicht 1 A 54
- Anfechtungslast 2 D 34
- Einschränkung durch WHG 3 C 59 ff.

1641

**[Planfeststellungsverfahren]**
- Enteignung **2 D** 30 ff.
- Genehmigung von Straßenbahnen **5 C** 37
- Gewässerausbau **3 C** 570
- planerische Abwägung **2 D** 31 f.
- Verbandsbeteiligung **3 D** 276 f.
- vorzeitiger Gewässerausbau **3 C** 572
- wasserrechtliche Genehmigung **3 C** 187 ff.

**Plangenehmigung**
- Gewässerausbau **3 C** 570

**Planrechtfertigung 1 D** 71

**Planung, Planfeststellung**
- Abfallbeseitigungsanlagen **3 B** 173
- Abgrenzung zu Folgemaßnahmen **1 D** 219
- Abschnittsbildung, Auslegung **1 D** 32
- abschnittsweise Planung **1 D** 87 ff., 153
- Abwägung **1 D** 82 ff.
- Abwägungsgebot **1 D** 12
- Abwägungsgebot bei Deponien **3 B** 202 ff.
- Akteneinsicht **1 D** 60
- Allgemeines **1 D** 1 ff.
- Alternativplanung **1 D** 150 ff.
- Änderung, Auslegung **1 D** 33 f.
- Änderung der Rechtsprechung **1 D** 44
- Anhörung **1 D** 57 ff.
- Anhörungsverfahren **1 D** 5
- Anspruch auf Durchführung **1 D** 225
- Artenschutz **1 D** 156 ff.
- Ausgleichsanspruch **1 D** 190
- Auslegung des Plans **1 D** 23 ff.
- Bedarfsfeststellung **1 D** 78 f.
- Beeinträchtigung von Schutzgebieten **1 D** 148
- Beeinträchtigung während der Bauausführung **1 D** 214 f.
- Bestandsaufnahme bei Erschütterungen **1 D** 197
- Beweislast bei Eingriff in Schutzgebiet **1 D** 155
- Datenschutz **1 D** 29 ff.
- Dauer der Auslegung **1 D** 23 ff.
- Deponien **3 B** 185 ff.
- Deponien, Plangenehmigung **3 B** 189 ff.
- Deponienbedarf **3 B** 163
- Durchführung der Anhörung **1 D** 57 ff.
- Einleitung **1 D** 5
- Einwendungen **1 D** 6
- Einwendungen Privater **1 D** 35 ff.
- Einwendungen staatlicher Behörden **1 D** 47
- Einwendungen von Gemeinden **1 D** 45 f.
- elektrische und magnetische Felder **1 D** 204
- Enteignung/enteignende Vorwirkung **1 D** 206 ff.
- Erschütterungen **1 D** 185 ff.
- erstinstanzliche Zuständigkeit **1 D** 230 ff.
- europarechtlicher Naturschutz **1 D** 102 ff.
- Europarechtskonformität **1 D** 51 ff.
- fachplanerische Ziele **1 D** 76 f.
- Fachplanung **1 D** 1 f.
- faires Verfahren **1 D** 61
- Fauna-Flora-Habitat-Richtlinie **1 D** 112 ff.
- fehlende Schutzgebietsliste **1 D** 137 ff.
- Fehler bei Abschnittsbildung **1 D** 91
- Fehler bei Abwägung **1 D** 85 ff.
- Gefährdungen **1 D** 173 ff.
- Genehmigung von Wohnbauvorhaben **2 A** 32 ff.
- Gestaltungsfreiraum **1 D** 10
- Gesundheitsgefahren **1 D** 205
- Grunderwerbsplan **1 D** 28
- Grundstückswertminderung **1 D** 212
- Heilung von Abwägungsfehlern **1 D** 85
- Immissionen **1 D** 173 ff.
- Informationsanspruch, IFG **1 D** 60
- InfrastrukturplanungsbeschleunigungsG 2000 **1 D** 232
- Klagebefugnis **1 D** 234
- Konzentrationswirkung **3 B** 177
- Köperschall **1 D** 198 ff.
- Lage-/Höhenplan **1 D** 27 f.
- Linienbestimmung **1 D** 226
- materielle Verwirkungspräklusion **1 D** 42
- materiell-rechtliche Mängel **1 D** 71 ff.
- mehrere Fachplanungen **1 D** 216 ff.
- Mitwirkungslast **1 D** 6
- Natur- und Landschaftsschutz **1 D** 97 ff.
- Naturschutzverband **1 D** 48 ff.
- örtliche Zuständigkeit **1 D** 233
- Planergänzung **1 D** 229
- Planfeststellungsbeschluss **1 D** 9
- Plangenehmigungsverfahren **1 D** 3
- Planungsalternativen **1 D** 92 ff.
- Planungsleitsätze **1 D** 71, 80 f.
- Präklusion **1 D** 37, 235 f.
- Präklusion, Naturschutzverband **1 D** 55 f.
- Raumordnungsverfahren **1 D** 75
- rechtliche Schranken **1 D** 71 ff.
- Rechtsbehelfe **1 D** 222 ff.
- Rechtsgrundlage **1 D** 4, 18 f.
- Schallimmissionen, s.a. Lärmschutz **1 D** 176 ff.
- selbständige Vorhaben **1 D** 217 ff.
- Stellungnahme der EU-Kommission **1 D** 143 ff.
- Stillstand **1 D** 145
- Substantiierung der Einwendung **1 D** 43
- Trassenbündelung **1 D** 96
- Überblick **1 D** 18 f.
- Umfang der Auslegung **1 D** 26 ff.

**[Planung, Planfeststellung]**
- Umwelteinwirkungen, schädliche **1 D** 173 ff.
- Umweltinformationsanspruch **1 D** 60
- Umweltverträglichkeit **1 D** 19
- Umweltverträglichkeitsprüfung **1 D** 62 ff.
- Unfallrisiken **1 D** 213
- Veränderungssperre **2 A** 106
- Verfahrensmängel **1 D** 20 ff.
- verfahrensrechtliche Anforderungen **1 D** 20 ff.
- Verkehrsstrecken, Rechtfertigung **1 D** 77
- verspätet erhobene Einwendungen **1 D** 38
- Vogelschutzrichtlinie **1 D** 103 ff.
- Vorbelastung **1 D** 189
- Vorentscheidungen **1 D** 74 f.
- vorgelagerte Verfahren **1 D** 226
- vorhandener Verkehrslärm **1 D** 177
- vorläufiger Rechtsschutz **1 D** 237
- Vorverfahren **1 D** 227 f.
- Wegfall der Präklusionswirkung **1 D** 41
- weitere Genehmigungen **1 D** 13
- wesentliche Änderung einer Deponie **3 B** 157
- Widmung/Entwidmung von Anlagen **1 D** 220 f.
- Zulassung von Deponien **3 B** 176 ff.
- Zusagen im Anhörungsverfahren **1 D** 59

**Planungskosten**
- Benutzungsgebühr **4** 143

**Planvereinfachungsgesetz**
- kein Vorverfahren **5 C** 38

**Planzeichen**
- Bauleitplanung **2 B** 45

**PlanzeichenVO**
- Bauleitplanung **2 B** 8

**Plätze**
- Erschließungsbeitrag **4** 84 ff.

**Polen**
- Abfallverbringung **3 B** 129

**Politische Beamte**
- einstweiliger Ruhestand **6 A** 193 ff.
- Erreichen der Altersgrenze **6 A** 195

**Polizeibeamte**
- Altersgrenze **6 A** 169
- Dienstfähigkeit **6 A** 182
- Disziplinarmaßnahme **6 B** 71
- Polizeizulage und Ruhegehalt **6 A** 219

**Polizei- und Ordnungsrecht**
- Altlasten und Haftung **3 E** 195

**Post-Nachfolgeunternehmen**
- amtsangemessene Beschäftigung **6 A** 164

**PPP-Modell**
- Abfallrecht **3 B** 105

**Präklusion**
- Baunachbarstreit **2 A** 125

- Einwendungen bei Planfeststellung **1 D** 37
- Einwendungen, BImSchG **3 A** 84 ff.
- Normenkontrollverfahren, Bauleitplanung **2 B** 249
- Planfeststellung **1 D** 235 f.
- Umweltschutzvereinigung **3 A** 97

**Primarstufe** **8** 27

**Private Stellen**
- Auskunft nach VIG **1 B** 258

**Privatnützigkeit**
- Wohl der Allgemeinheit **1 D** 210 f.

**Privatschule**
- kein VwVfG **8** 5
- Ordnungsmaßnahmen gegen Schüler **8** 60
- Rechtsschutz **8** 75

**Probebeamter**
- Befähigung **6 A** 19 ff.
- Dienstunfähigkeit **6 A** 191
- Disziplinarmaßnahme **6 A** 199; **6 B** 18, 44
- Einbehaltung von Dienstbezügen **6 B** 204 f.
- Hinterbliebenenversorgung **6 A** 265
- mangelnde Bewährung **6 A** 200
- Unterbrechung des Fristablaufs, Disziplinarrecht **6 B** 115

**Probezeit**
- Amt mit leitender Funktion **6 A** 21
- Beförderung eines Beamten **6 A** 85
- Bewährung **6 A** 326

**Produktionsdaten**
- Umweltinformation **1 B** 88

**Professor**
- s. Hochschullehrer

**Prognose**
- Bauleitplanung **2 B** 86
- Entscheidung bei Förderschule **8** 41
- Umweltinformationsanspruch **1 B** 49

**Promotion** **8** 122

**Protokoll**
- Anhörung im Disziplinarverfahren **6 B** 152
- Beweiszweck **8** 23
- Erörterungstermin, BImSchG **3 A** 110
- Inhalt **8** 21
- Zeugnis-/Versetzungskonferenzen **8** 19

**Prozesskostenhilfe**
- Disziplinarverfahren **6 B** 242

**Prüfungsverfahren**
- Akteneinsicht **8** 22
- Kosten bei Anfechtung **8** 24 ff.
- Protokollierungsvorschriften **8** 20

**Prüfungswesen**
- Verwaltungsverfahren **1 A** 7

**Querulant**
- Informationsanspruch IFG **1 B** 221

1643

**Quotenregelung**
– Beamtenrecht **6 A** 94 ff.

**Rahmengenehmigung**
– Immissionsschutz **3 A** 122
**Rangskala**
– Beurteilung eines Beamten **6 A** 79
**Raumordnung**
– Bauleitplanung **2 B** 9
**Raumordnungsplan**
– Grundwasserschutz **3 C** 168
**Raumordnungsverfahren**
– Planfeststellung **1 D** 75
**Raum- und Fachplanung**
– Planfeststellung **1 D** 74
**REACH-Verordnung 1 B** 341
**Reaktivierung**
– Beamte **6 A** 175 ff.
**Rechtliches Gehör**
– Disziplinarverfahren **6 B** 104
– Europäisches Verwaltungsverfahren **1 C** 35 f.
– Genehmigungsverfahren, BImSchG **3 A** 101
– Sanierung **3 E** 116
**Rechtsanwalt**
– siehe verwaltungsrechtliches Mandat
**Rechtsanwaltszwang**
– Kammer für Baulandsachen **2 D** 146
**Rechtsaufsicht**
– Bauleitplanung **2 B** 124
– Planaufstellungsverfahren **2 B** 176 ff.
**Rechtsbehelfsbelehrung**
– Genehmigungsbescheid, BImSchG **3 A** 129
**Rechtskontrolle**
– B-Plan **2 B** 186 f.
**Rechtsmittel**
– Planaufhebung/-ergänzung **1 D** 229
– Planfeststellungsbeschluss **1 D** 227 ff.
– Planfeststellungsverfahren **1 D** 222 ff.
**Rechtsmittelbelehrung**
– Disziplinarverfügung **6 B** 190
– Umlegungsbeschluss **2 C** 60
**Rechtsmittelfrist**
– Widerspruch **1 A** 73
**Rechtsnachfolge**
– Altlastenhaftung **3 E** 217 ff.
**Rechtsquellen**
– Immissionsschutz **3 A** 1 ff.
**Rechtssache**
– Kempter **1 C** 131
**Rechtsschutz**
– Abfallrecht **3 B** 246 f.
– Abfallwirtschaftsplan **3 B** 138 ff.
– Ablehnung Auskunftsanspruch, VIG **1 B** 308 ff.
– Aufhebungsbeschluss der Enteignung **2 D** 134

– einstweiliger, s. einstweiliger Rechtsschutz
– Enteignungsverfahren **2 D** 50 ff., 62 f., 75
– Europäisches Verwaltungsverfahren **1 C** 62 ff.
– EU-verwaltungsrechtliches Mandat **1 C** 71
– Güterkraftverkehrsrecht **5 D** 49 f.
– Informationsansprüche, IFG **1 B** 179 ff., 241 ff.
– Kommunalabgabenbescheid **4** 42 ff.
– Kostenentscheidung, UIG **1 B** 154 f.
– Maßnahmen der Überwachungsstelle, UIG **1 B** 156 f.
– Nebenbestimmung zur Genehmigung, BImSchG **3 A** 124
– Personenbeförderungsgenehmigung **5 C** 79
– Planfeststellung **1 D** 16
– Planfeststellungsbeschluss **2 D** 34; **3 D** 170 ff.
– Umlegungsrecht **2 C** 118 ff.
– Umsetzung eines Beamten **6 A** 163
– Umweltinformation **1 B** 134 ff.
– verfassungsrechtliche Gewährleistung **1 A** 130
– Versetzung in den Ruhestand **6 A** 184
– Verstöße gegen § 3 BauGB **2 B** 134
– VIG-Novellierung **1 B** 329
**Rechtsschutzversicherung**
– Disziplinarverfahren **6 B** 248
– Kommunalabgaben **4** 5
**Rechtsstaatsprinzip 1 A** 62
**Rechtsverhältnis**
– Schüler/Schule **8** 8
**Rechtsverordnungen**
– Immissionsschutz **3 A** 10 f.
**Rechtswidrigkeit**
– Unionsrechtsvorschrift **1 C** 105
**Recycling**
– Definition **3 B** 52
**Regierungspräsidium**
– Linienverkehr **5 C** 7
**Registerverfahren**
– Abfallentsorgung **3 B** 118
**Reisegewerbe**
– Abgrenzung zum stehenden Gewerbe **5 A** 19
– Begriff **5 A** 97 ff.
– freie Tätigkeiten **5 A** 102
– gebundene Entscheidung **5 A** 112
– Gestattung **5 A** 105 ff.
– Hausparty **5 A** 100
– kein Veranstaltungsanspruch **5 A** 113
– keine juristische Person **5 A** 15
– Marktfreiheit **5 A** 116 ff.
– Marktprivileg **5 A** 108
– Messen/Ausstellungen/Märkte **5 A** 108 ff.

**[Reisegewerbe]**
– Recht zur Teilnahme an Veranstaltung **5 A** 116 ff.
– Reisegewerbekarte **5 A** 96
– Streitwert **5 A** 292
– Untersagung **5 A** 105 ff.
– Unzuverlässigkeit **5 A** 106
– Veranstaltungsteilnahmekriterien **5 A** 118
– verbotene Tätigkeiten **5 A** 103
– Wanderlager **5 A** 104
– Wirkung der Festsetzung **5 A** 114 f.
**Reisehandwerker 5 A** 129
**Reisekosten**
– Erstattung, Beamtenrecht **6 A** 37
**Rekultivierung**
– Abschluss der Sanierung **3 E** 180 f.
– Bodenschutzrecht **3 E** 35
– Deponie **3 B** 205, 225 ff.
**Remonstrationsrecht**
– Beamte **6 A** 49
**Rente**
– und Beamtenversorgung **6 A** 299 ff.
– Unterschiede zur Beamtenversorgung **6 A** 208 ff.
**Repowering**
– B-Plan **2 B** 205
**Ressourcensubstitution 3 B** 39
**Restmülltonne**
– gewerbliche Siedlungsabfälle **3 B** 72
**Revision**
– Baulandprozess zum BGH **2 D** 149
– Zuständigkeit in Disziplinarsachen **6 B** 92
**Rheinland-Pfalz**
– Andienungsregelung, Abfallrecht **3 B** 88
– Bauleitplanung **2 B** 22
– Bauordnungsrecht **2 A** 1
– Disziplinarrecht **6 B** 21
– Informationsfreiheit **1 B** 2
– Kommunalabgaben **4** 20
– Nachbarbeteiligung, Baugenehmigung **2 A** 97
– Umweltinformation **1 B** 1
**Richter**
– Disziplinarrecht **6 B** 23
– ruhegehaltsfähige Dienstzeiten **6 A** 225
**Richtlinie**
– Beurteilung eines Beamten **6 A** 75 f.
– Fauna-Flora-Habitat **1 D** 112 ff.
– Vogelschutz **1 D** 103 ff.
**Richtlinienkonforme Auslegung**
– Unionsrechtsvorschrift **1 C** 110 ff.
**Richtlinienumwandlungsgesetz**
– illegale Beschäftigung **7 A** 174
**Richtwertvorgaben**
– Beurteilung eines Beamten **6 A** 77 ff.
**Ringstraße**
– Erschließungsbeitrag **4** 97

**Rückenteignungsanspruch 2 D** 102
**Rückforderung**
– überzahlter Beamtenbezüge **6 A** 139 ff.
**Rücknahme**
– Baugenehmigung **2 A** 93 f.
– Ernennung, Beamtenrecht **6 A** 29
– Gaststättenerlaubnis **5 A** 265
– Genehmigungsbescheid, BImSchG **3 A** 140 ff.
**Rücksichtnahmegebot**
– Planfeststellung **1 D** 100
**Rückwirkung**
– Kommunalabgabenbescheid **4** 37, 121
**Rückwirkungsverbot**
– Verstoß bei Altlasten **3 E** 254 f.
**Rügepräklusion**
– kommunale Satzung **1 A** 56
**Ruhestand**
– Aberkennung der Versorgung **6 B** 13, 20, 56
– Beförderung eines Beamten **6 A** 85
– Beurteilungsklage **6 A** 71
– Dienstpflichtverletzung **6 B** 5
– Dienstunfähigkeit **6 A** 172
– Dienstvorgesetzter **6 B** 85
– Disziplinarklage auf Aberkennung der Versorgung **6 B** 192 ff.
– Disziplinarmaßnahmen **6 B** 20, 44
– Disziplinarrecht **6 B** 5
– Einbehaltung der Versorgung **6 B** 202
– Erreichen der Altersgrenze, Beamter **6 A** 169 ff.
– Kürzung des Ruhegehalts **6 B** 52
– Nachversicherung, Aberkennung des Ruhegehalts **6 B** 66
– Pension **6 A** 170
– Pflichtenbindung zum Dienstherrn **6 B** 5
– politische Beamte **6 A** 193 ff.
– Ruhestandssoldaten, WehrdisziplinarO **6 B** 22
– Zuständigkeit für Kürzung der Versorgung **6 B** 186
**RVG**
– Enteignungsverfahren **2 D** 137

**Saarland**
– Bauleitplanung **2 B** 23
– Bauordnungsrecht **2 A** 1
– Informationsfreiheit **1 B** 2
– Kommunalabgaben **4** 20
– Normenkontrolle gegen Abfallwirtschaftsplan **3 B** 139
– Umweltinformation **1 B** 1
**Sachaufklärung**
– Genehmigungsverfahren, BImSchG **3 A** 101
**Sachsen**
– Bauleitplanung **2 B** 24
– Bauordnungsrecht **2 A** 1

1645

**[Sachsen]**
- Beitragsermittlung, Anschlussbeitragsrecht **4** 117
- Kommunalabgaben **4** 20
- Umweltinformation **1 B** 1

**Sachsen-Anhalt**
- Bauleitplanung **2 B** 25
- Bauordnungsrecht **2 A** 1
- Kommunalabgaben **4** 20
- Normenkontrolle gegen Abfallwirtschaftsplan **3 B** 139

**Sachverhaltsaufklärung**
- Betreuungspflicht **1 A** 20 f.
- Beweise **1 A** 18
- Ermessen **1 A** 16
- Mitwirkung **1 A** 17
- von Amts wegen **1 A** 15 ff.

**Sachverständigengutachten**
- Emissionshandel **3 A** 214

**Sachverständiger**
- s. a. Gutachter **1 B** 212
- Disziplinarverfahren **6 B** 146 ff.
- Landschafts-/Fachplanung **3 D** 156 f.

**Salvatorische Entschädigungsklauseln** **2 D** 23, 27

**Sammelbehälter**
- Abfallrecht **3 B** 241 f.

**Sammeleinwendung**
- Immissionsschutz **3 A** 77

**Sammlung, gemeinnützige**
- Abfallrecht **3 B** 87 ff.

**Sanierung**
- s. a. Bodenschutzrecht
- Abstimmung mit Behörde **3 E** 303
- Adressat der Verfügung **3 E** 188 ff.
- Adressatenauswahl **3 E** 245 ff.
- Anforderungen **3 E** 155
- anwaltliche Tätigkeit **3 E** 113
- Ausgleichsanspruch mehrerer Verpflichteter **3 E** 265 ff.
- Auswahlermessen bei der Planung **3 E** 114
- behördliche Überwachung **3 E** 96
- Bodenschädigung **3 E** 58
- BundesbodenschutzV **3 E** 31
- BVerfG-Grundsatzentscheidung zur Eigentümerhaftung **3 E** 204 ff.
- Gebiet im Umlegungsrecht **2 C** 6
- Grundstückseigentümer **3 E** 201 ff.
- Haftungsbegrenzung **3 E** 202
- Inhaber der tatsächlichen Gewalt **3 E** 201 ff.
- Kosten **3 E** 8 f.
- mehrere Verantwortliche **3 E** 248
- Nachsanierung **3 E** 123 f., 182
- Objektivierung des Zurechnungsmaßstabs **3 E** 194
- Planung **3 E** 113 ff.
- polizeirechtliche Verantwortlichkeit **3 E** 195
- rechtliches Gehör des Pflichtigen **3 E** 116
- Rekultivierung **3 E** 180 f.
- reparierender Charakter **3 E** 56
- Sanierungsplan **3 E** 116 ff.
- Schaubild: Sanierungspflicht einschränkende Gesichtspunkte **3 E** 189
- Tabelle zu den Anforderungen **3 E** 119
- Theorie der unmittelbaren Verursachung **3 E** 191
- Überwachung nach Abschluss **3 E** 179 ff.
- Untersuchung **3 E** 111 ff.
- Verantwortlichkeit des Verrichtungsgehilfen **3 E** 200
- Verantwortlichkeit juristischer Personen **3 E** 198 f.
- Verfügung, Anordnung **3 E** 108 ff.
- Verhältnismäßigkeit **3 E** 264
- Verursacher **3 E** 190 ff.
- Zeitpunkt **3 E** 213 ff.

**Sanierungsplan**
- Aufstellungsberechtigter **3 E** 120
- Inhalt **3 E** 117 ff.
- Verbindlicherklärung **3 E** 121

**Sanierungsverfahren**
- anwaltliche Tätigkeit **3 E** 5, 147 f.
- austretende Gase **3 E** 163
- Auswahl der Maßnahme **3 E** 165
- Behördenzuständigkeit **3 E** 173
- behördliche Umsetzung **3 E** 166 ff.
- Berücksichtigung der Schutzgüter **3 E** 144
- Betroffenenunterrichtung **3 E** 171 f.
- Bewertung der Altlasten **3 E** 126 ff.
- biologische, chemische, physikalische Verfahren **3 E** 160
- Dekontamination **3 E** 156 ff.
- Deponierung **3 E** 152
- Einkapseln **3 E** 150
- Erkundung **3 E** 125
- Genehmigungserfordernis **3 E** 167 ff.
- hydraulische Maßnahmen **3 E** 151
- Konzentrationswirkung **3 E** 169 f.
- Maßnahmen gegen Bodenerosion/-verdichtung **3 E** 164
- Nutzungsabhängigkeit **3 E** 140
- Nutzungsanpassung **3 E** 154
- Öffentlichkeitsbeteiligung **3 E** 171 f.
- öffentlich-rechtlicher Vertrag **3 E** 174 ff.
- Prüfwerte **3 E** 133 ff.
- Sanierungsmethoden **3 E** 146 ff.
- Sanierungsziel **3 E** 138 ff.
- Sicherungsmaßnahmen **3 E** 149 ff.
- Sickerwasserbehandlung **3 E** 162
- Tabelle zu Schadstoffen/Nutzungsart **3 E** 134
- Verfestigung **3 E** 153
- Wertausgleich **3 E** 183 ff.

**Sanierungsvertrag** 3 E 174 ff.
**Sanktion von Beamten**
– s. Disziplinarrecht
**Sättigungszone**
– Wasserrecht 3 C 29
**Satzung**
– Abfallentsorgung, öffentliche 3 B 231 ff.
– Abfallrecht 3 B 15
– Akteneinsicht 1 A 54
– Bauleitplanung 2 B 37
– Kommunalabgaben 4 30 ff.
– Normenkontrolle, Abfallrecht 3 B 246
– Verwaltungsverfahren 1 A 51 ff.
– Wasserversorgungspflicht 3 C 294 ff.
– Wirksamkeitsbeurteilung 1 A 125
**Säumniszuschlag**
– Umlegungsrecht 2 C 102
**Schadensersatz**
– Abbruch des Personalauswahlverfahrens 6 A 105
– Abwasseranlagen 3 C 548 ff.
– Altlastensanierung 3 E 278 ff.
– Beamtenrecht 6 A 321
– Drittschutz 1 A 107
– Gewässerunterhaltung 3 C 599 ff.
– Mitbewerber, Beamtenbeförderung 6 A 111 ff.
– Pflicht des Nachbarn im Baunachbarstreit 2 A 146
– rechtswidrige Ablehnung einer Baugenehmigung 2 A 118
– Verzögerung einer Baugenehmigung 2 A 119
– vorzeitige Gewässerbenutzung 3 C 252 ff.
– Zurückstellung eines Baugesuchs 2 A 119
**Schadstoffe**
– Bewertung der Altlasten 3 E 126 ff.
**Schallimmissionen**
– s. a. Lärmschutz
– Planfeststellung 1 D 176 ff.
**Schallschutz**
– s. Lärmschutz
**Schankwirtschaft** 5 A 229 f.
**Schengen-Visum**
– einheitliches Visum 7 A 67 f.
– Remonstration 7 A 68
**Schienenpersonennahverkehr**
– Zweck-/Verkehrsverbünde 5 C 8
**Schießstand**
– wesentliche Änderung 3 A 168
**Schleswig-Holstein**
– Bauleitplanung 2 B 26
– Bauordnungsrecht 2 A 1
– Informationsfreiheit 1 B 2
– Kommunalabgaben 4 20
– Normenkontrolle gegen Abfallwirtschaftsplan 3 B 139
– Umweltinformation 1 B 1

**Schmutzwasser**
– s. Abwasser
**Schonfrist**
– Sperrzeit 5 A 288
**Schriftform**
– Baugenehmigung 2 A 78
**Schüler**
– Anhörung 8 11
– Auskunfts-/Informationsrecht 8 11 f.
– Bevollmächtigung 8 10
– Eignungsvoraussetzungen für weiterführende Schulen 8 36
– Leistungsbewertung 8 12
– Minderjähriger 8 8
– öffentlich-rechtliches Rechtsverhältnis 8 8
– Versetzungsgefährdung 8 13
**Schülerstammblatt**
– Akteneinsicht 8 17
– Dokumentation 8 17
**Schulbezirke** 8 33
**Schuldfähigkeit**
– Dienstvergehen 6 B 34 ff.
**Schule**
– Akteneinsicht 8 16 ff.
– Benachrichtigungspflicht 8 13
– Bildungs-/Erziehungsziel 8 13
– Fürsorgepflicht 8 13
– Ordnungsmaßnahmen 8 15
**Schuleinzugsbereiche**
– weiterführende Schulen 8 40
**Schulempfehlung**
– Rechtsschutz 8 37
**Schulform**
– öffentliche Grundschule/private Volksschule 8 32
**Schulleiter**
– Anhörung 8 15
**Schulorganisation**
– Gestaltungsfreiheit 8 49 ff.
– inhaltliche Ausgestaltung 8 53 f.
**Schulorganisationsakte**
– adressatloser Verwaltungsakt 8 51
– Rechtsbehelf 8 52
**Schulpflicht**
– Attest 8 29
– ausländischer Kinder 8 27
– erforderliche Reife 8 31
– Umfang 8 27 ff.
– Verwaltungszwang 8 30
– Zurückstellung 8 29
**Schulrecht**
– Besonderheiten beim Verwaltungsverfahren 8 4 ff.
– eigene Rechte der Erziehungsberechtigten 8 9
– Grundsatz vom Vorbehalt des Gesetzes 8 2
– innere Schulangelegenheiten 8 7
– Klagebefugnis 8 8 f.

**[Schulrecht]**
- Ländersache **8** 4
- NRW, BASS **8** 1
- Privatschule **8** 5
- Verfahrensvorschriften **8** 7
- Vertretung Minderjähriger **8** 8
- Volljährigkeit, Klagebefugnis **8** 9

**Schulunterricht**
- Antrag auf Freistellung **8** 44
- Befreiung **8** 44 ff.
- Homeschooling **8** 44
- Verpflichtungsklage **8** 45

**Schulverhältnis**
- Beendigung **8** 46 ff.
- regelmäßige Beendigung **8** 46
- vorläufiger Rechtsschutz **8** 48
- vorzeitige Beendigung **8** 47
- zwangsweise Beendigung **8** 47

**Schutzgebiete**
- besonderer Gebiets-/Objektsschutz **3 D** 60 ff.
- Biosphärenreservate **3 D** 67 ff.
- geschützte Landschaftsbestandteile **3 D** 75 ff.
- Katalog **3 D** 57
- Kommissionsschutzliste **3 D** 99 ff.
- Landschaftsschutzgebiete **3 D** 69 f.
- Nationalpark/Naturmonument **3 D** 63 ff.
- Naturdenkmal **3 D** 73 f.
- Naturpark **3 D** 71 f.
- Voraussetzung **3 D** 58
- Zoneneinteilung **3 D** 59

**Schutzgüter**
- Ablehnung des Umweltinformationsanspruches **1 B** 63
- Umweltinformation **1 B** 53

**Schutzmaßnahmen**
- Informationsanspruch, VIG **1 B** 271 f.

**Schwarzbau**
- Baugenehmigung **2 A** 80

**Schweinemastbetrieb**
- Nutzungsänderung, Genehmigung **2 A** 28

**Schweiz**
- Dublin II Verordnung **7 B** 113

**Schwerbehinderte Menschen**
- Beamtenbeförderung **6 A** 102
- Disziplinarklage **6 B** 198
- Versorgungsabschlag bei vorzeitigem Ruhestand **6 A** 248
- vorgezogener Ruhestand **6 A** 170

**Schwermetalle**
- Sanierungskosten **3 E** 9

**Scoping**
- Bauleitplanung **2 B** 141

**Scoping-Termin 3 A** 44 ff.

**Seewasserstraßen**
- Unterhaltung **3 C** 582

**Sekundarstufe 8** 27

**Selbständigkeit**
- Gewerbe **5 A** 11

**Selbstbindung**
- Ermessensentscheidungen **1 A** 117

**Selbstverwaltung**
- Handwerkskammer **5 A** 187 ff.

**Selbstverwaltungsrecht**
- Planfeststellung **1 D** 45

**SGB X**
- Verwaltungsverfahren **1 A** 6

**Sicherheit**
- Informationsanspruch, IFG **1 B** 183 f.
- Umweltinformation **1 B** 40 ff.

**Sicherheitsanalyse**
- Auslegung, BImSchG **3 A** 69

**Sicherheitsleistung**
- Deponie **3 B** 205

**Sicherstellung, einstweilige**
- Naturschutz **3 D** 80

**Sicherungsanordnung**
- Konkurrentenklage **6 A** 107

**Sicherungsverfahren**
- Sanierung **3 E** 149 ff.

**Sickerwasserbehandlung 3 E** 162

**Siedlungsabfall**
- gewerblich **3 B** 70 ff.

**Sofortige Vollziehbarkeit**
- Anhörung **1 A** 88
- summarisches Verfahren **1 A** 86

**Soldaten**
- Altersgrenze **6 A** 169
- Disziplinarrecht nach SG **6 B** 25
- ruhegehaltsfähige Dienstzeiten **6 A** 225
- Versetzung **6 A** 155
- WehrdisziplinarO **6 B** 22

**Sollanspruch**
- Umlegungsrecht **2 C** 16, 77 f., 84 f., 90

**Sonderabfallentsorgungsgesellschaft**
- Andienungspflichten, landesrechtliche **3 B** 88

**Sondergebiet**
- Bauleitplanung **2 B** 52

**Sonderschulen**
- s. Förderschulen

**Sorgfaltspflichten**
- gewässerrelevanter Maßnahmen **3 C** 65 ff.

**Sozialabgaben**
- Nichtabführen, gewerberechtliche Unzuverlässigkeit **5 A** 58

**Speisewirtschaft 5 A** 229 f.

**Sperrerklärung**
- Umweltinformationsanspruch **1 B** 143

**Sperrgrundstück**
- Abfallentsorgungsanlagen **3 B** 215
- Baunachbarstreit **2 A** 130

**Sperrmüll**
- Abfallrecht **3 B** 29
- Entsorgungsträger **3 B** 75

## Stichwortverzeichnis

**Sperrzeit**
- Ausnahmen **5 A** 280
- Ausnahmevoraussetzungen **5 A** 281
- Gaststätte **5 A** 278 ff.
- Landesrecht **5 A** 279
- NRW **5 A** 280
- Schonfrist **5 A** 288
- Überschreitung **5 A** 286 ff.
- Verkürzung **5 A** 282 f.
- Verlängerung **5 A** 284 f.

**Spielgeräteanzahl**
- abhängig vom Aufstellungsort **5 B** 143 ff.

**Spielhalle**
- s. Spielhallenrecht

**Spielhallengenehmigung**
- Anfechtung durch Dritte **5 B** 49
- Auflagen nach Landesrecht **5 B** 99
- Ausnahme **5 B** 30
- Ausnahmen/Befreiung in Mischgebieten **5 B** 41
- Bauordnungsrecht **5 B** 81 ff.
- Befreiung **5 B** 30 ff.
- Behördenzuständigkeit **5 B** 103
- Erhaltungssatzung **5 B** 78
- Erlaubnis/Genehmigung nach GewO **5 B** 101 ff.
- Gebot der Rücksichtnahme **5 B** 45 ff.
- Häufung von Spielhallen **5 B** 46
- Lärmimissionen **5 B** 48
- Nutzungsänderung **5 B** 83 ff.
- Sanierungssatzung **5 B** 79 f.
- Spielbetrieb von untergeordneter Bedeutung **5 B** 36
- Störgrad **5 B** 35 ff.
- Trading-down-Effekt **5 B** 46
- Unzulässigkeit § 15 I BauNVO **5 B** 46 ff.

**Spielhallenrecht**
- Abgabenrecht **5 B** 179 ff.
- Abgrenzung Gaststätte **5 B** 168 ff.
- Abgrenzung Glücksspiel **5 B** 2
- andere Spiele **5 B** 151
- Antragsunterlagen **5 B** 163 f.
- Anzahl Stellplätze **5 B** 82 ff.
- Auflagen **5 B** 159 ff.
- Aufsichtspflicht **5 B** 158
- Aufstellregeln **5 B** 156 f., 162
- Ausschluss **5 B** 60 ff., 64
- Ausschluss-B-plan **5 B** 71 f.
- Ausschlussrechtsprechung **5 B** 68
- Bauartzulassung **5 B** 110
- Baugenehmigung **5 B** 7 ff.
- bauplanungsrechtliche Zulässigkeit **5 B** 18 ff.
- Berechnung Stellplatzpflicht **5 B** 92 f.
- Berufung auf vorhandene Spielhalle **5 B** 55
- Beschränkung **5 B** 60 ff.
- Bestandsschutz **5 B** 53 ff.
- bodenrechtliche Spannungen **5 B** 59
- differenzierter Ausschluss **5 B** 67
- einfacher B-Plan **5 B** 70
- Einfügbarkeit in nähere Umgebung **5 B** 58
- Erlaubnis § 33c GewO **5 B** 104 ff.
- Erlaubnis § 33c/§ 31i GewO **5 B** 114
- Erlaubnis § 33d GewO **5 B** 115 ff.
- Erlaubnis § 33i GewO **5 B** 127 ff.
- Fun-Games-Verbot **5 B** 29
- Geeignetheitsbestätigung **5 B** 111
- GE/GI-Gebiet **5 B** 42 ff.
- Geldspielgeräte **5 B** 105 f.
- gemeinsam genutzte Einrichtungen **5 B** 28
- Geräteanzahl bei Gaststättenleistung **5 B** 149 f.
- Geschicklichkeitsspiele **5 B** 116 f.
- Gewerberecht **5 B** 97 ff.
- gewerberechtliche Genehmigung **5 B** 14 ff.
- Höchstzahl Spielgeräte **5 B** 143 ff.
- in Wohngebieten **5 B** 30 ff.
- isolierter Ausschluss **5 B** 66
- Jugendschutz **5 B** 112, 160
- kein Bestandsschutz **5 B** 56
- keine Gaststättenerlaubnis **5 A** 231
- kerngebietstypisch **5 B** 22 ff.
- Klage durch Dritte **5 B** 225
- kostenlose Getränke **5 B** 178
- Landesrecht **5 B** 99 ff.
- maximale Spielgeräteanzahl **5 B** 134
- mehrere in einem Gebäude **5 B** 27
- Mischgebiet **5 B** 39 ff.
- nähere Umgebung **5 B** 40
- Neuerrichtung **5 B** 8
- nicht beplanter Innenbereich **5 B** 57
- Nutzfläche **5 B** 22 ff.
- Nutzungsänderung **5 B** 9 ff.
- Nutzungsgenehmigung **5 B** 8
- Öffentlichkeitsbeteiligung **5 B** 73 ff.
- Ordnungswidrigkeit **5 B** 136
- personenbezogene Erlaubnis **5 B** 109, 118
- Prozessuales **5 B** 220 ff.
- Publikum **5 B** 36
- raumbezogener Begriff **5 B** 130 ff.
- räumliche Verteilung **5 B** 63
- rechtliche Einordnung **5 B** 1 ff.
- Rechtsvorschriften **5 B** 5 f.
- Regeln und Gewinnplan **5 B** 154
- sonstiger Gewerbebetrieb **5 B** 51
- Speisen und Getränke **5 B** 120
- Sperrzeit **5 B** 174 f.
- Spielhalle/spielhallenähnliche **5 B** 127 f.
- Spielkasino **5 B** 120
- Stellplatzablösung **5 B** 93
- Steuern, s. Umsatzsteuer
- Steuern, s. Vergnügungssteuer
- Streitwert **5 B** 224
- Unbedenklichkeitsbescheinigung BKA **5 B** 119, 123 ff.

1649

**[Spielhallenrecht]**
- unzumutbar für Nachbarschaft **5 B** 96
- Veränderungssperre **2 A** 106
- Vergnügungsstätten **5 B** 19, 50 ff.
- Vergnügungssteuer **5 B** 179 ff.
- Versagungsgründe **5 B** 138
- Volksfest, Schützenfest, Märkte **5 B** 121
- Voraussetzungen/Inhalt der Erlaubnis **5 B** 108 ff.
- vorläufiger Rechtsschutz **5 B** 220 f.
- Warenspielgeräte **5 B** 107
- Warnhinweise **5 B** 155
- Wechsel des Aufstellers **5 B** 113
- Zulässigkeitsübersicht **5 B** 21
- Zulassung, größenabhängig **5 B** 23
- Zulassungszeichen **5 B** 153
- Zurückstellung/Veränderungssperre **5 B** 61 f.
- zusätzliche Genehmigungsinhalte **5 B** 152 ff.

**Sprengelpflicht**
- Grundschule **8** 33

**Staatenlose**
- Abkommen **7 A** 167

**Staatsangehörigkeit**
- s. a. deutsche Staatsangehörigkeit
- Beamtenverhältnis **6 A** 197

**Staatsangehörigkeitsfeststellung** **7 A** 187 ff.

**Staatsangehörigkeitsverlust** **7 A** 208 f.

**Staatshaftungsanspruch**
- unionsrechtlicher **1 C** 141 ff.

**Städte**
- Entsorgungsträger, Abfallrecht **3 B** 94

**Städtebauliche Belange**
- Bauleitplanung **2 B** 78 ff.
- fehlende **2 B** 111

**Städtebauliche Entwicklungsmaßnahme**
- Umlegungsrecht **2 C** 6

**Städtebaurecht**
- Baugenehmigung **2 A** 3
- Umlegungsrecht **2 C** 6

**Stadtstaaten**
- Kommunalabgaben **4** 21

**Standort**
- Deponie **3 B** 178 ff.

**Standortuntersuchung**
- Behördenbeteiligung, Bauleitplanung **2 B** 155

**Standortvorbescheid** **3 A** 163

**Standsicherheit**
- Nachweis bei Bauantrag **2 A** 63

**Statistik**
- Ablehnung des Umweltinformationsanspruchs **1 B** 85 ff.

**Stellenbesetzungssperre**
- Konkurrentenstreit **6 A** 114

**Stellenzulagen**
- ruhegehaltsfähige Dienstbezüge **6 A** 219

**Stellplatz**
- Ablösung **2 A** 55
- Baugenehmigung **2 A** 47
- Bauvoranfrage **2 A** 57
- Spielhalle **5 B** 82 ff.

**Sterbegeld**
- Disziplinarmaßnahme **6 B** 52

**Steuern**
- Ablehnung des Umweltinformationsanspruchs **1 B** 85 ff.
- Aufwendungen für Altlastenbeseitigung **3 E** 323 ff.
- Beamtenversorgung **6 A** 212
- Kommunalabgaben **4** 27
- Nichtabführen, gewerberechtliche Unzuverlässigkeit **5 A** 58
- Umlegungsverfahren **2 C** 27 ff.

**Stilllegung**
- Deponie **3 B** 205

**Störer**
- Altlasten und Haftung **3 E** 223 ff.
- Bodenschutzrecht **3 E** 266

**Strafbefehlsverfahren**
- Disziplinarverfahren, Bindungswirkung **6 B** 160

**Straftat**
- Disziplinarrecht **6 B** 30
- gewerberechtliche Unzuverlässigkeit **5 A** 58

**Strafverfahren**
- disziplinarer Überhang **6 B** 122
- und Disziplinarverfahren **6 B** 112 f., 121 ff.

**Strahlung**
- Umweltinformation **1 B** 30

**Straßen**
- Erschließungsbeitrag **4** 84 ff.
- Planfeststellung **1 D** 18

**Straßenbahnbetriebsanlagen** **5 C** 39

**Straßenbahnen**
- Legaldefinition **5 C** 37
- Personenbeförderungsrecht **5 C** 37 ff.

**Straßenbaulastträger**
- Genehmigung von Straßenbahnen **5 C** 39

**Streitkräfte**
- s. Bundeswehr

**Streitwert**
- Anfechtung von Prüfungsentscheidungen **8** 26
- Beamtenrecht **6 A** 323 ff.
- Beamtenrecht, Tabelle **6 A** 331
- gewerberechtliches Verfahren **5 A** 289 ff.
- Kommunalabgabenverfahren **4** 61

**Strohmann**
- Gaststättenerlaubnis **5 A** 245

**Subsidiaritätsklausel**
- Verwaltungsverfahren **1 A** 2

**Subsidiaritätsprinzip**
- indirekter Vollzug **1 C** 80

**Summarisches Verfahren**
– Rechtsmittel **1 A** 103
– sofortige Vollziehbarkeit **1 A** 86
– verwaltungsrechtliches Mandat
  **1 A** 100 ff.
**Suspendierung**
– Disziplinarmaßnahme **6 B** 200 f.
**Suspensiveffekt**
– ohne, Ausländerrecht **7 A** 151 f.

**TA-Luft**
– Emissionsgrenzwerte **3 B** 170
**Tätigkeit**
– Gewerbe **5 A** 11
**Tätlichkeiten**
– Disziplinarrecht **6 B** 69
**Tauschverfahren**
– einseitige Zuteilung **2 C** 17
– Grundeigentum **2 C** 2
**Taxen**
– Abgrenzung Mietwagen **5 C** 44
– Beförderungsentgelt/-bedingungen
  **5 C** 78
– Betriebsgenehmigung **5 C** 21
– Betriebspflicht **5 C** 22
– Beurteilungsspielraum **5 C** 42
– eingerichteter, ausgeübter Gewerbebetrieb **5 C** 71
– Genehmigungsbehörde **5 C** 40
– Konzessionierung der Genehmigungen für Personenbeförderung **5 C** 42
– Mietwagenunternehmen **5 C** 22
– weitere Genehmigung **5 C** 41
**Taxikonzession**
– Bewerberauswahl **5 C** 42
– Erbfall **5 C** 72
– Übertragbarkeit **5 C** 71 f.
– Verkauf **5 C** 71
**Taxi-/Mietwagenverkehr**
– Personenbeförderungsrecht **5 C** 7
**Taxizentrale**
– Verlegung als wesentliche Änderung des Unternehmens **5 C** 18
**Teilabschnitt**
– Planfeststellung **1 D** 87
**Teilbaugenehmigung 2 A** 91
**Teilbefreiung**
– Anschluss-/Benutzungszwang im Wasserrecht **3 C** 313 f.
**Teilenteignung 2 D** 92 f.
**Teilgenehmigung**
– Immissionsschutz **3 A** 40, 151 ff.
– Nebenbestimmungen, BImSchG **3 A** 155
– UVP-pflichtige Anlagen **3 A** 153
– Wirkungen, BImSchG **3 A** 156
**Teilstrecke**
– Erschließungsbeitrag **4** 90
**Teilumlegungsplan**
– Aufstellung **2 C** 61
– Beschluss **2 C** 57

– Einverständnis der Beteiligten **2 C** 61
**Teilzeit**
– Beamtenrecht **6 A** 16
– ruhegehaltsfähige Dienstzeiten **6 A** 227
**Terroranschlag**
– Informationsanspruch, IFG **1 B** 183 f.
– Umweltinformation **1 B** 56
**Thüringen**
– Bauleitplanung **2 B** 27
– Bauordnungsrecht **2 A** 1
– Informationsfreiheit **1 B** 2
– Kommunalabgaben **4** 20
– Normenkontrolle gegen Abfallwirtschaftsplan **3 B** 139
– Umweltinformation **1 B** 1
**Tiere**
– Umweltinformation **1 B** 28
**Titel**
– Enteignungsverfahren **2 D** 140
**Todesstrafe**
– Asyl **7 A** 124
**Toiletten**
– Gaststättenerlaubnis **5 A** 248
**Topfwirtschaft**
– Beamtenbeförderung **6 A** 88
**Transformationsakt**
– Europäisches Verwaltungsverfahren
  **1 C** 46
**Transformationsvorgang**
– Umlegungsrecht **2 C** 16
**Transitbereich**
– Flughafen **7 B** 44
**Transitvisum**
– Abgrenzung Schengen-Visum **7 A** 67
**Transparenzverordnung**
– Europäisches Verwaltungsverfahren
  **1 C** 11
**TransportgenehmigungsVO 3 B** 12
**Trassen**
– Bündelung bei Planfeststellung **1 D** 96
– Lärmschutz **1 D** 184
**Treibhausgas**
– Emissionshandel **3 A** 198
– Fortentwicklung des Emissionshandels
  **3 A** 217 f.
– genehmigungspflichtige Anlage **3 A** 58
– Immissionsschutz **3 A** 8
**Trennkanalisation**
– Niederschlagswasser **3 C** 416
**Trennungsentschädigung**
– Beamte **6 A** 13
**Treuepflicht**
– Beamte **6 A** 15
**Trinkwasser**
– Begriff **3 C** 327 ff.
– Richtlinien des DVGW **3 C** 370
– Umweltinformationsanspruch **1 B** 26

1651

**Trinkwasserbeschaffenheit** 3 C 331 ff.
**Trinkwasserqualität**
- allgemein anerkannte Regeln der Technik 3 C 332
- Eigenwasserversorgungsanlage 3 C 329
- Gesundheitsschutz 3 C 333 ff.
- rechtliche Grundlagen 3 C 322 ff.
- Wasserversorgungspflicht 3 C 282
**Trinkwasserverordnung** 3 C 331 ff.
**Türkische Staatsangehörige**
- Assoziationsabkommen 7 A 161
- Aufenthaltstitel 7 A 161 ff.
- Beendigung des Aufenthalts 7 A 163
- erleichterter Zugang zum Arbeitsmarkt 7 A 162
- Familienzusammenführung 7 A 164
- Kinder mit Berufsausbildung 7 A 162

**Übergangsvorschrift**
- Erschließungsbeitrag 4 95
**Überkompensation**
- öffentliche Zuschüsse 5 C 16
**Überschwemmungsgebiet**
- Bauleitplan 3 C 625
- Begriff 3 C 619 f.
- Hochwasserentlastung 3 C 622
- Information der Öffentlichkeit 3 C 624
- Nutzungsbeschränkungen 3 C 625
- Rechtsverordnung 3 C 621 ff.
- wasserrechtliche Genehmigung 3 C 168
**Überwachung**
- Abfallrecht 3 B 111 ff.
**Überwachungsmaßnahmen**
- Informationsanspruch, VIG 1 B 271 f.
**Überwachungsstelle**
- Umweltinformationsanspruch 1 B 156 f.
**Überzahlung**
- Beamtenbezüge 6 A 139 ff.
**Umlegungsausschuss**
- Aufgaben 2 C 21
- Befangenheit 2 C 32
- Besetzung 2 C 18
- Beteiligungsfunktion 2 C 18
- Kontrolle 2 C 18
- Umlegung, vereinfachte 2 C 52
- Verfahrenseinleitung 2 C 31
- Vorkaufsrecht, gemeindliches 2 C 48
**Umlegungsbeschluss**
- Anfechtung 2 C 62
- Bestandskraft 2 C 62
- Inkrafttreten 2 C 94 ff.
- materielle Voraussetzung 2 C 61 ff.
**Umlegungsplan**
- Änderung 2 C 112 ff.
- Inkrafttreten 2 C 94 ff.
**Umlegungsrecht**
- Abgaben-/Auslagenbefreiung 2 C 26
- Abgrenzungsfragen 2 C 6
- Abwägungsmangel 2 C 11

- Änderung des Umlegungsplans 2 C 112 ff.
- Änderung von Vorwegregelungen 2 C 116
- Anhörung der Eigentümer 2 C 34
- Anspruch auf Umlegung 2 C 19
- anwaltliche Beratung 2 C 3 f.
- Baugebot 2 C 93
- Bauplanungsrecht 2 C 1
- Begrenzung des Gebietes 2 C 40
- Beitragspflicht 2 C 50
- Bekanntmachung 2 C 14, 35 ff., 94
- Bescheide 2 C 29 ff.
- Beschluss 2 C 13
- Beschlussinhalt 2 C 35
- Besitzschutz 2 C 101
- Bestandskarte/-verzeichnis 2 C 38
- bodenordnendes Verfahren 2 C 1
- B-Plan 2 C 43, 63
- BVerfG zur Enteignung 2 C 12
- eigengenutzter Wohn-/Geschäftsraum 2 C 86
- Einbeziehung bebauter Grundstücke 2 C 71
- Einigungsvertrag 2 C 21
- Einleitung bestandskräftig 2 C 62
- Einleitung des Verfahrens 2 C 29 ff.
- Einsparung von Kosten 2 C 80
- Enteignung 2 C 9
- Entschädigung von Anlagen, Anpflanzungen 2 C 89 f.
- Erforderlichkeit 2 C 39 ff.
- Ermessen der Behörde 2 C 71
- Ermittlung der Verkehrswerte 2 C 77 ff.
- Ersatzlandgestellung 2 C 87
- Erschließungsvorteil 2 C 80
- EuroparechtsanpassungsG - EAG-Bau 2 C 5
- Fälligkeit der Ausgleichsleistung 2 C 102
- Flächenumlegung 2 C 72, 81 ff.
- Flurangabe 2 C 35
- Flurbereinigung 2 C 6
- freiwillige Umlegung 2 C 7
- Geldausgleich 2 C 16, 73 ff.
- Gemeinde, Auswahl unter Bodenordnungsformen 2 C 10 f.
- Gemeinschaftsanlagen 2 C 91
- gleichwertige Lage 2 C 69 ff.
- Grenzregelung 2 C 8
- Grundeigentum außerhalb des Umlegungsgebietes 2 C 86 ff.
- Grundpfandrechte 2 C 91
- grundstücksbezogene Anforderungen 2 C 67 ff.
- Inhalt des Verfahrens 2 C 13 ff.
- Inkraftsetzung, Wirkung 2 C 101 ff.
- Inkrafttreten des Plans/Beschlusses 2 C 94 ff.
- Kaufvertrag, Vorkaufsrecht 2 C 49

**[Umlegungsrecht]**
- Mehr-/Minderzuteilung **2 C** 84 f.
- Miteigentum **2 C** 86 ff.
- Modernisierungsgebot **2 C** 93
- neue Bundesländer **2 C** 21
- Nichtigkeit des Umlegungsplans **2 C** 113
- Nutzbarkeit des Grundstücks **2 C** 78
- Pflanzgebot **2 C** 93
- planerische Voraussetzungen **2 C** 43
- Planungshoheit **2 C** 6, 19
- qualifizierter B-Plan **2 C** 65
- Rechte, grundstücksgleich **2 C** 91 f.
- Rechtsschutz **2 C** 118 ff.
- Sanierungsumlegung **2 C** 79
- Steuern **2 C** 27 ff.
- Streitwert **2 C** 121
- Tausch **2 C** 17
- Teilinkraftsetzung **2 C** 98 ff.
- Teilumlegungsplan **2 C** 57, 61
- Transformationsvorgang **2 C** 16
- übertragbare Rechte **2 C** 33
- Übertragung auf Flurbereinigungsbehörde **2 C** 18
- Umlegung, vereinfachte **2 C** 5, 14, 51 ff.
- Umlegungsbeschluss **2 C** 29 ff.
- Umlegungskarte **2 C** 54 ff.
- Umlegungsplan **2 C** 13, 51 ff.
- Umlegungsstelle **2 C** 18
- unbeplanter Innenbereich **2 C** 43, 108
- Verfahrensablauf **2 C** 13 ff.
- Verfahrenskosten **2 C** 22
- verfahrensrechtliche Besonderheiten **2 C** 20 ff.
- Verfügungs-/Veränderungssperre **2 C** 44 f.
- Verwaltungsverfahren **2 C** 4
- Verzeichnis **2 C** 54 ff.
- Vorkaufsrecht, gemeindliches **2 C** 46 ff.
- Vorwegnahme der Entscheidung **2 C** 105 ff.
- vorzeitige Besitzeinweisung **2 C** 108 ff.
- vorzeitige/teilweise Inkraftsetzung **2 C** 15
- Wertminderung des Grundeigentums **2 C** 17, 73
- Wertsteigerung **2 C** 79
- Wertsteigerung, Abzinsung **2 C** 81
- Wertumlegung **2 C** 72 ff.
- Widerspruchsbehörde **2 C** 63
- Zuständigkeit **2 C** 52
- Zustellung an Betroffenen **2 C** 58 ff.
- Zuteilung, zweckentsprechend **2 C** 69 ff.
- Zweckmäßigkeit **2 C** 39 ff.
- Zweckverfehlung **2 C** 39 ff.

**Umlegungsstelle**
- Verhandlungen **2 C** 4

**Umsatzsteuer**
- Bemessungsgrundlage **5 B** 188 ff.
- Fun-Games **5 B** 190
- Spielhalle **5 B** 188 ff.

**Umsetzung eines Beamten**
- s. Beamtenrecht

**Umweltbereich**
- Auskunftsanspruch **1 B** 338
- Bauleitplanung **2 B** 137
- Bodenschutzrecht **3 E** 14
- Haftung für Altlasten **3 E** 286
- Informationsanspruch **1 B** 9 ff.
- Informationsanspruch, s. a. Umweltinformationsanspruch
- Informationsrecht UIG **1 B** 1 ff.
- UmweltschadensG **3 E** 24
- Umweltverträglichkeit, UVPG **3 A** 7

**Umweltbericht**
- Bauleitplanung **2 B** 60; **3 D** 229 ff.

**Umweltbundesamt**
- ausländische Naturschutzvereine **3 D** 271
- wassergefährdende Stoffe **3 C** 503

**Umwelterklärung 3 A** 57

**Umwelthaftungsrichtlinie**
- EU-Recht zum Bodenschutz **3 E** 16

**Umweltinformation**
- Ablehnungsgründe, s. a. Umweltinformationsanspruch, Ablehnung **1 B** 48 ff.
- Akteneinsicht, BImSchG **3 A** 74
- Akteneinsicht, Planfeststellung **1 D** 60
- Begriff **1 B** 21 ff.
- Bereithalten von Daten **1 B** 44
- Berichte über die Umsetzung **1 B** 39
- Boden **1 B** 27
- Bundesrecht **1 B** 1, 10
- Daten über Faktoren, Nr. 2 UIG **1 B** 30 ff.
- Datenmanifestation **1 B** 43
- Emissionen **1 B** 31 f.
- Freisetzung von Stoffen **1 B** 31
- freiwillige Übermittlung **1 B** 95 ff.
- Gesundheitszustand **1 B** 40 ff.
- Informationsmedien **1 B** 43
- Landesgesetze **1 B** 1
- Landesrecht **1 B** 11
- Lebensmittel **1 B** 41 f.
- Luft, Atmosphäre **1 B** 25
- Maßnahmen, Tätigkeiten Nr. 3 UIG **1 B** 33 ff.
- private Interessen **1 B** 75
- Sicherheitszustand **1 B** 40 ff.
- Tiere, Pflanzen **1 B** 28
- Umweltbestandteile **1 B** 24 ff.
- Verfügbarkeit bei pflichtiger Stelle **1 B** 44 ff.
- Zentralisierung **1 B** 44
- Zugangsart **1 B** 112 ff.
- Zustand des Wassers **1 B** 26

**Umweltinformationsanspruch**
- Ablehnung des Antrags **1 B** 109 f.
- Adressat **1 B** 15
- Akteneinsicht **1 B** 113 ff.
- Anspruch nach IFG **1 B** 124 f., 236

1653

**[Umweltinformationsanspruch]**
- Anspruchsberechtigung **1 B** 13
- Antrag **1 B** 100 ff.
- Antragsrücknahme **1 B** 129
- Aufbereitung von Dateien **1 B** 72 f.
- Aufsichtsbehörde **1 B** 144
- Ausforschungsantrag **1 B** 102 ff.
- Auskunft **1 B** 116
- Auslagen **1 B** 132
- Ausnahmen **1 B** 18
- Bescheidungsfrist **1 B** 106 f.
- Bodenschutzrecht **3 E** 83
- Bürgerinitiative **1 B** 13
- EG-Richtlinie **1 B** 9
- einstweilige Anordnung **1 B** 144
- einstweiliger Rechtsschutz **1 B** 139
- Entscheidungsfrist **1 B** 105
- Ermessen über Zugangsart **1 B** 118 ff.
- Ermessensüberprüfung **1 B** 49 f.
- Frist für Zugangsgewährung **1 B** 105
- Fristverlängerung **1 B** 106
- Gebietskörperschaft **1 B** 13
- Gebührenbemessung **1 B** 130 f.
- gegen Personen des Privatrechts **1 B** 19 f.
- gentechnische Freisetzung **1 B** 84 Fn 1
- gerichtliche Überprüfbarkeit **1 B** 49 f.
- Höchstgebühr **1 B** 131
- Identität des Antragstellers **1 B** 102 ff.
- in-camera-Verfahren **1 B** 142 ff.
- informationspflichtige Stelle **1 B** 15 ff.
- juristische Person **1 B** 13
- Konkurrenz zu anderen Informationsansprüchen **1 B** 124 ff.
- Kosten **1 B** 127 ff.
- Kosten privater informationspflichtiger Stellen **1 B** 133
- Kostendeckung **1 B** 130
- Kostenfreiheit **1 B** 128 f.
- landesrechtliche Besonderheiten beim Rechtsschutz **1 B** 153
- Neubescheidung, neuer Antrag **1 B** 49, 100
- pauschalierte Anfragen **1 B** 103 f.
- Praxishinweise zum Antrag **1 B** 111
- Präzisierung **1 B** 104
- Rechtsberatung **1 B** 101
- Rechtsberatung bei Konkurrenzen **1 B** 124 ff.
- Rechtsschutz **1 B** 134 ff.
- Rechtsschutz betroffener Dritter **1 B** 148 ff.
- Rechtsschutz gegen Kostenentscheidung **1 B** 154 f.
- Rechtsschutz gegen Maßnahmen der Überwachungsstelle **1 B** 156 f.
- Regierung **1 B** 16
- Sperrerklärung **1 B** 143
- Spezifizierung **1 B** 47
- Stattgabe des Antrags **1 B** 106 ff.
- Übermittlung kostenpflichtig **1 B** 127
- Überwachungsstelle **1 B** 156 f.
- UIG **1 B** 125
- Unternehmen der Daseinsvorsorge **1 B** 20
- Verein **1 B** 13
- Verfahren **1 B** 100 ff.
- Verpflichtungs-/Untätigkeitsklage **1 B** 111
- Voraussetzungen **1 B** 14
- Weiterleitung **1 B** 104
- Zugang in sonstiger Weise **1 B** 117
- Zugangsart **1 B** 120 ff.
- Zugangsbegrenzung **1 B** 48 ff.
- Zusendung von Kopien **1 B** 113 f.
- Zustimmung der Betroffenen **1 B** 81
- Zustimmung des Dritten **1 B** 98

**Umweltinformationsanspruch, Ablehnung**
- § 8 Abs. 1 UIG **1 B** 54 ff.
- § 8 Abs. 2 UIG **1 B** 68 ff.
- Bedeutung **1 B** 77
- Emissionen **1 B** 67, 94
- Entwurf **1 B** 72
- Ermittlungsverfahren **1 B** 59 ff.
- faires Verfahren **1 B** 59 ff.
- fehlende Information **1 B** 71
- fehlende Präzisierung **1 B** 110
- freiwillig erfolgte Mitteilungen **1 B** 95 ff.
- Grund des § 9 Abs.2 S. 1 UIG **1 B** 95 ff.
- Interessen Dritter **1 B** 95 ff.
- internationale Beziehungen **1 B** 54
- Kostenfreiheit **1 B** 129
- laufendes Gerichtsverfahren **1 B** 59 ff.
- mangelnde Substantiierung **1 B** 71
- Missbrauch **1 B** 69
- öffentliches Interesse **1 B** 74
- personenbezogene Daten **1 B** 78 ff.
- private Interessen **1 B** 85 ff.
- Rechtsschutz **1 B** 137 ff.
- Rechtsschutz bei privater informationspflichtiger Stelle **1 B** 146 f.
- Schutz geistigen Eigentums **1 B** 83 ff.
- Schutz öffentlicher Belange **1 B** 52
- Schutz sonstiger Belange **1 B** 75 ff.
- Schutzgüter **1 B** 53, 63
- Steuer- und Statistikgeheimnis **1 B** 85 ff.
- überwiegendes öffentliches Interesse an Bekanntgabe **1 B** 64 ff., 92 f.
- unvollständiges Material **1 B** 72 f.
- Verteidigungsaufgaben der Streitkräfte **1 B** 55
- Vertraulichkeit der Beratung **1 B** 57 f.
- Verzögerung des Verwaltungsverfahrens **1 B** 69
- Zustand der Umwelt **1 B** 63
- Zustimmung der Betroffenen **1 B** 92 f.
- zwischenbehördliche Kommunikation **1 B** 70

**Umweltinformationsgesetz**
- mittelbares Unionsverfahrensrecht **1 C** 84

**Umweltprüfung**
- B-Plan **3 D** 236 ff.

**Umweltrecht**
- Berichte über die Umsetzung **1 B** 39

**Umweltrechtsbehelfsgesetz**
- Planfeststellung **1 D** 70
- Verbandsklage **1 D** 49 f.

**Umweltschutz**
- Immissionsschutz, s. a. dort **1 B** 37

**Umweltschutzmaßnahmen**
- Anordnung der sofortigen Vollziehbarkeit **1 A** 91
- sofortige Vollziehbarkeit **1 A** 87

**Umweltschutzvereinigung**
- Beteiligung im Immissionsrecht **3 A** 95 ff.
- Präklusion, BImSchG **3 A** 97

**Umweltvereinbarungen 1 B** 33

**Umweltvereinigung**
- Emissionshandel **3 A** 206

**Umweltverträglichkeit**
- Abfallentsorgungsanlagen **3 B** 160
- Abfallverwertung **3 B** 56
- Bauleitplanung **2 B** 5
- Begründungsteil des Planentwurfs **2 B** 137 ff.
- Deponie **3 B** 185 ff.
- Feststellung **3 A** 51 ff.
- Gegenstand/Methodik **2 B** 139
- mehrere Anlagen **3 A** 52
- Planentwurf **2 B** 137 ff.
- Planfeststellung **1 D** 13
- Prüfung bei Planfeststellung **1 D** 62 ff.
- Prüfung im vereinfachten B-Planverfahren **2 B** 191
- Scoping **2 B** 141
- Umfang **2 B** 141
- Untersuchung **3 A** 56
- UVP-pflichtige Anlagen **3 A** 43 ff.
- Verfahrensfehler bei UVP **3 A** 117

**Umweltverträglichkeitsprüfung**
- Anforderungen der ~ **3 D** 56
- wasserrechtliche Genehmigung **3 C** 180 ff.

**Umweltverträglichkeitsprüfung, FFH**
- Abweichungsentscheidung **3 D** 104, 111 ff.
- Alternativenprüfung **3 D** 114
- Auffangtatbestand **3 D** 118
- Behördenzuständigkeit **3 D** 105
- europäisches Netz „Natura 2000" **3 D** 103 ff.
- faktische Vogelschutzgebiete/potenzielle FFH-Gebiete **3 D** 119 ff.
- Gründe für überwiegendes öffentliches Interesse **3 D** 117
- Kohärenzsicherungsmaßnahmen **3 D** 116
- Leitfäden zu „Natura 2000" **3 D** 110
- Screening **3 D** 106

- Verhältnismäßigkeitsprüfung **3 D** 107 ff.
- Vogelschutzgebiete, siehe Vogelschutzgebiete, faktische

**Unbedenklichkeitsbescheinigung BKA**
- bestimmtes Spiel **5 B** 119
- Prüfungskriterien **5 B** 123 ff.
- Spiele im Amtsblatt **5 B** 126
- Spielgeräte mit Gewinnmöglichkeit **5 B** 105 ff.

**Unfälle, Unfallrisiken**
- Planfeststellung **1 D** 213

**UN-Folterkonvention 7 A** 121

**Ungerechtfertigte Bereicherung**
- Rückforderung rechtsgrundloser Leistungen an Beamten **6 A** 141 ff.

**Unionsbürgerrechtslinie**
- Beendigung des Aufenthalts **7 A** 160
- Familienangehörige **7 A** 159
- Freizügigkeit/Niederlassungsfreiheit **7 A** 154 ff.
- Rechtspositionen **7 A** 158

**Unionsrecht**
- Anwendungsvorrang **1 C** 100 ff.
- Einfluss auf Verwaltungsverfahren **1 C** 116 ff.
- Immissionsschutz **3 A** 2 ff.
- Verwerfungsmonopol EuGH **1 C** 103
- Verwerfungspflicht **1 C** 106
- Verwerfungsrecht **1 C** 106 f.

**Unionsrechtsbezug**
- s. EU-Recht; EU-verwaltungsrechtliches Mandat; Europäisches Verwaltungsverfahren

**Unionsrechtskonforme Auslegung**
- Grenzen **1 C** 108 ff.

**Unionsrechtsvorrang**
- von Amts wegen **1 C** 106

**Unionsrechtsvorschrift**
- Auslegung **1 C** 108 ff.
- Bestimmtheit **1 C** 96
- faktische Betroffenheit **1 C** 99
- inhaltliche Anforderungen **1 C** 94 ff.
- rechtswidrig **1 C** 105
- richtlinienkonforme Auslegung **1 C** 110 ff.
- subjektiv, unmittelbare Anwendbarkeit **1 C** 99
- teleologische Reduktion **1 C** 114
- unmittelbare Anwendbarkeit **1 C** 97 ff.

**Unmittelbares Unionsrecht**
- europäisches Verwaltungsverfahren s. dort
- mitgliedstaatlicher Vollzug **1 C** 75
- Zuständigkeiten **1 C** 76

**Untätigkeitsklage**
- Baugenehmigung **2 A** 76
- Informationszugang **1 B** 111
- Widerspruchsverfahren **1 A** 80

**Unterhaltsbeitrag**
- Disziplinarmaßnahme **6 B** 61

1655

**[Unterhaltsbeitrag]**
- Interims-Versorgung 6 B 64
- Witwe/Witwer 6 A 268

**Unterlagen**
- Auslegung bei Planfeststellung 1 D 23 ff.
- Vorlagepflicht bei schädlicher Bodenveränderung 3 E 90

**Unterlassungs-/Beseitigungsanspruch**
- Haftung für Altlasten 3 E 287 ff.

**Unterricht**
- Teilnahmepflicht 8 27

**Untersagungsverfügung**
- Gewerbe 5 A 85 f.
- Handwerkskammer 5 A 181 ff.

**Unzulässigkeit**
- Spielhallengenehmigung 5 B 46 ff.

**Unzuverlässigkeit**
- Antragsstellung bei Stellvertretung 5 A 70
- Begriff 5 A 56 ff.
- Fortführung trotz Untersagung 5 A 69
- Gaststättenerlaubnis 5 A 244 ff.
- Gewerbeerlaubnis 5 A 44
- juristische Person 5 A 59 ff.
- mangelnde wirtschaftliche Leistungsfähigkeit 5 A 58
- nach § 35 GewO 5 A 52 ff.
- nachträgliches Bekanntwerden 5 A 44
- Nichtabführen von Abgaben 5 A 58
- Personengesellschaften 5 A 59 ff.
- Reisegewerbe 5 A 106
- Stellvertreter 5 A 64 ff.
- Straftat/Ordnungswidrigkeit 5 A 58
- Strohmann 5 A 67 ff.
- Überschreitung der Sperrzeit 5 A 287
- verwaltungsrechtliches Mandat 5 A 52 ff.
- Wettbewerbsverstöße 5 A 58

**Urheberrecht**
- Informationsanspruch 1 B 83 f.
- Umweltinformation 1 B 77

**Urlaub**
- Beamte 6 A 13, 38

**Urproduktion**
- Gewerbe 5 A 11

**UVP-pflichtige Anlagen**
- Beteiligung von Umweltschutzvereinigungen 3 A 95
- Erörterungstermin 3 A 103
- Feststellung 3 A 51
- Genehmigungsablehnung 3 A 136
- Genehmigungsbescheid 3 A 128
- kein vereinfachtes Genehmigungsverfahren 3 A 112
- nachträgliche Änderungen 3 A 72
- Planfeststellung 1 D 19
- Teilgenehmigungsverfahren 3 A 153
- Verfahrensvorschriften 3 A 117

**Veränderungssperre**
- Baugenehmigung 2 A 106 ff.
- Bauleitplanung 2 B 232 ff.
- Geltungsdauer 2 A 107
- Normenkontrolle 2 A 110
- Sicherung zentraler Versorgungsbereiche, B-Plan 2 B 199
- Umlegungsrecht 2 C 44 f.
- zentrale Versorgungsbereiche 2 B 235
- Zweijahresfrist 2 B 238

**Veranlagungszeitraum**
- Benutzungsgebühr 4 149 ff.

**Veranstaltung**
- Auswahlkriterien 5 A 120
- Marktfreiheit 5 A 121
- öffentliche Einrichtung 5 A 122

**Veranstaltungsteilnahmekriterien**
- Reisegewerbe 5 A 118

**Veranstaltungszulassung**
- Rechtsweg 5 A 123

**Verband**
- Bauleitplanung 2 B 32

**Verbandsklage**
- Naturschutz 3 D 281 ff.
- Naturschutz bei Planfeststellung 1 D 49 f.
- Reichweite, Planfeststellung 1 D 51 ff.

**Verbraucherinformationsanspruch**
- s. Informationsanspruch, VIG

**Verbraucherinformationsgesetz** 1 B 248 ff.

**Verbrennungsanlagen**
- 17. BImSchV 3 B 170

**Verein**
- Umweltinformationsanspruch 1 B 13

**Vereinbarungen**
- Kommunalabgaben 4 38 ff.

**Vereinfachtes B-Planverfahren**
- beschleunigtes Verfahren 2 B 193 ff.
- bestandswahrende Planung 2 B 191 ff.
- Planänderung/-aufhebung 2 B 190 f.
- Schaubild zu den Voraussetzungen/Verfahrensablauf 2 B 192
- Unterschiede zum Regelverfahren 2 B 192
- vorhabenbezogener B-Plan 2 B 226

**Verfahrensbeschleunigung**
- Enteignungsverfahren 2 D 59 f.

**Verfahrensbeteiligte**
- s. Beteiligte

**Verfahrensfehler**
- Bauleitplanung 2 B 102 ff.
- Beachtlichkeit 1 A 122
- beschränkte Heilungsmöglichkeit 1 A 128

**Verfahrensfehlerausschluss**
- BauGB 1 A 125
- Gemeindeordnung 1 A 125

**Verfahrensgehilfen**
- Bauleitplanung 2 B 121

**Verfahrenshandlungen**
- Rechtsbehelfe **1 A** 129 ff.

**Verfahrenskoordination**
- Immissions- und Wasserbehörde **3 A** 38

**Verfahrensmangel**
- Genehmigungsverfahren, BImSchG **3 A** 115 ff.
- Planfeststellung **1 D** 20 ff.

**Verfahrensvorschriften**
- Schulrecht **8** 7

**Verfolgungsverjährung**
- Disziplinarmaßnahme **6 B** 109

**Vergaberecht**
- Abfallrecht **3 B** 101 ff.

**Vergaberichtlinien**
- Personenbeförderungsgenehmigung **5 C** 86 ff.

**Vergleich**
- Schriftformerfordernis, Baugenehmigung **2 A** 78

**Vergleich, außergerichtlich**
- Kommunalabgaben **4** 39

**Vergleichsgruppen**
- Beurteilung eines Beamten **6 A** 80

**Vergnügungsstätten**
- Mischgebiet **5 B** 39
- Spielhalle **5 B** 19, 50 ff.

**Vergnügungssteuer**
- Bemessungsgrundlage **5 B** 182 ff.
- Geschicklichkeitsspiele **5 B** 187
- Lenkungsziel **5 B** 180, 186
- Spielhalle **5 B** 179 ff.

**Verhalten**
- Beamter **6 A** 41

**Verhältnismäßigkeit**
- Ordnungsmaßnahmen **8** 56

**Verjährung**
- Ausgleichsanspruch, Altlasten **3 E** 273
- Aussetzung des Disziplinarverfahrens **6 B** 157
- Dienstvergehen **6 B** 10
- Kommunalabgabenbescheid **4** 121
- Sanierungsverantwortlichkeit **3 E** 261

**Verkehrsanlagen**
- mehrere Fachplanungen **1 D** 216 ff.

**Verkehrsbelastung**
- Prognose in der Bauleitplanung **2 B** 86

**Verkehrsstrecken**
- Rechtfertigung, Planfeststellung **1 D** 77

**Verlassenspflicht**
- Ausreisepflicht **7 A** 103

**Vermessungsingenieur**
- Umlegungsrecht **2 C** 18

**Verminderte Schuldfähigkeit**
- Disziplinarmaßnahme **6 B** 83

**Vermögensdelikte**
- außerdienstlich, Disziplinarrecht **6 B** 82
- Disziplinarmaßnahmen **6 B** 69 ff.

**Vermögensverwaltung**
- Gewerbe **5 A** 11

**Verpachtung**
- Informationspflichten zum Bodenschutz **3 E** 91
- Sanierungspflicht **3 E** 201 ff.
- Schadensersatz bei Altlasten **3 E** 280

**Verpackungsmüll**
- Verwertung **3 B** 108

**Verpackungssteuer**
- Satzungsregelung **3 B** 232

**Verpflichtungsklage**
- Ablehnung der Baugenehmigung **2 A** 114 f.
- Einschreiten der Bauaufsichtsbehörde **2 A** 144
- einstweilige Anordnung **1 A** 94
- Informationszugang **1 B** 111
- Qualifikationsvermerk **8** 68

**Verrichtungsgehilfe**
- Verantwortlichkeit bei Altlasten **3 E** 200

**Versagungsgründe**
- Gaststättenerlaubnis **5 A** 242 ff.
- sonstige Versagungsgründe Spielhalle **5 B** 141
- übermäßige Ausnutzung des Spielbetriebes **5 B** 140

**Verschlusssachen**
- Informationsanspruch, IFG **1 B** 193 f.

**Verschulden**
- Dienstvergehen **6 B** 34 ff.

**Verschwiegenheit**
- Beamte **6 A** 50 f.

**Ver-/Nichtversetzung**
- Rechtsbehelf **8** 67

**Versetzung eines Beamten**
- s. Beamtenrecht

**Versorgungsanstalt des Bundes und der Länder 6 A** 10

**Versorgungsbereich**
- Sicherung durch B-Plan **2 B** 199 f.
- Veränderungssperre **2 B** 235

**Versorgungsrecht**
- Änderung und Steuerung der Pensionierung **6 A** 186

**Versuch**
- Dienstvergehen **6 B** 35

**Verteidigung**
- Disziplinarverfahren **6 B** 165 ff.

**Verteilungsmaßstab**
- Kommunalabgaben **4** 36

**Verteilungsverfahren**
- bei Enteignung **2 D** 130

**Vertrag, städtebaulicher**
- Beseitigung von Planungshindernis **2 B** 95 ff.

**Verträglichkeitsprüfung, FFH**
- Alternativlösung **1 D** 121
- Bestandserfassung/-bewertung **1 D** 119
- Kohärenzsicherung **1 D** 123 ff.
- überwiegendes öffentliches Interesse **1 D** 122

**Vertragsverletzungsverfahren**
- Kommissionsbeschwerde **1 C** 148

**Vertrauensschutz**
- Immissionsrecht **3 A** 181 ff.

**Vertraulichkeit**
- Umweltinformation **1 B** 57 f.

**Vertretung**
- Hochschulverfahrensrecht **8** 83 ff.
- nicht bei Leistungsnachweisen **8** 86
- Verwaltungsverfahren **1 A** 43 ff.

**Verwaltungsakt**
- Baugenehmigung, nachträgliche Aufhebung **2 A** 93 f.
- Belehrung über gesetzeswidriges Verhalten **1 A** 61
- Besitzeinweisung, vorzeitige **2 D** 121
- Beurteilung eines Beamten **6 A** 69
- Disziplinarverfügung **6 B** 188
- Doppelwirkung **2 A** 111
- Drittwirkung **1 A** 86
- Drittwirkung, Konkurrentenernennung **6 A** 121
- Duldung von Verhalten **1 A** 61
- Eintrag in der Handwerksrolle **5 A** 173
- Entscheidung über Informationszugang **1 B** 105
- indirekter Vollzug **1 C** 82
- innere Schulangelegenheiten **8** 7
- mit Doppelwirkung **1 A** 74
- Mitwirkung anderer Behörden **1 A** 57
- Nebenbestimmungen **1 A** 95
- nicht bei Mitteilungen durch die Aufsichtsbeschwerde **1 A** 67
- öffentliche Aufklärung/ Warnung **1 A** 61
- transnationaler **1 C** 156
- Umsetzung eines Beamten **6 A** 162
- Ver-/Nichtversetzung **8** 67
- Versetzung eines Beamten **6 A** 162
- vorläufiger **1 A** 95
- Widerspruchsverfahren **1 A** 70
- Zuweisung an die Förderschule **8** 42

**Verwaltungsakt mit Doppelwirkung**
- Kostenerstattung Dritter **1 A** 82
- summarisches Gerichtsverfahren **1 A** 99 ff.
- Verwirkung der Widerspruchsfrist **1 A** 100

**Verwaltungsaufwand**
- Ablehnung des Informationsanspruchs **1 B** 218

**Verwaltungsentscheidungen**
- basierend auf Prognosen **1 A** 119
- Komplexität der Fragestellungen **1 A** 119
- nicht umfassend nachvollziehbar **1 A** 119
- Sachverstand **1 A** 119
- wiederholbare Umstände **1 A** 119

**Verwaltungsgericht**
- Ausländerrecht, Gericht prüft besonderes Vollzugsinteresse **7 A** 151

- Disziplinarkammer, Aussetzungsantrag **6 B** 206
- Disziplinarrecht **6 B** 210 ff.

**Verwaltungshandeln**
- Abgrenzung **1 A** 48 ff.
- Bindung an GR und Rechtsstaatsprinzip **1 A** 62
- informales/Gefahren **1 A** 63
- informales ~/informelles ~ **1 A** 60 ff.

**Verwaltungsinterna**
- Ablehnung des Umweltinformationsanspruchs **1 B** 70

**Verwaltungsrechtliches Mandat**
- Abfallgebühren **3 B** 246
- Abfallverbringung **3 B** 123
- Abfallwirtschaftsplan **3 B** 136
- Abfallwirtschaftsplanprüfung **3 B** 133
- Abgabenschuldner als Mandant **4** 5 ff.
- Ablehnung des Asylantrages/Folgeantrages **7 B** 74 ff.
- Ablehnung des Umweltinformationsanspruchs **1 B** 51, 77
- Ablehnung des Verbraucherinformationsanspruchs **1 B** 274
- Abschiebung in sicheren Drittstaat **7 B** 115
- Abstimmung mit Behörde **3 D** 266 ff.
- Akteneinsichtnahme **7 A** 11
- Alternativenprüfung **3 D** 213
- Amtshaftung **1 A** 102
- Anregungen zum Planentwurf **2 B** 151
- Anwendung des GastG **5 A** 212
- Asylantrag **7 B** 36
- Aufenthaltsrecht zum Zweck der Ausbildung **7 A** 50
- Aufenthaltszweck **7 A** 28 ff.
- Aufhebung der Gewerbeerlaubnis **5 A** 46
- Aufstellungsempfehlung für B-Plan **3 D** 205 ff.
- Ausländer **7 A** 10
- Ausnahmebewilligungen/Handwerksrolle **5 A** 166
- Ausnahmen zum Anlagenzwang **3 B** 147
- außerdienstlich begangene Pflichtverletzung **6 B** 33
- aussichtsloses Rechtsmittel **1 A** 92
- Baugenehmigungshindernisse, Überwindung **2 A** 49 ff.
- Baunachbarstreit **2 A** 124 ff.
- Bauvoranfrage **2 A** 56
- Bauvorhaben **1 A** 137
- Beendigung des B-Planverfahrens **2 B** 186 f.
- Behördenkooperation **1 A** 64
- bei unbeachtlichem/unzulässigem Asylantrag **7 B** 109 ff.
- Bekanntmachungstext, BImSchG **3 A** 66
- Beratung der Standortgemeinde, Abfallentsorgungsanlagen **3 B** 210 f.

[Verwaltungsrechtliches Mandat]
- Beratung des Vorhabenträgers, Abfallrecht **3 B** 207 ff.
- Bestandsaufnahme und Bewertung **3 D** 207 ff.
- Beteiligung Dritter **1 A** 101
- Beteiligungsrechte im Disziplinarverfahren **6 B** 170
- Beurteilungsermächtigung, Fallgruppen **1 A** 119
- Bodenschutzrecht **3 E** 3 f.
- Branchenbezug bei Zuverlässigkeitsprüfung im Güterverkehr **5 D** 19
- Darstellungsweise der B-Planfestsetzungen **2 B** 43 ff.
- Deponie, Standortsuche **3 B** 179
- Dienstvergehen oder Bagatellverfehlung **6 B** 33
- Disziplinarmaßnahme nach Ablauf von mehr als zwei Jahren **6 B** 33
- Disziplinarmaßnahme nach Straf-/Bußgeldverfahren **6 B** 33
- Disziplinarverfahren und Vorrang des Strafverfahrens **6 B** 158 ff.
- Drittschutz bei Abfallentsorgungsanlagen **3 B** 217
- Duldungsbeispiele **7 A** 139
- Einhaltung der Verfahrensregeln **1 A** 118
- Einigung bei Drittwirkung **1 A** 108
- Einsichtsrecht landschaftspflegerischer Begleitplan **3 D** 163
- Entsorgungsunternehmen, öffentliche Ausschreibung **3 B** 107
- Ermessen/gebundene Entscheidung **1 A** 77
- Erschließungsbeitrag **4** 1 ff.
- Fehler im Verwaltungsverfahren **1 A** 121 ff.
- Fehlerkontrolle, Bauleitplanung **2 B** 102 ff.
- Feststellung der BauNVO **2 B** 50
- Gebiet „Natura 2000" **3 D** 127, 159 ff., 252 ff.
- gebundene/Ermessensentscheidungen **1 A** 110
- Gemeinde als Mandant, Kommunalabgaben **4** 12 ff.
- Genehmigung von Abfallentsorgungsanlagen **3 B** 162
- Genehmigungspflicht von Änderungs-/Unterhaltungsbaumaßnahmen **2 A** 24
- Geschäftsgeheimnis **1 B** 90
- Gewässerverunreinigung **3 E** 285
- gewerberechtliche Unzuverlässigkeit **5 A** 70
- Gewerberechtseinschränkungen **5 A** 2 ff.
- Großprojekte **1 A** 144
- Grundüberlegungen **1 A** 132 ff.
- Handwerksbetrieb **5 A** 139
- Hinweis auf Koordination mit Wasserbehörde **3 C** 215
- im Planfeststellungsverfahren **3 D** 147 ff.
- Immissionsschutz **3 A** 15 ff.
- Informationsanspruch **1 B** 7 f.
- Interessenwahrnehmung, Bauleitplanung **2 B** 68 f.
- Kenntnis von Altlasten **3 E** 71
- Klärungsauftrag vor Beantragung der Baugenehmigung **2 A** 4
- Kommunalabgaben **4** 1 ff.
- Kompromiss im Prozess **1 A** 146 f.
- Konfliktbewältigung bei Bauleitplanung **2 B** 94
- Konkurrenz von Informationsansprüchen **1 B** 124 ff.
- Kontaktaufnahme mit der Genehmigungsbehörde **2 A** 75
- Konzept für Ausgleichsmaßnahmen **3 D** 214 ff.
- Kooperation/Konfrontation **1 A** 135 ff.
- Kostenerstattung im Widerspruchsverfahren **1 A** 83
- landschaftspflegerischer Begleitplan **3 D** 154
- Landschaftsschutzgebietsverordnung/B-Plan **3 D** 176 ff.
- Leitfäden für Naturschutz **3 D** 140
- Linienverkehrsgenehmigung **5 C** 56
- Möglichkeit der einstweiligen Regelung **1 A** 97
- nach Gewerbeuntersagung **5 A** 90
- Nachbarrecht, Anfechtung Bauvorbescheid **2 A** 58
- Nachbarrechtsschutz, Abfallentsorgungsanlagen **3 B** 213 f.
- Naturschutz **3 D** 8 ff.
- Naturschutz im Innenbereich **3 D** 259 ff.
- naturschutzrechtliche Anforderungen an B-Plan **3 D** 242 ff.
- negative verwaltungsbehördliche Entscheidung **1 A** 109 ff.
- Normenkontrollantrag gegen SchutzgebietsVO **3 D** 186
- Normenkontrolle gegen Abfallwirtschaftsplan **3 B** 139
- Nutzungsänderung, Genehmigung **2 A** 31
- offensichtlich unbegründeter Antrag **7 B** 92 f.
- öffentlich-rechtlicher Vertrag **1 A** 138 ff.
- Ordnungsmaßnahmen gegen Schüler **8** 59
- Ortsbesichtigung, Bauleitplanung **2 B** 70
- Planentwurfsphase **2 B** 125 ff.
- Planfeststellung **1 D** 17
- Planungsinitiative, B-Plan **2 B** 209 ff.
- Probeberechnung der Versorgungsansprüche **6 A** 186

**[Verwaltungsrechtliches Mandat]**
- Prognose zu erwartender Eingriffe **3 D** 212
- prüfungsrechtliche Verbesserungsklage **8** 133
- rechtsaufsichtliche Kontrolle, Planaufstellungsverfahren **2 B** 177 ff.
- Regelungszusammenhang, Bauleitplanung **2 B** 73
- Sanierungsplanung **3 E** 113 ff.
- Sanierungsverfahren **3 E** 3 f., 147
- Schadensabwendung **1 A** 102
- Schul-/Hochschulrecht **8** 3
- Schutz privater Belange **1 B** 214
- separater Ausgleichs-B-Plan **3 D** 217
- Spielhalle, B-Plan **5 B** 73 ff.
- Spielhallenansiedlung **5 B** 22 ff.
- Spielhallenrecht **5 B** 3
- Sprachbarrieren **7 A** 10
- städtebauliche Gesichtspunkte für Spielhalle **5 B** 34
- städtebauliche Verträge **3 D** 218
- Störerauswahl, Altlasten **3 E** 253
- Straf-/Bußgeld **3 D** 292 ff.
- Streitwertbestimmung Spielhallenrecht **5 B** 227
- Subsumtion **1 A** 136
- summarische Prüfung Vorhaben als Eingriff in die Natur **3 D** 206
- summarisches Verfahren **1 A** 100 ff.
- Tätigkeit im Widerspruchsverfahren, Baunachbarstreit **2 A** 130 ff.
- Tätigkeiten nach Satzungsbeschluss **3 D** 239 f.
- teilweise Aussetzung der Abschiebung **7 B** 106 ff.
- Überschreitung nach § 5 HwO **5 A** 179
- ultima ratio **1 A** 147
- Umlegungsrecht **2 C** 3 f.
- Umweltbericht **3 D** 229 ff.
- Umweltinformationsanspruch **1 B** 101
- Umweltverträglichkeitsprüfung **3 C** 182
- Unterschiede zum Zivilprozess **1 A** 109
- Unwirksamkeit naturschutzrechtlicher Vorschriften **3 D** 264 f.
- UVP-pflichtige Anlagen **3 A** 44 ff.
- Verbands-/Vereinsbeteiligung im Verwaltungsverfahren **3 D** 271 ff.
- Verhältnismäßigkeit bei Gewerbeuntersagung **5 A** 79 ff.
- Vermeidung eines Eintrags ins Gewerbezentralregister **5 A** 94
- Verteidigung gegen Ansprüche nach VIG **1 B** 282
- Verweigerung des Einvernehmens durch die Gemeinde **2 A** 103 f.
- vor Einleitung eines Planfeststellungsverfahren **3 D** 146
- Vorbescheidsverfahren **1 A** 145
- vorhabenbezogener B-Plan **2 B** 222 ff.
- vorläufige Disziplinarmaßnahme, Antrag nach § 38 Abs. 4 BDG **6 B** 209
- Wahrung des Geschäftsgeheimnisses **1 B** 217
- wasserrechtliche Genehmigung **3 C** 169 ff.
- Widerruf der Gaststättenerlaubnis wegen Unzuverlässigkeit **5 A** 260
- zulässige Grundstücksnutzung **2 A** 39
- Zulassung von Abfallentsorgungsanlagen **3 B** 148
- Zuordnungsfestsetzungen **3 D** 220 f.

**Verwaltungsrechtsweg**
- Umweltinformationsanspruch **1 B** 135

**Verwaltungstätigkeiten**
- außerhalb des VwVfG **1 A** 60 ff.

**Verwaltungstransparenz**
- Informationsanspruch **1 B** 5

**Verwaltungsverfahren**
- s. a. Europäisches Verwaltungsverfahren
- s. a. verwaltungsrechtliches Mandat
- s. a. Widerspruchsverfahren
- Abgabenordnung **1 A** 5
- Ablehnung des Auskunftsanspruchs **1 B** 277
- Ablehnungsrecht **1 A** 13
- Akteneinsicht **1 A** 34 ff.
- Aktenübersendung **1 A** 41
- Altlastenfälle **1 A** 20
- Amtshaftung **1 A** 22
- Anhörung **1 A** 28 ff., 52
- Anhörung, Heilung **1 A** 127
- Anwendungsbereich **1 A** 1 ff.
- Asylrecht, s. dort
- aufschiebende Wirkung **1 A** 85
- ausgeschlossene Personen **1 A** 11
- Ausscheiden der formalen Rechtsbehelfe **1 A** 65
- Beendigung **1 A** 69
- Befangenheit **1 A** 12
- Behördentätigkeit **1 A** 3
- Belehrung über gesetzeswidriges Verhalten **1 A** 61
- Beteiligte **1 A** 11 ff.
- Beteiligtenstellung **1 A** 24 ff.
- B-Plan und Akteneinsicht **1 A** 54
- Bund/Land **1 A** 1
- Definition **1 A** 8 ff.
- Dienstaufsichtsbeschwerde **1 A** 65
- Duldung von Verhalten **1 A** 61
- einheitliche Stelle **1 A** 23
- Empfehlungen des Petitionsausschusses/ Bürgerbeauftragten **1 A** 68
- Ermessensreduzierung auf Null **1 A** 123
- Fach-/Rechtsaufsichtsbeschwerde **1 A** 67
- Fehler **1 A** 121 ff.
- Finanzbehörden **1 A** 4 f.
- gebundene/Ermessensentscheidungen **1 A** 110

**[Verwaltungsverfahren]**
- Gegenvorstellung **1 A** 65f.
- Gesetzesvollzug/verwaltungspolitische Gestaltung **1 A** 132 ff.
- Grundlagen **1 A** 1 ff.
- Heilung von Verfahrensfehlern **1 A** 126 ff.
- Hinzuziehung **1 A** 27
- innere Schulangelegenheiten **8** 7
- Kontrolldichte bei Beurteilungsermächtigungen **1 A** 118 ff.
- Kontrolldichte bei Ermessensentscheidungen **1 A** 114 ff.
- Kontrolldichte bei gebundenen Entscheidungen **1 A** 113
- Lehre von der Beurteilungsermächtigung **1 A** 110
- Mitwirkung/einheitliche Stelle **1 A** 58
- nicht erfasstes Handeln **1 A** 48 ff.
- öffentliche Aufklärung/ Warnung **1 A** 61
- öffentliche Empfehlung **1 A** 61
- Petition **1 A** 65
- Prüfungsbereich **8** 6
- Prüfungswesen **1 A** 7
- richterliche Kontrolldichte **1 A** 109 ff.
- rügeloses Einlassen **1 A** 13
- Rügen gegen Verfahrenshandlungen **1 A** 129
- Sachverhaltsaufklärung **1 A** 15
- sofortige Vollziehbarkeit **1 A** 86
- Sozialwesen **1 A** 6
- Subsidiaritätsklausel **1 A** 2
- summarisches Verfahren **1 A** 84 ff.
- Umlegungsrecht **2 C** 20 ff.
- Untätigkeitsklage **1 A** 67
- Untersuchungsmaxime **1 A** 15 ff.
- VA-Rücknahme **1 A** 124
- Verfahrenskosten, AO **1 A** 5
- Verordnungen **1 A** 51 ff.
- Vertretung **1 A** 43 ff.
- vorläufiger Rechtsschutz **1 A** 84
- Vorprägung durch informales Verwaltungshandeln **1 A** 63
- Zustellungsadressat **1 A** 45

**Verwaltungsverfahrensrecht**
- Baugenehmigung **2 A** 2
- Nachbarbeteiligung, Baugenehmigung **2 A** 98

**Verwaltungsvorschriften**
- Hochschulverfahrensrecht **8** 81
- Immissionsschutz **3 A** 12 ff.
- Umweltinformation **1 B** 33

**Verwaltungszusammenarbeit**
- europäische **1 C** 154

**VerwaltungszustellungsG**
- Umlegungsverfahren **2 C** 59

**Verwaltungszwang**
- Schulpflicht **8** 30

**Verweis**
- Beförderung **6 B** 46

- Maßnahmeverbot **6 B** 46
- mildeste Disziplinarmaßnahme **6 B** 45
- Verfehlensbeispiele **6 B** 68

**Verwertung von Abfällen**
- s. Abfallverwertung

**Verwertungsverbot**
- Disziplinarentscheidung **6 B** 117 f.

**Verwertungszentrum 3 B** 174

**Verwirkung**
- Kommunalabgabenbescheid **4** 121
- Sanierungsverantwortlichkeit **3 E** 262

**Verzeichnis**
- Umlegungsverfahren **2 C** 54 ff.

**Visa-Kodex 7 A** 67

**Visum**
- Ablauf **7 A** 95
- Angehörige von Drittstaaten **7 A** 15
- Arbeitsaufnahme türkischer Staatsangehöriger **7 A** 162 ff.
- Familienzusammenführung türkischer Staatsangehöriger **7 A** 164
- Versagung an der Grenze **7 A** 150
- Zeitgrenze **7 A** 95
- zeitliche Befristung **7 A** 19

**Visum, nationales**
- Geltungsdauer **7 A** 69
- Sichtvermerk im Pass **7 A** 67
- Verfahren **7 A** 70

**Visumverfahren**
- Auswärtiges Amt **7 A** 67

**Visumzwang**
- Ausnahmen **7 A** 71
- Beförderungsunternehmen **7 A** 73
- Befreiungen **7 A** 72

**Vogelschutzgebiete, faktische**
- Bauleitplanverfahren **3 D** 191
- Beeinträchtigungs-/Störungsverbot **3 D** 122
- EuGH-Rechtsprechung **3 D** 121
- IBA-Katalog **3 D** 123

**Vogelschutzrichtlinie**
- Artenschutz **1 D** 158
- Planfeststellung **1 D** 103 ff.
- Schutzgebiete **1 D** 108

**Völkerrecht**
- Bodenschutzrecht **3 E** 14

**Vollenteignung**
- Abgrenzung **2 D** 20
- Rückerwerbsanspruch **2 D** 22
- salvatorische Entschädigungsklauseln **2 D** 23
- unangemessen **2 D** 21

**Vollgeschoss**
- Baugenehmigung **2 A** 3

**Vollmacht 1 A** 43

**Vollständigkeitsprüfung**
- Genehmigungsverfahren, BImSchG **3 A** 59 ff.

**Vollstreckung**
- Disziplinarmaßnahme **6 B** 249 ff.

**Vollziehung**
– Aussetzung bei Kommunalabgaben **4** 55 f.
**Vorbescheid**
– Immissionsschutz **3 A** 40, 158 ff.
– Inhalt **3 A** 161
– Nebenbestimmung **3 A** 162
**Vorbescheidsverfahren 1 A** 145
**Vorkaufsrecht, gemeindliches**
– Ausschluss **2 C** 47
– selbständiger Kaufvertrag **2 C** 49
– Umlegungsverfahren **2 C** 46 ff.
**Vorläufiger Rechtsschutz**
– s. a. einstweiliger Rechtsschutz
– Kommunalabgaben **4** 9
– Planfeststellung **1 D** 237
– Verwaltungsverfahren **1 A** 84 ff.
**Vorratsplanung**
– Bauleitplanung **2 B** 63
**Vorsorgeanordnung**
– Immissionsschutz **3 A** 188, 194
**Vorteilsannahme**
– Entfernung aus dem Beamtenverhältnis **6 B** 71
**Vorverfahren**
– s. Widerspruchsverfahren
**Vorzeitiger Beginn**
– Betrieb von Anlagen **3 A** 176 ff.
**VwAS**
– wassergefährdende Stoffe **3 C** 520 ff.

**Waisen/Halbwaisen**
– Disziplinarmaßnahme **6 B** 52
– Hinterbliebenenversorgung **6 A** 260 ff., 275 ff.
**Wanderlager**
– Verkaufsveranstaltungen **5 A** 104
– Versagungsgründe **5 A** 107
**Warenverkehrsfreiheit**
– Abfälle **3 B** 122
**Wärme-/Abwärmenutzung 3 B** 169
**Wasser**
– Gebrauch **3 C** 394
– Lebensraum **3 C** 1
– Umweltinformationsanspruch **1 B** 26
**Wasseraufbereitung**
– Wasserversorgung **3 C** 274
**Wasserbehörde**
– bergrechtlicher Betriebsplan **3 C** 201 ff.
– Einvernehmen mit Planfeststellungsbehörde **3 C** 187 ff.
– Ermessensausübung **3 C** 168
– Gewässerunterhaltung **3 C** 590
**Wasserbeschaffenheit**
– Maßnahmen zur nachteiligen Veränderung **3 C** 134 ff.
**Wasserbuch 1 B** 335
**Wassergefährdende Stoffe**
– Abfüllen **3 C** 509

– allgemein anerkannte Regeln der Technik **3 C** 528 ff.
– Anlagenanforderungen **3 C** 517 ff.
– Anlagenbegriff **3 C** 513 ff.
– Anlagenbestimmung **3 C** 515
– Anzeigepflichten **3 C** 535 ff.
– Aufbewahren **3 C** 508
– Begriff **3 C** 496 ff.
– Behandeln **3 C** 511
– Besorgnis der nachteiligen Veränderung **3 C** 519
– bundesrechtliche Regelung **3 C** 534
– Einstufungspflicht in WGK **3 C** 505
– Entwurf des VAUwS **3 C** 505
– Erleichterungen in Landwirtschaft **3 C** 523 ff.
– E-VwAS **3 C** 520
– Gefährdungsklassen **3 C** 502
– Gewässerschutz **3 C** 494 ff.
– Haftung **3 C** 541 ff.
– Herstellen **3 C** 510
– JGS-Verordnung **3 C** 527
– Lagern **3 C** 508
– Meldepflicht **3 C** 540
– Rechtsverordnung **3 C** 504
– Rohrfernleitungsanlagen **3 C** 507
– Rohrleitungsanlagen **3 C** 518
– Transport **3 C** 508
– Umgang mit ~ **3 C** 506 ff.
– Veränderung der Wasserbeschaffenheit **3 C** 498 ff.
– Verhütung von Schäden **3 C** 538 ff.
– Verordnung zum Umgang mit ~ **3 C** 531 ff.
– Verwenden **3 C** 512
– VwAS der Länder **3 C** 520 ff.
**Wassergewinnung**
– Wasserversorgung **3 C** 274
**Wasserhaushaltsgesetz**
– europäisches Wasserrecht **3 C** 7 ff.
– Gesetzeszweck **3 C** 3
– kommunale Satzungen **3 C** 12
– Wassergesetze der Länder **3 C** 10 f.
**Wasserrecht**
– Bodenschutz **3 E** 38
– Immissionsschutz **3 A** 37 f.
– Planfeststellung **1 D** 18
**Wasserschutzgebiet**
– Abfließen/Abschwemmen **3 C** 353 ff.
– Art und Umfang der Schutzanordnung **3 C** 361 f.
– Befreiung von Festsetzung **3 C** 379 f.
– besondere Anforderungen **3 C** 368 ff.
– Beweislast für wirtschaftlichen Nachteil **3 C** 390
– Billigkeitsausgleich **3 C** 385 ff.
– Einschränkung des Grundeigentums **3 C** 371
– Entschädigung **3 C** 381 ff.
– Festsetzung **3 C** 354 f.

**[Wasserschutzgebiet]**
– Festsetzungsermessen 3 C 363 ff.
– Festsetzungsform 3 C 366 f.
– Festsetzungsverfahren 3 C 372 ff.
– Gegenstand/Schutzzweck 3 C 347 ff.
– Gewässerbenutzung 3 C 382
– Gewässerdefinition 3 C 348
– Grundwasseranreicherung 3 C 351 f.
– land-/forstwirtschaftliche Nutzung 3 C 384 ff.
– nachteilige Veränderung der Wasserbeschaffenheit 3 C 350
– Niederschlagswasser 3 C 418
– öffentliche Wasserversorgung 3 C 349 f.
– Rechtsschutz gegen Festsetzung 3 C 375 ff.
– schutzbedürftig 3 C 358
– schutzfähig 3 C 360
– schutzwürdig 3 C 359
– vorläufige Anordnung 3 C 374
– wasserrechtliche Genehmigung 3 C 168
– Wasserschutzgebietsverordnungen 3 C 368 ff.
**Wasserschutzgebietsverordnungen**
– Rechtsschutz gegen Festsetzung 3 C 376 f.
**Wassertransport**
– Wasserversorgung 3 C 274
**Wasserunternehmen**
– Zumutbarkeit der Ausnahme vom Benutzungszwang 3 C 314
**Wasserversorgung**
– s. a. Gewässerbenutzung
– allgemeine Sorgfaltspflichten 3 C 65 ff.
– Anforderungen an Anlagen 3 C 342 ff.
– Anschlussbeitragsrecht 4 103 ff.
– Ausnahmen vom WHG 3 C 33 ff.
– bundesrechtliche Regelung 3 C 273
– Daseinsvorsorge 3 C 1 ff., 271 ff.
– Duldungspflichten des Eigentümers 3 C 63 f.
– Durchsetzung der Sorgfaltspflichten 3 C 82 ff.
– echte Gewässerbenutzungen 3 C 92 ff.
– Eigentum an anderen Gewässern 3 C 53 f.
– Eigentum an Bundeswasserstraßen 3 C 50 ff.
– Eigentumseingriff 3 C 301 f.
– Eingriff in Grundrechte 3 C 285 ff.
– Einschränkung des Grundeigentums 3 C 59 ff.
– einzelne Handlungen 3 C 274
– einzelne Sorgfaltspflichten 3 C 70 ff.
– europäisches Wasserrecht 3 C 7 ff.
– geschlossene Behälter/Leitungen 3 C 16
– Gewässer von untergeordneter Bedeutung 3 C 34 ff.
– gewässeraufsichtsrechtliche Einzelfallanordnung 3 C 82

– Gewässerbegriff 3 C 14
– Grundwasser 3 C 27 ff.
– Heilquellen 3 C 40 ff.
– Hochwasserschutz 3 C 76 ff.
– Küstengewässer 3 C 23 ff.
– Leistungsfähigkeit des Wasserhaushalts 3 C 74
– natürlicher Wasserkreislauf 3 C 15
– Niederschlagswasser 3 C 30
– oberirdische Gewässer 3 C 18 ff.
– öffentlich 3 C 275
– Organisationsform der öffentlichen Wasserversorgung 3 C 276 ff.
– Sättigungszone 3 C 29
– sparsame Wasserverwendung 3 C 72
– Trinkwasserqualität 3 C 322 ff.
– Wasserabfluss 3 C 75
– Wasserhaushaltsgesetz 3 C 3
**Wasserversorgungspflicht**
– Anschluss-/Benutzungszwang 3 C 281, 288 ff.
– Ausgestaltung 3 C 285 ff.
– Befreiung vom Anschlusszwang 3 C 305 ff.
– Befreiung vom Benutzungszwang 3 C 310 ff.
– Begründung des Anschluss-/Benutzungszwangs 3 C 290 ff.
– Einschränkungen des Anschluss-/Benutzungsrechts 3 C 282
– Landeswassergesetz 3 C 280
– Löschwasser 3 C 283 f.
– Trinkwasserqualität 3 C 282
– Umsetzung 3 C 300 ff.
– Zumutbarkeitsgrenze 3 C 309
**Wasserverteilung**
– Wasserversorgung 3 C 274
**Wasserwerk**
– Gewässerbenutzung 3 C 161
**Wegerecht**
– Baugenehmigung 2 A 48
**Wehrdisziplinarrecht**
– s. Disziplinarrecht
**Weinbau**
– Bodenschutzrecht 3 E 60
**Weiterführende Schulen**
– Anmeldung an weiterführender Schule 8 38
– Aufnahme 8 35 ff.
– Auswahlrecht 8 35
– Eignungsvoraussetzungen 8 36
– Kapazität 8 39
– Schuleinzugsbereiche 8 40
– Zugangsbeschränkung 8 39
**Weiterleitung**
– Antrag auf Umweltinformation 1 B 104
**Werksverkehr**
– Definition 5 D 33
– Unterschied zum Güterkraftverkehr 5 D 36

**[Werksverkehr]**
- wirtschaftliches Bedürfnis **5 D** 38

**Wertausgleich**
- Verkehrswertsteigerung durch Sanierung **3 E** 183 ff.

**Wertminderung**
- Grundstück **1 D** 212
- vereinfachte Umlegung **2 C** 17

**Wertstofftonne**
- Einführung **3 B** 108 ff.

**Wertumlegung**
- Umlegungsrecht **2 C** 72 ff.

**Wettbewerb**
- Drittbeauftragung im Abfallrecht **3 B** 101 ff.
- fehlende Ausschreibung **3 B** 106
- Vergaberechtsschutzverfahren **3 B** 106

**Wettbewerbsrecht**
- gesetzliche Ausgleichsregelungen, ÖPNV **5 C** 15 f.

**Wettbewerbsschutz**
- Informationsanspruch **1 B** 87

**Wettbewerbsverstöße**
- gewerberechtliche Unzuverlässigkeit **5 A** 58

**Widerruf**
- Baugenehmigung **2 A** 93
- Gaststättenerlaubnis **5 A** 265
- Genehmigung, BImSchG **3 A** 140 ff.
- vorzeitige Gewässerbenutzung **3 C** 259 ff.

**Widerrufsbeamter**
- Beendigung **6 A** 198
- Befähigung **6 A** 19
- Disziplinarmaßnahme **6 B** 18, 44
- Einbehaltung von Dienstbezügen **6 B** 204 f.
- Hinterbliebenenversorgung **6 A** 265
- Unterbrechung des Fristablaufs, Disziplinarrecht **6 B** 115

**Widerrufsvorbehalt**
- Genehmigung, BImSchG **3 A** 125, 142 ff.

**Widerspruch**
- Ablehnung der Baugenehmigung **2 A** 114 f.
- Baugenehmigung **2 A** 116
- Baunachbarstreit **2 A** 144
- Beamtenrecht **6 A** 320 ff.
- Beurteilung eines Beamten **6 A** 69
- Disziplinarverfügung **6 B** 188 f.
- per E-Mail **1 A** 72
- Sachentscheidung trotz Verspätung **1 A** 76

**Widerspruchsfrist**
- Drittwirkung **1 A** 100

**Widerspruchsrecht**
- Verwirkung **1 A** 73

**Widerspruchsverfahren**
- Ausgangsbehörde **1 A** 72
- Ausschüsse/Beiräte **1 A** 79

- Drittbetroffene, UIG **1 B** 149 ff.
- Einigung mit Behörde **1 A** 78
- Form/Frist **1 A** 72
- Kommunalabgaben **4** 43 ff.
- Kostenerstattung **1 A** 81 ff.
- Mandatsbeginn **1 A** 69 ff.
- Planfeststellungsbeschluss **1 D** 227 f.
- Umlegungsrecht **2 C** 118 ff.
- Umweltinformationsanspruch **1 B** 137
- und Disziplinarverfahren **6 B** 113
- Untätigkeitsklage **1 A** 80
- verwaltungsgerichtliches Verfahren **1 A** 70
- Wiedereinsetzung in den vorigen Stand **1 A** 75
- Zulässigkeit **1 A** 70

**Widmung**
- Planfeststellung **1 D** 220 f.

**Wiederaufnahme**
- nach Gewerbeuntersagung **5 A** 87 ff.

**Wiederaufnahme des Verfahrens**
- Disziplinarverfahren **6 B** 234

**Wiedereingliederung**
- Hamburger Modell **6 A** 176

**Wiedereinsetzung**
- Disziplinarverfahren **6 B** 103
- Widerspruchsfrist **1 A** 75

**Wiedergutmachung**
- Disziplinarrecht **6 B** 73

**Wiederholungsgefahr**
- Disziplinar- und Strafrecht **6 B** 126

**Windenergieanlage**
- bauliche Anlage **2 A** 6
- Immissionsschutz **2 A** 6
- Veränderungssperre **2 A** 106
- wesentliche Änderung **3 A** 168

**Wirtschaftsverwaltungsrecht**
- Drittschutz **1 A** 104
- Gaststättenrecht **5 A** 209 ff.
- Gewerberecht **5 A** 1 ff.
- Güterkraftverkehrsrecht **5 D** 1
- Handwerksrecht **5 A** 125 ff.

**Witwe/Witwer**
- Disziplinarmaßnahme **6 B** 52
- Hinterbliebenenversorgung **6 A** 260 ff.

**Wochenmarkt**
- Reisegewerbe **5 A** 108 ff.

**Wohnbauvorhaben**
- Anwendungsvoraussetzungen **2 A** 11 ff.
- anzeigepflichtige **2 A** 8 ff.
- Ballungsgebiet **2 A** 11
- Bauordnung **2 A** 8
- Bauvorbescheid **2 A** 12
- Einschreiten der Bauaufsichtsbehörde **2 A** 8 ff.
- freigestellte **2 A** 8 ff.
- Freistellungsverfahren **2 A** 17
- genehmigungsfrei und Nachbarwiderspruch **2 A** 113
- geringe Höhe **2 A** 11

[Wohnbauvorhaben]
- Kenntnisgabeverfahren **2 A** 16
- Nachbarrecht bei freigestellten und anzeigpflichtigen Wohnbauvorhaben **2 A** 142
- Planfeststellungsverfahren **2 A** 33
- plankonform, genehmigungsfrei **2 A** 13
- qualifizierter B-Plan **2 A** 12
- räumliche Hinsicht **2 A** 12
- Verfahren **2 A** 15 ff.
- Wohngebäude, Begriff **2 A** 11

**Wohngebiet**
- Bauleitplanung **2 B** 63
- neben emittierendem Betrieb **2 B** 91
- Planungshindernisse **2 B** 95

**Wohnsitz**
- Beamtenrecht **6 A** 332

**Wohnungseigentum**
- Erschließungsbeitrag **4** 76

**Wohnwagen**
- bauliche Anlage **2 A** 6

**Wohnweg**
- Erschließungsbeitrag **4** 91 ff.

**Zentrenkonzept**
- Bauleitplanung **2 B** 63

**Zeugen**
- Disziplinarverfahren **6 B** 146 ff.

**Zeugnis**
- Beurteilung eines Beamten, s. a. dort **6 A** 60

**Zeugnis-/Versetzungskonferenzen**
- Protokoll **8** 19

**Zeugnisverweigerungsrecht**
- Disziplinarverfahren **6 B** 97

**Ziegelwerk**
- Abfallüberwachung **3 B** 114

**Zinsen**
- Kommunalabgaben **4** 10 f.

**Zivildienst**
- ruhegehaltsfähige Dienstzeiten **6 A** 225

**Zivilgerichtsbarkeit**
- Enteignungsentschädigungshöhe **2 D** 141 ff.

**Zivilrecht**
- Nachbarschutz bei Bauvorhaben **2 A** 148

**Zuckerherstellung**
- Nebenprodukt, Abfallrecht **3 B** 25

**Zufahrt**
- Erschließungsbeitrag **4** 89

**Zugangsbegrenzung**
- Umweltinformation **1 B** 48 ff.

**Zugangsbeschränkungen**
- weiterführende Schulen **8** 39

**Zulassungsentscheidung**
- vorzeitiger Beginn, BImSchG **3 A** 179

**Zulassungsverfahren**
- Immissionsschutz, s. Immissionsschutz, Genehmigungsverfahren

**Zuordnungsfestsetzungen 3 D** 202, 220 f.

**Zurechnungszeiten**
- Beamtenversorgung **6 A** 253 ff.

**Zurechtweisung**
- s. Disziplinarrecht

**Zurückstellung**
- bei Schulpflicht **8** 29

**Zurückstufung**
- Beamtenrecht **6 A** 153
- Disziplinarklage **6 B** 192 ff.
- Disziplinarmaßnahme **6 B** 53
- Erziehungsfunktion **6 B** 53
- in derselben Laufbahngruppe **6 B** 53
- Verfehlensbeispiele **6 B** 70
- Verwertungsverbot **6 B** 118
- Wirkung **6 B** 54
- Zuständigkeit **6 B** 186

**Zurückweisung**
- Bevollmächtigter **1 A** 47

**Zusage**
- s. Zusicherung

**Zusatzversorgung**
- Anwendungsbereich **6 A** 10
- Nachversicherung, Disziplinarmaßnahme **6 B** 66
- und Beamtenversorgung **6 A** 303

**Zusicherung**
- Umlegungsrecht **2 C** 67 ff.

**Zustandshaftung**
- Sanierung **3 E** 202

**Zustandsstörerhaftung**
- Gewässeraufsicht **3 C** 639

**Zustellung**
- Disziplinarverfahren **6 B** 99 f.
- Disziplinarverfügung **6 B** 190
- Ersatzzustellung Asylbewerber **7 B** 17
- Europäisches Verwaltungsverfahren **1 C** 55
- Heilung von Fehlern, Erschließungsbeitrag **4** 75
- Ladung zum Enteignungsverfahren **2 D** 67 ff.
- Mitteilung über Niederlegung **7 B** 17
- Umlegungsbeschluss **2 C** 58 ff.
- unbekannter Aufenthaltsort **7 B** 18 f.

**Zustellungsadressat 1 A** 45

**Zustimmung**
- des Dritten zu Umweltinformation **1 B** 98

**Zuteilung**
- Zwecksentsprechung bei Umlegung **2 C** 69 ff.

**Zuteilungsplan**
- Emissionshandel **3 A** 209

1665

**Zuverlässigkeit**
– Drittbeauftragung, Abfallrecht **3 B** 101
**Zuwanderungsgesetz**
– Integrationsfähigkeit **7 A** 1
**Zuweg**
– Umlegungsrecht **2 C** 91

**Zwangsabfall 3 B** 30 ff.
**Zwangslage**
– Disziplinarmaßnahme **6 B** 72
**Zwangsvollstreckung**
– BauGB **2 D** 140